INTERLINEAL ACADÉMICO del NUEVO TESTAMENTO

Dr. Francisco Lacueva

Edición revisada y actualizada por

Dr. Juan Carlos Cevallos A.

Editorial CLIE
www.clie.es

EDITORIAL CLIE
C/ Ferrocarril, 8
08232 VILADECAVALLS
(Barcelona) ESPAÑA
E-mail: clie@clie.es
http://www.clie.es

Edición revisada y actualizada por:
Dr. Juan Carlos Cevallos A.

Los textos bíblicos han sido tomados de:
La Santa Biblia, Reina Valera Revisada® RVR®

Interlineal académico del Nuevo Testamento. Griego-Español
ISBN: 978-84-16845-33-0
Depósito Legal: B 24506-2017
Obras de referencia
Estudios lingüísticos
Referencia: 225022

Impreso en USA / Printed in USA
25 26 27 28 /TRM/ 9 8 7 6

CONTENIDO

PRÓLOGO A LA PRIMERA EDICIÓN

No nos cabe duda de que la lectura del Nuevo Testamento en sus distintas versiones y paráfrasis castellanas se está incrementando en estos últimos años. Parece como si el pueblo cristiano de hoy tuviera un interés especial en descubrir con todo detalle sus raíces espirituales, es decir, aquellos fundamentos sobre los cuales descansa su fe. Para ello no tenemos mejor fuente que la Palabra divinamente inspirada por Dios, y en la presente obra ofrecemos aquella porción de la misma que denominamos Nuevo Testamento.

A través de los siglos, los estudiosos del texto bíblico se han dedicado con todo esmero y siempre a la luz de los manuscritos mejores y más antiguos y fidedignos, a comparar, revisar y mejorar el texto del Nuevo Testamento para que en todo momento tengamos un texto griego, tan fiel como nos sea posible, a aquellos manuscritos originales que desgraciadamente no poseemos.

Desde las primeras versiones castellanas de la Biblia hasta el momento actual, innumerables descubrimientos han arrojado mucha luz a pasajes oscuros en aquellos textos griegos que antaño utilizaran nuestros antepasados. Aun después de la Revisión 1960 de las Sagradas Escrituras, se ha podido compilar un sustancioso caudal de materiales de orden textual.

La obra del doctor Francisco Lacueva, al preparar la presente traducción castellana del texto griego, ha sido hecha con sumo cuidado y gran esmero y la calificamos sin titubeos de una obra maestra y de un valor incalculable para todos los estudiantes del Nuevo Testamento griego. Aun aquellos que tienen solo un conocimiento rudimentario del griego hallarán aquí un valioso auxiliar que les permitirá ver el significado literal de las palabras y apreciar tanto la Versión Antigua de Reina Valera como las revisiones posteriores hechas en 1960 por las Sociedades Bíblicas y, después, en 1977 por la Editorial CLIE.

El predicador hallará aquí la palabra exacta castellana equivalente al vocablo griego que le interesa, y al preparar su mensaje podrá apreciar significados que de otra forma le habrían sido inaccesibles.

Resulta imposible hacer resaltar en estas breves líneas todos los pormenores de lucidez lingüística, semántica y exegética que hacen de esta obra una herramienta indispensable para todos los amantes de la Sagrada Escritura, tanto aquellos que dan sus primeros pasos en el estudio del griego como los que ya llevan años enseñando tal materia. Les recomendamos a todos la lectura de las instrucciones del doctor Lacueva para sacar mayor provecho del Nuevo Testamento Interlineal y, sobre todo, de las múltiples notas y comentarios tanto de carácter lingüísticos como exegético que dan a esta obra aún un mayor valor que el que habría tenido de habernos contentado en hacer meramente una simple traducción de los vocablos griegos al castellano.

Insistimos en que, en las páginas que siguen tenemos el feliz resultado de un largo proceso de investigación textual y exegética, y su interpretación al mejor lenguaje castellano, hecha por un especialista que domina exhaustivamente el conocimiento del griego del Nuevo Testamento.

Quiera Dios bendecir este esfuerzo para que Su Palabra inspirada sea comprendida y predicada con poder en todos los países de habla castellana.

DAVID VILA, 1984

PRÓLOGO AL INTERLINEAL ACADÉMICO DEL NUEVO TESTAMENTO

El uso del Interlineal ha sido despreciado por las personas que manejan los idiomas bíblicos, y ha sido calificado como muletilla en el aprendizaje del griego. Con el desarrollo de la tecnología y los diferentes programas para ordenador, especialmente la capacidad de relacionar varios recursos electrónicos en uno solo, el uso de un interlineal ha empezado a adquirir una nueva dimensión en la profundización de los trabajos exegéticos. El poder contar con un *Interlineal griego español* dentro de las herramientas que nos provee CLIE, es una oportunidad más para poder cumplir el mandato de Dios de usar "bien la palabra de verdad". Tenemos ahora una herramienta invaluable si se la usa adecuadamente.

En este trabajo se ha actualizado el texto griego base, usando ahora el texto griego *El Nuevo Testamento griego de la Society of Biblical Literature (NTGSBL)*, que es una edición del Nuevo Testamento griego, reconocido ahora como el texto crítico estándar y confiable para el trabajo de las diferentes traducciones a cualquier idioma.

La traducción al castellano fue realizada usando como base fundamental y directriz el trabajo de Lacueva y la ayuda del *Diccionario de idiomas bíblicos, griego* de James Swanson y el *Léxico griego-español del Nuevo Testamento* de Alfred Tuggy. Tres conocedores del griego neotestamentario de habla castellana, Daniel Bonilla Ríos, Rob Haskell y Juan Carlos Cevallos A., quien además fungió como editor general, aportaron para ofrecernos este nuevo *Interlineal Académico del Nuevo Testamento* que puede ser de inmensa ayuda para el trabajo exegético del Nuevo Testamento.

Se pudo hacer una revisión completa del texto, y debido a la falibilidad humana se han mejorado ciertos errores presentes en la edición original. Esta es una edición actualizada y ampliada.

La herramienta que tiene en sus manos aumenta una virtud más al colocar en la misma página dos versiones de la Biblia representativas de dos clases de traducción. Esto sin duda ayudará a la comprensión del texto griego y, en última instancia, a la comprensión de lo que la Palabra de Dios nos dice aquí y ahora.

Es con un gran esfuerzo por parte de Ediciones CLIE que hoy ponemos en sus manos un *Interlineal Académico del Nuevo Testamento* único en español que puede ser usado por un amplio grupo de estudiosos de la Palabra, ya sean nuevos en estas lides, como más maduros y con deseos de ir más allá de un estudio superficial.

Usted tiene en su mano una herramienta inigualable para analizar, entender, explicar y exponer la verdad dada una vez a los santos.

JUAN CARLOS CEVALLOS A., Th.D.
Editor general

INTRODUCCIÓN QUE SE DEBE LEER

Usted **debe** saber usar cada elemento de este *Interlineal Académico* para que sea una herramienta efectiva en sus manos.

Salta a la vista que este trabajo está integrado por tres columnas muy claramente marcadas. En las columnas laterales se tienen **dos traducciones** bíblicas, la una que pertenece a una traducción "formal" (**RVR**) y la otra a una traducción "dinámica" (**NVI**). Estas columnas ayudarán para comparar el texto griego y cómo es posible traducirlo desde dos perspectivas diferentes.

En la columna del medio, se encuentran varios elementos. En primer lugar, se debe destacar que el **texto griego** que se está usando es el *Nuevo Testamento griego de la Society of Biblical Literature (NTGSBL)*. Remitimos al lector a la sección *Prólogo al NTGSBL* donde se explica en detalle las virtudes de esta edición griega del Nuevo Testamento.

Existe una segunda línea con la **traducción literal**. En esta línea se procura poner la traducción palabra por palabra. No busque aquí un español bien construido; no busque verbos muy bien usados. Es un esfuerzo de poner en nuestro idioma las palabras de otro idioma que tiene una estructura muy diferente a la del nuestro. Por ejemplo, algunos participios griegos tienen el artículo como parte de su estructura, pero porque en el formato está asignado un espacio para el artículo y uno para el participio en sí mismo, se han tenido que separar. Como una ayuda extra para los que hablamos español, se ha colocado, cuando es necesario, una numeración subíndice según el orden en que hay que leerlas para que dé más sentido en español.

Una tercera fila contiene los **números de Strong** de cada palabra, lo que convierte a este *Interlineal* en una herramienta para ser usada con otras ayudas para profundizar en la comprensión de cada palabra, como también una herramienta para ser usada por personas que no conocen el idioma original griego.

Hay una cuarta línea que contiene un **código morfológico** del análisis de cada palabra. Para tener una clave sobre esta parte y una explicación más completa, ver el cuadro más adelante. Aquí se usa el sistema de *Códigos morfológicos del software bíblico Logos*. Esta herramienta es muy útil al momento de estudiar el texto griego y las implicaciones en la traducción y en su significado.

Al pie de página se encuentran dos clases de notas. En primer lugar, notas con un asterisco (*) que tienen como propósito aclarar el significado de alguna palabra o expresión en griego que por su naturaleza es completamente ininteligible, en el español. En segundo lugar, y aprovechando en parte los símbolos (variantes de una sola palabra ⸀, variantes de varias palabras ⸂, variantes que no son parte del texto original, pero son textos antiguos ⟦ ⟧) sobre problemas textuales del *NTGSBL*, hay llamados de notas y su respectiva nota al pie que explican de manera corta y sencilla porqué el texto griego que se usa es un tanto diferente al texto tradicional. Siendo que se trata de un tema muy complejo, y que en un espacio tan corto es imposible explicar en forma satisfactoria cada caso, remitimos a textos especializados sobre crítica textual y variantes (*Novum Testamentum Graece* de Nestle-Aland y *The Greek New Testament* de USB). El editor general del *Interlineal Académico del Nuevo Testamento* menciona solamente los problemas que, según su criterio, son tratados con diferencias marcadas en las versiones bíblicas que se tienen ahora en español. Una guía de los problemas textuales, y cómo son tratados por el *NTGSBL*, puede encontrarla en el libro electrónico de Logos *El aparato crítico del Nuevo Testamento griego: Edición SBL* y en el *Prólogo al NTGSBL* más adelante.

Finalmente, se incluye **el orden gramatical lógico**, para una persona que habla castellano, de las palabras griegas, marcado cuando es necesario por un número subíndice, para así poder dar forma a una oración bien estructurada y comprensible desde el punto de vista del idioma de Cervantes.

CÓDIGOS MORFOLÓGICOS[1]

Estos códigos tienen como propósito proveer el significado de cada símbolo usado en la cuarta línea de este *Interlineal Académico del Nuevo Testamento*. Donde es posible más de una opción, la intención de estos códigos es proporcionar los análisis más adecuados de la palabra en cuestión.

Si más de un código puede considerarse apropiado (no solo posible, sino apropiado) para una palabra en cuestión, el orden de estos códigos es significativo. El primer código se considera que es el más probable, el segundo código es el siguiente en probabilidad, y así sucesivamente.

PARTES DE LA ORACIÓN

Las partes de la oración que están enlistadas a continuación son usadas en los códigos. La mayúscula en letra negrita representa el código que indica la palabra en el cuadro morfológico. Si la letra no se encuentra en la palabra que representa, se ha colocado en un paréntesis a continuación.

La parte de la oración es siempre el primer campo en el código morfológico. Esto determinará qué campos son aceptables en dicho caso.

Ejemplos:

Παῦλος
Pablo,
3972
NNSM

N Sustantivo ***N*** Nominativo ***S*** Singular ***M*** Masculino

τύπτοντες
hiriendo
5180
VPAP-PNM

V Verbo ***P*** Presente ***A*** Activo ***P*** Participio ***P*** Plural ***N*** Nominativo ***M*** Masculino

[1] Adaptado por Juan Carlos Cevallos A. de *Códigos morfológicos del software bíblico Logos*

CUADRO DE CÓDIGOS MORFOLÓGICOS

adJetivo	Nominativo Dativo Genitivo Acusativo Vocativo	Singular Plural	Masculino Femenino Neutro	Comparativo[#] Superlativo[#] Otro[#]		
sustantivo (N)	Nominativo Dativo Genitivo Acusativo	Singular Plural	Masculino Femenino Neutro			
artículo Definido	Nominativo Dativo Genitivo Acusativo	Singular Plural	Masculino Femenino Neutro			
pRonombre	Relativo reCíproco Demostrativo correlativo (K) Interrogativo indefinido (X) reFlexivo poSesivo Personal	Primera persona (1) Segunda persona (2) Tercera persona (3)	Nominativo Dativo Genitivo Acusativo	Singular Plural	Masculino Femenino Neutro	intensivo Atributivo[*] intensivo Predicativo[*]
Verbo	Presente Imperfecto Futuro Aoristo PerFecto pLuscuanperfecto	Activa Media Pasiva media-pasiva (U)[**]	Indicativo Subjuntivo Optativo iMperativo iFinitivo Participio[***]	Singular Plural	Nominativo+ Dativo+ Genitivo+ Acusativo+	Masculino+ Femenino+ Neutro+
Interjección						
Preposición						

[#] Es optativo
[*] Se aplica solo a los pronombres personales
[**] Puede ser media o pasiva o no se puede determinar o es las dos
[***] Es importante notar que los participios son tratados como verbos, no hay distinción si son participios sustantivales
+ Solo en los participios

Conjunción	**L**ógica	**A**scensiva
		co**N**ectiva
		correlativa (**K**)
		a**D**versativa
		enfática (**M**)
		e**X**plicativa
		Inferencial
		Transicional
	Adverbial	causal (**Z**)
		co**M**parativa
		co**N**cesiva
		Condicional
		Declarativa
		Locativa
		Propositiva
		final (**R**)
		Temporal
	Sustantival	de **C**ontenido
		Epexegética
adver**B**io	**C**ondicional	
	correlativo (**K**)	
	Enfático	
	indefinido (**X**)	
	Interrogativo	
	Negativo	
	de lugar (**P**)	
	Superlativo	
par**T**ícula	**C**ondicional	
	Correlativa (**K**)	
	Enfática	
	indefinida (**X**)	
	Interrogativa	
	Negativa	
	de lugar (**P**)	
	Superlativa	
indeclinable (**X**)	**L**etra	
	sustantivo **P**ropio	
	Numeral	
	palabra extranjera (**F**)	
	Otra	

PRÓLOGO AL NTGSBL

La *Society of Biblical Literature*, en armonía con su misión de fomentar la erudición bíblica, se complace en patrocinar, en asociación con *Logos Bible Software*, una nueva versión críticamente editada del Nuevo Testamento griego. El Nuevo Testamento griego SBL (*NTGSBL*), que está disponible de manera gratuita en formato electrónico (http://www.sblgnt.com), será útil para estudiantes, profesores, traductores y eruditos en una amplia variedad de entornos y contextos. ¿Por qué una nueva edición? Muchas de las ventajas y características de los "textos estándares" del Nuevo Testamento griego (o sea, las ediciones Nestle-Aland y Sociedades Bíblicas Unidas) son muy conocidas y apreciadas, pero no son suficientes para satisfacer las necesidades de todos los usuarios. Por ejemplo, muchos eruditos y estudiantes, especialmente aquellos que viven en regiones precarias, no tienen un acceso fácil a una versión críticamente editada del Nuevo Testamento griego en formato electrónico. Por lo tanto, los profesores que desean incluir porciones del griego del Nuevo Testamento en una tarea o en sus propias investigaciones y publicaciones, a menudo deben introducir el texto griego letra por letra, lo cual es tedioso y propenso al error. Los estudiantes que escriben trabajos exegéticos enfrentan obstáculos y problemas similares.

El *NTGSBL* está disponible en formato electrónico a fin de suplir esta necesidad. Cualquier erudito o estudiante puede descargar libremente todo el texto o algunas partes para su estudio personal o para publicar investigaciones académicas de manera limitada (véase el acuerdo de licencia de usuario al final). Además, el texto ha sido codificado en una fuente compatible con *Unicode, SBL griego*, para que los usuarios puedan intercambiar sus trabajos fácilmente sin tener que comprar una fuente griega. En definitiva, una versión contemporánea, críticamente editada del griego del Nuevo Testamento está gratuitamente disponible para todos.

Esta edición también tiene otros beneficios. El texto estándar es visto por algunos que lo utilizan como una edición "definitiva", en lugar de una edición "trabajada" sujeta a verificación y mejora. Por ejemplo, algunos eruditos y estudiantes parecen reflejar la creencia de que todo el trabajo crítico textual ya ha sido llevado a cabo y, por lo tanto, estiman la edición estándar del Nuevo Testamento como el texto "original". Con una mentalidad como esta, no es de extrañar que se hayan escrito tantos comentarios que simplemente adoptan el texto estándar sin discutir cuestiones textuales.

Son circunstancias como estas, que justifican la existencia de una edición alternativa crítica del texto —el *NTGSBL* difiere del texto estándar en más de 540 lugares—, lo cual ayudará a los lectores del Nuevo Testamento griego a recordar que la crítica textual aún tiene mucho que ofrecer. Además de recordarles de la necesidad de continuar prestando atención a las variantes preservadas en la tradición textual, esta edición también puede ayudar a entender de manera más comprensiva la meta de la crítica textual del Nuevo Testamento: la identificación del texto más antiguo y el estudio de todas las variantes textuales para comprender cómo las personas y las comunidades cristianas adoptaban, utilizaban y a veces alteraban los textos que leían, estudiaban y transmitían.

EL TEXTO

El *Nuevo Testamento griego* (*NTGSBL*) es una nueva edición del Nuevo Testamento griego, establecido con la ayuda de ediciones anteriores. En particular, cuatro ediciones del Nuevo Testamento griego fueron utilizadas como recursos primarios durante este proceso. Estas ediciones (y sus abreviaturas) son:

WH Brooke Foss Westcott y Fenton John Anthony Hort, *The New Testament in the Original Greek,* vol. 1: *Text*; vol. 2: *Introduction* [y] *Appendix* (Cambridge: Macmillan, 1881). Esta famosa e influyente edición del Nuevo Testamento griego del siglo diecinueve fue clave en la creación del texto original de Nestle, y fue utilizada como la base inicial de comparación en la creación del *Nuevo Testamento griego* de las Sociedades Bíblicas Unidas.

Treg — Samuel Prideaux Tregelles, *The Greek New Testament, Edited from Ancient Authorities, with their Various Readings in Full, and the Latin Version of Jerome* (London: Bagster; Stewart, 1857–1879). Aunque la fina edición de Tregelles ha sido eclipsada por la de sus contemporáneos Westcott y Hort, sus decisiones textuales revelan una "visión consistente y una apreciación" de toda la evidencia textual disponible que no es tan evidente en la obra de sus principales colegas del siglo diecinueve, quienes tienen una tendencia (en distintos grados) a analizar el último "gran descubrimiento" (Ephraemi Rescriptus/04 en el caso de Lachmann, Sinaiticus/01 en el caso de Tischendorf, y Vaticanus/03 en el caso de Westcott y Hort). Tregelles ofrece una perspectiva alternativa junto a Westcott y Hort.

NIV — Richard J. Goodrich y Albert L. Lukaszewski, *A Reader's Greek New Testament* (Grand Rapids: Zondervan, 2003). Esta edición presenta el texto griego detrás de la *New International Version* el cual fue reconstruido por Edward Goodrick y John Kohlenberger III.[2] Por lo tanto, esta edición representa las decisiones textuales tomadas por el comité de traducción de la Biblia, el grupo internacional de eruditos encargados de la traducción de la NIV. Según sus editores, esta edición difiere de las ediciones de Sociedades Bíblicas Unidas/Nestle-Aland del Nuevo Testamento griego en 231 lugares.

RP — *The New Testament in the Original Greek: Byzantine Textform 2005*, compilado y organizado por Maurice A. Robinson y William G. Pierpont (Southborough, Mass.: Chilton, 2005). Esta edición ofrece un texto que representa la tradición textual bizantina.

ESTABLECIMIENTO DEL TEXTO

El punto de partida para el *NTGSBL* fue la edición de Westcott y Hort. Primero, el texto WH fue modificado para que coincida con las normas ortográficas del *NTGSBL* (descrito a continuación). Después la versión modificada fue comparada con las otras tres ediciones primarias (Treg, NIV y RP) a fin de identificar puntos de acuerdo y desacuerdo entre ellas. En aquellos lugares donde las cuatro ediciones coincidieron, el texto fue aceptado, en principio, como el texto de la edición SBL; los puntos de desacuerdo fueron marcados para mayor análisis. El editor luego trabajó de manera sistemática a lo largo de todo el texto, prestando especial atención a los puntos de desacuerdo, pero también examinando aquellos lugares donde las cuatro ediciones estuvieron de acuerdo. Donde hubo desacuerdo entre las cuatro ediciones, el editor determinó cuál variante utilizar;[3] sin embargo, en algunas ocasiones, hubo variantes textuales que fueron adoptadas a pesar de que ninguna de las cuatro ediciones daba testimonio de esa lectura. Del mismo modo, en ciertos lugares donde las cuatro ediciones estaban de acuerdo, el editor determinó si aceptar esa lectura o adoptar una variante alternativa. De esta manera se estableció el texto del *NTGSBL*.

[2] *The Holy Bible, New International Version: New Testament* (Grand Rapids: Zondervan, 1973).

[3] O, para ser más precisos, cuál variante es más probable que represente la forma en que el texto comenzó a copiarse y a circular primeramente.

Una comparación de este nuevo texto con las cuatro ediciones mencionadas anteriormente, utilizando como base de datos las 6.928 variantes textuales registradas en el aparato crítico (descrito a continuación), revela los siguientes patrones:

	Acuerdo	Desacuerdo
SBL—WH:	6.047	881
SBL—Treg:	5.699	
SBL—NIV:	6.310	618
SBL—RP:	970	5.958

También es interesante hacer una comparación entre los puntos de acuerdo del *NTGSBL* y una de las cuatro ediciones con las otras tres y viceversa:

SBL + WH vs. Treg NIV RP:	99	SBL + Treg NIV RP vs. WH:	365
SBL + Treg vs. WH NIV RP:	28	SBL + WH NIV RP vs. Treg:	150
SBL + NIV vs. WH Treg RP:	59	SBL + WH Treg RP vs. NIV:	103
SBL + RP vs. WH Treg NIV:	66	SBL + WH Treg NIV vs. RP:	4.874

ORTOGRAFÍA Y ASUNTOS RELACIONADOS

La ortografía de esta edición (incluyendo los acentos[4]) sigue el formato lingüístico del léxico Bauer-Danker-Arndt-Gingrich (BDAG).[5] Esto incluye tanto el texto como el aparato crítico: las entradas en el aparato crítico, generalmente, han sido conformadas a la ortografía de BDAG independientemente del formato lingüístico que tengan en la edición de donde proceden.

Con respecto a la elisión (por ej., ἀλλ’ por ἀλλά), la contracción (por ej., κἀγώ por καὶ ἐγώ), la ν movible, y el intercambio entre el aoristo primero y el aoristo segundo en las terminaciones verbales, se ha conservado el texto de Westcott y Hort. Como en el caso de la ortografía, esta pauta se aplica, generalmente, en el aparato crítico y en el texto.

USO DE MAYÚSCULAS

El uso de mayúsculas sigue el modelo de la tercera edición de *The Apostolic Fathers: Greek Texts and English Translations*[6], que escribe con mayúsculas (1) la primera palabra de un párrafo; (2) la primera palabra del discurso directo; y (3) los

[4] En ocasiones las respiraciones son tanto un aspecto de interpretación como la lexicografía. Estando de acuerdo con una minoría de los miembros del comité editorial de la SBU (ver Bruce M. Metzger, *A Textual Commentary on The Greek New Testament* [London: United Bible Societies, 1971], 616 [un tratado sobre Fil 3:21 que no se encuentra en la segunda edición]), el NTGSBL en ciertas ocasiones incluye un espíritu rudo en formas de αὑτός.

[5] *A Greek-English Lexicon of the New Testament and other Early Christian Literature* (3ra ed., revisada y editada por Frederick William Danker; basada en la 6ta ed. de Walter Bauer *Griechisch-deutsches Wörterbuch zu den Schriften des Neuen Testaments und der frühchristlichen Literatur*; Chicago: University of Chicago Press, 2000). Por lo tanto, ἁγνεία, no ἁγνία (así en WH) o, en el caso de palabras con la ς movible (cf. BDF §21), ἄχρι, μέχρι y οὕτως son impresas en todo lugar, excepto si la BDAG indica otra cosa (ἄχρις, Gál. 3:19 y Heb. 3:13; μέχρις, Mar. 13:30, Gál. 4:19, Heb. 12:4; οὕτω, Hech. 23:11, Fil. 3:17, Heb. 12:21, Apoc. 16:18). Una excepción rara a esta pauta es la adopción de νουμηνίας en lugar de νεομηνίας en Col. 2:16.

[6] Michael W. Holmes, ed., *The Apostolic Fathers: Greek Texts and English Translations* (3rd ed.; Grand Rapids: Baker Academic, 2007.

nombres propios[7]. Ocasionalmente hay algunas variantes textuales en el aparato crítico que están escritas con mayúsculas ya que siguen el formato de la edición de donde proceden.

PUNTUACIÓN, DIVISIÓN DE VERSÍCULOS Y PÁRRAFOS

La división de los versículos mantiene el mismo formato que *Nestle-Aland/United Bible Societies Greek.* No se han registrado diferencias entre estas ediciones.

La puntuación, por lo general, es la misma que la de Westcott y Hort. Sin embargo, hay algunas excepciones donde se requiere un cambio correspondiente, ya sea por una decisión textual o por haber elegido otra división de párrafo. Cuando Westcott y Hort emplean dos signos de puntuación de manera consecutiva (como una coma después o antes de un guión; véase 1 Tim 1:5, 2:7), uno de ellos ha sido eliminado. Se ha añadido un punto sobresaliente antes de cada discurso directo donde hace falta otro signo de puntuación. En ocasiones se han introducido otras modificaciones según el contexto.

La división de párrafos generalmente sigue el modelo de la Biblia en inglés *New Revised Standard Version* (NRSV). Aquellos lugares donde la división de párrafos entre la NRSV y Westcott y Hort no coincide, se han resuelto según el contexto.

[7] Una categoría que, sin duda, ofrece muchas oportunidades para diferencias de opinión.

Evangelio según
MATEO
ΚΑΤΑ ΜΑΘΘΑΙΟΝ

RVR

Genealogía de Jesucristo

1 Libro de la genea-
logía de Jesucristo,
hijo de David, hijo de
Abraham.
2 Abraham engendró
a Isaac, Isaac a Jacob,
y Jacob a Judá y a sus
hermanos.
3 Judá engendró de
Tamar a Fares y a Zara,
Fares a Esrom, y Esrom
a Aram.
4 Aram engendró a
Aminadab, Aminadab
a Naasón, y Naasón a
Salmón.
5 Salmón engendró de
Rahab a Booz, Booz en-
gendró de Rut a Obed,
y Obed a Isay.
6 Isay engendró al rey
David, y el rey David
engendró a Salomón
de la que fue mujer de
Urías.
7 Salomón engendró
a Roboam, Roboam a

1 Βίβλος	γενέσεως	Ἰησοῦ	Χριστοῦ	υἱοῦ	Δαυὶδ	υἱοῦ	Ἀβραάμ.
Libro	del origen	de Jesús	Cristo	hijo	de David,	hijo	de Abraham.
976	1078	2424	5547	5207	1138	5207	11
NNSF	*NGSF*	*NGSM*	*NGSM*	*NGSM*	*NGSM, XP*	*NGSM*	*NGSM, XP*

2 Ἀβραὰμ	ἐγέννησεν	τὸν	Ἰσαάκ,	Ἰσαὰκ	δὲ	ἐγέννησεν	τὸν	Ἰακώβ,
Abraham	engendró	a --	Isaac,	Isaac$_2$	e$_1$	engendró	a --	Jacob,
11	1080	3588	2464	2464	1161	1080	3588	2384
NNSM, XP	*VAAI3S*	*DASM*	*NASM, XP*	*NNSM, XP*	*CLN*	*VAAI3S*	*DASM*	*NASM, XP*

Ἰακὼβ	δὲ	ἐγέννησεν	τὸν	Ἰούδαν	καὶ	τοὺς	ἀδελφοὺς	αὐτοῦ,	3 Ἰούδας
Jacob$_2$	y$_1$	engendró	a --	Judá	y	a los	hermanos	de él,	Judá$_2$
2384	1161	1080	3588	2455	2532	3588	80	846	2455
NNSM, XP	*CLN*	*VAAI3S*	*DASM*	*NASM*	*CLN*	*DAPM*	*NAPM*	*RP3GSM*	*NNSM*

δὲ	ἐγέννησεν	τὸν	Φαρὲς	καὶ	τὸν	Ζάρα	ἐκ	τῆς	Θαμάρ,	Φαρὲς	δὲ
y$_1$	engendró	a --	Fares	y	a --	Zara,	de	--	Tamar,	Fares$_2$	y$_1$
1161	1080	3588	5329	2532	3588	2196	1537	3588	2283	5329	1161
CLN	*VAAI3S*	*DASM*	*NASM, XP*	*CLN*	*DASM*	*NASM, XP*	*P*	*DGSF*	*NGSF, XP*	*NNSM, XP*	*CLN*

ἐγέννησεν	τὸν	Ἑσρώμ,	Ἑσρὼμ	δὲ	ἐγέννησεν	τὸν	Ἀράμ,	4 Ἀρὰμ	δὲ
engendró	a --	Esrom,	Esrom$_2$	y$_1$	engendró	a --	Aram,	Aram$_2$	y$_1$
1080	3588	2074	2074	1161	1080	3588	689	689	1161
VAAI3S	*DASM*	*NASM, XP*	*NNSM, XP*	*CLN*	*VAAI3S*	*DASM*	*NASM, XP*	*NNSM, XP*	*CLN*

ἐγέννησεν	τὸν	Ἀμιναδάβ,	Ἀμιναδὰβ	δὲ	ἐγέννησεν	τὸν	Ναασσών,
engendró	a --	Aminadab,	Aminadab$_2$	y$_1$	engendró	a --	Naasón,
1080	3588	284	284	1161	1080	3588	3476
VAAI3S	*DASM*	*NASM, XP*	*NNSM, XP*	*CLN*	*VAAI3S*	*DASM*	*NASM, XP*

Ναασσὼν	δὲ	ἐγέννησεν	τὸν	Σαλμών,	5 Σαλμὼν	δὲ	ἐγέννησεν	τὸν
Naasón$_2$	y$_1$	engendró	a --	Salmón,	Salmón$_2$	y$_1$	engendró	a --
3476	1161	1080	3588	4533	4533	1161	1080	3588
NNSM, XP	*CLN*	*VAAI3S*	*DASM*	*NASM, XP*	*NNSM, XP*	*CLN*	*VAAI3S*	*DASM*

Βόες	ἐκ	τῆς	Ῥαχάβ,	Βόες	δὲ	ἐγέννησεν	τὸν	Ἰωβὴδ	ἐκ	τῆς
Booz	de	--	Rahab,	Booz$_2$	y$_1$	engendró	a --	Obed	de	--
1003	1537	3588	4477	1003	1161	1080	3588	5601	1537	3588
NASM, XP	*P*	*DGSF*	*NGSF, XP*	*NNSM, XP*	*CLN*	*VAAI3S*	*DASM*	*NASM, XP*	*P*	*DGSF*

Ῥούθ,	Ἰωβὴδ	δὲ	ἐγέννησεν	τὸν	Ἰεσσαί,	6 Ἰεσσαὶ	δὲ	ἐγέννησεν	τὸν
Rut,	Obed$_2$	y$_1$	engendró	a --	Isaí,	Isaí$_2$	e$_1$	engendró	a --
4503	5601	1161	1080	3588	2421	2421	1161	1080	3588
NGSF, XP	*NNSM, XP*	*CLN*	*VAAI3S*	*DASM*	*NASM, XP*	*NNSM, XP*	*CLN*	*VAAI3S*	*DASM*

Δαυὶδ	τὸν	βασιλέα.
David,	el	rey.
1138	3588	935
NASM, XP	*DASM*	*NASM*

Δαυὶδ	⌜δὲ	ἐγέννησεν	τὸν	Σολομῶνα	ἐκ	τῆς*	τοῦ	Οὐρίου,
David$_2$	Y$_1$	engendró	a --	Salomón	de	la	de --	Urías,
1138	1161	1080	3588	4672	1537	3588	3588	3774
NNSM, XP	*CLN*	*VAAI3S*	*DASM*	*NASM*	*P*	*DGSF*	*DGSM*	*NGSM*

7 Σολομὼν	δὲ	ἐγέννησεν	τὸν	Ῥοβοάμ,	Ῥοβοὰμ	δὲ	ἐγέννησεν	τὸν
Salomón$_2$	y$_1$	engendró	a --	Roboam,	Roboam$_2$	y$_1$	engendró	a --
4672	1161	1080	3588	4497	4497	1161	1080	3588
NNSM	*CLN*	*VAAI3S*	*DASM*	*NASM, XP*	*NNSM, XP*	*CLN*	*VAAI3S*	*DASM*

NVI

Genealogía de Jesucristo

1 Tabla genealógi-
ca de Jesucristo,
hijo de David, hijo de
Abraham:

2 Abraham fue el padre
de Isaac;
Isaac, padre de Jacob;
Jacob, padre de Judá y
de sus hermanos;
3 Judá, padre de Fares
y de Zera, cuya ma-
dre fue Tamar;
Fares, padre de Jezrón;
Jezrón, padre de
Aram;
4 Aram, padre de
Aminadab;
Aminadab, padre de
Naasón;
Naasón, padre de
Salmón;
5 Salmón, padre de
Booz, cuya madre
fue Rajab;
Booz, padre de Obed,
cuya madre fue
Rut;
Obed, padre de Isaí;
6 e Isaí, padre del rey
David.

David fue el padre
de Salomón, cuya
madre había sido la
esposa de Urías;
7 Salomón, padre de
Roboán;

1:6⌜ Manuscritos inferiores aumentaron *el rey.* **1:6*** O sea *la que fue esposa.*

RVR

Abiá, y Abiá a Asá.
8 Asá engendró a Josafat,
Josafat a Joram, y Joram
a Uzías.
9 Uzías engendró a
Joátam, Joátam a Acaz,
y Acaz a Ezequías.
10 Ezequías engendró
a Manasés, Manasés a
Amón, y Amón a Josías.
11 Josías engendró a
Jeconías y a sus her-
manos, en el tiempo
de la deportación a
Babilonia.
12 Después de la de-
portación a Babilonia,
Jeconías engendró a
Salatiel, y Salatiel a
Zorobabel.
13 Zorobabel engen-
dró a Abiud, Abiud a
Eliaquim, y Eliaquim
a Azor.
14 Azor engendró a
Sadoc, Sadoc a Aquim,
y Aquim a Eliud.
15 Eliud engendró
a Eleazar, Eleazar a

Ἀβιά, Ἀβιὰ δὲ ἐγέννησεν τὸν Ἀσάφ, 8 Ἀσὰφ δὲ ἐγέννησεν τὸν
Abías, Abías$_2$ y$_1$ engendró a -- Asa, Asa$_2$ y$_1$ engendró a --
7 7 1161 1080 3588 760 760 1161 1080 3588
NASM, XP NNSM, XP CLN VAAI3S DASM NASM, XP NNSM, XP CLN VAAI3S DASM

Ἰωσαφάτ, Ἰωσαφὰτ δὲ ἐγέννησεν τὸν Ἰωράμ, Ἰωρὰμ δὲ ἐγέννησεν
Josafat, Josafat$_2$ y$_1$ engendró a -- Joram, Joram$_2$ y$_1$ engendró
2498 2498 1161 1080 3588 2496 2496 1161 1080
NASM, XP NNSM, XP CLN VAAI3S DASM NASM, XP NNSM, XP CLN VAAI3S

τὸν Ὀζίαν, 9 Ὀζίας δὲ ἐγέννησεν τὸν Ἰωαθάμ, Ἰωαθὰμ δὲ
a -- Uzías, Uzías$_2$ Y$_1$ engendró a -- Jotam, Jotam$_2$ y$_1$
3588 3604 3604 1161 1080 3588 2488 2488 1161
DASM NASM NNSM CLN VAAI3S DASM NASM, XP NNSM, XP CLN

ἐγέννησεν τὸν Ἀχάζ, Ἀχὰζ δὲ ἐγέννησεν τὸν Ἑζεκίαν, 10 Ἑζεκίας
engendró a -- Acaz, Acaz$_2$ y$_1$ engendró a -- Ezequías, Ezequías$_2$
1080 3588 881 881 1161 1080 3588 1478 1478
VAAI3S DASM NASM, XP NNSM, XP CLN VAAI3S DASM NASM NNSM

δὲ ἐγέννησεν τὸν Μανασσῆ, Μανασσῆς δὲ ἐγέννησεν τὸν
y$_1$ engendró a -- Manasés, Manasés$_2$ y$_1$ engendró a --
1161 1080 3588 3128 3128 1161 1080 3588
CLN VAAI3S DASM NASM NNSM CLN VAAI3S DASM

Ἀμώς, Ἀμὼς δὲ ἐγέννησεν τὸν Ἰωσίαν, 11 Ἰωσίας δὲ ἐγέννησεν
Amón, Amón$_2$ y$_1$ engendró a -- Josías, Josías$_2$ y$_1$ engendró
301 301 1161 1080 3588 2502 2502 1161 1080
NASM, XP NNSM, XP CLN VAAI3S DASM NASM NNSM CLN VAAI3S

τὸν Ἰεχονίαν καὶ τοὺς ἀδελφοὺς αὐτοῦ ἐπὶ τῆς μετοικεσίας
a -- Jeconías y a los hermanos de él en (tiempo) de la deportación
3588 2423 2532 3588 80 846 1909 3588 3350
DASM NASM CLN DAPM NAPM RP3GSM P DGSF NGSF

Βαβυλῶνος.
de Babilonia.
897
NGSF

12 Μετὰ δὲ τὴν μετοικεσίαν Βαβυλῶνος Ἰεχονίας ἐγέννησεν τὸν
después de$_2$ Y$_1$ la deportación de Babilonia, Jeconías engendró a --
3326 1161 3588 3350 897 2423 1080 3588
P CLN DASF NASF NGSF NNSM VAAI3S DASM

Σαλαθιήλ, Σαλαθιὴλ δὲ ἐγέννησεν τὸν Ζοροβαβέλ, 13 Ζοροβαβὲλ
Salatiel, Salatiel$_2$ y$_1$ engendró a -- Zorobabel, Zorobabel$_2$
4528 4528 1161 1080 3588 2216 2216
NASM, XP NNSM, XP CLN VAAI3S DASM NASM, XP NNSM, XP

δὲ ἐγέννησεν τὸν Ἀβιούδ, Ἀβιοὺδ δὲ ἐγέννησεν τὸν Ἐλιακίμ,
y$_1$ engendró a -- Abiud, Abiud$_2$ y$_1$ engendró a -- Eliaquim,
1161 1080 3588 10 10 1161 1080 3588 1662
CLN VAAI3S DASM NASM, XP NNSM, XP CLN VAAI3S DASM NASM, XP

Ἐλιακὶμ δὲ ἐγέννησεν τὸν Ἀζώρ, 14 Ἀζὼρ δὲ ἐγέννησεν τὸν
Eliaquim$_2$ y$_1$ engendró a -- Azor, Azor$_2$ y$_1$ engendró a --
1662 1161 1080 3588 107 107 1161 1080 3588
NNSM, XP CLN VAAI3S DASM NASM, XP NNSM,XP CLN VAAI3S DASM

Σαδώκ, Σαδὼκ δὲ ἐγέννησεν τὸν Ἀχίμ, Ἀχὶμ δὲ ἐγέννησεν
Sadoc, Sadoc$_2$ y$_1$ engendró a -- Aquim, Aquim$_2$ y$_1$ engendró
4524 4524 1161 1080 3588 885 885 1161 1080
NASM, XP NNSM, XP CLN VAAI3S DASM NASM, XP NNSM, XP CLN VAAI3S

τὸν Ἐλιούδ, 15 Ἐλιοὺδ δὲ ἐγέννησεν τὸν Ἐλεάζαρ, Ἐλεάζαρ δὲ
a -- Eliud, Eliud$_2$ y$_1$ engendró a -- Eleazar, Eleazar$_2$ y$_1$
3588 1664 1664 1161 1080 3588 1648 1648 1161
DASM NASM, XP NNSM, XP CLN VAAI3S DASM NASM, XP NNSM, XP CLN

NVI

Roboán, padre de
Abías;
Abías, padre de Asá;
8 Asá, padre de Josafat;
Josafat, padre de Jorán;
Jorán, padre de Uzías;
9 Uzías, padre de Jotán;
Jotán, padre de Acaz;
Acaz, padre de
Ezequías;
10 Ezequías, padre de
Manasés;
Manasés, padre de
Amón;
Amón, padre de Josías;
11 y Josías, padre de
Jeconías y de sus
hermanos en tiem-
pos de la deporta-
ción a Babilonia.

12 Después de la depor-
tación a Babilonia,
Jeconías fue el padre
de Salatiel;
Salatiel, padre de
Zorobabel;
13 Zorobabel, padre de
Abiud;
Abiud, padre de
Eliaquín;
Eliaquín, padre de
Azor;
14 Azor, padre de
Sadoc;
Sadoc, padre de
Aquín;
Aquín, padre de Eliud;
15 Eliud, padre de
Eleazar;

RVR

Matán, Matán a Jacob;
16 y Jacob engendró a José, marido de María, de la cual nació Jesús, llamado el Cristo.
17 De manera que todas las generaciones desde Abraham hasta David son catorce; desde David hasta la deportación a Babilonia, catorce; y desde la deportación a Babilonia hasta Cristo, catorce generaciones.

Nacimiento de Jesucristo

18 El nacimiento de Jesucristo fue así: Estando su madre María desposada con José, antes de que viviesen juntos se halló que estaba encinta por obra del Espíritu Santo.
19 José su marido, como era justo, y no quería denunciarla, resolvió dejarla secretamente.
20 Y pensando él en esto, he aquí que un ángel del Señor se le apareció en sueños y le dijo: José, hijo de David, no temas recibir a María

ἐγέννησεν	τὸν	Ματθάν,	Ματθὰν	δὲ	ἐγέννησεν	τὸν	Ἰακώβ,	16 Ἰακὼβ
engendró	a --	Matán,	Matán$_2$	y$_1$	engendró	a --	Jacob,	Jacob$_2$
1080	3588	3157	3157	1161	1080	3588	2384	2384
VAAI3S	*DASM*	*NASM, XP*	*NNSM, XP*	*CLN*	*VAAI3S*	*DASM*	*NASM, XP*	*NNSM, XP*

δὲ	ἐγέννησεν	τὸν	Ἰωσὴφ	τὸν	ἄνδρα	Μαρίας,	ἐξ	ἧς	ἐγεννήθη*
y$_1$	engendró	a --	José	el	esposo	de María,	de	la que	fue engendrado
1161	1080	3588	2501	3588	435	3137	1537	3739	1080
CLN	*VAAI3S*	*DASM*	*NASM, XP*	*DASM*	*NASM*	*NGSF*	*P*	*RR-GSF*	*VAPI3S*

Ἰησοῦς	ὁ	λεγόμενος	χριστός.
Jesús	el	llamado	Cristo.
2424	3588	3004	5547
NNSM	*DNSM*	*VPPP-SNM*	*NNSM*

17 Πᾶσαι	οὖν	αἱ	γενεαὶ	ἀπὸ	Ἀβραὰμ	ἕως	Δαυὶδ	γενεαὶ
todas$_1$	Así que,$_2$	las	generaciones	de	Abraham	hasta	David	generaciones,$_2$
3956	3767	3588	1074	575	11	2193	1138	1074
JNPF	*CLI*	*DNPF*	*NNPF*	*P*	*NGSM, XP*	*P, CAT*	*NGSM, XP*	*NNPF*

δεκατέσσαρες,	καὶ	ἀπὸ	Δαυὶδ	ἕως	τῆς	μετοικεσίας	Βαβυλῶνος
(fueron) catorce$_1$	y	de	David	hasta	la	deportación	de Babilonia,
1180	2532	575	1138	2193	3588	3350	897
JNPF	*CLN*	*P*	*NGSM, XP*	*P, CAT*	*DGSF*	*NGSF*	*NGSF*

γενεαὶ	δεκατέσσαρες,	καὶ	ἀπὸ	τῆς	μετοικεσίας	Βαβυλῶνος	ἕως	τοῦ
generaciones,$_2$	catorce$_1$	y	desde	la	deportación	de Babilonia	hasta	el
1074	1180	2532	575	3588	3350	897	2193	3588
NNPF	*JNPF*	*CLN*	*P*	*DGSF*	*NGSF*	*NGSF*	*P, CAT*	*DGSM*

χριστοῦ	γενεαὶ	δεκατέσσαρες.
Cristo,	generaciones.$_2$	catorce$_1$
5547	1074	1180
NGSM	*NNPF*	*JNPF*

18 Τοῦ	δὲ	Ἰησοῦ	Χριστοῦ	ἡ	γένεσις	οὕτως	ἦν.
de --$_4$	Y$_1$	Jesús$_5$	Cristo$_6$	el$_2$	nacimiento$_3$	así:$_8$	era$_7$
3588	1161	2424	5547	3588	1078	3779	2258
DGSM	*CLT*	*NGSM*	*NGSM*	*DNSF*	*NNSF*	*B*	*VIAI3S*

μνηστευθείσης	τῆς	μητρὸς	αὐτοῦ	Μαρίας	τῷ	Ἰωσήφ,	πρὶν
habiéndose comprometido para casarse$_9$	la$_{11}$	madre$_{12}$	de él,$_{13}$	María,$_{10}$	con --	José,	antes
3423	3588	3384	846	3137	3588	2501	4250
VAPP-SGF	*DGSF*	*NGSF*	*RP3GSM*	*NGSF*	*DDSM*	*NDSM, XP*	*CAT, B*

ἢ	συνελθεῖν	αὐτοὺς	εὑρέθη	ἐν	γαστρὶ	ἔχουσα*	ἐκ	πνεύματος
que	vivir juntos,$_2$	ellos$_1$	fue hallado	en$_2$	(el) vientre$_3$	teniendo$_1$	de(l)	Espíritu
2228	4905	846	2147	1722	1064	2192	1537	4151
T, C	*VAAN*	*RP3APM*	*VAPI3S*	*P*	*NDSF*	*VPAP-SNF*	*P*	*NGSN*

ἁγίου.	19 Ἰωσὴφ	δὲ	ὁ	ἀνὴρ	αὐτῆς,	δίκαιος	ὢν	καὶ	μὴ	θέλων
Santo.	José$_2$	Mas$_1$	el	esposo	de ella,	justo$_2$	siendo$_1$	y	no	queriendo
40	2501	1161	3588	435	846	1342	5607	2532	3361	2309
JGSN	*NNSM, XP*	*CLN*	*DNSM*	*NNSM*	*RP3GSF*	*JNSM*	*VPAP-SNM*	*CLN*	*BN, TN*	*VPAP-SNM*

αὐτὴν	δειγματίσαι,	ἐβουλήθη	λάθρᾳ	ἀπολῦσαι	αὐτήν.	20 ταῦτα
a ella$_2$	humillar$_1$	quiso$_3$	secretamente.$_6$	repudiar$_5$	a ella$_4$	estas (cosas),$_4$
846	1165	1014	2977	630	846	5023
RP3ASF	*VAAN*	*VAPI3S*	*B*	*VAAN*	*RP3ASF*	*RD-APN*

δὲ	αὐτοῦ	ἐνθυμηθέντος	ἰδοὺ	ἄγγελος	κυρίου	κατ᾽	ὄναρ
Y$_1$	él$_2$	habiendo pensado$_3$	he aquí	un ángel	del Señor	en$_5$	un sueño$_4$
1161	846	1760	2400	32	2962	2596	3677
CLN, CLC	*RP3GSM*	*VAPP-SGM*	*I, VAAM2S*	*NNSM*	*NGSM*	*P*	*NASN*

ἐφάνη	αὐτῷ	λέγων·	Ἰωσὴφ	υἱὸς	Δαυίδ,	μὴ	φοβηθῇς	παραλαβεῖν
se apareció$_1$	a él$_2$	diciendo:	José,	hijo	de David,	no	temas	recibir
5316	846	3004	2501	5207	1138	3361	5399	3880
VAPI3S	*RP3DSM*	*VPAP-SNM*	*NVSM, XP*	*NNSM*	*NGSM, XP*	*BN, TN*	*VAPS2S*	*VAAN*

NVI

Eleazar, padre de Matán;
Matán, padre de Jacob;
16 y Jacob, padre de José, que fue el esposo de María, de la cual nació Jesús, llamado el Cristo.

17 Así que hubo en total catorce generaciones desde Abraham hasta David, catorce desde David hasta la deportación a Babilonia, y catorce desde la deportación hasta el Cristo.

Nacimiento de Jesucristo

18 El nacimiento de Jesús, el Cristo, fue así: Su madre, María, estaba comprometida para casarse con José, pero, antes de unirse a él, resultó que estaba encinta por obra del Espíritu Santo.
19 Como José, su esposo, era un hombre justo y no quería exponerla a vergüenza pública, resolvió divorciarse de ella en secreto.
20 Pero, cuando él estaba considerando hacerlo, se le apareció en sueños un ángel del Señor y le dijo: «José, hijo de David, no temas recibir a María por

1:16* O sea *nació*.   **1:18*** O sea *que está embarazada*.

RVR

por mujer, porque lo
engendrado en ella es
del Espíritu Santo.
21 Y dará a luz un hijo,
y llamarás su nombre
Jesús, porque él salvará
a su pueblo de sus
pecados.
22 Todo esto aconteció
para que se cumpliese
lo dicho por el Señor
por medio del profeta,
cuando dijo:
23 He aquí que la virgen
concebirá y dará a luz
un hijo,
Y llamarán su nombre
Emanuel, que
traducido es: Dios
con nosotros.
24 Y despertando José
del sueño, hizo como el
ángel del Señor le había
mandado, y recibió en
su hogar a María como
su esposa.
25 Pero no la conoció
hasta que dio a luz a su
hijo primogénito y le
puso por nombre Jesús.

Adoración de los magos

2 Después de haber
nacido Jesús en
Belén de Judea en días
del rey Herodes, llega-
ron a Jerusalén unos
magos procedentes del
oriente
2 diciendo: ¿Dónde está
el que ha nacido rey de

Μαρίαν	τὴν	γυναῖκά	σου,	τὸ	γὰρ	ἐν	αὐτῇ	γεννηθὲν	ἐκ
a María	la	esposa	de ti,	lo$_2$	porque$_1$	en$_3$	ella$_4$	ha sido engendrado,$_5$	de(l)$_7$
3137	3588	1135	4675	3588	1063	1722	846	1080	1537
NASF	DASF	NASF	RP2GS	DNSN	CAZ	P	RP3DSF	VAPP-SNN	P

πνεύματός	ἐστιν	ἁγίου.	21 τέξεται	δὲ	υἱὸν	καὶ	καλέσεις	τὸ	ὄνομα
Espíritu$_8$	es$_6$	Santo.$_9$	dará a luz$_2$	Y$_1$	un hijo,	y	llamarás	el	nombre
4151	2076	40	5088	1161	5207	2532	2564	3588	3686
NGSN	VPAI3S	JGSN	VFMI3S	CLN	NASM	CLN	VFAI2S	DASN	NASN

αὐτοῦ	Ἰησοῦν,	αὐτὸς	γὰρ	σώσει	τὸν	λαὸν	αὐτοῦ	ἀπὸ	τῶν	ἁμαρτιῶν
de él	Jesús,	él$_2$	porque$_1$	salvará	al	pueblo	de él	de	los	pecados
846	2424	846	1063	4982	3588	2992	846	575	3588	266
RP3GSM	NASM	RP3NSMP	CAZ	VFAI3S	DASM	NASM	RP3GSM	P	DGPF	NGPF

αὐτῶν.	22 τοῦτο	δὲ	ὅλον	γέγονεν	ἵνα	πληρωθῇ	τὸ	ῥηθὲν	ὑπὸ
de ellos.	esto$_3$	Y$_1$	todo$_2$	ha sucedido	para que	se cumpliera	lo	que ha sido dicho	por
846	5124	1161	3650	1096	2443	4137	3588	4483	5259
RP3GPM	RD-NSN	CLX	JNSN	VRAI3S	CAP	VAPS3S	DNSN	VAPP-SNN	P

κυρίου	διὰ	τοῦ	προφήτου	λέγοντος.	23 Ἰδοὺ	ἡ	παρθένος
(el) Señor	por medio de	el	profeta,	diciendo:	He aquí,	la	virgen
2962	1223	3588	4396	3004	2400	3588	3933
NGSM	P	DGSM	NGSM	VPAP-SGM, VPAP-SGN	I, VAAM2S	DNSF	NNSF

ἐν	γαστρὶ	ἕξει*	καὶ	τέξεται	υἱόν,	καὶ	καλέσουσιν	τὸ	ὄνομα
en	(el) vientre	tendrá	y	dará a luz	un hijo,	y	llamará	el$_2$	nombre$_3$
1722	1064	2192	2532	5088	5207	2532	2564	3588	3686
P	NDSF	VFAI3S	CLN	VFMI3S	NASM	CLN	VFAI3P	DASN	NASN

αὐτοῦ	Ἐμμανουήλ.	ὅ	ἐστιν	μεθερμηνευόμενον	Μεθ’	ἡμῶν	ὁ
de él,$_4$	Emanuel$_1$	lo que	es	siendo traducido:	con$_3$	nosotros.$_4$	--$_1$
846	1694	3739	2076	3177	3326	2257	3588
RP3GSM	NASM, XP	RR-NSN	VPAI3S	VPPP-SNN	P	RP1GP	DNSM

θεός.	24 ἐγερθεὶς	δὲ	ὁ	Ἰωσὴφ	ἀπὸ	τοῦ	ὕπνου	ἐποίησεν	ὡς
Dios$_2$	habiéndose levantado$_4$	Mas$_1$	--$_2$	José$_3$	de	el	sueño,	hizo	como
2316	1453	1161	3588	2501	575	3588	5258	4160	5613
NNSM	VAPP-SNM	CLN	DNSM	NNSM, XP	P	DGSM	NGSM	VAAI3S	CAM

προσέταξεν	αὐτῷ	ὁ	ἄγγελος	κυρίου	καὶ	παρέλαβεν	τὴν	γυναῖκα
ordenó$_4$	a él$_5$	el$_1$	ángel$_2$	de(l) Señor$_3$	y	recibió	a la	esposa
4367	846	3588	32	2962	2532	3880	3588	1135
VAAI3S	RP3DSM	DNSM	NNSM	NGSM	CLN	VAAI3S	DASF	NASF

αὐτοῦ.	25 καὶ	οὐκ	ἐγίνωσκεν	αὐτὴν	ἕως	οὗ	ἔτεκεν	⌜υἱόν.	καὶ
de él,	y	no	conocía	a ella	hasta	que	dio a luz	un hijo;	y
846	2532	3756	1097	846	2193	3739	5088	5207	2532
RP3GSM	CLN	BN, TN	VIAI3S	RP3ASF	P, CAT	RR-GSM	VAAI3S	NASM	CLN

ἐκάλεσεν	τὸ	ὄνομα	αὐτοῦ	Ἰησοῦν.
llamó	el	nombre	de él	Jesús.
2564	3588	3686	846	2424
VAAI3S	DASN	NASN	RP3GSM	NASM

2

Τοῦ	δὲ	Ἰησοῦ	γεννηθέντος	ἐν	Βηθλέεμ	τῆς	Ἰουδαίας	ἐν
--$_3$	Y$_1$	Jesús$_4$	habiendo nacido$_2$	en	Belén	de --	Judea,	en
3588	1161	2424	1080	1722	965	3588	2449	1722
DGSM	CLT	NGSM	VAPP-SGM	P	NDSF, XP	DGSF	NGSF	P

ἡμέραις	Ἡρῴδου	τοῦ	βασιλέως,	ἰδοὺ	μάγοι	ἀπὸ	ἀνατολῶν
días	Herodes,$_3$	del$_1$	rey$_2$	he aquí	unos magos	de(l)	oriente
2250	2264	3588	935	2400	3097	575	395
NDPF	NGSM	DGSM	NGSM	I, VAAM2S	NNPM	P	NGPF

παρεγένοντο	εἰς	Ἱεροσόλυμα	2 λέγοντες·	Ποῦ	ἐστιν	ὁ
llegaron	a	Jerusalén,	diciendo:	¿Dónde	está	el que
3854	1519	2414	3004	4226	2076	3588
VAMI3P	P	NASF	VPAP-PNM	BI	VPAI3S	DNSM

NVI

esposa, porque ella ha
concebido por obra del
Espíritu Santo. 21 Dará a
luz un hijo, y le pondrás
por nombre Jesús, por-
que él salvará a su pueblo
de sus pecados».
22 Todo esto sucedió
para que se cumpliera lo
que el Señor había dicho
por medio del profeta:
23 «La virgen concebirá
y dará a luz un hijo, y
lo llamarán Emanuel»
(que significa «Dios
con nosotros»).
24 Cuando José se
despertó, hizo lo que el
ángel del Señor le había
mandado y recibió
a María por esposa.
25 Pero no tuvo relacio-
nes conyugales con ella
hasta que dio a luz un
hijo, a quien le puso por
nombre Jesús.

Visita de los sabios

2 Después de que
Jesús nació en
Belén de Judea en tiem-
pos del rey Herodes,
llegaron a Jerusalén
unos sabios procedentes
del Oriente.
2 —¿Dónde está el
que ha nacido rey de

1:23* O sea *concebirá*.

1:25⌜ Manuscritos inferiores aumentaron *a su hijo primogénito*.

RVR

los judíos? Porque he-
mos visto su estrella en el
oriente, y hemos venido
a adorarle.
3 Al oír esto, el rey
Herodes se turbó, y toda
Jerusalén con él.
4 Y convocados todos los
principales sacerdotes, y
los escribas del pueblo,
les preguntaba dónde
había de nacer el Cristo.
5 Ellos le dijeron: En
Belén de Judea; porque
así está escrito por me-
dio del profeta:
6 Y tú, Belén, tierra
de Judá,
De ningún modo eres
la menor entre los
príncipes de Judá;
Porque de ti saldrá un
guiador,
Que apacentará a mi
pueblo Israel.
7 Entonces Herodes,
llamando en secreto a
los magos, indagó de
ellos diligentemente el
tiempo de la aparición
de la estrella;
8 y enviándolos a Belén,
dijo: Id allá y averiguad
con diligencia acerca del
niño; y cuando le ha-
lléis, hacédmelo saber,
para que yo también
vaya y le adore.
9 Ellos, habiendo oído al

τεχθεὶς	βασιλεὺς	τῶν	Ἰουδαίων;	εἴδομεν	γὰρ	αὐτοῦ	τὸν	ἀστέρα
que ha nacido	rey	de los	judíos?	vimos$_2$	Porque$_1$	de él$_5$	la$_3$	estrella$_4$
5088	935	3588	2453	1492	1063	846	3588	792
VAPP-SNM	*NNSM*	*DGPM*	*JGPM*	*VAAI1P*	*CLX*	*RP3GSM*	*DASM*	*NASM*

ἐν	τῇ	ἀνατολῇ	καὶ	ἤλθομεν	προσκυνῆσαι	αὐτῷ.	3 ἀκούσας	δὲ
en	el	oriente,	y	vinimos	a adorar	a él.	habiendo oído$_5$	Y$_1$
1722	3588	395	2532	2064	4352	846	191	1161
P	*DDSF*	*NDSF*	*CLN*	*VAAI1P*	*VAAN*	*RP3DSM*	*VAAP-SNM*	*CLN*

ὁ	βασιλεὺς	Ἡρῴδης	ἐταράχθη	καὶ	πᾶσα	Ἱεροσόλυμα	μετ'	αὐτοῦ,
el$_2$	rey$_3$	Herodes$_4$	fue turbado,	y	toda	Jerusalén	con	él,
3588	935	2264	5015	2532	3956	2414	3326	846
DNSM	*NNSM*	*NNSM*	*VAPI3S*	*CLN*	*JNSF*	*NNSF*	*P*	*RP3GSM*

4 καὶ	συναγαγὼν	πάντας	τοὺς	ἀρχιερεῖς	καὶ	γραμματεῖς	τοῦ
y	habiendo reunido	a todos	los	principales sacerdotes	y	escribas	del
2532	4863	3956	3588	749	2532	1122	3588
CLN	*VAAP-SNM*	*JAPM*	*DAPM*	*NAPM*	*CLN*	*NAPM*	*DGSM*

λαοῦ	ἐπυνθάνετο	παρ'	αὐτῶν	ποῦ	ὁ	Χριστὸς	γεννᾶται.*	5 οἱ
pueblo,	preguntaba	de	ellos	dónde	el	Cristo	es nacido.	ellos$_2$
2992	4441	3844	846	4226	3588	5547	1080	3588
NGSM	*VIUI3S*	*P*	*RP3GPM*	*BP*	*DNSM*	*NNSM*	*VPPI3S*	*DNPM*

δὲ	εἶπαν	αὐτῷ·	Ἐν	Βηθλέεμ	τῆς	Ἰουδαίας·	οὕτως	γὰρ	γέγραπται
Mas$_1$	dijeron	a él:	En	Belén	de --	Judea,	así$_2$	porque$_1$	ha sido escrito
1161	3004	846	1722	965	3588	2449	3779	1063	1125
CLN	*VAAI3P*	*RP3DSM*	*P*	*NDSF, XP*	*DGSF*	*NGSF*	*B*	*CAZ*	*VRPI3S*

διὰ	τοῦ	προφήτου·	6 Καὶ	σύ,	Βηθλέεμ	γῆ	Ἰούδα,	οὐδαμῶς
por	el	profeta:	Y	tú,	Belén	tierra	de Judá,	de ninguna manera
1223	3588	4396	2532	4771	965	1093	2448	3760
P	*DGSM*	*NGSM*	*CLT*	*RP2NS*	*NVSF, XP*	*NVSF*	*NGSM*	*BN*

ἐλαχίστη	εἶ	ἐν	τοῖς	ἡγεμόσιν	Ἰούδα·	ἐκ	σοῦ	γὰρ	ἐξελεύσεται
menos importante	eres	entre	los	gobernadores	de Judá,	de$_3$	ti$_4$	porque$_1$	saldrá$_2$
1646	1488	1722	3588	2232	2448	1537	4675	1063	1831
JNSF	*VPAI2S*	*P*	*DDPM*	*NDPM*	*NGSM*	*P*	*RP2GS*	*CAZ*	*VFMI3S*

ἡγούμενος,	ὅστις	ποιμανεῖ	τὸν	λαόν	μου	τὸν	Ἰσραήλ.
uno que gobierna,	el cual	pastoreará	al	pueblo	de mí,	a --	Israel.
2233	3748	4165	3588	2992	3450	3588	2474
VPUP-SNM	*RR-NSM*	*VFAI3S*	*DASM*	*NASM*	*RP1GS*	*DASM*	*NASM, XP*

7 Τότε	Ἡρῴδης	λάθρᾳ	καλέσας	τοὺς	μάγους	ἠκρίβωσεν
Entonces,	Herodes	secretamente$_2$	habiendo llamado$_1$	a los	magos,	indagó con precisión
5119	2264	2977	2564	3588	3097	198
B	*NNSM*	*B*	*VAAP-SNM*	*DAPM*	*NAPM*	*VAAI3S*

παρ'	αὐτῶν	τὸν	χρόνον	τοῦ	φαινομένου	ἀστέρος,	8 καὶ
de parte de	ellos	el	tiempo	el que	aparece	(la) estrella,	y
3844	846	3588	5550	3588	5316	792	2532
P	*RP3GPM*	*DASM*	*NASM*	*DGSM*	*VPUP-SGM*	*NGSM*	*CLN*

πέμψας	αὐτοὺς	εἰς	Βηθλέεμ	εἶπεν·	Πορευθέντες	ἐξετάσατε
habiendo enviado	a ellos	hacia	Belén	dijo:	Habiendo ido	averiguad
3992	846	1519	965	2036	4198	1833
VAAP-SNM	*RP3APM*	*P*	*NASF, XP*	*VAAI3S*	*VAPP-PNM*	*VAAM2P*

ἀκριβῶς	περὶ	τοῦ	παιδίου·	ἐπὰν	δὲ	εὕρητε,	ἀπαγγείλατέ	μοι,
con precisión	acerca de	el	niño;	cuando$_2$	y$_1$	(lo) halléis,	informad	a mí,
199	4012	3588	3813	1875	1161	2147	518	3427
B	*P*	*DGSN*	*NGSN*	*CAT, C*	*CLN*	*VAAS2P*	*VAAM2P*	*RP1DS*

ὅπως	κἀγὼ	ἐλθὼν	προσκυνήσω	αὐτῷ.	9 οἱ	δὲ	ἀκούσαντες
a fin de que	también yo	habiendo ido	adore	a él.	--$_2$	Y$_1$	habiendo oído$_3$
3704	2504	2064	4352	846	3588	1161	191
CAP, BK	*RP1NS, CLM*	*VAAP-SNM*	*VAAS1S*	*RP3DSM*	*DNPM*	*CLN*	*VAAP-PNM*

NVI

los judíos? —pregunta-
ron—. Vimos levantarse
su estrella y hemos veni-
do a adorarlo.
3 Cuando lo oyó el
rey Herodes, se turbó,
y toda Jerusalén con él.
4 Así que convocó de
entre el pueblo a todos
los jefes de los sacerdotes
y maestros de la ley, y les
preguntó dónde había
de nacer el Cristo.
5 —En Belén de Judea
—le respondieron—,
porque esto es lo que ha
escrito el profeta:

6 »"Pero tú, Belén, en
la tierra de Judá,
de ninguna manera
eres la menor entre
los principales de
Judá;
porque de ti saldrá un
príncipe
que será el pastor de mi
pueblo Israel"».

7 Luego Herodes
llamó en secreto a los
sabios y se enteró por
ellos del tiempo exacto
en que había aparecido
la estrella. 8 Los envió a
Belén y les dijo:
—Vayan e infór-
mense bien de ese niño
y, tan pronto como lo
encuentren, avísenme
para que yo también
vaya y lo adore.
9 Después de oír

2:4* O sea *habría de nacer.*

RVR

rey, se fueron; y he aquí
que la estrella que ha-
bían visto en el oriente
iba delante de ellos, has-
ta que llegó y se detuvo
encima de donde estaba
el niño.
10 Al ver la estrella, se
regocijaron con enorme
gozo.
11 Y al entrar en la casa,
vieron al niño con su
madre María, y postrán-
dose, lo adoraron; luego
abrieron sus tesoros y
le ofrecieron presentes:
oro, incienso y mirra.
12 Pero, avisados en
sueños que no volviesen
a Herodes, regresaron
a su tierra por otro
camino.

Matanza de los niños

13 Después que partie-
ron ellos, he aquí que un
ángel del Señor se apa-
reció en sueños a José y
dijo: Levántate, toma
al niño y a su madre, y
huye a Egipto, y perma-
nece allí hasta que yo te
diga; porque acontecerá
que Herodes buscará al
niño para matarlo.
14 Así, pues, él se levan-
tó, tomó de noche al

τοῦ	βασιλέως	ἐπορεύθησαν,	καὶ	ἰδοὺ	ὁ	ἀστὴρ	ὃν	εἶδον	ἐν
al	rey	se fueron,	y	he aquí,	la	estrella,	la que	vieron	en
3588	935	4198	2532	2400	3588	792	3739	1492	1722
DGSM	*NGSM*	*VAPI3P*	*CLN*	*I, VAAM2S*	*DNSM*	*NNSM*	*RR-ASM*	*VAAI3P*	*P*

τῇ	ἀνατολῇ	προῆγεν	αὐτούς,	ἕως	ἐλθὼν	ἐστάθη	ἐπάνω
el	oriente,	iba delante	a ellos,	hasta que	habiendo llegado	se paró	sobre
3588	395	4254	846	2193	2064	2476	1883
DDSF	*NDSF*	*VIAI3S*	*RP3APM*	*CAT*	*VAAP-SNM*	*VAPI3S*	*P, BP*

οὗ	ἦν	τὸ	παιδίον.	10 ἰδόντες	δὲ	τὸν	ἀστέρα	ἐχάρησαν
donde$_1$	estaba,$_4$	el$_2$	niño$_3$	habiendo visto$_2$	Y$_1$	la$_3$	estrella,$_4$	se alegraron$_5$
3757	2258	3588	3813	1492	1161	3588	792	5463
RR-GSM, B	*VIAI3S*	*DNSN*	*NNSN*	*VAAP-PNM*	*CLN*	*DASM*	*NASM*	*VAPI3P*

χαρὰν	μεγάλην	σφόδρα.	11 καὶ	ἐλθόντες	εἰς	τὴν	οἰκίαν	εἶδον
(con) gozo$_7$	grande.$_8$	extremadamente$_6$	Y	habiendo llegado	a	la	casa,	vieron
5479	3173	4970	2532	2064	1519	3588	3614	3708
NASF	*JASF*	*B*	*CLN*	*VAAP-PNM*	*P*	*DASF*	*NASF*	*VAAI3P*

τὸ	παιδίον	μετὰ	Μαρίας	τῆς	μητρὸς	αὐτοῦ,	καὶ	πεσόντες
al	niño	con	María	la	madre	de él,	y	habiéndose postrado
3588	3813	3326	3137	3588	3384	846	2532	4098
DASN	*NASN*	*P*	*NGSF*	*DGSF*	*NGSF*	*RP3GSM*	*CLN*	*VAAP-PNM*

προσεκύνησαν	αὐτῷ,	καὶ	ἀνοίξαντες	τοὺς	θησαυροὺς	αὐτῶν
adoraron	a él,	y	habiendo abierto	los	tesoros	de ellos,
4352	846	2532	455	3588	2344	846
VAAI3P	*RP3DSM*	*CLN*	*VAAP-PNM*	*DAPM*	*NAPM*	*RP3GPM*

προσήνεγκαν	αὐτῷ	δῶρα,	χρυσὸν	καὶ	λίβανον	καὶ	σμύρναν.	12 καὶ
ofrecieron	a él	regalos:	oro	e	incienso	y	mirra.	Y
4374	846	1435	5557	2532	3030	2532	4666	2532
VAAI3P	*RP3DSM*	*NAPN*	*NASM*	*CLN*	*NASM*	*CLN*	*NASF*	*CLN*

χρηματισθέντες	κατ’	ὄναρ	μὴ	ἀνακάμψαι	πρὸς	Ἡρῴδην	δι’	ἄλλης
siendo advertidos	en	un sueño	no	regresar	a	Herodes,	por$_6$	otro$_7$
5537	2596	3677	3361	344	4314	2264	1223	243
VAPP-PNM	*P*	*NASN*	*BN, TN*	*VAAN*	*P*	*NASM*	*P*	*JGSF*

ὁδοῦ	ἀνεχώρησαν	εἰς	τὴν	χώραν	αὐτῶν.
camino.$_8$	regresaron$_1$	a$_2$	la$_3$	región$_4$	de ellos$_5$
3598	402	1519	3588	5561	846
NGSF	*VAAI3P*	*P*	*DASF*	*NASF*	*RP3GPM*

13 Ἀναχωρησάντων	δὲ	αὐτῶν	ἰδοὺ	ἄγγελος	κυρίου	φαίνεται
habiendo regresado,$_3$	Y$_1$	ellos$_2$	he aquí	un ángel	de(l) Señor	aparece
402	1161	846	2400	32	2962	5316
VAAP-PGM	*CLT*	*RP3GPM*	*I, VAAM2S*	*NNSM*	*NGSM*	*VPUI3S*

κατ’	ὄναρ	τῷ	Ἰωσὴφ	λέγων·	Ἐγερθεὶς	παράλαβε	τὸ	παιδίον
en	un sueño	a --	José	diciendo:	habiéndote levantado	toma	al	niño
2596	3677	3588	2501	3004	1453	3880	3588	3813
P	*NASN*	*DDSM*	*NDSM, XP*	*VPAP-SNM*	*VAPP-SNM*	*VAAM2S*	*DASN*	*NASN*

καὶ	τὴν	μητέρα	αὐτοῦ	καὶ	φεῦγε	εἰς	Αἴγυπτον,	καὶ	ἴσθι	ἐκεῖ	ἕως
y	a la	madre	de él,	y	huye	hacia	Egipto,	y	estate	allí	hasta
2532	3588	3384	846	2532	5343	1519	125	2532	2468	1563	2193
CLN	*DASF*	*NASF*	*RP3GSM*	*CLN*	*VPAM2S*	*P*	*NASF*	*CLN*	*VPAM2S*	*BP*	*CAT*

ἂν	εἴπω	σοι·	μέλλει	γὰρ	Ἡρῴδης	ζητεῖν	τὸ	παιδίον	τοῦ
--	dijera	a ti,	está a punto de$_3$	porque$_1$	Herodes$_2$	buscar	al	niño	--
302	2036	4671	3195	1063	2264	2212	3588	3813	3588
TC	*VAAS1S*	*RP2DS*	*VPAI3S*	*CAZ*	*NNSM*	*VPAN*	*DASN*	*NASN*	*DGSN, DGSM*

ἀπολέσαι	αὐτό.	14 ὁ	δὲ	ἐγερθεὶς	παρέλαβε	τὸ	παιδίον	καὶ
para destruir	a él.	él$_3$	Y$_1$	habiéndose levantado$_2$	tomó$_4$	al	niño	y
622	846	3588	1161	1453	3880	3588	3813	2532
VAAN	*RP3ASN*	*DNSM*	*CLN*	*VAPP-SNM*	*VAAI3S*	*DASN*	*NASN*	*CLN*

NVI

al rey, siguieron su
camino, y sucedió que la
estrella que habían visto
levantarse iba delante de
ellos hasta que se detuvo
sobre el lugar donde
estaba el niño. 10 Al ver
la estrella, se llenaron
de alegría. 11 Cuando
llegaron a la casa, vieron
al niño con María, su
madre; y postrándose
lo adoraron. Abrieron
sus cofres y le presen-
taron como regalos
oro, incienso y mirra.
12 Entonces, advertidos
en sueños de que no
volvieran a Herodes,
regresaron a su tierra por
otro camino.

La huida a Egipto

13 Cuando ya se
habían ido, un ángel del
Señor se le apareció en
sueños a José y le dijo:
«Levántate, toma al
niño y a su madre, y
huye a Egipto. Quédate
allí hasta que yo te avise,
porque Herodes va
a buscar al niño para
matarlo».
14 Así que se levantó
cuando todavía era de
noche, tomó al niño

RVR

niño y a su madre, y se
fue a Egipto,
15 y estuvo allí hasta la
muerte de Herodes;
para que se cumpliese
lo que dijo el Señor por
medio del profeta: De
Egipto llamé a mi Hijo.
16 Entonces Herodes,
cuando se vio burlado
por los magos, se enojó
mucho, y envió a que
matasen a todos los
niños que había en
Belén y en todos sus
alrededores, de dos años
para abajo, conforme al
tiempo que había inqui-
rido diligentemente de
los magos.
17 Entonces se cumplió
lo dicho por medio del
profeta Jeremías:
18 Se oyó una voz en
Ramá,
Llanto, y gran
lamento;
Raquel que lloraba a
sus hijos,
Y no quería ser
consolada, porque
perecieron.
19 Pero, después de
muerto Herodes, un
ángel del Señor se apa-
reció en sueños a José en
Egipto,
20 diciendo: Levántate,

τὴν	μητέρα	αὐτοῦ	νυκτὸς	καὶ	ἀνεχώρησεν	εἰς	Αἴγυπτον,	15 καὶ	ἦν
a la	madre	de él	de noche	y	se fue	a	Egipto.	Y	estaba
3588	3384	846	3571	2532	402	1519	125	2532	2258
DASF	NASF	RP3GSM	NGSF	CLN	VAAI3S	P	NASF	CLN	VIAI3S

ἐκεῖ	ἕως	τῆς	τελευτῆς	Ἡρῴδου·	ἵνα	πληρωθῇ	τὸ	ῥηθὲν	ὑπὸ
allí	hasta	la	muerte	de Herodes,	para que$_1$	se cumpliera$_9$	lo$_2$	que ha sido dicho$_3$	por$_4$
1563	2193	3588	5054	2264	2443	4137	3588	4483	5259
BP	P, CAT	DGSF	NGSF	NGSM	CAP	VAPS3S	DNSN	VAPP-SNN	P

κυρίου	διὰ	τοῦ	προφήτου	λέγοντος·	Ἐξ	Αἰγύπτου	ἐκάλεσα
(el) Señor$_5$	por medio de$_6$	el$_7$	profeta$_8$	diciendo:$_{10}$	de$_{15}$	Egipto.$_{16}$	Llamé$_{11}$
2962	1223	3588	4396	3004	1537	125	2564
NGSM	P	DGSM	NGSM	VPAP-SGM, VPAP-SGN	P	NGSF	VAAI1S

τὸν	υἱόν	μου.
al$_{12}$	hijo$_{13}$	de mí$_{14}$
3588	5207	3450
DASM	NASM	RP1GS

16 Τότε	Ἡρῴδης	ἰδὼν	ὅτι	ἐνεπαίχθη	ὑπὸ	τῶν	μάγων
Entonces	Herodes,	habiendo visto	que	fue burlado	por	los	magos,
5119	2264	1492	3754	1702	5259	3588	3097
B	NNSM	VAAP-SNM	CSC	VAPI3S	P	DGPM	NGPM

ἐθυμώθη	λίαν,	καὶ	ἀποστείλας	ἀνεῖλεν	πάντας	τοὺς	παῖδας
se enfureció	muchísimo,	y	habiendo enviado	mató	a todos	los	niños
2373	3029	2532	649	337	3956	3588	3816
VAPI3S	BE	CLN	VAAP-SNM	VAAI3S	JAPM	DAPM	NAPM

τοὺς	ἐν	Βηθλέεμ	καὶ	ἐν	πᾶσι	τοῖς	ὁρίοις	αὐτῆς	ἀπὸ	διετοῦς
los que (estaban)	en	Belén	y	en	todos	los	territorios	de ella	de	dos años
3588	1722	965	2532	1722	3956	3588	3725	846	575	1332
DAPM	P	NDSF, XP	CLN	P	JDPN	DDPN	NDPN	RP3GSF	P	JGSM

καὶ	κατωτέρω,	κατὰ	τὸν	χρόνον	ὃν	ἠκρίβωσεν	παρὰ	τῶν
y	para abajo,	conforme a	el	tiempo	al que	indagó con precisión	de	los
2532	2736	2596	3588	5550	3739	198	3844	3588
CLN	B	P	DASM	NASM	RR-ASM	VAAI3S	P	DGPM

μάγων.	17 τότε	ἐπληρώθη	τὸ	ῥηθὲν	διὰ	Ἰερεμίου	τοῦ
magos.	Entonces$_1$	fue cumplido$_8$	lo$_2$	que ha sido dicho$_3$	por medio de$_4$	Jeremías$_7$	el$_5$
3097	5119	4137	3588	4483	1223	2408	3588
NGPM	B	VAPI3S	DNSN	VAPP-SNN	P	NGSM	DGSM

προφήτου	λέγοντος·	18 Φωνὴ	ἐν	Ῥαμὰ	ἠκούσθη,	κλαυθμὸς	καὶ
profeta$_6$	cuando dice:$_9$	Una voz$_1$	en$_3$	Ramá,$_4$	fue oída$_2$	llanto$_6$	y$_7$
4396	3004	5456	1722	4471	191	2805	2532
NGSM	VPAP-SGM, VPAP-SGN	NNSF	P	NDSF, XP	VAPI3S	NNSM	CLN

ὀδυρμὸς	πολύς·	Ῥαχὴλ	κλαίουσα	τὰ	τέκνα	αὐτῆς,	καὶ	οὐκ	ἤθελεν
aflicción:$_8$	mucho$_5$	Raquel	llorando	a los	hijos	de ella,	y	no	quería
3602	4183	4478	2799	3588	5043	846	2532	3756	2309
NNSM	JNSM	NNSF, XP	VPAP-SNF	DAPN	NAPN	RP3GSF	CLN	BN, TN	VIAI3S

παρακληθῆναι	ὅτι	οὐκ	εἰσίν.*
ser consolada,	porque	no	están.
3870	3754	3756	1526
VAPN	CAZ	BN, TN	VPAI3P

19 Τελευτήσαντος	δὲ	τοῦ	Ἡρῴδου	ἰδοὺ	ἄγγελος	κυρίου
habiendo muerto,$_4$	Mas$_1$	--$_2$	Herodes$_3$	he aquí	un ángel	del Señor
5053	1161	3588	2264	2400	32	2962
VAAP-SGM	CLT	DGSM	NGSM	I, VAAM2S	NNSM	NGSM

φαίνεται	κατ'	ὄναρ	τῷ	Ἰωσὴφ	ἐν	Αἰγύπτῳ	20 λέγων·	Ἐγερθεὶς
aparece	en	un sueño	a --	José	en	Egipto	diciendo:	habiéndote levantado,
5316	2596	3677	3588	2501	1722	125	3004	1453
VPUI3S	P	NASN	DDSM	NDSM, XP	P	NDSF	VPAP-SNM	VAPP-SNM

NVI

y a su madre, y partió
para Egipto, 15 donde
permaneció hasta la
muerte de Herodes. De
este modo se cumplió lo
que el Señor había dicho
por medio del profeta:
«De Egipto llamé a mi
hijo».
16 Cuando Herodes
se dio cuenta de que los
sabios se habían burlado
de él, se enfureció y
mandó matar a todos los
niños menores de dos
años en Belén y en sus
alrededores, de acuerdo
con el tiempo que había
averiguado de los sabios.
17 Entonces se cumplió
lo dicho por el profeta
Jeremías:

18 «Se oye un grito en
Ramá,
llanto y gran
lamentación;
es Raquel, que llora
por sus hijos
y no quiere ser
consolada;
¡sus hijos ya no
existen!»

El regreso a Nazaret

19 Después de que
murió Herodes, un
ángel del Señor se le
apareció en sueños a
José en Egipto 20 y le
dijo: «Levántate, toma

2:18* O sea *porque ya no existen más.*

RVR

toma al niño y a su
madre, y vete a tierra
de Israel, porque han
muerto los que atenta-
ban contra la vida del
niño.
21 Entonces él se levan-
tó, tomó al niño y a su
madre, y marchó a tierra
de Israel.
22 Pero al oír que
Arquelao reinaba
en Judea en lugar de
Herodes su padre, tuvo
temor de ir allá; y avisa-
do en sueños, se retiró a
la región de Galilea,
23 y se fue a morar en
la ciudad que se llama
Nazaret, para que se
cumpliese así lo dicho
por medio de los pro-
fetas, que habría de ser
llamado nazareno.

Predicación de Juan el Bautista

3 En aquellos días
se presentó Juan el
Bautista predicando en
el desierto de Judea,
2 y diciendo:
Arrepentíos, porque el
reino de los cielos se ha
acercado.
3 Pues este es el anun-
ciado por medio del
profeta Isaías:

Voz de uno que grita
en el desierto:
Preparad el camino
del Señor,

παράλαβε	τὸ	παιδίον	καὶ	τὴν	μητέρα	αὐτοῦ	καὶ	πορεύου	εἰς	γῆν
toma	al	niño	y	a la	madre	de él,	y	ve	hacia	(la) tierra
3880	3588	3813	2532	3588	3384	846	2532	4198	1519	1093
VAAM2S	*DASN*	*NASN*	*CLN*	*DASF*	*NASF*	*RP3GSM*	*CLN*	*VPUM2S*	*P*	*NASF*

Ἰσραήλ,	τεθνήκασιν	γὰρ	οἱ	ζητοῦντες	τὴν	ψυχὴν	τοῦ	παιδίου.
de Israel;	han muerto.$_{8}$	porque$_{1}$	los que$_{2}$	buscan$_{3}$	la$_{4}$	vida$_{5}$	del$_{6}$	niño$_{7}$
2474	2348	1063	3588	2212	3588	5590	3588	3813
NGSM, XP	*VRAI3P*	*CAZ*	*DNPM*	*VPAP-PNM*	*DASF*	*NASF*	*DGSN*	*NGSN*

21 ὁ	δὲ	ἐγερθεὶς	παρέλαβε	τὸ	παιδίον	καὶ	τὴν	μητέρα	αὐτοῦ
--$_{2}$	Y$_{1}$	habiéndose levantado,$_{3}$	tomó	al	niño	y	la	madre	de él,
3588	1161	1453	3880	3588	3813	2532	3588	3384	846
DNSM	*CLN*	*VAPP-SNM*	*VAAI3S*	*DASN*	*NASN*	*CLN*	*DASF*	*NASF*	*RP3GSM*

καὶ	εἰσῆλθεν	εἰς	γῆν	Ἰσραήλ.	22 ἀκούσας	δὲ	ὅτι	Ἀρχέλαος
y	entró	en	(la) tierra	de Israel.	habiendo oído$_{2}$	Mas$_{1}$	que	Arquelao
2532	1525	1519	1093	2474	191	1161	3754	745
CLN	*VAAI3S*	*P*	*NASF*	*NGSM, XP*	*VAAP-SNM*	*CLC*	*CSC*	*NNSM*

βασιλεύει	τῆς	Ἰουδαίας	ἀντὶ	τοῦ	πατρὸς	αὐτοῦ	Ἡρῴδου	ἐφοβήθη
reina	--	(en) Judea	en lugar de	el	padre	de él,	Herodes,	temió
936	3588	2449	473	3588	3962	846	2264	5399
VPAI3S	*DGSF*	*NGSF*	*P*	*DGSM*	*NGSM*	*RP3GSM*	*NGSM*	*VAPI3S*

ἐκεῖ	ἀπελθεῖν·	χρηματισθεὶς	δὲ	κατ᾽	ὄναρ	ἀνεχώρησεν	εἰς
allí,$_{2}$	ir$_{1}$	habiendo sido advertido$_{2}$	mas$_{1}$	en	un sueño,	se retiró	hacia
1563	565	5537	1161	2596	3677	402	1519
BP	*VAAN*	*VAPP-SNM*	*CLC*	*P*	*NASN*	*VAAI3S*	*P*

τὰ	μέρη	τῆς	Γαλιλαίας,	23 καὶ	ἐλθὼν	κατῴκησεν	εἰς	πόλιν
las	regiones	de --	Galilea,	y	habiendo llegado,	habitó	en	(la) ciudad
3588	3313	3588	1056	2532	2064	2730	1519	4172
DAPN	*NAPN*	*DGSF*	*NGSF*	*CLN*	*VAAP-SNM*	*VAAI3S*	*P*	*NASF*

λεγομένην	Ναζαρέτ,	ὅπως	πληρωθῇ	τὸ	ῥηθὲν	διὰ	τῶν
llamada	Nazaret,	a fin de que	se cumpliera$_{7}$	lo$_{2}$	que ha sido dicho$_{3}$	por medio de$_{4}$	los$_{5}$
3004	3478	3704	4137	3588	4483	1223	3588
VPPP-SAF	*NASF, XP*	*CAP*	*VAPS3S*	*DNSN*	*VAPP-SNN*	*P*	*DGPM*

προφητῶν	ὅτι	Ναζωραῖος	κληθήσεται.
profetas$_{6}$	que$_{8}$	nazareno.$_{10}$	será llamado$_{9}$
4396	3754	3480	2564
NGPM	*CSC*	*NNSM*	*VFPI3S*

3 Ἐν	δὲ	ταῖς	ἡμέραις	ἐκείναις	παραγίνεται	Ἰωάννης	ὁ
en$_{2}$	Y$_{1}$	--$_{4}$	días$_{5}$	aquellos$_{3}$	llega$_{9}$	Juan$_{6}$	el$_{7}$
1722	1161	3588	2250	1565	3854	2491	3588
P	*CLT*	*DDPF*	*NDPF*	*RD-DPF*	*VPUI3S*	*NNSM*	*DNSM*

βαπτιστὴς	κηρύσσων	ἐν	τῇ	ἐρήμῳ	τῆς	Ἰουδαίας	2 καὶ	λέγων·
Bautista$_{8}$	proclamando	en	el	desierto	de --	Judea,	y	diciendo:
910	2784	1722	3588	2048	3588	2449	2532	3004
NNSM	*VPAP-SNM*	*P*	*DDSF*	*JDSF*	*DGSF*	*NGSF*	*CLN*	*VPAP-SNM*

Μετανοεῖτε,	ἤγγικεν	γὰρ	ἡ	βασιλεία	τῶν	οὐρανῶν.	3 οὗτος	γάρ
Arrepentíos,	se ha acercado.$_{6}$	porque$_{1}$	el$_{2}$	reino$_{3}$	de los$_{4}$	cielos$_{5}$	este$_{2}$	Porque$_{1}$
3340	1448	1063	3588	932	3588	3772	3778	1063
VPAM2P	*VRAI3S*	*CAZ*	*DNSF*	*NNSF*	*DGPM*	*NGPM*	*RD-NSM*	*CLX*

ἐστιν	ὁ	ῥηθεὶς	διὰ	Ἠσαΐου	τοῦ	προφήτου	λέγοντος·
es	lo que	ha sido dicho	por medio de	Isaías$_{3}$	el$_{1}$	profeta$_{2}$	cuando dice:
2076	3588	4483	1223	2268	3588	4396	3004
VPAI3S	*DNSM*	*VAPP-SNM*	*P*	*NGSM*	*DGSM*	*NGSM*	*VPAP-SGM*

Φωνὴ	βοῶντος	ἐν	τῇ	ἐρήμῳ·	Ἑτοιμάσατε	τὴν	ὁδὸν	κυρίου,
voz	de uno que está clamando	en	el	desierto;	Preparad	el	camino	de(l) Señor,
5456	994	1722	3588	2048	2090	3588	3598	2962
NNSF	*VPAP-SGM*	*P*	*DDSF*	*JDSF*	*VAAM2P*	*DASF*	*NASF*	*NGSM*

NVI

al niño y a su madre, y
vete a la tierra de Israel,
que ya murieron los que
amenazaban con quitar-
le la vida al niño».
21 Así que se levantó
José, tomó al niño y a
su madre, y regresó a la
tierra de Israel. 22 Pero,
al oír que Arquelao rei-
naba en Judea en lugar
de su padre Herodes,
tuvo miedo de ir allá.
Advertido por Dios
en sueños, se retiró al
distrito de Galilea, 23 y
fue a vivir en un pueblo
llamado Nazaret. Con
esto se cumplió lo dicho
por los profetas: «Lo
llamarán nazareno».

Juan el Bautista prepara el camino

3 En aquellos
días se presen-
tó Juan el Bautista
predicando en el de-
sierto de Judea. 2 Decía:
«Arrepiéntanse, porque
el reino de los cielos está
cerca». 3 Juan era aquel
de quien había escrito el
profeta Isaías:

«Voz de uno que grita
en el desierto:
"Preparen el camino
para el Señor,

RVR

Enderezad sus sendas.
[4] El mismo Juan tenía el
vestido hecho de pelos
de camello, y un cinto
de cuero alrededor de
sus lomos; y su comida
era langostas y miel
silvestre.
[5] Y acudían a él de
Jerusalén, de toda la
Judea, y de toda la
región de alrededor del
Jordán,
[6] y eran bautizados por
él en el Jordán, confe-
sando sus pecados.
[7] Al ver él que muchos
de los fariseos y de los
saduceos venían a su
bautismo, les decía:
¡Engendros de víboras!
¿Quién os mostró cómo
huir de la ira venidera?
[8] Haced, pues, frutos
dignos de arrepenti-
miento,
[9] y no penséis que basta
con decir en vuestro
interior: Tenemos por
padre a Abraham; por-
que yo os digo que Dios
puede levantar hijos a
Abraham aun de estas
piedras.
[10] Y ya está puesta el
hacha a la raíz de los
árboles; por tanto, todo
árbol que no produce
buen fruto es cortado y

εὐθείας	ποιεῖτε	τὰς	τρίβους	αὐτοῦ.	[4]αὐτὸς	δὲ	ὁ	Ἰωάννης	εἶχεν	τὸ
derechas.$_{5}$	haced$_{1}$	las$_{2}$	sendas$_{3}$	de él$_{4}$	mismo$_{4}$	Y$_{1}$	--$_{2}$	Juan$_{3}$	tenía	el
2117	4160	3588	5147	846	846	1161	3588	2491	2192	3588
JAPF	*VPAM2P*	*DAPF*	*NAPF*	*RP3GSM*	*RP3NSMP*	*CLN*	*DNSM*	*NNSM*	*VIAI3S*	*DASN*

ἔνδυμα	αὐτοῦ	ἀπὸ	τριχῶν	καμήλου	καὶ	ζώνην	δερματίνην	περὶ	τὴν
vestido	de él	de	pelo	de camello	y	un cinto	hecho de cuero	alrededor de	la
1742	846	575	2359	2574	2532	2223	1193	4012	3588
NASN	*RP3GSM*	*P*	*NGPF*	*NGSM*	*CLN*	*NASF*	*JASF*	*P*	*DASF*

ὀσφὺν	αὐτοῦ,	ἡ	δὲ	τροφὴ	ἦν	αὐτοῦ	ἀκρίδες	καὶ	μέλι	ἄγριον.
cintura	de él,	el$_{2}$	y$_{1}$	alimento$_{3}$	era$_{5}$	de él$_{4}$	langostas	también	miel	silvestre.
3751	846	3588	1161	5160	2258	846	200	2532	3192	66
NASF	*RP3GSM*	*DNSF*	*CLN*	*NNSF*	*VIAI3S*	*RP3GSM*	*NNPF*	*CLN*	*NNSN*	*JNSN*

[5]τότε	ἐξεπορεύετο	πρὸς	αὐτὸν	Ἱεροσόλυμα	καὶ	πᾶσα	ἡ	Ἰουδαία
Entonces$_{1}$	venía$_{13}$	a$_{14}$	él,$_{15}$	Jerusalén$_{2}$	y$_{3}$	toda$_{4}$	--$_{5}$	Judea$_{6}$
5119	1607	4314	846	2414	2532	3956	3588	2449
B	*VIUI3S*	*P*	*RP3ASM*	*NNSF*	*CLN*	*JNSF*	*DNSF*	*NNSF*

καὶ	πᾶσα	ἡ	περίχωρος	τοῦ	Ἰορδάνου,	[6]καὶ	ἐβαπτίζοντο	ἐν	τῷ
y$_{7}$	toda$_{8}$	la$_{9}$	región circundante$_{10}$	del$_{11}$	Jordán$_{12}$	y	eran bautizados	en$_{3}$	el$_{4}$
2532	3956	3588	4066	3588	2446	2532	907	1722	3588
CLN	*JNSF*	*DNSF*	*JNSF, JNSM*	*DGSM*	*NGSM*	*CLN*	*VIPI3P*	*P*	*DDSM*

Ἰορδάνῃ	[Γ]ποταμῷ	ὑπ'	αὐτοῦ	ἐξομολογούμενοι	τὰς	ἁμαρτίας	αὐτῶν.
Jordán,$_{6}$	ríos$_{5}$	por$_{1}$	él$_{2}$	confesando	los	pecados	de ellos.
2446	4215	5259	846	1843	3588	266	846
NDSM	*NDSM*	*P*	*RP3GSM*	*VPMP-PNM*	*DAPF*	*NAPF*	*RP3GPM*

[7]Ἰδὼν	δὲ	πολλοὺς	τῶν	Φαρισαίων	καὶ	Σαδδουκαίων
habiendo visto$_{2}$	Y$_{1}$	a muchos	de los	fariseos	y	saduceos
1492	1161	4183	3588	5330	2532	4523
VAAP-SNM	*CLC*	*JAPM*	*DGPM*	*NGPM*	*CLN*	*NGPM*

ἐρχομένους	ἐπὶ	τὸ	βάπτισμα	αὐτοῦ	εἶπεν	αὐτοῖς·	Γεννήματα
que vienen	a	el	bautismo	de él,	dijo	a ellos:	¡Camada
2064	1909	3588	908	846	2036	846	1081
VPUP-PAM	*P*	*DASN*	*NASN*	*RP3GSM*	*VAAI3S*	*RP3DPM*	*NVPN*

ἐχιδνῶν,	τίς	ὑπέδειξεν	ὑμῖν	φυγεῖν	ἀπὸ	τῆς	μελλούσης
de víboras!	¿quién	enseñó	a vosotros	(a) huir	de	la que$_{2}$	está a punto de venir?$_{3}$
2191	5101	5263	5213	5343	575	3588	3195
NGPF	*RI-NSM*	*VAAI3S*	*RP2DP*	*VAAN*	*P*	*DGSF*	*VPAP-SGF*

ὀργῆς;	[8]ποιήσατε	οὖν	καρπὸν	ἄξιον	τῆς	μετανοίας	[9]καὶ	μὴ
ira$_{1}$	haced$_{2}$	Así que,$_{1}$	fruto	digno	de --	arrepentimiento,	y	no
3709	4160	3767	2590	514	3588	3341	2532	3361
NGSF	*VAAM2P*	*CLI*	*NASM*	*JASM*	*DGSF*	*NGSF*	*CLN*	*BN, TN*

δόξητε	λέγειν	ἐν	ἑαυτοῖς·	Πατέρα	ἔχομεν	τὸν	Ἀβραάμ,	λέγω
penséis	decir	en	vosotros mismos:	(por) padre;$_{4}$	Tenemos$_{1}$	a --$_{2}$	Abraham$_{3}$	digo$_{6}$
1380	3004	1722	1438	3962	2192	3588	11	3004
VAAS2P	*VPAN*	*P*	*RF2DPM*	*NASM*	*VPAI1P*	*DASM*	*NASM, XP*	*VPAI1S*

γὰρ	ὑμῖν	ὅτι	δύναται	ὁ	θεὸς	ἐκ	τῶν	λίθων	τούτων	ἐγεῖραι
porque$_{5}$	a vosotros$_{7}$	que$_{8}$	puede$_{11}$	--$_{9}$	Dios$_{10}$	de$_{16}$	--$_{18}$	piedras.$_{19}$	estas$_{17}$	levantar$_{12}$
1063	5213	3754	1410	3588	2316	1537	3588	3037	5130	1453
CLX	*RP2DP*	*CSC*	*VPUI3S*	*DNSM*	*NNSM*	*P*	*DGPM*	*NGPM*	*RD-GPM*	*VAAN*

τέκνα	τῷ	Ἀβραάμ.	[10]ἤδη	δὲ	ἡ	ἀξίνη	πρὸς	τὴν	ῥίζαν	τῶν	δένδρων
hijos$_{13}$	a --$_{14}$	Abraham$_{15}$	ya$_{4}$	Y$_{1}$	el$_{2}$	hacha$_{3}$	junto a$_{6}$	la$_{7}$	raíz$_{8}$	de los$_{9}$	árboles,$_{10}$
5043	3588	11	2235	1161	3588	513	4314	3588	4491	3588	1186
NAPN	*DDSM*	*NDSM, XP*	*B*	*CLN*	*DNSF*	*NNSF*	*P*	*DASF*	*NASF*	*DGPN*	*NGPN*

κεῖται·	πᾶν	οὖν	δένδρον	μὴ	ποιοῦν	καρπὸν	καλὸν	ἐκκόπτεται
está puesta$_{5}$	todo$_{12}$	así que,$_{11}$	árbol	(que) no	está produciendo	fruto	bueno	es cortado
2749	3956	3767	1186	3361	4160	2590	2570	1581
VPUI3S	*JNSN*	*CLI*	*NNSN*	*BN, TN*	*VPAP-SNN*	*NASM*	*JASM*	*VPPI3S*

NVI

háganle sendas
derechas"».

[4] La ropa de Juan
estaba hecha de pelo
de camello. Llevaba
puesto un cinturón de
cuero y se alimentaba de
langostas y miel silvestre.
[5] Acudía a él la gente
de Jerusalén, de toda
Judea y de toda la región
del Jordán. [6] Cuando
confesaban sus pecados,
él los bautizaba en el río
Jordán.
[7] Pero, al ver que
muchos fariseos y sadu-
ceos llegaban adonde él
estaba bautizando, les
advirtió: «¡Camada de
víboras! ¿Quién les dijo
que podrán escapar del
castigo que se acerca?
[8] Produzcan frutos que
demuestren arrepenti-
miento. [9] No piensen
que podrán alegar:
"Tenemos a Abraham
por padre". Porque les
digo que aun de estas
piedras Dios es capaz de
darle hijos a Abraham.
[10] El hacha ya está puesta
a la raíz de los árboles,
y todo árbol que no
produzca buen fruto

3:6[Γ] Manuscritos inferiores aumentaron *río*.

RVR

arrojado al fuego.
11 Yo a la verdad os
bautizo en agua para
arrepentimiento; pero
el que viene detrás de
mí, cuyo calzado yo no
soy digno de llevar, es
más poderoso que yo; él
os bautizará en Espíritu
Santo y fuego.
12 Su bieldo está en su
mano, y limpiará con
esmero su era; recogerá
su trigo en el granero,
y quemará la paja con
fuego inextinguible.

El bautismo de Jesucristo

13 Entonces Jesús vino
de Galilea al Jordán,
presentándose a Juan
para ser bautizado
por él.
14 Mas Juan trataba de
impedírselo, diciendo:
Yo necesito ser bauti-
zado por ti, ¿y tú vienes
a mí?
15 Pero Jesús le respon-
dió: Permítelo ahora,
porque así conviene
que cumplamos toda
justicia. Entonces se lo
permitió.
16 Y Jesús, después que
fue bautizado, subió
luego del agua; y he

καὶ	εἰς	πῦρ	βάλλεται.
y$_1$	hacia$_3$	(el) fuego.$_4$	se echa$_2$
2532	1519	4442	906
CLN	*P*	*NASN*	*VPPI3S*

11 Ἐγὼ	μὲν	ὑμᾶς	βαπτίζω	ἐν	ὕδατι	εἰς	μετάνοιαν·	ὁ
Yo,	ciertamente,	a vosotros$_2$	bautizo$_1$	en	agua	para	arrepentimiento,	el que$_2$
1473	3303	5209	907	1722	5204	1519	3341	3588
RP1NS	*TK, C*	*RP2AP*	*VPAI1S*	*P*	*NDSN*	*P*	*NASF*	*DNSM*

δὲ	ὀπίσω	μου	ἐρχόμενος	ἰσχυρότερός	μού	ἐστιν,	οὗ	οὐκ
mas$_1$	detrás de$_4$	mí$_5$	viene$_3$	más fuerte$_7$	que mí,$_8$	es$_6$	de quien	no
1161	3694	3450	2064	2478	3450	2076	3739	3756
CLK, CLC	*P, B*	*RP1GS*	*VPUP-SNM*	*JNSMC*	*RP1GS*	*VPAI3S*	*RR-GSM*	*BN, TN*

εἰμὶ	ἱκανὸς	τὰ	ὑποδήματα	βαστάσαι·	αὐτὸς	ὑμᾶς	βαπτίσει	ἐν
soy	digno	las$_2$	sandalias$_3$	de llevar,$_1$	él	a vosotros$_2$	bautizará$_1$	en
1510	2425	3588	5266	941	846	5209	907	1722
VPAI1S	*JNSM*	*DAPN*	*NAPN*	*VAAN*	*RP3NSMP*	*RP2AP*	*VFAI3S*	*P*

πνεύματι	ἁγίῳ	καὶ	πυρί·	12 οὗ	τὸ	πτύον	ἐν	τῇ	χειρὶ	αὐτοῦ,	καὶ
Espíritu	Santo	y	fuego;	del cual	el	aventador	en	la	mano	de él (está)	y
4151	40	2532	4442	3739	3588	4425	1722	3588	5495	846	2532
NDSN	*JDSN*	*CLN*	*NDSN*	*RR-GSM*	*DNSN*	*NNSN*	*P*	*DDSF*	*NDSF*	*RP3GSM*	*CLN*

διακαθαριεῖ	τὴν	ἅλωνα	αὐτοῦ	καὶ	συνάξει	τὸν	σῖτον	αὐτοῦ	εἰς	τὴν
limpiará	la	era	de él,	y	reunirá	el	trigo	de él	en	el
1245	3588	257	846	2532	4863	3588	4621	846	1519	3588
VFAI3S	*DASF*	*NASF*	*RP3GSM*	*CLN*	*VFAI3S*	*DASM*	*NASM*	*RP3GSM*	*P*	*DASF*

ἀποθήκην,	τὸ	δὲ	ἄχυρον	κατακαύσει	πυρὶ	ἀσβέστῳ.
granero,	la$_3$	mas$_1$	paja$_4$	quemará$_2$	con fuego	inextinguible.
596	3588	1161	892	2618	4442	762
NASF	*DASN*	*CLC*	*NASN*	*VFAI3S*	*NDSN*	*JDSN*

13 Τότε	παραγίνεται	ὁ	Ἰησοῦς	ἀπὸ	τῆς	Γαλιλαίας	ἐπὶ	τὸν
Entonces,	llega$_3$	--$_1$	Jesús$_2$	de	--	Galilea	a	el
5119	3854	3588	2424	575	3588	1056	1909	3588
B	*VPUI3S*	*DNSM*	*NNSM*	*P*	*DGSF*	*NGSF*	*P*	*DASM*

Ἰορδάνην	πρὸς	τὸν	Ἰωάννην	τοῦ	βαπτισθῆναι	ὑπ’	αὐτοῦ.	14 ὁ
Jordán	hacia	--	Juan	--	para ser bautizado	por	él.	--$_2$
2446	4314	3588	2491	3588	907	5259	846	3588
NASM	*P*	*DASM*	*NASM*	*DGSN, DGSM*	*VAPN*	*P*	*RP3GSM*	*DNSM*

δὲ	Ἰωάννης	διεκώλυεν	αὐτὸν	λέγων·	Ἐγὼ	χρείαν	ἔχω	ὑπὸ	σοῦ
Mas$_1$	Juan	impedía	a él	diciendo:	Yo$_1$	necesidad$_3$	tengo$_2$	por$_5$	ti,$_6$
1161	2491	1254	846	3004	1473	5532	2192	5259	4675
CLC	*NNSM*	*VIAI3S*	*RP3ASM*	*VPAP-SNM*	*RP1NS*	*NASF*	*VPAI1S*	*P*	*RP2GS*

βαπτισθῆναι,	καὶ	σὺ	ἔρχῃ	πρός	με;	15 ἀποκριθεὶς	δὲ	ὁ	Ἰησοῦς
ser bautizado$_4$	¿y	tú	vienes	a	mí?	habiendo respondido$_4$	Mas$_1$	--$_2$	Jesús$_3$
907	2532	4771	2064	4314	3165	611	1161	3588	2424
VAPN	*CLN*	*RP2NS*	*VPUI2S*	*P*	*RP1AS*	*VAPP-SNM*	*CLN*	*DNSM*	*NNSM*

εἶπεν	πρὸς	αὐτόν·	Ἄφες	ἄρτι,	οὕτως	γὰρ	πρέπον	ἐστὶν	ἡμῖν
dijo	a	él:	Deja	ahora,	así$_2$	porque$_1$	conveniente$_4$	es$_3$	a nosotros
2036	4314	846	863	737	3779	1063	4241	2076	2254
VAAI3S	*P*	*RP3ASM*	*VAAM2S*	*B*	*B*	*CAZ*	*VPAP-SNN*	*VPAI3S*	*RP1DP*

πληρῶσαι	πᾶσαν	δικαιοσύνην.	τότε	ἀφίησιν	αὐτόν.	16 βαπτισθεὶς
cumplir	toda	justicia.	Entonces,	permite	a él.	habiendo sido bautizado$_4$
4137	3956	1343	5119	863	846	907
VAAN	*JASF*	*NASF*	*B*	*VPAI3S*	*RP3ASM*	*VAPP-SNM*

δὲ	ὁ	Ἰησοῦς	εὐθὺς	ἀνέβη	ἀπὸ	τοῦ	ὕδατος·	καὶ	ἰδοὺ
Y$_1$	--$_2$	Jesús$_3$	en seguida	subió	de	el	agua;	y	he aquí
1161	3588	2424	2117	305	575	3588	5204	2532	2400
CLN	*DNSM*	*NNSM*	*B, J*	*VAAI3S*	*P*	*DGSN*	*NGSN*	*CLN*	*I, VAAM2S*

NVI

será cortado y arrojado
al fuego.
11 »Yo los bautizo a
ustedes con agua para
que se arrepientan. Pero
el que viene después de
mí es más poderoso que
yo, y ni siquiera merezco
llevarle las sandalias.
Él los bautizará con el
Espíritu Santo y con fue-
go. 12 Tiene el aventador
en la mano y limpiará su
era, recogiendo el trigo
en su granero; la paja,
en cambio, la quemará
con fuego que nunca se
apagará».

Bautismo de Jesús

13 Un día Jesús fue de
Galilea al Jordán para
que Juan lo bautizara.
14 Pero Juan trató de
disuadirlo.
—Yo soy el que
necesita ser bautizado
por ti, ¿y tú vienes a mí?
—objetó.
15 —Hagámoslo
como te digo, pues nos
conviene cumplir con lo
que es justo —le contes-
tó Jesús.
Entonces Juan
consintió.
16 Tan pronto como
Jesús fue bautizado,
subió del agua. En ese

RVR

aquí que los cielos le
fueron abiertos, y vio
al Espíritu de Dios que
descendía como palo-
ma, y venía sobre él.
17 Y hubo una voz de los
cielos, que decía: Este
es mi Hijo, el amado,
en quien he puesto mi
complacencia.

Tentación de Jesucristo

4 Entonces Jesús
fue llevado por el
Espíritu al desierto, para
ser tentado por el diablo.
2 Y después de haber
ayunado cuarenta días y
cuarenta noches, al final
tuvo hambre.
3 Y acercándosele el
tentador, le dijo: Si eres
Hijo de Dios, di que es-
tas piedras se conviertan
en panes.
4 Él respondió y dijo:
Escrito está: No sólo de
pan vivirá el hombre,
sino de toda palabra que
sale de la boca de Dios.
5 Entonces el diablo le
llevó a la santa ciudad,
y le puso en pie sobre el
alero del templo,
6 y le dijo: Si eres Hijo
de Dios, échate abajo;
porque escrito está:

ἠνεῴχθησαν	οἱ	οὐρανοί,	καὶ	εἶδεν	πνεῦμα	θεοῦ	καταβαῖνον
fueron abiertos,$_3$	los$_1$	cielos$_2$	y	vio	a(l) Espíritu	de Dios	descendiendo
455	3588	3772	2532	1492	4151	2316	2597
VAPI3P	*DNPM*	*NNPM*	*CLN*	*VAAI3S*	*NASN*	*NGSM*	*VPAP-SAN*

ὡσεὶ	περιστερὰν	ἐρχόμενον	ἐπ᾽	αὐτόν·	17 καὶ	ἰδοὺ	φωνὴ	ἐκ	τῶν
como	paloma,	viniendo	sobre	él.	Y	he aquí	una voz	de	los
5616	4058	2064	1909	846	2532	2400	5456	1537	3588
CAM, B	*NASF*	*VPUP-SAN*	*P*	*RP3ASM*	*CLN*	*I, VAAM2S*	*NNSF*	*P*	*DGPM*

οὐρανῶν	λέγουσα·	Οὗτός	ἐστιν	ὁ	υἱός	μου	ὁ	ἀγαπητός,	ἐν
cielos	diciendo:	Este	es	el$_1$	hijo$_2$	de mí,$_5$	--$_3$	amado$_4$	en
3772	3004	3778	2076	3588	5207	3450	3588	27	1722
NGPM	*VPAP-SNF*	*RD-NSM*	*VPAI3S*	*DNSM*	*NNSM*	*RP1GS*	*DNSM*	*JNSM*	*P*

ᾧ	εὐδόκησα.
quien	(me) complací.
3739	2106
RR-DSM	*VAAI1S*

4 Τότε	ὁ	Ἰησοῦς	ἀνήχθη	εἰς	τὴν	ἔρημον	ὑπὸ	τοῦ
Entonces	--	Jesús	fue llevado	a	el	desierto	por	el
5119	3588	2424	321	1519	3588	2048	5259	3588
B	*DNSM*	*NNSM*	*VAPI3S*	*P*	*DASF*	*JASF*	*P*	*DGSN*

πνεύματος,	πειρασθῆναι	ὑπὸ	τοῦ	διαβόλου.	2 καὶ	νηστεύσας	ἡμέρας
Espíritu	para ser tentado	por	el	diablo.	Y	habiendo ayunado	días$_2$
4151	3985	5259	3588	1228	2532	3522	2250
NGSN	*VAPN*	*P*	*DGSM*	*JGSM*	*CLN*	*VAAP-SNM*	*NAPF*

τεσσεράκοντα	καὶ	νύκτας	τεσσεράκοντα	ὕστερον	ἐπείνασεν.	3 καὶ
cuarenta$_1$	y	noches$_2$	cuarenta$_1$	finalmente	tuvo hambre.	Y
5062	2532	3571	5062	5305	3983	2532
XN, J	*CLN*	*NAPF*	*XN, J*	*B, J*	*VAAI3S*	*CLN*

προσελθὼν	ὁ	πειράζων	εἶπεν	αὐτῷ·	Εἰ	υἱὸς	εἶ	τοῦ	θεοῦ,
habiéndose acercado	el	tentador	dijo	a él:	Si	Hijo$_2$	eres$_1$	--	de Dios
4334	3588	3985	2036	846	1487	5207	1488	3588	2316
VAAP-SNM	*DNSM*	*VPAP-SNM*	*VAAI3S*	*RP3DSM*	*CAC*	*NNSM*	*VPAI2S*	*DGSM*	*NGSM*

εἰπὲ	ἵνα	οἱ	λίθοι	οὗτοι	ἄρτοι	γένωνται.	4 ὁ	δὲ	ἀποκριθεὶς	εἶπεν·
di	que	las	piedras	estas	panes.$_2$	lleguen a ser$_1$	--$_2$	Pero$_1$	respondiendo,	dijo:
2036	2443	3588	3037	3778	740	1096	3588	1161	611	2036
VAAM2S	*CSC*	*DNPM*	*NNPM*	*RD-NPM*	*NNPM*	*VAMS3P*	*DNSM*	*CLN*	*VAPP-SNM*	*VAAI3S*

Γέγραπται·	Οὐκ	ἐπ᾽	ἄρτῳ	μόνῳ	ζήσεται	ὁ	ἄνθρωπος,	ἀλλ᾽	ἐπὶ
Está escrito:	no$_3$	de$_6$	pan,$_7$	solo$_5$	vivirá$_4$	el$_1$	hombre$_2$	sino	de
1125	3756	1909	740	3441	2198	3588	444	235	1909
VRPI3S	*BN, TN*	*P*	*NDSM*	*JDSM*	*VFMI3S*	*DNSM*	*NNSM*	*CLC*	*P*

παντὶ	ῥήματι	ἐκπορευομένῳ	διὰ	στόματος	θεοῦ.
toda	palabra	que sale	por	(la) boca	de Dios.
3956	4487	1607	1223	4750	2316
JDSN	*NDSN*	*VPUP-SDN*	*P*	*NGSN*	*NGSM*

5 Τότε	παραλαμβάνει	αὐτὸν	ὁ	διάβολος	εἰς	τὴν	ἁγίαν	πόλιν,
Entonces	lleva consigo$_3$	a él$_4$	el$_1$	diablo$_2$	hacia$_5$	la$_6$	santa,$_8$	ciudad$_7$
5119	3880	846	3588	1228	1519	3588	40	4172
B	*VPAI3S*	*RP3ASM*	*DNSM*	*JNSM*	*P*	*DASF*	*JASF*	*NASF*

καὶ	ἔστησεν	αὐτὸν	ἐπὶ	τὸ	πτερύγιον	τοῦ	ἱεροῦ,	6 καὶ	λέγει	αὐτῷ·
y	puso	a él	sobre	el	pináculo	del	templo,	y	dice	a él:
2532	2476	846	1909	3588	4419	3588	2411	2532	3004	846
CLN	*VAAI3S*	*RP3ASM*	*P*	*DASN*	*NASN*	*DGSN*	*NGSN, JGSN*	*CLN*	*VPAI3S*	*RP3DSM*

Εἰ	υἱὸς	εἶ	τοῦ	θεοῦ,	βάλε	σεαυτὸν	κάτω·	γέγραπται	γὰρ	ὅτι
Si	Hijo$_2$	eres$_1$	--	de Dios,	arrójate	a ti mismo	abajo;	está escrito$_2$	porque$_1$	que
1487	5207	1488	3588	2316	906	4572	2736	1125	1063	3754
CAC	*NNSM*	*VPAI2S*	*DGSM*	*NGSM*	*VAAM2S*	*RF2ASM*	*BP*	*VRPI3S*	*CAZ*	*CSC*

NVI

momento se abrió el
cielo, y él vio al Espíritu
de Dios bajar como una
paloma y posarse sobre
él. 17 Y una voz del cielo
decía: «Este es mi Hijo
amado; estoy muy com-
placido con él».

Tentación de Jesús

4 Luego el Espíritu
llevó a Jesús al de-
sierto para que el diablo
lo sometiera a tentación.
2 Después de ayunar
cuarenta días y cuarenta
noches, tuvo hambre.
3 El tentador se le acercó
y le propuso:
—Si eres el Hijo de
Dios, ordena a estas pie-
dras que se conviertan
en pan.
4 Jesús le respondió:
—Escrito está: "No
solo de pan vive el hom-
bre, sino de toda palabra
que sale de la boca de
Dios".
5 Luego el diablo lo
llevó a la ciudad santa e
hizo que se pusiera de
pie sobre la parte más
alta del templo, y le dijo:
6 —Si eres el Hijo
de Dios, tírate abajo.
Porque escrito está:

RVR

A sus ángeles les
encargará acerca
de ti, y:
Te llevarán en sus
manos,
Para que no tropiece
tu pie contra una
piedra.
7 Jesús le dijo: También
está escrito: No tentarás
al Señor tu Dios.
8 De nuevo le llevó el
diablo a un monte muy
alto, y le mostró todos
los reinos del mundo y
la gloria de ellos,
9 y le dijo: Todo esto
te daré, si postrado me
adoras.
10 Entonces Jesús le dijo:
Vete, Satanás, porque
está escrito: Al Señor tu
Dios adorarás, y a él solo
servirás.
11 Entonces le dejó el
diablo; y he aquí que
se le acercaron unos
ángeles y le servían.

Jesús empieza su ministerio

12 Cuando Jesús oyó que
Juan estaba preso, volvió
a Galilea;
13 y dejando Nazaret,
vino y habitó en
Capernaúm, la de junto
al mar, en los confines
de Zabulón y de Neftalí,
14 para que se cumpliese
lo dicho por medio del

Τοῖς	ἀγγέλοις	αὐτοῦ	ἐντελεῖται	περὶ	σοῦ	καὶ	ἐπὶ	χειρῶν	ἀροῦσίν	σε,
a los$_2$	ángeles$_3$	de él$_4$	mandará$_1$	por	ti,	y	en	(sus) manos	llevarán	a ti
3588	32	846	1781	4012	4675	2532	1909	5495	142	4571
DDPM	*NDPM*	*RP3GSM*	*VFUI3S*	*P*	*RP2GS*	*CLN*	*P*	*NGPF*	*VFAI3P*	*RP2AS*

μήποτε	προσκόψῃς	πρὸς	λίθον	τὸν	πόδα	σου.	7 ἔφη	αὐτῷ	ὁ
para que no	tropiece	contra$_4$	una piedra.$_5$	el$_1$	pie$_2$	de ti$_3$	dijo$_3$	a él$_4$	--$_1$
3379	4350	4314	3037	3588	4228	4675	5346	846	3588
CAP	*VAAS2S*	*P*	*NASM*	*DASM*	*NASM*	*RP2GS*	*VIAI3S*	*RP3DSM*	*DNSM*

Ἰησοῦς·	Πάλιν	γέγραπται·	Οὐκ	ἐκπειράσεις	κύριον	τὸν	θεόν	σου.
Jesús$_2$	de nuevo	ha sido escrito:	No	tentarás	(al) Señor	el	Dios	de ti.
2424	3825	1125	3756	1598	2962	3588	2316	4675
NNSM	*B*	*VRPI3S*	*BN, TN*	*VFAI2S*	*NASM*	*DASM*	*NASM*	*RP2GS*

8 Πάλιν	παραλαμβάνει	αὐτὸν	ὁ	διάβολος	εἰς	ὄρος	ὑψηλὸν
Otra vez	lleva consigo$_3$	a él$_4$	el$_1$	diablo$_2$	a	un monte	alto,$_2$
3825	3880	846	3588	1228	1519	3735	5308
B	*VPAI3S*	*RP3ASM*	*DNSM*	*JNSM*	*P*	*NASN*	*JASN*

λίαν,	καὶ	δείκνυσιν	αὐτῷ	πάσας	τὰς	βασιλείας	τοῦ	κόσμου	καὶ	τὴν
muy$_1$	y	muestra	a él	todos	los	reinos	del	mundo	y	la
3029	2532	1166	846	3956	3588	932	3588	2889	2532	3588
BE	*CLN*	*VPAI3S*	*RP3DSM*	*JAPF*	*DAPF*	*NAPF*	*DGSM*	*NGSM*	*CLN*	*DASF*

δόξαν	αὐτῶν	9 καὶ	εἶπεν	αὐτῷ·	Ταῦτά	σοι	πάντα	δώσω,	ἐὰν
gloria	de ellos,	y	dijo	a él:	estas cosas,$_4$	a ti$_2$	todas$_3$	Daré$_1$	si
1391	846	2532	3004	846	5023	4671	3956	1325	1437
NASF	*RP3GPF, RP3GPM*	*CLN*	*VAAI3S*	*RP3DSM*	*RD-NPN*	*RP2DS*	*JAPN*	*VFAI1S*	*CAC*

πεσὼν	προσκυνήσῃς	μοι.	10 τότε	λέγει	αὐτῷ	ὁ	Ἰησοῦς·	Ὕπαγε,
postrado	adoras	a mí.	Entonces	dice$_3$	a él:$_4$	--$_1$	Jesús$_2$	¡Vete de aquí
4098	4352	3427	5119	3004	846	3588	2424	5217
VAAP-SNM	*VAAS2S*	*RP1DS*	*B*	*VPAI3S*	*RP3DSM*	*DNSM*	*NNSM*	*VPAM2S*

Σατανᾶ·	γέγραπται	γάρ·	Κύριον	τὸν	θεόν	σου	προσκυνήσεις	καὶ
Satanás!	ha sido escrito:$_2$	porque$_1$	A (l) Señor$_2$	el$_3$	Dios$_4$	de ti$_5$	adorarás$_1$	y$_6$
4567	1125	1063	2962	3588	2316	4675	4352	2532
NVSM	*VRPI3S*	*CAZ*	*NASM*	*DASM*	*NASM*	*RP2GS*	*VFAI2S*	*CLN*

αὐτῷ	μόνῳ	λατρεύσεις.	11 τότε	ἀφίησιν	αὐτὸν	ὁ	διάβολος,	καὶ
a él$_8$	solo.$_9$	servirás$_7$	Entonces	deja$_3$	a él,$_4$	el$_1$	diablo$_2$	y
846	3441	3000	5119	863	846	3588	1228	2532
RP3DSM	*JDSM*	*VFAI2S*	*B*	*VPAI3S*	*RP3ASM*	*DNSM*	*JNSM*	*CLN*

ἰδοὺ	ἄγγελοι	προσῆλθον	καὶ	διηκόνουν	αὐτῷ.
he aquí	ángeles	se acercaron	y	servían	a él.
2400	32	4334	2532	1247	846
I, VAAM2S	*NNPM*	*VAAI3P*	*CLN*	*VIAI3P*	*RP3DSM*

12 Ἀκούσας	δὲ	ὅτι	Ἰωάννης	παρεδόθη	ἀνεχώρησεν	εἰς	τὴν
habiendo oído$_2$	Y$_1$	que	Juan	había sido entregado,	se retiró	para	--
191	1161	3754	2491	3860	402	1519	3588
VAAP-SNM	*CLT*	*CSC*	*NNSM*	*VAPI3S*	*VAAI3S*	*P*	*DASF*

Γαλιλαίαν.	13 καὶ	καταλιπὼν	τὴν	Ναζαρὰ	ἐλθὼν	κατῴκησεν	εἰς
Galilea.	Y	dejando	--	a Nazaret,	llegando,	habitó	en
1056	2532	2641	3588	3478	2064	2730	1519
NASF	*CLN*	*VAAP-SNM*	*DASF*	*NASF, XP*	*VAAP-SNM*	*VAAI3S*	*P*

Καφαρναοὺμ	τὴν	παραθαλασσίαν	ἐν	ὁρίοις	Ζαβουλὼν	καὶ
Capernaum	--	a la orilla del mar	en	(los) territorios	de Zabulón	y
2584	3588	3864	1722	3725	2194	2532
NASF, XP	*DASF*	*JASF*	*P*	*NDPN*	*NGSM, XP*	*CLN*

Νεφθαλίμ·	14 ἵνα	πληρωθῇ	τὸ	ῥηθὲν	διὰ	Ἠσαΐου	τοῦ	προφήτου
Neftalí;	para que	se cumpliera	lo	dicho	por	Isaías$_3$	el$_1$	profeta$_2$
3508	2443	4137	3588	4483	1223	2268	3588	4396
NGSM, XP	*CAP*	*VAPS3S*	*DNSN*	*VAPP-SNN*	*P*	*NGSM*	*DGSM*	*NGSM*

NVI

»“Ordenará que sus
ángeles
te sostengan en sus
manos,
para que no tropie-
ces con piedra
alguna”».

7 —También está
escrito: “No pongas a
prueba al Señor tu Dios”
—le contestó Jesús.
8 De nuevo lo tentó
el diablo, llevándolo a
una montaña muy alta,
y le mostró todos los
reinos del mundo y su
esplendor.
9 —Todo esto te daré
si te postras y me adoras.
10 —¡Vete, Satanás!
—le dijo Jesús—.
Porque escrito está:
“Adora al Señor tu Dios
y sírvele solamente a él”.
11 Entonces el diablo
lo dejó, y unos ángeles
acudieron a servirle.

Jesús comienza a predicar

12 Cuando Jesús oyó
que habían encarcelado
a Juan, regresó a Galilea.
13 Partió de Nazaret y se
fue a vivir a Capernaúm,
que está junto al lago en
la región de Zabulón
y de Neftalí, 14 para
cumplir lo dicho por

RVR

profeta Isaías, cuando
dijo:
15 Tierra de Zabulón y
tierra de Neftalí,
Camino del mar,
al otro lado del
Jordán,
Galilea de los gentiles;
16 El pueblo asentado
en tinieblas vio una
gran luz;
Y a los asentados en
región de sombra
de muerte,
Les ha amanecido
una luz.
17 Desde entonces co-
menzó Jesús a predicar,
y a decir: Arrepentíos,
porque el reino de los
cielos se ha acercado.
18 Andando Jesús junto
al mar de Galilea, vio a
dos hermanos, Simón
el llamado Pedro, y
Andrés su hermano,
que echaban la red en
el mar; porque eran
pescadores.
19 Y les dijo: Venid en
pos de mí, y os haré pes-
cadores de hombres.
20 Ellos entonces, dejan-
do al instante las redes,
le siguieron.
21 Pasando de allí, vio
a otros dos hermanos,
Jacobo hijo de Zebedeo,
y Juan su hermano, en
la barca con Zebedeo su
padre, que remendaban

λέγοντος·	15 Γῆ	Ζαβουλὼν	καὶ	γῆ	Νεφθαλίμ,	ὁδὸν	θαλάσσης,
diciendo:	Tierra	de Zabulón	y	tierra	de Neftalí,	camino	d(el) mar,
3004	1093	2194	2532	1093	3508	3598	2281
VPAP-SGM, VPAP-SGN	*NVSF*	*NGSM, XP*	*CLN*	*NVSF*	*NGSM, XP*	*NASF*	*NGSF*

πέραν	τοῦ	Ἰορδάνου,	Γαλιλαία	τῶν	ἐθνῶν,	16 ὁ	λαὸς	ὁ
al otro lado	del	Jordán,	Galilea	de los	gentiles,	el	pueblo	--
4008	3588	2446	1056	3588	1484	3588	2992	3588
P, BP	*DGSM*	*NGSM*	*NVSF*	*DGPN*	*NGPN*	*DNSM*	*NNSM*	*DNSM*

καθήμενος	ἐν	σκοτίᾳ	φῶς	εἶδεν	μέγα,	καὶ	τοῖς	καθημένοις	ἐν
asentado	en	(la) oscuridad	luz,$_3$	vio$_1$	una gran$_2$	y	a los	asentados	en
2521	1722	4653	5457	3708	3173	2532	3588	2521	1722
VPUP-SNM	*P*	*NDSF*	*NASN*	*VAAI3S*	*JASN*	*CLN*	*DDPM*	*VPUP-PDM*	*P*

χώρᾳ	καὶ	σκιᾷ	θανάτου	φῶς	ἀνέτειλεν	αὐτοῖς.	17 Ἀπὸ	τότε
(una) región	también	en sombra	de muerte,	una luz.$_3$	amaneció$_1$	para ellos$_2$	Desde	entonces,
5561	2532	4639	2288	5457	393	846	575	5119
NDSF	*CLN*	*NDSF*	*NGSM*	*NNSN*	*VAAI3S*	*RP3DPM*	*P*	*B*

ἤρξατο	ὁ	Ἰησοῦς	κηρύσσειν	καὶ	λέγειν·	Μετανοεῖτε,	ἤγγικεν	γὰρ
comenzó$_3$	--$_1$	Jesús$_2$	a proclamar	y	decir:	Arrepentíos	se ha acercado.$_6$	porque$_1$
756	3588	2424	2784	2532	3004	3340	1448	1063
VAMI3S	*DNSM*	*NNSM*	*VPAN*	*CLN*	*VPAN*	*VPAM2P*	*VRAI3S*	*CAZ*

ἡ	βασιλεία	τῶν	οὐρανῶν.
el$_2$	reino$_3$	de los$_4$	cielos$_5$
3588	932	3588	3772
DNSF	*NNSF*	*DGPM*	*NGPM*

18 Περιπατῶν	δὲ	παρὰ	τὴν	θάλασσαν	τῆς	Γαλιλαίας	εἶδεν	δύο
andando$_2$	Y$_1$	junto a	el	mar	--	de Galilea,	vio	a dos
4043	1161	3844	3588	2281	3588	1056	1492	1417
VPAP-SNM	*CLT*	*P*	*DASF*	*NASF*	*DGSF*	*NGSF*	*VAAI3S*	*XN, J*

ἀδελφούς,	Σίμωνα	τὸν	λεγόμενον	Πέτρον	καὶ	Ἀνδρέαν	τὸν	ἀδελφὸν
hermanos;	Simón	el	llamado	Pedro	y	Andrés	el	hermano
80	4613	3588	3004	4074	2532	406	3588	80
NAPM	*NASM*	*DASM*	*VPPP-SAM*	*NASM*	*CLN*	*NASM*	*DASM*	*NASM*

αὐτοῦ,	βάλλοντας	ἀμφίβληστρον	εἰς	τὴν	θάλασσαν,	ἦσαν	γὰρ
de él,	echando	(una) red	en	el	mar;	eran$_2$	porque$_1$
846	906	293	1519	3588	2281	2258	1063
RP3GSM	*VPAP-PAM*	*NASN*	*P*	*DASF*	*NASF*	*VIAI3P*	*CLX*

ἁλιεῖς·	19 καὶ	λέγει	αὐτοῖς·	Δεῦτε	ὀπίσω	μου,	καὶ	ποιήσω	ὑμᾶς	ἁλιεῖς
pescadores.	Y	dice	a ellos:	Venid	detrás de	mí	y	haré	a vosotros	pescadores
231	2532	3004	846	1205	3694	3450	2532	4160	5209	231
NNPM	*CLN*	*VPAI3S*	*RP3DPM*	*B*	*P, B*	*RP1GS*	*CLN*	*VFAI1S*	*RP2AP*	*NAPM*

ἀνθρώπων.	20 οἱ	δὲ	εὐθέως	ἀφέντες	τὰ	δίκτυα	ἠκολούθησαν
de seres humanos.	ellos$_2$	Y$_1$	inmediatamente	dejando	las	redes de pesca,	siguieron
444	3588	1161	2112	863	3588	1350	190
NGPM	*DNPM*	*CLN*	*B*	*VAAP-PNM*	*DAPN*	*NAPN*	*VAAI3P*

αὐτῷ.	21 Καὶ	προβὰς	ἐκεῖθεν	εἶδεν	ἄλλους	δύο	ἀδελφούς,	Ἰάκωβον
a él.	Y	más adelante	de allí,	vio	a otros	dos	hermanos,	Jacobo
846	2532	4260	1564	1492	243	1417	80	2385
RP3DSM	*CLN*	*VAAP-SNM*	*BP*	*VAAI3S*	*JAPM*	*XN, J*	*NAPM*	*NASM*

τὸν*	τοῦ	Ζεβεδαίου	καὶ	Ἰωάννην	τὸν	ἀδελφὸν	αὐτοῦ,	ἐν	τῷ
el		Zebedeo	y	Juan	el	hermano	de él	en	el
3588	3588	2199	2532	2491	3588	80	846	1722	3588
DASM	*DGSM*	*NGSM*	*CLN*	*NASM*	*DASM*	*NASM*	*RP3GSM*	*P*	*DDSN*

πλοίῳ	μετὰ	Ζεβεδαίου	τοῦ	πατρὸς	αὐτῶν	καταρτίζοντας	τὰ
barco	con	Zebedeo	el	padre	de ellos,	arreglando	las
4143	3326	2199	3588	3962	846	2675	3588
NDSN	*P*	*NGSM*	*DGSM*	*NGSM*	*RP3GPM*	*VPAP-PAM*	*DAPN*

NVI

el profeta Isaías:

15 «Tierra de Zabulón
y tierra de Neftalí,
camino del mar, al otro
lado del Jordán,
Galilea de los gentiles;
16 el pueblo que habita-
ba en la oscuridad
ha visto una gran luz;
sobre los que vivían en
densas tinieblas
la luz ha
resplandecido».

17 Desde entonces co-
menzó Jesús a predicar:
«Arrepiéntanse, porque
el reino de los cielos está
cerca».

Llamamiento de los primeros discípulos

18 Mientras caminaba
junto al mar de Galilea,
Jesús vio a dos herma-
nos: uno era Simón,
llamado Pedro, y el
otro Andrés. Estaban
echando la red al lago,
pues eran pescadores.
19 «Vengan, síganme
—les dijo Jesús—, y
los haré pescadores de
hombres». 20 Al instan-
te dejaron las redes y lo
siguieron.
21 Más adelante vio
a otros dos hermanos:
Jacobo y Juan, hijos de
Zebedeo, que estaban
con su padre en una
barca remendando las

4:21* O sea *el hijo de*.

RVR

sus redes; y los llamó.
22 Y ellos, dejando al
instante la barca y a su
padre, le siguieron.
23 Y recorría Jesús toda
la Galilea, enseñando
en las sinagogas de ellos,
predicando el evangelio
del reino, y sanando
toda enfermedad y toda
dolencia en el pueblo.
24 Y se difundió su fama
por toda la Siria; y le
trajeron todos los que
se encontraban mal
por diversas enferme-
dades, los que sufrían
graves padecimientos,
los endemoniados, los
lunáticos y paralíticos; y
los sanó.
25 Y le siguió mucha
gente de Galilea, de
Decápolis, de Jerusalén,
de Judea y del otro lado
del Jordán.

El Sermón del monte: Las bienaventuranzas

5 Viendo la mul-
titud, subió al
monte; y sentándose,
se acercaron a él sus
discípulos.
2 Y abriendo su boca les
enseñaba, diciendo:

δίκτυα	αὐτῶν.	καὶ	ἐκάλεσεν	αὐτούς.	22 οἱ	δὲ	εὐθέως	ἀφέντες
redes de pesca	de ellos;	y	llamó	a ellos.	ellos$_2$	Y$_1$	inmediatamente$_4$	dejando$_3$
1350	846	2532	2564	846	3588	1161	2112	863
NAPN	*RP3GPM*	*CLN*	*VAAI3S*	*RP3APM*	*DNPM*	*CLN*	*B*	*VAAP-PNM*

τὸ	πλοῖον	καὶ	τὸν	πατέρα	αὐτῶν	ἠκολούθησαν	αὐτῷ.
el	barco	y	al	padre	de ellos	siguieron	a él.
3588	4143	2532	3588	3962	846	190	846
DASN	*NASN*	*CLN*	*DASM*	*NASM*	*RP3GPM*	*VAAI3P*	*RP3DSM*

23 Καὶ	⸀περιῆγεν	ἐν	ὅλῃ	τῇ	Γαλιλαίᾳ,	διδάσκων	ἐν	ταῖς
Y	recorría	en	toda	--	Galilea,	enseñando	en	las
2532	4013	1722	3650	3588	1056	1321	1722	3588
CLN	*VIAI3S*	*P*	*JDSF*	*DDSF*	*NDSF*	*VPAP-SNM*	*P*	*DDPF*

συναγωγαῖς	αὐτῶν	καὶ	κηρύσσων	τὸ	εὐαγγέλιον	τῆς	βασιλείας
sinagogas	de ellos	y	proclamando	el	evangelio	del	reino
4864	846	2532	2784	3588	2098	3588	932
NDPF	*RP3GPM*	*CLN*	*VPAP-SNM*	*DASN*	*NASN*	*DGSF*	*NGSF*

καὶ	θεραπεύων	πᾶσαν	νόσον	καὶ	πᾶσαν	μαλακίαν	ἐν	τῷ
y	sanando	toda	enfermedad	y	toda	dolencia	en	el
2532	2323	3956	3554	2532	3956	3119	1722	3588
CLN	*VPAP-SNM*	*JASF*	*NASF*	*CLN*	*JASF*	*NASF*	*P*	*DDSM*

λαῷ.	24 καὶ	ἀπῆλθεν	ἡ	ἀκοὴ	αὐτοῦ	εἰς	ὅλην	τὴν	Συρίαν·	καὶ
pueblo.	Y	pasó$_4$	la$_1$	fama$_2$	de él$_3$	por	toda	--	Siria;	y
2992	2532	565	3588	189	846	1519	3650	3588	4947	2532
NDSM	*CLN*	*VAAI3S*	*DNSF*	*NNSF*	*RP3GSM*	*P*	*JASF*	*DASF*	*NASF*	*CLN*

προσήνεγκαν	αὐτῷ	πάντας	τοὺς	κακῶς	ἔχοντας	ποικίλαις	νόσοις
(se) acercaron	a él	todos	los	enfermos	teniendo	diversas	enfermedades
4374	846	3956	3588	2560	2192	4164	3554
VAAI3P	*RP3DSM*	*JAPM*	*DAPM*	*B*	*VPAP-PAM*	*JDPF*	*NDPF*

καὶ	βασάνοις	συνεχομένους,	δαιμονιζομένους	καὶ	σεληνιαζομένους
y	por tormentos$_2$	siendo afligidos,$_1$	endemoniados	y	lunáticos
2532	931	4912	1139	2532	4583
CLN	*NDPF*	*VPPP-PAM*	*VPUP-PAM*	*CLN*	*VPUP-PAM*

καὶ	παραλυτικούς,	καὶ	ἐθεράπευσεν	αὐτούς.	25 καὶ	ἠκολούθησαν	αὐτῷ
y	paralíticos,	y	sanó	a ellos.	Y	siguieron	a él
2532	3885	2532	2323	846	2532	190	846
CLN	*JAPM*	*CLN*	*VAAI3S*	*RP3APM*	*CLN*	*VAAI3P*	*RP3DSM*

ὄχλοι	πολλοὶ	ἀπὸ	τῆς	Γαλιλαίας	καὶ	Δεκαπόλεως	καὶ	Ἱεροσολύμων
multitudes$_2$	muchas$_1$	de	--	Galilea	y	Decápolis	y	Jerusalén
3793	4183	575	3588	1056	2532	1179	2532	2414
NNPM	*JNPM*	*P*	*DGSF*	*NGSF*	*CLN*	*NGSF*	*CLN*	*NGPN*

καὶ	Ἰουδαίας	καὶ	πέραν	τοῦ	Ἰορδάνου.
y	Judea	y	al otro lado	del	Jordán.
2532	2449	2532	4008	3588	2446
CLN	*NGSF*	*CLN*	*P, BP*	*DGSM*	*NGSM*

5 Ἰδὼν	δὲ	τοὺς	ὄχλους	ἀνέβη	εἰς	τὸ	ὄρος·	καὶ	καθίσαντος
al ver$_2$	Y$_1$	a las	multitudes	subió	a	el	monte;	y	habiéndose sentado$_2$
1492	1161	3588	3793	305	1519	3588	3735	2532	2523
VAAP-SNM	*CLN*	*DAPM*	*NAPM*	*VAAI3S*	*P*	*DASN*	*NASN*	*CLN*	*VAAP-SGM*

αὐτοῦ	προσῆλθαν	αὐτῷ	οἱ	μαθηταὶ	αὐτοῦ·	2 καὶ	ἀνοίξας	τὸ
él$_1$	(se) juntaron$_6$	a él,$_7$	los$_3$	discípulos$_4$	de él$_5$	y	habiendo abierto	la
846	4334	846	3588	3101	846	2532	455	3588
RP3GSM	*VAAI3P*	*RP3DSM*	*DNPM*	*NNPM*	*RP3GSM*	*CLN*	*VAAP-SNM*	*DASN*

στόμα	αὐτοῦ	ἐδίδασκεν	αὐτοὺς	λέγων·
boca	de él	enseñaba	a ellos	diciendo:
4750	846	1321	846	3004
NASN	*RP3GSM*	*VIAI3S*	*RP3APM*	*VPAP-SNM*

NVI

redes. Jesús los llamó,
22 y dejaron en seguida
la barca y a su padre, y lo
siguieron.

Jesús sana a los enfermos

23 Jesús recorría toda
Galilea, enseñando en
las sinagogas, anuncian-
do las buenas nuevas del
reino, y sanando toda
enfermedad y dolencia
entre la gente. 24 Su fama
se extendió por toda
Siria, y le llevaban todos
los que padecían de di-
versas enfermedades, los
que sufrían de dolores
graves, los endemonia-
dos, los epilépticos y
los paralíticos, y él los
sanaba. 25 Lo seguían
grandes multitudes
de Galilea, Decápolis,
Jerusalén, Judea y de la
región al otro lado del
Jordán.

Las bienaventuranzas

5 Cuando vio a las
multitudes, subió
a la ladera de una monta-
ña y se sentó. Sus discí-
pulos se le acercaron, 2 y
tomando él la palabra,
comenzó a enseñarles
diciendo:

4:23⸀ Manuscritos inferiores aumentaron *Jesús*.

RVR

3 Bienaventurados los
pobres en el espíritu,
porque de ellos es el
reino de los cielos.
4 Bienaventurados los
afligidos, porque ellos
recibirán consolación.
5 Bienaventurados los
apacibles, porque ellos
recibirán la tierra por
heredad.
6 Bienaventurados los
que tienen hambre y sed
de justicia, porque ellos
serán saciados.
7 Bienaventurados
los misericordiosos,
porque ellos alcanzarán
misericordia.
8 Bienaventurados los de
corazón limpio, porque
ellos verán a Dios.
9 Bienaventurados los
pacificadores, porque
ellos serán llamados
hijos de Dios.
10 Bienaventurados los
que padecen persecu-
ción por causa de la
justicia, porque de ellos
es el reino de los cielos.
11 Bienaventurados
seréis cuando por mi
causa os vituperen y os
persigan, y digan toda
clase de mal contra
vosotros, mintiendo.
12 Gozaos y alegraos,

3 Μακάριοι	οἱ	πτωχοὶ	τῷ	πνεύματι,	ὅτι	αὐτῶν	ἐστιν	ἡ
Bienaventurados	los	pobres	en el	espíritu,	porque	de ellos.$_6$	es$_5$	el$_1$
3107	3588	4434	3588	4151	3754	846	2076	3588
JNPM	*DNPM*	*JNPM*	*DDSN*	*NDSN*	*CAZ*	*RP3GPM*	*VPAI3S*	*DNSF*

βασιλεία	τῶν	οὐρανῶν.
reino$_2$	de los$_3$	cielos$_4$
932	3588	3772
NNSF	*DGPM*	*NGPM*

4 μακάριοι	οἱ	πενθοῦντες,	ὅτι	αὐτοὶ	παρακληθήσονται.
Bienaventurados	los	que (se) lamentan,	porque	ellos	serán consolados.
3107	3588	3996	3754	846	3870
JNPM	*DNPM*	*VPAP-PNM*	*CAZ*	*RP3NPM*	*VFPI3P*

5 μακάριοι	οἱ	πραεῖς,	ὅτι	αὐτοὶ	κληρονομήσουσι	τὴν	γῆν.
Bienaventurados	los	humildes,	porque	ellos	heredarán	la	tierra.
3107	3588	4239	3754	846	2816	3588	1093
JNPM	*DNPM*	*JNPM*	*CAZ*	*RP3NPM*	*VFAI3P*	*DASF*	*NASF*

6 μακάριοι	οἱ	πεινῶντες	καὶ	διψῶντες	τὴν	δικαιοσύνην,	ὅτι
Bienaventurados	los	que tienen hambre	y	tienen sed	--	por justicia,	porque
3107	3588	3983	2532	1372	3588	1343	3754
JNPM	*DNPM*	*VPAP-PNM*	*CLN*	*VPAP-PNM*	*DASF*	*NASF*	*CAZ*

αὐτοὶ	χορτασθήσονται.
ellos	serán saciados.
846	5526
RP3NPM	*VFPI3P*

7 μακάριοι	οἱ	ἐλεήμονες,	ὅτι	αὐτοὶ	ἐλεηθήσονται.
Bienaventurados	los	que tienen misericordia,	porque	ellos	recibirán misericordia.
3107	3588	1655	3754	846	1653
JNPM	*DNPM*	*JNPM*	*CAZ*	*RP3NPM*	*VFPI3P*

8 μακάριοι	οἱ	καθαροὶ	τῇ	καρδίᾳ,	ὅτι	αὐτοὶ	τὸν	θεὸν
Bienaventurados	los	puros	--	de corazón,	porque	ellos	--	a Dios.$_2$
3107	3588	2513	3588	2588	3754	846	3588	2316
JNPM	*DNPM*	*JNPM*	*DDSF*	*NDSF*	*CAZ*	*RP3NPM*	*DASM*	*NASM*

ὄψονται.
verán$_1$
3700
VFMI3P

9 μακάριοι	οἱ	εἰρηνοποιοί,	ὅτι	αὐτοὶ	υἱοὶ	θεοῦ	κληθήσονται.
Bienaventurados	los	pacificadores,	porque	ellos	hijos$_2$	de Dios.$_3$	serán llamados$_1$
3107	3588	1518	3754	846	5207	2316	2564
JNPM	*DNPM*	*JNPM*	*CAZ*	*RP3NPM*	*NNPM*	*NGSM*	*VFPI3P*

10 μακάριοι	οἱ	δεδιωγμένοι	ἕνεκεν	δικαιοσύνης,	ὅτι	αὐτῶν
Bienaventurados	los	perseguidos	por causa de	(la) justicia,	porque	de ellos.$_6$
3107	3588	1377	1752	1343	3754	846
JNPM	*DNPM*	*VRPP-PNM*	*P, B*	*NGSF*	*CAZ*	*RP3GPM*

ἐστιν	ἡ	βασιλεία	τῶν	οὐρανῶν.
es$_5$	el$_1$	reino$_2$	de los$_3$	cielos$_4$
2076	3588	932	3588	3772
VPAI3S	*DNSF*	*NNSF*	*DGPM*	*NGPM*

11 μακάριοί	ἐστε	ὅταν	ὀνειδίσωσιν	ὑμᾶς	καὶ	διώξωσιν	καὶ	εἴπωσιν
Bienaventurados	sois	cuando	insultaran	a vosotros	y	persiguieran	y	dijeran
3107	2075	3752	3679	5209	2532	1377	2532	2036
JNPM	*VPAI2P*	*CAT*	*VAAS3P*	*RP2AP*	*CLN*	*VAAS3P*	*CLN*	*VAAS3P*

πᾶν	πονηρὸν	καθ'	ὑμῶν	ψευδόμενοι	ἕνεκεν	ἐμοῦ.	12 χαίρετε	καὶ
todo	(lo) malo	contra	vosotros	mintiendo	por causa de	mí;	alegraos	y
3956	4190	2596	5216	5574	1752	1700	5463	2532
JASN	*JASN*	*P*	*RP2GP*	*VPUP-PNM*	*P, B*	*RP1GS*	*VPAM2P*	*CLN*

NVI

3 «Dichosos los pobres
en espíritu,
porque el reino de los
cielos les pertenece.
4 Dichosos los que
lloran,
porque serán
consolados.
5 Dichosos los
humildes,
porque recibirán la tie-
rra como herencia.
6 Dichosos los que
tienen hambre y
sed de justicia,
porque serán saciados.
7 Dichosos los
compasivos,
porque serán tratados
con compasión.
8 Dichosos los de cora-
zón limpio,
porque ellos verán a
Dios.
9 Dichosos los que tra-
bajan por la paz,
porque serán llamados
hijos de Dios.
10 Dichosos los perse-
guidos por causa de
la justicia,
porque el reino de los
cielos les pertenece.

11 »Dichosos serán
ustedes cuando por mi
causa la gente los insulte,
los persiga y levante con-
tra ustedes toda clase de
calumnias. 12 Alégrense

RVR

porque vuestro galar-
dón es grande en los
cielos; porque así per-
siguieron a los profetas
que os precedieron.

La sal de la tierra

13 Vosotros sois la sal
de la tierra; pero si la
sal se vuelve insípida,
¿con qué será salada?
No sirve ya para nada,
sino para ser echada
fuera y hollada por los
hombres.

La luz del mundo

14 Vosotros sois la luz
del mundo; una ciudad
asentada sobre un mon-
te no se puede esconder.
15 Ni se enciende una
lámpara para ponerla
debajo de un almud,
sino sobre el candele-
ro, para que alumbre
a todos los que están
en casa.
16 Así alumbre vuestra
luz delante de los hom-
bres, de tal modo que
vean vuestras buenas
obras, y glorifiquen a
vuestro Padre que está
en los cielos.

Jesucristo y la ley

17 No penséis que he
venido para abrogar la
ley o los profetas; no he
venido para abrogar,
sino para cumplir.
18 Porque de cierto
os digo que hasta que
pasen el cielo y la tierra,
ni una jota ni una tilde

ἀγαλλιᾶσθε,	ὅτι	ὁ	μισθὸς	ὑμῶν	πολὺς	ἐν	τοῖς	οὐρανοῖς·
regocijaos,	porque	la	recompensa	de vosotros	grande (será)	en	los	cielos
21	3754	3588	3408	5216	4183	1722	3588	3772
VPUM2P	*CAZ*	*DNSM*	*NNSM*	*RP2GP*	*JNSM*	*P*	*DDPM*	*NDPM*

οὕτως	γὰρ	ἐδίωξαν	τοὺς	προφήτας	τοὺς	πρὸ	ὑμῶν.
así$_2$	porque$_1$	persiguieron	a los	profetas	los (que)	(vinieron) antes de	de vosotros.
3779	1063	1377	3588	4396	3588	4253	5216
B	*CAZ*	*VAAI3P*	*DAPM*	*NAPM*	*DAPM*	*P*	*RP2GP*

13 Ὑμεῖς	ἐστε	τὸ	ἅλας	τῆς	γῆς·	ἐὰν	δὲ	τὸ	ἅλας	μωρανθῇ,
Vosotros	sois	la	sal	de la	tierra;	si$_2$	pero$_1$	la	sal	perdiera el sabor,
5210	2075	3588	217	3588	1093	1437	1161	3588	217	3471
RP2NP	*VPAI2P*	*DNSN*	*NNSN*	*DGSF*	*NGSF*	*CAC*	*CLC*	*DNSN*	*NNSN*	*VAPS3S*

ἐν	τίνι	ἁλισθήσεται;	εἰς	οὐδὲν	ἰσχύει	ἔτι	εἰ	μὴ	βληθὲν
¿con	qué	será salada?	Para	nada	tiene fuerza	ya	si	no	habiendo sido echada$_5$
1722	5101	233	1519	3762	2480	2089	1487	3361	906
P	*RI-DSN*	*VFPI3S*	*P*	*JASN*	*VPAI3S*	*B*	*CAC*	*BN, TN*	*VAPP-SNN*

ἔξω	καταπατεῖσθαι	ὑπὸ	τῶν	ἀνθρώπων.
afuera.$_6$	para ser pisoteada$_1$	por$_2$	los$_2$	seres humanos$_4$
1854	2662	5259	3588	444
BP	*VPPN*	*P*	*DGPM*	*NGPM*

14 Ὑμεῖς	ἐστε	τὸ	φῶς	τοῦ	κόσμου.	οὐ	δύναται	πόλις
Vosotros	sois	la	luz	del	mundo;	no	puede	(una) ciudad$_2$
5210	2075	3588	5457	3588	2889	3756	1410	4172
RP2NP	*VPAI2P*	*DNSN*	*NNSN*	*DGSM*	*NGSM*	*BN, TN*	*VPUI3S*	*NNSF*

κρυβῆναι	ἐπάνω	ὄρους	κειμένη·	15 οὐδὲ	καίουσιν	λύχνον	καὶ
ser ocultada$_1$	sobre$_4$	un monte;$_5$	estando puesta$_3$	ni	encienden	una lámpara	y
2928	1883	3735	2749	3761	2545	3088	2532
VAPN	*P, BP*	*NGSN*	*VPUP-SNF*	*CLD,TN,B*	*VPAI3P*	*NASM, NASF*	*CLN*

τιθέασιν	αὐτὸν	ὑπὸ	τὸν	μόδιον	ἀλλʼ	ἐπὶ	τὴν	λυχνίαν,	καὶ	λάμπει
ponen	a ella	bajo	--	(una) vasija,	sino	sobre	el	candelabro,	y	alumbra
5087	846	5259	3588	3426	235	1909	3588	3087	2532	2989
VPAI3P	*RP3ASM*	*P*	*DASM*	*NASM*	*CLC*	*P*	*DASF*	*NASF*	*CLN*	*VPAI3S*

πᾶσιν	τοῖς	ἐν	τῇ	οἰκίᾳ.	16 οὕτως	λαμψάτω	τὸ	φῶς	ὑμῶν
a todos	los (que están)	en	la	casa.	Así	alumbre	la	luz	de vosotros
3956	3588	1722	3588	3614	3779	2989	3588	5457	5216
JDPM	*DDPM*	*P*	*DDSF*	*NDSF*	*B*	*VAAM3S*	*DNSN*	*NNSN*	*RP2GP*

ἔμπροσθεν	τῶν	ἀνθρώπων,	ὅπως	ἴδωσιν	ὑμῶν	τὰ	καλὰ	ἔργα	καὶ
delante de	los	seres humanos,	para que	vieran	de vosotros$_4$	las$_1$	buenas$_2$	obras$_3$	y
1715	3588	444	3704	1492	5216	3588	2570	2041	2532
P	*DGPM*	*NGPM*	*CAP*	*VAAS3P*	*RP2GP*	*DAPN*	*JAPN*	*NAPN*	*CLN*

δοξάσωσιν	τὸν	πατέρα	ὑμῶν	τὸν	ἐν	τοῖς	οὐρανοῖς.
glorifiquen	al	Padre	de vosotros	el (que está)	en	los	cielos.
1392	3588	3962	5216	3588	1722	3588	3772
VAAS3P	*DASM*	*NASM*	*RP2GP*	*DASM*	*P*	*DDPM*	*NDPM*

17 Μὴ	νομίσητε	ὅτι	ἦλθον	καταλῦσαι	τὸν	νόμον	ἢ	τοὺς
No	penséis	que	vine	a destruir	la	Ley	o	los
3361	3543	3754	2064	2647	3588	3551	2228	3588
BN,TN	*VAAS2P*	*CSC*	*VAAI1S*	*VAAN*	*DASM*	*NASM*	*CLD*	*DAPM*

προφήτας·	οὐκ	ἦλθον	καταλῦσαι	ἀλλὰ	πληρῶσαι·	18 ἀμὴν	γὰρ
Profetas;	no	vine	a destruir	sino	a completar.	de cierto$_2$	Porque$_1$
4396	3756	2064	2647	235	4137	281	1063
NAPM	*BN, TN*	*VAAI1S*	*VAAN*	*CLC*	*VAAN*	*XF, B*	*CLX*

λέγω	ὑμῖν,	ἕως	ἂν	παρέλθῃ	ὁ	οὐρανὸς	καὶ	ἡ	γῆ,	ἰῶτα	ἓν
digo	a vosotros,	hasta que	--	pase,$_6$	el$_1$	cielo$_2$	y$_3$	la$_4$	tierra$_5$	jota$_7$	una$_6$
3004	5213	2193	302	3928	3588	3772	2532	3588	1093	2503	1520
VPAI1S	*RP2DP*	*CAT*	*TC*	*VAAS3S*	*DNSM*	*NNSM*	*CLN*	*DNSF*	*NNSF*	*NNSN, XL*	*JNSN*

NVI

y llénense de júbilo, por-
que les espera una gran
recompensa en el cielo.
Así también persiguie-
ron a los profetas que los
precedieron a ustedes.

La sal y la luz

13 »Ustedes son la
sal de la tierra. Pero, si
la sal se vuelve insípida,
¿cómo recobrará su
sabor? Ya no sirve para
nada, sino para que la
gente la deseche y la
pisotee.
14 »Ustedes son la luz
del mundo. Una ciudad
en lo alto de una colina
no puede esconderse.
15 Ni se enciende una
lámpara para cubrirla
con un cajón. Por el
contrario, se pone en la
repisa para que alumbre
a todos los que están en
la casa. 16 Hagan brillar
su luz delante de todos,
para que ellos puedan
ver las buenas obras de
ustedes y alaben al Padre
que está en el cielo.

El cumplimiento de la ley

17 »No piensen que
he venido a anular la
ley o los profetas; no
he venido a anularlos,
sino a darles cumpli-
miento. 18 Les aseguro
que mientras existan
el cielo y la tierra, ni
una letra ni una tilde

RVR

pasarán de ningún
modo de la ley, hasta
que todo se haya rea-
lizado.
19 Por tanto, cualquiera
que suprima uno de
estos mandamientos
aun de los más insignifi-
cantes, y enseñe así a los
hombres, será llamado
el menor en el reino de
los cielos; mas cualquie-
ra que los cumpla y los
enseñe, este será llama-
do grande en el reino de
los cielos.
20 Porque os digo que si
vuestra justicia no su-
pera a la de los escribas
y fariseos, de ningún
modo entraréis en el
reino de los cielos.

Jesucristo y la ira

21 Oísteis que fue dicho
a los antiguos: No ma-
tarás; y cualquiera que
mate será reo de juicio.
22 Pero yo os digo que
cualquiera que se enoje
con su hermano será reo
de juicio; y cualquiera
que diga a su hermano:
Imbécil, será responsa-
ble ante el sanedrín; y
cualquiera que le diga:
Insensato, será reo del
fuego del infierno.
23 Por tanto, si estás
presentando tu ofrenda
sobre el altar, y allí te

ἤ	μία	κεραία	οὐ	μὴ*	παρέλθῃ	ἀπὸ	τοῦ	νόμου,	ἕως	ἂν	πάντα
ni	una	tilde	no	no	pasará	de	la	ley,	hasta	--	todas (las) cosas
2228	1520	2762	3756	3361	3928	575	3588	3551	2193	302	3956
CLD	*JNSF*	*NNSF*	*BN, TN*	*BN, TN*	*VAAS3S*	*P*	*DGSM*	*NGSM*	*CAT*	*TC*	*JNPN*

γένηται.	19 ὃς	ἐὰν	οὖν	λύσῃ	μίαν	τῶν	ἐντολῶν	τούτων
se realicen.	cualquiera que$_2$	--$_3$	Entonces$_1$	rompiera	uno	de los	mandamientos	estos
1096	3739	1437	3767	3089	1520	3588	1785	5130
VAMS3S	*RR-NSM*	*TC*	*CLI*	*VAAS3S*	*JASF*	*DGPF*	*NGPF*	*RD-GPM*

τῶν	ἐλαχίστων	καὶ	διδάξῃ	οὕτως	τοὺς	ἀνθρώπους,	ἐλάχιστος
de los	menos importantes	y	enseñare	así	a los	seres humanos,	menos importante$_2$
3588	1646	2532	1321	3779	3588	444	1646
DGPF	*JGPF*	*CLN*	*VAAS3S*	*B*	*DAPM*	*NAPM*	*JNSM*

κληθήσεται	ἐν	τῇ	βασιλείᾳ	τῶν	οὐρανῶν·	ὃς	δ'	ἂν	ποιήσῃ
será llamado$_1$	en	el	reino	de los	cielos;	el que$_2$	mas$_1$	--	hiciera$_2$
2564	1722	3588	932	3588	3772	3739	1161	302	4160
VFPI3S	*P*	*DDSF*	*NDSF*	*DGPM*	*NGPM*	*RR-NSM*	*CLC*	*TC*	*VAAS3S*

καὶ	διδάξῃ,	οὗτος	μέγας	κληθήσεται	ἐν	τῇ	βασιλείᾳ	τῶν	οὐρανῶν.
y	enseñara,	este	grande$_2$	será llamado$_1$	en	el	reino	de los	cielos.
2532	1321	3778	3173	2564	1722	3588	932	3588	3772
CLN	*VAAS3S*	*RD-NSM*	*JNSM*	*VFPI3S*	*P*	*DDSF*	*NDSF*	*DGPM*	*NGPM*

20 λέγω	γὰρ	ὑμῖν	ὅτι	ἐὰν	μὴ	περισσεύσῃ	ὑμῶν	ἡ	δικαιοσύνη
digo$_2$	Porque$_1$	a vosotros	que	si	no$_4$	abunda$_5$	de vosotros$_3$	la$_1$	justicia$_2$
3004	1063	5213	3754	1437	3361	4052	5216	3588	1343
VPAI1S	*CLX*	*RP2DP*	*CSC*	*CAC*	*BN, TN*	*VAAS3S*	*RP2GP*	*DNSF*	*NNSF*

πλεῖον	τῶν	γραμματέων	καὶ	Φαρισαίων,	οὐ	μὴ*	εἰσέλθητε	εἰς
más	(que la) de los	escribas	y	fariseos,	no	no	entraréis	en
4119	3588	1122	2532	5330	3756	3361	1525	1519
JASNC	*DGPM*	*NGPM*	*CLN*	*NGPM*	*BN, TN*	*BN, TN*	*VAAS2P*	*P*

τὴν	βασιλείαν	τῶν	οὐρανῶν.
el	reino	de los	cielos.
3588	932	3588	3772
DASF	*NASF*	*DGPM*	*NGPM*

21 Ἠκούσατε	ὅτι	ἐρρέθη	τοῖς	ἀρχαίοις·	Οὐ	φονεύσεις·	ὃς	δ'
Oísteis	que	fue dicho	a los	antiguos:	No	cometerás homicidio;	el que$_2$	y$_1$
191	3754	4483	3588	744	3756	5407	3739	1161
VAAI2P	*CSC*	*VAPI3S*	*DDPM*	*JDPM*	*BN, TN*	*VFAI2S*	*RR-NSM*	*CLN*

ἂν	φονεύσῃ,	ἔνοχος	ἔσται	τῇ	κρίσει.	22 ἐγὼ	δὲ	λέγω	ὑμῖν	ὅτι
--	cometa homicidio,	culpable$_2$	será$_1$	--	de juicio.	yo$_2$	Pero$_1$	digo	a vosotros	que
302	5407	1777	2071	3588	2920	1473	1161	3004	5213	3754
TC	*VAAS3S*	*JNSM*	*VFMI3S*	*DDSF*	*NDSF*	*RP1NS*	*CLC*	*VPAI1S*	*RP2DP*	*CSC*

πᾶς	ὁ	ὀργιζόμενος	τῷ	ἀδελφῷ	αὐτοῦ	ἔνοχος	ἔσται	τῇ	κρίσει·
todo	el que	se enoja	con el	hermano	de él	culpable$_2$	será$_1$	--	de juicio;
3956	3588	3710	3588	80	846	1777	2071	3588	2920
JNSM	*DNSM*	*VPPP-SNM*	*DDSM*	*NDSM*	*RP3GSM*	*JNSM*	*VFMI3S*	*DDSF*	*NDSF*

ὃς	δ'	ἂν	εἴπῃ	τῷ	ἀδελφῷ	αὐτοῦ·	Ῥακά,	ἔνοχος	ἔσται	τῷ
el que$_2$	y$_1$	--	dijera	al	hermano	de él:	Insensato,	culpable$_2$	será$_1$	ante el
3739	1161	302	2036	3588	80	846	4469	1777	2071	3588
RR-NSM	*CLN*	*TC*	*VAAS3S*	*DDSM*	*NDSM*	*RP3GSM*	*NVSM, XF*	*JNSM*	*VFMI3S*	*DDSN*

συνεδρίῳ·	ὃς	δ'	ἂν	εἴπῃ·	Μωρέ,	ἔνοχος	ἔσται	εἰς	τὴν	γέενναν	τοῦ
sanedrín;	el que$_2$	y$_1$	--	dijera:	Loco,	culpable$_2$	será$_1$	para	el	infierno	--
4892	3739	1161	302	2036	3474	1777	2071	1519	3588	1067	3588
NDSN	*RR-NSM*	*CLN*	*TC*	*VAAS3S*	*JVSM*	*JNSM*	*VFMI3S*	*P*	*DASF*	*NASF*	*DGSN*

πυρός.	23 ἐὰν	οὖν	προσφέρῃς	τὸ	δῶρόν	σου	ἐπὶ	τὸ	θυσιαστήριον
de fuego.	si$_2$	Entonces,$_1$	estás presentando	la	ofrenda	de ti	sobre	el	altar
4442	1437	3767	4374	3588	1435	4675	1909	3588	2379
NGSN	*CAC*	*CLI*	*VPAS2S*	*DASN*	*NASN*	*RP2GS*	*P*	*DASN*	*NASN*

NVI

de la ley desaparecerán
hasta que todo se haya
cumplido. 19 Todo el
que infrinja uno solo de
estos mandamientos,
por pequeño que sea, y
enseñe a otros a hacer lo
mismo, será considera-
do el más pequeño en el
reino de los cielos; pero
el que los practique y
enseñe será considerado
grande en el reino de los
cielos. 20 Porque les digo
a ustedes que no van a
entrar en el reino de los
cielos a menos que su
justicia supere a la de los
fariseos y de los maestros
de la ley.

El homicidio

21 »Ustedes han
oído que se dijo a sus
antepasados: "No mates,
y todo el que mate
quedará sujeto al juicio
del tribunal". 22 Pero yo
les digo que todo el que
se enoje con su hermano
quedará sujeto al juicio
del tribunal. Es más,
cualquiera que insulte
a su hermano quedará
sujeto al juicio del
Consejo. Y cualquiera
que lo maldiga quedará
sujeto al fuego del
infierno.
23 »Por lo tanto, si
estás presentando tu
ofrenda en el altar y allí

5:18*, 20* O sea *de ninguna manera.*

RVR

acuerdas de que tu
hermano tiene algo
contra ti,
24 deja allí tu ofrenda
delante del altar, y anda,
reconcíliate primero
con tu hermano, y
entonces ven y presenta
tu ofrenda.
25 Ponte a buenas de pri-
sa con el que te quiere
llevar a los tribunales,
entretanto que estás
con él en el camino, no
sea que el contendiente
te entregue al juez, y el
juez al alguacil, y seas
echado en la cárcel.
26 De cierto te digo que
no saldrás en absoluto
de allí, hasta que pagues
el último cuarto.

Jesucristo y el adulterio

27 Oísteis que fue dicho:
No cometerás adulterio.
28 Pero yo os digo que
cualquiera que mira a
una mujer para codi-
ciarla, ya adulteró con
ella en su corazón.
29 Y si tu ojo derecho
te es ocasión de caer,
sácalo, y échalo de ti;
pues más te conviene
que se pierda uno de
tus miembros, y no
que todo tu cuerpo sea
echado al infierno.
30 Y si tu mano derecha

κἀκεῖ	μνησθῇς	ὅτι	ὁ	ἀδελφός	σου	ἔχει	τι	κατὰ	σοῦ,	24 ἄφες
y allí	recuerdas	que	el	hermano	de ti	tiene	algo	contra	ti,	deja
2546	3415	3754	3588	80	4675	2192	5100	2596	4675	863
CLN, BP	*VAPS2S*	*CSC*	*DNSM*	*NNSM*	*RP2GS*	*VPAI3S*	*RX-ASN*	*P*	*RP2GS*	*VAAM2S*

ἐκεῖ	τὸ	δῶρόν	σου	ἔμπροσθεν	τοῦ	θυσιαστηρίου	καὶ	ὕπαγε	πρῶτον
allí	la	ofrenda	de ti	delante de	el	altar,	y	vete,	primero
1563	3588	1435	4675	1715	3588	2379	2532	5217	4412
BP	*DASN*	*NASN*	*RP2GS*	*P*	*DGSN*	*NGSN*	*CLN*	*VPAM2S*	*B, J*

διαλλάγηθι	τῷ	ἀδελφῷ	σου,	καὶ	τότε	ἐλθὼν	πρόσφερε	τὸ
reconcíliate	con el	hermano	de ti,	y	entonces	habiendo venido,	presenta	la
1259	3588	80	4675	2532	5119	2064	4374	3588
VAPM2S	*DDSM*	*NDSM*	*RP2GS*	*CLN*	*B*	*VAAP-SNM*	*VPAM2S*	*DASN*

δῶρόν	σου.	25 ἴσθι	εὐνοῶν	τῷ	ἀντιδίκῳ	σου	ταχὺ	ἕως	ὅτου	εἶ
ofrenda	de ti.	Está	bien de acuerdo	con el	adversario	de ti,	rápido	mientras	--	estás
1435	4675	2468	2132	3588	476	4675	5035	2193	3755	1488
NASN	*RP2GS*	*VPAM2S*	*VPAP-SNM*	*DDSM*	*NDSM*	*RP2GS*	*B, J*	*P, CAT*	*RR-GSN*	*VPAI2S*

μετ’	αὐτοῦ	ἐν	τῇ	ὁδῷ,	μήποτέ	σε	παραδῷ	ὁ	ἀντίδικος	τῷ
con	él	en	el	camino;	no sea que	a ti$_4$	entregue$_3$	el$_1$	adversario$_2$	al
3326	846	1722	3588	3598	3379	4571	3860	3588	476	3588
P	*RP3GSM*	*P*	*DDSF*	*NDSF*	*CAP*	*RP2AS*	*VAAS3S*	*DNSM*	*NNSM*	*DDSM*

κριτῇ,	καὶ	ὁ	κριτὴς	τῷ	ὑπηρέτῃ,	καὶ	εἰς	φυλακὴν	βληθήσῃ·
juez	y	el	juez	al	guardia,	y	a$_2$	prisión.$_3$	seas arrojado$_1$
2923	2532	3588	2923	3588	5257	2532	1519	5438	906
NDSM	*CLN*	*DNSM*	*NNSM*	*DDSM*	*NDSM*	*CLN*	*P*	*NASF*	*VFPI2S*

26 ἀμὴν	λέγω	σοι,	οὐ	μὴ*	ἐξέλθῃς	ἐκεῖθεν	ἕως	ἂν	ἀποδῷς	τὸν
De cierto	digo	a ti,	no	no	saldrás	de allí	hasta que	--	hayas pagado	el
281	3004	4671	3756	3361	1831	1564	2193	302	591	3588
XF, B	*VPAI1S*	*RP2DS*	*BN, TN*	*BN, TN*	*VAAS2S*	*BP*	*CAT*	*TC*	*VAAS2S*	*DASM*

ἔσχατον	κοδράντην.
último	cuadrante.
2078	2835
JASM	*NASM*

27 Ἠκούσατε	ὅτι	ἐρρέθη·	Οὐ	μοιχεύσεις.	28 ἐγὼ	δὲ	λέγω	ὑμῖν
Oísteis	que	fue dicho:	No	cometerás adulterio;	yo$_2$	pero$_1$	digo	a vosotros
191	3754	4483	3756	3431	1473	1161	3004	5213
VAAI2P	*CSC*	*VAPI3S*	*BN, TN*	*VFAI2S*	*RP1NS*	*CLC*	*VPAI1S*	*RP2DP*

ὅτι	πᾶς	ὁ	βλέπων	γυναῖκα	πρὸς	τὸ	ἐπιθυμῆσαι	αὐτὴν	ἤδη
que	todo	el	que mira	una mujer	para	--	codiciar	a ella,	ya
3754	3956	3588	991	1135	4314	3588	1937	846	2235
CSC	*JNSM*	*DNSM*	*VPAP-SNM*	*NASF*	*P*	*DASN*	*VAAN*	*RP3ASF*	*B*

ἐμοίχευσεν	αὐτὴν	ἐν	τῇ	καρδίᾳ	αὐτοῦ.	29 εἰ	δὲ	ὁ	ὀφθαλμός
cometió adulterio	con ella	en	el	corazón	de él.	si$_2$	Y$_1$	el	ojo
3431	846	1722	3588	2588	846	1487	1161	3588	3788
VAAI3S	*RP3ASF*	*P*	*DDSF*	*NDSF*	*RP3GSM*	*CAC*	*CLN*	*DNSM*	*NNSM*

σου	ὁ	δεξιὸς	σκανδαλίζει	σε,	ἔξελε	αὐτὸν	καὶ	βάλε	ἀπὸ	σοῦ,
de ti$_3$	--$_1$	derecho$_2$	es causa de tropiezo	a ti,	saca	a él	y	arrójalo	de	ti;
4675	3588	1188	4624	4571	1807	846	2532	906	575	4675
RP2GS	*DNSM*	*JNSM*	*VPAI3S*	*RP2AS*	*VAAM2S*	*RP3ASM*	*CLN*	*VAAM2S*	*P*	*RP2GS*

συμφέρει	γάρ	σοι	ἵνα	ἀπόληται	ἓν	τῶν	μελῶν	σου	καὶ	μὴ
es provechoso$_1$	porque$_2$	para ti	que	sea destruido	uno	de los	miembros	de ti	y	no
4851	1063	4671	2443	622	1520	3588	3196	4675	2532	3361
VPAI3S	*CAZ*	*RP2DS*	*CSC*	*VAMS3S*	*JNSN, JASN*	*DGPN*	*NGPN*	*RP2GS*	*CLN*	*BN, TN*

ὅλον	τὸ	σῶμά	σου	βληθῇ	εἰς	γέενναν.	30 καὶ	εἰ	ἡ	δεξιά	σου	χεὶρ
todo	el	cuerpo	de ti	sea echado	en	(el) infierno.	Y	si	la	derecha$_2$	de ti$_3$	mano$_1$
3650	3588	4983	4675	906	1519	1067	2532	1487	3588	1188	4675	5495
JNSN	*DNSN*	*NNSN*	*RP2GS*	*VAPS3S*	*P*	*NASF*	*CLN*	*CAC*	*DNSF*	*JNSF*	*RP2GS*	*NNSF*

NVI

recuerdas que tu her-
mano tiene algo contra
ti, 24 deja tu ofrenda
allí delante del altar. Ve
primero y reconcíliate
con tu hermano; luego
vuelve y presenta tu
ofrenda.
25 »Si tu adversario
te va a denunciar, llega a
un acuerdo con él lo más
pronto posible. Hazlo
mientras vayan de ca-
mino al juzgado, no sea
que te entregue al juez,
y el juez al guardia, y te
echen en la cárcel. 26 Te
aseguro que no saldrás
de allí hasta que pagues
el último centavo.

El adulterio

27 »Ustedes han oído
que se dijo: "No come-
tas adulterio". 28 Pero yo
les digo que cualquiera
que mira a una mujer y
la codicia ya ha cometi-
do adulterio con ella en
el corazón. 29 Por tanto,
si tu ojo derecho te hace
pecar, sácatelo y tíralo.
Más te vale perder una
sola parte de tu cuerpo,
y no que todo él sea
arrojado al infierno.
30 Y, si tu mano derecha

5:26* O sea *de ninguna manera.*

RVR

te es ocasión de caer,
córtala, y échala de ti;
pues más te conviene
que se pierda uno de
tus miembros, y no
que todo tu cuerpo sea
echado al infierno.

Jesucristo y el divorcio

31 También fue dicho:
Cualquiera que repudie
a su mujer, que le dé
carta de divorcio.
32 Pero yo os digo, que
todo el que repudia a su
mujer, a no ser por causa
de fornicación, hace que
ella adultere; y el que se
casa con la repudiada,
comete adulterio.

Jesucristo y los juramentos

33 Además habéis oído
que fue dicho a los
antiguos: No perjurarás,
sino que cumplirás al
Señor tus juramentos.
34 Pero yo os digo:
No juréis en ninguna
manera; ni por el cielo,
porque es el trono de
Dios;
35 ni por la tierra, por-
que es el estrado de sus
pies; ni por Jerusalén,
porque es la ciudad del
gran Rey.
36 Ni jurarás por tu ca-
beza, porque no puedes
hacer blanco o negro un
solo cabello.
37 Sea, pues, vuestra pa-
labra: Sí, sí; no, no; pues

σκανδαλίζει	σε,	ἔκκοψον	αὐτὴν	καὶ	βάλε	ἀπὸ	σοῦ,	συμφέρει	γάρ
es causa de tropiezo	a ti,	corta	a ella	y	echa	de	ti;	es provechoso$_2$	porque$_1$
4624	4571	1581	846	2532	906	575	4675	4851	1063
VPAI3S	*RP2AS*	*VAAM2S*	*RP3ASF*	*CLN*	*VAAM2S*	*P*	*RP2GS*	*VPAI3S*	*CAZ*

σοι	ἵνα	ἀπόληται	ἓν	τῶν	μελῶν	σου	καὶ	μὴ	ὅλον	τὸ	σῶμά
para ti	que	sea destruido	uno	de los	miembros	de ti	y	no	todo	el	cuerpo
4671	2443	622	1520	3588	3196	4675	2532	3361	3650	3588	4983
RP2DS	*CSC*	*VAMS3S*	*JNSN, JASN*	*DGPN*	*NGPN*	*RP2GS*	*CLN*	*BN, TN*	*JNSN*	*DNSN*	*NNSN*

σου	⸀εἰς	γέενναν	ἀπέλθῃ⸁.
de ti	a	(el) infierno.$_3$	se vaya
4675	1519	1067	565
RP2GS	*P*	*NASF*	*VAAS3S*

31 Ἐρρέθη	δέ·	Ὃς	ἂν	ἀπολύσῃ	τὴν	γυναῖκα	αὐτοῦ,	δότω
fue dicho:$_2$	Y$_1$	Cualquiera que	--	divorcie	a la	esposa	de él,	dará
4483	1161	3739	302	630	3588	1135	846	1325
VAPI3S	*CLN*	*RR-NSM*	*TC*	*VAAS3S*	*DASF*	*NASF*	*RP3GSM*	*VAAM3S*

αὐτῇ	ἀποστάσιον.	32 ἐγὼ	δὲ	λέγω	ὑμῖν	ὅτι	⸀πᾶς	ὁ	ἀπολύων⸁
a ella.$_2$	un certificado de divorcio$_1$	yo$_2$	Mas$_1$	digo	a vosotros	que	todo	el	que divorcia
846	647	1473	1161	3004	5213	3754	3956	3588	630
RP3DSF	*NASN*	*RP1NS*	*CLC*	*VPAI1S*	*RP2DP*	*CSC*	*JNSM*	*DNSM*	*VPAP-SNM*

τὴν	γυναῖκα	αὐτοῦ	παρεκτὸς	λόγου	πορνείας	ποιεῖ	αὐτὴν
a la	esposa	de él,	excepto	(por) caso	de inmoralidad sexual,	hace	a ella
3588	1135	846	3924	3056	4202	4160	846
DASF	*NASF*	*RP3GSM*	*P, B*	*NGSM*	*NGSF*	*VPAI3S*	*RP3ASF*

μοιχευθῆναι,	καὶ	ὃς	ἐὰν	ἀπολελυμένην	γαμήσῃ	μοιχᾶται.
cometer adulterio	y	el que	si	(con la) divorciada	se casare,	comete adulterio.
3431	2532	3739	1437	630	1060	3429
VAPN	*CLN*	*RR-NSM*	*TC*	*VRPP-SAF*	*VAAS3S*	*VPUI3S*

33 Πάλιν	ἠκούσατε	ὅτι	ἐρρέθη	τοῖς	ἀρχαίοις·	Οὐκ	ἐπιορκήσεις,
De nuevo	oísteis	que	fue dicho	a los	antiguos:	No	jurarás en falso,
3825	191	3754	4483	3588	744	3756	1964
B	*VAAI2P*	*CSC*	*VAPI3S*	*DDPM*	*JDPM*	*BN, TN*	*VFAI2S*

ἀποδώσεις	δὲ	τῷ	κυρίῳ	τοὺς	ὅρκους	σου.	34 ἐγὼ	δὲ	λέγω	ὑμῖν
pagarás$_2$	pero$_1$	al	Señor	los	juramentos	de ti;	yo$_2$	mas$_1$	digo	a vosotros:
591	1161	3588	2962	3588	3727	4675	1473	1161	3004	5213
VFAI2S	*CLC*	*DDSM*	*NDSM*	*DAPM*	*NAPM*	*RP2GS*	*RP1NS*	*CLC*	*VPAI1S*	*RP2DP*

μὴ	ὀμόσαι	ὅλως·	μήτε	ἐν	τῷ	οὐρανῷ,	ὅτι	θρόνος	ἐστὶν	τοῦ
No	jurar	completamente;	ni	por	el	cielo,	porque	(el) trono$_2$	es$_1$	de
3361	3660	3654	3383	1722	3588	3772	3754	2362	2076	3588
BN, TN	*VAAN*	*B*	*CLK*	*P*	*DDSM*	*NDSM*	*CAZ*	*NNSM*	*VPAI3S*	*DGSM*

θεοῦ.	35 μήτε	ἐν	τῇ	γῇ,	ὅτι	ὑποπόδιόν	ἐστιν	τῶν	ποδῶν	αὐτοῦ·
Dios;	ni	por	la	tierra,	porque	estrado	es;$_4$	de los$_1$	pies$_2$	de él$_3$
2316	3383	1722	3588	1093	3754	5286	2076	3588	4228	846
NGSM	*CLK*	*P*	*DDSF*	*NDSF*	*CAZ*	*NNSN*	*VPAI3S*	*DGPM*	*NGPM*	*RP3GSM*

μήτε	εἰς	Ἱεροσόλυμα,	ὅτι	πόλις	ἐστὶν	τοῦ	μεγάλου	βασιλέως.	36 μήτε
ni	por	Jerusalén,	porque	ciudad	es;$_4$	del$_1$	gran$_2$	rey$_3$	ni
3383	1519	2414	3754	4172	2076	3588	3173	935	3383
CLK	*P*	*NASF*	*CAZ*	*NNSF*	*VPAI3S*	*DGSM*	*JGSM*	*NGSM*	*CLK*

ἐν	τῇ	κεφαλῇ	σου	ὀμόσῃς,	ὅτι	οὐ	δύνασαι	μίαν	τρίχα	λευκὴν
por$_2$	la$_3$	cabeza$_4$	de ti,$_5$	jures$_1$	porque	no	puedes	un$_2$	cabello$_3$	blanco$_4$
1722	3588	2776	4675	3660	3754	3756	1410	1520	2359	3022
P	*DDSF*	*NDSF*	*RP2GS*	*VAAS2S*	*CAZ*	*BN, TN*	*VPUI2S*	*JASF*	*NASF*	*JASF*

ποιῆσαι	ἢ	μέλαιναν.	37 ἔστω	δὲ	ὁ	λόγος	ὑμῶν	ναὶ	ναί,	οὒ
hacer$_1$	o$_5$	negro.	sea$_2$	Mas$_1$	la	palabra	de vosotros	sí,	sí;	no,
4160	2228	3189	2077	1161	3588	3056	5216	3483	3483	3756
VAAN	*CLD*	*JASF*	*VPAM3S*	*CLC*	*DNSM*	*NNSM*	*RP2GP*	*T*	*T*	*TN*

NVI

te hace pecar, córtatela
y arrójala. Más te vale
perder una sola parte de
tu cuerpo, y no que todo
él vaya al infierno.

El divorcio

31 »Se ha dicho: "El
que repudia a su esposa
debe darle un certificado
de divorcio". 32 Pero yo
les digo que, excepto
en caso de inmoralidad
sexual, todo el que se
divorcia de su esposa la
induce a cometer adul-
terio, y el que se casa con
la divorciada comete
adulterio también.

Los juramentos

33 »También han
oído que se dijo a sus
antepasados: "No
faltes a tu juramento,
sino cumple con tus
promesas al Señor".
34 Pero yo les digo: No
juren de ningún modo:
ni por el cielo, porque
es el trono de Dios; 35 ni
por la tierra, porque es
el estrado de sus pies; ni
por Jerusalén, porque es
la ciudad del gran Rey.
36 Tampoco jures por
tu cabeza, porque no
puedes hacer que ni uno
solo de tus cabellos se
vuelva blanco o negro.
37 Cuando ustedes digan
"sí", que sea realmente
sí; y, cuando digan "no",

5:30⸀⸁ Manuscritos inferiores tienen *sea echado en el infierno.* **5:32**⸀⸁ Manuscritos inferiores tienen *el que divorcia.*

RVR

lo que se añade de más,
procede del maligno.

El amor a los enemigos

38 Oísteis que fue dicho:
Ojo por ojo, y diente
por diente.
39 Pero yo os digo: No
resistáis al malvado;
antes, a cualquiera que
te hiera en la mejilla de-
recha, vuélvele también
la otra;
40 y al que quiera poner-
te a pleito y quitarte la
túnica, déjale también
la capa;
41 y a cualquiera que te
obligue a llevar carga
por una milla, ve con
él dos.
42 Al que te pida, dale;
y al que quiera tomar
de ti prestado, no lo
desatiendas.
43 Oísteis que fue dicho:
Amarás a tu prójimo,
y aborrecerás a tu
enemigo.
44 Pero yo os digo:
Amad a vuestros enemi-
gos, bendecid a los que
os maldicen, haced bien
a los que os aborrecen,
y orad por los que os
ultrajan y os persiguen;
45 para que así lleguéis
a ser hijos de vuestro
Padre que está en los
cielos, que hace salir
su sol sobre malos y bue-
nos, y que hace llover
sobre justos e injustos.
46 Porque si amáis a
los que os aman, ¿qué

οὔ· τὸ δὲ περισσὸν τούτων ἐκ τοῦ πονηροῦ ἐστιν.
no; lo que$_1$ pero$_2$ abunda de estas cosas de$_2$ el$_3$ mal.$_4$ procede$_1$
3756 3588 1161 4053 5130 1537 3588 4190 2076
TN DNSN CLN JNSN RD-GPM P DGSM JGSM VPAI3S

38 Ἠκούσατε ὅτι ἐρρέθη· Ὀφθαλμὸν ἀντὶ ὀφθαλμοῦ καὶ ὀδόντα
Oísteis que fue dicho: Ojo por ojo, y diente
191 3754 4483 3788 473 3788 2532 3599
VAAI2P CSC VAPI3S NASM P NGSM CLN NASM

ἀντὶ ὀδόντος. 39 ἐγὼ δὲ λέγω ὑμῖν μὴ ἀντιστῆναι τῷ πονηρῷ·
por diente. yo$_2$ Mas$_1$ digo a vosotros: No resistir al malvado;
473 3599 1473 1161 3004 5213 3361 436 3588 4190
P NGSM RPINS CLC VPAI1S RP2DP BN, TN VAAN DDSM JDSM

ἀλλ’ ὅστις σε ῥαπίζει εἰς τὴν δεξιὰν σιαγόνα, στρέψον αὐτῷ
sino cualquiera (que) a ti golpea en la derecha,$_2$ mejilla$_1$ vuelve a él
235 3748 4571 4474 1519 3588 1188 4600 4762 846
CLC RR-NSM RP2AS VPAI3S P DASF JASF NASF VAAM2S RP3DSM

καὶ τὴν ἄλλην· 40 καὶ τῷ θέλοντί σοι κριθῆναι καὶ τὸν χιτῶνά
también la otra; y al que desea a ti juzgar y la$_2$ túnica$_3$
2532 3588 243 2532 3588 2309 4671 2919 2532 3588 5509
BE, TE DASF JASF CLN DDSM VPAP-SDM RP2DS VAPN CLN DASM NASM

σου λαβεῖν, ἄφες αὐτῷ καὶ τὸ ἱμάτιον· 41 καὶ ὅστις σε
de ti,$_4$ toma$_1$ deja a él también el vestido; y cualquiera (que) a ti
4675 2983 863 846 2532 3588 2440 2532 3748 4571
RP2GS VAAN VAAM2S RP3DSM BE, TE DASN NASN CLN RR-NSM RP2AS

ἀγγαρεύσει μίλιον ἕν, ὕπαγε μετ’ αὐτοῦ δύο. 42 τῷ αἰτοῦντί σε
obligue a llevar una carga milla,$_2$ una$_1$ ve con él dos. Al que pide a ti,
29 3400 1520 5217 3326 846 1417 3588 154 4571
VFAI3S NASN JASN VPAM2S P RP3GSM XN, J DDSM VPAP-SDM RP2AS

δός, καὶ τὸν θέλοντα ἀπὸ σοῦ δανίσασθαι μὴ ἀποστραφῇς.
da, y al que quiere de$_2$ ti,$_3$ prestar$_1$ no rechaces.
1325 2532 3588 2309 575 4675 1155 3361 654
VAAM2S CLN DASM VPAP-SAM P RP2GS VAMN BN, TN VAPS2S

43 Ἠκούσατε ὅτι ἐρρέθη· Ἀγαπήσεις τὸν πλησίον σου καὶ μισήσεις
Oísteis que fue dicho: Amarás al prójimo de ti y odiarás
191 3754 4483 25 3588 4139 4675 2532 3404
VAAI2P CSC VAPI3S VFAI2S DASM B RP2GS CLN VFAI2S

τὸν ἐχθρόν σου. 44 ἐγὼ δὲ λέγω ὑμῖν, ἀγαπᾶτε τοὺς ἐχθροὺς ⸀ὑμῶν
al enemigo de ti. yo$_2$ Pero$_1$ digo a vosotros: Amad a los enemigos de vosotros
3588 2190 4675 1473 1161 3004 5213 25 3588 2190 5216
DASM JASM RP2GS RPINS CLC VPAI1S RP2DP VPAM2P DAPM JAPM RP2GP

καὶ προσεύχεσθε ὑπὲρ ⸀¹τῶν διωκόντων ὑμᾶς· 45 ὅπως γένησθε υἱοὶ
y orad por los que persiguen a vosotros; para que lleguéis a ser hijos
2532 4336 5228 3588 1377 5209 3704 1096 5207
CLN VPUM2P P DGPM VPAP-PGM RP2AP CAP VAMS2P NNPM

τοῦ πατρὸς ὑμῶν τοῦ ἐν οὐρανοῖς, ὅτι τὸν ἥλιον αὐτοῦ
del Padre de vosotros, el (que está) en (los) cielos, porque el$_2$ sol$_3$ de él$_4$
3588 3962 5216 3588 1722 3772 3754 3588 2246 846
DGSM NGSM RP2GP DGSM P NDPM CAZ DASM NASM RP3GSM

ἀνατέλλει ἐπὶ πονηροὺς καὶ ἀγαθοὺς καὶ βρέχει ἐπὶ δικαίους καὶ
hace salir$_1$ sobre malos y buenos, y hace llover sobre justos e
393 1909 4190 2532 18 2532 1026 1909 1342 2532
VPAI3S P JAPM CLN JAPM CLN VPAI3S P JAPM CLN

ἀδίκους. 46 ἐὰν γὰρ ἀγαπήσητε τοὺς ἀγαπῶντας ὑμᾶς, τίνα
injustos. si$_2$ Porque$_1$ amáis a los (que) aman a vosotros, ¿qué
94 1437 1063 25 3588 25 5209 5101
JAPM CAC CAZ VAAS2P DAPM VPAP-PAM RP2AP JASM, RI-ASM

NVI

que sea no. Cualquier
cosa de más, proviene
del maligno.

Ojo por ojo

38 »Ustedes han
oído que se dijo: “Ojo
por ojo y diente por
diente”. 39 Pero yo les
digo: No resistan al que
les haga mal. Si alguien
te da una bofetada en la
mejilla derecha, vuélvele
también la otra. 40 Si
alguien te pone pleito
para quitarte la camisa,
déjale también la capa.
41 Si alguien te obliga
a llevarle la carga un
kilómetro, llévasela dos.
42 Al que te pida, dale; y
al que quiera tomar de ti
prestado, no le vuelvas la
espalda.

El amor a los enemigos

43 »Ustedes han
oído que se dijo: “Ama
a tu prójimo y odia a
tu enemigo”. 44 Pero yo
les digo: Amen a sus
enemigos y oren por
quienes los persiguen,
45 para que sean hijos de
su Padre que está en el
cielo. Él hace que salga
el sol sobre malos y bue-
nos, y que llueva sobre
justos e injustos. 46 Si
ustedes aman solamente
a quienes los aman, ¿qué

5:44⸀ Manuscritos inferiores aumentaron *bendecid a los que os maldicen, haced el bien a los que os odian.* **5:44⸀¹** Manuscritos inferiores aumentaron *os ultrajan y.*

RVR

recompensa tendréis?
¿No hacen también lo
mismo los publicanos?
47 Y si saludáis a vues-
tros hermanos solamen-
te, ¿qué hacéis de más?
¿No lo hacen también
así los gentiles?
48 Sed, pues, vosotros
perfectos, como vuestro
Padre que está en los
cielos es perfecto.

Jesucristo y la limosna

6 Guardaos de hacer
vuestra justicia
delante de los hombres
para ser vistos por ellos;
de otra manera, no ten-
dréis recompensa ante
vuestro Padre que está
en los cielos.
2 Cuando, pues, des
limosna, no hagas tocar
trompeta delante de ti,
como hacen los hipó-
critas en las sinagogas
y en las calles, para ser
alabados por los hom-
bres; de cierto os digo
que ya están recibiendo
su recompensa.
3 Pero cuando tú estés
dando limosna, que no
sepa tu mano izquierda
lo que hace tu derecha,
4 para que tu limosna
quede en secreto; y tu
Padre que ve en lo oculto,

μισθὸν	ἔχετε;	οὐχὶ	καὶ	οἱ	τελῶναι	τὸ	αὐτὸ	ποιοῦσιν;
recompensa	tenéis?	¿No	también$_4$	los$_5$	recaudadores de impuestos?$_6$	lo$_2$	mismo$_3$	hacen$_1$
3408	2192	3780	2532	3588	5057	3588	846	4160
NASM	*VPAI2P*	*TI, TN*	*BE, TE*	*DNPM*	*NNPM*	*DASN*	*RP3ASN, JASN*	*VPAI3P*

47 καὶ	ἐὰν	ἀσπάσησθε	τοὺς	ἀδελφοὺς	ὑμῶν	μόνον,	τί
Y	si	saludáis	a los	hermanos	de vosotros	solamente,	¿qué
2532	1437	782	3588	80	5216	3440	5101
CLN	*CAC*	*VAMS2P*	*DAPM*	*NAPM*	*RP2GP*	*B, J*	*JASN, RI-ASN*

περισσὸν	ποιεῖτε;	οὐχὶ	καὶ	οἱ	ἐθνικοὶ	τὸ	αὐτὸ	ποιοῦσιν;
demás	hacéis?	¿no	también$_3$	los$_4$	gentiles?$_5$	lo$_2$	mismo$_3$	hacen$_1$
4053	4160	3780	2532	3588	1482	3588	846	4160
JASN	*VPAI2P*	*TN*	*BE, TE*	*DNPM*	*JNPM*	*DASN*	*RP3ASN, JASN*	*VPAI3P*

48 Ἔσεσθε	οὖν	ὑμεῖς	τέλειοι	ὡς	ὁ	πατὴρ	ὑμῶν	ὁ	⸀οὐράνιος
seréis$_2$	Así que$_1$	vosotros	perfectos	como	el	Padre	de vosotros	--	celestial
2071	3767	5210	5046	5613	3588	3962	5216	3588	3770
VFMI2P	*CLI*	*RP2NP*	*JNPM*	*CAM*	*DNSM*	*NNSM*	*RP2GP*	*DNSM*	*JNSM*

τέλειός	ἐστιν.
perfecto.$_2$	es$_1$
5046	2076
JNSM	*VPAI3S*

6 Προσέχετε	δὲ	τὴν	δικαιοσύνην	ὑμῶν	μὴ	ποιεῖν	ἔμπροσθεν
cuidaos (de)$_2$	Y$_1$	la$_5$	justicia$_6$	de vosotros$_7$	no$_3$	hacer$_4$	delante de
4337	1161	3588	1343	5216	3361	4160	1715
VPAM2P	*CLN*	*DASF*	*NASF*	*RP2GP*	*BN, TN*	*VPAN*	*P*

τῶν	ἀνθρώπων	πρὸς	τὸ	θεαθῆναι	αὐτοῖς·	εἰ	δὲ	μή	γε,	μισθὸν
de los	seres humanos	para	--	ser vistos	por ellos;	si,$_2$	mas	no$_3$	--	recompensa$_3$
3588	444	4314	3588	2300	846	1487	1161	3361	1065	3408
DGPM	*NGPM*	*P*	*DASN*	*VAPN*	*RP3DPM*	*CAC*	*CLC*	*BN, TN*	*BE, TE*	*NASM*

οὐκ	ἔχετε	παρὰ	τῷ	πατρὶ	ὑμῶν	τῷ	ἐν	τοῖς	οὐρανοῖς.
no$_1$	tenéis$_2$	de	el	Padre	de vosotros	el (que está)	en	los	cielos.
3756	2192	3844	3588	3962	5216	3588	1722	3588	3772
BN, TN	*VPAI2P*	*P*	*DDSM*	*NDSM*	*RP2GP*	*DDSM*	*P*	*DDPM*	*NDPM*

2 Ὅταν	οὖν	ποιῇς	ἐλεημοσύνην,	μὴ	σαλπίσῃς	ἔμπροσθέν	σου,
cuando$_2$	Así que,$_1$	hagas	obras de misericordia	no	toques trompeta	delante de	ti,
3752	3767	4160	1654	3361	4537	1715	4675
CAT	*CLI*	*VPAS2S*	*NASF*	*BN, TN*	*VAAS2S*	*P*	*RP2GS*

ὥσπερ	οἱ	ὑποκριταὶ	ποιοῦσιν	ἐν	ταῖς	συναγωγαῖς	καὶ	ἐν	ταῖς
tal como	los	hipócritas	hacen	en	las	sinagogas	y	en	las
5618	3588	5273	4160	1722	3588	4864	2532	1722	3588
CAM	*DNPM*	*NNPM*	*VPAI3P*	*P*	*DDPF*	*NDPF*	*CLN*	*P*	*DDPF*

ῥύμαις,	ὅπως	δοξασθῶσιν	ὑπὸ	τῶν	ἀνθρώπων·	ἀμὴν	λέγω	ὑμῖν,
calles,	para que	sean glorificados	por	los	seres humanos;	de cierto	digo	a vosotros
4505	3704	1392	5259	3588	444	281	3004	5213
NDPF	*CAP*	*VAPS3P*	*P*	*DGPM*	*NGPM*	*XF, B*	*VPAI1S*	*RP2DP*

ἀπέχουσιν	τὸν	μισθὸν	αὐτῶν.	3 σοῦ	δὲ	ποιοῦντος	ἐλεημοσύνην
están recibiendo por completo	la	recompensa	de ellos.	tú$_2$	Pero$_1$	haciendo	obras de misericordia
568	3588	3408	846	4675	1161	4160	1654
VPAI3P	*DASM*	*NASM*	*RP3GPM*	*RP2GS*	*CLC*	*VPAP-SGM*	*NASF*

μὴ	γνώτω	ἡ	ἀριστερά	σου	τί	ποιεῖ	ἡ	δεξιά	σου,	4 ὅπως
no$_4$	conozca$_5$	la$_1$	(mano) izquierda$_2$	de ti$_3$	qué	hace	la	(mano) derecha	de ti,	para que
3361	1097	3588	710	4675	5101	4160	3588	1188	4675	3704
BN, TN	*VAAM3S*	*DNSF*	*JNSF*	*RP2GS*	*RI-ASN*	*VPAI3S*	*DNSF*	*JNSF*	*RP2GS*	*CAP*

ᾖ	σου	ἡ	ἐλεημοσύνη	ἐν	τῷ	κρυπτῷ·	καὶ	ὁ	πατήρ	σου
sea$_4$	de ti$_3$	la$_1$	obras de misericordia$_2$	en	en	secreto,	y	el	Padre	de ti,
5600	4675	3588	1654	1722	3588	2927	2532	3588	3962	4675
VPAS3S	*RP2GS*	*DNSF*	*NNSF*	*P*	*DDSN*	*JDSN*	*CLN*	*DNSM*	*NNSM*	*RP2GS*

NVI

recompensa recibirán?
¿Acaso no hacen eso
hasta los recaudadores
de impuestos? 47 Y, si
saludan a sus hermanos
solamente, ¿qué de más
hacen ustedes? ¿Acaso
no hacen esto hasta los
gentiles? 48 Por tanto,
sean perfectos, así como
su Padre celestial es
perfecto.

El dar a los necesitados

6 »Cuídense de no
hacer sus obras
de justicia delante de
la gente para llamar la
atención. Si actúan así,
su Padre que está en el
cielo no les dará ninguna
recompensa.
2 »Por eso, cuando
des a los necesitados,
no lo anuncies al son
de trompeta, como lo
hacen los hipócritas en
las sinagogas y en las
calles para que la gente
les rinda homenaje.
Les aseguro que ellos
ya han recibido toda
su recompensa. 3 Más
bien, cuando des a
los necesitados, que
no se entere tu mano
izquierda de lo que hace
la derecha, 4 para que tu
limosna sea en secreto.
Así tu Padre, que ve lo

5:48⸀ Manuscritos inferiores tienen *el que está en los cielos.*

RVR

te lo recompensará en
público.

Jesucristo y la oración

5 Y cuando ores, no seas
como los hipócritas;
porque les gusta orar en
pie en las sinagogas y en
las esquinas de las plazas
para ser vistos de los
hombres; de cierto os
digo que ya están reci-
biendo su recompensa.
6 Pero tú, cuando ores,
entra en tu aposento,
y a puerta cerrada, ora
a tu Padre que está en
lo secreto; y tu Padre
que ve en lo secreto,
te lo recompensará en
público.
7 Y cuando estéis
orando, no parloteéis
sin medida, como los
gentiles, que piensan
que serán oídos por su
mucha palabrería.
8 No os hagáis, pues,
semejantes a ellos;
porque vuestro Padre
sabe de qué cosas tenéis
necesidad, antes que
vosotros le pidáis.
9 Vosotros, pues, oraréis
así: Padre nuestro que
estás en los cielos, santi-
ficado sea tu nombre.
10 Venga tu reino.

ὁ	βλέπων	ἐν	τῷ	κρυπτῷ	ἀποδώσει	^Γσοί.
el	que ve	en	lo	secreto	recompensará	a ti.
3588	991	1722	3588	2927	591	4671
DNSM	VPAP-SNM	P	DDSN	JDSN	VFAI3S	RP2DS

5 Καὶ	ὅταν	προσεύχησθε,	οὐκ	ἔσεσθε	ὡς	οἱ	ὑποκριταί·	ὅτι
Y	cuando	estéis haciendo oración,	no	seréis	como	los	hipócritas;	porque
2532	3752	4336	3756	2071	5613	3588	5273	3754
CLN	CAT	VPUS2P	BN, TN	VFMI2P	P, CAM	DNPM	NNPM	CAZ

φιλοῦσιν	ἐν	ταῖς	συναγωγαῖς	καὶ	ἐν	ταῖς	γωνίαις	τῶν	πλατειῶν
aman	en$_3$	las$_4$	sinagogas$_5$	y$_6$	en$_7$	las$_8$	esquinas$_9$	de las$_{10}$	plazas,$_{11}$
5368	1722	3588	4864	2532	1722	3588	1137	3588	4113
VPAI3P	P	DDPF	NDPF	CLN	P	DDPF	NDPF	DGPF	NGPF, JGPF

ἑστῶτες	προσεύχεσθαι,	ὅπως	φανῶσιν	τοῖς	ἀνθρώποις·	ἀμὴν	λέγω
estando de pie$_2$	ora$_1$	para	ser vistos	por los	a seres humanos;	de cierto	digo
2476	4336	3704	5316	3588	444	281	3004
VRAP-PNM	VPUN	CAP	VAPS3P	DDPM	NDPM	XF, B	VPAI1S

ὑμῖν,	ἀπέχουσι	τὸν	μισθὸν	αὐτῶν.	6 σὺ	δὲ	ὅταν	προσεύχῃ,
a vosotros,	están recibiendo por completo	la	recompensa	de ellos.	tú,$_2$	Pero$_1$	cuando	ores,
5213	568	3588	3408	846	4771	1161	3752	4336
RP2DP	VPAI3P	DASM	NASM	RP3GPM	RP2NS	CLC	CAT	VPUS2S

εἴσελθε	εἰς	τὸ	ταμεῖόν	σου	καὶ	κλείσας	τὴν	θύραν	σου
entra	en	la	habitación interior	de ti	y,	cerrando bien	la	puerta	de ti,
1525	1519	3588	5009	4675	2532	2808	3588	2374	4675
VAAM2S	P	DASN	NASN, NNSN	RP2GS	CLN	VAAP-SNM	DASF	NASF	RP2GS

πρόσευξαι	τῷ	πατρί	σου	τῷ	ἐν	τῷ	κρυπτῷ·	καὶ	ὁ	πατήρ
ora	al	Padre	de ti	el (que está)	en	el	secreto;	y	el	Padre
4336	3588	3962	4675	3588	1722	3588	2927	2532	3588	3962
VAMM2S	DDSM	NDSM	RP2GS	DDSM	P	DDSN	JDSN	CLN	DNSM	NNSM

σου	ὁ	βλέπων	ἐν	τῷ	κρυπτῷ	ἀποδώσει	^Γσοι.
de ti	el	que ve	en	lo	secreto	recompensará	a ti.
4675	3588	991	1722	3588	2927	591	4671
RP2GS	DNSM	VPAP-SNM	P	DDSN	JDSN	VFAI3S	RP2DS

7 Προσευχόμενοι	δὲ	μὴ	βατταλογήσητε	ὥσπερ	οἱ	ἐθνικοί,
al orar$_2$	Y$_1$	no	uséis muchas palabras	como	los	gentiles;
4336	1161	3361	945	5618	3588	1482
VPUP-PNM	CLN	BN, TN	VAAS2P	CAM	DNPM	JNPM

δοκοῦσιν	γὰρ	ὅτι	ἐν	τῇ	πολυλογίᾳ	αὐτῶν	εἰσακουσθήσονται·
les parece$_2$	porque$_1$	que	por	el	mucho hablar	de ellos	serán escuchados.
1380	1063	3754	1722	3588	4180	846	1522
VPAI3P	CAZ	CSC	P	DDSF	NDSF	RP3GPM	VFPI3P

8 μὴ	οὖν	ὁμοιωθῆτε	αὐτοῖς,	οἶδεν	γὰρ	ὁ	πατὴρ	ὑμῶν	ὧν
no$_2$	Así que,$_1$	seáis como	ellos;	sabe$_5$	porque$_1$	el$_2$	Padre$_3$	de vosotros$_4$	cuál
3361	3767	3666	846	1492	1063	3588	3962	5216	3739
BN, TN	CLI	VAPS2P	RP3DPM	VRAI3S	CAZ	DNSM	NNSM	RP2GP	RR-GPN

χρείαν	ἔχετε	πρὸ	τοῦ	ὑμᾶς	αἰτῆσαι	αὐτόν.
necesidad	tenéis	antes de	--	vosotros	pedir	a él.
5532	2192	4253	3588	5209	154	846
NASF	VPAI2P	P	DGSN, DGSM	RP2AP	VAAN	RP3ASM

9 Οὕτως	οὖν	προσεύχεσθε	ὑμεῖς·	Πάτερ	ἡμῶν	ὁ	ἐν
así$_2$	Entonces,$_1$	orad	vosotros:	Padre	de nosotros	el (que está)	en
3779	3767	4336	5210	3962	2257	3588	1722
B	CLI	VPUM2P	RP2NP	NVSM	RP1GP	DNSM	P

τοῖς	οὐρανοῖς·	ἁγιασθήτω	τὸ	ὄνομά	σου,	10 ἐλθέτω	ἡ	βασιλεία
los	cielos;	sea santificado	el	nombre	de ti;	venga	el	reino
3588	3772	37	3588	3686	4675	2064	3588	932
DDPM	NDPM	VAPM3S	DNSN	NNSN	RP2GS	VAAM3S	DNSF	NNSF

NVI

que se hace en secreto, te
recompensará.

La oración

5 »Cuando oren, no
sean como los hipócri-
tas, porque a ellos les
encanta orar de pie en
las sinagogas y en las
esquinas de las plazas
para que la gente los vea.
Les aseguro que ya han
obtenido toda su recom-
pensa. 6 Pero tú, cuando
te pongas a orar, entra
en tu cuarto, cierra la
puerta y ora a tu Padre,
que está en lo secreto.
Así tu Padre, que ve lo
que se hace en secreto,
te recompensará. 7 Y al
orar, no hablen solo por
hablar como hacen los
gentiles, porque ellos
se imaginan que serán
escuchados por sus
muchas palabras. 8 No
sean como ellos, porque
su Padre sabe lo que
ustedes necesitan antes
de que se lo pidan.
9 »Ustedes deben
orar así:

»"Padre nuestro que
estás en el cielo,
santificado sea tu
nombre,
10 venga tu reino,

6:4^Γ, 6^Γ Manuscritos inferiores aumentaron *en público.*

RVR

Hágase tu voluntad,
como en el cielo, así
también en la tierra.
11 El pan nuestro de
cada día, dánoslo hoy.
12 Y perdónanos
nuestras deudas, como
también nosotros
perdonamos a nuestros
deudores.
13 Y no nos metas en
tentación, mas líbranos
del mal; porque tuyo
es el reino, el poder y
la gloria, por todos los
siglos. Amén.
14 Porque si perdonáis a
los hombres sus ofensas,
os perdonará también a
vosotros vuestro Padre
celestial;
15 pero si no perdonáis a
los hombres sus ofensas,
tampoco vuestro Padre
os perdonará vuestras
ofensas.

Jesucristo y el ayuno

16 Cuando ayunéis, no
pongáis cara triste como
los hipócritas; porque
ellos desfiguran sus ros-
tros para mostrar a los
hombres que ayunan;
de cierto os digo que
ya están recibiendo su
recompensa.
17 Pero tú, cuando
ayunes, unge tu cabeza y
lava tu rostro,
18 para no mostrar a los
hombres que ayunas,
sino a tu Padre que está
en lo secreto; y tu Padre

σου,	γενηθήτω	τὸ	θέλημά	σου,	ὡς	ἐν	οὐρανῷ	καὶ	ἐπὶ	γῆς·
de ti;	sea hecha	la	voluntad	de ti;	como$_{3}$	en$_{5}$	(el) cielo.$_{6}$	también$_{4}$	sobre$_{1}$	(la) tierra$_{2}$
4675	1096	3588	2307	4675	5613	1722	3772	2532	1909	1093
RP2GS	*VAPM3S*	*DNSN*	*NNSN*	*RP2GS*	*CAM, B*	*P*	*NDSM*	*BE, TE*	*P*	*NGSF*

11 τὸν	ἄρτον	ἡμῶν	τὸν	ἐπιούσιον	δὸς	ἡμῖν	σήμερον·	12 καὶ
El	pan	de nosotros$_{3}$	--$_{1}$	diario$_{2}$	da	a nosotros	hoy;	y
3588	740	2257	3588	1967	1325	2254	4594	2532
DASM	*NASM*	*RP1GP*	*DASM*	*JASM*	*VAAM2S*	*RP1DP*	*B*	*CLN*

ἄφες	ἡμῖν	τὰ	ὀφειλήματα	ἡμῶν,	ὡς	καὶ	ἡμεῖς	ἀφήκαμεν	τοῖς
perdona	a nosotros	las	deudas	de nosotros,	como	también	nosotros	perdonamos	(a) los
863	2254	3588	3783	2257	5613	2532	2249	863	3588
VAAM2S	*RP1DP*	*DAPN*	*NAPN*	*RP1GP*	*CAM*	*BE, TE*	*RP1NP*	*VAAI1P, VAAI1S*	*DDPM*

ὀφειλέταις	ἡμῶν·	13 καὶ	μὴ	εἰσενέγκῃς	ἡμᾶς	εἰς	πειρασμόν,	ἀλλὰ
deudores	de nosotros;	y	no	metas	a nosotros	en	tentación,	sino
3781	2257	2532	3361	1533	2248	1519	3986	235
NDPM	*RP1GP*	*CLN*	*BN, TN*	*VAAS2S*	*RP1AP*	*P*	*NASM*	*CLC*

ῥῦσαι	ἡμᾶς	ἀπὸ	τοῦ	⸀πονηροῦ.	14 ἐὰν	γὰρ	ἀφῆτε	τοῖς	ἀνθρώποις
libra	a nosotros	de	el	mal.	si$_{2}$	Porque$_{1}$	perdonáis	a los	seres humanos
4506	2248	575	3588	4190	1437	1063	863	3588	444
VAMM2S	*RP1AP*	*P*	*DGSM*	*JGSM*	*CAC*	*CLX*	*VAAS2P*	*DDPM*	*NDPM*

τὰ	παραπτώματα	αὐτῶν,	ἀφήσει	καὶ	ὑμῖν	ὁ	πατὴρ	ὑμῶν
los	pecados	de ellos,	perdonará$_{7}$	también$_{1}$	a vosotros;$_{8}$	el$_{2}$	Padre$_{3}$	de vosotros,$_{4}$
3588	3900	846	863	2532	5213	3588	3962	5216
DAPN	*NAPN*	*RP3GPM*	*VFAI3S*	*BE, TE*	*RP2DP*	*DNSM*	*NNSM*	*RP2GP*

ὁ	οὐράνιος·	15 ἐὰν	δὲ	μὴ	ἀφῆτε	τοῖς	⸀ἀνθρώποις,	οὐδὲ	ὁ
--$_{5}$	celestial,$_{6}$	si$_{2}$	pero$_{1}$	no	perdonáis	a los	seres humanos,	tampoco	el
3588	3770	1437	1161	3361	863	3588	444	3761	3588
DNSM	*JNSM*	*CAC*	*CLC*	*BN, TN*	*VAAS2P*	*DDPM*	*NDPM*	*TN, CLD, BN*	*DNSM*

πατὴρ	ὑμῶν	ἀφήσει	τὰ	παραπτώματα	ὑμῶν.
Padre	de vosotros	perdonará	los	pecados	de vosotros.
3962	5216	863	3588	3900	5216
NNSM	*RP2GP*	*VFAI3S*	*DAPN*	*NAPN*	*RP2GP*

16 Ὅταν	δὲ	νηστεύητε,	μὴ	γίνεσθε	ὡς	οἱ	ὑποκριταὶ
cuando$_{2}$	Y$_{1}$	estéis ayunando,	no	seáis	como	los	hipócritas
3752	1161	3522	3361	1096	5613	3588	5273
CAT	*CLN*	*VPAS2P*	*BN, TN*	*VPUM2P*	*CAM*	*DNPM*	*NNPM*

σκυθρωποί,	ἀφανίζουσιν	γὰρ	τὰ	πρόσωπα	αὐτῶν	ὅπως	φανῶσιν
con cara triste;	desfiguran$_{2}$	porque$_{1}$	los	rostros	de ellos	a fin de que	aparezcan
4659	853	1063	3588	4383	846	3704	5316
JNPM	*VPAI3P*	*CAZ*	*DAPN*	*NAPN*	*RP3GPM*	*CAP*	*VAPS3P*

τοῖς	ἀνθρώποις	νηστεύοντες·	ἀμὴν	λέγω	ὑμῖν,	ἀπέχουσιν	τὸν
a los	seres humanos	(como) ayunando;	de cierto	digo	a vosotros,	están recibiendo por completo	la
3588	444	3522	281	3004	5213	568	3588
DDPM	*NDPM*	*VPAP-PNM*	*XF, B*	*VPAI1S*	*RP2DP*	*VPAI3P*	*DASM*

μισθὸν	αὐτῶν.	17 σὺ	δὲ	νηστεύων	ἄλειψαί	σου	τὴν	κεφαλὴν
recompensa	de ellos.	tú,$_{2}$	Mas$_{1}$	cuando estás ayunando,	unge	de ti$_{3}$	la$_{1}$	cabeza$_{2}$
3408	846	4771	1161	3522	218	4675	3588	2776
NASM	*RP3GPM*	*RP2NS*	*CLC*	*VPAP-SNM*	*VAMM2S*	*RP2GS*	*DASF*	*NASF*

καὶ	τὸ	πρόσωπόν	σου	νίψαι,	18 ὅπως	μὴ	φανῇς	τοῖς	ἀνθρώποις
y	el$_{2}$	rostro$_{3}$	de ti,$_{4}$	lava$_{1}$	para que	no	aparezcas	a los	seres humanos
2532	3588	4383	4675	3538	3704	3361	5316	3588	444
CLN	*DASN*	*NASN*	*RP2GS*	*VAMM2S*	*CAP*	*BN, TN*	*VAPS2S*	*DDPM*	*NDPM*

νηστεύων	ἀλλὰ	τῷ	πατρί	σου	τῷ	ἐν	τῷ	κρυφαίῳ·	καὶ
como estás ayunando,	sino	ante el	Padre	de ti	el (que está)	en	--	secreto;	y
3522	235	3588	3962	4675	3588	1722	3588	2927	2532
VPAP-SNM	*CLC*	*DDSM*	*NDSM*	*RP2GS*	*DDSM*	*P*	*DDSN*	*JDSN*	*CLN*

NVI

hágase tu voluntad
en la tierra como en
el cielo.
11 Danos hoy nuestro
pan cotidiano.
12 Perdónanos nuestras
deudas,
como también noso-
tros hemos perdo-
nado a nuestros
deudores.
13 Y no nos dejes caer
en tentación,
sino líbranos del
maligno".

14 »Porque, si
perdonan a otros sus
ofensas, también los
perdonará a ustedes su
Padre celestial. 15 Pero,
si no perdonan a otros
sus ofensas, tampoco su
Padre les perdonará a
ustedes las suyas.

El ayuno

16 »Cuando ayunen,
no pongan cara triste
como hacen los hipó-
critas, que demudan
sus rostros para mostrar
que están ayunando.
Les aseguro que estos ya
han obtenido toda su
recompensa. 17 Pero tú,
cuando ayunes, perfú-
mate la cabeza y lávate
la cara 18 para que no sea
evidente ante los demás
que estás ayunando,
sino solo ante tu Padre,
que está en lo secreto; y
tu Padre, que ve lo que

6:13⸀ Manuscritos inferiores aumentaron *Porque tuyo es el reino, y el poder y la gloria, por todos los siglos. Amén.* **6:15**⸀ Manuscritos inferiores aumentaron *sus pecados.*

RVR

que ve en lo secreto, te recompensará en público.

Tesoros en el cielo

19 No alleguéis tesoros en la tierra, donde la polilla y el orín corroen, y donde los ladrones horadan y hurtan;
20 sino allegaos tesoros en el cielo, donde ni la polilla ni el orín corroen, y donde los ladrones no horadan ni hurtan.
21 Porque donde está tu tesoro, allí estará también tu corazón.

La lámpara del cuerpo

22 La lámpara del cuerpo es el ojo; así que, si tu ojo es sencillo, todo tu cuerpo estará lleno de luz;
23 pero si tu ojo es maligno, todo tu cuerpo estará en tinieblas. Así que, si la luz que hay en ti es tinieblas, ¿cuán grandes no serán las tinieblas mismas?

Dios y las riquezas

24 Nadie puede servir a dos señores; porque o aborrecerá al uno y amará al otro, o se adherirá

ὁ	πατήρ	σου	ὁ	βλέπων	ἐν	τῷ	κρυφαίῳ	ἀποδώσει	⸀σοι.
el	Padre	de ti	el	que ve	en	el	secreto	recompensará	a ti.
3588	3962	4675	3588	991	1722	3588	2927	591	4671
DNSM	*NNSM*	*RP2GS*	*DNSM*	*VPAP-SNM*	*P*	*DDSN*	*JDSN*	*VFAI3S*	*RP2DS*

19 Μὴ	θησαυρίζετε	ὑμῖν	θησαυροὺς	ἐπὶ	τῆς	γῆς,	ὅπου	σὴς	καὶ
No	atesoréis	para vosotros	tesoros	sobre	la	tierra,	donde	(la) polilla	y
3361	2343	5213	2344	1909	3588	1093	3699	4597	2532
BN,TN	*VPAM2P*	*RP2DP*	*NAPM*	*P*	*DGSF*	*NGSF*	*CAL, B*	*NNSM*	*CLN*

βρῶσις	ἀφανίζει,	καὶ	ὅπου	κλέπται	διορύσσουσιν	καὶ	κλέπτουσιν·
herrumbre	hace desaparecer,	y	donde	ladrones	agujerean	y	roban;
1035	853	2532	3699	2812	1358	2532	2813
NNSF	*VPAI3S*	*CLN*	*CAL, B*	*NNPM*	*VPAI3P*	*CLN*	*VPAI3P*

20 θησαυρίζετε	δὲ	ὑμῖν	θησαυροὺς	ἐν	οὐρανῷ,	ὅπου	οὔτε	σὴς
atesorad$_2$	mas$_1$	para vosotros	tesoros	en	(el) cielo,	donde	ni	(la) polilla
2343	1161	5213	2344	1722	3772	3699	3777	4597
VPAM2P	*CLC*	*RP2DP*	*NAPM*	*P*	*NDSM*	*CAL, B*	*CLK*	*NNSM*

οὔτε	βρῶσις	ἀφανίζει,	καὶ	ὅπου	κλέπται	οὐ	διορύσσουσιν	οὐδὲ
ni	herrumbre	hace desaparecer,	y	donde	ladrones	no	agujerean	ni
3777	1035	853	2532	3699	2812	3756	1358	3761
CLK	*NNSF*	*VPAI3S*	*CLN*	*CAL, B*	*NNPM*	*BN, TN*	*VPAI3P*	*TN, CLD*

κλέπτουσιν·	21 ὅπου	γάρ	ἐστιν	ὁ	θησαυρός	⸀σου,	ἐκεῖ	ἔσται	καὶ
roban;	donde$_2$	porque$_1$	está	el	tesoro	de ti,	allí	estará	también
2813	3699	1063	2076	3588	2344	4675	1563	2071	2532
VPAI3P	*CAL*	*CLX*	*VPAI3S*	*DNSM*	*NNSM*	*RP2GS*	*BP*	*VFMI3S*	*BE, TE*

ἡ	καρδία	⸀¹σου.
el	corazón	de ti.
3588	2588	4675
DNSF	*NNSF*	*RP2GS*

22 Ὁ	λύχνος	τοῦ	σώματός	ἐστιν	ὁ	ὀφθαλμός.	ἐὰν	οὖν	ᾖ
La	lámpara	del	cuerpo	es	el	ojo;	si$_2$	así que$_1$	está$_6$
3588	3088	3588	4983	2076	3588	3788	1437	3767	5600
DNSM	*NNSM*	*DGSN*	*NGSN*	*VPAI3S*	*DNSM*	*NNSM*	*CAC*	*CLI*	*VPAS3S*

ὁ	ὀφθαλμός	σου	ἁπλοῦς,	ὅλον	τὸ	σῶμά	σου	φωτεινὸν	ἔσται·
el$_3$	ojo$_4$	de ti$_5$	puro$_7$	totalmente$_{12}$	el$_8$	cuerpo$_9$	de ti$_{10}$	lleno de luz;$_{13}$	estará$_{11}$
3588	3788	4675	573	3650	3588	4983	4675	5460	2071
DNSM	*NNSM*	*RP2GS*	*JNSM*	*JNSN*	*DNSN*	*NNSN*	*RP2GS*	*JNSN*	*VFMI3S*

23 ἐὰν	δὲ	ὁ	ὀφθαλμός	σου	πονηρὸς	ᾖ,	ὅλον	τὸ	σῶμά	σου
si$_2$	mas$_1$	el	ojo	de ti	malo,$_2$	está$_1$	totalmente$_7$	el$_3$	cuerpo$_4$	de ti$_5$
1437	1161	3588	3788	4675	4190	5600	3650	3588	4983	4675
CAC	*CLC*	*DNSM*	*NNSM*	*RP2GS*	*JNSM*	*VPAS3S*	*JNSN*	*DNSN*	*NNSN*	*RP2GS*

σκοτεινὸν	ἔσται.	εἰ	οὖν	τὸ	φῶς	τὸ	ἐν	σοὶ	σκότος	ἐστίν,	τὸ
oscuro.$_8$	estará$_6$	si$_{10}$	Así que$_9$	la	luz	--	en	ti	oscuridad,$_2$	es$_1$	la$_4$
4652	2071	1487	3767	3588	5457	3588	1722	4671	4655	2076	3588
JNSN	*VFMI3S*	*CAC*	*CLI*	*DNSN*	*NNSN*	*DNSN*	*P*	*RP2DS*	*NNSN*	*VPAI3S*	*DNSN*

σκότος	πόσον.
oscuridad!$_5$	¡cuán grande$_3$
4655	4214
NNSN	*RI-NSN*

24 Οὐδεὶς	δύναται	δυσὶ	κυρίοις	δουλεύειν·	ἢ	γὰρ	τὸν	ἕνα	μισήσει
Nadie	puede	a dos$_2$	señores$_3$	servir;$_1$	u$_5$	porque$_4$	al$_7$	uno$_8$	odiará$_6$
3762	1410	1417	2962	1398	2228	1063	3588	1520	3404
JNSM	*VPUI3S*	*JDPM*	*NDPM*	*VPAN*	*CLK*	*CLX*	*DASM*	*JASM*	*VFAI3S*

καὶ	τὸν	ἕτερον	ἀγαπήσει,	ἢ	ἑνὸς	ἀνθέξεται	καὶ	τοῦ	ἑτέρου
y	al$_2$	otro,$_3$	amará$_1$	o	a (el) uno	se dedicará	y	al	otro
2532	3588	2087	25	2228	1520	472	2532	3588	2087
CLN	*DASM*	*JASM*	*VFAI3S*	*CLK*	*JGSM*	*VFMI3S*	*CLN*	*DGSM*	*JGSM*

NVI

se hace en secreto, te recompensará.

Tesoros en el cielo

19 »No acumulen para sí tesoros en la tierra, donde la polilla y el óxido destruyen, y donde los ladrones se
meten a robar. 20 Más
bien, acumulen para sí tesoros en el cielo, donde ni la polilla ni el óxido carcomen, ni los ladrones se meten a
robar. 21 Porque donde esté tu tesoro, allí estará también tu corazón.
22 »El ojo es la lámpara del cuerpo. Por tanto, si tu visión es clara, todo tu ser disfrutará de la
luz. 23 Pero, si tu visión está nublada, todo tu ser estará en oscuridad. Si la luz que hay en ti es oscuridad, ¡qué densa será esa oscuridad!
24 »Nadie puede servir a dos señores, pues menospreciará a uno y amará al otro, o querrá mucho a uno y

6:18⸀ Manuscritos inferiores aumentaron *en público.* **6:21**⸀,⸀¹Manuscritos inferiores tienen *de vosotros.*

RVR

al uno y menospreciará
al otro. No podéis servir
a Dios y a las riquezas.

El afán y la ansiedad

25 Por tanto os digo: No
os afanéis por vuestra
vida, qué habéis de
comer o qué habéis de
beber; ni por vuestro
cuerpo, qué habéis de
vestir. ¿No es la vida
más que el alimento,
y el cuerpo más que el
vestido?
26 Mirad las aves del
cielo, que no siembran,
ni siegan, ni recogen
en graneros; y vuestro
Padre celestial las
alimenta. ¿No valéis
vosotros mucho más
que ellas?
27 ¿Y quién de vosotros
podrá, a fuerza de
afanarse, añadir a su
estatura un solo codo?
28 ¿Y por qué os
afanáis por el vestido?
Considerad los lirios del
campo, cómo crecen;
no se fatigan ni hilan;
29 pero os digo, que ni
aun Salomón, en medio
de todo su esplendor,
se vistió como uno solo
de ellos.
30 Pues si a la hierba
del campo, que hoy es
y mañana se echa en el
horno, Dios la viste así,
¿no lo hará mucho más

καταφρονήσει.	οὐ	δύνασθε	θεῷ	δουλεύειν	καὶ	μαμωνᾷ*.
despreciará;	no	podéis	a Dios$_2$	servir$_1$	y	a mamón.
2706	3756	1410	2316	1398	2532	3126
VFAI3S	BN, TN	VPUI2P	NDSM	VPAN	CLN	NDSM, NDSN

25 Διὰ	τοῦτο	λέγω	ὑμῖν·	μὴ	μεριμνᾶτε	τῇ	ψυχῇ	ὑμῶν
A causa de	esto	digo	a vosotros:	no	estéis ansiosos	por la	vida	de vosotros
1223	5124	3004	5213	3361	3309	3588	5590	5216
P	RD-NSN	VPAI1S	RP2DP	BN, TN	VPAM2P	DDSF	NDSF	RP2GP

τί	⸀φάγητε,	μηδὲ	τῷ	σώματι	ὑμῶν	τί	ἐνδύσησθε·	οὐχὶ
qué	comeréis,	ni	por el	cuerpo	de vosotros,	qué	vestiréis:	¿no
5101	5315	3366	3588	4983	5216	5101	1746	3780
RI-ASN	VAAS2P	TN, CLD	DDSN	NDSN	RP2GP	RI-ASN	VAMS2P	TI, TN

ἡ	ψυχὴ	πλεῖόν	ἐστι	τῆς	τροφῆς	καὶ	τὸ	σῶμα	τοῦ	ἐνδύματος;
la$_2$	vida$_3$	más que$_4$	es$_1$	el	alimento	y	el	cuerpo	(que) el	vestido?
3588	5590	4119	2076	3588	5160	2532	3588	4983	3588	1742
DNSF	NNSF	JNSNC	VPAI3S	DGSF	NGSF	CLN	DNSN	NNSN	DGSN	NGSN

26 ἐμβλέψατε	εἰς	τὰ	πετεινὰ	τοῦ	οὐρανοῦ	ὅτι	οὐ	σπείρουσιν
Fijaos bien	en	las	aves	del	cielo	que	no	siembran
1689	1519	3588	4071	3588	3772	3754	3756	4687
VAAM2P	P	DAPN	NAPN, JAPN	DGSM	NGSM	CSC	BN, TN	VPAI3P

οὐδὲ	θερίζουσιν	οὐδὲ	συνάγουσιν	εἰς	ἀποθήκας,	καὶ	ὁ	πατὴρ
ni	cosechan	ni	recogen	en	graneros,	pero	el	Padre
3761	2325	3761	4863	1519	596	2532	3588	3962
TN, CLD	VPAI3P	TN, CLD	VPAI3P	P	NAPF	CLC	DNSM	NNSM

ὑμῶν	ὁ	οὐράνιος	τρέφει	αὐτά·	οὐχ	ὑμεῖς	μᾶλλον	διαφέρετε
de vosotros	--$_1$	celestial$_2$	alimenta	a ellas;	¿no	vosotros$_2$	más$_3$	sois importantes$_1$
5216	3588	3770	5142	846	3756	5210	3123	1308
RP2GP	DNSM	JNSM	VPAI3S	RP3APN	TN	RP2NP	B	VPAI2P

αὐτῶν;	27 τίς	δὲ	ἐξ	ὑμῶν	μεριμνῶν	δύναται	προσθεῖναι
(que) ellos?	¿quién$_2$	Y$_1$	de	vosotros,	preocupándose,	puede	añadir
846	5101	1161	1537	5216	3309	1410	4369
RP3GPN, RP3GPM	RI-NSM	CLN	P	RP2GP	VPAP-SNM	VPUI3S	VAAN

ἐπὶ	τὴν	ἡλικίαν	αὐτοῦ	πῆχυν	ἕνα;	28 καὶ	περὶ	ἐνδύματος	τί
a$_3$	la$_4$	estatura$_5$	de él?$_6$	codo$_2$	un$_1$	Y	acerca de	vestido	¿por qué
1909	3588	2244	846	4083	1520	2532	4012	1742	5101
P	DASF	NASF	RP3GSM	NASM	JASM	CLN	P	NGSN	RI-ASN

μεριμνᾶτε;	καταμάθετε	τὰ	κρίνα	τοῦ	ἀγροῦ	πῶς	αὐξάνουσιν·
os preocupáis?	considerad atentamente	las	flores silvestres	del	campo,	cómo	crecen;
3309	2648	3588	2918	3588	68	4459	837
VPAI2P, VPAM2P	VAAM2P	DAPN	NAPN	DGSM	NGSM	BI	VPAI3P

οὐ	κοπιῶσιν	οὐδὲ	νήθουσιν·	29 λέγω	δὲ	ὑμῖν	ὅτι	οὐδὲ	Σολομὼν
no	trabajan	ni	hilan;	digo$_2$	pero$_1$	a vosotros$_3$	que	ni	Salomón
3756	2872	3761	3514	3004	1161	5213	3754	3761	4672
BN, TN	VPAI3P	TN, CLD	VPAI3P	VPAI1S	CLC	RP2DP	CSC	BN	NNSM

ἐν	πάσῃ	τῇ	δόξῃ	αὐτοῦ	περιεβάλετο	ὡς	ἓν	τούτων.	30 εἰ
en	toda	la	gloria	de él	se cubrió	como	una	de estas.	si$_2$
1722	3956	3588	1391	846	4016	5613	1520	5130	1487
P	JDSF	DDSF	NDSF	RP3GSM	VAMI3S	CAM	JNSN, JASN	RD-GPM	CAC

δὲ	τὸν	χόρτον	τοῦ	ἀγροῦ	σήμερον	ὄντα	καὶ	αὔριον	εἰς	κλίβανον
y$_1$	la$_7$	hierba$_8$	del$_9$	campo$_{10}$	hoy$_{12}$	estando$_{11}$	y$_{13}$	mañana$_{14}$	a$_{16}$	(el) horno$_{17}$
1161	3588	5528	3588	68	4594	5607	2532	839	1519	2823
CLN	DASM	NASM	DGSM	NGSM	B	VPAP-SAM	CLN	B	P	NASM

βαλλόμενον	ὁ	θεὸς	οὕτως	ἀμφιέννυσιν,	οὐ	πολλῷ	μᾶλλον	ὑμᾶς,
siendo echada$_{15}$	--$_3$	Dios$_4$	así$_6$	viste$_5$	¿no	mucho	más	a vosotros
906	3588	2316	3779	294	3756	4183	3123	5209
VPPP-SAM	DNSM	NNSM	B	VPAI3S	TI, TN	JDSN	B	RP2AP

NVI

despreciará al otro. No
se puede servir a la vez a
Dios y a las riquezas.

De nada sirve preocuparse

25 »Por eso les digo:
No se preocupen por
su vida, qué comerán o
beberán; ni por su cuer-
po, cómo se vestirán.
¿No tiene la vida más
valor que la comida, y el
cuerpo más que la ropa?
26 Fíjense en las aves del
cielo: no siembran ni
cosechan ni almacenan
en graneros; sin em-
bargo, el Padre celestial
las alimenta. ¿No valen
ustedes mucho más que
ellas? 27 ¿Quién de uste-
des, por mucho que se
preocupe, puede añadir
una sola hora al curso de
su vida?
28 »¿Y por qué se
preocupan por la ropa?
Observen cómo crecen
los lirios del campo. No
trabajan ni hilan; 29 sin
embargo, les digo que
ni siquiera Salomón,
con todo su esplendor,
se vestía como uno de
ellos. 30 Si así viste Dios
a la hierba que hoy está
en el campo y mañana
es arrojada al horno, ¿no
hará mucho más por

6:24* O sea *al dinero*.

6:25⸀ Manuscritos inferiores aumentaron *o qué beberéis*.

RVR

a vosotros, hombres de
poca fe?
31 No os afanéis, pues,
diciendo: ¿Qué comere-
mos, o qué beberemos,
o con qué nos vestire-
mos?
32 Porque todas estas co-
sas las buscan con afán
los gentiles; pues vues-
tro Padre celestial sabe
que tenéis necesidad de
todas estas cosas.
33 Mas buscad primera-
mente el reino de Dios y
su justicia, y todas estas
cosas os serán añadidas.
34 Así que, no os afanéis
por el día de mañana,
porque el día de maña-
na traerá su propia in-
quietud. Le basta a cada
día su propio mal.

El juzgar a los demás

7 No juzguéis,
para que no seáis
juzgados.
2 Porque con el juicio
con que juzgáis, seréis
juzgados, y con la me-
dida con que medís, os
será medido.
3 ¿Y por qué miras la paja
que está en el ojo de tu
hermano, y no echas de
ver la viga que está en tu
propio ojo?
4 ¿O cómo dirás a tu
hermano: Déjame sacar
la paja de tu ojo, cuando
está la viga en el ojo
tuyo?
5 ¡Hipócrita!, saca
primero la viga de tu

ὀλιγόπιστοι; [31] μὴ οὖν μεριμνήσητε λέγοντες· Τί φάγωμεν; ἤ·
(personas) de poca fe? | no$_{2}$ | Así que$_{1}$ | os preocupéis | diciendo: | ¿qué | comeremos? | o:
3640 | 3361 | 3767 | 3309 | 3004 | 5101 | 5315 | 2228
JVPM | BNTN | CLI | VAAS2P | VPAP-PNM | RI-ASN | VAAS1P | CLD

Τί πίωμεν; ἤ· Τί περιβαλώμεθα; [32] πάντα γὰρ ταῦτα τὰ
¿Qué | beberemos? | o: | ¿Con qué | nos cubriremos? | todas$_{2}$ | Porque$_{1}$ | estas cosas$_{3}$ | las$_{5}$
5101 | 4095 | 2228 | 5101 | 4016 | 3956 | 1063 | 5023 | 3588
RI-ASN | VAAS1P | CLD | RI-ASN | VAMS1P | JAPN | CLX | RD-APN | DNPN

ἔθνη ἐπιζητοῦσιν· οἶδεν γὰρ ὁ πατὴρ ὑμῶν ὁ οὐράνιος
naciones;$_{6}$ | buscan$_{4}$ | sabe$_{13}$ | pues$_{7}$ | el$_{8}$ | Padre$_{9}$ | de vosotros$_{10}$ | --$_{11}$ | celestial$_{12}$
1484 | 1934 | 1492 | 1063 | 3588 | 3962 | 5216 | 3588 | 3770
NNPN | VPAI3P | VRAI3S | CAZ | DNSM | NNSM | RP2GP | DNSM | JNSM

ὅτι χρῄζετε τούτων ἁπάντων. [33] ζητεῖτε δὲ πρῶτον τὴν ⸀βασιλείαν
que$_{14}$ | necesitáis$_{15}$ | estas cosas.$_{17}$ | todas$_{16}$ | buscad$_{2}$ | Mas$_{1}$ | primero | el | reino
3754 | 5535 | 5130 | 537 | 2212 | 1161 | 4412 | 3588 | 932
CSC | VPAI2P | RD-GPM | JGPN | VPAM2P | CLC | B, J | DASF | NASF

καὶ τὴν δικαιοσύνην αὐτοῦ, καὶ ταῦτα πάντα προστεθήσεται ὑμῖν.
y | la | justicia | de él, | y | estas cosas$_{2}$ | todas$_{1}$ | serán añadidas | a vosotros.
2532 | 3588 | 1343 | 846 | 2532 | 5023 | 3956 | 4369 | 5213
CLN | DASF | NASF | RP3GSM | CLN | RD-APN | JNPN | VFPI3S | RP2DP

[34] μὴ οὖν μεριμνήσητε εἰς τὴν αὔριον, ἡ γὰρ αὔριον μεριμνήσει
no$_{2}$ | Entonces$_{1}$ | os preocupéis | por | el | mañana, | el$_{2}$ | porque$_{1}$ | mañana | se preocupará
3361 | 3767 | 3309 | 1519 | 3588 | 839 | 3588 | 1063 | 839 | 3309
BNTN | CLI | VAAS2P | P | DASF | B | DNSF | CAZ | B | VFAI3S

αὑτῆς· ἀρκετὸν τῇ ἡμέρᾳ ἡ κακία αὐτῆς.
de sí mismo (es); | suficiente$_{4}$ | para el$_{5}$ | día.$_{6}$ | la | dificultad$_{2}$ | de él$_{3}$
1438 | 713 | 3588 | 2250 | 3588 | 2549 | 846
RF3GSF | JNSN | DDSF | NDSF | DNSF | NNSF | RP3GSF

7 Μὴ κρίνετε, ἵνα μὴ κριθῆτε· [2] ἐν ᾧ γὰρ κρίματι
No | juzguéis | para que | no | seáis juzgados; | con$_{2}$ | cual$_{3}$ | porque$_{1}$ | juicio
3361 | 2919 | 2443 | 3361 | 2919 | 1722 | 3739 | 1063 | 2917
BN, TN | VPAM2P | CAP | TN, BN | VAPS2P | P | RR-DSM | CLX | NDSN

κρίνετε κριθήσεσθε, καὶ ἐν ᾧ μέτρῳ μετρεῖτε μετρηθήσεται
(que) juzguéis | seréis juzgados, | y | con | cual | medida | (que) medís, | será medido
2919 | 2919 | 2532 | 1722 | 3739 | 3358 | 3354 | 3354
VPAI2P | VFPI2P | CLN | P | RR-DSM | NDSN | VPAI2P | VFPI3S

ὑμῖν. [3] τί δὲ βλέπεις τὸ κάρφος τὸ ἐν τῷ ὀφθαλμῷ
a vosotros. | por qué$_{2}$ | ¿Y$_{1}$ | miras | la | pajita | la (cual está) | en | el | ojo
5213 | 5101 | 1161 | 991 | 3588 | 2595 | 3588 | 1722 | 3588 | 3788
RP2DP | RI-ASN | CLN | VPAI2S | DASN | NASN | DASN | P | DDSM | NDSM

τοῦ ἀδελφοῦ σου, τὴν δὲ ἐν τῷ σῷ ὀφθαλμῷ δοκὸν
del | hermano | de ti, | la$_{4}$ | y$_{1}$ | en$_{6}$ | el$_{7}$ | tuyo?$_{9}$ | ojo$_{8}$ | viga$_{5}$
3588 | 80 | 4675 | 3588 | 1161 | 1722 | 3588 | 4674 | 3788 | 1385
DGSM | NGSM | RP2GS | DASF | CLC | P | DDSM | JDSM, RS2DSM | NDSM | NASF

οὐ κατανοεῖς; [4] ἢ πῶς ἐρεῖς τῷ ἀδελφῷ σου· Ἄφες ἐκβάλω
no$_{2}$ | consideras$_{3}$ | ¿O | cómo | dirás | al | hermano | de ti: | Deja | (que) extraiga
3756 | 2657 | 2228 | 4459 | 2046 | 3588 | 80 | 4675 | 863 | 1544
BN, TN | VPAI2S | CLD | BI | VFAI2S | DDSM | NDSM | RP2GS | VAAM2S | VAAS1S

τὸ κάρφος ἐκ τοῦ ὀφθαλμοῦ σου, καὶ ἰδοὺ ἡ δοκὸς ἐν τῷ
la | pajita | de | el | ojo | de ti, | y | ¡he aquí! | la | viga | en | el
3588 | 2595 | 1537 | 3588 | 3788 | 4675 | 2532 | 2400 | 3588 | 1385 | 1722 | 3588
DASN | NASN | P | DGSM | NGSM | RP2GS | CLN | I, VAAM2S | DNSF | NNSF | P | DDSM

ὀφθαλμῷ σοῦ; [5] ὑποκριτά, ἔκβαλε πρῶτον ἐκ τοῦ ὀφθαλμοῦ σοῦ τὴν
ojo | ti? | ¡Hipócrita! | extrae | primero | de | el | ojo | de ti | la
3788 | 4675 | 5273 | 1544 | 4412 | 1537 | 3588 | 3788 | 4675 | 3588
NDSM | RP2GS | NVSM | VAAM2S | B, J | P | DGSM | NGSM | RP2GS | DASF

NVI

ustedes, gente de poca
fe? 31 Así que no se preo-
cupen diciendo: "¿Qué
comeremos?" o "¿Qué
beberemos?" o "¿Con
qué nos vestiremos?"
32 Los paganos andan
tras todas estas cosas,
pero el Padre celestial
sabe que ustedes las
necesitan. 33 Más bien,
busquen primeramente
el reino de Dios y su jus-
ticia, y todas estas cosas
les serán añadidas. 34 Por
lo tanto, no se angustien
por el mañana, el cual
tendrá sus propios
afanes. Cada día tiene ya
sus problemas.

El juzgar a los demás

7 »No juzguen a
nadie, para que
nadie los juzgue a uste-
des. 2 Porque tal como
juzguen se les juzgará, y
con la medida que mi-
dan a otros, se les medirá
a ustedes.
3 »¿Por qué te fijas
en la astilla que tiene
tu hermano en el ojo, y
no le das importancia
a la viga que está en el
tuyo? 4 ¿Cómo puedes
decirle a tu hermano:
"Déjame sacarte la
astilla del ojo", cuando
ahí tienes una viga en el
tuyo? 5 ¡Hipócrita!, saca
primero la viga de tu

6:33⸀ Manuscritos importantes tienen *de Dios.*

RVR

propio ojo, y entonces
verás claro para sacar
la paja del ojo de tu
hermano.
6 No deis lo santo a los
perros, ni echéis vues-
tras perlas delante de los
cerdos, no sea que las
pisoteen, y se vuelvan y
os despedacen.

La oración y la regla de oro

7 Pedid, y se os dará;
buscad, y hallaréis; lla-
mad, y se os abrirá.
8 Porque todo aquel que
pide, recibe; y el que
busca, halla; y al que
llama, se le abrirá.
9 ¿O qué hombre hay
entre vosotros, que si su
hijo le pide pan, le dará
una piedra?
10 ¿O si le pide un
pescado, le dará una
serpiente?
11 Pues si vosotros, aun
siendo malos, sabéis
dar buenas dádivas a
vuestros hijos, ¿cuánto
más vuestro Padre que
está en los cielos dará
cosas buenas a los que
le pidan?

δοκόν,	καὶ	τότε	διαβλέψεις	ἐκβαλεῖν	τὸ	κάρφος	ἐκ	τοῦ	ὀφθαλμοῦ
viga,	y	entonces	verás con claridad	para extraer	la	pajita	de	el	ojo
1385	2532	5119	1227	1544	3588	2595	1537	3588	3788
NASF	*CLN*	*B*	*VFAI2S*	*VAAN*	*DASN*	*NASN*	*P*	*DGSM*	*NGSM*

τοῦ	ἀδελφοῦ	σου.
del	hermano	de ti.
3588	80	4675
DGSM	*NGSM*	*RP2GS*

6 Μὴ	δῶτε	τὸ	ἅγιον	τοῖς	κυσίν,	μηδὲ	βάλητε	τοὺς	μαργαρίτας
No	deis	lo	santo	a los	perros,	tampoco	echéis	las	perlas
3361	1325	3588	40	3588	2965	3366	906	3588	3135
BN, TN	*VAAS2P*	*DASN*	*JASN*	*DDPM*	*NDPM*	*TN, CLD*	*VAAS2P*	*DAPM*	*NAPM*

ὑμῶν	ἔμπροσθεν	τῶν	χοίρων,	μήποτε	καταπατήσουσιν	αὐτοὺς	ἐν
de vosotros	delante de	de los	cerdos,	no sea que	pisoteen	a ellas	con
5216	1715	3588	5519	3379	2662	846	1722
RP2GP	*P*	*DGPM*	*NGPM*	*CAP*	*VFAI3P*	*RP3APM*	*P*

τοῖς	ποσὶν	αὐτῶν	καὶ	στραφέντες	ῥήξωσιν	ὑμᾶς.
los	pies	de ellos	y	volviéndose	despedacen	a vosotros.
3588	4228	846	2532	4762	4486	5209
DDPM	*NDPM*	*RP3GPM*	*CLN*	*VAPP-PNM*	*VAAS3P*	*RP2AP*

7 Αἰτεῖτε,	καὶ	δοθήσεται	ὑμῖν·	ζητεῖτε,	καὶ	εὑρήσετε·	κρούετε,
Pedid,	y	será dado	a vosotros;	buscad,	y	hallaréis;	llamad a la puerta,
154	2532	1325	5213	2212	2532	2147	2925
VPAM2P	*CLN*	*VFPI3S*	*RP2DP*	*VPAM2P*	*CLN*	*VFAI2P*	*VPAM2P*

καὶ	ἀνοιγήσεται	ὑμῖν.	8 πᾶς	γὰρ	ὁ	αἰτῶν	λαμβάνει	καὶ	ὁ
y	será abierta	a vosotros.	todo$_2$	Porque$_1$	él	que pide,	recibe,	y	el
2532	455	5213	3956	1063	3588	154	2983	2532	3588
CLN	*VFPI3S*	*RP2DP*	*JNSM*	*CAZ*	*DNSM*	*VPAP-SNM*	*VPAI3S*	*CLN*	*DNSM*

ζητῶν	εὑρίσκει	καὶ	τῷ	κρούοντι	ἀνοιγήσεται.	9 ἢ	τίς
que busca,	encuentra,	y	al	que llama a la puerta,	será abierto.	¿O	qué
2212	2147	2532	3588	2925	455	2228	5101
VPAP-SNM	*VPAI3S*	*CLN*	*DDSM*	*VPAP-SDM*	*VFPI3S*	*CLD*	*JNSM, RI-NSM*

ἐστιν	ἐξ	ὑμῶν	ἄνθρωπος,	ὃν	αἰτήσει	ὁ	υἱὸς	αὐτοῦ
es (hay)$_2$	de entre$_3$	vosotros,$_4$	hombre$_1$	a quien	pedirá$_4$	el$_1$	hijo$_2$	de él$_3$
2076	1537	5216	444	3739	154	3588	5207	846
VPAI3S	*P*	*RP2GP*	*NNSM*	*RR-ASM*	*VFAI3S*	*DNSM*	*NNSM*	*RP3GSM*

ἄρτον—	μὴ	λίθον	ἐπιδώσει	αὐτῷ;	10 ἢ	καὶ	ἰχθὺν	αἰτήσει—
pan,	acaso	una piedra$_2$	dará$_1$	a él?	O	también	un pez,$_2$	pedirá$_1$
740	3361	3037	1929	846	2228	2532	2486	154
NASM	*TI, TN*	*NASM*	*VFAI3S*	*RP3DSM*	*CLD*	*BE, TE*	*NASM*	*VFAI3S*

μὴ	ὄφιν	ἐπιδώσει	αὐτῷ;	11 εἰ	οὖν	ὑμεῖς	πονηροὶ	ὄντες
¿acaso$_3$	una serpiente$_5$	dará$_4$	a él?	Si,	entonces,	vosotros	malos$_2$	siendo$_1$
3361	3789	1929	846	1487	3767	5210	4190	5607
TI, TN	*NASM*	*VFAI3S*	*RP3DSM*	*CAC*	*CLI*	*RP2NP*	*JNPM*	*VPAP-PNM*

οἴδατε	δόματα	ἀγαθὰ	διδόναι	τοῖς	τέκνοις	ὑμῶν,	πόσῳ	μᾶλλον	ὁ
sabéis$_3$	regalos$_5$	buenos$_6$	dar$_4$	a los	hijos	de vosotros,	¡cuánto	más	el
1492	1390	18	1325	3588	5043	5216	4214	3123	3588
VRAI2P	*NAPN*	*JAPN*	*VPAN*	*DDPN*	*NDPN*	*RP2GP*	*RI-DSN*	*B*	*DNSM*

πατὴρ	ὑμῶν	ὁ	ἐν	τοῖς	οὐρανοῖς	δώσει	ἀγαθὰ	τοῖς	αἰτοῦσιν
Padre	de vosotros	el (que está)	en	los	cielos	dará	cosas buenas	a los	que piden
3962	5216	3588	1722	3588	3772	1325	18	3588	154
NNSM	*RP2GP*	*DNSM*	*P*	*DDPM*	*NDPM*	*VFAI3S*	*JAPN*	*DDPM*	*VPAP-PDM*

αὐτόν.
a él!
846
RP3ASM

NVI

propio ojo, y entonces
verás con claridad para
sacar la astilla del ojo de
tu hermano.
6 »No den lo sagrado
a los perros, no sea que se
vuelvan contra ustedes y
los despedacen; ni echen
sus perlas a los cerdos,
no sea que las pisoteen.

Pidan, busquen, llamen

7 »Pidan, y se les dará;
busquen, y encontrarán;
llamen, y se les abrirá.
8 Porque todo el que
pide, recibe; el que bus-
ca, encuentra; y al que
llama, se le abre.
9 »¿Quién de ustedes,
si su hijo le pide pan,
le da una piedra? 10 ¿O
si le pide un pescado,
le da una serpiente?
11 Pues si ustedes, aun
siendo malos, saben dar
cosas buenas a sus hijos,
¡cuánto más su Padre
que está en el cielo dará
cosas buenas a los que

RVR

12 Así que, todo cuanto
queráis que los hombres
os hagan a vosotros, así
también hacedlo voso-
tros a ellos; porque esto
es la ley y los profetas.

Los dos caminos

13 Entrad por la puerta
estrecha; porque es
ancha la puerta, y
espacioso el camino
que lleva a la perdición,
y son muchos los que
entran por ella;
14 porque es estrecha
la puerta, y angosto el
camino que lleva a la
vida, y son pocos los que
lo hallan.

Por sus frutos los conoceréis

15 Guardaos de los falsos
profetas, que vienen a
vosotros con vestidos de
ovejas, pero por dentro
son lobos rapaces.
16 Por sus frutos los
conoceréis. ¿Acaso se
cosechan uvas de los
espinos, o higos de los
abrojos?
17 Así también, todo
buen árbol da buenos
frutos, pero el árbol
malo da frutos malos.
18 No puede el árbol
bueno dar malos frutos,

12 Πάντα	οὖν	ὅσα	ἐὰν	θέλητε	ἵνα	ποιῶσιν	ὑμῖν	οἱ
todas (las) cosas$_2$	Así que$_1$	cuanto	si	queráis	que	hagan$_3$	a vosotros,$_4$	los$_1$
3956	3767	3745	1437	2309	2443	4160	5213	3588
JAPN	*CLI*	*RK-APN*	*TC*	*VPAS2P*	*CSC*	*VPAS3P*	*RP2DP*	*DNPM*

ἄνθρωποι,	οὕτως	καὶ	ὑμεῖς	ποιεῖτε	αὐτοῖς·	οὗτος	γάρ	ἐστιν	ὁ
seres humanos$_2$	así	también	vosotros	haced	a ellos;	esta$_2$	porque$_1$	es	la
444	3779	2532	5210	4160	846	3778	1063	2076	3588
NNPM	*B*	*BE, TE*	*RP2NP*	*VPAM2P*	*RP3DPM*	*RD-NSM*	*CLX*	*VPAI3S*	*DNSM*

νόμος	καὶ	οἱ	προφῆται.
Ley	y	los	Profetas.
3551	2532	3588	4396
NNSM	*CLN*	*DNPM*	*NNPM*

13 Εἰσέλθατε	διὰ	τῆς	στενῆς	πύλης·	ὅτι	πλατεῖα	ἡ	πύλη
Entrad	por medio de	la	estrecha$_2$	puerta$_1$	porque	ancha (es)	la	puerta
1525	1223	3588	4728	4439	3754	4116	3588	4439
VAAM2P	*P*	*DGSF*	*JGSF*	*NGSF*	*CAZ*	*JNSF*	*DNSF*	*NNSF*

καὶ	εὐρύχωρος	ἡ	ὁδὸς	ἡ	ἀπάγουσα	εἰς	τὴν	ἀπώλειαν,	καὶ	πολλοί
y	amplio	el	camino	el	que lleva	a	la	destrucción,	y	muchos
2532	2149	3588	3598	3588	520	1519	3588	684	2532	4183
CLN	*JNSF*	*DNSF*	*NNSF*	*DNSF*	*VPAP-SNF*	*P*	*DASF*	*NASF*	*CLN*	*JNPM*

εἰσιν	οἱ	εἰσερχόμενοι	δι᾽	αὐτῆς·	14 ὅτι	στενὴ	ἡ	πύλη	καὶ
son	los	que entran	por medio de	ella	porque	estrecha (es)	la	puerta	y
1526	3588	1525	1223	846	3754	4728	3588	4439	2532
VPAI3P	*DNPM*	*VPUP-PNM*	*P*	*RP3GSF*	*C*	*JNSF*	*DNSF*	*NNSF*	*CLN*

τεθλιμμένη	ἡ	ὁδὸς	ἡ	ἀπάγουσα	εἰς	τὴν	ζωήν,	καὶ	ὀλίγοι	εἰσὶν
estrecho	el	camino	el	que lleva	hacia	la	vida,	y	pocos	son
2346	3588	3598	3588	520	1519	3588	2222	2532	3641	1526
VRPP-SNF	*DNSF*	*NNSF*	*DNSF*	*VPAP-SNF*	*P*	*DASF*	*NASF*	*CLN*	*JNPM*	*VPAI3P*

οἱ	εὑρίσκοντες	αὐτήν.
los	que encuentran	a ella.
3588	2147	846
DNPM	*VPAP-PNM*	*RP3ASF*

15 Προσέχετε	ἀπὸ	τῶν	ψευδοπροφητῶν,	οἵτινες	ἔρχονται	πρὸς
Cuidaos	de	los	falsos profetas,	los cuales	vienen	a
4337	575	3588	5578	3748	2064	4314
VPAM2P	*P*	*DGPM*	*NGPM*	*RR-NPM*	*VPUI3P*	*P*

ὑμᾶς	ἐν	ἐνδύμασι	προβάτων	ἔσωθεν	δέ	εἰσιν	λύκοι	ἅρπαγες.
a vosotros	en	vestido	de ovejas,	por dentro$_2$	pero$_1$	son	lobos	rapaces.
5209	1722	1742	4263	2081	1161	1526	3074	727
RP2AP	*P*	*NDPN*	*NGPN*	*BP*	*CLC*	*VPAI3P*	*NNPM*	*JNPM*

16 ἀπὸ	τῶν	καρπῶν	αὐτῶν	ἐπιγνώσεσθε	αὐτούς.	μήτι	συλλέγουσιν	ἀπὸ
Por	los	frutos	de ellos	reconoceréis	a ellos.	¿Acaso	cosechan	de$_2$
575	3588	2590	846	1921	846	3385	4816	575
P	*DGPM*	*NGPM*	*RP3GPM*	*VFMI2P*	*RP3APM*	*TI, TN*	*VPAI3P*	*P*

ἀκανθῶν	σταφυλὰς	ἢ	ἀπὸ	τριβόλων	σῦκα;	17 οὕτως	πᾶν	δένδρον
espinos$_3$	racimos de uvas$_1$	o	de$_5$	(los) abrojos?$_6$	higos$_4$	Así	todo	árbol
173	4718	2228	575	5146	4810	3779	3956	1186
NGPF	*NAPF*	*CLD*	*P*	*NGPM*	*NAPN*	*B*	*JNSN*	*NNSN*

ἀγαθὸν	καρποὺς	καλοὺς	ποιεῖ,	τὸ	δὲ	σαπρὸν	δένδρον	καρποὺς
bueno	frutos$_2$	buenos,$_3$	produce$_1$	el$_5$	pero$_4$	malo$_7$	árbol$_6$	frutos$_9$
18	2590	2570	4160	3588	1161	4550	1186	2590
JNSN	*NAPM*	*JAPM*	*VPAI3S*	*DNSN*	*CLC*	*JNSN*	*NNSN*	*NAPM*

πονηροὺς	ποιεῖ·	18 οὐ	δύναται	δένδρον	ἀγαθὸν	καρποὺς	πονηροὺς
malos.$_{10}$	produce$_8$	No	puede	(el) árbol	bueno	frutos$_2$	malos,$_3$
4190	4160	3756	1410	1186	18	2590	4190
JAPM	*VPAI3S*	*BNTN*	*VPUI3S*	*NNSN*	*JNSN*	*NAPM*	*JAPM*

NVI

le pidan! 12 Así que en
todo traten ustedes a los
demás tal y como quie-
ren que ellos los traten a
ustedes. De hecho, esto
es la ley y los profetas.

La puerta estrecha y la puerta ancha

13 »Entren por la
puerta estrecha. Porque
es ancha la puerta y
espacioso el camino que
conduce a la destruc-
ción, y muchos entran
por ella. 14 Pero estrecha
es la puerta y angosto el
camino que conduce a la
vida, y son pocos los que
la encuentran.

El árbol y sus frutos

15 »Cuídense de los
falsos profetas. Vienen
a ustedes disfrazados de
ovejas, pero por dentro
son lobos feroces. 16 Por
sus frutos los conocerán.
¿Acaso se recogen uvas
de los espinos, o higos de
los cardos? 17 Del mismo
modo, todo árbol
bueno da fruto bueno,
pero el árbol malo da
fruto malo. 18 Un árbol
bueno no puede dar
fruto malo, y un árbol

RVR

ni el árbol malo dar
frutos buenos.
19 Todo árbol que no da
buen fruto, es cortado y
echado en el fuego.
20 Así que, por sus frutos
los conoceréis.

Nunca os conocí

21 No todo el que me
dice: Señor, Señor,
entrará en el reino de los
cielos, sino el que hace
la voluntad de mi Padre
que está en los cielos.
22 Muchos me dirán
en aquel día: Señor,
Señor, ¿no profetizamos
en tu nombre, y en tu
nombre echamos fuera
demonios, y en tu nom-
bre hicimos muchos
milagros?
23 Y entonces les diré
claramente: Nunca os
conocí; apartaos de mí,
hacedores de iniquidad.

Los dos cimientos

24 Todo aquel, pues, que
me oye estas palabras,
y las pone por obra, le
compararé a un hombre
prudente, que edificó su
casa sobre la roca.
25 Descendió la lluvia, y
vinieron los torrentes,

ποιεῖν,	οὐδὲ	δένδρον	σαπρὸν	καρποὺς	καλοὺς	ποιεῖν.	19 πᾶν	δένδρον
hacer$_1$	ni	(el) árbol	malo	frutos$_2$	buenos.$_3$	hacer$_1$	Todo	árbol
4160	3761	1186	4550	2590	2570	4160	3956	1186
VPAN	*TN, CLD*	*NNSN*	*JNSN*	*NAPM*	*JAPM*	*VPAN*	*JNSN*	*NNSN*

μὴ	ποιοῦν	καρπὸν	καλὸν	ἐκκόπτεται	καὶ	εἰς	πῦρ	βάλλεται.
no	haciendo	fruto	bueno	es cortado	y	a$_2$	(el) fuego.$_3$	es echado$_1$
3361	4160	2590	2570	1581	2532	1519	4442	906
BN, TN	*VPAP-SNN*	*NASM*	*JASM*	*VPPI3S*	*CLN*	*P*	*NASN*	*VPPI3S*

20 ἄρα	γε	ἀπὸ	τῶν	καρπῶν	αὐτῶν	ἐπιγνώσεσθε	αὐτούς.
Entonces,	ciertamente	por$_3$	los$_4$	frutos$_5$	de ellos.$_6$	reconoceréis$_1$	a ellos$_2$
686	1065	575	3588	2590	846	1921	846
CLI	*TE*	*P*	*DGPM*	*NGPM*	*RP3GPM*	*VFMI2P*	*RP3APM*

21 Οὐ	πᾶς	ὁ	λέγων	μοι·	Κύριε	κύριε	εἰσελεύσεται	εἰς	τὴν
No	todo	el	que dice	a mí:	¡Señor	Señor!	entrará	en	el
3756	3956	3588	3004	3427	2962	2962	1525	1519	3588
BN,TN	*JNSM*	*DNSM*	*VPAP-SNM*	*RP1DS*	*NVSM*	*NVSM*	*VFMI3S*	*P*	*DASF*

βασιλείαν	τῶν	οὐρανῶν,	ἀλλ᾽	ὁ	ποιῶν	τὸ	θέλημα	τοῦ	πατρός
reino	de los	cielos,	sino	el	que hace	la	voluntad	del	Padre
932	3588	3772	235	3588	4160	3588	2307	3588	3962
NASF	*DGPM*	*NGPM*	*CLC*	*DNSM*	*VPAP-SNM*	*DASN*	*NASN*	*DGSM*	*NGSM*

μου	τοῦ	ἐν	τοῖς	οὐρανοῖς.	22 πολλοὶ	ἐροῦσίν	μοι	ἐν	ἐκείνῃ	τῇ
de mí,	el (que está)	en	los	cielos.	Muchos	dirán	a mí	en	aquel	--
3450	3588	1722	3588	3772	4183	2046	3427	1722	1565	3588
RP1GS	*DGSM*	*P*	*DDPM*	*NDPM*	*JNPM*	*VFAI3P*	*RP1DS*	*P*	*RD-DSF*	*DDSF*

ἡμέρᾳ·	Κύριε	κύριε,	οὐ	τῷ	σῷ	ὀνόματι	ἐπροφητεύσαμεν,
día:	¡Señor,	Señor!	¿No	en el$_2$	tuyo,$_4$	nombre$_3$	profetizamos$_1$
2250	2962	2962	3756	3588	4674	3686	4395
NDSF	*NVSM*	*NVSM*	*TN, TI*	*DDSN, DDSM*	*JDSN, RS2DSM*	*NDSN*	*VAAI1P*

καὶ	τῷ	σῷ	ὀνόματι	δαιμόνια	ἐξεβάλομεν,	καὶ	τῷ
y$_5$	en el$_8$	tuyo,$_{10}$	nombre$_9$	demonios$_7$	expulsamos$_6$	e$_{11}$	en el$_{15}$
2532	3588	4674	3686	1140	1544	2532	3588
CLN	*DDSN, DDSM*	*JDSN, RS2DSM*	*NDSN*	*NAPN*	*VAAI1P*	*CLN*	*DDSN, DDSM*

σῷ	ὀνόματι	δυνάμεις	πολλὰς	ἐποιήσαμεν;	23 καὶ	τότε
tuyo?$_{17}$	nombre$_{16}$	obras poderosas$_{14}$	muchas$_{13}$	hicimos$_{12}$	Y	entonces
4674	3686	1411	4183	4160	2532	5119
JDSN, RS2DSM	*NDSN*	*NAPF*	*JAPF*	*VAAI1P*	*CLN*	*B*

ὁμολογήσω	αὐτοῖς	ὅτι	Οὐδέποτε	ἔγνων	ὑμᾶς·	ἀποχωρεῖτε	ἀπ᾽	ἐμοῦ
declararé	a ellos:		Nunca	conocí	a vosotros;	apartaos	de	mí
3670	846	3754	3763	1097	5209	672	575	1700
VFAI1S	*RP3DPM*	*CSC*	*BN*	*VAAI1S*	*RP2AP*	*VPAM2P*	*P*	*RP1GS*

οἱ	ἐργαζόμενοι	τὴν	ἀνομίαν.
--	obradores	de la	injusticia.
3588	2038	3588	458
DNPM	*VPUP-PNM*	*DASF*	*NASF*

24 Πᾶς	οὖν	ὅστις	ἀκούει	μου	τοὺς	λόγους	τούτους	καὶ	ποιεῖ
todo$_2$	Así que$_1$	el cual$_3$	oye$_4$	de mí$_8$	las$_6$	palabras$_7$	estas$_5$	y	hace
3956	3767	3748	191	3450	3588	3056	5128	2532	4160
JNSM	*CLI*	*RR-NSM*	*VPAI3S*	*RP1GS*	*DAPM*	*NAPM*	*RD-APM*	*CLN*	*VPAI3S*

αὐτούς,	ὁμοιωθήσεται	ἀνδρὶ	φρονίμῳ,	ὅστις	ᾠκοδόμησεν	αὐτοῦ
a ellas,	será comparado a	(un) hombre	sabio,	el cual	edificó	de él$_3$
846	3666	435	5429	3748	3618	846
RP3APM	*VFPI3S*	*NDSM*	*JDSM*	*RR-NSM*	*VAAI3S*	*RP3GSM*

τὴν	οἰκίαν	ἐπὶ	τὴν	πέτραν.	25 καὶ	κατέβη	ἡ	βροχὴ	καὶ	ἦλθον
la$_1$	casa$_2$	sobre	la	roca.	Y	descendió$_3$	la$_1$	lluvia$_2$	y$_4$	vinieron$_7$
3588	3614	1909	3588	4073	2532	2597	3588	1028	2532	2064
DASF	*NASF*	*P*	*DASF*	*NASF*	*CLN*	*VAAI3S*	*DNSF*	*NNSF*	*CLN*	*VAAI3P*

NVI

malo no puede dar fruto
bueno. 19 Todo árbol
que no da buen fruto se
corta y se arroja al fuego.
20 Así que por sus frutos
los conocerán.
21 »No todo el que
me dice: "Señor, Señor",
entrará en el reino de los
cielos, sino solo el que
hace la voluntad de mi
Padre que está en el cie-
lo. 22 Muchos me dirán
en aquel día: "Señor,
Señor, ¿no profetizamos
en tu nombre, y en tu
nombre expulsamos
demonios e hicimos
muchos milagros?"
23 Entonces les diré
claramente: "Jamás los
conocí. ¡Aléjense de mí,
hacedores de maldad!"

El prudente y el insensato

24 »Por tanto, todo
el que me oye estas
palabras y las pone en
práctica es como un
hombre prudente que
construyó su casa sobre
la roca. 25 Cayeron las
lluvias, crecieron los ríos,

RVR

soplaron los vientos,
y embistieron contra
aquella casa; y no se
cayó, porque había sido
cimentada sobre la roca.
26 Pero todo el que me
oye estas palabras y no
las pone por obra, le
compararé a un hombre
insensato, que edificó su
casa sobre la arena;
27 y descendió la lluvia,
y vinieron los torrentes,
y soplaron los vientos,
y dieron con ímpetu
contra aquella casa; y
se cayó, y fue grande su
ruina.
28 Y cuando terminó
Jesús estas palabras, la
gente se quedaba atóni-
ta de su doctrina;
29 porque les enseñaba
como quien tiene au-
toridad, y no como los
escribas.

El Señor Jesús sana a un leproso

8 Cuando descendió
Jesús del monte, le
seguían grandes mul-
titudes.
2 Y en esto se le acercó
un leproso que se postró
ante él, diciendo: Señor,
si quieres puedes lim-
piarme.
3 Jesús extendió la mano

οἱ	ποταμοὶ	καὶ	ἔπνευσαν	οἱ	ἄνεμοι	καὶ	προσέπεσαν	τῇ	οἰκίᾳ
los$_5$	ríos$_6$	y$_7$	soplaron$_{10}$	los$_8$	vientos$_9$	y	golpearon contra	la	casa
3588	4215	2532	4154	3588	417	2532	4363	3588	3614
DNPM	*NNPM*	*CLN*	*VAAI3P*	*DNPM*	*NNPM*	*CLN*	*VAAI3P*	*DDSF*	*NDSF*

ἐκείνῃ,	καὶ	οὐκ	ἔπεσεν,	τεθεμελίωτο	γὰρ	ἐπὶ	τὴν	πέτραν.	26 καὶ
aquella,	y	no	cayó;	había sido fundada$_2$	porque$_1$	sobre	la	roca.	Y
1565	2532	3756	4098	2311	1063	1909	3588	4073	2532
RD-DSF	*CLC*	*BN, TN*	*VAAI3S*	*VLPI3S*	*CAZ*	*P*	*DASF*	*NASF*	*CLC*

πᾶς	ὁ	ἀκούων	μου	τοὺς	λόγους	τούτους	καὶ	μὴ	ποιῶν	αὐτοὺς
todo	el	que oye	de mí$_4$	las$_1$	palabras$_2$	estas$_3$	y	no	hace	a ellas,
3956	3588	191	3450	3588	3056	5128	2532	3361	4160	846
JNSM	*DNSM*	*VPAP-SNM*	*RP1GS*	*DAPM*	*NAPM*	*RD-APM*	*CLN*	*BN, TN*	*VPAP-SNM*	*RP3APM*

ὁμοιωθήσεται	ἀνδρὶ	μωρῷ,	ὅστις	ᾠκοδόμησεν	αὐτοῦ	τὴν	οἰκίαν
será comparado a	un hombre	necio,	el cual	edificó	de él$_3$	la$_1$	casa$_2$
3666	435	3474	3748	3618	846	3588	3614
VFPI3S	*NDSM*	*JDSM*	*RR-NSM*	*VAAI3S*	*RP3GSM*	*DASF*	*NASF*

ἐπὶ	τὴν	ἄμμον.	27 καὶ	κατέβη	ἡ	βροχὴ	καὶ	ἦλθον	οἱ	ποταμοὶ	καὶ
sobre	la	arena.	Y	descendió$_3$	la$_1$	lluvia$_2$	y$_4$	vinieron$_7$	los$_5$	ríos$_6$	y$_7$
1909	3588	285	2532	2597	3588	1028	2532	2064	3588	4215	2532
P	*DASF*	*NASF*	*CLN*	*VAAI3S*	*DNSF*	*NNSF*	*CLN*	*VAAI3P*	*DNPM*	*NNPM*	*CLN*

ἔπνευσαν	οἱ	ἄνεμοι	καὶ	προσέκοψαν	τῇ	οἰκίᾳ	ἐκείνῃ,	καὶ	ἔπεσεν,
soplaron$_{10}$	los$_8$	vientos$_9$	y	golpearon contra	la	casa	aquella,	y	cayó,
4154	3588	417	2532	4350	3588	3614	1565	2532	4098
VAAI3P	*DNPM*	*NNPM*	*CLN*	*VAAI3P*	*DDSF*	*NDSF*	*RD-DSF*	*CLN*	*VAAI3S*

καὶ	ἦν	ἡ	πτῶσις	αὐτῆς	μεγάλη.
y	fue$_2$	la$_3$	caída$_4$	de ella.$_5$	grande$_1$
2532	2258	3588	4431	846	3173
CLN	*VIAI3S*	*DNSF*	*NNSF*	*RP3GSF*	*JNSF*

28 Καὶ	ἐγένετο	ὅτε	ἐτέλεσεν	ὁ	Ἰησοῦς	τοὺς	λόγους	τούτους,
Y	sucedió (que)	cuando	terminó$_3$	--$_1$	Jesús$_2$	las	palabras	estas,
2532	1096	3753	5048	3588	2424	3588	3056	5128
CLN	*VAMI3S*	*CAT*	*VAAI3S*	*DNSM*	*NNSM*	*DAPM*	*NAPM*	*RD-APM*

ἐξεπλήσσοντο	οἱ	ὄχλοι	ἐπὶ	τῇ	διδαχῇ	αὐτοῦ·	29 ἦν	γὰρ
se llenaban de admiración$_3$	las$_1$	multitudes$_2$	por	la	enseñanza	de él;	estaba$_2$	porque$_1$
1605	3588	3793	1909	3588	1322	846	2258	1063
VIPI3P	*DNPM*	*NNPM*	*P*	*DDSF*	*NDSF*	*RP3GSM*	*VIAI3S*	*CAZ*

διδάσκων	αὐτοὺς	ὡς	ἐξουσίαν	ἔχων	καὶ	οὐχ	ὡς	οἱ	γραμματεῖς
enseñando	a ellos	como	autoridad,$_2$	teniendo$_1$	y	no	como	los	escribas
1321	846	5613	1849	2192	2532	3756	5613	3588	1122
VPAP-SNM	*RP3APM*	*CAM*	*NASF*	*VPAP-SNM*	*CLN*	*BN, TN*	*CAM*	*DNPM*	*NNPM*

⸀αὐτῶν.
de ellos.
846
RP3GPM

8 Καταβάντος	δὲ	αὐτοῦ	ἀπὸ	τοῦ	ὄρους	ἠκολούθησαν	αὐτῷ
después de bajar$_2$	Y$_1$	él	de	el	monte,	siguieron$_3$	a él.$_4$
2597	1161	846	575	3588	3735	190	846
VAAP-SGM	*CLT*	*RP3GSM*	*P*	*DGSN*	*NGSN*	*VAAI3P*	*RP3DSM*

ὄχλοι	πολλοί.	2 καὶ	ἰδοὺ	λεπρὸς	προσελθὼν	προσεκύνει	αὐτῷ
multitudes$_2$	muchas$_1$	Y	he aquí	un leproso,	habiéndose acercado,	se postraba ante	él
3793	4183	2532	2400	3015	4334	4352	846
NNPM	*JNPM*	*CLN*	*I, VAAM2S*	*JNSM*	*VAAP-SNM*	*VIAI3S*	*RP3DSM*

λέγων·	Κύριε,	ἐὰν	θέλῃς	δύνασαί	με	καθαρίσαι.	3 καὶ	ἐκτείνας
diciendo:	Señor,	si	deseas,	puedes	a mí	limpiar.	Y	habiendo extendido
3004	2962	1437	2309	1410	3165	2511	2532	1614
VPAP-SNM	*NVSM*	*CAC*	*VPAS2S*	*VPUI2S*	*RP1AS*	*VAAN*	*CLN*	*VAAP-SNM, VAAP-SNF*

NVI

y soplaron los vientos y
azotaron aquella casa;
con todo, la casa no
se derrumbó porque
estaba cimentada sobre
la roca. 26 Pero todo
el que me oye estas
palabras y no las pone
en práctica es como un
hombre insensato que
construyó su casa sobre
la arena. 27 Cayeron las
lluvias, crecieron los ríos,
soplaron los vientos y
azotaron aquella casa.
Esta se derrumbó, y
grande fue su ruina».

28 Cuando Jesús
terminó de decir estas
cosas, las multitudes
se asombraron de su
enseñanza, 29 porque les
enseñaba como quien
tenía autoridad, y no
como los maestros de
la ley.

Jesús sana a un leproso

8 Cuando Jesús bajó
de la montaña, lo
siguieron grandes multi-
tudes. 2 Un hombre que
tenía lepra se le acercó y
se arrodilló delante de él.
—Señor, si quieres,
puedes limpiarme —le
dijo.
3 Jesús extendió la

7:29⸀ Manuscritos inferiores suprimieron *de ellos.*

RVR

y le tocó, diciendo:
Quiero; sé limpio. Y al
instante su lepra desa-
pareció.
4 Entonces Jesús le dijo:
Mira, no lo digas a
nadie; sino ve, muéstrate
al sacerdote, y presenta
la ofrenda que ordenó
Moisés, para que les
sirva de testimonio.

Jesús sana al siervo de un centurión

5 Entrando Jesús en
Capernaúm, se le
acercó un centurión,
rogándole,
6 y diciendo: Señor, mi
criado está postrado en
casa, paralítico, terrible-
mente atormentado.
7 Y Jesús le dijo: Yo iré y
le sanaré.
8 Respondió el centu-
rión y dijo: Señor, no
soy digno de que entres
bajo mi techo; sola-
mente dilo de palabra,
y quedará sanado mi
criado.
9 Porque también yo soy
hombre bajo autori-
dad, y tengo bajo mis
órdenes soldados; y
digo a este: Ve, y va; y al
otro: Ven, y viene; y a
mi esclavo: Haz esto, y
lo hace.
10 Al oírlo Jesús, se ma-
ravilló, y dijo a los que

τὴν	χεῖρα	ἥψατο	αὐτοῦ	λέγων·	Θέλω,	καθαρίσθητι·	καὶ	εὐθέως
la	mano	tocó	a él	diciendo:	Deseo,	sé limpio.	E	inmediatamente
3588	5495	680	846	3004	2309	2511	2532	2112
DASF	NASF	VAMI3S	RP3GSM	VPAP-SNM	VPAI1S	VAPM2S	CLN	B

ἐκαθαρίσθη	αὐτοῦ	ἡ	λέπρα.	4 καὶ	λέγει	αὐτῷ	ὁ	Ἰησοῦς·	Ὅρα
fue limpiada$_3$	de él.$_4$	la$_1$	lepra$_2$	y	dice$_3$	a él:$_4$	--$_1$	Jesús$_2$	Mira,
2511	846	3588	3014	2532	3004	846	3588	2424	3708
VAPI3S	RP3GSM	DNSF	NNSF	CLN	VPAI3S	RP3DSM	DNSM	NNSM	VPAM2S

μηδενὶ	εἴπῃς,	ἀλλὰ	ὕπαγε	σεαυτὸν	δεῖξον	τῷ	ἱερεῖ,	καὶ	προσένεγκον
a\ nadie	digas	sino	ve,	a ti mismo$_2$	muestra$_1$	al	sacerdote	y	presenta
3367	2036	235	5217	4572	1166	3588	2409	2532	4374
JDSM	VAAS2S	CLC	VPAM2S	RF2ASM	VAAM2S	DDSM	NDSM	CLN	VAAM2S

τὸ	δῶρον	ὃ	προσέταξεν	Μωϋσῆς	εἰς	μαρτύριον	αὐτοῖς.
la	ofrenda	que	ordenó	Moisés	para	testimonio	a ellos.
3588	1435	3739	4367	3475	1519	3142	846
DASN	NASN	RR-NSN	VAAI3S	NNSM	P	NASN	RP3DPM

5 Εἰσελθόντος	δὲ	αὐτοῦ	εἰς	Καφαρναοὺμ	προσῆλθεν	αὐτῷ
después de entrar$_2$	Y$_1$	él	en	Capernaum,	se acercó	a él
1525	1161	846	1519	2584	4334	846
VAAP-SGM	CLT	RP3GSM	P	NASF, XP	VAAI3S	RP3DSM

ἑκατόνταρχος	παρακαλῶν	αὐτὸν	6 καὶ	λέγων·	Κύριε,	ὁ	παῖς	μου
un centurión	rogando	a él	y	diciendo:	Señor,	el	criado	de mí
1543	3870	846	2532	3004	2962	3588	3816	3450
NNSM	VPAP-SNM	RP3ASM	CLN	VPAP-SNM	NVSM	DNSM	NNSM	RP1GS

βέβληται	ἐν	τῇ	οἰκίᾳ	παραλυτικός,	δεινῶς	βασανιζόμενος.	7 καὶ
está postrado,	en	la	casa	paralizado	terriblemente.$_2$	siendo atormentado$_1$	Y
906	1722	3588	3614	3885	1171	928	2532
VRPI3S	P	DDSF	NDSF	JNSM	B	VPPP-SNM	CLN

λέγει	⸀αὐτῷ·	Ἐγὼ	ἐλθὼν	θεραπεύσω	αὐτόν.	8 καὶ	ἀποκριθεὶς
dice	a él:	Yo,	habiendo ido,	sanaré	a él.	Y	habiendo respondido
3004	846	1473	2064	2323	846	2532	611
VPAI3S	RP3DSM	RP1NS	VAAP-SNM	VFAI1S	RP3ASM	CLN	VAPP-SNM

ὁ	ἑκατόνταρχος	ἔφη·	Κύριε,	οὐκ	εἰμὶ	ἱκανὸς	ἵνα	μου	ὑπὸ	τὴν
el	centurión	dijo:	Señor,	no	soy	digno	que	de mí;$_5$	bajo$_2$	el$_3$
3588	1543	5346	2962	3756	1510	2425	2443	3450	5259	3588
DNSM	NNSM	VIAI3S	NVSM	BN, TN	VPAI1S	JNSM	CSE	RP1GS	P	DASF

στέγην	εἰσέλθῃς·	ἀλλὰ	μόνον	εἰπὲ	λόγῳ,	καὶ	ἰαθήσεται	ὁ	παῖς
techo$_4$	entres;$_1$	pero	solo	di	(la) palabra,	y	será sanado	el	criado
4721	1525	235	3440	2036	3056	2532	2390	3588	3816
NASF	VAAS2S	CLC	B, J	VAAM2S	NDSM	CLN	VFPI3S	DNSM	NNSM

μου.	9 καὶ	γὰρ	ἐγὼ	ἄνθρωπός	εἰμι	ὑπὸ	ἐξουσίαν,	ἔχων	ὑπ’
de mí.	Y	porque	yo	hombre$_2$	soy$_1$	bajo	autoridad,	teniendo	bajo
3450	2532	1063	1473	444	1510	5259	1849	2192	5259
RP1GS	BE, TE	CAZ, CLX	RP1NS	NNSM	VPAI1S	P	NASF	VPAP-SNM	P

ἐμαυτὸν	στρατιώτας,	καὶ	λέγω	τούτῳ·	Πορεύθητι,	καὶ	πορεύεται,	καὶ
mí mismo	soldados	y	digo	a este:	¡Marcha!	y	marcha,	y
1683	4757	2532	3004	5129	4198	2532	4198	2532
RF1ASM	NAPM	CLN	VPAI1S	RD-DSM	VAPM2S	CLN	VPUI3S	CLN

ἄλλῳ·	Ἔρχου,	καὶ	ἔρχεται,	καὶ	τῷ	δούλῳ	μου·	Ποίησον	τοῦτο,
a otro:	¡Ven!	y	viene,	y	al	esclavo	de mí:	Haz	esto
243	2064	2532	2064	2532	3588	1401	3450	4160	5124
JDSM	VPUM2S, VPUI2S	CLN	VPUI3S	CLN	DDSM	NDSM	RP1GS	VAAM2S	RD-NSN

καὶ	ποιεῖ.	10 ἀκούσας	δὲ	ὁ	Ἰησοῦς	ἐθαύμασεν	καὶ	εἶπεν	τοῖς
y	hace.	habiendo oído$_2$	Y$_1$	--	Jesús,	se maravilló	y	dijo	a los
2532	4160	191	1161	3588	2424	2296	2532	2036	3588
CLN	VPAI3S	VAAP-SNM	CLN	DNSM	NNSM	VAAI3S	CLN	VAAI3S	DDPM

NVI

mano y tocó al hombre.
—Sí quiero —le
dijo—. ¡Queda limpio!
Y al instante quedó
sano de la lepra.
4 —Mira, no se lo
digas a nadie —le dijo
Jesús—; solo ve, presén-
tate al sacerdote, y lleva
la ofrenda que ordenó
Moisés, para que les
sirva de testimonio.

La fe del centurión

5 Al entrar Jesús en
Capernaúm, se le acercó
un centurión pidiendo
ayuda.
6 —Señor, mi siervo
está postrado en casa
con parálisis, y sufre
terriblemente.
7 —Iré a sanarlo —
respondió Jesús.
8 —Señor, no merez-
co que entres bajo mi
techo. Pero basta con
que digas una sola pala-
bra, y mi siervo quedará
sano. 9 Porque yo mismo
soy un hombre sujeto
a órdenes superiores, y
además tengo soldados
bajo mi autoridad. Le
digo a uno: "Ve", y va, y
al otro: "Ven", y viene. Le
digo a mi siervo: "Haz
esto", y lo hace.
10 Al oír esto, Jesús se
asombró y dijo a quienes
lo seguían:

8:7⸀ Manuscritos importantes tienen *Jesús.*

RVR

le seguían: De cierto os
digo que ni aun en Israel
he hallado tanta fe.
11 Y os digo que vendrán
muchos del oriente y del
occidente, y se sentarán
con Abraham e Isaac y
Jacob en el reino de los
cielos;
12 pero los hijos del
reino serán echados a las
tinieblas de afuera; allí
será el llanto y el crujir
de dientes.
13 Entonces Jesús dijo al
centurión: Vete, y como
creíste, te sea hecho. Y
fue sanado su criado en
aquella misma hora.

Jesucristo sana a la suegra de Pedro

14 Habiendo entrado
Jesús en casa de Pedro,
vio a la suegra de este
postrada en cama, con
fiebre.
15 Le tocó la mano, y la
dejó la fiebre; y ella se
levantó, y les servía.
16 Y caída la tarde, le
presentaron muchos
endemoniados; y con
su palabra echó fuera a
los demonios, y sanó a
todos los enfermos;
17 para que se cumpliese

ἀκολουθοῦσιν·	Ἀμὴν	λέγω	ὑμῖν,	παρ’	οὐδενὶ	τοσαύτην	πίστιν	ἐν
que seguían:	De cierto	digo	a vosotros,	en	nadie	tan grande$_3$	fe$_2$	en$_4$
190	281	3004	5213	3844	3762	5118	4102	1722
VPAP-PDM	*XF, B*	*VPAI1S*	*RP2DP*	*P*	*JDSM*	*JASF, RD-ASF*	*NASF*	*P*

τῷ	Ἰσραὴλ	εὗρον.	11 λέγω	δὲ	ὑμῖν	ὅτι	πολλοὶ	ἀπὸ	ἀνατολῶν	καὶ
--$_5$	Israel.$_6$	encontré$_1$	digo$_2$	Y$_1$	a vosotros	que	muchos	de	(el) oriente	y
3588	2474	2147	3004	1161	5213	3754	4183	575	395	2532
DDSM	*NDSM, XP*	*VAAI1S*	*VPAI1S*	*CLN*	*RP2DP*	*CSC*	*JNPM*	*P*	*NGPF*	*CLN*

δυσμῶν	ἥξουσιν	καὶ	ἀνακλιθήσονται	μετὰ	Ἀβραὰμ	καὶ	Ἰσαὰκ	καὶ
(el) occidente	vendrán	y	se sentarán (a la mesa)	con	Abraham	e	Isaac	y
1424	2240	2532	347	3326	11	2532	2464	2532
NGPF	*VFAI3P*	*CLN*	*VFPI3P*	*P*	*NGSM, XP*	*CLN*	*NGSM, XP*	*CLN*

Ἰακὼβ	ἐν	τῇ	βασιλείᾳ	τῶν	οὐρανῶν·	12 οἱ	δὲ	υἱοὶ	τῆς	βασιλείας
Jacob	en	el	reino	de los	cielos;	los$_2$	mas$_1$	hijos	del	reino
2384	1722	3588	932	3588	3772	3588	1161	5207	3588	932
NGSM, XP	*P*	*DDSF*	*NDSF*	*DGPM*	*NGPM*	*DNPM*	*CLC*	*NNPM*	*DGSF*	*NGSF*

ἐκβληθήσονται	εἰς	τὸ	σκότος	τὸ	ἐξώτερον·	ἐκεῖ	ἔσται	ὁ
serán expulsados	a	la	oscuridad	--	de afuera;	allí	será	el
1544	1519	3588	4655	3588	1857	1563	2071	3588
VFPI3P	*P*	*DASN*	*NASN*	*DASN*	*JASN*	*BP*	*VFMI3S*	*DNSM*

κλαυθμὸς	καὶ	ὁ	βρυγμὸς	τῶν	ὀδόντων.	13 καὶ	εἶπεν	ὁ	Ἰησοῦς
llanto	y	el	crujir	de los	dientes.	Y	dijo$_3$	--$_1$	Jesús$_2$
2805	2532	3588	1030	3588	3599	2532	2036	3588	2424
NNSM	*CLN*	*DNSM*	*NNSM*	*DGPM*	*NGPM*	*CLN*	*VAAI3S*	*DNSM*	*NNSM*

τῷ	ἑκατοντάρχῃ·	Ὕπαγε,	ὡς	ἐπίστευσας	γενηθήτω	σοι·	καὶ
al	centurión:	Ve,	como$_3$	creíste.$_4$	sea hecho$_1$	para ti.$_2$	Y$_5$
3588	1543	5217	5613	4100	1096	4671	2532
DDSM	*NDSM*	*VPAM2S*	*CAM*	*VAAI2S*	*VAPM3S*	*RP2DS*	*CLN*

ἰάθη	ὁ	παῖς	ἐν	τῇ	ὥρᾳ	ἐκείνῃ.
fue sanado$_8$	el$_6$	criado$_7$	en	la	hora	aquella.
2390	3588	3816	1722	3588	5610	1565
VAPI3S	*DNSM*	*NNSM*	*P*	*DDSF*	*NDSF*	*RD-DSF*

14 Καὶ	ἐλθὼν	ὁ	Ἰησοῦς	εἰς	τὴν	οἰκίαν	Πέτρου	εἶδεν	τὴν
Y	habiendo llegado$_3$	--$_1$	Jesús$_2$	a	la	casa	de Pedro,	vio	a la
2532	2064	3588	2424	1519	3588	3614	4074	1492	3588
CLN	*VAAP-SNM*	*DNSM*	*NNSM*	*P*	*DASF*	*NASF*	*NGSM*	*VAAI3S*	*DASF*

πενθερὰν	αὐτοῦ	βεβλημένην	καὶ	πυρέσσουσαν·	15 καὶ	ἥψατο	τῆς
suegra	de él	acostada	y	con fiebre;	Y	tocó	la
3994	846	906	2532	4445	2532	680	3588
NASF	*RP3GSM*	*VRPP-SAF*	*CLN*	*VPAP-SAF*	*CLN*	*VAMI3S*	*DGSF*

χειρὸς	αὐτῆς,	καὶ	ἀφῆκεν	αὐτὴν	ὁ	πυρετός,	καὶ	ἠγέρθη	καὶ
mano	de ella,	y	dejó$_3$	a ella;$_4$	la$_1$	fiebre$_2$	y	fue levantada,	y
5495	846	2532	863	846	3588	4446	2532	1453	2532
NGSF	*RP3GSF*	*CLN*	*VAAI3S*	*RP3ASF*	*DNSM*	*NNSM*	*CLN*	*VAPI3S*	*CLN*

διηκόνει	αὐτῷ.	16 Ὀψίας	δὲ	γενομένης	προσήνεγκαν	αὐτῷ
servía	a él.	(el) atardecer$_3$	Y$_1$	habiendo llegado$_2$	trajeron	a él
1247	846	3798	1161	1096	4374	846
VIAI3S	*RP3DSM*	*JGSF*	*CLN*	*VAMP-SGF*	*VAAI3P*	*RP3DSM*

δαιμονιζομένους	πολλούς·	καὶ	ἐξέβαλεν	τὰ	πνεύματα	λόγῳ,	καὶ
endemoniados;$_2$	muchos$_1$	y	expulsó	a los	espíritus	con palabra,	y
1139	4183	2532	1544	3588	4151	3056	2532
VPUP-PAM	*JAPM*	*CLN*	*VAAI3S*	*DAPN*	*NAPN*	*NDSM*	*CLN*

πάντας	τοὺς	κακῶς	ἔχοντας	ἐθεράπευσεν·	17 ὅπως	πληρωθῇ	τὸ
a todos$_2$	los$_3$	mal;$_5$	que tenían$_4$	sanó$_1$	para que	fuese cumplido	lo
3956	3588	2560	2192	2323	3704	4137	3588
JAPM	*DAPM*	*B*	*VPAP-PAM*	*VAAI3S*	*CAP*	*VAPS3S*	*DNSN*

NVI

—Les aseguro que no
he encontrado en Israel a
nadie que tenga tanta fe.
11 Les digo que muchos
vendrán del oriente y del
occidente, y participa-
rán en el banquete con
Abraham, Isaac y Jacob
en el reino de los cielos.
12 Pero a los súbditos del
reino se les echará afue-
ra, a la oscuridad, donde
habrá llanto y rechinar
de dientes.
13 Luego Jesús le dijo
al centurión:
—¡Ve! Todo se hará
tal como creíste.
Y en esa misma hora
aquel siervo quedó sano.

Jesús sana a muchos enfermos

14 Cuando Jesús entró
en casa de Pedro, vio
a la suegra de este en
cama, con fiebre. 15 Le
tocó la mano y la fiebre
se le quitó; luego ella
se levantó y comenzó a
servirle.
16 Al atardecer, le
llevaron muchos ende-
moniados, y con una
sola palabra expulsó a los
espíritus, y sanó a todos
los enfermos. 17 Esto
sucedió para que se

RVR

lo dicho por medio del
profeta Isaías, cuando
dijo: Tomó él mismo
nuestras enfermedades,
y cargó con nuestras
dolencias.

Los que querían seguir al Señor Jesús

18 Viéndose Jesús
rodeado de mucha
gente, mandó pasar al
otro lado.
19 Y vino un escriba y le
dijo: Maestro, te seguiré
adondequiera que vayas.
20 Jesús le dijo: Las
raposas tienen guaridas,
y las aves del cielo
nidos; pero el Hijo del
Hombre no tiene dón-
de recostar su cabeza.
21 Otro de sus discípulos
le dijo: Señor, permíte-
me que vaya primero y
entierre a mi padre.
22 Jesús le dijo: Sígueme,
y deja que los muertos
entierren a sus muertos.

Jesucristo calma la tempestad

23 Y entrando él en la
barca, sus discípulos le
siguieron.
24 Y he aquí que se
levantó en el mar una
tempestad tan grande
que las olas cubrían la

ῥηθὲν	διὰ	Ἡσαΐου	τοῦ	προφήτου	λέγοντος·	Αὐτὸς	τὰς
dicho	por medio de	Isaías$_3$	el$_1$	profeta$_2$	cuando dice$_6$:	Él mismo$_7$	las$_9$
4483	1223	2268	3588	4396	3004	846	3588
VAPP-SNN	P	NGSM	DGSM	NGSM	VPAP-SGM, VPAP-SGN	RP3NSMP	DAPF

ἀσθενείας	ἡμῶν	ἔλαβεν	καὶ	τὰς	νόσους	ἐβάστασεν.
enfermedades$_{10}$	de nosotros$_{11}$	tomó$_8$	y$_{12}$	las$_{14}$	enfermedades.$_{15}$	llevó$_{13}$
769	2257	2983	2532	3588	3554	941
NAPF	RP1GP	VAAI3S	CLN	DAPF	NAPF	VAAI3S

18 Ἰδὼν	δὲ	ὁ	Ἰησοῦς	πολλοὺς	ὄχλους	περὶ	αὐτὸν	ἐκέλευσεν
viendo$_4$	Y$_1$	--$_2$	Jesús$_3$	muchas	multitudes	alrededor de	él,	mandó
1492	1161	3588	2424	4183	3793	4012	846	2753
VAAP-SNM	CLT	DNSM	NNSM	JAPM	NAPM	P	RP3ASM	VAAI3S

ἀπελθεῖν	εἰς	τὸ	πέραν.	19 καὶ	προσελθὼν	εἷς	γραμματεὺς	εἶπεν
ir	para	el	otro lado.	Y	habiéndose acercado	un	escriba,	dijo
565	1519	3588	4008	2532	4334	1520	1122	2036
VAAN	P	DASN	BP	CLN	VAAP-SNM	JNSM	NNSM	VAAI3S

αὐτῷ·	Διδάσκαλε,	ἀκολουθήσω	σοι	ὅπου	ἐὰν	ἀπέρχῃ.	20 καὶ	λέγει
a él:	Maestro,	seguiré	a ti	donde	--	vayas.	Y	dice$_3$
846	1320	190	4671	3699	1437	565	2532	3004
RP3DSM	NVSM	VFAI1S	RP2DS	CAL	TC	VPUS2S	CLN	VPAI3S

αὐτῷ	ὁ	Ἰησοῦς·	Αἱ	ἀλώπεκες	φωλεοὺς	ἔχουσιν	καὶ	τὰ	πετεινὰ
a él:$_4$	--$_1$	Jesús$_2$	Las	zorras	cuevas$_2$	tienen$_1$	y	las	aves
846	3588	2424	3588	258	5454	2192	2532	3588	4071
RP3DSM	DNSM	NNSM	DNPF	NNPF	NAPM	VPAI3P	CLN	DNPN	NNPN, JNPN

τοῦ	οὐρανοῦ	κατασκηνώσεις,	ὁ	δὲ	υἱὸς	τοῦ	ἀνθρώπου	οὐκ	ἔχει
de el	cielo	nidos,	el$_2$	pero$_1$	hijo	del	hombre	no	tiene
3588	3772	2682	3588	1161	5207	3588	444	3756	2192
DGSM	NGSM	NAPF	DNSM	CLC	NNSM	DGSM	NGSM	BN, TN	VPAI3S

ποῦ	τὴν	κεφαλὴν	κλίνῃ.	21 ἕτερος	δὲ	τῶν	μαθητῶν	εἶπεν	αὐτῷ·
dónde	la$_2$	cabeza.$_3$	recueste$_1$	otro$_2$	Y$_1$	de los	discípulos	dijo	a él:
4226	3588	2776	2827	2087	1161	3588	3101	2036	846
BP	DASF	NASF	VPAS3S	JNSM	CLN	DGPM	NGPM	VAAI3S	RP3DSM

Κύριε,	ἐπίτρεψόν	μοι	πρῶτον	ἀπελθεῖν	καὶ	θάψαι	τὸν	πατέρα	μου.
Señor,	permite	a mí	primero	ir	y	enterrar	al	padre	de mí.
2962	2010	3427	4412	565	2532	2290	3588	3962	3450
NVSM	VAAM2S	RP1DS	B, J	VAAN	CLN	VAAN	DASM	NASM	RP1GS

22 ὁ	δὲ	Ἰησοῦς	λέγει	αὐτῷ·	Ἀκολούθει	μοι,	καὶ	ἄφες	τοὺς	νεκροὺς
--$_2$	Pero$_1$	Jesús	dice	a él:	Sigue	a mí,	y	deja	a los	muertos
3588	1161	2424	3004	846	190	3427	2532	863	3588	3498
DNSM	CLC	NNSM	VPAI3S	RP3DSM	VPAM2S	RP1DS	CLN	VAAM2S	DAPM	JAPM

θάψαι	τοὺς	ἑαυτῶν	νεκρούς.
enterrar	a los	de ellos mismos.$_2$	muertos$_1$
2290	3588	1438	3498
VAAN	DAPM	RF3GPM	JAPM

23 Καὶ	ἐμβάντι	αὐτῷ	εἰς	πλοῖον	ἠκολούθησαν	αὐτῷ	οἱ
Y	después de entrar	él	en	un barco,	siguieron$_4$	a él.$_5$	los$_1$
2532	1684	846	1519	4143	190	846	3588
CLN	VAAP-SDM	RP3DSM	P	NASN	VAAI3P	RP3DSM	DNPM

μαθηταὶ	αὐτοῦ.	24 καὶ	ἰδοὺ	σεισμὸς	μέγας	ἐγένετο	ἐν	τῇ
discípulos$_2$	de él$_3$	Y	he aquí	una tempestad$_2$	grande$_3$	sucedió$_1$	en	el
3101	846	2532	2400	4578	3173	1096	1722	3588
NNPM	RP3GSM	CLN	I, VAAM2S	NNSM	JNSM	VAMI3S	P	DDSF

θαλάσσῃ,	ὥστε	τὸ	πλοῖον	καλύπτεσθαι	ὑπὸ	τῶν	κυμάτων,
mar,	de modo que	la	barca	era cubierta	por	las	olas;
2281	5620	3588	4143	2572	5259	3588	2949
NDSF	CAR	DASN, DNSN	NASN, NNSN	VPPN	P	DGPN	NGPN

NVI

cumpliera lo dicho por
el profeta Isaías:

«Él cargó con nuestras
enfermedades
y soportó nuestros
dolores».

Lo que cuesta seguir a Jesús

18 Cuando Jesús vio
a la multitud que lo
rodeaba, dio orden de
pasar al otro lado del
lago.
19 Se le acercó un
maestro de la ley y le
dijo:
—Maestro, te seguiré
a dondequiera que
vayas.
20 —Las zorras
tienen madrigueras y las
aves tienen nidos —le
respondió Jesús—, pero
el Hijo del hombre no
tiene dónde recostar la
cabeza.
21 Otro discípulo le
pidió:
—Señor, primero
déjame ir a enterrar a mi
padre.
22 —Sígueme —le re-
plicó Jesús—, y deja que
los muertos entierren a
sus muertos.

Jesús calma la tormenta

23 Luego subió a la
barca y sus discípulos lo
siguieron.
24 De repente,
se levantó en el lago una
tormenta tan fuerte que
las olas inundaban la

RVR

barca; pero él dormía.
25 Y se acercaron sus dis-
cípulos y le despertaron,
diciendo: ¡Señor, sálva-
nos, que perecemos!
26 Él les dijo: ¿Por qué
teméis, hombres de
poca fe? Entonces,
levantándose, reprendió
a los vientos y al mar; y
sobrevino gran calma.
27 Y los hombres se
maravillaron, diciendo:
¿Qué clase de hombre
es este, que aun los
vientos y el mar le
obedecen?

Los endemoniados gadarenos

28 Cuando llegó a la otra
orilla, a la tierra de los
gadarenos, vinieron a su
encuentro dos endemo-
niados que salían de en-
tre los sepulcros, feroces
en gran manera, tanto
que nadie podía pasar
por aquel camino.
29 Y clamaron diciendo:
¿Qué tenemos nosotros
que ver contigo, Hijo
de Dios? ¿Has venido
acá para atormentarnos
antes de tiempo?
30 Estaba paciendo a
cierta distancia de ellos
una piara de muchos
cerdos.
31 Y los demonios le ro-
gaban diciendo: Si nos
echas fuera, envíanos a
la piara de los cerdos.

αὐτὸς δὲ ἐκάθευδεν. 25 καὶ ⸀προσελθόντες ἤγειραν αὐτὸν λέγοντες·
él₂ y₁ estaba durmiendo. Y, habiéndose acercado, despertaron a él diciendo:
846 1161 2518 2532 4334 1453 846 3004
RP3NSMP CLC VIAI3S CLN VAAP-PNM VAAI3P RP3ASM VPAP-PNM

Κύριε, ⸀¹σῶσον, ἀπολλύμεθα. 26 καὶ λέγει αὐτοῖς· Τί δειλοί ἐστε,
¡Señor salva, estamos pereciendo! Y dice a ellos: ¿Por qué miedosos estáis
2962 4982 622 2532 3004 846 5101 1169 2075
NVSM VAAM2S VPMI1P CLN VPAI3S RP3DPM RI-ASN JNPM VPAI2P

ὀλιγόπιστοι; τότε ἐγερθεὶς ἐπετίμησεν τοῖς ἀνέμοις καὶ τῇ
(personas) de poca fe? Entonces, habiéndose levantado, reprendió a los vientos y al
3640 5119 1453 2008 3588 417 2532 3588
JVPM B VAPP-SNM VAAI3S DDPM NDPM CLN DDSF

θαλάσσῃ, καὶ ἐγένετο γαλήνη μεγάλη. 27 οἱ δὲ ἄνθρωποι ἐθαύμασαν
mar, y sucedió una calma grande. los₂ Y₁ hombres se admiraron,
2281 2532 1096 1055 3173 3588 1161 444 2296
NDSF CLN VAMI3S NNSF JNSF DNPM CLN NNPM VAAI3P

λέγοντες· Ποταπός ἐστιν οὗτος ὅτι καὶ οἱ ἄνεμοι καὶ ἡ
diciendo: ¿De qué clase es este, que también los vientos y el
3004 4217 2076 3778 3754 2532 3588 417 2532 3588
VPAP-PNM JNSM, R--NSM VPAI3S RD-NSM CSE BE, TE DNPM NNPM CLN DNSF

θάλασσα αὐτῷ ὑπακούουσιν;
mar a él?₂ obedecen₁
2281 846 5219
NNSF RP3DSM VPAI3P

28 Καὶ ἐλθόντος αὐτοῦ εἰς τὸ πέραν εἰς τὴν χώραν τῶν
Y habiendo llegado él a el otro lado a la región, de los
2532 2064 846 1519 3588 4008 1519 3588 5561 3588
CLN VAAP-SGM RP3GSM P DASN BP P DASF NASF DGPM

⸀Γαδαρηνῶν ὑπήντησαν αὐτῷ δύο δαιμονιζόμενοι ἐκ τῶν
gadarenos, salieron al encuentro de él dos endemoniados desde₂ los₃
1046 5221 846 1417 1139 1537 3588
JGPM VAAI3P RP3DSM XN, J VPUP-PNM P DGPN

μνημείων ἐξερχόμενοι, χαλεποὶ λίαν ὥστε μὴ ἰσχύειν τινὰ
sepulcros₄ saliendo₁ feroces,₆ muy₅ de modo que₇ no₉ poder₁₀ alguien₈
3419 1831 5467 3029 5620 3361 2480 5100
NGPN VPUP-PNM JNPM BE CAR BN, TN VPAN RX-ASM

παρελθεῖν διὰ τῆς ὁδοῦ ἐκείνης. 29 καὶ ἰδοὺ ἔκραξαν λέγοντες· Τί
para pasar por el camino aquel. Y he aquí gritaban diciendo: ¿Qué
3928 1223 3588 3598 1565 2532 2400 2896 3004 5101
VAAN P DGSF NGSF RD-GSF CLN I, VAAM2S VAAI3P VPAP-PNM RI-ASN

ἡμῖν καὶ ⸀σοί, υἱὲ τοῦ θεοῦ; ἦλθες ὧδε πρὸ καιροῦ βασανίσαι
con nosotros y contigo Hijo -- de Dios? ¿Viniste aquí antes de tiempo para atormentar
2254 2532 4671 5207 3588 2316 2064 5602 4253 2540 928
RP1DP CLN RP2DS NVSM DGSM NGSM VAAI2S B P NGSM VAAN

ἡμᾶς; 30 ἦν δὲ μακρὰν ἀπ᾽ αὐτῶν ἀγέλη χοίρων πολλῶν
a nosotros? estaba₂ Y₁ lejos de de ellos una manada de cerdos₂ muchos₁
2248 2258 1161 3112 575 846 34 5519 4183
RP1AP VIAI3S CLC, CLX B, J P RP3GPM NNSF NGPM JGPM

βοσκομένη. 31 οἱ δὲ δαίμονες παρεκάλουν αὐτὸν λέγοντες· Εἰ
siendo apacentados. los₂ Y₁ demonios rogaban a él diciendo: Si
1006 3588 1161 1142 3870 846 3004 1487
VPPP-SNF DNPM CLN NNPM VIAI3P RP3ASM VPAP-PNM CAC

ἐκβάλλεις ἡμᾶς, ἀπόστειλον ἡμᾶς εἰς τὴν ἀγέλην τῶν χοίρων.
expulsas a nosotros envía a nosotros a la manada de los cerdos.
1544 2248 649 2248 1519 3588 34 3588 5519
VPAI2S RP1AP VAAM2S RP1AP P DASF NASF DGPM NGPM

NVI

barca. Pero Jesús estaba
dormido. 25 Los discípu-
los fueron a despertarlo.
—¡Señor —grita-
ron—, sálvanos, que nos
vamos a ahogar!
26 —Hombres de
poca fe —les contes-
tó—, ¿por qué tienen
tanto miedo?
Entonces se levantó y
reprendió a los vientos
y a las olas, y todo
quedó completamente
tranquilo.
27 Los discípulos no
salían de su asombro,
y decían: «¿Qué clase
de hombre es este, que
hasta los vientos y las
olas le obedecen?»

Liberación de dos endemoniados

28 Cuando Jesús llegó
al otro lado, a la región
de los gadarenos, dos en-
demoniados le salieron
al encuentro de entre
los sepulcros. Eran tan
violentos que nadie se
atrevía a pasar por aquel
camino. 29 De pronto le
gritaron:
—¿Por qué te entro-
metes, Hijo de Dios?
¿Has venido aquí a
atormentarnos antes del
tiempo señalado?
30 A cierta distancia
de ellos estaba paciendo
una gran manada de
cerdos. 31 Los demonios
le rogaron a Jesús:
—Si nos expulsas,
mándanos a la manada
de cerdos.

8:25⸀ Manuscritos inferiores aumentaron *los discípulos.* **8:25**⸀¹ Manuscritos importantes tienen *a nosotros.* **8:28**⸀ Manuscritos importantes tienen *gergesenos.* **8:29**⸀ Manuscritos inferiores aumentaron *Jesús.*

RVR

32 Él les dijo: Id. Y ellos
salieron, y se fueron a
los cerdos; y he aquí que
toda la piara se precipitó
en el mar por un despe-
ñadero, y perecieron en
las aguas.
33 Y los que los apacen-
taban huyeron, y vinien-
do a la ciudad, contaron
todas las cosas, y lo de
los endemoniados.
34 Y toda la ciudad salió
al encuentro de Jesús;
y cuando le vieron, le
rogaron que se retirara
de sus contornos.

Jesucristo sana a un paralítico

9 Y entrando Jesús
en la barca, pasó
al otro lado y vino a su
ciudad.
2 Y sucedió que le traían
un paralítico, tendido
sobre una camilla; y al
ver Jesús la fe de ellos,
dijo al paralítico: Ten
ánimo, hijo; tus pecados
te son perdonados.
3 Entonces algunos de
los escribas decían den-
tro de sí: Este blasfema.
4 Y conociendo Jesús los
pensamientos de ellos,

32 καὶ	εἶπεν	αὐτοῖς·	Ὑπάγετε.	οἱ	δὲ	ἐξελθόντες	ἀπῆλθον	εἰς
Y	dijo	a ellos:	Id.	ellos$_2$	Y$_1$	habiendo salido	se fueron	a
2532	2036	846	5217	3588	1161	1831	565	1519
CLN	*VAAI3S*	*RP3DPM*	*VPAM2P*	*DNPM*	*CLN*	*VAAP-PNM*	*VAAI3P*	*P*

τοὺς	χοίρους·	καὶ	ἰδοὺ	ὥρμησεν	πᾶσα	ἡ	ἀγέλη	κατὰ	τοῦ
los	cerdos;	y	he aquí	se precipitó$_4$	toda$_1$	la$_2$	manada$_3$	por	el
3588	5519	2532	2400	3729	3956	3588	34	2596	3588
DAPM	*NAPM*	*CLN*	*I, VAAM2S*	*VAAI3S*	*JNSF*	*DNSF*	*NNSF*	*P*	*DGSM*

κρημνοῦ	εἰς	τὴν	θάλασσαν,	καὶ	ἀπέθανον	ἐν	τοῖς	ὕδασιν.	33 οἱ	δὲ
barranco	a	el	mar,	y	murieron	en	las	aguas.	los$_2$	Mas$_1$
2911	1519	3588	2281	2532	599	1722	3588	5204	3588	1161
NGSM	*P*	*DASF*	*NASF*	*CLN*	*VAAI3P*	*P*	*DDPN*	*NDPN*	*DNPM*	*CLN*

βόσκοντες	ἔφυγον,	καὶ	ἀπελθόντες	εἰς	τὴν	πόλιν	ἀπήγγειλαν
que estaban apacentando	huyeron,	y	habiéndose ido	a	la	ciudad	informaron
1006	5343	2532	565	1519	3588	4172	518
VPAP-PNM	*VAAI3P*	*CLN*	*VAAP-PNM*	*P*	*DASF*	*NASF*	*VAAI3P*

πάντα	καὶ	τὰ	τῶν	δαιμονιζομένων.	34 καὶ	ἰδοὺ	πᾶσα	ἡ	πόλις
todo	y	las cosas	de los	endemoniados.	Y	he aquí	toda	la	ciudad
3956	2532	3588	3588	1139	2532	2400	3956	3588	4172
JAPN	*CLX*	*DAPN*	*DGPM*	*VPUP-PGM*	*CLN*	*I, VAAM2S*	*JNSF*	*DNSF*	*NNSF*

ἐξῆλθεν	εἰς	ὑπάντησιν	τῷ	Ἰησοῦ,	καὶ	ἰδόντες	αὐτὸν	παρεκάλεσαν
salió	a	(el) encuentro	con --	Jesús,	y	habiendo visto	a él	rogaron
1831	1519	5222	3588	2424	2532	1492	846	3870
VAAI3S	*P*	*NASF*	*DDSM*	*NDSM*	*CLN*	*VAAP-PNM*	*RP3ASM*	*VAAI3P*

ὅπως	μεταβῇ	ἀπὸ	τῶν	ὁρίων	αὐτῶν.
para que	pasara	de	los	territorios	de ellos.
3704	3327	575	3588	3725	846
CAP	*VAAS3S*	*P*	*DGPN*	*NGPN*	*RP3GPM*

9 Καὶ	ἐμβὰς	εἰς	πλοῖον	διεπέρασεν	καὶ	ἦλθεν	εἰς	τὴν
Y	habiendo entrado	en	una barca	pasó a la otra orilla	y	vino	a	--
2532	1684	1519	4143	1276	2532	2064	1519	3588
CLN	*VAAP-SNM*	*P*	*NASN*	*VAAI3S*	*CLN*	*VAAI3S*	*P*	*DASF*

ἰδίαν	πόλιν.
(su) propia	ciudad.
2398	4172
JASF	*NASF*

2 Καὶ	ἰδοὺ	προσέφερον	αὐτῷ	παραλυτικὸν	ἐπὶ	κλίνης
Y	he aquí	traían	a él	un paralítico	sobre$_2$	una camilla.$_3$
2532	2400	4374	846	3885	1909	2825
CLN	*I, VAAM2S*	*VIAI3P*	*RP3DSM*	*JASM*	*P*	*NGSF*

βεβλημένον.	καὶ	ἰδὼν	ὁ	Ἰησοῦς	τὴν	πίστιν	αὐτῶν	εἶπεν	τῷ
acostado$_1$	Y	cuando vio$_3$	--$_1$	Jesús$_2$	la	fe	de ellos	dijo	al
906	2532	1492	3588	2424	3588	4102	846	2036	3588
VRPP-SAM	*CLN*	*VAAP-SNM*	*DNSM*	*NNSM*	*DASF*	*NASF*	*RP3GPM*	*VAAI3S*	*DDSM*

παραλυτικῷ·	Θάρσει,	τέκνον·	ἀφίενταί	σου	αἱ	ἁμαρτίαι.
paralítico:	Ten ánimo,	hijo	son perdonados;$_4$	de ti$_3$	los$_1$	pecados$_2$
3885	2293	5043	863	4675	3588	266
JDSM	*VPAM2S*	*NVSN*	*VPPI3P*	*RP2GS*	*DNPF*	*NNPF*

3 καὶ	ἰδού	τινες	τῶν	γραμματέων	εἶπαν	ἐν	ἑαυτοῖς·	Οὗτος
y	he aquí	algunos	de los	escribas	dijeron	entre	sí mismos:	Este
2532	2400	5100	3588	1122	3004	1722	1438	3778
CLN	*I, VAAM2S*	*RX-NPM*	*DGPM*	*NGPM*	*VAAI3P*	*P*	*RF3DPM*	*RD-NSM*

βλασφημεῖ.	4 καὶ	εἰδὼς	ὁ	Ἰησοῦς	τὰς	ἐνθυμήσεις	αὐτῶν	εἶπεν·
está blasfemando,	y	sabiendo$_3$	--$_1$	Jesús$_2$	los	pensamientos	de ellos,	dijo:
987	2532	1492	3588	2424	3588	1761	846	2036
VPAI3S	*CLN*	*VRAP-SNM*	*DNSM*	*NNSM*	*DAPF*	*NAPF*	*RP3GPM*	*VAAI3S*

NVI

32 —Vayan —les dijo.
Así que salieron de los
hombres y entraron en
los cerdos, y toda la ma-
nada se precipitó al lago
por el despeñadero y
murió en el agua. 33 Los
que cuidaban los cerdos
salieron corriendo al
pueblo y dieron aviso
de todo, incluso de lo
que les había sucedido
a los endemoniados.
34 Entonces todos los
del pueblo fueron al
encuentro de Jesús. Y,
cuando lo vieron, le
suplicaron que se alejara
de esa región.

Jesús sana a un paralítico

9 Subió Jesús a una
barca, cruzó al otro
lado y llegó a su propio
pueblo. 2 Unos hombres
le llevaron un paralítico,
acostado en una camilla.
Al ver Jesús la fe de ellos,
le dijo al paralítico:
—¡Ánimo, hijo;
tus pecados quedan
perdonados!
3 Algunos de los maes-
tros de la ley murmura-
ron entre ellos: «¡Este
hombre blasfema!»
4 Como Jesús conocía
sus pensamientos, les
dijo:

RVR

dijo: ¿Por qué estáis
cavilando maldades en
vuestros corazones?
[5] Porque, ¿qué es más fá-
cil, decir: Los pecados te
son perdonados, o decir:
Levántate y anda?
[6] Pues para que sepáis
que el Hijo del Hombre
tiene potestad en la
tierra para perdonar
pecados (dice entonces
al paralítico): Levántate,
toma tu camilla, y vete
a tu casa.
[7] Entonces él se levantó y
se fue a su casa.
[8] Y las gentes, al verlo, se
llenaron de asombro y
glorificaron a Dios, que
había dado tal potestad
a los hombres.

Llamamiento de Mateo

[9] Pasando Jesús de allí,
vio a un hombre llama-
do Mateo, que estaba
sentado en la oficina de
los tributos públicos, y
le dijo: Sígueme. Y se
levantó y le siguió.
[10] Y aconteció que
estando él sentado a la
mesa en la casa, he aquí
que muchos publicanos
y pecadores, que habían
venido, se sentaron a
la mesa con Jesús y sus
discípulos.

Ἱνατί ἐνθυμεῖσθε πονηρὰ ἐν ταῖς καρδίαις ὑμῶν; [5] τί γάρ
¿Por qué | estáis pensando | malas cosas | en | los | corazones | de vosotros? | ¿qué$_2$ | Porque$_1$
2444 1760 4190 1722 3588 2588 5216 5101 1063
BI VPUI2P JAPN P DDPF NDPF RP2GP RI-ASN CLX

ἐστιν εὐκοπώτερον, εἰπεῖν· Ἀφίενταί σου αἱ ἁμαρτίαι, ἢ εἰπεῖν·
es | más fácil | decir: | son perdonados$_4$ | de ti$_3$ | Los$_1$ | pecados$_2$ | o | decir:
2076 2123 2036 863 4675 3588 266 2228 2036
VPAI3S JNSNC VAAN VPPI3P RP2GS DNPF NNPF CLD VAAN

Ἔγειρε καὶ περιπάτει; [6] ἵνα δὲ εἰδῆτε ὅτι ἐξουσίαν ἔχει ὁ
Levántate | y | anda? | para que$_2$ | Pero$_1$ | sepáis | que | autoridad$_6$ | tiene$_5$ | el$_1$
1453 2532 4043 2443 1161 1492 3754 1849 2192 3588
VPAM2S CLN VPAM2S CAP CLC VRAS2P CSC NASF VPAI3S DNSM

υἱὸς τοῦ ἀνθρώπου ἐπὶ τῆς γῆς ἀφιέναι ἁμαρτίας— τότε λέγει
hijo$_2$ | del$_3$ | hombre$_4$ | sobre | la | tierra | para perdonar | pecados | entonces | (dice
5207 3588 444 1909 3588 1093 863 266 5119 3004
NNSM DGSM NGSM P DGSF NGSF VPAN NAPF B VPAI3S

τῷ παραλυτικῷ· Ἐγερθεὶς ἆρόν σου τὴν κλίνην καὶ ὕπαγε εἰς
al | paralítico): | Habiéndote levantado | toma | de ti$_3$ | la$_1$ | camilla$_2$ | y | vete | a
3588 3885 1453 142 4675 3588 2825 2532 5217 1519
DDSM JDSM VAPP-SNM VAAM2S RP2GS DASF NASF CLN VPAM2S P

τὸν οἶκόν σου. [7] καὶ ἐγερθεὶς ἀπῆλθεν εἰς τὸν οἶκον αὐτοῦ.
la | casa | de ti. | Y | habiéndose levantado, | se fue | a | la | casa | de él.
3588 3624 4675 2532 1453 565 1519 3588 3624 846
DASM NASM RP2GS CLN VAPP-SNM VAAI3S P DASM NASM RP3GSM

[8] ἰδόντες δὲ οἱ ὄχλοι ⸀ἐφοβήθησαν καὶ ἐδόξασαν τὸν θεὸν
habiendo visto$_4$ | Y$_1$ | las$_2$ | multitudes$_3$ | temieron | y | glorificaron | -- | a Dios
1492 1161 3588 3793 5399 2532 1392 3588 2316
VAAP-PNM CLN DNPM NNPM VAPI3P CLN VAAI3P DASM NASM

τὸν δόντα ἐξουσίαν τοιαύτην τοῖς ἀνθρώποις.
el | que dio | autoridad$_2$ | tal$_1$ | a los | a seres humanos.
3588 1325 1849 5108 3588 444
DASM VAAP-SAM NASF RD-ASF DDPM NDPM

[9] Καὶ παράγων ὁ Ἰησοῦς ἐκεῖθεν εἶδεν ἄνθρωπον καθήμενον
Y | pasando$_3$ | --$_1$ | Jesús$_2$ | de allí, | vio | un hombre | sentado
2532 3855 3588 2424 1564 1492 444 2521
CLN VPAP-SNM DNSM NNSM BP VAAI3S NASM VPUP-SAM

ἐπὶ τὸ τελώνιον, Μαθθαῖον λεγόμενον, καὶ λέγει αὐτῷ·
sobre | el | puesto de recaudación de impuestos, | Mateo,$_2$ | llamado$_1$ | y | dice | a él:
1909 3588 5058 3156 3004 2532 3004 846
P DASN NASN NASM VPPP-SAM CLN VPAI3S RP3DSM

Ἀκολούθει μοι. καὶ ἀναστὰς ἠκολούθησεν αὐτῷ.
Sigue | a mí. | Y | habiéndose levantado | siguió | a él.
190 3427 2532 450 190 846
VPAM2S RP1DS CLN VAAP-SNM VAAI3S RP3DSM

[10] Καὶ ἐγένετο αὐτοῦ ἀνακειμένου ἐν τῇ οἰκίᾳ, καὶ
Y | sucedió que | él, | estando reclinado a la mesa | en | la | casa, | y
2532 1096 846 345 1722 3588 3614 2532
CLN VAMI3S RP3GSM VPUP-SGM P DDSF NDSF CLN

ἰδοὺ πολλοὶ τελῶναι καὶ ἁμαρτωλοὶ ἐλθόντες
he aquí, | muchos | recaudadores de impuestos | y | pecadores, | habiendo venido,
2400 4183 5057 2532 268 2064
I, VAAM2S JNPM NNPM CLN JNPM VAAP-PNM

συνανέκειντο τῷ Ἰησοῦ καὶ τοῖς μαθηταῖς αὐτοῦ. [11] καὶ
estaban reclinados a comer en compañía | con -- | Jesús | y | los | discípulos | de él. | Y
4873 3588 2424 2532 3588 3101 846 2532
VIUI3P DDSM NDSM CLN DDPM NDPM RP3GSM CLN

NVI

—¿Por qué dan lugar
a tan malos pensamien-
tos? [5] ¿Qué es más fácil,
decir: "Tus pecados
quedan perdonados",
o decir: "Levántate y
anda"? [6] Pues para que
sepan que el Hijo del
hombre tiene autoridad
en la tierra para perdo-
nar pecados —se dirigió
entonces al paralítico—:
Levántate, toma tu ca-
milla y vete a tu casa.
[7] Y el hombre se
levantó y se fue a su casa.
[8] Al ver esto, la multitud
se llenó de temor y glo-
rificó a Dios por haber
dado tal autoridad a los
mortales.

Llamamiento de Mateo

[9] Al irse de allí, Jesús
vio a un hombre llama-
do Mateo, sentado a la
mesa de recaudación de
impuestos. «Sígueme»,
le dijo. Mateo se levantó
y lo siguió.
[10] Mientras Jesús esta-
ba comiendo en casa de
Mateo, muchos recau-
dadores de impuestos
y pecadores llegaron y
comieron con él y sus
discípulos. [11] Cuando

9:8⸀ Manuscritos inferiores tienen *se maravillaron.*

RVR

[11] Cuando vieron esto
los fariseos, dijeron a
los discípulos: ¿Por qué
come vuestro Maestro
con los publicanos y
pecadores?
[12] Al oír esto Jesús,
les dijo: Los sanos no
tienen necesidad de mé-
dico, sino los enfermos.
[13] Id, pues, y apren-
ded lo que significa:
Misericordia quiero,
y no sacrificio. Porque
no he venido a llamar a
justos, sino a pecadores
al arrepentimiento.

La pregunta sobre el ayuno

[14] Entonces se le acer-
caron los discípulos de
Juan, diciendo: ¿Por
qué nosotros y los fari-
seos ayunamos muchas
veces, y tus discípulos
no ayunan?
[15] Jesús les dijo: ¿Acaso
pueden los que están de
bodas tener luto entre-
tanto que el novio está
con ellos? Pero vendrán
días cuando el novio les
será quitado, y entonces
ayunarán.
[16] Nadie pone remiendo
de paño nuevo en
vestido viejo; porque
tal remiendo tira del
vestido, y el desgarrón se
hace mayor.

ἰδόντες	οἱ	Φαρισαῖοι	ἔλεγον	τοῖς	μαθηταῖς	αὐτοῦ·	Διὰ	τί
habiendo visto,$_3$	los$_1$	fariseos$_2$	decían	a los	discípulos	de él:	¿Por	qué
1492	3588	5330	3004	3588	3101	846	1223	5101
VAAP-PNM	*DNPM*	*NNPM*	*VIAI3P*	*DDPM*	*NDPM*	*RP3GSM*	*P*	*RI-ASN*

μετὰ	τῶν	τελωνῶν	καὶ	ἁμαρτωλῶν	ἐσθίει	ὁ	διδάσκαλος
con$_5$	los$_6$	recaudadores de impuestos$_7$	y$_8$	pecadores?$_9$	come$_4$	el$_1$	maestro$_2$
3326	3588	5057	2532	268	2068	3588	1320
P	*DGPM*	*NGPM*	*CLN*	*JGPM*	*VPAI3S*	*DNSM*	*NNSM*

ὑμῶν;	[12] ὁ	δὲ	ἀκούσας	εἶπεν·	Οὐ	χρείαν	ἔχουσιν	οἱ
de vosotros$_3$	--$_2$	Pero$_1$	habiendo oído,	dijo:	No	necesidad$_2$	tienen$_1$	los
5216	3588	1161	191	2036	3756	5532	2192	3588
RP2GP	*DNSM*	*CLN*	*VAAP-SNM*	*VAAI3S*	*BN, TN*	*NASF*	*VPAI3P*	*DNPM*

ἰσχύοντες	ἰατροῦ	ἀλλὰ	οἱ	κακῶς	ἔχοντες.	[13] πορευθέντες	δὲ	μάθετε
que están fuertes	de médico,	sino	los	mal.$_2$	que tienen$_1$	habiendo ido,$_2$	Mas,$_1$	aprendan
2480	2395	235	3588	2560	2192	4198	1161	3129
VPAP-PNM	*NGSM*	*CLC*	*DNPM*	*B*	*VPAP-PNM*	*VAPP-PNM*	*CLN*	*VAAM2P*

τί	ἐστιν·	Ἔλεος	θέλω	καὶ	οὐ	θυσίαν·	οὐ	γὰρ	ἦλθον	καλέσαι
qué	es	misericordia$_2$	deseo$_1$	y	no	sacrificio;	no$_2$	porque$_1$	vine	para llamar
5101	2076	1656	2309	2532	3756	2378	3756	1063	2064	2564
RI-ASN	*VPAI3S*	*NASN*	*VPAI1S*	*CLN*	*BN, TN*	*NASF*	*BN, TN*	*CAZ*	*VAAI1S*	*VAAN*

δικαίους	ἀλλὰ	⸀ἁμαρτωλούς.
a justos	sino	a pecadores.
1342	235	268
JAPM	*CLC*	*JAPM*

[14] Τότε	προσέρχονται	αὐτῷ	οἱ	μαθηταὶ	Ἰωάννου	λέγοντες·
Entonces	se acercan$_4$	a él$_5$	los$_1$	discípulos$_2$	de Juan$_3$	diciendo:
5119	4334	846	3588	3101	2491	3004
B	*VPUI3P*	*RP3DSM*	*DNPM*	*NNPM*	*NGSM*	*VPAP-PNM*

Διὰ	τί	ἡμεῖς	καὶ	οἱ	Φαρισαῖοι	νηστεύομεν	πολλά,	οἱ	δὲ
¿Por	qué	nosotros	y	los	fariseos	ayunamos,	mucho	los$_2$	pero$_1$
1223	5101	2249	2532	3588	5330	3522	4183	3588	1161
P	*RI-ASN*	*RP1NP*	*CLN*	*DNPM*	*NNPM*	*VPAI1P*	*JAPN*	*DNPM*	*CLC*

μαθηταί	σου	οὐ	νηστεύουσιν;	[15] καὶ	εἶπεν	αὐτοῖς	ὁ	Ἰησοῦς·
discípulos	de ti	no	ayunan?	Y	dijo$_3$	a ellos:$_4$	--$_1$	Jesús$_2$
3101	4675	3756	3522	2532	2036	846	3588	2424
NNPM	*RP2GS*	*BN, TN*	*VPAI3P*	*CLN*	*VAAI3S*	*RP3DPM*	*DNSM*	*NNSM*

Μὴ	δύνανται	οἱ	υἱοὶ	τοῦ	νυμφῶνος	πενθεῖν	ἐφ’	ὅσον	μετ’
¿Acaso	pueden	los	hijos	del	salón de bodas	estar tristes	durante	cuanto	con$_2$
3361	1410	3588	5207	3588	3567	3996	1909	3745	3326
TN, TI	*VPUI3P*	*DNPM*	*NNPM*	*DGSM*	*NGSM*	*VPAN*	*P*	*RK-ASN*	*P*

αὐτῶν	ἐστιν	ὁ	νυμφίος;	ἐλεύσονται	δὲ	ἡμέραι	ὅταν	ἀπαρθῇ	ἀπ’
ellos$_3$	está$_1$	el	novio?	vendrán$_2$	Mas$_1$	días$_3$	cuando$_4$	sea quitado$_7$	de$_8$
846	2076	3588	3566	2064	1161	2250	3752	522	575
RP3GPM	*VPAI3S*	*DNSM*	*NNSM*	*VFMI3P*	*CLC*	*NNPF*	*CAT*	*VAPS3S*	*P*

αὐτῶν	ὁ	νυμφίος,	καὶ	τότε	νηστεύσουσιν.	[16] οὐδεὶς	δὲ	ἐπιβάλλει
ellos,$_9$	el$_5$	novio$_6$	y	entonces	ayunarán.	nadie$_2$	Y$_1$	pone
846	3588	3566	2532	5119	3522	3762	1161	1911
RP3GPM	*DNSM*	*NNSM*	*CLN*	*B*	*VFAI3P*	*JNSM*	*CLN*	*VPAI3S*

ἐπίβλημα	ῥάκους	ἀγνάφου	ἐπὶ	ἱματίῳ	παλαιῷ·	αἴρει	γὰρ	τὸ
un remiendo	de tela	nueva	sobre	un vestido	viejo;	tira$_4$	porque$_1$	el$_2$
1915	4470	46	1909	2440	3820	142	1063	3588
NASN	*NGSN*	*JGSN*	*P*	*NDSN*	*JDSN*	*VPAI3S*	*CAZ*	*DNSN*

πλήρωμα	αὐτοῦ	ἀπὸ	τοῦ	ἱματίου,	καὶ	χεῖρον	σχίσμα	γίνεται.
parche$_3$	de él	de	el	vestido,	y	peor$_2$	rotura.$_3$	llega a ser$_1$
4138	846	575	3588	2440	2532	5501	4978	1096
NNSN	*RP3GSN, RP3GSM*	*P*	*DGSN*	*NGSN*	*CLN*	*JNSN*	*NNSN*	*VPUI3S*

NVI

los fariseos vieron esto,
les preguntaron a sus
discípulos:
—¿Por qué come su
maestro con recaudado-
res de impuestos y con
pecadores?
[12] Al oír esto, Jesús les
contestó:
—No son los sanos
los que necesitan mé-
dico, sino los enfermos.
[13] Pero vayan y aprendan
qué significa esto: "Lo
que pido de ustedes es
misericordia y no sa-
crificios". Porque no he
venido a llamar a justos,
sino a pecadores.

Le preguntan a Jesús sobre el ayuno

[14] Un día se le acer-
caron los discípulos de
Juan y le preguntaron:
—¿Cómo es que
nosotros y los fariseos
ayunamos, pero no así
tus discípulos?
Jesús les contestó:
[15] —¿Acaso pueden
estar de luto los invita-
dos del novio mientras
él está con ellos? Llegará
el día en que se les qui-
tará el novio; entonces
sí ayunarán. [16] Nadie
remienda un vestido
viejo con un retazo de
tela nueva, porque el
remiendo fruncirá el
vestido y la rotura se
hará peor. [17] Ni tampoco

9:13⸀ Manuscritos inferiores aumentaron *al arrepentimiento.*

RVR

17 Ni echan vino nuevo
en odres viejos; de otra
manera, los odres se
rompen, y el vino se
derrama, y los odres
se estropean; sino que
echan el vino nuevo
en odres nuevos, y así
ambos se conservan
juntamente.

La hija de Jairo, y la mujer que tocó el manto del Señor Jesús

18 Mientras él les ha-
blaba estas cosas, se le
acercó un dirigente de
la sinagoga y se postró
ante él, diciendo: Mi
hija acaba de morir;
mas ven y pon tu mano
sobre ella, y vivirá.
19 Y se levantó Jesús, y
le siguió con sus discí-
pulos.
20 En esto, una mujer
enferma de flujo de
sangre desde hacía doce
años, se le acercó por
detrás y tocó el borde de
su manto;
21 porque decía dentro
de sí: Si tan sólo toco su
manto, quedaré sana.
22 Pero Jesús, volvién-
dose y mirándola, dijo:
Ten ánimo, hija; tu fe te
ha salvado. Y la mujer
quedó curada desde
aquella hora.
23 Al entrar Jesús en
la casa del dirigente,

17 οὐδὲ	βάλλουσιν	οἶνον	νέον	εἰς	ἀσκοὺς	παλαιούς·	εἰ	δὲ	μή
Ni	echan	vino	nuevo	en	odres	viejos;	si$_2$	pero$_1$	no
3761	906	3631	3501	1519	779	3820	1487	1161	3361
TN,CLD	*VPAI3P*	*NASM*	*JASM*	*P*	*NAPM*	*JAPM*	*CAC*	*CLC*	*BN, TN*

γε,	ῥήγνυνται	οἱ	ἀσκοί,	καὶ	ὁ	οἶνος	ἐκχεῖται	καὶ	οἱ	ἀσκοὶ
ciertamente,	revientan,$_3$	los$_1$	odres$_2$	y	el	vino	se derrama	y	los	odres
1065	4486	3588	779	2532	3588	3631	1632	2532	3588	779
BE, TE	*VPPI3P*	*DNPM*	*NNPM*	*CLN*	*DNSM*	*NNSM*	*VPPI3S*	*CLN*	*DNPM*	*NNPM*

ἀπόλλυνται·	ἀλλὰ	βάλλουσιν	οἶνον	νέον	εἰς	ἀσκοὺς	καινούς,	καὶ
se echan a perder.	Pero	echan	vino	nuevo	en	odres	nuevos,	y
622	235	906	3631	3501	1519	779	2537	2532
VPPI3P	*CLC*	*VPAI3P*	*NASM*	*JASM*	*P*	*NAPM*	*JAPM*	*CLN*

ἀμφότεροι	συντηροῦνται.
ambos	son conservados juntamente.
297	4933
JNPM	*VPPI3P*

18 Ταῦτα	αὐτοῦ	λαλοῦντος	αὐτοῖς	ἰδοὺ	ἄρχων	εἷς
estas cosas$_2$	él$_3$	Mientras estaba hablando$_1$	a ellos	he aquí	de (los) gobernantes$_2$	uno$_1$
5023	846	2980	846	2400	758	1520
RD-APN	*RP3GSM*	*VPAP-SGM*	*RP3DPM*	*I, VAAM2S*	*NNSM*	*JNSM*

ἐλθὼν	προσεκύνει	αὐτῷ	λέγων	ὅτι	Ἡ	θυγάτηρ	μου	ἄρτι
habiendo venido	se postraba ante	él	diciendo	que:	La	hija	de mí	justamente ahora
2064	4352	846	3004	3754	3588	2364	3450	737
VAAP-SNM	*VIAI3S*	*RP3DSM*	*VPAP-SNM*	*CSC*	*DNSF*	*NNSF*	*RP1GS*	*B*

ἐτελεύτησεν·	ἀλλὰ	ἐλθὼν	ἐπίθες	τὴν	χεῖρά	σου	ἐπ'	αὐτήν,	καὶ
murió;	pero,	habiendo venido,	pon	la	mano	de ti	sobre	ella,	y
5053	235	2064	2007	3588	5495	4675	1909	846	2532
VAAI3S	*CLC*	*VAAP-SNM*	*VAAM2S*	*DASF*	*NASF*	*RP2GS*	*P*	*RP3ASF*	*CLN*

ζήσεται.	19 καὶ	ἐγερθεὶς	ὁ	Ἰησοῦς	ἠκολούθει	αὐτῷ	καὶ	οἱ
vivirá.	Y	habiéndose levantado$_3$	--$_1$	Jesús$_2$	seguía	a él	y	los
2198	2532	1453	3588	2424	190	846	2532	3588
VFMI3S	*CLN*	*VAPP-SNM*	*DNSM*	*NNSM*	*VIAI3S*	*RP3DSM*	*CLN*	*DNPM*

μαθηταὶ	αὐτοῦ.	20 Καὶ	ἰδοὺ	γυνὴ	αἱμορροοῦσα	δώδεκα	ἔτη
discípulos	de él.	Y	he aquí	una mujer	que sangraba	doce	años,
3101	846	2532	2400	1135	131	1427	2094
NNPM	*RP3GSM*	*CLN*	*I, VAAM2S*	*NNSF*	*VPAP-SNF*	*XN, J*	*NAPN, NNPN*

προσελθοῦσα	ὄπισθεν	ἥψατο	τοῦ	κρασπέδου	τοῦ	ἱματίου	αὐτοῦ·
acercándose	detrás	tocó	el	borde	del	manto	de él.
4334	3693	680	3588	2899	3588	2440	846
VAAP-SNF	*B*	*VAMI3S*	*DGSN*	*NGSN*	*DGSN*	*NGSN*	*RP3GSM*

21 ἔλεγεν	γὰρ	ἐν	ἑαυτῇ·	Ἐὰν	μόνον	ἅψωμαι	τοῦ	ἱματίου	αὐτοῦ
decía$_1$	Porque$_2$	en	sí misma:	Si	solo	toco	el	manto	de él
3004	1063	1722	1438	1437	3440	680	3588	2440	846
VIAI3S	*CAZ, CLX*	*P*	*RF3DSF*	*CAC*	*B, J*	*VAMS1S*	*DGSN*	*NGSN*	*RP3GSM*

σωθήσομαι.	22 ὁ	δὲ	Ἰησοῦς	στραφεὶς	καὶ	ἰδὼν	αὐτὴν	εἶπεν·
seré sanada.	--$_2$	Y$_1$	Jesús,	volviendo	y	mirando	a ella,	dijo:
4982	3588	1161	2424	4762	2532	1492	846	2036
VFPI1S	*DNSM*	*CLN*	*NNSM*	*VAPP-SNM*	*CLN*	*VAAP-SNM*	*RP3ASF*	*VAAI3S*

Θάρσει,	θύγατερ·	ἡ	πίστις	σου	σέσωκέν	σε.	καὶ	ἐσώθη	ἡ	γυνὴ
Ten ánimo,	hija.	La	fe	de ti	ha salvado	a ti.	Y	fue salvada$_3$	la$_1$	mujer$_2$
2293	2364	3588	4102	4675	4982	4571	2532	4982	3588	1135
VPAM2S	*NVSF*	*DNSF*	*NNSF*	*RP2GS*	*VRAI3S*	*RP2AS*	*CLN*	*VAPI3S*	*DNSF*	*NNSF*

ἀπὸ	τῆς	ὥρας	ἐκείνης.	23 καὶ	ἐλθὼν	ὁ	Ἰησοῦς	εἰς	τὴν	οἰκίαν	τοῦ
desde	la	hora	aquella.	Y	llegando$_3$	--$_1$	Jesús$_2$	a	la	casa	del
575	3588	5610	1565	2532	2064	3588	2424	1519	3588	3614	3588
P	*DGSF*	*NGSF*	*RD-GSF*	*CLN*	*VAAP-SNM*	*DNSM*	*NNSM*	*P*	*DASF*	*NASF*	*DGSM*

NVI

se echa vino nuevo en odres viejos. De hacerlo así, se reventarán los odres, se derramará el vino y los odres se arruinarán. Más bien, el vino nuevo se echa en odres nuevos, y así ambos se conservan.

Una niña muerta y una mujer enferma

18 Mientras él les decía
esto, un dirigente judío
llegó, se arrodilló delan-
te de él y le dijo:
—Mi hija acaba de
morir. Pero ven y pon tu
mano sobre ella, y vivirá.
19 Jesús se levantó y
fue con él, acompañado
de sus discípulos. 20 En
esto, una mujer que
hacía doce años padecía
de hemorragias se le
acercó por detrás y le
tocó el borde del manto.
21 Pensaba: «Si al menos
logro tocar su manto,
quedaré sana». 22 Jesús
se dio vuelta, la vio y
le dijo:
—¡Ánimo, hija! Tu fe
te ha sanado.
Y la mujer quedó sana
en aquel momento.
23 Cuando Jesús entró
en la casa del dirigente

RVR

viendo a los que toca-
ban flautas, y la gente
que hacía alboroto,
24 les dijo: Retiraos,
porque la niña no está
muerta, sino que duer-
me. Y se burlaban de él.
25 Pero cuando la gente
había sido echada fuera,
entró, y tomó de la
mano a la niña, y ella se
levantó.
26 Y se difundió esta
noticia por toda aquella
tierra.

Dos ciegos obtienen la vista

27 Pasando Jesús de allí,
le siguieron dos ciegos,
diciéndole a gritos: ¡Ten
compasión de nosotros,
Hijo de David!
28 Y llegado a la casa, se
le acercaron los ciegos;
y Jesús les dijo: ¿Creéis
que puedo hacer esto?
Ellos dijeron: Sí, Señor.
29 Entonces les tocó
los ojos, diciendo:
Conforme a vuestra fe
os sea hecho.
30 Y los ojos de ellos fue-
ron abiertos. Y Jesús les
encargó rigurosamente,
diciendo: Mirad que
nadie lo sepa.
31 Pero ellos, apenas
salieron, divulgaron
la fama de él por toda
aquella tierra.

ἄρχοντος	καὶ	ἰδὼν	τοὺς	αὐλητὰς	καὶ	τὸν	ὄχλον	θορυβούμενον
gobernante	y	viendo	a los	flautistas	y	a la	multitud	que hacía alboroto
758	2532	1492	3588	834	2532	3588	3793	2350
NGSM	CLN	VAAP-SNM	DAPM	NAPM	CLN	DASM	NASM	VPPP-SAM

24 ἔλεγεν·	Ἀναχωρεῖτε,	οὐ	γὰρ	ἀπέθανεν	τὸ	κοράσιον	ἀλλὰ
decía:	Retiraos;	no$_4$	porque$_1$	murió,$_5$	la$_2$	muchacha$_3$	sino
3004	402	3756	1063	599	3588	2877	235
VIAI3S	VPAM2P	BN, TN	CAZ	VAAI3S	DNSN	NNSN	CLC

καθεύδει·	καὶ	κατεγέλων	αὐτοῦ.	25 ὅτε	δὲ	ἐξεβλήθη	ὁ	ὄχλος,
duerme.	Y	se burlaban	de él.	cuando$_2$	Y$_1$	fue expulsada,$_5$	la$_3$	multitud$_4$
2518	2532	2606	846	3753	1161	1544	3588	3793
VPAI3S	CLN	VIAI3P	RP3GSM	CAT	CLC	VAPI3S	DNSM	NNSM

εἰσελθὼν	ἐκράτησεν	τῆς	χειρὸς	αὐτῆς,	καὶ	ἠγέρθη	τὸ	κοράσιον.
habiendo entrado,	tomó	la	mano	de ella,	y	fue levantada.$_3$	la$_1$	muchacha$_2$
1525	2902	3588	5495	846	2532	1453	3588	2877
VAAP-SNM	VAAI3S	DGSF	NGSF	RP3GSF	CLN	VAPI3S	DNSN	NNSN

26 καὶ	ἐξῆλθεν	ἡ	φήμη	αὕτη	εἰς	ὅλην	τὴν	γῆν	ἐκείνην.
Y	salió$_4$	la$_1$	noticia$_2$	esta$_3$	en	toda	la	tierra	aquella.
2532	1831	3588	5345	3778	1519	3650	3588	1093	1565
CLN	VAAI3S	DNSF	NNSF	RD-NSF	P	JASF	DASF	NASF	RD-ASF

27 Καὶ	παράγοντι	ἐκεῖθεν	τῷ	Ἰησοῦ	ἠκολούθησαν	αὐτῷ	δύο
Y	pasando	de allí	--	Jesús,	siguieron	a él	dos
2532	3855	1564	3588	2424	190	846	1417
CLN	VPAP-SDM	BP	DDSM	NDSM	VAAI3P	RP3DSM	XN, J

τυφλοὶ	κράζοντες	καὶ	λέγοντες·	Ἐλέησον	ἡμᾶς,	υἱὲ	Δαυίδ.
ciegos	gritando	y	diciendo:	¡Ten misericordia	de nosotros,	Hijo	de David!
5185	2896	2532	3004	1653	2248	5207	1138
JNPM	VPAP-PNM	CLN	VPAP-PNM	VAAM2S	RP1AP	NVSM	NGSM, XP

28 ἐλθόντι	δὲ	εἰς	τὴν	οἰκίαν	προσῆλθον	αὐτῷ	οἱ	τυφλοί,	καὶ	λέγει
llegando$_2$	Y$_1$	a	la	casa,	vinieron$_3$	a él,$_4$	los$_1$	ciegos$_2$	y$_5$	dice$_8$
2064	1161	1519	3588	3614	4334	846	3588	5185	2532	3004
VAAP-SDM	CLN	P	DASF	NASF	VAAI3P	RP3DSM	DNPM	JNPM	CLN	VPAI3S

αὐτοῖς	ὁ	Ἰησοῦς·	Πιστεύετε	ὅτι	δύναμαι	τοῦτο	ποιῆσαι;	λέγουσιν
a ellos:$_9$	--$_6$	Jesús$_7$	¿Creéis	que	puedo	esto?$_2$	hacer$_1$	Dicen
846	3588	2424	4100	3754	1410	5124	4160	3004
RP3DPM	DNSM	NNSM	VPAI2P, VPAM2P	CSC	VPUI1S	RD-NSN	VAAN	VPAI3P

αὐτῷ·	Ναί,	κύριε.	29 τότε	ἥψατο	τῶν	ὀφθαλμῶν	αὐτῶν	λέγων·
a él:	Sí,	Señor.	Entonces	tocó	los	ojos	de ellos,	diciendo:
846	3483	2962	5119	680	3588	3788	846	3004
RP3DSM	I, T	NVSM	B	VAMI3S	DGPM	NGPM	RP3GPM	VPAP-SNM

Κατὰ	τὴν	πίστιν	ὑμῶν	γενηθήτω	ὑμῖν.	30 καὶ	ἠνεῴχθησαν	αὐτῶν
Conforme a	la	fe	de vosotros,	sea hecho	a vosotros.	Y	fueron abiertos.$_4$	de ellos$_3$
2596	3588	4102	5216	1096	5213	2532	455	846
P	DASF	NASF	RP2GP	VAPM3S	RP2DP	CLN	VAPI3P	RP3GPM

οἱ	ὀφθαλμοί.	καὶ	ἐνεβριμήθη	αὐτοῖς	ὁ	Ἰησοῦς	λέγων·	Ὁρᾶτε
los$_1$	ojos$_2$	Y	insistió firmemente$_3$	a ellos$_4$	--$_1$	Jesús$_2$	diciendo:	Mirad (que)
3588	3788	2532	1690	846	3588	2424	3004	3708
DNPM	NNPM	CLN	VAPI3S	RP3DPM	DNSM	NNSM	VPAP-SNM	VPAM2P

μηδεὶς	γινωσκέτω·	31 οἱ	δὲ	ἐξελθόντες	διεφήμισαν	αὐτὸν	ἐν	ὅλῃ
nadie	sepa.	ellos,$_3$	Pero$_1$	habiendo salido$_7$	divulgaron las noticias	acerca de él	por	toda
3367	1097	3588	1161	1831	1310	846	1722	3650
JNSM	VPAM3S	DNPM	CLC	VAAP-PNM	VAAI3P	RP3ASM	P	JDSF

τῇ	γῇ	ἐκείνῃ.
la	tierra	aquella.
3588	1093	1565
DDSF	NDSF	RD-DSF

NVI

y vio a los flautistas y
el alboroto de la gente,
24 les dijo:
—Váyanse. La niña
no está muerta, sino
dormida.
Entonces empezaron
a burlarse de él. 25 Pero
cuando se les hizo
salir, entró él, tomó de la
mano a la niña, y esta se
levantó. 26 La noticia se
divulgó por toda aquella
región.

Jesús sana a los ciegos y a los mudos

27 Al irse Jesús de allí,
dos ciegos lo siguieron,
gritándole:
—¡Ten compasión
de nosotros, Hijo de
David!
28 Cuando entró en la
casa, se le acercaron los
ciegos, y él les preguntó:
—¿Creen que puedo
sanarlos?
—Sí, Señor —le
respondieron.
29 Entonces les tocó
los ojos y les dijo:
—Que se haga con
ustedes conforme a su fe.
30 Y recobraron la
vista. Jesús les advirtió
con firmeza:
—Asegúrense de que
nadie se entere de esto.
31 Pero ellos salieron
para divulgar por toda
aquella región la noticia
acerca de Jesús.

RVR

Un mudo habla

32 Mientras salían ellos, le trajeron un mudo, endemoniado.
33 Y una vez echado fuera el demonio, el mudo habló; y las gentes se maravillaron, y decían: Nunca se ha visto cosa semejante en Israel.
34 Pero los fariseos decían: Por el príncipe de los demonios echa fuera los demonios.

La mies es mucha

35 Recorría Jesús todas las ciudades y aldeas, enseñando en las sinagogas de ellos, y predicando el evangelio del reino, y sanando toda enfermedad y toda dolencia en el pueblo.
36 Y al ver las multitudes, se compadeció de ellas; porque estaban extenuadas y abatidas como ovejas que no tienen pastor.
37 Entonces dijo a sus discípulos: A la verdad la mies es mucha, mas los obreros pocos.
38 Rogad, pues, al Señor de la mies, que envíe obreros a su mies.

Elección de los doce apóstoles

10 Entonces, llamando a sus doce discípulos, les

32 Αὐτῶν	δὲ	ἐξερχομένων	ἰδοὺ	προσήνεγκαν	αὐτῷ	ἄνθρωπον
ellos,$_3$	Y$_1$	saliendo$_2$	he aquí	trajeron	a él	un hombre
846	1161	1831	2400	4374	846	444
RP3GPM	*CLN*	*VPUP-PGM*	*I, VAAM2S*	*VAAI3P*	*RP3DSM*	*NASM*

κωφὸν	δαιμονιζόμενον.	33 καὶ	ἐκβληθέντος	τοῦ	δαιμονίου	ἐλάλησεν
mudo	endemoniado.	Y	habiendo sido expulsado	el	demonio,	habló.$_3$
2974	1139	2532	1544	3588	1140	2980
JASM	*VPUP-SAM*	*CLN*	*VAPP-SGN*	*DGSN*	*NGSN*	*VAAI3S*

ὁ	κωφός.	καὶ	ἐθαύμασαν	οἱ	ὄχλοι	λέγοντες·	Οὐδέποτε	ἐφάνη
el$_1$	mudo$_2$	Y$_4$	se maravillaron$_7$	las$_5$	multitudes$_6$	diciendo:	Nunca	se vio
3588	2974	2532	2296	3588	3793	3004	3763	5316
DNSM	*JNSM*	*CLN*	*VAAI3P*	*DNPM*	*NNPM*	*VPAP-PNM*	*BN*	*VAPI3S*

οὕτως	ἐν	τῷ	Ἰσραήλ.	34 οἱ	δὲ	Φαρισαῖοι	ἔλεγον·	Ἐν	τῷ	ἄρχοντι
(algo) así	en	--	Israel.	los$_2$	Y$_1$	fariseos	decían:	Por	el	jefe
3779	1722	3588	2474	3588	1161	5330	3004	1722	3588	758
B	*P*	*DDSM*	*NDSM, XP*	*DNPM*	*CLC*	*NNPM*	*VIAI3P*	*P*	*DDSM*	*NDSM*

τῶν	δαιμονίων	ἐκβάλλει	τὰ	δαιμόνια.
de los	demonios	expulsa	los	demonios.
3588	1140	1544	3588	1140
DGPN	*NGPN*	*VPAI3S*	*DAPN*	*NAPN*

35 Καὶ	περιῆγεν	ὁ	Ἰησοῦς	τὰς	πόλεις	πάσας	καὶ	τὰς	κώμας,
Y	recorría	--$_1$	Jesús$_2$	por las	ciudades	todas	y	las	aldeas,
2532	4013	3588	2424	3588	4172	3956	2532	3588	2968
CLN	*VIAI3S*	*DNSM*	*NNSM*	*DAPF*	*NAPF*	*JAPF*	*CLN*	*DAPF*	*NAPF*

διδάσκων	ἐν	ταῖς	συναγωγαῖς	αὐτῶν	καὶ	κηρύσσων	τὸ	εὐαγγέλιον
enseñando	en	las	sinagogas	de ellos	y	proclamando	el	evangelio
1321	1722	3588	4864	846	2532	2784	3588	2098
VPAP-SNM	*P*	*DDPF*	*NDPF*	*RP3GPM*	*CLN*	*VPAP-SNM*	*DASN*	*NASN*

τῆς	βασιλείας	καὶ	θεραπεύων	πᾶσαν	νόσον	καὶ	πᾶσαν	⸀μαλακίαν.
del	reino	y	sanando	toda	enfermedad	y	toda	dolencia.
3588	932	2532	2323	3956	3554	2532	3956	3119
DGSF	*NGSF*	*CLN*	*VPAP-SNM*	*JASF*	*NASF*	*CLN*	*JASF*	*NASF*

36 Ἰδὼν	δὲ	τοὺς	ὄχλους	ἐσπλαγχνίσθη	περὶ	αὐτῶν	ὅτι	ἦσαν
viendo$_2$	Y$_1$	las	multitudes,	se compadeció	de	ellas	porque	estaban
1492	1161	3588	3793	4697	4012	846	3754	2258
VAAP-SNM	*CLN*	*DAPM*	*NAPM*	*VAPI3S*	*P*	*RP3GPM*	*CAZ*	*VIAI3P*

ἐσκυλμένοι	καὶ	ἐρριμμένοι	ὡσεὶ	πρόβατα	μὴ	ἔχοντα	ποιμένα.
fatigadas	y	dispersas	como	ovejas	no	teniendo	pastor.
4660	2532	4496	5616	4263	3361	2192	4166
VRPP-PNM	*CLN*	*VRPP-PNM*	*CAM*	*NNPN, NAPN*	*BN, TN*	*VPAP-PNN*	*NASM*

37 τότε	λέγει	τοῖς	μαθηταῖς	αὐτοῦ·	Ὁ	μὲν	θερισμὸς	πολύς,	οἱ
Entonces	dice	a los	discípulos	de él:	la$_2$	ciertamente$_1$	cosecha (es)	mucha,	los$_2$
5119	3004	3588	3101	846	3588	3303	2326	4183	3588
B	*VPAI3S*	*DDPM*	*NDPM*	*RP3GSM*	*DNSM*	*TE, TK, C*	*NNSM*	*JNSM*	*DNPM*

δὲ	ἐργάται	ὀλίγοι·	38 δεήθητε	οὖν	τοῦ	κυρίου	τοῦ	θερισμοῦ	ὅπως
pero$_1$	obreros	pocos;	rogad,$_2$	así que$_1$	al	Señor	de la	cosecha	para que
1161	2040	3641	1189	3767	3588	2962	3588	2326	3704
CLK, CLC	*NNPM*	*JNPM*	*VAPM2P*	*CLI*	*DGSM*	*NGSM*	*DGSM*	*NGSM*	*CAP*

ἐκβάλῃ	ἐργάτας	εἰς	τὸν	θερισμὸν	αὐτοῦ.
enviara	obreros	para	la	cosecha	de él.
1544	2040	1519	3588	2326	846
VAAS3S	*NAPM*	*P*	*DASM*	*NASM*	*RP3GSM*

10 Καὶ	προσκαλεσάμενος	τοὺς	δώδεκα	μαθητὰς	αὐτοῦ	ἔδωκεν
Y	llamando	a los	doce	discípulos	de él	dio
2532	4341	3588	1427	3101	846	1325
CLN	*VAMP-SNM*	*DAPM*	*XN, J*	*NAPM*	*RP3GSM*	*VAAI3S*

NVI

32 Mientras ellos
salían, le llevaron un
mudo endemoniado.
33 Así que Jesús expulsó
al demonio, y el que
había estado mudo
habló. La multitud se
maravillaba y decía:
«Jamás se ha visto nada
igual en Israel».
34 Pero los fariseos
afirmaban: «Este expul-
sa a los demonios por
medio del príncipe de
los demonios».

Son pocos los obreros

35 Jesús recorría todos
los pueblos y aldeas
enseñando en las sina-
gogas, anunciando las
buenas nuevas del reino,
y sanando toda enferme-
dad y toda dolencia.
36 Al ver a las multitudes,
tuvo compasión de
ellas, porque estaban
agobiadas y desampa-
radas, como ovejas sin
pastor. 37 «La cosecha
es abundante, pero son
pocos los obreros —les
dijo a sus discípulos—.
38 Pídanle, por tanto,
al Señor de la cosecha
que envíe obreros a su
campo».

Jesús envía a los doce

10 Reunió a sus doce discípulos
y les dio autoridad para

9:35 ⸀Manuscritos inferiores aumentaron *en el pueblo.*

RVR

dio autoridad sobre los
espíritus inmundos,
para que los echasen
fuera, y para sanar toda
clase de enfermedades y
dolencias.
2 Los nombres de los
doce apóstoles son
estos: primero Simón, el
llamado Pedro, y Andrés
su hermano; Jacobo hijo
de Zebedeo, y Juan su
hermano;
3 Felipe y Bartolomé,
Tomás y Mateo el
publicano, Jacobo hijo
de Alfeo y Lebeo, por
sobrenombre Tadeo,
4 Simón el cananita, y
Judas el Iscariote, el que
también le entregó.

Misión de los doce

5 A estos doce envió
Jesús, y les dio instruc-
ciones, diciendo: No
vayáis por camino de
gentiles, ni entréis en
ciudad de samaritanos,
6 sino id más bien a las
ovejas perdidas de la
casa de Israel.
7 Y al ir, predicad,
diciendo: El reino de los
cielos se ha acercado.
8 Sanad enfermos, lim-
piad leprosos, resucitad
muertos, echad fuera
demonios; de regalo re-
cibisteis, dad de regalo.

αὐτοῖς	ἐξουσίαν	πνευμάτων	ἀκαθάρτων	ὥστε	ἐκβάλλειν	αὐτὰ
a ellos	autoridad	sobre espíritus	inmundos,	con el fin de	expulsar	a ellos
846	1849	4151	169	5620	1544	846
RP3DPM	NASF	NGPN	JGPN	CAP	VPAN	RP3APN

καὶ	θεραπεύειν	πᾶσαν	νόσον	καὶ	πᾶσαν	μαλακίαν.	2 τῶν	δὲ
y	para sanar	toda	enfermedad	y	toda	dolencia.	de los$_4$	Y$_1$
2532	2323	3956	3554	2532	3956	3119	3588	1161
CLN	VPAN	JASF	NASF	CLN	JASF	NASF	DGPM	CLX

δώδεκα	ἀποστόλων	τὰ	ὀνόματά	ἐστιν	ταῦτα·	πρῶτος	Σίμων	ὁ
doce$_5$	apóstoles$_6$	los$_2$	nombres$_3$	son	estos:	Primero	Simón	el
1427	652	3588	3686	2076	5023	4413	4613	3588
XN, J	NGPM	DNPN	NNPN	VPAI3S	RD-APN	JNSM	NNSM	DNSM

λεγόμενος	Πέτρος	καὶ	Ἀνδρέας	ὁ	ἀδελφὸς	αὐτοῦ,	Ἰάκωβος	ὁ
llamado	Pedro	y	Andrés	el	hermano	de él,	Jacob	el
3004	4074	2532	406	3588	80	846	2385	3588
VPPP-SNM	NNSM	CLN	NNSM	DNSM	NNSM	RP3GSM	NNSM	DNSM

τοῦ	Ζεβεδαίου	καὶ	Ἰωάννης	ὁ	ἀδελφὸς	αὐτοῦ,	3 Φίλιππος	καὶ
--	de Zebedeo	y	Juan	el	hermano	de él,	Felipe	y
3588	2199	2532	2491	3588	80	846	5376	2532
DGSM	NGSM	CLN	NNSM	DNSM	NNSM	RP3GSM	NNSM	CLN

Βαρθολομαῖος,	Θωμᾶς	καὶ	Μαθθαῖος	ὁ	τελώνης,	Ἰάκωβος
Bartolomé,	Tomás	y	Mateo	el	recaudador de impuestos,	Jacob
918	2381	2532	3156	3588	5057	2385
NNSM	NNSM	CLN	NNSM	DNSM	NNSM	NNSM

ὁ	τοῦ	Ἀλφαίου	καὶ	⸀Θαδδαῖος,	4 Σίμων	ὁ	Καναναῖος	καὶ
el	--	de Alfeo	y	Tadeo,	Simón	el	cananita	y
3588	3588	256	2532	2280	4613	3588	2581	2532
DNSM	DGSM	NGSM	CLN	NNSM	NNSM	DNSM	NNSM	CLN

Ἰούδας	ὁ	Ἰσκαριώτης	ὁ	καὶ	παραδοὺς	αὐτόν.	5 Τούτους	τοὺς
Judas	el	Iscariote	el (que)	también	entregó	a él.	a estos$_4$	--$_5$
2455	3588	2469	3588	2532	3860	846	5128	3588
NNSM	DNSM	NNSM	DNSM	CLA, B	VAAP-SNM	RP3ASM	RD-APM	DAPM

δώδεκα	ἀπέστειλεν	ὁ	Ἰησοῦς	παραγγείλας	αὐτοῖς	λέγων·	Εἰς	ὁδὸν
doce$_6$	envió$_3$	--$_1$	Jesús$_2$	habiendo ordenado	a ellos	diciendo:	Por	camino
1427	649	3588	2424	3853	846	3004	1519	3598
XN, J	VAAI3S	DNSM	NNSM	VAAP-SNM	RP3DPM	VPAP-SNM	P	NASF

ἐθνῶν	μὴ	ἀπέλθητε	καὶ	εἰς	πόλιν	Σαμαριτῶν	μὴ	εἰσέλθητε·
de (los) gentiles	no	vayáis,	y	a	ciudad	de samaritanos	no	entréis,
1484	3361	565	2532	1519	4172	4541	3361	1525
NGPN	BN, TN	VAAS2P	CLN	P	NASF	NGPM	BN, TN	VAAS2P

6 πορεύεσθε	δὲ	μᾶλλον	πρὸς	τὰ	πρόβατα	τὰ	ἀπολωλότα	οἴκου
id$_2$	sino$_1$	más bien	a	las	ovejas	--	perdidas	de (la) casa
4198	1161	3123	4314	3588	4263	3588	622	3624
VPUM2P	CLC	B	P	DAPN	NAPN	DAPN	VRAP-PAN	NGSM

Ἰσραήλ.	7 πορευόμενοι	δὲ	κηρύσσετε	λέγοντες	ὅτι	Ἤγγικεν	ἡ
de Israel.	andando$_2$	Y$_1$	proclamad	diciendo	que	se ha acercado.$_5$	el$_1$
2474	4198	1161	2784	3004	3754	1448	3588
NGSM, XP	VPUP-PNM	CLN	VPAM2P	VPAP-PNM	CSC	VRAI3S	DNSF

βασιλεία	τῶν	οὐρανῶν.	8 ἀσθενοῦντας	θεραπεύετε,	νεκροὺς	ἐγείρετε,
reino$_2$	de los$_3$	cielos$_4$	a (los) enfermos,$_2$	Sanad$_1$	muertos,$_4$	resucitad$_3$
932	3588	3772	770	2323	3498	1453
NNSF	DGPM	NGPM	VPAP-PAM	VPAM2P	JAPM	VPAM2P

λεπροὺς	καθαρίζετε,	δαιμόνια	ἐκβάλλετε·	δωρεὰν	ἐλάβετε	δωρεὰν
leprosos,$_6$	limpiad$_5$	demonios;$_8$	expulsad$_7$	gratuitamente,$_{10}$	recibisteis$_9$	gratuitamente.$_{12}$
3015	2511	1140	1544	1432	2983	1432
JAPM	VPAM2P	NAPN	VPAM2P	B	VAAI2P	B

NVI

expulsar a los espíritus
malignos y sanar toda
enfermedad y toda
dolencia.
2 Estos son los
nombres de los doce
apóstoles: primero
Simón, llamado Pedro,
y su hermano Andrés;
Jacobo y su hermano
Juan, hijos de Zebedeo;
3 Felipe y Bartolomé;
Tomás y Mateo, el re-
caudador de impuestos;
Jacobo, hijo de Alfeo, y
Tadeo; 4 Simón el Zelote
y Judas Iscariote, el que
lo traicionó.
5 Jesús envió a estos
doce con las siguientes
instrucciones: «No
vayan entre los gentiles
ni entren en ningún
pueblo de los samarita-
nos. 6 Vayan más bien a
las ovejas descarriadas
del pueblo de Israel.
7 Dondequiera que
vayan, prediquen este
mensaje: "El reino de los
cielos está cerca". 8 Sanen
a los enfermos, resuciten
a los muertos, limpien de
su enfermedad a los que
tienen lepra, expulsen
a los demonios. Lo que
ustedes recibieron gratis,
denlo gratuitamente.

10:3⸀ Manuscritos inferiores tienen *Lebeo, por sobrenombre Tadeo.*

RVR

⁹No os proveáis de oro,
ni plata, ni cobre en
vuestros cintos;
10 ni de alforja para
el camino, ni de dos
túnicas, ni de calzado,
ni de bastón; porque el
obrero es digno de su
sustento.
11 Mas en cualquier
ciudad o aldea donde
entréis, informaos
quién es digno en ella,
y quedaos allí hasta que
os marchéis.
12 Y al entrar en la casa,
saludadla.
13 Y si la casa es digna,
vuestra paz vendrá
sobre ella; pero si no
es digna, vuestra paz se
volverá a vosotros.
14 Y si alguno no os
recibe, ni oye vuestras
palabras, al salir de
aquella casa o ciudad,
sacudid el polvo de
vuestros pies.
15 De cierto os digo que
en el día del juicio, será
más tolerable el castigo
para la tierra de Sodoma
y de Gomorra, que para
aquella ciudad.

Las persecuciones futuras

16 He aquí que yo os
envío como a ovejas en
medio de lobos; sed,
pues, prudentes como
las serpientes, y sencillos

δότε. 9 μὴ κτήσησθε χρυσὸν μηδὲ ἄργυρον μηδὲ χαλκὸν εἰς
dad$_{11}$ No os proveáis de oro ni de plata ni de cobre para
1325 3361 2932 5557 3366 696 3366 5475 1519
VAAM2P BN, TN VAMS2P NASM TN, CLD NASM TN, CLD NASM P

τὰς ζώνας ὑμῶν, 10 μὴ πήραν εἰς ὁδὸν μηδὲ δύο χιτῶνας
los cintos de vosotros, no bolsa para (el) camino ni dos túnicas
3588 2223 5216 3361 4082 1519 3598 3366 1417 5509
DAPF NAPF RP2GP BN,TN NASF P NASF TN, CLD XN, J NAPM

μηδὲ ὑποδήματα μηδὲ ῥάβδον· ἄξιος γὰρ ὁ ἐργάτης τῆς
ni sandalias ni vara; (es) digno$_4$ porque$_1$ el$_2$ obrero$_3$ del
3366 5266 3366 4464 514 1063 3588 2040 3588
TN, CLD NAPN TN, CLD NASF JNSM CAZ DNSM NNSM DGSF

τροφῆς αὐτοῦ. 11 εἰς ἣν δ᾽ ἂν πόλιν ἢ κώμην εἰσέλθητε,
alimento de él. en$_2$ cualquier$_3$ Y$_1$ -- ciudad o aldea entréis,
5160 846 1519 3739 1161 302 4172 2228 2968 1525
NGSF RP3GSM P RR-ASF CLN TC NASF CLD NASF VAAS2P

ἐξετάσατε τίς ἐν αὐτῇ ἄξιός ἐστιν· κἀκεῖ μείνατε ἕως ἂν ἐξέλθητε.
averiguad quién en ella digno$_2$ es;$_1$ y allí permaneced hasta -- salir.
1833 5101 1722 846 514 2076 2546 3306 2193 302 1831
VAAM2P RI-NSM P RP3DSF JNSM VPAI3S CLN, BP VAAM2P CAT TC VAAS2P

12 εἰσερχόμενοι δὲ εἰς τὴν οἰκίαν ἀσπάσασθε αὐτήν· 13 καὶ
cuando estéis entrando$_2$ Y$_1$ en la casa, saludad a ella; y
1525 1161 1519 3588 3614 782 846 2532
VPUP-PNM CLN P DASF NASF VAMM2P RP3ASF CLN

ἐὰν μὲν ᾖ ἡ οἰκία ἀξία, ἐλθάτω ἡ εἰρήνη ὑμῶν ἐπ᾽
si en verdad sea la casa digna, venga$_4$ la$_1$ paz$_2$ de vosotros$_3$ sobre
1437 3303 5600 3588 3614 514 2064 3588 1515 5216 1909
CAC TE, C VPAS3S DNSF NNSF JNSF VAAM3S DNSF NNSF RP2GP P

αὐτήν· ἐὰν δὲ μὴ ᾖ ἀξία, ἡ εἰρήνη ὑμῶν πρὸς ὑμᾶς
ella, si$_2$ pero$_1$ no sea digna, la paz de vosotros a$_2$ vosotros.$_3$
846 1437 1161 3361 5600 514 3588 1515 5216 4314 5209
RP3ASF CAC CLC BN, TN VPAS3S JNSF DNSF NNSF RP2GP P RP2AP

ἐπιστραφήτω. 14 καὶ ὃς ἂν μὴ δέξηται ὑμᾶς μηδὲ ἀκούσῃ
vuelva$_1$ Y cualquiera -- no reciba a vosotros ni oiga
1994 2532 3739 302 3361 1209 5209 3366 191
VAPM3S CLN RR-NSM TC BN, TN VAMS3S RP2AP TN, CLD VAAS3S

τοὺς λόγους ὑμῶν, ἐξερχόμενοι ἔξω τῆς οἰκίας ἢ τῆς πόλεως
las palabras de vosotros, saliendo fuera de la casa o de la ciudad
3588 3056 5216 1831 1854 3588 3614 2228 3588 4172
DAPM NAPM RP2GP VPUP-PNM P, B DGSF NGSF CLD DGSF NGSF

ἐκείνης ἐκτινάξατε τὸν κονιορτὸν τῶν ποδῶν ὑμῶν. 15 ἀμὴν λέγω
aquella, sacudid el polvo de los pies de vosotros. De cierto digo
1565 1621 3588 2868 3588 4228 5216 281 3004
RD-GSF VAAM2P DASM NASM DGPM NGPM RP2GP XF, B VPAI1S

ὑμῖν, ἀνεκτότερον ἔσται γῇ Σοδόμων καὶ Γομόρρων ἐν
a vosotros (más) tolerable será para (la) tierra de Sodoma y Gomorra en
5213 414 2071 1093 4670 2532 1116 1722
RP2DP JNSNC VFMI3S NDSF NGPN CLN NGPN P

ἡμέρᾳ κρίσεως ἢ τῇ πόλει ἐκείνῃ. 16 Ἰδοὺ ἐγὼ ἀποστέλλω ὑμᾶς
(el) día de juicio que para la ciudad aquella. He aquí yo envío a vosotros
2250 2920 2228 3588 4172 1565 2400 1473 649 5209
NDSF NGSF CAM DDSF NDSF RD-DSF I,VAAM2S RP1NS VPAI1S RP2AP

ὡς πρόβατα ἐν μέσῳ λύκων· γίνεσθε οὖν φρόνιμοι ὡς οἱ
como ovejas en medio de lobos; llegad a ser$_2$ así que$_1$ prudentes como las
5613 4263 1722 3319 3074 1096 3767 5429 5613 3588
CAM NAPN, NNPN P JDSN NGPM VPUM2P CLI JNPM CAM DNPM

NVI

⁹No lleven oro ni plata
ni cobre en el cintu-
rón, 10 ni bolsa para el
camino, ni dos mudas
de ropa, ni sandalias, ni
bastón; porque el traba-
jador merece que se le dé
su sustento.
11 »En cualquier
pueblo o aldea donde
entren, busquen a
alguien que merezca
recibirlos, y quédense
en su casa hasta que se
vayan de ese lugar. 12 Al
entrar, digan: "Paz a
esta casa". 13 Si el hogar
se lo merece, que la paz
de ustedes reine en él; y,
si no, que la paz se vaya
con ustedes. 14 Si alguno
no los recibe bien ni
escucha sus palabras, al
salir de esa casa o de ese
pueblo, sacúdanse el
polvo de los pies. 15 Les
aseguro que en el día
del juicio el castigo para
Sodoma y Gomorra será
más tolerable que para
ese pueblo. 16 Los envío
como ovejas en medio
de lobos. Por tanto, sean
astutos como serpientes

RVR

como las palomas.
17 Y guardaos de los
hombres, porque os
entregarán a los tribuna-
les, y os azotarán en sus
sinagogas.
18 Seréis llevados por
causa de mí aun ante
gobernadores y reyes,
para testimonio a ellos y
a los gentiles.
19 Mas cuando os
entreguen, no os preo-
cupéis por cómo o qué
hablaréis; porque os será
dado en aquella hora lo
que habéis de hablar.
20 Porque no sois voso-
tros los que habláis, sino
el Espíritu de vuestro
Padre el que habla en
vosotros.
21 Hermano entregará a
la muerte a hermano, y
padre a hijo; y los hijos
se levantarán contra
sus padres, y los harán
morir.
22 Y seréis aborrecidos
de todos por causa de
mi nombre; mas el que
persevere hasta el fin,
este será salvo.
23 Cuando os persigan
en esta ciudad, huid
a la otra; porque de
cierto os digo, que no
acabaréis de recorrer las
ciudades de Israel, antes
que venga el Hijo del
Hombre.

ὄφεις	καὶ	ἀκέραιοι	ὡς	αἱ	περιστεραί.	17 προσέχετε	δὲ	ἀπὸ	τῶν
serpientes	y	puros	como	las	palomas.	cuidaos$_2$	Mas$_1$	de	los
3789	2532	185	5613	3588	4058	4337	1161	575	3588
NNPM	*CLN*	*JNPM*	*CAM*	*DNPF*	*NNPF*	*VPAM2P*	*CLN*	*P*	*DGPM*

ἀνθρώπων·	παραδώσουσιν	γὰρ	ὑμᾶς	εἰς	συνέδρια,	καὶ	ἐν	ταῖς
seres humanos;	entregarán$_2$	porque$_1$	a vosotros	a	(el) Sanedrín,	y	en	las
444	3860	1063	5209	1519	4892	2532	1722	3588
NGPM	*VFAI3P*	*CAZ*	*RP2AP*	*P*	*NAPN*	*CLN*	*P*	*DDPF*

συναγωγαῖς	αὐτῶν	μαστιγώσουσιν	ὑμᾶς·	18 καὶ	ἐπὶ	ἡγεμόνας	δὲ
sinagogas	de ellos	azotarán	a vosotros.	Y	ante$_2$	gobernadores$_3$	y$_4$
4864	846	3146	5209	2532	1909	2232	1161
NDPF	*RP3GPM*	*VFAI3P*	*RP2AP*	*CLNB*	*P*	*NAPM*	*CLN*

καὶ	βασιλεῖς	ἀχθήσεσθε	ἕνεκεν	ἐμοῦ	εἰς	μαρτύριον	αὐτοῖς	καὶ
también$_5$	reyes$_6$	seréis llevados$_1$	por causa	de mí.	para	testimonio	a ellos	y
2532	935	71	1752	1700	1519	3142	846	2532
CLA	*NAPM*	*VFPI2P*	*P, B*	*RP1GS*	*P*	*NASN*	*RP3DPM*	*CLN*

τοῖς	ἔθνεσιν.	19 ὅταν	δὲ	παραδῶσιν	ὑμᾶς,	μὴ	μεριμνήσητε	πῶς
a los	gentiles.	cuando$_2$	Y$_1$	entreguen	a vosotros,	no	os preocupéis	de cómo
3588	1484	3752	1161	3860	5209	3361	3309	4459
DDPN	*NDPN*	*CAT*	*CLN*	*VAAS3P*	*RP2AP*	*BN, TN*	*VAAS2P*	*BI*

ἢ	τί	λαλήσητε·	δοθήσεται	γὰρ	ὑμῖν	ἐν	ἐκείνῃ	τῇ	ὥρᾳ	τί
o	qué	habéis de hablar;	será dado$_2$	porque$_1$	a vosotros	en	aquella	--	hora	qué
2228	5101	2980	1325	1063	5213	1722	1565	3588	5610	5101
CLD	*RI-ASN*	*VAAS2P*	*VFPI3S*	*CAZ*	*RP2DP*	*P*	*RD-DSF*	*DDSF*	*NDSF*	*RI-ASN*

λαλήσητε·	20 οὐ	γὰρ	ὑμεῖς	ἐστε	οἱ	λαλοῦντες	ἀλλὰ	τὸ	πνεῦμα
habéis de hablar;	no$_2$	porque$_1$	vosotros$_4$	sois$_3$	los que	hablan,	sino	el	Espíritu
2980	3756	1063	5210	2075	3588	2980	235	3588	4151
VAAS2P	*BNTN*	*CLX*	*RP2NP*	*VPAI2P*	*DNPM*	*VPAP-PNM*	*CLC*	*DNSN*	*NNSN*

τοῦ	πατρὸς	ὑμῶν	τὸ	λαλοῦν	ἐν	ὑμῖν.	21 παραδώσει	δὲ	ἀδελφὸς
del	Padre	de vosotros	(es) el	que habla	en	vosotros.	entregará$_3$	Y$_1$	hermano$_2$
3588	3962	5216	3588	2980	1722	5213	3860	1161	80
DGSM	*NGSM*	*RP2GP*	*DNSN*	*VPAP-SNN*	*P*	*RP2DP*	*VFAI3S*	*CLN*	*NNSM*

ἀδελφὸν	εἰς	θάνατον	καὶ	πατὴρ	τέκνον,	καὶ	ἐπαναστήσονται	τέκνα
a hermano	a	muerte	y	padre	a hijo,	y	se levantarán	hijos
80	1519	2288	2532	3962	5043	2532	1881	5043
NASM	*P*	*NASM*	*CLN*	*NNSM*	*NASN*	*CLN*	*VFMI3P*	*NNPN*

ἐπὶ	γονεῖς	καὶ	θανατώσουσιν	αὐτούς.	22 καὶ	ἔσεσθε	μισούμενοι	ὑπὸ
contra	padres	y	darán muerte	a ellos.	Y	seréis	odiados	por
1909	1118	2532	2289	846	2532	2071	3404	5259
P	*NAPM*	*CLN*	*VFAI3P*	*RP3APM*	*CLN*	*VFMI2P*	*VPPP-PNM*	*P*

πάντων	διὰ	τὸ	ὄνομά	μου·	ὁ	δὲ	ὑπομείνας	εἰς	τέλος	οὗτος
todos	a causa de	el	nombre	de mí;	el$_2$	mas$_1$	que haya perseverado	hasta	(el) fin,	este
3956	1223	3588	3686	3450	3588	1161	5278	1519	5056	3778
JGPM	*P*	*DASN*	*NASN*	*RP1GS*	*DNSM*	*CLC*	*VAAP-SNM*	*P*	*NASN*	*RD-NSM*

σωθήσεται.	23 ὅταν	δὲ	διώκωσιν	ὑμᾶς	ἐν	τῇ	πόλει	ταύτῃ,	φεύγετε
será salvo.	cuando$_2$	Y$_1$	persigan	a vosotros	en	la	ciudad	esta,	huid
4982	3752	1161	1377	5209	1722	3588	4172	3778	5343
VFPI3S	*CAT*	*CLN*	*VPAS3P*	*RP2AP*	*P*	*DDSF*	*NDSF*	*RD-DSF*	*VPAM2P*

εἰς	τὴν	ἑτέραν·	ἀμὴν	γὰρ	λέγω	ὑμῖν,	οὐ	μὴ*	τελέσητε	τὰς
a	la	otra$_1$	de cierto$_2$	porque$_1$	digo	a vosotros	no	no	completaréis	las
1519	3588	2087	281	1063	3004	5213	3756	3361	5055	3588
P	*DASF*	*JASF*	*XF, B*	*CAZ*	*VPAI1S*	*RP2DP*	*BN, TN*	*BN, TN*	*VAAS2P*	*DAPF*

πόλεις	τοῦ	Ἰσραὴλ	ἕως	ἂν	ἔλθῃ	ὁ	υἱὸς	τοῦ	ἀνθρώπου.	24 Οὐκ
ciudades	--	de Israel	hasta que	--	venga	el	Hijo	del	Hombre.	no$_2$
4172	3588	2474	2193	302	2064	3588	5207	3588	444	3756
NAPF	*DGSM*	*NGSM, XP*	*CAT*	*TC*	*VAAS3S*	*DNSM*	*NNSM*	*DGSM*	*NGSM*	*BN, TN*

NVI

y sencillos como
palomas.
17 »Tengan cuidado
con la gente; los entre-
garán a los tribunales
y los azotarán en las sina-
gogas. 18 Por mi causa los
llevarán ante goberna-
dores y reyes para dar
testimonio a ellos y a los
gentiles. 19 Pero, cuando
los arresten, no se preo-
cupen por lo que van a
decir o cómo van a de-
cirlo. En ese momento
se les dará lo que han de
decir, 20 porque no serán
ustedes los que hablen,
sino que el Espíritu de
su Padre hablará por
medio de ustedes.
21 »El hermano
entregará a la muerte
al hermano, y el padre
al hijo. Los hijos se
rebelarán contra sus
padres y harán que los
maten. 22 Por causa
de mi nombre todo el
mundo los odiará, pero
el que se mantenga firme
hasta el fin será salvo.
23 Cuando los persigan
en una ciudad, huyan a
otra. Les aseguro que no
terminarán de recorrer
las ciudades de Israel
antes de que venga el
Hijo del hombre.

10:23* O sea *de ninguna manera.*

RVR

24 El discípulo no está
por encima de su maes-
tro, ni el siervo sobre
su amo.
25 Bástale al discípulo
llegar a ser como su
maestro, y al criado
como su amo. Si al pa-
dre de familia llamaron
Beelzebú, ¡cuánto más a
los de su casa!

Aviso contra la hipocresía

26 Así que, no los
temáis; porque no hay
nada oculto, que no
haya de ser manifesta-
do; ni secreto, que no
haya de saberse.
27 Lo que os digo en la
oscuridad, decidlo a
plena luz; y lo que oís
al oído, proclamadlo
desde las azoteas.
28 Y no temáis a los que
matan el cuerpo, mas no
pueden matar el alma;
temed más bien a aquel
que puede destruir alma
y cuerpo en el infierno.
29 ¿No se venden dos
gorriones por un cuar-
to? Con todo, ni uno
de ellos caerá a tierra
sin consentirlo vuestro
Padre.
30 Y en cuanto a voso-
tros, hasta los cabellos
de vuestra cabeza están
todos contados.
31 Así que, no temáis;

ἔστιν μαθητὴς ὑπὲρ τὸν διδάσκαλον οὐδὲ δοῦλος ὑπὲρ τὸν κύριον
es$_3$ Un discípulo$_1$ más que el maestro, ni un esclavo más que el señor
2076 3101 5228 3588 1320 3761 1401 5228 3588 2962
VPAI3S NNSM P DASM NASM TN, CLD NNSM P DASM NASM

αὐτοῦ. 25 ἀρκετὸν τῷ μαθητῇ ἵνα γένηται ὡς ὁ διδάσκαλος
de él, suficiente (es) el$_2$ discípulo$_3$ que$_1$ llegue a ser como el maestro
846 713 3588 3101 2443 1096 5613 3588 1320
RP3GSM JNSN DDSM NDSM CSE VAMS3S CAM, B DNSM NNSM

αὐτοῦ, καὶ ὁ δοῦλος ὡς ὁ κύριος αὐτοῦ. εἰ τὸν οἰκοδεσπότην
de él, y el esclavo como el señor de él; si al dueño de la casa
846 2532 3588 1401 5613 3588 2962 846 1487 3588 3617
RP3GSM CLN DNSM NNSM CAM, B DNSM NNSM RP3GSM CAC DASM NASM

Βεελζεβοὺλ ἐπεκάλεσαν, πόσῳ μᾶλλον τοὺς οἰκιακοὺς αὐτοῦ.
Beelzebú$_2$ llamaron$_1$ ¡cuánto más a los miembros de la familia de él!
954 1941 4214 3123 3588 3615 846
NASM, XP VAAI3P RI-DSN B DAPM NAPM RP3GSM

26 Μὴ οὖν φοβηθῆτε αὐτούς· οὐδὲν γάρ ἐστιν κεκαλυμμένον ὃ
no$_2$ Así que$_1$ temáis a ellos; nada$_2$ porque$_1$ hay habiendo sido encubierto que
3361 3767 5399 846 3762 1063 2076 2572 3739
BNTN CLI VAPS2P, VAPM2P RP3APM JNSN CAZ VPAI3S VRPP-SNN RR-NSN

οὐκ ἀποκαλυφθήσεται, καὶ κρυπτὸν ὃ οὐ γνωσθήσεται. 27 ὃ
no haya de ser revelado, y secreto que no haya de ser conocido. Lo que
3756 601 2532 2927 3739 3756 1097 3739
BN, TN VFPI3S CLN JNSN RR-NSN BN, TN VFPI3S RR-NSN

λέγω ὑμῖν ἐν τῇ σκοτίᾳ, εἴπατε ἐν τῷ φωτί· καὶ ὃ εἰς
digo a vosotros en la oscuridad, decid en la luz; y lo que en
3004 5213 1722 3588 4653 2036 1722 3588 5457 2532 3739 1519
VPAI1S RP2DP P DDSF NDSF VAAM2P P DDSN NDSN CLN RR-NSN P

τὸ οὖς ἀκούετε, κηρύξατε ἐπὶ τῶν δωμάτων. 28 καὶ μὴ φοβεῖσθε
el oído oís, proclamadlo sobre los techos. Y no temáis
3588 3775 191 2784 1909 3588 1430 2532 3361 5399
DASN NASN VPAI2P VAAM2P P DGPN NGPN CLN BN, TN VPUM2P

ἀπὸ τῶν ἀποκτεννόντων τὸ σῶμα τὴν δὲ ψυχὴν μὴ δυναμένων
de los que matan el cuerpo, el$_2$ pero$_1$ alma no pueden
575 3588 615 3588 4983 3588 1161 5590 3361 1410
P DGPM VPAP-PGM DASN NASN DASF CLC NASF BN, TN VPUP-PGM

ἀποκτεῖναι· φοβεῖσθε δὲ μᾶλλον τὸν δυνάμενον καὶ ψυχὴν
matar; temed$_2$ pero$_1$ más bien el que puede tanto alma
615 5399 1161 3123 3588 1410 2532 5590
VAAN VPUM2P CLC B DASM VPUP-SAM CLK NASF

καὶ σῶμα ἀπολέσαι ἐν γεέννῃ. 29 οὐχὶ δύο στρουθία ἀσσαρίου
y cuerpo destruir en (el) infierno; ¿No dos$_2$ gorriones$_3$ por un cuarto?$_4$
2532 4983 622 1722 1067 3780 1417 4765 787
CLK, CLN NASN VAAN P NDSF TI, TN XN, J NNPN NGSN

πωλεῖται; καὶ ἓν ἐξ αὐτῶν οὐ πεσεῖται ἐπὶ τὴν γῆν ἄνευ
son vendidos$_1$ y uno de ellos no caerá sobre la tierra sin
4453 2532 1520 1537 846 3756 4098 1909 3588 1093 427
VPPI3S CLN JNSN P RP3GPN, RP3GPM BN, TN VFMI3S P DASF NASF P

τοῦ πατρὸς ὑμῶν. 30 ὑμῶν δὲ καὶ αἱ τρίχες τῆς κεφαλῆς
el Padre de vosotros. de vosotros$_8$ Mas$_1$ hasta$_2$ los$_4$ cabellos$_5$ de la$_6$ cabeza$_7$
3588 3962 5216 5216 1161 2532 3588 2359 3588 2776
DGSM NGSM RP2GP RP2GP CLN BE, TE DNPF NNPF DGSF NGSF

πᾶσαι ἠριθμημέναι εἰσίν. 31 μὴ οὖν φοβεῖσθε· πολλῶν στρουθίων
todos$_3$ habiendo sido contados están. no$_2$ Así que$_1$ temáis;$_3$ muchos$_6$ gorriones$_7$
3956 705 1526 3361 3767 5399 4183 4765
JNPF VRPP-PNF VPAI3P BNTN CLI VPUM2P JGPN NGPN

NVI

24 »El discípulo no es
superior a su maestro,
ni el siervo superior a su
amo. 25 Basta con que
el discípulo sea como
su maestro, y el siervo
como su amo. Si al jefe
de la casa lo han llamado
Beelzebú, ¡cuánto más a
los de su familia!
26 »Así que no les
tengan miedo; porque
no hay nada encubierto
que no llegue a revelarse,
ni nada escondido que
no llegue a conocerse.
27 Lo que les digo en
la oscuridad, díganlo
ustedes a plena luz; lo
que se les susurra al oído,
proclámenlo desde las
azoteas. 28 No teman a
los que matan el cuerpo,
pero no pueden matar el
alma. Teman más bien al
que puede destruir alma
y cuerpo en el infierno.
29 ¿No se venden dos go-
rriones por una monedi-
ta? Sin embargo, ni uno
de ellos caerá a tierra sin
que lo permita el Padre;
30 y él les tiene contados
a ustedes aun los cabe-
llos de la cabeza. 31 Así
que no tengan miedo;

RVR

vosotros valéis más que
muchos pajarillos.
32 A cualquiera, pues,
que me confiese delante
de los hombres, yo
también le confesaré
delante de mi Padre que
está en los cielos.
33 Y a cualquiera que me
niegue delante de los
hombres, yo también
le negaré delante de mi
Padre que está en los
cielos.

Jesucristo, causa de división

34 No penséis que he
venido para traer paz a
la tierra; no he venido
para traer paz, sino
espada.
35 Porque he venido
para enfrentar al hom-
bre contra su padre, a
la hija contra su madre,
y a la nuera contra su
suegra;
36 y serán enemigos del
hombre, los de su casa.
37 El que ama a su padre
o a su madre más que a
mí, no es digno de mí; el
que ama a su hijo o a su
hija más que a mí, no es
digno de mí;
38 y el que no toma su
cruz y sigue en pos de
mí, no es digno de mí.
39 El que halla su vida, la
perderá; y el que pierde
su vida por causa de mí,
la hallará.

διαφέρετε ὑμεῖς. 32 Πᾶς οὖν ὅστις ὁμολογήσει ἐν ἐμοὶ ἔμπροσθεν
valéis más que$_5$ vosotros$_4$ todo$_2$ Así que$_1$ el que confiese a mí delante de
1308 5210 3956 3767 3748 3670 1722 1698 1715
VPAI2P RP2NP JNSM CLI RR-NSM VFAI3S P RP1DS P

τῶν ἀνθρώπων, ὁμολογήσω κἀγὼ ἐν αὐτῷ ἔμπροσθεν τοῦ πατρός
los seres humanos confesaré también yo a él delante de el Padre
3588 444 3670 2504 1722 846 1715 3588 3962
DGPM NGPM VFAI1S RP1NS, TE P RP3DSM P DGSM NGSM

μου τοῦ ἐν οὐρανοῖς· 33 ὅστις δ᾽ ἂν ἀρνήσηταί με
de mí el (que está) en (los) cielos; cualquiera (que)$_2$ mas$_1$ -- niegue a mí
3450 3588 1722 3772 3748 1161 302 720 3165
RP1GS DGSM P NDPM RR-NSM CLC TC VAMS3S RP1AS

ἔμπροσθεν τῶν ἀνθρώπων, ἀρνήσομαι κἀγὼ αὐτὸν ἔμπροσθεν
delante de los seres humanos, negaré$_2$ también yo$_1$ a él delante de
1715 3588 444 720 2504 846 1715
P DGPM NGPM VFMI1S RP1NS, TE RP3ASM P

τοῦ πατρός μου τοῦ ἐν οὐρανοῖς. 34 Μὴ νομίσητε ὅτι ἦλθον
el Padre de mí el (que está) en (los) cielos. no penséis que vine
3588 3962 3450 3588 1722 3772 3361 3543 3754 2064
DGSM NGSM RP1GS DGSM P NDPM BNTN VAAS2P CSC VAAI1S

βαλεῖν εἰρήνην ἐπὶ τὴν γῆν· οὐκ ἦλθον βαλεῖν εἰρήνην ἀλλὰ
a poner paz sobre la tierra; no vine a poner paz, sino
906 1515 1909 3588 1093 3756 2064 906 1515 235
VAAN NASF P DASF NASF BN, TN VAAI1S VAAN NASF CLC

μάχαιραν. 35 ἦλθον γὰρ διχάσαι ἄνθρωπον κατὰ τοῦ πατρὸς αὐτοῦ
espada. vine$_2$ Porque$_1$ para dividir un hombre contra el Padre de él
3162 2064 1063 1369 444 2596 3588 3962 846
NASF VAAI1S CAZ VAAN NASM P DGSM NGSM RP3GSM

καὶ θυγατέρα κατὰ τῆς μητρὸς αὐτῆς καὶ νύμφην κατὰ τῆς πενθερᾶς
y una hija contra la madre de ella y una nuera contra la suegra
2532 2364 2596 3588 3384 846 2532 3565 2596 3588 3994
CLN NASF P DGSF NGSF RP3GSF CLN NASF P DGSF NGSF

αὐτῆς, 36 καὶ ἐχθροὶ τοῦ ἀνθρώπου οἱ οἰκιακοὶ αὐτοῦ.
de ella, y serán enemigos$_4$ del$_5$ hombre.$_6$ los$_1$ miembros de la familia$_2$ de él$_3$
846 2532 2190 3588 444 3588 3615 846
RP3GSF CLN JNPM DGSM NGSM DNPM NNPM RP3GSM

37 ὁ φιλῶν πατέρα ἢ μητέρα ὑπὲρ ἐμὲ οὐκ ἔστιν μου ἄξιος·
el el que ama a padre o madre más que a mí no es de mí;$_2$ digno$_1$
3588 5368 3962 2228 3384 5228 1691 3756 2076 3450 514
DNSM VPAP-SNM NASM CLD NASF P RP1AS BN, TN VPAI3S RP1GS JNSM

καὶ ὁ φιλῶν υἱὸν ἢ θυγατέρα ὑπὲρ ἐμὲ οὐκ ἔστιν μου ἄξιος·
y el el que ama hijo o hija más que a mí no es de mí;$_2$ digno$_1$
2532 3588 5368 5207 2228 2364 5228 1691 3756 2076 3450 514
CLN DNSM VPAP-SNM NASM CLD NASF P RP1AS BN, TN VPAI3S RP1GS JNSM

38 καὶ ὃς οὐ λαμβάνει τὸν σταυρὸν αὐτοῦ καὶ ἀκολουθεῖ ὀπίσω
y el que no toma la cruz de él y sigue detrás de
2532 3739 3756 2983 3588 4716 846 2532 190 3694
CLN RR-NSM BN, TN VPAI3S DASM NASM RP3GSM CLN VPAI3S P, BP

μου, οὐκ ἔστιν μου ἄξιος. 39 ὁ εὑρὼν τὴν ψυχὴν αὐτοῦ ἀπολέσει
de mí, no es de mí.$_2$ digno$_1$ el que encuentra la vida de él, perderá
3450 3756 2076 3450 514 3588 2147 3588 5590 846 622
RP1GS BN, TN VPAI3S RP1GS JNSM DNSM VAAP-SNM DASF NASF RP3GSM VFAI3S

αὐτήν, καὶ ὁ ἀπολέσας τὴν ψυχὴν αὐτοῦ ἕνεκεν ἐμοῦ εὑρήσει
a ella, y el que pierde la vida de él por causa de mí, encontrará
846 2532 3588 622 3588 5590 846 1752 1700 2147
RP3ASF CLN DNSM VAAP-SNM DASF NASF RP3GSM P, B RP1GS VFAI3S

NVI

ustedes valen más que
muchos gorriones.
32 »A cualquiera que
me reconozca delante de
los demás, yo también
lo reconoceré delante de
mi Padre que está en el
cielo. 33 Pero a cualquiera
que me desconozca
delante de los demás, yo
también lo desconoceré
delante de mi Padre que
está en el cielo.
34 »No crean que
he venido a traer paz
a la tierra. No vine a
traer paz, sino espada.
35 Porque he venido a
poner en conflicto

»"al hombre contra su
padre,
a la hija contra su
madre,
a la nuera contra su
suegra;
36 los enemigos de cada
cual
serán los de su propia
familia".

37 »El que quiere a su
padre o a su madre más
que a mí no es digno de
mí; el que quiere a su
hijo o a su hija más que
a mí no es digno de mí;
38 y el que no toma su
cruz y me sigue no es
digno de mí. 39 El que se
aferre a su propia vida, la
perderá, y el que renun-
cie a su propia vida por
mi causa, la encontrará.

RVR

Recompensas

[40] El que a vosotros
recibe, a mí me recibe;
y el que me recibe a mí,
recibe al que me envió.
[41] El que recibe a un
profeta por cuanto
es profeta, recibirá
recompensa de profeta;
y el que recibe a un justo
por cuanto es justo,
recibirá recompensa
de justo.
[42] Y cualquiera que dé
de beber aunque sólo
sea un vaso de agua
fresca a uno de estos
pequeñuelos por cuanto
es discípulo, de cierto os
digo que no perderá su
recompensa.

Los mensajeros de Juan el Bautista

11 Cuando Jesús
terminó de dar
instrucciones a sus doce
discípulos, se fue de allí
a enseñar y a predicar en
las ciudades de ellos.
[2] Y al oír Juan, en la
cárcel, las obras de
Cristo, envió a dos de
sus discípulos,
[3] para preguntarle: ¿Eres
tú el que ha de venir, o
esperaremos a otro?
[4] Respondiendo Jesús,
les dijo: Id, e informad
a Juan de las cosas que
oís y veis.
[5] Los ciegos ven, los co-
jos andan, los leprosos

αὐτήν.	[40]Ὁ	δεχόμενος	ὑμᾶς	ἐμὲ	δέχεται,	καὶ	ὁ	ἐμὲ	δεχόμενος
a ella.	El	que recibe	a vosotros	a mí$_2$	recibe$_1$	y$_3$	el que$_4$	a mí$_6$	recibe$_5$
846	3588	1209	5209	1691	1209	2532	3588	1691	1209
RP3ASF	DNSM	VPUP-SNM	RP2AP	RP1AS	VPUI3S	CLN	DNSM	RP1AS	VPUP-SNM

δέχεται	τὸν	ἀποστείλαντά	με.	[41]ὁ	δεχόμενος	προφήτην	εἰς	ὄνομα
recibe	al	que envió	a mí.	El	que recibe	a un profeta	en	nombre
1209	3588	649	3165	3588	1209	4396	1519	3686
VPUI3S	DASM	VAAP-SAM	RP1AS	DNSM	VPUP-SNM	NASM	P	NASN

προφήτου	μισθὸν	προφήτου	λήμψεται,	καὶ	ὁ	δεχόμενος	δίκαιον
de profeta	recompensa$_2$	de profeta$_3$	recibirá$_1$	y	el	que recibe	a un justo
4396	3408	4396	2983	2532	3588	1209	1342
NGSM	NASM	NGSM	VFMI3S	CLN	DNSM	VPUP-SNM	JASM

εἰς	ὄνομα	δικαίου	μισθὸν	δικαίου	λήμψεται.	[42]καὶ	ὅς	ἂν
en	nombre	de un justo	recompensa$_2$	de un justo$_3$	recibirá$_1$	y	el que	--
1519	3686	1342	3408	1342	2983	2532	3739	302
P	NASN	JGSM	NASM	JGSM	VFMI3S	CLN	RR-NSM	TC

ποτίσῃ	ἕνα	τῶν	μικρῶν	τούτων	ποτήριον	ψυχροῦ	μόνον	εἰς	ὄνομα
dé de beber	a uno	de los	pequeños	estos	un vaso$_2$	frío$_3$	solamente$_1$	en	nombre
4222	1520	3588	3398	5130	4221	5593	3440	1519	3686
VAAS3S	JASM	DGPM	JGPM	RD-GPM	NASN	JGSN	B	P	NASN

μαθητοῦ,	ἀμὴν	λέγω	ὑμῖν,	οὐ	μὴ*	ἀπολέσῃ	τὸν	μισθὸν	αὐτοῦ.
de un discípulo,	de cierto	digo,	a vosotros	no	no	perderá	la	recompensa	de él.
3101	281	3004	5213	3756	3361	622	3588	3408	846
NGSM	XF, B	VPAI1S	RP2DP	BN, TN	BN, TN	VAAS3S	DASM	NASM	RP3GSM

11

Καὶ	ἐγένετο	ὅτε	ἐτέλεσεν	ὁ	Ἰησοῦς	διατάσσων	τοῖς
Y	sucedió	cuando	terminó	--$_2$	Jesús$_3$	de dar órdenes$_1$	a los
2532	1096	3753	5055	3588	2424	1299	3588
CLN	VAMI3S	CAT	VAAI3S	DNSM	NNSM	VPAP-SNM	DDPM

δώδεκα	μαθηταῖς	αὐτοῦ,	μετέβη	ἐκεῖθεν	τοῦ	διδάσκειν	καὶ
doce	discípulos	de él,	pasó	de allí	--	a enseñar	y
1427	3101	846	3327	1564	3588	1321	2532
XN, J	NDPM	RP3GSM	VAAI3S	BP	DGSN, DGSM	VPAN	CLN

κηρύσσειν	ἐν	ταῖς	πόλεσιν	αὐτῶν.
a proclamar	en	las	ciudades	de ellos.
2784	1722	3588	4172	846
VPAN	P	DDPF	NDPF	RP3GPM

[2]Ὁ	δὲ	Ἰωάννης	ἀκούσας	ἐν	τῷ	δεσμωτηρίῳ	τὰ	ἔργα	τοῦ
--$_2$	Mas$_1$	Juan,$_3$	habiendo oído	en	la	cárcel	las	obras	--
3588	1161	2491	191	1722	3588	1201	3588	2041	3588
DNSM	CLT	NNSM	VAAP-SNM	P	DDSN	NDSN	DAPN	NAPN	DGSM

χριστοῦ	πέμψας	⸀διὰ	τῶν	μαθητῶν	αὐτοῦ	[3]εἶπεν	αὐτῷ·	Σὺ
de Cristo,	habiendo enviado	por medio de	de los	discípulos	de él,	dijo	a él:	¿Tú
5547	3992	1223	3588	3101	846	2036	846	4771
NGSM	VAAP-SNM	P	DGPM	NGPM	RP3GSM	VAAI3S	RP3DSM	RP2NS

εἶ	ὁ	ἐρχόμενος	ἢ	ἕτερον	προσδοκῶμεν;	[4]καὶ	ἀποκριθεὶς	ὁ
eres	el	que viene	o	a otro?$_2$	esperamos$_1$	Y	respondiendo,	--
1488	3588	2064	2228	2087	4328	2532	611	3588
VPAI2S	DNSM	VPUP-SNM	CLD	JASM	VPAI1P	CLN	VAPP-SNM	DNSM

Ἰησοῦς	εἶπεν	αὐτοῖς·	Πορευθέντες	ἀπαγγείλατε	Ἰωάννῃ	ἃ
Jesús	dijo	a ellos:	Habiendo ido,	informad	a Juan	las cosas que
2424	2036	846	4198	518	2491	3739
NNSM	VAAI3S	RP3DPM	VAPP-PNM	VAAM2P	NDSM	RR-APN

ἀκούετε	καὶ	βλέπετε·	[5]τυφλοὶ	ἀναβλέπουσιν	καὶ	χωλοὶ	περιπατοῦσιν,
oís	y	veis:	Ciegos	recuperan la vista	y	cojos	andan,
191	2532	991	5185	308	2532	5560	4043
VPAI2P	CLN	VPAI2P	JNPM	VPAI3P	CLN	JNPM	VPAI3P

NVI

[40] »Quien los recibe a
ustedes me recibe a mí;
y quien me recibe a mí
recibe al que me envió.
[41] Cualquiera que recibe
a un profeta por tratarse
de un profeta recibirá
recompensa de profeta;
y el que recibe a un justo
por tratarse de un justo
recibirá recompensa
de justo. [42] Y quien dé
siquiera un vaso de agua
fresca a uno de estos
pequeños por tratarse de
uno de mis discípulos,
les aseguro que no per-
derá su recompensa».

Jesús y Juan el Bautista

11 Cuando Jesús
terminó de dar
instrucciones a sus doce
discípulos, se fue de allí
a enseñar y a predicar en
otros pueblos.
[2] Juan estaba en la
cárcel, y al enterar-
se de lo que Cristo
estaba haciendo, envió
a sus discípulos a que le
preguntaran:
[3] —¿Eres tú el que
ha de venir, o debemos
esperar a otro?
[4] Les respondió Jesús:
—Vayan y cuéntenle a
Juan lo que están viendo
y oyendo: [5] Los ciegos
ven, los cojos andan,

10:42* Osea *de ninguna manera.* **11:2⸀** Manuscritos inferiores tienen *dos.*

RVR

son limpiados, los sor-
dos oyen, los muertos
son resucitados, y a los
pobres les es anunciado
el evangelio;
6 y bienaventurado es el
que no tropieza en mí.
7 Mientras ellos se
iban, comenzó Jesús a
decir de Juan a la gente:
¿Qué salisteis a ver en
el desierto? ¿Una caña
sacudida por el viento?
8 ¿Pero qué salisteis a
ver? ¿A un hombre
cubierto de vestiduras
lujosas? He aquí que los
que llevan vestiduras
lujosas, están en las casas
de los reyes.
9 Entonces, ¿qué salisteis
a ver? ¿A un profeta?
Sí, os digo, y más que
profeta.
10 Porque este es de
quien está escrito:
He aquí que yo envío
mi mensajero de-
lante de tu faz,
El cual preparará tu
camino delante
de ti.
11 De cierto os digo:
Entre los que nacen de
mujer no se ha levanta-
do otro mayor que Juan
el Bautista; pero el que
sea menor en el reino
de los cielos, es mayor
que él.

λεπροὶ	καθαρίζονται	καὶ	κωφοὶ	ἀκούουσιν,	καὶ	νεκροὶ	ἐγείρονται
leprosos	son limpiados	y	sordos	oyen,	y	muertos	son resucitados
3015	2511	2532	2974	191	2532	3498	1453
JNPM	VPPI3P	CLN	JNPM	VPAI3P	CLN	JNPM	VPPI3P

καὶ	πτωχοὶ	εὐαγγελίζονται·	6 καὶ	μακάριός	ἐστιν	ὅς	ἐὰν	μὴ
y	(los) pobres	reciben el evangelio;	y	bienaventurado	es	el que	--	no
2532	4434	2097	2532	3107	2076	3739	1437	3361
CLN	JNPM	VPPI3P	CLN	JNSM	VPAI3S	RR-NSM	TC	BN, TN

σκανδαλισθῇ	ἐν	ἐμοί.
se escandalice	por	mí.
4624	1722	1698
VAPS3S	P	RP1DS

7 Τούτων	δὲ	πορευομένων	ἤρξατο	ὁ	Ἰησοῦς	λέγειν	τοῖς	ὄχλοις
estos$_2$	Y$_1$	yendo	comenzó$_3$	--$_1$	Jesús$_2$	a decir	a las	multitudes
5130	1161	4198	756	3588	2424	3004	3588	3793
RD-GPM	CLN	VPUP-PGM	VAMI3S	DNSM	NNSM	VPAN	DDPM	NDPM

περὶ	Ἰωάννου·	Τί	ἐξήλθατε	εἰς	τὴν	ἔρημον	θεάσασθαι;	κάλαμον
acerca de	Juan:	¿Qué	salisteis	a	el	desierto	para ver?	¿una caña
4012	2491	5101	1831	1519	3588	2048	2300	2563
P	NGSM	RI-ASN	VAAI2P	P	DASF	JASF	VAMN	NASM

ὑπὸ	ἀνέμου	σαλευόμενον;	8 ἀλλὰ	τί	ἐξήλθατε	ἰδεῖν;	ἄνθρωπον	ἐν
por$_2$	(el) viento?$_3$	siendo sacudida$_1$	Pero	¿qué	salisteis	a ver?	¿a un hombre	con$_2$
5259	417	4531	235	5101	1831	1492	444	1722
P	NGSM	VPPP-SAM	CLC	RI-ASN	VAAI2P	VAAN	NASM	P

μαλακοῖς	ἠμφιεσμένον;	ἰδοὺ	οἱ	τὰ	μαλακὰ	φοροῦντες
delicados (ropajes)?$_3$	cubierto$_1$	He aquí	los que	los$_2$	delicados (ropajes)$_3$	llevan$_1$
3120	294	2400	3588	3588	3120	5409
JDPN	VRPP-SAM	I, VAAM2S	DNPM	DAPN	JAPN	VPAP-PNM

ἐν	τοῖς	οἴκοις	τῶν	βασιλέων	εἰσίν.	9 ἀλλὰ	τί	ἐξήλθατε;
en$_5$	las$_6$	casas$_7$	de los$_8$	reyes.$_9$	están$_4$	Pero,	¿por qué	salisteis?
1722	3588	3624	3588	935	1526	235	5101	1831
P	DDPM	NDPM	DGPM	NGPM	VPAI3P	CLC	RI-ASN	VAAI2P

προφήτην	ἰδεῖν;	ναί,	λέγω	ὑμῖν,	καὶ	περισσότερον	προφήτου.
un profeta?$_2$	¿para ver$_1$	Sí,	digo	a vosotros,	y	más que	profeta.
4396	1492	3483	3004	5213	2532	4053	4396
NASM	VAAN	I, TE	VPAI1S	RP2DP	CLN	JASMC, JNSNC	NGSM

10 οὗτός	ἐστιν	περὶ	οὗ	γέγραπται·	Ἰδοὺ	ἐγὼ	ἀποστέλλω
Este	es	acerca de	quien	ha sido escrito:	He aquí	yo	envío
3778	2076	4012	3739	1125	2400	1473	649
RD-NSM	VPAI3S	P	RR-GSM	VRPI3S	I, VAAM2S	RP1NS	VPAI1S

τὸν	ἄγγελόν	μου	πρὸ	προσώπου	σου,	ὅς	κατασκευάσει	τὴν
al	mensajero	de mí	delante de	(el) rostro	de ti,	el cual	preparará	el
3588	32	3450	4253	4383	4675	3739	2680	3588
DASM	NASM	RP1GS	P	NGSN	RP2GS	RR-NSM	VFAI3S	DASF

ὁδόν	σου	ἔμπροσθέν	σου.	11 ἀμὴν	λέγω	ὑμῖν,	οὐκ	ἐγήγερται
camino	de ti	delante de	de ti.	De cierto	digo	a vosotros,	no	ha sido levantado
3598	4675	1715	4675	281	3004	5213	3756	1453
NASF	RP2GS	P	RP2GS	XF, B	VPAI1S	RP2DP	BN, TN	VRPI3S

ἐν	γεννητοῖς	γυναικῶν	μείζων	Ἰωάννου	τοῦ	βαπτιστοῦ·	ὁ	δὲ
entre	(los) nacidos	de mujeres	mayor	de Juan	el	Bautista;	el$_2$	pero$_1$
1722	1084	1135	3187	2491	3588	910	3588	1161
P	JDPM	NGPF	JNSMC	NGSM	DGSM	NGSM	DNSM	CLC

μικρότερος	ἐν	τῇ	βασιλείᾳ	τῶν	οὐρανῶν	μείζων	αὐτοῦ	ἐστιν.
más pequeño	en	el	reino	de los	cielos	mayor$_2$	de él.$_3$	es$_1$
3398	1722	3588	932	3588	3772	3187	846	2076
JNSMC	P	DDSF	NDSF	DGPM	NGPM	JNSMC	RP3GSM	VPAI3S

NVI

los que tienen lepra son
sanados, los sordos oyen,
los muertos resucitan y
a los pobres se les anun-
cian las buenas nuevas.
6 Dichoso el que no tro-
pieza por causa mía.
7 Mientras se iban los
discípulos de Juan, Jesús
comenzó a hablarle a la
multitud acerca de Juan:
«¿Qué salieron a ver
al desierto? ¿Una caña
sacudida por el viento?
8 Si no, ¿qué salieron
a ver? ¿A un hombre
vestido con ropa fina?
Claro que no, pues los
que usan ropa de lujo
están en los palacios de
los reyes. 9 Entonces,
¿qué salieron a ver? ¿A
un profeta? Sí, les digo, y
más que profeta. 10 Este
es de quien está escrito:

» "Yo estoy por enviar
a mi mensajero
delante de ti,
el cual preparará tu
camino".

11 Les aseguro que
entre los mortales no
se ha levantado nadie
más grande que Juan el
Bautista; sin embargo,
el más pequeño en
el reino de los cielos
es más grande que él.

RVR

[12] Desde los días de Juan
el Bautista hasta ahora,
el reino de los cielos
sufre violencia, y los vio-
lentos lo arrebatan.
[13] Porque todos los
profetas y la ley profeti-
zaron hasta Juan.
[14] Y si queréis recibirlo,
él es Elías, el que había
de venir.
[15] El que tiene oídos
para oír, oiga.
[16] Mas ¿a qué compara-
ré esta generación? Es
semejante a los mucha-
chos que se sientan en
las plazas, y dan voces a
sus compañeros,
[17] diciendo: Os tocamos
la flauta, y no bailasteis;
os entonamos canción
de duelo, y no os lamen-
tasteis.
[18] Porque vino Juan,
que ni comía ni bebía,
y dicen: Tiene un
demonio.
[19] Vino el Hijo del
Hombre, que come y
bebe, y dicen: Mirad
un hombre comilón, y
bebedor de vino, amigo
de publicanos y de peca-
dores. Pero la sabiduría
queda justificada por
sus hijos.

Ayes sobre las ciudades impenitentes

[20] Entonces comenzó a
reconvenir a las ciuda-
des en las cuales había

---

[12] ἀπὸ δὲ τῶν ἡμερῶν Ἰωάννου τοῦ βαπτιστοῦ ἕως ἄρτι ἡ
desde$_2$ Mas$_1$ los días de Juan el Bautista hasta ahora el
575 1161 3588 2250 2491 3588 910 2193 737 3588
P CLN DGPF NGPF NGSM DGSM NGSM P, CAT B DNSF

βασιλεία τῶν οὐρανῶν βιάζεται, καὶ βιασταὶ ἁρπάζουσιν αὐτήν.
reino de los cielos sufre violencia, y (los) violentos lo arrebatan a él.
932 3588 3772 971 2532 973 726 846
NNSF DGPM NGPM VPPI3S CLN NNPM VPAI3P RP3ASF

[13] πάντες γὰρ οἱ προφῆται καὶ ὁ νόμος ἕως Ἰωάννου
todos$_2$ Porque$_1$ los Profetas también la Ley hasta Juan
3956 1063 3588 4396 2532 3588 3551 2193 2491
JNPM CLX DNPM NNPM CLN DNSM NNSM P, CAT NGSM

ἐπροφήτευσαν· [14] καὶ εἰ θέλετε δέξασθαι, αὐτός ἐστιν Ἠλίας ὁ
profetizaron; y si queréis recibir (lo), él es Elías el que
4395 2532 1487 2309 1209 846 2076 2243 3588
VAAI3P CLN CAC VPAI2P VAMN RP3NSMP VPAI3S NNSM DNSM

μέλλων ἔρχεσθαι. [15] ὁ ἔχων ⸀ὦτα ἀκουέτω.
está a punto de venir. El que tiene oídos oiga.
3195 2064 3588 2192 3775 191
VPAP-SNM VPUN DNSM VPAP-SNM NAPN VPAM3S

[16] Τίνι δὲ ὁμοιώσω τὴν γενεὰν ταύτην; ὁμοία ἐστὶν παιδίοις
¿a qué$_2$ Mas$_1$ compararé la generación esta? semejante$_2$ Es$_1$ a niños
5101 1161 3666 3588 1074 3778 3664 2076 3813
RI-DSN CLN VFAI1S DASF NASF RD-ASF JNSF, JNPN VPAI3S NDPN

καθημένοις ἐν ταῖς ἀγοραῖς ἃ προσφωνοῦντα τοῖς ἑτέροις
sentados en las plazas que llamando a los otros,
2521 1722 3588 58 3739 4377 3588 2087
VPUP-PDN, VPUP-PDM P DDPF NDPF RR-APN VPAP-PNN DDPN JDPN

[17] λέγουσιν· Ηὐλήσαμεν ὑμῖν καὶ οὐκ ὠρχήσασθε· ἐθρηνήσαμεν
dicen: Tocamos flauta a vosotros y no bailasteis; hicimos lamentos
3004 832 5213 2532 3756 3738 2354
VPAP-PDM VAAI1P RP2DP CLN BN, TN VAMI2P VAAI1P

καὶ οὐκ ἐκόψασθε. [18] ἦλθεν γὰρ Ἰωάννης μήτε ἐσθίων μήτε
y no os lamentasteis. vino$_3$ Porque$_1$ Juan$_2$ ni comiendo ni
2532 3756 2875 2064 1063 2491 3383 2068 3383
CLN BN, TN VAMI2P VAAI3S CLX NNSM TN, CLK VPAP-SNM CLD, TN

πίνων, καὶ λέγουσιν· Δαιμόνιον ἔχει. [19] ἦλθεν ὁ υἱὸς τοῦ
bebiendo, y dicen: (un) demonio.$_2$ Tiene$_1$ vino$_5$ El$_1$ Hijo$_2$ del$_3$
4095 2532 3004 1140 2192 2064 3588 5207 3588
VPAP-SNM CLN VPAI3P NASN VPAI3S VAAI3S DNSM NNSM DGSM

ἀνθρώπου ἐσθίων καὶ πίνων, καὶ λέγουσιν· Ἰδοὺ ἄνθρωπος
Hombre$_4$ comiendo y bebiendo, y dicen: He aquí un hombre
444 2068 2532 4095 2532 3004 2400 444
NGSM VPAP-SNM CLN VPAP-SNM CLN VPAI3P I, VAAM2S NNSM

φάγος καὶ οἰνοπότης, τελωνῶν φίλος καὶ ἁμαρτωλῶν. καὶ
glotón y bebedor de vino, de recaudadores de impuestos$_2$ amigo$_1$ y pecadores. y
5314 2532 3630 5057 5384 2532 268 2532
NNSM CLN NNSM NGPM JNSM CLN JGPM CLC

ἐδικαιώθη ἡ σοφία ἀπὸ τῶν ⸀ἔργων αὐτῆς.
fue justificada$_3$ la$_1$ sabiduría$_2$ por las obras de ella.
1344 3588 4678 575 3588 2041 846
VAPI3S DNSF NNSF P DGPN NGPN RP3GSF

[20] Τότε ἤρξατο ὀνειδίζειν τὰς πόλεις ἐν αἷς ἐγένοντο αἱ
Entonces comenzó reprochar las ciudades en las cuales llegaron a ser$_5$ los$_1$
5119 756 3679 3588 4172 1722 3739 1096 3588
B VAMI3S VPAN DAPF NAPF P RR-DPF VAMI3P DNPF

NVI

[12] Desde los días de Juan
el Bautista hasta ahora,
el reino de los cielos ha
venido avanzando con-
tra viento y marea, y los
que se esfuerzan logran
aferrarse a él. [13] Porque
todos los profetas y la ley
profetizaron hasta Juan.
[14] Y, si quieren aceptar
mi palabra, Juan es el
Elías que había de venir.
[15] El que tenga oídos,
que oiga.
[16] »¿Con qué
puedo comparar a esta
generación? Se parece
a los niños sentados en
la plaza que gritan a los
demás:

[17] »"Tocamos la flauta,
y ustedes no
bailaron;
Cantamos por los
muertos,
y ustedes no
lloraron".

[18] »Porque vino Juan,
que no comía ni bebía,
y ellos dicen: "Tiene
un demonio". [19] Vino el
Hijo del hombre, que
come y bebe, y dicen:
"Este es un glotón y un
borracho, amigo de
recaudadores de im-
puestos y de pecadores".
Pero la sabiduría queda
demostrada por sus
hechos».

Ayes sobre ciudades no arrepentidas

[20] Entonces comenzó
Jesús a denunciar a las
ciudades en que había

11:15⸀ Manuscritos inferiores aumentaron *para oír*. **11:19**⸀ Manuscritos inferiores tienen *sus hijos*.

RVR

hecho el mayor número
de sus milagros, porque
no se habían arrepenti-
do, diciendo:
21 ¡Ay de ti, Corazín! ¡Ay
de ti, Betsaida! Porque
si en Tiro y en Sidón
se hubieran hecho los
milagros que han sido
hechos en vosotras,
ya hace tiempo que se
hubieran arrepentido en
saco y en ceniza.
22 Por tanto os digo
que en el día del juicio,
habrá más tolerancia
para Tiro y para Sidón,
que para vosotras.
23 Y tú, Capernaúm,
que eres levantada hasta
el cielo, hasta el Hades
serás abatida; porque si
en Sodoma se hubieran
hecho los milagros que
han sido hechos en ti,
habría permanecido
hasta el día de hoy.
24 Por tanto os digo que
en el día del juicio, ha-
brá más tolerancia para
la tierra de Sodoma, que
para ti.

Venid a mí y descansad

25 En aquel tiempo, to-
mando Jesús la palabra,
dijo: Te alabo, Padre,
Señor del cielo y de la
tierra, porque ocultaste
estas cosas a los sabios
y a los entendidos, y las
revelaste a los niños.
26 Sí, Padre, porque así
te agradó.
27 Todas las cosas me
fueron entregadas
por mi Padre; y nadie

πλεῖσται	δυνάμεις	αὐτοῦ,	ὅτι	οὐ	μετενόησαν·	21 Οὐαί	σοι,	Χοραζίν·
más$_4$	milagros$_2$	de él$_3$	porque	no	se arrepintieron:	¡Ay	de ti	Corazín!
4118	1411	846	3754	3756	3340	3759	4671	5523
JNPF	*NNPF*	*RP3GSM*	*CAZ*	*BN, TN*	*VAAI3P*	*I, T*	*RP2DS*	*NVSF, XP*

οὐαί	σοι,	Βηθσαϊδά·	ὅτι	εἰ	ἐν	Τύρῳ	καὶ	Σιδῶνι	ἐγένοντο
¡Ay	de ti	Betsaida!	Porque	si	en$_8$	Tiro$_9$	y$_{10}$	Sidón$_{11}$	se hubieran hecho$_7$
3759	4671	966	3754	1487	1722	5184	2532	4605	1096
I	*RP2DS*	*NVSF, XP*	*CAZ*	*CAC*	*P*	*NDSF*	*CLN*	*NDSF*	*VAMI3P*

αἱ	δυνάμεις	αἱ	γενόμεναι	ἐν	ὑμῖν,	πάλαι	ἂν	ἐν	σάκκῳ
los$_1$	milagros$_2$	los que$_3$	se hicieron$_4$	en$_5$	vosotras,$_6$	hace tiempo	--	en$_2$	saco$_3$
3588	1411	3588	1096	1722	5213	3819	302	1722	4526
DNPF	*NNPF*	*DNPF*	*VAMP-PNF*	*P*	*RP2DP*	*B*	*TC*	*P*	*NDSM*

καὶ	σποδῷ	μετενόησαν.	22 πλὴν	λέγω	ὑμῖν,	Τύρῳ	καὶ	Σιδῶνι
y$_4$	ceniza.$_5$	se habrían arrepentido$_1$	Pero	digo	a vosotros:	Para Tiro	y	Sidón
2532	4700	3340	4133	3004	5213	5184	2532	4605
CLN	*NDSF, NDSM*	*VAAI3P*	*CLD*	*VPAI1S*	*RP2DP*	*NDSF*	*CLN*	*NDSF*

ἀνεκτότερον	ἔσται	ἐν	ἡμέρᾳ	κρίσεως	ἢ	ὑμῖν.	23 καὶ	σύ,
(más) tolerable$_2$	será$_1$	en	(el) día	de (l) juicio	que	para vosotros.	Y	tú,
414	2071	1722	2250	2920	2228	5213	2532	4771
JNSNC	*VFMI3S*	*P*	*NDSF*	*NGSF*	*CAM*	*RP2DP*	*CLN*	*RP2NS*

Καφαρναούμ,	μὴ	ἕως	οὐρανοῦ	ὑψωθήσῃ;	ἕως	ᾅδου	καταβήσῃ·
Capernaum,	¿Acaso	hasta	(el) cielo	serás levantada?	Hasta	(el)Hades	descenderás;
2584	3361	2193	3772	5312	2193	86	2597
NVSF, XP	*TN*	*P, C*	*NGSM*	*VFPI2S*	*P, C*	*NGSM*	*VFMI2S*

ὅτι	εἰ	ἐν	Σοδόμοις	ἐγενήθησαν	αἱ	δυνάμεις	αἱ	γενόμεναι
porque	si	en$_8$	Sodoma$_9$	se hubieran hecho$_7$	los$_1$	milagros$_2$	los que$_3$	se hicieron$_4$
3754	1487	1722	4670	1096	3588	1411	3588	1096
CAZ	*CAC*	*P*	*NDPN*	*VAPI3P*	*DNPF*	*NNPF*	*DNPF*	*VAMP-PNF*

ἐν	σοί,	ἔμεινεν	ἂν	μέχρι	τῆς	σήμερον.	24 πλὴν	λέγω	ὑμῖν	ὅτι
en$_5$	ti,$_6$	hubiera permanecido	--	hasta	--	hoy.	Pero	digo	a vosotros	que
1722	4671	3306	302	3360	3588	4594	4133	3004	5213	3754
P	*RP2DS*	*VAAI3S*	*TC*	*P, B*	*DGSF*	*B*	*CLD*	*VPAI1S*	*RP2DP*	*CSC*

γῇ	Σοδόμων	ἀνεκτότερον	ἔσται	ἐν	ἡμέρᾳ	κρίσεως	ἢ	σοί.
para la tierra$_3$	de Sodoma$_4$	(más) tolerable$_1$	será$_2$	en	(el) día	de (l) juicio	que	para ti.
1093	4670	414	2071	1722	2250	2920	2228	4671
NDSF	*NGPN*	*JNSNC*	*VFMI3S*	*P*	*NDSF*	*NGSF*	*CAM*	*RP2DS*

25 Ἐν	ἐκείνῳ	τῷ	καιρῷ	ἀποκριθεὶς	ὁ	Ἰησοῦς	εἶπεν·
En	aquel	--	tiempo,	respondiendo	--	Jesús	dijo:
1722	1565	3588	2540	611	3588	2424	2036
P	*RD-DSM*	*DDSM*	*NDSM*	*VAPP-SNM*	*DNSM*	*NNSM*	*VAAI3S*

Ἐξομολογοῦμαί	σοι,	πάτερ	κύριε	τοῦ	οὐρανοῦ	καὶ	τῆς	γῆς,	ὅτι
Alabo	a ti,	Padre,	Señor	del	cielo	y	de la	tierra,	porque
1843	4671	3962	2962	3588	3772	2532	3588	1093	3754
VPMI1S	*RP2DS*	*NVSM*	*NVSM*	*DGSM*	*NGSM*	*CLN*	*DGSF*	*NGSF*	*CAZ*

ἔκρυψας	ταῦτα	ἀπὸ	σοφῶν	καὶ	συνετῶν,	καὶ	ἀπεκάλυψας	αὐτὰ
ocultaste	estas cosas	de	(los) sabios	y	entendidos,	y	revelaste	a ellas
2928	5023	575	4680	2532	4908	2532	601	846
VAAI2S	*RD-APN*	*P*	*JGPM*	*CLN*	*JGPM*	*CLN*	*VAAI2S*	*RP3APN*

νηπίοις·	26 ναί,	ὁ	πατήρ,	ὅτι	οὕτως	εὐδοκία	ἐγένετο
a (los) niños pequeños;	sí,	--	Padre,	porque	así	agradable	llegó a ser
3516	3483	3588	3962	3754	3779	2107	1096
JDPM	*I, TE*	*DNSM*	*NNSM*	*CAZ*	*B*	*NNSF*	*VAMI3S*

ἔμπροσθέν	σου.	27 Πάντα	μοι	παρεδόθη	ὑπὸ	τοῦ	πατρός	μου,
delante de	de ti.	Todas las cosas	a mí$_2$	fueron entregadas$_1$	por	el	Padre	de mí,
1715	4675	3956	3427	3860	5259	3588	3962	3450
P	*RP2GS*	*JNPN*	*RP1DS*	*VAPI3S*	*P*	*DGSM*	*NGSM*	*RP1GS*

NVI

hecho la mayor parte de
sus milagros, porque no
se habían arrepentido.
21 «¡Ay de ti, Corazín!
¡Ay de ti, Betsaida! Si
se hubieran hecho en
Tiro y en Sidón los
milagros que se hicieron
en medio de ustedes,
ya hace tiempo que se
habrían arrepentido
con muchos lamentos.
22 Pero les digo que en
el día del juicio será
más tolerable el castigo
para Tiro y Sidón que
para ustedes. 23 Y tú,
Capernaúm, ¿acaso serás
levantada hasta el cielo?
No, sino que descende-
rás hasta el abismo. Si los
milagros que se hicieron
en ti se hubieran hecho
en Sodoma, esta habría
permanecido hasta el
día de hoy. 24 Pero te
digo que en el día del
juicio será más tolerable
el castigo para Sodoma
que para ti».

Descanso para los cansados

25 En aquel tiempo
Jesús dijo: «Te alabo,
Padre, Señor del cielo
y de la tierra, porque
habiendo escondido
estas cosas de los sabios
e instruidos, se las has
revelado a los que son
como niños. 26 Sí, Padre,
porque esa fue tu buena
voluntad.
27 »Mi Padre me
ha entregado todas las
cosas. Nadie conoce
al Hijo sino el Padre, y

RVR

conoce perfectamente
al Hijo, sino el Padre, y
ninguno conoce perfec-
tamente al Padre, sino el
Hijo, y aquel a quien el
Hijo resuelva revelarlo.
28 Venid a mí todos los
que estáis fatigados y
cargados, y yo os haré
descansar.
29 Llevad mi yugo sobre
vosotros, y aprended
de mí, que soy manso y
humilde de corazón; y
hallaréis descanso para
vuestras almas;
30 porque mi yugo es
cómodo, y mi carga
ligera.

Los discípulos recogen espigas en sábado

12 Por aquel tiem-
po, pasaba Jesús
por entre los sembrados
en sábado; y sus discípu-
los tuvieron hambre, y
comenzaron a arrancar
espigas, y a comer.
2 Viéndolo los fariseos,
le dijeron: He aquí que
tus discípulos hacen lo
que no es lícito hacer en
sábado.
3 Pero él les dijo: ¿No
habéis leído lo que hizo
David, cuando él y los
que con él estaban tuvie-
ron hambre;

καὶ	οὐδεὶς	ἐπιγινώσκει	τὸν	υἱὸν	εἰ	μὴ	ὁ	πατήρ,	οὐδὲ	τὸν
y	nadie	conoce	al	hijo	si	no	el	Padre,	ni	al$_3$
2532	3762	1921	3588	5207	1487	3361	3588	3962	3761	3588
CLN	*JNSM*	*VPAI3S*	*DASM*	*NASM*	*CAC*	*BN, TN*	*DNSM*	*NNSM*	*CLD, TN*	*DASM*

πατέρα	τις	ἐπιγινώσκει	εἰ	μὴ	ὁ	υἱὸς	καὶ	ᾧ	ἐὰν	βούληται
Padre$_4$	alguien$_1$	conoce$_2$	si	no	el	hijo	y	a quien	--	quiera$_3$
3962	5100	1921	1487	3361	3588	5207	2532	3739	1437	1014
NASM	*RX-NSM*	*VPAI3S*	*CAC*	*BN, TN*	*DNSM*	*NNSM*	*CLN*	*RR-DSM*	*TC*	*VPUS3S*

ὁ	υἱὸς	ἀποκαλύψαι.
el,	hijo$_2$	revelar.
3588	5207	601
DNSM	*NNSM*	*VAAN*

28 Δεῦτε	πρός	με	πάντες	οἱ	κοπιῶντες	καὶ	πεφορτισμένοι,
Venid	a	a mí	todos	los	que estáis fatigados	y	habéis sido cargados,
1205	4314	3165	3956	3588	2872	2532	5412
B	*P*	*RP1AS*	*JNPM*	*DNPM*	*VPAP-PNM*	*CLN*	*VRPP-PNM*

κἀγὼ	ἀναπαύσω	ὑμᾶς.	29 ἄρατε	τὸν	ζυγόν	μου	ἐφ᾽	ὑμᾶς	καὶ
y yo	haré descansar	a vosotros.	Tomad	el	yugo	de mí	sobre	vosotros	y
2504	373	5209	142	3588	2218	3450	1909	5209	2532
RP1NS, CLM	*VFAI1S*	*RP2AP*	*VAAM2P*	*DASM*	*NASM*	*RP1GS*	*P*	*RP2AP*	*CLN*

μάθετε	ἀπ᾽	ἐμοῦ,	ὅτι	πραΰς	εἰμι	καὶ	ταπεινὸς	τῇ	καρδίᾳ,	καὶ
aprended	de	mí,	porque	gentil$_2$	soy$_1$	y	humilde	--	de corazón,	y
3129	575	1700	3754	4239	1510	2532	5011	3588	2588	2532
VAAM2P	*P*	*RP1GS*	*CAZ*	*JNSM*	*VPAI1S*	*CLN*	*JNSM*	*DDSF*	*NDSF*	*CLN*

εὑρήσετε	ἀνάπαυσιν	ταῖς	ψυχαῖς	ὑμῶν.	30 ὁ	γὰρ	ζυγός	μου
encontraréis	descanso	para las	almas	de vosotros;	el$_2$	porque$_1$	yugo	de mí
2147	372	3588	5590	5216	3588	1063	2218	3450
VFAI2P	*NASF*	*DDPF*	*NDPF*	*RP2GP*	*DNSM*	*CLX*	*NNSM*	*RP1GS*

χρηστὸς	καὶ	τὸ	φορτίον	μου	ἐλαφρόν	ἐστιν.
suave	y	la	carga	de mí	liviana.$_2$	es$_1$
5543	2532	3588	5413	3450	1645	2076
JNSM	*CLN*	*DNSN*	*NNSN*	*RP1GS*	*JNSN*	*VPAI3S*

12 Ἐν	ἐκείνῳ	τῷ	καιρῷ	ἐπορεύθη	ὁ	Ἰησοῦς	τοῖς	σάββασιν*
En	aquel	--	tiempo,	fue$_3$	--$_1$	Jesús$_2$	en los	sábados$_5$
1722	1565	3588	2540	4198	3588	2424	3588	4521
P	*RD-DSM*	*DDSM*	*NDSM*	*VAPI3S*	*DNSM*	*NNSM*	*DDPN*	*NDPN*

διὰ	τῶν	σπορίμων·	οἱ	δὲ	μαθηταὶ	αὐτοῦ	ἐπείνασαν	καὶ
a través de	los	sembrados;	los$_2$	y$_1$	discípulos	de él	tuvieron hambre,	y
1223	3588	4702	3588	1161	3101	846	3983	2532
P	*DGPN, DGPM*	*JGPN, JGPM*	*DNPM*	*CLN*	*NNPM*	*RP3GSM*	*VAAI3P*	*CLN*

ἤρξαντο	τίλλειν	στάχυας	καὶ	ἐσθίειν.	2 οἱ	δὲ	Φαρισαῖοι	ἰδόντες
comenzaron	a arrancar	espigas	y	a comer.	los$_2$	pero$_1$	fariseos	viendo,
756	5089	4719	2532	2068	3588	1161	5330	1492
VAMI3P	*VPAN*	*NAPM*	*CLN*	*VPAN*	*DNPM*	*CLC*	*NNPM*	*VAAP-PNM*

εἶπαν	αὐτῷ·	Ἰδοὺ	οἱ	μαθηταί	σου	ποιοῦσιν	ὃ	οὐκ	ἔξεστιν
dijeron	a él:	He aquí	los	discípulos	de ti	hacen	lo que	no	es permitido
3004	846	2400	3588	3101	4675	4160	3739	3756	1832
VAAI3P	*RP3DSM*	*I, VAAM2S*	*DNPM*	*NNPM*	*RP2GS*	*VPAI3P*	*RR-NSN*	*BN, TN*	*VPAI3S*

ποιεῖν	ἐν	σαββάτῳ.	3 ὁ	δὲ	εἶπεν	αὐτοῖς·	Οὐκ	ἀνέγνωτε	τί
hacer	en	sábado.	él$_2$	Mas$_1$	dijo	a ellos:	¿No	leísteis	qué
4160	1722	4521	3588	1161	2036	846	3756	314	5101
VPAN	*P*	*NDSN*	*DNSM*	*CLC*	*VAAI3S*	*RP3DPM*	*TI, TN*	*VAAI2P*	*RI-ASN*

ἐποίησεν	Δαυὶδ	ὅτε	ἐπείνασεν	καὶ	οἱ	μετ᾽	αὐτοῦ;	4 πῶς
hizo	David	cuando$_5$	tuvo hambre$_6$?	y$_1$	los (que estaban)$_2$	con$_3$	él$_4$	¿Cómo
4160	1138	3753	3983	2532	3588	3326	846	4459
VAAI3S	*NNSM, XP*	*CAT*	*VAAI3S*	*CLN*	*DNPM*	*P*	*RP3GSM*	*BI, C*

NVI

nadie conoce al Padre
sino el Hijo y aquel a
quien el Hijo quiera
revelarlo.
28 »Vengan a mí
todos ustedes que están
cansados y agobiados,
y yo les daré descanso.
29 Carguen con mi
yugo y aprendan de mí,
pues yo soy apacible y
humilde de corazón, y
encontrarán descanso
para su alma. 30 Porque
mi yugo es suave y mi
carga es liviana».

Señor del sábado

12 Por aquel tiem-
po pasaba Jesús
por los sembrados en
sábado. Sus discípulos
tenían hambre, así que
comenzaron a arrancar
algunas espigas de
trigo y comérselas. 2 Al
ver esto, los fariseos le
dijeron:
—¡Mira! Tus discí-
pulos están haciendo lo
que está prohibido en
sábado.
3 Él les contestó:
—¿No han leído
lo que hizo David en
aquella ocasión en que él
y sus compañeros tuvie-
ron hambre? 4 Entró en

12:1* O sea *en sábado.*

RVR

4 cómo entró en la casa
de Dios, y comió los
panes de la proposición,
que no les era lícito
comer ni a él ni a los que
con él estaban, sino sola-
mente a los sacerdotes?
5 ¿O no habéis leído en
la ley que en los sábados,
los sacerdotes en el tem-
plo quebrantan el día de
reposo y, sin embargo,
no son culpables?
6 Pues os digo que aquí
hay alguien mayor que
el templo.
7 Y si hubieseis com-
prendido qué significa:
Misericordia quiero, y
no sacrificio, no conde-
naríais a los inocentes;
8 porque el Hijo del
Hombre es Señor del
sábado.

El hombre de la mano seca

9 Y pasando de allí,
entró en la sinagoga
de ellos.
10 Y había allí uno que
tenía seca una mano;
y preguntaron a Jesús,
para poder acusarle: ¿Es
lícito sanar en sábado?
11 Él les dijo: ¿Qué
hombre habrá de voso-
tros, que tenga una sola
oveja, y si esta cae en un
hoyo en sábado, no le
eche mano, y la saque?

εἰσῆλθεν	εἰς	τὸν	οἶκον	τοῦ	θεοῦ	καὶ	τοὺς	ἄρτους	τῆς	προθέσεως
entró	en	la	casa	--	de Dios	y	los$_2$	panes$_3$	de la$_4$	presentación,$_5$
1525	1519	3588	3624	3588	2316	2532	3588	740	3588	4286
VAAI3S	*P*	*DASM*	*NASM*	*DGSM*	*NGSM*	*CLN*	*DAPM*	*NAPM*	*DGSF*	*NGSF*

ἔφαγον,	ὃ	οὐκ	ἐξὸν	ἦν	αὐτῷ	φαγεῖν	οὐδὲ	τοῖς	μετ’
comieron$_1$	lo que$_6$	no$_7$	lícito$_9$	era$_8$	a él	comer	ni	a los (que estaban)	con
2068	3739	3756	1832	2258	846	5315	3761	3588	3326
VAAI3P	*RR-NSN*	*BN, TN*	*VPAP-SNN*	*VIAI3S*	*RP3DSM*	*VAAN*	*CLD, TN*	*DDPM*	*P*

αὐτοῦ,	εἰ	μὴ	τοῖς	ἱερεῦσιν	μόνοις;	5 ἢ	οὐκ	ἀνέγνωτε	ἐν	τῷ
él,	si	no	a los	sacerdotes	solos;	¿O	no	leísteis	en	la
846	1487	3361	3588	2409	3441	2228	3756	314	1722	3588
RP3GSM	*CAC*	*BN, TN*	*DDPM*	*NDPM*	*JDPM*	*CLD*	*TN, TI*	*VAAI2P*	*P*	*DDSM*

νόμῳ	ὅτι	τοῖς	σάββασιν*	οἱ	ἱερεῖς	ἐν	τῷ	ἱερῷ	τὸ	σάββατον
Ley	que	en los	sábados	los	sacerdotes	en	el	templo	el	sábado
3551	3754	3588	4521	3588	2409	1722	3588	2411	3588	4521
NDSM	*CSC*	*DDPN*	*NDPN*	*DNPM*	*NNPM*	*P*	*DDSN*	*NDSN, JDSN*	*DASN*	*NASN*

βεβηλοῦσιν	καὶ	ἀναίτιοί	εἰσιν;	6 λέγω	δὲ	ὑμῖν	ὅτι	τοῦ	ἱεροῦ
profanan	e	inocentes	son?	digo$_2$	Mas$_1$	a vosotros	que	del$_3$	templo.$_4$
953	2532	338	1526	3004	1161	5213	3754	3588	2411
VPAI3P	*CLC*	*JNPM*	*VPAI3P*	*VPAI1S*	*CLC*	*RP2DP*	*CSC*	*DGSN*	*NGSN, JGSN*

μεῖζόν	ἐστιν	ὧδε.	7 εἰ	δὲ	ἐγνώκειτε	τί	ἐστιν·	Ἔλεος	θέλω	καὶ
mayor$_2$	hay$_1$	aquí	si$_2$	Pero$_1$	hubieseis conocido	qué	es:	Misericordia	quiero	y
3173	2076	5602	1487	1161	1097	5101	2076	1656	2309	2532
JNSNC	*VPAI3S*	*B*	*CAC*	*CLC*	*VLAI2P*	*RI-ASN*	*VPAI3S*	*NASN*	*VPAI1S*	*CLN*

οὐ	θυσίαν,	οὐκ	ἂν	κατεδικάσατε	τοὺς	ἀναιτίους.	8 κύριος	γάρ
no	sacrificio,	no	--	habríais condenado	a los	inocentes.	(el) Señor$_7$	Porque$_1$
3756	2378	3756	302	2613	3588	338	2962	1063
BN, TN	*NASF*	*BN, TN*	*TC*	*VAAI2P*	*DAPM*	*JAPM*	*NNSM*	*CAZ*

ἐστιν	τοῦ	σαββάτου	ὁ	υἱὸς	τοῦ	ἀνθρώπου.
es$_6$	del$_8$	sábado.$_9$	el$_2$	Hijo$_3$	del$_4$	Hombre$_5$
2076	3588	4521	3588	5207	3588	444
VPAI3S	*DGSN*	*NGSN*	*DNSM*	*NNSM*	*DGSM*	*NGSM*

9 Καὶ	μεταβὰς	ἐκεῖθεν	ἦλθεν	εἰς	τὴν	συναγωγὴν	αὐτῶν·
Y	habiendo pasando	de allí,	vino	a	la	sinagoga	de ellos.
2532	3327	1564	2064	1519	3588	4864	846
CLN	*VAAP-SNM*	*BP*	*VAAI3S*	*P*	*DASF*	*NASF*	*RP3GPM*

10 καὶ	ἰδοὺ	ἄνθρωπος	χεῖρα	ἔχων	ξηράν.	καὶ	ἐπηρώτησαν
Y	he aquí	un hombre	una mano$_2$	que tiene$_1$	seca;	y	preguntaron
2532	2400	444	5495	2192	3584	2532	1905
CLN	*I, VAAM2S*	*NNSM*	*NASF*	*VPAP-SNM*	*JASF, NASF*	*CLN*	*VAAI3P*

αὐτὸν	λέγοντες·	Εἰ	ἔξεστι	τοῖς	σάββασιν*	θεραπεύειν;	ἵνα
a él	diciendo:	¿Si	es permitido	en los$_2$	sábados?$_3$	sanar$_1$	para
846	3004	1487	1832	3588	4521	2323	2443
RP3ASM	*VPAP-PNM*	*TI*	*VPAI3S*	*DDPN*	*NDPN*	*VPAN*	*CAP*

κατηγορήσωσιν	αὐτοῦ.	11 ὁ	δὲ	εἶπεν	αὐτοῖς·	Τίς	ἔσται	ἐξ	ὑμῶν
acusar	a él.	--$_2$	Mas$_1$	dijo	a ellos:	¿Qué	habrá$_4$	de$_2$	vosotros$_3$
2723	846	3588	1161	2036	846	5101	2071	1537	5216
VAAS3P	*RP3GSM*	*DNSM*	*CLN*	*VAAI3S*	*RP3DPM*	*RI-NSM*	*VFMI3S*	*P*	*RP2GP*

ἄνθρωπος	ὃς	ἕξει	πρόβατον	ἕν,	καὶ	ἐὰν	ἐμπέσῃ	τοῦτο	τοῖς
hombre$_1$	que	tendrá	oveja,$_2$	una$_1$	y	si	se cae	esta	en los$_3$
444	3739	2192	4263	1520	2532	1437	1706	5124	3588
NNSM	*RR-NSM*	*VFAI3S*	*NASN*	*JASN*	*CLN*	*CAC*	*VAAS3S*	*RD-NSN*	*DDPN*

σάββασιν*	εἰς	βόθυνον,	οὐχὶ	κρατήσει	αὐτὸ	καὶ	ἐγερεῖ;	12 πόσῳ
sábado,$_4$	en$_1$	un hoyo$_2$	no	sujetará	a ella	y	(la) levantará?	cuánto$_2$
4521	1519	999	3780	2902	846	2532	1453	4214
NDPN	*P*	*NASM*	*TI, TN*	*VFAI3S*	*RP3ASN*	*CLN*	*VFAI3S*	*RI-DSN*

NVI

la casa de Dios, y él y sus
compañeros comieron
los panes consagrados
a Dios, lo que no se les
permitía a ellos, sino
solo a los sacerdotes.
5 ¿O no han leído en la
ley que los sacerdotes
en el templo profanan
el sábado sin incurrir en
culpa? 6 Pues yo les digo
que aquí está uno más
grande que el templo.
7 Si ustedes supieran qué
significa esto: “Lo que
pido de ustedes es mise-
ricordia y no sacrificios”,
no condenarían a los
que no son culpables.
8 Sepan que el Hijo del
hombre es Señor del
sábado.
9 Pasando de allí,
entró en la sinagoga,
10 donde había un
hombre que tenía una
mano paralizada. Como
buscaban un motivo
para acusar a Jesús, le
preguntaron:
—¿Está permitido
sanar en sábado?
11 Él les contestó:
—Si alguno de
ustedes tiene una oveja
y en sábado se le cae en
un hoyo, ¿no la agarra y
la saca? 12 ¡Cuánto más

12:5*, 10*, 11* O sea *en sábado.*

RVR

[12] Pues ¿cuánto más
vale un hombre que una
oveja? Por consiguiente,
es lícito hacer el bien en
sábado.
[13] Entonces dijo al hom-
bre: Extiende tu mano.
Y él la extendió, y le fue
restaurada, sana como
la otra.
[14] Pero los fariseos sa-
lieron y celebraron una
reunión contra él para
ver de destruirle.

El siervo escogido

[15] Sabiéndolo Jesús, se
apartó de allí; y le siguió
mucha gente, y sanaba
a todos,
[16] y les encargaba
rigurosamente que no le
descubriesen;
[17] para que se cumpliese
lo dicho por medio del
profeta Isaías, cuando
dijo:
[18] He aquí mi siervo, a
quien he escogido;
Mi Amado, en quien
se agrada mi alma;
Pondré mi Espíritu
sobre él,
Y a los gentiles anun-
ciará juicio.
[19] No disputará, ni
gritará,
Ni nadie oirá en las
calles su voz.
[20] No quebrará la caña
cascada,
Ni apagará el pábilo
que humea,

οὖν	διαφέρει	ἄνθρωπος	προβάτου.	ὥστε	ἔξεστιν	τοῖς	σάββασιν*
¡Entonces$_1$	más vale	(un) ser humano	(que una) oveja!	Así que	es permitido	los$_3$	sábados.$_4$
3767	1308	444	4263	5620	1832	3588	4521
CLI	*VPAI3S*	*NNSM*	*NGSN*	*CLI*	*VPAI3S*	*DDPN*	*NDPN*

καλῶς	ποιεῖν.	13 τότε	λέγει	τῷ	ἀνθρώπῳ·	Ἔκτεινόν	σου	τὴν	χεῖρα·
bien$_2$	hacer$_1$	Entonces	dice	al	hombre:	Extiende	de ti$_3$	la$_2$	mano.$_1$
2573	4160	5119	3004	3588	444	1614	4675	3588	5495
B	*VPAN*	*B*	*VPAI3S*	*DDSM*	*NDSM*	*VAAM2S*	*RP2GS*	*DASF*	*NASF*

καὶ	ἐξέτεινεν,	καὶ	ἀπεκατεστάθη	ὑγιὴς	ὡς	ἡ	ἄλλη.	14 ἐξελθόντες
Y	(la) extendió,	y	fue restaurada	sana	como	la	otra.	saliendo$_4$
2532	1614	2532	600	5199	5613	3588	243	1831
CLN	*VAAI3S*	*CLN*	*VAPI3S*	*JNSF*	*CAM*	*DNSF*	*JNSF*	*VAAP-PNM*

δὲ	οἱ	Φαρισαῖοι	συμβούλιον	ἔλαβον	κατ'	αὐτοῦ	ὅπως	αὐτὸν
Mas$_1$	los$_2$	fariseos$_3$	consejo$_6$	tomaron$_5$	contra$_7$	él,$_8$	para$_9$	a él.$_{11}$
1161	3588	5330	4824	2983	2596	846	3704	846
CLC	*DNPM*	*NNPM*	*NASN*	*VAAI3P*	*P*	*RP3GSM*	*CAP*	*RP3ASM*

ἀπολέσωσιν.
destruir$_{10}$
622
VAAS3P

15 Ὁ	δὲ	Ἰησοῦς	γνοὺς	ἀνεχώρησεν	ἐκεῖθεν.	καὶ
--$_2$	Mas$_1$	Jesús,	habiendo conocido,	se retiró	de allí.	Y
3588	1161	2424	1097	402	1564	2532
DNSM	*CLC*	*NNSM*	*VAAP-SNM*	*VAAI3S*	*BP*	*CLN*

ἠκολούθησαν	αὐτῷ	πολλοί,	καὶ	ἐθεράπευσεν	αὐτοὺς	πάντας,	16 καὶ
siguieron	a él	muchos	y	sanó	ellos,$_2$	a todos$_1$	y
190	846	4183	2532	2323	846	3956	2532
VAAI3P	*RP3DSM*	*JNPM*	*CLN*	*VAAI3S*	*RP3APM*	*JAPM*	*CLN*

ἐπετίμησεν	αὐτοῖς	ἵνα	μὴ	φανερὸν	αὐτὸν	ποιήσωσιν,	17 ἵνα
mandó	a ellos	que	no	manifiesto$_2$	a él,$_3$	hicieran$_1$	para que
2008	846	2443	3361	5318	846	4160	2443
VAAI3S	*RP3DPM*	*CSC*	*BN, TN*	*JASM*	*RP3ASM*	*VAAS3P*	*CAP*

πληρωθῇ	τὸ	ῥηθὲν	διὰ	Ἠσαΐου	τοῦ	προφήτου	λέγοντος·
fuera cumplido	lo	dicho	por medio de	Isaías	el	profeta	diciendo:
4137	3588	4483	1223	2268	3588	4396	3004
VAPS3S	*DNSN*	*VAPP-SNN*	*P*	*NGSM*	*DGSM*	*NGSM*	*VPAP-SGM, VPAP-SGN*

18 Ἰδοὺ	ὁ	παῖς	μου	ὃν	ᾑρέτισα,	ὁ	ἀγαπητός	μου	εἰς	ὃν
He aquí	el	siervo	de mí	el cual	escogí,	el	amado	de mí	en	quien
2400	3588	3816	3450	3739	140	3588	27	3450	1519	3739
I,VAAM2S	*DNSM*	*NNSM*	*RP1GS*	*RR-ASM*	*VAAI1S*	*DNSM*	*JNSM*	*RP1GS*	*P*	*RR-ASM*

εὐδόκησεν	ἡ	ψυχή	μου·	θήσω	τὸ	πνεῦμά	μου	ἐπ'	αὐτόν,	καὶ
se complació;$_4$	el$_1$	alma$_2$	de mí$_3$	pondré	el	Espíritu	de mí	sobre	él,	y
2106	3588	5590	3450	5087	3588	4151	3450	1909	846	2532
VAAI3S	*DNSF*	*NNSF*	*RP1GS*	*VFAI1S*	*DASN*	*NASN*	*RP1GS*	*P*	*RP3ASM*	*CLN*

κρίσιν	τοῖς	ἔθνεσιν	ἀπαγγελεῖ.	19 οὐκ	ἐρίσει	οὐδὲ	κραυγάσει,	οὐδὲ
juicio$_2$	a las$_3$	naciones.$_4$	anunciará$_1$	No	disputará	ni	gritará,	ni
2920	3588	1484	518	3756	2051	3761	2905	3761
NASF	*DDPN*	*NDPN*	*VFAI3S*	*BN,TN*	*VFAI3S*	*CLD, TN*	*VFAI3S*	*CLD, TN*

ἀκούσει	τις	ἐν	ταῖς	πλατείαις	τὴν	φωνὴν	αὐτοῦ.	20 κάλαμον
oirá	alguien	en	las	plazas	la	voz	de él.	Una caña
191	5100	1722	3588	4113	3588	5456	846	2563
VFAI3S	*RX-NSM*	*P*	*DDPF*	*NDPF, JDPF*	*DASF*	*NASF*	*RP3GSM*	*NASM*

συντετριμμένον	οὐ	κατεάξει	καὶ	λίνον	τυφόμενον	οὐ	σβέσει,	ἕως
maltratada	no	quebrará	y	mecha	humeante	no	extinguirá,	hasta
4937	3756	2608	2532	3043	5188	3756	4570	2193
VRPP-SAM	*BN, TN*	*VFAI3S, VAAI3S*	*CLN*	*NASN*	*VPPP-SAN*	*BN, TN*	*VFAI3S*	*CAT*

NVI

vale un hombre que una
oveja! Por lo tanto, está
permitido hacer el bien
en sábado.
[13] Entonces le dijo al
hombre:
—Extiende la mano.
Así que la extendió
y le quedó restablecida,
tan sana como la otra.
[14] Pero los fariseos salie-
ron y tramaban cómo
matar a Jesús.

El siervo escogido por Dios

[15] Consciente de esto,
Jesús se retiró de aquel
lugar. Muchos lo siguie-
ron, y él sanó a todos
los enfermos, [16] pero les
ordenó que no dijeran
quién era él. [17] Esto fue
para que se cumpliera
lo dicho por el profeta
Isaías:

[18] «Este es mi siervo, a
quien he escogido,
mi amado, en
quien estoy muy
complacido;
sobre él pondré mi
Espíritu,
y proclamará justicia
a las naciones.
[19] No disputará ni
gritará;
nadie oirá su voz en
las calles.
[20] No acabará de
romper la caña
quebrada
ni apagará la mecha
que apenas arde,

12:12* O sea *en sábado*.

RVR

Hasta que haga triunfar la justicia.
21 Y en su nombre pondrán los gentiles su esperanza.

La blasfemia contra el Espíritu Santo

22 Entonces le fue traído un endemoniado, ciego y mudo; y le sanó, de tal manera que el ciego y mudo veía y hablaba.
23 Y toda la gente estaba atónita, y decía: ¿No es este el Hijo de David?
24 Pero los fariseos, al oírlo, dijeron: Este no echa fuera los demonios sino en virtud de Beelzebú, príncipe de los demonios.
25 Sabiendo Jesús los pensamientos de ellos, les dijo: Todo reino dividido contra sí mismo, es asolado, y toda ciudad o casa dividida contra sí misma, no quedará en pie.
26 Y si Satanás echa fuera a Satanás, está dividido contra sí mismo; ¿cómo, pues, quedará en pie su reino?
27 Y si yo echo fuera los demonios en virtud de Beelzebú, ¿en virtud de quién los echan vuestros hijos? Por tanto, ellos serán vuestros jueces.
28 Pero si yo echo fuera

ἂν	ἐκβάλῃ	εἰς	νῖκος	τὴν	κρίσιν.	21 καὶ	τῷ	ὀνόματι	αὐτοῦ	ἔθνη
--	(que) saque	a	victoria	el	juicio.	Y	en el$_3$	nombre$_4$	de él.$_5$	(las) naciones,
302	1544	1519	3534	3588	2920	2532	3588	3686	846	1484
TC	*VAAS3S*	*P*	*NASN*	*DASF*	*NASF*	*CLN*	*DDSN*	*NDSN*	*RP3GSM*	*NNPN*

ἐλπιοῦσιν.
esperarán$_2$
1679
VFAI3P

22 Τότε	προσηνέχθη	αὐτῷ	δαιμονιζόμενος	τυφλὸς	καὶ	κωφός·
Entonces,	fue presentado$_5$	a él;$_6$	un endemoniado$_1$	ciego$_2$	y$_3$	mudo$_4$
5119	4374	846	1139	5185	2532	2974
B	*VAPI3S*	*RP3DSM*	*VPUP-SNM*	*JNSM*	*CLN*	*JNSM*

καὶ	ἐθεράπευσεν	αὐτόν,	ὥστε	τὸν	⸀κωφὸν	λαλεῖν	καὶ	βλέπειν.
y	sanó	a él,	de modo que	el	mudo	hablaba	y	veía.
2532	2323	846	5620	3588	2974	2980	2532	991
CLN	*VAAI3S*	*RP3ASM*	*CAR*	*DASM*	*JASM*	*VPAN*	*CLN*	*VPAN*

23 καὶ	ἐξίσταντο	πάντες	οἱ	ὄχλοι	καὶ	ἔλεγον·	Μήτι	οὗτός
Y	quedaron sorprendidas$_4$	todas$_1$	las$_2$	multitudes$_3$	y	decían:	¿Acaso	este
2532	1839	3956	3588	3793	2532	3004	3385	3778
CLN	VIMI3P	*JNPM*	*DNPM*	*NNPM*	*CLN*	*VIAI3P*	*TI, TN*	*RD-NSM*

ἐστιν	ὁ	υἱὸς	Δαυίδ;	24 οἱ	δὲ	Φαρισαῖοι	ἀκούσαντες	εἶπον·	Οὗτος
es	el	hijo	de David?	los$_2$	Y$_1$	fariseos,	habiendo oído	dijeron:	Este
2076	3588	5207	1138	3588	1161	5330	191	2036	3778
VPAI3S	*DNSM*	*NNSM*	*NGSM, XP*	*DNPM*	*CLC*	*NNPM*	*VAAP-PNM*	*VAAI3P*	*RD-NSM*

οὐκ	ἐκβάλλει	τὰ	δαιμόνια	εἰ	μὴ	ἐν	τῷ	Βεελζεβοὺλ	ἄρχοντι
no	expulsa	los	demonios	si	no	por	el$_2$	Beelzebú,$_1$	jefe
3756	1544	3588	1140	1487	3361	1722	3588	954	758
BN, TN	*VPAI3S*	*DAPN*	*NAPN*	*CAC*	*BN, TN*	*P*	*DDSM*	*NDSM, XP*	*NDSM*

τῶν	δαιμονίων.	25 εἰδὼς	δὲ	τὰς	ἐνθυμήσεις	αὐτῶν	εἶπεν	αὐτοῖς·	Πᾶσα
de los	de demonios.	sabiendo$_2$	Mas$_1$	los	pensamientos	de ellos	dijo	a ellos:	Todo
3588	1140	1492	1161	3588	1761	846	2036	846	3956
DGPN	*NGPN*	*VRAP-SNM*	*CLN*	*DAPF*	*NAPF*	*RP3GPM*	*VAAI3S*	*RP3DPM*	*JNSF*

βασιλεία	μερισθεῖσα	καθ’	ἑαυτῆς	ἐρημοῦται,	καὶ	πᾶσα	πόλις	ἢ	οἰκία
reino	dividido	contra	sí mismo	es desolado,	y	toda	ciudad	o	casa
932	3307	2596	1438	2049	2532	3956	4172	2228	3614
NNSF	*VAPP-SNF*	*P*	*RF3GSF*	*VPPI3S*	*CLN*	*JNSF*	*NNSF*	*CLD*	*NNSF*

μερισθεῖσα	καθ’	ἑαυτῆς	οὐ	σταθήσεται.	26 καὶ	εἰ	ὁ	Σατανᾶς
dividida	contra	sí misma	no	se mantendrá en pie.	Y	si	--	Satanás
3307	2596	1438	3756	2476	2532	1487	3588	4567
VAPP-SNF	*P*	*RF3GSF*	*BN, TN*	*VFPI3S*	*CLN*	*CAC*	*DNSM*	*NNSM*

τὸν	Σατανᾶν	ἐκβάλλει,	ἐφ’	ἑαυτὸν	ἐμερίσθη·	πῶς	οὖν	σταθήσεται
--$_2$	a Satanás,$_3$	expulsa$_1$	contra$_5$	sí mismo.$_6$	se dividió$_4$	¿Cómo	pues	se mantendrá en pie
3588	4567	1544	1909	1438	3307	4459	3767	2476
DASM	*NASM*	*VPAI3S*	*P*	*RF3ASM*	*VAPI3S*	*BI*	*CLI*	*VFPI3S*

ἡ	βασιλεία	αὐτοῦ;	27 καὶ	εἰ	ἐγὼ	ἐν	Βεελζεβοὺλ	ἐκβάλλω	τὰ
el	reino	de él?	Y	si	yo	por	Beelzebú	expulso	los
3588	932	846	2532	1487	1473	1722	954	1544	3588
DNSF	*NNSF*	*RP3GSM*	*CLN*	*CAC*	*RP1NS*	*P*	*NDSM, XP*	*VPAI1S*	*DAPN*

δαιμόνια,	οἱ	υἱοὶ	ὑμῶν	ἐν	τίνι	ἐκβάλλουσιν;	διὰ	τοῦτο	αὐτοὶ
demonios,	¿los	hijos	de vosotros	por	quién	expulsan?	A causa de	esto	ellos
1140	3588	5207	5216	1722	5101	1544	1223	5124	846
NAPN	*DNPM*	*NNPM*	*RP2GP*	*P*	*RI-DSN*	*VPAI3P*	*P*	*RD-NSN*	*RP3NPM*

κριταὶ	ἔσονται	ὑμῶν.	28 εἰ	δὲ	ἐν	πνεύματι	θεοῦ	ἐγὼ	ἐκβάλλω
jueces$_2$	serán$_1$	de vosotros.	si$_2$	Pero$_1$	por	(el) Espíritu	de Dios	yo	echo fuera
2923	2071	5216	1487	1161	1722	4151	2316	1473	1544
NNPM	*VFMI3P*	*RP2GP*	*CAC*	*CLC*	*P*	*NDSN*	*NGSM*	*RP1NS*	*VPAI1S*

NVI

hasta que haga triunfar la justicia.
21 Y en su nombre pondrán las naciones su esperanza».

Jesús y Beelzebú

22 Un día le llevaron un endemoniado que estaba ciego y mudo, y Jesús lo sanó, de modo que pudo ver y hablar.
23 Toda la gente se quedó asombrada y decía: «¿No será este el Hijo de David?»
24 Pero, al oírlo los fariseos, dijeron: «Este no expulsa a los demonios sino por medio de Beelzebú, príncipe de los demonios».
25 Jesús conocía sus pensamientos, y les dijo: «Todo reino dividido contra sí mismo quedará asolado, y toda ciudad o familia dividida contra sí misma no se mantendrá en pie.
26 Y, si Satanás expulsa a Satanás, está dividido contra sí mismo. ¿Cómo puede, entonces, mantenerse en pie su reino?
27 Ahora bien, si yo expulso a los demonios por medio de Beelzebú, ¿los seguidores de ustedes por medio de quién los expulsan? Por eso ellos mismos los juzgarán a ustedes.
28 En cambio, si expulso a los demonios por medio

12:22⸀ Manuscritos inferiores aumentaron *y ciego*.

RVR

los demonios en virtud
del Espíritu de Dios,
entonces es que ha lle-
gado a vosotros el reino
de Dios.
29 ¿O cómo puede algu-
no entrar en la casa del
forzudo, y saquear sus
bienes, si primero no ata
al forzudo? Y entonces
podrá saquear su casa.
30 El que no está conmi-
go, está contra mí; y el
que no recoge conmigo,
desparrama.
31 Por tanto os digo:
Todo pecado y blas-
femia será perdonado
a los hombres; mas
la blasfemia contra
el Espíritu no les será
perdonada.
32 A cualquiera que diga
alguna palabra contra
el Hijo del Hombre, le
será perdonado; pero
al que la diga contra
el Espíritu Santo, no
le será perdonado ni
en esta época ni en la
venidera.
33 O haced bueno el
árbol, y bueno su fruto;
o haced enfermizo el
árbol, y su fruto echado
a perder; porque por el
fruto se conoce el árbol.

τὰ	δαιμόνια,	ἄρα	ἔφθασεν	ἐφ'	ὑμᾶς	ἡ	βασιλεία	τοῦ	θεοῦ.
los	demonios,	entonces	llegó₅	a₆	vosotros.₇	el₁	reino₂	--₃	de Dios₄
3588	1140	686	5348	1909	5209	3588	932	3588	2316
DAPN	NAPN	CLI	VAAI3S	P	RP2AP	DNSF	NNSF	DGSM	NGSM

29 ἢ	πῶς	δύναταί	τις	εἰσελθεῖν	εἰς	τὴν	οἰκίαν	τοῦ	ἰσχυροῦ	καὶ
¿O	cómo	puede	alguien	entrar	en	la	casa	del	poderoso	y
2228	4459	1410	5100	1525	1519	3588	3614	3588	2478	2532
CLD	BI	VPUI3S	RX-NSM	VAAN	P	DASF	NASF	DGSM	JGSM	CLN

τὰ	σκεύη	αὐτοῦ	ἁρπάσαι,	ἐὰν	μὴ	πρῶτον	δήσῃ	τὸν	ἰσχυρόν;	καὶ
los	bienes	de él	arrebatar,	si	no	primero₂	ata₁	al	fuerte?	Y
3588	4632	846	726	1437	3361	4412	1210	3588	2478	2532
DAPN	NAPN	RP3GSM	VAAN	CAC	BN, TN	B, J	VAAS3S	DASM	JASM	CLN

τότε	τὴν	οἰκίαν	αὐτοῦ	διαρπάσει.	30 ὁ	μὴ	ὢν	μετ'	ἐμοῦ
entonces,	la₂	casa₃	de él.₄	saqueará.₁	El (que)	no	está	con	mí,
5119	3588	3614	846	1283	3588	3361	5607	3326	1700
B	DASF	NASF	RP3GSM	VFAI3S	DNSM	BN, TN	VPAP-SNM	P	RP1GS

κατ'	ἐμοῦ	ἐστιν,	καὶ	ὁ	μὴ	συνάγων	μετ'	ἐμοῦ	σκορπίζει.	31 διὰ
contra	mí	está,	y	el (que)	no	que recoge	con	mí,	desparrama.	Por
2596	1700	2076	2532	3588	3361	4863	3326	1700	4650	1223
P	RP1GS	VPAI3S	CLN	DNSM	BN, TN	VPAP-SNM	P	RP1GS	VPAI3S	P

τοῦτο	λέγω	ὑμῖν,	πᾶσα	ἁμαρτία	καὶ	βλασφημία	ἀφεθήσεται	τοῖς
esto,	digo	a vosotros:	Todo	pecado	y	blasfemia	será perdonado	a los
5124	3004	5213	3956	266	2532	988	863	3588
RD-NSN	VPAI1S	RP2DP	JNSF	NNSF	CLN	NNSF	VFPI3S	DDPM

ἀνθρώποις,	ἡ	δὲ	τοῦ	πνεύματος	βλασφημία	οὐκ	ἀφεθήσεται.
seres humanos,	la₂	mas₁	contra el₄	Espíritu₅	blasfemia₃	no	será perdonada.
444	3588	1161	3588	4151	988	3756	863
NDPM	DNSF	CLC	DGSN	NGSN	NNSF	BN, TN	VFPI3S

32 καὶ	ὃς	ἐὰν	εἴπῃ	λόγον	κατὰ	τοῦ	υἱοῦ	τοῦ	ἀνθρώπου,
Y	cualquiera que	--	diga	(una) palabra	contra	el	Hijo	del	Hombre,
2532	3739	1437	3004	3056	2596	3588	5207	3588	444
CLN	RR-NSM	TC	VAAS3S	NASM	P	DGSM	NGSM	DGSM	NGSM

ἀφεθήσεται	αὐτῷ·	ὃς	δ'	ἂν	εἴπῃ	κατὰ	τοῦ	πνεύματος	τοῦ
será perdonada	a él;	cualquiera que₂	pero₁	--	diga	contra	del	Espíritu	--
863	846	3739	1161	302	3004	2596	3588	4151	3588
VFPI3S	RP3DSM	RR-NSM	CLC	TC	VAAS3S	P	DGSN	NGSN	DGSN

ἁγίου,	οὐκ	ἀφεθήσεται	αὐτῷ	οὔτε	ἐν	τούτῳ	τῷ	αἰῶνι	οὔτε	ἐν
Santo,	no	será perdonada	a él	ni	en	esta	--	edad	ni	en
40	3756	863	846	3777	1722	5129	3588	165	3777	1722
JGSN	BN, TN	VFPI3S	RP3DSM	TN, CLK	P	RD-DSM	DDSM	NDSM	CLD, TN	P

τῷ	μέλλοντι.
la	que viene.
3588	3195
DDSM	VPAP-SDM

33 Ἢ	ποιήσατε	τὸ	δένδρον	καλὸν	καὶ	τὸν	καρπὸν	αὐτοῦ
O	haced	el	árbol	bueno	y	el	fruto	de él
2228	4160	3588	1186	2570	2532	3588	2590	846
CLK	VAAM2P	DASN	NASN	JASN	CLN	DASM	NASM	RP3GSN, RP3GSM

καλόν,	ἢ	ποιήσατε	τὸ	δένδρον	σαπρὸν	καὶ	τὸν	καρπὸν
bueno,	o	haced	el	árbol	malo	y	el	fruto
2570	2228	4160	3588	1186	4550	2532	3588	2590
JASM	CLK, CLD	VAAM2P	DASN	NASN	JASN	CLN	DASM	NASM

αὐτοῦ	σαπρόν·	ἐκ	γὰρ	τοῦ	καρποῦ	τὸ	δένδρον	γινώσκεται.
de él	malo;	de₅	porque₁	el₆	fruto.₇	el₂	árbol₃	es conocido₄
846	4550	1537	1063	3588	2590	3588	1186	1097
RP3GSN, RP3GSM	JASM	P	CAZ	DGSM	NGSM	DNSN	NNSN	VPPI3S

NVI

del Espíritu de Dios, eso
significa que el reino
de Dios ha llegado a
ustedes.
29 »¿O cómo puede
entrar alguien en la casa
de un hombre fuerte y
arrebatarle sus bienes,
a menos que primero
lo ate? Solo entonces
podrá robar su casa.
30 »El que no está de
mi parte está contra mí;
y el que conmigo no re-
coge, esparce. 31 Por eso
les digo que a todos se
les podrá perdonar todo
pecado y toda blasfemia,
pero la blasfemia contra
el Espíritu no se le
perdonará a nadie. 32 A
cualquiera que pronun-
cie alguna palabra con-
tra el Hijo del hombre se
le perdonará, pero el que
hable contra el Espíritu
Santo no tendrá perdón
ni en este mundo ni en
el venidero.
33 »Si tienen un buen
árbol, su fruto es bueno;
si tienen un mal árbol,
su fruto es malo. Al
árbol se le reconoce por
su fruto. 34 Camada de

RVR

34 ¡Engendros de
víboras! ¿Cómo podéis
hablar lo bueno, siendo
malos? Porque de lo que
rebosa el corazón habla
la boca.
35 El hombre bueno saca
cosas buenas del buen
tesoro del corazón; y el
hombre malo saca cosas
malas del mal tesoro.
36 Y yo os digo que de
toda palabra ociosa que
hablen los hombres,
darán cuenta en el día
del juicio.
37 Porque por tus pala-
bras serás justificado, y
por tus palabras serás
condenado.

La generación perversa demanda señal

38 Entonces respon-
dieron algunos de los
escribas y de los fariseos,
diciendo: Maestro,
queremos ver una señal
de parte tuya.
39 Él respondió y les
dijo: Esta generación
mala y adúltera deman-
da una señal; pero no
le será dada otra señal
que la señal del profeta
Jonás.
40 Porque como estuvo
Jonás en el vientre del
gran pez tres días y tres
noches, así estará el

34 γεννήματα	ἐχιδνῶν,	πῶς	δύνασθε	ἀγαθὰ	λαλεῖν	πονηροὶ	ὄντες;
Camada	de víboras,	¿cómo	podéis	cosas buenas$_2$	hablar$_1$	malos?$_4$	siendo$_3$
1081	2191	4459	1410	18	2980	4190	5607
NVPN	*NGPF*	*BI*	*VPUI2P*	*JAPN*	*VPAN*	*JNPM*	*VPAP-PNM*

ἐκ	γὰρ	τοῦ	περισσεύματος	τῆς	καρδίας	τὸ	στόμα	λαλεῖ.	35 ὁ
de$_6$	Porque$_5$	la	abundancia	del	corazón	la$_2$	boca$_3$	habla$_1$	El
1537	1063	3588	4051	3588	2588	3588	4750	2980	3588
P	*CAZ*	*DGSN*	*NGSN*	*DGSF*	*NGSF*	*DNSN*	*NNSN*	*VPAI3S*	*DNSM*

ἀγαθὸς	ἄνθρωπος	ἐκ	τοῦ	ἀγαθοῦ	θησαυροῦ	ἐκβάλλει	ἀγαθά,	καὶ
buen	hombre	de	el	buen	tesoro	saca	buenas cosas,	y
18	444	1537	3588	18	2344	1544	18	2532
JNSM	*NNSM*	*P*	*DGSM*	*JGSM*	*NGSM*	*VPAI3S*	*JAPN*	*CLN*

ὁ	πονηρὸς	ἄνθρωπος	ἐκ	τοῦ	πονηροῦ	θησαυροῦ	ἐκβάλλει	πονηρά.
el	malo$_2$	hombre$_1$	de	el	malo	tesoro	saca	malas cosas.
3588	4190	444	1537	3588	4190	2344	1544	4190
DNSM	*JNSM*	*NNSM*	*P*	*DGSM*	*JGSM*	*NGSM*	*VPAI3S*	*JAPN*

36 λέγω	δὲ	ὑμῖν	ὅτι	πᾶν	ῥῆμα	ἀργὸν	ὃ	λαλήσουσιν	οἱ
digo$_2$	Mas$_1$	a vosotros	que	toda	palabra	inútil	que	hablarán	los$_1$
3004	1161	5213	3754	3956	4487	692	3739	2980	3588
VPAI1S	*CLN*	*RP2DP*	*CSC*	*JNSN*	*NNSN*	*JNSN*	*RR-NSN*	*VFAI3P*	*DNPM*

ἄνθρωποι,	ἀποδώσουσιν	περὶ	αὐτοῦ	λόγον	ἐν	ἡμέρᾳ	κρίσεως·
seres humanos$_2$	darán$_4$	por$_6$	ella$_7$	cuenta$_5$	en	(el) día	de (l) juicio.
444	591	4012	846	3056	1722	2250	2920
NNPM	*VFAI3P*	*P*	*RP3GSN, RP3GSM*	*NASM*	*P*	*NDSF*	*NGSF*

37 ἐκ	γὰρ	τῶν	λόγων	σου	δικαιωθήσῃ,	καὶ	ἐκ	τῶν	λόγων	σου
por$_2$	Porque$_1$	las	palabras	de ti	serás justificado,	y	por	las	palabras	de ti
1537	1063	3588	3056	4675	1344	2532	1537	3588	3056	4675
P	*CAZ*	*DGPM*	*NGPM*	*RP2GS*	*VFPI2S*	*CLN*	*P*	*DGPM*	*NGPM*	*RP2GS*

καταδικασθήσῃ.
serás condenado.
2613
VFPI2S

38 Τότε	ἀπεκρίθησαν	αὐτῷ	τινες	τῶν	γραμματέων	καὶ
Entonces	respondieron$_6$	a él$_7$	algunos$_1$	de los$_2$	escribas$_3$	y$_4$
5119	611	846	5100	3588	1122	2532
B	*VAPI3P, VAMI3P*	*RP3DSM*	*RX-NPM*	*DGPM*	*NGPM*	*CLN*

Φαρισαίων	λέγοντες·	Διδάσκαλε,	θέλομεν	ἀπὸ	σοῦ	σημεῖον	ἰδεῖν.
fariseos$_5$	diciendo:	Maestro	queremos	de$_3$	ti.$_4$	una señal$_2$	ver$_1$
5330	3004	1320	2309	575	4675	4592	1492
NGPM	*VPAP-PNM*	*NVSM*	*VPAI1P*	*P*	*RP2GS*	*NASN*	*VAAN*

39 ὁ	δὲ	ἀποκριθεὶς	εἶπεν	αὐτοῖς·	Γενεὰ	πονηρὰ	καὶ	μοιχαλὶς
--$_2$	Mas$_1$	respondiendo,	dijo	a ellos:	Una generación	mala	y	adúltera
3588	1161	611	2036	846	1074	4190	2532	3428
DNSM	*CLC*	*VAPP-SNM*	*VAAI3S*	*RP3DPM*	*NNSF*	*JNSF*	*CLN*	*NNSF, JNSF*

σημεῖον	ἐπιζητεῖ,	καὶ	σημεῖον	οὐ	δοθήσεται	αὐτῇ	εἰ	μὴ	τὸ
una señal,$_2$	busca$_1$	y	una señal	no	será dada	a ella	si	no	la
4592	1934	2532	4592	3756	1325	846	1487	3361	3588
NASN	*VPAI3S*	*CLC*	*NNSN*	*BN, TN*	*VFPI3S*	*RP3DSF*	*CAC*	*BN, TN*	*DNSN, DASN*

σημεῖον	Ἰωνᾶ	τοῦ	προφήτου.	40 ὥσπερ	γὰρ	ἦν	Ἰωνᾶς	ἐν	τῇ
señal	de Jonás,	el	profeta.	así como$_2$	Porque$_1$	estaba	Jonás	en	el
4592	2495	3588	4396	5618	1063	2258	2495	1722	3588
NNSN, NASN	*NGSM*	*DGSM*	*NGSM*	*CAM*	*CLX*	*VIAI3S*	*NNSM*	*P*	*DDSF*

κοιλίᾳ	τοῦ	κήτους	τρεῖς	ἡμέρας	καὶ	τρεῖς	νύκτας,	οὕτως	ἔσται
vientre	del	gran pez	tres	días	y	tres	noches,	así	estará
2836	3588	2785	5140	2250	2532	5140	3571	3779	2071
NDSF	*DGSN*	*NGSN*	*JAPF*	*NAPF*	*CLN*	*JAPF*	*NAPF*	*B*	*VFMI3S*

NVI

víboras, ¿cómo pueden
ustedes que son malos
decir algo bueno? De la
abundancia del corazón
habla la boca. 35 El que es
bueno, de la bondad que
atesora en el corazón
saca el bien, pero el que
es malo, de su maldad
saca el mal. 36 Pero yo
les digo que en el día del
juicio todos tendrán que
dar cuenta de toda pa-
labra ociosa que hayan
pronunciado. 37 Porque
por tus palabras se te
absolverá, y por tus pala-
bras se te condenará».

La señal de Jonás

38 Algunos de los
fariseos y de los maestros
de la ley le dijeron:
—Maestro, queremos
ver alguna señal mila-
grosa de parte tuya.
39 Jesús les contestó:
—¡Esta generación
malvada y adúltera pide
una señal milagrosa!
Pero no se le dará más
señal que la del profeta
Jonás. 40 Porque así
como tres días y tres
noches estuvo Jonás en
el vientre de un gran pez,
también tres días y tres
noches estará el Hijo

RVR

Hijo del Hombre en el
corazón de la tierra tres
días y tres noches.
41 Los hombres de
Nínive se levantarán
en el juicio con esta
generación, y la con-
denarán; porque ellos
se arrepintieron por la
predicación de Jonás, y
he aquí más que Jonás
en este lugar.
42 La reina del Sur se
levantará en el juicio
con esta generación, y la
condenará; porque ella
vino de los confines de
la tierra para oír la sabi-
duría de Salomón, y he
aquí más que Salomón
en este lugar.

El espíritu inmundo que vuelve

43 Cuando el espíritu in-
mundo sale del hombre,
anda por lugares áridos
buscando reposo, y no
lo halla.
44 Entonces dice:
Volveré a mi casa de
donde salí; y cuando lle-
ga, la halla desocupada,
barrida y adornada.
45 Entonces va, y toma
consigo otros siete
espíritus peores que él,
y entran para habitar
allí; y el estado final de
aquel hombre viene a

ὁ	υἱὸς	τοῦ	ἀνθρώπου	ἐν	τῇ	καρδίᾳ	τῆς	γῆς	τρεῖς	ἡμέρας	καὶ
el	Hijo	del	Hombre	en	el	corazón	de la	tierra	tres	días	y
3588	5207	3588	444	1722	3588	2588	3588	1093	5140	2250	2532
DNSM	*NNSM*	*DGSM*	*NGSM*	*P*	*DDSF*	*NDSF*	*DGSF*	*NGSF*	*JAPF*	*NAPF*	*CLN*

τρεῖς	νύκτας.	41 ἄνδρες	Νινευῖται	ἀναστήσονται	ἐν	τῇ	κρίσει	μετὰ
tres	noches.	Varones	ninivitas	se levantarán	en	el	juicio	con
5140	3571	435	3536	450	1722	3588	2920	3326
JAPF	*NAPF*	*NNPM*	*NNPM*	*VFMI3P*	*P*	*DDSF*	*NDSF*	*P*

τῆς	γενεᾶς	ταύτης	καὶ	κατακρινοῦσιν	αὐτήν·	ὅτι	μετενόησαν	εἰς
la	generación	esta	y	condenarán	a ella;	porque	se arrepintieron	por
3588	1074	3778	2532	2632	846	3754	3340	1519
DGSF	*NGSF*	*RD-GSF*	*CLN*	*VFAI3P*	*RP3ASF*	*CAZ*	*VAAI3P*	*P*

τὸ	κήρυγμα	Ἰωνᾶ,	καὶ	ἰδοὺ	πλεῖον	Ἰωνᾶ	ὧδε.	42 βασίλισσα
la	proclamación	de Jonás,	y	he aquí	(algo) más que	Jonás	(está) aquí.	(La) reina
3588	2782	2495	2532	2400	4119	2495	5602	938
DASN	*NASN*	*NGSM*	*CLN*	*I, VAAM2S*	*JNSNC*	*NGSM*	*B*	*NNSF*

νότου	ἐγερθήσεται	ἐν	τῇ	κρίσει	μετὰ	τῆς	γενεᾶς	ταύτης	καὶ
de (l) sur	será levantada	en	el	juicio	con	la	generación	esta	y
3558	1453	1722	3588	2920	3326	3588	1074	3778	2532
NGSM	*VFPI3S*	*P*	*DDSF*	*NDSF*	*P*	*DGSF*	*NGSF*	*RD-GSF*	*CLN*

κατακρινεῖ	αὐτήν·	ὅτι	ἦλθεν	ἐκ	τῶν	περάτων	τῆς	γῆς	ἀκοῦσαι	τὴν
condenará	a ella;	porque	vino	desde	los	confines	de la	tierra	para oír	la
2632	846	3754	2064	1537	3588	4009	3588	1093	191	3588
VFAI3S	*RP3ASF*	*CAZ*	*VAAI3S*	*P*	*DGPN*	*NGPN*	*DGSF*	*NGSF*	*VAAN*	*DASF*

σοφίαν	Σολομῶνος,	καὶ	ἰδοὺ	πλεῖον	Σολομῶνος	ὧδε.
sabiduría	de Salomón,	y	he aquí	(algo) más que	Salomón	(está) aquí.
4678	4672	2532	2400	4119	4672	5602
NASF	*NGSM*	*CLN*	*I, VAAM2S*	*JNSNC*	*NGSM*	*B*

43 Ὅταν	δὲ	τὸ	ἀκάθαρτον	πνεῦμα	ἐξέλθῃ	ἀπὸ	τοῦ	ἀνθρώπου,
cuando$_2$	Mas$_1$	--	inmundo$_2$	(un) espíritu$_1$	salió	de	--	un ser humano,
3752	1161	3588	169	4151	1831	575	3588	444
CAT	*CLN*	*DNSN*	*JNSN*	*NNSN*	*VAAS3S*	*P*	*DGSM*	*NGSM*

διέρχεται	δι’	ἀνύδρων	τόπων	ζητοῦν	ἀνάπαυσιν,	καὶ	οὐχ
atraviesa	por medio de	secos$_2$	lugares$_1$	buscando	descanso,	y	no
1330	1223	504	5117	2212	372	2532	3756
VPUI3S	*P*	*JGPM*	*NGPM*	*VPAP-SNN*	*NASF*	*CLN*	*BN, TN*

εὑρίσκει.	44 τότε	λέγει·	Εἰς	τὸν	οἶκόν	μου	ἐπιστρέψω	ὅθεν
encuentra.	Entonces	dice:	a$_2$	la$_3$	casa$_4$	de mí$_5$	volveré$_1$	de donde
2147	5119	3004	1519	3588	3624	3450	1994	3606
VPAI3S	*B*	*VPAI3S*	*P*	*DASM*	*NASM*	*RP1GS*	*VFAI1S*	*BP*

ἐξῆλθον·	καὶ	ἐλθὸν	εὑρίσκει	σχολάζοντα	σεσαρωμένον	καὶ
salí;	y	habiendo llegado,	(la) encuentra	vacía	habiendo sido barrida	y
1831	2532	2064	2147	4980	4563	2532
VAAI1S	*CLN*	*VAAP-SNN*	*VPAI3S*	*VPAP-SAM*	*VRPP-SAM*	*CLN*

κεκοσμημένον.	45 τότε	πορεύεται	καὶ	παραλαμβάνει	μεθ’	ἑαυτοῦ
embellecida.	Entonces	va	y	lleva	con	él mismo
2885	5119	4198	2532	3880	3326	1438
VRPP-SAM	*B*	*VPUI3S*	*CLN*	*VPAI3S*	*P*	*RF-GSN, RF3GSM*

ἑπτὰ	ἕτερα	πνεύματα	πονηρότερα	ἑαυτοῦ,	καὶ	εἰσελθόντα
siete	otros	espíritus	más malos que	él mismo,	y	habiendo entrado
2033	2087	4151	4191	1438	2532	1525
XN, J	*JAPN*	*NAPN*	*JAPNC*	*RF-GSN, RF3GSM*	*CLN*	*VAAP-PNN*

κατοικεῖ	ἐκεῖ·	καὶ	γίνεται	τὰ	ἔσχατα	τοῦ	ἀνθρώπου	ἐκείνου
habita	allí,	y	resultan	las$_2$	últimas (condiciones)$_3$	del$_4$	ser humano$_5$	aquel$_6$
2730	1563	2532	1096	3588	2078	3588	444	1565
VPAI3S	*BP*	*CLN*	*VPUI3S*	*DNPN*	*JNPN*	*DGSM*	*NGSM*	*RD-GSM*

NVI

del hombre en las en-
trañas de la tierra. 41 Los
habitantes de Nínive se
levantarán en el juicio
contra esta generación y
la condenarán; porque
ellos se arrepintieron
al escuchar la predica-
ción de Jonás, y aquí
tienen ustedes a uno
más grande que Jonás.
42 La reina del Sur se
levantará en el día del
juicio y condenará a esta
generación; porque ella
vino desde los confines
de la tierra para escuchar
la sabiduría de Salomón,
y aquí tienen ustedes
a uno más grande que
Salomón.
43 »Cuando un
espíritu maligno sale
de una persona, va por
lugares áridos, buscando
descanso sin encon-
trarlo. 44 Entonces dice:
"Volveré a la casa de
donde salí". Cuando
llega, la encuentra
desocupada, barrida y
arreglada. 45 Luego va y
trae a otros siete espíri-
tus más malvados que él,
y entran a vivir allí. Así
que el estado postrero de
aquella persona resulta

RVR

ser peor que el primero.
Así acontecerá también
a esta generación
malvada.

La madre y los hermanos de Jesús

46 Mientras él estaba aún
hablando a la gente, su
madre y sus hermanos
estaban afuera y querían
hablar con él.
47 Y le dijo uno: He aquí
que tu madre y tus her-
manos están afuera, y
quieren hablar contigo.
48 Respondiendo él al
que le decía esto, dijo:
¿Quién es mi madre,
y quiénes son mis her-
manos?
49 Y extendiendo su
mano hacia sus discí-
pulos, dijo: He aquí mi
madre y mis hermanos.
50 Porque todo aquel
que hace la voluntad
de mi Padre que está
en los cielos, ése es mi
hermano, mi hermana,
y mi madre.

Parábola del sembrador

13 Aquel mismo
día, salió Jesús de
la casa y se sentó junto
al mar.
2 Y acudió a él mucha
gente, tanta que subió a
sentarse en una barca, y

χείρονα	τῶν	πρώτων.	οὕτως	ἔσται	καὶ	τῇ	γενεᾷ	ταύτῃ	τῇ
peores$_1$	(que) las	primeras.	Así	será	también	la	generación	esta	--
5501	3588	4413	3779	2071	2532	3588	1074	3778	3588
JNPN	*DGPN*	*JGPN*	*B*	*VFMI3S*	*BE, TE*	*DDSF*	*NDSF*	*RD-DSF*	*DDSF*

πονηρᾷ.
malvada.
4190
JDSF

46 Ἔτι	δὲ	αὐτοῦ	λαλοῦντος	τοῖς	ὄχλοις	ἰδοὺ	ἡ	μήτηρ	καὶ
mientras$_2$	Y$_1$	él	estaba hablando	a las	multitudes,	he aquí	la	madre	y
2089	1161	846	2980	3588	3793	2400	3588	3384	2532
B	*C*	*RP3GSM*	*VPAP-SGM*	*DDPM*	*NDPM*	*I, VAAM2S*	*DNSF*	*NNSF*	*CLN*

οἱ	ἀδελφοὶ	αὐτοῦ	εἱστήκεισαν	ἔξω	ζητοῦντες	αὐτῷ	λαλῆσαι.
los	hermanos	de él	habían estado presentes	afuera	buscando	con él.$_2$	hablar$_1$
3588	80	846	2476	1854	2212	846	2980
DNPM	*NNPM*	*RP3GSM*	*VLAI3P*	*BP*	*VPAP-PNM*	*RP3DSM*	*VAAN*

47 εἶπεν	δέ	τις	αὐτῷ·	Ἰδοὺ	ἡ	μήτηρ	σου	καὶ	οἱ	ἀδελφοί
dijo$_2$	y$_1$	alguien	a él:	He aquí	la	madre	de ti	y	los	hermanos
2036	1161	5100	846	2400	3588	3384	4675	2532	3588	80
VAAI3S	*CLN*	*RX-NSM*	*RP3DSM*	*I, VAAM2S*	*DNSF*	*NNSF*	*RP2GS*	*CLN*	*DNPM*	*NNPM*

σου	ἔξω	ἑστήκασιν,	ζητοῦντές	σοι	λαλῆσαι.	48 ὁ	δὲ	ἀποκριθεὶς
de ti	afuera$_2$	han estado de pie$_1$	buscando	a ti.$_2$	hablar$_1$	--$_2$	Pero$_1$	respondiendo,
4675	1854	2476	2212	4671	2980	3588	1161	611
RP2GS	*BP*	*VRAI3P*	*VPAP-PNM*	*RP2DS*	*VAAN*	*DNSM*	*CLC*	*VAPP-SNM*

εἶπεν	τῷ	λέγοντι	αὐτῷ·	Τίς	ἐστιν	ἡ	μήτηρ	μου,	καὶ	τίνες	εἰσὶν
dijo	al	que hablaba	a él:	¿Quién	es	la	madre	de mí,	y	quiénes	son
2036	3588	3004	846	5101	2076	3588	3384	3450	2532	5101	1526
VAAI3S	*DDSM*	*VPAP-SDM*	*RP3DSM*	*RI-NSM*	*VPAI3S*	*DNSF*	*NNSF*	*RP1GS*	*CLN*	*RI-NPM*	*VPAI3P*

οἱ	ἀδελφοί	μου;	49 καὶ	ἐκτείνας	τὴν	χεῖρα	αὐτοῦ	ἐπὶ	τοὺς
los	hermanos	de mí?	Y	habiendo extendido	la	mano	de él	sobre	los
3588	80	3450	2532	1614	3588	5495	846	1909	3588
DNPM	*NNPM*	*RP1GS*	*CLN*	*VAAP-SNM, VAAP-SNF*	*DASF*	*NASF*	*RP3GSM*	*P*	*DAPM*

μαθητὰς	αὐτοῦ	εἶπεν·	Ἰδοὺ	ἡ	μήτηρ	μου	καὶ	οἱ	ἀδελφοί	μου·
discípulos	de él,	dijo:	He aquí	la	madre	de mí	y	los	hermanos	de mí.
3101	846	2036	2400	3588	3384	3450	2532	3588	80	3450
NAPM	*RP3GSM*	*VAAI3S*	*I, VAAM2S*	*DNSF*	*NNSF*	*RP1GS*	*CLN*	*DNPM*	*NNPM*	*RP1GS*

50 ὅστις	γὰρ	ἂν	ποιήσῃ	τὸ	θέλημα	τοῦ	πατρός	μου	τοῦ
cualquiera (que)$_2$	porque$_1$	--	haga	la	voluntad	del	Padre	de mí	el
3748	1063	302	4160	3588	2307	3588	3962	3450	3588
RR-NSM	*CLX*	*TC*	*VAAS3S*	*DASN*	*NASN*	*DGSM*	*NGSM*	*RP1GS*	*DGSM*

ἐν	οὐρανοῖς,	αὐτός	μου	ἀδελφὸς	καὶ	ἀδελφὴ	καὶ	μήτηρ	ἐστίν.
(que está) en	(los) cielos,	él	de mí$_7$	hermano$_2$	y$_3$	hermana$_4$	y$_5$	madre$_6$	es$_1$
1722	3772	846	3450	80	2532	79	2532	3384	2076
P	*NDPM*	*RP3NSMP*	*RP1GS*	*NNSM*	*CLN*	*NNSF*	*CLN*	*NNSF*	*VPAI3S*

13 Ἐν	τῇ	ἡμέρᾳ	ἐκείνῃ	ἐξελθὼν	ὁ	Ἰησοῦς	τῆς	οἰκίας
En	el	día	aquel,	habiendo salido	--	Jesús	de la	casa,
1722	3588	2250	1565	1831	3588	2424	3588	3614
P	*DDSF*	*NDSF*	*RD-DSF*	*VAAP-SNM*	*DNSM*	*NNSM*	*DGSF*	*NGSF*

ἐκάθητο	παρὰ	τὴν	θάλασσαν·	2 καὶ	συνήχθησαν	πρὸς	αὐτὸν	ὄχλοι
se sentaba	junto a	el	mar;	y	se reunieron$_3$	junto a$_4$	él$_5$	multitudes$_2$
2521	3844	3588	2281	2532	4863	4314	846	3793
VIUI3S	*P*	*DASF*	*NASF*	*CLN*	*VAPI3P*	*P*	*RP3ASM*	*NNPM*

πολλοί,	ὥστε	αὐτὸν	εἰς	πλοῖον	ἐμβάντα	καθῆσθαι,	καὶ
muchas$_1$	de modo que$_6$	él,$_7$	en$_9$	una barca$_{10}$	habiendo entrado$_8$	para sentarse,$_{11}$	y$_{12}$
4183	5620	846	1519	4143	1684	2521	2532
JNPM	*CAR*	*RP3ASM*	*P*	*NASN*	*VAAP-SAM*	*VPUN*	*CLN*

NVI

peor que el primero. Así
le pasará también a esta
generación malvada».

La madre y los hermanos de Jesús

46 Mientras Jesús le
hablaba a la multitud, se
presentaron su madre y
sus hermanos. Se queda-
ron afuera, y deseaban
hablar con él. 47 Alguien
le dijo:
—Tu madre y tus
hermanos están afuera y
quieren hablar contigo.
48 —¿Quién es mi
madre, y quiénes son
mis hermanos? —repli-
có Jesús.
49 Señalando a sus
discípulos, añadió:
—Aquí tienen a mi
madre y a mis hermanos.
50 Pues mi hermano, mi
hermana y mi madre son
los que hacen la volun-
tad de mi Padre que está
en el cielo.

Parábola del sembrador

13 Ese mismo día
salió Jesús de la
casa y se sentó junto al
lago. 2 Era tal la multitud
que se reunió para verlo
que él tuvo que subir
a una barca donde se
sentó mientras toda la

RVR

toda la gente estaba de
pie en la playa.
3 Y les habló muchas
cosas en parábolas,
diciendo: He aquí que
salió el sembrador a
sembrar.
4 Y mientras sembra-
ba, parte de la semilla
cayó junto al camino; y
vinieron las aves y se la
comieron.
5 Otra parte cayó en
pedregales, donde no
había mucha tierra; y
brotó pronto, porque
no tenía profundidad
de tierra;
6 pero cuando salió el
sol, se quemó; y porque
no tenía raíz, se secó.
7 Y otra parte cayó entre
espinos; y los espinos
crecieron, y la ahogaron.
8 Pero una parte cayó en
tierra buena y dio fruto,
una ciento, otra sesenta,
otra treinta.
9 El que tiene oídos para
oír, oiga.

Propósito de las parábolas

10 Entonces, acercán-
dose los discípulos, le
dijeron: ¿Por qué les
hablas en parábolas?
11 Él respondió y les
dijo: Porque a vosotros
os ha sido dado conocer
los misterios del reino
de los cielos; mas a ellos

πᾶς	ὁ	ὄχλος	ἐπὶ	τὸν	αἰγιαλὸν	εἱστήκει.	[3]καὶ	ἐλάλησεν	αὐτοῖς
toda$_{13}$	la$_{14}$	multitud$_{15}$	en$_{17}$	la$_{18}$	playa.$_{19}$	se había situado$_{16}$	Y	habló	a ellos
3956	3588	3793	1909	3588	123	2476	2532	2980	846
JNSM	DNSM	NNSM	P	DASM	NASM	VLAI3S	CLN	VAAI3S	RP3DPM

πολλὰ	ἐν	παραβολαῖς	λέγων·	Ἰδοὺ	ἐξῆλθεν	ὁ	σπείρων
muchas cosas	en	parábolas	diciendo:	He aquí	salió$_3$	el$_1$	sembrador$_2$
4183	1722	3850	3004	2400	1831	3588	4687
JAPN	P	NDPF	VPAP-SNM	I, VAAM2S	VAAI3S	DNSM	VPAP-SNM

τοῦ	σπείρειν.	[4]καὶ	ἐν	τῷ	σπείρειν	αὐτὸν	ἃ*	μὲν	ἔπεσεν
--	a sembrar.	Y	en	el	sembrar	él,	unas	ciertamente	cayeron
3588	4687	2532	1722	3588	4687	846	3739	3303	4098
DGSN, DGSM	VPAN	CLN	P	DDSN	VPAN	RP3ASM	RR-APN	TK, C	VAAI3S

παρὰ	τὴν	ὁδόν,	καὶ	ἐλθόντα	τὰ	πετεινὰ	κατέφαγεν	αὐτά.	[5]ἄλλα
junto a	el	camino	y	venidas	las	aves	devoraron	a ellas.	otras$_2$
3844	3588	3598	2532	2064	3588	4071	2719	846	243
P	DASF	NASF	CLN	VAAP-PNN	DNPN	NNPN, JNPN	VAAI3S	RP3APN	JNPN

δὲ	ἔπεσεν	ἐπὶ	τὰ	πετρώδη	ὅπου	οὐκ	εἶχεν	γῆν	πολλήν,	καὶ
Mas$_1$	cayeron	sobre	los	pedregales,	donde	no	tenían	tierra,$_2$	mucha$_1$	e
1161	4098	1909	3588	4075	3699	3756	2192	1093	4183	2532
CLC, CLK	VAAI3S	P	DAPN	JAPN	CAL, B	BN, TN	VIAI3S	NASF	JASF	CLN

εὐθέως	ἐξανέτειλεν	διὰ	τὸ	μὴ	ἔχειν	βάθος	γῆς,	[6]ἡλίου
inmediatamente	brotaron	a causa de	--	no	tener	profundidad	(la) tierra;	(el) sol$_2$
2112	1816	1223	3588	3361	2192	899	1093	2246
B	VAAI3S	P	DASN	BN, TN	VPAN	NASN	NGSF	NGSM

δὲ	ἀνατείλαντος	ἐκαυματίσθη	καὶ	διὰ	τὸ	μὴ	ἔχειν	ῥίζαν
mas$_1$	una vez salido,	se quemaron,	y	a causa de$_2$	--$_3$	no$_4$	tener$_5$	raíz.$_6$
1161	393	2739	2532	1223	3588	3361	2192	4491
CLC	VAAP-SGM	VAPI3S	CLN	P	DASN	BN, TN	VPAN	NASF

ἐξηράνθη.	[7]ἄλλα	δὲ	ἔπεσεν	ἐπὶ	τὰς	ἀκάνθας,	καὶ	ἀνέβησαν	αἱ
fue secada$_1$	otras$_2$	Y$_1$	cayeron	sobre	los	espinos,	y	subieron	los
3583	243	1161	4098	1909	3588	173	2532	305	3588
VAPI3S	JNPN	CLC, CLK	VAAI3S	P	DAPF	NAPF	CLN	VAAI3P	DNPF

ἄκανθαι	καὶ	ἔπνιξαν	αὐτά.	[8]ἄλλα	δὲ	ἔπεσεν	ἐπὶ	τὴν	γῆν	τὴν
espinos	y	ahogaron	a ellas.	otras$_2$	Y$_1$	cayeron	sobre	la	tierra	--
173	2532	4155	846	243	1161	4098	1909	3588	1093	3588
NNPF	CLN	VAAI3P	RP3APN	JNPN	CLC, CLK	VAAI3S	P	DASF	NASF	DASF

καλὴν	καὶ	ἐδίδου	καρπόν,	ὃ	μὲν	ἑκατὸν	ὃ	δὲ	ἑξήκοντα
buena	y	daban	fruto,	la cual	por un lado	cien,	la cual$_2$	y$_1$	sesenta,
2570	2532	1325	2590	3739	3303	1540	3739	1161	1835
JASF	CLN	VIAI3S	NASM	RR-NSN	TK, C	XN, J	RR-NSN	CLC, CLK	XN, J

ὃ	δὲ	τριάκοντα.	[9]ὁ	ἔχων	⸀ὦτα	ἀκουέτω.
la cual$_2$	y$_1$	treinta.	El	que tiene	oídos	oiga.
3739	1161	5144	3588	2192	3775	191
RR-NSN	CLC, CLK	XN, J	DNSM	VPAP-SNM	NAPN	VPAM3S

[10]Καὶ	προσελθόντες	οἱ	μαθηταὶ	εἶπαν	αὐτῷ·	Διὰ	τί	ἐν
Y	acercándose	los	discípulos	dijeron	a él:	¿A causa de	qué	en$_3$
2532	4334	3588	3101	3004	846	1223	5101	1722
CLN	VAAP-PNM	DNPM	NNPM	VAAI3P	RP3DSM	P	RI-ASN	P

παραβολαῖς	λαλεῖς	αὐτοῖς;	[11]ὁ	δὲ	ἀποκριθεὶς	εἶπεν	αὐτοῖς·	Ὅτι
parábolas?$_4$	hablas$_1$	a ellos$_2$	--$_2$	Y$_1$	respondiendo,	dijo	a ellos:	Porque
3850	2980	846	3588	1161	611	2036	846	3754
NDPF	VPAI2S	RP3DPM	DNSM	CLN	VAPP-SNM	VAAI3S	RP3DPM	CAZ

ὑμῖν	δέδοται	γνῶναι	τὰ	μυστήρια	τῆς	βασιλείας	τῶν	οὐρανῶν,
a vosotros,$_9$	ha sido dado$_1$	conocer$_2$	los$_3$	misterios$_4$	del$_5$	reino$_6$	de los$_7$	cielos$_8$
5213	1325	1097	3588	3466	3588	932	3588	3772
RP2DP	VRPI3S	VAAN	DAPN	NAPN	DGSF	NGSF	DGPM	NGPM

NVI

gente estaba de pie en
la orilla. 3 Y les dijo en
parábolas muchas cosas
como estas: «Un sem-
brador salió a sembrar.
4 Mientras iba esparcien-
do la semilla, una parte
cayó junto al camino,
y llegaron los pájaros y
se la comieron. 5 Otra
parte cayó en terreno
pedregoso, sin mucha
tierra. Esa semilla brotó
pronto porque la tierra
no era profunda; 6 pero,
cuando salió el sol, las
plantas se marchitaron
y, por no tener raíz, se
secaron. 7 Otra parte
de la semilla cayó entre
espinos que, al crecer,
la ahogaron. 8 Pero las
otras semillas cayeron en
buen terreno, en el que
se dio una cosecha que
rindió treinta, sesenta y
hasta cien veces más de
lo que se había sembra-
do. 9 El que tenga oídos,
que oiga».
10 Los discípu-
los se acercaron y le
preguntaron:
—¿Por qué le hablas a
la gente en parábolas?
11 —A ustedes se les
ha concedido conocer
los secretos del reino de
los cielos; pero a ellos

13:4* O sea *unas semillas.* **13:9⸀** Manuscritos inferiores aumentaron *para oír.*

RVR

no les ha sido dado.
12 Porque a cualquiera
que tiene, se le dará y
tendrá en abundancia;
pero al que no tiene,
aun lo que tiene le será
quitado.
13 Por eso les hablo por
parábolas: porque vien-
do no ven, y oyendo no
oyen, ni entienden.
14 Y se cumple en ellos
la profecía de Isaías,
que dijo:
Ciertamente oiréis, y
no entenderéis;
Miraréis, y no veréis
en absoluto.
15 Porque el corazón
de este pueblo se ha
engrosado,
Y con los oídos han
oído pesadamente,
Y han cerrado sus ojos,
Para no ver nada con
sus ojos,
Y no oír con sus oídos,
Y no entender con el
corazón,
Y convertirse,
Y que yo los sane.
16 Pero bienaventurados
vuestros ojos, porque
ven; y vuestros oídos,
porque oyen.
17 Porque de cierto os
digo, que muchos pro-
fetas y justos desearon
ver lo que veis, y no lo
vieron; y oír lo que oís, y
no lo oyeron.

ἐκείνοις	δὲ	οὐ	δέδοται.	12 ὅστις	γὰρ	ἔχει,	δοθήσεται	αὐτῷ	καὶ
a aquellos$_2$	pero$_1$	no	ha sido dado.	aquel que$_2$	Porque$_1$	tiene,	será dado	a él,	y
1565	1161	3756	1325	3748	1063	2192	1325	846	2532
RD-DPM	*CLC*	*BN, TN*	*VRPI3S*	*RR-NSM*	*CLX*	*VPAI3S*	*VFPI3S*	*RP3DSM*	*CLN*

περισσευθήσεται·	ὅστις	δὲ	οὐκ	ἔχει,	καὶ	ὃ	ἔχει	ἀρθήσεται
sobrará;	aquel que$_2$	pero$_1$	no	tiene,	también	lo que	tiene	será quitado
4052	3748	1161	3756	2192	2532	3739	2192	142
VFPI3S	*RR-NSM*	*CLC*	*BN, TN*	*VPAI3S*	*CLA, B*	*RR-NSN*	*VPAI3S*	*VFPI3S*

ἀπ’	αὐτοῦ.	13 διὰ	τοῦτο	ἐν	παραβολαῖς	αὐτοῖς	λαλῶ,	ὅτι	βλέποντες
de	él.	Por	esto	en$_2$	parábolas$_3$	a ellos,$_4$	hablo$_1$	porque	viendo
575	846	1223	5124	1722	3850	846	2980	3754	991
P	*RP3GSM*	*P*	*RD-NSN*	*P*	*NDPF*	*RP3DPM*	*VPAI1S*	*CAZ*	*VPAP-PNM*

οὐ	βλέπουσιν	καὶ	ἀκούοντες	οὐκ	ἀκούουσιν	οὐδὲ	συνίουσιν·	14 καὶ
no	ven,	y	oyendo	no	oyen	ni	entienden.	Y
3756	991	2532	191	3756	191	3761	4920	2532
BN, TN	*VPAI3P*	*CLN*	*VPAP-PNM*	*BN, TN*	*VPAI3P*	*CLD, TN*	*VPAI3P*	*CLN*

ἀναπληροῦται	αὐτοῖς	ἡ	προφητεία	Ἠσαΐου	ἡ	λέγουσα·	Ἀκοῇ
se cumple$_4$	para ellos,$_5$	la$_1$	profecía$_2$	de Isaías$_3$	la que	dice:	Con el oído
378	846	3588	4394	2268	3588	3004	189
VPPI3S	*RP3DPM*	*DNSF*	*NNSF*	*NGSM*	*DNSF*	*VPAP-SNF*	*NDSF*

ἀκούσετε	καὶ	οὐ	μὴ*	συνῆτε,	καὶ	βλέποντες	βλέψετε	καὶ	οὐ
oiréis	y	no	no	entenderéis	y	viendo	veréis	y	no
191	2532	3756	3361	4920	2532	991	991	2532	3756
VFAI2P	*CLC*	*BN, TN*	*BN, TN*	*VAAS2P*	*CLN*	*VPAP-PNM*	*VFAI2P*	*CLC*	*BN, TN*

μὴ*1	ἴδητε.	15 ἐπαχύνθη	γὰρ	ἡ	καρδία	τοῦ	λαοῦ	τούτου,	καὶ
no	percibiréis.	fue engrosado,$_7$	Porque$_1$	el$_2$	corazón$_3$	del$_4$	pueblo$_5$	este$_6$	y$_8$
3361	1492	3975	1063	3588	2588	3588	2992	5127	2532
BN, TN	*VAAS2P*	*VAPI3S*	*CLX*	*DNSF*	*NNSF*	*DGSM*	*NGSM*	*RD-GSN*	*CLN*

τοῖς	ὠσὶν	βαρέως	ἤκουσαν,	καὶ	τοὺς	ὀφθαλμοὺς	αὐτῶν	ἐκάμμυσαν·
los$_{11}$	oídos,$_{12}$	con dificultad$_9$	oyeron$_{10}$	y$_{13}$	los$_{15}$	ojos$_{16}$	de ellos;$_{17}$	cerraron$_{14}$
3588	3775	917	191	2532	3588	3788	846	2576
DDPN	*NDPN*	*B*	*VAAI3P*	*CLN*	*DAPM*	*NAPM*	*RP3GPM*	*VAAI3P*

μήποτε	ἴδωσιν	τοῖς	ὀφθαλμοῖς	καὶ	τοῖς	ὠσὶν	ἀκούσωσιν	καὶ	τῇ
no sea que	vean	con los	ojos	y	con los	oídos	oigan	y	con el
3379	1492	3588	3788	2532	3588	3775	191	2532	3588
CAP	*VAAS3P*	*DDPM*	*NDPM*	*CLN*	*DDPN*	*NDPN*	*VAAS3P*	*CLN*	*DDSF*

καρδίᾳ	συνῶσιν	καὶ	ἐπιστρέψωσιν,	καὶ	ἰάσομαι	αὐτούς.	16 ὑμῶν
corazón	entiendan	y	se conviertan,	y	yo sane	a ellos.	de vosotros,$_5$
2588	4920	2532	1994	2532	2390	846	5216
NDSF	*VAAS3P*	*CLN*	*VAAS3P*	*CLN*	*VFMI1S*	*RP3APM*	*RP2GP*

δὲ	μακάριοι	οἱ	ὀφθαλμοὶ	ὅτι	βλέπουσιν,	καὶ	τὰ	ὦτα	ὑμῶν
Mas$_1$	bienaventurados$_2$	los$_3$	ojos$_4$	porque	ven,	y	los	oídos	de vosotros,
1161	3107	3588	3788	3754	991	2532	3588	3775	5216
CLC	*JNPM*	*DNPM*	*NNPM*	*CAZ*	*VPAI3P*	*CLN*	*DNPN*	*NNPN*	*RP2GP*

ὅτι	ἀκούουσιν.	17 ἀμὴν	γὰρ	λέγω	ὑμῖν	ὅτι	πολλοὶ	προφῆται
porque	oyen.	de cierto$_2$	Porque$_1$	digo	a vosotros	que	muchos	profetas
3754	191	281	1063	3004	5213	3754	4183	4396
CAZ	*VPAI3P*	*XF, B*	*CAZ*	*VPAI1S*	*RP2DP*	*CSC*	*JNPM*	*NNPM*

καὶ	δίκαιοι	ἐπεθύμησαν	ἰδεῖν	ἃ	βλέπετε	καὶ	οὐκ	εἶδαν,	καὶ
y	justos	desearon	ver	las cosas que	veis	y	no	vieron,	y
2532	1342	1937	1492	3739	991	2532	3756	3708	2532
CLN	*JNPM*	*VAAI3P*	*VAAN*	*RR-APN*	*VPAI2P*	*CLC*	*BN, TN*	*VAAI3P*	*CLN*

ἀκοῦσαι	ἃ	ἀκούετε	καὶ	οὐκ	ἤκουσαν.
oír	las cosas que	oís	y	no	oyeron.
191	3739	191	2532	3756	191
VAAN	*RR-APN*	*VPAI2P*	*CLC*	*BN, TN*	*VAAI3P*

NVI

no. 12 Al que tiene, se le
dará más, y tendrá en
abundancia. Al que no
tiene, hasta lo poco que
tiene se le quitará. 13 Por
eso les hablo a ellos en
parábolas:

»Aunque miran, no
ven;
aunque oyen, no
escuchan ni
entienden.

14 En ellos se cumple la
profecía de Isaías:

»"Por mucho
que oigan, no
entenderán;
por mucho que vean,
no percibirán.
15 Porque el corazón
de este pueblo se ha
vuelto insensible;
se les han embotado
los oídos,
y se les han cerrado
los ojos.
De lo contrario, verían
con los ojos,
oirían con los oídos,
entenderían con el
corazón
y se convertirían, y yo
los sanaría".

16 Pero dichosos los ojos
de ustedes porque ven, y
sus oídos porque oyen.
17 Porque les aseguro que
muchos profetas y otros
justos anhelaron ver lo
que ustedes ven, pero
no lo vieron; y oír lo que
ustedes oyen, pero no lo
oyeron.

13:14*, *1 O sea *de ninguna manera*.

RVR

Jesús explica la parábola del sembrador

18 Vosotros, pues,
escuchad la parábola del
sembrador:
19 Cuando alguno oye
el mensaje del reino y
no lo entiende, viene el
Maligno, y arrebata lo
que fue sembrado en su
corazón. Este es el que
fue sembrado junto al
camino.
20 Y el que fue sembrado
en pedregales, este es el
que oye la palabra, y al
momento la recibe con
gozo;
21 pero no tiene raíz en
sí mismo, sino que es
de corta duración, pues
al venir la aflicción o la
persecución por causa
de la palabra, luego
tropieza.
22 El que fue sembrado
entre espinos, este es el
que oye la palabra, pero
el afán de este siglo y el
engaño de las riquezas
ahogan la palabra, y se
hace infructuosa.
23 Mas el que fue
sembrado en buena
tierra, este es el que oye
y entiende la palabra,
y da fruto; y produce
a ciento, a sesenta, y a
treinta por uno.

18 Ὑμεῖς	οὖν	ἀκούσατε	τὴν	παραβολὴν	τοῦ	σπείραντος.
Vosotros,	entonces,	oíd	la	parábola	del	sembrador.
5210	3767	191	3588	3850	3588	4687
RP2NP	*CLI*	*VAAM2P*	*DASF*	*NASF*	*DGSM*	*VAAP-SGM*

19 παντὸς	ἀκούοντος	τὸν	λόγον	τῆς	βασιλείας	καὶ	μὴ	συνιέντος,
Todo	el que está oyendo	la	palabra	del	reino	y	no	entendiendo,
3956	191	3588	3056	3588	932	2532	3361	4920
JGSM	*VPAP-SGM*	*DASM*	*NASM*	*DGSF*	*NGSF*	*CLN*	*BN, TN*	*VPAP-SGM*

ἔρχεται	ὁ	πονηρὸς	καὶ	ἁρπάζει	τὸ	ἐσπαρμένον	ἐν	τῇ	καρδίᾳ
viene$_3$	el$_1$	maligno$_2$	y	arrebata	lo	que ha sido sembrado	en	el	corazón
2064	3588	4190	2532	726	3588	4687	1722	3588	2588
VPUI3S	*DNSM*	*JNSM*	*CLN*	*VPAI3S*	*DASN*	*VRPP-SAN*	*P*	*DDSF*	*NDSF*

αὐτοῦ·	οὗτός	ἐστιν	ὁ	παρὰ	τὴν	ὁδὸν	σπαρείς.	20 ὁ	δὲ	ἐπὶ
de él;	este	es	el (que)	junto a	el	camino	fue sembrado,	el que$_2$	Mas$_1$	sobre$_4$
846	3778	2076	3588	3844	3588	3598	4687	3588	1161	1909
RP3GSM	*RD-NSM*	*VPAI3S*	*DNSM*	*P*	*DASF*	*NASF*	*VAPP-SNM*	*DNSM*	*CLN*	*P*

τὰ	πετρώδη	σπαρείς,	οὗτός	ἐστιν	ὁ	τὸν	λόγον	ἀκούων	καὶ	εὐθὺς
los$_5$	pedregales,$_6$	fue sembrado$_3$	este	es	el que	la	palabra	está oyendo	y	en seguida
3588	4075	4687	3778	2076	3588	3588	3056	191	2532	2117
DAPN	*JAPN*	*VAPP-SNM*	*RD-NSM*	*VPAI3S*	*DNSM*	*DASM*	*NASM*	*VAPP-SNM*	*CLN*	*B, J*

μετὰ	χαρᾶς	λαμβάνων	αὐτόν,	21 οὐκ	ἔχει	δὲ	ῥίζαν	ἐν	ἑαυτῷ	ἀλλὰ
con	gozo	recibiendo	a ella;	no$_2$	tiene$_3$	pero$_1$	raíz	en	sí mismo,	sino
3326	5479	2983	846	3756	2192	1161	4491	1722	1438	235
P	*NGSF*	*VAPP-SNM*	*RP3ASM*	*BN,TN*	*VPAI3S*	*CLC*	*NASF*	*P*	*RF3DSM*	*CLC*

πρόσκαιρός	ἐστιν,	γενομένης	δὲ	θλίψεως	ἢ	διωγμοῦ	διὰ	τὸν
temporal$_2$	es$_1$	cuando llega a haber$_4$	y$_3$	aflicción	o	persecución	a causa de	la
4340	2076	1096	1161	2347	2228	1375	1223	3588
JNSM	*VPAI3S*	*VAMP-SGF*	*CLN*	*NGSF*	*CLD*	*NGSM*	*P*	*DASM*

λόγον	εὐθὺς	σκανδαλίζεται.	22 ὁ	δὲ	εἰς	τὰς	ἀκάνθας	σπαρείς,
palabra,	en seguida	se ofende.	el que$_2$	Mas$_1$	en$_4$	los$_5$	espinos,$_6$	fue sembrado$_3$
3056	2117	4624	3588	1161	1519	3588	173	4687
NASM	*B, J*	*VPPI3S*	*DNSM*	*CLN*	*P*	*DAPF*	*NAPF*	*VAPP-SNM*

οὗτός	ἐστιν	ὁ	τὸν	λόγον	ἀκούων,	καὶ	ἡ	μέριμνα	τοῦ	αἰῶνος
este	es	el (que)	la$_2$	palabra,$_3$	oyendo$_1$	y	la	preocupación	del	siglo
3778	2076	3588	3588	3056	191	2532	3588	3308	3588	165
RD-NSM	*VPAI3S*	*DNSM*	*DASM*	*NASM*	*VPAP-SNM*	*CLN*	*DNSF*	*NNSF*	*DGSM*	*NGSM*

τούτου	καὶ	ἡ	ἀπάτη	τοῦ	πλούτου	συμπνίγει	τὸν	λόγον,	καὶ
este	y	el	engaño	de la	riqueza	ahoga	la	palabra	y
5127	2532	3588	539	3588	4149	4846	3588	3056	2532
RD-GSM	*CLN*	*DNSF*	*NNSF*	*DGSM*	*NGSM*	*VPAI3S*	*DASM*	*NASM*	*CLN*

ἄκαρπος	γίνεται.	23 ὁ	δὲ	ἐπὶ	τὴν	καλὴν	γῆν	σπαρείς,	οὗτός
sin fruto.$_2$	llega a ser$_1$	el que$_2$	Mas$_1$	sobre$_2$	la$_3$	buena$_4$	tierra,$_5$	fue sembrado$_1$	este
175	1096	3588	1161	1909	3588	2570	1093	4687	3778
JNSM	*VPUI3S*	*DNSM*	*CLN*	*P*	*DASF*	*JASF*	*NASF*	*VAPP-SNM*	*RD-NSM*

ἐστιν	ὁ	τὸν	λόγον	ἀκούων	καὶ	συνιείς,	ὃς	δὴ	καρποφορεῖ
es	el (que)	la	palabra	está oyendo	y	entendiendo,	el que	entonces	da fruto
2076	3588	3588	3056	191	2532	4920	3739	1211	2592
VPAI3S	*DNSM*	*DASM*	*NASM*	*VPAP-SNM*	*CLN*	*VPAP-SNM*	*RR-NSM*	*TE*	*VPAI3S*

καὶ	ποιεῖ	ὃ	μὲν	ἑκατὸν	ὃ	δὲ	ἑξήκοντα	ὃ	δὲ
y	produce,	el que	por un lado	cien,	el que$_2$	y$_1$	sesenta,	el que$_2$	y$_1$
2532	4160	3739	3303	1540	3739	1161	1835	3739	1161
CLN	*VPAI3S*	*RR-NSN*	*TK, C*	*XN, J*	*RR-NSN*	*CLC, CLK*	*XN, J*	*RR-NSN*	*CLC, CLK*

τριάκοντα.
treinta.
5144
XN, J

NVI

18 »Escuchen lo que
significa la parábola del
sembrador: 19 Cuando
alguien oye la palabra
acerca del reino y no
la entiende, viene el
maligno y arrebata lo
que se sembró en su
corazón. Esta es la se-
milla sembrada junto al
camino. 20 El que recibió
la semilla que cayó en
terreno pedregoso es
el que oye la palabra e
inmediatamente la re-
cibe con alegría; 21 pero,
como no tiene raíz, dura
poco tiempo. Cuando
surgen problemas o
persecución a causa de
la palabra, en seguida se
aparta de ella. 22 El que
recibió la semilla que
cayó entre espinos es el
que oye la palabra, pero
las preocupaciones de
esta vida y el engaño de
las riquezas la ahogan,
de modo que esta no
llega a dar fruto. 23 Pero
el que recibió la semilla
que cayó en buen terre-
no es el que oye la pala-
bra y la entiende. Este sí
produce una cosecha al
treinta, al sesenta y hasta
al ciento por uno».

RVR

Parábola del trigo y la cizaña

24 Les refirió otra pará-
bola, diciendo: El reino
de los cielos es seme-
jante a un hombre que
sembró buena semilla
en su campo;
25 pero mientras dor-
mían los hombres, vino
su enemigo y sembró
cizaña entre el trigo, y
se fue.
26 Y cuando brotó la
hierba y dio fruto,
entonces apareció tam-
bién la cizaña.
27 Vinieron los criados
del amo y le dijeron:
Señor, ¿no sembraste
buena semilla en tu
campo? ¿De dónde,
pues, tiene cizaña?
28 Él les dijo: Un ene-
migo ha hecho esto. Y
los siervos le dijeron:
¿Quieres, pues, que
vayamos y la arranque-
mos?
29 Él les dijo: No, no sea
que al arrancar la cizaña,
arranquéis también con
ella el trigo.
30 Dejad crecer juntas las
dos cosas hasta la siega;
y al tiempo de la siega,
les diré a los segado-
res: Recoged primero
la cizaña, y atadla en
manojos para quemarla;

24 Ἄλλην	παραβολὴν	παρέθηκεν	αὐτοῖς	λέγων·	Ὡμοιώθη	ἡ
otra$_2$	parábola$_3$	Presentó$_1$	a ellos	diciendo:	fue comparado$_5$	El$_1$
243	3850	3908	846	3004	3666	3588
JASF	NASF	VAAI3S	RP3DPM	VPAP-SNM	VAPI3S	DNSF

βασιλεία	τῶν	οὐρανῶν	ἀνθρώπῳ	σπείραντι	καλὸν	σπέρμα	ἐν
reino$_2$	de los$_3$	cielos$_4$	a un hombre	que habiendo sembrado	buena	semilla	en
932	3588	3772	444	4687	2570	4690	1722
NNSF	DGPM	NGPM	NDSM	VAAP-SDM	JASN	NASN	P

τῷ	ἀγρῷ	αὐτοῦ.	25 ἐν	δὲ	τῷ	καθεύδειν	τοὺς	ἀνθρώπους
el	campo	de él.	en$_2$	Pero$_1$	--	dormir	los	hombres,
3588	68	846	1722	1161	3588	2518	3588	444
DDSM	NDSM	RP3GSM	P	CLC	DDSN, DDSM	VPAN	DAPM	NAPM

ἦλθεν	αὐτοῦ	ὁ	ἐχθρὸς	καὶ	ἐπέσπειρεν	ζιζάνια	ἀνὰ	μέσον	τοῦ
vino	de él$_3$	el$_1$	enemigo$_2$	y	sembraba encima	cizaña	en	medio de	el
2064	846	3588	2190	2532	4687	2215	303	3319	3588
VAAI3S	RP3GSM	DNSM	JNSM	CLN	VAAI3S, VIAI3S	NAPN	P	JASN	DGSM

σίτου	καὶ	ἀπῆλθεν.	26 ὅτε	δὲ	ἐβλάστησεν	ὁ	χόρτος	καὶ	καρπὸν
trigo	y	se fue.	cuando$_2$	Mas$_1$	brotó$_5$	la$_3$	hierba$_4$	y$_6$	fruto,$_8$
4621	2532	565	3753	1161	985	3588	5528	2532	2590
NGSM	CLN	VAAI3S	CAT	CLN	VAAI3S	DNSM	NNSM	CLN	NASM

ἐποίησεν,	τότε	ἐφάνη	καὶ	τὰ	ζιζάνια.	27 προσελθόντες	δὲ	οἱ
produjo$_7$	entonces	apareció	también	las	cizañas.	acercándose$_2$	Y$_1$	los
4160	5119	5316	2532	3588	2215	4334	1161	3588
VAAI3S	B	VAPI3S	BE, TE	DNPN	NNPN	VAAP-PNM	CLN	DNPM

δοῦλοι	τοῦ	οἰκοδεσπότου	εἶπον	αὐτῷ·	Κύριε,	οὐχὶ	καλὸν	σπέρμα
siervos	del	dueño de la casa	dijeron	a él	Señor:	¿No	buena$_2$	semilla$_3$
1401	3588	3617	2036	846	2962	3780	2570	4690
NNPM	DGSM	NGSM	VAAI3P	RP3DSM	NVSM	TI, TN	JASN	NASN

ἔσπειρας	ἐν	τῷ	σῷ	ἀγρῷ;	πόθεν	οὖν	ἔχει	ζιζάνια;
sembraste$_1$	en	el	tuyo?$_2$	campo$_1$	¿De dónde,	entonces,	tiene	cizañas?
4687	1722	3588	4674	68	4159	3767	2192	2215
VAAI2S	P	DDSM	JDSM, RS2DSM	NDSM	BI	CLI	VPAI3S	NAPN

28 ὁ	δὲ	ἔφη	αὐτοῖς·	Ἐχθρὸς	ἄνθρωπος	τοῦτο	ἐποίησεν.	οἱ	δὲ
--$_2$	Y$_1$	dijo	a ellos:	enemigo$_2$	(Un) hombre$_1$	esto.$_4$	hizo$_3$	los$_6$	Y$_5$
3588	1161	5346	846	2190	444	5124	4160	3588	1161
DNSM	CLN	VIAI3S	RP3DPM	JNSM	NNSM	RD-NSN	VAAI3S	DNPM	CLN

δοῦλοι	αὐτῷ	λέγουσιν·	Θέλεις	οὖν	ἀπελθόντες	συλλέξωμεν	αὐτά;
siervos	a él	dicen	¿quieres$_2$	entonces$_1$	(que) habiendo ido	recojamos	a ella?
1401	846	3004	2309	3767	565	4816	846
NNPM	RP3DSM	VPAI3P	VPAI2S	CLI	VAAP-PNM	VAAS1P	RP3APN

29 ὁ	δέ	φησιν·	Οὔ,	μήποτε	συλλέγοντες	τὰ	ζιζάνια	ἐκριζώσητε
--$_2$	Mas$_1$	dice:	No,	no sea que	al recoger	las	cizañas	arranquéis
3588	1161	5346	3756	3379	4816	3588	2215	1610
DNSM	CLN	VPAI3S	BN, TN	CAP	VPAP-PNM	DAPN	NAPN	VAAS2P

ἅμα	αὐτοῖς	τὸν	σίτον.	30 ἄφετε	συναυξάνεσθαι	ἀμφότερα	μέχρι
al mismo tiempo	con ellas	el	trigo.	Dejad	que vayan creciendo	ambos	hasta
260	846	3588	4621	863	4885	297	3360
P, B	RP3DPM	DASM	NASM	VAAM2P	VPPN	JAPN	B

τοῦ	θερισμοῦ·	καὶ	ἐν	καιρῷ	τοῦ	θερισμοῦ	ἐρῶ	τοῖς	θερισταῖς·
la	cosecha,	y	en	tiempo	de la	cosecha,	diré	a los	segadores:
3588	2326	2532	1722	2540	3588	2326	2046	3588	2327
DGSM	NGSM	CLN	P	NDSM	DGSM	NGSM	VFAI1S	DDPM	NDPM

Συλλέξατε	πρῶτον	τὰ	ζιζάνια	καὶ	δήσατε	αὐτὰ	εἰς	δέσμας	πρὸς	τὸ
Recoged	primero	las	cizañas	y	atad	a ellas	en	manojos	para	--
4816	4412	3588	2215	2532	1210	846	1519	1197	4314	3588
VAAM2P	B, J	DAPN	NAPN	CLN	VAAM2P	RP3APN	P	NAPF	P	DASN

NVI

Parábola de la mala hierba

24 Jesús les contó otra
parábola: «El reino de
los cielos es como un
hombre que sembró
buena semilla en su
campo. 25 Pero, mientras
todos dormían, llegó su
enemigo y sembró mala
hierba entre el trigo, y
se fue. 26 Cuando brotó
el trigo y se formó la
espiga, apareció también
la mala hierba. 27 Los
siervos fueron al dueño
y le dijeron: "Señor, ¿no
sembró usted semilla
buena en su campo?
Entonces, ¿de dónde
salió la mala hierba?"
28 "Esto es obra de un
enemigo", les respondió.
Le preguntaron los sier-
vos: "¿Quiere usted que
vayamos a arrancarla?"
29 "¡No! —les contes-
tó—, no sea que, al
arrancar la mala hierba,
arranquen con ella el tri-
go. 30 Dejen que crezcan
juntos hasta la cosecha.
Entonces les diré a los
segadores: Recojan
primero la mala hierba,
y átenla en manojos para

RVR

pero el trigo recogedlo en mi granero.

Parábola de la semilla de mostaza

31 Les propuso otra parábola, diciendo: El reino de los cielos es semejante a un grano de mostaza, que un hombre tomó y lo sembró en su campo;
32 el cual a la verdad es menor que todas las semillas; pero cuando ha crecido, es mayor que las hortalizas, y se hace árbol, de tal manera que vienen las aves del cielo y hacen nidos en sus ramas.

Parábola de la levadura

33 Les dijo otra parábola: El reino de los cielos es semejante a la levadura que una mujer tomó y la escondió en tres medidas de harina, hasta que todo quedó fermentado.

El uso que Jesucristo hace de las parábolas

34 Todo esto habló Jesús en parábolas a la gente, y sin parábolas no les hablaba nada,
35 de modo que se cumpliese lo dicho por medio del profeta, cuando dijo:

Abriré en parábolas mi boca;
Declararé cosas escondidas desde la fundación del mundo.

κατακαῦσαι	αὐτά,	τὸν	δὲ	σῖτον	συναγάγετε	εἰς	τὴν	ἀποθήκην	μου.
quemar	a ellas,	el$_2$	mas$_1$	trigo$_4$	recoged$_3$	en	el	granero	de mí.
2618	846	3588	1161	4621	4863	1519	3588	596	3450
VAAN	RP3APN	DASM	CLC	NASM	VAAM2P	P	DASF	NASF	RP1GS

31 Ἄλλην	παραβολὴν	παρέθηκεν	αὐτοῖς	λέγων·	Ὁμοία	ἐστὶν	ἡ
otra$_2$	parábola$_3$	Presentó$_1$	a ellos	diciendo:	Semejante$_6$	es$_5$	el$_1$
243	3850	3908	846	3004	3664	2076	3588
JASF	NASF	VAAI3S	RP3DPM	VPAP-SNM	JNSF	VPAI3S	DNSF

βασιλεία	τῶν	οὐρανῶν	κόκκῳ	σινάπεως,	ὃν	λαβὼν	ἄνθρωπος
reino$_2$	de los$_3$	cielos$_4$	a un grano	de mostaza,	el cual	habiendo tomando	un hombre,
932	3588	3772	2848	4615	3739	2983	444
NNSF	DGPM	NGPM	NDSM	NGSN	RR-ASM	VAAP-SNM	NNSM

ἔσπειρεν	ἐν	τῷ	ἀγρῷ	αὐτοῦ·	32 ὃ	μικρότερον	μέν	ἐστιν
sembró	en	el	campo	de él;	el que	más pequeño$_3$	ciertamente$_2$	es$_1$
4687	1722	3588	68	846	3739	3398	3303	2076
VAAI3S	P	DDSM	NDSM	RP3GSM	RR-NSN	JNSNC	TE, C	VPAI3S

πάντων	τῶν	σπερμάτων,	ὅταν	δὲ	αὐξηθῇ	μεῖζον	τῶν	λαχάνων	ἐστὶν
de todas	las	semillas,	cuando$_2$	mas$_1$	ha crecido,	mayor que	de las	hortalizas	es
3956	3588	4690	3752	1161	837	3173	3588	3001	2076
JGPN	DGPN	NGPN	CAT	CLC	VAPS3S	JNSNC	DGPN	NGPN	VPAI3S

καὶ	γίνεται	δένδρον,	ὥστε	ἐλθεῖν	τὰ	πετεινὰ	τοῦ	οὐρανοῦ	καὶ
y	llega a ser	árbol,	de modo que	venir	las	aves	del	cielo	y
2532	1096	1186	5620	2064	3588	4071	3588	3772	2532
CLN	VPUI3S	NNSN	CAR	VAAN	DAPN	NAPN, JAPN	DGSM	NGSM	CLN

κατασκηνοῦν	ἐν	τοῖς	κλάδοις	αὐτοῦ.
vivir	en	las	ramas	de él.
2681	1722	3588	2798	846
VPAN	P	DDPM	NDPM	RP3GSN, RP3GSM

33 Ἄλλην	παραβολὴν	ἐλάλησεν	αὐτοῖς·	Ὁμοία	ἐστὶν	ἡ	βασιλεία
Otra	parábola	habló	a ellos:	semejante$_6$	es$_5$	El$_1$	reino$_2$
243	3850	2980	846	3664	2076	3588	932
JASF	NASF	VAAI3S	RP3DPM	JNSF	VPAI3S	DNSF	NNSF

τῶν	οὐρανῶν	ζύμῃ,	ἣν	λαβοῦσα	γυνὴ	ἐνέκρυψεν	εἰς
de los$_3$	cielos$_4$	(la) levadura,	la cual	habiendo tomado	(una) mujer	escondió	en$_3$
3588	3772	2219	3739	2983	1135	1470	1519
DGPM	NGPM	NDSF	RR-ASF	VAAP-SNF	NNSF	VAAI3S	P

ἀλεύρου	σάτα	τρία	ἕως	οὗ	ἐζυμώθη	ὅλον.
harina$_4$	medidas,$_2$	tres$_1$	hasta	que	fue leudado	todo.
224	4568	5140	2193	3739	2220	3650
NGSN	NAPN	JAPN	P, C	RR-GSM	VAPI3S	JNSN, JASN

34 Ταῦτα	πάντα	ἐλάλησεν	ὁ	Ἰησοῦς	ἐν	παραβολαῖς	τοῖς	ὄχλοις,
estas cosas$_2$	todas$_1$	habló$_5$	--$_3$	Jesús$_4$	en	parábolas	a las	multitudes
5023	3956	2980	3588	2424	1722	3850	3588	3793
RD-APN	JAPN	VAAI3S	DNSM	NNSM	P	NDPF	DDPM	NDPM

καὶ	χωρὶς	παραβολῆς	οὐδὲν	ἐλάλει	αὐτοῖς·	35 ὅπως	πληρωθῇ	τὸ
y	sin	parábolas	nada	hablaba	a ellas;	para que	se cumpliera	lo
2532	5565	3850	3762	2980	846	3704	4137	3588
CLN	P, B	NGSF	JASN	VIAI3S	RP3DPM	CAP	VAPS3S	DNSN

ῥηθὲν	διὰ	τοῦ	προφήτου	λέγοντος·	Ἀνοίξω	ἐν	παραβολαῖς
dicho	por medio de	el	profeta	diciendo:	Abriré	con$_4$	parábolas$_5$
4483	1223	3588	4396	3004	455	1722	3850
VAPP-SNN	P	DGSM	NGSM	VPAP-SGM, VPAP-SGN	VFAI1S	P	NDPF

τὸ	στόμα	μου,	ἐρεύξομαι	κεκρυμμένα	ἀπὸ	⸀καταβολῆς.
la$_1$	boca$_2$	de mí,$_3$	anunciaré	cosas que han estado escondidas	desde	(la) fundación.
3588	4750	3450	2044	2928	575	2602
DASN	NASN	RP1GS	VFMI1S	VRPP-PAN	P	NGSF

NVI

quemarla; después recojan el trigo y guárdenlo en mi granero"».

Parábolas del grano de mostaza y de la levadura

31 Les contó otra parábola: «El reino de los cielos es como un grano de mostaza que un hombre sembró en su campo. 32 Aunque es la más pequeña de todas las semillas, cuando crece es la más grande de las hortalizas y se convierte en árbol, de modo que vienen las aves y anidan en sus ramas».

33 Les contó otra parábola más: «El reino de los cielos es como la levadura que una mujer tomó y mezcló en una gran cantidad de harina, hasta que fermentó toda la masa».

34 Jesús le dijo a la multitud todas estas cosas en parábolas. Sin emplear parábolas no les decía nada. 35 Así se cumplió lo dicho por el profeta:

«Hablaré por medio de parábolas;
revelaré cosas que han estado ocultas desde la creación del mundo».

13:35⸀ Manuscritos importantes tienen *del mundo.*

RVR

Jesucristo explica la parábola de la cizaña

36 Entonces, Jesús dejó
marchar a la gente y se
fue a casa; y acercándose
a él sus discípulos, le
dijeron: Explícanos la
parábola de la cizaña del
campo.
37 Él respondió y les
dijo: El que siembra la
buena semilla es el Hijo
del Hombre.
38 El campo es el mun-
do; la buena semilla son
los hijos del reino, y la
cizaña son los hijos del
Maligno.
39 El enemigo que la
sembró es el diablo; la
siega es el fin del mun-
do; y los segadores son
los ángeles.
40 Así, pues, como se
recoge la cizaña, y se
quema en el fuego, así
será en el fin del mundo.
41 Enviará el Hijo del
Hombre a sus ángeles,
y recogerán de su reino
todo lo que sirve de tro-
piezo, y a los que hacen
iniquidad,
42 y los echarán en el
horno de fuego; allí será
el llanto y el crujir de
dientes.
43 Entonces los justos
resplandecerán como

36 Τότε	ἀφεὶς	τοὺς	ὄχλους	ἦλθεν	εἰς	τὴν	⌜οἰκίαν.	καὶ	προσῆλθον
Entonces,	dejando	las	multitudes,	vino	a	la	casa.	Y	se acercaron$_4$
5119	863	3588	3793	2064	1519	3588	3614	2532	4334
B	*VAAP-SNM*	*DAPM*	*NAPM*	*VAAI3S*	*P*	*DASF*	*NASF*	*CLN*	*VAAI3P*

αὐτῷ	οἱ	μαθηταὶ	αὐτοῦ	λέγοντες·	Διασάφησον	ἡμῖν	τὴν
a él$_5$	los$_1$	discípulos$_2$	de él$_3$	diciendo:	Explica	a nosotros	la
846	3588	3101	846	3004	1285	2254	3588
RP3DSM	*DNPM*	*NNPM*	*RP3GSM*	*VPAP-PNM*	*VAAM2S*	*RP1DP*	*DASF*

παραβολὴν	τῶν	ζιζανίων	τοῦ	ἀγροῦ.	37 ὁ	δὲ	ἀποκριθεὶς	εἶπεν·	Ὁ
parábola	de las	cizañas	del	campo.	--$_2$	y$_1$	respondiendo,	dijo:	El
3850	3588	2215	3588	68	3588	1161	611	2036	3588
NASF	*DGPN*	*NGPN*	*DGSM*	*NGSM*	*DNSM*	*CLN*	*VAPP-SNM*	*VAAI3S*	*DNSM*

σπείρων	τὸ	καλὸν	σπέρμα	ἐστὶν	ὁ	υἱὸς	τοῦ	ἀνθρώπου·	38 ὁ	δὲ
que siembra	la	buena	semilla	es	el	Hijo	del	Hombre.	el$_2$	Y$_1$
4687	3588	2570	4690	2076	3588	5207	3588	444	3588	1161
VPAP-SNM	*DASN*	*JASN*	*NASN*	*VPAI3S*	*DNSM*	*NNSM*	*DGSM*	*NGSM*	*DNSM*	*CLN*

ἀγρός	ἐστιν	ὁ	κόσμος·	τὸ	δὲ	καλὸν	σπέρμα,	οὗτοί	εἰσιν	οἱ	υἱοὶ
campo	es	el	mundo;	la$_2$	y$_1$	buena	semilla,	estos	son	los	hijos
68	2076	3588	2889	3588	1161	2570	4690	3778	1526	3588	5207
NNSM	*VPAI3S*	*DNSM*	*NNSM*	*DNSN*	*CLN*	*JNSN*	*NNSN*	*RD-NPM*	*VPAI3P*	*DNPM*	*NNPM*

τῆς	βασιλείας·	τὰ	δὲ	ζιζάνιά	εἰσιν	οἱ	υἱοὶ	τοῦ	πονηροῦ,	39 ὁ
del	reino	las$_2$	pero$_1$	cizañas	son	los	hijos	del	maligno,	el$_2$
3588	932	3588	1161	2215	1526	3588	5207	3588	4190	3588
DGSF	*NGSF*	*DNPN*	*CLN*	*NNPN*	*VPAI3P*	*DNPM*	*NNPM*	*DGSM*	*JGSM*	*DNSM*

δὲ	ἐχθρὸς	ὁ	σπείρας	αὐτά	ἐστιν	ὁ	διάβολος·	ὁ	δὲ	θερισμὸς
y$_1$	enemigo	el	(que) sembró	a ellas	es	el	diablo,	la$_2$	y$_1$	cosecha$_3$
1161	2190	3588	4687	846	2076	3588	1228	3588	1161	2326
CLN	*JNSM*	*DNSM*	*VAAP-SNM*	*RP3APN*	*VPAI3S*	*DNSM*	*JNSM*	*DNSM*	*CLN*	*NNSM*

συντέλεια	αἰῶνός	ἐστιν,	οἱ	δὲ	θερισταὶ	ἄγγελοί	εἰσιν.	40 ὥσπερ
(el) fin$_5$	de (los) siglos$_6$	es,$_4$	los$_8$	y$_7$	cosechadores	ángeles.$_{10}$	son$_9$	tal como$_2$
4930	165	2076	3588	1161	2327	32	1526	5618
NNSF	*NGSM*	*VPAI3S*	*DNPM*	*CLN*	*NNPM*	*NNPM*	*VPAI3P*	*CAM*

οὖν	συλλέγεται	τὰ	ζιζάνια	καὶ	πυρὶ	καίεται,	οὕτως	ἔσται	ἐν
entonces,$_1$	es recogida	las	cizañas	y	con fuego,$_2$	es consumida$_1$	así	será	en
3767	4816	3588	2215	2532	4442	2545	3779	2071	1722
CLI	*VPPI3S*	*DNPN*	*NNPN*	*CLN*	*NDSN*	*VPPI3S*	*B*	*VFMI3S*	*P*

τῇ	συντελείᾳ	τοῦ	αἰῶνος·	41 ἀποστελεῖ	ὁ	υἱὸς	τοῦ	ἀνθρώπου
el	fin	del	siglo;	eviará$_5$	el$_1$	hijo$_2$	del$_3$	Hombre$_4$
3588	4930	3588	165	649	3588	5207	3588	444
DDSF	*NDSF*	*DGSM*	*NGSM*	*VFAI3S*	*DNSM*	*NNSM*	*DGSM*	*NGSM*

τοὺς	ἀγγέλους	αὐτοῦ,	καὶ	συλλέξουσιν	ἐκ	τῆς	βασιλείας	αὐτοῦ	πάντα
a los	ángeles	de él.	y	recogerán	desde	el	reino	de él	todos
3588	32	846	2532	4816	1537	3588	932	846	3956
DAPM	*NAPM*	*RP3GSM*	*CLN*	*VFAI3P*	*P*	*DGSF*	*NGSF*	*RP3GSM*	*JAPN*

τὰ	σκάνδαλα	καὶ	τοὺς	ποιοῦντας	τὴν	ἀνομίαν,	42 καὶ	βαλοῦσιν
los	tropiezos	y	los	que hacen	la	injusticia,	y	arrojarán
3588	4625	2532	3588	4160	3588	458	2532	906
DAPN	*NAPN*	*CLN*	*DAPM*	*VPAP-PAM*	*DASF*	*NASF*	*CLN*	*VFAI3P*

αὐτοὺς	εἰς	τὴν	κάμινον	τοῦ	πυρός·	ἐκεῖ	ἔσται	ὁ	κλαυθμὸς	καὶ
a ellos	en	el	horno	--	de fuego;	allí	será	el	llanto	y
846	1519	3588	2575	3588	4442	1563	2071	3588	2805	2532
RP3APM	*P*	*DASF*	*NASF*	*DGSN*	*NGSN*	*BP*	*VFMI3S*	*DNSM*	*NNSM*	*CLN*

ὁ	βρυγμὸς	τῶν	ὀδόντων.	43 Τότε	οἱ	δίκαιοι	ἐκλάμψουσιν	ὡς
el	crujir	de los	dientes.	Entonces	los	justos	resplandecerán	como
3588	1030	3588	3599	5119	3588	1342	1584	5613
DNSM	*NNSM*	*DGPM*	*NGPM*	*B*	*DNPM*	*JNPM*	*VFAI3P*	*CAM*

NVI

Explicación de la parábola de la mala hierba

36 Una vez que se
despidió de la multitud,
entró en la casa. Se le
acercaron sus discípulos
y le pidieron:
—Explícanos la pa-
rábola de la mala hierba
del campo.
37 —El que sembró
la buena semilla es el
Hijo del hombre —les
respondió Jesús—. 38 El
campo es el mundo, y la
buena semilla representa
a los hijos del reino.
La mala hierba son los
hijos del maligno, 39 y el
enemigo que la siembra
es el diablo. La cosecha
es el fin del mundo, y
los segadores son los
ángeles.
40 »Así como se
recoge la mala hierba
y se quema en el fuego,
ocurrirá también al fin
del mundo. 41 El Hijo
del hombre enviará a sus
ángeles, y arrancarán de
su reino a todos los que
pecan y hacen pecar.
42 Los arrojarán al horno
encendido, donde
habrá llanto y rechinar
de dientes. 43 Entonces
los justos brillarán en el

13:36⌜ Manuscritos inferiores aumentaron *Jesús*.

RVR

el sol en el reino de
su Padre. El que tiene
oídos para oír, oiga.

El tesoro escondido

44 Además, el reino de
los cielos es semejante a
un tesoro escondido en
un campo, que, encon-
trándolo un hombre,
lo esconde; y gozoso
por ello, va, vende todo
lo que tiene, y compra
aquel campo.

La perla de gran precio

45 También es semejante
el reino de los cielos a
un mercader que busca
perlas finas,
46 y habiendo hallado
una perla de gran valor,
fue y vendió todo lo que
tenía, y la compró.

La red

47 Asimismo el reino de
los cielos es semejante
a una red que se echa al
mar y recoge peces de
toda clase;
48 y una vez llena, la sa-
can a la orilla, se sientan,
recogen los buenos en
cestas y tiran los malos.

ὁ	ἥλιος	ἐν	τῇ	βασιλείᾳ	τοῦ	πατρὸς	αὐτῶν.	ὁ	ἔχων	⸀ὦτα
el	sol	en	el	reino	del	Padre	de ellos.	El	que tiene	oídos
3588	2246	1722	3588	932	3588	3962	846	3588	2192	3775
DNSM	*NNSM*	*P*	*DDSF*	*NDSF*	*DGSM*	*NGSM*	*RP3GPM*	*DNSM*	*VPAP-SNM*	*NAPN*

ἀκουέτω.
oiga.
191
VPAM3S

44 Ὁμοία	ἐστὶν	ἡ	βασιλεία	τῶν	οὐρανῶν	θησαυρῷ	κεκρυμμένῳ
semejante$_6$	es$_5$	El$_1$	reino$_2$	de los$_3$	cielos$_4$	a un tesoro	que ha sido escondido
3664	2076	3588	932	3588	3772	2344	2928
JNSF	*VPAI3S*	*DNSF*	*NNSF*	*DGPM*	*NGPM*	*NDSM*	*VRPP-SDM*

ἐν	τῷ	ἀγρῷ,	ὃν	εὑρὼν	ἄνθρωπος	ἔκρυψεν,	καὶ	ἀπὸ	τῆς
en	el	campo,	el cual	habiendo encontrado	un hombre,	escondió,	y	de	el
1722	3588	68	3739	2147	444	2928	2532	575	3588
P	*DDSM*	*NDSM*	*RR-ASM*	*VAAP-SNM*	*NNSM*	*VAAI3S*	*CLN*	*P*	*DGSF*

χαρᾶς	αὐτοῦ	ὑπάγει	καὶ	πωλεῖ	πάντα	ὅσα	ἔχει	καὶ	ἀγοράζει
gozo	de él,	va	y	vende	todas	cuantas cosas	tiene	y	compra
5479	846	5217	2532	4453	3956	3745	2192	2532	59
NGSF	*RP3GSM*	*VPAI3S*	*CLN*	*VPAI3S*	*JAPN*	*RK-APN*	*VPAI3S*	*CLN*	*VPAI3S*

τὸν	ἀγρὸν	ἐκεῖνον.
el	campo	aquel.
3588	68	1565
DASM	*NASM*	*RD-ASM*

45 Πάλιν	ὁμοία	ἐστὶν	ἡ	βασιλεία	τῶν	οὐρανῶν	ἀνθρώπῳ
De nuevo,	semejante$_6$	es$_5$	el$_1$	reino$_2$	de los$_3$	cielos$_4$	a un hombre
3825	3664	2076	3588	932	3588	3772	444
B	*JNSF*	*VPAI3S*	*DNSF*	*NNSF*	*DGPM*	*NGPM*	*NDSM*

ἐμπόρῳ	ζητοῦντι	καλοὺς	μαργαρίτας·	46 εὑρὼν	δὲ	ἕνα
comerciante	que busca	buenas	perlas;	habiendo encontrado$_2$	y$_1$	una
1713	2212	2570	3135	2147	1161	1520
NDSM	*VPAP-SDM*	*JAPM*	*NAPM*	*VAAP-SNM*	*CLN*	*JASM*

πολύτιμον	μαργαρίτην	ἀπελθὼν	πέπρακεν	πάντα	ὅσα	εἶχεν	καὶ
de gran valor,$_2$	perla$_1$	habiendo ido	ha vendido	todas	cuantas cosas	tenía	y
4186	3135	565	4097	3956	3745	2192	2532
JASM	*NASM*	*VAAP-SNM*	*VRAI3S*	*JAPN*	*RK-APN*	*VIAI3S*	*CLN*

ἠγόρασεν	αὐτόν.
compró	a ella.
59	846
VAAI3S	*RP3ASM*

47 Πάλιν	ὁμοία	ἐστὶν	ἡ	βασιλεία	τῶν	οὐρανῶν	σαγήνῃ
De nuevo,	semejante$_6$	es$_5$	el$_1$	reino$_2$	de los$_3$	cielos$_4$	a una red de arrastre
3825	3664	2076	3588	932	3588	3772	4522
B	*JNSF*	*VPAI3S*	*DNSF*	*NNSF*	*DGPM*	*NGPM*	*NDSF*

βληθείσῃ	εἰς	τὴν	θάλασσαν	καὶ	ἐκ	παντὸς	γένους	συναγαγούσῃ·
arrojada	en	el	mar	y	de$_2$	toda$_3$	clase (de peces);$_4$	ha recogido$_1$
906	1519	3588	2281	2532	1537	3956	1085	4863
VAPP-SDF	*P*	*DASF*	*NASF*	*CLN*	*P*	*JGSN*	*NGSN*	*VAAP-SDF*

48 ἣν	ὅτε	ἐπληρώθη	ἀναβιβάσαντες	ἐπὶ	τὸν	αἰγιαλὸν	καὶ
la cual,	cuando	se llenó,	habiendo sacado	sobre	la	playa	y,
3739	3753	4137	307	1909	3588	123	2532
RR-ASF	*CAT*	*VAPI3S*	*VAAP-PNM*	*P*	*DASM*	*NASM*	*CLN*

καθίσαντες	συνέλεξαν	τὰ	καλὰ	εἰς	ἄγγη,	τὰ	δὲ	σαπρὰ	ἔξω
habiéndose sentado	recogieron	los	buenos	en	contenedores,	los$_2$	pero$_1$	malos$_3$	fuera.$_5$
2523	4816	3588	2570	1519	30	3588	1161	4550	1854
VAAP-PNM	*VAAI3P*	*DAPN*	*JAPN*	*P*	*NAPN*	*DAPN*	*CLC*	*JAPN*	*BP*

NVI

reino de su Padre como
el sol. El que tenga oídos,
que oiga.

Parábolas del tesoro escondido y de la perla

44 »El reino de los
cielos es como un tesoro
escondido en un campo.
Cuando un hombre
lo descubrió, lo volvió
a esconder, y lleno de
alegría fue y vendió todo
lo que tenía y compró
ese campo.
45 »También se parece
el reino de los cielos a un
comerciante que andaba
buscando perlas finas.
46 Cuando encontró
una de gran valor, fue y
vendió todo lo que tenía
y la compró.

Parábola de la red

47 »También se pare-
ce el reino de los cielos a
una red echada al lago,
que recoge peces de toda
clase. 48 Cuando se llena,
los pescadores la sacan a
la orilla, se sientan y re-
cogen en canastas los pe-
ces buenos, y desechan
los malos. 49 Así será al

13:43⸀ Manuscritos inferiores aumentaron *para oir*.

RVR

49 Así será en el fin del
mundo: saldrán los
ángeles, y separarán a
los malos de entre los
justos,

50 y los echarán en el
horno de fuego; allí será
el llanto y el crujir de
dientes.

51 ¿Habéis entendido es-
tas cosas?, les dijo Jesús.
Ellos respondieron: Sí,
Señor.

52 Él les dijo: Por eso,
todo escriba que ha
sido hecho discípulo
del reino de los cielos
es semejante a un amo
de casa, que saca de su
tesoro cosas nuevas y
cosas viejas.

Jesucristo en Nazaret

53 Aconteció que cuan-
do terminó Jesús estas
parábolas, se fue de allí.

54 Y llegando a su
pueblo, les enseñaba
en la sinagoga de ellos,
de tal manera que se
quedaban asombrados,
y decían: ¿De dónde
tiene esa sabiduría y esos
prodigios?

55 ¿No es este el hijo
del carpintero? ¿No se
llama su madre María,
y sus hermanos Jacobo,
José, Simón y Judas?

ἔβαλον.	49 οὕτως	ἔσται	ἐν	τῇ	συντελείᾳ	τοῦ	αἰῶνος·	ἐξελεύσονται
echaron$_4$	Así	será	en	el	fin	del	siglo;	saldrán$_3$
906	3779	2071	1722	3588	4930	3588	165	1831
VAAI3P	*B*	*VFMI3S*	*P*	*DDSF*	*NDSF*	*DGSM*	*NGSM*	*VFMI3P*

οἱ	ἄγγελοι	καὶ	ἀφοριοῦσιν	τοὺς	πονηροὺς	ἐκ	μέσου	τῶν	δικαίων
los$_1$	ángeles$_2$	y	separarán	a los	malos	de	en medio	de los	justos,
3588	32	2532	873	3588	4190	1537	3319	3588	1342
DNPM	*NNPM*	*CLN*	*VFAI3P*	*DAPM*	*JAPM*	*P*	*JGSN*	*DGPM*	*JGPM*

50 καὶ	βαλοῦσιν	αὐτοὺς	εἰς	τὴν	κάμινον	τοῦ	πυρός·	ἐκεῖ	ἔσται	ὁ
y	arrojarán	a ellos	en	el	horno	--	de fuego;	allí	será	el
2532	906	846	1519	3588	2575	3588	4442	1563	2071	3588
CLN	*VFAI3P*	*RP3APM*	*P*	*DASF*	*NASF*	*DGSN*	*NGSN*	*BP*	*VFMI3S*	*DNSM*

κλαυθμὸς	καὶ	ὁ	βρυγμὸς	τῶν	ὀδόντων.
llanto	y	el	crujir	de los	dientes.
2805	2532	3588	1030	3588	3599
NNSM	*CLN*	*DNSM*	*NNSM*	*DGPM*	*NGPM*

51 ⸀Συνήκατε	ταῦτα	πάντα;	λέγουσιν	αὐτῷ·	⸀1Ναί.	52 ὁ	δὲ	εἶπεν
¿Entendisteis	estas cosas?$_2$	todas$_1$	Dicen	a él:	Sí.	--$_2$	Y$_1$	dijo
4920	5023	3956	3004	846	3483	3588	1161	2036
VAAI2P	*RD-APN*	*JAPN*	*VPAI3P*	*RP3DSM*	*I, T*	*DNSM*	*CLN*	*VAAI3S*

αὐτοῖς·	Διὰ	τοῦτο	πᾶς	γραμματεὺς	μαθητευθεὶς	τῇ	βασιλείᾳ
a ellos:	A causa de	esto	todo	escriba	que ha sido discipulado	en el	reino
846	1223	5124	3956	1122	3100	3588	932
RP3DPM	*P*	*RD-NSN*	*JNSM*	*NNSM*	*VAPP-SNM*	*DDSF*	*NDSF*

τῶν	οὐρανῶν	ὅμοιός	ἐστιν	ἀνθρώπῳ	οἰκοδεσπότῃ	ὅστις	ἐκβάλλει
de los	cielos	semejante$_1$	es$_2$	a un hombre	dueño de casa,	el cual	saca
3588	3772	3664	2076	444	3617	3748	1544
DGPM	*NGPM*	*JNSM*	*VPAI3S*	*NDSM*	*NDSM*	*RR-NSM*	*VPAI3S*

ἐκ	τοῦ	θησαυροῦ	αὐτοῦ	καινὰ	καὶ	παλαιά.	53 καὶ	ἐγένετο	ὅτε
de	el	tesoro	de él	nuevas cosas	y	viejas cosas.	Y	sucedió (que)	cuando
1537	3588	2344	846	2537	2532	3820	2532	1096	3753
P	*DGSM*	*NGSM*	*RP3GSM*	*JAPN*	*CLN*	*JAPN*	*CLN*	*VAMI3S*	*CAT*

ἐτέλεσεν	ὁ	Ἰησοῦς	τὰς	παραβολὰς	ταύτας,	μετῆρεν	ἐκεῖθεν.
terminó$_3$	--$_1$	Jesús$_2$	las	parábolas	estas,	partió	de allí.
5055	3588	2424	3588	3850	3778	3332	1564
VAAI3S	*DNSM*	*NNSM*	*DAPF*	*NAPF*	*RD-APF*	*VAAI3S*	*BP*

54 καὶ	ἐλθὼν	εἰς	τὴν	πατρίδα	αὐτοῦ	ἐδίδασκεν	αὐτοὺς	ἐν	τῇ
y	habiendo venido	a	la	tierra natal	de él,	enseñaba	a ellos	en	la
2532	2064	1519	3588	3968	846	1321	846	1722	3588
CLN	*VAAP-SNM*	*P*	*DASF*	*NASF*	*RP3GSM*	*VIAI3S*	*RP3APM*	*P*	*DDSF*

συναγωγῇ	αὐτῶν,	ὥστε	ἐκπλήσσεσθαι	αὐτοὺς	καὶ	λέγειν·	Πόθεν
sinagoga	de ellos	de modo que	estar llenos de admiración	ellos	y	decir:	¿De dónde
4864	846	5620	1605	846	2532	3004	4159
NDSF	*RP3GPM*	*CAR*	*VPPN*	*RP3APM*	*CLN*	*VPAN*	*BI*

τούτῳ	ἡ	σοφία	αὕτη	καὶ	αἱ	δυνάμεις;	55 οὐχ	οὗτός	ἐστιν	ὁ
a éste?$_6$	la$_1$	sabiduría$_2$	esta$_3$	y$_4$	los$_5$	milagros$_6$	¿No	este$_2$	es$_1$	el
5129	3588	4678	3778	2532	3588	1411	3756	3778	2076	3588
RD-DSM	*DNSF*	*NNSF*	*RD-NSF*	*CLN*	*DNPF*	*NNPF*	*TI,TN*	*RD-NSM*	*VPAI3S*	*DNSM*

τοῦ	τέκτονος	υἱός;	οὐχ	ἡ	μήτηρ	αὐτοῦ	λέγεται	Μαριὰμ	καὶ	οἱ
del$_2$	carpintero?$_3$	hijo$_1$	¿No	la$_3$	madre$_4$	de él$_5$	es llamada$_1$	María$_2$	y	los
3588	5045	5207	3756	3588	3384	846	3004	3137	2532	3588
DGSM	*NGSM*	*NNSM*	*TI, TN*	*DNSF*	*NNSF*	*RP3GSM*	*VPPI3S*	*NNSF, XP*	*CLN*	*DNPM*

ἀδελφοὶ	αὐτοῦ	Ἰάκωβος	καὶ	Ἰωσὴφ	καὶ	Σίμων	καὶ	Ἰούδας;	56 καὶ	αἱ
hermanos	de él	Jacob	y	José	y	Simón	y	Judas?	Y	las
80	846	2385	2532	2501	2532	4613	2532	2455	2532	3588
NNPM	*RP3GSM*	*NNSM*	*CLN*	*NNSM, XP*	*CLN*	*NNSM*	*CLN*	*NNSM*	*CLN*	*DNPF*

NVI

fin del mundo. Vendrán
los ángeles y apartarán
de los justos a los mal-
vados, 50 y los arrojarán
al horno encendido,
donde habrá llanto y
rechinar de dientes.

51 —¿Han entendido
todo esto? —les pregun-
tó Jesús.

—Sí —respondieron
ellos.

Entonces concluyó
Jesús:

52 —Todo maestro de
la ley que ha sido instrui-
do acerca del reino de los
cielos es como el dueño
de una casa, que de lo
que tiene guardado saca
tesoros nuevos y viejos.

Un profeta sin honra

53 Cuando Jesús
terminó de contar estas
parábolas, se fue de allí.
54 Al llegar a su tierra,
comenzó a enseñar a la
gente en la sinagoga.

—¿De dónde sacó
este tal sabiduría y tales
poderes milagrosos? —
decían maravillados—.
55 ¿No es acaso el hijo
del carpintero? ¿No se
llama su madre María;
y no son sus hermanos
Jacobo, José, Simón
y Judas? 56 ¿No están

13:51⸀ Manuscritos inferiores aumentaron *Jesús les dijo.* **13:51⸀1** Manuscritos inferiores aumentaron *Señor.*

RVR

56 Y sus hermanas ¿no viven todas entre nosotros? ¿De dónde, pues, le viene todo esto?
57 Y se escandalizaban de él. Pero Jesús les dijo: No hay profeta sin honra, sino en su propia tierra y en su casa.
58 Y no hizo allí muchos milagros, a causa de la incredulidad de ellos.

Muerte de Juan el Bautista

14 Por aquel tiempo, Herodes el tetrarca oyó la fama de Jesús,
2 y dijo a sus servidores: Este es Juan el Bautista; ha resucitado de los muertos, y por eso actúan en él esos poderes milagrosos.
3 Porque Herodes había prendido a Juan, y le había encadenado y metido en la cárcel, por causa de Herodías, mujer de su hermano Felipe;
4 porque Juan le decía: No te es lícito tenerla.
5 Y Herodes quería matarle, pero temió al pueblo; porque tenían a Juan por profeta.
6 Pero al llegar el cumpleaños de Herodes, la hija de Herodías bailó

ἀδελφαὶ	αὐτοῦ	οὐχὶ	πᾶσαι	πρὸς	ἡμᾶς	εἰσιν;	πόθεν	οὖν	τούτῳ
hermanas	de él,	¿no	todas$_2$	con$_3$	nosotros?$_4$	están$_1$	¿De dónde,	entonces,	a este
79	846	3780	3956	4314	2248	1526	4159	3767	5129
NNPF	RP3GSM	TI, TN	JNPF	P	RP1AP	VPAI3P	BI	CLI	RD-DSM

ταῦτα	πάντα;	57 καὶ	ἐσκανδαλίζοντο	ἐν	αὐτῷ.	ὁ	δὲ	Ἰησοῦς
estas cosas?$_2$	todas$_1$	Y	se escandalizaban	por	él.	--$_2$	Y$_1$	Jesús
5023	3956	2532	4624	1722	846	3588	1161	2424
RD-APN	JNPN	CLN	VIPI3P	P	RP3DSM	DNSM	CLN	NNSM

εἶπεν	αὐτοῖς·	Οὐκ	ἔστιν	προφήτης	ἄτιμος	εἰ	μὴ	ἐν	τῇ	πατρίδι
dijo	a ellos:	No	es (hay)	profeta	sin honra	si	no	en	la	tierra natal
2036	846	3756	2076	4396	820	1487	3361	1722	3588	3968
VAAI3S	RP3DPM	BN, TN	VPAI3S	NNSM	JNSM	CAC	BN, TN	P	DDSF	NDSF

καὶ	ἐν	τῇ	οἰκίᾳ	αὐτοῦ.	58 καὶ	οὐκ	ἐποίησεν	ἐκεῖ	δυνάμεις	πολλὰς
y	en	la	casa	de él.	y	no	hizo	allí	milagros$_2$	muchos$_1$
2532	1722	3588	3614	846	2532	3756	4160	1563	1411	4183
CLN	P	DDSF	NDSF	RP3GSM	CLN	BN, TN	VAAI3S	BP	NAPF	JAPF

διὰ	τὴν	ἀπιστίαν	αὐτῶν.
a causa de	la	incredulidad	de ellos.
1223	3588	570	846
P	DASF	NASF	RP3GPM

14 Ἐν	ἐκείνῳ	τῷ	καιρῷ	ἤκουσεν	Ἡρῴδης	ὁ	τετραάρχης	τὴν
En	aquel	--	tiempo	oyó$_4$	Herodes$_1$	el$_2$	tetrarca$_3$	la
1722	1565	3588	2540	191	2264	3588	5076	3588
P	RD-DSM	DDSM	NDSM	VAAI3S	NNSM	DNSM	NNSM	DASF

ἀκοὴν	Ἰησοῦ,	2 καὶ	εἶπεν	τοῖς	παισὶν	αὐτοῦ·	Οὗτός	ἐστιν	Ἰωάννης
fama	de Jesús.	Y	dijo	a los	siervos	de él:	este	es	Juan
189	2424	2532	2036	3588	3816	846	3778	2076	2491
NASF	NGSM	CLN	VAAI3S	DDPM	NDPM	RP3GSM	RD-NSM	VPAI3S	NNSM

ὁ	βαπτιστής·	αὐτὸς	ἠγέρθη	ἀπὸ	τῶν	νεκρῶν,	καὶ	διὰ	τοῦτο	αἱ
el	Bautista;	él	fue levantado	de	los	muertos,	y	por	esto	los
3588	910	846	1453	575	3588	3498	2532	1223	5124	3588
DNSM	NNSM	RP3NSMP	VAPI3S	P	DGPM	JGPM	CLN	P	RD-NSN	DNPF

δυνάμεις	ἐνεργοῦσιν	ἐν	αὐτῷ.	3 Ὁ	γὰρ	Ἡρῴδης	κρατήσας	τὸν
poderes milagrosos	actúan	en	él.	--$_2$	Porque$_1$	Herodes,	tras arrestar	--
1411	1754	1722	846	3588	1063	2264	2902	3588
NNPF	VPAI3P	P	RP3DSM	DNSM	CLX	NNSM	VAAP-SNM	DASM

Ἰωάννην	ἔδησεν	αὐτὸν	καὶ	ἐν	φυλακῇ	ἀπέθετο	διὰ	Ἡρῳδιάδα
a Juan,	encarceló	a él	y	en$_2$	cárcel$_3$	(lo) puso$_1$	a causa de	Herodías
2491	1210	846	2532	1722	5438	659	1223	2266
NASM	VAAI3S	RP3ASM	CLN	P	NDSF	VAMI3S	P	NASF

τὴν	γυναῖκα	Φιλίππου	τοῦ	ἀδελφοῦ	αὐτοῦ,	4 ἔλεγεν	γὰρ	αὐτῷ
la	esposa	de Felipe	el	hermano	de él;	decía$_4$	porque$_1$	a él:$_5$
3588	1135	5376	3588	80	846	3004	1063	846
DASF	NASF	NGSM	DGSM	NGSM	RP3GSM	VIAI3S	CAZ	RP3DSM

ὁ	Ἰωάννης·	Οὐκ	ἔξεστίν	σοι	ἔχειν	αὐτήν.	5 καὶ	θέλων	αὐτὸν
--$_2$	Juan$_3$	No	es lícito	a ti	tener	a ella.	Y,	queriendo	a él,$_2$
3588	2491	3756	1832	4671	2192	846	2532	2309	846
DNSM	NNSM	BN, TN	VPAI3S	RP2DS	VPAN	RP3ASF	CAN	VPAP-SNM	RP3ASM

ἀποκτεῖναι	ἐφοβήθη	τὸν	ὄχλον,	ὅτι	ὡς	προφήτην	αὐτὸν	εἶχον.
matar$_1$	temió	la	multitud,	porque	como$_3$	profeta.$_4$	a él$_2$	tenían$_1$
615	5399	3588	3793	3754	5613	4396	846	2192
VAAN	VAPI3S	DASM	NASM	CAZ	CAM, B	NASM	RP3ASM	VIAI3P

6 γενεσίοις	δὲ	γενομένοις	τοῦ	Ἡρῴδου	ὠρχήσατο	ἡ	θυγάτηρ
(el) cumpleaños$_3$	y$_1$	llegado$_2$	--	de Herodes,	bailó$_5$	la$_1$	hija$_2$
1077	1161	1096	3588	2264	3738	3588	2364
NDPN	CLN	VAMP-PDN	DGSM	NGSM	VAMI3S	DNSF	NNSF

NVI

con nosotros todas sus hermanas? ¿Así que de dónde sacó todas estas cosas?
57 Y se escandalizaban a causa de él. Pero Jesús les dijo:
—En todas partes se honra a un profeta, menos en su tierra y en su propia casa.
58 Y por la incredulidad de ellos, no hizo allí muchos milagros.

Decapitación de Juan el Bautista

14 En aquel tiempo Herodes el tetrarca se enteró de lo que decían de Jesús, 2 y comentó a sus sirvientes: «¡Ese es Juan el Bautista; ha resucitado! Por eso tiene poder para realizar milagros».
3 En efecto, Herodes había arrestado a Juan. Lo había encadenado y metido en la cárcel por causa de Herodías, esposa de su hermano Felipe.
4 Es que Juan había estado diciéndole: «La ley te prohíbe tenerla por esposa». 5 Herodes quería matarlo, pero le tenía miedo a la gente, porque consideraban a Juan como un profeta.
6 En el cumpleaños de Herodes, la hija de Herodías bailó delante

RVR

en presencia de todos, y
agradó a Herodes,
7 por lo cual este le pro-
metió con juramento
darle cualquier cosa que
pidiese.
8 Ella, instruida de
antemano por su madre,
dijo: Dame aquí en un
plato la cabeza de Juan el
Bautista.
9 Entonces el rey se en-
tristeció; pero en aten-
ción a los juramentos y
a los que estaban con él
a la mesa, mandó que se
la diesen,
10 y envió a decapitar a
Juan en la cárcel.
11 Y fue traída su cabeza
en un plato, y dada a la
muchacha; y ella la llevó
a su madre.
12 Y llegaron los discípu-
los de Juan, se llevaron el
cadáver y lo enterraron:
y fueron a comunicárse-
lo a Jesús.

Alimentación de los cinco mil

13 Cuando Jesús oyó
esto, se retiró de allí en
una barca a un lugar de-
sierto, a solas; y cuando
la gente lo oyó, le siguió
a pie desde las ciudades.
14 Y al salir él, vio una
gran multitud, y tuvo
compasión de ellos, y
sanó a los que de ellos
estaban enfermos.

τῆς	Ἡρῳδιάδος	ἐν	τῷ	μέσῳ	καὶ	ἤρεσεν	τῷ	Ἡρῴδῃ,	7 ὅθεν	μετὰ
--$_3$	de Herodía$_4$	en	--	medio	y	agradó	--	a Herodes,	por eso	con$_2$
3588	2266	1722	3588	3319	2532	700	3588	2264	3606	3326
DGSF	*NGSF*	*P*	*DDSN*	*JDSN*	*CLN*	*VAAI3S*	*DDSM*	*NDSM*	*B, C*	*P*

ὅρκου	ὡμολόγησεν	αὐτῇ	δοῦναι	ὃ	ἐὰν	αἰτήσηται.	8 ἡ
juramento$_3$	prometió$_1$	a ella	dar	cualquiera cosa	si	pidiera.	ella$_2$
3727	3670	846	1325	3739	1437	154	3588
NGSM	*VAAI3S*	*RP3DSF*	*VAAN*	*RR-ASN*	*TC*	*VAMS3S*	*DNSF*

δὲ	προβιβασθεῖσα	ὑπὸ	τῆς	μητρὸς	αὐτῆς·	Δός	μοι,	φησίν,	ὧδε	ἐπὶ
Y$_1$	habiendo sido instigada	por	la	madre	de ella,	da$_2$	a mí$_3$	dice:$_1$	aquí	sobre
1161	4264	5259	3588	3384	846	1325	3427	5346	5602	1909
CLN	*VAPP-SNF*	*P*	*DGSF*	*NGSF*	*RP3GSF*	*VAAM2S*	*RP1DS*	*VPAI3S*	*BP*	*P*

πίνακι	τὴν	κεφαλὴν	Ἰωάννου	τοῦ	βαπτιστοῦ.	9 καὶ	λυπηθεὶς	ὁ
un plato	la	cabeza	de Juan	el	Bautista.	Y	entristecido$_1$	el
4094	3588	2776	2491	3588	910	2532	3076	3588
NDSM, NDSF	*DASF*	*NASF*	*NGSM*	*DGSM*	*NGSM*	*CAN*	*VAPP-SNM*	*DNSM*

βασιλεὺς	διὰ	τοὺς	ὅρκους	καὶ	τοὺς	συνανακειμένους	ἐκέλευσεν
rey$_2$	a causa de	los	juramentos	y	los	juntados a comer,	mandó
935	1223	3588	3727	2532	3588	4873	2753
NNSM	*P*	*DAPM*	*NAPM*	*CLN*	*DAPM*	*VPUP-PAM*	*VAAI3S*

δοθῆναι,	10 καὶ	πέμψας	ἀπεκεφάλισεν	τὸν	Ἰωάννην	ἐν
que fuese dada a (ella),	y	habiendo enviado	decapitó	--	a Juan	en
1325	2532	3992	607	3588	2491	1722
VAPN	*CLN*	*VAAP-SNM*	*VAAI3S*	*DASM*	*NASM*	*P*

τῇ	φυλακῇ·	11 καὶ	ἠνέχθη	ἡ	κεφαλὴ	αὐτοῦ	ἐπὶ	πίνακι	καὶ	ἐδόθη
la	cárcel.	Y	fue traída$_4$	la$_1$	cabeza$_2$	de él$_3$	sobre	un plato	y	fue dada
3588	5438	2532	5342	3588	2776	846	1909	4094	2532	1325
DDSF	*NDSF*	*CLN*	*VAPI3S*	*DNSF*	*NNSF*	*RP3GSM*	*P*	*NDSM, NDSF*	*CLN*	*VAPI3S*

τῷ	κορασίῳ,	καὶ	ἤνεγκεν	τῇ	μητρὶ	αὐτῆς.	12 καὶ	προσελθόντες	οἱ
a la	joven;	y	llevó	a la	madre	de ella.	Y	acercándose$_3$	los$_1$
3588	2877	2532	5342	3588	3384	846	2532	4334	3588
DDSN	*NDSN*	*CLN*	*VAAI3S*	*DDSF*	*NDSF*	*RP3GSF*	*CLN*	*VAAP-PNM*	*DNPM*

μαθηταὶ	αὐτοῦ	ἦραν	τὸ	⌜πτῶμα	καὶ	ἔθαψαν	αὐτόν,	καὶ	ἐλθόντες
discípulos$_2$	de él,	tomaron	el	cadáver	y	enterraron	a él,	y,	habiendo llegado,
3101	846	142	3588	4430	2532	2290	846	2532	2064
NNPM	*RP3GSM*	*VAAI3P*	*DASN*	*NASN*	*CLN*	*VAAI3P*	*RP3ASM*	*CLN*	*VAAP-PNM*

ἀπήγγειλαν	τῷ	Ἰησοῦ.
informaron	--	a Jesús.
518	3588	2424
VAAI3P	*DDSM*	*NDSM*

13 Ἀκούσας	δὲ	ὁ	Ἰησοῦς	ἀνεχώρησεν	ἐκεῖθεν	ἐν	πλοίῳ	εἰς
habiendo oído$_2$	Y$_1$	--	Jesús	se retiró	de allí	en	una barca	hacia
191	1161	3588	2424	402	1564	1722	4143	1519
VAAP-SNM	*CLN*	*DNSM*	*NNSM*	*VAAI3S*	*BP*	*P*	*NDSN*	*P*

ἔρημον	τόπον	κατ᾽	ἰδίαν·	καὶ	ἀκούσαντες	οἱ	ὄχλοι	ἠκολούθησαν
desierto$_2$	un lugar$_1$	en	privado,	y	habiendo oído	las	multitudes	siguieron
2048	5117	2596	2398	2532	191	3588	3793	190
JASM	*NASM*	*P*	*JASF*	*CLN*	*VAAP-PNM*	*DNPM*	*NNPM*	*VAAI3P*

αὐτῷ	πεζῇ	ἀπὸ	τῶν	πόλεων.	14 καὶ	ἐξελθὼν	εἶδεν	πολὺν	ὄχλον,
a él	a pie	desde	las	ciudades.	Y	habiendo salido,	vio	mucha	multitud,
846	3979	575	3588	4172	2532	1831	1492	4183	3793
RP3DSM	*B*	*P*	*DGPF*	*NGPF*	*CLN*	*VAAP-SNM*	*VAAI3S*	*JASM*	*NASM*

καὶ	ἐσπλαγχνίσθη	ἐπ᾽	αὐτοῖς	καὶ	ἐθεράπευσεν	τοὺς	ἀρρώστους
y	se compadeció	por	ellos	y	sanó	a los	enfermos
2532	4697	1909	846	2532	2323	3588	732
CLN	*VAPI3S*	*P*	*RP3DPM*	*CLN*	*VAAI3S*	*DAPM*	*JAPM*

NVI

de todos; y tanto le agra-
dó a Herodes 7 que le
prometió bajo juramen-
to darle cualquier cosa
que pidiera. 8 Instigada
por su madre, le pidió:
«Dame en una bandeja
la cabeza de Juan el
Bautista».
9 El rey se entristeció,
pero, a causa de sus ju-
ramentos y en atención
a los invitados, ordenó
que se le concediera la
petición, 10 y mandó
decapitar a Juan en la
cárcel. 11 Llevaron la ca-
beza en una bandeja y se
la dieron a la muchacha,
quien se la entregó a su
madre. 12 Luego llegaron
los discípulos de Juan,
recogieron el cuerpo
y le dieron sepultura.
Después fueron y avisa-
ron a Jesús.

Jesús alimenta a los cinco mil

13 Cuando Jesús reci-
bió la noticia, se retiró
él solo en una barca a
un lugar solitario. Las
multitudes se enteraron
y lo siguieron a pie desde
los poblados. 14 Cuando
Jesús desembarcó y
vio a tanta gente, tuvo
compasión de ellos y
sanó a los que estaban
enfermos.

14:12⌜ Manuscritos importantes tienen *cuerpo*.

RVR

15 Al caer la tarde,
se acercaron a él sus
discípulos, y le dijeron:
El lugar es despoblado,
y la hora ya es avanzada;
despide a la multitud,
para que vayan por las
aldeas y compren de
comer.
16 Jesús les dijo: No
tienen necesidad de
irse; dadles vosotros de
comer.
17 Y ellos dijeron: No
tenemos aquí sino cinco
panes y dos peces.
18 Él dijo: Traédmelos
acá.
19 Entonces mandó a la
gente recostarse sobre la
hierba; y tomando los
cinco panes y los dos pe-
ces, alzó los ojos al cielo,
pronunció la bendición,
partió los panes y los
dio a los discípulos, y los
discípulos a la multitud.
20 Y comieron todos, y
se quedaron satisfechos;
y recogieron lo que so-
bró de los pedazos, doce
cestas llenas.
21 Y los que comieron
eran unos cinco mil
hombres, sin contar
mujeres y niños.

El Señor Jesús anda sobre el mar

22 En seguida obligó a
sus discípulos a entrar
en la barca e ir delante

αὐτῶν. 15 ὀψίας δὲ γενομένης προσῆλθον αὐτῷ οἱ μαθηταὶ
de ellos. (el) atardecer$_3$ Y$_1$ habiendo llegado,$_2$ vinieron$_6$ a él$_7$ los$_4$ discípulos$_5$
846 3798 1161 1096 4334 846 3588 3101
RP3GPM JGSF CLN VAMP-SGF VAAI3P RP3DSM DNPM NNPM

λέγοντες· Ἔρημός ἐστιν ὁ τόπος καὶ ἡ ὥρα ἤδη παρῆλθεν·
diciendo:$_8$ desierto$_{12}$ es$_{11}$ el$_9$ lugar$_{10}$ y la hora ya pasó;
3004 2048 2076 3588 5117 2532 3588 5610 2235 3928
VPAP-PNM JNSM VPAI3S DNSM NNSM CLN DNSF NNSF B VAAI3S

ἀπόλυσον τοὺς ὄχλους, ἵνα ἀπελθόντες εἰς τὰς κώμας ἀγοράσωσιν
despide a las multitudes para que, habiéndose ido a las aldeas, compren
630 3588 3793 2443 565 1519 3588 2968 59
VAAM2S DAPM NAPM CAP VAAP-PNM P DAPF NAPF VAAS3P

ἑαυτοῖς βρώματα. 16 ὁ δὲ Ἰησοῦς εἶπεν αὐτοῖς· Οὐ χρείαν
para sí mismos alimentos. --$_2$ Mas$_1$ Jesús dijo a ellos: No necesidad$_2$
1438 1033 3588 1161 2424 2036 846 3756 5532
RF3DPM NAPN DNSM CLC NNSM VAAI3S RP3DPM BN, TN NASF

ἔχουσιν ἀπελθεῖν· δότε αὐτοῖς ὑμεῖς φαγεῖν. 17 οἱ δὲ λέγουσιν
tienen$_1$ de irse; dad$_2$ a ellos$_3$ vosotros$_1$ de comer. ellos$_2$ Y$_1$ dicen
2192 565 1325 846 5210 5315 3588 1161 3004
VPAI3P VAAN VAAM2P RP3DPM RP2NP VAAN DNPM CLC VPAI3P

αὐτῷ· Οὐκ ἔχομεν ὧδε εἰ μὴ πέντε ἄρτους καὶ δύο ἰχθύας. 18 ὁ
a él: No tenemos aquí si no cinco panes y dos peces. él$_2$
846 3756 2192 5602 1487 3361 4002 740 2532 1417 2486 3588
RP3DSM BN, TN VPAI1P BP CAC BN, TN XN, J NAPM CLN XN, J NAPM DNSM

δὲ εἶπεν· Φέρετέ μοι ὧδε αὐτούς. 19 καὶ κελεύσας τοὺς ὄχλους
Mas$_1$ dijo: Traed a mí$_2$ aquí.$_3$ a ellos$_1$ Y, habiendo ordenado (a) las multitudes
1161 2036 5342 3427 5602 846 2532 2753 3588 3793
CLC VAAI3S VPAM2P RP1DS BP RP3APM CLN VAAP-SNM DAPM NAPM

ἀνακλιθῆναι ἐπὶ τοῦ χόρτου, λαβὼν τοὺς πέντε ἄρτους καὶ τοὺς
recostarse sobre la hierba, habiendo tomando los cinco panes y los
347 1909 3588 5528 2983 3588 4002 740 2532 3588
VAPN P DGSM NGSM VAAP-SNM DAPM XN, J NAPM CLN DAPM

δύο ἰχθύας, ἀναβλέψας εἰς τὸν οὐρανὸν εὐλόγησεν καὶ κλάσας
dos peces, habiendo levantado la vista hacia el cielo, bendijo y, habiendo partido,
1417 2486 308 1519 3588 3772 2127 2532 2806
XN, J NAPM VAAP-SNM P DASM NASM VAAI3S CLN VAAP-SNM

ἔδωκεν τοῖς μαθηταῖς τοὺς ἄρτους οἱ δὲ μαθηταὶ τοῖς ὄχλοις.
dio a los discípulos los panes, los$_2$ y$_1$ discípulos a las multitudes.
1325 3588 3101 3588 740 3588 1161 3101 3588 3793
VAAI3S DDPM NDPM DAPM NAPM DNPM CLN NNPM DDPM NDPM

20 καὶ ἔφαγον πάντες καὶ ἐχορτάσθησαν, καὶ ἦραν τὸ περισσεῦον
Y comieron todos y quedaron saciados; y se llevaron lo sobrante
2532 5315 3956 2532 5526 2532 142 3588 4052
CLN VAAI3P JNPM CLN VAPI3P CLN VAAI3P DASN VPAP-SAN

τῶν κλασμάτων δώδεκα κοφίνους πλήρεις. 21 οἱ δὲ ἐσθίοντες ἦσαν
de los pedazos: doce cestos llenos. los$_2$ Y$_1$ que comieron eran
3588 2801 1427 2894 4134 3588 1161 2068 2258
DGPN NGPN XN, J NAPM JAPM DNPM CLN VPAP-PNM VIAI3P

ἄνδρες ὡσεὶ πεντακισχίλιοι χωρὶς γυναικῶν καὶ παιδίων.
varones$_3$ como$_1$ cinco mil$_2$ sin mujeres y niños.
435 5616 4000 5565 1135 2532 3813
NNPM CAM, B JNPM P, B NGPF CLN NGPN

22 Καὶ εὐθέως ἠνάγκασεν τοὺς μαθητὰς ἐμβῆναι εἰς πλοῖον
E inmediatamente obligó a los discípulos entrar en (la) barca
2532 2112 315 3588 3101 1684 1519 4143
CLN B VAAI3S DAPM NAPM VAAN P NASN

NVI

15 Al atardecer se le
acercaron sus discípulos
y le dijeron:
—Este es un lugar
apartado y ya se hace
tarde. Despide a la
gente, para que vayan a
los pueblos y se compren
algo de comer.
16 —No tienen que
irse —contestó Jesús—.
Denles ustedes mismos
de comer.
17 Ellos objetaron:
—No tenemos aquí
más que cinco panes y
dos pescados.
18 —Tráiganmelos acá
—les dijo Jesús.
19 Y mandó a la gente
que se sentara sobre la
hierba. Tomó los cinco
panes y los dos pescados
y, mirando al cielo, los
bendijo. Luego partió
los panes y se los dio a los
discípulos, quienes los
repartieron a la gente.
20 Todos comieron hasta
quedar satisfechos, y los
discípulos recogieron
doce canastas llenas de
pedazos que sobraron.
21 Los que comieron
fueron unos cinco mil
hombres, sin contar a las
mujeres y a los niños.

Jesús camina sobre el agua

22 En seguida Jesús
hizo que los discípulos
subieran a la barca y se le

RVR

de él a la otra orilla, en-
tretanto que él despedía
a la multitud.
23 Y una vez que despi-
dió a la multitud, subió
al monte, a solas, a orar;
y cuando llegó la noche,
estaba allí solo.
24 Y la barca estaba ya en
medio del mar, azotada
por las olas; porque el
viento era contrario.
25 Mas a la cuarta vigilia
de la noche, Jesús vino
a ellos andando sobre
el mar.
26 Y los discípulos, al
verle andar sobre el mar,
se turbaron y decían:
¡Es un fantasma! Y se
pusieron a gritar llenos
de miedo.
27 Pero en seguida les
habló Jesús, diciendo:
¡Tened ánimo; yo soy,
no temáis!
28 Entonces le respon-
dió Pedro, y dijo: Señor,
si eres tú, mándame ir a
ti sobre las aguas.
29 Y él dijo: Ven. Y des-
cendiendo Pedro de la
barca, se puso a caminar
sobre las aguas, para ir
hacia Jesús.
30 Pero al percibir el
fuerte viento, tuvo

καὶ προάγειν αὐτὸν εἰς τὸ πέραν, ἕως οὗ ἀπολύσῃ τοὺς ὄχλους.

e ir delante de él a el otro lado, hasta que despidieses a las multitudes.

2532 4254 846 1519 3588 4008 2193 3739 630 3588 3793

CLN VPAN RP3ASM P DASN BP P, C RR-GSM VAAS3S DAPM NAPM

23 καὶ ἀπολύσας τοὺς ὄχλους ἀνέβη εἰς τὸ ὄρος κατ’ ἰδίαν

Y habiendo despedido a las multitudes subió a el monte en privado

2532 630 3588 3793 305 1519 3588 3735 2596 2398

CLN VAAP-SNM DAPM NAPM VAAI3S P DASN NASN P JASF

προσεύξασθαι. ὀψίας δὲ γενομένης μόνος ἦν ἐκεῖ. 24 τὸ δὲ

para orar. (el) atardecer$_3$ Y$_1$ habiendo llegado,$_2$ solo$_5$ estaba$_4$ allí. la$_2$ Mas$_1$

4336 3798 1161 1096 3441 2258 1563 3588 1161

VAMN JGSF CLN VAMP-SGF JNSM VIAI3S BP DNSN CLC

πλοῖον ἤδη σταδίους πολλοὺς ἀπὸ τῆς γῆς ἀπεῖχεν, βασανιζόμενον

barca ya estadios$_3$ muchos$_2$ de$_4$ la$_5$ tierra,$_6$ distaba$_1$ siendo azotada

4143 2235 4712 4183 575 3588 1093 568 928

NNSN B NAPM, NAPN JAPM P DGSF NGSF VIAI3S VPPP-SNN

ὑπὸ τῶν κυμάτων, ἦν γὰρ ἐναντίος ὁ ἄνεμος. 25 τετάρτῃ

por las olas era$_4$ porque$_1$ contrario.$_5$ el$_2$ viento$_3$ (durante la) cuarta$_2$

5259 3588 2949 2258 1063 1727 3588 417 5067

P DGPN NGPN VIAI3S CAZ JNSM DNSM NNSM JDSF

δὲ φυλακῇ τῆς νυκτὸς ἦλθεν πρὸς ⸀αὐτοὺς περιπατῶν ἐπὶ τὴν

Mas$_1$ vigilia de la noche vino a a ellos andando sobre el

1161 5438 3588 3571 2064 4314 846 4043 1909 3588

CLN NDSF DGSF NGSF VAAI3S P RP3APM VPAP-SNM P DASF

θάλασσαν. 26 οἱ δὲ μαθηταὶ ἰδόντες αὐτὸν ἐπὶ τῆς θαλάσσης

mar. los$_2$ Y$_1$ discípulos$_3$ cuando vieron$_4$ a él$_5$ sobre$_7$ el$_8$ mar$_9$

2281 3588 1161 3101 1492 846 1909 3588 2281

NASF DNPM CLN NNPM VAAP-PNM RP3ASM P DGSF NGSF

περιπατοῦντα ἐταράχθησαν λέγοντες ὅτι Φάντασμά ἐστιν, καὶ ἀπὸ

andando$_6$ se asustaron diciendo que fantasma$_2$ es$_1$ y de

4043 5015 3004 3754 5326 2076 2532 575

VPAP-SAM VAPI3P VPAP-PNM CSC NNSN VPAI3S CLN P

τοῦ φόβου ἔκραξαν. 27 εὐθὺς δὲ ἐλάλησεν αὐτοῖς ὁ Ἰησοῦς

el miedo gritaron. en seguida$_2$ Y$_1$ habló$_5$ a ellos$_6$ --$_3$ Jesús$_4$

3588 5401 2896 2117 1161 2980 846 3588 2424

DGSM NGSM VAAI3P B, J CLC VAAI3S RP3DPM DNSM NNSM

λέγων· Θαρσεῖτε, ἐγώ εἰμι· μὴ φοβεῖσθε.

diciendo: Tened valor yo soy, no temáis.

3004 2293 1473 1510 3361 5399

VPAP-SNM VPAM2P RP1NS VPAI1S BN, TN VPUM2P

28 Ἀποκριθεὶς δὲ αὐτῷ ὁ Πέτρος εἶπεν· Κύριε, εἰ σὺ εἶ,

respondiendo$_2$ Mas$_1$ a él -- Pedro, dijo: Señor, si tú eres,

611 1161 846 3588 4074 2036 2962 1487 4771 1488

VAPP-SNM CLN RP3DSM DNSM NNSM VAAI3S NVSM CAC RP2NS VPAI2S

κέλευσόν με ἐλθεῖν πρὸς σὲ ἐπὶ τὰ ὕδατα. 29 ὁ δὲ εἶπεν·

ordena a mí venir a ti sobre las aguas. --$_2$ Y$_1$ dijo:

2753 3165 2064 4314 4571 1909 3588 5204 3588 1161 2036

VAAM2S RP1AS VAAN P RP2AS P DAPN NAPN DNSM CLN VAAI3S

Ἐλθέ. καὶ καταβὰς ἀπὸ τοῦ πλοίου Πέτρος περιεπάτησεν ἐπὶ

Ven. Y habiendo bajado de la barca, Pedro anduvo sobre

2064 2532 2597 575 3588 4143 4074 4043 1909

VAAM2S CLN VAAP-SNM P DGSN NGSN NNSM VAAI3S P

τὰ ὕδατα καὶ ἦλθεν πρὸς τὸν Ἰησοῦν. 30 βλέπων δὲ τὸν ἄνεμον

las aguas y fue hacia -- Jesús. viendo$_2$ Mas$_1$ el viento

3588 5204 2532 2064 4314 3588 2424 991 1161 3588 417

DAPN NAPN CLN VAAI3S P DASM NASM VPAP-SNM CLC DASM NASM

NVI

adelantaran al otro lado
mientras él despedía a la
multitud. 23 Después de
despedir a la gente, subió
a la montaña para orar a
solas. Al anochecer, esta-
ba allí él solo, 24 y la barca
ya estaba bastante lejos
de la tierra, zarandeada
por las olas, porque el
viento le era contrario.
25 En la madrugada,
Jesús se acercó a ellos
caminando sobre el lago.
26 Cuando los discípulos
lo vieron caminando
sobre el agua, quedaron
aterrados.
—¡Es un fantasma!
—gritaron de miedo.
27 Pero Jesús les dijo
en seguida:
—¡Cálmense! Soy yo.
No tengan miedo.
28 —Señor, si eres tú
—respondió Pedro—,
mándame que vaya a ti
sobre el agua.
29 —Ven —dijo Jesús.
Pedro bajó de la barca
y caminó sobre el agua
en dirección a Jesús.
30 Pero, al sentir el viento
fuerte, tuvo miedo y

14:25⸀ Manuscritos inferiores aumentaron *Jesús*.

RVR

miedo; y comenzando a
hundirse, gritó: ¡Señor,
sálvame!
31 Al momento Jesús,
tendiéndole la mano,
lo agarró, y le dijo:
¡Hombre de poca fe!
¿Por qué dudaste?
32 Y cuando ellos subie-
ron a la barca, se calmó
el viento.
33 Entonces los que esta-
ban en la barca, vinieron
y le adoraron, diciendo:
Verdaderamente eres el
Hijo de Dios.

Jesucristo sana a los enfermos en Genesaret

34 Y terminada la trave-
sía, vinieron a tierra de
Genesaret.
35 Cuando le recono-
cieron los hombres de
aquel lugar, enviaron
a decirlo por todos
aquellos contornos, y le
trajeron todos los que se
hallaban mal;
36 y le rogaban que les
dejase tocar solamente
el borde de su manto;
y todos los que lo toca-
ron, quedaron comple-
tamente curados.

Las tradiciones de los fariseos

15 Entonces se
acercaron a Jesús
ciertos escribas y fariseos
de Jerusalén, diciendo:
2 ¿Por qué quebrantan
tus discípulos la tradi-
ción de los ancianos?

ἰσχυρὸν ἐφοβήθη, καὶ ἀρξάμενος καταποντίζεσθαι ἔκραξεν λέγων·
fuerte, tuvo miedo y, habiendo comenzado (a) hundirse, gritó diciendo:
2478 5399 2532 756 2670 2896 3004
JASM VAPI3S CLN VAMP-SNM VPPN VAAI3S VPAP-SNM

Κύριε, σῶσόν με. 31 εὐθέως δὲ ὁ Ἰησοῦς ἐκτείνας τὴν χεῖρα
Señor salva a mí. al instante$_2$ Y$_1$ -- Jesús, habiendo extendido la mano,
2962 4982 3165 2112 1161 3588 2424 1614 3588 5495
NVSM VAAM2S RP1AS B CLN DNSM NNSM VAAP-SNM, VAAP-SNF DASF NASF

ἐπελάβετο αὐτοῦ καὶ λέγει αὐτῷ· Ὀλιγόπιστε, εἰς τί ἐδίστασας;
agarró a él y dice a él: ¡De poca fe! ¿Por qué dudaste?
1949 846 2532 3004 846 3640 1519 5101 1365
VAMI3S RP3GSM CLN VPAI3S RP3DSM JVSM P RI-ASN VAAI2S

32 καὶ ἀναβάντων αὐτῶν εἰς τὸ πλοῖον ἐκόπασεν ὁ ἄνεμος. 33 οἱ
Y cuando subieron ellos en la barca, cesó.$_3$ el$_1$ viento$_2$ los$_2$
2532 305 846 1519 3588 4143 2869 3588 417 3588
CLN VAAP-PGM RP3GPM P DASN NASN VAAI3S DNSM NNSM DNPM

δὲ ἐν τῷ πλοίῳ προσεκύνησαν αὐτῷ λέγοντες· Ἀληθῶς θεοῦ
Y$_1$ en la barca se prostraron ante él diciendo: Verdaderamente de Dios.$_3$
1161 1722 3588 4143 4352 846 3004 230 2316
CLN P DDSN NDSN VAAI3P RP3DSM VPAP-PNM B NGSM

υἱὸς εἶ.
Hijo$_2$ eres$_1$
5207 1488
NNSM VPAI2S

34 Καὶ διαπεράσαντες ἦλθον ἐπὶ τὴν γῆν εἰς Γεννησαρέτ. 35 καὶ
Y habiendo pasado al otro lado, vinieron a la tierra en Genesaret. Y
2532 1276 2064 1909 3588 1093 1519 1082 2532
CLN VAAP-PNM VAAI3P P DASF NASF P NASF, XP CLN

ἐπιγνόντες αὐτὸν οἱ ἄνδρες τοῦ τόπου ἐκείνου ἀπέστειλαν εἰς
cuando reconocieron a él los hombres del lugar aquel, enviaron por
1921 846 3588 435 3588 5117 1565 649 1519
VAAP-PNM RP3ASM DNPM NNPM DGSM NGSM RD-GSM VAAI3P P

ὅλην τὴν περίχωρον ἐκείνην, καὶ προσήνεγκαν αὐτῷ πάντας τοὺς
toda la región vecina aquella, y trajeron a él a todos los
3650 3588 4066 1565 2532 4374 846 3956 3588
JASF DASF JASF RD-ASF CLN VAAI3P RP3DSM JAPM DAPM

κακῶς ἔχοντας, 36 καὶ παρεκάλουν αὐτὸν ἵνα μόνον ἅψωνται τοῦ
mal.$_2$ que tenían$_1$ Y rogaban a él que solo tocaran el
2560 2192 2532 3870 846 2443 3440 680 3588
B VPAP-PAM CLN VIAI3P RP3ASM CSC B, J VAMS3P DGSN

κρασπέδου τοῦ ἱματίου αὐτοῦ· καὶ ὅσοι ἥψαντο διεσώθησαν.
borde del manto de él; y cuantos tocaron quedaron sanados.
2899 3588 2440 846 2532 3745 680 1295
NGSN DGSN NGSN RP3GSM CLN RK-NPM VAMI3P VAPI3P

15 Τότε προσέρχονται τῷ Ἰησοῦ ἀπὸ Ἱεροσολύμων
Entonces se acercan$_6$ --$_7$ a Jesús$_8$ de$_4$ Jerusalén$_5$
5119 4334 3588 2424 575 2414
B VPUI3P DDSM NDSM P NGPN

Φαρισαῖοι καὶ γραμματεῖς λέγοντες 2 Διὰ τί οἱ μαθηταί σου
fariseos$_1$ y$_2$ escribas$_3$ diciendo: ¿Por qué los discípulos de ti
5330 2532 1122 3004 1223 5101 3588 3101 4675
NNPM CLN NNPM VPAP-PNM P RI-ASN DNPM NNPM RP2GS

παραβαίνουσιν τὴν παράδοσιν τῶν πρεσβυτέρων; οὐ γὰρ
quiebran la tradición de los ancianos? no$_2$ Porque$_1$
3845 3588 3862 3588 4245 3756 1063
VPAI3P DASF NASF DGPM JGPM BN, TN CAZ

NVI

comenzó a hundirse.
Entonces gritó:
—¡Señor, sálvame!
31 En seguida Jesús le
tendió la mano y, suje-
tándolo, lo reprendió:
—¡Hombre de poca
fe! ¿Por qué dudaste?
32 Cuando subieron a
la barca, se calmó el vien-
to. 33 Y los que estaban
en la barca lo adoraron
diciendo:
—Verdaderamente tú
eres el Hijo de Dios.
34 Después de cruzar
el lago, desembarcaron
en Genesaret. 35 Los ha-
bitantes de aquel lugar
reconocieron a Jesús y
divulgaron la noticia
por todos los alrededo-
res. Le llevaban todos los
enfermos, 36 suplicán-
dole que les permitiera
tocar siquiera el borde
de su manto, y quienes
lo tocaban quedaban
sanos.

Lo limpio y lo impuro

15 Se acercaron a
Jesús algunos
fariseos y maestros
de la ley que habían
llegado de Jerusalén, y le
preguntaron:
2 —¿Por qué que-
brantan tus discípulos
la tradición de los
ancianos? ¡Comen sin

RVR

Pues no se lavan las ma-
nos cuando comen pan.
3 Respondiendo él, les
dijo: ¿Por qué también
vosotros quebrantáis el
mandamiento de Dios
por vuestra tradición?
4 Porque Dios mandó
diciendo: Honra a tu
padre y a tu madre; y: El
que maldiga al padre o a
la madre, muera irremi-
siblemente.
5 Pero vosotros decís:
Cualquiera que diga a
su padre o a su madre:
Ya he ofrecido a Dios
todo lo mío con que yo
pudiera ayudarte,
6 ya no está obligado a
honrar a su padre o a su
madre. Así habéis inva-
lidado el mandamiento
de Dios por vuestra
tradición.
7 Hipócritas, bien pro-
fetizó de vosotros Isaías,
cuando dijo:
8 Este pueblo me
honra con los
labios;
Pero su corazón está
lejos de mí.
9 Mas en vano me
rinden culto,
Enseñando doctrinas
que son preceptos
de hombres.
10 Y llamando a sí a la
multitud, les dijo: Oíd,
y entended:
11 No es lo que entra en
la boca lo que contamina

νίπτονται τὰς χεῖρας αὐτῶν ὅταν ἄρτον ἐσθίωσιν. 3 ὁ δὲ
lavan las manos de ellos cuando pan.$_2$ comen$_1$ --$_2$ Pero$_1$
3538 3588 5495 846 3752 740 2068 3588 1161
VPMI3P DAPF NAPF RP3GPM CAT NASM VPAS3P DNSM CLC

ἀποκριθεὶς εἶπεν αὐτοῖς· Διὰ τί καὶ ὑμεῖς παραβαίνετε τὴν
respondiendo, dijo a ellos: ¿Por qué también vosotros quebrantan el
611 2036 846 1223 5101 2532 5210 3845 3588
VAPP-SNM VAAI3S RP3DPM P RI-ASN BE, TE RP2NP VPAI2P DASF

ἐντολὴν τοῦ θεοῦ διὰ τὴν παράδοσιν ὑμῶν; 4 ὁ γὰρ θεὸς ⸀εἶπεν·
mandamiento -- de Dios por la tradición de vosotros? --$_2$ Porque$_1$ Dios dijo:
1785 3588 2316 1223 3588 3862 5216 3588 1063 2316 3004
NASF DGSM NGSM P DASF NASF RP2GP DNSM CAZ NNSM VAAI3S

Τίμα τὸν πατέρα καὶ τὴν μητέρα, καί· Ὁ κακολογῶν πατέρα ἢ
Honra al padre y a la madre y el que habla mal de (l) padre o
5091 3588 3962 2532 3588 3384 2532 3588 2551 3962 2228
VPAM2S DASM NASM CLN DASF NASF CLN DNSM VPAP-SNM NASM CLD

μητέρα θανάτῳ τελευτάτω*. 5 ὑμεῖς δὲ λέγετε· Ὃς ἂν εἴπῃ
madre con muerte muera. vosotros$_2$ Mas$_1$ decís: Cualquiera que -- diga
3384 2288 5053 5210 1161 3004 3739 302 2036
NASF NDSM VPAM3S RP2NP CLC VPAI2P RR-NSM TC VAAS3S

τῷ πατρὶ ἢ τῇ μητρί· Δῶρον ὃ ἐὰν ἐξ ἐμοῦ ὠφεληθῇς,*
al padre o a la madre: Ofrenda (es) lo que si de mí puedas sacar provecho,
3588 3962 2228 3588 3384 1435 3739 1437 1537 1700 5623
DDSM NDSM CLD DDSF NDSF NNSN RR-ASN TC P RP1GS VAPS2S

6 οὐ μὴ τιμήσει τὸν πατέρα ⸀αὐτοῦ· καὶ ἠκυρώσατε τὸν
No no honrará al padre de él; y habéis invalidado la
3756 3361 5091 3588 3962 846 2532 208 3588
BN, TN BN, TN VFAI3S DASM NASM RP3GSM CLN VAAI2P DASM

λόγον τοῦ θεοῦ διὰ τὴν παράδοσιν ὑμῶν. 7 ὑποκριταί, καλῶς
palabra -- de Dios por medio de la tradición de vosotros. ¡Hipócritas! Bien
3056 3588 2316 1223 3588 3862 5216 5273 2573
NASM DGSM NGSM P DASF NASF RP2GP NVPM B

ἐπροφήτευσεν περὶ ὑμῶν Ἠσαΐας λέγων· 8 Ὁ λαὸς οὗτος τοῖς
profetizó$_2$ acerca de$_3$ de vosotros$_4$ Isaías$_1$ diciendo: El pueblo este con los
4395 4012 5216 2268 3004 3588 2992 3778 3588
VAAI3S P RP2GP NNSM VPAP-SNM DNSM NNSM RD-NSM DDPN

χείλεσίν με τιμᾷ, ἡ δὲ καρδία αὐτῶν πόρρω ἀπέχει ἀπ᾽ ἐμοῦ·
labios a mí honra, el$_2$ pero$_1$ corazón de ellos lejos$_2$ está$_1$ de mí;
5491 3165 5091 3588 1161 2588 846 4206 568 575 1700
NDPN RP1AS VPAI3S DNSF CLC NNSF RP3GPM B VPAI3S P RP1GS

9 μάτην δὲ σέβονταί με, διδάσκοντες διδασκαλίας ἐντάλματα
en vano$_2$ y$_1$ adoran a mí, enseñando como doctrinas mandatos
3155 1161 4576 3165 1321 1319 1778
B CLC VPUI3P RP1AS VPAP-PNM NAPF NAPN

ἀνθρώπων.
de seres humanos.
444
NGPM

10 Καὶ προσκαλεσάμενος τὸν ὄχλον εἶπεν αὐτοῖς· Ἀκούετε καὶ
Y habiendo llamado para sí la multitud, dijo a ellos: Oíd y
2532 4341 3588 3793 2036 846 191 2532
CLN VAMP-SNM DASM NASM VAAI3S RP3DPM VPAM2P CLN

συνίετε· 11 οὐ τὸ εἰσερχόμενον εἰς τὸ στόμα κοινοῖ τὸν
entended: No lo que entra en la boca hace impuro al
4920 3756 3588 1525 1519 3588 4750 2840 3588
VPAM2P BN,TN DNSN VPUP-SNN P DASN NASN VPAI3S DASM

NVI

cumplir primero el rito
de lavarse las manos!
3 Jesús les contestó:
—¿Y por qué ustedes
quebrantan el manda-
miento de Dios a causa
de la tradición? 4 Dios
dijo: "Honra a tu padre
y a tu madre", y también:
"El que maldiga a su
padre o a su madre será
condenado a muerte".
5 Ustedes, en cambio,
enseñan que un hijo
puede decir a su padre o
a su madre: "Cualquier
ayuda que pudiera darte
ya la he dedicado como
ofrenda a Dios". 6 En
ese caso, el tal hijo no
tiene que honrar a su
padre. Así por causa de
la tradición anulan us-
tedes la palabra de Dios.
7 ¡Hipócritas! Tenía
razón Isaías cuando
profetizó de ustedes:

8 »"Este pueblo me
honra con los
labios,
pero su corazón está
lejos de mí.
9 En vano me adoran;
sus enseñanzas no
son más que re-
glas humanas"».

10 Jesús llamó a la
multitud y dijo:
—Escuchen y entien-
dan. 11 Lo que contami-
na a una persona no es
lo que entra en la boca,

15:4⸀ Manuscritos inferiores tienen *ordenó diciendo.* **15:4*** O sea *muera irremisiblemente.* **15:5*** O sea *Es ofrenda lo que puedas recibir de mí.* **15:6*** O sea *de ninguna manera.* **15:6**⸀ Manuscritos inferiores aumentaron *o a la madre.*

RVR

al hombre, sino lo que
sale de la boca, eso es
lo que contamina al
hombre.
12 Entonces, acercán-
dose sus discípulos, le
dijeron: ¿Sabes que los
fariseos se ofendieron al
oír esas palabras?
13 Pero él respondió y
dijo: Toda planta que
no ha plantado mi
Padre celestial, será
desarraigada.
14 Dejadlos; son ciegos
guías de ciegos; y si un
ciego guía a otro ciego,
ambos caerán en un
hoyo.
15 Tomando la pa-
labra Pedro, le dijo:
Explícanos esa parábola.
16 Jesús dijo: ¿También
vosotros estáis aún sin
comprender?
17 ¿No entendéis que
todo lo que entra en la
boca pasa al vientre, y es
echado en el esterco-
lero?
18 Pero lo que sale de la
boca, sale del corazón; y
eso es lo que contamina
al hombre.
19 Porque del corazón
salen los malos pensa-
mientos, los homici-
dios, los adulterios, las
fornicaciones, los hur-
tos, los falsos testimo-
nios, las blasfemias.
20 Estas cosas son las que
contaminan al hombre;

ἄνθρωπον,	ἀλλὰ	τὸ	ἐκπορευόμενον	ἐκ	τοῦ	στόματος	τοῦτο	κοινοῖ
ser humano,	sino	lo	que sale	de	la	boca,	esto	hace impuro
444	235	3588	1607	1537	3588	4750	5124	2840
NASM	*CLC*	*DNSN*	*VPUP-SNN*	*P*	*DGSN*	*NGSN*	*RD-NSN*	*VPAI3S*

τὸν	ἄνθρωπον.	12 Τότε	προσελθόντες	οἱ	μαθηταὶ	λέγουσιν	αὐτῷ·
al	ser humano.	Entonces,	acercándose	los	discípulos	dicen	a él:
3588	444	5119	4334	3588	3101	3004	846
DASM	*NASM*	*B*	*VAAP-PNM*	*DNPM*	*NNPM*	*VPAI3P*	*RP3DSM*

Οἶδας	ὅτι	οἱ	Φαρισαῖοι	ἀκούσαντες	τὸν	λόγον	ἐσκανδαλίσθησαν;
¿Sabes	que	los	fariseos	cuando oyeron	la	palabra	se ofendieron?
1492	3754	3588	5330	191	3588	3056	4624
VRAI2S	*CSC*	*DNPM*	*NNPM*	*VAAP-PNM*	*DASM*	*NASM*	*VAPI3P*

13 ὁ	δὲ	ἀποκριθεὶς	εἶπεν·	Πᾶσα	φυτεία	ἣν	οὐκ	ἐφύτευσεν	ὁ
--$_2$	Pero$_1$	respondiendo,	dijo:	Toda	planta	la cual	no$_6$	plantó,$_7$	el$_1$
3588	1161	611	2036	3956	5451	3739	3756	5452	3588
DNSM	*CLN*	*VAPP-SNM*	*VAAI3S*	*JNSF*	*NNSF*	*RR-ASF*	*BN, TN*	*VAAI3S*	*DNSM*

πατήρ	μου	ὁ	οὐράνιος	ἐκριζωθήσεται.	14 ἄφετε	αὐτούς·	τυφλοί
Padre$_2$	de mí$_3$	--$_4$	celestial$_5$	será arrancada.	Dejad	a ellos;	ciegos
3962	3450	3588	3770	1610	863	846	5185
NNSM	*RP1GS*	*DNSM*	*JNSM*	*VFPI3S*	*VAAM2P*	*RP3APM*	*JNPM*

εἰσιν	ὁδηγοὶ	τυφλῶν·	τυφλὸς	δὲ	τυφλὸν	ἐὰν	ὁδηγῇ,	ἀμφότεροι
son	guías	de ciegos;	un ciego$_3$	y$_1$	(a otro) ciego$_4$	si$_2$	guía,$_5$	ambos$_6$
1526	3595	5185	5185	1161	5185	1437	3594	297
VPAI3P	*NNPM*	*JGPM*	*JNSM*	*CLN*	*JASM*	*CAC*	*VPAS3S*	*JNPM*

εἰς	βόθυνον	πεσοῦνται.	15 Ἀποκριθεὶς	δὲ	ὁ	Πέτρος	εἶπεν	αὐτῷ·
en$_8$	un hoyo.$_9$	caerán$_7$	respondiendo$_2$	Y$_1$	--	Pedro,	dijo	a él:
1519	999	4098	611	1161	3588	4074	2036	846
P	*NASM*	*VFUI3P*	*VAPP-SNM*	*CLN*	*DNSM*	*NNSM*	*VAAI3S*	*RP3DSM*

Φράσον	ἡμῖν	τὴν	παραβολὴν	ταύτην.	16 ὁ	δὲ	εἶπεν·	Ἀκμὴν	καὶ
Explica	a nosotros	la	parábola	esta.	--$_2$	Pero$_1$	dijo	¿Aún	también
5419	2254	3588	3850	3778	3588	1161	2036	188	2532
VAAM2S	*RP1DP*	*DASF*	*NASF*	*RD-ASF*	*DNSM*	*CLC*	*VAAI3S*	*NASF, B*	*BE, TE*

ὑμεῖς	ἀσύνετοί	ἐστε;	17 οὐ	νοεῖτε	ὅτι	πᾶν	τὸ	εἰσπορευόμενον
vosotros	sin entendimiento?$_2$	sois$_1$	¿No	entendéis	que	todo	lo	que entra
5210	801	2075	3756	3539	3754	3956	3588	1531
RP2NP	*JNPM*	*VPAI2P*	*TN,TI*	*VPAI2P*	*CSC*	*JNSN*	*DNSN*	*VPUP-SNN*

εἰς	τὸ	στόμα	εἰς	τὴν	κοιλίαν	χωρεῖ	καὶ	εἰς	ἀφεδρῶνα	ἐκβάλλεται;
en	la	boca	a	el	vientre	va	y	a	la letrina	es echado?
1519	3588	4750	1519	3588	2836	5562	2532	1519	856	1544
P	*DASN*	*NASN*	*P*	*DASF*	*NASF*	*VPAI3S*	*CLN*	*P*	*NASM*	*VPPI3S*

18 τὰ	δὲ	ἐκπορευόμενα	ἐκ	τοῦ	στόματος	ἐκ	τῆς	καρδίας
las cosas$_2$	Pero$_1$	que van saliendo	de	la	boca	de$_2$	el$_3$	corazón$_4$
3588	1161	1607	1537	3588	4750	1537	3588	2588
DNPN	*CLC*	*VPUP-PNN*	*P*	*DGSN*	*NGSN*	*P*	*DGSF*	*NGSF*

ἐξέρχεται,	κἀκεῖνα	κοινοῖ	τὸν	ἄνθρωπον.	19 ἐκ	γὰρ	τῆς	καρδίας
salen$_1$	y aquellas	hacen impuro	al	ser humano.	de$_2$	Porque$_1$	el	corazón
1831	2548	2840	3588	444	1537	1063	3588	2588
VPUI3S	*RD-NPN, CLA*	*VPAI3S*	*DASM*	*NASM*	*P*	*CLX*	*DGSF*	*NGSF*

ἐξέρχονται	διαλογισμοὶ	πονηροί,	φόνοι,	μοιχεῖαι,	πορνεῖαι,
salen	pensamientos	malos,	homicidios,	adulterios,	inmoralidades sexuales,
1831	1261	4190	5408	3430	4202
VPUI3P	*NNPM*	*JNPM*	*NNPM*	*NNPF*	*NNPF*

κλοπαί,	ψευδομαρτυρίαι,	βλασφημίαι.	20 ταῦτά	ἐστιν	τὰ	κοινοῦντα
robos,	falsos testimonios,	blasfemias.	Estas cosas	son	las	que hacen impuro
2829	5577	988	5023	2076	3588	2840
NNPF	*NNPF*	*NNPF*	*RD-NPN*	*VPAI3S*	*DNPN*	*VPAP-PNN*

NVI

sino lo que sale de ella.
12 Entonces se le
acercaron los discípulos
y le dijeron:
—¿Sabes que los fari-
seos se escandalizaron al
oír eso?
13 —Toda planta
que mi Padre celes-
tial no haya plantado
será arrancada de raíz
—les respondió—.
14 Déjenlos; son guías
ciegos. Y, si un ciego
guía a otro ciego, ambos
caerán en un hoyo.
15 —Explícanos la
comparación —le pidió
Pedro.
16 —¿También uste-
des son todavía tan tor-
pes? —les dijo Jesús—.
17 ¿No se dan cuenta de
que todo lo que entra en
la boca va al estómago
y después se echa en la
letrina? 18 Pero lo que
sale de la boca viene del
corazón y contamina a
la persona. 19 Porque del
corazón salen los malos
pensamientos, los ho-
micidios, los adulterios,
la inmoralidad sexual,
los robos, los falsos testi-
monios y las calumnias.
20 Estas son las cosas
que contaminan a la

RVR

pero el comer con las
manos sin lavar no con-
tamina al hombre.

La fe de la mujer cananea

21 Saliendo Jesús de allí,
se retiró a la región de
Tiro y de Sidón.
22 Y he aquí que una
mujer cananea, que
había salido de aquellos
confines, gritaba,
diciéndole: ¡Señor, Hijo
de David, ten compa-
sión de mí! Mi hija es
gravemente atormenta-
da por un demonio.
23 Pero Jesús no le
respondió palabra.
Entonces, acercán-
dose sus discípulos, le
rogaban, diciendo: Dile
que se vaya, porque
viene gritando detrás de
nosotros.
24 Él, respondiendo,
dijo: No he sido en-
viado sino a las ovejas
perdidas de la casa de
Israel.
25 Entonces ella vino y se
postró ante él, diciendo:
¡Señor, socórreme!
26 Respondiendo él,
dijo: No está bien tomar
el pan de los hijos, y
echarlo a los perrillos.
27 Y ella dijo: Sí, Señor;
pues también los
perrillos comen de las
migajas que caen de la
mesa de sus amos.

τὸν	ἄνθρωπον,	τὸ	δὲ	ἀνίπτοις	χερσὶν	φαγεῖν	οὐ	κοινοῖ	τὸν
al	ser humano;	el$_2$	pero$_1$	sucias$_5$	con manos$_4$	comer$_3$	no	hace impuro	al
3588	444	3588	1161	449	5495	5315	3756	2840	3588
DASM	*NASM*	*DNSN*	*CLC*	*JDPF, JDPM*	*NDPF*	*VAAN*	*BN, TN*	*VPAI3S*	*DASM*

ἄνθρωπον.
ser humano.
444
NASM

21 Καὶ	ἐξελθὼν	ἐκεῖθεν	ὁ	Ἰησοῦς	ἀνεχώρησεν	εἰς	τὰ	μέρη
Y	habiendo salido	de allí,	--	Jesús	se retiró	a	las	partes
2532	1831	1564	3588	2424	402	1519	3588	3313
CLN	*VAAP-SNM*	*BP*	*DNSM*	*NNSM*	*VAAI3S*	*P*	*DAPN*	*NAPN*

Τύρου	καὶ	Σιδῶνος.	22 καὶ	ἰδοὺ	γυνὴ	Χαναναία	ἀπὸ	τῶν	ὁρίων
de Tiro	y	de Sidón.	Y	he aquí	una mujer	cananea	de	los	territorios
5184	2532	4605	2532	2400	1135	5478	575	3588	3725
NGSF	*CLN*	*NGSF*	*CLN*	*I, VAAM2S*	*NNSF*	*JNSF*	*P*	*DGPN*	*NGPN*

ἐκείνων	ἐξελθοῦσα	ἔκραζεν	λέγουσα·	Ἐλέησόν	με,	κύριε	υἱὸς
aquellos	habiendo salido	gritaba	diciendo:	Ten compasión	de mí	Señor,	Hijo
1565	1831	2896	3004	1653	3165	2962	5207
RD-GPN	*VAAP-SNF*	*VIAI3S*	*VPAP-SNF*	*VAAM2S*	*RP1AS*	*NVSM*	*NNSM*

Δαυίδ·	ἡ	θυγάτηρ	μου	κακῶς	δαιμονίζεται.	23 ὁ	δὲ	οὐκ
de David;	la	hija	de mí	terriblemente.$_2$	está endemoniada$_1$	--$_2$	Mas$_1$	no
1138	3588	2364	3450	2560	1139	3588	1161	3756
NGSM, XP	*DNSF*	*NNSF*	*RP1GS*	*B*	*VPUI3S*	*DNSM*	*CLN*	*BN, TN*

ἀπεκρίθη	αὐτῇ	λόγον.	καὶ	προσελθόντες	οἱ	μαθηταὶ	αὐτοῦ
respondió	a ella	una palabra.	Y	acercándose	los	discípulos	de él,
611	846	3056	2532	4334	3588	3101	846
VAPI3S, VAMI3S	*RP3DSF*	*NASM*	*CLN*	*VAAP-PNM*	*DNPM*	*NNPM*	*RP3GSM*

ἠρώτουν	αὐτὸν	λέγοντες·	Ἀπόλυσον	αὐτήν,	ὅτι	κράζει	ὄπισθεν
rogaban	a él	diciendo:	Despide	a ella,	porque	clama	detrás
2065	846	3004	630	846	3754	2896	3693
VIAI3P	*RP3ASM*	*VPAP-PNM*	*VAAM2S*	*RP3ASF*	*CAZ*	*VPAI3S*	*P, B*

ἡμῶν.	24 ὁ	δὲ	ἀποκριθεὶς	εἶπεν·	Οὐκ	ἀπεστάλην	εἰ	μὴ	εἰς
de nosotros.	--$_2$	Mas$_1$	respondiendo,	dijo:	No	fui enviado	si	no	a
2257	3588	1161	611	2036	3756	649	1487	3361	1519
RP1GP	*DNSM*	*CLN*	*VAPP-SNM*	*VAAI3S*	*BN, TN*	*VAPI1S*	*CAC*	*BN, TN*	*P*

τὰ	πρόβατα	τὰ	ἀπολωλότα	οἴκου	Ἰσραήλ.	25 ἡ	δὲ	ἐλθοῦσα
las	ovejas	--	perdidas	de (la) casa	de Israel.	--$_2$	Mas$_1$	habiendo llegado,
3588	4263	3588	622	3624	2474	3588	1161	2064
DAPN	*NAPN*	*DAPN*	*VRAP-PAN*	*NGSM*	*NGSM, XP*	*DNSF*	*CLN*	*VAAP-SNF*

προσεκύνει	αὐτῷ	λέγουσα·	Κύριε,	βοήθει	μοι.	26 ὁ	δὲ	ἀποκριθεὶς
se postraba ante	él	diciendo:	Señor,	ayuda	a mí.	--$_2$	y$_1$	respondiendo,
4352	846	3004	2962	997	3427	3588	1161	611
VIAI3S	*RP3DSM*	*VPAP-SNF*	*NVSM*	*VPAM2S*	*RP1DS*	*DNSM*	*CLN*	*VAPP-SNM*

εἶπεν·	Οὐκ	ἔστιν	καλὸν	λαβεῖν	τὸν	ἄρτον	τῶν	τέκνων	καὶ	βαλεῖν
dijo:	No	es	bueno	tomar	el	pan	de los	hijos	y	echar
2036	3756	2076	2570	2983	3588	740	3588	5043	2532	906
VAAI3S	*BN, TN*	*VPAI3S*	*JNSN*	*VAAN*	*DASM*	*NASM*	*DGPN*	*NGPN*	*CLN*	*VAAN*

τοῖς	κυναρίοις.	27 ἡ	δὲ	εἶπεν·	Ναί,	κύριε,	καὶ	γὰρ	τὰ	κυνάρια
a los	perritos.	--$_2$	Pero$_1$	dijo:	Sí,	Señor;	también$_2$	pero$_1$	los	perritos
3588	2952	3588	1161	2036	3483	2962	2532	1063	3588	2952
DDPN	*NDPN*	*DNSF*	*CLN*	*VAAI3S*	*I, T*	*NVSM*	*BE, TE*	*CLX*	*DNPN*	*NNPN*

ἐσθίει	ἀπὸ	τῶν	ψιχίων	τῶν	πιπτόντων	ἀπὸ	τῆς	τραπέζης	τῶν	κυρίων
comen	de	las	migajas	--	que van cayendo	de	la	mesa	de los	señores
2068	575	3588	5589	3588	4098	575	3588	5132	3588	2962
VPAI3S	*P*	*DGPN*	*NGPN*	*DGPN*	*VPAP-PGN*	*P*	*DGSF*	*NGSF*	*DGPM*	*NGPM*

NVI

persona, y no el comer
sin lavarse las manos.

La fe de la mujer cananea

21 Partiendo de allí,
Jesús se retiró a la región
de Tiro y Sidón. 22 Una
mujer cananea de las
inmediaciones salió a su
encuentro, gritando:
—¡Señor, Hijo de
David, ten compasión
de mí! Mi hija sufre
terriblemente por estar
endemoniada.
23 Jesús no le respon-
dió palabra. Así que sus
discípulos se acercaron a
él y le rogaron:
—Despídela, porque
viene detrás de nosotros
gritando.
24 —No fui enviado
sino a las ovejas perdidas
del pueblo de Israel —
contestó Jesús.
25 La mujer se acercó
y, arrodillándose delante
de él, le suplicó:
—¡Señor, ayúdame!
26 Él le respondió:
—No está bien qui-
tarles el pan a los hijos y
echárselo a los perros.
27 —Sí, Señor; pero
hasta los perros comen
las migajas que caen de
la mesa de sus amos.

RVR

28 Entonces, respon-
diendo Jesús, dijo:
Oh mujer, grande es
tu fe; hágase contigo
como quieres. Y su hija
quedó sana desde aquel
momento.

Jesucristo sana a muchos

29 Pasó Jesús de allí y
vino junto al mar de
Galilea; y subiendo al
monte, se sentó allí.
30 Y se le acercó mucha
gente que traía consigo
a cojos, ciegos, mudos,
mancos, y otros muchos
enfermos; y los pusieron
a los pies de Jesús, y los
sanó;
31 de manera que la
multitud se maravilla-
ba, viendo a los mudos
hablar, a los mancos
sanados, a los cojos
andar, y a los ciegos ver;
y glorificaban al Dios
de Israel.

Alimentación de los cuatro mil

32 Y Jesús, llamando
a sus discípulos, dijo:
Tengo compasión de
la gente, porque ya
hace tres días que están
conmigo, y no tienen
qué comer; y no quiero
enviarlos en ayunas, no

αὐτῶν.	28 τότε	ἀποκριθεὶς	ὁ	Ἰησοῦς	εἶπεν	αὐτῇ·	Ὦ	γύναι,	μεγάλη
de ellos.	Entonces,	respondiendo	--	Jesús	dijo	a ella:	¡Oh	mujer,	(es) grande$_4$
846	5119	611	3588	2424	2036	846	5599	1135	3173
RP3GPM	*B*	*VAPP-SNM*	*DNSM*	*NNSM*	*VAAI3S*	*RP3DSF*	*I*	*NVSF*	*JNSF*

σου	ἡ	πίστις·	γενηθήτω	σοι	ὡς	θέλεις.	καὶ	ἰάθη	ἡ	θυγάτηρ
de ti!$_3$	la$_1$	fe$_2$	Que suceda	a ti	como	quieres.	Y	fue sanada$_4$	la$_1$	hija$_2$
4675	3588	4102	1096	4671	5613	2309	2532	2390	3588	2364
RP2GS	*DNSF*	*NNSF*	*VAPM3S*	*RP2DS*	*CAM*	*VPAI2S*	*CLN*	*VAPI3S*	*DNSF*	*NNSF*

αὐτῆς	ἀπὸ	τῆς	ὥρας	ἐκείνης.
de ella$_3$	desde	la	hora	aquella.
846	575	3588	5610	1565
RP3GSF	*P*	*DGSF*	*NGSF*	*RD-GSF*

29 Καὶ	μεταβὰς	ἐκεῖθεν	ὁ	Ἰησοῦς	ἦλθεν	παρὰ	τὴν	θάλασσαν	τῆς
Y	pasando	de allí,	--	Jesús	vino	junto	al	mar	--
2532	3327	1564	3588	2424	2064	3844	3588	2281	3588
CLN	*VAAP-SNM*	*BP*	*DNSM*	*NNSM*	*VAAI3S*	*P*	*DASF*	*NASF*	*DGSF*

Γαλιλαίας,	καὶ	ἀναβὰς	εἰς	τὸ	ὄρος	ἐκάθητο	ἐκεῖ.	30 καὶ	προσῆλθον
de Galilea	y	subiendo	a	el	monte,	estaba sentado	allí.	Y	se acercaron$_3$
1056	2532	305	1519	3588	3735	2521	1563	2532	4334
NGSF	*CLN*	*VAAP-SNM*	*P*	*DASN*	*NASN*	*VIUI3S*	*BP*	*CLN*	*VAAI3P*

αὐτῷ	ὄχλοι	πολλοὶ	ἔχοντες	μεθ'	ἑαυτῶν	κωφούς,	τυφλούς,
a él,$_4$	multitudes$_2$	muchas$_1$	teniendo	con	ellos mismos	mudos,	ciegos,
846	3793	4183	2192	3326	1438	2974	5185
RP3DSM	*NNPM*	*JNPM*	*VPAP-PNM*	*P*	*RF3GPM*	*JAPM*	*JAPM*

χωλούς,	κυλλούς,	καὶ	ἑτέρους	πολλούς,	καὶ	ἔρριψαν	αὐτοὺς	παρὰ
cojos,	mancos	y	a otros	muchos,	y	pusieron	a ellos	a
5560	2948	2532	2087	4183	2532	4496	846	3844
JAPM	*JAPM*	*CLN*	*JAPM*	*JAPM*	*CLN*	*VAAI3P*	*RP3APM*	*P*

τοὺς	πόδας	αὐτοῦ,	καὶ	ἐθεράπευσεν	αὐτούς·	31 ὥστε	τὸν	ὄχλον
los	pies	de él	y	sanó	a ellos;	de modo que	la	multitud
3588	4228	846	2532	2323	846	5620	3588	3793
DAPM	*NAPM*	*RP3GSM*	*CLN*	*VAAI3S*	*RP3APM*	*CAR*	*DASM*	*NASM*

θαυμάσαι	βλέποντας	κωφοὺς	λαλοῦντας	κυλλοὺς	ὑγιεῖς	καὶ	χωλοὺς
se maravilló	viendo	mudos	hablando,	mancos	sanos	y	cojos
2296	991	2974	2980	2948	5199	2532	5560
VAAN	*VPAP-PAM*	*JAPM*	*VPAP-PAM*	*JAPM*	*JAPM*	*CLN*	*JAPM*

περιπατοῦντας	καὶ	τυφλοὺς	βλέποντας·	καὶ	ἐδόξασαν	τὸν	θεὸν
caminando	y	ciegos	viendo;	y	glorificaron	al	Dios
4043	2532	5185	991	2532	1392	3588	2316
VPAP-PAM	*CLN*	*JAPM*	*VPAP-PAM*	*CLN*	*VAAI3P*	*DASM*	*NASM*

Ἰσραήλ.
de Israel.
2474
NGSM, XP

32 Ὁ	δὲ	Ἰησοῦς	προσκαλεσάμενος	τοὺς	μαθητὰς	αὐτοῦ	εἶπεν·
--$_2$	Y$_1$	Jesús,	habiendo llamado	a los	discípulos	de él,	dijo:
3588	1161	2424	4341	3588	3101	846	2036
DNSM	*CLN*	*NNSM*	*VAMP-SNM*	*DAPM*	*NAPM*	*RP3GSM*	*VAAI3S*

Σπλαγχνίζομαι	ἐπὶ	τὸν	ὄχλον,	ὅτι	ἤδη	ἡμέραι	τρεῖς	προσμένουσίν
Tengo compasión	por	la	multitud,	porque	ya	días$_2$	tres$_1$	permanecen
4697	1909	3588	3793	3754	2235	2250	5140	4357
VPUI1S	*P*	*DASM*	*NASM*	*CAZ*	*B*	*NNPF*	*JNPF, JAPF*	*VPAI3P*

μοι	καὶ	οὐκ	ἔχουσιν	τί	φάγωσιν·	καὶ	ἀπολῦσαι	αὐτοὺς	νήστεις
conmigo	y	no	tienen	qué	puedan comer;	y	despedir$_3$	a ellos$_4$	hambrientos,$_5$
3427	2532	3756	2192	5101	5315	2532	630	846	3523
RP1DS	*CLN*	*BN, TN*	*VPAI3P*	*RI-ASN*	*VAAS3P*	*CLN*	*VAAN*	*RP3APM*	*JAPM*

NVI

28 —¡Mujer, qué gran-
de es tu fe! —contestó
Jesús—. Que se cumpla
lo que quieres.
Y desde ese mismo
momento quedó sana
su hija.

Jesús alimenta a los cuatro mil

29 Salió Jesús de allí y
llegó a orillas del mar de
Galilea. Luego subió a la
montaña y se sentó. 30 Se
le acercaron grandes
multitudes que llevaban
cojos, ciegos, lisiados,
mudos y muchos enfer-
mos más, y los pusieron
a sus pies; y él los sanó.
31 La gente se asombraba
al ver a los mudos hablar,
a los lisiados recobrar la
salud, a los cojos andar y
a los ciegos ver. Y alaba-
ban al Dios de Israel.
32 Jesús llamó a sus
discípulos y les dijo:
—Siento compasión
de esta gente porque ya
llevan tres días conmigo
y no tienen nada que
comer. No quiero despe-
dirlos sin comer, no sea

RVR

sea que desfallezcan en
el camino.
33 Entonces sus discípu-
los le dijeron: ¿De dón-
de podemos obtener
nosotros tantos panes
en un despoblado, para
saciar a una multitud
tan grande?
34 Jesús les dijo:
¿Cuántos panes tenéis?
Y ellos dijeron: Siete, y
unos pocos pececillos.
35 Entonces él mandó
a la multitud que se
recostase en tierra.
36 Y tomando los siete
panes y los peces, dio
gracias, los partió y los
dio a sus discípulos, y los
discípulos a la multitud.
37 Y comieron todos, y
se saciaron; y recogie-
ron lo que sobró de los
pedazos, siete canastas
llenas.
38 Y eran los que habían
comido, cuatro mil
hombres, sin contar
mujeres y niños.
39 Entonces despidió a la
gente, entró en la barca,
y vino a los confines de
Magdalá.

Fariseos y saduceos piden una señal

16 Se le acercaron
los fariseos y los
saduceos para tentarle,
y le pidieron que les
mostrase una señal del
cielo.
2 Mas él, respondiendo,
les dijo: Cuando llega el

οὐ	θέλω,	μήποτε	ἐκλυθῶσιν	ἐν	τῇ	ὁδῷ.	33 καὶ	λέγουσιν	αὐτῷ	οἱ
no$_1$	quiero$_2$	no sea que	desmayen	en	el	camino.	Y	dicen$_3$	a él:$_4$	los$_1$
3756	2309	3379	1590	1722	3588	3598	2532	3004	846	3588
BN, TN	*VPAI1S*	*CAP*	*VAPS3P*	*P*	*DDSF*	*NDSF*	*CLN*	*VPAI3P*	*RP3DSM*	*DNPM*

μαθηταί·	Πόθεν	ἡμῖν	ἐν	ἐρημίᾳ	ἄρτοι	τοσοῦτοι	ὥστε	χορτάσαι
discípulos$_2$	¿De dónde	nosotros	en	(el) desierto	panes	tantos	para	satisfacer
3101	4159	2254	1722	2047	740	5118	5620	5526
NNPM	*BI*	*RP1DP*	*P*	*NDSF*	*NNPM*	*JNPM, RD-NPM*	*CAR*	*VAAN*

ὄχλον	τοσοῦτον;	34 καὶ	λέγει	αὐτοῖς	ὁ	Ἰησοῦς·	Πόσους
a una multitud	tan grande?	Y	dice$_3$	a ellos:$_4$	--$_1$	Jesús$_2$	¿Cuántos
3793	5118	2532	3004	846	3588	2424	4214
NASM	*JASM, RD-ASM*	*CLN*	*VPAI3S*	*RP3DPM*	*DNSM*	*NNSM*	*JAPM, RI-APM*

ἄρτους	ἔχετε;	οἱ	δὲ	εἶπαν·	Ἑπτά,	καὶ	ὀλίγα	ἰχθύδια.	35 καὶ
panes	tenéis?	Ellos$_2$	y$_1$	dijeron:	siete	y	unos pocos	pececillos.	Y,
740	2192	3588	1161	3004	2033	2532	3641	2485	2532
NAPM	*VPAI2P*	*DNPM*	*CLN*	*VAAI3P*	*XN, J*	*CLN*	*JAPN*	*NAPN*	*CLN*

παραγγείλας	τῷ	ὄχλῳ	ἀναπεσεῖν	ἐπὶ	τὴν	γῆν	36 ἔλαβεν	τοὺς	ἑπτὰ
habiendo mandado	a la	multitud	recostarse	sobre	la	tierra,	tomó	los	siete
3853	3588	3793	377	1909	3588	1093	2983	3588	2033
VAAP-SNM	*DDSM*	*NDSM*	*VAAN*	*P*	*DASF*	*NASF*	*VAAI3S*	*DAPM*	*XN, J*

ἄρτους	καὶ	τοὺς	ἰχθύας	καὶ	εὐχαριστήσας	ἔκλασεν	καὶ	ἐδίδου	τοῖς
panes	y	los	peces	y,	después de dar gracia,	partió	y	daba	a los
740	2532	3588	2486	2532	2168	2806	2532	1325	3588
NAPM	*CLN*	*DAPM*	*NAPM*	*CLN*	*VAAP-SNM*	*VAAI3S*	*CLN*	*VIAI3S*	*DDPM*

μαθηταῖς	οἱ	δὲ	μαθηταὶ	τοῖς	ὄχλοις.	37 καὶ	ἔφαγον	πάντες	καὶ
discípulos,	los$_2$	y$_1$	discípulos	a las	multitudes.	Y	comieron	todos	y
3101	3588	1161	3101	3588	3793	2532	5315	3956	2532
NDPM	*DNPM*	*CLN*	*NNPM*	*DDPM*	*NDPM*	*CLN*	*VAAI3P*	*JNPM*	*CLN*

ἐχορτάσθησαν,	καὶ	τὸ	περισσεῦον	τῶν	κλασμάτων	ἦραν	ἑπτὰ
quedaron saciados,	y	lo	sobrante	de los	pedazos	se llevaron	siete
5526	2532	3588	4052	3588	2801	142	2033
VAPI3P	*CLN*	*DASN*	*VPAP-SAN*	*DGPN*	*NGPN*	*VAAI3P*	*XN, J*

σπυρίδας	πλήρεις.	38 οἱ	δὲ	ἐσθίοντες	ἦσαν	τετρακισχίλιοι	ἄνδρες
cestas	llenas.	los$_2$	Y$_1$	que comieron	eran	cuatro mil	varones
4711	4134	3588	1161	2068	2258	5070	435
NAPF	*JAPF*	*DNPM*	*CLN*	*VPAP-PNM*	*VIAI3P*	*JNPM*	*NNPM*

χωρὶς	γυναικῶν	καὶ	παιδίων.	39 καὶ	ἀπολύσας	τοὺς	ὄχλους	ἐνέβη
sin (contar)	mujeres	y	niños.	Y,	habiendo despedido	a las	multitudes,	entró
5565	1135	2532	3813	2532	630	3588	3793	1684
P, B	*NGPF*	*CLN*	*NGPN*	*CLN*	*VAAP-SNM*	*DAPM*	*NAPM*	*VAAI3S*

εἰς	τὸ	πλοῖον,	καὶ	ἦλθεν	εἰς	τὰ	ὅρια	⸀Μαγαδάν.
en	la	barca	y	llegó	a	los	territorios	de Magadán.
1519	3588	4143	2532	2064	1519	3588	3725	3093
P	*DASN*	*NASN*	*CLN*	*VAAI3S*	*P*	*DAPN*	*NAPN*	*NGSF, XP*

16 Καὶ	προσελθόντες	οἱ	Φαρισαῖοι	καὶ	Σαδδουκαῖοι
Y	acercándose	los	fariseos	y	saduceos,
2532	4334	3588	5330	2532	4523
CLN	*VAAP-PNM*	*DNPM*	*NNPM*	*CLN*	*NNPM*

πειράζοντες	ἐπηρώτησαν	αὐτὸν	σημεῖον	ἐκ	τοῦ	οὐρανοῦ	ἐπιδεῖξαι
probando	pidieron	a él	una señal$_2$	de$_3$	el$_4$	cielo$_5$	que mostrara$_1$
3985	1905	846	4592	1537	3588	3772	1925
VPAP-PNM	*VAAI3P*	*RP3ASM*	*NASN*	*P*	*DGSM*	*NGSM*	*VAAN*

αὐτοῖς.	2 ὁ	δὲ	ἀποκριθεὶς	εἶπεν	αὐτοῖς·	Ὀψίας	γενομένης
a ellos.	--$_2$	Mas$_1$	respondiendo,	dijo	a ellos:	(el) atardecer,$_2$	Habiendo sucedido$_1$
846	3588	1161	611	2036	846	3798	1096
RP3DPM	*DNSM*	*CLN*	*VAPP-SNM*	*VAAI3S*	*RP3DPM*	*JGSF*	*VAMP-SGF*

NVI

que se desmayen por el
camino.
33 Los discípulos
objetaron:
—¿Dónde podría-
mos conseguir en
este lugar despoblado
suficiente pan para dar
de comer a toda esta
multitud?
34 —¿Cuántos panes
tienen? —les preguntó
Jesús.
—Siete, y unos pocos
pescaditos.
35 Luego mandó que
la gente se sentara en
el suelo. 36 Tomando
los siete panes y los
pescados, dio gracias, los
partió y se los fue dando
a los discípulos. Estos,
a su vez, los distribuye-
ron a la gente. 37 Todos
comieron hasta quedar
satisfechos. Después los
discípulos recogieron
siete cestas llenas de
pedazos que sobraron.
38 Los que comieron
eran cuatro mil hom-
bres, sin contar a las
mujeres y a los niños.
39 Después de despedir a
la gente, subió Jesús a la
barca y se fue a la región
de Magadán.

Le piden a Jesús una señal

16 Los fariseos y
los saduceos se
acercaron a Jesús y, para
ponerlo a prueba, le pi-
dieron que les mostrara
una señal del cielo.
2 Él les contestó: «Al
atardecer, ustedes dicen

15:39⸀ Manuscritos inferiores tienen *Magdala*.

RVR

atardecer, decís: Buen
tiempo; porque el cielo
se pone rojizo.
3 Y por la mañana:
Hoy habrá tempestad;
porque el cielo se pone
de un rojo sombrío.
¡Hipócritas! ¿Sabéis
discernir el aspecto
del cielo, y no podéis dis-
cernir las señales de los
tiempos?
4 Esta generación mala y
adúltera demanda una
señal; pero no le será
dada señal, sino la señal
del profeta Jonás. Y
dejándolos, se fue.

La levadura de los fariseos

5 Llegando sus discí-
pulos al otro lado, se
habían olvidado de
traer pan.
6 Y Jesús les dijo: Mirad,
guardaos de la levadura
de los fariseos y de los
saduceos.
7 Ellos pensaban dentro
de sí, diciendo: Lo dice
porque no trajimos pan.
8 Y conociéndolo Jesús,
les dijo: ¿Por qué pen-
sáis dentro de vosotros,
hombres de poca fe, que
no tenéis pan?
9 ¿No entendéis aún, ni
os acordáis de los cinco
panes entre cinco mil
hombres, y cuántas
cestas recogisteis?
10 ¿Ni de los siete panes
entre cuatro mil, y cuán-
tas canastas recogisteis?

λέγετε·	Εὐδία,	πυρράζει	γὰρ	ὁ	οὐρανός;	3 καὶ	πρωΐ·	Σήμερον
decís:	Buen tiempo,	está rojizo$_2$	porque$_1$	el	cielo;	y	de madrugada:	Hoy
3004	2105	4449	1063	3588	3772	2532	4404	4594
VPAI2P	NNSF	VPAI3S	CAZ	DNSM	NNSM	CLN	B	B

χειμών,	πυρράζει	γὰρ	στυγνάζων	ὁ	οὐρανός.	⸀τὸ	μὲν	πρόσωπον
mal tiempo,	está rojizo$_2$	porque$_1$	está nublado	el	cielo,	el	--	rostro
5494	4449	1063	4768	3588	3772	3588	3303	4383
NNSM	VPAI3S	CAZ	VPAP-SNM	DNSM	NNSM	DASN	TE, C	NASN

τοῦ	οὐρανοῦ	γινώσκετε	διακρίνειν,	τὰ	δὲ	σημεῖα	τῶν	καιρῶν	οὐ
del	cielo	sabéis	juzgar,	las$_2$	pero$_1$	señales	de los	tiempos	no
3588	3772	1097	1252	3588	1161	4592	3588	2540	3756
DGSM	NGSM	VPAI2P	VPAN	DAPN	CLC	NAPN	DGPM	NGPM	BN, TN

δύνασθε.	4 Γενεὰ	πονηρὰ	καὶ	μοιχαλὶς	σημεῖον	ἐπιζητεῖ,	καὶ	σημεῖον
podéis.	Generación	malvada	y	adúltera	una señal$_2$	busca$_1$	y	señal
1410	1074	4190	2532	3428	4592	1934	2532	4592
VPUI2P	NNSF	JNSF	CLN	NNSF, JNSF	NASN	VPAI3S	CLC	NNSN

οὐ	δοθήσεται	αὐτῇ	εἰ	μὴ	τὸ	σημεῖον	⸀Ἰωνᾶ.	καὶ	καταλιπὼν
no	será dada	a ella,	si	no	la	señal	de Jonás.	Y	dejando
3756	1325	846	1487	3361	3588	4592	2495	2532	2641
BN, TN	VFPI3S	RP3DSF	CAC	BN, TN	DNSN	NNSN	NGSM	CLN	VAAP-SNM

αὐτοὺς	ἀπῆλθεν.
a ellos	se fue.
846	565
RP3APM	VAAI3S

5 Καὶ	ἐλθόντες	οἱ	μαθηταὶ	εἰς	τὸ	πέραν	ἐπελάθοντο	ἄρτους
Y	habiendo llegado	los	discípulos	a	el	otro lado	olvidaron	(los) panes.$_2$
2532	2064	3588	3101	1519	3588	4008	1950	740
CLN	VAAP-PNM	DNPM	NNPM	P	DASN	BP	VAMI3P	NAPM

λαβεῖν.	6 ὁ	δὲ	Ἰησοῦς	εἶπεν	αὐτοῖς·	Ὁρᾶτε	καὶ	προσέχετε	ἀπὸ	τῆς
de llevar$_1$	--$_2$	y$_1$	Jesús	dijo	a ellos:	Mirad	y	prestad atención	de	la
2983	3588	1161	2424	2036	846	3708	2532	4337	575	3588
VAAN	DNSM	CLN	NNSM	VAAI3S	RP3DPM	VPAM2P	CLN	VPAM2P	P	DGSF

ζύμης	τῶν	Φαρισαίων	καὶ	Σαδδουκαίων.	7 οἱ	δὲ	διελογίζοντο	ἐν
levadura	de los	fariseos	y	saduceos.	ellos$_2$	Mas$_1$	razonaban	entre
2219	3588	5330	2532	4523	3588	1161	1260	1722
NGSF	DGPM	NGPM	CLN	NGPM	DNPM	CLN	VIUI3P	P

ἑαυτοῖς	λέγοντες	ὅτι	Ἄρτους	οὐκ	ἐλάβομεν.	8 γνοὺς	δὲ	ὁ
sí mismos	diciendo:	porque	panes.$_3$	no$_1$	llevamos$_2$	conociéndolo$_2$	Pero$_1$	--
1438	3004	3754	740	3756	2983	1097	1161	3588
RF3DPM	VPAP-PNM	CAZ	NAPM	BN, TN	VAAI1P	VAAP-SNM	CLN	DNSM

Ἰησοῦς	εἶπεν·	Τί	διαλογίζεσθε	ἐν	ἑαυτοῖς,	ὀλιγόπιστοι,	ὅτι	ἄρτους
Jesús	dijo:	¿Qué	estáis razonando	entre	sí mismos	(personas) de poca fe	que	panes?$_3$
2424	2036	5101	1260	1722	1438	3640	3754	740
NNSM	VAAI3S	RI-ASN	VPUI2P	P	RF3DPM	JVPM	CSC	NAPM

οὐκ	ἐλάβετε;	9 οὔπω	νοεῖτε,	οὐδὲ	μνημονεύετε	τοὺς	πέντε	ἄρτους
no$_1$	llevasteis$_2$	¿Todavía no	entendéis,	ni	recordáis	los	cinco	panes
3756	2983	3768	3539	3761	3421	3588	4002	740
BN, TN	VAAI2P	BN	VPAI2P	CLD, TN	VPAI2P	DAPM	XN, J	NAPM

τῶν	πεντακισχιλίων	καὶ	πόσους	κοφίνους	ἐλάβετε;	10 οὐδὲ	τοὺς	ἑπτὰ
de los	cinco mil	y	cuántos	canastas	llevasteis?	¿Ni	los	siete
3588	4000	2532	4214	2894	2983	3761	3588	2033
DGPM	JGPM	CLN	JAPM, RI-APM	NAPM	VAAI2P	CLD,TN	DAPM	XN, J

ἄρτους	τῶν	τετρακισχιλίων	καὶ	πόσας	σπυρίδας	ἐλάβετε;	11 πῶς
panes	de los	cuatro mil	y	cuántas	cestas	llevasteis?	¿Cómo
740	3588	5070	2532	4214	4711	2983	4459
NAPM	DGPM	JGPM	CLN	JAPF, RI-APF	NAPF	VAAI2P	BI

NVI

que hará buen tiempo
porque el cielo está
rojizo, 3 y por la mañana,
que habrá tempestad
porque el cielo está
nublado y amenazante.
Ustedes saben discernir
el aspecto del cielo,
pero no las señales de
los tiempos. 4 Esta
generación malvada y
adúltera busca una señal
milagrosa, pero no se le
dará más señal que la de
Jonás». Entonces Jesús
los dejó y se fue.

La levadura de los fariseos y de los saduceos

5 Cruzaron el lago,
pero a los discípulos se
les había olvidado llevar
pan.
6 —Tengan cuidado
—les advirtió Jesús—;
eviten la levadura de
los fariseos y de los
saduceos.
7 Ellos comentaban
entre sí: «Lo dice por-
que no trajimos pan».
8 Al darse cuenta de esto,
Jesús les recriminó:
—Hombres de poca
fe, ¿por qué están ha-
blando de que no tienen
pan? 9 ¿Todavía no en-
tienden? ¿No recuerdan
los cinco panes para los
cinco mil, y el número
de canastas que recogie-
ron? 10 ¿Ni los siete pa-
nes para los cuatro mil, y
el número de cestas que
recogieron? 11 ¿Cómo

16:3⸀ Manuscritos inferiores aumentaron *Hipócritas.* **16:4**⸀ Manuscritos inferiores aumentaron *del profeta.*

RVR

11 ¿Cómo es que no en-
tendéis que no me referí
al pan cuando os dije
que os guardaseis de la
levadura de los fariseos y
de los saduceos?
12 Entonces entendie-
ron que no les había
dicho que se guardasen
de la levadura del pan,
sino de la doctrina de
los fariseos y de los
saduceos.

La confesión de Pedro

13 Al llegar Jesús a la
región de Cesarea de
Filipo, preguntó a sus
discípulos, diciendo:
¿Quién dicen los hom-
bres que es el Hijo del
Hombre?
14 Ellos dijeron: Unos,
que Juan el Bautista;
otros, que Elías; y otros,
que Jeremías, o alguno
de los profetas.
15 Él les dijo: Y vosotros,
¿quién decís que soy yo?
16 Respondiendo Simón
Pedro, dijo: Tú eres el
Cristo, el Hijo del Dios
viviente.
17 Entonces le respondió
Jesús: Bienaventurado
eres, Simón, hijo de
Jonás, porque no te lo
reveló carne ni sangre,
sino mi Padre que está
en los cielos.
18 Y yo también te digo,
que tú eres Pedro, y sobre

οὐ	νοεῖτε	ὅτι	οὐ	περὶ	ἄρτων	εἶπον	ὑμῖν;	προσέχετε	δὲ
no	entendéis	que	no	acerca de$_3$	panes$_4$	dije$_1$	a vosotros?$_2$	cuidaos$_6$	Pero$_5$
3756	3539	3754	3756	4012	740	2036	5213	4337	1161
BN, TN	*VPAI2P*	*CSC*	*BN, TN*	*P*	*NGPM*	*VAAI1S*	*RP2DP*	*VPAM2P*	*CLC*

ἀπὸ	τῆς	ζύμης	τῶν	Φαρισαίων	καὶ	Σαδδουκαίων.	12 τότε	συνῆκαν
de	la	levadura	de los	fariseos	y	saduceos.	Entonces	entendieron
575	3588	2219	3588	5330	2532	4523	5119	4920
P	*DGSF*	*NGSF*	*DGPM*	*NGPM*	*CLN*	*NGPM*	*B*	*VAAI3P*

ὅτι	οὐκ	εἶπεν	προσέχειν	ἀπὸ	τῆς	ζύμης	τῶν	ἄρτων	ἀλλὰ	ἀπὸ	τῆς
que	no	dijo	cuidarse	de	la	levadura	de los	panes,	sino	de	la
3754	3756	2036	4337	575	3588	2219	3588	740	235	575	3588
CSC	*BN, TN*	*VAAI3S*	*VPAN*	*P*	*DGSF*	*NGSF*	*DGPM*	*NGPM*	*CLC*	*P*	*DGSF*

διδαχῆς	τῶν	Φαρισαίων	καὶ	Σαδδουκαίων.
enseñanza	de los	fariseos	y	saduceos.
1322	3588	5330	2532	4523
NGSF	*DGPM*	*NGPM*	*CLN*	*NGPM*

13 Ἐλθὼν	δὲ	ὁ	Ἰησοῦς	εἰς	τὰ	μέρη	Καισαρείας	τῆς
habiendo llegado$_2$	Y$_1$	--	Jesús	a	las	regiones	de Cesarea	la
2064	1161	3588	2424	1519	3588	3313	2542	3588
VAAP-SNM	*CLT*	*DNSM*	*NNSM*	*P*	*DAPN*	*NAPN*	*NGSF*	*DGSF*

Φιλίππου	ἠρώτα	τοὺς	μαθητὰς	αὐτοῦ	λέγων·	Τίνα	λέγουσιν	οἱ
de Felipe,	preguntaba	a los	discípulos	de él	diciendo:	¿Quién	dicen	los
5376	2065	3588	3101	846	3004	5101	3004	3588
NGSM	*VIAI3S*	*DAPM*	*NAPM*	*RP3GSM*	*VPAP-SNM*	*RI-ASM*	*VPAI3P*	*DNPM*

ἄνθρωποι	εἶναι	τὸν	υἱὸν	τοῦ	ἀνθρώπου;	14 οἱ	δὲ	εἶπαν·	Οἱ	μὲν
hombres	ser	el	Hijo	del	Hombre?	ellos$_2$	Y$_1$	dijeron:	Unos	ciertamente
444	1511	3588	5207	3588	444	3588	1161	3004	3588	3303
NNPM	*VPAN*	*DASM*	*NASM*	*DGSM*	*NGSM*	*DNPM*	*CLN*	*VAAI3P*	*DNPM*	*TK, C*

Ἰωάννην	τὸν	βαπτιστήν,	ἄλλοι	δὲ	Ἠλίαν,	ἕτεροι	δὲ	Ἰερεμίαν
Juan	el	Bautista,	otros$_2$	pero$_1$	Elías,$_3$	otros$_5$	pero$_4$	Jeremías
2491	3588	910	243	1161	2243	2087	1161	2408
NASM	*DASM*	*NASM*	*JNPM*	*CLC, CLK*	*NASM*	*JNPM*	*CLC, CLK*	*NASM*

ἢ	ἕνα	τῶν	προφητῶν.	15 λέγει	αὐτοῖς·	Ὑμεῖς	δὲ	τίνα	με	λέγετε
o	uno	de los	profetas.	Dice	a ellos:	vosotros$_2$	Pero$_1$	¿Quién	yo?$_3$	decís$_1$
2228	1520	3588	4396	3004	846	5210	1161	5101	3165	3004
CLD	*JASM*	*DGPM*	*NGPM*	*VPAI3S*	*RP3DPM*	*RP2NP*	*CLC*	*RI-ASM*	*RP1AS*	*VPAI2P*

εἶναι;	16 ἀποκριθεὶς	δὲ	Σίμων	Πέτρος	εἶπεν·	Σὺ	εἶ	ὁ	χριστὸς
ser$_2$	respondiendo,$_2$	Y$_1$	Simón	Pedro	dijo:	Tú	eres	el	Cristo
1511	611	1161	4613	4074	2036	4771	1488	3588	5547
VPAN	*VAPP-SNM*	*CLN*	*NNSM*	*NNSM*	*VAAI3S*	*RP2NS*	*VPAI2S*	*DNSM*	*NNSM*

ὁ	υἱὸς	τοῦ	θεοῦ	τοῦ	ζῶντος.	17 ἀποκριθεὶς	δὲ	ὁ	Ἰησοῦς	εἶπεν
el	Hijo	del	Dios	--	viviente.	respondiendo,$_2$	Y$_1$	--	Jesús	dijo
3588	5207	3588	2316	3588	2198	611	1161	3588	2424	2036
DNSM	*NNSM*	*DGSM*	*NGSM*	*DGSM*	*VPAP-SGM*	*VAPP-SNM*	*CLN*	*DNSM*	*NNSM*	*VAAI3S*

αὐτῷ·	Μακάριος	εἶ,	Σίμων	Βαριωνᾶ,	ὅτι	σὰρξ	καὶ	αἷμα	οὐκ
a él:	Bienaventurado	eres,	Simón	hijo de Jonás,	porque	carne	y	sangre	no
846	3107	1488	4613	920	3754	4561	2532	129	3756
RP3DSM	*JNSM*	*VPAI2S*	*NVSM*	*NVSM, XP*	*CAZ*	*NNSF*	*CLN*	*NNSN*	*BN, TN*

ἀπεκάλυψέν	σοι	ἀλλ᾽	ὁ	πατήρ	μου	ὁ	ἐν	τοῖς	οὐρανοῖς·
reveló	a ti,	sino	el	Padre	de mí,	el (que está)	en	los	cielos.
601	4671	235	3588	3962	3450	3588	1722	3588	3772
VAAI3S	*RP2DS*	*CLC*	*DNSM*	*NNSM*	*RP1GS*	*DNSM*	*P*	*DDPM*	*NDPM*

18 κἀγὼ	δέ	σοι	λέγω	ὅτι	σὺ	εἶ	Πέτρος,	καὶ	ἐπὶ	ταύτῃ	τῇ
también yo$_2$	Y$_1$	a ti$_4$	digo$_3$	que	tú	eres	Pedro,	y	sobre	esta	--
2504	1161	4671	3004	3754	4771	1488	4074	2532	1909	3778	3588
RP1NS, TE	*CLN*	*RP2DS*	*VPAI1S*	*CSC*	*RP2NS*	*VPAI2S*	*NNSM*	*CLN*	*P*	*RD-DSF*	*DDSF*

NVI

es que no entienden que
no hablaba yo del pan,
sino de tener cuidado de
la levadura de fariseos y
saduceos?
12 Entonces compren-
dieron que no les decía
que se cuidaran de la
levadura del pan, sino de
la enseñanza de los fari-
seos y de los saduceos.

La confesión de Pedro

13 Cuando llegó a la
región de Cesarea de
Filipo, Jesús preguntó a
sus discípulos:
—¿Quién dice la
gente que es el Hijo del
hombre?
Le respondieron:
14 —Unos dicen que
es Juan el Bautista, otros
que Elías, y otros que
Jeremías o uno de los
profetas.
15 —Y ustedes, ¿quién
dicen que soy yo?
16 —Tú eres el Cristo,
el Hijo del Dios viviente
—afirmó Simón Pedro.
17 —Dichoso tú,
Simón, hijo de Jonás —
le dijo Jesús—, porque
eso no te lo reveló
ningún mortal, sino
mi Padre que está en el
cielo. 18 Yo te digo que
tú eres Pedro, y sobre

RVR

esta roca edificaré mi
iglesia; y las puertas del
Hades no prevalecerán
contra ella.
19 Y a ti te daré las llaves
del reino de los cielos;
y todo lo que ates en
la tierra, estará atado
en los cielos; y todo lo
que desates en la tierra,
estará desatado en los
cielos.
20 Entonces mandó a sus
discípulos que a nadie
dijesen que él era Jesús
el Cristo.

Jesucristo anuncia su muerte

21 Desde entonces co-
menzó Jesús a declarar
a sus discípulos que él
debía ir a Jerusalén y
padecer mucho de parte
de los ancianos, de los
principales sacerdotes
y de los escribas; y ser
muerto, y resucitar al
tercer día.
22 Entonces Pedro,
tomándolo aparte,
comenzó a reconve-
nirle, diciendo: Señor,
no lo permita Dios;
en ninguna manera te
suceda esto.
23 Pero él, volvién-
dose, dijo a Pedro:
¡Quítate de delante de
mí, Satanás!; me eres
tropiezo, porque tus
sentimientos no son los
de Dios, sino los de los
hombres.

πέτρᾳ	οἰκοδομήσω	μου	τὴν	ἐκκλησίαν,	καὶ	πύλαι	ᾅδου	οὐ
roca	edificaré	de mí,$_3$	la$_1$	iglesia$_2$	y	(la) puerta	de (l)Hades	no
4073	3618	3450	3588	1577	2532	4439	86	3756
NDSF	*VFAI1S*	*RP1GS*	*DASF*	*NASF*	*CLN*	*NNPF*	*NGSM*	*BN, TN*

κατισχύσουσιν	αὐτῆς.	19 δώσω	σοι	τὰς	κλεῖδας	τῆς	βασιλείας	τῶν
prevalecerá contra	ella.	Daré	a ti	las	llaves	del	reino	de los
2729	846	1325	4671	3588	2807	3588	932	3588
VFAI3P	*RP3GSF*	*VFAI1S*	*RP2DS*	*DAPF*	*NAPF*	*DGSF*	*NGSF*	*DGPM*

οὐρανῶν,	καὶ	ὃ	ἐὰν	δήσῃς	ἐπὶ	τῆς	γῆς	ἔσται	δεδεμένον	ἐν	τοῖς
cielos,	y	lo que	si	ates	sobre	la	tierra,	será	atado	en	los
3772	2532	3739	1437	1210	1909	3588	1093	2071	1210	1722	3588
NGPM	*CLN*	*RR-NSN*	*CAC, T*	*VAAS2S*	*P*	*DGSF*	*NGSF*	*VFMI3S*	*VRPP-SNN*	*P*	*DDPM*

οὐρανοῖς,	καὶ	ὃ	ἐὰν	λύσῃς	ἐπὶ	τῆς	γῆς	ἔσται	λελυμένον	ἐν	τοῖς
cielos,	y	lo que	si	liberes	sobre	la	tierra,	será	liberado	en	los
3772	2532	3739	1437	3089	1909	3588	1093	2071	3089	1722	3588
NDPM	*CLN*	*RR-ASN*	*TC*	*VAAS2S*	*P*	*DGSF*	*NGSF*	*VFMI3S*	*VRPP-SNN*	*P*	*DDPM*

οὐρανοῖς.	20 τότε	διεστείλατο	τοῖς	μαθηταῖς	ἵνα	μηδενὶ	εἴπωσιν	ὅτι
cielos.	Entonces	ordenó	a los	discípulos	que	a nadie	dijeran	que
3772	5119	1291	3588	3101	2443	3367	2036	3754
NDPM	*B*	*VAMI3S*	*DDPM*	*NDPM*	*CSC*	*JDSM*	*VAAS3P*	*CSC*

αὐτός	⸀ἐστιν	ὁ	χριστός.
él	es	el	Cristo.
846	2076	3588	5547
RP3NSMP	*VPAI3S*	*DNSM*	*NNSM*

21 Ἀπὸ	τότε	ἤρξατο	ὁ	Ἰησοῦς	δεικνύειν	τοῖς	μαθηταῖς	αὐτοῦ
Desde	entonces	comenzó$_3$	--$_1$	Jesús$_2$	a mostrar	a los	discípulos	de él
575	5119	756	3588	2424	1166	3588	3101	846
P	*B*	*VAMI3S*	*DNSM*	*NNSM*	*VPAN*	*DDPM*	*NDPM*	*RP3GSM*

ὅτι	δεῖ	αὐτὸν	εἰς	Ἱεροσόλυμα	ἀπελθεῖν	καὶ	πολλὰ	παθεῖν	ἀπὸ
que	es necesario	a él	a$_2$	Jerusalén$_3$	ir$_1$	y$_4$	muchas cosas$_6$	sufrir$_5$	de
3754	1163	846	1519	2414	565	2532	4183	3958	575
CSC	*VPAI3S*	*RP3ASM*	*P*	*NASF*	*VAAN*	*CLN*	*JAPN*	*VAAN*	*P*

τῶν	πρεσβυτέρων	καὶ	ἀρχιερέων	καὶ	γραμματέων	καὶ	ἀποκτανθῆναι
los	ancianos	y	principales sacerdotes	y	escribas	y	ser matado
3588	4245	2532	749	2532	1122	2532	615
DGPM	*JGPM*	*CLN*	*NGPM*	*CLN*	*NGPM*	*CLN*	*VAPN*

καὶ	τῇ	τρίτῃ	ἡμέρᾳ	ἐγερθῆναι.	22 καὶ	προσλαβόμενος	αὐτὸν	ὁ
y	en el	tercer	día	de ser levantado.	Y	llevando aparte	a él,	--
2532	3588	5154	2250	1453	2532	4355	846	3588
CLN	*DDSF*	*JDSF*	*NDSF*	*VAPN*	*CLN*	*VAMP-SNM*	*RP3ASM*	*DNSM*

Πέτρος	ἤρξατο	ἐπιτιμᾶν	αὐτῷ	λέγων·	Ἵλεώς	σοι,	κύριε·
Pedro	comenzó	a reprender	a él	diciendo:	¡Misericordioso (sea Dios)	a ti!	Señor.
4074	756	2008	846	3004	2436	4671	2962
NNSM	*VAMI3S*	*VPAN*	*RP3DSM*	*VPAP-SNM*	*JNSM*	*RP2DS*	*NVSM*

οὐ	μὴ*	ἔσται	σοι	τοῦτο.	23 ὁ	δὲ	στραφεὶς	εἶπεν	τῷ
No	no	será (sucederá)	a ti	esto.	--$_2$	Pero$_1$	habiéndose vuelto	dijo	--
3756	3361	2071	4671	5124	3588	1161	4762	2036	3588
BN, TN	*BN, TN*	*VFMI3S*	*RP2DS*	*RD-NSN*	*DNSM*	*CLN*	*VAPP-SNM*	*VAAI3S*	*DDSM*

Πέτρῳ·	Ὕπαγε	ὀπίσω	μου,	Σατανᾶ·	σκάνδαλον	εἶ	ἐμοῦ,	ὅτι	οὐ
a Pedro:	¡Vete	detrás	de mí	Satanás!	tropiezo$_3$	Eres$_1$	de mí$_2$	porque	no
4074	5217	3694	3450	4567	4625	1488	1700	3754	3756
NDSM	*VPAM2S*	*P, B*	*RP1GS*	*NVSM*	*NNSN, NASN*	*VPAI2S*	*RP1GS*	*CAZ*	*BN, TN*

φρονεῖς	τὰ	τοῦ	θεοῦ	ἀλλὰ	τὰ	τῶν	ἀνθρώπων.
piensas	las cosas	--	de Dios,	sino	las cosas	de los	seres humanos.
5426	3588	3588	2316	235	3588	3588	444
VPAI2S	*DAPN*	*DGSM*	*NGSM*	*CLC*	*DAPN*	*DGPM*	*NGPM*

NVI

esta piedra edificaré mi
iglesia, y las puertas del
reino de la muerte no
prevalecerán contra ella.
19 Te daré las llaves del
reino de los cielos; todo
lo que ates en la tierra
quedará atado en el cie-
lo, y todo lo que de-sates
en la tierra quedará
desatado en el cielo.
20 Luego les ordenó
a sus discípulos que no
dijeran a nadie que él era
el Cristo.

Jesús predice su muerte

21 Desde entonces co-
menzó Jesús a advertir a
sus discípulos que tenía
que ir a Jerusalén y sufrir
muchas cosas a manos
de los ancianos, de los je-
fes de los sacerdotes y de
los maestros de la ley, y
que era necesario que lo
mataran y que al tercer
día resucitara. 22 Pedro
lo llevó aparte y comen-
zó a reprenderlo:

—¡De ninguna ma-
nera, Señor! ¡Esto no te
sucederá jamás!
23 Jesús se volvió y le
dijo a Pedro:

—¡Aléjate de mí,
Satanás! Quieres hacer-
me tropezar; no piensas
en las cosas de Dios, sino
en las de los hombres.

16:20⸀ Manuscritos inferiores aumentaron *Jesús*. **16:22*** O sea *de ninguna manera.*

RVR

24 Entonces Jesús dijo a
sus discípulos: Si alguno
quiere venir en pos de
mí, niéguese a sí mismo,
tome su cruz, y sígame.
25 Porque todo el que
quiera salvar su vida, la
perderá; y todo el que
pierda su vida por causa
de mí, la hallará.
26 Porque, ¿qué prove-
cho sacará el hombre de
ganar el mundo entero,
si pierde su alma? ¿O
qué dará un hombre a
cambio de su alma?
27 Porque el Hijo del
Hombre ha de venir en
la gloria de su Padre con
sus ángeles, y entonces
pagará a cada uno con-
forme a su conducta.
28 De cierto os digo
que hay algunos de los
que están aquí, que no
gustarán la muerte hasta
que hayan visto venir
en su reino al Hijo del
Hombre.

La transfiguración

17 Seis días des-
pués, Jesús tomó
a Pedro, a Jacobo y a
Juan su hermano, y los

---

24 Τότε ὁ Ἰησοῦς εἶπεν τοῖς μαθηταῖς αὐτοῦ· Εἴ τις θέλει
Entonces -- Jesús dijo a los discípulos de él: Si alguien quiere
5119 3588 2424 2036 3588 3101 846 1487 5100 2309
B DNSM NNSM VAAI3S DDPM NDPM RP3GSM CAC RX-NSM VPAI3S

ὀπίσω μου ἐλθεῖν, ἀπαρνησάσθω ἑαυτὸν καὶ ἀράτω τὸν σταυρὸν
detrás$_2$ de mí,$_3$ venir$_1$ niegue a sí mismo y tome la cruz
3694 3450 2064 533 1438 2532 142 3588 4716
P, B RP1GS VAAN VAMM3S RF3ASM CLN VAAM3S DASM NASM

αὐτοῦ καὶ ἀκολουθείτω μοι. 25 ὃς γὰρ ἐὰν θέλῃ τὴν ψυχὴν αὐτοῦ
de él y siga a mí. el que$_2$ Porque$_1$ si$_3$ quiera$_4$ la$_6$ vida$_7$ de él$_8$
846 2532 190 3427 3739 1063 1437 2309 3588 5590 846
RP3GSM CLN VPAM3S RP1DS RR-NSM CAZ TC VPAS3S DASF NASF RP3GSM

σῶσαι ἀπολέσει αὐτήν· ὃς δ' ἂν ἀπολέσῃ τὴν ψυχὴν αὐτοῦ ἕνεκεν
salvar$_5$ perderá a ella; el que$_2$ mas$_1$ -- pierda la vida de él por causa
4982 622 846 3739 1161 302 622 3588 5590 846 1752
VAAN VFAI3S RP3ASF RR-NSM CLC TC VAAS3S DASF NASF RP3GSM P, B

ἐμοῦ εὑρήσει αὐτήν. 26 τί γὰρ ὠφεληθήσεται ἄνθρωπος ἐὰν τὸν
de mí, encontrará a ella. ¿qué$_2$ Porque,$_1$ será beneficiado un hombre, si el$_2$
1700 2147 846 5101 1063 5623 444 1437 3588
RP1GS VFAI3S RP3ASF RI-ASN CLX VFPI3S NNSM CAC DASM

κόσμον ὅλον κερδήσῃ τὴν δὲ ψυχὴν αὐτοῦ ζημιωθῇ; ἢ τί δώσει
mundo$_3$ entero,$_4$ ganase$_1$ la$_7$ pero$_5$ vida$_8$ de él?$_9$ perdiera$_6$ O ¿qué dará$_2$
2889 3650 2770 3588 1161 5590 846 2210 2228 5101 1325
NASM JASM VAAS3S DASF CLC NASF RP3GSM VAPS3S CLD RI-ASN VFAI3S

ἄνθρωπος ἀντάλλαγμα τῆς ψυχῆς αὐτοῦ; 27 μέλλει γὰρ ὁ υἱὸς
un ser humano$_1$ como intercambio de la vida de él? va a$_6$ Porque$_1$ el$_2$ Hijo$_3$
444 465 3588 5590 846 3195 1063 3588 5207
NNSM NASN DGSF NGSF RP3GSM VPAI3S CAZ DNSM NNSM

τοῦ ἀνθρώπου ἔρχεσθαι ἐν τῇ δόξῃ τοῦ πατρὸς αὐτοῦ μετὰ τῶν
del$_4$ Hombre$_5$ venir$_7$ en la gloria del Padre de él con los
3588 444 2064 1722 3588 1391 3588 3962 846 3326 3588
DGSM NGSM VPUN P DDSF NDSF DGSM NGSM RP3GSM P DGPM

ἀγγέλων αὐτοῦ, καὶ τότε ἀποδώσει ἑκάστῳ κατὰ τὴν πρᾶξιν αὐτοῦ.
ángeles de él, y entonces recompensará a cada uno conforme a la práctica de él.
32 846 2532 5119 591 1538 2596 3588 4234 846
NGPM RP3GSM CLN B VFAI3S JDSM P DASF NASF RP3GSM

28 ἀμὴν λέγω ὑμῖν ὅτι εἰσίν τινες τῶν ὧδε ἑστώτων οἵτινες οὐ
De cierto digo a vosotros que están algunos de los aquí presentes los cuales no
281 3004 5213 3754 1526 5100 3588 5602 2476 3748 3756
XF, B VPAI1S RP2DP CSC VPAI3P RX-NPM DGPM BP VRAP-PGM RR-NPM BN, TN

μὴ* γεύσωνται θανάτου ἕως ἂν ἴδωσιν τὸν υἱὸν τοῦ ἀνθρώπου
no probarán muerte hasta (que) -- vieran al Hijo del Hombre
3361 1089 2288 2193 302 1492 3588 5207 3588 444
BN, TN VAMS3P NGSM CAT TC VAAS3P DASM NASM DGSM NGSM

ἐρχόμενον ἐν τῇ βασιλείᾳ αὐτοῦ.
viniendo en el reino de él.
2064 1722 3588 932 846
VPUP-SAM P DDSF NDSF RP3GSM

17 Καὶ μεθ' ἡμέρας ἓξ παραλαμβάνει ὁ Ἰησοῦς τὸν
Y después de días,$_2$ seis$_1$ lleva consigo$_5$ --$_3$ Jesús$_4$ --
2532 3326 2250 1803 3880 3588 2424 3588
CLN P NAPF XN, J VPAI3S DNSM NNSM DASM

Πέτρον καὶ Ἰάκωβον καὶ Ἰωάννην τὸν ἀδελφὸν αὐτοῦ, καὶ ἀναφέρει
a Pedro y a Jacob y a Juan el hermano de él, y lleva
4074 2532 2385 2532 2491 3588 80 846 2532 399
NASM CLN NASM CLN NASM DASM NASM RP3GSM CLN VPAI3S

NVI

24 Luego dijo Jesús a
sus discípulos:
—Si alguien quiere
ser mi discípulo,
tiene que negarse a sí
mismo, tomar su cruz
y seguirme. 25 Porque
el que quiera salvar su
vida, la perderá; pero el
que pierda su vida por
mi causa, la encontrará.
26 ¿De qué sirve ganar
el mundo entero si se
pierde la vida? ¿O qué
se puede dar a cambio
de la vida? 27 Porque el
Hijo del hombre ha de
venir en la gloria de su
Padre con sus ángeles, y
entonces recompensará
a cada persona según lo
que haya hecho. 28 Les
aseguro que algunos de
los aquí presentes no
sufrirán la muerte sin
antes haber visto al Hijo
del hombre llegar en su
reino.

La transfiguración

17 Seis días
después, Jesús
tomó consigo a Pedro,
a Jacobo y a Juan, el
hermano de Jacobo, y

16:28* O sea *de ninguna manera.*

RVR

llevó aparte a un monte
alto;
2 y se transfiguró ante
ellos, y su rostro resplan-
deció como el sol, y sus
vestiduras se volvieron
blancas como la luz.
3 En esto, se les apare-
cieron Moisés y Elías,
hablando con él.
4 Entonces Pedro tomó
la palabra y dijo a Jesús:
Señor, bueno es estarnos
aquí; si quieres, hagamos
aquí tres tiendas: una
para ti, otra para Moisés,
y otra para Elías.
5 Mientras él aún habla-
ba, una nube luminosa
los cubrió; y salió de la
nube una voz que decía:
Este es mi Hijo amado,
en quien tengo compla-
cencia; a él oíd.
6 Al oír esto los discípu-
los, se postraron sobre
sus rostros, y tuvieron
enorme temor.
7 Entonces Jesús se
acercó y los tocó, y dijo:
Levantaos, y no temáis.
8 Y cuando alzaron sus
ojos, no vieron a nadie,
sino a Jesús solo.
9 Cuando descendían
del monte, Jesús les
mandó, diciendo: No

αὐτοὺς	εἰς	ὄρος	ὑψηλὸν	κατ'	ἰδίαν.	²καὶ	μετεμορφώθη	ἔμπροσθεν
a ellos	a	un monte	alto	en	privado.	Y	fue transfigurado	delante de
846	1519	3735	5308	2596	2398	2532	3339	1715
RP3APM	P	NASN	JASN	P	JASF	CLN	VAPI3S	P

αὐτῶν,	καὶ	ἔλαμψεν	τὸ	πρόσωπον	αὐτοῦ	ὡς	ὁ	ἥλιος,	τὰ	δὲ
ellos,	y	brilló	el	rostro	de él	como	el	sol,	las$_2$	y$_1$
846	2532	2989	3588	4383	846	5613	3588	2246	3588	1161
RP3GPM	CLN	VAAI3S	DNSN	NNSN	RP3GSM	P, CAM	DNSM	NNSM	DNPN	CLN

ἱμάτια	αὐτοῦ	ἐγένετο	λευκὰ	ὡς	τὸ	φῶς.	³καὶ	ἰδοὺ	ὤφθη
ropas	de él	llegaron a ser	blancas	como	la	luz.	Y	he aquí	se apareció
2440	846	1096	3022	5613	3588	5457	2532	2400	3708
NNPN	RP3GSM	VAMI3S	JNPN	P, CAM	DNSN	NNSN	CLN	I, VAAM2S	VAPI3S

αὐτοῖς	Μωϋσῆς	καὶ	Ἠλίας	συλλαλοῦντες	μετ'	αὐτοῦ.	⁴ἀποκριθεὶς
a ellos	Moisés	y	Elías	conversando	con	él.	respondiendo$_2$
846	3475	2532	2243	4814	3326	846	611
RP3DPM	NNSM	CLN	NNSM	VPAP-PNM	P	RP3GSM	VAPP-SNM

δὲ	ὁ	Πέτρος	εἶπεν	τῷ	Ἰησοῦ·	Κύριε,	καλόν	ἐστιν	ἡμᾶς	ὧδε
Y$_1$	--	Pedro	dijo	--	a Jesús:	Señor	bueno	es	nosotros;$_3$	aquí$_2$
1161	3588	4074	2036	3588	2424	2962	2570	2076	2248	5602
CLN	DNSM	NNSM	VAAI3S	DDSM	NDSM	NVSM	JNSN	VPAI3S	RP1AP	BP

εἶναι·	εἰ	θέλεις,	⌐ποιήσω	ὧδε	τρεῖς	σκηνάς,	σοὶ	μίαν	καὶ	Μωϋσεῖ
estar$_1$	si	quieres,	haré	aquí	tres	tiendas,	para ti$_2$	una$_1$	y$_3$	para Moisés$_5$
1511	1487	2309	4160	5602	5140	4633	4671	1520	2532	3475
VPAN	CAC	VPAI2S	VFAI1S	BP	JAPF	NAPF	RP2DS	JASF	CLN	NDSM

μίαν	καὶ	Ἠλίᾳ	μίαν.	⁵ἔτι	αὐτοῦ	λαλοῦντος	ἰδοὺ	νεφέλη	φωτεινὴ
una$_4$	y$_6$	para Elías.$_8$	una$_7$	Aún	él	hablando,	he aquí	una nube	luminosa
1520	2532	2243	1520	2089	846	2980	2400	3507	5460
JASF	CLN	NDSM	JASF	B	RP3GSM	VPAP-SGM	I, VAAM2S	NNSF	JNSF

ἐπεσκίασεν	αὐτούς,	καὶ	ἰδοὺ	φωνὴ	ἐκ	τῆς	νεφέλης	λέγουσα·	Οὗτός
cubrió de sombra	a ellos,	y	he aquí	una voz	de	la	nube	diciendo:	este
1982	846	2532	2400	5456	1537	3588	3507	3004	3778
VAAI3S	RP3APM	CLN	I, VAAM2S	NNSF	P	DGSF	NGSF	VPAP-SNF	RD-NSM

ἐστιν	ὁ	υἱός	μου	ὁ	ἀγαπητός,	ἐν	ᾧ	εὐδόκησα·	ἀκούετε
es	el	hijo	de mí,	el	amado,	en	en quien	(me) complací;	oíd
2076	3588	5207	3450	3588	27	1722	3739	2106	191
VPAI3S	DNSM	NNSM	RP1GS	DNSM	JNSM	P	RR-DSM	VAAI1S	VPAM2P

αὐτοῦ.	⁶καὶ	ἀκούσαντες	οἱ	μαθηταὶ	ἔπεσαν	ἐπὶ	πρόσωπον	αὐτῶν
a él.	Y	oyendo	los	discípulos,	cayeron	sobre	(el) rostro	de ellos
846	2532	191	3588	3101	4098	1909	4383	846
RP3GSM	CLN	VAAP-PNM	DNPM	NNPM	VAAI3P	P	NASN	RP3GPM

καὶ	ἐφοβήθησαν	σφόδρα.	⁷καὶ	προσῆλθεν	ὁ	Ἰησοῦς	καὶ	ἁψάμενος
y	temieron	sobremanera.	Y	se acercó$_3$	--$_1$	Jesús$_2$	y,	tocando
2532	5399	4970	2532	4334	3588	2424	2532	681
CLN	VAPI3P	B	CLN	VAAI3S	DNSM	NNSM	CLN	VAMP-SNM

αὐτῶν	εἶπεν·	Ἐγέρθητε	καὶ	μὴ	φοβεῖσθε.	⁸ἐπάραντες	δὲ	τοὺς
a ellos,	dijo:	Levantaos	y	no	temáis.	levantando$_2$	Y$_1$	los
846	2036	1453	2532	3361	5399	1869	1161	3588
RP3GPM	VAAI3S	VAPM2P	CLN	BN, TN	VPUM2P	VAAP-PNM	CLN	DAPM

ὀφθαλμοὺς	αὐτῶν	οὐδένα	εἶδον	εἰ	μὴ	αὐτὸν	Ἰησοῦν	μόνον.
ojos	de ellos,	a nadie,$_2$	vieron$_1$	si	no	a él	Jesús	solo.
3788	846	3762	1492	1487	3361	846	2424	3441, 3440
NAPM	RP3GPM	JASM	VAAI3P	CAC	BN, TN	RP3ASM	NASM	B, J

⁹Καὶ	καταβαινόντων	αὐτῶν	ἐκ	τοῦ	ὄρους	ἐνετείλατο	αὐτοῖς
Y	mientras bajaban	ellos	de	el	monte,	mandó$_3$	a ellos$_4$
2532	2597	846	1537	3588	3735	1781	846
CLN	VPAP-PGM	RP3GPM	P	DGSN	NGSN	VAMI3S	RP3DPM

NVI

los llevó aparte, a una
montaña alta. 2 Allí se
transfiguró en presencia
de ellos; su rostro res-
plandeció como el sol, y
su ropa se volvió blanca
como la luz. 3 En esto, se
les aparecieron Moisés
y Elías conversando con
Jesús. 4 Pedro le dijo a
Jesús:
—Señor, ¡qué bueno
sería que nos quedemos
aquí! Si quieres, levan-
taré tres albergues: uno
para ti, otro para Moisés
y otro para Elías.
5 Mientras estaba aún
hablando, apareció una
nube luminosa que los
envolvió, de la cual salió
una voz que dijo: «Este
es mi Hijo amado; estoy
muy complacido con él.
¡Escúchenlo!»
6 Al oír esto, los discí-
pulos se postraron sobre
su rostro, aterrorizados.
7 Pero Jesús se acercó a
ellos y los tocó.
—Levántense —les
dijo—. No tengan
miedo.
8 Cuando alzaron la
vista, no vieron a nadie
más que a Jesús.
9 Mientras bajaban
de la montaña, Jesús les
encargó:

17:4⌐ Manuscritos importantes tienen *hagamos*.

RVR

digáis a nadie la visión,
hasta que el Hijo del
Hombre resucite de los
muertos.
10 Entonces sus discí-
pulos le preguntaron,
diciendo: ¿Por qué,
pues, dicen los escribas
que debe venir antes
Elías?
11 Jesús respondió y les
dijo: A la verdad, Elías
viene primero, y restau-
rará todas las cosas.
12 Mas os digo que
Elías ya vino, y no le
reconocieron, sino que
hicieron con él todo
lo que quisieron; así
también el Hijo del
Hombre va a padecer a
manos de ellos.
13 Entonces los discí-
pulos comprendieron
que les había hablado de
Juan el Bautista.

Jesús sana a un muchacho lunático

14 Cuando llegaron
ellos adonde estaba la
multitud, se le acercó un
hombre que se arrodilló
ante él, diciendo:
15 Señor, ten compasión
de mi hijo, que es lunáti-
co, y padece muchísi-
mo; porque muchas
veces cae en el fuego, y
muchas en el agua.
16 Y lo he traído a tus
discípulos, pero no le
han podido sanar.
17 Respondiendo Jesús,

ὁ	Ἰησοῦς	λέγων·	Μηδενὶ	εἴπητε	τὸ	ὅραμα	ἕως	οὗ	ὁ	υἱὸς
--$_1$	Jesús$_2$	diciendo:	A nadie	digáis	la	visión	hasta	que	el	Hijo
3588	2424	3004	3367	2036	3588	3705	2193	3739	3588	5207
DNSM	*NNSM*	*VPAP-SNM*	*JDSM*	*VAAS2P*	*DASN*	*NASN*	*P, C*	*RR-GSM*	*DNSM*	*NNSM*

τοῦ	ἀνθρώπου	ἐκ	νεκρῶν	ἐγερθῇ.	10 καὶ	ἐπηρώτησαν	αὐτὸν	οἱ
del	Hombre	de$_2$	(los) muertos.$_3$	se levante$_1$	Y	preguntaron$_3$	a él$_4$	los$_1$
3588	444	1537	3498	1453	2532	1905	846	3588
DGSM	*NGSM*	*P*	*JGPM*	*VAPS3S*	*CLN*	*VAAI3P*	*RP3ASM*	*DNPM*

μαθηταὶ	λέγοντες·	Τί	οὖν	οἱ	γραμματεῖς	λέγουσιν	ὅτι	Ἠλίαν
discípulos$_2$	diciendo:	¿Por qué,	entonces,	los	escribas	dicen	que	Elías
3101	3004	5101	3767	3588	1122	3004	3754	2243
NNPM	*VPAP-PNM*	*RI-ASN*	*CLI*	*DNPM*	*NNPM*	*VPAI3P*	*CSC*	*NASM*

δεῖ	ἐλθεῖν	πρῶτον;	11 ὁ	δὲ	ἀποκριθεὶς	εἶπεν·	Ἠλίας	μὲν
debe	venir	primero?	--$_2$	Y$_1$	respondiendo,	dijo:	Elías	ciertamente
1163	2064	4412	3588	1161	611	2036	2243	3303
VPAI3S	*VAAN*	*B, J*	*DNSM*	*CLN*	*VAPP-SNM*	*VAAI3S*	*NNSM*	*TE, C*

ἔρχεται	καὶ	ἀποκαταστήσει	πάντα·	12 λέγω	δὲ	ὑμῖν	ὅτι	Ἠλίας
viene	y	restaurará	todas las cosas;	digo$_2$	Y$_1$	a vosotros	que	Elías
2064	2532	600	3956	3004	1161	5213	3754	2243
VPUI3S	*CLN*	*VFAI3S*	*JAPN*	*VPAI1S*	*CLC*	*RP2DP*	*CSC*	*NNSM*

ἤδη	ἦλθεν,	καὶ	οὐκ	ἐπέγνωσαν	αὐτὸν	ἀλλὰ	ἐποίησαν	ἐν	αὐτῷ
ya	vino,	y	no	reconocieron	a él,	pero	hicieron	con	él
2235	2064	2532	3756	1921	846	235	4160	1722	846
B	*VAAI3S*	*CLN*	*BN, TN*	*VAAI3P*	*RP3ASM*	*CLC*	*VAAI3P*	*P*	*RP3DSM*

ὅσα	ἠθέλησαν·	οὕτως	καὶ	ὁ	υἱὸς	τοῦ	ἀνθρώπου	μέλλει
cuantas cosas	quisieron;	así	también	el	Hijo	del	Hombre	va a
3745	2309	3779	2532	3588	5207	3588	444	3195
RK-APN	*VAAI3P*	*B*	*BE, TE*	*DNSM*	*NNSM*	*DGSM*	*NGSM*	*VPAI3S*

πάσχειν	ὑπ’	αὐτῶν.	13 τότε	συνῆκαν	οἱ	μαθηταὶ	ὅτι	περὶ	Ἰωάννου
sufrir	por	ellos.	Entonces	entendieron$_3$	los$_1$	discípulos$_2$	que	acerca de	Juan
3958	5259	846	5119	4920	3588	3101	3754	4012	2491
VPAN	*P*	*RP3GPM*	*B*	*VAAI3P*	*DNPM*	*NNPM*	*CSC*	*P*	*NGSM*

τοῦ	βαπτιστοῦ	εἶπεν	αὐτοῖς.
el	Bautista	dijo	a ellos.
3588	910	2036	846
DGSM	*NGSM*	*VAAI3S*	*RP3DPM*

14 Καὶ	ἐλθόντων	πρὸς	τὸν	ὄχλον	προσῆλθεν	αὐτῷ	ἄνθρωπος
Y	cuando llegaron	a	la	multitud,	se acercó$_2$	a él$_3$	un hombre$_1$
2532	2064	4314	3588	3793	4334	846	444
CLN	*VAAP-PGM*	*P*	*DASM*	*NASM*	*VAAI3S*	*RP3DSM*	*NNSM*

γονυπετῶν	αὐτὸν	15 καὶ	λέγων·	Κύριε,	ἐλέησόν	μου	τὸν	υἱόν,	ὅτι
arrodillándose	(ante) él,	y	diciendo:	Señor	ten compasión,	de mí,$_3$	(d)el$_1$	hijo$_2$	porque
1120	846	2532	3004	2962	1653	3450	3588	5207	3754
VPAP-SNM	*RP3ASM*	*CLN*	*VPAP-SNM*	*NVSM*	*VAAM2S*	*RP1GS*	*DASM*	*NASM*	*CAZ*

σεληνιάζεται	καὶ	κακῶς	πάσχει,	πολλάκις	γὰρ	πίπτει	εἰς	τὸ	πῦρ
es lunático$_7$	y	malamente.$_2$	sufre$_1$	a menudo$_4$	Porque$_3$	cae	a	el	fuego
4583	2532	2560	3958	4178	1063	4098	1519	3588	4442
VPUI3S	*CLN*	*B*	*VPAI3S*	*B*	*CLX*	*VPAI3S*	*P*	*DASN*	*NASN*

καὶ	πολλάκις	εἰς	τὸ	ὕδωρ.	16 καὶ	προσήνεγκα	αὐτὸν	τοῖς	μαθηταῖς
y	a menudo	a	el	agua.	Y	traje	a él	a los	discípulos
2532	4178	1519	3588	5204	2532	4374	846	3588	3101
CLN	*B*	*P*	*DASN*	*NASN*	*CLN*	*VAAI1S*	*RP3ASM*	*DDPM*	*NDPM*

σου,	καὶ	οὐκ	ἠδυνήθησαν	αὐτὸν	θεραπεῦσαι.	17 ἀποκριθεὶς	δὲ	ὁ
de ti,	y	no	pudieron	a él.$_2$	sanar$_1$	respondiendo$_2$	Y$_1$	--
4675	2532	3756	1410	846	2323	611	1161	3588
RP2GS	*CLN*	*BN, TN*	*VAPI3P*	*RP3ASM*	*VAAN*	*VAPP-SNM*	*CLN*	*DNSM*

NVI

—No le cuenten a
nadie lo que han visto
hasta que el Hijo del
hombre resucite.
10 Entonces los dis-
cípulos le preguntaron
a Jesús:
—¿Por qué dicen los
maestros de la ley que
Elías tiene que venir
primero?
11 —Sin duda Elías
viene, y restaurará todas
las cosas —respondió
Jesús—. 12 Pero les digo
que Elías ya vino, y no
lo reconocieron, sino
que hicieron con él todo
lo que quisieron. De la
misma manera va a su-
frir el Hijo del hombre a
manos de ellos.
13 Entonces entendie-
ron los discípulos que les
estaba hablando de Juan
el Bautista.

Jesús sana a un muchacho endemoniado

14 Cuando llegaron a
la multitud, un hombre
se acercó a Jesús y se
arrodilló delante de él.
15 —Señor, ten
compasión de mi hijo.
Le dan ataques y sufre
terriblemente. Muchas
veces cae en el fuego o
en el agua. 16 Se lo traje a
tus discípulos, pero no
pudieron sanarlo.

RVR

dijo: ¡Oh generación
incrédula y perversa!
¿Hasta cuándo estaré
con vosotros? ¿Hasta
cuándo os he de soportar? Traédmelo acá.
18 Le increpó Jesús, y
el demonio salió de
él, y quedó curado el
muchacho desde aquel
momento.
19 Entonces los discípulos, acercándose a Jesús,
le dijeron aparte: ¿Por
qué nosotros no pudimos echarlo fuera?
20 Jesús les dijo: Por
vuestra falta de fe; porque de cierto os digo,
que si tenéis fe como un
grano de mostaza, diréis
a este monte: Pásate de
aquí allá, y se pasará; y
nada os será imposible.
21 Pero esta clase de demonios no sale sino con
oración y ayuno.

Jesucristo anuncia otra vez su muerte

22 Mientras caminaban ellos por Galilea,
les dijo Jesús: El Hijo
del Hombre va a ser
entregado en manos de
hombres,
23 y le matarán; y al
tercer día resucitará. Y
ellos se entristecieron en
gran manera.

Pago del tributo del templo

24 Cuando llegaron a Capernaúm, se acercaron

Ἰησοῦς εἶπεν· Ὦ γενεὰ ἄπιστος καὶ διεστραμμένη, ἕως πότε μεθ'
Jesús dijo ¡Oh generación incrédula y perversa! ¿Hasta cuándo con$_2$
2424 2036 5599 1074 571 2532 1294 2193 4219 3326
NNSM VAAI3S I NVSF JVSF CLN VRPP-SNF P, C B P

ὑμῶν ἔσομαι; ἕως πότε ἀνέξομαι ὑμῶν; φέρετέ μοι αὐτὸν ὧδε.
vosotros?$_3$ estaré$_1$ ¿Hasta cuándo soportaré a vosotros? Traed a mí.$_3$ a él$_1$ aquí$_2$
5216 2071 2193 4219 430 5216 5342 3427 846 5602
RP2GP VFMI1S P, C B VFMI1S RP2GP VPAM2P RP1DS RP3ASM BP

18 καὶ ἐπετίμησεν αὐτῷ ὁ Ἰησοῦς, καὶ ἐξῆλθεν ἀπ' αὐτοῦ τὸ
Y reprendió$_3$ a él,$_4$ --$_1$ Jesús$_2$ y$_5$ salió$_8$ de$_9$ él;$_{10}$ el$_6$
2532 2008 846 3588 2424 2532 1831 575 846 3588
CLN VAAI3S RP3DSM DNSM NNSM CLN VAAI3S P RP3GSM DNSN

δαιμόνιον· καὶ ἐθεραπεύθη ὁ παῖς ἀπὸ τῆς ὥρας ἐκείνης. 19 Τότε
demonio$_7$ y$_{11}$ fue sanado$_{14}$ el$_{12}$ niño$_{13}$ desde la hora aquella. Entonces
1140 2532 2323 3588 3816 575 3588 5610 1565 5119
NNSN CLN VAPI3S DNSM NNSM P DGSF NGSF RD-GSF B

προσελθόντες οἱ μαθηταὶ τῷ Ἰησοῦ κατ' ἰδίαν εἶπον· Διὰ τί
acercándose los discípulos -- a Jesús en privado, dijeron: ¿Por qué
4334 3588 3101 3588 2424 2596 2398 2036 1223 5101
VAAP-PNM DNPM NNPM DDSM NDSM P JASF VAAI3P P RI-ASN

ἡμεῖς οὐκ ἠδυνήθημεν ἐκβαλεῖν αὐτό; 20 ὁ δὲ λέγει αὐτοῖς· Διὰ
nosotros no pudimos expulsar a él? --$_2$ Y$_1$ dice a ellos: A causa de
2249 3756 1410 1544 846 3588 1161 3004 846 1223
RP1NP BN, TN VAPI1P VAAN RP3ASN DNSM CLN VPAI3S RP3DPM P

τὴν ὀλιγοπιστίαν ὑμῶν· ἀμὴν γὰρ λέγω ὑμῖν, ἐὰν ἔχητε πίστιν
la poca fe de vosotros; de cierto$_2$ porque$_1$ digo a vosotros si tenéis fe
3588 3640 5216 281 1063 3004 5213 1437 2192 4102
DASF NASF RP2GP XF, B CLX VPAI1S RP2DP CAC VPAS2P NASF

ὡς κόκκον σινάπεως, ἐρεῖτε τῷ ὄρει τούτῳ· Μετάβα ἔνθεν ἐκεῖ,
como un grano de mostaza diréis al monte este: Pásate de aquí allá,
5613 2848 4615 2046 3588 3735 5129 3327 1759 1563
P, CAM NASM NGSN VFAI2P DDSN NDSN RD-DSM VAAM2S BP BP

καὶ μεταβήσεται, καὶ οὐδὲν ἀδυνατήσει ⸀ὑμῖν.
y será trasladado, y nada será imposible a vosotros.
2532 3327 2532 3762 101 5213
CLN VFMI3S CLN JNSN VFAI3S RP2DP

22 Συστρεφομένων δὲ αὐτῶν ἐν τῇ Γαλιλαίᾳ εἶπεν αὐτοῖς ὁ
volviéndose juntamente$_2$ Y$_1$ ellos en -- Galilea, dijo a ellos$_3$ --$_1$
4962 1161 846 1722 3588 1056 2036 846 3588
VPPP-PGM CLT RP3GPM P DDSF NDSF VAAI3S RP3DPM DNSM

Ἰησοῦς· Μέλλει ὁ υἱὸς τοῦ ἀνθρώπου παραδίδοσθαι εἰς χεῖρας
Jesús$_2$ va a$_8$ el$_4$ Hijo$_5$ del$_6$ Hombre$_7$ ser entregado$_9$ a manos
2424 3195 3588 5207 3588 444 3860 1519 5495
NNSM VPAI3S DNSM NNSM DGSM NGSM VPPN P NAPF

ἀνθρώπων, 23 καὶ ἀποκτενοῦσιν αὐτόν, καὶ τῇ τρίτῃ ἡμέρᾳ
de (los) seres humanos; y matarán a él, y el tercer día
444 2532 615 846 2532 3588 5154 2250
NGPM CLN VFAI3P RP3ASM CLN DDSF JDSF NDSF

ἐγερθήσεται. καὶ ἐλυπήθησαν σφόδρα.
resucitará. Y se entristecieron extremadamente.
1453 2532 3076 4970
VFPI3S CLN VAPI3P B

24 Ἐλθόντων δὲ αὐτῶν εἰς Καφαρναοὺμ προσῆλθον οἱ τὰ
cuando llegaron$_2$ Y$_1$ ellos a Capernaum se acercaron$_5$ los$_1$ las$_3$
2064 1161 846 1519 2584 4334 3588 3588
VAAP-PGM CLT RP3GPM P NASF, XP VAAI3P DNPM DAPN

NVI

17 —¡Ah, generación
incrédula y perversa!
—respondió Jesús—.
¿Hasta cuándo tendré
que estar con ustedes?
¿Hasta cuándo tendré
que soportarlos?
Tráiganme acá al
muchacho.
18 Jesús reprendió al
demonio, el cual salió
del muchacho, y este
quedó sano desde aquel
momento.
19 Después los
discípulos se acercaron
a Jesús y, en privado, le
preguntaron:
—¿Por qué nosotros
no pudimos expulsarlo?
20 —Por la poca fe
que tienen —les respondió—. Les aseguro
que, si tuvieran fe tan
pequeña como un grano
de mostaza, podrían
decirle a esta montaña:
"Trasládate de aquí para
allá", y se trasladaría.
Para ustedes nada sería
imposible.
22 Estando reunidos
en Galilea, Jesús les dijo:
«El Hijo del hombre
va a ser entregado en
manos de los hombres.
23 Lo matarán, pero al
tercer día resucitará». Y
los discípulos se entristecieron mucho.

El impuesto del templo

24 Cuando Jesús y sus
discípulos llegaron a
Capernaúm, los que cobraban el impuesto del
templo se acercaron a

17:20⸀ Manuscritos inferiores aumentaron [21] *Porque este género de demonio sale solo con oración y ayuno.*

RVR

a Pedro los que co-
braban el impuesto
de las dos dracmas, y
le dijeron: ¿No paga
vuestro Maestro las dos
dracmas?
25 Él dijo: Sí. Y al entrar
él en casa, Jesús se antici-
pó a él, diciendo: ¿Qué
te parece, Simón? Los
reyes de la tierra, ¿de
quiénes cobran tributos
o impuestos? ¿De sus
hijos, o de los extraños?
26 Pedro le respondió:
De los extraños. Jesús
le dijo: Luego los hijos
están exentos.
27 Sin embargo, para no
ofenderles, ve al mar,
echa el anzuelo, y al
primer pez que suba,
tómalo, y al abrirle la
boca, hallarás un esta-
ter; tómalo, y dáselo por
mí y por ti.

¿Quién es el mayor?

18 En aquel mo-
mento se acer-
caron los discípulos a
Jesús, diciendo: ¿Quién
es, entonces, mayor en el
reino de los cielos?
2 Y llamando Jesús a un
niño, lo puso en medio
de ellos,
3 y dijo: De cierto os
digo, que si no os volvéis
y os hacéis como los

δίδραχμα	λαμβάνοντες	τῷ	Πέτρῳ	καὶ	εἶπαν·	Ὁ	διδάσκαλος
dos dracmas$_4$	que recibían$_2$	--	a Pedro	y	dijeron:	El	maestro
1323	2983	3588	4074	2532	3004	3588	1320
NAPN	*VPAP-PNM*	*DDSM*	*NDSM*	*CLN*	*VAAI3P*	*DNSM*	*NNSM*

ὑμῶν	οὐ	τελεῖ	τὰ	δίδραχμα;	25 λέγει·	Ναί.	καὶ	ἐλθόντα	εἰς	τὴν
de vosotros.	¿no	paga	las	dos dracmas?	Dice:	Sí.	Y	viniendo	a	la
5216	3756	5055	3588	1323	3004	3483	2532	2064	1519	3588
RP2GP	*TN, TI*	*VPAI3S*	*DAPN*	*NAPN*	*VPAI3S*	*I, T*	*CLN*	*VAAP-SAM*	*P*	*DASF*

οἰκίαν	προέφθασεν	αὐτὸν	ὁ	Ἰησοῦς	λέγων·	Τί	σοι	δοκεῖ,	Σίμων;
casa	se adelantó$_3$	a él,$_4$	--$_1$	Jesús$_2$	diciendo:	¿Qué	a ti$_2$	parece$_1$	Simón?
3614	4399	846	3588	2424	3004	5101	4671	1380	4613
NASF	*VAAI3S*	*RP3ASM*	*DNSM*	*NNSM*	*VPAP-SNM*	*RI-ASN*	*RP2DS*	*VPAI3S*	*NVSM*

οἱ	βασιλεῖς	τῆς	γῆς	ἀπὸ	τίνων	λαμβάνουσιν	τέλη	ἢ	κῆνσον;
Los	reyes	de la	tierra,	¿de	quiénes	toman	impuestos	o	tributo?
3588	935	3588	1093	575	5101	2983	5056	2228	2778
DNPM	*NNPM*	*DGSF*	*NGSF*	*P*	*RI-GPM*	*VPAI3P*	*NAPN*	*CLD*	*NASM*

ἀπὸ	τῶν	υἱῶν	αὐτῶν	ἢ	ἀπὸ	τῶν	ἀλλοτρίων;	26 εἰπόντος	δέ·
¿De	los	hijos	de ellos	o	de	los	extraños?	habiendo respondido:$_2$	Y$_1$
575	3588	5207	846	2228	575	3588	245	3004	1161
P	*DGPM*	*NGPM*	*RP3GPM*	*CLD*	*P*	*DGPM*	*JGPM*	*VAAP-SGM*	*CLN*

Ἀπὸ	τῶν	ἀλλοτρίων,	ἔφη	αὐτῷ	ὁ	Ἰησοῦς·	Ἄρα	γε	ἐλεύθεροί
De	los	extraños,	dijo$_3$	a él;$_4$	--$_1$	Jesús$_2$	Entonces	ciertamente	libres
575	3588	245	5346	846	3588	2424	686	1065	1658
P	*DGPM*	*JGPM*	*VIAI3S*	*RP3DSM*	*DNSM*	*NNSM*	*CLI*	*TE*	*JNPM*

εἰσιν	οἱ	υἱοί.	27 ἵνα	δὲ	μὴ	σκανδαλίσωμεν	αὐτούς,	πορευθεὶς
son	los	hijos.	para que$_2$	Mas$_1$	no	ofendamos	ellos,	habiendo ido
1526	3588	5207	2443	1161	3361	4624	846	4198
VPAI3P	*DNPM*	*NNPM*	*CAP*	*CLC*	*BN, TN*	*VAAS1P*	*RP3APM*	*VAPP-SNM*

εἰς	θάλασσαν	βάλε	ἄγκιστρον	καὶ	τὸν	ἀναβάντα	πρῶτον	ἰχθὺν
a	(el) mar,	echa	un anzuelo,	y	al que	suba$_2$	primero$_3$	pez$_1$
1519	2281	906	44	2532	3588	305	4412	2486
P	*NASF*	*VAAM2S*	*NASN*	*CLN*	*DASM*	*VAAP-SAM*	*B, J*	*NASM*

ἆρον,	καὶ	ἀνοίξας	τὸ	στόμα	αὐτοῦ	εὑρήσεις	στατῆρα·	ἐκεῖνον
toma	y	habiendo abierto	la	boca	de él,	encontrarás	un estáter,	aquella$_2$
142	2532	455	3588	4750	846	2147	4715	1565
VAAM2S	*CLN*	*VAAP-SNM*	*DASN*	*NASN*	*RP3GSM*	*VFAI2S*	*NASM*	*RD-ASM*

λαβὼν	δὸς	αὐτοῖς	ἀντὶ	ἐμοῦ	καὶ	σοῦ.
habiendo tomando,$_1$	da	a ellos	en lugar de	mí	y	de ti.
2983	1325	846	473	1700	2532	4675
VAAP-SNM	*VAAM2S*	*RP3DPM*	*P*	*RP1GS*	*CLN*	*RP2GS*

18

Ἐν	ἐκείνῃ	τῇ	ὥρᾳ	προσῆλθον	οἱ	μαθηταὶ	τῷ	Ἰησοῦ
En	aquella	--	hora	se acercaron$_3$	los$_1$	discípulos$_2$	--	a Jesús,
1722	1565	3588	5610	4334	3588	3101	3588	2424
P	*RD-DSF*	*DDSF*	*NDSF*	*VAAI3P*	*DNPM*	*NNPM*	*DDSM*	*NDSM*

λέγοντες·	Τίς	ἄρα	μείζων	ἐστὶν	ἐν	τῇ	βασιλείᾳ	τῶν	οὐρανῶν;
diciendo	¿Quién	pues	mayor$_2$	es$_1$	en	el	reino	de los	cielos?
3004	5101	687	3187	2076	1722	3588	932	3588	3772
VPAP-PNM	*RI-NSM*	*CLI*	*JNSMC*	*VPAI3S*	*P*	*DDSF*	*NDSF*	*DGPM*	*NGPM*

2 καὶ	προσκαλεσάμενος	παιδίον	ἔστησεν	αὐτὸ	ἐν	μέσῳ	αὐτῶν
Y,	habiendo llamado para sí	a un niñito,	lo puso de pie	a él	en	medio	de ellos
2532	4341	3813	2476	846	1722	3319	846
CLN	*VAMP-SNM*	*NASN*	*VAAI3S*	*RP3ASN*	*P*	*JDSN*	*RP3GPM*

3 καὶ	εἶπεν·	Ἀμὴν	λέγω	ὑμῖν,	ἐὰν	μὴ	στραφῆτε	καὶ	γένησθε	ὡς
y	dijo:	De cierto	digo	a vosotros,	si	no	os volvéis	y	llegáis a ser	como
2532	2036	281	3004	5213	1437	3361	4762	2532	1096	5613
CLN	*VAAI3S*	*XF, B*	*VPAI1S*	*RP2DP*	*CAC*	*BN, TN*	*VAPS2P*	*CLN*	*VAMS2P*	*P, CAM*

NVI

Pedro y le preguntaron:
—¿Su maestro no
paga el impuesto del
templo?
25 —Sí, lo paga —res-
pondió Pedro.
Al entrar Pedro en la
casa, se adelantó Jesús a
preguntarle:
—¿Tú qué opinas,
Simón? Los reyes de la
tierra, ¿a quiénes cobran
tributos e impuestos: a
los suyos o a los demás?
26 —A los demás —
contestó Pedro.
—Entonces los suyos
están exentos —le dijo
Jesús—. 27 Pero, para no
escandalizar a esta gente,
vete al lago y echa el an-
zuelo. Saca el primer pez
que pique; ábrele la boca
y encontrarás una mo-
neda. Tómala y dásela a
ellos por mi impuesto y
por el tuyo.

El más importante en el reino de los cielos

18 En ese momen-
to los discípulos
se acercaron a Jesús y le
preguntaron:
—¿Quién es el más
importante en el reino
de los cielos?
2 Él llamó a un niño
y lo puso en medio de
ellos. 3 Entonces dijo:
—Les aseguro que a
menos que ustedes cam-
bien y se vuelvan como

RVR

niños, de ningún modo
entraréis en el reino de
los cielos.
4 Así que, cualquiera que
se humille como este
niño, ése es el mayor en
el reino de los cielos.
5 Y cualquiera que reciba
en mi nombre a un
niño como este, a mí me
recibe.

Ocasiones de caer

6 Pero al que haga tro-
pezar a alguno de estos
pequeños que creen en
mí, más le valdría que le
colgasen al cuello una
piedra de molino de
asno, y que le hundieran
en el fondo del mar.
7 ¡Ay del mundo por los
tropiezos! Porque es
necesario que vengan
tropiezos, pero ¡ay de
aquel hombre por quien
viene el tropiezo!
8 Por tanto, si tu mano
o tu pie te es ocasión
de caer, córtatelo y
échalo de ti; mejor te es
entrar en la vida cojo o
manco, que teniendo
dos manos o dos pies
ser echado en el fuego
eterno.
9 Y si tu ojo te es ocasión

τὰ	παιδία,	οὐ	μὴ*	εἰσέλθητε	εἰς	τὴν	βασιλείαν	τῶν
los	niñitos,	no	no	entraréis	a	el	reino	de los
3588	3813	3756	3361	1525	1519	3588	932	3588
DNPN, DAPN	*NNPN, NAPN*	*BN, TN*	*BN, TN*	*VAAS2P*	*P*	*DASF*	*NASF*	*DGPM*

οὐρανῶν.	4 ὅστις	οὖν	ταπεινώσει	ἑαυτὸν	ὡς	τὸ	παιδίον	τοῦτο,
cielos.	cualquiera (que)$_2$	Así que$_1$	se humille	a sí mismo	como	el	niñito	este,
3772	3748	3767	5013	1438	5613	3588	3813	5124
NGPM	*RR-NSM*	*CLI*	*VFAI3S*	*RF3ASM*	*P, CAM*	*DNSN*	*NNSN*	*RD-NSN*

οὗτός	ἐστιν	ὁ	μείζων	ἐν	τῇ	βασιλείᾳ	τῶν	οὐρανῶν·	5 καὶ	ὃς
ese	es	el	mayor	en	el	reino	de los	cielos.	Y	el cual
3778	2076	3588	3187	1722	3588	932	3588	3772	2532	3739
RD-NSM	*VPAI3S*	*DNSM*	*JNSMC*	*P*	*DDSF*	*NDSF*	*DGPM*	*NGPM*	*CLN*	*RR-NSM*

ἐὰν	δέξηται	ἓν	παιδίον	τοιοῦτο	ἐπὶ	τῷ	ὀνόματί	μου,	ἐμὲ	δέχεται.
--	reciba	un	niñito	cual este	en	el	nombre	de mí,	a mí	recibe.
1437	1209	1520	3813	5108	1909	3588	3686	3450	1691	1209
TC	*VAMS3S*	*JASN*	*NASN*	*RD-ASN*	*P*	*DDSN*	*NDSN*	*RP1GS*	*RP1AS*	*VPUI3S*

6 Ὃς	δ'	ἂν	σκανδαλίσῃ	ἕνα	τῶν	μικρῶν	τούτων	τῶν
el que$_2$	Mas$_1$	--	hiciere tropezar	a uno	de los	pequeños	estos	de los
3739	1161	302	4624	1520	3588	3398	5130	3588
RR-NSM	*CLC*	*TC*	*VAAS3S*	*JASM*	*DGPM*	*JGPM*	*RD-GPM*	*DGPM*

πιστευόντων	εἰς	ἐμέ,	συμφέρει	αὐτῷ	ἵνα	κρεμασθῇ	μύλος
que creen	en	mí,	es mejor	para él	que	sea colgada$_3$	una piedra de molino$_1$
4100	1519	1691	4851	846	2443	2910	3458
VPAP-PGM	*P*	*RP1AS*	*VPAI3S*	*RP3DSM*	*CSC*	*VAPS3S*	*NNSM*

ὀνικὸς	εἰς	τὸν	τράχηλον	αὐτοῦ	καὶ	καταποντισθῇ	ἐν	τῷ	πελάγει
de asno$_2$	en	el	cuello	de él	y	que sea ahogado	en	lo	profundo
3684	1519	3588	5137	846	2532	2670	1722	3588	3989
JNSM	*P*	*DASM*	*NASM*	*RP3GSM*	*CLN*	*VAPS3S*	*P*	*DDSN*	*NDSN*

τῆς	θαλάσσης.	7 οὐαὶ	τῷ	κόσμῳ	ἀπὸ	τῶν	σκανδάλων·	ἀνάγκη	γὰρ
del	mar.	¡Ay de	el	mundo	por	las	piedras de tropiezo!	(es) necesario$_2$	Porque$_1$
3588	2281	3759	3588	2889	575	3588	4625	318	1063
DGSF	*NGSF*	*I, T*	*DDSM*	*NDSM*	*P*	*DGPN*	*NGPN*	*NNSF*	*CLX*

ἐλθεῖν	τὰ	σκάνδαλα,	πλὴν	οὐαὶ	τῷ	ἀνθρώπῳ	δι'	οὗ	τὸ
que vengan	los	tropiezos,	pero	¡Ay de	el	hombre	por medio de	quien	el
2064	3588	4625	4133	3759	3588	444	1223	3739	3588
VAAN	*DAPN*	*NAPN*	*CLD*	*I, T*	*DDSM*	*NDSM*	*P*	*RR-GSM*	*DNSN*

σκάνδαλον	ἔρχεται.
tropiezo	viene!
4625	2064
NNSN	*VPUI3S*

8 Εἰ	δὲ	ἡ	χείρ	σου	ἢ	ὁ	πούς	σου	σκανδαλίζει	σε,	ἔκκοψον
si$_2$	Y$_1$	la	mano	de ti	o	el	pie	de ti	hace tropezar	a ti,	corta
1487	1161	3588	5495	4675	2228	3588	4228	4675	4624	4571	1581
CAC	*CLN*	*DNSF*	*NNSF*	*RP2GS*	*CLD*	*DNSM*	*NNSM*	*RP2GS*	*VPAI3S*	*RP2AS*	*VAAM2S*

αὐτὸν	καὶ	βάλε	ἀπὸ	σοῦ·	καλόν	σοί	ἐστιν	εἰσελθεῖν	εἰς	τὴν	ζωὴν
a él	y	echa	de	ti;	bueno	para ti	es	entrar	en	la	vida
846	2532	906	575	4675	2570	4671	2076	1525	1519	3588	2222
RP3ASM	*CLN*	*VAAM2S*	*P*	*RP2GS*	*JNSN*	*RP2DS*	*VPAI3S*	*VAAN*	*P*	*DASF*	*NASF*

κυλλὸν	ἢ	χωλόν,	ἢ	δύο	χεῖρας	ἢ	δύο	πόδας	ἔχοντα
manco	o	cojo,	que	dos$_2$	manos$_3$	o$_4$	dos$_5$	pies$_6$	teniendo$_1$
2948	2228	5560	2228	1417	5495	2228	1417	4228	2192
JASM	*CLD*	*JASM*	*CAM*	*XN, J*	*NAPF*	*CLD*	*XN, J*	*NAPM*	*VPAP-SAM, VPAP-PNN*

βληθῆναι	εἰς	τὸ	πῦρ	τὸ	αἰώνιον.	9 καὶ	εἰ	ὁ	ὀφθαλμός	σου
ser arrojado	en	el	fuego	--	eterno.	Y	si	el	ojo	de ti
906	1519	3588	4442	3588	166	2532	1487	3588	3788	4675
VAPN	*P*	*DASN*	*NASN*	*DASN*	*JASN*	*CLN*	*CAC*	*DNSM*	*NNSM*	*RP2GS*

NVI

niños, no entrarán en el
reino de los cielos. 4 Por
tanto, el que se humilla
como este niño será el
más grande en el reino
de los cielos.
5 »Y el que recibe en
mi nombre a un niño
como este, me recibe
a mí. 6 Pero, si alguien
hace pecar a uno de estos
pequeños que creen en
mí, más le valdría que le
colgaran al cuello una
gran piedra de molino
y lo hundieran en lo
profundo del mar.
7 »¡Ay del mundo por
las cosas que hacen pe-
car a la gente! Inevitable
es que sucedan, pero
¡ay del que hace pecar a
los demás! 8 Si tu mano
o tu pie te hace pecar,
córtatelo y arrójalo. Más
te vale entrar en la vida
manco o cojo que ser
arrojado al fuego eterno
con tus dos manos y tus
dos pies. 9 Y, si tu ojo te

18:3* O sea *de ninguna manera.*

RVR

de caer, arráncatelo y
échalo de ti; mejor te es
entrar con un solo ojo
en la vida, que teniendo
dos ojos ser echado en el
infierno de fuego.

Parábola de la oveja perdida

10 Mirad que no menos-
preciéis a uno de estos
pequeños; porque os
digo que sus ángeles en
los cielos están viendo
siempre el rostro de mi
Padre que está en los
cielos.
11 Porque el Hijo del
Hombre ha venido para
salvar lo que se había
perdido.
12 ¿Qué os parece? Si
un hombre tiene cien
ovejas, y se descarría
una de ellas, ¿no dejará
las noventa y nueve
y va por los montes a
buscar la que se había
descarriado?
13 Y si acontece que la
encuentra, de cierto os
digo que se regocija más
por aquélla, que por las
noventa y nueve que no
se habían descarriado.
14 Así, no es la voluntad
de vuestro Padre que
está en los cielos, que
se pierda uno de estos
pequeños.

Cómo se debe perdonar al hermano

15 Y si tu hermano peca
contra ti, ve y repréndele

σκανδαλίζει	σε,	ἔξελε	αὐτὸν	καὶ	βάλε	ἀπὸ	σοῦ·	καλόν	σοί
hace tropezar	a ti,	saca	a él	y	echa	de	ti;	bueno	para ti
4624	4571	1807	846	2532	906	575	4675	2570	4671
VPAI3S	*RP2AS*	*VAAM2S*	*RP3ASM*	*CLN*	*VAAM2S*	*P*	*RP2GS*	*JNSN*	*RP2DS*

ἐστιν	μονόφθαλμον	εἰς	τὴν	ζωὴν	εἰσελθεῖν,	ἢ	δύο	ὀφθαλμοὺς
es	con un solo ojo$_2$	en$_3$	la$_4$	vida,$_5$	entrar$_1$	que$_6$	dos$_8$	ojos$_9$
2076	3442	1519	3588	2222	1525	2228	1417	3788
VPAI3S	*JASM*	*P*	*DASF*	*NASF*	*VAAN*	*CAM*	*XN, J*	*NAPM*

ἔχοντα	βληθῆναι	εἰς	τὴν	γέενναν	τοῦ	πυρός.
teniendo$_7$	ser arrojado	en	el	infierno	--	de fuego.
2192	906	1519	3588	1067	3588	4442
VPAP-SAM, VPAP-PNN	*VAPN*	*P*	*DASF*	*NASF*	*DGSN*	*NGSN*

10 Ὁρᾶτε	μὴ	καταφρονήσητε	ἑνὸς	τῶν	μικρῶν	τούτων,	λέγω
Mirad (que)	no	menospreciéis	a uno	de los	pequeños	estos;	digo$_2$
3708	3361	2706	1520	3588	3398	5130	3004
VPAM2P	*TN, C*	*VAAS2P*	*JGSM, JGSN*	*DGPM*	*JGPM*	*RD-GPM*	*VPAI1S*

γὰρ	ὑμῖν	ὅτι	οἱ	ἄγγελοι	αὐτῶν	ἐν	οὐρανοῖς	διὰ	παντὸς
porque$_1$	a vosotros	que	los	ángeles	de ellos	en	(los) cielos	siempre	
1063	5213	3754	3588	32	846	1722	3772	1223	3956
CAZ	*RP2DP*	*CSC*	*DNPM*	*NNPM*	*RP3GPM*	*P*	*NDPM*	*P*	*JGSM, JGSN*

βλέπουσι	τὸ	πρόσωπον	τοῦ	πατρός	μου	τοῦ	ἐν	⸀οὐρανοῖς.	12 τί
miran	el	rostro	del	Padre	de mí	--	en	(los) cielos.	¿Qué
991	3588	4383	3588	3962	3450	3588	1722	3772	5101
VPAI3P	*DASN*	*NASN*	*DGSM*	*NGSM*	*RP1GS*	*DGSM*	*P*	*NDPM*	*RI-ASN*

ὑμῖν	δοκεῖ;	ἐὰν	γένηταί	τινι	ἀνθρώπῳ	ἑκατὸν	πρόβατα	καὶ
a vosotros?$_2$	parece$_1$	Si	llega (a tener)	cierto	hombre	cien	ovejas	y
5213	1380	1437	1096	5100	444	1540	4263	2532
RP2DP	*VPAI3S*	*CAC*	*VAMS3S*	*JDSM, RX-DSM*	*NDSM*	*XN, J*	*NNPN*	*CLN*

πλανηθῇ	ἓν	ἐξ	αὐτῶν,	οὐχὶ	ἀφήσει	τὰ	ἐνενήκοντα	ἐννέα
se ha extraviado	una	de	de ellas,	¿no	dejará	las	noventa	y nueve
4105	1520	1537	846	3780	863	3588	1768	1767
VAPS3S	*JNSN*	*P*	*RP3GPN, RP3GPM*	*TI, TN*	*VFAI3S*	*DAPN*	*XN, J*	*XN, J*

ἐπὶ	τὰ	ὄρη	καὶ	πορευθεὶς	ζητεῖ	τὸ	πλανώμενον;	13 καὶ	ἐὰν	γένηται
en	los	montes	e	irá	a buscar	la	extraviada?	Y	si	llega a
1909	3588	3735	2532	4198	2212	3588	4105	2532	1437	1096
P	*DAPN*	*NAPN*	*CLN*	*VAPP-SNM*	*VPAI3S*	*DASN*	*VPPP-SAN*	*CLN*	*CAC*	*VAMS3S*

εὑρεῖν	αὐτό,	ἀμὴν	λέγω	ὑμῖν	ὅτι	χαίρει	ἐπ'	αὐτῷ	μᾶλλον	ἢ
encontrar	a ella,	de cierto	digo	a vosotros	que	se alegra	por	esta	más	que
2147	846	281	3004	5213	3754	5463	1909	846	3123	2228
VAAN	*RP3ASN*	*XF, B*	*VPAI1S*	*RP2DP*	*CSC*	*VPAI3S*	*P*	*RP3DSN, RP3DSM*	*B*	*CAM*

ἐπὶ	τοῖς	ἐνενήκοντα	ἐννέα	τοῖς	μὴ	πεπλανημένοις.	14 οὕτως	οὐκ
por	las	noventa	y nueve	las (que)	no	se han extraviado.	Así	no
1909	3588	1768	1767	3588	3361	4105	3779	3756
P	*DDPN*	*XN, J*	*XN, J*	*DDPN*	*BN, TN*	*VRPP-PDN*	*B*	*BN, TN*

ἔστιν	θέλημα	ἔμπροσθεν	τοῦ	πατρὸς	ὑμῶν	τοῦ	ἐν	οὐρανοῖς	ἵνα
es	(la) voluntad	delante de	el	Padre	de vosotros	--	en	(los) cielos	que
2076	2307	1715	3588	3962	5216	3588	1722	3772	2443
VPAI3S	*NNSN*	*P*	*DGSM*	*NGSM*	*RP2GP*	*DGSM*	*P*	*NDPM*	*CSC*

ἀπόληται	ἓν	τῶν	μικρῶν	τούτων.
pereciera	uno	de los	pequeños	estos.
622	1722	3588	3398	5130
VAMS3S	*JNSN, I*	*DGPM*	*JGPM*	*RD-GPM*

15 Ἐὰν	δὲ	ἁμαρτήσῃ	εἰς	σὲ	ὁ	ἀδελφός	σου,	ὕπαγε	ἔλεγξον
si$_2$	Mas$_1$	peca$_6$	contra$_7$	ti,$_8$	el$_3$	hermano$_4$	de ti$_5$	ve,	reprende
1437	1161	264	1519	4571	3588	80	4675	5217	1651
CAC	*CLN*	*VAAS3S*	*P*	*RP2AS*	*DNSM*	*NNSM*	*RP2GS*	*VPAM2S*	*VAAM2S*

NVI

hace pecar, sácatelo y
arrójalo. Más te vale en-
trar tuerto en la vida que
con dos ojos ser arrojado
al fuego del infierno.

Parábola de la oveja perdida

10 »Miren que no
menosprecien a uno
de estos pequeños.
Porque les digo que en el
cielo los ángeles de ellos
contemplan siempre
el rostro de mi Padre
celestial.
12 »¿Qué les parece?
Si un hombre tiene cien
ovejas y se le extravía
una de ellas, ¿no dejará
las noventa y nueve en
las colinas para ir en
busca de la extraviada?
13 Y, si llega a encon-
trarla, les aseguro que
se pondrá más feliz por
esa sola oveja que por
las noventa y nueve que
no se extraviaron. 14 Así
también, el Padre de
ustedes que está en el
cielo no quiere que se
pierda ninguno de estos
pequeños.

El hermano que peca contra ti

15 »Si tu hermano
peca contra ti, ve a solas
con él y hazle ver su

18:10⸀ Manuscritos inferiores aumentaron 11 *Porque el Hijo del Hombre ha venido a salvar lo que se había perdido.*

RVR

a solas tú con él; si te
escucha, has ganado a tu
hermano.
16 Pero si no te escucha,
toma aún contigo a uno
o dos, para que por boca
de dos o tres testigos
conste toda palabra.
17 Si rehúsa escucharles
a ellos, dilo a la iglesia;
y si también rehúsa
escuchar a la iglesia, sea
para ti como el gentil y
el publicano.
18 De cierto os digo que
todo lo que atéis en la
tierra, estará atado en el
cielo; y todo lo que des-
atéis en la tierra, estará
desatado en el cielo.
19 Otra vez os digo, que
si dos de vosotros se
ponen de acuerdo en
la tierra acerca de cual-
quier cosa que pidan, les
será hecho por mi Padre
que está en los cielos.
20 Porque donde están
dos o tres congregados
en mi nombre, allí estoy
en medio de ellos.

El perdón de las injurias

21 Entonces se le acercó
Pedro y le dijo: Señor,
¿cuántas veces perdo-
naré a mi hermano
que peque contra mí?
¿Hasta siete veces?

αὐτὸν μεταξὺ σοῦ καὶ αὐτοῦ μόνου. ἐάν σου ἀκούσῃ, ἐκέρδησας
a él entre ti y él solo; si a ti$_2$ oye$_1$ has ganado
846 3342 4675 2532 846 3441 1437 4675 191 2770
RP3ASM P, B RP2GS CLN RP3GSM JGSM CAC RP2GS VAAS3S VAAI2S

τὸν ἀδελφόν σου· 16 ἐὰν δὲ μὴ ἀκούσῃ, παράλαβε μετὰ σοῦ ἔτι
al hermano de ti. si$_2$ Mas$_1$ no oye, toma con ti aún
3588 80 4675 1437 1161 3361 191 3880 3326 4675 2089
DASM NASM RP2GS CAC CLC BN, TN VAAS3S VAAM2S P RP2GS B

ἕνα ἢ δύο, ἵνα ἐπὶ στόματος δύο μαρτύρων ἢ τριῶν σταθῇ
uno o dos, para que sobre$_4$ (la) boca$_5$ de dos$_6$ testigos$_7$ o$_8$ tres;$_9$ se confirme$_1$
1520 2228 1417 2443 1909 4750 1417 3144 2228 5140 2476
JASM CLD XN, J CAR P NGSN XN, J NGPM CLD JGPM VAPS3S

πᾶν ῥῆμα· 17 ἐὰν δὲ παρακούσῃ αὐτῶν, εἰπὸν τῇ ἐκκλησίᾳ· ἐὰν δὲ
toda, palabra$_3$ si$_2$ y$_1$ ignora a ellos, di a la iglesia, si$_2$ pero$_1$
3956 4487 1437 1161 3878 846 2036 3588 1577 1437 1161
JNSN NNSN CAC CLN VAAS3S RP3GPM VAAM2S DDSF NDSF CAC CLN

καὶ τῆς ἐκκλησίας παρακούσῃ, ἔστω σοι ὥσπερ ὁ ἐθνικὸς καὶ
también de la iglesia ignora, sea para ti como el gentil y
2532 3588 1577 3878 2077 4671 5618 3588 1482 2532
BE, TE DGSF NGSF VAAS3S VPAM3S RP2DS P, CAM DNSM JNSM CLN

ὁ τελώνης. 18 ἀμὴν λέγω ὑμῖν, ὅσα ἐὰν δήσητε ἐπὶ τῆς
el recaudador de impuestos. De cierto digo a vosotros, todo si atéis sobre la
3588 5057 281 3004 5213 3745 1437 1210 1909 3588
DNSM NNSM XF, B VPAI1S RP2DP RK-APN TC VAAS2P P DGSF

γῆς ἔσται δεδεμένα ἐν οὐρανῷ καὶ ὅσα ἐὰν λύσητε ἐπὶ τῆς γῆς
tierra, habrá sido atado en cielo, y todo si desatéis sobre la tierra,
1093 2071 1210 1722 3772 2532 3745 1437 3089 1909 3588 1093
NGSF VFMI3S VRPP-PNN P NDSM CLN RK-APN TC VAAS2P P DGSF NGSF

ἔσται λελυμένα ἐν οὐρανῷ. 19 Πάλιν ἀμὴν λέγω ὑμῖν ὅτι ἐὰν
habrá sido desatado en (el) cielo. De nuevo de cierto digo a vosotros que si
2071 3089 1722 3772 3825 281 3004 5213 3754 1437
VFMI3S VRPP-PNN P NDSM B XF, B VPAI1S RP2DP CSC CAC

δύο συμφωνήσωσιν ἐξ ὑμῶν ἐπὶ τῆς γῆς περὶ παντὸς πράγματος
dos están de acuerdo de entre vosotros sobre la tierra por cualquier asunto
1417 4856 1537 5216 1909 3588 1093 4012 3956 4229
XN, J VAAS3P P RP2GP P DGSF NGSF P JGSN NGSN

οὗ ἐὰν αἰτήσωνται, γενήσεται αὐτοῖς παρὰ τοῦ πατρός μου τοῦ
que si pidan, llegará a ser a ellos por el Padre de mí --
3739 1437 154 1096 846 3844 3588 3962 3450 3588
RR-GSN TC VAMS3P VFMI3S RP3DPM P DGSM NGSM RP1GS DGSM

ἐν οὐρανοῖς. 20 οὗ γάρ εἰσιν δύο ἢ τρεῖς συνηγμένοι εἰς τὸ
en (los) cielos. donde$_2$ Porque$_1$ están dos o tres reunidos en el
1722 3772 3757 1063 1526 1417 2228 5140 4863 1519 3588
P NDPM B, R CAZ VPAI3P XN, J CLD JNPM VRPP-PNM P DASN

ἐμὸν ὄνομα, ἐκεῖ εἰμι ἐν μέσῳ αὐτῶν.
mío,$_2$ nombre$_1$ allí estoy en medio de ellos.
1699 3686 1563 1510 1722 3319 846
JASN, RS1ASN NASN BP VPAI1S P JDSN RP3GPM

21 Τότε προσελθὼν αὐτῷ ὁ Πέτρος εἶπεν· Κύριε, ποσάκις
Entonces, habiéndose acercado a él -- Pedro, dijo: Señor, ¿Cuántas veces
5119 4334 846 3588 4074 2036 2962 4212
B VAAP-SNM RP3DSM DNSM NNSM VAAI3S NVSM BI

ἁμαρτήσει εἰς ἐμὲ ὁ ἀδελφός μου καὶ ἀφήσω αὐτῷ; ἕως
pecará$_4$ contra$_5$ mí$_6$ el$_1$ hermano$_2$ de mí$_3$ y perdonaré a él? ¿Hasta
264 1519 1691 3588 80 3450 2532 863 846 2193
VFAI3S P RP1AS DNSM NNSM RP1GS CLN VFAI1S RP3DSM P, C

NVI

falta. Si te hace caso, has
ganado a tu hermano.
16 Pero, si no, lleva
contigo a uno o dos más,
para que "todo asunto
se resuelva mediante el
testimonio de dos o tres
testigos". 17 Si se niega
a hacerles caso a ellos,
díselo a la iglesia; y, si
incluso a la iglesia no le
hace caso, trátalo como
si fuera un incrédulo o
un renegado.
18 »Les aseguro que
todo lo que ustedes
aten en la tierra quedará
atado en el cielo, y todo
lo que desaten en la
tierra quedará desatado
en el cielo.
19 »Además les digo
que, si dos de ustedes
en la tierra se ponen de
acuerdo sobre cualquier
cosa que pidan, les será
concedida por mi Padre
que está en el cielo.
20 Porque donde dos
o tres se reúnen en mi
nombre, allí estoy yo en
medio de ellos».

Parábola del siervo despiadado

21 Pedro se acercó a
Jesús y le preguntó:
—Señor, ¿cuántas ve-
ces tengo que perdonar
a mi hermano que peca
contra mí? ¿Hasta siete
veces?

RVR

22 Jesús le dijo: No te
digo hasta siete veces,
sino aun hasta setenta
veces siete.

Parábola de los dos deudores

23 Por lo cual el reino de
los cielos es semejante a
un rey que quiso ajustar
cuentas con sus siervos.
24 Y al comenzar a
ajustar cuentas, le fue
presentado uno que le
debía diez mil talentos.
25 No teniendo él
con qué pagar, su
señor mandó que fuera
vendido él, su mujer y
sus hijos, y todo lo que
tenía, y que se le pagase
la deuda.
26 Entonces aquel siervo
se postró ante él, dicien-
do: Señor, ten paciencia
conmigo, y te lo pagaré
todo.
27 El señor de aquel
siervo, movido a
compasión, le soltó y le
perdonó la deuda.
28 Pero aquel siervo, al
salir, se encontró con
uno de sus consier-
vos, que le debía cien
denarios; y agarrándolo,
le ahogaba, diciendo:
Págame lo que me
debes.
29 Entonces su con-
siervo, postrándose

ἑπτάκις; 22 λέγει αὐτῷ ὁ Ἰησοῦς· Οὐ λέγω σοι ἕως ἑπτάκις ἀλλὰ
siete veces? dice$_3$ a él:$_4$ --$_1$ Jesús$_2$ No digo a ti hasta siete veces, sino
2034 3004 846 3588 2424 3756 3004 4671 2193 2034 235
B VPAI3S RP3DSM DNSM NNSM BN, TN VPAI1S RP2DS P, C B CLC

ἕως ἑβδομηκοντάκις ἑπτά.
hasta setenta veces siete.
2193 1441 2033
P, C B XN, J

23 Διὰ τοῦτο ὡμοιώθη ἡ βασιλεία τῶν οὐρανῶν ἀνθρώπῳ
Por esto ha sido comparado$_5$ el$_1$ reino$_2$ de los$_3$ cielos$_4$ a un hombre
1223 5124 3666 3588 932 3588 3772 444
P RD-NSN VAPI3S DNSF NNSF DGPM NGPM NDSM

βασιλεῖ ὅς ἠθέλησεν συνᾶραι λόγον μετὰ τῶν δούλων αὐτοῦ.
rey, el cual quiso ajustar cuentas con los siervos de él.
935 3739 2309 4868 3056 3326 3588 1401 846
NDSM RR-NSM VAAI3S VAAN NASM P DGPM NGPM RP3GSM

24 ἀρξαμένου δὲ αὐτοῦ συναίρειν προσηνέχθη αὐτῷ εἷς
habiendo comenzado$_3$ Y$_1$ él$_2$ a ajustar,$_4$ fue presentado$_9$ a él$_{10}$ un$_5$
756 1161 846 4868 4374 846 1520
VAMP-SGM CLN RP3GSM VPAN VAPI3S RP3DSM JNSM

ὀφειλέτης μυρίων ταλάντων. 25 μὴ ἔχοντος δὲ αὐτοῦ ἀποδοῦναι
deudor$_6$ de diez mil$_7$ talentos$_8$ no$_2$ teniendo$_3$ Y$_1$ él para pagar,
3781 3463 5007 3361 2192 1161 846 591
NNSM JGPN, JGPM NGPN BNTN VPAP-SGM CLN RP3GSM VAAN

ἐκέλευσεν αὐτὸν ὁ κύριος πραθῆναι καὶ τὴν γυναῖκα καὶ τὰ
mandó$_3$ a él$_4$ el$_1$ señor$_2$ vender también a la esposa y a los
2753 846 3588 2962 4097 2532 3588 1135 2532 3588
VAAI3S RP3ASM DNSM NNSM VAPN CLN DASF NASF CLN DAPN

τέκνα καὶ πάντα ὅσα ἔχει καὶ ἀποδοθῆναι. 26 πεσὼν οὖν ὁ
hijos y todas las cosas cuantas tiene, y pagar. Cayendo, entonces, el
5043 2532 3956 3745 2192 2532 591 4098 3767 3588
NAPN CLN JAPN RK-APN VPAI3S CLN VAPN VAAP-SNM CLI DNSM

δοῦλος προσεκύνει αὐτῷ λέγων· ⸀Μακροθύμησον ἐπ' ἐμοί, καὶ
siervo se postraba ante él, diciendo: Ten paciencia con mí y
1401 4352 846 3004 3114 1909 1698 2532
NNSM VIAI3S RP3DSM VPAP-SNM VAAM2S P RP1DS CLN

πάντα ἀποδώσω σοι. 27 σπλαγχνισθεὶς δὲ ὁ κύριος τοῦ δούλου
todo$_2$ pagaré$_1$ a ti. movido a compasión$_2$ Y$_1$ el señor del siervo
3956 591 4671 4697 1161 3588 2962 3588 1401
JAPN VFAI1S RP2DS VAPP-SNM CLN DNSM NNSM DGSM NGSM

ἐκείνου ἀπέλυσεν αὐτόν, καὶ τὸ δάνειον ἀφῆκεν αὐτῷ. 28 ἐξελθὼν
aquel despidió a él y la deuda perdonó a él. cuando salió$_2$
1565 630 846 2532 3588 1156 863 846 1831
RD-GSM VAAI3S RP3ASM CLN DASN NASN VAAI3S RP3DSM VAAP-SNM

δὲ ὁ δοῦλος ἐκεῖνος εὗρεν ἕνα τῶν συνδούλων αὐτοῦ ὅς
Mas$_1$ el siervo aquel encontró uno de los consiervos de él, el cual
1161 3588 1401 1565 2147 1520 3588 4889 846 3739
CLC DNSM NNSM RD-NSM VAAI3S JASM DGPM NGPM RP3GSM RR-NSM

ὤφειλεν αὐτῷ ἑκατὸν δηνάρια, καὶ κρατήσας αὐτὸν ἔπνιγεν λέγων·
debía a él cien denarios, y habiéndolo sujetado a él, sofocaba diciendo:
3784 846 1540 1220 2532 2902 846 4155 3004
VIAI3S RP3DSM XN, J NAPN CLN VAAP-SNM RP3ASM VIAI3S VPAP-SNM

Ἀπόδος εἴ τι ὀφείλεις. 29 πεσὼν οὖν ὁ σύνδουλος αὐτοῦ
Paga si algo debes. cayendo,$_2$ Entonces,$_1$ el consiervo de él,
591 1487 5100 3784 4098 3767 3588 4889 846
VAAM2S CAC RX-ASN VPAI2S VAAP-SNM CLI DNSM NNSM RP3GSM

NVI

22 —No te digo
que hasta siete veces,
sino hasta setenta y
siete veces —le contestó
Jesús—.
23 »Por eso el reino
de los cielos se parece a
un rey que quiso ajustar
cuentas con sus siervos.
24 Al comenzar a hacer-
lo, se le presentó uno
que le debía miles y mi-
les de monedas de oro.
25 Como él no tenía con
qué pagar, el señor man-
dó que lo vendieran a él,
a su esposa y a sus hijos,
y todo lo que tenía, para
así saldar la deuda. 26 El
siervo se postró delante
de él. "Tenga paciencia
conmigo —le rogó—,
y se lo pagaré todo". 27 El
señor se compadeció
de su siervo, le perdonó
la deuda y lo dejó en
libertad.
28 »Al salir, aquel sier-
vo se encontró con uno
de sus compañeros que
le debía cien monedas
de plata. Lo agarró por
el cuello y comenzó a es-
trangularlo. "¡Págame lo
que me debes!", le exigió.
29 Su compañero se pos-
tró delante de él. "Ten

18:26⸀ Manuscritos inferiores aumentaron *Señor.*

RVR

a sus pies, le rogaba,
diciendo: Ten paciencia
conmigo, y te lo pagaré
todo.
30 Pero él no quiso, sino
que fue y le echó en la
cárcel, hasta que pagase
la deuda.
31 Viendo sus consiervos
lo ocurrido, se entriste-
cieron sobremanera, y
fueron y refirieron a su
señor todo lo que había
pasado.
32 Entonces, llamándole
su señor, le dijo: Siervo
malvado, toda aquella
deuda te perdoné, por-
que me lo suplicaste.
33 ¿No debías tú tam-
bién haberte compade-
cido de tu consiervo,
como yo tuve compa-
sión de ti?
34 Entonces su señor,
enojado, le entregó a
los verdugos, hasta que
pagase todo lo que le
debía.
35 Así también mi Padre
celestial hará con voso-
tros si no perdonáis de
corazón cada uno a su
hermano sus ofensas.

Jesucristo enseña sobre el divorcio

19 Aconteció que
cuando Jesús ter-
minó estas palabras, se
alejó de Galilea, y se fue
a la comarca de Judea, al

παρεκάλει	αὐτὸν	λέγων·	Μακροθύμησον	ἐπ᾽	ἐμοί,	καὶ	ἀποδώσω	σοι.
rogaba	a él,	diciendo:	Ten paciencia	con	mí	y	pagaré	a ti.
3870	846	3004	3114	1909	1698	2532	591	4671
VIAI3S	*RP3ASM*	*VPAP-SNM*	*VAAM2S*	*P*	*RP1DS*	*CLN*	*VFAI1S*	*RP2DS*

30 ὁ	δὲ	οὐκ	ἤθελεν,	ἀλλὰ	ἀπελθὼν	ἔβαλεν	αὐτὸν	εἰς	φυλακὴν	ἕως
él$_2$	Pero$_1$	no	quiso,	sino,	habiendo ido,	echó	a él	en	(la) cárcel	hasta
3588	1161	3756	2309	235	565	906	846	1519	5438	2193
DNSM	*CLC*	*BN, TN*	*VIAI3S*	*CLC*	*VAAP-SNM*	*VAAI3S*	*RP3ASM*	*P*	*NASF*	*CAT*

οὗ	ἀποδῷ	τὸ	ὀφειλόμενον.	31 ἰδόντες	οὖν	οἱ	σύνδουλοι
que	pagara	lo	de que estaba debiendo.	habiendo visto,$_2$	Así que$_1$	los	consiervos
3739	591	3588	3784	1492	3767	3588	4889
RR-GSM	*VAAS3S*	*DASN*	*VPPP-SAN*	*VAAP-PNM*	*CLI*	*DNPM*	*NNPM*

αὐτοῦ	τὰ	γενόμενα	ἐλυπήθησαν	σφόδρα,	καὶ	ἐλθόντες
de él	las cosas	que sucedieron,	se entristecieron	extremadamente,	y	habiendo venido,
846	3588	1096	3076	4970	2532	2064
RP3GSM	*DAPN*	*VAMP-PAN*	*VAPI3P*	*B*	*CLN*	*VAAP-PNM*

διεσάφησαν	τῷ	κυρίῳ	ἑαυτῶν	πάντα	τὰ	γενόμενα.	32 τότε
explicaron	al	señor	de ellos mismos	todas	las cosas	que sucedieron.	Entonces
1285	3588	2962	1438	3956	3588	1096	5119
VAAI3P	*DDSM*	*NDSM*	*RF3GPM*	*JAPN*	*DAPN*	*VAMP-PAN*	*B*

προσκαλεσάμενος	αὐτὸν	ὁ	κύριος	αὐτοῦ	λέγει	αὐτῷ·	Δοῦλε	πονηρέ,
llamando	a él	el	señor	de él	dice	a él:	Siervo	malvado.
4341	846	3588	2962	846	3004	846	1401	4190
VAMP-SNM	*RP3ASM*	*DNSM*	*NNSM*	*RP3GSM*	*VPAI3S*	*RP3DSM*	*NVSM*	*JVSM*

πᾶσαν	τὴν	ὀφειλὴν	ἐκείνην	ἀφῆκά	σοι,	ἐπεὶ	παρεκάλεσάς	με·
Toda	la	deuda	aquella	perdoné	a ti,	puesto que	rogaste	a mí;
3956	3588	3782	1565	863	4671	1893	3870	3165
JASF	*DASF*	*NASF*	*RD-ASF*	*VAAI1S*	*RP2DS*	*CAZ*	*VAAI2S*	*RP1AS*

33 οὐκ	ἔδει	καὶ	σὲ	ἐλεῆσαι	τὸν	σύνδουλόν	σου,	ὡς	κἀγὼ
¿No	es debido	también	a ti	tener misericordia	al	consiervo	de ti	como	también yo
3756	1163	2532	4571	1653	3588	4889	4675	5613	2504
TN	*VIAI3S*	*BE, TE*	*RP2AS*	*VAAN*	*DASM*	*NASM*	*RP2GS*	*CAM*	*RP1NS, TE*

σὲ	ἠλέησα;	34 καὶ	ὀργισθεὶς	ὁ	κύριος	αὐτοῦ	παρέδωκεν
a ti	tuve misericordia?	Y	habiéndose enojado	el	señor	de él,	entregó
4571	1653	2532	3710	3588	2962	846	3860
RP2AS	*VAAI1S*	*CLN*	*VAPP-SNM*	*DNSM*	*NNSM*	*RP3GSM*	*VAAI3S*

αὐτὸν	τοῖς	βασανισταῖς	ἕως	οὗ	ἀποδῷ	πᾶν	τὸ	ὀφειλόμενον.
a él	a los	guardias de la prisión	hasta	que	pagara	todo	lo	que está siendo debido.
846	3588	930	2193	3739	591	3956	3588	3784
RP3ASM	*DDPM*	*NDPM*	*P, C*	*RR-GSM*	*VAAS3S*	*JASN*	*DASN*	*VPPP-SAN*

35 Οὕτως	καὶ	ὁ	πατήρ	μου	ὁ	οὐράνιος	ποιήσει	ὑμῖν	ἐὰν	μὴ
Así	también	el	Padre	de mí$_3$	--$_1$	celestial$_2$	hará	a vosotros,	si	no
3779	2532	3588	3962	3450	3588	3770	4160	5213	1437	3361
B	*BE, TE*	*DNSM*	*NNSM*	*RP1GS*	*DNSM*	*JNSM*	*VFAI3S*	*RP2DP*	*CAC*	*BN, TN*

ἀφῆτε	ἕκαστος	τῷ	ἀδελφῷ	αὐτοῦ	ἀπὸ	τῶν	καρδιῶν	⌜ὑμῶν.
perdonáis$_2$	cada uno$_1$	al	hermano	de él	desde	los	corazones	de vosotros.
863	1538	3588	80	846	575	3588	2588	5216
VAAS2P	*JNSM*	*DDSM*	*NDSM*	*RP3GSM*	*P*	*DGPF*	*NGPF*	*RP2GP*

19 Καὶ	ἐγένετο	ὅτε	ἐτέλεσεν	ὁ	Ἰησοῦς	τοὺς	λόγους	τούτους,
Y	sucedió	cuando	terminó$_3$	--$_1$	Jesús$_2$	las	palabras	estas,
2532	1096	3753	5055	3588	2424	3588	3056	5128
CLN	*VAMI3S*	*CAT*	*VAAI3S*	*DNSM*	*NNSM*	*DAPM*	*NAPM*	*RD-APM*

μετῆρεν	ἀπὸ	τῆς	Γαλιλαίας	καὶ	ἦλθεν	εἰς	τὰ	ὅρια	τῆς	Ἰουδαίας
partió	de	--	Galilea	y	vino	a	los	territorios	de --	Judea
3332	575	3588	1056	2532	2064	1519	3588	3725	3588	2449
VAAI3S	*P*	*DGSF*	*NGSF*	*CLN*	*VAAI3S*	*P*	*DAPN*	*NAPN*	*DGSF*	*NGSF*

NVI

paciencia conmigo —le
rogó—, y te lo pagaré".
30 Pero él se negó. Más
bien fue y lo hizo meter
en la cárcel hasta que pa-
gara la deuda. 31 Cuando
los demás siervos vieron
lo ocurrido, se entriste-
cieron mucho y fueron a
contarle a su señor todo
lo que había sucedido.
32 Entonces el señor
mandó llamar al siervo.
"¡Siervo malvado! —le
increpó—. Te perdoné
toda aquella deuda
porque me lo suplicaste.
33 ¿No debías tú también
haberte compadecido
de tu compañero, así
como yo me compadecí
de ti?" 34 Y, enojado, su
señor lo entregó a los
carceleros para que lo
torturaran hasta que pa-
gara todo lo que debía.
35 »Así también mi
Padre celestial los tratará
a ustedes, a menos que
cada uno perdone de co-
razón a su hermano».

El divorcio

19 Cuando Jesús
acabó de decir
estas cosas, salió de
Galilea y se fue a la
región de Judea, al otro

18:35⌜ Manuscritos inferiores aumentaron *los pecados de ellos.*

RVR

otro lado del Jordán.
2 Y le siguieron grandes
multitudes, y los sanó
allí.
3 Entonces se le
acercaron los fariseos
para ponerle a prueba,
diciéndole: ¿Es lícito a
un hombre repudiar a
su mujer por cualquier
causa?
4 Él, respondiendo, les
dijo: ¿No habéis leído
que el que los creó, des-
de el principio los hizo
varón y hembra,
5 y dijo: Por eso el hom-
bre dejará a su padre y a
su madre, y se unirá a su
mujer, y los dos vendrán
a ser una sola carne?
6 Así que ya no son dos,
sino una sola carne;
por tanto, lo que Dios
juntó, no lo separe el
hombre.
7 Le dijeron: ¿Por qué,
pues, mandó Moisés
dar carta de divorcio, y
repudiarla?
8 Él les dijo: Por la dure-
za de vuestro corazón,
Moisés os permitió
repudiar a vuestras
mujeres; pero no fue así
desde el principio.
9 Y yo os digo que
cualquiera que repudia

πέραν	τοῦ	Ἰορδάνου.	2 καὶ	ἠκολούθησαν	αὐτῷ	ὄχλοι	πολλοί,	καὶ
al otro lado	del	Jordán.	Y	siguieron$_3$	a él$_4$	multitudes$_2$	muchas$_1$	y
4008	3588	2446	2532	190	846	3793	4183	2532
P, BP	*DGSM*	*NGSM*	*CLN*	*VAAI3P*	*RP3DSM*	*NNPM*	*JNPM*	*CLN*

ἐθεράπευσεν	αὐτοὺς	ἐκεῖ.
sanó	a ellos	allí.
2323	846	1563
VAAI3S	*RP3APM*	*BP*

3 Καὶ	προσῆλθον	αὐτῷ	Φαρισαῖοι	πειράζοντες	αὐτὸν	καὶ
Y	se acercaron$_2$	a él$_3$	fariseos$_1$	probando	a él	y
2532	4334	846	5330	3985	846	2532
CLN	*VAAI3P*	*RP3DSM*	*NNPM*	*VPAP-PNM*	*RP3ASM*	*CLN*

λέγοντες·	Εἰ	ἔξεστιν	ἀνθρώπῳ	ἀπολῦσαι	τὴν	γυναῖκα	αὐτοῦ	κατὰ
diciendo:	¿Si	es permitido	a un hombre	divorciar	a la	esposa	de él	por
3004	1487	1832	444	630	3588	1135	846	2596
VPAP-PNM	*TI*	*VPAI3S*	*NDSM*	*VAAN*	*DASF*	*NASF*	*RP3GSM*	*P*

πᾶσαν	αἰτίαν;	4 ὁ	δὲ	ἀποκριθεὶς	εἶπεν·	Οὐκ	ἀνέγνωτε	ὅτι	ὁ
cualquier	causa?	--,	Y	respondiendo,	dijo:	¿No	leísteis	que	el
3956	156	3588	1161	611	2036	3756	314	3754	3588
JASF	*NASF*	*DNSM*	*CLN*	*VAPP-SNM*	*VAAI3S*	*TN, TI*	*VAAI2P*	*CSC*	*DNSM*

κτίσας	ἀπ᾽	ἀρχῆς	ἄρσεν	καὶ	θῆλυ	ἐποίησεν	αὐτούς	5 καὶ	εἶπεν·
que creó	desde	(el) principio	varón	y	hembra	hizo	a ellos?	Y	dijo:
2936	575	746	730	2532	2338	4160	846	2532	2036
VAAP-SNM	*P*	*NGSF*	*NASN, JASN*	*CLN*	*JASN*	*VAAI3S*	*RP3APM*	*CLN*	*VAAI3S*

Ἕνεκα	τούτου	καταλείψει	ἄνθρωπος	τὸν	πατέρα	καὶ	τὴν	μητέρα
Por causa de	esto	dejará	un hombre	al	Padre	y	a la	madre
1752	5127	2641	444	3588	3962	2532	3588	3384
P, B	*RD-GSN*	*VFAI3S*	*NNSM*	*DASM*	*NASM*	*CLN*	*DASF*	*NASF*

καὶ	κολληθήσεται	τῇ	γυναικὶ	αὐτοῦ,	καὶ	ἔσονται	οἱ	δύο	εἰς
y	será unido	a la	esposa	de él,	y	serán	los	dos	en
2532	2853	3588	1135	846	2532	2071	3588	1417	1519
CLN	*VFPI3S*	*DDSF*	*NDSF*	*RP3GSM*	*CLN*	*VFMI3P*	*DNPM*	*XN, J*	*P*

σάρκα	μίαν;	6 ὥστε	οὐκέτι	εἰσὶν	δύο	ἀλλὰ	σὰρξ	μία.	ὃ	οὖν
carne.$_2$	una$_1$	de modo que	ya no	son	dos,	sino	carne.$_2$	una$_1$	lo que$_4$	Así que$_3$
4561	1520	5620	3765	1526	1417	235	4561	1520	3739	3767
NASF	*JASF*	*CLI*	*BN*	*VPAI3P*	*XN, J*	*CLC*	*NNSF*	*JNSF*	*RR-NSN*	*CLI*

ὁ	θεὸς	συνέζευξεν	ἄνθρωπος	μὴ	χωριζέτω.	7 λέγουσιν	αὐτῷ·	Τί
--	Dios	unió	un hombre	no	separe.	Dicen	a él:	¿Por qué
3588	2316	4801	444	3361	5563	3004	846	5101
DNSM	*NNSM*	*VAAI3S*	*NNSM*	*BN, TN*	*VPAM3S*	*VPAI3P*	*RP3DSM*	*RI-ASN*

οὖν	Μωϋσῆς	ἐνετείλατο	δοῦναι	βιβλίον	ἀποστασίου	καὶ	ἀπολῦσαι
entonces	Moisés	mandó	dar	un documento	de divorcio	y	divorciar
3767	3475	1781	1325	975	647	2532	630
CLI	*NNSM*	*VAMI3S*	*VAAN*	*NASN*	*NGSN*	*CLN*	*VAAN*

αὐτήν;	8 λέγει	αὐτοῖς	ὅτι	Μωϋσῆς	πρὸς	τὴν	σκληροκαρδίαν	ὑμῶν
a ella?	Dice	a ellos:	Porque	Moisés	por$_7$	la$_8$	dureza de corazón$_9$	de vosotros,$_{10}$
846	3004	846	3754	3475	4314	3588	4641	5216
RP3ASF	*VPAI3S*	*RP3DPM*	*CSC*	*NNSM*	*P*	*DASF*	*NASF*	*RP2GP*

ἐπέτρεψεν	ὑμῖν	ἀπολῦσαι	τὰς	γυναῖκας	ὑμῶν,	ἀπ᾽	ἀρχῆς	δὲ
permitió$_1$	a vosotros$_2$	divorciar$_3$	a las$_4$	esposas$_5$	de vosotros$_6$	desde$_{12}$	(el) principio$_{13}$	pero$_{11}$
2010	5213	630	3588	1135	5216	575	746	1161
VAAI3S	*RP2DP*	*VAAN*	*DAPF*	*NAPF*	*RP2GP*	*P*	*NGSF*	*CLC*

οὐ	γέγονεν	οὕτως.	9 λέγω	δὲ	ὑμῖν	ὅτι	ὃς	ἂν	ἀπολύσῃ	τὴν
no	ha sido	así.	digo$_2$	Mas$_1$	a vosotros	que	cualquiera que	--	divorcie	a la
3756	1096	3779	3004	1161	5213	3754	3739	302	630	3588
BN, TN	*VRAI3S*	*B*	*VPAI1S*	*CLN*	*RP2DP*	*CSC*	*RR-NSM*	*TC*	*VAAS3S*	*DASF*

NVI

lado del Jordán. 2 Lo
siguieron grandes mul-
titudes, y sanó allí a los
enfermos.
3 Algunos fariseos
se le acercaron y, para
ponerlo a prueba, le
preguntaron:
—¿Está permitido
que un hombre se
divorcie de su esposa por
cualquier motivo?
4 —¿No han leído —
replicó Jesús— que en el
principio el Creador "los
hizo hombre y mujer",
5 y dijo: "Por eso dejará
el hombre a su padre y a
su madre, y se unirá a su
esposa, y los dos llegarán
a ser un solo cuerpo"?
6 Así que ya no son dos,
sino uno solo. Por tanto,
lo que Dios ha unido,
que no lo separe el
hombre.
7 Le replicaron:
—¿Por qué, entonces,
mandó Moisés que un
hombre le diera a su
esposa un certificado de
divorcio y la despidiera?
8 —Moisés les permi-
tió a ustedes divorciarse
de sus esposas por lo
obstinados que son
—respondió Jesús—.
Pero no fue así desde
el principio. 9 Les digo
que, excepto en caso de

RVR

a su mujer, salvo por
causa de fornicación, y
se casa con otra, comete
adulterio; y el que se
casa con la repudiada,
comete adulterio.
10 Le dijeron sus discí-
pulos: Si así es la con-
dición del hombre con
su mujer, no conviene
casarse.
11 Entonces él les dijo:
No todos son capaces
de comprender esta
doctrina, sino aquellos a
quienes ha sido dado.
12 Pues hay eunucos
que nacieron así del
vientre de su madre, y
hay eunucos que fueron
hechos eunucos por los
hombres, y hay eunucos
que se hicieron eunucos
a sí mismos por causa
del reino de los cielos. El
que sea capaz de aceptar
esto, que lo acepte.

Jesucristo bendice a los niños

13 Entonces le fueron
presentados unos niños,
para que pusiese las
manos sobre ellos, y
orase; y los discípulos
les reprendieron.
14 Pero Jesús dijo: Dejad
a los niños, y no les im-
pidáis que vengan a mí;
porque de los tales es el
reino de los cielos.
15 Y habiendo puesto
sobre ellos las manos, se
fue de allí.

γυναῖκα	αὐτοῦ	μὴ	ἐπὶ	πορνείᾳ	καὶ	γαμήσῃ	ἄλλην	μοιχᾶται
esposa	de él,	excepto	por	inmoralidad sexual,	y	se casa	con otra,	comete adulterio
1135	846	3361	1909	4202	2532	1060	243	3429
NASF	*RP3GSM*	*BN, TN*	*P*	*NDSF*	*CLN*	*VAAS3S*	*JASF*	*VPUI3S*

καὶ	ὁ	ἀπολελυμένην	γαμήσας	μοιχᾶται.
y	el que	con (la) divorciada$_2$	se casa$_1$	comete adulterio.
2532	3588	630	1060	3429
C	*DNSM*	*VRPP-SAF*	*VAAP-SNM*	*VPUI3S*

10 Λέγουσιν	αὐτῷ	οἱ	μαθηταί·	Εἰ	οὕτως	ἐστὶν	ἡ	αἰτία	τοῦ
dicen$_3$	a él:$_4$	Los$_1$	discípulos$_2$	Si	así	es	el	caso	del
3004	846	3588	3101	1487	3779	2076	3588	156	3588
VPAI3P	*RP3DSM*	*DNPM*	*NNPM*	*CAC*	*B*	*VPAI3S*	*DNSF*	*NNSF*	*DGSM*

ἀνθρώπου	μετὰ	τῆς	γυναικός,	οὐ	συμφέρει	γαμῆσαι.	11 ὁ	δὲ
hombre	con	la	mujer,	no	conviene	casar(se).	él$_2$	Mas$_1$
444	3326	3588	1135	3756	4851	1060	3588	1161
NGSM	*P*	*DGSF*	*NGSF*	*BN, TN*	*VPAI3S*	*VAAN*	*DNSM*	*CLC*

εἶπεν	αὐτοῖς·	Οὐ	πάντες	χωροῦσι	τὸν	λόγον	τοῦτον	ἀλλ'
dijo	a ellos:	No	todos	tienen capacidad para	la	palabra	esta	sino
2036	846	3756	3956	5562	3588	3056	5126	235
VAAI3S	*RP3DPM*	*BN, TN*	*JNPM*	*VPAI3P*	*DASM*	*NASM*	*RD-ASM*	*CLC*

οἷς	δέδοται.	12 εἰσὶν	γὰρ	εὐνοῦχοι	οἵτινες	ἐκ	κοιλίας	μητρὸς
a quienes	ha sido dado.	hay$_2$	Porque$_1$	eunucos	los cuales	desde	(el) vientre	de (la) madre
3739	1325	1526	1063	2135	3748	1537	2836	3384
RR-DPM	*VRPI3S*	*VPAI3P*	*CLX*	*NNPM*	*RR-NPM*	*P*	*NGSF*	*NGSF*

ἐγεννήθησαν	οὕτως,	καὶ	εἰσὶν	εὐνοῦχοι	οἵτινες	εὐνουχίσθησαν	ὑπὸ	τῶν
nacieron	así,	y	hay	eunucos	los cuales	fueron hechos eunucos	por	los
1080	3779	2532	1526	2135	3748	2134	5259	3588
VAPI3P	*B*	*CLN*	*VPAI3P*	*NNPM*	*RR-NPM*	*VAPI3P, VAAI3P*	*P*	*DGPM*

ἀνθρώπων,	καὶ	εἰσὶν	εὐνοῦχοι	οἵτινες	εὐνούχισαν	ἑαυτοὺς	διὰ	τὴν
seres humanos,	y	hay	eunucos	los cuales	(se)hicieron eunucos	a sí mismos	a causa de	el
444	2532	1526	2135	3748	2134	1438	1223	3588
NGPM	*CLN*	*VPAI3P*	*NNPM*	*RR-NPM*	*VAAI3P*	*RF3APM*	*P*	*DASF*

βασιλείαν	τῶν	οὐρανῶν.	ὁ	δυνάμενος	χωρεῖν	χωρείτω.
reino	de los	cielos.	El (que)	puede	aceptar	que acepte.
932	3588	3772	3588	1410	5562	5562
NASF	*DGPM*	*NGPM*	*DNSM*	*VPUP-SNM*	*VPAN*	*VPAM3S*

13 Τότε	προσηνέχθησαν	αὐτῷ	παιδία	ἵνα	τὰς	χεῖρας	ἐπιθῇ
Entonces	fueron traídos	a él	niños,	para que	las$_2$	manos$_3$	pusiera$_1$
5119	4374	846	3813	2443	3588	5495	2007
B	*VAPI3P*	*RP3DSM*	*NNPN*	*CAP*	*DAPF*	*NAPF*	*VAAS3S*

αὐτοῖς	καὶ	προσεύξηται·	οἱ	δὲ	μαθηταὶ	ἐπετίμησαν	αὐτοῖς.
sobre ellos	y	orara;	los$_2$	pero$_1$	discípulos	reprendieron	a ellos.
846	2532	4336	3588	1161	3101	2008	846
RP3DPN, RP3DPM	*CLN*	*VAMS3S*	*DNPM*	*CLC*	*NNPM*	*VAAI3P*	*RP3DPM*

14 ὁ	δὲ	Ἰησοῦς	εἶπεν·	Ἄφετε	τὰ	παιδία	καὶ	μὴ	κωλύετε	αὐτὰ
--$_2$	Y$_1$	Jesús	dijo:	Dejad	a los	niños	y	no	impidáis	a ellos
3588	1161	2424	2036	863	3588	3813	2532	3361	2967	846
DNSM	*CLC*	*NNSM*	*VAAI3S*	*VAAM2P*	*DAPN*	*NAPN*	*CLN*	*BN, TN*	*VPAM2P*	*RP3APN*

ἐλθεῖν	πρός	με,	τῶν	γὰρ	τοιούτων	ἐστὶν	ἡ	βασιλεία	τῶν	οὐρανῶν.
venir	a	mí;	de los$_2$	porque$_1$	tales	es	el	reino	de los	cielos.
2064	4314	3165	3588	1063	5108	2076	3588	932	3588	3772
VAAN	*P*	*RP1AS*	*DGPN*	*CAZ*	*RD-GPN*	*VPAI3S*	*DNSF*	*NNSF*	*DGPM*	*NGPM*

15 καὶ	ἐπιθεὶς	τὰς	χεῖρας	αὐτοῖς	ἐπορεύθη	ἐκεῖθεν.
Y	habiendo puesto	las	manos	sobre ellos,	se marchó	de allí.
2532	2007	3588	5495	846	4198	1564
CLN	*VAAP-SNM*	*DAPF*	*NAPF*	*RP3DPN, RP3DPM*	*VAPI3S*	*BP*

NVI

inmoralidad sexual, el
que se divorcia de su es-
posa, y se casa con otra,
comete adulterio.
10 —Si tal es la
situación entre esposo y
esposa —comentaron
los discípulos—, es
mejor no casarse.
11 —No todos pue-
den comprender este
asunto —respondió
Jesús—, sino solo aque-
llos a quienes se les ha
concedido entenderlo.
12 Pues algunos son eu-
nucos porque nacieron
así; a otros los hicieron
así los hombres; y otros
se han hecho así por
causa del reino de los cie-
los. El que pueda aceptar
esto, que lo acepte.

Jesús y los niños

13 Llevaron unos
niños a Jesús para que les
impusiera las manos y
orara por ellos, pero los
discípulos reprendían a
quienes los llevaban.
14 Jesús dijo: «Dejen
que los niños vengan a
mí, y no se lo impidan,
porque el reino de los
cielos es de quienes son
como ellos». 15 Después
de poner las manos so-
bre ellos, se fue de allí.

RVR

El joven rico

16 Entonces se le acercó
uno y le dijo: Maestro
bueno, ¿qué cosa buena
haré para tener la vida
eterna?
17 Él le dijo: ¿Por qué me
dices bueno? Ninguno
hay bueno sino uno:
Dios. Mas si quieres
entrar en la vida, guarda
los mandamientos.
18 Le dijo: ¿Cuáles? Y
Jesús le dijo: No mata-
rás. No adulterarás. No
hurtarás. No dirás falso
testimonio.
19 Honra a tu padre y
a tu madre; y: Amarás
a tu prójimo como a ti
mismo.
20 El joven le dijo: Todo
esto lo he guardado des-
de mi juventud. ¿Qué
me falta todavía?
21 Jesús le dijo: Si quieres
ser perfecto, anda, ven-
de tus posesiones, y dalo
a los pobres, y tendrás
tesoro en el cielo; y ven
y sígueme.
22 Al oír el joven estas
palabras, se fue triste,
porque era poseedor de
muchos bienes.
23 Entonces Jesús dijo a
sus discípulos: De cierto
os digo, que difícilmen-
te entrará un rico en el
reino de los cielos.

16 Καὶ ἰδοὺ εἷς προσελθὼν αὐτῷ εἶπεν· ⸀Διδάσκαλε, τί
Y | he aquí | uno, | habiéndose acercado | a él, | dijo: | Maestro | ¿Qué
2532 2400 1520 4334 846 2036 1320 5101
CLN I, VAAM2S JNSM VAAP-SNM RP3DSM VAAI3S NVSM JASN, RI-ASN

ἀγαθὸν ποιήσω ἵνα σχῶ ζωὴν αἰώνιον; 17 ὁ δὲ εἶπεν αὐτῷ· ⸂Τί
buena cosa | he de hacer | para que | tenga | vida | eterna? | --₂ | Pero₁ | dijo | a él: | ¿Por qué
18 4160 2443 2192 2222 166 3588 1161 2036 846 5101
JASN VAAS1S CAP VAAS1S NASF JASF DNSM CLN VAAI3S RP3DSM RI-ASN

με ἐρωτᾷς περὶ τοῦ ἀγαθοῦ; εἷς ἐστιν ὁ ἀγαθός·⸃ εἰ δὲ
a mí₂ | preguntas₁ | acerca de | lo | bueno? | Uno | es | el | bueno; | si₂ | mas₁
3165 2065 4012 3588 18 1520 2076 3588 18 1487 1161
RP1AS VPAI2S P DGSN JGSN JNSM VPAI3S DNSM JNSM CAC CLC

θέλεις ⸂εἰς τὴν ζωὴν εἰσελθεῖν⸃, τήρησον τὰς ἐντολάς. 18 λέγει αὐτῷ·
quieres₃ | en₅ | la₆ | vida,₇ | entrar₄ | guarda | los | mandamientos. | Dice | a él:
2309 1519 3588 2222 1525 5083 3588 1785 3004 846
VPAI2S P DASF NASF VAAN VAAM2S DAPF NAPF VPAI3S RP3DSM

Ποίας; ὁ δὲ Ἰησοῦς εἶπεν· Τὸ Οὐ φονεύσεις, Οὐ μοιχεύσεις,
¿Cuáles? | --₂ | Y₁ | Jesús | dijo: | -- | No | cometerás homicidio, | no | cometerás adulterio,
4169 3588 1161 2424 2036 3588 3756 5407 3756 3431
RI-APF DNSM CLN NNSM VAAI3S DASN BN, TN VFAI2S BN, TN VFAI2S

Οὐ κλέψεις, Οὐ ψευδομαρτυρήσεις, 19 Τίμα τὸν πατέρα καὶ τὴν
no | robarás, | no | darás falso testimonio, | honra | al | padre | y | a la
3756 2813 3756 5576 5091 3588 3962 2532 3588
BN, TN VFAI2S BN, TN VFAI2S VPAM2S DASM NASM CLN DASF

μητέρα, καὶ Ἀγαπήσεις τὸν πλησίον σου ὡς σεαυτόν. 20 λέγει αὐτῷ
madre, | y | amarás | al | prójimo | de ti | como | a ti mismo. | dice₃ | a él:₄
3384 2532 25 3588 4139 4675 5613 4572 3004 846
NASF CLN VFAI2S DASM B RP2GS CAM RF2ASM VPAI3S RP3DSM

ὁ νεανίσκος· Πάντα ταῦτα ἐφύλαξα· τί ἔτι ὑστερῶ; 21 ἔφη
el₁ | joven:₂ | Todas | estas cosas | guardé; | ¿qué | más | falta? | dijo₃
3588 3495 3956 5023 5442 5101 2089 5302 5346
DNSM NNSM JAPN RD-APN VAAI1S RI-ASN B VPAI1S VIAI3S

αὐτῷ ὁ Ἰησοῦς· Εἰ θέλεις τέλειος εἶναι, ὕπαγε πώλησόν σου τὰ
a él:₄ | --₁ | Jesús₂ | Si | quieres | perfecto,₂ | ser₁ | ve | vende | de ti₃ | los₁
846 3588 2424 1487 2309 5046 1511 5217 4453 4675 3588
RP3DSM DNSM NNSM CAC VPAI2S JNSM VPAN VPAM2S VAAM2S RP2GS DAPN

ὑπάρχοντα καὶ δὸς πτωχοῖς, καὶ ἕξεις θησαυρὸν ἐν οὐρανοῖς,
bienes₂ | y | da | a (los) pobres, | y | tendrás | tesoro | en | (los) cielos,
5224 2532 1325 4434 2532 2192 2344 1722 3772
VPAP-PAN CLN VAAM2S JDPM CLN VFAI2S NASM P NDPM

καὶ δεῦρο ἀκολούθει μοι. 22 ἀκούσας δὲ ὁ νεανίσκος τὸν λόγον
y | ven | sigue | a mí. | habiendo oído₂ | Y₁ | el | joven | la | palabra,
2532 1204 190 3427 191 1161 3588 3495 3588 3056
CLN B VPAM2S RP1DS VAAP-SNM CLN DNSM NNSM DASM NASM

ἀπῆλθεν λυπούμενος, ἦν γὰρ ἔχων κτήματα πολλά.
se fue | entristecido, | era₂ | porque₁ | quien tenía₃ | posesiones.₅ | muchas₄
565 3076 2258 1063 2192 2933 4183
VAAI3S VPPP-SNM VIAI3S CAZ VPAP-SNM NAPN JAPN

23 Ὁ δὲ Ἰησοῦς εἶπεν τοῖς μαθηταῖς αὐτοῦ· Ἀμὴν λέγω ὑμῖν
-- | Y | Jesús | dijo | a los | discípulos | de él: | De cierto | digo | a vosotros
3588 1161 2424 2036 3588 3101 846 281 3004 5213
DNSM CLN NNSM VAAI3S DDPM NDPM RP3GSM XF, B VPAI1S RP2DP

ὅτι πλούσιος δυσκόλως εἰσελεύσεται εἰς τὴν βασιλείαν τῶν
que | un rico | difícilmente | entrará | en | el | reino | de los
3754 4145 1423 1525 1519 3588 932 3588
CSC JNSM B VFMI3S P DASF NASF DGPM

NVI

El joven rico

16 Sucedió que un
hombre se acercó a Jesús
y le preguntó:
—Maestro, ¿qué es lo
bueno que debo hacer
para obtener la vida
eterna?
17 —¿Por qué me
preguntas sobre lo que
es bueno? —respondió
Jesús—. Solamente
hay uno que es bueno.
Si quieres entrar en
la vida, obedece los
mandamientos.
18 —¿Cuáles? —pre-
guntó el hombre.
Contestó Jesús:
—"No mates, no
cometas adulterio, no
robes, no presentes falso
testimonio, 19 honra a
tu padre y a tu madre", y
"ama a tu prójimo como
a ti mismo".
20 —Todos esos los
he cumplido —dijo el
joven—. ¿Qué más me
falta?
21 —Si quieres ser
perfecto, anda, vende lo
que tienes y dáselo a los
pobres, y tendrás tesoro
en el cielo. Luego ven y
sígueme.
22 Cuando el joven
oyó esto, se fue triste
porque tenía muchas
riquezas.
23 —Les aseguro
—comentó Jesús a sus
discípulos— que es di-
fícil para un rico entrar
en el reino de los cielos.

19:16⸀ Manuscritos inferiores aumentaron *bueno.* **19:17**⸂⸃ Manuscritos inferiores tienen *dices bueno? Nadie es bueno, sino uno, Dios.*

RVR

24 Otra vez os digo:
Es más fácil que un
camello pase por el ojo
de una aguja, que el que
un rico entre en el reino
de Dios.
25 Sus discípulos, al oír
esto, se asombraban en
gran manera, diciendo:
¿Quién, entonces, po-
drá ser salvo?
26 Jesús, fijando en ellos
la mirada, les dijo: Para
los hombres, eso es im-
posible; mas para Dios
todo es posible.
27 Entonces Pedro tomó
la palabra y le dijo: Mira
que nosotros lo hemos
dejado todo, y te hemos
seguido; ¿qué, pues,
• tendremos?
28 Y Jesús les dijo: De
cierto os digo que en la
regeneración, cuando
el Hijo del Hombre se
siente en el trono de su
gloria, vosotros que me
habéis seguido os senta-
réis también sobre doce
tronos, para juzgar a las
doce tribus de Israel.
29 Y todo el que haya de-
jado casas, o hermanos,
o hermanas, o padre,
o madre, o mujer, o
hijos, o tierras, por mi

οὐρανῶν·	24 πάλιν	δὲ	λέγω	ὑμῖν,	εὐκοπώτερόν	ἐστιν	κάμηλον	διὰ
cielos.	de nuevo$_2$	Y$_1$	digo	a vosotros:	más fácil	es	a un camello	por$_2$
3772	3825	1161	3004	5213	2123	2076	2574	1223
NGPM	B	CLN	VPAI1S	RP2DP	JNSNC	VPAI3S	NASM	P

τρυπήματος	ῥαφίδος	εἰσελθεῖν	ἢ	πλούσιον	εἰς	τὴν	βασιλείαν	τοῦ
(el) ojo de$_3$	una aguja$_4$	entrar$_1$	que	un rico	en	el	reino	--
5169	4476	1525	2228	4145	1519	3588	932	3588
NGSN	NGSF	VAAN	CAM	JASM	P	DASF	NASF	DGSM

θεοῦ.	25 ἀκούσαντες	δὲ	οἱ	μαθηταὶ	ἐξεπλήσσοντο	σφόδρα
de Dios.	al oírlo$_2$	Y$_1$	los	discípulos	estaban sorprendidos	extremadamente,
2316	191	1161	3588	3101	1605	4970
NGSM	VAAP-PNM	CLN	DNPM	NNPM	VIPI3P	B

λέγοντες·	Τίς	ἄρα	δύναται	σωθῆναι;	26 ἐμβλέψας	δὲ	ὁ	Ἰησοῦς
diciendo:	¿Quién	entonces	puede	ser salvado?	mirándolos$_2$	Y$_1$	--	Jesús,
3004	5101	687	1410	4982	1689	1161	3588	2424
VPAP-PNM	RI-NSM	CLI	VPUI3S	VAPN	VAAP-SNM	CLN	DNSM	NNSM

εἶπεν	αὐτοῖς·	Παρὰ	ἀνθρώποις	τοῦτο	ἀδύνατόν	ἐστιν,	παρὰ	δὲ	θεῷ
dijo	a ellos:	Para	(los) humanos	esto	imposible,$_2$	es$_1$	para$_4$	pero$_3$	Dios
2036	846	3844	444	5124	102	2076	3844	1161	2316
VAAI3S	RP3DPM	P	NDPM	RD-NSN	JNSN	VPAI3S	P	CLC	NDSM

πάντα	δυνατά.
todas las cosas	(son) posibles.
3956	1415
JNPN	JNPN

27 Τότε	ἀποκριθεὶς	ὁ	Πέτρος	εἶπεν	αὐτῷ·	Ἰδοὺ	ἡμεῖς
Entonces,	respondiendo	--	Pedro,	dijo	a él:	He aquí	nosotros
5119	611	3588	4074	2036	846	2400	2249
B	VAPP-SNM	DNSM	NNSM	VAAI3S	RP3DSM	I, VAAM2S	RP1NP

ἀφήκαμεν	πάντα	καὶ	ἠκολουθήσαμέν	σοι·	τί	ἄρα	ἔσται	ἡμῖν;
dejamos	todo	y	seguimos	a ti	¿Qué	entonces	será	para nosotros?
863	3956	2532	190	4671	5101	687	2071	2254
VAAI1P, VAAI1S	JAPN	CLN	VAAI1P	RP2DS	RI-ASN	CLI	VFMI3S	RP1DP

28 ὁ	δὲ	Ἰησοῦς	εἶπεν	αὐτοῖς·	Ἀμὴν	λέγω	ὑμῖν	ὅτι	ὑμεῖς	οἱ
--$_2$	Y$_1$	Jesús	dijo	a ellos:	De cierto	digo	a vosotros	que	vosotros	los
3588	1161	2424	2036	846	281	3004	5213	3754	5210	3588
DNSM	CLN	NNSM	VAAI3S	RP3DPM	XF, B	VPAI1S	RP2DP	CSC	RP2NP	DNPM

ἀκολουθήσαντές	μοι	ἐν	τῇ	παλιγγενεσίᾳ,	ὅταν	καθίσῃ	ὁ	υἱὸς
que seguisteis	a mí,	en	la	regeneración	cuando	se siente	el$_1$	Hijo$_2$
190	3427	1722	3588	3824	3752	2523	3588	5207
VAAP-PNM	RP1DS	P	DDSF	NDSF	CAT	VAAS3S	DNSM	NNSM

τοῦ	ἀνθρώπου	ἐπὶ	θρόνου	δόξης	αὐτοῦ,	καθήσεσθε	καὶ	ὑμεῖς	ἐπὶ
del$_3$	Hombre$_4$	sobre	(el) trono	de gloria	de él,	os sentaréis	también	vosotros	sobre
3588	444	1909	2362	1391	846	2521	2532	5210	1909
DGSM	NGSM	P	NGSM	NGSF	RP3GSM	VFMI2P	BE, TE	RP2NP	P

δώδεκα	θρόνους	κρίνοντες	τὰς	δώδεκα	φυλὰς	τοῦ	Ἰσραήλ.	29 καὶ	πᾶς
doce	tronos	juzgando	a las	doce	tribus	--	de Israel.	Y	todo
1427	2362	2919	3588	1427	5443	3588	2474	2532	3956
XN, J	NAPM	VPAP-PNM	DAPF	XN, J	NAPF	DGSM	NGSM, XP	CLN	JNSM

ὅστις	ἀφῆκεν	οἰκίας	ἢ	ἀδελφοὺς	ἢ	ἀδελφὰς	ἢ	πατέρα	ἢ
aquel que	dejó	casas	o	hermanos	o	hermanas	o	padre	o
3748	863	3614	2228	80	2228	79	2228	3962	2228
RR-NSM	VAAI3S	NAPF	CLD	NAPM	CLD	NAPF	CLD	NASM	CLD

μητέρα	ἢ	⸂γυναῖκα	ἢ⸃	τέκνα	ἢ	ἀγροὺς	ἕνεκεν	τοῦ	ὀνόματός
madre	o	esposa	o	hijos	o	campos	por causa de	el	nombre
3384	2228	1135	2228	5043	2228	68	1752	3588	3686
NASF	CLD	NASF	CLD	NAPN	CLD	NAPM	P, B	DGSN	NGSN

NVI

24 De hecho, le resulta
más fácil a un camello
pasar por el ojo de una
aguja que a un rico en-
trar en el reino de Dios.
25 Al oír esto, los discí-
pulos quedaron descon-
certados y decían:
—En ese caso, ¿quién
podrá salvarse?
26 —Para los hombres
es imposible —aclaró
Jesús, mirándolos fija-
mente—, mas para Dios
todo es posible.
27 —¡Mira, nosotros
lo hemos dejado todo
por seguirte! —le re-
clamó Pedro—. ¿Y qué
ganamos con eso?
28 —Les aseguro —
respondió Jesús— que
en la renovación de
todas las cosas, cuando
el Hijo del hombre
se siente en su trono
glorioso, ustedes que me
han seguido se sentarán
también en doce tronos
para gobernar a las doce
tribus de Israel. 29 Y todo
el que por mi causa haya
dejado casas, herma-
nos, hermanas, padre,
madre, hijos o terrenos
recibirá cien veces más y

19:29⸂⸃ Manuscritos importantes no tienen *o esposa*.

RVR

nombre, recibirá cien
veces más, y heredará la
vida eterna.
30 Pero muchos pri-
meros serán últimos; y
últimos, primeros.

Los obreros de la viña

20 Porque el reino
de los cielos es
semejante a un hombre,
padre de familia, que
salió de madrugada a
contratar obreros para
su viña.
2 Y habiéndose concer-
tado con los obreros en
un denario al día, los
envió a su viña.
3 Saliendo hacia la hora
tercera del día, vio a
otros que estaban de pie
en la plaza desocupados;
4 y les dijo: Id también
vosotros a mi viña, y os
daré lo que sea justo. Y
ellos fueron.
5 Salió otra vez hacia las
horas sexta y novena, e
hizo lo mismo.
6 Y saliendo hacia la hora
undécima, halló a otros
que estaban parados, y
les dijo: ¿Por qué estáis
aquí todo el día desocu-
pados?
7 Le dijeron: Porque na-
die nos contrató. Él les
dijo: Id también voso-
tros a la viña, y recibiréis
lo que sea justo.
8 Al caer la tarde, el

μου, ἑκατονταπλασίονα λήμψεται καὶ ζωὴν αἰώνιον κληρονομήσει.
de mí, cien veces más$_2$ recibirá$_1$ y$_3$ vida$_5$ eterna.$_6$ heredará$_4$
3450 1542 2983 2532 2222 166 2816
RP1GS JAPN VFMI3S CLN NASF JASF VFAI3S

30 πολλοὶ δὲ ἔσονται πρῶτοι ἔσχατοι καὶ ἔσχατοι πρῶτοι.
muchos$_2$ Pero$_1$ serán$_4$ primeros$_3$ últimos, y últimos primeros.
4183 1161 2071 4413 2078 2532 2078 4413
JNPM CLC VFMI3P JNPM JNPM CLN JNPM JNPM

20 Ὁμοία γάρ ἐστιν ἡ βασιλεία τῶν οὐρανῶν ἀνθρώπῳ
semejante$_7$ Porque$_1$ es$_6$ el$_2$ reino$_3$ de los$_4$ cielos$_5$ a un hombre
3664 1063 2076 3588 932 3588 3772 444
JNSF CLX VPAI3S DNSF NNSF DGPM NGPM NDSM

οἰκοδεσπότῃ ὅστις ἐξῆλθεν ἅμα πρωῒ μισθώσασθαι ἐργάτας
dueño de casa, el cual salió a (la) madrugada para contratar obreros
3617 3748 1831 260 4404 3409 2040
NDSM RR-NSM VAAI3S P, B B VAMN NAPM

εἰς τὸν ἀμπελῶνα αὐτοῦ. 2 συμφωνήσας δὲ μετὰ τῶν ἐργατῶν
para la viña de él. puesto de acuerdo$_2$ Y$_1$ con los obreros
1519 3588 290 846 4856 1161 3326 3588 2040
P DASM NASM RP3GSM VAAP-SNM CLN P DGPM NGPM

ἐκ δηναρίου τὴν ἡμέραν ἀπέστειλεν αὐτοὺς εἰς τὸν ἀμπελῶνα
por un denario al día, envió a ellos a la viña
1537 1220 3588 2250 649 846 1519 3588 290
P NGSN DASF NASF VAAI3S RP3APM P DASM NASM

αὐτοῦ. 3 καὶ ἐξελθὼν περὶ τρίτην ὥραν εἶδεν ἄλλους ἑστῶτας ἐν
de él. Y habiendo salido acerca de (la) tercera hora, vio a otros puestos en pie en
846 2532 1831 4012 5154 5610 1492 243 2476 1722
RP3GSM CLN VAAP-SNM P JASF NASF VAAI3S JAPM VRAP-PAM P

τῇ ἀγορᾷ ἀργούς· 4 καὶ ἐκείνοις εἶπεν· Ὑπάγετε καὶ ὑμεῖς εἰς
la plaza desocupados, y a aquellos dijo: id también vosotros a
3588 58 692 2532 1565 3004 5217 2532 5210 1519
DDSF NDSF JAPM CLN RD-DPM VAAI3S VPAM2P BE, TE RP2NP P

τὸν ἀμπελῶνα, καὶ ὃ ἐὰν ᾖ δίκαιον δώσω ὑμῖν· 5 οἱ δὲ
la viña, y lo que -- sea justo daré a vosotros, ellos$_2$ Y$_1$
3588 290 2532 3739 1437 1510 1342 1325 5213 3588 1161
DASM NASM CLN RR-NSN TC VPAS3S JNSN, JASN VFAI1S RP2DP DNPM CLN

ἀπῆλθον. πάλιν ἐξελθὼν περὶ ἕκτην καὶ ἐνάτην ὥραν ἐποίησεν
fueron. De nuevo saliendo cerca de (la) sexta y (la) novena hora hizo
565 3825 1831 4012 1623 2532 1766 5610 4160
VAAI3P B VAAP-SNM P JASF CLN JASF NASF VAAI3S

ὡσαύτως. 6 περὶ δὲ τὴν ἑνδεκάτην ἐξελθὼν εὗρεν ἄλλους ⸀ἑστῶτας,
igualmente. cerca de$_2$ Mas$_1$ la undécima (hora) saliendo encontró a otros puestos en pie,
5615 4012 1161 3588 1734 1831 2147 243 2476
B P CLN DASF JASF VAAP-SNM VAAI3S JAPM VRAP-PAM

καὶ λέγει αὐτοῖς· Τί ὧδε ἑστήκατε ὅλην τὴν ἡμέραν ἀργοί;
y dice a ellos: ¿Por qué aquí$_2$ habéis estado parados$_1$ todo el día desocupados?
2532 3004 846 5101 5602 2476 3650 3588 2250 692
CLN VPAI3S RP3DPM RI-ASN BP VRAI2P JASF DASF NASF JNPM

7 λέγουσιν αὐτῷ· Ὅτι οὐδεὶς ἡμᾶς ἐμισθώσατο. λέγει αὐτοῖς·
Dicen a él: Porque nadie a nosotros.$_2$ contrató$_1$ Dice a ellos:
3004 846 3754 3762 2248 3409 3004 846
VPAI3P RP3DSM CAZ JNSM RP1AP VAMI3S VPAI3S RP3DPM

Ὑπάγετε καὶ ὑμεῖς εἰς τὸν ἀμπελῶνα. 8 ὀψίας δὲ γενομένης
Id también vosotros a la viña. (el) atardecer,$_3$ Y$_1$ habiendo llegado$_2$
5217 2532 5210 1519 3588 290 3798 1161 1096
VPAM2P BE, TE RP2NP P DASM NASM JGSF CLN VAMP-SGF

NVI

heredará la vida eterna.
30 Pero muchos de los
primeros serán últimos,
y muchos de los últimos
serán primeros.

Parábola de los viñadores

20 »Así mismo
el reino de
los cielos se parece a
un propietario que
salió de madrugada a
contratar obreros para
su viñedo. 2 Acordó
darles la paga de un día
de trabajo y los envió
a su viñedo. 3 Cerca de
las nueve de la mañana,
salió y vio a otros que
estaban desocupa-
dos en la plaza. 4 Les
dijo: "Vayan también
ustedes a trabajar en mi
viñedo, y les pagaré lo
que sea justo". 5 Así que
fueron. Salió de nuevo
a eso del mediodía y a
la media tarde, e hizo
lo mismo. 6 Alrededor
de las cinco de la tarde,
salió y encontró a otros
más que estaban sin
trabajo. Les preguntó:
"¿Por qué han estado
aquí desocupados todo
el día?" 7 "Porque nadie
nos ha contratado",
contestaron. Él les dijo:
"Vayan también ustedes
a trabajar en mi viñedo".
8 »Al atardecer, el

20:6⸀ Manuscritos inferiores aumentaron *desocupados.*

RVR

dueño de la viña dijo a su
administrador: Llama
a los obreros y págales
el jornal, comenzando
desde los últimos hasta
los primeros.
9 Y al venir los que
habían ido hacia la hora
undécima, recibieron
cada uno un denario.
10 Al venir también los
primeros, pensaron que
recibirían más; pero
también ellos recibieron
cada uno un denario.
11 Y al recibirlo, murmu-
raban contra el padre de
familia,
12 diciendo: Estos últi-
mos han trabajado una
sola hora, y los has he-
cho iguales a nosotros,
que hemos soportado
el peso del día y el calor
abrasador.
13 Él, respondiendo, dijo
a uno de ellos: Amigo,
no te hago injusticia;
¿no te concertaste con-
migo en un denario?
14 Toma lo que es tuyo,
y vete; pero quiero dar a
este último como a ti.
15 ¿No me es lícito hacer
con lo mío lo que quie-
ra? ¿O tienes tú envidia,
porque yo soy bueno?
16 Así, los últimos serán
primeros; y los primeros,
últimos; porque mu-
chos son llamados, mas
pocos escogidos.

λέγει ὁ κύριος τοῦ ἀμπελῶνος τῷ ἐπιτρόπῳ αὐτοῦ· Κάλεσον τοὺς
dice$_8$ el$_4$ señor$_5$ de la$_6$ viña$_7$ al mayordomo de él: Llama a los
3004 3588 2962 3588 290 3588 2012 846 2564 3588
VPAI3S DNSM NNSM DGSM NGSM DDSM NDSM RP3GSM VAAM2S DAPM

ἐργάτας καὶ ἀπόδος αὐτοῖς τὸν μισθὸν ἀρξάμενος ἀπὸ τῶν ἐσχάτων
obreros y paga a ellos el salario, comenzando desde los últimos
2040 2532 591 846 3588 3408 756 575 3588 2078
NAPM CLN VAAM2S RP3DPM DASM NASM VAMP-SNM P DGPM JGPM

ἕως τῶν πρώτων. 9 καὶ ἐλθόντες οἱ περὶ τὴν ἑνδεκάτην ὥραν
hasta los primeros. Y habiendo venido los alrededor de la undécima hora,
2193 3588 4413 2532 2064 3588 4012 3588 1734 5610
P, C DGPM JGPM CLN VAAP-PNM DNPM P DASF JASF NASF

ἔλαβον ἀνὰ δηνάριον. 10 καὶ ἐλθόντες οἱ πρῶτοι ἐνόμισαν ὅτι
recibieron cada uno un denario. Y habiendo venido los primeros, supusieron que
2983 303 1220 2532 2064 3588 4413 3543 3754
VAAI3P P, B NASN CLN VAAP-PNM DNPM JNPM VAAI3P CSC

πλεῖον λήμψονται· καὶ ἔλαβον τὸ ἀνὰ δηνάριον καὶ αὐτοί.
más.$_2$ recibirán$_1$ Y$_3$ recibieron$_5$ el$_6$ cada uno$_4$ denario$_7$ también ellos.
4119 2983 2532 2983 3588 303 1220 2532 846
JASNC VFMI3P CLC VAAI3P DASN P, B NASN BE, TE RP3NPM

11 λαβόντες δὲ ἐγόγγυζον κατὰ τοῦ οἰκοδεσπότου 12 λέγοντες·
cuando recibieron$_2$ Y$_1$ se quejaban contra el dueño de casa diciendo:
2983 1161 1111 2596 3588 3617 3004
VAAP-PNM CLN VIAI3P P DGSM NGSM VPAP-PNM

Οὗτοι οἱ ἔσχατοι μίαν ὥραν ἐποίησαν, καὶ ἴσους αὐτοὺς ἡμῖν
estos -- últimos una$_2$ hora$_3$ hicieron$_1$ e$_4$ iguales$_6$ a ellos$_7$ a nosotros$_8$
3778 3588 2078 1520 5610 4160 2532 2470 846 2254
RD-NPM DNPM JNPM JASF NASF VAAI3P CLN JAPM RP3APM RP1DP

ἐποίησας τοῖς βαστάσασι τὸ βάρος τῆς ἡμέρας καὶ τὸν
hiciste$_5$ los que hemos llevado encima el peso del día y el
4160 3588 941 3588 922 3588 2250 2532 3588
VAAI2S DDPM VAAP-PDM DASN NASN DGSF NGSF CLN DASM

καύσωνα. 13 ὁ δὲ ἀποκριθεὶς ἑνὶ αὐτῶν εἶπεν· Ἑταῖρε, οὐκ
calor ardiente. --$_2$ mas$_1$ respondiendo a uno de ellos dijo: Compañero, no
2742 3588 1161 611 1520 846 2036 2083 3756
NASM DNSM CLN VAPP-SNM JDSM RP3GPM VAAI3S NVSM BN, TN

ἀδικῶ σε· οὐχὶ δηναρίου συνεφώνησάς μοι; 14 ἆρον τὸ
hago injusticia a ti; ¿no por un denario?$_3$ te pusiste de acuerdo$_1$ conmigo$_2$ Toma lo
91 4571 3780 1220 4856 3427 142 3588
VPAI1S RP2AS TI, TN NGSN VAAI2S RP1DS VAAM2S DASN

σὸν καὶ ὕπαγε· θέλω δὲ τούτῳ τῷ ἐσχάτῳ δοῦναι ὡς καὶ
tuyo y vete; quiero$_2$ pero$_1$ a éste el último dar como también
4674 2532 5217 2309 1161 5129 3588 2078 1325 5613 2532
RS2ASN, JASN CLN VPAM2S VPAI1S CLC RD-DSM DDSM JDSM VAAN CAM BE, TE

σοί· 15 οὐκ ἔξεστίν μοι ὃ θέλω ποιῆσαι ἐν τοῖς ἐμοῖς; ἢ
a ti. ¿no es lícito a mí lo que$_2$ quiero$_3$ hacer$_1$ con las cosas mías? ¿O
4671 3756 1832 3427 3739 2309 4160 1722 3588 1699 2228
RP2DS TN, TI VPAI3S RP1DS RR-NSN VPAI1S VAAN P DDPN RS1DPN, JDPN CLD

ὁ ὀφθαλμός σου πονηρός* ἐστιν ὅτι ἐγὼ ἀγαθός εἰμι; 16 οὕτως
el ojo de ti malo$_2$ es$_1$ porque$_3$ yo$_4$ bondadoso?$_6$ soy$_5$ Así
3588 3788 4675 4190 2076 3754 1473 18 1510 3779
DNSM NNSM RP2GS JNSM VPAI3S CAZ RP1NS JNSM VPAI1S B

ἔσονται οἱ ἔσχατοι πρῶτοι καὶ οἱ πρῶτοι ἔσχατοι.
serán$_3$ los$_1$ últimos$_2$ primeros; y los primeros últimos.
2071 3588 2078 4413 2532 3588 4413 2078
VFMI3P DNPM JNPM JNPM CLN DNPM JNPM JNPM

NVI

dueño del viñedo le
ordenó a su capataz:
"Llama a los obreros
y págales su jornal,
comenzando por los
últimos contratados
hasta llegar a los prime-
ros". 9 Se presentaron los
obreros que habían sido
contratados cerca de las
cinco de la tarde, y cada
uno recibió la paga de
un día. 10 Por eso cuando
llegaron los que fueron
contratados primero,
esperaban que recibirían
más. Pero cada uno de
ellos recibió también
la paga de un día. 11 Al
recibirla, comenzaron a
murmurar contra el pro-
pietario. 12 "Estos que
fueron los últimos en ser
contratados trabajaron
una sola hora —dije-
ron—, y usted los ha
tratado como a nosotros
que hemos soportado
el peso del trabajo y el
calor del día". 13 Pero
él le contestó a uno de
ellos: "Amigo, no estoy
cometiendo ninguna in-
justicia contigo. ¿Acaso
no aceptaste trabajar
por esa paga? 14 Tómala
y vete. Quiero darle al
último obrero contra-
tado lo mismo que te di
a ti. 15 ¿Es que no tengo
derecho a hacer lo que
quiera con mi dinero?
¿O te da envidia de que
yo sea generoso?"
16 »Así que los últi-
mos serán primeros, y
los primeros, últimos».

20:15* O sea *tienes envidia.*

RVR

Nuevamente Jesús anuncia su muerte

17 Subiendo Jesús a
Jerusalén, tomó a sus
discípulos aparte en el
camino, y les dijo:
18 Mirad que subimos a
Jerusalén, y el Hijo del
Hombre será entregado
a los principales sacer-
dotes y a los escribas, y le
condenarán a muerte;
19 y le entregarán a los
gentiles para que le es-
carnezcan, le azoten, y le
crucifiquen; y al tercer
día resucitará.

Petición de Santiago y de Juan

20 Entonces se le acercó
la madre de los hijos de
Zebedeo con sus hijos,
postrándose ante él y
pidiéndole algo.
21 Él le dijo: ¿Qué quie-
res? Ella le dijo: Ordena
que en tu reino se sien-
ten estos dos hijos míos,
el uno a tu derecha, y el
otro a tu izquierda.
22 Entonces Jesús,
respondiendo, dijo:
No sabéis lo que pedís.
¿Podéis beber la copa
que yo he de beber,
y ser bautizados con
el bautismo con que
yo soy bautizado? Y
ellos respondieron:
Podemos.
23 Él les dijo: A la verdad,

17 Καὶ	ἀναβαίνων	ὁ	Ἰησοῦς	εἰς	Ἱεροσόλυμα	παρέλαβεν
Y	subiendo$_3$	--$_1$	Jesús$_2$	a	Jerusalén,	tomó
2532	305	3588	2424	1519	2414	3880
CLN	VPAP-SNM	DNSM	NNSM	P	NASF	VAAI3S

τοὺς	δώδεκα	μαθητὰς	κατ'	ἰδίαν,	καὶ	ἐν	τῇ	ὁδῷ	εἶπεν
a los	doce	discípulos	en	privado	y	en	el	camino	dijo
3588	1427	3101	2596	2398	2532	1722	3588	3598	2036
DAPM	XN,J	NAPM	P	JASF	CLN	P	DDSF	NDSF	VAAI3S

αὐτοῖς·	18 Ἰδοὺ	ἀναβαίνομεν	εἰς	Ἱεροσόλυμα,	καὶ	ὁ	υἱὸς	τοῦ
a ellos:	He aquí	subimos	a	Jerusalén,	y	el	Hijo	del
846	2400	305	1519	2414	2532	3588	5207	3588
RP3DPM	IVAAM2S	VPAI1P	P	NASF	CLN	DNSM	NNSM	DGSM

ἀνθρώπου	παραδοθήσεται	τοῖς	ἀρχιερεῦσιν	καὶ	γραμματεῦσιν,	καὶ
Hombre	será entregado	a los	principales sacerdotes	y	escribas,	y
444	3860	3588	749	2532	1122	2532
NGSM	VFPI3S	DDPM	NDPM	CLN	NDPM	CLN

κατακρινοῦσιν	αὐτὸν	θανάτῳ,	19 καὶ	παραδώσουσιν	αὐτὸν	τοῖς	ἔθνεσιν
condenarán	a él	a muerte,	y	entregarán	a él	a los	gentiles
2632	846	2288	2532	3860	846	3588	1484
VFAI3P	RP3ASM	NDSM	CLN	VFAI3P	RP3ASM	DDPN	NDPN

εἰς	τὸ	ἐμπαῖξαι	καὶ	μαστιγῶσαι	καὶ	σταυρῶσαι,	καὶ	τῇ	τρίτῃ
para	--	burlarse	y	azotar	y	crucificar,	y	en el$_2$	tercer$_3$
1519	3588	1702	2532	3146	2532	4717	2532	3588	5154
P	DASN	VAAN	CLN	VAAN	CLN	VAAN	CLN	DDSF	JDSF

ἡμέρᾳ	ἐγερθήσεται.
día.$_4$	resucitará$_1$
2250	1453
NDSF	VFPI3S

20 Τότε	προσῆλθεν	αὐτῷ	ἡ	μήτηρ	τῶν	υἱῶν	Ζεβεδαίου	μετὰ	τῶν
Entonces	se acercó$_6$	a él$_7$	la$_1$	madre$_2$	de los$_3$	hijos$_4$	de Zebedeo$_5$	con	los
5119	4334	846	3588	3384	3588	5207	2199	3326	3588
B	VAAI3S	RP3DSM	DNSF	NNSF	DGPM	NGPM	NGSM	P	DGPM

υἱῶν	αὐτῆς	προσκυνοῦσα	καὶ	αἰτοῦσά	τι	παρ'	αὐτοῦ.	21 ὁ	δὲ
hijos	de ella,	postrándose	y	pidiendo	algo	de	él.	--$_2$	Y$_1$
5207	846	4352	2532	154	5100	3844	846	3588	1161
NGPM	RP3GSF	VPAP-SNF	CLN	VPAP-SNF	RX-ASN	P	RP3GSM	DNSM	CLN

εἶπεν	αὐτῇ·	Τί	θέλεις;	λέγει	αὐτῷ·	Εἰπὲ	ἵνα	καθίσωσιν	οὗτοι	οἱ
dijo	a ella:	¿Qué	quieres?	Dice	a él:	manda	que	se sienten$_6$	estos$_1$	los$_2$
2036	846	5101	2309	3004	846	2036	2443	2523	3778	3588
VAAI3S	RP3DSF	RI-ASN	VPAI2S	VPAI3S	RP3DSM	VAAM2S	CSC	VAAS3P	RD-NPM	DNPM

δύο	υἱοί	μου	εἷς	ἐκ	δεξιῶν	σου	καὶ	εἷς	ἐξ	εὐωνύμων	σου	ἐν
dos$_3$	hijos$_4$	de mí,$_4$	uno	de	(la) derecha	de ti	y	uno	de	(la) izquierda	de ti	en
1417	5207	3450	1520	1537	1188	4675	2532	1520	1537	2176	4675	1722
XN,J	NNPM	RP1GS	JNSM	P	JGPN,JGPM	RP2GS	CLN	JNSM	P	JGPN,JGPM	RP2GS	P

τῇ	βασιλείᾳ	σου.	22 ἀποκριθεὶς	δὲ	ὁ	Ἰησοῦς	εἶπεν·	Οὐκ	οἴδατε
el	reino	de ti.	respondiendo$_2$	Y$_1$	--	Jesús	dijo:	No	sabéis
3588	932	4675	611	1161	3588	2424	2036	3756	1492
DDSF	NDSF	RP2GS	VAPP-SNM	CLN	DNSM	NNSM	VAAI3S	BN, TN	VRAI2P

τί	αἰτεῖσθε·	δύνασθε	πιεῖν	τὸ	ποτήριον	ὃ	ἐγὼ	μέλλω
qué	estáis pidiendo	¿Podéis	beber	la	copa	que	yo	estoy a punto de
5101	154	1410	4095	3588	4221	3739	1473	3195
RI-ASN	VPMI2P	VPUI2P	VAAN	DASN	NASN	RR-NSN	RP1NS	VPAI1S

πίνειν;	λέγουσιν	αὐτῷ·	Δυνάμεθα.	23 λέγει	αὐτοῖς·	Τὸ	μὲν
a beber?	Dicen	a él:	Podemos.	Dice	a ellos:	La$_2$	en verdad$_1$
4095	3004	846	1410	3004	846	3588	3303
VPAN	VPAI3P	RP3DSM	VPUI1P	VPAI3S	RP3DPM	DASN	TE, TK, C

NVI

Jesús predice de nuevo su muerte

17 Mientras subía
Jesús rumbo a Jerusalén,
tomó aparte a los doce
discípulos y les dijo:
18 «Ahora vamos
rumbo a Jerusalén, y el
Hijo del hombre será
entregado a los jefes de
los sacerdotes y a los
maestros de la ley. Ellos
lo condenarán a muerte
19 y lo entregarán a los
gentiles para que se
burlen de él, lo azoten y
lo crucifiquen. Pero al
tercer día resucitará».

La petición de una madre

20 Entonces la madre
de Jacobo y de Juan,
junto con ellos, se acercó
a Jesús y, arrodillándose,
le pidió un favor.
21 —¿Qué quieres? —
le preguntó Jesús.
—Ordena que en tu
reino uno de estos dos
hijos míos se siente a tu
derecha y el otro a tu
izquierda.
22 —Ustedes no saben
lo que están pidiendo
—les replicó Jesús—.
¿Pueden acaso beber el
trago amargo de la copa
que yo voy a beber?
—Sí, podemos.
23 —Ciertamente

RVR

mi copa beberéis, y con el bautismo con que yo soy bautizado, seréis bautizados; pero el sentarse a mi derecha y a mi izquierda, no es mío darlo, sino a aquellos para quienes está preparado por mi Padre.
24 Cuando los diez oyeron esto, se enojaron contra los dos hermanos.
25 Entonces Jesús, llamándoles, dijo: Sabéis que los gobernantes de las naciones se enseñorean de ellas, y los potentados las oprimen con su autoridad.
26 Mas entre vosotros no será así, sino que el que quiera hacerse grande entre vosotros, será vuestro servidor;
27 y el que quiera ser el primero entre vosotros, será vuestro siervo;
28 como el Hijo del Hombre no vino para ser servido, sino para servir, y para dar su vida en rescate por muchos.

Dos ciegos reciben la vista

29 Al salir ellos de Jericó, le siguió una gran multitud.
30 Y dos ciegos que estaban sentados junto al camino, cuando oyeron que Jesús pasaba, gritaron, diciendo: ¡Señor,

ποτήριόν	μου	πίεσθε,	τὸ	δὲ	καθίσαι	ἐκ	δεξιῶν	μου	καὶ	ἐξ
copa$_3$	de mí	beberéis,	el$_2$	pero$_1$	sentarse	de	(la) derecha	de mí	y	de
4221	3450	4095	3588	1161	2523	1537	1188	3450	2532	1537
NASN	*RP1GS*	*VFMI2P*	*DASN*	*CLC, CLK*	*VAAN*	*P*	*JGPN, JGPM*	*RP1GS*	*CLN*	*P*

εὐωνύμων	οὐκ	ἔστιν	ἐμὸν	δοῦναι,	ἀλλ'	οἷς	ἡτοίμασται	ὑπὸ
(la) izquierda	no	es	mío	dar,	sino	a los cuales	ha sido preparado	por
2176	3756	2076	1699	1325	235	3739	2090	5259
JGPN, JGPM	*BN, TN*	*VPAI3S*	*RS1ASN, JASN*	*VAAN*	*CLC*	*RR-DPM*	*VRPI3S*	*P*

τοῦ	πατρός	μου.
del	Padre	de mí.
3588	3962	3450
DGSM	*NGSM*	*RP1GS*

24 Καὶ	ἀκούσαντες	οἱ	δέκα	ἠγανάκτησαν	περὶ	τῶν	δύο	ἀδελφῶν.
Y	cuando oyeron	los	diez	se indignaron	con	los	dos	hermanos.
2532	191	3588	1176	23	4012	3588	1417	80
CLN	*VAAP-PNM*	*DNPM*	*XN, J*	*VAAI3P*	*P*	*DGPM*	*XN, J*	*NGPM*

25 ὁ	δὲ	Ἰησοῦς	προσκαλεσάμενος	αὐτοὺς	εἶπεν·	Οἴδατε	ὅτι	οἱ
--$_2$	Y$_1$	Jesús	habiendo llamado para sí	a ellos,	dijo:	Sabéis	que	los
3588	1161	2424	4341	846	2036	1492	3754	3588
DNSM	*CLC*	*NNSM*	*VAMP-SNM*	*RP3APM*	*VAAI3S*	*VRAI2P*	*CSC*	*DNPM*

ἄρχοντες	τῶν	ἐθνῶν	κατακυριεύουσιν	αὐτῶν	καὶ	οἱ	μεγάλοι
gobernantes	de los	gentiles	dominan	a ellos	y	los	grandes
758	3588	1484	2634	846	2532	3588	3173
NNPM	*DGPN*	*NGPN*	*VPAI3P*	*RP3GPN, RP3GPM*	*CLN*	*DNPM*	*JNPM*

κατεξουσιάζουσιν	αὐτῶν.	26 οὐχ	οὕτως	ἔσται	ἐν	ὑμῖν·	ἀλλ'
ejercen autoridad sobre	ellos.	No	así$_2$	será$_1$	entre	vosotros;	sino
2715	846	3756	3779	2071	1722	5213	235
VPAI3P	*RP3GPN, RP3GPM*	*BN,TN*	*B*	*VFMI3S*	*P*	*RP2DP*	*CLC*

ὃς	ἂν	θέλῃ	ἐν	ὑμῖν	μέγας	γενέσθαι	ἔσται	ὑμῶν	διάκονος,
el que	--	quiera	entre$_3$	vosotros$_4$	grande$_2$	llegar a ser$_1$	será$_5$	de vosotros,$_7$	servidor$_6$
3739	302	2309	1722	5213	3173	1096	2071	5216	1249
RR-NSM	*TC*	*VPAS3S*	*P*	*RP2DP*	*JNSM*	*VAMN*	*VFMI3S*	*RP2GP*	*NNSM*

27 καὶ	ὃς	ἂν	θέλῃ	ἐν	ὑμῖν	εἶναι	πρῶτος	ἔσται	ὑμῶν	δοῦλος·
y	el que	--	quiera	entre$_3$	vosotros,$_4$	ser$_1$	primero$_2$	será	de vosotros;$_2$	esclavo$_1$
2532	3739	302	2309	1722	5213	1511	4413	2071	5216	1401
CLN	*RR-NSM*	*TC*	*VPAS3S*	*P*	*RP2DP*	*VPAN*	*JNSM*	*VFMI3S*	*RP2GP*	*NNSM*

28 ὥσπερ	ὁ	υἱὸς	τοῦ	ἀνθρώπου	οὐκ	ἦλθεν	διακονηθῆναι	ἀλλὰ
tal como	el	Hijo	del	Hombre	no	vino	a ser servido,	sino
5618	3588	5207	3588	444	3756	2064	1247	235
CAM	*DNSM*	*NNSM*	*DGSM*	*NGSM*	*BN, TN*	*VAAI3S*	*VAPN*	*CLC*

διακονῆσαι	καὶ	δοῦναι	τὴν	ψυχὴν	αὐτοῦ	λύτρον	ἀντὶ	πολλῶν.
a servir	y	a dar	la	vida	de él	como rescate	en lugar de	muchos.
1247	2532	1325	3588	5590	846	3083	473	4183
VAAN	*CLN*	*VAAN*	*DASF*	*NASF*	*RP3GSM*	*NASN*	*P*	*JGPM*

29 Καὶ	ἐκπορευομένων	αὐτῶν	ἀπὸ	Ἰεριχὼ	ἠκολούθησεν	αὐτῷ
Y	saliendo	ellos	de	Jericó	siguió	a él
2532	1607	846	575	2410	190	846
CLN	*VPUP-PGM*	*RP3GPM*	*P*	*NGSF, XP*	*VAAI3S*	*RP3DSM*

ὄχλος	πολύς.	30 καὶ	ἰδοὺ	δύο	τυφλοὶ	καθήμενοι	παρὰ	τὴν
una multitud	grande.	Y	he aquí,	dos	ciegos	sentados	junto a	el
3793	4183	2532	2400	1417	5185	2521	3844	3588
NNSM	*JNSM*	*CLN*	*I, VAAM2S*	*XN, J*	*JNPM*	*VPUP-PNM*	*P*	*DASF*

ὁδόν,	ἀκούσαντες	ὅτι	Ἰησοῦς	παράγει,	ἔκραξαν	λέγοντες·	Κύριε,
camino,	habiendo oído	que	Jesús	está pasando	gritaron,	diciendo:	Señor,
3598	191	3754	2424	3855	2896	3004	2962
NASF	*VAAP-PNM*	*CSC*	*NNSM*	*VPAI3S*	*VAAI3P*	*VPAP-PNM*	*NVSM*

NVI

beberán de mi copa —les dijo Jesús—, pero el sentarse a mi derecha o a mi izquierda no me corresponde concederlo. Eso ya lo ha decidido mi Padre.
24 Cuando lo oyeron los otros diez, se indignaron contra los dos hermanos.
25 Jesús los llamó y les dijo:
—Como ustedes saben, los gobernantes de las naciones oprimen a los súbditos, y los altos oficiales abusan de su autoridad.
26 Pero entre ustedes no debe ser así. Al contrario, el que quiera hacerse grande entre ustedes deberá ser su servidor,
27 y el que quiera ser el primero deberá ser esclavo de los demás;
28 así como el Hijo del hombre no vino para que le sirvan, sino para servir y para dar su vida en rescate por muchos.

Dos ciegos reciben la vista

29 Una gran multitud seguía a Jesús cuando él salía de Jericó con sus discípulos.
30 Dos ciegos que estaban sentados junto al camino, al oír que pasaba Jesús, gritaron:

RVR

Hijo de David, ten
compasión de nosotros!
31 Y la gente les repren-
dió para que callasen;
pero ellos gritaban más
aún, diciendo: ¡Señor,
Hijo de David, ten
compasión de nosotros!
32 Y deteniéndose Jesús,
los llamó y les dijo:
¿Qué queréis que os
haga?
33 Ellos le dijeron:
Señor, que sean abiertos
nuestros ojos.
34 Entonces Jesús,
movido a compasión,
les tocó los ojos, y en
seguida recobraron la
vista; y le siguieron.

La entrada mesiánica en Jerusalén

21 Cuando se
acercaron a
Jerusalén, y vinieron a
Betfagé, al monte de los
Olivos, Jesús envió dos
discípulos,
2 diciéndoles: Id a la
aldea que está enfrente
de vosotros, y luego
hallaréis un asna atada, y
un pollino con ella; des-
atadlos, y traédmelos.
3 Y si alguien os dice
algo, decid: El Señor
los necesita; y luego los
enviará.
4 Todo esto aconteció
para que se cumpliese
lo dicho por medio del

ἐλέησον ἡμᾶς, υἱὸς Δαυίδ. 31 ὁ δὲ ὄχλος ἐπετίμησεν αὐτοῖς ἵνα
ten compasión | de nosotros | Hijo | de David. | la$_2$ | Y$_1$ | multitud | reprendió | a ellos | para que
1653 2248 5207 1138 3588 1161 3793 2008 846 2443
VAAM2S RP1AP NNSM NGSM, XP DNSM CLN NNSM VAAI3S RP3DPM CSC

σιωπήσωσιν· οἱ δὲ μεῖζον ἔκραξαν λέγοντες· Κύριε, ἐλέησον
se callaran; | --$_2$ | pero$_1$ | más | gritaron | diciendo: | Señor | ten compasión
4623 3588 1161 3185 2896 3004 2962 1653
VAAS3P DNPM CLC B, J VAAI3P VPAP-PNM NVSM VAAM2S

ἡμᾶς, υἱὸς Δαυίδ. 32 καὶ στὰς ὁ Ἰησοῦς ἐφώνησεν αὐτοὺς καὶ
de nosotros | Hijo | de David. | Y | parándose | -- | Jesús, | llamó | a ellos | y
2248 5207 1138 2532 2476 3588 2424 5455 846 2532
RP1AP NNSM NGSM, XP CLN VAAP-SNM DNSM NNSM VAAI3S RP3APM CLN

εἶπεν· Τί θέλετε ποιήσω ὑμῖν; 33 λέγουσιν αὐτῷ· Κύριε, ἵνα
dijo: | ¿Qué | queréis | que haga | para vosotros? | Dicen | a él: | Señor, | que
2036 5101 2309 4160 5213 3004 846 2962 2443
VAAI3S RI-ASN VPAI2P VAAS1S RP2DP VPAI3P RP3DSM NVSM CSC

ἀνοιγῶσιν οἱ ὀφθαλμοὶ ἡμῶν. 34 σπλαγχνισθεὶς δὲ ὁ Ἰησοῦς
sean abiertos$_4$ | los$_1$ | ojos$_2$ | de nosotros$_3$ | movido a compasión,$_2$ | Y$_1$ | -- | Jesús
455 3588 3788 2257 4697 1161 3588 2424
VAPS3P DNPM NNPM RP1GP VAPP-SNM CLN DNSM NNSM

ἥψατο τῶν ὀμμάτων αὐτῶν, καὶ εὐθέως ἀνέβλεψαν καὶ
tocó | los | ojos | de ellos | e | inmediatamente | recuperaron la vista | y
680 3588 3659 846 2532 2112 308 2532
VAMI3S DGPN, DGPM NGPN RP3GPM CLN B VAAI3P CLN

ἠκολούθησαν αὐτῷ.
siguieron | a él.
190 846
VAAI3P RP3DSM

21 Καὶ ὅτε ἤγγισαν εἰς Ἱεροσόλυμα καὶ ἦλθον εἰς Βηθφαγὴ
Y | cuando | se acercaron | a | Jerusalén | y | llegaron | a | Betfagé,
2532 3753 1448 1519 2414 2532 2064 1519 967
CLN CAT VAAI3P P NASF CLN VAAI3P P NASF, XP

εἰς τὸ Ὄρος τῶν Ἐλαιῶν, τότε Ἰησοῦς ἀπέστειλεν δύο μαθητὰς
a | el | monte | de los | Olivos, | entonces | Jesús | envió | dos | discípulos,
1519 3588 3735 3588 1636 5119 2424 649 1417 3101
P DASN NASN DGPF NGPF B NNSM VAAI3S XN, J NAPM

2 λέγων αὐτοῖς· Πορεύεσθε εἰς τὴν κώμην τὴν κατέναντι ὑμῶν,
diciendo | a ellos: | Id | a | la | aldea | -- | delante de | de vosotros
3004 846 4198 1519 3588 2968 3588 2713 5216
VPAP-SNM RP3DPM VPUM2P P DASF NASF DASF P, B RP2GP

καὶ εὐθέως εὑρήσετε ὄνον δεδεμένην καὶ πῶλον μετ' αὐτῆς·
e | inmediatamente | hallaréis | una asna | atada | y | un pollino | con | ella;
2532 2112 2147 3688 1210 2532 4454 3326 846
CLN B VFAI2P NASF VRPP-SAF CLN NASM P RP3GSF

λύσαντες ἀγάγετέ μοι. 3 καὶ ἐάν τις ὑμῖν εἴπῃ τι, ἐρεῖτε
habiendo desatado | traed | a mí. | Y | si | alguien | a vosotros$_2$ | dice$_1$ | algo, | diréis
3089 71 3427 2532 1437 5100 5213 2036 5100 2046
VAAP-PNM VAAM2P RP1DS CLN CAC RX-NSM RP2DP VAAS3S RX-ASN VFAI2P

ὅτι Ὁ κύριος αὐτῶν χρείαν ἔχει·* εὐθὺς δὲ ἀποστελεῖ αὐτούς.
que | el | Señor | de ellos | necesidad,$_2$ | tiene$_1$ | en seguida$_2$ | y$_1$ | eviará | a ellos.
3754 3588 2962 846 5532 2192 2117 1161 649 846
CSC DNSM NNSM RP3GPM NASF VPAI3S B, J CLN VFAI3S RP3APM

4 Τοῦτο δὲ γέγονεν ἵνα πληρωθῇ τὸ ῥηθὲν διὰ τοῦ
esto$_2$ | Y$_1$ | sucedió | para que | se cumpliera | lo | dicho | por medio de | el
5124 1161 1096 2443 4137 3588 4483 1223 3588
RD-NSN CLN VRAI3S CAP VAPS3S DNSN VAPP-SNN P DGSM

NVI

—¡Señor, Hijo de
David, ten compasión
de nosotros!
31 La multitud los
reprendía para que se
callaran, pero ellos grita-
ban con más fuerza:
—¡Señor, Hijo de
David, ten compasión
de nosotros!
32 Jesús se detuvo y los
llamó.
—¿Qué quieren que
haga por ustedes?
33 —Señor, queremos
recibir la vista.
34 Jesús se compade-
ció de ellos y les tocó
los ojos. Al instante
recobraron la vista y lo
siguieron.

La entrada triunfal

21 Cuando se
acercaban a
Jerusalén y llegaron a
Betfagué, al monte de
los Olivos, Jesús envió a
dos discípulos 2 con este
encargo: «Vayan a la al-
dea que tienen enfrente,
y ahí mismo encontra-
rán una burra atada,
y un burrito con ella.
Desátenlos y tráiganme-
los. 3 Si alguien les dice
algo, respóndanle que el
Señor los necesita, pero
que ya los devolverá».
4 Esto sucedió para
que se cumpliera lo
dicho por el profeta:

21:3* O sea *los necesita.*

RVR

profeta, cuando dijo:
5 Decid a la hija de
Sión:
He aquí que tu Rey
viene a ti,
Apacible, y sentado
sobre un asna,
Sobre un pollino, hijo
de animal de yugo.
6 Y los discípulos fue-
ron, e hicieron tal como
Jesús les mandó;
7 y trajeron el asna y
el pollino, y pusieron
sobre ellos sus mantos; y
él se sentó encima.
8 Y la multitud, que
era muy numerosa,
extendió sus mantos
en el camino; y otros
cortaban ramas de los
árboles, y las extendían
en el camino.
9 Y la gente, la que iba
delante y la que iba de-
trás, gritaba, diciendo:
¡Hosanná al Hijo de
David! ¡Bendito el que
viene en el nombre del
Señor! ¡Hosanná en las
alturas!
10 Cuando entró él en
Jerusalén, toda la ciudad
se conmovió, diciendo:
¿Quién es este?
11 Y la gente decía: Este
es Jesús, el profeta de
Nazaret de Galilea.

Purificación del templo

12 Y entró Jesús en el
templo de Dios, y echó
fuera a todos los que

προφήτου λέγοντος· 5 Εἴπατε τῇ θυγατρὶ Σιών· Ἰδοὺ ὁ
profeta, diciendo: Decid a la hija de Sión, he aquí, el
4396 3004 2036 3588 2364 4622 2400 3588
NGSM VPAP-SGM, VPAP-SGN VAAM2P DDSF NDSF NGSF, XP I, VAAM2S DNSM

βασιλεύς σου ἔρχεταί σοι πραῢς καὶ ἐπιβεβηκὼς ἐπὶ ὄνον καὶ
rey de ti viene a ti humilde y montado sobre un asno y
935 4675 2064 4671 4239 2532 1910 1909 3688 2532
NNSM RP2GS VPUI3S RP2DS JNSM CLN VRAP-SNM P NASF CLA

ἐπὶ πῶλον υἱὸν ὑποζυγίου. 6 πορευθέντες δὲ οἱ μαθηταὶ καὶ
en un pollino, hijo de bestia de carga. habiendo ido$_2$ Y$_1$ los discípulos y
1909 4454 5207 5268 4198 1161 3588 3101 2532
P NASM NASM NGSN VAPP-PNM CLN DNPM NNPM CLN

ποιήσαντες καθὼς συνέταξεν αὐτοῖς ὁ Ἰησοῦς 7 ἤγαγον τὴν ὄνον
habiendo hecho como$_1$ ordenó$_4$ a ellos$_5$ --$_2$ Jesús$_3$ trajeron el asna
4160 2531 4929 846 3588 2424 71 3588 3688
VAAP-PNM CAM VAAI3S RP3DPM DNSM NNSM VAAI3P DASF NASF

καὶ τὸν πῶλον, καὶ ἐπέθηκαν ἐπ᾽ αὐτῶν τὰ ἱμάτια, καὶ ἐπεκάθισεν
y el pollino, y pusieron sobre ellos los mantos, y se montó
2532 3588 4454 2532 2007 1909 846 3588 2440 2532 1940
CLN DASM NASM CLN VAAI3P P RP3GPM DAPN NAPN CLN VAAI3S

ἐπάνω αὐτῶν. 8 ὁ δὲ πλεῖστος ὄχλος ἔστρωσαν ἑαυτῶν τὰ
sobre ellos. la$_2$ Y$_1$ mayoría (de la) multitud extendieron de ellos mismos$_3$ los$_1$
1883 846 3588 1161 4118 3793 4766 1438 3588
P, B RP3GPM DNSM CLN JNSM NNSM VAAI3P RF3GPM DAPN

ἱμάτια ἐν τῇ ὁδῷ, ἄλλοι δὲ ἔκοπτον κλάδους ἀπὸ τῶν δένδρων
mantos$_2$ en el camino, otros$_2$ y$_1$ cortaban ramas de los árboles
2440 1722 3588 3598 243 1161 2875 2798 575 3588 1186
NAPN P DDSF NDSF JNPM CLN VIAI3P NAPM P DGPN NGPN

καὶ ἐστρώννυον ἐν τῇ ὁδῷ. 9 οἱ δὲ ὄχλοι οἱ προάγοντες
y tendían en el camino. las$_2$ Y$_1$ multitudes -- yendo delante
2532 4766 1722 3588 3598 3588 1161 3793 3588 4254
CLN VIAI3P P DDSF NDSF DNPM CLN NNPM DNPM VPAP-PNM

αὐτὸν καὶ οἱ ἀκολουθοῦντες ἔκραζον λέγοντες· Ὡσαννὰ τῷ υἱῷ
a él y los que seguían gritaban diciendo: Hosanna al Hijo
846 2532 3588 190 2896 3004 5614 3588 5207
RP3ASM CLN DNPM VPAP-PNM VIAI3P VPAP-PNM I, XF DDSM NDSM

Δαυίδ· Εὐλογημένος ὁ ἐρχόμενος ἐν ὀνόματι κυρίου· Ὡσαννὰ ἐν
de David. Bendito el que viene en (el) nombre de(l) Señor; hosanna en
1138 2127 3588 2064 1722 3686 2962 5614 1722
NGSM, XP VRPP-SNM DNSM VPUP-SNM P NDSN NGSM I, XF P

τοῖς ὑψίστοις. 10 καὶ εἰσελθόντος αὐτοῦ εἰς Ἱεροσόλυμα ἐσείσθη πᾶσα
las alturas. Y cuando entró él en Jerusalén, se agitó$_4$ toda$_1$
3588 5310 2532 1525 846 1519 2414 4579 3956
DDPN JDPN CLN VAAP-SGM RP3GSM P NASF VAPI3S JNSF

ἡ πόλις λέγουσα· Τίς ἐστιν οὗτος; 11 οἱ δὲ ὄχλοι ἔλεγον· Οὗτός
la$_2$ ciudad$_3$ diciendo: ¿Quién es este? las$_2$ Y$_1$ multitudes decían: Este
3588 4172 3004 5101 2076 3778 3588 1161 3793 3004 3778
DNSF NNSF VPAP-SNF RI-NSM VPAI3S RD-NSM DNPM CLN NNPM VIAI3P RD-NSM

ἐστιν ὁ προφήτης Ἰησοῦς ὁ ἀπὸ Ναζαρὲθ τῆς Γαλιλαίας.
es el$_2$ profeta,$_3$ Jesús,$_1$ el de Nazaret -- de Galilea.
2076 3588 4396 2424 3588 575 3478 3588 1056
VPAI3S DNSM NNSM NNSM DNSM P NGSF, XP DGSF NGSF

12 Καὶ εἰσῆλθεν Ἰησοῦς εἰς τὸ ⸀ἱερόν, καὶ ἐξέβαλεν πάντας
Y entró$_2$ Jesús$_1$ en el templo y echó fuera a todos
2532 1525 2424 1519 3588 2411 2532 1544 3956
CLN VAAI3S NNSM P DASN NASN, JASN CLN VAAI3S JAPM

NVI

5 «Digan a la hija de
Sión:
"Mira, tu rey viene
hacia ti,
humilde y montado en
un burro,
en un burrito, cría
de una bestia de
carga"».

6 Los discípulos
fueron e hicieron como
les había mandado Jesús.
7 Llevaron la burra y el
burrito, y pusieron en-
cima sus mantos, sobre
los cuales se sentó Jesús.
8 Había mucha gente
que tendía sus mantos
sobre el camino; otros
cortaban ramas de los
árboles y las esparcían
en el camino. 9 Tanto la
gente que iba delante de
él como la que iba detrás
gritaba:

—¡Hosanna al Hijo de
David!
—¡Bendito el que
viene en el nombre
del Señor!
—¡Hosanna en las
alturas!

10 Cuando Jesús entró
en Jerusalén, toda la
ciudad se conmovió.
—¿Quién es este?
—preguntaban.
11 —Este es el profeta
Jesús, de Nazaret de
Galilea —contestaba
la gente.

Jesús en el templo

12 Jesús entró en el
templo y echó de allí a

21:12⸀ Manuscritos inferiores aumentaron *de Dios*.

RVR

vendían y compraban
en el templo, y volcó las
mesas de los cambistas,
y las sillas de los que
vendían palomas;
13 y les dijo: Escrito está:
Mi casa será llamada
casa de oración; mas
vosotros la habéis hecho
cueva de ladrones.
14 Ciegos y cojos se acer-
caron a él en el templo, y
los sanó.
15 Pero los principales
sacerdotes y los escribas,
viendo las maravillas
que hacía, y a los mu-
chachos que gritaban
en el templo, diciendo:
¡Hosanná al Hijo de
David!, se indignaron,
16 y le dijeron: ¿Oyes
lo que estos dicen? Y
Jesús les dijo: Sí; ¿nunca
leísteis:
De la boca de los
pequeños y de los
niños de pecho,
Te preparaste perfecta
alabanza?
17 Y dejándolos, salió
fuera de la ciudad, a
Betania, y se hospedó
allí.

Maldición a la higuera estéril

18 Al día siguiente, de
madrugada, cuando
volvía a la ciudad, tuvo
hambre.
19 Y al ver una higuera
cerca del camino, se fue
hacia ella, y no halló
nada en ella, sino hojas

τοὺς	πωλοῦντας	καὶ	ἀγοράζοντας	ἐν	τῷ	ἱερῷ	καὶ	τὰς	τραπέζας
los	que vendían	y	compraban	en	el	templo,	y	las$_2$	mesas$_3$
3588	4453	2532	59	1722	3588	2411	2532	3588	5132
DAPM	*VPAP-PAM*	*CLN*	*VPAP-PAM*	*P*	*DDSN*	*NDSN, JDSN*	*CLN*	*DAPF*	*NAPF*

τῶν	κολλυβιστῶν	κατέστρεψεν	καὶ	τὰς	καθέδρας	τῶν	πωλούντων
de los$_4$	cambistas$_5$	volcó$_1$	y	las	sillas	de los	vendedores
3588	2855	2690	2532	3588	2515	3588	4453
DGPM	*NGPM*	*VAAI3S*	*CLN*	*DAPF*	*NAPF*	*DGPM*	*VPAP-PGM*

τὰς	περιστεράς,	13 καὶ	λέγει	αὐτοῖς·	Γέγραπται·	Ὁ	οἶκός	μου	οἶκος
de las	palomas,	y	dice	a ellos:	Ha sido escrito:	La	casa	de mí,	casa
3588	4058	2532	3004	846	1125	3588	3624	3450	3624
DAPF	*NAPF*	*CLN*	*VPAI3S*	*RP3DPM*	*VRPI3S*	*DNSM*	*NNSM*	*RP1GS*	*NNSM*

προσευχῆς	κληθήσεται,	ὑμεῖς	δὲ	αὐτὸν	ποιεῖτε	σπήλαιον	λῃστῶν.
de oración	será llamada,	vosotros$_2$	pero$_1$	a ella	estáis haciendo	cueva	de ladrones.
4335	2564	5210	1161	846	4160	4693	3027
NGSF	*VFPI3S*	*RP2NP*	*CLC*	*RP3ASM*	*VPAI2P*	*NASN*	*NGPM*

14 Καὶ	προσῆλθον	αὐτῷ	τυφλοὶ	καὶ	χωλοὶ	ἐν	τῷ	ἱερῷ,	καὶ
Y	se acercaron$_4$	a él$_5$	ciegos$_1$	y$_2$	cojos$_3$	en	el	templo	y
2532	4334	846	5185	2532	5560	1722	3588	2411	2532
CLN	*VAAI3P*	*RP3DSM*	*JNPM*	*CLN*	*JNPM*	*P*	*DDSN*	*NDSN, JDSN*	*CLN*

ἐθεράπευσεν	αὐτούς.	15 ἰδόντες	δὲ	οἱ	ἀρχιερεῖς	καὶ	οἱ
sanó	a ellos.	cuando vieron$_2$	Y$_1$	los	principales sacerdotes	y	los
2323	846	1492	1161	3588	749	2532	3588
VAAI3S	*RP3APM*	*VAAP-PNM*	*CLN*	*DNPM*	*NNPM*	*CLN*	*DNPM*

γραμματεῖς	τὰ	θαυμάσια	ἃ	ἐποίησεν	καὶ	τοὺς	παῖδας	⸀τοὺς
escribas	las	maravillas	que	hizo	y	a los	niños	--
1122	3588	2297	3739	4160	2532	3588	3816	3588
NNPM	*DAPN*	*JAPN*	*RR-APN*	*VAAI3S*	*CLN*	*DAPM*	*NAPM*	*DAPM*

κράζοντας	ἐν	τῷ	ἱερῷ	καὶ	λέγοντας·	Ὡσαννὰ	τῷ	υἱῷ
que gritaban	en	el	templo	también	diciendo:	¡Hosanna	al	Hijo
2896	1722	3588	2411	2532	3004	5614	3588	5207
VPAP-PAM	*P*	*DDSN*	*NDSN, JDSN*	*CLN*	*VPAP-PAM*	*I, XF*	*DDSM*	*NDSM*

Δαυίδ,	ἠγανάκτησαν	16 καὶ	εἶπαν	αὐτῷ·	Ἀκούεις	τί	οὗτοι	λέγουσιν;
de David!	se indignaron.	Y	dijeron	a él:	¡Oyes	qué	estos?$_2$	dicen$_1$
1138	23	2532	3004	846	191	5101	3778	3004
NGSM, XP	*VAAI3P*	*CLN*	*VAAI3P*	*RP3DSM*	*VPAI2S*	*RI-ASN*	*RD-NPM*	*VPAI3P*

ὁ	δὲ	Ἰησοῦς	λέγει	αὐτοῖς·	Ναί.	οὐδέποτε	ἀνέγνωτε	ὅτι	Ἐκ
--$_2$	Y$_1$	Jesús	dice	a ellos:	Sí,	¿Nunca	leísteis	que	de
3588	1161	2424	3004	846	3483	3763	314	3754	1537
DNSM	*CLN*	*NNSM*	*VPAI3S*	*RP3DPM*	*I, T*	*BN*	*VAAI2P*	*CSC*	*P*

στόματος	νηπίων	καὶ	θηλαζόντων	κατηρτίσω	αἶνον;	17 καὶ	καταλιπὼν
(la) boca	de niños	y	de los lactantes	preparaste	alabanza?	Y	dejando
4750	3516	2532	2337	2675	136	2532	2641
NGSN	*JGPM*	*CLN*	*VPAP-PGM*	*VAMI2S*	*NASM*	*CLN*	*VAAP-SNM*

αὐτοὺς	ἐξῆλθεν	ἔξω	τῆς	πόλεως	εἰς	Βηθανίαν,	καὶ	ηὐλίσθη	ἐκεῖ.
a ellos,	salió	fuera	de la	ciudad	a	Betania,	y	pasó la noche	allí.
846	1831	1854	3588	4172	1519	963	2532	835	1563
RP3APM	*VAAI3S*	*P, B*	*DGSF*	*NGSF*	*P*	*NASF*	*CLN*	*VAPI3S*	*BP*

18 Πρωῒ	δὲ	ἐπανάγων	εἰς	τὴν	πόλιν	ἐπείνασεν.	19 καὶ	ἰδὼν
de madrugada,$_2$	Y$_1$	cuando volvía	a	la	ciudad,	tuvo hambre.	Y	habiendo visto
4404	1161	1877	1519	3588	4172	3983	2532	1492
B	*CLN*	*VPAP-SNM*	*P*	*DASF*	*NASF*	*VAAI3S*	*CLN*	*VAAP-SNM*

συκῆν	μίαν	ἐπὶ	τῆς	ὁδοῦ	ἦλθεν	ἐπ'	αὐτήν,	καὶ	οὐδὲν	εὗρεν	ἐν	αὐτῇ
higuera$_2$	una$_1$	por	el	camino,	vino	a	ella,	y	nada	encontró	en	a ella,
4808	1520	1909	3588	3598	2064	1909	846	2532	3762	2147	1722	846
NASF	*JASF*	*P*	*DGSF*	*NGSF*	*VAAI3S*	*P*	*RP3ASF*	*CLN*	*JASN*	*VAAI3S*	*P*	*RP3DSF*

NVI

todos los que compra-
ban y vendían. Volcó las
mesas de los que cam-
biaban dinero y los pues-
tos de los que vendían
palomas. 13 «Escrito
está —les dijo—: "Mi
casa será llamada casa de
oración"; pero ustedes
la están convirtiendo en
"cueva de ladrones"».
14 Se le acercaron en el
templo ciegos y cojos, y
los sanó. 15 Pero cuando
los jefes de los sacerdotes
y los maestros de la ley
vieron que hacía cosas
maravillosas, y que los
niños gritaban en el
templo: «¡Hosanna
al Hijo de David!», se
indignaron.
16 —¿Oyes lo que
esos están diciendo?
—protestaron.
—Claro que sí —res-
pondió Jesús—; ¿no han
leído nunca:

»"En los labios de los
pequeños
y de los niños de
pecho
has puesto la perfecta
alabanza"?»

17 Entonces los dejó y,
saliendo de la ciudad, se
fue a pasar la noche en
Betania.

Se seca la higuera

18 Muy de mañana,
cuando volvía a la ciu-
dad, tuvo hambre. 19 Al
ver una higuera junto al
camino, se acercó a ella,

RVR

solamente; y le dijo:
Nunca jamás nazca de
ti fruto. Y al instante se
secó la higuera.
20 Al ver esto los
discípulos, decían
asombrados: ¿Cómo es
que se secó en seguida la
higuera?
21 Respondiendo Jesús,
les dijo: De cierto os
digo, que si tenéis fe,
y no dudáis, no sólo
haréis esto de la higuera,
sino que si decís a este
monte: Quítate de ahí
y échate en el mar, será
hecho.
22 Y todo lo que pidáis
en oración, creyendo, lo
recibiréis.

La autoridad de Jesucristo

23 Cuando vino al tem-
plo, los principales sa-
cerdotes y los ancianos
del pueblo se acercaron
a él mientras enseñaba,
y le dijeron: ¿Con qué
autoridad haces estas
cosas?, ¿y quién te dio
esta autoridad?
24 Respondiendo Jesús,
les dijo: Yo también
os haré una pregunta,
y si me la contestáis,
también yo os diré con
qué autoridad hago
estas cosas.
25 El bautismo de Juan,

εἰ μὴ φύλλα μόνον, καὶ λέγει αὐτῇ· Μηκέτι ἐκ σοῦ καρπὸς
si no hojas solamente, y dice a ella: Ya no de ti fruto
1487 3361 5444 3440 2532 3004 846 3371 1537 4675 2590
CAC BN, TN NAPN B, J CLN VPAI3S RP3DSF BN P RP2GS NNSM

γένηται εἰς τὸν αἰῶνα· καὶ ἐξηράνθη παραχρῆμα ἡ συκῆ. 20 καὶ
llegue a ser para la eternidad. Y se secó$_{3}$ al instante.$_{4}$ la$_{1}$ higuera$_{2}$ Y
1096 1519 3588 165 2532 3583 3916 3588 4808 2532
VAMS3S P DASM NASM CLN VAPI3S B DNSF NNSF CLN

ἰδόντες οἱ μαθηταὶ ἐθαύμασαν λέγοντες· Πῶς παραχρῆμα
habiendo visto los discípulos se admiraron diciendo: ¿Cómo al instante?$_{4}$
1492 3588 3101 2296 3004 4459 3916
VAAP-PNM DNPM NNPM VAAI3P VPAP-PNM BI B

ἐξηράνθη ἡ συκῆ; 21 ἀποκριθεὶς δὲ ὁ Ἰησοῦς εἶπεν αὐτοῖς·
se secó$_{3}$ la$_{1}$ higuera$_{2}$ respondiendo$_{2}$ Y$_{1}$ -- Jesús dijo a ellos:
3583 3588 4808 611 1161 3588 2424 2036 846
VAPI3S DNSF NNSF VAPP-SNM CLN DNSM NNSM VAAI3S RP3DPM

Ἀμὴν λέγω ὑμῖν, ἐὰν ἔχητε πίστιν καὶ μὴ διακριθῆτε, οὐ μόνον
De cierto digo a vosotros, si tenéis fe y no dudáis, no solo
281 3004 5213 1437 2192 4102 2532 3361 1252 3756 3440
XF, B VPAI1S RP2DP CAC VPAS2P NASF CLN BN, TN VAPS2P BN, TN B, J

τὸ τῆς συκῆς ποιήσετε, ἀλλὰ κἂν τῷ ὄρει τούτῳ εἴπητε· Ἄρθητι
lo$_{2}$ de la$_{3}$ higuera,$_{4}$ haréis$_{1}$ sino aun si al monte este decís: Sé quitado
3588 3588 4808 4160 235 2579 3588 3735 5129 2036 142
DASN DGSF NGSF VFAI2P CLC TE, C DDSN NDSN RD-DSM VAAS2P VAPM2S

καὶ βλήθητι εἰς τὴν θάλασσαν, γενήσεται. 22 καὶ πάντα ὅσα ἂν
y echado a el mar llegará a ser. Y todo$_{2}$ cuanto$_{3}$ --$_{4}$
2532 906 1519 3588 2281 1096 2532 3956 3745 302
CLN VAPM2S P DASF NASF VFMI3S CLN JAPN RK-APN TC

αἰτήσητε ἐν τῇ προσευχῇ πιστεύοντες λήμψεσθε.
pidáis$_{5}$ en$_{6}$ --$_{7}$ oración$_{8}$ creyendo,$_{9}$ recibiréis$_{1}$
154 1722 3588 4335 4100 2983
VAAS2P P DDSF NDSF VPAP-PNM VFMI2P

23 Καὶ ἐλθόντος αὐτοῦ εἰς τὸ ἱερὸν προσῆλθον αὐτῷ
Y habiendo llegado él a el templo, se acercaron$_{8}$ a él$_{9}$
2532 2064 846 1519 3588 2411 4334 846
CLN VAAP-SGM RP3GSM P DASN NASN, JASN VAAI3P RP3DSM

διδάσκοντι οἱ ἀρχιερεῖς καὶ οἱ πρεσβύτεροι τοῦ λαοῦ
mientras enseñaba$_{10}$ los$_{1}$ principales sacerdotes$_{2}$ y$_{3}$ los$_{4}$ ancianos$_{5}$ del$_{6}$ pueblo$_{7}$
1321 3588 749 2532 3588 4245 3588 2992
VPAP-SDM DNPM NNPM CLN DNPM JNPM DGSM NGSM

λέγοντες· Ἐν ποίᾳ ἐξουσίᾳ ταῦτα ποιεῖς; καὶ τίς σοι ἔδωκεν
diciendo: ¿Con qué clase de autoridad estas cosas?$_{2}$ haces$_{1}$ Y, ¿quién a ti$_{2}$ dio$_{1}$
3004 1722 4169 1849 5023 4160 2532 5101 4671 1325
VPAP-PNM P JDSF, RI-DSF NDSF RD-APN VPAI2S CLN RI-NSM RP2DS VAAI3S

τὴν ἐξουσίαν ταύτην; 24 ἀποκριθεὶς δὲ ὁ Ἰησοῦς εἶπεν αὐτοῖς·
la autoridad esta? respondiendo$_{2}$ Y$_{1}$ -- Jesús, dijo a ellos:
3588 1849 3778 611 1161 3588 2424 2036 846
DASF NASF RD-ASF VAPP-SNM CLN DNSM NNSM VAAI3S RP3DPM

Ἐρωτήσω ὑμᾶς κἀγὼ λόγον ἕνα, ὃν ἐὰν εἴπητέ μοι κἀγὼ
Preguntaré a vosotros también yo cosa,$_{2}$ una$_{1}$ a la que si decís a mí también yo
2065 5209 2504 3056 1520 3739 1437 2036 3427 2504
VFAI1S RP2AP RP1NS, TE NASM JASM RR-ASM CAC VAAS2P RP1DS RP1NS, TE

ὑμῖν ἐρῶ ἐν ποίᾳ ἐξουσίᾳ ταῦτα ποιῶ· 25 τὸ βάπτισμα
a vosotros$_{2}$ diré$_{1}$ con cuál autoridad estas cosas:$_{2}$ hago$_{1}$ El bautismo
5213 2046 1722 4169 1849 5023 4160 3588 908
RP2DP VFAI1S P JDSF, RI-DSF NDSF RD-APN VPAI1S DNSN NNSN

NVI

pero no encontró nada
más que hojas.
—¡Nunca más vuel-
vas a dar fruto! —le dijo.
Y al instante se secó la
higuera.
20 Los discípulos se
asombraron al ver esto.
—¿Cómo es que
se secó la higuera tan
pronto? —preguntaron
ellos.
21 —Les aseguro que,
si tienen fe y no dudan
—les respondió Jesús—,
no solo harán lo que he
hecho con la higuera,
sino que podrán decirle
a este monte: "¡Quítate
de ahí y tírate al mar!", y
así se hará. 22 Si ustedes
creen, recibirán todo lo
que pidan en oración.

La autoridad de Jesús puesta en duda

23 Jesús entró en el
templo y, mientras ense-
ñaba, se le acercaron los
jefes de los sacerdotes y
los ancianos del pueblo.
—¿Con qué auto-
ridad haces esto? —lo
interrogaron—. ¿Quién
te dio esa autoridad?
24 —Yo también voy
a hacerles una pregunta.
Si me la contestan, les
diré con qué autoridad
hago esto. 25 El bautismo

RVR

¿de dónde era? ¿Del cielo, o de los hombres? Ellos entonces discutían entre sí, diciendo: Si decimos, del cielo, nos dirá: ¿Por qué, pues, no le creísteis?
26 Y si decimos, de los hombres, tememos a la gente; porque todos tienen a Juan por profeta.
27 Y respondiendo a Jesús, dijeron: No sabemos. Y él también les dijo: Tampoco yo os digo con qué autoridad hago estas cosas.

Parábola de los dos hijos

28 ¿Qué os parece? Un hombre tenía dos hijos, y acercándose al primero, le dijo: Hijo, ve a trabajar hoy en mi viña.
29 Respondiendo él, dijo: No quiero; pero después, arrepentido, fue.
30 Y acercándose al otro, le dijo de la misma manera; y respondiendo él, dijo: Sí, señor, voy. Y no fue.
31 ¿Cuál de los dos hizo la voluntad de su padre? Dijeron ellos: El primero. Jesús les dijo: De cierto os digo, que los

τὸ	Ἰωάννου	πόθεν	ἦν;	ἐξ	οὐρανοῦ	ἢ	ἐξ	ἀνθρώπων;	οἱ
--	de Juan,	¿de dónde	era?	¿Del	cielo	o	de	(los) seres humanos?	ellos$_2$
3588	2491	4159	2258	1537	3772	2228	1537	444	3588
DNSN	NGSM	BI	VIAI3S	P	NGSM	CLD	P	NGPM	DNPM

δὲ	διελογίζοντο	ἐν	ἑαυτοῖς	λέγοντες·	Ἐὰν	εἴπωμεν·	Ἐξ	οὐρανοῦ,
Y$_1$	razonaban	entre	sí mismos	diciendo:	Si	decimos:	de	(el) cielo
1161	1260	1722	1438	3004	1437	2036	1537	3772
CLN	VIUI3P	P	RF3DPM	VPAP-PNM	CAC	VAAS1P	P	NGSM

ἐρεῖ	ἡμῖν·	Διὰ	τί	οὖν	οὐκ	ἐπιστεύσατε	αὐτῷ;	26 ἐὰν	δὲ
dirá	a nosotros:	¿Por causa de	qué,	entonces,	no	creísteis	a él?	si$_2$	Y$_1$
2046	2254	1223	5101	3767	3756	4100	846	1437	1161
VFAI3S	RP1DP	P	RI-ASN	CLI	BN, TN	VAAI2P	RP3DSM	CAC	CLC

εἴπωμεν·	Ἐξ	ἀνθρώπων,	φοβούμεθα	τὸν	ὄχλον,	πάντες	γὰρ	ὡς
decimos:	De	(los) seres humanos	tememos	a la	multitud;	todos$_2$	porque$_1$	como$_6$
2036	1537	444	5399	3588	3793	3956	1063	5613
VAAS1P	P	NGPM	VPUI1P	DASM	NASM	JNPM	CAZ	CAM, B

προφήτην	ἔχουσιν	τὸν	Ἰωάννην.	27 καὶ	ἀποκριθέντες	τῷ	Ἰησοῦ
profeta.$_7$	tienen$_3$	--$_4$	a Juan.$_5$	Y	respondiendo	--	a Jesús,
4396	2192	3588	2491	2532	611	3588	2424
NASM	VPAI3P	DASM	NASM	CLN	VAPP-PNM	DDSM	NDSM

εἶπαν·	Οὐκ	οἴδαμεν.	ἔφη	αὐτοῖς	καὶ	αὐτός·	Οὐδὲ	ἐγὼ	λέγω
dijeron:	No	sabemos.	dijo$_3$	a ellos:$_4$	También$_1$	él$_2$	Ni	yo	digo
3004	3756	1492	5346	846	2532	846	3761	1473	3004
VAAI3P	BN, TN	VRAI1P	VIAI3S	RP3DPM	BE, TE	RP3NSMP	CLD, TN, B	RP1NS	VPAI1S

ὑμῖν	ἐν	ποίᾳ	ἐξουσίᾳ	ταῦτα	ποιῶ.
a vosotros	en	cuál	autoridad	estas cosas.$_2$	hago$_1$
5213	1722	4169	1849	5023	4160
RP2DP	P	JDSF, RI-DSF	NDSF	RD-APN	VPAI1S

28 Τί	δὲ	ὑμῖν	δοκεῖ;	ἄνθρωπος	εἶχεν	τέκνα	δύο.	προσελθὼν
¿qué$_2$	Mas,$_1$	a vosotros$_4$	parece?$_3$	Un hombre	tenía	hijos;$_2$	dos$_1$	acercándose
5101	1161	5213	1380	444	2192	5043	1417	4334
RI-ASN	CLC	RP2DP	VPAI3S	NNSM	VIAI3S	NAPN	XN, J	VAAP-SNM

τῷ	πρώτῳ	εἶπεν·	Τέκνον,	ὕπαγε	σήμερον	ἐργάζου	ἐν	τῷ
al	primero	dijo:	Hijo,	ve	hoy	trabaja	en	la
3588	4413	2036	5043	5217	4594	2038	1722	3588
DDSN	JDSN	VAAI3S	NVSN	VPAM2S	B	VPUM2S	P	DDSM

ἀμπελῶνι.	29 ὁ	δὲ	ἀποκριθεὶς	εἶπεν·	Οὐ	θέλω·	ὕστερον	δὲ
viña.	él,$_2$	Y$_1$	respondiendo,	dijo:	No	quiero.	más tarde$_2$	Pero$_1$
290	3588	1161	611	2036	3756	2309	5305	1161
NDSM	DNSM	CLN	VAPP-SNM	VAAI3S	BN, TN	VPAI1S	B, J	CLC

μεταμεληθεὶς	ἀπῆλθεν.	30 προσελθὼν	δὲ	τῷ	δευτέρῳ	εἶπεν
arrepintiéndose	fue.	acercándose$_2$	Y$_1$	al	segundo,	dijo
3338	565	4334	1161	3588	1208	2036
VAPP-SNM	VAAI3S	VAAP-SNM	CLN	DDSN	JDSN	VAAI3S

ὡσαύτως·	ὁ	δὲ	ἀποκριθεὶς	εἶπεν·	Ἐγώ,	κύριε·	καὶ	οὐκ	ἀπῆλθεν.
igualmente.	--$_2$	Pero$_1$	respondiendo	dijo	yo (voy)	señor.	Y	no	fue.
5615	3588	1161	611	2036	1473	2962	2532	3756	565
B	DNSM	CLN	VAPP-SNM	VAAI3S	RP1NS	NVSM	CLC	BN, TN	VAAI3S

31 τίς	ἐκ	τῶν	δύο	ἐποίησεν	τὸ	θέλημα	τοῦ	πατρός;	λέγουσιν·
¿Quién	de	los	dos	hizo	la	voluntad	del	padre?	dicen:
5101	1537	3588	1417	4160	3588	2307	3588	3962	3004
RI-NSM	P	DGPM	XN, J	VAAI3S	DASN	NASN	DGSM	NGSM	VPAI3P

Ὁ	πρῶτος.	λέγει	αὐτοῖς	ὁ	Ἰησοῦς·	Ἀμὴν	λέγω	ὑμῖν	ὅτι	οἱ
El	primero.	dice$_3$	a ellos:$_4$	--$_1$	Jesús$_2$	De cierto	digo	a vosotros	que	los
3588	4413	3004	846	3588	2424	281	3004	5213	3754	3588
DNSM	JNSM	VPAI3S	RP3DPM	DNSM	NNSM	XF, B	VPAI1S	RP2DP	CSC	DNPM

NVI

de Juan, ¿de dónde procedía? ¿Del cielo o de la tierra?

Ellos se pusieron a discutir entre sí: «Si respondemos: "Del cielo", nos dirá: "Entonces, ¿por qué no le creyeron?" 26 Pero, si decimos: "De la tierra"... tememos al pueblo, porque todos consideran que Juan era un profeta». Así que le respondieron a Jesús:

27 —No lo sabemos.

—Pues yo tampoco les voy a decir con qué autoridad hago esto.

Parábola de los dos hijos

28 »¿Qué les parece? —continuó Jesús—. Había un hombre que tenía dos hijos. Se dirigió al primero y le pidió: "Hijo, ve a trabajar hoy en el viñedo". 29 "No quiero", contestó, pero después se arrepintió y fue. 30 Luego el padre se dirigió al otro hijo y le pidió lo mismo. Este contestó: "Sí, señor"; pero no fue. 31 ¿Cuál de los dos hizo lo que su padre quería?»

—El primero —contestaron ellos.

Jesús les dijo:

—Les aseguro que

RVR

publicanos y las rameras
van delante de vosotros
al reino de Dios.
32 Porque vino a voso-
tros Juan en camino de
justicia, y no le creísteis;
pero los publicanos y
las rameras le creyeron;
y vosotros, viendo esto,
no os arrepentisteis
después para creerle.

Los labradores malvados

33 Escuchad otra pará-
bola: Había un hombre,
padre de familia, el cual
plantó una viña, la cercó
de vallado, cavó en ella
un lagar, edificó una to-
rre, y la arrendó a unos
labradores, y se ausentó
del país.
34 Y cuando se acercó
el tiempo de los frutos,
envió sus siervos a los
labradores, para que
recibiesen sus frutos.
35 Mas los labradores,
tomando a los siervos,
a uno golpearon, a
otro mataron, y a otro
apedrearon.
36 Envió de nuevo otros
siervos, en mayor núme-
ro que los primeros; e
hicieron con ellos de la
misma manera.
37 Finalmente les envió

τελῶναι	καὶ	αἱ	πόρναι	προάγουσιν	ὑμᾶς	εἰς	τὴν	βασιλείαν
recaudadores de impuestos	y	las	prostitutas	van delante	de vosotros	a	el	reino
5057	2532	3588	4204	4254	5209	1519	3588	932
NNPM	CLN	DNPF	NNPF	VPAI3P	RP2AP	P	DASF	NASF

τοῦ	θεοῦ.	32 ἦλθεν	γὰρ	Ἰωάννης	πρὸς	ὑμᾶς	ἐν	ὁδῷ	δικαιοσύνης,
--	de Dios.	vino$_3$	Porque$_1$	Juan$_2$	a	vosotros	en	camino	de justicia
3588	2316	2064	1063	2491	4314	5209	1722	3598	1343
DGSM	NGSM	VAAI3S	CAZ	NNSM	P	RP2AP	P	NDSF	NGSF

καὶ	οὐκ	ἐπιστεύσατε	αὐτῷ·	οἱ	δὲ	τελῶναι	καὶ	αἱ	πόρναι
y	no	creísteis	a él;	los$_2$	pero$_1$	recaudadores de impuestos	y	las	prostitutas
2532	3756	4100	846	3588	1161	5057	2532	3588	4204
CLN	BN, TN	VAAI2P	RP3DSM	DNPM	CLC	NNPM	CLN	DNPF	NNPF

ἐπίστευσαν	αὐτῷ·	ὑμεῖς	δὲ	ἰδόντες	οὐδὲ	μετεμελήθητε	ὕστερον
creyeron	a él;	vosotros$_2$	y$_1$	habiendo visto	ni	cambiasteis de parecer	más tarde
4100	846	5210	1161	1492	3761	3338	5305
VAAI3P	RP3DSM	RP2NP	CLN	VAAP-PNM	BE, TN	VAPI2P	B, J

τοῦ	πιστεῦσαι	αὐτῷ.
--	para creer	a él.
3588	4100	846
DGSN, DGSM	VAAN	RP3DSM

33 Ἄλλην	παραβολὴν	ἀκούσατε.	Ἄνθρωπος	ἦν	οἰκοδεσπότης
otra$_2$	parábola.$_3$	Oíd$_1$	un hombre$_5$	Había$_4$	dueño de casa,
243	3850	191	444	2258	3617
JASF	NASF	VAAM2P	NNSM	VIAI3S	NNSM

ὅστις	ἐφύτευσεν	ἀμπελῶνα	καὶ	φραγμὸν	αὐτῷ	περιέθηκεν	καὶ
el cual	plantó	una viña,	y	una cerca$_3$	a ella$_2$	puso alrededor$_1$	y
3748	5452	290	2532	5418	846	4060	2532
RR-NSM	VAAI3S	NASM	CLN	NASM	RP3DSM	VAAI3S	CLN

ὤρυξεν	ἐν	αὐτῷ	ληνὸν	καὶ	ᾠκοδόμησεν	πύργον,	καὶ	ἐξέδετο	αὐτὸν
cavó	en	ella	un lagar	y	edificó	una torre,	y	alquiló	a ella
3736	1722	846	3025	2532	3618	4444	2532	1554	846
VAAI3S	P	RP3DSM	NASF	CLN	VAAI3S	NASM	CLN	VAMI3S	RP3ASM

γεωργοῖς,	καὶ	ἀπεδήμησεν.	34 ὅτε	δὲ	ἤγγισεν	ὁ	καιρὸς	τῶν
a labradores,	y	(se) fue de viaje.	cuando$_2$	Y$_1$	se acercó,$_7$	el$_3$	tiempo$_4$	de los$_5$
1092	2532	589	3753	1161	1448	3588	2540	3588
NDPM	CLN	VAAI3S	CAT	CLN	VAAI3S	DNSM	NNSM	DGPM

καρπῶν,	ἀπέστειλεν	τοὺς	δούλους	αὐτοῦ	πρὸς	τοὺς	γεωργοὺς	λαβεῖν
frutos$_6$	envió	los	siervos	de él	a	los	labradores	para recibir
2590	649	3588	1401	846	4314	3588	1092	2983
NGPM	VAAI3S	DAPM	NAPM	RP3GSM	P	DAPM	NAPM	VAAN

τοὺς	καρποὺς	αὐτοῦ.	35 καὶ	λαβόντες	οἱ	γεωργοὶ	τοὺς	δούλους
los	frutos	de él.	Y	habiendo tomado$_3$	los$_1$	labradores$_2$	a los	siervos
3588	2590	846	2532	2983	3588	1092	3588	1401
DAPM	NAPM	RP3GSM	CLN	VAAP-PNM	DNPM	NNPM	DAPM	NAPM

αὐτοῦ	ὃν	μὲν	ἔδειραν,	ὃν	δὲ	ἀπέκτειναν,	ὃν	δὲ
de él,	al uno	en verdad	golpearon,	al otro$_2$	y$_1$	mataron	al otro$_2$	y$_1$
846	3739	3303	1194	3739	1161	615	3739	1161
RP3GSM	RR-ASM	TK, C	VAAI3P	RR-ASM	CLN, CLK	VAAI3P	RR-ASM	CLN, CLK

ἐλιθοβόλησαν.	36 πάλιν	ἀπέστειλεν	ἄλλους	δούλους	πλείονας	τῶν
apedrearon.	De nuevo	envió	a otros	siervos	más	que los
3036	3825	649	243	1401	4119	3588
VAAI3P, VAPI3P	B	VAAI3S	JAPM	NAPM	JAPMC	DGPM

πρώτων,	καὶ	ἐποίησαν	αὐτοῖς	ὡσαύτως.	37 ὕστερον	δὲ	ἀπέστειλεν
primeros,	e	hicieron	a ellos	igualmente.	finalmente$_2$	Y$_1$	envió
4413	2532	4160	846	5615	5305	1161	649
JGPM	CLN	VAAI3P	RP3DPM	B	BS, J	CLN	VAAI3S

NVI

los recaudadores de im-
puestos y las prostitutas
van delante de ustedes
hacia el reino de Dios.
32 Porque Juan fue envia-
do a ustedes a señalarles
el camino de la justicia,
y no le creyeron, pero
los recaudadores de im-
puestos y las prostitutas
sí le creyeron. E incluso
después de ver esto, uste-
des no se arrepintieron
para creerle.

Parábola de los labradores malvados

33 »Escuchen otra
parábola: Había un pro-
pietario que plantó un
viñedo. Lo cercó, cavó
un lagar y construyó
una torre de vigilancia.
Luego arrendó el viñedo
a unos labradores y se
fue de viaje. 34 Cuando
se acercó el tiempo de la
cosecha, mandó sus sier-
vos a los labradores para
recibir de estos lo que
le correspondía. 35 Los
labradores agarraron a
esos siervos; golpearon
a uno, mataron a otro y
apedrearon a un tercero.
36 Después les mandó
otros siervos, en mayor
número que la primera
vez, y también los
maltrataron.
37 »Por último, les
mandó a su propio hijo,

RVR

su hijo, diciendo:
Tendrán respeto a mi
hijo.
38 Mas los labradores,
cuando vieron al hijo,
dijeron entre sí: Este
es el heredero; venid,
matémosle, y apoderé-
monos de su heredad.
39 Y tomándole, le echa-
ron fuera de la viña, y le
mataron.
40 Cuando venga, pues,
el señor de la viña, ¿qué
hará a aquellos labra-
dores?
41 Le dijeron: A esos
malvados les dará un fin
miserable, y arrendará la
viña a otros labradores
que le paguen el fruto a
su tiempo.
42 Jesús les dijo: ¿Nunca
leísteis en las Escrituras:

La piedra que los
constructores
rechazaron,
Se ha convertido en
piedra angular.
El Señor es quien ha
hecho esto,
Y es cosa maravillosa a
nuestros ojos?

43 Por tanto os digo que
el reino de Dios os será
quitado, y será dado a
una nación que produz-
ca los frutos de él.

πρὸς	αὐτοὺς	τὸν	υἱὸν	αὐτοῦ	λέγων·	Ἐντραπήσονται	τὸν	υἱόν
a	a ellos	al	Hijo	de él,	diciendo:	Respetarán	al	hijo
4314	846	3588	5207	846	3004	1788	3588	5207
P	*RP3APM*	*DASM*	*NASM*	*RP3GSM*	*VPAP-SNM*	*VFPI3P*	*DASM*	*NASM*

μου.	38 οἱ	δὲ	γεωργοὶ	ἰδόντες	τὸν	υἱὸν	εἶπον	ἐν	ἑαυτοῖς·	Οὗτός
de mí.	los$_2$	Pero$_1$	labradores,	viendo	al	hijo	dijeron	entre	sí mismos:	Este
3450	3588	1161	1092	1492	3588	5207	2036	1722	1438	3778
RP1GS	*DNPM*	*CLC*	*NNPM*	*VAAP-PNM*	*DASM*	*NASM*	*VAAI3P*	*P*	*RF3DPM*	*RD-NSM*

ἐστιν	ὁ	κληρονόμος·	δεῦτε	ἀποκτείνωμεν	αὐτὸν	καὶ	σχῶμεν
es	el	heredero;	venid,	matemos	a él	y	tengamos
2076	3588	2818	1205	615	846	2532	2192
VPAI3S	*DNSM*	*NNSM*	*B*	*VPAS1P*	*RP3ASM*	*CLN*	*VAAS1P*

τὴν	κληρονομίαν	αὐτοῦ·	39 καὶ	λαβόντες	αὐτὸν	ἐξέβαλον	ἔξω	τοῦ
la	herencia	de él;	y	tomando	a él,	expulsaron	fuera	de la
3588	2817	846	2532	2983	846	1544	1854	3588
DASF	*NASF*	*RP3GSM*	*CLN*	*VAAP-PNM*	*RP3ASM*	*VAAI3P*	*P, B*	*DGSM*

ἀμπελῶνος	καὶ	ἀπέκτειναν.	40 ὅταν	οὖν	ἔλθῃ	ὁ	κύριος	τοῦ
viña	y	mataron.	cuando$_2$	Entonces$_1$	venga,$_7$	el$_3$	señor$_4$	de la$_5$
290	2532	615	3752	3767	2064	3588	2962	3588
NGSM	*CLN*	*VAAI3P*	*CAT*	*CLI*	*VAAS3S*	*DNSM*	*NNSM*	*DGSM*

ἀμπελῶνος,	τί	ποιήσει	τοῖς	γεωργοῖς	ἐκείνοις;	41 λέγουσιν	αὐτῷ·
viña$_6$	¿Qué	hará	a los	labradores	aquellos?	Dicen	a él:
290	5101	4160	3588	1092	1565	3004	846
NGSM	*RI-ASN*	*VFAI3S*	*DDPM*	*NDPM*	*RD-DPM*	*VPAI3P*	*RP3DSM*

Κακοὺς	κακῶς	ἀπολέσει	αὐτούς,	καὶ	τὸν	ἀμπελῶνα	ἐκδώσεται
a malos$_3$	terriblemente$_2$	Destruirá$_1$	ellos (esos),	y	la	viña	alquilará
2556	2560	622	846	2532	3588	290	1554
JAPM	*B*	*VFAI3S*	*RP3APM*	*CLN*	*DASM*	*NASM*	*VFMI3S*

ἄλλοις	γεωργοῖς,	οἵτινες	ἀποδώσουσιν	αὐτῷ	τοὺς	καρποὺς	ἐν	τοῖς
a otros	labradores,	los cuales	pagarán	a él	los	frutos	en	los
243	1092	3748	591	846	3588	2590	1722	3588
JDPM	*NDPM*	*RR-NPM*	*VFAI3P*	*RP3DSM*	*DAPM*	*NAPM*	*P*	*DDPM*

καιροῖς	αὐτῶν.
tiempos	de ellos.
2540	846
NDPM	*RP3GPM*

42 Λέγει	αὐτοῖς	ὁ	Ἰησοῦς·	Οὐδέποτε	ἀνέγνωτε	ἐν	ταῖς	γραφαῖς·
dice$_3$	a ellos:$_4$	--$_1$	Jesús$_2$	¿Nunca	leísteis	en	las	Escrituras:
3004	846	3588	2424	3763	314	1722	3588	1124
VPAI3S	*RP3DPM*	*DNSM*	*NNSM*	*BN*	*VAAI2P*	*P*	*DDPF*	*NDPF*

Λίθον	ὃν	ἀπεδοκίμασαν	οἱ	οἰκοδομοῦντες	οὗτος	ἐγενήθη	εἰς
piedra (que)$_5$	que$_6$	rechazaron$_3$	los$_1$	constructores$_2$	esta$_4$	llegó a ser	--
3037	3739	593	3588	3618	3778	1096	1519
NASM	*RR-ASM*	*VAAI3P*	*DNPM*	*VPAP-PNM*	*RD-NSM*	*VAPI3S*	*P*

κεφαλὴν	γωνίας·	παρὰ	κυρίου	ἐγένετο	αὕτη,	καὶ	ἔστιν	θαυμαστὴ	ἐν
(la) cabeza	de ángulo;	de parte de	(el) Señor	sucedió	esto,	¿y	es	asombroso	en
2776	1137	3844	2962	1096	3778	2532	2076	2298	1722
NASF	*NGSF*	*P*	*NGSM*	*VAMI3S*	*RD-NSF*	*CLN*	*VPAI3S*	*JNSF*	*P*

ὀφθαλμοῖς	ἡμῶν;	43 διὰ	τοῦτο	λέγω	ὑμῖν	ὅτι	ἀρθήσεται	ἀφ᾽	ὑμῶν
ojos	de nosotros?	Por	esto	digo	a vosotros	que	será quitado$_5$	de$_6$	vosotros,$_7$
3788	2257	1223	5124	3004	5213	3754	142	575	5216
NDPM	*RP1GP*	*P*	*RD-NSN*	*VPAI1S*	*RP2DP*	*CSC*	*VFPI3S*	*P*	*RP2GP*

ἡ	βασιλεία	τοῦ	θεοῦ	καὶ	δοθήσεται	ἔθνει	ποιοῦντι	τοὺς	καρποὺς
el$_1$	reino$_2$	--$_3$	de Dios$_4$	y	será dado	a una nación	que produzca	los	frutos
3588	932	3588	2316	2532	1325	1484	4160	3588	2590
DNSF	*NNSF*	*DGSM*	*NGSM*	*CLN*	*VFPI3S*	*NDSN*	*VPAP-SDN*	*DAPM*	*NAPM*

NVI

pensando: "¡A mi hijo
sí lo respetarán!" 38 Pero,
cuando los labradores
vieron al hijo, se dijeron
unos a otros: "Este es el
heredero. Matémoslo,
para quedarnos con su
herencia". 39 Así que le
echaron mano, lo arroja-
ron fuera del viñedo y lo
mataron.
40 »Ahora bien,
cuando vuelva el dueño,
¿qué hará con esos
labradores?»
41 —Hará que esos
malvados tengan un fin
miserable —respon-
dieron—, y arrendará
el viñedo a otros labra-
dores que le den lo que
le corresponde cuando
llegue el tiempo de la
cosecha.
42 Les dijo Jesús:
—¿No han leído
nunca en las Escrituras:

»"La piedra que
desecharon los
constructores
ha llegado a ser la
piedra angular;
esto es obra del Señor,
y nos deja
maravillados"?

43 »Por eso les digo
que el reino de Dios
se les quitará a ustedes
y se le entregará a un
pueblo que produzca los
frutos del reino. 44 El que

RVR

44 Y el que caiga
sobre esta piedra
será quebrantado; y
sobre quien ella caiga, le
desmenuzará.
45 Y oyendo sus pará-
bolas los principales
sacerdotes y los fariseos,
entendieron que se
refería a ellos.
46 Pero al buscar cómo
echarle mano, temían al
pueblo, porque este le
tenía por profeta.

Parábola del banquete de bodas

22 Tomando Jesús
la palabra, les
volvió a hablar en pará-
bolas, diciendo:
2 El reino de los cielos es
semejante a un rey que
preparó un banquete de
bodas para su hijo;
3 y envió a sus siervos a
llamar a los convidados
a las bodas; mas estos no
quisieron venir.
4 Volvió a enviar otros
siervos, diciendo: Decid
a los invitados: Mirad,
ya he preparado mi
banquete; mis toros y
mis animales engorda-
dos han sido matados, y
todo está a punto; venid
a las bodas.
5 Mas ellos, sin hacer
caso, se fueron, uno a

αὐτῆς.	44 Καὶ	ὁ	πεσὼν	ἐπὶ	τὸν	λίθον	τοῦτον	συνθλασθήσεται·
de él.	Y	el	que cayera	sobre	la	piedra	esta	será hecho pedazos$_1$
846	2532	3588	4098	1909	3588	3037	5126	4917
RP3GSF	CLN	DNSM	VAAP-SNM	P	DASM	NASM	RD-ASM	VFPI3S

ἐφ'	ὃν	δ'	ἂν	πέσῃ	λικμήσει	αὐτόν.
sobre$_2$	quien$_3$	y$_1$	--	cayera	aplastará	a él.
1909	3739	1161	302	4098	3039	846
P	RR-ASM	CLC	TC	VAAS3S	VFAI3S	RP3ASM

45 Καὶ	ἀκούσαντες	οἱ	ἀρχιερεῖς	καὶ	οἱ	Φαρισαῖοι	τὰς
Y	habiendo oído	los	principales sacerdotes	y	los	fariseos	las
2532	191	3588	749	2532	3588	5330	3588
CLN	VAAP-PNM	DNPM	NNPM	CLN	DNPM	NNPM	DAPF

παραβολὰς	αὐτοῦ	ἔγνωσαν	ὅτι	περὶ	αὐτῶν	λέγει·	46 καὶ	ζητοῦντες
parábolas	de él,	entendieron	que	acerca de$_2$	ellos;$_3$	dice$_1$	y	buscando
3850	846	1097	3754	4012	846	3004	2532	2212
NAPF	RP3GSM	VAAI3P	CSC	P	RP3GPM	VPAI3S	CLN	VPAP-PNM

αὐτὸν	κρατῆσαι	ἐφοβήθησαν	τοὺς	ὄχλους,	ἐπεὶ	εἰς	προφήτην	αὐτὸν
a él,$_2$	retener$_1$	temieron	a las	multitudes,	puesto que	por$_3$	profeta.$_4$	a él$_2$
846	2902	5399	3588	3793	1839	1519	4396	846
RP3ASM	VAAN	VAPI3P	DAPM	NAPM	CAZ	P	NASM	RP3ASM

εἶχον.
tenían$_1$
2192
VIAI3P

22

Καὶ	ἀποκριθεὶς	ὁ	Ἰησοῦς	πάλιν	εἶπεν	ἐν	παραβολαῖς
Y	respondiendo	--	Jesús	de nuevo,	habló	en	parábolas
2532	611	3588	2424	3825	2036	1722	3850
CLN	VAPP-SNM	DNSM	NNSM	B	VAAI3S	P	NDPF

αὐτοῖς	λέγων·	2 Ὡμοιώθη	ἡ	βασιλεία	τῶν	οὐρανῶν	ἀνθρώπῳ
a ellos$_2$	diciendo:$_1$	fue comparado$_5$	el$_1$	reino$_2$	de los$_3$	cielos$_4$	a un hombre
846	3004	3666	3588	932	3588	3772	444
RP3DPM	VPAP-SNM	VAPI3S	DNSF	NNSF	DGPM	NGPM	NDSM

βασιλεῖ,	ὅστις	ἐποίησεν	γάμους	τῷ	υἱῷ	αὐτοῦ.	3 καὶ	ἀπέστειλεν
rey,	el cual	hizo	un banquete de bodas	para el	hijo	de él.	Y	envió
935	3748	4160	1062	3588	5207	846	2532	649
NDSM	RR-NSM	VAAI3S	NAPM	DDSM	NDSM	RP3GSM	CLN	VAAI3S

τοὺς	δούλους	αὐτοῦ	καλέσαι	τοὺς	κεκλημένους	εἰς	τοὺς	γάμους,
a los	siervos	de él	para llamar	a los	invitados	para	el	banquete de bodas,
3588	1401	846	2564	3588	2564	1519	3588	1062
DAPM	NAPM	RP3GSM	VAAN	DAPM	VRPP-PAM	P	DAPM	NAPM

καὶ	οὐκ	ἤθελον	ἐλθεῖν.	4 πάλιν	ἀπέστειλεν	ἄλλους	δούλους	λέγων·
y	no	querían	venir.	De nuevo	envió	a otros	siervos	diciendo
2532	3756	2309	2064	3825	649	243	1401	3004
CLC	BN, TN	VIAI3P	VAAN	B	VAAI3S	JAPM	NAPM	VPAP-SNM

Εἴπατε	τοῖς	κεκλημένοις·	Ἰδοὺ	τὸ	ἄριστόν	μου	ἡτοίμακα,
decid	a los	invitados:	he aquí	el$_2$	banquete$_3$	de mí,$_4$	he preparado$_1$
2036	3588	2564	2400	3588	712	3450	2090
VAAM2P	DDPM	VRPP-PDM	I, VAAM2S	DASN, DNSN	NASN, NNSN	RP1GS	VRAI1S

οἱ	ταῦροί	μου	καὶ	τὰ	σιτιστὰ	τεθυμένα,	καὶ	πάντα
los	novillos	de mí	y	los	(animales) engordados	han sido matados,	y	todas las cosas
3588	5022	3450	2532	3588	4619	2380	2532	3956
DNPM	NNPM	RP1GS	CLN	DNPN	JNPN	VRPP-PNN	CLN	JNPN

ἕτοιμα·	δεῦτε	εἰς	τοὺς	γάμους.	5 οἱ	δὲ	ἀμελήσαντες	ἀπῆλθον,
preparadas;	venid	a	el	banquete de bodas.	--$_2$	Y$_1$	no haciendo caso,	se fueron,
2092	1205	1519	3588	1062	3588	1161	272	565
JNPN	B	P	DAPM	NAPM	DNPM	CLC	VAAP-PNM	VAAI3P

NVI

caiga sobre esta piedra
quedará despedazado y,
si ella cae sobre alguien,
lo hará polvo».
45 Cuando los jefes
de los sacerdotes y los
fariseos oyeron las pará-
bolas de Jesús, se dieron
cuenta de que hablaba
de ellos. 46 Buscaban la
manera de arrestarlo,
pero temían a la gente
porque esta lo conside-
raba un profeta.

Parábola del banquete de bodas

22 Jesús volvió a
hablarles en pa-
rábolas, y les dijo: 2 «El
reino de los cielos es
como un rey que prepa-
ró un banquete de bodas
para su hijo. 3 Mandó a
sus siervos que llamaran
a los invitados, pero
estos se negaron a asistir
al banquete. 4 Luego
mandó a otros siervos
y les ordenó: "Digan a
los invitados que ya he
preparado mi comida:
Ya han matado mis bue-
yes y mis reses cebadas,
y todo está listo. Vengan
al banquete de bodas".
5 Pero ellos no hicieron
caso y se fueron: uno

RVR

su labranza, otro a sus
negocios;
6 y otros, echando mano
a los siervos, los maltra-
taron y los mataron.
7 Al oírlo el rey, se enojó;
y enviando sus ejércitos,
destruyó a aquellos
homicidas, y quemó su
ciudad.
8 Después dijo a sus
siervos: El banquete está
a punto; mas los que
fueron invitados no eran
dignos.
9 Id, pues, a las encru-
cijadas de los caminos,
y llamad a las bodas a
cuantos halléis.
10 Y saliendo los siervos
por los caminos, jun-
taron a todos los que
hallaron, tanto malos
como buenos; y el salón
de bodas se llenó de
convidados.
11 Y al entrar el rey para
ver a los convidados, vio
allí a un hombre que no
estaba vestido con traje
de boda.
12 Y le dijo: Amigo,
¿cómo entraste aquí,
sin estar vestido con
traje de boda? Mas él
enmudeció.
13 Entonces el rey dijo a
los sirvientes: Atadle de
pies y manos, y echadle

ὅς μὲν εἰς τὸν ἴδιον ἀγρόν, ὅς δὲ ἐπὶ τὴν ἐμπορίαν
uno -- a el propio campo, otro$_2$ y$_1$ a el negocio
3739 3303 1519 3588 2398 68 3739 1161 1909 3588 1711
RR-NSM TK, C P DASM JASM NASM RR-NSM CLK, CLN P DASF NASF

αὐτοῦ· 6 οἱ δὲ λοιποὶ κρατήσαντες τοὺς δούλους αὐτοῦ ὕβρισαν
de él; los$_2$ y$_1$ demás sujetando a los siervos de él insultaron
846 3588 1161 3062 2902 3588 1401 846 5195
RP3GSM DNPM CLN JNPM VAAP-PNM DAPM NAPM RP3GSM VAAI3P

καὶ ἀπέκτειναν. 7 ὁ δὲ βασιλεὺς ὠργίσθη, καὶ πέμψας τὰ
y mataron. --$_2$ Y$_1$ rey se enojó, y habiendo enviado los
2532 615 3588 1161 935 3710 2532 3992 3588
CLN VAAI3P DNSM CLN NNSM VAPI3S CLN VAAP-SNM DAPN

στρατεύματα αὐτοῦ ἀπώλεσεν τοὺς φονεῖς ἐκείνους καὶ τὴν πόλιν
ejércitos de él, destruyó a los asesinos aquellos e la$_2$ ciudad$_3$
4753 846 622 3588 5406 1565 2532 3588 4172
NAPN RP3GSM VAAI3S DAPM NAPM RD-APM CLN DASF NASF

αὐτῶν ἐνέπρησεν. 8 τότε λέγει τοῖς δούλοις αὐτοῦ· Ὁ μὲν
de ellos.$_4$ incendió$_1$ Entonces dice a los siervos de él: la$_2$ Ciertamente$_1$
846 1714 5119 3004 3588 1401 846 3588 3303
RP3GPM VAAI3S B VPAI3S DDPM NDPM RP3GSM DNSM TK, C

γάμος ἕτοιμός ἐστιν, οἱ δὲ κεκλημένοι οὐκ ἦσαν ἄξιοι·
boda$_3$ preparada;$_5$ está$_4$ los$_7$ pero$_6$ invitados no eran dignos;
1062 2092 2076 3588 1161 2564 3756 2258 514
NNSM JNSM VPAI3S DNPM CLK, CLC VRPP-PNM BN, TN VIAI3P JNPM

9 πορεύεσθε οὖν ἐπὶ τὰς διεξόδους τῶν ὁδῶν, καὶ ὅσους ἐὰν εὕρητε
id, entonces a las salidas de los caminos, y a cuantos -- encontréis
4198 3767 1909 3588 1327 3588 3598 2532 3745 1437 2147
VPUM2P CLI P DAPF NAPF DGPF NGPF CLN RK-APM TC VAAS2P

καλέσατε εἰς τοὺς γάμους. 10 καὶ ἐξελθόντες οἱ δοῦλοι ἐκεῖνοι εἰς
llamad a la boda. Y saliendo los siervos aquellos a
2564 1519 3588 1062 2532 1831 3588 1401 1565 1519
VAAM2P P DAPM NAPM CLN VAAP-PNM DNPM NNPM RD-NPM P

τὰς ὁδοὺς συνήγαγον πάντας οὓς εὗρον, πονηρούς τε καὶ
los caminos, reunieron a todos los que encontraron, malos$_2$ tanto$_1$ como
3588 3598 4863 3956 3739 2147 4190 5037 2532
DAPF NAPF VAAI3P JAPM RR-APM VAAI3P JAPM CLK CLN, CLK

ἀγαθούς· καὶ ἐπλήσθη ὁ γάμος ἀνακειμένων*. 11 εἰσελθὼν δὲ
buenos; y se llenó$_3$ la$_1$ boda$_2$ los que están reclinados. entrando$_2$ Pero$_1$
18 2532 4130 3588 1062 345 1525 1161
JAPM CLN VAPI3S DNSM NNSM VPUP-PGM VAAP-SNM CLN

ὁ βασιλεὺς θεάσασθαι τοὺς ἀνακειμένους εἶδεν ἐκεῖ ἄνθρωπον οὐκ
el rey para ver a los invitados vio allí a un hombre no
3588 935 2300 3588 345 1492 1563 444 3756
DNSM NNSM VAMN DAPM VPUP-PAM VAAI3S BP NASM BN, TN

ἐνδεδυμένον ἔνδυμα γάμου· 12 καὶ λέγει αὐτῷ· Ἑταῖρε, πῶς εἰσῆλθες
vestido con traje de boda. Y dice a él: Amigo, ¿cómo entraste
1746 1742 1062 2532 3004 846 2083 4459 1525
VRMP-SAM NASN NGSM CLN VPAI3S RP3DSM NVSM BI VAAI2S

ὧδε μὴ ἔχων ἔνδυμα γάμου; ὁ δὲ ἐφιμώθη. 13 τότε ὁ
aquí no teniendo traje de boda? ¿ Pero$_1$ se calló. Entonces el
5602 3361 2192 1742 1062 3588 1161 5392 5119 3588
BP BN, TN VPAP-SNM NASN NGSM DNSM CLN VAPI3S B DNSM

βασιλεὺς εἶπεν τοῖς διακόνοις· Δήσαντες αὐτοῦ πόδας καὶ χεῖρας
rey dijo a los servidores: Habiendo atado de él,$_4$ (los) pies$_1$ y$_2$ manos,$_3$
935 2036 3588 1249 1210 846 4228 2532 5495
NNSM VAAI3S DDPM NDPM VAAP-PNM RP3GSM NAPM CLN NAPF

NVI

a su campo, otro a su
negocio. 6 Los demás
agarraron a los siervos,
los maltrataron y los
mataron. 7 El rey se
enfureció. Mandó su
ejército a destruir a los
asesinos y a incendiar su
ciudad. 8 Luego dijo a
sus siervos: "El banquete
de bodas está preparado,
pero los que invité no
merecían venir. 9 Vayan
al cruce de los caminos e
inviten al banquete a to-
dos los que encuentren".
10 Así que los siervos
salieron a los caminos
y reunieron a todos los
que pudieron encontrar,
buenos y malos, y se lle-
nó de invitados el salón
de bodas.
11 »Cuando el
rey entró a ver a los
invitados, notó que allí
había un hombre que
no estaba vestido con el
traje de boda. 12 "Amigo,
¿cómo entraste aquí sin
el traje de boda?", le dijo.
El hombre se quedó
callado. 13 Entonces el
rey dijo a los sirvien-
tes: "Átenlo de pies y
manos, y échenlo afuera,

22:10* O sea *de invitados.*

RVR

a las tinieblas de afuera;
allí será el llanto y el
rechinar de dientes.
14 Porque muchos
son llamados, y pocos
escogidos.

La cuestión del tributo

15 Entonces se fueron
los fariseos a deliberar
cómo tenderle una
trampa y sorprenderle
en alguna palabra.
16 Y le enviaron los dis-
cípulos de ellos con los
herodianos, diciendo:
Maestro, sabemos que
eres veraz, y que enseñas
con verdad el camino de
Dios, y que no te da cui-
dado de nadie, porque
no miras la apariencia
de los hombres.
17 Dinos, pues, qué te
parece: ¿Es lícito dar
tributo a César, o no?
18 Pero Jesús, conocien-
do la malicia de ellos,
les dijo: ¿Por qué me
tentáis, hipócritas?
19 Mostradme la mone-
da del tributo. Y ellos le
presentaron un denario.
20 Entonces les dijo: ¿De
quién es esta imagen, y
la inscripción?
21 Le dijeron: De César.
Y les dijo: Dad, pues,
a César lo que es de

ἐκβάλετε	αὐτὸν	εἰς	τὸ	σκότος	τὸ	ἐξώτερον·	ἐκεῖ	ἔσται	ὁ
expulsad	a él	a	la	oscuridad	--	de afuera;	allí	será	el
1544	846	1519	3588	4655	3588	1857	1563	2071	3588
VAAM2P	*RP3ASM*	*P*	*DASN*	*NASN*	*DASN*	*JASN*	*BP*	*VFMI3S*	*DNSM*

κλαυθμὸς	καὶ	ὁ	βρυγμὸς	τῶν	ὀδόντων.	14 πολλοὶ	γάρ	εἰσιν	κλητοὶ
llanto	y	el	crujir	de los	dientes.	muchos$_2$	Porque$_1$	son	llamados,
2805	2532	3588	1030	3588	3599	4183	1063	1526	2822
NNSM	*CLN*	*DNSM*	*NNSM*	*DGPM*	*NGPM*	*JNPM*	*CLI*	*VPAI3P*	*JNPM*

ὀλίγοι	δὲ	ἐκλεκτοί.
pocos$_2$	pero$_1$	escogidos.
3641	1161	1588
JNPM	*CLC*	*JNPM*

15 Τότε	πορευθέντες	οἱ	Φαρισαῖοι	συμβούλιον	ἔλαβον	ὅπως
Entonces,	habiendo ido	los	fariseos,	consejo$_2$	tomaron$_1$	para$_3$
5119	4198	3588	5330	4824	2983	3704
B	*VAPP-PNM*	*DNPM*	*NNPM*	*NASN*	*VAAI3P*	*BX, C*

αὐτὸν	παγιδεύσωσιν	ἐν	λόγῳ.	16 καὶ	ἀποστέλλουσιν	αὐτῷ	τοὺς
a él$_5$	atrapar$_4$	en	una palabra.	Y	envían	a él	los
846	3802	1722	3056	2532	649	846	3588
RP3ASM	*VAAS3P*	*P*	*NDSM*	*CLN*	*VPAI3P*	*RP3DSM*	*DAPM*

μαθητὰς	αὐτῶν	μετὰ	τῶν	Ἡρῳδιανῶν	λέγοντες·	Διδάσκαλε,	οἴδαμεν
discípulos	de ellos	con	los	herodianos	diciendo,	Maestro,	sabemos
3101	846	3326	3588	2265	3004	1320	1492
NAPM	*RP3GPM*	*P*	*DGPM*	*NGPM*	*VPAP-PNM*	*NVSM*	*VRAI1P*

ὅτι	ἀληθὴς	εἶ	καὶ	τὴν	ὁδὸν	τοῦ	θεοῦ	ἐν	ἀληθείᾳ	διδάσκεις,
que	verdadero$_2$	eres$_1$	y$_3$	el$_5$	camino$_6$	--$_7$	de Dios$_8$	en$_9$	verdad,$_{10}$	enseñas,$_4$
3754	227	1488	2532	3588	3598	3588	2316	1722	225	1321
CSC	*JNSM*	*VPAI2S*	*CLN*	*DASF*	*NASF*	*DGSM*	*NGSM*	*P*	*NDSF*	*VPAI2S*

καὶ	οὐ	μέλει	σοι	περὶ	οὐδενός,	οὐ	γὰρ	βλέπεις	εἰς	πρόσωπον
y	no	importa	a ti	acerca de	nadie,	no$_2$	porque$_1$	miras	--	(el) rostro
2532	3756	3199	4671	4012	3762	3756	1063	991	1519	4383
CLN	*BN, TN*	*VPAI3S*	*RP2DS*	*P*	*JGSM*	*BN, TN*	*CAZ*	*VPAI2S*	*P*	*NASN*

ἀνθρώπων.	17 εἰπὸν	οὖν	ἡμῖν	τί	σοι	δοκεῖ·	ἔξεστιν	δοῦναι
de (los) seres humanos;	dí,	entonces,	a nosotros	¿qué	a ti?$_2$	parece$_1$	¿Es permitido	dar
444	2036	3767	2254	5101	4671	1380	1832	1325
NGPM	*VAAM2S*	*CLI*	*RP1DP*	*RI-ASN*	*RP2DS*	*VPAI3S*	*VPAI3S*	*VAAN*

κῆνσον	Καίσαρι	ἢ	οὔ;	18 γνοὺς	δὲ	ὁ	Ἰησοῦς	τὴν	πονηρίαν
tributo	a César	o	no?	conociéndolo$_2$	Y$_1$	--$_6$	Jesús$_7$	la$_3$	malicia$_4$
2778	2541	2228	3756	1097	1161	3588	2424	3588	4189
NASM	*NDSM*	*CLD*	*BN, TN*	*VAAP-SNM*	*CLC*	*DNSM*	*NNSM*	*DASF*	*NASF*

αὐτῶν	εἶπεν·	Τί	με	πειράζετε,	ὑποκριταί;	19 ἐπιδείξατέ	μοι	τὸ
de ellos,$_5$	dijo:	¿Por qué	a mí$_2$	tentáis$_1$	hipócritas?	Mostrad	a mí	la
846	2036	5101	3165	3985	5273	1925	3427	3588
RP3GPM	*VAAI3S*	*RI-ASN*	*RP1AS*	*VPAI2P*	*NVPM*	*VAAM2P*	*RP1DS*	*DASN*

νόμισμα	τοῦ	κήνσου.	οἱ	δὲ	προσήνεγκαν	αὐτῷ	δηνάριον.	20 καὶ
moneda	del	impuesto.	ellos$_2$	Y$_1$	trajeron	a él	un denario.	Y
3546	3588	2778	3588	1161	4374	846	1220	2532
NASN	*DGSM*	*NGSM*	*DNPM*	*CLN*	*VAAI3P*	*RP3DSM*	*NASN*	*CLN*

λέγει	αὐτοῖς·	Τίνος	ἡ	εἰκὼν	αὕτη	καὶ	ἡ	ἐπιγραφή;	21 λέγουσιν
dice	a ellos:	¿De quién (es)	la	imagen	esta	y	la	inscripción?	Dicen
3004	846	5101	3588	1504	3778	2532	3588	1923	3004
VPAI3S	*RP3DPM*	*RI-GSM*	*DNSF*	*NNSF*	*RD-NSF*	*CLN*	*DNSF*	*NNSF*	*VPAI3P*

αὐτῷ·	Καίσαρος.	τότε	λέγει	αὐτοῖς·	Ἀπόδοτε	οὖν	τὰ	Καίσαρος
a él:	De César.	Entonces	dice	a ellos:	Pagad	entonces	las cosas	de César
846	2541	5119	3004	846	591	3767	3588	2541
RP3DSM	*NGSM*	*B*	*VPAI3S*	*RP3DPM*	*VAAM2P*	*CLI*	*DAPN*	*NGSM*

NVI

a la oscuridad, donde
habrá llanto y rechinar
de dientes". 14 Porque
muchos son los invi-
tados, pero pocos los
escogidos».

El pago de impuestos al césar

15 Entonces salieron
los fariseos y trama-
ron cómo tenderle a
Jesús una trampa con
sus mismas palabras.
16 Enviaron algunos
de sus discípulos junto
con los herodianos, los
cuales le dijeron:
—Maestro, sabemos
que eres un hombre
íntegro y que enseñas
el camino de Dios de
acuerdo con la verdad.
No te dejas influir por
nadie porque no te
fijas en las apariencias.
17 Danos tu opinión:
¿Está permitido pagar
impuestos al césar o no?
18 Conociendo sus
malas intenciones, Jesús
replicó:
—¡Hipócritas!
¿Por qué me tienden
trampas? 19 Muéstrenme
la moneda para el
impuesto.
Y se la enseñaron.
20 —¿De quién
son esta imagen y esta
inscripción? —les
preguntó.
21 —Del césar
—respondieron.
—Entonces denle al
césar lo que es del césar y

RVR

César, y a Dios lo que es
de Dios.
22 Oyendo esto, se que-
daron asombrados, y
dejándole, se fueron.

La pregunta sobre la resurrección

23 Aquel día se le
acercaron los saduceos,
que dicen que no hay
resurrección, y le pre-
guntaron,
24 diciendo: Maestro,
Moisés dijo: Si alguno
muere sin hijos, su
hermano se casará con
su mujer, y levantará
descendencia a su
hermano.
25 Ahora bien, había
entre nosotros siete
hermanos; el primero
se casó, y murió; y no
teniendo descenden-
cia, dejó su mujer a su
hermano.
26 De la misma manera
también el segundo,
y el tercero, hasta el
séptimo.
27 Y después de todos,
murió también la mujer.
28 En la resurrección,
pues, ¿de cuál de los sie-
te será ella mujer, ya que
todos la tuvieron?
29 Entonces, respon-
diendo Jesús, les dijo:
Estáis en un error, por
no saber las Escrituras
ni el poder de Dios.
30 Porque en la resurrec-
ción no se casan ni son

Καίσαρι	καὶ	τὰ	τοῦ	θεοῦ	τῷ	θεῷ.	22 καὶ	ἀκούσαντες	ἐθαύμασαν,
a César	y	las cosas	--	de Dios	--	a Dios.	Y	habiendo oído,	se admiraron,
2541	2532	3588	3588	2316	3588	2316	2532	191	2296
NDSM	CLN	DAPN	DGSM	NGSM	DDSM	NDSM	CLN	VAAP-PNM	VAAI3P

καὶ	ἀφέντες	αὐτὸν	ἀπῆλθαν.
y	dejando	a él	(se) fueron.
2532	863	846	565
CLN	VAAP-PNM	RP3ASM	VAAI3P

23 Ἐν	ἐκείνῃ	τῇ	ἡμέρᾳ	προσῆλθον	αὐτῷ	Σαδδουκαῖοι,	λέγοντες
En	aquel	--	día	se acercaron$_6$	a él$_7$	saduceos,$_1$	quienes dicen (que)
1722	1565	3588	2250	4334	846	4523	3004
P	RD-DSF	DDSF	NDSF	VAAI3P	RP3DSM	NNPM	VPAP-PNM

μὴ	εἶναι	ἀνάστασιν,	καὶ	ἐπηρώτησαν	αὐτὸν	24 λέγοντες·	Διδάσκαλε,
no$_3$	hay$_4$	resurrección,$_5$	y	preguntaron	a él,	diciendo:	Maestro,
3361	1511	386	2532	1905	846	3004	1320
BN, TN	VPAN	NASF	CLN	VAAI3P	RP3ASM	VPAP-PNM	NVSM

Μωϋσῆς	εἶπεν·	Ἐάν	τις	ἀποθάνῃ	μὴ	ἔχων	τέκνα,	ἐπιγαμβρεύσει
Moisés	dijo:	Si	alguien	muere	no	teniendo	hijos,	se casará$_4$
3475	2036	1437	5100	599	3361	2192	5043	1918
NNSM	VAAI3S	CAC	RX-NSM	VAAS3S	BN, TN	VPAP-SNM	NAPN	VFAI3S

ὁ	ἀδελφὸς	αὐτοῦ	τὴν	γυναῖκα	αὐτοῦ	καὶ	ἀναστήσει	σπέρμα
el$_1$	hermano$_2$	de él$_3$	(con) la	esposa	de él	y	levantará	descendencia
3588	80	846	3588	1135	846	2532	450	4690
DNSM	NNSM	RP3GSM	DASF	NASF	RP3GSM	CLN	VFAI3S	NASN

τῷ	ἀδελφῷ	αὐτοῦ.	25 ἦσαν	δὲ	παρ᾽	ἡμῖν	ἑπτὰ	ἀδελφοί·	καὶ	ὁ
al	hermano	de él.	Habían	entonces	entre	nosotros	siete	hermanos;	y	el
3588	80	846	2258	1161	3844	2254	2033	80	2532	3588
DDSM	NDSM	RP3GSM	VIAI3P	CLN	P	RP1DP	XN, J	NNPM	CLN	DNSM

πρῶτος	γήμας	ἐτελεύτησεν,	καὶ	μὴ	ἔχων	σπέρμα	ἀφῆκεν	τὴν
primero,	tras casarse	murió,	y	no	teniendo	descendencia,	dejó	a la
4413	1060	5053	2532	3361	2192	4690	863	3588
JNSM	VAAP-SNM	VAAI3S	CLN	BN, TN	VPAP-SNM	NASN	VAAI3S	DASF

γυναῖκα	αὐτοῦ	τῷ	ἀδελφῷ	αὐτοῦ·	26 ὁμοίως	καὶ	ὁ	δεύτερος	καὶ
esposa	de él	al	hermano	de él;	Igualmente	también	el	segundo	y
1135	846	3588	80	846	3668	2532	3588	1208	2532
NASF	RP3GSM	DDSM	NDSM	RP3GSM	B	BE, TE	DNSM	JNSM	CLN

ὁ	τρίτος,	ἕως	τῶν	ἑπτά.	27 ὕστερον	δὲ	πάντων	ἀπέθανεν	ἡ	γυνή.
el	tercero,	hasta	los	siete.	finalmente$_2$	Y$_1$	de todos	murió	la	esposa.
3588	5154	2193	3588	2033	5305	1161	3956	599	3588	1135
DNSM	JNSM	P, C	DGPM	XN, J	BS, J	CLN	JGPM	VAAI3S	DNSF	NNSF

28 ἐν	τῇ	ἀναστάσει	οὖν	τίνος	τῶν	ἑπτὰ	ἔσται	γυνή;	πάντες	γὰρ
en	la	resurrección,	entonces,	¿de quién	de los	siete	será	esposa?	todos$_2$	Porque$_1$
1722	3588	386	3767	5101	3588	2033	2071	1135	3956	1063
P	DDSF	NDSF	CLI	RI-GSM	DGPM	XN, J	VFMI3S	NNSF	JNPM	CAZ

ἔσχον	αὐτήν.
tuvieron	a ella.
2192	846
VAAI3P	RP3ASF

29 Ἀποκριθεὶς	δὲ	ὁ	Ἰησοῦς	εἶπεν	αὐτοῖς·	Πλανᾶσθε	μὴ	εἰδότες
respondiendo$_2$	Y$_1$		Jesús,	dijo	a ellos:	Estáis engañados	no	sabiendo
611	1161	3588	2424	2036	846	4105	3361	1492
VAPP-SNM	CLN	DNSM	NNSM	VAAI3S	RP3DPM	VPPI2P, VPPM2P	BN, TN	VRAP-PNM

τὰς	γραφὰς	μηδὲ	τὴν	δύναμιν	τοῦ	θεοῦ·	30 ἐν	γὰρ	τῇ	ἀναστάσει
las	Escrituras	ni	el	poder	--	de Dios.	en$_2$	Porque$_1$	la	resurrección
3588	1124	3366	3588	1411	3588	2316	1722	1063	3588	386
DAPF	NAPF	TN, CLD	DASF	NASF	DGSM	NGSM	P	CAZ	DDSF	NDSF

NVI

a Dios lo que es de Dios.
22 Al oír esto, se
quedaron asombrados.
Así que lo dejaron y se
fueron.

El matrimonio en la resurrección

23 Ese mismo día los
saduceos, que decían
que no hay resurrección,
se le acercaron y le plan-
tearon un problema:
24 —Maestro, Moisés
nos enseñó que, si un
hombre muere sin tener
hijos, el hermano de
ese hombre tiene que
casarse con la viuda para
que su hermano tenga
descendencia. 25 Pues
bien, había entre no-
sotros siete hermanos.
El primero se casó y
murió y, como no tuvo
hijos, dejó la esposa a su
hermano. 26 Lo mismo
les pasó al segundo y al
tercer hermano, y así
hasta llegar al séptimo.
27 Por último, murió la
mujer. 28 Ahora bien, en
la resurrección, ¿de cuál
de los siete será esposa
esta mujer, ya que todos
estuvieron casados con
ella?
29 Jesús les contestó:
—Ustedes andan
equivocados por-
que desconocen las
Escrituras y el poder de
Dios. 30 En la resurrec-
ción, las personas no se

RVR

dadas en matrimonio,
sino que son como los
ángeles de Dios en el
cielo.
31 Pero en cuanto a
la resurrección de los
muertos, ¿no habéis
leído lo que os fue dicho
por Dios, cuando dijo:
32 Yo soy el Dios de
Abraham, el Dios de
Isaac y el Dios de Jacob?
Dios no es un Dios de
muertos, sino de vivos.
33 Oyendo esto la
gente, se admiraba de su
doctrina.

El principal mandamiento

34 Entonces los fariseos,
oyendo que había
hecho callar a los sadu-
ceos, se reunieron de
común acuerdo.
35 Y uno de ellos, intér-
prete de la ley, preguntó
por tentarlo, diciendo:
36 Maestro, ¿cuál es el
gran mandamiento en
la ley?
37 Jesús le dijo: Amarás
al Señor tu Dios con
todo tu corazón, con
toda tu alma, y con toda
tu mente.
38 Este es el primero y
gran mandamiento.
39 Y el segundo es
semejante: Amarás a
tu prójimo como a ti
mismo.
40 De estos dos manda-
mientos dependen toda
la ley y los profetas.

οὔτε γαμοῦσιν οὔτε γαμίζονται, ἀλλ' ὡς ἄγγελοι θεοῦ ἐν
ni (se) casan ni se dan en casamiento, sino como$_2$ ángeles$_3$ de Dios$_4$ en$_5$
3777 1060 3777 1061 235 5613 32 2316 1722
TN, CLK VPAI3P TN, CLK VPPI3P CLC CAM, P NNPM NGSM P

τῷ οὐρανῷ εἰσιν. 31 περὶ δὲ τῆς ἀναστάσεως τῶν νεκρῶν οὐκ
el$_6$ cielo.$_7$ son$_1$ acerca de$_2$ Pero$_1$ de la resurrección de los muertos, ¿no
3588 3772 1526 4012 1161 3588 386 3588 3498 3756
DDSM NDSM VPAI3P P CLN DGSF NGSF DGPM JGPM TN, TI

ἀνέγνωτε τὸ ῥηθὲν ὑμῖν ὑπὸ τοῦ θεοῦ λέγοντος· 32 Ἐγώ
leísteis lo dicho a vosotros por -- Dios diciendo: Yo
314 3588 4483 5213 5259 3588 2316 3004 1473
VAAI2P DASN VAPP-SAN RP2DP P DGSM NGSM VPAP-SGM, VPAP-SGN RP1NS

εἰμι ὁ θεὸς Ἀβραὰμ καὶ ὁ θεὸς Ἰσαὰκ καὶ ὁ θεὸς Ἰακώβ;
soy el Dios de Abraham y el Dios de Isaac y el Dios de Jacob?
1510 3588 2316 11 2532 3588 2316 2464 2532 3588 2316 2384
VPAI1S DNSM NNSM NGSM, XP CLN DNSM NNSM NGSM, XP CLN DNSM NNSM NGSM, XP

οὐκ ἔστιν ὁ θεὸς νεκρῶν ἀλλὰ ζώντων. 33 καὶ ἀκούσαντες οἱ
No es el Dios de muertos sino de los que viven. Y al oír las
3756 2076 3588 2316 3498 235 2198 2532 191 3588
BN, TN VPAI3S DNSM NNSM JGPM CLC VPAP-PGM CLN VAAP-PNM DNPM

ὄχλοι ἐξεπλήσσοντο ἐπὶ τῇ διδαχῇ αὐτοῦ.
multitudes, se admiraban sobre la enseñanza de él.
3793 1605 1909 3588 1322 846
NNPM VIPI3P P DDSF NDSF RP3GSM

34 Οἱ δὲ Φαρισαῖοι ἀκούσαντες ὅτι ἐφίμωσεν τοὺς Σαδδουκαίους
los$_2$ Mas$_1$ fariseos, al oír que había callado a los saduceos,
3588 1161 5330 191 3754 5392 3588 4523
DNPM CLN NNPM VAAP-PNM CSC VAAI3S DAPM NAPM

συνήχθησαν ἐπὶ τὸ αὐτό. 35 καὶ ἐπηρώτησεν εἷς ἐξ αὐτῶν
se reunieron en la misma (causa), y preguntó uno de ellos,
4863 1909 3588 846 2532 1905 1520 1537 846
VAPI3P P DASN RP3ASN, JASN CLN VAAI3S JNSM P RP3GPM

νομικὸς πειράζων αὐτόν· 36 Διδάσκαλε, ποία ἐντολὴ μεγάλη
maestro de la ley, tentando a él: Maestro, ¿cuál es (el) mandamiento grande
3544 3985 846 1320 4169 1785 3173
JNSM VPAP-SNM RP3ASM NVSM RI-NSF NNSF JNSF

ἐν τῷ νόμῳ; 37 ὁ δὲ ἔφη αὐτῷ· Ἀγαπήσεις κύριον τὸν θεόν
en al ley? --$_2$ Y$_1$ dijo a él: Amarás a(l) Señor el Dios
1722 3588 3551 3588 1161 5346 846 25 2962 3588 2316
P DDSM NDSM DNSM CLN VIAI3S RP3DSM VFAI2S NASM DASM NASM

σου ἐν ὅλῃ τῇ καρδίᾳ σου καὶ ἐν ὅλῃ τῇ ψυχῇ σου καὶ
de ti con todo el corazón de ti y con toda la vida de ti y
4675 1722 3650 3588 2588 4675 2532 1722 3650 3588 5590 4675 2532
RP2GS P JDSF DDSF NDSF RP2GS CLN P JDSF DDSF NDSF RP2GS CLN

ἐν ὅλῃ τῇ διανοίᾳ σου. 38 αὕτη ἐστὶν ἡ μεγάλη καὶ πρώτη
con todo el entendimiento de ti. Este es el grande y primer
1722 3650 3588 1271 4675 3778 2076 3588 3173 2532 4413
P JDSF DDSF NDSF RP2GS RD-NSF VPAI3S DNSF JNSF CLN JNSF

ἐντολή. 39 Δευτέρα δὲ ὁμοία αὐτῇ· Ἀγαπήσεις τὸν πλησίον σου
mandamiento. (el) segundo$_2$ Y$_1$ semejante a él: amarás al prójimo de ti
1785 1208 1161 3664 846 25 3588 4139 4675
NNSF JNSF CLN JNSF RP3DSF VFAI2S DASM B RP2GS

ὡς σεαυτόν. 40 ἐν ταύταις ταῖς δυσὶν ἐντολαῖς ὅλος ὁ νόμος
como a ti mismo. en$_8$ estos$_9$ --$_{10}$ dos$_{11}$ mandamientos.$_{12}$ Toda$_1$ la$_2$ Ley$_3$
5613 4572 1722 3778 3588 1417 1785 3650 3588 3551
CAM RF2ASM P RD-DPF DDPF JDPF NDPF JNSM DNSM NNSM

NVI

casarán ni serán dadas
en casamiento, sino
que serán como los
ángeles que están en el
cielo. 31 Pero, en cuanto
a la resurrección de los
muertos, ¿no han leído
lo que Dios les dijo a
ustedes: 32 "Yo soy el
Dios de Abraham, de
Isaac y de Jacob"? Él no
es Dios de muertos, sino
de vivos.
33 Al oír esto, la gente
quedó admirada de su
enseñanza.

El mandamiento más importante

34 Los fariseos se
reunieron al oír que
Jesús había hecho callar
a los saduceos. 35 Uno de
ellos, experto en la ley, le
tendió una trampa con
esta pregunta:
36 —Maestro, ¿cuál
es el mandamiento más
importante de la ley?
37 —"Ama al Señor
tu Dios con todo tu
corazón, con todo tu ser
y con toda tu mente"
—le respondió Jesús—.
38 Este es el primero y el
más importante de los
mandamientos. 39 El
segundo se parece a
este: "Ama a tu prójimo
como a ti mismo". 40 De
estos dos mandamientos
dependen toda la ley y
los profetas.

RVR

¿De quién es hijo el Cristo?

41 Y estando reunidos
los fariseos, les preguntó
Jesús,
42 diciendo: ¿Qué
opináis del Cristo?
¿De quién es hijo? Le
dijeron: De David.
43 Él les dijo: ¿Pues
cómo David en el
Espíritu le llama Señor,
diciendo:
44 Dijo el Señor a mi
Señor:
Siéntate a mi derecha,
Hasta que ponga a tus
enemigos por estrado de tus pies?
45 Pues si David le llama
Señor, ¿cómo es hijo
suyo?
46 Y nadie le podía responder palabra; y nadie
se atrevió desde aquel
día a preguntarle más.

Jesucristo acusa a escribas y fariseos

23 Entonces
habló Jesús a la
gente y a sus discípulos,
diciendo:
2 En la cátedra de Moisés
están sentados los escribas y los fariseos.
3 Así que, todo lo que
os digan que guardéis,
guardadlo y hacedlo;
mas no hagáis conforme

κρέμαται	καὶ	οἱ	προφῆται.
depende$_7$	y$_4$	los$_5$	profetas$_6$
2910	2532	3588	4396
VPPI3S	CLN	DNPM	NNPM

41 Συνηγμένων	δὲ	τῶν	Φαρισαίων	ἐπηρώτησεν	αὐτοὺς	ὁ	Ἰησοῦς
reunidos$_2$	Y$_1$	los	fariseos,	preguntó$_3$	a ellos$_4$	--$_1$	Jesús$_2$
4863	1161	3588	5330	1905	846	3588	2424
VRPP-PGM	CLN	DGPM	NGPM	VAAI3S	RP3APM	DNSM	NNSM

42 λέγων·	Τί	ὑμῖν	δοκεῖ	περὶ	τοῦ	χριστοῦ;	τίνος	υἱός	ἐστιν;
diciendo:	¿Qué	a vosotros$_2$	parece$_1$	acerca de	el	Cristo?	¿De quién	hijo?$_2$	es$_1$
3004	5101	5213	1380	4012	3588	5547	5101	5207	2076
VPAP-SNM	RI-ASN	RP2DP	VPAI3S	P	DGSM	NGSM	RI-GSM	NNSM	VPAI3S

λέγουσιν	αὐτῷ·	Τοῦ	Δαυίδ.	43 λέγει	αὐτοῖς·	Πῶς	οὖν	Δαυὶδ	ἐν
Dicen	a él	--	De David.	Dice	a ellos:	¿Cómo	entonces	David	en
3004	846	3588	1138	3004	846	4459	3767	1138	1722
VPAI3P	RP3DSM	DGSM	NGSM, XP	VPAI3S	RP3DPM	BI	CLI	NNSM, XP	P

πνεύματι	καλεῖ	αὐτὸν	κύριον	λέγων·	44 Εἶπεν	κύριος	τῷ	κυρίῳ
(el) Espíritu	llama	a él	Señor	diciendo	dijo	(el) Señor	a el	Señor
4151	2564	846	2962	3004	2036	2962	3588	2962
NDSN	VPAI3S	RP3ASM	NASM	VPAP-SNM	VAAI3S	NNSM	DDSM	NDSM

μου·	Κάθου	ἐκ	δεξιῶν	μου	ἕως	ἂν	θῶ	τοὺς	ἐχθρούς	σου
de mí	siéntate,	a	(la) derecha	de mí	hasta (que)	--	ponga	a los	enemigos	de ti
3450	2521	1537	1188	3450	2193	302	5087	3588	2190	4675
RP1GS	VPUM2S	P	JGPN, JGPM	RP1GS	CAT	TC	VAAS1S	DAPM	JAPM	RP2GS

ὑποκάτω	τῶν	ποδῶν	σου;	45 εἰ	οὖν	Δαυὶδ	καλεῖ	αὐτὸν	κύριον,
bajo	los	pies	de ti?	si$_2$	Entonces,$_1$	David	llama	a él	Señor
5270	3588	4228	4675	1487	3767	1138	2564	846	2962
P, B	DGPM	NGPM	RP2GS	CAC	CLI	NNSM, XP	VPAI3S	RP3ASM	NASM

πῶς	υἱὸς	αὐτοῦ	ἐστιν;	46 καὶ	οὐδεὶς	ἐδύνατο	ἀποκριθῆναι	αὐτῷ
¿Cómo	hijo$_2$	de él?$_3$	es$_1$	Y	nadie	podía	responder	a él
4459	5207	846	2076	2532	3762	1410	611	846
BI	NNSM	RP3GSM	VPAI3S	CLN	JNSM	VIUI3S	VAPN	RP3DSM

λόγον,	οὐδὲ	ἐτόλμησέν	τις	ἀπ᾽	ἐκείνης	τῆς	ἡμέρας	ἐπερωτῆσαι
una palabra	ni	atreverse	alguno,	desde	aquel	--	día,	a preguntar
3056	3761	5111	5100	575	1565	3588	2250	1905
NASM	TN, CLD	VAAI3S	RX-NSM	P	RD-GSF	DGSF	NGSF	VAAN

αὐτὸν	οὐκέτι.
a él.$_2$	nunca más$_1$
846	3765
RP3ASM	BN

23 Τότε	ὁ	Ἰησοῦς	ἐλάλησεν	τοῖς	ὄχλοις	καὶ	τοῖς	μαθηταῖς
Entonces	--	Jesús	habló	a las	multitudes	y	a los	discípulos
5119	3588	2424	2980	3588	3793	2532	3588	3101
B	DNSM	NNSM	VAAI3S	DDPM	NDPM	CLN	DDPM	NDPM

αὐτοῦ	2 λέγων·	Ἐπὶ	τῆς	Μωϋσέως	καθέδρας	ἐκάθισαν	οἱ	γραμματεῖς
de él	diciendo:	sobre$_7$	la$_8$	de Moisés.$_{10}$	silla$_9$	(se) sentaron$_6$	Los$_1$	escribas$_2$
846	3004	1909	3588	3475	2515	2523	3588	1122
RP3GSM	VPAP-SNM	P	DGSF	NGSM	NGSF	VAAI3P	DNPM	NNPM

καὶ	οἱ	Φαρισαῖοι.	3 πάντα	οὖν	ὅσα	ἐὰν	εἴπωσιν	ὑμῖν
y$_3$	los$_4$	fariseos$_5$	todas las cosas$_2$	Entonces,$_1$	cuantas	--	digan	a vosotros,
2532	3588	5330	3956	3767	3745	1437	2036	5213
CLN	DNPM	NNPM	JAPN	CLI	RK-APN	TC	VAAS3P	RP2DP

ποιήσατε	καὶ	τηρεῖτε,	κατὰ	δὲ	τὰ	ἔργα	αὐτῶν	μὴ	ποιεῖτε,
haced	y	guardad,	conforme a$_4$	pero$_1$	las$_5$	obras$_6$	de ellos;$_7$	no$_2$	hagáis$_3$
4160	2532	5083	2596	1161	3588	2041	846	3361	4160
VAAM2P	CLN	VPAM2P	P	CLC	DAPN	NAPN	RP3GPM	BN, TN	VPAM2P

NVI

¿De quién es hijo el Cristo?

41 Mientras estaban
reunidos los fariseos,
Jesús les preguntó:
42 —¿Qué piensan ustedes acerca del Cristo?
¿De quién es hijo?
—De David —le
respondieron ellos.
43 —Entonces, ¿cómo
es que David, hablando
por el Espíritu, lo llama
"Señor"? Él afirma:

44 »"Dijo el Señor a mi
Señor:
'Siéntate a mi
derecha,
hasta que ponga a tus
enemigos
debajo de tus pies' ".

45 Si David lo llama
"Señor", ¿cómo puede
entonces ser su hijo?»
46 Nadie pudo responderle ni una sola palabra,
y desde ese día ninguno
se atrevía a hacerle más
preguntas.

Jesús denuncia a los fariseos y a los maestros de la ley

23 Después de
esto, Jesús dijo a
la gente y a sus discípulos: 2 «Los maestros de
la ley y los fariseos tienen
la responsabilidad de interpretar a Moisés. 3 Así
que ustedes deben obedecerlos y hacer todo lo
que les digan. Pero no
hagan lo que hacen ellos,

RVR

a sus obras, porque dicen, y no hacen.
4 Pues atan cargas pesadas y difíciles de llevar, y las ponen sobre los hombros de los hombres; pero ellos ni con un dedo quieren moverlas;
5 sino que hacen todas sus obras para ser vistos por los hombres. Pues ensanchan sus filacterias, y alargan los flecos de sus mantos;
6 y les gusta ocupar el primer puesto en los banquetes y los primeros asientos en las sinagogas,
7 ser saludados efusivamente en las plazas, y que los hombres los llamen: Rabí, Rabí.
8 Pero vosotros no queráis que os llamen Rabí; porque uno solo es vuestro Maestro, el Cristo, y todos vosotros sois hermanos.
9 Y no llaméis padre vuestro en la tierra a nadie; porque uno solo es vuestro Padre, el que está en los cielos.
10 Ni seáis llamados maestros; porque uno solo es vuestro Maestro, el Cristo.
11 El mayor de vosotros, será vuestro servidor.
12 Mas cualquiera que se ensalce a sí mismo, será humillado; y cualquiera que se humille a sí mismo, será ensalzado.

λέγουσιν	γὰρ	καὶ	οὐ	ποιοῦσιν.	4 δεσμεύουσιν	δὲ	φορτία	⸀βαρέα	καὶ
dicen$_{9}$	porque$_{8}$	y	no	hacen.	atan$_{2}$	Y$_{1}$	cargas	pesadas	y
3004	1063	2532	3756	4160	1195	1161	5413	926	2532
VPAI3P	*CAZ*	*CLN*	*BN, TN*	*VPAI3P*	*VPAI3P*	*CLN*	*NAPN*	*JAPN*	*CLN*

ἐπιτιθέασιν	ἐπὶ	τοὺς	ὤμους	τῶν	ἀνθρώπων,	αὐτοὶ	δὲ	τῷ	δακτύλῳ
ponen	sobre	los	hombros	de los	seres humanos,	ellos$_{2}$	pero$_{1}$	con el	dedo
2007	1909	3588	5606	3588	444	846	1161	3588	1147
VPAI3P	*P*	*DAPM*	*NAPM*	*DGPM*	*NGPM*	*RP3NPM*	*CLC*	*DDSM*	*NDSM*

αὐτῶν	οὐ	θέλουσιν	κινῆσαι	αὐτά.	5 πάντα	δὲ	τὰ	ἔργα	αὐτῶν
de ellos	no	desean	mover	a ellas.	todas$_{2}$	Y$_{1}$	las	obras	de ellos
846	3756	2309	2795	846	3956	1161	3588	2041	846
RP3GPM	*BN, TN*	*VPAI3P*	*VAAN*	*RP3APN*	*JAPN*	*CLN*	*DAPN*	*NAPN*	*RP3GPM*

ποιοῦσιν	πρὸς	τὸ	θεαθῆναι	τοῖς	ἀνθρώποις·	πλατύνουσι	γὰρ	τὰ
hacen	para	--	ser vistos	por los	seres humanos.	ensanchan$_{2}$	Porque$_{1}$	las
4160	4314	3588	2300	3588	444	4115	1063	3588
VPAI3P	*P*	*DASN*	*VAPN*	*DDPM*	*NDPM*	*VPAI3P*	*CLX*	*DAPN*

φυλακτήρια	αὐτῶν	καὶ	μεγαλύνουσι	τὰ	κράσπεδα,	6 φιλοῦσι	δὲ
filacterias	de ellos	y	agrandan	los	flecos,	aman$_{1}$	porque$_{2}$
5440	846	2532	3170	3588	2899	5368	1161
NAPN	*RP3GPM*	*CLN*	*VPAI3P*	*DAPN*	*NAPN*	*VPAI3P*	*CLN*

τὴν	πρωτοκλισίαν	ἐν	τοῖς	δείπνοις	καὶ	τὰς	πρωτοκαθεδρίας	ἐν	ταῖς
el	lugar de honor	en	los	banquetes	y	los	sitios de honor	en	las
3588	4411	1722	3588	1173	2532	3588	4410	1722	3588
DASF	*NASF*	*P*	*DDPN*	*NDPN*	*CLN*	*DAPF*	*NAPF*	*P*	*DDPF*

συναγωγαῖς	7 καὶ	τοὺς	ἀσπασμοὺς	ἐν	ταῖς	ἀγοραῖς	καὶ	καλεῖσθαι
sinagogas	y	los	saludos	en	las	plazas	y	ser llamados$_{4}$
4864	2532	3588	783	1722	3588	58	2532	2564
NDPF	*CLN*	*DAPM*	*NAPM*	*P*	*DDPF*	*NDPF*	*CLN*	*VPPN*

ὑπὸ	τῶν	ἀνθρώπων·	⸀Ῥαββί.	8 ὑμεῖς	δὲ	μὴ	κληθῆτε·	Ῥαββί,	εἷς
por$_{1}$	los$_{2}$	seres humanos$_{3}$	rabí;	vosotros$_{2}$	pero$_{1}$	no	seáis llamados	rabí;	uno$_{2}$
5259	3588	444	4461	5210	1161	3361	2564	4461	1520
P	*DGPM*	*NGPM*	*NNSM, XF*	*RP2NP*	*CLC*	*BN, TN*	*VAPS2P*	*NNSM, XF*	*JNSM*

γάρ	ἐστιν	ὑμῶν	ὁ	⸀διδάσκαλος,	πάντες	δὲ	ὑμεῖς	ἀδελφοί
porque$_{1}$	es$_{3}$	de vosotros,$_{6}$	el$_{4}$	maestro$_{5}$	todos$_{8}$	y$_{7}$	vosotros$_{9}$	hermanos.$_{11}$
1063	2076	5216	3588	1320	3956	1161	5210	80
CAZ	*VPAI3S*	*RP2GP*	*DNSM*	*NNSM*	*JNPM*	*CLN*	*RP2NP*	*NNPM*

ἐστε.	9 καὶ	πατέρα	μὴ	καλέσητε	ὑμῶν	ἐπὶ	τῆς	γῆς,	εἷς	γάρ	ἐστιν
sois$_{10}$	Y	padre$_{3}$	no$_{1}$	llaméis$_{2}$	de vosotros	sobre	la	tierra;	uno$_{2}$	porque$_{1}$	es
2075	2532	3962	3361	2564	5216	1909	3588	1093	1520	1063	2076
VPAI2P	*CLN*	*NASM*	*BN, TN*	*VAAS2P*	*RP2GP*	*P*	*DGSF*	*NGSF*	*JNSM*	*CAZ*	*VPAI3S*

ὑμῶν	ὁ	πατὴρ	ὁ	⸀οὐράνιος.	10 μηδὲ	κληθῆτε	καθηγηταί,	ὅτι
de vosotros	el	Padre,	--	celestial.	Ni	seáis llamados	guías	porque
5216	3588	3962	3588	3770	3366	2564	2519	3754
RP2GP	*DNSM*	*NNSM*	*DNSM*	*JNSM*	*BN, TN*	*VAPS2P*	*NNPM*	*CAZ*

καθηγητὴς	ὑμῶν	ἐστιν	εἷς	ὁ	χριστός.	11 ὁ	δὲ	μείζων	ὑμῶν
guía$_{3}$	de vosotros,$_{4}$	es$_{2}$	uno$_{1}$	el	Cristo.	el$_{2}$	Y$_{1}$	mayor	de vosotros
2519	5216	2076	1520	3588	5547	3588	1161	3187	5216
NNSM	*RP2GP*	*VPAI3S*	*JNSM*	*DNSM*	*NNSM*	*DNSM*	*CLN*	*JNSMC*	*RP2GP*

ἔσται	ὑμῶν	διάκονος.	12 ὅστις	δὲ	ὑψώσει	ἑαυτὸν	ταπεινωθήσεται,
será	de vosotros.$_{2}$	servidor$_{1}$	el cual$_{2}$	Y$_{1}$	se exaltará	a sí mismo,	será humillado,
2071	5216	1249	3748	1161	5312	1438	5013
VFMI3S	*RP2GP*	*NNSM*	*RR-NSM*	*CLN*	*VFAI3S*	*RF3ASM*	*VFPI3S*

καὶ	ὅστις	ταπεινώσει	ἑαυτὸν	⸀ὑψωθήσεται.
y	el cual	se humillará	a sí mismo	será exaltado.
2532	3748	5013	1438	5312
CLN	*RR-NSM*	*VFAI3S*	*RF3ASM*	*VFPI3S*

NVI

porque no practican lo
que predican. 4 Atan car-
gas pesadas y las ponen
sobre la espalda de los
demás, pero ellos mis-
mos no están dispuestos
a mover ni un dedo para
levantarlas.
5 »Todo lo hacen
para que la gente los vea:
Usan filacterias grandes
y adornan sus ropas
con borlas vistosas; 6 se
mueren por el lugar de
honor en los banquetes
y los primeros asientos
en las sinagogas, 7 y por-
que la gente los salude
en las plazas y los llame
"Rabí".
8 »Pero no permitan
que a ustedes se les llame
"Rabí", porque tienen
un solo Maestro y todos
ustedes son hermanos.
9 Y no llamen "padre" a
nadie en la tierra, por-
que ustedes tienen un
solo Padre, y él está en el
cielo. 10 Ni permitan que
los llamen "maestro",
porque tienen un solo
Maestro, el Cristo. 11 El
más importante entre
ustedes será siervo de los
demás. 12 Porque el que a
sí mismo se enaltece será
humillado, y el que se
humilla será enaltecido.

23:4⸀ Manuscritos inferiores aumentaron *y difíciles.* **23:7**⸀ Manuscritos inferiores aumentaron *rabí.* **23:8**⸀ Manuscritos inferiores aumentaron *el Cristo.* **23:9**⸀ Manuscritos inferiores aumentaron *el que está en los cielos.* **23:12**⸀ Manuscritos inferiores aumentaron *13 Pero ¡ay de vosotros, escribas y fariseos, hipócritas! Porque devoran las casas de las viudas y como pretexto hacen largas oraciones. Por esto recibirán mayor condenación.*

RVR

13 Mas ¡ay de vosotros,
escribas y fariseos, hipó-
critas!, porque cerráis
el reino de los cielos
delante de los hombres;
pues ni entráis vosotros,
ni dejáis entrar a los que
están entrando.
14 ¡Ay de vosotros, escri-
bas y fariseos, hipócritas!,
porque devoráis las casas
de las viudas, y como pre-
texto hacéis largas oracio-
nes; por esto recibiréis
mayor condenación.
15 ¡Ay de vosotros,
escribas y fariseos, hipó-
critas!, porque recorréis
el mar y la tierra para
hacer un prosélito, y
cuando llega a serlo, le
hacéis dos veces más
hijo del infierno que
vosotros.
16 ¡Ay de vosotros, guías
ciegos!, que decís: Si algu-
no jura por el templo, no
es nada; pero si alguno
jura por el oro del templo,
queda obligado.
17 ¡Insensatos y ciegos!,
porque ¿qué es mayor,
el oro o el templo que
santifica al oro?
18 También decís: Si
alguno jura por el altar,
no es nada; pero si algu-
no jura por la ofrenda
que está sobre él, queda
obligado.
19 ¡Necios y ciegos!,
porque ¿qué es mayor,
la ofrenda, o el altar que
santifica a la ofrenda?
20 Pues el que jura por
el altar, jura por él, y
por todo lo que está
sobre él;

13 Οὐαὶ	δὲ	ὑμῖν,	γραμματεῖς	καὶ	Φαρισαῖοι	ὑποκριταί,	ὅτι
¡ay de$_2$	Pero,$_1$	vosotros,	escribas	y	fariseos	hipócritas!	Porque
3759	1161	5213	1122	2532	5330	5273	3754
I, T	*CLC*	*RP2DP*	*NVPM*	*CLN*	*NVPM*	*NVPM*	*CAZ*

κλείετε	τὴν	βασιλείαν	τῶν	οὐρανῶν	ἔμπροσθεν	τῶν	ἀνθρώπων·
estáis cerrando	el	reino	de los	cielos	delante de	los	seres humanos,
2808	3588	932	3588	3772	1715	3588	444
VPAI2P	*DASF*	*NASF*	*DGPM*	*NGPM*	*P*	*DGPM*	*NGPM*

ὑμεῖς	γὰρ	οὐκ	εἰσέρχεσθε,	οὐδὲ	τοὺς	εἰσερχομένους	ἀφίετε
vosotros$_2$	porque$_1$	no	entráis	ni	a los que	están entrando$_3$	dejáis$_1$
5210	1063	3756	1525	3761	3588	1525	863
RP2NP	*CLX*	*BN, TN*	*VPUI2P*	*TN, CLD*	*DAPM*	*VPUP-PAM*	*VPAI2P*

εἰσελθεῖν.	15 Οὐαὶ	ὑμῖν,	γραμματεῖς	καὶ	Φαρισαῖοι	ὑποκριταί,	ὅτι
entrar.	¡Ay de	vosotros,	escribas	y	fariseos	hipócritas!,	porque
1525	3759	5213	1122	2532	5330	5273	3754
VAAN	*I, T*	*RP2DP*	*NVPM*	*CLN*	*NVPM*	*NVPM*	*CAZ*

περιάγετε	τὴν	θάλασσαν	καὶ	τὴν	ξηρὰν	ποιῆσαι	ἕνα	προσήλυτον,	καὶ
recorréis	el	mar	y	la	tierra	para hacer	un	prosélito,	y
4013	3588	2281	2532	3588	3584	4160	1520	4339	2532
VPAI2P	*DASF*	*NASF*	*CLN*	*DASF*	*JASF, NASF*	*VAAN*	*JASM*	*NASM*	*CLN*

ὅταν	γένηται	ποιεῖτε	αὐτὸν	υἱὸν	γεέννης	διπλότερον	ὑμῶν.
cuando	llega a ser	hacéis	a él	hijo$_3$	de(l) infierno$_4$	doble$_1$	de vosotros.$_2$
3752	1096	4160	846	5207	1067	1362	5216
CAT	*VAMS3S*	*VPAI2P*	*RP3ASM*	*NASM*	*NGSF*	*JASMC*	*RP2GP*

16 Οὐαὶ	ὑμῖν,	ὁδηγοὶ	τυφλοὶ	οἱ	λέγοντες·	Ὃς	ἂν	ὀμόσῃ	ἐν
¡Ay de	vosotros!,	guías	ciegos	los que	están diciendo:	El que	--	jure	por
3759	5213	3595	5185	3588	3004	3739	302	3660	1722
I, T	*RP2DP*	*NVPM*	*JVPM*	*DNPM*	*VPAP-PNM*	*RR-NSM*	*TC*	*VAAS3S*	*P*

τῷ	ναῷ,	οὐδέν	ἐστιν,	ὃς	δ'	ἂν	ὀμόσῃ	ἐν	τῷ	χρυσῷ	τοῦ	ναοῦ
el	templo,	nada	es;	el que$_2$	pero$_1$	--	jure	por	el	oro	del	templo
3588	3485	3762	2076	3739	1161	302	3660	1722	3588	5557	3588	3485
DDSM	*NDSM*	*JNSN*	*VPAI3S*	*RR-NSM*	*CLC*	*TC*	*VAAS3S*	*P*	*DDSM*	*NDSM*	*DGSM*	*NGSM*

ὀφείλει.*	17 μωροὶ	καὶ	τυφλοί,	τίς	γὰρ	μείζων	ἐστίν,	ὁ	χρυσὸς
debe.	¡Necios	y	ciegos!	¿qué$_2$	Porque$_1$	mayor$_4$	es$_3$	el	oro
3784	3474	2532	5185	5101	1063	3187	2076	3588	5557
VPAI3S	*JVPM*	*CLN*	*JVPM*	*RI-NSM*	*CAZ*	*JNSMC*	*VPAI3S*	*DNSM*	*NNSM*

ἢ	ὁ	ναὸς	ὁ	ἁγιάσας	τὸν	χρυσόν;	18 καί·	Ὃς	ἂν	ὀμόσῃ	ἐν
o	el	templo	el	que santifica	el	oro?	Y:	El que	--	jurara	por
2228	3588	3485	3588	37	3588	5557	2532	3739	302	3660	1722
CLD	*DNSM*	*NNSM*	*DNSM*	*VAAP-SNM*	*DASM*	*NASM*	*CLN*	*RR-NSM*	*TC*	*VAAS3S*	*P*

τῷ	θυσιαστηρίῳ,	οὐδέν	ἐστιν,	ὃς	δ'	ἂν	ὀμόσῃ	ἐν	τῷ	δώρῳ	τῷ
el	altar,	nada	es	el que$_2$	pero$_1$	--	jurara	por	la	ofrenda	--
3588	2379	3762	2076	3739	1161	302	3660	1722	3588	1435	3588
DDSN	*NDSN*	*JNSN*	*VPAI3S*	*RR-NSM*	*CLC*	*TC*	*VAAS3S*	*P*	*DDSN*	*NDSN*	*DDSN*

ἐπάνω	αὐτοῦ	ὀφείλει.*	19 ⸀τυφλοί,	τί	γὰρ	μεῖζον,	τὸ	δῶρον
sobre	él	debe.	¡Ciegos!	¿qué$_2$	Porque$_1$	(es) mayor	la	ofrenda
1883	846	3784	5185	5101	1063	3173	3588	1435
P, B	*RP3GSN, RP3GSM*	*VPAI3S*	*JVPM*	*RI-ASN*	*CAZ*	*JNSNC*	*DNSN*	*NNSN*

ἢ	τὸ	θυσιαστήριον	τὸ	ἁγιάζον	τὸ	δῶρον;	20 ὁ	οὖν	ὀμόσας
o	el	altar	--	que santifica	la	ofrenda?	el$_2$	así que,$_1$	que jura
2228	3588	2379	3588	37	3588	1435	3588	3767	3660
CLD	*DNSN*	*NNSN*	*DNSN*	*VPAP-SNN*	*DASN*	*NASN*	*DNSM*	*CLI*	*VAAP-SNM*

ἐν	τῷ	θυσιαστηρίῳ	ὀμνύει	ἐν	αὐτῷ	καὶ	ἐν	πᾶσι	τοῖς	ἐπάνω
por	el	altar,	jura	por	él	y	por	todo	lo	encima de
1722	3588	2379	3660	1722	846	2532	1722	3956	3588	1883
P	*DDSN*	*NDSN*	*VPAI3S*	*P*	*RP3DSN, RP3DSM*	*CLN*	*P*	*JDPN*	*DDPN*	*P, B*

NVI

13 »¡Ay de ustedes,
maestros de la ley y
fariseos, hipócritas! Les
cierran a los demás el
reino de los cielos, y ni
entran ustedes ni dejan
entrar a los que intentan
hacerlo.
15 »¡Ay de ustedes,
maestros de la ley y
fariseos, hipócritas!
Recorren tierra y mar
para ganar un solo
adepto, y cuando lo han
logrado lo hacen dos
veces más merecedor del
infierno que ustedes.
16 »¡Ay de ustedes,
guías ciegos!, que dicen:
"Si alguien jura por
el templo, no signifi-
ca nada; pero, si jura
por el oro del templo,
queda obligado por su
juramento". 17 ¡Ciegos
insensatos! ¿Qué es más
importante: el oro, o el
templo que hace sagra-
do al oro? 18 También
dicen ustedes: "Si
alguien jura por el altar,
no significa nada; pero,
si jura por la ofrenda que
está sobre él, queda obli-
gado por su juramento".
19 ¡Ciegos! ¿Qué es
más importante: la
ofrenda, o el altar que
hace sagrada la ofrenda?
20 Por tanto, el que jura
por el altar jura no solo
por el altar, sino por
todo lo que está sobre él.

23:16*, 18* O sea *queda bajo obligación.* **23:19⸀** Manuscritos inferiores aumentaron *Necios y.*

RVR

[21] y el que jura por el
templo, jura por él, y
por el que lo habita;
[22] y el que jura por el
cielo, jura por el trono
de Dios, y por el que
está sentado en él.
[23] ¡Ay de vosotros,
escribas y fariseos, hipó-
critas!, porque pagáis
el diezmo de la menta,
del eneldo y del comino,
y habéis dejado lo más
importante de la ley: la
justicia, la misericordia
y la fe. Esto era necesa-
rio hacer, sin dejar de
hacer aquello.
[24] ¡Guías ciegos, que
coláis el mosquito, y os
tragáis el camello!
[25] ¡Ay de vosotros,
escribas y fariseos, hipó-
critas!, porque limpiáis
lo exterior del vaso y del
plato, pero por dentro
estáis llenos de rapiña y
de injusticia.
[26] ¡Fariseo ciego!
Limpia primero lo de
dentro del vaso y del
plato, para que también
lo de fuera quede
limpio.
[27] ¡Ay de vosotros,
escribas y fariseos,
hipócritas!, porque sois

αὐτοῦ·	21 καὶ	ὁ	ὀμόσας	ἐν	τῷ	ναῷ	ὀμνύει	ἐν	αὐτῷ	καὶ
él;	y	el	que juró	por	el	santuario,	juró	por	él	y
846	2532	3588	3660	1722	3588	3485	3660	1722	846	2532
RP3GSN, RP3GSM	*CLN*	*DNSM*	*VAAP-SNM*	*P*	*DDSM*	*NDSM*	*VPAI3S*	*P*	*RP3DSM*	*CLN*

ἐν	τῷ	κατοικοῦντι	αὐτόν·	22 καὶ	ὁ	ὀμόσας	ἐν	τῷ	οὐρανῷ
por	el	que habita	en él;	y	el	que juró	por	el	cielo,
1722	3588	2730	846	2532	3588	3660	1722	3588	3772
P	*DDSM*	*VPAP-SDM*	*RP3ASM*	*CLN*	*DNSM*	*VAAP-SNM*	*P*	*DDSM*	*NDSM*

ὀμνύει	ἐν	τῷ	θρόνῳ	τοῦ	θεοῦ	καὶ	ἐν	τῷ	καθημένῳ	ἐπάνω	αὐτοῦ.
jura	por	el	trono	--	de Dios	y	por	el	que está sentado	sobre	él.
3660	1722	3588	2362	3588	2316	2532	1722	3588	2521	1883	846
VPAI3S	*P*	*DDSM*	*NDSM*	*DGSM*	*NGSM*	*CLN*	*P*	*DDSM*	*VPUP-SDM*	*P, B*	*RP3GSM*

23 Οὐαὶ	ὑμῖν,	γραμματεῖς	καὶ	Φαρισαῖοι	ὑποκριταί,	ὅτι
¡Ay de	vosotros,	escribas	y	fariseos	hipócritas!,	porque
3759	5213	1122	2532	5330	5273	3754
I, T	*RP2DP*	*NVPM*	*CLN*	*NVPM*	*NVPM*	*CAZ*

ἀποδεκατοῦτε	τὸ	ἡδύοσμον	καὶ	τὸ	ἄνηθον	καὶ	τὸ	κύμινον,	καὶ
diezmáis	la	menta,	y	el	eneldo	y	el	comino,	y
586	3588	2238	2532	3588	432	2532	3588	2951	2532
VPAI2P	*DASN*	*NASN*	*CLN*	*DASN*	*NASN*	*CLN*	*DASN*	*NASN*	*CLC*

ἀφήκατε	τὰ	βαρύτερα	τοῦ	νόμου,	τὴν	κρίσιν	καὶ	τὸ	ἔλεος	καὶ
habéis dejado	lo	pesado	de la	ley,	el	juicio	y	la	misericordia	y
863	3588	926	3588	3551	3588	2920	2532	3588	1656	2532
VAAI2P	*DAPN*	*JAPNC*	*DGSM*	*NGSM*	*DASF*	*NASF*	*CLN*	*DASN*	*NASN*	*CLN*

τὴν	πίστιν·	ταῦτα	ἔδει	ποιῆσαι	κἀκεῖνα	μὴ	ἀφιέναι.	24 ὁδηγοὶ
la	fe;	estas cosas	era necesario	hacer	y aquellas	no	dejar.	!Guías
3588	4102	5023	1163	4160	2548	3361	863	3595
DASF	*NASF*	*RD-APN*	*VIAI3S*	*VAAN*	*RD-NPN, CLA*	*BN, TN*	*VPAN*	*NVPM*

τυφλοί,	οἱ	διϋλίζοντες	τὸν	κώνωπα	τὴν	δὲ	κάμηλον	καταπίνοντες.
ciegos	--	que estáis filtrando	el	mosquito,	el$_2$	pero$_1$	camello	estáis tragando!
5185	3588	1368	3588	2971	3588	1161	2574	2666
JVPM	*DNPM*	*VPAP-PNM*	*DASM*	*NASM*	*DASF*	*CLC*	*NASF, NASM*	*VPAP-PNM*

25 Οὐαὶ	ὑμῖν,	γραμματεῖς	καὶ	Φαρισαῖοι	ὑποκριταί,	ὅτι
¡Ay de	vosotros,	escribas	y	fariseos	hipócritas!,	porque
3759	5213	1122	2532	5330	5273	3754
I, T	*RP2DP*	*NVPM*	*CLN*	*NVPM*	*NVPM*	*CAZ*

καθαρίζετε	τὸ	ἔξωθεν	τοῦ	ποτηρίου	καὶ	τῆς	παροψίδος,	ἔσωθεν
limpiáis	lo	exterior	del	vaso,	y	del	plato	(el) interior$_2$
2511	3588	1855	3588	4221	2532	3588	3953	2081
VPAI2P	*DASN*	*BP*	*DGSN*	*NGSN*	*CLN*	*DGSF*	*NGSF*	*BP*

δὲ	γέμουσιν	ἐξ	ἁρπαγῆς	καὶ	⸀ἀκρασίας.	26 Φαρισαῖε	τυφλέ,
pero$_1$	(está) lleno	de	de robo	y	falta de dominio propio.	¡Fariseo	ciego!,
1161	1073	1537	724	2532	192	5330	5185
CLC	*VPAI3P*	*P*	*NGSF*	*CLN*	*NGSF*	*NVSM*	*JVSM*

καθάρισον	πρῶτον	τὸ	ἐντὸς	τοῦ	ποτηρίου	καὶ	τῆς	παροψίδος,
limpia	primero	lo	dentro	del	vaso	y	del	plato
2511	4412	3588	1787	3588	4221	2532	3588	3953
VAAM2S	*B, J*	*DASN*	*BP*	*DGSN*	*NGSN*	*C*	*DGSF*	*NGSF*

ἵνα	γένηται	καὶ	τὸ	ἐκτὸς	αὐτοῦ	καθαρόν.
para que	llegue a ser	también	lo$_2$	fuera de$_3$	de él.$_4$	limpio$_1$
2443	1096	2532	3588	1622	846	2513
CAR	*VAMS3S*	*BE, TE*	*DNSN*	*BP*	*RP3GSN, RP3GSM*	*JNSN*

27 Οὐαὶ	ὑμῖν,	γραμματεῖς	καὶ	Φαρισαῖοι	ὑποκριταί,	ὅτι
¡Ay de	vosotros,	escribas	y	fariseos	hipócritas!,	porque
3759	5213	1122	2532	5330	5273	3754
I, T	*RP2DP*	*NVPM*	*CLN*	*NVPM*	*NVPM*	*CAZ*

NVI

[21] El que jura por el tem-
plo jura no solo por el
templo, sino por quien
habita en él. [22] Y el que
jura por el cielo jura por
el trono de Dios y por
aquel que lo ocupa.
[23] »¡Ay de ustedes,
maestros de la ley y
fariseos, hipócritas! Dan
la décima parte de sus
especias: la menta, el
anís y el comino. Pero
han descuidado los
asuntos más importan-
tes de la ley, tales como la
justicia, la misericordia
y la fidelidad. Debían
haber practicado esto
sin descuidar aquello.
[24] ¡Guías ciegos! Cuelan
el mosquito, pero se
tragan el camello.
[25] »¡Ay de ustedes,
maestros de la ley y
fariseos, hipócritas!
Limpian el exterior del
vaso y del plato, pero por
dentro están llenos de
robo y de desenfreno.
[26] ¡Fariseo ciego! Limpia
primero por dentro
el vaso y el plato, y así
quedará limpio también
por fuera.
[27] »¡Ay de ustedes,
maestros de la ley y
fariseos, hipócritas!,

23:25⸀ Manuscritos inferiores tienen *injusticia*.

RVR

semejantes a sepulcros
blanqueados, que por
fuera, a la verdad, apare-
cen hermosos, mas por
dentro están llenos de
huesos de muertos y de
toda inmundicia.
28 Así también vosotros
por fuera, a la verdad,
aparecéis justos a los
hombres, pero por
dentro estáis llenos de
hipocresía e iniquidad.
29 ¡Ay de vosotros,
escribas y fariseos,
hipócritas!, porque
edificáis los sepulcros de
los profetas, y adornáis
los monumentos de los
justos,
30 y decís: Si hubiése-
mos vivido en los días
de nuestros padres,
no habríamos sido sus
cómplices en la sangre
de los profetas.
31 Así que dais testi-
monio contra vosotros
mismos, de que sois
hijos de los que mataron
a los profetas.
32 ¡Vosotros también
colmad la medida de
vuestros padres!
33 ¡Serpientes, engen-
dros de víboras! ¿Cómo
escaparéis de la conde-
nación del infierno?
34 Por tanto, he aquí que
yo os envío profetas,
sabios y escribas; y de
ellos, a unos mataréis y
crucificaréis, y a otros
azotaréis en vuestras
sinagogas, y perseguiréis

παρομοιάζετε	τάφοις	κεκονιαμένοις,	οἵτινες	ἔξωθεν	μὲν	φαίνονται
parecéis	sepulcros	blanqueados,	los cuales	de afuera	ciertamente	parecen
3945	5028	2867	3748	1855	3303	5316
VPAI2P	*NDPM*	*VRPP-PDM*	*RR-NPM*	*BP*	*TK, C*	*VPUI3P*

ὡραῖοι	ἔσωθεν	δὲ	γέμουσιν	ὀστέων	νεκρῶν	καὶ	πάσης	ἀκαθαρσίας·
hermosos,	por dentro$_2$	pero$_1$	(están) llenos	de huesos	muertos	y	toda	impureza.
5611	2081	1161	1073	3747	3498	2532	3956	167
JNPM	*BP*	*CLC, CLK*	*VPAI3P*	*NGPN*	*JGPM*	*CLN*	*JGSF*	*NGSF*

28 οὕτως	καὶ	ὑμεῖς	ἔξωθεν	μὲν	φαίνεσθε	τοῖς	ἀνθρώποις	δίκαιοι,
Así	también	vosotros	de afuera,	en verdad,	aparecéis	a los	seres humanos	justos,
3779	2532	5210	1855	3303	5316	3588	444	1342
B	*BE, TE*	*RP2NP*	*BP*	*TK, C*	*VPPI2P*	*DDPM*	*NDPM*	*JNPM*

ἔσωθεν	δέ	ἐστε	μεστοὶ	ὑποκρίσεως	καὶ	ἀνομίας.
por dentro$_2$	pero$_1$	sois	llenos	de hipocresía	e	iniquidad.
2081	1161	2075	3324	5272	2532	458
BP	*CLC, CLK*	*VPAI2P*	*JNPM*	*NGSF*	*CLN*	*NGSF*

29 Οὐαὶ	ὑμῖν,	γραμματεῖς	καὶ	Φαρισαῖοι	ὑποκριταί,	ὅτι	οἰκοδομεῖτε
¡Ay de	vosotros,	escribas	y	fariseos	hipócritas!,	que	edificáis
3759	5213	1122	2532	5330	5273	3754	3618
I, T	*RP2DP*	*NVPM*	*CLN*	*NVPM*	*NVPM*	*CAZ*	*VPAI2P*

τοὺς	τάφους	τῶν	προφητῶν	καὶ	κοσμεῖτε	τὰ	μνημεῖα	τῶν	δικαίων,
los	sepulcros	de los	profetas	y	adornáis	los	monumentos	de los	justos,
3588	5028	3588	4396	2532	2885	3588	3419	3588	1342
DAPM	*NAPM*	*DGPM*	*NGPM*	*CLN*	*VPAI2P*	*DAPN*	*NAPN*	*DGPM*	*JGPM*

30 καὶ	λέγετε·	Εἰ	ἤμεθα	ἐν	ταῖς	ἡμέραις	τῶν	πατέρων	ἡμῶν,
y	decís:	Si	estuviéramos	en	los	días	de los	padres	de nosotros
2532	3004	1487	1510	1722	3588	2250	3588	3962	2257
CLN	*VPAI2P*	*CAC*	*VIMI1P*	*P*	*DDPF*	*NDPF*	*DGPM*	*NGPM*	*RP1GP*

οὐκ	ἂν	ἤμεθα	αὐτῶν	κοινωνοὶ	ἐν	τῷ	αἵματι	τῶν	προφητῶν·
no	--	habríamos sido	de ellos$_2$	participantes$_1$	en	la	sangre	de los	profetas.
3756	302	1510	846	2844	1722	3588	129	3588	4396
BN, TN	*TC*	*VIMI1P*	*RP3GPM*	*JNPM, NNPM*	*P*	*DDSN*	*NDSN*	*DGPM*	*NGPM*

31 ὥστε	μαρτυρεῖτε	ἑαυτοῖς	ὅτι	υἱοί	ἐστε	τῶν	φονευσάντων
De modo que	testificáis	a vosotros mismos	que	hijos$_2$	sois$_1$	de los	que mataron
5620	3140	1438	3754	5207	2075	3588	5407
CLI	*VPAI2P*	*RF2DPM*	*CSC*	*NNPM*	*VPAI2P*	*DGPM*	*VAAP-PGM*

τοὺς	προφήτας.	32 καὶ	ὑμεῖς	πληρώσατε	τὸ	μέτρον	τῶν	πατέρων
a los	profetas.	Y	vosotros	llenad	la	medida	de los	padres
3588	4396	2532	5210	4137	3588	3358	3588	3962
DAPM	*NAPM*	*CLNB*	*RP2NP*	*VAAM2P*	*DASN*	*NASN*	*DGPM*	*NGPM*

ὑμῶν.	33 ὄφεις	γεννήματα	ἐχιδνῶν,	πῶς	φύγητε	ἀπὸ	τῆς	κρίσεως
de vosotros.	Serpientes,	¡camada	de víboras!	¿Cómo	escaparéis	de	el	juicio
5216	3789	1081	2191	4459	5343	575	3588	2920
RP2GP	*NVPM*	*NVPN*	*NGPF*	*BI*	*VAAS2P*	*P*	*DGSF*	*NGSF*

τῆς	γεέννης;	34 διὰ	τοῦτο	ἰδοὺ	ἐγὼ	ἀποστέλλω	πρὸς	ὑμᾶς	προφήτας
del	infierno?	Por	esto,	he aquí	yo	envío	a	vosotros	profetas
3588	1067	1223	5124	2400	1473	649	4314	5209	4396
DGSF	*NGSF*	*P*	*RD-NSN*	*I, VAAM2S*	*RP1NS*	*VPAI1S*	*P*	*RP2AP*	*NAPM*

καὶ	σοφοὺς	καὶ	γραμματεῖς·	ἐξ	αὐτῶν	ἀποκτενεῖτε	καὶ	σταυρώσετε,
y	sabios	y	escribas;	de	ellos	mataréis	y	crucificaréis
2532	4680	2532	1122	1537	846	615	2532	4717
CLN	*JAPM*	*CLN*	*NAPM*	*P*	*RP3GPM*	*VFAI2P*	*CLN*	*VFAI2P*

καὶ	ἐξ	αὐτῶν	μαστιγώσετε	ἐν	ταῖς	συναγωγαῖς	ὑμῶν	καὶ	διώξετε
y	de	ellos	azotaréis	en	las	sinagogas	de vosotros	y	perseguiréis
2532	1537	846	3146	1722	3588	4864	5216	2532	1377
CLN	*P*	*RP3GPM*	*VFAI2P*	*P*	*DDPF*	*NDPF*	*RP2GP*	*CLN*	*VFAI2P*

NVI

que son como sepulcros
blanqueados. Por fuera
lucen hermosos, pero
por dentro están llenos
de huesos de muertos y
de podredumbre. 28 Así
también ustedes, por
fuera dan la impresión
de ser justos, pero por
dentro están llenos de
hipocresía y de maldad.
29 »¡Ay de ustedes,
maestros de la ley y
fariseos, hipócritas!
Construyen sepulcros
para los profetas y ador-
nan los monumentos
de los justos. 30 Y dicen:
"Si hubiéramos vivido
nosotros en los días de
nuestros antepasados,
no habríamos sido
cómplices de ellos para
derramar la sangre de
los profetas". 31 Pero
así quedan implicados
ustedes al declararse
descendientes de los
que asesinaron a los
profetas. 32 ¡Completen
de una vez por todas
lo que sus antepasados
comenzaron!
33 »¡Serpientes!
¡Camada de víboras!
¿Cómo escaparán uste-
des de la condenación
del infierno? 34 Por eso
yo les voy a enviar profe-
tas, sabios y maestros. A
algunos de ellos ustedes
los matarán y crucifica-
rán; a otros los azotarán
en sus sinagogas y los
perseguirán de pueblo

RVR

de ciudad en ciudad;
35 para que venga sobre
vosotros toda la sangre
justa derramada sobre
la tierra, desde la sangre
de Abel el justo hasta la
sangre de Zacarías hijo
de Baraquías, a quien
matasteis entre el tem-
plo y el altar.
36 De cierto os digo que
todo esto vendrá sobre
esta generación.

Lamento de Jesucristo sobre Jerusalén

37 ¡Jerusalén, Jerusalén,
que matas a los profetas,
y apedreas a los que te
son enviados! ¡Cuántas
veces quise juntar a tus
hijos, como la gallina
junta sus polluelos
debajo de las alas, y no
quisiste!
38 He aquí que vuestra
casa os es dejada de-
sierta.
39 Porque os digo que
desde ahora no me
veréis más, hasta que
digáis: Bendito el que
viene en el nombre del
Señor.

Jesucristo predice la destrucción del templo

24 Cuando
Jesús salió del
templo, y mientras iba
de camino, se acercaron
sus discípulos para
mostrarle los edificios
del templo.

ἀπὸ πόλεως εἰς πόλιν· 35 ὅπως ἔλθῃ ἐφ' ὑμᾶς πᾶν αἷμα δίκαιον
de ciudad en ciudad; para que venga sobre vosotros toda (la) sangre justa
575 4172 1519 4172 3704 2064 1909 5209 3956 129 1342
P NGSF P NASF CAR VAAS3S P RP2AP JNSN NNSN JNSN

ἐκχυννόμενον ἐπὶ τῆς γῆς ἀπὸ τοῦ αἵματος Ἅβελ τοῦ δικαίου
derramada sobre la tierra desde la sangre de Abel el justo
1632 1909 3588 1093 575 3588 129 6 3588 1342
VPPP-SNN P DGSF NGSF P DGSN NGSN NGSM, XP DGSM JGSM

ἕως τοῦ αἵματος Ζαχαρίου υἱοῦ Βαραχίου, ὃν ἐφονεύσατε μεταξὺ
hasta la sangre de Zacarías hijo de Berequías, el cual asesinasteis entre
2193 3588 129 2197 5207 914 3739 5407 3342
P, C DGSN NGSN NGSM NGSM NGSM RR-ASM VAAI2P P, B

τοῦ ναοῦ καὶ τοῦ θυσιαστηρίου. 36 ἀμὴν λέγω ὑμῖν, ἥξει ταῦτα
el santuario y el altar. De cierto digo a vosotros, vendrá₃ esto₂
3588 3485 2532 3588 2379 281 3004 5213 2240 3778
DGSM NGSM CLN DGSN NGSN XF, B VPAI1S RP2DP VFAI3S RD-APN

πάντα ἐπὶ τὴν γενεὰν ταύτην.
todo₁ sobre la generación esta.
3956 1909 3588 1074 3778
JNPN P DASF NASF RD-ASF

37 Ἰερουσαλὴμ Ἰερουσαλήμ, ἡ ἀποκτείνουσα τοὺς προφήτας καὶ
¡Jerusalén, Jerusalén la que matas a los profetas y
2419 2419 3588 615 3588 4396 2532
NVSF, XP NVSF, XP DNSF VPAP-SNF DAPM NAPM CLN

λιθοβολοῦσα τοὺς ἀπεσταλμένους πρὸς αὐτήν— ποσάκις ἠθέλησα
apedreas a los enviados a ella! ¿Cuántas veces quise
3036 3588 649 4314 846 4212 2309
VPAP-SNF DAPM VRPP-PAM P RP3ASF B VAAI1S

ἐπισυναγαγεῖν τὰ τέκνα σου, ὃν τρόπον ὄρνις ἐπισυνάγει
juntar los hijos de ti, cual en la manera que una gallina junta
1996 3588 5043 4675 3739 5158 3733 1996
VAAN DAPN NAPN RP2GS RR-ASM NASM NNSF, NNSM VPAI3S

τὰ νοσσία αὐτῆς ὑπὸ τὰς πτέρυγας, καὶ οὐκ ἠθελήσατε; 38 ἰδοὺ
a los polluelos de ella bajo las alas, y no quisisteis? He aquí
3588 3556 846 5259 3588 4420 2532 3756 2309 2400
DAPN NAPN RP3GSF P DAPF NAPF CLC BN, TN VAAI2P I, VAAM2S

ἀφίεται ὑμῖν ὁ οἶκος ὑμῶν ἔρημος. 39 λέγω γὰρ ὑμῖν,
es dejada₄ a vosotros₅ la₁ casa₂ de vosotros₃ desierta. digo₂ Porque₁ a vosotros,
863 5213 3588 3624 5216 2048 3004 1063 5213
VPPI3S RP2DP DNSM NNSM RP2GP JNSM VPAI1S CAZ RP2DP

οὐ μή* με ἴδητε ἀπ' ἄρτι ἕως ἂν εἴπητε· Εὐλογημένος ὁ
no no a mí₂ veréis₁ desde ahora hasta que -- digáis: Bendito el
3756 3361 3165 1492 575 737 2193 302 2036 2127 3588
BN, TN BN, TN RP1AS VAAS2P P B CAT TC VAAS2P VRPP-SNM DNSM

ἐρχόμενος ἐν ὀνόματι κυρίου.
que viene en (el) nombre de(l) Señor.
2064 1722 3686 2962
VPUP-SNM P NDSN NGSM

24 Καὶ ἐξελθὼν ὁ Ἰησοῦς ἀπὸ τοῦ ἱεροῦ ἐπορεύετο, καὶ
Y saliendo -- Jesús de el templo, se iba, y
2532 1831 3588 2424 575 3588 2411 4198 2532
CLN VAAP-SNM DNSM NNSM P DGSN NGSN, JGSN VIUI3S CLN

προσῆλθον οἱ μαθηταὶ αὐτοῦ ἐπιδεῖξαι αὐτῷ τὰς οἰκοδομὰς τοῦ
se acercaron₄ los₁ discípulos₂ de él₃ para mostrar a él los edificios del
4334 3588 3101 846 1925 846 3588 3619 3588
VAAI3P DNPM NNPM RP3GSM VAAN RP3DSM DAPF NAPF DGSN

NVI

en pueblo. 35 Así recaerá
sobre ustedes la culpa
de toda la sangre justa
que ha sido derramada
sobre la tierra, desde la
sangre del justo Abel
hasta la de Zacarías, hijo
de Berequías, a quien us-
tedes asesinaron entre el
santuario y el altar de los
sacrificios. 36 Les aseguro
que todo esto vendrá
sobre esta generación.
37 »¡Jerusalén,
Jerusalén, que matas a
los profetas y apedreas
a los que se te envían!
¡Cuántas veces quise
reunir a tus hijos, como
reúne la gallina a sus
pollitos debajo de sus
alas, pero no quisiste!
38 Pues bien, la casa de
ustedes va a quedar
abandonada. 39 Y les
advierto que ya no vol-
verán a verme hasta que
digan: "¡Bendito el que
viene en el nombre del
Señor!"»

Señales del fin del mundo

24 Jesús salió
del templo y,
mientras caminaba, se le
acercaron sus discípulos
y le mostraron los edifi-
cios del templo.

23:39* O sea *de ninguna manera.*

RVR

2 Él respondió y les dijo:
¿Veis todo esto? De
cierto os digo, que no
quedará aquí piedra
sobre piedra, que no sea
derribada.

Señales antes del fin

3 Y estando él sentado
en el monte de los
Olivos, los discípulos se
le acercaron aparte, di-
ciendo: Dinos, ¿cuándo
sucederán estas cosas,
y cuál será la señal de
tu venida, y del final de
esta época?
4 Respondiendo Jesús,
les dijo: Mirad que
nadie os engañe.
5 Porque vendrán
muchos en mi nombre,
diciendo: Yo soy el
Cristo; y engañarán a
muchos.
6 Oiréis hablar de
guerras y de rumores de
guerras; mirad que no
os alarméis, porque es
necesario que todo eso
acontezca; pero aún no
es el fin.
7 Porque se levantará
nación contra nación,
y reino contra reino; y
habrá hambres, epide-
mias, y terremotos en
diferentes lugares.
8 Mas todo esto será el
principio de dolores.

ἱεροῦ·	2 ὁ	δὲ	ἀποκριθεὶς	εἶπεν	αὐτοῖς·	Οὐ	βλέπετε	ταῦτα
templo.	él$_2$	Y$_1$	respondiendo	dijo	a ellos:	¿No	veis	estas cosas
2411	3588	1161	611	2036	846	3756	991	5023
NGSN, JGSN	*DNSM*	*CLN*	*VAPP-SNM*	*VAAI3S*	*RP3DPM*	*TN, TI*	*VPAI2P*	*RD-APN*

πάντα;	ἀμὴν	λέγω	ὑμῖν,	οὐ	μὴ*	ἀφεθῇ	ὧδε	λίθος	ἐπὶ	λίθον
todas	de cierto	digo	a vosotros	no$_4$	no$_5$	quedará$_6$	aquí$_7$	piedra$_1$	sobre$_2$	piedra$_3$
3956	281	3004	5213	3756	3361	863	5602	3037	1909	3037
JAPN	*XF, B*	*VPAI1S*	*RP2DP*	*BN, TN*	*BN, TN*	*VAPS3S*	*BP*	*NNSM*	*P*	*NASM*

ὃς	οὐ	καταλυθήσεται.
que	no	será derribada.
3739	3756	2647
RR-NSM	*BN, TN*	*VFPI3S*

3 Καθημένου	δὲ	αὐτοῦ	ἐπὶ	τοῦ	Ὄρους	τῶν	Ἐλαιῶν	προσῆλθον
estando sentado$_2$	Y$_1$	él	sobre	el	monte	de los	Olivos,	se acercaron$_3$
2521	1161	846	1909	3588	3735	3588	1636	4334
VPUP-SGM	*CLN*	*RP3GSM*	*P*	*DGSN*	*NGSN*	*DGPF*	*NGPF*	*VAAI3P*

αὐτῷ	οἱ	μαθηταὶ	κατ’	ἰδίαν	λέγοντες·	Εἰπὸν	ἡμῖν	πότε	ταῦτα
a él$_4$	los$_1$	discípulos$_2$	en	privado	diciendo:	Di	a nosotros	¿cuándo	estas cosas
846	3588	3101	2596	2398	3004	2036	2254	4219	5023
RP3DSM	*DNPM*	*NNPM*	*P*	*JASF*	*VPAP-PNM*	*VAAM2S*	*RP1DP*	*B*	*RD-APN*

ἔσται,	καὶ	τί	τὸ	σημεῖον	τῆς	σῆς	παρουσίας	καὶ
será (n)	y	cuál (será)	la	señal	de la	de ti$_2$	venida$_1$	y
2071	2532	5101	3588	4592	3588	4674	3952	2532
VFMI3S	*CLN*	*RI-ASN*	*DNSN*	*NNSN*	*DGSF*	*JGSF, RS2GSF*	*NGSF*	*CLN*

συντελείας	τοῦ	αἰῶνος.	4 καὶ	ἀποκριθεὶς	ὁ	Ἰησοῦς	εἶπεν	αὐτοῖς·
de (la) consumación	de el	siglo?	Y	respondiendo	--	Jesús	dijo	a ellos:
4930	3588	165	2532	611	3588	2424	2036	846
NGSF	*DGSM*	*NGSM*	*CLN*	*VAPP-SNM*	*DNSM*	*NNSM*	*VAAI3S*	*RP3DPM*

Βλέπετε	μή	τις	ὑμᾶς	πλανήσῃ·	5 πολλοὶ	γὰρ	ἐλεύσονται	ἐπὶ
Mirad,	no	alguien	a vosotros.$_2$	engañe$_1$	muchos$_2$	Porque$_1$	vendrán	en
991	3361	5100	5209	4105	4183	1063	2064	1909
VPAM2P	*TN, C*	*RX-NSM*	*RP2AP*	*VAAS3S*	*JNPM*	*CAZ*	*VFMI3P*	*P*

τῷ	ὀνόματί	μου	λέγοντες·	Ἐγώ	εἰμι	ὁ	χριστός,	καὶ	πολλοὺς
el	nombre	de mí,	diciendo:	Yo	soy	el	Cristo	y	a muchos.$_2$
3588	3686	3450	3004	1473	1510	3588	5547	2532	4183
DDSN	*NDSN*	*RP1GS*	*VPAP-PNM*	*RP1NS*	*VPAI1S*	*DNSM*	*NNSM*	*CLN*	*JAPM*

πλανήσουσιν.	6 μελλήσετε	δὲ	ἀκούειν	πολέμους	καὶ	ἀκοὰς	πολέμων·
engañarán$_1$	estaréis a punto$_2$	Mas$_1$	de oír	de guerras	y	anuncios	de guerras;
4105	3195	1161	191	4171	2532	189	4171
VFAI3P	*VFAI2P*	*CLN*	*VPAN*	*NAPM*	*CLN*	*NAPF*	*NGPM*

ὁρᾶτε,	μὴ	θροεῖσθε·	δεῖ	γὰρ	γενέσθαι,	ἀλλ’	οὔπω	ἐστὶν
mirad,	no	alarmaos;	es necesario$_2$	porque$_1$	llegar a suceder,	pero	todavía no	es
3708	3361	2360	1163	1063	1096	235	3768	2076
VPAM2P	*TN, BN*	*VPPM2P*	*VPAI3S*	*CAZ*	*VAMN*	*CLC*	*BN*	*VPAI3S*

τὸ	τέλος.	7 ἐγερθήσεται	γὰρ	ἔθνος	ἐπὶ	ἔθνος	καὶ	βασιλεία	ἐπὶ
el	fin.	se levantará,$_9$	Porque$_1$	nación$_2$	contra$_3$	nación$_4$	y$_5$	reino$_6$	contra$_7$
3588	5056	1453	1063	1484	1909	1484	2532	932	1909
DNSN	*NNSN*	*VFPI3S*	*CLX*	*NNSN*	*P*	*NASN*	*CLN*	*NNSF*	*P*

βασιλείαν,	καὶ	ἔσονται	λιμοὶ	καὶ	σεισμοὶ	κατὰ	τόπους·	8 πάντα
reino$_8$	y$_{10}$	habrá$_{14}$	hambres$_{11}$	y$_{12}$	terremotos$_{13}$	conforme a	lugares	todas las cosas$_2$
932	2532	2071	3042	2532	4578	2596	5117	3956
NASF	*CLN*	*VFMI3P*	*NNPM*	*CLN*	*NNPM*	*P*	*NAPM*	*JNPN*

δὲ	ταῦτα	ἀρχὴ	ὠδίνων.
pero$_1$	estas	(son) principio	de dolores de parto.
1161	5023	746	5604
CLN	*RD-APN*	*NNSF*	*NGPF*

NVI

2 Pero él les dijo:
—¿Ven todo esto?
Les aseguro que no
quedará piedra sobre
piedra, pues todo será
derribado.
3 Más tarde estaba
Jesús sentado en el mon-
te de los Olivos, cuando
llegaron los discípulos
y le preguntaron en
privado:
—¿Cuándo sucederá
eso, y cuál será la señal
de tu venida y del fin del
mundo?
4 —Tengan cuidado
de que nadie los engañe
—les advirtió Jesús—.
5 Vendrán muchos que,
usando mi nombre,
dirán: "Yo soy el Cristo",
y engañarán a muchos.
6 Ustedes oirán de
guerras y de rumores de
guerras, pero procuren
no alarmarse. Es necesa-
rio que eso suceda, pero
no será todavía el fin. 7 Se
levantará nación contra
nación, y reino contra
reino. Habrá hambres
y terremotos por todas
partes. 8 Todo esto será
apenas el comienzo de
los dolores.

23:39* O sea *de ninguna manera*.

RVR

9 Entonces os entre-
garán a tribulación,
y os matarán, y seréis
aborrecidos de todas las
gentes por causa de mi
nombre.
10 Muchos tropezarán
entonces, y se entrega-
rán unos a otros, y unos
a otros se aborrecerán.
11 Y muchos falsos
profetas se levantarán, y
engañarán a muchos;
12 y debido al aumen-
to de la iniquidad, se
enfriará el amor de la
mayoría.
13 Mas el que persevere
hasta el fin, este será
salvo.
14 Y será predicado este
evangelio del reino en
todo el mundo, para
testimonio a todas las
naciones; y entonces
vendrá el fin.
15 Por tanto, cuando
veáis en el lugar santo
la abominación de la
desolación, anunciada
por medio del profeta
Daniel (el que lea,
entienda),
16 entonces los que estén
en Judea, huyan a los
montes.
17 El que esté en la azo-
tea, no descienda para
tomar nada de su casa;
18 y el que esté en el
campo, no vuelva atrás

9 Τότε παραδώσουσιν ὑμᾶς εἰς θλῖψιν καὶ ἀποκτενοῦσιν
Entonces entregarán a vosotros a aflicción y matarán
5119 3860 5209 1519 2347 2532 615
B VFAI3P RP2AP P NASF CLN VFAI3P

ὑμᾶς, καὶ ἔσεσθε μισούμενοι ὑπὸ πάντων τῶν ἐθνῶν διὰ τὸ
a vosotros, y seréis odiados por todas las naciones a causa de el
5209 2532 2071 3404 5259 3956 3588 1484 1223 3588
RP2AP CLN VFMI2P VPPP-PNM P JGPN DGPN NGPN P DASN

ὄνομά μου. 10 καὶ τότε σκανδαλισθήσονται πολλοὶ καὶ ἀλλήλους
nombre de mí. Y entonces se escandalizarán$_2$ muchos$_1$ y$_3$ unos a otros$_5$
3686 3450 2532 5119 4624 4183 2532 240
NASN RP1GS CLN B VFPI3P JNPM CLN RC-APM

παραδώσουσιν καὶ μισήσουσιν ἀλλήλους· 11 καὶ πολλοὶ ψευδοπροφῆται
entregarán$_4$ y odiarán unos a otros y muchos falsos profetas
3860 2532 3404 240 2532 4183 5578
VFAI3P CLN VFAI3P RC-APM CLN JNPM NNPM

ἐγερθήσονται καὶ πλανήσουσιν πολλούς· 12 καὶ διὰ τὸ
se levantarán y engañarán a muchos.; y por causa de$_6$ --$_7$
1453 2532 4105 4183 2532 1223 3588
VFPI3P CLN VFAI3P JAPM CLN P DASN

πληθυνθῆναι τὴν ἀνομίαν ψυγήσεται ἡ ἀγάπη τῶν πολλῶν. 13 ὁ
aumentar$_8$ la$_9$ injusticia$_{10}$ se enfriará$_5$ el$_1$ amor$_2$ de los$_3$ muchos$_4$ el$_2$
4129 3588 458 5594 3588 26 3588 4183 3588
VAPN DASF NASF VFPI3S DNSF NNSF DGPM JGPM DNSM

δὲ ὑπομείνας εἰς τέλος οὗτος σωθήσεται. 14 καὶ κηρυχθήσεται
Mas$_1$ que haya perseverado hasta (el) fin, este será salvado. Y será proclamado$_6$
1161 5278 1519 5056 3778 4982 2532 2784
CLC VAAP-SNM P NASN RD-NSM VFPI3S CLN VFPI3S

τοῦτο τὸ εὐαγγέλιον τῆς βασιλείας ἐν ὅλῃ τῇ οἰκουμένῃ εἰς
este$_1$ --$_2$ evangelio$_3$ del$_4$ reino$_5$ en todo el mundo para
5124 3588 2098 3588 932 1722 3650 3588 3625 1519
RD-NSN DNSN NNSN DGSF NGSF P JDSF DDSF NDSF P

μαρτύριον πᾶσιν τοῖς ἔθνεσιν, καὶ τότε ἥξει τὸ τέλος.
testimonio a todos los gentiles, y entonces vendrá.$_3$ el$_1$ fin$_2$
3142 3956 3588 1484 2532 5119 2240 3588 5056
NASN JDPN DDPN NDPN CLN B VFAI3S DNSN NNSN

15 Ὅταν οὖν ἴδητε τὸ βδέλυγμα τῆς ἐρημώσεως τὸ ῥηθὲν
cuando$_2$ Entonces$_1$ veáis la abominación de la desolación -- dicha
3752 3767 1492 3588 946 3588 2050 3588 4483
CAT CLI VAAS2P DASN NASN DGSF NGSF DASN VAPP-SAN

διὰ Δανιὴλ τοῦ προφήτου ἑστὸς ἐν τόπῳ ἁγίῳ, ὁ ἀναγινώσκων
por Daniel el profeta puesta en (el) lugar santo, el que lee
1223 1158 3588 4396 2476 1722 5117 40 3588 314
P NGSM, XP DGSM NGSM VRAP-SAN P NDSM JDSM DNSM VPAP-SNM

νοείτω, 16 τότε οἱ ἐν τῇ Ἰουδαίᾳ φευγέτωσαν ἐπὶ τὰ ὄρη,
entienda, entonces los en -- Judea, huyan a los montes,
3539 5119 3588 1722 3588 2449 5343 1909 3588 3735
VPAM3S B DNPM P DDSF NDSF VPAM3P P DAPN NAPN

17 ὁ ἐπὶ τοῦ δώματος μὴ καταβάτω ἆραι τὰ ἐκ τῆς οἰκίας
el (que) en el techo, no baje a recoger las cosas de la casa
3588 1909 3588 1430 3361 2597 142 3588 1537 3588 3614
DNSM P DGSN NGSN BN, TN VAAM3S VAAN DAPN P DGSF NGSF

αὐτοῦ, 18 καὶ ὁ ἐν τῷ ἀγρῷ μὴ ἐπιστρεψάτω ὀπίσω ἆραι
de él, y el en el campo, no vuelva atrás a recoger
846 2532 3588 1722 3588 68 3361 1994 3694 142
RP3GSM CLN DNSM P DDSM NDSM BN, TN VAAM3S B VAAN

NVI

9 »Entonces los entre-
garán a ustedes para que
los persigan y los maten,
y los odiarán todas las
naciones por causa de
mi nombre. 10 En aquel
tiempo muchos se
apartarán de la fe; unos a
otros se traicionarán y se
odiarán; 11 y surgirá un
gran número de falsos
profetas que engañarán
a muchos. 12 Habrá tan-
ta maldad que el amor
de muchos se enfriará,
13 pero el que se manten-
ga firme hasta el fin será
salvo. 14 Y este evangelio
del reino se predicará en
todo el mundo como
testimonio a todas las
naciones, y entonces
vendrá el fin.
15 »Así que cuando
vean en el lugar santo
"el horrible sacrilegio",
del que habló el profeta
Daniel (el que lee, que
lo entienda), 16 los que
estén en Judea huyan a
las montañas. 17 El que
esté en la azotea no baje
a llevarse nada de su
casa. 18 Y el que esté en el
campo no regrese para

RVR

para tomar su capa.
19 Mas ¡ay de las que
en aquellos días estén
encintas, y de las que
estén criando!
20 Orad para que vuestra
huida no sea en invierno
ni en sábado;
21 porque habrá enton-
ces gran tribulación,
cual no la ha habido
desde el principio del
mundo hasta ahora, ni
la habrá jamás.
22 Y si aquellos días no
fuesen acortados, no se
salvaría nadie; mas por
causa de los escogidos,
aquellos días serán
acortados.
23 Entonces, si alguno os
dice: Mirad, aquí está el
Cristo, o mirad, allí está,
no lo creáis.
24 Porque se levantarán
falsos Cristos, y falsos
profetas, y harán gran-
des señales y prodigios,
hasta el punto de enga-
ñar, si fuera posible, aun
a los escogidos.
25 Mirad que os lo he
predicho.
26 Así que si os dicen:
Mirad, está en el desier-
to, no salgáis; o mirad,
está en las habitaciones
interiores, no lo creáis.
27 Porque así como
el relámpago sale del
oriente y brilla hasta
el occidente, así será
también la venida del

τὸ	ἱμάτιον	αὐτοῦ.	19 οὐαὶ	δὲ	ταῖς	ἐν	γαστρὶ*	ἐχούσαις	καὶ	ταῖς
el	manto	de él.	¡ay de$_{2}$	Y$_{1}$	las	en$_{2}$	vientre$_{3}$	teniendo$_{1}$	y	las que
3588	2440	846	3759	1161	3588	1722	1064	2192	2532	3588
DASN	*NASN*	*RP3GSM*	*I, T*	*CLN*	*DDPF*	*P*	*NDSF*	*VPAP-PDF*	*CLN*	*DDPF*

θηλαζούσαις	ἐν	ἐκείναις	ταῖς	ἡμέραις.	20 προσεύχεσθε	δὲ	ἵνα	μὴ
están amamantando	en	aquellos	--	días!	orad$_{2}$	Y$_{1}$	para que	no$_{4}$
2337	1722	1565	3588	2250	4336	1161	2443	3361
VPAP-PDF	*P*	*RD-DPF*	*DDPF*	*NDPF*	*VPUM2P*	*CLN*	*CSC*	*BN, TN*

γένηται	ἡ	φυγὴ	ὑμῶν	χειμῶνος	μηδὲ	σαββάτῳ.	21 ἔσται
llegue a ser$_{5}$	la$_{1}$	huida$_{2}$	de vosotros$_{3}$	(el) invierno	ni	(el) sábado;	estará (habrá)$_{5}$
1096	3588	5437	5216	5494	3366	4521	2071
VAMS3S	*DNSF*	*NNSF*	*RP2GP*	*NGSM*	*TN, CLD*	*NDSN*	*VFMI3S*

γὰρ	τότε	θλῖψις	μεγάλη	οἵα	οὐ	γέγονεν	ἀπ’	ἀρχῆς	κόσμου
porque$_{1}$	entonces$_{2}$	aflicción$_{3}$	grande$_{4}$	como	no	ha sucedido	desde	(el) principio	de (l) mundo
1063	5119	2347	3173	3634	3756	1096	575	746	2889
CAZ	*B*	*NNSF*	*JNSF*	*RR-NSF*	*BN, TN*	*VRAI3S*	*P*	*NGSF*	*NGSM*

ἕως	τοῦ	νῦν	οὐδ’	οὐ	μὴ*	γένηται.	22 καὶ	εἰ	μὴ	ἐκολοβώθησαν
hasta	--	ahora	ni	no	no	habrá.	Y	si	no$_{4}$	hubieran sido reducidos$_{5}$
2193	3588	3568	3761	3756	3361	1096	2532	1487	3361	2856
P, C	*DGSM*	*B*	*TN, CLD*	*BN, TN*	*BN, TN*	*VAMS3S*	*CLN*	*CAC*	*BN, TN*	*VAPI3P*

αἱ	ἡμέραι	ἐκεῖναι,	οὐκ	ἂν	ἐσώθη	πᾶσα	σάρξ·	διὰ	δὲ	τοὺς
los$_{1}$	días$_{2}$	aquellos$_{3}$	no$_{8}$	--$_{9}$	sería salva;$_{10}$	toda$_{6}$	carne$_{7}$	a causa de$_{12}$	pero$_{11}$	los$_{13}$
3588	2250	1565	3756	302	4982	3956	4561	1223	1161	3588
DNPF	*NNPF*	*RD-NPF*	*BN, TN*	*TC*	*VAPI3S*	*JNSF*	*NNSF*	*P*	*CLC*	*DAPM*

ἐκλεκτοὺς	κολοβωθήσονται	αἱ	ἡμέραι	ἐκεῖναι.	23 τότε	ἐάν	τις
elegidos,$_{14}$	serán reducidos.$_{18}$	los$_{15}$	días$_{16}$	aquellos$_{17}$	Entonces	si	alguien
1588	2856	3588	2250	1565	5119	1437	5100
JAPM	*VFPI3P*	*DNPF*	*NNPF*	*RD-NPF*	*B*	*CAC*	*RX-NSM*

ὑμῖν	εἴπῃ·	Ἰδοὺ	ὧδε	ὁ	χριστός,	ἤ·	Ὧδε,	μὴ	πιστεύσητε·
a vosotros	dijera:	He aquí	aquí	el	Cristo.	O:	Aquí,	no	creáis;
5213	2036	2400	5602	3588	5547	2228	5602	3361	4100
RP2DP	*VAAS3S*	*I, VAAM2S*	*BP*	*DNSM*	*NNSM*	*CLD*	*BP*	*BN, TN*	*VAAS2P*

24 ἐγερθήσονται	γὰρ	ψευδόχριστοι	καὶ	ψευδοπροφῆται,	καὶ	δώσουσιν
se levantarán$_{2}$	porque$_{1}$	falsos Cristos	y	falsos profetas,	y	darán
1453	1063	5580	2532	5578	2532	1325
VFPI3P	*CAZ*	*NNPM*	*CLN*	*NNPM*	*CLN*	*VFAI3P*

σημεῖα	μεγάλα	καὶ	τέρατα	ὥστε	πλανῆσαι	εἰ	δυνατὸν	καὶ
señales	grandes	y	prodigios,	--	para engañar,	si	es posible,	también
4592	3173	2532	5059	5620	4105	1487	1415	2532
NAPN	*JAPN*	*CLN*	*NAPN*	*CAR*	*VAAN*	*CAC*	*JNSN*	*BE, TE*

τοὺς	ἐκλεκτούς·	25 ἰδοὺ	προείρηκα	ὑμῖν.	26 ἐὰν	οὖν	εἴπωσιν
a los	elegidos.	He aquí	he dicho antes	a vosotros.	si$_{2}$	Entonces$_{1}$	digan
3588	1588	2400	4280	5213	1437	3767	2036
DAPM	*JAPM*	*I,VAAM2S*	*VRAI1S*	*RP2DP*	*CAC*	*CLI*	*VAAS3P*

ὑμῖν·	Ἰδοὺ	ἐν	τῇ	ἐρήμῳ	ἐστίν,	μὴ	ἐξέλθητε·	Ἰδοὺ	ἐν	τοῖς
a vosotros:	He aquí	en	el	desierto	está,	no	salgáis;	He aquí	en	las
5213	2400	1722	3588	2048	2076	3361	1831	2400	1722	3588
RP2DP	*I, VAAM2S*	*P*	*DDSF*	*JDSF*	*VPAI3S*	*BN, TN*	*VAAS2P*	*I, VAAM2S*	*P*	*DDPN*

ταμείοις,	μὴ	πιστεύσητε·	27 ὥσπερ	γὰρ	ἡ	ἀστραπὴ	ἐξέρχεται
habitaciones,	no	creáis;	tal como$_{2}$	porque$_{1}$	el	relámpago	sale
5009	3361	4100	5618	1063	3588	796	1831
NDPN	*BN, TN*	*VAAS2P*	*CAM*	*CAZ*	*DNSF*	*NNSF*	*VPUI3S*

ἀπὸ	ἀνατολῶν	καὶ	φαίνεται	ἕως	δυσμῶν,	οὕτως	ἔσται	ἡ	παρουσία
de	(el) oriente	y	aparece	hasta	(el) occidente,	así	será	la	venida
575	395	2532	5316	2193	1424	3779	2071	3588	3952
P	*NGPF*	*CLN*	*VPUI3S*	*P, C*	*NGPF*	*B*	*VFMI3S*	*DNSF*	*NNSF*

NVI

buscar su capa. 19 ¡Qué
terrible será en aquellos
días para las que estén
embarazadas o ama-
mantando! 20 Oren para
que su huida no suceda
en invierno ni en sába-
do. 21 Porque habrá una
gran tribulación, como
no la ha habido desde
el principio del mundo
hasta ahora, ni la habrá
jamás. 22 Si no se acor-
taran esos días, nadie
sobreviviría, pero por
causa de los elegidos se
acortarán. 23 Entonces,
si alguien les dice a uste-
des: "¡Miren, aquí está el
Cristo!" o "¡Allí está!",
no lo crean. 24 Porque
surgirán falsos Cristos
y falsos profetas que
harán grandes señales y
milagros para engañar,
de ser posible, aun a los
elegidos. 25 Fíjense que se
lo he dicho a ustedes de
antemano.
26 »Por eso, si les di-
cen: "¡Miren que está en
el desierto!", no salgan;
o: "¡Miren que está en
la casa!", no lo crean.
27 Porque así como el
relámpago que sale del
oriente se ve hasta en
el occidente, así será
la venida del Hijo del

24:19* O sea *embarazadas.* **24:21*** O sea *jamás.*

RVR

Hijo del Hombre.
28 Dondequiera que
esté el cadáver, allí se
juntarán las águilas.

La venida del Hijo del Hombre

29 E inmediatamente
después de la tribula-
ción de aquellos días,
el sol se oscurecerá,
y la luna no dará su
resplandor, y las estrellas
caerán del cielo, y las
potencias de los cielos
serán sacudidas.
30 Entonces aparecerá
la señal del Hijo del
Hombre en el cielo; y
entonces harán duelo
todas las tribus de la tie-
rra, y verán al Hijo del
Hombre viniendo sobre
las nubes del cielo, con
poder y gran gloria.
31 Y enviará sus án-
geles con gran voz de
trompeta, y reunirán
a sus escogidos, de los
cuatro vientos, desde un
extremo del cielo hasta
el otro.
32 De la higuera
aprended la parábola:
Cuando ya su rama se
ha puesto tierna, y bro-
tan las hojas, sabéis que

τοῦ	υἱοῦ	τοῦ	ἀνθρώπου·	28 ὅπου	ἐὰν	ἦ	τὸ	πτῶμα,	ἐκεῖ
del	Hijo	del	Hombre;	donde	--	esté	el	cadáver,	allí
3588	5207	3588	444	3699	1437	5600	3588	4430	1563
DGSM	*NGSM*	*DGSM*	*NGSM*	*CAL*	*TC*	*VPAS3S*	*DNSN*	*NNSN*	*BP*

συναχθήσονται	οἱ	ἀετοί.
se juntarán.$_3$	los$_1$	buitres$_2$
4863	3588	105
VFPI3P	*DNPM*	*NNPM*

29 Εὐθέως	δὲ	μετὰ	τὴν	θλῖψιν	τῶν	ἡμερῶν	ἐκείνων	ὁ
inmediatamente$_2$	E$_1$	después de	la	tribulación	de los	días	aquellos,	el
2112	1161	3326	3588	2347	3588	2250	1565	3588
B	*CLN*	*P*	*DASF*	*NASF*	*DGPF*	*NGPF*	*RD-GPN*	*DNSM*

ἥλιος	σκοτισθήσεται,	καὶ	ἡ	σελήνη	οὐ	δώσει	τὸ	φέγγος	αὐτῆς,
sol	se oscurecerá,	y	la	luna	no	dará	la	luz	de ella,
2246	4654	2532	3588	4582	3756	1325	3588	5338	846
NNSM	*VFPI3S*	*CLN*	*DNSF*	*NNSF*	*BN, TN*	*VFAI3S*	*DASN*	*NASN*	*RP3GSF*

καὶ	οἱ	ἀστέρες	πεσοῦνται	ἀπὸ	τοῦ	οὐρανοῦ,	καὶ	αἱ	δυνάμεις
y	las	estrellas	caerán	de	el	cielo,	y	los	poderes
2532	3588	792	4098	575	3588	3772	2532	3588	1411
CLN	*DNPM*	*NNPM*	*VFUI3P*	*P*	*DGSM*	*NGSM*	*CLN*	*DNPF*	*NNPF*

τῶν	οὐρανῶν	σαλευθήσονται.	30 καὶ	τότε	φανήσεται	τὸ	σημεῖον
de los	cielos	serán sacudidos.	Y	entonces	aparecerá$_7$	la$_1$	señal$_2$
3588	3772	4531	2532	5119	5316	3588	4592
DGPM	*NGPM*	*VFPI3P*	*CLN*	*B*	*VFPI3S*	*DNSN*	*NNSN*

τοῦ	υἱοῦ	τοῦ	ἀνθρώπου	ἐν	τῷ	οὐρανῷ,	καὶ	τότε	κόψονται	πᾶσαι
del$_3$	Hijo$_4$	del$_5$	Hombre$_6$	en	el	cielo,	y	entonces	harán duelo$_6$	todas$_1$
3588	5207	3588	444	1722	3588	3772	2532	5119	2875	3956
DGSM	*NGSM*	*DGSM*	*NGSM*	*P*	*DDSM*	*NDSM*	*CLN*	*B*	*VFMI3P*	*JNPF*

αἱ	φυλαὶ	τῆς	γῆς	καὶ	ὄψονται	τὸν	υἱὸν	τοῦ	ἀνθρώπου	ἐρχόμενον
las$_2$	tribus$_3$	de la$_4$	tierra$_5$	y	verán	al	Hijo	del	Hombre	viniendo
3588	5443	3588	1093	2532	3700	3588	5207	3588	444	2064
DNPF	*NNPF*	*DGSF*	*NGSF*	*CLN*	*VFMI3P*	*DASM*	*NASM*	*DGSM*	*NGSM*	*VPUP-SAM*

ἐπὶ	τῶν	νεφελῶν	τοῦ	οὐρανοῦ	μετὰ	δυνάμεως	καὶ	δόξης	πολλῆς·
sobre	las	nubes	del	cielo	con	poder	y	gloria;$_2$	mucha$_1$
1909	3588	3507	3588	3772	3326	1411	2532	1391	4183
P	*DGPF*	*NGPF*	*DGSM*	*NGSM*	*P*	*NGSF*	*CLN*	*NGSF*	*JGSF*

31 καὶ	ἀποστελεῖ	τοὺς	ἀγγέλους	αὐτοῦ	μετὰ	⸀σάλπιγγος	μεγάλης,	καὶ
y	enviará	a los	ángeles	de él	con	trompeta	grande,	y
2532	649	3588	32	846	3326	4536	3173	2532
CLN	*VFAI3S*	*DAPM*	*NAPM*	*RP3GSM*	*P*	*NGSF*	*JGSF*	*CLN*

ἐπισυνάξουσιν	τοὺς	ἐκλεκτοὺς	αὐτοῦ	ἐκ	τῶν	τεσσάρων	ἀνέμων	ἀπ’
juntará	a los	elegidos	de él	de	los	cuatro	vientos	de
1996	3588	1588	846	1537	3588	5064	417	575
VFAI3P	*DAPM*	*JAPM*	*RP3GSM*	*P*	*DGPM*	*JGPM*	*NGPM*	*P*

ἄκρων	οὐρανῶν	ἕως	⸀¹τῶν	ἄκρων	αὐτῶν.
un extremo	de (los) cielos	hasta	los	(otros) extremos	de ellos.
206	3772	2193	3588	206	846
NGPN	*NGPM*	*P, C*	*DGPN, DGPM*	*NGPN*	*RP3GPM*

32 Ἀπὸ	δὲ	τῆς	συκῆς	μάθετε	τὴν	παραβολήν·	ὅταν	ἤδη	ὁ
de$_2$	Mas$_1$	la	higuera	aprended	la	parábola:	Cuando	ya	la
575	1161	3588	4808	3129	3588	3850	3752	2235	3588
P	*CLN*	*DGSF*	*NGSF*	*VAAM2P*	*DASF*	*NASF*	*CAT*	*B*	*DNSM*

κλάδος	αὐτῆς	γένηται	ἁπαλὸς	καὶ	τὰ	φύλλα	ἐκφύῃ,	γινώσκετε	ὅτι
rama	de ella	llegue a estar	tierna	y	las	hojas	hace brotar,	conocéis	que
2798	846	1096	527	2532	3588	5444	1631	1097	3754
NNSM	*RP3GSF*	*VAMS3S*	*JNSM*	*CLN*	*DAPN*	*NAPN*	*VPAS3S*	*VPAI2P*	*CSC*

NVI

hombre. 28 Donde esté el
cadáver, allí se reunirán
los buitres.
29 »Inmediatamente
después de la tribulación
de aquellos días,

»“se oscurecerá el sol
y no brillará más la
luna;
las estrellas caerán del
cielo
y los cuerpos celestes
serán sacudidos”.

30 »La señal del Hijo
del hombre aparecerá en
el cielo, y se angustia-
rán todas las razas de
la tierra. Verán al Hijo
del hombre venir sobre
las nubes del cielo con
poder y gran gloria.
31 Y al sonido de la gran
trompeta mandará a sus
ángeles, y reunirán de
los cuatro vientos a los
elegidos, de un extremo
al otro del cielo.
32 »Aprendan de la
higuera esta lección:
Tan pronto como se
ponen tiernas sus ramas
y brotan sus hojas, uste-
des saben que el verano

24:31⸀ Manuscritos importantes tienen *voz de*. **24:31⸀¹** Manuscritos inferiores suprimieron *de los*.

RVR

el verano está cerca.
33 Así también vosotros,
cuando veáis todas estas
cosas, conoced que él
está cerca, a las puertas.
34 De cierto os digo, que
no pasará esta genera-
ción hasta que todo esto
acontezca.
35 El cielo y la tierra pa-
sarán, pero mis palabras
no pasarán.
36 Pero de aquel día y
de aquella hora nadie
sabe, ni aun los ángeles
del cielo, sino sólo mi
Padre.
37 Mas como en los
días de Noé, así será
la venida del Hijo del
Hombre.
38 Porque como en los
días antes del diluvio
estaban comiendo y
bebiendo, casándose y
dándose en matrimo-
nio, hasta el día en que
Noé entró en el arca,
39 y no se dieron cuenta
hasta que vino el diluvio
y se los llevó a todos, así
será también la venida
del Hijo del Hombre.
40 Entonces estarán dos
en el campo; el uno será

ἐγγὺς	τὸ	θέρος·	33 οὕτως	καὶ	ὑμεῖς,	ὅταν	ἴδητε	πάντα	ταῦτα,
está cerca	el	verano;	así	también	vosotros	cuando	veáis	todas	estas cosas,
1451	3588	2330	3779	2532	5210	3752	1492	3956	3778
B	*DNSN*	*NNSN*	*B*	*BE, TE*	*RP2NP*	*CAT*	*VAAS2P*	*JAPN*	*RD-APN*

γινώσκετε	ὅτι	ἐγγύς	ἐστιν	ἐπὶ	θύραις.	34 ἀμὴν	λέγω	ὑμῖν	ὅτι
conoced	que	cerca	está	sobre	(las) puertas.	De cierto	digo	a vosotros	que
1097	3754	1451	2076	1909	2374	281	3004	5213	3754
VPAI2P, VPAM2P	*CSC*	*B*	*VPAI3S*	*P*	*NDPF*	*XF, B*	*VPAI1S*	*RP2DP*	*CSC*

οὐ	μὴ*	παρέλθῃ	ἡ	γενεὰ	αὕτη	ἕως	ἂν	πάντα	ταῦτα
no	no	pasará$_4$	la$_1$	generación$_2$	esta$_3$	hasta (que)	--	todas	estas cosas
3756	3361	3928	3588	1074	3778	2193	302	3956	5023
BN, TN	*BN, TN*	*VAAS3S*	*DNSF*	*NNSF*	*RD-NSF*	*CAT*	*TC*	*JNPN*	*RD-APN*

γένηται.	35 ὁ	οὐρανὸς	καὶ	ἡ	γῆ	παρελεύσεται,	οἱ	δὲ	λόγοι
llegue(n) a ser.	El	cielo	y	la	tierra	pasará,	las$_2$	pero$_1$	palabras
1096	3588	3772	2532	3588	1093	3928	3588	1161	3056
VAMS3S	*DNSM*	*NNSM*	*CLN*	*DNSF*	*NNSF*	*VFMI3S*	*DNPM*	*CLC*	*NNPM*

μου	οὐ	μὴ*	παρέλθωσιν.
de mí	no	no	pasarán.
3450	3756	3361	3928
RP1GS	*BN, TN*	*BN, TN*	*VAAS3P*

36 Περὶ	δὲ	τῆς	ἡμέρας	ἐκείνης	καὶ	ὥρας	οὐδεὶς	οἶδεν,	οὐδὲ
acerca de$_2$	Mas$_1$	el	día	aquel	y	de (la) hora	nadie	sabe,	ni
4012	1161	3588	2250	1565	2532	5610	3762	1492	3761
P	*CLN*	*DGSF*	*NGSF*	*RD-GSF*	*CLN*	*NGSF*	*JNSM*	*VRAI3S*	*CLA, CLK, B*

οἱ	ἄγγελοι	τῶν	οὐρανῶν	⸂οὐδὲ	ὁ	υἱός⸃,	εἰ	μὴ	ὁ	⸀πατὴρ
los	ángeles	de los	cielos	ni	el	hijo,	si	no	el	Padre
3588	32	3588	3772	3761	3588	5207	1487	3361	3588	3962
DNPM	*NNPM*	*DGPM*	*NGPM*	*CLK, TN*	*DNSM*	*NNSM*	*CAC*	*BN, TN*	*DNSM*	*NNSM*

μόνος.	37 ὥσπερ	γὰρ	αἱ	ἡμέραι	τοῦ	Νῶε,	οὕτως	ἔσται	ἡ
sólo.	tal como$_2$	Porque$_1$	los	días	--	de Noé,	así	será	la
3441	5618	1063	3588	2250	3588	3575	3779	2071	3588
JNSM	*CAM*	*CAZ*	*DNPF*	*NNPF*	*DGSM*	*NGSM, XP*	*B*	*VFMI3S*	*DNSF*

παρουσία	τοῦ	υἱοῦ	τοῦ	ἀνθρώπου·	38 ὡς	γὰρ	ἦσαν	ἐν	ταῖς
venida	del	Hijo	del	Hombre.	como$_2$	Porque$_1$	estaban	en	los
3952	3588	5207	3588	444	5613	1063	2258	1722	3588
NNSF	*DGSM*	*NGSM*	*DGSM*	*NGSM*	*CAM*	*CLX*	*VIAI3P*	*P*	*DDPF*

⸀ἡμέραις	ταῖς	πρὸ	τοῦ	κατακλυσμοῦ	τρώγοντες	καὶ	πίνοντες,
días	los	antes de	el	diluvio	comiendo	y	bebiendo,
2250	3588	4253	3588	2627	5176	2532	4095
NDPF	*DDPF*	*P*	*DGSM*	*NGSM*	*VPAP-PNM*	*CLN*	*VPAP-PNM*

γαμοῦντες	καὶ	γαμίζοντες,	ἄχρι	ἧς	ἡμέρας	εἰσῆλθεν	Νῶε	εἰς
casándose	y	dándose en casamiento,	hasta	que$_2$	(el) día$_1$	entró$_4$	Noé$_3$	en
1060	2532	1061	891	3739	2250	1525	3575	1519
VPAP-PNM	*CLN*	*VPAP-PNM*	*P*	*RR-GSF*	*NGSF*	*VAAI3S*	*NNSM, XP*	*P*

τὴν	κιβωτόν,	39 καὶ	οὐκ	ἔγνωσαν	ἕως	ἦλθεν	ὁ	κατακλυσμὸς
el	arca,	y	no	comprendieron	hasta (que)	vino$_3$	el$_1$	diluvio$_2$
3588	2787	2532	3756	1097	2193	2064	3588	2627
DASF	*NASF*	*CLN*	*BN, TN*	*VAAI3P*	*CAT*	*VAAI3S*	*DNSM*	*NNSM*

καὶ	ἦρεν	ἅπαντας,	οὕτως	ἔσται	καὶ	ἡ	παρουσία	τοῦ	υἱοῦ	τοῦ
y	tomó	a todos,	así	será	también	la	venida	del	Hijo	del
2532	142	537	3779	2071	2532	3588	3952	3588	5207	3588
CLN	*VAAI3S*	*JAPM*	*B*	*VFMI3S*	*BE, TE*	*DNSF*	*NNSF*	*DGSM*	*NGSM*	*DGSM*

ἀνθρώπου.	40 τότε	δύο	ἔσονται	ἐν	τῷ	ἀγρῷ,	εἷς	παραλαμβάνεται
Hombre.	Entonces	dos	estarán	en	el	campo,	uno	será llevado
444	5119	1417	2071	1722	3588	68	1520	3880
NGSM	*B*	*XN, J*	*VFMI3P*	*P*	*DDSM*	*NDSM*	*JNSM*	*VPPI3S*

NVI

está cerca. 33 Igualmente,
cuando vean todas
estas cosas, sepan que el
tiempo está cerca, a las
puertas. 34 Les aseguro
que no pasará esta gene-
ración hasta que todas
estas cosas sucedan. 35 El
cielo y la tierra pasarán,
pero mis palabras jamás
pasarán.

Se desconocen el día y la hora

36 »Pero, en cuanto
al día y la hora, nadie
lo sabe, ni siquiera los
ángeles en el cielo, ni el
Hijo, sino solo el Padre.
37 La venida del Hijo
del hombre será como
en tiempos de Noé.
38 Porque en los días an-
tes del diluvio comían,
bebían y se casaban y
daban en casamiento,
hasta el día en que Noé
entró en el arca; 39 y no
supieron nada de lo
que sucedería hasta que
llegó el diluvio y se los
llevó a todos. Así será
en la venida del Hijo del
hombre. 40 Estarán dos
hombres en el campo:
uno será llevado y el otro

24:34*, 35* O sea *de ninguna manera.* **24:36⸂⸃** Manuscritos inferiores suprimieron *ni el hijo.* **24:36⸀** Manuscritos inferiores aumentaron *mi.*
24:38⸀ Manuscritos importantes tienen *aquellos.*

RVR

tomado, y el otro será
dejado.
41 Dos mujeres estarán
moliendo en un moli-
no; la una será tomada,
y la otra será dejada.
42 Velad, pues, porque
no sabéis a qué hora ha
de venir vuestro Señor.
43 Y comprended
aquello de que si el
padre de familia supiese
a qué hora iba a venir
el ladrón, velaría y no
dejaría que horadasen
su casa.
44 Por tanto, también
vosotros estad prepa-
rados; porque el Hijo
del Hombre vendrá a la
hora que no penséis.
45 ¿Quién es, pues, el
siervo fiel y prudente,
al cual puso su señor al
frente de su servidum-
bre, para que les dé el
alimento a su tiempo?
46 Dichoso aquel siervo,
al cual, cuando su señor
venga, le halle obrando
así.
47 De cierto os digo que
le pondrá al frente de
toda su hacienda.
48 Pero si aquel siervo
malo dice en su cora-
zón: Mi señor tarda en
venir;
49 y comienza a golpear
a sus consiervos, y a

καὶ εἷς ἀφίεται· 41 δύο ἀλήθουσαι ἐν τῷ μύλῳ, μία
y uno es dejado; dos (mujeres estarán) moliendo en el molino, una
2532 1520 863 1417 229 1722 3588 3458 1520
CLN JNSM VPPI3S XN, J VPAP-PNF P DDSM NDSM JNSF

παραλαμβάνεται καὶ μία ἀφίεται. 42 γρηγορεῖτε οὖν, ὅτι οὐκ
será llevada y una es dejada. Velad, entonces, porque no
3880 2532 1520 863 1127 3767 3754 3756
VPPI3S CLN JNSF VPPI3S VPAM2P CLI CAZ BN, TN

οἴδατε ποίᾳ ⸀ἡμέρᾳ ὁ κύριος ὑμῶν ἔρχεται. 43 ἐκεῖνο δὲ
sabéis cuál día el Señor de vosotros viene. aquello,$_3$ Mas$_1$
1492 4169 2250 3588 2962 5216 2064 1565 1161
VRAI2P JDSF, RI-DSF NDSF DNSM NNSM RP2GP VPUI3S RD-ASN CLN

γινώσκετε ὅτι εἰ ᾔδει ὁ οἰκοδεσπότης ποίᾳ φυλακῇ ὁ
conoced$_2$ que si supiera$_3$ el$_1$ dueño de la casa$_2$ en cuál vigilia el
1097 3754 1487 1492 3588 3617 4169 5438 3588
VPAI2P, VPAM2P CSC CAC VLAI3S DNSM NNSM JDSF, RI-DSF NDSF DNSM

κλέπτης ἔρχεται, ἐγρηγόρησεν ἂν καὶ οὐκ ἂν εἴασεν διορυχθῆναι τὴν
ladrón viene, vigilaría -- y no -- permitiría que fuese perforada la
2812 2064 1127 302 2532 3756 302 1439 1358 3588
NNSM VPUI3S VAAI3S TC CLN BN, TN TC VAAI3S VAPN DASF

οἰκίαν αὐτοῦ. 44 διὰ τοῦτο καὶ ὑμεῖς γίνεσθε ἕτοιμοι, ὅτι ᾗ οὐ
casa de él. Por esto, también vosotros llegad a ser preparados, porque en la que no$_2$
3614 846 1223 5124 2532 5210 1096 2092 3754 3739 3756
NASF RP3GSM P RD-NSN BE, TE RP2NP VPUM2P JNPM CAZ RR-DSF BN, TN

δοκεῖτε ὥρᾳ ὁ υἱὸς τοῦ ἀνθρώπου ἔρχεται.
pensáis$_3$ hora$_1$ el Hijo del Hombre viene.
1380 5610 3588 5207 3588 444 2064
VPAI2P NDSF DNSM NNSM DGSM NGSM VPUI3S

45 Τίς ἄρα ἐστὶν ὁ πιστὸς δοῦλος καὶ φρόνιμος ὃν
¿Quién entonces es el fiel siervo y prudente a quien
5101 687 2076 3588 4103 1401 2532 5429 3739
RI-NSM CLI VPAI3S DNSM JNSM NNSM CLN JNSM RR-ASM

κατέστησεν ὁ κύριος ἐπὶ τῆς οἰκετείας αὐτοῦ τοῦ δοῦναι
constituyó el Señor sobre la servidumbre de él -- para dar
2525 3588 2962 1909 3588 3610 846 3588 1325
VAAI3S DNSM NNSM P DGSF NGSF RP3GSM DGSN, DGSM VAAN

αὐτοῖς τὴν τροφὴν ἐν καιρῷ; 46 μακάριος ὁ δοῦλος ἐκεῖνος ὃν
a ellos el alimento en (su) tiempo? Dichoso el siervo aquel a quien
846 3588 5160 1722 2540 3107 3588 1401 1565 3739
RP3DPM DASF NASF P NDSM JNSM DNSM NNSM RD-NSM RR-ASM

ἐλθὼν ὁ κύριος αὐτοῦ εὑρήσει οὕτως ποιοῦντα· 47 ἀμὴν λέγω
habiendo venido el Señor de él encontrará así haciendo; de cierto digo
2064 3588 2962 846 2147 3779 4160 281 3004
VAAP-SNM DNSM NNSM RP3GSM VFAI3S B VPAP-SAM XF, B VPAI1S

ὑμῖν ὅτι ἐπὶ πᾶσιν τοῖς ὑπάρχουσιν αὐτοῦ καταστήσει αὐτόν. 48 ἐὰν
a vosotros que sobre$_3$ todas$_4$ las$_5$ posesiones$_6$ de él,$_7$ pondrá$_1$ a él$_2$ si$_2$
5213 3754 1909 3956 3588 5224 846 2525 846 1437
RP2DP CSC P JDPN DDPN VPAP-PDN RP3GSM VFAI3S RP3ASM CAC

δὲ εἴπῃ ὁ κακὸς δοῦλος ἐκεῖνος ἐν τῇ καρδίᾳ αὐτοῦ· Χρονίζει
Pero$_1$ dice$_7$ el$_3$ mal$_4$ siervo$_5$ aquel$_6$ en el corazón de él: tarda,$_4$
1161 2036 3588 2556 1401 1565 1722 3588 2588 846 5549
CLC VAAS3S DNSM JNSM NNSM RD-NSM P DDSF NDSF RP3GSM VPAI3S

μου ὁ κύριος, 49 καὶ ἄρξηται τύπτειν τοὺς συνδούλους αὐτοῦ,
de mí$_3$ el$_1$ Señor$_2$ y comienza a golpear a los consiervos de él,
3450 3588 2962 2532 756 5180 3588 4889 846
RP1GS DNSM NNSM CLN VAMS3S VPAN DAPM NAPM RP3GSM

NVI

será dejado. 41 Dos mu-
jeres estarán moliendo:
una será llevada y la otra
será dejada.
42 »Por lo tanto,
manténganse despiertos,
porque no saben qué día
vendrá su Señor. 43 Pero
entiendan esto: Si un
dueño de casa supiera
a qué hora de la noche
va a llegar el ladrón, se
mantendría despierto
para no dejarlo forzar
la entrada. 44 Por eso
también ustedes deben
estar preparados, porque
el Hijo del hombre
vendrá cuando menos lo
esperen.
45 »¿Quién es el
siervo fiel y prudente
a quien su señor ha
dejado encargado de los
sirvientes para darles
la comida a su debido
tiempo? 46 Dichoso el
siervo cuando su señor,
al regresar, lo encuentra
cumpliendo con su de-
ber. 47 Les aseguro que lo
pondrá a cargo de todos
sus bienes. 48 Pero ¿qué
tal si ese siervo malo
se pone a pensar: "Mi
señor se está demoran-
do", 49 y luego comienza a
golpear a sus compañeros,

23:42⸀ Manuscritos inferiores tienen *la hora.*

RVR

comer y a beber con los
borrachos,
50 vendrá el señor de
aquel siervo el día que
este no espera, y a la
hora que no sabe,
51 y lo castigará muy
duramente, y pondrá su
parte con los hipócritas;
allí será el llanto y el
crujir de dientes.

Parábola de las diez vírgenes

25 Entonces el
reino de los cie-
los será semejante a diez
vírgenes que, tomando
sus lámparas, salieron a
recibir al esposo.
2 Cinco de ellas eran
prudentes, y cinco
insensatas.
3 Las insensatas, toman-
do sus lámparas, no
tomaron consigo aceite;
4 mas las prudentes
tomaron aceite en sus
vasijas, juntamente con
sus lámparas.
5 Y tardándose el esposo,
cabecearon todas y se
durmieron.
6 Y a la medianoche
se oyó un grito: ¡Aquí
viene el esposo; salid a
recibirle!
7 Entonces todas
aquellas vírgenes se

ἐσθίῃ δὲ καὶ πίνῃ μετὰ τῶν μεθυόντων, 50 ἥξει ὁ κύριος τοῦ
come$_2$ pero$_1$ y bebe con los que se emborrachan, vendrá$_6$ el$_1$ Señor$_2$ del$_3$
2068 1161 2532 4095 3326 3588 3184 2240 3588 2962 3588
VPAS3S CLN CLN VPAS3S P DGPM VPAP-PGM VFAI3S DNSM NNSM DGSM

δούλου ἐκείνου ἐν ἡμέρᾳ ᾗ οὐ προσδοκᾷ καὶ ἐν ὥρᾳ ᾗ
siervo$_4$ aquel$_5$ en (el) día que no espera y en (la) hora que
1401 1565 1722 2250 3739 3756 4328 2532 1722 5610 3739
NGSM RD-GSM P NDSF RR-DSF BN, TN VPAI3S CLN P NDSF RR-DSF

οὐ γινώσκει, 51 καὶ διχοτομήσει αὐτὸν καὶ τὸ μέρος αὐτοῦ μετὰ
no conoce, y castigará duramente a él, y la$_2$ parte$_3$ de él$_4$ con$_5$
3756 1097 2532 1371 846 2532 3588 3313 846 3326
BN, TN VPAI3S CLN VFAI3S RP3ASM CLN DASN NASN RP3GSM P

τῶν ὑποκριτῶν θήσει· ἐκεῖ ἔσται ὁ κλαυθμὸς καὶ ὁ βρυγμὸς τῶν
los$_6$ hipócritas;$_7$ pondrá$_1$ allí será el llanto y el crujir de los
3588 5273 5087 1563 2071 3588 2805 2532 3588 1030 3588
DGPM NGPM VFAI3S BP VFMI3S DNSM NNSM CLN DNSM NNSM DGPM

ὀδόντων.
dientes.
3599
NGPM

25 Τότε ὁμοιωθήσεται ἡ βασιλεία τῶν οὐρανῶν δέκα
Entonces será comparado$_5$ el$_1$ reino$_2$ de los$_3$ cielos$_4$ a diez
5119 3666 3588 932 3588 3772 1176
B VFPI3S DNSF NNSF DGPM NGPM XN, J

παρθένοις, αἵτινες λαβοῦσαι τὰς λαμπάδας ἑαυτῶν ἐξῆλθον εἰς
vírgenes, las cuales, recibiendo las lámparas de ellas mismas, salieron a
3933 3748 2983 3588 2985 1438 1831 1519
NDPF RR-NPF VAAP-PNF DAPF NAPF RF-GPF, RF3GPM VAAI3P P

ὑπάντησιν τοῦ νυμφίου. 2 πέντε δὲ ἐξ αὐτῶν ἦσαν μωραὶ
(el) encuentro del novio. cinco$_2$ Y$_1$ de de ellas eran necias
5222 3588 3566 4002 1161 1537 846 2258 3474
NASF DGSM NGSM XN, J CLN P RP3GPF, RP3GPM VIAI3P JNPF

καὶ πέντε φρόνιμοι. 3 αἱ γὰρ μωραὶ λαβοῦσαι τὰς λαμπάδας
y cinco prudentes. las$_2$ Porque$_1$ necias, habiendo recibido las lámparas
2532 4002 5429 3588 1063 3474 2983 3588 2985
CLN XN, J JNPF DNPF CAZ JNPF VAAP-PNF DAPF NAPF

αὐτῶν οὐκ ἔλαβον μεθ᾽ ἑαυτῶν ἔλαιον· 4 αἱ δὲ φρόνιμοι
de ellas, no tomaron con ellas mismas aceite. las$_2$ Y$_1$ prudentes
846 3756 2983 3326 1438 1637 3588 1161 5429
RP3GPF, RP3GPM BN, TN VAAI3P P RF-GPF, RF3GPM NASN DNPF CLC JNPF

ἔλαβον ἔλαιον ἐν τοῖς ἀγγείοις μετὰ τῶν λαμπάδων ἑαυτῶν.
tomaron aceite en a los frascos con las lámparas de ellas mismas.
2983 1637 1722 3588 30 3326 3588 2985 1438
VAAI3P NASN P DDPN NDPN P DGPF NGPF RF-GPF, RF3GPM

5 χρονίζοντος δὲ τοῦ νυμφίου ἐνύσταξαν πᾶσαι καὶ ἐκάθευδον.
tardándose$_2$ Mas$_1$ el novio, tuvieron sueño$_2$ todas$_1$ y se durmieron.
5549 1161 3588 3566 3573 3956 2532 2518
VPAP-SGM CLN DGSM NGSM VAAI3P JNPF CLN VIAI3P

6 μέσης δὲ νυκτὸς κραυγὴ γέγονεν· Ἰδοὺ ὁ νυμφίος, ἐξέρχεσθε
a media$_2$ Y$_1$ noche un clamor ha sucedido: He aquí el novio, salid
3319 1161 3571 2906 1096 2400 3588 3566 1831
JGSF CLN NGSF NNSF VRAI3S I, VAAM2S DNSM NNSM VPUM2P

εἰς ἀπάντησιν αὐτοῦ. 7 τότε ἠγέρθησαν πᾶσαι αἱ παρθένοι
para (el) encuentro de él. Entonces se levantaron$_5$ todas$_1$ las$_2$ vírgenes$_3$
1519 529 846 5119 1453 3956 3588 3933
P NASF RP3GSM B VAPI3P JNPF DNPF NNPF

NVI

y a comer y beber con
los borrachos? 50 El día
en que el siervo menos
lo espere y a la hora
menos pensada, el señor
volverá. 51 Lo castigará
severamente y le im-
pondrá la condena que
reciben los hipócritas. Y
habrá llanto y rechinar
de dientes.

Parábola de las diez jóvenes

25 »El reino de
los cielos será
entonces como diez
jóvenes solteras que
tomaron sus lámparas y
salieron a recibir al no-
vio. 2 Cinco de ellas eran
insensatas y cinco pru-
dentes. 3 Las insensatas
llevaron sus lámparas,
pero no se abastecieron
de aceite. 4 En cambio,
las prudentes llevaron
vasijas de aceite junto
con sus lámparas. 5 Y,
como el novio tardaba
en llegar, a todas les dio
sueño y se durmieron.
6 A medianoche se oyó
un grito: "¡Ahí viene el
novio! ¡Salgan a recibir-
lo!" 7 Entonces todas las
jóvenes se despertaron

RVR

levantaron, y arreglaron
sus lámparas.
8 Y las insensatas dijeron
a las prudentes: Dadnos
de vuestro aceite; por-
que nuestras lámparas se
apagan.
9 Pero las prudentes
respondieron diciendo:
No sea que no haya
suficiente para nosotras
ni para vosotras, id más
bien a los que venden, y
comprad para vosotras
mismas.
10 Pero mientras ellas
iban a comprar, vino el
esposo; y las que estaban
preparadas entraron con
él a las bodas; y se cerró
la puerta.
11 Después vinieron
también las otras vírge-
nes, diciendo: ¡Señor,
señor, ábrenos!
12 Pero él respondió y
dijo: De cierto os digo,
que no os conozco.
13 Velad, pues, porque
no sabéis el día ni la
hora en que el Hijo del
Hombre ha de venir.

Parábola de los talentos

14 Porque el reino de
los cielos es como un
hombre que, al irse de
viaje, llamó a sus siervos
y les encomendó sus
bienes.
15 A uno dio cinco talen-
tos, a otro dos, y a otro
uno, a cada uno con-
forme a su capacidad;

ἐκεῖναι	καὶ	ἐκόσμησαν	τὰς	λαμπάδας	ἑαυτῶν.	8 αἱ	δὲ	μωραὶ
aquellas$_4$	y	arreglaron	las	lámparas	de ellas mismas.	las$_2$	Y$_1$	necias$_3$
1565	2532	2885	3588	2985	1438	3588	1161	3474
RD-NPF	*CLN*	*VAAI3P*	*DAPF*	*NAPF*	*RF-GPF, RF3GPM*	*DNPF*	*CLN*	*JNPF*

ταῖς	φρονίμοις	εἶπαν·	Δότε	ἡμῖν	ἐκ	τοῦ	ἐλαίου	ὑμῶν,	ὅτι
a las$_5$	prudentes:$_6$	dijeron:$_4$	Dad	a nosotros	de	el	aceite	de vosotros	porque
3588	5429	3004	1325	2254	1537	3588	1637	5216	3754
DDPF	*JDPF*	*VAAI3P*	*VAAM2P*	*RP1DP*	*P*	*DGSN*	*NGSN*	*RP2GP*	*CAZ*

αἱ	λαμπάδες	ἡμῶν	σβέννυνται.	9 ἀπεκρίθησαν	δὲ	αἱ	φρόνιμοι
las	lámparas	de nosotros	se están apagando.	respondieron$_2$	Pero$_1$	las	prudentes
3588	2985	2257	4570	611	1161	3588	5429
DNPF	*NNPF*	*RP1GP*	*VPPI3P*	*VAPI3P, VAMI3P*	*CLN*	*DNPF*	*JNPF*

λέγουσαι·	Μήποτε	οὐ	μὴ*	ἀρκέσῃ	ἡμῖν	καὶ	ὑμῖν·
diciendo:	No sea que	no	no	haya suficiente	para nosotras	y	para vosotras,
3004	3379	3756	3361	714	2254	2532	5213
VPAP-PNF	*CAP*	*BN, TN*	*BN, TN*	*VAAS3S*	*RP1DP*	*CLN*	*RP2DP*

πορεύεσθε	μᾶλλον	πρὸς	τοὺς	πωλοῦντας	καὶ	ἀγοράσατε	ἑαυταῖς.
id$_2$	más bien$_1$	a	los	vendedores	y	comprad	para vosotras mismas.
4198	3123	4314	3588	4453	2532	59	1438
VPUM2P	*B*	*P*	*DAPM*	*VPAP-PAM*	*CLN*	*VAAM2P*	*RF3DPF*

10 ἀπερχομένων	δὲ	αὐτῶν	ἀγοράσαι	ἦλθεν	ὁ	νυμφίος,	καὶ	αἱ
yendo$_3$	Y$_1$	ellas$_2$	para comprar$_4$	vino,$_7$	el$_5$	novio$_6$	y	las
565	1161	846	59	2064	3588	3566	2532	3588
VPUP-PGF	*CLC*	*RP3GPF, RP3GPM*	*VAAN*	*VAAI3S*	*DNSM*	*NNSM*	*CLN*	*DNPF*

ἕτοιμοι	εἰσῆλθον	μετ’	αὐτοῦ	εἰς	τοὺς	γάμους,	καὶ	ἐκλείσθη	ἡ
preparadas	entraron	con	él	en	el	banquete de bodas,	y	fue cerrada.$_3$	la$_1$
2092	1525	3326	846	1519	3588	1062	2532	2808	3588
JNPF	*VAAI3P*	*P*	*RP3GSM*	*P*	*DAPM*	*NAPM*	*CLN*	*VAPI3S*	*DNSF*

θύρα.	11 ὕστερον	δὲ	ἔρχονται	καὶ	αἱ	λοιπαὶ	παρθένοι	λέγουσαι·
puerta$_2$	finalmente$_2$	Y$_1$	llegan$_7$	también$_3$	las$_4$	demás$_5$	vírgenes$_6$	diciendo:
2374	5305	1161	2064	2532	3588	3062	3933	3004
NNSF	*B, J*	*CLN*	*VPUI3P*	*BE, TE*	*DNPF*	*JNPF*	*NNPF*	*VPAP-PNF*

Κύριε	κύριε,	ἄνοιξον	ἡμῖν·	12 ὁ	δὲ	ἀποκριθεὶς	εἶπεν·	Ἀμὴν	λέγω
Señor,	señor,	abre	a nosotros.	--$_2$	Pero$_1$	respondiendo	dijo:	De cierto	digo
2962	2962	455	2254	3588	1161	611	2036	281	3004
NVSM	*NVSM*	*VAAM2S*	*RP1DP*	*DNSM*	*CLC*	*VAPP-SNM*	*VAAI3S*	*XF, B*	*VPAI1S*

ὑμῖν,	οὐκ	οἶδα	ὑμᾶς.	13 γρηγορεῖτε	οὖν,	ὅτι	οὐκ	οἴδατε	τὴν
a vosotras	no	conozco	a vosotras.	Velad,	entonces,	porque	no	sabéis	el
5213	3756	1492	5209	1127	3767	3754	3756	1492	3588
RP2DP	*BN, TN*	*VRAI1S*	*RP2AP*	*VPAM2P*	*CLI*	*CAZ*	*BN, TN*	*VRAI2P*	*DASF*

ἡμέραν	οὐδὲ	τὴν	ὥραν.
día	ni	la	hora.
2250	3761	3588	5610
NASF	*TN, CLD*	*DASF*	*NASF*

14 Ὥσπερ	γὰρ	ἄνθρωπος	ἀποδημῶν	ἐκάλεσεν	τοὺς	ἰδίους	δούλους
tal como$_2$	Porque$_1$	(un) hombre,	al irse de viaje,	llamó	a los	propios	siervos
5618	1063	444	589	2564	3588	2398	1401
CAM	*CLX*	*NNSM*	*VPAP-SNM*	*VAAI3S*	*DAPM*	*JAPM*	*NAPM*

καὶ	παρέδωκεν	αὐτοῖς	τὰ	ὑπάρχοντα	αὐτοῦ,	15 καὶ	ᾧ	μὲν	ἔδωκεν
y	entregó	a ellos	los	bienes	de él,	y	a uno$_3$	--$_1$	dio$_2$
2532	3860	846	3588	5224	846	2532	3739	3303	1325
CLN	*VAAI3S*	*RP3DPM*	*DAPN*	*VPAP-PAN*	*RP3GSM*	*CLN*	*RR-DSM*	*TK, C*	*VAAI3S*

πέντε	τάλαντα	ᾧ	δὲ	δύο	ᾧ	δὲ	ἕν,	ἑκάστῳ	κατὰ	τὴν
cinco	talentos,	a otro$_2$	y$_1$	dos,	a otro$_2$	y$_1$	uno,	a cada uno	conforme a	a la
4002	5007	3739	1161	1417	3739	1161	1520	1538	2596	3588
XN, J	*NAPN*	*RR-DSM*	*CLC, CLK*	*XN, J*	*RR-DSM*	*CLC, CLK*	*JASN*	*JDSM*	*P*	*DASF*

NVI

y se pusieron a preparar
sus lámparas.
8 Las
insensatas dijeron a las
prudentes: "Dennos un
poco de su aceite porque
nuestras lámparas
se están apagando".
9 "No —respondie-
ron estas—, porque
así no va a alcanzar ni
para nosotras ni para
ustedes. Es mejor que
vayan a los que venden
aceite, y compren para
ustedes mismas".
10 Pero
mientras iban a comprar
el aceite llegó el novio, y
las jóvenes que estaban
preparadas entraron con
él al banquete de bodas.
Y se cerró la puerta.
11 Después llegaron tam-
bién las otras. "¡Señor!
¡Señor! —suplicaban—.
¡Ábrenos la puerta!"
12 "¡No, no las conozco!",
respondió él.
13 »Por tanto —agre-
gó Jesús—, manténgan-
se despiertos porque no
saben ni el día ni la hora.

Parábola de las monedas de oro

14 »El reino de los cie-
los será también como
un hombre que, al em-
prender un viaje, llamó a
sus siervos y les encargó
sus bienes.
15 A uno le
dio cinco mil monedas
de oro, a otro dos mil y
a otro solo mil, a cada
uno según su capacidad.

25:9* O sea *de ninguna manera.*

RVR

y en seguida se ausentó
del país.
16 Y el que había reci-
bido cinco talentos,
fue y negoció con ellos,
y ganó otros cinco
talentos.
17 Asimismo el que
había recibido dos, ganó
también otros dos.
18 Pero el que había
recibido uno, fue y cavó
un hoyo en la tierra, y
escondió el dinero de
su señor.
19 Después de mucho
tiempo, volvió el señor
de aquellos siervos, y
ajustó cuentas con ellos.
20 Y llegando el que
había recibido cinco
talentos, trajo otros cin-
co talentos, diciendo:
Señor, me entregaste
cinco talentos; mira,
he ganado otros cinco
talentos sobre ellos.
21 Su señor le dijo: Bien,
siervo bueno y fiel;
sobre poco has sido fiel,
sobre mucho te pondré;
entra en el gozo de tu
señor.
22 Llegando también el
que había recibido dos
talentos, dijo: Señor, me
entregaste dos talentos;
mira, he ganado otros
dos talentos sobre ellos.
23 Su señor le dijo: Bien,
siervo bueno y fiel;
sobre poco has sido fiel,

ἰδίαν	δύναμιν,	καὶ	ἀπεδήμησεν.	εὐθέως	16 πορευθεὶς	ὁ	τὰ	πέντε
propia	capacidad,	y	fue de viaje	inmediatamente.	Habiendo ido	el$_1$	los$_3$	cinco$_4$
2398	1411	2532	589	2112	4198	3588	3588	4002
JASF	*NASF*	*CLN*	*VAAI3S*	*B*	*VAPP-SNM*	*DNSM*	*DAPN*	*XN, J*

τάλαντα	λαβὼν	ἠργάσατο	ἐν	αὐτοῖς	καὶ	ἐκέρδησεν	ἄλλα
talentos,$_5$	que recibió$_2$	negoció	con	ellos	y	ganó	otros
5007	2983	2038	1722	846	2532	2770	243
NAPN	*VAAP-SNM*	*VAMI3S*	*P*	*RP3DPN, RP3DPM*	*CLN*	*VAAI3S*	*JAPN*

πέντε.	17 ὡσαύτως	ὁ	τὰ	δύο	ἐκέρδησεν	ἄλλα	δύο.	18 ὁ	δὲ	τὸ
cinco;	de igual manera	--	de los	dos,	ganó	otros	dos.	el$_2$	Pero$_1$	el$_4$
4002	5615	3588	3588	1417	2770	243	1417	3588	1161	3588
XN, J	*B*	*DNSM*	*DAPN*	*XN, J*	*VAAI3S*	*JAPN*	*XN, J*	*DNSM*	*CLC*	*DASN*

ἓν	λαβὼν	ἀπελθὼν	ὤρυξεν	γῆν	καὶ	ἔκρυψεν	τὸ	ἀργύριον	τοῦ
uno,$_5$	que recibió$_3$	habiendo ido,	cavó	tierra	y	escondió	el	dinero	del
1520	2983	565	3736	1093	2532	2928	3588	694	3588
JASN	*VAAP-SNM*	*VAAP-SNM*	*VAAI3S*	*NASF*	*CLN*	*VAAI3S*	*DASN*	*NASN*	*DGSM*

κυρίου	αὐτοῦ.	19 μετὰ	δὲ	πολὺν	χρόνον	ἔρχεται	ὁ	κύριος	τῶν
señor	de él.	después de$_2$	Y$_1$	mucho	tiempo	viene$_6$	el$_1$	Señor$_2$	de los$_3$
2962	846	3326	1161	4183	5550	2064	3588	2962	3588
NGSM	*RP3GSM*	*P*	*CLN*	*JASM*	*NASM*	*VPUI3S*	*DNSM*	*NNSM*	*DGPM*

δούλων	ἐκείνων	καὶ	συναίρει	λόγον	μετ’	αὐτῶν	20 καὶ	προσελθὼν
siervos$_4$	aquellos$_5$	y	hace	cuentas	con	ellos.	Y	acercándose
1401	1565	2532	4868	3056	3326	846	2532	4334
NGPM	*RD-GPN*	*CLN*	*VPAI3S*	*NASM*	*P*	*RP3GPM*	*CLN*	*VAAP-SNM*

ὁ	τὰ	πέντε	τάλαντα	λαβὼν	προσήνεγκεν	ἄλλα	πέντε	τάλαντα
el	los$_2$	cinco$_3$	talentos,$_4$	que recibió$_1$	ofreció	otros	cinco	talentos
3588	3588	4002	5007	2983	4374	243	4002	5007
DNSM	*DAPN*	*XN, J*	*NAPN*	*VAAP-SNM*	*VAAI3S*	*JAPN*	*XN, J*	*NAPN*

λέγων·	Κύριε,	πέντε	τάλαντά	μοι	παρέδωκας·	ἴδε	ἄλλα	πέντε
diciendo:	Señor,	cinco	talentos	a mí,$_2$	entregaste$_1$	mira$_3$	otros$_5$	cinco$_6$
3004	2962	4002	5007	3427	3860	1492	243	4002
VPAP-SNM	*NVSM*	*XN, J*	*NAPN*	*RP1DS*	*VAAI2S*	*I, VAAM2S*	*JAPN*	*XN, J*

τάλαντα	ἐκέρδησα.	21 ἔφη	αὐτῷ	ὁ	κύριος	αὐτοῦ·	Εὖ,	δοῦλε	ἀγαθὲ
talentos.$_7$	gané$_4$	dijo$_4$	a él:$_5$	El$_1$	Señor$_2$	de él$_3$	Bien,	siervo	bueno
5007	2770	5346	846	3588	2962	846	2095	1401	18
NAPN	*VAAI1S*	*VIAI3S*	*RP3DSM*	*DNSM*	*NNSM*	*RP3GSM*	*B*	*NVSM*	*JVSM*

καὶ	πιστέ,	ἐπὶ	ὀλίγα	ἦς	πιστός,	ἐπὶ	πολλῶν	σε	καταστήσω·
y	fiel;	sobre	pocas cosas	eras	fiel,	sobre	muchos	a ti;$_2$	constituiré$_1$
2532	4103	1909	3641	2258	4103	1909	4183	4571	2525
CLN	*JVSM*	*P*	*JAPN*	*VIAI2S*	*JNSM*	*P*	*JGPN*	*RP2AS*	*VFAI1S*

εἴσελθε	εἰς	τὴν	χαρὰν	τοῦ	κυρίου	σου.	22 προσελθὼν	δὲ	καὶ	ὁ
entra	en	el	gozo	del	señor	de ti.	acercándose$_2$	Y$_1$	también	el (de)
1525	1519	3588	5479	3588	2962	4675	4334	1161	2532	3588
VAAM2S	*P*	*DASF*	*NASF*	*DGSM*	*NGSM*	*RP2GS*	*VAAP-SNM*	*CLN*	*BE, TE*	*DNSM*

τὰ	δύο	τάλαντα	εἶπεν·	Κύριε,	δύο	τάλαντά	μοι	παρέδωκας·	ἴδε
los	dos	talentos,	dijo:	Señor,	dos$_3$	talentos;$_4$	a mí$_2$	entregaste$_1$	mira,$_5$
3588	1417	5007	2036	2962	1417	5007	3427	3860	1492
DAPN	*XN, J*	*NAPN*	*VAAI3S*	*NVSM*	*XN, J*	*NAPN*	*RP1DS*	*VAAI2S*	*I, VAAM2S*

ἄλλα	δύο	τάλαντα	ἐκέρδησα.	23 ἔφη	αὐτῷ	ὁ	κύριος	αὐτοῦ·	Εὖ,
otros$_6$	dos$_8$	talentos.$_9$	gané$_7$	dijo$_4$	a él;$_5$	El$_1$	señor$_2$	de él:$_3$	Bien,
243	1417	5007	2770	5346	846	3588	2962	846	2095
JAPN	*XN, J*	*NAPN*	*VAAI1S*	*VIAI3S*	*RP3DSM*	*DNSM*	*NNSM*	*RP3GSM*	*B*

δοῦλε	ἀγαθὲ	καὶ	πιστέ,	ἐπὶ	ὀλίγα	ἦς	πιστός,	ἐπὶ	πολλῶν	σε
siervo	bueno	y	fiel,	sobre	pocas cosas	eras	fiel,	sobre	muchas	a ti;$_2$
1401	18	2532	4103	1909	3641	2258	4103	1909	4183	4571
NVSM	*JVSM*	*CLN*	*JVSM*	*P*	*JAPN*	*VIAI2S*	*JNSM*	*P*	*JGPN*	*RP2AS*

NVI

Luego se fue de viaje.
16 El que había recibido
las cinco mil fue en
seguida y negoció con
ellas y ganó otras cinco
mil. 17 Así mismo, el que
recibió dos mil ganó
otras dos mil. 18 Pero el
que había recibido mil
fue, cavó un hoyo en
la tierra y escondió el
dinero de su señor.
19 »Después de
mucho tiempo volvió el
señor de aquellos siervos
y arregló cuentas con
ellos. 20 El que había reci-
bido las cinco mil mone-
das llegó con las otras
cinco mil. “Señor —
dijo—, usted me encar-
gó cinco mil monedas.
Mire, he ganado otras
cinco mil”. 21 Su señor
le respondió: “¡Hiciste
bien, siervo bueno y
fiel! En lo poco has sido
fiel; te pondré a cargo
de mucho más. ¡Ven a
compartir la felicidad
de tu señor!” 22 Llegó
también el que recibió
dos mil monedas.
“Señor —informó—,
usted me encargó dos
mil monedas. Mire, he
ganado otras dos mil”.
23 Su señor le respondió:
“¡Hiciste bien, siervo
bueno y fiel! Has sido
fiel en lo poco; te pondré
a cargo de mucho más.

RVR

sobre mucho te pondré;
entra en el gozo de tu
señor.
24 Pero llegando
también el que había
recibido un talento,
dijo: Señor, te conocía
que eres hombre duro,
que siegas donde no
sembraste y recoges
donde no esparciste;
25 por lo cual tuve mie-
do, y fui y escondí tu
talento en la tierra; aquí
tienes lo que es tuyo.
26 Mas su señor respon-
dió, y le dijo: Siervo
malo y negligente,
sabías que siego donde
no sembré, y que recojo
donde no esparcí.
27 Debías, pues, haber
llevado mi dinero a los
banqueros, y al volver
yo, hubiera recibido lo
mío con los intereses.
28 Quitadle, pues, el
talento, y dádselo al que
tiene diez talentos.
29 Porque a todo el que
tiene, le será dado, y
tendrá en abundancia;
pero al que no tiene,
aun lo que tiene le será
quitado.
30 Y al siervo inútil
echadlo en las tinieblas
de afuera; allí será el
llanto y el crujir de
dientes.

καταστήσω	εἴσελθε	εἰς	τὴν	χαρὰν	τοῦ	κυρίου	σου.	24 προσελθὼν
constituiré$_1$	entra	en	el	gozo	de el	señor	de ti.	habiéndose acercado$_2$
2525	1525	1519	3588	5479	3588	2962	4675	4334
VFAI1S	*VAAM2S*	*P*	*DASF*	*NASF*	*DGSM*	*NGSM*	*RP2GS*	*VAAP-SNM*

δὲ	καὶ	ὁ	τὸ	ἓν	τάλαντον	εἰληφὼς	εἶπεν·	Κύριε,	ἔγνων
Pero$_1$	también	el (que)	el	un$_2$	talento,$_3$	recibió$_1$	dijo:	Señor,	conociendo
1161	2532	3588	3588	1520	5007	2983	2036	2962	1097
CLN	*BE, TE*	*DNSM*	*DASN*	*JASN*	*NASN*	*VRAP-SNM*	*VAAI3S*	*NVSM*	*VAAI1S*

σε	ὅτι	σκληρὸς	εἶ	ἄνθρωπος,	θερίζων	ὅπου	οὐκ	ἔσπειρας
a ti	que	duro,$_3$	eres$_1$	hombre$_2$	cosechando	donde	no	sembraste,
4571	3754	4642	1488	444	2325	3699	3756	4687
RP2AS	*CSC*	*JNSM*	*VPAI2S*	*NNSM*	*VPAP-SNM*	*CAL*	*BN, TN*	*VAAI2S*

καὶ	συνάγων	ὅθεν	οὐ	διεσκόρπισας·	25 καὶ	φοβηθεὶς	ἀπελθὼν
y	recogiendo	de donde	no	esparciste;	y,	teniendo miedo,	habiendo ido,
2532	4863	3606	3756	1287	2532	5399	565
CLN	*VPAP-SNM*	*CAL*	*BN, TN*	*VAAI2S*	*CLN*	*VAPP-SNM*	*VAAP-SNM*

ἔκρυψα	τὸ	τάλαντόν	σου	ἐν	τῇ	γῇ·	ἴδε	ἔχεις	τὸ	σόν.
escondí	el	talento	de ti	en	la	tierra;	mira,	tienes	lo	tuyo.
2928	3588	5007	4675	1722	3588	1093	1492	2192	3588	4674
VAAI1S	*DASN*	*NASN*	*RP2GS*	*P*	*DDSF*	*NDSF*	*I, VAAM2S*	*VPAI2S*	*DASN*	*RS2ASN, JASN*

26 ἀποκριθεὶς	δὲ	ὁ	κύριος	αὐτοῦ	εἶπεν	αὐτῷ·	Πονηρὲ	δοῦλε	καὶ
respondiendo$_2$	Y$_1$	el	señor	de él,	dijo	a él:	Mal	siervo	y
611	1161	3588	2962	846	2036	846	4190	1401	2532
VAPP-SNM	*CLC*	*DNSM*	*NNSM*	*RP3GSM*	*VAAI3S*	*RP3DSM*	*JVSM*	*NVSM*	*CLN*

ὀκνηρέ,	ᾔδεις	ὅτι	θερίζω	ὅπου	οὐκ	ἔσπειρα	καὶ	συνάγω	ὅθεν	οὐ
perezoso	¿Sabías	que	cosecho	donde	no	sembré	y	recojo	de donde	no
3636	1492	3754	2325	3699	3756	4687	2532	4863	3606	3756
JVSM	*VLAI2S*	*CSC*	*VPAI1S*	*CAL*	*BN, TN*	*VAAI1S*	*CLN*	*VPAI1S*	*CAL*	*BN, TN*

διεσκόρπισα;	27 ἔδει	σε	οὖν	βαλεῖν	τὰ	ἀργύριά	μου	τοῖς
esparcí?	Era lo debido que	tú,	entonces,	llevaras	los	dineros	de mí	a los
1287	1163	4571	3767	906	3588	694	3450	3588
VAAI1S	*VIAI3S*	*RP2AS*	*CLI*	*VAAN*	*DAPN*	*NAPN*	*RP1GS*	*DDPM*

τραπεζίταις,	καὶ	ἐλθὼν	ἐγὼ	ἐκομισάμην	ἂν	τὸ	ἐμὸν	σὺν	τόκῳ.
banqueros,	y	al venir	yo	hubiera recibido	--	lo	mío	con	interés.
5133	2532	2064	1473	2865	302	3588	1699	4862	5110
NDPM	*CLN*	*VAAP-SNM*	*RP1NS*	*VAMI1S*	*TC*	*DASN*	*RS1ASN, JASN*	*P*	*NDSM*

28 ἄρατε	οὖν	ἀπ'	αὐτοῦ	τὸ	τάλαντον	καὶ	δότε	τῷ	ἔχοντι
Quitad,	entonces,	de	él	el	talento	y	dad	al	que está teniendo
142	3767	575	846	3588	5007	2532	1325	3588	2192
VAAM2P	*CLI*	*P*	*RP3GSM*	*DASN*	*NASN*	*CLN*	*VAAM2P*	*DDSM*	*VPAP-SDM*

τὰ	δέκα	τάλαντα·	29 τῷ	γὰρ	ἔχοντι	παντὶ	δοθήσεται	καὶ
los	diez	talentos.	el$_3$	Porque$_1$	que tiene$_4$	a todo$_2$	será dado	y
3588	1176	5007	3588	1063	2192	3956	1325	2532
DAPN	*XN, J*	*NAPN*	*DDSM*	*CAZ*	*VPAP-SDM*	*JDSM*	*VFPI3S*	*CLN*

περισσευθήσεται·	τοῦ	δὲ	μὴ	ἔχοντος	καὶ	ὃ	ἔχει	ἀρθήσεται
sobrará;	el$_2$	pero$_1$	no	teniendo	también	lo que$_4$	tiene.$_5$	será quitado$_1$
4052	3588	1161	3361	2192	2532	3739	2192	142
VFPI3S	*DGSM*	*CLC*	*BN, TN*	*VPAP-SGM*	*BE, TE*	*RR-NSN*	*VPAI3S*	*VFPI3S*

ἀπ'	αὐτοῦ.	30 καὶ	τὸν	ἀχρεῖον	δοῦλον	ἐκβάλετε	εἰς	τὸ	σκότος	τὸ
de$_2$	él$_3$	Y	al	inútil$_2$	siervo$_1$	expulsad	a	la	oscuridad	--
575	846	2532	3588	888	1401	1544	1519	3588	4655	3588
P	*RP3GSM*	*CLN*	*DASM*	*JASM*	*NASM*	*VAAM2P*	*P*	*DASN*	*NASN*	*DASN*

ἐξώτερον·	ἐκεῖ	ἔσται	ὁ	κλαυθμὸς	καὶ	ὁ	βρυγμὸς	τῶν	ὀδόντων.
de afuera;	allí	será	el	llanto	y	el	crujir	de los	dientes.
1857	1563	2071	3588	2805	2532	3588	1030	3588	3599
JASN	*BP*	*VFMI3S*	*DNSM*	*NNSM*	*CLN*	*DNSM*	*NNSM*	*DGPM*	*NGPM*

NVI

¡Ven a compartir la feli-
cidad de tu señor!"
24 »Después llegó el
que había recibido solo
mil monedas. "Señor
—explicó—, yo sabía
que usted es un hombre
duro, que cosecha
donde no ha sembrado
y recoge donde no ha es-
parcido. 25 Así que tuve
miedo, y fui y escondí su
dinero en la tierra. Mire,
aquí tiene lo que es
suyo". 26 Pero su señor le
contestó: "¡Siervo malo
y perezoso! ¿Así que sa-
bías que cosecho donde
no he sembrado y recojo
donde no he esparcido?
27 Pues debías haber
depositado mi dinero en
el banco, para que a mi
regreso lo hubiera reci-
bido con intereses.
28 »"Quítenle las mil
monedas y dénselas al
que tiene las diez mil.
29 Porque a todo el que
tiene, se le dará más, y
tendrá en abundancia.
Al que no tiene se le
quitará hasta lo que
tiene. 30 Y a ese siervo
inútil échenlo afuera,
a la oscuridad, donde
habrá llanto y rechinar
de dientes".

RVR

El juicio final

31 Cuando el Hijo del
Hombre venga en su
gloria, y todos los santos
ángeles con él, entonces
se sentará en su trono
de gloria,
32 y serán reunidas
delante de él todas las
naciones; y separará a
los unos de los otros,
como separa el pastor
las ovejas de los cabritos.
33 Y pondrá las ovejas a
su derecha, y los cabri-
tos a su izquierda.
34 Entonces el Rey dirá
a los de su derecha:
Venid, benditos de mi
Padre, heredad el reino
preparado para vosotros
desde la fundación del
mundo.
35 Porque tuve hambre,
y me disteis de comer;
tuve sed, y me disteis de
beber; fui forastero, y
me recogisteis;
36 estuve desnudo, y me
vestisteis; enfermo, y me
visitasteis; en la cárcel, y
vinisteis a mí.
37 Entonces los justos le
responderán diciendo:
Señor, ¿cuándo te vimos
hambriento, y te ali-
mentamos, o sediento, y
te dimos de beber?
38 Y ¿cuándo te vimos

31 Ὅταν δὲ ἔλθῃ ὁ υἱὸς τοῦ ἀνθρώπου ἐν τῇ δόξῃ αὐτοῦ
cuando$_2$ Y$_1$ venga$_7$ el$_3$ Hijo$_4$ del$_5$ Hombre$_6$ en la gloria de él
3752 1161 2064 3588 5207 3588 444 1722 3588 1391 846
CAT CLN VAAS3S DNSM NNSM DGSM NGSM P DDSF NDSF RP3GSM

καὶ πάντες οἱ ἄγγελοι μετ᾽ αὐτοῦ, τότε καθίσει ἐπὶ θρόνου δόξης
y todos los ángeles con él, entonces se sentará sobre (el) trono de gloria
2532 3956 3588 32 3326 846 5119 2523 1909 2362 1391
CLN JNPM DNPM NNPM P RP3GSM B VFAI3S P NGSM NGSF

αὐτοῦ· 32 καὶ συναχθήσονται ἔμπροσθεν αὐτοῦ πάντα τὰ ἔθνη,
de él y se juntarán$_4$ delante de$_5$ él,$_6$ todas$_1$ las$_2$ naciones,$_3$
846 2532 4863 1715 846 3956 3588 1484
RP3GSM CLN VFPI3P P RP3GSM JNPN DNPN NNPN

καὶ ἀφορίσει αὐτοὺς ἀπ᾽ ἀλλήλων, ὥσπερ ὁ ποιμὴν ἀφορίζει
y apartará a ellos -- unos de otros, tal como el pastor separa
2532 873 846 575 240 5618 3588 4166 873
CLN VFAI3S RP3APM P RC-GPN CAM DNSM NNSM VPAI3S

τὰ πρόβατα ἀπὸ τῶν ἐρίφων, 33 καὶ στήσει τὰ μὲν πρόβατα ἐκ
las ovejas de las cabras, y situará a las -- ovejas de
3588 4263 575 3588 2056 2532 2476 3588 3303 4263 1537
DAPN NAPN P DGPM NGPM CLN VFAI3S DAPN TK, C NAPN P

δεξιῶν αὐτοῦ τὰ δὲ ἐρίφια ἐξ εὐωνύμων. 34 τότε ἐρεῖ ὁ
(la) derecha de él, las$_2$ y$_1$ cabras de (la) izquierda. Entonces dirá$_3$ el$_1$
1188 846 3588 1161 2055 1537 2176 5119 2046 3588
JGPN, JGPM RP3GSM DAPN CLC, CLK NAPN P JGPN, JGPM B VFAI3S DNSM

βασιλεὺς τοῖς ἐκ δεξιῶν αὐτοῦ· Δεῦτε, οἱ εὐλογημένοι τοῦ
rey$_2$ a los de (la) derecha de él: venid -- benditos del
935 3588 1537 1188 846 1205 3588 2127 3588
NNSM DDPM, DDPN P JGPN, JGPM RP3GSM B DNPM VRPP-PNM DGSM

πατρός μου, κληρονομήσατε τὴν ἡτοιμασμένην ὑμῖν βασιλείαν
Padre de mí, heredad el que ha sido preparado$_2$ para vosotros$_3$ reino$_1$
3962 3450 2816 3588 2090 5213 932
NGSM RP1GS VAAM2P DASF VRPP-SAF RP2DP NASF

ἀπὸ καταβολῆς κόσμου. 35 ἐπείνασα γὰρ καὶ ἐδώκατέ μοι φαγεῖν,
desde (la) fundación de(l) mundo. tuve hambre$_2$ Porque$_1$ y disteis a mí de comer,
575 2602 2889 3983 1063 2532 1325 3427 5315
P NGSF NGSM VAAI1S CAZ CLN VAAI2P RP1DS VAAN

ἐδίψησα καὶ ἐποτίσατέ με, ξένος ἤμην καὶ συνηγάγετέ με,
tuve sed y disteis de beber a mí, extranjero era y guardasteis a mí,
1372 2532 4222 3165 3581 2252 2532 4863 3165
VAAI1S CLN VAAI2P RP1AS JNSM VIMI1S CLN VAAI2P RP1AS

36 γυμνὸς καὶ περιεβάλετέ με, ἠσθένησα καὶ ἐπεσκέψασθέ με,
desnudo y cubristeis a mí, estuve enfermo y visitasteis a mí,
1131 2532 4016 3165 770 2532 1980 3165
JNSM CLN VAAI2P RP1AS VAAI1S CLN VAMI2P RP1AS

ἐν φυλακῇ ἤμην καὶ ἤλθατε πρός με. 37 τότε ἀποκριθήσονται
en (la) cárcel estaba y vinisteis a mí. Entonces responderán$_3$
1722 5438 2252 2532 2064 4314 3165 5119 611
P NDSF VIMI1S CLN VAAI2P P RP1AS B VFPI3P

αὐτῷ οἱ δίκαιοι λέγοντες· Κύριε, πότε σε εἴδομεν πεινῶντα καὶ
a él$_4$ los$_1$ justos$_2$ diciendo: Señor ¿cuándo a ti vimos teniendo hambre y
846 3588 1342 3004 2962 4219 4571 1492 3983 2532
RP3DSM DNPM JNPM VPAP-PNM NVSM BI RP2AS VAAI1P VPAP-SAM CLN

ἐθρέψαμεν, ἢ διψῶντα καὶ ἐποτίσαμεν; 38 πότε δέ σε εἴδομεν
alimentamos o teniendo sed y dimos de beber? ¿cuándo$_2$ Y$_1$ a ti vimos
5142 2228 1372 2532 4222 4219 1161 4571 1492
VAAI1P CLD VPAP-SAM CLN VAAI1P BI CLN RP2AS VAAI1P

NVI

Las ovejas y las cabras

31 »Cuando el Hijo
del hombre venga en
su gloria, con todos sus
ángeles, se sentará en su
trono glorioso. 32 Todas
las naciones se reunirán
delante de él, y él
separará a unos de otros,
como separa el pastor
las ovejas de las cabras.
33 Pondrá las ovejas a su
derecha, y las cabras a su
izquierda.
34 »Entonces dirá
el Rey a los que estén
a su derecha: "Vengan
ustedes, a quienes mi
Padre ha bendecido;
reciban su herencia, el
reino preparado para
ustedes desde la creación
del mundo. 35 Porque
tuve hambre, y ustedes
me dieron de comer;
tuve sed, y me dieron de
beber; fui forastero, y
me dieron alojamiento;
36 necesité ropa, y me vis-
tieron; estuve enfermo,
y me atendieron; estuve
en la cárcel, y me visita-
ron". 37 Y le contestarán
los justos: "Señor, ¿cuán-
do te vimos hambriento
y te alimentamos, o
sediento y te dimos de
beber? 38 ¿Cuándo te

RVR

forastero, y te recogi-
mos, o desnudo, y te
vestimos?
39 ¿O cuándo te vimos
enfermo, o en la cárcel, y
vinimos a ti?
40 Y el Rey responderá
y les dirá: De cierto os
digo que en cuanto lo
hicisteis a uno de estos
mis hermanos más
pequeños, a mí me lo
hicisteis.
41 Entonces dirá
también a los de la
izquierda: Apartaos de
mí, malditos, al fuego
eterno preparado para
el diablo y sus ángeles.
42 Porque tuve hambre,
y no me disteis de co-
mer; tuve sed, y no me
disteis de beber;
43 fui forastero, y no me
recogisteis; estuve des-
nudo, y no me vestisteis;
enfermo, y en la cárcel, y
no me visitasteis.
44 Entonces también
ellos le responderán di-
ciendo: Señor, ¿cuándo
te vimos hambriento,
sediento, forastero,
desnudo, enfermo,
o en la cárcel, y no te
asistimos?
45 Entonces les respon-
derá diciendo: De cierto
os digo que en cuanto
no lo hicisteis a uno de
estos más pequeños,

ξένον καὶ συνηγάγομεν, ἢ γυμνὸν καὶ περιεβάλομεν; 39 πότε δέ
extranjero y guardamos, o desnudo y cubrimos? ¿cuándo₂ Y₁
3581 2532 4863 2228 1131 2532 4016 4219 1161
JASM CLN VAAI1P CLD JASM CLN VAAI1P BI CLN

σε εἴδομεν ἀσθενοῦντα ἢ ἐν φυλακῇ καὶ ἤλθομεν πρός σε;
a ti vimos estando enfermo o en (la) cárcel y vinimos a ti?
4571 1492 770 2228 1722 5438 2532 2064 4314 4571
RP2AS VAAI1P VPAP-SAM CLD P NDSF CLN VAAI1P P RP2AS

40 καὶ ἀποκριθεὶς ὁ βασιλεὺς ἐρεῖ αὐτοῖς· Ἀμὴν λέγω ὑμῖν, ἐφ᾽
Y respondiendo el rey dirá a ellos: De cierto digo a vosotros, en
2532 611 3588 935 2046 846 281 3004 5213 1909
CLN VAPP-SNM DNSM NNSM VFAI3S RP3DPM XF, B VPAI1S RP2DP P

ὅσον ἐποιήσατε ἑνὶ τούτων τῶν ἀδελφῶν μου τῶν ἐλαχίστων, ἐμοὶ
cuanto hicisteis a uno de estos de los hermanos de mí, de los más pequeños a mí
3745 4160 1520 5130 3588 80 3450 3588 1646 1698
RK-ASN VAAI2P JDSM RD-GPM DGPM NGPM RP1GS DGPM JGPM RP1DS

ἐποιήσατε. 41 τότε ἐρεῖ καὶ τοῖς ἐξ εὐωνύμων· Πορεύεσθε ἀπ᾽
hicisteis. Entonces dirá también a los de (la) izquierda: Idos de
4160 5119 2046 2532 3588 1537 2176 4198 575
VAAI2P B VFAI3S BE, TE DDPM, DDPN P JGPN, JGPM VPUM2P P

ἐμοῦ οἱ κατηραμένοι εἰς τὸ πῦρ τὸ αἰώνιον τὸ ἡτοιμασμένον
mí, los malditos a el fuego el eterno, el que ha sido preparado
1700 3588 2672 1519 3588 4442 3588 166 3588 2090
RP1GS DNPM VRPP-PNM P DASN NASN DASN JASN DASN VRPP-SAN

τῷ διαβόλῳ καὶ τοῖς ἀγγέλοις αὐτοῦ. 42 ἐπείνασα γὰρ καὶ οὐκ
para el diablo y los ángeles de él. tuve hambre₂ Porque₁ y no
3588 1228 2532 3588 32 846 3983 1063 2532 3756
DDSM JDSM CLN DDPM NDPM RP3GSM VAAI1S CAZ CLN BN, TN

ἐδώκατέ μοι φαγεῖν, ἐδίψησα καὶ οὐκ ἐποτίσατέ με, 43 ξένος ἤμην
disteis a mí de comer, tuve sed y no disteis de beber a mí, extranjero era
1325 3427 5315 1372 2532 3756 4222 3165 3581 2252
VAAI2P RP1DS VAAN VAAI1S CLN BN, TN VAAI2P RP1AS JNSM VIMI1S

καὶ οὐ συνηγάγετέ με, γυμνὸς καὶ οὐ περιεβάλετέ με, ἀσθενὴς
y no guardasteis a mí, desnudo y no cubristeis a mí, enfermo
2532 3756 4863 3165 1131 2532 3756 4016 3165 772
CLN BN, TN VAAI2P RP1AS JNSM CLN BN, TN VAAI2P RP1AS JNSM

καὶ ἐν φυλακῇ καὶ οὐκ ἐπεσκέψασθέ με. 44 τότε ἀποκριθήσονται
y en (la) cárcel y no visitasteis a mí. Entonces responderán
2532 1722 5438 2532 3756 1980 3165 5119 611
CLN P NDSF CLN BN, TN VAMI2P RP1AS B VFPI3P

καὶ αὐτοὶ λέγοντες· Κύριε, πότε σε εἴδομεν πεινῶντα ἢ
también ellos diciendo: Señor, ¿cuándo a ti vimos teniendo hambre o
2532 846 3004 2962 4219 4571 1492 3983 2228
BE, TE RP3NPM VPAP-PNM NVSM BI RP2AS VAAI1P VPAP-SAM CLD

διψῶντα ἢ ξένον ἢ γυμνὸν ἢ ἀσθενῆ ἢ ἐν φυλακῇ καὶ οὐ
teniendo sed o extranjero o desnudo o enfermo o en (la) cárcel y no
1372 2228 3581 2228 1131 2228 772 2228 1722 5438 2532 3756
VPAP-SAM CLD JASM CLD JASM CLD JASM CLD P NDSF CLN BN, TN

διηκονήσαμέν σοι; 45 τότε ἀποκριθήσεται αὐτοῖς λέγων· Ἀμὴν λέγω
servimos a ti? Entonces responderá a ellos diciendo: De cierto digo
1247 4671 5119 611 846 3004 281 3004
VAAI1P RP2DS B VFPI3S RP3DPM VPAP-SNM XF, B VPAI1S

ὑμῖν, ἐφ᾽ ὅσον οὐκ ἐποιήσατε ἑνὶ τούτων τῶν ἐλαχίστων, οὐδὲ
a vosotros, en cuanto no hicisteis (a) uno de estos de los más pequeños, tampoco
5213 1909 3745 3756 4160 1520 5130 3588 1646 3761
RP2DP P RK-ASN BN, TN VAAI2P JDSM RD-GPM DGPM JGPM BN, TN

NVI

vimos como forastero y
te dimos alojamiento, o
necesitado de ropa y te
vestimos? 39 ¿Cuándo
te vimos enfermo o en
la cárcel y te visitamos?"
40 El Rey les responderá:
"Les aseguro que todo
lo que hicieron por uno
de mis hermanos, aun
por el más pequeño, lo
hicieron por mí".
41 »Luego dirá a los
que estén a su izquierda:
"Apártense de mí, mal-
ditos, al fuego eterno
preparado para el diablo
y sus ángeles. 42 Porque
tuve hambre, y ustedes
no me dieron nada de
comer; tuve sed, y no me
dieron nada de beber;
43 fui forastero, y no me
dieron alojamiento;
necesité ropa, y no me
vistieron; estuve enfer-
mo y en la cárcel, y no
me atendieron". 44 Ellos
también le contestarán:
"Señor, ¿cuándo te
vimos hambriento o se-
diento, o como foraste-
ro, o necesitado de ropa,
o enfermo, o en la cárcel,
y no te ayudamos?"
45 Él les responderá:
"Les aseguro que todo
lo que no hicieron por
el más pequeño de mis

RVR

tampoco a mí me lo
hicisteis.
46 E irán estos al castigo
eterno, mas los justos a
la vida eterna.

El complot para prender a Jesús

26 Y sucedió que,
cuando Jesús
terminó de hablar todas
estas cosas, dijo a sus
discípulos:
2 Sabéis que dentro de
dos días se celebra la
pascua, y el Hijo del
Hombre será entregado
para ser crucificado.
3 Entonces los princi-
pales sacerdotes, los
escribas, y los ancianos
del pueblo se reunieron
en el patio del palacio
del sumo sacerdote
llamado Caifás,
4 y tuvieron consejo para
prender con engaño a
Jesús, y matarle.
5 Pero decían: No du-
rante la fiesta, para que
no se haga un alboroto
en el pueblo.

Jesucristo es ungido en Betania

6 Y estando Jesús en
Betania, en casa de
Simón el leproso,
7 se acercó a él una
mujer, con un frasco de
alabastro de perfume
muy caro, y lo derramó
sobre la cabeza de él,
mientras estaba sentado
a la mesa.

ἐμοὶ	ἐποιήσατε.	46 καὶ	ἀπελεύσονται	οὗτοι	εἰς	κόλασιν	αἰώνιον,	οἱ
a mí	hicisteis.	Y	pasarán$_2$	estos$_1$	a	(el) castigo	eterno,	los$_2$
1698	4160	2532	565	3778	1519	2851	166	3588
RP1DS	*VAAI2P*	*CLN*	*VFMI3P*	*RD-NPM*	*P*	*NASF*	*JASF*	*DNPM*

δὲ	δίκαιοι	εἰς	ζωὴν	αἰώνιον.
pero$_1$	justos	a	(la) vida	eterna.
1161	1342	1519	2222	166
CLC	*JNPM*	*P*	*NASF*	*JASF*

26

Καὶ	ἐγένετο	ὅτε	ἐτέλεσεν	ὁ	Ἰησοῦς	πάντας	τοὺς	λόγους
Y	sucedió	cuando	terminó$_3$	--$_1$	Jesús$_2$	todas	las	palabras
2532	1096	3753	5055	3588	2424	3956	3588	3056
CLN	*VAMI3S*	*CAT*	*VAAI3S*	*DNSM*	*NNSM*	*JAPM*	*DAPM*	*NAPM*

τούτους,	εἶπεν	τοῖς	μαθηταῖς	αὐτοῦ·	2 Οἴδατε	ὅτι	μετὰ	δύο	ἡμέρας
estas,	dijo	a los	discípulos	de él:	Sabéis	que	después de	dos	días
5128	2036	3588	3101	846	1492	3754	3326	1417	2250
RD-APM	*VAAI3S*	*DDPM*	*NDPM*	*RP3GSM*	*VRAI2P*	*CSC*	*P*	*XN, J*	*NAPF*

τὸ	πάσχα	γίνεται,	καὶ	ὁ	υἱὸς	τοῦ	ἀνθρώπου	παραδίδοται	εἰς	τὸ
la$_2$	pascua,$_3$	sucede$_1$	y	el	Hijo	del	Hombre	es entregado	para	--
3588	3957	1096	2532	3588	5207	3588	444	3860	1519	3588
DNSN	*NNSN, XF*	*VPUI3S*	*CLN*	*DNSM*	*NNSM*	*DGSM*	*NGSM*	*VPPI3S*	*P*	*DASN*

σταυρωθῆναι.
ser crucificado.
4717
VAPN

3 Τότε	συνήχθησαν	οἱ	ἀρχιερεῖς	καὶ	οἱ	πρεσβύτεροι
Eentonces	se reunieron$_8$	los$_1$	sumo sacerdotes$_2$	y$_3$	los$_4$	ancianos$_5$
5119	4863	3588	749	2532	3588	4245
B	*VAPI3P*	*DNPM*	*NNPM*	*CLN*	*DNPM*	*JNPM*

τοῦ	λαοῦ	εἰς	τὴν	αὐλὴν	τοῦ	ἀρχιερέως	τοῦ	λεγομένου	Καϊάφα,
del$_6$	pueblo$_7$	en	el	patio	del	sumo sacerdote	--	llamado	Caifás.
3588	2992	1519	3588	833	3588	749	3588	3004	2533
DGSM	*NGSM*	*P*	*DASF*	*NASF*	*DGSM*	*NGSM*	*DGSM*	*VPPP-SGM*	*NGSM*

4 καὶ	συνεβουλεύσαντο	ἵνα	τὸν	Ἰησοῦν	δόλῳ	κρατήσωσιν	καὶ
Y	decidieron (en consejo)	para	--	a Jesús	con engaño	prendieran	y
2532	4823	2443	3588	2424	1388	2902	2532
CLN	*VAMI3P*	*CSC*	*DASM*	*NASM*	*NDSM*	*VAAS3P*	*CLN*

ἀποκτείνωσιν·	5 ἔλεγον	δέ·	Μὴ	ἐν	τῇ	ἑορτῇ,	ἵνα	μὴ	θόρυβος
mataran;	decían:$_2$	y$_1$	No	en	la	fiesta	para que	no	tumulto$_2$
615	3004	1161	3361	1722	3588	1859	2443	3361	2351
VPAS3P	*VIAI3P*	*CLC*	*BN, TN*	*P*	*DDSF*	*NDSF*	*CAP*	*BN, TN*	*NNSM*

γένηται	ἐν	τῷ	λαῷ.
suceda$_1$	en	el	pueblo.
1096	1722	3588	2992
VAMS3S	*P*	*DDSM*	*NDSM*

6 Τοῦ	δὲ	Ἰησοῦ	γενομένου	ἐν	Βηθανίᾳ	ἐν	οἰκίᾳ	Σίμωνος	τοῦ
--$_2$	Y$_1$	Jesús	habiendo estado	en	Betania	en	casa	de Simón	el
3588	1161	2424	1096	1722	963	1722	3614	4613	3588
DGSM	*CLT*	*NGSM*	*VAMP-SGM*	*P*	*NDSF*	*P*	*NDSF*	*NGSM*	*DGSM*

λεπροῦ,	7 προσῆλθεν	αὐτῷ	γυνὴ	ἔχουσα	ἀλάβαστρον	μύρου
leproso,	se acercó$_2$	a él$_3$	una mujer$_1$	teniendo	un frasco de alabastro	de perfume
3015	4334	846	1135	2192	211	3464
JGSM	*VAAI3S*	*RP3DSM*	*NNSF*	*VPAP-SNF*	*NASN*	*NGSN*

βαρυτίμου	καὶ	κατέχεεν	ἐπὶ	τῆς	κεφαλῆς	αὐτοῦ	ἀνακειμένου.
costoso	y	derramó	sobre	la	cabeza	de él	estando reclinado a la mesa.
927	2532	2708	1909	3588	2776	846	345
JGSN	*CLN*	*VAAI3S*	*P*	*DGSF*	*NGSF*	*RP3GSM*	*VPUP-SGM*

NVI

hermanos, tampoco lo
hicieron por mí".
46 »Aquellos irán al
castigo eterno, y los jus-
tos a la vida eterna».

La conspiración contra Jesús

26 Después de ex-
poner todas es-
tas cosas, Jesús les dijo a
sus discípulos: 2 «Como
ya saben, faltan dos
días para la Pascua, y el
Hijo del hombre será
entregado para que lo
crucifiquen».
3 Se reunieron
entonces los jefes de los
sacerdotes y los ancianos
del pueblo en el palacio
de Caifás, el sumo sacer-
dote, 4 y con artimañas
buscaban cómo arrestar
a Jesús para matarlo.
5 «Pero no durante la
fiesta —decían—, no
sea que se amotine el
pueblo».

Una mujer unge a Jesús en Betania

6 Estando Jesús en
Betania, en casa de
Simón llamado el
Leproso, 7 se acercó una
mujer con un frasco de
alabastro lleno de un
perfume muy caro, y lo
derramó sobre la cabeza
de Jesús mientras él esta-
ba sentado a la mesa.

RVR

8 Al ver esto, los discí-
pulos se indignaron y
decían: ¿Para qué este
despilfarro?
9 Porque esto podía
haberse vendido a gran
precio, y haberse dado a
los pobres.
10 Dándose cuenta de
ello, les dijo Jesús: ¿Por
qué molestáis a esta
mujer?, pues ha hecho
conmigo una buena
obra.
11 Porque a los pobres
siempre los tenéis con
vosotros, pero a mí no
siempre me tendréis.
12 Pues al derramar ella
este perfume sobre mi
cuerpo, lo ha hecho con
miras a mi sepultura.
13 De cierto os digo que
dondequiera que se
predique este evangelio,
en todo el mundo,
también se contará lo
que esta ha hecho, en
recuerdo de ella.

Judas se ofrece para entregar a Jesucristo

14 Entonces uno de los
doce, el que se llamaba
Judas Iscariote, fue a los
principales sacerdotes,
15 y les dijo: ¿Qué me
queréis dar, y yo os lo
entregaré? Y ellos le
asignaron treinta piezas
de plata.
16 Y desde entonces bus-
caba una oportunidad
para entregarle.

8 ἰδόντες	δὲ	οἱ	μαθηταὶ	ἠγανάκτησαν	λέγοντες·	Εἰς	τί
habiendo visto$_2$	Y$_1$	los	discípulos,	se indignaron,	diciendo:	¿Para	qué
1492	1161	3588	3101	23	3004	1519	5101
VAAP-PNM	*CLN*	*DNPM*	*NNPM*	*VAAI3P*	*VPAP-PNM*	*P*	*RI-ASN*

ἡ	ἀπώλεια	αὕτη;	9 ἐδύνατο	γὰρ	τοῦτο	πραθῆναι	πολλοῦ	καὶ
el	desperdicio	este?	podía$_2$	Porque$_1$	esto	ser vendido	(por) mucho	y
3588	684	3778	1410	1063	5124	4097	4183	2532
DNSF	*NNSF*	*RD-NSF*	*VIUI3S*	*CAZ*	*RD-NSN*	*VAPN*	*JGSN*	*CLN*

δοθῆναι	πτωχοῖς.	10 γνοὺς	δὲ	ὁ	Ἰησοῦς	εἶπεν	αὐτοῖς·	Τί
ser dado	(a los) pobres.	habiendo conocido,$_2$	y$_1$	--	Jesús	dijo	a ellos:	¿Por qué
1325	4434	1097	1161	3588	2424	2036	846	5101
VAPN	*JDPM*	*VAAP-SNM*	*CLN*	*DNSM*	*NNSM*	*VAAI3S*	*RP3DPM*	*RI-ASN*

κόπους	παρέχετε	τῇ	γυναικί;	ἔργον	γὰρ	καλὸν	ἠργάσατο	εἰς
molestias	estáis presentando	a la	mujer?	obra$_2$	Porque$_1$	buena	ha obrado	para
2873	3930	3588	1135	2041	1063	2570	2038	1519
NAPM	*VPAI2P*	*DDSF*	*NDSF*	*NASN*	*CAZ*	*JASN*	*VAMI3S*	*P*

ἐμέ·	11 πάντοτε	γὰρ	τοὺς	πτωχοὺς	ἔχετε	μεθ᾽	ἑαυτῶν,	ἐμὲ	δὲ
mí;	siempre$_2$	porque$_1$	a los$_6$	pobres,$_7$	tenéis$_3$	con$_4$	vosotros mismos$_5$	a mí$_9$	pero$_8$
1691	3842	1063	3588	4434	2192	3326	1438	1691	1161
RP1AS	*B*	*CAZ*	*DAPM*	*JAPM*	*VPAI2P*	*P*	*RF3GPM*	*RP1AS*	*CLC*

οὐ	πάντοτε	ἔχετε·	12 βαλοῦσα	γὰρ	αὕτη	τὸ	μύρον	τοῦτο	ἐπὶ
no	siempre	tenéis;	al echar$_2$	porque$_1$	esta	el	perfume	este	sobre
3756	3842	2192	906	1063	846, 3778	3588	3464	5124	1909
BN, TN	*B*	*VPAI2P*	*VAAP-SNF*	*CLX*	*RD-NSF*	*DASN*	*NASN*	*RD-NSN*	*P*

τοῦ	σώματός	μου	πρὸς	τὸ	ἐνταφιάσαι	με	ἐποίησεν.	13 ἀμὴν	λέγω
el	cuerpo	de mí,	para$_2$	--$_3$	ser sepultado$_4$	yo.$_5$	(lo) hizo$_1$	De cierto	digo
3588	4983	3450	4314	3588	1779	3165	4160	281	3004
DGSN	*NGSN*	*RP1GS*	*P*	*DASN*	*VAAN*	*RP1AS*	*VAAI3S*	*XF, B*	*VPAI1S*

ὑμῖν,	ὅπου	ἐὰν	κηρυχθῇ	τὸ	εὐαγγέλιον	τοῦτο	ἐν	ὅλῳ	τῷ	κόσμῳ,
a vosotros,	donde	--	se proclame	el	evangelio	este	en	todo	el	mundo,
5213	3699	1437	2784	3588	2098	5124	1722	3650	3588	2889
RP2DP	*CAL*	*TC*	*VAPS3S*	*DNSN*	*NNSN*	*RD-NSN*	*P*	*JDSM*	*DDSM*	*NDSM*

λαληθήσεται	καὶ	ὃ	ἐποίησεν	αὕτη	εἰς	μνημόσυνον	αὐτῆς.
será hablado	también	lo que	hizo	esta	en	memoria	de ella.
2980	2532	3739	4160	846	1519	3422	846
VFPI3S	*BE, TE*	*RR-NSN*	*VAAI3S*	*RD-NSF*	*P*	*NASN*	*RP3GSF*

14 Τότε	πορευθεὶς	εἷς	τῶν	δώδεκα,	ὁ	λεγόμενος	Ἰούδας
Entonces	habiendo ido	uno	de los	doce,	el	llamado	Judas
5119	4198	1520	3588	1427	3588	3004	2455
B	*VAPP-SNM*	*JNSM*	*DGPM*	*XN, J*	*DNSM*	*VPPP-SNM*	*NNSM*

Ἰσκαριώτης,	πρὸς	τοὺς	ἀρχιερεῖς	15 εἶπεν·	Τί	θέλετέ	μοι	δοῦναι
Iscariote,	a	los	sumo sacerdotes,	dijo:	¿Qué	queréis	a mí$_2$	dar$_1$
2469	4314	3588	749	2036	5101	2309	3427	1325
NNSM	*P*	*DAPM*	*NAPM*	*VAAI3S*	*RI-ASN*	*VPAI2P*	*RP1DS*	*VAAN*

κἀγὼ	ὑμῖν	παραδώσω	αὐτόν;	οἱ	δὲ	ἔστησαν	αὐτῷ	τριάκοντα
y yo$_3$	a vosotros?$_6$	entregaré$_4$	a él$_5$	ellos$_2$	Y$_1$	presentaron	a él	treinta
2504	5213	3860	846	3588	1161	2476	846	5144
RP1NS, CLN	*RP2DP*	*VFAI1S*	*RP3ASM*	*DNPM*	*CLN*	*VAAI3P*	*RP3DSM*	*XN, J*

ἀργύρια.	16 καὶ	ἀπὸ	τότε	ἐζήτει	εὐκαιρίαν	ἵνα	αὐτὸν	παραδῷ.
piezas de plata.	Y	desde	entonces	buscaba	una ocasión propicia	para	a él.$_2$	entregar$_1$
694	2532	575	5119	2212	2120	2443	846	3860
NAPN	*CLN*	*P*	*B*	*VIAI3S*	*NASF*	*CSE*	*RP3ASM*	*VAAS3S*

NVI

8 Al ver esto, los discí-
pulos se indignaron.
—¿Para qué este des-
perdicio? —dijeron—.
9 Podía haberse vendido
este perfume por mucho
dinero para darlo a los
pobres.
10 Consciente de ello,
Jesús les dijo:
—¿Por qué molestan
a esta mujer? Ella ha
hecho una obra hermosa
conmigo.
11 A los pobres
siempre los tendrán
con ustedes, pero a
mí no me van a tener
siempre.
12 Al derramar
ella este perfume sobre
mi cuerpo, lo hizo a fin
de prepararme para la
sepultura.
13 Les aseguro
que en cualquier parte
del mundo donde se
predique este evangelio,
se contará también, en
memoria de esta mujer,
lo que ella hizo.

Judas acuerda traicionar a Jesús

14 Uno de los doce,
el que se llamaba Judas
Iscariote, fue a ver a los
jefes de los sacerdotes.
15 —¿Cuánto me dan,
y yo les entrego a Jesús?
—les propuso.
Decidieron pagarle
treinta monedas de
plata.
16 Y desde en-
tonces Judas buscaba
una oportunidad para
entregarlo.

RVR

Institución de la Cena del Señor

[17] El primer día de la
fiesta de los panes sin
levadura, se acercaron
los discípulos a Jesús y le
dijeron: ¿Dónde quieres
que te hagamos los
preparativos para comer
la pascua?
[18] Y él dijo: Id a la
ciudad, a cierto hombre,
y decidle: El Maestro
dice: Mi tiempo está
cerca; en tu casa voy a
celebrar la pascua con
mis discípulos.
[19] Y los discípulos
hicieron conforme Jesús
les había mandado, y
prepararon la pascua.
[20] Al caer la tarde, se
sentó a la mesa con los
doce.
[21] Y mientras comían,
dijo: De cierto os digo,
que uno de vosotros me
va a entregar.
[22] Y entristecidos en
gran manera, comenzó
cada uno de ellos a
decirle: ¿Acaso soy yo,
Señor?
[23] Entonces él respon-
dió y dijo: El que mete
la mano conmigo en
el plato, ése me va a
entregar.
[24] El Hijo del Hombre
se va, es cierto, según
está escrito de él, pero
¡ay de aquel hombre
por quien el Hijo del

[17] Τῇ	δὲ	πρώτῃ	τῶν	ἀζύμων	προσῆλθον	οἱ	μαθηταὶ
en el$_2$	Y$_1$	primero	de los	(días de) panes sin levadura	se acercaron$_3$	los$_1$	discípulos$_2$
3588	1161	4413	3588	106	4334	3588	3101
DDSF	CLT	JDSF	DGPN	JGPN	VAAI3P	DNPM	NNPM

τῷ	Ἰησοῦ	λέγοντες·	Ποῦ	θέλεις	ἑτοιμάσωμέν	σοι	φαγεῖν	τὸ
--	a Jesús	diciendo:	¿Dónde	quieres	pue preparemos	a ti	para comer	la
3588	2424	3004	4226	2309	2090	4671	5315	3588
DDSM	NDSM	VPAP-PNM	BI	VPAI2S	VAAS1P	RP2DS	VAAN	DASN

πάσχα;	[18] ὁ	δὲ	εἶπεν·	Ὑπάγετε	εἰς	τὴν	πόλιν	πρὸς	τὸν	δεῖνα
pascua?	--$_2$	Y$_1$	dijo:	Id	hacia	la	ciudad	a	--	cierto hombre
3957	3588	1161	2036	5217	1519	3588	4172	4314	3588	1170
NASN, XF	DNSM	CLN	VAAI3S	VPAM2P	P	DASF	NASF	P	DASM	JASM, NASM

καὶ	εἴπατε	αὐτῷ·	Ὁ	διδάσκαλος	λέγει·	Ὁ	καιρός	μου	ἐγγύς	ἐστιν·
y	decid	a él:	El	maestro	dice:	El	tiempo	de mí	cerca.$_2$	está$_1$
2532	2036	846	3588	1320	3004	3588	2540	3450	1451	2076
CLN	VAAM2P	RP3DSM	DNSM	NNSM	VPAI3S	DNSM	NNSM	RP1GS	B	VPAI3S

πρὸς	σὲ	ποιῶ	τὸ	πάσχα	μετὰ	τῶν	μαθητῶν	μου.	[19] καὶ	ἐποίησαν
en	tu (casa)	hago	la	pascua	con	los	discípulos	de mí.	Y	hicieron$_3$
4314	4571	4160	3588	3957	3326	3588	3101	3450	2532	4160
P	RP2AS	VPAI1S	DASN	NASN, XF	P	DGPM	NGPM	RP1GS	CLN	VAAI3P

οἱ	μαθηταὶ	ὡς	συνέταξεν	αὐτοῖς	ὁ	Ἰησοῦς,	καὶ	ἡτοίμασαν	τὸ
los$_1$	discípulos$_2$	como$_4$	ordenó$_7$	a ellos$_8$	--$_5$	Jesús$_6$	y	prepararon	la
3588	3101	5613	4929	846	3588	2424	2532	2090	3588
DNPM	NNPM	CAM	VAAI3S	RP3DPM	DNSM	NNSM	CLN	VAAI3P	DASN

πάσχα.
pascua.
3957
NASN, XF

[20] Ὀψίας	δὲ	γενομένης	ἀνέκειτο	μετὰ	τῶν	δώδεκα	μαθητῶν
(el) atardecer$_3$	Y$_1$	habiendo llegado,$_2$	estaba reclinado	con	los	doce	discípulos.
3798	1161	1096	345	3326	3588	1427	3101
JGSF	CLT	VAMP-SGF	VIUI3S	P	DGPM	XN, J	NGPM

[21] καὶ	ἐσθιόντων	αὐτῶν	εἶπεν·	Ἀμὴν	λέγω	ὑμῖν	ὅτι	εἷς	ἐξ	ὑμῶν
Y	mientras comían	ellos,	dijo:	De cierto	digo	a vosotros	que	uno	de	de vosotros
2532	2068	846	2036	281	3004	5213	3754	1520	1537	5216
CLN	VPAP-PGM	RP3GPM	VAAI3S	XF, B	VPAI1S	RP2DP	CSC	JNSM	P	RP2GP

παραδώσει	με.	[22] καὶ	λυπούμενοι	σφόδρα	ἤρξαντο	λέγειν	αὐτῷ
entregará	a mí.	Y	entristecidos$_2$	extremadamente$_1$	comenzaron	a decir	a él
3860	3165	2532	3076	4970	756	3004	846
VFAI3S	RP1AS	CLN	VPPP-PNM	B	VAMI3P	VPAN	RP3DSM

εἷς	ἕκαστος·	Μήτι	ἐγώ	εἰμι,	κύριε;	[23] ὁ	δὲ	ἀποκριθεὶς	εἶπεν·
uno	por uno:	¿Acaso	yo	soy,	Señor?	--$_2$	Y$_1$	respondiendo,	dijo:
1520	1538	3385	1473	1510	2962	3588	1161	611	2036
JNSM	JNSM	TI, TN	RP1NS	VPAI1S	NVSM	DNSM	CLN	VAPP-SNM	VAAI3S

Ὁ	ἐμβάψας	μετ᾽	ἐμοῦ	τὴν	χεῖρα	ἐν	τῷ	τρυβλίῳ	οὗτός
El	que esta metiendo	con	mí	la	mano	en	el	plato,	este$_1$
3588	1686	3326	1700	3588	5495	1722	3588	5165	3778
DNSM	VAAP-SNM	P	RP1GS	DASF	NASF	P	DDSN	NDSN	RD-NSM

με	παραδώσει·	[24] ὁ	μὲν	υἱὸς	τοῦ	ἀνθρώπου	ὑπάγει	καθὼς
a mí.$_3$	entregará$_2$	el$_2$	Ciertamente$_1$	hijo	del	Hombre	se va	como
3165	3860	3588	3303	5207	3588	444	5217	2531
RP1AS	VFAI3S	DNSM	TK, C	NNSM	DGSM	NGSM	VPAI3S	CAM

γέγραπται	περὶ	αὐτοῦ,	οὐαὶ	δὲ	τῷ	ἀνθρώπῳ	ἐκείνῳ	δι᾽
ha sido escrito	acerca de	él,	¡ay de$_2$	pero$_1$	el	hombre	aquel	por medio de
1125	4012	846	3759	1161	3588	444	1565	1223
VRPI3S	P	RP3GSM	I, T	CLC, CLK	DDSM	NDSM	RD-DSM	P

NVI

La Cena del Señor

[17] El primer día de la
fiesta de los Panes sin
levadura, se acercaron
los discípulos a Jesús y le
preguntaron:
—¿Dónde quieres
que hagamos los prepa-
rativos para que comas
la Pascua?
[18] Él les respondió que
fueran a la ciudad, a la
casa de cierto hombre, y
le dijeran: «El Maestro
dice: "Mi tiempo está
cerca. Voy a celebrar la
Pascua en tu casa con
mis discípulos"». [19] Los
discípulos hicieron
entonces como Jesús les
había mandado, y prepa-
raron la Pascua.
[20] Al anochecer, Jesús
estaba sentado a la mesa
con los doce. [21] Mientras
comían, les dijo:
—Les aseguro que
uno de ustedes me va a
traicionar.
[22] Ellos se entriste-
cieron mucho, y uno
por uno comenzaron a
preguntarle:
—¿Acaso seré yo,
Señor?
[23] —El que mete la
mano conmigo en el
plato es el que me va a
traicionar —respondió
Jesús—. [24] A la verdad
el Hijo del hombre se
irá, tal como está escrito
de él, pero ¡ay de aquel

RVR

Hombre es entregado! ¡Más le valdría a ese hombre no haber nacido!
25 Tomando la palabra Judas, el que le estaba traicionando, dijo: ¿Acaso soy yo, Maestro? Jesús le respondió: Tú lo has dicho.
26 Y mientras comían, tomó Jesús el pan y, tras pronunciar la bendición, lo partió, lo dio a sus discípulos, y dijo: Tomad, comed; esto es mi cuerpo.
27 Y tomando la copa, y habiendo dado gracias, se la dio, diciendo: Bebed de ella todos;
28 porque esto es mi sangre del nuevo pacto, que va a ser derramada por muchos, para remisión de los pecados.
29 Y os digo que desde ahora no beberé más de este fruto de la vid, hasta aquel día en que lo beba nuevo con vosotros en el reino de mi Padre.

Jesús anuncia la negación de Pedro

30 Y cuando hubieron cantado el himno, salieron hacia el monte de los Olivos.

οὗ	ὁ	υἱὸς	τοῦ	ἀνθρώπου	παραδίδοται·	καλὸν	ἦν	αὐτῷ	εἰ
quien	el	Hijo	del	Hombre	es entregado!	Bueno	era	para él	si
3739	3588	5207	3588	444	3860	2570	2258	846	1487
RR-GSM	DNSM	NNSM	DGSM	NGSM	VPPI3S	JNSN	VIAI3S	RP3DSM	CAC

οὐκ	ἐγεννήθη	ὁ	ἄνθρωπος	ἐκεῖνος.	25 ἀποκριθεὶς	δὲ	Ἰούδας	ὁ
no$_4$	hubiera nacido.$_5$	el$_1$	hombre$_2$	aquel$_3$	respondiendo$_2$	Y$_1$	Judas	el
3756	1080	3588	444	1565	611	1161	2455	3588
BN, TN	VAPI3S	DNSM	NNSM	RD-NSM	VAPP-SNM	CLN	NNSM	DNSM

παραδιδοὺς	αὐτὸν	εἶπεν·	Μήτι	ἐγώ	εἰμι,	ῥαββί;	λέγει	αὐτῷ·	Σὺ
que entregaba	a él,	dijo:	¿Acaso	yo	soy	rabí?	Dice	a él:	Tú
3860	846	2036	3385	1473	1510	4461	3004	846	4771
VPAP-SNM	RP3ASM	VAAI3S	TI, TN	RP1NS	VPAI1S	NVSM, XF	VPAI3S	RP3DSM	RP2NS

εἶπας.
dijiste.
2036
VAAI2S

26 Ἐσθιόντων	δὲ	αὐτῶν	λαβὼν	ὁ	Ἰησοῦς	ἄρτον	καὶ
mientras comían$_2$	Y$_1$	ellos,	habiendo tomando	--	Jesús	(el) pan	y
2068	1161	846	2983	3588	2424	740	2532
VPAP-PGM	CLN	RP3GPM	VAAP-SNM	DNSM	NNSM	NASM	CLN

εὐλογήσας	ἔκλασεν	καὶ	δοὺς	τοῖς	μαθηταῖς	εἶπεν·
habiendo pronunciado la bendición,	partió	y,	habiendo dado	a los	discípulos,	dijo:
2127	2806	2532	1325	3588	3101	2036
VAAP-SNM	VAAI3S	CLN	VAAP-SNM	DDPM	NDPM	VAAI3S

Λάβετε	φάγετε,	τοῦτό	ἐστιν	τὸ	σῶμά	μου.	27 καὶ	λαβὼν	ποτήριον
Tomad	comed;	este	es	el	cuerpo	de mí.	Y	habiendo tomando	(la) copa
2983	5315	5124	2076	3588	4983	3450	2532	2983	4221
VAAM2P	VAAM2P	RD-NSN	VPAI3S	DNSN	NNSN	RP1GS	CLN	VAAP-SNM	NASN

καὶ	εὐχαριστήσας	ἔδωκεν	αὐτοῖς	λέγων·	Πίετε	ἐξ	αὐτοῦ
y	habiendo dado gracias,	dio	a ellos,	diciendo:	Bebed	de	de ella
2532	2168	1325	846	3004	4095	1537	846
CLN	VAAP-SNM	VAAI3S	RP3DPM	VPAP-SNM	VAAM2P	P	RP3GSN, RP3GSM

πάντες,	28 τοῦτο	γάρ	ἐστιν	τὸ	αἷμά	μου	τῆς	διαθήκης	τὸ	περὶ
todos;	esta$_2$	Porque$_1$	es	la	sangre	de mí	la	de(l) pacto	la (que es)	por
3956	5124	1063	2076	3588	129	3450	3588	1242	3588	4012
JNPM	RD-NSN	CLX	VPAI3S	DNSN	NNSN	RP1GS	DGSF	NGSF	DNSN	P

πολλῶν	ἐκχυννόμενον	εἰς	ἄφεσιν	ἁμαρτιῶν.	29 λέγω	δὲ	ὑμῖν,	οὐ
muchos	derramada	para	perdón	de pecados.	digo$_2$	Y$_1$	a vosotros,	no
4183	1632	1519	859	266	3004	1161	5213	3756
JGPM	VPPP-SNN	P	NASF	NGPF	VPAI1S	CLC	RP2DP	BN, TN

μὴ*	πίω	ἀπ'	ἄρτι	ἐκ	τούτου	τοῦ	γενήματος	τῆς	ἀμπέλου	ἕως	τῆς
no	beberé	desde	ahora	de	este	--	fruto	de la	vid	hasta	el
3361	4095	575	737	1537	5127	3588	1081	3588	288	2193	3588
BN, TN	VAAS1S	P	B	P	RD-GSN	DGSN	NGSN	DGSF	NGSF	P, C	DGSF

ἡμέρας	ἐκείνης	ὅταν	αὐτὸ	πίνω	μεθ'	ὑμῶν	καινὸν	ἐν	τῇ	βασιλείᾳ
día	aquel	cuando	a él$_2$	beba$_1$	con	vosotros	nuevo	en	el	reino
2250	1565	3752	846	4095	3326	5216	2537	1722	3588	932
NGSF	RD-GSF	CAT	RP3ASN	VPAS1S	P	RP2GP	JASN	P	DDSF	NDSF

τοῦ	πατρός	μου.	30 καὶ	ὑμνήσαντες	ἐξῆλθον	εἰς	τὸ	Ὄρος	τῶν
del	Padre	de mí.	Y	después de cantar un himno,	salieron	hacia	el	Monte	de los
3588	3962	3450	2532	5214	1831	1519	3588	3735	3588
DGSM	NGSM	RP1GS	CLN	VAAP-PNM	VAAI3P	P	DASN	NASN	DGPF

Ἐλαιῶν.
Olivos.
1636
NGPF

NVI

que lo traiciona! Más le valdría a ese hombre no haber nacido.
25 —¿Acaso seré yo, Rabí? —le dijo Judas, el que lo iba a traicionar.
—Tú lo has dicho —le contestó Jesús.
26 Mientras comían, Jesús tomó pan y lo bendijo. Luego lo partió y se lo dio a sus discípulos, diciéndoles:
—Tomen y coman; esto es mi cuerpo.
27 Después tomó la copa, dio gracias, y se la ofreció diciéndoles:
—Beban de ella todos ustedes. 28 Esto es mi sangre del pacto, que es derramada por muchos para el perdón de pecados. 29 Les digo que no beberé de este fruto de la vid desde ahora en adelante, hasta el día en que beba con ustedes el vino nuevo en el reino de mi Padre.
30 Después de cantar los salmos, salieron al monte de los Olivos.

26:29* O sea *de ninguna manera.*

RVR

31 Entonces Jesús les
dijo: Todos vosotros os
escandalizaréis de mí
esta noche; porque está
escrito: Heriré al pastor,
y se dispersarán las
ovejas del rebaño.
32 Pero después que haya
resucitado, iré delante
de vosotros a Galilea.
33 Tomando entonces
Pedro la palabra, le dijo:
Aunque todos se escan-
dalicen de ti, yo nunca
me escandalizaré.
34 Jesús le dijo: De cierto
te digo que esta noche,
antes que el gallo cante,
me negarás tres veces.
35 Pedro le dijo: Aunque
tenga que morir
contigo, no te negaré.
Y todos los discípulos
dijeron lo mismo.

Jesús ora en Getsemaní

36 Entonces marchó
Jesús con ellos a un
lugar que se llama
Getsemaní, y dijo a sus
discípulos: Sentaos
aquí, mientras voy a
orar allá.
37 Y tomando a Pedro,
y a los dos hijos de
Zebedeo, comenzó a
entristecerse y a sentir
gran angustia.
38 Entonces les dijo: Mi

31 Τότε	λέγει	αὐτοῖς	ὁ	Ἰησοῦς·	Πάντες	ὑμεῖς	σκανδαλισθήσεσθε
Entonces	dice$_3$	a ellos:$_4$	--$_1$	Jesús$_2$	Todos	vosotros	os escandalizaréis
5119	3004	846	3588	2424	3956	5210	4624
B	VPAI3S	RP3DPM	DNSM	NNSM	JNPM	RP2NP	VFPI2P

ἐν	ἐμοὶ	ἐν	τῇ	νυκτὶ	ταύτῃ,	γέγραπται	γάρ·	Πατάξω	τὸν	ποιμένα,
por	mí	en	la	noche	esta;	ha sido escrito:$_2$	porque$_1$	Heriré	al	pastor,
1722	1698	1722	3588	3571	3778	1125	1063	3960	3588	4166
P	RP1DS	P	DDSF	NDSF	RD-DSF	VRPI3S	CAZ	VFAI1S	DASM	NASM

καὶ	διασκορπισθήσονται	τὰ	πρόβατα	τῆς	ποίμνης·	32 μετὰ	δὲ
y	serán dispersadas	las	ovejas	del	rebaño;	después de$_2$	pero$_1$
2532	1287	3588	4263	3588	4167	3326	1161
CLN	VFPI3P	DNPN	NNPN	DGSF	NGSF	P	CLC

τὸ	ἐγερθῆναί	με	προάξω	ὑμᾶς	εἰς	τὴν	Γαλιλαίαν.	33 ἀποκριθεὶς
--	que resucite	yo,	iré delante	de vosotros	a	--	Galilea.	respondiendo$_2$
3588	1453	3165	4254	5209	1519	3588	1056	611
DASN	VAPN	RP1AS	VFAI1S	RP2AP	P	DASF	NASF	VAPP-SNM

δὲ	ὁ	Πέτρος	εἶπεν	αὐτῷ·	Εἰ	πάντες	σκανδαλισθήσονται	ἐν	σοί,
Pero$_1$	--	Pedro	dijo	a él:	Si	todos	se escandalizan	por	ti,
1161	3588	4074	2036	846	1487	3956	4624	1722	4671
CLN	DNSM	NNSM	VAAI3S	RP3DSM	CAC	JNPM	VFPI3P	P	RP2DS

ἐγὼ	οὐδέποτε	σκανδαλισθήσομαι.	34 ἔφη	αὐτῷ	ὁ	Ἰησοῦς·	Ἀμὴν
yo	nunca	me escandalizaré.	dijo$_3$	a él:$_4$	--$_1$	Jesús:$_2$	De cierto
1473	3763	4624	5346	846	3588	2424	281
RP1NS	BN	VFPI1S	VIAI3S	RP3DSM	DNSM	NNSM	XF, B

λέγω	σοι	ὅτι	ἐν	ταύτῃ	τῇ	νυκτὶ	πρὶν	ἀλέκτορα	φωνῆσαι	τρὶς
digo	a ti	que	en	esta	--	noche	antes que	un gallo	cantar	tres (veces),
3004	4671	3751	1722	3778	3588	3571	4250	220	5455	5151
VPAI1S	RP2DS	CSC	P	RD-DSF	DDSF	NDSF	CAT, B	NASM	VAAN	B

ἀπαρνήσῃ	με.	35 λέγει	αὐτῷ	ὁ	Πέτρος·	Κἂν	δέῃ	με	σὺν
negarás	a mí.	dice$_3$	a él:$_4$	--$_1$	Pedro:$_2$	Aunque	sea necesario	a mí	con
533	3165	3004	846	3588	4074	2579	1163	3165	4862
VFMI2S	RP1AS	VPAI3S	RP3DSM	DNSM	NNSM	CAC, CAN	VPAS3S	RP1AS	P

σοὶ	ἀποθανεῖν,	οὐ	μή*	σε	ἀπαρνήσομαι.	ὁμοίως	καὶ	πάντες
ti	morir,	no	no	a ti	negaré.	igualmente$_2$	E$_1$	todos
4671	599	3756	3361	4571	533	3668	2532	3956
RP2DS	VAAN	BN, TN	BN, TN	RP2AS	VFMI1S	B	BE, TE	JNPM

οἱ	μαθηταὶ	εἶπαν.
los	discípulos	dijeron.
3588	3101	3004
DNPM	NNPM	VAAI3P

36 Τότε	ἔρχεται	μετ᾽	αὐτῶν	ὁ	Ἰησοῦς	εἰς	χωρίον	λεγόμενον
Entonces	viene$_3$	con$_4$	ellos$_5$	--$_1$	Jesús$_2$	a	un lugar	llamado
5119	2064	3326	846	3588	2424	1519	5564	3004
B	VPUI3S	P	RP3GPM	DNSM	NNSM	P	NASN	VPPP-SAN

Γεθσημανί,	καὶ	λέγει	τοῖς	μαθηταῖς·	Καθίσατε	αὐτοῦ	ἕως	οὗ
Getsemaní,	y	dice	a los	discípulos:	Sentaos	aquí	mientras	que
1068	2532	3004	3588	3101	2523	847	2193	3739
NASN, XP	CLN	VPAI3S	DDPM	NDPM	VAAM2P	RP3GSM, B	P, CAT	RR-GSM

ἀπελθὼν	ἐκεῖ	προσεύξωμαι.	37 καὶ	παραλαβὼν	τὸν	Πέτρον	καὶ
habiendo ido	allí	oraré.	Y	tomando consigo	--	a Pedro	y
565	1563	4336	2532	3880	3588	4074	2532
VAAP-SNM	BP	VAMS1S	CLN	VAAP-SNM	DASM	NASM	CLN

τοὺς	δύο	υἱοὺς	Ζεβεδαίου	ἤρξατο	λυπεῖσθαι	καὶ	ἀδημονεῖν.	38 τότε
a los	dos	hijos	de Zebedeo,	comenzó	a entristecerse	y	angustiarse.	Entonces
3588	1417	5207	2199	756	3076	2532	85	5119
DAPM	XN, J	NAPM	NGSM	VAMI3S	VPPN	CLN	VPAN	B

NVI

Jesús predice la negación de Pedro

31 —Esta misma
noche —les dijo Jesús—
todos ustedes me
abandonarán, porque
está escrito:

»"Heriré al pastor,
y se dispersarán las
ovejas del rebaño".

32 Pero, después de que
yo resucite, iré delante
de ustedes a Galilea».
33 —Aunque todos te
abandonen —declaró
Pedro—, yo jamás lo
haré.
34 —Te aseguro —le
contestó Jesús— que
esta misma noche, antes
de que cante el gallo, me
negarás tres veces.
35 —Aunque tenga
que morir contigo —
insistió Pedro—, jamás
te negaré.
Y los demás discípu-
los dijeron lo mismo.

Jesús en Getsemaní

36 Luego fue Jesús con
sus discípulos a un lugar
llamado Getsemaní,
y les dijo: «Siéntense
aquí mientras voy más
allá a orar». 37 Se llevó
a Pedro y a los dos hijos
de Zebedeo, y comenzó
a sentirse triste y an-
gustiado. 38 «Es tal la

26:35* O sea *de ninguna manera*.

RVR

alma está abrumada
de una tristeza mortal;
quedaos aquí, y velad
conmigo.
39 Y adelantándose un
poco, se postró rostro
en tierra, orando y di-
ciendo: Padre mío, si es
posible pase de mí esta
copa; sin embargo, no
se haga como yo quiero,
sino como tú.
40 Vino luego a los
discípulos, y los halló
durmiendo, y dijo a
Pedro: ¿Así que no
habéis podido velar
conmigo una hora?
41 Velad y orad, para que
no entréis en tentación;
el espíritu a la verdad
está animoso, pero la
carne es débil.
42 De nuevo se apartó,
y oró por segunda vez,
diciendo: Padre mío, si
no es posible que pase
de mí esta copa sin que
yo la beba, hágase tu
voluntad.
43 Vino otra vez y los ha-
lló durmiendo, porque
los ojos de ellos estaban
cargados de sueño.
44 Y dejándolos, se fue
de nuevo, y oró por
tercera vez, diciendo las
mismas palabras.
45 Entonces vino a

λέγει	αὐτοῖς·	Περίλυπός	ἐστιν	ἡ	ψυχή	μου	ἕως	θανάτου·	μείνατε
dice	a ellos:	muy triste$_5$	está$_4$	El$_1$	alma$_2$	de mí$_3$	hasta	(la) muerte;	permaneced
3004	846	4036	2076	3588	5590	3450	2193	2288	3306
VPAI3S	*RP3DPM*	*JNSF*	*VPAI3S*	*DNSF*	*NNSF*	*RP1GS*	*P, C*	*NGSM*	*VAAM2P*

ὧδε	καὶ	γρηγορεῖτε	μετ'	ἐμοῦ.	39 καὶ	προελθὼν	μικρὸν	ἔπεσεν	ἐπὶ
aquí	y	velad	conmigo		Y	adelantándose	(un) poco,	cayó	sobre
5602	2532	1127	3326	1700	2532	4281	3397	4098	1909
BP	*CLN*	*VPAM2P*	*P*	*RP1GS*	*CLN*	*VAAP-SNM*	*JASN, JASM*	*VAAI3S*	*P*

πρόσωπον	αὐτοῦ	προσευχόμενος	καὶ	λέγων·	Πάτερ	μου,	εἰ	δυνατόν
(el) rostro	de él,	orando	y	diciendo:	Padre	de mí,	si	posible
4383	846	4336	2532	3004	3962	3450	1487	1415
NASN	*RP3GSM*	*VPUP-SNM*	*CLN*	*VPAP-SNM*	*NVSM*	*RP1GS*	*CAC*	*JNSN*

ἐστιν,	παρελθάτω	ἀπ'	ἐμοῦ	τὸ	ποτήριον	τοῦτο·	πλὴν	οὐχ	ὡς
es	pase	de	mí	la	copa	esta;	pero	no	como
2076	3928	575	1700	3588	4221	5124	4133	3756	5613
VPAI3S	*VAAM3S*	*P*	*RP1GS*	*DNSN, DASN*	*NNSN, NASN*	*RD-NSN*	*CLC*	*BN, TN*	*CAM*

ἐγὼ	θέλω	ἀλλ'	ὡς	σύ.	40 καὶ	ἔρχεται	πρὸς	τοὺς	μαθητὰς	καὶ	εὑρίσκει
yo	quiero,	sino	como	tú.	Y	viene	a	los	discípulos	y	encuentra
1473	2309	235	5613	4771	2532	2064	4314	3588	3101	2532	2147
RP1NS	*VPAI1S*	*CLC*	*CAM*	*RP2NS*	*CLN*	*VPUI3S*	*P*	*DAPM*	*NAPM*	*CLN*	*VPAI3S*

αὐτοὺς	καθεύδοντας,	καὶ	λέγει	τῷ	Πέτρῳ·	Οὕτως	οὐκ	ἰσχύσατε
a ellos	durmiendo,	y	dice	--	a Pedro:	¿Así que	no	pudisteis
846	2518	2532	3004	3588	4074	3779	3756	2480
RP3APM	*VPAP-PAM*	*CLN*	*VPAI3S*	*DDSM*	*NDSM*	*B*	*BN, TN*	*VAAI2P*

μίαν	ὥραν	γρηγορῆσαι	μετ'	ἐμοῦ;	41 γρηγορεῖτε	καὶ	προσεύχεσθε,
una	hora	velar	conmigo?		Velad	y	orad,
1520	5610	1127	3326	1700	1127	2532	4336
JASF	*NASF*	*VAAN*	*P*	*RP1GS*	*VPAM2P*	*CLN*	*VPUM2P*

ἵνα	μὴ	εἰσέλθητε	εἰς	πειρασμόν·	τὸ	μὲν	πνεῦμα	πρόθυμον
para que	no	entréis	en	tentación;	el$_2$	ciertamente$_1$	espíritu	(está) bien dispuesto,
2443	3361	1525	1519	3986	3588	3303	4151	4289
CAP	*BN, TN*	*VAAS2P*	*P*	*NASM*	*DNSN*	*TK, C*	*NNSN*	*JNSN*

ἡ	δὲ	σὰρξ	ἀσθενής.	42 πάλιν	ἐκ	δευτέρου	ἀπελθὼν	προσηύξατο
la$_2$	pero$_1$	carne	(es) débil.	De nuevo,	por	segunda vez	habiendo ido	oró
3588	1161	4561	772	3825	1537	1208	565	4336
DNSF	*CLC, CLK*	*NNSF*	*JNSF*	*B*	*P*	*JGSN*	*VAAP-SNM*	*VAMI3S*

λέγων·	Πάτερ	μου,	εἰ	οὐ	δύναται	τοῦτο	παρελθεῖν	ἐὰν	μὴ
diciendo:	Padre	de mí,	si	no	puede	esta	pasar	si	no
3004	3962	3450	1487	3756	1410	5124	3928	1437	3361
VPAP-SNM	*NVSM*	*RP1GS*	*CAC*	*BN, TN*	*VPUI3S*	*RD-NSN*	*VAAN*	*CAC*	*BN, TN*

αὐτὸ	πίω,	γενηθήτω	τὸ	θέλημά	σου.	43 καὶ	ἐλθὼν	πάλιν	εὗρεν
a ella	bebiera;	sea hecha.$_4$	la$_1$	voluntad$_2$	de ti$_3$	Y	habiendo venido	de nuevo	encontró
846	4095	1096	3588	2307	4675	2532	2064	3825	2147
RP3ASN	*VAAS1S*	*VAPM3S*	*DNSN*	*NNSN*	*RP2GS*	*CLN*	*VAAP-SNM*	*B*	*VAAI3S*

αὐτοὺς	καθεύδοντας,	ἦσαν	γὰρ	αὐτῶν	οἱ	ὀφθαλμοὶ	βεβαρημένοι.*
a ellos	durmiendo,	estaban$_5$	porque$_1$	de ellos$_4$	los$_2$	ojos$_3$	cargados.$_6$
846	2518	2258	1063	846	3588	3788	916
RP3APM	*VPAP-PAM*	*VIAI3P*	*CAZ*	*RP3GPM*	*DNPM*	*NNPM*	*VRPP-PNM*

44 καὶ	ἀφεὶς	αὐτοὺς	πάλιν	ἀπελθὼν	προσηύξατο	ἐκ	τρίτου
Y	dejando	a ellos	de nuevo,	habiendo ido,	oró	--	(la) tercera (vez)
2532	863	846	3825	565	4336	1537	5154
CLN	*VAAP-SNM*	*RP3APM*	*B*	*VAAP-SNM*	*VAMI3S*	*P*	*JGSN*

τὸν	αὐτὸν	λόγον	εἰπὼν	πάλιν.	45 τότε	ἔρχεται	πρὸς	τοὺς
la$_3$	misma$_4$	palabra.$_5$	diciendo$_1$	de nuevo$_2$	Entonces	viene	a	los
3588	846	3056	2036	3825	5119	2064	4314	3588
DASM	*RP3ASM, JASM*	*NASM*	*VAAP-SNM*	*B*	*B*	*VPUI3S*	*P*	*DAPM*

NVI

angustia que me invade,
que me siento morir
—les dijo—. Quédense
aquí y manténganse des-
piertos conmigo».
39 Yendo un poco más
allá, se postró sobre su
rostro y oró: «Padre
mío, si es posible, no me
hagas beber este trago
amargo. Pero no sea lo
que yo quiero, sino lo
que quieres tú».
40 Luego volvió adon-
de estaban sus discípulos
y los encontró dormi-
dos. «¿No pudieron
mantenerse despiertos
conmigo ni una hora?
—le dijo a Pedro—.
41 Estén alerta y oren
para que no caigan en
tentación. El espíritu
está dispuesto, pero el
cuerpo es débil».
42 Por segunda vez
se retiró y oró: «Padre
mío, si no es posible
evitar que yo beba este
trago amargo, hágase tu
voluntad».
43 Cuando volvió,
otra vez los encontró
dormidos, porque se
les cerraban los ojos de
sueño. 44 Así que los
dejó y se retiró a orar por
tercera vez, diciendo lo
mismo.
45 Volvió de nuevo a

26:43* O sea *Porque no podían mantener los ojos de ellos abiertos.*

RVR

sus discípulos y les
dijo: Dormid, pues, y
descansad. He aquí que
ha llegado la hora, y el
Hijo del Hombre es
entregado en manos de
pecadores.
46 Levantaos, vamos;
ved, se acerca el que me
entrega.

Arresto de Jesús

47 Mientras todavía
hablaba, vino Judas,
uno de los doce, y con
él mucha gente con
espadas y palos, de parte
de los principales sacer-
dotes y de los ancianos
del pueblo.
48 Y el que le entrega-
ba les había dado una
contraseña, diciendo:
Al que yo bese, ése es;
prendedle.
49 Y en seguida se acercó
a Jesús y dijo: ¡Salve,
Maestro! Y le besó.
50 Jesús le dijo: Amigo,
¿a qué vienes? Entonces
se acercaron y echaron
mano a Jesús, y le pren-
dieron.
51 En esto, uno de los
que estaban con Jesús,
extendiendo la mano,
sacó su espada, e hirió
a un siervo del sumo
sacerdote, cortándole
una oreja.

μαθητὰς	καὶ	λέγει	αὐτοῖς·	Καθεύδετε	τὸ	λοιπὸν	καὶ	ἀναπαύεσθε·
discípulos	y	dice	a ellos:	¿Dormís	--	todavía	y	descansáis?
3101	2532	3004	846	2518	3588	3063	2532	373
NAPM	*CLN*	*VPAI3S*	*RP3DPM*	*VPAI2P, VPAM2P*	*DASN*	*JASN*	*CLN*	*VPMI2P, VPMM2P*

ἰδοὺ	ἤγγικεν	ἡ	ὥρα	καὶ	ὁ	υἱὸς	τοῦ	ἀνθρώπου	παραδίδοται
He aquí	se ha acercado,$_3$	la$_1$	hora$_2$	y	el	Hijo	del	Hombre	es entregado
2400	1448	3588	5610	2532	3588	5207	3588	444	3860
I, VAAM2S	*VRAI3S*	*DNSF*	*NNSF*	*CLN*	*DNSM*	*NNSM*	*DGSM*	*NGSM*	*VPPI3S*

εἰς	χεῖρας	ἁμαρτωλῶν.	46 ἐγείρεσθε	ἄγωμεν·	ἰδοὺ	ἤγγικεν	ὁ
en	manos	de pecadores.	Levantaos,	vayamos;	he aquí.	se ha acercado.$_4$	el$_1$
1519	5495	268	1453	71	2400	1448	3588
P	*NAPF*	*JGPM*	*VPUM2P*	*VPAS1P*	*I, VAAM2S*	*VRAI3S*	*DNSM*

παραδιδούς	με.
que entrega$_2$	a mí$_3$
3860	3165
VPAP-SNM	*RP1AS*

47 Καὶ	ἔτι	αὐτοῦ	λαλοῦντος	ἰδοὺ	Ἰούδας	εἷς	τῶν	δώδεκα
y	todavía,$_2$	él$_1$	hablando	he aquí	Judas,	uno	de los	doce,
2532	2089	846	2980	2400	2455	1520	3588	1427
CLN	*B*	*RP3GSM*	*VPAP-SGM*	*I, VAAM2S*	*NNSM*	*JNSM*	*DGPM*	*XN, J*

ἦλθεν	καὶ	μετ᾽	αὐτοῦ	ὄχλος	πολὺς	μετὰ	μαχαιρῶν	καὶ	ξύλων	ἀπὸ
vino	y	con	él	(una) multitud	grande,	con	espadas	y	palos,	de
2064	2532	3326	846	3793	4183	3326	3162	2532	3586	575
VAAI3S	*CLN*	*P*	*RP3GSM*	*NNSM*	*JNSM*	*P*	*NGPF*	*CLN*	*NGPN*	*P*

τῶν	ἀρχιερέων	καὶ	πρεσβυτέρων	τοῦ	λαοῦ.	48 ὁ	δὲ	παραδιδοὺς
los	sumo sacerdotes	y	ancianos	del	pueblo.	el$_2$	Y$_1$	que entregaba
3588	749	2532	4245	3588	2992	3588	1161	3860
DGPM	*NGPM*	*CLN*	*JGPM*	*DGSM*	*NGSM*	*DNSM*	*CLN*	*VPAP-SNM*

αὐτὸν	ἔδωκεν	αὐτοῖς	σημεῖον	λέγων·	Ὃν	ἂν	φιλήσω	αὐτός	ἐστιν·
a él	dio	a ellos	(una) señal	diciendo:	A quien	--	besara,	él	es.
846	1325	846	4592	3004	3739	302	5368	846	2076
RP3ASM	*VAAI3S*	*RP3DPM*	*NASN*	*VPAP-SNM*	*RR-ASM*	*TC*	*VAAS1S*	*RP3NSMP*	*VPAI3S*

κρατήσατε	αὐτόν.	49 καὶ	εὐθέως	προσελθὼν	τῷ	Ἰησοῦ	εἶπεν·
Prended	a él.	E	inmediatamente	habiéndose acercado	--	a Jesús,	dijo:
2902	846	2532	2112	4334	3588	2424	2036
VAAM2P	*RP3ASM*	*CLN*	*B*	*VAAP-SNM*	*DDSM*	*NDSM*	*VAAI3S*

Χαῖρε,	ῥαββί·	καὶ	κατεφίλησεν	αὐτόν.	50 ὁ	δὲ	Ἰησοῦς	εἶπεν	αὐτῷ·
Saludos,	rabí.	Y	besó	a él.	--$_2$	Y$_1$	Jesús	dijo	a él:
5463	4461	2532	2705	846	3588	1161	2424	2036	846
VPAM2S	*NVSM, XF*	*CLN*	*VAAI3S*	*RP3ASM*	*DNSM*	*CLN*	*NNSM*	*VAAI3S*	*RP3DSM*

Ἑταῖρε,	ἐφ᾽	ὃ	πάρει.	τότε	προσελθόντες	ἐπέβαλον	τὰς	χεῖρας
Amigo	para	lo que	vinisteis.	Entonces	acercándose	pusieron	las	manos
2083	1909	3588	3918	5119	4334	1911	3588	5495
NVSM	*P*	*RR-NSN*	*VPAI2S*	*B*	*VAAP-PNM*	*VAAI3P*	*DAPF*	*NAPF*

ἐπὶ	τὸν	Ἰησοῦν	καὶ	ἐκράτησαν	αὐτόν.	51 καὶ	ἰδοὺ	εἷς	τῶν
sobre	--	Jesús	y	arrestaron	a él.	Y	he aquí	uno	de los (que estaban)
1909	3588	2424	2532	2902	846	2532	2400	1520	3588
P	*DASM*	*NASM*	*CLN*	*VAAI3P*	*RP3ASM*	*CLN*	*I, VAAM2S*	*JNSM*	*DGPM*

μετὰ	Ἰησοῦ	ἐκτείνας	τὴν	χεῖρα	ἀπέσπασεν	τὴν	μάχαιραν	αὐτοῦ
con	Jesús,	habiendo extendido	la	mano,	sacó	la	espada	de él,
3326	2424	1614	3588	5495	645	3588	3162	846
P	*NGSM*	*VAAP-SNM, VAAP-SNF*	*DASF*	*NASF*	*VAAI3S*	*DASF*	*NASF*	*RP3GSM*

καὶ	πατάξας	τὸν	δοῦλον	τοῦ	ἀρχιερέως	ἀφεῖλεν	αὐτοῦ	τὸ	ὠτίον.
y	habiendo herido	al	siervo	del	sumo sacerdote,	cortó	de él	la	oreja.
2532	3960	3588	1401	3588	749	851	846	3588	5621
CLN	*VAAP-SNM*	*DASM*	*NASM*	*DGSM*	*NGSM*	*VAAI3S*	*RP3GSM*	*DASN*	*NASN*

NVI

los discípulos y les dijo:
«¿Siguen durmiendo y
descansando? Miren, se
acerca la hora, y el Hijo
del hombre va a ser en-
tregado en manos de pe-
cadores. 46 ¡Levántense!
¡Vámonos! ¡Ahí viene el
que me traiciona!»

Arresto de Jesús

47 Todavía estaba
hablando Jesús cuando
llegó Judas, uno de los
doce. Lo acompañaba
una gran turba armada
con espadas y palos,
enviada por los jefes
de los sacerdotes y los
ancianos del pueblo.
48 El traidor les había
dado esta contraseña:
«Al que le dé un beso,
ese es; arréstenlo». 49 En
seguida Judas se acercó a
Jesús y lo saludó.
—¡Rabí! —le dijo, y
lo besó.
50 —Amigo —le
replicó Jesús—, ¿a qué
vienes?
Entonces los
hombres se acercaron
y prendieron a Jesús.
51 En eso, uno de los que
estaban con él extendió
la mano, sacó la espada e
hirió al siervo del sumo
sacerdote, cortándole
una oreja.

RVR

[52] Entonces Jesús le dijo: Vuelve tu espada a su lugar; porque todos los que empuñen espada, a espada perecerán.
[53] ¿O te parece que no puedo ahora rogar a mi Padre, y que él no pondría a mi disposición más de doce legiones de ángeles?
[54] Pero ¿cómo se cumplirían entonces las Escrituras, de que es menester que suceda así?
[55] Seguidamente, dijo Jesús a la gente: ¿Como contra un ladrón habéis salido con espadas y palos a prenderme? Cada día me sentaba ante vosotros enseñando en el templo, y no me prendisteis.
[56] Pero todo esto ha sucedido para que se cumplan las Escrituras de los profetas. Entonces todos los discípulos le abandonaron y huyeron.

Jesucristo ante el sanedrín

[57] Los que prendieron a Jesús le llevaron ante el sumo sacerdote Caifás, adonde estaban reunidos los escribas y los ancianos.
[58] Y Pedro le seguía de lejos hasta el patio del

51 τότε	λέγει	αὐτῷ	ὁ	Ἰησοῦς·	Ἀπόστρεψον	τὴν	μάχαιράν	σου
Entonces	dice$_{3}$	a él:$_{4}$	--$_{1}$	Jesús:$_{2}$	Vuelve	la	espada	de ti
5119	3004	846	3588	2424	654	3588	3162	4675
B	VPAI3S	RP3DSM	DNSM	NNSM	VAAM2S	DASF	NASF	RP2GS

εἰς	τὸν	τόπον	αὐτῆς,	πάντες	γὰρ	οἱ	λαβόντες	μάχαιραν	ἐν
a	el	lugar	de ella,	todos$_{2}$	porque$_{1}$	los	que habiendo tomado	(la) espada	por
1519	3588	5117	846	3956	1063	3588	2983	3162	1722
P	DASM	NASM	RP3GSF	JNPM	CAZ	DNPM	VAAP-PNM	NASF	P

μαχαίρῃ	ἀπολοῦνται·	53 ἢ	δοκεῖς	ὅτι	οὐ	δύναμαι	παρακαλέσαι
(la) espada	perecerán.	O	¿pensáis	que	no	puedo	rogar
3162	622	2228	1380	3754	3756	1410	3870
NDSF	VFMI3P	CLD	VPAI2S	CSC	BN, TN	VPUI1S	VAAN

τὸν	πατέρα	μου,	καὶ	παραστήσει	μοι	ἄρτι	πλείω	δώδεκα	λεγιῶνας
al	Padre	de mí	y	presentará	a mí	ahora	más	de doce	legiones
3588	3962	3450	2532	3936	3427	737	4119	1427	3003
DASM	NASM	RP1GS	CLN	VFAI3S	RP1DS	B	JAPNC	XN, J	NAPF

ἀγγέλων;	54 πῶς	οὖν	πληρωθῶσιν	αἱ	γραφαὶ	ὅτι	οὕτως	δεῖ
de ángeles?	¿cómo$_{2}$	Pero$_{1}$	fueran cumplidas	las	Escrituras	que	así	es necesario
32	4459	3767	4137	3588	1124	3754	3779	1163
NGPM	BI	CLI	VAPS3P	DNPF	NNPF	CSC	B	VPAI3S

γενέσθαι;	55 ἐν	ἐκείνῃ	τῇ	ὥρᾳ	εἶπεν	ὁ	Ἰησοῦς	τοῖς	ὄχλοις·
suceder?	en$_{4}$	aquel$_{5}$	--$_{6}$	momento$_{7}$	dijo$_{3}$	--$_{1}$	Jesús$_{2}$	a las$_{8}$	multitudes:$_{9}$
1096	1722	1565	3588	5610	2036	3588	2424	3588	3793
VAMN	P	RD-DSF	DDSF	NDSF	VAAI3S	DNSM	NNSM	DDPM	NDPM

Ὡς	ἐπὶ	λῃστὴν	ἐξήλθατε	μετὰ	μαχαιρῶν	καὶ	ξύλων	συλλαβεῖν
como$_{17}$	contra$_{18}$	un ladrón?$_{19}$	¿salisteis$_{10}$	con$_{11}$	espadas$_{12}$	y$_{13}$	palos$_{14}$	para arrestar$_{15}$
5613	1909	3027	1831	3326	3162	2532	3586	4815
CAM	P	NASM	VAAI2P	P	NGPF	CLN	NGPN	VAAN

με;	καθ'	ἡμέραν	ἐν	τῷ	ἱερῷ	ἐκαθεζόμην	διδάσκων	καὶ	οὐκ
a mí.$_{16}$	Cada	día	en$_{2}$	el$_{3}$	templo$_{4}$	estuve sentado$_{1}$	enseñando	y	no
3165	2596	2250	1722	3588	2411	2516	1321	2532	3756
RP1AS	P	NASF	P	DDSN	NDSN, JDSN	VIUI1S	VPAP-SNM	CLN	BN, TN

ἐκρατήσατέ	με.	56 τοῦτο	δὲ	ὅλον	γέγονεν	ἵνα	πληρωθῶσιν	αἱ
prendisteis	a mí.	esto$_{3}$	Pero$_{1}$	todo$_{2}$	ha llegado a ser	para que	fueran cumplidas	las
2902	3165	5124	1161	3650	1096	2443	4137	3588
VAAI2P	RP1AS	RD-NSN	CLC	JNSN	VRAI3S	CAP	VAPS3P	DNPF

γραφαὶ	τῶν	προφητῶν.	τότε	οἱ	μαθηταὶ	πάντες	ἀφέντες	αὐτὸν
Escrituras	de los	profetas.	Entonces	los	discípulos	todos	dejando	a él
1124	3588	4396	5119	3588	3101	3956	863	846
NNPF	DGPM	NGPM	B	DNPM	NNPM	JNPM	VAAP-PNM	RP3ASM

ἔφυγον.
huyeron.
5343
VAAI3P

57 Οἱ	δὲ	κρατήσαντες	τὸν	Ἰησοῦν	ἀπήγαγον	πρὸς	Καϊάφαν	τὸν
ellos$_{2}$	Y$_{1}$	sujetando	--	a Jesús	llevaron	ante	Caifás	el
3588	1161	2902	3588	2424	520	4314	2533	3588
DNPM	CLN	VAAP-PNM	DASM	NASM	VAAI3P	P	NASM	DASM

ἀρχιερέα,	ὅπου	οἱ	γραμματεῖς	καὶ	οἱ	πρεσβύτεροι	συνήχθησαν.
sumo sacerdote	donde	los	escribas	y	los	ancianos	se reunieron.
749	3699	3588	1122	2532	3588	4245	4863
NASM	CAL, B	DNPM	NNPM	CLN	DNPM	JNPM	VAPI3P

58 ὁ	δὲ	Πέτρος	ἠκολούθει	αὐτῷ	ἀπὸ	μακρόθεν	ἕως	τῆς	αὐλῆς	τοῦ
--$_{2}$	y$_{1}$	Pedro	seguía	a él	de	lejos	hasta	la	casa	del
3588	1161	4074	190	846	575	3113	2193	3588	833	3588
DNSM	CLN	NNSM	VIAI3S	RP3DSM	P	B	P, C	DGSF	NGSF	DGSM

NVI

[52] —Guarda tu espada —le dijo Jesús—, porque los que a hierro matan, a hierro mueren.
[53] ¿Crees que no puedo acudir a mi Padre, y al instante pondría a mi disposición más de doce batallones de ángeles?
[54] Pero, entonces, ¿cómo se cumplirían las Escrituras que dicen que así tiene que suceder?

[55] Y de inmediato dijo a la turba:

—¿Acaso soy un bandido, para que vengan con espadas y palos a arrestarme? Todos los días me sentaba a enseñar en el templo, y no me prendieron.
[56] Pero todo esto ha sucedido para que se cumpla lo que escribieron los profetas.

Entonces todos los discípulos lo abandonaron y huyeron.

Jesús ante el Consejo

[57] Los que habían arrestado a Jesús lo llevaron ante Caifás, el sumo sacerdote, donde se habían reunido los maestros de la ley y los ancianos.
[58] Pero Pedro lo siguió de lejos hasta el

RVR

palacio del sumo sa-
cerdote; y entrando, se
sentó con los guardias,
para ver el final.
59 Los principales sacer-
dotes y los ancianos y
todo el sanedrín, busca-
ban un falso testimonio
contra Jesús, para entre-
garle a la muerte,
60 y no lo hallaron,
aunque se presentaron
muchos testigos falsos.
Pero al fin llegaron dos
testigos falsos,
61 que dijeron: Este
dijo: Puedo derribar el
templo de Dios, y reedi-
ficarlo en tres días.
62 Y levantándose el
sumo sacerdote, le dijo:
¿No respondes nada?
¿Qué testifican estos
contra ti?
63 Mas Jesús callaba.
Entonces el sumo sacer-
dote le dijo: Te conjuro
por el Dios viviente, que
nos digas si eres tú el
Cristo, el Hijo de Dios.
64 Jesús le dijo: Tú lo has
dicho; y además os digo,
que a partir de ahora ve-
réis al Hijo del Hombre
sentado a la diestra del
Poder, y viniendo sobre
las nubes del cielo.
65 Entonces el sumo
sacerdote se rasgó las
vestiduras, diciendo:
¡Ha blasfemado! ¿Qué
necesidad tenemos ya
de testigos? He aquí,

ἀρχιερέως,	καὶ	εἰσελθὼν	ἔσω	ἐκάθητο	μετὰ	τῶν	ὑπηρετῶν	ἰδεῖν
sumo sacerdote,	y	habiendo entrado	adentro,	se sentó	con	los	sirvientes	para ver
749	2532	1525	2080	2521	3326	3588	5257	1492
NGSM	CLN	VAAP-SNM	BP	VIUI3S	P	DGPM	NGPM	VAAN

τὸ	τέλος.	59 οἱ	δὲ	ἀρχιερεῖς	καὶ	τὸ	συνέδριον	ὅλον	ἐζήτουν
el	fin.	los$_2$	Mas$_1$	principales sacerdotes	y	el	Sanedrín	entero	buscaban
3588	5056	3588	1161	749	2532	3588	4892	3650	2212
DASN	NASN	DNPM	CLN	NNPM	CLN	DNSN	NNSN	JNSN	VIAI3P

ψευδομαρτυρίαν	κατὰ	τοῦ	Ἰησοῦ	ὅπως	αὐτὸν	θανατώσωσιν,	60 καὶ
falso testimonio	contra	--	Jesús	para	a él,$_2$	matar$_1$	y
5577	2596	3588	2424	3704	846	2289	2532
NASF	P	DGSM	NGSM	CAP	RP3ASM	VAAS3P	CLC

οὐχ	εὗρον	πολλῶν	προσελθόντων	ψευδομαρτύρων.	ὕστερον	δὲ
no	encontraron	de muchos	habiéndose acercado$_1$	falsos testigos.$_3$	finalmente,$_5$	y$_4$
3756	2147	4183	4334	5575	5305	1161
BN, TN	VAAI3P	JGPM	VAAP-PGM	NGPM	BS, J	CLC

προσελθόντες	δύο	61 εἶπαν·	Οὗτος	ἔφη·	Δύναμαι	καταλῦσαι	τὸν	ναὸν
acercándose	dos,	dijeron:	Este	dijo:	Puedo	destruir	el	templo
4334	1417	3004	3778	5346	1410	2647	3588	3485
VAAP-PNM	XN, J	VAAI3P	RD-NSM	VIAI3S	VPUI1S	VAAN	DASM	NASM

τοῦ	θεοῦ	καὶ	διὰ	τριῶν	ἡμερῶν	οἰκοδομῆσαι.	62 καὶ	ἀναστὰς
--	de Dios	y	después de	tres	días	edificar.	Y	habiéndose levantado
3588	2316	2532	1223	5140	2250	3618	2532	450
DGSM	NGSM	CLN	P	JGPF	NGPF	VAAN	CLN	VAAP-SNM

ὁ	ἀρχιερεὺς	εἶπεν	αὐτῷ·	Οὐδὲν	ἀποκρίνῃ;	τί	οὗτοί	σου
el	sumo sacerdote,	dijo	a él:	¿Nada	respondes?	¿Qué	estos	de ti?$_2$
3588	749	2036	846	3762	611	5101	3778	4675
DNSM	NNSM	VAAI3S	RP3DSM	JASN	VPUI2S	RI-ASN	RD-NPM	RP2GS

καταμαρτυροῦσιν;	63 ὁ	δὲ	Ἰησοῦς	ἐσιώπα.	καὶ	ὁ	ἀρχιερεὺς	εἶπεν
están testificando$_1$	--$_2$	Mas$_1$	Jesús	callaba.	Y	el	sumo sacerdote	dijo
2649	3588	1161	2424	4623	2532	3588	749	2036
VPAI3P	DNSM	CLC	NNSM	VIAI3S	CLN	DNSM	NNSM	VAAI3S

αὐτῷ·	Ἐξορκίζω	σε	κατὰ	τοῦ	θεοῦ	τοῦ	ζῶντος	ἵνα	ἡμῖν	εἴπῃς	εἰ
a él:	Conjuro	a ti	por	el	Dios	--	viviente	que	a nosotros	digas	si
846	1844	4571	2596	3588	2316	3588	2198	2443	2254	2036	1487
RP3DSM	VPAI1S	RP2AS	P	DGSM	NGSM	DGSM	VPAP-SGM	CSC	RP1DP	VAAS2S	CAC

σὺ	εἶ	ὁ	χριστὸς	ὁ	υἱὸς	τοῦ	θεοῦ.	64 λέγει	αὐτῷ	ὁ	Ἰησοῦς·
tú	eres	el	Cristo,	el	Hijo	--	de Dios.	dice$_3$	a él:$_4$	--$_1$	Jesús$_2$
4771	1488	3588	5547	3588	5207	3588	2316	3004	846	3588	2424
RP2NS	VPAI2S	DNSM	NNSM	DNSM	NNSM	DGSM	NGSM	VPAI3S	RP3DSM	DNSM	NNSM

Σὺ	εἶπας·	πλὴν	λέγω	ὑμῖν,	ἀπ'	ἄρτι	ὄψεσθε	τὸν	υἱὸν	τοῦ	ἀνθρώπου
Tú	dijiste.	Pero	digo	a vosotros	desde	ahora	veréis	al	Hijo	del	Hombre
4771	2036	4133	3004	5213	575	737	3700	3588	5207	3588	444
RP2NS	VAAI2S	CLC	VPAI1S	RP2DP	P	B	VFMI2P	DASM	NASM	DGSM	NGSM

καθήμενον	ἐκ	δεξιῶν	τῆς	δυνάμεως	καὶ	ἐρχόμενον	ἐπὶ	τῶν
sentado	de	(la) derecha	del	poder	y	viniendo	sobre	las
2521	1537	1188	3588	1411	2532	2064	1909	3588
VPUP-SAM	P	JGPN, JGPM	DGSF	NGSF	CLN	VPUP-SAM	P	DGPF

νεφελῶν	τοῦ	οὐρανοῦ.	65 τότε	ὁ	ἀρχιερεὺς	διέρρηξεν	τὰ	ἱμάτια
nubes	del	cielo.	Entonces	el	sumo sacerdote	rasgó	las	ropas
3507	3588	3772	5119	3588	749	1284	3588	2440
NGPF	DGSM	NGSM	B	DNSM	NNSM	VAAI3S	DAPN	NAPN

αὐτοῦ	λέγων·	Ἐβλασφήμησεν·	τί	ἔτι	χρείαν	ἔχομεν	μαρτύρων;
de él,	diciendo:	Blasfemó.	¿qué$_2$	ya$_1$	necesidad	tenemos	de testigos?
846	3004	987	5101	2089	5532	2192	3144
RP3GSM	VPAP-SNM	VAAI3S	RI-ASN	B	NASF	VPAI1P	NGPM

NVI

patio del sumo sacerdo-
te. Entró y se sentó con
los guardias para ver en
qué terminaba aquello.
59 Los jefes de los sa-
cerdotes y el Consejo en
pleno buscaban alguna
prueba falsa contra Jesús
para poder condenarlo
a muerte. 60 Pero no la
encontraron, a pesar de
que se presentaron mu-
chos falsos testigos.
Por fin se presentaron
dos, 61 que declararon:
—Este hombre dijo:
"Puedo destruir el tem-
plo de Dios y recons-
truirlo en tres días".
62 Poniéndose en pie,
el sumo sacerdote le dijo
a Jesús:
—¿No vas a respon-
der? ¿Qué significan
estas denuncias en tu
contra?
63 Pero Jesús se quedó
callado. Así que el sumo
sacerdote insistió:
—Te ordeno en el
nombre del Dios vivien-
te que nos digas si eres el
Cristo, el Hijo de Dios.
64 —Tú lo has dicho
—respondió Jesús—.
Pero yo les digo a todos:
De ahora en adelante
verán ustedes al Hijo del
hombre sentado a la de-
recha del Todopoderoso,
y viniendo en las nubes
del cielo.
65 —¡Ha blasfema-
do! —exclamó el sumo
sacerdote, rasgándose
las vestiduras—. ¿Para
qué necesitamos más
testigos? ¡Miren, ustedes

RVR

ahora mismo habéis
oído su blasfemia.
66 ¿Qué os parece? Ellos
respondieron y dijeron:
¡Es reo de muerte!
67 Entonces le escupie-
ron en el rostro, y le
dieron de puñetazos, y
otros le abofetearon,
68 diciendo:
Profetízanos, Cristo,
¿quién es el que te
golpeó?

Pedro niega a Jesús

69 Pedro estaba sentado
fuera en el patio; y se le
acercó una criada, y le
dijo: Tú también esta-
bas con Jesús el galileo.
70 Mas él lo negó delante
de todos, diciendo: No
sé lo que dices.
71 Al salir él al portal, le
vio otra, y dijo a los que
estaban allí: También
este estaba con Jesús el
nazareno.
72 Pero él negó otra vez
con juramento: No co-
nozco a ese hombre.
73 Un poco después,
se acercaron los que
estaban allí, y le dijeron
a Pedro: De seguro que
tú también eres uno
de ellos, porque hasta
tu manera de hablar te
descubre.
74 Entonces él comenzó
a maldecir, y a jurar: No
conozco a ese hombre.
Y en seguida cantó el
gallo.

ἴδε νῦν ἠκούσατε τὴν βλασφημίαν· 66 τί ὑμῖν δοκεῖ; οἱ
Mira, ahora oísteis la blasfemia. ¿Qué a vosotros?$_2$ parece$_1$ ellos$_4$
1492 3568 191 3588 988 5101 5213 1380 3588
I, VAAM2S B VAAI2P DASF NASF RI-ASN RP2DP VPAI3S DNPM

δὲ ἀποκριθέντες εἶπαν· Ἔνοχος θανάτου ἐστίν. 67 τότε ἐνέπτυσαν
Y$_3$ respondiendo dijeron: Culpable de muerte$_2$ es$_1$ Entonces escupieron
1161 611 3004 1777 2288 2076 5119 1716
CLN VAPP-PNM VAAI3P JNSM NGSM VPAI3S B VAAI3P

εἰς τὸ πρόσωπον αὐτοῦ καὶ ἐκολάφισαν αὐτόν, οἱ δὲ ἐράπισαν
en el rostro de él y golpearon a él, los (otros)$_2$ y$_1$ abofetearon,
1519 3588 4383 846 2532 2852 846 3588 1161 4474
P DASN NASN RP3GSM CLN VAAI3P RP3ASM DNPM CLN VAAI3P

68 λέγοντες· Προφήτευσον ἡμῖν, χριστέ, τίς ἐστιν ὁ παίσας σε;
diciendo: Profetiza a nosotros Cristo ¿quién es el que golpea a ti?
3004 4395 2254 5547 5101 2076 3588 3817 4571
VPAP-PNM VAAM2S RP1DP NVSM RI-NSM VPAI3S DNSM VAAP-SNM RP2AS

69 Ὁ δὲ Πέτρος ἐκάθητο ἔξω ἐν τῇ αὐλῇ· καὶ προσῆλθεν
--$_2$ Y$_1$ Pedro estaba sentado fuera en el patio; y se acercó
3588 1161 4074 2521 1854 1722 3588 833 2532 4334
DNSM CLN NNSM VIUI3S BP P DDSF NDSF CLN VAAI3S

αὐτῷ μία παιδίσκη λέγουσα· Καὶ σὺ ἦσθα μετὰ Ἰησοῦ τοῦ
a él una criada, diciendo: También tú estabas con Jesús el
846 1520 3814 3004 2532 4771 2258 3326 2424 3588
RP3DSM JNSF NNSF VPAP-SNF BE, TE RP2NS VIMI2S P NGSM DGSM

Γαλιλαίου. 70 ὁ δὲ ἠρνήσατο ἔμπροσθεν πάντων λέγων· Οὐκ
galileo. --$_2$ Pero$_1$ negó delante de todos diciendo: No
1057 3588 1161 720 1715 3956 3004 3756
NGSM, JGSM DNSM CLC VAMI3S P JGPM VPAP-SNM BN, TN

οἶδα τί λέγεις. 71 ἐξελθόντα δὲ εἰς τὸν πυλῶνα εἶδεν αὐτὸν
sé qué dices. habiendo salido$_2$ Y$_1$ a el portón, vio a él
1492 5101 3004 1831 1161 1519 3588 4440 1492 846
VRAI1S RI-ASN VPAI2S VAAP-SAM CLN P DASM NASM VAAI3S RP3ASM

ἄλλη καὶ λέγει τοῖς ἐκεῖ· Οὗτος ἦν μετὰ Ἰησοῦ τοῦ Ναζωραίου·
otra y dice a los allí: Este estaba con Jesús el nazareno.
243 2532 3004 3588 1563 3778 2258 3326 2424 3588 3480
JNSF CLN VPAI3S DDPM BP RD-NSM VIAI3S P NGSM DGSM NGSM

72 καὶ πάλιν ἠρνήσατο μετὰ ὅρκου ὅτι Οὐκ οἶδα τὸν ἄνθρωπον.
Y de nuevo negó con juramento: -- ¡No conozco al hombre!
2532 3825 720 3326 3727 3754 3756 1492 3588 444
CLN B VAMI3S P NGSM CSC BN, TN VRAI1S DASM NASM

73 μετὰ μικρὸν δὲ προσελθόντες οἱ ἑστῶτες εἶπον τῷ Πέτρῳ·
después de$_2$ un poco,$_3$ Y$_1$ acercándose los que estaban de pie dijeron -- a Pedro
3326 3397 1161 4334 3588 2476 2036 3588 4074
P JASN CLN VAAP-PNM DNPM VRAP-PNM VAAI3P DDSM NDSM

Ἀληθῶς καὶ σὺ ἐξ αὐτῶν εἶ, καὶ γὰρ ἡ λαλιά σου
Verdaderamente también tú de$_2$ ellos,$_3$ eres$_1$ también$_5$ porque$_4$ el modo de hablar de ti
230 2532 4771 1537 846 1488 2532 1063 3588 2981 4675
B BE, TE RP2NS P RP3GPM VPAI2S BE, TE CAZ DNSF NNSF RP2GS

δῆλόν σε ποιεῖ· 74 τότε ἤρξατο καταθεματίζειν καὶ ὀμνύειν ὅτι
evidente,$_3$ a ti$_2$ hace$_1$ Entonces comenzó a maldecir y jurar: --
1212 4571 4160 5119 756 2653 2532 3660 3754
JASM RP2AS VPAI3S B VAMI3S VPAN CLN VPAN CSC

Οὐκ οἶδα τὸν ἄνθρωπον. καὶ εὐθέως ἀλέκτωρ ἐφώνησεν· 75 καὶ
¡no conozco al hombre! E inmediatamente (el) gallo cantó. Y
3756 1492 3588 444 2532 2112 220 5455 2532
BN, TN VRAI1S DASM NASM CLN B NNSM VAAI3S CLN

NVI

mismos han oído la blas-
femia! 66 ¿Qué piensan
de esto?
—Merece la muerte
—le contestaron.
67 Entonces algunos le
escupieron en el rostro
y le dieron puñetazos.
Otros lo abofeteaban
68 y decían:
—A ver, Cristo, ¡adi-
vina quién te pegó!

Pedro niega a Jesús

69 Mientras tanto,
Pedro estaba sentado
afuera, en el patio, y una
criada se le acercó.
—Tú también estabas
con Jesús de Galilea —le
dijo.
70 Pero él lo negó de-
lante de todos, diciendo:
—No sé de qué estás
hablando.
71 Luego salió a la
puerta, donde otra cria-
da lo vio y dijo a los que
estaban allí:
—Este estaba con
Jesús de Nazaret.
72 Él lo volvió a negar,
jurándoles:
—¡A ese hombre ni
lo conozco!
73 Poco después se
acercaron a Pedro los que
estaban allí y le dijeron:
—Seguro que eres
uno de ellos; se te nota
por tu acento.
74 Y comenzó a
echarse maldiciones, y
les juró:
—¡A ese hombre ni
lo conozco!
En ese instante cantó
un gallo. 75 Entonces

RVR

75 Entonces Pedro se
acordó de la palabra de
Jesús, el cual le había
dicho: Antes que cante
el gallo, me negarás tres
veces. Y saliendo fuera,
lloró amargamente.

Jesucristo ante Pilato

27 Llegada la ma-
ñana, todos los
principales sacerdotes y
los ancianos del pueblo
celebraron consejo
contra Jesús, para darle
muerte.
2 Y después de atarlo, se
lo llevaron, y lo entrega-
ron a Poncio Pilato, el
gobernador.

Muerte de Judas

3 Entonces Judas, el
que le había entrega-
do, viendo que Jesús
había sido condenado,
sintió remordimiento
y devolvió las treinta
piezas de plata a los
principales sacerdotes y
a los ancianos,
4 diciendo: He pecado,
entregando sangre
inocente. Mas ellos dije-
ron: A nosotros, ¿qué?
¡Allá tú!
5 Entonces él arrojó las
piezas de plata en el
templo y se retiró; y fue
y se ahorcó.
6 Mas los principales
sacerdotes recogieron
las piezas de plata y
dijeron: No es lícito
echarlas en el tesoro de
las ofrendas, porque es
precio de sangre.
7 Y después de celebrar

ἐμνήσθη	ὁ	Πέτρος	τοῦ	ῥήματος	Ἰησοῦ	εἰρηκότος	ὅτι	Πρὶν
se acordó$_3$	--$_1$	Pedro$_2$	la	palabra	de Jesús	que había dicho:	Que	antes de
3415	3588	4074	3588	4487	2424	2046	3754	4250
VAPI3S	DNSM	NNSM	DGSN	NGSN	NGSM	VRAP-SGM, VRAP-SGN	CSC	CAT, B

ἀλέκτορα	φωνῆσαι	τρὶς	ἀπαρνήσῃ	με,	καὶ	ἐξελθὼν	ἔξω	ἔκλαυσεν
(un) gallo	cantar	tres veces	negarás	a mí;	y	saliendo	afuera,	lloró
220	5455	5151	533	3165	2532	1831	1854	2799
NASM	VAAN	B	VFMI2S	RP1AS	CLN	VAAP-SNM	BP	VAAI3S

πικρῶς.
amargamente.
4090
B

27

Πρωΐας	δὲ	γενομένης	συμβούλιον	ἔλαβον	πάντες	οἱ
el amanecer$_3$	Y$_1$	habiendo llegado$_2$	consejo$_{13}$	tomaron$_{12}$	todos$_4$	los$_5$
4405	1161	1096	4824	2983	3956	3588
NGSF	CLN	VAMP-SGF	NASN	VAAI3P	JNPM	DNPM

ἀρχιερεῖς	καὶ	οἱ	πρεσβύτεροι	τοῦ	λαοῦ	κατὰ	τοῦ	Ἰησοῦ	ὥστε
sumo sacerdotes$_6$	y$_7$	los$_8$	ancianos$_9$	del$_{10}$	pueblo$_{11}$	en relación a	--	Jesús	para
749	2532	3588	4245	3588	2992	2596	3588	2424	5620
NNPM	CLN	DNPM	JNPM	DGSM	NGSM	P	DGSM	NGSM	CAP

θανατῶσαι	αὐτόν·	2 καὶ	δήσαντες	αὐτὸν	ἀπήγαγον	καὶ	⸀παρέδωκαν
matar	a él;	y	habiendo atado	a él,	llevaron	y	entregaron
2289	846	2532	1210	846	520	2532	3860
VAAN	RP3ASM	CLN	VAAP-PNM	RP3ASM	VAAI3P	CLN	VAAI3P

Πιλάτῳ	τῷ	ἡγεμόνι.
a Pilato	el	gobernador.
4091	3588	2232
NDSM	DDSM	NDSM

3 Τότε	ἰδὼν	Ἰούδας	ὁ	παραδιδοὺς	αὐτὸν	ὅτι	κατεκρίθη
Entonces	habiendo visto	Judas,	el	que entregó	a él,	que	había sido condenado
5119	1492	2455	3588	3860	846	3754	2632
B	VAAP-SNM	NNSM	DNSM	VPAP-SNM	RP3ASM	CSC	VAPI3S

μεταμεληθεὶς	ἔστρεψεν	τὰ	τριάκοντα	ἀργύρια	τοῖς	ἀρχιερεῦσιν
sintió remordimiento	devolvió	las	treinta	piezas de plata	a los	sumo sacerdotes
3338	4762	3588	5144	694	3588	749
VAPP-SNM	VAAI3S	DAPN	XN, J	NAPN	DDPM	NDPM

καὶ	πρεσβυτέροις	4 λέγων·	Ἥμαρτον	παραδοὺς	αἷμα	ἀθῷον.
y	ancianos	diciendo:	Pequé	habiendo entregado	sangre	inocente.
2532	4245	3004	264	3860	129	121
CLN	JDPM	VPAP-SNM	VAAI1S	VAAP-SNM	NASN	JASN

οἱ	δὲ	εἶπαν·	Τί	πρὸς	ἡμᾶς;	σὺ	ὄψῃ.	5 καὶ	ῥίψας	τὰ
--$_2$	Pero$_1$	dijeron:	¿Qué	a	nosotros?	Tú	ve.	Y	habiendo arrojado	las
3588	1161	3004	5101	4314	2248	4771	3708	2532	4496	3588
DNPM	CLN	VAAI3P	RI-ASN	P	RP1AP	RP2NS	VFMI2S	CLN	VAAP-SNM	DAPN

ἀργύρια	εἰς	τὸν	ναὸν	ἀνεχώρησεν,	καὶ	ἀπελθὼν	ἀπήγξατο.	6 οἱ
piezas de plata	en	el	santuario,	se retiró,	y	habiendo ido,	se ahorcó.	los$_2$
694	1519	3588	3485	402	2532	565	519	3588
NAPN	P	DASM	NASM	VAAI3S	CLN	VAAP-SNM	VAMI3S	DNPM

δὲ	ἀρχιερεῖς	λαβόντες	τὰ	ἀργύρια	εἶπαν·	Οὐκ	ἔξεστιν	βαλεῖν
Pero$_1$	sumo sacerdotes,	habiendo tomado	las	piezas de plata	dijeron	no	es permitido	echar
1161	749	2983	3588	694	3004	3756	1832	906
CLN	NNPM	VAAP-PNM	DAPN	NAPN	VAAI3P	BN, TN	VPAI3S	VAAN

αὐτὰ	εἰς	τὸν	κορβανᾶν,	ἐπεὶ	τιμὴ	αἵματός	ἐστιν·	7 συμβούλιον	δὲ
a ellas	en	el	tesoro del templo	puesto que	precio$_2$	de sangre;$_3$	es$_1$	consejo$_3$	y$_1$
846	1519	3588	2878	1893	5092	129	2076	4824	1161
RP3APN	P	DASM	NASM	CAZ	NNSF	NGSN	VPAI3S	NASN	CLN

NVI

Pedro se acordó de lo
que Jesús había dicho:
«Antes de que cante el
gallo, me negarás tres ve-
ces». Y saliendo de allí,
lloró amargamente.

Judas se ahorca

27 Muy de ma-
ñana, todos los
jefes de los sacerdotes y
los ancianos del pueblo
tomaron la decisión
de condenar a muerte
a Jesús. 2 Lo ataron,
se lo llevaron y se lo
entregaron a Pilato, el
gobernador.
3 Cuando Judas, el
que lo había traicio-
nado, vio que habían
condenado a Jesús,
sintió remordimiento
y devolvió las treinta
monedas de plata a los
jefes de los sacerdotes y a
los ancianos.
4 —He pecado —les
dijo— porque he entre-
gado sangre inocente.
—¿Y eso a nosotros
qué nos importa? —res-
pondieron—. ¡Allá tú!
5 Entonces Judas
arrojó el dinero en el
santuario y salió de allí.
Luego fue y se ahorcó.
6 Los jefes de los sa-
cerdotes recogieron las
monedas y dijeron: «La
ley no permite echar
esto al tesoro, porque es
precio de sangre». 7 Así

27:2⸀ Manuscritos inferiores aumentaron *a él a Poncio.*

RVR

consejo, compraron
con ellas el campo del
alfarero, para sepultura
de los extranjeros.
8 Por lo cual aquel cam-
po se ha llamado hasta
el día de hoy: Campo de
sangre.
9 Entonces se cumplió
lo dicho por medio del
profeta Jeremías, cuan-
do dijo: Y tomaron las
treinta piezas de plata, el
precio del que fue tasa-
do, según precio puesto
por los hijos de Israel;
10 y las dieron para el
campo del alfarero,
como me ordenó el
Señor.

Pilato interroga a Jesús

11 Jesús, pues, estaba en
pie delante del goberna-
dor; y este le preguntó,
diciendo: ¿Eres tú el rey
de los judíos? Y Jesús le
dijo: Tú lo dices.
12 Y siendo acusado por
los principales sacerdo-
tes y por los ancianos,
nada respondió.
13 Pilato entonces le
dijo: ¿No oyes cuántas
cosas testifican contra
ti?
14 Pero Jesús no le res-
pondió ni una palabra;
de tal manera que el go-
bernador se maravillaba
mucho.

λαβόντες	ἠγόρασαν	ἐξ	αὐτῶν	τὸν	Ἀγρὸν	τοῦ	Κεραμέως
habiendo tomado$_2$	compraron	de (con)	ellas	el	campo	del	alfarero
2983	59	1537	846	3588	68	3588	2763
VAAP-PNM	*VAAI3P*	*P*	*RP3GPN, RP3GPM*	*DASM*	*NASM*	*DGSM*	*NGSM*

εἰς	ταφὴν	τοῖς	ξένοις.	8 διὸ	ἐκλήθη	ὁ	ἀγρὸς	ἐκεῖνος	Ἀγρὸς
para	un lugar de entierro	para los	extranjeros.	Por lo cual,	fue llamado	el	campo	aquel	campo
1519	5027	3588	3581	1352	2564	3588	68	1565	68
P	*NASF*	*DDPM*	*JDPM*	*CLI*	*VAPI3S*	*DNSM*	*NNSM*	*RD-NSM*	*NNSM*

Αἵματος	ἕως	τῆς	σήμερον.	9 τότε	ἐπληρώθη	τὸ	ῥηθὲν	διὰ
de sangre	hasta	--	hoy.	Entonces	fue cumplido	lo	dicho	por medio de
129	2193	3588	4594	5119	4137	3588	4483	1223
NGSN	*P, C*	*DGSF*	*B*	*B*	*VAPI3S*	*DNSN*	*VAPP-SNN*	*P*

Ἰερεμίου	τοῦ	προφήτου	λέγοντος·	Καὶ	ἔλαβον	τὰ	τριάκοντα
Jeremías	el	profeta,	diciendo:	Y	tomaron	las	treinta
2408	3588	4396	3004	2532	2983	3588	5144
NGSM	*DGSM*	*NGSM*	*VPAP-SGM, VPAP-SGN*	*CLN*	*VAAI3P, VAAI1S*	*DAPN*	*XN, J*

ἀργύρια,	τὴν	τιμὴν	τοῦ	τετιμημένου	ὃν	ἐτιμήσαντο	ἀπὸ
piezas de plata,	el	precio	de aquel	a quien se había puesto precio,	al que	pusieron precio	de parte de
694	3588	5092	3588	5091	3739	5091	575
NAPN	*DASF*	*NASF*	*DGSM*	*VRPP-SGM*	*RR-ASM*	*VAMI3P*	*P*

υἱῶν	Ἰσραήλ,	10 καὶ	ἔδωκαν	αὐτὰ	εἰς	τὸν	ἀγρὸν	τοῦ	κεραμέως,
(los) hijos	de Israel,	y	dieron	ellas	para	el	campo	del	alfarero,
5207	2474	2532	1325	846	1519	3588	68	3588	2763
NGPM	*NGSM, XP*	*CLN*	*VAAI3P*	*RP3APN*	*P*	*DASM*	*NASM*	*DGSM*	*NGSM*

καθὰ	συνέταξέν	μοι	κύριος.
tal como	ordenó	a mí	(el) Señor.
2505	4929	3427	2962
CAM	*VAAI3S*	*RP1DS*	*NNSM*

11 Ὁ	δὲ	Ἰησοῦς	ἐστάθη	ἔμπροσθεν	τοῦ	ἡγεμόνος·	καὶ
--$_2$	Y$_1$	Jesús	se paró	delante de	el	gobernador;	y
3588	1161	2424	2476	1715	3588	2232	2532
DNSM	*CLT*	*NNSM*	*VAPI3S*	*P*	*DGSM*	*NGSM*	*CLN*

ἐπηρώτησεν	αὐτὸν	ὁ	ἡγεμὼν	λέγων·	Σὺ	εἶ	ὁ	βασιλεὺς
preguntó$_3$	a él$_4$	el$_1$	gobernador$_2$	diciendo:	¿Tú	eres	el	rey
1905	846	3588	2232	3004	4771	1488	3588	935
VAAI3S	*RP3ASM*	*DNSM*	*NNSM*	*VPAP-SNM*	*RP2NS*	*VPAI2S*	*DNSM*	*NNSM*

τῶν	Ἰουδαίων;	ὁ	δὲ	Ἰησοῦς	ἔφη·	Σὺ	λέγεις.	12 καὶ	ἐν	τῷ
de los	judíos?	--$_2$	Y$_1$	Jesús	dijo:	Tú	dices.	Y	--	al
3588	2453	3588	1161	2424	5346	4771	3004	2532	1722	3588
DGPM	*JGPM*	*DNSM*	*CLN*	*NNSM*	*VIAI3S*	*RP2NS*	*VPAI2S*	*CLN*	*P*	*DDSN, DDSM*

κατηγορεῖσθαι	αὐτὸν	ὑπὸ	τῶν	ἀρχιερέων	καὶ	πρεσβυτέρων	οὐδὲν
ser acusado	a él	por	los	sumo sacerdotes	y	ancianos,	nada
2723	846	5259	3588	749	2532	4245	3762
VPPN	*RP3ASM*	*P*	*DGPM*	*NGPM*	*CLN*	*JGPM*	*JASN*

ἀπεκρίνατο.	13 τότε	λέγει	αὐτῷ	ὁ	Πιλᾶτος·	Οὐκ	ἀκούεις	πόσα
contestaba.	Entonces	dice$_3$	a él:$_4$	--$_1$	Pilato$_2$	¿No	oyes	cuántas cosas
611	5119	3004	846	3588	4091	3756	191	4214
VAMI3S	*B*	*VPAI3S*	*RP3DSM*	*DNSM*	*NNSM*	*BN, TN*	*VPAI2S*	*RI-APN*

σου	καταμαρτυροῦσιν;	14 καὶ	οὐκ	ἀπεκρίθη	αὐτῷ	πρὸς	οὐδὲ	ἓν
contra ti?$_2$	están testificando$_1$	Y	no	respondió	a él	--	ni	una
4675	2649	2532	3756	611	846	4314	3761	1520
RP2GS	*VPAI3P*	*CLC*	*BN, TN*	*VAPI3S, VAMI3S*	*RP3DSM*	*P*	*BN*	*JASN*

ῥῆμα,	ὥστε	θαυμάζειν	τὸν	ἡγεμόνα	λίαν.
palabra,	de modo que	admirar$_3$	el$_1$	gobernador$_2$	muchísimo.
4487	5620	2296	3588	2232	3029
NASN	*CAR*	*VPAN*	*DASM*	*NASM*	*BE*

NVI

que resolvieron comprar
con ese dinero un
terreno conocido como
Campo del Alfarero,
para sepultar allí a los
extranjeros. 8 Por eso se
le ha llamado Campo
de Sangre hasta el día
de hoy. 9 Así se cumplió
lo dicho por el profeta
Jeremías: «Tomaron
las treinta monedas de
plata, el precio que el
pueblo de Israel le había
fijado, 10 y con ellas
compraron el campo
del alfarero, como me
ordenó el Señor».

Jesús ante Pilato

11 Mientras tanto,
Jesús compareció ante
el gobernador, y este le
preguntó:
—¿Eres tú el rey de
los judíos?
—Tú lo dices —res-
pondió Jesús.
12 Al ser acusado por
los jefes de los sacerdotes
y por los ancianos, Jesús
no contestó nada.
13 —¿No oyes lo que
declaran contra ti? —le
dijo Pilato.
14 Pero Jesús no
respondió ni a una sola
acusación, por lo que el
gobernador se llenó de
asombro.

RVR

Jesús, sentenciado a muerte

15 Ahora bien, en el día
de la fiesta acostumbra-
ba el gobernador soltar
al pueblo un preso, el
que quisiesen.
16 Y tenían entonces un
preso famoso llamado
Barrabás.
17 Reunidos, pues, ellos,
les dijo Pilato: ¿A quién
queréis que os suelte:
a Barrabás, o a Jesús,
llamado el Cristo?
18 Porque sabía que
por envidia le habían
entregado.
19 Y estando él sentado
en el tribunal, su mujer
le mandó a decir: No
tengas nada que ver con
ese justo; porque hoy he
padecido mucho en sue-
ños por causa de él.
20 Pero los principales
sacerdotes y los ancia-
nos persuadieron a la
multitud que pidiese a
Barrabás, y que diesen
muerte a Jesús.
21 Y respondiendo el
gobernador, les dijo: ¿A
cuál de los dos queréis
que os suelte? Y ellos
dijeron: A Barrabás.
22 Pilato les dijo: ¿Qué,
pues, haré de Jesús,
llamado el Cristo?
Todos le dijeron: ¡Sea
crucificado!
23 Y el gobernador les
dijo: Pues ¿qué mal ha

15 Κατὰ	δὲ	ἑορτὴν	εἰώθει	ὁ	ἡγεμὼν	ἀπολύειν	ἕνα	τῷ
cada$_5$	Y$_1$	fiesta$_6$	acostumbraba$_4$	el$_2$	gobernador$_3$	soltar$_7$	un$_8$	a la$_{10}$
2596	1161	1859	1486	3588	2232	630	1520	3588
P	*CLT*	*NASF*	*VLAI3S*	*DNSM*	*NNSM*	*VPAN*	*JASM*	*DDSM*

ὄχλῳ	δέσμιον	ὃν	ἤθελον.	16 εἶχον	δὲ	τότε	δέσμιον	ἐπίσημον
multitud,$_{11}$	prisionero$_9$	el que	querían.	tenían$_2$	Y$_1$	entonces	un prisionero	famoso
3793	1198	3739	2309	2192	1161	5119	1198	1978
NDSM	*NASM*	*RR-ASM*	*VIAI3P*	*VIAI3P*	*CLN*	*B*	*NASM*	*JASM*

λεγόμενον	⸀Ἰησοῦν	Βαραββᾶν.	17 συνηγμένων	οὖν	αὐτῶν	εἶπεν
llamado	Jesús	Barrabás.	reunidos$_2$	Así que$_1$	ellos	dijo$_3$
3004	2424	912	4863	3767	846	2036
VPPP-SAM	*NASM*	*NASM*	*VRPP-PGM*	*CLI*	*RP3GPM*	*VAAI3S*

αὐτοῖς	ὁ	Πιλᾶτος·	Τίνα	θέλετε	ἀπολύσω	ὑμῖν,	⸂Ἰησοῦν	τὸν⸃
a ellos:$_4$	--$_1$	Pilato$_2$	¿A quién	queréis	que suelte	a vosotros,	Jesús	--
846	3588	4091	5101	2309	630	5213	2424	3588
RP3DPM	*DNSM*	*NNSM*	*RI-ASM*	*VPAI2P*	*VAAS1S*	*RP2DP*	*NASM*	*DASM*

Βαραββᾶν	ἢ	Ἰησοῦν	τὸν	λεγόμενον	χριστόν;	18 ᾔδει	γὰρ	ὅτι	διὰ
Barrabás	o	Jesús,	el	llamado	Cristo?	sabía$_2$	Porque$_1$	que	a causa de
912	2228	2424	3588	3004	5547	1492	1063	3754	1223
NASM	*CLD*	*NASM*	*DASM*	*VPPP-SAM*	*NASM*	*VLAI3S*	*CAZ*	*CSC*	*P*

φθόνον	παρέδωκαν	αὐτόν.	19 Καθημένου	δὲ	αὐτοῦ	ἐπὶ	τοῦ	βήματος
envidia	entregaron	a él.	estando sentado$_2$	Y$_1$	él	sobre	el	tribunal,
5355	3860	846	2521	1161	846	1909	3588	968
NASM	*VAAI3P*	*RP3ASM*	*VPUP-SGM*	*CLN*	*RP3GSM*	*P*	*DGSN*	*NGSN*

ἀπέστειλεν	πρὸς	αὐτὸν	ἡ	γυνὴ	αὐτοῦ	λέγουσα·	Μηδὲν	σοὶ
envió$_4$	a$_5$	él$_6$	la$_1$	mujer$_2$	de él$_3$	diciendo:	Nada (haya)	(entre) ti
649	4314	846	3588	1135	846	3004	3367	4671
VAAI3S	*P*	*RP3ASM*	*DNSF*	*NNSF*	*RP3GSM*	*VPAP-SNF*	*JNSN*	*RP2DS*

καὶ	τῷ	δικαίῳ	ἐκείνῳ,	πολλὰ	γὰρ	ἔπαθον	σήμερον	κατ’	ὄναρ
y	el	justo	aquel	muchas cosas$_2$	porque$_1$	sufrí	hoy	en	un sueño
2532	3588	1342	1565	4183	1063	3958	4594	2596	3677
CLN	*DDSM*	*JDSM*	*RD-DSM*	*JAPN*	*CAZ*	*VAAI1S*	*B*	*P*	*NASN*

δι’	αὐτόν.	20 Οἱ	δὲ	ἀρχιερεῖς	καὶ	οἱ	πρεσβύτεροι	ἔπεισαν	τοὺς
a causa de	él.	los$_2$	Pero$_1$	sumo sacerdotes	y	los	ancianos	persuadieron	a las
1223	846	3588	1161	749	2532	3588	4245	3982	3588
P	*RP3ASM*	*DNPM*	*CLC*	*NNPM*	*CLN*	*DNPM*	*JNPM*	*VAAI3P*	*DAPM*

ὄχλους	ἵνα	αἰτήσωνται	τὸν	Βαραββᾶν	τὸν	δὲ	Ἰησοῦν	ἀπολέσωσιν.
multitudes	para que	pidan	--	a Barrabás,	--$_2$	y$_1$	Jesús	hicieran perecer.
3793	2443	154	3588	912	3588	1161	2424	622
NAPM	*CSC*	*VAMS3P*	*DASM*	*NASM*	*DASM*	*CLC*	*NASM*	*VAAS3P*

21 ἀποκριθεὶς	δὲ	ὁ	ἡγεμὼν	εἶπεν	αὐτοῖς·	Τίνα	θέλετε	ἀπὸ	τῶν	δύο
respondiendo$_2$	Y$_1$	el	gobernador	dijo	a ellos:	¿A quién	queréis	de	los	dos
611	1161	3588	2232	2036	846	5101	2309	575	3588	1417
VAPP-SNM	*CLN*	*DNSM*	*NNSM*	*VAAI3S*	*RP3DPM*	*RI-ASM*	*VPAI2P*	*P*	*DGPM*	*XN, J*

ἀπολύσω	ὑμῖν;	οἱ	δὲ	εἶπαν·	Τὸν	Βαραββᾶν.	22 λέγει	αὐτοῖς
que suelte	para vosotros?	ellos$_2$	Y$_1$	dijeron:	--	Barrabás.	dice$_3$	a ellos:$_4$
630	5213	3588	1161	3004	3588	912	3004	846
VAAS1S	*RP2DP*	*DNPM*	*CLN*	*VAAI3P*	*DASM*	*NASM*	*VPAI3S*	*RP3DPM*

ὁ	Πιλᾶτος·	Τί	οὖν	ποιήσω	Ἰησοῦν	τὸν	λεγόμενον	χριστόν;
--$_1$	Pilato$_2$	¿Qué	entonces	haré	con Jesús,	el	llamado	Cristo?
3588	4091	5101	3767	4160	2424	3588	3004	5547
DNSM	*NNSM*	*RI-ASN*	*CLI*	*VAAS1S, VFAI1S*	*NASM*	*DASM*	*VPPP-SAM*	*NASM*

λέγουσιν	πάντες·	Σταυρωθήτω.	23 ὁ	δὲ	ἔφη·	Τί	γὰρ	κακὸν
dicen:$_2$	Todos$_1$	Sea crucificado.	él$_2$	Y$_1$	dijo:	¿Qué	pues	mal
3004	3956	4717	3588	1161	5346	5101	1063	2556
VPAI3P	*JNPM*	*VAPM3S*	*DNSM*	*CLN*	*VIAI3S*	*RI-ASN*	*TI, C*	*JASN*

NVI

15 Ahora bien, duran-
te la fiesta el gobernador
acostumbraba soltar
un preso que la gente
escogiera. 16 Tenían un
preso famoso llamado
Barrabás. 17-18 Así que
cuando se reunió la mul-
titud, Pilato, que sabía
que le habían entregado
a Jesús por envidia, les
preguntó:
—¿A quién quieren
que les suelte: a Barrabás
o a Jesús, al que llaman
Cristo?
19 Mientras Pilato
estaba sentado en el
tribunal, su esposa le en-
vió el siguiente recado:
«No te metas con ese
justo, pues, por causa de
él, hoy he sufrido mucho
en un sueño».
20 Pero los jefes de los
sacerdotes y los ancianos
persuadieron a la mul-
titud a que le pidiera a
Pilato soltar a Barrabás y
ejecutar a Jesús.
21 —¿A cuál de los
dos quieren que les
suelte? —preguntó el
gobernador.
—A Barrabás.
22 —¿Y qué voy a
hacer con Jesús, al que
llaman Cristo?
—¡Crucifícalo! —
respondieron todos.
23 —¿Por qué? ¿Qué
crimen ha cometido?

27:16⸀ Manuscritos importantes tienen *Jesús.* **27:17**⸂⸃ Manuscritos importantes tienen *Jesús el.*

RVR

hecho? Pero ellos grita-
ban aún más, diciendo:
¡Sea crucificado!
24 Viendo Pilato que
nada conseguía, sino
que más bien se forma-
ba un tumulto, tomó
agua y se lavó las manos
delante del pueblo, di-
ciendo: Soy inocente de
la sangre de este justo;
allá vosotros.
25 Y respondiendo todo
el pueblo, dijo: Su san-
gre sea sobre nosotros, y
sobre nuestros hijos.
26 Entonces les soltó a
Barrabás; y habiendo
azotado a Jesús, le entre-
gó para ser crucificado.
27 Entonces los soldados
del gobernador llevaron
a Jesús al pretorio, y reu-
nieron alrededor de él a
toda la compañía;
28 y desnudándole, le
echaron encima un
manto de escarlata,
29 y trenzando una
corona de espinas, la pu-
sieron sobre su cabeza,
y una caña en su mano
derecha; e hincando la
rodilla delante de él, le
escarnecían, dicien-
do: ¡Salve, Rey de los
judíos!
30 Y escupiéndole,
tomaban la caña y le
golpeaban en la cabeza.

ἐποίησεν;	οἱ	δὲ	περισσῶς	ἔκραζον	λέγοντες·	Σταυρωθήτω.
hizo?	--$_{2}$	Y$_{1}$	aún más$_{4}$	gritaban$_{3}$	diciendo:	¡Sea crucificado!
4160	3588	1161	4057	2896	3004	4717
VAAI3S	DNPM	CLC	B	VIAI3P	VPAP-PNM	VAPM3S

24 Ἰδὼν	δὲ	ὁ	Πιλᾶτος	ὅτι	οὐδὲν	ὠφελεῖ	ἀλλὰ	μᾶλλον	θόρυβος
viendo$_{2}$	Y$_{1}$	--	Pilato	que	nada	aprovecha,	sino	más bien	tumulto,$_{2}$
1492	1161	3588	4091	3754	3762	5623	235	3123	2351
VAAP-SNM	CLN	DNSM	NNSM	CSC	JASN	VPAI3S	CLC	B	NNSM

γίνεται	λαβὼν	ὕδωρ	ἀπενίψατο	τὰς	χεῖρας	ἀπέναντι	τοῦ
llega a ser (haber)$_{1}$	habiendo tomando	agua	se lavó	las	manos	delante de	la
1096	2983	5204	633	3588	5495	561	3588
VPUI3S	VAAP-SNM	NASN	VAMI3S	DAPF	NAPF	P, B	DGSM

ὄχλου	λέγων·	Ἀθῷός	εἰμι	ἀπὸ	τοῦ	αἵματος	τούτου·	ὑμεῖς	ὄψεσθε.
multitud	diciendo:	Inocente	soy	de	la	sangre	de este.	Vosotros	veréis.
3793	3004	121	1510	575	3588	129	5127	5210	3700
NGSM	VPAP-SNM	JNSM	VPAI1S	P	DGSN	NGSN	RD-GSN	RP2NP	VFMI2P

25 καὶ	ἀποκριθεὶς	πᾶς	ὁ	λαὸς	εἶπεν·	Τὸ	αἷμα	αὐτοῦ	ἐφ᾽	ἡμᾶς	καὶ
Y	respondiendo	todo	el	pueblo	dijo:	La	sangre	de él	sobre	nosotros	y
2532	611	3956	3588	2992	2036	3588	129	846	1909	2248	2532
CLN	VAPP-SNM	JNSM	DNSM	NNSM	VAAI3S	DNSN	NNSN	RP3GSM	P	RP1AP	CLN

ἐπὶ	τὰ	τέκνα	ἡμῶν.	26 τότε	ἀπέλυσεν	αὐτοῖς	τὸν	Βαραββᾶν,	τὸν
sobre	los	hijos	de nosotros.	Entonces	dejó ir	para ellos	--	a Barrabás	--$_{2}$
1909	3588	5043	2257	5119	630	846	3588	912	3588
P	DAPN	NAPN	RP1GP	B	VAAI3S	RP3DPM	DASM	NASM	DASM

δὲ	Ἰησοῦν	φραγελλώσας	παρέδωκεν	ἵνα	σταυρωθῇ.
pero$_{1}$	a Jesús	tras azotarle,$_{4}$	entregó$_{1}$	para que$_{2}$	fuera crucificado$_{3}$
1161	2424	5417	3860	2443	4717
CLC	NASM	VAAP-SNM	VAAI3S	CAP	VAPS3S

27 Τότε	οἱ	στρατιῶται	τοῦ	ἡγεμόνος	παραλαβόντες	τὸν	Ἰησοῦν
Entonces	los	soldados	del	gobernador,	habiendo recibido	--	a Jesús
5119	3588	4757	3588	2232	3880	3588	2424
B	DNPM	NNPM	DGSM	NGSM	VAAP-PNM	DASM	NASM

εἰς	τὸ	πραιτώριον	συνήγαγον	ἐπ᾽	αὐτὸν	ὅλην	τὴν	σπεῖραν.
en	el	pretorio,	reunieron	sobre	él	todo	el	grupo de soldados.
1519	3588	4232	4863	1909	846	3650	3588	4686
P	DASN	NASN	VAAI3P	P	RP3ASM	JASF	DASF	NASF

28 καὶ	ἐκδύσαντες	αὐτὸν	χλαμύδα	κοκκίνην	περιέθηκαν	αὐτῷ,	29 καὶ
Y	desvistiendo	a él,	un manto$_{3}$	de escarlata,$_{4}$	pusieron en torno$_{1}$	de él$_{2}$	y
2532	1562	846	5511	2847	4060	846	2532
CLN	VAAP-PNM	RP3ASM	NASF	JASF	VAAI3P	RP3DSM	CLN

πλέξαντες	στέφανον	ἐξ	ἀκανθῶν	ἐπέθηκαν	ἐπὶ	τῆς	κεφαλῆς	αὐτοῦ
habiendo tejiendo	una corona	de	espinos,	pusieron	sobre	la	cabeza	de él
4120	4735	1537	173	2007	1909	3588	2776	846
VAAP-PNM	NASM	P	NGPF	VAAI3P	P	DGSF	NGSF	RP3GSM

καὶ	κάλαμον	ἐν	τῇ	δεξιᾷ	αὐτοῦ,	καὶ	γονυπετήσαντες	ἔμπροσθεν
y	una caña	en	la	derecha	de él,	y	arrodillándose	delante de
2532	2563	1722	3588	1188	846	2532	1120	1715
CLN	NASM	P	DDSF	JDSF	RP3GSM	CLN	VAAP-PNM	P

αὐτοῦ	ἐνέπαιξαν	αὐτῷ	λέγοντες·	Χαῖρε,	βασιλεῦ	τῶν	Ἰουδαίων,
él,	se burlaron	de él,	diciendo:	¡Viva	rey	de los	judíos!
846	1702	846	3004	5463	935	3588	2453
RP3GSM	VAAI3P	RP3DSM	VPAP-PNM	VPAM2S	NVSM	DGPM	JGPM

30 καὶ	ἐμπτύσαντες	εἰς	αὐτὸν	ἔλαβον	τὸν	κάλαμον	καὶ	ἔτυπτον	εἰς
Y	escupiendo	a	él,	tomaron	la	caña	y	golpeaban	en
2532	1716	1519	846	2983	3588	2563	2532	5180	1519
CLN	VAAP-PNM	P	RP3ASM	VAAI3P	DASM	NASM	CLN	VIAI3P	P

NVI

Pero ellos gritaban
aún más fuerte:
—¡Crucifícalo!
24 Cuando Pilato vio
que no conseguía nada,
sino que más bien se
estaba formando un
tumulto, pidió agua y se
lavó las manos delante
de la gente.
—Soy inocente de la
sangre de este hombre
—dijo—. ¡Allá ustedes!
25 —¡Que su sangre
caiga sobre nosotros y
sobre nuestros hijos! —
contestó todo el pueblo.
26 Entonces les soltó
a Barrabás; pero a Jesús
lo mandó azotar, y lo
entregó para que lo
crucificaran.

Los soldados se burlan de Jesús

27 Los soldados del
gobernador llevaron
a Jesús al palacio y
reunieron a toda la
tropa alrededor de él.
28 Le quitaron la ropa y
le pusieron un manto
de color escarlata.
29 Luego trenzaron una
corona de espinas y se la
colocaron en la cabeza,
y en la mano derecha
le pusieron una caña.
Arrodillándose delante
de él, se burlaban
diciendo:
—¡Salve, rey de los
judíos!
30 Y le escupían, y con
la caña le golpeaban

RVR

31 Después de haberle
escarnecido, le quitaron
el manto, le pusieron sus
vestidos, y le llevaron
para crucificarle.

Crucifixión y muerte del Señor Jesús

32 Cuando salían, ha-
llaron a un hombre de
Cirene que se llamaba
Simón; a este obligaron
a que llevase la cruz.
33 Y cuando llegaron
a un lugar llamado
Gólgota, que significa:
Lugar de la Calavera,
34 le dieron a beber
vinagre mezclado con
hiel; pero después de
haberlo probado, no
quiso beberlo.
35 Después que le cru-
cificaron, repartieron
entre sí sus vestidos,
echando suertes, para
que se cumpliese lo
dicho por el profeta:
Partieron entre sí mis
vestidos, y sobre mi ropa
echaron suertes.
36 Y sentados, le guarda-
ban allí.
37 Y pusieron sobre su
cabeza su causa escrita:
ÉSTE ES JESÚS, REY
DE LOS JUDÍOS.
38 Entonces crucificaron
con él a dos ladrones,
uno a la derecha, y otro
a la izquierda.
39 Y los que pasaban le
injuriaban, meneando
la cabeza,

τὴν	κεφαλὴν	αὐτοῦ.	31 καὶ	ὅτε	ἐνέπαιξαν	αὐτῷ,	ἐξέδυσαν	αὐτὸν	τὴν
la	cabeza	de él.	Y	cuando	se habían burlado	de él,	quitaron	a él	el
3588	2776	846	2532	3753	1702	846	1562	846	3588
DASF	*NASF*	*RP3GSM*	*CLN*	*CAT*	*VAAI3P*	*RP3DSM*	*VAAI3P*	*RP3ASM*	*DASF*

χλαμύδα	καὶ	ἐνέδυσαν	αὐτὸν	τὰ	ἱμάτια	αὐτοῦ	καὶ	ἀπήγαγον	αὐτὸν
manto	y	vistieron	a él	las	ropas	de él,	y	llevaron	a él
5511	2532	1746	846	3588	2440	846	2532	520	846
NASF	*CLN*	*VAAI3P*	*RP3ASM*	*DAPN*	*NAPN*	*RP3GSM*	*CLN*	*VAAI3P*	*RP3ASM*

εἰς	τὸ	σταυρῶσαι.
para	--	crucificar.
1519	3588	4717
P	*DASN*	*VAAN*

32 Ἐξερχόμενοι	δὲ	εὗρον	ἄνθρωπον	Κυρηναῖον	ὀνόματι
saliendo,$_2$	Y$_1$	encontraron	a un hombre	de Cirene	llamado
1831	1161	2147	444	2956	3686
VPUP-PNM	*CLN*	*VAAI3P*	*NASM*	*NASM*	*NDSN*

Σίμωνα·	τοῦτον	ἠγγάρευσαν	ἵνα	ἄρῃ	τὸν	σταυρὸν	αὐτοῦ.	33 Καὶ
Simón;	a éste	obligaron	que	tomara	la	cruz	de él.	Y
4613	5126	29	2443	142	3588	4716	846	2532
NASM	*RD-ASM*	*VAAI3P*	*CSC*	*VAAS3S*	*DASM*	*NASM*	*RP3GSM*	*CLN*

ἐλθόντες	εἰς	τόπον	λεγόμενον	Γολγοθᾶ,	ὅ	ἐστιν	Κρανίου	Τόπος
habiendo llegado	a	(el) lugar	llamado	Gólgota,	el que	es	de la Calavera,$_3$	lugar$_2$
2064	1519	5117	3004	1115	3739	2076	2898	5117
VAAP-PNM	*P*	*NASM*	*VPPP-SAM*	*NASF*	*RR-NSN*	*VPAI3S*	*NGSN*	*NNSM*

λεγόμενος,	34 ἔδωκαν	αὐτῷ	πιεῖν	οἶνον	μετὰ	χολῆς	μεμιγμένον·
llamado$_1$	dieron	a él	para beber	vino	con$_2$	hiel;$_3$	mezclado$_1$
3004	1325	846	4095	3631	3326	5521	3396
VPPP-SNM	*VAAI3P*	*RP3DSM*	*VAAN*	*NASM*	*P*	*NGSF*	*VRPP-SAM, VRPP-SAN*

καὶ	γευσάμενος	οὐκ	ἠθέλησεν	πιεῖν.	35 σταυρώσαντες	δὲ	αὐτὸν
y	habiéndo(lo) probado,	no	quiso	beber.	después de crucificar$_2$	Y$_1$	a él
2532	1089	3756	2309	4095	4717	1161	846
CLC	*VAMP-SNM*	*BN, TN*	*VAAI3S*	*VAAN*	*VAAP-PNM*	*CLN*	*RP3ASM*

διεμερίσαντο	τὰ	ἱμάτια	αὐτοῦ	βάλλοντες	κλῆρον,	36 καὶ	καθήμενοι
repartieron	los	vestidos	de él,	arrojando	suertes,	y	sentados
1266	3588	2440	846	906	2819	2532	2521
VAMI3P	*DAPN*	*NAPN*	*RP3GSM*	*VPAP-PNM*	*NASM*	*CLN*	*VPUP-PNM*

ἐτήρουν	αὐτὸν	ἐκεῖ.	37 καὶ	ἐπέθηκαν	ἐπάνω	τῆς	κεφαλῆς	αὐτοῦ	τὴν
custodiaban	a él	allí.	Y	pusieron	sobre	la	cabeza	de él	la
5083	846	1563	2532	2007	1883	3588	2776	846	3588
VIAI3P	*RP3ASM*	*BP*	*CLN*	*VAAI3P*	*P, B*	*DGSF*	*NGSF*	*RP3GSM*	*DASF*

αἰτίαν	αὐτοῦ	γεγραμμένην·	Οὗτός	ἐστιν	Ἰησοῦς	ὁ	βασιλεὺς	τῶν
causa	de él	que había sido escrita:	este	es	Jesús	el	rey	de los
156	846	1125	3778	2076	2424	3588	935	3588
NASF	*RP3GSM*	*VRPP-SAF*	*RD-NSM*	*VPAI3S*	*NNSM*	*DNSM*	*NNSM*	*DGPM*

Ἰουδαίων.
judíos.
2453
JGPM

38 Τότε	σταυροῦνται	σὺν	αὐτῷ	δύο	λῃσταί,	εἷς	ἐκ	δεξιῶν	καὶ
Entonces	fueron crucificados	con	él	dos	bandidos,	uno	de	(la) derecha	y
5119	4717	4862	846	1417	3027	1520	1537	1188	2532
B	*VPPI3P*	*P*	*RP3DSM*	*XN, J*	*NNPM*	*JNSM*	*P*	*JGPN, JGPM*	*CLN*

εἷς	ἐξ	εὐωνύμων.	39 οἱ	δὲ	παραπορευόμενοι	ἐβλασφήμουν	αὐτὸν
uno	de	(la) izquierda.	los$_2$	Y$_1$	que pasaban cerca	maldecían	a él
1520	1537	2176	3588	1161	3899	987	846
JNSM	*P*	*JGPN, JGPM*	*DNPM*	*CLN*	*VPUP-PNM*	*VIAI3P*	*RP3ASM*

NVI

la cabeza. 31 Después
de burlarse de él, le
quitaron el manto, le
pusieron su propia ropa
y se lo llevaron para
crucificarlo.

La crucifixión

32 Al salir encontraron
a un hombre de Cirene
que se llamaba Simón,
y lo obligaron a llevar la
cruz. 33 Llegaron a un
lugar llamado Gólgota
(que significa «Lugar
de la Calavera»). 34 Allí
le dieron a Jesús vino
mezclado con hiel; pero,
después de probarlo,
se negó a beberlo. 35 Lo
crucificaron y repartie-
ron su ropa echando
suertes. 36 Y se sentaron
a vigilarlo. 37 Encima
de su cabeza pusieron
por escrito la causa de
su condena: «ÉSTE ES
JESÚS, EL REY DE LOS
JUDÍOS». 38 Con él cru-
cificaron a dos bandidos,
uno a su derecha y otro a
su izquierda. 39 Los que
pasaban meneaban la
cabeza y blasfemaban
contra él:

RVR

40 y diciendo: Tú que
derribas el templo, y en
tres días lo reedificas,
sálvate a ti mismo; si
eres Hijo de Dios, des-
ciende de la cruz.
41 De esta manera,
también los principales
sacerdotes, escarnecién-
dole con los escribas y
los fariseos y los ancia-
nos, decían:
42 A otros salvó, a sí mis-
mo no se puede salvar;
si es el Rey de Israel, des-
cienda ahora de la cruz,
y creeremos en él.
43 Ha puesto su confian-
za en Dios; líbrele ahora
si le quiere; porque
ha dicho: Soy Hijo de
Dios.
44 Lo mismo le inju-
riaban también los
ladrones que estaban
crucificados con él.
45 Y desde la hora sexta
hubo tinieblas sobre
toda la tierra hasta la
hora novena.
46 Cerca de la hora
novena, Jesús clamó a
gran voz, diciendo: Elí,
Elí, ¿lama sabactani?
Esto es: Dios mío, Dios
mío, ¿por qué me has
desamparado?
47 Algunos de los que
estaban allí decían, al
oírlo: A Elías llama este.
48 Y al instante, corriendo

κινοῦντες τὰς κεφαλὰς αὐτῶν 40 καὶ λέγοντες· Ὁ καταλύων τὸν
moviendo las cabezas de ellos y diciendo: ¡El que destruye el
2795 3588 2776 846 2532 3004 3588 2647 3588
VPAP-PNM DAPF NAPF RP3GPM CLN VPAP-PNM DNSM VPAP-SNM DASM

ναὸν καὶ ἐν τρισὶν ἡμέραις οἰκοδομῶν, σῶσον σεαυτόν· εἰ υἱὸς
santuario y en tres días construye! Salva a ti mismo, si Hijo
3485 2532 1722 5140 2250 3618 4982 4572 1487 5207
NASM CLN P JDPF NDPF VPAP-SNM VAAM2S RF2ASM CAC NNSM

εἶ τοῦ θεοῦ, κατάβηθι ἀπὸ τοῦ σταυροῦ. 41 ὁμοίως καὶ οἱ
eres$_3$ --$_1$ de Dios$_2$ baja de la cruz. Igualmente también los
1488 3588 2316 2597 575 3588 4716 3668 2532 3588
VPAI2S DGSM NGSM VAAM2S P DGSM NGSM B BE, TE DNPM

ἀρχιερεῖς ἐμπαίζοντες μετὰ τῶν γραμματέων καὶ πρεσβυτέρων
sumo sacerdotes burlándose con los escribas y ancianos,
749 1702 3326 3588 1122 2532 4245
NNPM VPAP-PNM P DGPM NGPM CLN JGPM

ἔλεγον· 42 Ἄλλους ἔσωσεν, ἑαυτὸν οὐ δύναται σῶσαι· βασιλεὺς
decían: a otros,$_2$ Salvó$_1$ a sí mismo.$_6$ no$_3$ puede$_4$ salvar$_5$ ¡Rey
3004 243 4982 1438 3756 1410 4982 935
VIAI3P JAPM VAAI3S RF3ASM BN, TN VPUI3S VAAN NNSM

Ἰσραήλ ἐστιν, καταβάτω νῦν ἀπὸ τοῦ σταυροῦ καὶ πιστεύσομεν ἐπ'
de Israel es! ¡Que baje ahora de la cruz y creeremos en
2474 2076 2597 3568 575 3588 4716 2532 4100 1909
NGSM, XP VPAI3S VAAM3S B P DGSM NGSM CLN VFAI1P P

αὐτόν. 43 πέποιθεν ἐπὶ τὸν θεόν, ῥυσάσθω νῦν εἰ θέλει αὐτόν· εἶπεν
él! Ha confiado en -- Dios, ¡rescátele ahora$_2$ si$_3$ quiere!$_4$ a él$_1$ dijo$_6$
846 3982 1909 3588 2316 4506 3568 1487 2309 846 2036
RP3ASM VRAI3S P DASM NASM VAMM3S B CAC VPAI3S RP3ASM VAAI3S

γὰρ ὅτι Θεοῦ εἰμι υἱός. 44 τὸ δ' αὐτὸ καὶ οἱ λῃσταὶ οἱ
Porque$_5$ que$_7$ de Dios.$_{10}$ soy$_8$ hijo$_9$ lo$_2$ Y$_1$ mismo también los bandidos --
1063 3754 2316 1510 5207 3588 1161 846 2532 3588 3027 3588
CAZ CSC NGSM VPAI1S NNSM DASN CLN RP3ASN, JASN BE, TE DNPM NNPM DNPM

συσταυρωθέντες σὺν αὐτῷ ὠνείδιζον αὐτόν.
han sido crucificados con él insultaban a él.
4957 4862 846 3679 846
VAPP-PNM P RP3DSM VIAI3P RP3ASM

45 Ἀπὸ δὲ ἕκτης ὥρας σκότος ἐγένετο ἐπὶ πᾶσαν τὴν γῆν ἕως ὥρας
desde$_2$ y$_1$ (la) sexta hora oscuridad se hizo sobre toda la tierra hasta (la) hora
575 1161 1623 5610 4655 1096 1909 3956 3588 1093 2193 5610
P CLT JGSF NGSF NNSN VAMI3S P JASF DASF NASF P, C NGSF

ἐνάτης. 46 περὶ δὲ τὴν ἐνάτην ὥραν ἀνεβόησεν ὁ Ἰησοῦς φωνῇ
novena. acerca de$_2$ Y$_1$ la novena hora gritó$_3$ --$_1$ Jesús$_2$ con voz
1766 4012 1161 3588 1766 5610 310 3588 2424 5456
JGSF P CLN DASF JASF NASF VAAI3S DNSM NNSM NDSF

μεγάλῃ λέγων· Ἠλὶ ἠλὶ λεμὰ σαβαχθάνι; τοῦτ' ἔστιν· Θεέ μου
grande, diciendo: Elí Elí ¿lemá sabactani? Esto es: ¡Dios de mí,
3173 3004 2241 2241 2982 4518 5124 2076 2316 3450
JDSF VPAP-SNM NVSM, XF NVSM, XF XF, B VAAI2S, XF RD-NSN VPAI3S NVSM RP1GS

θεέ μου, ἱνατί με ἐγκατέλιπες; 47 τινὲς δὲ τῶν ἐκεῖ ἑστηκότων
Dios de mí! ¿Por qué a mí abandonas? algunos$_2$ Y$_1$ de los allí presentes
2316 3450 2444 3165 1459 5100 1161 3588 1563 2476
NVSM RP1GS BI RP1AS VAAI2S RX-NPM CLN DGPM BP VRAP-PGM

ἀκούσαντες ἔλεγον ὅτι Ἠλίαν φωνεῖ οὗτος. 48 καὶ εὐθέως
habiendo oído decían que a Elías.$_3$ llama$_2$ este$_1$ E inmediatamente,
191 3004 3754 2243 5455 3778 2532 2112
VAAP-PNM VIAI3P CSC NASM VPAI3S RD-NSM CLN B

NVI

40 —Tú, que destruyes
el templo y en tres días lo
reconstruyes, ¡sálvate a ti
mismo! ¡Si eres el Hijo
de Dios, baja de la cruz!
41 De la misma mane-
ra se burlaban de él los
jefes de los sacerdotes,
junto con los maestros
de la ley y los ancianos.
42 —Salvó a otros —
decían—, ¡pero no pue-
de salvarse a sí mismo!
¡Y es el Rey de Israel!
Que baje ahora de la
cruz, y así creeremos en
él. 43 Él confía en Dios;
pues que lo libre Dios
ahora, si de veras lo quie-
re. ¿Acaso no dijo: "Yo
soy el Hijo de Dios"?
44 Así también lo
insultaban los bandidos
que estaban crucificados
con él.

Muerte de Jesús

45 Desde el mediodía
y hasta la media tarde
toda la tierra quedó en
oscuridad. 46 Como a
las tres de la tarde, Jesús
gritó con fuerza:
—*Elí, Elí, ¿lama
sabactani?* (que signi-
fica: "Dios mío, Dios
mío, ¿por qué me has
desamparado?").
47 Cuando lo oyeron,
algunos de los que esta-
ban allí dijeron:
—Está llamando a
Elías.
48 Al instante uno de

RVR

uno de ellos, tomó una
esponja, y la empapó de
vinagre, y poniéndola
en una caña, le dio a
beber.
49 Pero los otros decían:
Deja, veamos si viene
Elías a salvarle.
50 Mas Jesús, habiendo
otra vez clamado a gran
voz, entregó el espíritu.
51 Y he aquí, el velo del
templo se rasgó en dos,
de arriba abajo; y la
tierra tembló, y las rocas
se partieron;
52 y se abrieron los sepul-
cros, y muchos cuerpos
de santos que habían
dormido, se levantaron;
53 y saliendo de los
sepulcros después de
la resurrección de él,
entraron en la santa
ciudad, y se aparecieron
a muchos.
54 El centurión, y los
que estaban con él
guardando a Jesús, visto
el terremoto, y las cosas
que habían aconteci-
do, temieron en gran
manera, y dijeron:
Verdaderamente, este
era Hijo de Dios.
55 Estaban allí muchas
mujeres mirando de
lejos, las cuales habían
seguido a Jesús desde
Galilea, sirviéndole,

δραμὼν	εἷς	ἐξ	αὐτῶν	καὶ	λαβὼν	σπόγγον	πλήσας	τε
habiendo corrido	uno	de	ellos	y	habiendo tomando	una esponja	tras empapar	--
5143	1520	1537	846	2532	2983	4699	4130	5037
VAAP-SNM	*JNSM*	*P*	*RP3GPM*	*CLN*	*VAAP-SNM*	*NASM*	*VAAP-SNM*	*CLK*

ὄξους	καὶ	περιθεὶς	καλάμῳ	ἐπότιζεν	αὐτόν.	49 οἱ	δὲ	λοιποὶ
de vinagre	y	poner	en una caña,	daba de beber	a él.	los$_2$	Pero$_1$	demás
3690	2532	4060	2563	4222	846	3588	1161	3062
NGSN	*CLN, CLK*	*VAAP-SNM*	*NDSM*	*VIAI3S*	*RP3ASM*	*DNPM*	*CLN*	*JNPM*

ἔλεγον·	Ἄφες	ἴδωμεν	εἰ	ἔρχεται	Ἠλίας	σώσων	αὐτόν.	50 ὁ	δὲ
decían:	Deja	veamos	si	viene$_2$	Elías$_1$	salvando	a él.	--$_2$	Y$_1$
3004	863	1492	1487	2064	2243	4982	846	3588	1161
VIAI3P	*VAAM2S*	*VAAS1P*	*CAC, T*	*VPUI3S*	*NNSM*	*VFAP-SNM*	*RP3ASM*	*DNSM*	*CLN*

Ἰησοῦς	πάλιν	κράξας	φωνῇ	μεγάλῃ	ἀφῆκεν	τὸ	πνεῦμα.	51 καὶ
Jesús,	de nuevo	habiendo gritado	con voz	grande,	dejó	el	espíritu.	Y
2424	3825	2896	5456	3173	863	3588	4151	2532
NNSM	*B*	*VAAP-SNM*	*NDSF*	*JDSF*	*VAAI3S*	*DASN*	*NASN*	*CLN*

ἰδοὺ	τὸ	καταπέτασμα	τοῦ	ναοῦ	ἐσχίσθη	ἀπ᾽	ἄνωθεν	ἕως	κάτω
he aquí	el	velo	del	templo	se rasgó	desde	arriba	hasta	abajo
2400	3588	2665	3588	3485	4977	575	509	2193	2736
I, VAAM2S	*DNSN*	*NNSN*	*DGSM*	*NGSM*	*VAPI3S*	*P*	*BP*	*P, C*	*BP*

εἰς	δύο,	καὶ	ἡ	γῆ	ἐσείσθη,	καὶ	αἱ	πέτραι	ἐσχίσθησαν,	52 καὶ	τὰ
en	dos,	y	la	tierra	fue sacudida	y	las	rocas	se partieron,	y	los
1519	1417	2532	3588	1093	4579	2532	3588	4073	4977	2532	3588
P	*XN, J*	*CLN*	*DNSF*	*NNSF*	*VAPI3S*	*CLN*	*DNPF*	*NNPF*	*VAPI3P*	*CLN*	*DNPN*

μνημεῖα	ἀνεῴχθησαν	καὶ	πολλὰ	σώματα	τῶν	κεκοιμημένων	ἁγίων
sepulcros	se abrieron	y	muchos	cuerpos	de los	que habían dormido$_2$	santos$_1$
3419	455	2532	4183	4983	3588	2837	40
NNPN	*VAPI3P*	*CLN*	*JNPN*	*NNPN*	*DGPM*	*VRMP-PGM, VRPP-PGM*	*JGPM*

ἠγέρθησαν,	53 καὶ	ἐξελθόντες	ἐκ	τῶν	μνημείων	μετὰ	τὴν	ἔγερσιν
resucitaron;	y	habiendo salido	de	los	sepulcros,	después de	la	resurrección
1453	2532	1831	1537	3588	3419	3326	3588	1454
VAPI3P	*CLN*	*VAAP-PNM*	*P*	*DGPN*	*NGPN*	*P*	*DASF*	*NASF*

αὐτοῦ	εἰσῆλθον	εἰς	τὴν	ἁγίαν	πόλιν	καὶ	ἐνεφανίσθησαν	πολλοῖς.	54 Ὁ
de él,	entraron	en	la	santa	ciudad	y	se manifestaron	a muchos.	el$_2$
846	1525	1519	3588	40	4172	2532	1718	4183	3588
RP3GSM	*VAAI3P*	*P*	*DASF*	*JASF*	*NASF*	*CLN*	*VAPI3P*	*JDPM*	*DNSM*

δὲ	ἑκατόνταρχος	καὶ	οἱ	μετ᾽	αὐτοῦ	τηροῦντες	τὸν	Ἰησοῦν
Y$_1$	centurión	y	los que (estaban)$_1$	con$_2$	él$_4$	guardando$_2$	--	a Jesús,
1161	1543	2532	3588	3326	846	5083	3588	2424
CLN	*NNSM*	*CLN*	*DNPM*	*P*	*RP3GSM*	*VPAP-PNM*	*DASM*	*NASM*

ἰδόντες	τὸν	σεισμὸν	καὶ	τὰ	γενόμενα	ἐφοβήθησαν	σφόδρα
habiendo visto	el	terremoto	y	lo	que había sucedido,	temieron	extremadamente,
1492	3588	4578	2532	3588	1096	5399	4970
VAAP-PNM	*DASM*	*NASM*	*CLN*	*DAPN*	*VAMP-PAN*	*VAPI3P*	*B*

λέγοντες·	Ἀληθῶς	θεοῦ	υἱὸς	ἦν	οὗτος.
diciendo:	Verdaderamente	de Dios$_2$	Hijo$_1$	era	este.
3004	230	2316	5207	2258	3778
VPAP-PNM	*B*	*NGSM*	*NNSM*	*VIAI3S*	*RD-NSM*

55 Ἦσαν	δὲ	ἐκεῖ	γυναῖκες	πολλαὶ	ἀπὸ	μακρόθεν	θεωροῦσαι,	αἵτινες
estaban$_4$	Y$_1$	allí$_5$	mujeres$_2$	muchas$_3$	de$_7$	lejos,$_8$	mirando$_6$	las cuales
2258	1161	1563	1135	4183	575	3113	2334	3748
VIAI3P	*CLN*	*BP*	*NNPF*	*JNPF*	*P*	*B*	*VPAP-PNF*	*RR-NPF*

ἠκολούθησαν	τῷ	Ἰησοῦ	ἀπὸ	τῆς	Γαλιλαίας	διακονοῦσαι	αὐτῷ·
siguieron	--	a Jesús	desde	--	Galilea	sirviendo	a él;
190	3588	2424	575	3588	1056	1247	846
VAAI3P	*DDSM*	*NDSM*	*P*	*DGSF*	*NGSF*	*VPAP-PNF*	*RP3DSM*

NVI

ellos corrió en busca de
una esponja. La empapó
en vinagre, la puso en
una caña y se la ofreció a
Jesús para que bebiera.
49 Los demás decían:
—Déjalo, a ver si
viene Elías a salvarlo.
50 Entonces Jesús vol-
vió a gritar con fuerza, y
entregó su espíritu.
51 En ese momento la
cortina del santuario del
templo se rasgó en dos,
de arriba abajo. La tierra
tembló y se partieron las
rocas. 52 Se abrieron los
sepulcros, y muchos san-
tos que habían muerto
resucitaron. 53 Salieron
de los sepulcros y, des-
pués de la resurrección
de Jesús, entraron en la
ciudad santa y se apare-
cieron a muchos.
54 Cuando el cen-
turión y los que con él
estaban custodiando a
Jesús vieron el terremoto
y todo lo que había
sucedido, quedaron ate-
rrados y exclamaron:
—¡Verdaderamente
este era el Hijo de Dios!
55 Estaban allí, mi-
rando de lejos, muchas
mujeres que habían
seguido a Jesús desde
Galilea para servirle.

RVR

56 entre las cuales estaban María la Magdalena, María la madre de Jacobo y de José, y la madre de los hijos de Zebedeo.

Jesús es sepultado

57 Cuando llegó la noche, vino un hombre rico de Arimatea, llamado José, que también se había hecho discípulo de Jesús.
58 Este se presentó a Pilato y pidió el cuerpo de Jesús. Entonces Pilato mandó que se le diese el cuerpo.
59 Y tomando José el cuerpo, lo envolvió en una sábana limpia,
60 y lo puso en su sepulcro nuevo, que había excavado en la peña; y después de hacer rodar una gran piedra a la entrada del sepulcro, se fue.
61 Y estaban allí María la Magdalena, y la otra María, sentadas frente al sepulcro.

La guardia ante la tumba

62 Al día siguiente, que es después de la Preparación, se reunieron los principales sacerdotes y los fariseos ante Pilato,
63 diciendo: Señor, nos acordamos que aquel engañador dijo, viviendo

56 ἐν	αἷς	ἦν	Μαρία	ἡ	Μαγδαληνὴ	καὶ	Μαρία	ἡ	τοῦ
entre	las cuales	estaba	María	la	Magdalena	y	María	la	--
1722	3739	2258	3137	3588	3094	2532	3137	3588	3588
P	RR-DPF	VIAI3S	NNSF	DNSF	NNSF	CLN	NNSF	DNSF	DGSM

Ἰακώβου	καὶ	Ἰωσὴφ	μήτηρ	καὶ	ἡ	μήτηρ	τῶν	υἱῶν	Ζεβεδαίου.
de Jacob$_2$	y$_3$	de José$_4$	madre$_1$	y	la	madre	de los	hijos	de Zebedeo.
2385	2532	2501	3384	2532	3588	3384	3588	5207	2199
NGSM	CLN	NGSM, XP	NNSF	CLN	DNSF	NNSF	DGPM	NGPM	NGSM

57 Ὀψίας	δὲ	γενομένης	ἦλθεν	ἄνθρωπος	πλούσιος	ἀπὸ
(el) atardecer,$_3$	Y$_1$	habiendo llegado$_2$	vino$_{10}$	un hombre$_4$	rico$_5$	de$_6$
3798	1161	1096	2064	444	4145	575
JGSF	CLT	VAMP-SGF	VAAI3S	NNSM	JNSM	P

Ἁριμαθαίας,	τοὔνομα	Ἰωσήφ,	ὃς	καὶ	αὐτὸς	ἐμαθητεύθη	τῷ
Arimatea,$_7$	llamado$_8$	José,$_9$	el cual	también	él mismo	fue discípulo	--
707	5122	2501	3739	2532	846	3100	3588
NGSF	NNSN, B	NNSM, XP	RR-NSM	BE, TE	RP3NSMP	VAPI3S	DDSM

Ἰησοῦ.	58 οὗτος	προσελθὼν	τῷ	Πιλάτῳ	ᾐτήσατο	τὸ	σῶμα	τοῦ
de Jesús;	este	habiéndose acercado	--	a Pilato,	pidió	el	cuerpo	--
2424	3778	4334	3588	4091	154	3588	4983	3588
NDSM	RD-NSM	VAAP-SNM	DDSM	NDSM	VAMI3S	DASN	NASN	DGSM

Ἰησοῦ.	τότε	ὁ	Πιλᾶτος	ἐκέλευσεν	ἀποδοθῆναι.	59 καὶ	λαβὼν
de Jesús.	Entonces	--	Pilato	mandó	que le fuera dado.	Y	habiendo tomando
2424	5119	3588	4091	2753	591	2532	2983
NGSM	B	DNSM	NNSM	VAAI3S	VAPN	CLN	VAAP-SNM

τὸ	σῶμα	ὁ	Ἰωσὴφ	ἐνετύλιξεν	αὐτὸ	σινδόνι	καθαρᾷ,	60 καὶ
el	cuerpo,	--	José	enrolló	a él	en una sábana	limpia,	y
3588	4983	3588	2501	1794	846	4616	2513	2532
DASN	NASN	DNSM	NNSM, XP	VAAI3S	RP3ASN	NDSF	JDSF	CLN

ἔθηκεν	αὐτὸ	ἐν	τῷ	καινῷ	αὐτοῦ	μνημείῳ	ὃ	ἐλατόμησεν	ἐν
puso	a él	en	el	nuevo	de él$_2$	sepulcro$_1$	el que	había cavado	en
5087	846	1722	3588	2537	846	3419	3739	2998	1722
VAAI3S	RP3ASN	P	DDSN	JDSN	RP3GSM	NDSN	RR-NSN	VAAI3S	P

τῇ	πέτρᾳ,	καὶ	προσκυλίσας	λίθον	μέγαν	τῇ	θύρᾳ	τοῦ	μνημείου
la	roca,	y	tras hacer rodear	una piedra	grande	en la	entrada	del	sepulcro
3588	4073	2532	4351	3037	3173	3588	2374	3588	3419
DDSF	NDSF	CLN	VAAP-SNM	NASM	JASM	DDSF	NDSF	DGSN	NGSN

ἀπῆλθεν.	61 ἦν	δὲ	ἐκεῖ	Μαριὰμ	ἡ	Μαγδαληνὴ	καὶ	ἡ	ἄλλη
se fue.	estaba$_2$	Y$_1$	allí	María	la	Magdalena	y	la	otra
565	2258	1161	1563	3137	3588	3094	2532	3588	243
VAAI3S	VIAI3S	CLN	BP	NNSF, XP	DNSF	NNSF	CLN	DNSF	JNSF

Μαρία	καθήμεναι	ἀπέναντι	τοῦ	τάφου.
María,	sentadas	frente a	la	tumba.
3137	2521	561	3588	5028
NNSF	VPUP-PNF	P, B	DGSM	NGSM

62 Τῇ	δὲ	ἐπαύριον,	ἥτις	ἐστὶν	μετὰ	τὴν	παρασκευήν,
al$_2$	Y$_1$	día siguiente,	el cual	es	después de	el	día de preparación,
3588	1161	1887	3748	2076	3326	3588	3904
DDSF	CLT	B	RR-NSF	VPAI3S	P	DASF	NASF

συνήχθησαν	οἱ	ἀρχιερεῖς	καὶ	οἱ	Φαρισαῖοι	πρὸς	Πιλᾶτον
se reunieron$_6$	los$_1$	sumo sacerdotes$_2$	y$_3$	los$_4$	fariseos$_5$	con	Pilato,
4863	3588	749	2532	3588	5330	4314	4091
VAPI3P	DNPM	NNPM	CLN	DNPM	NNPM	P	NASM

63 λέγοντες·	Κύριε,	ἐμνήσθημεν	ὅτι	ἐκεῖνος	ὁ	πλάνος	εἶπεν
diciendo:	Señor	recordamos	que	aquel	--	engañador	dijo
3004	2962	3415	3754	1565	3588	4108	2036
VPAP-PNM	NVSM	VAPI1P	CSC	RD-NSM	DNSM	JNSM	VAAI3S

NVI

56 Entre ellas se encontraban María Magdalena, María la madre de Jacobo y de José, y la madre de los hijos de Zebedeo.

Sepultura de Jesús

57 Al atardecer, llegó un hombre rico de Arimatea, llamado José, que también se había convertido en discípulo de Jesús. 58 Se presentó ante Pilato para pedirle el cuerpo de Jesús, y Pilato ordenó que se lo dieran. 59 José tomó el cuerpo, lo envolvió en una sábana limpia 60 y lo puso en un sepulcro nuevo de su propiedad que había cavado en la roca. Luego hizo rodar una piedra grande a la entrada del sepulcro, y se fue. 61 Allí estaban, sentadas frente al sepulcro, María Magdalena y la otra María.

La guardia ante el sepulcro

62 Al día siguiente, después del día de la preparación, los jefes de los sacerdotes y los fariseos se presentaron ante Pilato.
63 —Señor —le dijeron—, nosotros

RVR

aún: Después de tres
días resucitaré.
64 Manda, pues, que se
asegure el sepulcro hasta
el tercer día, no sea que
vengan sus discípulos,
y lo hurten, y digan al
pueblo: Resucitó de
entre los muertos. Y el
último engaño será peor
que el primero.
65 Y Pilato les dijo: Ahí
tenéis una guardia; id,
aseguradlo como sabéis.
66 Entonces ellos fueron
y aseguraron el sepulcro,
sellando la piedra,
además de poner la
guardia.

La resurrección del Señor

28 Pasado el sábado, al amanecer
del primer día de la
semana, vinieron María
la Magdalena y la otra
María, a ver el sepulcro.
2 Y hubo un gran terremoto;
porque un ángel
del Señor, descendiendo
del cielo y llegando,
removió la piedra, y se
sentó sobre ella.
3 Su aspecto era como un
relámpago, y su vestido
blanco como la nieve.
4 Y de miedo de él los
guardias temblaron
y se quedaron como
muertos.

ἔτι	ζῶν.	Μετὰ	τρεῖς	ἡμέρας	ἐγείρομαι.	64 κέλευσον	οὖν
todavía	viviendo:	Después de	tres	días	resucito.	manda$_2$	Entonces,$_1$
2089	2198	3326	5140	2250	1453	2753	3767
B	*VPAP-SNM*	*P*	*JAPF*	*NAPF*	*VPPI1S*	*VAAM2S*	*CLI*

ἀσφαλισθῆναι	τὸν	τάφον	ἕως	τῆς	τρίτης	ἡμέρας,	μήποτε	ἐλθόντες
que sea asegurado	el	sepulcro	hasta	el	tercer	día,	no sea que	habiendo venido
805	3588	5028	2193	3588	5154	2250	3379	2064
VAPN	*DASM*	*NASM*	*P, C*	*DGSF*	*JGSF*	*NGSF*	*CAP*	*VAAP-PNM*

οἱ	μαθηταὶ	αὐτοῦ	κλέψωσιν	αὐτὸν	καὶ	εἴπωσιν	τῷ	λαῷ·
los	discípulos	de él	roben	a él	y	digan	al	pueblo:
3588	3101	846	2813	846	2532	2036	3588	2992
DNPM	*NNPM*	*RP3GSM*	*VAAS3P*	*RP3ASM*	*CLN*	*VAAS3P*	*DDSM*	*NDSM*

Ἠγέρθη	ἀπὸ	τῶν	νεκρῶν,	καὶ	ἔσται	ἡ	ἐσχάτη	πλάνη	χείρων	τῆς
Se levantó	de	los	muertos,	y	será	el	último	engaño	peor que	el
1453	575	3588	3498	2532	2071	3588	2078	4106	5501	3588
VAPI3S	*P*	*DGPM*	*JGPM*	*CLN*	*VFMI3S*	*DNSF*	*JNSF*	*NNSF*	*JNSFC*	*DGSF*

πρώτης.	65 ἔφη	αὐτοῖς	ὁ	Πιλᾶτος·	Ἔχετε	κουστωδίαν·	ὑπάγετε
primero.	dijo$_3$	a ellos:$_4$	--$_1$	Pilato$_2$	Tenéis	una guardia;	id
4413	5346	846	3588	4091	2192	2892	5217
JGSF	*VIAI3S*	*RP3DPM*	*DNSM*	*NNSM*	*VPAI2P*	*NASF*	*VPAM2P*

ἀσφαλίσασθε	ὡς	οἴδατε.	66 οἱ	δὲ	πορευθέντες	ἠσφαλίσαντο	τὸν
asegurad	como	sabéis.	ellos$_2$	Y$_1$	habiendo ido,	aseguraron	el
805	5613	1492	3588	1161	4198	805	3588
VAMM2P	*CAM*	*VRAI2P*	*DNPM*	*CLN*	*VAPP-PNM*	*VAMI3P*	*DASM*

τάφον	σφραγίσαντες	τὸν	λίθον	μετὰ	τῆς	κουστωδίας.
sepulcro,	sellando	la	piedra	con	la	guardia.
5028	4972	3588	3037	3326	3588	2892
NASM	*VAAP-PNM*	*DASM*	*NASM*	*P*	*DGSF*	*NGSF*

28 Ὀψὲ	δὲ	σαββάτων,*	τῇ	ἐπιφωσκούσῃ	εἰς	μίαν
después$_2$	Y$_1$	de (los) sábados,	al	amanecer,	en	el primer (día)
3796	1161	4521	3588	2020	1519	1520
B, P	*CLT*	*NGPN*	*DDSF*	*VPAP-SDF*	*P*	*JASF*

σαββάτων,	ἦλθεν	Μαριὰμ	ἡ	Μαγδαληνὴ	καὶ	ἡ	ἄλλη	Μαρία
de (la) semana,	vino	María	--	Magdalena	y	la	otra	María
4521	2064	3137	3588	3094	2532	3588	243	3137
NGPN	*VAAI3S*	*NNSF, XP*	*DNSF*	*NNSF*	*CLN*	*DNSF*	*JNSF*	*NNSF*

θεωρῆσαι	τὸν	τάφον.	2 καὶ	ἰδοὺ	σεισμὸς	ἐγένετο	μέγας·	ἄγγελος
para ver	el	sepulcro.	Y	he aquí	un terremoto	sucedió;$_2$	grande$_1$	un ángel$_4$
2334	3588	5028	2532	2400	4578	1096	3173	32
VAAN	*DASM*	*NASM*	*CLN*	*I, VAAM2S*	*NNSM*	*VAMI3S*	*JNSM*	*NNSM*

γὰρ	κυρίου	καταβὰς	ἐξ	οὐρανοῦ	καὶ	προσελθὼν	ἀπεκύλισε
porque$_3$	de(l) Señor,	habiendo bajado	de	(el) cielo	y	acercándose,	hizo rodar
1063	2962	2597	1537	3772	2532	4334	617
CAZ	*NGSM*	*VAAP-SNM*	*P*	*NGSM*	*CLN*	*VAAP-SNM*	*VAAI3S*

τὸν	λίθον	καὶ	ἐκάθητο	ἐπάνω	αὐτοῦ.	3 ἦν	δὲ	ἡ	εἰδέα	αὐτοῦ
la	piedra	y	se sentó	sobre	ella.	era$_2$	Y$_1$	la	apariencia	de él
3588	3037	2532	2521	1883	846	2258	1161	3588	2397	846
DASM	*NASM*	*CLN*	*VIUI3S*	*P, B*	*RP3GSM*	*VIAI3S*	*CLN*	*DNSF*	*NNSF*	*RP3GSM*

ὡς	ἀστραπὴ	καὶ	τὸ	ἔνδυμα	αὐτοῦ	λευκὸν	ὡς	χιών.	4 ἀπὸ	δὲ
como	relámpago	y	el	vestido	de él	blanco	como	nieve.	de$_2$	Y$_1$
5613	796	2532	3588	1742	846	3022	5613	5510	575	1161
P, CAM	*NNSF*	*CLN*	*DNSN*	*NNSN*	*RP3GSM*	*JNSN*	*P, CAM*	*NNSF*	*P*	*CLN*

τοῦ	φόβου	αὐτοῦ	ἐσείσθησαν	οἱ	τηροῦντες	καὶ	ἐγενήθησαν
el	miedo	a él,	temblaron$_3$	los$_1$	que estaban guardando$_2$	y	se hicieron
3588	5401	846	4579	3588	5083	2532	1096
DGSM	*NGSM*	*RP3GSM*	*VAPI3P*	*DNPM*	*VPAP-PNM*	*CLN*	*VAPI3P*

NVI

recordamos que mientras
ese engañador aún
vivía, dijo: "A los tres
días resucitaré". 64 Por
eso, ordene usted que
se selle el sepulcro hasta
el tercer día, no sea que
vengan sus discípulos,
se roben el cuerpo y le
digan al pueblo que ha
resucitado. Ese último
engaño sería peor que el
primero.
65 —Llévense una
guardia de soldados
—les ordenó Pilato—,
y vayan a asegurar el
sepulcro lo mejor que
puedan.
66 Así que ellos fueron,
cerraron el sepulcro
con una piedra, y lo sellaron;
y dejaron puesta
la guardia.

La resurrección

28 Después del sábado, al
amanecer del primer
día de la semana, María
Magdalena y la otra
María fueron a ver el
sepulcro.
2 Sucedió que hubo
un terremoto violento,
porque un ángel del
Señor bajó del cielo y,
acercándose al sepulcro,
quitó la piedra y se sentó
sobre ella. 3 Su aspecto
era como el de un
relámpago, y su ropa era
blanca como la nieve.
4 Los guardias tuvieron
tanto miedo de él que
se pusieron a temblar
y quedaron como
muertos.

28:1* O sea *sábado.*

RVR

5 Mas el ángel, dirigiéndose a las mujeres, les dijo: Dejad de temer vosotras; porque yo sé que buscáis a Jesús, el que fue crucificado.

6 No está aquí, pues ha resucitado, como dijo. Venid, ved el lugar donde yacía el Señor.

7 E id pronto y decid a sus discípulos que ha resucitado de los muertos, y he aquí que va delante de vosotros a Galilea; allí le veréis. He aquí que os lo he dicho.

8 Entonces ellas, saliendo a toda prisa del sepulcro con temor y gran gozo, fueron corriendo a dar las nuevas a sus discípulos. Y mientras iban a dar las nuevas a los discípulos,

9 he aquí que Jesús les salió al encuentro, diciendo: ¡Salve! Y ellas, acercándose, se asieron a sus pies, y le adoraron.

10 Entonces Jesús les dijo: No temáis ya; id, dad las nuevas a mis hermanos, para que vayan a Galilea, y allí me verán.

El informe de la guardia

11 Mientras ellas iban, he aquí que algunos de la guardia fueron a la ciudad, e informaron a los principales sacerdotes de todas las cosas

---

ὡς νεκροί. 5 ἀποκριθεὶς δὲ ὁ ἄγγελος εἶπεν ταῖς γυναιξίν· Μὴ
como muertos. respondiendo$_2$ Y$_1$ el ángel, dijo a las mujeres: no$_2$
5613 3498 611 1161 3588 32 2036 3588 1135 3361
P, CAM JNPM VAPP-SNM CLN DNSM NNSM VAAI3S DDPF NDPF BN, TN

φοβεῖσθε ὑμεῖς, οἶδα γὰρ ὅτι Ἰησοῦν τὸν ἐσταυρωμένον ζητεῖτε·
temáis$_3$ Vosotras$_1$ conozco$_5$ porque$_4$ que$_6$ a Jesucristo$_8$ el$_9$ que ha sido crucificado.$_{10}$ buscáis$_7$
5399 5210 1492 1063 3754 2424 3588 4717 2212
VPUM2P RP2NP VRAI1S CAZ CSC NASM DASM VRPP-SAM VPAI2P

6 οὐκ ἔστιν ὧδε, ἠγέρθη γὰρ καθὼς εἶπεν· δεῦτε ἴδετε τὸν τόπον
no está aquí; fue levantado$_2$ porque$_1$ como dijo; venid ved el lugar
3756 2076 5602 1453 1063 2531 2036 1205 1492 3588 5117
BN, TN VPAI3S BP VAPI3S CAZ CAM VAAI3S B VAAM2P DASM NASM

ὅπου [Γ]ἔκειτο· 7 καὶ ταχὺ πορευθεῖσαι εἴπατε τοῖς μαθηταῖς αὐτοῦ
donde estaba puesto. Y pronto$_2$ yendo$_1$ decid a los discípulos de él
3699 2749 2532 5035 4198 2036 3588 3101 846
CAL, B VIUI3S CLN B, J VAPP-PNF VAAM2P DDPM NDPM RP3GSM

ὅτι Ἠγέρθη* ἀπὸ τῶν νεκρῶν, καὶ ἰδοὺ προάγει ὑμᾶς εἰς τὴν
que fue levantado de de los muertos, y he aquí va adelante de vosotros a --
3754 1453 575 3588 3498 2532 2400 4254 5209 1519 3588
CSC VAPI3S P DGPM JGPM CLN I, VAAM2S VPAI3S RP2AP P DASF

Γαλιλαίαν, ἐκεῖ αὐτὸν ὄψεσθε· ἰδοὺ εἶπον ὑμῖν. 8 καὶ ἀπελθοῦσαι
Galilea, allí a él$_2$ veréis$_1$ He aquí dije a vosotros. Y habiendo ido
1056 1563 846 3700 2400 2036 5213 2532 565
NASF BP RP3ASM VFMI2P I, VAAM2S VAAI1S RP2DP CLN VAAP-PNF

ταχὺ ἀπὸ τοῦ μνημείου μετὰ φόβου καὶ χαρᾶς μεγάλης ἔδραμον
pronto de el sepulcro con temor y gozo grande, corrieron
5035 575 3588 3419 3326 5401 2532 5479 3173 5143
B, J P DGSN NGSN P NGSM CLN NGSF JGSF VAAI3P

ἀπαγγεῖλαι τοῖς μαθηταῖς αὐτοῦ. 9 καὶ ἰδοὺ Ἰησοῦς ὑπήντησεν
a anunciar a los discípulos de él. Y he aquí Jesús salió al encuentro
518 3588 3101 846 2532 2400 2424 5221
VAAN DDPM NDPM RP3GSM CLN I, VAAM2S NNSM VAAI3S

αὐταῖς λέγων· Χαίρετε. αἱ δὲ προσελθοῦσαι ἐκράτησαν αὐτοῦ τοὺς
de ellas, diciendo: Saludos. ellas$_2$ Y$_1$ acercándose, sujetaron de él los
846 3004 5463 3588 1161 4334 2902 846 3588
RP3DPF VPAP-SNM VPAM2P DNPF CLN VAAP-PNF VAAI3P RP3GSM DAPM

πόδας καὶ προσεκύνησαν αὐτῷ. 10 τότε λέγει αὐταῖς ὁ Ἰησοῦς·
pies y adoraron a él. Entonces dice$_3$ a ellas:$_4$ --$_1$ Jesús$_2$
4228 2532 4352 846 5119 3004 846 3588 2424
NAPM CLN VAAI3P RP3DSM B VPAI3S RP3DPF DNSM NNSM

Μὴ φοβεῖσθε· ὑπάγετε ἀπαγγείλατε τοῖς ἀδελφοῖς μου ἵνα
No temáis; id, anunciad a los hermanos de mí para que
3361 5399 5217 518 3588 80 3450 2443
BN, TN VPUM2P VPAM2P VAAM2P DDPM NDPM RP1GS CSC

ἀπέλθωσιν εἰς τὴν Γαλιλαίαν, κἀκεῖ με ὄψονται.
vayan a -- Galilea, y allí a mí$_2$ verán$_1$
565 1519 3588 1056 2546 3165 3700
VAAS3P P DASF NASF CLN, BP RP1AS VFMI3P

11 Πορευομένων δὲ αὐτῶν ἰδού τινες τῆς κουστωδίας
yendo$_2$ Y$_1$ ellas, he aquí algunos de la guardia,
4198 1161 846 2400 5100 3588 2892
VPUP-PGF CLT RP3GPF, RP3GPM I, VAAM2S RX-NPM DGSF NGSF

ἐλθόντες εἰς τὴν πόλιν ἀπήγγειλαν τοῖς ἀρχιερεῦσιν ἅπαντα
habiendo llegado a la ciudad, informaron a los principales sacerdotes todas
2064 1519 3588 4172 518 3588 749 537
VAAP-PNM P DASF NASF VAAI3P DDPM NDPM JAPN

NVI

5 El ángel dijo a las
mujeres:
—No tengan miedo;
sé que ustedes buscan
a Jesús, el que fue cru-
cificado. 6 No está aquí,
pues ha resucitado, tal
como dijo. Vengan a
ver el lugar donde lo
pusieron. 7 Luego vayan
pronto a decirles a sus
discípulos: “Él se ha
levantado de entre los
muertos y va delante de
ustedes a Galilea. Allí
lo verán”. Ahora ya lo
saben.
8 Así que las mujeres
se alejaron a toda prisa
del sepulcro, asustadas
pero muy alegres, y
corrieron a dar la noticia
a los discípulos. 9 En
eso Jesús les salió al
encuentro y las saludó.
Ellas se le acercaron, le
abrazaron los pies y lo
adoraron.
10 —No tengan mie-
do —les dijo Jesús—.
Vayan a decirles a mis
hermanos que se dirijan
a Galilea, y allí me verán.

El informe de los guardias

11 Mientras las mu-
jeres iban de camino,
algunos de los guardias
entraron en la ciudad e
informaron a los jefes de
los sacerdotes de todo

28:6[Γ] Manuscritos inferiores aumentaron *el Señor*. **28:7*** O sea *resucitado*.

RVR

que habían acontecido.
12 Y reunidos con los
ancianos, y habido
consejo, dieron mucho
dinero a los soldados,
13 diciendo: Decid
vosotros: Sus discípulos
vinieron de noche, y
lo hurtaron, estando
nosotros dormidos.
14 Y si esto lo oye el
gobernador, nosotros
le persuadiremos, y os
evitaremos preocupa-
ciones.
15 Y ellos, tomando el
dinero, hicieron como
se les había instruido.
Este dicho se divulgó
extensamente entre los
judíos hasta hoy.

La gran comisión

16 Pero los once discípu-
los se fueron a Galilea,
al monte donde Jesús les
había ordenado.
17 Y cuando le vieron, le
adoraron; pero algunos
dudaban.
18 Y Jesús se acercó y les
habló diciendo: Toda
autoridad me ha sido
dada en el cielo y sobre
la tierra.
19 Por tanto, id, y haced
discípulos en todas las
naciones, bautizándolos
en el nombre del Padre,

τὰ	γενόμενα.	12 καὶ	συναχθέντες	μετὰ	τῶν	πρεσβυτέρων
las cosas	que sucedieron.	Y,	reuniéndose	con	los	ancianos,
3588	1096	2532	4863	3326	3588	4245
DAPN	*VAMP-PAN*	*CLN*	*VAPP-PNM*	*P*	*DGPM*	*JGPM*

συμβούλιόν	τε	λαβόντες	ἀργύρια	ἱκανὰ	ἔδωκαν	τοῖς
consejo$_2$	además$_1$	tomando,$_3$	piezas de plata$_5$	considerables$_6$	dieron$_4$	a los
4824	5037	2983	694	2425	1325	3588
NASN	*CLN*	*VAAP-PNM*	*NAPN*	*JAPN*	*VAAI3P*	*DDPM*

στρατιώταις	13 λέγοντες·	Εἴπατε	ὅτι	Οἱ	μαθηταὶ	αὐτοῦ	νυκτὸς
soldados	diciendo:	Decid	que	los	discípulos	de él,	de noche,$_2$
4757	3004	2036	3754	3588	3101	846	3571
NDPM	*VPAP-PNM*	*VAAM2P*	*CSC*	*DNPM*	*NNPM*	*RP3GSM*	*NGSF*

ἐλθόντες	ἔκλεψαν	αὐτὸν	ἡμῶν	κοιμωμένων.	14 καὶ	ἐὰν
habiendo venido$_1$	robaron	a él,	nosotros.$_2$	mientras estábamos durmiendo$_1$	Y	si
2064	2813	846	2257	2837	2532	1437
VAAP-PNM	*VAAI3P*	*RP3ASM*	*RP1GP*	*VPMP-PGM, VPPP-PGM*	*CLN*	*CAC*

ἀκουσθῇ	τοῦτο	ἐπὶ	τοῦ	ἡγεμόνος,	ἡμεῖς	πείσομεν	αὐτὸν	καὶ
fuere oído	esto	por	el	gobernador,	nosotros	persuadiremos	a él	y
191	5124	1909	3588	2232	2249	3982	846	2532
VAPS3S	*RD-NSN*	*P*	*DGSM*	*NGSM*	*RP1NP*	*VFAI1P*	*RP3ASM*	*CLN*

ὑμᾶς	ἀμερίμνους	ποιήσομεν.*	15 οἱ	δὲ	λαβόντες	τὰ	ἀργύρια
a vosotros$_2$	sin preocupaciones.$_3$	haremos$_1$	ellos,$_2$	Y$_1$	habiendo tomado	las	piezas de plata,
5209	275	4160	3588	1161	2983	3588	694
RP2AP	*JAPM*	*VFAI1P*	*DNPM*	*CLN*	*VAAP-PNM*	*DAPN*	*NAPN*

ἐποίησαν	ὡς	ἐδιδάχθησαν.	Καὶ	διεφημίσθη	ὁ	λόγος	οὗτος	παρὰ
hicieron	como	habían sido instruidos.	Y	fue divulgado	el	asunto	este	entre
4160	5613	1321	2532	1310	3588	3056	3778	3844
VAAI3P	*CAM*	*VAPI3P*	*CLN*	*VAPI3S*	*DNSM*	*NNSM*	*RD-NSM*	*P*

Ἰουδαίοις	μέχρι	τῆς	σήμερον	ἡμέρας.
(los) judíos	hasta	el	hoy.$_2$	día$_1$
2453	3360	3588	4594	2250
JDPM	*P, B*	*DGSF*	*B*	*NGSF*

16 Οἱ	δὲ	ἕνδεκα	μαθηταὶ	ἐπορεύθησαν	εἰς	τὴν	Γαλιλαίαν	εἰς
los$_2$	Y$_1$	once	discípulos	marcharon	a	--	Galilea,	a
3588	1161	1733	3101	4198	1519	3588	1056	1519
DNPM	*CLC*	*XN, J*	*NNPM*	*VAPI3P*	*P*	*DASF*	*NASF*	*P*

τὸ	ὄρος	οὗ	ἐτάξατο	αὐτοῖς	ὁ	Ἰησοῦς,	17 καὶ	ἰδόντες	αὐτὸν
el	monte	donde	había designado$_3$	a ellos,$_4$	--$_1$	Jesús$_2$	y	habiendo visto	a él
3588	3735	3757	5021	846	3588	2424	2532	1492	846
DASN	*NASN*	*BP*	*VAMI3S*	*RP3DPM*	*DNSM*	*NNSM*	*CLN*	*VAAP-PNM*	*RP3ASM*

προσεκύνησαν,	οἱ	δὲ	ἐδίστασαν.	18 καὶ	προσελθὼν	ὁ	Ἰησοῦς
adoraron,	--$_2$	pero$_1$	dudaron.	Y	acercándose	--	Jesús,
4352	3588	1161	1365	2532	4334	3588	2424
VAAI3P	*DNPM*	*CLC*	*VAAI3P*	*CLN*	*VAAP-SNM*	*DNSM*	*NNSM*

ἐλάλησεν	αὐτοῖς	λέγων·	Ἐδόθη	μοι	πᾶσα	ἐξουσία	ἐν	οὐρανῷ	καὶ
habló	a ellos,	diciendo:	Fue dada	a mí	toda	autoridad	en	cielo	y
2980	846	3004	1325	3427	3956	1849	1722	3772	2532
VAAI3S	*RP3DPM*	*VPAP-SNM*	*VAPI3S*	*RP1DS*	*JNSF*	*NNSF*	*P*	*NDSM*	*CLN*

ἐπὶ	τῆς	γῆς.	19 πορευθέντες	οὖν	μαθητεύσατε	πάντα	τὰ	ἔθνη,
sobre	la	tierra.	habiendo ido,$_2$	Entonces$_1$	discipulad	a todas	las	naciones,
1909	3588	1093	4198	3767	3100	3956	3588	1484
P	*DGSF*	*NGSF*	*VAPP-PNM*	*CLI*	*VAAM2P*	*JAPN*	*DAPN*	*NAPN*

βαπτίζοντες	αὐτοὺς	εἰς	τὸ	ὄνομα	τοῦ	πατρὸς	καὶ	τοῦ	υἱοῦ	καὶ
bautizando	a ellos	en	el	nombre	del	Padre	y	del	Hijo	y
907	846	1519	3588	3686	3588	3962	2532	3588	5207	2532
VPAP-PNM	*RP3APM*	*P*	*DASN*	*NASN*	*DGSM*	*NGSM*	*CLN*	*DGSM*	*NGSM*	*CLN*

NVI

lo que había sucedido.
12 Después de reunirse
estos jefes con los ancia-
nos y de trazar un plan,
les dieron a los soldados
una fuerte suma de di-
nero 13 y les encargaron:
«Digan que los discípu-
los de Jesús vinieron por
la noche y que, mientras
ustedes dormían, se
robaron el cuerpo. 14 Y,
si el gobernador llega a
enterarse de esto, noso-
tros responderemos por
ustedes y les evitaremos
cualquier problema».
15 Así que los soldados
tomaron el dinero e
hicieron como se les
había instruido. Esta es
la versión de los sucesos
que hasta el día de hoy
ha circulado entre los
judíos.

La gran comisión

16 Los once discípulos
fueron a Galilea, a la
montaña que Jesús
les había indicado.
17 Cuando lo vieron, lo
adoraron; pero algunos
dudaban. 18 Jesús se
acercó entonces a ellos y
les dijo:
—Se me ha dado
toda autoridad en el
cielo y en la tierra. 19 Por
tanto, vayan y hagan
discípulos de todas las
naciones, bautizándolos
en el nombre del Padre

28:14* O sea *os evitaremos problemas.*

RVR

y del Hijo, y del Espíritu
Santo;
20 enseñándoles a
guardar todas las cosas
que os he mandado; y
he aquí que yo estoy con
vosotros todos los días,
hasta el fin del mundo.

του	ἁγίου	πνεύματος,	[20] διδάσκοντες	αὐτοὺς	τηρεῖν	πάντα	ὅσα
del	Santo.$_2$	Espíritu$_1$	enseñando	a ellos	a guardar	todas	cuantas cosas
3588	40	4151	1321	846	5083	3956	3745
DGSN	*JGSN*	*NGSN*	*VPAP-PNM*	*RP3APM*	*VPAN*	*JAPN*	*RK-APN*

ἐνετειλάμην	ὑμῖν·	καὶ	ἰδοὺ	ἐγὼ	μεθ’	ὑμῶν	εἰμι	πάσας	τὰς
mandé	a vosotros,	y	he aquí,	yo	con$_2$	vosotros$_3$	estoy$_1$	todos	los
1781	5213	2532	2400	1473	3326	5216	1510	3956	3588
VAMI1S	*RP2DP*	*CLN*	*I, VAAM2S*	*RP1NS*	*P*	*RP2GP*	*VPAI1S*	*JAPF*	*DAPF*

ἡμέρας	ἕως	τῆς	συντελείας	τοῦ	⸀αἰῶνος.
días	hasta	el	fin	del	siglo.
2250	2193	3588	4930	3588	165
NAPF	*P, C*	*DGSF*	*NGSF*	*DGSM*	*NGSM*

NVI

y del Hijo y del Espíritu
Santo, 20 enseñándoles a
obedecer todo lo que les
he mandado a ustedes.
Y les aseguro que estaré
con ustedes siempre,
hasta el fin del mundo.

28:10⸀ Manuscritos inferiores aumentaron *Amén*.

Evangelio según

MARCOS

ΚΑΤΑ ΜΑΡΚΟΝ

RVR

Predicación de Juan el Bautista

1 Principio del
Evangelio de
Jesucristo, Hijo de Dios.
2 Como está escrito en
Isaías el profeta:
He aquí, yo envío mi
mensajero delante de
tu faz,
El cual preparará tu
camino.
3 Voz de uno que clama
en el desierto:
Preparad el camino del
Señor;
Haced derechas sus
sendas.
4 Apareció Juan bauti-
zando en el desierto, y
predicando el bautismo
de arrepentimiento para
perdón de pecados.
5 Y salían a él toda la
región de Judea, y todos
los de Jerusalén; y eran
bautizados por él en el
río Jordán, confesando
sus pecados.
6 Y Juan llevaba un vesti-
do hecho de pelos de ca-
mello, y tenía un cinto
de cuero alrededor de su
cintura; y comía langos-
tas y miel silvestre.
7 Y predicaba, diciendo:
Viene después de mí el

1 Ἀρχὴ	τοῦ	εὐαγγελίου	Ἰησοῦ	⸀Χριστοῦ.
Principio	del	evangelio	de Jesús	Cristo
746	3588	2098	2424	5547
NNSF	*DGSN*	*NGSN*	*NGSM*	*NGSM*

2 Καθὼς	γέγραπται	ἐν	τῷ	Ἠσαΐᾳ	τῷ	προφήτῃ·	Ἰδοὺ
Como	ha sido escrito	en	--	Isaías	el	profeta	He aquí
2531	1125	1722	3588	2268	3588	4396	2400
CAM	*VRPI3S*	*P*	*DDSM*	*NDSM*	*DDSM*	*NDSM*	*I, VAAM2S*

ἀποστέλλω	τὸν	ἄγγελόν	μου	πρὸ	προσώπου	σου,	ὅς
envío	al	mensajero	de mí	delante de	(el) rostro	de ti	el cual
649	3588	32	3450	4253	4383	4675	3739
VPAI1S	*DASM*	*NASM*	*RP1GS*	*P*	*NGSN*	*RP2GS*	*RR-NSM*

κατασκευάσει	τὴν	ὁδόν	σου·	3 φωνὴ	βοῶντος	ἐν	τῇ	ἐρήμῳ·
preparará	el	camino	de ti.	Voz	que está clamando	en	el	desierto:
2680	3588	3598	4675	5456	994	1722	3588	2048
VFAI3S	*DASF*	*NASF*	*RP2GS*	*NNSF*	*VPAP-SGM*	*P*	*DDSF*	*JDSF*

Ἑτοιμάσατε	τὴν	ὁδὸν	κυρίου,	εὐθείας	ποιεῖτε	τὰς	τρίβους	αὐτοῦ,
Preparad	el	camino	de(l) Señor,	derechas.$_5$	haced$_1$	las$_2$	sendas$_3$	de él$_4$
2090	3588	3598	2962	2117	4160	3588	5147	846
VAAM2P	*DASF*	*NASF*	*NGSM*	*JAPF*	*VPAM2P*	*DAPF*	*NAPF*	*RP3GSM*

4 ἐγένετο	Ἰωάννης	ὁ	βαπτίζων	ἐν	τῇ	ἐρήμῳ	κηρύσσων
llegó a ser (vino)$_7$	Juan$_1$	el que$_2$	bautiza$_3$	en$_4$	el$_5$	desierto$_6$	proclamando
1096	2491	3588	907	1722	3588	2048	2784
VAMI3S	*NNSM*	*DNSM*	*VPAP-SNM*	*P*	*DDSF*	*JDSF*	*VPAP-SNM*

βάπτισμα	μετανοίας	εἰς	ἄφεσιν	ἁμαρτιῶν.	5 καὶ	ἐξεπορεύετο	πρὸς
(el) bautismo	de arrepentimiento	para	perdón	de pecados.	Y$_1$	salía$_{10}$	a$_{11}$
908	3341	1519	859	266	2532	1607	4314
NASN	*NGSF*	*P*	*NASF*	*NGPF*	*CLN*	*VIUI3S*	*P*

αὐτὸν	πᾶσα	ἡ	Ἰουδαία	χώρα	καὶ	οἱ	Ἱεροσολυμῖται	πάντες,	καὶ
él,$_{12}$	toda$_2$	--$_4$	(de) Judea$_5$	(la) región$_3$	y$_6$	los$_8$	(de) Jerusalén$_9$	todos$_7$	y
846	3956	3588	2449	5561	2532	3588	2415	3956	2532
RP3ASM	*JNSF*	*DNSF*	*JNSF, NNSF*	*NNSF*	*CLN*	*DNPM*	*NNPM*	*JNPM*	*CLN*

ἐβαπτίζοντο	ὑπ'	αὐτοῦ	ἐν	τῷ	Ἰορδάνῃ	ποταμῷ	ἐξομολογούμενοι
eran bautizados	por	él	en	el	Jordán,$_2$	río$_1$	confesando
907	5259	846	1722	3588	2446	4215	1843
VIPI3P	*P*	*RP3GSM*	*P*	*DDSM*	*NDSM*	*NDSM*	*VPMP-PNM*

τὰς	ἁμαρτίας	αὐτῶν.	6 καὶ	ἦν	ὁ	Ἰωάννης	ἐνδεδυμένος	τρίχας
los	pecados	de ellos.	y$_1$	estaba$_4$	--$_2$	Juan$_3$	habiéndose vestido$_5$	(de) pelos
3588	266	846	2532	2258	3588	2491	1746	2359
DAPF	*NAPF*	*RP3GPM*	*CLN*	*VIAI3S*	*DNSM*	*NNSM*	*VRMP-SNM*	*NAPF*

καμήλου	καὶ	ζώνην	δερματίνην	περὶ	τὴν	ὀσφὺν	αὐτοῦ,	καὶ	ἔσθων
de camello	y	cinto	hecho de cuero	alrededor de	la	cintura	de él,	y	comiendo
2574	2532	2223	1193	4012	3588	3751	846	2532	2068
NGSM	*CLN*	*NASF*	*JASF*	*P*	*DASF*	*NASF*	*RP3GSM*	*CLN*	*VPAP-SNM*

ἀκρίδας	καὶ	μέλι	ἄγριον.	7 καὶ	ἐκήρυσσεν	λέγων·	Ἔρχεται	ὁ
langosta	y	miel	silvestre.	Y	proclamaba	diciendo:	viene$_4$	El que$_1$
200	2532	3192	66	2532	2784	3004	2064	3588
NAPF	*CLN*	*NASN*	*JASN*	*CLN*	*VIAI3S*	*VPAP-SNM*	*VPUI3S*	*DNSM*

NVI

Juan el Bautista prepara el camino

1 Comienzo del evan-
gelio de Jesucristo, el
Hijo de Dios.

2 Sucedió como está
escrito en el profeta
Isaías:

«Yo estoy por enviar
a mi mensajero
delante de ti,
el cual preparará tu
camino».
3 «Voz de uno que gri-
ta en el desierto:
"Preparen el camino
del Señor,
háganle sendas
derechas"».

4 Así se presentó Juan,
bautizando en el desier-
to y predicando el bau-
tismo de arrepentimien-
to para el perdón de
pecados. 5 Toda la gente
de la región de Judea y
de la ciudad de Jerusalén
acudía a él. Cuando
confesaban sus pecados,
él los bautizaba en el río
Jordán. 6 La ropa de Juan
estaba hecha de pelo de
camello. Llevaba puesto
un cinturón de cuero, y
comía langostas y miel
silvestre. 7 Predicaba de
esta manera: «Después

1:1⸀ Manuscritos importantes tienen *Hijo de Dios*.

RVR

que es más poderoso que yo, a quien no soy digno de desatar, inclinándome, la correa de sus sandalias.
8 Yo a la verdad os he bautizado con agua; pero él os bautizará con Espíritu Santo.

El bautismo de Jesucristo

9 Aconteció en aquellos días, que Jesús vino de Nazaret de Galilea, y fue bautizado por Juan en el Jordán.
10 E inmediatamente, cuando subía del agua, vio que se rasgaban los cielos, y al Espíritu como paloma que descendía sobre él.
11 Y vino una voz de los cielos que decía: Tú eres mi Hijo amado; en ti tengo complacencia.

Tentación de Jesucristo

12 Y luego el Espíritu le impulsó al desierto.
13 Y estuvo en el desierto cuarenta días, siendo tentado por Satanás, y estaba con las fieras; y los ángeles le servían.

Jesucristo empieza su ministerio

14 Después que Juan fue encarcelado, Jesús vino

ἰσχυρότερός	μου	ὀπίσω	μου,	οὗ	οὐκ	εἰμὶ	ἱκανὸς	κύψας	λῦσαι
más fuerte$_2$	de mí$_3$	detrás de	mí,	del que	no	soy	competente	inclinado$_2$	para desatar$_1$
2478	3450	3694	3450	3739	3756	1510	2425	2955	3089
JNSMC	RP1GS	P, B	RP1GS	RR-GSM	BN, TN	VPAI1S	JNSM	VAAP-SNM	VAAN

τὸν	ἱμάντα	τῶν	ὑποδημάτων	αὐτοῦ·	8 ἐγὼ	ἐβάπτισα	ὑμᾶς	ὕδατι,
la	correa	de las	sandalias	de él.	Yo	bauticé	a vosotros	con agua,
3588	2438	3588	5266	846	1473	907	5209	5204
DASM	NASM	DGPN	NGPN	RP3GSM	RP1NS	VAAI1S	RP2AP	NDSN

αὐτὸς	δὲ	βαπτίσει	ὑμᾶς	ἐν	πνεύματι	ἁγίῳ.
él$_2$	pero$_1$	bautizará	a vosotros	con	Espíritu	Santo.
846	1161	907	5209	1722	4151	40
RP3NSMP	CLC	VFAI3S	RP2AP	P	NDSN	JDSN

9 Καὶ	ἐγένετο	ἐν	ἐκείναις	ταῖς	ἡμέραις	ἦλθεν	Ἰησοῦς	ἀπὸ	Ναζαρὲτ
Y	sucedió	en	aquellos	--	días	vino$_2$	(que) Jesús$_1$	de	Nazaret
2532	1096	1722	1565	3588	2250	2064	2424	575	3478
CLN	VAMI3S	P	RD-DPF	DDPF	NDPF	VAAI3S	NNSM	P	NGSF, XP

τῆς	Γαλιλαίας	καὶ	ἐβαπτίσθη	εἰς	τὸν	Ἰορδάνην	ὑπὸ	Ἰωάννου.	10 καὶ
de --	Galilea	y	fue bautizado	en	el	Jordán	por	Juan.	Y
3588	1056	2532	907	1519	3588	2446	5259	2491	2532
DGSF	NGSF	CLN	VAPI3S	P	DASM	NASM	P	NGSM	CLN

εὐθὺς	ἀναβαίνων	ἐκ	τοῦ	ὕδατος	εἶδεν	σχιζομένους	τοὺς	οὐρανοὺς
en seguida,	subiendo	de	el	agua,	vio	rasgándose,$_3$	los$_1$	cielos$_2$
2117	305	1537	3588	5204	1492	4977	3588	3772
B, J	VPAP-SNM	P	DGSN	NGSN	VAAI3S	VPPP-PAM	DAPM	NAPM

καὶ	τὸ	πνεῦμα	ὡς	περιστερὰν	καταβαῖνον	εἰς	αὐτόν·	11 καὶ	φωνὴ
y	el	Espíritu	como	paloma	bajando	hacia	él;	y	una voz
2532	3588	4151	5613	4058	2597	1519	846	2532	5456
CLN	DASN	NASN	CAM, B	NASF	VPAP-SAN	P	RP3ASM	CLN	NNSF

ἐγένετο	ἐκ	τῶν	οὐρανῶν·	Σὺ	εἶ	ὁ	υἱός	μου	ὁ	ἀγαπητός,
vino	de	los	cielos:	Tú	eres	el	Hijo	de mí,	el	que es amado
1096	1537	3588	3772	4771	1488	3588	5207	3450	3588	27
VAMI3S	P	DGPM	NGPM	RP2NS	VPAI2S	DNSM	NNSM	RP1GS	DNSM	JNSM

ἐν	σοὶ	εὐδόκησα.
en	ti	(me) complací.
1722	4671	2106
P	RP2DS	VAAI1S

12 Καὶ	εὐθὺς	τὸ	πνεῦμα	αὐτὸν	ἐκβάλλει	εἰς	τὴν	ἔρημον.	13 καὶ
Y	en seguida	el	Espíritu	a él$_2$	envió$_1$	hacia	el	desierto.	Y
2532	2117	3588	4151	846	1544	1519	3588	2048	2532
CLN	B, J	DNSN	NNSN	RP3ASM	VPAI3S	P	DASF	JASF	CLN

ἦν	ἐν	τῇ	ἐρήμῳ	τεσσεράκοντα	ἡμέρας	πειραζόμενος	ὑπὸ	τοῦ
estaba	en	el	desierto	cuarenta	días	siendo tentado	por	--
2258	1722	3588	2048	5062	2250	3985	5259	3588
VIAI3S	P	DDSF	JDSF	XN, J	NAPF	VPPP-SNM	P	DGSM

Σατανᾶ,	καὶ	ἦν	μετὰ	τῶν	θηρίων,	καὶ	οἱ	ἄγγελοι	διηκόνουν
Satanás,	y	estaba	con	las	animales salvajes,	y	los	ángeles	servían
4567	2532	2258	3326	3588	2342	2532	3588	32	1247
NGSM	CLN	VIAI3S	P	DGPN	NGPN	CLN	DNPM	NNPM	VIAI3P

αὐτῷ.
a él.
846
RP3DSM

14 Καὶ	μετὰ	τὸ	παραδοθῆναι	τὸν	Ἰωάννην	ἦλθεν	ὁ	Ἰησοῦς
Y	después de	--	ser entregado	--	Juan,	fue$_3$	--$_1$	Jesús$_2$
2532	3326	3588	3860	3588	2491	2064	3588	2424
C	P	DASN	VAPN	DASM	NASM	VAAI3S	DNSM	NNSM

NVI

de mí viene uno más poderoso que yo; ni siquiera merezco agacharme para desatar la correa de sus sandalias.
8 Yo los he bautizado a ustedes con agua, pero él los bautizará con el Espíritu Santo».

Bautismo y tentación de Jesús

9 En esos días llegó Jesús desde Nazaret de Galilea y fue bautizado por Juan en el Jordán.
10 En seguida, al subir del agua, Jesús vio que el cielo se abría y que el Espíritu bajaba sobre él como una paloma.
11 También se oyó una voz del cielo que decía: «Tú eres mi Hijo amado; estoy muy complacido contigo».
12 En seguida el Espíritu lo impulsó a ir al desierto, 13 y allí fue tentado por Satanás durante cuarenta días. Estaba entre las fieras, y los ángeles le servían.

Llamamiento de los primeros discípulos

14 Después de que encarcelaron a Juan, Jesús se fue a Galilea a

RVR

a Galilea predicando
el evangelio del reino
de Dios,
15 y diciendo: El tiempo
se ha cumplido, y el
reino de Dios se ha
acercado; arrepentíos, y
creed en el evangelio.

Jesucristo llama a cuatro pescadores

16 Mientras pasaba
junto al mar de Galilea,
vio a Simón y a Andrés,
hermano de Simón,
que echaban una red
en el mar, porque eran
pescadores.
17 Y les dijo Jesús: Venid
en pos de mí, y haré
que seáis pescadores de
hombres.
18 Y dejando al instante
sus redes, le siguieron.
19 Pasando de allí un
poco más adelante,
vio a Jacobo, hijo de
Zebedeo, y a Juan su
hermano, también ellos
en la barca remendando
las redes.
20 Al instante los llamó;
y dejando a su padre
Zebedeo en la barca con
los jornaleros, se fueron
en pos de él.

Un hombre que tenía un espíritu inmundo

21 Y entraron en
Capernaúm; y tan pron-
to como llegó el sábado,
entrando en la sinagoga,
enseñaba.
22 Y se admiraban de su
enseñanza; porque les

εἰς	τὴν	Γαλιλαίαν	κηρύσσων	τὸ	⸀εὐαγγέλιον	τοῦ	θεοῦ	15 καὶ	λέγων
hacia	--	Galilea	proclamando	el	evangelio	de --	Dios,	y	diciendo
1519	3588	1056	2784	3588	2098	3588	2316	2532	3004
P	*DASF*	*NASF*	*VPAP-SNM*	*DASN*	*NASN*	*DGSM*	*NGSM*	*CLN*	*VPAP-SNM*

ὅτι	Πεπλήρωται	ὁ	καιρὸς	καὶ	ἤγγικεν	ἡ	βασιλεία	τοῦ	θεοῦ·
que:	se ha cumplido$_3$	El$_1$	tiempo$_2$	y$_4$	se ha acercado;$_9$	el$_5$	reino$_6$	de --$_7$	Dios$_8$
3754	4137	3588	2540	2532	1448	3588	932	3588	2316
CSC	*VRPI3S*	*DNSM*	*NNSM*	*CLN*	*VRAI3S*	*DNSF*	*NNSF*	*DGSM*	*NGSM*

μετανοεῖτε	καὶ	πιστεύετε	ἐν	τῷ	εὐαγγελίῳ.
arrepentíos	y	creed	en	el	evangelio.
3340	2532	4100	1722	3588	2098
VPAM2P	*CLN*	*VPAM2P*	*P*	*DDSN*	*NDSN*

16 Καὶ	παράγων	παρὰ	τὴν	θάλασσαν	τῆς	Γαλιλαίας	εἶδεν	Σίμωνα
Y	pasando	al lado de	el	mar	de --	Galilea,	vio	a Simón
2532	3855	3844	3588	2281	3588	1056	1492	4613
CLN	*VPAP-SNM*	*P*	*DASF*	*NASF*	*DGSF*	*NGSF*	*VAAI3S*	*NASM*

καὶ	Ἀνδρέαν	τὸν	ἀδελφὸν	Σίμωνος	ἀμφιβάλλοντας	ἐν	τῇ
y	a Andrés	el	hermano	de Simón	echando la red para pescar	en	el
2532	406	3588	80	4613	906	1722	3588
CLN	*NASM*	*DASM*	*NASM*	*NGSM*	*VPAP-PAM*	*P*	*DDSF*

θαλάσσῃ,	ἦσαν	γὰρ	ἁλιεῖς·	17 καὶ	εἶπεν	αὐτοῖς	ὁ	Ἰησοῦς·	Δεῦτε
mar;	eran	porque	pescadores.	Y$_1$	dijo$_4$	a ellos:$_5$	--$_2$	Jesús$_3$	Venid
2281	2258	1063	231	2532	2036	846	3588	2424	1205
NDSF	*VIAI3P*	*CLX*	*NNPM*	*CLN*	*VAAI3S*	*RP3DPM*	*DNSM*	*NNSM*	*B*

ὀπίσω	μου,	καὶ	ποιήσω	ὑμᾶς	γενέσθαι	ἁλιεῖς	ἀνθρώπων.	18 καὶ
detrás de	mí,	y	haré	a vosotros	llegar a ser	pescadores	de seres humanos.	Y
3694	3450	2532	4160	5209	1096	231	444	2532
P, B	*RP1GS*	*CLN*	*VFAI1S*	*RP2AP*	*VAMN*	*NAPM*	*NGPM*	*CLN*

⸀εὐθὺς	ἀφέντες	τὰ	⸀δίκτυα	ἠκολούθησαν	αὐτῷ.	19 καὶ	προβὰς
en seguida,	habiendo dejado	las	redes de pesca,	siguieron	a él.	Y	habiendo avanzado
2117	863	3588	1350	190	846	2532	4260
B, J	*VAAP-PNM*	*DAPN*	*NAPN*	*VAAI3P*	*RP3DSM*	*CLN*	*VAAP-SNM*

ὀλίγον	εἶδεν	Ἰάκωβον	τὸν	τοῦ	Ζεβεδαίου*	καὶ	Ἰωάννην	τὸν	ἀδελφὸν
un poco,	vio	a Jacobo	el	de --	Zebedeo	y	a Juan	el	hermano
3641	1492	2385	3588	3588	2199	2532	2491	3588	80
B, J	*VAAI3S*	*NASM*	*DASM*	*DGSM*	*NGSM*	*CLN*	*NASM*	*DASM*	*NASM*

αὐτοῦ,	καὶ	αὐτοὺς	ἐν	τῷ	πλοίῳ	καταρτίζοντας	τὰ	δίκτυα,	20 καὶ
de él,	y	a ellos	en	el	barco	arreglando	las	redes de pesca.	Y
846	2532	846	1722	3588	4143	2675	3588	1350	2532
RP3GSM	*CLN, B*	*RP3APM*	*P*	*DDSN*	*NDSN*	*VPAP-PAM*	*DAPN*	*NAPN*	*CLN*

εὐθὺς	ἐκάλεσεν	αὐτούς.	καὶ	ἀφέντες	τὸν	πατέρα	αὐτῶν	Ζεβεδαῖον
en seguida	llamó	a ellos,	y	habiendo dejado	al	padre	de ellos,	Zebedeo,
2117	2564	846	2532	863	3588	3962	846	2199
B, J	*VAAI3S*	*RP3APM*	*CLN*	*VAAP-PNM*	*DASM*	*NASM*	*RP3GPM*	*NASM*

ἐν	τῷ	πλοίῳ	μετὰ	τῶν	μισθωτῶν	ἀπῆλθον	ὀπίσω	αὐτοῦ.
en	el	barco	con	los	jornaleros,	se fueron	detrás de	él.
1722	3588	4143	3326	3588	3411	565	3694	846
P	*DDSN*	*NDSN*	*P*	*DGPM*	*NGPM, JGPM*	*VAAI3P*	*P, B*	*RP3GSM*

21 Καὶ	εἰσπορεύονται	εἰς	Καφαρναούμ.	καὶ	εὐθὺς	τοῖς	σάββασιν
Y	entran	a	Capernaum;	y	en seguida	en los	sábados,
2532	1531	1519	2584	2532	2117	3588	4521
CLN	*VPUI3P*	*P*	*NASF, XP*	*CLN*	*B, J*	*DDPN*	*NDPN*

ἐδίδασκεν	εἰς	τὴν	συναγωγήν.	22 καὶ	ἐξεπλήσσοντο	ἐπὶ	τῇ	διδαχῇ
enseñaba	en	la	sinagoga.	y	se admiraban	de	la	enseñanza
1321	1519	3588	4864	2532	1605	1909	3588	1322
VIAI3S	*P*	*DASF*	*NASF*	*CLN*	*VIPI3P*	*P*	*DDSF*	*NDSF*

NVI

anunciar las bue-
nas nuevas de Dios.
15 «Se ha cumplido el
tiempo —decía—. El
reino de Dios está cerca.
¡Arrepiéntanse y crean
las buenas nuevas!»
16 Pasando por la
orilla del mar de Galilea,
Jesús vio a Simón y a su
hermano Andrés que
echaban la red al lago,
pues eran pescadores.
17 «Vengan, síganme
—les dijo Jesús—, y los
haré pescadores de hom-
bres». 18 Al momento
dejaron las redes y lo
siguieron.
19 Un poco más
adelante vio a Jacobo
y a su hermano Juan,
hijos de Zebedeo, que
estaban en su barca
remendando las redes.
20 En seguida los llamó, y
ellos, dejando a su padre
Zebedeo en la barca con
los jornaleros, se fueron
con Jesús.

Jesús expulsa a un espíritu maligno

21 Entraron en
Capernaúm y, tan pron-
to como llegó el sábado,
Jesús fue a la sinagoga y
se puso a enseñar. 22 La
gente se asombraba de
su enseñanza, porque

1:14⸀ Manuscritos inferiores aumentaron *del reino*. **1:19*** O sea *el hijo de*.

RVR

enseñaba como quien
tiene autoridad, y no
como los escribas.
23 Y había en la sinagoga
de ellos un hombre con
espíritu inmundo, que
dio voces,
24 diciendo: ¿Qué te-
nemos que ver contigo,
Jesús nazareno? ¿Has
venido a destruirnos?
Sé quien eres, el Santo
de Dios.
25 Pero Jesús le conminó
diciendo: ¡Cállate, y
sal de él!
26 El espíritu inmundo,
haciéndole agitarse
convulsivamente y
dando un gran grito,
salió de él.
27 Y todos quedaron
atónitos, de tal manera
que discutían entre sí,
diciendo: ¿Qué es esto?
¡Una enseñanza nueva,
expuesta con autoridad!
Da órdenes incluso a los
espíritus inmundos, y le
obedecen.
28 Y muy pronto se ex-
tendió su fama por toda
la comarca circunvecina
de Galilea.

Jesucristo sana a la suegra de Pedro

29 Inmediatamente
después de salir de la
sinagoga, vinieron a
casa de Simón y Andrés,
con Jacobo y Juan.
30 Y la suegra de Simón

αὐτοῦ,	ἦν	γὰρ	διδάσκων	αὐτοὺς	ὡς	ἐξουσίαν	ἔχων	καὶ	οὐχ
de él;	estaba$_2$	porque$_1$	enseñando	a ellos	como	autoridad,$_2$	teniendo$_1$	y	no
846	2258	1063	1321	846	5613	1849	2192	2532	3756
RP3GSM	*VIAI3S*	*CAZ*	*VPAP-SNM*	*RP3APM*	*CAM*	*NASF*	*VPAP-SNM*	*CLN*	*BN, TN*

ὡς	οἱ	γραμματεῖς.	23 καὶ	εὐθὺς	ἦν	ἐν	τῇ	συναγωγῇ	αὐτῶν
como	los	escribas.	Y	en seguida	estaba$_5$	en$_6$	la$_7$	sinagoga$_8$	de ellos,$_9$
5613	3588	1122	2532	2117	2258	1722	3588	4864	846
CAM	*DNPM*	*NNPM*	*CLN*	*B, J*	*VIAI3S*	*P*	*DDSF*	*NDSF*	*RP3GPM*

ἄνθρωπος	ἐν	πνεύματι	ἀκαθάρτῳ	καὶ	ἀνέκραξεν	24 λέγων·	Τί
un hombre$_1$	con$_2$	un espíritu$_3$	inmundo$_4$	y	gritó,	diciendo:	¿qué
444	1722	4151	169	2532	349	3004	5101
NNSM	*P*	*NDSN*	*JDSN*	*CLN*	*VAAI3S*	*VPAP-SNM*	*RI-ASN*

ἡμῖν	καὶ	σοί,*	Ἰησοῦ	Ναζαρηνέ;	ἦλθες	ἀπολέσαι	ἡμᾶς;	οἶδά	σε
a nosotros	y	a ti,	Jesús	nazareno?	¿Viniste	para destruir	a nosotros?	Sé$_1$	tú:$_4$
2254	2532	4671	2424	3479	2064	622	2248	1492	4571
RP1DP	*CLN*	*RP2DS*	*NVSM*	*NVSM, JVSM*	*VAAI2S*	*VAAN*	*RP1AP*	*VRAI1S*	*RP2AS*

τίς	εἶ,	ὁ	ἅγιος	τοῦ	θεοῦ.	25 καὶ	ἐπετίμησεν	αὐτῷ	ὁ	Ἰησοῦς
quién$_2$	eres$_3$	El	Santo	de --	Dios.	Y$_1$	reprendió$_4$	a él$_5$	--$_2$	Jesús$_3$
5101	1488	3588	40	3588	2316	2532	2008	846	3588	2424
RI-NSM	*VPAI2S*	*DNSM*	*JNSM*	*DGSM*	*NGSM*	*CLN*	*VAAI3S*	*RP3DSM*	*DNSM*	*NNSM*

λέγων·	Φιμώθητι	καὶ	ἔξελθε	ἐξ	αὐτοῦ.	26 καὶ	σπαράξαν	αὐτὸν
diciendo:	¡Calla	y	sal	de	él!	Y	habiendo sacudido violentamente	a él,
3004	5392	2532	1831	1537	846	2532	4682	846
VPAP-SNM	*VAPM2S*	*CLN*	*VAAM2S*	*P*	*RP3GSM*	*CLN*	*VAAP-SNN*	*RP3ASM*

τὸ	πνεῦμα	τὸ	ἀκάθαρτον	καὶ	φωνῆσαν	φωνῇ	μεγάλῃ	ἐξῆλθεν
el$_5$	espíritu$_6$	--$_7$	inmundo$_8$	y$_1$	habiendo exclamado$_2$	con voz$_3$	grande,$_4$	salió$_9$
3588	4151	3588	169	2532	5455	5456	3173	1831
DNSN	*NNSN*	*DNSN*	*JNSN*	*CLN*	*VAAP-SNN*	*NDSF*	*JDSF*	*VAAI3S*

ἐξ	αὐτοῦ.	27 καὶ	ἐθαμβήθησαν	ἅπαντες,	ὥστε	συζητεῖν	πρὸς
de	él.	Y$_1$	quedaron maravillados,$_3$	todos$_2$	de modo que	discutir	entre
1537	846	2532	2284	537	5620	4802	4314
P	*RP3GSM*	*CLN*	*VAPI3P*	*JNPM*	*CAR*	*VPAN*	*P*

ἑαυτοὺς	λέγοντας·	Τί	ἐστιν	τοῦτο;	διδαχὴ	καινή·	κατ’	ἐξουσίαν
ellos mismos	diciendo:	¿Qué	es	esto?	¡Una enseñanza	nueva	con	autoridad!
1438	3004	5101	2076	5124	1322	2537	2596	1849
RF3APM	*VPAP-PAM*	*RI-NSN*	*VPAI3S*	*RD-NSN*	*NNSF*	*JNSF*	*P*	*NASF*

καὶ	τοῖς	πνεύμασι	τοῖς	ἀκαθάρτοις	ἐπιτάσσει,	καὶ	ὑπακούουσιν
También	a los$_2$	espíritus$_3$	--$_4$	inmundos$_5$	ordena$_1$	y	obedecen
2532	3588	4151	3588	169	2004	2532	5219
BE, TE	*DDPN*	*NDPN*	*DDPN*	*JDPN*	*VPAI3S*	*CLN*	*VPAI3P*

αὐτῷ.	28 καὶ	ἐξῆλθεν	ἡ	ἀκοὴ	αὐτοῦ	εὐθὺς	πανταχοῦ	εἰς	ὅλην
a él.	Y$_1$	salió$_6$	la$_2$	fama$_3$	de él$_4$	en seguida$_5$	en todas partes	hacia	toda
846	2532	1831	3588	189	846	2117	3837	1519	3650
RP3DSM	*CLN*	*VAAI3S*	*DNSF*	*NNSF*	*RP3GSM*	*B, J*	*B*	*P*	*JASF*

τὴν	περίχωρον	τῆς	Γαλιλαίας.
la	(la) región vecina	de --	Galilea.
3588	4066	3588	1056
DASF	*JASF*	*DGSF*	*NGSF*

29 Καὶ	εὐθὺς	ἐκ	τῆς	συναγωγῆς	ἐξελθόντες	ἦλθον	εἰς	τὴν
Y$_1$	en seguida,$_2$	de$_4$	la$_5$	sinagoga,$_6$	habiendo salido$_3$	fueron	hacia	la
2532	2117	1537	3588	4864	1831	2064	1519	3588
CLN	*B, J*	*P*	*DGSF*	*NGSF*	*VAAP-PNM*	*VAAI3P*	*P*	*DASF*

οἰκίαν	Σίμωνος	καὶ	Ἀνδρέου	μετὰ	Ἰακώβου	καὶ	Ἰωάννου.	30 ἡ	δὲ
casa	de Simón	y	de Andrés,	con	Jacob	y	Juan.	la	Y
3614	4613	2532	406	3326	2385	2532	2491	3588	1161
NASF	*NGSM*	*CLN*	*NGSM*	*P*	*NGSM*	*CLN*	*NGSM*	*DNSF*	*CLN*

NVI

la impartía como quien
tiene autoridad y no
como los maestros de
la ley. 23 De repente, en
la sinagoga, un hombre
que estaba poseído por
un espíritu maligno
gritó:
24 —¿Por qué te
entrometes, Jesús de
Nazaret? ¿Has venido
a destruirnos? Yo sé
quién eres tú: ¡el Santo
de Dios!
25 —¡Cállate! —lo
reprendió Jesús—. ¡Sal
de ese hombre!
26 Entonces el espíritu
maligno sacudió al
hombre violentamente
y salió de él dando un
alarido. 27 Todos se
quedaron tan asustados
que se preguntaban
unos a otros: «¿Qué es
esto? ¡Una enseñanza
nueva, pues lo hace
con autoridad! Les da
órdenes incluso a los
espíritus malignos, y le
obedecen». 28 Como
resultado, su fama se
extendió rápidamente
por toda la región de
Galilea.

Jesús sana a muchos enfermos

29 Tan pronto como
salieron de la sinagoga,
Jesús fue con Jacobo y
Juan a casa de Simón y
Andrés. 30 La suegra de

1:24* O sea *¿Qué tenemos que hacer nosoros contigo...?*

RVR

estaba acostada con
fiebre; y en seguida le
hablaron de ella.
31 Entonces él se acercó,
y tomándola de la
mano, la levantó. Luego
la dejó la fiebre, y ella
comenzó a servirles.

Muchos sanados al ponerse el sol

32 Al atardecer, cuando
se puso el sol, comenza-
ron a traerle a todos los
enfermos y endemo-
niados;
33 y toda la ciudad esta-
ba agolpada a la puerta.
34 Y sanó a muchos que
estaban enfermos de di-
versas enfermedades, y
expulsó muchos demo-
nios; y no dejaba hablar
a los demonios, porque
sabían quién era.

Jesucristo recorre Galilea predicando

35 De madrugada, cuan-
do estaba aún muy oscu-
ro, se levantó, salió y se
fue a un lugar solitario,
y allí se puso a orar.
36 Simón, y los que
estaban con él, salieron
en busca suya;
37 y cuando le encontra-
ron, le dijeron: Todos te
buscan.
38 Él les dijo: Vámonos
a otro lugar, a los
pueblos vecinos, para
que predique también
allí; porque para eso he
salido.
39 Salió, pues, a recorrer

πενθερὰ	Σίμωνος	κατέκειτο	πυρέσσουσα,	καὶ	εὐθὺς	λέγουσιν	αὐτῷ
suegra	de Simón	estaba acostada	teniendo fiebre,	y	en seguida	dicen	a él
3994	4613	2621	4445	2532	2117	3004	846
NNSF	*NGSM*	*VIUI3S*	*VPAP-SNF*	*CLN*	*B, J*	*VPAI3P*	*RP3DSM*

περὶ	αὐτῆς.	31 καὶ	προσελθὼν	ἤγειρεν	αὐτὴν	κρατήσας	τῆς
acerca de	de ella.	Y	cuando se acercó,	levantó$_4$	a ella;$_5$	habiéndola sujetado$_1$	de la$_2$
4012	846	2532	4334	1453	846	2902	3588
P	*RP3GSF*	*CLN*	*VAAP-SNM*	*VAAI3S*	*RP3ASF*	*VAAP-SNM*	*DGSF*

χειρός·	καὶ	ἀφῆκεν	αὐτὴν	ὁ	πυρετός,	καὶ	διηκόνει	αὐτοῖς.
mano$_3$	y$_6$	dejó$_9$	a ella,$_{10}$	la$_7$	fiebre$_8$	y	servía	a ellos.
5495	2532	863	846	3588	4446	2532	1247	846
NGSF	*CLN*	*VAAI3S*	*RP3ASF*	*DNSM*	*NNSM*	*CLN*	*VIAI3S*	*RP3DPM*

32 Ὀψίας*	δὲ	γενομένης,	ὅτε	ἔδυ	ὁ	ἥλιος,	ἔφερον	πρὸς
tarde,$_3$	Y$_1$	habiéndose hecho$_2$	cuando$_4$	se puso,$_7$	el$_5$	sol$_6$	llevaban	a
3798	1161	1096	3753	1416	3588	2246	5342	4314
JGSF	*CLT*	*VAMP-SGF*	*CAT, B*	*VAAI3S*	*DNSM*	*NNSM*	*VIAI3P*	*P*

αὐτὸν	πάντας	τοὺς	κακῶς	ἔχοντας	καὶ	τοὺς	δαιμονιζομένους·	33 καὶ
él	a todos	los$_1$	mal$_3$	que tienen$_2$	y	a los	endemoniados;	y$_1$
846	3956	3588	2560	2192	2532	3588	1139	2532
RP3ASM	*JAPM*	*DAPM*	*B*	*VPAP-PAM*	*CLN*	*DAPM*	*VPUP-PAM*	*CLN*

ἦν	ὅλη	ἡ	πόλις	ἐπισυνηγμένη	πρὸς	τὴν	θύραν.	34 καὶ	ἐθεράπευσεν
estaba$_5$	toda$_2$	la$_3$	ciudad$_4$	reunida	junto a	la	puerta.	Y	sanó
2258	3650	3588	4172	1996	4314	3588	2374	2532	2323
VIAI3S	*JNSF*	*DNSF*	*NNSF*	*VRPP-SNF*	*P*	*DASF*	*NASF*	*CLN*	*VAAI3S*

πολλοὺς	κακῶς	ἔχοντας	ποικίλαις	νόσοις,	καὶ	δαιμόνια	πολλὰ
a muchos	mal$_2$	que tienen$_1$	de diversas	enfermedades,	y$_1$	demonios,$_4$	muchos$_3$
4183	2560	2192	4164	3554	2532	1140	4183
JAPM	*B*	*VPAP-PAM*	*JDPF*	*NDPF*	*CLN*	*NAPN*	*JAPN*

ἐξέβαλεν,	καὶ	οὐκ	ἤφιεν	λαλεῖν	τὰ	δαιμόνια,	ὅτι	ᾔδεισαν	αὐτόν.
echó fuera$_2$	y	no	dejaba	hablar	a los	demonios	porque	conocían	a él.
1544	2532	3756	863	2980	3588	1140	3754	1492	846
VAAI3S	*CLN*	*BN, TN*	*VIAI3S*	*VPAN*	*DAPN*	*NAPN*	*CAZ*	*VLAI3P*	*RP3ASM*

35 Καὶ	πρωῒ	ἔννυχα	λίαν	ἀναστὰς	ἐξῆλθεν	καὶ	ἀπῆλθεν
Y	de madrugada,	de noche,$_2$	muy$_1$	habiéndose levantado	salió	y	se fue
2532	4404	1773	3029	450	1831	2532	565
CLN	*B*	*B, J*	*B*	*VAAP-SNM*	*VAAI3S*	*CLN*	*VAAI3S*

εἰς	ἔρημον	τόπον	κἀκεῖ	προσηύχετο.	36 καὶ	κατεδίωξεν	αὐτὸν
hacia	desierto,$_2$	un lugar$_1$	y allí	oraba.	Y$_1$	buscaron ansiosamente$_7$	a él,$_8$
1519	2048	5117	2546	4336	2532	2614	846
P	*JASM*	*NASM*	*CLN, BP*	*VIUI3S*	*CLN*	*VAAI3S*	*RP3ASM*

Σίμων	καὶ	οἱ	μετ᾽	αὐτοῦ,	37 καὶ	εὗρον	αὐτὸν	καὶ
Simón$_2$	y$_3$	los (que estaban)$_4$	con$_5$	él$_6$	Y	encontraron	a él,	y
4613	2532	3588	3326	846	2532	2147	846	2532
NNSM	*CLN*	*DNPM*	*P*	*RP3GSM*	*CLN*	*VAAI3P*	*RP3ASM*	*CLN*

λέγουσιν	αὐτῷ	ὅτι	Πάντες	ζητοῦσίν	σε.	38 καὶ	λέγει	αὐτοῖς·	Ἄγωμεν
dicen	a él	que:	Todos	buscan	a ti.	Y	dice	a ellos:	Vayamos
3004	846	3754	3956	2212	4571	2532	3004	846	71
VPAI3P	*RP3DSM*	*CSC*	*JNPM*	*VPAI3P*	*RP2AS*	*CLN*	*VPAI3S*	*RP3DPM*	*VPAS1P*

ἀλλαχοῦ	εἰς	τὰς	ἐχομένας	κωμοπόλεις,	ἵνα	καὶ
a otro lugar	hacia$_1$	los que,$_3$	están próximos$_4$	pueblos$_2$	para que	también
237	1519	3588	2192	2969	2443	2532
BP	*P*	*DAPF*	*VPMP-PAF, VPPP-PAF*	*NAPF*	*CAP*	*BE, TE*

ἐκεῖ	κηρύξω,	εἰς	τοῦτο	γὰρ	ἐξῆλθον.	39 καὶ	ἦλθεν	κηρύσσων	εἰς
allí	predique,	para$_2$	esto$_3$	porque$_1$	salí.	Y	fue	proclamando	hacia
1563	2784	1519	5124	1063	1831	2532	2064	2784	1519
BP	*VAAS1S*	*P*	*RD-ASN*	*CAZ*	*VAAI1S*	*CLN*	*VAAI3S*	*VPAP-SNM*	*P*

NVI

Simón estaba en cama
con fiebre, y en seguida
se lo dijeron a Jesús. 31 Él
se le acercó, la tomó de
la mano y la ayudó a le-
vantarse. Entonces se le
quitó la fiebre y se puso a
servirles.
32 Al atardecer, cuan-
do ya se ponía el sol, la
gente le llevó a Jesús to-
dos los enfermos y ende-
moniados, 33 de manera
que la población entera
se estaba congregando a
la puerta. 34 Jesús sanó a
muchos que padecían de
diversas enfermedades.
También expulsó a mu-
chos demonios, pero no
los dejaba hablar porque
sabían quién era él.

Jesús ora en un lugar solitario

35 Muy de madru-
gada, cuando todavía
estaba oscuro, Jesús
se levantó, salió de la
casa y se fue a un lugar
solitario, donde se puso
a orar. 36 Simón y sus
compañeros salieron a
buscarlo.
37 Por fin lo encontra-
ron y le dijeron:
—Todo el mundo te
busca.
38 Jesús respondió:
—Vámonos de aquí
a otras aldeas cercanas
donde también pueda
predicar; para esto he
venido.
39 Así que recorrió

1:32* O sea *al atardecer.*

RVR

toda la Galilea, predi-
cando en las sinagogas
de ellos y expulsando los
demonios.

Jesucristo sana a un leproso

40 Viene hacia él un
leproso suplicándole,
y arrodillándose, le
dice: Si quieres, puedes
limpiarme.
41 Y, movido a compa-
sión, Jesús extendió la
mano, le tocó, y le dijo:
Quiero, ¡queda limpio!
42 Al instante le dejó la
lepra, y quedó limpio.
43 Entonces le advirtió
severamente, y le despi-
dió luego,
44 y le dijo: Mira que no
digas nada a nadie, sino
ve, muéstrate al sacerdo-
te, y ofrece por tu puri-
ficación lo que Moisés
ordenó, para que les
sirva de testimonio.
45 Pero él salió y comen-
zó a proclamarlo abier-
tamente y a divulgar el
hecho, de tal manera
que Jesús ya no podía
entrar públicamente en
ninguna ciudad, sino
que se quedaba fuera en
los lugares despoblados;
y venían a él de todas
partes.

τὰς	συναγωγὰς	αὐτῶν	εἰς	ὅλην	τὴν	Γαλιλαίαν	καὶ	τὰ	δαιμόνια
las	sinagogas	de ellos	por	toda	--	Galilea,	y$_{1}$	a los$_{3}$	demonios.
3588	4864	846	1519	3650	3588	1056	2532	3588	1140
DAPF	*NAPF*	*RP3GPM*	*P*	*JASF*	*DASF*	*NASF*	*CLN*	*DAPN*	*NAPN*

ἐκβάλλων.
echando fuera$_{2}$
1544
VPAP-SNM

40 Καὶ	ἔρχεται	πρὸς	αὐτὸν	λεπρὸς	παρακαλῶν	αὐτὸν	καὶ
Y	viene	a	él	un leproso	rogando	a él	y
2532	2064	4314	846	3015	3870	846	2532
CLN	*VPUI3S*	*P*	*RP3ASM*	*JNSM*	*VPAP-SNM*	*RP3ASM*	*CLN*

γονυπετῶν	λέγων	αὐτῷ	ὅτι	Ἐὰν	θέλῃς	δύνασαί	με	καθαρίσαι.
arrodillándose,	diciendo	a él	que:	Si	quieres,	puedes	a mí	limpiar.
1120	3004	846	3754	1437	2309	1410	3165	2511
VPAP-SNM	*VPAP-SNM*	*RP3DSM*	*CSC*	*CAC*	*VPAS2S*	*VPUI2S*	*RP1AS*	*VAAN*

41 ⸀καὶ	ὀργισθεὶς	ἐκτείνας	τὴν	χεῖρα	αὐτοῦ	ἥψατο	καὶ
Y	habiéndose enojado	habiendo extendido	la	mano	de él	tocó	y
2532	3710	1614	3588	5495	846	680	2532
CLN	*VAPP-SNM*	*VAAP-SNM, VAAP-SNF*	*DASF*	*NASF*	*RP3GSM*	*VAMI3S*	*CLN*

λέγει	αὐτῷ·	Θέλω,	καθαρίσθητι·	42 καὶ	εὐθὺς	ἀπῆλθεν	ἀπ᾽	αὐτοῦ
dice	a él:	Quiero;	sé limpio.	Y$_{1}$	en seguida$_{2}$	se fue$_{5}$	de$_{6}$	él$_{7}$
3004	846	2309	2511	2532	2117	565	575	846
VPAI3S	*RP3DSM*	*VPAI1S*	*VAPM2S*	*CLN*	*B,J*	*VAAI3S*	*P*	*RP3GSM*

ἡ	λέπρα,	καὶ	ἐκαθαρίσθη.	43 καὶ	ἐμβριμησάμενος	αὐτῷ	εὐθὺς
la$_{3}$	lepra$_{4}$	y	fue limpiado,	y	habiendo insistido firmemente	a él,	en seguida
3588	3014	2532	2511	2532	1690	846	2117
DNSF	*NNSF*	*CLN*	*VAPI3S*	*CLN*	*VAMP-SNM*	*RP3DSM*	*B,J*

ἐξέβαλεν	αὐτόν,	44 καὶ	λέγει	αὐτῷ·	Ὅρα	μηδενὶ	μηδὲν	εἴπῃς,
despidió	a él,	y	dice	a él:	Mira,	a nadie	nada,$_{2}$	digas$_{1}$
1544	846	2532	3004	846	3708	3367	3367	2036
VAAI3S	*RP3ASM*	*CLN*	*VPAI3S*	*RP3DSM*	*VPAM2S*	*JDSM*	*JASN*	*VAAS2S*

ἀλλὰ	ὕπαγε	σεαυτὸν	δεῖξον	τῷ	ἱερεῖ	καὶ	προσένεγκε	περὶ	τοῦ
sino	ve,	a ti mismo$_{2}$	muestra$_{1}$	al	sacerdote	y	ofrece	acerca de	la
235	5217	4572	1166	3588	2409	2532	4374	4012	3588
CLC	*VPAM2S*	*RF2ASM*	*VAAM2S*	*DDSM*	*NDSM*	*CLN*	*VAAM2S*	*P*	*DGSM*

καθαρισμοῦ	σου	ἃ	προσέταξεν	Μωϋσῆς	εἰς	μαρτύριον	αὐτοῖς.
purificación	de ti	las cosas que	ordenó,$_{2}$	Moisés$_{1}$	para	testimonio	a ellos.
2512	4675	3739	4367	3475	1519	3142	846
NGSM	*RP2GS*	*RR-APN*	*VAAI3S*	*NNSM*	*P*	*NASN*	*RP3DPM*

45 ὁ	δὲ	ἐξελθὼν	ἤρξατο	κηρύσσειν	πολλὰ	καὶ	διαφημίζειν	τὸν
--$_{2}$	Pero$_{1}$	habiendo salido$_{3}$	comenzó	a proclamar	muchas cosas	y	divulgar	el
3588	1161	1831	756	2784	4183	2532	1310	3588
DNSM	*CLC*	*VAAP-SNM*	*VAMI3S*	*VPAN*	*JAPN*	*CLN*	*VPAN*	*DASM*

λόγον,	ὥστε	μηκέτι	αὐτὸν	δύνασθαι	φανερῶς	εἰς	πόλιν	εἰσελθεῖν,
asunto,	de modo que	ya no$_{2}$	él$_{1}$	poder$_{3}$	públicamente$_{5}$	en$_{6}$	una ciudad$_{7}$	entrar,$_{4}$
3056	5620	3371	846	1410	5320	1519	4172	1525
NASM	*CAR*	*BN*	*RP3ASM*	*VPUN*	*B*	*P*	*NASF*	*VAAN*

ἀλλὰ	ἔξω	ἐπ᾽	ἐρήμοις	τόποις	ἦν·	καὶ	ἤρχοντο	πρὸς	αὐτὸν
sino$_{8}$	afuera$_{10}$	en$_{11}$	despoblados;$_{13}$	lugares$_{12}$	estaba$_{9}$	e	iban	a	él
235	1854	1909	2048	5117	2258	2532	2064	4314	846
CLC	*BP*	*P*	*JDPM*	*NDPM*	*VIAI3S*	*CLN*	*VIUI3P*	*P*	*RP3ASM*

πάντοθεν.
de todas partes.
3840
B

NVI

toda Galilea, predican-
do en las sinagogas y
expulsando demonios.

Jesús sana a un leproso

40 Un hombre que
tenía lepra se le acercó, y
de rodillas le suplicó:
—Si quieres, puedes
limpiarme.
41 Movido a compa-
sión, Jesús extendió la
mano y tocó al hombre,
diciéndole:
—Sí, quiero. ¡Queda
limpio!
42 Al instante se le qui-
tó la lepra y quedó sano.
43 Jesús lo despidió en
seguida con una fuerte
advertencia:
44 —Mira, no se lo
digas a nadie; solo ve,
preséntate al sacerdote y
lleva por tu purificación
lo que ordenó Moisés,
para que les sirva de
testimonio.
45 Pero él salió y
comenzó a hablar sin
reserva, divulgando lo
sucedido. Como resul-
tado, Jesús ya no podía
entrar en ningún pueblo
abiertamente, sino que
se quedaba afuera, en
lugares solitarios. Aun
así, gente de todas partes
seguía acudiendo a él.

1:41⸀ Manuscritos inferiores aumentaron *Jesús*.

RVR

Jesucristo sana a un paralítico

2 Entró Jesús otra
vez en Capernaúm
después de algunos días;
y corrió la voz de que
estaba en casa.
2 Y se reunieron mu-
chos, tanto que ya no
quedaba sitio ni aun
delante de la puerta; y
les hablaba la palabra.
3 En esto, llegan unos
hombres trayéndole un
paralítico, llevado por
cuatro de ellos.
4 Y como no podían
acercarse a él a causa de
la multitud, abrieron un
boquete en el techo en-
cima de donde él estaba,
y por la abertura hecha,
bajaron la camilla en que
yacía el paralítico.
5 Al ver Jesús la fe de
ellos, dijo al paralítico:
Hijo, tus pecados te son
perdonados.
6 Estaban allí sentados
algunos de los escribas,
los cuales razonaban en
sus corazones:
7 ¿Por qué habla este
así? Está blasfemando.
¿Quién puede perdonar
pecados, sino sólo Dios?
8 Y al instante Jesús, co-
nociendo en su espíritu
que razonaban de esta
manera dentro de sí
mismos, les dijo: ¿Por
qué pensáis esas cosas en
vuestros corazones?
9 ¿Qué es más

2 Καὶ	εἰσελθὼν	πάλιν	εἰς	Καφαρναοὺμ	δι᾽	ἡμερῶν
Y	cuando entró	de nuevo	a	Capernaum	después de	(algunos) días,
2532	1525	3825	1519	2584	1223	2250
CLN	VAAP-SNM	B	P	NASF, XP	P	NGPF

ἠκούσθη	ὅτι	ἐν	οἴκῳ	ἐστίν·	2 καὶ	συνήχθησαν	πολλοὶ	ὥστε
fue oído	que	en$_2$	casa.$_3$	está$_1$	Y$_1$	se reunieron,$_3$	muchos$_2$	de modo que
191	3754	1722	3624	2076	2532	4863	4183	5620
VAPI3S	CSC	P	NDSM	VPAI3S	CLN	VAPI3P	JNPM	CAR

μηκέτι	χωρεῖν	μηδὲ	τὰ	πρὸς	τὴν	θύραν,	καὶ	ἐλάλει	αὐτοῖς	τὸν	λόγον.
ya no	hay lugar	ni	--	junto a	la	puerta,	y	hablaba$_1$	a ellos.$_4$	la$_2$	palabra$_3$
3371	5562	3366	3588	4314	3588	2374	2532	2980	846	3588	3056
BN	VPAN	BN, TN	DAPN	P	DASF	NASF	CLN	VIAI3S	RP3DPM	DASM	NASM

3 καὶ	ἔρχονται	φέροντες	πρὸς	αὐτὸν	παραλυτικὸν	αἰρόμενον	ὑπὸ
y	vienen	trayendo	a	él	un paralítico,	siendo levantado	por
2532	2064	5342	4314	846	3885	142	5259
CLN	VPUI3P	VPAP-PNM	P	RP3ASM	JASM	VPPP-SAM	P

τεσσάρων.	4 καὶ	μὴ	δυνάμενοι	προσενέγκαι	αὐτῷ	διὰ	τὸν	ὄχλον
cuatro.	y	no	pudiendo	acercar	a él	a causa de	la	multitud,
5064	2532	3361	1410	4374	846	1223	3588	3793
JGPM	CLN	BN, TN	VPUP-PNM	VAAN	RP3DSM	P	DASM	NASM

ἀπεστέγασαν	τὴν	στέγην	ὅπου	ἦν,	καὶ	ἐξορύξαντες	χαλῶσι
destecharon	el	techo	donde	estaba,	y	habiendo hecho una abertura,	bajaron
648	3588	4721	3699	2258	2532	1846	5465
VAAI3P	DASF	NASF	CAL, B	VIAI3S	CLN	VAAP-PNM	VPAI3P

τὸν	κράβαττον	ὅπου	ὁ	παραλυτικὸς	κατέκειτο.	5 καὶ	ἰδὼν
la	camilla	donde	el	paralítico	estaba acostado.	Y$_1$	habiendo visto$_4$
3588	2895	3699	3588	3885	2621	2532	1492
DASM	NASM	CAL, B	DNSM	JNSM	VIUI3S	CLN	VAAP-SNM

ὁ	Ἰησοῦς	τὴν	πίστιν	αὐτῶν	λέγει	τῷ	παραλυτικῷ·	Τέκνον,
--$_2$	Jesús$_3$	la	fe	de ellos,	dice	al	paralítico:	Hijo,
3588	2424	3588	4102	846	3004	3588	3885	5043
DNSM	NNSM	DASF	NASF	RP3GPM	VPAI3S	DDSM	JDSM	NVSN

ἀφίενταί	σου	αἱ	ἁμαρτίαι.	6 ἦσαν	δέ	τινες	τῶν	γραμματέων
son perdonados.$_4$	de ti$_3$	los$_1$	pecados$_2$	estaban$_5$	Mas$_1$	algunos$_2$	de los$_3$	escribas$_4$
863	4675	3588	266	2258	1161	5100	3588	1122
VPPI3P	RP2GS	DNPF	NNPF	VIAI3P	CLN	RX-NPM	DGPM	NGPM

ἐκεῖ	καθήμενοι	καὶ	διαλογιζόμενοι	ἐν	ταῖς	καρδίαις	αὐτῶν·	7 Τί
allí,$_7$	sentados$_6$	y	razonaban	en	los	corazones	de ellos;	¿Por qué$_1$
1563	2521	2532	1260	1722	3588	2588	846	5101
BP	VPUP-PNM	CLN	VPUP-PNM	P	DDPF	NDPF	RP3GPM	RI-ASN

οὗτος	οὕτως	λαλεῖ;	βλασφημεῖ·	τίς	δύναται	ἀφιέναι	ἁμαρτίας
este$_2$	así?$_4$	habla$_3$	Blasfema;	¿quién	puede	perdonar	pecados
3778	3779	2980	987	5101	1410	863	266
RD-NSM	B	VPAI3S	VPAI3S	RI-NSM	VPUI3S	VPAN	NAPF

εἰ	μὴ	εἷς	ὁ	θεός;	8 καὶ	εὐθὺς	ἐπιγνοὺς	ὁ	Ἰησοῦς	τῷ
si	no	uno,	--	Dios?	Y	en seguida,	habiendo conocido$_3$	--$_1$	Jesús$_2$	en el
1487	3361	1520	3588	2316	2532	2117	1921	3588	2424	3588
CAC	BN, TN	JNSM	DNSM	NNSM	CLN	B, J	VAAP-SNM	DNSM	NNSM	DDSN

πνεύματι	αὐτοῦ	ὅτι	οὕτως	διαλογίζονται	ἐν	ἑαυτοῖς	λέγει	αὐτοῖς·
espíritu	de él	que	así	razonan	entre	sí mismos,	dice	a ellos:
4151	846	3754	3779	1260	1722	1438	3004	846
NDSN	RP3GSM	CSC	B	VPUI3P	P	RF3DPM	VPAI3S	RP3DPM

Τί	ταῦτα	διαλογίζεσθε	ἐν	ταῖς	καρδίαις	ὑμῶν;	9 τί	ἐστιν
¿Por qué$_1$	estas (cosas)$_3$	estáis razonando$_2$	en	los	corazones	de vosotros?	¿Qué	es
5101	5023	1260	1722	3588	2588	5216	5101	2076
RI-ASN	RD-APN	VPUI2P	P	DDPF	NDPF	RP2GP	RI-NSN	VPAI3S

NVI

Jesús sana a un paralítico

2 Unos días después,
cuando Jesús
entró de nuevo en
Capernaúm, corrió la
voz de que estaba en
casa. 2 Se aglomeraron
tantos que ya no queda-
ba sitio ni siquiera frente
a la puerta mientras él
les predicaba la palabra.
3 Entonces llegaron
cuatro hombres que le
llevaban un paralítico.
4 Como no podían acer-
carlo a Jesús por causa
de la multitud, quitaron
parte del techo encima
de donde estaba Jesús y,
luego de hacer una aber-
tura, bajaron la camilla
en la que estaba acosta-
do el paralítico. 5 Al ver
Jesús la fe de ellos, le dijo
al paralítico:
—Hijo, tus pecados
quedan perdonados.
6 Estaban sentados
allí algunos maestros
de la ley, que pensaban:
7 «¿Por qué habla este
así? ¡Está blasfemando!
¿Quién puede perdonar
pecados sino solo
Dios?»
8 En ese mismo
instante supo Jesús en su
espíritu que esto era lo
que estaban pensando.
—¿Por qué razonan
así? —les dijo—. 9 ¿Qué

RVR

fácil, decirle al paralíti-
co: Tus pecados te son
perdonados, o decirle:
Levántate, toma tu
camilla y anda?
10 Pues para que sepáis
que el Hijo del Hombre
tiene autoridad en la
tierra para perdonar pe-
cados (dijo al paralítico):
11 A ti te digo:
Levántate, toma tu ca-
milla, y vete a tu casa.
12 Entonces él se levantó,
y tomando en seguida
su camilla, salió a la vista
de todos, de manera que
todos se asombraron,
y glorificaban a Dios,
diciendo: Nunca hemos
visto nada como esto.

Llamamiento de Leví

13 Él salió de nuevo a la
orilla del mar; y toda la
multitud venía a él, y él
comenzó a enseñarles.
14 Y al pasar, vio a Leví,
el hijo de Alfeo, sentado
a la mesa de impuestos,
y le dijo: Sígueme. Y él
se levantó y le siguió.
15 Y sucedió que estan-
do sentado a la mesa en
casa de él, muchos co-
bradores de impuestos y
pecadores notorios esta-
ban también sentados a
la mesa juntamente con

εὐκοπώτερον,	εἰπεῖν	τῷ	παραλυτικῷ·	Ἀφίενταί	σου	αἱ	ἁμαρτίαι,
más fácil,	decir	al	paralítico:	son perdonados,$_4$	de ti$_3$	los$_1$	pecados$_2$
2123	2036	3588	3885	863	4675	3588	266
JNSNC	*VAAN*	*DDSM*	*JDSM*	*VPPI3P*	*RP2GS*	*DNPF*	*NNPF*

ἢ	εἰπεῖν·	Ἔγειρε	καὶ	ἆρον	τὸν	κράβαττόν	σου	καὶ	περιπάτει;
o	decir:	Levántate	y	carga	la	camilla	de ti,	y	anda?
2228	2036	1453	2532	142	3588	2895	4675	2532	4043
CLD	*VAAN*	*VPAM2S*	*CLN*	*VAAM2S*	*DASM*	*NASM*	*RP2GS*	*CLN*	*VPAM2S*

10 ἵνα	δὲ	εἰδῆτε	ὅτι	ἐξουσίαν	ἔχει	ὁ	υἱὸς	τοῦ	ἀνθρώπου	ἐπὶ
para que$_2$	Mas$_1$	sepáis$_3$	que$_4$	autoridad$_{10}$	tiene$_9$	el$_5$	Hijo$_6$	del$_7$	Hombre$_8$	en$_{11}$
2443	1161	1492	3754	1849	2192	3588	5207	3588	444	1909
CAP	*CLC*	*VRAS2P*	*CSC*	*NASF*	*VPAI3S*	*DNSM*	*NNSM*	*DGSM*	*NGSM*	*P*

τῆς	γῆς	ἀφιέναι	ἁμαρτίας—	λέγει	τῷ	παραλυτικῷ·	11 Σοὶ	λέγω,
la	tierra	para perdonar	pecados,	dice	al	paralítico:	a ti:$_2$	Digo$_1$
3588	1093	863	266	3004	3588	3885	4671	3004
DGSF	*NGSF*	*VPAN*	*NAPF*	*VPAI3S*	*DDSM*	*JDSM*	*RP2DS*	*VPAI1S*

ἔγειρε	ἆρον	τὸν	κράβαττόν	σου	καὶ	ὕπαγε	εἰς	τὸν	οἶκόν	σου.	12 καὶ
Levántate,	carga	la	camilla	de ti,	y	ve	a	la	casa	de ti.	Y
1453	142	3588	2895	4675	2532	5217	1519	3588	3624	4675	2532
VPAM2S	*VAAM2S*	*DASM*	*NASM*	*RP2GS*	*CLN*	*VPAM2S*	*P*	*DASM*	*NASM*	*RP2GS*	*CLN*

ἠγέρθη	καὶ	εὐθὺς	ἄρας	τὸν	κράβαττον	ἐξῆλθεν	ἔμπροσθεν
fue levantado	y	en seguida,	habiendo cargado	la	camilla,	salió	delante de
1453	2532	2117	142	3588	2895	1831	1715
VAPI3S	*CLN*	*B,J*	*VAAP-SNM*	*DASM*	*NASM*	*VAAI3S*	*P*

πάντων,	ὥστε	ἐξίστασθαι	πάντας	καὶ	δοξάζειν	τὸν	θεὸν	λέγοντας
todos,	de tal modo que	sorprenderse	todos	y	glorificar	a --	Dios	diciendo
3956	5620	1839	3956	2532	1392	3588	2316	3004
JGPM	*CAR*	*VPMN*	*JAPM*	*CLN*	*VPAN*	*DASM*	*NASM*	*VPAP-PAM*

ὅτι	Οὕτως	οὐδέποτε	εἴδομεν.
que:	Así	nunca	vimos.
3754	3779	3763	1492
CSC	*B*	*BN*	*VAAI1P*

13 Καὶ	ἐξῆλθεν	πάλιν	παρὰ	τὴν	θάλασσαν·	καὶ	πᾶς	ὁ	ὄχλος
Y	salió	de nuevo	junto a	el	mar;	y	toda	la	multitud
2532	1831	3825	3844	3588	2281	2532	3956	3588	3793
CLN	*VAAI3S*	*B*	*P*	*DASF*	*NASF*	*CLN*	*JNSM*	*DNSM*	*NNSM*

ἤρχετο	πρὸς	αὐτόν,	καὶ	ἐδίδασκεν	αὐτούς.	14 καὶ	παράγων	εἶδεν	Λευὶν
venía	a	él,	y	enseñaba	a ellos.	Y	pasando	vio	a Leví,
2064	4314	846	2532	1321	846	2532	3855	1492	3018
VIUI3S	*P*	*RP3ASM*	*CLN*	*VIAI3S*	*RP3APM*	*CLN*	*VPAP-SNM*	*VAAI3S*	*NASM*

τὸν	τοῦ	Ἁλφαίου*	καθήμενον	ἐπὶ	τὸ	τελώνιον,	καὶ
el que está$_3$	de --$_1$	Alfeo$_2$	sentado$_4$	en	el	puesto de recaudación de impuestos,	y
3588	3588	256	2521	1909	3588	5058	2532
DASM	*DGSM*	*NGSM*	*VPUP-SAM*	*P*	*DASN*	*NASN*	*CLN*

λέγει	αὐτῷ·	Ἀκολούθει	μοι.	καὶ	ἀναστὰς	ἠκολούθησεν	αὐτῷ.
dice	a él:	Sigue	a mí.	Y	habiéndose levantado	siguió	a él.
3004	846	190	3427	2532	450	190	846
VPAI3S	*RP3DSM*	*VPAM2S*	*RP1DS*	*CLN*	*VAAP-SNM*	*VAAI3S*	*RP3DSM*

15 Καὶ	γίνεται	κατακεῖσθαι*	αὐτὸν	ἐν	τῇ	οἰκίᾳ	αὐτοῦ,	καὶ
Y	sucede	al estar reclinado a la mesa$_2$	(que) él$_1$	en	la	casa	de él,	también
2532	1096	2621	846	1722	3588	3614	846	2532
CLN	*VPUI3S*	*VPUN*	*RP3ASM*	*P*	*DDSF*	*NDSF*	*RP3GSM*	*CLN*

πολλοὶ	τελῶναι	καὶ	ἁμαρτωλοὶ	συνανέκειντο	τῷ	Ἰησοῦ
muchos	publicanos	y	pecadores	estaban sentados para comer en compañía	con --	Jesús
4183	5057	2532	268	4873	3588	2424
JNPM	*NNPM*	*CLN*	*JNPM*	*VIUI3P*	*DDSM*	*NDSM*

NVI

es más fácil, decirle al
paralítico: "Tus pecados
son perdonados", o
decirle: "Levántate,
toma tu camilla y anda"?
10 Pues para que sepan
que el Hijo del hombre
tiene autoridad en la
tierra para perdonar
pecados —se dirigió
entonces al paralítico—:
11 A ti te digo, levántate,
toma tu camilla y vete a
tu casa.
12 Él se levantó, tomó
su camilla en seguida
y salió caminando a la
vista de todos. Ellos se
quedaron asombrados
y comenzaron a alabar
a Dios.
—Jamás habíamos visto cosa igual
—decían.

Llamamiento de Leví

13 De nuevo salió
Jesús a la orilla del lago.
Toda la gente acudía a
él, y él les enseñaba. 14 Al
pasar vio a Leví hijo de
Alfeo, donde este cobraba impuestos.
—Sígueme —le dijo
Jesús.
Y Leví se levantó y lo
siguió.
15 Sucedió que, estando Jesús a la mesa en casa
de Leví, muchos recaudadores de impuestos y
pecadores se sentaron

2:14* O sea *el hijo de.*

2:15* O sea *al estar comiendo.*

RVR

Jesús y sus discípulos;
porque había muchos, y
le seguían.
16 Cuando los escribas
del partido de los fari-
seos vieron que comía
con los pecadores y co-
bradores de impuestos,
comenzaron a decir a
sus discípulos: ¿Qué es
esto, que él come y bebe
con los cobradores de
impuestos y pecadores?
17 Al oír esto Jesús,
les dijo: Los sanos no
tienen necesidad de mé-
dico, sino los enfermos.
No he venido a llamar a
justos, sino a pecadores.

La pregunta sobre el ayuno

18 Y los discípulos de
Juan y los de los fariseos
estaban ayunando; y
vinieron y le dijeron:
¿Por qué ayunan los
discípulos de Juan y los
de los fariseos, pero tus
discípulos no ayunan?
19 Jesús les dijo: ¿Acaso
pueden ayunar los invi-
tados a la boda mientras
está con ellos el novio?
Durante todo el tiempo
que tienen con ellos
al novio, no pueden
ayunar.
20 Pero vendrán días
cuando

καὶ	τοῖς	μαθηταῖς	αὐτοῦ,	ἦσαν	γὰρ	πολλοὶ	καὶ	ἠκολούθουν	αὐτῷ.
y	los	discípulos	de él;	eran$_2$	porque$_1$	muchos$_3$	y	seguían	a él.
2532	3588	3101	846	2258	1063	4183	2532	190	846
CLN	DDPM	NDPM	RP3GSM	VIAI3P	CLX	JNPM	CLN	VIAI3P	RP3DSM

16 καὶ	οἱ	γραμματεῖς	⸂τῶν	Φαρισαίων⸃	ἰδόντες	ὅτι	ἐσθίει	μετὰ
y	los	escribas	de los	fariseos,	viendo	que	come	con
2532	3588	1122	3588	5330	1492	3754	2068	3326
CLN	DNPM	NNPM	DGPM	NGPM	VAAP-PNM	CSC	VPAI3S	P

τῶν	ἁμαρτωλῶν	καὶ	τελωνῶν	ἔλεγον	τοῖς	μαθηταῖς	αὐτοῦ·	Ὅτι
los	pecadores	y	publicanos,	decían	a los	discípulos	de él:	¿Por qué$_1$
3588	268	2532	5057	3004	3588	3101	846	3754
DGPM	JGPM	CLN	NGPM	VIAI3P	DDPM	NDPM	RP3GSM	BI, C

μετὰ	τῶν	τελωνῶν	καὶ	ἁμαρτωλῶν	⸀ἐσθίει;	17 καὶ	ἀκούσας	ὁ
con$_3$	los$_4$	publicanos$_5$	y$_6$	pecadores?$_7$	come$_2$	Y$_1$	habiendo oído$_6$	--$_2$
3326	3588	5057	2532	268	2068	2532	191	3588
P	DGPM	NGPM	CLN	JGPM	VPAI3S	CLN	VAAP-SNM	DNSM

Ἰησοῦς	λέγει	αὐτοῖς	ὅτι	Οὐ	χρείαν	ἔχουσιν	οἱ	ἰσχύοντες
Jesús$_3$	dice$_4$	a ellos$_5$	que:$_7$	No$_8$	necesidad$_{10}$	tienen$_9$	los que,$_{12}$	están fuertes$_{13}$
2424	3004	846	3754	3756	5532	2192	3588	2480
NNSM	VPAI3S	RP3DPM	CSC	BN, TN	NASF	VPAI3P	DNPM	VPAP-PNM

ἰατροῦ	ἀλλ'	οἱ	κακῶς	ἔχοντες·	οὐκ	ἦλθον	καλέσαι	δικαίους	ἀλλὰ
de médico$_{11}$	sino$_{14}$	los$_{15}$	mal,$_{17}$	que tienen$_{16}$	no	vine	para llamar	a justos,	sino
2395	235	3588	2560	2192	3756	2064	2564	1342	235
NGSM	CLC	DNPM	B	VPAP-PNM	BN, TN	VAAI1S	VAAN	JAPM	CLC

ἁμαρτωλούς.
a pecadores.
268
JAPM

18 Καὶ	ἦσαν	οἱ	μαθηταὶ	Ἰωάννου	καὶ	οἱ	Φαρισαῖοι
Y$_1$	estaban$_8$	los$_2$	discípulos$_3$	de Juan$_4$	y$_5$	los$_6$	fariseos$_7$
2532	2258	3588	3101	2491	2532	3588	5330
CLN	VIAI3P	DNPM	NNPM	NGSM	CLN	DNPM	NNPM

νηστεύοντες.	καὶ	ἔρχονται	καὶ	λέγουσιν	αὐτῷ·	Διὰ	τί	οἱ	μαθηταὶ
ayunando,$_9$	y	vienen	y	dicen	a él:	¿Por$_1$	qué$_2$	los$_4$	discípulos$_5$
3522	2532	2064	2532	3004	846	1223	5101	3588	3101
VPAP-PNM	CLN	VPUI3P	CLN	VPAI3P	RP3DSM	P	RI-ASN	DNPM	NNPM

Ἰωάννου	καὶ	οἱ	⸀μαθηταὶ	τῶν	Φαρισαίων	νηστεύουσιν,	οἱ	δὲ
de Juan$_6$	y$_7$	los$_8$	discípulos$_9$	de los$_{10}$	fariseos?$_{11}$	ayunan$_3$	los	pero
2491	2532	3588	3101	3588	5330	3522	3588	1161
NGSM	CLN	DNPM	NNPM	DGPM	NGPM	VPAI3P	DNPM	CLC

σοὶ	μαθηταὶ	οὐ	νηστεύουσιν;	19 καὶ	εἶπεν	αὐτοῖς	ὁ	Ἰησοῦς·
ti	discípulos	no	ayunan?	Y$_1$	dijo$_4$	a ellos:$_5$	--$_2$	Jesús$_3$
4674	3101	3756	3522	2532	2036	846	3588	2424
JNPM, RS2NPM	NNPM	BN, TN	VPAI3P	CLN	VAAI3S	RP3DPM	DNSM	NNSM

Μὴ	δύνανται	οἱ	υἱοὶ	τοῦ	νυμφῶνος*	ἐν	ᾧ*1	ὁ	νυμφίος	μετ'
¿Acaso$_6$	pueden$_7$	los$_9$	hijos$_{10}$	del$_{11}$	salón nupcial$_{12}$	en$_{13}$	el que$_{14}$	el$_{15}$	novio$_{16}$	con$_{18}$
3361	1410	3588	5207	3588	3567	1722	3739	3588	3566	3326
TN, TI	VPUI3P	DNPM	NNPM	DGSM	NGSM	P	RR-DSM	DNSM	NNSM	P

αὐτῶν	ἐστιν	νηστεύειν;	ὅσον	χρόνον*2	ἔχουσιν	τὸν	νυμφίον
ellos?$_{19}$	está$_{17}$	ayunar$_8$	cuanto$_{23}$	tiempo$_{24}$	tienen$_{25}$	al$_{26}$	novio$_{27}$
846	2076	3522	3745	5550	2192	3588	3566
RP3GPM	VPAI3S	VPAN	JASM, RK-ASN	NASM	VPAI3P	DASM	NASM

μετ'	αὐτῶν	οὐ	δύνανται	νηστεύειν·	20 ἐλεύσονται	δὲ	ἡμέραι	ὅταν
con$_{28}$	ellos.$_{29}$	No$_{20}$	pueden$_{21}$	ayunar$_{22}$	vendrán$_3$	Pero$_1$	días$_2$	cuando$_4$
3326	846	3756	1410	3522	2064	1161	2250	3752
P	RP3GPM	BN, TN	VPUI3P	VPAN	VFMI3P	CLC	NNPF	CAT

NVI

con él y sus discípulos,
pues ya eran muchos
los que lo seguían.
16 Cuando los maestros
de la ley que eran fari-
seos vieron con quién
comía, les preguntaron a
sus discípulos:
—¿Y este come
con recaudadores
de impuestos y con
pecadores?
17 Al oírlos, Jesús les
contestó:
—No son los sanos
los que necesitan mé-
dico, sino los enfermos.
Y yo no he venido a
llamar a justos, sino a
pecadores.

Le preguntan a Jesús sobre el ayuno

18 Al ver que los
discípulos de Juan y los
fariseos ayunaban, algu-
nos se acercaron a Jesús y
le preguntaron:
—¿Cómo es que los
discípulos de Juan y de
los fariseos ayunan, pero
los tuyos no?
19 Jesús les contestó:
—¿Acaso pueden
ayunar los invitados del
novio mientras él está
con ellos? No pueden
hacerlo mientras lo
tienen con ellos. 20 Pero
llegará el día en que se

2:16⸂⸃ Manuscritos inferiores tienen *y los fariseos.* 2:16⸀ Manuscritos inferiores aumentaron *y bebe.* 2:18⸀ Manuscritos inferiores suprimieron *discípulos.* 2:19* O sea *los amigos del novio.* 2:19*1 O sea *mientras.* 2:19*2 O sea *durante el tiempo cuando.*

NVR

el novio les será quitado,
y entonces ayunarán en
aquel día.
21 Nadie pone un
remiendo de paño sin
estrenar en un vestido
viejo; de otra manera,
el remiendo tira del
vestido, lo nuevo de lo
viejo, y se produce un
desgarrón peor.
22 Y nadie echa vino
nuevo en odres viejos;
de otra manera, el vino
nuevo revienta los
odres, y tanto el vino
como los odres se echan
a perder; sino que el
vino nuevo se ha de
echar en odres nuevos.

Los discípulos recogen espigas en día de sábado

23 Sucedió también que
él pasaba por los sem-
brados en sábado, y sus
discípulos comenzaron
a abrirse camino arran-
cando las espigas.
24 Entonces los fariseos
le decían: Mira, ¿por
qué hacen en sábado lo
que no es lícito?
25 Y él les dijo: ¿Nunca
habéis leído lo que
hizo David cuando
tuvo necesidad, y sintió
hambre, él y los que con
él estaban;
26 cómo entró en

ἀπαρθῇ	ἀπ'	αὐτῶν	ὁ	νυμφίος,	καὶ	τότε	νηστεύσουσιν	ἐν
fuere (será) quitado$_7$	de$_8$	ellos.$_9$	el$_5$	novio,$_6$	y	entonces	ayunarán	en
522	575	846	3588	3566	2532	5119	3522	1722
VAPS3S	*P*	*RP3GPM*	*DNSM*	*NNSM*	*CLN*	*B*	*VFAI3P*	*P*

ἐκείνῃ	τῇ	ἡμέρᾳ.
aquel	--	día.
1565	3588	2250
RD-DSF	*DDSF*	*NDSF*

21 Οὐδεὶς	ἐπίβλημα	ῥάκους	ἀγνάφου	ἐπιράπτει	ἐπὶ	ἱμάτιον
Nadie$_1$	un remiendo$_3$	de tela$_4$	nueva$_5$	cose$_2$	sobre$_6$	un vestido$_7$
3762	1915	4470	46	1976	1909	2440
JNSM	*NASN*	*NGSN*	*JGSN*	*VPAI3S*	*P*	*NASN*

παλαιόν·	εἰ	δὲ	μή,	αἴρει	τὸ	πλήρωμα	ἀπ'	αὐτοῦ	τὸ
viejo,$_8$	si$_{10}$	mas$_9$	no,$_{11}$	tira$_{14}$	lo$_{12}$	añadido$_{13}$	de	él,	el
3820	1487	1161	3361	142	3588	4138	575	846	3588
JASN	*CAC*	*CLC*	*BN, TN*	*VPAI3S*	*DNSN*	*NNSN*	*P*	*RP3GSN*	*DNSN, DASN*

καινὸν	τοῦ	παλαιοῦ,	καὶ	χεῖρον	σχίσμα	γίνεται.	22 καὶ	οὐδεὶς
nuevo	del	viejo,	y$_1$	peor$_3$	(la) rotura.$_4$	llega a ser$_2$	tampoco$_2$	Nadie$_1$
2537	3588	3820	2532	5501	4978	1096	2532	3762
JNSN, JASN	*DGSN*	*JGSN*	*CLN*	*JNSN*	*NNSN*	*VPUI3S*	*CLN*	*JNSM*

βάλλει	οἶνον	νέον	εἰς	ἀσκοὺς	παλαιούς·	εἰ	δὲ	μή,	ῥήξει	ὁ
echa$_3$	vino	nuevo	en	odres	viejos;	si	mas	no,	reventará$_3$	el$_1$
906	3631	3501	1519	779	3820	1487	1161	3361	4486	3588
VPAI3S	*NASM*	*JASM*	*P*	*NAPM*	*JAPM*	*CAC*	*CLC*	*BN, TN*	*VFAI3S*	*DNSM*

οἶνος	τοὺς	ἀσκούς,	καὶ	ὁ	οἶνος	ἀπόλλυται	καὶ	οἱ	ἀσκοί.	ἀλλὰ
vino$_2$	los$_4$	odres,$_5$	y	el	vino	se pierde	y	los	odres.	Sino
3631	3588	779	2532	3588	3631	622	2532	3588	779	235
NNSM	*DAPM*	*NAPM*	*CLN*	*DNSM*	*NNSM*	*VPPI3S*	*CLN*	*DNPM*	*NNPM*	*CLC*

οἶνον	νέον	εἰς	ἀσκοὺς	καινούς.
vino	nuevo	en	odres	recientes.
3631	3501	1519	779	2537
NASM	*JASM*	*P*	*NAPM*	*JAPM*

23 Καὶ	ἐγένετο	αὐτὸν	ἐν	τοῖς	σάββασιν*	παραπορεύεσθαι	διὰ
Y	sucedió	él	en$_5$	los$_6$	sábados,$_7$	está pasando$_1$	por$_2$
2532	1096	846	1722	3588	4521	3899	1223
CLN	*VAMI3S*	*RP3ASM*	*P*	*DDPN*	*NDPN*	*VPUN*	*P*

τῶν	σπορίμων,	καὶ	οἱ	μαθηταὶ	αὐτοῦ	ἤρξαντο	ὁδὸν	ποιεῖν
los$_3$	sembrados$_4$	y	los	discípulos	de él	comenzaron$_1$	un camino$_3$	a hacer$_2$
3588	4702	2532	3588	3101	846	756	3598	4160
DGPN, DGPM	*JGPN, JGPM*	*CLN*	*DNPM*	*NNPM*	*RP3GSM*	*VAMI3P*	*NASF*	*VPAN*

τίλλοντες	τοὺς	στάχυας.	24 καὶ	οἱ	Φαρισαῖοι	ἔλεγον	αὐτῷ·	Ἴδε
arrancando	las	espigas.	Y	los	fariseos	decían	a él:	Mira,
5089	3588	4719	2532	3588	5330	3004	846	1492
VPAP-PNM	*DAPM*	*NAPM*	*CLN*	*DNPM*	*NNPM*	*VIAI3P*	*RP3DSM*	*I, VAAM2S*

τί	ποιοῦσιν	τοῖς	σάββασιν*	ὃ	οὐκ	ἔξεστιν;	25 καὶ	λέγει
¿por qué$_1$	hacen$_2$	en los$_6$	sábados?$_7$	lo que$_3$	no$_4$	es permitido$_5$	Y	dice
5101	4160	3588	4521	3739	3756	1832	2532	3004
RI-ASN	*VPAI3P*	*DDPN*	*NDPN*	*RR-ASN*	*BN, TN*	*VPAI3S*	*CLN*	*VPAI3S*

αὐτοῖς·	Οὐδέποτε	ἀνέγνωτε	τί	ἐποίησεν	Δαυὶδ	ὅτε	χρείαν	ἔσχεν
a ellos:	¿Nunca	leísteis	qué	hizo	David	cuando	necesidad$_2$	tuvo$_1$
846	3763	314	5101	4160	1138	3753	5532	2192
RP3DPM	*BN*	*VAAI2P*	*RI-ASN*	*VAAI3S*	*NNSM, XP*	*CAT*	*NASF*	*VAAI3S*

καὶ	ἐπείνασεν	αὐτὸς	καὶ	οἱ	μετ'	αὐτοῦ;	26 πῶς	εἰσῆλθεν	εἰς
y$_3$	tuvo hambre,$_5$	él$_4$	y	los (que estaban)	con	él,	cómo	entró	hacia
2532	3983	846	2532	3588	3326	846	4459	1525	1519
CLN	*VAAI3S*	*RP3NSM*	*CLN*	*DNPM*	*P*	*RP3GSM*	*BI, C*	*VAAI3S*	*P*

NVI

les quitará el novio, y ese
día sí ayunarán. 21 Nadie
remienda un vestido
viejo con un retazo de
tela nueva. De hacerlo
así, el remiendo fruncirá
el vestido y la rotura se
hará peor. 22 Ni echa
nadie vino nuevo en
odres viejos. De hacerlo
así, el vino hará reventar
los odres y se arruinarán
tanto el vino como los
odres. Más bien, el vino
nuevo se echa en odres
nuevos.

Señor del sábado

23 Un sábado, al cru-
zar Jesús los sembrados,
sus discípulos comenza-
ron a arrancar a su paso
unas espigas de trigo.
24 —Mira —le pre-
guntaron los fariseos—,
¿por qué hacen ellos lo
que está prohibido hacer
en sábado?
25 Él les contestó:
—¿Nunca han leído
lo que hizo David en
aquella ocasión, cuando
él y sus compañeros
tuvieron hambre y pasa-
ron necesidad? 26 Entró

2:23*, 24* O sea *el día seabado.*

RVR

la casa de Dios, en tiem-
pos de Abiatar, sumo
sacerdote, y se comió los
panes de la proposición,
que sólo a los sacerdotes
les es lícito comer, y
dio también a los que
estaban con él?
27 Y les decía: El sábado
fue instituido para el
hombre, y no el hombre
para el sábado.
28 Por tanto, el Hijo del
Hombre es también
señor del sábado.

El hombre de la mano seca

3 Otra vez entró
Jesús en la sina-
goga; y había allí un
hombre que tenía seca
una mano.
2 Y le acechaban para ver
si le sanaría en sábado, a
fin de poder acusarle.
3 Entonces le dijo al
hombre que tenía la
mano seca: Levántate y
ponte en medio.
4 Y les dijo: ¿Es lícito
en sábado hacer bien,
o hacer mal; salvar una
vida, o matar? Pero ellos
callaban.
5 Y después de echarles
una mirada alrededor
con ira, entristecido
por la dureza de sus
corazones, le dijo al
hombre: Extiende

τὸν	οἶκον	τοῦ	θεοῦ	ἐπὶ	Ἀβιαθὰρ	ἀρχιερέως	καὶ	τοὺς	ἄρτους	τῆς
la	casa	de --	Dios	en (tiempo de)	Abiatar,	sumo sacerdote,	y$_1$	los$_3$	panes$_4$	de las$_5$
3588	3624	3588	2316	1909	8	749	2532	3588	740	3588
DASM	NASM	DGSM	NGSM	P	NGSM, XP	NGSM	CLN	DAPM	NAPM	DGSF

προθέσεως	ἔφαγεν,	οὓς	οὐκ	ἔξεστιν	φαγεῖν	εἰ	μὴ	τοὺς	ἱερεῖς,
proposición$_6$	comió,$_2$	a los que	no	es permitido	comer	si	no	a los	sacerdotes,
4286	5315	3739	3756	1832	5315	1487	3361	3588	2049
NGSF	VAAI3S	RR-APM	BN, TN	VPAI3S	VAAN	CAC	BN, TN	DAPM	NAPM

καὶ	ἔδωκεν	καὶ	τοῖς	σὺν	αὐτῷ	οὖσιν;	27 καὶ	ἔλεγεν	αὐτοῖς·	Τὸ
y	dio	también	a los que$_1$	con$_3$	él?$_4$	están (estaban)$_2$	Y	decía	a ellos:	el
2532	1325	2532	3588	4862	846	5607	2532	3004	846	3588
CLN	VAAI3S	BE, TE	DDPM	P	RP3DSM	VPAP-PDM	CLN	VIAI3S	RP3DPM	DNSN

σάββατον	διὰ	τὸν	ἄνθρωπον	ἐγένετο	καὶ	οὐχ	ὁ	ἄνθρωπος
sábado	por causa de$_2$	el$_3$	ser humano,$_4$	fue hecho$_1$	y	no	el	ser humano
4521	1223	3588	444	1096	2532	3756	3588	444
NNSN	P	DASM	NASM	VAMI3S	CLN	BN, TN	DNSM	NNSM

διὰ	τὸ	σάββατον·	28 ὥστε	κύριός	ἐστιν	ὁ	υἱὸς	τοῦ
por causa de	el	sábado;	de modo que,	Señor$_6$	es$_5$	el$_1$	Hijo$_2$	del$_3$
1223	3588	4521	5620	2962	2076	3588	5207	3588
P	DASN	NASN	CLI	NNSM	VPAI3S	DNSM	NNSM	DGSM

ἀνθρώπου	καὶ	τοῦ	σαββάτου.
Hombre$_4$	también	del	sábado.
444	2532	3588	4521
NGSM	CLA, B	DGSN	NGSN

3 Καὶ	εἰσῆλθεν	πάλιν	εἰς	συναγωγήν,	καὶ	ἦν	ἐκεῖ	ἄνθρωπος
Y	entró	de nuevo	a	una sinagoga,	y$_1$	estaba$_7$	allí;$_8$	un hombre$_2$
2532	1525	3825	1519	4864	2532	2258	1563	444
CLN	VAAI3S	B	P	NASF	CLN	VIAI3S	BP	NNSM

ἐξηραμμένην	ἔχων	τὴν	χεῖρα.	2 καὶ	παρετήρουν	αὐτὸν	εἰ	τοῖς
que se había quedado seca$_6$	que tiene$_3$	la$_4$	mano$_5$	y	vigilaban	a él	si$_1$	en los$_4$
3583	2192	3588	5495	2532	3906	846	1487	3588
VRPP-SAF	VPAP-SNM	DASF	NASF	CLN	VIAI3P	RP3ASM	TI	DDPN

σάββασιν*	θεραπεύσει	αὐτόν,	ἵνα	κατηγορήσωσιν	αὐτοῦ.	3 καὶ
sábados,$_5$	curará$_2$	a él$_3$	para que	acusaran	él.	Y
4521	2323	846	2443	2723	846	2532
NDPN	VFAI3S	RP3ASM	CAP	VAAS3P	RP3GSM	CLN

λέγει	τῷ	ἀνθρώπῳ	τῷ	τὴν	χεῖρα	ἔχοντι	ξηράν·	Ἔγειρε	εἰς	τὸ
dice	al	hombre,	al que$_1$	la$_3$	mano$_4$	tiene$_2$	seca:	Levántate	en	el
3004	3588	444	3588	3588	5495	2192	3584	1453	1519	3588
VPAI3S	DDSM	NDSM	DDSM	DASF	NASF	VPAP-SDM	JASF, NASF	VPAM2S	P	DASN

μέσον.	4 καὶ	λέγει	αὐτοῖς·	Ἔξεστιν	τοῖς	σάββασιν*	ἀγαθοποιῆσαι
medio.	Y	dice	a ellos:	¿Es permitido	en los	sábados	hacer el bien
3319	2532	3004	846	1832	3588	4521	15
JASN	CLN	VPAI3S	RP3DPM	VPAI3S	DDPN	NDPN	VAAN

ἢ	κακοποιῆσαι,	ψυχὴν	σῶσαι	ἢ	ἀποκτεῖναι;	οἱ	δὲ	ἐσιώπων.
o	hacer lo malo,	(una) vida$_2$	salvar$_1$	o	matar?	los (ellos)$_2$	Mas$_1$	callaban.$_3$
2228	2554	5590	4982	2228	615	3588	1161	4623
CLD	VAAN	NASF	VAAN	CLD	VAAN	DNPM	CLC	VIAI3P

5 καὶ	περιβλεψάμενος	αὐτοὺς	μετ᾽	ὀργῆς,	συλλυπούμενος	ἐπὶ
Y	habiendo mirado alrededor	a ellos	con	enojo,	entristecido profundamente	por
2532	4017	846	3326	3709	4818	1909
CLN	VAMP-SNM	RP3APM	P	NGSF	VPUP-SNM	P

τῇ	πωρώσει	τῆς	καρδίας	αὐτῶν,	λέγει	τῷ	ἀνθρώπῳ·	Ἔκτεινον
la	dureza	del	corazón	de ellos,	dice	al	hombre:	Extiende
3588	4457	3588	2588	846	3004	3588	444	1614
DDSF	NDSF	DGSF	NGSF	RP3GPM	VPAI3S	DDSM	NDSM	VAAM2S

NVI

en la casa de Dios
cuando Abiatar era el
sumo sacerdote, y comió
los panes consagrados a
Dios, que solo a los sa-
cerdotes les es permitido
comer. Y dio también a
sus compañeros.
27 »El sábado se hizo
para el hombre, y no el
hombre para el sábado
—añadió—. 28 Así que
el Hijo del hombre
es Señor incluso del
sábado».
3 En otra oca-
sión entró en la
sinagoga, y había allí
un hombre que tenía
la mano paralizada.
2 Algunos que buscaban
un motivo para acusar
a Jesús no le quitaban la
vista de encima para ver
si sanaba al enfermo en
sábado. 3 Entonces Jesús
le dijo al hombre de la
mano paralizada:
—Ponte de pie frente
a todos.
4 Luego dijo a los
otros:
—¿Qué está permi-
tido en sábado: hacer
el bien o hacer el mal,
salvar una vida o matar?
Pero ellos permane-
cieron callados. 5 Jesús se
les quedó mirando, eno-
jado y entristecido por la
dureza de su corazón, y
le dijo al hombre:
—Extiende

3:2*, 4* O sea *el día sábado.*

RVR

tu mano. Y él la exten-
dió, y la mano le quedó
restablecida.
6 Y los fariseos comenza-
ron en seguida a tramar
con los herodianos
contra él para ver cómo
destruirle.

La multitud a la orilla del mar

7 Mas Jesús se retiró al
mar con sus discípulos,
y le siguió gran multi-
tud de Galilea. También
de Judea,
8 de Jerusalén, de
Idumea, del otro lado
del Jordán, y de los
alrededores de Tiro
y de Sidón, una gran
multitud, enterada de
todo cuanto Jesús estaba
haciendo, acudió a él.
9 Y les dijo a sus discípu-
los que le tuviesen lista
una barca, a causa del
gentío, para que no le
estrujaran.
10 Porque había sanado
a muchos; hasta el
punto de que cuantos
padecían dolencias, se
le echaban encima para
tocarle.
11 Y siempre que los
espíritus inmundos le
veían, caían delante de
él y gritaban, diciendo:
Tú eres el Hijo de Dios.
12 Mas él les advertía
seriamente que no ma-
nifestasen quién era.

τὴν	χεῖρα·	καὶ	ἐξέτεινεν,	καὶ	ἀπεκατεστάθη	ἡ	χεὶρ	αὐτοῦ.	6 καὶ
la	mano;	y	extendió,	y$_1$	fue restaurada.$_5$	la$_2$	mano$_3$	de él$_4$	Y$_1$
3588	5495	2532	1614	2532	600	3588	5495	846	2532
DASF	*NASF*	*CLN*	*VAAI3S*	*CLN*	*VAPI3S*	*DNSF*	*NNSF*	*RP3GSM*	*CLN*

ἐξελθόντες	οἱ	Φαρισαῖοι	εὐθὺς	μετὰ	τῶν	Ἡρῳδιανῶν	συμβούλιον
habiendo salido$_4$	los$_2$	fariseos$_3$	en seguida	con	los	herodianos	planificaron con
1831	3588	5330	2117	3326	3588	2265	4824
VAAP-PNM	*DNPM*	*NNPM*	*B, J*	*P*	*DGPM*	*NGPM*	*NASN*

ἐδίδουν*	κατ᾽	αὐτοῦ	ὅπως	αὐτὸν	ἀπολέσωσιν.
daban	contra	él,	a fin de que	a él$_2$	destruyeran.$_1$
1325	2596	846	3704	846	622
VIAI3P	*P*	*RP3GSM*	*CAP*	*RP3ASM*	*VAAS3P*

7 Καὶ	ὁ	Ἰησοῦς	μετὰ	τῶν	μαθητῶν	αὐτοῦ	ἀνεχώρησεν	πρὸς	τὴν
Y$_1$	--$_2$	Jesús$_3$	con$_5$	los$_6$	discípulos$_7$	de él$_8$	se retiró$_4$	a	el
2532	3588	2424	3326	3588	3101	846	402	4314	3588
CLN	*DNSM*	*NNSM*	*P*	*DGPM*	*NGPM*	*RP3GSM*	*VAAI3S*	*P*	*DASF*

θάλασσαν·	καὶ	πολὺ	πλῆθος	ἀπὸ	τῆς	Γαλιλαίας	ἠκολούθησεν,
mar;	y	mucha (gran)	multitud	de	--	Galilea	siguió (a él);
2281	2532	4183	4128	575	3588	1056	190
NASF	*CLN*	*JNSN*	*NNSN*	*P*	*DGSF*	*NGSF*	*VAAI3S*

καὶ	ἀπὸ	τῆς	Ἰουδαίας	8 καὶ	ἀπὸ	Ἱεροσολύμων	καὶ	ἀπὸ	τῆς	Ἰδουμαίας
y	de	--	Judea,	y	de	Jerusalén,	y	de	--	Idumea,
2532	575	3588	2449	2532	575	2414	2532	575	3588	2401
CLN	*P*	*DGSF*	*NGSF*	*CLN*	*P*	*NGPN*	*CLN*	*P*	*DGSF*	*NGSF*

καὶ	πέραν	τοῦ	Ἰορδάνου	καὶ	περὶ	Τύρον	καὶ	Σιδῶνα,	πλῆθος
y	del otro lado	del	Jordán,	y	alrededor de	Tiro	y	Sidón,	multitud$_2$
2532	4008	3588	2446	2532	4012	5184	2532	4605	4128
CLN	*P, BP*	*DGSM*	*NGSM*	*CLN*	*P*	*NASF*	*CLN*	*NASF*	*NNSN*

πολύ,	ἀκούοντες	ὅσα	ἐποίει	ἦλθον	πρὸς	αὐτόν.	9 καὶ	εἶπεν	τοῖς
mucha$_1$	escuchando	cuantas (cosas)	hacía,	fueron	a	él.	y	dijo	a los
4183	191	3745	4160	2064	4314	846	2532	2036	3588
JNSN	*VPAP-PNM*	*RK-APN*	*VIAI3S*	*VAAI3P*	*P*	*RP3ASM*	*CLN*	*VAAI3S*	*DDPM*

μαθηταῖς	αὐτοῦ	ἵνα	πλοιάριον	προσκαρτερῇ	αὐτῷ	διὰ	τὸν	ὄχλον
discípulos	de él	para que	una barquilla	estuviera lista	para él,	a causa de	la	multitud
3101	846	2443	4142	4342	846	1223	3588	3793
NDPM	*RP3GSM*	*CSC*	*NNSN*	*VPAS3S*	*RP3DSM*	*P*	*DASM*	*NASM*

ἵνα	μὴ	θλίβωσιν	αὐτόν·	10 πολλοὺς	γὰρ	ἐθεράπευσεν,	ὥστε
para que	no	apretujaran	a él;	a muchos,$_3$	porque$_1$	sanó$_2$	de modo que
2443	3361	2346	846	4183	1063	2323	5620
CAP	*BN, TN*	*VPAS3P*	*RP3ASM*	*JAPM*	*CAZ*	*VAAI3S*	*CAR*

ἐπιπίπτειν	αὐτῷ	ἵνα	αὐτοῦ	ἅψωνται	ὅσοι	εἶχον	μάστιγας.	11 καὶ
caían (sobre)	él,	para que	a él	tocaran	cuantos	tenían	enfermedades graves.	Y
1968	846	2443	846	680	3745	2192	3148	2532
VPAN	*RP3DSM*	*CAP*	*RP3GSM*	*VAMS3P*	*RK-NPM*	*VIAI3P*	*NAPF*	*CLN*

τὰ	πνεύματα	τὰ	ἀκάθαρτα,	ὅταν	αὐτὸν	ἐθεώρουν,	προσέπιπτον
los	espíritus	--	inmundos,	cuando$_1$	a él,$_3$	veían$_2$	se postraban ante
3588	4151	3588	169	3752	846	2334	4363
DNPN	*NNPN*	*DNPN*	*JNPN*	*CAT*	*RP3ASM*	*VIAI3P*	*VIAI3P*

αὐτῷ	καὶ	ἔκραζον	λέγοντα	ὅτι	Σὺ	εἶ	ὁ	υἱὸς	τοῦ	θεοῦ.	12 καὶ
él	y	gritaban	diciendo	que:	Tú	eres	el	Hijo	de --	Dios.	Y
846	2532	2896	3004	3754	4771	1488	3588	5207	3588	2316	2532
RP3DSM	*CLN*	*VIAI3P*	*VPAP-PNN*	*CSC*	*RP2NS*	*VPAI2S*	*DNSM*	*NNSM*	*DGSM*	*NGSM*	*CLC*

πολλὰ	ἐπετίμα	αὐτοῖς	ἵνα	μὴ	αὐτὸν	φανερὸν	ποιήσωσιν.
mucho$_2$	reprendía$_1$	a ellos$_3$	para que$_4$	no$_5$	a él$_7$	manifiesto.$_8$	hiciera(n)$_6$
4183	2008	846	2443	3361	846	5318	4160
JAPN	*VIAI3S*	*RP3DPM*	*CSC*	*BN, TN*	*RP3ASM*	*JASM*	*VAAS3P*

NVI

la mano.
La extendió, y la
mano le quedó restable-
cida. 6 Tan pronto como
salieron los fariseos, co-
menzaron a tramar con
los herodianos cómo
matar a Jesús.

La multitud sigue a Jesús

7 Jesús se retiró al lago
con sus discípulos, y mu-
cha gente de Galilea lo
siguió. 8 Cuando se ente-
raron de todo lo que ha-
cía, acudieron también
a él muchos de Judea y
Jerusalén, de Idumea,
del otro lado del Jordán,
y de las regiones de Tiro
y Sidón. 9 Entonces,
para evitar que la gente
lo atropellara, encargó
a sus discípulos que le
tuvieran preparada una
pequeña barca; 10 pues,
como había sanado a
muchos, todos los que
sufrían dolencias se
abalanzaban sobre él
para tocarlo. 11 Además,
los espíritus malignos, al
verlo, se postraban ante
él, gritando: «¡Tú eres el
Hijo de Dios!» 12 Pero
él les ordenó terminan-
temente que no dijeran
quién era él.

3:6* O sea *tramaban*.

RVR

Elección de los doce apóstoles

13 Subió al monte, y lla-
mó junto a sí a los que él
quiso; y vinieron a él.
14 Y designó a doce,
para que estuviesen con
él, y para enviarlos a
predicar,
15 y que tuviesen auto-
ridad para sanar enfer-
medades y para expulsar
demonios.
16 Designó a los doce y
puso a Simón por sobre-
nombre Pedro;
17 a Jacobo, el hijo de
Zebedeo, y a Juan el
hermano de Jacobo, a
quienes puso por sobre-
nombre Boanerges, es
decir, Hijos del trueno;
18 a Andrés, Felipe,
Bartolomé, Mateo,
Tomás, Jacobo el de
Alfeo, Tadeo, Simón el
cananita,
19 y Judas Iscariote, el
mismo que le traicionó.

La blasfemia contra el Espíritu Santo

20 Luego entró en una
casa. Y se aglomeró
de nuevo la multitud,
hasta el punto de que
no podían ni probar
bocado.
21 Cuando se enteraron
sus parientes, salieron
para hacerse cargo
de él; porque decían:

13 Καὶ	ἀναβαίνει	εἰς	τὸ	ὄρος	καὶ	προσκαλεῖται	οὓς	ἤθελεν
Y	sube	a	el	monte,	y	llama hacia sí	a los que	quería
2532	305	1519	3588	3735	2532	4341	3739	2309
CLN	*VPAI3S*	*P*	*DASN*	*NASN*	*CLN*	*VPUI3S*	*RR-APM*	*VIAI3S*

αὐτός,	καὶ	ἀπῆλθον	πρὸς	αὐτόν.	14 καὶ	ἐποίησεν	δώδεκα,	ἵνα
él,	y	fueron	hacia	él.	E	hizo (designó)	doce	para que
846	2532	565	4314	846	2532	4160	1427	2443
RP3NSMP	*CLN*	*VAAI3P*	*P*	*RP3ASM*	*CLN*	*VAAI3S*	*XN, J*	*CAP*

ὦσιν	μετ’	αὐτοῦ	καὶ	ἵνα	ἀποστέλλῃ	αὐτοὺς	κηρύσσειν	15 καὶ	ἔχειν
estén	con	él,	y	para	envíe	a ellos	a proclamar,	y	tener
5600	3326	846	2532	2443	649	846	2784	2532	2192
VPAS3P	*P*	*RP3GSM*	*CLN*	*CAP*	*VPAS3S*	*RP3APM*	*VPAN*	*CLN*	*VPAN*

⸀ἐξουσίαν	ἐκβάλλειν	τὰ	δαιμόνια·	16 καὶ	⸂ἐποίησεν	τοὺς	δώδεκα,
autoridad	para echar fuera	los	demonios;	e	hizo (designó)	a los	doce,
1849	1544	3588	1140	2532	4160	3588	1427
NASF	*VPAN*	*DAPN*	*NAPN*	*CLN*	*VAAI3S*	*DAPM*	*XN, J*

καὶ⸃	ἐπέθηκεν	ὄνομα	τῷ	Σίμωνι	Πέτρον,	17 καὶ	Ἰάκωβον	τὸν	τοῦ
y	puso sobre$_3$	nombre$_4$	a --$_1$	Simón$_2$	Pedro,$_5$	y	a Jacob,	el	de --
2532	2007	3686	3588	4613	4074	2532	2385	3588	3588
CLN	*VAAI3S*	*NASN*	*DDSM*	*NDSM*	*NASM*	*CLN*	*NASM*	*DASM*	*DGSM*

Ζεβεδαίου*	καὶ	Ἰωάννην	τὸν	ἀδελφὸν	τοῦ	Ἰακώβου	(καὶ	ἐπέθηκεν
Zebedeo,	y	a Juan	el	hermano	de --	Jacob,	y	puso sobre
2199	2532	2491	3588	80	3588	2385	2532	2007
NGSM	*CLN*	*NASM*	*DASM*	*NASM*	*DGSM*	*NGSM*	*CLN*	*VAAI3S*

αὐτοῖς	ὀνόματα	Βοανηργές,	ὅ	ἐστιν	Υἱοὶ	Βροντῆς),	18 καὶ
ellos	por nombres	Boanerges,	lo que	es	hijos	de(l) trueno;	y
846	3686	993	3739	2076	5207	1027	2532
RP3DPM	*NAPN*	*NAPM, XP*	*RR-NSN*	*VPAI3S*	*NNPM*	*NGSF*	*CLN*

Ἀνδρέαν	καὶ	Φίλιππον	καὶ	Βαρθολομαῖον	καὶ	Μαθθαῖον	καὶ	Θωμᾶν
a Andrés	y	a Felipe	y	a Bartolomé	y	a Mateo	y	a Tomás
406	2532	5376	2532	918	2532	3156	2532	2381
NASM	*CLN*	*NASM*	*CLN*	*NASM*	*CLN*	*NASM*	*CLN*	*NASM*

καὶ	Ἰάκωβον	τὸν	τοῦ	Ἀλφαίου	καὶ	Θαδδαῖον	καὶ	Σίμωνα
y	a Jacobo,	el	de --	Alfeo,	y	Tadeo	y	Simón
2532	2385	3588	3588	256	2532	2280	2532	4613
CLN	*NASM*	*DASM*	*DGSM*	*NGSM*	*CLN*	*NASM*	*CLN*	*NASM*

τὸν	Καναναῖον	19 καὶ	Ἰούδαν	Ἰσκαριώθ,	ὃς	καὶ	παρέδωκεν
el	cananita	y	a Judas	Iscariote,	el cual	también	entregó
3588	2581	2532	2455	2469	3739	2532	3860
DASM	*NASM*	*CLN*	*NASM*	*NASM, XP*	*RR-NSM*	*BE, TE*	*VAAI3S*

αὐτόν.
a él.
846
RP3ASM

20 Καὶ	ἔρχεται	εἰς	οἶκον·	καὶ	συνέρχεται	πάλιν	ὁ	ὄχλος,
Y	llega	a	una casa;	y$_1$	se aglomeró$_4$	de nuevo,$_5$	la$_2$	multitud$_3$
2532	2064	1519	3624	2532	4905	3825	3588	3793
CLN	*VPUI3S*	*P*	*NASM*	*CLN*	*VPUI3S*	*B*	*DNSM*	*NNSM*

ὥστε	μὴ	δύνασθαι	αὐτοὺς	μηδὲ	ἄρτον	φαγεῖν.	21 καὶ	ἀκούσαντες
de modo que$_6$	no$_8$	poder$_9$	ellos$_7$	ni$_{10}$	pan.$_{12}$	comer$_{11}$	Y$_1$	cuando oyeron,$_4$
5620	3361	1410	846	3366	740	5315	2532	191
CAR	*BN, TN*	*VPUN*	*RP3APM*	*BN, TN*	*NASM*	*VAAN*	*CLN*	*VAAP-PNM*

οἱ	παρ’	αὐτοῦ	ἐξῆλθον	κρατῆσαι	αὐτόν,	ἔλεγον	γὰρ	ὅτι
los (que estaban)$_1$	junto a$_2$	él$_3$	salieron	para retener	a él,	decían$_2$	porque$_1$	que$_3$
3588	3844	846	1831	2902	846	3004	1063	3754
DNPM	*P*	*RP3GSM*	*VAAI3P*	*VAAN*	*RP3ASM*	*VIAI3P*	*CAZ*	*CSC*

NVI

Nombramiento de los doce apóstoles

13 Subió Jesús a una
montaña y llamó a los
que quiso, los cuales
se reunieron con él.
14 Designó a doce, a
quienes nombró após-
toles, para que lo acom-
pañaran y para enviarlos
a predicar 15 y ejercer
autoridad para expulsar
demonios. 16 Estos son
los doce que él nombró:
Simón (a quien llamó
Pedro); 17 Jacobo y su
hermano Juan, hijos
de Zebedeo (a quienes
llamó Boanerges, que
significa: Hijos del
trueno); 18 Andrés,
Felipe, Bartolomé,
Mateo, Tomás, Jacobo,
hijo de Alfeo; Tadeo,
Simón el Zelote 19 y
Judas Iscariote, el que lo
traicionó.

Jesús y Beelzebú

20 Luego entró en
una casa, y de nuevo
se aglomeró tanta
gente que ni siquiera
podían comer él y sus
discípulos. 21 Cuando se
enteraron sus parientes,
salieron a hacerse cargo
de él, porque decían:
«Está fuera de sí».

3:15⸀ Manuscritos inferiores aumentaron *para sanar enfrmedades.* **3:16**⸂⸃ Manuscritos inferiores suprimieron *designó a los doce y.* **3:17*** O sea *el hijo de.*

RVR

Está fuera de sí.
22 Y los escribas que
habían bajado de
Jerusalén decían: Está
poseído por Beelzebú,
y: En nombre del prín-
cipe de los demonios es
como expulsa este los
demonios.
23 Él les llamó junto a sí
y les decía en parábolas:
¿Cómo puede Satanás
expulsar a Satanás?
24 Si un reino está dividi-
do contra sí mismo, ese
reino no puede seguir
en pie.
25 Y si una casa está
dividida contra sí mis-
ma, esa casa no podrá
mantenerse en pie.
26 Y si Satanás se ha
levantado contra sí mis-
mo, y se ha dividido, no
puede mantenerse en
pie, sino que ha llegado
su fin.
27 Pero nadie puede
entrar en la casa de
un hombre forzudo y
saquear sus bienes, si
primero no ata al for-
zudo, y entonces podrá
saquear su casa.
28 En verdad os digo que
todo será perdonado
a los hijos de los hom-
bres, los pecados y las
blasfemias, cualesquiera
que sean;
29 pero el que blasfeme
contra el Espíritu Santo,

ἐξέστη.	22 καὶ	οἱ	γραμματεῖς	οἱ	ἀπὸ	Ἱεροσολύμων	καταβάντες
está fuera de sí.	Y	los	escribas,	los que$_{1}$	desde$_{3}$	Jerusalén,$_{4}$	habían bajado$_{2}$
1839	2532	3588	1122	3588	575	2414	2597
VAAI3S	CLN	DNPM	NNPM	DNPM	P	NGPN	VAAP-PNM

ἔλεγον	ὅτι	Βεελζεβοὺλ	ἔχει	καὶ	ὅτι	ἐν	τῷ	ἄρχοντι	τῶν	δαιμονίων
decían	que:	a Beelzebú$_{2}$	tiene$_{1}$	y	que	por$_{4}$	el$_{5}$	jefe$_{6}$	de los$_{7}$	demonios.$_{8}$
3004	3754	954	2192	2532	3754	1722	3588	758	3588	1140
VIAI3P	CSC	NASM, XP	VPAI3S	CLN	CSC	P	DDSM	NDSM	DGPN	NGPN

ἐκβάλλει	τὰ	δαιμόνια.	23 καὶ	προσκαλεσάμενος	αὐτοὺς	ἐν
expulsa$_{1}$	los$_{2}$	demonios$_{3}$	Y	habiendo llamado para sí	a ellos,	en$_{3}$
1544	3588	1140	2532	4341	846	1722
VPAI3S	DAPN	NAPN	CLN	VAMP-SNM	RP3APM	P

παραβολαῖς	ἔλεγεν	αὐτοῖς·	Πῶς	δύναται	Σατανᾶς	Σατανᾶν	ἐκβάλλειν;
parábolas:$_{4}$	decía$_{1}$	a ellos$_{2}$	¿Cómo	puede	Satanás$_{1}$	a Satanás?$_{3}$	echar fuera$_{2}$
3850	3004	846	4459	1410	4567	4567	1544
NDPF	VIAI3S	RP3DPM	BI	VPUI3S	NNSM	NASM	VPAN

24 καὶ	ἐὰν	βασιλεία	ἐφ’	ἑαυτὴν	μερισθῇ,	οὐ	δύναται	σταθῆναι	ἡ
Y$_{1}$	si$_{2}$	un reino$_{3}$	contra$_{5}$	sí mismo,$_{6}$	se dividiera$_{4}$	no$_{10}$	puede$_{11}$	quedar en pie;$_{12}$	el$_{7}$
2532	1437	932	1909	1438	3307	3756	1410	2476	3588
CLN	CAC	NNSF	P	RF3ASF	VAPS3S	BN, TN	VPUI3S	VAPN	DNSF

βασιλεία	ἐκείνη·	25 καὶ	ἐὰν	οἰκία	ἐφ’	ἑαυτὴν	μερισθῇ,	οὐ
reino$_{8}$	aquel$_{9}$	y$_{1}$	si$_{2}$	una casa (familia)$_{3}$	contra$_{5}$	sí misma,$_{6}$	se dividiera$_{4}$	no$_{10}$
932	1565	2532	1437	3614	1909	1438	3307	3756
NNSF	RD-NSF	CLN	CAC	NNSF	P	RF3ASF	VAPS3S	BN, TN

δυνήσεται	ἡ	οἰκία	ἐκείνη	σταθῆναι·	26 καὶ	εἰ	ὁ	Σατανᾶς
podrá$_{11}$	--$_{7}$	casa (familia)$_{9}$	aquella$_{8}$	quedar en pie.$_{12}$	Y	si	--	Satanás
1410	3588	3614	1565	2476	2532	1487	3588	4567
VFMI3S	DNSF	NNSF	RD-NSF	VAPN	CLN	CAC	DNSM	NNSM

ἀνέστη	ἐφ’	ἑαυτὸν	καὶ	ἐμερίσθη,	οὐ	δύναται	στῆναι	ἀλλὰ	τέλος
se levantó	contra	sí mismo	y	fue dividido,	no	puede	estar en pie,	sino (que)	fin.$_{2}$
450	1909	1438	2532	3307	3756	1410	2476	235	5056
VAAI3S	P	RF3ASM	CLN	VAPI3S	BN, TN	VPUI3S	VAAN	CLC	NASN

ἔχει.	27 ἀλλ’	οὐδεὶς	δύναται	εἰς	τὴν	οἰκίαν	τοῦ	ἰσχυροῦ	εἰσελθὼν
tiene$_{1}$	Pero$_{1}$	nadie$_{2}$	puede$_{3}$	a$_{5}$	la$_{6}$	casa$_{7}$	del$_{8}$	poderoso$_{9}$	habiendo entrado$_{4}$
2192	235	3762	1410	1519	3588	3614	3588	2478	1525
VPAI3S	CLC	JNSM	VPUI3S	P	DASF	NASF	DGSM	JGSM	VAAP-SNM

τὰ	σκεύη	αὐτοῦ	διαρπάσαι	ἐὰν	μὴ	πρῶτον	τὸν	ἰσχυρὸν	δήσῃ,	καὶ
los$_{11}$	objetos$_{12}$	de él,$_{13}$	saquear$_{10}$	si$_{14}$	no$_{16}$	primero$_{15}$	al$_{18}$	poderoso,$_{19}$	ató$_{17}$	y$_{20}$
3588	4632	846	1283	1437	3361	4412	3588	2478	1210	2532
DAPN	NAPN	RP3GSM	VAAN	CAC	BN, TN	B, J	DASM	JASM	VAAS3S	CLN

τότε	τὴν	οἰκίαν	αὐτοῦ	διαρπάσει.
entonces$_{21}$	la$_{22}$	casa$_{23}$	de él.$_{24}$	saqueará$_{22}$
5119	3588	3614	846	1283
B	DASF	NASF	RP3GSM	VFAI3S

28 Ἀμὴν	λέγω	ὑμῖν	ὅτι	πάντα	ἀφεθήσεται	τοῖς	υἱοῖς	τῶν
De cierto	digo	a vosotros	que	todas las cosas	será(n) perdonadas	a los	hijos	de los
281	3004	5213	3754	3956	863	3588	5207	3588
XF, B	VPAI1S	RP2DP	CSC	JNPN	VFPI3S	DDPM	NDPM	DGPM

ἀνθρώπων,	τὰ	ἁμαρτήματα	καὶ	αἱ	βλασφημίαι	ὅσα	ἐὰν
seres humanos,	los	pecados	y	las	blasfemias,	cuantas	si
444	3588	265	2532	3588	988	3745	1437
NGPM	DNPN	NNPN	CLN	DNPF	NNPF	RK-APN	TC

βλασφημήσωσιν·	29 ὃς	δ’	ἂν	βλασφημήσῃ	εἰς	τὸ	πνεῦμα
blasfemaran,	el que$_{2}$	mas$_{1}$	--	blasfemara	a	el	Espíritu
987	3739	1161	302	987	1519	3588	4151
VAAS3P	RR-NSM	CLC	TC	VAAS3S	P	DASN	NASN

NVI

22 Los maestros de la
ley que habían llegado
de Jerusalén decían:
«¡Está poseído por
Beelzebú! Expulsa a los
demonios por medio
del príncipe de los
demonios».
23 Entonces Jesús
los llamó y les habló en
parábolas: «¿Cómo
puede Satanás expulsar
a Satanás?
24 Si un reino
está dividido contra sí
mismo, ese reino no
puede mantenerse en
pie.
25 Y, si una familia
está dividida contra sí
misma, esa familia no
puede mantenerse en
pie.
26 Igualmente, si
Satanás se levanta contra
sí mismo y se divide, no
puede mantenerse en
pie, sino que ha llegado
su fin.
27 Ahora bien,
nadie puede entrar en la
casa de alguien fuerte y
arrebatarle sus bienes a
menos que primero lo
ate. Solo entonces podrá
robar su casa.
28 Les
aseguro que todos los
pecados y blasfemias se
les perdonarán a todos
por igual,
29 excepto a
quien blasfeme contra
el Espíritu Santo.

RVR

no tiene jamás perdón,
sino que es reo de un
pecado eterno.
30 Porque decían: Tiene
un espíritu inmundo.

La madre y los hermanos de Jesús

31 En esto, llegaron su
madre y sus hermanos,
y quedándose afuera,
enviaron a llamarle.
32 Había una multitud
sentada alrededor de él,
y le dijeron: Tu madre
y tus hermanos están
afuera, y te buscan.
33 Él les respondió
diciendo: ¿Quiénes
son mi madre y mis
hermanos?
34 Y mirando en torno a
los que estaban sentados
en corro a su alrededor,
dijo: Estos son mi ma-
dre y mis hermanos.
35 Porque cualquiera
que hace la voluntad de
Dios, ése es mi herma-
no, mi hermana, y mi
madre.

Parábola del sembrador

4 Otra vez comenzó
Jesús a enseñar
junto al mar, y se reunió
ante él una multitud tan
grande, que hubo de
subir a una barca y, ya en
el mar, se sentó; y toda

τὸ	ἅγιον,	οὐκ	ἔχει	ἄφεσιν	εἰς	τὸν	αἰῶνα,	ἀλλὰ	ἔνοχός	ἐστιν
--	Santo	no	tiene	perdón	para	la	eternidad,	sino	culpable$_2$	es$_1$
3588	40	3756	2192	859	1519	3588	165	235	1777	2076
DASN	JASN	BN, TN	VPAI3S	NASF	P	DASM	NASM	CLC	JNSM	VPAI3S

αἰωνίου	⌈ἁμαρτήματος.	30 ὅτι	ἔλεγον·	Πνεῦμα	ἀκάθαρτον	ἔχει.
de un eterno.$_2$	pecado$_1$	Porque	decían:	un espíritu$_2$	inmundo.$_3$	Tiene$_1$
166	265	3754	3004	4151	169	2192
JGSN, JGSF	NGSN	CAZ	VIAI3P	NASN	JASN	VPAI3S

31 Καὶ	ἔρχονται	ἡ	μήτηρ	αὐτοῦ	καὶ	οἱ	ἀδελφοὶ	αὐτοῦ	καὶ
Y$_1$	llegan,$_9$	la$_2$	madre$_3$	de él$_4$	y$_5$	los$_6$	hermanos$_7$	de él$_8$	y$_{10}$
2532	2064	3588	3384	846	2532	3588	80	846	2532
CLN	VPUI3P	DNSF	NNSF	RP3GSM	CLN	DNPM	NNPM	RP3GSM	CLN

ἔξω	στήκοντες	ἀπέστειλαν	πρὸς	αὐτὸν	καλοῦντες	αὐτόν.	32 καὶ
afuera$_{12}$	quedándose$_{11}$	enviaron	a	a él,	llamando	a él.	Y$_1$
1854	4739	649	4314	846	2564	846	2532
BP	VPAP-PNM	VAAI3P	P	RP3ASM	VPAP-PNM	RP3ASM	CLN

ἐκάθητο	περὶ	αὐτὸν	ὄχλος,	καὶ	λέγουσιν	αὐτῷ·	Ἰδοὺ
estaba sentada$_3$	alrededor de$_4$	él,$_5$	una multitud$_2$	y	dicen	a él:	Mira,
2521	4012	846	3793	2532	3004	846	2400
VIUI3S	P	RP3ASM	NNSM	CLN	VPAI3P	RP3DSM	I, VAAM2S

ἡ	μήτηρ	σου	καὶ	οἱ	ἀδελφοί	σου	ἔξω	ζητοῦσίν	σε.	33 καὶ
la	madre	de ti	y	los	hermanos	de ti	afuera.$_3$	buscan$_1$	a ti$_2$	Y
3588	3384	4675	2532	3588	80	4675	1854	2212	4571	2532
DNSF	NNSF	RP2GS	CLN	DNPM	NNPM	RP2GS	BP	VPAI3P	RP2AS	CLN

ἀποκριθεὶς	αὐτοῖς	λέγει·	Τίς	ἐστιν	ἡ	μήτηρ	μου	ἢ	οἱ	ἀδελφοί
respondiendo	a ellos	dice:	¿Quién	es	la	madre	de mí	o	los	hermanos
611	846	3004	5101	2076	3588	3384	3450	2228	3588	80
VAPP-SNM	RP3DPM	VPAI3S	RI-NSM	VPAI3S	DNSF	NNSF	RP1GS	CLD	DNPM	NNPM

μου;	34 καὶ	περιβλεψάμενος	τοὺς	περὶ	αὐτὸν	κύκλῳ
de mí?	Y	habiendo mirado alrededor	a los (que estaban)$_1$	alrededor de$_3$	él$_4$	en círculo$_5$
3450	2532	4017	3588	4012	846	2945
RP1GS	CLN	VAMP-SNM	DAPM	P	RP3ASM	BP, NDSM

καθημένους	λέγει·	Ἴδε	ἡ	μήτηρ	μου	καὶ	οἱ	ἀδελφοί	μου·
sentados$_2$	dice:	Mirad,	la	madre	de mí	y	los	hermanos	de mí.
2521	3004	1492	3588	3384	3450	2532	3588	80	3450
VPUP-PAM	VPAI3S	I, VAAM2S	DNSF	NNSF	RP1GS	CLN	DNPM	NNPM	RP1GS

35 ὃς	γὰρ	ἂν	ποιήσῃ	τὸ	θέλημα	τοῦ	θεοῦ,	οὗτος	ἀδελφός	μου	καὶ
el que$_2$	Porque$_1$	--$_3$	hiciera$_4$	la	voluntad	de --	Dios,	este$_1$	un hermano$_3$	de mí$_4$	y$_5$
3739	1063	302	4160	3588	2307	3588	2316	3778	80	3450	2532
RR-NSM	CAZ	TC	VAAS3S	DASN	NASN	DGSM	NGSM	RD-NSM	NNSM	RP1GS	CLN

ἀδελφὴ	καὶ	μήτηρ	ἐστίν.
una hermana$_6$	y$_7$	una madre.$_8$	es$_2$
79	2532	3384	2076
NNSF	CLN	NNSF	VPAI3S

4 Καὶ	πάλιν	ἤρξατο	διδάσκειν	παρὰ	τὴν	θάλασσαν.	καὶ
Y	de nuevo	comenzó	a enseñar	junto a	el	mar;	y$_1$
2532	3825	756	1321	3844	3588	2281	2532
CLN	B	VAMI3S	VPAN	P	DASF	NASF	CLN

συνάγεται	πρὸς	αὐτὸν	ὄχλος	πλεῖστος,	ὥστε	αὐτὸν	εἰς
se reúne$_4$	ante$_5$	él,$_6$	una multitud$_2$	grande$_3$	de modo que$_7$	él$_8$	en$_{10}$
4863	4314	846	3793	4118	5620	846	1519
VPPI3S	P	RP3ASM	NNSM	JNSM	CAR	RP3ASM	P

πλοῖον	ἐμβάντα	καθῆσθαι	ἐν	τῇ	θαλάσσῃ,	καὶ	πᾶς	ὁ
una barca$_{11}$	habiendo entrado$_9$	sentarse	en	el	mar,	y$_1$	toda$_2$	la$_3$
4143	1684	2521	1722	3588	2281	2532	3956	3588
NASN	VAAP-SAM	VPUN	P	DDSF	NDSF	CLN	JNSM	DNSM

NVI

Este no tendrá perdón
jamás; es culpable de un
pecado eterno».
30 Es que ellos habían
dicho: «Tiene un espí-
ritu maligno».

La madre y los hermanos de Jesús

31 En eso llegaron la
madre y los hermanos de
Jesús. Se quedaron afue-
ra y enviaron a alguien
a llamarlo, 32 pues había
mucha gente sentada
alrededor de él.
—Mira, tu madre
y tus hermanos están
afuera y te buscan —le
dijeron.
33 —¿Quiénes son mi
madre y mis hermanos?
—replicó Jesús.
34 Luego echó una
mirada a los que estaban
sentados alrededor de él
y añadió:
—Aquí tienen a mi
madre y a mis hermanos.
35 Cualquiera que hace la
voluntad de Dios es mi
hermano, mi hermana y
mi madre.

Parábola del sembrador

4 De nuevo comen-
zó Jesús a enseñar
a la orilla del lago. La
multitud que se reunió
para verlo era tan grande
que él subió y se sentó en
una barca que estaba en

3:29⌈ Manuscritos inferiores tienen *juicio.*

RVR

la multitud estaba en tierra, frente al mar.
2 Y les enseñaba muchas cosas en parábolas, y les decía en su enseñanza:
3 Oíd: Salió el sembrador a sembrar;
4 y aconteció que, al sembrar, una parte cayó junto al camino, y vinieron las aves y se la comieron.
5 Otra parte cayó en pedregales, donde no tenía mucha tierra; y brotó en seguida, porque no tenía profundidad de tierra.
6 Pero cuando salió el sol, se agostó, y por no tener raíz, se marchitó.
7 Otra parte cayó entre espinos; y los espinos crecieron y la ahogaron, y no dio fruto.
8 Y otra parte cayó en tierra buena, y daba fruto que brotaba y crecía, y producía treinta, sesenta y hasta ciento por uno.
9 Y les decía: El que tiene oídos para oír, que oiga.
10 Cuando se quedó solo, los que le

ὄχλος	πρὸς	τὴν	θάλασσαν	ἐπὶ	τῆς	γῆς	ἦσαν.	2 καὶ	ἐδίδασκεν
multitud$_4$	frente$_6$	al$_7$	mar$_8$	en$_9$	la$_{10}$	tierra.$_{11}$	estaban$_5$	Y$_1$	enseñaba$_2$
3793	4314	3588	2281	1909	3588	1093	2258	2532	1321
NNSM	*P*	*DASF*	*NASF*	*P*	*DGSF*	*NGSF*	*VIAI3P*	*CLN*	*VIAI3S*

αὐτοὺς	ἐν	παραβολαῖς	πολλά,	καὶ	ἔλεγεν	αὐτοῖς	ἐν	τῇ	διδαχῇ
a ellos$_3$	con$_5$	parábolas.$_6$	muchas cosas$_4$	y	decía	a ellos	en	la	enseñanza
846	1722	3850	4183	2532	3004	846	1722	3588	1322
RP3APM	*P*	*NDPF*	*JAPN*	*CLN*	*VIAI3S*	*RP3DPM*	*P*	*DDSF*	*NDSF*

αὐτοῦ·	3 Ἀκούετε.	ἰδοὺ	ἐξῆλθεν	ὁ	σπείρων	σπεῖραι.	4 καὶ
de él:	Oíd.	He aquí	salió	el que	siembra	a sembrar.	Y
846	191	2400	1831	3588	4687	4687	2532
RP3GSM	*VPAM2P*	*I, VAAM2S*	*VAAI3S*	*DNSM*	*VPAP-SNM*	*VAAN*	*CLN*

ἐγένετο	ἐν	τῷ	σπείρειν	ὃ	μὲν	ἔπεσεν	παρὰ	τὴν	ὁδόν,	καὶ
sucedió	en	el	sembrar	el que	por un lado,	cayó	junto a	el	camino,	y
1096	1722	3588	4687	3739	3303	4098	3844	3588	3598	2532
VAMI3S	*P*	*DDSN, DDSM*	*VPAN*	*RR-NSN*	*TK, C*	*VAAI3S*	*P*	*DASF*	*NASF*	*CLN*

ἦλθεν	τὰ	πετεινὰ	καὶ	κατέφαγεν	αὐτό.	5 καὶ	ἄλλο	ἔπεσεν	ἐπὶ
vino (vinieron)	las	aves	y	devoró (devoraron)	a ella.	Y	otra	cayó	sobre
2064	3588	4071	2532	2719	846	2532	243	4098	1909
VAAI3S	*DNPN*	*NNPN, JNPN*	*CLN*	*VAAI3S*	*RP3ASN*	*CLK, CLC*	*JNSN*	*VAAI3S*	*P*

τὸ	πετρῶδες	ὅπου	οὐκ	εἶχεν	γῆν	πολλήν,	καὶ	εὐθὺς	ἐξανέτειλεν
el	lugar rocoso	donde	no	tenía	tierra,$_2$	mucha$_1$	y	en seguida	brotó
3588	4075	3699	3756	2192	1093	4183	2532	2117	1816
DASN	*JASN*	*CAL, B*	*BN, TN*	*VIAI3S*	*NASF*	*JASF*	*CLN*	*B, J*	*VAAI3S*

διὰ	τὸ	μὴ	ἔχειν	βάθος	γῆς·	6 καὶ	ὅτε	ἀνέτειλεν	ὁ	ἥλιος
a causa de	--	no	tener	profundidad	de tierra;	y	cuando	salió$_3$	el$_1$	sol$_2$
1223	3588	3361	2192	899	1093	2532	3753	393	3588	2246
P	*DASN*	*BN, TN*	*VPAN*	*NASN*	*NGSF*	*CLN*	*CAT*	*VAAI3S*	*DNSM*	*NNSM*

ἐκαυματίσθη	καὶ	διὰ	τὸ	μὴ	ἔχειν	ῥίζαν	ἐξηράνθη.	7 καὶ
se quemó,	y	a causa de	--	no	tener	raíz	se marchitó.	Y
2739	2532	1223	3588	3361	2192	4491	3583	2532
VAPI3S	*CLN*	*P*	*DASN*	*BN, TN*	*VPAN*	*NASF*	*VAPI3S*	*CLK, CLC*

ἄλλο	ἔπεσεν	εἰς	τὰς	ἀκάνθας,	καὶ	ἀνέβησαν*	αἱ	ἄκανθαι	καὶ
otra	cayó	en	las	espinas,	y$_1$	subieron$_4$	los$_2$	espinos$_3$	y
243	4098	1519	3588	173	2532	305	3588	173	2532
JNSN	*VAAI3S*	*P*	*DAPF*	*NAPF*	*CLN*	*VAAI3P*	*DNPF*	*NNPF*	*CLN*

συνέπνιξαν	αὐτό,	καὶ	καρπὸν	οὐκ	ἔδωκεν.	8 καὶ	ἄλλα	ἔπεσεν
ahogaron	a ella,	y$_1$	fruto.$_4$	no$_2$	dio$_3$	Y	otras	cayó (cayeron)
4846	846	2532	2590	3756	1325	2532	243	4098
VAAI3P	*RP3ASN*	*CLN*	*NASM*	*BN, TN*	*VAAI3S*	*CLK, CLC*	*JNPN*	*VAAI3S*

εἰς	τὴν	γῆν	τὴν	καλήν,	καὶ	ἐδίδου	καρπὸν	ἀναβαίνοντα*	καὶ
en	la	tierra	--	buena,	y	daba	fruto	subiendo	y
1519	3588	1093	3588	2570	2532	1325	2590	305	2532
P	*DASF*	*NASF*	*DASF*	*JASF*	*CLN*	*VIAI3S*	*NASM*	*VPAP-PNN, VPAP-SAM*	*CLN*

αὐξανόμενα,	καὶ	ἔφερεν*1	ἓν	τριάκοντα	καὶ	ἓν	ἑξήκοντα
desarrollándose	y	llevaban	uno	treinta	y	uno	sesenta
837	2532	5342	1722, 1520	5144	2532	1722, 1520	1835
VPPP-PNN, VPPP-PAN	*CLN*	*VIAI3S*	*JNSN*	*XN, J*	*CLN*	*JNSN*	*XN, J*

καὶ	ἓν	ἑκατόν.	9 καὶ	ἔλεγεν·	Ὃς	ἔχει	ὦτα	ἀκούειν	ἀκουέτω.
y	uno	cien.	Y	decía:	el que	tiene	oídos	para oír,	oiga.
2532	1722, 1520	1540	2532	3004	3739	2192	3775	191	191
CLN	*JNSN*	*XN, J*	*CLN*	*VIAI3S*	*RR-NSM*	*VPAI3S*	*NAPN*	*VPAN*	*VPAM3S*

10 Καὶ	ὅτε	ἐγένετο	κατὰ	μόνας,	ἠρώτων	αὐτὸν	οἱ	περὶ
Y	cuando	llegó a estar	a	solas,	preguntaban$_7$	a él$_8$	los (que estaban)$_1$	alrededor de$_2$
2532	3753	1096	2596	3441	2065	846	3588	4012
CLN	*CAT*	*VAMI3S*	*P*	*JAPF*	*VIAI3P*	*RP3ASM*	*DNPM*	*P*

NVI

el lago, mientras toda la gente se quedaba en la playa.
2 Entonces se puso a enseñarles muchas cosas por medio de parábolas y, como parte de su instrucción, les dijo:
3 «¡Pongan atención! Un sembrador salió a sembrar.
4 Sucedió que al esparcir él la semilla, una parte cayó junto al camino, y llegaron los pájaros y se la comieron.
5 Otra parte cayó en terreno pedregoso, sin mucha tierra. Esa semilla brotó pronto porque la tierra no era profunda;
6 pero, cuando salió el sol, las plantas se marchitaron y, por no tener raíz, se secaron.
7 Otra parte de la semilla cayó entre espinos que, al crecer, la ahogaron, de modo que no dio fruto.
8 Pero las otras semillas cayeron en buen terreno. Brotaron, crecieron y produjeron una cosecha que rindió el treinta, el sesenta y hasta el ciento por uno.
9 »El que tenga oídos para oír, que oiga», añadió Jesús.
10 Cuando se quedó solo, los doce y los que estaban alrededor de él

4:7* O sea *crecieron*. **4:8*** O sea *creciedo*. **4:8*1** O sea *producían*.

RVR

rodeaban con los doce,
le preguntaron sobre las
parábolas.
11 Y les decía: A voso-
tros os ha sido dado el
misterio del reino de
Dios; pero a los que
están fuera, todo se les
presenta en parábolas;
12 para que, por mucho
que sigan mirando,
vean, pero no perciban;
y por mucho que sigan
escuchando, oigan, pero
no entiendan; no sea
que se conviertan, y se
les perdone.
13 Y les dijo: ¿No en-
tendéis esta parábola?
¿Cómo, pues, entende-
réis todas las demás?
14 El sembrador siembra
la palabra.
15 Algunos son como
los de junto al camino,
donde se siembra la
palabra, que, en cuanto
la oyen, en seguida
viene Satanás, y se lleva
la palabra que ha sido
sembrada en ellos.
16 Otros son como los
que fueron sembrados
en pedregales, que
cuando oyen la palabra,
al momento la reciben
con gozo;
17 pero no tienen raíz en
sí mismos, sino que son
inconstantes; y luego,
cuando viene la tribu-
lación o la persecución
por causa de la palabra,
en seguida sufren
tropiezo.
18 Otros son los que

αὐτὸν	σὺν	τοῖς	δώδεκα	τὰς	παραβολάς.	11 καὶ	ἔλεγεν	αὐτοῖς·	ʽΥμῖν
él$_{3}$	con$_{4}$	los$_{5}$	doce$_{6}$	las	parábolas.	Y	decía	a ellos:	a vosotros,$_{8}$
846	4862	3588	1427	3588	3850	2532	3004	846	5213
RP3ASM	*P*	*DDPM*	*XN, J*	*DAPF*	*NAPF*	*CLN*	*VIAI3S*	*RP3DPM*	*RP2DP*

τὸ	μυστήριον	δέδοται	τῆς	βασιλείας	τοῦ	θεοῦ·	ἐκείνοις	δὲ
el$_{1}$	misterio$_{2}$	ha sido dado$_{7}$	del$_{3}$	reino$_{4}$	de --$_{5}$	Dios$_{6}$	a aquellos$_{10}$	mas$_{9}$
3588	3466	1325	3588	932	3588	2316	1565	1161
DNSN, DASN	*NNSN, NASN*	*VRPI3S*	*DGSF*	*NGSF*	*DGSM*	*NGSM*	*RD-DPM*	*CLC*

τοῖς	ἔξω	ἐν	παραβολαῖς	τὰ	πάντα	γίνεται,	12 ἵνα	βλέποντες
a los$_{11}$	de afuera$_{12}$	en$_{16}$	parábolas,$_{17}$	las cosas$_{14}$	todas$_{13}$	llega a ser$_{15}$	para que	viendo,
3588	1854	1722	3850	3588	3956	1096	2443	991
DDPM	*BP*	*P*	*NDPF*	*DNPN*	*JNPN*	*VPUI3S*	*CAP*	*VPAP-PNM*

βλέπωσι	καὶ	μὴ	ἴδωσιν,	καὶ	ἀκούοντες	ἀκούωσι	καὶ	μὴ	συνιῶσιν,
vean	y	no	perciban,	y	oyendo	oigan	y	no	entiendan,
991	2532	3361	1492	2532	191	191	2532	3361	4920
VPAS3P	*CLC*	*BN, TN*	*VAAS3P*	*CLN*	*VPAP-PNM*	*VPAS3P*	*CLC*	*BN, TN*	*VPAS3P*

μήποτε	ἐπιστρέψωσιν	καὶ	ἀφεθῇ	˹αὐτοῖς.
no sea que	se vuelvan	y	sea perdonado	a ellos.
3379	1994	2532	863	846
CAP	*VAAS3P*	*CLN*	*VAPS3S*	*RP3DPM*

13 Καὶ	λέγει	αὐτοῖς·	Οὐκ	οἴδατε	τὴν	παραβολὴν	ταύτην,	καὶ	πῶς
Y	dice	a ellos:	¿No	entendéis	--	parábola,$_{2}$	esta$_{1}$	y$_{3}$	cómo$_{4}$
2532	3004	846	3756	1492	3588	3850	3778	2532	4459
CLN	*VPAI3S*	*RP3DPM*	*BN, TN*	*VRAI2P*	*DASF*	*NASF*	*RD-ASF*	*CLN*	*BI*

πάσας	τὰς	παραβολὰς	γνώσεσθε;	14 ὁ	σπείρων	τὸν	λόγον
todas$_{6}$	las$_{7}$	parábolas?$_{8}$	conoceréis$_{5}$	El que siembra$_{1}$	$_{2}$	la$_{4}$	palabra.$_{5}$
3956	3588	3850	1097	3588	4687	3588	3056
JAPF	*DAPF*	*NAPF*	*VFMI2P*	*DNSM*	*VPAP-SNM*	*DASM*	*NASM*

σπείρει.	15 οὗτοι	δέ	εἰσιν	οἱ	παρὰ	τὴν	ὁδὸν	ὅπου	σπείρεται	ὁ
siembra$_{3}$	estos$_{2}$	Mas$_{1}$	son	los	junto a	el	camino,	donde	es sembrada,$_{3}$	la$_{1}$
4687	3778	1161	1526	3588	3844	3588	3598	3699	4687	3588
VPAI3S	*RD-NPM*	*CLN*	*VPAI3P*	*DNPM*	*P*	*DASF*	*NASF*	*CAL, B*	*VPPI3S*	*DNSM*

λόγος,	καὶ	ὅταν	ἀκούσωσιν	εὐθὺς	ἔρχεται	ὁ	Σατανᾶς	καὶ	αἴρει
palabra$_{2}$	y	cuando	oyeran (oyen)	en seguida	viene$_{3}$	--$_{1}$	Satanás$_{2}$	y	quita
3056	2532	3752	191	2117	2064	3588	4567	2532	142
NNSM	*CLN*	*CAT*	*VAAS3P*	*B, J*	*VPUI3S*	*DNSM*	*NNSM*	*CLN*	*VPAI3S*

τὸν	λόγον	τὸν	ἐσπαρμένον	˹εἰς	αὐτούς˺.	16 καὶ	οὗτοί	εἰσιν
la	palabra	la que	ha sido sembrada	en	ellos.	Y	estos	son
3588	3056	3588	4687	1519	846	2532	3778	1526
DASM	*NASM*	*DASM*	*VRPP-SAM*	*P*	*RP3APM*	*CLN*	*RD-NPM*	*VPAI3P*

ὁμοίως	οἱ	ἐπὶ	τὰ	πετρώδη	σπειρόμενοι,	οἵ	ὅταν	ἀκούσωσιν
igualmente,	los que$_{1}$	sobre$_{3}$	los$_{4}$	lugares rocosos;$_{5}$	son sembrados$_{2}$	los que	cuando	oyeran (oyen)
3664	3588	1909	3588	4075	4687	3739	3752	191
B	*DNPM*	*P*	*DAPN*	*JAPN*	*VPPP-PNM*	*RR-NPM*	*CAT*	*VAAS3P*

τὸν	λόγον	εὐθὺς	μετὰ	χαρᾶς	λαμβάνουσιν	αὐτόν,	17 καὶ	οὐκ	ἔχουσιν
la	palabra	en seguida	con	gozo	reciben	a ella,	y	no	tienen
3588	3056	2117	3326	5479	2983	846	2532	3756	2192
DASM	*NASM*	*B, J*	*P*	*NGSF*	*VPAI3P*	*RP3ASM*	*CLN*	*BN, TN*	*VPAI3P*

ῥίζαν	ἐν	ἑαυτοῖς	ἀλλὰ	πρόσκαιροί	εἰσιν,	εἶτα	γενομένης	θλίψεως
raíz	en	sí mismos,	sino$_{1}$	temporales;$_{3}$	son$_{2}$	después	cuando llega a haber	una aflicción
4491	1722	1438	235	4340	1526	1534	1096	2347
NASF	*P*	*RF3DPM*	*CLC*	*JNPM*	*VPAI3P*	*B*	*VAMP-SGF*	*NGSF*

ἢ	διωγμοῦ	διὰ	τὸν	λόγον	εὐθὺς	σκανδαλίζονται.	18 καὶ	ἄλλοι
o	persecución	a causa de	la	palabra,	en seguida	son ofendidos.	Y	otros
2228	1375	1223	3588	3056	2117	4624	2532	243
CLD	*NGSM*	*P*	*DASM*	*NASM*	*B, J*	*VPPI3P*	*CLN*	*JNPM*

NVI

le hicieron preguntas so-
bre las parábolas. 11 «A
ustedes se les ha revelado
el secreto del reino de
Dios —les contestó—;
pero a los de afuera todo
les llega por medio de
parábolas, 12 para que

»“por mucho que
vean, no perciban;
y por mucho que oi-
gan, no entiendan;
no sea que se con-
viertan y sean
perdonados”.

13 »¿No entienden
esta parábola? —con-
tinuó Jesús—. ¿Cómo
podrán, entonces,
entender las demás? 14 El
sembrador siembra la
palabra. 15 Algunos son
como lo sembrado junto
al camino, donde se
siembra la palabra. Tan
pronto como la oyen,
viene Satanás y les quita
la palabra sembrada en
ellos. 16 Otros son como
lo sembrado en terreno
pedregoso: cuando oyen
la palabra, en seguida
la reciben con alegría,
17 pero, como no tienen
raíz, duran poco tiempo.
Cuando surgen pro-
blemas o persecución
a causa de la palabra,
en seguida se apartan
de ella. 18 Otros son

4:12˹ Manuscritos inferiores aumentaron *los pecados.* **4:15**˹˺ Manuscritos de menor valor tienen *en el corazón de ellos.*

RVR

fueron sembrados entre
espinos; estos son los
que oyen la palabra,
19 pero las preocupacio-
nes del mundo, el enga-
ño de las riquezas, y los
deseos de las restantes
cosas, entran y ahogan
la palabra, y se vuelve
infructuosa.
20 Otros, en fin, son los
que fueron sembrados
en tierra buena; los
cuales oyen la palabra y
la reciben, y dan fruto
al treinta, al sesenta, y al
ciento por uno.

Nada oculto que no haya de ser manifestado

21 También les decía:
¿Acaso se trae la lámpa-
ra para ponerla debajo
del almud, o debajo de
la cama? ¿No es para
ser puesta sobre el
candelero?
22 Porque no hay nada
oculto sino para ser
manifestado; ni ha su-
cedido en secreto, sino
para salir a la luz.
23 El que tiene oídos
para oír, que oiga.
24 Les decía también:
Atended a lo que oís;
con la medida con que
midáis, os será medido,
y aun se os añadirá.
25 Porque al que tiene,
se le dará; y al que no

εἰσὶν	οἱ	εἰς	τὰς	ἀκάνθας	σπειρόμενοι·	οὗτοί	εἰσιν	οἱ	τὸν
son	los que$_1$	en$_3$	los$_4$	espinos,$_5$	son sembrados$_2$	estos	son	los que$_1$	la$_3$
1526	3588	1519	3588	173	4687	3778	1526	3588	3588
VPAI3P	*DNPM*	*P*	*DAPF*	*NAPF*	*VPPP-PNM*	*RD-NPM*	*VPAI3P*	*DNPM*	*DASM*

λόγον	ἀκούσαντες,	19 καὶ	αἱ	μέριμναι	τοῦ	αἰῶνος	καὶ	ἡ	ἀπάτη
palabra,$_4$	habiendo oído$_2$	y	las	preocupaciones	del	siglo,	y	el	engaño
3056	191	2532	3588	3308	3588	165	2532	3588	539
NASM	*VAAP-PNM*	*CLC*	*DNPF*	*NNPF*	*DGSM*	*NGSM*	*CLN*	*DNSF*	*NNSF*

τοῦ	πλούτου	καὶ	αἱ	περὶ	τὰ	λοιπὰ	ἐπιθυμίαι	εἰσπορευόμεναι
de la	riqueza	y$_1$	las$_2$	acerca de$_4$	las$_5$	demás cosas,$_6$	codicias$_3$	entrando
3588	4149	2532	3588	4012	3588	3062	1939	1531
DGSM	*NGSM*	*CLN*	*DNPF*	*P*	*DAPN*	*JAPN*	*NNPF*	*VPUP-PNF*

συμπνίγουσιν	τὸν	λόγον,	καὶ	ἄκαρπος	γίνεται.	20 καὶ	ἐκεῖνοί	εἰσιν
ahogan	la	palabra	y$_1$	sin fruto.$_3$	llega a ser$_2$	Y	aquellos	son
4846	3588	3056	2532	175	1096	2532	1565	1526
VPAI3P	*DASM*	*NASM*	*CLN*	*JNSM*	*VPUI3S*	*CLN*	*RD-NPM*	*VPAI3P*

οἱ	ἐπὶ	τὴν	γῆν	τὴν	καλὴν	σπαρέντες,	οἵτινες	ἀκούουσιν	τὸν
los que$_1$	sobre$_3$	la$_4$	tierra$_5$	--$_6$	buena,$_7$	han sido sembrados$_2$	los cuales	oyen	la
3588	1909	3588	1093	3588	2570	4687	3748	191	3588
DNPM	*P*	*DASF*	*NASF*	*DASF*	*JASF*	*VAPP-PNM*	*RR-NPM*	*VPAI3P*	*DASM*

λόγον	καὶ	παραδέχονται	καὶ	καρποφοροῦσιν	ἓν	τριάκοντα	καὶ
palabra	y	(la) reciben	y	dan fruto	uno	treinta	y
3056	2532	3858	2532	2592	1722, 1520	5144	2532
NASM	*CLN*	*VPUI3P*	*CLN*	*VPAI3P*	*JNSN*	*XN, J*	*CLN*

ἓν	ἑξήκοντα	καὶ	ἓν	ἑκατόν.
uno	sesenta	y	uno	cien.
1722, 1520	1835	2532	1722, 1520	1540
JNSN	*XN, J*	*CLN*	*JNSN*	*XN, J*

21 Καὶ	ἔλεγεν	αὐτοῖς·	Μήτι	ἔρχεται*	ὁ	λύχνος	ἵνα	ὑπὸ
Y	decía	a ellos:	¿Acaso$_3$	viene$_4$	la$_1$	lámpara$_2$	para que$_5$	bajo$_7$
2532	3004	846	3385	2064	3588	3088	2443	5259
CLN	*VIAI3S*	*RP3DPM*	*TI, TN*	*VPUI3S*	*DNSM*	*NNSM*	*CAP*	*P*

τὸν	μόδιον	τεθῇ	ἢ	ὑπὸ	τὴν	κλίνην,	οὐχ	ἵνα	ἐπὶ	τὴν	λυχνίαν
el$_8$	cajón$_9$	sea puesta$_6$	o	bajo	la	cama?	¿No (es)	para que	sobre$_2$	el$_3$	candelabro?$_4$
3588	3426	5087	2228	5259	3588	2825	3756	2443	1909	3588	3087
DASM	*NASM*	*VAPS3S*	*CLD*	*P*	*DASF*	*NASF*	*TN, TI*	*CAP*	*P*	*DASF*	*NASF*

τεθῇ;	22 οὐ	γάρ	ἐστιν	κρυπτὸν	ἐὰν	μὴ	ἵνα	φανερωθῇ,	οὐδὲ
sea puesta$_1$	no$_2$	Porque$_1$	es (hay)$_3$	(algo) oculto$_4$	si	no	para que	sea manifestado,	ni
5087	3756	1063	2076	2927	1437	3361	2443	5319	3761
VAPS3S	*BN,TN*	*CAZ*	*VPAI3S*	*JNSN*	*CAC*	*BN, TN*	*CAP*	*VAPS3S*	*BN, TN*

ἐγένετο	ἀπόκρυφον	ἀλλ’	ἵνα	ἔλθῃ	εἰς	φανερόν.	23 εἴ	τις	ἔχει
se hizo	encubierto,	sino	para que	venga	a	(ser) visible.	Si	alguno	tiene
1096	614	235	2443	2064	1519	5318	1487	5100	2192
VAMI3S	*JNSN*	*CLC*	*CAP*	*VAAS3S*	*P*	*JASN, JASM*	*CAC*	*RX-NSM*	*VPAI3S*

ὦτα	ἀκούειν	ἀκουέτω.	24 καὶ	ἔλεγεν	αὐτοῖς·	Βλέπετε	τί	ἀκούετε.
oídos	para oír,	oiga.	Y	decía	a ellos:	Mirad	qué	oís.
3775	191	191	2532	3004	846	991	5101	191
NAPN	*VPAN*	*VPAM3S*	*CLN*	*VIAI3S*	*RP3DPM*	*VPAM2P*	*RI-ASN*	*VPAI2P*

ἐν	ᾧ	μέτρῳ	μετρεῖτε	μετρηθήσεται	ὑμῖν	καὶ	προστεθήσεται
con$_2$	la cual$_3$	con (la) medida$_1$	medís$_4$	será medido	a vosotros,	y	será añadido
1722	3739	3358	3354	3354	5213	2532	4369
P	*RR-DSN*	*NDSN*	*VPAI2P*	*VFPI3S*	*RP2DP*	*CLN*	*VFPI3S*

⌜ὑμῖν.	25 ὃς	γὰρ	ἔχει,	δοθήσεται	αὐτῷ·	καὶ	ὃς	οὐκ	ἔχει,	καὶ
a vosotros.	el que$_2$	Porque$_1$	tiene,	será dado	a él;	y	el que	no	tiene,	también
5213	3739	1063	2192	1325	846	2532	3739	3756	2192	2532
RP2DP	*RR-NSM*	*CAZ*	*VPAI3S*	*VFPI3S*	*RP3DSM*	*CLC*	*RR-NSM*	*BN, TN*	*VPAI3S*	*CLA, B*

NVI

como lo sembrado entre
espinos: oyen la palabra,
19 pero las preocupa-
ciones de esta vida, el
engaño de las riquezas y
muchos otros malos de-
seos entran hasta ahogar
la palabra, de modo que
esta no llega a dar fruto.
20 Pero otros son como
lo sembrado en buen
terreno: oyen la palabra,
la aceptan y producen
una cosecha que rinde el
treinta, el sesenta y hasta
el ciento por uno».

Una lámpara en una repisa

21 También les dijo:
«¿Acaso se trae una
lámpara para ponerla
debajo de un cajón o
debajo de la cama? ¿No
es, por el contrario, para
ponerla en una repisa?
22 No hay nada escondi-
do que no esté destinado
a descubrirse; tampoco
hay nada oculto que
no esté destinado a ser
revelado. 23 El que tenga
oídos para oír, que oiga.
24 »Pongan mucha
atención —añadió—.
Con la medida que
midan a otros, se les
medirá a ustedes, y aún
más se les añadirá. 25 Al
que tiene, se le dará más;

4:21* O sea *se trae*.

4:24⌜ Manuscritos de menor valor aumentaron *los que oís*.

RVR

tiene, aun lo que tiene se
le quitará.

Parábola del crecimiento de la semilla

26 Decía además: El
reino de Dios es como
un hombre que echa
semilla en la tierra;
27 y, ya duerma, ya se
levante, de noche y de
día, la semilla brota y
crece de un modo que él
mismo no sabe.
28 La tierra da el fruto
por sí misma, primero
el tallo, luego la espiga,
después grano abun-
dante en la espiga;
29 y cuando el fruto
lo admite, en seguida
mete la hoz, porque ha
llegado la siega.

Parábola de la semilla de mostaza

30 Decía también: ¿A
qué compararemos el
reino de Dios, o con qué
parábola lo expondre-
mos?
31 Es como un grano de
mostaza, que cuando
se siembra en tierra, es
más pequeño que todas
las semillas que hay en
la tierra;
32 pero después de
sembrado, crece, y se
hace mayor que todas
las hortalizas, y echa
unas ramas tan grandes,
que las aves del cielo
pueden cobijarse bajo
su sombra.

ὃ	ἔχει	ἀρθήσεται	ἀπ᾽	αὐτοῦ.
lo que	tiene	será quitado	de	él.
3739	2192	142	575	846
RR-ASN	VPAI3S	VFPI3S	P	RP3GSM

26 Καὶ	ἔλεγεν·	Οὕτως	ἐστὶν	ἡ	βασιλεία	τοῦ	θεοῦ	ὡς	ἄνθρωπος
También	decía:	así$_{6}$	es$_{5}$	el$_{1}$	reino$_{2}$	de--$_{3}$	Dios,$_{4}$	como	una persona
2532	3004	3779	2076	3588	932	3588	2316	5613	444
CLN	VIAI3S	B	VPAI3S	DNSF	NNSF	DGSM	NGSM	CAM	NNSM

βάλῃ	τὸν	σπόρον	ἐπὶ	τῆς	γῆς	27 καὶ	καθεύδῃ	καὶ	ἐγείρηται	νύκτα
(que) echó	la	semilla	en	la	tierra,	y	duerme	y	se levanta,	noche
906	3588	4703	1909	3588	1093	2532	2518	2532	1453	3571
VAAS3S	DASM	NASM	P	DGSF	NGSF	CLN	VPAS3S	CLN	VPPS3S	NASF

καὶ	ἡμέραν,	καὶ	ὁ	σπόρος	βλαστᾷ	καὶ	μηκύνηται	ὡς	οὐκ	οἶδεν
y	día,	y	la	semilla	brota	y	crece	como	no	sabe
2532	2250	2532	3588	4703	985	2532	3373	5613	3756	1492
CLN	NASF	CLN	DNSM	NNSM	VPAS3S	CLN	VPMS3S, VPPS3S	CAM	BN, TN	VRAI3S

αὐτός.	28 αὐτομάτη	ἡ	γῆ	καρποφορεῖ,	πρῶτον	χόρτον,	εἶτα
él.	Por sí misma	la	tierra	da fruto,	primero	hierba,	después
846	844	3588	1093	2592	4412	5528	1534
RP3NSMP	JNSF	DNSF	NNSF	VPAI3S	B, J	NASM	B

στάχυν,	εἶτα	πλήρης	σῖτον	ἐν	τῷ	στάχυϊ.	29 ὅταν	δὲ	παραδοῖ
espiga,	después	lleno$_{2}$	trigo$_{1}$	en	la	espiga.	cuando$_{2}$	Y$_{1}$	(lo) permite,$_{5}$
4719	1534	4134	4621	1722	3588	4719	3752	1161	3860
NASM	B	JASM, JNSM	NASM	P	DDSM	NDSM	CAT	CLN	VAAS3S

ὁ	καρπός,	εὐθὺς	ἀποστέλλει	τὸ	δρέπανον,	ὅτι	παρέστηκεν
el$_{3}$	fruto$_{4}$	en seguida,$_{9}$	envía$_{6}$	la$_{7}$	hoz$_{8}$	porque$_{10}$	(se) ha presentado.$_{13}$
3588	2590	2117	649	3588	1407	3754	3936
DNSM	NNSM	B, J	VPAI3S	DASN	NASN	CAZ	VRAI3S

ὁ	θερισμός.
la$_{11}$	cosecha$_{12}$
3588	2326
DNSM	NNSM

30 Καὶ	ἔλεγεν·	Πῶς	ὁμοιώσωμεν	τὴν	βασιλείαν	τοῦ	θεοῦ,	ἢ	ἐν
Y	decía:	¿Cómo	compararemos	el	reino	de--	Dios,	o	en
2532	3004	4459	3666	3588	932	3588	2316	2228	1722
CLN	VIAI3S	BI	VAAS1P	DASF	NASF	DGSM	NGSM	CLD	P

τίνι	αὐτὴν	παραβολῇ	θῶμεν;	31 ὡς	κόκκῳ	σινάπεως,	ὃς	ὅταν
qué	a él?$_{3}$	parábola$_{1}$	pondremos$_{2}$	Como	un grano	de mostaza,	el cual	cuando
5101	846	3850	5087	5613	2848	4615	3739	3752
JDSF, RI-DSF	RP3ASF	NDSF	VAAS1P	CAM,B	NDSM	NGSN	RR-NSM	CAT

σπαρῇ	ἐπὶ	τῆς	γῆς,	μικρότερον	ὂν	πάντων	τῶν	σπερμάτων
es sembrado	en	la	tierra,	(la más) pequeña$_{2}$	siendo$_{1}$	de todas	las	semillas
4687	1909	3588	1093	3398	1510	3956	3588	4690
VAPS3S	P	DGSF	NGSF	JNSNC	VPAP-SNN	JGPN	DGPN	NGPN

τῶν	ἐπὶ	τῆς	γῆς—	32 καὶ	ὅταν	σπαρῇ,	ἀναβαίνει	καὶ	γίνεται	μεῖζον
las (que hay)	sobre	la	tierra,	y	cuando	es sembrada,	crece	y	llega a ser	mayor
3588	1909	3588	1093	2532	3752	4687	305	2532	1096	3173
DGPN	P	DGSF	NGSF	CLC	CAT	VAPS3S	VPAI3S	CLN	VPUI3S	JNSNC

πάντων	τῶν	λαχάνων	καὶ	ποιεῖ	κλάδους	μεγάλους,	ὥστε	δύνασθαι
de todas	las	hortalizas,	y	hace	ramas	grandes,	hasta$_{1}$	poder$_{6}$
3956	3588	3001	2532	4160	2798	3173	5620	1410
JGPN	DGPN	NGPN	CLN	VPAI3S	NAPM	JAPM	CAR	VPUN

ὑπὸ	τὴν	σκιὰν	αὐτοῦ	τὰ	πετεινὰ	τοῦ	οὐρανοῦ	κατασκηνοῦν.
bajo$_{8}$	la$_{9}$	sombra$_{10}$	de él.$_{11}$	las$_{2}$	aves$_{3}$	del$_{4}$	cielo$_{5}$	hacer un nido$_{7}$
5259	3588	4639	846	3588	4071	3588	3772	2681
P	DASF	NASF	RP3GSN	DAPN	NAPN	DGSM	NGSM	VPAN

NVI

al que no tiene, hasta
lo poco que tiene se le
quitará».

Parábola de la semilla que crece

26 Jesús continuó: «El
reino de Dios se parece a
quien esparce semilla en
la tierra. 27 Sin que este
sepa cómo, y ya sea que
duerma o esté despierto,
día y noche brota y crece
la semilla. 28 La tierra
da fruto por sí sola;
primero el tallo, luego
la espiga, y después el
grano lleno en la espiga.
29 Tan pronto como el
grano está maduro, se
le mete la hoz, pues ha
llegado el tiempo de la
cosecha».

Parábola del grano de mostaza

30 También dijo:
«¿Con qué vamos a
comparar el reino de
Dios? ¿Qué parábola
podemos usar para
describirlo? 31 Es como
un grano de mostaza:
cuando se siembra en
la tierra, es la semilla
más pequeña que hay,
32 pero una vez sembrada
crece hasta convertirse
en la más grande de las
hortalizas, y echa ramas
tan grandes que las aves
pueden anidar bajo su
sombra».

RVR

Jesucristo hace uso de las parábolas

33 Con muchas parábo-
las como estas les habla-
ba la palabra conforme
a lo que podían oír.
34 Y sin parábolas no
les hablaba; pero a sus
propios discípulos
les explicaba todo en
privado.

Jesucristo calma la tempestad

35 Aquel mismo día,
al atardecer, les dijo:
Pasemos al otro lado.
36 Y despidiendo a la
multitud, se lo llevaron
consigo en la barca, tal
como estaba; y había
otras barcas con él.
37 En esto, se levantó
una violenta tempestad
de viento, y las olas
irrumpían en la barca,
de tal manera que ya se
estaba llenando.
38 Y él estaba en la popa,
durmiendo sobre un
cabezal. Entonces le
despiertan y le dicen:
Maestro, ¿no te importa
que estemos perecien-
do?
39 Él se levantó, increpó
al viento, y dijo al mar:
¡Calla, enmudece!
Entonces amainó el
viento, y sobrevino una
gran calma.
40 Y les dijo: ¿Por qué
sois tan miedosos?
¿Cómo es que no
tenéis fe?
41 Ellos se aterraron
mucho, y se decían unos

33 Καὶ τοιαύταις παραβολαῖς πολλαῖς ἐλάλει αὐτοῖς τὸν λόγον,
Y$_1$ de tal clase$_4$ parábolas$_3$ con muchas$_2$ hablaba a ellos la palabra,
2532 5108 3850 4183 2980 846 3588 3056
CLN RD-DPF NDPF JDPF VIAI3S RP3DPM DASM NASM

καθὼς ἠδύναντο ἀκούειν· 34 χωρὶς δὲ παραβολῆς οὐκ ἐλάλει αὐτοῖς,
según podían oír. sin$_2$ Mas$_1$ parábolas no hablaba a ellos,
2531 1410 191 5565 1161 3850 3756 2980 846
CAM VIUI3P VPAN P, B CLN NGSF BN, TN VIAI3S RP3DPM

κατ᾽ ἰδίαν δὲ τοῖς ἰδίοις μαθηταῖς ἐπέλυεν πάντα.
en$_2$ privado$_3$ mas$_1$ a los$_6$ propios$_7$ discípulos.$_8$ explicaba$_4$ todas (las cosas)$_5$
2596 2398 1161 3588 2398 3101 1956 3956
P JASF CLC DDPM JDPM NDPM VIAI3S JAPN

35 Καὶ λέγει αὐτοῖς ἐν ἐκείνῃ τῇ ἡμέρᾳ ὀψίας γενομένης·
Y dice a ellos en aquel -- día (el) atardecer:$_2$ cuando llegó$_1$
2532 3004 846 1722 1565 3588 2250 3798 1096
CLN VPAI3S RP3DPM P RD-DSF DDSF NDSF JGSF VAMP-SGF

Διέλθωμεν εἰς τὸ πέραν. 36 καὶ ἀφέντες τὸν ὄχλον
Pasemos a al otro lado. Y habiendo despedido a la multitud,
1330 1519 3588 4008 2532 863 3588 3793
VAAS1P P DASN BP CLN VAAP-PNM DASM NASM

παραλαμβάνουσιν αὐτὸν ὡς ἦν ἐν τῷ πλοίῳ, καὶ ἄλλα πλοῖα
toman consigo a él como estaba en la barco, y otros barcos
3880 846 5613 2258 1722 3588 4143 2532 243 4143
VPAI3P RP3ASM CAM VIAI3S P DDSN NDSN CLN JNPN NNPN

ἦν μετ᾽ αὐτοῦ. 37 καὶ γίνεται λαῖλαψ μεγάλη ἀνέμου, καὶ τὰ
estaba(n) con él. Y sucede una tormenta grande de viento, y las
2258 3326 846 2532 1096 2978 3173 417 2532 3588
VIAI3S P RP3GSM CLN VPUI3S NNSF JNSF NGSM CLN DNPN

κύματα ἐπέβαλλεν εἰς τὸ πλοῖον, ὥστε ἤδη γεμίζεσθαι τὸ
olas caían sobre en el barco, de modo que ya llenar el
2949 1911 1519 3588 4143 5620 2235 1072 3588
NNPN VIAI3S P DASN NASN CAR B VPPN DASN

πλοῖον. 38 καὶ αὐτὸς ἦν ἐν τῇ πρύμνῃ ἐπὶ τὸ προσκεφάλαιον
barco. Y él estaba en la popa sobre$_2$ el$_3$ cabezal.$_4$
4143 2532 846 2258 1722 3588 4403 1909 3588 4344
NASN CLN RP3NSMP VIAI3S P DDSF NDSF P DASN NASN

καθεύδων· καὶ ἐγείρουσιν αὐτὸν καὶ λέγουσιν αὐτῷ· Διδάσκαλε,
durmiendo$_1$ Y despiertan a él y dicen a él: Maestro,
2518 2532 1453 846 2532 3004 846 1320
VPAP-SNM CLN VPAI3P RP3ASM CLN VPAI3P RP3DSM NVSM

οὐ μέλει σοι ὅτι ἀπολλύμεθα; 39 καὶ διεγερθεὶς ἐπετίμησεν τῷ
¿no importa a ti que perecemos? Y habiéndose despertado, reprendió al
3756 3199 4671 3754 622 2532 1326 2008 3588
TN, TI VPAI3S RP2DS CSC VPMI1P CLN VAPP-SNM VAAI3S DDSM

ἀνέμῳ καὶ εἶπεν τῇ θαλάσσῃ· Σιώπα, πεφίμωσο. καὶ ἐκόπασεν ὁ
viento y dijo al mar: ¡Calla, enmudece! Y$_1$ cesó,$_4$ el$_2$
417 2532 2036 3588 2281 4623 5392 2532 2869 3588
NDSM CLN VAAI3S DDSF NDSF VPAM2S VRPM2S CLN VAAI3S DNSM

ἄνεμος, καὶ ἐγένετο γαλήνη μεγάλη. 40 καὶ εἶπεν αὐτοῖς· Τί δειλοί
viento$_3$ y sucedió una calma grande. Y dijo a ellos: ¿Por qué miedosos?$_2$
417 2532 1096 1055 3173 2532 2036 846 5101 1169
NNSM CLN VAMI3S NNSF JNSF CLN VAAI3S RP3DPM RI-ASN JNPM

ἐστε; οὔπω ἔχετε πίστιν; 41 καὶ ἐφοβήθησαν φόβον καὶ ἔλεγον
sois$_1$ ¿Todavía no tenéis fe? Y temieron un temor y decían
2075 3768 2192 4102 2532 5399 5401 2532 3004
VPAI2P BN VPAI2P NASF CLN VAPI3P NASM CLN VIAI3P

NVI

33 Y con muchas
parábolas semejantes les
enseñaba Jesús la palabra
hasta donde podían
entender. 34 No les decía
nada sin emplear parábo-
las. Pero, cuando estaba a
solas con sus discípulos,
les explicaba todo.

Jesús calma la tormenta

35 Ese día al ano-
checer, les dijo a sus
discípulos:
—Crucemos al otro
lado.
36 Dejaron a la multi-
tud y se fueron con él en
la barca donde estaba.
También lo acompaña-
ban otras barcas. 37 Se
desató entonces una
fuerte tormenta, y las
olas azotaban la barca,
tanto que ya comenzaba
a inundarse. 38 Jesús,
mientras tanto, estaba
en la popa, durmiendo
sobre un cabezal, así
que los discípulos lo
despertaron.
—¡Maestro! —grita-
ron—, ¿no te importa
que nos ahoguemos?
39 Él se levantó,
reprendió al viento y
ordenó al mar:
—¡Silencio!
¡Cálmate!
El viento se calmó y
todo quedó completa-
mente tranquilo.
40 —¿Por qué tienen
tanto miedo? —dijo
a sus discípulos—.
¿Todavía no tienen fe?
41 Ellos estaban

RVR

a otros: ¿Pues quién es este, que hasta el viento y el mar le obedecen?

El endemoniado gadareno

5 Y llegaron al otro lado del mar, a la región de los gadarenos.
2 Y en cuanto desembarcó, en seguida le salió al encuentro, de entre los sepulcros, un hombre poseído de un espíritu inmundo,
3 que tenía su morada entre los sepulcros, y ya nadie podía atarle ni con cadenas,
4 porque le habían atado muchas veces con grilletes y cadenas, pero él había roto las cadenas y destrozado los grilletes, y nadie tenía fuerza para dominarle.
5 Y continuamente, de noche y de día, andaba entre los sepulcros y por los montes, dando gritos y cortándose con piedras.
6 Al ver de lejos a Jesús, corrió y se postró ante él,
7 y gritando con gran voz, le dice: ¿Qué tengo yo que ver contigo, Jesús, Hijo del Dios Altísimo? Te conjuro por Dios que

πρὸς ἀλλήλους· Τίς ἄρα οὗτός ἐστιν ὅτι καὶ ὁ ἄνεμος καὶ ἡ
a unos a otros: ¿Quién, pues, este,$_2$ es$_1$ que también el viento y el
4314 240 5101 687 3778 2076 3754 2532 3588 417 2532 3588
P RC-APM RI-NSM CLI RD-NSM VPAI3S CSC CLA DNSM NNSM CLN DNSF

θάλασσα ὑπακούει αὐτῷ;
mar obedece a él?
2281 5219 846
NNSF VPAI3S RP3DSM

5 Καὶ ἦλθον εἰς τὸ πέραν τῆς θαλάσσης εἰς τὴν χώραν
Y llegaron a el otro lado del mar a la región
2532 2064 1519 3588 4008 3588 2281 1519 3588 5561
CLN VAAI3P P DASN BP DGSF NGSF P DASF NASF

τῶν ⸀Γερασηνῶν. 2 καὶ ἐξελθόντος αὐτοῦ ἐκ τοῦ πλοίου εὐθὺς
de los gerasenos. Y habiendo salido$_2$ él$_1$ de la barca, en seguida
3588 1046 2532 1831 846 1537 3588 4143 2117
DGPM NGPM, JGPM CLN VAAP-SGM RP3GSM P DGSN NGSN B, J

ὑπήντησεν αὐτῷ ἐκ τῶν μνημείων ἄνθρωπος ἐν πνεύματι
salió al encuentro$_8$ a él,$_9$ de$_1$ los$_2$ sepulcros$_3$ un hombre$_4$ con$_5$ un espíritu$_6$
5221 846 1537 3588 3419 444 1722 4151
VAAI3S RP3DSM P DGPN NGPN NNSM P NDSN

ἀκαθάρτῳ, 3 ὃς τὴν κατοίκησιν εἶχεν ἐν τοῖς μνήμασιν, καὶ
inmundo$_7$ el cual$_1$ la$_3$ morada$_4$ tenía$_2$ en los sepulcros, y$_1$
169 3739 3588 2731 2192 1722 3588 3418 2532
JDSN RR-NSM DASF NASF VIAI3S P DDPN NDPN CLN

οὐδὲ ἁλύσει οὐκέτι οὐδεὶς ἐδύνατο αὐτὸν δῆσαι 4 διὰ τὸ αὐτὸν
ni$_7$ con una cadena,$_8$ ya no$_3$ nadie$_2$ podía$_4$ a él$_6$ atar$_5$ por lo que él
3761 254 3765 3762 1410 846 1210 1223 3588 846
CLA, B NDSF BN JNSM VIUI3S RP3ASM VAAN P DASN RP3ASM

πολλάκις πέδαις καὶ ἁλύσεσι δεδέσθαι καὶ διεσπάσθαι ὑπ’ αὐτοῦ
muchas veces con grillos$_2$ y$_3$ con cadenas$_4$ haber sido atado$_1$ y$_5$ haber sido rotos$_8$ por$_9$ él$_{10}$
4178 3976 2532 254 1210 2532 1288 5259 846
B NDPF CLN NDPF VRPN CLC VRPN P RP3GSM

τὰς ἁλύσεις καὶ τὰς πέδας συντετρῖφθαι, καὶ οὐδεὶς ἴσχυεν αὐτὸν
las$_6$ cadenas$_7$ y los grillos haber sido quebrados, y nadie podía a él.$_2$
3588 254 2532 3588 3976 4937 2532 3762 2480 846
DAPF NAPF CLN DAPF NAPF VRPN CLN JNSM VIAI3S RP3ASM

δαμάσαι· 5 καὶ διὰ παντὸς νυκτὸς καὶ ἡμέρας ἐν τοῖς μνήμασιν
dominar$_1$ Y por toda (la) noche y (el) día en los sepulcros
1150 2532 1223 3956 3571 2532 2250 1722 3588 3418
VAAN CLN P JGSM, JGSN NGSF CLN NGSF P DDPN NDPN

καὶ ἐν τοῖς ὄρεσιν ἦν κράζων καὶ κατακόπτων ἑαυτὸν λίθοις.
y en los montes estaba gritando y cortando a sí mismo con piedras.
2532 1722 3588 3735 2258 2896 2532 2629 1438 3037
CLN P DDPN NDPN VIAI3S VPAP-SNM CLN VPAP-SNM RF3ASM NDPM

6 καὶ ἰδὼν τὸν Ἰησοῦν ἀπὸ μακρόθεν ἔδραμεν καὶ προσεκύνησεν
Y habiendo visto a -- Jesús de lejos corrió y se postró ante
2532 1492 3588 2424 575 3113 5143 2532 4352
CLN VAAP-SNM DASM NASM P B VAAI3S CLN VAAI3S

αὐτόν, 7 καὶ κράξας φωνῇ μεγάλῃ λέγει· Τί ἐμοὶ καὶ σοί,*
él, y habiendo gritado voz$_2$ con gran$_1$ dice: ¿Qué a mí y a ti,
846 2532 2896 5456 3173 3004 5101 1698 2532 4671
RP3ASM CLN VAAP-SNM NDSF JDSF VPAI3S RI-NSN RP1DS CLN RP2DS

Ἰησοῦ υἱὲ τοῦ θεοῦ τοῦ ὑψίστου; ὁρκίζω σε τὸν θεόν, μή
Jesús, Hijo del Dios -- Altísimo? Conjuro a ti (por) -- Dios no$_1$
2424 5207 3588 2316 3588 5310 3726 4571 3588 2316 3361
NVSM NVSM DGSM NGSM DGSM JGSM VPAI1S RP2AS DASM NASM BN, TN

NVI

espantados y se decían unos a otros:
—¿Quién es este, que hasta el viento y el mar le obedecen?

Liberación de un endemoniado

5 Cruzaron el lago hasta llegar a la región de los gerasenos.
2 Tan pronto como desembarcó Jesús, un hombre poseído por un espíritu maligno le salió al encuentro de entre los
sepulcros. 3 Este hombre vivía en los sepulcros, y ya nadie podía sujetarlo, ni siquiera con cadenas.
4 Muchas veces lo habían atado con cadenas y grilletes, pero él los destrozaba, y nadie tenía fuerza para dominarlo.
5 Noche y día andaba por los sepulcros y por las colinas, gritando y golpeándose con piedras.
6 Cuando vio a Jesús desde lejos, corrió y se postró delante de él.
7 —¿Por qué te entrometes, Jesús, Hijo del Dios Altísimo? —gritó con fuerza—. ¡Te ruego por Dios que no me

5:1⸀ Manuscritos inferiores tienen *gadarenos*. **5:7*** O sea *¿Qué tengo que hacer yo contigo.*

RVR

no me atormentes.
8 Porque le decía: Sal
del hombre, espíritu
inmundo.
9 Y le preguntaba: ¿Cuál
es tu nombre? Y él le
dice: Mi nombre es
legión, porque somos
muchos.
10 Y le suplicaba con
insistencia que no los en-
viara fuera de la región.
11 Había allí en la ladera
del monte una gran pia-
ra de cerdos paciendo;
12 y le rogaron los demo-
nios diciendo: Envíanos
a los cerdos para que
entremos en ellos.
13 Él les dio permiso. Y
los espíritus inmundos,
saliendo, entraron en los
cerdos; y la piara, unos
dos mil, corrió a preci-
pitarse por el acantilado
al mar, y se ahogaron en
el mar.
14 Los que los apacenta-
ban huyeron a contarlo
en la ciudad y por los
campos; y vinieron a
ver qué era lo que había
sucedido.
15 Llegan adonde estaba
Jesús, y se quedan con-
templando al endemo-
niado, sentado, vestido,
y en su sano juicio,

με	βασανίσῃς.	8 ἔλεγεν	γὰρ	αὐτῷ·	Ἔξελθε	τὸ	πνεῦμα	τὸ
a mí.$_3$	atormentes$_2$	decía$_2$	Porque$_1$	a él:	¡Sal,	--	espíritu	--
3165	928	3004	1063	846	1831	3588	4151	3588
RP1AS	*VAAS2S*	*VIAI3S*	*CAZ*	*RP3DSN, RP3DSM*	*VAAM2S*	*DNSN*	*NNSN*	*DNSN*

ἀκάθαρτον	ἐκ	τοῦ	ἀνθρώπου.	9 καὶ	ἐπηρώτα	αὐτόν·	Τί	ὄνομά
inmundo,	de	el	hombre!	Y	preguntaba	a él:	¿Cuál	nombre
169	1537	3588	444	2532	1905	846	5101	3686
JNSN	*P*	*DGSM*	*NGSM*	*CLN*	*VIAI3S*	*RP3ASM*	*RI-NSN*	*NNSN*

σοι;	καὶ	λέγει	αὐτῷ·	Λεγιὼν	ὄνομά	μοι,	ὅτι	πολλοί	ἐσμεν.
(es) a ti?	Y	dice	a él:	Legión	nombre (es)	a mí;	porque	muchos.$_2$	somos$_1$
4671	2532	3004	846	3003	3686	3427	3754	4183	2070
RP2DS	*CLN*	*VPAI3S*	*RP3DSM*	*NNSF*	*NNSN*	*RP1DS*	*CAZ*	*JNPM*	*VPAI1P*

10 καὶ	παρεκάλει	αὐτὸν	πολλὰ	ἵνα	μὴ	αὐτὰ	ἀποστείλῃ	ἔξω
Y	rogaba	a él	mucho	para que$_1$	no$_2$	a ellos$_4$	enviara$_3$	fuera
2532	3870	846	4183	2443	3361	846	649	1854
CLN	*VIAI3S*	*RP3ASM*	*JAPN*	*CSC*	*BN, TN*	*RP3APN*	*VAAS3S*	*P, B*

τῆς	χώρας.	11 ἦν	δὲ	ἐκεῖ	πρὸς	τῷ	ὄρει	ἀγέλη	χοίρων	μεγάλη
de la	región.	había$_5$	Mas$_1$	allí$_6$	junto a$_8$	el$_9$	monte$_{10}$	una manada$_2$	de cerdos$_3$	grande$_4$
3588	5561	2258	1161	1563	4314	3588	3735	34	5519	3173
DGSF	*NGSF*	*VIAI3S*	*CLN*	*BP*	*P*	*DDSN*	*NDSN*	*NNSF*	*NGPM*	*JNSF*

βοσκομένη·	12 καὶ	παρεκάλεσαν	⸀αὐτὸν	λέγοντες·	Πέμψον	ἡμᾶς
apacentando;$_7$	y	rogaron	a él	diciendo:	Envía	a nosotros
1006	2532	3870	846	3004	3992	2248
VPPP-SNF	*CLN*	*VAAI3P*	*RP3ASM*	*VPAP-PNM*	*VAAM2S*	*RP1AP*

εἰς	τοὺς	χοίρους,	ἵνα	εἰς	αὐτοὺς	εἰσέλθωμεν.	13 καὶ	ἐπέτρεψεν
a	los	cerdos,	para que	en$_2$	ellos.$_3$	entremos$_1$	Y	permitió
1519	3588	5519	2443	1519	846	1525	2532	2010
P	*DAPM*	*NAPM*	*CAP*	*P*	*RP3APM*	*VAAS1P*	*CLN*	*VAAI3S*

αὐτοῖς.	καὶ	ἐξελθόντα	τὰ	πνεύματα	τὰ	ἀκάθαρτα	εἰσῆλθον
a ellos.	Y$_1$	habiendo salido$_6$	los$_2$	espíritus$_3$	--$_4$	inmundos,$_5$	entraron
846	2532	1831	3588	4151	3588	169	1525
RP3DPN, RP3DPM	*CLN*	*VAAP-PNN*	*DNPN*	*NNPN*	*DNPN*	*JNPN*	*VAAI3P*

εἰς	τοὺς	χοίρους,	καὶ	ὥρμησεν	ἡ	ἀγέλη	κατὰ	τοῦ	κρημνοῦ	εἰς
en	los	cerdos,	y$_1$	se precipitó$_6$	la$_2$	manada,$_3$	por$_7$	el$_8$	acantilado$_9$	hacia$_{10}$
1519	3588	5519	2532	3729	3588	34	2596	3588	2911	1519
P	*DAPM*	*NAPM*	*CLN*	*VAAI3S*	*DNSF*	*NNSF*	*P*	*DGSM*	*NGSM*	*P*

τὴν	θάλασσαν,	ὡς	δισχίλιοι,	καὶ	ἐπνίγοντο	ἐν	τῇ	θαλάσσῃ.
el$_{11}$	mar,$_{12}$	como$_4$	dos mil,$_5$	y	se ahogaban	en	el	mar.
3588	2281	5613	1367	2532	4155	1722	3588	2281
DASF	*NASF*	*CAM, B*	*JNPM*	*CLN*	*VIPI3P*	*P*	*DDSF*	*NDSF*

14 Καὶ	οἱ	βόσκοντες	αὐτοὺς	ἔφυγον	καὶ	ἀπήγγειλαν
Y	los que	apacentaban	a ellos	huyeron	e	informaron
2532	3588	1006	846	5343	2532	518
CLN	*DNPM*	*VPAP-PNM*	*RP3APM*	*VAAI3P*	*CLN*	*VAAI3P*

εἰς	τὴν	πόλιν	καὶ	εἰς	τοὺς	ἀγρούς·	καὶ	ἦλθον	ἰδεῖν	τί	ἐστιν
en	la	ciudad	y	en	los	campos,	y	fueron	para ver	qué	es
1519	3588	4172	2532	1519	3588	68	2532	2064	1492	5101	2076
P	*DASF*	*NASF*	*CLN*	*P*	*DAPM*	*NAPM*	*CLN*	*VAAI3P*	*VAAN*	*RI-NSN*	*VPAI3S*

τὸ	γεγονός.	15 καὶ	ἔρχονται	πρὸς	τὸν	Ἰησοῦν,	καὶ	θεωροῦσιν
lo que	sucedió.	Y	vienen	a	--	Jesús,	y	observan
3588	1096	2532	2064	4314	3588	2424	2532	2334
DNSN	*VRAP-SNN*	*CLN*	*VPUI3P*	*P*	*DASM*	*NASM*	*CLN*	*VPAI3P*

τὸν	δαιμονιζόμενον	καθήμενον	ἱματισμένον	καὶ	σωφρονοῦντα,
al	endemoniado	sentado,	vestido	y	estando en su sano juicio,
3588	1139	2521	2439	2532	4993
DASM	*VPUP-SAM*	*VPUP-SAM*	*VRPP-SAM*	*CLN*	*VPAP-SAM*

NVI

atormentes!
8 Es que Jesús le
había dicho: «¡Sal de
este hombre, espíritu
maligno!»
9 —¿Cómo te llamas?
—le preguntó Jesús.
—Me llamo Legión
—respondió—, porque
somos muchos.
10 Y con insistencia le
suplicaba a Jesús que no
los expulsara de aquella
región.
11 Como en una
colina estaba paciendo
una manada de muchos
cerdos, los demonios le
rogaron a Jesús:
12 —Mándanos a los
cerdos; déjanos entrar
en ellos.
13 Así que él les dio
permiso. Cuando los
espíritus malignos
salieron del hombre,
entraron en los cerdos,
que eran unos dos mil, y
la manada se precipitó al
lago por el despeñadero
y allí se ahogó.
14 Los que cuidaban
los cerdos salieron hu-
yendo y dieron la noticia
en el pueblo y por los
campos, y la gente fue a
ver lo que había pasado.
15 Llegaron adonde
estaba Jesús y, cuando
vieron al que había esta-
do poseído por la legión
de demonios, sentado,
vestido y en su sano
juicio, tuvieron miedo.

5:12⸀ Manuscritos inferiores aumentaron *todos los demonios.*

RVR

al mismo que había
tenido la legión, y les
entró miedo.
16 Y los que lo habían
visto les refirieron cómo
le había ocurrido aque-
llo al endemoniado, y lo
de los cerdos.
17 Entonces comen-
zaron a rogarle que se
alejara de los confines
de ellos.
18 Al entrar en la barca,
el que había estado
endemoniado le rogaba
que le dejara quedarse
con él.
19 Pero no se lo permi-
tió, sino que le dijo:
Vete a tu casa, adonde
los tuyos, y cuéntales
todo cuanto el Señor
ha hecho por ti, y cómo
tuvo compasión de ti.
20 Él se fue, y comenzó a
proclamar en Decápolis
cuanto había hecho
Jesús por él; y todos se
admiraban.

La hija de Jairo, y la mujer que tocó el manto de Jesucristo

21 Jesús pasó de nuevo
en la barca a la otra ori-
lla, y se aglomeró junto
a él una gran multitud;
y él estaba junto al mar.
22 En esto, llega uno de
los dirigentes de la sina-
goga, llamado Jairo, y
al verle, cae ante sus pies,
23 y le suplica con
insistencia, diciendo:

τὸν	ἐσχηκότα	τὸν	λεγιῶνα,	καὶ	ἐφοβήθησαν.	16 καὶ
al que	había tenido	la	legión,	y	tuvieron miedo.	Y
3588	2192	3588	3003	2532	5399	2532
DASM	*VRAP-SAM*	*DASM*	*NASM, NASF*	*CLN*	*VAPI3P*	*CLN*

διηγήσαντο	αὐτοῖς	οἱ	ἰδόντες	πῶς	ἐγένετο	τῷ
contaron detalladamente$_{3}$	a ellos$_{4}$	los que vieron$_{1}$	$_{2}$	cómo	sucedió	al que había
1334	846	3588	1492	4459	1096	3588
VAMI3P	*RP3DPM*	*DNPM*	*VAAP-PNM*	*B*	*VAMI3S*	*DDSM*

δαιμονιζομένῳ	καὶ	περὶ	τῶν	χοίρων.	17 καὶ	ἤρξαντο	παρακαλεῖν
estado endemoniado	y	acerca de	los	cerdos.	Y	comenzaron	a rogar
1139	2532	4012	3588	5519	2532	756	3870
VPUP-SDM	*CLN*	*P*	*DGPM*	*NGPM*	*CLN*	*VAMI3P*	*VPAN*

αὐτὸν	ἀπελθεῖν	ἀπὸ	τῶν	ὁρίων	αὐτῶν.	18 καὶ	ἐμβαίνοντος	αὐτοῦ	εἰς
a él	ir	de	los	territorios	de ellos.	Y$_{1}$	al entrar$_{3}$	él,$_{2}$	en$_{4}$
846	565	575	3588	3725	846	2532	1684	846	1519
RP3ASM	*VAAN*	*P*	*DGPN*	*NGPN*	*RP3GPM*	*CLN*	*VPAP-SGM*	*RP3GSM*	*P*

τὸ	πλοῖον	παρεκάλει	αὐτὸν	ὁ	δαιμονισθεὶς	ἵνα	μετ’	αὐτοῦ
la$_{5}$	barca,$_{6}$	rogaba$_{9}$	a él$_{10}$	el que había$_{7}$	estado endemoniado$_{8}$	que	con	él (pudiera)
3588	4143	3870	846	3588	1139	2443	3326	846
DASN	*NASN*	*VIAI3S*	*RP3ASM*	*DNSM*	*VAPP-SNM*	*CSC*	*P*	*RP3GSM*

ᾖ.	19 ⸀καὶ	οὐκ	ἀφῆκεν	αὐτόν,	ἀλλὰ	λέγει	αὐτῷ·	῞Υπαγε	εἰς	τὸν
esté (estar).	Y	no	dejó	a él,	sino	dice	a él:	Ve	a	la
5600	2532	3756	863	846	235	3004	846	5217	1519	3588
VPAS3S	*CLN*	*BN, TN*	*VAAI3S*	*RP3ASM*	*CLC*	*VPAI3S*	*RP3DSM*	*VPAM2S*	*P*	*DASM*

οἶκόν	σου	πρὸς	τοὺς	σούς,	καὶ	ἀπάγγειλον	αὐτοῖς	ὅσα	ὁ
casa	de ti,	a	los	de ti,	y	anuncia	a ellos	cuantas cosas	el
3624	4675	4314	3588	4674	2532	518	846	3745	3588
NASM	*RP2GS*	*P*	*DAPM*	*RS2APM, JAPM*	*CLN*	*VAAM2S*	*RP3DPM*	*RK-APN*	*DNSM*

κύριός	σοι	πεποίηκεν	καὶ	ἠλέησέν	σε.	20 καὶ	ἀπῆλθεν	καὶ	ἤρξατο
Señor	a ti$_{2}$	ha hecho$_{1}$	y	tuvo compasión	a ti.	Y	se fue	y	comenzó
2962	4671	4160	2532	1653	4571	2532	565	2532	756
NNSM	*RP2DS*	*VRAI3S*	*CLN*	*VAAI3S*	*RP2AS*	*CLN*	*VAAI3S*	*CLN*	*VAMI3S*

κηρύσσειν	ἐν	τῇ	Δεκαπόλει	ὅσα	ἐποίησεν	αὐτῷ	ὁ	Ἰησοῦς,
a proclamar	en	--	Decápolis	cuantas cosas	hizo$_{3}$	para él,$_{4}$	--$_{1}$	Jesús$_{2}$
2784	1722	3588	1179	3745	4160	846	3588	2424
VPAN	*P*	*DDSF*	*NDSF*	*RK-APN*	*VAAI3S*	*RP3DSM*	*DNSM*	*NNSM*

καὶ	πάντες	ἐθαύμαζον.
y	todos	se admiraban.
2532	3956	2296
CLN	*JNPM*	*VIAI3P*

21 Καὶ	διαπεράσαντος	τοῦ	Ἰησοῦ	ἐν	τῷ	πλοίῳ	πάλιν	εἰς
Y$_{1}$	habiendo pasado$_{4}$	--$_{2}$	Jesús$_{3}$	en$_{6}$	la$_{7}$	barca$_{8}$	de nuevo$_{5}$	hacia
2532	1276	3588	2424	1722	3588	4143	3825	1519
CLN	*VAAP-SGM*	*DGSM*	*NGSM*	*P*	*DDSN*	*NDSN*	*B*	*P*

τὸ	πέραν	συνήχθη	ὄχλος	πολὺς	ἐπ’	αὐτόν,	καὶ	ἦν	παρὰ	τὴν
el	otro lado,	se reunió$_{3}$	multitud$_{2}$	una gran$_{1}$	con	él	y	estaba	junto a	el
3588	4008	4863	3793	4183	1909	846	2532	2258	3844	3588
DASN	*BP*	*VAPI3S*	*NNSM*	*JNSM*	*P*	*RP3ASM*	*CLN*	*VIAI3S*	*P*	*DASF*

θάλασσαν.	22 καὶ	ἔρχεται	εἷς	τῶν	ἀρχισυναγώγων,	ὀνόματι	Ἰάϊρος,
mar.	Y$_{1}$	viene$_{7}$	uno$_{2}$	de los$_{3}$	jefes de la sinagoga,$_{4}$	(de) nombre$_{5}$	Jairo,$_{6}$
2281	2532	2064	1520	3588	752	3686	2383
NASF	*CLN*	*VPUI3S*	*JNSM*	*DGPM*	*NGPM*	*NDSN*	*NNSM*

καὶ	ἰδὼν	αὐτὸν	πίπτει	πρὸς	τοὺς	πόδας	αὐτοῦ	23 καὶ	παρακαλεῖ
y	habiendo visto	a él,	cae	a	los	pies	de él,	Y	ruega
2532	1492	846	4098	4314	3588	4228	846	2532	3870
CLN	*VAAP-SNM*	*RP3ASM*	*VPAI3S*	*P*	*DAPM*	*NAPM*	*RP3GSM*	*CLN*	*VPAI3S*

NVI

16 Los que habían pre-
senciado estos hechos
le contaron a la gente lo
que había sucedido con
el endemoniado y con
los cerdos. 17 Entonces la
gente comenzó a supli-
carle a Jesús que se fuera
de la región.
18 Mientras subía
Jesús a la barca, el que
había estado endemo-
niado le rogaba que le
permitiera acompañar-
lo. 19 Jesús no se lo per-
mitió, sino que le dijo:
—Vete a tu casa, a
los de tu familia, y diles
todo lo que el Señor ha
hecho por ti y cómo te
ha tenido compasión.
20 Así que el hombre
se fue y se puso a pro-
clamar en Decápolis
lo mucho que Jesús
había hecho por él. Y
toda la gente se quedó
asombrada.

Una niña muerta y una mujer enferma

21 Después de que
Jesús regresó en la barca
al otro lado del lago, se
reunió alrededor de él
una gran multitud, por
lo que él se quedó en la
orilla. 22 Llegó entonces
uno de los jefes de la
sinagoga, llamado Jairo.
Al ver a Jesús, se arrojó a
sus pies, 23 suplicándole
con insistencia:

5:19⸀ Manuscritos inferiores aumentaron *Mas Jesús.*

RVR

Mi hijita está a punto de
morir; ven a poner las
manos sobre ella para
que se cure y viva.
24 Y se fue con él. Le se-
guía una gran multitud,
y le apretujaban.
25 En esto, una mujer
que padecía de conti-
nuas hemorragias desde
hacía doce años,
26 que había sufrido mu-
cho a manos de muchos
médicos, y había gasta-
do todos sus bienes sin
provecho alguno, sino
que, por el contrario,
había empeorado,
27 al oír hablar de Jesús,
se acercó entre el gentío
por detrás, y tocó su
manto.
28 Porque decía: Si toco
aunque sólo sea su man-
to, seré curada.
29 Inmediatamente cesó
su hemorragia, y sintió
en su cuerpo que había
quedado curada de su
aflicción.
30 Al instante, Jesús, per-
catándose en su interior
de que había salido de
él un poder, se dio la
vuelta entre el gentío, y
decía: ¿Quién ha tocado
mis vestidos?
31 Sus discípulos le

αὐτὸν	πολλὰ	λέγων	ὅτι	Τὸ	θυγάτριόν	μου	ἐσχάτως	ἔχει,*
a él	muchas (veces),	diciendo	que:	La	hijita	de mí	finalmente	tiene,
846	4183	3004	3754	3588	2365	3450	2079	2192
RP3ASM	*JAPN*	*VPAP-SNM*	*CSC*	*DNSN*	*NNSN*	*RP1GS*	*B*	*VPAI3S*

ἵνα	ἐλθὼν	ἐπιθῇς	τὰς	χεῖρας	αὐτῇ	ἵνα	σωθῇ	καὶ	ζήσῃ.
para que	habiendo venido	pongas	las	manos	a ella,	para que	sea salvada	y	viva.
2443	2064	2007	3588	5495	846	2443	4982	2532	2198
CSC	*VAAP-SNM*	*VAAS2S*	*DAPF*	*NAPF*	*RP3DSF*	*CAP*	*VAPS3S*	*CLN*	*VAAS3S*

24 καὶ	ἀπῆλθεν	μετ'	αὐτοῦ.
Y	se fue	con	él.
2532	565	3326	846
CLN	*VAAI3S*	*P*	*RP3GSM*

Καὶ	ἠκολούθει	αὐτῷ	ὄχλος	πολύς,	καὶ	συνέθλιβον	αὐτόν.	25 καὶ
Y$_1$	seguía$_4$	a él,$_5$	una multitud$_2$	grande$_3$	y	apretujaban	a él.	Y
2532	190	846	3793	4183	2532	4918	846	2532
CLN	*VIAI3S*	*RP3DSM*	*NNSM*	*JNSM*	*CLN*	*VIAI3P*	*RP3ASM*	*CLN*

γυνὴ	οὖσα	ἐν	ῥύσει	αἵματος	δώδεκα	ἔτη	26 καὶ	πολλὰ
una mujer	que está	con	flujo	de sangre	doce	años,	y	muchas (veces)
1135	5607	1722	4511	129	1427	2094	2532	4183
NNSF	*VPAP-SNF*	*P*	*NDSF*	*NGSN*	*XN, J*	*NAPN, NNPN*	*CLN*	*JAPN*

παθοῦσα	ὑπὸ	πολλῶν	ἰατρῶν	καὶ	δαπανήσασα	τὰ	παρ'	αὐτῆς
padeció	por	muchos	médicos	y	había gastado	las cosas$_2$	de parte de$_3$	de ella$_4$
3958	5259	4183	2395	2532	1159	3588	3844	846
VAAP-SNF	*P*	*JGPM*	*NGPM*	*CLN*	*VAAP-SNF*	*DAPN*	*P*	*RP3GSF*

πάντα*	καὶ	μηδὲν	ὠφεληθεῖσα	ἀλλὰ	μᾶλλον	εἰς	τὸ	χεῖρον
todas$_1$	y	ningún	provecho (había sacado),	sino	más bien	hacia$_2$	lo$_3$	peor,$_4$
3956	2532	3367	5623	235	3123	1519	3588	5501
JAPN	*CLN*	*JASN*	*VAPP-SNF*	*CLC*	*B*	*P*	*DASN*	*JASN*

ἐλθοῦσα,*1	27 ἀκούσασα	περὶ	τοῦ	Ἰησοῦ,	ἐλθοῦσα	ἐν	τῷ	ὄχλῳ
vino$_1$	habiendo oído	acerca de	--	Jesús,	vino	entre	la	multitud,
2064	191	4012	3588	2424	2064	1722	3588	3793
VAAP-SNF	*VAAP-SNF*	*P*	*DGSM*	*NGSM*	*VAAP-SNF*	*P*	*DDSM*	*NDSM*

ὄπισθεν	ἥψατο	τοῦ	ἱματίου	αὐτοῦ·	28 ἔλεγεν	γὰρ	ὅτι	Ἐὰν	ἅψωμαι
desde atrás	tocó	el	manto	de él;	decía$_2$	porque$_1$	que:	Si	toco
3693	680	3588	2440	846	3004	1063	3754	1437	680
B	*VAMI3S*	*DGSN*	*NGSN*	*RP3GSM*	*VIAI3S*	*CAZ*	*CSC*	*CAC*	*VAMS1S*

κἂν	τῶν	ἱματίων	αὐτοῦ	σωθήσομαι.	29 καὶ	εὐθὺς	ἐξηράνθη	ἡ
al menos	los	vestidos	de él,	seré sanada.	Y	en seguida	se secó$_5$	la$_1$
2579	3588	2440	846	4982	2532	2117	3583	3588
CAN, TC, B	*DGPN*	*NGPN*	*RP3GSM*	*VFPI1S*	*CLN*	*B, J*	*VAPI3S*	*DNSF*

πηγὴ	τοῦ	αἵματος	αὐτῆς,	καὶ	ἔγνω	τῷ	σώματι	ὅτι	ἴαται	ἀπὸ
fuente$_2$	de la$_3$	sangre$_4$	de ella,$_5$	y	supo	en el	cuerpo	que	había sido sanada	de
4077	3588	129	846	2532	1097	3588	4983	3754	2390	575
NNSF	*DGSN*	*NGSN*	*RP3GSF*	*CLN*	*VAAI3S*	*DDSN*	*NDSN*	*CSC*	*VRPI3S*	*P*

τῆς	μάστιγος.	30 καὶ	εὐθὺς	ὁ	Ἰησοῦς	ἐπιγνοὺς	ἐν	ἑαυτῷ	τὴν
la	enfermedad.	Y	en seguida,	--	Jesús	habiendo sabido	en	sí mismo	el$_2$
3588	3148	2532	2117	3588	2424	1921	1722	1438	3588
DGSF	*NGSF*	*CLN*	*B, J*	*DNSM*	*NNSM*	*VAAP-SNM*	*P*	*RF3DSM*	*DASF*

ἐξ	αὐτοῦ	δύναμιν	ἐξελθοῦσαν	ἐπιστραφεὶς	ἐν	τῷ	ὄχλῳ	ἔλεγεν·
de$_4$	él,$_5$	poder$_3$	que ha salido$_1$	habiéndose vuelto	a	la	multitud	decía:
1537	846	1411	1831	1994	1722	3588	3793	3004
P	*RP3GSM*	*NASF*	*VAAP-SAF*	*VAPP-SNM*	*P*	*DDSM*	*NDSM*	*VIAI3S*

Τίς	μου	ἥψατο	τῶν	ἱματίων;	31 καὶ	ἔλεγον	αὐτῷ	οἱ	μαθηταὶ
¿Quién	a mí$_2$	tocó$_1$	de los	vestidos?	Y$_1$	decían$_5$	a él:$_6$	los$_2$	discípulos$_3$
5101	3450	680	3588	2440	2532	3004	846	3588	3101
RI-NSF	*RP1GS*	*VAMI3S*	*DGPN*	*NGPN*	*CLN*	*VIAI3P*	*RP3DSM*	*DNPM*	*NNPM*

NVI

—Mi hijita se está
muriendo. Ven y pon tus
manos sobre ella para
que se sane y viva.
24 Jesús se fue con
él, y lo seguía una gran
multitud, la cual lo
apretujaba. 25 Había
entre la gente una mujer
que hacía doce años
padecía de hemorragias.
26 Había sufrido mucho
a manos de varios
médicos, y se había
gastado todo lo que
tenía sin que le hubiera
servido de nada, pues en
vez de mejorar, iba de
mal en peor. 27 Cuando
oyó hablar de Jesús,
se le acercó por detrás
entre la gente y le tocó el
manto. 28 Pensaba: «Si
logro tocar siquiera su
ropa, quedaré sana».
29 Al instante cesó su
hemorragia, y se dio
cuenta de que su cuerpo
había quedado libre de
esa aflicción.
30 Al momento
también Jesús se dio
cuenta de que de él había
salido poder, así que se
volvió hacia la gente y
preguntó:
—¿Quién me ha
tocado la ropa?
31 —Ves que te

5:23* O sea *está agonizando.* **5:26*** O sea *había gastado todo lo que tenía.* **5:26*1** O sea *se puso peor.*

RVR

decían: Estás viendo
que la multitud te apre-
tuja, y dices: ¿Quién me
ha tocado?
32 Pero él continuaba
mirando en torno suyo
para ver a la que lo había
hecho.
33 Entonces, la mujer,
temerosa y temblando,
sabiendo lo que le había
ocurrido, vino hacia él, y
echándose a sus pies, le
dijo toda la verdad.
34 Y él le dijo: Hija, tu
fe te ha sanado; vete en
paz, y queda sana de tu
aflicción.
35 Todavía estaba él
hablando, cuando de
casa del dirigente de la
sinagoga llegan unos
diciendo: Tu hija ha
muerto; ¿por qué mo-
lestas aún al Maestro?
36 Pero Jesús, no ha-
ciendo caso de lo que
se hablaba, le dice al
dirigente de la sinagoga:
No temas, cree sola-
mente.
37 Y no permitió que
nadie le acompañase,
excepto Pedro, Jacobo
y Juan el hermano de
Jacobo.
38 Llegan a la casa del di-
rigente de la sinagoga, y
allí observa el alboroto,
y a los que lloraban y da-
ban grandes alaridos;
39 y entrando, les dice:

αὐτοῦ. Βλέπεις τὸν ὄχλον συνθλίβοντά σε, καὶ λέγεις· Τίς μου
de él$_4$ Ves a la multitud apretujando a ti y dices: ¿Quién$_1$ a mí?$_3$
846 991 3588 3793 4918 4571 2532 3004 5101 3450
RP3GSM VPAI2S DASM NASM VPAP-SAM RP2AS CLN VPAI2S RI-NSF RP1GS

ἥψατο; 32 καὶ περιεβλέπετο ἰδεῖν τὴν τοῦτο ποιήσασαν. 33 ἡ δὲ
tocó$_2$ Y miraba alrededor para ver$_1$ a la que$_2$ esto.$_4$ había hecho$_3$ la$_2$ Mas$_1$
680 2532 4017 1492 3588 5124 4160 3588 1161
VAMI3S CLC VIMI3S VAAN DASF RD-ASN VAAP-SAF DNSF CLN

γυνὴ φοβηθεῖσα καὶ τρέμουσα, εἰδυῖα ὃ γέγονεν αὐτῇ, ἦλθεν
mujer,$_3$ habiendo temido y temblando, sabiendo lo que ha sucedido a ella, vino
1135 5399 2532 5141 1492 3739 1096 846 2064
NNSF VAPP-SNF CLN VPAP-SNF VRAP-SNF RR-NSN VRAI3S RP3DSF VAAI3S

καὶ προσέπεσεν αὐτῷ καὶ εἶπεν αὐτῷ πᾶσαν τὴν ἀλήθειαν. 34 ὁ
y se postró ante él y dijo a él toda la verdad. --$_2$
2532 4363 846 2532 2036 846 3956 3588 225 3588
CLN VAAI3S RP3DSM CLN VAAI3S RP3DSM JASF DASF NASF DNSM

δὲ εἶπεν αὐτῇ· Θυγάτηρ, ἡ πίστις σου σέσωκέν σε· ὕπαγε εἰς
Mas$_1$ dijo a ella: Hija, la fe de ti ha salvado a ti; ve en
1161 2036 846 2364 3588 4102 4675 4982 4571 5217 1519
CLN VAAI3S RP3DSF NVSF DNSF NNSF RP2GS VRAI3S RP2AS VPAM2S P

εἰρήνην, καὶ ἴσθι ὑγιὴς ἀπὸ τῆς μάστιγός σου.
paz, y sé sana de la enfermedad de ti.
1515 2532 2468 5199 575 3588 3148 4675
NASF CLN VPAM2S JNSF P DGSF NGSF RP2GS

35 Ἔτι αὐτοῦ λαλοῦντος ἔρχονται ἀπὸ τοῦ ἀρχισυναγώγου
Todavía él hablando, vienen de el jefe de la sinagoga
2089 846 2980 2064 575 3588 752
B RP3GSM VPAP-SGM VPUI3P P DGSM NGSM

λέγοντες ὅτι Ἡ θυγάτηρ σου ἀπέθανεν· τί ἔτι σκύλλεις τὸν
diciendo que: La hija de ti murió; ¿Por qué todavía molestas al
3004 3754 3588 2364 4675 599 5101 2089 4660 3588
VPAP-PNM CSC DNSF NNSF RP2GS VAAI3S RI-ASN B VPAI2S DASM

διδάσκαλον; 36 ὁ δὲ Ἰησοῦς παρακούσας τὸν λόγον λαλούμενον
maestro? --$_2$ Mas$_1$ Jesús habiendo alcanzado a oír la palabra que están hablando
1320 3588 1161 2424 3878 3588 3056 2980
NASM DNSM CLC NNSM VAAP-SNM DASM NASM VPPP-SAM

λέγει τῷ ἀρχισυναγώγῳ· Μὴ φοβοῦ, μόνον πίστευε. 37 καὶ
dice al jefe de la sinagoga: No temas, solo cree. Y
3004 3588 752 3361 5399 3440 4100 2532
VPAI3S DDSM NDSM BN, TN VPUM2S B, J VPAM2S CLN

οὐκ ἀφῆκεν οὐδένα μετ' αὐτοῦ συνακολουθῆσαι εἰ μὴ τὸν
no permitió a nadie$_2$ con$_3$ él,$_4$ acompañar$_1$ sino a --
3756 863 3762 3326 846 4870 1487 3361 3588
BN, TN VAAI3S JASM P RP3GSM VAAN CAC BN, TN DASM

Πέτρον καὶ Ἰάκωβον καὶ Ἰωάννην τὸν ἀδελφὸν Ἰακώβου. 38 καὶ
Pedro y a Jacob, y a Juan, el hermano de Jacob. Y
4074 2532 2385 2532 2491 3588 80 2385 2532
NASM CLN NASM CLN NASM DASM NASM NGSM CLN

ἔρχονται εἰς τὸν οἶκον τοῦ ἀρχισυναγώγου, καὶ θεωρεῖ θόρυβον
llegan a la casa del jefe de la sinagoga, y ve un alboroto,
2064 1519 3588 3624 3588 752 2532 2334 2351
VPUI3P P DASM NASM DGSM NGSM CLN VPAI3S NASM

καὶ κλαίοντας καὶ ἀλαλάζοντας πολλά, 39 καὶ εἰσελθὼν λέγει
y a los que lloran y lamentan muchos. Y habiendo entrado dice
2532 2799 2532 214 4183 2532 1525 3004
CLN VPAP-PAM CLN VPAP-PAM JAPN CLN VAAP-SNM VPAI3S

NVI

apretuja la gente —
le contestaron sus
discípulos—, y aun así
preguntas: "¿Quién me
ha tocado?"
32 Pero Jesús seguía
mirando a su alrede-
dor para ver quién lo
había hecho. 33 La mujer,
sabiendo lo que le había
sucedido, se acercó
temblando de miedo y,
arrojándose a sus pies, le
confesó toda la verdad.
34 —¡Hija, tu fe te
ha sanado! —le dijo
Jesús—. Vete en paz
y queda sana de tu
aflicción.
35 Todavía estaba
hablando Jesús cuando
llegaron unos hombres
de la casa de Jairo, jefe de
la sinagoga, para decirle:
—Tu hija ha muerto.
¿Para qué sigues moles-
tando al Maestro?
36 Sin hacer caso de la
noticia, Jesús le dijo al
jefe de la sinagoga:
—No tengas miedo;
cree nada más.
37 No dejó que nadie
lo acompañara, excepto
Pedro, Jacobo y Juan,
el hermano de Jacobo.
38 Cuando llegaron a la
casa del jefe de la sinago-
ga, Jesús notó el alboro-
to, y que la gente lloraba
y daba grandes alaridos.
39 Entró y les dijo:

RVR

¿Por qué alborotáis
y lloráis? La niña no
está muerta, sino que
duerme.
40 Y se reían de él. Pero
él, después de echar
fuera a todos, toma con-
sigo al padre de la niña
y a la madre, y a los que
estaban con él, y entra
adonde estaba la niña.
41 Y tomando la mano
de la niña, le dice: Talitá
cumi, que traducido
significa: Muchacha, a
ti te digo, levántate.
42 Y en seguida se
levantó la muchacha,
y se puso a caminar,
pues tenía doce años.
Al instante, quedaron
fuera de sí, llenos de
asombro.
43 Él les dio órdenes
estrictas de que nadie se
enterara de esto, y dijo
que le dieran a la niña
algo de comer.

Jesús en Nazaret

6 Salió de allí, y
vino a su pueblo,
y le acompañaban sus
discípulos.
2 Cuando llegó el sába-
do, comenzó a enseñar
en la sinagoga; y los mu-
chos que le escuchaban
estaban asombrados y
decían: ¿De dónde le
viene esto? ¿Y qué sabi-
duría es esta que se le

αὐτοῖς·	Τί	θορυβεῖσθε	καὶ	κλαίετε;	τὸ	παιδίον	οὐκ	ἀπέθανεν
a ellos:	¿Por qué	estáis alborotados	y	lloráis?	La	niña	no	murió,
846	5101	2350	2532	2799	3588	3813	3756	599
RP3DPM	*RI-ASN*	*VPPI2P*	*CLN*	*VPAI2P*	*DNSN*	*NNSN*	*BN, TN*	*VAAI3S*

ἀλλὰ	καθεύδει.	40 καὶ	κατεγέλων	αὐτοῦ.	αὐτὸς	δὲ	ἐκβαλὼν
sino	duerme.	Y	se burlaban	de él.	él$_2$	Mas$_1$	habiendo sacado$_3$
235	2518	2532	2606	846	846	1161	1544
CLC	*VPAI3S*	*CLN*	*VIAI3P*	*RP3GSM*	*RP3NSMP*	*CLC*	*VAAP-SNM*

πάντας	παραλαμβάνει	τὸν	πατέρα	τοῦ	παιδίου	καὶ	τὴν	μητέρα	καὶ
a todos,	toma consigo	al	padre	de la	niña	y	a la	madre	y
3956	3880	3588	3962	3588	3813	2532	3588	3384	2532
JAPM	*VPAI3S*	*DASM*	*NASM*	*DGSN*	*NGSN*	*CLN*	*DASF*	*NASF*	*CLN*

τοὺς	μετ'	αὐτοῦ,	καὶ	εἰσπορεύεται	ὅπου	ἦν	τὸ	παιδίον·
a los (que estaban)	con	él,	y	entra	donde	estaba	la	niña.
3588	3326	846	2532	1531	3699	2258	3588	3813
DAPM	*P*	*RP3GSM*	*CLN*	*VPUI3S*	*R, CAL*	*VIAI3S*	*DNSN*	*NNSN*

41 καὶ	κρατήσας	τῆς	χειρὸς	τοῦ	παιδίου	λέγει	αὐτῇ·	Ταλιθα	⸀κουμ,
Y	habiendo sujetado	de la	mano	de la	niña,	dice	a ella:	Talita	cum,
2532	2902	3588	5495	3588	3813	3004	846	5008	2891
CLN	*VAAP-SNM*	*DGSF*	*NGSF*	*DGSN*	*NGSN*	*VPAI3S*	*RP3DSF*	*NVSF, XF*	*VAAM2S, XF*

ὅ	ἐστιν	μεθερμηνευόμενον·	Τὸ	κοράσιον,	σοὶ	λέγω,	ἔγειρε.
lo que$_1$	es:$_3$	siendo traducido$_2$	--	Muchacha,	a ti	digo,	¡levántate!
3739	2076	3177	3588	2877	4671	3004	1453
RR-NSN	*VPAI3S*	*VPPP-SNN*	*DVSN, DNSN*	*NVSN, NNSN*	*RP2DS*	*VPAI1S*	*VPAM2S*

42 καὶ	εὐθὺς	ἀνέστη	τὸ	κοράσιον	καὶ	περιεπάτει,	ἦν	γὰρ	ἐτῶν
Y	en seguida	se levantó$_3$	la$_1$	muchacha$_2$	y	caminaba,	era$_2$	porque$_1$	años.$_4$
2532	2117	450	3588	2877	2532	4043	2258	1063	2094
CLN	*B, J*	*VAAI3S*	*DNSN*	*NNSN*	*CLN*	*VIAI3S*	*VIAI3S*	*CLX*	*NGPN*

δώδεκα.	καὶ	ἐξέστησαν	εὐθὺς	ἐκστάσει	μεγάλῃ.	43 καὶ	διεστείλατο
(de) doce$_3$	Y$_5$	se sorprendieron$_7$	en seguida$_6$	con asombro	grande.	Y	ordenó
1427	2532	1839	2117	1611	3173	2532	1291
XN, J	*CLN*	*VAAI3P*	*B, J*	*NDSF*	*JDSF*	*CLN*	*VAMI3S*

αὐτοῖς	πολλὰ	ἵνα	μηδεὶς	γνοῖ	τοῦτο,	καὶ	εἶπεν	δοθῆναι	αὐτῇ
a ellos	muchas (veces)	que	nadie	supiera	esto,	y	dijo	dar	a ella
846	4183	2443	3367	1097	5124	2532	2036	1325	846
RP3DPM	*JAPN*	*CSC*	*JNSM*	*VAAS3S*	*RD-ASN*	*CLN*	*VAAI3S*	*VAPN*	*RP3DSF*

φαγεῖν.
para comer.
5315
VAAN

6

Καὶ	ἐξῆλθεν	ἐκεῖθεν,	καὶ	ἔρχεται	εἰς	τὴν	πατρίδα	αὐτοῦ,	καὶ
Y	salió	de allí	y	viene	a	la	tierra natal	de él,	y$_1$
2532	1831	1564	2532	2064	1519	3588	3968	846	2532
CLN	*VAAI3S*	*BP*	*CLN*	*VPUI3S*	*P*	*DASF*	*NASF*	*RP3GSM*	*CLN*

ἀκολουθοῦσιν	αὐτῷ	οἱ	μαθηταὶ	αὐτοῦ.	2 καὶ	γενομένου	σαββάτου
siguen$_5$	a él.$_6$	los$_2$	discípulos$_3$	de él$_4$	Y	habiendo llegado	(el) sábado,
190	846	3588	3101	846	2532	1096	4521
VPAI3P	*RP3DSM*	*DNPM*	*NNPM*	*RP3GSM*	*CLN*	*VAMP-SGN*	*NGSN*

ἤρξατο	διδάσκειν	ἐν	τῇ	συναγωγῇ·	καὶ	οἱ	πολλοὶ	ἀκούοντες
comenzó	a enseñar	en	la	sinagoga;	y	los	muchos	que están oyendo,
756	1321	1722	3588	4864	2532	3588	4183	191
VAMI3S	*VPAN*	*P*	*DDSF*	*NDSF*	*CLN*	*DNPM*	*JNPM*	*VPAP-PNM*

ἐξεπλήσσοντο	λέγοντες·	Πόθεν	τούτῳ	ταῦτα,	καὶ	τίς	ἡ	σοφία
se admiraban	diciendo:	¿De dónde	(tiene) este	estas (cosas),	y	qué	la	sabiduría
1605	3004	4159	5129	5023	2532	5101	3588	4678
VIPI3P	*VPAP-PNM*	*BI*	*RD-DSM*	*RD-NPN*	*CLN*	*RI-NSF*	*DNSF*	*NNSF*

NVI

—¿Por qué tanto
alboroto y llanto? La
niña no está muerta,
sino dormida.
40 Entonces empe-
zaron a burlarse de él,
pero él los sacó a todos,
tomó consigo al padre
y a la madre de la niña
y a los discípulos que
estaban con él, y entró
adonde estaba la niña.
41 La tomó de la mano
y le dijo:
—*Talita cum* (que
significa: Niña, a ti te
digo, ¡levántate!).
42 La niña, que tenía
doce años, se levantó
en seguida y comen-
zó a andar. Ante este
hecho todos se llenaron
de asombro. 43 Él dio
órdenes estrictas de que
nadie se enterara de lo
ocurrido, y les mandó
que le dieran de comer
a la niña.

Un profeta sin honra

6 Salió Jesús de allí
y fue a su tierra, en
compañía de sus discí-
pulos. 2 Cuando llegó
el sábado, comenzó a
enseñar en la sinagoga.
—¿De dónde sacó
este tales cosas? —
decían maravillados
muchos de los que le
oían—. ¿Qué sabiduría

5:41⸀ Manuscritos inferiores tienen *cumi.*

RVR

ha dado? ¿Y tales
milagros que se realizan
mediante sus manos?
3 ¿No es este el carpin-
tero, el hijo de María
y hermano de Jacobo,
José, Judas y Simón? ¿Y
no están sus hermanas
aquí con nosotros? Y se
escandalizaban a causa
de él.
4 Jesús les decía: No hay
profeta sin honra, excep-
to en su propio pueblo,
entre sus parientes, y en
su casa.
5 Y no podía hacer allí
ningún milagro, excepto
que sanó a unos pocos
enfermos poniendo las
manos sobre ellos.
6 Y se asombró de la
incredulidad de ellos.
Y recorría las aldeas
enseñando.

Misión de los doce discípulos

7 Llamando a los doce,
comenzó a enviarlos de
dos en dos, y les daba
autoridad sobre los
espíritus inmundos;
8 y les encargaba que
no tomasen nada para
el camino, excepto un
solo bastón; ni pan, ni
alforja, ni dinero en el
cinto;
9 sino calzados con

ἡ	δοθεῖσα	τούτῳ,	καὶ	αἱ	δυνάμεις	τοιαῦται	διὰ	τῶν
que	ha sido dada	a este?	¿Y	los	milagros	tales	por medio de$_2$	las$_3$
3588	1325	5129	2532	3588	1411	5108	1223	3588
DNSF	*VAPP-SNF*	*RD-DSM*	*CLN*	*DNPF*	*NNPF*	*RD-NPF*	*P*	*DGPF*

χειρῶν	αὐτοῦ	γινόμεναι;	3 οὐχ	οὗτός	ἐστιν	ὁ	τέκτων,	ὁ	υἱὸς	τῆς
manos$_4$	de él?$_5$	que suceden$_1$	¿No	este$_2$	es$_1$	el	carpintero,	el	hijo	de --
5495	846	1096	3756	3778	2076	3588	5045	3588	5207	3588
NGPF	*RP3GSM*	*VPUP-PNF*	*TN, TI*	*RD-NSM*	*VPAI3S*	*DNSM*	*NNSM*	*DNSM*	*NNSM*	*DGSF*

Μαρίας	καὶ	ἀδελφὸς	Ἰακώβου	καὶ	Ἰωσῆτος	καὶ	Ἰούδα	καὶ	Σίμωνος;
María	y	hermano	de Jacob	y	de José	y	de Judas	y	de Simón?
3137	2532	80	2385	2532	2500	2532	2455	2532	4613
NGSF	*CLN*	*NNSM*	*NGSM*	*CLN*	*NGSM*	*CLN*	*NGSM*	*CLN*	*NGSM*

καὶ	οὐκ	εἰσὶν	αἱ	ἀδελφαὶ	αὐτοῦ	ὧδε	πρὸς	ἡμᾶς;	καὶ	ἐσκανδαλίζοντο
¿Y	no	están	las	hermanas	de él	aquí	con	nosotros?	Y	se escandalizaban
2532	3756	1526	3588	79	846	5602	4314	2248	2532	4624
CLN	*TN, TI*	*VPAI3P*	*DNPF*	*NNPF*	*RP3GSM*	*BP*	*P*	*RP1AP*	*CLN*	*VIPI3P*

ἐν	αὐτῷ.	4 καὶ	ἔλεγεν	αὐτοῖς	ὁ	Ἰησοῦς	ὅτι	Οὐκ	ἔστιν	προφήτης
en	él.	Y$_1$	decía$_4$	a ellos$_5$	--$_2$	Jesús$_3$	que:$_6$	no$_8$	es (hay)$_9$	(Un) profeta$_7$
1722	846	2532	3004	846	3588	2424	3754	3756	2076	4396
P	*RP3DSM*	*CLN*	*VIAI3S*	*RP3DPM*	*DNSM*	*NNSM*	*CSC*	*BN, TN*	*VPAI3S*	*NNSM*

ἄτιμος	εἰ	μὴ	ἐν	τῇ	πατρίδι	αὐτοῦ	καὶ	ἐν	τοῖς	συγγενεῦσιν
sin honra	si	no	en	la	tierra natal	de él	y	entre	los	parientes
820	1487	3361	1722	3588	3968	846	2532	1722	3588	4773
JNSM	*CAC*	*BN, TN*	*P*	*DDSF*	*NDSF*	*RP3GSM*	*CLN*	*P*	*DDPM*	*JDPM*

αὐτοῦ	καὶ	ἐν	τῇ	οἰκίᾳ	αὐτοῦ.	5 καὶ	οὐκ	ἐδύνατο	ἐκεῖ	ποιῆσαι
de él	y	en	la	casa	de él.	Y	no	podía	allí	hacer
846	2532	1722	3588	3614	846	2532	3756	1410	1563	4160
RP3GSM	*CLN*	*P*	*DDSF*	*NDSF*	*RP3GSM*	*CLN*	*BN, TN*	*VIUI3S*	*BP*	*VAAN*

οὐδεμίαν	δύναμιν,	εἰ	μὴ	ὀλίγοις	ἀρρώστοις	ἐπιθεὶς	τὰς	χεῖρας
ningún	milagro,	si	no	a pocos$_2$	enfermos,$_3$	habiendo impuesto$_4$	las$_5$	manos.$_6$
3762	1411	1487	3361	3641	732	2007	3588	5495
JASF	*NASF*	*CAC*	*BN, TN*	*JDPM*	*JDPM*	*VAAP-SNM*	*DAPF*	*NAPF*

ἐθεράπευσεν.	6 καὶ	ἐθαύμαζεν	διὰ	τὴν	ἀπιστίαν	αὐτῶν.
sanó$_1$	Y	se admiraba	a causa de	la	incredulidad	de ellos.
2323	2532	2296	1223	3588	570	846
VAAI3S	*CLN*	*VIAI3S*	*P*	*DASF*	*NASF*	*RP3GPM*

Καὶ	περιῆγεν	τὰς	κώμας	κύκλῳ	διδάσκων.	7 καὶ	προσκαλεῖται
Y	recorría	las	aldeas	de alrededor	enseñando.	Y	llama hacia sí
2532	4013	3588	2968	2945	1321	2532	4341
CLN	*VIAI3S*	*DAPF*	*NAPF*	*BP, NDSM*	*VPAP-SNM*	*CLN*	*VPUI3S*

τοὺς	δώδεκα,	καὶ	ἤρξατο	αὐτοὺς	ἀποστέλλειν	δύο	δύο,	καὶ	ἐδίδου
a los	doce,	y	comenzó$_1$	a ellos,$_5$	a enviar$_2$	(de) dos$_3$	(en) dos$_4$	y	daba
3588	1427	2532	756	846	649	1417	1417	2532	1325
DAPM	*XN, J*	*CLN*	*VAMI3S*	*RP3APM*	*VPAN*	*XN, J*	*XN, J*	*CLN*	*VIAI3S*

αὐτοῖς	ἐξουσίαν	τῶν	πνευμάτων	τῶν	ἀκαθάρτων,	8 καὶ	παρήγγειλεν
a ellos	autoridad	(sobre) los	espíritus	--	inmundos.	Y	ordenó
846	1849	3588	4151	3588	169	2532	3853
RP3DPM	*NASF*	*DGPN*	*NGPN*	*DGPN*	*JGPN*	*CLN*	*VAAI3S*

αὐτοῖς	ἵνα	μηδὲν	αἴρωσιν	εἰς	ὁδὸν	εἰ	μὴ	ῥάβδον	μόνον,
a ellos	que	nada	llevaran	para	(el) camino,	si	no	una vara,$_2$	solo$_1$
846	2443	3367	142	1519	3598	1487	3361	4464	3440
RP3DPM	*CSC*	*JASN*	*VPAS3P*	*P*	*NASF*	*CAC*	*BN, TN*	*NASF*	*B, J*

μὴ	ἄρτον,	μὴ	πήραν,	μὴ	εἰς	τὴν	ζώνην	χαλκόν,	9 ἀλλὰ
ni	pan,	ni	bolsa,	ni$_1$	en$_3$	el$_4$	cinto,$_5$	moneda de cobre$_2$	sino
3361	740	3361	4082	3361	1519	3588	2223	5475	235
BN, TN	*NASM*	*BN, TN*	*NASF*	*BN, TN*	*P*	*DASF*	*NASF*	*NASM*	*CLC*

NVI

es esta que se le ha dado?
¿Cómo se explican estos
milagros que vienen
de sus manos? 3 ¿No es
acaso el carpintero, el
hijo de María y hermano
de Jacobo, de José, de
Judas y de Simón? ¿No
están sus hermanas aquí
con nosotros?
Y se escandalizaban
a causa de él. Por tanto,
Jesús les dijo:
4 —En todas partes
se honra a un profeta,
menos en su tierra, entre
sus familiares y en su
propia casa.
5 En efecto, no
pudo hacer allí ningún
milagro, excepto sanar a
unos pocos enfermos al
imponerles las manos.
6 Y él se quedó asombra-
do por la incredulidad
de ellos.

Jesús envía a los doce

Jesús recorría los
alrededores, enseñando
de pueblo en pueblo.
7 Reunió a los doce, y
comenzó a enviarlos de
dos en dos, dándoles
autoridad sobre los
espíritus malignos.
8 Les ordenó que
no llevaran nada para
el camino, ni pan, ni
bolsa, ni dinero en el
cinturón, sino solo
un bastón. 9 «Lleven

RVR

sandalias; y que no se
pusiesen dos túnicas.
10 Y les decía:
Dondequiera que
entréis en una casa, per-
maneced allí hasta que
salgáis de aquel lugar.
11 Y cualquier lugar
que no os reciba o no
os escuchen, sacudid
el polvo de la planta
de vuestros pies, en
testimonio contra ellos.
De cierto os digo que
más tolerable será en el
día del juicio el castigo
para los de Sodoma
y Gomorra, que para
aquella ciudad.
12 Y yéndose de allí,
predicaron que se arre-
pintiesen.
13 También expulsaban
muchos demonios,
y ungían con aceite a
muchos enfermos, y los
sanaban.

Muerte de Juan el Bautista

14 El rey Herodes se
enteró de esto, pues
su nombre se había
hecho célebre, y decía:
Juan el Bautista ha sido
resucitado de entre los
muertos, y por eso ac-
túan en él estos poderes
milagrosos.
15 Otros decían: Es
Elías. Y otros decían:
Un profeta es, o como
uno de los profetas.
16 Al enterarse Herodes,
decía: Juan, al que yo
decapité, ése ha sido
resucitado.

ὑποδεδεμένους σανδάλια, καὶ μὴ ἐνδύσησθε δύο χιτῶνας. 10 καὶ
calzados (con) sandalias, y no os pongáis dos túnicas. Y
5265 4547 2532 3361 1746 1417 5509 2532
VRMP-PAM, VRPP-PAM NAPN CLN BN, TN VAMS2P XN, J NAPM CLN

ἔλεγεν αὐτοῖς· Ὅπου ἐὰν εἰσέλθητε εἰς οἰκίαν, ἐκεῖ μένετε ἕως
decía a ellos: Donde si entrarais en una casa, allí$_2$ permaneced$_1$ hasta que
3004 846 3699 1437 1525 1519 3614 1563 3306 2193
VIAI3S RP3DPM CAL TC VAAS2P P NASF BP VPAM2P CAT

ἂν ἐξέλθητε ἐκεῖθεν. 11 καὶ ὃς ἂν τόπος μὴ δέξηται ὑμᾶς μηδὲ
-- salierais de allí. Y cualquier -- lugar (que) no recibiera a vosotros, ni
302 1831 1564 2532 3739 302 5117 3361 1209 5209 3366
TC VAAS2P BP CLN RR-NSM TC NNSM BN, TN VAMS3S RP2AP TN, CLD

ἀκούσωσιν ὑμῶν, ἐκπορευόμενοι ἐκεῖθεν ἐκτινάξατε τὸν χοῦν τὸν
oyeran a vosotros, saliendo de allí sacudid el polvo --
191 5216 1607 1564 1621 3588 5522 3588
VAAS3P RP2GP VPUP-PNM BP VAAM2P DASM NASM DASM

ὑποκάτω τῶν ποδῶν ὑμῶν εἰς μαρτύριον ⸀αὐτοῖς. 12 Καὶ ἐξελθόντες
debajo de los pies de vosotros, para testimonio a ellos. Y habiendo salido,
5270 3588 4228 5216 1519 3142 846 2532 1831
P, B DGPM NGPM RP2GP P NASN RP3DPM CLN VAAP-PNM

ἐκήρυξαν ἵνα μετανοῶσιν, 13 καὶ δαιμόνια πολλὰ ἐξέβαλλον, καὶ
proclamaron para que se arrepintieran, y demonios$_3$ muchos$_2$ echaban fuera,$_1$ y
2784 2443 3340 2532 1140 4183 1544 2532
VAAI3P CSC VPAS3P CLN NAPN JAPN VIAI3P CLN

ἤλειφον ἐλαίῳ πολλοὺς ἀρρώστους καὶ ἐθεράπευον.
ungían con aceite a muchos enfermos y (los) sanaban.
218 1637 4183 732 2532 2323
VIAI3P NDSN JAPM JAPM CLN VIAI3P

14 Καὶ ἤκουσεν ὁ βασιλεὺς Ἡρῴδης, φανερὸν γὰρ ἐγένετο τὸ
Y$_1$ oyó,$_5$ el$_2$ rey$_3$ Herodes$_4$ manifiesto;$_{11}$ porque$_6$ llegó a ser$_{10}$ el$_7$
2532 191 3588 935 2264 5318 1063 1096 3588
CLN VAAI3S DNSM NNSM NNSM JNSN CAZ VAMI3S DNSN

ὄνομα αὐτοῦ, καὶ ἔλεγον ὅτι Ἰωάννης ὁ βαπτίζων ἐγήγερται ἐκ
nombre$_8$ de él$_9$ y decían que: Juan el que bautiza ha sido resucitado de
3686 846 2532 3004 3754 2491 3588 907 1453 1537
NNSN RP3GSM CLN VIAI3P CSC NNSM DNSM VPAP-SNM VRPI3S P

νεκρῶν, καὶ διὰ τοῦτο ἐνεργοῦσιν αἱ δυνάμεις ἐν αὐτῷ. 15 ἄλλοι
(los) muertos y por esto actúan$_3$ los$_1$ poderes$_2$ en él. otros$_2$
3498 2532 1223 5124 1754 3588 1411 1722 846 243
JGPM CLN P RD-ASN VPAI3P DNPF NNPF P RP3DSM JNPM

δὲ ἔλεγον ὅτι Ἠλίας ἐστίν· ἄλλοι δὲ ἔλεγον ὅτι προφήτης ὡς
pero$_1$ decían$_3$ que:$_4$ Elías;$_6$ es$_5$ otros$_8$ y$_7$ decían$_9$ que: Un profeta como
1161 3004 3754 2243 2076 243 1161 3004 3754 4396 5613
CLC VIAI3P CSC NNSM VPAI3S JNPM CLC VIAI3P CSC NNSM CAM

εἷς τῶν προφητῶν. 16 ἀκούσας δὲ ὁ Ἡρῴδης ἔλεγεν· Ὃν ἐγὼ
uno de los profetas. habiendo oído,$_4$ Mas$_1$ --$_2$ Herodes$_3$ decía:$_5$ a quien$_7$ yo$_8$
1520 3588 4396 191 1161 3588 2264 3004 3739 1473
JNSM DGPM NGPM VAAP-SNM CLC DNSM NNSM VIAI3S RR-ASM RP1NS

ἀπεκεφάλισα Ἰωάννην, οὗτος ⸀ἠγέρθη.
decapité,$_9$ Juan,$_6$ este fue resucitado.
607 2491 3778 1453
VAAI1S NASM RD-NSM VAPI3S

NVI

sandalias —dijo—, pero
no dos mudas de ropa».
10 Y añadió: «Cuando
entren en una casa,
quédense allí hasta que
salgan del pueblo. 11 Y,
si en algún lugar no los
reciben bien o no los
escuchan, al salir de allí
sacúdanse el polvo de los
pies, como un testimo-
nio contra ellos».
12 Los doce salieron
y exhortaban a la gente
a que se arrepintiera.
13 También expulsaban
a muchos demonios
y sanaban a muchos
enfermos, ungiéndolos
con aceite.

Decapitación de Juan el Bautista

14 El rey Herodes
se enteró de esto, pues
el nombre de Jesús se
había hecho famoso.
Algunos decían: «Juan
el Bautista ha resucitado,
y por eso tiene poder
para realizar milagros».
15 Otros decían: «Es
Elías». Otros, en fin,
afirmaban: «Es un
profeta, como los de
antes». 16 Pero, cuando
Herodes oyó esto, excla-
mó: «¡Juan, al que yo
mandé que le cortaran la
cabeza, ha resucitado!»

6:11⸀ Manuscritos inferiores aumentaron *De cierto digo a vosotros, más tolerable será para Sodoma y Gomorra en el día del juicio, que para aquellas ciudades.*
6:16⸀ Manuscritos importantes tienen *de los muertos.*

RVR

17 Pues el mismo
Herodes había enviado
a prender a Juan y le
había encadenado en
la prisión por causa de
Herodías, la mujer de
Felipe su hermano, pues
se había casado con ella.
18 Pues le decía Juan a
Herodes: No te es lícito
tener la mujer de tu
hermano.
19 Y Herodías le tenía
un profundo rencor y
deseaba matarle, pero
no podía,
20 porque Herodes tenía
temor de Juan, sabiendo
que era un hombre justo
y santo, y le guardaba se-
guro; y escuchándole, se
quedaba muy perplejo,
pero le escuchaba con
gusto.
21 Pero llegó un día
oportuno, cuando
Herodes, en su cum-
pleaños, ofreció un ban-
quete a sus magnates,
a los altos oficiales del
ejército, y a los principa-
les de Galilea.
22 Y cuando entró la hija
de la misma Herodías y
bailó, agradó a Herodes
y a los que se senta-
ban con él a la mesa.
Entonces, el rey le dijo a
la muchacha: Pídeme lo
que quieras, y te lo daré.

17 Αὐτὸς	γὰρ	ὁ	Ἡρῴδης	ἀποστείλας	ἐκράτησεν	τὸν	Ἰωάννην
el mismo$_2$	Porque$_1$	--$_3$	Herodes$_4$	habiendo enviado	prendió	a --	Juan
846	1063	3588	2264	649	2902	3588	2491
RP3NSMP	*CLX*	*DNSM*	*NNSM*	*VAAP-SNM*	*VAAI3S*	*DASM*	*NASM*

καὶ	ἔδησεν	αὐτὸν	ἐν	φυλακῇ	διὰ	Ἡρῳδιάδα	τὴν	γυναῖκα
y	ató	a él	en	una cárcel	a causa de	Herodías	la	esposa
2532	1210	846	1722	5438	1223	2266	3588	1135
CLN	*VAAI3S*	*RP3ASM*	*P*	*NDSF*	*P*	*NASF*	*DASF*	*NASF*

Φιλίππου	τοῦ	ἀδελφοῦ	αὐτοῦ,	ὅτι	αὐτὴν	ἐγάμησεν·	18 ἔλεγεν
de Felipe,	el	hermano	él,	porque	(con) ella.$_2$	se casó$_1$	decía$_4$
5376	3588	80	846	3754	846	1060	3004
NGSM	*DGSM*	*NGSM*	*RP3GSM*	*CAZ*	*RP3ASF*	*VAAI3S*	*VIAI3S*

γὰρ	ὁ	Ἰωάννης	τῷ	Ἡρῴδῃ	ὅτι	Οὐκ	ἔξεστίν	σοι	ἔχειν	τὴν
Porque$_1$	--$_2$	Juan$_3$	a --	Herodes	que:	No	es lícito	a ti	tener	la
1063	3588	2491	3588	2264	3754	3756	1832	4671	2192	3588
CAZ	*DNSM*	*NNSM*	*DDSM*	*NDSM*	*CSC*	*BN, TN*	*VPAI3S*	*RP2DS*	*VPAN*	*DASF*

γυναῖκα	τοῦ	ἀδελφοῦ	σου.	19 ἡ	δὲ	Ἡρῳδιὰς	ἐνεῖχεν	αὐτῷ	καὶ
esposa	del	hermano	de ti.	--$_2$	Mas$_1$	Herodías$_3$	guardaba rencor	a él	y
1135	3588	80	4675	3588	1161	2266	1758	846	2532
NASF	*DGSM*	*NGSM*	*RP2GS*	*DNSF*	*CLN*	*NNSF*	*VIAI3S*	*RP3DSM*	*CLN*

ἤθελεν	αὐτὸν	ἀποκτεῖναι,	καὶ	οὐκ	ἠδύνατο·	20 ὁ	γὰρ	Ἡρῴδης
deseaba	a él,$_2$	matar$_1$	y	no	podía	--$_2$	porque$_1$	Herodes$_3$
2309	846	615	2532	3756	1410	3588	1063	2264
VIAI3S	*RP3ASM*	*VAAN*	*CLC*	*BN, TN*	*VIUI3S*	*DNSM*	*CAZ*	*NNSM*

ἐφοβεῖτο	τὸν	Ἰωάννην,	εἰδὼς	αὐτὸν	ἄνδρα	δίκαιον	καὶ	ἅγιον,
temía	a --	Juan,	sabiendo	que él (era)	un varón	justo	y	santo,
5399	3588	2491	1492	846	435	1342	2532	40
VIUI3S	*DASM*	*NASM*	*VRAP-SNM*	*RP3ASM*	*NASM*	*JASM*	*CLN*	*JASM*

καὶ	συνετήρει	αὐτόν,	καὶ	ἀκούσας	αὐτοῦ	πολλὰ	ἠπόρει,	καὶ
y	protegía	a él,	y	cuando oyó	de él,	mucho;$_2$	estaba confundido$_1$	y$_3$
2532	4933	846	2532	191	846	4183	639	2532
CLN	*VIAI3S*	*RP3ASM*	*CLN*	*VAAP-SNM*	*RP3GSM*	*JAPN*	*VIAI3S*	*CAN*

ἡδέως	αὐτοῦ	ἤκουεν.	21 Καὶ	γενομένης	ἡμέρας	εὐκαίρου	ὅτε
gustosamente.$_6$	de él$_5$	oía$_4$	Y	habiendo llegado	un día	oportuno,	cuando
2234	846	191	2532	1096	2250	2121	3753
B	*RP3GSM*	*VIAI3S*	*CLN*	*VAMP-SGF*	*NGSF*	*JGSF*	*CAT*

Ἡρῴδης	τοῖς	γενεσίοις	αὐτοῦ	δεῖπνον	ἐποίησεν	τοῖς	μεγιστᾶσιν
Herodes	en los	cumpleaños	de él	una cena$_2$	hizo$_1$	para las	personas importantes
2264	3588	1077	846	1173	4160	3588	3175
NNSM	*DDPN*	*NDPN*	*RP3GSM*	*NASN*	*VAAI3S*	*DDPM*	*NDPM*

αὐτοῦ	καὶ	τοῖς	χιλιάρχοις	καὶ	τοῖς	πρώτοις	τῆς	Γαλιλαίας,	22 καὶ
de él,	y	para los	jefes militares	y	para los	prominentes	de --	Galilea,	y$_1$
846	2532	3588	5506	2532	3588	4413	3588	1056	2532
RP3GSM	*CLN*	*DDPM*	*NDPM*	*CLN*	*DDPM*	*JDPM*	*DGSF*	*NGSF*	*CLN*

εἰσελθούσης	τῆς	θυγατρὸς	αὐτῆς	τῆς	Ἡρῳδιάδος	καὶ	ὀρχησαμένης
habiendo entrado$_7$	la$_2$	hija$_3$	misma$_4$	de --$_5$	Herodías,$_6$	y	habiendo danzado
1525	3588	2364	846	3588	2266	2532	3738
VAAP-SGF	*DGSF*	*NGSF*	*RP3GSF*	*DGSF*	*NGSF*	*CLN*	*VAMP-SGF*

καὶ	ἀρεσάσης	τῷ	Ἡρῴδῃ	καὶ	τοῖς	συνανακειμένοις,	εἶπεν
y	habiendo agradado	a --	Herodes	y	a los que estaban	reclinados juntos para comer,	dijo$_3$
2532	700	3588	2264	2532	3588	4873	2036
CLN	*VAAP-SGF*	*DDSM*	*NDSM*	*CLN*	*DDPM*	*VPUP-PDM*	*VAAI3S*

ὁ	βασιλεὺς	τῷ	κορασίῳ·	Αἴτησόν	με	ὃ	ἐὰν	θέλῃς,	καὶ	δώσω
el$_1$	rey$_2$	a la	muchacha:	Pide	a mí	lo que	--	quieras,	y	daré
3588	935	3588	2877	154	3165	3739	1437	2309	2532	1325
DNSM	*NNSM*	*DDSN*	*NDSN*	*VAAM2S*	*RP1AS*	*RR-ASN*	*TC*	*VPAS2S*	*CLN*	*VFAI1S*

NVI

17 En efecto, Herodes
mismo había mandado
que arrestaran a Juan y
que lo encadenaran en la
cárcel. Herodes se había
casado con Herodías,
esposa de Felipe su
hermano, 18 y Juan le
había estado diciendo
a Herodes: «La ley te
prohíbe tener a la esposa
de tu hermano». 19 Por
eso Herodías le guarda-
ba rencor a Juan y de-
seaba matarlo. Pero no
había logrado hacerlo,
20 ya que Herodes temía
a Juan y lo protegía,
pues sabía que era un
hombre justo y santo.
Cuando Herodes oía a
Juan, se quedaba muy
desconcertado, pero lo
escuchaba con gusto.
21 Por fin se presentó
la oportunidad. En su
cumpleaños Herodes
dio un banquete a sus
altos oficiales, a los
comandantes militares
y a los notables de
Galilea. 22 La hija de
Herodías entró en el
banquete y bailó, y esto
agradó a Herodes y a los
invitados.
—Pídeme lo que
quieras y te lo daré —le
dijo el rey a la muchacha.

RVR

23 Y le juró: Cualquier
cosa que pidas, te la
daré, hasta la mitad de
mi reino.
24 Ella salió y le dijo a su
madre: ¿Qué pediré? Y
ella contestó: La cabeza
de Juan el Bautista.
25 Inmediatamente en-
tró ella a toda prisa ante
el rey con su petición,
diciendo: Quiero que
me des ahora mismo en
una bandeja la cabeza
de Juan el Bautista.
26 El rey se puso muy
triste, pero a causa de los
juramentos, y en aten-
ción a los comensales,
no quiso rehusárselo.
27 Al instante envió el
rey a un verdugo y le
ordenó traer la cabeza
de Juan. Él fue y le deca-
pitó en la cárcel,
28 y trajo la cabeza en
una bandeja, y se la
dio a la muchacha; y la
muchacha se la dio a su
madre.
29 Cuando se enteraron
sus discípulos, vinieron
a recoger su cadáver, y lo
pusieron en una tumba.

σοι·	23 καὶ	ὤμοσεν	αὐτῇ·	Ὅ	τι	ἐάν	με	αἰτήσῃς	δώσω	σοι
a ti;	y	juró	a ella:	lo que$_2$	Algo$_1$	--$_3$	a mí$_5$	pidieras$_4$	daré	a ti,
4671	2532	3660	846	3739	5100	1437	3165	154	1325	4671
RP2DS	CLN	VAAI3S	RP3DSF	RR-ASN	RX-ASN	TC	RP1AS	VAAS2S	VFAI1S	RP2DS

ἕως	ἡμίσους	τῆς	βασιλείας	μου.	24 καὶ	ἐξελθοῦσα	εἶπεν	τῇ	μητρὶ
hasta	(la) mitad	del	reino	de mí.	Y	habiendo salido	dijo	a la	madre
2193	2255	3588	932	3450	2532	1831	2036	3588	3384
P, C	JGSN	DGSF	NGSF	RP1GS	CLN	VAAP-SNF	VAAI3S	DDSF	NDSF

αὐτῆς·	Τί	αἰτήσωμαι;	ἡ	δὲ	εἶπεν·	Τὴν	κεφαλὴν	Ἰωάννου
de ella:	¿Qué	pediría?	la (ella)$_2$	Mas$_1$	dijo:$_3$	La	cabeza	de Juan
846	5101	154	3588	1161	2036	3588	2776	2491
RP3GSF	RI-ASN	VAMS1S	DNSF	CLN	VAAI3S	DASF	NASF	NGSM

τοῦ	βαπτίζοντος.	25 καὶ	εἰσελθοῦσα	εὐθὺς	μετὰ	σπουδῆς
el que	bautiza.	Y	habiendo entrado	en seguida	con	prisa
3588	907	2532	1525	2117	3326	4710
DGSM	VPAP-SGM	CLN	VAAP-SNF	B, J	P	NGSF

πρὸς	τὸν	βασιλέα	ἠτήσατο	λέγουσα·	Θέλω	ἵνα	ἐξαυτῆς	δῷς
ante	el	rey,	pidió	diciendo:	Quiero	que	inmediatamente.$_{10}$	des$_1$
4314	3588	935	154	3004	2309	2443	1824	1325
P	DASM	NASM	VAMI3S	VPAP-SNF	VPAI1S	CSC	B	VAAS2S

μοι⸃	ἐπὶ	πίνακι	τὴν	κεφαλὴν	Ἰωάννου	τοῦ	βαπτιστοῦ.	26 καὶ
a mí$_2$	sobre$_8$	una bandeja$_9$	la$_3$	cabeza$_4$	de Juan$_5$	el$_6$	Bautista$_7$	Y$_1$
3427	1909	4094	3588	2776	2491	3588	910	2532
RP1DS	P	NDSM, NDSF	DASF	NASF	NGSM	DGSM	NGSM	CLN

περίλυπος	γενόμενος	ὁ	βασιλεὺς	διὰ	τοὺς	ὅρκους	καὶ	τοὺς
muy triste,$_5$	llegó a estar$_4$	el$_2$	rey$_3$	por causa de	los	juramentos	y	los que están
4036	1096	3588	935	1223	3588	3727	2532	3588
JNSM	VAMP-SNM	DNSM	NNSM	P	DAPM	NAPM	CLC	DAPM

ἀνακειμένους	οὐκ	ἠθέλησεν	ἀθετῆσαι	αὐτήν·	27 καὶ	εὐθὺς
reclinados a la mesa para comer	no	quiso	rechazar	a ella.	Y	en seguida,
345	3756	2309	114	846	2532	2117
VPUP-PAM	BN, TN	VAAI3S	VAAN	RP3ASF	CLN	B, J

ἀποστείλας	ὁ	βασιλεὺς	σπεκουλάτορα	ἐπέταξεν	ἐνέγκαι	τὴν
habiendo enviado$_3$	el$_1$	rey$_2$	a un verdugo$_4$	ordenó	traer	la
649	3588	935	4688	2004	5342	3588
VAAP-SNM	DNSM	NNSM	NASM	VAAI3S	VAAN	DASF

κεφαλὴν	αὐτοῦ.	καὶ	ἀπελθὼν	ἀπεκεφάλισεν	αὐτὸν	ἐν	τῇ	φυλακῇ
cabeza	de él.	Y	habiendo ido	decapitó	a él	en	la	cárcel,
2776	846	2532	565	607	846	1722	3588	5438
NASF	RP3GSM	CLN	VAAP-SNM	VAAI3S	RP3ASM	P	DDSF	NDSF

28 καὶ	ἤνεγκεν	τὴν	κεφαλὴν	αὐτοῦ	ἐπὶ	πίνακι	καὶ	ἔδωκεν	αὐτὴν
y	trajo	la	cabeza	de él	en	una bandeja	y	dio	ella
2532	5342	3588	2776	846	1909	4094	2532	1325	846
CLN	VAAI3S	DASF	NASF	RP3GSM	P	NDSM, NDSF	CLN	VAAI3S	RP3ASF

τῷ	κορασίῳ,	καὶ	τὸ	κοράσιον	ἔδωκεν	αὐτὴν	τῇ	μητρὶ	αὐτῆς.	29 καὶ
a la	muchacha	y	la	muchacha	dio	ella	a la	madre	de ella.	Y$_1$
3588	2877	2532	3588	2877	1325	846	3588	3384	846	2532
DDSN	NDSN	CLN	DNSN	NNSN	VAAI3S	RP3ASF	DDSF	NDSF	RP3GSF	CLN

ἀκούσαντες	οἱ	μαθηταὶ	αὐτοῦ	ἦλθον	καὶ	ἦραν	τὸ	πτῶμα	αὐτοῦ
habiendo oído$_4$	los$_2$	discípulos$_3$	de él,$_5$	vinieron	y	llevaron	el	cadáver	de él,
191	3588	3101	846	2064	2532	142	3588	4430	846
VAAP-PNM	DNPM	NNPM	RP3GSM	VAAI3P	CLN	VAAI3P	DASN	NASN	RP3GSM

καὶ	ἔθηκαν	αὐτὸ	ἐν	μνημείῳ.
y	pusieron	a él	en	un sepulcro.
2532	5087	846	1722	3419
CLN	VAAI3P	RP3ASN	P	NDSN

NVI

23 Y le prometió bajo
juramento:
—Te daré cualquier
cosa que me pidas, aun
cuando sea la mitad de
mi reino.
24 Ella salió a pregun-
tarle a su madre:
—¿Qué debo pedir?
—La cabeza de Juan
el Bautista —contestó.
25 En seguida se fue
corriendo la muchacha
a presentarle al rey su
petición:
—Quiero que ahora
mismo me des en una
bandeja la cabeza de
Juan el Bautista.
26 El rey se quedó
angustiado, pero, a causa
de sus juramentos y en
atención a los invitados,
no quiso desairarla.
27 Así que en seguida
envió a un verdugo con
la orden de llevarle la ca-
beza de Juan. El hombre
fue, decapitó a Juan en
la cárcel 28 y volvió con la
cabeza en una bandeja.
Se la entregó a la mu-
chacha, y ella se la dio a
su madre. 29 Al enterarse
de esto, los discípulos de
Juan fueron a recoger
el cuerpo y le dieron
sepultura.

RVR

Alimentación de los cinco mil

30 Los apóstoles se
reunieron con Jesús,
y le contaron todo
cuanto habían hecho y
enseñado.
31 Entonces les dice:
Venid vosotros mismos
aparte a un lugar
solitario y descansad un
poco. Pues eran muchos
los que iban y venían, y
ellos no tenían tiempo
conveniente ni aun para
comer.
32 Y se marcharon en la
barca, aparte, a un lugar
solitario.
33 Pero los vieron
marchar, y muchos les
reconocieron y, desde
todas las ciudades,
corrieron allá en tropel
a pie, y llegaron antes
que ellos.
34 Salió él, y vio una
gran multitud, y tuvo
compasión de ellos, por-
que eran como ovejas
que no tienen pastor; y
comenzó a enseñarles
muchas cosas.
35 Y como se había he-
cho una hora muy avan-
zada, se le acercaron sus
discípulos y comenza-
ron a decirle: El lugar es
solitario, y la hora es ya
muy avanzada;
36 déjalos marchar, para
que vayan a las alquerías
y a las aldeas circunveci-
nas, y se compren algo
de comer.

30 Καὶ	συνάγονται	οἱ	ἀπόστολοι	πρὸς	τὸν	Ἰησοῦν,	καὶ
Y$_{1}$	se reúnen$_{4}$	los$_{2}$	apóstoles$_{3}$	con	--	Jesús,	e
2532	4863	3588	652	4314	3588	2424	2532
CLN	VPPI3P	DNPM	NNPM	P	DASM	NASM	CLN

ἀπήγγειλαν	αὐτῷ	πάντα	ὅσα	ἐποίησαν	καὶ	ὅσα	ἐδίδαξαν.
informaron	a él	todas las cosas	cuantas	hicieron	y	cuantas	enseñaron.
518	846	3956	3745	4160	2532	3745	1321
VAAI3P	RP3DSM	JAPN	RK-APN	VAAI3P	CLN	RK-APN	VAAI3P

31 καὶ	λέγει	αὐτοῖς·	Δεῦτε	ὑμεῖς	αὐτοὶ	κατ᾽	ἰδίαν	εἰς	ἔρημον
Y	dice	a ellos:	venid$_{3}$	Vosotros$_{1}$	mismos$_{2}$	en	privado	hacia	desierto$_{2}$
2532	3004	846	1205	5210	846	2596	2398	1519	2048
CLN	VPAI3S	RP3DPM	B	RP2NP	RP3NPM	P	JASF	P	JASM

τόπον	καὶ	ἀναπαύσασθε	ὀλίγον.	ἦσαν	γὰρ	οἱ	ἐρχόμενοι
un lugar$_{1}$	y	descansad	un poco.	eran$_{2}$	Porque$_{1}$	los que$_{4}$	vienen$_{5}$
5117	2532	373	3641	2258	1063	3588	2064
NASM	CLN	VAMM2P	B, J	VIAI3P	CAZ	DNPM	VPUP-PNM

καὶ	οἱ	ὑπάγοντες	πολλοί,	καὶ	οὐδὲ	φαγεῖν	εὐκαίρουν.	32 καὶ
y$_{6}$	los que$_{7}$	van,$_{8}$	muchos$_{3}$	y$_{9}$	ni$_{10}$	para comer.$_{12}$	tenían tiempo$_{11}$	Y
2532	3588	5217	4183	2532	3761	5315	2119	2532
CLN	DNPM	VPAP-PNM	JNPM	CLN	CLA, B	VAAN	VIAI3P	CLN

ἀπῆλθον	ἐν	τῷ	πλοίῳ	εἰς	ἔρημον	τόπον	κατ᾽	ἰδίαν.	33 καὶ	εἶδον
se fueron	en	la	barca	a	desierto$_{2}$	un lugar$_{1}$	en	privado.	Y$_{1}$	vieron$_{3}$
565	1722	3588	4143	1519	2048	5117	2596	2398	2532	1492
VAAI3P	P	DDSN	NDSN	P	JASM	NASM	P	JASF	CLC	VAAI3P

αὐτοὺς	ὑπάγοντας	καὶ	ἐπέγνωσαν	πολλοί,	καὶ	πεζῇ	ἀπὸ	πασῶν	τῶν
a ellos$_{4}$	yéndose$_{5}$	y$_{6}$	(lo) reconocieron,$_{7}$	muchos$_{2}$	y$_{8}$	a pie,$_{18}$	de$_{11}$	todas$_{12}$	las$_{13}$
846	5217	2532	1921	4183	2532	3979	575	3956	3588
RP3APM	VPAP-PAM	CLN	VAAI3P	JNPM	CLN	B	P	JGPF	DGPF

πόλεων	συνέδραμον	ἐκεῖ	καὶ	προῆλθον	αὐτούς.	34 καὶ	ἐξελθὼν
ciudades$_{14}$	se juntaron$_{9}$	allí$_{10}$	y$_{15}$	se adelantaron$_{16}$	a ellos$_{17}$	Y	habiendo salido
4172	4936	1563	2532	4281	846	2532	1831
NGPF	VAAI3P	BP	CLN	VAAI3P	RP3APM	CLN	VAAP-SNM

εἶδεν	πολὺν	ὄχλον,	καὶ	ἐσπλαγχνίσθη	ἐπ᾽	αὐτοὺς	ὅτι	ἦσαν	ὡς
vio	una gran	multitud,	y	se compadeció	de	ellos,	porque	eran	como
1492	4183	3793	2532	4697	1909	846	3754	2258	5613
VAAI3S	JASM	NASM	CLN	VAPI3S	P	RP3APM	CAZ	VIAI3P	P, CAM

πρόβατα	μὴ	ἔχοντα	ποιμένα,	καὶ	ἤρξατο	διδάσκειν	αὐτοὺς
ovejas	(que) no	tienen	pastor,	y	comenzó	a enseñar	a ellos
4263	3361	2192	4166	2532	756	1321	846
NNPN	BN, TN	VPAP-PNN	NASM	CLN	VAMI3S	VPAN	RP3APM

πολλά.	35 Καὶ	ἤδη	ὥρας	πολλῆς	γενομένης*	προσελθόντες	αὐτῷ
muchas cosas.	Y$_{1}$	ya$_{4}$	(la) hora$_{3}$	mucha,$_{5}$	habiéndose hecho$_{2}$	habiéndose acercado$_{9}$	a él$_{10}$
4183	2532	2235	5610	4183	1096	4334	846
JAPN	CLN	B	NGSF	JGSF	VAMP-SGF	VAAP-PNM	RP3DSM

οἱ	μαθηταὶ	αὐτοῦ	ἔλεγον	ὅτι	Ἔρημός	ἐστιν	ὁ	τόπος,	καὶ
los$_{6}$	discípulos$_{7}$	de él$_{8}$	decían	que:	desierto,$_{4}$	es$_{3}$	El$_{1}$	lugar$_{2}$	y$_{5}$
3588	3101	846	3004	3754	2048	2076	3588	5117	2532
DNPM	NNPM	RP3GSM	VIAI3P	CSC	JNSM	VPAI3S	DNSM	NNSM	CLN

ἤδη	ὥρα	πολλή.*1	36 ἀπόλυσον	αὐτούς,	ἵνα	ἀπελθόντες	εἰς	τοὺς
ya$_{7}$	(la) hora$_{6}$	mucha;$_{8}$	despide	a ellos,	para que$_{1}$	habiéndose ido$_{6}$	hacia$_{7}$	los$_{8}$
2235	5610	4183	630	846	2443	565	1519	3588
B	NNSF	JNSF	VAAM2S	RP3APM	CAP	VAAP-PNM	P	DAPM

κύκλῳ	ἀγροὺς	καὶ	κώμας	ἀγοράσωσιν	ἑαυτοῖς	τί	φάγωσιν.
de alrededor$_{12}$	campos$_{9}$	y$_{10}$	aldeas$_{11}$	compren$_{2}$	para sí mismos$_{3}$	algo$_{4}$	que coman.$_{5}$
2945	68	2532	2968	59	1438	5101	5315
BP, NDSM	NAPM	CLN	NAPF	VAAS3P	RF3DPM	RI-ASN	VAAS3P

NVI

Jesús alimenta a los cinco mil

30 Los apóstoles se
reunieron con Jesús y le
contaron lo que habían
hecho y enseñado.
31 Y, como no tenían
tiempo ni para comer,
pues era tanta la gente
que iba y venía, Jesús
les dijo:
—Vengan conmigo
ustedes solos a un lugar
tranquilo y descansen
un poco.
32 Así que se fueron
solos en la barca a un
lugar solitario. 33 Pero
muchos que los vieron
salir los reconocie-
ron y, desde todos los
poblados, corrieron
por tierra hasta allá y
llegaron antes que ellos.
34 Cuando Jesús desem-
barcó y vio tanta gente,
tuvo compasión de
ellos, porque eran como
ovejas sin pastor. Así que
comenzó a enseñarles
muchas cosas.
35 Cuando ya se hizo
tarde, se le acercaron sus
discípulos y le dijeron:
—Este es un lugar
apartado y ya es muy
tarde. 36 Despide a la
gente, para que vayan
a los campos y pueblos
cercanos y se compren
algo de comer.

6:35*, 35*1 O sea *Ya la hora era avanzada.*

RVR

37 Él respondió y les
dijo: Dadles vosotros de
comer. Le dicen ellos:
¿Iremos a comprar pan
por doscientos denarios,
y les daremos de comer?
38 Entonces les dice él:
¿Cuántos panes tenéis?
Id a ver. Después de
averiguarlo, le dicen:
Cinco, y dos peces.
39 Él les dio instruccio-
nes para que todos se
acomodaran por grupos
sobre la verde hierba.
40 Y se acomodaron
por grupos de cien y de
cincuenta.
41 Tomando entonces
los cinco panes y los dos
peces, levantó los ojos
al cielo y bendijo, partió
los panes y los iba dando
a los discípulos para que
se los fueran sirviendo.
También repartió entre
todos los dos peces.
42 Y comieron todos y
quedaron satisfechos.
43 Y recogieron doce
canastas llenas de trozos
de pan y de pescado.
44 Los que comieron de
los panes eran cinco mil
hombres.

Jesucristo anda sobre el mar

45 Inmediatamente
obligó a sus discípulos a
subir a la

37 ὁ	δὲ	ἀποκριθεὶς	εἶπεν	αὐτοῖς·	Δότε	αὐτοῖς	ὑμεῖς	φαγεῖν.
--$_{2}$	Mas$_{1}$	habiendo respondido	dijo	a ellos:	dad$_{2}$	a ellos$_{3}$	Vosotros$_{1}$	de comer.
3588	1161	611	2036	846	1325	846	5210	5315
DNSM	CLC	VAPP-SNM	VAAI3S	RP3DPM	VAAM2P	RP3DPM	RP2NP	VAAN

καὶ	λέγουσιν	αὐτῷ·	Ἀπελθόντες	ἀγοράσωμεν	δηναρίων	διακοσίων
Y	dicen	a él:	¿Habiéndonos ido$_{1}$	compraremos$_{2}$	denarios$_{4}$	(con) doscientos$_{3}$
2532	3004	846	565	59	1220	1250
CLN	VPAI3P	RP3DSM	VAAP-PNM	VAAS1P	NGPN	JGPN

ἄρτους	καὶ	δώσομεν	αὐτοῖς	φαγεῖν;	38 ὁ	δὲ	λέγει	αὐτοῖς·	Πόσους
panes,	y	daremos	a ellos	a comer?	--$_{2}$	Mas$_{1}$	dice$_{3}$	a ellos:$_{4}$	¿Cuántos$_{5}$
740	2532	1325	846	5315	3588	1161	3004	846	4214
NAPM	CLN	VFAI1P	RP3DPM	VAAN	DNSM	CLN	VPAI3S	RP3DPM	JAPM, RI-APM

ἔχετε	ἄρτους;	ὑπάγετε	ἴδετε.	καὶ	γνόντες	λέγουσιν·	Πέντε,	καὶ
tenéis?$_{7}$	panes$_{6}$	Id,	ved.	Y	habiendo sabido	dicen:	Cinco	y
2192	740	5217	1492	2532	1097	3004	4002	2532
VPAI2P	NAPM	VPAM2P	VAAM2P	CLN	VAAP-PNM	VPAI3P	XN, J	CLN

δύο	ἰχθύας.	39 καὶ	ἐπέταξεν	αὐτοῖς	ἀνακλῖναι	πάντας	συμπόσια
dos	pescados.	Y	ordenó	a ellos	recostar	a todos,	grupos para comer
1417	2486	2532	2004	846	347	3956	4849
XN, J	NAPM	CLN	VAAI3S	RP3DPM	VAAN	JAPM	NAPN

συμπόσια	ἐπὶ	τῷ	χλωρῷ	χόρτῳ.	40 καὶ	ἀνέπεσαν	πρασιαὶ	πρασιαὶ
(por) grupos para comer,	sobre	la$_{1}$	verde,$_{3}$	hierba$_{2}$	Y	se recostaron	grupos	(por) grupos,
4849	1909	3588	5515	5528	2532	377	4237	4237
NAPN	P	DDSM	JDSM	NDSM	CLN	VAAI3P	NNPF	NNPF

κατὰ	ἑκατὸν	καὶ	κατὰ	πεντήκοντα.	41 καὶ	λαβὼν	τοὺς	πέντε
cada	cien	y	cada	cincuenta.	Y	habiendo tomando	los	cinco
2596	1540	2532	2596	4004	2532	2983	3588	4002
P	XN, J	CLN	P	XN, J	CLN	VAAP-SNM	DAPM	XN, J

ἄρτους	καὶ	τοὺς	δύο	ἰχθύας	ἀναβλέψας	εἰς	τὸν	οὐρανὸν	εὐλόγησεν
panes	y	los	dos	pescados,	habiendo levantado la vista	hacia	el	cielo,	bendijo
740	2532	3588	1417	2486	308	1519	3588	3772	2127
NAPM	CLN	DAPM	XN, J	NAPM	VAAP-SNM	P	DASM	NASM	VAAI3S

καὶ	κατέκλασεν	τοὺς	ἄρτους	καὶ	ἐδίδου	τοῖς	μαθηταῖς	αὐτοῦ	ἵνα
y	partió	los	panes,	y	daba	a los	discípulos	de él	para que
2532	2622	3588	740	2532	1325	3588	3101	846	2443
CLN	VAAI3S	DAPM	NAPM	CLN	VIAI3S	DDPM	NDPM	RP3GSM	CAP

παρατιθῶσιν	αὐτοῖς,	καὶ	τοὺς	δύο	ἰχθύας	ἐμέρισεν	πᾶσιν.	42 καὶ
pongan delante	para ellos,	y$_{1}$	los$_{3}$	dos$_{4}$	pescados$_{5}$	repartió$_{2}$	a todos.$_{6}$	Y$_{1}$
3908	846	2532	3588	1417	2486	3307	3956	2532
VPAS3P	RP3DPM	CLN	DAPM	XN, J	NAPM	VAAI3S	JDPM	CLN

ἔφαγον	πάντες	καὶ	ἐχορτάσθησαν·	43 καὶ	ἦραν	κλάσματα	δώδεκα
comieron$_{3}$	todos$_{2}$	y	fueron saciados,	y	recogieron	pedazos,	doce
5315	3956	2532	5526	2532	142	2801	1427
VAAI3P	JNPM	CLN	VAPI3P	CLN	VAAI3P	NAPN	XN, J

κοφίνων	πληρώματα	καὶ	ἀπὸ	τῶν	ἰχθύων.	44 καὶ	ἦσαν	οἱ
cestos	llenos$_{3}$	y	de	los	pescados.	Y$_{1}$	eran$_{6}$	los que comieron$_{2}$
2894	4138	2532	575	3588	2486	2532	2258	3588
NGPM	NAPN	CLN	P	DGPM	NGPM	CLN	VIAI3P	DNPM

φαγόντες	τοὺς	ἄρτους	πεντακισχίλιοι	ἄνδρες.
$_{3}$	los$_{4}$	panes$_{5}$	cinco mil$_{7}$	varones.$_{8}$
5315	3588	740	4000	435
VAAP-PNM	DAPM	NAPM	JNPM	NNPM

45 Καὶ	εὐθὺς	ἠνάγκασεν	τοὺς	μαθητὰς	αὐτοῦ	ἐμβῆναι	εἰς	τὸ
Y	en seguida	obligó	a los	discípulos	de él	a entrar	en	la
2532	2117	315	3588	3101	846	1684	1519	3588
CLN	B, J	VAAI3S	DAPM	NAPM	RP3GSM	VAAN	P	DASN

NVI

37 —Denles ustedes
mismos de comer —
contestó Jesús.
—¡Eso costaría casi
un año de trabajo! —
objetaron—. ¿Quieres
que vayamos y gastemos
todo ese dinero en pan
para darles de comer?
38 —¿Cuántos panes
tienen ustedes? —pre-
guntó—. Vayan a ver.
Después de averiguar-
lo, le dijeron:
—Cinco, y dos
pescados.
39 Entonces les
mandó que hicieran que
la gente se sentara por
grupos sobre la hierba
verde. 40 Así que ellos se
acomodaron en grupos
de cien y de cincuenta.
41 Jesús tomó los cinco
panes y los dos pescados
y, mirando al cielo, los
bendijo. Luego partió
los panes y se los dio a los
discípulos para que se
los repartieran a la gente.
También repartió los
dos pescados entre to-
dos. 42 Comieron todos
hasta quedar satisfechos,
43 y los discípulos reco-
gieron doce canastas
llenas de pedazos de
pan y de pescado. 44 Los
que comieron fueron
cinco mil.

Jesús camina sobre el agua

45 En seguida Jesús
hizo que sus discípulos
subieran a la

RVR

barca y a que fuesen por delante a la otra orilla, en dirección a Betsaida, mientras él despedía a la multitud.

46 Y después de despedirse de ellos, se fue al monte a orar.

47 Al caer la tarde, la barca se hallaba en medio del mar, y él, solo, en tierra.

48 Viendo que ellos se fatigaban remando, puesto que el viento les era contrario, hacia la cuarta vigilia de la noche viene hacia ellos caminando sobre el mar, y quería pasarles de largo.

49 Pero ellos, al verle andando sobre el mar, pensaron que era un fantasma, y gritaron,

50 pues todos le vieron y se asustaron. Pero él inmediatamente se puso a hablar con ellos, diciéndoles: Tened ánimo, soy yo, no temáis.

51 Y subió a la barca, adonde ellos, y amainó el viento; y ellos quedaron sumamente asombrados,

52 pues no habían comprendido lo de los panes, sino que su mente

πλοῖον	καὶ	προάγειν	εἰς	τὸ	πέραν	πρὸς	Βηθσαϊδάν,	ἕως	αὐτὸς
barca	e	ir delante	hacia	el	otro lado	a	Betsaida,	mientras	él
4143	2532	4254	1519	3588	4008	4314	966	2193	846
NASN	*CLN*	*VPAN*	*P*	*DASN*	*BP*	*P*	*NASF, XP*	*CAT*	*RP3NSMP*

ἀπολύει	τὸν	ὄχλον.	46 καὶ	ἀποταξάμενος	αὐτοῖς	ἀπῆλθεν	εἰς	τὸ
despedía	a la	multitud.	Y	habiendo despedido	a ellos,	se fue	hacia	el
630	3588	3793	2532	657	846	565	1519	3588
VPAI3S	*DASM*	*NASM*	*CLN*	*VAMP-SNM*	*RP3DPM*	*VAAI3S*	*P*	*DASN*

ὄρος	προσεύξασθαι.
monte	para orar.
3735	4336
NASN	*VAMN*

47 Καὶ	ὀψίας	γενομένης	ἦν	τὸ	πλοῖον	ἐν	μέσῳ	τῆς
Y$_1$	(el) atardecer,$_3$	habiendo llegado$_2$	estaba	la	barca	en	medio	del
2532	3798	1096	2258	3588	4143	1722	3319	3588
CLN	*JGSF*	*VAMP-SGF*	*VIAI3S*	*DNSN*	*NNSN*	*P*	*JDSN*	*DGSF*

θαλάσσης,	καὶ	αὐτὸς	μόνος	ἐπὶ	τῆς	γῆς.	48 καὶ	ἰδὼν	αὐτοὺς
mar,	y	él	solo	en	la	tierra.	Y	habiendo visto	a ellos
2281	2532	846	3441	1909	3588	1093	2532	3708	846
NGSF	*CLN*	*RP3NSMP*	*JNSM*	*P*	*DGSF*	*NGSF*	*CLN*	*VAAP-SNM*	*RP3APM*

βασανιζομένους	ἐν	τῷ	ἐλαύνειν,	ἦν	γὰρ	ὁ	ἄνεμος	ἐναντίος
fatigados	en	--	remar,	era$_4$	porque$_1$	el$_2$	viento$_3$	contrario
928	1722	3588	1643	2258	1063	3588	417	1727
VPPP-PAM	*P*	*DDSN, DDSM*	*VPAN*	*VIAI3S*	*CAZ*	*DNSM*	*NNSM*	*JNSM*

αὐτοῖς,	περὶ	τετάρτην	φυλακὴν	τῆς	νυκτὸς	ἔρχεται	πρὸς	αὐτοὺς
a ellos,	alrededor de	(la) cuarta	vigilia	de la	noche,	viene	a	ellos
846	4012	5067	5438	3588	3571	2064	4314	846
RP3DPM	*P*	*JASF*	*NASF*	*DGSF*	*NGSF*	*VPUI3S*	*P*	*RP3APM*

περιπατῶν	ἐπὶ	τῆς	θαλάσσης·	καὶ	ἤθελεν	παρελθεῖν	αὐτούς.	49 οἱ
caminando	sobre	el	mar;	y	quería	adelantarse	a ellos.	--$_2$
4043	1909	3588	2281	2532	2309	3928	846	3588
VPAP-SNM	*P*	*DGSF*	*NGSF*	*CLN*	*VIAI3S*	*VAAN*	*RP3APM*	*DNPM*

δὲ	ἰδόντες	αὐτὸν	ἐπὶ	τῆς	θαλάσσης	περιπατοῦντα	ἔδοξαν	ὅτι
Mas$_1$	habiendo visto$_3$	a él$_4$	sobre$_6$	el$_7$	mar,$_8$	caminando$_5$	pensaron	que$_1$
1161	1492	846	1909	3588	2281	4043	1380	3754
CLC	*VAAP-PNM*	*RP3ASM*	*P*	*DGSF*	*NGSF*	*VPAP-SAM*	*VAAI3P*	*CSC*

φάντασμά	ἐστιν	καὶ	ἀνέκραξαν,	50 πάντες	γὰρ	αὐτὸν	εἶδον	καὶ
un fantasma$_3$	es$_2$	y	gritaron;	todos$_2$	porque$_1$	a él$_4$	vieron$_3$	y$_5$
5326	2076	2532	349	3956	1063	846	1492	2532
NNSN	*VPAI3S*	*CLN*	*VAAI3P*	*JNPM*	*CAZ*	*RP3ASM*	*VAAI3P*	*CLN*

ἐταράχθησαν.	ὁ	δὲ	εὐθὺς	ἐλάλησεν	μετ᾽	αὐτῶν,	καὶ	λέγει	αὐτοῖς·
se asustaron,$_6$	--$_8$	mas$_7$	en seguida	habló	con	ellos	y	dice	a ellos:
5015	3588	1161	2117	2980	3326	846	2532	3004	846
VAPI3P	*DNSM*	*CLN*	*B, J*	*VAAI3S*	*P*	*RP3GPM*	*CLN*	*VPAI3S*	*RP3DPM*

Θαρσεῖτε,	ἐγώ	εἰμι,	μὴ	φοβεῖσθε.	51 καὶ	ἀνέβη	πρὸς	αὐτοὺς	εἰς	τὸ
¡Tened valor,	yo	soy;	no	temáis!	Y	subió	a	ellos	hacia	la
2293	1473	1510	3361	5399	2532	305	4314	846	1519	3588
VPAM2P	*RP1NS*	*VPAI1S*	*BN, TN*	*VPUM2P*	*CLN*	*VAAI3S*	*P*	*RP3APM*	*P*	*DASN*

πλοῖον,	καὶ	ἐκόπασεν	ὁ	ἄνεμος.	καὶ	λίαν	ἐκ	περισσοῦ	ἐν
barca,	y$_1$	cesó,$_4$	el$_2$	viento$_3$	y	muchísimo,	de	(manera) abundante,	en$_2$
4143	2532	2869	3588	417	2532	3029	1537	4053	1722
NASN	*CLN*	*VAAI3S*	*DNSM*	*NNSM*	*CLN*	*B*	*P*	*JGSN*	*P*

ἑαυτοῖς	ἐξίσταντο,	52 οὐ	γὰρ	συνῆκαν	ἐπὶ	τοῖς	ἄρτοις,	ἀλλ᾽	ἦν
sí mismos,$_3$	se sorprendían$_1$	no$_2$	porque$_1$	entendieron	sobre	los	panes,	sino$_1$	estaba$_5$
1438	1839	3756	1063	4920	1909	3588	740	235	2258
RF3DPM	*VIMI3P*	*BN,TN*	*CAZ*	*VAAI3P*	*P*	*DDPM*	*NDPM*	*CLC*	*VIAI3S*

NVI

barca y se le adelantaran al otro lado, a Betsaida, mientras él despedía a la multitud. 46 Cuando se despidió, fue a la montaña para orar.

47 Al anochecer, la barca se hallaba en medio del lago, y Jesús estaba en tierra solo. 48 En la madrugada, vio que los discípulos hacían grandes esfuerzos para remar, pues tenían el viento en contra. Se acercó a ellos caminando sobre el lago, e iba a pasarlos de largo. 49 Los discípulos, al verlo caminar sobre el agua, creyeron que era un fantasma y se pusieron a gritar, 50 llenos de miedo por lo que veían. Pero él habló en seguida con ellos y les dijo: «¡Cálmense! Soy yo. No tengan miedo».

51 Subió entonces a la barca con ellos, y el viento se calmó. Estaban sumamente asombrados, 52 porque tenían la mente embotada y no habían comprendido lo

RVR

estaba embotada.

Jesucristo sana a los enfermos en Genesaret

53 Terminada la travesía,
llegaron a tierra en
Genesaret, y atracaron.
54 Y cuando salieron de
la barca, en seguida le
reconoció la gente,
55 recorrieron apresura-
damente toda aquella
comarca, y comenzaron
a traer a los enfermos en
sus camillas, donde-
quiera que oían que
estaba él.
56 Y dondequiera que
entraba, en aldeas,
ciudades o alquerías,
ponían a los enfermos
en las plazas, y le roga-
ban que les permitiera
tocar siquiera el borde
de su manto; y cuantos
lo tocaban quedaban
sanos.

Las tradiciones de los fariseos

7 Los fariseos y algu-
nos de los escribas
venidos de Jerusalén, se
reúnen junto a Jesús;
2 y al ver que algunos de
sus discípulos comían el
pan con manos impuras,
es decir, sin lavar,
3 (porque los fariseos
y todos los judíos

αὐτῶν	ἡ	καρδία	πεπωρωμένη.
de ellos$_4$	el$_2$	corazón$_3$	embotado.$_6$
846	3588	2588	4456
RP3GPM	DNSF	NNSF	VRPP-SNF

53 Καὶ	διαπεράσαντες	ἐπὶ	τὴν	γῆν	ἦλθον	εἰς	Γεννησαρὲτ	καὶ
Y	habiendo hecho la travesía,	a$_2$	la$_3$	tierra$_4$	vinieron$_1$	a	Genesaret	y
2532	1276	1909	3588	1093	2064	1519	1082	2532
CLN	VAAP-PNM	P	DASF	NASF	VAAI3P	P	NASF, XP	CLN

προσωρμίσθησαν.	54 καὶ	ἐξελθόντων	αὐτῶν	ἐκ	τοῦ	πλοίου	εὐθὺς
echaron anclas.	Y$_1$	habiendo salido$_3$	ellos$_2$	de	la	barca,	en seguida
4358	2532	1831	846	1537	3588	4143	2117
VAPI3P	CLN	VAAP-PGM	RP3GPM	P	DGSN	NGSN	B, J

ἐπιγνόντες	αὐτὸν	55 περιέδραμον	ὅλην	τὴν	χώραν	ἐκείνην
habiendo reconocido (reconocieron)	a él,	habiendo recorrido	toda$_2$	la$_3$	región$_4$	aquella$_1$
1921	846	4063	3650	3588	5561	1565
VAAP-PNM	RP3ASM	VAAI3P	JASF	DASF	NASF	RD-ASF

καὶ	ἤρξαντο	ἐπὶ	τοῖς	κραβάττοις	τοὺς	κακῶς	ἔχοντας*	περιφέρειν
y$_5$	comenzaron$_6$	en$_{11}$	las$_{12}$	camillas$_{13}$	a los que$_8$	mal$_{10}$	están teniendo$_9$	a traer$_7$
2532	756	1909	3588	2895	3588	2560	2192	4064
CLN	VAMI3P	P	DDPM	NDPM	DAPM	B	VPAP-PAM	VPAN

ὅπου	ἤκουον	ὅτι	ἐστίν.	56 καὶ	ὅπου	ἂν	εἰσεπορεύετο	εἰς	κώμας
donde	oían	que	está.	Y	donde	--	entraba	en	aldeas
3699	191	3754	2076	2532	3699	302	1531	1519	2968
CAL	VIAI3P	CSC	VPAI3S	CLN	CAL	TC	VIUI3S	P	NAPF

ἢ	εἰς	πόλεις	ἢ	εἰς	ἀγροὺς	ἐν	ταῖς	ἀγοραῖς	ἐτίθεσαν	τοὺς
o	en	ciudades	o	en	campos,	en$_4$	las$_5$	plazas$_6$	ponían$_1$	a los que,$_2$
2228	1519	4172	2228	1519	68	1722	3588	58	5087	3588
CLD	P	NAPF	CLD	P	NAPM	P	DDPF	NDPF	VIAI3P	DAPM

ἀσθενοῦντας,	καὶ	παρεκάλουν	αὐτὸν	ἵνα	κἂν	τοῦ
están enfermos$_3$	y	rogaban	a él	que	al menos$_1$	el$_3$
770	2532	3870	846	2443	2579	3588
VPAP-PAM	CLN	VIAI3P	RP3ASM	CSC	CLA, TC, B	DGSN

κρασπέδου	τοῦ	ἱματίου	αὐτοῦ	ἅψωνται·	καὶ	ὅσοι	ἂν	ἥψαντο
borde$_4$	del$_5$	manto$_6$	de él;$_7$	tocaran$_2$	y	cuantos	--	tocaran
2899	3588	2440	846	680	2532	3745	302	681
NGSN	DGSN	NGSN	RP3GSM	VAMS3P	CLN	RK-NPM	TC	VAMI3P

αὐτοῦ	ἐσῴζοντο.
a él	eran sanados.
846	4982
RP3GSM	VIPI3P

7 Καὶ	συνάγονται	πρός	αὐτὸν	οἱ	Φαρισαῖοι	καί	τινες	τῶν
Y$_1$	se reúnen$_{11}$	junto a$_{12}$	él.$_{13}$	los$_2$	fariseos$_3$	y$_4$	algunos$_5$	de los$_6$
2532	4863	4314	846	3588	5330	2532	5100	3588
CLN	VPPI3P	P	RP3ASM	DNPM	NNPM	CLN	RX-NPM	DGPM

γραμματέων	ἐλθόντες	ἀπὸ	Ἱεροσολύμων	2 καὶ	ἰδόντες	τινὰς	τῶν
escribas$_7$	habiendo venido$_8$	de$_9$	Jerusalén$_{10}$	Y	cuando vieron	a algunos	de los
1122	2064	575	2414	2532	1492	5100	3588
NGPM	VAAP-PNM	P	NGPN	CLN	VAAP-PNM	RX-APM	DGPM

μαθητῶν	αὐτοῦ	ὅτι	κοιναῖς	χερσίν,	τοῦτ’	ἔστιν	ἀνίπτοις,	ἐσθίουσιν
discípulos	de él	que$_1$	inmundas,$_6$	con manos$_5$	esto$_7$	es,$_8$	sucias,$_9$	comen$_2$
3101	846	3754	2839	5495	5124	2076	449	2068
NGPM	RP3GSM	CSC	JDPF	NDPF	RD-NSN	VPAI3S	JDPF, JDPM	VPAI3P

τοὺς	ἄρτους—	3 οἱ	γὰρ	Φαρισαῖοι	καὶ	πάντες	οἱ	Ἰουδαῖοι
los$_3$	panes$_4$	los$_2$	porque$_1$	fariseos	y	todos	los	judíos
3588	740	3588	1063	5330	2532	3956	3588	2453
DAPM	NAPM	DNPM	CLX	NNPM	CLN	JNPM	DNPM	JNPM

NVI

de los panes.
53 Después de cruzar
el lago, llegaron a
tierra en Genesaret y
atracaron allí. 54 Al bajar
ellos de la barca, la gente
en seguida reconoció
a Jesús. 55 Lo siguieron
por toda aquella región
y, adonde oían que él
estaba, le llevaban en
camillas a los que tenían
enfermedades. 56 Y
dondequiera que iba,
en pueblos, ciudades o
caseríos, colocaban a los
enfermos en las plazas.
Le suplicaban que les
permitiera tocar siquiera
el borde de su manto,
y quienes lo tocaban
quedaban sanos.

Lo puro y lo impuro

7 Los fariseos y algu-
nos de los maestros
de la ley que habían
llegado de Jerusalén se
reunieron alrededor
de Jesús, 2 y vieron a
algunos de sus discí-
pulos que comían con
manos impuras, es decir,
sin habérselas lavado.
3 (En efecto, los fariseos
y los demás judíos

6:55* O sea *a los que estaban enfermos.*

RVR

no comen a menos que
se laven las manos cui-
dadosamente, aferrados
a la tradición de los
ancianos;
4 y de lo que viene del
mercado no comen a
menos que lo laven; y
hay muchas otras cosas
que han recibido para
observarlas obligatoria-
mente, como lavamien-
tos de copas, jarros,
vajilla de cobre y divanes
para comer),
5 le preguntan los fari-
seos y los escribas: ¿Por
qué no andan tus discí-
pulos conforme a la tra-
dición de los ancianos,
sino que comen el pan
con manos impuras?
6 Él les dijo: Bien
profetizó Isaías acerca de
vosotros, los hipócritas,
como está escrito:
Este pueblo me honra
con los labios,
Pero su corazón está
lejos de mí;
7 En vano me rinden
culto,
Enseñando doctrinas
que son preceptos de
hombres.
8 Dejando el manda-
miento de Dios, os
aferráis a la tradición de
los hombres: como los
lavamientos de jarros y
vasos de beber; y hacéis
otras muchas cosas
semejantes.
9 Les decía también:
¡Qué bien dejáis a
un lado el manda-
miento de Dios, para

ἐὰν μὴ πυγμῇ νίψωνται τὰς χεῖρας οὐκ ἐσθίουσιν, κρατοῦντες
si$_{3}$ no$_{4}$ con (el) puño,$_{8}$ se lavaran$_{5}$ las$_{6}$ manos$_{7}$ no$_{1}$ comen$_{2}$ cumpliendo
1437 3361 4435 3538 3588 5495 3756 2068 2902
CAC BN, TN NDSF VAMS3P DAPF NAPF BN, TN VPAI3P VPAP-PNM

τὴν παράδοσιν τῶν πρεσβυτέρων, 4 καὶ ἀπ' ἀγορᾶς* ἐὰν μὴ
la tradición de los ancianos, y de (el) mercado si$_{3}$ no$_{4}$
3588 3862 3588 4245 2532 575 58 1437 3361
DASF NASF DGPM JGPM CLN P NGSF CAC BN, TN

βαπτίσωνται οὐκ ἐσθίουσιν, καὶ ἄλλα πολλά ἐστιν ἃ
se lavan,$_{5}$ no$_{1}$ comen$_{2}$ y$_{6}$ otras cosas$_{9}$ muchas$_{8}$ es (hay)$_{7}$ las que
907 3756 2068 2532 243 4183 2076 3739
VAMS3P BN, TN VPAI3P CLN JNPN JNPN VPAI3S RR-APN

παρέλαβον κρατεῖν, βαπτισμοὺς ποτηρίων καὶ ξεστῶν καὶ χαλκίων
recibieron para retener, lavamiento de copas y de jarros y vasijas de bronce
3880 2902 909 4221 2532 3582 2532 5473
VAAI3P VPAN NAPM NGPN CLN NGPM CLN NGPN

⸀καὶ κλινῶν⸌— 5 καὶ ἐπερωτῶσιν αὐτὸν οἱ Φαρισαῖοι καὶ οἱ
y camas, y$_{1}$ preguntan$_{7}$ a él:$_{8}$ los$_{2}$ fariseos$_{3}$ y$_{4}$ los$_{5}$
2532 2825 2532 1905 846 3588 5330 2532 3588
CLN NGPF CLN VPAI3P RP3ASM DNPM NNPM CLN DNPM

γραμματεῖς· Διὰ τί οὐ περιπατοῦσιν οἱ μαθηταί σου κατὰ
escribas$_{6}$ ¿Por qué no$_{4}$ andan$_{5}$ los$_{1}$ discípulos$_{2}$ de ti$_{3}$ según
1122 1223 5101 3756 4043 3588 3101 4675 2596
NNPM P RI-ASN BN, TN VPAI3P DNPM NNPM RP2GS P

τὴν παράδοσιν τῶν πρεσβυτέρων, ἀλλὰ κοιναῖς χερσὶν ἐσθίουσιν
la tradición de los ancianos, sino$_{1}$ inmundas?$_{6}$ con manos$_{5}$ comen$_{2}$
3588 3862 3588 4245 235 2839 5495 2068
DASF NASF DGPM JGPM CLC JDPF NDPF VPAI3P

τὸν ἄρτον; 6 ὁ δὲ εἶπεν αὐτοῖς· Καλῶς ἐπροφήτευσεν Ἠσαΐας
el$_{3}$ pan$_{4}$ --$_{2}$ Mas$_{1}$ dijo$_{3}$ a ellos:$_{4}$ (para) bien,$_{7}$ profetizó$_{6}$ Isaías$_{5}$
3588 740 3588 1161 2036 846 2573 4395 2268
DASM NASM DNSM CLN VAAI3S RP3DPM B VAAI3S NNSM

περὶ ὑμῶν τῶν ὑποκριτῶν, ὡς γέγραπται ὅτι Οὗτος ὁ λαὸς
acerca de de vosotros los hipócritas, como ha sido escrito que: Este$_{1}$ --$_{2}$ pueblo$_{3}$
4012 5216 3588 5273 5613 1125 3754 3778 3588 2992
P RP2GP DGPM NGPM CAM VRPI3S CSC RD-NSM DNSM NNSM

τοῖς χείλεσίν με τιμᾷ, ἡ δὲ καρδία αὐτῶν πόρρω ἀπέχει ἀπ'
con (de) --$_{6}$ labios,$_{7}$ a mí$_{5}$ honra$_{4}$ el$_{9}$ mas$_{8}$ corazón$_{10}$ de ellos$_{11}$ lejos$_{13}$ está distante,$_{12}$ de$_{14}$
3588 5491 3165 5091 3588 1161 2588 846 4206 568 575
DDPN NDPN RP1AS VPAI3S DNSF CLC NNSF RP3GPM B VPAI3S P

ἐμοῦ· 7 μάτην δὲ σέβονταί με, διδάσκοντες διδασκαλίας ἐντάλματα
mí;$_{15}$ en vano$_{2}$ mas$_{1}$ rinden culto a mí, enseñando (como) enseñanzas mandatos
1700 3155 1161 4576 3165 1321 1319 1778
RP1GS B CLN VPUI3P RP1AS VPAP-PNM NAPF NAPN

ἀνθρώπων. 8 ἀφέντες τὴν ἐντολὴν τοῦ θεοῦ κρατεῖτε τὴν παράδοσιν
de seres humanos. Dejando el mandamiento de -- Dios, os aferráis a la tradición
444 863 3588 1785 3588 2316 2902 3588 3862
NGPM VAAP-PNM DASF NASF DGSM NGSM VPAI2P DASF NASF

τῶν ⸀ἀνθρώπων.
de los seres humanos.
3588 444
DGPM NGPM

9 Καὶ ἔλεγεν αὐτοῖς· Καλῶς ἀθετεῖτε τὴν ἐντολὴν τοῦ θεοῦ, ἵνα
Y decía a ellos: Bien invalidáis el mandamiento de -- Dios, para que$_{1}$
2532 3004 846 2573 114 3588 1785 3588 2316 2443
CLN VIAI3S RP3DPM B VPAI2P DASF NASF DGSM NGSM CAP

NVI

no comen nada sin
primero cumplir con el
rito de lavarse las manos,
ya que están aferrados
a la tradición de los
ancianos.
4 Al regresar
del mercado, no comen
nada antes de lavarse. Y
siguen otras muchas tra-
diciones, tales como el
rito de lavar copas, jarras
y bandejas de cobre).
5 Así que los fariseos y
los maestros de la ley le
preguntaron a Jesús:
—¿Por qué no siguen
tus discípulos la tradi-
ción de los ancianos, en
vez de comer con manos
impuras?
6 Él les contestó:
—Tenía razón Isaías
cuando profetizó acerca
de ustedes, hipócritas,
según está escrito:

»"Este pueblo me
honra con los
labios,
pero su corazón está
lejos de mí.
7 En vano me adoran;
sus enseñanzas no
son más que reglas
humanas".

8 Ustedes han desechado
los mandamientos
divinos y se aferran a las
tradiciones humanas».
9 Y añadió:
—¡Qué buena ma-
nera tienen ustedes de
dejar a un lado los man-
damientos de Dios para

7:4* O sea *cuando vienen del mercado.* **7:4⸀⸌** Manuscritos importantes suprimieron *y camas.* **7:8⸀** Manuscritos de menor valor aumentaron *como lavamiento de jarros y copas, y hacéis muchas otras cosas semejantes.*

RVR

conservar vuestra
tradición!
10 Pues Moisés dijo:
Honra a tu padre y a tu
madre, y: El que hable
mal de padre o madre,
que muera sin remisión;
11 pero vosotros decís:
Si alguien dice al padre
o a la madre: Cualquier
cosa con que pudieses
beneficiarte de mí, es
corbán, es decir, ofrenda
a Dios;
12 ya no le permitís
hacer nada en favor del
padre o de la madre,
13 anulando la palabra
de Dios con vuestra
tradición que habéis
transmitido; y hacéis
muchas cosas semejan-
tes a estas.
14 Y llamando de nuevo
a la multitud, les decía:
Escuchadme todos y
entended:
15 No hay nada fuera del
hombre que, entrando
en él, pueda conta-
minarle; sino que lo
que sale del hombre
es lo que contamina al
hombre.
16 Si alguien tiene oídos
para oír, que oiga.
17 Y cuando entró
en casa, después
de dejar a la multi-
tud, le preguntaban

τὴν	παράδοσιν	ὑμῶν	τηρήσητε.	10 Μωϋσῆς	γὰρ	εἶπεν·	Τίμα	τὸν
la$_3$	tradición$_4$	de vosotros.$_5$	guardareis$_2$	Moisés$_2$	Porque$_1$	dijo:	Honra	al
3588	3862	5216	5083	3475	1063	2036	5091	3588
DASF	*NASF*	*RP2GP*	*VAAS2P*	*NNSM*	*CLX*	*VAAI3S*	*VPAM2S*	*DASM*

πατέρα	σου	καὶ	τὴν	μητέρα	σου,	καί·	Ὁ	κακολογῶν	πατέρα
padre	de ti	y	a la	madre	de ti;	y:	El que	maldice	a padre
3962	4675	2532	3588	3384	4675	2532	3588	2551	3962
NASM	*RP2GS*	*CLN*	*DASF*	*NASF*	*RP2GS*	*CLN*	*DNSM*	*VPAP-SNM*	*NASM*

ἢ	μητέρα	θανάτῳ	τελευτάτω.*	11 ὑμεῖς	δὲ	λέγετε·	Ἐὰν	εἴπῃ
o	madre,	con muerte.$_2$	muera$_1$	vosotros$_2$	Mas$_1$	decís:$_3$	Si$_4$	dijera$_6$
2228	3384	2288	5053	5210	1161	3004	1437	2036
CLD	*NASF*	*NDSM*	*VPAM3S*	*RP2NP*	*CLC*	*VPAI2P*	*CAC*	*VAAS3S*

ἄνθρωπος	τῷ	πατρὶ	ἢ	τῇ	μητρί·	Κορβᾶν,	ὅ	ἐστιν	Δῶρον,
un ser humano$_5$	al	padre	o	la	madre:	(es) Corbán,$_6$	lo que$_7$	es,$_8$	ofrenda,$_9$
444	3588	3962	2228	3588	3384	2878	3739	2076	1435
NNSM	*DDSM*	*NDSM*	*CLD*	*DDSF*	*NDSF*	*NNSM, XF*	*RR-NSN*	*VPAI3S*	*NNSN*

ὃ	ἐὰν	ἐξ	ἐμοῦ	ὠφεληθῇς,	12 οὐκέτι	ἀφίετε	αὐτὸν	οὐδὲν	ποιῆσαι
lo que$_1$	si$_2$	de$_4$	mí$_5$	te beneficias$_3$	ya no	dejáis	a él	nada$_2$	hacer$_1$
3739	1437	1537	1700	5623	3765	863	846	3762	4160
RR-ASN	*TC*	*P*	*RP1GS*	*VAPS2S*	*BN*	*VPAI2P*	*RP3ASM*	*JASN*	*VAAN*

τῷ	πατρὶ	ἢ	τῇ	μητρί,	13 ἀκυροῦντες	τὸν	λόγον	τοῦ	θεοῦ	τῇ
al	padre	o	a la	madre,	invalidando	la	palabra	de --	Dios	con la
3588	3962	2228	3588	3384	208	3588	3056	3588	2316	3588
DDSM	*NDSM*	*CLD*	*DDSF*	*NDSF*	*VPAP-PNM*	*DASM*	*NASM*	*DGSM*	*NGSM*	*DDSF*

παραδόσει	ὑμῶν	ᾗ	παρεδώκατε·	καὶ	παρόμοια	τοιαῦτα	πολλὰ
tradición	de vosotros,	la que	entregasteis;	y$_1$	semejantes.$_5$	tales cosas$_4$	muchas$_3$
3862	5216	3739	3860	2532	3946	5108	4183
NDSF	*RP2GP*	*RR-DSF*	*VAAI2P*	*CLN*	*JAPN*	*RD-APN*	*JAPN*

ποιεῖτε.
hacéis$_2$
4160
VPAI2P

14 Καὶ	προσκαλεσάμενος	πάλιν	τὸν	ὄχλον	ἔλεγεν	αὐτοῖς·
Y	habiendo llamado	otra vez	a la	multitud	decía	a ellos:
2532	4341	3825	3588	3793	3004	846
CLN	*VAMP-SNM*	*B*	*DASM*	*NASM*	*VIAI3S*	*RP3DPM*

Ἀκούσατέ	μου	πάντες	καὶ	σύνετε.	15 οὐδέν	ἐστιν	ἔξωθεν	τοῦ
oíd$_2$	a mí$_3$	Todos$_1$	y	entended:	Nada	es (hay)	fuera	del
191	3450	3956	2532	4920	3762	2076	1855	3588
VAAM2P	*RP1GS*	*JNPM*	*CLN*	*VAAM2P*	*JNSN*	*VPAI3S*	*P, BP*	*DGSM*

ἀνθρώπου	εἰσπορευόμενον	εἰς	αὐτὸν	ὃ	δύναται	κοινῶσαι	αὐτόν·
ser humano	entrando$_5$	a$_6$	él,$_7$	lo que$_1$	puede$_2$	contaminar$_3$	a él$_4$
444	1531	1519	846	3739	1410	2840	846
NGSM	*VPUP-SNN*	*P*	*RP3ASM*	*RR-NSN*	*VPUI3S*	*VAAN*	*RP3ASM*

ἀλλὰ	τὰ	ἐκ	τοῦ	ἀνθρώπου	ἐκπορευόμενά	ἐστιν	τὰ
sino$_8$	las cosas$_9$	de$_{11}$	el$_{12}$	ser humano$_{13}$	que están saliendo$_{10}$	es (son)$_{14}$	las que$_{15}$
235	3588	1537	3588	444	1607	2076	3588
CLC	*DNPN*	*P*	*DGSM*	*NGSM*	*VPUP-PNN*	*VPAI3S*	*DNPN*

κοινοῦντα	τὸν	⌐ἄνθρωπον.
contaminan	al	ser humano.
2840	3588	444
VPAP-PNN	*DASM*	*NASM*

17 Καὶ	ὅτε	εἰσῆλθεν	εἰς	οἶκον	ἀπὸ	τοῦ	ὄχλου,	ἐπηρώτων	αὐτὸν
Y	cuando	entró	a	(la) casa	desde	la	multitud,	preguntaban$_4$	a él$_5$
2532	3753	1525	1519	3624	575	3588	3793	1905	846
CLN	*CAT*	*VAAI3S*	*P*	*NASM*	*P*	*DGSM*	*NGSM*	*VIAI3P*	*RP3ASM*

NVI

mantener sus propias
tradiciones! 10 Por
ejemplo, Moisés dijo:
“Honra a tu padre y a
tu madre”, y: “El que
maldiga a su padre o a su
madre será condenado
a muerte”. 11 Ustedes, en
cambio, enseñan que
un hijo puede decirle a
su padre o a su madre:
“Cualquier ayuda que
pudiera haberte dado es
corbán” (es decir, ofren-
da dedicada a Dios).
12 En ese caso, el tal hijo
ya no está obligado a
hacer nada por su padre
ni por su madre. 13 Así,
por la tradición que se
transmiten entre uste-
des, anulan la palabra de
Dios. Y hacen muchas
cosas parecidas.
14 De nuevo Jesús
llamó a la multitud.
—Escúchenme todos
—dijo— y entiendan
esto: 15 Nada de lo que
viene de afuera puede
contaminar a una perso-
na. Más bien, lo que sale
de la persona es lo que la
contamina.
17 Después de que
dejó a la gente y entró
en la casa, sus discípulos
le preguntaron sobre la

7:10* O sea *ciertamene muera.* **7:15⌐** Manuscritos inferiores aumentaron [16] *Si alguno tiene oídos para oír, oiga.*

RVR

sus discípulos acerca de
la parábola.
[18] Y les dice él:
¿También vosotros
estáis tan faltos de
entendimiento? ¿No os
dais cuenta de que todo
lo que de fuera entra en
el hombre, no puede
contaminarle,
[19] porque no entra en
su corazón, sino en su
vientre, y sale a la cloaca,
purificando todos los
alimentos?
[20] Y decía: Lo que sale
del hombre, eso conta-
mina al hombre.
[21] Porque de adentro,
del corazón de los hom-
bres salen las maqui-
naciones perversas, las
fornicaciones, hurtos,
asesinatos,
[22] adulterios, avaricias,
maldades, el engaño, la
desvergüenza, envidia,
maledicencia, arrogan-
cia, estupidez;
[23] todas estas maldades
salen de adentro y con-
taminan al hombre.

La fe de la mujer sirofenicia

[24] Se levantó de allí y
marchó a las cercanías
de Tiro. Entró en una
casa, y deseaba que na-
die lo supiese, pero no

οἱ	μαθηταὶ	αὐτοῦ	τὴν	παραβολήν.	[18] καὶ	λέγει	αὐτοῖς·	Οὕτως
los$_1$	discípulos$_2$	de él$_3$	la$_6$	parábola.$_7$	Y	dice	a ellos:	¿Así que
3588	3101	846	3588	3850	2532	3004	846	3779
DNPM	*NNPM*	*RP3GSM*	*DASF*	*NASF*	*CLN*	*VPAI3S*	*RP3DPM*	*B*

καὶ	ὑμεῖς	ἀσύνετοί	ἐστε;	οὐ	νοεῖτε	ὅτι	πᾶν	τὸ	ἔξωθεν
también	vosotros	sin entendimiento?$_2$	sois$_1$	¿No	entendéis	que	todo	lo que$_1$	de afuera$_3$
2532	5210	801	2075	3756	3539	3754	3956	3588	1855
BE, TE	*RP2NP*	*JNPM*	*VPAI2P*	*BN, TN*	*VPAI2P*	*CSC*	*JNSN*	*DNSN*	*BP*

εἰσπορευόμενον	εἰς	τὸν	ἄνθρωπον	οὐ	δύναται	αὐτὸν	κοινῶσαι,
está entrando$_2$	hacia	el	ser humano	no	puede	a él$_2$	contaminar$_1$
1531	1519	3588	444	3756	1410	846	2840
VPUP-SNN	*P*	*DASM*	*NASM*	*BN, TN*	*VPUI3S*	*RP3ASM*	*VAAN*

[19] ὅτι	οὐκ	εἰσπορεύεται	αὐτοῦ	εἰς	τὴν	καρδίαν	ἀλλ᾽	εἰς	τὴν
porque	no	entra	de él,$_4$	hacia$_1$	el$_2$	corazón$_3$	sino	hacia	al
3754	3756	1531	846	1519	3588	2588	235	1519	3588
CAZ	*BN, TN*	*VPUI3S*	*RP3GSM*	*P*	*DASF*	*NASF*	*CLC*	*P*	*DASF*

κοιλίαν,	καὶ	εἰς	τὸν	ἀφεδρῶνα	ἐκπορεύεται;—	καθαρίζων
vientre	y$_1$	hacia$_3$	la$_4$	letrina?$_5$	sale$_2$	Limpiando (así)
2836	2532	1519	3588	856	1607	2511
NASF	*CLN*	*P*	*DASM*	*NASM*	*VPUI3S*	*VPAP-SNM*

πάντα	τὰ	βρώματα.	[20] ἔλεγεν	δὲ	ὅτι	Τὸ	ἐκ	τοῦ	ἀνθρώπου
todos	los	alimentos.	decía$_2$	Mas$_1$	que:$_3$	Lo que$_4$	de$_6$	el$_7$	ser humano,$_8$
3956	3588	1033	3004	1161	3754	3588	1537	3588	444
JAPN	*DAPN*	*NAPN*	*VIAI3S*	*CLN*	*CSC*	*DNSN*	*P*	*DGSM*	*NGSM*

ἐκπορευόμενον	ἐκεῖνο	κοινοῖ	τὸν	ἄνθρωπον.	[21] ἔσωθεν	γὰρ	ἐκ	τῆς
está saliendo$_5$	aquello	contamina	al	ser humano.	de adentro$_2$	Porque$_1$	de	el
1607	1565	2840	3588	444	2081	1063	1537	3588
VPUP-SNN	*RD-NSN*	*VPAI3S*	*DASM*	*NASM*	*BP*	*CAZ*	*P*	*DGSF*

καρδίας	τῶν	ἀνθρώπων	οἱ	διαλογισμοὶ	οἱ	κακοὶ	ἐκπορεύονται,
corazón	de los	seres humanos	los	razonamientos	--	malos	salen:
2588	3588	444	3588	1261	3588	2556	1607
NGSF	*DGPM*	*NGPM*	*DNPM*	*NNPM*	*DNPM*	*JNPM*	*VPUI3P*

πορνεῖαι,	κλοπαί,	φόνοι,	[22] μοιχεῖαι,	πλεονεξίαι,	πονηρίαι,	δόλος,
inmoralidad sexual,	hurtos,	homicidios,	adulterios,	avaricias,	maldades,	engaño,
4202	2829	5408	3430	4124	4189	1388
NNPF	*NNPF*	*NNPM*	*NNPF*	*NNPF*	*NNPF*	*NNSM*

ἀσέλγεια,	ὀφθαλμὸς	πονηρός,*	βλασφημία,	ὑπερηφανία,	ἀφροσύνη·
libertinaje,	ojo	maligno	calumnia,	arrogancia,	insensatez.
766	3788	4190	988	5243	877
NNSF	*NNSM*	*JNSM*	*NNSF*	*NNSF*	*NNSF*

[23] πάντα	ταῦτα	τὰ	πονηρὰ	ἔσωθεν	ἐκπορεύεται	καὶ	κοινοῖ	τὸν
Todas	estas (cosas)	--	malas	de adentro,$_2$	sale(n)$_1$	y	contamina(n)	al
3956	5023	3588	4190	2081	1607	2532	2840	3588
JNPN	*RD-NPN*	*DNPN*	*JNPN*	*BP*	*VPUI3S*	*CLN*	*VPAI3S*	*DASM*

ἄνθρωπον.
ser humano.
444
NASM

[24] Ἐκεῖθεν	δὲ	ἀναστὰς	ἀπῆλθεν	εἰς	τὰ	ὅρια	Τύρου.	καὶ
de allí$_4$	Y$_1$	habiéndose levantado$_2$	se fue$_3$	hacia	las	regiones	de Tiro.	Y
1564	1161	450	565	1519	3588	3725	5184	2532
BP	*CLN*	*VAAP-SNM*	*VAAI3S*	*P*	*DAPN*	*NAPN*	*NGSF*	*CLN*

εἰσελθὼν	εἰς	οἰκίαν	οὐδένα	ἤθελεν	γνῶναι,	καὶ	οὐκ	ἠδυνήθη
cuando entró	hacia	una casa	nadie$_2$	quería (que)$_1$	saber (lo supiera),	y	no	pudo
1525	1519	3614	3762	2309	1097	2532	3756	1410
VAAP-SNM	*P*	*NASF*	*JASM*	*VIAI3S*	*VAAN*	*CLC*	*BN, TN*	*VAPI3S*

NVI

comparación que había
hecho.
[18] —¿Tampoco uste-
des pueden entenderlo?
—les dijo—. ¿No se dan
cuenta de que nada de lo
que entra en una perso-
na puede contaminarla?
[19] Porque no entra en
su corazón, sino en su
estómago, y después va a
dar a la letrina.
Con esto Jesús
declaraba limpios todos
los alimentos. [20] Luego
añadió:
—Lo que sale de
la persona es lo que la
contamina. [21] Porque
de adentro, del corazón
humano, salen los malos
pensamientos, la inmo-
ralidad sexual, los robos,
los homicidios, los
adulterios, [22] la avaricia,
la maldad, el engaño, el
libertinaje, la envidia, la
calumnia, la arrogancia
y la necedad. [23] Todos
estos males vienen de
adentro y contaminan a
la persona.

La fe de una mujer sirofenicia

[24] Jesús partió de allí
y fue a la región de Tiro.
Entró en una casa y
no quería que nadie lo
supiera, pero no pudo

7:22* O sea *envidia.*

RVR

pudo quedar oculto,
25 sino que, en seguida,
una mujer que había
oído hablar de él, y cuya
hijita estaba poseída de
un espíritu inmundo,
vino y se postró a sus
pies.
26 Y la mujer era griega,
de raza sirofenicia. Y le
rogaba que arrojase de
su hija al demonio.
27 Pero él le decía: Deja
primero que se sacien
los hijos; pues no está
bien tomar el pan de
los hijos y echarlo a los
perrillos.
28 Ella le respondió y
le dijo: Cierto, Señor;
pero también los perri-
llos debajo de la mesa
comen las migajas de
los hijos.
29 Él, entonces, le dijo:
Por lo que has dicho,
vete; el demonio ha
salido de tu hija.
30 Ella se marchó a su
casa y encontró a la niña
echada en la cama, y
que el demonio había
salido.

Jesús sana a un sordomudo

31 Volvió a salir de los
términos de Tiro y se
dirigió a través de Sidón
al mar de Galilea, por en
medio de la región de la
Decápolis.

λαθεῖν·	25 ἀλλ'	εὐθὺς	ἀκούσασα	γυνὴ	περὶ	αὐτοῦ,	ἧς	εἶχεν
quedar oculto;	pero	en seguida,	habiendo oído$_9$	una mujer$_1$	acerca de$_{10}$	él,$_{11}$	la que$_2$	tenía$_3$
2990	235	2117	191	1135	4012	846	3739	2192
VAAN	*CLC*	*B, J*	*VAAP-SNF*	*NNSF*	*P*	*RP3GSM*	*RR-GSF*	*VIAI3S*

τὸ	θυγάτριον	αὐτῆς	πνεῦμα	ἀκάθαρτον,	ἐλθοῦσα	προσέπεσεν	πρὸς
la$_4$	hijita$_5$	de ella$_6$	un espíritu$_7$	inmundo,$_8$	habiendo venido	se postró	ante
3588	2365	846	4151	169	2064	4363	4314
DNSN	*NNSN*	*RP3GSF*	*NASN*	*JASN*	*VAAP-SNF*	*VAAI3S*	*P*

τοὺς	πόδας	αὐτοῦ·	26 ἡ	δὲ	γυνὴ	ἦν	Ἑλληνίς,	Συροφοινίκισσα	τῷ
los	pies	de él;	la$_2$	Mas$_1$	mujer	era	griega,	sirofenicia	la
3588	4228	846	3588	1161	1135	2258	1674	4949	3588
DAPM	*NAPM*	*RP3GSM*	*DNSF*	*CLN*	*NNSF*	*VIAI3S*	*NNSF*	*NNSF*	*DDSN*

γένει·	καὶ	ἠρώτα	αὐτὸν	ἵνα	τὸ	δαιμόνιον	ἐκβάλῃ	ἐκ	τῆς	θυγατρὸς
raza,	y	rogaba	a él	que	al$_6$	demonio.$_7$	expulse$_1$	de$_2$	la$_3$	hija$_4$
1085	2532	2065	846	2443	3588	1140	1544	1537	3588	2364
NDSN	*CLN*	*VIAI3S*	*RP3ASM*	*CSC*	*DASN*	*NASN*	*VAAS3S*	*P*	*DGSF*	*NGSF*

αὐτῆς.	27 καὶ	ἔλεγεν	αὐτῇ·	Ἄφες	πρῶτον	χορτασθῆναι	τὰ	τέκνα,
de ella$_5$	Y	decía	a ella:	Deja	primero$_3$	saciarse;$_4$	a los$_1$	hijos$_2$
846	2532	3004	846	863	4412	5526	3588	5043
RP3GSF	*CLN*	*VIAI3S*	*RP3DSF*	*VAAM2S*	*B, J*	*VAPN*	*DAPN*	*NAPN*

οὐ	γὰρ	καλόν	ἐστιν	λαβεῖν	τὸν	ἄρτον	τῶν	τέκνων	καὶ	τοῖς
no$_6$	porque$_5$	bueno$_8$	es$_7$	tomar	el	pan	de los	hijos	y	a los$_2$
3756	1063	2570	2076	2983	3588	740	3588	5043	2532	3588
BN, TN	*CAZ*	*JNSN*	*VPAI3S*	*VAAN*	*DASM*	*NASM*	*DGPN*	*NGPN*	*CLN*	*DDPN*

κυναρίοις	βαλεῖν.	28 ἡ	δὲ	ἀπεκρίθη	καὶ	λέγει	αὐτῷ·	Κύριε,
perritos.$_3$	echar$_1$	--$_2$	Mas$_1$	respondió$_3$	y	dice	a él:	Señor,
2952	906	3588	1161	611	2532	3004	846	2962
NDPN	*VAAN*	*DNSF*	*CLN*	*VAPI3S, VAMI3S*	*CLN*	*VPAI3S*	*RP3DSM*	*NVSM*

καὶ	τὰ	κυνάρια	ὑποκάτω	τῆς	τραπέζης	ἐσθίουσιν	ἀπὸ	τῶν	ψιχίων
también	los	perritos	bajo	la	mesa	comen	de	las	migajas
2532	3588	2952	5270	3588	5132	2068	575	3588	5589
CLA, B	*DNPN*	*NNPN*	*P, B*	*DGSF*	*NGSF*	*VPAI3P*	*P*	*DGPN*	*NGPN*

τῶν	παιδίων.	29 καὶ	εἶπεν	αὐτῇ·	Διὰ	τοῦτον	τὸν	λόγον	ὕπαγε,
de los	niños.	Y	dijo	a ella:	A causa de	esta	--	palabra,	ve,
3588	3813	2532	2036	846	1223	5126	3588	3056	5217
DGPN	*NGPN*	*CLN*	*VAAI3S*	*RP3DSF*	*P*	*RD-ASM*	*DASM*	*NASM*	*VPAM2S*

ἐξελήλυθεν	ἐκ	τῆς	θυγατρός	σου	τὸ	δαιμόνιον.	30 καὶ	ἀπελθοῦσα
ha salido$_3$	de$_4$	la$_5$	hija$_6$	de ti.$_7$	el$_1$	demonio$_2$	Y	habiéndose ido
1831	1537	3588	2364	4675	3588	1140	2532	565
VRAI3S	*P*	*DGSF*	*NGSF*	*RP2GS*	*DNSN*	*NNSN*	*CLN*	*VAAP-SNF*

εἰς	τὸν	οἶκον	αὐτῆς	εὗρεν	τὸ	παιδίον	βεβλημένον	ἐπὶ	τὴν
hacia	la	casa	de ella,	encontró	a la	niña	que había sido echada	sobre	la
1519	3588	3624	846	2147	3588	3813	906	1909	3588
P	*DASM*	*NASM*	*RP3GSF*	*VAAI3S*	*DASN*	*NASN*	*VRPP-SAN, VRPP-SAM*	*P*	*DASF*

κλίνην	καὶ	τὸ	δαιμόνιον	ἐξεληλυθός.
cama,	y	el$_2$	demonio.$_3$	habiendo salido$_1$
2825	2532	3588	1140	1831
NASF	*CLN*	*DASN, DNSN*	*NASN, NNSN*	*VRAP-SAN*

31 Καὶ	πάλιν	ἐξελθὼν	ἐκ	τῶν	ὁρίων	Τύρου	ἦλθεν	διὰ	Σιδῶνος
Y	de nuevo	habiendo salido	de	las	regiones	de Tiro,	fue	a través de	Sidón
2532	3825	1831	1537	3588	3725	5184	2064	1223	4605
CLN	*B*	*VAAP-SNM*	*P*	*DGPN*	*NGPN*	*NGSF*	*VAAI3S*	*P*	*NGSF*

εἰς	τὴν	θάλασσαν	τῆς	Γαλιλαίας	ἀνὰ	μέσον	τῶν	ὁρίων	Δεκαπόλεως.
hacia	el	mar	de --	Galilea	en	medio	las	regiones	de Decápolis.
1519	3588	2281	3588	1056	303	3319	3588	3725	1179
P	*DASF*	*NASF*	*DGSF*	*NGSF*	*P*	*JASN*	*DGPN*	*NGPN*	*NGSF*

NVI

pasar inadvertido. 25 De
hecho, muy pronto se
enteró de su llegada
una mujer que tenía
una niña poseída por
un espíritu maligno, así
que fue y se arrojó a sus
pies. 26 Esta mujer era
extranjera, sirofenicia de
nacimiento, y le rogaba
que expulsara al demo-
nio que tenía su hija.
27 —Deja que prime-
ro se sacien los hijos —
replicó Jesús—, porque
no está bien quitarles el
pan a los hijos y echárse-
lo a los perros.
28 —Sí, Señor —res-
pondió la mujer—, pero
hasta los perros comen
debajo de la mesa las
migajas que dejan los
hijos.
29 Jesús le dijo:
—Por haberme res-
pondido así, puedes irte
tranquila; el demonio
ha salido de tu hija.
30 Cuando ella llegó
a su casa, encontró a
la niña acostada en la
cama. El demonio ya
había salido de ella.

Jesús sana a un sordomudo

31 Luego regresó
Jesús de la región de
Tiro y se dirigió por
Sidón al mar de Galilea,
internándose en la
región de Decápolis.

RVR

32 Y le traen un sordo
que, además, hablaba
con dificultad, y le
suplican que ponga la
mano sobre él.
33 Él lo tomó a solas,
apartado de la multitud,
metió sus dedos en los
oídos de él, y escupien-
do le tocó la lengua.
34 Luego alzó los ojos al
cielo, lanzó un hondo
suspiro y le dijo: Efatá,
es decir, ábrete.
35 Y se abrieron sus oí-
dos, se le soltó la atadura
de la lengua, y comenzó
a hablar correctamente.
36 Y les ordenó que
no lo dijesen a nadie;
pero cuanto más se lo
ordenaba, tanto más
ampliamente lo procla-
maban ellos.
37 Estaban sumamente
atónitos y decían: Todo
lo ha hecho bien; lo
mismo hace oír a los
sordos que hablar a los
mudos.

Alimentación de los cuatro mil

8 Por aquellos días,
habiendo de
nuevo mucha gente y
no teniendo qué comer,
llamó a sus discípulos y
les dijo:
2 Se me enternecen las
entrañas de compasión
sobre la multitud, por-
que hace ya tres días que

32 καὶ	φέρουσιν	αὐτῷ	κωφὸν	καὶ	μογιλάλον,	καὶ	παρακαλοῦσιν
Y	traen	a él	un sordo	y	con dificultad al hablar,	y	ruegan
2532	5342	846	2974	2532	3424	2532	3870
CLN	VPAI3P	RP3DSM	JASM	CLN	JASM	CLN	VPAI3P

αὐτὸν	ἵνα	ἐπιθῇ	αὐτῷ	τὴν	χεῖρα.	33 καὶ	ἀπολαβόμενος	αὐτὸν
a él	para que	imponga	a él.$_{3}$	la$_{1}$	mano$_{2}$	Y$_{1}$	habiendo llamado aparte$_{2}$	a él,$_{6}$
846	2443	2007	846	3588	5495	2532	618	846
RP3ASM	CSC	VAAS3S	RP3DSM	DASF	NASF	CLN	VAMP-SNM	RP3ASM

ἀπὸ	τοῦ	ὄχλου	κατ'	ἰδίαν	ἔβαλεν	τοὺς	δακτύλους	αὐτοῦ	εἰς	τὰ
de$_{3}$	la$_{4}$	multitud$_{5}$	en	privado,	metió	los	dedos	de él	en	las
575	3588	3793	2596	2398	906	3588	1147	846	1519	3588
P	DGSM	NGSM	P	JASF	VAAI3S	DAPM	NAPM	RP3GSM	P	DAPN

ὦτα	αὐτοῦ	καὶ	πτύσας	ἥψατο	τῆς	γλώσσης	αὐτοῦ,	34 καὶ
orejas	de él,	y	habiendo escupido	tocó	la	lengua	de él.	Y
3775	846	2532	4429	680	3588	1100	846	2532
NAPN	RP3GSM	CLN	VAAP-SNM	VAMI3S	DGSF	NGSF	RP3GSM	CLN

ἀναβλέψας	εἰς	τὸν	οὐρανὸν	ἐστέναξεν,	καὶ	λέγει	αὐτῷ·
habiendo levantado la vista	a	el	cielo	gimió,	y	dice	a él:
308	1519	3588	3772	4727	2532	3004	846
VAAP-SNM	P	DASM	NASM	VAAI3S	CLN	VPAI3S	RP3DSM

Εφφαθα,	ὅ	ἐστιν	Διανοίχθητι.	35 καὶ	ἠνοίγησαν	αὐτοῦ	αἱ
¡Efata!,	lo que	es:	¡Ábrete!	Y$_{1}$	fueron abiertos,$_{5}$	de él$_{4}$	los$_{2}$
2188	3739	2076	1272	2532	455	846	3588
VAPM2S, XF	RR-NSN	VPAI3S	VAPM2S	CLN	VAPI3P	RP3GSM	DNPF

ἀκοαί,	καὶ	ἐλύθη	ὁ	δεσμὸς	τῆς	γλώσσης	αὐτοῦ,	καὶ	ἐλάλει
oídos$_{3}$	y$_{6}$	fue desatada,$_{12}$	la$_{7}$	cadena$_{8}$	de la$_{9}$	lengua$_{10}$	de él$_{11}$	y	hablaba
189	2532	3089	3588	1199	3588	1100	846	2532	2980
NNPF	CLN	VAPI3S	DNSM	NNSM	DGSF	NGSF	RP3GSM	CLN	VIAI3S

ὀρθῶς.	36 καὶ	διεστείλατο	αὐτοῖς	ἵνα	μηδενὶ	λέγωσιν·	ὅσον	δὲ
correctamente.	Y	ordenó	a ellos	que$_{1}$	nada,$_{3}$	dijeran$_{2}$	cuanto$_{5}$	mas$_{4}$
3723	2532	1291	846	2443	3367	3004	3745	1161
B	CLN	VAMI3S	RP3DPM	CSC	JDSM	VPAS3P	RK-ASN	CLC

αὐτοῖς	διεστέλλετο,	αὐτοὶ	μᾶλλον	περισσότερον	ἐκήρυσσον.	37 καὶ
a ellos,$_{7}$	ordenaba$_{6}$	ellos$_{8}$	más$_{10}$	abundantemente.$_{11}$	proclamaban$_{9}$	Y
846	1291	846	3123	4054	2784	2532
RP3DPM	VIMI3S	RP3NPM	B	JASNC, B	VIAI3P	CLN

ὑπερπερισσῶς	ἐξεπλήσσοντο	λέγοντες·	Καλῶς	πάντα	πεποίηκεν,
extremadamente$_{2}$	se admiraban$_{1}$	diciendo:$_{3}$	bien,$_{6}$	todo$_{4}$	ha hecho$_{5}$
5249	1605	3004	2573	3956	4160
B	VIPI3P	VPAP-PNM	B	JAPN	VRAI3S

καὶ	τοὺς	κωφοὺς	ποιεῖ	ἀκούειν	καὶ	ἀλάλους	λαλεῖν.
también$_{7}$	a los$_{10}$	sordos,$_{11}$	hace$_{8}$	oír$_{9}$	y	a (los) mudos	hablar.
2532	3588	2974	4160	191	2532	216	2980
CLK, CLA, B	DAPM	JAPM	VPAI3S	VPAN	CLK, CLN	JAPM	VPAN

8 Ἐν	ἐκείναις	ταῖς	ἡμέραις	πάλιν	πολλοῦ	ὄχλου	ὄντος	καὶ
En	aquellos	--	días,	de nuevo$_{2}$	mucha$_{3}$	multitud$_{4}$	estando$_{1}$	y
1722	1565	3588	2250	3825	4183	3793	5607	2532
P	RD-DPF	DDPF	NDPF	B	JGSM	NGSM	VPAP-SGM	CLN

μὴ	ἐχόντων	τί	φάγωσιν,	προσκαλεσάμενος	τοὺς	μαθητὰς
no	teniendo	qué	comieran,	habiendo llamado	a los	discípulos
3361	2192	5101	5315	4341	3588	3101
BN, TN	VPAP-PGM	RI-ASN	VAAS3P	VAMP-SNM	DAPM	NAPM

λέγει	αὐτοῖς·	2 Σπλαγχνίζομαι	ἐπὶ	τὸν	ὄχλον	ὅτι	ἤδη	ἡμέραι	τρεῖς
dice	a ellos:	Tengo compasión	por	la	multitud,	porque	ya$_{3}$	días,$_{5}$	tres$_{4}$
3004	846	4697	1909	3588	3793	3754	2235	2250	5140
VPAI3S	RP3DPM	VPUI1S	P	DASM	NASM	CAZ	B	NNPF	JNPF, JAPF

NVI

32 Allí le llevaron un
sordo tartamudo, y le
suplicaban que pusiera
la mano sobre él.
33 Jesús lo apartó
de la multitud para
estar a solas con él, le
puso los dedos en los
oídos y le tocó la lengua
con saliva. 34 Luego,
mirando al cielo, suspiró
profundamente y le
dijo: «*¡Efatá!*» (que
significa: ¡Ábrete!).
35 Con esto, se le abrie-
ron los oídos al hombre,
se le destrabó la lengua
y comenzó a hablar
normalmente.
36 Jesús les mandó
que no se lo dijeran a
nadie, pero cuanto más
se lo prohibía, tanto más
lo seguían propagan-
do. 37 La gente estaba
sumamente asombrada,
y decía: «Todo lo hace
bien. Hasta hace oír a
los sordos y hablar a los
mudos».

Jesús alimenta a los cuatro mil

8 En aquellos días se
reunió de nuevo
mucha gente. Como no
tenían nada que comer,
Jesús llamó a sus discípu-
los y les dijo:
2 —Siento compasión
de esta gente porque ya
llevan tres días conmigo

RVR

permanecen conmigo y
no tienen qué comer;
3 y si los despido en
ayunas a sus casas, desfa-
llecerán en el camino, y
algunos de ellos son de
muy lejos.
4 Le respondieron sus
discípulos: ¿De dónde
podrá alguien, en este
despoblado, sacar
suficiente pan para
satisfacer a estos?
5 Él les preguntaba:
¿Cuántos panes tenéis?
Ellos dijeron: Siete.
6 Entonces manda a la
multitud recostarse en
el suelo; y tomando los
siete panes, dio gracias,
los partió, y comenzó a
darlos a sus discípulos
para que los pusiesen
delante de la gente; y
ellos los sirvieron a la
multitud.
7 Tenían también unos
pocos pececillos; y des-
pués de haberlos ben-
decido, dijo que fueran
servidos también.
8 Comieron y quedaron
satisfechos, y recogieron
de las sobras de los peda-
zos siete canastas.
9 Eran unos cuatro mil; y
los despidió.
10 Subió a continuación
a la barca con sus discí-
pulos y se fue a la región
de Dalmanuta.

προσμένουσίν	μοι	καὶ	οὐκ	ἔχουσιν	τί	φάγωσιν·	3 καὶ	ἐὰν
permanecen$_{1}$	conmigo$_{2}$	y	no	tienen	qué	comieran.	Y	si
4357	3427	2532	3756	2192	5101	5315	2532	1437
VPAI3P	*RP1DS*	*CLN*	*BN, TN*	*VPAI3P*	*RI-ASN*	*VAAS3P*	*CLN*	*CAC*

ἀπολύσω	αὐτοὺς	νήστεις	εἰς	οἶκον	αὐτῶν,	ἐκλυθήσονται	ἐν	τῇ
despido	a ellos	con hambre	hacia	(la) casa	de ellos,	se desmayarán	en	el
630	846	3523	1519	3624	846	1590	1722	3588
VAAS1S	*RP3APM*	*JAPM*	*P*	*NASM*	*RP3GPM*	*VFPI3P*	*P*	*DDSF*

ὁδῷ·	καί	τινες	αὐτῶν	ἀπὸ	μακρόθεν	ἥκασιν.	4 καὶ	ἀπεκρίθησαν
camino,	y	algunos	de ellos	de$_{2}$	lejos.$_{3}$	han venido$_{1}$	Y$_{1}$	respondieron$_{5}$
3598	2532	5100	846	575	3113	2240	2532	611
NDSF	*CLN*	*RX-NPM*	*RP3GPM*	*P*	*B*	*VRAI3P*	*CLN*	*VAPI3P, VAMI3P*

αὐτῷ	οἱ	μαθηταὶ	αὐτοῦ	ὅτι	Πόθεν	τούτους	δυνήσεταί	τις
a él$_{6}$	los$_{2}$	discípulos$_{3}$	de él$_{4}$	que:$_{7}$	¿De dónde$_{5}$	a estos$_{9}$	podrá$_{7}$	alguno$_{6}$
846	3588	3101	846	3754	4159	5128	1410	5100
RP3DSM	*DNPM*	*NNPM*	*RP3GSM*	*CSC*	*BI*	*RD-APM*	*VFMI3S*	*RX-NSM*

ὧδε	χορτάσαι	ἄρτων	ἐπ᾽	ἐρημίας;	5 καὶ	ἠρώτα	αὐτούς·	Πόσους
aquí$_{11}$	saciar$_{8}$	de panes$_{10}$	en$_{12}$	un desierto?$_{13}$	Y	preguntaba	a ellos:	¿Cuántos
5602	5526	740	1909	2047	2532	2065	846	4214
BP	*VAAN*	*NGPM*	*P*	*NGSF*	*CLN*	*VIAI3S*	*RP3APM*	*JAPM, RI-APM*

ἔχετε	ἄρτους;	οἱ	δὲ	εἶπαν·	Ἑπτά.	6 καὶ	παραγγέλλει	τῷ	ὄχλῳ
tenéis$_{2}$	panes?$_{1}$	--$_{4}$	Mas$_{3}$	dijeron:	siete.	Y	manda	a la	multitud
2192	740	3588	1161	3004	2033	2532	3853	3588	3793
VPAI2P	*NAPM*	*DNPM*	*CLN*	*VAAI3P*	*XN, J*	*CLN*	*VPAI3S*	*DDSM*	*NDSM*

ἀναπεσεῖν	ἐπὶ	τῆς	γῆς·	καὶ	λαβὼν	τοὺς	ἑπτὰ	ἄρτους	εὐχαριστήσας
recostarse	sobre	la	tierra;	y	habiendo tomando	los	siete	panes,	habiendo dado gracias
377	1909	3588	1093	2532	2983	3588	2033	740	2168
VAAN	*P*	*DGSF*	*NGSF*	*CLN*	*VAAP-SNM*	*DAPM*	*XN, J*	*NAPM*	*VAAP-SNM*

ἔκλασεν	καὶ	ἐδίδου	τοῖς	μαθηταῖς	αὐτοῦ	ἵνα	παρατιθῶσιν	καὶ
(los) partió	y	daba	a los	discípulos	de él	para que	pongan delante	y
2806	2532	1325	3588	3101	846	2443	3908	2532
VAAI3S	*CLN*	*VIAI3S*	*DDPM*	*NDPM*	*RP3GSM*	*CAP*	*VPAS3P*	*CLN*

παρέθηκαν	τῷ	ὄχλῳ.	7 καὶ	εἶχον	ἰχθύδια	ὀλίγα·	καὶ	εὐλογήσας
dieran	a la	multitud.	También	tenían	pececillos,$_{2}$	unos pocos$_{1}$	y	habiendo bendecido
3908	3588	3793	2532	2192	2485	3641	2532	2127
VAAI3P	*DDSM*	*NDSM*	*CLN*	*VIAI3P*	*NAPN*	*JAPN*	*CLN*	*VAAP-SNM*

αὐτὰ	εἶπεν	καὶ	ταῦτα	παρατιθέναι.	8 καὶ	ἔφαγον	καὶ
a ellos,	dijo	(que) también$_{2}$	a estos.$_{3}$	poner delante$_{1}$	Y	comieron	y
846	2036	2532	3778	3908	2532	5315	2532
RP3APN	*VAAI3S*	*BE, TE*	*RD-APN*	*VPAN, VAPN*	*CLN*	*VAAI3P*	*CLN*

ἐχορτάσθησαν,	καὶ	ἦραν	περισσεύματα	κλασμάτων	ἑπτὰ	σπυρίδας.
fueron saciados,	y	levantaron	sobrantes.$_{4}$	de pedazos$_{3}$	siete$_{1}$	cestos$_{2}$
5526	2532	142	4051	2801	2033	4711
VAPI3P	*CLN*	*VAAI3P*	*NAPN*	*NGPN*	*XN, J*	*NAPF*

9 ἦσαν	δὲ	ὡς	τετρακισχίλιοι.	καὶ	ἀπέλυσεν	αὐτούς.	10 καὶ	εὐθὺς
eran$_{2}$	Mas$_{1}$	como	cuatro mil,	y	despidió	a ellos.	Y	en seguida
2258	1161	5613	5070	2532	630	846	2532	2117
VIAI3P	*CLN*	*CAM, B*	*JNPM*	*CLN*	*VAAI3S*	*RP3APM*	*CLN*	*B, J*

ἐμβὰς	εἰς	τὸ	πλοῖον	μετὰ	τῶν	μαθητῶν	αὐτοῦ	ἦλθεν	εἰς	τὰ
habiendo entrado	en	la	barca	con	los	discípulos	de él,	fue	hacia	las
1684	1519	3588	4143	3326	3588	3101	846	2064	1519	3588
VAAP-SNM	*P*	*DASN*	*NASN*	*P*	*DGPM*	*NGPM*	*RP3GSM*	*VAAI3S*	*P*	*DAPN*

μέρη	Δαλμανουθά.
regiones	de Dalmanuta.
3313	1148
NAPN	*NGSF, XP*

NVI

y no tienen nada que co-
mer. 3 Si los despido a sus
casas sin haber comido,
se van a desmayar por el
camino, porque algunos
de ellos han venido de
lejos.
4 Los discípulos
objetaron:
—¿Dónde se va a
conseguir suficiente pan
en este lugar despoblado
para darles de comer?
5 —¿Cuántos panes
tienen? —les preguntó
Jesús.
—Siete
—respondieron.
6 Entonces mandó
que la gente se sentara
en el suelo. Tomando los
siete panes, dio gracias,
los partió y se los fue
dando a sus discípulos
para que los repartieran
a la gente, y así lo hicie-
ron. 7 Tenían además
unos cuantos pescadi-
tos. Dio gracias por ellos
también y les dijo a los
discípulos que los repar-
tieran. 8 La gente comió
hasta quedar satisfecha.
Después los discípulos
recogieron siete cestas
llenas de pedazos que
sobraron. 9 Los que co-
mieron eran unos cuatro
mil. Tan pronto como
los despidió, 10 Jesús se
embarcó con sus discí-
pulos y se fue a la región
de Dalmanuta.

RVR

Los fariseos piden una señal

11 Entonces salieron los
fariseos y comenzaron
a discutir con él, recla-
mando de él una señal
del cielo, para ponerle a
prueba.
12 Él, habiendo gemido
en su espíritu, dijo:
¿Por qué pide esta
generación una señal?
En verdad os digo que
no se dará señal a esta
generación.
13 Y dejándolos, se em-
barcó de nuevo y se fue
a la otra orilla.

La levadura de los fariseos

14 Se habían olvidado de
proveerse de panes, y no
tenían consigo en la bar-
ca sino un solo pan.
15 Y él les encargaba
diciendo: Mirad bien
que os guardéis de la
levadura de los fariseos
y de la levadura de
Herodes.
16 Ellos razonaban entre
sí: Es que no tenemos
panes.
17 Percatado de ello, les
dice Jesús: ¿Por qué ra-
zonáis de que no tenéis
panes? ¿Aún no enten-
déis ni os dais cuenta?
¿Tenéis embotada
vuestra inteligencia?
18 Teniendo ojos ¿no
veis? Y teniendo oídos
¿no oís? Y no recordáis,
19 cuando partí los cinco

11 Καὶ	ἐξῆλθον	οἱ	Φαρισαῖοι	καὶ	ἤρξαντο	συζητεῖν	αὐτῷ,
Y$_1$	salieron$_4$	los$_2$	fariseos$_3$	y	comenzaron	a discutir	con él,
2532	1831	3588	5330	2532	756	4802	846
CLN	VAAI3P	DNPM	NNPM	CLN	VAMI3P	VPAN	RP3DSM

ζητοῦντες	παρ'	αὐτοῦ	σημεῖον	ἀπὸ	τοῦ	οὐρανοῦ,	πειράζοντες	αὐτόν.
buscando	de parte de	él	una señal	de	el	cielo,	probando	a él.
2212	3844	846	4592	575	3588	3772	3985	846
VPAP-PNM	P	RP3GSM	NASN	P	DGSM	NGSM	VPAP-PNM	RP3ASM

12 καὶ	ἀναστενάξας	τῷ	πνεύματι	αὐτοῦ	λέγει·	Τί	ἡ	γενεὰ
Y	gimiendo profundamente	el	espíritu	de él,	dice:	¿Por qué	--$_2$	generación$_3$
2532	389	3588	4151	846	3004	5101	3588	1074
CLN	VAAP-SNM	DDSN	NDSN	RP3GSM	VPAI3S	RI-ASN	DNSF	NNSF

αὕτη	ζητεῖ	σημεῖον;	ἀμὴν	λέγω	ὑμῖν,	εἰ*	δοθήσεται	τῇ	γενεᾷ
esta$_1$	busca	una señal?	De cierto	digo	a vosotros,	si$_2$	será dada$_3$	a --$_4$	generación.$_6$
3778	2212	4592	281	3004	5213	1487	1325	3588	1074
RD-NSF	VPAI3S	NASN	XF, B	VPAI1S	RP2DP	CAC	VFPI3S	DDSF	NDSF

ταύτῃ	σημεῖον.	13 καὶ	ἀφεὶς	αὐτοὺς	πάλιν	ἐμβὰς	ἀπῆλθεν	εἰς
esta$_5$	una señal$_1$	Y	dejando	a ellos,	de nuevo$_2$	habiendo embarcado,$_1$	se fue	hacia
3778	4592	2532	863	846	3825	1684	565	1519
RD-DSF	NNSN, NASN	CLN	VAAP-SNM	RP3APM	B	VAAP-SNM	VAAI3S	P

τὸ	πέραν.
el	otro lado.
3588	4008
DASN	BP

14 Καὶ	ἐπελάθοντο	λαβεῖν	ἄρτους,	καὶ	εἰ	μὴ	ἕνα	ἄρτον
Y	habiéndose olvidado	tomar	panes,	y$_1$	si$_9$	no$_{10}$	un$_{11}$	pan.$_{12}$
2532	1950	2983	740	2532	1487	3361	1520	740
CLN	VAMI3P	VAAN	NAPM	CLN	CAC	BN, TN	JASM	NASM

οὐκ	εἶχον	μεθ'	ἑαυτῶν	ἐν	τῷ	πλοίῳ.	15 καὶ	διεστέλλετο	αὐτοῖς
no$_2$	tenían$_3$	con$_4$	sí mismos$_5$	en$_6$	la$_7$	barca$_8$	Y	ordenaba	a ellos
3756	2192	3326	1438	1722	3588	4143	2532	1291	846
BN, TN	VIAI3P	P	RF3GPM	P	DDSN	NDSN	CLN	VIMI3S	RP3DPM

λέγων·	Ὁρᾶτε,	βλέπετε*	ἀπὸ	τῆς	ζύμης	τῶν	Φαρισαίων	καὶ	τῆς
diciendo:	Mirad,	ved	de	la	levadura	de los	fariseos	y	de la
3004	3708	991	575	3588	2219	3588	5330	2532	3588
VPAP-SNM	VPAM2P	VPAM2P	P	DGSF	NGSF	DGPM	NGPM	CLN	DGSF

ζύμης	Ἡρῴδου.	16 καὶ	διελογίζοντο	πρὸς	ἀλλήλους	ὅτι	ἄρτους	οὐκ
levadura	de Herodes.	Y	discutían	con	unos a otros	que	panes.$_3$	no$_1$
2219	2264	2532	1260	4314	240	3754	740	3756
NGSF	NGSM	CLN	VIUI3P	P	RC-APM	CSC	NAPM	BN, TN

ἔχουσιν.	17 καὶ	⌜γνοὺς	λέγει	αὐτοῖς·	Τί	διαλογίζεσθε	ὅτι	ἄρτους
tienen$_2$	Y	habiendo conocido	dice	a ellos:	¿Por qué	estáis razonando	que	panes?$_3$
2192	2532	1097	3004	846	5101	1260	3754	740
VPAI3P	CLN	VAAP-SNM	VPAI3S	RP3DPM	RI-ASN	VPUI2P	CSC	NAPM

οὐκ	ἔχετε;	οὔπω	νοεῖτε	οὐδὲ	συνίετε;	πεπωρωμένην	ἔχετε	τὴν
no$_1$	tenéis$_2$	¿Todavía no	entendéis	ni	os dais cuenta?	endurecido$_2$	¿Tenéis$_1$	el
3756	2192	3768	3539	3761	4920	4456	2192	3588
BN, TN	VPAI2P	BN	VPAI2P	TN, CLD	VPAI2P	VRPP-SAF	VPAI2P	DASF

καρδίαν	ὑμῶν;	18 ὀφθαλμοὺς	ἔχοντες	οὐ	βλέπετε	καὶ	ὦτα	ἔχοντες
corazón	de vosotros?	ojos$_2$	¿Teniendo$_1$	no	veis	y	oídos$_2$	teniendo$_1$
2588	5216	3788	2192	3756	991	2532	3775	2192
NASF	RP2GP	NAPM	VPAP-PNM	BN, TN	VPAI2P	CLN	NAPN	VPAP-PNM

οὐκ	ἀκούετε;	καὶ	οὐ	μνημονεύετε	19 ὅτε	τοὺς	πέντε	ἄρτους
no	oís?	¿Y	no	recordáis,	cuando$_1$	los$_3$	cinco$_4$	panes$_5$
3756	191	2532	3756	3421	3753	3588	4002	740
BN, TN	VPAI2P	CLN	BN, TN	VPAI2P	CAT	DAPM	XN, J	NAPM

NVI

11 Llegaron los
fariseos y comenzaron
a discutir con Jesús.
Para ponerlo a prueba,
le pidieron una señal
del cielo. 12 Él lanzó un
profundo suspiro y dijo:
«¿Por qué pide esta ge-
neración una señal mila-
grosa? Les aseguro que
no se le dará ninguna
señal». 13 Entonces los
dejó, volvió a embarcar-
se y cruzó al otro lado.

La levadura de los fariseos y la de Herodes

14 A los discípulos se
les había olvidado llevar
comida, y solo tenían un
pan en la barca.
15 —Tengan cuidado
—les advirtió Jesús—;
¡ojo con la levadura de
los fariseos y con la de
Herodes!
16 Ellos comentaban
entre sí: «Lo dice por-
que no tenemos pan».
17 Al darse cuenta de
esto, Jesús les dijo:
—¿Por qué están ha-
blando de que no tienen
pan? ¿Todavía no ven ni
entienden? ¿Tienen la
mente embotada? 18 ¿Es
que tienen ojos, pero
no ven, y oídos, pero no
oyen? ¿Acaso no recuer-
dan? 19 Cuando partí
los cinco panes para los

8:12* O sea *no*. **8:15*** O sea *cuidaos*. **8:17**⌜ Manuscritos inferiores aumentaron *Jesús*.

RVR

panes para los cinco mil,
¿cuántas cestas llenas de
pedazos recogisteis? Le
dicen: Doce.
20 Y cuando los siete
para los cuatro mil,
¿cuántas canastas llenas
de pedazos recogisteis?
Y le dicen: Siete.
21 Y continuaba:
¿Todavía no os dais
cuenta?

Curación del ciego de Betsaida

22 Llegan a Betsaida. Y
le traen un ciego, supli-
cándole que lo toque.
23 Tomando de la mano
al ciego, lo sacó fuera
de la aldea; y después
de escupirle en los ojos
y de poner las manos
sobre él, le preguntaba:
¿Ves algo?
24 Él alzó los ojos y dijo:
Veo a los hombres,
pues los veo como
árboles, pero que están
andando.
25 Entonces le puso otra
vez las manos sobre los
ojos; él miró fijamente
y quedó restablecido, y
comenzó a ver todas las
cosas con claridad.
26 Y le envió a su casa,
diciendo: Ni siquie-
ra entres en la aldea,
ni se lo digas a nadie en
el pueblo.

ἔκλασα	εἰς	τοὺς	πεντακισχιλίους,	πόσους	κοφίνους	κλασμάτων
partí$_2$	para	los	cinco mil,	cuántas	cestos	de pedazos$_2$
2806	1519	3588	4000	4214	2894	2801
VAAI1S	*P*	*DAPM*	*JAPM*	*JAPM, RI-APM*	*NAPM*	*NGPN*

πλήρεις	ἤρατε;	λέγουσιν	αὐτῷ·	Δώδεκα.	20 ὅτε	καὶ	τοὺς	ἑπτὰ
llenos$_1$	recogisteis?	Dicen	a él:	Doce.	cuando$_2$	También$_1$	los	siete
4134	142	3004	846	1427	3753	2532	3588	2033
JAPM	*VAAI2P*	*VPAI3P*	*RP3DSM*	*XN, J*	*CAT*	*CLN*	*DAPM*	*XN, J*

εἰς	τοὺς	τετρακισχιλίους,	πόσων	σπυρίδων	πληρώματα	κλασμάτων
para	los	cuatro mil,	¿cuántos	cestos	llenos	de pedazos
1519	3588	5070	4214	4711	4138	2801
P	*DAPM*	*JAPM*	*JGPF, RI-GPF*	*NGPF*	*NAPN*	*NGPN*

ἤρατε;	καὶ	λέγουσιν	αὐτῷ·	Ἑπτά.	21 καὶ	ἔλεγεν	αὐτοῖς·	Οὔπω
recogisteis?	Y	dicen	a él:	Siete.	Y	decía	a ellos:	¿Todavía no
142	2532	3004	846	2033	2532	3004	846	3768
VAAI2P	*CLN*	*VPAI3P*	*RP3DSM*	*XN, J*	*CLN*	*VIAI3S*	*RP3DPM*	*BN*

συνίετε;
entendéis?
4920
VPAI2P

22 Καὶ	ἔρχονται	εἰς	Βηθσαϊδάν.	καὶ	φέρουσιν	αὐτῷ	τυφλὸν	καὶ
Y	llegan	a	Betsaida.	Y	traen	a él	un ciego	y
2532	2064	1519	966	2532	5342	846	5185	2532
CLN	*VPUI3P*	*P*	*NASF, XP*	*CLN*	*VPAI3P*	*RP3DSM*	*JASM*	*CLN*

παρακαλοῦσιν	αὐτὸν	ἵνα	αὐτοῦ	ἅψηται.	23 καὶ	ἐπιλαβόμενος	τῆς
ruegan	a él	que$_1$	a él.$_3$	tocare$_2$	Y	habiendo tomado	de la
3870	846	2443	846	680	2532	1949	3588
VPAI3P	*RP3ASM*	*CSC*	*RP3GSM*	*VAMS3S*	*CLN*	*VAMP-SNM*	*DGSF*

χειρὸς	τοῦ	τυφλοῦ	ἐξήνεγκεν	αὐτὸν	ἔξω	τῆς	κώμης,	καὶ	πτύσας
mano	del	ciego,	sacó	a él	fuera	de la	aldea,	y	habiendo escupido
5495	3588	5185	1627	846	1854	3588	2968	2532	4429
NGSF	*DGSM*	*JGSM*	*VAAI3S*	*RP3ASM*	*P, B*	*DGSF*	*NGSF*	*CLN*	*VAAP-SNM*

εἰς	τὰ	ὄμματα	αὐτοῦ,	ἐπιθεὶς	τὰς	χεῖρας	αὐτῷ,	ἐπηρώτα
hacia	los	ojos	de él,	habiendo puesto	las	manos	sobre él,	preguntaba
1519	3588	3659	846	2007	3588	5495	846	1905
P	*DAPN*	*NAPN*	*RP3GSM*	*VAAP-SNM*	*DAPF*	*NAPF*	*RP3DSM*	*VIAI3S*

αὐτόν·	Εἴ	τι	βλέπεις;	24 καὶ	ἀναβλέψας	ἔλεγεν·	Βλέπω	τοὺς
a él:	¿Si$_1$	algo?$_3$	ves$_2$	Y	habiendo levantado la vista	decía:	Veo	a los
846	1487	5100	991	2532	308	3004	991	3588
RP3ASM	*TI*	*RX-ASN*	*VPAI2S*	*CLN*	*VAAP-SNM*	*VIAI3S*	*VPAI1S*	*DAPM*

ἀνθρώπους	ὅτι	ὡς	δένδρα	ὁρῶ	περιπατοῦντας.	25 εἶτα	πάλιν
seres humanos	que	como$_3$	árboles.$_4$	veo$_1$	que están andando$_2$	Entonces,	de nuevo,$_8$
444	3754	5613	1186	3708	4043	1534	3825
NAPM	*CAZ*	*CAM, B*	*NAPN*	*VPAI1S*	*VPAP-PAM*	*B*	*B*

ἐπέθηκεν	τὰς	χεῖρας	ἐπὶ	τοὺς	ὀφθαλμοὺς	αὐτοῦ,	καὶ	διέβλεψεν	καὶ
puso$_1$	las$_2$	manos$_3$	sobre$_4$	los$_5$	ojos$_6$	de él$_7$	y	miró fijamente	y
2007	3588	5495	1909	3588	3788	846	2532	1227	2532
VAAI3S	*DAPF*	*NAPF*	*P*	*DAPM*	*NAPM*	*RP3GSM*	*CLN*	*VAAI3S*	*CLN*

ἀπεκατέστη	καὶ	ἐνέβλεπεν	τηλαυγῶς	ἅπαντα.	26 καὶ	ἀπέστειλεν
fue restaurado,	y	veía$_1$	claramente.$_3$	todas las cosas$_2$	Y	envió
600	2532	1689	5081	537	2532	649
VAAI3S	*CLN*	*VIAI3S*	*B*	*JAPN*	*CLN*	*VAAI3S*

αὐτὸν	εἰς	οἶκον	αὐτοῦ	λέγων·	Μηδὲ	εἰς	τὴν	κώμην	⌜εἰσέλθῃς.
a él	hacia	(la) casa	de él,	diciendo:	Ni$_1$	en$_3$	la$_4$	aldea.$_5$	entres$_2$
846	1519	3624	846	3004	3366	1519	3588	2968	1525
RP3ASM	*P*	*NASM*	*RP3GSM*	*VPAP-SNM*	*BN, TN*	*P*	*DASF*	*NASF*	*VAAS2S*

NVI

cinco mil, ¿cuántas ca-
nastas llenas de pedazos
recogieron?
—Doce
—respondieron.
20 —Y, cuando partí
los siete panes para los
cuatro mil, ¿cuántas
cestas llenas de pedazos
recogieron?
—Siete.
21 Entonces concluyó:
—¿Y todavía no
entienden?

Jesús sana a un ciego en Betsaida

22 Cuando llegaron
a Betsaida, algunas
personas le llevaron un
ciego a Jesús y le rogaron
que lo tocara. 23 Él tomó
de la mano al ciego y lo
sacó fuera del pueblo.
Después de escupirle
en los ojos y de poner
las manos sobre él, le
preguntó:
—¿Puedes ver ahora?
24 El hombre alzó los
ojos y dijo:
—Veo gente; parecen
árboles que caminan.
25 Entonces le puso de
nuevo las manos sobre
los ojos, y el ciego fue
curado: recobró la vista
y comenzó a ver todo
con claridad. 26 Jesús lo
mandó a su casa con esta
advertencia:
—No vayas a entrar
en el pueblo.

8:26⌜ Manuscritos inferiores aumentaron *ni digas a nadie en la aldea.*

RVR

La confesión de Pedro

27 Salió Jesús con sus dis-
cípulos hacia las aldeas
de Cesarea de Filipo; y
en el camino pregun-
taba a sus discípulos,
diciéndoles: ¿Quién
dicen los hombres que
soy yo?
28 Ellos le respondieron:
Unos, Juan el Bautista;
otros, Elías; y otros, que
uno de los profetas.
29 Él continuó pregun-
tándoles: Y vosotros,
¿quién decís que soy yo?
Respondiendo Pedro, le
dice: Tú eres el Cristo.
30 Y él les amonestó
seriamente que a nadie
dijesen esto de él.

Jesucristo anuncia su muerte y su resurrección

31 Y comenzó a ense-
ñarles que el Hijo del
Hombre debía padecer
mucho, y ser rechazado
por los ancianos, por los
principales sacerdotes
y por los escribas, ser
condenado a muerte y
resucitar a los tres días.
32 Y les hablaba esto
con toda franqueza.
Entonces Pedro le tomó
aparte y comenzó a
reprenderle.
33 Pero él, volviéndose y
mirando a sus discípulos,

27 Καὶ	ἐξῆλθεν	ὁ	Ἰησοῦς	καὶ	οἱ	μαθηταὶ	αὐτοῦ	εἰς	τὰς	κώμας
Y	salió$_3$	--$_1$	Jesús$_2$	y	los	discípulos	de él	a	las	aldeas
2532	1831	3588	2424	2532	3588	3101	846	1519	3588	2968
CLN	VAAI3S	DNSM	NNSM	CLN	DNPM	NNPM	RP3GSM	P	DAPF	NAPF

Καισαρείας	τῆς	Φιλίππου·	καὶ	ἐν	τῇ	ὁδῷ	ἐπηρώτα	τοὺς	μαθητὰς
de Cesarea	de --	Filipo,	y	en	el	camino	preguntaba	a los	discípulos
2542	3588	5376	2532	1722	3588	3598	1905	3588	3101
NGSF	DGSF	NGSM	CLN	P	DDSF	NDSF	VIAI3S	DAPM	NAPM

αὐτοῦ	λέγων	αὐτοῖς·	Τίνα	με	λέγουσιν	οἱ	ἄνθρωποι	εἶναι;
de él,	diciendo	a ellos:	¿quién$_1$	yo?$_5$	dicen$_3$	Las$_1$	personas$_2$	ser$_4$
846	3004	846	5101	3165	3004	3588	444	1511
RP3GSM	VPAP-SNM	RP3DPM	RI-ASM	RP1AS	VPAI3P	DNPM	NNPM	VPAN

28 οἱ	δὲ	εἶπαν	αὐτῷ	λέγοντες	ὅτι	Ἰωάννην	τὸν	βαπτιστήν,
--$_2$	Mas$_1$	dijeron$_3$	a él	diciendo	que:	Juan	el	Bautista;
3588	1161	3004	846	3004	3754	2491	3588	910
DNPM	CLN	VAAI3P	RP3DSM	VPAP-PNM	CSC	NASM	DASM	NASM

καὶ	ἄλλοι	Ἠλίαν,	ἄλλοι	δὲ	ὅτι	εἷς	τῶν	προφητῶν.	29 καὶ	αὐτὸς
y	otros,	Elías;	otros$_2$	mas$_1$	que	uno	de los	profetas.	Y	él
2532	243	2243	243	1161	3754	1520	3588	4396	2532	846
CLC	JNPM	NASM	JNPM	CLC	CSC	JNSM	DGPM	NGPM	CLN	RP3NSMP

ἐπηρώτα	αὐτούς·	Ὑμεῖς	δὲ	τίνα	με	λέγετε	εἶναι;	ἀποκριθεὶς
preguntaba	a ellos:	vosotros,$_2$	Mas$_1$	¿quién$_3$	yo?$_6$	decís$_4$	ser$_5$	habiendo respondido$_9$
1905	846	5210	1161	5101	3165	3004	1511	611
VIAI3S	RP3APM	RP2NP	CLC	RI-ASM	RP1AS	VPAI2P	VPAN	VAPP-SNM

ὁ	Πέτρος	λέγει	αὐτῷ·	Σὺ	εἶ	ὁ	χριστός.	30 καὶ	ἐπετίμησεν
--$_7$	Pedro$_8$	dice	a él:	Tú	eres	el	Cristo.	Y	ordenó severamente
3588	4074	3004	846	4771	1488	3588	5547	2532	2008
DNSM	NNSM	VPAI3S	RP3DSM	RP2NS	VPAI2S	DNSM	NNSM	CLN	VAAI3S

αὐτοῖς	ἵνα	μηδενὶ	λέγωσιν	περὶ	αὐτοῦ.
a ellos	que	nada$_2$	dijeran$_1$	acerca de	él.
846	2443	3367	3004	4012	846
RP3DPM	CSC	JDSM	VPAS3P	P	RP3GSM

31 Καὶ	ἤρξατο	διδάσκειν	αὐτοὺς	ὅτι	δεῖ	τὸν	υἱὸν	τοῦ
Y	comenzó	a enseñar	a ellos	que	es necesario	al	Hijo	del
2532	756	1321	846	3754	1163	3588	5207	3588
CLN	VAMI3S	VPAN	RP3APM	CSC	VPAI3S	DASM	NASM	DGSM

ἀνθρώπου	πολλὰ	παθεῖν	καὶ	ἀποδοκιμασθῆναι	ὑπὸ	τῶν
Hombre	muchas cosas$_2$	padecer$_1$	y	ser rechazado	por	los
444	4183	3958	2532	593	5259	3588
NGSM	JAPN	VAAN	CLN	VAPN	P	DGPM

πρεσβυτέρων	καὶ	τῶν	ἀρχιερέων	καὶ	τῶν	γραμματέων	καὶ
ancianos	y	los	principales sacerdotes	y	los	escribas,	y
4245	2532	3588	749	2532	3588	1122	2532
JGPM	CLN	DGPM	NGPM	CLN	DGPM	NGPM	CLN

ἀποκτανθῆναι	καὶ	μετὰ	τρεῖς	ἡμέρας	ἀναστῆναι·	32 καὶ	παρρησίᾳ
ser matado	y$_1$	después de$_3$	tres$_4$	días.$_5$	resucitar$_2$	Y$_1$	con franqueza,$_5$
615	2532	3326	5140	2250	450	2532	3954
VAPN	CLN	P	JAPF	NAPF	VAAN	CLN	NDSF

τὸν	λόγον	ἐλάλει.	καὶ	προσλαβόμενος	ὁ	Πέτρος	αὐτὸν	ἤρξατο
la$_3$	palabra$_4$	hablaba$_2$	y$_6$	tomando aparte$_9$	--$_7$	Pedro$_8$	a él,	comenzó
3588	3056	2980	2532	4355	3588	4074	846	756
DASM	NASM	VIAI3S	CLN	VAMP-SNM	DNSM	NNSM	RP3ASM	VAMI3S

ἐπιτιμᾶν	αὐτῷ.	33 ὁ	δὲ	ἐπιστραφεὶς	καὶ	ἰδὼν	τοὺς	μαθητὰς
a reprender	a él.	--$_8$	Mas$_1$	habiéndose vuelto$_2$	y$_3$	habiendo visto$_4$	a los$_5$	discípulos$_6$
2008	846	3588	1161	1994	2532	1492	3588	3101
VPAN	RP3DSM	DNSM	CLC	VAPP-SNM	CLN	VAAP-SNM	DAPM	NAPM

NVI

La confesión de Pedro

27 Jesús y sus discí-
pulos salieron hacia las
aldeas de Cesarea de
Filipo. En el camino les
preguntó:
—¿Quién dice la
gente que soy yo?
28 —Unos dicen que
Juan el Bautista, otros
que Elías, y otros que
uno de los profetas
—contestaron.
29 —Y ustedes, ¿quién
dicen que soy yo?
—Tú eres el Cristo —
afirmó Pedro.
30 Jesús les ordenó
que no hablaran a nadie
acerca de él.

Jesús predice su muerte

31 Luego comenzó a
enseñarles:
—El Hijo del hombre
tiene que sufrir muchas
cosas y ser rechazado
por los ancianos, por los
jefes de los sacerdotes
y por los maestros de la
ley. Es necesario que lo
maten y que a los tres
días resucite.
32 Habló de esto con
toda claridad. Pedro lo
llevó aparte y comenzó
a reprenderlo. 33 Pero
Jesús se dio la vuelta,
miró a sus discípulos, y

RVR

reprendió a Pedro,
diciéndole: ¡Quítate de
mi vista, Satanás!, por-
que no tienes en mente
las cosas de Dios, sino
las de los hombres.
34 Y llamando a la
multitud, así como a sus
discípulos, les dijo: Si
alguien quiere venir en
pos de mí, niéguese a sí
mismo, tome su cruz, y
sígame.
35 Pues cualquiera que
desee salvar su vida, la
perderá; pero cualquie-
ra que haya de perder su
vida por causa de mí y
del evangelio, la salvará.
36 Porque ¿qué pro-
vecho hay en que una
persona gane el mundo
entero y que pierda su
alma?
37 Pues ¿qué puede dar
el hombre a cambio de
su alma?
38 Porque quienquiera
que se avergüence de
mí y de mis palabras, en
medio de esta genera-
ción adúltera y pecado-
ra, el Hijo del Hombre
también se avergonzará
de él, cuando venga en
la gloria de su Padre con
los santos ángeles.

αὐτοῦ ἐπετίμησεν Πέτρῳ καὶ λέγει· Ὕπαγε ὀπίσω μου, Σατανᾶ,
de él$_7$ reprendió$_9$ a Pedro, y dice: Apártate de detrás de mí, Satanás.
846 2008 4074 2532 3004 5217 3694 3450 4567
RP3GSM VAAI3S NDSM CLN VPAI3S VPAM2S P, B RP1GS NVSM

ὅτι οὐ φρονεῖς τὰ τοῦ θεοῦ ἀλλὰ τὰ τῶν ἀνθρώπων.
Porque no piensas las cosas de -- Dios, sino las cosas de los seres humanos.
3754 3756 5426 3588 3588 2316 235 3588 3588 444
CAZ BN, TN VPAI2S DAPN DGSM NGSM CLC DAPN DGPM NGPM

34 **Καὶ προσκαλεσάμενος τὸν ὄχλον σὺν τοῖς μαθηταῖς αὐτοῦ εἶπεν**
Y habiendo llamado a la multitud con los discípulos de él dijo
2532 4341 3588 3793 4862 3588 3101 846 2036
CLN VAMP-SNM DASM NASM P DDPM NDPM RP3GSM VAAI3S

αὐτοῖς· Εἴ τις θέλει ὀπίσω μου ἐλθεῖν, ἀπαρνησάσθω ἑαυτὸν
a ellos: Si alguno quiere detrás de$_2$ mí,$_3$ venir$_1$ niéguese a sí mismo
846 1487 5100 2309 3694 3450 2064 533 1438
RP3DPM CAC RX-NSM VPAI3S P, B RP1GS VAAN VAMM3S RF3ASM

καὶ ἀράτω τὸν σταυρὸν αὐτοῦ καὶ ἀκολουθείτω μοι. 35 **ὃς γὰρ**
y tome la cruz de él, y siga a mí. el que$_2$ Porque$_1$
2532 142 3588 4716 846 2532 190 3427 3739 1063
CLN VAAM3S DASM NASM RP3GSM CLN VPAM3S RP1DS RR-NSM CAZ

ἐὰν θέλῃ τὴν ψυχὴν αὐτοῦ σῶσαι ἀπολέσει αὐτήν· ὃς δ'
si$_3$ quiere$_4$ la$_6$ vida$_7$ de él,$_8$ salvar$_5$ perderá a ella, el que$_2$ pero$_1$
1437 2309 3588 5590 846 4982 622 846 3739 1161
TC VPAS3S DASF NASF RP3GSM VAAN VFAI3S RP3ASF RR-NSM CLC

ἂν ἀπολέσει τὴν ψυχὴν αὐτοῦ ἕνεκεν ἐμοῦ καὶ τοῦ εὐαγγελίου
-- perderá la vida de él por causa de mí y del evangelio
302 622 3588 5590 846 1752 1700 2532 3588 2098
TC VFAI3S DASF NASF RP3GSM P, B RP1GS CLN DGSN NGSN

σώσει αὐτήν. 36 **τί γὰρ ὠφελεῖ ἄνθρωπον κερδῆσαι τὸν κόσμον**
salvará a ella. ¿qué$_2$ Porque,$_1$ aprovecha a un ser humano ganar el mundo
4982 846 5101 1063 5623 444 2770 3588 2889
VFAI3S RP3ASF RI-ASN CLX VPAI3S NASM VAAN DASM NASM

ὅλον καὶ ζημιωθῆναι τὴν ψυχὴν αὐτοῦ; 37 **τί γὰρ δοῖ ἄνθρωπος**
entero y perder la vida de él? ¿qué$_2$ Porque,$_1$ da$_4$ un ser humano$_3$
3650 2532 2210 3588 5590 846 5101 1063 1325 444
JASM CLC VAPN DASF NASF RP3GSM RI-ASN CLX VAAS3S NNSM

ἀντάλλαγμα τῆς ψυχῆς αὐτοῦ; 38 **ὃς γὰρ ἐὰν ἐπαισχυνθῇ με**
a cambio de la vida de él? el que$_2$ Porque$_1$ si se avergonzara (de) mí
465 3588 5590 846 3739 1063 1437 1870 3165
NASN DGSF NGSF RP3GSM RR-NSM CLX TC VAPS3S RP1AS

καὶ τοὺς ἐμοὺς λόγους ἐν τῇ γενεᾷ ταύτῃ τῇ μοιχαλίδι καὶ
y (de) las mías$_2$ palabras$_1$ en$_3$ --$_5$ generación$_6$ esta$_4$ -- adúltera y
2532 3588 1699 3056 1722 3588 1074 3778 3588 3428 2532
CLN DAPM JAPM, RS1APM NAPM P DDSF NDSF RD-DSF DDSF JDSF, NDSF CLN

ἁμαρτωλῷ, καὶ ὁ υἱὸς τοῦ ἀνθρώπου ἐπαισχυνθήσεται αὐτὸν
pecadora, también el Hijo del Hombre se avergonzará de él,
268 2532 3588 5207 3588 444 1870 846
JDSF BE, TE DNSM NNSM DGSM NGSM VFPI3S RP3ASM

ὅταν ἔλθῃ ἐν τῇ δόξῃ τοῦ πατρὸς αὐτοῦ μετὰ τῶν ἀγγέλων τῶν
cuando venga en la gloria del Padre de él con los ángeles --
3752 2064 1722 3588 1391 3588 3962 846 3326 3588 32 3588
CAT VAAS3S P DDSF NDSF DGSM NGSM RP3GSM P DGPM NGPM DGPM

ἁγίων.
santos.
40
JGPM

NVI

reprendió a Pedro.
—¡Aléjate de mí,
Satanás! —le dijo—. Tú
no piensas en las cosas
de Dios, sino en las de
los hombres.
34 Entonces llamó
a la multitud y a sus
discípulos.
—Si alguien quiere
ser mi discípulo —les
dijo—, que se niegue a
sí mismo, lleve su cruz
y me siga. 35 Porque el
que quiera salvar su vida
la perderá; pero el que
pierda su vida por mí
causa y por el evangelio
la salvará. 36 ¿De qué
sirve ganar el mundo en-
tero si se pierde la vida?
37 ¿O qué se puede dar a
cambio de la vida? 38 Si
alguien se avergüenza de
mí y de mis palabras en
medio de esta genera-
ción adúltera y pecado-
ra, también el Hijo del
hombre se avergonzará
de él cuando venga en
la gloria de su Padre con
los santos ángeles.

RVR

9 También les decía:
En verdad os digo
que hay algunos de los
que están aquí que no
probarán la muerte
hasta que vean el reino
de Dios cuando haya
venido con poder.

La transfiguración

2 Seis días después, toma
Jesús consigo a Pedro,
a Jacobo y a Juan, y se
los lleva a ellos solos
aparte a un monte alto.
Y se transfiguró delante
de ellos;
3 y sus vestiduras se vol-
vieron resplandecientes,
sumamente blancas,
cuales ningún lavador
de este mundo puede
emblanquecerlas así.
4 Y se les apareció Elías
junto con Moisés, que
estaban conversando
con Jesús.
5 Entonces Pedro,
tomando la palabra,
le dice a Jesús: Rabí, es
bueno que nos quede-
mos aquí; hagamos tres
tiendas; una para ti, otra
para Moisés, y otra para
Elías.
6 Pues no sabía qué
decir, ya que les había
entrado gran espanto.
7 Entonces se formó una
nube que les hizo som-
bra, y de la nube salió
una voz: Este es mi hijo,

9 καὶ	ἔλεγεν	αὐτοῖς·	Ἀμὴν	λέγω	ὑμῖν	ὅτι	εἰσίν	τινες	τῶν
Y	decía	a ellos:	De cierto	digo	a vosotros	que	están (hay)	algunos	de los$_{1}$
2532	3004	846	281	3004	5213	3754	1526	5100	3588
CLN	VIAI3S	RP3DPM	XF, B	VPAI1S	RP2DP	CSC	VPAI3P	RX-NPM	DGPM

ὧδε	ἑστηκότων	οἵτινες	οὐ	μὴ*	γεύσωνται	θανάτου	ἕως	ἂν
aquí,$_{3}$	que están presentes$_{2}$	los que	no	no	probarán	(la) muerte	hasta que	--
5602	2476	3748	3756	3361	1089	2288	2193	302
BP	VRAP-PGM	RR-NPM	BN, TN	BN, TN	VAMS3P	NGSM	CAT	TC

ἴδωσιν	τὴν	βασιλείαν	τοῦ	θεοῦ	ἐληλυθυῖαν	ἐν	δυνάμει.
vieran	el	reino	de --	Dios	que ha venido	con	poder.
1492	3588	932	3588	2316	2064	1722	1411
VAAS3P	DASF	NASF	DGSM	NGSM	VRAP-SAF	P	NDSF

2 Καὶ	μετὰ	ἡμέρας	ἓξ	παραλαμβάνει	ὁ	Ἰησοῦς	τὸν	Πέτρον
Y	después de	días,$_{2}$	seis$_{1}$	toma consigo$_{5}$	--$_{3}$	Jesús$_{4}$	a --	Pedro
2532	3326	2250	1803	3880	3588	2424	3588	4074
CLN	P	NAPF	XN, J	VPAI3S	DNSM	NNSM	DASM	NASM

καὶ	τὸν	Ἰάκωβον	καὶ	Ἰωάννην,	καὶ	ἀναφέρει	αὐτοὺς	εἰς	ὄρος
y	a --	Jacobo	y	Juan,	y	lleva	a ellos	a	un monte
2532	3588	2385	2532	2491	2532	399	846	1519	3735
CLN	DASM	NASM	CLN	NASM	CLN	VPAI3S	RP3APM	P	NASN

ὑψηλὸν	κατ᾽	ἰδίαν	μόνους.	καὶ	μετεμορφώθη	ἔμπροσθεν	αὐτῶν,
alto	en	privado	solos.	Y	fue transfigurado	delante de	de ellos,
5308	2596	2398	3441	2532	3339	1715	846
JASN	P	JASF	JAPM	CLN	VAPI3S	P	RP3GPM

3 καὶ	τὰ	ἱμάτια	αὐτοῦ	ἐγένετο	στίλβοντα	λευκὰ	λίαν	οἷα
y	los	vestidos	de él	llegó(aron) a estar	resplandeciendo	blancas,$_{2}$	muy$_{1}$	como
2532	3588	2440	846	1096	4744	3022	3029	3634
CLN	DNPN	NNPN	RP3GSM	VAMI3S	VPAP-PNN	JNPN	B	RR-APN

γναφεὺς	ἐπὶ	τῆς	γῆς	οὐ	δύναται	οὕτως	λευκᾶναι.	4 καὶ	ὤφθη
un blanqueador	en	la	tierra	no	puede	así.$_{2}$	blanquear$_{1}$	Y	se apareció
1102	1909	3588	1093	3756	1410	3779	3021	2532	3700
NNSM	P	DGSF	NGSF	BN, TN	VPUI3S	B	VAAN	CLN	VAPI3S

αὐτοῖς	Ἠλίας	σὺν	Μωϋσεῖ,	καὶ	ἦσαν	συλλαλοῦντες	τῷ	Ἰησοῦ.	5 καὶ
a ellos	Elías	con	Moisés,	y	estaban	conversando	con --	Jesús.	Y$_{1}$
846	2243	4862	3475	2532	2258	4814	3588	2424	2532
RP3DPM	NNSM	P	NDSM	CLN	VIAI3P	VPAP-PNM	DDSM	NDSM	CLN

ἀποκριθεὶς	ὁ	Πέτρος	λέγει	τῷ	Ἰησοῦ·	Ῥαββί,	καλόν	ἐστιν
habiendo tomado la palabra$_{4}$	--$_{2}$	Pedro$_{3}$	dice	a --	Jesús:	Rabí,	bueno	es (que)
611	3588	4074	3004	3588	2424	4461	2570	2076
VAPP-SNM	DNSM	NNSM	VPAI3S	DDSM	NDSM	NVSM, XF	JNSN	VPAI3S

ἡμᾶς	ὧδε	εἶναι,	καὶ	ποιήσωμεν	τρεῖς	σκηνάς,	σοὶ	μίαν	καὶ
nosotros	aquí	estar (estemos)	y	haremos	tres	tiendas	para ti$_{2}$	una$_{1}$	y$_{3}$
2248	5602	1511	2532	4160	5140	4633	4671	1520	2532
RP1AP	BP	VPAN	CLN	VAAS1P	JAPF	NAPF	RP2DS	JASF	CLN

Μωϋσεῖ	μίαν	καὶ	Ἠλίᾳ	μίαν.	6 οὐ	γὰρ	ᾔδει	τί	ἀποκριθῇ,
para Moisés$_{5}$	una$_{4}$	y$_{6}$	para Elías.$_{8}$	una$_{7}$	no$_{2}$	Porque$_{1}$	sabía	qué	responder,
3475	1520	2532	2243	1520	3756	1063	1492	5101	611
NDSM	JASF	CLN	NDSM	JASF	BN, TN	CAZ	VLAI3S	RI-ASN	VAPS3S

ἔκφοβοι	γὰρ	ἐγένοντο.	7 καὶ	ἐγένετο	νεφέλη	ἐπισκιάζουσα	αὐτοῖς,
aterrados.$_{3}$	porque$_{1}$	llegaron a estar$_{2}$	Y$_{1}$	hubo$_{3}$	una nube$_{2}$	cubriendo con la sombra	a ellos,
1630	1063	1096	2532	1096	3507	1982	846
JNPM	CAZ	VAMI3P	CLN	VAMI3S	NNSF	VPAP-SNF	RP3DPM

καὶ	ἐγένετο	φωνὴ	ἐκ	τῆς	νεφέλης·	Οὗτός	ἐστιν	ὁ	υἱός	μου	ὁ
y	hubo$_{2}$	una voz$_{1}$	de	de la	nube:	Este	es	el	Hijo	de mí,	el
2532	1096	5456	1537	3588	3507	3778	2076	3588	5207	3450	3588
CLN	VAMI3S	NNSF	P	DGSF	NGSF	RD-NSM	VPAI3S	DNSM	NNSM	RP1GS	DNSM

NVI

9 Y añadió:
—Les aseguro
que algunos de los aquí
presentes no sufrirán la
muerte sin antes haber
visto el reino de Dios
llegar con poder.

La transfiguración

2 Seis días después
Jesús tomó consigo a
Pedro, a Jacobo y a Juan,
y los llevó a una monta-
ña alta, donde estaban
solos. Allí se transfiguró
en presencia de ellos.
3 Su ropa se volvió de un
blanco resplandeciente
como nadie en el mun-
do podría blanquearla.
4 Y se les aparecieron
Elías y Moisés, los cuales
conversaban con Jesús.
5 Tomando la palabra,
Pedro le dijo a Jesús:
—Rabí, ¡qué bien que
estemos aquí! Podemos
levantar tres albergues:
uno para ti, otro para
Moisés y otro para Elías.
6 No sabía qué decir,
porque todos estaban
asustados. 7 Entonces
apareció una nube
que los envolvió, de la
cual salió una voz que
dijo: «Este es mi Hijo

9:1* O sea *de ninguna manera.*

RVR

el Amado, escuchadle.
8 Y de pronto, mirando
en torno suyo, ya no
vieron a nadie, excepto a
Jesús solo con ellos.
9 Cuando iban bajando
del monte, les ordenó
que a nadie contaran lo
que habían visto, excep-
to cuando el Hijo del
Hombre se levantara de
los muertos.
10 Y retuvieron este
dicho, debatiendo
entre ellos qué era eso
de levantarse de los
muertos.
11 Y comenzaron a pre-
guntarle, diciendo: ¿Por
qué dicen los escribas
que Elías debe venir
primero?
12 Él les contestó: Es
cierto que Elías viene
primero a restaurar
todas las cosas; como
está escrito del Hijo
del Hombre que tiene
que sufrir mucho y ser
tenido en nada.
13 Pero os digo que Elías
ha venido ya, e hicieron
con él cuanto quisieron,
tal como está escrito
de él.

Jesucristo sana a un muchacho endemoniado

14 Cuando llegaron
adonde los discípulos,
vieron una gran mul-
titud en torno a ellos,
y a unos escribas que
debatían con ellos.
15 Tan pronto como

ἀγαπητός, ἀκούετε αὐτοῦ. 8 καὶ ἐξάπινα περιβλεψάμενοι οὐκέτι
amado; oíd a él. E inmediatamente mirando alrededor ya no$_1$
27 191 846 2532 1819 4017 3765
JNSM VPAM2P RP3GSM CLN B VAMP-PNM BN

οὐδένα εἶδον ἀλλὰ τὸν Ἰησοῦν μόνον μεθ' ἑαυτῶν.
a nadie,$_3$ vieron$_2$ sino a -- Jesús solo con ellos mismos.
3762 1492 235 3588 2424 3441 3326 1438
JASM VAAI3P CLC DASM NASM B, J P RF3GPM

9 Καὶ καταβαινόντων αὐτῶν ἐκ τοῦ ὄρους διεστείλατο αὐτοῖς
Y habiendo bajado$_2$ ellos$_1$ de el monte, ordenó a ellos
2532 2597 846 1537 3588 3735 1291 846
CLN VPAP-PGM RP3GPM P DGSN NGSN VAMI3S RP3DPM

ἵνα μηδενὶ ἃ εἶδον διηγήσωνται, εἰ μὴ ὅταν ὁ υἱὸς
que$_1$ a nadie$_3$ las cosas (que)$_4$ vieron,$_5$ contaran$_2$ si no cuando el Hijo
2443 3367 3739 1492 1334 1487 3361 3752 3588 5207
CSC JDSM RR-APN VAAI3P VAMS3P CAC BN, TN CAT DNSM NNSM

τοῦ ἀνθρώπου ἐκ νεκρῶν ἀναστῇ. 10 καὶ τὸν λόγον ἐκράτησαν
del Hombre de$_2$ (los) muertos.$_3$ resucitara$_1$ Y$_1$ la$_3$ palabra$_4$ retuvieron$_2$
3588 444 1537 3498 450 2532 3588 3056 2902
DGSM NGSM P JGPM VAAS3S CLN DASM NASM VAAI3P

πρὸς ἑαυτοὺς συζητοῦντες τί ἐστιν τὸ ἐκ νεκρῶν ἀναστῆναι.
para sí mismos discutiendo qué es lo (de) de$_2$ (los) muertos.$_3$ resucitar$_1$
4314 1438 4802 5101 2076 3588 1537 3498 450
P RF3APM VPAP-PNM RI-NSN VPAI3S DNSN P JGPM VAAN

11 καὶ ἐπηρώτων αὐτὸν λέγοντες· Ὅτι λέγουσιν οἱ γραμματεῖς ὅτι
Y preguntaban a él diciendo: ¿Por qué$_1$ dicen$_4$ los$_2$ escribas$_3$ que
2532 1905 846 3004 3754 3004 3588 1122 3754
CLN VIAI3P RP3ASM VPAP-PNM BI VPAI3P DNPM NNPM CSC

Ἠλίαν δεῖ ἐλθεῖν πρῶτον; 12 ὁ δὲ ἔφη αὐτοῖς· Ἠλίας μὲν
Elías es necesario venir primero? --$_2$ Mas$_1$ dijo a ellos: Elías ciertamente
2243 1163 2064 4412 3588 1161 5346 846 2243 3303
NASM VPAI3S VAAN B, J DNSM CLN VIAI3S RP3DPM NNSM TE

ἐλθὼν πρῶτον ἀποκαθιστάνει πάντα, καὶ πῶς γέγραπται
habiendo venido primero restaura todas las cosas; ¿Y cómo ha sido escrito
2064 4412 600 3956 2532 4459 1125
VAAP-SNM B, J VPAI3S JAPN CLN BI VRPI3S

ἐπὶ τὸν υἱὸν τοῦ ἀνθρώπου ἵνα πολλὰ πάθῃ καὶ ἐξουδενηθῇ;
sobre el Hijo del Hombre, que$_1$ muchas cosas$_3$ padeciera$_2$ y fuera rechazado?
1909 3588 5207 3588 444 2443 4183 3958 2532 1847
P DASM NASM DGSM NGSM CSC JAPN VAAS3S CLN VAPS3S

13 ἀλλὰ λέγω ὑμῖν ὅτι καὶ Ἠλίας ἐλήλυθεν, καὶ ἐποίησαν αὐτῷ
Pero digo a vosotros que, también Elías ha venido, e hicieron a él
235 3004 5213 3754 2532 2243 2064 2532 4160 846
CLC VPAI1S RP2DP CSC BE, TE NNSM VRAI3S CLN VAAI3P RP3DSM

ὅσα ἤθελον, καθὼς γέγραπται ἐπ' αὐτόν.
cuantas cosas querían, como ha sido escrito sobre él.
3745 2309 2531 1125 1909 846
RK-APN VIAI3P CAM VRPI3S P RP3ASM

14 Καὶ ἐλθόντες πρὸς τοὺς μαθητὰς εἶδον ὄχλον πολὺν περὶ
Y habiendo llegado junto a los discípulos, vieron$_1$ multitud$_3$ una gran$_2$ alrededor de
2532 2064 4314 3588 3101 3708 3793 4183 4012
CLN VAAP-PNM P DAPM NAPM VAAI3P NASM JASM P

αὐτοὺς καὶ γραμματεῖς συζητοῦντας πρὸς αὐτούς. 15 καὶ εὐθὺς
ellos, y a unos escribas discutiendo con ellos. Y en seguida,
846 2532 1122 4802 4314 846 2532 2117
RP3APM CLN NAPM VPAP-PAM P RP3APM CLN B, J

NVI

amado. ¡Escúchenlo!»
8 De repente, cuando
miraron a su alrededor,
ya no vieron a nadie más
que a Jesús.
9 Mientras bajaban
de la montaña, Jesús les
ordenó que no contaran
a nadie lo que habían
visto hasta que el Hijo
del hombre se levantara
de entre los muertos.
10 Guardaron el secreto,
pero discutían entre
ellos qué significaría eso
de «levantarse de entre
los muertos».
11 —¿Por qué dicen
los maestros de la ley
que Elías tiene que
venir primero? —le
preguntaron.
12 —Sin duda Elías ha
de venir primero para
restaurar todas las cosas
—respondió Jesús—.
Pero, entonces, ¿cómo
es que está escrito que el
Hijo del hombre tiene
que sufrir mucho y ser
rechazado? 13 Pues bien,
les digo que Elías ya ha
venido, y le hicieron
todo lo que quisieron,
tal como está escrito
de él.

Jesús sana a un muchacho endemoniado

14 Cuando llegaron
adonde estaban los
otros discípulos, vieron
que a su alrededor
había mucha gente y
que los maestros de la
ley discutían con ellos.
15 Tan pronto como

RVR

toda la multitud le
vio, quedaron llenos
de sorpresa y corrían a
saludarle.
16 Y él les preguntó: ¿De
qué estáis discutiendo
con ellos?
17 Y uno de entre la
muchedumbre le res-
pondió: Maestro, te he
traído a mi hijo, poseído
por un espíritu que le
enmudece;
18 y dondequiera que se
apodera de él, lo desga-
rra, y él echa espumara-
jos y cruje los dientes,
y se pone rígido. Les
dije a tus discípulos que
lo expulsaran, pero no
fueron capaces.
19 Jesús les respondió,
diciendo: ¡Oh genera-
ción incrédula! ¿Hasta
cuándo estaré con
vosotros? ¿Hasta cuán-
do he de soportaros?
¡Traédmelo!
20 Se lo trajeron. Y cuan-
do el espíritu vio a Jesús,
al instante sacudió con
violencia al muchacho
y, cayendo en tierra,
se revolcaba echando
espumarajos.
21 Entonces Jesús
preguntó al padre:
¿Cuánto tiempo hace
que le viene sucediendo
esto? Él dijo: Desde la
niñez.
22 Y muchas veces le
arroja, tanto al fuego
como a las aguas, para
destruirlo. Pero si tú
puedes hacer algo,

πᾶς	ὁ	ὄχλος	ἰδόντες	αὐτὸν	ἐξεθαμβήθησαν,	καὶ	προστρέχοντες
toda	la	multitud	habiendo visto	a él	se asombraron,	y	habiéndose acercado
3956	3588	3793	3708	846	1568	2532	4370
JNSM	*DNSM*	*NNSM*	*VAAP-PNM*	*RP3ASM*	*VAPI3P*	*CLN*	*VPAP-PNM*

ἠσπάζοντο	αὐτόν.	16 καὶ	ἐπηρώτησεν	αὐτούς·	Τί	συζητεῖτε	πρὸς
saludaban	a él.	Y	preguntó	ellos:	¿Qué	discutís	con
782	846	2532	1905	846	5101	4802	4314
VIUI3P	*RP3ASM*	*CLN*	*VAAI3S*	*RP3APM*	*RI-ASN*	*VPAI2P*	*P*

αὐτούς;	17 καὶ	ἀπεκρίθη	αὐτῷ	εἷς	ἐκ	τοῦ	ὄχλου·	Διδάσκαλε,
ellos?	Y$_{1}$	respondió$_{6}$	a él:$_{7}$	uno$_{2}$	de$_{3}$	la$_{4}$	multitud$_{5}$	Maestro,$_{8}$
846	2532	611	846	1520	1537	3588	3793	1320
RP3APM	*CLN*	*VAPI3S, VAMI3S*	*RP3DSM*	*JNSM*	*P*	*DGSM*	*NGSM*	*NVSM*

ἤνεγκα	τὸν	υἱόν	μου	πρὸς	σέ,	ἔχοντα	πνεῦμα	ἄλαλον·	18 καὶ
traje$_{9}$	al$_{12}$	hijo,$_{13}$	de mí$_{14}$	a$_{10}$	ti$_{11}$	el que tiene	un espíritu	mudo,	y
5342	3588	5207	3450	4314	4571	2192	4151	216	2532
VAAI1S	*DASM*	*NASM*	*RP1GS*	*P*	*RP2AS*	*VPAP-SAM*	*NASN*	*JASN*	*CLN*

ὅπου	ἐὰν	αὐτὸν	καταλάβῃ	ῥήσσει	αὐτόν,	καὶ	ἀφρίζει	καὶ
donde	--	(de) él,$_{2}$	se apodera$_{1}$	tira al suelo	a él	y	echa espumarajos	y
3699	1437	846	2638	4486	846	2532	875	2532
CAL	*TC*	*RP3ASM*	*VAAS3S*	*VPAI3S*	*RP3ASM*	*CLN*	*VPAI3S*	*CLN*

τρίζει	τοὺς	ὀδόντας	καὶ	ξηραίνεται·	καὶ	εἶπα	τοῖς	μαθηταῖς	σου
rechina	los	dientes	y	se pone tieso.	También	dije	a los	discípulos	de ti
5149	3588	3599	2532	3583	2532	3004	3588	3101	4675
VPAI3S	*DAPM*	*NAPM*	*CLN*	*VPPI3S*	*CLN*	*VAAI1S*	*DDPM*	*NDPM*	*RP2GS*

ἵνα	αὐτὸ	ἐκβάλωσιν,	καὶ	οὐκ	ἴσχυσαν.	19 ὁ	δὲ	ἀποκριθεὶς	αὐτοῖς
que	a él,$_{2}$	expulsaran$_{1}$	y	no	pudieron	--$_{2}$	Mas$_{1}$	habiendo respondido	a ellos
2443	846	1544	2532	3756	2480	3588	1161	611	846
CSC	*RP3ASN*	*VAAS3P*	*CLN*	*BN, TN*	*VAAI3P*	*DNSM*	*CLN*	*VAPP-SNM*	*RP3DPM*

λέγει·	Ὦ	γενεὰ	ἄπιστος,	ἕως	πότε	πρὸς	ὑμᾶς	ἔσομαι;	ἕως	πότε
dice:	¡Oh	generación	incrédula!	¿Hasta	cuándo	con$_{2}$	vosotros?$_{3}$	estaré$_{1}$	¿Hasta	cuándo
3004	5599	1074	571	2193	4219	4314	5209	2071	2193	4219
VPAI3S	*I*	*NVSF*	*JVSF*	*P, C*	*BI*	*P*	*RP2AP*	*VFMI1S*	*P, C*	*BI*

ἀνέξομαι	ὑμῶν;	φέρετε	αὐτὸν	πρός	με.	20 καὶ	ἤνεγκαν	αὐτὸν	πρὸς
soportaré	a vosotros?	Traed	a él	hacia	mí.	Y	llevaron	a él	a
430	5216	5342	846	4314	3165	2532	5342	846	4314
VFMI1S	*RP2GP*	*VPAM2P*	*RP3ASM*	*P*	*RP1AS*	*CLN*	*VAAI3P*	*RP3ASM*	*P*

αὐτόν.	καὶ	ἰδὼν	αὐτὸν	τὸ	πνεῦμα	εὐθὺς	συνεσπάραξεν	αὐτόν,
él.	Y	habiendo visto	a él,	el	espíritu	en seguida	sacudió violentamente	a él,
846	2532	1492	846	3588	4151	2117	4952	846
RP3ASM	*CLN*	*VAAP-SNM*	*RP3ASM*	*DNSN*	*NNSN*	*B, J*	*VAAI3S*	*RP3ASM*

καὶ	πεσὼν	ἐπὶ	τῆς	γῆς	ἐκυλίετο	ἀφρίζων.	21 καὶ	ἐπηρώτησεν
y	habiendo caído	sobre	la	tierra,	rodaba	echando espumarajos.	Y	preguntó
2532	4098	1909	3588	1093	2947	875	2532	1905
CLN	*VAAP-SNM*	*P*	*DGSF*	*NGSF*	*VIUI3S*	*VPAP-SNM*	*CLN*	*VAAI3S*

τὸν	πατέρα	αὐτοῦ·	Πόσος	χρόνος	ἐστὶν	ὡς	τοῦτο	γέγονεν	αὐτῷ;
al	padre	de él:	¿Cuánto	tiempo	está	como	esto$_{2}$	ha sucedido$_{1}$	a él?
3588	3962	846	4214	5550	2076	5613	5124	1096	846
DASM	*NASM*	*RP3GSM*	*JNSM, RI-NSM*	*NNSM*	*VPAI3S*	*CAT, B*	*RD-NSN*	*VRAI3S*	*RP3DSM*

ὁ	δὲ	εἶπεν·	Ἐκ	παιδιόθεν·	22 καὶ	πολλάκις	καὶ	εἰς	πῦρ	αὐτὸν
--$_{2}$	Mas$_{1}$	dijo:	Desde	la niñez;	y	a menudo	también	hacia$_{3}$	fuego$_{4}$	a él$_{2}$
3588	1161	2036	1537	3812	2532	4178	2532	1519	4442	846
DNSM	*CLN*	*VAAI3S*	*P*	*B*	*CLN*	*B*	*BE, TE*	*P*	*NASN*	*RP3ASM*

ἔβαλεν	καὶ	εἰς	ὕδατα	ἵνα	ἀπολέσῃ	αὐτόν·	ἀλλ᾽	εἴ	τι	δύνῃ,
echó$_{1}$	y	hacia	(las) aguas	para que	destruyera	a él.	Pero,	si	algo	puedes,
906	2532	1519	5204	2443	622	846	235	1487	5100	1410
VAAI3S	*CLN*	*P*	*NAPN*	*CAP*	*VAAS3S*	*RP3ASM*	*CLC*	*CAC*	*RX-ASN*	*VPUI2S*

NVI

la gente vio a Jesús,
todos se sorprendieron y
corrieron a saludarlo.
16 —¿Qué están
discutiendo con ellos?
—les preguntó.
17 —Maestro —res-
pondió un hombre de
entre la multitud—, te
he traído a mi hijo, pues
está poseído por un espí-
ritu que le ha quitado el
habla. 18 Cada vez que se
apodera de él, lo derriba.
Echa espumarajos, cruje
los dientes y se queda
rígido. Les pedí a tus dis-
cípulos que expulsaran
al espíritu, pero no lo
lograron.
19 —¡Ah, generación
incrédula! —respondió
Jesús—. ¿Hasta cuándo
tendré que estar con
ustedes? ¿Hasta cuándo
tendré que sopor-
tarlos? Tráiganme al
muchacho.
20 Así que se lo lleva-
ron. Tan pronto como
vio a Jesús, el espíritu
sacudió de tal modo
al muchacho que este
cayó al suelo y comenzó
a revolcarse echando
espumarajos.
21 —¿Cuánto tiempo
hace que le pasa esto?
—le preguntó Jesús al
padre.
—Desde que era
niño —contestó—.
22 Muchas veces lo
ha echado al fuego y
al agua para matarlo.
Si puedes hacer algo,

RVR

muévete a compasión
sobre nosotros y ayú-
danos.
23 Jesús le dijo: Si puedes
creer, todo es posible
para el que cree.
24 Al instante, el padre
del muchacho dijo a
gritos: Creo; ven en
auxilio de mi poca fe.
25 Viendo Jesús que se
agolpaba rápidamente
una multitud, reprendió
al espíritu inmundo,
diciéndole: Espíritu
mudo y sordo, yo te
ordeno, sal de él y no
entres más en él.
26 Entonces salió gri-
tando y agitándole con
muchas convulsiones;
y el muchacho quedó
como muerto, hasta el
punto de que muchos
decían: Ha muerto.
27 Pero Jesús le tomó de
la mano y le levantó, y él
se puso en pie.
28 Cuando Jesús entró
en casa, le pregunta-
ban sus discípulos en
privado: ¿Por qué no
pudimos expulsarlo
nosotros?
29 Él les dijo: Esta clase
no puede salir con nada
sino con oración y
ayuno.

Jesucristo anuncia otra vez su muerte

30 Y saliendo de
allí, iban pasando
a través de Galilea,

βοήθησον	ἡμῖν	σπλαγχνισθεὶς	ἐφ'	ἡμᾶς.	23 ὁ	δὲ	Ἰησοῦς	εἶπεν
ayuda	a nosotros	habiendo sido movido a compasión	por	nosotros.	--$_{2}$	Mas$_{1}$	Jesús$_{3}$	dijo
997	2254	4697	1909	2248	3588	1161	2424	2036
VAAM2S	*RP1DP*	*VAPP-SNM*	*P*	*RP1AP*	*DNSM*	*CLN*	*NNSM*	*VAAI3S*

αὐτῷ·	Τὸ	Εἰ	δύνῃ,	πάντα	δυνατὰ	τῷ	πιστεύοντι.	24 εὐθὺς
a él:	Lo (de)	si	puedes,	todas las cosas	(son) posibles	al que	cree.	En seguida,
846	3588	1487	1410	3956	1415	3588	4100	2117
RP3DSM	*DNSN*	*CAC*	*VPUI2S*	*JNPN*	*JNPN*	*DDSM*	*VPAP-SDM*	*B, J*

κράξας	ὁ	πατὴρ	τοῦ	παιδίου	ἔλεγεν·	Πιστεύω·	βοήθει	μου
habiendo clamado$_{5}$	el$_{1}$	padre$_{2}$	del$_{3}$	niño$_{4}$	decía:$_{6}$	Creo;	ayuda$_{1}$	de mí.$_{4}$
2896	3588	3962	3588	3813	3004	4100	997	3450
VAAP-SNM	*DNSM*	*NNSM*	*DGSN*	*NGSN*	*VIAI3S*	*VPAI1S*	*VPAM2S*	*RP1GS*

τῇ	ἀπιστίᾳ.	25 ἰδὼν	δὲ	ὁ	Ἰησοῦς	ὅτι	ἐπισυντρέχει	ὄχλος
a la$_{2}$	incredulidad$_{3}$	habiendo visto$_{4}$	Mas$_{1}$	--$_{2}$	Jesús,$_{3}$	que$_{5}$	se agolpa,$_{7}$	(la) multitud$_{6}$
3588	570	1492	1161	3588	2424	3754	1998	3793
DDSF	*NDSF*	*VAAP-SNM*	*CLN*	*DNSM*	*NNSM*	*CSC*	*VPAI3S*	*NNSM*

ἐπετίμησεν	τῷ	πνεύματι	τῷ	ἀκαθάρτῳ	λέγων	αὐτῷ·	Τὸ	ἄλαλον
reprendió	al	espíritu	--	inmundo	diciendo	a él:	--$_{1}$	mudo$_{3}$
2008	3588	4151	3588	169	3004	846	3588	216
VAAI3S	*DDSN*	*NDSN*	*DDSN*	*JDSN*	*VPAP-SNM*	*RP3DSN*	*DNSN*	*JNSN*

καὶ	κωφὸν	πνεῦμα,	ἐγὼ	ἐπιτάσσω	σοι,	ἔξελθε	ἐξ	αὐτοῦ	καὶ	μηκέτι
y$_{4}$	sordo,$_{5}$	espíritu$_{2}$	yo	ordeno	a ti:	Sal	de	él	y	ya no
2532	2974	4151	1473	2004	4671	1831	1537	846	2532	3371
CLN	*JNSN*	*NNSN*	*RP1NS*	*VPAI1S*	*RP2DS*	*VAAM2S*	*P*	*RP3GSM*	*CLN*	*BN*

εἰσέλθῃς	εἰς	αὐτόν.	26 καὶ	κράξας	καὶ	πολλὰ	σπαράξας
entres	en	él.	Y	habiendo gritado	y	muchas (veces),$_{2}$	habiendo sacudido violentamente$_{1}$
1525	1519	846	2532	2896	2532	4183	4682
VAAS2S	*P*	*RP3ASM*	*CLN*	*VAAP-SNM*	*CLN*	*JAPN, JNPN*	*VAAP-SNM*

ἐξῆλθεν·	καὶ	ἐγένετο	ὡσεὶ	νεκρὸς	ὥστε	τοὺς	πολλοὺς	λέγειν	ὅτι
salió;	y	llegó a estar	como	muerto,	de modo que	--	muchos	decir (dicen)	que
1831	2532	1096	5616	3498	5620	3588	4183	3004	3754
VAAI3S	*CLN*	*VAMI3S*	*CAM, B*	*JNSM*	*CAR*	*DAPM*	*JAPM*	*VPAN*	*CSC*

ἀπέθανεν.	27 ὁ	δὲ	Ἰησοῦς	κρατήσας	τῆς	χειρὸς	αὐτοῦ	ἤγειρεν
murió.	--$_{2}$	Mas$_{1}$	Jesús,$_{3}$	habiendo sujetado	de la	mano	de él,	despertó
599	3588	1161	2424	2902	3588	5495	846	1453
VAAI3S	*DNSM*	*CLC*	*NNSM*	*VAAP-SNM*	*DGSF*	*NGSF*	*RP3GSM*	*VAAI3S*

αὐτόν,	καὶ	ἀνέστη.	28 καὶ	εἰσελθόντος	αὐτοῦ	εἰς	οἶκον	οἱ	μαθηταὶ
a él	y	se levantó.	Y	cuando entró$_{2}$	él$_{1}$	a	(la) casa,	los	discípulos
846	2532	450	2532	1525	846	1519	3624	3588	3101
RP3ASM	*CLN*	*VAAI3S*	*CLN*	*VAAP-SGM*	*RP3GSM*	*P*	*NASM*	*DNPM*	*NNPM*

αὐτοῦ	κατ'	ἰδίαν	ἐπηρώτων	αὐτόν·	Ὅτι	ἡμεῖς	οὐκ	ἠδυνήθημεν
de él	en$_{2}$	privado$_{3}$	preguntaban$_{1}$	a él:	¿Por qué	nosotros	no	pudimos
846	2596	2398	1905	846	3754	2249	3756	1410
RP3GSM	*P*	*JASF*	*VIAI3P*	*RP3ASM*	*BI*	*RP1NP*	*BN, TN*	*VAPI1P*

ἐκβαλεῖν	αὐτό;	29 καὶ	εἶπεν	αὐτοῖς·	Τοῦτο	τὸ	γένος	ἐν	οὐδενὶ
expulsar	a él?	Y	dijo	a ellos:	Esta	--	clase	con	nada
1544	846	2532	2036	846	5124	3588	1085	1722	3762
VAAN	*RP3ASN*	*CLN*	*VAAI3S*	*RP3DPM*	*RD-NSN*	*DNSN*	*NNSN*	*P*	*JDSN*

δύναται	ἐξελθεῖν	εἰ	μὴ	ἐν	⌜προσευχῇ.
puede	salir	si	no	con	oración.
1410	1831	1487	3361	1722	4335
VPUI3S	*VAAN*	*CAC*	*BN, TN*	*P*	*NDSF*

30 Κἀκεῖθεν	ἐξελθόντες	παρεπορεύοντο	διὰ	τῆς	Γαλιλαίας,
Y de allí	habiendo salido,	pasaban	a través de	--	Galilea,
2547	1831	3899	1223	3588	1056
CLN, BP	*VAAP-PNM*	*VIUI3P*	*P*	*DGSF*	*NGSF*

NVI

ten compasión de noso-
tros y ayúdanos.
23 —¿Cómo que si
puedo? Para el que cree,
todo es posible.
24 —¡Sí creo! —
exclamó de inmediato
el padre del mucha-
cho—. ¡Ayúdame en mi
poca fe!
25 Al ver Jesús que se
agolpaba mucha gente,
reprendió al espíritu
maligno.
—Espíritu sordo
y mudo —dijo—, te
mando que salgas y que
jamás vuelvas a entrar
en él.
26 El espíritu, dando
un alarido y sacudiendo
violentamente al mu-
chacho, salió de él. Este
quedó como muerto,
tanto que muchos
decían: «Ya se murió».
27 Pero Jesús lo tomó de
la mano y lo levantó, y
el muchacho se puso
de pie.
28 Cuando Jesús entró
en casa, sus discípulos le
preguntaron en privado:
—¿Por qué nosotros
no pudimos expulsarlo?
29 —Esta clase de
demonios solo puede
ser expulsada a fuerza
de oración —respondió
Jesús.
30 Dejaron aquel lugar
y pasaron por Galilea.

9:29⌜ Manuscritos inferiores aumentaron *y ayuno*.

RVR

y él no quería que nadie
se enterase;
31 pues él estaba
enseñándoles a sus
discípulos, y les decía:
El Hijo del Hombre es
entregado a traición en
manos de hombres, y le
matarán; y después de
tres días, resucitará.
32 Pero ellos no enten-
dían este dicho, y tenían
miedo de preguntarle.

Contra la ambición

33 Llegaron a
Capernaúm. Y estando
ya en la casa, les pregun-
taba: ¿Qué discutíais
por el camino?
34 Pero ellos se callaban;
porque en el camino
habían discutido entre
sí quién era mayor.
35 Entonces se sentó,
llamó a voces a los doce,
y les dijo: Si alguien
desea ser primero, que
sea el último de todos y
el servidor de todos.
36 Y tomando a un niño,
lo puso en medio de
ellos, lo tomó en sus
brazos, y les dijo:
37 Cualquiera que reciba
a un niño como este
en mi nombre, a mí
me recibe; y cualquiera
que me recibe a mí,
no me recibe a mí,

καὶ	οὐκ	ἤθελεν	ἵνα	τις	γνοῖ·	31 ἐδίδασκεν	γὰρ	τοὺς	μαθητὰς	αὐτοῦ
y	no	quería	que	alguien	supiera;	enseñaba$_2$	porque$_1$	a los	discípulos	de él
2532	3756	2309	2443	5100	1097	1321	1063	3588	3101	846
CLN	*BN, TN*	*VIAI3S*	*CSC*	*RX-NSM*	*VAAS3S*	*VIAI3S*	*CAZ*	*DAPM*	*NAPM*	*RP3GSM*

καὶ	ἔλεγεν	αὐτοῖς	ὅτι	Ὁ	υἱὸς	τοῦ	ἀνθρώπου	παραδίδοται	εἰς
y	decía	a ellos	que:	El	Hijo	del	Hombre	es entregado	en
2532	3004	846	3754	3588	5207	3588	444	3860	1519
CLN	*VIAI3S*	*RP3DPM*	*CSC*	*DNSM*	*NNSM*	*DGSM*	*NGSM*	*VPPI3S*	*P*

χεῖρας	ἀνθρώπων,	καὶ	ἀποκτενοῦσιν	αὐτόν,	καὶ	ἀποκτανθεὶς	μετὰ
(las) manos	de hombres	y	matarán	a él,	y	habiendo sido matado	después de
5495	444	2532	615	846	2532	615	3326
NAPF	*NGPM*	*CLN*	*VFAI3P*	*RP3ASM*	*CLN*	*VAPP-SNM*	*P*

τρεῖς	ἡμέρας	ἀναστήσεται.	32 οἱ	δὲ	ἠγνόουν	τὸ	ῥῆμα,	καὶ
tres	días	resucitará.	--$_2$	Pero$_1$	desconocían	la	palabra,	y
5140	2250	450	3588	1161	50	3588	4487	2532
JAPF, JAPM	*NAPF*	*VFMI3S*	*DNPM*	*CLC*	*VIAI3P*	*DASN*	*NASN*	*CLN*

ἐφοβοῦντο	αὐτὸν	ἐπερωτῆσαι.
temían	a él.$_2$	preguntar$_1$
5399	846	1905
VIUI3P	*RP3ASM*	*VAAN*

33 Καὶ	ἦλθον	εἰς	Καφαρναούμ.	καὶ	ἐν	τῇ	οἰκίᾳ	γενόμενος
Y	fueron	a	Capernaum,	y$_1$	en$_3$	la$_4$	casa,$_5$	habiendo llegado$_2$
2532	2064	1519	2584	2532	1722	3588	3614	1096
CLN	*VAAI3P*	*P*	*NASF, XP*	*CLN*	*P*	*DDSF*	*NDSF*	*VAMP-SNM*

ἐπηρώτα	αὐτούς·	Τί	ἐν	τῇ	ὁδῷ	διελογίζεσθε;	34 οἱ	δὲ
preguntaba	a ellos:	¿Qué$_1$	en$_3$	el$_4$	camino?$_5$	discutíais$_2$	--$_2$	Mas$_1$
1905	846	5101	1722	3588	3598	1260	3588	1161
VIAI3S	*RP3APM*	*RI-ASN*	*P*	*DDSF*	*NDSF*	*VIUI2P*	*DNPM*	*CLC*

ἐσιώπων,	πρὸς	ἀλλήλους	γὰρ	διελέχθησαν	ἐν	τῇ	ὁδῷ	τίς
callaban,$_3$	entre$_9$	unos a otros$_{10}$	porque$_4$	discutieron$_5$	en$_6$	el$_7$	camino$_8$	quién
4623	4314	240	1063	1256	1722	3588	3598	5101
VIAI3P	*P*	*RC-APM*	*CAZ*	*VAPI3P*	*P*	*DDSF*	*NDSF*	*RI-NSM*

μείζων.	35 καὶ	καθίσας	ἐφώνησεν	τοὺς	δώδεκα	καὶ	λέγει
(es el más) grande.	Y	habiéndose sentado,	llamó	a los	doce	y	dice
3187	2532	2523	5455	3588	1427	2532	3004
JNSMC	*CLN*	*VAAP-SNM*	*VAAI3S*	*DAPM*	*XN, J*	*CLN*	*VPAI3S*

αὐτοῖς·	Εἴ	τις	θέλει	πρῶτος	εἶναι	ἔσται	πάντων	ἔσχατος	καὶ
a ellos:	Si	alguno	quiere	(el) primero$_2$	ser,$_1$	será$_4$	de todos$_3$	último,$_5$	y$_6$
846	1487	5100	2309	4413	1511	2071	3956	2078	2532
RP3DPM	*CAC*	*RX-NSM*	*VPAI3S*	*JNSM*	*VPAN*	*VFMI3S*	*JGPM*	*JNSM*	*CLN*

πάντων	διάκονος.	36 καὶ	λαβὼν	παιδίον	ἔστησεν	αὐτὸ	ἐν
de todos,$_8$	servidor$_7$	Y	habiendo tomando	(a un) niñito	puso	a él	en
3956	1249	2532	2983	3813	2476	846	1722
JGPM	*NNSM*	*CLN*	*VAAP-SNM*	*NASN*	*VAAI3S*	*RP3ASN*	*P*

μέσῳ	αὐτῶν	καὶ	ἐναγκαλισάμενος	αὐτὸ	εἶπεν	αὐτοῖς·	37 Ὃς	ἂν
medio	de ellos,	y	habiendo abrazado	a él,	dijo	a ellos:	El que$_1$	--$_2$
3319	846	2532	1723	846	2036	846	3739	302
JDSN	*RP3GPM*	*CLN*	*VAMP-SNM*	*RP3ASN*	*VAAI3S*	*RP3DPM*	*RR-NSM*	*TC*

ἓν	τῶν	τοιούτων	παιδίων	δέξηται	ἐπὶ	τῷ	ὀνόματί	μου,	ἐμὲ
a uno$_4$	de --$_5$	tales$_6$	niños$_7$	recibiera$_3$	en	el	nombre	de mí,	a mí$_2$
1520	3588	5108	3813	1209	1909	3588	3686	3450	1691
JASN	*DGPN*	*JGPN, RD-GPN*	*NGPN*	*VAMS3S*	*P*	*DDSN*	*NDSN*	*RP1GS*	*RP1AS*

δέχεται·	καὶ	ὃς	ἂν	ἐμὲ	δέχηται,	οὐκ	ἐμὲ	δέχεται	ἀλλὰ	τὸν
recibe,$_1$	y$_3$	el que$_4$	--$_5$	a mí$_7$	recibiera$_6$	no$_9$	a mí$_8$	recibe,$_{10}$	sino	al que
1209	2532	3739	302	1691	1209	3756	1691	1209	235	3588
VPUI3S	*CLN*	*RR-NSM*	*TC*	*RP1AS*	*VPUS3S*	*BN, TN*	*RP1AS*	*VPUI3S*	*CLC*	*DASM*

NVI

Pero Jesús no quería que
nadie lo supiera, 31 por-
que estaba instruyendo a
sus discípulos. Les decía:
«El Hijo del hombre va
a ser entregado en ma-
nos de los hombres. Lo
matarán, y a los tres días
de muerto resucitará».
32 Pero ellos no enten-
dían lo que quería decir
con esto, y no se atrevían
a preguntárselo.

¿Quién es el más importante?

33 Llegaron a
Capernaúm. Cuando ya
estaba en casa, Jesús les
preguntó:
—¿Qué venían discu-
tiendo por el camino?
34 Pero ellos se queda-
ron callados, porque en
el camino habían discu-
tido entre sí quién era el
más importante.
35 Entonces Jesús se
sentó, llamó a los doce y
les dijo:
—Si alguno quiere
ser el primero, que sea
el último de todos y el
servidor de todos.
36 Luego tomó a un
niño y lo puso en medio
de ellos. Abrazándolo,
les dijo:
37 —El que recibe en
mi nombre a uno de
estos niños me recibe a
mí; y el que me recibe
a mí no me recibe a mí,

RVR

sino al que me envió.

Contra la rivalidad

38 Juan le dijo: Maestro,
vimos a uno que estaba
expulsando demonios
en tu nombre, pero él
no nos sigue, y tratá-
bamos de impedírselo,
porque no nos seguía.
39 Pero Jesús dijo: No se
lo impidáis, porque no
hay nadie que haga un
milagro en mi nombre,
y que pueda a continua-
ción hablar mal de mí.
40 Pues el que no está en
contra de nosotros, está
a favor de nosotros.
41 Porque cualquiera
que os dé a beber un
vaso de agua por el
hecho de que sois de
Cristo, en verdad os
digo que de ninguna
manera perderá su
recompensa.

Ocasiones de caer

42 Y cualquiera que sirva
de piedra de tropiezo
a uno solo de estos
pequeños que creen en
mí, mejor le sería que
le ataran al cuello una
piedra de molino, y que
le echaran al mar.
43 Y si tu mano te sirve
de tropiezo, córtatela;
mejor es que entres
en la vida manco, que

ἀποστείλαντά με.
envió a mí.
649 3165
VAAP-SAM RP1AS

38 Ἔφη αὐτῷ ὁ Ἰωάννης· Διδάσκαλε, εἴδομέν τινα ἐν τῷ
decía$_{3}$ a él:$_{4}$ --$_{1}$ Juan$_{2}$ Maestro, vimos a alguien$_{3}$ en$_{4}$ el$_{5}$
5346 846 3588 2491 1320 3708 5100 1722 3588
VIAI3S RP3DSM DNSM NNSM NVSM VAAI1P RX-ASM P DDSN

ὀνόματί σου ἐκβάλλοντα δαιμόνια, καὶ ἐκωλύομεν αὐτόν, ὅτι οὐκ
nombre$_{6}$ de ti,$_{7}$ expulsando$_{1}$ demonios$_{2}$ e impedíamos a él, porque no
3686 4675 1544 1140 2532 2967 846 3754 3756
NDSN RP2GS VPAP-SAM NAPN CLN VIAI1P RP3ASM CAZ BN, TN

ἠκολούθει ἡμῖν. 39 ὁ δὲ Ἰησοῦς εἶπεν· Μὴ κωλύετε αὐτόν, οὐδεὶς
seguía a nosotros. --$_{2}$ Mas$_{1}$ Jesús dijo: No impidáis a él, nadie$_{2}$
190 2254 3588 1161 2424 2036 3361 2967 846 3762
VIAI3S RP1DP DNSM CLC NNSM VAAI3S BN, TN VPAM2P RP3ASM JNSM

γάρ ἐστιν ὃς ποιήσει δύναμιν ἐπὶ τῷ ὀνόματί μου καὶ δυνήσεται
porque$_{1}$ es (hay) el que hará un milagro en el nombre de mí, y podrá
1063 2076 3739 4160 1411 1909 3588 3686 3450 2532 1410
CAZ VPAI3S RR-NSM VFAI3S NASF P DDSN NDSN RP1GS CLN VFMI3S

ταχὺ κακολογῆσαί με· 40 ὃς γὰρ οὐκ ἔστιν καθ᾽ ἡμῶν, ὑπὲρ
pronto hablar mal (de) mí, el que$_{2}$ porque$_{1}$ no está contra de nosotros, por
5035 2551 3165 3739 1063 3756 2076 2596 2257 5228
B, J VAAN RP1AS RR-NSM CLX BN, TN VPAI3S P RP1GP P

ἡμῶν ἐστιν. 41 Ὃς γὰρ ἂν ποτίσῃ ὑμᾶς ποτήριον ὕδατος
nosotros está. el que$_{2}$ Porque$_{1}$ -- dé de beber$_{3}$ a vosotros un vaso de agua
2257 2076 3739 1063 302 4222 5209 4221 5204
RP1GP VPAI3S RR-NSM CLX TC VAAS3S RP2AP NASN NGSN

ἐν ⸀ὀνόματι ὅτι χριστοῦ ἐστε, ἀμὴν λέγω ὑμῖν ὅτι οὐ μὴ*
en (el) nombre, porque de Cristo,$_{2}$ sois$_{1}$ de cierto digo a vosotros que no no
1722 3686 3754 5547 2075 281 3004 5213 3754 3756 3361
P NDSN CSC NGSM VPAI2P XF, B VPAI1S RP2DP CSC BN, TN BN, TN

ἀπολέσῃ τὸν μισθὸν αὐτοῦ.
perderá la recompensa de él.
622 3588 3408 846
VAAS3S DASM NASM RP3GSM

42 Καὶ ὃς ἂν σκανδαλίσῃ ἕνα τῶν μικρῶν τούτων τῶν
Y el que -- hiciere tropezar a uno de -- pequeños$_{2}$ estos$_{1}$ los que
2532 3739 302 4624 1520 3588 3398 5130 3588
CLN RR-NSM TC VAAS3S JASM DGPM JGPM RD-GPM DGPM

πιστευόντων εἰς ἐμέ, καλόν ἐστιν αὐτῷ μᾶλλον εἰ περίκειται
creen en mí, bueno$_{3}$ es$_{2}$ a él$_{4}$ mejor$_{1}$ si se ata
4100 1519 1691 2570 2076 846 3123 1487 4029
VPAP-PGM P RP1AS JNSN VPAI3S RP3DSM B CAC VPUI3S

μύλος ὀνικὸς περὶ τὸν τράχηλον αὐτοῦ καὶ βέβληται εἰς
una piedra de molino de asno alrededor de el cuello de él, y es echado en
3458 3684 4012 3588 5137 846 2532 906 1519
NNSM JNSM P DASM NASM RP3GSM CLN VRPI3S P

τὴν θάλασσαν. 43 Καὶ ἐὰν σκανδαλίζῃ σε ἡ χείρ σου, ἀπόκοψον
el mar. Y$_{1}$ si$_{2}$ causa tropiezo$_{6}$ a ti,$_{7}$ la$_{3}$ mano$_{4}$ de ti$_{5}$ corta
3588 2281 2532 1437 4624 4571 3588 5495 4675 609
DASF NASF CLN CAC VPAS3S RP2AS DNSF NNSF RP2GS VAAM2S

αὐτήν· καλόν ἐστίν σε κυλλὸν εἰσελθεῖν εἰς τὴν ζωὴν ἢ τὰς δύο
a ella, bueno es a ti manco$_{2}$ entrar$_{1}$ en la vida que$_{1}$ las$_{3}$ dos$_{4}$
846 2570 2076 4571 2948 1525 1519 3588 2222 2228 3588 1417
RP3ASF JNSN VPAI3S RP2AS JASM VAAN P DASF NASF CAM DAPF XN, J

NVI

sino al que me envió.

El que no está contra nosotros está a favor de nosotros

38 —Maestro —dijo
Juan—, vimos a uno que
expulsaba demonios en
tu nombre y se lo impe-
dimos porque no es de
los nuestros.
39 —No se lo impidan
—replicó Jesús—.
Nadie que haga un
milagro en mi nombre
puede a la vez hablar mal
de mí. 40 El que no está
contra nosotros está a
favor de nosotros. 41 Les
aseguro que cualquiera
que les dé un vaso de
agua en mi nombre por
ser ustedes de Cristo no
perderá su recompensa.

El hacer pecar

42 »Pero, si alguien
hace pecar a uno de estos
pequeños que creen en
mí, más le valdría que
le ataran al cuello una
piedra de molino y lo
arrojaran al mar. 43 Si tu
mano te hace pecar, cór-
tatela. Más te vale entrar
en la vida manco que

9:41⸀ Manuscritos inferiores aumentaron *mío*. **9:41*** O sea *de ninguna manera*.

RVR

teniendo las dos manos,
ir al infierno, al fuego
inextinguible,
44 donde su gusano no
se muere, y el fuego no
se apaga.
45 Y si tu pie te sirve
de tropiezo, córtatelo;
mejor es que entres en la
vida cojo, que teniendo
los dos pies, ser arrojado
al infierno,
46 donde su gusano no
se muere, y el fuego no
se apaga.
47 Y si tu ojo te sirve
de tropiezo, sácatelo;
mejor es que entres en
el reino de Dios tuerto,
que teniendo dos ojos,
ser arrojado al infierno,
48 donde su gusano no
se muere, y el fuego no
se apaga.
49 Porque todos serán
salados con fuego, y
todo sacrificio será
salado con sal.
50 Buena es la sal; pero si
la sal se vuelve insípida,
¿con qué la sazonaréis?
Tened sal en vosotros
mismos, y estad en paz
los unos con los otros.

Jesucristo enseña sobre el divorcio

10 Levantándose
de allí, se va al
distrito de Judea y al
otro lado del Jordán; y
de nuevo se aglomera
una multitud en torno a
él y, como era su costum-
bre, les enseñaba una
vez más.

χεῖρας ἔχοντα ἀπελθεῖν εἰς τὴν γέενναν, εἰς τὸ πῦρ τὸ ⸀ἄσβεστον.
manos$_{5}$ teniendo$_{2}$ irse a el infierno, a el fuego -- inextinguible.
5495 2192 565 1519 3588 1067 1519 3588 4442 3588 762
NAPF VPAP-SAM VAAN P DASF NASF P DASN NASN DASN JASN

45 καὶ ἐὰν ὁ πούς σου σκανδαλίζῃ σε, ἀπόκοψον αὐτόν· καλόν
Y si el pie de ti causa tropiezo a ti, corta a él, bueno
2532 1437 3588 4228 4675 4624 4571 609 846 2570
CLN CAC DNSM NNSM RP2GS VPAS3S RP2AS VAAM2S RP3ASM JNSN

ἐστίν σε εἰσελθεῖν εἰς τὴν ζωὴν χωλὸν ἢ τοὺς δύο πόδας ἔχοντα
es a ti entrar a la vida cojo que$_{1}$ los$_{3}$ dos$_{4}$ pies$_{5}$ teniendo$_{2}$
2076 4571 1525 1519 3588 2222 5560 2228 3588 1417 4228 2192
VPAI3S RP2AS VAAN P DASF NASF JASM CAM DAPM XN,J NAPM VPAP-SAM

βληθῆναι εἰς τὴν ⸀γέενναν. 47 καὶ ἐὰν ὁ ὀφθαλμός σου σκανδαλίζῃ
ser arrojado a el infierno. Y si el ojo de ti causa tropiezo
906 1519 3588 1067 2532 1437 3588 3788 4675 4624
VAPN P DASF NASF CLN CAC DNSM NNSM RP2GS VPAS3S

σε, ἔκβαλε αὐτόν· καλόν σέ ἐστιν μονόφθαλμον εἰσελθεῖν εἰς τὴν
a ti, echa fuera a él, bueno a ti$_{2}$ es$_{1}$ con un solo ojo,$_{9}$ entrar$_{3}$ a$_{4}$ el$_{5}$
4571 1544 846 2570 4571 2076 3442 1525 1519 3588
RP2AS VAAM2S RP3ASM JNSN RP2AS VPAI3S JASM VAAN P DASF

βασιλείαν τοῦ θεοῦ ἢ δύο ὀφθαλμοὺς ἔχοντα βληθῆναι εἰς τὴν
reino$_{6}$ de--$_{7}$ Dios$_{8}$ que$_{10}$ dos$_{12}$ ojos$_{13}$ teniendo$_{11}$ ser arrojado a el
932 3588 2316 2228 1417 3788 2192 906 1519 3588
NASF DGSM NGSM CAM XN,J NAPM VPAP-SAM VAPN P DASF

⸀γέενναν, 48 ὅπου ὁ σκώληξ αὐτῶν οὐ τελευτᾷ καὶ τὸ πῦρ οὐ
infierno, donde el gusano de ellos no muere y el fuego no
1067 3699 3588 4663 846 3756 5053 2532 3588 4442 3756
NASF CAL,B DNSM NNSM RP3GPM BN,TN VPAI3S CLN DNSN NNSN BN,TN

σβέννυται.
se extingue.
4570
VPPI3S

49 Πᾶς γὰρ πυρὶ ⸀ἁλισθήσεται. 50 καλὸν τὸ ἅλας· ἐὰν
toda (persona)$_{2}$ Porque$_{1}$ con fuego.$_{4}$ será salada$_{3}$ (es) buena;$_{3}$ La$_{1}$ sal$_{2}$ si$_{5}$
3956 1063 4442 233 2570 3588 217 1437
JNSM CLX NDSN VFPI3S JNSN DNSN NNSN CAC

δὲ τὸ ἅλας ἄναλον γένηται, ἐν τίνι αὐτὸ ἀρτύσετε; ἔχετε ἐν
mas$_{4}$ la$_{6}$ sal$_{7}$ insípida,$_{9}$ llega a ser$_{8}$ ¿con$_{10}$ qué$_{11}$ a ella?$_{13}$ sazonaréis$_{12}$ Tened$_{14}$ en$_{16}$
1161 3588 217 358 1096 1722 5101 846 741 2192 1722
CLC DNSN NNSN JNSN VAMS3S P RI-DSN RP3ASN VFAI2P VPAM2P P

ἑαυτοῖς ἅλα, καὶ εἰρηνεύετε ἐν ἀλλήλοις.
vosotros mismos,$_{17}$ sal$_{15}$ y estad en paz con unos a otros.
1438 217 2532 1514 1722 240
RF2DPM NASN CLN VPAM2P P RC-DPM

10 Καὶ ἐκεῖθεν ἀναστὰς ἔρχεται εἰς τὰ ὅρια τῆς
Y de allí, habiéndose levantado llega a las regiones de--
2532 1564 450 2064 1519 3588 3725 3588
CLN BP VAAP-SNM VPUI3S P DAPN NAPN DGSF

Ἰουδαίας καὶ πέραν τοῦ Ἰορδάνου, καὶ συμπορεύονται πάλιν
Judea y al otro lado del Jordán, y se reúnen de nuevo
2449 2532 4008 3588 2446 2532 4848 3825
NGSF CLN P, BP DGSM NGSM CLN VPUI3P B

ὄχλοι πρὸς αὐτόν, καὶ ὡς εἰώθει πάλιν ἐδίδασκεν αὐτούς.
(las) multitudes junto a él, y como acostumbraba, de nuevo enseñaba a ellos.
3793 4314 846 2532 5613 1486 3825 1321 846
NNPM P RP3ASM CLN CAM VLAI3S B VIAI3S RP3APM

NVI

ir con las dos manos al
infierno, donde el fuego
nunca se apaga. 45 Y, si tu
pie te hace pecar, córta-
telo. Más te vale entrar
en la vida cojo que ser
arrojado con los dos pies
al infierno. 47 Y, si tu ojo
te hace pecar, sácatelo.
Más te vale entrar tuerto
en el reino de Dios que
ser arrojado con los dos
ojos al infierno, 48 donde

»"su gusano no
muere,
y el fuego no se apaga".

49 La sal con que todos
serán sazonados es el
fuego.
50 »La sal es buena,
pero, si deja de ser sala-
da, ¿cómo le pueden vol-
ver a dar sabor? Que no
falte la sal entre ustedes,
para que puedan vivir en
paz unos con otros».

El divorcio

10 Jesús partió de
aquel lugar y se
fue a la región de Judea
y al otro lado del Jordán.
Otra vez se le reunieron
las multitudes y, como
era su costumbre, les
enseñaba.

9:43 ⸀ Manuscritos inferiores aumentaron [44] *donde el gusano de ellos no muere, y el fuego nunca se apaga.* **9:45** ⸀ Manuscritos inferiores aumentaron a *el fuego inextingible,* [46] *donde el gusano de ellos no muere, y el fuego nunca se apaga.* **9:47** ⸀ Manuscritos inferiores aumentaron *de fuego.* **9:49** ⸀ Manuscritos inferiores aumentaron *y todo sacrificio será salado con sal.*

RVR

2 Y acercándose unos
fariseos para ponerle a
prueba, le preguntaban
si es lícito a un hombre
repudiar a su mujer.
3 Él respondió y les
dijo: ¿Qué os ordenó
Moisés?
4 Ellos dijeron: Moisés
permitió escribir un
certificado de divorcio,
y repudiarla.
5 Pero Jesús les dijo: Por
la dureza de vuestro
corazón, os escribió él
este mandamiento.
6 Pero desde el co-
mienzo de la creación,
Dios los hizo varón y
hembra.
7 Por esta razón, dejará
el hombre a su padre y
a su madre y se unirá a
su mujer.
8 Y los dos vendrán a ser
una sola carne; hasta el
punto de que ya no son
dos, sino una sola carne.
9 Por lo tanto, lo que
Dios unió, que no lo
separe el hombre.
10 Y cuando volvieron
a la casa, los discípulos
le preguntaban otra vez
sobre esto.
11 Y él les dice:
Cualquiera que repudie
a su mujer, y se case con
otra, comete adulterio
contra ella;
12 y si ella se divorcia de

2 Καὶ	ἐπηρώτων	αὐτὸν	εἰ	ἔξεστιν	ἀνδρὶ	γυναῖκα	ἀπολῦσαι,
Y	preguntaban	a él	si	es permitido	a un esposo	a (su) esposa,$_{2}$	divorciar$_{1}$
2532	1905	846	1487	1832	435	1135	630
CLN	*VIAI3P*	*RP3ASM*	*TI*	*VPAI3S*	*NDSM*	*NASF*	*VAAN*

πειράζοντες	αὐτόν.	3 ὁ	δὲ	ἀποκριθεὶς	εἶπεν	αὐτοῖς·	Τί	ὑμῖν
para probar	a él.	el (él)$_{2}$	Mas$_{1}$	respondiendo	dijo	a ellos:	¿Qué	a vosotros?$_{3}$
3985	846	3588	1161	611	2036	846	5101	5213
VPAP-PNM	*RP3ASM*	*DNSM*	*CLN*	*VAPP-SNM*	*VAAI3S*	*RP3DPM*	*RI-ASN*	*RP2DP*

ἐνετείλατο	Μωϋσῆς;	4 οἱ	δὲ	εἶπαν·	Ἐπέτρεψεν	Μωϋσῆς
mandó$_{2}$	Moisés$_{1}$	--$_{2}$	Mas$_{1}$	dijeron:$_{3}$	permitió$_{5}$	Moisés$_{4}$
1781	3475	3588	1161	3004	2010	3475
VAMI3S	*NNSM*	*DNPM*	*CLN*	*VAAI3P*	*VAAI3S*	*NNSM*

βιβλίον	ἀποστασίου	γράψαι	καὶ	ἀπολῦσαι.	5 ὁ	δὲ	Ἰησοῦς	εἶπεν
un documento$_{7}$	de divorcio$_{8}$	escribir$_{6}$	y	divorciar(la).	--$_{2}$	Mas$_{1}$	Jesús	dijo
975	647	1125	2532	630	3588	1161	2424	2036
NASN	*NGSN*	*VAAN*	*CLN*	*VAAN*	*DNSM*	*CLN*	*NNSM*	*VAAI3S*

αὐτοῖς·	Πρὸς	τὴν	σκληροκαρδίαν	ὑμῶν	ἔγραψεν	ὑμῖν	τὴν
a ellos:	ante$_{6}$	la$_{7}$	dureza de(l) corazón$_{8}$	de vosotros.$_{9}$	Escribió$_{1}$	a vosotros$_{5}$	--$_{3}$
846	4314	3588	4641	5216	1125	5213	3588
RP3DPM	*P*	*DASF*	*NASF*	*RP2GP*	*VAAI3S*	*RP2DP*	*DASF*

ἐντολὴν	ταύτην.	6 ἀπὸ	δὲ	ἀρχῆς	κτίσεως	ἄρσεν	καὶ	θῆλυ
mandamiento$_{4}$	este$_{2}$	desde	Mas	(el) principio	de (la) creación	varón	y	hembra
1785	3778	575	1161	746	2937	730	2532	2338
NASF	*RD-ASF*	*P*	*CLC*	*NGSF*	*NGSF*	*NASN, JASN*	*CLN*	*JASN*

ἐποίησεν	αὐτούς·	7 ἕνεκεν	τούτου	καταλείψει	ἄνθρωπος	τὸν	πατέρα
hizo	a ellos.	Por causa de	esto,	dejará$_{2}$	(el) hombre$_{1}$	al	padre
4160	846	1752	5127	2641	444	3588	3962
VAAI3S	*RP3APM*	*P, B*	*RD-GSN*	*VFAI3S*	*NNSM*	*DASM*	*NASM*

αὐτοῦ	καὶ	τὴν	μητέρα	καὶ	προσκολληθήσεται	πρὸς	τὴν	γυναῖκα
de él	y	a la	madre,	y	se unirá	a	la	esposa
846	2532	3588	3384	2532	4347	4314	3588	1135
RP3GSM	*CLN*	*DASF*	*NASF*	*CLN*	*VFPI3S*	*P*	*DASF*	*NASF*

αὐτοῦ,	8 καὶ	ἔσονται	οἱ	δύο	εἰς	σάρκα	μίαν·	ὥστε	οὐκέτι	εἰσὶν
de él,	y$_{1}$	serán$_{4}$	los$_{2}$	dos$_{3}$	--$_{5}$	carne,$_{7}$	una$_{6}$	de modo que	ya no	son
846	2532	2071	3588	1417	1519	4561	1520	5620	3765	1526
RP3GSM	*CLN*	*VFMI3P*	*DNPM*	*XN, J*	*P*	*NASF*	*JASF*	*CLI*	*BN*	*VPAI3P*

δύο	ἀλλὰ	μία	σάρξ.	9 ὃ	οὖν	ὁ	θεὸς	συνέζευξεν	ἄνθρωπος	μὴ
dos,	sino	una	carne.	lo que$_{7}$	Así que,$_{1}$	--	Dios	unió,	un ser humano	no
1417	235	1520	4561	3739	3767	3588	2316	4801	444	3361
XN, J	*CLC*	*JNSF*	*NNSF*	*RR-ASN*	*CLI*	*DNSM*	*NNSM*	*VAAI3S*	*NNSM*	*BN, TN*

χωριζέτω.
separe.
5563
VPAM3S

10 Καὶ	εἰς	τὴν	οἰκίαν	πάλιν	οἱ	μαθηταὶ	περὶ	τούτου	ἐπηρώτων
Y	en	la	casa,	de nuevo	los	discípulos	acerca de$_{3}$	esto.$_{4}$	preguntaban$_{1}$
2532	1519	3588	3614	3825	3588	3101	4012	5127	1905
CLN	*P*	*DASF*	*NASF*	*B*	*DNPM*	*NNPM*	*P*	*RD-GSN*	*VIAI3P*

αὐτόν.	11 καὶ	λέγει	αὐτοῖς·	Ὃς	ἂν	ἀπολύσῃ	τὴν	γυναῖκα	αὐτοῦ	καὶ
a él$_{2}$	Y	dice	a ellos:	El que	--	divorciare	a la	esposa	de él,	y
846	2532	3004	846	3739	302	630	3588	1135	846	2532
RP3ASM	*CLN*	*VPAI3S*	*RP3DPM*	*RR-NSM*	*TC*	*VAAS3S*	*DASF*	*NASF*	*RP3GSM*	*CLN*

γαμήσῃ	ἄλλην	μοιχᾶται	ἐπ'	αὐτήν,	12 καὶ	ἐὰν	αὐτὴ	ἀπολύσασα
se casa	(con) otra,	comete adulterio	contra	a ella.	Y	si	ella,	habiéndose divorciado
1060	243	3429	1909	846	2532	1437	846	630
VAAS3S	*JASF*	*VPUI3S*	*P*	*RP3ASF*	*CLN*	*CAC*	*RP3NSF*	*VAAP-SNF*

NVI

2 En eso, unos fariseos
se le acercaron y, para
ponerlo a prueba, le
preguntaron:
—¿Está permitido
que un hombre se divor-
cie de su esposa?
3 —¿Qué les mandó
Moisés? —replicó Jesús.
4 —Moisés permitió
que un hombre le escri-
biera un certificado de
divorcio y la despidiera
—contestaron ellos.
5 —Esa ley la escribió
Moisés para ustedes
por lo obstinados que
son —aclaró Jesús—.
6 Pero al principio de la
creación Dios "los hizo
hombre y mujer". 7 "Por
eso dejará el hombre a
su padre y a su madre, y
se unirá a su esposa, 8 y
los dos llegarán a ser un
solo cuerpo". Así que
ya no son dos, sino uno
solo. 9 Por tanto, lo que
Dios ha unido, que no lo
separe el hombre.
10 Vueltos a casa, los
discípulos le pregun-
taron a Jesús sobre este
asunto.
11 —El que se divorcia
de su esposa y se casa con
otra comete adulterio
contra la primera —
respondió—. 12 Y, si la
mujer se divorcia de su

RVR

su marido y se casa con
otro, comete adulterio.

Jesucristo bendice a los niños

13 Y le traían niños para
que los tocase; pero los
discípulos les repren-
dieron.
14 Cuando Jesús vio
esto, se indignó y les
dijo: Dejad que los ni-
ños vengan a mí; no se
lo impidáis, porque de
los que son como estos
es el reino de Dios.
15 En verdad os digo,
quienquiera que no
reciba el reino de Dios
como un niño, de
ninguna manera entrará
en él.
16 Y los tomó en sus
brazos y los bendecía
poniendo las manos
sobre ellos.

El joven rico

17 Cuando salía Jesús
para ponerse en camino,
vino uno corriendo ha-
cia él y cayó de rodillas
ante él y le preguntó:
Maestro bueno, ¿qué
haré para heredar la vida
eterna?
18 Jesús le dijo: ¿Por
qué me dices bueno?
Nadie es bueno, sino
sólo Dios.
19 Ya sabes los manda-
mientos: No mates,
no cometas adulterio,
no robes, no digas
falso testimonio, no
defraudes, honra a

τὸν	ἄνδρα	αὐτῆς	γαμήσῃ	ἄλλον	μοιχᾶται.
al	esposo	de ella	se casa	(con) otro,	comete adulterio.
3588	435	846	1060	243	3429
DASM	NASM	RP3GSF	VAAS3S	JASM	VPUI3S

13 Καὶ	προσέφερον	αὐτῷ	παιδία	ἵνα	αὐτῶν	ἅψηται·
Y	traían	a él	niños	para que$_1$	a ellos,$_3$	tocare$_2$
2532	4374	846	3813	2443	846	680
CLN	VIAI3P	RP3DSM	NAPN	CAP	RP3GPN, RP3GPM	VAMS3S

οἱ	δὲ	μαθηταὶ	⸀ἐπετίμησαν	αὐτοῖς⸆.	14 ἰδὼν	δὲ	ὁ	Ἰησοῦς
los$_2$	Mas$_1$	discípulos	reprendieron	a ellos.	habiendo visto,$_4$	Mas$_1$	--$_2$	Jesús$_3$
3588	1161	3101	2008	846	1492	1161	3588	2424
DNPM	CLC	NNPM	VAAI3P	RP3DPM	VAAP-SNM	CLC	DNSM	NNSM

ἠγανάκτησεν	καὶ	εἶπεν	αὐτοῖς·	Ἄφετε	τὰ	παιδία	ἔρχεσθαι	πρός	με,
se indignó	y	dijo	a ellos:	Dejad	a los	niños	venir	a	mí,
23	2532	2036	846	863	3588	3813	2064	4314	3165
VAAI3S	CLN	VAAI3S	RP3DPM	VAAM2P	DAPN	NAPN	VPUN	P	RP1AS

μὴ	κωλύετε	αὐτά,	τῶν	γὰρ	τοιούτων	ἐστὶν	ἡ	βασιλεία	τοῦ	θεοῦ.
no	impidáis	a ellos;	de los$_2$	porque$_1$	tales	es	el	reino	de --	Dios.
3361	2967	846	3588	1063	5108	2076	3588	932	3588	2316
BN, TN	VPAM2P	RP3APN	DGPN	CAZ	RD-GPN	VPAI3S	DNSF	NNSF	DGSM	NGSM

15 ἀμὴν	λέγω	ὑμῖν,	ὃς	ἂν	μὴ	δέξηται	τὴν	βασιλείαν	τοῦ	θεοῦ
De cierto	digo	a vosotros,	el que	--	no	acogiera	el	reino	de --	Dios
281	3004	5213	3739	302	3361	1209	3588	932	3588	2316
XF, B	VPAI1S	RP2DP	RR-NSM	TC	BN, TN	VAMS3S	DASF	NASF	DGSM	NGSM

ὡς	παιδίον,	οὐ	μὴ*	εἰσέλθῃ	εἰς	αὐτήν.	16 καὶ	ἐναγκαλισάμενος
como	un niño,	no	no	entrara (entrará)	en	él.	Y	habiendo tomado en los brazos
5613	3813	3756	3361	1525	1519	846	2532	1723
CAM	NNSN	BN, TN	BN, TN	VAAS3S	P	RP3ASF	CLN	VAMP-SNM

αὐτὰ	κατευλόγει	τιθεὶς	τὰς	χεῖρας	ἐπ᾽	αὐτά.
a ellos,	bendecía	poniendo	las	manos	sobre	ellos.
846	2127	5087	3588	5495	1909	846
RP3APN	VIAI3S	VPAP-SNM	DAPF	NAPF	P	RP3APN

17 Καὶ	ἐκπορευομένου	αὐτοῦ	εἰς	ὁδὸν	προσδραμὼν	εἷς	καὶ
Y$_1$	partiendo$_3$	él$_2$	a(l)$_4$	camino,$_5$	habiendo corrido$_7$	uno$_6$	y
2532	1607	846	1519	3598	4370	1520	2532
CLN	VPUP-SGM	RP3GSM	P	NASF	VAAP-SNM	JNSM	CLN

γονυπετήσας	αὐτὸν	ἐπηρώτα	αὐτόν·	Διδάσκαλε	ἀγαθέ,	τί
habiéndose arrodillado	(ante) él	preguntaba	a él:	Maestro	bueno,	¿qué
1120	846	1905	846	1320	18	5101
VAAP-SNM	RP3ASM	VIAI3S	RP3ASM	NVSM	JVSM	RI-ASN

ποιήσω	ἵνα	ζωὴν	αἰώνιον	κληρονομήσω;	18 ὁ	δὲ	Ἰησοῦς	εἶπεν
haría	para que$_1$	(la) vida$_3$	eterna?$_4$	heredara$_2$	--$_2$	Mas$_1$	Jesús	dijo
4160	2443	2222	166	2816	3588	1161	2424	2036
VAAS1S	CAP	NASF	JASF	VAAS1S	DNSM	CLN	NNSM	VAAI3S

αὐτῷ·	Τί	με	λέγεις	ἀγαθόν;	οὐδεὶς	ἀγαθὸς	εἰ	μὴ	εἷς	ὁ
a él:	¿Por qué	a mí$_2$	dices$_1$	bueno?	Nadie	(es) bueno,	si	no	uno:	--
846	5101	3165	3004	18	3762	18	1487	3361	1520	3588
RP3DSM	RI-ASN	RP1AS	VPAI2S	JASM	JNSM	JNSM	CAC	BN, TN	JNSM	DNSM

θεός.	19 τὰς	ἐντολὰς	οἶδας·	Μὴ	φονεύσῃς,	Μὴ	μοιχεύσῃς,	Μὴ
Dios.	los$_2$	mandamientos:$_3$	Sabes$_1$	No	cometas homicidio;	no	cometas adulterio;	no
2316	3588	1785	1492	3361	5407	3361	3431	3361
NNSM	DAPF	NAPF	VRAI2S	BN, TN	VAAS2S	BN, TN	VAAS2S	BN, TN

κλέψῃς,	Μὴ	ψευδομαρτυρήσῃς,	Μὴ	ἀποστερήσῃς,	Τίμα	τὸν
robes;	no	des falso testimonio;	no	defraudes;	honra	al
2813	3361	5576	3361	650	5091	3588
VAAS2S	BN, TN	VAAS2S	BN, TN	VAAS2S	VPAM2S	DASM

NVI

esposo y se casa con otro,
comete adulterio.

Jesús y los niños

13 Empezaron a lle-
varle niños a Jesús para
que los tocara, pero los
discípulos reprendían
a quienes los llevaban.
14 Cuando Jesús se dio
cuenta, se indignó y les
dijo: «Dejen que los
niños vengan a mí, y no
se lo impidan, porque
el reino de Dios es de
quienes son como ellos.
15 Les aseguro que el que
no reciba el reino de
Dios como un niño de
ninguna manera entrará
en él». 16 Y después de
abrazarlos, los bendecía
poniendo las manos
sobre ellos.

El joven rico

17 Cuando Jesús
estaba ya para irse, un
hombre llegó corriendo
y se postró delante de él.
—Maestro bueno
—le preguntó—, ¿qué
debo hacer para heredar
la vida eterna?
18 —¿Por qué me
llamas bueno? —res-
pondió Jesús—. Nadie
es bueno sino solo Dios.
19 Ya sabes los manda-
mientos: "No mates,
no cometas adulterio,
no robes, no presentes
falso testimonio, no
defraudes, honra a

10:13⸀⸆ Manuscritos inferiores tienen *reprendiendo a los que los trajeron.* **10:15*** O sea *de ninguna manera.*

RVR

tu padre y a tu madre.
20 Él le dijo: Maestro,
todas estas cosas las
he guardado desde mi
juventud.
21 Jesús le miró y sintió
afecto por él, y le dijo:
Una cosa te falta; anda,
vende cuanto tienes
y dalo a los pobres, y
tendrás un tesoro en el
cielo; y ven, sígueme,
tomando tu cruz.
22 Pero él se puso triste
al oír estas palabras y
se marchó apesadum-
brado, porque tenía
muchas posesiones.

Peligro de las riquezas

23 Entonces Jesús,
mirando en derredor,
les dice a sus discípulos:
¡Cuán difícilmente
entrarán en el reino
de Dios los que tienen
riquezas!
24 Los discípulos
estaban atónitos ante
sus palabras. Pero Jesús,
tomando de nuevo la
palabra, les dice: Hijos,
¡qué difícil es entrar
en el reino de Dios a
los que confían en las
riquezas!
25 Es más fácil que un
camello pase a través del
ojo de la aguja, que el
que un rico entre en el
reino de Dios.
26 Pero ellos se

πατέρα	σου	καὶ	τὴν	μητέρα.	20 ὁ	δὲ	⸀ἔφη	αὐτῷ·	Διδάσκαλε,
padre	de ti	y	a la	madre.	--$_2$	Mas$_1$	decía	a él:	Maestro,
3962	4675	2532	3588	3384	3588	1161	5346	846	1320
NASM	*RP2GS*	*CLN*	*DASF*	*NASF*	*DNSM*	*CLN*	*VIAI3S*	*RP3DSM*	*NVSM*

ταῦτα	πάντα	ἐφυλαξάμην	ἐκ	νεότητός	μου.	21 ὁ	δὲ	Ἰησοῦς
estas cosas$_2$	todas$_1$	guardé	desde	(la) juventud	de mí.	--$_2$	Mas$_1$	Jesús,
5023	3956	5442	1537	3503	3450	3588	1161	2424
RD-APN	*JAPN*	*VAMI1S*	*P*	*NGSF*	*RP1GS*	*DNSM*	*CLN*	*NNSM*

ἐμβλέψας	αὐτῷ	ἠγάπησεν	αὐτὸν	καὶ	εἶπεν	αὐτῷ·	Ἕν	σε
habiendo mirado fijamente	a él	amó	a él	y	dijo	a él:	Una cosa$_1$	a ti:$_3$
1689	846	25	846	2532	2036	846	1520	4571
VAAP-SNM	*RP3DSM*	*VAAI3S*	*RP3ASM*	*CLN*	*VAAI3S*	*RP3DSM*	*JNSN*	*RP2AS*

ὑστερεῖ·	ὕπαγε	ὅσα	ἔχεις	πώλησον	καὶ	δὸς	τοῖς	πτωχοῖς,
falta$_2$	Ve,$_4$	cuantas cosas$_6$	tienes$_7$	vende$_5$	y	da	a los	pobres,
5302	5217	3745	2192	4453	2532	1325	3588	4434
VPAI3S	*VPAM2S*	*RK-APN*	*VPAI2S*	*VAAM2S*	*CLN*	*VAAM2S*	*DDPM*	*JDPM*

καὶ	ἕξεις	θησαυρὸν	ἐν	οὐρανῷ,	καὶ	δεῦρο	ἀκολούθει	⸀μοι.	22 ὁ
y	tendrás	tesoro	en	(el) cielo,	y	ven,	sigue	a mí.	--$_2$
2532	2192	2344	1722	3772	2532	1204	190	3427	3588
CLN	*VFAI2S*	*NASM*	*P*	*NDSM*	*CLN*	*B*	*VPAM2S*	*RP1DS*	*DNSM*

δὲ	στυγνάσας	ἐπὶ	τῷ	λόγῳ	ἀπῆλθεν	λυπούμενος,	ἦν	γὰρ
Mas$_1$	habiéndose entristecido	por	la	palabra,	se fue	entristecido	estaba$_2$	porque$_1$
1161	4768	1909	3588	3056	565	3076	2258	1063
CLC	*VAAP-SNM*	*P*	*DDSM*	*NDSM*	*VAAI3S*	*VPPP-SNM*	*VIAI3S*	*CAZ*

ἔχων	κτήματα	πολλά.
teniendo$_3$	posesiones.$_5$	muchas$_4$
2192	2933	4183
VPAP-SNM	*NAPN*	*JAPN*

23 Καὶ	περιβλεψάμενος	ὁ	Ἰησοῦς	λέγει	τοῖς	μαθηταῖς	αὐτοῦ·	Πῶς
Y	habiendo mirado alrededor	--	Jesús	dice	a los	discípulos	de él:	¡Cuán
2532	4017	3588	2424	3004	3588	3101	846	4459
CLN	*VAMP-SNM*	*DNSM*	*NNSM*	*VPAI3S*	*DDPM*	*NDPM*	*RP3GSM*	*B*

δυσκόλως	οἱ	τὰ	χρήματα	ἔχοντες	εἰς	τὴν	βασιλείαν	τοῦ	θεοῦ
difícilmente	los que$_1$	las$_3$	riquezas$_4$	tienen$_2$	a$_6$	el$_7$	reino$_8$	de --$_9$	Dios.$_{10}$
1423	3588	3588	5536	2192	1519	3588	932	3588	2316
B	*DNPM*	*DAPN*	*NAPN*	*VPAP-PNM*	*P*	*DASF*	*NASF*	*DGSM*	*NGSM*

εἰσελεύσονται.	24 οἱ	δὲ	μαθηταὶ	ἐθαμβοῦντο	ἐπὶ	τοῖς	λόγοις	αὐτοῦ.
entrarán$_5$	los$_2$	Mas$_1$	discípulos	se asombraban	por	las	palabras	de él.
1525	3588	1161	3101	2284	1909	3588	3056	846
VFMI3P	*DNPM*	*CLN*	*NNPM*	*VIPI3P*	*P*	*DDPM*	*NDPM*	*RP3GSM*

ὁ	δὲ	Ἰησοῦς	πάλιν	ἀποκριθεὶς	λέγει	αὐτοῖς·	Τέκνα,	πῶς	δύσκολόν
--$_2$	Mas$_1$	Jesús	de nuevo	respondiendo	dice	a ellos:	Hijos,	¡Cuán	difícil
3588	1161	2424	3825	611	3004	846	5043	4459	1422
DNSM	*CLC*	*NNSM*	*B*	*VAPP-SNM*	*VPAI3S*	*RP3DPM*	*NVPN*	*B*	*JNSN*

⸀ἐστιν	εἰς	τὴν	βασιλείαν	τοῦ	θεοῦ	εἰσελθεῖν·	25 εὐκοπώτερόν
es	a$_2$	el$_3$	reino$_4$	de --$_5$	Dios.$_6$	entrar$_1$	más fácil$_2$
2076	1519	3588	932	3588	2316	1525	2123
VPAI3S	*P*	*DASF*	*NASF*	*DGSM*	*NGSM*	*VAAN*	*JNSNC*

ἐστιν	κάμηλον	διὰ	τῆς	τρυμαλιᾶς	τῆς	ῥαφίδος	διελθεῖν	ἢ
Es$_1$	(un) camello$_3$	a través de$_5$	el$_6$	ojo$_7$	de la$_8$	aguja,$_9$	pasar$_4$	que$_{10}$
2076	2574	1223	3588	5168	3588	4476	1330	2228
VPAI3S	*NASM*	*P*	*DGSF*	*NGSF*	*DGSF*	*NGSF*	*VAAN*	*CAM*

πλούσιον	εἰς	τὴν	βασιλείαν	τοῦ	θεοῦ	εἰσελθεῖν.	26 οἱ	δὲ	περισσῶς
un rico$_{11}$	a$_{13}$	el$_{14}$	reino$_{15}$	de --$_{16}$	Dios.$_{17}$	entrar$_{12}$	--$_1$	Mas$_1$	aún más
4145	1519	3588	932	3588	2316	1525	3588	1161	4057
JASM	*P*	*DASF*	*NASF*	*DGSM*	*NGSM*	*VAAN*	*DNPM*	*CLN*	*B*

NVI

tu padre y a tu madre".
20 —Maestro —dijo
el hombre—, todo eso
lo he cumplido desde
que era joven.
21 Jesús lo miró con
amor y añadió:
—Una sola cosa te
falta: anda, vende todo
lo que tienes y dáselo
a los pobres, y tendrás
tesoro en el cielo. Luego
ven y sígueme.
22 Al oír esto, el
hombre se desanimó y
se fue triste porque tenía
muchas riquezas.
23 Jesús miró alrede-
dor y les comentó a sus
discípulos:
—¡Qué difícil es para
los ricos entrar en el
reino de Dios!
24 Los discípulos
se asombraron de sus
palabras.
—Hijos, ¡qué difícil
es entrar en el reino de
Dios! —repitió Jesús—.
25 Le resulta más fácil a
un camello pasar por el
ojo de una aguja que a
un rico entrar en el reino
de Dios.
26 Los discípulos se
asombraron aún más,

10:21⸀ Manuscritos inferiores aumentaron *tomando la cruz.*

10:24⸀ Manuscritos inferiores aumentaron *a los que confían en las riquezas.*

RVR

asombraban aún más,
y decían entre ellos:
Entonces, ¿quién puede
ser salvo?
27 Jesús, mirándoles fija-
mente, dice: Por parte
de los hombres, impo-
sible; pero no por parte
de Dios, porque con
Dios todo es posible.
28 Pedro comenzó a
decirle: Mira, nosotros
lo hemos dejado todo y
te hemos seguido.
29 Jesús dijo: En verdad
os digo, no hay nadie
que haya dejado casa, o
hermanos, o hermanas,
o madre, o padre, o
hijos, o campos, por
causa de mí y por causa
del evangelio,
30 que no reciba cien
veces más ahora en
este tiempo: casas,
hermanos, hermanas,
madres, hijos y campos,
con persecuciones; y
en la era venidera, vida
eterna.
31 Pero muchos prime-
ros serán últimos; y los
últimos, primeros.

Jesús anuncia de nuevo su muerte

32 Iban de camino, su-
biendo a Jerusalén,

ἐξεπλήσσοντο	λέγοντες	πρὸς	ἑαυτούς·	Καὶ	τίς	δύναται	σωθῆναι;
se admiraban	diciendo	para	sí mismos:	Y,	¿quién	puede	ser salvo?
1605	3004	4314	1438	2532	5101	1410	4982
VIPI3P	*VPAP-PNM*	*P*	*RF3APM*	*CLN, CLI*	*RI-NSM*	*VPUI3S*	*VAPN*

27 ἐμβλέψας	αὐτοῖς	ὁ	Ἰησοῦς	λέγει·	Παρὰ	ἀνθρώποις
Habiendo mirado fijamente	a ellos,	--	Jesús	dice:	De parte de	(los) seres humanos
1689	846	3588	2424	3004	3844	444
VAAP-SNM	*RP3DPM*	*DNSM*	*NNSM*	*VPAI3S*	*P*	*NDPM*

ἀδύνατον	ἀλλ’	οὐ	παρὰ	θεῷ,	πάντα	γὰρ	δυνατὰ	παρὰ	τῷ
(es) imposible,	pero	no	de parte de	Dios.	todas las cosas$_2$	Porque$_1$	(son) posibles	de parte de	--
102	235	3756	3844	2316	3956	1063	1415	3844	3588
JNSN	*CLC*	*BN, TN*	*P*	*NDSM*	*JNPN*	*CAZ*	*JNPN*	*P*	*DDSM*

θεῷ.
Dios.
2316
NDSM

28 Ἤρξατο	λέγειν	ὁ	Πέτρος	αὐτῷ·	Ἰδοὺ	ἡμεῖς	ἀφήκαμεν
comenzó$_3$	a decir$_4$	--$_1$	Pedro$_2$	a él:	He aquí	nosotros	dejamos
756	3004	3588	4074	846	2400	2249	863
VAMI3S	*VPAN*	*DNSM*	*NNSM*	*RP3DSM*	*I, VAAM2S*	*RP1NP*	*VAAI1P, VAAI1S*

πάντα	καὶ	ἠκολουθήκαμέν	σοι.	29 ἔφη	ὁ	Ἰησοῦς·	Ἀμὴν	λέγω
todas las cosas	y	hemos seguido	a ti.	decía:$_3$	--$_1$	Jesús$_2$	De cierto	digo
3956	2532	190	4671	5346	3588	2424	281	3004
JAPN	*CLN*	*VRAI1P*	*RP2DS*	*VIAI3S*	*DNSM*	*NNSM*	*XF, B*	*VPAI1S*

ὑμῖν,	οὐδείς	ἐστιν	ὃς	ἀφῆκεν	οἰκίαν	ἢ	ἀδελφοὺς	ἢ	ἀδελφὰς
a vosotros,	ninguno	es (hay)	el que	dejó	casa	o	hermanos	o	hermanas
5213	3762	2076	3739	863	3614	2228	80	2228	79
RP2DP	*JNSM*	*VPAI3S*	*RR-NSM*	*VAAI3S*	*NASF*	*CLD*	*NAPM*	*CLD*	*NAPF*

ἢ	⸂μητέρα	ἢ	πατέρα⸃	ἢ	τέκνα	ἢ	ἀγροὺς	ἕνεκεν	ἐμοῦ	καὶ
o	madre	o	padre	o	hijos	o	campos	por causa de	mí	y
2228	3384	2228	3962	2228	5043	2228	68	1752	1700	2532
CLD	*NASF*	*CLD*	*NASM*	*CLD*	*NAPN*	*CLD*	*NAPM*	*P, B*	*RP1GS*	*CLN*

ἕνεκεν	τοῦ	εὐαγγελίου,	30 ἐὰν	μὴ	λάβῃ	ἑκατονταπλασίονα	νῦν
por causa	del	evangelio,	si	no	recibiera	cien veces más	ahora
1752	3588	2098	1437	3361	2983	1542	3568
P, B	*DGSN*	*NGSN*	*CAC*	*BN, TN*	*VAAS3S*	*JAPN*	*B*

ἐν	τῷ	καιρῷ	τούτῳ	οἰκίας	καὶ	ἀδελφοὺς	καὶ	ἀδελφὰς	καὶ	μητέρας
en	--	tiempo$_2$	este$_1$	casas	y	hermanos	y	hermanas	y	madres
1722	3588	2540	5129	3614	2532	80	2532	79	2532	3384
P	*DDSM*	*NDSM*	*RD-DSM*	*NAPF*	*CLN*	*NAPM*	*CLN*	*NAPF*	*CLN*	*NAPF*

καὶ	τέκνα	καὶ	ἀγροὺς	μετὰ	διωγμῶν,	καὶ	ἐν	τῷ	αἰῶνι	τῷ
e	hijos	y	campos	con	persecuciones,	y	en	la	edad	la que
2532	5043	2532	68	3326	1375	2532	1722	3588	165	3588
CLN	*NAPN*	*CLN*	*NAPM*	*P*	*NGPM*	*CLN*	*P*	*DDSM*	*NDSM*	*DDSM*

ἐρχομένῳ	ζωὴν	αἰώνιον.	31 πολλοὶ	δὲ	ἔσονται	πρῶτοι	ἔσχατοι	καὶ	οἱ
viene	(la) vida	eterna.	muchos$_2$	Mas$_1$	serán$_4$	primeros$_3$	últimos,$_5$	y	los
2064	2222	166	4183	1161	2071	4413	2078	2532	3588
VPUP-SDM	*NASF*	*JASF*	*JNPM*	*CLC*	*VFMI3P*	*JNPM*	*JNPM*	*CLN*	*DNPM*

ἔσχατοι	πρῶτοι.
últimos,	primeros.
2078	4413
JNPM	*JNPM*

32 Ἦσαν	δὲ	ἐν	τῇ	ὁδῷ	ἀναβαίνοντες	εἰς	Ἱεροσόλυμα,	καὶ
estaban$_2$	Mas$_1$	en	el	camino	subiendo	a	Jerusalén,	y$_1$
2258	1161	1722	3588	3598	305	1519	2414	2532
VIAI3P	*CLN*	*P*	*DDSF*	*NDSF*	*VPAP-NPM*	*P*	*NASF*	*CLN*

NVI

y decían entre sí:
«Entonces, ¿quién
podrá salvarse?»
27 —Para los hombres
es imposible —aclaró
Jesús, mirándolos fija-
mente—, pero no para
Dios; de hecho, para
Dios todo es posible.
28 —¿Qué de no-
sotros, que lo hemos
dejado todo y te hemos
seguido? —comenzó a
reclamarle Pedro.
29 —Les aseguro —
respondió Jesús— que
todo el que por mi causa
y la del evangelio haya
dejado casa, hermanos,
hermanas, madre, padre,
hijos o terrenos 30 recibi-
rá cien veces más ahora
en este tiempo (casas,
hermanos, hermanas,
madres, hijos y terrenos,
aunque con persecu-
ciones); y en la edad
venidera, la vida eterna.
31 Pero muchos de los
primeros serán últimos,
y los últimos, primeros.

Jesús predice de nuevo su muerte

32 Iban de camino
subiendo a Jerusalén,

10:29⸂⸃ Manuscritos inferiores tienen *padre o madre o esposa.*

RVR

y Jesús iba delante
de ellos; ellos estaban
atónitos; y los que le
seguían tenían miedo.
Y tomando de nuevo
aparte a los doce,
comenzó a decirles lo
que estaba a punto de
sucederle:
33 Mirad que estamos
subiendo a Jerusalén,
y el Hijo del Hombre
será entregado a los
principales sacerdotes
y a los escribas; y lo
condenarán a muerte, y
lo entregarán a traición
a los gentiles;
34 se burlarán de él, le
escupirán, le azotarán y
matarán, y a los tres días
resucitará.

Petición de Jacobo y de Juan

35 Se acercan a él Jacobo
y Juan, los dos hijos de
Zebedeo, y le dicen:
Queremos que hagas
por nosotros lo que te
pidamos.
36 Él les dijo: ¿Qué
queréis que haga por
vosotros?
37 Y ellos le dijeron:
Concédenos que en tu
gloria nos sentemos el
uno a tu derecha y el
otro a tu izquierda.
38 Jesús les dijo: No
sabéis lo que estáis
pidiendo. ¿Podéis

ἦν	προάγων	αὐτοὺς	ὁ	Ἰησοῦς,	καὶ	ἐθαμβοῦντο,	οἱ	δὲ
estaba$_4$	yendo delante$_5$	de ellos,$_6$	--$_2$	Jesús$_3$	y$_7$	se asombraban,$_8$	los que$_{10}$	mas$_9$
2258	4254	846	3588	2424	2532	2284	3588	1161
VIAI3S	VPAP-SNM	RP3APM	DNSM	NNSM	CLN	VIPI3P	DNPM	CLC

ἀκολουθοῦντες	ἐφοβοῦντο.	καὶ	παραλαβὼν	πάλιν	τοὺς	δώδεκα
siguen (a él)$_{11}$	temían.	Y	tomando	de nuevo$_3$	a los$_1$	doce$_2$
190	5399	2532	3880	3825	3588	1427
VPAP-PNM	VIUI3P	CLN	VAAP-SNM	B	DAPM	XN, J

ἤρξατο	αὐτοῖς	λέγειν	τὰ	μέλλοντα	αὐτῷ	συμβαίνειν	33 ὅτι
comenzó$_4$	a ellos$_6$	a decir$_5$	las cosas que$_7$	están a punto de$_8$	a él,$_{10}$	suceder$_9$	que:
756	846	3004	3588	3195	846	4819	3754
VAMI3S	RP3DPM	VPAN	DAPN	VPAP-PAN	RP3DSM	VPAN	CSC

Ἰδοὺ	ἀναβαίνομεν	εἰς	Ἱεροσόλυμα,	καὶ	ὁ	υἱὸς	τοῦ	ἀνθρώπου
He aquí	subimos	a	Jerusalén	y	el	Hijo	del	Hombre
2400	305	1519	2414	2532	3588	5207	3588	444
I, VAAM2S	VPAI1P	P	NASF	CLN	DNSM	NNSM	DGSM	NGSM

παραδοθήσεται	τοῖς	ἀρχιερεῦσιν	καὶ	τοῖς	γραμματεῦσιν,	καὶ
será entregado	a los	principales sacerdotes	y	a los	escribas,	y
3860	3588	749	2532	3588	1122	2532
VFPI3S	DDPM	NDPM	CLN	DDPM, DDPN	NDPM	CLN

κατακρινοῦσιν	αὐτὸν	θανάτῳ	καὶ	παραδώσουσιν	αὐτὸν	τοῖς	ἔθνεσιν
condenarán	él	a muerte	y	entregarán	a él	a los	gentiles,
2632	846	2288	2532	3860	846	3588	1484
VFAI3P	RP3ASM	NDSM	CLN	VFAI3P	RP3ASM	DDPN	NDPN

34 καὶ	ἐμπαίξουσιν	αὐτῷ	καὶ	ἐμπτύσουσιν	αὐτῷ	καὶ	μαστιγώσουσιν
y	se burlarán	de él	y	escupirán	a él	y	azotarán
2532	1702	846	2532	1716	846	2532	3146
CLN	VFAI3P	RP3DSM	CLN	VFAI3P	RP3DSM	CLN	VFAI3P

αὐτὸν	καὶ	ἀποκτενοῦσιν,	καὶ	μετὰ	τρεῖς	ἡμέρας	ἀναστήσεται.
a él	y	matarán	y	después de	tres	días	resucitará.
846	2532	615	2532	3326	5140	2250	450
RP3ASM	CLN	VFAI3P	CLN	P	JAPF, JAPM	NAPF	VFMI3S

35 Καὶ	προσπορεύονται	αὐτῷ	Ἰάκωβος	καὶ	Ἰωάννης	οἱ	υἱοὶ
Y$_1$	se acercan$_8$	a él$_9$	Jacob$_2$	y$_3$	Juan,$_4$	los$_5$	hijos$_6$
2532	4365	846	2385	2532	2491	3588	5207
CLN	VPUI3P	RP3DSM	NNSM	CLN	NNSM	DNPM	NNPM

Ζεβεδαίου	λέγοντες	αὐτῷ·	Διδάσκαλε,	θέλομεν	ἵνα	ὃ	ἐὰν
de Zebedeo,$_7$	diciendo	a él:	Maestro,	queremos	que	lo que$_3$	si$_4$
2199	3004	846	1320	2309	2443	3739	1437
NGSM	VPAP-PNM	RP3DSM	NVSM	VPAI1P	CSC	RR-ASN	TC

αἰτήσωμέν	σε	ποιήσῃς	ἡμῖν.	36 ὁ	δὲ	εἶπεν	αὐτοῖς·	Τί	θέλετε
pidamos$_5$	a ti,$_6$	hagas$_1$	para nosotros$_2$	--$_2$	Y$_1$	dijo	a ellos:	¿Qué	queréis
154	4571	4160	2254	3588	1161	2036	846	5101	2309
VAAS1P	RP2AS	VAAS2S	RP1DP	DNSM	CLN	VAAI3S	RP3DPM	RI-ASN	VPAI2P

ποιήσω	ὑμῖν;	37 οἱ	δὲ	εἶπαν	αὐτῷ·	Δὸς	ἡμῖν	ἵνα	εἷς	σου
que haga	a vosotros?	--$_2$	Mas$_1$	dijeron	a él:	Da	a nosotros	que	uno$_2$	de ti$_5$
4160	5213	3588	1161	3004	846	1325	2254	2443	1520	4675
VAAS1S	RP2DP	DNPM	CLN	VAAI3P	RP3DSM	VAAM2S	RP1DP	CSC	JNSM	RP2GS

ἐκ	δεξιῶν	καὶ	εἷς	ἐξ	ἀριστερῶν	καθίσωμεν	ἐν	τῇ	δόξῃ	σου.
a$_3$	(la) derecha$_4$	y$_6$	uno$_7$	a$_8$	(la) izquierda$_9$	sentemos$_1$	en	la	gloria	de ti.
1537	1188	2532	1520	1537	710	2523	1722	3588	1391	4675
P	JGPN, JGPM	CLN	JNSM	P	JGPN, JGPM	VAAS1P	P	DDSF	NDSF	RP2GS

38 ὁ	δὲ	Ἰησοῦς	εἶπεν	αὐτοῖς·	Οὐκ	οἴδατε	τί	αἰτεῖσθε·	δύνασθε
--$_2$	Mas$_1$	Jesús$_3$	dijo	a ellos:	No	sabéis	qué	pedís.	¿Podéis
3588	1161	2424	2036	846	3756	1492	5101	154	1410
DNSM	CLC	NNSM	VAAI3S	RP3DPM	BN, TN	VRAI2P	RI-ASN	VPMI2P	VPUI2P

NVI

y Jesús se les adelantó.
Los discípulos estaban
asombrados, y los
otros que venían detrás
tenían miedo. De nuevo
tomó aparte a los doce
y comenzó a decirles
lo que le iba a suceder.
33 «Ahora vamos
rumbo a Jerusalén, y el
Hijo del hombre será
entregado a los jefes de
los sacerdotes y a los
maestros de la ley. Ellos
lo condenarán a muerte
y lo entregarán a los gen-
tiles. 34 Se burlarán de él,
le escupirán, lo azotarán
y lo matarán. Pero a los
tres días resucitará».

La petición de Jacobo y Juan

35 Se le acercaron
Jacobo y Juan, hijos de
Zebedeo.
—Maestro —le di-
jeron—, queremos que
nos concedas lo que te
vamos a pedir.
36 —¿Qué quieren
que haga por ustedes?
37 —Concédenos que
en tu glorioso reino uno
de nosotros se siente a
tu derecha y el otro a tu
izquierda.
38 —No saben lo que
están pidiendo —les
replicó Jesús—. ¿Pueden

RVR

beber la copa que yo
bebo, o ser bautizados
con el bautismo con que
yo soy bautizado?
39 Y ellos le dijeron:
Podemos. Entonces les
dijo Jesús: La copa que
yo bebo, la beberéis; y
seréis bautizados con
el bautismo con que yo
soy bautizado;
40 pero el sentarse a
mi derecha o a mi
izquierda, no es mío el
concederlo, sino que
es para quienes ha sido
preparado.
41 Al oír esto, los diez
comenzaron a indignar-
se con respecto a Jacobo
y Juan.
42 Y llamándoles adon-
de él estaba, les dice
Jesús: Sabéis que los que
se tienen por gobernan-
tes de los gentiles, se
enseñorean de ellos, y
sus magnates los sujetan
bajo su autoridad.
43 Pero entre vosotros
no es así, sino que
cualquiera que desee
llegar a ser grande entre
vosotros, será vuestro
sirviente;
44 y cualquiera que
desee entre vosotros ser
primero, será esclavo de
todos;
45 porque aun el Hijo
del Hombre no vino
a ser servido, sino

πιεῖν	τὸ	ποτήριον	ὃ	ἐγὼ	πίνω,	ἢ	τὸ	βάπτισμα	ὃ	ἐγὼ
beber	la	copa	la que	yo	beba,	o	(con) el$_2$	bautismo$_3$	el que$_4$	yo$_5$
4095	3588	4221	3739	1473	4095	2228	3588	908	3739	1473
VAAN	*DASN*	*NASN*	*RR-ASN*	*RP1NS*	*VPAI1S*	*CLD*	*DASN*	*NASN*	*RR-ASN*	*RP1NS*

βαπτίζομαι	βαπτισθῆναι;	39 οἱ	δὲ	εἶπαν	αὐτῷ·	Δυνάμεθα.	ὁ
soy bautizado?$_6$	ser bautizado$_1$	--$_2$	Mas$_1$	dijeron	a él:	Podemos.	--$_2$
907	907	3588	1161	3004	846	1410	3588
VPPI1S	*VAPN*	*DNPM*	*CLN*	*VAAI3P*	*RP3DSM*	*VPUI1P*	*DNSM*

δὲ	Ἰησοῦς	εἶπεν	αὐτοῖς·	Τὸ	ποτήριον	ὃ	ἐγὼ	πίνω	πίεσθε	καὶ	τὸ
Y$_1$	Jesús	dijo	a ellos:	La	copa	la que	yo	beba	beberéis,	y	el
1161	2424	2036	846	3588	4221	3739	1473	4095	4095	2532	3588
CLN	*NNSM*	*VAAI3S*	*RP3DPM*	*DASN*	*NASN*	*RR-ASN*	*RP1NS*	*VPAI1S*	*VFMI2P*	*CLN*	*DASN*

βάπτισμα	ὃ	ἐγὼ	βαπτίζομαι	βαπτισθήσεσθε,	40 τὸ	δὲ	καθίσαι
bautismo	el que	yo	soy bautizado	seréis bautizados;	el$_2$	mas$_1$	sentarse
908	3739	1473	907	907	3588	1161	2523
NASN	*RR-ASN*	*RP1NS*	*VPPI1S*	*VFPI2P*	*DNSN*	*CLC*	*VAAN*

ἐκ	δεξιῶν	μου	ἢ	ἐξ	εὐωνύμων	οὐκ	ἔστιν	ἐμὸν	δοῦναι,	ἀλλʼ
a	(la) derecha	de mí	o	a	(la) izquierda	no	es	mío	dar,	sino
1537	1188	3450	2228	1537	2176	3756	2076	1699	1325	235
P	*JGPN, JGPM*	*RP1GS*	*CLD*	*P*	*JGPN, JGPM*	*BN, TN*	*VPAI3S*	*JNSN, RS1NSN*	*VAAN*	*CLC*

οἷς	ἡτοίμασται.
para los que	ha sido preparado.
3739	2090
RR-DPM	*VRPI3S*

41 Καὶ	ἀκούσαντες	οἱ	δέκα	ἤρξαντο	ἀγανακτεῖν	περὶ
Y	habiendo oído	los	diez	comenzaron	a enojarse	acerca de
2532	191	3588	1176	756	23	4012
CLN	*VAAP-PNM*	*DNPM*	*XN, J*	*VAMI3P*	*VPAN*	*P*

Ἰακώβου	καὶ	Ἰωάννου.	42 καὶ	προσκαλεσάμενος	αὐτοὺς	ὁ
Jacob	y	Juan.	Y$_1$	habiendo llamado$_4$	a ellos$_5$	--$_2$
2385	2532	2491	2532	4341	846	3588
NGSM	*CLN*	*NGSM*	*CLN*	*VAMP-SNM*	*RP3APM*	*DNSM*

Ἰησοῦς	λέγει	αὐτοῖς·	Οἴδατε	ὅτι	οἱ	δοκοῦντες	ἄρχειν	τῶν
Jesús$_3$	dice$_6$	a ellos:	Sabéis	que	los que	parecen	gobernar	a los
2424	3004	846	1492	3754	3588	1380	757	3588
NNSM	*VPAI3S*	*RP3DPM*	*VRAI2P*	*CSC*	*DNPM*	*VPAP-PNM*	*VPAN*	*DGPN*

ἐθνῶν	κατακυριεύουσιν	αὐτῶν	καὶ	οἱ	μεγάλοι	αὐτῶν
gentiles	dominan	a ellos,	y	los	grandes	de ellos
1484	2634	846	2532	3588	3173	846
NGPN	*VPAI3P*	*RP3GPN, RP3GPM*	*CLN*	*DNPM*	*JNPM*	*RP3GPN, RP3GPM*

κατεξουσιάζουσιν	αὐτῶν.	43 οὐχ	οὕτως	δέ	ἐστιν	ἐν	ὑμῖν·	ἀλλʼ
ejercen autoridad sobre	ellos.	no$_2$	así$_4$	Pero$_1$	es$_3$	entre	vosotros;	sino
2715	846	3756	3779	1161	2076	1722	5213	235
VPAI3P	*RP3GPN, RP3GPM*	*BN,TN*	*B*	*CLC*	*VPAI3S*	*P*	*RP2DP*	*CLC*

ὃς	ἂν	θέλῃ	μέγας	γενέσθαι	ἐν	ὑμῖν,	ἔσται	ὑμῶν	διάκονος,
el que	--	quiera	grande$_2$	llegar a ser$_1$	entre	vosotros,	será$_1$	de vosotros,$_3$	servidor$_2$
3739	302	2309	3173	1096	1722	5213	2071	5216	1249
RR-NSM	*TC*	*VPAS3S*	*JNSM*	*VAMN*	*P*	*RP2DP*	*VFMI3S*	*RP2GP*	*NNSM*

44 καὶ	ὃς	ἂν	θέλῃ	ἐν	ὑμῖν	εἶναι	πρῶτος,	ἔσται	πάντων	δοῦλος·
y	el que	--	quiera	entre	vosotros	ser	(el) primero,	será$_1$	de todos,$_3$	esclavo$_2$
2532	3739	302	2309	1722	5213	1511	4413	2071	3956	1401
CLN	*RR-NSM*	*TC*	*VPAS3S*	*P*	*RP2DP*	*VPAN*	*JNSM*	*VFMI3S*	*JGPM*	*NNSM*

45 καὶ	γὰρ	ὁ	υἱὸς	τοῦ	ἀνθρώπου	οὐκ	ἦλθεν	διακονηθῆναι	ἀλλὰ
también$_2$	porque$_1$	el	Hijo	del	Hombre	no	vino	a ser servido,	sino
2532	1063	3588	5207	3588	444	3756	2064	1247	235
CLA, B	*CLX*	*DNSM*	*NNSM*	*DGSM*	*NGSM*	*BN, TN*	*VAAI3S*	*VAPN*	*CLC*

NVI

a caso beber el trago
amargo de la copa que
yo bebo, o pasar por la
prueba del bautismo
con el que voy a ser
probado?
39 —Sí, podemos.
—Ustedes beberán
de la copa que yo bebo
—les respondió Jesús—
y pasarán por la prueba
del bautismo con el
que voy a ser probado,
40 pero el sentarse a mi
derecha o a mi izquierda
no me corresponde a mí
concederlo. Eso ya está
decidido.
41 Los otros diez, al oír
la conversación, se indig-
naron contra Jacobo y
Juan. 42 Así que Jesús los
llamó y les dijo:
—Como ustedes sa-
ben, los que se conside-
ran jefes de las naciones
oprimen a los súbditos, y
los altos oficiales abusan
de su autoridad. 43 Pero
entre ustedes no debe ser
así. Al contrario, el que
quiera hacerse grande
entre ustedes deberá ser
su servidor, 44 y el que
quiera ser el primero
deberá ser esclavo de
todos. 45 Porque ni aun
el Hijo del hombre vino
para que le sirvan, sino

RVR

a servir y a dar su vida
como rescate por
muchos.

El ciego Bartimeo recibe la vista

46 Llegan a Jericó. Y
cuando salía de Jericó
con sus discípulos
y una considerable
muchedumbre, el hijo
de Timeo, Bartimeo,
un mendigo ciego,
estaba sentado junto al
camino.
47 Al oír que era Jesús
el Nazareno, comenzó
a gritar y a decir: ¡Hijo
de David, Jesús, ten
compasión de mí!
48 Muchos le increpaban
para que se callara, pero
él gritaba mucho más:
¡Hijo de David, ten
compasión de mí!
49 Jesús se detuvo y
dijo: Llamadle. Llaman
al ciego y le dicen:
¡Ánimo, levántate, que
te llama!
50 Él arrojó de sí su
manto, dio un salto y se
fue hacia Jesús.
51 Y Jesús, dirigiéndole
la palabra, dijo: ¿Qué
deseas que haga por
ti? El ciego le dijo:
Rabbuní, que recobre
la vista.
52 Y Jesús le dijo: Vete,
tu fe te ha sanado. En se-
guida recobró la vista y
le seguía por el camino.

διακονῆσαι καὶ δοῦναι τὴν ψυχὴν αὐτοῦ λύτρον ἀντὶ πολλῶν.
a servir · y · dar · la · vida · de él · (como) rescate · en lugar de · muchos.
1247 2532 1325 3588 5590 846 3083 473 4183
VAAN CLN VAAN DASF NASF RP3GSM NASN P JGPM

46 Καὶ ἔρχονται εἰς Ἰεριχώ. καὶ ἐκπορευομένου αὐτοῦ ἀπὸ Ἰεριχὼ
Y · vienen · a · Jericó. · Y$_1$ · saliendo$_{10}$ · él$_2$ · de$_{11}$ · Jericó,$_{12}$
2532 2064 1519 2410 2532 1607 846 575 2410
CLN VPUI3P P NASF, XP CLN VPUP-SGM RP3GSM P NGSF, XP

καὶ τῶν μαθητῶν αὐτοῦ καὶ ὄχλου ἱκανοῦ ὁ υἱὸς Τιμαίου
y$_3$ · los$_4$ · discípulos$_5$ · de él$_6$ · y$_7$ · una multitud$_8$ · considerable,$_9$ · el · hijo · de Timeo,
2532 3588 3101 846 2532 3793 2425 3588 5207 5090
CLN DGPM NGPM RP3GSM CLN NGSM JGSM DNSM NNSM NGSM

Βαρτιμαῖος τυφλὸς προσαίτης ἐκάθητο παρὰ τὴν ὁδόν. 47 καὶ
Bartimeo, · ciego, · mendigo, · estaba sentado · junto a · el · camino. · Y
924 5185 5185 2521 3844 3588 3598 2532
NNSM JNSM NNSM VIUI3S P DASF NASF CLN

ἀκούσας ὅτι Ἰησοῦς ὁ Ναζαρηνός ἐστιν ἤρξατο κράζειν καὶ
habiendo oído · que · Jesús$_2$ · el$_3$ · Nazareno,$_4$ · es$_1$ · comenzó · a gritar · y
191 3754 2424 3588 3479 2076 756 2896 2532
VAAP-SNM CSC NNSM DNSM NNSM, JNSM VPAI3S VAMI3S VPAN CLN

λέγειν· Υἱὲ Δαυὶδ Ἰησοῦ, ἐλέησόν με. 48 καὶ ἐπετίμων αὐτῷ
decir: · Hijo$_2$ · de David,$_3$ · ¡Jesús,$_1$ · ten misericordia · de mí! · Y$_1$ · reprendían$_3$ · a él$_4$
3004 5205 1138 2424 1653 3165 2532 2008 846
VPAN NVSM NGSM, XP NVSM VAAM2S RP1AS CLN VIAI3P RP3DSM

πολλοὶ ἵνα σιωπήσῃ· ὁ δὲ πολλῷ μᾶλλον ἔκραζεν· Υἱὲ Δαυίδ,
muchos$_2$ · para que · se callara. · --$_2$ · Pero$_1$ · mucho · más · gritaba: · ¡Hijo · de David,
4183 2443 4623 3588 1161 4183 3123 2896 5207 1138
JNPM CSC VAAS3S DNSM CLC JDSN B VIAI3S NVSM NGSM, XP

ἐλέησόν με. 49 καὶ στὰς ὁ Ἰησοῦς εἶπεν· Φωνήσατε αὐτόν.
ten misericordia · de mí! · Y$_1$ · parándose$_4$ · --$_2$ · Jesús$_3$ · dijo: · Llamad · a él.
1653 3165 2532 2476 3588 2424 2036 5455 846
VAAM2S RP1AS CLN VAAP-SNM DNSM NNSM VAAI3S VAAM2P RP3ASM

καὶ φωνοῦσι τὸν τυφλὸν λέγοντες αὐτῷ· Θάρσει, ἔγειρε, φωνεῖ σε.
Y · llaman · al · ciego · diciendo · a él: · ¡Ten ánimo, · levántate! · Llama · a ti.
2532 5455 3588 5185 3004 846 2293 1453 5455 4571
CLN VPAI3P DASM JASM VPAP-PNM RP3DSM VPAM2S VPAM2S VPAI3S RP2AS

50 ὁ δὲ ἀποβαλὼν τὸ ἱμάτιον αὐτοῦ ἀναπηδήσας ἦλθεν πρὸς
--$_2$ · Y$_1$ · arrojando · el · manto · de él, · habiendo saltado · fue · a
3588 1161 577 3588 2440 846 450 2064 4314
DNSM CLN VAAP-SNM DASN NASN RP3GSM VAAP-SNM VAAI3S P

τὸν Ἰησοῦν. 51 καὶ ἀποκριθεὶς αὐτῷ ὁ Ἰησοῦς εἶπεν· Τί σοι
-- · Jesús. · Y$_1$ · habiéndose dirigido$_4$ · a él$_5$ · --$_2$ · Jesús$_3$ · dijo:$_6$ · ¿Qué$_7$ · a ti?$_{10}$
3588 2424 2532 611 846 3588 2424 2036 5101 4671
DASM NASM CLN VAPP-SNM RP3DSM DNSM NNSM VAAI3S RI-ASN RP2DS

θέλεις ποιήσω; ὁ δὲ τυφλὸς εἶπεν αὐτῷ· Ραββουνι, ἵνα ἀναβλέψω.
quieres$_8$ · que haga$_9$ · el$_{12}$ · Mas$_{11}$ · ciego · dijo · a él: · Raboni, · que · recupere la vista.
2309 4160 3588 1161 5185 2036 846 4462 2443 308
VPAI2S VAAS1S DNSM CLN JNSM VAAI3S RP3DSM NVSM, XF CSC VAAS1S

52 καὶ ὁ Ἰησοῦς εἶπεν αὐτῷ· Ὕπαγε, ἡ πίστις σου σέσωκέν σε.
Y · -- · Jesús · dijo · a él: · Vete, · la · fe · de ti · ha salvado · a ti.
2532 3588 2424 2036 846 5217 3588 4102 4675 4982 4571
CLN DNSM NNSM VAAI3S RP3DSM VPAM2S DNSF NNSF RP2GS VRAI3S RP2AS

καὶ εὐθὺς ἀνέβλεψεν, καὶ ἠκολούθει αὐτῷ ἐν τῇ ὁδῷ.
Y · en seguida · recuperó la vista · y · seguía · a él · en · el · camino.
2532 2117 308 2532 190 846 1722 3588 3598
CLN B, J VAAI3S CLN VIAI3S RP3DSM P DDSF NDSF

NVI

para servir y para dar
su vida en rescate por
muchos.

El ciego Bartimeo recibe la vista

46 Después llegaron a
Jericó. Más tarde, salió
Jesús de la ciudad acom-
pañado de sus discípulos
y de una gran multitud.
Un mendigo ciego
llamado Bartimeo (el
hijo de Timeo) estaba
sentado junto al camino.
47 Al oír que el que venía
era Jesús de Nazaret, se
puso a gritar:
—¡Jesús, Hijo de
David, ten compasión
de mí!
48 Muchos lo repren-
dían para que se callara,
pero él se puso a gritar
aún más:
—¡Hijo de David, ten
compasión de mí!
49 Jesús se detuvo y dijo:
—Llámenlo.
Así que llamaron al
ciego.
—¡Ánimo! —le
dijeron—. ¡Levántate!
Te llama.
50 Él, arrojando la
capa, dio un salto y se
acercó a Jesús.
51 —¿Qué quieres
que haga por ti? —le
preguntó.
—Rabí, quiero ver —
respondió el ciego.
52 —Puedes irte —le
dijo Jesús—; tu fe te ha
sanado.
Al momento recobró
la vista y empezó a seguir
a Jesús por el camino.

RVR

La entrada mesiánica en Jerusalén

11 Cuando se
acercaban a
Jerusalén, por Betfagé y
Betania, frente al monte
de los Olivos, envía a dos
de sus discípulos,
2 y les dice: Id a la aldea
de enfrente de vosotros,
y tan pronto como en-
tréis en ella, encontraréis
un pollino atado, sobre
el cual todavía no se
sentó ningún hombre;
desatadlo y traedlo.
3 Y si alguien os dice:
¿Por qué estáis haciendo
eso?, decid: El Señor lo
necesita, y en seguida lo
envía de nuevo acá.
4 Se fueron y encontra-
ron un pollino atado
frente a una puerta,
afuera, en plena calle;
entonces lo desatan.
5 Algunos de los que
estaban allí les decían:
¿Qué hacéis, desatando
el pollino?
6 Ellos les dijeron tal
como Jesús les había
dicho, y les dejaron
marchar.
7 Traen el pollino ante
Jesús, y echan sobre él
sus mantos; y se sentó
sobre él.
8 Y muchos exten-
dieron sus man-
tos en el camino;

---

11 Καὶ ὅτε ἐγγίζουσιν εἰς Ἱεροσόλυμα εἰς Βηθφαγὴ καὶ
Y | cuando | están cerca | a | Jerusalén, | a | Betfagé | y
2532 3753 1448 1519 2414 1519 967 2532
CLN CAT VPAI3P P NASF P NASF, XP CLN

Βηθανίαν πρὸς τὸ Ὄρος τῶν Ἐλαιῶν, ἀποστέλλει δύο τῶν
Betania, | junto a | el | monte | de los | Olivos, | envía | a dos | de los
963 4314 3588 3735 3588 1636 649 1417 3588
NASF P DASN NASN DGPF NGPF VPAI3S XN, J DGPM

μαθητῶν αὐτοῦ ²καὶ λέγει αὐτοῖς· Ὑπάγετε εἰς τὴν κώμην τὴν
discípulos | de él | y | dice | a ellos: | Id | a | la | aldea, | la (que está)
3101 846 2532 3004 846 5217 1519 3588 2968 3588
NGPM RP3GSM CLN VPAI3S RP3DPM VPAM2P P DASF NASF DASF

κατέναντι ὑμῶν, καὶ εὐθὺς εἰσπορευόμενοι εἰς αὐτὴν εὑρήσετε
enfrente | de vosotros, | y | en seguida | entrando | a | ella, | hallaréis
2713 5216 2532 2117 1531 1519 846 2147
P, B RP2GP CLN B, J VPUP-PNM P RP3ASF VFAI2P

πῶλον δεδεμένον ἐφ᾽ ὃν οὐδεὶς οὔπω ἀνθρώπων ἐκάθισεν·
un pollino | que ha sido atado, | sobre | el cual | ningún₂ | todavía no₁ | de (los) seres humanos₃ | se sentó;
4454 1210 1909 3739 3762 3768 444 2523
NASM VRPP-SAM P RR-ASM JNSM BN NGPM VAAI3S

λύσατε αὐτὸν καὶ φέρετε. ³καὶ ἐάν τις ὑμῖν εἴπῃ· Τί
desatad | a él | y | traed(lo). | Y | si | alguien | a vosotros:₂ | dijera₁ | ¿Por qué
3089 846 2532 5342 2532 1437 5100 5213 2036 5101
VAAM2P RP3ASM CLN VPAM2P CLN CAC RX-NSM RP2DP VAAS3S RI-ASN

ποιεῖτε τοῦτο; εἴπατε ὅτι Ὁ κύριος αὐτοῦ χρείαν ἔχει· καὶ εὐθὺς
hacéis | esto? | Decid | que: | El | Señor | de él,₃ | necesidad₂ | tiene₁ | y | en seguida
4160 5124 2036 3754 3588 2962 846 5532 2192 2532 2117
VPAI2P RD-ASN VAAM2P C DNSM NNSM RP3GSM NASF VPAI3S CLN B, J

αὐτὸν ἀποστέλλει πάλιν ὧδε. ⁴καὶ ἀπῆλθον καὶ εὗρον πῶλον
a él | envía | de nuevo | aquí. | Y | fueron | y | encontraron | un pollino
846 649 3825 5602 2532 565 2532 2147 4454
RP3ASM VPAI3S B BP CLN VAAI3P CLN VAAI3P NASM

δεδεμένον πρὸς θύραν ἔξω ἐπὶ τοῦ ἀμφόδου, καὶ λύουσιν αὐτόν.
que ha sido atado | junto a | una puerta | fuera | en | la | calle, | y | desatan | a él.
1210 4314 2374 1854 1909 3588 296 2532 3089 846
VRPP-SAM P NASF BP P DGSN NGSN CLN VPAI3P RP3ASM

⁵καί τινες τῶν ἐκεῖ ἑστηκότων ἔλεγον αὐτοῖς· Τί ποιεῖτε λύοντες
Y | algunos | de los₁ | allí₃ | que están presentes₂ | decían | a ellos: | ¿Qué | hacéis | desatando
2532 5100 3588 1563 2476 3004 846 5101 4160 3089
CLN RX-NPM DGPM BP VRAP-PGM VIAI3P RP3DPM RI-ASN VPAI2P VPAP-PNM

τὸν πῶλον; ⁶οἱ δὲ εἶπαν αὐτοῖς καθὼς εἶπεν ὁ Ἰησοῦς· καὶ
al | pollino? | --₂ | Mas₁ | dijeron | a ellos | como | dijo,₃ | --₁ | Jesús₂ | y
3588 4454 3588 1161 3004 846 2531 3004 3588 2424 2532
DASM NASM DNPM CLN VAAI3P RP3DPM CAM VAAI3S DNSM NNSM CLN

ἀφῆκαν αὐτούς. ⁷καὶ φέρουσιν τὸν πῶλον πρὸς τὸν Ἰησοῦν, καὶ
dejaron | a ellos. | Y | traen | al | pollino | a | -- | Jesús, | y
863 846 2532 5342 3588 4454 4314 3588 2424 2532
VAAI3P RP3APM CLN VPAI3P DASM NASM P DASM NASM CLN

ἐπιβάλλουσιν αὐτῷ τὰ ἱμάτια αὐτῶν, καὶ ἐκάθισεν ἐπ᾽ αὐτόν.
ponen sobre | él | los | mantos | de ellos, | y | se sentó | sobre | él.
1911 846 3588 2440 846 2532 2523 1909 846
VPAI3P RP3DSM DAPN NAPN RP3GPM CLN VAAI3S P RP3ASM

⁸καὶ πολλοὶ τὰ ἱμάτια αὐτῶν ἔστρωσαν εἰς τὴν ὁδόν, ἄλλοι
Y | muchos | los₂ | mantos₃ | de ellos₄ | extendieron₁ | en | el | camino; | otros₂
2532 4183 3588 2440 846 4766 1519 3588 3598 243
CLN JNPM DAPN NAPN RP3GPM VAAI3P P DASF NASF JNPM

NVI

La entrada triunfal

11 Cuando se acer-
caban a Jerusalén
y llegaron a Betfagué y a
Betania, junto al monte
de los Olivos, Jesús envió
a dos de sus discípulos
2 con este encargo:
«Vayan a la aldea que
tienen enfrente. Tan
pronto como entren en
ella, encontrarán atado
un burrito, en el que
nunca se ha montado
nadie. Desátenlo y trái-
ganlo acá. 3 Y, si alguien
les dice: "¿Por qué hacen
eso?", díganle: "El Señor
lo necesita, y en seguida
lo devolverá"».
4 Fueron, encontra-
ron un burrito afuera
en la calle, atado a un
portón, y lo desataron.
5 Entonces algunos de
los que estaban allí les
preguntaron: «¿Qué
hacen desatando el bu-
rrito?» 6 Ellos contesta-
ron como Jesús les había
dicho, y les dejaron desa-
tarlo. 7 Le llevaron, pues,
el burrito a Jesús. Luego
pusieron encima sus
mantos, y él se montó.
8 Muchos tendieron sus
mantos sobre el camino;
otros usaron ramas que

RVR

y otros, ramas que
habían cortado de los
árboles las tendían por el
camino.
9 Y tanto los que iban
delante, como los que
seguían detrás, iban
gritando: ¡Hosanná!
¡Bendito el que viene en
nombre del Señor!
10 ¡Bendito el reino venidero de nuestro padre
David! ¡Hosanná en las
alturas!
11 Entró en Jerusalén,
al templo; y después de
mirar todo alrededor,
como ya la hora era
avanzada, salió para
Betania con los doce.

Maldición a la higuera estéril

12 Al día siguiente, cuando salieron de Betania,
tuvo hambre.
13 Y viendo desde lejos
una higuera que tenía
hojas, fue por si quizás
encontraba algo en ella,
y al llegar cerca de ella,
no encontró nada sino
hojas, porque no era
tiempo de higos.
14 Entonces le dirigió la
palabra, diciendo: Que
nadie vuelva a comer
jamás fruto de ti. Y
sus discípulos estaban
escuchando.

δὲ	στιβάδας	⸂κόψαντες	ἐκ	τῶν	ἀγρῶν⸃.	9 καὶ	οἱ
y$_1$	ramas$_4$	habiendo cortado$_3$	de	los	campos.	Y	los que
1161	4746	2875	1537	3588	68	2532	3588
CLN	NAPF	VAAP-PNM	P	DGPM, DGPN	NGPM	CLN	DNPM

προάγοντες	καὶ	οἱ	ἀκολουθοῦντες	ἔκραζον·	Ὡσαννά·
van delante,	y	los que	seguían	clamaban:	¡Hosanna!
4254	2532	3588	190	2896	5614
VPAP-PNM	CLN	DNPM	VPAP-PNM	VIAI3P	I, XF

Εὐλογημένος	ὁ	ἐρχόμενος	ἐν	ὀνόματι	κυρίου·	10 Εὐλογημένη
¡Bendito	el que	viene	en	(el) nombre	del Señor!	¡Bendito
2127	3588	2064	1722	3686	2962	2127
VRPP-SNM	DNSM	VPUP-SNM	P	NDSN	NGSM	VRPP-SNF

ἡ	ἐρχομένη	βασιλεία	τοῦ	πατρὸς	ἡμῶν	Δαυίδ·	Ὡσαννὰ	ἐν
el$_1$	que viene$_3$	reino$_2$	del	padre	de nosotros,	David!	¡Hosanna	en
3588	2064	932	3588	3962	2257	1138	5614	1722
DNSF	VPUP-SNF	NNSF	DGSM	NGSM	RP1GP	NGSM, XP	I, XF	P

τοῖς	ὑψίστοις.
las	alturas!
3588	5310
DDPN	JDPN

11 Καὶ	εἰσῆλθεν	εἰς	⸀Ἱεροσόλυμα	εἰς	τὸ	ἱερόν·	καὶ
Y	entró	en	Jerusalén	en	el	templo;	y
2532	1525	1519	2414	1519	3588	2411	2532
CLN	VAAI3S	P	NASF	P	DASN	NASN, JASN	CLN

περιβλεψάμενος	πάντα	ὀψὲ	ἤδη	οὔσης	τῆς	ὥρας	ἐξῆλθεν
habiendo mirado alrededor	todas las cosas,	tarde en el día,$_5$	ya$_2$	siendo$_1$	la$_3$	hora$_4$	salió
4017	3956	3796	2235	5607	3588	5610	1831
VAMP-SNM	JAPN	B	B	VPAP-SGF	DGSF	NGSF	VAAI3S

εἰς	Βηθανίαν	μετὰ	τῶν	δώδεκα.
hacia	Betania	con	los	doce.
1519	963	3326	3588	1427
P	NASF	P	DGPM	XN, J

12 Καὶ	τῇ	ἐπαύριον	ἐξελθόντων	αὐτῶν	ἀπὸ	Βηθανίας	ἐπείνασεν.
Y	al	día siguiente,	habiendo salido$_2$	ellos$_1$	de	Betania,	tuvo hambre,
2532	3588	1887	1831	846	575	963	3983
CLN	DDSF	B	VAAP-PGM	RP3GPM	P	NGSF	VAAI3S

13 καὶ	ἰδὼν	συκῆν	ἀπὸ	μακρόθεν	ἔχουσαν	φύλλα	ἦλθεν	εἰ
y	habiendo visto$_3$	una higuera$_4$	desde$_1$	lejos$_2$	teniendo$_5$	hojas,$_6$	fue	si
2532	1492	4808	575	3113	2192	5444	2064	1487
CLN	VAAP-SNM	NASF	P	B	VPAP-SAF	NAPN	VAAI3S	TI

ἄρα	τι	εὑρήσει	ἐν	αὐτῇ,	καὶ	ἐλθὼν	ἐπ’	αὐτὴν	οὐδὲν	εὗρεν	εἰ
quizás	algo$_2$	encontrará$_1$	en	ella,	y	habiendo ido	a	ella,	nada	encontró,	si
686	5100	2147	1722	846	2532	2064	1909	846	3762	2147	1487
CLI, T	RX-ASN	VFAI3S	P	RP3DSF	CLN	VAAP-SNM	P	RP3ASF	JASN	VAAI3S	CAC

μὴ	φύλλα,	ὁ	γὰρ	καιρὸς	οὐκ	ἦν	σύκων.	14 καὶ	ἀποκριθεὶς
no	hojas;	el$_4$	porque$_1$	tiempo$_5$	no$_2$	era$_3$	de higos.$_6$	Y	habiendo respondido
3361	5444	3588	1063	2540	3756	2258	4810	2532	611
BN, TN	NAPN	DNSM	CAZ	NNSM	BN, TN	VIAI3S	NGPN	CLN	VAPP-SNM

εἶπεν	αὐτῇ·	Μηκέτι	εἰς	τὸν	αἰῶνα*	ἐκ	σοῦ	μηδεὶς	καρπὸν	φάγοι.
dijo	a ella:	ya no$_6$	para$_7$	la$_8$	eternidad.$_9$	de$_4$	ti$_5$	Nadie$_1$	fruto$_3$	coma$_2$
2036	846	3371	1519	3588	165	1537	4675	3367	2590	5315
VAAI3S	RP3DSF	BN	P	DASM	NASM	P	RP2GS	JNSM	NASM	VAAO3S

καὶ	ἤκουον	οἱ	μαθηταὶ	αὐτοῦ.
Y$_{10}$	oían.$_{14}$	los$_{11}$	discípulos$_{12}$	de él$_{13}$
2532	191	3588	3101	846
CLN	VIAI3P	DNPM	NNPM	RP3GSM

NVI

habían cortado en los
campos.
9 Tanto los
que iban delante como
los que iban detrás
gritaban:

—¡Hosanna!

—¡Bendito el que
viene en el nombre
del Señor!

10 —¡Bendito el reino
venidero de nuestro
padre David!

—¡Hosanna en las
alturas!

11 Jesús entró en
Jerusalén y fue al templo. Después de observarlo todo, como ya era
tarde, salió para Betania
con los doce.

Jesús purifica el templo

12 Al día siguiente, cuando salían de
Betania, Jesús tuvo
hambre.
13 Viendo a lo
lejos una higuera que
tenía hojas, fue a ver
si hallaba algún fruto.
Cuando llegó a ella solo
encontró hojas, porque
no era tiempo de higos.
14 «¡Nadie vuelva jamás
a comer fruto de ti!»,
le dijo a la higuera. Y lo
oyeron sus discípulos.
15 Llegaron, pues, a

11:8⸂⸃ Manuscritos inferiores tienen *cortaron de las ramas de los árboles y las tendieron en el camino.* **11:11**⸀ Manuscritos inferiores aumentaron *Jesús.* **11:14*** O sea *Nunca jamás.*

RVR

Purificación del templo

15 Llegan a Jerusalén;
y entrando Jesús en
el templo, comenzó a
echar fuera a los que
vendían y a los que com-
praban en el templo;
volcó las mesas de los
cambistas, y los asientos
de los que vendían las
palomas;
16 y no permitía que
nadie transportase
mercancías pasando por
el templo.
17 Y les enseñaba y les
decía: ¿No está escrito:
Mi casa será llamada
casa de oración para
todas las naciones? Pero
vosotros la habéis hecho
cueva de ladrones.
18 Lo oyeron los prin-
cipales sacerdotes y los
escribas, y buscaban
cómo destruirle, pues le
tenían miedo, porque
toda la multitud estaba
asombrada de su ense-
ñanza.
19 Cuando cayó la tarde,
salieron fuera de la
ciudad.

La higuera seca y el poder de la fe

20 Cuando pasaban
de camino, muy de
mañana, vieron que la
higuera se había secado
desde las raíces.
21 Entonces Pedro, acor-
dándose, le dice: Rabí,
mira, la higuera que
maldijiste se ha secado.
22 Respondiendo Jesús,

15 Καὶ	ἔρχονται	εἰς	Ἱεροσόλυμα.	καὶ	⸀εἰσελθὼν	εἰς	τὸ	ἱερὸν
Y	llegan	a	Jerusalén,	y	habiendo entrado	en	el	templo,
2532	2064	1519	2414	2532	1525	1519	3588	2411
CLN	VPUI3P	P	NASF	CLN	VAAP-SNM	P	DASN	NASN, JASN

ἤρξατο	ἐκβάλλειν	τοὺς	πωλοῦντας	καὶ	τοὺς	ἀγοράζοντας	ἐν
comenzó	a echar fuera	a los que	venden	y	a los que	compran	en
756	1544	3588	4453	2532	3588	59	1722
VAMI3S	VPAN	DAPM	VPAP-PAM	CLN	DAPM	VPAP-PAM	P

τῷ	ἱερῷ,	καὶ	τὰς	τραπέζας	τῶν	κολλυβιστῶν	καὶ	τὰς	καθέδρας
el	templo,	y$_1$	las$_3$	mesas$_4$	de los$_5$	cambistas$_6$	y$_7$	los$_8$	asientos$_9$
3588	2411	2532	3588	5132	3588	2855	2532	3588	2515
DDSN	NDSN, JDSN	CLN	DAPF	NAPF	DGPM	NGPM	CLN	DAPF	NAPF

τῶν	πωλούντων	τὰς	περιστερὰς	κατέστρεψεν	16 καὶ	οὐκ	ἤφιεν
de los$_{10}$	que venden$_{11}$	--$_{12}$	palomas,$_{13}$	volcó$_2$	y	no	permitía
3588	4453	3588	4058	2690	2532	3756	863
DGPM	VPAP-PGM	DAPF	NAPF	VAAI3S	CLN	BN, TN	VIAI3S

ἵνα	τις	διενέγκῃ	σκεῦος	διὰ	τοῦ	ἱεροῦ,	17 καὶ	ἐδίδασκεν
que	alguien	transportara	un objeto	a través de	el	templo,	y	enseñaba
2443	5100	1308	4632	1223	3588	2411	2532	1321
CSC	RX-NSM	VAAS3S	NASN	P	DGSN	NGSN, JGSN	CLN	VIAI3S

καὶ	ἔλεγεν	αὐτοῖς·	Οὐ	γέγραπται	ὅτι	Ὁ	οἶκός	μου	οἶκος
y	decía	a ellos:	¿No	ha sido escrito	que:	La	casa	de mí	casa$_2$
2532	3004	846	3756	1125	3754	3588	3624	3450	3624
CLN	VIAI3S	RP3DPM	TN, TI	VRPI3S	CSC	DNSM	NNSM	RP1GS	NNSM

προσευχῆς	κληθήσεται	πᾶσιν	τοῖς	ἔθνεσιν;	ὑμεῖς	δὲ	πεποιήκατε
de oración$_3$	será llamada$_1$	para todas	las	naciones?	vosotros$_2$	Pero$_1$	habéis hecho
4335	2564	3956	3588	1484	5210	1161	4160
NGSF	VFPI3S	JDPN	DDPN	NDPN	RP2NP	CLC	VRAI2P

αὐτὸν	σπήλαιον	λῃστῶν.	18 καὶ	ἤκουσαν	οἱ	⸂ἀρχιερεῖς	καὶ	οἱ
a ella	una cueva	de ladrones.	Y$_1$	oyeron,$_7$	los$_2$	principales sacerdotes$_3$	y$_4$	los$_5$
846	4693	3027	2532	191	3588	749	2532	3588
RP3ASM	NASN	NGPM	CLN	VAAI3P	DNPM	NNPM	CLN	DNPM

γραμματεῖς⸃,	καὶ	ἐζήτουν	πῶς	αὐτὸν	ἀπολέσωσιν·	ἐφοβοῦντο	γὰρ
escribas$_6$	y	buscaban	cómo$_1$	a él,$_3$	destruirían$_2$	temían$_6$	porque$_4$
1122	2532	2212	4459	846	622	5399	1063
NNPM	CLN	VIAI3P	B	RP3ASM	VAAS3P	VIUI3P	CAZ

αὐτόν,	πᾶς	γὰρ	ὁ	ὄχλος	ἐξεπλήσσετο	ἐπὶ	τῇ	διδαχῇ	αὐτοῦ.
a él,$_5$	toda$_8$	porque$_7$	la	multitud	estaba asombrada	por	la	enseñanza	de él.
846	3956	1063	3588	3793	1605	1909	3588	1322	846
RP3ASM	JNSM	CAZ	DNSM	NNSM	VIPI3S	P	DDSF	NDSF	RP3GSM

19 Καὶ	ὅταν	ὀψὲ	ἐγένετο,	ἐξεπορεύοντο	ἔξω	τῆς	πόλεως.
Y	cuando	tarde en el día,$_2$	llegó a ser$_1$	salía	fuera	de la	ciudad.
2532	3752	3796	1096	1607	1854	3588	4172
CLN	CAT	B	VAMI3S	VIUI3P	P, B	DGSF	NGSF

20 Καὶ	παραπορευόμενοι	πρωῒ	εἶδον	τὴν	συκῆν	ἐξηραμμένην	ἐκ
Y	pasando	de madrugada	vieron	la	higuera	que se había secado	desde
2532	3899	4404	1492	3588	4808	3583	1537
CLN	VPUP-PNM	B	VAAI3P	DASF	NASF	VRPP-SAF	P

ῥιζῶν.	21 καὶ	ἀναμνησθεὶς	ὁ	Πέτρος	λέγει	αὐτῷ·	Ῥαββί,	ἴδε	ἡ
(las) raíces.	Y$_1$	habiendo recordado$_4$	--$_2$	Pedro$_3$	dice	a él:	Rabí,	mira,	la
4491	2532	363	3588	4074	3004	846	4461	1492	3588
NGPF	CLN	VAPP-SNM	DNSM	NNSM	VPAI3S	RP3DSM	NVSM, XF	I, VAAM2S	DNSF

συκῆ	ἣν	κατηράσω	ἐξήρανται.	22 καὶ	ἀποκριθεὶς	ὁ	Ἰησοῦς	λέγει
higuera	la que	maldijiste	se ha secado.	Y	habiendo respondido	--	Jesús	dice
4808	3739	2672	3583	2532	611	3588	2424	3004
NNSF	RR-ASF	VAMI2S	VRPI3S	CLN	VAPP-SNM	DNSM	NNSM	VPAI3S

NVI

Jerusalén. Jesús entró
en el templo y comenzó
a echar de allí a los que
compraban y vendían.
Volcó las mesas de los
que cambiaban dinero
y los puestos de los que
vendían palomas, 16 y
no permitía que nadie
atravesara el templo
llevando mercancías.
17 También les enseñaba
con estas palabras:
«¿No está escrito:

»"Mi casa será
llamada
casa de oración para
todas las naciones"?

Pero ustedes la han
convertido en "cueva de
ladrones"».
18 Los jefes de los
sacerdotes y los maestros
de la ley lo oyeron y
comenzaron a buscar la
manera de matarlo, pues
le temían, ya que toda la
gente se maravillaba de
sus enseñanzas.
19 Cuando cayó la
tarde, salieron de la
ciudad.

La higuera seca

20 Por la mañana, al
pasar junto a la higuera,
vieron que se había
secado de raíz. 21 Pedro,
acordándose, le dijo a
Jesús:
—¡Rabí, mira, se ha
secado la higuera que
maldijiste!
22 —Tengan fe en
Dios —respondió

11:15 ⸀ Manuscritos inferiores aumentaron *Jesús*. **11:18** ⸂⸃ Manuscritos inferiores tienen *escribas y los principales sacerdotes*.

RVR

les dice: Tened fe en
Dios.
23 En verdad os digo que
cualquiera que le diga a
este monte: Sé quitado
de ahí y arrojado al
mar; y no dude en su co-
razón, sino que crea que
lo que está hablando
sucede, lo tendrá.
24 Por eso os digo que
todo cuanto rogáis
y pedís, creed que lo
estáis recibiendo, y lo
tendréis.
25 Y siempre que os
pongáis de pie a orar,
perdonad, si tenéis algo
contra alguien, para que
también vuestro Padre,
el que está en los cielos,
os perdone vuestras
transgresiones.
26 Pero si vosotros no
perdonáis, tampo-
co vuestro Padre, el
que está en los cielos,
perdonará vuestras
transgresiones.

La autoridad de Jesucristo

27 Llegan de nuevo a
Jerusalén; y mientras él
anda por el templo, se le
acercan los principales
sacerdotes, los escribas y
los ancianos;
28 y le dicen: ¿Con cuál
autoridad estás hacien-
do estas cosas?, o ¿quién
te dio tal autoridad para
hacer estas cosas?
29 Jesús les dijo: Os pre-
guntaré una sola cosa;
respondedme, y os diré

αὐτοῖς·	Ἔχετε	πίστιν	θεοῦ·	23 ἀμὴν	λέγω	ὑμῖν	ὅτι	ὃς	ἂν	εἴπῃ
a ellos:	Tened	fe	de Dios.	De cierto	digo	a vosotros	que:	Cualquiera que	--	dijera
846	2192	4102	2316	281	3004	5213	3754	3739	302	2036
RP3DPM	VPAM2P	NASF	NGSM	XF, B	VPAI1S	RP2DP	CSC	RR-NSM	TC	VAAS3S

τῷ	ὄρει	τούτῳ·	Ἄρθητι	καὶ	βλήθητι	εἰς	τὴν	θάλασσαν,	καὶ	μὴ
a --	monte:$_2$	este$_1$	sé quitado	y	echado	a	el	mar,	y	no
3588	3735	5129	142	2532	906	1519	3588	2281	2532	3361
DDSN	NDSN	RD-DSN	VAPM2S	CLN	VAPM2S	P	DASF	NASF	CLN	BN, TN

διακριθῇ	ἐν	τῇ	καρδίᾳ	αὐτοῦ	ἀλλὰ	πιστεύῃ	ὅτι	ὃ	λαλεῖ	γίνεται,
dudara	en	el	corazón	de él,	sino	crea	que	lo que	habla	sucede,
1252	1722	3588	2588	846	235	4100	3754	3739	2980	1096
VAPS3S	P	DDSF	NDSF	RP3GSM	CLC	VPAS3S	CSC	RR-ASN	VPAI3S	VPUI3S

ἔσται	αὐτῷ.	24 διὰ	τοῦτο	λέγω	ὑμῖν,	πάντα	ὅσα	προσεύχεσθε
será (dado)	a él.	Por	esto	digo	a vosotros:	Todas las cosas	cuantas	oráis
2071	846	1223	5124	3004	5213	3956	3745	4336
VFMI3S	RP3DSM	P	RD-ASN	VPAI1S	RP2DP	JAPN	RK-APN	VPUI2P, VPUM2P

καὶ	αἰτεῖσθε,	πιστεύετε	ὅτι	ἐλάβετε,	καὶ	ἔσται	ὑμῖν.
y	pedís,	creed	que	recibisteis	y	será (dado)	a vosotros.
2532	154	4100	3754	2983	2532	2071	5213
CLN	VPMI2P	VPAM2P	CSC	VAAI2P	CLN	VFMI3S	RP2DP

25 καὶ	ὅταν	στήκετε	προσευχόμενοι,	ἀφίετε	εἴ	τι	ἔχετε	κατά
Y	cuando	estéis de pie	orando,	perdonad,$_6$	si$_1$	algo$_3$	tenéis$_2$	contra$_4$
2532	3752	4739	4336	863	1487	5100	2192	2596
CLN	CAT	VPAI2P	VPUP-PNM	VPAM2P	CAC	RX-ASN	VPAI2P	P

τινος,	ἵνα	καὶ	ὁ	πατὴρ	ὑμῶν	ὁ	ἐν	τοῖς	οὐρανοῖς
alguien$_5$	para que$_7$	también$_{14}$	el$_8$	Padre$_9$	de vosotros,$_{10}$	el (que está)$_{11}$	en$_{12}$	los$_{13}$	cielos,$_{13}$
5100	2443	2532	3588	3962	5216	3588	1722	3588	3772
RX-GSM	CAP	BE, TE	DNSM	NNSM	RP2GP	DNSM	P	DDPM	NDPM

ἀφῇ	ὑμῖν	τὰ	παραπτώματα	⸀ὑμῶν.
perdone$_{15}$	a vosotros	las	transgresiones	de vosotros.
863	5213	3588	3900	5216
VAAS3S	RP2DP	DAPN	NAPN	RP2GP

27 Καὶ	ἔρχονται	πάλιν	εἰς	Ἱεροσόλυμα.	καὶ	ἐν	τῷ	ἱερῷ
Y	llegan	de nuevo	a	Jerusalén,	y$_1$	en$_4$	el$_5$	templo,$_6$
2532	2064	3825	1519	2414	2532	1722	3588	2411
CLN	VPUI3P	B	P	NASF	CLN	P	DDSN	NDSN, JDSN

περιπατοῦντος	αὐτοῦ	ἔρχονται	πρὸς	αὐτὸν	οἱ	ἀρχιερεῖς	καὶ
andando$_2$	él$_3$	vienen$_{15}$	junto a$_{16}$	él,$_{17}$	los$_7$	principales sacerdotes$_8$	y$_9$
4043	846	2064	4314	846	3588	749	2532
VPAP-SGM	RP3GSM	VPUI3P	P	RP3ASM	DNPM	NNPM	CLN

οἱ	γραμματεῖς	καὶ	οἱ	πρεσβύτεροι	28 καὶ	ἔλεγον	αὐτῷ·	Ἐν
los$_{10}$	escribas$_{11}$	y$_{12}$	los$_{13}$	ancianos$_{14}$	y	decían	a él:	¿Con
3588	1122	2532	3588	4245	2532	3004	846	1722
DNPM	NNPM	CLN	DNPM	JNPM	CLN	VIAI3P	RP3DSM	P

ποίᾳ	ἐξουσίᾳ	ταῦτα	ποιεῖς;	ἢ	τίς	σοι	ἔδωκεν	τὴν	ἐξουσίαν
qué clase de	autoridad	estas cosas?$_2$	haces$_1$	¿O$_3$	quién$_4$	a ti$_6$	dio$_5$	--$_8$	autoridad$_9$
4169	1849	5023	4160	2228	5101	4671	1325	3588	1849
JDSF, RI-DSF	NDSF	RD-APN	VPAI2S	CLD	RI-NSM	RP2DS	VAAI3S	DASF	NASF

ταύτην	ἵνα	ταῦτα	ποιῇς;	29 ὁ	δὲ	Ἰησοῦς	εἶπεν	αὐτοῖς·
esta$_7$	para que$_{10}$	estas cosas?$_{12}$	hagas$_{11}$	--$_2$	Mas$_1$	Jesús	dijo	a ellos:
3778	2443	5023	4160	3588	1161	2424	2036	846
RD-ASF	CSC	RD-APN	VPAS2S	DNSM	CLN	NNSM	VAAI3S	RP3DPM

Ἐπερωτήσω	ὑμᾶς	ἕνα	λόγον,	καὶ	ἀποκρίθητέ	μοι,	καὶ	ἐρῶ	ὑμῖν
Preguntaré	a vosotros	un	asunto;	y	responded	a mí,	y	diré	a vosotros
1905	5209	1520	3056	2532	611	3427	2532	2046	5213
VFAI1S	RP2AP	JASM	NASM	CLN	VAPM2P	RP1DS	CLN	VFAI1S	RP2DP

NVI

Jesús—. 23 Les aseguro
que, si alguno le dice a
este monte: "Quítate
de ahí y tírate al mar",
creyendo, sin abrigar
la menor duda de que
lo que dice sucederá,
lo obtendrá. 24 Por eso
les digo: Crean que ya
han recibido todo lo
que estén pidiendo en
oración, y lo obtendrán.
25 Y cuando estén oran-
do, si tienen algo contra
alguien, perdónenlo,
para que también su
Padre que está en el cielo
les perdone a ustedes sus
pecados.

La autoridad de Jesús puesta en duda

27 Llegaron de nuevo
a Jerusalén, y mientras
Jesús andaba por el tem-
plo, se le acercaron los
jefes de los sacerdotes,
los maestros de la ley y
los ancianos.
28 —¿Con qué auto-
ridad haces esto? —lo
interrogaron—. ¿Quién
te dio autoridad para
actuar así?
29 —Yo voy a ha-
certes una pregunta a
ustedes —replicó él—.
Contéstenmela, y les
diré con qué autoridad

11:25⸀ Manuscritos inferiores aumentaron [26] *Porque si vosotros no perdonáis, tampoco el Padre de vosotros, el que está en los cielos, perdonará las ofensas de vosotros.*

RVR

con cuál autoridad estoy
haciendo estas cosas:
30 El bautismo de
Juan ¿provenía del
cielo o de los hombres?
Respondedme.
31 Entonces se pusieron
a debatir entre ellos
mismos, diciendo: Si
decimos: Del cielo, dirá:
Entonces ¿por qué no le
creísteis?
32 Pero ¿vamos a decir:
De los hombres...?
Temían a la multitud,
porque todos a una
tenían a Juan como
que realmente era un
profeta.
33 Entonces, respon-
diendo a Jesús, dicen:
No sabemos. Y Jesús les
dice: Tampoco yo os
digo con cuál autoridad
estoy haciendo estas
cosas.

Los labradores malvados

12 Y comenzó a
hablarles en
parábolas: Un hombre
plantó una viña, la rodeó
con una cerca, cavó
un lagar y edificó una
torre; la arrendó a unos
labradores y se ausentó
del lugar.
2 A su debido tiempo,
envió un siervo adonde
los labradores, para
recibir de los labradores
su parte de los frutos de
la viña.
3 Ellos le agarraron, le
golpearon, y le enviaron

ἐν ποίᾳ ἐξουσίᾳ ταῦτα ποιῶ· 30 τὸ βάπτισμα τὸ Ἰωάννου ἐξ
con | qué clase de | autoridad | estas cosas:$_2$ | hago$_1$ | El | bautismo, | el | de Juan, | de(l)$_2$
1722 4169 1849 5023 4160 3588 908 3588 2491 1537
P | JDSF, RI-DSF | NDSF | RD-APN | VPAI1S | DNSN | NNSN | DNSN | NGSM | P

οὐρανοῦ ἦν ἢ ἐξ ἀνθρώπων; ἀποκρίθητέ μοι. 31 καὶ διελογίζοντο
cielo$_3$ | ¿era$_1$ | o | de | (los) seres humanos? | Responded | a mí. | Y | discutían
3772 2258 2228 1537 444 611 3427 2532 1260
NGSM | VIAI3S | CLD | P | NGPM | VAPM2P | RP1DS | CLN | VIUI3P

πρὸς ἑαυτοὺς λέγοντες· ⸀Τί εἴπωμεν⸁; ἐὰν εἴπωμεν· Ἐξ οὐρανοῦ,
con | ellos mismos | diciendo: | ¿Qué | decimos? | Si | dijéramos: | De(l) | cielo,
4314 1438 3004 5101 2036 1437 2036 1537 3772
P | RF3APM | VPAP-PNM | RI-ASN | VAAS1P | CAC | VAAS1P | P | NGSM

ἐρεῖ· Διὰ τί οὖν οὐκ ἐπιστεύσατε αὐτῷ; 32 ἀλλὰ εἴπωμεν· Ἐξ
dirá: | ¿por$_2$ | qué$_3$ | Así que,$_1$ | no | creísteis | a él? | Pero, | ¿vamos a decir: | De
2046 1223 5101 3767 3756 4100 846 235 2036 1537
VFAI3S | P | RI-ASN | CLI | BN, TN | VAAI2P | RP3DSM | CLC | VAAS1P | P

ἀνθρώπων;— ἐφοβοῦντο τὸν ὄχλον, ἅπαντες γὰρ εἶχον τὸν
(los) seres humanos? | Temían | a la | multitud, | todos$_2$ | porque$_1$ | tenían$_3$ | a --$_4$
444 5399 3588 3793 537 1063 2192 3588
NGPM | VIUI3P | DASM | NASM | JNPM | CAZ | VIAI3P | DASM

Ἰωάννην ὄντως ὅτι προφήτης ἦν. 33 καὶ ἀποκριθέντες τῷ Ἰησοῦ
Juan$_5$ | realmente$_7$ | que$_6$ | un profeta.$_9$ | era$_8$ | Y | respondiendo | a -- | Jesús,
2491 3689 3754 4396 2258 2532 611 3588 2424
NASM | B | CSC | NNSM | VIAI3S | CLN | VAPP-PNM | DDSM | NDSM

λέγουσιν· Οὐκ οἴδαμεν. καὶ ὁ Ἰησοῦς λέγει αὐτοῖς· Οὐδὲ ἐγὼ
dicen: | No | sabemos. | Y | -- | Jesús | dice | a ellos: | Ni | yo
3004 3756 1492 2532 3588 2424 3004 846 3761 1473
VPAI3P | BN, TN | VRAI1P | CLN | DNSM | NNSM | VPAI3S | RP3DPM | BN, TN | RP1NS

λέγω ὑμῖν ἐν ποίᾳ ἐξουσίᾳ ταῦτα ποιῶ.
digo | a vosotros | con | qué clase de | autoridad | estas cosas.$_2$ | hago$_1$
3004 5213 1722 4169 1849 5023 4160
VPAI1S | RP2DP | P | JDSF, RI-DSF | NDSF | RD-APN | VPAI1S

12 Καὶ ἤρξατο αὐτοῖς ἐν παραβολαῖς λαλεῖν· Ἀμπελῶνα
Y | comenzó$_1$ | a ellos$_3$ | en$_4$ | parábolas:$_5$ | a hablar$_2$ | una viña,$_8$
2532 756 846 1722 3850 2980 290
CLN | VAMI3S | RP3DPM | P | NDPF | VPAN | NASM

ἄνθρωπος ἐφύτευσεν, καὶ περιέθηκεν φραγμὸν καὶ ὤρυξεν
Un hombre$_6$ | plantó$_7$ | y | puso alrededor | una cerca | y | cavó
444 5452 2532 4060 5418 2532 3736
NNSM | VAAI3S | CLN | VAAI3S | NASM | CLN | VAAI3S

ὑπολήνιον καὶ ᾠκοδόμησεν πύργον, καὶ ἐξέδετο αὐτὸν γεωργοῖς,
un depósito bajo el lagar | y | edificó | una torre, | y | alquiló | a ella | a labradores
5276 2532 3618 4444 2532 1554 846 1092
NASN | CLN | VAAI3S | NASM | CLN | VAMI3S | RP3ASM | NDPM

καὶ ἀπεδήμησεν. 2 καὶ ἀπέστειλεν πρὸς τοὺς γεωργοὺς τῷ καιρῷ
y | se fue de viaje. | Y$_1$ | envió$_2$ | a$_4$ | los$_5$ | labradores$_6$ | en el$_7$ | tiempo oportuno,$_8$
2532 589 2532 649 4314 3588 1092 3588 2540
CLN | VAAI3S | CLN | VAAI3S | P | DAPM | NAPM | DDSM | NDSM

δοῦλον, ἵνα παρὰ τῶν γεωργῶν λάβῃ ἀπὸ τῶν καρπῶν
a un siervo$_3$ | para que$_9$ | de parte de$_{17}$ | de los$_{18}$ | labradores;$_{19}$ | recibiera$_{10}$ | de$_{11}$ | los$_{12}$ | frutos$_{13}$
1401 2443 3844 3588 1092 2983 575 3588 2590
NASM | CAP | P | DGPM | NGPM | VAAS3S | P | DGPM | NGPM

τοῦ ἀμπελῶνος· 3 καὶ λαβόντες αὐτὸν ἔδειραν καὶ ἀπέστειλαν
de la$_{14}$ | viña$_{15}$ | y | habiendo tomado | a él | golpearon | y | enviaron
3588 290 2532 2983 846 1194 2532 649
DGSM | NGSM | CLN | VAAP-PNM | RP3ASM | VAAI3P | CLN | VAAI3P

NVI

hago esto: 30 El bautis-
mo de Juan, ¿procedía
del cielo o de la tierra?
Respóndanme.
31 Ellos se pusieron
a discutir entre sí: «Si
respondemos: "Del cie-
lo", nos dirá: "Entonces,
¿por qué no le creye-
ron?" 32 Pero, si decimos:
"De la tierra"...» Es que
temían al pueblo, por-
que todos consideraban
que Juan era realmente
un profeta. 33 Así que le
respondieron a Jesús:
—No lo sabemos.
—Pues yo tampoco
les voy a decir con qué
autoridad hago esto.

Parábola de los labradores malvados

12 Entonces
comenzó Jesús
a hablarles en parábolas:
«Un hombre plantó un
viñedo. Lo cercó, cavó
un lagar y construyó
una torre de vigilancia.
Luego arrendó el viñedo
a unos labradores y se
fue de viaje. 2 Llegada la
cosecha, mandó un sier-
vo a los labradores para
recibir de ellos una parte
del fruto. 3 Pero ellos lo
agarraron, lo golpearon
y lo despidieron con las
manos vacías. 4 Entonces

11:31 ⸀⸁ Manuscritos importantes no tienen *¿Qué decimos?*

RVR

de vacío.
4 De nuevo les envió
otro siervo, y a él le
hirieron en la cabeza y
le insultaron afrentosa-
mente.
5 Envió a otro; a éste
le mataron; también a
otros muchos, golpean-
do a unos y matando
a otros.
6 Todavía tenía uno, un
hijo amado; se lo envió
el último, diciéndose:
Respetarán a mi hijo.
7 Pero aquellos labra-
dores dijeron entre
ellos mismos: Este es
el heredero. ¡Venid,
matémosle, y la herencia
será nuestra!
8 Y agarrándole, le ma-
taron y le echaron fuera
de la viña.
9 ¿Qué hará el dueño de
la viña? Vendrá y des-
truirá a los labradores, y
dará la viña a otros.
10 ¿Ni esta escritura
habéis leído:
La piedra que desecha-
ron los constructores,
Ha venido a ser hecha
piedra angular;
11 Esto ha sucedido de
parte del Señor,
Y es maravilloso a nues-
tros ojos?

κενόν.	4 καὶ	πάλιν	ἀπέστειλεν	πρὸς	αὐτοὺς	ἄλλον	δοῦλον·	⸀κἀκεῖνον
vacío.	Y	de nuevo	envió	a	a ellos	a otro	siervo,	y a él
2756	2532	3825	649	4314	846	243	1401	2548
JASM	*CLN*	*B*	*VAAI3S*	*P*	*RP3APM*	*JASM*	*NASM*	*RD-ASM, CLN*

ἐκεφαλίωσαν	καὶ	⸀¹ἠτίμασαν.	5 καὶ	ἄλλον	ἀπέστειλεν·	κἀκεῖνον
golpearon en la cabeza	e	insultaron.	y	a otro;$_2$	envió$_1$	y a él
2775	2532	818	2532	243	649	2548
VAAI3P	*CLN*	*VAAI3P*	*CLN*	*JASM*	*VAAI3S*	*RD-ASM, CLN*

ἀπέκτειναν,	καὶ	πολλοὺς	ἄλλους,	οὓς	μὲν	δέροντες	οὓς	δὲ
mataron;	y	a muchos	otros,	a los que	ciertamente	golpeando,	a los que$_2$	mas$_1$
615	2532	4183	243	3739	3303	1194	3739	1161
VAAI3P	*CLN*	*JAPM*	*JAPM*	*RR-APM*	*TK, C*	*VPAP-PNM*	*RR-APM*	*CLC*

ἀποκτέννοντες.	6 ἔτι	ἕνα	εἶχεν,	υἱὸν	ἀγαπητόν·	ἀπέστειλεν
matando.	Todavía$_1$	un$_3$	tenía$_2$	hijo$_4$	amado,$_5$	envió$_7$
615	2089	1520	2192	5207	27	649
VPAP-PNM	*B*	*JASM*	*VIAI3S*	*NASM*	*JASM*	*VAAI3S*

αὐτὸν	ἔσχατον	πρὸς	αὐτοὺς	λέγων	ὅτι	Ἐντραπήσονται	τὸν	υἱόν
a él$_8$	(al) último$_6$	a	ellos	diciendo	que:	Respetarán	al	hijo
846	2078	4314	846	3004	3754	1788	3588	5207
RP3ASM	*JASM*	*P*	*RP3APM*	*VPAP-SNM*	*CSC*	*VFPI3P*	*DASM*	*NASM*

μου.	7 ἐκεῖνοι	δὲ	οἱ	γεωργοὶ	πρὸς	ἑαυτοὺς	εἶπαν	ὅτι	Οὗτός
de mí.	aquellos$_2$	Mas$_1$	--$_3$	labradores$_4$	para$_6$	sí mismos$_7$	dijeron$_5$	que:	Este
3450	1565	1161	3588	1092	4314	1438	3004	3754	3778
RP1GS	*RD-NPM*	*CLC*	*DNPM*	*NNPM*	*P*	*RF3APM*	*VAAI3P*	*CSC*	*RD-NSM*

ἐστιν	ὁ	κληρονόμος·	δεῦτε	ἀποκτείνωμεν	αὐτόν,	καὶ	ἡμῶν
es	el	heredero;	venid,	matemos	a él	y	de nosotros.$_4$
2076	3588	2818	1205	615	846	2532	2257
VPAI3S	*DNSM*	*NNSM*	*B*	*VPAS1P*	*RP3ASM*	*CLN*	*RP1GP*

ἔσται	ἡ	κληρονομία.	8 καὶ	λαβόντες	ἀπέκτειναν	αὐτόν,	καὶ
será$_3$	la$_1$	herencia$_2$	Y	habiendo tomado	mataron	a él	y
2071	3588	2817	2532	2983	615	846	2532
VFMI3S	*DNSF*	*NNSF*	*CLN*	*VAAP-PNM*	*VAAI3P*	*RP3ASM*	*CLN*

ἐξέβαλον	αὐτὸν	ἔξω	τοῦ	ἀμπελῶνος.	9 τί	ποιήσει	ὁ	κύριος	τοῦ
echaron	a él	fuera	la	viña.	¿Qué	hará	el	señor	de la
1544	846	1854	3588	290	5101	4160	3588	2962	3588
VAAI3P	*RP3ASM*	*P, B*	*DGSM*	*NGSM*	*RI-ASN*	*VFAI3S*	*DNSM*	*NNSM*	*DGSM*

ἀμπελῶνος;	ἐλεύσεται	καὶ	ἀπολέσει	τοὺς	γεωργούς,	καὶ	δώσει	τὸν
viña?	Vendrá	y	destruirá	a los	labradores,	y	dará	la
290	2064	2532	622	3588	1092	2532	1325	3588
NGSM	*VFMI3S*	*CLN*	*VFAI3S*	*DAPM*	*NAPM*	*CLN*	*VFAI3S*	*DASM*

ἀμπελῶνα	ἄλλοις.	10 οὐδὲ	τὴν	γραφὴν	ταύτην	ἀνέγνωτε·	Λίθον	ὃν
viña	a otros.	¿Ni	--$_3$	Escritura?$_4$	esta$_2$	leísteis$_1$	Una piedra$_5$	la que$_6$
290	243	3761	3588	1124	3778	314	3037	3739
NASM	*JDPM*	*BN, TN*	*DASF*	*NASF*	*RD-ASF*	*VAAI2P*	*NASM*	*RR-ASM*

ἀπεδοκίμασαν	οἱ	οἰκοδομοῦντες,	οὗτος	ἐγενήθη	εἰς	κεφαλὴν
rechazaron,$_9$	los que$_7$	construyen$_8$	esta	llegó a ser	--	cabeza
593	3588	3618	3778	1096	1519	2776
VAAI3P	*DNPM*	*VPAP-PNM*	*RD-NSM*	*VAPI3S*	*P*	*NASF*

γωνίας·	11 παρὰ	κυρίου	ἐγένετο	αὕτη,	καὶ	ἔστιν	θαυμαστὴ	ἐν
de ángulo;	de parte de$_3$	(el) Señor,$_4$	se hizo$_2$	esta$_1$	y	es	asombroso	en
1137	3844	2962	1096	3778	2532	2076	2298	1722
NGSF	*P*	*NGSM*	*VAMI3S*	*RD-NSF*	*CLN*	*VPAI3S*	*JNSF*	*P*

ὀφθαλμοῖς	ἡμῶν;
(los) ojos	de nosotros.
3788	2257
NDPM	*RP1GP*

NVI

les mandó otro siervo;
a este le rompieron la
cabeza y lo humillaron.
5 Mandó a otro, y a este
lo mataron. Mandó a
otros muchos, a unos los
golpearon, a otros los
mataron.
6 »Le quedaba
todavía uno, su hijo
amado. Por último, lo
mandó a él, pensando:
"¡A mi hijo sí lo respe-
tarán!" 7 Pero aquellos
labradores se dijeron
unos a otros: "Este es el
heredero. Matémoslo, y
la herencia será nuestra".
8 Así que le echaron
mano y lo mataron, y
lo arrojaron fuera del
viñedo.
9 »¿Qué hará el due-
ño? Volverá, acabará con
los labradores, y dará el
viñedo a otros. 10 ¿No
han leído ustedes esta
Escritura:

»"La piedra que
desecharon los
constructores
ha llegado a ser la
piedra angular;
11 esto es obra del
Señor,
y nos deja
maravillados"?»

12 Cayendo en la

12:4⸀ Manuscritos inferiores aumentaron *apedreando.* **12:4**⸀¹ Manuscritos inferiores aumentaron *enviando.*

RVR

12 Procuraban pren-
derle, pero tuvieron
miedo de la multitud;
pues se dieron cuenta
de que la parábola la
había dicho refiriéndose
a ellos. Y dejándole, se
marcharon.

El tributo debido al César

13 Envían ante él a algu-
nos de los fariseos y de
los herodianos, para ver
de atraparle en alguna
palabra.
14 Llegan y le dicen:
Maestro, sabemos que
eres veraz, y que no te
importa de nadie; pues
no te fijas en el aspecto
exterior de las personas,
sino que enseñas el
camino de Dios con
verdad. ¿Es lícito dar
tributo a César, o no?
¿Hemos de dar, o no?
15 Pero él, sabedor de su
hipocresía, les dijo: ¿Por
qué me estáis poniendo
a prueba? Traedme un
denario para verlo.
16 Lo trajeron, y él les
dice: ¿De quién es esta
imagen y la inscripción?
Le dijeron: De César.
17 Y Jesús les dijo: Lo
de César, devolvédselo
a César; y lo de Dios,
a Dios. Y quedaban
admirados de él.

12 Καὶ	ἐζήτουν	αὐτὸν	κρατῆσαι,	καὶ	ἐφοβήθησαν	τὸν	ὄχλον,
Y	buscaban$_1$	a él,$_3$	para prender$_2$	y	temieron	a la	multitud,
2532	2212	846	2902	2532	5399	3588	3793
CLN	VIAI3P	RP3ASM	VAAN	CLC	VAPI3P	DASM	NASM

ἔγνωσαν	γὰρ	ὅτι	πρὸς	αὐτοὺς	τὴν	παραβολὴν	εἶπεν.	καὶ
supieron$_2$	porque$_1$	que$_3$	en relación a$_7$	a ellos.$_8$	la$_5$	parábola$_6$	dijo$_4$	y
1097	1063	3754	4314	846	3588	3850	2036	2532
VAAI3P	CAZ	CSC	P	RP3APM	DASF	NASF	VAAI3S	CLN

ἀφέντες	αὐτὸν	ἀπῆλθον.
habiendo dejado	a él	se fueron.
863	846	565
VAAP-PNM	RP3ASM	VAAI3P

13 Καὶ	ἀποστέλλουσιν	πρὸς	αὐτόν	τινας	τῶν	Φαρισαίων	καὶ	τῶν
Y	envían	a$_7$	él$_8$	a algunos$_1$	de los$_2$	fariseos$_3$	y$_4$	de los$_5$
2532	649	4314	846	5100	3588	5330	2532	3588
CLN	VPAI3P	P	RP3ASM	RX-APM	DGPM	NGPM	CLN	DGPM

Ἡρῳδιανῶν	ἵνα	αὐτὸν	ἀγρεύσωσιν	λόγῳ.	14 καὶ	ἐλθόντες
herodianos$_6$	para$_9$	a él$_{11}$	sorprender en un error$_{10}$	en una palabra.$_{12}$	Y	habiendo llegado
2265	2443	846	64	3056	2532	2064
NGPM	CAP	RP3ASM	VAAS3P	NDSM	CLN	VAAP-PNM

λέγουσιν	αὐτῷ·	Διδάσκαλε,	οἴδαμεν	ὅτι	ἀληθὴς	εἶ	καὶ	οὐ	μέλει
dicen	a él:	Maestro,	sabemos	que	veraz$_2$	eres$_1$	y	no	preocupa
3004	846	1320	1492	3754	227	1488	2532	3756	3199
VPAI3P	RP3DSM	NVSM	VRAI1P	CSC	JNSM	VPAI2S	CLN	BN, TN	VPAI3S

σοι	περὶ	οὐδενός,	οὐ	γὰρ	βλέπεις	εἰς	πρόσωπον	ἀνθρώπων,
a ti	acerca de	nadie,	no$_2$	porque$_1$	miras	--	(la) apariencia	de (los) seres humanos,
4671	4012	3762	3756	1063	991	1519	4383	444
RP2DS	P	JGSM	BN, TN	CAZ	VPAI2S	P	NASN	NGPM

ἀλλ’	ἐπ’	ἀληθείας	τὴν	ὁδὸν	τοῦ	θεοῦ	διδάσκεις·	ἔξεστιν
sino (que)$_1$	con base en$_7$	(la) verdad.$_8$	el$_3$	camino$_4$	de --$_5$	Dios$_6$	enseñas$_2$	¿Es permitido
235	1909	225	3588	3598	3588	2316	1321	1832
CLC	P	NGSF	DASF	NASF	DGSM	NGSM	VPAI2S	VPAI3S

δοῦναι	κῆνσον	Καίσαρι	ἢ	οὔ;	δῶμεν	ἢ	μὴ	δῶμεν;	15 ὁ	δὲ
dar	tributo	a César	o	no?	¿Damos	o	no	damos?	--$_2$	Pero$_1$
1325	2778	2541	2228	3756	1325	2228	3361	1325	3588	1161
VAAN	NASM	NDSM	CLD	BN, TN	VAAS1P	CLD	BN, TN	VAAS1P	DNSM	CLC

εἰδὼς	αὐτῶν	τὴν	ὑπόκρισιν	εἶπεν	αὐτοῖς·	Τί	με	πειράζετε;
sabiendo$_3$	de ellos$_6$	la$_4$	hipocresía$_5$	dijo	a ellos:	¿Por qué$_1$	a mí?$_3$	tentáis$_2$
1492	846	3588	5272	2036	846	5101	3165	3985
VRAP-SNM	RP3GPM	DASF	NASF	VAAI3S	RP3DPM	RI-ASN	RP1AS	VPAI2P

φέρετέ	μοι	δηνάριον	ἵνα	ἴδω.	16 οἱ	δὲ	ἤνεγκαν.	καὶ	λέγει	αὐτοῖς·
Traed	a mí	un denario	para que	yo viera	--$_2$	Y$_1$	llevaron.$_3$	Y	dice	a ellos:
5342	3427	1220	2443	1492	3588	1161	5342	2532	3004	846
VPAM2P	RP1DS	NASN	CAP	VAAS1S	DNPM	CLN	VAAI3P	CLN	VPAI3S	RP3DPM

Τίνος	ἡ	εἰκὼν	αὕτη	καὶ	ἡ	ἐπιγραφή;	οἱ	δὲ	εἶπαν	αὐτῷ·
¿De quién	--$_2$	imagen$_3$	(es) esta$_1$	y	la	inscripción?	--$_2$	Y$_1$	dijeron	a él:
5101	3588	1504	3778	2532	3588	1923	3588	1161	3004	846
RI-GSM	DNSF	NNSF	RD-NSF	CLN	DNSF	NNSF	DNPM	CLN	VAAI3P	RP3DSM

Καίσαρος.	17 ὁ	δὲ	Ἰησοῦς	εἶπεν	αὐτοῖς·	Τὰ	Καίσαρος	ἀπόδοτε
De César.	--	Y	Jesús	dijo	a ellos:	Las cosas	de César	dad
2541	3588	1161	2424	2036	846	3588	2541	591
NGSM	DNSM	CLN	NNSM	VAAI3S	RP3DPM	DAPN	NGSM	VAAM2P

Καίσαρι	καὶ	τὰ	τοῦ	θεοῦ	τῷ	θεῷ.	καὶ	ἐξεθαύμαζον	ἐπ’	αὐτῷ.
a César,	y	las cosas	--	de Dios,	a --	Dios.	Y	se asombraban	de	él.
2541	2532	3588	3588	2316	3588	2316	2532	2296	1909	846
NDSM	CLN	DAPN	DGSM	NGSM	DDSM	NDSM	CLN	VIAI3P	P	RP3DSM

NVI

cuenta de que la pará-
bola iba dirigida contra
ellos, buscaban la ma-
nera de arrestarlo. Pero
temían a la multitud;
así que lo dejaron y se
fueron.

El pago de impuestos al césar

13 Luego enviaron
a Jesús algunos de los
fariseos y de los herodia-
nos para tenderle una
trampa con sus mismas
palabras. 14 Al llegar le
dijeron:
—Maestro, sabemos
que eres un hombre ín-
tegro. No te dejas influir
por nadie porque no te
fijas en las apariencias,
sino que de verdad ense-
ñas el camino de Dios.
¿Está permitido pagar
impuestos al césar o
no? 15 ¿Debemos pagar
o no?
Pero Jesús, sabiendo
que fingían, les replicó:
—¿Por qué me
tienden trampas?
Tráiganme una moneda
romana para verla.
16 Le llevaron la mo-
neda, y él les preguntó:
—¿De quién son
esta imagen y esta
inscripción?
—Del césar
—contestaron.
17 —Denle, pues, al
césar lo que es del césar, y
a Dios lo que es de Dios.
Y se quedaron admi-
rados de él.

RVR

La pregunta sobre la resurrección

18 Se le acercan unos
saduceos, los que dicen
que no hay resurrec-
ción, y le preguntaban,
diciendo:
19 Maestro, Moisés nos
dejó escrito que si se
muere el hermano de al-
guno, y deja mujer, pero
no deja hijo, su herma-
no debe tomar la mujer
y levantar descendencia
a su hermano.
20 Había siete herma-
nos; el primero tomó
esposa, y al morir no
dejó descendencia.
21 También el segundo
la tomó, y murió sin
dejar descendencia;
y el tercero, de igual
manera.
22 Y así los siete, sin
dejar descendencia. Por
último, murió también
la mujer.
23 En la resurrección,
cuando resuciten, ¿de
quién de ellos será
mujer? Pues los siete la
tuvieron por mujer.
24 Les dijo Jesús: ¿No
es por esto por lo que
estáis equivocados:
por no entender las
Escrituras ni el poder
de Dios?
25 Pues cuando
resucitan de entre
los muertos, ni ellos
se casan, ni ellas son
dadas en casamiento,
sino que son como

18 Καὶ	ἔρχονται	Σαδδουκαῖοι	πρὸς	αὐτόν,	οἵτινες	λέγουσιν
Y$_1$	vienen$_3$	(unos) saduceos$_2$	a$_4$	él,$_5$	quienes	dicen
2532	2064	4523	4314	846	3748	3004
CLN	*VPUI3P*	*NNPM*	*P*	*RP3ASM*	*RR-NPM*	*VPAI3P*

ἀνάστασιν	μὴ	εἶναι,	καὶ	ἐπηρώτων	αὐτὸν	λέγοντες·
(la) resurrección,$_3$	(que) no$_1$	ser (existe)$_2$	y	preguntaban	a él	diciendo:
386	3361	1511	2532	1905	846	3004
NASF	*BN, TN*	*VPAN*	*CLN*	*VIAI3P*	*RP3ASM*	*VPAP-PNM*

19 Διδάσκαλε,	Μωϋσῆς	ἔγραψεν	ἡμῖν	ὅτι	ἐάν	τινος	ἀδελφὸς
Maestro,	Moisés	escribió	a nosotros	que	si	de alguno	un hermano
1320	3475	1125	2254	3754	1437	5100	80
NVSM	*NNSM*	*VAAI3S*	*RP1DP*	*CSC*	*CAC*	*RX-GSM*	*NNSM*

ἀποθάνῃ	καὶ	καταλίπῃ	γυναῖκα	καὶ	μὴ	ἀφῇ	τέκνον,	ἵνα	λάβῃ	ὁ
muriera	y	dejare	esposa	y	no	dejare	un hijo,	que$_1$	tome$_5$	el$_2$
599	2532	2641	1135	2532	3361	863	5043	2443	2983	3588
VAAS3S	*CLN*	*VAAS3S*	*NASF*	*CLC*	*BN, TN*	*VAAS3S*	*NASN*	*CSC*	*VAAS3S*	*DNSM*

ἀδελφὸς	αὐτοῦ	τὴν	γυναῖκα	καὶ	ἐξαναστήσῃ	σπέρμα	τῷ	ἀδελφῷ
hermano$_3$	de él$_4$	a la	esposa,	y	levantare	descendencia	al	hermano
80	846	3588	1135	2532	1817	4690	3588	80
NNSM	*RP3GSM*	*DASF*	*NASF*	*CLN*	*VAAS3S*	*NASN*	*DDSM*	*NDSM*

αὐτοῦ.	20 ἑπτὰ	ἀδελφοὶ	ἦσαν·	καὶ	ὁ	πρῶτος	ἔλαβεν	γυναῖκα,	καὶ
de él.	siete$_2$	hermanos;$_3$	Eran$_1$	y	el	primero	tomó	una esposa	y
846	2033	80	2258	2532	3588	4413	2983	1135	2532
RP3GSM	*XN, J*	*NNPM*	*VIAI3P*	*CLN*	*DNSM*	*JNSM*	*VAAI3S*	*NASF*	*CLN*

ἀποθνήσκων	οὐκ	ἀφῆκεν	σπέρμα·	21 καὶ	ὁ	δεύτερος	ἔλαβεν	αὐτήν,
muriendo	no	dejó	descendencia;	y	el	segundo	tomó	a ella,
599	3756	863	4690	2532	3588	1208	2983	846
VPAP-SNM	*BN, TN*	*VAAI3S*	*NASN*	*CLN*	*DNSM*	*JNSM*	*VAAI3S*	*RP3ASF*

καὶ	ἀπέθανεν	μὴ	καταλιπὼν	σπέρμα,	καὶ	ὁ	τρίτος	ὡσαύτως·
y	murió	no	habiendo dejado atrás	descendencia,	y	el	tercero	de igual manera;
2532	599	3361	2641	4690	2532	3588	5154	5615
CLN	*VAAI3S*	*BN, TN*	*VAAP-SNM*	*NASN*	*CLN*	*DNSM*	*JNSM*	*B*

22 καὶ	οἱ	ἑπτὰ	οὐκ	ἀφῆκαν	σπέρμα·	ἔσχατον	πάντων	καὶ	ἡ
y	los	siete	no	dejaron	descendencia.	(Por) último	de todos,	también	la
2532	3588	2033	3756	863	4690	2078	3956	2532	3588
CLN	*DNPM*	*XN, J*	*BN, TN*	*VAAI3P*	*NASN*	*JASN*	*JGPN*	*BE, TE*	*DNSF*

γυνὴ	ἀπέθανεν.	23 ἐν	τῇ	ἀναστάσει	ὅταν	ἀναστῶσιν	τίνος	αὐτῶν
esposa	murió.	En	la	resurrección	cuando	resuciten,	¿De quién	de ellos
1135	599	1722	3588	386	3752	450	5101	846
NNSF	*VAAI3S*	*P*	*DDSF*	*NDSF*	*CAT*	*VAAS3P*	*RI-GSM*	*RP3GPM*

ἔσται	γυνή;	οἱ	γὰρ	ἑπτὰ	ἔσχον	αὐτὴν	γυναῖκα.
será	esposa?	los$_2$	Porque$_1$	siete	tuvieron	a ella	(como) esposa.
2071	1135	3588	1063	2033	2192	846	1135
VFMI3S	*NNSF*	*DNPM*	*CAZ*	*XN, J*	*VAAI3P*	*RP3ASF*	*NASF*

24 ἔφη	αὐτοῖς	ὁ	Ἰησοῦς·	Οὐ	διὰ	τοῦτο	πλανᾶσθε	μὴ	εἰδότες
decía$_3$	a ellos:$_4$	--$_1$	Jesús$_2$	¿No$_5$	por$_7$	esto,$_8$	estáis engañados$_6$	no	sabiendo
5346	846	3588	2424	3756	1223	5124	4105	3361	1492
VIAI3S	*RP3DPM*	*DNSM*	*NNSM*	*TN, TI*	*P*	*RD-ASN*	*VPPI2P*	*BN, TN*	*VRAP-PNM*

τὰς	γραφὰς	μηδὲ	τὴν	δύναμιν	τοῦ	θεοῦ;	25 ὅταν	γὰρ	ἐκ	νεκρῶν
las	Escrituras	ni	el	poder	de --	Dios?	cuando$_2$	Porque$_1$	de$_4$	(los) muertos,$_5$
3588	1124	3366	3588	1411	3588	2316	3752	1063	1537	3498
DAPF	*NAPF*	*TN, CLD*	*DASF*	*NASF*	*DGSM*	*NGSM*	*CAT*	*CLX*	*P*	*JGPM*

ἀναστῶσιν,	οὔτε	γαμοῦσιν	οὔτε	γαμίζονται,	ἀλλ’	εἰσὶν	ὡς
resuciten$_3$	ni	se casan	ni	se dan en casamiento,	sino	son	como
450	3777	1060	3777	1061	235	1526	5613
VAAS3P	*TN, CLK*	*VPAI3P*	*TN, CLK*	*VPPI3P*	*CLC*	*VPAI3P*	*CAM, B*

NVI

El matrimonio en la resurrección

18 Entonces los sadu-
ceos, que dicen que no
hay resurrección, fueron
a verlo y le plantearon
un problema:
19 —Maestro, Moisés
nos enseñó en sus escri-
tos que, si un hombre
muere y deja a la viuda
sin hijos, el hermano de
ese hombre tiene que
casarse con la viuda para
que su hermano tenga
descendencia.
20 Ahora
bien, había siete herma-
nos. El primero se casó
y murió sin dejar des-
cendencia.
21 El segundo
se casó con la viuda,
pero también murió sin
dejar descendencia. Lo
mismo le pasó al tercero.
22 En fin, ninguno de los
siete dejó descendencia.
Por último, murió tam-
bién la mujer.
23 Cuando
resuciten, ¿de cuál será
esposa esta mujer, ya
que los siete estuvieron
casados con ella?
24 —¿Acaso no andan
ustedes equivocados?
—les replicó Jesús—.
¡Es que desconocen las
Escrituras y el poder
de Dios!
25 Cuando
resuciten los muertos,
no se casarán ni serán
dados en casamiento,
sino que serán como los

RVR

ángeles en los cielos.
26 Y tocante a los muer-
tos en eso de que resuci-
tan, ¿no habéis leído en
el libro de Moisés, en lo
de la zarza, cómo Dios
le dijo taxativamen-
te: Yo soy el Dios de
Abraham, Dios de Isaac
y Dios de Jacob?
27 No es un Dios de
muertos, sino de
vivos. Andáis muy
equivocados.

El mandamiento principal

28 Se acercó uno de
los escribas que los
había oído discutir, y
comprendiendo que
les había contestado
bien, le preguntó: ¿Cuál
mandamiento es el más
importante de todos?
29 Jesús respondió:
El más importante
es: Escucha, Israel: El
Señor, nuestro Dios, es
un solo Señor;
30 y amarás al Señor tu
Dios con todo tu cora-
zón, con toda tu alma,
con toda tu mente, y
con toda tu fuerza. Este
es el principal manda-
miento.
31 El segundo es éste:
Amarás a tu prójimo
como a ti mismo. No
hay otro mandamiento
mayor que éstos.
32 Y el escri-
ba le dijo: Bien,

ἄγγελοι	ἐν	τοῖς	οὐρανοῖς.	26 περὶ	δὲ	τῶν	νεκρῶν	ὅτι	ἐγείρονται
ángeles	en	los	cielos.	acerca de$_2$	Mas$_1$	de los	muertos	que	son resucitados,
32	1722	3588	3772	4012	1161	3588	3498	3754	1453
NNPM	P	DDPM	NDPM	P	CLN	DGPM	JGPM	CLX	VPPI3P

οὐκ	ἀνέγνωτε	ἐν	τῇ	βίβλῳ	Μωϋσέως	ἐπὶ	τοῦ	βάτου	πῶς	εἶπεν
¿no	leísteis	en	el	libro	de Moisés	en$_5$	la$_6$	zarza,$_7$	cómo	dijo$_3$
3756	314	1722	3588	976	3475	1909	3588	942	4459	2036
BN, TN	VAAI2P	P	DDSF	NDSF	NGSM	P	DGSM	NGSM	B, C	VAAI3S

αὐτῷ	ὁ	θεὸς	λέγων·	Ἐγὼ	ὁ	θεὸς	Ἀβραὰμ	καὶ	ὁ	θεὸς	Ἰσαὰκ
a él$_4$	--$_1$	Dios$_2$	diciendo:	Yo (soy)	el	Dios	de Abraham	y	el	Dios	de Isaac
846	3588	2316	3004	1473	3588	2316	11	2532	3588	2316	2464
RP3DSM	DNSM	NNSM	VPAP-SNM	RP1NS	DNSM	NNSM	NGSM, XP	CLN	DNSM	NNSM	NGSM, XP

καὶ	ὁ	θεὸς	Ἰακώβ;	27 οὐκ	ἔστιν	θεὸς	νεκρῶν	ἀλλὰ	ζώντων·
y	el	Dios	de Jacob?	(Él) no	es	Dios	de muertos,	sino	de los que viven.
2532	3588	2316	2384	3756	2076	2316	3498	235	2198
CLN	DNSM	NNSM	NGSM, XP	BN, TN	VPAI3S	NNSM	JGPM	CLC	VPAP-PGM

πολὺ	πλανᾶσθε.
Muy	estáis engañados
4183	4105
JASN	VPPI2P

28 Καὶ	προσελθὼν	εἷς	τῶν	γραμματέων	ἀκούσας	αὐτῶν
Y$_1$	habiéndose acercado,$_5$	uno$_2$	de los$_3$	escribas$_4$	cuando oyó	a ellos
2532	4334	1520	3588	1122	191	846
CLN	VAAP-SNM	JNSM	DGPM	NGPM	VAAP-SNM	RP3GPM

συζητούντων,	ἰδὼν	ὅτι	καλῶς	ἀπεκρίθη	αὐτοῖς,	ἐπηρώτησεν
discutiendo,	habiendo visto	que	bien$_2$	respondió$_1$	a ellos,	preguntó
4802	3708	3754	2573	611	846	1905
VPAP-PGM	VAAP-SNM	CSC	B	VAPI3S, VAMI3S	RP3DPM	VAAI3S

αὐτόν·	Ποία	ἐστὶν	ἐντολὴ	πρώτη	πάντων;	29 ἀπεκρίθη	ὁ
a él:	¿Cuál	es	mandamiento$_2$	(el) primer$_1$	de todos?	respondió$_3$	--$_1$
846	4169	2076	1785	4413	3956	611	3588
RP3ASM	JNSF, RI-NSF	VPAI3S	NNSF	JNSF	JGPF	VAPI3S, VAMI3S	DNSM

Ἰησοῦς	ὅτι	Πρώτη	ἐστίν·	Ἄκουε,	Ἰσραήλ,	κύριος	ὁ	θεὸς	ἡμῶν
Jesús$_2$	que:	(El) primero	es:	Oye,	Israel,	(el) Señor	--	Dios	de nosotros,
2424	3754	4413	2076	191	2474	2962	3588	2316	2257
NNSM	CSC	JNSF	VPAI3S	VPAM2S	NVSM, XP	NNSM	DNSM	NNSM	RP1GP

κύριος	εἷς	ἐστιν,	30 καὶ	ἀγαπήσεις	κύριον	τὸν	θεόν	σου	ἐξ	ὅλης
Señor	uno,$_2$	es$_1$	y	amarás	(al) Señor	--	Dios	de ti	de (con)	todo
2962	1520	2076	2532	25	2962	3588	2316	4675	1537	3650
NNSM	JNSM	VPAI3S	CLN	VFAI2S	NASM	DASM	NASM	RP2GS	P	JGSF

τῆς	καρδίας	σου	καὶ	ἐξ	ὅλης	τῆς	ψυχῆς	σου	καὶ	ἐξ	ὅλης
--	corazón	de ti	y	de (con)	todo	el	ser	de ti	y	de (con)	toda
3588	2588	4675	2532	1537	3650	3588	5590	4675	2532	1537	3650
DGSF	NGSF	RP2GS	CLN	P	JGSF	DGSF	NGSF	RP2GS	CLN	P	JGSF

τῆς	διανοίας	σου	καὶ	ἐξ	ὅλης	τῆς	ἰσχύος	σου.	31 δευτέρα	αὕτη·
la	mente	de ti	y	de (con)	toda	la	fuerza	de ti.	(El) segundo	(es) este:
3588	1271	4675	2532	1537	3650	3588	2479	4675	1208	846
DGSF	NGSF	RP2GS	CLN	P	JGSF	DGSF	NGSF	RP2GS	JNSF	RD-NSF

Ἀγαπήσεις	τὸν	πλησίον	σου	ὡς	σεαυτόν.	μείζων	τούτων	ἄλλη
Amarás	al	prójimo	de ti	como	a ti mismo.	mayor$_5$	(que) estos.$_6$	otro$_3$
25	3588	4139	4675	5613	4572	3187	5130	243
VFAI2S	DASM	B	RP2GS	CAM	RF2ASM	JNSFC	RD-GPM	JNSF

ἐντολὴ	οὐκ	ἔστιν.	32 καὶ	εἶπεν	αὐτῷ	ὁ	γραμματεύς·	Καλῶς,
mandamiento$_4$	No$_1$	es (hay)$_2$	Y$_1$	dijo$_4$	a él:$_5$	el$_2$	escriba$_3$	Bien,
1785	3756	2076	2532	2036	846	3588	1122	2573
NNSF	BN, TN	VPAI3S	CLN	VAAI3S	RP3DSM	DNSM	NNSM	B

NVI

ángeles que están en el
cielo. 26 Pero, en cuanto
a que los muertos
resucitan, ¿no han leído
en el libro de Moisés, en
el pasaje sobre la zarza,
cómo Dios le dijo: "Yo
soy el Dios de Abraham,
de Isaac y de Jacob"?
27 Él no es Dios de
muertos, sino de vivos.
¡Ustedes andan muy
equivocados!

El mandamiento más importante

28 Uno de los maes-
tros de la ley se acercó
y los oyó discutiendo.
Al ver lo bien que Jesús
les había contestado, le
preguntó:
—De todos los
mandamientos, ¿cuál es
el más importante?
29 —El más impor-
tante es: "Oye, Israel. El
Señor nuestro Dios es el
único Señor —contestó
Jesús—. 30 Ama al Señor
tu Dios con todo tu
corazón, con toda tu
alma, con toda tu mente
y con todas tus fuerzas".
31 El segundo es: "Ama
a tu prójimo como a ti
mismo". No hay otro
mandamiento más im-
portante que estos.
32 —Bien dicho,
Maestro —respondió

RVR

Maestro; con verdad
has dicho que hay un
solo Dios y que no hay
otro sino él;
33 y que amarle de todo
corazón, con todo el
entendimiento y con
toda la fuerza, y el
amar al prójimo como
a sí mismo es más que
todos los holocaustos y
sacrificios.
34 Y Jesús, viendo que le
había contestado con
sensatez, le dijo: No
estás lejos del reino de
Dios. Y nadie se atrevía
más a hacerle preguntas.

¿De quién es hijo el Cristo?

35 Jesús, tomando la pa-
labra, les decía mientras
enseñaba en el templo:
¿Cómo dicen los escri-
bas que el Cristo es hijo
de David?
36 David mismo dijo,
movido por el Espíritu
Santo:
Dijo el Señor a mi
Señor:
Siéntate a mi diestra,
Hasta que ponga a tus
enemigos debajo de
tus pies.
37 David mismo le llama
Señor. Entonces, ¿de
qué parte es hijo suyo?
Y la gran multitud le
escuchaba con gusto.

διδάσκαλε,	ἐπ’	ἀληθείας	εἶπες	ὅτι	εἷς	ἐστιν	καὶ	οὐκ	ἔστιν	ἄλλος
Maestro,	con$_2$	verdad$_3$	dijiste$_1$	que	uno	es	y	no	es (hay)	otro
1320	1909	225	3004	3754	1520	2076	2532	3756	2076	243
NVSM	*P*	*NGSF*	*VAAI2S*	*CSC*	*JNSM*	*VPAI3S*	*CLN*	*BN, TN*	*VPAI3S*	*JNSM*

πλὴν	αὐτοῦ·	33 καὶ	τὸ	ἀγαπᾶν	αὐτὸν	ἐξ	ὅλης	τῆς	καρδίας
excepto	él;	y	el	amar	a él	de (con)	todo	el	corazón
4133	846	2532	3588	25	846	1537	3650	3588	2588
P, B	*RP3GSM*	*CLN*	*DNSN*	*VPAN*	*RP3ASM*	*P*	*JGSF*	*DGSF*	*NGSF*

καὶ	ἐξ	ὅλης	τῆς	⸀συνέσεως	καὶ	ἐξ	ὅλης	τῆς	ἰσχύος	καὶ	τὸ
y	de (con)	todo	el	entendimiento	y	de (con)	toda	la	fuerza,	y	el
2532	1537	3650	3588	4907	2532	1537	3650	3588	2479	2532	3588
CLN	*P*	*JGSF*	*DGSF*	*NGSF*	*CLN*	*P*	*JGSF*	*DGSF*	*NGSF*	*CLN*	*DNSN*

ἀγαπᾶν	τὸν	πλησίον	ὡς	ἑαυτὸν	περισσότερόν	ἐστιν	πάντων	τῶν
amar	al	prójimo	como	a sí mismo	más$_2$	es$_1$	(que) todos	los
25	3588	4139	5613	1438	4054	2076	3956	3588
VPAN	*DASM*	*B*	*CAM*	*RF3ASM*	*JNSNC*	*VPAI3S*	*JGPN*	*DGPN*

ὁλοκαυτωμάτων	καὶ	θυσιῶν.	34 καὶ	ὁ	Ἰησοῦς	ἰδὼν	αὐτὸν	ὅτι
holocaustos	y	sacrificios.	Y	--	Jesús	viendo	a él	que
3646	2532	2378	2532	3588	2424	1492	846	3754
NGPN	*CLN*	*NGPF*	*CLN*	*DNSM*	*NNSM*	*VAAP-SNM*	*RP3ASM*	*CSC*

νουνεχῶς	ἀπεκρίθη	εἶπεν	αὐτῷ·	Οὐ	μακρὰν	εἶ	ἀπὸ	τῆς	βασιλείας
sabiamente$_2$	respondió$_1$	dijo$_3$	a él:$_4$	No$_5$	lejos$_7$	estás$_6$	de	el	reino
3562	611	2036	846	3756	3112	1488	575	3588	932
B	*VAPI3S, VAMI3S*	*VAAI3S*	*RP3DSM*	*BN, TN*	*B, J*	*VPAI2S*	*P*	*DGSF*	*NGSF*

τοῦ	θεοῦ.	καὶ	οὐδεὶς	οὐκέτι	ἐτόλμα	αὐτὸν	ἐπερωτῆσαι.
de --	Dios.	Y	nadie	ya no	se atrevía$_1$	a él.$_3$	preguntar$_2$
3588	2316	2532	3762	3765	5111	846	1905
DGSM	*NGSM*	*CLN*	*JNSM*	*BN*	*VIAI3S*	*RP3ASM*	*VAAN*

35 Καὶ	ἀποκριθεὶς	ὁ	Ἰησοῦς	ἔλεγεν	διδάσκων	ἐν	τῷ
Y	habiendo tomado la palabra	--	Jesús	decía	enseñando	en	el
2532	611	3588	2424	3004	1321	1722	3588
CLN	*VAPP-SNM*	*DNSM*	*NNSM*	*VIAI3S*	*VPAP-SNM*	*P*	*DDSN*

ἱερῷ·	Πῶς	λέγουσιν	οἱ	γραμματεῖς	ὅτι	ὁ	χριστὸς	υἱὸς	Δαυίδ
templo:	¿Cómo	dicen	los	escribas	que	el$_1$	Cristo$_2$	hijo$_4$	de David?$_5$
2411	4459	3004	3588	1122	3754	3588	5547	5207	1138
NDSN, JDSN	*BI*	*VPAI3P*	*DNPM*	*NNPM*	*CSC*	*DNSM*	*NNSM*	*NNSM*	*NGSM, XP*

ἐστιν;	36 ⸀αὐτὸς	Δαυὶδ	εἶπεν	ἐν	τῷ	πνεύματι	τῷ	ἁγίῳ·
es$_3$	mismo$_2$	David$_1$	dijo	en	el	Espíritu	--	Santo:
2076	846	1138	3004	1722	3588	4151	3588	40
VPAI3S	*RP3NSMP*	*NNSM, XP*	*VAAI3S*	*P*	*DDSN, DDSM*	*NDSN*	*DDSN, DDSM*	*JDSN*

Εἶπεν	κύριος	τῷ	κυρίῳ	μου·	Κάθου	ἐκ	δεξιῶν	μου	ἕως	ἂν
dijo$_2$	(El) Señor$_1$	al	Señor	de mí:	Siéntate	a	(la) derecha	de mí	hasta (que)	--
3004	2962	3588	2962	3450	2521	1537	1188	3450	2193	302
VAAI3S	*NNSM*	*DDSM*	*NDSM*	*RP1GS*	*VPUM2S*	*P*	*JGPN, JGPM*	*RP1GS*	*CAT*	*TC*

θῶ	τοὺς	ἐχθρούς	σου	ὑποκάτω	τῶν	ποδῶν	σου.	37 αὐτὸς	Δαυὶδ
(yo) ponga	a los	enemigos	de ti	debajo de	los	pies	de ti.	mismo$_2$	David$_1$
5087	3588	2190	4675	5270	3588	4228	4675	846	1138
VAAS1S	*DAPM*	*JAPM*	*RP2GS*	*P, B*	*DGPM*	*NGPM*	*RP2GS*	*RP3NSMP*	*NNSM, XP*

λέγει	αὐτὸν	κύριον,	καὶ	πόθεν	αὐτοῦ	ἐστιν	υἱός;	καὶ	ὁ	πολὺς
dice	a él	Señor,	¿y	de dónde (cómo)	de él?$_3$	es$_1$	hijo$_2$	Y$_4$	la$_5$	muy$_9$
3004	846	2962	2532	4159	846	2076	5207	2532	3588	4183
VPAI3S	*RP3ASM*	*NASM*	*CLI*	*BI*	*RP3GSM*	*VPAI3S*	*NNSM*	*CLN*	*DNSM*	*JNSM*

ὄχλος	ἤκουεν	αὐτοῦ	ἡδέως.
multitud$_6$	oía$_7$	de él$_8$	gustosamente.$_{10}$
3793	191	846	2234
NNSM	*VIAI3S*	*RP3GSM*	*B*

NVI

el hombre—. Tienes
razón al decir que Dios
es uno solo y que no
hay otro fuera de él.
33 Amarlo con todo el
corazón, con todo el
entendimiento y con
todas las fuerzas, y amar
al prójimo como a uno
mismo, es más impor-
tante que todos los holo-
caustos y sacrificios.
34 Al ver Jesús que
había respondido con
inteligencia, le dijo:
—No estás lejos del
reino de Dios.
Y desde entonces
nadie se atrevió a hacerle
más preguntas.

¿De quién es hijo el Cristo?

35 Mientras enseñaba
en el templo, Jesús les
propuso:
—¿Cómo es que los
maestros de la ley dicen
que el Cristo es hijo de
David? 36 David mismo,
hablando por el Espíritu
Santo, declaró:

»"Dijo el Señor a mi
Señor:
'Siéntate a mi derecha,
hasta que ponga a tus
enemigos
debajo de tus pies'".

37 Si David mismo lo
llama "Señor", ¿cómo
puede ser su hijo?»
La muchedumbre lo
escuchaba con agrado.

12:33⸀ Manuscritos inferiores aumentaron *y de (con) toda el alma.*

RVR

38 Y en su enseñanza
decía: Guardaos de los
escribas, los que gustan
de pasear con amplio
ropaje y de que los salu-
den aparatosamente en
las plazas,
39 y de ocupar los
principales asientos
en las sinagogas y los
lugares de honor en los
banquetes;
40 los que devoran las
casas de las viudas y,
para disimular, recitan
largas oraciones. Estos
recibirán una sentencia
más severa.

La ofrenda de la viuda

41 Jesús se sentó frente
por frente del arca del
tesoro y observaba
cómo echaba la multi-
tud monedas de cobre
en el arca del tesoro; y
muchos ricos echaban
mucho.
42 Llegó también una
viuda pobre y echó dos
moneditas, que es una
cuarta parte del as.
43 Entonces llamó hacia
sí a sus discípulos y les
dijo: En verdad os digo
que esta viuda pobre ha
echado más que todos
los que están echando
en el arca del tesoro;
44 porque todos
echaron de lo que les
sobra; pero ésta ha
echado, de su pobreza,

38 Καὶ	ἐν	τῇ	διδαχῇ	αὐτοῦ	ἔλεγεν·	Βλέπετε	ἀπὸ	τῶν	γραμματέων
Y	en	la	enseñanza	de él	decía:	Cuidaos	de	los	escribas
2532	1722	3588	1322	846	3004	991	575	3588	1122
CLN	P	DDSF	NDSF	RP3GSM	VIAI3S	VPAM2P	P	DGPM	NGPM

τῶν	θελόντων	ἐν	στολαῖς	περιπατεῖν	καὶ	ἀσπασμοὺς	ἐν
que	desean	con$_{2}$	túnicas largas$_{3}$	caminar$_{1}$	y	(los) saludos	en
3588	2309	1722	4749	4043	2532	783	1722
DGPM	VPAP-PGM	P	NDPF	VPAN	CLN	NAPM	P

ταῖς	ἀγοραῖς	39 καὶ	πρωτοκαθεδρίας	ἐν	ταῖς	συναγωγαῖς	καὶ
las	plazas,	y	(los) sitios de honor	en	las	sinagogas	y
3588	58	2532	4410	1722	3588	4864	2532
DDPF	NDPF	CLN	NAPF	P	DDPF	NDPF	CLN

πρωτοκλισίας	ἐν	τοῖς	δείπνοις,	40 οἱ	κατεσθίοντες	τὰς	οἰκίας
lugares de honor	en	las	cenas,	los que	devoran	las	casas
4411	1722	3588	1173	3588	2719	3588	3614
NAPF	P	DDPN	NDPN	DNPM	VPAP-PNM	DAPF	NAPF

τῶν	χηρῶν	καὶ	προφάσει	μακρὰ	προσευχόμενοι·	οὗτοι	λήμψονται
de las	viudas	y	por pretexto$_{2}$	largamente,$_{3}$	orando$_{1}$	estos	recibirán
3588	5503	2532	4392	3117	4336	3778	2983
DGPF	NGPF, JGPF	CLN	NDSF	JAPN	VPUP-PNM	RD-NPM	VFMI3P

περισσότερον	κρίμα.
más abundante	condenación.
4053	2917
JASNC	NASN

41 Καὶ	καθίσας	κατέναντι	τοῦ	γαζοφυλακίου	ἐθεώρει	πῶς
Y	habiéndose sentado	enfrente	del	lugar de las ofrendas	miraba	cómo
2532	2523	2713	3588	1049	2334	4459
CLN	VAAP-SNM	P, B	DGSN	NGSN	VIAI3S	B

ὁ	ὄχλος	βάλλει	χαλκὸν	εἰς	τὸ	γαζοφυλάκιον·	καὶ	πολλοὶ
la	multitud	echa	una moneda de bronce	en	el	lugar de las ofrendas;	y	muchos
3588	3793	906	5475	1519	3588	1049	2532	4183
DNSM	NNSM	VPAI3S	NASM	P	DASN	NASN	CLN	JNPM

πλούσιοι	ἔβαλλον	πολλά·	42 καὶ	ἐλθοῦσα	μία	χήρα	πτωχὴ
ricos	echaban	muchas;	y	habiendo venido	una	viuda	pobre,
4145	906	4183	2532	2064	1520	5503	4434
JNPM	VIAI3P	JAPN	CLC	VAAP-SNF	JNSF	NNSF, JNSF	JNSF

ἔβαλεν	λεπτὰ	δύο,	ὅ	ἐστιν	κοδράντης.	43 καὶ
echó	monedas de cobre muy pequeñas,$_{2}$	dos$_{1}$	que	es	un cuadrante.	Y
906	3016	1417	3739	2076	2835	2532
VAAI3S	NAPN, JAPN	XN, J	RR-NSN	VPAI3S	NNSM	CLN

προσκαλεσάμενος	τοὺς	μαθητὰς	αὐτοῦ	εἶπεν	αὐτοῖς·	Ἀμὴν	λέγω
habiendo llamado	a los	discípulos	de él	dijo	a ellos:	De cierto	digo
4341	3588	3101	846	3004	846	281	3004
VAMP-SNM	DAPM	NAPM	RP3GSM	VAAI3S	RP3DPM	XF, B	VPAI1S

ὑμῖν	ὅτι	ἡ	χήρα	αὕτη	ἡ	πτωχὴ	πλεῖον	πάντων	ἔβαλεν
a vosotros	que	--$_{2}$	viuda$_{3}$	esta$_{1}$	--$_{4}$	pobre$_{5}$	más$_{7}$	(que) todos$_{8}$	echó$_{6}$
5213	3754	3588	5503	3778	3588	4434	4119	3956	906
RP2DP	CSC	DNSF	NNSF, JNSF	RD-NSF	DNSF	JNSF	JASNC	JGPM	VAAI3S

τῶν	βαλλόντων	εἰς	τὸ	γαζοφυλάκιον·	44 πάντες	γὰρ	ἐκ
de los que echan		en	el	lugar de las ofrendas;	todos$_{2}$	porque$_{1}$	de$_{4}$
3588	906	1519	3588	1049	3956	1063	1537
DGPM	VPAP-PGM	P	DASN	NASN	JNPM	CAZ	P

τοῦ	περισσεύοντος	αὐτοῖς	ἔβαλον,	αὕτη	δὲ	ἐκ	τῆς	ὑστερήσεως
lo que$_{5}$	sobra$_{6}$	a ellos,$_{7}$	echaron$_{3}$	esta$_{9}$	pero$_{8}$	de$_{10}$	la$_{11}$	escasez$_{12}$
3588	4052	846	906	846	1161	1537	3588	5304
DGSN	VPAP-SGN	RP3DPM	VAAI3P	RD-NSF	CLC	P	DGSF	NGSF

NVI

38 Como parte de su
enseñanza Jesús decía:
—Tengan cuidado
de los maestros de la ley.
Les gusta pasearse con
ropas ostentosas y que
los saluden en las plazas,
39 ocupar los primeros
asientos en las sinagogas
y los lugares de honor
en los banquetes. 40 Se
apoderan de los bienes
de las viudas y a la vez
hacen largas plegarias
para impresionar a los
demás. Estos recibirán
peor castigo.

La ofrenda de la viuda

41 Jesús se sentó frente
al lugar donde se deposi-
taban las ofrendas, y es-
tuvo observando cómo
la gente echaba sus
monedas en las alcancías
del templo. Muchos
ricos echaban grandes
cantidades. 42 Pero una
viuda pobre llegó y echó
dos moneditas de muy
poco valor.
43 Jesús llamó a sus dis-
cípulos y les dijo: «Les
aseguro que esta viuda
pobre ha echado en el
tesoro más que todos los
demás. 44 Estos dieron
de lo que les sobraba;
pero ella, de su pobreza,

RVR

todo cuanto poseía,
todo su sustento.

Jesucristo predice la destrucción del templo

13 Cuando salía del
templo, le dice
uno de sus discípulos:
Maestro, mira qué
piedras tan enormes y
qué construcciones tan
magníficas.
2 Jesús le dijo: ¿Ves estas
grandiosas construccio-
nes? No quedará ni una
piedra sobre otra que no
sea totalmente derruida.

Señales antes del fin

3 Y estando él sentado
en el monte de los
Olivos frente por frente
del templo, le pregunta-
ban en privado Pedro,
Jacobo, Juan y Andrés:
4 Dinos, ¿cuándo serán
estas cosas, y cuál será
la señal cuando todas
estas cosas estén para
cumplirse?
5 Y Jesús comenzó a de-
cirles: Mirad que nadie
os engañe.
6 Vendrán muchos
usurpando mi nombre,
diciendo: Yo soy el
Cristo. Y engañarán a
muchos.
7 Cuando oigáis de
guerras y de rumores de
guerras, no os alarméis;
tiene que ocurrir, pero
todavía no es el fin.

αὐτῆς	πάντα	ὅσα	εἶχεν	ἔβαλεν,	ὅλον	τὸν	βίον	αὐτῆς.
de ella$_{13}$	todas$_{15}$	cuantas$_{16}$	tenía,$_{17}$	echó$_{14}$	todo	el	sustento	de ella.
846	3956	3745	2192	906	3650	3588	979	846
RP3GSF	*JAPN*	*RK-APN*	*VIAI3S*	*VAAI3S*	*JASM*	*DASM*	*NASM*	*RP3GSF*

13 Καὶ	ἐκπορευομένου	αὐτοῦ	ἐκ	τοῦ	ἱεροῦ	λέγει	αὐτῷ	εἷς
Y	saliendo$_{2}$	él$_{1}$	de$_{3}$	el$_{4}$	templo$_{5}$	dice$_{10}$	a él:$_{11}$	uno$_{6}$
2532	1607	846	1537	3588	2411	3004	846	1520
CLN	*VPUP-SGM*	*RP3GSM*	*P*	*DGSN*	*NGSN, JGSN*	*VPAI3S*	*RP3DSM*	*JNSM*

τῶν	μαθητῶν	αὐτοῦ·	Διδάσκαλε,	ἴδε	ποταποὶ	λίθοι	καὶ	ποταπαὶ
de los$_{7}$	discípulos$_{8}$	de él$_{9}$	Maestro,	mira	qué clase de	piedras	y	qué clase de
3588	3101	846	1320	1492	4217	3037	2532	4217
DGPM	*NGPM*	*RP3GSM*	*NVSM*	*I, VAAM2S*	*JNPM*	*NNPM*	*CLN*	*JNPF*

οἰκοδομαί.	2 καὶ	ὁ	Ἰησοῦς	εἶπεν	αὐτῷ·	Βλέπεις	ταύτας	τὰς	μεγάλας
edificios.	Y	--	Jesús	dijo	a él:	¿Ves	estos	--	grandes
3619	2532	3588	2424	2036	846	991	3778	3588	3173
NNPF	*CLN*	*DNSM*	*NNSM*	*VAAI3S*	*RP3DSM*	*VPAI2S*	*RD-APF*	*DAPF*	*JAPF*

οἰκοδομάς;	οὐ	μὴ*	ἀφεθῇ	ὧδε	λίθος	ἐπὶ	λίθον	ὃς	οὐ	μὴ*[1]
edificios?	No	no	quedará	aquí	piedra	sobre	piedra	la que	no	no
3619	3756	3361	863	5602	3037	1909	3037	3739	3756	3361
NAPF	*BN, TN*	*BN, TN*	*VAPS3S*	*BP*	*NNSM*	*P*	*NASM*	*RR-NSM*	*BN, TN*	*BN, TN*

καταλυθῇ.
fuera destruida.
2647
VAPS3S

3 Καὶ	καθημένου	αὐτοῦ	εἰς	τὸ	Ὄρος	τῶν	Ἐλαιῶν	κατέναντι
Y	estando sentado$_{2}$	él$_{1}$	en	el	monte	de los	Olivos,	enfrente
2532	2521	846	1519	3588	3735	3588	1636	2713
CLN	*VPUP-SGM*	*RP3GSM*	*P*	*DASN*	*NASN*	*DGPF*	*NGPF*	*P, B*

τοῦ	ἱεροῦ	ἐπηρώτα	αὐτὸν	κατ’	ἰδίαν	Πέτρος	καὶ	Ἰάκωβος	καὶ
del	templo,	preguntaba(n)$_{8}$	a él$_{9}$	en$_{10}$	privado:$_{11}$	Pedro$_{1}$	y$_{2}$	Jacob$_{3}$	y$_{4}$
3588	2411	1905	846	2596	2398	4074	2532	2385	2532
DGSN	*NGSN, JGSN*	*VIAI3S*	*RP3ASM*	*P*	*JASF*	*NNSM*	*CLN*	*NNSM*	*CLN*

Ἰωάννης	καὶ	Ἀνδρέας·	4 Εἰπὸν	ἡμῖν	πότε	ταῦτα	ἔσται,	καὶ	τί
Juan$_{5}$	y$_{6}$	Andrés$_{7}$	Di	a nosotros,	¿cuándo	estas cosas?$_{2}$	será(n)$_{1}$	¿Y	cuál
2491	2532	406	3004	2254	4219	5023	2071	2532	5101
NNSM	*CLN*	*NNSM*	*VAAM2S*	*RP1DP*	*BI*	*RD-NPN*	*VFMI3S*	*CLN*	*RI-NSN*

τὸ	σημεῖον	ὅταν	μέλλῃ	ταῦτα	συντελεῖσθαι	πάντα.	5 ὁ	δὲ
--	señal	cuando	esté(n) a punto de$_{3}$	estas (cosas)$_{2}$	ser completadas?$_{4}$	todas$_{1}$	--$_{2}$	Mas$_{1}$
3588	4592	3752	3195	5023	4931	3956	3588	1161
DNSN	*NNSN*	*CAT*	*VPAS3S*	*RD-NPN*	*VPPN*	*JNPN, JAPN*	*DNSM*	*CLN*

Ἰησοῦς	ἤρξατο	λέγειν	αὐτοῖς·	Βλέπετε	μή	τις	ὑμᾶς	πλανήσῃ·
Jesús$_{3}$	comenzó	a decir	a ellos:	Mirad	(que) no	alguien	a vosotros.$_{2}$	engañe$_{1}$
2424	756	3004	846	991	3361	5100	5209	4105
NNSM	*VAMI3S*	*VPAN*	*RP3DPM*	*VPAM2P*	*CSC, TN*	*RX-NSM*	*RP2AP*	*VAAS3S*

6 πολλοὶ	ἐλεύσονται	ἐπὶ	τῷ	ὀνόματί	μου	λέγοντες	ὅτι	Ἐγώ	εἰμι,
Muchos	vendrán	en	el	nombre	de mí	diciendo	que:	Yo	soy,
4183	2064	1909	3588	3686	3450	3004	3754	1473	1510
JNPM	*VFMI3P*	*P*	*DDSN*	*NDSN*	*RP1GS*	*VPAP-PNM*	*CSC*	*RP1NS*	*VPAI1S*

καὶ	πολλοὺς	πλανήσουσιν.	7 ὅταν	δὲ	ἀκούσητε	πολέμους	καὶ	ἀκοὰς
y	a muchos.$_{2}$	engañarán$_{1}$	cuando$_{2}$	Mas$_{1}$	oyerais	(de) guerras	y	rumores
2532	4183	4105	3752	1161	191	4171	2532	189
CLN	*JAPM*	*VFAI3P*	*CAT*	*CLN*	*VAAS2P*	*NAPM*	*CLN*	*NAPF*

πολέμων,	μὴ	θροεῖσθε·	δεῖ	γενέσθαι,	ἀλλ’	οὔπω	τὸ	τέλος.
de guerras,	no	os asustéis;	debe	suceder,	pero	todavía no (es).$_{3}$	el$_{1}$	fin$_{2}$
4171	3361	2360	1163	1096	235	3768	3588	5056
NGPM	*BN, TN*	*VPPM2P*	*VPAI3S*	*VAMN*	*CLC*	*BN*	*DNSN*	*NNSN*

NVI

echó todo lo que tenía,
todo su sustento».

Señales del fin del mundo

13 Cuando salía
Jesús del tem-
plo, le dijo uno de sus
discípulos:
—¡Mira, Maestro!
¡Qué piedras! ¡Qué
edificios!
2 —¿Ves todos estos
grandiosos edificios?
—contestó Jesús—.
No quedará piedra
sobre piedra; todo será
derribado.
3 Más tarde, estaba
Jesús sentado en el mon-
te de los Olivos, frente
al templo. Y Pedro,
Jacobo, Juan y Andrés le
preguntaron en privado:
4 —Dinos, ¿cuándo
sucederá eso? ¿Y cuál
será la señal de que
todo está a punto de
cumplirse?
5 —Tengan cuidado
de que nadie los engañe
—comenzó Jesús a
advertirles—. 6 Vendrán
muchos que, usando mi
nombre, dirán: "Yo soy",
y engañarán a muchos.
7 Cuando sepan de
guerras y de rumores de
guerras, no se alarmen.
Es necesario que eso
suceda, pero no será
todavía el fin.

13:2*,*1 O sea *de ninguna manera.*

RVR

8 Porque se levantará
nación contra nación,
y reino contra reino.
Habrá terremotos en
diversos lugares, habrá
hambres. Estas cosas
son principio de los do-
lores de alumbramiento.
9 Pero vosotros estad
alerta sobre vosotros
mismos; os entregarán
a los tribunales y seréis
azotados en las sinago-
gas y os harán compare-
cer ante gobernadores
y reyes por causa de mí,
para testimonio a ellos.
10 Pero primero debe ser
proclamado el evangelio
a todas las naciones.
11 Y cuando os conduz-
can para entregaros, no
os preocupéis de ante-
mano por lo que vais a
hablar, sino hablad lo
que se os comunique
en aquel momento;
porque no sois vosotros
los que estáis hablando,
sino el Espíritu Santo.
12 Y entregará a la
muerte hermano a her-
mano, y padre a hijo; se
levantarán hijos contra
padres, y los matarán.
13 Seréis aborrecidos de
todos por causa de mi
nombre; pero el que
persevere hasta el final,
ése será salvo.

8 ἐγερθήσεται	γὰρ	ἔθνος	ἐπ’	ἔθνος	καὶ	βασιλεία	ἐπὶ	βασιλείαν,
se levantará$_2$	Porque$_1$	nación	contra	nación,	y	reino	contra	reino,
1453	1063	1484	1909	1484	2532	932	1909	932
VFPI3S	*CLX*	*NNSN*	*P*	*NASN*	*CLN*	*NNSF*	*P*	*NASF*

ἔσονται	σεισμοὶ	κατὰ	τόπους,	ἔσονται	⸀λιμοί·	ἀρχὴ	ὠδίνων
habrá	terremotos	en	(varios) lugares,	habrá	hambres;	principio$_2$	de dolores de parto.$_3$
2071	4578	2596	5117	2071	3042	746	5604
VFMI3P	*NNPM*	*P*	*NAPM*	*VFMI3P*	*NNPM*	*NNSF*	*NGPF*

ταῦτα.
estas cosas son$_1$
5023
RD-NPN

9 βλέπετε	δὲ	ὑμεῖς	ἑαυτούς·	παραδώσουσιν	ὑμᾶς	εἰς	συνέδρια
mirad$_3$	Mas$_1$	vosotros$_2$	por vosotros mismos;	entregarán	a vosotros	a	los sanedrines
991	1161	5210	1438	3860	5209	1519	4892
VPAM2P	*CLC*	*RP2NP*	*RF2APM*	*VFAI3P*	*RP2AP*	*P*	*NAPN*

καὶ	εἰς	συναγωγὰς	δαρήσεσθε	καὶ	ἐπὶ	ἡγεμόνων	καὶ	βασιλέων
y	en$_2$	(las) sinagogas,$_3$	seréis azotados$_1$	y$_4$	ante$_6$	gobernadores$_7$	y$_8$	reyes$_9$
2532	1519	4864	1194	2532	1909	2232	2532	935
CLN	*P*	*NAPF*	*VFPI2P*	*CLN*	*P*	*NGPM*	*CLN*	*NGPM*

σταθήσεσθε	ἕνεκεν	ἐμοῦ	εἰς	μαρτύριον	αὐτοῖς.	10 καὶ	εἰς	πάντα	τὰ
seréis puestos en pie$_5$	por causa	de mí,	para	testimonio	a ellos.	Y$_1$	a$_7$	todas$_8$	las$_9$
2476	1752	1700	1519	3142	846	2532	1519	3956	3588
VFPI2P	*P, B*	*RP1GS*	*P*	*NASN*	*RP3DPM*	*CLN*	*P*	*JAPN*	*DAPN*

ἔθνη	πρῶτον	δεῖ	κηρυχθῆναι	τὸ	εὐαγγέλιον.	11 καὶ	ὅταν
naciones.$_{10}$	primero$_5$	es necesario$_4$	proclamar$_6$	el$_2$	evangelio$_3$	Y	cuando
1484	4412	1163	2784	3588	2098	2532	3752
NAPN	*B, J*	*VPAI3S*	*VAPN*	*DASN, DNSN*	*NASN, NNSN*	*CLN*	*CAT*

ἄγωσιν	ὑμᾶς	παραδιδόντες,	μὴ	προμεριμνᾶτε	τί	⸀λαλήσητε,
lleven	a vosotros	entregándo(os),	no	os preocupéis de antemano	qué	hablaréis,
71	5209	3860	3361	4305	5101	2980
VPAS3P	*RP2AP*	*VPAP-PNM*	*BN, TN*	*VPAM2P*	*RI-ASN*	*VAAS2P*

ἀλλ’	ὃ	ἐὰν	δοθῇ	ὑμῖν	ἐν	ἐκείνῃ	τῇ	ὥρᾳ	τοῦτο	λαλεῖτε,	οὐ
sino	lo que	--	fuere dado	a vosotros	en	aquella	--	hora,	esto,$_2$	hablad$_1$	no$_5$
235	3739	1437	1325	5213	1722	1565	3588	5610	5124	2980	3756
CLC	*RR-ASN*	*TC*	*VAPS3S*	*RP2DP*	*P*	*RD-DSF*	*DDSF*	*NDSF*	*RD-ASN*	*VPAM2P*	*BN, TN*

γάρ	ἐστε	ὑμεῖς	οἱ	λαλοῦντες	ἀλλὰ	τὸ	πνεῦμα	τὸ	ἅγιον.
porque$_3$	sois$_6$	vosotros$_4$	los que,$_7$	hablan$_8$	sino	el	Espíritu	--	Santo.
1063	2075	5210	3588	2980	235	3588	4151	3588	40
CAZ	*VPAI2P*	*RP2NP*	*DNPM*	*VPAP-PNM*	*CLC*	*DNSN*	*NNSN*	*DNSN*	*JNSN*

12 καὶ	παραδώσει	ἀδελφὸς	ἀδελφὸν	εἰς	θάνατον	καὶ	πατὴρ	τέκνον,
Y$_1$	entregará$_3$	hermano$_2$	a hermano	a	(la) muerte	y	padre	a hijo,
2532	3860	80	80	1519	2288	2532	3962	5043
CLN	*VFAI3S*	*NNSM*	*NASM*	*P*	*NASM*	*CLN*	*NNSM*	*NASN*

καὶ	ἐπαναστήσονται	τέκνα	ἐπὶ	γονεῖς	καὶ	θανατώσουσιν	αὐτούς·
e$_1$	se rebelarán$_3$	hijos$_2$	contra	padres	y	darán muerte	a ellos.
2532	1881	5043	1909	1118	2532	2289	846
CLN	*VFMI3P*	*NNPN*	*P*	*NAPM*	*CLN*	*VFAI3P*	*RP3APM*

13 καὶ	ἔσεσθε	μισούμενοι	ὑπὸ	πάντων	διὰ	τὸ	ὄνομά	μου.	ὁ	δὲ
Y	seréis	aborrecidos	por	todos	a causa de	el	nombre	de mí,	el que$_2$	mas$_1$
2532	2071	3404	5259	3956	1223	3588	3686	3450	3588	1161
CLN	*VFMI2P*	*VPPP-PNM*	*P*	*JGPM*	*P*	*DASN*	*NASN*	*RP1GS*	*DNSM*	*CLC*

ὑπομείνας	εἰς	τέλος	οὗτος	σωθήσεται.
que haya perseverado	hasta	(el) fin,	este	será salvo.
5278	1519	5056	3778	4982
VAAP-SNM	*P*	*NASN*	*RD-NSM*	*VFPI3S*

NVI

8 Se levantará nación
contra nación, y reino
contra reino. Habrá
terremotos por todas
partes; también habrá
hambre. Esto será ape-
nas el comienzo de los
dolores.
9 »Pero ustedes cuí-
dense. Los entregarán a
los tribunales y los azota-
rán en las sinagogas. Por
mi causa comparecerán
ante gobernadores y
reyes para dar testimo-
nio ante ellos.
10 Pero
primero tendrá que
predicarse el evangelio a
todas las naciones.
11 Y,
cuando los arresten y los
sometan a juicio, no se
preocupen de antemano
por lo que van a decir.
Solo declaren lo que se
les dé a decir en ese mo-
mento, porque no serán
ustedes los que hablen,
sino el Espíritu Santo.
12 »El hermano entre-
gará a la muerte al her-
mano, y el padre al hijo.
Los hijos se rebelarán
contra sus padres y les
darán muerte.
13 Todo
el mundo los odiará a
ustedes por causa de mi
nombre, pero el que se
mantenga firme hasta el
fin será salvo.

13:8⸀ Manuscritos inferiores aumentaron *y alborotos*. **13:11**⸀ Manuscritos inferiores aumentaron *ni lo penséis*.

RVR

14 Pero cuando veáis
la abominación de
la desolación de que
habló el profeta Daniel
erigida donde no debe
(el que esté leyendo, que
lo entienda), entonces
los que estén en Judea,
huyan a los montes;
15 el que esté en la azo-
tea, no baje ni entre a
llevarse algo de su casa;
16 y el que haya mar-
chado al campo, no se
vuelva atrás para tomar
su manto.
17 ¡Ay de las que estén
encintas y de las que
estén amamantando en
aquellos días!
18 Orad para que no
suceda en invierno.
19 Porque aquellos días
serán una tribulación,
tal como no la hubo
desde el principio de la
creación que Dios hizo
hasta ahora, ni la habrá
jamás.
20 Y si el Señor no hu-
biese acortado aquellos
días, no se salvaría
ninguna vida, pero en
atención a los escogidos
que él eligió, acortó
los días.
21 Entonces, si alguien
os dice: Mira, aquí está
el Cristo; o: Mira, allí
está, no lo creáis.
22 Porque surgi-
rán falsos cristos y

14Ὅταν	δὲ	ἴδητε	τὸ	βδέλυγμα	τῆς	ἐρημώσεως	ἑστηκότα
cuando$_2$	Mas$_1$	veáis	la	abominación	de la	desolación	que se ha puesto
3752	1161	1492	3588	946	3588	2050	2476
CAT	CLN	VAAS2P	DASN	NASN	DGSF	NGSF	VRAP-SAM

ὅπου	οὐ	δεῖ,	ὁ	ἀναγινώσκων	νοείτω,	τότε	οἱ	ἐν	τῇ
donde	no	debe,	el que	lee	entienda,	entonces	los (que están)	en	--
3699	3756	1163	3588	314	3539	5119	3588	1722	3588
CAL	BN, TN	VPAI3S	DNSM	VPAP-SNM	VPAM3S	B	DNPM	P	DDSF

Ἰουδαίᾳ	φευγέτωσαν	εἰς	τὰ	ὄρη,	15ὁ	ἐπὶ	τοῦ	δώματος	μὴ
Judea	huyan	hacia	los	montes,	el (que)	en	la	azotea,	no
2449	5343	1519	3588	3735	3588	1909	3588	1430	3361
NDSF	VPAM3P	P	DAPN	NAPN	DNSM	P	DGSN	NGSN	BN, TN

ʳκαταβάτω	μηδὲ	εἰσελθάτω	τι	ἆραι	ἐκ	τῆς	οἰκίας	αὐτοῦ,	16καὶ
baje	ni	entre$_1$	algo$_3$	a recoger$_2$	de	la	casa	de él,	y
2597	3366	1525	5100	142	1537	3588	3614	846	2532
VAAM3S	TN, CLD	VAAM3S	RX-ASN	VAAN	P	DGSF	NGSF	RP3GSM	CLN

ὁ	εἰς	τὸν	ἀγρὸν	μὴ	ἐπιστρεψάτω	εἰς	τὰ	ὀπίσω	ἆραι
el (que)	en	el	campo,	no	vuelva	hacia	las cosas	(que quedan) atrás	a recoger
3588	1519	3588	68	3361	1994	1519	3588	3694	142
DNSM	P	DASM	NASM	BN, TN	VAAM3S	P	DAPN	B	VAAN

τὸ	ἱμάτιον	αὐτοῦ.	17οὐαὶ	δὲ	ταῖς	ἐν	γαστρὶ	ἐχούσαις*	καὶ
el	manto	de él.	¡ay de$_2$	Mas,$_1$	las (que)$_3$	en$_5$	(el) vientre$_6$	están teniendo$_4$	y
3588	2440	846	3759	1161	3588	1722	1064	2192	2532
DASN	NASN	RP3GSM	I, T	CLC	DDPF	P	NDSF	VPAP-PDF	CLN

ταῖς	θηλαζούσαις	ἐν	ἐκείναις	ταῖς	ἡμέραις.	18προσεύχεσθε
las que	están amamantando	en	aquellos	--	días!	orad$_2$
3588	2337	1722	1565	3588	2250	4336
DDPF	VPAP-PDF	P	RD-DPF	DDPF	NDPF	VPUM2P

δὲ	ἵνα	μὴ	ʳγένηται	χειμῶνος·	19ἔσονται	γὰρ	αἱ	ἡμέραι	ἐκεῖναι
Y$_1$	para que	no	suceda	(en) invierno,	serán$_5$	porque$_1$	--$_3$	días$_4$	aquellos$_2$
1161	2443	3361	1096	5494	2071	1063	3588	2250	1565
CLN	CSC	BN, TN	VAMS3S	NGSM	VFMI3P	CAZ	DNPF	NNPF	RD-NPF

θλῖψις	οἵα	οὐ	γέγονεν	τοιαύτη	ἀπ’	ἀρχῆς	κτίσεως	ἣν
una aflicción$_6$	como$_8$	no$_9$	ha sucedido$_{10}$	tal$_7$	desde	(el) principio	(de la) creación,	la que$_1$
2347	3634	3756	1096	5108	575	746	2937	3739
NNSF	RR-NSF	BN, TN	VRAI3S	RD-NSF	P	NGSF	NGSF	RR-ASF

ἔκτισεν	ὁ	θεὸς	ἕως	τοῦ	νῦν	καὶ	οὐ	μὴ*	γένηται.	20καὶ	εἰ	μὴ
creó$_4$	--$_3$	Dios$_3$	hasta	--	ahora,	y	no	no	sucederá.	Y$_1$	si$_2$	no$_4$
2936	3588	2316	2193	3588	3568	2532	3756	3361	1096	2532	1487	3361
VAAI3S	DNSM	NNSM	P, C	DGSM	B	CLN	BN, TN	BN, TN	VAMS3S	CLN	CAC	BN, TN

ἐκολόβωσεν	κύριος	τὰς	ἡμέρας,	οὐκ	ἂν	ἐσώθη	πᾶσα	σάρξ.*	ἀλλὰ
acortara$_5$	(el) Señor$_3$	los	días,	no$_3$	--$_4$	sería salva$_5$	toda$_1$	carne,$_2$	sino
2856	2962	3588	2250	3756	302	4982	3956	4561	235
VAAI3S	NNSM	DAPF	NAPF	BN, TN	TC	VAPI3S	JNSF	NNSF	CLC

διὰ	τοὺς	ἐκλεκτοὺς	οὓς	ἐξελέξατο	ἐκολόβωσεν	τὰς	ἡμέρας.
por causa de	los	elegidos	a quienes	escogió,	acortó	los	días.
1223	3588	1588	3739	1586	2856	3588	2250
P	DAPM	JAPM	RR-APM	VAMI3S	VAAI3S	DAPF	NAPF

21καὶ	τότε	ἐάν	τις	ὑμῖν	εἴπῃ·	Ἴδε	ὧδε	ὁ	Χριστός,
Y	entonces	si	alguno	a vosotros:$_2$	dijera$_1$	Mira,	(está) aquí.$_3$	el$_1$	Cristo$_2$
2532	5119	1437	5100	5213	3004	1492	5602	3588	5547
CLN	B	CAC	RX-NSM	RP2DP	VAAS3S	I, VAAM2S	BP	DNSM	NNSM

Ἴδε	ἐκεῖ,	μὴ	πιστεύετε·	22ἐγερθήσονται	γὰρ	ψευδόχριστοι	καὶ
Mira,	(está) allí.	No	creáis.	se levantarán$_5$	Porque$_1$	falsos Cristos$_2$	y$_3$
1492	1563	3361	4100	1453	1063	5580	2532
I, VAAM2S	BP	BN, TN	VPAM2P	VFPI3P	CAZ	NNPM	CLN

NVI

14 »Ahora bien, cuan-
do vean "el horrible sa-
crilegio" donde no debe
estar (el que lee, que
lo entienda), entonces
los que estén en Judea
huyan a las montañas.
15 El que esté en la azotea
no baje ni entre en casa
para llevarse nada. 16 Y
el que esté en el campo
no regrese para buscar
su capa. 17 ¡Ay de las
que estén embarazadas
o amamantando en
aquellos días! 18 Oren
para que esto no suceda
en invierno, 19 porque
serán días de tribulación
como no la ha habido
desde el principio,
cuando Dios creó el
mundo, ni la habrá
jamás. 20 Si el Señor no
hubiera acortado esos
días, nadie sobreviviría.
Pero, por causa de los
que él ha elegido, los ha
acortado. 21 Entonces,
si alguien les dice a
ustedes: "¡Miren,
aquí está el Cristo!"
o "¡Miren, allí está!",
no lo crean. 22 Porque
surgirán falsos Cristos y

13:15ʳ Manuscritos inferiores aumentaron *a la casa.* **13:17*** O sea *embarazadas.* **13:18**ʳ Manuscritos inferiores aumentaron *la huida de vosotros.* **13:19*** O sea *de ninguna manera.* **13:20*** O sea *nadie sería salvo.*

RVR

falsos profetas y harán
señales y prodigios a fin
de extraviar, de ser posi-
ble, a los elegidos.
23 Vosotros, pues,
estad sobre aviso; os
lo he dicho todo por
anticipado.

La venida del Hijo del Hombre

24 Pero en esos días,
después de aquella
tribulación, el sol se
oscurecerá y la luna no
dará su resplandor;
25 las estrellas estarán
cayendo del cielo, y los
poderes que hay en los
cielos serán sacudidos.
26 Y entonces verán al
Hijo del Hombre que
viene en las nubes con
gran poder y gloria.
27 Entonces enviará a
los ángeles, y reunirá de
los cuatro vientos a sus
elegidos, desde el extre-
mo de la tierra hasta el
extremo del cielo.
28 De la higuera
aprended la parábola:
Cuando ya su rama se
vuelve tierna y brotan
las hojas, conocéis que
el verano está cerca.
29 Así también vosotros,
cuando veáis que
suceden estas cosas,

ψευδοπροφῆται	καὶ	δώσουσιν	σημεῖα	καὶ	τέρατα	πρὸς	τὸ	ἀποπλανᾶν
falsos profetas$_{4}$	y	darán	señales	y	prodigios	para	--	desviar,
5578	2532	1325	4592	2532	5059	4314	3588	635
NNPM	*CLN*	*VFAI3P*	*NAPN*	*CLN*	*NAPN*	*P*	*DASN*	*VPAN*

εἰ	δυνατὸν	τοὺς	ἐκλεκτούς·	23 ὑμεῖς	δὲ	βλέπετε·	προείρηκα
si	(fuere) posible	a los	escogidos.	vosotros$_{2}$	Mas$_{1}$	mirad.$_{3}$	He dicho de antemano
1487	1415	3588	1588	5210	1161	991	4280
CAC	*JNSN*	*DAPM*	*JAPM*	*RP2NP*	*CLC*	*VPAM2P*	*VRAI1S*

ὑμῖν	πάντα.
a vosotros.$_{2}$	todas las cosas$_{1}$
5213	3956
RP2DP	*JAPN*

24 Ἀλλὰ	ἐν	ἐκείναις	ταῖς	ἡμέραις	μετὰ	τὴν	θλῖψιν	ἐκείνην	ὁ
Pero	en	aquellos	--	días	después de	la	aflicción,$_{2}$	aquella$_{1}$	el
235	1722	1565	3588	2250	3326	3588	2347	1565	3588
CLC	*P*	*RD-DPF*	*DDPF*	*NDPF*	*P*	*DASF*	*NASF*	*RD-ASF*	*DNSM*

ἥλιος	σκοτισθήσεται,	καὶ	ἡ	σελήνη	οὐ	δώσει	τὸ	φέγγος	αὐτῆς,
sol	se oscurecerá	y	la	luna	no	dará	el	brillo	de ella,
2246	4654	2532	3588	4582	3756	1325	3588	5338	846
NNSM	*VFPI3S*	*CLN*	*DNSF*	*NNSF*	*BN, TN*	*VFAI3S*	*DASN*	*NASN*	*RP3GSF*

25 καὶ	οἱ	ἀστέρες	ἔσονται	ἐκ	τοῦ	οὐρανοῦ	πίπτοντες,	καὶ	αἱ
y	las	estrellas	estarán$_{1}$	de$_{3}$	el$_{4}$	cielo,$_{5}$	cayendo$_{2}$	y	los
2532	3588	792	2071	1537	3588	3772	4098	2532	3588
CLN	*DNPM*	*NNPM*	*VFMI3P*	*P*	*DGSM*	*NGSM*	*VPAP-PNM*	*CLN*	*DNPF*

δυνάμεις	αἱ	ἐν	τοῖς	οὐρανοῖς	σαλευθήσονται.	26 καὶ	τότε
poderes,	los (que están)	en	los	cielos	serán sacudidos.	Y	entonces
1411	3588	1722	3588	3772	4531	2532	5119
NNPF	*DNPF*	*P*	*DDPM*	*NDPM*	*VFPI3P*	*CLN*	*B*

ὄψονται	τὸν	υἱὸν	τοῦ	ἀνθρώπου	ἐρχόμενον	ἐν	νεφέλαις	μετὰ
verán	al	Hijo	del	Hombre	viniendo	en	(las) nubes	con
3700	3588	5207	3588	444	2064	1722	3507	3326
VFMI3P	*DASM*	*NASM*	*DGSM*	*NGSM*	*VPUP-SAM*	*P*	*NDPF*	*P*

δυνάμεως	πολλῆς	καὶ	δόξης·	27 καὶ	τότε	ἀποστελεῖ	τοὺς	ἀγγέλους	καὶ
poder$_{2}$	mucho$_{1}$	y	gloria.	Y	entonces	enviará	a los	ángeles	y
1411	4183	2532	1391	2532	5119	649	3588	32	2532
NGSF	*JGSF*	*CLN*	*NGSF*	*CLN*	*B*	*VFAI3S*	*DAPM*	*NAPM*	*CLN*

ἐπισυνάξει	τοὺς	ἐκλεκτοὺς	ἐκ	τῶν	τεσσάρων	ἀνέμων	ἀπ᾽	ἄκρου
juntarán	a los	elegidos	de	los	cuatro	vientos,	desde	(el) extremo
1996	3588	1588	1537	3588	5064	417	575	206
VFAI3S	*DAPM*	*JAPM*	*P*	*DGPM*	*JGPM*	*NGPM*	*P*	*NGSN*

γῆς	ἕως	ἄκρου	οὐρανοῦ.
de (la) tierra	hasta	(el) extremo	de(l) cielo.
1093	2193	206	3772
NGSF	*P, C*	*NGSN*	*NGSM*

28 Ἀπὸ	δὲ	τῆς	συκῆς	μάθετε	τὴν	παραβολήν·	ὅταν	ἤδη	ὁ
de$_{5}$	Mas$_{1}$	la$_{6}$	higuera:$_{7}$	aprended$_{2}$	la$_{3}$	parábola$_{4}$	Cuando$_{8}$	ya$_{12}$	la$_{9}$
575	1161	3588	4808	3129	3588	3850	3752	2235	3588
P	*CLT*	*DGSF*	*NGSF*	*VAAM2P*	*DASF*	*NASF*	*CAT*	*B*	*DNSM*

κλάδος	αὐτῆς	ἁπαλὸς	γένηται	καὶ	ἐκφύῃ	τὰ	φύλλα,	γινώσκετε
rama$_{10}$	de ella$_{11}$	tierna,$_{14}$	llegue a estar$_{13}$	y$_{15}$	brota$_{16}$	las$_{17}$	hojas,$_{18}$	conoced$_{19}$
2798	846	527	1096	2532	1631	3588	5444	1097
NNSM	*RP3GSF*	*JNSM*	*VAMS3S*	*CLN*	*VPAS3S*	*DAPN*	*NAPN*	*VPAI2P*

ὅτι	ἐγγὺς	τὸ	θέρος	ἐστίν·	29 οὕτως	καὶ	ὑμεῖς,	ὅταν	ἴδητε	ταῦτα
que$_{20}$	cerca;$_{24}$	el$_{21}$	verano$_{22}$	está$_{23}$	así	también	vosotros,	cuando	veáis	estas cosas,$_{2}$
3754	1451	3588	2330	2076	3779	2532	5210	3752	1492	5023
CSC	*B*	*DNSN*	*NNSN*	*VPAI3S*	*B*	*BE, TE*	*RP2NP*	*CAT*	*VAAS2P*	*RD-APN*

NVI

falsos profetas que harán
señales y milagros para
engañar, de ser posible,
aun a los elegidos. 23 Así
que tengan cuidado; los
he prevenido de todo.
24 »Pero en aquellos
días, después de esa
tribulación,

»"se oscurecerá el sol
y no brillará más la
luna;
25 las estrellas caerán
del cielo
y los cuerpos celestes
serán sacudidos".

26 »Verán entonces al
Hijo del hombre venir
en las nubes con gran
poder y gloria. 27 Y él
enviará a sus ángeles
para reunir de los cuatro
vientos a los elegidos,
desde los confines de la
tierra hasta los confines
del cielo.
28 »Aprendan de la
higuera esta lección:
Tan pronto como se
ponen tiernas sus ramas
y brotan sus hojas, uste-
des saben que el verano
está cerca. 29 Igualmente,
cuando vean que
suceden estas cosas,

RVR

conoced que está cerca,
a las puertas.
30 En verdad os digo que
de ningún modo pasará
esta generación hasta
que todas estas cosas
sucedan.
31 El cielo y la tierra pa-
sarán, pero mis palabras
no pasarán.
32 Pero de aquel día o de
aquella hora, nadie sabe,
ni los ángeles en el cielo,
ni el Hijo, sino sólo el
Padre.
33 Estad atentos, velad y
orad; porque no sabéis
cuándo es el tiempo
señalado.
34 Es como un hombre
que se fue de viaje y, al
dejar su casa, dio atri-
buciones a sus siervos,
a cada uno su tarea, y
encargó al portero que
velara.
35 Por tanto, velad; por-
que no sabéis cuándo
viene el dueño de la
casa, si al atardecer, a la
medianoche, al canto
del gallo, o de madru-
gada;
36 no sea que venga de
repente y os encuentre
durmiendo.
37 Lo que os digo a vo-
sotros, lo digo a todos:
Velad.

γινόμενα, γινώσκετε ὅτι ἐγγύς ἐστιν ἐπὶ θύραις. 30 ἀμὴν λέγω ὑμῖν
sucediendo₁ conoced₃ que₄ cerca₆ está₅ a (las) puertas. De cierto digo a vosotros
1096 1097 3754 1451 2076 1909 2374 281 3004 5213
VPUP-PAN VPAM2P CSC B VPAI3S P NDPF XF, B VPAI1S RP2DP

ὅτι οὐ μὴ* παρέλθῃ ἡ γενεὰ αὕτη μέχρις οὗ ταῦτα πάντα
que no₄ no₅ pasará,₆ --₁ generación₃ esta₂ hasta que estas cosas.₃ todas₂
3754 3756 3361 3928 3588 1074 3778 3360 3739 5023 3956
CSC BN, TN BN, TN VAAS3S DNSF NNSF RD-NSF P, B RR-GSM RD-NPN JNPN

γένηται. 31 ὁ οὐρανὸς καὶ ἡ γῆ παρελεύσονται, οἱ δὲ λόγοι
sucediera(n)₁ El cielo y la tierra pasarán, las₂ pero₁ palabras
1096 3588 3772 2532 3588 1093 3928 3588 1161 3056
VAMS3S DNSM NNSM CLN DNSF NNSF VFMI3P DNPM CLC NNPM

μου οὐ μὴ* παρελεύσονται.
de mí no no pasarán.
3450 3756 3361 3928
RP1GS BN, TN BN, TN VFMI3P

32 Περὶ δὲ τῆς ἡμέρας ἐκείνης ἢ τῆς ὥρας οὐδεὶς οἶδεν, οὐδὲ
acerca de₂ Mas₁ --₄ día₅ aquel₃ o la hora nadie sabe, ni
4012 1161 3588 2250 1565 2228 3588 5610 3762 1492 3761
P CLN DGSF NGSF RD-GSF CLD DGSF NGSF JNSM VRAI3S BN, TN

οἱ ἄγγελοι ἐν οὐρανῷ οὐδὲ ὁ υἱός, εἰ μὴ ὁ πατήρ.
los ángeles en (el) cielo ni el Hijo, si no el Padre.
3588 32 1722 3772 3761 3588 5207 1487 3361 3588 3962
DNPM NNPM P NDSM TN, CLD DNSM NNSM CAC BN, TN DNSM NNSM

33 βλέπετε ⸀ἀγρυπνεῖτε, οὐκ οἴδατε γὰρ πότε ὁ καιρός ἐστιν·
Mirad, velad, no₂ sabéis₃ porque₁ cuándo₄ el₅ tiempo.₇ es₆
991 69 3756 1492 1063 4219 3588 2540 2076
VPAM2P VPAM2P BN, TN VRAI2P CAZ B DNSM NNSM VPAI3S

34 ὡς ἄνθρωπος ἀπόδημος ἀφεὶς τὴν οἰκίαν αὐτοῦ καὶ δοὺς
(Es) como un hombre que se ha ido de viaje, dejando la casa de él y habiendo dado
5613 444 590 863 3588 3614 846 2532 1325
CAM NNSM JNSM VAAP-SNM DASF NASF RP3GSM CLN VAAP-SNM

τοῖς δούλοις αὐτοῦ τὴν ἐξουσίαν, ἑκάστῳ τὸ ἔργον αὐτοῦ, καὶ τῷ
a los siervos de él la autoridad, a cada uno la obra de él, y al
3588 1401 846 3588 1849 1538 3588 2041 846 2532 3588
DDPM NDPM RP3GSM DASF NASF JDSM DASN NASN RP3GSM CLN DDSM

θυρωρῷ ἐνετείλατο ἵνα γρηγορῇ. 35 γρηγορεῖτε οὖν, οὐκ οἴδατε γὰρ
portero mandó que vigilara. vigilad,₂ Así que,₁ no sabéis porque
2377 1781 2443 1127 1127 3767 3756 1492 1063
NDSM VAMI3S CSC VPAS3S VPAM2P CLI BN, TN VRAI2P CAZ

πότε ὁ κύριος τῆς οἰκίας ἔρχεται, ἢ ὀψὲ ἢ μεσονύκτιον
cuándo el señor de la casa viene o tarde en el día o a media noche
4219 3588 2962 3588 3614 2064 2228 3796 2228 3317
B DNSM NNSM DGSF NGSF VPUI3S CLK B CLK, CLD NASN

ἢ ἀλεκτοροφωνίας ἢ πρωΐ, 36 μὴ ἐλθὼν
o antes del alba o de madrugada; no (sea que) habiendo venido
2228 219 2228 4404 3361 2064
CLK, CLD NGSF CLK, CLD B CAP, TN VAAP-SNM

ἐξαίφνης εὕρῃ ὑμᾶς καθεύδοντας. 37 ὃ δὲ ὑμῖν λέγω πᾶσιν
repentinamente encontrara a vosotros durmiendo. lo que₂ Mas₁ a vosotros,₄ digo₃ a todos
1810 2147 5209 2518 3739 1161 5213 3004 3956
B VAAS3S RP2AP VPAP-PAM RR-ASN CLN RP2DP VPAI1S JDPM

λέγω. γρηγορεῖτε.
digo: ¡Vigilad!
3004 1127
VPAI1S VPAM2P

NVI

sepan que el tiempo está
cerca, a las puertas. 30 Les
aseguro que no pasará
esta generación hasta
que todas estas cosas
sucedan. 31 El cielo y la
tierra pasarán, pero mis
palabras jamás pasarán.

Se desconocen el día y la hora

32 »Pero, en cuanto
al día y la hora, nadie
lo sabe, ni siquiera los
ángeles en el cielo, ni el
Hijo, sino solo el Padre.
33 ¡Estén alerta! ¡Vigilen!
Porque ustedes no
saben cuándo llegará ese
momento. 34 Es como
cuando un hombre sale
de viaje y deja su casa al
cuidado de sus siervos,
cada uno con su tarea, y
le manda al portero que
vigile.
35 »Por lo tanto,
manténganse despiertos,
porque no saben cuán-
do volverá el dueño de la
casa, si al atardecer, o a la
medianoche, o al canto
del gallo, o al amanecer;
36 no sea que venga de
repente y los encuentre
dormidos. 37 Lo que les
digo a ustedes, se lo digo
a todos: ¡Manténganse
despiertos!»

13:30*, 31* O sea *de ninguna manera.* **13:33⸀** Manuscritos inferiores aumentaron *y orad.*

RVR

El complot para prender a Jesús

14 Faltaban dos
días para la pas-
cua y para la fiesta de los
panes sin levadura; y los
principales sacerdotes
y los escribas buscaban
la manera de prender a
Jesús con engaño para
darle muerte;
2 pues decían: No
durante la fiesta, no sea
que haya un tumulto del
pueblo.

Jesucristo es ungido en Betania

3 Estando él en Betania,
en la casa de Simón el
leproso, sentado a la
mesa, vino una mujer
con un vaso de alabastro
de perfume de nardo
puro, de mucho precio;
quebró el vaso de
alabastro, y derramó el
perfume sobre la cabeza
de él.
4 Pero había algunos que
se decían entre sí, indig-
nados: ¿Para qué se ha
hecho este derroche de
perfume?
5 Porque este perfu-
me podía haber sido
vendido por más de
trescientos denarios, y
haberse dado a los po-
bres. Y estaban irritados
contra ella.
6 Pero Jesús dijo:
Dejadla; ¿por qué la
molestáis? Ha realizado
en mí una buena obra.
7 Porque a los pobres
siempre los tenéis con
vosotros, y les podéis

14 Ἦν	δὲ	τὸ	πάσχα	καὶ	τὰ	ἄζυμα	μετὰ	δύο	ἡμέρας.
eras$_5$	Y$_1$	la$_6$	Pascua$_7$	y$_8$	los$_9$	ázimos.$_{10}$	después de$_2$	dos$_3$	días$_4$
2258	1161	3588	3957	2532	3588	106	3326	1417	2250
VIAI3S	*CLT*	*DNSN*	*NNSN, XF*	*CLN*	*DNPN*	*JNPN*	*P*	*XN, J*	*NAPF*

καὶ	ἐζήτουν	οἱ	ἀρχιερεῖς	καὶ	οἱ	γραμματεῖς	πῶς	αὐτὸν	ἐν
Y$_{11}$	buscaban$_{17}$	los$_{12}$	principales sacerdotes$_{13}$	y$_{14}$	los$_{15}$	escribas$_{16}$	cómo$_{18}$	a él$_{20}$	con$_{21}$
2532	2212	3588	749	2532	3588	1122	4459	846	1722
CLN	*VIAI3P*	*DNPM*	*NNPM*	*CLN*	*DNPM*	*NNPM*	*B*	*RP3ASM*	*P*

δόλῳ	κρατήσαντες	ἀποκτείνωσιν,	2 ἔλεγον	γάρ·	Μὴ	ἐν	τῇ	ἑορτῇ,
engaño$_{22}$	habiendo prendido$_{19}$	mataran.$_{23}$	decían:$_2$	Porque$_1$	No	en	la	fiesta,
1388	2902	615	3004	1063	3361	1722	3588	1859
NDSM	*VAAP-PNM*	*VPAS3P*	*VIAI3P*	*CAZ*	*BN, TN*	*P*	*DDSF*	*NDSF*

μήποτε	ἔσται	θόρυβος	τοῦ	λαοῦ.
no sea que	habrá	un tumulto	del	pueblo.
3379	2071	2351	3588	2992
CAP	*VFMI3S*	*NNSM*	*DGSM*	*NGSM*

3 Καὶ	ὄντος	αὐτοῦ	ἐν	Βηθανίᾳ	ἐν	τῇ	οἰκίᾳ	Σίμωνος	τοῦ
Y$_1$	estando$_3$	él$_2$	en	Betania,	en	la	casa	de Simón	el
2532	5607	846	1722	963	1722	3588	3614	4613	3588
CLN	*VPAP-SGM*	*RP3GSM*	*P*	*NDSF*	*P*	*DDSF*	*NDSF*	*NGSM*	*DGSM*

λεπροῦ	κατακειμένου	αὐτοῦ	ἦλθεν	γυνὴ	ἔχουσα	ἀλάβαστρον
leproso,	estando reclinado a la mesa$_2$	él$_1$	vino$_4$	una mujer$_3$	teniendo	un frasco de alabastro
3015	2621	846	2064	1135	2192	211
JGSM	*VPUP-SGM*	*RP3GSM*	*VAAI3S*	*NNSF*	*VPAP-SNF*	*NASF, NASN*

μύρου	νάρδου	πιστικῆς	πολυτελοῦς·	συντρίψασα	τὴν	ἀλάβαστρον
de perfume	de nardo	puro	costoso;	habiendo quebrado	el	frasco de alabastro,
3464	3487	4101	4185	4937	3588	211
NGSN	*NGSF*	*JGSF*	*JGSF*	*VAAP-SNF*	*DASF*	*NASF, NASN*

κατέχεεν	αὐτοῦ	τῆς	κεφαλῆς.	4 ἦσαν	δέ	τινες	ἀγανακτοῦντες
derramó	de él	(sobre) la	cabeza.	estaban$_3$	Y$_1$	algunos$_2$	indignados
2708	846	3588	2776	2258	1161	5100	23
VAAI3S	*RP3GSM*	*DGSF*	*NGSF*	*VIAI3P*	*CLC*	*RX-NPM*	*VPAP-PNM*

πρὸς	ἑαυτούς·	Εἰς	τί	ἡ	ἀπώλεια	αὕτη	τοῦ	μύρου	γέγονεν;
a	sí mismos:	¿Para	qué	el$_2$	desperdicio$_3$	este$_5$	de --$_4$	perfume?$_6$	ha sucedido$_1$
4314	1438	1519	5101	3588	684	3778	3588	3464	1096
P	*RF3APM*	*P*	*RI-ASN*	*DNSF*	*NNSF*	*RD-NSF*	*DGSN*	*NGSN*	*VRAI3S*

5 ἠδύνατο	γὰρ	τοῦτο	τὸ	μύρον	πραθῆναι	ἐπάνω	δηναρίων
podía$_5$	Porque$_1$	este$_2$	--$_3$	perfume$_4$	ser vendido$_6$	por más de$_7$	denarios$_9$
1410	1063	5124	3588	3464	4097	1883	1220
VIUI3S	*CAZ*	*RD-NSN*	*DNSN*	*NNSN*	*VAPN*	*B, P*	*NGPN*

τριακοσίων	καὶ	δοθῆναι	τοῖς	πτωχοῖς·	καὶ	ἐνεβριμῶντο	αὐτῇ.	6 ὁ
trescientos$_8$	y	ser dado	a los	pobres;	y	estaban irritados	con ella.	--$_2$
5145	2532	1325	3588	4434	2532	1690	846	3588
JGPN, JGPM	*CLN*	*VAPN*	*DDPM*	*JDPM*	*CLN*	*VIUI3P*	*RP3DSF*	*DNSM*

δὲ	Ἰησοῦς	εἶπεν·	Ἄφετε	αὐτήν·	τί	αὐτῇ	κόπους	παρέχετε;	καλὸν
Mas$_1$	Jesús	dijo:	Dejad	a ella,	¿por qué	a ella?$_3$	molestias$_2$	causáis$_1$	buena$_5$
1161	2424	2036	863	846	5101	846	2873	3930	2570
CLC	*NNSM*	*VAAI3S*	*VAAM2P*	*RP3ASF*	*RI-ASN*	*RP3DSF*	*NAPM*	*VPAI2P*	*JASN*

ἔργον	ἠργάσατο	ἐν	ἐμοί·	7 πάντοτε	γὰρ	τοὺς	πτωχοὺς	ἔχετε	μεθ'
obra$_6$	Realizó$_4$	con$_7$	mí.$_8$	siempre$_4$	Porque$_1$	a los$_2$	pobres$_3$	tenéis$_5$	con$_6$
2041	2038	1722	1698	3842	1063	3588	4434	2192	3326
NASN	*VAMI3S*	*P*	*RP1DS*	*B*	*CAZ*	*DAPM*	*JAPM*	*VPAI2P*	*P*

ἑαυτῶν,	καὶ	ὅταν	θέλητε	δύνασθε	αὐτοῖς	εὖ	ποιῆσαι,	ἐμὲ	δὲ
vosotros mismos,$_7$	y$_8$	cuando$_{13}$	queráis,$_{14}$	podéis$_{10}$	a ellos$_{12}$	bien$_9$	hacer$_{11}$	a mí,$_{19}$	mas$_{15}$
1438	2532	3752	2309	1410	846	2095	4160	1691	1161
RF2GPM	*CLN*	*CAT*	*VPAS2P*	*VPUI2P*	*RP3DPM*	*B*	*VAAN*	*RP1AS*	*CLC*

NVI

Una mujer unge a Jesús en Betania

14 Faltaban solo
dos días para la
Pascua y para la fiesta de
los Panes sin levadura.
Los jefes de los sacerdo-
tes y los maestros de la
ley buscaban con arti-
mañas cómo arrestar a
Jesús para matarlo. 2 Por
eso decían: «No duran-
te la fiesta, no sea que se
amotine el pueblo».
3 En Betania, mien-
tras estaba él sentado a la
mesa en casa de Simón
llamado el Leproso,
llegó una mujer con un
frasco de alabastro lleno
de un perfume muy
costoso, hecho de nardo
puro. Rompió el frasco
y derramó el perfume
sobre la cabeza de Jesús.
4 Algunos de los
presentes comentaban
indignados:
—¿Para qué este
desperdicio de perfume?
5 Podía haberse vendido
por muchísimo dinero
para darlo a los pobres.
Y la reprendían con
severidad.
6 —Déjenla en paz
—dijo Jesús—. ¿Por
qué la molestan? Ella ha
hecho una obra hermosa
conmigo. 7 A los pobres
siempre los tendrán con
ustedes, y podrán ayu-
darlos cuando quieran;

RVR

hacer bien cuando
queráis, pero a mí no
siempre me tendréis.
8 Ella ha hecho lo que
ha podido; se ha antici-
pado a ungir mi cuerpo
para el sepelio.
9 Y en verdad os digo:
Dondequiera que se
proclame el evangelio, en
el mundo entero, se dirá
también en memoria de
ella lo que ha hecho.

Judas se ofrece a entregar a Jesús

10 Entonces Judas
Iscariote, uno de los
doce, fue a los princi-
pales sacerdotes para
entregarlo a ellos a
traición.
11 Ellos, al oírle, se
alegraron y prometie-
ron darle dinero; y él
andaba buscando la ma-
nera de entregarlo en un
momento oportuno.

Institución de la Cena del Señor

12 El primer día de la
fiesta de los panes sin le-
vadura, cuando estaban
sacrificando el cordero
pascual, le dicen sus dis-
cípulos: ¿Dónde quieres
que vayamos a preparar
para que comas la
pascua?
13 Envía entonces a dos de
sus discípulos y les dice:
Id a la ciudad, y os saldrá
al encuentro un hombre
llevando un cántaro de
agua; seguidle,
14 y donde él entre,
decid al dueño de la

οὐ πάντοτε ἔχετε· 8 ὃ ἔσχεν ἐποίησεν, προέλαβεν μυρίσαι
no$_{16}$ siempre$_{17}$ tenéis$_{18}$ lo que$_2$ tuvo (pudo);$_3$ Hizo$_1$ se adelantó a ungir
3756 3842 2192 3739 2192 4160 4301 3462
BN, TN B VPAI2P RR-ASN VAAI3S VAAI3S VAAI3S VAAN

τὸ σῶμά μου εἰς τὸν ἐνταφιασμόν. 9 ἀμὴν δὲ λέγω ὑμῖν, ὅπου
el cuerpo de mí para la sepultura. de cierto$_2$ Mas$_1$ digo a vosotros: Donde
3588 4983 3450 1519 3588 1780 281 1161 3004 5213 3699
DASN NASN RP1GS P DASM NASM XF, B CLN VPAI1S RP2DP CAL

ἐὰν κηρυχθῇ τὸ ⸀εὐαγγέλιον εἰς ὅλον τὸν κόσμον, καὶ ὃ
-- fuera proclamado$_3$ el$_1$ evangelio$_2$ en$_4$ todo$_5$ el$_6$ mundo,$_7$ también$_{11}$ lo que$_8$
1437 2784 3588 2098 1519 3650 3588 2889 2532 3739
TC VAPS3S DNSN NNSN P JASM DASM NASM BE, TE RR-ASN

ἐποίησεν αὕτη λαληθήσεται εἰς μνημόσυνον αὐτῆς.
hizo$_{10}$ esta$_9$ será hablado$_{12}$ para recuerdo de ella.
4160 846 2980 1519 3422 846
VAAI3S RD-NSF VFPI3S P NASN RP3GSF

10 Καὶ Ἰούδας Ἰσκαριὼθ ὁ εἷς τῶν δώδεκα ἀπῆλθεν πρὸς τοὺς
Y Judas Iscariote, -- uno de los doce, fue a los
2532 2455 2469 3588 1520 3588 1427 565 4314 3588
CLN NNSM NNSM, XP DNSM JNSM DGPM XN, J VAAI3S P DAPM

ἀρχιερεῖς ἵνα αὐτὸν παραδοῖ αὐτοῖς. 11 οἱ δὲ ἀκούσαντες
principales sacerdotes para que$_1$ a él$_3$ entregara$_2$ a ellos.$_4$ --$_2$ Y$_1$ habiendo oído
749 2443 846 3860 846 3588 1161 191
NAPM CAP RP3ASM VAAS3S RP3DPM DNPM CLN VAAP-PNM

ἐχάρησαν καὶ ἐπηγγείλαντο αὐτῷ ἀργύριον δοῦναι. καὶ ἐζήτει πῶς
se alegraron, y prometieron a él plata.$_2$ dar$_1$ Y buscaba cómo$_1$
5463 2532 1861 846 694 1325 2532 2212 4459
VAPI3P CLN VAUI3P RP3DSM NASN VAAN CLN VIAI3S B

αὐτὸν εὐκαίρως παραδοῖ.
a él.$_4$ oportunamente$_2$ entregara$_3$
846 2122 3860
RP3ASM B VAAS3S

12 Καὶ τῇ πρώτῃ ἡμέρᾳ τῶν ἀζύμων, ὅτε τὸ πάσχα ἔθυον,
Y en el primer día de los ázimos, cuando la$_2$ Pascua,$_3$ sacrificaban$_1$
2532 3588 4413 2250 3588 106 3753 3588 3957 2380
CLN DDSF JDSF NDSF DGPN JGPN CAT DASN NASN, XF VIAI3P

λέγουσιν αὐτῷ οἱ μαθηταὶ αὐτοῦ· Ποῦ θέλεις ἀπελθόντες
dicen$_7$ a él:$_8$ los$_4$ discípulos$_5$ de él$_6$ ¿Dónde quieres habiendo ido (que vayamos)
3004 846 3588 3101 846 4226 2309 565
VPAI3P RP3DSM DNPM NNPM RP3GSM BI VPAI2S VAAP-PNM

ἑτοιμάσωμεν ἵνα φάγῃς τὸ πάσχα; 13 καὶ ἀποστέλλει δύο
(y) preparemos para que comas la Pascua? Y envía dos
2090 2443 5315 3588 3957 2532 649 1417
VAAS1P CSC VAAS2S DASN NASN, XF CLN VPAI3S XN, J

τῶν μαθητῶν αὐτοῦ καὶ λέγει αὐτοῖς· Ὑπάγετε εἰς τὴν πόλιν,
de los discípulos de él y dice a ellos: Id hacia la ciudad,
3588 3101 846 2532 3004 846 5217 1519 3588 4172
DGPM NGPM RP3GSM CLN VPAI3S RP3DPM VPAM2P P DASF NASF

καὶ ἀπαντήσει ὑμῖν ἄνθρωπος κεράμιον ὕδατος βαστάζων·
y saldrá al encuentro (de) vosotros un hombre$_1$ una vasija$_3$ de agua;$_4$ cargando$_2$
2532 528 5213 444 2765 5204 941
CLN VFAI3S RP2DP NNSM NASN NGSN VPAP-SNM

ἀκολουθήσατε αὐτῷ, 14 καὶ ὅπου ἐὰν εἰσέλθῃ εἴπατε τῷ
seguid a él, y donde -- entrara decid al
190 846 2532 3699 1437 1525 2036 3588
VAAM2P RP3DSM CLN CAL TC VAAS3S VAAM2P DDSM

NVI

pero a mí no me van a
tener siempre. 8 Ella hizo
lo que pudo. Ungió mi
cuerpo de antemano,
preparándolo para la
sepultura. 9 Les aseguro
que en cualquier parte
del mundo donde se
predique el evangelio,
se contará también, en
memoria de esta mujer,
lo que ella hizo.
10 Judas Iscariote, uno
de los doce, fue a los
jefes de los sacerdotes
para entregarles a Jesús.
11 Ellos se alegraron al
oírlo, y prometieron
darle dinero. Así que él
buscaba la ocasión pro-
picia para entregarlo.

La Cena del Señor

12 El primer día de la
fiesta de los Panes sin
levadura, cuando se
acostumbraba sacrificar
el cordero de la Pascua,
los discípulos le pregun-
taron a Jesús:
—¿Dónde quieres
que vayamos a hacer los
preparativos para que
comas la Pascua?
13 Él envió a dos de
sus discípulos con este
encargo:
—Vayan a la ciudad
y les saldrá al encuen-
tro un hombre que
lleva un cántaro de agua.
Síganlo, 14 y allí donde
entre díganle al dueño:

14:9⸀ Manuscritos inferiores aumentaron *este.*

RVR

casa: El Maestro dice:
¿Dónde está mi apo-
sento, en el cual pueda
comer la pascua con mis
discípulos?
15 Y él os mostrará
un aposento grande
en el piso superior,
amueblado y prepara-
do; hacednos allí los
preparativos.
16 Salieron los discípu-
los, llegaron a la ciudad
y encontraron tal como
les había dicho, y prepa-
raron la pascua.
17 Al atardecer, llega con
los doce.
18 Y cuando estaban
sentados a la mesa
comiendo, dijo Jesús:
En verdad os digo que
uno de vosotros me trai-
cionará, uno que está
comiendo conmigo.
19 Ellos comenzaron a
entristecerse y a decirle
uno por uno: ¿Acaso
yo?
20 Él les dijo: Uno de
los doce, uno que moja
conmigo en el plato.
21 Porque el Hijo del
Hombre se va, tal
como está escrito de
él; pero ¡ay de aquel
hombre por medio
del cual es traicionado
el Hijo del Hombre!

οἰκοδεσπότῃ	ὅτι	Ὁ	διδάσκαλος	λέγει·	Ποῦ	ἐστιν	τὸ	κατάλυμά
dueño de casa	que	el	Maestro	dice:	¿Dónde	está	el	albergue
3617	3754	3588	1320	3004	4226	2076	3588	2646
NDSM	*CSC*	*DNSM*	*NNSM*	*VPAI3S*	*BI*	*VPAI3S*	*DNSN*	*NNSN*

μου	ὅπου	τὸ	πάσχα	μετὰ	τῶν	μαθητῶν	μου	φάγω;	15 καὶ
de mí,	donde$_1$	la$_3$	Pascua$_4$	con$_5$	los$_6$	discípulos$_7$	de mí?$_8$	comiera (comeré)$_2$	Y
3450	3699	3588	3957	3326	3588	3101	3450	5315	2532
RP1GS	*CAL, B*	*DASN*	*NASN, XF*	*P*	*DGPM*	*NGPM*	*RP1GS*	*VAAS1S*	*CLN*

αὐτὸς	ὑμῖν	δείξει	ἀνάγαιον	μέγα	ἐστρωμένον	ἕτοιμον·
él	a vosotros$_2$	mostrará$_1$	habitación en un piso superior$_4$	una gran$_3$	arreglada	(y) preparada;
846	5213	1166	508	3173	4766	2092
RP3NSMP	*RP2DP*	*VFAI3S*	*NASN*	*JASN*	*VRPP-SAN*	*JASN*

καὶ	ἐκεῖ	ἑτοιμάσατε	ἡμῖν.	16 καὶ	ἐξῆλθον	οἱ	μαθηταὶ	καὶ	ἦλθον
y$_1$	allí.$_4$	preparad$_2$	para nosotros$_3$	Y$_1$	salieron$_4$	los$_2$	discípulos$_3$	y	fueron
2532	1563	2090	2254	2532	1831	3588	3101	2532	2064
CLN	*BP*	*VAAM2P*	*RP1DP*	*CLN*	*VAAI3P*	*DNPM*	*NNPM*	*CLN*	*VAAI3P*

εἰς	τὴν	πόλιν	καὶ	εὗρον	καθὼς	εἶπεν	αὐτοῖς,	καὶ	ἡτοίμασαν	τὸ
a	la	ciudad	y	encontraron	como	dijo	a ellos,	y	prepararon	la
1519	3588	4172	2532	2147	2531	2036	846	2532	2090	3588
P	*DASF*	*NASF*	*CLN*	*VAAI3P*	*CAM*	*VAAI3S*	*RP3DPM*	*CLN*	*VAAI3P*	*DASN*

πάσχα.
Pascua.
3957
NASN, XF

17 Καὶ	ὀψίας	γενομένης	ἔρχεται	μετὰ	τῶν	δώδεκα.	18 καὶ
Y	(el) atardecer,$_2$	habiendo llegado$_1$	viene	con	los	doce.	Y
2532	3798	1096	2064	3326	3588	1427	2532
CLN	*JGSF*	*VAMP-SGF*	*VPUI3S*	*P*	*DGPM*	*XN, J*	*CLN*

ἀνακειμένων	αὐτῶν	καὶ	ἐσθιόντων	ὁ	Ἰησοῦς	εἶπεν·	Ἀμὴν	λέγω
estando reclinados a la mesa	de ellos	y	comiendo,	--	Jesús	dijo:	De cierto	digo
345	846	2532	2068	3588	2424	2036	281	3004
VPUP-PGM	*RP3GPM*	*CLN*	*VPAP-PGM*	*DNSM*	*NNSM*	*VAAI3S*	*XF, B*	*VPAI1S*

ὑμῖν	ὅτι	εἷς	ἐξ	ὑμῶν	παραδώσει	με	ὁ	ἐσθίων	μετ’
a vosotros	que	uno	de	vosotros,	entregará$_5$	a mí.$_6$	el que$_1$	está comiendo$_2$	con$_3$
5213	3754	1520	1537	5216	3860	3165	3588	2068	3326
RP2DP	*CSC*	*JNSM*	*P*	*RP2GP*	*VFAI3S*	*RP1AS*	*DNSM*	*VPAP-SNM*	*P*

ἐμοῦ.	19 ἤρξαντο	λυπεῖσθαι	καὶ	λέγειν	αὐτῷ	εἷς	κατὰ	εἷς·	Μήτι
mí$_4$	comenzaron	a entristecerse	y	a decir	a él	uno	a	uno:	¿Acaso
1700	756	3076	2532	3004	846	1520	2596	1520	3385
RP1GS	*VAMI3P*	*VPPN*	*CLN*	*VPAN*	*RP3DSM*	*JNSM*	*P*	*JNSM*	*TI, TN*

⌜ἐγώ;	20 ὁ	δὲ	εἶπεν	αὐτοῖς·	Εἷς	τῶν	δώδεκα,	ὁ	ἐμβαπτόμενος
(soy) yo?	--$_2$	Mas$_1$	dijo	a ellos:	Uno	de los	doce,	el que	mete
1473	3588	1161	2036	846	1520	3588	1427	3588	1686
RP1NS	*DNSM*	*CLN*	*VAAI3S*	*RP3DPM*	*JNSM*	*DGPM*	*XN, J*	*DNSM*	*VPMP-SNM*

μετ’	ἐμοῦ	εἰς	τὸ	τρύβλιον.	21 ὅτι	ὁ	μὲν	υἱὸς	τοῦ
con	mí	en	el	plato.	Porque$_1$	el$_3$	ciertamente,$_2$	Hijo	del
3326	1700	1519	3588	5165	3754	3588	3303	5207	3588
P	*RP1GS*	*P*	*DASN*	*NASN*	*CLX*	*DNSM*	*TK, C*	*NNSM*	*DGSM*

ἀνθρώπου	ὑπάγει	καθὼς	γέγραπται	περὶ	αὐτοῦ,	οὐαὶ	δὲ	τῷ
Hombre	se va	como	ha sido escrito	acerca de	él;	¡ay$_2$	pero,$_1$	por --$_3$
444	5217	2531	1125	4012	846	3759	1161	3588
NGSM	*VPAI3S*	*CAM*	*VRPI3S*	*P*	*RP3GSM*	*I, T*	*CLK, CLC*	*DDSM*

ἀνθρώπῳ	ἐκείνῳ	δι’	οὗ	ὁ	υἱὸς	τοῦ	ἀνθρώπου	παραδίδοται·
hombre$_5$	aquel$_4$	por medio de	quien	el	Hijo	del	Hombre	es entregado!
444	1565	1223	3739	3588	5207	3588	444	3860
NDSM	*RD-DSM*	*P*	*RR-GSM*	*DNSM*	*NNSM*	*DGSM*	*NGSM*	*VPPI3S*

NVI

"El Maestro pregunta:
¿Dónde está la sala en
la que pueda comer la
Pascua con mis discípu-
los?" 15 Él les mostrará
en la planta alta una sala
amplia, amueblada y
arreglada. Preparen allí
nuestra cena.
16 Los discípulos
salieron, entraron en la
ciudad y encontraron
todo tal y como les había
dicho Jesús. Así que
prepararon la Pascua.
17 Al anochecer
llegó Jesús con los doce.
18 Mientras estaban
sentados a la mesa co-
miendo, dijo:
—Les aseguro que
uno de ustedes, que está
comiendo conmigo, me
va a traicionar.
19 Ellos se pusie-
ron tristes, y uno tras
otro empezaron a
preguntarle:
—¿Acaso seré yo?
20 —Es uno de los
doce —contestó—, uno
que moja el pan con-
migo en el plato. 21 A la
verdad, el Hijo del hom-
bre se irá tal como está
escrito de él, pero ¡ay de
aquel que lo traiciona!

14:19⌜ Manuscritos inferiores aumentaron *Y el otro: ¿Seré yo?*

RVR

Más le valdría a ese hombre no haber nacido.
22 Y mientras comían, tomó un pan, habiendo bendecido, lo partió, se lo dio, y dijo: Tomad; esto es mi cuerpo.
23 Luego tomó una copa, dio gracias y les dio: y bebieron de ella todos.
24 Y les dijo: Esto es mi sangre del pacto, que es derramada en favor de muchos.
25 En verdad os digo que no beberé ya más del fruto de la vid, hasta aquel día cuando lo beba nuevo en el reino de Dios.
26 Y después de cantar un himno, salieron hacia el monte de los Olivos.

Jesús anuncia la negación de Pedro

27 Entonces, les dice Jesús: Todos sufriréis tropiezo, pues está escrito: Heriré al pastor, y se dispersarán las ovejas.
28 Pero después de que haya sido resucitado, iré delante de vosotros a Galilea.
29 Entonces le dijo Pedro: Aunque

καλὸν αὐτῷ εἰ οὐκ ἐγεννήθη ὁ ἄνθρωπος ἐκεῖνος.
Bueno | para él | si$_1$ | no$_5$ | nació.$_6$ | --$_3$ | hombre$_4$ | aquel$_2$
2570 | 846 | 1487 | 3756 | 1080 | 3588 | 444 | 1565
JNSN | RP3DSM | CAC | BN, TN | VAPI3S | DNSM | NNSM | RD-NSM

22 Καὶ ἐσθιόντων αὐτῶν λαβὼν ἄρτον εὐλογήσας ἔκλασεν
Y | comiendo,$_2$ | ellos$_1$ | habiendo tomando | pan, | habiendo bendecido, | (lo) partió
2532 | 2068 | 846 | 2983 | 740 | 2127 | 2806
CLN | VPAP-PGM | RP3GPM | VAAP-SNM | NASM | VAAP-SNM | VAAI3S

καὶ ἔδωκεν αὐτοῖς καὶ εἶπεν· Λάβετε, τοῦτό ἐστιν τὸ σῶμά μου.
y | dio | a ellos | y | dijo: | Tomad, | esto | es | el | cuerpo | de mí.
2532 | 1325 | 846 | 2532 | 2036 | 2983 | 5124 | 2076 | 3588 | 4983 | 3450
CLN | VAAI3S | RP3DPM | CLN | VAAI3S | VAAM2P | RD-NSN | VPAI3S | DNSN | NNSN | RP1GS

23 καὶ λαβὼν ποτήριον εὐχαριστήσας ἔδωκεν αὐτοῖς, καὶ ἔπιον
Y | habiendo tomando | (la) copa, | habiendo dado gracias, | dio | a ellos | y | bebieron$_2$
2532 | 2983 | 4221 | 2168 | 1325 | 846 | 2532 | 4095
CLN | VAAP-SNM | NASN | VAAP-SNM | VAAI3S | RP3DPM | CLN | VAAI3P

ἐξ αὐτοῦ πάντες. 24 καὶ εἶπεν αὐτοῖς· Τοῦτό ἐστιν τὸ αἷμά μου ⸀τῆς
de$_3$ | de ella.$_4$ | todos$_1$ | Y | dijo | a ellos: | Esto | es | la | sangre | de mí | del
1537 | 846 | 3956 | 2532 | 2036 | 846 | 5124 | 2076 | 3588 | 129 | 3450 | 3588
P | RP3GSN | JNPM | CLN | VAAI3S | RP3DPM | RD-NSN | VPAI3S | DNSN | NNSN | RP1GS | DGSF

διαθήκης τὸ ἐκχυννόμενον ὑπὲρ πολλῶν. 25 ἀμὴν λέγω ὑμῖν
pacto, | la que | es derramada | por | muchos. | De cierto | digo | a vosotros
1242 | 3588 | 1632 | 5228 | 4183 | 281 | 3004 | 5213
NGSF | DNSN | VPPP-SNN | P | JGPM | XF, B | VPAI1S | RP2DP

ὅτι οὐκέτι οὐ μὴ πίω ἐκ τοῦ γενήματος τῆς ἀμπέλου ἕως
que | ya no$_9$ | no$_1$ | no$_2$ | bebiera$_3$ | de$_4$ | el$_5$ | fruto$_6$ | de la$_7$ | vid,$_8$ | hasta$_{10}$
3754 | 3765 | 3756 | 3361 | 4095 | 1537 | 3588 | 1081 | 3588 | 288 | 2193
CSC | BN | BN, TN | BN, TN | VAAS1S | P | DGSN | NGSN | DGSF | NGSF | P, C

τῆς ἡμέρας ἐκείνης ὅταν αὐτὸ πίνω καινὸν ἐν τῇ βασιλείᾳ τοῦ
--$_{12}$ | día$_{13}$ | aquel$_{11}$ | cuando$_{14}$ | lo$_{16}$ | beba$_{15}$ | nuevo | en | el | reino | de --
3588 | 2250 | 1565 | 3752 | 846 | 4095 | 2537 | 1722 | 3588 | 932 | 3588
DGSF | NGSF | RD-GSF | CAT | RP3ASN | VPAS1S | JASN | P | DDSF | NDSF | DGSM

θεοῦ.
Dios.
2316
NGSM

26 Καὶ ὑμνήσαντες ἐξῆλθον εἰς τὸ Ὄρος τῶν Ἐλαιῶν.
Y | habiendo cantado un himno | salieron | hacia | el | monte | de los | Olivos.
2532 | 5214 | 1831 | 1519 | 3588 | 3735 | 3588 | 1636
CLN | VAAP-PNM | VAAI3P | P | DASN | NASN | DGPF | NGPF

27 Καὶ λέγει αὐτοῖς ὁ Ἰησοῦς ὅτι Πάντες ⸀σκανδαλισθήσεσθε,
Y$_1$ | dice$_4$ | a ellos$_5$ | --$_2$ | Jesús$_3$ | que:$_6$ | Todos | os escandalizaréis
2532 | 3004 | 846 | 3588 | 2424 | 3754 | 3956 | 4624
CLN | VPAI3S | RP3DPM | DNSM | NNSM | CSC | JNPM | VFPI2P

ὅτι γέγραπται· Πατάξω τὸν ποιμένα, καὶ τὰ πρόβατα
porque | ha sido escrito: | Heriré | al | pastor, | y | las | ovejas
3754 | 1125 | 3960 | 3588 | 4166 | 2532 | 3588 | 4263
CAZ | VRPI3S | VFAI1S | DASM | NASM | CLN | DNPN | NNPN

διασκορπισθήσονται. 28 ἀλλὰ μετὰ τὸ ἐγερθῆναί με προάξω
serán dispersadas. | Pero | después de | -- | ser resucitado$_2$ | yo$_1$ | iré delante
1287 | 235 | 3326 | 3588 | 1453 | 3165 | 4254
VFPI3P | CLC | P | DASN | VAPN | RP1AS | VFAI1S

ὑμᾶς εἰς τὴν Γαλιλαίαν. 29 ὁ δὲ Πέτρος ἔφη αὐτῷ· Εἰ καὶ
(de) vosotros | hacia | -- | Galilea. | --$_2$ | Mas$_1$ | Pedro | decía | a él: | Si | incluso
5209 | 1519 | 3588 | 1056 | 3588 | 1161 | 4074 | 5346 | 846 | 1487 | 2532
RP2AP | P | DASF | NASF | DNSM | CLN | NNSM | VIAI3S | RP3DSM | CAC | CAN, B

NVI

Más le valdría a ese hombre no haber nacido.
22 Mientras comían, Jesús tomó pan y lo bendijo. Luego lo partió y se lo dio a ellos, diciéndoles:
—Tomen; esto es mi cuerpo.
23 Después tomó una copa, dio gracias y se la dio a ellos, y todos bebieron de ella.
24 —Esto es mi sangre del pacto, que es derramada por muchos —les dijo—.
25 Les aseguro que no volveré a beber del fruto de la vid hasta aquel día en que beba el vino nuevo en el reino de Dios.
26 Después de cantar los salmos, salieron al monte de los Olivos.

Jesús predice la negación de Pedro

27 —Todos ustedes me abandonarán —les dijo Jesús—, porque está escrito:

»"Heriré al pastor,
y se dispersarán las ovejas".

28 Pero, después de que yo resucite, iré delante de ustedes a Galilea».
29 —Aunque todos

14:24⸀ Manuscritos inferiores aumentaron *el nuevo.* **14:27⸀** Manuscritos inferiores aumentaron *en mí esta noche.*

RVR

todos sufran tropiezo,
yo no.
30 Jesús le dice: En
verdad te digo que hoy,
esta misma noche, antes
de que el gallo cante dos
veces, me negarás tres
veces.
31 Pero Pedro decía
con más insistencia:
Aunque tenga que mo-
rir contigo, de ninguna
manera te negaré. Lo
mismo decían también
todos.

Jesús ora en Getsemaní

32 Llegan a una finca
llamada Getsemaní, y
les dice a sus discípulos:
Sentaos aquí hasta que
yo haya orado.
33 Toma entonces consi-
go a Pedro, a Jacobo y a
Juan; y comenzó a sentir
pavor y angustia.
34 Y les dice: Mi alma
está abrumada de una
tristeza mortal; perma-
neced aquí y velad.
35 Y él se fue un poco
más adelante, cayó en
tierra y comenzó a orar
que, si era posible, pasa-
ra de él aquella hora.
36 Y decía: Abbá, Padre;
todo es posible para
ti; aparta de mí esta
copa; pero no se haga
lo que yo quiero, sino lo

πάντες	σκανδαλισθήσονται,	ἀλλ’	οὐκ	ἐγώ.	30 καὶ	λέγει	αὐτῷ	ὁ
todos	se escandalizarán,	pero	no.$_2$	yo$_1$	Y$_1$	dice$_4$	a él:$_5$	--$_2$
3956	4624	235	3756	1473	2532	3004	846	3588
JNPM	VFPI3P	CLC	BN, TN	RP1NS	CLN	VPAI3S	RP3DSM	DNSM

Ἰησοῦς·	Ἀμὴν	λέγω	σοι	ὅτι	σὺ	σήμερον	ταύτῃ	τῇ	νυκτὶ	πρὶν
Jesús$_3$	De cierto	digo	a ti,	que	tú$_{10}$	hoy$_1$	en esta$_2$	--$_3$	noche,$_4$	antes de$_5$
2424	281	3004	4671	3754	4771	4594	3778	3588	3571	4250
NNSM	XF, B	VPAI1S	RP2DS	CSC	RP2NS	B	RD-DSF	DDSF	NDSF	CAT

ἢ	δὶς	ἀλέκτορα	φωνῆσαι	τρίς	με	ἀπαρνήσῃ.	31 ὁ	δὲ
que$_6$	dos veces,$_9$	un gallo$_7$	cantar$_8$	tres veces.$_{13}$	a mí$_{12}$	negarás$_{11}$	--$_2$	Pero$_1$
2228	1364	220	5455	5151	3165	533	3588	1161
CAM	B	NASM	VAAN	B	RP1AS	VFMI2S	DNSM	CLC

ἐκπερισσῶς	ἐλάλει·	Ἐὰν	δέῃ	με	συναποθανεῖν	σοι,	οὐ	μή*
insistentemente$_3$	hablaba:$_4$	si$_5$	es necesario$_7$	a mí$_6$	morir juntamente	contigo,	no	no
4057	2980	1437	1163	3165	4880	4671	3756	3361
B	VIAI3S	CAC	VPAS3S	RP1AS	VAAN	RP2DS	BN, TN	BN, TN

σε	ἀπαρνήσομαι.	ὡσαύτως	δὲ	καὶ	πάντες	ἔλεγον.
a ti,$_2$	negaré$_1$	de igual manera.$_7$	Y$_3$	también$_5$	todos$_4$	decían$_6$
4571	533	5615	1161	2532	3956	3004
RP2AS	VFMI1S	B	CLN	BE, TE	JNPM	VIAI3P

32 Καὶ	ἔρχονται	εἰς	χωρίον	οὗ	τὸ	ὄνομα	Γεθσημανί,	καὶ
Y	llegan	a	(un) terreno	del cual$_3$	el$_1$	nombre$_2$	(es) Getsemaní,	y
2532	2064	1519	5564	3739	3588	3686	1068	2532
CLN	VPUI3P	P	NASN	RR-GSN	DNSN	NNSN	NNSN, XP	CLN

λέγει	τοῖς	μαθηταῖς	αὐτοῦ·	Καθίσατε	ὧδε	ἕως	προσεύξωμαι.
dice	a los	discípulos	de él:	sentaos	aquí	hasta que	oraré.
3004	3588	3101	846	2523	5602	2193	4336
VPAI3S	DDPM	NDPM	RP3GSM	VAAM2P	BP	CAT	VAMS1S

33 καὶ	παραλαμβάνει	τὸν	Πέτρον	καὶ	Ἰάκωβον	καὶ	Ἰωάννην	μετ’
Y	toma consigo	a --	Pedro	y	Jacobo	y	Juan	con
2532	3880	3588	4074	2532	2385	2532	2491	3326
CLN	VPAI3S	DASM	NASM	CLN	NASM	CLN	NASM	P

αὐτοῦ,	καὶ	ἤρξατο	ἐκθαμβεῖσθαι	καὶ	ἀδημονεῖν,	34 καὶ	λέγει	αὐτοῖς·
él,	y	comenzó	a sentir horror	y	a angustiarse,	y	dice	a ellos:
846	2532	756	1568	2532	85	2532	3004	846
RP3GSM	CLN	VAMI3S	VPPN	CLN	VPAN	CLN	VPAI3S	RP3DPM

Περίλυπός	ἐστιν	ἡ	ψυχή	μου	ἕως	θανάτου·	μείνατε	ὧδε	καὶ
muy triste,$_5$	está$_4$	el$_1$	alma$_2$	de mí$_3$	hasta	(la) muerte;	permaneced	aquí	y
4036	2076	3588	5590	3450	2193	2288	3306	5602	2532
JNSF	VPAI3S	DNSF	NNSF	RP1GS	P, C	NGSM	VAAM2P	BP	CLN

γρηγορεῖτε.	35 καὶ	προελθὼν	μικρὸν	ἔπιπτεν	ἐπὶ	τῆς	γῆς,	καὶ
velad.	Y	habiéndose adelantado	un poco,	cayó	sobre	la	tierra,	y
1127	2532	4281	3397	4098	1909	3588	1093	2532
VPAM2P	CLN	VAAP-SNM	JASN	VIAI3S	P	DGSF	NGSF	CLN

προσηύχετο	ἵνα	εἰ	δυνατόν	ἐστιν	παρέλθῃ	ἀπ’	αὐτοῦ	ἡ	ὥρα,
oraba	para que	si$_1$	posible,$_3$	es$_2$	pasará$_6$	de$_7$	él,$_8$	la$_4$	hora$_5$
4336	2443	1487	1415	2076	3928	575	846	3588	5610
VIUI3S	CSC	CAC	JNSN	VPAI3S	VAAS3S	P	RP3GSM	DNSF	NNSF

36 καὶ	ἔλεγεν·	Αββα	ὁ	πατήρ,	πάντα	δυνατά	σοι·	παρένεγκε
Y	decía:	Abba,	--	Padre,	todas las cosas	(son) posibles	para ti;	aparta
2532	3004	5	3588	3962	3956	1415	4671	3911
CLN	VIAI3S	NVSM, XP	DNSM	NNSM	JNPN	JNPN	RP2DS	VAAM2S

τὸ	ποτήριον	τοῦτο	ἀπ’	ἐμοῦ·	ἀλλ’	οὐ	τί	ἐγὼ	θέλω	ἀλλὰ	τί
--$_2$	copa$_3$	esta$_1$	de	mí,	pero	no	lo que	yo	quiero,	sino	lo que
3588	4221	5124	575	1700	235	3756	5101	1473	2309	235	5101
DASN	NASN	RD-ASN	P	RP1GS	CLC	BN, TN	RI-ASN	RP1NS	VPAI1S	CLC	RI-ASN

NVI

te abandonen, yo no —
declaró Pedro.
30 —Te aseguro —le
contestó Jesús— que
hoy, esta misma noche,
antes de que el gallo
cante por segunda vez,
me negarás tres veces.
31 —Aunque tenga
que morir contigo
—insistió Pedro con
vehemencia—, jamás te
negaré.
Y los demás dijeron lo
mismo.

Getsemaní

32 Fueron a un lugar
llamado Getsemaní, y
Jesús les dijo a sus discí-
pulos: «Siéntense aquí
mientras yo oro». 33 Se
llevó a Pedro, a Jacobo
y a Juan, y comenzó a
sentir temor y tristeza.
34 «Es tal la angustia
que me invade que
me siento morir —les
dijo—. Quédense aquí y
vigilen».
35 Yendo un poco
más allá, se postró en
tierra y empezó a orar
que, de ser posible, no
tuviera él que pasar por
aquella hora. 36 Decía:
«*Abba*, Padre, todo es
posible para ti. No me
hagas beber este trago
amargo, pero no sea lo
que yo quiero, sino lo

14:31* O sea *de ninguna manera*

RVR

que tú quieras.
37 Viene entonces, y los
encuentra dormidos; y
le dice a Pedro: Simón,
¿estás durmiendo? ¿No
tuviste fuerzas para ve-
lar por una sola hora?
38 Velad y orad para que
no caigáis en tenta-
ción; pues el espíritu es
animoso, pero la carne
es débil.
39 Se fue otra vez y oró,
diciendo las mismas
palabras.
40 De nuevo vino y los
encontró durmiendo,
porque sus ojos estaban
muy cargados, y no sa-
bían qué contestarle.
41 Viene por tercera
vez, y les dice: Dormid,
pues, y descansad. ¡Ya
basta! Ha llegado la
hora; mirad, el Hijo del
Hombre es entregado
en manos de los peca-
dores.
42 ¡Levantaos! ¡Vamos!
Mirad, el que me entre-
ga está aquí.

Prendimiento de Jesús

43 Todavía estaba él
hablando, cuando de
pronto se presenta
Judas, uno de los doce,
y con él una multitud
con espadas y palos,

σύ.	37 καὶ	ἔρχεται	καὶ	εὑρίσκει	αὐτοὺς	καθεύδοντας,	καὶ	λέγει	τῷ
tú.	Y	viene	y	encuentra	a ellos	durmiendo,	y	dice	a--
4771	2532	2064	2532	2147	846	2518	2532	3004	3588
RP2NS	CLN	VPUI3S	CLN	VPAI3S	RP3APM	VPAP-PAM	CLN	VPAI3S	DDSM

Πέτρῳ·	Σίμων,	καθεύδεις;	οὐκ	ἴσχυσας	μίαν	ὥραν	γρηγορῆσαι;
Pedro:	Simón,	¿duermes?	¿No	pudiste	una$_{2}$	hora?$_{3}$	velar$_{1}$
4074	4613	2518	3756	2480	1520	5610	1127
NDSM	NVSM	VPAI2S	BN, TN	VAAI2S	JASF	NASF	VAAN

38 γρηγορεῖτε	καὶ	προσεύχεσθε,	ἵνα	μὴ	ἔλθητε	εἰς	πειρασμόν·
Velad	y	orad	para que	no	vinierais (caigáis)	en	tentación.
1127	2532	4336	2443	3361	2064	1519	3986
VPAM2P	CLN	VPUM2P	CAP	BN, TN	VAAS2P	P	NASM

τὸ	μὲν	πνεῦμα	πρόθυμον	ἡ	δὲ	σὰρξ	ἀσθενής.	39 καὶ
el$_{2}$	Ciertamente,$_{1}$	espíritu$_{3}$	(está) bien dispuesto,$_{4}$	la$_{6}$	pero$_{5}$	carne	(es) débil.	Y$_{1}$
3588	3303	4151	4289	3588	1161	4561	772	2532
DNSN	TK, C	NNSN	JNSN	DNSF	CLK, CLC	NNSF	JNSF	CLN

πάλιν	ἀπελθὼν	προσηύξατο	τὸν	αὐτὸν	λόγον	εἰπών.
de nuevo,$_{3}$	habiéndose ido$_{2}$	oró$_{4}$	la$_{6}$	misma$_{7}$	palabra.$_{8}$	habiendo dicho$_{5}$
3825	565	4336	3588	846	3056	2036
B	VAAP-SNM	VAMI3S	DASM	RP3ASM, JASM	NASM	VAAP-SNM

40 καὶ	πάλιν	ἐλθὼν	εὗρεν	αὐτοὺς	καθεύδοντας,	ἦσαν	γὰρ
Y$_{1}$	de nuevo,$_{3}$	habiendo venido$_{2}$	encontró	a ellos	durmiendo,	estaban$_{5}$	porque$_{1}$
2532	3825	2064	2147	846	2518	2258	1063
CLN	B	VAAP-SNM	VAAI3S	RP3APM	VPAP-PAM	VIAI3P	CAZ

αὐτῶν	οἱ	ὀφθαλμοὶ	καταβαρυνόμενοι,*	καὶ	οὐκ	ᾔδεισαν	τί
de ellos$_{4}$	los$_{2}$	ojos$_{3}$	muy cargados,	y	no	sabían	qué
846	3588	3788	916	2532	3756	1492	5101
RP3GPM	DNPM	NNPM	VPPP-PNM	CLN	BN, TN	VLAI3P	RI-ASN

ἀποκριθῶσιν	αὐτῷ.	41 καὶ	ἔρχεται	τὸ	τρίτον	καὶ	λέγει	αὐτοῖς·
respondieran	a él.	Y	viene	la	tercera (vez)	y	dice	a ellos:
611	846	2532	2064	3588	5154	2532	3004	846
VAPS3P	RP3DSM	CLN	VPUI3S	DASN	JASN	CLN	VPAI3S	RP3DPM

Καθεύδετε	τὸ	λοιπὸν	καὶ	ἀναπαύεσθε·	ἀπέχει·	ἦλθεν	ἡ	ὥρα,
¿Dormís$_{1}$	--$_{4}$	todavía?$_{5}$	y$_{2}$	descansáis$_{3}$	¡Es suficiente!$_{6}$	vino.$_{9}$	La$_{7}$	hora$_{8}$
2518	3588	3063	2532	373	566	2064	3588	5610
VPAI2P, VPAM2P	DASN	JASN	CLN	VPMI2P, VPMM2P	VPAI3S	VAAI3S	DNSF	NNSF

ἰδοὺ	παραδίδοται	ὁ	υἱὸς	τοῦ	ἀνθρώπου	εἰς	τὰς	χεῖρας	τῶν
He aquí,$_{10}$	es entregado$_{15}$	el$_{11}$	Hijo$_{12}$	del$_{13}$	Hombre$_{14}$	en	las	manos	de los
2400	3860	3588	5207	3588	444	1519	3588	5495	3588
I, VAAM2S	VPPI3S	DNSM	NNSM	DGSM	NGSM	P	DAPF	NAPF	DGPM

ἁμαρτωλῶν.	42 ἐγείρεσθε	ἄγωμεν·	ἰδοὺ	ὁ	παραδιδούς	με
pecadores.	Levantaos,	vayamos;	he aquí,	el que	entrega	a mí
268	1453	71	2400	3588	3860	3165
JGPM	VPUM2P	VPAS1P	I, VAAM2S	DNSM	VPAP-SNM	RP1AS

ἤγγικεν.
se ha acercado.
1448
VRAI3S

43 Καὶ	εὐθὺς	ἔτι	αὐτοῦ	λαλοῦντος	παραγίνεται	Ἰούδας	εἷς
Y	en seguida,	todavía$_{2}$	él$_{1}$	hablando,$_{3}$	llega$_{8}$	Judas,$_{4}$	uno$_{5}$
2532	2117	2089	846	2980	3854	2455	1520
CLN	B, J	B	RP3GSM	VPAP-SGM	VPUI3S	NNSM	JNSM

τῶν	δώδεκα	καὶ	μετ'	αὐτοῦ	ὄχλος	μετὰ	μαχαιρῶν	καὶ	ξύλων
de los$_{6}$	doce,$_{7}$	y	con	él	una multitud	con	espadas	y	palos,
3588	1427	2532	3326	846	3793	3326	3162	2532	3586
DGPM	XN, J	CLN	P	RP3GSM	NNSM	P	NGPF	CLN	NGPN

NVI

que quieres tú».
37 Luego volvió a sus
discípulos y los encontró
dormidos. «Simón —le
dijo a Pedro—, ¿estás
dormido? ¿No pudiste
mantenerte despierto
ni una hora? 38 Vigilen y
oren para que no caigan
en tentación. El espíritu
está dispuesto, pero el
cuerpo es débil».
39 Una vez más se
retiró e hizo la misma
oración. 40 Cuando
volvió, los encontró dor-
midos otra vez, porque
se les cerraban los ojos
de sueño. No sabían
qué decirle. 41 Al volver
por tercera vez, les dijo:
«¿Siguen durmiendo
y descansando? ¡Se
acabó! Ha llegado la
hora. Miren, el Hijo del
hombre va a ser entre-
gado en manos de pe-
cadores. 42 ¡Levántense!
¡Vámonos! ¡Ahí viene el
que me traiciona!»

Arresto de Jesús

43 Todavía estaba ha-
blando Jesús cuando de
repente llegó Judas, uno
de los doce. Lo acompa-
ñaba una turba armada
con espadas y palos

14:40* O sea *porque sus ojos estaban muy pesados por el sueño.*

RVR

de parte de los prin-
cipales sacerdotes, de
los escribas y de los
ancianos.
44 Y el que le entrega-
ba les había dado una
contraseña, diciendo:
Al que yo bese, ése es;
prendedle y conducidle
con seguridad.
45 Inmediatamente des-
pués de llegar, se acerca
a él y le dice: Rabí, Rabí,
Rabí, y le besó.
46 Entonces ellos le
echaron las manos y le
prendieron.
47 Pero uno de los que
estaban cerca, sacó la
espada, hirió al siervo
del sumo sacerdote, y le
cortó la oreja.
48 Jesús se dirigió a ellos
y les dijo: ¿Como contra
un salteador habéis sali-
do con espadas y palos a
prenderme?
49 Todos los días estaba
frente a vosotros ense-
ñando en el templo, y
no me prendisteis; pero
es así para que se cum-
plan las Escrituras.
50 Entonces, todos
le abandonaron y
huyeron.

El joven que escapó

51 Cierto joven le seguía,
cubierto solamente
con una sábana sobre
su cuerpo desnudo, y le
detienen.
52 Pero él dejó en pos

παρὰ	τῶν	ἀρχιερέων	καὶ	τῶν	γραμματέων	καὶ	τῶν	πρεσβυτέρων.
de parte de	los	principales sacerdotes	y	de los	escribas	y	de los	ancianos.
3844	3588	749	2532	3588	1122	2532	3588	4245
P	*DGPM*	*NGPM*	*CLN*	*DGPM*	*NGPM*	*CLN*	*DGPM*	*JGPM*

44 δεδώκει	δὲ	ὁ	παραδιδοὺς	αὐτὸν	σύσσημον	αὐτοῖς	λέγων·
había dado$_{5}$	Mas$_{1}$	el que$_{2}$	entrega$_{3}$	a él$_{4}$	una señal	a ellos	diciendo:
1325	1161	3588	3860	846	4953	846	3004
VLAI3S	*CLN*	*DNSM*	*VPAP-SNM*	*RP3ASM*	*NASN*	*RP3DPM*	*VPAP-SNM*

Ὃν	ἂν	φιλήσω	αὐτός	ἐστιν·	κρατήσατε	αὐτὸν	καὶ	ἀπάγετε
Al que	--	besara,	él	es;	prended	a él	y	llevaos (a él)
3739	302	5368	846	2076	2902	846	2532	520
RR-ASM	*TC*	*VAAS1S*	*RP3NSMP*	*VPAI3S*	*VAAM2P*	*RP3ASM*	*CLN*	*VPAM2P*

ἀσφαλῶς.	45 καὶ	ἐλθὼν	εὐθὺς	προσελθὼν	αὐτῷ	λέγει·
con seguridad.	Y	habiendo llegado,	en seguida$_{2}$	habiéndose acercado$_{1}$	a él	dice:
806	2532	2064	2117	4334	846	3004
B	*CLN*	*VAAP-SNM*	*B, J*	*VAAP-SNM*	*RP3DSM*	*VPAI3S*

Ῥαββί,	καὶ	κατεφίλησεν	αὐτόν.	46 οἱ	δὲ	ἐπέβαλαν	τὰς	χεῖρας
Rabí,	y	besó	a él.	--$_{2}$	Mas$_{1}$	echaron	las	manos
4461	2532	2705	846	3588	1161	1911	3588	5495
NVSM, XF	*CLN*	*VAAI3S*	*RP3ASM*	*DNPM*	*CLN*	*VAAI3P*	*DAPF*	*NAPF*

αὐτῷ	καὶ	ἐκράτησαν	αὐτόν.	47 εἷς	δέ	τις	τῶν	παρεστηκότων
a él	y	prendieron	a él.	uno$_{3}$	Mas$_{1}$	cierto$_{2}$	de los que,	han estado presentes con él
846	2532	2902	846	1520	1161	5100	3588	3936
RP3DSM	*CLN*	*VAAI3P*	*RP3ASM*	*JNSM*	*CLN*	*RX-NSM*	*DGPM*	*VRAP-PGM*

σπασάμενος	τὴν	μάχαιραν	ἔπαισεν	τὸν	δοῦλον	τοῦ	ἀρχιερέως
habiendo desenvainado	la	espada,	hirió	al	siervo	del	sumo sacerdote
4685	3588	3162	3817	3588	1401	3588	749
VAMP-SNM	*DASF*	*NASF*	*VAAI3S*	*DASM*	*NASM*	*DGSM*	*NGSM*

καὶ	ἀφεῖλεν	αὐτοῦ	τὸ	ὠτάριον.	48 καὶ	ἀποκριθεὶς	ὁ	Ἰησοῦς
y	cortó	de él.$_{3}$	la$_{1}$	oreja$_{2}$	Y$_{1}$	habiendo respondido:$_{6}$	--$_{2}$	Jesús$_{3}$
2532	851	846	3588	5621	2532	611	3588	2424
CLN	*VAAI3S*	*RP3GSM*	*DASN*	*NASN*	*CLN*	*VAPP-SNM*	*DNSM*	*NNSM*

εἶπεν	αὐτοῖς·	Ὡς	ἐπὶ	λῃστὴν	ἐξήλθατε	μετὰ	μαχαιρῶν	καὶ	ξύλων
dijo$_{4}$	a ellos$_{5}$	como$_{12}$	contra$_{13}$	un ladrón$_{14}$	¿Salisteis$_{7}$	con$_{8}$	espadas$_{9}$	y$_{10}$	palos$_{11}$
2036	846	5613	1909	3027	1831	3326	3162	2532	3586
VAAI3S	*RP3DPM*	*CAM*	*P*	*NASM*	*VAAI2P*	*P*	*NGPF*	*CLN*	*NGPN*

συλλαβεῖν	με;	49 καθ’	ἡμέραν	ἤμην	πρὸς	ὑμᾶς	ἐν	τῷ	ἱερῷ
para arrestar$_{15}$	a mí?$_{16}$	Cada	día	estaba	ante	vosotros	en	el	templo
4815	3165	2596	2250	2252	4314	5209	1722	3588	2411
VAAN	*RP1AS*	*P*	*NASF*	*VIMI1S*	*P*	*RP2AP*	*P*	*DDSN*	*NDSN, JDSN*

διδάσκων	καὶ	οὐκ	ἐκρατήσατέ	με·	ἀλλ’	ἵνα	πληρωθῶσιν	αἱ
enseñando,	y	no	prendisteis	a mí.	Pero (esto pasó)	para que	fueran cumplidas.$_{3}$	las$_{1}$
1321	2532	3756	2902	3165	235	2443	4137	3588
VPAP-SNM	*CLN*	*BN, TN*	*VAAI2P*	*RP1AS*	*CLC*	*CAP*	*VAPS3P*	*DNPF*

γραφαί.	50 καὶ	ἀφέντες	αὐτὸν	ἔφυγον	πάντες.
Escrituras$_{2}$	Y$_{1}$	habiendo dejado$_{3}$	a él$_{4}$	huyeron.$_{5}$	todos$_{2}$
1124	2532	863	846	5343	3956
NNPF	*CLN*	*VAAP-PNM*	*RP3ASM*	*VAAI3P*	*JNPM*

51 Καὶ	νεανίσκος	τις	συνηκολούθει	αὐτῷ	περιβεβλημένος
Y	joven$_{2}$	cierto$_{1}$	seguía$_{6}$	a él$_{7}$	que estaba cubierto$_{3}$
2532	3495	5100	4870	846	4016
CLN	*NNSM*	*JNSM, RX-NSM*	*VIAI3S*	*RP3DSM*	*VRMP-SNM, VRPP-SNM*

σινδόνα	ἐπὶ	γυμνοῦ,	καὶ	κρατοῦσιν	αὐτόν,	52 ὁ	δὲ
(con) una sábana$_{4}$	sobre	(su cuerpo) desnudo$_{5}$	y	prenden	a él.	--$_{2}$	Mas$_{1}$
4616	1909	1131	2532	2902	846	3588	1161
NASF	*P*	*JGSN*	*CLN*	*VPAI3P*	*RP3ASM*	*DNSM*	*CLC*

NVI

enviada por los jefes
de los sacerdotes, los
maestros de la ley y los
ancianos.
44 El traidor les había
dado esta contraseña:
«Al que yo le dé un
beso, ese es; arréstenlo
y llévenselo bien asegu-
rado». 45 Tan pronto
como llegó, Judas se
acercó a Jesús.
—¡Rabí! —le dijo, y
lo besó.
46 Entonces los hom-
bres prendieron a Jesús.
47 Pero uno de los que
estaban ahí desenfundó
la espada e hirió al siervo
del sumo sacerdote,
cortándole una oreja.
48 —¿Acaso soy un
bandido —dijo Jesús—,
para que vengan con
espadas y palos a arres-
tarme? 49 Día tras día
estaba con ustedes, ense-
ñando en el templo, y no
me prendieron. Pero es
preciso que se cumplan
las Escrituras.
50 Entonces todos lo
abandonaron y huye-
ron. 51 Cierto joven que
se cubría con solo una
sábana iba siguiendo a
Jesús. Lo detuvieron,
52 pero él soltó la sábana

RVR

de sí la sábana y escapó
desnudo.

Jesús ante el sanedrín

53 Condujeron a Jesús
ante el sumo sacerdote,
y se reúnen todos los
principales sacerdo-
tes, los ancianos y los
escribas.
54 También Pedro le
siguió de lejos, hasta
dentro del palacio del
sumo sacerdote; allí
estaba sentado con los
guardias, calentándose
junto a la lumbre.
55 Los principales sacer-
dotes y el sanedrín en-
tero andaban buscando
contra Jesús un testimo-
nio para darle muerte, y
no lo encontraban;
56 pues muchos daban
falso testimonio contra
él, pero los testimonios
no concertaban.
57 Y algunos, levan-
tándose, daban falso
testimonio contra él,
diciendo:
58 Nosotros le oímos
decir: Yo destruiré
este templo hecho con
mano, y en tres días
edificaré otro no hecho
con mano.
59 Pero ni aun así era
idéntico el testimonio
de ellos.
60 Entonces se levantó
el sumo sacerdote, y
adelantándose al centro,
interrogó a Jesús, dicien-
do: ¿No respondes nada

καταλιπὼν τὴν σινδόνα γυμνὸς ἔφυγεν.
habiendo dejado atrás la sábana desnudo.$_2$ huyó$_1$
2641 3588 4616 1131 5343
VAAP-SNM DASF NASF JNSM VAAI3S

53 Καὶ ἀπήγαγον τὸν Ἰησοῦν πρὸς τὸν ἀρχιερέα, καὶ συνέρχονται
Y llevaron a -- Jesús ante el sumo sacerdote, y se reúnen.$_{10}$
2532 520 3588 2424 4314 3588 749 2532 4905
CLN VAAI3P DASM NASM P DASM NASM CLN VPUI3P

πάντες οἱ ἀρχιερεῖς καὶ οἱ πρεσβύτεροι καὶ οἱ γραμματεῖς.
todos$_1$ los$_2$ principales sacerdotes$_3$ y$_4$ los$_5$ ancianos$_6$ y$_7$ los$_8$ escribas$_9$
3956 3588 749 2532 3588 4245 2532 3588 1122
JNPM DNPM NNPM CLN DNPM JNPM CLN DNPM NNPM

54 καὶ ὁ Πέτρος ἀπὸ μακρόθεν ἠκολούθησεν αὐτῷ ἕως ἔσω εἰς τὴν
Y -- Pedro de$_3$ lejos$_4$ siguió$_1$ a él$_2$ hasta adentro en el
2532 3588 4074 575 3113 190 846 2193 2080 1519 3588
CLN DNSM NNSM P B VAAI3S RP3DSM P, C BP P DASF

αὐλὴν τοῦ ἀρχιερέως καὶ ἦν συγκαθήμενος μετὰ τῶν ὑπηρετῶν καὶ
patio del sumo sacerdote, y estaba sentado juntamente con los sirvientes y
833 3588 749 2532 2258 4775 3326 3588 5257 2532
NASF DGSM NGSM CLN VIAI3S VPUP-SNM P DGPM NGPM CLN

θερμαινόμενος πρὸς τὸ φῶς. 55 οἱ δὲ ἀρχιερεῖς καὶ ὅλον τὸ
calentándose junto a el fuego. los$_2$ Y$_1$ principales sacerdotes y todo el
2328 4314 3588 5457 3588 1161 749 2532 3650 3588
VPMP-SNM P DASN NASN DNPM CLN NNPM CLN JNSN DNSN

συνέδριον ἐζήτουν κατὰ τοῦ Ἰησοῦ μαρτυρίαν εἰς τὸ θανατῶσαι
sanedrín buscaban$_1$ contra$_3$ --$_4$ Jesús$_5$ un testimonio$_2$ para -- matar
4892 2212 2596 3588 2424 3141 1519 3588 2289
NNSN VIAI3P P DGSM NGSM NASF P DASN VAAN

αὐτόν, καὶ οὐχ ηὕρισκον· 56 πολλοὶ γὰρ ἐψευδομαρτύρουν κατ᾽
a él, y no encontraban; muchos$_2$ porque$_1$ daban falso testimonio contra
846 2532 3756 2147 4183 1063 5576 2596
RP3ASM CLC BN, TN VIAI3P JNPM CAZ VIAI3P P

αὐτοῦ, καὶ ἴσαι αἱ μαρτυρίαι οὐκ ἦσαν. 57 καί τινες ἀναστάντες
él, y$_1$ iguales.$_6$ los$_2$ testimonios$_3$ no$_4$ eran$_5$ Y algunos habiéndose levantado
846 2532 2470 3588 3141 3756 2258 2532 5100 450
RP3GSM CLC JNPF DNPF NNPF BN, TN VIAI3P CLN RX-NPM VAAP-PNM

ἐψευδομαρτύρουν κατ᾽ αὐτοῦ λέγοντες 58 ὅτι Ἡμεῖς ἠκούσαμεν αὐτοῦ
daban falso testimonio contra él diciendo que: Nosotros oímos de él
5576 2596 846 3004 3754 2249 191 846
VIAI3P P RP3GSM VPAP-PNM CSC RP1NP VAAI1P RP3GSM

λέγοντος ὅτι Ἐγὼ καταλύσω τὸν ναὸν τοῦτον τὸν χειροποίητον καὶ
diciendo que: Yo destruiré --$_2$ santuario$_3$ este$_1$ -- hecho a mano y
3004 3754 1473 2647 3588 3485 5126 3588 5499 2532
VPAP-SGM CSC RP1NS VFAI1S DASM NASM RD-ASM DASM JASM CLN

διὰ τριῶν ἡμερῶν ἄλλον ἀχειροποίητον οἰκοδομήσω. 59 καὶ οὐδὲ οὕτως
en tres días otro$_2$ no hecho por mano.$_3$ edificaré$_1$ Y$_1$ ni$_6$ así$_7$
1223 5140 2250 243 886 3618 2532 3761 3779
P JGPF NGPF JASM JASM VFAI1S CLC BN, TN B

ἴση ἦν ἡ μαρτυρία αὐτῶν. 60 καὶ ἀναστὰς ὁ ἀρχιερεὺς
igual.$_8$ era$_5$ el$_2$ testimonio$_3$ de ellos$_4$ Y$_1$ habiéndose levantado$_4$ el$_2$ sumo sacerdote$_3$
2470 2258 3588 3141 846 2532 450 3588 749
JNSF VIAI3S DNSF NNSF RP3GPM CLN VAAP-SNM DNSM NNSM

εἰς μέσον ἐπηρώτησεν τὸν Ἰησοῦν λέγων· Οὐκ ἀποκρίνῃ οὐδέν; τί
en medio, preguntó a -- Jesús diciendo: ¿No respondes nada? ¿Qué$_1$
1519 3319 1905 3588 2424 3004 3756 611 3762 5101
P JASN VAAI3S DASM NASM VPAP-SNM BN, TN VPUI2S JASN RI-ASN

NVI

y escapó desnudo.

Jesús ante el Consejo

53 Llevaron a Jesús
ante el sumo sacerdo-
te y se reunieron allí
todos los jefes de los
sacerdotes, los ancianos
y los maestros de la ley.
54 Pedro lo siguió de
lejos hasta dentro del
patio del sumo sacerdo-
te. Allí se sentó con los
guardias, y se calentaba
junto al fuego.
55 Los jefes de los sa-
cerdotes y el Consejo en
pleno buscaban alguna
prueba contra Jesús
para poder condenarlo
a muerte, pero no la
encontraban.
56 Muchos
testificaban falsamen-
te contra él, pero sus
declaraciones no coin-
cidían.
57 Entonces unos
decidieron dar este falso
testimonio contra él:
58 —Nosotros le
oímos decir: "Destruiré
este templo hecho por
hombres y en tres días
construiré otro, no he-
cho por hombres".
59 Pero ni aun así
concordaban sus
declaraciones.
60 Poniéndose de pie
en el medio, el sumo
sacerdote interrogó a
Jesús:
—¿No tienes nada
que contestar? ¿Qué

RVR

a lo que éstos testifican
contra ti?
61 Pero él callaba y no
respondía nada. Volvió
a preguntarle el sumo
sacerdote, diciendo:
¿Eres tú el Cristo, el
Hijo del Bendito?
62 Y Jesús dijo: Yo soy,
y veréis al Hijo del
Hombre sentado a la
diestra del Poder, y
viniendo en las nubes
del cielo.
63 Entonces el sumo
sacerdote, rasgando sus
vestidos, dice: ¿Qué
necesidad tenemos ya
de testigos?
64 Oísteis la blasfemia;
¿qué os parece? Y todos
le condenaron, diciendo
que era reo de muerte.
65 Y algunos comen-
zaron a escupirle, a
cubrirle el rostro, a
darle de puñetazos, y a
decirle: ¡Profetiza! Y los
guardias le recibieron a
bofetadas.

Pedro niega conocer a Jesús

66 Estando Pedro abajo
en el patio, llega una
de las criadas del sumo
sacerdote,
67 y al ver a Pedro calen-
tándose, después de mi-
rarle fijamente, le dice:
También tú estabas con

οὗτοί	σου	καταμαρτυροῦσιν;	61 ὁ	δὲ	ἐσιώπα	καὶ	οὐκ	ἀπεκρίνατο
estos$_3$	de ti?$_4$	están testificando$_2$	--$_2$	Mas$_1$	callaba	y	no	respondió
3778	4675	2649	3588	1161	4623	2532	3756	611
RD-NPM	*RP2GS*	*VPAI3P*	*DNSM*	*CLC*	*VIAI3S*	*CLN*	*BN, TN*	*VAMI3S*

οὐδέν.	πάλιν	ὁ	ἀρχιερεὺς	ἐπηρώτα	αὐτὸν	καὶ	λέγει	αὐτῷ·	Σὺ
nada.	De nuevo,	el	sumo sacerdote	preguntaba	a él	y	dice	a él:	tú$_2$
3762	3825	3588	749	1905	846	2532	3004	846	4771
JASN	*B*	*DNSM*	*NNSM*	*VIAI3S*	*RP3ASM*	*CLN*	*VPAI3S*	*RP3DSM*	*RP2NS*

εἶ	ὁ	χριστὸς	ὁ	υἱὸς	τοῦ	εὐλογητοῦ;	62 ὁ	δὲ	Ἰησοῦς	εἶπεν·
¿Eres$_1$	el	Cristo,	el	Hijo	del	Bendito?	--$_2$	Y$_1$	Jesús	dijo:
1488	3588	5547	3588	5207	3588	2128	3588	1161	2424	2036
VPAI2S	*DNSM*	*NNSM*	*DNSM*	*NNSM*	*DGSM*	*JGSM*	*DNSM*	*CLN*	*NNSM*	*VAAI3S*

Ἐγώ	εἰμι,	καὶ	ὄψεσθε	τὸν	υἱὸν	τοῦ	ἀνθρώπου	ἐκ	δεξιῶν	καθήμενον
Yo	soy.	Y	veréis	al	Hijo	del	Hombre	a$_2$	(la) derecha$_3$	sentado$_1$
1473	1510	2532	3700	3588	5207	3588	444	1537	1188	2521
RP1NS	*VPAI1S*	*CLN*	*VFMI2P*	*DASM*	*NASM*	*DGSM*	*NGSM*	*P*	*JGPN, JGPM*	*VPUP-SAM*

τῆς	δυνάμεως	καὶ	ἐρχόμενον	μετὰ	τῶν	νεφελῶν	τοῦ	οὐρανοῦ.	63 ὁ
del	Poder,	y	viniendo	con	las	nubes	del	cielo.	el$_2$
3588	1411	2532	2064	3326	3588	3507	3588	3772	3588
DGSF	*NGSF*	*CLN*	*VPUP-SAM*	*P*	*DGPF*	*NGPF*	*DGSM*	*NGSM*	*DNSM*

δὲ	ἀρχιερεὺς	διαρρήξας	τοὺς	χιτῶνας	αὐτοῦ	λέγει·	Τί	ἔτι	χρείαν
Mas$_1$	sumo sacerdote	habiendo rasgado	los	vestidos	de él	dice:	¿Qué	más	necesidad
1161	749	1284	3588	5509	846	3004	5101	2089	5532
CLN	*NNSM*	*VAAP-SNM*	*DAPM*	*NAPM*	*RP3GSM*	*VPAI3S*	*RI-ASN*	*B*	*NASF*

ἔχομεν	μαρτύρων;	64 ἠκούσατε	τῆς	βλασφημίας·	τί	ὑμῖν
tenemos	de testigos?	Oísteis	la	blasfemia;	¿qué	a vosotros?$_2$
2192	3144	191	3588	988	5101	5213
VPAI1P	*NGPM*	*VAAI2P*	*DGSF*	*NGSF*	*RI-NSN*	*RP2DP*

φαίνεται;	οἱ	δὲ	πάντες	κατέκριναν	αὐτὸν	ἔνοχον	εἶναι	θανάτου.
parece$_1$	--$_5$	Mas$_3$	todos$_4$	condenaron$_6$	a él$_7$	culpable$_9$	ser$_8$	de muerte.$_{10}$
5316	3588	1161	3956	2632	846	1777	1511	2288
VPUI3S	*DNPM*	*CLN*	*JNPM*	*VAAI3P*	*RP3ASM*	*JASM*	*VPAN*	*NGSM*

65 καὶ	ἤρξαντό	τινες	ἐμπτύειν	αὐτῷ	καὶ	περικαλύπτειν	αὐτοῦ	τὸ
Y	comenzaron$_2$	algunos$_1$	a escupir	a él	y	a cubrir	de él$_3$	el$_1$
2532	756	5100	1716	846	2532	4028	846	3588
CLN	*VAMI3P*	*RX-NPM*	*VPAN*	*RP3DSM*	*CLN*	*VPAN*	*RP3GSM*	*DASN*

πρόσωπον	καὶ	κολαφίζειν	αὐτὸν	καὶ	λέγειν	αὐτῷ·	Προφήτευσον,	καὶ
rostro$_2$	y	a abofetear	a él	y	a decir	a él:	¡Profetiza!	Y$_1$
4383	2532	2852	846	2532	3004	846	4395	2532
NASN	*CLN*	*VPAN*	*RP3ASM*	*CLN*	*VPAN*	*RP3DSM*	*VAAM2S*	*CLN*

οἱ	ὑπηρέται	ῥαπίσμασιν	αὐτὸν	ἔλαβον.
los$_2$	sirvientes$_3$	a bofetadas.$_6$	a él$_5$	recibieron$_4$
3588	5257	4475	846	2983
DNPM	*NNPM*	*NDPN*	*RP3ASM*	*VAAI3P*

66 Καὶ	ὄντος	τοῦ	Πέτρου	κάτω	ἐν	τῇ	αὐλῇ	ἔρχεται	μία	τῶν
Y	estando$_3$	--$_1$	Pedro$_2$	abajo	en	el	patio,	viene,$_6$	una$_1$	de las$_2$
2532	5607	3588	4074	2736	1722	3588	833	2064	1520	3588
CLN	*VPAP-SGM*	*DGSM*	*NGSM*	*BP*	*P*	*DDSF*	*NDSF*	*VPUI3S*	*JNSF*	*DGPF*

παιδισκῶν	τοῦ	ἀρχιερέως,	67 καὶ	ἰδοῦσα	τὸν	Πέτρον	θερμαινόμενον
criadas$_3$	del$_4$	sumo sacerdote$_5$	y	habiendo visto	a --	Pedro	calentándose,
3814	3588	749	2532	1492	3588	4074	2328
NGPF	*DGSM*	*NGSM*	*CLN*	*VAAP-SNF*	*DASM*	*NASM*	*VPMP-SAM*

ἐμβλέψασα	αὐτῷ	λέγει·	Καὶ	σὺ	μετὰ	τοῦ	Ναζαρηνοῦ	ἦσθα
habiendo mirado fijamente	a él	dice:	también$_2$	Tú$_1$	con$_4$	el$_5$	Nazareno$_6$	estabas$_3$
1689	846	3004	2532	4771	3326	3588	3479	2258
VAAP-SNF	*RP3DSM*	*VPAI3S*	*BE, TE*	*RP2NS*	*P*	*DGSM*	*NGSM, JGSM*	*VIMI2S*

NVI

significan estas denun-
cias en tu contra?
61 Pero Jesús se quedó
callado y no contestó
nada.
—¿Eres el Cristo, el
Hijo del Bendito? —le
preguntó de nuevo el
sumo sacerdote.
62 —Sí, yo soy —dijo
Jesús—. Y ustedes verán
al Hijo del hombre
sentado a la derecha
del Todopoderoso, y
viniendo en las nubes
del cielo.
63 —¿Para qué
necesitamos más
testigos? —dijo el sumo
sacerdote, rasgándose las
vestiduras—. 64 ¡Ustedes
han oído la blasfemia!
¿Qué les parece?
Todos ellos lo con-
denaron como digno
de muerte. 65 Algunos
comenzaron a escupirle;
le vendaron los ojos y le
daban puñetazos.
—¡Profetiza! —le
gritaban.
Los guardias también
le daban bofetadas.

Pedro niega a Jesús

66 Mientras Pedro
estaba abajo en el patio,
pasó una de las criadas
del sumo sacerdote.
67 Cuando vio a Pedro
calentándose, se fijó
en él.
—Tú también estabas
con ese nazareno, con

RVR

Jesús el Nazareno.
68 Pero él lo negó,
diciendo: Ni sé, ni
entiendo qué es lo que
tú estás diciendo; y salió
afuera, a la entrada, y
cantó un gallo.
69 La criada lo vio, y co-
menzó otra vez a decir a
los que estaban allí: Este
es de ellos.
70 Pero él lo negó de
nuevo. Poco después,
los que estaban allí vol-
vieron a decirle a Pedro:
De seguro que tú eres de
ellos, pues de cierto eres
galileo, y tu manera de
hablar es semejante.
71 Pero él comenzó
a maldecir y a jurar,
diciendo: No conozco a
ese hombre que decís.
72 E inmediatamente,
por segunda vez, cantó
un gallo. Y Pedro re-
cordó la frase que Jesús
le había dicho: Antes
que un gallo cante dos
veces, me negarás tres
veces; y, al darse cuenta,
comenzó a llorar.

Jesucristo ante Pilato

15 Tan pronto como amaneció, prepararon una reunión los principales sacerdotes con los ancianos y escribas y el

τοῦ	Ἰησοῦ·	68 ὁ	δὲ	ἠρνήσατο	λέγων·	Οὔτε	οἶδα	οὔτε	ἐπίσταμαι
--$_{7}$	Jesús.$_{8}$	--$_{2}$	Mas$_{1}$	negó	diciendo:	Ni	sé,	ni	entiendo
3588	2424	3588	1161	720	3004	3777	1492	3777	1987
DGSM	*NGSM*	*DNSM*	*CLC*	*VAMI3S*	*VPAP-SNM*	*TN, CLK*	*VRAI1S*	*TN, CLK*	*VPUI1S*

σὺ	τί	λέγεις,	καὶ	ἐξῆλθεν	ἔξω	εἰς	τὸ	προαύλιον	καὶ	ἀλέκτωρ
tú$_{2}$	lo que$_{1}$	dices.	Y	salió	afuera	hacia	el	portal.	Y	un gallo
4771	5101	3004	2532	1831	1854	1519	3588	4259	2532	220
RP2NS	*RI-ASN*	*VPAI2S*	*CLN*	*VAAI3S*	*BP*	*P*	*DASN*	*NASN*	*CLN*	*NNSM*

ἐφώνησεν	69 καὶ	ἡ	παιδίσκη	ἰδοῦσα	αὐτὸν	ἤρξατο	πάλιν	λέγειν
cantó.	Y	la	criada	habiendo visto	a él,	comenzó	de nuevo$_{2}$	a decir$_{1}$
5455	2532	3588	3814	1492	846	756	3825	3004
VAAI3S	*CLN*	*DNSF*	*NNSF*	*VAAP-SNF*	*RP3ASM*	*VAMI3S*	*B*	*VPAN*

τοῖς	παρεστῶσιν	ὅτι	Οὗτος	ἐξ	αὐτῶν	ἐστιν.	70 ὁ	δὲ	πάλιν
a los que	estaban presentes	que:	Este$_{1}$	de$_{3}$	ellos.$_{4}$	es$_{2}$	--$_{2}$	Mas$_{1}$	de nuevo.$_{4}$
3588	3936	3754	3778	1537	846	2076	3588	1161	3825
DDPM	*VRAP-PDM*	*CSC*	*RD-NSM*	*P*	*RP3GPM*	*VPAI3S*	*DNSM*	*CLC*	*B*

ἠρνεῖτο.	καὶ	μετὰ	μικρὸν	πάλιν	οἱ	παρεστῶτες	ἔλεγον	τῷ
negaba$_{3}$	Y	después de	poco	de nuevo	los que	estaban presentes	decían	a --
720	2532	3326	3397	3825	3588	3936	3004	3588
VIUI3S	*CLN*	*P*	*JASM*	*B*	*DNPM*	*VRAP-PNM*	*VIAI3P*	*DDSM*

Πέτρῳ·	Ἀληθῶς	ἐξ	αὐτῶν	εἶ,	καὶ	γὰρ	Γαλιλαῖος	εἶ
Pedro:	Verdaderamente$_{1}$	de$_{3}$	ellos;$_{4}$	eres$_{2}$	también$_{6}$	porque$_{5}$	galileo,$_{8}$	eres$_{7}$
4074	230	1537	846	1488	2532	1063	1057	1488
NDSM	*B*	*P*	*RP3GPM*	*VPAI2S*	*BE, TE*	*CAZ*	*NNSM, JNSM*	*VPAI2S*

⸂καὶ	ἡ	λαλιά	σου	ὁμοιάζει⸃·	71 ὁ	δὲ	ἤρξατο	ἀναθεματίζειν
y	el	modo de hablar	de ti	es semejante.	--$_{2}$	Mas$_{1}$	comenzó	a maldecir
2532	3588	2981	4675	3666	3588	1161	756	332
C	*DNSF*	*NNSF*	*RP2GS*	*VPAI3S*	*DNSM*	*CLC*	*VAMI3S*	*VPAN*

καὶ	ὀμνύναι	ὅτι	Οὐκ	οἶδα	τὸν	ἄνθρωπον	τοῦτον	ὃν	λέγετε.
y	a jurar	que:	No	conozco	a --	hombre,$_{2}$	este$_{1}$	al que	decís.
2532	3660	3754	3756	1492	3588	444	5126	3739	3004
CLN	*VPAN, VAAN*	*CSC*	*BN, TN*	*VRAI1S*	*DASM*	*NASM*	*RD-ASM*	*RR-ASM*	*VPAI2P*

72 καὶ	εὐθὺς	ἐκ	δευτέρου	ἀλέκτωρ	ἐφώνησεν·	καὶ	ἀνεμνήσθη
Y	en seguida	por$_{3}$	segunda vez.$_{4}$	un gallo$_{1}$	cantó$_{2}$	Y$_{5}$	recordó$_{8}$
2532	2117	1537	1208	220	5455	2532	363
CLN	*B, J*	*P*	*JGSN*	*NNSM*	*VAAI3S*	*CLN*	*VAPI3S*

ὁ	Πέτρος	τὸ	ῥῆμα	ὡς	εἶπεν	αὐτῷ	ὁ	Ἰησοῦς	ὅτι	Πρὶν
--$_{6}$	Pedro$_{7}$	la$_{9}$	palabra$_{10}$	como$_{11}$	dijo$_{14}$	a él$_{15}$	--$_{12}$	Jesús$_{13}$	que:$_{16}$	Antes que$_{17}$
3588	4074	3588	4487	5613	2036	846	3739	2424	3754	4250
DNSM	*NNSM*	*DASN*	*NASN*	*CAM*	*VAAI3S*	*RP3DSM*	*DNSM*	*NNSM*	*CSC*	*CAT, B*

ἀλέκτορα	φωνῆσαι	δὶς	τρίς	με	ἀπαρνήσῃ,	καὶ	ἐπιβαλὼν
(un) gallo$_{19}$	cantara$_{18}$	dos veces,$_{20}$	tres veces.$_{23}$	a mí$_{22}$	negarás$_{21}$	Y	habiendo hechado
220	5455	1364	5151	3165	533	2532	1911
NASM	*VAAN*	*B*	*B*	*RP1AS*	*VFMI2S*	*CLN*	*VAAP-SNM*

ἔκλαιεν.*
lloraba.
2799
VIAI3S

15

Καὶ	εὐθὺς	πρωῒ	συμβούλιον	ποιήσαντες	οἱ
Y	en seguida	de madrugada	una reunión$_{2}$	habiendo hecho$_{1}$	los
2532	2117	4404	4824	4160	3588
CLN	*B, J*	*B*	*NASN*	*VAAP-PNM*	*DNPM*

ἀρχιερεῖς	μετὰ	τῶν	πρεσβυτέρων	καὶ	γραμματέων	καὶ	ὅλον
principales sacerdotes	con	los	ancianos	y	escribas	y	todo
749	3326	3588	4245	2532	1122	2532	3650
NNPM	*P*	*DGPM*	*JGPM*	*CLN*	*NGPM*	*CLN*	*JNSN*

NVI

Jesús —le dijo ella.
68 Pero él lo negó:
—No lo conozco. Ni
siquiera sé de qué estás
hablando.
Y salió afuera, a la
entrada.
69 Cuando la criada lo
vio allí, les dijo de nuevo
a los presentes:
—Este es uno de ellos.
70 Él lo volvió a negar.
Poco después, los que
estaban allí le dijeron a
Pedro:
—Seguro que tú eres
uno de ellos, pues eres
galileo.
71 Él comenzó a
echarse maldiciones.
—¡No conozco a ese
hombre del que hablan!
—les juró.
72 Al instante un gallo
cantó por segunda vez.
Pedro se acordó de lo
que Jesús le había dicho:
«Antes de que el gallo
cante por segunda vez,
me negarás tres veces».
Y se echó a llorar.

Jesús ante Pilato

15 Tan pronto como amaneció, los jefes de los sacerdotes, con los ancianos, los maestros de la ley y

14:70⸂⸃ Manuscritos importante no tienen *y el modo de hablar es semejante.* **14:72*** O sea *se hechó a llorar.*

RVR

sanedrín entero; y des-
pués de atar a Jesús, se lo
llevaron y lo entregaron
a Pilato.
2 Y Pilato le interrogó:
¿Eres tú el rey de los
judíos? Él le respondió,
diciendo: Así es, como
tú dices.
3 Y los principales sa-
cerdotes le acusaban de
muchas cosas.
4 De nuevo le interroga-
ba Pilato, diciendo: ¿No
respondes nada? Mira
de cuántas cosas te están
acusando.
5 Pero Jesús ya no con-
testó nada más, hasta el
punto que Pilato estaba
asombrado.
6 Cada fiesta les soltaba
un preso, el que le
pedían.
7 Uno, llamado
Barrabás, había sido en-
carcelado con los sedi-
ciosos, los cuales habían
cometido un homicidio
en la insurrección.
8 Subió la multitud, y
comenzó a pedirle lo
que solía hacerles.
9 Pilato les contestó,
diciendo: ¿Queréis que
os suelte al Rey de los
judíos?
10 Pues se daba cuenta
de que los principales
sacerdotes lo habían
entregado por envidia.
11 Pero los princi-
pales sacerdotes

τὸ	συνέδριον	δήσαντες	τὸν	Ἰησοῦν	ἀπήνεγκαν	καὶ	παρέδωκαν
el	sanedrín,	habiendo atado	a --	Jesús,	(lo) llevaron	y	(lo) entregaron
3588	4892	1210	3588	2424	667	2532	3860
DNSN, DASN	NNSN	VAAP-PNM	DASM	NASM	VAAI3P	CLN	VAAI3P

Πιλάτῳ.	2 καὶ	ἐπηρώτησεν	αὐτὸν	ὁ	Πιλᾶτος·	Σὺ	εἶ	ὁ
a Pilato.	Y$_1$	preguntó$_4$	a él:$_5$	--$_2$	Pilato$_3$	tú$_7$	¿Eres$_6$	el
4091	2532	1905	846	3588	4091	4771	1488	3588
NDSM	CLN	VAAI3S	RP3ASM	DNSM	NNSM	RP2NS	VPAI2S	DNSM

βασιλεὺς	τῶν	Ἰουδαίων;	ὁ	δὲ	ἀποκριθεὶς	αὐτῷ	λέγει·	Σὺ
rey	de los	judíos?	--$_2$	Mas$_1$	habiendo respondido	a él	dice:	Tú
935	3588	2453	3588	1161	611	846	3004	4771
NNSM	DGPM	JGPM	DNSM	CLN	VAPP-SNM	RP3DSM	VPAI3S	RP2NS

λέγεις.	3 καὶ	κατηγόρουν	αὐτοῦ	οἱ	ἀρχιερεῖς	πολλά.	4 ὁ
(lo) dices.	Y$_1$	acusaban$_4$	a él$_5$	los$_2$	principales sacerdotes$_3$	(de) muchas cosas.$_6$	--$_2$
3004	2532	2723	846	3588	749	4183	3588
VPAI2S	CLN	VIAI3P	RP3GSM	DNPM	NNPM	JAPN	DNSM

δὲ	Πιλᾶτος	πάλιν	ἐπηρώτα	αὐτὸν	λέγων·	Οὐκ	ἀποκρίνῃ	οὐδέν;
Mas$_1$	Pilato$_3$	de nuevo$_5$	preguntaba$_4$	a él	diciendo:	¿No	respondes	nada?
1161	4091	3825	1905	846	3004	3756	611	3762
CLN	NNSM	B	VIAI3S	RP3ASM	VPAP-SNM	BN, TN	VPUI2S	JASN

ἴδε	πόσα	σου	κατηγοροῦσιν.	5 ὁ	δὲ	Ἰησοῦς	οὐκέτι	οὐδὲν
Mira	cuántas cosas	a ti.$_2$	acusan$_1$	--$_2$	Mas$_1$	Jesús$_3$	ya no$_4$	nada,$_6$
1492	4214	4675	2723	3588	1161	2424	3765	3762
I, VAAM2S	RI-APN	RP2GS	VPAI3P	DNSM	CLC	NNSM	BN	JASN

ἀπεκρίθη,	ὥστε	θαυμάζειν	τὸν	Πιλᾶτον.
respondió$_5$	de modo que$_7$	se admira.$_{10}$	--$_8$	Pilato$_9$
611	5620	2296	3588	4091
VAPI3S, VAMI3S	CAR	VPAN	DASM	NASM

6 Κατὰ	δὲ	ἑορτὴν	ἀπέλυεν	αὐτοῖς	ἕνα	δέσμιον	ὃν	παρῃτοῦντο.
cada$_2$	Mas$_1$	fiesta	soltaba	a ellos	un	prisionero,	al que	pidieran
2596	1161	1859	630	846	1520	1198	3739	3868
P	CLN	NASF	VIAI3S	RP3DPM	JASM	NASM	RR-ASM	VIUI3P

7 ἦν	δὲ	ὁ	λεγόμενος	Βαραββᾶς	μετὰ	τῶν	στασιαστῶν
estaba$_5$	Mas$_1$	el que$_2$	es llamado$_3$	Barrabás$_4$	con$_7$	los$_8$	rebeldes,$_9$
2258	1161	3588	3004	912	3326	3588	4955
VIAI3S	CLN	DNSM	VPPP-SNM	NNSM	P	DGPM	NGPM

δεδεμένος	οἵτινες	ἐν	τῇ	στάσει	φόνον	πεποιήκεισαν.	8 καὶ
preso$_6$	los que$_{10}$	en$_{13}$	la$_{14}$	revuelta.$_{15}$	un asesinato$_{12}$	habían cometido$_{11}$	Y$_1$
1210	3748	1722	3588	4714	5408	4160	2532
VRPP-SNM	RR-NPM	P	DDSF	NDSF	NASM	VLAI3P	CLN

ἀναβὰς	ὁ	ὄχλος	ἤρξατο	αἰτεῖσθαι	καθὼς	ἐποίει	αὐτοῖς.	9 ὁ
habiendo subido,$_4$	la$_2$	multitud$_3$	comenzó	a pedir	como	hacía	a ellos.	--$_2$
305	3588	3793	756	154	2531	4160	846	3588
VAAP-SNM	DNSM	NNSM	VAMI3S	VPMN	CAM	VIAI3S	RP3DPM	DNSM

δὲ	Πιλᾶτος	ἀπεκρίθη	αὐτοῖς	λέγων·	Θέλετε	ἀπολύσω	ὑμῖν
Mas$_1$	Pilato	respondió	a ellos	diciendo:	¿Queréis	que suelte	a vosotros
1161	4091	611	846	3004	2309	630	5213
CLN	NNSM	VAPI3S, VAMI3S	RP3DPM	VPAP-SNM	VPAI2P	VAAS1S	RP2DP

τὸν	βασιλέα	τῶν	Ἰουδαίων;	10 ἐγίνωσκεν	γὰρ	ὅτι	διὰ	φθόνον
al	rey	de los	judíos?	sabía$_2$	Porque$_1$	que$_3$	por$_8$	envidia.$_9$
3588	935	3588	2453	1097	1063	3754	1223	5355
DASM	NASM	DGPM	JGPM	VIAI3S	CAZ	CSC	P	NASM

παραδεδώκεισαν	αὐτὸν	οἱ	ἀρχιερεῖς.	11 οἱ	δὲ	ἀρχιερεῖς
habían entregado$_6$	a él$_7$	los$_4$	principales sacerdotes$_5$	los$_2$	Mas$_1$	principales sacerdotes
3860	846	3588	749	3588	1161	749
VLAI3P	RP3ASM	DNPM	NNPM	DNPM	CLC	NNPM

NVI

el Consejo en pleno,
llegaron a una decisión.
Ataron a Jesús, se lo lle-
varon y se lo entregaron
a Pilato.
2 —¿Eres tú el rey de
los judíos? —le pregun-
tó Pilato.
—Tú mismo lo dices
—respondió.
3 Los jefes de los
sacerdotes se pusieron
a acusarlo de muchas
cosas.
4 —¿No vas a contes-
tar? —le preguntó de
nuevo Pilato—. Mira
de cuántas cosas te están
acusando.
5 Pero Jesús ni aun
con eso contestó nada,
de modo que Pilato se
quedó asombrado.
6 Ahora bien, durante
la fiesta él acostumbraba
soltarles un preso, el
que la gente pidiera. 7 Y
resulta que un hombre
llamado Barrabás estaba
encarcelado con los
rebeldes condenados
por haber cometido
homicidio en una
insurrección. 8 Subió
la multitud y le pidió a
Pilato que le concediera
lo que acostumbraba.
9 —¿Quieren que
les suelte al rey de los
judíos? —replicó
Pilato, 10 porque se daba
cuenta de que los jefes
de los sacerdotes habían
entregado a Jesús por
envidia.
11 Pero los jefes
de los sacerdotes

RVR

soliviantaron a la multi-
tud para que les soltase
en cambio a Barrabás.
12 Pilato, dirigiéndose
de nuevo a ellos, les
decía: ¿Qué haré, pues,
con el que llamáis Rey
de los judíos?
13 Ellos volvieron a
gritar: ¡Crucifícale!
14 Pero Pilato les decía:
Pues ¿qué mal ha
hecho? Y ellos grita-
ban con más fuerza:
¡Crucifícale!
15 Entonces Pilato,
resolviendo dar satis-
facción a la multitud,
les soltó a Barrabás y
entregó a Jesús, después
de azotarle, para que
fuera crucificado.
16 Los soldados se lo
llevaron adentro del
palacio, es decir, al
pretorio; y convocan a
la cohorte entera.
17 Le visten de púrpura
y, después de trenzar
una corona de espinas,
se la ciñen.
18 Y comenzaron a
saludarle: ¡Salve, Rey de
los judíos!
19 Le golpeaban en la
cabeza con una caña, le
escupían y, doblando las
rodillas, se prosternaban
ante él.
20 Y después de haberse

ἀνέσεισαν	τὸν	ὄχλον	ἵνα	μᾶλλον	τὸν	Βαραββᾶν	ἀπολύσῃ	αὐτοῖς.
incitaron	la	multitud	para que	más bien	--$_2$	Barrabás$_3$	soltara$_1$	para ellos.
383	3588	3793	2443	3123	3588	912	630	846
VAAI3P	DASM	NASM	CAP	B	DASM	NASM	VAAS3S	RP3DPM

12 ὁ	δὲ	Πιλᾶτος	πάλιν	ἀποκριθεὶς	ἔλεγεν	αὐτοῖς·	Τί	οὖν
--$_2$	Mas$_1$	Pilato$_3$	de nuevo$_5$	habiendo respondido$_4$	decía$_6$	a ellos:$_7$	¿qué$_9$	Así que,$_8$
3588	1161	4091	3825	611	3004	846	5101	3767
DNSM	CLN	NNSM	B	VAPP-SNM	VIAI3S	RP3DPM	RI-ASN	CLI

θέλετε	ποιήσω	ὃν	λέγετε	τὸν	βασιλέα	τῶν	Ἰουδαίων;	13 οἱ
queréis	que haga	al que	llamáis	el	rey	de los	judíos?	los (ellos)$_2$
2309	4160	3739	3004	3588	935	3588	2453	3588
VPAI2P	VAAS1S	RR-ASM	VPAI2P	DASM	NASM	DGPM	JGPM	DNPM

δὲ	πάλιν	ἔκραξαν·	Σταύρωσον	αὐτόν.	14 ὁ	δὲ	Πιλᾶτος	ἔλεγεν
Mas$_1$	de nuevo:$_4$	gritaron$_3$	¡Crucifica	a él!	--$_2$	Mas$_1$	Pilato	decía
1161	3825	2896	4717	846	3588	1161	4091	3004
CLN	B	VAAI3P	VAAM2S	RP3ASM	DNSM	CLN	NNSM	VIAI3S

αὐτοῖς·	Τί	γὰρ	ἐποίησεν	κακόν;	οἱ	δὲ	περισσῶς
a ellos:	¿qué$_2$	Entonces,$_1$	hizo?$_4$	mal$_3$	--$_6$	Mas$_5$	aún más:$_8$
846	5101	1063	4160	2556	3588	1161	4057
RP3DPM	JASN, RI-ASN	TI, C	VAAI3S	JASN	DNPM	CLC	B

ἔκραξαν·	Σταύρωσον	αὐτόν.	15 ὁ	δὲ	Πιλᾶτος	βουλόμενος	τῷ
gritaron$_7$	¡Crucifica	a él!	--$_2$	Mas$_1$	Pilato	queriendo	a la
2896	4717	846	3588	1161	4091	1014	3588
VAAI3P	VAAM2S	RP3ASM	DNSM	CLN	NNSM	VPUP-SNM	DDSM

ὄχλῳ	τὸ	ἱκανὸν	ποιῆσαι*	ἀπέλυσεν	αὐτοῖς	τὸν	Βαραββᾶν,	καὶ
multitud	lo$_2$	suficiente,$_3$	hacer$_1$	soltó$_4$	para ellos,$_7$	a --$_5$	Barrabás$_6$	y
3793	3588	2425	4160	630	846	3588	912	2532
NDSM	DASN	JASN	VAAN	VAAI3S	RP3DPM	DASM	NASM	CLN

παρέδωκεν	τὸν	Ἰησοῦν	φραγελλώσας	ἵνα	σταυρωθῇ.
entregó	a --	Jesús,	habiendo sido azotado$_2$	para que$_1$	fuera crucificado.$_3$
3860	3588	2424	5417	2443	4717
VAAI3S	DASM	NASM	VAAP-SNM	CAP	VAPS3S

16 Οἱ	δὲ	στρατιῶται	ἀπήγαγον	αὐτὸν	ἔσω	τῆς	αὐλῆς,	ὅ	ἐστιν
los$_2$	Mas$_1$	soldados	llevaron	a él	adentro	del	palacio,	el que	es
3588	1161	4757	520	846	2080	3588	833	3739	2076
DNPM	CLN	NNPM	VAAI3P	RP3ASM	P, B	DGSF	NGSF	RR-NSN	VPAI3S

πραιτώριον,	καὶ	συγκαλοῦσιν	ὅλην	τὴν	σπεῖραν.	17 καὶ	ἐνδιδύσκουσιν
pretorio,	y	reunieron	a toda	la	cohorte.	Y	visten
4232	2532	4779	3650	3588	4686	2532	1737
NNSN	CLN	VPAI3P	JASF	DASF	NASF	CLN	VPAI3P

αὐτὸν	πορφύραν	καὶ	περιτιθέασιν	αὐτῷ	πλέξαντες	ἀκάνθινον
a él	de púrpura	y$_1$	ponen alrededor$_5$	de él.$_6$	habiendo tejido$_2$	con espinas$_4$
846	4209	2532	4060	846	4120	174
RP3ASM	NASF	CLN	VPAI3P, VPAI3S	RP3DSM	VAAP-PNM	JASM

στέφανον.	18 καὶ	ἤρξαντο	ἀσπάζεσθαι	αὐτόν·	Χαῖρε,	βασιλεῦ	τῶν
una corona$_3$	Y	comenzaron	a saludar	a él:	¡Saludo,	rey	de los
4735	2532	756	782	846	5463	935	3588
NASM	CLN	VAMI3P	VPUN	RP3ASM	VPAM2S	NVSM	DGPM

Ἰουδαίων·	19 καὶ	ἔτυπτον	αὐτοῦ	τὴν	κεφαλὴν	καλάμῳ	καὶ	ἐνέπτυον
judíos!	También	golpeaban	de él$_3$	la$_1$	cabeza$_2$	con una caña	y	escupían
2453	2532	5180	846	3588	2776	2563	2532	1716
JGPM	CLN	VIAI3P	RP3GSM	DASF	NASF	NDSM	CLN	VIAI3P

αὐτῷ,	καὶ	τιθέντες	τὰ	γόνατα	προσεκύνουν	αὐτῷ.	20 καὶ	ὅτε
a él,	y	poniendo	las	rodillas	se postraban ante	él.	Y	cuando
846	2532	5087	3588	1119	4352	846	2532	3753
RP3DSM	CLN	VPAP-PNM	DAPN	NAPN	VIAI3P	RP3DSM	CLN	CAT

NVI

incitaron a la multitud
para que Pilato les solta-
ra más bien a Barrabás.
12 —¿Y qué voy a
hacer con el que ustedes
llaman el rey de los
judíos? —les preguntó
Pilato.
13 —¡Crucifícalo!
—gritaron.
14 —¿Por qué? ¿Qué
crimen ha cometido?
Pero ellos gritaron
aún más fuerte:
—¡Crucifícalo!
15 Como quería
satisfacer a la multi-
tud, Pilato les soltó a
Barrabás; a Jesús lo man-
dó azotar, y lo entregó
para que lo crucificaran.

Los soldados se burlan de Jesús

16 Los soldados lleva-
ron a Jesús al interior del
palacio (es decir, al pre-
torio) y reunieron a toda
la tropa. 17 Le pusieron
un manto de color púr-
pura; luego trenzaron
una corona de espinas, y
se la colocaron.
18 —¡Salve, rey de los
judíos! —lo aclamaban.
19 Lo golpeaban en la
cabeza con una caña y
le escupían. Doblando
la rodilla, le rendían
homenaje. 20 Después
de burlarse de él,

15:15* O sea *satisfacer.*

RVR

burlado de él, le qui-
taron la púrpura y le
pusieron sus propios
vestidos. Y le conducen
fuera para crucificarle.
21 Y obligan a uno que
pasaba, un tal Simón
de Cirene que venía
del campo, el padre de
Alejandro y de Rufo,
para que le lleve la cruz.

Crucifixión y muerte de Jesucristo

22 Le llevan al lugar
llamado Gólgota, que
traducido significa:
Lugar de la Calavera.
23 Y le daban vino mez-
clado con mirra, pero él
no lo tomó.
24 Le crucifican y se
reparten sus vestiduras,
echando suertes sobre
ellas para ver lo que cada
cual habría de llevarse.
25 Era la hora tercera
cuando le crucificaron.
26 Y estaba puesta
encima la inscripción de
la causa de su conde-
na: EL REY DE LOS
JUDÍOS.
27 Y con él crucifican a
dos salteadores; uno a
su derecha y otro a su
izquierda.
28 Y se cumplió la
Escritura que dice: Y
fue contado con los
malhechores.
29 Y los que pasaban
por allí le injuria-
ban, meneando la
cabeza y diciendo:

ἐνέπαιξαν	αὐτῷ,	ἐξέδυσαν	αὐτὸν	τὴν	πορφύραν	καὶ	ἐνέδυσαν	αὐτὸν
se burlaron	de él,	desvistieron	a él	la	púrpura	y	vistieron	a él
1702	846	1562	846	3588	4209	2532	1746	846
VAAI3P	RP3DSM	VAAI3P	RP3ASM	DASF	NASF	CLN	VAAI3P	RP3ASM

τὰ	ἱμάτια	τὰ	ἴδια.	καὶ	ἐξάγουσιν	αὐτὸν	ἵνα	σταυρώσωσιν	αὐτόν.
(con) las	ropas.$_3$	--$_1$	propias$_2$	Y	sacan	a él	para	crucificar	a él.
3588	2440	3588	2398	2532	1806	846	2443	4717	846
DAPN	NAPN	DAPN	JAPN	CLN	VPAI3P	RP3ASM	CAP	VAAS3P	RP3ASM

21 Καὶ	ἀγγαρεύουσιν	παράγοντά	τινα	Σίμωνα	Κυρηναῖον
Y	obligan a llevar	que está pasando,$_2$	a uno$_1$	Simón	de Cirene,
2532	29	3855	5100	4613	2956
CLN	VPAI3P	VPAP-SAM	JASM, RX-ASM	NASM	NASM

ἐρχόμενον	ἀπ'	ἀγροῦ,	τὸν	πατέρα	Ἀλεξάνδρου	καὶ	Ῥούφου,	ἵνα
que viene$_6$	de(l)$_7$	campo,$_8$	el$_1$	Padre$_2$	de Alejandro$_3$	y$_4$	de Rufo,$_5$	para que
2064	575	68	3588	3962	223	2532	4504	2443
VPUP-SAM	P	NGSM	DASM	NASM	NGSM	CLN	NGSM	CSC

ἄρῃ	τὸν	σταυρὸν	αὐτοῦ.	22 καὶ	φέρουσιν	αὐτὸν	ἐπὶ	τὸν	Γολγοθᾶν
llevara	la	cruz	de él.	Y	llevan	a él	a	el$_1$	Gólgota,$_3$
142	3588	4716	846	2532	5342	846	1909	3588	1115
VAAS3S	DASM	NASM	RP3GSM	CLN	VPAI3P	RP3ASM	P	DASM	NASF

τόπον,	ὅ	ἐστιν	μεθερμηνευόμενον	Κρανίου	Τόπος.	23 καὶ
lugar$_2$	lo que	es	siendo traducido,	de (la) Calavera.$_2$	lugar$_1$	Y
5117	3739	2076	3177	2898	5117	2532
NASM	RR-NSN	VPAI3S	VPPP-SNN	NGSN	NNSM	CLN

ἐδίδουν	αὐτῷ	ἐσμυρνισμένον	οἶνον,	ὃς	δὲ	οὐκ	ἔλαβεν.	24 καὶ
daban	a él	que ha sido mezclado con mirra,$_2$	vino$_1$	el que$_4$	mas$_3$	no	recibió.	Y
1325	846	4669	3631	3739	1161	3756	2983	2532
VIAI3P	RP3DSM	VRPP-SAM	NASM	RR-NSM	CLC	BN, TN	VAAI3S	CLN

σταυροῦσιν	αὐτὸν	καὶ	διαμερίζονται	τὰ	ἱμάτια	αὐτοῦ,	βάλλοντες
crucifican	a él,	y	reparten	los	vestidos	de él,	echando
4717	846	2532	1266	3588	2440	846	906
VPAI3P	RP3ASM	CLN	VPMI3P	DAPN	NAPN	RP3GSM	VPAP-PNM

κλῆρον	ἐπ'	αὐτὰ	τίς	τί	ἄρῃ.
suertes	sobre	ellos	quién	qué.$_2$	llevara$_1$
2819	1909	846	5101	5101	142
NASM	P	RP3APN	RI-NSM	RI-ASN	VAAS3S

25 ᵀἮν	δὲ	ὥρα	τρίτη	καὶ	ἐσταύρωσαν	αὐτόν.	26 καὶ	ἦν	ἡ
era$_2$	Y$_1$	(la) hora	tercera,	y	crucificaron	a él.	Y	era (tenía)$_6$	la$_1$
2258	1161	5610	5154	2532	4717	846	2532	2258	3588
VIAI3S	CLN	NNSF	JNSF	CLN	VAAI3P	RP3ASM	CLN	VIAI3S	DNSF

ἐπιγραφὴ	τῆς	αἰτίας	αὐτοῦ	ἐπιγεγραμμένη·	Ὁ	βασιλεὺς	τῶν
inscripción$_2$	de la$_3$	causa$_4$	de él$_5$	inscrita:	El	rey	de los
1923	3588	156	846	1924	3588	935	3588
NNSF	DGSF	NGSF	RP3GSM	VRPP-SNF	DNSM	NNSM	DGPM

Ἰουδαίων.	27 καὶ	σὺν	αὐτῷ	σταυροῦσιν	δύο	λῃστάς,	ἕνα	ἐκ	δεξιῶν
judíos.	Y	con	él	crucifican	a dos	bandidos,	uno	a	(la) derecha
2453	2532	4862	846	4717	1417	3027	1520	1537	1188
JGPM	CLN	P	RP3DSM	VPAI3P	XN, J	NAPM	JASM	P	JGPN, JGPM

καὶ	ἕνα	ἐξ	εὐωνύμων	┌αὐτοῦ.	29 Καὶ	οἱ	παραπορευόμενοι
y	uno	a	(la) izquierda	de él.	Y	los que	pasan
2532	1520	1537	2176	846	2532	3588	3899
CLN	JASM	P	JGPN, JGPM	RP3GSM	CLN	DNPM	VPUP-PNM

ἐβλασφήμουν	αὐτὸν	κινοῦντες	τὰς	κεφαλὰς	αὐτῶν	καὶ	λέγοντες·
maldecían	a él,	moviendo	las	cabezas	de ellos	y	diciendo:
987	846	2795	3588	2776	846	2532	3004
VIAI3P	RP3ASM	VPAP-PNM	DAPF	NAPF	RP3GPM	CLN	VPAP-PNM

NVI

le quitaron el manto y le
pusieron su propia ropa.
Por fin, lo sacaron para
crucificarlo.

La crucifixión

21 A uno que pasaba
por allí de vuelta del
campo, un tal Simón
de Cirene, padre de
Alejandro y de Rufo,
lo obligaron a llevar la
cruz. 22 Condujeron a
Jesús al lugar llamado
Gólgota (que significa:
Lugar de la Calavera).
23 Le ofrecieron vino
mezclado con mirra,
pero no lo tomó.
24 Y lo crucificaron.
Repartieron su ropa,
echando suertes para ver
qué le tocaría a cada uno.
25 Eran las nueve
de la mañana cuando
lo crucificaron. 26 Un
letrero tenía escrita la
causa de su condena:
«El Rey de los judíos».
27 Con él crucificaron
a dos bandidos, uno a
su derecha y otro a su
izquierda. 29 Los que
pasaban meneaban la
cabeza y blasfemaban
contra él.

15:27┌ Manuscritos inferiores aumentaron [28] *Y se cumplió la Escritura que dice: Y fue contado con los inicuos.*

RVR

¡Ah! Tú que destruyes el
templo y lo edificas en
tres días,
30 sálvate a ti mismo
bajando de la cruz.
31 De la misma manera,
los principales sacerdo-
tes, burlándose entre
ellos con los escribas,
decían: A otros salvó;
a sí mismo no puede
salvarse.
32 ¡El Cristo, el Rey de
Israel! Que baje ahora
de la cruz, para que
veamos y creamos.
También los que habían
sido crucificados con él,
le insultaban.
33 Llegada la hora sexta,
hubo oscuridad sobre
toda la tierra hasta la
hora novena.
34 Y a la hora novena,
gritó Jesús con fuerte
voz: Eloí, Eloí, ¿lamá
sabactani? Que, tra-
ducido, es: ¡Dios mío,
Dios mío!, ¿por qué me
has desamparado?
35 Y algunos de los que
estaban allí decían, al
oírlo: Mira, está llaman-
do a Elías.
36 Corrió entonces
uno, empapó una
esponja en vinagre, la
sujetó a una caña y le
dio de beber, diciendo:
Dejad, veamos si viene

Οὐὰ	ὁ	καταλύων	τὸν	ναὸν	καὶ	οἰκοδομῶν	ἐν	τρισὶν	ἡμέραις,
¡Ah!,	el	que destruye	el	santuario	y	que construye	en	tres	días,
3758	3588	2647	3588	3485	2532	3618	1722	5140	2250
I	*DNSM*	*VPAP-SNM*	*DASM*	*NASM*	*CLN*	*VPAP-SNM*	*P*	*JDPF*	*NDPF*

30 σῶσον	σεαυτὸν	καταβὰς	ἀπὸ	τοῦ	σταυροῦ.	31 ὁμοίως	καὶ	οἱ
salva	a ti mismo,	habiendo bajado	de	la	cruz.	Asimismo,	también	los
4982	4572	2597	575	3588	4716	3668	2532	3588
VAAM2S	*RF2ASM*	*VAAP-SNM*	*P*	*DGSM*	*NGSM*	*B*	*CLN, B*	*DNPM*

ἀρχιερεῖς	ἐμπαίζοντες	πρὸς	ἀλλήλους	μετὰ	τῶν	γραμματέων
principales sacerdotes	burlándose	entre	unos a otros	con	los	escribas
749	1702	4314	240	3326	3588	1122
NNPM	*VPAP-PNM*	*P*	*RC-APM*	*P*	*DGPM*	*NGPM*

ἔλεγον·	Ἄλλους	ἔσωσεν,	ἑαυτὸν	οὐ	δύναται	σῶσαι·	32 ὁ	χριστὸς
decían:	a otros,$_2$	Salvó$_1$	a sí mismo.$_6$	no$_3$	puede$_4$	salvar$_5$	¡El	Cristo,
3004	243	4982	1438	3756	1410	4982	3588	5547
VIAI3P	*JAPM*	*VAAI3S*	*RF3ASM*	*BN, TN*	*VPUI3S*	*VAAN*	*DNSM*	*NNSM*

ὁ	βασιλεὺς	Ἰσραὴλ	καταβάτω	νῦν	ἀπὸ	τοῦ	σταυροῦ,	ἵνα
el	rey	de Israel!	que baje	ahora	de	la	cruz,	para que
3588	935	2474	2597	3568	575	3588	4716	2443
DNSM	*NNSM*	*NGSM, XP*	*VAAM3S*	*B*	*P*	*DGSM*	*NGSM*	*CAP*

ἴδωμεν	καὶ	πιστεύσωμεν.	καὶ	οἱ	συνεσταυρωμένοι	σὺν	αὐτῷ
veamos	y	creamos.	Y	los que	habían sido crucificados	con	él
1492	2532	4100	2532	3588	4957	4862	846
VAAS1P	*CLN*	*VAAS1P*	*CLN*	*DNPM*	*VRPP-PNM*	*P*	*RP3DSM*

ὠνείδιζον	αὐτόν.
insultaban	a él.
3679	846
VIAI3P	*RP3ASM*

33 Καὶ	γενομένης	ὥρας	ἕκτης	σκότος	ἐγένετο	ἐφ’	ὅλην	τὴν
Y	habiendo llegado	(la) hora	sexta,	oscuridad	sucedió	sobre	toda	la
2532	1096	5610	1623	4655	1096	1909	3650	3588
CLN	*VAMP-SGF*	*NGSF*	*JGSF*	*NNSN*	*VAMI3S*	*P*	*JASF*	*DASF*

γῆν	ἕως	ὥρας	ἐνάτης.	34 καὶ	τῇ	ἐνάτῃ	ὥρᾳ	ἐβόησεν	ὁ	Ἰησοῦς
tierra	hasta	(la) hora	novena.	Y	en la	novena$_2$	hora$_1$	clamó$_5$	--$_3$	Jesús$_4$
1093	2193	5610	1766	2532	3588	1766	5610	994	3588	2424
NASF	*P, C*	*NGSF*	*JGSF*	*CLN*	*DDSF*	*JDSF*	*NDSF*	*VAAI3S*	*DNSM*	*NNSM*

φωνῇ	μεγάλῃ·	Ἐλωῒ	ἐλωῒ	λεμὰ	σαβαχθάνι;	ὅ	ἐστιν
con voz	grande:	¡Eloi,	Eloi!	¿Lema	sabactani?	Lo que	es,
5456	3173	1682	1682	2982	4518	3739	2076
NDSF	*JDSF*	*NVSM, XF*	*NVSM, XF*	*XF, B*	*VAAI2S, XF*	*RR-NSN*	*VPAI3S*

μεθερμηνευόμενον	Ὁ	θεός	μου	ὁ	θεός	μου,	εἰς	τί	ἐγκατέλιπές
siendo traducido,	--	Dios	de mí,	--	Dios	de mí,	¿por	qué	desamparaste
3177	3588	2316	3450	3588	2316	3450	1519	5101	1459
VPPP-SNN	*DNSM*	*NNSM*	*RP1GS*	*DNSM*	*NNSM*	*RP1GS*	*P*	*RI-ASN*	*VAAI2S*

με;	35 καί	τινες	τῶν	παρεστηκότων	ἀκούσαντες	ἔλεγον·	Ἴδε
a mí?	Y	algunos	de los	presentes	habiendo oído	decían:	Mira,
3165	2532	5100	3588	3936	191	3004	1492
RP1AS	*CLN*	*RX-NPM*	*DGPM*	*VRAP-PGM*	*VAAP-PNM*	*VIAI3P*	*I, VAAM2S*

Ἠλίαν	φωνεῖ.	36 δραμὼν	δέ	τις	καὶ	γεμίσας	σπόγγον	ὄξους
a Elías.$_2$	llama$_1$	habiendo corrido$_3$	Mas$_1$	uno,$_2$	y	habiendo llenado	una esponja	de vinagre,
2243	5455	5143	1161	5100	2532	1072	4699	3690
NASM	*VPAI3S*	*VAAP-SNM*	*CLN*	*RX-NSM*	*CLN*	*VAAP-SNM*	*NASM*	*NGSN*

περιθεὶς	καλάμῳ	ἐπότιζεν	αὐτόν,	λέγων·	Ἄφετε	ἴδωμεν	εἰ	ἔρχεται
habiendo puesto	en una caña,	daba de beber	a él	diciendo:	Dejad,	veamos	si	viene$_2$
4060	2563	4222	846	3004	863	1492	1487	2064
VAAP-SNM	*NDSM*	*VIAI3S*	*RP3ASM*	*VPAP-SNM*	*VAAM2P*	*VAAS1P*	*CAC, T*	*VPUI3S*

NVI

—¡Eh! Tú que
destruyes el templo y en
tres días lo reconstru-
yes —decían—, 30 ¡baja
de la cruz y sálvate a ti
mismo!
31 De la misma mane-
ra se burlaban de él los
jefes de los sacerdotes
junto con los maestros
de la ley.
—Salvó a otros —de-
cían—, ¡pero no puede
salvarse a sí mismo!
32 Que baje ahora de la
cruz ese Cristo, el rey de
Israel, para que veamos y
creamos.
También lo insul-
taban los que estaban
crucificados con él.

Muerte de Jesús

33 Desde el mediodía
y hasta la media tarde
quedó toda la tierra en
oscuridad. 34 A las tres de
la tarde Jesús gritó a voz
en cuello:
—*Eloi, Eloi, ¿lama
sabactani?* (que signi-
fica: "Dios mío, Dios
mío, ¿por qué me has
desamparado?").
35 Cuando lo oyeron,
algunos de los que esta-
ban cerca dijeron:
—Escuchen, está
llamando a Elías.
36 Un hombre corrió,
empapó una esponja
en vinagre, la puso en
una caña y se la ofreció a
Jesús para que bebiera.
—Déjenlo, a ver si

RVR

Elías a descolgarle.
37 Tras emitir un gran
grito, Jesús expiró.
38 Y el velo del templo
se rasgó en dos de arriba
abajo.
39 Cuando el centurión
que estaba allí frente
a él, vio que había ex-
pirado de esa manera,
dijo: Verdaderamente
este hombre era Hijo
de Dios.
40 Había también unas
mujeres observando
desde lejos, entre las
cuales estaban María
la Magdalena, María
la madre de Jacobo
el Menor y de José, y
Salomé,
41 las cuales le seguían y
le servían cuando estaba
en Galilea, y otras mu-
chas que habían subido
con él a Jerusalén.

Jesús es sepultado

42 Y ya al atardecer,
como era el día de la
Preparación, es decir, la
víspera del sábado,
43 vino José de Arimatea,
miembro respetable del
sanedrín, que también
él estaba aguardando
el reino de Dios, y, ar-
mándose de valor, entró
adonde Pilato y

Ἠλίας	καθελεῖν	αὐτόν.	37 ὁ	δὲ	Ἰησοῦς	ἀφεὶς	φωνὴν	μεγάλην
Elías$_1$	para bajar	a él.	--$_2$	Mas$_1$	Jesús	dejando salir	una voz	grande,
2243	2507	846	3588	1161	2424	863	5456	3173
NNSM	VAAN	RP3ASM	DNSM	CLN	NNSM	VAAP-SNM	NASF	JASF

ἐξέπνευσεν.	38 καὶ	τὸ	καταπέτασμα	τοῦ	ναοῦ	ἐσχίσθη	εἰς	δύο
expiró,	y	el	velo	del	santuario	se rasgó	en	dos,
1606	2532	3588	2665	3588	3485	4977	1519	1417
VAAI3S	CLN	DNSN	NNSN	DGSM	NGSM	VAPI3S	P	XN, J

ἀπ'	ἄνωθεν	ἕως	κάτω.	39 Ἰδὼν	δὲ	ὁ	κεντυρίων	ὁ
de	arriba	hasta	abajo.	habiendo visto$_9$	Mas$_1$	el$_2$	centurión,$_3$	el que$_4$
575	509	2193	2736	1492	1161	3588	2760	3588
P	BP	P, C	BP	VAAP-SNM	CLN	DNSM	NNSM	DNSM

παρεστηκὼς	ἐξ	ἐναντίας	αὐτοῦ	ὅτι	οὕτως	ἐξέπνευσεν	εἶπεν·
está presente$_5$	de$_6$	enfrente$_7$	de él,$_8$	que	así	expiró,	dijo:
3936	1537	1727	846	3754	3779	1606	2036
VRAP-SNM	P	JGSF	RP3GSM	CSC	B	VAAI3S	VAAI3S

Ἀληθῶς	οὗτος	ὁ	ἄνθρωπος	υἱὸς	θεοῦ	ἦν.
Verdaderamente	este	--	hombre	Hijo$_2$	de Dios.$_3$	era$_1$
230	3778	3588	444	5207	2316	2258
B	RD-NSM	DNSM	NNSM	NNSM	NGSM	VIAI3S

40 ⸆Ἦσαν	δὲ	καὶ	γυναῖκες	ἀπὸ	μακρόθεν	θεωροῦσαι,	ἐν	αἷς
estaban$_2$	Mas$_1$	también$_3$	una mujeres$_4$	de$_6$	lejos,$_7$	mirando$_5$	entre	las que (estaban)
2258	1161	2532	1135	575	3113	2334	1722	3739
VIAI3P	CLN	BE, TE	NNPF	P	B	VPAP-PNF	P	RR-DPF

καὶ	Μαρία	ἡ	Μαγδαληνὴ	καὶ	Μαρία	ἡ	Ἰακώβου	τοῦ	μικροῦ
también	María	--	Magdalena	y	María	la$_1$	de Jacob$_3$	el$_4$	menor$_5$
2532	3137	3588	3094	2532	3137	3588	2385	3588	3398
TE, C	NNSF	DNSF	NNSF	CLN	NNSF	DNSF	NGSM	DGSM	JGSM

καὶ	⸀Ἰωσῆτος	μήτηρ	καὶ	Σαλώμη,	41 αἵ	ὅτε	ἦν	ἐν	τῇ
y$_6$	de Justo,$_7$	madre$_2$	y	Salomé,	las cuales$_1$	cuando$_7$	estaba$_8$	en$_9$	--$_{10}$
2532	2500	3384	2532	4539	3739	3753	2258	1722	3588
CLN	NGSM	NNSF	CLN	NNSF	RR-NPF	CAT	VIAI3S	P	DDSF

Γαλιλαίᾳ	ἠκολούθουν	αὐτῷ	καὶ	διηκόνουν	αὐτῷ,	καὶ	ἄλλαι	πολλαὶ
Galilea,$_{11}$	seguían$_2$	a él$_3$	y$_4$	servían$_5$	a él$_6$	y$_{12}$	otras,$_{14}$	muchas$_{13}$
1056	190	846	2532	1247	846	2532	243	4183
NDSF	VIAI3P	RP3DSM	CLN	VIAI3P	RP3DSM	CLN	JNPF	JNPF

αἱ	συναναβᾶσαι	αὐτῷ	εἰς	Ἱεροσόλυμα.
las que	habían subido en compañía de	él	hacia	Jerusalén.
3588	4872	846	1519	2414
DNPF	VAAP-PNF	RP3DSM	P	NASF

42 Καὶ	ἤδη	ὀψίας	γενομένης,	ἐπεὶ	ἦν	παρασκευή,	ὅ
Y$_1$	ya$_3$	(el) atardecer,$_4$	habiendo llegado$_2$	puesto que	era	(el) día de la preparación,	que
2532	2235	3798	1096	1893	2258	3904	3739
CLN	B	JGSF	VAMP-SGF	CAZ	VIAI3S	NNSF	RR-NSN

ἐστιν	προσάββατον,	43 ἐλθὼν	Ἰωσὴφ	ὁ	ἀπὸ	Ἁριμαθαίας
es	(el) día antes del sábado,	habiendo venido	José	el	de	Arimatea,
2076	4315	2064	2501	3588	575	707
VPAI3S	NNSN	VAAP-SNM	NNSM, XP	DNSM	P	NGSF

εὐσχήμων	βουλευτής,	ὃς	καὶ	αὐτὸς	ἦν	προσδεχόμενος	τὴν
un respetable	miembro del sanedrín,	el que	también	él mismo$_3$	estaba$_1$	esperando$_2$	el
2158	1010	3739	2532	846	2258	4327	3588
JNSM	NNSM	RR-NSM	BE, TE	RP3NSMP	VIAI3S	VPUP-SNM	DASF

βασιλείαν	τοῦ	θεοῦ,	τολμήσας	εἰσῆλθεν	πρὸς	τὸν	Πιλᾶτον	καὶ
reino	de --	Dios,	habiéndose atrevido	entró	delante de	--	Pilato	y
932	3588	2316	5111	1525	4314	3588	4091	2532
NASF	DGSM	NGSM	VAAP-SNM	VAAI3S	P	DASM	NASM	CLN

NVI

viene Elías a bajarlo
—dijo.
37 Entonces Jesús, lan-
zando un fuerte grito,
expiró.
38 La cortina del
santuario del templo se
rasgó en dos, de arriba
abajo. 39 Y el centurión,
que estaba frente a Jesús,
al oír el grito y ver cómo
murió, dijo:
—¡Verdaderamente
este hombre era el Hijo
de Dios!
40 Algunas mujeres
miraban desde lejos.
Entre ellas estaban
María Magdalena,
María la madre de
Jacobo el menor y
de José, y Salomé.
41 Estas mujeres lo
habían seguido y aten-
dido cuando estaba en
Galilea. Además había
allí muchas otras que
habían subido con él a
Jerusalén.

Sepultura de Jesús

42 Era el día de prepa-
ración (es decir, la víspe-
ra del sábado). Así que
al atardecer, 43 José de
Arimatea, miembro dis-
tinguido del Consejo, y
que también esperaba el
reino de Dios, se atrevió
a presentarse ante Pilato

15:40⸀ Manuscritos inferiores tienen *José*.

RVR

le pidió el cuerpo de Jesús.
44 Pilato se extrañó de que ya hubiese muerto y, llamando al centurión, le preguntó si hacía tiempo que había muerto.
45 Y enterado por el centurión, le concedió el cadáver a José.
46 Él compró una pieza nueva de lino, lo descolgó, lo envolvió en el lienzo, lo colocó en un sepulcro que había sido excavado en la roca, e hizo rodar una piedra frente a la entrada del sepulcro.
47 Y María Magdalena, y María la de José, observaban dónde quedaba puesto.

La resurrección del Señor

16 Pasado el sábado, María la Magdalena, María la madre de Jacobo, y Salomé compraron especias aromáticas para ir a embalsamarle.
2 Y muy de madrugada, el primer día de la semana, llegan al sepulcro cuando había salido el sol.
3 Y se decían unas a otras: ¿Quién nos hará rodar la piedra de la entrada del sepulcro?
4 Pero alzando los ojos, observan

ᾐτήσατο	τὸ	σῶμα	τοῦ	Ἰησοῦ.	44 ὁ	δὲ	Πιλᾶτος	ἐθαύμασεν	εἰ
pidió	el	cuerpo	de--	Jesús.	--$_2$	Y$_1$	Pilato	se maravilló	siendo que
154	3588	4983	3588	2424	3588	1161	4091	2296	1487
VAMI3S	*DASN*	*NASN*	*DGSM*	*NGSM*	*DNSM*	*CLN*	*NNSM*	*VAAI3S*	*CSC, T*

ἤδη	τέθνηκεν,	καὶ	προσκαλεσάμενος	τὸν	κεντυρίωνα	ἐπηρώτησεν
ya	ha muerto,	y	habiendo llamado	al	centurión,	preguntó
2235	2348	2532	4341	3588	2760	1905
B	*VRAI3S*	*CLN*	*VAMP-SNM*	*DASM*	*NASM*	*VAAI3S*

αὐτὸν	εἰ	πάλαι	ἀπέθανεν·	45 καὶ	γνοὺς	ἀπὸ	τοῦ	κεντυρίωνος
a él	si	ya	murió;	y	habiendo conocido	de	el	centurión,
846	1487	3819	599	2532	1097	575	3588	2760
RP3ASM	*CAC, T*	*B*	*VAAI3S*	*CLN*	*VAAP-SNM*	*P*	*DGSM*	*NGSM*

ἐδωρήσατο	τὸ	πτῶμα	τῷ	Ἰωσήφ.	46 καὶ	ἀγοράσας	σινδόνα
otorgó	el	cadáver	a--	José.	Y	habiendo comprado	una sábana,
1433	3588	4430	3588	2501	2532	59	4616
VAMI3S	*DASN*	*NASN*	*DDSM*	*NDSM, XP*	*CLN*	*VAAP-SNM*	*NASF*

καθελὼν	αὐτὸν	ἐνείλησεν	τῇ	σινδόνι	καὶ	ἔθηκεν	αὐτὸν	ἐν
habiendo bajado	a él,	(lo) envolvió	en la	sábana	y	puso	a él	en
2507	846	1750	3588	4616	2532	5087	846	1722
VAAP-SNM	*RP3ASM*	*VAAI3S*	*DDSF*	*NDSF*	*CLN*	*VAAI3S*	*RP3ASM*	*P*

μνημείῳ	ὃ	ἦν	λελατομημένον	ἐκ	πέτρας,	καὶ	προσεκύλισεν
un sepulcro,	el que	estaba	excavado	en	una roca,	e	hizo rodar frente a
3419	3739	2258	2998	1537	4073	2532	4351
NDSN	*RR-NSN*	*VIAI3S*	*VRPP-SNN*	*P*	*NGSF*	*CLN*	*VAAI3S*

λίθον	ἐπὶ	τὴν	θύραν	τοῦ	μνημείου.	47 ἡ	δὲ	Μαρία	ἡ
una piedra	sobre	la	entrada	del	sepulcro.	--$_2$	Mas$_1$	María	--
3037	1909	3588	2374	3588	3419	3588	1161	3137	3588
NASM	*P*	*DASF*	*NASF*	*DGSN*	*NGSN*	*DNSF*	*CLN*	*NNSF*	*DNSF*

Μαγδαληνὴ	καὶ	Μαρία	ἡ	⸀Ἰωσῆτος	ἐθεώρουν	ποῦ	τέθειται.
Magdalena	y	María,	la (madre)	de Justo,	veían	dónde	ha sido puesto.
3094	2532	3137	3588	2500	2334	4225	5087
NNSF	*CLN*	*NNSF*	*DNSF*	*NGSM*	*VIAI3P*	*BP*	*VRPI3S*

16 Καὶ	διαγενομένου	τοῦ	σαββάτου	Μαρία	ἡ	Μαγδαληνὴ
Y	habiendo pasado	el	sábado,	María	--	Magdalena
2532	1230	3588	4521	3137	3588	3094
CLN	*VAMP-SGN*	*DGSN*	*NGSN*	*NNSF*	*DNSF*	*NNSF*

καὶ	Μαρία	ἡ	τοῦ	Ἰακώβου	καὶ	Σαλώμη	ἠγόρασαν	ἀρώματα
y	María,	la (madre)	de--	de Jacob,	y	Salomé	compraron	especies aromáticas
2532	3137	3588	3588	2385	2532	4539	59	759
CLN	*NNSF*	*DNSF*	*DGSM*	*NGSM*	*CLN*	*NNSF*	*VAAI3P*	*NAPN*

ἵνα	ἐλθοῦσαι	ἀλείψωσιν	αὐτόν.	2 καὶ	λίαν	πρωῒ	τῇ	μιᾷ
para que	habiendo ido	ungieran	a él.	Y	muy	de madrugada,	el	primer (día)
2443	2064	218	846	2532	3029	4404	3588	1520
CAP	*VAAP-PNF*	*VAAS3P*	*RP3ASM*	*CLN*	*B*	*B*	*DDSF*	*JDSF*

τῶν	σαββάτων*	ἔρχονται	ἐπὶ	τὸ	μνημεῖον	ἀνατείλαντος	τοῦ
de los	sábados	vienen	a	el	sepulcro,	habiendo salido,$_3$	el$_1$
3588	4521	2064	1909	3588	3419	393	3588
DGPN	*NGPN*	*VPUI3P*	*P*	*DASN*	*NASN*	*VAAP-SGM*	*DGSM*

ἡλίου.	3 καὶ	ἔλεγον	πρὸς	ἑαυτάς·	Τίς	ἀποκυλίσει	ἡμῖν	τὸν
sol$_2$	y	decían	a	sí mismas:	¿Quién	hará rodar	para nosotras?$_8$	la$_1$
2246	2532	3004	4314	1438	5101	617	2254	3588
NGSM	*CLN*	*VIAI3P*	*P*	*RF3APF*	*RI-NSM*	*VFAI3S*	*RP1DP*	*DASM*

λίθον	ἐκ	τῆς	θύρας	τοῦ	μνημείου;	4 καὶ	ἀναβλέψασαι	θεωροῦσιν
piedra$_2$	de$_3$	la$_4$	entrada$_5$	del$_6$	sepulcro$_7$	Y	habiendo alzado la vista,	ven
3037	1537	3588	2374	3588	3419	2532	308	2334
NASM	*P*	*DGSF*	*NGSF*	*DGSN*	*NGSN*	*CLC*	*VAAP-PNF*	*VPAI3P*

NVI

para pedirle el cuerpo de Jesús.
44 Pilato, sorprendido de que ya hubiera muerto, llamó al centurión y le preguntó si hacía mucho que había muerto.
45 Una vez informado por el centurión, le entregó el cuerpo a José.
46 Entonces José bajó el cuerpo, lo envolvió en una sábana que había comprado, y lo puso en un sepulcro cavado en la roca. Luego hizo rodar una piedra a la entrada del sepulcro.
47 María Magdalena y María la madre de José vieron dónde lo pusieron.

La resurrección

16 Cuando pasó el sábado, María Magdalena, María la madre de Jacobo, y Salomé compraron especias aromáticas para ir a ungir el cuerpo de Jesús.
2 Muy de mañana el primer día de la semana, apenas salido el sol, se dirigieron al sepulcro.
3 Iban diciéndose unas a otras: «¿Quién nos quitará la piedra de la entrada del sepulcro?»
4 Pues la piedra era muy grande.

Pero, al fijarse bien,

15:47⸀ Manuscritos inferiores tienen *José*. **16:2*** O sea *de la semana.*

RVR

que la piedra ha sido ya
retirada; y eso que era
grande en demasía.
5 Y entrando en el
sepulcro, vieron a un
joven sentado en el lado
derecho, vestido con
una túnica blanca, y
quedaron atónitas de
espanto.
6 Pero él les dice: Dejad
de asustaros. Estáis bus-
cando a Jesús Nazareno,
el crucificado; ha
resucitado; no está aquí;
mirad el lugar donde le
pusieron.
7 Pero id, decid a sus
discípulos y a Pedro:
Va delante de vosotros
a Galilea; allí le veréis,
conforme os dijo.
8 Ellas salieron y huye-
ron del sepulcro, pues
se había apoderado de
ellas un gran temblor y
espanto; y no dijeron
nada a nadie, porque
tenían miedo.

ὅτι ἀποκεκύλισται ὁ λίθος, ἦν γὰρ μέγας σφόδρα. 5 καὶ
que ha sido movida,$_{3}$ la$_{1}$ piedra$_{2}$ era$_{5}$ porque$_{4}$ grande.$_{7}$ extremadamente$_{6}$ Y
3754 617 3588 3037 2258 1063 3173 4970 2532
CSC VRPI3S DNSM NNSM VIAI3S CLX JNSM B CLN

εἰσελθοῦσαι εἰς τὸ μνημεῖον εἶδον νεανίσκον καθήμενον ἐν τοῖς
habiendo entrado en el sepulcro vieron a un joven estando sentado$_{4}$ a$_{5}$ las$_{6}$
1525 1519 3588 3419 1492 3495 2521 1722 3588
VAAP-PNF P DASN NASN VAAI3P NASM VPUP-SAM P DDPN

δεξιοῖς περιβεβλημένον στολὴν λευκήν, καὶ ἐξεθαμβήθησαν.
derechas,$_{7}$ que estaba vestido con$_{1}$ una túnica larga$_{2}$ blanca,$_{3}$ y quedaron asombradas.
1188 4016 4749 3022 2532 1568
JDPN VRMP-SAM, VRPP-SAM NASF JASF CLN VAPI3P

6 ὁ δὲ λέγει αὐταῖς· Μὴ ἐκθαμβεῖσθε· Ἰησοῦν ζητεῖτε τὸν
--$_{2}$ Mas$_{1}$ dice a ellas: No os asustéis; a Jesús$_{2}$ buscáis$_{1}$ --
3588 1161 3004 846 3361 1568 2424 2212 3588
DNSM CLN VPAI3S RP3DPF BN, TN VPPM2P NASM VPAI2P DASM

Ναζαρηνὸν τὸν ἐσταυρωμένον· ἠγέρθη, οὐκ ἔστιν ὧδε· ἴδε
Nazareno, el que; ha sido crucificado fue resucitado, no está aquí. Ve
3479 3588 4717 1453 3756 2076 5602 1492
NASM, JASM DASM VRPP-SAM VAPI3S BN, TN VPAI3S BP I, VAAM2S

ὁ τόπος ὅπου ἔθηκαν αὐτόν· 7 ἀλλὰ ὑπάγετε εἴπατε τοῖς μαθηταῖς
el lugar donde pusieron a él. Pero id, decid a los discípulos
3588 5117 3699 5087 846 235 5217 2036 3588 3101
DNSM NNSM CAL, B VAAI3P RP3ASM CLC VPAM2P VAAM2P DDPM NDPM

αὐτοῦ καὶ τῷ Πέτρῳ ὅτι Προάγει ὑμᾶς εἰς τὴν Γαλιλαίαν· ἐκεῖ
de él y a -- Pedro, que va adelante de vosotros hacia -- Galilea; allí,$_{3}$
846 2532 3588 4074 3754 4254 5209 1519 3588 1056 1563
RP3GSM CLN DDSM NDSM CSC VPAI3S RP2AP P DASF NASF BP

αὐτὸν ὄψεσθε, καθὼς εἶπεν ὑμῖν. 8 καὶ ἐξελθοῦσαι ἔφυγον ἀπὸ τοῦ
a él$_{2}$ veréis$_{1}$ como dijo a vosotros. Y habiendo salido huyeron de el
846 3700 2531 2036 5213 2532 1831 5343 575 3588
RP3ASM VFMI2P CAM VAAI3S RP2DP CLN VAAP-PNF VAAI3P P DGSN

μνημείου, εἶχεν γὰρ αὐτὰς τρόμος καὶ ἔκστασις· καὶ οὐδενὶ οὐδὲν
sepulcro, tenía$_{5}$ porque$_{1}$ a ellas,$_{6}$ un temblor$_{2}$ y$_{3}$ espanto$_{4}$ y$_{7}$ a nadie,$_{10}$ nada$_{9}$
3419 2192 1063 846 5156 2532 1611 2532 3762 3762
NGSN VIAI3S CAZ RP3APF NNSM CLN NNSF CLN JDSM JASN

εἶπαν, ἐφοβοῦντο ⸀γάρ.
dijeron$_{8}$ tenían miedo.$_{12}$ porque$_{11}$
3004 5399 1063
VAAI3P VIUI3P CAZ

⟦Πάντα δὲ τὰ παρηγγελμένα τοῖς περὶ τὸν Πέτρον
todas las cosas$_{16}$ Mas$_{13}$ las que$_{17}$ han sido ordenadas,$_{18}$ las que$_{19}$ acerca de$_{20}$ --$_{21}$ Pedro.$_{22}$
3956 1161 3588 3853 3588 4012 3588 4074
JAPN CLC DAPN VRPP-PAN DDPM P DASM NASM

συντόμως ἐξήγγειλαν. μετὰ δὲ ταῦτα καὶ αὐτὸς ὁ Ἰησοῦς
por breve tiempo$_{14}$ proclamaron$_{15}$ después de$_{24}$ Y$_{23}$ estas cosas,$_{25}$ también$_{29}$ mismo$_{28}$ --$_{26}$ Jesús$_{27}$
4935 1804 3326 1161 3778 2532 846 3588 2424
B VAAI3P P CLN RD-APN TE RP3NSMP DNSM NNSM

ἀπὸ ἀνατολῆς καὶ ἄχρι δύσεως ἐξαπέστειλεν δι᾽ αὐτῶν τὸ
desde$_{33}$ (el) oriente$_{34}$ y$_{35}$ hasta$_{36}$ (el) occidente$_{38}$ envió$_{30}$ por medio de$_{31}$ ellos$_{32}$ a la
575 395 2532 891 1424 1821 1223 846 3588
P NGSF CLN P NGSM VAAI3S P RP3GPM DASN

ἱερὸν καὶ ἄφθαρτον κήρυγμα τῆς αἰωνίου σωτηρίας. ἀμήν.⟧
santa e incorruptible proclamación de la eterna salvación. Amén.
2411 2532 862 2782 3588 166 4991 281
NASN CLN JASM NASN DGSF JGSF NGSF XF

NVI

se dieron cuenta de
que estaba corrida. 5 Al
entrar en el sepulcro
vieron a un joven vestido
con un manto blanco,
sentado a la derecha, y se
asustaron.
6 —No se asusten
—les dijo—. Ustedes
buscan a Jesús el nazare-
no, el que fue crucifi-
cado. ¡Ha resucitado!
No está aquí. Miren el
lugar donde lo pusieron.
7 Pero vayan a decirles a
los discípulos y a Pedro:
"Él va delante de ustedes
a Galilea. Allí lo verán,
tal como les dijo".
8 Temblorosas y des-
concertadas, las mujeres
salieron huyendo del
sepulcro. No dijeron
nada a nadie, porque
tenían miedo.

16:8⸀ Manuscritos inferiores aumentaron desde aquí hasta el final del Evangelio, con muchas variaciones. De manera que se encuentran varios finales al Evangelio, que no son considerados como escritos originales de Marcos. En este Nuevo Testamento las adiciones de este tipo están marcados por dobles corchetes (⟦ ⟧).

RVR

El Señor Jesús se aparece a María Magdalena

9 En la madrugad del
primer día de la semana,
resucitó y se apareció
primero a María Magda-
lena, de la que había arro-
jado siete demonios.
10 Ella fue a anunciarlo
a los que habían estado
con él, que estaban de
duelo y llorando.
11 Ellos, al oír que está
vivo y que ella lo ha
visto, no lo creyeron.

El Señor se aparece a dos de sus discípulos

12 Después de esto,
fue manifestado bajo
diferente forma a dos de
ellos que iban de cami-
no hacia la campiña.
13 Ellos fueron y lo
comunicaron a los demás;
tampoco a éstos les
creyeron.

El Señor comisiona a los apóstoles

14 Por último, fue mani-
festado a los once, estan-
do ellos sentados a la
mesa, y les echó en cara
su incredulidad y dure-
za de corazón, por no
haber creído a los que le
habían visto después de
haber resucitado.
15 Y les dijo: Id por todo
el mundo y proclamad el
evangelio a toda criatura.
16 El que crea y sea
bautizado, será salvo;
pero el que no crea, será
condenado.
17 Y estas señales

9 [[Ἀναστὰς	δὲ	πρωῒ	πρώτῃ	σαββάτου*	ἐφάνη	πρῶτον
habiendo resucitado$_2$	Mas$_1$	de madrugada	(el) primer (día)	de(l) sábado,	apareció	primero
450	1161	4404	4413	4521	5316	4412
VAAP-SNM	CLN	B	JDSF	NGSN	VAPI3S	B, J

Μαρίᾳ	τῇ	Μαγδαληνῇ,	παρ'	ἧς	ἐκβεβλήκει	ἑπτὰ	δαιμόνια.
a María	--	Magdalena,	de	la que	expulsó	siete	demonios.
3137	3588	3094	3844	3739	1544	2033	1140
NDSF	DDSF	NDSF	P	RR-GSF	VLAI3S	XN, J	NAPN

10 ἐκείνη	πορευθεῖσα	ἀπήγγειλεν	τοῖς	μετ'	αὐτοῦ	γενομένοις
Aquella	habiendo ido	anunció	a los que	con	él	habían estado,
1565	4198	518	3588	3326	846	1096
RD-NSF	VAPP-SNF	VAAI3S	DDPM	P	RP3GSM	VAMP-PDM

πενθοῦσι	καὶ	κλαίουσιν·	11 κἀκεῖνοι	ἀκούσαντες	ὅτι	ζῇ	καὶ
que están tristes	y	llorando;	también aquellos,	habiendo oído	que	vive	y
3996	2532	2799	2548	191	3754	2198	2532
VPAP-PDM	CLN	VPAP-PDM	RD-NPM, CLC	VAAP-PNM	CSC	VPAI3S	CLN

ἐθεάθη	ὑπ'	αὐτῆς	ἠπίστησαν.
fue visto	por	ella,	no creyeron.
2300	5259	846	569
VAPI3S	P	RP3GSF	VAAI3P

12 Μετὰ	δὲ	ταῦτα	δυσὶν	ἐξ	αὐτῶν	περιπατοῦσιν	ἐφανερώθη
después de$_2$	Y$_1$	estas cosas,$_3$	a dos$_8$	de$_9$	ellos$_{10}$	andando,$_{11}$	fue manifestado$_4$
3326	1161	5023	1417	1537	846	4043	5319
P	CLN	RD-APN	JDPM	P	RP3GPM	VPAP-PDM	VAPI3S

ἐν	ἑτέρᾳ	μορφῇ	πορευομένοις	εἰς	ἀγρόν·	13 κἀκεῖνοι	ἀπελθόντες
en$_5$	otra$_6$	forma,$_7$	cuando están yendo	a(l)	campo.	también aquellos,	habiéndose ido
1722	2087	3444	4198	1519	68	2548	565
P	JDSF	NDSF	VPUP-PDM	P	NASM	RD-NPM, CLN	VAAP-PNM

ἀπήγγειλαν	τοῖς	λοιποῖς·	οὐδὲ	ἐκείνοις	ἐπίστευσαν.
anunciaron	a los	demás;	ni	a aquellos.$_2$	creyeron$_1$
518	3588	3062	3761	1565	4100
VAAI3P	DDPM	JDPM	BN, TN	RD-DPM	VAAI3P

14 Ὕστερον	δὲ	ἀνακειμένοις	αὐτοῖς	τοῖς	ἕνδεκα	ἐφανερώθη,
finalmente$_2$	Y$_1$	estando reclinados a la mesa$_4$	ellos$_3$	a los$_6$	once,$_7$	fue manifestado$_5$
5305	1161	345	846	3588	1733	5319
B, J	CLC	VPUP-PDM	RP3DPM	DDPM	XN, J	VAPI3S

καὶ	ὠνείδισεν	τὴν	ἀπιστίαν	αὐτῶν	καὶ	σκληροκαρδίαν	ὅτι
y$_8$	reprochó$_9$	la$_{11}$	incredulidad$_{12}$	de ellos$_{10}$	y$_{13}$	(la) dureza de corazón$_{14}$	porque$_{15}$
2532	3679	3588	570	846	2532	4641	3754
CLN	VAAI3S	DASF	NASF	RP3GPM	CLN	NASF	CAZ

τοῖς	θεασαμένοις	αὐτὸν	ἐγηγερμένον	οὐκ	ἐπίστευσαν.	15 καὶ
a los que$_{18}$	miraron$_{19}$	a él$_{20}$	que fue resucitado.$_{21}$	no$_{16}$	creyeron$_{17}$	Y
3588	2300	846	1453	3756	4100	2532
DDPM	VAMP-PDM	RP3ASM	VRPP-SAM	BN, TN	VAAI3P	CLN

εἶπεν	αὐτοῖς·	Πορευθέντες	εἰς	τὸν	κόσμον	ἅπαντα	κηρύξατε	τὸ
dijo	a ellos:	Habiendo ido	a	el	mundo	entero,	proclamad	el
2036	846	4198	1519	3588	2889	537	2784	3588
VAAI3S	RP3DPM	VAPP-PNM	P	DASM	NASM	JASM	VAAM2P	DASN

εὐαγγέλιον	πάσῃ	τῇ	κτίσει.	16 ὁ	πιστεύσας	καὶ	βαπτισθεὶς
evangelio	a toda	la	creación.	El que	ha creído	y	habiendo sido bautizado
2098	3956	3588	2937	3588	4100	2532	907
NASN	JDSF	DDSF	NDSF	DNSM	VAAP-SNM	CLN	VAPP-SNM

σωθήσεται,	ὁ	δὲ	ἀπιστήσας	κατακριθήσεται.	17 σημεῖα	δὲ
será salvo,	el que$_2$	mas$_1$	no ha creído$_3$	será condenado.	señales$_3$	Mas$_1$
4982	3588	1161	569	2632	4592	1161
VFPI3S	DNSM	CLC	VAAP-SNM	VFPI3S	NNPN	CLN

NVI

Apariciones y ascensión de Jesús

9 Cuando Jesús resu-
citó en la madrugada del
primer día de la semana,
se apareció primero a
María Magdalena, de
la que había expulsado
siete demonios. 10 Ella
fue y avisó a los que ha-
bían estado con él, que
estaban lamentándose y
llorando. 11 Pero ellos, al
oír que Jesús estaba vivo
y que ella lo había visto,
no lo creyeron.
12 Después se apareció
Jesús en otra forma a dos
de ellos que iban de ca-
mino al campo. 13 Estos
volvieron y avisaron a los
demás, pero no les creye-
ron a ellos tampoco.
14 Por último se
apareció Jesús a los once
mientras comían; los
reprendió por su falta
de fe y por su obstina-
ción en no creerles a
los que lo habían visto
resucitado.
15 Les dijo: «Vayan
por todo el mundo y
anuncien las buenas
nuevas a toda criatura.
16 El que crea y sea bau-
tizado será salvo, pero
el que no crea será con-
denado. 17 Estas señales

16:9* O sea *de la semana.*

RVR

acompañarán a los que
crean: En mi nombre
expulsarán demonios,
hablarán en nuevas
lenguas,
18 tomarán serpientes
en sus manos, y si beben
algo mortífero, no les
hará ningún daño;
impondrán las manos
sobre los enfermos, y
sanarán.

La ascensión

19 Y así, el Señor Jesús,
después de hablarles,
fue recibido arriba en
el cielo, y se sentó a la
diestra de Dios.
20 Y ellos, salieron y pre-
dicaron en todas partes,
colaborando el Señor
con ellos y confirmando
la palabra por medio
de las señales que la
acompañaban.

τοῖς	πιστεύσασιν	ταῦτα	παρακολουθήσει,	ἐν	τῷ	ὀνόματί
a los que$_5$	han creído: $_6$	estas$_2$	seguirán$_4$	En$_7$	el$_8$	nombre$_9$
3588	4100	5023	3877	1722	3588	3686
DDPM	*VAAP-PDM*	*RD-NPN*	*VFAI3S*	*P*	*DDSN*	*NDSN*

μου	δαιμόνια	ἐκβαλοῦσιν,	γλώσσαις	λαλήσουσιν	καιναῖς,	18 ὄφεις
de mí$_{10}$	demonios,$_{12}$	echarán fuera$_{11}$	en lenguas$_{14}$	hablarán$_{13}$	nuevas,$_{15}$	serpientes,$_2$
3450	1140	1544	1100	2980	2537	3789
RP1GS	*NAPN*	*VFAI3P*	*NDPF*	*VFAI3P*	*JDPF*	*NAPM*

ἀροῦσιν	κἂν	θανάσιμόν	τι	πίωσιν	οὐ	μὴ*	αὐτοὺς	βλάψῃ,	ἐπὶ
tomarán$_1$	y si$_3$	veneno mortal,$_6$	algún$_5$	bebieran$_4$	no$_7$	no$_8$	a ellos,$_{10}$	hará daño$_9$	sobre$_{13}$
142	2579	2286	5100	4095	3756	3361	846	984	1909
VFAI3P	*CLN, CAC*	*JASN*	*RX-ASN*	*VAAS3P*	*BN, TN*	*BN, TN*	*RP3APM*	*VAAS3S*	*P*

ἀρρώστους	χεῖρας	ἐπιθήσουσιν	καὶ	καλῶς	ἕξουσιν.*1
enfermos$_{14}$	(las) manos$_{12}$	impondrán$_{11}$	y$_{15}$	bien.$_{17}$	tendrán$_{16}$
732	5495	2007	2532	2573	2192
JAPM	*NAPF*	*VFAI3P*	*CLN*	*B*	*VFAI3P*

19 Ὁ	μὲν	οὖν	κύριος	Ἰησοῦς	μετὰ	τὸ	λαλῆσαι	αὐτοῖς
el$_3$	ciertamente,$_2$	Así que,$_1$	Señor	Jesús,	después de	--	hablar	a ellos,
3588	3303	3767	2962	2424	3326	3588	2980	846
DNSM	*TE, C*	*CLT*	*NNSM*	*NNSM*	*P*	*DASN*	*VAAN*	*RP3DPM*

ἀνελήμφθη	εἰς	τὸν	οὐρανὸν	καὶ	ἐκάθισεν	ἐκ	δεξιῶν	τοῦ
fue tomado arriba	a	el	cielo	y	se sentó	a	(la) derecha	de --
353	1519	3588	3772	2532	2523	1537	1188	3588
VAPI3S	*P*	*DASM*	*NASM*	*CLN*	*VAAI3S*	*P*	*JGPN, JGPM*	*DGSM*

θεοῦ.	20 ἐκεῖνοι	δὲ	ἐξελθόντες	ἐκήρυξαν	πανταχοῦ,	τοῦ	κυρίου
Dios.	aquellos$_2$	Y$_1$	habiendo salido	proclamaron	en todas partes,	el	Señor
2316	1565	1161	1831	2784	3837	3588	2962
NGSM	*RD-NPM*	*CLN*	*VAAP-PNM*	*VAAI3P*	*B*	*DGSM*	*NGSM*

συνεργοῦντος	καὶ	τὸν	λόγον	βεβαιοῦντος	διὰ	τῶν
trabajando juntamente con (ellos)	y	la$_2$	palabra$_3$	confirmando$_1$	por medio de$_4$	las$_5$
4903	2532	3588	3056	950	1223	3588
VPAP-SGM	*CLN*	*DASM*	*NASM*	*VPAP-SGM*	*P*	*DGPN*

ἐπακολουθούντων	σημείων.]]
que siguen.$_7$	señales$_6$
1872	4592
VPAP-PGN	*NGPN*

NVI

acompañarán a los que
crean: en mi nombre
expulsarán demonios;
hablarán en nuevas
lenguas; 18 tomarán en
sus manos serpientes; y,
cuando beban algo ve-
nenoso, no les hará daño
alguno; pondrán las
manos sobre los enfer-
mos, y estos recobrarán
la salud».
19 Después de hablar
con ellos, el Señor Jesús
fue llevado al cielo y se
sentó a la derecha de
Dios. 20 Los discípulos
salieron y predicaron
por todas partes, y el
Señor los ayudaba en
la obra y confirmaba su
palabra con las señales
que la acompañaban.

16:18* O sea *de ninguna manera.* **16:18*1** O sea *se pondrán bien.*

Evangelio según

LUCAS

ΚΑΤΑ ΛΟΥΚΑΝ

RVR

Dedicatoria a Teófilo

1 Puesto que muchos
han tomado a su
cargo el compilar un
relato ordenado de las
cosas que entre nosotros
han sido ciertísimas,
2 tal como nos las trans-
mitieron los que desde el
principio fueron testigos
oculares y servidores de
la Palabra,
3 me ha parecido bien
también a mí, después
de haber investigado
todo con esmero desde
su origen, escribirte
ordenadamente, exce-
lentísimo Teófilo,
4 para que te percates
bien de la solidez de las
enseñanzas en las que
fuiste instruido.

Anuncio del nacimiento de Juan el Bautista

5 Hubo en los días de
Herodes, rey de Judea,
cierto sacerdote llama-
do Zacarías, del turno
de Abías; tenía por
esposa una de las des-
cendientes de Aarón, la
cual se llamaba Elisabet.
6 Ambos eran rectos
delante de Dios, y
caminaban irreprocha-
blemente en todos los
mandamientos y orde-
nanzas del Señor.

---

1 Ἐπειδήπερ	πολλοὶ	ἐπεχείρησαν	ἀνατάξασθαι	διήγησιν	περὶ
Puesto que	muchos	emprendieron la tarea	para componer	un relato	acerca de
1895	4183	2021	392	1335	4012
CAZ	JNPM	VAAI3P	VAMN	NASF	P

τῶν	πεπληροφορημένων	ἐν	ἡμῖν	πραγμάτων,	2 καθὼς	παρέδοσαν
las$_1$	llevadas a cabo completamente$_3$	entre$_4$	nosotros,$_5$	cosas$_2$	conforme	transmitieron$_2$
3588	4135	1722	2254	4229	2531	3860
DGPN	VRPP-PGN	P	RP1DP	NGPN	CAM	VAAI3P

ἡμῖν	οἱ	ἀπ'	ἀρχῆς	αὐτόπται	καὶ	ὑπηρέται	γενόμενοι	τοῦ
nos$_1$	los (que)$_3$	desde$_4$	principio$_5$	testigos oculares$_7$	y$_8$	servidores$_9$	fueron$_6$	de la
2254	3588	575	746	845	2532	5257	1096	3588
RP1DP	DNPM	P	NGSF	NNPM, JNPM	CLN	NNPM	VAMP-PNM	DGSM

λόγου,	3 ἔδοξε	κἀμοὶ	παρηκολουθηκότι	ἄνωθεν	πᾶσιν
palabra,	(me) pareció (bien)	también a mí	después de haber investigado	desde el principio	todas las cosas
3056	1380	2504	3877	509	3956
NGSM	VAAI3S	RP1DS, TE	VRAP-SDM	B	JDPN

ἀκριβῶς	καθεξῆς	σοι	γράψαι,	κράτιστε	Θεόφιλε,	4 ἵνα	ἐπιγνῷς
cuidadosamente	ordenadamente	a ti,$_2$	escribir$_1$	excelentísimo	Teófilo,	para que	conocieras
199	2517	4671	1125	2903	2321	2443	1921
B	B	RP2DS	VAAN	JVSM	NVSM	CAP	VAAS2S

περὶ	ὧν	κατηχήθης	λόγων	τὴν	ἀσφάλειαν.
acerca de$_4$	las cuales$_5$	fuiste instruido.$_6$	de (las) palabras$_3$	la$_1$	solidez$_2$
4012	3739	2727	3056	3588	803
P	RR-GPM	VAPI2S	NGPM	DASF	NASF

5 Ἐγένετο	ἐν	ταῖς	ἡμέραις	Ἡρῴδου	βασιλέως	τῆς	Ἰουδαίας
Hubo	en	los	días	de Herodes,	rey	--	de Judea,
1096	1722	3588	2250	2264	935	3588	2449
VAMI3S	P	DDPF	NDPF	NGSM	NGSM	DGSF	NGSF

ἱερεύς	τις	ὀνόματι	Ζαχαρίας	ἐξ	ἐφημερίας	Ἀβιά,	καὶ
sacerdote$_2$	cierto$_1$	llamado	Zacarías	de(l)	turno	de Abías,	y
2409	5100	3686	2197	1537	2183	7	2532
NNSM	JNSM, RX-NSM	NDSN	NNSM	P	NGSF	NGSM, XP	CLN

γυνὴ	αὐτῷ	ἐκ	τῶν	θυγατέρων	Ἀαρών,	καὶ	τὸ	ὄνομα	αὐτῆς
(la) esposa	de él	(era)de	las	hijas	de Aarón	y	el	nombre	de ella
1135	846	1537	3588	2364	2	2532	3588	3686	846
NNSF	RP3DSM	P	DGPF	NGPF	NGSM, XP	CLN	DNSN	NNSN	RP3GSF

Ἐλισάβετ.	6 ἦσαν	δὲ	δίκαιοι	ἀμφότεροι	ἐναντίον	τοῦ	θεοῦ,
(era) Elisabet.	Eran$_2$	--$_1$	justos	ambos	delante	--	de Dios,
1665	2258	1161	1342	297	1726	3588	2316
NNSF, XP	VIAI3P	CLN	JNPM	JNPM	P, B	DGSM	NGSM

πορευόμενοι	ἐν	πάσαις	ταῖς	ἐντολαῖς	καὶ	δικαιώμασιν	τοῦ	κυρίου
andando	en$_2$	todos$_3$	los$_4$	mandamientos$_5$	y$_6$	prescripciones$_7$	del$_8$	Señor.$_9$
4198	1722	3956	3588	1785	2532	1345	3588	2962
VPUP-PNM	P	JDPF	DDPF	NDPF	CLN	NDPN	DGSM	NGSM

NVI

Prólogo

1 Muchos han
intentado hacer un
relato de las cosas que se
han cumplido entre no-
sotros, 2 tal y como nos
las transmitieron los que
desde el principio fue-
ron testigos presenciales
y servidores de la pala-
bra. 3 Por lo tanto, yo
también, excelentísimo
Teófilo, habiendo in-
vestigado todo esto con
esmero desde su origen,
he decidido escribírtelo
ordenadamente, 4 para
que llegues a tener plena
seguridad de lo que te
enseñaron.

Anuncio del nacimiento de Juan el Bautista

5 En tiempos de
Herodes, rey de Judea,
hubo un sacerdote
llamado Zacarías,
miembro del grupo
de Abías. Su esposa
Elisabet también era
descendiente de Aarón.
6 Ambos eran rectos e
intachables delante de
Dios; obedecían todos
los mandamientos y
preceptos del Señor.

RVR

7 Pero no tenían hijo,
porque Elisabet era
estéril, y ambos eran de
edad avanzada.
8 Sucedió que, mientras
estaba él ejerciendo su
ministerio sacerdotal
delante de Dios, en el
turno de su grupo,
9 le tocó en suerte, con-
forme a la costumbre
del sacerdocio, entrar en
el santuario del Señor a
quemar incienso.
10 Y toda la multitud del
pueblo estaba orando
afuera, a la hora del
incienso.
11 Entonces se le apare-
ció un ángel del Señor,
de pie, a la derecha del
altar del incienso.
12 Al verle Zacarías,
se turbó, y el temor se
apoderó de él.
13 Pero el ángel le dijo:
No temas, Zacarías,
porque tu petición
ha sido escuchada;
tu mujer Elisabet te
engendrará un hijo, y le
llamarás Juan.
14 Tendrás gozo y júbilo,
y muchos se regocijarán
por su nacimiento.

ἄμεμπτοι.	7 καὶ	οὐκ	ἦν	αὐτοῖς	τέκνον,	καθότι	ἦν	ἡ
irreprochables$_1$	Y	no	era (tenían)	para ellos	un hijo,	puesto que	era$_3$	--$_1$
273	2532	3756	2258	846	5043	2530	2258	3588
JNPM	*CLN*	*BN, TN*	*VIAI3S*	*RP3DPM*	*NNSN*	*CAZ*	*VIAI3S*	*DNSF*

Ἐλισάβετ	στεῖρα,	καὶ	ἀμφότεροι	προβεβηκότες	ἐν	ταῖς	ἡμέραις
Elisabet$_2$	estéril,	y	ambos	avanzados$_2$	en$_3$	los$_4$	días$_5$
1665	4723	2532	297	4260	1722	3588	2250
NNSF, XP	*NNSF, JNSF*	*CLN*	*JNPM*	*VRAP-PNM*	*P*	*DDPF*	*NDPF*

αὐτῶν	ἦσαν.*
de ellos.$_6$	eran$_1$
846	2258
RP3GPM	*VIAI3P*

8 Ἐγένετο	δὲ	ἐν	τῷ	ἱερατεύειν	αὐτὸν	ἐν	τῇ
sucedió$_2$	Y$_1$	mientras$_3$	--$_4$	oficiar como sacerdote$_6$	él$_5$	en	el
1096	1161	1722	3588	2407	846	1722	3588
VAMI3S	*CLN*	*P*	*DDSN, DDSM*	*VPAN*	*RP3ASM*	*P*	*DDSF*

τάξει	τῆς	ἐφημερίας	αὐτοῦ	ἔναντι	τοῦ	θεοῦ	9 κατὰ	τὸ	ἔθος	τῆς
turno	del	grupo	de él	delante	--	de Dios,	conforme a	la	costumbre	del
5010	3588	2183	846	1725	3588	2316	2596	3588	1485	3588
NDSF	*DGSF*	*NGSF*	*RP3GSM*	*P, B*	*DGSM*	*NGSM*	*P*	*DASN*	*NASN*	*DGSF*

ἱερατείας	ἔλαχε	τοῦ	θυμιᾶσαι	εἰσελθὼν	εἰς	τὸν	ναὸν
sacerdocio	le tocó en suerte	--	ofrecer incienso	habiendo entrado	a	el	templo
2405	2975	3588	2370	1525	1519	3588	3485
NGSF	*VAAI3S*	*DGSN, DGSM*	*VAAN*	*VAAP-SNM*	*P*	*DASM*	*NASM*

τοῦ	κυρίου,	10 καὶ	πᾶν	τὸ	πλῆθος	ἦν	τοῦ	λαοῦ	προσευχόμενον
del	Señor,	y	toda	la	multitud	estaba$_3$	del$_1$	pueblo$_2$	orando
3588	2962	2532	3956	3588	4128	2258	3588	2992	4336
DGSM	*NGSM*	*CLN*	*JNSN*	*DNSN*	*NNSN*	*VIAI3S*	*DGSM*	*NGSM*	*VPUP-SNN*

ἔξω	τῇ	ὥρᾳ	τοῦ	θυμιάματος·	11 ὤφθη	δὲ	αὐτῷ	ἄγγελος
afuera,	a la	hora	del	incienso.	apareció$_2$	Y$_1$	a él	un ángel
1854	3588	5610	3588	2368	3700	1161	846	32
BP	*DDSF*	*NDSF*	*DGSN*	*NGSN*	*VAPI3S*	*CLN*	*RP3DSM*	*NNSM*

κυρίου	ἑστὼς	ἐκ	δεξιῶν	τοῦ	θυσιαστηρίου	τοῦ	θυμιάματος.
de (el) Señor	puesto en pie	a	(la) derecha	del	altar	del	incienso.
2962	2476	1537	1188	3588	2379	3588	2368
NGSM	*VRAP-SNM*	*P*	*JGPN, JGPM*	*DGSN*	*NGSN*	*DGSN*	*NGSN*

12 καὶ	ἐταράχθη	Ζαχαρίας	ἰδών,	καὶ	φόβος	ἐπέπεσεν	ἐπ'	αὐτόν.
Y	se turbó	Zacarías	al ver (lo)	y	(el) miedo	cayó	sobre	él.
2532	5015	2197	1492	2532	5401	1968	1909	846
CLN	*VAPI3S*	*NNSM*	*VAAP-SNM*	*CLN*	*NNSM*	*VAAI3S*	*P*	*RP3ASM*

13 εἶπεν	δὲ	πρὸς	αὐτὸν	ὁ	ἄγγελος·	Μὴ	φοβοῦ,	Ζαχαρία,
dijo$_4$	Mas$_1$	a$_5$	él:$_6$	el$_2$	ángel$_3$	No	temas,	Zacarías,
2036	1161	4314	846	3588	32	3361	5399	2197
VAAI3S	*CLC*	*P*	*RP3ASM*	*DNSM*	*NNSM*	*BN, TN*	*VPUM2S*	*NVSM*

διότι	εἰσηκούσθη	ἡ	δέησίς	σου,	καὶ	ἡ	γυνή	σου	Ἐλισάβετ
porque	fue escuchada,$_4$	la$_1$	petición$_2$	de ti$_3$	y	la	esposa	de ti,	Elisabet,
1360	1522	3588	1162	4675	2532	3588	1135	4675	1665
CAZ	*VAPI3S*	*DNSF*	*NNSF*	*RP2GS*	*CLN*	*DNSF*	*NNSF*	*RP2GS*	*NNSF, XP*

γεννήσει	υἱόν	σοι,	καὶ	καλέσεις	τὸ	ὄνομα	αὐτοῦ	Ἰωάννην.	14 καὶ
engendrará	un hijo	para ti,	y	llamarás	el	nombre	de él	Juan	y
1080	5207	4671	2532	2564	3588	3686	846	2491	2532
VFAI3S	*NASM*	*RP2DS*	*CLN*	*VFAI2S*	*DASN*	*NASN*	*RP3GSM*	*NASM*	*CLN*

ἔσται	χαρά	σοι	καὶ	ἀγαλλίασις,	καὶ	πολλοὶ	ἐπὶ	τῇ	γενέσει
será (causa de)	gozo	para ti	y	júbilo,	y$_1$	muchos$_2$	por$_4$	el$_5$	nacimiento$_6$
2071	5479	4671	2532	20	2532	4183	1909	3588	1078
VFMI3S	*NNSF*	*RP2DS*	*CLN*	*NNSF*	*CLN*	*JNPM*	*P*	*DDSF*	*NDSF*

NVI

7 Pero no tenían hijos,
porque Elisabet era
estéril; y los dos eran de
edad avanzada.
8 Un día en que
Zacarías, por haber
llegado el turno de su
grupo, oficiaba como
sacerdote delante de
Dios, 9 le tocó en suerte,
según la costumbre del
sacerdocio, entrar en
el santuario del Señor
para quemar incienso.
10 Cuando llegó la hora
de ofrecer el incienso, la
multitud reunida afuera
estaba orando. 11 En esto
un ángel del Señor se
le apareció a Zacarías a
la derecha del altar del
incienso. 12 Al verlo,
Zacarías se asustó, y el
temor se apoderó de él.
13 El ángel le dijo:
—No tengas miedo,
Zacarías, pues ha sido
escuchada tu oración.
Tu esposa Elisabet te
dará un hijo, y le pon-
drás por nombre Juan.
14 Tendrás gozo y alegría,
y muchos se regocija-
rán por su nacimiento,

1:7* O sea *avanzados en edad.*

RVR

15 Pues será grande a los ojos del Señor, no beberá jamás ni vino ni licor, y será lleno del Espíritu Santo aun desde el vientre de su madre;
16 y a muchos de los hijos de Israel les hará volver al Señor su Dios;
17 y él mismo irá delante, en su presencia, con el espíritu y el poder de Elías, para hacer volver los corazones de los padres a los hijos, y los desobedientes a la sensatez de los justos, a preparar para el Señor un pueblo bien dispuesto.
18 Zacarías le dijo al ángel: ¿Cómo podré estar seguro de esto? Porque yo soy anciano, y mi esposa es de edad avanzada.
19 El ángel le respondió diciendo: Yo soy Gabriel, que estoy de continuo en la presencia de Dios, y he sido enviado a hablar contigo y a anunciarte estas buenas noticias.
20 Y ahora vas a permanecer en silencio y sin poder hablar hasta el día en que sucedan estas cosas, por cuanto no has dado crédito a mis palabras, las cuales

αὐτοῦ	χαρήσονται·	15 ἔσται	γὰρ	μέγας	ἐνώπιον	τοῦ	κυρίου,	καὶ
de él$_7$	se alegrarán.$_3$	será$_2$	Porque$_1$	grande	a los ojos	del	Señor,	y
846	5463	2071	1063	3173	1799	3588	2962	2532
RP3GSM	*VFPI3P*	*VFMI3S*	*CAZ*	*JNSM*	*P, B*	*DGSM*	*NGSM*	*CLN*

οἶνον	καὶ	σίκερα	οὐ	μὴ*	πίῃ,	καὶ	πνεύματος	ἁγίου	πλησθήσεται
vino$_4$	y$_5$	licor,$_6$	no$_1$	no$_2$	beba$_3$	y$_7$	del Espíritu$_9$	Santo$_{10}$	será llenado$_8$
3631	2532	4608	3756	3361	4095	2532	4151	40	4130
NASM	*CLN*	*NASN*	*BN, TN*	*BN, TN*	*VAAS3S*	*CLN*	*NGSN*	*JGSN*	*VFPI3S*

ἔτι	ἐκ	κοιλίας	μητρὸς	αὐτοῦ,	16 καὶ	πολλοὺς	τῶν	υἱῶν	Ἰσραὴλ
aún	desde	(el) vientre	de la madre	de él,	y	a muchos	de los	hijos de	Israel
2089	1537	2836	3384	846	2532	4183	3588	5207	2474
B	*P*	*NGSF*	*NGSF*	*RP3GSM*	*CLN*	*JAPM*	*DGPM*	*NGPM*	*NGSM, XP*

ἐπιστρέψει	ἐπὶ	κύριον	τὸν	θεὸν	αὐτῶν·	17 καὶ	αὐτὸς	προελεύσεται
hará volver	a	(el) Señor,	el	Dios	de ellos.	Y	él mismo	irá delante
1994	1909	2962	3588	2316	846	2532	846	4281
VFAI3S	*P*	*NASM*	*DASM*	*NASM*	*RP3GPM*	*CLN*	*RP3NSMP*	*VFMI3S*

ἐνώπιον	αὐτοῦ	ἐν	πνεύματι	καὶ	δυνάμει	Ἠλίου,	ἐπιστρέψαι
en presencia de	de él	en	(el) espíritu	y	poder	de Elías,	para hacer volver
1799	846	1722	4151	2532	1411	2243	1994
P, B	*RP3GSM*	*P*	*NDSN*	*CLN*	*NDSF*	*NGSM*	*VAAN*

καρδίας	πατέρων	ἐπὶ	τέκνα	καὶ	ἀπειθεῖς	ἐν	φρονήσει
(los) corazones	de (los) padres	a	(los) hijos,	y	a (los) desobedientes	a	(la) sensatez
2588	3962	1909	5043	2532	545	1722	5428
NAPF	*NGPM*	*P*	*NAPN*	*CLN*	*JAPM*	*P*	*NDSF*

δικαίων,	ἑτοιμάσαι	κυρίῳ	λαὸν	κατεσκευασμένον.	18 καὶ	εἶπεν
de (los) justos,	para preparar	para (el) Señor	un pueblo	bien dispuesto.	Y	dijo
1342	2090	2962	2992	2680	2532	2036
JGPM	*VAAN*	*NDSM*	*NASM*	*VRPP-SAM*	*CLN*	*VAAI3S*

Ζαχαρίας	πρὸς	τὸν	ἄγγελον·	Κατὰ	τί	γνώσομαι	τοῦτο;	ἐγὼ
Zacarías	a	el	ángel:	¿En	qué	conoceré	esto?,	yo$_2$
2197	4314	3588	32	2596	5101	1097	5124	1473
NNSM	*P*	*DASM*	*NASM*	*P*	*RI-ASN*	*VFMI1S*	*RD-ASN*	*RP1NS*

γάρ	εἰμι	πρεσβύτης	καὶ	ἡ	γυνή	μου	προβεβηκυῖα	ἐν	ταῖς
porque$_1$	soy	anciano	y	la	esposa	de mí	está avanzada	en	los
1063	1510	4246	2532	3588	1135	3450	4260	1722	3588
CAZ	*VPAI1S*	*NNSM*	*CLN*	*DNSF*	*NNSF*	*RP1GS*	*VRAP-SNF*	*P*	*DDPF*

ἡμέραις	αὐτῆς.*	19 καὶ	ἀποκριθεὶς	ὁ	ἄγγελος	εἶπεν	αὐτῷ·	Ἐγώ
días	de ella.	Y	respondiendo	el	ángel	dijo	a él:	Yo
2250	846	2532	611	3588	32	2036	846	1473
NDPF	*RP3GSF*	*CLN*	*VAPP-SNM*	*DNSM*	*NNSM*	*VAAI3S*	*RP3DSM*	*RP1NS*

εἰμι	Γαβριὴλ	ὁ	παρεστηκὼς	ἐνώπιον	τοῦ	θεοῦ,	καὶ	ἀπεστάλην
soy	Gabriel,	el que	estoy de continuo	en presencia	--	de Dios,	y	fui enviado
1510	1043	3588	3936	1799	3588	2316	2532	649
VPAI1S	*NNSM, XP*	*DNSM*	*VRAP-SNM*	*P, B*	*DGSM*	*NGSM*	*CLN*	*VAPI1S*

λαλῆσαι	πρὸς	σὲ	καὶ	εὐαγγελίσασθαί	σοι	ταῦτα·	20 καὶ
para hablar	con	ti	y	para anunciar la buena noticia	a ti	estas cosas.	Y
2980	4314	4571	2532	2097	4671	5023	2532
VAAN	*P*	*RP2AS*	*CLN*	*VAMN*	*RP2DS*	*RD-APN*	*CLN*

ἰδοὺ	ἔσῃ	σιωπῶν	καὶ	μὴ	δυνάμενος	λαλῆσαι	ἄχρι	ἧς	ἡμέρας
mira,	estarás	silencioso	y	no	pudiendo	hablar	hasta	el	día
2400	2071	4623	2532	3361	1410	2980	891	3739	2250
I, VAAM2S	*VFMI2S*	*VPAP-SNM*	*CLN*	*BN, TN*	*VPUP-SNM*	*VAAN*	*P*	*RR-GSF*	*NGSF*

γένηται	ταῦτα,	ἀνθ’	ὧν	οὐκ	ἐπίστευσας	τοῖς	λόγοις	μου,	οἵτινες
que suceda(n)	estas cosas,	por	cuanto	no	creíste	a las	palabras	de mí,	las que
1096	5023	473	3739	3756	4100	3588	3056	3450	3748
VAMS3S	*RD-NPN*	*P*	*RR-GPM*	*BN, TN*	*VAAI2S*	*DDPM*	*NDPM*	*RP1GS*	*RR-NPM*

NVI

15 porque él será un gran
hombre delante del
Señor. Jamás tomará
vino ni licor, y será lleno
del Espíritu Santo aun
desde su nacimiento.
16 Hará que muchos
israelitas se vuelvan al
Señor su Dios. 17 Él irá
primero, delante del
Señor, con el espíritu y
el poder de Elías, para
reconciliar a los padres
con los hijos y guiar a los
desobedientes a la sabi-
duría de los justos. De
este modo preparará un
pueblo bien dispuesto
para recibir al Señor.
18 —¿Cómo podré
estar seguro de esto?
—preguntó Zacarías al
ángel—. Ya soy anciano
y mi esposa también es
de edad avanzada.
19 —Yo soy Gabriel
y estoy a las órdenes
de Dios —le contestó
el ángel—. He sido
enviado para hablar
contigo y darte estas
buenas noticias. 20 Pero,
como no creíste en mis
palabras, las cuales se
cumplirán a su debido
tiempo, te vas a quedar
mudo. No podrás hablar
hasta el día en que todo
esto suceda.

1:15* O sea *de ninguna manera.* **1:18*** O sea *avanzados en edad.*

RVR

se cumplirán a su debi-
do tiempo.
21 El pueblo estaba
aguardando a Zacarías,
y se extrañaban de su
demora en el santuario.
22 Cuando salió no
podía hablarles, y se
dieron cuenta de que
había visto una visión
en el santuario; él estaba
haciéndoles señas, y
permanecía mudo.
23 Y sucedió que,
cuando se cumplieron
los días de su servicio
sacerdotal, se marchó a
su casa.
24 Después de estos días,
concibió Elisabet, su
mujer; y se mantuvo
recluida durante cinco
meses, diciendo:
25 Así ha obrado el
Señor conmigo en los
días en que se fijó en mí
para quitar mi oprobio
entre los hombres.

Anuncio del nacimiento de Jesucristo

26 Al sexto mes, fue
enviado de Dios el ángel
Gabriel a una ciudad
de Galilea, llamada
Nazaret,
27 a una virgen
desposada con un
hombre llamado
José, descendiente

πληρωθήσονται	εἰς	τὸν	καιρὸν	αὐτῶν.
serán cumplidas	a	el	debido tiempo	de ellas.
4137	1519	3588	2540	846
VFPI3P	*P*	*DASM*	*NASM*	*RP3GPM*

21 Καὶ	ἦν	ὁ	λαὸς	προσδοκῶν	τὸν	Ζαχαρίαν,	καὶ	ἐθαύμαζον
Y	estaba$_3$	él$_1$	pueblo$_2$	aguardando	--	a Zacarías,	y	se admiraban
2532	2258	3588	2992	4328	3588	2197	2532	2296
CLN	*VIAI3S*	*DNSM*	*NNSM*	*VPAP-SNM*	*DASM*	*NASM*	*CLN*	*VIAI3P*

ἐν	τῷ	χρονίζειν	ἐν	τῷ	ναῷ	αὐτόν.	22 ἐξελθὼν	δὲ	οὐκ
por	el	demorarse	en$_2$	el$_3$	santuario$_4$	él$_1$	saliendo,$_2$	Y$_1$	no
1722	3588	5549	1722	3588	3485	846	1831	1161	3756
P	*DDSN, DDSM*	*VPAN*	*P*	*DDSM*	*NDSM*	*RP3ASM*	*VAAP-SNM*	*CLN*	*BN, TN*

ἐδύνατο	λαλῆσαι	αὐτοῖς,	καὶ	ἐπέγνωσαν	ὅτι	ὀπτασίαν	ἑώρακεν	ἐν
podía	hablar	a ellos,	y	se dieron cuenta	de que	una visión$_2$	ha visto$_1$	en
1410	2980	846	2532	1921	3754	3701	3708	1722
VIUI3S	*VAAN*	*RP3DPM*	*CLN*	*VAAI3P*	*CSC*	*NASF*	*VRAI3S*	*P*

τῷ	ναῷ·	καὶ	αὐτὸς	ἦν	διανεύων	αὐτοῖς,	καὶ	διέμενεν	κωφός.
el	santuario;	y	él	estaba	haciendo señas	a ellos	y	permanecía	mudo.
3588	3485	2532	846	2258	1269	846	2532	1265	2974
DDSM	*NDSM*	*CLN*	*RP3NSMP*	*VIAI3S*	*VPAP-SNM*	*RP3DPM*	*CLN*	*VIAI3S*	*JNSM*

23 καὶ	ἐγένετο	ὡς	ἐπλήσθησαν	αἱ	ἡμέραι	τῆς	λειτουργίας	αὐτοῦ,
Y	sucedió	cuando	se cumplieron,$_6$	los$_1$	días$_2$	de el$_3$	servicio sagrado$_4$	de él$_5$
2532	1096	5613	4130	3588	2250	3588	3009	846
CLN	*VAMI3S*	*CAT*	*VAPI3P*	*DNPF*	*NNPF*	*DGSF*	*NGSF*	*RP3GSM*

ἀπῆλθεν	εἰς	τὸν	οἶκον	αὐτοῦ.
se fue	a	la	casa	de él.
565	1519	3588	3624	846
VAAI3S	*P*	*DASM*	*NASM*	*RP3GSM*

24 Μετὰ	δὲ	ταύτας	τὰς	ἡμέρας	συνέλαβεν	Ἐλισάβετ	ἡ	γυνὴ
después de$_2$	Y$_1$	estos	--	días	concibió,$_5$	Elisabet,$_1$	la$_2$	esposa$_3$
3326	1161	3778	3588	2250	4815	1665	3588	1135
P	*CLN*	*RD-APF*	*DAPF*	*NAPF*	*VAAI3S*	*NNSF, XP*	*DNSF*	*NNSF*

αὐτοῦ·	καὶ	περιέκρυβεν	ἑαυτὴν	μῆνας	πέντε,	λέγουσα	25 ὅτι	Οὕτως
de él$_4$	y	se ocultaba	a sí misma	meses,$_2$	cinco$_1$	diciendo:	--	Así
846	2532	4032	1438	3376	4002	3004	3754	3779
RP3GSM	*CLN*	*VIAI3S*	*RF3ASF*	*NAPM*	*XN, J*	*VPAP-SNF*	*CSC*	*B*

μοι	πεποίηκεν	κύριος	ἐν	ἡμέραις	αἷς	ἐπεῖδεν	ἀφελεῖν	ὄνειδός
a mí$_3$	ha hecho$_2$	(el) Señor$_1$	en	los días	en que	se fijó (en mí)	para quitar	(la) humillación
3427	4160	2962	1722	2250	3739	1896	851	3681
RP1DS	*VRAI3S*	*NNSM*	*P*	*NDPF*	*RR-DPF*	*VAAI3S*	*VAAN*	*NASN*

μου	ἐν	ἀνθρώποις.
de mí	entre	(los) humanos.
3450	1722	444
RP1GS	*P*	*NDPM*

26 Ἐν	δὲ	τῷ	μηνὶ	τῷ	ἕκτῳ	ἀπεστάλη	ὁ	ἄγγελος	Γαβριὴλ
en$_2$	Y$_1$	el	mes	--	sexto,	fue enviado$_4$	el$_1$	ángel$_2$	Gabriel$_3$
1722	1161	3588	3376	3588	1623	649	3588	32	1043
P	*CLT*	*DDSM*	*NDSM*	*DDSM*	*JDSM*	*VAPI3S*	*DNSM*	*NNSM*	*NNSM, XP*

ἀπὸ	τοῦ	θεοῦ	εἰς	πόλιν	τῆς	Γαλιλαίας	ᾗ	ὄνομα	Ναζαρὲθ
por	--	Dios	a	una ciudad	--	de Galilea	cuyo	nombre	(es) Nazaret,
575	3588	2316	1519	4172	3588	1056	3739	3686	3478
P	*DGSM*	*NGSM*	*P*	*NASF*	*DGSF*	*NGSF*	*RR-DSF*	*NNSN*	*NNSF, XP*

27 πρὸς	παρθένον	ἐμνηστευμένην	ἀνδρὶ	ᾧ	ὄνομα	Ἰωσὴφ	ἐξ
a	(una) virgen	comprometida para casarse	con un varón,	cuyo	nombre	(es) José,	de
4314	3933	3423	435	3739	3686	2501	1537
P	*NASF*	*VRPP-SAF*	*NDSM*	*RR-DSM*	*NNSN*	*NNSM, XP*	*P*

NVI

21 Mientras tanto, el
pueblo estaba esperando
a Zacarías y les extra-
ñaba que se demorara
tanto en el santuario.
22 Cuando por fin salió,
no podía hablarles, así
que se dieron cuenta
de que allí había tenido
una visión. Se podía co-
municar solo por señas,
pues seguía mudo.
23 Cuando termi-
naron los días de su
servicio, regresó a su
casa. 24 Poco después, su
esposa Elisabet quedó
encinta y se mantuvo
recluida por cinco
meses. 25 «Esto —decía
ella— es obra del Señor,
que ahora ha mostrado
su bondad al quitarme la
vergüenza que yo tenía
ante los demás».

Anuncio del nacimiento de Jesús

26 A los seis meses,
Dios envió al ángel
Gabriel a Nazaret,
pueblo de Galilea,
27 a visitar a una joven
virgen comprometida
para casarse con un
hombre que se llamaba
José, descendiente

RVR

de David; y el nombre
de la virgen era María.
28 Y entrando adonde
ella estaba, dijo: ¡Salve,
muy favorecida! El
Señor está contigo.
Bendita tú entre las
mujeres.
29 Ella se turbó pro-
fundamente por estas
palabras, y consideraba
qué significaría este
saludo.
30 Y el ángel le dijo:
Deja de temer, María,
porque has hallado
gracia ante Dios.
31 Mira, concebirás en
tu seno y darás a luz
un hijo, y llamarás su
nombre Jesús.
32 Éste será grande y
será llamado Hijo del
Altísimo. El Señor Dios
le dará el trono de su
padre David,
33 y reinará sobre la casa
de Jacob para siempre; y
su reino no tendrá fin.
34 Entonces le dijo
María al ángel: ¿Cómo
será esto, puesto que no
conozco varón?
35 El ángel le respondió
y le dijo: El Espíritu
Santo vendrá sobre ti, y
el poder del Altísimo te
cubrirá con su sombra;
por lo cual también lo
santo que va a nacer será
llamado Hijo de Dios.
36 Y he aquí que tu
parienta Elisabet,

οἴκου Δαυίδ, καὶ τὸ ὄνομα τῆς παρθένου Μαριάμ. 28 καὶ ⸀εἰσελθὼν
la casa de David; y el nombre de la virgen (era) María. Y entrando
3624 1138 2532 3588 3686 3588 3933 3137 2532 1525
NGSM NGSM, XP CLN DNSN NNSN DGSF NGSF NNSF, XP CLN VAAP-SNM

πρὸς αὐτὴν εἶπεν· Χαῖρε, κεχαριτωμένη, ὁ κύριος μετὰ ⸀1σοῦ.
donde ella dijo: ¡Saludos, muy privilegiada! El Señor (es)con ti.
4314 846 2036 5463 5487 3588 2962 3326 4675
P RP3ASF VAAI3S VPAM2S VRPP-SNF DNSM NNSM P RP2GS

29 ἡ δὲ ἐπὶ τῷ λόγῳ διεταράχθη καὶ διελογίζετο ποταπὸς
ella,$_{2}$ Mas$_{1}$ ante la palabra, se perturbó y pensaba de qué clase
3588 1161 1909 3588 3056 1298 2532 1260 4217
DNSF CLN P DDSM NDSM VAPI3S CLN VIUI3S JNSM, R--NSM

εἴη ὁ ἀσπασμὸς οὗτος. 30 καὶ εἶπεν ὁ ἄγγελος αὐτῇ· Μὴ
sería el saludo este. Entonces dijo$_{3}$ el$_{1}$ ángel$_{2}$ a ella: No
1498 3588 783 3778 2532 2036 3588 32 846 3361
VPAO3S DNSM NNSM RD-NSM CLC VAAI3S DNSM NNSM RP3DSF BN, TN

φοβοῦ, Μαριάμ, εὗρες γὰρ χάριν παρὰ τῷ θεῷ. 31 καὶ ἰδοὺ
temas, María, hallaste$_{2}$ porque$_{1}$ gracia ante -- Dios. Y mira,
5399 3137 2147 1063 5485 3844 3588 2316 2532 2400
VPUM2S NVSF, XP VAAI2S CAZ B, N P DDSM NDSM CLN I, VAAM2S

συλλήμψῃ ἐν γαστρὶ καὶ τέξῃ υἱόν, καὶ καλέσεις τὸ ὄνομα
concebirás en (tu) vientre y darás a luz un hijo, y llamarás el nombre
4815 1722 1064 2532 5088 5207 2532 2564 3588 3686
VFMI2S P NDSF CLN VFMI2S NASM CLN VFAI2S DASN NASN

αὐτοῦ Ἰησοῦν. 32 οὗτος ἔσται μέγας καὶ υἱὸς Ὑψίστου κληθήσεται,
de él Jesús. Este será grande, e Hijo$_{2}$ de(l) Altísimo,$_{3}$ será llamado$_{1}$
846 2424 3778 2071 3173 2532 5207 5310 2564
RP3GSM NASM RD-NSM VFMI3S JNSM CLN NNSM JGSM VFPI3S

καὶ δώσει αὐτῷ κύριος ὁ θεὸς τὸν θρόνον Δαυὶδ τοῦ πατρὸς
y dará a él$_{4}$ (el) Señor$_{1}$ --$_{2}$ Dios$_{3}$ el trono de David el padre
2532 1325 846 2962 3588 2316 3588 2362 1138 3588 3962
CLN VFAI3S RP3DSM NNSM DNSM NNSM DASM NASM NGSM, XP DGSM NGSM

αὐτοῦ, 33 καὶ βασιλεύσει ἐπὶ τὸν οἶκον Ἰακὼβ εἰς τοὺς αἰῶνας,
de él; y reinará sobre la casa de Jacob por los siglos,
846 2532 936 1909 3588 3624 2384 1519 3588 165
RP3GSM CLN VFAI3S P DASM NASM NGSM, XP P DAPM NAPM

καὶ τῆς βασιλείας αὐτοῦ οὐκ ἔσται τέλος. 34 εἶπεν δὲ Μαριὰμ
y del$_{4}$ reino$_{5}$ de él.$_{6}$ no$_{1}$ habrá$_{2}$ fin$_{3}$ dijo$_{2}$ Entonces$_{1}$ María
2532 3588 932 846 3756 2071 5056 2036 1161 3137
CLN DGSF NGSF RP3GSM BN, TN VFMI3S NNSN VAAI3S CLN NNSF, XP

πρὸς τὸν ἄγγελον· Πῶς ἔσται τοῦτο, ἐπεὶ ἄνδρα οὐ γινώσκω;
a el ángel: ¿Cómo será esto?, puesto que varón.$_{3}$ no$_{1}$ conozco$_{2}$
4314 3588 32 4459 2071 5124 1893 435 3756 1097
P DASM NASM BI VFMI3S RD-NSN CAZ NASM BN, TN VPAI1S

35 καὶ ἀποκριθεὶς ὁ ἄγγελος εἶπεν αὐτῇ· Πνεῦμα ἅγιον ἐπελεύσεται
Y respondiendo el ángel dijo a ella: (el) Espíritu Santo vendrá
2532 611 3588 32 2036 846 4151 40 1904
CLN VAPP-SNM DNSM NNSM VAAI3S RP3DSF NNSN JNSN VFMI3S

ἐπὶ σέ, καὶ δύναμις Ὑψίστου ἐπισκιάσει σοι· διὸ καὶ τὸ
sobre ti y (el) poder de (l) Altísimo cubrirá con (su) sombra a ti; por lo cual también el$_{1}$
1909 4571 2532 1411 5310 1982 4671 1352 2532 3588
P RP2AS CLN NNSF JGSM VFAI3S RP2DS CLI BE, TE DNSN

γεννώμενον ἅγιον κληθήσεται, υἱὸς θεοῦ. 36 καὶ ἰδοὺ Ἐλισάβετ
siendo engendrado$_{3}$ santo$_{2}$ será llamado Hijo de Dios. Y he aquí Elisabet,
1080 40 2564 5207 2316 2532 2400 1665
VPPP-SNN JNSN VFPI3S NNSM NGSM CLN I, VAAM2S NNSF, XP

NVI

de David. La virgen se
llamaba María. 28 El
ángel se acercó a ella y
le dijo:
—¡Te saludo, tú que
has recibido el favor
de Dios! El Señor está
contigo.
29 Ante estas palabras,
María se perturbó, y se
preguntaba qué podría
significar este saludo.
30 —No tengas
miedo, María; Dios te
ha concedido su favor
—le dijo el ángel—.
31 Quedarás encinta y
darás a luz un hijo, y le
pondrás por nombre
Jesús. 32 Él será un gran
hombre, y lo llamarán
Hijo del Altísimo. Dios
el Señor le dará el trono
de su padre David, 33 y
reinará sobre el pueblo
de Jacob para siempre.
Su reinado no tendrá
fin.
34 —¿Cómo podrá
suceder esto —le pre-
guntó María al ángel—,
puesto que soy virgen?
35 —El Espíritu Santo
vendrá sobre ti, y el po-
der del Altísimo te cu-
brirá con su sombra. Así
que al santo niño que va
a nacer lo llamarán Hijo
de Dios. 36 También tu
parienta Elisabet va a

1:28 ⸀ Manuscritos inferiores aumentaron *el ángel.* **1:28** ⸀1 Manuscritos inferiores aumentaron *bendita tú entre las mujeres.*

RVR

también ella ha conce-
bido un hijo en su vejez;
y ya está de seis meses la
que era llamada estéril;
37 porque ninguna cosa
será imposible para
Dios.
38 Y María dijo: He
aquí la sierva del Señor;
hágase conmigo con-
forme a tu palabra. Y se
marchó el ángel de su
presencia.

María visita a Elisabet

39 Por esos mismos
días, María se levantó
y se marchó de prisa a
la región montañosa, a
una ciudad de Judá;
40 y entró en casa de
Zacarías, y saludó a
Elisabet.
41 Y aconteció que, en
cuanto oyó Elisabet el
saludo de María, saltó
la criatura en su vientre;
y Elisabet fue llena del
Espíritu Santo,
42 y exclamó con gran
voz, y dijo: ¡Bendita
tú entre las mujeres, y
bendito el fruto de tu
vientre!
43 Y ¿de dónde a mí
esto, que la madre de mi
Señor venga a mí?
44 Porque tan pronto
como llegó a mis oídos
la voz de tu saludo,

ἡ	συγγενίς	σου	καὶ	αὐτὴ	συνείληφεν	υἱὸν	ἐν	γήρει	αὐτῆς,	καὶ
la	parienta	de ti,	también	ella	ha concebido	un hijo	en	(la) vejez	de ella,	y
3588	4773	4675	2532	846	4815	5207	1722	1094	846	2532
DNSF	*NNSF*	*RP2GS*	*BE, TE*	*RP3NSF*	*VRAI3S*	*NASM*	*P*	*NDSN*	*RP3GSF*	*CLN*

οὗτος	μὴν	ἕκτος	ἐστὶν	αὐτῇ	τῇ	καλουμένῃ	στείρᾳ·	37 ὅτι	οὐκ
este	(el) mes$_2$	sexto$_2$	es$_1$	para ella,	la	llamada	estéril,	porque	no$_3$
3778	3376	1623	2076	846	3588	2564	4723	3754	3756
RD-NSM	*NNSM*	*JNSM*	*VPAI3S*	*RP3DSF*	*DDSF*	*VPPP-SDF*	*NDSF, JDSF*	*CAZ*	*BN, TN*

ἀδυνατήσει	παρὰ	τοῦ	θεοῦ	πᾶν	ῥῆμα.*	38 εἶπεν	δὲ	Μαριάμ·
será imposible$_4$	de parte de$_5$	--$_6$	Dios.$_7$	toda$_1$	palabra$_2$	dijo$_2$	Entonces$_1$	María:
101	3844	3588	2316	3956	4487	2036	1161	3137
VFAI3S	*P*	*DGSM*	*NGSM*	*JNSN*	*NNSN*	*VAAI3S*	*CLN*	*NNSF, XP*

Ἰδοὺ	ἡ	δούλη	κυρίου·	γένοιτό	μοι	κατὰ	τὸ	ῥῆμά	σου.	καὶ
He aquí	la	esclava	del Señor;	hágase	a mí	conforme a	la	palabra	de ti.	Y
2400	3588	1399	2962	1096	3427	2596	3588	4487	4675	2532
I, VAAM2S	*DNSF*	*NNSF*	*NGSM*	*VAMO3S*	*RP1DS*	*P*	*DASN*	*NASN*	*RP2GS*	*CLN*

ἀπῆλθεν	ἀπ᾽	αὐτῆς	ὁ	ἄγγελος.
se fue$_3$	de$_4$	ella.$_5$	el$_1$	ángel$_2$
565	575	846	3588	32
VAAI3S	*P*	*RP3GSF*	*DNSM*	*NNSM*

39 Ἀναστᾶσα	δὲ	Μαριὰμ	ἐν	ταῖς	ἡμέραις	ταύταις	ἐπορεύθη
habiéndose levantado$_2$	Y$_1$	María	en	los	días	estos,	marchó$_1$
450	1161	3137	1722	3588	2250	3778	4198
VAAP-SNF	*CLT*	*NNSF, XP*	*P*	*DDPF*	*NDPF*	*RD-DPF*	*VAPI3S*

εἰς	τὴν	ὀρεινὴν	μετὰ	σπουδῆς	εἰς	πόλιν	Ἰούδα,	40 καὶ	εἰσῆλθεν
a$_3$	lo$_4$	montañoso,$_5$	--	apresurada$_2$	a	una ciudad	de Judá;	y	entró
1519	3588	3714	3326	4710	1519	4172	2448	2532	1525
P	*DASF*	*JASF*	*P*	*NGSF*	*P*	*NASF*	*NGSM*	*CLN*	*VAAI3S*

εἰς	τὸν	οἶκον	Ζαχαρίου	καὶ	ἠσπάσατο	τὴν	Ἐλισάβετ.	41 καὶ	ἐγένετο
en	la	casa	de Zacarías	y	saludó	--	a Elisabet.	Y	sucedió que
1519	3588	3624	2197	2532	782	3588	1665	2532	1096
P	*DASM*	*NASM*	*NGSM*	*CLN*	*VAMI3S*	*DASF*	*NASF, XP*	*CLN*	*VAMI3S*

ὡς	ἤκουσεν	τὸν	ἀσπασμὸν	τῆς	Μαρίας	ἡ	Ἐλισάβετ,	ἐσκίρτησεν
cuando	oyó$_3$	el$_4$	saludo$_5$	--$_6$	de María,$_7$	--$_1$	Elisabet$_2$	saltó de alegría$_3$
5613	191	3588	783	3588	3137	3588	1665	4640
CAT	*VAAI3S*	*DASM*	*NASM*	*DGSF*	*NGSF*	*DNSF*	*NNSF, XP*	*VAAI3S*

τὸ	βρέφος	ἐν	τῇ	κοιλίᾳ	αὐτῆς,	καὶ	ἐπλήσθη	πνεύματος	ἁγίου
el$_1$	bebé$_2$	en	el	vientre	de ella,	y$_1$	fue llena$_4$	del Espíritu$_5$	Santo,$_6$
3588	1025	1722	3588	2836	846	2532	4130	4151	40
DNSN	*NNSN*	*P*	*DDSF*	*NDSF*	*RP3GSF*	*CLN*	*VAPI3S*	*NGSN*	*JGSN*

ἡ	Ἐλισάβετ,	42 καὶ	ἀνεφώνησεν	κραυγῇ	μεγάλῃ	καὶ	εἶπεν·
--$_2$	Elisabet$_3$	y	exclamó	con grito	grande,	y	dijo:
3588	1665	2532	400	2906	3173	2532	2036
DNSF	*NNSF, XP*	*CLN*	*VAAI3S*	*NDSF*	*JDSF*	*CLN*	*VAAI3S*

Εὐλογημένη	σὺ	ἐν	γυναιξίν,	καὶ	εὐλογημένος	ὁ	καρπὸς	τῆς
Seas bendita	tú	entre	(las) mujeres	y	sea bendito	el	fruto	del
2127	4771	1722	1135	2532	2127	3588	2590	3588
VRPP-SNF	*RP2NS*	*P*	*NDPF*	*CLN*	*VRPP-SNM*	*DNSM*	*NNSM*	*DGSF*

κοιλίας	σου.	43 καὶ	πόθεν	μοι	τοῦτο	ἵνα	ἔλθῃ	ἡ	μήτηρ	τοῦ	κυρίου
vientre	de ti.	Y	¿de dónde	a mí	esto,	que	venga$_6$	la$_1$	madre$_2$	del$_3$	Señor$_4$
2836	4675	2532	4159	3427	5124	2443	2064	3588	3384	3588	2962
NGSF	*RP2GS*	*CLN*	*BI*	*RP1DS*	*RD-NSN*	*CSC*	*VAAS3S*	*DNSF*	*NNSF*	*DGSM*	*NGSM*

μου	πρὸς	ἐμέ;	44 ἰδοὺ	γὰρ	ὡς	ἐγένετο	ἡ	φωνὴ	τοῦ	ἀσπασμοῦ
de mí$_5$	a	a mí?,	he aquí,$_2$	porque,$_1$	cuando$_3$	llegó$_8$	la$_4$	voz$_5$	del$_6$	saludo$_7$
3450	4314	1691	2400	1063	5613	1096	3588	5456	3588	783
RP1GS	*P*	*RP1AS*	*I,VAAM2S*	*CLX*	*CAT*	*VAMI3S*	*DNSF*	*NNSF*	*DGSM*	*NGSM*

NVI

tener un hijo en su vejez;
de hecho, la que decían
que era estéril ya está en
el sexto mes de embara-
zo. 37 Porque para Dios
no hay nada imposible.
38 —Aquí tienes a la
sierva del Señor —con-
testó María—. Que él
haga conmigo como me
has dicho.
Con esto, el ángel
la dejó.

María visita a Elisabet

39 A los pocos días
María emprendió viaje
y se fue de prisa a un
pueblo en la región
montañosa de Judea.
40 Al llegar, entró en casa
de Zacarías y saludó a
Elisabet. 41 Tan pronto
como Elisabet oyó el
saludo de María, la
criatura saltó en su vien-
tre. Entonces Elisabet,
llena del Espíritu Santo,
42 exclamó:
—¡Bendita tú entre
las mujeres, y bendito
el hijo que darás a luz!
43 Pero ¿cómo es esto,
que la madre de mi
Señor venga a verme?
44 Te digo que tan
pronto como llegó a mis
oídos la voz de tu saludo,

1:37* O sea *ninguna palabra será imposible para Dios.*

RVR

saltó de gozo la criatura
en mi vientre.
45 ¡Bienaventurada
la que ha creído que
tendrán cumplimiento
las cosas que le han
hablado de parte del
Señor!
46 Y dijo María:
Engrandece mi alma
al Señor,
47 Y mi espíritu ha
saltado de gozo en
Dios mi Salvador;
48 Porque ha puesto
sus ojos sobre la
pequeñez de su
esclava;
Pues he aquí que
desde ahora me
tendrán por
dichosa todas las
generaciones.
49 Porque ha hecho
por mí grandes cosas el Poderoso;
Santo es su nombre.
50 Y su misericordia
alcanza de generación en generación
a los que le temen.
51 Ha realizado grandes proezas con su
brazo;
Desbarató a los
arrogantes en el
pensamiento del
corazón de ellos.
52 Abatió de sus solios
a los potentados,
Y exaltó a los de humilde condición;
53 Colmó de bienes a
los hambrientos,
Y a los ricos los despidió con las manos
vacías.
54 Vino en ayuda de

σου	εἰς	τὰ	ὦτά	μου,	ἐσκίρτησεν	ἐν	ἀγαλλιάσει	τὸ	βρέφος
de ti	a	los	oídos	de mí,	saltó de alegría$_3$	con$_4$	alegría$_5$	el$_1$	bebé$_2$
4675	1519	3588	3775	3450	4640	1722	20	3588	1025
RP2GS	*P*	*DAPN*	*NAPN*	*RP1GS*	*VAAI3S*	*P*	*NDSF*	*DNSN*	*NNSN*

ἐν	τῇ	κοιλίᾳ	μου.	45 καὶ	μακαρία	ἡ	πιστεύσασα	ὅτι	ἔσται
en	el	vientre	de mí.	Y	bienaventurada	la	que creyó,	que	habrá
1722	3588	2836	3450	2532	3107	3588	4100	3754	2071
P	*DDSF*	*NDSF*	*RP1GS*	*CLN*	*JNSF*	*DNSF*	*VAAP-SNF*	*CAZ, CSC*	*VFMI3S*

τελείωσις	τοῖς	λελαλημένοις	αὐτῇ	παρὰ	κυρίου.
cumplimiento	para las (cosas)	habladas	a ella	de parte de	del Señor.
5050	3588	2980	846	3844	2962
NNSF	*DDPN*	*VRPP-PDN*	*RP3DSF*	*P*	*NGSM*

46 Καὶ	εἶπεν	Μαριάμ·	Μεγαλύνει	ἡ	ψυχή	μου	τὸν	κύριον,
Entonces	dijo	María:	engrandece	El$_1$	alma$_2$	de mí$_3$	al	Señor
2532	2036	3137	3170	3588	5590	3450	3588	2962
CLN	*VAAI3S*	*NNSF, XP*	*VPAI3S*	*DNSF*	*NNSF*	*RP1GS*	*DASM*	*NASM*

47 καὶ	ἠγαλλίασεν	τὸ	πνεῦμά	μου	ἐπὶ	τῷ	θεῷ	τῷ	σωτῆρί	μου·
y	se regocijó	el	espíritu	de mí	en	--	Dios	el	Salvador	de mí,
2532	21	3588	4151	3450	1909	3588	2316	3588	4990	3450
CLN	*VAAI3S*	*DNSN*	*NNSN*	*RP1GS*	*P*	*DDSM*	*NDSM*	*DDSM*	*NDSM*	*RP1GS*

48 ὅτι	ἐπέβλεψεν	ἐπὶ	τὴν	ταπείνωσιν	τῆς	δούλης	αὐτοῦ,	ἰδοὺ	γὰρ
porque	se fijó	en	la	pequeñez	de la	esclava	de él,	¡he aquí!$_2$	porque,$_1$
3754	1914	1909	3588	5014	3588	1399	846	2400	1063
CAZ	*VAAI3S*	*P*	*DASF*	*NASF*	*DGSF*	*NGSF*	*RP3GSM*	*I, VAAM2S*	*CLX*

ἀπὸ	τοῦ	νῦν	μακαριοῦσίν	με	πᾶσαι	αἱ	γενεαί·	49 ὅτι	ἐποίησέν
desde	--	ahora	considerarán dichosa$_2$	me$_1$	todas	las	generaciones,	pues	hizo$_4$
575	3588	3568	3106	3165	3956	3588	1074	3754	4160
P	*DGSM*	*B*	*VFAI3P*	*RP1AS*	*JNPF*	*DNPF*	*NNPF*	*CAZ*	*VAAI3S*

μοι	μεγάλα	ὁ	δυνατός,	καὶ	ἅγιον	τὸ	ὄνομα	αὐτοῦ,	50 καὶ	τὸ
me$_3$	cosas grandes$_5$	el$_1$	Poderoso$_1$	y	¡Santo	el	nombre	de él,	y	la
3427	3173	3588	1415	2532	40	3588	3686	846	2532	3588
RP1DS	*JAPN*	*DNSM*	*JNSM*	*CLN*	*JNSN, JASN*	*DNSN*	*NNSN*	*RP3GSM*	*CLN*	*DNSN*

ἔλεος	αὐτοῦ	εἰς	γενεὰς	καὶ	γενεὰς	τοῖς	φοβουμένοις	αὐτόν.
misericordia	de él	por	generaciones	y	generaciones	a los que	temen	a él!
1656	846	1519	1074	2532	1074	3588	5399	846
NNSN, NNSM	*RP3GSM*	*P*	*NAPF*	*CLN*	*NAPF*	*DDPM*	*VPUP-PDM*	*RP3ASM*

51 Ἐποίησεν	κράτος	ἐν	βραχίονι	αὐτοῦ,	διεσκόρπισεν	ὑπερηφάνους
Hizo	proezas	con	(el) brazo	de él:	dispersó	a (los) orgullosos
4160	2904	1722	1023	846	1287	5244
VAAI3S	*NASN*	*P*	*NDSM*	*RP3GSM*	*VAAI3S*	*JAPM*

διανοίᾳ	καρδίας	αὐτῶν·	52 καθεῖλεν	δυνάστας	ἀπὸ	θρόνων	καὶ
en pensamiento	de corazón	de ellos.	Abatió	a (los) poderosos	de	de tronos	y
1271	2588	846	2507	1413	575	2362	2532
NDSF	*NGSF*	*RP3GPM*	*VAAI3S*	*NAPM*	*P*	*NGPM*	*CLC*

ὕψωσεν	ταπεινούς,	53 πεινῶντας	ἐνέπλησεν	ἀγαθῶν	καὶ	πλουτοῦντας
levantó	a (los) pequeños.	A hambrientos	sació	de bienes	y	a ricos
5312	5011	3983	1705	18	2532	4147
VAAI3S	*JAPM*	*VPAP-PAM*	*VAAI3S*	*JGPN, JGPM*	*CLC*	*VPAP-PAM*

ἐξαπέστειλεν	κενούς.	54 ἀντελάβετο	Ἰσραὴλ	παιδὸς	αὐτοῦ,	μνησθῆναι
envió	vacíos.	Socorrió	a Israel,	(el) siervo	de él,	recordando
1821	2756	482	2474	3816	846	3415
VAAI3S	*JAPM*	*VAMI3S*	*NGSM, XP*	*NGSM*	*RP3GSM*	*VAPN*

NVI

saltó de alegría la criatura que llevo en el vientre.
45 ¡Dichosa tú que has
creído, porque lo que
el Señor te ha dicho se
cumplirá!

El cántico de María

46 Entonces dijo
María:

—Mi alma glorifica al
Señor,
47 y mi espíritu se
regocija en Dios mi
Salvador,
48 porque se ha dignado fijarse en su
humilde sierva.
Desde ahora me llamarán dichosa todas
las generaciones,
49 porque el Poderoso
ha hecho grandes
cosas por mí.
¡Santo es su nombre!
50 De generación en
generación
se extiende su misericordia a los que le
temen.
51 Hizo proezas con su
brazo;
desbarató las intrigas
de los soberbios.
52 De sus tronos derrocó a los poderosos,
mientras que ha exaltado a los humildes.
53 A los hambrientos los colmó de
bienes,
y a los ricos los despidió con las manos
vacías.
54-55 Acudió en ayuda
de su siervo Israel

RVR

Israel su siervo,
Para recuerdo de
misericordia,
55 Tal como habló con
nuestros padres,
A favor de Abraham y
de su descendencia para
siempre.
56 Permaneció María
con ella unos tres meses;
y regresó a su casa.

Nacimiento de Juan el Bautista

57 Se le cumplió a
Elisabet el tiempo de
dar a luz, y dio a luz
un hijo.
58 Oyeron sus vecinos
y sus parientes que el
Señor había mostrado
gran misericordia hacia
ella, y se regocijaban
juntamente con ella.
59 Sucedió que al octavo
día vinieron a circuncidar al niño, y le iban a
llamar Zacarías según el
nombre de su padre,
60 pero su madre, tomando la palabra, dijo:
No, sino que se ha de
llamar Juan.
61 Y le dijeron: No hay
nadie de tu parentela
que se llame así.
62 Y le preguntaban
por señas a su padre
cómo desearía que se le
llamase.
63 Entonces él pidió
una tablilla y escribió
lo siguiente: Juan es
su nombre. Y todos se
asombraron.
64 Al instante le fue
abierta la boca y

ἐλέους,	55 καθὼς	ἐλάλησεν	πρὸς	τοὺς	πατέρας	ἡμῶν,	τῷ	Ἀβραὰμ
de misericordia,	conforme	habló	a	los	padres	de nosotros,	--	a Abraham
1656	2531	2980	4314	3588	3962	2257	3588	11
NGSN	*CAM*	*VAAI3S*	*P*	*DAPM*	*NAPM*	*RP1GP*	*DDSM*	*NDSM, XP*

καὶ	τῷ	σπέρματι	αὐτοῦ	εἰς	τὸν	αἰῶνα.	56 Ἔμεινεν	δὲ	Μαριὰμ
y	la	simiente	de él	por	la	eternidad.	se quedó$_{3}$	Y$_{1}$	María$_{2}$
2532	3588	4690	846	1519	3588	165	3306	1161	3137
CLN	*DDSN*	*NDSN*	*RP3GSM*	*P*	*DASM*	*NASM*	*VAAI3S*	*CLN*	*NNSF, XP*

σὺν	αὐτῇ	ὡς	μῆνας	τρεῖς,	καὶ	ὑπέστρεψεν	εἰς	τὸν	οἶκον	αὐτῆς.
con	ella	como	meses;$_{2}$	tres$_{1}$	y	regresó	a	la	casa	de ella.
4862	846	5613	3376	5140	2532	5290	1519	3588	3624	846
P	*RP3DSF*	*CAM, B*	*NAPM*	*JAPM*	*CLN*	*VAAI3S*	*P*	*DASM*	*NASM*	*RP3GSF*

57 Τῇ	δὲ	Ἐλισάβετ	ἐπλήσθη	ὁ	χρόνος	τοῦ	τεκεῖν
a--$_{2}$	Y$_{1}$	Elisabet$_{3}$	se cumplió$_{8}$	el$_{4}$	tiempo$_{5}$	del$_{6}$	alumbramiento$_{7}$
3588	1161	1665	4130	3588	5550	3588	5088
DDSF	*CLT*	*NDSF, XP*	*VAPI3S*	*DNSM*	*NNSM*	*DGSN, DGSM*	*VAAN*

αὐτήν,	καὶ	ἐγέννησεν	υἱόν.	58 καὶ	ἤκουσαν	οἱ	περίοικοι	καὶ	οἱ
a ella,	y	dio a luz	hijo.	Y	oyeron$_{7}$	los$_{1}$	vecinos$_{2}$	y$_{3}$	los$_{4}$
846	2532	1080	5207	2532	191	3588	4040	2532	3588
RP3ASF	*CLN*	*VAAI3S*	*NASM*	*CLN*	*VAAI3P*	*DNPM*	*JNPM*	*CLN*	*DNPM*

συγγενεῖς	αὐτῆς	ὅτι	ἐμεγάλυνεν	κύριος	τὸ	ἔλεος	αὐτοῦ	μετ'
parientes$_{5}$	de ella$_{6}$	que$_{9}$	había engrandecido$_{11}$	(el) Señor$_{10}$	la	misericordia	de él	con
4773	846	3754	3170	2962	3588	1656	846	3326
JNPM	*RP3GSF*	*CSC*	*VAAI3S, VIAI3S*	*NNSM*	*DASN*	*NASN*	*RP3GSM*	*P*

αὐτῆς,	καὶ	συνέχαιρον	αὐτῇ.	59 Καὶ	ἐγένετο	ἐν	τῇ	ἡμέρᾳ	τῇ	ὀγδόῃ
de ella,	y	se alegraron con	ella.	Y	sucedió que	en	el	día	--	octavo
846	2532	4796	846	2532	1096	1722	3588	2250	3588	3590
RP3GSF	*CLN*	*VIAI3P*	*RP3DSF*	*CLN*	*VAMI3S*	*P*	*DDSF*	*NDSF*	*DDSF*	*JDSF*

ἦλθον	περιτεμεῖν	τὸ	παιδίον,	καὶ	ἐκάλουν	αὐτὸ	ἐπὶ	τῷ	ὀνόματι	τοῦ
vinieron	a circuncidar	al	niñito,	y	llamaban	a él	por	el	nombre	del
2064	4059	3588	3813	2532	2564	846	1909	3588	3686	3588
VAAI3P	*VAAN*	*DASN*	*NASN*	*CLN*	*VIAI3P*	*RP3ASN*	*P*	*DDSN*	*NDSN*	*DGSM*

πατρὸς	αὐτοῦ	Ζαχαρίαν.	60 καὶ	ἀποκριθεῖσα	ἡ	μήτηρ	αὐτοῦ	εἶπεν·
padre	de él,	Zacarías;	y	respondiendo	la	madre	de él	dijo:
3962	846	2197	2532	611	3588	3384	846	2036
NGSM	*RP3GSM*	*NASM*	*CLC*	*VAPP-SNF*	*DNSF*	*NNSF*	*RP3GSM*	*VAAI3S*

Οὐχί,	ἀλλὰ	κληθήσεται	Ἰωάννης.	61 καὶ	εἶπαν	πρὸς	αὐτὴν	ὅτι	Οὐδείς
¡No!	Sino	será llamado	Juan.	Y	dijeron	a	ella:	--	Nadie
3780	235	2564	2491	2532	3004	4314	846	3754	3762
BN, TN	*CLC*	*VFPI3S*	*NNSM*	*CLN*	*VAAI3P*	*P*	*RP3ASF*	*CSC*	*JNSM*

ἐστιν	ἐκ	τῆς	συγγενείας	σου	ὃς	καλεῖται	τῷ	ὀνόματι	τούτῳ.
hay	de	la	familia	de ti	el cual	se llame	con$_{1}$	nombre.$_{3}$	este$_{2}$
2076	1537	3588	4772	4675	3739	2564	3588	3686	5129
VPAI3S	*P*	*DGSF*	*NGSF*	*RP2GS*	*RR-NSM*	*VPPI3S*	*DDSN*	*NDSN*	*RD-DSN*

62 ἐνένευον	δὲ	τῷ	πατρὶ	αὐτοῦ	τὸ	τί	ἂν	θέλοι	καλεῖσθαι
hicieron señas$_{2}$	E$_{1}$	al	padre	de él	--	qué	--	desearía	(que) fuera llamado
1770	1161	3588	3962	846	3588	5101	302	2309	2564
VIAI3P	*CLN*	*DDSM*	*NDSM*	*RP3GSM*	*DASN*	*RI-ASN*	*TC*	*VPAO3S*	*VPPN*

αὐτό.	63 καὶ	αἰτήσας	πινακίδιον	ἔγραψεν	λέγων·	Ἰωάννης	ἐστὶν
él.	Y	pidiendo	una tabilla,	escribió	diciendo:	Juan	es
846	2532	154	4093	1125	3004	2491	2076
RP3ASN	*CLN*	*VAAP-SNM*	*NASN*	*VAAI3S*	*VPAP-SNM*	*NNSM*	*VPAI3S*

ὄνομα	αὐτοῦ.	καὶ	ἐθαύμασαν	πάντες.	64 ἀνεῴχθη	δὲ	τὸ
(el) nombre	de él.	Y	(se) admiraron.$_{2}$	todos$_{1}$	se abrió$_{2}$	Entonces$_{1}$	la
3686	846	2532	2296	3956	455	1161	3588
NNSN	*RP3GSM*	*CLN*	*VAAI3P*	*JNPM*	*VAPI3S*	*CLN*	*DNSN*

NVI

y, cumpliendo su
promesa a nuestros
padres,
mostró su misericordia
a Abraham
y a su descendencia
para siempre.

56 María se quedó con
Elisabet unos tres meses
y luego regresó a su casa.

Nacimiento de Juan el Bautista

57 Cuando se le cumplió el tiempo, Elisabet
dio a luz un hijo. 58 Sus
vecinos y parientes se enteraron de que el Señor
le había mostrado gran
misericordia, y compartieron su alegría.
59 A los ocho días
llevaron a circuncidar
al niño. Como querían
ponerle el nombre de
su padre, Zacarías, 60 su
madre se opuso.
—¡No! —dijo ella—.
Tiene que llamarse Juan.
61 —Pero si nadie en
tu familia tiene ese nombre —le dijeron.
62 Entonces le hicieron señas a su padre,
para saber qué nombre
quería ponerle al niño.
63 Él pidió una tablilla,
en la que escribió: «Su
nombre es Juan». Y
todos quedaron asombrados. 64 Al instante
se le desató la lengua,

RVR

desatada la lengua, y
comenzó a hablar bendiciendo a Dios.
65 Y vino temor sobre
todos los que vivían en
derredor suyo; y en toda
la zona montañosa de
Judea se comentaban
todas estas cosas.
66 Y todos los que las
oían las grababan en
su corazón, diciendo:
¿Qué, pues, va a ser
este niño? Porque
ciertamente la mano del
Señor estaba con él.

Profecía de Zacarías

67 Y Zacarías su padre
fue lleno del Espíritu
Santo, y profetizó
diciendo:
68 Bendito el Señor
Dios de Israel,
Porque ha visitado
y ha efectuado
redención para su
pueblo.
69 Y ha suscitado una
fuerza de salvación
en favor nuestro,
En casa de David su
siervo,
70 Tal como habló
desde antiguo
Por boca de sus santos
profetas,
71 Que nos salvaría de
nuestros enemigos,
Y de las manos de todos
los que nos odian;
72 Para mostrar su misericordia para con
nuestros padres,
Y recordar su santo
pacto,
73 El juramento que
hizo a Abraham

στόμα	αὐτοῦ	παραχρῆμα	καὶ	ἡ	γλῶσσα	αὐτοῦ,	καὶ	ἐλάλει	εὐλογῶν
boca	de él	inmediatamente	y	la	lengua	de él,	y	hablaba	bendiciendo
4750	846	3916	2532	3588	1100	846	2532	2980	2127
NNSN	*RP3GSM*	*B*	*CLN*	*DNSF*	*NNSF*	*RP3GSM*	*CLN*	*VIAI3S*	*VPAP-SNM*

τὸν	θεόν.	65 καὶ	ἐγένετο	ἐπὶ	πάντας	φόβος	τοὺς	περιοικοῦντας
--	a Dios.	Y	sucedió$_2$	sobre$_3$	todos$_4$	temor$_1$	los	vecinos
3588	2316	2532	1096	1909	3956	5401	3588	4039
DASM	*NASM*	*CLN*	*VAMI3S*	*P*	*JAPM*	*NNSM*	*DAPM*	*VPAP-PAM*

αὐτούς,	καὶ	ἐν	ὅλῃ	τῇ	ὀρεινῇ	τῆς	Ἰουδαίας	διελαλεῖτο
a ellos,	y	en$_6$	toda$_7$	la$_8$	región montañosa$_9$	--$_{10}$	de Judea,$_{11}$	se comentaban$_5$
846	2532	1722	3650	3588	3714	3588	2449	1255
RP3APM	*CLN*	*P*	*JDSF*	*DDSF*	*JDSF*	*DGSF*	*NGSF*	*VIPI3S*

πάντα	τὰ	ῥήματα	ταῦτα,	66 καὶ	ἔθεντο	πάντες	οἱ	ἀκούσαντες	ἐν
todas$_1$	las$_2$	palabras$_4$	estas$_3$	y	pusieron$_4$	todos$_1$	los que$_2$	habían oído$_3$	en
3956	3588	4487	5023	2532	5087	3956	3588	191	1722
JNPN	*DNPN*	*NNPN*	*RD-NPN*	*CLN*	*VAMI3P*	*JNPM*	*DNPM*	*VAAP-PNM*	*P*

τῇ	καρδίᾳ	αὐτῶν,	λέγοντες·	Τί	ἄρα	τὸ	παιδίον	τοῦτο	ἔσται;	καὶ
el	corazón	de ellos	diciendo:	¿Qué,$_1$	pues,$_2$	el$_4$	niñito$_5$	este?$_6$	será$_3$	--
3588	2588	846	3004	5101	687	3588	3813	5124	2071	2532
DDSF	*NDSF*	*RP3GPM*	*VPAP-PNM*	*RI-NSN*	*CLI*	*DNSN*	*NNSN*	*RD-NSN*	*VFMI3S*	*BE, TE*

γὰρ	χεὶρ	κυρίου	ἦν	μετ᾽	αὐτοῦ.
Porque	(la) mano	(del) Señor	estaba	con	él.
1063	5495	2962	2258	3326	846
CAZ	*NNSF*	*NGSM*	*VIAI3S*	*P*	*RP3GSM*

67 Καὶ	Ζαχαρίας	ὁ	πατὴρ	αὐτοῦ	ἐπλήσθη	πνεύματος	ἁγίου	καὶ
Entonces	Zacarías,	el	padre	de él,	fue lleno	del Espíritu	Santo	y
2532	2197	3588	3962	846	4130	4151	40	2532
CLN	*NNSM*	*DNSM*	*NNSM*	*RP3GSM*	*VAPI3S*	*NGSN*	*JGSN*	*CLN*

ἐπροφήτευσεν	λέγων·	68 Εὐλογητὸς	κύριος	ὁ	θεὸς	τοῦ	Ἰσραήλ,
profetizó	diciendo:	Bendito	(el) Señor	--	Dios	de --	Israel,
4395	3004	2128	2962	3588	2316	3588	2474
VAAI3S	*VPAP-SNM*	*JNSM*	*NNSM*	*DNSM*	*NNSM*	*DGSM*	*NGSM, XP*

ὅτι	ἐπεσκέψατο	καὶ	ἐποίησεν	λύτρωσιν	τῷ	λαῷ	αὐτοῦ,	69 καὶ
pues	visitó	e	hizo	redención	al	pueblo	de él,	y
3754	1980	2532	4160	3085	3588	2992	846	2532
CAZ	*VAMI3S*	*CLN*	*VAAI3S*	*NASF*	*DDSM*	*NDSM*	*RP3GSM*	*CLN*

ἤγειρεν	κέρας	σωτηρίας	ἡμῖν	ἐν	οἴκῳ	Δαυὶδ	παιδὸς	αὐτοῦ,
levantó	(el) cuerno	de salvación	para nosotros	en	(la) casa	de David	(el) siervo	de él,
1453	2768	4991	2254	1722	3624	1138	3816	846
VAAI3S	*NASN*	*NGSF*	*RP1DP*	*P*	*NDSM*	*NGSM, XP*	*NGSM*	*RP3GSM*

70 καθὼς	ἐλάλησεν	διὰ	στόματος	τῶν	ἁγίων	ἀπ᾽	αἰῶνος	προφητῶν
conforme	habló	mediante$_1$	boca$_2$	de los$_3$	santos$_4$	desde$_6$	(el) siglo,$_7$	de profetas$_4$
2531	2980	1223	4750	3588	40	575	165	4396
CAM	*VAAI3S*	*P*	*NGSN*	*DGPM*	*JGPM*	*P*	*NGSM*	*NGPM*

αὐτοῦ,	71 σωτηρίαν	ἐξ	ἐχθρῶν	ἡμῶν	καὶ	ἐκ	χειρὸς	πάντων
de él$_5$	salvación	de	(los) enemigos	de nosotros	y	de	(la) mano	de todos
846	4991	1537	2190	2257	2532	1537	5495	3956
RP3GSM	*NASF*	*P*	*JGPM*	*RP1GP*	*CLN*	*P*	*NGSF*	*JGPM*

τῶν	μισούντων	ἡμᾶς,	72 ποιῆσαι	ἔλεος	μετὰ	τῶν	πατέρων	ἡμῶν
los que	odian	a nosotros,	para hacer	misericordia	con	los	padres	de nosotros
3588	3404	2248	4160	1656	3326	3588	3962	2257
DGPM	*VPAP-PGM*	*RP1AP*	*VAAN*	*NASN*	*P*	*DGPM*	*NGPM*	*RP1GP*

καὶ	μνησθῆναι	διαθήκης	ἁγίας	αὐτοῦ,	73 ὅρκον	ὃν	ὤμοσεν	πρὸς
y	recordar	(el) pacto	santo	de él,	(el) juramento	que	juró	a
2532	3415	1242	40	846	3727	3739	3660	4314
CLN	*VAPN*	*NGSF*	*JGSF*	*RP3GSM*	*NASM*	*RR-ASM*	*VAAI3S*	*P*

NVI

recuperó el habla y comenzó a alabar a Dios.
65 Todos los vecinos
se llenaron de temor,
y por toda la región
montañosa de Judea se
comentaba lo sucedido.
66 Quienes lo oían se
preguntaban: «¿Qué
llegará a ser este niño?»
Porque la mano del
Señor lo protegía.

El cántico de Zacarías

67 Entonces su
padre Zacarías, lleno
del Espíritu Santo,
profetizó:

68 «Bendito sea el
Señor, Dios de
Israel,
porque ha venido a redimir a su pueblo.
69 Nos envió un poderoso salvador
en la casa de David su
siervo
70 (como lo prometió
en el pasado por
medio de sus santos
profetas),
71 para librarnos de
nuestros enemigos
y del poder de
todos los que nos
aborrecen;
72 para mostrar misericordia a nuestros
padres
al acordarse de su
santo pacto.
73 Así lo juró a

RVR

nuestro padre:
74 Concedernos que,
liberados de las
manos de nuestros
enemigos,
Le sirvamos sin temor
75 En santidad de vida y
rectitud de conducta ante sus ojos,
Todos nuestros días.
76 Y tú, niño, serás
llamado profeta del
Altísimo;
Porque irás ante la faz
del Señor,
Para preparar sus
caminos;
77 Para dar a su pueblo
conocimiento de
salvación,
Por el perdón de sus
pecados,
78 Por medio de las
entrañas de misericordia de nuestro
Dios,
Por las cuales nos visitó un amanecer del
sol desde lo alto,
79 Para que brille su
luz sobre los que
están sentados en
tinieblas y en sombra de muerte,
Para guiar nuestros
pies hacia un camino de paz.
80 Y el niño crecía y se
fortalecía en espíritu; y
vivía en lugares desiertos
hasta el día de su aparición pública ante Israel.

Nacimiento de Jesucristo

2 Por aquellos días,
salió un edicto de
parte de César Augusto,

Ἀβραὰμ	τὸν	πατέρα	ἡμῶν,	τοῦ	δοῦναι	ἡμῖν	74 ἀφόβως	ἐκ	χειρὸς
Abraham,	el	padre	de nosotros,	el que	dio	a nosotros,	sin temor$_5$	de$_2$	mano$_3$
11	3588	3962	2257	3588	1325	2254	870	1537	5495
NASM, XP	*DASM*	*NASM*	*RP1GP*	*DGSN*	*VAAN*	*RP1DP*	*B*	*P*	*NGSF*

ἐχθρῶν	ῥυσθέντας	λατρεύειν	αὐτῷ	75 ἐν	ὁσιότητι	καὶ	δικαιοσύνῃ
de enemigos,$_4$	rescatados$_1$	servir$_6$	a él$_7$	en	santidad	y	justicia
2190	4506	3000	846	1722	3742	2532	1343
JGPM	*VAPP-PAM*	*VPAN*	*RP3DSM*	*P*	*NDSF*	*CLN*	*NDSF*

ἐνώπιον	αὐτοῦ	πάσαις	ταῖς	ἡμέραις⌉	ἡμῶν.	76 καὶ	σὺ	δέ,	παιδίον,
delante de	él	todos	los	días	de nosotros.	Y	tú,	--	niñito,
1799	846	3956	3588	2250	2257	2532	4771	1161	3813
P, B	*RP3GSM*	*JDPF*	*DDPF*	*NDPF*	*RP1GP*	*BE,TE*	*RP2NS*	*CLN*	*NVSN*

προφήτης	Ὑψίστου	κληθήσῃ,	προπορεύσῃ	γὰρ	ἐνώπιον	κυρίου
profeta	del Altísimo	serás llamado,	irás delante$_2$	pues$_1$	en presencia	del Señor
4396	5310	2564	4313	1063	1799	2962
NNSM	*JGSM*	*VFPI2S*	*VFMI2S*	*CLX*	*P, B*	*NGSM*

ἑτοιμάσαι	ὁδοὺς	αὐτοῦ,	77 τοῦ	δοῦναι	γνῶσιν	σωτηρίας	τῷ
para preparar	(los) caminos	de él,	--	para dar	conocimiento	de salvación	al
2090	3598	846	3588	1325	1108	4991	3588
VAAN	*NAPF*	*RP3GSM*	*DGSN,DGSM*	*VAAN*	*NASF*	*NGSF*	*DDSM*

λαῷ	αὐτοῦ	ἐν	ἀφέσει	ἁμαρτιῶν	αὐτῶν,	78 διὰ	σπλάγχνα	ἐλέους
pueblo	de él,	en	perdón	de pecados	de ellos,	por	entrañas	de misericordia
2992	846	1722	859	266	846	1223	4698	1656
NDSM	*RP3GSM*	*P*	*NDSF*	*NGPF*	*RP3GPM*	*P*	*NAPN*	*NGSN*

θεοῦ	ἡμῶν,	ἐν	οἷς	ἐπισκέψεται	ἡμᾶς	ἀνατολὴ	ἐξ	ὕψους,
de Dios	de nosotros,	con	las que	visitará	a nosotros	(la) aurora	desde	lo alto
2316	2257	1722	3739	1980	2248	395	1537	5311
NGSM	*RP1GP*	*P*	*RR-DPN*	*VFMI3S*	*RP1AP*	*NNSF*	*P*	*NGSN*

79 ἐπιφᾶναι	τοῖς	ἐν	σκότει	καὶ	σκιᾷ	θανάτου	καθημένοις,
para brillar	a los que están	en	oscuridad	y	sombra	de muerte,	que están sentados
2014	3588	1722	4655	2532	4639	2288	2521
VAAN	*DDPM*	*P*	*NDSN*	*CLN*	*NDSF*	*NGSM*	*VPUP-PDM*

τοῦ	κατευθῦναι	τοὺς	πόδας	ἡμῶν	εἰς	ὁδὸν	εἰρήνης.
--	para enderezar	los	pies	de nosotros	hacia	(el) camino	de paz.
3588	2720	3588	4228	2257	1519	3598	1515
DGSN, DGSM	*VAAN*	*DAPM*	*NAPM*	*RP1GP*	*P*	*NASF*	*NGSF*

80 Τὸ	δὲ	παιδίον	ηὔξανε	καὶ	ἐκραταιοῦτο	πνεύματι,	καὶ	ἦν	ἐν
el$_2$	Y$_1$	niñito	crecía	y	se fortalecía	en espíritu,	y	estaba	en
3588	1161	3813	837	2532	2901	4151	2532	2258	1722
DNSN	*CLT*	*NNSN*	*VIAI3S*	*CLN*	*VIPI3S*	*NDSN*	*CLN*	*VIAI3S*	*P*

ταῖς	ἐρήμοις	ἕως	ἡμέρας	ἀναδείξεως	αὐτοῦ	πρὸς	τὸν	Ἰσραήλ.
los	desiertos	hasta	(el) día de	presentación	de él	a	--	Israel.
3588	2048	2193	2250	323	846	4314	3588	2474
DDPF	*JDPF*	*P, C*	*NGSF*	*NGSF*	*RP3GSM*	*P*	*DASM*	*NASM, XP*

2 Ἐγένετο	δὲ	ἐν	ταῖς	ἡμέραις	ἐκείναις	ἐξῆλθεν	δόγμα	παρὰ
sucedió$_2$	Y$_1$	en	los	días	aquellos (que)	salió	decreto	de parte de
1096	1161	1722	3588	2250	1565	1831	1378	3844
VAMI3S	*CLT*	*P*	*DDPF*	*NDPF*	*RD-DPF*	*VAAI3S*	*NNSN*	*P*

NVI

Abraham nuestro
padre:
74 nos concedió que
fuéramos libres del
temor,
al rescatarnos del
poder de nuestros
enemigos,
para que le sirviéramos
75 con santidad y
justicia,
viviendo en su presencia
todos nuestros días.
76 Y tú, hijito mío, serás
llamado profeta del
Altísimo,
porque irás delante del
Señor para prepararle el camino.
77 Darás a conocer a su
pueblo la salvación
mediante el perdón de
sus pecados,
78 gracias a la entrañable misericordia de
nuestro Dios.
Así nos visitará
desde el cielo el sol
naciente,
79 para dar luz a los que
viven en tinieblas,
en la más terrible
oscuridad,
para guiar nuestros
pasos por la senda
de la paz».

80 El niño crecía y se
fortalecía en espíritu; y
vivió en el desierto hasta
el día en que se presentó
públicamente al pueblo
de Israel.

Nacimiento de Jesús

2 Por aquellos días
Augusto César decretó que se levantara un

RVR

para que se hiciera un
censo de toda la tierra
habitada.
2 Este primer censo se
hizo cuando Cirenio
gobernaba Siria.
3 Y todos marchaban a
inscribirse en el censo,
cada uno a su propia
ciudad.
4 También José subió
desde Galilea, de la
ciudad de Nazaret, hacía
Judea, a la ciudad de
David, la cual se llama
Belén, por ser él de la
casa y familia de David,
5 para inscribirse junto
con María, quien estaba
desposada con él y
encinta.
6 Y aconteció que,
mientras estaban allí, se
cumplieron los días para
que ella diese a luz.
7 Y dio a luz a su hijo pri-
mogénito, lo envolvió
en pañales, y lo acostó en
un pesebre, porque no
había lugar para ellos en
el mesón.

Los pastores y los ángeles

8 Había en la misma
comarca unos pastores
que vivían en el campo
y guardaban sus turnos
de vela nocturna sobre
su rebaño.
9 Y he aquí que se
presentó ante ellos
un ángel del Señor, y
la gloria del Señor los
rodeó de resplandor;

Καίσαρος	Αὐγούστου	ἀπογράφεσθαι	πᾶσαν	τὴν	οἰκουμένην.	2 (αὕτη
César	Augusto,	(que se) inscribiera	toda	la	tierra habitada.	Este
2541	828	583	3956	3588	3625	3778
NGSM	NGSM	VPUN	JASF	DASF	NASF	RD-NSF

ἀπογραφὴ	πρώτη	ἐγένετο	ἡγεμονεύοντος	τῆς	Συρίας	Κυρηνίου.)
censo$_2$	primer$_1$	ocurrió	siendo gobernador$_1$	de --$_3$	Siria.$_4$	Cirenio$_2$
582	4413	1096	2230	3588	4947	2958
NNSF	JNSF	VAMI3S	VPAP-SGM	DGSF	NGSF	NGSM

3 καὶ	ἐπορεύοντο	πάντες	ἀπογράφεσθαι,	ἕκαστος	εἰς	τὴν	ἑαυτοῦ
E	iban	todos	a inscribirse,	cada uno	a$_1$	la$_2$	de él mismo.$_4$
2532	4198	3956	583	1538	1519	3588	1438
CLN	VIUI3P	JNPM	VPPN	JNSM	P	DASF	RF3GSM

πόλιν.	4 Ἀνέβη	δὲ	καὶ	Ἰωσὴφ	ἀπὸ	τῆς	Γαλιλαίας	ἐκ	πόλεως
ciudad$_3$	subió$_3$	Mas$_1$	también$_2$	José	desde	--	Galilea,	de	(la) ciudad
4172	305	1161	2532	2501	575	3588	1056	1537	4172
NASF	VAAI3S	CLN	BE, TE	NNSM, XP	P	DGSF	NGSF	P	NGSF

Ναζαρὲθ	εἰς	τὴν	Ἰουδαίαν	εἰς	πόλιν	Δαυὶδ	ἥτις	καλεῖται	Βηθλέεμ,
de Nazaret,	a	--	Judea,	a	(la) ciudad	de David,	la que	se llama	Belén,
3478	1519	3588	2449	1519	4172	1138	3748	2564	965
NGSF, XP	P	DASF	NASF	P	NASF	NGSM, XP	RR-NSF	VPPI3S	NNSF, XP

διὰ	τὸ	εἶναι	αὐτὸν	ἐξ	οἴκου	καὶ	πατριᾶς	Δαυίδ,	5 ἀπογράψασθαι
por	--	ser	él	de	la casa	y	familia	de David,	para ser inscrito
1223	3588	1511	846	1537	3624	2532	3965	1138	583
P	DASN	VPAN	RP3ASM	P	NGSM	CLN	NGSF	NGSM, XP	VAMN

σὺν	Μαριὰμ	τῇ	ἐμνηστευμένῃ	αὐτῷ,	οὔσῃ	ἐγκύῳ.
con	María	la	que estaba comprometida para casarse	con él	la cual estaba	embarazada.
4862	3137	3588	3423	846	5607	1471
P	NDSF, XP	DDSF	VRPP-SDF	RP3DSM	VPAP-SDF	NDSF, JDSF

6 ἐγένετο	δὲ	ἐν	τῷ	εἶναι	αὐτοὺς	ἐκεῖ	ἐπλήσθησαν	αἱ
sucedió$_2$	Y$_1$	en	el	estar	ellos	allí,	se cumplieron$_5$	los$_1$
1096	1161	1722	3588	1511	846	1563	4130	3588
VAMI3S	CLN	P	DDSN, DDSM	VPAN	RP3APM	BP	VAPI3P	DNPF

ἡμέραι	τοῦ	τεκεῖν	αὐτήν,	7 καὶ	ἔτεκεν	τὸν	υἱὸν	αὐτῆς	τὸν
días$_2$	de --$_3$	alumbramiento$_4$	a ella.	Y	dio a luz	a --	un hijo	de ella,	el
2250	3588	5088	846	2532	5088	3588	5207	846	3588
NNPF	DGSN, DGSM	VAAN	RP3ASF	CLN	VAAI3S	DASM	NASM	RP3GSF	DASM

πρωτότοκον,	καὶ	ἐσπαργάνωσεν	αὐτὸν	καὶ	ἀνέκλινεν	αὐτὸν	ἐν
primogénito,	y	envolvió en pañales	a él	y	recostó	a él	en
4416	2532	4683	846	2532	347	846	1722
JASM	CLN	VAAI3S	RP3ASM	CLN	VAAI3S	RP3ASM	P

φάτνῃ,	διότι	οὐκ	ἦν	αὐτοῖς	τόπος	ἐν	τῷ	καταλύματι.
(un) pesebre,	porque	no	había	para ellos	lugar	en	la	posada.
5336	1360	3756	2258	846	5117	1722	3588	2646
NDSF	CAZ	BN, TN	VIAI3S	RP3DPM	NNSM	P	DDSN	NDSN

8 Καὶ	ποιμένες	ἦσαν	ἐν	τῇ	χώρᾳ	τῇ	αὐτῇ	ἀγραυλοῦντες
Y	pastores	habían	en	la	región	--	aquella,	pasando la noche en el campo
2532	4166	2258	1722	3588	5561	3588	846	63
CLN	NNPM	VIAI3P	P	DDSF	NDSF	DDSF	RP3DSFA, JDSF	VPAP-PNM

καὶ	φυλάσσοντες	φυλακὰς	τῆς	νυκτὸς	ἐπὶ	τὴν	ποίμνην	αὐτῶν.
y	guardando	una guardia	de la	noche	sobre	el	rebaño	de ellos.
2532	5442	5438	3588	3571	1909	3588	4167	846
CLN	VPAP-PNM	NAPF	DGSF	NGSF	P	DASF	NASF	RP3GPM

9 καὶ	ἄγγελος	κυρίου	ἐπέστη	αὐτοῖς	καὶ	δόξα	κυρίου	περιέλαμψεν
Y	un ángel	del Señor	se presentó	a ellos	y	(la) gloria	del Señor	envolvió con el resplandor
2532	32	2962	2186	846	2532	1391	2962	4034
CLN	NNSM	NGSM	VAAI3S	RP3DPM	CLN	NNSF	NGSM	VAAI3S

NVI

censo en todo el imperio
romano. 2 (Este primer
censo se efectuó cuando
Cirenio gobernaba en
Siria). 3 Así que iban
todos a inscribirse, cada
cual a su propio pueblo.
4 También José, que
era descendiente del rey
David, subió de Nazaret,
ciudad de Galilea, a
Judea. Fue a Belén, la
Ciudad de David, 5 para
inscribirse junto con
María su esposa. Ella se
encontraba encinta 6 y,
mientras estaban allí,
se le cumplió el tiempo.
7 Así que dio a luz a su
hijo primogénito. Lo
envolvió en pañales y lo
acostó en un pesebre,
porque no había lugar
para ellos en la posada.

Los pastores y los ángeles

8 En esa misma región
había unos pastores que
pasaban la noche en
el campo, turnándose
para cuidar sus rebaños.
9 Sucedió que un ángel
del Señor se les apareció.
La gloria del Señor
los envolvió en su luz,

RVR

y tuvieron gran temor.
10 El ángel les dijo:
Dejad de temer, por-
que os traigo buenas
noticias de gran gozo,
que lo será para todo el
pueblo;
11 que os ha nacido hoy,
en la ciudad de David,
un Salvador, que es
Cristo el Señor.
12 Esto os servirá de
señal: hallaréis un niño
recién nacido envuelto
en pañales, y acostado
en un pesebre.
13 De repente, apareció
junto al ángel una
multitud del ejército
celestial que alababa a
Dios y decía:
14 ¡Gloria a Dios en lo
más alto;
Y sobre la tierra paz;
buena volun-
tad para con los
hombres!
15 Sucedió que cuando
los ángeles se alejaron
de ellos para irse al
cielo, los pastores se
dijeron los unos a los
otros: Vayamos ahora
mismo hasta Belén, y
veamos esto que dicen
que ha sucedido, lo que
el Señor nos ha dado a
conocer.
16 Fueron a toda prisa, y
encontraron juntamen-
te a María, a José y al
recién nacido acostado
en el pesebre.
17 Y después de verlo,
dieron a conocer lo que
se les había dicho acerca

αὐτούς,	καὶ	ἐφοβήθησαν	φόβον	μέγαν.	10 καὶ	εἶπεν	αὐτοῖς	ὁ
a ellos,	y	temieron	(con) miedo	grande.	Y	dijo$_3$	a ellos:$_4$	el$_1$
846	2532	5399	5401	3173	2532	2036	846	3588
RP3APM	*CLN*	*VAPI3P*	*NASM*	*JASM*	*CLC*	*VAAI3S*	*RP3DPM*	*DNSM*

ἄγγελος·	Μὴ	φοβεῖσθε,	ἰδοὺ	γὰρ	εὐαγγελίζομαι	ὑμῖν	χαρὰν
ángel$_2$	No	temáis.	he aquí$_1$	Porque$_2$	anuncio buena noticia	a vosotros	gozo
32	3361	5399	2400	1063	2097	5213	5479
NNSM	*BN, TN*	*VPUM2P*	*I, VAAM2S*	*CAZ*	*VPMI1S*	*RP2DP*	*NASF*

μεγάλην	ἥτις	ἔσται	παντὶ	τῷ	λαῷ,	11 ὅτι	ἐτέχθη	ὑμῖν	σήμερον
grande,	el que	será	a todo	el	pueblo:	que	ha nacido$_2$	a vosotros$_3$	hoy,$_4$
3173	3748	2071	3956	3588	2992	3754	5088	5213	4594
JASF	*RR-NSF*	*VFMI3S*	*JDSM*	*DDSM*	*NDSM*	*CAZ*	*VAPI3S*	*RP2DP*	*B*

σωτὴρ	ὅς	ἐστιν	Χριστὸς	κύριος	ἐν	πόλει	Δαυίδ.	12 καὶ	τοῦτο
un Salvador$_1$	que$_8$	es$_9$	Cristo$_{10}$	(el) Señor,$_{11}$	en$_5$	(la) ciudad$_6$	de David,$_7$	Y	esto (será)
4990	3739	2076	5547	2962	1722	4172	1138	2532	5124
NNSM	*RR-NSM*	*VPAI3S*	*NNSM*	*NNSM*	*P*	*NDSF*	*NGSM, XP*	*CLN*	*RD-NSN*

ὑμῖν	τὸ	σημεῖον,	εὑρήσετε	βρέφος	ἐσπαργανωμένον	καὶ	κείμενον
a vosotros:$_3$	la$_1$	señal$_2$	hallaréis	a(l) bebé	envuelto en pañales,	--	puesto
5213	3588	4592	2147	1025	4683	2532	2749
RP2DP	*DNSN*	*NNSN*	*VFAI2P*	*NASN*	*VRPP-SAN*	*CLN*	*VPUP-SAN*

ἐν	φάτνῃ.	13 καὶ	ἐξαίφνης	ἐγένετο	σὺν	τῷ	ἀγγέλῳ	πλῆθος
en	(un) pesebre.	Entonces,	repentinamente,	llegó a estar	con	el	ángel	una multitud
1722	5336	2532	1810	1096	4862	3588	32	4128
P	*NDSF*	*CLN*	*B*	*VAMI3S*	*P*	*DDSM*	*NDSM*	*NNSN*

στρατιᾶς	οὐρανίου	αἰνούντων	τὸν	θεὸν	καὶ	λεγόντων·	14 Δόξα	ἐν
de (la) hueste	(del) cielo	que alababa	a --	Dios	--	diciendo:	¡Gloria	en
4756	3770	134	3588	2316	2532	3004	1391	1722
NGSF	*JGSF*	*VPAP-PGM*	*DASM*	*NASM*	*CLN*	*VPAP-PGM*	*NNSF*	*P*

ὑψίστοις	θεῷ	καὶ	ἐπὶ	γῆς	εἰρήνη	ἐν	ἀνθρώποις	⌜εὐδοκίας.
(las) alturas	a Dios	y	en	(la) tierra	paz,	entre	(los) seres humanos	de buena voluntad
5310	2316	2532	1909	1093	1515	1722	444	2107
JDPN	*NDSM*	*CLN*	*P*	*NGSF*	*NNSF*	*P*	*NDPM*	*NGSF*

15 Καὶ	ἐγένετο	ὡς	ἀπῆλθον	ἀπ’	αὐτῶν	εἰς	τὸν	οὐρανὸν	οἱ
Y	sucedió que	cuando	se fueron$_3$	de$_4$	ellos$_5$	hacia$_6$	el$_7$	cielo,$_8$	los
2532	1096	5613	565	575	846	1519	3588	3772	3588
CLN	*VAMI3S*	*CAT*	*VAAI3P*	*P*	*RP3GPM*	*P*	*DASM*	*NASM*	*DNPM*

ἄγγελοι,	οἱ	ποιμένες	ἐλάλουν	πρὸς	ἀλλήλους·	Διέλθωμεν	δὴ
ángeles$_2$	los	pastores	se dijeron	--	unos a otros:	Pasemos,	pues,
32	3588	4166	2980	4314	240	1330	1211
NNPM	*DNPM*	*NNPM*	*VIAI3P*	*P*	*RC-APM*	*VAAS1P*	*TE*

ἕως	Βηθλέεμ	καὶ	ἴδωμεν	τὸ	ῥῆμα	τοῦτο	τὸ	γεγονὸς	ὃ	ὁ
hasta	Belén	y	veamos	la	palabra	esta	la (que)	ha sucedido,	la que	el
2193	965	2532	1492	3588	4487	5124	3588	1096	3739	3588
P, C	*NGSF, XP*	*CLN*	*VAAS1P*	*DASN*	*NASN*	*RD-ASN*	*DASN*	*VRAP-SAN*	*RR-ASN*	*DNSM*

κύριος	ἐγνώρισεν	ἡμῖν.	16 καὶ	ἦλθαν	σπεύσαντες	καὶ	ἀνεῦραν	τήν
Señor	ha hecho saber	a nosotros.	Y	vinieron	apresuradamente	y	encontraron	--
2962	1107	2254	2532	2064	4692	2532	429	3588
NNSM	*VAAI3S*	*RP1DP*	*CLN*	*VAAI3P*	*VAAP-PNM*	*CLN*	*VAAI3P*	*DASF*

τε	Μαριὰμ	καὶ	τὸν	Ἰωσὴφ	καὶ	τὸ	βρέφος	κείμενον	ἐν
--	a María	y	--	a José,	y	al	bebé	puesto	en
5037	3137	2532	3588	2501	2532	3588	1025	2749	1722
CLK	*NASF, XP*	*CLK, CLN*	*DASM*	*NASM, XP*	*CLK, CLN*	*DASN*	*NASN*	*VPUP-SAN*	*P*

τῇ	φάτνῃ·	17 ἰδόντες	δὲ	ἐγνώρισαν	περὶ	τοῦ	ῥήματος	τοῦ
el	pesebre.	al verlo,$_2$	Y$_1$	dieron a conocer	acerca de	la	palabra	la (que)
3588	5336	1492	1161	1107	4012	3588	4487	3588
DDSF	*NDSF*	*VAAP-PNM*	*CLN*	*VAAI3P*	*P*	*DGSN*	*NGSN*	*DGSN*

NVI

y se llenaron de temor.
10 Pero el ángel les dijo:
«No tengan miedo.
Miren que les traigo
buenas noticias que
serán motivo de mucha
alegría para todo el
pueblo. 11 Hoy les ha
nacido en la Ciudad
de David un Salvador,
que es Cristo el Señor.
12 Esto les servirá de
señal: Encontrarán a
un niño envuelto en
pañales y acostado en un
pesebre».
13 De repente apa-
reció una multitud de
ángeles del cielo, que ala-
baban a Dios y decían:

14 «Gloria a Dios en
las alturas,
y en la tierra paz a los
que gozan de su
buena voluntad».

15 Cuando los ángeles
se fueron al cielo, los
pastores se dijeron
unos a otros: «Vamos a
Belén, a ver esto que ha
pasado y que el Señor
nos ha dado a conocer».
16 Así que fueron de
prisa y encontraron a
María y a José, y al niño
que estaba acostado en
el pesebre. 17 Cuando
vieron al niño, contaron
lo que les habían dicho

2:14 ⌜ Manuscritos inferiores tienen *buena voluntad entre los hombres.*

RVR

de este niño.
18 Y todos los que lo
oyeron, quedaron ma-
ravillados de lo que los
pastores les contaban;
19 María, por su parte,
guardaba consigo todas
estas cosas, ponderán-
dolas en su corazón.
20 Los pastores regre-
saron glorificando y
alabando a Dios por
todo lo que habían oído
y visto, tal como se les
había dicho.
21 Cuando se cumplie-
ron ocho días para cir-
cuncidarle, le pusieron
por nombre Jesús, el que
le dio el ángel antes de
que él fuese concebido
en el seno.

Presentación de Jesucristo en el templo

22 Y cuando se cumplie-
ron los días de la purifi-
cación de ella, conforme
a la ley de Moisés, le
trajeron a Jerusalén para
presentarlo al Señor
23 (tal como está escrito
en la ley del Señor:
Todo varón que abra
la matriz será llamado
santo para el Señor),
24 y para ofrecer
un sacrificio con-
forme a lo dicho
en la ley del Señor,

λαληθέντος	αὐτοῖς	περὶ	τοῦ	παιδίου	τούτου.	18 καὶ	πάντες	οἱ
fue dicha	a ellos	acerca de	de--$_1$	niñito.$_3$	este$_2$	Y	todos	los (que)
2980	846	4012	3588	3813	5127	2532	3956	3588
VAPP-SGN	*RP3DPM*	*P*	*DGSN*	*NGSN*	*RD-GSN*	*CLN*	*JNPM*	*DNPM*

ἀκούσαντες	ἐθαύμασαν	περὶ	τῶν	λαληθέντων	ὑπὸ	τῶν	ποιμένων
oyeron,	se admiraron	acerca de	lo	dicho	por	los	pastores
191	2296	4012	3588	2980	5259	3588	4166
VAAP-PNM	*VAAI3P*	*P*	*DGPN*	*VAPP-PGN*	*P*	*DGPM*	*NGPM*

πρὸς	αὐτούς,	19 ἡ	δὲ	⸀Μαρία	πάντα	συνετήρει	τὰ	ῥήματα	ταῦτα
a	ellos.	--$_2$	Pero$_1$	María$_3$	todas$_5$	conservaba$_4$	las	palabras	estas
4314	846	3588	1161	3137	3956	4933	3588	4487	5023
P	*RP3APM*	*DNSF*	*CLC*	*NNSF, XP*	*JAPN*	*VIAI3S*	*DAPN*	*NAPN*	*RD-APN*

συμβάλλουσα	ἐν	τῇ	καρδίᾳ	αὐτῆς.	20 καὶ	ὑπέστρεψαν	οἱ	ποιμένες
reflexionándolas	en	el	corazón	de ella.	Y	regresaron$_3$	los$_1$	pastores$_2$
4820	1722	3588	2588	846	2532	5290	3588	4166
VPAP-SNF	*P*	*DDSF*	*NDSF*	*RP3GSF*	*CLN*	*VAAI3P*	*DNPM*	*NNPM*

δοξάζοντες	καὶ	αἰνοῦντες	τὸν	θεὸν	ἐπὶ	πᾶσιν	οἷς	ἤκουσαν	καὶ
glorificando	y	alabando	a --	Dios	por	todas las cosas	las que	habían oído	y
1392	2532	134	3588	2316	1909	3956	3739	191	2532
VPAP-PNM	*CLN*	*VPAP-PNM*	*DASM*	*NASM*	*P*	*JDPN*	*RR-DPN*	*VAAI3P*	*CLN*

εἶδον	καθὼς	ἐλαλήθη	πρὸς	αὐτούς.
visto,	tal como	les habían dicho	a	ellos.
1492	2531	2980	4314	846
VAAI3P	*CAM*	*VAPI3S*	*P*	*RP3APM*

21 Καὶ	ὅτε	ἐπλήσθησαν	ἡμέραι	ὀκτὼ	τοῦ	περιτεμεῖν	αὐτόν,
Y	cuando	se cumplieron	días$_2$	ocho$_1$	--	para circuncidar	a él,
2532	3753	4130	2250	3638	3588	4059	846
CLN	*CAT*	*VAPI3P*	*NNPF*	*XN, J*	*DGSN, DGSM*	*VAAN*	*RP3ASM*

καὶ	ἐκλήθη	τὸ	ὄνομα	αὐτοῦ	Ἰησοῦς,	τὸ	κληθὲν	ὑπὸ	τοῦ	ἀγγέλου
y	fue llamado	el	nombre	de él	Jesús,	lo que	fue llamado	por	el	ángel
2532	2564	3588	3686	846	2424	3588	2564	5259	3588	32
CLN	*VAPI3S*	*DNSN*	*NNSN*	*RP3GSM*	*NNSM*	*DNSN*	*VAPP-SNN*	*P*	*DGSM*	*NGSM*

πρὸ	τοῦ	συλλημφθῆναι	αὐτὸν	ἐν	τῇ	κοιλίᾳ.
antes de	--	ser concebido	él	en	el	vientre.
4253	3588	4815	846	1722	3588	2836
P	*DGSN, DGSM*	*VAPN*	*RP3ASM*	*P*	*DDSF*	*NDSF*

22 Καὶ	ὅτε	ἐπλήσθησαν	αἱ	ἡμέραι	τοῦ	καθαρισμοῦ	αὐτῶν
Y	cuando	se cumplieron,$_6$	los$_1$	días$_2$	de la$_3$	purificación$_4$	de ellos$_5$
2532	3753	4130	3588	2250	3588	2512	846
CLN	*CAT*	*VAPI3P*	*DNPF*	*NNPF*	*DGSM*	*NGSM*	*RP3GPM*

κατὰ	τὸν	νόμον	Μωϋσέως,	ἀνήγαγον	αὐτὸν	εἰς	Ἱεροσόλυμα
conforme a	la	ley	de Moisés,	lo hicieron subir	a él	hacia	Jerusalén
2596	3588	3551	3475	321	846	1519	2414
P	*DASM*	*NASM*	*NGSM*	*VAAI3P*	*RP3ASM*	*P*	*NASF*

παραστῆσαι	τῷ	κυρίῳ,	23 καθὼς	γέγραπται	ἐν	νόμῳ	κυρίου	ὅτι
para presentar	al	Señor,	como	está escrito	en	(la) ley	del Señor:	--
3936	3588	2962	2531	1125	1722	3551	2962	3754
VAAN	*DDSM*	*NDSM*	*CAM*	*VRPI3S*	*P*	*NDSM*	*NGSM*	*CSC*

Πᾶν	ἄρσεν	διανοῖγον	μήτραν	ἅγιον	τῷ	κυρίῳ	κληθήσεται,	24 καὶ
Todo	varón	que abra	(el) útero,	santo$_2$	del$_3$	Señor,$_4$	será llamado$_1$	y
3956	730	1272	3388	40	3588	2962	2564	2532
JNSN	*NNSN, JNSN*	*VPAP-SNN*	*NASF*	*JNSN, JASN*	*DDSM*	*NDSM*	*VFPI3S*	*CLN*

τοῦ	δοῦναι	θυσίαν	κατὰ	τὸ	εἰρημένον	ἐν	τῷ	νόμῳ	κυρίου,
--	para ofrecer	un sacrificio	conforme a	lo	que se dice	en	la	ley	del Señor:
3588	1325	2378	2596	3588	2046	1722	3588	3551	2962
DGSN, DGSM	*VAAN*	*NASF*	*P*	*DASN*	*VRPP-SAN*	*P*	*DDSM*	*NDSM*	*NGSM*

NVI

acerca de él, 18 y cuantos
lo oyeron se asombraron
de lo que los pastores
decían. 19 María, por su
parte, guardaba todas
estas cosas en su corazón
y meditaba acerca de
ellas. 20 Los pastores
regresaron glorificando
y alabando a Dios por lo
que habían visto y oído,
pues todo sucedió tal
como se les había dicho.

Presentación de Jesús en el templo

21 Cuando se cum-
plieron los ocho días y
fueron a circuncidarlo,
lo llamaron Jesús, nom-
bre que el ángel le había
puesto antes de que
fuera concebido.
22 Así mismo, cuando
se cumplió el tiempo
en que, según la ley de
Moisés, ellos debían pu-
rificarse, José y María lle-
varon al niño a Jerusalén
para presentarlo al
Señor. 23 Así cumplie-
ron con lo que en la ley
del Señor está escrito:
«Todo varón primo-
génito será consagrado
al Señor». 24 También
ofrecieron un sacrificio
conforme a lo que la ley
del Señor dice:

RVR

un par de tórtolas, o dos
palominos.
25 Y había en Jerusalén
un hombre llamado
Simeón; este hombre
era justo y devoto,
aguardando la con-
solación de Israel; y el
Espíritu Santo estaba
sobre él.
26 Y el Espíritu Santo le
había comunicado que
no vería la muerte antes
de haber visto al Cristo
del Señor.
27 Y movido por el
Espíritu, vino al templo;
y cuando los padres
introducían al niño
Jesús para hacer lo que
la costumbre de la ley
prescribía sobre él,
28 él le tomó en brazos,
y bendijo a Dios,
diciendo:
29 Ahora, Soberano
Señor, puedes dejar
que tu siervo se
vaya,
Conforme a tu pala-
bra, en paz;
30 Porque han
visto mis ojos tu
salvación,
31 La cual has prepa-
rado a la vista de
todos los pueblos;
32 Luz para revelación
a los gentiles,
Y para gloria de tu
pueblo Israel.

ζεῦγος	τρυγόνων	ἢ	δύο	νοσσοὺς	περιστερῶν.
Un par	de palomas	o	dos	pichones	de paloma.
2201	5167	2228	1417	3502	4058
NASN, NNSN	*NGPF*	*CLD*	*XN, J*	*NAPM*	*NGPF*

25 Καὶ	ἰδοὺ	ἄνθρωπος	ἦν	ἐν	Ἰερουσαλὴμ	ᾧ	ὄνομα
Y	he aquí,	un hombre$_2$	había$_1$	en	Jerusalén,	cuyo	nombre
2532	2400	444	2258	1722	2419	3739	3686
CLN	*I, VAAM2S*	*NNSM*	*VIAI3S*	*P*	*NDSF, XP*	*RR-DSM*	*NNSN*

Συμεών,	καὶ	ὁ	ἄνθρωπος	οὗτος	δίκαιος	καὶ	εὐλαβής,	προσδεχόμενος
(era) Simeón.	Y	--$_2$	hombre$_3$	Este$_1$	(era) justo	y	piadoso,	esperaba
4826	2532	3588	444	3778	1342	2532	2126	4327
NNSM, XP	*CLN*	*DNSM*	*NNSM*	*RD-NSM*	*JNSM*	*CLN*	*JNSM*	*VPUP-SNM*

παράκλησιν	τοῦ	Ἰσραήλ,	καὶ	πνεῦμα	ἦν	ἅγιον	ἐπ'	αὐτόν·	26 καὶ
(la) consolación	--	de Israel.	Y	(el) Espíritu$_1$	estaba$_3$	Santo$_2$	sobre$_4$	él.$_5$	Y
3874	3588	2474	2532	4151	2258	39	1909	846	2532
NASF	*DGSM*	*NGSM, XP*	*CLN*	*NNSN*	*VIAI3S*	*JNSN*	*P*	*RP3ASM*	*CLN*

ἦν	αὐτῷ	κεχρηματισμένον	ὑπὸ	τοῦ	πνεύματος	τοῦ	ἁγίου	μὴ	ἰδεῖν
fue$_1$	a él$_3$	comunicado$_2$	por	el	Espíritu	--	Santo	(que) no	vería
2258	846	5537	5259	3588	4151	3588	40	3361	1492
VIAI3S	*RP3DSM*	*VRPP-SNN*	*P*	*DGSN*	*NGSN*	*DGSN*	*JGSN*	*BN, TN*	*VAAN*

θάνατον	πρὶν	ἢ	ἂν	ἴδῃ	τὸν	Χριστὸν	κυρίου.	27 καὶ	ἦλθεν	ἐν	τῷ
(la) muerte	antes de	que	--	viera	al	Cristo	del Señor.	Y	vino	por	el
2288	4250	2228	302	1492	3588	5547	2962	2532	2064	1722	3588
NASM	*CAT*	*T, C*	*TC*	*VAAS3S*	*DASM*	*NASM*	*NGSM*	*CLN*	*VAAI3S*	*P*	*DDSN*

πνεύματι	εἰς	τὸ	ἱερόν·	καὶ	ἐν	τῷ	εἰσαγαγεῖν	τοὺς	γονεῖς
Espíritu	a	el	templo.	Y	en	el	llevar	los	padres
4151	1519	3588	2411	2532	1722	3588	1521	3588	1118
NDSN	*P*	*DASN*	*NASN, JASN*	*CLN*	*P*	*DDSN, DDSM*	*VAAN*	*DAPM*	*NAPM*

τὸ	παιδίον	Ἰησοῦν	τοῦ	ποιῆσαι	αὐτοὺς	κατὰ	τὸ	εἰθισμένον
al	niñito	Jesús	--	para hacer	ellos	conforme a	lo	prescrito
3588	3813	2424	3588	4160	846	2596	3588	1480
DASN	*NASN*	*NASM*	*DGSN, DGSM*	*VAAN*	*RP3APM*	*P*	*DASN*	*VRPP-SAN*

τοῦ	νόμου	περὶ	αὐτοῦ	28 καὶ	αὐτὸς	ἐδέξατο	αὐτὸ	εἰς	τὰς	ἀγκάλας
por la	ley	acerca de	él,	y	él	recibió	a él	en	los	brazos
3588	3551	4012	846	2532	846	1209	846	1519	3588	43
DGSM	*NGSM*	*P*	*RP3GSM*	*CLNB*	*RP3NSMP*	*VAMI3S*	*RP3ASN*	*P*	*DAPF*	*NAPF*

καὶ	εὐλόγησεν	τὸν	θεὸν	καὶ	εἶπεν·	29 Νῦν	ἀπολύεις	τὸν	δοῦλόν	σου,
y	bendijo	a --	Dios,	y	dijo:	Ahora,$_1$	despides$_3$	al$_4$	esclavo$_5$	de ti,$_6$
2532	2127	3588	2316	2532	2036	3568	630	3588	1401	4675
CLN	*VAAI3S*	*DASM*	*NASM*	*CLN*	*VAAI3S*	*B*	*VPAI2S*	*DASM*	*NASM*	*RP2GS*

δέσποτα,	κατὰ	τὸ	ῥῆμά	σου	ἐν	εἰρήνῃ·	30 ὅτι	εἶδον	οἱ
Soberano Señor,$_2$	conforme a$_9$	la$_{10}$	palabra$_{11}$	de ti,$_{12}$	en$_7$	paz,$_8$	porque$_1$	vieron$_5$	los$_2$
1203	2596	3588	4487	4675	1722	1515	3754	1492	3588
NVSM	*P*	*DASN*	*NASN*	*RP2GS*	*P*	*NDSF*	*CAZ*	*VAAI3P*	*DNPM*

ὀφθαλμοί	μου	τὸ	σωτήριόν	σου	31 ὃ	ἡτοίμασας	κατὰ	πρόσωπον
ojos$_3$	de mí$_4$	la	salvación	de ti,	la cual	preparaste	ante	(el) rostro
3788	3450	3588	4992	4675	3739	2090	2596	4383
NNPM	*RP1GS*	*DASN*	*JASN*	*RP2GS*	*RR-ASN*	*VAAI2S*	*P*	*NASN*

πάντων	τῶν	λαῶν,	32 φῶς	εἰς	ἀποκάλυψιν	ἐθνῶν	καὶ	δόξαν
de todos	los	pueblos;	luz	para	revelación	de (las) naciones	y	gloria
3956	3588	2992	5457	1519	602	1484	2532	1391
JGPM	*DGPM*	*NGPM*	*NASN,NNSN*	*P*	*NASF*	*NGPN*	*CLN*	*NASF*

λαοῦ	σου	Ἰσραήλ.
de(l) pueblo	de ti,	Israel.
2992	4675	2474
NGSM	*RP2GS*	*NGSM, XP*

NVI

«un par de tórtolas
o dos pichones de
paloma».
25 Ahora bien, en
Jerusalén había un hom-
bre llamado Simeón,
que era justo y devoto,
y aguardaba con espe-
ranza la redención de
Israel. El Espíritu Santo
estaba con él 26 y le había
revelado que no moriría
sin antes ver al Cristo del
Señor. 27 Movido por el
Espíritu, fue al templo.
Cuando al niño Jesús lo
llevaron sus padres para
cumplir con la costum-
bre establecida por la ley,
28 Simeón lo tomó en sus
brazos y bendijo a Dios:

29 «Según tu palabra,
Soberano Señor,
ya puedes despedir a tu
siervo en paz.
30 Porque han visto mis
ojos tu salvación,
31 que has preparado a
la vista de todos los
pueblos:
32 luz que ilumina a las
naciones
y gloria de tu pueblo
Israel».

RVR

33 Su padre y su madre
estaban asombrándose
de las cosas que se esta-
ban diciendo de él.
34 Simeón les bendijo y
dijo a María, su madre:
Mira, éste está puesto
para caída y levanta-
miento de muchos en
Israel, y para señal que es
objeto de disputa
35 (y una espada traspa-
sará tu misma alma),
de forma que queden
al descubierto los pen-
samientos de muchos
corazones.
36 Había también una
profetisa, Ana, hija de
Fanuel, de la tribu de
Aser. Ya era de edad
muy avanzada, y había
vivido con su esposo
siete años desde su
matrimonio;
37 y ahora de viuda hasta
ochenta y cuatro años;
la cual no se apartaba
del templo, sirviendo
de día y de noche con
ayunos y oraciones.
38 En ese momento se
presentó ella, y comen-
zó también a expresar su
reconocimiento a Dios
y a hablar de él a todos
los que aguardaban la
redención en Jerusalén.

El regreso a Nazaret

39 Así que acabaron de
cumplir con todo, con-
forme a la ley del Señor,

33 καὶ	ἦν	⸂ὁ	πατὴρ	αὐτοῦ⸃	καὶ	ἡ	μήτηρ	θαυμάζοντες	ἐπὶ
Y	estaban	el	padre	de él	y	la	madre	admirándose	sobre
2532	2258	3588	3962	846	2532	3588	3384	2296	1909
CLN	VIAI3S	DNSM	NNSM	RP3GSM	CLN	DNSF	NNSF	VPAP-PNM	P

τοῖς	λαλουμένοις	περὶ	αὐτοῦ.	34 καὶ	εὐλόγησεν	αὐτοὺς	Συμεὼν
las	cosas que eran habladas	acerca de	él.	Y	bendijo$_2$	a ellos$_3$	Simeón$_1$
3588	2980	4012	846	2532	2127	846	4826
DDPN	VPPP-PDN	P	RP3GSM	CLN	VAAI3S	RP3APM	NNSM, XP

καὶ	εἶπεν	πρὸς	Μαριὰμ	τὴν	μητέρα	αὐτοῦ·	Ἰδοὺ	οὗτος	κεῖται	εἰς
y	dijo	a	María,	la	madre	de él:	He aquí,	este	está puesto	para
2532	2036	4314	3137	3588	3384	846	2400	3778	2749	1519
CLN	VAAI3S	P	NASF, XP	DASF	NASF	RP3GSM	I, VAAM2S	RD-NSM	VPUI3S	P

πτῶσιν	καὶ	ἀνάστασιν	πολλῶν	ἐν	τῷ	Ἰσραὴλ	καὶ	εἰς	σημεῖον
caída	y	resurrección	de muchos	en	--	Israel,	y	para	señal
4431	2532	386	4183	1722	3588	2474	2532	1519	4592
NASF	CLN	NASF	JGPM	P	DDSM	NDSM, XP	CLN	P	NASN

ἀντιλεγόμενον,	35 καὶ	σοῦ	δὲ	αὐτῆς	τὴν	ψυχὴν	διελεύσεται	ῥομφαία,
que será contradicha,	y	de ti$_5$	--	misma,$_6$	el$_3$	alma$_4$	atravesará$_2$	una espada$_1$
483	2532	4675	1161	846	3588	5590	1330	4501
VPPP-SAN	BE,TE	RP2GS	CLN	RP3GSF	DASF	NASF	VFMI3S	NNSF

ὅπως	ἂν	ἀποκαλυφθῶσιν	ἐκ	πολλῶν	καρδιῶν	διαλογισμοί.
a fin de que	--	fueran revelados$_1$	de$_3$	muchos$_4$	de corazones.$_5$	(los) pensamientos$_2$
3704	302	601	1537	4183	2588	1261
CAR	TC	VAPS3P	P	JGPF	NGPF	NNPM

36 Καὶ	ἦν	Ἄννα	προφῆτις,	θυγάτηρ	Φανουήλ,	ἐκ	φυλῆς	Ἀσήρ
también$_2$	Estaba$_1$	Ana,	profetisa,	hija	de Fanuel,	de	(la) tribu	de Aser,
2532	2258	451	4398	2364	5323	1537	5443	768
CLN	VIAI3S	NNSF	NNSF	NNSF	NGSM, XP	P	NGSF	NGSM, XP

(αὕτη	προβεβηκυῖα	ἐν	ἡμέραις	πολλαῖς,*	ζήσασα	μετὰ	ἀνδρὸς
esta	(era) avanzada	en	días,$_2$	muchos$_1$	habiendo vivido	con	(su) esposo
846	4260	1722	2250	4183	2198	3326	435
RD-NSF	VRAP-SNF	P	NDPF	JDPF	VAAP-SNF	P	NGSM

ἔτη	ἑπτὰ	ἀπὸ	τῆς	παρθενίας	αὐτῆς,	37 καὶ	αὐτὴ	χήρα	ἕως	ἐτῶν
años$_2$	siete$_1$	desde	la	virginidad	de ella,	y	ella (era)	viuda	hasta	años,$_3$
2094	2033	575	3588	3932	846	2532	846	5503	2193	2094
NAPN	XN, J	P	DGSF	NGSF	RP3GSF	CLN	RP3NSF	NNSF, JNSF	P, C	NGPN

ὀγδοήκοντα	τεσσάρων,)	ἣ	οὐκ	ἀφίστατο	τοῦ	ἱεροῦ	νηστείαις
ochenta$_1$	cuatro$_2$	la que	no	se separaba	del	templo,	con ayunos$_5$
3589	5064	3739	3756	868	3588	2411	3521
XN, J	JGPN	RR-NSF	BN, TN	VIUI3S	DGSN	NGSN, JGSN	NDPF

καὶ	δεήσεσιν	λατρεύουσα	νύκτα	καὶ	ἡμέραν.	38 καὶ	αὐτῇ	τῇ
y$_6$	oraciones.$_7$	sirviendo$_1$	noche$_2$	y$_3$	día$_4$	Y	ella,	a la$_2$
2532	1162	3000	3571	2532	2250	2532	846	3588
CLN	NDPF	VPAP-SNF	NASF	CLN	NASF	CLN	JDSF, RP3DSFA	DDSF

ὥρᾳ	ἐπιστᾶσα	ἀνθωμολογεῖτο	τῷ	θεῷ	καὶ	ἐλάλει	περὶ	αὐτοῦ
(misma) hora,$_3$	presentándose$_1$	alababa	a --	Dios	y	hablaba	acerca de	él
5610	2186	437	3588	2316	2532	2980	4012	846
NDSF	VAAP-SNF	VIUI3S	DDSM	NDSM	CLN	VIAI3S	P	RP3GSM

πᾶσιν	τοῖς	προσδεχομένοις	λύτρωσιν	Ἰερουσαλήμ.
(a) todo	los	que aguardaban	(la) redención	de Jerusalén.
3956	3588	4327	3085	2419
JDPM	DDPM	VPUP-PDM	NASF	NGSF, XP

39 Καὶ	ὡς	ἐτέλεσαν	πάντα	τὰ	κατὰ	τὸν	νόμον
Y	cuando	(se) habían completado	todas las cosas,	--	conforme a	la	ley
2532	5613	5055	3956	3588	2596	3588	3551
CLN	CAT	VAAI3P	JAPN	DAPN	P	DASM	NASM

NVI

33 El padre y la madre
del niño se quedaron
maravillados por lo que
se decía de él. 34 Simeón
les dio su bendición y le
dijo a María, la madre
de Jesús: «Este niño
está destinado a causar la
caída y el levantamiento
de muchos en Israel, y a
crear mucha oposición,
35 a fin de que se mani-
fiesten las intenciones de
muchos corazones. En
cuanto a ti, una espada te
atravesará el alma».
36 Había también una
profetisa, Ana, hija de
Penuel, de la tribu de
Aser. Era muy anciana;
casada de joven, había
vivido con su esposo
siete años, 37 y luego
permaneció viuda hasta
la edad de ochenta y
cuatro. Nunca salía del
templo, sino que día y
noche adoraba a Dios
con ayunos y oracio-
nes. 38 Llegando en ese
mismo momento, Ana
dio gracias a Dios y
comenzó a hablar del
niño a todos los que
esperaban la redención
de Jerusalén.
39 Después de haber
cumplido con todo
lo que exigía la ley del

2:33⸂⸃ Manuscritos inferiores tienen *José*. **2:36*** O sea *de edad avanzada*.

RVR

regresaron a Galilea, a
su ciudad de Nazaret.
40 Y el niño crecía y se
fortalecía, llenándose de
sabiduría; y la gracia de
Dios estaba sobre él.

El niño Jesús en el templo

41 Sus padres iban cada
año a Jerusalén a la fiesta
de la pascua.
42 Cuando cumplió
doce años de edad,
subieron conforme a la
costumbre de la fiesta,
43 y, después de haber
acabado los días, al re-
gresar ellos, se quedó el
niño Jesús en Jerusalén,
pero no se dieron cuen-
ta José y su madre,
44 sino que, suponiendo
que iba en la caravana,
hicieron un día de
camino, y lo buscaban
entre los parientes y los
conocidos.
45 Y al no hallarle, re-
gresaron a Jerusalén en
busca suya.
46 Y aconteció que al
cabo de tres días lo en-
contraron en el templo,
sentado en medio de los
maestros, no sólo escu-
chándoles, sino también
haciéndoles preguntas;
47 y todos los que
le estaban oyendo,
quedaban atónitos

κυρίου, ἐπέστρεψαν εἰς τὴν Γαλιλαίαν εἰς πόλιν ἑαυτῶν
del Señor, regresaron a -- Galilea, a$_1$ (la) ciudad$_3$ de ellos mismos.$_4$
2962 1994 1519 3588 1056 1519 4172 1438
NGSM VAAI3P P DASF NASF P NASF RF3GPM

Ναζαρέθ. 40 Τὸ δὲ παιδίον ηὔξανεν καὶ ἐκραταιοῦτο πληρούμενον
Nazaret,$_2$ El -- niñito crecía y se fortalecía, se llenaba
3478 3588 1161 3813 837 2532 2901 4137
NASF, XP DNSN CLN NNSN VIAI3S CLN VIPI3S VPPP-SNN

σοφίᾳ, καὶ χάρις θεοῦ ἦν ἐπ' αὐτό.
de sabiduría y (la) gracia de Dios estaba sobre él.
4678 2532 5485 2316 2258 1909 846
NDSF CLN NNSF NGSM VIAI3S P RP3ASN

41 Καὶ ἐπορεύοντο οἱ γονεῖς αὐτοῦ κατ' ἔτος εἰς Ἰερουσαλὴμ
E iban los padres de él cada año a Jerusalén
2532 4198 3588 1118 846 2596 2094 1519 2419
CLN VIUI3P DNPM NNPM RP3GSM P NASN P NASF, XP

τῇ ἑορτῇ τοῦ πάσχα. 42 καὶ ὅτε ἐγένετο ἐτῶν δώδεκα,
en la fiesta de la Pascua. Y cuando$_1$ llegó a ser$_2$ años,$_4$ (de) doce$_3$
3588 1859 3588 3957 2532 3753 1096 2094 1427
DDSF NDSF DGSN, DGSM NGSN, XF CLN CAT VAMI3S NGPN XN, J

ἀναβαινόντων αὐτῶν κατὰ τὸ ἔθος τῆς ἑορτῆς 43 καὶ
subieron$_2$ ellos$_1$ conforme a la costumbre de la fiesta. Y
305 846 2596 3588 1485 3588 1859 2532
VPAP-PGM RP3GPM P DASN NASN DGSF NGSF CLN

τελειωσάντων τὰς ἡμέρας, ἐν τῷ ὑποστρέφειν αὐτοὺς
habiendo cumplido los días, en el regresar ellos
5048 3588 2250 1722 3588 5290 846
VAAP-PGM DAPF NAPF P DDSN, DDSM VPAN RP3APM

ὑπέμεινεν Ἰησοῦς ὁ παῖς ἐν Ἰερουσαλήμ, καὶ οὐκ ἔγνωσαν οἱ
se quedó atrás$_4$ Jesús$_1$ el$_2$ niño$_3$ en Jerusalén, y no$_4$ sabían.$_5$ los$_1$
5278 2424 3588 3816 1722 2419 2532 3756 1097 3588
VAAI3S NNSM DNSM NNSM P NDSF, XP CLN BN, TN VAAI3P DNPM

γονεῖς αὐτοῦ. 44 νομίσαντες δὲ αὐτὸν εἶναι ἐν τῇ συνοδίᾳ
padres$_2$ de él$_3$ pensando Mas$_1$ que él estar (estaba) entre la compañía,
1118 846 3543 1161 846 1511 1722 3588 4923
NNPM RP3GSM VAAP-PNM CLC RP3ASM VPAN P DDSF NDSF

ἦλθον ἡμέρας ὁδὸν καὶ ἀνεζήτουν αὐτὸν ἐν τοῖς συγγενεῦσιν καὶ
fueron un día (de) camino, y buscaban a él entre los parientes y
2064 2250 3598 2532 327 846 1722 3588 4773 2532
VAAI3P NGSF NASF CLN VIAI3P RP3ASM P DDPM JDPM CLN

τοῖς γνωστοῖς, 45 καὶ μὴ εὑρόντες ὑπέστρεψαν εἰς Ἰερουσαλὴμ
los conocidos; pero (al) no encontrar(lo), regresaron a Jerusalén
3588 1110 2532 3361 2147 5290 1519 2419
DDPM JDPM CLN BN, TN VAAP-PNM VAAI3P P NASF, XP

ἀναζητοῦντες αὐτόν. 46 καὶ ἐγένετο μετὰ ἡμέρας τρεῖς εὗρον
buscando a él. Y sucedió que, después de$_1$ días$_3$ tres$_2$ encontraron
327 846 2532 1096 3326 2250 5140 2147
VPAP-PNM RP3ASM CLN VAMI3S P NAPF JAPF VAAI3P

αὐτὸν ἐν τῷ ἱερῷ καθεζόμενον ἐν μέσῳ τῶν διδασκάλων καὶ
a él en el templo, sentado en medio de los maestros, y
846 1722 3588 2411 2516 1722 3319 3588 1320 2532
RP3ASM P DDSN NDSN, JDSN VPUP-SAM P JDSN DGPM NGPM CLK

ἀκούοντα αὐτῶν καὶ ἐπερωτῶντα αὐτούς· 47 ἐξίσταντο δὲ πάντες
oyendo de ellos y preguntando a ellos. se sorprendían$_5$ Y$_1$ todos$_2$
191 846 2532 1905 846 1839 1161 3956
VPAP-SAM RP3GPM CLK, CLN VPAP-SAM RP3APM VIMI3P CLN JNPM

NVI

Señor, José y María
regresaron a Galilea,
a su propio pueblo
de Nazaret. 40 El niño
crecía y se fortalecía;
progresaba en sabiduría,
y la gracia de Dios lo
acompañaba.

El niño Jesús en el templo

41 Los padres de
Jesús subían todos los
años a Jerusalén para
la fiesta de la Pascua.
42 Cuando cumplió
doce años, fueron allá
según era la costumbre.
43 Terminada la fiesta,
emprendieron el viaje
de regreso, pero el niño
Jesús se había quedado
en Jerusalén, sin que sus
padres se dieran cuenta.
44 Ellos, pensando que
él estaba entre el grupo
de viajeros, hicieron un
día de camino mientras
lo buscaban entre los pa-
rientes y conocidos. 45 Al
no encontrarlo, volvie-
ron a Jerusalén en busca
de él. 46 Al cabo de tres
días lo encontraron en
el templo, sentado entre
los maestros, escuchán-
dolos y haciéndoles pre-
guntas. 47 Todos los que
le oían se asombraban

RVR

ante su inteligencia y sus
respuestas.
48 Cuando le vieron, se
sorprendieron, y le dijo
su madre: Hijo, ¿por
qué nos has hecho esto?
He aquí que tu padre
y yo te buscábamos
angustiados.
49 Él les dijo: ¿Cómo
es que me buscabais?
¿No sabíais que yo debo
estar en los asuntos de
mi Padre?
50 Pero ellos no com-
prendieron la palabra
que les habló.
51 Luego bajó con ellos,
y vino a Nazaret; y con-
tinuaba sumiso a ellos.
Y su madre conserva-
ba cuidadosamente
todas estas cosas en su
corazón.
52 Y Jesús seguía pro-
gresando en sabiduría,
en vigor y en gracia
ante Dios y ante los
hombres.

Predicación de Juan el Bautista

3 En el año decimo-
quinto del reinado
de Tiberio César, siendo
Poncio Pilato goberna-
dor de Judea, Herodes
tetrarca de Galilea,
su hermano Felipe

οἱ	ἀκούοντες	αὐτοῦ	ἐπὶ	τῇ	συνέσει	καὶ	ταῖς	ἀποκρίσεσιν	αὐτοῦ.
los que$_3$	escuchaban$_4$	de él	sobre	la	inteligencia	y	las	respuestas	de él.
3588	191	846	1909	3588	4907	2532	3588	612	846
DNPM	*VPAP-PNM*	*RP3GSM*	*P*	*DDSF*	*NDSF*	*CLN*	*DDPF*	*NDPF*	*RP3GSM*

48 καὶ	ἰδόντες	αὐτὸν	ἐξεπλάγησαν,	καὶ	εἶπεν	πρὸς	αὐτὸν	ἡ
Cuando	vieron	a él,	se llenaron de admiración.	Y	dijo$_4$	a$_5$	él:$_6$	la$_1$
2532	1492	846	1605	2532	2036	4314	846	3588
CLN	*VAAP-PNM*	*RP3ASM*	*VAPI3P*	*CLN*	*VAAI3S*	*P*	*RP3ASM*	*DNSF*

μήτηρ	αὐτοῦ·	Τέκνον,	τί	ἐποίησας	ἡμῖν	οὕτως;	ἰδοὺ	ὁ
madre$_2$	de él$_3$	Hijo,	¿por qué	hiciste	a nosotros	así?	He aquí,	el
3384	846	5043	5101	4160	2254	3779	2400	3588
NNSF	*RP3GSM*	*NVSN*	*RI-ASN*	*VAAI2S*	*RP1DP*	*B*	*I, VAAM2S*	*DNSM*

πατήρ	σου	καὶ	ἐγὼ	ὀδυνώμενοι	ἐζητοῦμέν	σε.	49 καὶ	εἶπεν
padre	de ti	y	yo	estando adoloridos.$_3$	buscamos$_1$	a ti$_2$	Entonces	dijo
3962	4675	2532	1473	3600	2212	4571	2532	2036
NNSM	*RP2GS*	*C*	*RP1NS*	*VPPP-PNM*	*VIAI1P*	*RP2AS*	*CLN*	*VAAI3S*

πρὸς	αὐτούς·	Τί	ὅτι	ἐζητεῖτέ	με;	οὐκ	ᾔδειτε	ὅτι	ἐν	τοῖς
a	ellos:	¿Por qué	--	buscabais?$_2$	me$_1$	¿Acaso no	sabíais	que	en	las cosas
4314	846	5101	3754	2212	3165	3756	1492	3754	1722	3588
P	*RP3APM*	*RI-NSN*	*CSC*	*VIAI2P*	*RP1AS*	*BN, TN*	*VLAI2P*	*CSC*	*P*	*DDPN*

τοῦ	πατρός	μου	δεῖ	εἶναί	με;	50 καὶ	αὐτοὶ	οὐ	συνῆκαν	τὸ
del	Padre	de mi	es necesario$_2$	estar?$_3$	me$_1$	Pero	ellos	no	entendieron	la
3588	3962	3450	1163	1511	3165	2532	846	3756	4920	3588
DGSM	*NGSM*	*RP1GS*	*VPAI3S*	*VPAN*	*RP1AS*	*CLC*	*RP3NPM*	*BN, TN*	*VAAI3P*	*DASN*

ῥῆμα	ὃ	ἐλάλησεν	αὐτοῖς.	51 καὶ	κατέβη	μετ᾽	αὐτῶν	καὶ	ἦλθεν
palabra	que	habló	a ellos.	Y	bajó	con	ellos	y	vino
4487	3739	2980	846	2532	2597	3326	846	2532	2064
NASN	*RR-ASN*	*VAAI3S*	*RP3DPM*	*CLN*	*VAAI3S*	*P*	*RP3GPM*	*CLN*	*VAAI3S*

εἰς	Ναζαρέθ,	καὶ	ἦν	ὑποτασσόμενος	αὐτοῖς.	καὶ	ἡ	μήτηρ	αὐτοῦ
a	Nazaret,	y	estaba	sometido	a ellos.	Y	la	madre	de él
1519	3478	2532	2258	5293	846	2532	3588	3384	846
P	*NASF, XP*	*CLN*	*VIAI3S*	*VPPP-SNM*	*RP3DPM*	*CLN*	*DNSF*	*NNSF*	*RP3GSM*

διετήρει	πάντα	τὰ	ῥήματα	ταῦτα	ἐν	τῇ	καρδίᾳ	αὐτῆς.
guardaba	todas	las	cosas	estas	en	el	corazón	de ella.
1301	3956	3588	4487	5023	1722	3588	2588	846
VIAI3S	*JAPN*	*DAPN*	*NAPN*	*RD-APN*	*P*	*DDSF*	*NDSF*	*RP3GSF*

52 Καὶ	Ἰησοῦς	προέκοπτεν	σοφίᾳ	καὶ	ἡλικίᾳ	καὶ	χάριτι	παρὰ
Y	Jesús	crecía	en sabiduría	y	estatura	y	gracia	delante de
2532	2424	4298	4678	2532	2244	2532	5485	3844
CLN	*NNSM*	*VIAI3S*	*NDSF*	*CLN*	*NDSF*	*CLN*	*NDSF*	*P*

θεῷ	καὶ	ἀνθρώποις.
Dios	y	de (las) personas.
2316	2532	444
NDSM	*CLN*	*NDPM*

3 Ἐν	ἔτει	δὲ	πεντεκαιδεκάτῳ	τῆς	ἡγεμονίας	Τιβερίου
en$_2$	(el) año$_3$	Mas$_1$	decimoquinto	del	gobierno	de Tiberio
1722	2094	1161	4003	3588	2231	5086
P	*NDSN*	*CLT*	*JDSN*	*DGSF*	*NGSF*	*NGSM*

Καίσαρος,	ἡγεμονεύοντος	Ποντίου	Πιλάτου	τῆς	Ἰουδαίας,	καὶ
César,	siendo gobernador	Poncio$_3$	Pilato,$_4$	de --$_1$	Judea$_2$	y
2541	2230	4194	4091	3588	2449	2532
NGSM	*VPAP-SGM*	*NGSM*	*NGSM*	*DGSF*	*NGSF*	*CLN*

τετρααρχοῦντος	τῆς	Γαλιλαίας	Ἡρῴδου,	Φιλίππου	δὲ	τοῦ
siendo tetrarca	de --	Galilea	Herodes,	Felipe$_2$	y$_1$	el
5075	3588	1056	2264	5376	1161	3588
VPAP-SGM	*DGSF*	*NGSF*	*NGSM*	*NGSM*	*CLN*	*DGSM*

NVI

de su inteligencia
y de sus respuestas.
48 Cuando lo vieron sus
padres, se quedaron
admirados.
—Hijo, ¿por qué
te has portado así con
nosotros? —le dijo
su madre—. ¡Mira
que tu padre y yo te
hemos estado buscando
angustiados!
49 —¿Por qué me
buscaban? ¿No sabían
que tengo que estar en la
casa de mi Padre?
50 Pero ellos no enten-
dieron lo que les decía.
51 Así que Jesús bajó
con sus padres a Nazaret
y vivió sujeto a ellos.
Pero su madre conserva-
ba todas estas cosas en el
corazón. 52 Jesús siguió
creciendo en sabiduría y
estatura, y cada vez más
gozaba del favor de Dios
y de toda la gente.

Juan el Bautista prepara el camino

3 En el año quince
del reinado de
Tiberio César, Poncio
Pilato gobernaba la pro-
vincia de Judea, Herodes
era tetrarca en Galilea,
su hermano Felipe en

RVR

tetrarca de la región de
Iturea y de Traconítide,
y Lisanias tetrarca de
Abilene,
2 durante el sumo
sacerdocio de Anás y
de Caifás, vino palabra
de Dios sobre Juan el
hijo de Zacarías, en el
desierto.
3 Y recorrió toda la
comarca del Jordán, pro-
clamando un bautismo
de arrepentimiento para
perdón de pecados;
4 como está escrito en el
libro de las palabras del
profeta Isaías:
Voz de uno que clama
en el desierto:
Preparad el camino
del Señor;
Haced derechas sus
sendas;
5 Todo valle será
rellenado,
Y todo monte y colla-
do será rebajado;
Lo tortuoso se hará
recto,
Y lo áspero se conver-
tirá en caminos
suaves;
6 Y verá toda carne la
salvación de Dios.
7 Decía, pues, a las mul-
titudes que salían para
ser bautizadas por él:
Engendros de víboras,
¿quién os advirtió que
huyeseis de la ira inmi-
nente?
8 Producid, pues,
frutos que corres-
pondan a un sincero
arrepentimiento; y no

ἀδελφοῦ	αὐτοῦ	τετρααρχοῦντος	τῆς	Ἰτουραίας	καὶ	Τραχωνίτιδος
hermano	de él	siendo tetrarca	de --	Iturea	y$_1$	de Traconítide,$_3$
80	846	5075	3588	2484	2532	5139
NGSM	*RP3GSM*	*VPAP-SGM*	*DGSF*	*JGSF*	*CLN*	*JGSF, NGSF*

χώρας,	καὶ	Λυσανίου	τῆς	Ἀβιληνῆς	τετρααρχοῦντος,	2 ἐπὶ
de la región$_2$	y$_4$	Lisinias$_6$	de --$_7$	Abilene,$_8$	siendo tetrarca$_5$	en (tiempos)
5561	2532	3078	3588	9	5075	1909
NGSF	*CLN*	*NGSM*	*DGSF*	*NGSF*	*VPAP-SGM*	*P*

ἀρχιερέως	Ἄννα	καὶ	Καϊάφα,	ἐγένετο	ῥῆμα	θεοῦ	ἐπὶ	Ἰωάννην	τὸν
del sumo sacerdote	Anás	y	Caifás,	vino	palabra	de Dios	a	Juan,	el$_1$
749	452	2532	2533	1096	4487	2316	1909	2491	3588
NGSM	*NGSM*	*CLN*	*NGSM*	*VAMI3S*	*NNSN*	*NGSM*	*P*	*NASM*	*DASM*

Ζαχαρίου	υἱὸν	ἐν	τῇ	ἐρήμῳ.	3 καὶ	ἦλθεν	εἰς	πᾶσαν	περίχωρον	τοῦ
de Zacarías,$_3$	hijo$_2$	en	el	desierto.	Y	vino	a	toda	(la) región vecina	del
2197	5207	1722	3588	2048	2532	2064	1519	3956	4066	3588
NGSM	*NASM*	*P*	*DDSF*	*JDSF*	*CLN*	*VAAI3S*	*P*	*JASF*	*JASF*	*DGSM*

Ἰορδάνου	κηρύσσων	βάπτισμα	μετανοίας	εἰς	ἄφεσιν	ἁμαρτιῶν,
Jordán,	proclamando	(el) bautismo	de arrepentimiento	para	perdón	de pecados,
2446	2784	908	3341	1519	859	266
NGSM	*VPAP-SNM*	*NASN*	*NGSF*	*P*	*NASF*	*NGPF*

4 ὡς	γέγραπται	ἐν	βίβλῳ	λόγων	Ἡσαΐου	τοῦ	προφήτου·	Φωνὴ
como	está escrito	en	el rollo	de (las) palabras	de Isaías	el	profeta:	Voz
5613	1125	1722	976	3056	2268	3588	4396	5456
CAM	*VRPI3S*	*P*	*NDSF*	*NGPM*	*NGSM*	*DGSM*	*NGSM*	*NNSF*

βοῶντος	ἐν	τῇ	ἐρήμῳ·	Ἑτοιμάσατε	τὴν	ὁδὸν	κυρίου,	εὐθείας
que está clamando	en	el	desierto:	Preparad	el	camino	del Señor;	derechas$_2$
994	1722	3588	2048	2090	3588	3598	2962	2117
VPAP-SGM	*P*	*DDSF*	*JDSF*	*VAAM2P*	*DASF*	*NASF*	*NGSM*	*JAPF*

ποιεῖτε	τὰς	τρίβους	αὐτοῦ.	5 πᾶσα	φάραγξ	πληρωθήσεται	καὶ	πᾶν
haced$_1$	las	sendas	de él;	todo	valle	será lleno	y	todo
4160	3588	5147	846	3956	5327	4137	2532	3956
VPAM2P	*DAPF*	*NAPF*	*RP3GSM*	*JNSF*	*NNSF*	*VFPI3S*	*CLN*	*JNSN*

ὄρος	καὶ	βουνὸς	ταπεινωθήσεται,	καὶ	ἔσται	τὰ	σκολιὰ	εἰς
monte	y	collado	se rebajará;	y	será(n)	los	(lugares) torcidos	(se volverán) en
3735	2532	1015	5013	2532	2071	3588	4646	1519
NNSN	*CLN*	*NNSM*	*VFPI3S*	*CLN*	*VFMI3S*	*DNPN*	*JNPN*	*P*

εὐθείαν	καὶ	αἱ	τραχεῖαι	εἰς	ὁδοὺς	λείας·	6 καὶ	ὄψεται	πᾶσα
(lugares) derechos,	y	los	(lugares) escabrosos	en	caminos	llanos;	y$_1$	verá$_4$	toda$_2$
2117	2532	3588	5138	1519	3598	3006	2532	3700	3956
JASF	*CLN*	*DNPF*	*JNPF*	*P*	*NAPF*	*JAPF*	*CLN*	*VFMI3S*	*JNSF*

σὰρξ	τὸ	σωτήριον	τοῦ	θεοῦ.
carne$_3$	la	salvación	de --	Dios.
4561	3588	4992	3588	2316
NNSF	*DASN*	*JASN*	*DGSM*	*NGSM*

7 Ἔλεγεν	οὖν	τοῖς	ἐκπορευομένοις	ὄχλοις	βαπτισθῆναι	ὑπ᾽	αὐτοῦ·
Decía,	pues,	a las	que salían$_2$	multitudes$_1$	para ser bautizadas	por	él:
3004	3767	3588	1607	3793	907	5259	846
VIAI3S	*CLT*	*DDPM*	*VPUP-DDM*	*NDPM*	*VAPN*	*P*	*RP3GSM*

Γεννήματα	ἐχιδνῶν,	τίς	ὑπέδειξεν	ὑμῖν	φυγεῖν	ἀπὸ	τῆς	μελλούσης
¡Camada	de víboras!	¿Quién	enseñó	a vosotros	(a) huir	de	la	venidera?$_2$
1081	2191	5101	5263	5213	5343	575	3588	3195
NVPN	*NGPF*	*RI-NSM*	*VAAI3S*	*RP2DP*	*VAAN*	*P*	*DGSF*	*VPAP-SGF*

ὀργῆς;	8 ποιήσατε	οὖν	καρποὺς	ἀξίους	τῆς	μετανοίας·	καὶ	μὴ
ira$_1$	Haced,	pues,	frutos	dignos	de --	arrepentimiento,	y	no
3709	4160	3767	2590	514	3588	3341	2532	3361
NGSF	*VAAM2P*	*CLI*	*NAPM*	*JAPM*	*DGSF*	*NGSF*	*CLN*	*BN, TN*

NVI

Iturea y Traconite, y
Lisanias en Abilene; 2 el
sumo sacerdocio lo ejer-
cían Anás y Caifás. En
aquel entonces, la pala-
bra de Dios llegó a Juan
hijo de Zacarías, en el
desierto. 3 Juan recorría
toda la región del Jordán
predicando el bautismo
de arrepentimiento para
el perdón de pecados.
4 Así está escrito en el
libro del profeta Isaías:

«Voz de uno que grita
en el desierto:
"Preparen el camino
del Señor,
háganle sendas
derechas.
5 Todo valle será
rellenado,
toda montaña y colina
será allanada.
Los caminos torcidos
se enderezarán,
las sendas escabrosas
quedarán llanas.
6 Y todo mortal verá
la salvación de
Dios"».

7 Muchos acudían
a Juan para que los
bautizara.
—¡Camada de
víboras! —les advir-
tió—. ¿Quién les dijo
que podrán escapar
del castigo que se
acerca? 8 Produzcan
frutos que demues-
tren arrepentimiento.

RVR

comencéis a decir
entre vosotros mismos:
Tenemos por padre a
Abraham; porque os
digo que de estas pie-
dras puede Dios suscitar
hijos a Abraham.
9 Y ya también el hacha
está puesta junto a la
raíz de los árboles; por
tanto, todo árbol que
no produce buen fruto
se corta y se echa al
fuego.
10 Y las multitudes le
preguntaban, diciendo:
¿Qué, pues, haremos?
11 Y respondiendo, les
decía: El que tenga dos
túnicas, que las reparta
con el que no tiene; y el
que tenga qué comer,
que haga lo mismo.
12 Vinieron también
cobradores de impues-
tos a ser bautizados, y le
dijeron: Maestro, ¿qué
haremos?
13 Él les dijo: No exijáis
más de lo que se os ha
ordenado.
14 También unos sol-
dados le preguntaban,
diciendo: Y nosotros
¿qué haremos? Y les
dijo: No intimidéis a
nadie, ni denunciéis en
falso para sacar dinero, y
contentaos con vuestra
paga.

ἄρξησθε	λέγειν	ἐν	ἑαυτοῖς·	Πατέρα	ἔχομεν	τὸν	Ἀβραάμ,	λέγω
comencéis	a decir	dentro	de vosotros mismos:	Padre	tenemos	a --	Abraham.	digo$_2$
756	3004	1722	1438	3962	2192	3588	11	3004
VAMS2P	*VPAN*	*P*	*RF2DPM*	*NASM*	*VPAI1P*	*DASM*	*NASM, XP*	*VPAI1S*

γὰρ	ὑμῖν	ὅτι	δύναται	ὁ	θεὸς	ἐκ	τῶν	λίθων	τούτων	ἐγεῖραι
Porque$_1$	a vosotros$_3$	que$_4$	puede$_7$	--$_5$	Dios$_6$	de$_{12}$	--$_{14}$	piedras.$_{15}$	estas$_{13}$	levantar$_8$
1063	5213	3754	1410	3588	2316	1537	3588	3037	5130	1453
CAZ	*RP2DP*	*CSC*	*VPUI3S*	*DNSM*	*NNSM*	*P*	*DGPM*	*NGPM*	*RD-GPM*	*VAAN*

τέκνα	τῷ	Ἀβραάμ.	9 ἤδη	δὲ	καὶ	ἡ	ἀξίνη	πρὸς	τὴν	ῥίζαν
hijos$_9$	de--$_{10}$	Abraham$_{11}$	ya$_2$	Y$_1$	también$_3$	el$_4$	hacha$_5$	en$_7$	la$_8$	raíz$_9$
5043	3588	11	2235	1161	2532	3588	513	4314	3588	4491
NAPN	*DDSM*	*NDSM, XP*	*B*	*CLN*	*BE, TE*	*DNSF*	*NNSF*	*P*	*DASF*	*NASF*

τῶν	δένδρων	κεῖται·	πᾶν	οὖν	δένδρον	μὴ	ποιοῦν	καρπὸν	καλὸν
de los$_{10}$	árboles;$_{11}$	está puesta$_6$	todo$_{13}$	así que$_{12}$	árbol	(que) no	hace	fruto	bueno
3588	1186	2749	3956	3767	1186	3361	4160	2590	2570
DGPN	*NGPN*	*VPUI3S*	*JNSN*	*CLI*	*NNSN*	*BN, TN*	*VPAP-SNN*	*NASM*	*JASM*

ἐκκόπτεται	καὶ	εἰς	πῦρ	βάλλεται.
se corta	y$_1$	al$_3$	fuego.$_4$	se echa$_2$
1581	2532	1519	4442	906
VPPI3S	*CLN*	*P*	*NASN*	*VPPI3S*

10 Καὶ	ἐπηρώτων	αὐτὸν	οἱ	ὄχλοι	λέγοντες·	Τί	οὖν
Entonces$_1$	preguntaban$_4$	a él$_5$	las$_2$	multitudes$_3$	diciendo:$_6$	¿qué$_8$	Así que,$_7$
2532	1905	846	3588	3793	3004	5101	3767
CLN	*VIAI3P*	*RP3ASM*	*DNPM*	*NNPM*	*VPAP-PNM*	*RI-ASN*	*CLI*

ποιήσωμεν;	11 ἀποκριθεὶς	δὲ	ἔλεγεν	αὐτοῖς·	Ὁ	ἔχων	δύο	χιτῶνας
haremos?$_8$	respondiendo$_2$	Y$_1$	decía	a ellos:	El	que tiene	dos	túnicas,
4160	611	1161	3004	846	3588	2192	1417	5509
VAAS1P	*VAPP-SNM*	*CLN*	*VIAI3S*	*RP3DPM*	*DNSM*	*VPAP-SNM*	*XN, J*	*NAPM*

μεταδότω	τῷ	μὴ	ἔχοντι,	καὶ	ὁ	ἔχων	βρώματα	ὁμοίως
comparta	al que	no	tiene;	y	el	que tiene	alimentos,	igualmente.$_2$
3330	3588	3361	2192	2532	3588	2192	1033	3668
VAAM3S	*DDSM*	*BN, TN*	*VPAP-SDM*	*CLN*	*DNSM*	*VPAP-SNM*	*NAPN*	*B*

ποιείτω.	12 ἦλθον	δὲ	καὶ	τελῶναι	βαπτισθῆναι	καὶ	εἶπαν
haga$_1$	vinieron$_3$	Mas$_1$	también$_2$	unos publicanos	para ser bautizados,	y	dijeron
4160	2064	1161	2532	5057	907	2532	3004
VPAM3S	*VAAI3P*	*CLN*	*BE, TE*	*NNPM*	*VAPN*	*CLN*	*VAAI3P*

πρὸς	αὐτόν·	Διδάσκαλε,	τί	ποιήσωμεν;	13 ὁ	δὲ	εἶπεν	πρὸς
a	él	Maestro,	¿qué	haremos?	--$_2$	Y$_1$	dijo	a
4314	846	1320	5101	4160	3588	1161	2036	4314
P	*RP3ASM*	*NVSM*	*RI-ASN*	*VAAS1P*	*DNSM*	*CLN*	*VAAI3S*	*P*

αὐτούς·	Μηδὲν	πλέον	παρὰ	τὸ	διατεταγμένον	ὑμῖν	πράσσετε.
ellos:	Nada	más	a parte de	lo	ordenado	a vosotros	haced.
846	3367	4119	3844	3588	1299	5213	4238
RP3APM	*JASN*	*JASNC*	*P*	*DASN*	*VRPP-SAN*	*RP2DP*	*VPAM2P, VPAI2P*

14 ἐπηρώτων	δὲ	αὐτὸν	καὶ	στρατευόμενοι	λέγοντες·	Τί	ποιήσωμεν
preguntaban$_2$	Y$_1$	a él$_3$	también	(unos) soldados	diciendo:	¿Qué	haremos
1905	1161	846	2532	4754	3004	5101	4160
VIAI3P	*CLN*	*RP3ASM*	*BE, TE*	*VPMP-PNM*	*VPAP-PNM*	*RI-ASN*	*VAAS1P*

καὶ	ἡμεῖς;	καὶ	εἶπεν	αὐτοῖς·	Μηδένα	διασείσητε	μηδὲ
también	nosotros?	Y	dijo:$_2$	Él$_1$	A nadie	extorsionéis	ni
2532	2249	2532	2036	846	3367	1286	3366
BE, TE	*RP1NP*	*CLN*	*VAAI3S*	*RP3DPM*	*JASM*	*VAAS2P*	*TN, CLD*

συκοφαντήσητε,	καὶ	ἀρκεῖσθε	τοῖς	ὀψωνίοις	ὑμῶν.
acuséis falsamente	y	estad satisfechos	con los	salarios	de vosotros.
4811	2532	714	3588	3800	5216
VAAS2P	*CLN*	*VPPM2P*	*DDPN*	*NDPN*	*RP2GP*

NVI

Y no se pongan a
pensar: "Tenemos a
Abraham por padre".
Porque les digo que aun
de estas piedras Dios
es capaz de darle hijos
a Abraham. 9 Es más,
el hacha ya está puesta
a la raíz de los árboles,
y todo árbol que no
produzca buen fruto
será cortado y arrojado
al fuego.
10 —¿Entonces qué
debemos hacer? —le
preguntaba la gente.
11 —El que tiene dos
camisas debe compar-
tir con el que no tiene
ninguna —les contestó
Juan—, y el que tiene
comida debe hacer lo
mismo.
12 Llegaron también
unos recaudadores de
impuestos para que los
bautizara.
—Maestro, ¿qué de-
bemos hacer nosotros?
—le preguntaron.
13 —No cobren
más de lo debido —les
respondió.
14 —Y nosotros,
¿qué debemos hacer?
—le preguntaron unos
soldados.
—No extorsionen a
nadie ni hagan denun-
cias falsas; más bien
confórmense con lo que
les pagan.

RVR

15 Y como el pueblo estaba a la espera, y todos andaban pensando en su corazón acerca de Juan, si quizás él sería el Cristo,
16 Juan respondió y les dijo a todos: Yo os bautizo con agua; pero está viniendo el que es más fuerte que yo, al que yo no soy apto para desatarle la correa de sus sandalias; él os bautizará con Espíritu Santo y fuego.
17 Ya tiene en la mano el aventador, y limpiará con esmero su era, y recogerá el trigo en su granero; pero la paja la quemará con fuego inextinguible.
18 Y así, con muchas y variadas exhortaciones, anunciaba al pueblo la Buena Nueva.
19 Pero cuando censuró repetidamente a Herodes el tetrarca respecto de Herodías, la mujer de su hermano, y en relación con todas las maldades que Herodes había hecho,
20 a todas ellas añadió Herodes también esto: que encerró a Juan en la cárcel.

15 Προσδοκῶντος	δὲ	τοῦ	λαοῦ	καὶ	διαλογιζομένων	πάντων	ἐν
estando en expectativa$_2$	Y$_1$	el	de pueblo,	y	pensando	todos	en
4328	1161	3588	2992	2532	1260	3956	1722
VPAP-SGM	*CLN*	*DGSM*	*NGSM*	*CLN*	*VPUP-PGM*	*JGPM*	*P*

ταῖς	καρδίαις	αὐτῶν	περὶ	τοῦ	Ἰωάννου,	μήποτε	αὐτὸς	εἴη	ὁ
los	corazones	de ellos	acerca de	--	Juan,	quizás	él	sería	el
3588	2588	846	4012	3588	2491	3379	846	1498	3588
DDPF	*NDPF*	*RP3GPM*	*P*	*DGSM*	*NGSM*	*TI*	*RP3NSM*	*VPAO3S*	*DNSM*

χριστός,	16 ἀπεκρίνατο	λέγων	πᾶσιν	ὁ	Ἰωάννης·	Ἐγὼ	μὲν
Cristo,	respondió,$_3$	diciendo$_4$	(a) todos:$_5$	--$_1$	Juan$_2$	Yo,$_6$	en verdad,$_7$
5547	611	3004	3956	3588	2491	1473	3303
NNSM	*VAMI3S*	*VPAP-SNM*	*JDPM*	*DNSM*	*NNSM*	*RP1NS*	*TK, C*

ὕδατι	βαπτίζω	ὑμᾶς·	ἔρχεται	δὲ	ὁ	ἰσχυρότερός	μου,	οὗ
en agua,$_{10}$	bautizo$_8$	a vosotros$_9$	viene$_{12}$	pero$_{11}$	uno	más fuerte	que yo,	de quien
5204	907	5209	2064	1161	3588	2478	3450	3739
NDSN	*VPAI1S*	*RP2AP*	*VPUI3S*	*CLK, CLC*	*DNSM*	*JNSMC*	*RP1GS*	*RR-GSM*

οὐκ	εἰμὶ	ἱκανὸς	λῦσαι	τὸν	ἱμάντα	τῶν	ὑποδημάτων	αὐτοῦ·	αὐτὸς
no	soy	digno	(de) desatar	la	correa	de las	sandalias	de él;	él$_1$
3756	1510	2425	3089	3588	2438	3588	5266	846	846
BN, TN	*VPAI1S*	*JNSM*	*VAAN*	*DASM*	*NASM*	*DGPN*	*NGPN*	*RP3GSM*	*RP3NSMP*

ὑμᾶς	βαπτίσει	ἐν	πνεύματι	ἁγίῳ	καὶ	πυρί·	17 οὗ	τὸ	πτύον
a vosotros$_3$	bautizará$_2$	en	(el) Espíritu	Santo	y	fuego.	de quien	el	aventador
5209	907	1722	4151	40	2532	4442	3739	3588	4425
RP2AP	*VFAI3S*	*P*	*NDSN*	*JDSN*	*CLN*	*NDSN*	*RR-GSM*	*DNSN*	*NNSN*

ἐν	τῇ	χειρὶ	αὐτοῦ	διακαθᾶραι	τὴν	ἅλωνα	αὐτοῦ	καὶ	συναγαγεῖν
(está) en	la	mano	de él	para limpiar	la	era	de él	y	para reunir
1722	3588	5495	846	1245	3588	257	846	2532	4863
P	*DDSF*	*NDSF*	*RP3GSM*	*VAAN*	*DASF*	*NASF*	*RP3GSM*	*CLN*	*VAAN*

τὸν	σῖτον	εἰς	τὴν	ἀποθήκην	αὐτοῦ,	τὸ	δὲ	ἄχυρον	κατακαύσει
el	trigo,	hacia	el	granero	de él,	la$_3$	pero$_1$	paja$_4$	quemará$_2$
3588	4621	1519	3588	596	846	3588	1161	892	2618
DASM	*NASM*	*P*	*DASF*	*NASF*	*RP3GSM*	*DASN*	*CLC*	*NASN*	*VFAI3S*

πυρὶ	ἀσβέστῳ.
con fuego$_5$	inextinguible.$_6$
4442	762
NDSN	*JDSN*

18 Πολλὰ	μὲν	οὖν	καὶ	ἕτερα	παρακαλῶν	εὐηγγελίζετο
(con) muchas$_3$	en verdad,$_2$	Así que,$_1$	y	otras	exhortaciones	anunciaba la buena noticia
4183	3303	3767	2532	2087	3870	2097
JAPN	*TK, C*	*CLI*	*CLN*	*JAPN*	*VPAP-SNM*	*VIMI3S*

τὸν	λαόν·	19 ὁ	δὲ	Ἡρῴδης	ὁ	τετραάρχης,	ἐλεγχόμενος	ὑπ᾽
al	pueblo.	--$_2$	Pero$_1$	Herodes,	el	tetrarca,	era reprendido	por
3588	2992	3588	1161	2264	3588	5076	1651	5259
DASM	*NASM*	*DNSM*	*CLK, CLC*	*NNSM*	*DNSM*	*NNSM*	*VPPP-SNM*	*P*

αὐτοῦ	περὶ	Ἡρῳδιάδος	τῆς	γυναικὸς	τοῦ	ἀδελφοῦ	αὐτοῦ	καὶ	περὶ
él	acerca de	Herodías,	la	mujer	del	hermano	de él,	y	acerca de
846	4012	2266	3588	1135	3588	80	846	2532	4012
RP3GSM	*P*	*NGSF*	*DGSF*	*NGSF*	*DGSM*	*NGSM*	*RP3GSM*	*CLN*	*P*

πάντων	ὧν	ἐποίησεν	πονηρῶν	ὁ	Ἡρῴδης,	20 προσέθηκεν
todas$_1$	las cuales$_3$	hizo.$_6$	(las) obras malignas$_2$	--$_4$	Herodes$_5$	Añadió
3956	3739	4160	4190	3588	2264	4369
JGPN	*RR-GPN*	*VAAI3S*	*JGPN*	*DNSM*	*NNSM*	*VAAI3S*

καὶ	τοῦτο	ἐπὶ	πᾶσιν,	καὶ	κατέκλεισεν	τὸν	Ἰωάννην	ἐν	φυλακῇ.
también	esto	sobre	todas (ellas):	--	encerró	a --	Juan	en	(la) cárcel.
2532	5124	1909	3956	2532	2623	3588	2491	1722	5438
BE, TE	*RD-ASN*	*P*	*JDPN*	*CLA, B*	*VAAI3S*	*DASM*	*NASM*	*P*	*NDSF*

NVI

15 La gente estaba a la expectativa, y todos se preguntaban si acaso Juan sería el Cristo.
16 —Yo los bautizo a ustedes con agua —les respondió Juan a todos—. Pero está por llegar uno más poderoso que yo, a quien ni siquiera merezco desatarle la correa de sus sandalias. Él los bautizará con el Espíritu Santo y con fuego. 17 Tiene el aventador en la mano para limpiar su era y recoger el trigo en su granero; la paja, en cambio, la quemará con fuego que nunca se apagará.
18 Y con muchas otras palabras exhortaba Juan a la gente y le anunciaba las buenas nuevas. 19 Pero, cuando reprendió al tetrarca Herodes por el asunto de su cuñada Herodías, y por todas las otras maldades que había cometido, 20 Herodes llegó hasta el colmo de encerrar a Juan en la cárcel.

RVR

El bautismo de Jesucristo

21 Aconteció que,
cuando todo el pueblo
era bautizado, también
Jesús fue bautizado; y
mientras oraba, se abrió
el cielo,
22 y descendió sobre
él el Espíritu Santo en
forma corporal, como
una paloma; y salió del
cielo una voz que decía:
Tú eres mi Hijo amado;
en ti he puesto mi
complacencia.

Genealogía de Jesucristo

23 Y Jesús mismo, al
comenzar, tenía unos
treinta años, siendo
hijo, según se suponía,
de José, el hijo de Elí,
24 el hijo de Matat, el
hijo de Leví, el hijo de
Melquí, el hijo de Janná,
el hijo de José,
25 el hijo de Matatías, el
hijo de Amós, el hijo de
Nahúm, el hijo de Heslí,
el hijo de Nangay,
26 el hijo de Maat, el hijo
de Matatías, el hijo de
Semeí, el hijo de José, el
hijo de Judá,
27 el hijo de Joaná, el
hijo de Resá, el hijo de
Zorobabel, el hijo de
Salatiel, el hijo de Nerí,
28 el hijo de Melquí, el
hijo de Addí, el hijo
de Cosam, el hijo de
Elmadam, el hijo de Er,
29 el hijo de Josué,
el hijo de Eliezer,

21 Ἐγένετο	δὲ	ἐν	τῷ	βαπτισθῆναι	ἅπαντα	τὸν	λαὸν
sucedió que$_2$	Mas$_1$	en	el	bautizar	a todo	el	pueblo,
1096	1161	1722	3588	907	537	3588	2992
VAMI3S	CLT	P	DDSN, DDSM	VAPN	JASM	DASM	NASM

καὶ	Ἰησοῦ	βαπτισθέντος	καὶ	προσευχομένου	ἀνεῳχθῆναι
también	Jesús	habiendo sido bautizado	y	estando orando	ser (fue) abierto
2532	2424	907	2532	4336	455
CLN	NGSM	VAPP-SGM	CLN	VPUP-SGM	VAPN

τὸν	οὐρανὸν	22 καὶ	καταβῆναι	τὸ	πνεῦμα	τὸ	ἅγιον
el	cielo	y	descendió	el	Espíritu	--	Santo
3588	3772	2532	2597	3588	4151	3588	40
DASM	NASM	CLN	VAAN	DASN, DNSN	NASN, NNSN	DASN, DNSN	JASN, JNSN

σωματικῷ	εἴδει	ὡς	περιστερὰν	ἐπ'	αὐτόν,	καὶ	φωνὴν	ἐξ
corporal,$_2$	(en) forma$_1$	como	paloma;	sobre$_5$	él$_6$	y$_1$	una voz$_2$	de(l)$_3$
4984	1491	5613	4058	1909	846	2532	5456	1537
JDSN	NDSN	CAM, B	NASF	P	RP3ASM	CLN	NASF	P

οὐρανοῦ	γενέσθαι·	Σὺ	εἶ	ὁ	υἱός	μου	ὁ	ἀγαπητός,	ἐν	σοὶ
cielo$_4$	sucedió:$_7$	Tú	eres	el	hijo	de mí,	el	amado;	en	ti
3772	1096	4771	1488	3588	5207	3450	3588	27	1722	4671
NGSM	VAMN	RP2NS	VPAI2S	DNSM	NNSM	RP1GS	DNSM	JNSM	P	RP2DS

εὐδόκησα.
(me) complací.
2106
VAAI1S

23 Καὶ	αὐτὸς	ἦν	Ἰησοῦς	ἀρχόμενος	ὡσεὶ	ἐτῶν	τριάκοντα,
Y	él mismo$_2$	era,$_3$	Jesús$_1$	al comenzar,$_4$	como de$_5$	años,$_7$	treinta$_6$
2532	846	2258	2424	756	5616	2094	5144
CLN	RP3NSMP	VIAI3S	NNSM	VPMP-SNM	CAM, B	NGPN	XN, J

ὢν	υἱός,	ὡς	ἐνομίζετο,	Ἰωσὴφ	τοῦ*	Ἠλὶ	24 τοῦ	Μαθθὰτ
siendo	hijo,	como	se pensaba,	de José	el de	Elí,	el	de Matat,
5607	5207	5613	3543	2501	3588	2242	3588	3158
VPAP-SNM	NNSM	CAM	VIPI3S	NGSM, XP	DGSM	NGSM, XP	DGSM	NGSM, XP

τοῦ	Λευὶ	τοῦ	Μελχὶ	τοῦ	Ἰανναὶ	τοῦ	Ἰωσὴφ	25 τοῦ	Ματταθίου
el	de Leví,	el	de Melqui,	el	de Jana,	el	de José,	el	de Matatías,
3588	3017	3588	3197	3588	2388	3588	2501	3588	3161
DGSM	NGSM, XP	DGSM	NGSM, XP	DGSM	NGSM, XP	DGSM	NGSM, XP	DGSM	NGSM

τοῦ	Ἀμὼς	τοῦ	Ναοὺμ	τοῦ	Ἑσλὶ	τοῦ	Ναγγαὶ	26 τοῦ	Μάαθ	τοῦ
el	de Amós,	el	de Nahúm,	el	de Eslí,	el	de Nagai,	el	de Maat	el
3588	301	3588	3486	3588	2069	3588	3477	3588	3092	3588
DGSM	NGSM, XP	DGSM	NGSM, XP	DGSM	NGSM, XP	DGSM	NGSM, XP	DGSM	NGSM, XP	DGSM

Ματταθίου	τοῦ	Σεμεῒν	τοῦ	⸀Ἰωσὴχ	τοῦ	Ἰωδὰ	27 τοῦ	Ἰωανὰν	τοῦ
de Matatías,	el	de Semei,	el	de José,	el	de Judá,	el	de Joanan,	el
3161	3588	4584	3588	2501	3588	2448	3588	2490	3588
NGSM	DGSM	NGSM, XP	DGSM	NGSM, XP	DGSM	NGSM, XP	DGSM	NGSM, XP	DGSM

Ῥησὰ	τοῦ	Ζοροβαβὲλ	τοῦ	Σαλαθιὴλ	τοῦ	Νηρὶ	28 τοῦ	Μελχὶ	τοῦ
de Resa,	el	de Zorobabel,	el	de Salatiel,	el	de Neri,	el	de Melqui,	el
4488	3588	2216	3588	4528	3588	3518	3588	3197	3588
NGSM, XP	DGSM	NGSM, XP	DGSM	NGSM, XP	DGSM	NGSM, XP	DGSM	NGSM, XP	DGSM

Ἀδδὶ	τοῦ	Κωσὰμ	τοῦ	Ἐλμαδὰμ	τοῦ	Ἢρ	29 τοῦ	⸀Ἰησοῦ	τοῦ
de Adi,	el	de Cosam,	el	de Elmodam,	el	de Er,	el	de Jesús,	el
78	3588	2973	3588	1678	3588	2262	3588	2424	3588
NGSM, XP	DGSM	NGSM, XP	DGSM	NGSM, XP	DGSM	NGSM, XP	DGSM	NGSM	DGSM

NVI

Bautismo y genealogía de Jesús

21 Un día en que todos
acudían a Juan para que
los bautizara, Jesús fue
bautizado también. Y
mientras oraba, se abrió el
cielo, 22 y el Espíritu Santo
bajó sobre él en forma
de paloma. Entonces se
oyó una voz del cielo que
decía: «Tú eres mi Hijo
amado; estoy muy com-
placido contigo».
23 Jesús tenía unos
treinta años cuando
comenzó su ministerio.
Era hijo, según se creía,
de José,

hijo de Elí, 24 hijo de
Matat,
hijo de Leví, hijo de
Melquí,
hijo de Janay, hijo de
José,
25 hijo de Matatías, hijo
de Amós,
hijo de Nahúm, hijo
de Eslí,
hijo de Nagay, 26 hijo
de Máat,
hijo de Matatías, hijo
de Semeí,
hijo de Josec, hijo de
Judá,
27 hijo de Yojanán, hijo
de Resa,
hijo de Zorobabel, hijo
de Salatiel,
hijo de Neri, 28 hijo de
Melquí,
hijo de Adí, hijo de
Cosán,
hijo de Elmadán, hijo
de Er,
29 hijo de Josué, hijo de
Eliezer,

3:23* O sea *hijo de,* y así en toda la genealogía. **3:26⸀** Manuscritos inferiores tienen *José.* **3:29⸀** Manuscritos inferiores tienen *José.*

RVR

el hijo de Jorim, el hijo
de Matat,
30 el hijo de Leví, el hijo
de Simeón, el hijo de
Judá, el hijo de José, el
hijo de Jonam, el hijo de
Eliaquim,
31 el hijo de Melcá, el
hijo de Mainán, el hijo
de Matatá, el hijo de
Natán,
32 el hijo de David, el
hijo de Isay, el hijo de
Obed, el hijo de Booz,
el hijo de Salmón, el
hijo de Naasón,
33 el hijo de Aminadab,
el hijo de Aram, el hijo
de Esrom, el hijo de
Fares, el hijo de Judá,
34 el hijo de Jacob, el
hijo de Isaac, el hijo de
Abraham, el hijo de
Taré, el hijo de Nacor,
35 el hijo de Serug, el
hijo de Ragáu, el hijo de
Péleg, el hijo de Éber, el
hijo de Sala,
36 el hijo de Cainán, el
hijo de Arfaxad, el hijo
de Sem, el hijo de Noé,
el hijo de Lámec,
37 el hijo de Matusalén,
el hijo de Enoc, el
hijo de Járed, el hijo
de Maleleel, el hijo de
Cainán,
38 el hijo de Enós, el hijo
de Set, el hijo de Adán,
el hijo de Dios.

Ἐλιέζερ	τοῦ	Ἰωρὶμ	τοῦ	Μαθθὰτ	τοῦ	Λευὶ	30 τοῦ	Συμεὼν	τοῦ
de Eliezer,	el	de Jorim,	el	de Matat,	el	de Leví,	el	de Simeón,	el
1663	3588	2497	3588	3158	3588	3017	3588	4826	3588
NGSM, XP	DGSM	NGSM, XP	DGSM	NGSM, XP	DGSM	NGSM, XP	DGSM	NGSM, XP	DGSM

Ἰούδα	τοῦ	Ἰωσὴφ	τοῦ	Ἰωνὰμ	τοῦ	Ἐλιακὶμ	31 τοῦ	Μελεὰ	τοῦ	Μεννὰ
de Judá,	el	de José,	el	de Jonán,	el	de Eliaquim,	el	de Melea,	el	de Menná,
2455	3588	2501	3588	2494	3588	1662	3588	3190	3588	3104
NGSM	DGSM	NGSM, XP	DGSM	NGSM, XP	DGSM	NGSM, XP	DGSM	NGSM, XP	DGSM	NGSM, XP

τοῦ	Ματταθὰ	τοῦ	Ναθὰμ	τοῦ	Δαυὶδ	32 τοῦ	Ἰεσσαὶ	τοῦ	Ἰωβὴλ	τοῦ
el	de Matata,	el	de Natán,	el	de David,	el	de Isaí,	el	de Obed,	el
3588	3160	3588	3481	3588	1138	3588	2421	3588	5601	3588
DGSM	NGSM, XP	DGSM	NGSM, XP	DGSM	NGSM, XP	DGSM	NGSM, XP	DGSM	NGSM, XP	DGSM

Βόος	τοῦ	⸀Σαλὰ	τοῦ	Ναασσὼν	33 τοῦ	⸂Ἀμιναδὰβ	τοῦ	Ἀδμὶν	τοῦ
de Booz,	el	de Sala,	el	de Naasón,	el	de Aminadab,	el	de Admin,	el
1003	3588	4527	3588	3476	3588	284	3588	689	3588
NGSM, XP	DGSM	NGSM, XP	DGSM	NGSM, XP	DGSM	NGSM, XP	DGSM	NGSM, XP	DGSM

Ἀρνὶ⸃	τοῦ	Ἑσρὼμ	τοῦ	Φαρὲς	τοῦ	Ἰούδα	34 τοῦ	Ἰακὼβ	τοῦ	Ἰσαὰκ
de Arní,	el	de Esrom,	el	de Fares,	el	de Judá,	el	de Jacob,	el	de Isaac,
2496	3588	2074	3588	5329	3588	2455	3588	2384	3588	2464
NGSM, XP	DGSM	NGSM, XP	DGSM	NGSM, XP	DGSM	NGSM	DGSM	NGSM, XP	DGSM	NGSM, XP

τοῦ	Ἀβραὰμ	τοῦ	Θάρα	τοῦ	Ναχὼρ	35 τοῦ	Σεροὺχ	τοῦ	Ῥαγαὺ	τοῦ
el	de Abraham,	el	de Taré,	el	de Nacor,	el	de Serug,	el	de Ragau,	el
3588	11	3588	2291	3588	3493	3588	4562	3588	4466	3588
DGSM	NGSM, XP	DGSM	NGSM, XP	DGSM	NGSM, XP	DGSM	NGSM, XP	DGSM	NGSM, XP	DGSM

Φάλεκ	τοῦ	Ἔβερ	τοῦ	Σαλὰ	36 τοῦ	Καϊνὰμ	τοῦ	Ἀρφαξὰδ	τοῦ
de Peleg,	el	de Heber,	el	de Sala,	el	de Cainán,	el	de Arfaxad,	el
5317	3588	1443	3588	4527	3588	2536	3588	742	3588
NGSM, XP	DGSM	NGSM, XP	DGSM	NGSM, XP	DGSM	NGSM, XP	DGSM	NGSM, XP	DGSM

Σὴμ	τοῦ	Νῶε	τοῦ	Λάμεχ	37 τοῦ	Μαθουσαλὰ	τοῦ	Ἑνὼχ	τοῦ
de Sem,	el	de Noé,	el	de Lamec,	el	de Matusalén,	el	de Enoc,	el
4590	3588	3575	3588	2984	3588	3103	3588	1802	3588
NGSM, XP	DGSM	NGSM, XP	DGSM	NGSM, XP	DGSM	NGSM, XP	DGSM	NGSM, XP	DGSM

Ἰάρετ	τοῦ	Μαλελεὴλ	τοῦ	Καϊνὰμ	38 τοῦ	Ἐνὼς	τοῦ	Σὴθ	τοῦ
de Jared,	el	de Malaleel,	el	de Cainán,	el	de Enós,	el	de Set,	el
2391	3588	3121	3588	2536	3588	1800	3588	4589	3588
NGSM, XP	DGSM	NGSM, XP	DGSM	NGSM, XP	DGSM	NGSM, XP	DGSM	NGSM, XP	DGSM

Ἀδὰμ	τοῦ	θεοῦ.
de Adán,	el	de Dios.
76	3588	2316
NGSM, XP	DGSM	NGSM

NVI

hijo de Jorín, hijo de
Matat,
hijo de Leví, 30 hijo de
Simeón,
hijo de Judá, hijo de
José,
hijo de Jonán, hijo de
Eliaquín,
31 hijo de Melea, hijo
de Mainán,
hijo de Matata, hijo de
Natán,
hijo de David, 32 hijo
de Isaí,
hijo de Obed, hijo de
Booz,
hijo de Salmón, hijo de
Naasón,
33 hijo de Aminadab,
hijo de Aram,
hijo de Jezrón, hijo de
Fares,
hijo de Judá, 34 hijo de
Jacob,
hijo de Isaac, hijo de
Abraham,
hijo de Téraj, hijo de
Najor,
35 hijo de Serug, hijo de
Ragau,
hijo de Péleg, hijo de
Éber,
hijo de Selaj, 36 hijo de
Cainán,
hijo de Arfaxad, hijo
de Sem,
hijo de Noé, hijo de
Lamec,
37 hijo de Matusalén,
hijo de Enoc,
hijo de Jared, hijo de
Malalel,
hijo de Cainán, 38 hijo
de Enós,
hijo de Set, hijo de
Adán,
hijo de Dios.

3:32⸀ Manuscritos inferiores tienen *Salmón.* **3:33**⸂⸃ Manuscritos importantes tienen *Admin, el de Arní;* otros *el de Arán.*

RVR

Tentación de Jesucristo

4 Jesús, lleno del
Espíritu Santo,
regresó del Jordán, y
era conducido por el
Espíritu al desierto
2 por cuarenta días, sien-
do tentado por el diablo.
Y no comió nada duran-
te esos días, y acabados
ellos tuvo hambre.
3 Y el diablo le dijo: Si
eres hijo de Dios, dile a
esta piedra que se con-
vierta en pan.
4 Jesús le respondió,
diciendo: Está escrito:
No sólo de pan vivirá el
hombre, sino de toda
palabra de Dios.
5 El diablo le condujo
a un alto monte y le
mostró en un momento
todos los reinos de la
tierra habitada;
6 y le dijo el diablo: Te
daré todo este poderío y
la gloria de estos reinos,
pues a mí me ha sido
entregado, y se lo doy a
quien quiero.
7 Por tanto, si tú te pos-
tras delante de mí, todo
será tuyo.
8 Jesús le respondió
y le dijo: Vete de mí,
Satanás, porque está
escrito: Al Señor tu
Dios adorarás, y sólo a él
servirás.

4 Ἰησοῦς	δὲ	πλήρης	πνεύματος	ἁγίου	ὑπέστρεψεν	ἀπὸ	τοῦ
Jesús,$_{2}$	Mas$_{1}$	lleno	del Espíritu	Santo,	regresó	de	el
2424	1161	4134	4151	40	5290	575	3588
NNSM	CLN	JNSM	NGSN	JGSN	VAAI3S	P	DGSM

Ἰορδάνου,	καὶ	ἤγετο	ἐν	τῷ	πνεύματι	ἐν	τῇ	ἐρήμῳ	2 ἡμέρας
Jordán,	y	fue llevado	por	el	Espíritu	a	el	desierto	días,$_{2}$
2446	2532	71	1722	3588	4151	1722	3588	2048	2250
NGSM	CLN	VIPI3S	P	DDSN	NDSN	P	DDSF	JDSF	NAPF

τεσσεράκοντα	πειραζόμενος	ὑπὸ	τοῦ	διαβόλου.	καὶ	οὐκ	ἔφαγεν	οὐδὲν
cuarenta$_{1}$	siendo probado	por	el	diablo.	Y	no	comió	nada
5062	3985	5259	3588	1228	2532	3756	5315	3762
XN, J	VPPP-SNM	P	DGSM	JGSM	CLN	BN, TN	VAAI3S	JASN

ἐν	ταῖς	ἡμέραις	ἐκείναις,	καὶ	συντελεσθεισῶν	αὐτῶν	ἐπείνασεν.
en	--	días$_{2}$	aquellos$_{1}$	y,	habiendo sido completados	ellos,	tuvo hambre.
1722	3588	2250	1565	2532	4931	846	3983
P	DDPF	NDPF	RD-DPF	CLN	VAPP-PGF	RP3GPF	VAAI3S

3 εἶπεν	δὲ	αὐτῷ	ὁ	διάβολος·	Εἰ	υἱὸς	εἶ	τοῦ	θεοῦ,	εἰπὲ
dijo$_{4}$	Entonces$_{1}$	a él:$_{5}$	el$_{2}$	diablo$_{3}$	Si	Hijo$_{2}$	eres$_{1}$	de --	Dios,	di
2036	1161	846	3588	1228	1487	5207	1488	3588	2316	2036
VAAI3S	CLN	RP3DSM	DNSM	JNSM	CAC	NNSM	VPAI2S	DGSM	NGSM	VAAM2S

τῷ	λίθῳ	τούτῳ	ἵνα	γένηται	ἄρτος.	4 καὶ	ἀπεκρίθη	πρὸς	αὐτὸν	ὁ
a la	piedra	esta	que	llegue a ser	pan.	Y	respondió$_{3}$	a$_{4}$	él:$_{5}$	--$_{1}$
3588	3037	5129	2443	1096	740	2532	611	4314	846	3588
DDSM	NDSM	RD-DSM	CSC	VAMS3S	NNSM	CLN	VAPI3S, VAMI3S	P	RP3ASM	DNSM

Ἰησοῦς·	Γέγραπται	ὅτι	Οὐκ	ἐπ᾽	ἄρτῳ	μόνῳ	ζήσεται	ὁ	ἄνθρωπος.
Jesús$_{2}$	Está escrito	que:	no$_{3}$	sobre$_{6}$	pan.$_{7}$	solo$_{4}$	vivirá$_{5}$	el$_{1}$	ser humano$_{2}$
2424	1125	3754	3756	1909	740	3441	2198	3588	444
NNSM	VRPI3S	CSC	BN, TN	P	NDSM	JDSM	VFMI3S	DNSM	NNSM

5 Καὶ	ἀναγαγὼν	αὐτὸν	ἔδειξεν	αὐτῷ	πάσας	τὰς	βασιλείας	τῆς
Y	llevándo	a él,	mostró	a él	todos	los	reino	de la
2532	321	846	1166	846	3956	3588	932	3588
CLN	VAAP-SNM	RP3ASM	VAAI3S	RP3DSM	JAPF	DAPF	NAPF	DGSF

οἰκουμένης	ἐν	στιγμῇ	χρόνου·	6 καὶ	εἶπεν	αὐτῷ	ὁ	διάβολος·
tierra habitada	en	un instante	de tiempo.	Y	dijo$_{3}$	a él:$_{4}$	el$_{1}$	diablo$_{2}$
3625	1722	4743	5550	2532	2036	846	3588	1228
NGSF	P	NDSF	NGSM	CLN	VAAI3S	RP3DSM	DNSM	JNSM

Σοὶ	δώσω	τὴν	ἐξουσίαν	ταύτην	ἅπασαν	καὶ	τὴν	δόξαν	αὐτῶν,	ὅτι
Te	daré	la$_{2}$	autoridad$_{3}$	esta$_{4}$	toda$_{1}$	y	la	gloria	de ellos,	porque
4671	1325	3588	1849	3778	537	2532	3588	1391	846	3754
RP2DS	VFAI1S	DASF	NASF	RD-ASF	JASF	CLN	DASF	NASF	RP3GPF	CAZ

ἐμοὶ	παραδέδοται	καὶ	ᾧ	ἂν	θέλω	δίδωμι	αὐτήν·	7 σὺ	οὖν	ἐὰν
me	ha sido entregada	y	al que	--	quiero	doy	ella.	tú$_{3}$	Así que,$_{1}$	si$_{2}$
1698	3860	2532	3739	302	2309	1325	846	4771	3767	1437
RP1DS	VRPI3S	CLN	RR-DSM	TC	VPAS1S	VPAI1S	RP3ASF	RP2NS	CLI	CAC

προσκυνήσῃς	ἐνώπιον	ἐμοῦ,	ἔσται	σοῦ	πᾶσα.	8 καὶ	ἀποκριθεὶς	ὁ
postrado adoras	delante de	mí,	será$_{2}$	tuyo$_{1}$	todo.$_{3}$	Y	respondiendo	--
4352	1799	1700	2071	4675	3956	2532	611	3588
VAAS2S	P, B	RP1GS	VFMI3S	RP2GS	JNSF	CLN	VAPP-SNM	DNSM

Ἰησοῦς	εἶπεν	αὐτῷ·	Γέγραπται·	Κύριον	τὸν	θεόν	σου	προσκυνήσεις
Jesús	dijo$_{2}$	a él	Está escrito:	A(l) Señor	--	Dios	de ti	postrado adorarás
2424	2036	846	1125	2962	3588	2316	4675	4352
NNSM	VAAI3S	RP3DSM	VRPI3S	NASM	DASM	NASM	RP2GS	VFAI2S

καὶ	αὐτῷ	μόνῳ	λατρεύσεις.
y	a él	solo	servirás.
2532	846	3441	3000
CLN	RP3DSM	JDSM	VFAI2S

NVI

Tentación de Jesús

4 Jesús, lleno del
Espíritu Santo,
volvió del Jordán y fue
llevado por el Espíritu
al desierto. 2 Allí estuvo
cuarenta días y fue
tentado por el diablo.
No comió nada durante
esos días, pasados los
cuales tuvo hambre.
3 —Si eres el Hijo
de Dios —le propuso
el diablo—, dile a esta
piedra que se convierta
en pan.
4 Jesús le respondió:
—Escrito está: "No
solo de pan vive el
hombre".
5 Entonces el diablo
lo llevó a un lugar alto y
le mostró en un instante
todos los reinos del
mundo.
6 —Sobre estos reinos
y todo su esplendor
—le dijo—, te daré la
autoridad, porque a mí
me ha sido entregada, y
puedo dársela a quien yo
quiera. 7 Así que, si me
adoras, todo será tuyo.
Jesús le contestó:
8 —Escrito está:
"Adora al Señor tu Dios
y sírvele solamente a él".

RVR

9 El diablo le condujo
a Jerusalén, le puso de
pie sobre el alero del
templo, y le dijo: Si eres
Hijo de Dios, tírate de
aquí abajo;
10 porque está escrito:
Dará orden a sus ánge-
les respecto de ti,
Para que te guarden
con todo cuidado.
11 Y:
Te llevarán en las pal-
mas de sus manos,
Para que no tropiece
tu pie en alguna
piedra.
12 Respondiendo Jesús,
le dijo: Está dicho: No
tentarás al Señor tu
Dios.
13 Cuando el diablo dio
por concluida toda clase
de tentación, se alejó
de él hasta un tiempo
oportuno.
14 Jesús regresó a Galilea
en el poder del Espíritu,
y las noticias sobre él se
difundieron por toda la
comarca circunvecina.
15 Enseñaba en sus
sinagogas, siendo glori-
ficado por todos.

Jesús en Nazaret

16 Vino a Nazaret,
donde se había criado, y
en día de sábado entró

9 Ἤγαγεν	δὲ	αὐτὸν	εἰς	Ἰερουσαλὴμ	καὶ	ἔστησεν	ἐπὶ	τὸ
llevó$_2$	Entonces$_1$	a él	a	Jerusalén,	y	lo puso de pie	sobre	el
71	1161	846	1519	2419	2532	2476	1909	3588
VAAI3S	*CLN*	*RP3ASM*	*P*	*NASF, XP*	*CLN*	*VAAI3S*	*P*	*DASN*

πτερύγιον	τοῦ	ἱεροῦ,	καὶ	εἶπεν	αὐτῷ·	Εἰ	υἱὸς	εἶ	τοῦ	θεοῦ,	βάλε
pináculo	del	Templo	y	dijo	a él:	Si	Hijo$_2$	eres$_1$	de --	Dios,	arrójate
4419	3588	2411	2532	2036	846	1487	5207	1488	3588	2316	906
NASN	*DGSN*	*NGSN, JGSN*	*CLN*	*VAAI3S*	*RP3DSM*	*CAC*	*NNSM*	*VPAI2S*	*DGSM*	*NGSM*	*VAAM2S*

σεαυτὸν	ἐντεῦθεν	κάτω·	10 γέγραπται	γὰρ	ὅτι	Τοῖς	ἀγγέλοις	αὐτοῦ
a ti mismo	de aquí	abajo,	está escrito$_2$	porque$_1$	que	A los	ángeles	de él
4572	1782	2736	1125	1063	3754	3588	32	846
RF2ASM	*BP*	*BP*	*VRPI3S*	*CAZ*	*CSC*	*DDPM*	*NDPM*	*RP3GSM*

ἐντελεῖται	περὶ	σοῦ	τοῦ	διαφυλάξαι	σε,	11 καὶ	ὅτι	Ἐπὶ	χειρῶν
mandará	acerca de	ti,	--	para guardar	a ti,	y	que	En	(las) manos
1781	4012	4675	3588	1314	4571	2532	3754	1909	5495
VFUI3S	*P*	*RP2GS*	*DGSN, DGSM*	*VAAN*	*RP2AS*	*CLN*	*CSC*	*P*	*NGPF*

ἀροῦσίν	σε	μήποτε	προσκόψῃς	πρὸς	λίθον	τὸν	πόδα	σου.	12 καὶ
llevarán	a ti,	para que no	hagas tropezar	con	una piedra	el	pie	de ti.	Y
142	4571	3379	4350	4314	3037	3588	4228	4675	2532
VFAI3P	*RP2AS*	*CAP*	*VAAS2S*	*P*	*NASM*	*DASM*	*NASM*	*RP2GS*	*CLN*

ἀποκριθεὶς	εἶπεν	αὐτῷ	ὁ	Ἰησοῦς	ὅτι	Εἴρηται·	Οὐκ	ἐκπειράσεις
respondiendo	dijo$_3$	a él:$_4$	--$_1$	Jesús$_2$	que	está dicho:	No	pondrás a prueba
611	2036	846	3588	2424	3754	2046	3756	1598
VAPP-SNM	*VAAI3S*	*RP3DSM*	*DNSM*	*NNSM*	*CSC*	*VRPI3S*	*BN, TN*	*VFAI2S*

κύριον	τὸν	θεόν	σου.	13 καὶ	συντελέσας	πάντα	πειρασμὸν	ὁ
(al) Señor	--	Dios	de ti.	Y	habiendo terminado	toda	tentación	el
2962	3588	2316	4675	2532	4931	3956	3986	3588
NASM	*DASM*	*NASM*	*RP2GS*	*CLN*	*VAAP-SNM*	*JASM*	*NASM*	*DNSM*

διάβολος	ἀπέστη	ἀπ’	αὐτοῦ	ἄχρι	καιροῦ.
diablo	se apartó	de	él	hasta	el tiempo oportuno.
1228	868	575	846	891	2540
JNSM	*VAAI3S*	*P*	*RP3GSM*	*P*	*NGSM*

14 Καὶ	ὑπέστρεψεν	ὁ	Ἰησοῦς	ἐν	τῇ	δυνάμει	τοῦ	πνεύματος
Y	regresó$_3$	--$_1$	Jesús$_2$	en	el	poder	del	Espíritu
2532	5290	3588	2424	1722	3588	1411	3588	4151
CLN	*VAAI3S*	*DNSM*	*NNSM*	*P*	*DDSF*	*NDSF*	*DGSN*	*NGSN*

εἰς	τὴν	Γαλιλαίαν.	καὶ	φήμη	ἐξῆλθεν	καθ’	ὅλης	τῆς	περιχώρου
a	--	Galilea,	y	(la) noticia$_1$	salió$_4$	por$_6$	toda$_7$	la$_8$	región vecina.$_9$
1519	3588	1056	2532	5345	1831	2596	3650	3588	4066
P	*DASF*	*NASF*	*CLN*	*NNSF*	*VAAI3S*	*P*	*JGSF*	*DGSF*	*JGSF*

περὶ	αὐτοῦ.	15 καὶ	αὐτὸς	ἐδίδασκεν	ἐν	ταῖς	συναγωγαῖς	αὐτῶν,
acerca de$_2$	él$_3$	Y	él	enseñaba	en	la	sinagoga	de ellos;
4012	846	2532	846	1321	1722	3588	4864	846
P	*RP3GSM*	*CLN*	*RP3NSM*	*VIAI3S*	*P*	*DDPF*	*NDPF*	*RP3GPM*

δοξαζόμενος	ὑπὸ	πάντων.
glorificado	por	todos.
1392	5259	3956
VPPP-SNM	*P*	*JGPM*

16 Καὶ	ἦλθεν	εἰς	Ναζαρά,	οὗ	ἦν	τεθραμμένος,	καὶ	εἰσῆλθεν
Y	vino	a	Nazaret,	donde	había	crecido,	y	entró
2532	2064	1519	3478	3757	2258	5142	2532	1525
CLN	*VAAI3S*	*P*	*NASF, XP*	*B*	*VIAI3S*	*VRPP-SNM*	*CLN*	*VAAI3S*

κατὰ	τὸ	εἰωθὸς	αὐτῷ	ἐν	τῇ	ἡμέρᾳ	τῶν	σαββάτων*	εἰς	τὴν
conforme a	la	costumbre	de él	en	el	día	de los	sábados,	en	la
2596	3588	1486	846	1722	3588	2250	3588	4521	1519	3588
P	*DASN*	*VRAP-SAN*	*RP3DSM*	*P*	*DDSF*	*NDSF*	*DGPN*	*NGPN*	*P*	*DASF*

NVI

9 El diablo lo llevó
luego a Jerusalén e hizo
que se pusiera de pie
en la parte más alta del
templo, y le dijo:
—Si eres el Hijo de
Dios, ¡tírate de aquí!
10 Pues escrito está:

»"Ordenará que sus
ángeles te cuiden.
Te sostendrán en sus
manos
11 para que no tro-
pieces con piedra
alguna"».

12 —También está
escrito: "No pongas a
prueba al Señor tu Dios"
—le replicó Jesús.
13 Así que el diablo,
habiendo agotado todo
recurso de tentación,
lo dejó hasta otra
oportunidad.

Rechazan a Jesús en Nazaret

14 Jesús regresó a
Galilea en el poder del
Espíritu, y se extendió
su fama por toda aquella
región. 15 Enseñaba en
las sinagogas, y todos lo
admiraban.
16 Fue a Nazaret,
donde se había criado,
y un sábado entró en
la sinagoga, como
era su costumbre.

4:16* O sea *el sábado.*

RVR

en la sinagoga, según su costumbre, y se levantó a leer.
17 Le entregaron el libro del profeta Isaías. Él desenrolló el volumen y encontró el lugar donde estaba escrito:
18 El Espíritu del Señor está sobre mí,
Por lo cual me ungió para predicar el evangelio a los pobres.
Me ha enviado a sanar a los quebrantados de corazón;
A proclamar liberación a los cautivos,
Y recuperación de la vista a los ciegos;
A poner en libertad a los oprimidos,
19 A proclamar un año favorable del Señor.
20 Luego, enrollando el volumen, lo devolvió al asistente, y se sentó. Los ojos de todos en la sinagoga estaban fijos en él.
21 Y comenzó a decirles: Hoy se ha cumplido esta Escritura que acabáis de oír.
22 Todos hablaban bien de él, y maravillados de las palabras de gracia que salían de su boca, decían: ¿No es éste el hijo de José?
23 Él les dijo: Seguramente me citaréis este refrán: Médico, cúrate a ti mismo. Todo cuanto hemos oído que se ha

συναγωγήν,	καὶ	ἀνέστη	ἀναγνῶναι.	17 καὶ	ἐπεδόθη	αὐτῷ	βιβλίον
sinagoga,	y	se levantó	a leer.	Y	se dio	a él	(el) rollo
4864	2532	450	314	2532	1929	846	975
NASF	*CLN*	*VAAI3S*	*VAAN*	*CLN*	*VAPI3S*	*RP3DSM*	*NNSN*

τοῦ	προφήτου	Ἠσαΐου	καὶ	ἀναπτύξας	τὸ	βιβλίον	εὗρεν	τὸν
del	profeta	Isaías	y,	habiendo desenrollado	el	rollo,	encontró	el
3588	4396	2268	2532	380	3588	975	2147	3588
DGSM	*NGSM*	*NGSM*	*CLN*	*VAAP-SNM*	*DASN*	*NASN*	*VAAI3S*	*DASM*

τόπον	οὗ	ἦν	γεγραμμένον·	18 Πνεῦμα	κυρίου	ἐπ’	ἐμέ,	οὗ
lugar	donde	estaba	escrito:	(El) Espíritu	del Señor	(está) sobre	mí,	--
5117	3757	2258	1125	4151	2962	1909	1691	3739
NASM	*B*	*VIAI3S*	*VRPP-SNN*	*NNSN*	*NGSM*	*P*	*RP1AS*	*RR-GSN*

εἵνεκεν	ἔχρισέν	με	εὐαγγελίσασθαι	πτωχοῖς,	ἀπέσταλκέν	⸀με
por cuanto	ungió	a mí	para anunciar (la) buena noticia	para (los) pobres,	ha enviado	a mí
1752	5548	3165	2097	4434	649	3165
P, B	*VAAI3S*	*RP1AS*	*VAMN*	*JDPM*	*VRAI3S*	*RP1AS*

κηρύξαι	αἰχμαλώτοις	ἄφεσιν	καὶ	τυφλοῖς	ἀνάβλεψιν,	ἀποστεῖλαι
a anunciar	a (los) cautivos$_2$	liberación$_1$	y	a (los) ciegos	recuperación de la vista,	para enviar
2784	164	859	2532	5185	309	649
VAAN	*NDPM*	*NASF*	*CLN*	*JDPM*	*NASF*	*VAAN*

τεθραυσμένους	ἐν	ἀφέσει,	19 κηρύξαι	ἐνιαυτὸν	κυρίου	δεκτόν.
a los oprimidos	en	libertad,	para anunciar	(el) año	del Señor,$_2$	agradable$_1$
2352	1722	859	2784	1763	2962	1184
VRPP-PAM	*P*	*NDSF*	*VAAN*	*NASM*	*NGSM*	*JASM*

20 καὶ	πτύξας	τὸ	βιβλίον	ἀποδοὺς	τῷ	ὑπηρέτῃ	ἐκάθισεν·	καὶ
Y	enrollando	el	rollo,	devolvió	este	al sirviente;	se sentó.	Y$_1$
2532	4428	3588	975	591	3588	5257	2523	2532
CLN	*VAAP-SNM*	*DASN*	*NASN*	*VAAP-SNM*	*DDSM*	*NDSM*	*VAAI3S*	*CLN*

πάντων	οἱ	ὀφθαλμοὶ	ἐν	τῇ	συναγωγῇ	ἦσαν	ἀτενίζοντες	αὐτῷ.
de todos$_4$	los$_2$	ojos$_3$	en	la	sinagoga	estaban	mirando fijamente	a él.
3956	3588	3788	1722	3588	4864	2258	816	846
JGPM	*DNPM*	*NNPM*	*P*	*DDSF*	*NDSF*	*VIAI3P*	*VPAP-PNM*	*RP3DSM*

21 ἤρξατο	δὲ	λέγειν	πρὸς	αὐτοὺς	ὅτι	Σήμερον	πεπλήρωται	ἡ	γραφὴ
comenzó$_2$	Y$_1$	a decir	a	ellos	que:	Hoy	se ha cumplido$_4$	la$_1$	Escritura$_2$
756	1161	3004	4314	846	3754	4594	4137	3588	1124
VAMI3S	*CLN*	*VPAN*	*P*	*RP3APM*	*CSC*	*B*	*VRPI3S*	*DNSF*	*NNSF*

αὕτη	ἐν	τοῖς	ὠσὶν	ὑμῶν.	22 καὶ	πάντες	ἐμαρτύρουν	αὐτῷ	καὶ
esta$_3$	en	los	oídos	de vosotros.	Y	todos	testificaban	de él	y
3778	1722	3588	3775	5216	2532	3956	3140	846	2532
RD-NSF	*P*	*DDPN*	*NDPN*	*RP2GP*	*CLN*	*JNPM*	*VIAI3P*	*RP3DSM*	*CLN*

ἐθαύμαζον	ἐπὶ	τοῖς	λόγοις	τῆς	χάριτος	τοῖς	ἐκπορευομένοις	ἐκ
se maravillaban	sobre	las	palabras	de --	gracia	las (que)	salían	de
2296	1909	3588	3056	3588	5485	3588	1607	1537
VIAI3P	*P*	*DDPM*	*NDPM*	*DGSF*	*NGSF*	*DDPM*	*VPUP-PDM*	*P*

τοῦ	στόματος	αὐτοῦ,	καὶ	ἔλεγον·	Οὐχὶ	υἱός	ἐστιν	Ἰωσὴφ	οὗτος;
la	boca	de él,	y	decían:	¿No$_1$	hijo$_4$	es$_2$	de José?$_5$	este$_3$
3588	4750	846	2532	3004	3780	5207	2076	2501	3778
DGSN	*NGSN*	*RP3GSM*	*CLN*	*VIAI3P*	*TN, TI*	*NNSM*	*VPAI3S*	*NGSM, XP*	*RD-NSM*

23 καὶ	εἶπεν	πρὸς	αὐτούς·	Πάντως	ἐρεῖτέ	μοι	τὴν	παραβολὴν	ταύτην·
Y	dijo	a	ellos:	Sin duda	dirán	mí	la	parábola	esta$_1$
2532	2036	4314	846	3843	2046	3427	3588	3850	3778
CLN	*VAAI3S*	*P*	*RP3APM*	*B*	*VFAI2P*	*RP1DS*	*DASF*	*NASF*	*RD-ASF*

Ἰατρέ,	θεράπευσον	σεαυτόν·	ὅσα	ἠκούσαμεν	γενόμενα	εἰς
Médico	sánate	a ti mismo.	Cuantas cosas	oímos	sucedidas	en
2395	2323	4572	3745	191	1096	1519
NVSM	*VAAM2S*	*RF2ASM*	*RK-APN*	*VAAI1P*	*VAMP-PAN*	*P*

NVI

Se levantó para hacer la lectura, 17 y le entregaron el libro del profeta Isaías. Al desenrollarlo, encontró el lugar donde está escrito:

18 «El Espíritu del Señor está sobre mí,
por cuanto me ha ungido
para anunciar buenas nuevas a los pobres.
Me ha enviado a proclamar libertad a los cautivos
y dar vista a los ciegos,
a poner en libertad a los oprimidos,
19 a pregonar el año del favor del Señor».

20 Luego enrolló el libro, se lo devolvió al ayudante y se sentó. Todos los que estaban en la sinagoga lo miraban detenidamente, 21 y él comenzó a hablarles: «Hoy se cumple esta Escritura en presencia de ustedes».
22 Todos dieron su aprobación, impresionados por las hermosas palabras que salían de su boca. «¿No es este el hijo de José?», se preguntaban.
23 Jesús continuó: «Seguramente ustedes me van a citar el proverbio: “¡Médico, cúrate a ti mismo! Haz aquí en tu tierra lo que hemos oído que hiciste

4:18⸀ Manuscritos inferiores aumentaron *a sanar a los quebrantados de corazón.*

RVR

hecho en Capernaúm,
hazlo también aquí en
tu pueblo.
24 Y añadió: En verdad
os digo que ningún
profeta es persona grata
en su pueblo.
25 Pero en verdad os
digo: Muchas viudas
había en Israel en los
días de Elías, cuando
se cerró el cielo por
tres años y seis meses,
y cuando una gran
hambre se cernió sobre
todo el país;
26 y a ninguna de ellas
fue enviado Elías, sino a
Sarepta de Sidón, a una
mujer viuda.
27 Y muchos leprosos
había en Israel en tiem-
pos del profeta Eliseo;
y ninguno de ellos fue
limpiado, sino Naamán,
el sirio.
28 Al oír estas cosas,
todos los que se encon-
traban en la sinagoga se
llenaron de furor;
29 y se levantaron y le
echaron fuera de la
ciudad, y le condujeron
hasta un borde escar-
pado de la colina sobre
la cual estaba edificada
su ciudad, a fin de des-
peñarle.
30 Pero él pasó por me-
dio de ellos, y se marchó
por su camino.

τὴν	Καφαρναοὺμ	ποίησον	καὶ	ὧδε	ἐν	τῇ	πατρίδι	σου.	24 εἶπεν
--	Capernaum,	haz	también	aquí	en	la	tierra natal	de ti.	dijo:$_2$
3588	2584	4160	2532	5602	1722	3588	3968	4675	2036
DASF	*NASF, XP*	*VAAM2S*	*BE, TE*	*BP*	*P*	*DDSF*	*NDSF*	*RP2GS*	*VAAI3S*

δέ·	Ἀμὴν	λέγω	ὑμῖν	ὅτι	οὐδεὶς	προφήτης	δεκτός	ἐστιν	ἐν	τῇ
Y$_1$	De cierto	digo	a vosotros	que	ningún$_1$	profeta$_2$	bien recibido$_4$	es$_3$	en	la
1161	281	3004	5213	3754	3762	4396	1184	2076	1722	3588
CLN	*XF, B*	*VPAI1S*	*RP2DP*	*CSC*	*JNSM*	*NNSM*	*JNSM*	*VPAI3S*	*P*	*DDSF*

πατρίδι	αὐτοῦ.	25 ἐπ’	ἀληθείας	δὲ	λέγω	ὑμῖν,	πολλαὶ	χῆραι	ἦσαν
tierra natal	de él.	en$_2$	verdad$_3$	Y$_1$	digo$_4$	a vosotros,	muchas	viudas	había
3968	846	1909	225	1161	3004	5213	4183	5503	2258
NDSF	*RP3GSM*	*P*	*NGSF*	*CLN*	*VPAI1S*	*RP2DP*	*JNPF*	*NNPF, JNPF*	*VIAI3P*

ἐν	ταῖς	ἡμέραις	Ἠλίου	ἐν	τῷ	Ἰσραήλ,	ὅτε	ἐκλείσθη	ὁ	οὐρανὸς
en	los	días	de Elías	en	--	Israel,	cuando	fue cerrado$_3$	el$_1$	cielo$_2$
1722	3588	2250	2243	1722	3588	2474	3753	2808	3588	3772
P	*DDPF*	*NDPF*	*NGSM*	*P*	*DDSM*	*NDSM, XP*	*CAT, B*	*VAPI3S*	*DNSM*	*NNSM*

ἐπὶ	ἔτη	τρία	καὶ	μῆνας	ἕξ,	ὡς	ἐγένετο	λιμὸς	μέγας	ἐπὶ	πᾶσαν
por$_4$	años$_6$	tres$_5$	y$_7$	meses;$_9$	seis$_8$	como$_{10}$	hubo$_{11}$	hambre$_{13}$	gran$_{12}$	sobre	toda
1909	2094	5140	2532	3376	1803	5613	1096	3042	3173	1909	3956
P	*NAPN*	*JAPN*	*CLN*	*NAPM*	*XN, J*	*CAT, B*	*VAMI3S*	*NNSM*	*JNSM*	*P*	*JASF*

τὴν	γῆν,	26 καὶ	πρὸς	οὐδεμίαν	αὐτῶν	ἐπέμφθη	Ἠλίας	εἰ	μὴ	εἰς
la	tierra;	pero	a	ninguna	de ellas	fue enviado,$_2$	Elías$_1$	si	no	a
3588	1093	2532	4314	3762	846	3992	2243	1487	3361	1519
DASF	*NASF*	*CLN*	*P*	*JASF*	*RP3GPF*	*VAPI3S*	*NNSM*	*CAC*	*BN, TN*	*P*

Σάρεπτα	τῆς	Σιδωνίας	πρὸς	γυναῖκα	χήραν.	27 καὶ	πολλοὶ	λεπροὶ
Sarepta	--	de Sidón,	a	una mujer	viuda.	También	muchos	leprosos
4558	3588	4606	4314	1135	5503	2532	4183	3015
NAPN	*DGSF*	*NGSF, JGSF*	*P*	*NASF*	*NASF, JASF*	*CLN*	*JNPM*	*JNPM*

ἦσαν	ἐν	τῷ	Ἰσραὴλ	ἐπὶ	Ἐλισαίου	τοῦ	προφήτου,	καὶ	οὐδεὶς
había	en	--	Israel	en	(el tiempo) de Eliseo,	el	profeta;	pero	ninguno
2258	1722	3588	2474	1909	1666	3588	4396	2532	3762
VIAI3P	*P*	*DDSM*	*NDSM, XP*	*P*	*NGSM*	*DGSM*	*NGSM*	*CLN*	*JNSM*

αὐτῶν	ἐκαθαρίσθη,	εἰ	μὴ	Ναιμὰν	ὁ	Σύρος.	28 καὶ	ἐπλήσθησαν
de ellos	fue limpiado,	si	no	Naamán	el	sirio.	Y	fueron llenados$_2$
846	2511	1487	3361	3497	3588	4948	2532	4130
RP3GPM	*VAPI3S*	*CAC*	*BN, TN*	*NNSM, XP*	*DNSM*	*NNSM*	*CLN*	*VAPI3P*

πάντες	θυμοῦ	ἐν	τῇ	συναγωγῇ	ἀκούοντες	ταῦτα,	29 καὶ	ἀναστάντες
todos$_1$	de enojo	en	la	sinagoga	oyendo	estas cosas.	Y	levantándose,
3956	2372	1722	3588	4864	191	5023	2532	450
JNPM	*NGSM*	*P*	*DDSF*	*NDSF*	*VPAP-PNM*	*RD-APN*	*CLN*	*VAAP-PNM*

ἐξέβαλον	αὐτὸν	ἔξω	τῆς	πόλεως,	καὶ	ἤγαγον	αὐτὸν	ἕως	ὀφρύος
expulsaron	a él	fuera	de la	ciudad,	y	llevaron	a él	hasta	(la) cumbre
1544	846	1854	3588	4172	2532	71	846	2193	3790
VAAI3P	*RP3ASM*	*P, B*	*DGSF*	*NGSF*	*CLN*	*VAAI3P*	*RP3ASM*	*P, C*	*NGSF*

τοῦ	ὄρους	ἐφ’	οὗ	ἡ	πόλις	ᾠκοδόμητο	αὐτῶν,	ὥστε
del	monte	sobre	la cual	la	ciudad	estaba edificada,$_2$	de ellos,	de tal modo que (para)
3588	3735	1909	3739	3588	4172	3618	846	5620
DGSN	*NGSN*	*P*	*RR-GSN*	*DNSF*	*NNSF*	*VLPI3S*	*RP3GPM*	*CAP*

κατακρημνίσαι	αὐτόν·	30 αὐτὸς	δὲ	διελθὼν	διὰ	μέσου	αὐτῶν
despeñar	a él;	él,$_2$	pero$_1$	habiendo pasado	por	medio de	ellos,
2630	846	846	1161	1330	1223	3319	846
VAAN	*RP3ASM*	*RP3NSMP*	*CLC*	*VAAP-SNM*	*P*	*JGSN*	*RP3GPM*

ἐπορεύετο.
se marchó.
4198
VIUI3S

NVI

en Capernaúm". 24 Pues
bien, les aseguro que
a ningún profeta lo
aceptan en su propia
tierra. 25 No cabe duda
de que en tiempos de
Elías, cuando el cielo
se cerró por tres años y
medio, de manera que
hubo una gran hambre
en toda la tierra, muchas
viudas vivían en Israel.
26 Sin embargo, Elías no
fue enviado a ningu-
na de ellas, sino a una
viuda de Sarepta, en los
alrededores de Sidón.
27 Así mismo, había en
Israel muchos enfermos
de lepra en tiempos del
profeta Eliseo, pero
ninguno de ellos fue
sanado, sino Naamán
el sirio».

28 Al oír esto, todos
los que estaban en la
sinagoga se enfurecie-
ron. 29 Se levantaron, lo
expulsaron del pueblo y
lo llevaron hasta la cum-
bre de la colina sobre la
que estaba construido el
pueblo, para tirarlo por
el precipicio. 30 Pero él
pasó por en medio de
ellos y se fue.

RVR

Jesucristo cura a un endemoniado

31 Descendió a
Capernaúm, ciudad de
Galilea; y en sábado les
estaba enseñando;
32 y se quedaban asom-
brados de su enseñanza,
porque su palabra era
con autoridad.
33 Había en la sinagoga
un hombre poseído por
el espíritu de un demo-
nio inmundo, y gritó
con voz muy fuerte:
34 ¡Ah! ¿Qué tenemos
que ver contigo, Jesús
nazareno? ¿Has venido
a destruirnos? Ya sé
quién eres tú: el Santo
de Dios.
35 Jesús entonces le in-
crepó, diciendo: Cállate
y sal de él. Y el demonio,
arrojándole en medio,
salió de él sin hacerle
ningún daño.
36 Todos quedaron so-
brecogidos de estupor,
y se decían unos a otros:
¿Qué manera de hablar
es ésta, que manda con
autoridad y poder a los
espíritus inmundos, y
salen?
37 Y su fama se extendía
por todos los lugares de
los contornos.

Jesucristo sana a la suegra de Pedro

38 Se levantó y, sa-
liendo de la sinago-
ga, entró en la casa

31 Καὶ	κατῆλθεν	εἰς	Καφαρναοὺμ	πόλιν	τῆς	Γαλιλαίας.	καὶ	ἦν
Y	bajó	a	Capernaum,	ciudad	de --	Galilea,	y	estaba
2532	2718	1519	2584	4172	3588	1056	2532	2258
CLN	VAAI3S	P	NASF, XP	NASF	DGSF	NGSF	CLN	VIAI3S

διδάσκων	αὐτοὺς	ἐν	τοῖς	σάββασιν.*	32 καὶ	ἐξεπλήσσοντο	ἐπὶ	τῇ
enseñando	a ellos	en	los	sábados;	y	se admiraban	de	la
1321	846	1722	3588	4521	2532	1605	1909	3588
VPAP-SNM	RP3APM	P	DDPN	NDPN	CLN	VIPI3P	P	DDSF

διδαχῇ	αὐτοῦ,	ὅτι	ἐν	ἐξουσίᾳ	ἦν	ὁ	λόγος	αὐτοῦ.	33 καὶ	ἐν
enseñanza	de él,	porque	con$_5$	autoridad.$_6$	era$_4$	la$_1$	palabra$_2$	de él$_3$	Y	en$_3$
1322	846	3754	1722	1849	2258	3588	3056	846	2532	1722
NDSF	RP3GSM	CAZ	P	NDSF	VIAI3S	DNSM	NNSM	RP3GSM	CLN	P

τῇ	συναγωγῇ	ἦν	ἄνθρωπος	ἔχων	πνεῦμα	δαιμονίου	ἀκαθάρτου,
la$_4$	sinagoga$_5$	estaba$_1$	un hombre$_2$	que tiene	un espíritu	de demonio	inmundo,
3588	4864	2258	444	2192	4151	1140	169
DDSF	NDSF	VIAI3S	NNSM	VPAP-SNM	NASN	NGSN	JGSN

καὶ	ἀνέκραξεν	φωνῇ	μεγάλῃ·	34 Ἔα,	τί	ἡμῖν	καὶ	σοί,	Ἰησοῦ
y	gritó	con voz	grande:	¡Ah!	¿Qué	a nosotros	y	a ti,	Jesús
2532	349	5456	3173	1436	5101	2254	2532	4671	2424
CLN	VAAI3S	NDSF	JDSF	I	RI-NSN	RP1DP	CLN	RP2DS	NVSM

Ναζαρηνέ;	ἦλθες	ἀπολέσαι	ἡμᾶς;	οἶδά	σε	τίς	εἶ,	ὁ	ἅγιος
nazareno?	¿Viniste	a destruir	a nosotros?	Sé$_1$	tú$_4$	quién$_2$	eres:$_3$	el	Santo
3479	2064	622	2248	1492	4571	5101	1488	3588	40
NVSM, JVSM	VAAI2S	VAAN	RP1AP	VRAI1S	RP2AS	RI-NSM	VPAI2S	DNSM	JNSM

τοῦ	θεοῦ.	35 καὶ	ἐπετίμησεν	αὐτῷ	ὁ	Ἰησοῦς	λέγων·	Φιμώθητι
de --	Dios.	Y	reprendió$_3$	a él$_4$	--$_1$	Jesús$_2$	diciendo:	¡Cállate
3588	2316	2532	2008	846	3588	2424	3004	5392
DGSM	NGSM	CLN	VAAI3S	RP3DSN	DNSM	NNSM	VPAP-SNM	VAPM2S

καὶ	ἔξελθε	ἀπ’	αὐτοῦ.	καὶ	ῥίψαν	αὐτὸν	τὸ	δαιμόνιον	εἰς
y	sal	de	él!	Entonces	habiendo arrojado$_3$	a él$_4$	el$_1$	demonio$_2$	en
2532	1831	575	846	2532	4496	846	3588	1140	1519
CLN	VAAM2S	P	RP3GSM	CLN	VAAP-SNN	RP3ASM	DNSN	NNSN	P

τὸ	μέσον	ἐξῆλθεν	ἀπ’	αὐτοῦ	μηδὲν	βλάψαν	αὐτόν.	36 καὶ
--	medio de (ellos),	salió	de	él	nada	habiendo dañado	a él.	Y
3588	3319	1831	575	846	3367	984	846	2532
DASN	JASN	VAAI3S	P	RP3GSM	JASN	VAAP-SNN	RP3ASM	CLN

ἐγένετο	θάμβος	ἐπὶ	πάντας,	καὶ	συνελάλουν	πρὸς	ἀλλήλους	λέγοντες·
vino	admiración	sobre	todos,	y	conversaban	--	unos con otros	diciendo:
1096	2285	1909	3956	2532	4814	4314	240	3004
VAMI3S	NNSN	P	JAPM	CLN	VIAI3P	P	RC-APM	VPAP-PNM

Τίς	ὁ	λόγος	οὗτος	ὅτι	ἐν	ἐξουσίᾳ	καὶ	δυνάμει	ἐπιτάσσει	τοῖς
¿Qué	--	palabra (es)	esta,	que	con	autoridad	y	poder	manda	a los
5101	3588	3056	3778	3754	1722	1849	2532	1411	2004	3588
RI-NSM	DNSM	NNSM	RD-NSM	CAZ	P	NDSF	CLN	NDSF	VPAI3S	DDPN

ἀκαθάρτοις	πνεύμασιν,	καὶ	ἐξέρχονται;	37 καὶ	ἐξεπορεύετο	ἦχος	περὶ
inmundos,$_2$	espíritus$_1$	y	salen?	Y	salía$_2$	rumor$_1$	acerca de
169	4151	2532	1831	2532	1607	2279	4012
JDPN	NDPN	CLN	VPUI3P	CLN	VIUI3S	NNSM	P

αὐτοῦ	εἰς	πάντα	τόπον	τῆς	περιχώρου.
él	por	todo	lugar	de la	región vecina.
846	1519	3956	5117	3588	4066
RP3GSM	P	JASM	NASM	DGSF	JGSF

38 Ἀναστὰς	δὲ	ἀπὸ	τῆς	συναγωγῆς	εἰσῆλθεν	εἰς	τὴν	οἰκίαν
se levantó$_2$	Entonces$_1$	de	la	sinagoga,	entró	en	la	casa
450	1161	575	3588	4864	1525	1519	3588	3614
VAAP-SNM	CLN	P	DGSF	NGSF	VAAI3S	P	DASF	NASF

NVI

Jesús expulsa a un espíritu maligno

31 Jesús pasó a
Capernaúm, un pueblo
de Galilea, y el día
sábado enseñaba a la
gente. 32 Estaban asom-
brados de su enseñanza,
porque les hablaba con
autoridad.
33 Había en la sina-
goga un hombre que
estaba poseído por un
espíritu maligno, quien
gritó con todas sus
fuerzas:
34 —¡Ah! ¿Por qué
te entrometes, Jesús de
Nazaret? ¿Has venido
a destruirnos? Yo sé
quién eres tú: ¡el Santo
de Dios!
35 —¡Cállate! —lo
reprendió Jesús—. ¡Sal
de ese hombre!
Entonces el demonio
derribó al hombre en
medio de la gente y salió
de él sin hacerle ningún
daño.
36 Todos se asustaron
y se decían unos a otros:
«¿Qué clase de palabra
es esta? ¡Con autoridad
y poder les da órdenes a
los espíritus malignos, y
salen!» 37 Y se extendió
su fama por todo aquel
lugar.

Jesús sana a muchos enfermos

38 Cuando Jesús
salió de la sinago-
ga, se fue a casa

4:31* O sea *en sábado.*

RVR

de Simón. La suegra de
Simón estaba aquejada
de una fiebre muy alta, y
le rogaron por ella.
39 Él se inclinó sobre
ella e increpó a la fiebre,
y ésta la dejó. Ella se
levantó en seguida y se
puso a servirles.

Muchos sanados al ponerse el sol

40 Cuando el sol se
estaba poniendo,
todos cuantos tenían
enfermos de diversas
dolencias, los trajeron
a él. Y él, poniendo las
manos sobre cada uno
de ellos, los sanaba.
41 Y también salían
demonios de muchos,
gritando y diciendo:
Tú eres el Hijo de Dios.
Pero él les increpaba
y no les dejaba hablar,
porque sabían que él era
el Cristo.
42 Al hacerse de día,
salió y se marchó a
un lugar solitario. Las
multitudes le andaban
buscando, y llegando
hasta él, trataban de
retenerle para que no se
marchara de ellos.
43 Pero él les dijo:
También a las otras
ciudades debo predicar

Σίμωνος.	πενθερὰ	δὲ	τοῦ	Σίμωνος	ἦν	συνεχομένη	πυρετῷ
de Simón.	(la) suegra$_2$	Y$_1$	de --	Simón	estaba	siendo afligida con	fiebre;$_2$
4613	3994	1161	3588	4613	2258	4912	4446
NGSM	*NNSF*	*CLN*	*DGSM*	*NGSM*	*VIAI3S*	*VPPP-SNF*	*NDSM*

μεγάλῳ,	καὶ	ἠρώτησαν	αὐτὸν	περὶ	αὐτῆς.	39 καὶ	ἐπιστὰς	ἐπάνω
grande$_1$	y	rogaron	a él	acerca de	ella.	E	inclinándose	sobre
3173	2532	2065	846	4012	846	2532	2186	1883
JDSM	*CLN*	*VAAI3P*	*RP3ASM*	*P*	*RP3GSF*	*CLN*	*VAAP-SNM*	*P, B*

αὐτῆς	ἐπετίμησεν	τῷ	πυρετῷ,	καὶ	ἀφῆκεν	αὐτήν·	παραχρῆμα	δὲ
ella,	reprendió	la	fiebre;	y	dejó	a ella	inmediatamente.	y
846	2008	3588	4446	2532	863	846	3916	1161
RP3GSF	*VAAI3S*	*DDSM*	*NDSM*	*CLN*	*VAAI3S*	*RP3ASF*	*B*	*CLN*

ἀναστᾶσα	διηκόνει	αὐτοῖς.
habiéndose levantado	servía	a ellos.
450	1247	846
VAAP-SNF	*VIAI3S*	*RP3DPM*

40 Δύνοντος	δὲ	τοῦ	ἡλίου	ἅπαντες	ὅσοι	εἶχον	ἀσθενοῦντας
poniéndose$_2$	Y$_1$	el	sol,	todos	cuantos	tenían	enfermos
1416	1161	3588	2246	537	3745	2192	770
VPAP-SGM	*CLT*	*DGSM*	*NGSM*	*JNPM*	*RK-NPM*	*VIAI3P*	*VPAP-PAM*

νόσοις	ποικίλαις	ἤγαγον	αὐτοὺς	πρὸς	αὐτόν·	ὁ	δὲ	ἑνὶ	ἑκάστῳ
enfermedades$_2$	de diversas$_1$	llevaron	a ellos	a	él;	--$_2$	y$_1$	uno$_4$	a cada$_3$
3554	4164	71	846	4314	846	3588	1161	1520	1538
NDPF	*JDPF*	*VAAI3P*	*RP3APM*	*P*	*RP3ASM*	*DNSM*	*CLN*	*JDSM*	*JDSM*

αὐτῶν	τὰς	χεῖρας	ἐπιτιθεὶς	ἐθεράπευεν	αὐτούς.	41 ἐξήρχετο	δὲ
de ellos,$_5$	las$_7$	manos$_8$	poniendo$_6$	sanaba	a ellos,	salía(n)$_2$	Y$_1$
846	3588	5495	2007	2323	846	1831	1161
RP3GPM	*DAPF*	*NAPF*	*VPAP-SNM*	*VIAI3S*	*RP3APM*	*VIUI3S*	*CLN*

καὶ	δαιμόνια	ἀπὸ	πολλῶν	κραυγάζοντα	καὶ	λέγοντα	ὅτι	Σὺ	⸀εἶ
también	demonios	de	muchos	gritando	y	diciendo	que:	¡Tú	eres
2532	1140	575	4183	2905	2532	3004	3754	4771	1488
BE, TE	*NNPN*	*P*	*JGPM*	*VPAP-PNN*	*CLN*	*VPAP-PNN*	*CSC*	*RP2NS*	*VPAI2S*

ὁ	υἱὸς	τοῦ	θεοῦ.	καὶ	ἐπιτιμῶν	οὐκ	εἴα	αὐτὰ	λαλεῖν,	ὅτι
el	Hijo	de --	Dios!	Y	reprendiéndolos	no	permitía	a ellos	hablar,	porque
3588	5207	3588	2316	2532	2008	3756	1439	846	2980	3754
DNSM	*NNSM*	*DGSM*	*NGSM*	*CLN*	*VPAP-SNM*	*BN, TN*	*VIAI3S*	*RP3APN*	*VPAN*	*CAZ*

ᾔδεισαν	τὸν	χριστὸν	αὐτὸν	εἶναι.
sabían (que)$_1$	el$_4$	Cristo.$_5$	él$_2$	ser (era)$_3$
1492	3588	5547	846	1511
VLAI3P	*DASM*	*NASM*	*RP3ASM*	*VPAN*

42 Γενομένης	δὲ	ἡμέρας	ἐξελθὼν	ἐπορεύθη	εἰς	ἔρημον	τόπον·
cuando se hizo$_2$	Y$_1$	de día,	habiendo salido	salió	hacia	desierto;$_2$	un lugar$_1$
1096	1161	2250	1831	4198	1519	2048	5117
VAMP-SGF	*CLN*	*NGSF*	*VAAP-SNM*	*VAPI3S*	*P*	*JASM*	*NASM*

καὶ	οἱ	ὄχλοι	ἐπεζήτουν	αὐτόν,	καὶ	ἦλθον	ἕως	αὐτοῦ,	καὶ	κατεῖχον
y	las	multitudes	buscaban	a él	y,	vinieron	hasta	él,	y	retenían
2532	3588	3793	1934	846	2532	2064	2193	846	2532	2722
CLN	*DNPM*	*NNPM*	*VIAI3P*	*RP3ASM*	*CLN*	*VAAI3P*	*P, C*	*RP3GSM*	*CLN*	*VIAI3P*

αὐτὸν	τοῦ	μὴ	πορεύεσθαι	ἀπ’	αὐτῶν.	43 ὁ	δὲ	εἶπεν	πρὸς
a él	--(para)	no	irse	de	ellos.	--$_2$	Pero$_1$	dijo	a
846	3588	3361	4198	575	846	3588	1161	2036	4314
RP3ASM	*DGSN, DGSM*	*BN, TN*	*VPUN*	*P*	*RP3GPM*	*DNSM*	*CLC*	*VAAI3S*	*P*

αὐτοὺς	ὅτι	Καὶ	ταῖς	ἑτέραις	πόλεσιν	εὐαγγελίσασθαί	με	δεῖ
ellos	que	también	a las	otras	ciudades	anunciar la buena noticia	a mí$_2$	es necesario$_1$
846	3754	2532	3588	2087	4172	2097	3165	1163
RP3APM	*CSC*	*BE, TE*	*DDPF*	*JDPF*	*NDPF*	*VAMN*	*RP1AS*	*VPAI3S*

NVI

de Simón, cuya suegra
estaba enferma con
una fiebre muy alta. Le
pidieron a Jesús que
la ayudara, 39 así que
se inclinó sobre ella y
reprendió a la fiebre, la
cual se le quitó. Ella se
levantó en seguida y se
puso a servirles.
40 Al ponerse el sol,
la gente le llevó a Jesús
todos los que padecían
de diversas enfermeda-
des; él puso las manos
sobre cada uno de ellos
y los sanó. 41 Además, de
muchas personas salían
demonios que gritaban:
«¡Tú eres el Hijo de
Dios!» Pero él los
reprendía y no los dejaba
hablar porque sabían
que él era el Cristo.
42 Cuando amaneció,
Jesús salió y se fue a un
lugar solitario. La gente
andaba buscándolo y,
cuando llegaron adonde
él estaba, procuraban
detenerlo para que
no se fuera. 43 Pero él
les dijo: «Es preciso
que anuncie también
a los demás pueblos
las buenas nuevas

4:41⸀ Manuscritos inferiores aumentaron *el Cristo.*

RVR

el reino de Dios, porque para esto he sido enviado.
44 Y continuaba predicando en las sinagogas de Galilea.

La pesca milagrosa

5 Aconteció que, estando él de pie junto al lago de Genesaret, la multitud se agolpaba sobre él para oír la palabra de Dios;
2 y vio dos barcas que estaban a la orilla del lago; y los pescadores habían bajado de ellas y estaban lavando las redes.
3 Y subió a una de las barcas, que era de Simón, y le rogó que se alejara un poco de la tierra; y, sentándose, enseñaba desde la barca a las multitudes.
4 Cuando cesó de hablar, le dijo a Simón: Boga mar adentro, y echad vuestras redes para pescar.
5 Simón le respondió, diciendo: Maestro, después de bregar a lo largo de toda la noche, no hemos pescado nada; pero, puesto que tú lo pides, echaré la red.
6 Así lo hicieron, y encerraron una gran cantidad de peces; y la red se les rompía.

τὴν	βασιλείαν	τοῦ	θεοῦ,	ὅτι	ἐπὶ	τοῦτο	ἀπεστάλην.	44 καὶ	ἦν
del	reino	de --	Dios,	porque	por$_2$	esto.$_3$	fui enviado$_1$	Y	estaba
3588	932	3588	2316	3754	1909	5124	649	2532	2258
DASF	*NASF*	*DGSM*	*NGSM*	*CAZ*	*P*	*RD-ASN*	*VAPI1S*	*CLN*	*VIAI3S*

κηρύσσων	εἰς	τὰς	συναγωγὰς	τῆς	⸀Ἰουδαίας.
proclamando	en	las	sinagogas	de --	Judea.
2784	1519	3588	4864	3588	2449
VPAP-SNM	*P*	*DAPF*	*NAPF*	*DGSF*	*NGSF*

5 Ἐγένετο	δὲ	ἐν	τῷ	τὸν	ὄχλον	ἐπικεῖσθαι	αὐτῷ*
sucedió$_2$	Y$_1$	en	--	la	multitud	agolpada	sobre él
1096	1161	1722	3588	3588	3793	1945	846
VAMI3S	*CLT*	*P*	*DDSN, DDSM*	*DASM*	*NASM*	*VPUN*	*RP3DSM*

καὶ	ἀκούειν	τὸν	λόγον	τοῦ	θεοῦ	καὶ	αὐτὸς	ἦν	ἑστὼς	παρὰ
también	para oír	la	palabra	de --	Dios;	y	él	estaba	puesto en pie	junto a
2532	191	3588	3056	3588	2316	2532	846	2258	2476	3844
CLN	*VPAN*	*DASM*	*NASM*	*DGSM*	*NGSM*	*CLN*	*RP3NSM*	*VIAI3S*	*VRAP-SNM*	*P*

τὴν	λίμνην	Γεννησαρέτ,	2 καὶ	εἶδεν	δύο	πλοῖα	ἑστῶτα	παρὰ	τὴν
el	lago	de Genesaret.	Y	vio	dos	barcos	parados	junto a	el
3588	3041	1082	2532	1492	1417	4143	2476	3844	3588
DASF	*NASF*	*NGSF, XP*	*CLN*	*VAAI3S*	*XN, J*	*NAPN*	*VRAP-PAN*	*P*	*DASF*

λίμνην,	οἱ	δὲ	ἁλιεῖς	ἀπ'	αὐτῶν	ἀποβάντες	ἔπλυνον	τὰ
lago;	los$_2$	y$_1$	pescadores	de	ellas,	habiendo desembarcado	lavaban	las
3041	3588	1161	231	575	846	576	4150	3588
NASF	*DNPM*	*CLN*	*NNPM*	*P*	*RP3GPN*	*VAAP-PNM*	*VIAI3P*	*DAPN*

δίκτυα.	3 ἐμβὰς	δὲ	εἰς	ἓν	τῶν	πλοίων,	ὃ	ἦν	Σίμωνος,
redes de pesca.	habiendo embarcado$_2$	Y$_1$	en	uno	de los	barcos,	la cual	era	de Simón,
1350	1684	1161	1519	1520	3588	4143	3739	2258	4613
NAPN	*VAAP-SNM*	*CLN*	*P*	*JASN*	*DGPN*	*NGPN*	*RR-NSN*	*VIAI3S*	*NGSM*

ἠρώτησεν	αὐτὸν	ἀπὸ	τῆς	γῆς	ἐπαναγαγεῖν	ὀλίγον,	καθίσας	δὲ
pidió	a él	de	la	tierra	salir al mar	un poco.	habiéndose sentado,$_2$	Y$_1$
2065	846	575	3588	1093	1877	3641	2523	1161
VAAI3S	*RP3ASM*	*P*	*DGSF*	*NGSF*	*VAAN*	*B, J*	*VAAP-SNM*	*CLN*

ἐκ	τοῦ	πλοίου	ἐδίδασκεν	τοὺς	ὄχλους.	4 ὡς	δὲ	ἐπαύσατο
desde$_4$	el$_5$	barco$_6$	enseñaba$_3$	a la	multitud.	cuando$_2$	Y$_1$	cesó
1537	3588	4143	1321	3588	3793	5613	1161	3973
P	*DGSN, DGSM*	*NGSN*	*VIAI3S*	*DAPM*	*NAPM*	*CAT*	*CLN*	*VAMI3S*

λαλῶν,	εἶπεν	πρὸς	τὸν	Σίμωνα·	Ἐπανάγαγε	εἰς	τὸ	βάθος
hablando,	dijo	a	--	Simón:	Sal al mar,	hacia	la	profundidad,
2980	2036	4314	3588	4613	1877	1519	3588	899
VPAP-SNM	*VAAI3S*	*P*	*DASM*	*NASM*	*VAAM2S*	*P*	*DASN*	*NASN*

καὶ	χαλάσατε	τὰ	δίκτυα	ὑμῶν	εἰς	ἄγραν.	5 καὶ	ἀποκριθεὶς
y	echad	las	redes de pesca	de vosotros	para	(la) pesca.	Y	respondiendo
2532	5465	3588	1350	5216	1519	61	2532	611
CLN	*VAAM2P*	*DAPN*	*NAPN*	*RP2GP*	*P*	*NASF*	*CLN*	*VAPP-SNM*

Σίμων	εἶπεν·	Ἐπιστάτα,	δι'	ὅλης	νυκτὸς	κοπιάσαντες	οὐδὲν
Simón,	dijo:	Maestro,	por	toda	(la) noche,	habiendo trabajado duramente,	nada
4613	2036	1988	1223	3650	3571	2872	3762
NNSM	*VAAI3S*	*NVSM*	*P*	*JGSF*	*NGSF*	*VAAP-PNM*	*JASN*

ἐλάβομεν,	ἐπὶ	δὲ	τῷ	ῥήματί	σου	χαλάσω	τὰ	δίκτυα.	6 καὶ
recibimos;	sobre$_2$	pero$_1$	la	palabra	tuya,	echaré	las	redes de pesca.	Y
2983	1909	1161	3588	4487	4675	5465	3588	1350	2532
VAAI1P	*P*	*CLC*	*DDSN*	*NDSN*	*RP2GS*	*VFAI1S*	*DAPN*	*NAPN*	*CLN*

τοῦτο	ποιήσαντες	συνέκλεισαν	πλῆθος	ἰχθύων	πολύ,	διερρήσσετο
esto$_2$	habiendo hecho$_1$	recogieron	multitud$_2$	de peces.$_3$	mucha$_1$	se rompían$_5$
5124	4160	4788	4128	2486	4183	1284
RD-ASN	*VAAP-PNM*	*VAAI3P*	*NASN*	*NGPM*	*JASN*	*VIPI3S*

NVI

del reino de Dios, porque para esto fui enviado».
44 Y siguió predicando en las sinagogas de los judíos.

Llamamiento de los primeros discípulos

5 Un día estaba Jesús a orillas del lago de Genesaret, y la gente lo apretujaba para escuchar el mensaje de Dios. 2 Entonces vio dos barcas que los pescadores habían dejado en la playa mientras lavaban las redes. 3 Subió a una de las barcas, que pertenecía a Simón, y le pidió que la alejara un poco de la orilla. Luego se sentó, y enseñaba a la gente desde la barca.
4 Cuando acabó de hablar, le dijo a Simón:
—Lleva la barca hacia aguas más profundas, y echen allí las redes para pescar.
5 —Maestro, hemos estado trabajando duro toda la noche y no hemos pescado nada —le contestó Simón—. Pero, como tú me lo mandas, echaré las redes.
6 Así lo hicieron, y recogieron una cantidad tan grande de peces que las redes se les rompían.

4:44⸀ Manuscritos inferiores tienen *Galilea*. 5:1* O sea *que la multitud se agolpaba sobre él.*

RVR

7 Hicieron señas enton-
ces a los compañeros
que estaban en la otra
barca para que vinieran
a ayudarles. Vinieron, y
llenaron ambas barcas,
tanto que comenzaban a
hundirse.
8 Cuando Simón Pedro
lo vio, cayó ante las ro-
dillas de Jesús, diciendo:
¡Apártate de mí, Señor,
que soy un hombre
pecador!
9 Porque el estupor se
había apoderado de él y
de todos los que estaban
con él ante la captura
de los peces que habían
pescado;
10 y lo mismo de Jacobo,
tanto como de Juan,
hijos de Zebedeo, que
eran socios de Simón.
Y le dijo Jesús a Simón:
Deja de temer; desde
ahora serás pescador de
hombres.
11 Y después de bajar las
barcas a tierra, lo dejaron
todo y le siguieron.

Jesucristo sana a un leproso

12 Sucedió que estan-
do él en una de las
ciudades, había allí un
hombre lleno de lepra;
y cuando vio a Jesús,
cayó rostro en tierra,
y le suplicó, diciendo:
Señor, si quieres, puedes

δὲ	τὰ	δίκτυα	αὐτῶν.	7 καὶ	κατένευσαν	τοῖς	μετόχοις	ἐν	τῷ
Y$_4$	las	redes de pesca	de ellos.	Entonces	llamaron por señas	a los	compañeros	en	el
1161	3588	1350	846	2532	2656	3588	3353	1722	3588
CLN	*DNPN*	*NNPN*	*RP3GPM*	*CLN*	*VAAI3P*	*DDPM*	*JDPM*	*P*	*DDSN*

ἑτέρῳ	πλοίῳ	τοῦ	ἐλθόντας	συλλαβέσθαι	αὐτοῖς·	καὶ	ἦλθον,
otro	barco	--	para que vinieran	a ayudar	a ellos.	Y	vinieron
2087	4143	3588	2064	4815	846	2532	2064
JDSN	*NDSN*	*DGSN, DGSM*	*VAAP-PAM*	*VAMN*	*RP3DPM*	*CLN*	*VAAI3P*

καὶ	ἔπλησαν	ἀμφότερα	τὰ	πλοῖα	ὥστε	βυθίζεσθαι	αὐτά.*
y	llenaron	ambos	--	barcos,	de tal modo que	ser hundidas	ellas.
2532	4130	297	3588	4143	5620	1036	846
CLN	*VAAI3P*	*JAPN*	*DAPN*	*NAPN*	*CAR*	*VPPN*	*RP3APN*

8 ἰδὼν	δὲ	Σίμων	Πέτρος	προσέπεσεν	τοῖς	γόνασιν	Ἰησοῦ
habiendo visto (esto),$_4$	Y$_1$	Simón$_2$	Pedro,$_3$	cayó	a las	rodillas	de Jesús,
1492	1161	4613	4074	4363	3588	1119	2424
VAAP-SNM	*CLN*	*NNSM*	*NNSM*	*VAAI3S*	*DDPN*	*NDPN*	*NGSM*

λέγων·	Ἔξελθε	ἀπ'	ἐμοῦ,	ὅτι	ἀνὴρ	ἁμαρτωλός	εἰμι,	κύριε.	9 θάμβος
diciendo:	Apártate	de	mí,	porque$_1$	hombre$_3$	pecador,$_4$	soy$_2$	Señor.	admiración$_2$
3004	1831	575	1700	3754	435	268	1510	2962	2285
VPAP-SNM	*VAAM2S*	*P*	*RP1GS*	*CAZ*	*NNSM*	*JNSM*	*VPAI1S*	*NVSM*	*NNSN*

γὰρ	περιέσχεν	αὐτὸν	καὶ	πάντας	τοὺς	σὺν	αὐτῷ	ἐπὶ	τῇ	ἄγρᾳ
Porque$_1$	se apoderó de	él	y	todos	los (que)	con	él (estaban),	respecto	la	pesca
1063	4023	846	2532	3956	3588	4862	846	1909	3588	61
CAZ	*VAAI3S*	*RP3ASM*	*CLN*	*JAPM*	*DAPM*	*P*	*RP3DSM*	*P*	*DDSF*	*NDSF*

τῶν	ἰχθύων	ὧν	συνέλαβον,	10 ὁμοίως	δὲ	καὶ	Ἰάκωβον	καὶ
de los	peces	los cuales	prendieron,	igualmente$_2$	e$_1$	también	Jacob	y
3588	2486	3739	4815	3668	1161	2532	2385	2532
DGPM	*NGPM*	*RR-GPM*	*VAAI3P*	*B*	*CLN*	*BE, TE*	*NASM*	*CLN*

Ἰωάννην	υἱοὺς	Ζεβεδαίου,	οἳ	ἦσαν	κοινωνοὶ	τῷ	Σίμωνι.	καὶ	εἶπεν
Juan,	hijos	de Zebedeo,	los cuales	eran	compañeros	de --	Simón.	Y	dijo$_3$
2491	5207	2199	3739	2258	2844	3588	4613	2532	2036
NASM	*NAPM*	*NGSM*	*RR-NPM*	*VIAI3P*	*JNPM, NNPM*	*DDSM*	*NDSM*	*CLN*	*VAAI3S*

πρὸς	τὸν	Σίμωνα	ὁ	Ἰησοῦς·	Μὴ	φοβοῦ·	ἀπὸ	τοῦ	νῦν	ἀνθρώπους
a$_4$	--$_5$	Simón:$_6$	--$_1$	Jesús$_2$	No	temas;	desde	--	ahora	seres humanos.$_3$
4314	3588	4613	3588	2424	3361	5399	575	3588	3568	444
P	*DASM*	*NASM*	*DNSM*	*NNSM*	*BN, TN*	*VPUM2S*	*P*	*DGSM*	*B*	*NAPM*

ἔσῃ	ζωγρῶν.	11 καὶ	καταγαγόντες	τὰ	πλοῖα	ἐπὶ	τὴν	γῆν	ἀφέντες
estarás$_1$	pescando$_2$	Y	habiendo sacado	los	barcos	sobre	la	tierra,	habiendo dejado
2071	2221	2532	2609	3588	4143	1909	3588	1093	863
VFMI2S	*VPAP-SNM*	*CLN*	*VAAP-PNM*	*DAPN*	*NAPN*	*P*	*DASF*	*NASF*	*VAAP-PNM*

πάντα	ἠκολούθησαν	αὐτῷ.
todas (las cosas),	siguieron	a él.
3956	190	846
JAPN	*VAAI3P*	*RP3DSM*

12 Καὶ	ἐγένετο	ἐν	τῷ	εἶναι	αὐτὸν	ἐν	μιᾷ	τῶν	πόλεων	καὶ
Y	sucedió que	en	el	estar	él	en	una	de las	ciudades,	--
2532	1096	1722	3588	1511	846	1722	1520	3588	4172	2532
CLN	*VAMI3S*	*P*	*DDSN, DDSM*	*VPAN*	*RP3ASM*	*P*	*JDSF*	*DGPF*	*NGPF*	*CLN*

ἰδοὺ	ἀνὴρ	πλήρης	λέπρας·	καὶ	ἰδὼν	τὸν	Ἰησοῦν	πεσὼν
he aquí,	un hombre	lleno	de lepra;	y	habiendo visto	a --	Jesús,	habiendo caído
2400	435	4134	3014	2532	1492	3588	2424	4098
I, VAAM2S	*NNSM*	*JNSM*	*NGSF*	*C*	*VAAP-SNM*	*DASM*	*NASM*	*VAAP-SNM*

ἐπὶ	πρόσωπον	ἐδεήθη	αὐτοῦ	λέγων·	Κύριε,	ἐὰν	θέλῃς	δύνασαί	με
sobre	(su) rostro,	suplicaba	de él	diciendo:	Señor,	si	quieras	puedes	a mí.$_2$
1909	4383	1189	846	3004	2962	1437	2309	1410	3165
P	*NASN*	*VAPI3S*	*RP3GSM*	*VPAP-SNM*	*NVSM*	*CAC*	*VPAS2S*	*VPUI2S*	*RP1AS*

NVI

7 Entonces llamaron por
señas a sus compañeros
de la otra barca para
que los ayudaran. Ellos
se acercaron y llenaron
tanto las dos barcas que
comenzaron a hundirse.
8 Al ver esto, Simón
Pedro cayó de rodillas
delante de Jesús y le dijo:
—¡Apártate de mí,
Señor; soy un pecador!
9 Es que él y todos sus
compañeros estaban
asombrados ante la
pesca que habían hecho,
10 como también lo esta-
ban Jacobo y Juan, hijos
de Zebedeo, que eran
socios de Simón.
—No temas; desde
ahora serás pescador de
hombres —le dijo Jesús
a Simón.
11 Así que llevaron
las barcas a tierra y, de-
jándolo todo, siguieron
a Jesús.

Jesús sana a un leproso

12 En otra ocasión,
cuando Jesús estaba en
un pueblo, se presentó
un hombre cubierto
de lepra. Al ver a Jesús,
cayó rostro en tierra y le
suplicó:
—Señor, si quieres,

5:7* O sea *que se hundían.*

RVR

limpiarme.
[13] Él extendió la mano
y le tocó, diciendo:
Quiero; sé limpio. Y al
instante se marchó de él
la lepra.
[14] Y le encargó que
no se lo dijera a nadie,
sino anda, le dijo, y
muéstrate al sacerdote,
y haz la ofrenda por tu
purificación, confor-
me prescribió Moisés,
para que les sirva de
testimonio.
[15] Pero su fama se
difundía aún más, y
grandes multitudes se
reunían para escucharle
y ser sanadas de sus
enfermedades.
[16] Él, por su parte, se
retiraba con frecuencia
a los lugares solitarios
para orar.

Jesucristo sana a un paralítico

[17] Aconteció un día que
él estaba enseñando, y
estaban sentados allí
unos fariseos y maestros
de la ley, que habían ve-
nido de todas las aldeas
de Galilea y Judea, y de
Jerusalén; y el poder del
Señor estaba presente
para sanarles.
[18] En esto unos hom-
bres traían en una
camilla a un paralí-
tico; y trataban de
introducirlo y colocarlo

καθαρίσαι.	[13] καὶ	ἐκτείνας	τὴν	χεῖρα	ἥψατο	αὐτοῦ	εἰπών·
limpiar$_1$	Y	habiendo extendido	la	mano,	tomó	de él	habiendo dicho:
2511	2532	1614	3588	5495	680	846	2036
VAAN	*CLN*	*VAAP-SNM, VAAP-SNF*	*DASF*	*NASF*	*VAMI3S*	*RP3GSM*	*VAAP-SNM*

Θέλω,	καθαρίσθητι·	καὶ	εὐθέως	ἡ	λέπρα	ἀπῆλθεν	ἀπ'	αὐτοῦ.
Quiero;	sé limpio.	E	inmediatamente	la	lepra	se fue	de	él.
2309	2511	2532	2112	3588	3014	565	575	846
VPAI1S	*VAPM2S*	*CLN*	*B*	*DNSF*	*NNSF*	*VAAI3S*	*P*	*RP3GSM*

[14] καὶ	αὐτὸς	παρήγγειλεν	αὐτῷ	μηδενὶ	εἰπεῖν,	ἀλλὰ	ἀπελθὼν	δεῖξον
Y	él	ordenó$_2$	a él	a nadie	decir,	sino	habiendo ido	muestra
2532	846	3853	846	3367	2036	235	565	1166
CLN	*RP3NSM*	*VAAI3S*	*RP3DSM*	*JDSM*	*VAAN*	*CLC*	*VAAP-SNM*	*VAAM2S*

σεαυτὸν	τῷ	ἱερεῖ,	καὶ	προσένεγκε	περὶ	τοῦ	καθαρισμοῦ	σου
a ti mismo	al	sacerdote,	y	ofrece (sacrificio)	acerca de	la	purificación	de ti,
4572	3588	2409	2532	4374	4012	3588	2512	4675
RF2ASM	*DDSM*	*NDSM*	*CLN*	*VAAM2S*	*P*	*DGSM*	*NGSM*	*RP2GS*

καθὼς	προσέταξεν	Μωϋσῆς	εἰς	μαρτύριον	αὐτοῖς.	[15] διήρχετο	δὲ
conforme	ordenó	Moisés,	para	testimonio	a ellos.	se difundía$_2$	Pero$_1$
2531	4367	3475	1519	3142	846	1330	1161
CAM	*VAAI3S*	*NNSM*	*P*	*NASN*	*RP3DPM*	*VIUI3S*	*CLC*

μᾶλλον	ὁ	λόγος	περὶ	αὐτοῦ,	καὶ	συνήρχοντο	ὄχλοι	πολλοὶ
más	la	palabra	acerca de	él,	y	se reunían	multitudes	muchas
3123	3588	3056	4012	846	2532	4905	3793	4183
B	*DNSM*	*NNSM*	*P*	*RP3GSM*	*CLN*	*VIUI3P*	*NNPM*	*JNPM*

ἀκούειν	καὶ	θεραπεύεσθαι	ἀπὸ	τῶν	ἀσθενειῶν	αὐτῶν·	[16] αὐτὸς	δὲ
para oír	y	ser sanados	de	las	enfermedades	de ellos.	él$_2$	Pero$_1$
191	2532	2323	575	3588	769	846	846	1161
VPAN	*CLN*	*VPPN*	*P*	*DGPF*	*NGPF*	*RP3GPM*	*RP3NSMP*	*CLC*

ἦν	ὑποχωρῶν	ἐν	ταῖς	ἐρήμοις	καὶ	προσευχόμενος.
estaba	retirándose	a	los	(lugares) desiertos	y	orando.
2258	5298	1722	3588	2048	2532	4336
VIAI3S	*VPAP-SNM*	*P*	*DDPF*	*JDPF*	*CLN*	*VPUP-SNM*

[17] Καὶ	ἐγένετο	ἐν	μιᾷ	τῶν	ἡμερῶν	καὶ	αὐτὸς	ἦν	διδάσκων,
Y	sucedió	en	un	de los	días	y	él	estaba	enseñando,
2532	1096	1722	1520	3588	2250	2532	846	2258	1321
CLN	*VAMI3S*	*P*	*JDSF*	*DGPF*	*NGPF*	*CLN*	*RP3NSM*	*VIAI3S*	*VPAP-SNM*

καὶ	ἦσαν	καθήμενοι	Φαρισαῖοι	καὶ	νομοδιδάσκαλοι	οἳ	ἦσαν
y	estaban	sentados	unos fariseos	y	maestros de la Ley,	los cuales	habían
2532	2258	2521	5330	2532	3547	3739	2258
CLN	*VIAI3P*	*VPUP-PNM*	*NNPM*	*CLN*	*NNPM*	*RR-NPM*	*VIAI3P*

ἐληλυθότες	ἐκ	πάσης	κώμης	τῆς	Γαλιλαίας	καὶ	Ἰουδαίας	καὶ
venido	de	toda	aldea	de --	Galilea	y	Judea	y
2064	1537	3956	2968	3588	1056	2532	2449	2532
VRAP-PNM	*P*	*JGSF*	*NGSF*	*DGSF*	*NGSF*	*CLN*	*NGSF*	*CLN*

Ἰερουσαλήμ·	καὶ	δύναμις	κυρίου	ἦν	εἰς	τὸ	ἰᾶσθαι	αὐτόν.
Jerusalén;	y	(el) poder	de(l) Señor	estaba	para	--$_2$	sanar.$_3$	a él$_1$
2419	2532	1411	2962	2258	1519	3588	2390	846
NGSF, XP	*CLN*	*NNSF*	*NGSM*	*VIAI3S*	*P*	*DASN*	*VPUN*	*RP3ASM*

[18] καὶ	ἰδοὺ	ἄνδρες	φέροντες	ἐπὶ	κλίνης	ἄνθρωπον	ὅς	ἦν
Y	he aquí	unos varones	llevando	sobre	una cama	a un hombre,	el cual	estaba
2532	2400	435	5342	1909	2825	444	3739	2258
CLN	*I, VAAM2S*	*NNPM*	*VPAP-PNM*	*P*	*NGSF*	*NASM*	*RR-NSM*	*VIAI3S*

παραλελυμένος,	καὶ	ἐζήτουν	αὐτὸν	εἰσενεγκεῖν	καὶ	θεῖναι
paralizado,	y	buscaban	a él	entrar	y	para poner
3886	2532	2212	846	1533	2532	5087
VRPP-SNM	*CLN*	*VIAI3P*	*RP3ASM*	*VAAN*	*CLN*	*VAAN*

NVI

puedes limpiarme.
[13] Jesús extendió la
mano y tocó al hombre.
—Sí, quiero —le
dijo—. ¡Queda limpio!
Y al instante se le
quitó la lepra.
[14] —No se lo digas
a nadie —le ordenó
Jesús—; solo ve, pre-
séntate al sacerdote y
lleva por tu purificación
lo que ordenó Moisés,
para que les sirva de
testimonio.
[15] Sin embargo, la
fama de Jesús se extendía
cada vez más, de modo
que acudían a él multi-
tudes para oírlo y para
que los sanara de sus
enfermedades. [16] Él, por
su parte, solía retirarse
a lugares solitarios para
orar.

Jesús sana a un paralítico

[17] Un día, mientras
enseñaba, estaban senta-
dos allí algunos fariseos
y maestros de la ley que
habían venido de todas
las aldeas de Galilea
y Judea, y también de
Jerusalén. Y el poder del
Señor estaba con él para
sanar a los enfermos.
[18] Entonces llegaron
unos hombres que lleva-
ban en una camilla a un
paralítico. Procuraron
entrar para ponerlo

RVR

delante de Jesús.
19 Pero no hallando de
qué manera intro-
ducirle, a causa de la
multitud, subieron a la
azotea, lo descolgaron
con la camilla a través de
las tejas, y lo pusieron en
medio, delante de Jesús.
20 Al ver la fe de ellos,
dijo: Hombre, tus
pecados te quedan
perdonados.
21 Entonces los escribas
y los fariseos comenza-
ron a razonar, diciendo:
¿Quién es éste que habla
blasfemias? ¿Quién
puede perdonar peca-
dos, sino sólo Dios?
22 Al percatarse Jesús de
lo que ellos estaban pen-
sando, tomó la palabra
y les dijo: ¿Qué estáis
pensando en vuestros
corazones?
23 ¿Qué es más fácil, de-
cir: Te quedan perdona-
dos tus pecados, o decir:
Levántate y anda?
24 Pues para que sepáis
que el Hijo del Hombre
tiene autoridad en la tie-
rra para perdonar peca-
dos (dijo al paralítico):
A ti te digo, levántate,
toma tu camilla, y vete

ἐνώπιον	αὐτοῦ.	19 καὶ	μὴ	εὑρόντες	ποίας	εἰσενέγκωσιν
delante de	él.	Pero	no	habiendo encontrado	de qué (manera)	introducir
1799	846	2532	3361	2147	4169	1533
P, B	*RP3GSM*	*CLN*	*BN, TN*	*VAAP-PNM*	*RI-GSF*	*VAAS3P*

αὐτὸν	διὰ	τὸν	ὄχλον	ἀναβάντες	ἐπὶ	τὸ	δῶμα	διὰ
a él	a causa de	la	multitud,	habiendo subido	a	la	azotea,	por medio de
846	1223	3588	3793	305	1909	3588	1430	1223
RP3ASM	*P*	*DASM*	*NASM*	*VAAP-PNM*	*P*	*DASN*	*NASN*	*P*

τῶν	κεράμων	καθῆκαν	αὐτὸν	σὺν	τῷ	κλινιδίῳ	εἰς	τὸ	μέσον
las	tejas	bajaron	a él	con	la	camilla	en	el	medio
3588	2766	2524	846	4862	3588	2826	1519	3588	3319
DGPM	*NGPM*	*VAAI3P*	*RP3ASM*	*P*	*DDSN*	*NDSN*	*P*	*DASN*	*JASN*

ἔμπροσθεν	τοῦ	Ἰησοῦ.	20 καὶ	ἰδὼν	τὴν	πίστιν	αὐτῶν	εἶπεν·
delante de	--	Jesús.	Y	habiendo visto	la	fe	de ellos,	dijo:
1715	3588	2424	2532	1492	3588	4102	846	2036
P	*DGSM*	*NGSM*	*CLN*	*VAAP-SNM*	*DASF*	*NASF*	*RP3GPM*	*VAAI3S*

Ἄνθρωπε,	ἀφέωνταί	σοι	αἱ	ἁμαρτίαι	σου.	21 καὶ	ἤρξαντο
Hombre,	han sido perdonados$_4$	a ti.$_5$	los$_1$	pecados$_2$	de ti$_3$	Entonces$_1$	comenzaron$_7$
444	863	4671	3588	266	4675	2532	756
NVSM	*VRPI3P*	*RP2DS*	*DNPF*	*NNPF*	*RP2GS*	*CLN*	*VAMI3P*

διαλογίζεσθαι	οἱ	γραμματεῖς	καὶ	οἱ	Φαρισαῖοι	λέγοντες·	Τίς
a pensar$_8$	los$_2$	escribas$_3$	y$_4$	los$_5$	fariseos,$_6$	diciendo:	¿Quién
1260	3588	1122	2532	3588	5330	3004	5101
VPUN	*DNPM*	*NNPM*	*CLN*	*DNPM*	*NNPM*	*VPAP-PNM*	*RI-NSM*

ἐστιν	οὗτος	ὃς	λαλεῖ	βλασφημίας;	τίς	δύναται	ἁμαρτίας
es	este	el que	habla	blasfemias?	¿Quién	tiene poder	pecados$_2$
2076	3778	3739	2980	988	5101	1410	266
VPAI3S	*RD-NSM*	*RR-NSM*	*VPAI3S*	*NAPF*	*RI-NSM*	*VPUI3S*	*NAPF*

ἀφεῖναι	εἰ	μὴ	μόνος	ὁ	θεός;	22 ἐπιγνοὺς	δὲ	ὁ	Ἰησοῦς
para perdonar$_1$	si	no	solo	--	Dios?	habiendo conocido$_4$	Pero$_1$	--$_2$	Jesús,$_3$
863	1487	3361	3441	3588	2316	1921	1161	3588	2424
VAAN, VAPN	*CAC*	*BN, TN*	*JNSM*	*DNSM*	*NNSM*	*VAAP-SNM*	*CLN*	*DNSM*	*NNSM*

τοὺς	διαλογισμοὺς	αὐτῶν	ἀποκριθεὶς	εἶπεν	πρὸς	αὐτούς·	Τί
los	pensamientos	de ellos,	respondiendo	dijo	a	ellos:	¿Qué
3588	1261	846	611	2036	4314	846	5101
DAPM	*NAPM*	*RP3GPM*	*VAPP-SNM*	*VAAI3S*	*P*	*RP3APM*	*RI-ASN*

διαλογίζεσθε	ἐν	ταῖς	καρδίαις	ὑμῶν;	23 τί	ἐστιν	εὐκοπώτερον,
pensáis	en	los	corazones	de vosotros?	¿Qué	es	más fácil,
1260	1722	3588	2588	5216	5101	2076	2123
VPUI2P	*P*	*DDPF*	*NDPF*	*RP2GP*	*RI-NSN*	*VPAI3S*	*JNSNC*

εἰπεῖν·	Ἀφέωνταί	σοι	αἱ	ἁμαρτίαι	σου,	ἢ	εἰπεῖν·	Ἔγειρε	καὶ
decir:	han sido perdonados$_4$	a ti,$_5$	Los$_1$	pecados$_2$	de ti,$_3$	o	decir:	Levántate	y
2036	863	4671	3588	266	4675	2228	2036	1453	2532
VAAN	*VRPI3P*	*RP2DS*	*DNPF*	*NNPF*	*RP2GS*	*CLD*	*VAAN*	*VPAM2S*	*CLN*

περιπάτει;	24 ἵνα	δὲ	εἰδῆτε	ὅτι	ὁ	υἱὸς	τοῦ	ἀνθρώπου	ἐξουσίαν
anda?	para que$_2$	Pero$_1$	sepáis$_3$	que	el	Hijo	del	hombre	autoridad$_2$
4043	2443	1161	1492	3754	3588	5207	3588	444	1849
VPAM2S	*CAP*	*CLC*	*VRAS2P*	*CSC*	*DNSM*	*NNSM*	*DGSM*	*NGSM*	*NASF*

ἔχει	ἐπὶ	τῆς	γῆς	ἀφιέναι	ἁμαρτίας—	εἶπεν	τῷ	παραλελυμένῳ·
tiene$_1$	en	la	tierra	para perdonar	pecados,	dijo	al	paralítico:
2192	1909	3588	1093	863	266	2036	3588	3886
VPAI3S	*P*	*DGSF*	*NGSF*	*VPAN*	*NAPF*	*VAAI3S*	*DDSM*	*VRPP-SDM*

Σοὶ	λέγω,	ἔγειρε	καὶ	ἄρας	τὸ	κλινίδιόν	σου	πορεύου	εἰς
A ti	digo:	Levántate	y	habiendo llevado	la	camilla	de ti,	ve	a
4671	3004	1453	2532	142	3588	2826	4675	4198	1519
RP2DS	*VPAI1S*	*VPAM2S*	*CLN*	*VAAP-SNM*	*DASN*	*NASN*	*RP2GS*	*VPUM2S*	*P*

NVI

delante de Jesús, 19 pero
no pudieron a causa
de la multitud. Así que
subieron a la azotea y, se-
parando las tejas, lo ba-
jaron en la camilla hasta
ponerlo en medio de la
gente, frente a Jesús.
20 Al ver la fe de ellos,
Jesús dijo:
—Amigo, tus peca-
dos quedan perdonados.
21 Los fariseos y
los maestros de la ley
comenzaron a pensar:
«¿Quién es este que
dice blasfemias? ¿Quién
puede perdonar pecados
sino solo Dios?»
22 Pero Jesús supo lo
que estaban pensando y
les dijo:
—¿Por qué razonan
así? 23 ¿Qué es más fácil
decir: "Tus pecados
quedan perdonados",
o "Levántate y anda"?
24 Pues para que sepan
que el Hijo del hombre
tiene autoridad en la
tierra para perdonar
pecados —se dirigió
entonces al paralítico—:
A ti te digo, levántate,
toma tu camilla y vete a

RVR

a tu casa.
25 E inmediatamente
se levantó a la vista de
ellos, tomó la camilla en
que estaba acostado, y se
fue a su casa, glorifican-
do a Dios.
26 El estupor se apoderó
de todos, y glorifica-
ban a Dios; y llenos de
temor, decían: Hoy
hemos visto cosas
increíbles.

Llamamiento de Leví

27 Después de esto salió
y vio a un cobrador de
impuestos, llamado
Leví, sentado en la mesa
de impuestos, y le dijo:
Sígueme.
28 Y dejándolo todo, se
levantó y comenzó a
seguirle.
29 Y Leví le hizo un
gran banquete en su
casa, y había un gran
número de cobradores
de impuestos y de otros
que estaban a la mesa
con ellos.
30 Pero los fariseos y los
escribas que eran de su
partido comenzaron
a refunfuñar ante los
discípulos de Jesús, di-
ciendo: ¿Por qué coméis
y bebéis con cobradores
de impuestos y con
pecadores?
31 Jesús respondió,

τὸν	οἶκόν	σου.	25 καὶ	παραχρῆμα	ἀναστὰς	ἐνώπιον	αὐτῶν,
la	casa	tuya.	Y	al instante	habiéndose levantado	delante de	ellos,
3588	3624	4675	2532	3916	450	1799	846
DASM	*NASM*	*RP2GS*	*CLN*	*B*	*VAAP-SNM*	*P, B*	*RP3GPM*

ἄρας	ἐφ'	ὃ	κατέκειτο,	ἀπῆλθεν	εἰς	τὸν	οἶκον	αὐτοῦ
habiendo tomado (aquello)	sobre	lo que	estaba acostado,	se fue	hacia	la	casa	de él,
142	1909	3739	2621	565	1519	3588	3624	846
VAAP-SNM	*P*	*RR-ASN*	*VIUI3S*	*VAAI3S*	*P*	*DASM*	*NASM*	*RP3GSM*

δοξάζων	τὸν	θεόν.	26 καὶ	ἔκστασις	ἔλαβεν	ἅπαντας	καὶ	ἐδόξαζον
glorificando	a --	Dios.	Y	asombro	tomó	a todos	y	glorificaban
1392	3588	2316	2532	1611	2983	537	2532	1392
VPAP-SNM	*DASM*	*NASM*	*CLN*	*NNSF*	*VAAI3S*	*JAPM*	*CLN*	*VIAI3P*

τὸν	θεόν,	καὶ	ἐπλήσθησαν	φόβου	λέγοντες	ὅτι	Εἴδομεν	παράδοξα
a --	Dios	y	fueron llenos	de temor	diciendo	que:	Vimos	cosas increíbles
3588	2316	2532	4130	5401	3004	3754	1492	3861
DASM	*NASM*	*CLN*	*VAPI3P*	*NGSM*	*VPAP-PNM*	*CSC*	*VAAI1P*	*JAPN*

σήμερον.
hoy.
4594
B

27 Καὶ	μετὰ	ταῦτα	ἐξῆλθεν	καὶ	ἐθεάσατο	τελώνην	ὀνόματι
Y	después de	estas cosas	salió	y	vió	a un publicano	llamado
2532	3326	5023	1831	2532	2300	5057	3686
CLN	*P*	*RD-APN*	*VAAI3S*	*CLN*	*VAMI3S*	*NASM*	*NDSN*

Λευὶν	καθήμενον	ἐπὶ	τὸ	τελώνιον,	καὶ	εἶπεν	αὐτῷ·
Leví,	sentado	en	el	puesto de recaudación de impuestos,	y	dijo:	a él
3018	2521	1909	3588	5058	2532	2036	846
NASM	*VPUP-SAM*	*P*	*DASN*	*NASN*	*CLN*	*VAAI3S*	*RP3DSM*

Ἀκολούθει	μοι.	28 καὶ	καταλιπὼν	πάντα	ἀναστὰς
Sigue	me.	Y	habiendo dejado atrás	todas las cosas,	habiéndose levantado
190	3427	2532	2641	3956	450
VPAM2S	*RP1DS*	*CLN*	*VAAP-SNM*	*JAPN*	*VAAP-SNM*

ἠκολούθει	αὐτῷ.
seguía	a él.
190	846
VIAI3S	*RP3DSM*

29 Καὶ	ἐποίησεν	δοχὴν	μεγάλην	Λευὶς	αὐτῷ	ἐν	τῇ	οἰκίᾳ	αὐτοῦ·
Y	hizo$_3$	un banquete$_4$	grande$_5$	Leví$_1$	para él	en	la	casa	suya;
2532	4160	1403	3173	3018	846	1722	3588	3614	846
CLN	*VAAI3S*	*NASF*	*JASF*	*NNSM*	*RP3DSM*	*P*	*DDSF*	*NDSF*	*RP3GSM*

καὶ	ἦν	ὄχλος	πολὺς	τελωνῶν	καὶ	ἄλλων	οἳ	ἦσαν	μετ'	αὐτῶν
y	había	una multitud	grande	de publicanos	y	de otros,	los cuales	estaban	con	ellos
2532	2258	3793	4183	5057	2532	243	3739	2258	3326	846
CLN	*VIAI3S*	*NNSM*	*JNSM*	*NGPM*	*CLN*	*JGPM*	*RR-NPM*	*VIAI3P*	*P*	*RP3GPM*

κατακείμενοι.	30 καὶ	ἐγόγγυζον	οἱ	Φαρισαῖοι	καὶ	οἱ	γραμματεῖς
recostados (a la mesa).	Y	murmuraban$_6$	los$_1$	fariseos$_2$	y$_3$	los$_4$	escribas$_5$
2621	2532	1111	3588	5330	2532	3588	1122
VPUP-PNM	*CLN*	*VIAI3P*	*DNPM*	*NNPM*	*CLN*	*DNPM*	*NNPM*

αὐτῶν	πρὸς	τοὺς	μαθητὰς	αὐτοῦ	λέγοντες·	Διὰ	τί	μετὰ	τῶν
de ellos	contra	los	discípulos	de él,	diciendo:	¿Por$_1$	qué$_2$	con$_6$	--$_7$
846	4314	3588	3101	846	3004	1223	5101	3326	3588
RP3GPM	*P*	*DAPM*	*NAPM*	*RP3GSM*	*VPAP-PNM*	*P*	*RI-ASN*	*P*	*DGPM*

τελωνῶν	καὶ	ἁμαρτωλῶν	ἐσθίετε	καὶ	πίνετε;	31 καὶ	ἀποκριθεὶς	ὁ
publicanos$_8$	y$_9$	pecadores?$_{10}$	coméis$_3$	y$_4$	bebéis$_5$	Y	respondiendo	--
5057	2532	268	2068	2532	4095	2532	611	3588
NGPM	*CLN*	*JGPM*	*VPAI2P*	*CLN*	*VPAI2P*	*CLN*	*VAPP-SNM*	*DNSM*

NVI

tu casa.
25 Al instante se le-
vantó a la vista de todos,
tomó la camilla en que
había estado acostado,
y se fue a su casa ala-
bando a Dios. 26 Todos
quedaron asombrados y
ellos también alababan
a Dios. Estaban llenos
de temor y decían:
«Hoy hemos visto
maravillas».

Llamamiento de Leví

27 Después de esto
salió Jesús y se fijó
en un recaudador de
impuestos llamado Leví,
sentado a la mesa donde
cobraba.
—Sígueme —le dijo
Jesús.
28 Y Leví se levantó, lo
dejó todo y lo siguió.
29 Luego Leví le ofre-
ció a Jesús un gran ban-
quete en su casa, y había
allí un grupo numeroso
de recaudadores de im-
puestos y otras personas
que estaban comiendo
con ellos. 30 Pero los fari-
seos y los maestros de la
ley que eran de la misma
secta les reclamaban a
los discípulos de Jesús:
—¿Por qué comen
y beben ustedes con
recaudadores de im-
puestos y pecadores?
31 —No son los sanos

RVR

dirigiéndose a ellos:
No necesitan médico
los sanos, sino los que
están mal.
32 No he venido a llamar
al arrepentimiento a jus-
tos, sino a pecadores.

La pregunta sobre el ayuno

33 Y ellos le dijeron:
Los discípulos de Juan
ayunan con frecuencia y
hacen oración; también
los de los fariseos hacen
lo mismo; pero los
tuyos están continua-
mente comiendo y
bebiendo.
34 Y Jesús les dijo:
¿Acaso podéis hacer que
los invitados a la boda
ayunen mientras el
novio está con ellos?
35 Días vendrán en que
les será arrebatado el
novio, y entonces ayu-
narán en aquellos días.
36 Y también les exponía
una parábola: Nadie
arranca un retazo de
un vestido nuevo para
remendar un vestido
viejo; de lo contrario,
no sólo desgarra el nue-
vo, sino que el retazo
procedente del nuevo
no armonizará con el
viejo.
37 Y nadie echa vino
nuevo en odres

Ἰησοῦς	εἶπεν	πρὸς	αὐτούς·	Οὐ	χρείαν	ἔχουσιν	οἱ	ὑγιαίνοντες
Jesús	dijo	a	ellos:	no$_3$	necesidad$_5$	tienen$_4$	Los$_1$	que están sanos$_2$
2424	2036	4314	846	3756	5532	2192	3588	5198
NNSM	*VAAI3S*	*P*	*RP3APM*	*BN, TN*	*NASF*	*VPAI3P*	*DNPM*	*VPAP-PNM*

ἰατροῦ	ἀλλὰ	οἱ	κακῶς	ἔχοντες·	32 οὐκ	ἐλήλυθα	καλέσαι
de médico	sino	los	malamente	los que están teniendo;	no	he venido	para llamar
2395	235	3588	2560	2192	3756	2064	2564
NGSM	*CLC*	*DNPM*	*B*	*VPAP-PNM*	*BN,TN*	*VRAI1S*	*VAAN*

δικαίους	ἀλλὰ	ἁμαρτωλοὺς	εἰς	μετάνοιαν.
a justos	sino	a pecadores	hacia	(el) arrepentimiento.
1342	235	268	1519	3341
JAPM	*CLC*	*JAPM*	*P*	*NASF*

33 Οἱ	δὲ	εἶπαν	πρὸς	αὐτόν·	Οἱ	μαθηταὶ	Ἰωάννου	νηστεύουσιν
--$_2$	Pero$_1$	dijeron	a	él:	Los	discípulos	de Juan	ayunan
3588	1161	3004	4314	846	3588	3101	2491	3522
DNPM	*CLN*	*VAAI3P*	*P*	*RP3ASM*	*DNPM*	*NNPM*	*NGSM*	*VPAI3P*

πυκνὰ	καὶ	δεήσεις	ποιοῦνται,	ὁμοίως	καὶ	οἱ	τῶν	Φαρισαίων,
con frecuencia	y	oraciones,$_2$	hacen$_1$	igualmente$_4$	e$_3$	los	de los	fariseos,
4437	2532	1162	4160	3668	2532	3588	3588	5330
JAPN	*CLN*	*NAPF*	*VPMI3P*	*B*	*BE, TE*	*DNPM*	*DGPM*	*NGPM*

οἱ	δὲ	σοὶ	ἐσθίουσιν	καὶ	πίνουσιν.	34 ὁ	δὲ	εἶπεν	πρὸς
los$_2$	pero$_1$	tuyos	comen	y	beben.	--$_2$	Y$_1$	dijo	a
3588	1161	4674	2068	2532	4095	3588	1161	2036	4314
DNPM	*CLC*	*RS2NPM, JNPM*	*VPAI3P*	*CLN*	*VPAI3P*	*DNSM*	*CLN*	*VAAI3S*	*P*

αὐτούς·	Μὴ	δύνασθε	τοὺς	υἱοὺς	τοῦ	νυμφῶνος*	ἐν	ᾧ
ellos:	¿Acaso	podéis$_1$	a los$_4$	hijos$_5$	del$_6$	salón nupcial$_7$	mientras$_8$	que$_9$
846	3361	1410	3588	5207	3588	3567	1722	3739
RP3APM	*TN, TI*	*VPUI2P*	*DAPM*	*NAPM*	*DGSM*	*NGSM*	*P*	*RR-DSN*

ὁ	νυμφίος	μετ'	αὐτῶν	ἐστιν	ποιῆσαι	νηστεῦσαι;	35 ἐλεύσονται
el$_{10}$	novio$_{11}$	con$_{13}$	ellos?$_{14}$	está$_{12}$	hacer$_2$	ayunar$_3$	vendrán$_2$
3588	3566	3326	846	2076	4160	3522	2064
DNSM	*NNSM*	*P*	*RP3GPM*	*VPAI3S*	*VAAN*	*VAAN*	*VFMI3P*

δὲ	ἡμέραι,	καὶ	ὅταν	ἀπαρθῇ	ἀπ'	αὐτῶν	ὁ	νυμφίος	τότε
Pero$_1$	días	y	cuando	fuera quitado	de	ellos	el	novio;	entonces,$_1$
1161	2250	2532	3752	522	575	846	3588	3566	5119
CLC	*NNPF*	*CLN*	*CAT*	*VAPS3S*	*P*	*RP3GPM*	*DNSM*	*NNSM*	*B*

νηστεύσουσιν	ἐν	ἐκείναις	ταῖς	ἡμέραις.	36 Ἔλεγεν	δὲ	καὶ	παραβολὴν
ayunarán.$_6$	en$_2$	aquellos$_3$	--$_4$	días$_5$	decía$_2$	Y$_1$	también	una parábola
3522	1722	1565	3588	2250	3004	1161	2532	3850
VFAI3P	*P*	*RD-DPF*	*DDPF*	*NDPF*	*VIAI3S*	*CLN*	*BE, TE*	*NASF*

πρὸς	αὐτοὺς	ὅτι	Οὐδεὶς	ἐπίβλημα	ἀπὸ	ἱματίου	καινοῦ	σχίσας
a	ellos	que:	Nadie	un remiendo$_6$	de$_2$	un vestido$_3$	nuevo$_4$	habiendo rasgado$_1$
4314	846	3754	3762	1915	575	2440	2537	4977
P	*RP3APM*	*CSC*	*JNSM*	*NASN*	*P*	*NGSN*	*JGSN*	*VAAP-SNM*

ἐπιβάλλει	ἐπὶ	ἱμάτιον	παλαιόν·	εἰ	δὲ	μήγε,	καὶ	τὸ	καινὸν
pone$_5$	sobre	un vestido	viejo,	si$_2$	pues$_1$	no,$_3$	también	el	nuevo
1911	1909	2440	3820	1487	1161	3361, 1065	2532	3588	2537
VPAI3S	*P*	*NASN*	*JASN*	*CAC*	*CLC*	*T*	*CLK*	*DASN*	*JASN*

σχίσει	καὶ	τῷ	παλαιῷ	οὐ	συμφωνήσει	τὸ	ἐπίβλημα
rasgará	y	el	viejo	no	armonizará	el	remiendo
4977	2532	3588	3820	3756	4856	3588	1915
VFAI3S	*CLK, CLN*	*DDSN*	*JDSN*	*BN, TN*	*VFAI3S*	*DNSN, DASN*	*NNSN, NASN*

τὸ	ἀπὸ	τοῦ	καινοῦ.	37 καὶ	οὐδεὶς	βάλλει	οἶνον	νέον	εἰς	ἀσκοὺς
el	de	el	nuevo.	Y	nadie	echa	vino	nuevo	en	odres
3588	575	3588	2537	2532	3762	906	3631	3501	1519	779
DNSN, DASN	*P*	*DGSN*	*JGSN*	*CLN*	*JNSM*	*VPAI3S*	*NASM*	*JASM*	*P*	*NAPM*

NVI

los que necesitan mé-
dico, sino los enfermos
—les contestó Jesús—.
32 No he venido a llamar
a justos, sino a pecadores
para que se arrepientan.

Le preguntan a Jesús sobre el ayuno

33 Algunos le dijeron
a Jesús:
—Los discípulos de
Juan ayunan y oran con
frecuencia, lo mismo
que los discípulos de los
fariseos, pero los tuyos
se la pasan comiendo y
bebiendo.
34 Jesús les replicó:
—¿Acaso pueden
obligar a los invitados
del novio a que ayunen
mientras él está con
ellos? 35 Llegará el día
en que se les quitará el
novio; en aquellos días sí
ayunarán.
36 Les contó esta
parábola:
—Nadie quita un
retazo de un vestido
nuevo para remendar un
vestido viejo. De hacerlo
así, habrá rasgado el ves-
tido nuevo, y el retazo
nuevo no hará juego
con el vestido viejo.
37 Ni echa nadie vino
nuevo en odres

5:34* O sea *los invitados a la boda.*

RVR

viejos; de lo contrario,
el vino nuevo reventará
los odres, y no sólo se
derramará el vino, sino
que los odres se echarán
también a perder;
38 sino que el vino
nuevo debe echarse en
odres nuevos; y lo uno y
lo otro se conservan.
39 Y nadie que haya
bebido del añejo, desea
luego del nuevo, porque
dice: El añejo es mejor.

Los discípulos recogen espigas en día de sábado

6 Aconteció un sá-
bado que, pasando
Jesús a través de unos
sembrados, sus discípu-
los arrancaban espigas y
comían, restregándolas
con las manos.
2 Algunos de los fariseos
les dijeron: ¿Por qué
hacéis lo que no es lícito
en los sábados?
3 Jesús, respondiéndoles,
dijo: ¿Ni siquiera habéis
leído lo que hizo David
cuando tuvo hambre él,
y los que estaban con él;
4 cómo entró en la casa
de Dios, y tomó los
panes de la proposi-
ción, que no es lícito
comer sino sólo a los
sacerdotes, y comió, y
dio también a los que
estaban con él?
5 Y les decía: El Hijo del
Hombre es dueño hasta
del sábado.

παλαιούς·	εἰ	δὲ	μήγε,	ῥήξει	ὁ	οἶνος	ὁ	νέος	τοὺς	ἀσκούς,
viejos;	si$_2$	pero$_1$	no,	reventará	el	vino	--	nuevo	a los	odres,
3820	1487	1161	3361, 1065	4486	3588	3631	3588	3501	3588	779
JAPM	CAC	CLC	T	VFAI3S	DNSM	NNSM	DNSM	JNSM	DAPM	NAPM

καὶ	αὐτὸς	ἐκχυθήσεται	καὶ	οἱ	ἀσκοὶ	ἀπολοῦνται·	38 ἀλλὰ	οἶνον	νέον
y	él	será derramado	y	los	odres	se pierden.	pero	(el) vino$_2$	nuevo$_3$
2532	846	1632	2532	3588	779	622	235	3631	3501
CLN	RP3NSM	VFPI3S	CLN	DNPM	NNPM	VFMI3P	CLC	NASM	JASM

εἰς	ἀσκοὺς	καινοὺς	⸀βλητέον.	39 καὶ	οὐδεὶς	πιὼν	παλαιὸν	θέλει
en$_4$	odres$_5$	nuevos.$_6$	se ha de echar$_1$	Y	nadie	habiendo bebido	(vino) viejo	desea
1519	779	2537	992	2532	3762	4095	3820	2309
P	NAPM	JAPM	JNSN	CLN	JNSM	VAAP-SNM	JASM	VPAI3S

νέον·	λέγει	γάρ·	Ὁ	παλαιὸς	χρηστός	ἐστιν.
nuevo;	dice:$_2$	Porque$_1$	el	viejo	bueno.$_2$	es$_1$
3501	3004	1063	3588	3820	5543	2076
JASM	VPAI3S	CAZ	DNSM	JNSM	JNSM	VPAI3S

6 Ἐγένετο	δὲ	ἐν	σαββάτῳ	διαπορεύεσθαι	αὐτὸν	διὰ	σπορίμων,
sucedió que$_2$	Mas$_1$	en	un sábado,	al pasar	él	por	(unos) sembrados,
1096	1161	1722	4521	1279	846	1223	4702
VAMI3S	CLT	P	NDSN	VPUN	RP3ASM	P	JGPN, JGPM

καὶ	ἔτιλλον	οἱ	μαθηταὶ	αὐτοῦ	καὶ	ἤσθιον	τοὺς	στάχυας	ψώχοντες
y	arrancaban$_3$	los$_1$	discípulos$_2$	de él	y	comían	las	espigas	frotándo
2532	5089	3588	3101	846	2532	2068	3588	4719	5597
CLN	VIAI3P	DNPM	NNPM	RP3GSM	CLN	VIAI3P	DAPM	NAPM	VPAP-PNM

ταῖς	χερσίν.	2 τινὲς	δὲ	τῶν	Φαρισαίων	εἶπαν·	Τί	ποιεῖτε	ὃ
con las	manos.	algunos$_2$	Y$_1$	de los	fariseos	dijeron:	¿Por qué	hacéis	lo que
3588	5495	5100	1161	3588	5330	3004	5101	4160	3739
DDPF	NDPF	RX-NPM	CLN	DGPM	NGPM	VAAI3P	RI-ASN	VPAI2P	RR-NSN

οὐκ	ἔξεστιν	τοῖς	σάββασιν;	3 καὶ	ἀποκριθεὶς	πρὸς	αὐτοὺς	εἶπεν
no	es permitido	en los	sábados?	Y	respondiendo	a	ellos,	dijo:$_3$
3756	1832	3588	4521	2532	611	4314	846	2036
BN, TN	VPAI3S	DDPN	NDPN	CLN	VAPP-SNM	P	RP3APM	VAAI3S

ὁ	Ἰησοῦς·	Οὐδὲ	τοῦτο	ἀνέγνωτε	ὃ	ἐποίησεν	Δαυὶδ	ὁπότε
--$_1$	Jesús$_2$	¿Ni siquiera	esto	leísteis	lo que	hizo	David	cuando
3588	2424	3761	5124	314	3739	4160	1138	3698
DNSM	NNSM	BN	RD-ASN	VAAI2P	RR-ASN	VAAI3S	NNSM, XP	CAT

ἐπείνασεν	αὐτὸς	καὶ	οἱ	μετ᾽	αὐτοῦ	ὄντες;	4 ὡς	εἰσῆλθεν	εἰς	τὸν
tuvo hambre$_2$	él$_1$	y	los (que)	con	él	estando,	como	entró	en	la
3983	846	2532	3588	3326	846	5607	5613	1525	1519	3588
VAAI3S	RP3NSM	CLN	DNPM	P	RP3GSM	VPAP-PNM	CSC	VAAI3S	P	DASM

οἶκον	τοῦ	θεοῦ	καὶ	τοὺς	ἄρτους	τῆς	προθέσεως	λαβὼν	ἔφαγεν
casa	de --	Dios	y$_1$	los$_3$	panes$_4$	de la$_5$	proposición$_6$	habiendo tomando$_2$	comió
3624	3588	2316	2532	3588	740	3588	4286	2983	5315
NASM	DGSM	NGSM	CLN	DAPM	NAPM	DGSF	NGSF	VAAP-SNM	VAAI3S

καὶ	ἔδωκεν	τοῖς	μετ᾽	αὐτοῦ,	οὓς	οὐκ	ἔξεστιν	φαγεῖν	εἰ
y	dio	a los que (estaban)	con	él,	lo cual	no	es permitido	comer	si
2532	1325	3588	3326	846	3739	3756	1832	5315	1487
CLN	VAAI3S	DDPM	P	RP3GSM	RR-APM	BN, TN	VPAI3S	VAAN	CAC

μὴ	μόνους	τοὺς	ἱερεῖς;	5 καὶ	ἔλεγεν	αὐτοῖς·	Κύριός	ἐστιν	τοῦ
no	solo	a los	sacerdotes?	Y	decía	a ellos:	Señor$_6$	es$_5$	del$_7$
3361	3441	3588	2409	2532	3004	846	2962	2076	3588
BN, TN	JAPM	DAPM	NAPM	CLN	VIAI3S	RP3DPM	NNSM	VPAI3S	DGSN, DGSM

σαββάτου	ὁ	υἱὸς	τοῦ	ἀνθρώπου.
sábado.$_8$	El$_1$	Hijo$_2$	del$_3$	hombre$_4$
4521	3588	5207	3588	444
NGSN	DNSM	NNSM	DGSM, DGSN	NGSM

NVI

viejos. De hacerlo
así, el vino nuevo hará
reventar los odres, se
derramará el vino y los
odres se arruinarán.
38 Más bien, el vino
nuevo debe echarse en
odres nuevos. 39 Y nadie
que haya bebido vino
añejo quiere el nuevo,
porque dice: "El añejo
es mejor".

Señor del sábado

6 Un sábado, al pasar
Jesús por los sem-
brados, sus discípulos
se pusieron a arrancar
unas espigas de trigo,
y las desgranaban para
comérselas. 2 Por eso
algunos de los fariseos
les dijeron:
—¿Por qué hacen
ustedes lo que está pro-
hibido hacer en sábado?
3 Jesús les contestó:
—¿Nunca han leído
lo que hizo David en
aquella ocasión en que él
y sus compañeros tuvie-
ron hambre? 4 Entró en
la casa de Dios y, toman-
do los panes consagra-
dos a Dios, comió lo
que solo a los sacerdotes
les es permitido comer.
Y les dio también a sus
compañeros.
5 Entonces añadió:
—El Hijo del hombre
es Señor del sábado.

5:38⸀ Manuscritos inferiores aumentaron *y los dos se conservan.*

RVR

El hombre de la mano atrofiada

6 Aconteció también en otro sábado que entró él en la sinagoga, y se puso a enseñar; y había allí un hombre que tenía atrofiada la mano derecha.
7 Los escribas y los fariseos le acechaban por si se ponía a sanar en sábado, a fin de hallar de qué acusarle.
8 Pero él sabía los pensamientos de ellos, y le dijo al hombre que tenía la mano atrofiada: Levántate, y ponte en medio. Él se levantó y se puso allí.
9 Entonces Jesús les dijo: Voy a haceros una pregunta: ¿Es lícito en sábado hacer el bien, o hacer el mal?, ¿salvar una vida, o destruirla?
10 Y después de pasear su mirada sobre todos ellos, le dijo al hombre: Extiende tu mano. Él lo hizo así, y su mano quedó enteramente restablecida.
11 Pero ellos se llenaron de furor y discutían entre ellos qué podrían hacerle a Jesús.

Elección de los doce apóstoles

12 Aconteció en aquellos días que él salió al monte a orar,

6 Ἐγένετο	δὲ	ἐν	ἑτέρῳ	σαββάτῳ	εἰσελθεῖν	αὐτὸν	εἰς	τὴν
sucedió$_2$	También$_1$	en	otro	sábado	(al) entrar	él	en	la
1096	1161	1722	2087	4521	1525	846	1519	3588
VAMI3S	*CLT*	*P*	*JDSN*	*NDSN*	*VAAN*	*RP3ASM*	*P*	*DASF*

συναγωγὴν	καὶ	διδάσκειν·	καὶ	ἦν	ἄνθρωπος	ἐκεῖ	καὶ	ἡ	χεὶρ
sinagoga	y	enseñar.	Y	había	un hombre	allí	y	la	mano
4864	2532	1321	2532	2258	444	1563	2532	3588	5495
NASF	*CLN*	*VPAN*	*CLN*	*VIAI3S*	*NNSM*	*BP*	*CLN*	*DNSF*	*NNSF*

αὐτοῦ	ἡ	δεξιὰ	ἦν	ξηρά·	7 παρετηροῦντο	δὲ	οἱ	γραμματεῖς	καὶ
de él,	la	derecha,	estaba	seca.	espiaban$_7$	Y$_1$	los$_2$	escribas$_3$	y$_4$
846	3588	1188	2258	3584	3906	1161	3588	1122	2532
RP3GSM	*DNSF*	*JNSF*	*VIAI3S*	*JNSF*	*VIMI3P*	*CLN*	*DNPM*	*NNPM*	*CLN*

οἱ	Φαρισαῖοι	εἰ	ἐν	τῷ	σαββάτῳ	θεραπεύει,	ἵνα	εὕρωσιν
los$_5$	fariseos$_6$	si	en	el	sábado	sana,	para que	encontraran (algo)
3588	5330	1487	1722	3588	4521	2323	2443	2147
DNPM	*NNPM*	*TI*	*P*	*DDSN*	*NDSN*	*VPAI3S*	*CAP*	*VAAS3P*

κατηγορεῖν	αὐτοῦ.	8 αὐτὸς	δὲ	ᾔδει	τοὺς	διαλογισμοὺς	αὐτῶν,
para acusar	a él	él$_2$	Pero$_1$	sabía	los	pensamientos	de ellos.
2723	846	846	1161	1492	3588	1261	846
VPAN	*RP3GSM*	*RP3NSMP*	*CLC*	*VLAI3S*	*DAPM*	*NAPM*	*RP3GPM*

εἶπεν	δὲ	τῷ	ἀνδρὶ	τῷ	ξηρὰν	ἔχοντι	τὴν	χεῖρα·	Ἔγειρε
dijo$_2$	Y$_1$	al	hombre,	al (que)	seca:$_4$	está teniendo$_1$	la$_2$	mano$_3$	Levántate
2036	1161	3588	435	3588	3584	2192	3588	5495	1453
VAAI3S	*CLN*	*DDSM*	*NDSM*	*DDSM*	*JASF, NASF*	*VPAP-SDM*	*DASF*	*NASF*	*VPAM2S*

καὶ	στῆθι	εἰς	τὸ	μέσον·	καὶ	ἀναστὰς	ἔστη.	9 εἶπεν	δὲ	ὁ
y	ponte	en	--	medio;	y	habiéndose levantado	se puso en pie.	dijo$_4$	Y$_1$	--$_2$
2532	2476	1519	3588	3319	2532	450	2476	2036	1161	3588
CLN	*VAAM2S*	*P*	*DASN*	*JASN*	*CLN*	*VAAP-SNM*	*VAAI3S*	*VAAI3S*	*CLN*	*DNSM*

Ἰησοῦς	πρὸς	αὐτούς·	Ἐπερωτῶ	ὑμᾶς,	εἰ	ἔξεστιν	τῷ	σαββάτῳ
Jesús$_3$	a	ellos:	Pregunto	a vosotros:	¿Si	es permitido	(en) el	sábado
2424	4314	846	1905	5209	1487	1832	3588	4521
NNSM	*P*	*RP3APM*	*VPAI1S*	*RP2AP*	*TI*	*VPAI3S*	*DDSN*	*NDSN*

ἀγαθοποιῆσαι	ἢ	κακοποιῆσαι,	ψυχὴν	σῶσαι	ἢ	ἀπολέσαι;	10 καὶ
hacer bien	o	hacer lo malo,	(una) vida$_2$	salvar$_1$	o	destruir?	Y,
15	2228	2554	5590	4982	2228	630	2532
VAAN	*CLD*	*VAAN*	*NASF*	*VAAN*	*CLD*	*VAAN*	*CLN*

περιβλεψάμενος	πάντας	αὐτοὺς	εἶπεν	αὐτῷ·	Ἔκτεινον	τὴν	χεῖρά
habiendo mirado alrededor	a todos	ellos,	dijo	a él:	Extiende	la	mano
4017	3956	846	2036	846	1614	3588	5495
VAMP-SNM	*JAPM*	*RP3APM*	*VAAI3S*	*RP3DSM*	*VAAM2S*	*DASF*	*NASF*

σου·	ὁ	δὲ	ἐποίησεν,	καὶ	ἀπεκατεστάθη	ἡ	χεὶρ	αὐτοῦ.	11 αὐτοὶ
tuya.	él$_2$	Y$_1$	(lo) hizo,	y	fue restaurada.$_4$	la$_1$	mano$_2$	de él$_3$	ellos$_2$
4675	3588	1161	4160	2532	600	3588	5495	846	846
RP2GS	*DNSM*	*CLN*	*VAAI3S*	*CLN*	*VAPI3S*	*DNSF*	*NNSF*	*RP3GSM*	*RP3NPMP*

δὲ	ἐπλήσθησαν	ἀνοίας,	καὶ	διελάλουν	πρὸς	ἀλλήλους	τί	ἂν
Pero$_1$	fueron llenados	de furor,	y	discutían	entre	unos a otros	qué	--
1161	4130	454	2532	1255	4314	240	5101	302
CLC	*VAPI3P*	*NGSF*	*CLN*	*VIAI3P*	*P*	*RC-APM*	*RI-ASN*	*TC*

ποιήσαιεν	τῷ	Ἰησοῦ.
harían	a --	Jesús.
4160	3588	2424
VAAO3P	*DDSM*	*NDSM*

12 Ἐγένετο	δὲ	ἐν	ταῖς	ἡμέραις	ταύταις	ἐξελθεῖν	αὐτὸν	εἰς	τὸ
sucedió que$_1$	Y$_1$	en	los	días	estos,	al salir	él	a	el
1096	1161	1722	3588	2250	3778	1831	846	1519	3588
VAMI3S	*CLT*	*P*	*DDPF*	*NDPF*	*RD-DPF*	*VAAN*	*RP3ASM*	*P*	*DASN*

NVI

6 Otro sábado entró en la sinagoga y comenzó a enseñar. Había allí un hombre que tenía la mano derecha paralizada; 7 así que los maestros de la ley y los fariseos, buscando un motivo para acusar a Jesús, no le quitaban la vista de encima para ver si sanaba en sábado. 8 Pero Jesús, que sabía lo que estaban pensando, le dijo al hombre de la mano paralizada:

—Levántate y ponte frente a todos.

Así que el hombre se puso de pie. Entonces Jesús dijo a los otros:

9 —Voy a hacerles una pregunta: ¿Qué está permitido hacer en sábado: hacer el bien o el mal, salvar una vida o destruirla?

10 Jesús se quedó mirando a todos los que lo rodeaban, y le dijo al hombre:

—Extiende la mano.

Así lo hizo, y la mano le quedó restablecida. 11 Pero ellos se enfurecieron y comenzaron a discutir qué podrían hacer contra Jesús.

Los doce apóstoles

12 Por aquel tiempo se fue Jesús a la

RVR

y pasó la noche entera
en oración a Dios.
13 Y cuando se hizo
de día, convocó a sus
discípulos y escogió
de entre ellos doce, a
quienes puso también el
nombre de apóstoles:
14 Simón, a quien tam-
bién puso por nombre
Pedro, y Andrés su her-
mano; Jacobo y Juan;
Felipe y Bartolomé;
15 Mateo y Tomás;
Jacobo el hijo de Alfeo,
y Simón el llamado
Zelote;
16 Judas el hermano
de Jacobo, y Judas
Iscariote, que llegó a ser
un traidor.

Jesucristo atiende a una multitud

17 Descendió con ellos
y se detuvo en un lugar
llano; había un gran
grupo de discípulos
suyos, y una gran
multitud de la gente de
todas partes de Judea,
de Jerusalén, y de la
región costera de Tiro
y de Sidón, que habían
venido a escucharle,
y a ser sanados de sus
enfermedades;
18 y los que estaban
atormentados por es-
píritus inmundos, eran
sanados.
19 Y toda la gente tra-
taba de tocarle, porque

ὄρος	προσεύξασθαι,	καὶ	ἦν	διανυκτερεύων	ἐν	τῇ	προσευχῇ
monte	para orar,	y	estaba	pasando la noche	en	--	oración
3735	4336	2532	2258	1273	1722	3588	4335
NASN	*VAMN*	*CLN*	*VIAI3S*	*VPAP-SNM*	*P*	*DDSF*	*NDSF*

τοῦ	θεοῦ.	13 καὶ	ὅτε	ἐγένετο	ἡμέρα,	προσεφώνησεν	τοὺς	μαθητὰς
a --	Dios.	Y	cuando	llegó a ser	día,	convocó	a los	discípulos
3588	2316	2532	3753	1096	2250	4377	3588	3101
DGSM	*NGSM*	*CLN*	*CAT*	*VAMI3S*	*NNSF*	*VAAI3S*	*DAPM*	*NAPM*

αὐτοῦ,	καὶ	ἐκλεξάμενος	ἀπ'	αὐτῶν	δώδεκα,	οὓς	καὶ	ἀποστόλους
de él,	y	habiendo escogido	de	ellos	doce	a los cuales	también	apóstoles:$_1$
846	2532	1586	575	846	1427	3739	2532	652
RP3GSM	*CLN*	*VAMP-SNM*	*P*	*RP3GPM*	*XN, J*	*RR-APM*	*BE, TE*	*NAPM*

ὠνόμασεν,	14 Σίμωνα	ὃν	καὶ	ὠνόμασεν	Πέτρον	καὶ	Ἀνδρέαν
nombró$_1$	Simón,	a quien	también	nombró	Pedro,	y	Andrés
3687	4613	3739	2532	3687	4074	2532	406
VAAI3S	*NASM*	*RR-ASM*	*BE, TE*	*VAAI3S*	*NASM*	*CLN*	*NASM*

τὸν	ἀδελφὸν	αὐτοῦ	καὶ	Ἰάκωβον	καὶ	Ἰωάννην	καὶ	Φίλιππον
el	hermano	de él,	y	Jacobo	y	Juan,	y	Felipe
3588	80	846	2532	2385	2532	2491	2532	5376
DASM	*NASM*	*RP3GSM*	*CLN*	*NASM*	*CLN*	*NASM*	*CLN*	*NASM*

καὶ	Βαρθολομαῖον	15 καὶ	Μαθθαῖον	καὶ	Θωμᾶν	καὶ	Ἰάκωβον
y	Bartolomé,	y	Mateo,	y	Tomás,	y	Jacobo
2532	918	2532	3156	2532	2381	2532	2385
CLN	*NASM*	*CLN*	*NASM*	*CLN*	*NASM*	*CLN*	*NASM*

Ἁλφαίου*	καὶ	Σίμωνα	τὸν	καλούμενον	Ζηλωτὴν	16 καὶ	Ἰούδαν
de Alfeo,	y	Simón	el	siendo llamado	Zelote,	y	Judas
256	2532	4613	3588	2564	2207	2532	2455
NGSM	*CLN*	*NASM*	*DASM*	*VPPP-SAM*	*NASM*	*CLN*	*NASM*

Ἰακώβου*	καὶ	Ἰούδαν	Ἰσκαριώθ	ὃς	ἐγένετο	προδότης.
de Jacobo	y	Judas	Iscariote,	el cual	llegó a ser	traidor.
2385	2532	2455	2469	3739	1096	4273
NGSM	*CLN*	*NASM*	*NASM, XP*	*RR-NSM*	*VAMI3S*	*NNSM*

17 Καὶ	καταβὰς	μετ'	αὐτῶν	ἔστη	ἐπὶ	τόπου	πεδινοῦ,	καὶ
Y	habiendo descendido	con	ellos,	se puso en pie	en	(un) lugar	llano,	y (había)
2532	2597	3326	846	2476	1909	5117	3977	2532
CLN	*VAAP-SNM*	*P*	*RP3GPM*	*VAAI3S*	*P*	*NGSM*	*JGSM*	*CLN*

ὄχλος	πολὺς	μαθητῶν	αὐτοῦ,	καὶ	πλῆθος	πολὺ	τοῦ	λαοῦ	ἀπὸ
multitud$_2$	mucha$_1$	de (los) discípulos	de él,	y	multitud	mucha	del	pueblo	de
3793	4183	3101	846	2532	4128	4183	3588	2992	575
NNSM	*JNSM*	*NGPM*	*RP3GSM*	*CLN*	*NNSN*	*JNSN*	*DGSM*	*NGSM*	*P*

πάσης	τῆς	Ἰουδαίας	καὶ	Ἰερουσαλὴμ	καὶ	τῆς	παραλίου	Τύρου	καὶ
toda	--	Judea	y	Jerusalén	y	de la	región costera	de Tiro	y
3956	3588	2449	2532	2419	2532	3588	3882	5184	2532
JGSF	*DGSF*	*NGSF*	*CLN*	*NGSF, XP*	*CLN*	*DGSF*	*JGSF*	*NGSF*	*CLN*

Σιδῶνος,	18 οἳ	ἦλθον	ἀκοῦσαι	αὐτοῦ	καὶ	ἰαθῆναι	ἀπὸ	τῶν	νόσων
de Sidón,	los cuales	vinieron	para oír	a él	y	ser sanados	de	las	enfermedades
4605	3739	2064	191	846	2532	2390	575	3588	3554
NGSF	*RR-NPM*	*VAAI3P*	*VAAN*	*RP3GSM*	*CLN*	*VAPN*	*P*	*DGPF*	*NGPF*

αὐτῶν·	καὶ	οἱ	ἐνοχλούμενοι	ἀπὸ	πνευμάτων	ἀκαθάρτων
de ellos	y	los que	estaba siendo atormentados	por	espíritus	inmundos
846	2532	3588	1776	575	4151	169
RP3GPM	*CLN*	*DNPM*	*VPPP-PNM*	*P*	*NGPN*	*JGPN*

ἐθεραπεύοντο·	19 καὶ	πᾶς	ὁ	ὄχλος	ἐζήτουν	ἅπτεσθαι	αὐτοῦ,	ὅτι
eran sanados.	Y	toda	la	multitud	buscaban	tocar	a él,	porque
2323	2532	3956	3588	3793	2212	680	846	3754
VIPI3P	*CLN*	*JNSM*	*DNSM*	*NNSM*	*VIAI3P*	*VPMN*	*RP3GSM*	*CAZ*

NVI

montaña a orar, y pasó
toda la noche en oración
a Dios. 13 Al llegar la
mañana, llamó a sus
discípulos y escogió a
doce de ellos, a los que
nombró apóstoles:
14 Simón (a quien llamó
Pedro), su hermano
Andrés, Jacobo, Juan,
Felipe, Bartolomé,
15 Mateo, Tomás, Jacobo
hijo de Alfeo, Simón, al
que llamaban el Zelote,
16 Judas hijo de Jacobo, y
Judas Iscariote, que llegó
a ser el traidor.

Bendiciones y ayes

17 Luego bajó con
ellos y se detuvo en un
llano. Había allí una
gran multitud de sus
discípulos y mucha
gente de toda Judea, de
Jerusalén y de la costa de
Tiro y Sidón, 18 que ha-
bían llegado para oírlo
y para que los sanara de
sus enfermedades. Los
que eran atormentados
por espíritus malignos
quedaban liberados;
19 así que toda la gente
procuraba tocarlo,

6:15*, 16* O sea *hijo de.*

RVR

salía de él un poder y los
sanaba a todos.

Bienaventuranzas y ayes

20 Y él, alzando los ojos
hacia sus discípulos,
decía: Bienaventurados
vosotros los pobres, por-
que vuestro es el reino
de Dios.
21 Bienaventurados
los que ahora pasáis
hambre, porque
seréis satisfechos.
Bienaventurados los
que ahora lloráis, por-
que reiréis.
22 Bienaventurados sois
cuando os odien los
hombres, cuando os
aparten de sí, os injurien
y desechen vuestro
nombre como malo,
por causa del Hijo del
Hombre.
23 Regocijaos en aquel
día, y saltad de gozo,
porque he aquí que
vuestra recompensa es
grande en el cielo, pues
de la misma manera
hacían sus padres con
los profetas.
24 Pero ¡ay de voso-
tros los ricos!, porque
habéis recibido vuestro
consuelo.
25 ¡Ay de vosotros,
los que ahora estáis
saciados!, porque habéis
de pasar hambre. ¡Ay

δύναμις	παρ᾽	αὐτοῦ	ἐξήρχετο	καὶ	ἰᾶτο	πάντας.
poder$_2$	de$_3$	él$_4$	salía$_1$	y	sanaba	a todos.
1411	3844	846	1831	2532	2390	3956
NNSF	*P*	*RP3GSM*	*VIUI3S*	*CLN*	*VIUI3S*	*JAPM*

20 Καὶ	αὐτὸς	ἐπάρας	τοὺς	ὀφθαλμοὺς	αὐτοῦ	εἰς	τοὺς
Y	él,	habiendo levantado	los	ojos	de él	hacia	los
2532	846	1869	3588	3788	846	1519	3588
CLN	*RP3NSM*	*VAAP-SNM*	*DAPM*	*NAPM*	*RP3GSM*	*P*	*DAPM*

μαθητὰς	αὐτοῦ	ἔλεγεν·	Μακάριοι	οἱ	πτωχοί,	ὅτι	ὑμετέρα	ἐστὶν
discípulos	de él,	decía:	Bienaventurados	los	pobres,	porque	vuestro	es
3101	846	3004	3107	3588	4434	3754	5212	2076
NAPM	*RP3GSM*	*VIAI3S*	*JNPM*	*DNPM*	*JNPM*	*CAZ*	*JNSF, RS2NPF*	*VPAI3S*

ἡ	βασιλεία	τοῦ	θεοῦ.	21 μακάριοι	οἱ	πεινῶντες	νῦν,
el	reino	de --	Dios.	Bienaventurados	los que	están teniendo hambre	ahora,
3588	932	3588	2316	3107	3588	3983	3568
DNSF	*NNSF*	*DGSM*	*NGSM*	*JNPM*	*DVPM, DNPM*	*VPAP-PVM, VPAP-PNM*	*B*

ὅτι	χορτασθήσεσθε.	μακάριοι	οἱ	κλαίοντες	νῦν,	ὅτι
porque	seréis saciados.	Bienaventurados	los que	están llorando	ahora,	porque
3754	5526	3107	3588	2799	3568	3754
CAZ	*VFPI2P*	*JNPM*	*DVPM, DNPM*	*VPAP-PVM, VPAP-PNM*	*B*	*CAZ*

γελάσετε.
reiréis.
1070
VFAI2P

22 Μακάριοί	ἐστε	ὅταν	μισήσωσιν	ὑμᾶς	οἱ	ἄνθρωποι,	καὶ
Bienaventurados	seréis	cuando	odiaran$_3$	a vosotros$_4$	las$_1$	personas$_2$	y
3107	2075	3752	3404	5209	3588	444	2532
JNPM	*VPAI2P*	*CAT*	*VAAS3P*	*RP2AP*	*DNPM*	*NNPM*	*CLN*

ὅταν	ἀφορίσωσιν	ὑμᾶς	καὶ	ὀνειδίσωσιν	καὶ	ἐκβάλωσιν
cuando	excluyeran	a vosotros	e	insultaran	y	expulsaran
3752	873	5209	2532	3679	2532	1544
CAT	*VAAS3P*	*RP2AP*	*CLN*	*VAAS3P*	*CLN*	*VAAS3P*

τὸ	ὄνομα	ὑμῶν	ὡς	πονηρὸν	ἕνεκα	τοῦ	υἱοῦ	τοῦ	ἀνθρώπου·
el	nombre	de vosotros	como	malo	por causa	del	Hijo	del	hombre.
3588	3686	5216	5613	4190	1752	3588	5207	3588	444
DASN	*NASN*	*RP2GP*	*CAM*	*JASN*	*P, B*	*DGSM*	*NGSM*	*DGSM*	*NGSM*

23 χάρητε	ἐν	ἐκείνῃ	τῇ	ἡμέρᾳ	καὶ	σκιρτήσατε,	ἰδοὺ	γὰρ	ὁ
Alegraos	en	aquel	--	día	y	saltad de gozo,	mira,$_2$	porque$_1$	la
5463	1722	1565	3588	2250	2532	4640	2400	1063	3588
VAPM2P	*P*	*RD-DSF*	*DDSF*	*NDSF*	*CLN*	*VAAM2P*	*I, VAAM2S*	*CAZ*	*DNSM*

μισθὸς	ὑμῶν	πολὺς	ἐν	τῷ	οὐρανῷ·	κατὰ	τὰ	αὐτὰ	γὰρ
recompensa	de vosotros	(es) mucha	en	el	cielo;	según$_6$	las$_7$	mismas cosas$_8$	porque$_1$
3408	5216	4183	1722	3588	3772	2596	3588	846	1063
NNSM	*RP2GP*	*JNSM*	*P*	*DDSM*	*NDSM*	*P*	*DAPN*	*RP3APN, JAPN*	*CAZ*

ἐποίουν	τοῖς	προφήταις	οἱ	πατέρες	αὐτῶν.	24 πλὴν	οὐαὶ	ὑμῖν
hacían$_5$	a los$_9$	profetas.$_{10}$	los$_2$	padres$_3$	de ellos$_4$	Pero,	¡ay de	vosotros,
4160	3588	4396	3588	3962	846	4133	3759	5213
VIAI3P	*DDPM*	*NDPM*	*DNPM*	*NNPM*	*RP3GPM*	*CLC*	*I, T*	*RP2DP*

τοῖς	πλουσίοις,	ὅτι	ἀπέχετε	τὴν	παράκλησιν	ὑμῶν.	25 οὐαὶ	ὑμῖν,
--	ricos!,	porque	(ya) recibís	el	consuelo	de vosotros.	¡Ay de	vosotros,
3588	4145	3754	568	3588	3874	5216	3759	5213
DDPM	*JDPM*	*CAZ*	*VPAI2P*	*DASF*	*NASF*	*RP2GP*	*I, T*	*RP2DP*

οἱ	ἐμπεπλησμένοι	νῦν,	ὅτι	πεινάσετε.	οὐαί,	οἱ
los que	estáis saciados	ahora!	porque	tendréis hambre.	¡Ay de	los que
3588	1705	3568	3754	3983	3759	3588
DVPM, DNPM	*VRPP-PVM, VRPP-PNM*	*B*	*CAZ*	*VFAI2P*	*I*	*DVPM, DNPM*

NVI

porque de él salía poder
que sanaba a todos.
20 Él entonces dirigió
la mirada a sus discípu-
los y dijo:

«Dichosos ustedes los
pobres,
porque el reino de
Dios les pertenece.
21 Dichosos ustedes
que ahora pasan
hambre,
porque serán saciados.
Dichosos ustedes que
ahora lloran,
porque luego habrán
de reír.
22 Dichosos ustedes
cuando los odien,
cuando los discrimi-
nen, los insulten y
los desprestigien
por causa del Hijo del
hombre.

23 »Alégrense en
aquel día y salten de
gozo, pues miren que
les espera una gran
recompensa en el cielo.
Dense cuenta de que
los antepasados de esta
gente trataron así a los
profetas.

24 »Pero ¡ay de ustedes
los ricos,
porque ya han recibido
su consuelo!
25 ¡Ay de ustedes los
que ahora están
saciados,
porque sabrán lo que
es pasar hambre!

RVR

de vosotros, los que os
reís ahora!, porque os
lamentaréis y lloraréis.
26 ¡Ay cuando todos los
hombres hablen bien de
vosotros!, porque de la
misma manera hacían
sus padres con los falsos
profetas.

El amor hacia los enemigos, y la regla de oro

27 Pero a vosotros los
que oís, os digo: Amad
a vuestros enemigos;
haced bien a los que os
odian;
28 bendecid a los que os
maldicen; orad por los
que os maltratan.
29 Al que te hiera en
una mejilla, preséntale
también la otra; y al que
te quite el manto, no
le impidas que se lleve
también la túnica.
30 A todo el que te pida,
dale; y al que se lleve lo
tuyo, no se lo reclames.
31 Y como queréis que
hagan los hombres con
vosotros, así también
haced vosotros con
ellos.
32 Porque si amáis a los
que os aman, ¿qué clase
de favor es el vuestro?
Porque también los
pecadores aman a los
que les aman.

γελῶντες	νῦν,	ὅτι	πενθήσετε	καὶ	κλαύσετε.
riendo	ahora!,	porque	lamentaréis	y	lloraréis
1070	3568	3754	3996	2532	2799
VPAP-PVM, VPAP-PNM	*B*	*CAZ*	*VFAI2P*	*CLN*	*VFAI2P*

26 Οὐαὶ	ὅταν	καλῶς	ὑμᾶς	εἴπωσιν	πάντες	οἱ	ἄνθρωποι,	κατὰ
¡Ay	cuando	bien$_1$	de vosotros$_3$	dijeran$_2$	todas	las	personas;	según
3759	3752	2570	5209	3004	3956	3588	444	2596
I	*CAT*	*B*	*RP2AP*	*VAAS3P*	*JNPM*	*DNPM*	*NNPM*	*P*

τὰ	αὐτὰ	γὰρ	ἐποίουν	τοῖς	ψευδοπροφήταις	οἱ	πατέρες
las$_6$	mismas cosas$_7$	porque$_1$	hacían$_5$	a los$_8$	falsos profetas$_9$	los$_2$	padres$_3$
3588	846	1063	4160	3588	5578	3588	3962
DAPN	*RP3APN, JAPN*	*CAZ*	*VIAI3P*	*DDPM*	*NDPM*	*DNPM*	*NNPM*

αὐτῶν.
de ellos$_4$
846
RP3GPM

27 Ἀλλὰ	ὑμῖν	λέγω	τοῖς	ἀκούουσιν,	ἀγαπᾶτε	τοὺς	ἐχθροὺς
Pero	a vosotros$_2$	digo$_1$	los que$_3$	estáis oyendo:$_4$	Amad	a los	enemigos
235	5213	3004	3588	191	25	3588	2190
CLC	*RP2DP*	*VPAI1S*	*DDPM*	*VPAP-PDM*	*VPAM2P*	*DAPM*	*JAPM*

ὑμῶν,	καλῶς	ποιεῖτε	τοῖς	μισοῦσιν	ὑμᾶς,	28 εὐλογεῖτε	τοὺς
de vosotros,	bien$_2$	haced$_1$	a los	que están odiando	a vosotros,	bendecid	a los
5216	2573	4160	3588	3404	5209	2127	3588
RP2GP	*B*	*VPAM2P*	*DDPM*	*VPAP-PDM*	*RP2AP*	*VPAM2P*	*DAPM*

καταρωμένους	ὑμᾶς,	προσεύχεσθε	περὶ	τῶν	ἐπηρεαζόντων
que están maldiciendo	a vosotros,	orad	acerca de	los	que están injuriando
2672	5209	4336	4012	3588	1908
VPUP-PAM	*RP2AP*	*VPUM2P*	*P*	*DGPM*	*VPAP-PGM*

ὑμᾶς.	29 τῷ	τύπτοντί	σε	ἐπὶ	τὴν	σιαγόνα	πάρεχε	καὶ	τὴν
a vosotros.	Al que	está golpeando	a ti	en	la	mejilla,	ofrece	también	la
5209	3588	5180	4571	1909	3588	4600	3930	2532	3588
RP2AP	*DDSM*	*VPAP-SDM*	*RP2AS*	*P*	*DASF*	*NASF*	*VPAM2S*	*BE, TE*	*DASF*

ἄλλην,	καὶ	ἀπὸ	τοῦ	αἴροντός	σου	τὸ	ἱμάτιον	καὶ	τὸν	χιτῶνα
otra,	y	de	el que	está quitando	de ti	el	manto,	también	la$_3$	túnica.$_4$
243	2532	575	3588	142	4675	3588	2440	2532	3588	5509
JASF	*CLN*	*P*	*DGSM*	*VPAP-SGM*	*RP2GS*	*DASN*	*NASN*	*BE, TE*	*DASM*	*NASM*

μὴ	κωλύσῃς.	30 παντὶ	αἰτοῦντί	σε	δίδου,	καὶ	ἀπὸ	τοῦ
no$_1$	niegues$_2$	A todo (el que)	está pidiendo	a ti	da,	y	de	el que
3361	2967	3956	154	4571	1325	2532	575	3588
BN, TN	*VAAS2S*	*JDSM*	*VPAP-SDM*	*RP2AS*	*VPAM2S*	*CLN*	*P*	*DGSM*

αἴροντος	τὰ	σὰ	μὴ	ἀπαίτει.	31 καὶ	καθὼς	θέλετε	ἵνα
está quitando	las cosas	tuyas,	no	reclames.	Y	tal como	queréis	que
142	3588	4674	3361	523	2532	2531	2309	2443
VPAP-SGM	*DAPN*	*RS2APN, JAPN*	*BN, TN*	*VPAM2S*	*CLN*	*CAM*	*VPAI2P*	*CSC*

ποιῶσιν	ὑμῖν	οἱ	ἄνθρωποι,	ποιεῖτε	αὐτοῖς	ὁμοίως.
hagan$_3$	a vosotros,$_4$	los$_1$	seres humanos,$_2$	haced	a ellos	igualmente.
4160	5213	3588	444	4160	846	3668
VPAS3P	*RP2DP*	*DNPM*	*NNPM*	*VPAM2P*	*RP3DPM*	*B*

32 Καὶ	εἰ	ἀγαπᾶτε	τοὺς	ἀγαπῶντας	ὑμᾶς,	ποία	ὑμῖν
Y	si	amáis	a los que	están amando	a vosotros,	¿qué$_1$	para vosotros?$_4$
2532	1487	25	3588	25	5209	4169	5213
CLN	*CAC*	*VPAI2P*	*DAPM*	*VPAP-PAM*	*RP2AP*	*RI-NSF*	*RP2DP*

χάρις	ἐστίν;	καὶ	γὰρ	οἱ	ἁμαρτωλοὶ	τοὺς	ἀγαπῶντας	αὐτοὺς
gracia$_2$	es$_3$	también$_6$	Porque$_5$	los$_7$	pecadores$_8$	a los$_{10}$	amando$_{11}$	a ellos.$_{12}$
5485	2076	2532	1063	3588	268	3588	25	846
NNSF	*VPAI3S*	*CLA, B*	*CAZ*	*DNPM*	*JNPM*	*DAPM*	*VPAP-PAM*	*RP3APM*

NVI

¡Ay de ustedes los que
ahora ríen,
porque sabrán lo
que es derramar
lágrimas!
26 ¡Ay de ustedes
cuando todos los
elogien!
Dense cuenta de que
los antepasados de
esta gente trataron
así a los falsos
profetas.

El amor a los enemigos

27 »Pero a ustedes que
me escuchan les digo:
Amen a sus enemigos,
hagan bien a quienes
los odian, 28 bendigan
a quienes los maldicen,
oren por quienes los
maltratan. 29 Si alguien
te pega en una mejilla,
vuélvele también la
otra. Si alguien te quita
la capa, no le impidas
que se lleve también la
camisa. 30 Dale a todo el
que te pida y, si alguien
se lleva lo que es tuyo, no
se lo reclames. 31 Traten
a los demás tal y como
quieren que ellos los
traten a ustedes.
32 »¿Qué méri-
to tienen ustedes
al amar a quienes
los aman? Aun los
pecadores lo hacen así.

RVR

33 Y si hacéis bien a los
que os hacen bien, ¿qué
clase de favor es el vues-
tro? Porque también
los pecadores hacen lo
mismo.
34 Y si prestáis a aquellos
de quienes esperáis reci-
bir, ¿qué clase de favor
es el vuestro? Porque
también los pecadores
prestan a los pecadores
para recibir otro tanto.
35 Vosotros, en cambio,
amad a vuestros ene-
migos, haced el bien y
prestad sin esperar nada
a cambio; y será grande
vuestra recompensa, y
seréis hijos del Altísimo;
porque él es bondadoso
para con los ingratos y
malvados.
36 Sed, pues, misericor-
diosos, como también
vuestro Padre es
misericordioso.

El juzgar a los demás

37 No juzguéis, y no
seréis juzgados; no
condenéis, y no seréis
condenados; perdonad,
y seréis perdonados.
38 Dad, y se os dará;
una medida buena,
apretada, remecida y
rebosante os pondrán
en el regazo. Porque con
la misma medida con
que medís, os volverán
a medir.

ἀγαπῶσιν.	33 καὶ	ἐὰν	ἀγαθοποιῆτε	τοὺς	ἀγαθοποιοῦντας	ὑμᾶς,
aman$_{9}$	Y	si	hacéis bien	a los que	están haciendo el bien	a vosotros,
25	2532	1437	15	3588	15	5209
VPAI3P	*BE, TE*	*CAC*	*VPAS2P*	*DAPM*	*VPAP-PAM*	*RP2AP*

ποία	ὑμῖν	χάρις	ἐστίν;	καὶ	οἱ	ἁμαρτωλοὶ	τὸ	αὐτὸ
¿qué	para vosotros?$_{3}$	gracia$_{1}$	es$_{2}$	También	los	pecadores	lo$_{2}$	mismo.$_{3}$
4169	5213	5485	2076	2532	3588	268	3588	846
RI-NSF	*RP2DP*	*NNSF*	*VPAI3S*	*CLA, B*	*DNPM*	*JNPM*	*DASN*	*RP3ASN, JASN*

ποιοῦσιν.	34 καὶ	ἐὰν	δανίσητε	παρ’	ὧν	ἐλπίζετε	λαβεῖν,
hacen$_{1}$	Y	si	prestareis	(a aquellos) de	los cuales	esperáis	recibir,
4160	2532	1437	1155	3844	3739	1679	2983
VPAI3P	*CLN*	*CAC*	*VAAS2P*	*P*	*RR-GPM*	*VPAI2P*	*VAAN*

ποία	ὑμῖν	χάρις	ἐστίν;	καὶ	ἁμαρτωλοὶ	ἁμαρτωλοῖς	δανίζουσιν
¿qué$_{1}$	a vosotros?$_{4}$	gracia$_{2}$	es$_{3}$	También	pecadores	a pecadores$_{2}$	prestan$_{1}$
4169	5213	5485	2076	2532	268	268	1155
JNSF, RI-NSF	*RP2DP*	*NNSF*	*VPAI3S*	*CLA, B*	*JNPM*	*JDPM*	*VPAI3P*

ἵνα	ἀπολάβωσιν	τὰ	ἴσα.	35 πλὴν	ἀγαπᾶτε	τοὺς	ἐχθροὺς
para que	reciban	las cosas	iguales.	No obstante	amad	a los	enemigos
2443	618	3588	2470	4133	25	3588	2190
CAP	*VAAS3P*	*DAPN*	*JAPN*	*CLC*	*VPAM2P*	*DAPM*	*JAPM*

ὑμῶν	καὶ	ἀγαθοποιεῖτε	καὶ	δανίζετε	μηδὲν	ἀπελπίζοντες·	καὶ
de vosotros	y	haced bien	y	prestad	nada	esperando como retribución,	y
5216	2532	15	2532	1155	3367	560	2532
RP2GP	*CLN*	*VPAM2P*	*CLN*	*VPAM2P*	*JASN*	*VPAP-PNM*	*CLN*

ἔσται	ὁ	μισθὸς	ὑμῶν	πολύς,	καὶ	ἔσεσθε	υἱοὶ	Ὑψίστου,	ὅτι
será	la	recompensa	de vosotros	mucha	y	seréis	hijos	del Altísimo,	porque
2071	3588	3408	5216	4183	2532	2071	5207	5310	3754
VFMI3S	*DNSM*	*NNSM*	*RP2GP*	*JNSM*	*CLN*	*VFMI2P*	*NNPM*	*JGSM*	*CAZ*

αὐτὸς	χρηστός	ἐστιν	ἐπὶ	τοὺς	ἀχαρίστους	καὶ	πονηρούς.	36 γίνεσθε
él	bondadoso	es	respecto	los	ingratos	y	malos.	Sed
846	5543	2076	1909	3588	884	2532	4190	1096
RP3NSMP	*JNSM*	*VPAI3S*	*P*	*DAPM*	*JAPM*	*CLN*	*JAPM*	*VPUM2P*

οἰκτίρμονες	καθὼς	ὁ	πατὴρ	ὑμῶν	οἰκτίρμων	ἐστίν·
misericordiosos	como	--	Padre	vuestro	misericordioso	es.
3629	2531	3588	3962	5216	3629	2076
JNPM	*CAM*	*DNSM*	*NNSM*	*RP2GP*	*JNSM*	*VPAI3S*

37 Καὶ	μὴ	κρίνετε,	καὶ	οὐ	μὴ*	κριθῆτε·	καὶ	μὴ	καταδικάζετε,
Y	no	juzguéis	y	no	no	seáis juzgados;	y	no	condenéis
2532	3361	2919	2532	3756	3361	2919	2532	3361	2613
CLN	*BN, TN*	*VPAM2P*	*CLN*	*BN, TN*	*BN, TN*	*VAPS2P*	*CLN*	*BN, TN*	*VPAM2P*

καὶ	οὐ	μὴ*[1]	καταδικασθῆτε.	ἀπολύετε,	καὶ	ἀπολυθήσεσθε·	38 δίδοτε,
y	no	no	seáis condenados;	perdonad	y	seréis perdonados.	Dad
2532	3756	3361	2613	630	2532	630	1325
CLN	*BN, TN*	*BN, TN*	*VAPS2P*	*VPAM2P*	*CLN*	*VFPI2P*	*VPAM2P*

καὶ	δοθήσεται	ὑμῖν·	μέτρον	καλὸν	πεπιεσμένον	σεσαλευμένον
y	será dado	a vosotros;	medida$_{6}$	buena,$_{7}$	apretada,$_{8}$	sacudida,$_{9}$
2532	1325	5213	3358	2570	4085	4531
CLN	*VFPI3S*	*RP2DP*	*NASN*	*JASN*	*VRPP-SAN*	*VRPP-SAN*

ὑπερεκχυννόμενον	δώσουσιν	εἰς	τὸν	κόλπον	ὑμῶν·	ᾧ	γὰρ
desbordando,$_{10}$	darán$_{1}$	en$_{2}$	el$_{3}$	regazo$_{4}$	de vosotros$_{5}$	con que$_{13}$	porque$_{11}$
5240	1325	1519	3588	2859	5216	3739	1063
VPPP-SAN	*VFAI3P*	*P*	*DASM*	*NASM*	*RP2GP*	*RR-DSN*	*CLX*

μέτρῳ	μετρεῖτε	ἀντιμετρηθήσεται	ὑμῖν.
con (la) medida$_{12}$	medís	será medida de vuelta	a vosotros.
3358	3354	488	5213
NDSN	*VPAI2P*	*VFPI3S*	*RP2DP*

NVI

33 ¿Y qué mérito tienen
ustedes al hacer bien a
quienes les hacen bien?
Aun los pecadores
actúan así. 34 ¿Y qué
mérito tienen ustedes al
dar prestado a quienes
pueden corresponder-
les? Aun los pecadores
se prestan entre sí, espe-
rando recibir el mismo
trato. 35 Ustedes, por el
contrario, amen a sus
enemigos, háganles bien
y denles prestado sin
esperar nada a cambio.
Así tendrán una gran
recompensa y serán hi-
jos del Altísimo, porque
él es bondadoso con los
ingratos y malvados.
36 Sean compasivos,
así como su Padre es
compasivo.

El juzgar a los demás

37 »No juzguen, y
no se les juzgará. No
condenen, y no se les
condenará. Perdonen, y
se les perdonará. 38 Den,
y se les dará: se les echará
en el regazo una medida
llena, apretada, sacudida
y desbordante. Porque
con la medida que mi-
dan a otros, se les medirá
a ustedes».

6:37*, **37***[1] O sea *de ninguna manera.*

RVR

39 Y les dijo también
una parábola: ¿Acaso
puede un ciego guiar a
otro ciego? ¿No caerán
ambos en un hoyo?
40 Un discípulo no está
por encima de su maes-
tro; pero todo el que
esté bien preparado, será
como su maestro.
41 ¿Y por qué te fijas en
la paja que está en el ojo
de tu hermano, y no
echas de ver la viga que
está en tu propio ojo?
42 ¿O cómo puedes
decir a tu hermano:
Hermano, déjame sacar
la paja que está en tu
ojo, cuando tú mismo
no adviertes la viga que
está en tu propio ojo?
¡Hipócrita! Saca pri-
mero la viga de tu ojo, y
entonces verás bien para
sacar la paja que está en
el ojo de tu hermano.

Por sus frutos los conoceréis

43 Porque no hay árbol
de buena calidad que
produzca fruto desa-
brido; ni árbol de mala
calidad que produzca
fruto excelente.
44 Pues cada árbol se
conoce por su propio
fruto; porque no

39 Εἶπεν δὲ καὶ παραβολὴν αὐτοῖς· Μήτι δύναται τυφλὸς τυφλὸν
dijo$_2$ Y$_1$ también$_3$ una parábola a ellos: ¿Acaso puede un ciego a un ciego?$_2$
2036 1161 2532 3850 846 3385 1410 5185 5185
VAAI3S CLN BE, TE NASF RP3DPM TI, TN VPUI3S JNSM JASM

ὁδηγεῖν; οὐχὶ ἀμφότεροι εἰς βόθυνον ἐμπεσοῦνται; 40 οὐκ ἔστιν
guiar$_1$ ¿No$_1$ ambos$_3$ en$_4$ un hoyo?$_5$ caerán$_2$ No es
3594 3780 297 1519 999 1706 3756 2076
VPAN TI, TN JNPM P NASM VFMI3P BN,TN VPAI3S

μαθητὴς ὑπὲρ τὸν διδάσκαλον, κατηρτισμένος δὲ πᾶς ἔσται
(el) discípulo sobre el maestro; siendo perfeccionado$_3$ pero$_1$ todo (discípulo)$_2$ será
3101 5228 3588 1320 2675 1161 3956 2071
NNSM P DASM NASM VRPP-SNM CLC JNSM VFMI3S

ὡς ὁ διδάσκαλος αὐτοῦ. 41 τί δὲ βλέπεις τὸ κάρφος τὸ
como el maestro de él. ¿por qué$_2$ Y,$_1$ miras la astillita, la (que está)
5613 3588 1320 846 5101 1161 991 3588 2595 3588
CAM, B DNSM NNSM RP3GSM RI-ASN CLN VPAI2S DASN NASN DASN

ἐν τῷ ὀφθαλμῷ τοῦ ἀδελφοῦ σου, τὴν δὲ δοκὸν τὴν ἐν τῷ
en el ojo del hermano tuyo, la$_2$ pero$_1$ viga,$_3$ la (que está) en el
1722 3588 3788 3588 80 4675 3588 1161 1385 3588 1722 3588
P DDSM NDSM DGSM NGSM RP2GS DASF CLC NASF DASF P DDSM

ἰδίῳ ὀφθαλμῷ οὐ κατανοεῖς; 42 πῶς δύνασαι λέγειν τῷ ἀδελφῷ
propio ojo, no consideras? ¿Cómo puedes decir al hermano
2398 3788 3756 2657 4459 1410 3004 3588 80
JDSM NDSM BN, TN VPAI2S BI VPUI2S VPAN DDSM NDSM

σου· Ἀδελφέ, ἄφες ἐκβάλω τὸ κάρφος τὸ ἐν τῷ ὀφθαλμῷ
de ti: Hermano, deja echar fuera yo la astillita, la (que está) en el ojo
4675 80 863 1544 3588 2595 3588 1722 3588 3788
RP2GS NVSM VAAM2S VAAS1S DASN NASN DASN P DDSM NDSM

σου, αὐτὸς τὴν ἐν τῷ ὀφθαλμῷ σοῦ δοκὸν οὐ βλέπων;
de ti, (tú) mismo la (que está)$_3$ en$_5$ el$_6$ ojo$_7$ de ti?$_8$ viga$_4$ no$_1$ viendo$_2$
4675 846 3588 1722 3588 3788 4675 1385 3756 991
RP2GS RP3NSMP DASF P DDSM NDSM RP2GS NASF BN, TN VPAP-SNM

ὑποκριτά, ἔκβαλε πρῶτον τὴν δοκὸν ἐκ τοῦ ὀφθαλμοῦ σοῦ, καὶ
Hipócrita; echa fuera primero la viga de el ojo de ti y
5273 1544 4412 3588 1385 1537 3588 3788 4675 2532
NVSM VAAM2S B, J DASF NASF P DGSM NGSM RP2GS CLN

τότε διαβλέψεις τὸ κάρφος τὸ ἐν τῷ ὀφθαλμῷ τοῦ ἀδελφοῦ
entonces verás con claridad la astillita, la (que está) en el ojo del hermano
5119 1227 3588 2595 3588 1722 3588 3788 3588 80
B VFAI2S DASN NASN DASN P DDSM NDSM DGSM NGSM

σου ἐκβαλεῖν.
de ti, para echar fuera
4675 1544
RP2GS VAAN

43 Οὐ γὰρ ἔστιν δένδρον καλὸν ποιοῦν καρπὸν σαπρόν, οὐδὲ
no$_2$ Porque$_1$ hay$_3$ árbol bueno haciendo fruto malo, ni,
3756 1063 2076 1186 2570 4160 2590 4550 3761
BN,TN CLX VPAI3S NNSN JNSN VPAP-SNN NASM JASM CLD, TN

πάλιν δένδρον σαπρὸν ποιοῦν καρπὸν καλόν. 44 ἕκαστον γὰρ
por otra parte, árbol malo haciendo fruto bueno. cada$_2$ Porque$_1$
3825 1186 4550 4160 2590 2570 1538 1063
B NNSN JNSN VPAP-SNN NASM JASM JNSN CLX

δένδρον ἐκ τοῦ ἰδίου καρποῦ γινώσκεται· οὐ γὰρ ἐξ ἀκανθῶν
árbol por causa de el propio fruto es conocido; no$_4$ pues$_1$ de$_2$ espinos$_3$
1186 1537 3588 2398 2590 1097 3756 1063 1537 173
NNSN P DGSM JGSM NGSM VPPI3S BN, TN CLX P NGPF

NVI

39 También les contó
esta parábola: «¿Acaso
puede un ciego guiar a
otro ciego? ¿No caerán
ambos en el hoyo? 40 El
discípulo no está por
encima de su maestro,
pero todo el que haya
completado su apren-
dizaje, a lo sumo llega al
nivel de su maestro.
41 »¿Por qué te fijas
en la astilla que tiene
tu hermano en el ojo y
no le das importancia a
la viga que tienes en el
tuyo? 42 ¿Cómo puedes
decirle a tu hermano:
"Hermano, déjame
sacarte la astilla del ojo",
cuando tú mismo no
te das cuenta de la viga
en el tuyo? ¡Hipócrita!
Saca primero la viga de
tu propio ojo, y entonces
verás con claridad para
sacar la astilla del ojo de
tu hermano.

El árbol y su fruto

43 »Ningún árbol
bueno da fruto malo;
tampoco da buen fruto
el árbol malo. 44 A cada
árbol se le reconoce por
su propio fruto. No se

RVR

cosechan higos de los espinos, ni vendimian uvas de una zarza.
45 El hombre bueno, del buen tesoro de su corazón saca lo bueno; y el hombre malo, del mal tesoro de su corazón saca lo malo; porque de lo que le rebosa del corazón habla su boca.

Los dos cimientos

46 ¿Por qué me llamáis: Señor, Señor, y no hacéis lo que digo?
47 Todo el que viene a mí, y oye mis palabras, y las pone en práctica, os voy a mostrar a quién es semejante:
48 Es semejante a un hombre que, al construir una casa, excavó, ahondó y echó los cimientos sobre la roca; y cuando vino una inundación, el torrente embistió contra aquella casa, pero no tuvo fuerza suficiente para sacudirla, porque estaba fundada sobre la roca.
49 Pero el que ha oído, y no pone en práctica, es semejante a un hombre que edificó una casa encima de la tierra, sin cimientos, contra la cual embistió el torrente, y al instante se derrumbó, y fue grande la ruina de aquella casa.

συλλέγουσιν σῦκα, οὐδὲ ἐκ βάτου σταφυλὴν τρυγῶσιν. 45 ὁ ἀγαθὸς
cosechan higos, ni de$_{2}$ zarzas$_{3}$ racimo de uvas$_{4}$ vendimian$_{1}$ La buena
4816 4810 3761 1537 942 4718 5166 3588 18
VPAI3P NAPN CLD, TN P NGSF NASF VPAI3P DNSM JNSM

ἄνθρωπος ἐκ τοῦ ἀγαθοῦ θησαυροῦ τῆς καρδίας αὐτοῦ προφέρει
persona, de el buen tesoro del corazón de él saca
444 1537 3588 18 2344 3588 2588 846 4393
NNSM P DGSM JGSM NGSM DGSF NGSF RP3GSM VPAI3S

τὸ ἀγαθόν, καὶ ὁ πονηρὸς ἐκ τοῦ πονηροῦ προφέρει τὸ
lo bueno; y la mala, de lo malo saca lo
3588 18 2532 3588 4190 1537 3588 4190 4393 3588
DASN JASN CLN DNSM JNSM P DGSM JGSM VPAI3S DASN

πονηρόν· ἐκ γὰρ περισσεύματος καρδίας λαλεῖ τὸ στόμα αὐτοῦ.
malo; de$_{2}$ porque$_{1}$ (la) abundancia de(l) corazón habla la boca de él.
4190 1537 1063 4051 2588 2980 3588 4750 846
JASN P CLX NGSN NGSF VPAI3S DNSN NNSN RP3GSM

46 Τί δέ με καλεῖτε· Κύριε κύριε, καὶ οὐ ποιεῖτε ἃ
¿por qué$_{2}$ Y,$_{1}$ me llamáis Señor, Señor, y no hacéis lo que
5101 1161 3165 2564 2962 2962 2532 3756 4160 3739
RI-ASN CLN RP1AS VPAI2P NVSM NVSM CLN BN, TN VPAI2P RR-APN

λέγω; 47 πᾶς ὁ ἐρχόμενος πρός με καὶ ἀκούων μου τῶν λόγων
digo? Todo el que está viniendo a mí y está oyendo de mí$_{3}$ las$_{1}$ palabras$_{2}$
3004 3956 3588 2064 4314 3165 2532 191 3450 3588 3056
VPAI1S JNSM DNSM VPUP-SNM P RP1AS CLN VPAP-SNM RP1GS DGPM NGPM

καὶ ποιῶν αὐτούς, ὑποδείξω ὑμῖν τίνι ἐστὶν ὅμοιος· 48 ὅμοιός
y está haciendo a estas, enseñaré a vosotros a quién es semejante. Semejante
2532 4160 846 5263 5213 5101 2076 3664 3664
CLN VPAP-SNM RP3APM VFAI1S RP2DP RI-DSM VPAI3S JNSM JNSM

ἐστιν ἀνθρώπῳ οἰκοδομοῦντι οἰκίαν ὃς ἔσκαψεν καὶ ἐβάθυνεν
es (al) ser humano que está edificando (una) casa quien cavó y ahondó
2076 444 3618 3614 3739 4626 2532 900
VPAI3S NDSM VPAP-SDM NASF RR-NSM VAAI3S CLN VAAI3S

καὶ ἔθηκεν θεμέλιον ἐπὶ τὴν πέτραν· πλημμύρης δὲ γενομένης
y puso (el) fundamento sobre la roca; (una) inundación,$_{3}$ y$_{1}$ cuando se hizo$_{2}$
2532 5087 2310 1909 3588 4073 4132 1161 1096
CLN VAAI3S NASM P DASF NASF NGSF CLN VAMP-SGF

προσέρηξεν ὁ ποταμὸς τῇ οἰκίᾳ ἐκείνῃ, καὶ οὐκ ἴσχυσεν σαλεῦσαι
embistió$_{3}$ el$_{1}$ río$_{2}$ a la casa aquella, y no pudo sacudir
4366 3588 4215 3588 3614 1565 2532 3756 2480 4531
VAAI3S DNSM NNSM DDSF NDSF RD-DSF CLC BN, TN VAAI3S VAAN

αὐτὴν διὰ τὸ καλῶς οἰκοδομῆσθαι αὐτήν. 49 ὁ δὲ ἀκούσας
a ella, a causa de -- bien$_{2}$ haber sido edificada$_{1}$ a ella. el$_{2}$ Pero$_{1}$ que habiendo oído
846 1223 3588 2570 3618 846 3588 1161 191
RP3ASF P DASN B VRPN RP3ASF DNSM CLC VAAP-SNM

καὶ μὴ ποιήσας ὅμοιός ἐστιν ἀνθρώπῳ οἰκοδομήσαντι οἰκίαν ἐπὶ
y no habiendo hecho, semejante es (al) ser humano que habiendo edificado (una) casa sobre
2532 3361 4160 3664 2076 444 3618 3614 1909
CLN BN, TN VAAP-SNM JNSM VPAI3S NDSM VAAP-SDM NASF P

τὴν γῆν χωρὶς θεμελίου, ᾗ προσέρηξεν ὁ ποταμός, καὶ εὐθὺς
la tierra, sin fundamento, la que embistió$_{3}$ el$_{1}$ río$_{2}$ y en seguida
3588 1093 5565 2310 3739 4366 3588 4215 2532 2117
DASF NASF P, B NGSM RR-DSF VAAI3S DNSM NNSM CLN B, J

συνέπεσεν, καὶ ἐγένετο τὸ ῥῆγμα τῆς οἰκίας ἐκείνης μέγα.
se derrumbó y llegó a ser la$_{2}$ ruina$_{3}$ de la$_{4}$ casa$_{5}$ aquella.$_{6}$ grande$_{1}$
4842 2532 1096 3588 4485 3588 3614 1565 3173
VAAI3S CLN VAMI3S DNSN NNSN DGSF NGSF RD-GSF JNSN

NVI

recogen higos de los espinos ni se cosechan uvas de las zarzas. 45 El que es bueno, de la bondad que atesora en el corazón produce el bien; pero el que es malo, de su maldad produce el mal, porque de lo que abunda en el corazón habla la boca.

El prudente y el insensato

46 »¿Por qué me llaman ustedes "Señor, Señor", y no hacen lo que les digo? 47 Voy a decirles a quién se parece todo el que viene a mí, y oye mis palabras y las pone en práctica: 48 Se parece a un hombre que, al construir una casa, cavó bien hondo y puso el cimiento sobre la roca. De manera que cuando vino una inundación, el torrente azotó aquella casa, pero no pudo ni siquiera hacerla tambalear porque estaba bien construida. 49 Pero el que oye mis palabras y no las pone en práctica se parece a un hombre que construyó una casa sobre tierra y sin cimientos. Tan pronto como la azotó el torrente, la casa se derrumbó, y el desastre fue terrible».

RVR

Jesucristo sana al siervo de un centurión

7 Después que acabó
de dirigir todas
estas palabras a los oídos
del pueblo, entró en
Capernaúm.
2 Estaba enfermo y a
punto de morir el siervo
de un centurión, a quien
éste apreciaba mucho.
3 Habiendo oído hablar
de Jesús, envió adonde él
estaba unos ancianos de
los judíos, para rogarle
que viniese a sanar a su
siervo.
4 Éstos se presentaron a
Jesús, y le rogaban con
insistencia, diciendo: Es
digno de que le conce-
das esto;
5 porque él ama a nues-
tro pueblo, y él mismo
nos ha edificado la
sinagoga.
6 Iba Jesús con ellos, y
cuando ya no estaba
lejos de la casa, el centu-
rión envió a él unos ami-
gos, diciéndole: Señor,
no te molestes más; pues
no soy tan importante
como para que entres
bajo mi techo;
7 por lo cual ni me consi-
deré a mí mismo digno
de venir a ti; pero dilo
de palabra, y mi siervo
será sano.
8 Pues también yo soy
un hombre puesto
bajo autoridad, y tengo

7 Ἐπειδὴ ἐπλήρωσεν πάντα τὰ ῥήματα αὐτοῦ εἰς τὰς ἀκοὰς
Cuando terminó todas las palabras de él a los oídos
1894 4137 3956 3588 4487 846 1519 3588 189
CAT VAAI3S JAPN DAPN NAPN RP3GSM P DAPF NAPF

τοῦ λαοῦ, εἰσῆλθεν εἰς Καφαρναούμ. 2 Ἑκατοντάρχου δέ τινος
del pueblo, entró en Capernaum. de un centurión$_4$ Y$_1$ de cierto$_2$
3588 2992 1525 1519 2584 1543 1161 5100
DGSM NGSM VAAI3S P NASF, XP NGSM CLN JGSM, RX-GSM

δοῦλος κακῶς ἔχων ἤμελλεν τελευτᾶν, ὃς ἦν αὐτῷ ἔντιμος.
esclavo$_3$ un mal$_6$ teniendo$_5$ estaba a punto de morir, el cual era para él muy estimado.
1401 2560 2192 3195 5053 3739 2258 846 1784
NNSM B VPAP-SNM VIAI3S VPAN RR-NSM VIAI3S RP3DSM JNSM

3 ἀκούσας δὲ περὶ τοῦ Ἰησοῦ ἀπέστειλεν πρὸς αὐτὸν πρεσβυτέρους
habiendo oído$_2$ Y$_1$ acerca de -- Jesús, envió a él unos ancianos
191 1161 4012 3588 2424 649 4314 846 4245
VAAP-SNM CLN P DGSM NGSM VAAI3S P RP3ASM JAPM

τῶν Ἰουδαίων, ἐρωτῶν αὐτὸν ὅπως ἐλθὼν διασώσῃ τὸν δοῦλον
de los judíos pidiendo a él a fin de que habiendo venido sanara al esclavo
3588 2453 2065 846 3704 2064 1295 3588 1401
DGPM JGPM VPAP-SNM RP3ASM CSC VAAP-SNM VAAS3S DASM NASM

αὐτοῦ. 4 οἱ δὲ παραγενόμενοι πρὸς τὸν Ἰησοῦν παρεκάλουν
de él. los que$_2$ Y$_1$ habiendo llegado a -- Jesús, rogaban
846 3588 1161 3854 4314 3588 2424 3870
RP3GSM DNPM CLN VAMP-PNM P DASM NASM VIAI3P

αὐτὸν σπουδαίως λέγοντες ὅτι Ἄξιός ἐστιν ᾧ παρέξῃ τοῦτο,
le con insistencia diciendo que: Digno es que concedas esto,
846 4709 3004 3754 514 2076 3739 3930 5124
RP3ASM B VPAP-PNM CSC JNSM VPAI3S RR-DSM VFMI2S, VFMI3S RD-ASN

5 ἀγαπᾷ γὰρ τὸ ἔθνος ἡμῶν καὶ τὴν συναγωγὴν αὐτὸς ᾠκοδόμησεν
ama$_2$ porque$_1$ la nación nuestra y la$_3$ sinagoga,$_4$ él mismo$_1$ edificó$_2$
25 1063 3588 1484 2257 2532 3588 4864 846 3618
VPAI3S CAZ DASN NASN RP1GP CLN DASF NASF RP3NSMP VAAI3S

ἡμῖν. 6 ὁ δὲ Ἰησοῦς ἐπορεύετο σὺν αὐτοῖς. ἤδη δὲ αὐτοῦ
para nosotros. --$_2$ Y$_1$ Jesús iba con ellos. ya$_2$ Pero$_1$ de él
2254 3588 1161 2424 4198 4862 846 2235 1161 846
RP1DP DNSM CLN NNSM VIUI3S P RP3DPM B CLN RP3GSM

οὐ μακρὰν ἀπέχοντος ἀπὸ τῆς οἰκίας* ἔπεμψεν φίλους ὁ
no lejos estando lejos de la casa envió$_3$ a (unos) amigos$_4$ el$_1$
3756 3112 568 575 3588 3614 3992 5384 3588
BN, TN B, J VPAP-SGM P DGSF NGSF VAAI3S JAPM DNSM

ἑκατοντάρχης λέγων αὐτῷ· Κύριε, μὴ σκύλλου, οὐ γὰρ ἱκανός
centurión$_2$ diciendo a él: Señor, no te molestes, no$_2$ pues$_1$ digno$_4$
1543 3004 846 2962 3361 4660 3756 1063 2425
NNSM VPAP-SNM RP3DSM NVSM BN, TN VPPM2S BN, TN CAZ JNSM

εἰμι ἵνα ὑπὸ τὴν στέγην μου εἰσέλθῃς· 7 διὸ οὐδὲ ἐμαυτὸν
soy$_3$ para que bajo$_2$ el$_3$ techo$_4$ de mí$_5$ entraras;$_1$ por lo cual ni a mí mismo$_2$
1510 2443 5259 3588 4721 3450 1525 1352 3761 1683
VPAI1S CSE P DASF NASF RP1GS VAAS2S CLI BN RF1ASM

ἠξίωσα πρὸς σὲ ἐλθεῖν· ἀλλὰ εἰπὲ λόγῳ, καὶ ἰαθήτω ὁ παῖς
consideré digno$_1$ a$_4$ ti;$_5$ ir$_3$ pero di con palabra y sea sanado$_4$ el$_1$ siervo$_2$
515 4314 4571 2064 235 2036 3056 2532 2390 3588 3816
VAAI1S P RP2AS VAAN CLC VAAM2S NDSM CLN VAPM3S DNSM NNSM

μου· 8 καὶ γὰρ ἐγὼ ἄνθρωπός εἰμι ὑπὸ ἐξουσίαν τασσόμενος,
de mí$_3$ también$_2$ Porque$_1$ yo un hombre$_2$ soy$_1$ bajo$_4$ autoridad,$_5$ siendo instituido$_3$
3450 2532 1063 1473 444 1510 5259 1849 5021
RP1GS BE, TE CAZ, CLX RP1NS NNSM VPAI1S P NASF VPPP-SNM

NVI

La fe del centurión

7 Cuando terminó
de hablar al
pueblo, Jesús entró en
Capernaúm. 2 Había allí
un centurión, cuyo sier-
vo, a quien él estimaba
mucho, estaba enfermo,
a punto de morir.
3 Como oyó hablar de
Jesús, el centurión man-
dó a unos dirigentes de
los judíos a pedirle que
fuera a sanar a su siervo.
4 Cuando llegaron ante
Jesús, le rogaron con
insistencia:
—Este hombre
merece que le concedas
lo que te pide: 5 aprecia
tanto a nuestra nación
que nos ha construido
una sinagoga.
6 Así que Jesús fue
con ellos. No estaba
lejos de la casa cuando el
centurión mandó unos
amigos a decirle:
—Señor, no te tomes
tanta molestia, pues no
merezco que entres bajo
mi techo. 7 Por eso ni
siquiera me atreví a pre-
sentarme ante ti. Pero,
con una sola palabra
que digas, quedará sano
mi siervo. 8 Yo mismo
obedezco órdenes
superiores y, además,

7:6* O sea *Pero cuando ya no estaba lejos de la casa,*

RVR

soldados bajo mis órde-
nes; y le digo a éste: ¡Ve!,
y va; y a otro: ¡Ven!,
y viene; y a mi siervo:
¡Haz esto!, y lo hace.
9 Al oír esto, Jesús se
quedó maravillado de él,
y volviéndose, dijo a la
multitud que le seguía:
Os digo que ni aun en
Israel he hallado una fe
tan grande.
10 Y cuando los que ha-
bían sido enviados regre-
saron a la casa, hallaron
sano al siervo que había
estado enfermo.

Jesucristo resucita al hijo de la viuda de Naín

11 Aconteció después
que él iba a una ciudad
llamada Naín, y mar-
chaban juntamente
con él bastantes de sus
discípulos, y una gran
multitud.
12 Cuando llegó cerca de
la puerta de la ciudad,
he aquí que sacaban a
enterrar a un difunto,
hijo único de su madre,
y ella era viuda, y estaba
con ella un grupo consi-
derable de la ciudad.
13 Cuando el Señor
la vio, fue movido a
compasión sobre ella, y
le dijo: No llores.
14 Él se acercó y tocó la
camilla mortuoria, y los
que lo llevaban se detu-
vieron, y él dijo: Joven, a
ti te digo, ¡levántate!

ἔχων	ὑπ’	ἐμαυτὸν	στρατιώτας,	καὶ	λέγω	τούτῳ·	Πορεύθητι,
teniendo	bajo	a mí mismo	soldados,	y	digo	a este:	Ve
2192	5259	1683	4757	2532	3004	5129	4198
VPAP-SNM	P	RF1ASM	NAPM	CLN	VPAI1S	RD-DSM	VPAM2S

καὶ	πορεύεται,	καὶ	ἄλλῳ·	Ἔρχου,	καὶ	ἔρχεται,	καὶ	τῷ	δούλῳ
y	va,	y	a otro:	Ven	y	viene,	y	al	esclavo
2532	4198	2532	243	2064	2532	2064	2532	3588	1401
CLN	VPUI3S	CLN	JDSM	VPUM2S, VPUI2S	CLN	VPUI3S	CLN	DDSM	NDSM

μου·	Ποίησον	τοῦτο,	καὶ	ποιεῖ.	9 ἀκούσας	δὲ	ταῦτα	ὁ	Ἰησοῦς
de mí:	Haz	esto	y	hace.	habiendo oído$_2$	Y$_1$	estas cosas,	--	Jesús
3450	4160	5124	2532	4160	191	1161	5023	3588	2424
RP1GS	VAAM2S	RD-ASN	CLN	VPAI3S	VAAP-SNM	CLN	RD-APN	DNSM	NNSM

ἐθαύμασεν	αὐτόν,	καὶ	στραφεὶς	τῷ	ἀκολουθοῦντι	αὐτῷ	ὄχλῳ
se maravilló	de él,	y	habiéndose vuelto	a la$_1$	que está siguiendo$_3$	a él$_4$	multitud$_2$
2296	846	2532	4762	3588	190	846	3793
VAAI3S	RP3ASM	CLN	VAPP-SNM	DDSM	VPAP-SDM	RP3DSM	NDSM

εἶπεν·	Λέγω	ὑμῖν,	οὐδὲ	ἐν	τῷ	Ἰσραὴλ	τοσαύτην	πίστιν	εὗρον.
dijo:	Digo	a vosotros,	ni siquiera	en	--	Israel	tan grande	fe	encontré.
2036	3004	5213	3761	1722	3588	2474	5118	4102	2147
VAAI3S	VPAI1S	RP2DP	BN, TN	P	DDSM	NDSM, XP	JASF, RD-ASF	NASF	VAAI1S

10 καὶ	ὑποστρέψαντες	εἰς	τὸν	οἶκον	οἱ	πεμφθέντες	εὗρον	τὸν
Y	habiendo regresado	a	la	casa	los	habiendo sido enviados	encontraron	al
2532	5290	1519	3588	3624	3588	3992	2147	3588
CLN	VAAP-PNM	P	DASM	NASM	DNPM	VAPP-PNM	VAAI3P	DASM

δοῦλον	ὑγιαίνοντα.	11 Καὶ	ἐγένετο	ἐν	τῷ	ἑξῆς	ἐπορεύθη	εἰς
esclavo	estando saludable.	Y	sucedió que	en	el	siguiente (día)	se fue	a
1401	5198	2532	1096	1722	3588	1836	4198	1519
NASM	VPAP-SAM	CLN	VAMI3S	P	DDSM	B	VAPI3S	P

πόλιν	καλουμένην	Ναΐν,	καὶ	συνεπορεύοντο	αὐτῷ	οἱ	μαθηταὶ
una ciudad	siendo llamada	Naín,	y	iban con$_7$	él.$_8$	los$_1$	discípulos$_2$
4172	2564	3484	2532	4848	846	3588	3101
NASF	VPPP-SAF	NASF, XP	CLN	VIUI3P	RP3DSM	DNPM	NNPM

⌜αὐτοῦ	καὶ	ὄχλος	πολύς.	12 ὡς	δὲ	ἤγγισεν	τῇ	πύλῃ	τῆς	πόλεως,
de él$_3$	y$_4$	multitud$_6$	mucha$_5$	cuando$_2$	Y$_1$	estuvo cercano	a la	puerta	de la	ciudad,
846	2532	3793	4183	5613	1161	1448	3588	4439	3588	4172
RP3GSM	CLN	NNSM	JNSM	CAT	CLN	VAAI3S	DDSF	NDSF	DGSF	NGSF

καὶ	ἰδοὺ	ἐξεκομίζετο	τεθνηκὼς	μονογενὴς	υἱὸς	τῇ	μητρὶ	αὐτοῦ,
y	he aquí	era sacado	un muerto,	único	hijo	para la	madre	de él,
2532	2400	1580	2348	3439	5207	3588	3384	846
CLN	I, VAAM2S	VIPI3S	VRAP-SNM	JNSM	NNSM	DDSF	NDSF	RP3GSM

καὶ	αὐτὴ	ἦν	χήρα,	καὶ	ὄχλος	τῆς	πόλεως	ἱκανὸς	ἦν	σὺν
y	ella	era	viuda,	y	una multitud	de la$_2$	ciudad$_3$	considerable$_1$	estaba	con
2532	846	2258	5503	2532	3793	3588	4172	2425	2258	4862
CLN	RP3NSF	VIAI3S	NNSF, JNSF	CLN	NNSM	DGSF	NGSF	JNSM	VIAI3S	P

αὐτῇ.	13 καὶ	ἰδὼν	αὐτὴν	ὁ	κύριος	ἐσπλαγχνίσθη	ἐπ’	αὐτῇ	καὶ
ella.	Y	habiendo visto	a ella,	el	Señor	se compadeció	de	ella,	y
846	2532	1492	846	3588	2962	4697	1909	846	2532
RP3DSF	CLN	VAAP-SNM	RP3ASF	DNSM	NNSM	VAPI3S	P	RP3DSF	CLN

εἶπεν	αὐτῇ·	Μὴ	κλαῖε.	14 καὶ	προσελθὼν	ἥψατο	τῆς	σοροῦ,	οἱ
dijo	a ella:	No	llores.	Y	habiéndose acercado,	tocó	la	camilla,	los que$_2$
2036	846	3361	2799	2532	4334	680	3588	4673	3588
VAAI3S	RP3DSF	BN, TN	VPAM2S	CLN	VAAP-SNM	VAMI3S	DGSF	NGSF	DNPM

δὲ	βαστάζοντες	ἔστησαν,	καὶ	εἶπεν·	Νεανίσκε,	σοὶ	λέγω,	ἐγέρθητι.
y$_1$	llevando encima	se pararon,	y	(él) dijo:	Joven,	a ti	digo:	¡Levántate!
1161	941	2476	2532	2036	3495	4671	3004	1453
CLN	VPAP-PNM	VAAI3P	CLN	VAAI3S	NVSM	RP2DS	VPAI1S	VAPM2S

NVI

tengo soldados bajo mi
autoridad. Le digo a
uno: "Ve", y va, y al otro:
"Ven", y viene. Le digo a
mi siervo: "Haz esto", y
lo hace.
9 Al oírlo, Jesús se
asombró de él y, volvién-
dose a la multitud que lo
seguía, comentó:
—Les digo que ni
siquiera en Israel he
encontrado una fe tan
grande.
10 Al regresar a casa,
los enviados encontra-
ron sano al siervo.

Jesús resucita al hijo de una viuda

11 Poco después Jesús,
en compañía de sus
discípulos y de una gran
multitud, se dirigió a un
pueblo llamado Naín.
12 Cuando ya se acercaba
a las puertas del pueblo,
vio que sacaban de allí a
un muerto, hijo único
de madre viuda. La
acompañaba un grupo
grande de la población.
13 Al verla, el Señor se
compadeció de ella y
le dijo:
—No llores.
14 Entonces se acercó
y tocó el féretro. Los que
lo llevaban se detuvie-
ron, y Jesús dijo:
—Joven, ¡te ordeno
que te levantes!

RVR

[15] Entonces el muerto se
incorporó y comenzó a
hablar, y él se lo dio a su
madre.
[16] El temor se apoderó
de todos, y glorificaban
a Dios, diciendo: Un
gran profeta ha surgido
entre nosotros; y Dios
ha visitado a su pueblo.
[17] Y esto que se decía de
él, se divulgó por toda
la Judea y por toda la
región circunvecina.

Los mensajeros de Juan el Bautista

[18] Los discípulos de
Juan informaron a
éste de todas estas
cosas. Entonces Juan,
llamando a dos de sus
discípulos,
[19] los envió a Jesús, di-
ciendo: ¿Eres tú el que
había de venir, o conti-
nuaremos aguardando
a otro?
[20] Cuando los hombres
se presentaron donde
estaba él, dijeron:
Juan el Bautista nos ha
enviado a ti, diciendo:
¿Eres tú el que había de
venir, o continuaremos
aguardando a otro?
[21] En esa misma hora
sanó a muchos de en-
fermedades y dolencias,
y de malos espíritus, y
otorgó la vista a muchos
ciegos.
[22] Luego les respondió
Jesús, diciendo: Id e in-
formad a Juan de lo que

15 καὶ	ἀνεκάθισεν	ὁ	νεκρὸς	καὶ	ἤρξατο	λαλεῖν,	καὶ	ἔδωκεν
Entonces	se incorporó$_3$	él$_1$	muerto$_2$	y	comenzó	a hablar,	y	dio
2532	339	3588	3498	2532	756	2980	2532	1325
CLN	*VAAI3S*	*DNSM*	*JNSM*	*CLN*	*VAMI3S*	*VPAN*	*CLN*	*VAAI3S*

αὐτὸν	τῇ	μητρὶ	αὐτοῦ.	16 ἔλαβεν	δὲ	φόβος	πάντας,	καὶ	ἐδόξαζον
a él	a la	madre	de él.	tomó$_2$	Y$_1$	temor	a todos,	y	glorificaban
846	3588	3384	846	2983	1161	5401	3956	2532	1392
RP3ASM	*DDSF*	*NDSF*	*RP3GSM*	*VAAI3S*	*CLN*	*NNSM*	*JAPM*	*CLN*	*VIAI3P*

τὸν	θεὸν	λέγοντες	ὅτι	Προφήτης	μέγας	ἠγέρθη	ἐν	ἡμῖν,	καὶ	ὅτι
a --	Dios	diciendo	que:	(Un) profeta	grande	fue levantado	entre	nosotros	y	que:
3588	2316	3004	3754	4396	3173	1453	1722	2254	2532	3754
DASM	*NASM*	*VPAP-PNM*	*CSC*	*NNSM*	*JNSM*	*VAPI3S*	*P*	*RP1DP*	*CLN*	*CSC*

Ἐπεσκέψατο	ὁ	θεὸς	τὸν	λαὸν	αὐτοῦ.	17 καὶ	ἐξῆλθεν	ὁ	λόγος
visitó$_3$	--$_1$	Dios$_2$	al	pueblo	de él.	Y	salió$_4$	la$_1$	palabra$_2$
1980	3588	2316	3588	2992	846	2532	1831	3588	3056
VAMI3S	*DNSM*	*NNSM*	*DASM*	*NASM*	*RP3GSM*	*CLN*	*VAAI3S*	*DNSM*	*NNSM*

οὗτος	ἐν	ὅλῃ	τῇ	Ἰουδαίᾳ	περὶ	αὐτοῦ	καὶ	πάσῃ	τῇ	περιχώρῳ.
esta$_3$	por	toda	--	Judea	acerca de	él	y	por toda	la	región vecina.
3778	1722	3650	3588	2449	4012	846	2532	3956	3588	4066
RD-NSM	*P*	*JDSF*	*DDSF*	*NDSF*	*P*	*RP3GSM*	*CLN*	*JDSF*	*DDSF*	*JDSF*

18 Καὶ	ἀπήγγειλαν	Ἰωάννῃ	οἱ	μαθηταὶ	αὐτοῦ	περὶ	πάντων	τούτων.
Y	informaron$_4$	a Juan$_5$	los$_1$	discípulos$_2$	de él$_3$	acerca de	todas	estas cosas.
2532	518	2491	3588	3101	846	4012	3956	5130
CLN	*VAAI3P*	*NDSM*	*DNPM*	*NNPM*	*RP3GSM*	*P*	*JGPN*	*RD-GPN*

καὶ	προσκαλεσάμενος	δύο	τινὰς	τῶν	μαθητῶν	αὐτοῦ	ὁ	Ἰωάννης
Y	llamando$_3$	dos$_5$	a ciertos$_4$	de los$_6$	discípulos$_7$	de él,$_8$	--$_1$	Juan$_2$
2532	4341	1417	5100	3588	3101	846	3588	2491
CLN	*VAMP-SNM*	*XN, J*	*RX-APM*	*DGPM*	*NGPM*	*RP3GSM*	*DNSM*	*NNSM*

19 ἔπεμψεν	πρὸς	τὸν	κύριον	λέγων·	Σὺ	εἶ	ὁ	ἐρχόμενος	ἢ
(los) envió	a	el	Señor	diciendo:	¿Tú	eres	el	que está viniendo	o
3992	4314	3588	2962	3004	4771	1488	3588	2064	2228
VAAI3S	*P*	*DASM*	*NASM*	*VPAP-SNM*	*RP2NS*	*VPAI2S*	*DNSM*	*VPUP-SNM*	*CLD*

ἄλλον	προσδοκῶμεν;	20 παραγενόμενοι	δὲ	πρὸς	αὐτὸν	οἱ	ἄνδρες
a otro?$_2$	esperamos$_1$	habiendo llegado$_2$	Y$_1$	a	él	los	varones
243	4328	3854	1161	4314	846	3588	435
JASM	*VPAS1P*	*VAMP-PNM*	*CLN*	*P*	*RP3ASM*	*DNPM*	*NNPM*

εἶπαν·	Ἰωάννης	ὁ	βαπτιστὴς	ἀπέστειλεν	ἡμᾶς	πρὸς	σὲ	λέγων·
dijeron:	Juan	el	Bautista	envió	a nosotros	a	ti	diciendo:
3004	2491	3588	910	649	2248	4314	4571	3004
VAAI3P	*NNSM*	*DNSM*	*NNSM*	*VAAI3S*	*RP1AP*	*P*	*RP2AS*	*VPAP-SNM*

Σὺ	εἶ	ὁ	ἐρχόμενος	ἢ	ἄλλον	προσδοκῶμεν;	21 ἐν	ἐκείνῃ
¿Tú	eres	el	que está viniendo	o	a otro?$_2$	esperamos$_1$	En	aquella
4771	1488	3588	2064	2228	243	4328	1722	1565
RP2NS	*VPAI2S*	*DNSM*	*VPUP-SNM*	*CLD*	*JASM*	*VPAS1P, VPAI1P*	*P*	*RD-DSF*

τῇ	ὥρᾳ	ἐθεράπευσεν	πολλοὺς	ἀπὸ	νόσων	καὶ	μαστίγων	καὶ
--	hora	sanó	a muchos	de	enfermedades	y	azotes	y
3588	5610	2323	4183	575	3554	2532	3148	2532
DDSF	*NDSF*	*VAAI3S*	*JAPM*	*P*	*NGPF*	*CLN*	*NGPF*	*CLN*

πνευμάτων	πονηρῶν,	καὶ	τυφλοῖς	πολλοῖς	ἐχαρίσατο	βλέπειν.	22 καὶ
espíritus	malos	y	ciegos$_2$	a muchos$_1$	otorgó (el favor)	para ver.	Y
4151	4190	2532	5185	4183	5483	991	2532
NGPN	*JGPN*	*CLN*	*JDPM*	*JDPM*	*VAMI3S*	*VPAN*	*CLN*

ἀποκριθεὶς	εἶπεν	αὐτοῖς·	Πορευθέντες	ἀπαγγείλατε	Ἰωάννῃ	ἃ
respondiendo	dijo	a ellos:	Habiendo ido	anunciad	a Juan	las cosas que
611	2036	846	4198	518	2491	3739
VAPP-SNM	*VAAI3S*	*RP3DPM*	*VAPP-PNM*	*VAAM2P*	*NDSM*	*RR-APN*

NVI

[15] El muerto se in-
corporó y comenzó a ha-
blar, y Jesús se lo entregó
a su madre. [16] Todos
se llenaron de temor y
alababan a Dios.
—Ha surgido entre
nosotros un gran profe-
ta —decían—. Dios ha
venido en ayuda de su
pueblo.
[17] Así que esta no-
ticia acerca de Jesús se
divulgó por toda Judea
y por todas las regiones
vecinas.

Jesús y Juan el Bautista

[18] Los discípulos de
Juan le contaron todo
esto. Él llamó a dos de
ellos [19] y los envió al
Señor a preguntarle:
—¿Eres tú el que ha
de venir, o debemos
esperar a otro?
[20] Cuando se acer-
caron a Jesús, ellos le
dijeron:
—Juan el Bautista nos
ha enviado a preguntar-
te: "¿Eres tú el que ha de
venir, o debemos esperar
a otro?"
[21] En ese mismo
momento Jesús sanó
a muchos que tenían
enfermedades, dolencias
y espíritus malignos, y
les dio la vista a muchos
ciegos. [22] Entonces
les respondió a los
enviados:
—Vayan y cuén-
tenle a Juan lo que

RVR

habéis visto y oído: Los
ciegos ven de nuevo,
los cojos caminan, los
leprosos son limpiados,
los sordos oyen, los
muertos son resucita-
dos, a los pobres se les
anuncia el evangelio.
[23] Y bienaventurado
es cualquiera que no
halla en mí ocasión de
tropiezo.
[24] Cuando se marcha-
ron los mensajeros de
Juan, comenzó a decir
ante las multitudes
acerca de Juan: ¿Qué
salisteis a contemplar en
el desierto? ¿Una caña
sacudida por el viento?
[25] Si no, ¿qué salisteis
a ver? ¿Un hombre
vestido con ropas finas?
He aquí que los que se
visten de espléndidas
vestiduras y viven en
la molicie, están en los
palacios reales.
[26] Entonces, ¿qué salis-
teis a ver? ¿Un profeta?
Pues sí, os digo, y supe-
rior a un profeta.
[27] Éste es aquel de quien
está escrito:
He aquí que envío mi
mensajero delante
de tu faz,
El cual preparará tu
camino delante
de ti.
[28] Os digo que entre los
nacidos de mujeres, no
hay mayor profeta que
Juan el Bautista; pero el
que es menor en el reino

εἴδετε	καὶ	ἠκούσατε·	τυφλοὶ	ἀναβλέπουσιν,	χωλοὶ	περιπατοῦσιν,
visteis	y	oísteis;	ciegos	recuperan la vista,	cojos	andan,
1492	2532	191	5185	308	5560	4043
VAAI2P	CLN	VAAI2P	JNPM	VPAI3P	JNPM	VPAI3P

λεπροὶ	καθαρίζονται,	κωφοὶ	ἀκούουσιν,	νεκροὶ	ἐγείρονται,	πτωχοὶ
leprosos	son limpiados,	sordos	oyen,	muertos	se levantan,	(a) los pobres
3015	2511	2974	191	3498	1453	4434
JNPM	VPPI3P	JNPM	VPAI3P	JNPM	VPPI3P	JNPM

εὐαγγελίζονται·	[23] καὶ	μακάριός	ἐστιν	ὃς	ἐὰν	μὴ
son anunciadas las buenas noticias;	y	dichoso	es	cualquiera que	--	no
2097	2532	3107	2076	3739	1437	3361
VPPI3P	CLN	JNSM	VPAI3S	RR-NSM	TC	BN, TN

σκανδαλισθῇ	ἐν	ἐμοί.	[24] Ἀπελθόντων	δὲ	τῶν	ἀγγέλων	Ἰωάννου
se escandalice	por	mí.	habiéndose ido$_2$	Y$_1$	los	mensajeros	de Juan,
4624	1722	1698	565	1161	3588	32	2491
VAPS3S	P	RP1DS	VAAP-PGM	CLN	DGPM	NGPM	NGSM

ἤρξατο	λέγειν	πρὸς	τοὺς	ὄχλους	περὶ	Ἰωάννου·	Τί	ἐξήλθατε	εἰς
comenzó	a decir	a	las	multitudes	acerca de	Juan:	¿Qué	salisteis	a
756	3004	4314	3588	3793	4012	2491	5101	1831	1519
VAMI3S	VPAN	P	DAPM	NAPM	P	NGSM	RI-ASN	VAAI2P	P

τὴν	ἔρημον	θεάσασθαι;	κάλαμον	ὑπὸ	ἀνέμου	σαλευόμενον;	[25] ἀλλὰ
el	desierto	a mirar?	¿(Una) caña	por	un viento	siendo sacudida?	Pero
3588	2048	2300	2563	5259	417	4531	235
DASF	JASF	VAMN	NASM	P	NGSM	VPPP-SAM	CLC

τί	ἐξήλθατε	ἰδεῖν;	ἄνθρωπον	ἐν	μαλακοῖς	ἱματίοις	ἠμφιεσμένον;
¿qué	salisteis	a ver?	¿A un hombre	con$_2$	delicadas$_3$	ropas?$_4$	vestido$_1$
5101	1831	1492	444	1722	3120	2440	294
RI-ASN	VAAI2P	VAAN	NASM	P	JDPN	NDPN	VRPP-SAM

ἰδοὺ	οἱ	ἐν	ἱματισμῷ	ἐνδόξῳ	καὶ	τρυφῇ	ὑπάρχοντες	ἐν
He aquí	los que$_1$	con$_3$	vestido$_4$	glorioso$_5$	y$_6$	lujo$_7$	que viven$_2$	en$_9$
2400	3588	1722	2441	1741	2532	5172	5225	1722
I, VAAM2S	DNPM	P	NDSM	JDSM	CLN	NDSF	VPAP-PNM	P

τοῖς	βασιλείοις	εἰσίν.	[26] ἀλλὰ	τί	ἐξήλθατε	ἰδεῖν;	προφήτην;	ναί,
los$_{10}$	palacios reales.$_{11}$	están$_8$	Pero,	¿qué	salisteis	a ver?	¿Un profeta?	Sí,
3588	934	1526	235	5101	1831	1492	4396	3483
DDPN, DDPM	JDPN, JDPM	VPAI3P	CLC	RI-ASN	VAAI2P	VAAN	NASM	I, T

λέγω	ὑμῖν,	καὶ	περισσότερον	προφήτου.	[27] οὗτός	ἐστιν	περὶ	οὗ
digo	a vosotros,	y	más (que)	un profeta.	Este	es	acerca de	quien
3004	5213	2532	4053	4396	3778	2076	4012	3739
VPAI1S	RP2DP	CLN	JASMC	NGSM	RD-NSM	VPAI3S	P	RR-GSM

γέγραπται·	Ἰδοὺ	ἀποστέλλω	τὸν	ἄγγελόν	μου	πρὸ	προσώπου
está escrito:	He aquí	envío	--	mensajero	de mí	delante de	rostro
1125	2400	649	3588	32	3450	4253	4383
VRPI3S	I, VAAM2S	VPAI1S	DASM	NASM	RP1GS	P	NGSN

σου,	ὃς	κατασκευάσει	τὴν	ὁδόν	σου	ἔμπροσθέν	σου.	[28] λέγω
de ti,	el cual	preparará	el	camino	de ti	delante de	ti.	Digo
4675	3739	2680	3588	3598	4675	1715	4675	3004
RP2GS	RR-NSM	VFAI3S	DASF	NASF	RP2GS	P	RP2GS	VPAI1S

ὑμῖν,	μείζων	ἐν	γεννητοῖς	γυναικῶν	⸀Ἰωάννου	οὐδείς
a vosotros,	más grande que$_3$	de entre$_5$	(los) nacidos$_6$	de mujeres,$_7$	Juan$_4$	(que) nadie$_1$
5213	3187	1722	1084	1135	2491	3762
RP2DP	JNSMC	P	JDPM	NGPF	NGSM	JNSM

ἐστιν·	ὁ	δὲ	μικρότερος	ἐν	τῇ	βασιλείᾳ	τοῦ	θεοῦ	μείζων
es$_2$	--$_9$	pero$_8$	(el) más pequeño	en	el	reino	de --	Dios,	más grande que$_2$
2076	3588	1161	3398	1722	3588	932	3588	2316	3187
VPAI3S	DNSM	CLC	JNSMC	P	DDSF	NDSF	DGSM	NGSM	JNSMC

NVI

han visto y oído: Los cie-
gos ven, los cojos andan,
los que tienen lepra son
sanados, los sordos oyen,
los muertos resucitan y
a los pobres se les anun-
cian las buenas nuevas.
[23] Dichoso el que no
tropieza por causa mía.
[24] Cuando se fueron
los enviados, Jesús
comenzó a hablarle a la
multitud acerca de Juan:
«¿Qué salieron a ver
al desierto? ¿Una caña
sacudida por el viento?
[25] Si no, ¿qué salieron
a ver? ¿A un hombre
vestido con ropa fina?
Claro que no, pues los
que se visten ostentosa-
mente y llevan una vida
de lujo están en los pala-
cios reales. [26] Entonces,
¿qué salieron a ver? ¿A
un profeta? Sí, les digo, y
más que profeta. [27] Este
es de quien está escrito:

»"Yo estoy por enviar
a mi mensajero
delante de ti,
el cual preparará el
camino".

[28] Les digo que entre los
mortales no ha habido
nadie más grande que
Juan; sin embargo, el
más pequeño en el reino

7:28⸀ Manuscritos inferiores aumentaron *profeta que.*

RVR

de Dios es mayor que él.
29 Y todo el pueblo que
le escuchó y los cobra-
dores de impuestos
reconocieron la justicia
de Dios, siendo bauti-
zados con el bautismo
de Juan;
30 pero los fariseos y
los legistas rechazaron
el designio de Dios
para con ellos mismos,
no siendo bautizados
por él.
31 ¿A qué, pues, compa-
raré los hombres de esta
generación, y a qué son
semejantes?
32 Son semejantes a
los muchachos que se
sientan en la plaza y que
se gritan unos a otros y
dicen: Os hemos tocado
la flauta, y no habéis
bailado; entonamos
canciones de duelo, y no
llorasteis.
33 Porque vino Juan el
Bautista, que no comía
pan ni bebía vino, y de-
cís: Tiene un demonio.
34 Ha venido el Hijo del
Hombre, que come y
bebe, y decís: He aquí
un hombre glotón y
bebedor de vino, amigo
de cobradores de im-
puestos y pecadores.
35 Y la sabiduría ha sido
justificada por todos
sus hijos.

Jesús en el hogar de Simón el fariseo

36 Uno de los fariseos
le pedía que comiera
con él. Y entrando en la

αὐτοῦ	ἐστιν.	29 (καὶ	πᾶς	ὁ	λαὸς	ἀκούσας	καὶ	οἱ	τελῶναι
él.$_3$	es$_1$	Y	todo$_2$	el$_3$	pueblo,$_4$	habiendo oído$_1$	incluso	los	publicanos,
846	2076	2532	3956	3588	2992	191	2532	3588	5057
RP3GSM	VPAI3S	CLN	JNSM	DNSM	NNSM	VAAP-SNM	CLN	DNPM	NNPM

ἐδικαίωσαν	τὸν	θεόν,	βαπτισθέντες	τὸ	βάπτισμα	Ἰωάννου·
justificaron	a --	Dios,	habiendo sido bautizados (con)	el	bautismo	de Juan.
1344	3588	2316	907	3588	908	2491
VAAI3P	DASM	NASM	VAPP-PNM	DASN	NASN	NGSM

30 οἱ	δὲ	Φαρισαῖοι	καὶ	οἱ	νομικοὶ	τὴν	βουλὴν	τοῦ	θεοῦ
los$_2$	Pero$_1$	fariseos$_3$	y$_4$	los$_5$	maestros de la Ley$_6$	el$_{10}$	propósito$_{11}$	de --$_{12}$	Dios$_{13}$
3588	1161	5330	2532	3588	3544	3588	1012	3588	2316
DNPM	CLC	NNPM	CLN	DNPM	JNPM	DASF	NASF	DGSM	NGSM

ἠθέτησαν	εἰς	ἑαυτούς,	μὴ	βαπτισθέντες	ὑπ’	αὐτοῦ.)	31 Τίνι
rechazaron$_7$	para$_8$	sí mismos$_9$	no	habiendo sido bautizados	por	él.	¿A qué,
114	1519	1438	3361	907	5259	846	5101
VAAI3P	P	RF3APM	BN, TN	VAPP-PNM	P	RP3GSM	RI-DSN

οὖν	ὁμοιώσω	τοὺς	ἀνθρώπους	τῆς	γενεᾶς	ταύτης,	καὶ	τίνι	εἰσὶν
pues,	compararé	a las	personas	de la	generación,$_2$	esta$_1$	y	a qué	son
3767	3666	3588	444	3588	1074	3778	2532	5101	1526
CLI	VFAI1S	DAPM	NAPM	DGSF	NGSF	RD-GSF	CLN	RI-DSN	VPAI3P

ὅμοιοι;	32 ὅμοιοί	εἰσιν	παιδίοις	τοῖς	ἐν	ἀγορᾷ	καθημένοις
semejantes?	Semejantes	son	a niñitos	los que	en$_2$	una plaza$_3$	estando sentados$_1$
3664	3664	1526	3813	3588	1722	58	2521
JNPM	JNPM	VPAI3P	NDPN	DDPN	P	NDSF	VPUP-PDN

καὶ	προσφωνοῦσιν	ἀλλήλοις,	ἃ	λέγει·	Ηὐλήσαμεν	ὑμῖν	καὶ
y	están gritando	unos a otros,	las cosas que	dicen:	Tocamos flauta	a vosotros	y
2532	4377	240	3739	3004	832	5213	2532
CLN	VPAP-PDN, VPAP-PDM	RC-DPN	RR-NPN	VPAI3S	VAAI1P	RP2DP	CLN

οὐκ	ὠρχήσασθε·	ἐθρηνήσαμεν	καὶ	οὐκ	ἐκλαύσατε·	33 ἐλήλυθεν
no	bailasteis;	entonamos lamentos	y	no	llorasteis.	ha venido$_5$
3756	3738	2354	2532	3756	2799	2064
BN, TN	VAMI2P	VAAI1P	CLN	BN, TN	VAAI2P	VRAI3S

γὰρ	Ἰωάννης	ὁ	βαπτιστὴς	μὴ	ἐσθίων	ἄρτον	μήτε	πίνων
Porque$_1$	Juan$_2$	el$_3$	Bautista,$_4$	no	comiendo	pan	ni	bebiendo
1063	2491	3588	910	3361	2068	740	3383	4095
CAZ	NNSM	DNSM	NNSM	BN, TN	VPAP-SNM	NASM	CLD, TN	VPAP-SNM

οἶνον,	καὶ	λέγετε·	Δαιμόνιον	ἔχει·	34 ἐλήλυθεν	ὁ	υἱὸς	τοῦ
vino,	y	decís:	Demonio	tiene.	ha venido$_5$	El$_1$	Hijo$_2$	del$_3$
3631	2532	3004	1140	2192	2064	3588	5207	3588
NASM	CLN	VPAI2P	NASN	VPAI3S	VRAI3S	DNSM	NNSM	DGSM

ἀνθρώπου	ἐσθίων	καὶ	πίνων,	καὶ	λέγετε·	Ἰδοὺ	ἄνθρωπος	φάγος
Hombre$_4$	comiendo	y	bebiendo,	y	decís:	He aquí	un hombre	glotón
444	2068	2532	4095	2532	3004	2400	444	5314
NGSM	VPAP-SNM	CLN	VPAP-SNM	CLN	VPAI2P	I, VAAM2S	NNSM	NNSM

καὶ	οἰνοπότης,	φίλος	τελωνῶν	καὶ	ἁμαρτωλῶν.	35 καὶ	ἐδικαιώθη	ἡ
y	bebedor de vino,	amigo	de publicanos	y	pecadores.	Pero	fue justificada$_3$	la$_1$
2532	3630	5384	5057	2532	268	2532	1344	3588
CLN	NNSM	JNSM	NGPM	CLN	JGPM	CLC	VAPI3S	DNSF

σοφία	ἀπὸ	πάντων	τῶν	τέκνων	αὐτῆς.	36 Ἠρώτα	δέ	τις	αὐτὸν
sabiduría$_1$	por	todos	los	hijos	de ella.	rogaba$_5$	Y$_1$	uno$_2$	a él$_6$
4678	575	3956	3588	5043	846	2065	1161	5100	846
NNSF	P	JGPN	DGPN	NGPN	RP3GSF	VIAI3S	CLT	RX-NSM	RP3ASM

τῶν	Φαρισαίων	ἵνα	φάγῃ	μετ’	αὐτοῦ·	καὶ	εἰσελθὼν	εἰς	τὸν
de los$_3$	fariseos$_4$	para que	comiera	con	él,	y	habiendo entrado	en	la
3588	5330	2443	5315	3326	846	2532	1525	1519	3588
DGPM	NGPM	CSC	VAAS3S	P	RP3GSM	CLN	VAAP-SNM	P	DASM

NVI

de Dios es más grande
que él».
29 Al oír esto, todo el
pueblo, y hasta los recau-
dadores de impuestos,
reconocieron que el ca-
mino de Dios era justo,
y fueron bautizados por
Juan. 30 Pero los fariseos
y los expertos en la ley
no se hicieron bautizar
por Juan, rechazando
así el propósito de Dios
respecto a ellos.
31 «Entonces, ¿con
qué puedo comparar a la
gente de esta generación?
¿A quién se parecen ellos?
32 Se parecen a niños
sentados en la plaza que se
gritan unos a otros:

»"Tocamos la flauta,
y ustedes no bailaron;
entonamos un canto
fúnebre,
y ustedes no lloraron".

33 Porque vino Juan el
Bautista, que no comía
pan ni bebía vino, y
ustedes dicen: "Tiene
un demonio". 34 Vino el
Hijo del hombre, que
come y bebe, y ustedes
dicen: "Este es un glotón
y un borracho, amigo
de recaudadores de
impuestos y de pecado-
res". 35 Pero la sabiduría
queda demostrada por
los que la siguen».

Una mujer pecadora unge a Jesús

36 Uno de los
fariseos invitó a Jesús a
comer, así que fue a la

RVR

casa del fariseo, se sentó
a la mesa.
37 En esto, una mujer
pecadora pública que
había en la ciudad,
enterada de que él
estaba a la mesa en la
casa del fariseo, trajo un
frasco de alabastro con
perfume,
38 y colocándose detrás,
junto a sus pies, se echó
a llorar y comenzó a
regar con sus lágrimas
los pies de él, y a enju-
garlos con los cabellos
de su cabeza; y besaba
afectuosamente sus
pies, y los ungía con el
perfume.
39 Al verlo el fariseo
que le había invitado,
dijo para sí: Éste, si
fuera profeta, conocería
quién y qué clase de
mujer es la que le está
tocando, que es una
pecadora.
40 Jesús, dirigiéndose a
él, le dijo: Simón, tengo
algo que decirte. Y él le
dice: Dilo, Maestro.
41 Cierto prestamista
tenía dos deudores; el
uno le debía quinien-
tos denarios, y el otro
cincuenta.
42 No teniendo ellos con
qué pagarle, les perdonó
a ambos la deuda. Di
pues, ¿cuál de ellos le
amara más?
43 Simón respondió

οἶκον	τοῦ	Φαρισαίου	κατεκλίθη.	37 καὶ	ἰδοὺ	γυνὴ	ἥτις	ἦν
casa	del	fariseo	se reclinó (a la mesa).	Y	he aquí	una mujer	la cual$_2$	había$_3$
3624	3588	5330	2625	2532	2400	1135	3748	2258
NASM	*DGSM*	*NGSM*	*VAPI3S*	*CLN*	*I, VAAM2S*	*NNSF*	*RR-NSF*	*VIAI3S*

ἐν	τῇ	πόλει	ἁμαρτωλός,	καὶ	ἐπιγνοῦσα	ὅτι	κατάκειται
en$_4$	la$_5$	ciudad,$_6$	pecadora$_1$	y	habiéndose dado cuenta	que	él se reclinaba (a la mesa)
1722	3588	4172	268	2532	1921	3754	2621
P	*DDSF*	*NDSF*	*JNSF*	*CLN*	*VAAP-SNF*	*CSC*	*VPUI3S*

ἐν	τῇ	οἰκίᾳ	τοῦ	Φαρισαίου,	κομίσασα	ἀλάβαστρον	μύρου	38 καὶ
en	la	casa	del	fariseo,	habiendo llevado	un frasco de alabastro	de perfume	y
1722	3588	3614	3588	5330	2865	211	3464	2532
P	*DDSF*	*NDSF*	*DGSM*	*NGSM*	*VAAP-SNF*	*NASN*	*NGSN*	*CLN*

στᾶσα	ὀπίσω	παρὰ	τοὺς	πόδας	αὐτοῦ	κλαίουσα,	τοῖς	δάκρυσιν
habiéndose puesto	detrás	junto a	los	pies	de él,	está llorando,	con las	lágrimas
2476	3694	3844	3588	4228	846	2799	3588	1144
VAAP-SNF	*B*	*P*	*DAPM*	*NAPM*	*RP3GSM*	*VPAP-SNF*	*DDPN*	*NDPN*

ἤρξατο	βρέχειν	τοὺς	πόδας	αὐτοῦ	καὶ	ταῖς	θριξὶν	τῆς	κεφαλῆς	αὐτῆς
comenzó	a empapar	los	pies	de él,	y	con los	cabellos	de la	cabeza	de ella
756	1026	3588	4228	846	2532	3588	2359	3588	2776	846
VAMI3S	*VPAN*	*DAPM*	*NAPM*	*RP3GSM*	*CLN*	*DDPF*	*NDPF*	*DGSF*	*NGSF*	*RP3GSF*

ἐξέμασσεν,	καὶ	κατεφίλει	τοὺς	πόδας	αὐτοῦ	καὶ	ἤλειφεν	τῷ	μύρῳ.
enjugaba	y	besaba	los	pies	de él	y	ungía	con el	perfume.
1591	2532	2705	3588	4228	846	2532	218	3588	3464
VIAI3S	*CLN*	*VIAI3S*	*DAPM*	*NAPM*	*RP3GSM*	*CLN*	*VIAI3S*	*DDSN*	*NDSN*

39 ἰδὼν	δὲ	ὁ	Φαρισαῖος	ὁ	καλέσας	αὐτὸν	εἶπεν	ἐν
habiendo visto$_2$	Y$_1$	el	fariseo	el que	habiendo invitado	a él,	dijo	dentro de
1492	1161	3588	5330	3588	2564	846	2036	1722
VAAP-SNM	*CLN*	*DNSM*	*NNSM*	*DNSM*	*VAAP-SNM*	*RP3ASM*	*VAAI3S*	*P*

ἑαυτῷ	λέγων·	Οὗτος	εἰ	ἦν	προφήτης,	ἐγίνωσκεν	ἂν	τίς	καὶ
sí mismo	diciendo:	Este,	si	fuera	profeta,	sabría	--	qué	y
1438	3004	3778	1487	2258	4396	1097	302	5101	2532
RF3DSM	*VPAP-SNM*	*RD-NSM*	*CAC*	*VIAI3S*	*NNSM*	*VIAI3S*	*TC*	*RI-NSF*	*CLN*

ποταπὴ	ἡ	γυνὴ	ἥτις	ἅπτεται	αὐτοῦ,	ὅτι	ἁμαρτωλός	ἐστιν.	40 καὶ
qué clase (es)	la	mujer	la que	toca	a él,	porque	pecadora	es.	Y
4217	3588	1135	3748	680	846	3754	268	2076	2532
JNSF, R--NSF	*DNSF*	*NNSF*	*RR-NSF*	*VPMI3S*	*RP3GSM*	*CSC*	*JNSF*	*VPAI3S*	*CLN*

ἀποκριθεὶς	ὁ	Ἰησοῦς	εἶπεν	πρὸς	αὐτόν·	Σίμων,	ἔχω	σοί	τι
respondiendo	--	Jesús	dijo	a	él:	Simón,	tengo	a ti	algo
611	3588	2424	2036	4314	846	4613	2192	4671	5100
VAPP-SNM	*DNSM*	*NNSM*	*VAAI3S*	*P*	*RP3ASM*	*NVSM*	*VPAI1S*	*RP2DS*	*RX-ASN*

εἰπεῖν.	ὁ	δέ·	Διδάσκαλε,	εἰπέ,	φησίν.	41 δύο	χρεοφειλέται	ἦσαν
para decir.	--$_2$	Y$_1$	Maestro,$_4$	di,$_5$	dice:$_3$	Dos	deudores	tenía
2036	3588	1161	1320	2036	5346	1417	5533	2258
VAAN	*DNSM*	*CLN*	*NVSM*	*VAAM2S*	*VPAI3S*	*XN, J*	*NNPM*	*VIAI3P*

δανιστῇ	τινι·	ὁ	εἷς	ὤφειλεν	δηνάρια	πεντακόσια,	ὁ	δὲ
prestamista;$_2$	un$_1$	--	uno	debía	denarios;$_2$	quinientos$_1$	--$_4$	y$_3$
1157	5100	3588	1520	3784	1220	4001	3588	1161
NDSM	*JDSM, RX-DSM*	*DNSM*	*JNSM*	*VIAI3S*	*NAPN*	*JAPN*	*DNSM*	*CLC*

ἕτερος	πεντήκοντα.	42 μὴ	ἐχόντων	αὐτῶν	ἀποδοῦναι	ἀμφοτέροις
otro,	cincuenta.	No	teniendo	ellos	para pagar,	a ambos,$_2$
2087	4004	3361	2192	846	591	297
JNSM	*XN, J*	*BNTN*	*VAPP-PGM*	*RP3GPM*	*VAAN*	*JDPM*

ἐχαρίσατο.	τίς	οὖν	αὐτῶν	πλεῖον	ἀγαπήσει	αὐτόν;	43 ἀποκριθεὶς
perdonó$_1$	¿Quién,	pues,	de ellos	más$_2$	amará$_1$	a él?$_3$	Respondiendo
5483	5101	3767	846	4119	25	846	611
VAMI3S	*RI-NSM*	*CLI*	*RP3GPM*	*JASNC*	*VFAI3S*	*RP3ASM*	*VAPP-SNM*

NVI

casa del fariseo y se
sentó a la mesa. 37 Ahora
bien, vivía en aquel
pueblo una mujer que
tenía fama de pecadora.
Cuando ella se enteró de
que Jesús estaba comien-
do en casa del fariseo, se
presentó con un frasco
de alabastro lleno de
perfume. 38 Llorando,
se arrojó a los pies de
Jesús, de manera que se
los bañaba en lágrimas.
Luego se los secó con los
cabellos; también se los
besaba y se los ungía con
el perfume.
39 Al ver esto, el fari-
seo que lo había invitado
dijo para sí: «Si este
hombre fuera profeta,
sabría quién es la que
lo está tocando, y qué
clase de mujer es: una
pecadora».
40 Entonces Jesús
le dijo a manera de
respuesta:
—Simón, tengo algo
que decirte.
—Dime, Maestro
—respondió.
41 —Dos hombres le
debían dinero a cierto
prestamista. Uno le
debía quinientas mo-
nedas de plata, y el otro
cincuenta. 42 Como no
tenían con qué pagarle,
les perdonó la deuda
a los dos. Ahora bien,
¿cuál de los dos lo amará
más?
43 —Supongo que

RVR

y dijo: Supongo que aquel a quien perdonó más. Y él le dijo: Rectamente has juzgado.

44 Y, volviéndose hacia la mujer, dijo a Simón: ¿Ves esta mujer? Cuando entré en tu casa, no me diste agua para los pies; pero ésta ha regado mis pies con sus lágrimas, y los ha enjugado con sus cabellos.

45 No me diste beso; pero ésta, desde que entré, no ha dejado de besarme los pies afectuosamente.

46 No ungiste mi cabeza con aceite; pero ésta ha ungido con perfume mis pies.

47 En atención a lo cual, te digo: Quedan perdonados sus pecados, que son muchos; por eso muestra mucho amor; pero aquel a quien se le perdona poco, ama poco.

48 Y a ella le dijo: Quedan perdonados tus pecados.

49 Los que estaban sentados con él a la mesa, comenzaron a decir entre ellos: ¿Quién es éste que hasta perdona pecados?

50 Pero él dijo a la mujer: Tu fe te ha salvado; vete en paz.

Σίμων εἶπεν· Ὑπολαμβάνω ὅτι ᾧ τὸ πλεῖον ἐχαρίσατο. ὁ δὲ
Simón dijo: Supongo que a quien -- más le perdonó. --$_2$ Y$_1$
4613 2036 5274 3754 3739 3588 4119 5483 3588 1161
NNSM VAAI3S VPAI1S CSC RR-DSM DASN JASNC VAMI3S DNSM CLN

εἶπεν αὐτῷ· Ὀρθῶς ἔκρινας. 44 καὶ στραφεὶς πρὸς τὴν γυναῖκα
dijo a él: Correctamente juzgaste. Entonces, habiéndose vuelto hacia la mujer
2036 846 3723 2919 2532 4762 4314 3588 1135
VAAI3S RP3DSM B VAAI2S CLN VAPP-SNM P DASF NASF

τῷ Σίμωνι ἔφη· Βλέπεις ταύτην τὴν γυναῖκα; εἰσῆλθόν σου εἰς τὴν
a --$_2$ Simón$_3$ dijo$_1$ ¿Ves a esta -- mujer? Entré de ti,$_4$ en$_1$ la$_2$
3588 4613 5346 991 3778 3588 1135 1525 4675 1519 3588
DDSM NDSM VIAI3S VPAI2S RD-ASF DASF NASF VAAI1S RP2GS P DASF

οἰκίαν, ὕδωρ μοι ἐπὶ πόδας οὐκ ἔδωκας· αὕτη δὲ τοῖς δάκρυσιν
casa$_3$ agua$_7$ a mí$_8$ sobre$_9$ los pies;$_{10}$ no$_5$ me diste$_6$ esta$_{12}$ pero$_{11}$ con las lágrimas
3614 5204 3427 1909 4228 3756 1325 846 1161 3588 1144
NASF NASN RP1DS P NAPM BN, TN VAAI2S RD-NSF CLC DDPN NDPN

ἔβρεξέν μου τοὺς πόδας καὶ ταῖς θριξὶν αὐτῆς ἐξέμαξεν. 45 φίλημά
empapó de mí$_3$ los$_1$ pies$_2$ y$_4$ con los$_6$ cabellos$_7$ de ella.$_8$ enjugó$_5$ Beso
1026 3450 3588 4228 2532 3588 2359 846 1591 5370
VAAI3S RP1GS DAPM NAPM CLN DDPF NDPF RP3GSF VAAI3S NASN

μοι οὐκ ἔδωκας· αὕτη δὲ ἀφ᾽ ἧς εἰσῆλθον οὐ διέλιπεν
a mí no me diste; esta$_2$ pero$_1$ desde la (hora) que entré no cesó
3427 3756 1325 846 1161 575 3739 1525 3756 1257
RP1DS BN, TN VAAI2S RD-NSF CLC P RR-GSF VAAI1S BN, TN VAAI3S

καταφιλοῦσά μου τοὺς πόδας. 46 ἐλαίῳ τὴν κεφαλήν μου
besando de mí los pies. con aceite de oliva;$_6$ la$_3$ cabeza$_4$ de mí$_5$
2705 3450 3588 4228 1637 3588 2776 3450
VPAP-SNF RP1GS DAPM NAPM NDSN DASF NASF RP1GS

οὐκ ἤλειψας· αὕτη δὲ μύρῳ ἤλειψεν τοὺς πόδας μου. 47 οὗ
No$_1$ ungiste$_2$ esta$_8$ pero$_7$ con perfume$_{10}$ ungió$_9$ los pies de mí. lo cual$_2$
3756 218 846 1161 3464 218 3588 4228 3450 3739
BN, TN VAAI2S RD-NSF CLC NDSN VAAI3S DAPM NAPM RP1GS RR-GSN

χάριν, λέγω σοι, ἀφέωνται αἱ ἁμαρτίαι αὐτῆς αἱ πολλαί, ὅτι
A causa de$_1$ digo a ti: han sido perdonados,$_5$ Los$_1$ pecados$_2$ de ella$_4$ -- muchos$_3$ porque
5484 3004 4671 863 3588 266 846 3588 4183 3754
P, B VPAI1S RP2DS VRPI3P DNPF NNPF RP3GSF DNPF JNPF CAZ

ἠγάπησεν πολύ· ᾧ δὲ ὀλίγον ἀφίεται, ὀλίγον ἀγαπᾷ. 48 εἶπεν
amó mucho; al que$_2$ y$_1$ poco es perdonado, poco ama. dijo$_2$
25 4183 3739 1161 3641 863 3641 25 2036
VAAI3S JASN RR-DSM CLC JNSN, JASN VPPI3S B, J VPAI3S VAAI3S

δὲ αὐτῇ· Ἀφέωνταί σου αἱ ἁμαρτίαι. 49 καὶ ἤρξαντο οἱ
Y$_1$ a ella:$_3$ han sido perdonados.$_7$ de ti$_6$ Los$_4$ pecados$_5$ Y comenzaron$_3$ los que$_1$
1161 846 863 4675 3588 266 2532 756 3588
CLN RP3DSF VRPI3P RP2GS DNPF NNPF CLN VAMI3P DNPM

συνανακείμενοι λέγειν ἐν ἑαυτοῖς· Τίς οὗτός ἐστιν ὃς καὶ
estando sentados a comer$_2$ a decir$_4$ dentro de sí mismos: ¿Quién este es, el que también
4873 3004 1722 1438 5101 3778 2076 3739 2532
VPUP-PNM VPAN P RF3DPM RI-NSM RD-NSM VPAI3S RR-NSM CLA, B

ἁμαρτίας ἀφίησιν; 50 εἶπεν δὲ πρὸς τὴν γυναῖκα· Ἡ πίστις σου
pecados?$_2$ perdona$_1$ dijo$_2$ Pero$_1$ a la mujer: La fe de ti
266 863 2036 1161 4314 3588 1135 3588 4102 4675
NAPF VPAI3S VAAI3S CLN P DASF NASF DNSF NNSF RP2GS

σέσωκέν σε· πορεύου εἰς εἰρήνην.
ha salvado a ti. Ve en paz.
4982 4571 4198 1519 1515
VRAI3S RP2AS VPUM2S P NASF

NVI

aquel a quien más le perdonó —contestó Simón.

—Has juzgado bien —le dijo Jesús.

44 Luego se volvió hacia la mujer y le dijo a Simón:

—¿Ves a esta mujer? Cuando entré en tu casa, no me diste agua para los pies, pero ella me ha bañado los pies en lágrimas y me los ha secado con sus cabellos. 45 Tú no me besaste, pero ella, desde que entré, no ha dejado de besarme los pies. 46 Tú no me ungiste la cabeza con aceite, pero ella me ungió los pies con perfume. 47 Por esto te digo: si ella ha amado mucho, es que sus muchos pecados le han sido perdonados. Pero a quien poco se le perdona, poco ama.

48 Entonces le dijo Jesús a ella:

—Tus pecados quedan perdonados.

49 Los otros invitados comenzaron a decir entre sí: «¿Quién es este, que hasta perdona pecados?»

50 —Tu fe te ha salvado —le dijo Jesús a la mujer—; vete en paz.

RVR

Mujeres que servían al Señor Jesús

8 Aconteció poco
después, que él
comenzó a recorrer una
por una las ciudades y
las aldeas, proclamando
y predicando el reino de
Dios; le acompañaban
los doce,
2 y algunas mujeres que
habían sido sanadas de
espíritus malignos y de
enfermedades; María la
llamada Magdalena, de
la que habían salido siete
demonios,
3 Juana la mujer de Cuzá,
que era un administra-
dor de Herodes, Susana
y otras muchas que les
asistían de sus propios
bienes.

Parábola del sembrador

4 Al reunirse un gran
gentío, y los que de cada
ciudad acudían hacia él,
dijo por parábola:
5 Salió el sembrador a
sembrar su semilla; y al
sembrar él, parte cayó
a lo largo del sendero, y
fue pisoteada, y las aves
del cielo la devoraron.
6 Otra parte cayó sobre
la roca, y después de
nacer, se secó, por no
tener humedad.
7 Otra parte cayó en me-
dio de abrojos, y al nacer

8 Καὶ	ἐγένετο	ἐν	τῷ	καθεξῆς*	καὶ	αὐτὸς	διώδευεν	κατὰ	πόλιν
Y	sucedió que	en	el	siguiente	también	él	recorría	cada	ciudad
2532	1096	1722	3588	2517	2532	846	1353	2596	4172
CLN	*VAMI3S*	*P*	*DDSM*	*B*	*CLN*	*RP3NSM*	*VIAI3S*	*P*	*NASF*

καὶ	κώμην	κηρύσσων	καὶ	εὐαγγελιζόμενος	τὴν	βασιλείαν	τοῦ	θεοῦ,
y	aldea	proclamando	y	anunciando la buena noticia	del	reino	de --	Dios.
2532	2968	2784	2532	2097	3588	932	3588	2316
CLN	*NASF*	*VPAP-SNM*	*CLN*	*VPMP-SNM*	*DASF*	*NASF*	*DGSM*	*NGSM*

καὶ	οἱ	δώδεκα	σὺν	αὐτῷ,	2 καὶ	γυναῖκές	τινες	αἳ	ἦσαν
Y	los	doce (estaban)	con	él,	y	mujeres,$_2$	algunas$_1$	las cuales	habían
2532	3588	1427	4862	846	2532	1135	5100	3739	2258
CLN	*DNPM*	*XN, J*	*P*	*RP3DSM*	*CLN*	*NNPF*	*JNPF, RX-NPF*	*RR-NPF*	*VIAI3P*

τεθεραπευμέναι	ἀπὸ	πνευμάτων	πονηρῶν	καὶ	ἀσθενειῶν,	Μαρία	ἡ
sido sanadas	de	espíritus	malos	y	enfermedades:	María,	la que
2323	575	4151	4190	2532	769	3137	3588
VRPP-PNF	*P*	*NGPN*	*JGPN*	*CLN*	*NGPF*	*NNSF*	*DNSF*

καλουμένη	Μαγδαληνή,	ἀφ'	ἧς	δαιμόνια	ἑπτὰ	ἐξεληλύθει,	3 καὶ
siendo llamada	Magdalena,	de	la cual	demonios,$_3$	siete$_2$	habían salido$_1$	y
2564	3094	575	3739	1140	2033	1831	2532
VPPP-SNF	*NNSF*	*P*	*RR-GSF*	*NNPN*	*XN, J*	*VLAI3S*	*CLN*

Ἰωάννα	γυνὴ	Χουζᾶ	ἐπιτρόπου	Ἡρῴδου	καὶ	Σουσάννα	καὶ	ἕτεραι
Juana,	esposa	de Chuza,	mayordomo	de Herodes,	y	Susana	y	otras
2489	1135	5529	2012	2264	2532	4677	2532	2087
NNSF, NGSF	*NNSF*	*NGSM*	*NGSM*	*NGSM*	*CLN*	*NNSF*	*CLN*	*JNPF*

πολλαί,	αἵτινες	διηκόνουν	αὐτοῖς	ἐκ	τῶν	ὑπαρχόντων	αὐταῖς.
muchas,	las que	servían	a ellos	de	los	bienes	(de) ellas.
4183	3748	1247	846	1537	3588	5224	846
JNPF	*RR-NPF*	*VIAI3P*	*RP3DPM*	*P*	*DGPN*	*VPAP-PGN*	*RP3DPF*

4 Συνιόντος	δὲ	ὄχλου	πολλοῦ	καὶ	τῶν	κατὰ	πόλιν	ἐπιπορευομένων
estando con (él)$_2$	Pero$_1$	multitud	mucha	y	de los	(de) cada	ciudad	dirigiéndose
4896	1161	3793	4183	2532	3588	2596	4172	1975
VPAP-SGM	*CLN*	*NGSM*	*JGSM*	*CLN*	*DGPM*	*P*	*NASF*	*VPUP-PGM*

πρὸς	αὐτὸν	εἶπεν	διὰ	παραβολῆς·	5 Ἐξῆλθεν	ὁ	σπείρων
a	él	dijo	por medio de	parábolas:	Salió	el que	está sembrando
4314	846	2036	1223	3850	1831	3588	4687
P	*RP3ASM*	*VAAI3S*	*P*	*NGSF*	*VAAI3S*	*DNSM*	*VPAP-SNM*

τοῦ	σπεῖραι	τὸν	σπόρον	αὐτοῦ.	καὶ	ἐν	τῷ	σπείρειν
--	a sembrar	la	semilla	de él.	Y	en	el	sembrar
3588	4687	3588	4703	846	2532	1722	3588	4687
DGSN, DGSM	*VAAN*	*DASM*	*NASM*	*RP3GSM*	*CLN*	*P*	*DDSN, DDSM*	*VPAN*

αὐτὸν	ὃ	μὲν	ἔπεσεν	παρὰ	τὴν	ὁδόν,	καὶ	κατεπατήθη	καὶ	τὰ
él,	lo que	en verdad	cayó	junto a	el	camino	y	fue pisoteada,	y	las
846	3739	3303	4098	3844	3588	3598	2532	2662	2532	3588
RP3ASM	*RR-NSN*	*BK, TK*	*VAAI3S*	*P*	*DASF*	*NASF*	*CLN*	*VAPI3S*	*CLN*	*DNPN*

πετεινὰ	τοῦ	οὐρανοῦ	κατέφαγεν	αὐτό.	6 καὶ	ἕτερον	κατέπεσεν	ἐπὶ
aves	del	cielo	devoró	a ella.	Y	otra	cayó	sobre
4071	3588	3772	2719	846	2532	2087	2667	1909
NNPN, JNPN	*DGSM*	*NGSM*	*VAAI3S*	*RP3ASN*	*CLK, CLC*	*JNSN*	*VAAI3S*	*P*

τὴν	πέτραν,	καὶ	φυὲν	ἐξηράνθη	διὰ	τὸ	μὴ	ἔχειν	ἰκμάδα.
la	roca	y	habiendo crecido	fue secada	a causa de	--	no	tener	humedad.
3588	4073	2532	5453	3583	1223	3588	3361	2192	2429
DASF	*NASF*	*CLN*	*VAPP-SNN*	*VAPI3S*	*P*	*DASN*	*BN, TN*	*VPAN*	*NASF*

7 καὶ	ἕτερον	ἔπεσεν	ἐν	μέσῳ	τῶν	ἀκανθῶν,	καὶ	συμφυεῖσαι
Y	otra	cayó	en	medio de	los	espinos,	y	habiendo crecido con
2532	2087	4098	1722	3319	3588	173	2532	4855
CLK, CLC	*JNSN*	*VAAI3S*	*P*	*JDSN*	*DGPF*	*NGPF*	*CLN*	*VAPP-PNF*

NVI

Parábola del sembrador

8 Después de esto,
Jesús estuvo reco-
rriendo los pueblos y las
aldeas, proclamando las
buenas nuevas del reino
de Dios. Lo acompaña-
ban los doce, 2 y también
algunas mujeres que
habían sido sanadas
de espíritus malignos
y de enfermedades:
María, a la que llamaban
Magdalena, y de la que
habían salido siete de-
monios; 3 Juana, esposa
de Cuza, el administra-
dor de Herodes; Susana
y muchas más que los
ayudaban con sus pro-
pios recursos.
4 De cada pueblo salía
gente para ver a Jesús y,
cuando se reunió una
gran multitud, él les
contó esta parábola:
5 «Un sembrador salió
a sembrar. Al esparcir la
semilla, una parte cayó
junto al camino; fue
pisoteada, y los pájaros
se la comieron. 6 Otra
parte cayó sobre las pie-
dras y, cuando brotó, las
plantas se secaron por
falta de humedad. 7 Otra
parte cayó entre espinos
que, al crecer junto con

8:1* O sea *a continuación*.

RVR

los abrojos juntamente con ella, la ahogaron. 8 Y otra cayó en tierra de la buena, y nació y llevó fruto a ciento por uno. Al decir estas cosas, exclamaba: El que tenga oídos para oír, que oiga.
9 Le preguntaban sus discípulos, diciendo: ¿Qué significa esta parábola?
10 Y él dijo: A vosotros se os ha concedido el conocer los misterios del reino de Dios; pero a los demás, en parábolas, para que viendo, no vean; y oyendo, no entiendan.
11 Ahora bien, la parábola quiere decir esto: La semilla es la palabra de Dios.
12 Los de a lo largo del sendero son los que han oído; luego viene el diablo y quita de sus corazones la palabra, para que no crean ni se salven.
13 Los de sobre la roca son los que, habiendo oído, reciben con gozo la palabra; pero no tienen raíz éstos que por algún tiempo van creyendo, pero en la hora de la prueba desisten.
14 Lo que cayó entre los abrojos,

αἱ ἄκανθαι ἀπέπνιξαν αὐτό. 8 καὶ ἕτερον ἔπεσεν εἰς τὴν γῆν τὴν
los espinos ahogaron a ella. Y otra cayó en la tierra --
3588 173 638 846 2532 2087 4098 1519 3588 1093 3588
DNPF NNPF VAAI3P RP3ASN CLK, CLC JNSN VAAI3S P DASF NASF DASF

ἀγαθήν, καὶ φυὲν ἐποίησεν καρπὸν ἑκατονταπλασίονα. ταῦτα
buena y habiendo crecido hizo fruto a ciento por uno. estas cosas$_2$
18 2532 5453 4160 2590 1542 5023
JASF CLN VAPP-SNN VAAI3S NASM JASM RD-APN

λέγων ἐφώνει· Ὁ ἔχων ὦτα ἀκούειν ἀκουέτω.
Diciendo$_1$ exclamaba: El que está teniendo oídos para oír, oiga.
3004 5455 3588 2192 3775 191 191
VPAP-SNM VIAI3S DNSM VPAP-SNM NAPN VPAN VPAM3S

9 Ἐπηρώτων δὲ αὐτὸν οἱ μαθηταὶ αὐτοῦ τίς αὕτη εἴη ἡ
preguntaban$_5$ Y$_1$ a él$_6$ los$_2$ discípulos$_3$ de él$_4$ ¿Qué esta$_2$ sería$_1$ --
1905 1161 846 3588 3101 846 5101 3778 1498 3588
VIAI3P CLN RP3ASM DNPM NNPM RP3GSM RI-NSF RD-NSF VPAO3S DNSF

παραβολή. 10 ὁ δὲ εἶπεν· Ὑμῖν δέδοται γνῶναι τὰ μυστήρια
parábola? -- Y dijo: A vosotros ha sido dado conocer los misterios
3850 3588 1161 2036 5213 1325 1097 3588 3466
NNSF DNSM CLN VAAI3S RP2DP VRPI3S VAAN DAPN NAPN

τῆς βασιλείας τοῦ θεοῦ, τοῖς δὲ λοιποῖς ἐν παραβολαῖς, ἵνα
del reino de -- Dios, a los$_2$ pero$_1$ demás en parábolas, para que
3588 932 3588 2316 3588 1161 3062 1722 3850 2443
DGSF NGSF DGSM NGSM DDPM CLC JDPM P NDPF CAP

βλέποντες μὴ βλέπωσιν καὶ ἀκούοντες μὴ συνιῶσιν.
viendo no vean y oyendo no entiendan.
991 3361 991 2532 191 3361 4920
VPAP-PNM BN, TN VPAS3P CLN VPAP-PNM BN, TN VPAS3P

11 Ἔστιν δὲ αὕτη ἡ παραβολή· Ὁ σπόρος ἐστὶν ὁ λόγος
es$_3$ Y$_1$ esta$_2$ la parábola: La semilla es la palabra
2076 1161 3778 3588 3850 3588 4703 2076 3588 3056
VPAI3S CLN RD-NSF DNSF NNSF DNSM NNSM VPAI3S DNSM NNSM

τοῦ θεοῦ. 12 οἱ δὲ παρὰ τὴν ὁδόν εἰσιν οἱ ἀκούσαντες,
de -- Dios. los (que están)$_2$ Y$_1$ al lado de el camino son los que habiendo oído,
3588 2316 3588 1161 3844 3588 3598 1526 3588 191
DGSM NGSM DNPM CLN P DASF NASF VPAI3P DNPM VAAP-PNM

εἶτα ἔρχεται ὁ διάβολος καὶ αἴρει τὸν λόγον ἀπὸ τῆς καρδίας
después$_4$ viene$_3$ el$_1$ diablo$_2$ y quita la palabra de el corazón
1534 2064 3588 1228 2532 142 3588 3056 575 3588 2588
B VPUI3S DNSM JNSM CLN VPAI3S DASM NASM P DGSF NGSF

αὐτῶν, ἵνα μὴ πιστεύσαντες σωθῶσιν. 13 οἱ δὲ ἐπὶ τῆς
de ellos, para que no habiendo creído sean salvos. los (que están)$_2$ Y$_1$ sobre la
846 2443 3361 4100 4982 3588 1161 1909 3588
RP3GPM CAP BN, TN VAAP-PNM VAPS3P DNPM CLN P DGSF

πέτρας οἳ ὅταν ἀκούσωσιν μετὰ χαρᾶς δέχονται τὸν λόγον, καὶ
piedra (son) los que cuando oyeran con gozo reciben la palabra, pero
4073 3739 3752 191 3326 5479 1209 3588 3056 2532
NGSF RR-NPM CAT VAAS3P P NGSF VPUI3P DASM NASM CLC

οὗτοι ῥίζαν οὐκ ἔχουσιν, οἳ πρὸς καιρὸν πιστεύουσιν καὶ ἐν
estos raíz$_3$ no$_1$ tienen$_2$ (son) los que por un tiempo creen pero en
3778 4491 3756 2192 3739 4314 2540 4100 2532 1722
RD-NPM NASF BN, TN VPAI3P RR-NPM P NASM VPAI3P CLC P

καιρῷ πειρασμοῦ ἀφίστανται. 14 τὸ δὲ εἰς τὰς ἀκάνθας πεσόν,
tiempo de prueba se apartan. la que$_2$ Y$_1$ en$_4$ las$_5$ espinas,$_6$ habiendo caído$_3$
2540 3986 868 3588 1161 1519 3588 173 4098
NDSM NGSM VPUI3P DNSN CLN P DAPF NAPF VAAP-SNN

NVI

la semilla, la ahogaron. 8 Pero otra parte cayó en buen terreno; así que brotó y produjo una cosecha del ciento por uno».

Dicho esto, exclamó: «El que tenga oídos para oír, que oiga».

9 Sus discípulos le preguntaron cuál era el significado de esta parábola. 10 «A ustedes se les ha concedido que conozcan los secretos del reino de Dios —les contestó—; pero a los demás se les habla por medio de parábolas para que

» "aunque miren, no vean;
aunque oigan, no entiendan".

11 »Este es el significado de la parábola: La semilla es la palabra de Dios. 12 Los que están junto al camino son los que oyen, pero luego viene el diablo y les quita la palabra del corazón, no sea que crean y se salven. 13 Los que están sobre las piedras son los que reciben la palabra con alegría cuando la oyen, pero no tienen raíz. Estos creen por algún tiempo, pero se apartan cuando llega la prueba. 14 La parte que cayó entre espinos

RVR

éstos son los que han
oído, pero a lo largo de
su caminar son ahoga-
dos por las preocupa-
ciones, las riquezas y los
placeres de la vida, y no
dan fruto maduro.
15 Pero lo que cayó en
tierra buena, éstos son
los que, después de ha-
ber oído la palabra con
corazón bueno y recto,
la retienen, y dan fruto
por su constancia.

Nada oculto que no haya de ser manifestado

16 Nadie que enciende
una lámpara la cubre
con una vasija, o la pone
debajo de una cama,
sino que la pone sobre
un candelero, para que
los que entran vean
la luz.
17 Pues no hay nada
oculto que no haya
de ser manifestado, ni
escondido que no haya
de ser bien conocido y
salir a plena luz.
18 Mirad, pues, cómo
escucháis; porque a
cualquiera que tenga, se
le dará; pero a cualquie-
ra que no tenga, hasta
lo que le parece tener, le
será quitado.

La madre y los hermanos de Jesucristo

19 Se presentaron donde
él estaba su madre y
sus hermanos, pero no
podían llegar hasta él a
causa del gentío.

οὗτοί	εἰσιν	οἱ	ἀκούσαντες,	καὶ	ὑπὸ	μεριμνῶν	καὶ	πλούτου	καὶ
estos	son	los que	habiendo oído,	y	por	preocupaciones	y	riqueza	y
3778	1526	3588	191	2532	5259	3308	2532	4149	2532
RD-NPM	*VPAI3P*	*DNPM*	*VAAP-PNM*	*CLC*	*P*	*NGPF*	*CLN*	*NGSM*	*CLN*

ἡδονῶν	τοῦ	βίου	πορευόμενοι	συμπνίγονται	καὶ	οὐ	τελεσφοροῦσιν.
placeres	de la	vida	andando	son ahogados	y	no	dan fruto maduro.
2237	3588	979	4198	4846	2532	3756	5052
NGPF	*DGSM*	*NGSM*	*VPUP-PNM*	*VPPI3P*	*CLN*	*BN, TN*	*VPAI3P*

15 τὸ	δὲ	ἐν	τῇ	καλῇ	γῇ,	οὗτοί	εἰσιν	οἵτινες	ἐν	καρδίᾳ	καλῇ
la (que cayó)$_2$	Y$_1$	en	la	buena	tierra,	estos	son	los que	con	corazón	bello
3588	1161	1722	3588	2570	1093	3778	1526	3748	1722	2588	2570
DNSN	*CLN*	*P*	*DDSF*	*JDSF*	*NDSF*	*RD-NPM*	*VPAI3P*	*RR-NPM*	*P*	*NDSF*	*JDSF*

καὶ	ἀγαθῇ	ἀκούσαντες	τὸν	λόγον	κατέχουσιν	καὶ	καρποφοροῦσιν	ἐν
y	bueno	habiendo oído	la	palabra	retienen	y	dan fruto	con
2532	18	191	3588	3056	2722	2532	2592	1722
CLN	*JDSF*	*VAAP-PNM*	*DASM*	*NASM*	*VPAI3P*	*CLN*	*VPAI3P*	*P*

ὑπομονῇ.
perseverancia.
5281
NDSF

16 Οὐδεὶς	δὲ	λύχνον	ἅψας	καλύπτει	αὐτὸν	σκεύει
nadie$_2$	Y$_1$	una lámpara$_4$	habiendo encendido$_3$	cubre	a ella	(con una) vasija
3762	1161	3088	681	2572	846	4632
JNSM	*CLN*	*NASM, NASF*	*VAAP-SNM*	*VPAI3S*	*RP3ASM*	*NDSN*

ἢ	ὑποκάτω	κλίνης	τίθησιν,	ἀλλ’	ἐπὶ	λυχνίας	τίθησιν,	ἵνα
o	debajo de$_2$	(la) cama,$_3$	(la) pone$_1$	sino	sobre$_2$	un candelabro,$_3$	(la) pone$_1$	para que
2228	5270	2825	5087	235	1909	3087	5087	2443
CLD	*P, B*	*NGSF*	*VPAI3S*	*CLC*	*P*	*NGSF*	*VPAI3S*	*CAP*

οἱ	εἰσπορευόμενοι	βλέπωσιν	τὸ	φῶς.	17 οὐ	γάρ	ἐστιν	κρυπτὸν
los que	están entrando	vean	la	luz.	no$_2$	Porque$_1$	es (hay)	secreto
3588	1531	991	3588	5457	3756	1063	2076	2927
DNPM	*VPUP-PNM*	*VPAS3P*	*DASN*	*NASN*	*BN,TN*	*CAZ*	*VPAI3S*	*JNSN*

ὃ	οὐ	φανερὸν	γενήσεται,	οὐδὲ	ἀπόκρυφον	ὃ	οὐ	μὴ*
que	no	manifiesto,$_2$	llegará a ser$_1$	ni	(algo) oculto	que	no	no
3739	3756	5318	1096	3761	614	3739	3756	3361
RR-NSN	*BN, TN*	*JNSN*	*VFMI3S*	*TN, CLD*	*JNSN*	*RR-NSN*	*BN, TN*	*BN, TN*

γνωσθῇ	καὶ	εἰς	φανερὸν	ἔλθῃ.	18 βλέπετε	οὖν	πῶς	ἀκούετε·
fuera conocida	y	hacia$_2$	(lo) manifiesto.$_3$	saliera$_1$	Ved,	pues,	cómo	oís
1097	2532	1519	5318	2064	991	3767	4459	191
VAPS3S	*CLN*	*P*	*JASN*	*VAAS3S*	*VPAM2P*	*CLI*	*B*	*VPAI2P*

ὃς	ἂν	γὰρ	ἔχῃ,	δοθήσεται	αὐτῷ,	καὶ	ὃς	ἂν	μὴ	ἔχῃ,	καὶ
el que$_2$	--$_3$	pues$_1$	tenga	será dado	a él,	y	el que	--	no	tenga,	también
3739	302	1063	2192	1325	846	2532	3739	302	3361	2192	2532
RR-NSM	*TC*	*CAZ*	*VPAS3S*	*VFPI3S*	*RP3DSM*	*CLC*	*RR-NSM*	*TC*	*BN, TN*	*VPAS3S*	*CLA, B*

ὃ	δοκεῖ	ἔχειν	ἀρθήσεται	ἀπ’	αὐτοῦ.
lo que	piensa	tener	será quitado	de	él.
3739	1380	2192	142	575	846
RR-ASN	*VPAI3S*	*VPAN*	*VFPI3S*	*P*	*RP3GSM*

19 Παρεγένετο	δὲ	πρὸς	αὐτὸν	ἡ	μήτηρ	καὶ	οἱ	ἀδελφοὶ
vinieron$_8$	Y$_1$	a$_9$	él,$_{10}$	la$_2$	madre$_3$	y$_4$	los$_5$	hermanos$_6$
3854	1161	4314	846	3588	3384	2532	3588	80
VAMI3S	*CLN*	*P*	*RP3ASM*	*DNSF*	*NNSF*	*CLN*	*DNPM*	*NNPM*

αὐτοῦ,	καὶ	οὐκ	ἠδύναντο	συντυχεῖν	αὐτῷ	διὰ	τὸν	ὄχλον.
de él$_7$	y	no	podían	acercarse	a él	por causa de	la	multitud.
846	2532	3756	1410	4940	846	1223	3588	3793
RP3GSM	*CLC*	*BN, TN*	*VIUI3P*	*VAAN*	*RP3DSM*	*P*	*DASM*	*NASM*

NVI

son los que oyen, pero,
con el correr del tiempo,
los ahogan las preocu-
paciones, las riquezas y
los placeres de esta vida,
y no maduran. 15 Pero la
parte que cayó en buen
terreno son los que oyen
la palabra con corazón
noble y bueno, y la retie-
nen; y, como perseveran,
producen una buena
cosecha.

Una lámpara en una repisa

16 »Nadie encien-
de una lámpara para
después cubrirla con una
vasija o ponerla debajo
de la cama, sino para
ponerla en una repisa, a
fin de que los que entren
tengan luz. 17 No hay
nada escondido que
no llegue a descubrir-
se, ni nada oculto que
no llegue a conocerse
públicamente. 18 Por lo
tanto, pongan mucha
atención. Al que tiene,
se le dará más; al que no
tiene, hasta lo que cree
tener se le quitará».

La madre y los hermanos de Jesús

19 La madre y los her-
manos de Jesús fueron a
verlo, pero, como había
mucha gente, no logra-
ban acercársele.

8:17* O sea *de ninguna manera.*

RVR

20 Y se le informó, di-
ciendo: Tu madre y tus
hermanos están fuera y
quieren verte.
21 Pero él respondió y
les dijo: Mi madre y mis
hermanos son éstos que
oyen la palabra de Dios
y la ponen en práctica.

Jesucristo calma la tempestad

22 Aconteció un día, que
entró en una barca él y
sus discípulos, y les dijo:
Pasemos al otro lado
del lago. Y se hicieron
a la mar.
23 Pero mientras ellos
navegaban, se durmió;
y se abatió sobre el
lago una tempestad de
viento; y comenzaron a
anegarse y a peligrar.
24 Entonces se acercaron
a él y le despertaron,
diciendo: ¡Maestro,
Maestro, que perece-
mos! Él se despertó,
increpó al viento y al
oleaje del mar; cesaron,
y sobrevino la calma.
25 Y les dijo: ¿Dónde
está vuestra fe? Ellos,
llenos de temor, se de-
cían asombrados unos
a otros: ¿Pues quién
es éste, que aun a los
vientos y al agua manda,

20 ἀπηγγέλη	δὲ	αὐτῷ·	Ἡ	μήτηρ	σου	καὶ	οἱ	ἀδελφοί	σου
fue anunciado$_2$	Y$_1$	a él:	La	madre	de ti	y	los	hermanos	de ti
518	1161	846	3588	3384	4675	2532	3588	80	4675
VAPI3S	CLN	RP3DSM	DNSF	NNSF	RP2GS	CLN	DNPM	NNPM	RP2GS

ἑστήκασιν	ἔξω	ἰδεῖν	σε	θέλοντες.	21 ὁ	δὲ	ἀποκριθεὶς	εἶπεν	πρὸς
han estado de pie	afuera	ver$_2$	a ti.$_3$	queriendo$_1$	él$_2$	Y$_1$	respondiendo	dijo	a
2476	1854	1492	4571	2309	3588	1161	611	2036	4314
VRAI3P	BP	VAAN	RP2AS	VPAP-PNM	DNSM	CLN	VAPP-SNM	VAAI3S	P

αὐτούς·	Μήτηρ	μου	καὶ	ἀδελφοί	μου	οὗτοί	εἰσιν	οἱ	τὸν	λόγον
ellos:	Madre	de mí	y	hermanos	de mí	estos	son:	los que$_1$	la$_5$	palabra$_6$
846	3384	3450	2532	80	3450	3778	1526	3588	3588	3056
RP3APM	NNSF	RP1GS	CLN	NNPM	RP1GS	RD-NPM	VPAI3P	DNPM	DASM	NASM

τοῦ	θεοῦ	ἀκούοντες	καὶ	ποιοῦντες.
de --$_7$	Dios.$_8$	están escuchando$_2$	y$_3$	haciendo$_4$
3588	2316	191	2532	4160
DGSM	NGSM	VPAP-PNM	CLN	VPAP-PNM

22 Ἐγένετο	δὲ	ἐν	μιᾷ	τῶν	ἡμερῶν	καὶ	αὐτὸς	ἐνέβη	εἰς
sucedió que$_2$	Y$_1$	en	uno	de los	días (aquellos)	también	él	entró	a
1096	1161	1722	1520	3588	2250	2532	846	1684	1519
VAMI3S	CLT	P	JDSF	DGPF	NGPF	CLN	RP3NSM	VAAI3S	P

πλοῖον	καὶ	οἱ	μαθηταὶ	αὐτοῦ,	καὶ	εἶπεν	πρὸς	αὐτούς·	Διέλθωμεν
una barca	y	los	discípulos	de él	y	dijo	a	ellos:	Pasáramos
4143	2532	3588	3101	846	2532	2036	4314	846	1330
NASN	CLN	DNPM	NNPM	RP3GSM	CLN	VAAI3S	P	RP3APM	VAAS1P

εἰς	τὸ	πέραν	τῆς	λίμνης,	καὶ	ἀνήχθησαν.	23 πλεόντων	δὲ	αὐτῶν
a	el	al otro lado	del	lago.	Y	partieron.	navegando$_2$	Y$_1$	ellos,
1519	3588	4008	3588	3041	2532	321	4126	1161	846
P	DASN	B	DGSF	NGSF	CLN	VAPI3P	VPAP-PGM	CLN	RP3GPM

ἀφύπνωσεν.	καὶ	κατέβη	λαῖλαψ	ἀνέμου	εἰς	τὴν	λίμνην,	καὶ
él se quedó dormido;	y	bajó	una tormenta	de viento	hacia	el	lago,	y
879	2532	2597	2978	417	1519	3588	3041	2532
VAAI3S	CLN	VAAI3S	NNSF	NGSM	P	DASF	NASF	CLN

συνεπληροῦντο	καὶ	ἐκινδύνευον.	24 προσελθόντες	δὲ	διήγειραν	αὐτὸν
se anegaban	y	peligraban.	habiéndose acercado$_2$	Y$_1$	despertaron	a él
4845	2532	2793	4334	1161	1326	846
VIPI3P	CLN	VIAI3P	VAAP-PNM	CLN	VAAI3P	RP3ASM

λέγοντες·	Ἐπιστάτα	ἐπιστάτα,	ἀπολλύμεθα·	ὁ	δὲ	διεγερθεὶς
diciendo:	Maestro,	maestro,	perecemos.	--$_2$	Y$_1$	habiéndose despertado,
3004	1988	1988	622	3588	1161	1326
VPAP-PNM	NVSM	NVSM	VPMI1P	DNSM	CLN	VAPP-SNM

ἐπετίμησεν	τῷ	ἀνέμῳ	καὶ	τῷ	κλύδωνι	τοῦ	ὕδατος,	καὶ	ἐπαύσαντο,
reprendió	al	viento	y	al	oleaje	del	agua;	y	cesaron
2008	3588	417	2532	3588	2830	3588	5204	2532	3973
VAAI3S	DDSM	NDSM	CLN	DDSM	NDSM	DGSN	NGSN	CLN	VAMI3P

καὶ	ἐγένετο	γαλήνη.	25 εἶπεν	δὲ	αὐτοῖς·	Ποῦ	ἡ	πίστις	ὑμῶν;
y	hubo	calma.	dijo$_2$	Y$_1$	a ellos:	¿Dónde (está)	la	fe	de vosotros?
2532	1096	1055	2036	1161	846	4226	3588	4102	5216
CLN	VAMI3S	NNSF	VAAI3S	CLN	RP3DPM	BI	DNSF	NNSF	RP2GP

φοβηθέντες	δὲ	ἐθαύμασαν,	λέγοντες	πρὸς	ἀλλήλους·	Τίς
habiéndose atemorizado$_2$	Y$_1$	se admiraron	diciendo	--	unos a otros	¿Quién,
5399	1161	2296	3004	4314	240	5101
VAPP-PNM	CLN	VAAI3P	VPAP-PNM	P	RC-APM	RI-NSM

ἄρα	οὗτός	ἐστιν	ὅτι	καὶ	τοῖς	ἀνέμοις	ἐπιτάσσει	καὶ	τῷ	ὕδατι,
pues,	este	es	que	también	a los	vientos	ordena	y	al	agua,
687	3778	2076	3754	2532	3588	417	2004	2532	3588	5204
CLI	RD-NSM	VPAI3S	CSE	CLA	DDPM	NDPM	VPAI3S	CLN	DDSN	NDSN

NVI

20 —Tu madre y tus
hermanos están afuera
y quieren verte —le
avisaron.
21 Pero él les contestó:
—Mi madre y mis
hermanos son los que
oyen la palabra de Dios y
la ponen en práctica.

Jesús calma la tormenta

22 Un día subió Jesús
con sus discípulos a una
barca.
—Crucemos al otro
lado del lago —les dijo.
Así que partieron,
23 y mientras navegaban,
él se durmió. Entonces
se desató una tormenta
sobre el lago, de modo
que la barca comenzó a
inundarse y corrían gran
peligro.
24 Los discípulos fue-
ron a despertarlo.
—¡Maestro, Maestro,
nos vamos a ahogar!
—gritaron.
Él se levantó y repren-
dió al viento y a las olas;
la tormenta se apaciguó
y todo quedó tranquilo.
25 —¿Dónde está la fe
de ustedes? —les dijo a
sus discípulos.
Con temor y asom-
bro ellos se decían unos
a otros: «¿Quién es
este, que manda aun
a los vientos y al agua,

RVR

y le obedecen?

El endemoniado gadareno

26 Navegaron hacia la
región de los gadarenos,
que está en la ribera
opuesta de Galilea.
27 Al salir él a tierra, vino
a su encuentro cierto
hombre de la ciudad,
endemoniado desde
hacía mucho tiempo;
y no iba vestido de
ropa alguna, ni vivía en
una casa, sino entre las
tumbas.
28 Al ver a Jesús, lanzó
un grito, cayó ante él,
y dijo a grandes voces:
¿Qué tengo yo que ver
contigo, Jesús, Hijo
del Dios Altísimo? Te
ruego que no me ator-
mentes.
29 (Pues estaba con-
minando al espíritu
inmundo a que saliera
del hombre, porque se
había apoderado de él
muchas veces. Le ataban
con cadenas y grillos,
teniéndolo bajo cus-
todia, pero rompía las
ataduras y era impelido
por el demonio hacia
los lugares solitarios.)
30 Jesús le preguntó,
diciendo: ¿Cuál es
tu nombre? Él dijo:
Legión; porque habían
entrado muchos demo-
nios en él.

καὶ	ὑπακούουσιν	αὐτῷ;
y	obedecen	a él?
2532	5219	846
CLN	VPAI3P	RP3DSM

26 Καὶ	κατέπλευσαν	εἰς	τὴν	χώραν	τῶν	⸀Γερασηνῶν,	ἥτις
Y	navegaron	hacia	la	región	de los	gerasenos,	la cual
2532	2668	1519	3588	5561	3588	1046	3748
CLN	VAAI3P	P	DASF	NASF	DGPM	NGPM, JGPM	RR-NSF

ἐστὶν	ἀντιπέρα	τῆς	Γαλιλαίας.	27 ἐξελθόντι	δὲ	αὐτῷ	ἐπὶ	τὴν	γῆν
está	al frente de	--	Galilea.	habiendo salido$_2$	Y$_1$	él	sobre	la	tierra,
2076	495	3588	1056	1831	1161	846	1909	3588	1093
VPAI3S	P, B	DGSF	NGSF	VAAP-SDM	CLN	RP3DSM	P	DASF	NASF

ὑπήντησεν	ἀνήρ	τις	ἐκ	τῆς	πόλεως	ἔχων	δαιμόνια·
salió al encuentro	hombre$_2$	cierto$_1$	de	la	ciudad	que está teniendo	demonios
5221	435	5100	1537	3588	4172	2192	1140
VAAI3S	NNSM	JNSM, RX-NSM	P	DGSF	NGSF	VPAP-SNM	NAPN

καὶ	χρόνῳ	ἱκανῷ	οὐκ	ἐνεδύσατο	ἱμάτιον,	καὶ	ἐν	οἰκίᾳ
y	tiempo$_2$	(por) considerable$_1$	no	se puso	vestido	y	en	(la) casa
2532	5550	2425	3756	1746	2440	2532	1722	3614
CLN	NDSM	JDSM	BN, TN	VAMI3S	NASN	CLN	P	NDSF

οὐκ	ἔμενεν	ἀλλ’	ἐν	τοῖς	μνήμασιν.	28 ἰδὼν	δὲ	τὸν	Ἰησοῦν
no	permanecía,	sino	en	los	sepulcros.	habiendo visto$_2$	Y$_1$	a --	Jesús,
3756	3306	235	1722	3588	3418	1492	1161	3588	2424
BN, TN	VIAI3S	CLC	P	DDPN	NDPN	VAAP-SNM	CLN	DASM	NASM

ἀνακράξας	προσέπεσεν	αὐτῷ	καὶ	φωνῇ	μεγάλῃ	εἶπεν·	Τί	ἐμοὶ
habiendo gritado	cayó sobre	él	y	con voz	grande	dijo:	¿Qué	a mí
349	4363	846	2532	5456	3173	2036	5101	1698
VAAP-SNM	VAAI3S	RP3DSM	CLN	NDSF	JDSF	VAAI3S	RI-NSN	RP1DS

καὶ	σοί,	Ἰησοῦ	υἱὲ	τοῦ	θεοῦ	τοῦ	ὑψίστου;	δέομαί	σου,	μή	με
y	a ti,	Jesús	Hijo	del	Dios	--	Altísimo?	Ruego	a ti,	no	me
2532	4671	2424	5207	3588	2316	3588	5310	1189	4675	3361	3165
CLN	RP2DS	NVSM	NVSM	DGSM	NGSM	DGSM	JGSM	VPUI1S	RP2GS	BN, TN	RP1AS

βασανίσῃς·	29 παρήγγελλεν	γὰρ	τῷ	πνεύματι	τῷ	ἀκαθάρτῳ	ἐξελθεῖν
atormentes.	ordenó$_2$	Pues$_1$	al	espíritu	--	inmundo	salir
928	3853	1063	3588	4151	3588	169	1831
VAAS2S	VAAI3S	CAZ	DDSN	NDSN	DDSN	JDSN	VAAN

ἀπὸ	τοῦ	ἀνθρώπου.	πολλοῖς	γὰρ	χρόνοις	συνηρπάκει	αὐτόν,	καὶ
de	el	hombre.	en muchos$_2$	Porque$_1$	tiempos	había arrebatado	a él	y
575	3588	444	4183	1063	5550	4884	846	2532
P	DGSM	NGSM	JDPM	CLX	NDPM	VLAI3S	RP3ASM	CLN

ἐδεσμεύετο	ἁλύσεσιν	καὶ	πέδαις	φυλασσόμενος,	καὶ	διαρρήσσων
era atado$_2$	(con) cadenas$_3$	y$_4$	grillos,$_5$	siendo guardado$_1$	y	rompiendo
1195	254	2532	3976	5442	2532	1284
VIPI3S	NDPF	CLN	NDPF	VPPP-SNM	CLN	VPAP-SNM

τὰ	δεσμὰ	ἠλαύνετο	ὑπὸ	τοῦ	δαιμονίου	εἰς	τὰς	ἐρήμους.
las	cadenas	era empujado	por	el	demonio	hacia	los	(lugares) desiertos.
3588	1199	1643	5259	3588	1140	1519	3588	2048
DAPN	NAPN	VIPI3S	P	DGSN, DGSM	NGSN	P	DAPF	JAPF

30 ἐπηρώτησεν	δὲ	αὐτὸν	ὁ	Ἰησοῦς·	Τί	σοι	ὄνομά	ἐστιν;
preguntó$_4$	Y$_1$	a él:$_5$	--$_2$	Jesús$_3$	¿Cuál	a ti?$_3$	(el) nombre$_2$	es?$_1$
1905	1161	846	3588	2424	5101	4671	3686	2076
VAAI3S	CLN	RP3ASM	DNSM	NNSM	RI-NSN	RP2DS	NNSN	VPAI3S

ὁ	δὲ	εἶπεν·	Λεγιών,	ὅτι	εἰσῆλθεν	δαιμόνια	πολλὰ	εἰς	αὐτόν.
--	Y	dijo:	Legión,	porque	entró$_3$	demonios$_2$	muchos$_1$	en	él.
3588	1161	2036	3003	3754	1525	1140	4183	1519	846
DNSM	CLN	VAAI3S	NNSF	CAZ	VAAI3S	NNPN	JNPN	P	RP3ASM

NVI

y le obedecen?»

Liberación de un endemoniado

26 Navegaron hasta la
región de los gerasenos,
que está al otro lado del
lago, frente a Galilea.
27 Al desembarcar
Jesús, un endemoniado
que venía del pueblo
le salió al encuentro.
Hacía mucho tiempo
que este hombre no se
vestía; tampoco vivía
en una casa, sino en los
sepulcros. 28 Cuando
vio a Jesús, dio un grito
y se arrojó a sus pies.
Entonces exclamó con
fuerza:

—¿Por qué te
entrometes, Jesús, Hijo
del Dios Altísimo?
¡Te ruego que no me
atormentes!

29 Es que Jesús le
había ordenado al
espíritu maligno que
saliera del hombre. Se
había apoderado de él
muchas veces y, aunque
le sujetaban los pies y las
manos con cadenas y lo
mantenían bajo custo-
dia, rompía las cadenas y
el demonio lo arrastraba
a lugares solitarios.

30 —¿Cómo te
llamas? —le preguntó
Jesús.

—Legión —res-
pondió, ya que habían
entrado en él muchos
demonios.

8:26⸀ Manuscritos inferiores tienen *Gadarenos.*

RVR

31 Y le suplicaban que
no les ordenara mar-
charse al abismo.
32 Había allí una piara
de bastantes cerdos
paciendo en el monte;
y le suplicaban que les
permitiera entrar en
ellos; y se lo permitió.
33 Salieron del hombre
los demonios, y entra-
ron en los puercos; y
se lanzó la piara por el
precipicio al lago, y se
ahogaron.
34 Cuando los que los
apacentaban vieron lo
sucedido, huyeron y lo
contaron por la ciudad
y por los campos.
35 Salieron entonces a
ver lo que había suce-
dido, y vinieron a Jesús,
y hallaron sentado al
hombre del que habían
salido los demonios,
ya vestido y en su sano
juicio, a los pies de Jesús;
y se llenaron de temor.
36 Los que lo habían
visto, les contaron cómo
había sido sanado el
endemoniado.
37 Entonces, toda la gen-
te de la región circunve-
cina de los gadarenos le

31 καὶ	παρεκάλουν	αὐτὸν	ἵνα	μὴ	ἐπιτάξῃ	αὐτοῖς	εἰς	τὴν	ἄβυσσον
Y	rogaban	a él	que	no	ordenara	a ellos	a$_2$	el$_3$	abismo.$_4$
2532	3870	846	2443	3361	2004	846	1519	3588	12
CLN	VIAI3P	RP3ASM	CSC	BN, TN	VAAS3S	RP3DPN	P	DASF	NASF

ἀπελθεῖν.
ir.$_1$
565
VAAN

32 Ἦν	δὲ	ἐκεῖ	ἀγέλη	χοίρων	ἱκανῶν	βοσκομένη	ἐν	τῷ	ὄρει·
había$_2$	Y$_1$	allí	(una) manada	de cerdos	considerable	apacentando	en	el	monte,
2258	1161	1563	34	5519	2425	1006	1722	3588	3735
VIAI3S	CLN	BP	NNSF	NGPM	JGPM	VPPP-SNF	P	DDSN	NDSN

καὶ	παρεκάλεσαν	αὐτὸν	ἵνα	ἐπιτρέψῃ	αὐτοῖς	εἰς	ἐκείνους	εἰσελθεῖν·
y	rogaron	a él	que	permitiera	a ellos	en$_2$	aquellos.$_3$	entrar;$_1$
2532	3870	846	2443	2010	846	1519	1565	1525
CLN	VAAI3P	RP3ASM	CSC	VAAS3S	RP3DPN	P	RD-APM	VAAN

καὶ	ἐπέτρεψεν	αὐτοῖς.	33 ἐξελθόντα	δὲ	τὰ	δαιμόνια	ἀπὸ	τοῦ
y	permitió	a ellos.	habiendo salido	Y	los	demonios	de	el
2532	2010	846	1831	1161	3588	1140	575	3588
CLN	VAAI3S	RP3DPN	VAAP-PNN	CLN	DNPN	NNPN	P	DGSM

ἀνθρώπου	εἰσῆλθον	εἰς	τοὺς	χοίρους,	καὶ	ὥρμησεν	ἡ	ἀγέλη	κατὰ
hombre,	entraron	en	los	cerdos,	y	se precipitó	la	manada	hacia
444	1525	1519	3588	5519	2532	3729	3588	34	2596
NGSM	VAAI3P	P	DAPM	NAPM	CLN	VAAI3S	DNSF	NNSF	P

τοῦ	κρημνοῦ	εἰς	τὴν	λίμνην	καὶ	ἀπεπνίγη.
la	pendiente	hacia	el	lago,	y	se ahogó.
3588	2911	1519	3588	3041	2532	638
DGSM	NGSM	P	DASF	NASF	CLN	VAPI3S

34 Ἰδόντες	δὲ	οἱ	βόσκοντες	τὸ	γεγονὸς	ἔφυγον	καὶ
habiendo visto$_4$	Y$_1$	los que$_2$	están apacentando$_3$	lo	sucedido,	huyeron	e
1492	1161	3588	1006	3588	1096	5343	2532
VAAP-PNM	CLN	DNPM	VPAP-PNM	DASN	VRAP-SAN	VAAI3P	CLN

ἀπήγγειλαν	εἰς	τὴν	πόλιν	καὶ	εἰς	τοὺς	ἀγρούς.	35 ἐξῆλθον	δὲ	ἰδεῖν
informaron	en	la	ciudad	y	en	los	campos.	salieron$_2$	Y$_1$	a ver
518	1519	3588	4172	2532	1519	3588	68	1831	1161	1492
VAAI3P	P	DASF	NASF	CLN	P	DAPM	NAPM	VAAI3P	CLN	VAAN

τὸ	γεγονὸς	καὶ	ἦλθον	πρὸς	τὸν	Ἰησοῦν,	καὶ	εὗρον	καθήμενον
lo	sucedido	y	vinieron$_2$	a	--	Jesús,	y	encontraron	estando sentado
3588	1096	2532	2064	4314	3588	2424	2532	2147	2521
DASN	VRAP-SAN	CLN	VAAI3P	P	DASM	NASM	CLN	VAAI3P	VPUP-SAM

τὸν	ἄνθρωπον	ἀφ'	οὗ	τὰ	δαιμόνια	ἐξῆλθεν	ἱματισμένον	καὶ
al	hombre	de	quien	los	demonios	salió,	vestido	y
3588	444	575	3739	3588	1140	1831	2439	2532
DASM	NASM	P	RR-GSM	DNPN	NNPN	VAAI3S	VRPP-SAM	CLN

σωφρονοῦντα	παρὰ	τοὺς	πόδας	τοῦ	Ἰησοῦ,	καὶ	ἐφοβήθησαν.
siendo sensato,	a	los	pies	de --	Jesús,	y	temieron.
4993	3844	3588	4228	3588	2424	2532	5399
VPAP-SAM	P	DAPM	NAPM	DGSM	NGSM	CLN	VAPI3P

36 ἀπήγγειλαν	δὲ	αὐτοῖς	οἱ	ἰδόντες	πῶς	ἐσώθη	ὁ
informaron$_2$	E$_1$	a ellos	los que	habiendo visto	cómo$_3$	fue sanado.$_4$	el$_1$
518	1161	846	3588	1492	4459	4982	3588
VAAI3P	CLN	RP3DPM	DNPM	VAAP-PNM	B	VAPI3S	DNSM

δαιμονισθείς.	37 καὶ	ἠρώτησεν	αὐτὸν	ἅπαν	τὸ	πλῆθος	τῆς
habiendo sido endemoniado$_2$	Y	rogó$_8$	a él$_9$	toda$_1$	la$_2$	multitud$_3$	de la$_4$
1139	2532	2065	846	537	3588	4128	3588
VAPP-SNM	CLN	VAAI3S	RP3ASM	JNSN	DNSN	NNSN	DGSF

NVI

31 Y estos le suplica-
ban a Jesús que no los
mandara al abismo.
32 Como había una
manada grande de
cerdos paciendo en la
colina, le rogaron a Jesús
que los dejara entrar en
ellos. Así que él les dio
permiso. 33 Y, cuando los
demonios salieron del
hombre, entraron en los
cerdos, y la manada se
precipitó al lago por el
despeñadero y se ahogó.
34 Al ver lo sucedido,
los que cuidaban los
cerdos huyeron y dieron
la noticia en el pueblo
y por los campos, 35 y la
gente salió a ver lo que
había pasado. Llegaron
adonde estaba Jesús y
encontraron, sentado
a sus pies, al hombre de
quien habían salido los
demonios. Cuando lo
vieron vestido y en su
sano juicio, tuvieron
miedo. 36 Los que
habían presenciado estas
cosas le contaron a la
gente cómo el endemo-
niado había sido sanado.
37 Entonces toda la gente
de la región de los gera-
senos le pidió a Jesús que

RVR

pidió que se marchara
de ellos, porque estaban
sobrecogidos de un gran
temor. Él, entrando en
la barca, regresó.
38 El hombre del que
habían salido los
demonios le pedía estar
con él; pero Jesús le
despidió, diciendo:
39 Vuélvete a tu casa y
cuenta cuán grandes
cosas ha hecho Dios
contigo. Y él fue,
proclamando por toda
la ciudad cuán grandes
cosas había hecho Jesús
con él.

La hija de Jairo, y la mujer que tocó el manto de Jesucristo

40 Cuando Jesús regresó,
le dio la bienvenida la
multitud, porque todos
le esperaban.
41 En esto, vino un
hombre llamado Jairo,
que era un jefe de la
sinagoga; y cayendo
a los pies de Jesús, le
suplicaba que entrara en
su casa;
42 porque tenía una hija
única, de unos doce
años, que se estaba mu-
riendo. Pero mientras él
iba, la muchedumbre le
apretujaba.
43 En esto, una mujer
que padecía de una
hemorragia desde
hacía doce años,

περιχώρου	τῶν	⸀Γερασηνῶν	ἀπελθεῖν	ἀπ᾽	αὐτῶν,	ὅτι	φόβῳ
región vecina$_5$	de los$_6$	gerasenos$_7$	irse	de	ellos,	porque	con temor
4066	3588	1046	565	575	846	3754	5401
JGSF	*DGPM*	*NGPM, JGPM*	*VAAN*	*P*	*RP3GPM, RP3GPN*	*CAZ*	*NDSM*

μεγάλῳ	συνείχοντο·	αὐτὸς	δὲ	ἐμβὰς	εἰς	πλοῖον	ὑπέστρεψεν.
grande	estaban afligidos;	él$_2$	y$_1$	habiendo entrado	en	una barca,	regresó.
3173	4912	846	1161	1684	1519	4143	5290
JDSM	*VIPI3P*	*RP3NSMP*	*CLN*	*VAAP-SNM*	*P*	*NASN*	*VAAI3S*

38 ἐδεῖτο	δὲ	αὐτοῦ	ὁ	ἀνὴρ	ἀφ᾽	οὗ	ἐξεληλύθει	τὰ	δαιμόνια	εἶναι
suplicaba$_9$	Y$_1$	a él$_{10}$	el$_2$	hombre$_3$	de$_4$	quien$_5$	habían salido$_6$	los$_7$	demonios$_8$	estar
1189	1161	846	3588	435	575	3739	1831	3588	1140	1511
VIUI3S	*CLN*	*RP3GSM*	*DNSM*	*NNSM*	*P*	*RR-GSM*	*VLAI3S*	*DNPN*	*NNPN*	*VPAN*

σὺν	αὐτῷ·	ἀπέλυσεν	δὲ	αὐτὸν	λέγων·	39 Ὑπόστρεφε	εἰς	τὸν	οἶκόν
con	él;	despidió$_2$	pero$_1$	a él	diciendo:	Vuelve	a	la	casa
4862	846	630	1161	846	3004	5290	1519	3588	3624
P	*RP3DSM*	*VAAI3S*	*CLC*	*RP3ASM*	*VPAP-SNM*	*VPAM2S*	*P*	*DASM*	*NASM*

σου,	καὶ	διηγοῦ	ὅσα	σοι	ἐποίησεν	ὁ	θεός.	καὶ	ἀπῆλθεν	καθ᾽
de ti	y	cuenta	cuantas cosas	a ti.$_4$	hizo$_3$	--$_1$	Dios$_2$	Y	fue	por
4675	2532	1334	3745	4671	4160	3588	2316	2532	565	2596
RP2GS	*CLN*	*VPUM2S*	*RK-APN*	*RP2DS*	*VAAI3S*	*DNSM*	*NNSM*	*CLN*	*VAAI3S*	*P*

ὅλην	τὴν	πόλιν	κηρύσσων	ὅσα	ἐποίησεν	αὐτῷ	ὁ	Ἰησοῦς.
toda	la	ciudad	proclamando	cuantas cosas	hizo$_3$	a él.$_4$	--$_1$	Jesús$_2$
3650	3588	4172	2784	3745	4160	846	3588	2424
JASF	*DASF*	*NASF*	*VPAP-SNM*	*RK-APN*	*VAAI3S*	*RP3DSM*	*DNSM*	*NNSM*

40 Ἐν	δὲ	τῷ	ὑποστρέφειν	τὸν	Ἰησοῦν	ἀπεδέξατο	αὐτὸν	ὁ
en$_2$	Y$_1$	el	regresar,	--	Jesús,	recibió$_3$	a él,$_4$	la$_1$
1722	1161	3588	5290	3588	2424	588	846	3588
P	*CLT*	*DDSN, DDSM*	*VPAN*	*DASM*	*NASM*	*VAMI3S*	*RP3ASM*	*DNSM*

ὄχλος,	ἦσαν	γὰρ	πάντες	προσδοκῶντες	αὐτόν.	41 καὶ	ἰδοὺ	ἦλθεν
multitud$_2$	estaban$_6$	pues$_5$	todos	esperando	a él.	Y	he aquí	vino,$_5$
3793	2258	1063	3956	4328	846	2532	2400	2064
NNSM	*VIAI3P*	*CAZ*	*JNPM*	*VPAP-PNM*	*RP3ASM*	*CLN*	*I, VAAM2S*	*VAAI3S*

ἀνὴρ	ᾧ	ὄνομα	Ἰάϊρος,	καὶ	οὗτος	ἄρχων	τῆς	συναγωγῆς
un hombre,$_1$	cuyo$_2$	nombre (era)$_3$	Jairo$_4$	y$_6$	este$_7$	jefe$_9$	de la$_{10}$	sinagoga,$_{11}$
435	3739	3686	2383	2532	3778	758	3588	4864
NNSM	*RR-DSM*	*NNSN*	*NNSM*	*CLN*	*RD-NSM*	*NNSM*	*DGSF*	*NGSF*

ὑπῆρχεν,	καὶ	πεσὼν	παρὰ	τοὺς	πόδας	τοῦ	Ἰησοῦ	παρεκάλει	αὐτὸν
era$_8$	y	habiendo caído	a	los	pies	de --	Jesús	rogaba	a él
5225	2532	4098	3844	3588	4228	3588	2424	3870	846
VIAI3S	*CLN*	*VAAP-SNM*	*P*	*DAPM*	*NAPM*	*DGSM*	*NGSM*	*VIAI3S*	*RP3ASM*

εἰσελθεῖν	εἰς	τὸν	οἶκον	αὐτοῦ,	42 ὅτι	θυγάτηρ	μονογενὴς	ἦν	αὐτῷ
entrar	en	la	casa	de él,	porque	hija$_3$	una sola$_2$	había$_1$	para él,
1525	1519	3588	3624	846	3754	2364	3439	2258	846
VAAN	*P*	*DASM*	*NASM*	*RP3GSM*	*CAZ*	*NNSF*	*JNSF*	*VIAI3S*	*RP3DSM*

ὡς	ἐτῶν	δώδεκα	καὶ	αὐτὴ	ἀπέθνῃσκεν.
como	de años,$_2$	doce$_1$	y	ella	estaba muriendo.
5613	2094	1427	2532	846, 3778	599
CAM, B	*NGPN*	*XN, J*	*CLN*	*RP3NSF*	*VIAI3S*

Ἐν	δὲ	τῷ	ὑπάγειν	αὐτὸν	οἱ	ὄχλοι	συνέπνιγον	αὐτόν.
en$_2$	Y$_1$	el	ir	él,	las	multitudes	ahogaban.$_2$	lo$_1$
1722	1161	3588	5217	846	3588	3793	4846	846
P	*CLN*	*DDSN, DDSM*	*VPAN*	*RP3ASM*	*DNPM*	*NNPM*	*VIAI3P*	*RP3ASM*

43 καὶ	γυνὴ	οὖσα	ἐν	ῥύσει	αἵματος	ἀπὸ	ἐτῶν	δώδεκα,
Y	una mujer	estando	con	flujo	de sangre	desde (hacía)	años,$_2$	doce$_1$
2532	1135	5607	1722	4511	129	575	2094	1427
CLN	*NNSF*	*VPAP-SNF*	*P*	*NDSF*	*NGSN*	*P*	*NGPN*	*XN, J*

NVI

se fuera de allí, porque
les había entrado mucho
miedo. Así que él subió a
la barca para irse.
38 Ahora bien, el
hombre de quien habían
salido los demonios le
rogaba que le permitiera
acompañarlo, pero Jesús
lo despidió y le dijo:
39 —Vuelve a tu casa y
cuenta todo lo que Dios
ha hecho por ti.

Así que el hombre se
fue y proclamó por todo
el pueblo lo mucho que
Jesús había hecho por él.

Una niña muerta y una mujer enferma

40 Cuando Jesús regre-
só, la multitud se alegró
de verlo, pues todos es-
taban esperándolo. 41 En
esto llegó un hombre
llamado Jairo, que era
un jefe de la sinagoga.
Arrojándose a los pies
de Jesús, le suplicaba que
fuera a su casa, 42 porque
su única hija, de unos
doce años, se estaba
muriendo.

Jesús se puso en
camino y las multitudes
lo apretujaban. 43 Había
entre la gente una mujer
que hacía doce años
padecía de hemorragias,

8:37⸀ Manuscritos inferiores tienen *Gadarenos.*

RVR

y que había gastado en
médicos todo cuanto
tenía y no había podido
ser curada por nadie,
44 se acercó por detrás
y tocó el borde de su
manto; y al instante se
detuvo su hemorragia.
45 Y Jesús dijo: ¿Quién
es el que me ha tocado?
Y como todos lo nega-
ban, dijo Pedro y los que
con él estaban: Maestro,
las multitudes te están
apretando y estrujando,
y dices: ¿Quién es el que
me ha tocado?
46 Pero Jesús dijo:
Alguien me ha tocado,
porque yo he notado
que ha salido de mí un
poder.
47 Viendo la mujer que
no había pasado inad-
vertida, vino temblando
y cayó delante de él, y
declaró en presencia de
todo el pueblo por qué
causa le había tocado, y
cómo había sido sanada
al instante.
48 Y él le dijo: Hija, tu
fe te ha sanado; vete
en paz.
49 Todavía estaba él
hablando, cuando viene
uno de parte del jefe de
la sinagoga, diciendo:
Tu hija ha muerto.

ἥτις	ἰατροῖς	προσαναλώσασα	ὅλον	τὸν	βίον*	οὐκ	ἴσχυσεν
la cual	(con) médicos$_{2}$	habiendo gastado$_{1}$	toda	la	vida	no	pudo
3748	2395	4321	3650	3588	979	3756	2480
RR-NSF	*NDPM*	*VAAP-SNF*	*JASM*	*DASM*	*NASM*	*BN, TN*	*VAAI3S*

ἀπ'	οὐδενὸς	θεραπευθῆναι,	44 προσελθοῦσα	ὄπισθεν	ἥψατο	τοῦ
de	nadie	ser sanada,	habiéndose acercado	desde atrás	tocó	el
575	3762	2323	4334	3693	680	3588
P	*JGSM*	*VAPN*	*VAAP-SNF*	*B*	*VAMI3S*	*DGSN*

κρασπέδου	τοῦ	ἱματίου	αὐτοῦ,	καὶ	παραχρῆμα	ἔστη	ἡ	ῥύσις	τοῦ
borde	del	manto	de él,	y	al instante	cesó,$_{6}$	el$_{1}$	flujo$_{2}$	de la$_{3}$
2899	3588	2440	846	2532	3916	2476	3588	4511	3588
NGSN	*DGSN*	*NGSN*	*RP3GSM*	*CLN*	*B*	*VAAI3S*	*DNSF*	*NNSF*	*DGSN*

αἵματος	αὐτῆς.	45 καὶ	εἶπεν	ὁ	Ἰησοῦς·	Τίς	ὁ	ἁψάμενός
sangre$_{4}$	de ella$_{5}$	Y	dijo:$_{3}$	--$_{1}$	Jesús$_{2}$	¿Quién (es)	el que	habiendo tocado
129	846	2532	2036	3588	2424	5101	3588	680
NGSN	*RP3GSF*	*CLN*	*VAAI3S*	*DNSM*	*NNSM*	*RI-NSM*	*DNSM*	*VAMP-SNM*

μου;	ἀρνουμένων	δὲ	πάντων	εἶπεν	ὁ	Πέτρος·	Ἐπιστάτα,	οἱ
a mí?	negando$_{2}$	Y$_{1}$	todos	dijo:$_{3}$	--$_{1}$	Pedro$_{2}$	Maestro,	las
3450	720	1161	3956	2036	3588	4074	1988	3588
RP1GS	*VPUP-PGM*	*CLN*	*JGPM*	*VAAI3S*	*DNSM*	*NNSM*	*NVSM*	*DNPM*

ὄχλοι	συνέχουσίν	σε	καὶ	ἀποθλίβουσιν.	46 ὁ	δὲ	Ἰησοῦς	εἶπεν·
multitudes	aprietan	a ti	y	te oprimen.	--$_{2}$	Y$_{1}$	Jesús	dijo:
3793	4912	4571	2532	598	3588	1161	2424	2036
NNPM	*VPAI3P*	*RP2AS*	*CLN*	*VPAI3P*	*DNSM*	*CLC*	*NNSM*	*VAAI3S*

Ἥψατό	μού	τις,	ἐγὼ	γὰρ	ἔγνων	δύναμιν	ἐξεληλυθυῖαν	ἀπ'
tocó$_{2}$	a mí,$_{3}$	alguien$_{1}$	yo$_{5}$	porque$_{4}$	sé (que)	poder	ha salido	de
680	3450	5100, 5101	1473	1063	1097	1411	1831	575
VAMI3S	*RP1GS*	*RX-NSM*	*RP1NS*	*CAZ*	*VAAI1S*	*NASF*	*VRAP-SAF*	*P*

ἐμοῦ.	47 ἰδοῦσα	δὲ	ἡ	γυνὴ	ὅτι	οὐκ	ἔλαθεν	τρέμουσα	ἦλθεν
mí.	habiendo visto$_{2}$	Pero$_{1}$	la	mujer	que	no	(podía) ocultarse,	temblando	vino
1700	1492	1161	3588	1135	3754	3756	2990	5141	2064
RP1GS	*VAAP-SNF*	*CLN*	*DNSF*	*NNSF*	*CSC*	*BN, TN*	*VAAI3S*	*VPAP-SNF*	*VAAI3S*

καὶ	προσπεσοῦσα	αὐτῷ	δι'	ἣν	αἰτίαν	ἥψατο	αὐτοῦ	ἀπήγγειλεν
y	habiéndose postrado	ante él,	por$_{6}$	qué$_{7}$	razón$_{8}$	tocó$_{9}$	a él,$_{10}$	contó$_{1}$
2532	4363	846	1223	3739	156	680	846	518
CLN	*VAAP-SNF*	*RP3DSM*	*P*	*RR-ASF*	*NASF*	*VAMI3S*	*RP3GSM*	*VAAI3S*

ἐνώπιον	παντὸς	τοῦ	λαοῦ	καὶ	ὡς	ἰάθη	παραχρῆμα.	48 ὁ	δὲ
delante de$_{2}$	todo$_{3}$	el$_{4}$	pueblo$_{5}$	y	cómo	fue sanada	al instante.	--$_{2}$	Y$_{1}$
1799	3956	3588	2992	2532	5613	2390	3916	3588	1161
P, B	*JGSM*	*DGSM*	*NGSM*	*CLN*	*CSC, B*	*VAPI3S*	*B*	*DNSM*	*CLN*

εἶπεν	αὐτῇ·	Θυγάτηρ,	ἡ	πίστις	σου	σέσωκέν	σε·	πορεύου	εἰς
dijo	a ella:	Hija,	la	fe	de ti	ha salvado	a ti.	Ve	en
2036	846	2364	3588	4102	4675	4982	4571	4198	1519
VAAI3S	*RP3DSF*	*NVSF*	*DNSF*	*NNSF*	*RP2GS*	*VRAI3S*	*RP2AS*	*VPUM2S*	*P*

εἰρήνην.
paz.
1515
NASF

49 Ἔτι	αὐτοῦ	λαλοῦντος	ἔρχεταί	τις	παρὰ	τοῦ
Todavía	él	está hablando,	viene$_{2}$	alguien$_{1}$	de parte de	el
2089	846	2980	2064	5100	3844	3588
B	*RP3GSM*	*VPAP-SGM*	*VPUI3S*	*RX-NSM*	*P*	*DGSM*

ἀρχισυναγώγου	λέγων	ὅτι	Τέθνηκεν	ἡ	θυγάτηρ	σου,	μηκέτι
jefe de la sinagoga	diciendo	que:	ha muerto;$_{4}$	La$_{1}$	hija$_{2}$	de ti$_{3}$	ya no
752	3004	3754	2348	3588	2364	4675	3371
NGSM	*VPAP-SNM*	*CSC*	*VRAI3S*	*DNSF*	*NNSF*	*RP2GS*	*BN*

NVI

sin que nadie pudiera
sanarla. 44 Ella se le
acercó por detrás y le
tocó el borde del manto,
y al instante cesó su
hemorragia.
45 —¿Quién me ha
tocado? —preguntó
Jesús.
Como todos negaban
haberlo tocado, Pedro
le dijo:
—Maestro, son
multitudes las que te
aprietan y te oprimen.
46 —No, alguien me
ha tocado —replicó
Jesús—; yo sé que de mí
ha salido poder.
47 La mujer, al ver
que no podía pasar
inadvertida, se acercó
temblando y se arrojó a
sus pies. En presencia de
toda la gente, contó por
qué lo había tocado y
cómo había sido sanada
al instante.
48 —Hija, tu fe te
ha sanado —le dijo
Jesús—. Vete en paz.
49 Todavía estaba
hablando Jesús cuando
alguien llegó de la casa
de Jairo, jefe de la sina-
goga, para decirle:
—Tu hija ha muerto.

8:43* O sea *todo cuanto tenía para vivir.*

RVR

No molestes más al
Maestro.
50 Pero cuando Jesús
lo oyó, le contestó: No
temas; cree solamente, y
será sanada.
51 Cuando llegó a la
casa, no permitió a
nadie entrar con él, ex-
cepto a Pedro, a Juan y a
Jacobo, y al padre y a la
madre de la muchacha.
52 Todos estaban lloran-
do y lamentándose por
ella; pero él dijo: No llo-
réis más; no ha muerto,
sino que duerme.
53 Y se burlaban de él,
sabiendo que estaba
muerta.
54 Pero él, tomándo-
la de la mano, le dio
voces, diciendo: Niña,
levántate.
55 Entonces su espíritu
volvió, e inmediata-
mente se levantó; y él
mandó que se le diese
de comer.
56 Y sus padres queda-
ron asombrados; pero
Jesús les mandó que
a nadie dijesen lo que
había sucedido.

Misión de los doce discípulos

9 Habiendo con-
vocado a sus doce
discípulos, les dio poder
y autoridad sobre todos
los demonios, y para
sanar enfermedades.
2 Y los envió a predicar el
reino de Dios, y a sanar a

σκύλλε τὸν διδάσκαλον. 50 ὁ δὲ Ἰησοῦς ἀκούσας ἀπεκρίθη
molestes al maestro. --2 Pero1 Jesús, habiendo oído, respondió
4660 3588 1320 3588 1161 2424 191 611
VPAM2S DASM NASM DNSM CLC NNSM VAAP-SNM VAPI3S, VAMI3S

αὐτῷ· Μὴ φοβοῦ, μόνον πίστευσον, καὶ σωθήσεται. 51 ἐλθὼν
a él: No temas; sólo cree y será salva. habiendo venido2
846 3361 5399 3440 4100 2532 4982 2064
RP3DSM BN, TN VPUM2S B, J VAAM2S CLN VFPI3S VAAP-SNM

δὲ εἰς τὴν οἰκίαν οὐκ ἀφῆκεν εἰσελθεῖν τινα σὺν αὐτῷ εἰ
Y1 a la casa no dejó entrar a alguien con él, si
1161 1519 3588 3614 3756 863 1525 5100 4862 846 1487
CLN P DASF NASF BN, TN VAAI3S VAAN RX-ASM P RP3DSM CAC

μὴ Πέτρον καὶ Ἰωάννην καὶ Ἰάκωβον καὶ τὸν πατέρα τῆς παιδὸς
no a Pedro, y a Juan y a Jacobo y al padre de la niña
3361 4074 2532 2491 2532 2385 2532 3588 3962 3588 3816
BN, TN NASM CLN NASM CLN NASM CLN DASM NASM DGSF NGSF

καὶ τὴν μητέρα. 52 ἔκλαιον δὲ πάντες καὶ ἐκόπτοντο αὐτήν. ὁ
y a la madre. lloraban3 Y1 todos2 y se lamentaban a ella. --2
2532 3588 3384 2799 1161 3956 2532 2875 846 3588
CLN DASF NASF VIAI3P CLN JNPM CLN VIMI3P RP3ASF DNSM

δὲ εἶπεν· Μὴ κλαίετε, οὐ γὰρ ἀπέθανεν ἀλλὰ καθεύδει. 53 καὶ
Pero1 dijo: No lloréis, no2 porque1 murió, sino duerme. Y
1161 2036 3361 2799 3756 1063 599 235 2518 2532
CLN VAAI3S BN, TN VPAM2P BN, TN CAZ VAAI3S CLC VPAI3S CLN

κατεγέλων αὐτοῦ, εἰδότες ὅτι ἀπέθανεν. 54 αὐτὸς δὲ κρατήσας
se burlaban de él sabiendo que murió. él2 Pero1 habiéndola sujetado
2606 846 1492 3754 599 846 1161 2902
VIAI3P RP3GSM VRAP-PNM CSC VAAI3S RP3NSMP CLC VAAP-SNM

τῆς χειρὸς αὐτῆς ἐφώνησεν λέγων· Ἡ παῖς, ἔγειρε. 55 καὶ
la mano de ella exclamó diciendo: -- Niña, ¡levántate! Y
3588 5495 846 5455 3004 3588 3816 1453 2532
DGSF NGSF RP3GSF VAAI3S VPAP-SNM DVSF, DNSF NVSF, NNSF VPAM2S CLN

ἐπέστρεψεν τὸ πνεῦμα αὐτῆς, καὶ ἀνέστη παραχρῆμα, καὶ διέταξεν
volvió4 el1 espíritu2 de ella3 y se levantó al instante, y mandó
1994 3588 4151 846 2532 450 3916 2532 1299
VAAI3S DNSN NNSN RP3GSF CLN VAAI3S B CLN VAAI3S

αὐτῇ δοθῆναι φαγεῖν. 56 καὶ ἐξέστησαν οἱ γονεῖς αὐτῆς· ὁ δὲ
a ella.3 ser dado1 de comer2 Y se sorprendieron.4 los1 padres2 de ella3 --6 y5
846 1325 5315 2532 1839 3588 1118 846 3588 1161
RP3DSF VAPN VAAN CLN VAAI3P DNPM NNPM RP3GSF DNSM CLC

παρήγγειλεν αὐτοῖς μηδενὶ εἰπεῖν τὸ γεγονός.
ordenó a ellos a nadie decir lo sucedido.
3853 846 3367 2036 3588 1096
VAAI3S RP3DPM JDSM VAAN DASN VRAP-SAN

9 Συγκαλεσάμενος δὲ τοὺς δώδεκα ἔδωκεν αὐτοῖς δύναμιν καὶ
habiendo reunido2 Y1 a los doce dio a ellos poder y
4779 1161 3588 1427 1325 846 1411 2532
VAMP-SNM CLT DAPM XN, J VAAI3S RP3DPM NASF CLN

ἐξουσίαν ἐπὶ πάντα τὰ δαιμόνια καὶ νόσους θεραπεύειν, 2 καὶ
autoridad sobre todos los demonios y enfermedades.2 para sanar1 Y
1849 1909 3956 3588 1140 2532 3554 2323 2532
NASF P JAPN DAPN NAPN CLN NAPF VPAN CLN

ἀπέστειλεν αὐτοὺς κηρύσσειν τὴν βασιλείαν τοῦ θεοῦ καὶ ἰᾶσθαι
envió a ellos a proclamar el reino de -- Dios y a sanar
649 846 2784 3588 932 3588 2316 2532 2390
VAAI3S RP3APM VPAN DASF NASF DGSM NGSM CLN VPUN

NVI

No molestes más al
Maestro.
50 Al oír esto, Jesús le
dijo a Jairo:
—No tengas miedo;
cree nada más, y ella será
sanada.
51 Cuando llegó
a la casa de Jairo, no
dejó que nadie entrara
con él, excepto Pedro,
Juan y Jacobo, y el
padre y la madre de la
niña. 52 Todos estaban
llorando, muy afligidos
por ella.
—Dejen de llorar —
les dijo Jesús—. No está
muerta, sino dormida.
53 Entonces ellos
empezaron a burlarse
de él porque sabían que
estaba muerta. 54 Pero
él la tomó de la mano y
le dijo:
—¡Niña, levántate!
55 Recobró la vida y
al instante se levantó.
Jesús mandó darle de
comer. 56 Los padres se
quedaron atónitos, pero
él les advirtió que no
contaran a nadie lo que
había sucedido.

Jesús envía a los doce

9 Habiendo reunido
a los doce, Jesús les
dio poder y autori-
dad para expulsar a
todos los demonios y
para sanar enferme-
dades. 2 Entonces los
envió a predicar el
reino de Dios y a sanar a

RVR

los enfermos.
³ Y les dijo: No toméis
nada para el camino,
ni bastón, ni alforja, ni
pan, ni dinero; ni llevéis
dos túnicas.
⁴ Y en cualquier casa
donde entréis, quedad
allí, y de allí salid.
⁵ Y dondequiera que
no os reciban, al salir de
aquella ciudad, sacudid
el polvo de vuestros pies
en testimonio contra
ellos.
⁶ Y saliendo, pasaban
por todas las aldeas,
anunciando el evangelio
y sanando por todas
partes.

Muerte de Juan el Bautista

⁷ Herodes el tetrarca
oyó de todas las cosas
que hacía Jesús; y estaba
perplejo, porque decían
algunos: Juan ha resuci-
tado de los muertos;
⁸ otros: Elías se ha apa-
recido; y otros: Algún
profeta de los antiguos
ha resucitado.
⁹ Y dijo Herodes: A
Juan yo le hice decapi-
tar; ¿quién, pues, es éste,
de quien oigo tales co-
sas? Y procuraba verle.

τοὺς	ἀσθενεῖς,	³καὶ	εἶπεν	πρὸς	αὐτούς·	Μηδὲν	αἴρετε	εἰς	τὴν	ὁδόν,
a los	enfermos.	Y	dijo	a	ellos:	Nada	toméis	para	el	camino,
3588	772	2532	2036	4314	846	3367	142	1519	3588	3598
DAPM	*JAPM*	*CLN*	*VAAI3S*	*P*	*RP3APM*	*JASN*	*VPAM2P*	*P*	*DASF*	*NASF*

μήτε	ῥάβδον	μήτε	πήραν	μήτε	ἄρτον	μήτε	ἀργύριον,	μήτε
ni	vara	ni	bolsa	ni	pan	ni	plata,	ni
3383	4464	3383	4082	3383	740	3383	694	3383
CLK, TN	*NASF*	*CLK, TN*	*NASF*	*CLK, TN*	*NASM*	*CLK, TN*	*NASN*	*CLK, TN*

ἀνὰ	δύο	χιτῶνας	ἔχειν.	⁴καὶ	εἰς	ἣν	ἂν	οἰκίαν	εἰσέλθητε,	ἐκεῖ
[cada uno]	dos	túnicas	tener (tenga).	Y	en	cualquier	--	casa	que entrarais,	allí
303	1417	5509	2192	2532	1519	3739	302	3614	1525	1563
P, B	*XN, J*	*NAPM*	*VPAN*	*CLN*	*P*	*RR-ASF*	*TC*	*NASF*	*VAAS2P*	*BP*

μένετε	καὶ	ἐκεῖθεν	ἐξέρχεσθε.	⁵καὶ	ὅσοι	ἂν	μὴ	δέχωνται	ὑμᾶς,
permaneced	y	de allí	salid.	Y	cuantos	--	no	reciban	a vosotros,
3306	2532	1564	1831	2532	3745	302	3361	1209	5209
VPAM2P	*CLN*	*BP*	*VPUM2P*	*CLN*	*RK-NPM*	*TC*	*BN, TN*	*VPUS3P*	*RP2AP*

ἐξερχόμενοι	ἀπὸ	τῆς	πόλεως	ἐκείνης	τὸν	κονιορτὸν	ἀπὸ	τῶν	ποδῶν
saliendo	de	la	ciudad	aquella;	el$_2$	polvo$_3$	de$_4$	los$_5$	pies$_6$
1831	575	3588	4172	1565	3588	2868	575	3588	4228
VPUP-PNM	*P*	*DGSF*	*NGSF*	*RD-GSF*	*DASM*	*NASM*	*P*	*DGPM*	*NGPM*

ὑμῶν	ἀποτινάσσετε	εἰς	μαρτύριον	ἐπ’	αὐτούς.	⁶ἐξερχόμενοι
de vosotros$_7$	sacudid$_1$	para	testimonio	contra	ellos.	saliendo$_2$
5216	660	1519	3142	1909	846	1831
RP2GP	*VPAM2P*	*P*	*NASN*	*P*	*RP3APM*	*VPUP-PNM*

δὲ	διήρχοντο	κατὰ	τὰς	κώμας	εὐαγγελιζόμενοι	καὶ	θεραπεύοντες
Y$_1$	pasaban	por	las	aldeas	anunciando la buena noticia	y	sanando
1161	1330	2596	3588	2968	2097	2532	2323
CLN	*VIUI3P*	*P*	*DAPF*	*NAPF*	*VPMP-PNM*	*CLN*	*VPAP-PNM*

πανταχοῦ.
en todas partes.
3837
B

⁷Ἤκουσεν	δὲ	Ἡρῴδης	ὁ	τετραάρχης	τὰ	Ιγινόμενα
oyó$_2$	Y$_1$	Herodes	el	tetrarca	las cosas que$_2$	están sucediendo,$_3$
191	1161	2264	3588	5076	3588	1096
VAAI3S	*CLN*	*NNSM*	*DNSM*	*NNSM*	*DAPN*	*VPUP-PAN*

πάντα,	καὶ	διηπόρει	διὰ	τὸ	λέγεσθαι	ὑπό	τινων	ὅτι	Ἰωάννης
todas$_1$	y	estaba perplejo	por causa de	--	ser dicho	por	algunos	que	Juan
3956	2532	1280	1223	3588	3004	5259	5100	3754	2491
JAPN	*CLN*	*VIAI3S*	*P*	*DASN*	*VPPN*	*P*	*RX-GPM*	*CSC*	*NNSM*

ἠγέρθη	ἐκ	νεκρῶν,	⁸ὑπό	τινων	δὲ	ὅτι	Ἠλίας	ἐφάνη,	ἄλλων
fue levantado	de	los muertos,	por$_2$	de algunos$_3$	Y$_1$	que	Elías	apareció,	por otros$_2$
1453	1537	3498	5259	5100	1161	3754	2243	5316	243
VAPI3S	*P*	*JGPM*	*P*	*RX-GPM*	*CLC*	*CSC*	*NNSM*	*VAPI3S*	*JGPM*

δὲ	ὅτι	προφήτης	τις	τῶν	ἀρχαίων	ἀνέστη.	⁹εἶπεν	δὲ	ὁ
y$_1$	que	profeta$_2$	algún$_1$	de los	antiguos	se levantó.	dijo$_2$	Y$_1$	--
1161	3754	4396	5100	3588	744	450	2036	1161	3588
CLC	*CSC*	*NNSM*	*JNSM, RX-NSM*	*DGPM*	*JGPM*	*VAAI3S*	*VAAI3S*	*CLN*	*DNSM*

Ἡρῴδης·	Ἰωάννην	ἐγὼ	ἀπεκεφάλισα·	τίς	δέ	ἐστιν	οὗτος	περὶ
Herodes:	A Juan	yo	decapité;	¿quién$_2$	y$_1$	es	este	acerca de
2264	2491	1473	607	5101	1161	2076	3778	4012
NNSM	*NASM*	*RP1NS*	*VAAI1S*	*RI-NSM*	*CLN*	*VPAI3S*	*RD-NSM*	*P*

οὗ	ἀκούω	τοιαῦτα;	καὶ	ἐζήτει	ἰδεῖν	αὐτόν.
quien	oigo	tales cosas.	Y	buscaba	ver	a él.
3739	191	5108	2532	2212	1492	846
RR-GSM	*VPAI1S*	*RD-APN*	*CLN*	*VIAI3S*	*VAAN*	*RP3ASM*

NVI

los enfermos. ³ «No
lleven nada para el cami-
no: ni bastón, ni bolsa,
ni pan, ni dinero, ni dos
mudas de ropa —les
dijo—. ⁴ En cualquier
casa que entren, quéden-
se allí hasta que salgan
del pueblo. ⁵ Si no los
reciben bien, al salir de
ese pueblo, sacúdanse el
polvo de los pies como
un testimonio contra sus
habitantes». ⁶ Así que
partieron y fueron por
todas partes de pueblo
en pueblo, predicando
el evangelio y sanando a
la gente.
⁷ Herodes el tetrarca
se enteró de todo lo
que estaba sucediendo.
Estaba perplejo porque
algunos decían que Juan
había resucitado; ⁸ otros,
que se había aparecido
Elías; y otros, en fin, que
había resucitado alguno
de los antiguos profetas.
⁹ Pero Herodes dijo: «A
Juan mandé que le cor-
taran la cabeza; ¿quién
es, entonces, este de
quien oigo tales cosas?»
Y procuraba verlo.

RVR

Alimentación de los cinco mil

10 Vueltos los apóstoles,
le contaron todo lo
que habían hecho. Y
tomándolos, se retiró
aparte, a un lugar desier-
to de la ciudad llamada
Betsaida.
11 Y cuando la gente lo
supo, le siguió; y él les
recibió, y les hablaba del
reino de Dios, y sanaba
a los que necesitaban ser
sanados.
12 Pero el día comen-
zaba a declinar; y
acercándose los doce,
le dijeron: Despide a la
gente, para que vayan a
las aldeas y campos de
alrededor, y se alojen y
encuentren alimentos;
porque aquí estamos en
lugar desierto.
13 Él les dijo: Dadles
vosotros de comer. Y di-
jeron ellos: No tenemos
más que cinco panes y
dos peces, a no ser que
vayamos nosotros a
comprar alimentos para
toda esta multitud.
14 Y eran como cinco
mil hombres. Entonces
dijo a sus discípulos:
Hacedlos sentar en
grupos, de cincuenta en
cincuenta.
15 Así lo hicieron,

10 Καὶ	ὑποστρέψαντες	οἱ	ἀπόστολοι	διηγήσαντο	αὐτῷ	ὅσα
Y	habiendo regresado	los	apóstoles	contaron	a él	cuantas cosas
2532	5290	3588	652	1334	846	3745
CLN	*VAAP-PNM*	*DNPM*	*NNPM*	*VAMI3P*	*RP3DSM*	*RK-APN*

ἐποίησαν.	καὶ	παραλαβὼν	αὐτοὺς	ὑπεχώρησεν	κατ’	ἰδίαν	εἰς
hicieron.	Y	habiendo tomado consigo	a ellos	se retiró	en	privado	hacia
4160	2532	3880	846	5298	2596	2398	1519
VAAI3P	*CLN*	*VAAP-SNM*	*RP3APM*	*VAAI3S*	*P*	*JASF*	*P*

πόλιν	καλουμένην	Βηθσαϊδά.	11 οἱ	δὲ	ὄχλοι	γνόντες
una ciudad	siendo llamada	Betsaida.	las$_2$	Pero$_1$	multitudes	habiendo sabido
4172	2564	966	3588	1161	3793	1097
NASF	*VPPP-SAF*	*NASF, XP*	*DNPM*	*CLC*	*NNPM*	*VAAP-PNM*

ἠκολούθησαν	αὐτῷ.	καὶ	ἀποδεξάμενος	αὐτοὺς	ἐλάλει	αὐτοῖς	περὶ
siguieron	a él;	y	habiendo acogido	a ellas	hablaba	a ellas	acerca de
190	846	2532	588	846	2980	846	4012
VAAI3P	*RP3DSM*	*CLN*	*VAMP-SNM*	*RP3APM*	*VIAI3S*	*RP3DPM*	*P*

τῆς	βασιλείας	τοῦ	θεοῦ,	καὶ	τοὺς	χρείαν	ἔχοντας	θεραπείας	ἰᾶτο.
el	reino	de --	Dios,	y	a los que	necesidad$_2$	están teniendo$_1$	de curación	sanaba.
3588	932	3588	2316	2532	3588	5532	2192	2322	2390
DGSF	*NGSF*	*DGSM*	*NGSM*	*CLN*	*DAPM*	*NASF*	*VPAP-PAM*	*NGSF*	*VIUI3S*

12 Ἡ	δὲ	ἡμέρα	ἤρξατο	κλίνειν·	προσελθόντες	δὲ	οἱ	δώδεκα
el$_2$	Y$_1$	día	comenzó	a declinar;	habiéndose acercado$_2$	pero$_1$	los	doce
3588	1161	2250	756	2827	4334	1161	3588	1427
DNSF	*CLN*	*NNSF*	*VAMI3S*	*VPAN*	*VAAP-PNM*	*CLN*	*DNPM*	*XN, J*

εἶπαν	αὐτῷ·	Ἀπόλυσον	τὸν	ὄχλον,	ἵνα	πορευθέντες	εἰς	τὰς	κύκλῳ
dijeron	a él:	Despide	a la	multitud,	para que	habiendo ido	a	las	alrededor$_4$
3004	846	630	3588	3793	2443	4198	1519	3588	2945
VAAI3P	*RP3DSM*	*VAAM2S*	*DASM*	*NASM*	*CAP*	*VAPP-PNM*	*P*	*DAPF*	*BP, NDSM*

κώμας	καὶ	ἀγροὺς	καταλύσωσιν	καὶ	εὕρωσιν	ἐπισιτισμόν,	ὅτι
aldeas$_1$	y$_2$	campos$_3$	buscaran hospedaje	y	encontraran	comida,	porque
2968	2532	68	2647	2532	2147	1979	3754
NAPF	*CLN*	*NAPM*	*VAAS3P*	*CLN*	*VAAS3P*	*NASM*	*CAZ*

ὧδε	ἐν	ἐρήμῳ	τόπῳ	ἐσμέν.	13 εἶπεν	δὲ	πρὸς	αὐτούς·	Δότε	αὐτοῖς
aquí$_1$	en$_3$	desierto.$_5$	un lugar$_4$	estamos$_2$	dijo$_2$	Y$_1$	a	ellos:	Dad	a ellos
5602	1722	2048	5117	2070	2036	1161	4314	846	1325	846
BP	*P*	*JDSM*	*NDSM*	*VPAI1P*	*VAAI3S*	*CLC*	*P*	*RP3APM*	*VAAM2P*	*RP3DPM*

ὑμεῖς	φαγεῖν.	οἱ	δὲ	εἶπαν·	Οὐκ	εἰσὶν	ἡμῖν	πλεῖον	ἢ	ἄρτοι
vosotros	de comer.	ellos$_2$	Pero$_1$	dijeron:	No	hay	para nosotros	más	que	panes$_2$
5210	5315	3588	1161	3004	3756	1526	2254	4119	2228	740
RP2NP	*VAAN*	*DNPM*	*CLN*	*VAAI3P*	*BN, TN*	*VPAI3P*	*RP1DP*	*JNSNC*	*CAM*	*NNPM*

πέντε	καὶ	ἰχθύες	δύο,	εἰ	μήτι	πορευθέντες	ἡμεῖς	ἀγοράσωμεν
cinco$_1$	y	pescados$_2$	dos$_1$	si	a nenos que	habiendo ido	nosotros	compráramos
4002	2532	2486	1417	1487	3385	4198	2249	59
XN, J	*CLN*	*NNPM*	*XN, J*	*CAC*	*TI, TN*	*VAPP-PNM*	*RP1NP*	*VAAS1P*

εἰς	πάντα	τὸν	λαὸν	τοῦτον	βρώματα.	14 ἦσαν	γὰρ	ὡσεὶ	ἄνδρες
para$_2$	todo$_3$	--	pueblo.$_5$	este$_4$	alimentos$_1$	habían$_2$	Porque$_1$	como$_3$	varones.$_5$
1519	3956	3588	2992	5126	1033	2258	1063	5616	435
P	*JASM*	*DASM*	*NASM*	*RD-ASM*	*NAPN*	*VIAI3P*	*CLX*	*P, CAM*	*NNPM*

πεντακισχίλιοι.	εἶπεν	δὲ	πρὸς	τοὺς	μαθητὰς	αὐτοῦ·	Κατακλίνατε
cinco mil$_4$	dijo$_7$	Y$_6$	a	los	discípulos	de él:	Haced recostar
4000	2036	1161	4314	3588	3101	846	2625
JNPM	*VAAI3S*	*CLN*	*P*	*DAPM*	*NAPM*	*RP3GSM*	*VAAM2P*

αὐτοὺς	κλισίας	ὡσεὶ	ἀνὰ	πεντήκοντα.	15 καὶ	ἐποίησαν
a ellos	(por) grupos de comensales	como	cada	cincuenta.	E	hicieron
846	2828	5616	303	4004	2532	4160
RP3APM	*NAPF*	*CAM, B*	*P, B*	*XN, J*	*CLN*	*VAAI3P*

NVI

Jesús alimenta a los cinco mil

10 Cuando regresaron
los apóstoles, le relata-
ron a Jesús lo que habían
hecho. Él se los llevó
consigo y se retiraron
solos a un pueblo lla-
mado Betsaida, 11 pero
la gente se enteró y lo
siguió. Él los recibió y les
habló del reino de Dios.
También sanó a los que
lo necesitaban.
12 Al atardecer se le
acercaron los doce y le
dijeron:
—Despide a la gente,
para que vaya a buscar
alojamiento y comida
en los campos y pueblos
cercanos, pues donde
estamos no hay nada.
13 —Denles ustedes
mismos de comer —les
dijo Jesús.
—No tenemos más
que cinco panes y dos
pescados, a menos que
vayamos a comprar
comida para toda esta
gente —objetaron ellos,
14 porque había allí unos
cinco mil hombres.
Pero Jesús dijo a sus
discípulos:
—Hagan que se sien-
ten en grupos como de
cincuenta cada uno.
15 Así lo hicieron los

RVR

haciéndolos sentar a todos.
16 Y tomando los cinco panes y los dos peces, levantando los ojos al cielo, los bendijo, y los partió, y dio a sus discípulos para que los pusiesen delante de la gente.
17 Y comieron todos, y se saciaron; y recogieron lo que les sobró, doce cestas de pedazos.

La confesión de Pedro

18 Aconteció que mientras Jesús oraba aparte, estaban con él los discípulos; y les preguntó, diciendo: ¿Quién dice la gente que soy yo?
19 Ellos respondieron: Unos, Juan el Bautista; otros, Elías; y otros, que algún profeta de los antiguos ha resucitado.
20 Él les dijo: ¿Y vosotros, quién decís que soy? Entonces, respondiendo Pedro, dijo: El Cristo de Dios.

Jesucristo anuncia su muerte

21 Pero él les mandó que a nadie dijesen esto, encargándoselo rigurosamente,
22 y diciendo: Es necesario que el Hijo del Hombre padezca muchas cosas, y

οὕτως	καὶ	κατέκλιναν	ἅπαντας.	16 λαβὼν	δὲ	τοὺς	πέντε	ἄρτους
así	e	hicieron recostar	a todos.	habiendo tomando$_2$	Y$_1$	los	cinco	panes
3779	2532	2625	537	2983	1161	3588	4002	740
B	CLN	VAAI3P	JAPM	VAAP-SNM	CLN	DAPM	XN,J	NAPM

καὶ	τοὺς	δύο	ἰχθύας	ἀναβλέψας	εἰς	τὸν	οὐρανὸν	εὐλόγησεν
y	los	dos	pescados,	habiendo levantado la vista	a	el	cielo,	bendijo
2532	3588	1417	2486	308	1519	3588	3772	2127
CLN	DAPM	XN,J	NAPM	VAAP-SNM	P	DASM	NASM	VAAI3S

αὐτοὺς	καὶ	κατέκλασεν	καὶ	ἐδίδου	τοῖς	μαθηταῖς	παραθεῖναι
a ellos	y	partió	y	daba	a los	discípulos	para ofrecer
846	2532	2622	2532	1325	3588	3101	3908
RP3APM	CLN	VAAI3S	CLN	VIAI3S	DDPM	NDPM	VAAN

τῷ	ὄχλῳ.	17 καὶ	ἔφαγον	καὶ	ἐχορτάσθησαν	πάντες,	καὶ	ἤρθη	τὸ
a la	multitud.	Y	comieron	y	fueron saciados	todos,	y	fue recogido	lo que
3588	3793	2532	5315	2532	5526	3956	2532	142	3588
DDSM	NDSM	CLN	VAAI3P	CLN	VAPI3P	JNPM	CLN	VAPI3S	DNSN

περισσεῦσαν	αὐτοῖς	κλασμάτων	κόφινοι	δώδεκα.
habiendo sobrado	a ellos	de pedazos.$_3$	cestos$_2$	doce$_1$
4052	846	2801	2894	1427
VAAP-SNN	RP3DPM	NGPN	NNPM	XN,J

18 Καὶ	ἐγένετο	ἐν	τῷ	εἶναι	αὐτὸν	προσευχόμενον	κατὰ	μόνας
Y	sucedió que	en	el	estar	él	orando	a	solas
2532	1096	1722	3588	1511	846	4336	2596	3441
CLN	VAMI3S	P	DDSN, DDSM	VPAN	RP3ASM	VPUP-SAM	P	JAPF

συνῆσαν	αὐτῷ	οἱ	μαθηταί,	καὶ	ἐπηρώτησεν	αὐτοὺς	λέγων·	Τίνα
estaban con$_3$	él,$_4$	los$_1$	discípulos$_2$	y	preguntó	a ellos	diciendo:	¿Quién
4895	846	3588	3101	2532	1905	846	3004	5101
VIAI3P	RP3DSM	DNPM	NNPM	CLN	VAAI3S	RP3APM	VPAP-SNM	RI-ASM

με	οἱ	ὄχλοι	λέγουσιν	εἶναι;	19 οἱ	δὲ	ἀποκριθέντες	εἶπαν·
yo?$_5$	las$_2$	multitudes$_3$	dicen$_1$	ser$_4$	ellos$_2$	Y$_1$	respondiendo	dijeron:
3165	3588	3793	3004	1511	3588	1161	611	3004
RP1AS	DNPM	NNPM	VPAI3P	VPAN	DNPM	CLN	VAPP-PNM	VAAI3P

Ἰωάννην	τὸν	βαπτιστήν,	ἄλλοι	δὲ	Ἠλίαν,	ἄλλοι	δὲ	ὅτι	προφήτης
Juan	el	Bautista;	otros$_2$	y$_1$	Elías;	otros$_2$	y$_1$	que	profeta$_2$
2491	3588	910	243	1161	2243	243	1161	3754	4396
NASM	DASM	NASM	JNPM	CLC	NASM	JNPM	CLC	CSC	NNSM

τις	τῶν	ἀρχαίων	ἀνέστη.	20 εἶπεν	δὲ	αὐτοῖς·	Ὑμεῖς	δὲ	τίνα
algún$_1$	de los	antiguos	se levantó.	dijo$_2$	Y$_1$	a ellos:$_3$	vosotros,$_5$	Y$_4$	¿quién
5100	3588	744	450	2036	1161	846	5210	1161	5101
JNSM, RX-NSM	DGPM	JGPM	VAAI3S	VAAI3S	CLN	RP3DPM	RP2NP	CLC	RI-ASM

με	λέγετε	εἶναι;	Πέτρος	δὲ	ἀποκριθεὶς	εἶπεν·	Τὸν	χριστὸν	τοῦ
yo$_2$	decís$_1$	ser?	Pedro$_2$	Entonces$_1$	respondiendo	dijo:	El	Cristo	de --
3165	3004	1511	4074	1161	611	2036	3588	5547	3588
RP1AS	VPAI2P	VPAN	NNSM	CLN	VAPP-SNM	VAAI3S	DASM	NASM	DGSM

θεοῦ.
Dios.
2316
NGSM

21 Ὁ	δὲ	ἐπιτιμήσας	αὐτοῖς	παρήγγειλεν	μηδενὶ	λέγειν	τοῦτο,
--$_2$	Pero$_1$	habiéndoles reprendido	a ellos	ordenó	a nadie	decir	esto
3588	1161	2008	846	3853	3367	3004	5124
DNSM	CLN	VAAP-SNM	RP3DPM	VAAI3S	JDSM	VPAN	RD-ASN

22 εἰπὼν	ὅτι	Δεῖ	τὸν	υἱὸν	τοῦ	ἀνθρώπου	πολλὰ	παθεῖν
habiendo dicho	que:	Es necesario	al	Hijo	del	hombre	muchas cosas$_2$	padecer$_1$
2036	3754	1163	3588	5207	3588	444	4183	3958
VAAP-SNM	CSC	VPAI3S	DASM	NASM	DGSM	NGSM	JAPN	VAAN

NVI

discípulos, y se sentaron todos.
16 Entonces Jesús tomó los cinco panes y los dos pescados, y mirando al cielo, los bendijo. Luego los partió y se los dio a los discípulos para que se los repartieran a la gente.
17 Todos comieron hasta quedar satisfechos, y de los pedazos que sobraron se recogieron doce canastas.

La confesión de Pedro

18 Un día cuando Jesús estaba orando para sí, estando allí sus discípulos, les preguntó:

—¿Quién dice la gente que soy yo?

19 —Unos dicen que Juan el Bautista, otros que Elías, y otros que uno de los antiguos profetas ha resucitado —respondieron.

20 —Y ustedes, ¿quién dicen que soy yo?

—El Cristo de Dios —afirmó Pedro.

21 Jesús les ordenó terminantemente que no dijeran esto a nadie. Y les dijo:

22 —El Hijo del hombre tiene que sufrir muchas cosas y

RVR

sea desechado por
los ancianos, por los
principales sacerdotes
y por los escribas, y que
sea muerto, y resucite al
tercer día.
23 Y decía a todos: Si
alguno quiere venir en
pos de mí, niéguese a
sí mismo, tome su cruz
cada día, y sígame.
24 Porque todo el que
quiera salvar su vida, la
perderá; y todo el que
pierda su vida por causa
de mí, éste la salvará.
25 Pues ¿qué aprovecha
al hombre, si gana todo
el mundo, y se destruye
o se pierde a sí mismo?
26 Porque el que se
avergüence de mí y de
mis palabras, de éste se
avergonzará el Hijo del
Hombre cuando venga
en su gloria, y en la del
Padre, y de los santos
ángeles.
27 Pero os digo en ver-
dad, que hay algunos de
los que están aquí, que
no gustarán la muerte
hasta que vean el reino
de Dios.

La transfiguración

28 Aconteció como
ocho días después
de estas palabras,

καὶ	ἀποδοκιμασθῆναι	ἀπὸ	τῶν	πρεσβυτέρων	καὶ	ἀρχιερέων	καὶ
y	ser rechazado	por	los	ancianos	y	jefes de los sacerdotes	y
2532	593	575	3588	4245	2532	749	2532
CLN	*VAPN*	*P*	*DGPM*	*JGPM*	*CLN*	*NGPM*	*CLN*

γραμματέων	καὶ	ἀποκτανθῆναι	καὶ	τῇ	τρίτῃ	ἡμέρᾳ	ἐγερθῆναι.
escribas	y	ser matado	y	al	tercer	día	ser levantado.
1122	2532	615	2532	3588	5154	2250	1453
NGPM	*CLN*	*VAPN*	*CLN*	*DDSF*	*JDSF*	*NDSF*	*VAPN*

23 Ἔλεγεν	δὲ	πρὸς	πάντας·	Εἴ	τις	θέλει	ὀπίσω	μου	ἔρχεσθαι,
decía$_2$	Y$_1$	a	a todos:	Si	alguno	quiere	detrás de$_2$	de mí,$_3$	venir$_1$
3004	1161	4314	3956	1487	5100	2309	3694	3450	2064
VIAI3S	*CLN*	*P*	*JAPM*	*CAC*	*RX-NSM*	*VPAI3S*	*P, B*	*RP1GS*	*VPUN*

ἀρνησάσθω	ἑαυτὸν	καὶ	ἀράτω	τὸν	σταυρὸν	αὐτοῦ	καθ’	ἡμέραν,
niéguese	a sí mismo	y	tome	la	cruz	de él	cada	día
720	1438	2532	142	3588	4716	846	2596	2250
VAMM3S	*RF3ASM*	*CLN*	*VAAM3S*	*DASM*	*NASM*	*RP3GSM*	*P*	*NASF*

καὶ	ἀκολουθείτω	μοι.	24 ὃς	γὰρ	ἂν	θέλῃ	τὴν	ψυχὴν	αὐτοῦ	σῶσαι,
y	siga	a mí.	el que$_2$	Porque$_1$	--	quiera	la	vida	de él	salvar
2532	190	3427	3739	1063	302	2309	3588	5590	846	4982
CLN	*VPAM3S*	*RP1DS*	*RR-NSM*	*CAZ*	*TC*	*VPAS3S*	*DASF*	*NASF*	*RP3GSM*	*VAAN*

ἀπολέσει	αὐτήν·	ὃς	δ’	ἂν	ἀπολέσῃ	τὴν	ψυχὴν	αὐτοῦ	ἕνεκεν	ἐμοῦ,
perderá	a ella;	el que$_2$	y$_1$	--	perdiera	la	vida	de él	por causa	de mí
622	846	3739	1161	302	622	3588	5590	846	1752	1700
VFAI3S	*RP3ASF*	*RR-NSM*	*CLC*	*TC*	*VAAS3S*	*DASF*	*NASF*	*RP3GSM*	*P, B*	*RP1GS*

οὗτος	σώσει	αὐτήν.	25 τί	γὰρ	ὠφελεῖται	ἄνθρωπος	κερδήσας	τὸν
este	salvará	a ella.	¿en qué$_2$	Porque$_1$	es beneficiada	una persona	habiendo ganado	el
3778	4982	846	5101	1063	5623	444	2770	3588
RD-NSM	*VFAI3S*	*RP3ASF*	*RI-ASN*	*CLX*	*VPPI3S*	*NNSM*	*VAAP-SNM*	*DASM*

κόσμον	ὅλον	ἑαυτὸν	δὲ	ἀπολέσας	ἢ	ζημιωθείς;	26 ὃς	γὰρ
mundo	entero	a sí mismo$_3$	pero$_1$	habiendo perdido$_2$	o	habiéndose arruinado?	el que$_2$	Porque$_1$
2889	3650	1438	1161	622	2228	2210	3739	1063
NASM	*JASM*	*RF3ASM*	*CLC*	*VAAP-SNM*	*CLD*	*VAPP-SNM*	*RR-NSM*	*CLX*

ἂν	ἐπαισχυνθῇ	με	καὶ	τοὺς	ἐμοὺς	λόγους,	τοῦτον	ὁ	υἱὸς	τοῦ
--	se avergonzara	de mí	y	de las	de mí,$_2$	palabras$_1$	de este.$_8$	el$_3$	Hijo$_4$	del$_5$
302	1870	3165	2532	3588	1699	3056	5126	3588	5207	3588
TC	*VAPS3S*	*RP1AS*	*CLN*	*DAPM*	*JAPM, RS1APM*	*NAPM*	*RD-ASM*	*DNSM*	*NNSM*	*DGSM*

ἀνθρώπου	ἐπαισχυνθήσεται,	ὅταν	ἔλθῃ	ἐν	τῇ	δόξῃ	αὐτοῦ	καὶ	τοῦ
hombre$_6$	se avergonzará$_7$	cuando	viniera	en	la	gloria	de él	y	del
444	1870	3752	2064	1722	3588	1391	846	2532	3588
NGSM	*VFPI3S*	*CAT*	*VAAS3S*	*P*	*DDSF*	*NDSF*	*RP3GSM*	*CLN*	*DGSM*

πατρὸς	καὶ	τῶν	ἁγίων	ἀγγέλων.	27 λέγω	δὲ	ὑμῖν	ἀληθῶς,	εἰσίν
Padre	y	de los	santos	ángeles.	digo$_2$	Pero$_1$	a vosotros	verdaderamente,	están (hay)
3962	2532	3588	40	32	3004	1161	5213	230	1526
NGSM	*CLN*	*DGPM*	*JGPM*	*NGPM*	*VPAI1S*	*CLN*	*RP2DP*	*B*	*VPAI3P*

τινες	τῶν	αὐτοῦ	ἑστηκότων	οἳ	οὐ	μὴ*	γεύσωνται	θανάτου
algunos	de los	aquí	presentes	que	no	no	probarán	de (la) muerte
5100	3588	847	2476	3739	3756	3361	1089	2288
RX-NPM	*DGPM*	*B*	*VRAP-PGM*	*RR-NPM*	*BN, TN*	*BN, TN*	*VAMS3P*	*NGSM*

ἕως	ἂν	ἴδωσιν	τὴν	βασιλείαν	τοῦ	θεοῦ.
hasta que	--	vieran	el	reino	de --	Dios.
2193	302	1492	3588	932	3588	2316
CAT	*TC*	*VAAS3P*	*DASF*	*NASF*	*DGSM*	*NGSM*

28 Ἐγένετο	δὲ	μετὰ	τοὺς	λόγους	τούτους	ὡσεὶ	ἡμέραι	ὀκτὼ	καὶ
sucedió que$_2$	Y$_1$	después de	las	palabras	estas	como	días$_2$	ocho$_1$	y
1096	1161	3326	3588	3056	5128	5616	2250	3638	2532
VAMI3S	*CLT*	*P*	*DAPM*	*NAPM*	*RD-APM*	*CAM, B*	*NNPF*	*XN, J*	*CLN*

NVI

ser rechazado por los
ancianos, los jefes de los
sacerdotes y los maestros
de la ley. Es necesario
que lo maten y que resu-
cite al tercer día.
23 Dirigiéndose a
todos, declaró:
—Si alguien quiere
ser mi discípulo, que se
niegue a sí mismo, lleve
su cruz cada día y me
siga. 24 Porque el que
quiera salvar su vida la
perderá; pero el que
pierda su vida por mi
causa la salvará. 25 ¿De
qué le sirve a uno ganar
el mundo entero si se
pierde o se destruye a
sí mismo? 26 Si alguien
se avergüenza de mí
y de mis palabras, el
Hijo del hombre se
avergonzará de él cuan-
do venga en su gloria y
en la gloria del Padre y
de los santos ángeles.
27 Además, les aseguro
que algunos de los aquí
presentes no sufrirán la
muerte sin antes haber
visto el reino de Dios.

La transfiguración

28 Unos ocho días
después de decir
esto, Jesús, acompañado

9:27 * O sea *de ninguna manera.*

RVR

que tomó a Pedro, a
Juan y a Jacobo, y subió
al monte a orar.
29 Y entretanto que
oraba, la apariencia de
su rostro se hizo otra,
y su vestido blanco y
resplandeciente.
30 Y he aquí dos varones
que hablaban con él,
los cuales eran Moisés
y Elías;
31 quienes aparecieron
rodeados de gloria, y
hablaban de su partida,
que iba Jesús a cumplir
en Jerusalén.
32 Y Pedro y los que es-
taban con él habían es-
tado rendidos de sueño;
mas cuando estuvieron
bien despiertos, vieron
la gloria de Jesús, y a los
dos varones que estaban
con él.
33 Y sucedió que
apartándose ellos de
él, Pedro dijo a Jesús:
Maestro, bueno es que
nos estemos aquí; y ha-
gamos tres tiendas, una
para ti, una para Moisés,
y una para Elías; no
sabiendo lo que decía.
34 Mientras él decía
esto, vino una nube que
los cubrió; y tuvieron
temor al entrar en la

παραλαβὼν Πέτρον καὶ Ἰωάννην καὶ Ἰάκωβον ἀνέβη εἰς τὸ
habiendo tomado consigo a Pedro, y a Juan y a Jacob, subió a el
3880 4074 2532 2491 2532 2385 305 1519 3588
VAAP-SNM NASM CLN NASM CLN NASM VAAI3S P DASN

ὄρος προσεύξασθαι. 29 καὶ ἐγένετο ἐν τῷ προσεύχεσθαι αὐτὸν
monte para orar, Y sucedió que en el orar él,
3735 4336 2532 1096 1722 3588 4336 846
NASN VAMN CLN VAMI3S P DDSN, DDSM VPUN RP3ASM

τὸ εἶδος τοῦ προσώπου αὐτοῦ ἕτερον καὶ ὁ ἱματισμὸς αὐτοῦ
la apariencia del rostro de él (era) otra y la ropa de él
3588 1491 3588 4383 846 2087 2532 3588 2441 846
DNSN NNSN DGSN NGSN RP3GSM JNSN CLN DNSM NNSM RP3GSM

λευκὸς ἐξαστράπτων. 30 καὶ ἰδοὺ ἄνδρες δύο συνελάλουν αὐτῷ,
(era) blanca resplandeciendo. Y he aquí varones₂ dos₁ conversaban con él,
3022 1823 2532 2400 435 1417 4814 846
JNSM VPAP-SNM CLN I, VAAM2S NNPM XN, J VIAI3P RP3DSM

οἵτινες ἦσαν Μωϋσῆς καὶ Ἠλίας, 31 οἳ ὀφθέντες ἐν δόξῃ
los cuales eran Moisés y Elías, los cuales habiendo aparecido en gloria
3748 2258 3475 2532 2243 3739 3700 1722 1391
RR-NPM VIAI3P NNSM CLN NNSM RR-NPM VAPP-PNM P NDSF

ἔλεγον τὴν ἔξοδον αὐτοῦ ἣν ἤμελλεν πληροῦν ἐν Ἰερουσαλήμ.
hablaban de la salida de él, la cual estaba a punto de cumplir en Jerusalén.
3004 3588 1841 846 3739 3195 4137 1722 2419
VIAI3P DASF NASF RP3GSM RR-ASF VIAI3S VPAN P NDSF, XP

32 ὁ δὲ Πέτρος καὶ οἱ σὺν αὐτῷ ἦσαν βεβαρημένοι
--₂ Pero₁ Pedro y los (que estaban) con él estaban cargados
3588 1161 4074 2532 3588 4862 846 2258 916
DNSM CLN NNSM CLN DNPM P RP3DSM VIAI3P VRPP-PNM

ὕπνῳ· διαγρηγορήσαντες δὲ εἶδον τὴν δόξαν αὐτοῦ καὶ
(por el) sueño; habiéndose despertado completamente₂ pero₁ vieron la gloria de él y
5258 1235 1161 1492 3588 1391 846 2532
NDSM VAAP-PNM CLC VAAI3P DASF NASF RP3GSM CLN

τοὺς δύο ἄνδρας τοὺς συνεστῶτας αὐτῷ. 33 καὶ ἐγένετο ἐν τῷ
a los dos varones los que estaban con él. Y sucedió que en el
3588 1417 435 3588 4921 846 2532 1096 1722 3588
DAPM XN, J NAPM DAPM VRAP-PAM RP3DSM CLN VAMI3S P DDSN, DDSM

διαχωρίζεσθαι αὐτοὺς ἀπ᾽ αὐτοῦ εἶπεν ὁ Πέτρος πρὸς τὸν Ἰησοῦν·
separarse ellos de él, dijo₃ --₁ Pedro₂ a -- Jesús:
1316 846 575 846 2036 3739 4074 4314 3588 2424
VPUN RP3APM P RP3GSM VAAI3S DNSM NNSM P DASM NASM

Ἐπιστάτα, καλόν ἐστιν ἡμᾶς ὧδε εἶναι, καὶ ποιήσωμεν σκηνὰς
Maestro, bueno es (para) nosotros aquí estar, e hiciéramos tiendas,₂
1988 2570 2076 2248 5602 1511 2532 4160 4633
NVSM JNSN VPAI3S RP1AP BP VPAN CLN VAAS1P NAPF

τρεῖς, μίαν σοὶ καὶ μίαν Μωϋσεῖ καὶ μίαν Ἠλίᾳ, μὴ εἰδὼς ὃ
tres₁ una para ti y una para Moisés y una para Elías, no sabiendo lo que
5140 1520 4671 2532 1520 3475 2532 1520 2243 3361 1492 3739
JAPF, JNPM JASF RP2DS CLN JASF NDSM CLN JASF NDSM BN, TN VRAP-SNM RR-ASN

λέγει. 34 ταῦτα δὲ αὐτοῦ λέγοντος ἐγένετο νεφέλη καὶ ἐπεσκίαζεν
dice. estas cosas₂ Y₁ él diciendo vino una nube y cubría con sombra
3004 5023 1161 846 3004 1096 3507 2532 1982
VPAI3S RD-APN CLN RP3GSM VPAP-SGM VAMI3S NNSF CLN VIAI3S

αὐτούς· ἐφοβήθησαν δὲ ἐν τῷ εἰσελθεῖν αὐτοὺς εἰς τὴν
a ellos temieron₂ y₁ en el entrar ellos en la
846 5399 1161 1722 3588 1525 846 1519 3588
RP3APM VAPI3P CLN P DDSN, DDSM VAAN RP3APM P DASF

NVI

de Pedro, Juan y Jacobo,
subió a una montaña a
orar. 29 Mientras oraba,
su rostro se transformó,
y su ropa se tornó blanca
y radiante. 30 Y apare-
cieron dos personajes
—Moisés y Elías— que
conversaban con Jesús.
31 Tenían un aspecto
glorioso, y hablaban de
la partida de Jesús, que él
estaba por llevar a cabo
en Jerusalén. 32 Pedro y
sus compañeros estaban
rendidos de sueño, pero,
cuando se despabilaron,
vieron su gloria y a los
dos personajes que esta-
ban con él. 33 Mientras
estos se apartaban de
Jesús, Pedro, sin saber
lo que estaba diciendo,
propuso:

—Maestro, ¡qué
bien que estemos aquí!
Podemos levantar tres
albergues: uno para ti,
otro para Moisés y otro
para Elías.

34 Estaba hablan-
do todavía cuando
apareció una nube
que los envolvió, de
modo que se asustaron.

RVR

nube.
35 Y vino una voz desde
la nube, que decía: Éste
es mi Hijo amado; a
él oíd.
36 Y cuando cesó la voz,
Jesús fue hallado solo;
y ellos callaron, y por
aquellos días no dijeron
nada a nadie de lo que
habían visto.

Jesucristo sana a un muchacho endemoniado

37 Al día siguiente,
cuando descendieron
del monte, una gran
multitud les salió al
encuentro.
38 Y he aquí, un hombre
de la multitud clamó
diciendo: Maestro, te
ruego que veas a mi
hijo, pues es el único
que tengo;
39 y sucede que un
espíritu le toma, y de
repente da gritos, y le
sacude con violencia, y
le hace echar espuma, y
quebrantándole, a duras
penas se aparta de él.
40 Y rogué a tus discípu-
los que le echasen fuera,
y no pudieron.
41 Respondiendo Jesús,
dijo: ¡Oh generación
incrédula y perversa!
¿Hasta cuándo he de
estar con vosotros, y os
he de soportar? Trae acá
a tu hijo.
42 Y mientras se acer-
caba el muchacho, el
demonio le derribó y le

νεφέλην.	35 καὶ	φωνὴ	ἐγένετο	ἐκ	τῆς	νεφέλης	λέγουσα·	Οὗτός	ἐστιν
nube.	Y	una voz	vino	desde	la	nube	diciendo:	Este	es
3507	2532	5456	1096	1537	3588	3507	3004	3778	2076
NASF	*CLN*	*NNSF*	*VAMI3S*	*P*	*DGSF*	*NGSF*	*VPAP-SNF*	*RD-NSM*	*VPAI3S*

ὁ	υἱός	μου	ὁ	⸀ἐκλελεγμένος,	αὐτοῦ	ἀκούετε.	36 καὶ	ἐν	τῷ
el	Hijo	de mí,	el	elegido,	a él.$_2$	oíd$_1$	Y	en	el
3588	5207	3450	3588	1586	846	191	2532	1722	3588
DNSM	*NNSM*	*RP1GS*	*DNSM*	*VRPP-SNM*	*RP3GSM*	*VPAM2P*	*CLN*	*P*	*DDSN, DDSM*

γενέσθαι	τὴν	φωνὴν	εὑρέθη	Ἰησοῦς	μόνος.	καὶ	αὐτοὶ	ἐσίγησαν	καὶ
suceder	la	voz	fue hallado$_2$	Jesús$_1$	solo.	Y	ellos	callaron	y
1096	3588	5456	2147	2424	3441	2532	846	4601	2532
VAMN	*DASF*	*NASF*	*VAPI3S*	*NNSM*	*JNSM*	*CLN*	*RP3NPM*	*VAAI3P*	*CLN*

οὐδενὶ	ἀπήγγειλαν	ἐν	ἐκείναις	ταῖς	ἡμέραις	οὐδὲν	ὧν	ἑώρακαν.
a nadie	informaron	en	aquellos	--	días	nada	de las cosas que	han visto.
3762	518	1722	1565	3588	2250	3762	3739	3708
JDSM	*VAAI3P*	*P*	*RD-DPF*	*DDPF*	*NDPF*	*JASN*	*RR-GPN*	*VRAI3P*

37 Ἐγένετο	δὲ	τῇ	ἑξῆς	ἡμέρᾳ	κατελθόντων	αὐτῶν	ἀπὸ	τοῦ	ὄρους
sucedió que$_2$	Y$_1$	el	siguiente	día	habiendo bajado	ellos	de	el	monte
1096	1161	3588	1836	2250	2718	846	575	3588	3735
VAMI3S	*CLT*	*DDSF*	*B*	*NDSF*	*VAAP-PGM*	*RP3GPM*	*P*	*DGSN*	*NGSN*

συνήντησεν	αὐτῷ	ὄχλος	πολύς.	38 καὶ	ἰδοὺ	ἀνὴρ	ἀπὸ	τοῦ	ὄχλου
salió al encuentro	de él	multitud.$_2$	mucha$_1$	Y	he aquí	un hombre	desde$_2$	la$_3$	multitud$_4$
4876	846	3793	4183	2532	2400	435	575	3588	3793
VAAI3S	*RP3DSM*	*NNSM*	*JNSM*	*CLN*	*I, VAAM2S*	*NNSM*	*P*	*DGSM*	*NGSM*

ἐβόησεν	λέγων·	Διδάσκαλε,	δέομαί	σου	ἐπιβλέψαι	ἐπὶ	τὸν	υἱόν	μου,
gritó$_1$	diciendo:	Maestro,	ruego	a ti	atender	a	el	Hijo	de mí,
994	3004	1320	1189	4675	1914	1909	3588	5207	3450
VAAI3S	*VPAP-SNM*	*NVSM*	*VPUI1S*	*RP2GS*	*VAAN*	*P*	*DASM*	*NASM*	*RP1GS*

ὅτι	μονογενής	μοί	ἐστιν,	39 καὶ	ἰδοὺ	πνεῦμα	λαμβάνει	αὐτόν,	καὶ
porque	único (hijo)	para mí	es,	y	he aquí	un espíritu	toma	a él	e
3754	3439	3427	2076	2532	2400	4151	2983	846	2532
CAZ	*JNSM*	*RP1DS*	*VPAI3S*	*CLN*	*I, VAAM2S*	*NNSN*	*VPAI3S*	*RP3ASM*	*CLN*

ἐξαίφνης	κράζει,	καὶ	σπαράσσει	αὐτὸν	μετὰ	ἀφροῦ	καὶ	μόγις
inmediatamente	grita	y	sacude violentamente	a él	con	espumarajos	y	a duras penas
1810	2896	2532	4682	846	3326	876	2532	3425
B	*VPAI3S*	*CLN*	*VPAI3S*	*RP3ASM*	*P*	*NGSM*	*CLN*	*B*

ἀποχωρεῖ	ἀπ᾽	αὐτοῦ	συντρῖβον	αὐτόν·	40 καὶ	ἐδεήθην	τῶν	μαθητῶν
se aparta	de	él	maltratando	a él.	Y	rogué	a los	discípulos
672	575	846	4937	846	2532	1189	3588	3101
VPAI3S	*P*	*RP3GSM*	*VPAP-SNN*	*RP3ASM*	*CLN*	*VAPI1S*	*DGPM*	*NGPM*

σου	ἵνα	ἐκβάλωσιν	αὐτό,	καὶ	οὐκ	ἠδυνήθησαν.	41 ἀποκριθεὶς	δὲ
de ti	que	expulsaran	a él	pero	no	pudieron.	respondiendo$_2$	Y$_1$
4675	2443	1544	846	2532	3756	1410	611	1161
RP2GS	*CSC*	*VAAS3P*	*RP3ASN*	*CLC*	*BN, TN*	*VAPI3P*	*VAPP-SNM*	*CLN*

ὁ	Ἰησοῦς	εἶπεν·	Ὦ	γενεὰ	ἄπιστος	καὶ	διεστραμμένη,	ἕως	πότε
--	Jesús	dijo:	¡Oh	generación	incrédula	y	perversa,	¿hasta	cuándo
3588	2424	2036	5599	1074	571	2532	1294	2193	4219
DNSM	*NNSM*	*VAAI3S*	*I*	*NVSF*	*JNSF*	*CLN*	*VRPP-SNF*	*P, C*	*BI*

ἔσομαι	πρὸς	ὑμᾶς	καὶ	ἀνέξομαι	ὑμῶν;	προσάγαγε	ὧδε	τὸν	υἱόν
estaré	con	vosotros	y	soportaré	a vosotros?	Trae	aquí	al	hijo
2071	4314	5209	2532	430	5216	4317	5602	3588	5207
VFMI1S	*P*	*RP2AP*	*CLN*	*VFMI1S*	*RP2GP*	*VAAM2S*	*BP*	*DASM*	*NASM*

σου.	42 ἔτι	δὲ	προσερχομένου	αὐτοῦ	ἔρρηξεν	αὐτὸν	τὸ	δαιμόνιον
de ti.	todavía$_2$	Y$_1$	(estaba) acercándose	a él	derribó$_3$	a él$_4$	el$_1$	demonio$_2$
4675	2089	1161	4334	846	4486	846	3588	1140
RP2GS	*B*	*CLN*	*VPUP-SGM*	*RP3GSM*	*VAAI3S*	*RP3ASM*	*DNSN*	*NNSN*

NVI

35 Entonces salió de la
nube una voz que dijo:
«Este es mi Hijo, mi
escogido; escúchenlo».
36 Después de oírse la
voz, Jesús quedó solo.
Los discípulos guarda-
ron esto en secreto, y por
algún tiempo a nadie
contaron nada de lo que
habían visto.

Jesús sana a un muchacho endemoniado

37 Al día siguiente,
cuando bajaron de la
montaña, le salió al
encuentro mucha gente.
38 Y un hombre de entre
la multitud exclamó:
—Maestro, te ruego
que atiendas a mi hijo,
pues es el único que
tengo. 39 Resulta que
un espíritu se posesiona
de él, y de repente el
muchacho se pone a
gritar; también lo sacu-
de con violencia y hace
que eche espumarajos.
Cuando lo atormenta,
a duras penas lo suelta.
40 Ya les rogué a tus discí-
pulos que lo expulsaran,
pero no pudieron.
41 —¡Ah, generación
incrédula y perversa!
—respondió Jesús—.
¿Hasta cuándo tendré
que estar con ustedes y
soportarlos? Trae acá a
tu hijo.
42 Estaba acercándose
el muchacho cuando
el demonio lo derribó

9:35 ⸀ Manuscritos inferiores tienen *amado.*

RVR

sacudió con violencia;
pero Jesús increpó al
espíritu inmundo, y
sanó al muchacho, y se
lo devolvió a su padre.
43 Y todos se admiraban
de la grandeza de Dios.

Jesucristo anuncia otra vez su muerte

Y maravillándose todos
de todas las cosas que
hacía, dijo a sus discí-
pulos:
44 Haced que os pene-
tren bien en los oídos
estas palabras; porque
el Hijo del Hombre va a
ser entregado en manos
de hombres.
45 Mas ellos no enten-
dían estas palabras, pues
les estaban veladas para
que no las percibiesen;
y temían preguntarle
sobre esas palabras.

¿Quién es el mayor?

46 Se suscitó entre ellos
una discusión sobre
quién de ellos sería el
mayor.
47 Y Jesús, conociendo
los pensamientos de sus
corazones, tomó a un
niño y lo puso junto a sí,
48 y les dijo: Cualquiera
que reciba a este niño
en mi nombre, a mí me
recibe; y cualquiera que
me reciba a mí, recibe al

καὶ	συνεσπάραξεν·	ἐπετίμησεν	δὲ	ὁ	Ἰησοῦς	τῷ	πνεύματι	τῷ
y	sacudió violentamente;	reprendió$_3$	y$_1$	--$_1$	Jesús$_2$	al	espíritu	--
2532	4952	2008	1161	3588	2424	3588	4151	3588
CLN	*VAAI3S*	*VAAI3S*	*CLC*	*DNSM*	*NNSM*	*DDSN*	*NDSN*	*DDSN*

ἀκαθάρτῳ,	καὶ	ἰάσατο	τὸν	παῖδα	καὶ	ἀπέδωκεν	αὐτὸν	τῷ	πατρὶ
inmundo,	y	sanó	al	niño	y	devolvió	a él	al	padre
169	2532	2390	3588	3816	2532	591	846	3588	3962
JDSN	*CLN*	*VAMI3S*	*DASM*	*NASM*	*CLN*	*VAAI3S*	*RP3ASM*	*DDSM*	*NDSM*

αὐτοῦ.	43 ἐξεπλήσσοντο	δὲ	πάντες	ἐπὶ	τῇ	μεγαλειότητι	τοῦ	θεοῦ.
de él.	estaban admirados$_3$	Y$_1$	todos$_2$	de	la	grandeza	de --	Dios.
846	1605	1161	3956	1909	3588	3168	3588	2316
RP3GSM	*VIPI3P*	*CLN*	*JNPM*	*P*	*DDSF*	*NDSF*	*DGSM*	*NGSM*

Πάντων	δὲ	θαυμαζόντων	ἐπὶ	πᾶσιν	οἷς	ἐποίει	εἶπεν	πρὸς
todos$_3$	Y$_1$	admirándose$_2$	por	todas las cosas	los cuales	hacía,	dijo	a
3956	1161	2296	1909	3956	3739	4160	2036	4314
JGPM	*CLN*	*VPAP-PGM*	*P*	*JDPN*	*RR-DPN*	*VIAI3S*	*VAAI3S*	*P*

τοὺς	μαθητὰς	αὐτοῦ·	44 Θέσθε	ὑμεῖς	εἰς	τὰ	ὦτα	ὑμῶν	τοὺς
los	discípulos	de él:	Poned	vosotros	en	los	oídos	de vosotros	las
3588	3101	846	5087	5210	1519	3588	3775	5216	3588
DAPM	*NAPM*	*RP3GSM*	*VAMM2P*	*RP2NP*	*P*	*DAPN*	*NAPN*	*RP2GP*	*DAPM*

λόγους	τούτους,	ὁ	γὰρ	υἱὸς	τοῦ	ἀνθρώπου	μέλλει	παραδίδοσθαι
palabras	estas;	el$_2$	porque$_1$	Hijo	del	hombre	va a	ser entregado
3056	5128	3588	1063	5207	3588	444	3195	3860
NAPM	*RD-APM*	*DNSM*	*CAZ*	*NNSM*	*DGSM*	*NGSM*	*VPAI3S*	*VPPN*

εἰς	χεῖρας	ἀνθρώπων.	45 οἱ	δὲ	ἠγνόουν	τὸ	ῥῆμα	τοῦτο,	καὶ	ἦν
en	manos	de humanos.	--$_2$	Pero$_1$	desconocían	--	palabra$_2$	esta$_1$	y	estaba
1519	5495	444	3588	1161	50	3588	4487	5124	2532	2258
P	*NAPF*	*NGPM*	*DNPM*	*CLC*	*VIAI3P*	*DASN*	*NASN*	*RD-ASN*	*CLN*	*VIAI3S*

παρακεκαλυμμένον	ἀπ᾽	αὐτῶν	ἵνα	μὴ	αἴσθωνται	αὐτό,	καὶ
oculta	de	ellos	para que	no	comprendieran	a ella	y
3871	575	846	2443	3361	143	846	2532
VRPP-SNN	*P*	*RP3GPM*	*CAR*	*BN, TN*	*VAMS3P*	*RP3ASN*	*CLN*

ἐφοβοῦντο	ἐρωτῆσαι	αὐτὸν	περὶ	τοῦ	ῥήματος	τούτου.
temían	pedir	a él	acerca de	--	palabra.$_2$	esta$_1$
5399	2065	846	4012	3588	4487	5127
VIUI3P	*VAAN*	*RP3ASM*	*P*	*DGSN*	*NGSN*	*RD-GSN*

46 Εἰσῆλθεν	δὲ	διαλογισμὸς	ἐν	αὐτοῖς,	τὸ	τίς	ἂν	εἴη
entró$_3$	Y$_1$	una discusión$_2$	entre	ellos,	--	quién	--	sería
1525	1161	1261	1722	846	3588	5101	302	1498
VAAI3S	*CLN*	*NNSM*	*P*	*RP3DPM*	*DNSN*	*RI-NSM*	*TC*	*VPAO3S*

μείζων	αὐτῶν.	47 ὁ	δὲ	Ἰησοῦς	εἰδὼς	τὸν	διαλογισμὸν	τῆς
(el más) grande	de ellos.	--$_2$	Pero$_1$	Jesús	habiendo conocido	el	pensamiento	del
3187	846	3588	1161	2424	1492	3588	1261	3588
JNSMC	*RP3GPM*	*DNSM*	*CLC*	*NNSM*	*VRAP-SNM*	*DASM*	*NASM*	*DGSF*

καρδίας	αὐτῶν	ἐπιλαβόμενος	παιδίον	ἔστησεν	αὐτὸ	παρ᾽	ἑαυτῷ,
corazón	de ellos,	habiendo tomado	(a un) niñito	puso de pie	a él	junto	a sí mismo
2588	846	1949	3813	2476	846	3844	1438
NGSF	*RP3GPM*	*VAMP-SNM*	*NASN*	*VAAI3S*	*RP3ASN*	*P*	*RF3DSM*

48 καὶ	εἶπεν	αὐτοῖς·	Ὃς	ἂν	δέξηται	τοῦτο	τὸ	παιδίον	ἐπὶ	τῷ
y	dijo	a ellos:	El que	--	recibiera	a este	--	niñito	en	el
2532	2036	846	3739	302	1209	5124	3588	3813	1909	3588
CLN	*VAAI3S*	*RP3DPM*	*RR-NSM*	*TC*	*VAMS3S*	*RD-ASN*	*DASN*	*NASN*	*P*	*DDSN*

ὀνόματί	μου	ἐμὲ	δέχεται,	καὶ	ὃς	ἂν	ἐμὲ	δέξηται	δέχεται	τὸν
nombre	de mí,	a mí	recibe;	y	el que	--	a mí	recibiera,	recibe	al que
3686	3450	1691	1209	2532	3739	302	1691	1209	1209	3588
NDSN	*RP1GS*	*RP1AS*	*VPUI3S*	*CLN*	*RR-NSM*	*TC*	*RP1AS*	*VAMS3S*	*VPUI3S*	*DASM*

NVI

con una convulsión.
Pero Jesús reprendió al
espíritu maligno, sanó al
muchacho y se lo devol-
vió al padre. 43 Y todos se
quedaron asombrados
de la grandeza de Dios.

En medio de tanta
admiración por todo lo
que hacía, Jesús dijo a sus
discípulos:

44 —Presten mucha
atención a lo que les voy
a decir: El Hijo del hom-
bre va a ser entregado en
manos de los hombres.

45 Pero ellos no enten-
dían lo que quería decir
con esto. Les estaba en-
cubierto para que no lo
comprendieran, y no se
atrevían a preguntárselo.

¿Quién va a ser el más importante?

46 Surgió entre los
discípulos una discusión
sobre quién de ellos
sería el más importante.
47 Como Jesús sabía bien
lo que pensaban, tomó
a un niño y lo puso a
su lado.

48 —El que recibe
en mi nombre a este
niño —les dijo—, me
recibe a mí; y el que me
recibe a mí, recibe al

RVR

que me envió; porque
el que es más pequeño
entre todos vosotros, ése
es grande.

El que no está contra nosotros, por nosotros está

49 Entonces, tomando
la palabra Juan, dijo:
Maestro, hemos visto a
uno que echaba fuera
demonios en tu nom-
bre; y se lo prohibimos,
porque no sigue con
nosotros.
50 Jesús le dijo: No se
lo prohibáis; porque
el que no está contra
vosotros, está de vuestra
parte.

Jesucristo reprende a Jacobo y a Juan

51 Aconteció, cuando
se cumplió el tiempo
en que había de ser
recibido arriba, que él
afirmó su rostro para ir a
Jerusalén.
52 Y envió mensajeros
delante de él, los cuales
fueron y entraron en
una aldea de los sama-
ritanos para hacerle
preparativos.
53 Mas no le recibieron,
porque su aspecto era
como de ir a Jerusalén.
54 Viendo esto sus dis-
cípulos Jacobo y Juan,
dijeron: Señor, ¿quieres
que mandemos que
descienda fuego del cie-
lo, como hizo también
Elías, y los consuma?

ἀποστείλαντά	με·	ὁ	γὰρ	μικρότερος	ἐν	πᾶσιν	ὑμῖν	ὑπάρχων
habiendo enviado	a mí;	el que$_2$	porque$_1$	más pequeño$_4$	entre$_5$	todos$_6$	vosotros$_7$	está siendo$_3$
649	3165	3588	1063	3398	1722	3956	5213	5225
VAAP-SAM	*RP1AS*	*DNSM*	*CAZ*	*JNSMC*	*P*	*JDPM*	*RP2DP*	*VPAP-SNM*

οὗτός	ἐστιν	μέγας.
este	es	grande.
3778	2076	3173
RD-NSM	*VPAI3S*	*JNSM*

49 Ἀποκριθεὶς	δὲ	Ἰωάννης	εἶπεν·	Ἐπιστάτα,	εἴδομέν	τινα	ἐν
respondiendo$_2$	Y$_1$	Juan	dijo:	Maestro,	vimos	a alguien	en
611	1161	2491	2036	1988	1492	5100	1722
VAPP-SNM	*CLN*	*NNSM*	*VAAI3S*	*NVSM*	*VAAI1P*	*RX-ASM*	*P*

τῷ	ὀνόματί	σου	ἐκβάλλοντα	δαιμόνια,	καὶ	ἐκωλύομεν	αὐτὸν	ὅτι
el	nombre	de ti	expulsando	demonios	e	impedíamos	a él	porque
3588	3686	4675	1544	1140	2532	2967	846	3754
DDSN	*NDSN*	*RP2GS*	*VPAP-SAM*	*NAPN*	*CLN*	*VIAI1P*	*RP3ASM*	*CAZ*

οὐκ	ἀκολουθεῖ	μεθ᾽	ἡμῶν.	50 εἶπεν	δὲ	πρὸς	αὐτὸν	ὁ	Ἰησοῦς·	Μὴ
no	sigue	con	nosotros.	dijo$_4$	Y$_1$	a$_5$	él:$_6$	--$_2$	Jesús$_3$	No
3756	190	3326	2257	2036	1161	4314	846	3588	2424	3361
BN, TN	*VPAI3S*	*P*	*RP1GP*	*VAAI3S*	*CLC*	*P*	*RP3ASM*	*DNSM*	*NNSM*	*BN, TN*

κωλύετε,	ὃς	γὰρ	οὐκ	ἔστιν	καθ᾽	ὑμῶν	ὑπὲρ	ὑμῶν	ἐστιν.
impidáis;	el que$_2$	porque$_1$	no	está	contra	vosotros,	en favor de	vosotros	está.
2967	3739	1063	3756	2076	2596	5216	5228	5216	2076
VPAM2P	*RR-NSM*	*CAZ*	*BN, TN*	*VPAI3S*	*P*	*RP2GP*	*P*	*RP2GP*	*VPAI3S*

51 Ἐγένετο	δὲ	ἐν	τῷ	συμπληροῦσθαι	τὰς	ἡμέρας	τῆς
sucedió que$_2$	Y$_1$	en	el	ser cumplidos	las	días	de la
1096	1161	1722	3588	4845	3588	2250	3588
VAMI3S	*CLT*	*P*	*DDSN, DDSM*	*VPPN*	*DAPF*	*NAPF*	*DGSF*

ἀναλήμψεως	αὐτοῦ	καὶ	αὐτὸς	τὸ	πρόσωπον	ἐστήρισεν	τοῦ
asunción	de él,	también	él	el	rostro	fijó	--
354	846	2532	846	3588	4383	4741	3588
NGSF	*RP3GSM*	*CLN*	*RP3NSMP*	*DASN*	*NASN*	*VAAI3S*	*DGSN, DGSM*

πορεύεσθαι	εἰς	Ἰερουσαλήμ,	52 καὶ	ἀπέστειλεν	ἀγγέλους	πρὸ
para ir	hacia	Jerusalén.	Y	envió	mensajeros	delante de
4198	1519	2419	2532	649	32	4253
VPUN	*P*	*NASF, XP*	*CLN*	*VAAI3S*	*NAPM*	*P*

προσώπου	αὐτοῦ.	καὶ	πορευθέντες	εἰσῆλθον	εἰς	κώμην	Σαμαριτῶν,
rostro	de él,	y	habiéndose ido ellos	entraron	en	una aldea	de samaritanos
4383	846	2532	4198	1525	1519	2968	4541
NGSN	*RP3GSM*	*CLN*	*VAPP-PNM*	*VAAI3P*	*P*	*NASF*	*NGPM*

ὡς	ἑτοιμάσαι	αὐτῷ·	53 καὶ	οὐκ	ἐδέξαντο	αὐτόν,	ὅτι	τὸ	πρόσωπον
para	preparar	para él;	pero	no	recibieron	a él	porque	el	rostro
5613	2090	846	2532	3756	1209	846	3754	3588	4383
CAP	*VAAN*	*RP3DSM*	*CLC*	*BN, TN*	*VAMI3P*	*RP3ASM*	*CAZ*	*DNSN*	*NNSN*

αὐτοῦ	ἦν	πορευόμενον	εἰς	Ἰερουσαλήμ.	54 ἰδόντες	δὲ	οἱ
de él	estaba	yendo	hacia	Jerusalén.	habiendo visto (esto)$_2$	Y$_1$	los
846	2258	4198	1519	2419	1492	1161	3588
RP3GSM	*VIAI3S*	*VPUP-SNN*	*P*	*NASF, XP*	*VAAP-PNM*	*CLN*	*DNPM*

μαθηταὶ	Ἰάκωβος	καὶ	Ἰωάννης	εἶπαν·	Κύριε,	θέλεις	εἴπωμεν
discípulos	Jacob	y	Juan	dijeron:	Señor,	¿quieres	(que) dijéramos
3101	2385	2532	2491	3004	2962	2309	2036
NNPM	*NNSM*	*CLN*	*NNSM*	*VAAI3P*	*NVSM*	*VPAI2S*	*VAAS1P*

πῦρ	καταβῆναι	ἀπὸ	τοῦ	οὐρανοῦ	καὶ	ἀναλῶσαι	⌜αὐτούς;
fuego$_2$	descender$_1$	desde	el	cielo	y	destruir	a ellos?
4442	2597	575	3588	3772	2532	355	846
NASN	*VAAN*	*P*	*DGSM*	*NGSM*	*CLN*	*VAAN*	*RP3APM*

NVI

que me envió. El que es
más insignificante entre
todos ustedes, ese es el
más importante.
49 —Maestro —inter-
vino Juan—, vimos a un
hombre que expulsaba
demonios en tu nom-
bre; pero, como no anda
con nosotros, tratamos
de impedírselo.
50 —No se lo impidan
—les replicó Jesús—,
porque el que no está
contra ustedes está a
favor de ustedes.

La oposición de los samaritanos

51 Como se acercaba
el tiempo de que fuera
llevado al cielo, Jesús se
hizo el firme propósito
de ir a Jerusalén. 52 Envió
por delante mensajeros,
que entraron en un
pueblo samaritano para
prepararle alojamiento;
53 pero allí la gente no
quiso recibirlo porque
se dirigía a Jerusalén.
54 Cuando los discípulos
Jacobo y Juan vieron
esto, le preguntaron:
—Señor, ¿quieres
que hagamos caer fuego
del cielo para que los
destruya?

9:54 ⌜ Manuscritos inferiores aumentaron *como también Elías lo hizo.*

RVR

55 Entonces, volviéndose él, los reprendió, diciendo: Vosotros no sabéis de qué espíritu sois;
56 porque el Hijo del Hombre no ha venido para destruir las almas de los hombres, sino para salvarlas. Y se fueron a otra aldea.

Los que querían seguir a Jesucristo

57 Yendo ellos de camino, le dijo alguien: Señor, te seguiré adondequiera que vayas.
58 Y le dijo Jesús: Las zorras tienen guaridas; y las aves de los cielos, nidos; mas el Hijo del Hombre no tiene dónde recostar la cabeza.
59 Y dijo a otro: Sígueme. Pero él dijo: Señor, déjame que primero vaya y entierre a mi padre.
60 Jesús le dijo: Deja que los muertos entierren a sus muertos; y tú ve, y anuncia por doquier el reino de Dios.
61 Y también dijo otro: Te seguiré, Señor; pero déjame que me despida primero de los que están en mi casa.
62 Y Jesús le dijo: Ninguno que poniendo su mano en el arado mira hacia atrás, es apto para el reino de Dios.

55 στραφεὶς	δὲ	ἐπετίμησεν	⸀αὐτοῖς.	56 ⸀καὶ	ἐπορεύθησαν	εἰς	ἑτέραν
habiéndose vuelto$_2$	Pero$_1$	reprendió	a ellos.	Y	marcharon	hacia	otra
4762	1161	2008	846	2532	4198	1519	2087
VAPP-SNM	*CLC*	*VAAI3S*	*RP3DPM*	*CLN*	*VAPI3P*	*P*	*JASF*

κώμην.
aldea.
2968
NASF

57 Καὶ	πορευομένων	αὐτῶν	ἐν	τῇ	ὁδῷ	εἶπέν	τις	πρὸς	αὐτόν·
Y	yendo	ellos	en	el	camino	dijo	alguien	a	él:
2532	4198	846	1722	3588	3598	2036	5100	4314	846
CLN	*VPUP-PGM*	*RP3GPM*	*P*	*DDSF*	*NDSF*	*VAAI3S*	*RX-NSM*	*P*	*RP3ASM*

Ἀκολουθήσω	σοι	ὅπου	ἐὰν	⸀ἀπέρχῃ.	58 καὶ	εἶπεν	αὐτῷ
Seguiré	a ti	a donde quiera que	--	vayas.	Pero	dijo$_3$	a él:$_4$
190	4671	3699	1437	565	2532	2036	846
VFAI1S	*RP2DS*	*CAL*	*TC*	*VPUS2S*	*CLN*	*VAAI3S*	*RP3DSM*

ὁ	Ἰησοῦς·	Αἱ	ἀλώπεκες	φωλεοὺς	ἔχουσιν	καὶ	τὰ	πετεινὰ	τοῦ
--$_1$	Jesús$_2$	Las	zorras	madrigueras$_2$	tienen$_1$	y	las	aves	del
3588	2424	3588	258	5454	2192	2532	3588	4071	3588
DNSM	*NNSM*	*DNPF*	*NNPF*	*NAPM*	*VPAI3P*	*CLN*	*DNPN*	*NNPN, JNPN*	*DGSM*

οὐρανοῦ	κατασκηνώσεις,	ὁ	δὲ	υἱὸς	τοῦ	ἀνθρώπου	οὐκ	ἔχει
cielo	lugares donde descansar;	el$_2$	pero$_1$	Hijo	del	Hombre	no	tiene
3772	2682	3588	1161	5207	3588	444	3756	2192
NGSM	*NAPF*	*DNSM*	*CLC*	*NNSM*	*DGSM*	*NGSM*	*BN, TN*	*VPAI3S*

ποῦ	τὴν	κεφαλὴν	κλίνῃ.	59 εἶπεν	δὲ	πρὸς	ἕτερον·	Ἀκολούθει	μοι.
dónde	la$_2$	cabeza,$_3$	inclinar$_1$	dijo:$_4$	Y$_1$	a$_2$	otro$_3$	Sigue	a mí.
4226	3588	2776	2827	2036	1161	4314	2087	190	3427
BP	*DASF*	*NASF*	*VPAS3S*	*VAAI3S*	*CLN*	*P*	*JASM*	*VPAM2S*	*RP1DS*

ὁ	δὲ	εἶπεν·	Κύριε,	ἐπίτρεψόν	μοι	ἀπελθόντι	πρῶτον	θάψαι
él$_2$	Pero$_1$	dijo:	Señor,	permite	a mí	habiendo salido	primero	para enterrar
3588	1161	2036	2962	2010	3427	565	4412	2290
DNSM	*CLC*	*VAAI3S*	*NVSM*	*VAAM2S*	*RP1DS*	*VAAP-SDM*	*B, J*	*VAAN*

τὸν	πατέρα	μου.	60 εἶπεν	δὲ	αὐτῷ·	Ἄφες	τοὺς	νεκροὺς	θάψαι	τοὺς
al	padre	de mí.	dijo$_2$	Pero$_1$	a él:	Deja	a los	muertos	enterrar	a los
3588	3962	3450	2036	1161	846	863	3588	3498	2290	3588
DASM	*NASM*	*RP1GS*	*VAAI3S*	*CLN*	*RP3DSM*	*VAAM2S*	*DAPM*	*JAPM*	*VAAN*	*DAPM*

ἑαυτῶν	νεκρούς,	σὺ	δὲ	ἀπελθὼν	διάγγελλε	τὴν	βασιλείαν	τοῦ
de sí mismos,$_2$	muertos$_1$	tú$_4$	pero$_3$	habiendo salido	anuncia	el	reino	de --
1438	3498	4771	1161	565	1229	3588	932	3588
RF3GPM	*JAPM*	*RP2NS*	*CLC*	*VAAP-SNM*	*VPAM2S*	*DASF*	*NASF*	*DGSM*

θεοῦ.	61 εἶπεν	δὲ	καὶ	ἕτερος·	Ἀκολουθήσω	σοι,	κύριε·	πρῶτον	δὲ
Dios.	dijo$_2$	Y$_1$	también	otro.	Seguiré	a ti,	Señor;	primero$_2$	pero$_1$
2316	2036	1161	2532	2087	190	4671	2962	4412	1161
NGSM	*VAAI3S*	*CLN*	*BE, TE*	*JNSM*	*VFAI1S*	*RP2DS*	*NVSM*	*B, J*	*CLC*

ἐπίτρεψόν	μοι	ἀποτάξασθαι	τοῖς	εἰς	τὸν	οἶκόν	μου.	62 εἶπεν	δὲ
permite	a mí	despedir	a los (que están)	en	la	casa	de mí.	dijo:$_4$	Pero$_1$
2010	3427	657	3588	1519	3588	3624	3450	2036	1161
VAAM2S	*RP1DS*	*VAMN*	*DDPM*	*P*	*DASM*	*NASM*	*RP1GS*	*VAAI3S*	*CLN*

ὁ	Ἰησοῦς·	Οὐδεὶς	ἐπιβαλὼν	τὴν	χεῖρα	ἐπ᾽	ἄροτρον	καὶ	βλέπων
--$_2$	Jesús$_3$	Nadie	habiendo puesto	la	mano	en	(el) arado	y	viendo
3588	2424	3762	1911	3588	5495	1909	723	2532	991
DNSM	*NNSM*	*JNSM*	*VAAP-SNM*	*DASF*	*NASF*	*P*	*NASN*	*CLN*	*VPAP-SNM*

εἰς	τὰ	ὀπίσω	εὔθετός	ἐστιν	τῇ	βασιλείᾳ˺	τοῦ	θεοῦ.
hacia	--	atrás	apto$_2$	es$_1$	para el	reino	de --	Dios.
1519	3588	3694	2111	2076	3588	932	3588	2316
P	*DAPN*	*B*	*JNSM*	*VPAI3S*	*DDSF*	*NDSF*	*DGSM*	*NGSM*

NVI

55 Pero Jesús se volvió a ellos y los reprendió.
56 Luego siguieron la jornada a otra aldea.

Lo que cuesta seguir a Jesús

57 Iban por el camino cuando alguien le dijo:

—Te seguiré a dondequiera que vayas.

58 —Las zorras tienen madrigueras y las aves tienen nidos —le respondió Jesús—, pero el Hijo del hombre no tiene dónde recostar la cabeza.

59 A otro le dijo:

—Sígueme.

—Señor —le contestó—, primero déjame ir a enterrar a mi padre.

60 —Deja que los muertos entierren a sus propios muertos, pero tú ve y proclama el reino de Dios —le replicó Jesús.

61 Otro afirmó:

—Te seguiré, Señor; pero primero déjame despedirme de mi familia.

62 Jesús le respondió:

—Nadie que mire atrás después de poner la mano en el arado es apto para el reino de Dios.

9:55⸀ Manuscritos inferiores aumentaron *Y dijo, no sabéis de que espíritu sois.* **9:56⸀** Manuscritos inferiores aumentaron *Porque el Hijo del Hombre no vino para perder vidas de seres humanos, sino para salvarlas.* **9:57⸀** Manuscritos inferiores aumentaron *Señor.*

RVR

Misión de los setenta

10 Después de
estas cosas,
designó el Señor tam-
bién a otros setenta, a
quienes envió de dos en
dos delante de él a toda
ciudad y lugar adonde él
había de ir.
2 Y les decía: La mies a
la verdad es mucha; mas
los obreros, pocos; por
tanto, rogad al Señor
de la mies que envíe
obreros a su mies.
3 Id; he aquí que yo os
envío como corderos en
medio de lobos.
4 No llevéis bolsa, ni
alforja, ni calzado; y a
nadie saludéis por el
camino.
5 En cualquier casa don-
de entréis, primeramen-
te decid: Paz a esta casa.
6 Y si hubiese allí algún
hijo de paz, vuestra paz
reposará sobre él; y si no,
se volverá a vosotros.
7 Y permaneced en
aquella misma casa,
comiendo y bebiendo
lo que tengan; porque
el obrero es digno de su
salario. No andéis cam-
biando de casa en casa.

10 Μετὰ δὲ ταῦτα ἀνέδειξεν ὁ κύριος καὶ ἑτέρους
después de$_{2}$ Y$_{1}$ estas cosas$_{3}$ designó$_{6}$ el$_{4}$ Señor$_{5}$ también a otros
3326 1161 5023 322 3588 2962 2532 2087
P CLT RD-APN VAAI3S DNSM NNSM CLN JAPM

ἑβδομήκοντα ⸀δύο καὶ ἀπέστειλεν αὐτοὺς ἀνὰ δύο ⸀¹δύο πρὸ
setenta y dos y envió$_{2}$ los$_{1}$ de dos (en) dos delante de
1440 1417 2532 649 846 303 1417 1417 4253
XN, J XN, J CLN VAAI3S RP3APM P, B XN, J XN, J P

προσώπου αὐτοῦ εἰς πᾶσαν πόλιν καὶ τόπον οὗ ἤμελλεν
el rostro de él a toda ciudad y lugar donde estaba a punto de
4383 846 1519 3956 4172 2532 5117 3739, 3757 3195
NGSN RP3GSM P JASF NASF CLN NASM B VIAI3S

αὐτὸς ἔρχεσθαι. 2 ἔλεγεν δὲ πρὸς αὐτούς· Ὁ μὲν θερισμὸς
él ir. decía$_{2}$ Y$_{1}$ a ellos: la$_{2}$ En verdad,$_{1}$ cosecha
846 2064 3004 1161 4314 846 3588 3303 2326
RP3NSMP VPUN VIAI3S CLN P RP3APM DNSM TK, C NNSM

πολύς, οἱ δὲ ἐργάται ὀλίγοι· δεήθητε οὖν τοῦ κυρίου
(es) mucha, los$_{2}$ pero$_{1}$ obreros (son) pocos; rogad$_{2}$ pues,$_{1}$ al señor
4183 3588 1161 2040 3641 1189 3767 3588 2962
JNSM DNPM CLK, CLC NNPM JNPM VAPM2P CLI DGSM NGSM

τοῦ θερισμοῦ ὅπως ἐργάτας ἐκβάλῃ εἰς τὸν θερισμὸν αὐτοῦ.
de la cosecha a fin de que obreros$_{2}$ enviara$_{1}$ a la cosecha de él.
3588 2326 3704 2040 1544 1519 3588 2326 846
DGSM NGSM CSC NAPM VAAS3S P DASM NASM RP3GSM

3 ὑπάγετε· ἰδοὺ ἀποστέλλω ὑμᾶς ὡς ἄρνας ἐν μέσῳ λύκων.
Id; he aquí envío a vosotros como corderos en medio de lobos.
5217 2400 649 5209 5613 704 1722 3319 3074
VPAM2P I, VAAM2S VPAI1S RP2AP CAM NAPM P JDSN NGPM

4 μὴ βαστάζετε βαλλάντιον, μὴ πήραν, μὴ ὑποδήματα, καὶ
No llevéis bolsa, ni alforja, ni sandalias y
3361 941 905 3361 4082 3361 5266 2532
BN, TN VPAM2P NASN BN, TN NASF BN, TN NAPN CLN

μηδένα κατὰ τὴν ὁδὸν ἀσπάσησθε. 5 εἰς ἣν δ᾽ ἂν εἰσέλθητε
a nadie por el camino saludarais. en$_{2}$ cualquier$_{3}$ Y$_{1}$ --$_{5}$ entrarais,$_{6}$
3367 2596 3588 3598 782 1519 3739 1161 302 1525
JASM P DASF NASF VAMS2P P RR-ASF CLN TC VAAS2P

οἰκίαν πρῶτον λέγετε· Εἰρήνη τῷ οἴκῳ τούτῳ. 6 καὶ ἐὰν ᾖ
casa (que)$_{4}$ primero decid: Paz a la casa esta. Y si esté(á)
3614 4412 3004 1515 3588 3624 5129 2532 1437 1510
NASF B, J VPAM2P NNSF DDSM NDSM RD-DSM CLN CAC VPAS3S

ἐκεῖ υἱὸς εἰρήνης, ἐπαναπαήσεται ἐπ᾽ αὐτὸν ἡ εἰρήνη ὑμῶν·
allí un hijo de paz, reposará$_{4}$ sobre$_{5}$ él$_{6}$ la$_{1}$ paz$_{2}$ de vosotros$_{3}$
1563 5207 1515 1879 1909 846 3588 1515 5216
BP NNSM NGSF VFMI3S P RP3ASM DNSF NNSF RP2GP

εἰ δὲ μήγε, ἐφ᾽ ὑμᾶς ἀνακάμψει. 7 ἐν αὐτῇ δὲ τῇ οἰκίᾳ
si$_{8}$ pero$_{7}$ no,$_{9}$ sobre$_{11}$ vosotros$_{12}$ regresará$_{10}$ en$_{2}$ misma$_{4}$ Y$_{1}$ la$_{3}$ casa
1487 1161 3361, 1065 1909 5209 344 1722 846 1161 3588 3614
CAC CLC T P RP2AP VFAI3S P RP3DSFA CLN DDSF NDSF

μένετε, ἐσθίοντες καὶ πίνοντες τὰ παρ᾽ αὐτῶν, ἄξιος γὰρ ὁ
permaneced comiendo y bebiendo las cosas con ellos; digno (es)$_{4}$ porque$_{1}$ el$_{2}$
3306 2068 2532 4095 3588 3844 846 514 1063 3588
VPAM2P VPAP-PNM CLN VPAP-PNM DAPN P RP3GPM JNSM CAZ DNSM

ἐργάτης τοῦ μισθοῦ αὐτοῦ. μὴ μεταβαίνετε ἐξ οἰκίας εἰς οἰκίαν.
obrero$_{3}$ del salario de él. No paséis de casa en casa.
2040 3588 3408 846 3361 3327 1537 3614 1519 3614
NNSM DGSM NGSM RP3GSM BN, TN VPAM2P P NGSF P NASF

NVI

Jesús envía a los setenta y dos

10 Después de
esto, el Señor
escogió a otros setenta
y dos para enviarlos de
dos en dos delante de
él a todo pueblo y lugar
adonde él pensaba ir.
2 «Es abundante la co-
secha —les dijo—, pero
son pocos los obreros.
Pídanle, por tanto, al
Señor de la cosecha
que mande obreros a su
campo. 3 ¡Vayan ustedes!
Miren que los envío
como corderos en me-
dio de lobos. 4 No lleven
monedero ni bolsa ni
sandalias; ni se detengan
a saludar a nadie por el
camino.
5 »Cuando entren en
una casa, digan primero:
“Paz a esta casa”. 6 Si hay
allí alguien digno de
paz, gozará de ella; y, si
no, la bendición no se
cumplirá. 7 Quédense
en esa casa, y coman y
beban de lo que ellos
tengan, porque el tra-
bajador tiene derecho a
su sueldo. No anden de
casa en casa.

10:1 ⸀, ⸀¹ Manuscritos inferiores suprimieron *dos*.

RVR

8 En cualquier ciudad
donde entréis, y os
reciban, comed lo que os
pongan delante;
9 y sanad a los enfer-
mos que en ella haya, y
decidles: Se ha acercado
a vosotros el reino de
Dios.
10 Mas en cualquier
ciudad donde entréis, y
no os reciban, saliendo
por sus calles, decid:
11 Aun el polvo de
vuestra ciudad, que se ha
pegado a nuestros pies,
lo sacudimos contra
vosotros. Empero, sabed
esto, que el reino de
Dios se ha acercado.
12 Os digo que en aquel
día será más tolerable el
castigo para Sodoma,
que para aquella ciudad.

Ayes sobre las ciudades impenitentes

13 ¡Ay de ti, Corazín!
¡Ay de ti, Betsaida!, que
si en Tiro y en Sidón
se hubieran hecho los
milagros que se han
hecho en vosotras, hace
tiempo que sentadas
en cilicio y ceniza, se
habrían arrepentido.
14 Por tanto, en el juicio
será más tolerable el cas-
tigo para Tiro y Sidón,
que para vosotras.
15 Y tú, Capernaúm,
que hasta los cielos
fuiste levantada, hasta

8 καὶ εἰς ἣν ἂν πόλιν εἰσέρχησθε καὶ δέχωνται ὑμᾶς, ἐσθίετε
Y en cualquier -- ciudad (que) entréis y reciban a vosotros, comed
2532 1519 3739 302 4172 1525 2532 1209 5209 2068
CLN P RR-ASF TC NASF VPUS2P CLN VPUS3P RP2AP VPAM2P

τὰ παρατιθέμενα ὑμῖν, 9 καὶ θεραπεύετε τοὺς ἐν αὐτῇ
las cosas que están poniendo delante para vosotros y sanad a los (que están) en$_{2}$ ella,$_{3}$
3588 3908 5213 2532 2323 3588 1722 846
DAPN VPPP-PAN RP2DP CLN VPAM2P DAPM P RP3DSF

ἀσθενεῖς, καὶ λέγετε αὐτοῖς· Ἤγγικεν ἐφ᾿ ὑμᾶς ἡ βασιλεία τοῦ
enfermos$_{1}$ y decid a ellos: se ha acercado$_{5}$ a$_{6}$ a vosotros$_{7}$ El$_{1}$ reino$_{2}$ de --$_{3}$
772 2532 3004 846 1448 1909 5209 3588 932 3588
JAPM CLN VPAM2P RP3DPM VRAI3S P RP2AP DNSF NNSF DGSM

θεοῦ. 10 εἰς ἣν δ᾿ ἂν πόλιν εἰσέλθητε καὶ μὴ δέχωνται ὑμᾶς,
Dios$_{4}$ en$_{2}$ cualquier$_{4}$ Y$_{1}$ -- ciudad que entrarais y no reciban a vosotros,
2316 1519 3739 1161 302 4172 1525 2532 3361 1209 5209
NGSM P RR-ASF CLC TC NASF VAAS2P CLN BN, TN VPUS3P RP2AP

ἐξελθόντες εἰς τὰς πλατείας αὐτῆς εἴπατε· 11 Καὶ τὸν κονιορτὸν τὸν
habiendo salido a las plazas de ella decid: ¡aun$_{3}$ el$_{4}$ polvo$_{5}$ el que$_{6}$
1831 1519 3588 4113 846 2036 2532 3588 2868 3588
VAAP-PNM P DAPF NAPF, JAPF RP3GSF VAAM2P CLA,B DASM NASM DASM

κολληθέντα ἡμῖν ἐκ τῆς πόλεως ὑμῶν εἰς τοὺς πόδας
habiéndose amontonado$_{7}$ a nosotros$_{8}$ de$_{9}$ la$_{10}$ ciudad$_{11}$ de vosotros$_{12}$ en$_{13}$ los$_{14}$ pies;$_{15}$
2853 2254 1537 3588 4172 5216 1519 3588 4228
VAPP-SAM RP1DP P DGSF NGSF RP2GP P DAPM NAPM

ἀπομασσόμεθα ὑμῖν· πλὴν τοῦτο γινώσκετε ὅτι ἤγγικεν ἡ
sacudimos (contra)$_{1}$ vosotros$_{2}$ no obstante esto conoced: que se ha acercado$_{5}$ el$_{1}$
631 5213 4133 5124 1097 3754 1448 3588
VPMI1P RP2DP CLC RD-ASN VPAM2P CSC VRAI3S DNSF

βασιλεία τοῦ θεοῦ. 12 λέγω ὑμῖν ὅτι Σοδόμοις ἐν τῇ ἡμέρᾳ ἐκείνῃ
reino$_{2}$ de --$_{3}$ Dios$_{4}$ Digo a vosotros que (para) Sodoma en -- día$_{2}$ aquel$_{1}$
932 3588 2316 3004 5213 3754 4670 1722 3588 2250 1565
NNSF DGSM NGSM VPAI1S RP2DP CSC NDPN P DDSF NDSF RD-DSF

ἀνεκτότερον ἔσται ἢ τῇ πόλει ἐκείνῃ.
(más) tolerable$_{4}$ será$_{3}$ que para la ciudad aquella.
414 2071 2228 3588 4172 1565
JNSNC VFMI3S CAM DDSF NDSF RD-DSF

13 Οὐαί σοι, Χοραζίν· οὐαί σοι, Βηθσαϊδά· ὅτι εἰ ἐν Τύρῳ
¡Ay de ti, Corazín! ¡Ay de ti, Betsaida! Porque si en$_{8}$ Tiro$_{9}$
3759 4671 5523 3759 4671 966 3754 1487 1722 5184
I, T RP2DS NVSF, XP I RP2DS NVSF, XP CAZ CAC P NDSF

καὶ Σιδῶνι ἐγενήθησαν αἱ δυνάμεις αἱ γενόμεναι ἐν ὑμῖν,
y$_{10}$ Sidón,$_{11}$ se hicieron$_{7}$ los$_{1}$ milagros$_{2}$ los que$_{3}$ habiendo sucedido$_{4}$ entre$_{5}$ vosotros$_{6}$
2532 4605 1096 3588 1411 3588 1096 1722 5213
CLN NDSF VAPI3P DNPF NNPF DNPF VAMP-PNF P RP2DP

πάλαι ἂν ἐν σάκκῳ καὶ σποδῷ καθήμενοι μετενόησαν.
hace mucho$_{12}$ --$_{13}$ en$_{15}$ cilicio$_{16}$ y$_{17}$ ceniza.$_{18}$ estando sentados se arrepintirían$_{14}$
3819 302 1722 4526 2532 4700 2521 3340
B TC P NDSM CLN NDSF, NDSM VPUP-PNM VAAI3P

14 πλὴν Τύρῳ καὶ Σιδῶνι ἀνεκτότερον ἔσται ἐν τῇ κρίσει ἢ
No obstante, para Tiro y Sidón (más) tolerable será en el juicio que
4133 5184 2532 4605 414 2071 1722 3588 2920 2228
CLC NDSF CLN NDSF JNSNC VFMI3S P DDSF NDSF CAM

ὑμῖν. 15 καὶ σύ, Καφαρναούμ, μὴ ἕως οὐρανοῦ ὑψωθήσῃ; ἕως
para vosotros. Y tú, Capernaum, ¿acaso hasta (el) cielo serás levantada? hasta$_{2}$
5213 2532 4771 2584 3361 2193 3772 5312 2193
RP2DP CLN RP2NS NVSF, XP TN, TI P, C NGSM VFPI2S P, C

NVI

8 »Cuando entren en
un pueblo y los reciban,
coman lo que les sirvan.
9 Sanen a los enfermos
que encuentren allí y dí-
ganles: "El reino de Dios
ya está cerca de ustedes".
10 Pero, cuando entren
en un pueblo donde no
los reciban, salgan a las
plazas y digan: 11 "Aun
el polvo de este pueblo,
que se nos ha pegado a
los pies, nos lo sacudi-
mos en protesta contra
ustedes. Pero tengan
por seguro que ya está
cerca el reino de Dios".
12 Les digo que en aquel
día será más tolerable
el castigo para Sodoma
que para ese pueblo.
13 »¡Ay de ti,
Corazín! ¡Ay de ti,
Betsaida! Si se hubieran
hecho en Tiro y en
Sidón los milagros que
se hicieron en medio
de ustedes, ya hace
tiempo que se habrían
arrepentido con grandes
lamentos. 14 Pero en el
juicio será más tolerable
el castigo para Tiro y
Sidón que para ustedes.
15 Y tú, Capernaúm,
¿acaso serás levantada
hasta el cielo? No, sino

RVR

el Hades serás abatida.
16 El que a vosotros oye,
a mí me oye; y el que a
vosotros desecha, a mí
me desecha; y el que me
desecha a mí, desecha al
que me envió.

Regreso de los setenta

17 Volvieron los setenta
con gozo, diciendo:
Señor, aun los demo-
nios se nos someten en
tu nombre.
18 Y les dijo: Yo veía a
Satanás caer del cielo
como un rayo.
19 He aquí os doy potes-
tad de hollar serpientes
y escorpiones, y sobre
todo poder del enemi-
go, y nada os dañará.
20 Pero no os regocijéis
de que los espíritus se os
someten, sino regocijaos
de que vuestros nom-
bres están escritos en
los cielos.

Jesús se regocija

21 En aquella misma
hora Jesús se regocijó
en el Espíritu Santo,
y dijo: Yo te alabo, oh
Padre, Señor del cielo
y de la tierra, porque
ocultaste estas cosas a
sabios y entendidos,
y las has revelado

τοῦ	ᾅδου	καταβιβασθήσῃ.
el$_{3}$	Hades.$_{4}$	Serás abatida$_{1}$
3588	86	2601
DGSM	*NGSM*	*VFPI2S*

16 Ὁ	ἀκούων	ὑμῶν	ἐμοῦ	ἀκούει,	καὶ	ὁ	ἀθετῶν	ὑμᾶς
El que	está oyendo	a vosotros	a mí,$_{2}$	oye$_{1}$	y	el que	está rechazando	a vosotros,
3588	191	5216	1700	191	2532	3588	114	5209
DNSM	*VPAP-SNM*	*RP2GP*	*RP1GS*	*VPAI3S*	*CLN*	*DNSM*	*VPAP-SNM*	*RP2AP*

ἐμὲ	ἀθετεῖ·	ὁ	δὲ	ἐμὲ	ἀθετῶν	ἀθετεῖ	τὸν	ἀποστείλαντά	με.
a mí;$_{2}$	rechaza$_{1}$	el que$_{4}$	y$_{3}$	a mí,$_{6}$	está rechazando$_{5}$	rechaza	al que	habiendo enviado	a mí.
1691	114	3588	1161	1691	114	114	3588	649	3165
RP1AS	*VPAI3S*	*DNSM*	*CLC*	*RP1AS*	*VPAP-SNM*	*VPAI3S*	*DASM*	*VAAP-SAM*	*RP1AS*

17 Ὑπέστρεψαν	δὲ	οἱ	ἑβδομήκοντα	⸀δύο	μετὰ	χαρᾶς	λέγοντες·
regresaron$_{5}$	Y$_{1}$	los$_{2}$	setenta$_{3}$	y dos$_{4}$	con	gozo	diciendo:
5290	1161	3588	1440	1417	3326	5479	3004
VAAI3P	*CLN*	*DNPM*	*XN, J*	*XN, J*	*P*	*NGSF*	*VPAP-PNM*

Κύριε,	καὶ	τὰ	δαιμόνια	ὑποτάσσεται	ἡμῖν	ἐν	τῷ	ὀνόματί	σου.
Señor,	también	las	demonios	se someten	a nosotros	en	el	nombre	de ti.
2962	2532	3588	1140	5293	2254	1722	3588	3686	4675
NVSM	*CLA, B*	*DNPN*	*NNPN*	*VPPI3S*	*RP1DP*	*P*	*DDSN*	*NDSN*	*RP2GS*

18 εἶπεν	δὲ	αὐτοῖς·	Ἐθεώρουν	τὸν	Σατανᾶν	ὡς	ἀστραπὴν	ἐκ	τοῦ
dijo$_{2}$	Y$_{1}$	a ellos:	Yo veía	a --	Satanás	como$_{2}$	un rayo$_{3}$	desde$_{4}$	el$_{5}$
2036	1161	846	2334	3588	4567	5613	796	1537	3588
VAAI3S	*CLN*	*RP3DPM*	*VIAI1S, VIAI1P*	*DASM*	*NASM*	*CAM*	*NASF*	*P*	*DGSM*

οὐρανοῦ	πεσόντα.	19 ἰδοὺ	δέδωκα	ὑμῖν	τὴν	ἐξουσίαν	τοῦ
cielo.$_{6}$	habiendo caído$_{1}$	He aquí	he dado	a vosotros	la	autoridad	--
3772	4098	2400	1325	5213	3588	1849	3588
NGSM	*VAAP-SAM*	*I, VAAM2S*	*VRAI1S*	*RP2DP*	*DASF*	*NASF*	*DGSN, DGSM*

πατεῖν	ἐπάνω	ὄφεων	καὶ	σκορπίων,	καὶ	ἐπὶ	πᾶσαν	τὴν	δύναμιν	τοῦ
para pisar	sobre	serpientes	y	escorpiones,	y	sobre	todo	--	poder	del
3961	1883	3789	2532	4651	2532	1909	3956	3588	1411	3588
VPAN	*P, B*	*NGPM*	*CLN*	*NGPM*	*CLN*	*P*	*JASF*	*DASF*	*NASF*	*DGSM*

ἐχθροῦ,	καὶ	οὐδὲν	ὑμᾶς	οὐ	μὴ*	ἀδικήσῃ.	20 πλὴν	ἐν	τούτῳ
enemigo	y	nadie	a vosotros	no	no	hiciera daño.	No obstante	en	esto
2190	2532	3762	5209	3756	3361	91	4133	1722	5129
JGSM	*CLN*	*JNSN, JASN*	*RP2AP*	*BN, TN*	*BN, TN*	*VAAS3S*	*CLC*	*P*	*RD-DSN*

μὴ	χαίρετε	ὅτι	τὰ	πνεύματα	ὑμῖν	ὑποτάσσεται,	χαίρετε	δὲ	ὅτι
no	os alegréis	que	los	espíritus	a vosotros	se someten,	alegraos$_{2}$	pero$_{1}$	porque
3361	5463	3754	3588	4151	5213	5293	5463	1161	3754
BN, TN	*VPAM2P*	*CSC*	*DNPN*	*NNPN*	*RP2DP*	*VPPI3S*	*VPAM2P*	*CLC*	*CSC*

τὰ	ὀνόματα	ὑμῶν	ἐγγέγραπται	ἐν	τοῖς	οὐρανοῖς.
los	nombres	de vosotros	han sido escritos	en	los	cielos.
3588	3686	5216	1449	1722	3588	3772
DNPN	*NNPN*	*RP2GP*	*VRPI3S*	*P*	*DDPM*	*NDPM*

21 Ἐν	αὐτῇ	τῇ	ὥρᾳ	ἠγαλλιάσατο	τῷ	πνεύματι	τῷ	ἁγίῳ
En	esta	--	(misma) hora,	se regocijó	(en) el	Espíritu	--	Santo
1722	846	3588	5610	21	3588	4151	3588	40
P	*RP3DSFP*	*DDSF*	*NDSF*	*VAMI3S*	*DDSN*	*NDSN*	*DDSN*	*JDSN*

καὶ	εἶπεν·	Ἐξομολογοῦμαί	σοι,	πάτερ	κύριε	τοῦ	οὐρανοῦ	καὶ	τῆς	γῆς,
y	dijo:	Alabo	a ti,	Padre,	Señor	del	cielo	y	de la	tierra,
2532	2036	1843	4671	3962	2962	3588	3772	2532	3588	1093
CLN	*VAAI3S*	*VPMI1S*	*RP2DS*	*NVSM*	*NVSM*	*DGSM*	*NGSM*	*CLN*	*DGSF*	*NGSF*

ὅτι	ἀπέκρυψας	ταῦτα	ἀπὸ	σοφῶν	καὶ	συνετῶν,	καὶ	ἀπεκάλυψας
porque	ocultaste	estas cosas	de	sabios	e	inteligentes	y	revelaste$_{2}$
3754	613	5023	575	4680	2532	4908	2532	601
CSC	*VAAI2S*	*RD-APN*	*P*	*JGPM*	*CLN*	*JGPM*	*CLN*	*VAAI2S*

NVI

que descenderás hasta el
abismo.
16 »El que los escucha
a ustedes, me escucha
a mí; el que los rechaza
a ustedes, me rechaza a
mí; y el que me rechaza
a mí, rechaza al que me
envió».
17 Cuando los setenta
y dos regresaron, dijeron
contentos:
—Señor, hasta los de-
monios se nos someten
en tu nombre.
18 —Yo veía a Satanás
caer del cielo como
un rayo —respondió
él—. 19 Sí, les he dado
autoridad a ustedes para
pisotear serpientes y es-
corpiones y vencer todo
el poder del enemigo;
nada les podrá hacer
daño. 20 Sin embargo,
no se alegren de que
puedan someter a los es-
píritus, sino alégrense de
que sus nombres están
escritos en el cielo.
21 En aquel momento
Jesús, lleno de alegría
por el Espíritu Santo,
dijo: «Te alabo, Padre,
Señor del cielo y de la
tierra, porque habiendo
escondido estas cosas de
los sabios e instruidos,
se las has revelado a

10:17 ⸀ Manuscritos inferiores suprimieron *dos.* **10:19*** O sea *de ninguna manera.*

RVR

a niños. Sí, Padre, porque así fue de tu agrado.
22 Todas las cosas me
fueron entregadas
por mi Padre; y nadie
conoce quién es el Hijo
sino el Padre; ni quién
es el Padre, sino el Hijo,
y aquel a quien el Hijo
lo quiera revelar.
23 Y volviéndose a los
discípulos, les dijo aparte: Bienaventurados
los ojos que ven lo que
vosotros veis;
24 porque os digo que
muchos profetas y reyes
desearon ver lo que
vosotros veis, y no lo
vieron; y oír lo que oís, y
no lo oyeron.

El buen samaritano

25 Y he aquí que un
intérprete de la ley se
levantó y dijo, para
probarle: Maestro, ¿qué
he de hacer para heredar
la vida eterna?
26 Él le dijo: ¿Qué está
escrito en la ley? ¿Cómo
lees?
27 Aquél, respondiendo, dijo: Amarás
al Señor tu Dios

αὐτὰ	νηπίοις·	ναί,	ὁ	πατήρ,	ὅτι	οὕτως	εὐδοκία	ἐγένετο
las$_1$	a (los) niños pequeños.	Sí,	--	Padre,	porque	así	agrado	hubo
846	3516	3483	3588	3962	3754	3779	2107	1096
RP3APN	*JDPM*	*I, TE*	*DNSM*	*NNSM*	*CAZ*	*B*	*NNSF*	*VAMI3S*

ἔμπροσθέν	σου.	22 πάντα	μοι	παρεδόθη	ὑπὸ	τοῦ	πατρός	μου,
delante de	ti.	Todas (las) cosas	a mí	fue(ron) entregada(s)	por	el	Padre	de mí,
1715	4675	3956	3427	3860	5259	3588	3962	3450
P	*RP2GS*	*JNPN*	*RP1DS*	*VAPI3S*	*P*	*DGSM*	*NGSM*	*RP1GS*

καὶ	οὐδεὶς	γινώσκει	τίς	ἐστιν	ὁ	υἱὸς	εἰ	μὴ	ὁ	πατήρ,	καὶ
y	nadie	conoce	quién	es	el	Hijo	si	no	el	Padre,	y
2532	3762	1097	5101	2076	3588	5207	1487	3361	3588	3962	2532
CLN	*JNSM*	*VPAI3S*	*RI-NSM*	*VPAI3S*	*DNSM*	*NNSM*	*CAC*	*BN, TN*	*DNSM*	*NNSM*	*CLN*

τίς	ἐστιν	ὁ	πατὴρ	εἰ	μὴ	ὁ	υἱὸς	καὶ	ᾧ	ἐὰν	βούληται
quién	es	el	Padre	si	no	el	Hijo	y	a quien	--	quiera$_3$
5101	2076	3588	3962	1487	3361	3588	5207	2532	3739	1437	1014
RI-NSM	*VPAI3S*	*DNSM*	*NNSM*	*CAC*	*BN, TN*	*DNSM*	*NNSM*	*CLN*	*RR-DSM*	*TC*	*VPUS3S*

ὁ	υἱὸς	ἀποκαλύψαι.
el$_1$	Hijo$_2$	revelar.$_4$
3588	5207	601
DNSM	*NNSM*	*VAAN*

23 Καὶ	στραφεὶς	πρὸς	τοὺς	μαθητὰς	κατ’	ἰδίαν	εἶπεν·	Μακάριοι
Y	habiéndose vuelto	hacia	los	discípulos	en	privado	dijo:	Bienaventurados
2532	4762	4314	3588	3101	2596	2398	2036	3107
CLN	*VAPP-SNM*	*P*	*DAPM*	*NAPM*	*P*	*JASF*	*VAAI3S*	*JNPM*

οἱ	ὀφθαλμοὶ	οἱ	βλέποντες	ἃ	βλέπετε.	24 λέγω	γὰρ
los	ojos	los que	están viendo	las cosas que	veis.	digo$_2$	Porque$_1$
3588	3788	3588	991	3739	991	3004	1063
DNPM	*NNPM*	*DNPM*	*VPAP-PNM*	*RR-APN*	*VPAI2P*	*VPAI1S*	*CAZ*

ὑμῖν	ὅτι	πολλοὶ	προφῆται	καὶ	βασιλεῖς	ἠθέλησαν	ἰδεῖν	ἃ
a vosotros	que	muchos	profetas	y	reyes	quisieron	ver	las cosas (que)
5213	3754	4183	4396	2532	935	2309	1492	3739
RP2DP	*CSC*	*JNPM*	*NNPM*	*CLN*	*NNPM*	*VAAI3P*	*VAAN*	*RR-APN*

ὑμεῖς	βλέπετε	καὶ	οὐκ	εἶδαν,	καὶ	ἀκοῦσαι	ἃ	ἀκούετε	καὶ	οὐκ
vosotros	veis	y	no	vieron,	y	oír	las cosas (que)	oís	y	no
5210	991	2532	3756	3708	2532	191	3739	191	2532	3756
RP2NP	*VPAI2P*	*CLC*	*BN, TN*	*VAAI3P*	*CLN*	*VAAN*	*RR-APN*	*VPAI2P*	*CLC*	*BN, TN*

ἤκουσαν.
oyeron.
191
VAAI3P

25 Καὶ	ἰδοὺ	νομικός	τις	ἀνέστη	ἐκπειράζων	αὐτὸν
Y	he aquí	maestro de la ley$_2$	un$_1$	se levantó	poniendo a prueba	a él
2532	2400	3544	5100	450	1598	846
CLN	*I, VAAM2S*	*JNSM*	*JNSM, RX-NSM*	*VAAI3S*	*VPAP-SNM*	*RP3ASM*

λέγων·	Διδάσκαλε,	τί	ποιήσας	ζωὴν	αἰώνιον	κληρονομήσω;*
diciendo:	Maestro,	¿qué	habiendo hecho	vida	eterna	heredaré?
3004	1320	5101	4160	2222	166	2816
VPAP-SNM	*NVSM*	*RI-ASN*	*VAAP-SNM*	*NASF*	*JASF*	*VFAI1S, VAAS1S*

26 ὁ	δὲ	εἶπεν	πρὸς	αὐτόν·	Ἐν	τῷ	νόμῳ	τί	γέγραπται;	πῶς
--$_2$	Y$_1$	dijo	a	él:	En	la	ley,	¿qué	ha sido escrito?	¿Cómo
3588	1161	2036	4314	846	1722	3588	3551	5101	1125	4459
DNSM	*CLN*	*VAAI3S*	*P*	*RP3ASM*	*P*	*DDSM*	*NDSM*	*RI-NSN*	*VRPI3S*	*BI*

ἀναγινώσκεις;	27 ὁ	δὲ	ἀποκριθεὶς	εἶπεν·	Ἀγαπήσεις	κύριον	τὸν	θεόν
lees?	--$_2$	Y$_1$	respondiendo	dijo:	Amarás	(al) Señor,	el	Dios
314	3588	1161	611	2036	25	2962	3588	2316
VPAI2S	*DNSM*	*CLN*	*VAPP-SNM*	*VAAI3S*	*VFAI2S*	*NASM*	*DASM*	*NASM*

NVI

los que son como niños.
Sí, Padre, porque esa fue
tu buena voluntad.
22 »Mi Padre me
ha entregado todas las
cosas. Nadie sabe quién
es el Hijo, sino el Padre,
y nadie sabe quién es
el Padre, sino el Hijo y
aquel a quien el Hijo
quiera revelárselo».
23 Volviéndose a
sus discípulos, les dijo
aparte: «Dichosos
los ojos que ven lo que
ustedes ven.
24 Les digo
que muchos profetas
y reyes quisieron ver lo
que ustedes ven, pero
no lo vieron; y oír lo que
ustedes oyen, pero no lo
oyeron».

Parábola del buen samaritano

25 En esto se presentó
un experto en la ley y,
para poner a prueba
a Jesús, le hizo esta
pregunta:
—Maestro, ¿qué
tengo que hacer para
heredar la vida eterna?
26 Jesús replicó:
—¿Qué está escrito
en la ley? ¿Cómo la
interpretas tú?
27 Como respuesta el
hombre citó:
—"Ama al
Señor tu Dios

10:25* O sea *¿Qué hare para heredar la vida eterna?*

RVR

con todo tu corazón,
y con toda tu alma, y
con todas tus fuerzas,
y con toda tu mente; y
a tu prójimo como a ti
mismo.
28 Y le dijo: Bien has
respondido; haz esto, y
vivirás.
29 Pero él, queriendo
justificarse a sí mismo,
dijo a Jesús: ¿Y quién es
mi prójimo?
30 Respondiendo Jesús,
dijo: Un hombre
descendía de Jerusalén a
Jericó, y cayó en manos
de ladrones, los cuales le
despojaron; e hiriéndo-
le, se fueron, dejándole
medio muerto.
31 Coincidió que des-
cendía un sacerdote por
aquel camino, y vién-
dole, pasó por el lado
opuesto del camino.
32 Asimismo un levita,
llegando cerca de aquel
lugar, y viéndole, pasó
por el otro lado.
33 Pero un samaritano
que iba de camino, vino
cerca de él, y viéndole,
fue movido a compa-
sión;
34 y acercándose, vendó
sus heridas, echándoles

σου	ἐξ	ὅλης	τῆς	καρδίας	σου	καὶ	ἐν	ὅλῃ	τῇ	ψυχῇ	σου	καὶ	ἐν
de ti,	de	todo	el	corazón	de ti,	y	con	toda	el	ser interior	de ti,	y	con
4675	1537	3650	3588	2588	4675	2532	1722	3650	3588	5590	4675	2532	1722
RP2GS	P	JGSF	DGSF	NGSF	RP2GS	CLN	P	JDSF	DDSF	NDSF	RP2GS	CLN	P

ὅλῃ	τῇ	ἰσχύϊ	σου	καὶ	ἐν	ὅλῃ	τῇ	διανοίᾳ	σου,	καὶ	τὸν	πλησίον
toda	la	fuerza	de ti,	y	con	todo	el	entendimiento	de ti,	y	al	prójimo
3650	3588	2479	4675	2532	1722	3650	3588	1271	4675	2532	3588	4139
JDSF	DDSF	NDSF	RP2GS	CLN	P	JDSF	DDSF	NDSF	RP2GS	CLN	DASM	B

σου	ὡς	σεαυτόν.	28 εἶπεν	δὲ	αὐτῷ·	Ὀρθῶς	ἀπεκρίθης·	τοῦτο	ποίει
de ti	como	a ti mismo.	dijo$_2$	Y$_1$	a él:$_3$	Correctamente	respondiste;	esto	haz
4675	5613	4572	2036	1161	846	3723	611	5124	4160
RP2GS	CAM	RF2ASM	VAAI3S	CLN	RP3DSM	B	VAPI2S, VAMI2S	RD-ASN	VPAM2S

καὶ	ζήσῃ.
y	vivirás.
2532	2198
CLN	VFMI2S, VFAI2S

29 Ὁ	δὲ	θέλων	δικαιῶσαι	ἑαυτὸν	εἶπεν	πρὸς	τὸν	Ἰησοῦν·
--$_2$	Pero$_1$	queriendo	justificar	a sí mismo,	dijo	a	--	Jesús:
3588	1161	2309	1344	1438	2036	4314	3588	2424
DNSM	CLC	VPAP-SNM	VAAN	RF3ASM	VAAI3S	P	DASM	NASM

Καὶ	τίς	ἐστίν	μου	πλησίον;	30 ὑπολαβὼν	δὲ	ὁ	Ἰησοῦς	εἶπεν·
Y,	¿quién	es	de mí?$_2$	prójimo$_1$	suponiendo (esto)$_2$	Y$_1$	--	Jesús	dijo:
2532	5101	2076	3450	4139	5274	1161	3588	2424	2036
CLN	RI-NSM	VPAI3S	RP1GS	B	VAAP-SNM	C	DNSM	NNSM	VAAI3S

Ἄνθρωπός	τις	κατέβαινεν	ἀπὸ	Ἰερουσαλὴμ	εἰς	Ἰεριχὼ	καὶ
hombre$_2$	Cierto$_1$	bajaba	desde	Jerusalén	hacia	Jericó	y
444	5100	2597	575	2419	1519	2410	2532
NNSM	JNSM, RX-NSM	VIAI3S	P	NGSF, XP	P	NASF, XP	CLN

λῃσταῖς	περιέπεσεν,	οἳ	καὶ	ἐκδύσαντες	αὐτὸν	καὶ	πληγὰς
de asaltantes,$_2$	cayó en manos$_1$	quienes	también	despojar	a él	y también	heridas$_2$
3027	4045	3739	2532	1562	846	2532	4127
NDPM	VAAI3S	RR-NPM	BE, TE	VAAP-PNM	RP3ASM	CLN	NAPF

ἐπιθέντες	ἀπῆλθον	ἀφέντες	ἡμιθανῆ.	31 κατὰ	συγκυρίαν	δὲ
habiendo añadido$_1$	se fueron,	habiendo(lo) dejado	medio muerto.	por$_2$	casualidad$_3$	Y$_1$
2007	565	863	2253	2596	4795	1161
VAAP-PNM	VAAI3P	VAAP-PNM	JASM	P	NASF	CLN

ἱερεύς	τις	κατέβαινεν	ἐν	τῇ	ὁδῷ	ἐκείνῃ,	καὶ	ἰδὼν
sacerdote$_5$	cierto$_4$	bajaba	por	--	camino,$_2$	aquel$_1$	y	habiendo visto
2409	5100	2597	1722	3588	3598	1565	2532	1492
NNSM	JNSM, RX-NSM	VIAI3S	P	DDSF	NDSF	RD-DSF	CLN	VAAP-SNM

αὐτὸν	ἀντιπαρῆλθεν·	32 ὁμοίως	δὲ	καὶ	Λευίτης	κατὰ	τὸν	τόπον
a él	dio un rodeo.	igualmente$_2$	E$_1$	también	un levita	delante de$_2$	el$_3$	lugar$_5$
846	492	3668	1161	2532	3019	2596	3588	5117
RP3ASM	VAAI3S	B	CLN	BE, TE	NNSM	P	DASM	NASM

ἐλθὼν	καὶ	ἰδὼν	ἀντιπαρῆλθεν.	33 Σαμαρίτης	δέ	τις
habiendo venido$_1$	y	habiendo(lo) visto	dio un rodeo.	samaritano$_3$	Pero$_1$	cierto$_2$
2064	2532	1492	492	4541	1161	5100
VAAP-SNM	CLN	VAAP-SNM	VAAI3S	NNSM	CLC	JNSM, RX-NSM

ὁδεύων	ἦλθεν	κατ'	αὐτὸν	καὶ	ἰδὼν	ἐσπλαγχνίσθη,	34 καὶ
que está viajando	vino	--	a él	y	habiendo visto	se compadeció.	Y
3593	2064	2596	846	2532	1492	4697	2532
VPAP-SNM	VAAI3S	P	RP3ASM	CLN	VAAP-SNM	VAPI3S	CLN

προσελθὼν	κατέδησεν	τὰ	τραύματα	αὐτοῦ	ἐπιχέων
habiéndose acercado,	vendó	las	heridas	de él	derramando encima (de ellas)
4334	2611	3588	5134	846	2022
VAAP-SNM	VAAI3S	DAPN	NAPN	RP3GSM	VPAP-SNM

NVI

con todo tu corazón,
con todo tu ser, con
todas tus fuerzas y con
toda tu mente", y: "Ama
a tu prójimo como a ti
mismo".
28 —Bien contestado
—le dijo Jesús—. Haz
eso y vivirás.
29 Pero él quería
justificarse, así que le
preguntó a Jesús:
—¿Y quién es mi
prójimo?
30 Jesús respondió:
—Bajaba un hombre
de Jerusalén a Jericó, y
cayó en manos de unos
ladrones. Le quitaron
la ropa, lo golpearon
y se fueron, deján-
dolo medio muerto.
31 Resulta que viajaba
por el mismo camino
un sacerdote quien, al
verlo, se desvió y siguió
de largo. 32 Así también
llegó a aquel lugar un
levita y, al verlo, se desvió
y siguió de largo. 33 Pero
un samaritano que iba
de viaje llegó adonde
estaba el hombre y,
viéndolo, se compadeció
de él. 34 Se acercó, le curó
las heridas con vino y

RVR

aceite y vino; y poniéndole sobre su propia
cabalgadura, lo llevó a
un mesón, y cuidó de él.
35 Al partir al día
siguiente, sacó dos
denarios, y los dio al
mesonero, y le dijo:
Cuídale; y todo lo que
gastes de más, yo te lo
pagaré cuando regrese.
36 ¿Quién, pues, de estos
tres te parece que fue el
prójimo del que cayó en
manos de los ladrones?
37 Él dijo: El que usó
de misericordia con él.
Entonces Jesús le dijo:
Ve, y haz tú lo mismo.

Jesús visita a Marta y a María

38 Aconteció que yendo
de camino, entró en
una aldea; y una mujer
llamada Marta le recibió
en su casa.
39 Ésta tenía una hermana que se llamaba
María, la cual, sentándose a los pies de Jesús,
oía su palabra.
40 Pero Marta se preocupaba con muchos quehaceres, y acercándose,
dijo: Señor, ¿no te importa que mi hermana

ἔλαιον	καὶ	οἶνον,	ἐπιβιβάσας	δὲ	αὐτὸν	ἐπὶ	τὸ	ἴδιον	κτῆνος
aceite de oliva	y	vino,	habiendo montado$_2$	y$_1$	a él	sobre	la	propia	bestia de carga,
1637	2532	3631	1913	1161	846	1909	3588	2398	2934
NASN	CLN	NASM	VAAP-SNM	CLN	RP3ASM	P	DASN	JASN	NASN

ἤγαγεν	αὐτὸν	εἰς	πανδοχεῖον	καὶ	ἐπεμελήθη	αὐτοῦ.	35 καὶ	ἐπὶ	τὴν
llevó	a él	hacia	una posada	y	cuidó	de él.	Y	a	el
71	846	1519	3829	2532	1959	846	2532	1909	3588
VAAI3S	RP3ASM	P	NASN	CLN	VAPI3S	RP3GSM	CLN	P	DASF

αὔριον	ἐκβαλὼν	δύο	δηνάρια	ἔδωκεν	τῷ	πανδοχεῖ	καὶ	εἶπεν·
día siguiente	habiendo sacado	dos	denarios	dio	al	posadero	y	dijo:
839	1544	1417	1220	1325	3588	3830	2532	2036
B	VAAP-SNM	XN, J	NAPN	VAAI3S	DDSM	NDSM	CLN	VAAI3S

Ἐπιμελήθητι	αὐτοῦ,	καὶ	ὅ	τι	ἂν	προσδαπανήσῃς	ἐγὼ	ἐν
Cuida	de él,	y	lo que	algo	--	gastaras de más	yo,	en
1959	846	2532	3739	5100	302	4325	1473	1722
VAPM2S	RP3GSM	CLN	RR-ASN	RX-ASN	TC	VAAS2S	RP1NS	P

τῷ	ἐπανέρχεσθαί	με	ἀποδώσω	σοι.	36 τίς	τούτων	τῶν	τριῶν
el	regresar	de mí,	devolveré	a ti.	¿Quién	de estos	--	tres
3588	1880	3165	591	4671	5101	5130	3588	5140
DDSN, DDSM	VPUN	RP1AS	VFAI1S	RP2DS	RI-NSM	RD-GPM	DGPM	JGPM

πλησίον	δοκεῖ	σοι	γεγονέναι	τοῦ	ἐμπεσόντος	εἰς	τοὺς	λῃστάς;
prójimo$_4$	parece$_1$	a ti$_2$	haber sido$_3$	del	que habiendo caído (cayó)	entre	los	asaltantes?
4139	1380	4671	1096	3588	1706	1519	3588	3027
B	VPAI3S	RP2DS	VRAN	DGSM	VAAP-SGM	P	DAPM	NAPM

37 ὁ	δὲ	εἶπεν·	Ὁ	ποιήσας	τὸ	ἔλεος	μετ᾽	αὐτοῦ.	εἶπεν	δὲ
--$_2$	Y$_1$	dijo:	El	habiendo hecho	--	misericordia	con	él.	dijo$_4$	Y$_1$
3588	1161	2036	3588	4160	3588	1656	3326	846	2036	1161
DNSM	CLN	VAAI3S	DNSM	VAAP-SNM	DASN	NASN	P	RP3GSM	VAAI3S	CLN

αὐτῷ	ὁ	Ἰησοῦς·	Πορεύου	καὶ	σὺ	ποίει	ὁμοίως.
a él:$_5$	--$_2$	Jesús$_3$	Ve	y	tú	haz	igualmente.
846	3588	2424	4198	2532	4771	4160	3668
RP3DSM	DNSM	NNSM	VPUM2S	CLN	RP2NS	VPAM2S	B

38 Ἐν	δὲ	τῷ	πορεύεσθαι	αὐτοὺς	αὐτὸς	εἰσῆλθεν	εἰς
en$_2$	Y$_1$	el	irse	ellos	él	entró	en
1722	1161	3588	4198	846	846	1525	1519
P	CLT	DDSN, DDSM	VPUN	RP3APM	RP3NSM	VAAI3S	P

κώμην	τινά·	γυνὴ	δέ	τις	ὀνόματι	Μάρθα	ὑπεδέξατο
una aldea;$_2$	cierta$_1$	mujer$_5$	y$_3$	una$_4$	(de) nombre	Marta	hospedó
2968	5100	1135	1161	5100	3686	3136	5264
NASF	JASF, RX-ASM	NNSF	CLN	JNSF, RX-NSF	NDSN	NNSF	VAMI3S

αὐτόν.	39 καὶ	τῇδε	ἦν	ἀδελφὴ	καλουμένη	Μαριάμ,	ἣ
a él.	Y	para esta	había (tenía)	una hermana	siendo llamada	María,	la cual
846	2532	3592	2258	79	2564	3137	3739
RP3ASM	CLN	RD-DSF	VIAI3S	NNSF	VPPP-SNF	NNSF, XP	RR-NSF

καὶ	παρακαθεσθεῖσα	πρὸς	τοὺς	πόδας	τοῦ	Ἰησοῦ	ἤκουεν	τὸν
también	habiéndose sentado	frente	a los	pies	de --	Jesús,	oía	la
2532	3869	4314	3588	4228	3588	2424	191	3588
BE, TE	VAPP-SNF	P	DAPM	NAPM	DGSM	NGSM	VIAI3S	DASM

λόγον	αὐτοῦ.	40 ἡ	δὲ	Μάρθα	περιεσπᾶτο	περὶ	πολλὴν
palabra	de él.	--$_2$	Pero$_1$	Marta	estaba ocupada por completo	con	mucho
3056	846	3588	1161	3136	4049	4012	4183
NASM	RP3GSM	DNSF	CLC	NNSF	VIPI3S	P	JASF

διακονίαν·	ἐπιστᾶσα	δὲ	εἶπεν·	Κύριε,	οὐ	μέλει	σοι	ὅτι	ἡ	ἀδελφή
servicio;	presentándose$_2$	y$_1$	dijo:	Señor,	¿no	importa	a ti	que	la	hermana
1248	2186	1161	2036	2962	3756	3199	4671	3754	3588	79
NASF	VAAP-SNF	CLN	VAAI3S	NVSM	BN, TN	VPAI3S	RP2DS	CSC	DNSF	NNSF

NVI

aceite, y se las vendó.
Luego lo montó sobre
su propia cabalgadura,
lo llevó a un alojamiento
y lo cuidó. 35 Al día siguiente, sacó dos monedas de plata y se las dio al
dueño del alojamiento.
"Cuídemelo —le dijo—, y lo que gaste usted de
más, se lo pagaré cuando
yo vuelva". 36 ¿Cuál de
estos tres piensas que
demostró ser el prójimo
del que cayó en manos
de los ladrones?
37 —El que se compadeció de él —contestó el
experto en la ley.
—Anda entonces y
haz tú lo mismo —concluyó Jesús.

En casa de Marta y María

38 Mientras iba de camino con sus discípulos,
Jesús entró en una aldea,
y una mujer llamada
Marta lo recibió en su
casa. 39 Tenía ella una
hermana llamada María
que, sentada a los pies
del Señor, escuchaba lo
que él decía. 40 Marta,
por su parte, se sentía
abrumada porque tenía
mucho que hacer. Así
que se acercó a él y le
dijo:
—Señor, ¿no te importa que mi hermana

RVR

me deje servir sola? Dile, pues, que me ayude.
41 Respondiendo Jesús, le dijo: Marta, Marta, estás preocupada y acongojada con muchas cosas.
42 Pero sólo una cosa es necesaria; y María ha escogido la parte buena, la cual no le será quitada.

Jesucristo y la oración

11 Aconteció que estaba Jesús orando en un lugar, y cuando terminó, uno de sus discípulos le dijo: Señor, enséñanos a orar, como también Juan enseñó a sus discípulos.
2 Y les dijo: Cuando oréis, decid: Padre nuestro que estás en los cielos, santificado sea tu nombre. Venga tu reino. Hágase tu voluntad, como en el cielo, así también en la tierra.
3 El pan nuestro de cada día, dánoslo hoy.
4 Y perdónanos nuestros pecados, porque también nosotros perdonamos a todos los que nos deben. Y no nos metas en tentación, mas líbranos del mal.

μου	μόνην	με	κατέλειπεν	διακονεῖν;	εἰπὲ	οὖν	αὐτῇ	ἵνα	μοι
de mí	sola$_3$	a mí?$_4$	dejó$_1$	para servir$_2$	Di,	pues,	a ella	para que	a mí.$_2$
3450	3441	3165	2641	1247	2036	3767	846	2443	3427
RP1GS	*JASF*	*RP1AS*	*VAAI3S*	*VPAN*	*VAAM2S*	*CLI*	*RP3DSF*	*CSC*	*RP1DS*

συναντιλάβηται.	41 ἀποκριθεὶς	δὲ	εἶπεν	αὐτῇ	ὁ	κύριος·	Μάρθα
ayudara$_1$	respondiendo$_2$	Y$_1$	dijo$_5$	a ella:$_6$	el$_3$	Señor$_4$	Marta,
4878	611	1161	2036	846	3588	2962	3136
VAMS3S	*VAPP-SNM*	*CLC*	*VAAI3S*	*RP3DSF*	*DNSM*	*NNSM*	*NVSF*

Μάρθα,	μεριμνᾷς	καὶ	θορυβάζῃ	περὶ	πολλά,	42 ὀλίγων	δέ	ἐστιν
Marta,	te preocupas	e	inquitas	acerca de	muchas cosas.	de poco$_2$	Pero$_1$	hay
3136	3309	2532	5182	4012	4183	3641	1161	2076
NVSF	*VPAI2S*	*CLN*	*VPPI2S*	*P*	*JAPN*	*JGPN*	*CLC*	*VPAI3S*

χρεία	ἢ	ἑνός·	Μαριὰμ	γὰρ	τὴν	ἀγαθὴν	μερίδα	ἐξελέξατο	ἥτις
necesidad	o	de una cosa;	María$_2$	porque$_1$	la$_4$	buena$_5$	parte,$_6$	escogió$_3$	la cual
5532	2228	1520	3137	1063	3588	18	3310	1586	3748
NNSF	*T*	*JGSN*	*NNSF, XP*	*CLX*	*DASF*	*JASF*	*NASF*	*VAMI3S*	*RR-NSF*

οὐκ	ἀφαιρεθήσεται	αὐτῆς.
no	será quitada	de ella.
3756	851	846
BN, TN	*VFPI3S*	*RP3GSF*

11 Καὶ	ἐγένετο	ἐν	τῷ	εἶναι	αὐτὸν	ἐν	τόπῳ	τινὶ
Y	sucedió que	en	el	estar	él	en	lugar$_2$	cierto$_1$
2532	1096	1722	3588	1511	846	1722	5117	5100
CLN	*VAMI3S*	*P*	*DDSN, DDSM*	*VPAN*	*RP3ASM*	*P*	*NDSM*	*JDSM, RX-DSM*

προσευχόμενον,	ὡς	ἐπαύσατο,	εἶπέν	τις	τῶν	μαθητῶν	αὐτοῦ
orando,	cuando	cesó,	dijo	uno	de los	discípulos	de él
4336	5613	3973	2036	5100	3588	3101	846
VPUP-SAM	*CAT*	*VAMI3S*	*VAAI3S*	*RX-NSM*	*DGPM*	*NGPM*	*RP3GSM*

πρὸς	αὐτόν·	Κύριε,	δίδαξον	ἡμᾶς	προσεύχεσθαι,	καθὼς	καὶ
a	él:	Señor,	enseña	a nosotros	a orar	como	también
4314	846	2962	1321	2248	4336	2531	2532
P	*RP3ASM*	*NVSM*	*VAAM2S*	*RP1AP*	*VPUN*	*CAM*	*BE, TE*

Ἰωάννης	ἐδίδαξεν	τοὺς	μαθητὰς	αὐτοῦ.	2 εἶπεν	δὲ	αὐτοῖς·	Ὅταν
Juan	enseñó	a los	discípulos	de él.	dijo$_2$	Y$_1$	a ellos:	Cuando
2491	1321	3588	3101	846	2036	1161	846	3752
NNSM	*VAAI3S*	*DAPM*	*NAPM*	*RP3GSM*	*VAAI3S*	*CLN*	*RP3DPM*	*CAT*

προσεύχησθε,	λέγετε·	⸀Πάτερ,	ἁγιασθήτω	τὸ	ὄνομά	σου·	ἐλθέτω	ἡ
oréis	decid:	Padre,	sea santificado,$_4$	el$_1$	nombre$_2$	de ti$_3$	venga;$_8$	el$_5$
4336	3004	3962	37	3588	3686	4675	2064	3588
VPUS2P	*VPAM2P*	*NVSM*	*VAPM3S*	*DNSN*	*NNSN*	*RP2GS*	*VAAM3S*	*DNSF*

βασιλεία	⸀¹σου·	3 τὸν	ἄρτον	ἡμῶν	τὸν	ἐπιούσιον	δίδου	ἡμῖν	τὸ
reino$_6$	de ti$_7$	el$_2$	pan$_3$	nuestro$_4$	--$_5$	diario$_6$	da$_1$	a nosotros	--
932	4675	3588	740	2257	3588	1967	1325	2254	3588
NNSF	*RP2GS*	*DASM*	*NASM*	*RP1GP*	*DASM*	*JASM*	*VPAM2S*	*RP1DP*	*DASN*

καθ’	ἡμέραν·	4 καὶ	ἄφες	ἡμῖν	τὰς	ἁμαρτίας	ἡμῶν,	καὶ	γὰρ
cada	día;	y	perdona	a nosotros	los	pecados	de nosotros,	también$_2$	porque$_1$
2596	2250	2532	863	2254	3588	266	2257	2532	1063
P	*NASF*	*CLN*	*VAAM2S*	*RP1DP*	*DAPF*	*NAPF*	*RP1GP*	*BE, TE*	*CAZ*

αὐτοὶ	ἀφίομεν	παντὶ	ὀφείλοντι	ἡμῖν·	καὶ	μὴ	εἰσενέγκῃς
(nosotros) mismos	perdonamos	a todos	los que están debiendo	a nosotros;	y	no	metas
846	863	3956	3784	2254	2532	3361	1533
RP3NPMP	*VPAI1P*	*JDSM*	*VPAP-SDM*	*RP1DP*	*CLN*	*BN, TN*	*VAAS2S*

ἡμᾶς	εἰς	⸀πειρασμόν.
a nosotros	hacia	(la) tentación.
2248	1519	3986
RP1AP	*P*	*NASM*

NVI

me haya dejado sirviendo sola? ¡Dile que me ayude!
41 —Marta, Marta —le contestó Jesús—, estás inquieta y preocupada por muchas cosas, 42 pero solo una es necesaria. María ha escogido la mejor, y nadie se la quitará.

Jesús enseña sobre la oración

11 Un día estaba Jesús orando en cierto lugar. Cuando terminó, le dijo uno de sus discípulos:

—Señor, enséñanos a orar, así como Juan enseñó a sus discípulos.

2 Él les dijo:

—Cuando oren, digan:

»“Padre,
santificado sea tu nombre.
Venga tu reino.
3 Danos cada día nuestro pan cotidiano.
4 Perdónanos nuestros pecados,
porque también nosotros perdonamos a todos los que nos ofenden.
Y no nos metas en tentación”.

11:2 ⸀ Manuscritos inferiores aumentaron *nuestro que estás en los cielos.* **11:2** ⸀¹ Manuscritos inferiores aumentaron *que se haga tu voluntad como en el cielo también sobre la tierra.* **11:4** ⸀ Manuscritos inferiores aumentaron *líbranos de el maligno.*

RVR

5 Les dijo también:
¿Quién de vosotros que
tenga un amigo, va a él
a medianoche y le dice:
Amigo, préstame tres
panes,
6 porque un amigo mío
ha venido a mí de viaje,
y no tengo qué ponerle
delante;
7 y aquél, respondiendo
desde adentro, le dice:
No me molestes; la
puerta ya está cerrada, y
mis niños están conmi-
go en cama; no puedo
levantarme, y dártelos?
8 Os digo, que aunque
no se levante a dárselos
por ser su amigo, sin
embargo por su impor-
tunidad se levantará
y le dará todo lo que
necesite.
9 Y yo os digo: Pedid,
y se os dará; buscad, y
hallaréis; llamad, y se os
abrirá.
10 Porque todo aquel
que pide, recibe; y el
que busca, halla; y al
que llama, se le abrirá.
11 ¿Qué padre de voso-
tros, si su hijo le pide
pan, le dará una piedra?;
¿o si pescado, en lugar
de pescado, le dará una
serpiente?
12 ¿O si le pide
un huevo,

5 Καὶ	εἶπεν	πρὸς	αὐτούς·	Τίς	ἐξ	ὑμῶν	ἕξει	φίλον	καὶ
También	dijo	a	ellos:	¿Quién	de	vosotros	tendrá	un amigo	e
2532	2036	4314	846	5101	1537	5216	2192	5384	2532
CLN	VAAI3S	P	RP3APM	RI-NSM	P	RP2GP	VFAI3S	JASM	CLN

πορεύσεται	πρὸς	αὐτὸν	μεσονυκτίου	καὶ	εἴπῃ	αὐτῷ·	Φίλε,	χρῆσόν
irá	a	él	a media noche	y	dijera	a él:	Amigo,	presta
4198	4314	846	3317	2532	2036	846	5384	5531
VFMI3S	P	RP3ASM	NGSN	CLN	VAAS3S	RP3DSM	NVSM, JVSM	VAAM2S

μοι	τρεῖς	ἄρτους,	6 ἐπειδὴ	φίλος	μου	παρεγένετο	ἐξ	ὁδοῦ
a mí	tres	panes,	puesto que	un amigo	de mí	llegó	de	camino
3427	5140	740	1894	5384	3450	3854	1537	3598
RP1DS	JAPM	NAPM	CAZ	JNSM	RP1GS	VAMI3S	P	NGSF

πρός	με	καὶ	οὐκ	ἔχω	ὃ	παραθήσω	αὐτῷ·	7 κἀκεῖνος	ἔσωθεν
a	mí	y	no	tengo	lo que	ofrecer	para él;	y aquel	desde dentro
4314	3165	2532	3756	2192	3739	3908	846	2548	2081
P	RP1AS	CLN	BN, TN	VPAI1S	RR-ASN	VFAI1S	RP3DSM	RD-NSM, CLN	BP

ἀποκριθεὶς	εἴπῃ·	Μή	μοι	κόπους	πάρεχε·	ἤδη	ἡ	θύρα	κέκλεισται,
respondiendo	dijera:	No	a mí$_3$	molestias$_2$	causes$_1$	ya	la	puerta	ha sido cerrada
611	2036	3361	3427	2873	3930	2235	3588	2374	2808
VAPP-SNM	VAAS3S	BN, TN	RP1DS	NAPM	VPAM2S	B	DNSF	NNSF	VRPI3S

καὶ	τὰ	παιδία	μου	μετ'	ἐμοῦ	εἰς	τὴν	κοίτην	εἰσίν·	οὐ	δύναμαι
y	los	niñitos	de mí	con$_2$	mí$_3$	en$_4$	la$_5$	cama;$_6$	están$_1$	no	puedo
2532	3588	3813	3450	3326	1700	1519	3588	2845	1526	3756	1410
CLN	DNPN	NNPN	RP1GS	P	RP1GS	P	DASF	NASF	VPAI3P	BN, TN	VPUI1S

ἀναστὰς	δοῦναί	σοι.	8 λέγω	ὑμῖν,	εἰ	καὶ	οὐ	δώσει	αὐτῷ
habiéndome levantado	dar	a ti?	Digo	a vosotros	--	aunque	no$_2$	dará$_3$	a él,$_4$
450	1325	4671	3004	5213	1487	2532	3756	1325	846
VAAP-SNM	VAAN	RP2DS	VPAI1S	RP2DP	CAC	CAN, B	BN, TN	VFAI3S	RP3DSM

ἀναστὰς	διὰ	τὸ	εἶναι	φίλον	αὐτοῦ,	διά	γε	τὴν
habiéndose levantado$_1$	por causa de	--	ser	amigo	de él,	por$_2$	ciertamente$_1$	la
450	1223	3588	1511	5384	846	1223	1065	3588
VAAP-SNM	P	DASN	VPAN	JASM	RP3GSM	P	TE	DASF

ἀναίδειαν	αὐτοῦ	ἐγερθεὶς	δώσει	αὐτῷ	ὅσων	χρῄζει.
impertinencia	de él	habiéndose levantado	dará	a él	cuanto	necesita.
335	846	1453	1325	846	3745	5535
NASF	RP3GSM	VAPP-SNM	VFAI3S	RP3DSM	RK-GPN	VPAI3S

9 Κἀγὼ	ὑμῖν	λέγω,	αἰτεῖτε,	καὶ	δοθήσεται	ὑμῖν·	ζητεῖτε,
Y yo	a vosotros	digo:	pedid	y	será dado	a vosotros,	buscad
2504	5213	3004	154	2532	1325	5213	2212
RP1NS, CLN	RP2DP	VPAI1S	VPAM2P	CLN	VFPI3S	RP2DP	VPAM2P

καὶ	εὑρήσετε·	κρούετε,	καὶ	ἀνοιγήσεται	ὑμῖν·	10 πᾶς	γὰρ	ὁ
y	encontraréis,	llamad	y	se abrirá	a vosotros;	todo$_2$	porque$_1$	el que
2532	2147	2925	2532	455	5213	3956	1063	3588
CLN	VFAI2P	VPAM2P	CLN	VFPI3S	RP2DP	JNSM	CAZ	DNSM

αἰτῶν	λαμβάνει,	καὶ	ὁ	ζητῶν	εὑρίσκει,	καὶ	τῷ	κρούοντι
está pidiendo	recibe	y	el que	está buscando	encuentra,	y	al que	está llamando
154	2983	2532	3588	2212	2147	2532	3588	2925
VPAP-SNM	VPAI3S	CLN	DNSM	VPAP-SNM	VPAI3S	CLN	DDSM	VPAP-SDM

ἀνοιγήσεται.	11 τίνα	δὲ	ἐξ	ὑμῶν	τὸν	πατέρα	αἰτήσει	ὁ	υἱὸς
será abierto.	a qué$_2$	¿Y$_1$	de (entre)$_4$	vosotros$_5$	--	padre$_3$	pedirá$_8$	el$_6$	hijo$_7$
455	5101	1161	1537	5216	3588	3962	154	3588	5207
VFPI3S	RI-ASM	CLN	P	RP2GP	DASM	NASM	VFAI3S	DNSM	NNSM

ἰχθύν,	καὶ	ἀντὶ	ἰχθύος	ὄφιν	αὐτῷ	ἐπιδώσει;	12 ἢ	καὶ
un pescado	y	en lugar de	un pescado	una serpiente$_2$	a él	dará$_1$	¿O	si
2486	2532	473	2486	3789	846	1929	2228	2532
NASM	CLN	P	NGSM	NASM	RP3DSM	VFAI3S	CLD	BE, TE

NVI

5 »Supongamos —
continuó— que uno de
ustedes tiene un amigo,
y a medianoche va y le
dice: "Amigo, préstame
tres panes, 6 pues se me
ha presentado un amigo
recién llegado de viaje,
y no tengo nada que
ofrecerle". 7 Y el que está
adentro le contesta:
"No me molestes. Ya
está cerrada la puerta, y
mis hijos y yo estamos
acostados. No puedo le-
vantarme a darte nada".
8 Les digo que, aunque
no se levante a darle pan
por ser amigo suyo, sí se
levantará por su imper-
tinencia y le dará cuanto
necesite.
9 »Así que yo les digo:
Pidan, y se les dará;
busquen, y encontrarán;
llamen, y se les abrirá la
puerta. 10 Porque todo
el que pide recibe; el que
busca encuentra; y al
que llama, se le abre.
11 »¿Quién de
ustedes que sea padre,
si su hijo le pide un pes-
cado, le dará en cambio
una serpiente? 12 ¿O,
si le pide un huevo,

RVR

le dará un escorpión?
13 Pues si vosotros, siendo malos, sabéis dar buenas dádivas a vuestros hijos, ¿cuánto más vuestro Padre celestial dará el Espíritu Santo a los que se lo pidan?

Una casa dividida contra sí misma

14 Estaba Jesús echando fuera un demonio, que era mudo; y aconteció que salido el demonio, el mudo habló; y la gente se maravilló.
15 Pero algunos de ellos dijeron: Por Beelzebú, príncipe de los demonios, echa fuera los demonios.
16 Otros, para tentarle, le pedían señal del cielo.
17 Mas él, sabiendo los pensamientos de ellos, les dijo: Todo reino dividido contra sí mismo, es asolado; y una casa dividida contra sí misma, cae.
18 Y si también Satanás está dividido contra sí mismo, ¿cómo permanecerá en pie su reino?, ya que decís que por Beelzebú echo yo fuera los demonios.
19 Pues si yo echo fuera los demonios por Beelzebú, ¿por quién los echan vuestros hijos fuera? Por tanto, ellos serán vuestros jueces.

αἰτήσει	ᾠόν,	ἐπιδώσει	αὐτῷ	σκορπίον;	13 εἰ	οὖν	ὑμεῖς	πονηροὶ
pedirá	un huevo	dará	a él	un escorpión?	si$_2$	Pues$_1$	vosotros$_3$	malos$_5$
154	5609	1929	846	4651	1487	3767	5210	4190
VFAI3S	NASN	VFAI3S	RP3DSM	NASM	CAC	CLI	RP2NP	JNPM

ὑπάρχοντες	οἴδατε	δόματα	ἀγαθὰ	διδόναι	τοῖς	τέκνοις	ὑμῶν,	πόσῳ
siendo$_4$	sabéis$_6$	dones$_9$	buenos$_8$	dar$_7$	a los	hijos	de vosotros,	cuánto
5225	1492	1390	18	1325	3588	5043	5216	4214
VPAP-PNM	VRAI2P	NAPN	JAPN	VPAN	DDPN	NDPN	RP2GP	RI-DSN

μᾶλλον	ὁ	πατὴρ	ὁ	ἐξ	οὐρανοῦ	δώσει	πνεῦμα	ἅγιον	τοῖς
más	el	Padre	--	del	cielo	dará	(el) Espíritu	Santo	a los
3123	3588	3962	3588	1537	3772	1325	4151	40	3588
B	DNSM	NNSM	DNSM	P	NGSM	VFAI3S	NASN	JASN	DDPM

αἰτοῦσιν	αὐτόν.
que están pidiendo	a él.
154	846
VPAP-PDM	RP3ASM

14 Καὶ	ἦν	ἐκβάλλων	δαιμόνιον	κωφόν·	ἐγένετο	δὲ	τοῦ	δαιμονίου
Y	estaba	echando fuera	un demonio	mudo	sucedió que$_2$	y$_1$	el$_4$	demonio$_5$
2532	2258	1544	1140	2974	1096	1161	3588	1140
CLN	VIAI3S	VPAP-SNM	NASN	JNSN	VAMI3S	CLN	DGSN	NGSN

ἐξελθόντος	ἐλάλησεν	ὁ	κωφός.	καὶ	ἐθαύμασαν	οἱ	ὄχλοι.	15 τινὲς
habiendo salido$_3$	habló;$_8$	el$_6$	mudo$_7$	y	se admiraron	las	multitudes.	algunos$_2$
1831	2980	3588	2974	2532	2296	3588	3793	5100
VAAP-SGN	VAAI3S	DNSM	JNSM	CLN	VAAI3P	DNPM	NNPM	RX-NPM

δὲ	ἐξ	αὐτῶν	εἶπον·	Ἐν	Βεελζεβοὺλ	τῷ	ἄρχοντι	τῶν	δαιμονίων
Pero$_1$	de	de ellos	dijeron:	Por	Beelzebú,	el	jefe	de los	demonios,
1161	1537	846	2036	1722	954	3588	758	3588	1140
CLC	P	RP3GPM	VAAI3P	P	NDSM, XP	DDSM	NDSM	DGPN	NGPN

ἐκβάλλει	τὰ	δαιμόνια·	16 ἕτεροι	δὲ	πειράζοντες	σημεῖον	ἐξ	οὐρανοῦ
expulsa	a los	demonios.	otros,$_2$	Y$_1$	probando,	una señal$_4$	del$_5$	cielo$_6$
1544	3588	1140	2087	1161	3985	4592	1537	3772
VPAI3S	DAPN	NAPN	JNPM	CLN	VPAP-PNM	NASN	P	NGSM

ἐζήτουν	παρ'	αὐτοῦ.	17 αὐτὸς	δὲ	εἰδὼς	αὐτῶν	τὰ	διανοήματα
buscaban$_1$	de$_2$	él$_3$	él$_2$	Pero$_1$	habiendo sabido$_3$	de ellos$_6$	los$_4$	pensamientos$_5$
2212	3844	846	846	1161	1492	846	3588	1270
VIAI3P	P	RP3GSM	RP3NSMP	CLC	VRAP-SNM	RP3GPM	DAPN	NAPN

εἶπεν	αὐτοῖς·	Πᾶσα	βασιλεία	ἐφ'	ἑαυτὴν	διαμερισθεῖσα
dijo	a ellos:	Todo	reino	contra	sí mismo	habiendo sido dividido
2036	846	3956	932	1909	1438	1266
VAAI3S	RP3DPM	JNSF	NNSF	P	RF3ASF	VAPP-SNF

ἐρημοῦται,	καὶ	οἶκος	ἐπὶ	οἶκον	πίπτει.	18 εἰ	δὲ	καὶ	ὁ	Σατανᾶς
queda asolado	y	casa	contra	casa	cae.	si$_2$	Y$_1$	también	--	Satanás
2049	2532	3624	1909	3624	4098	1487	1161	2532	3588	4567
VPPI3S	CLN	NNSM	P	NASM	VPAI3S	CAC	CLN	BE, TE	DNSM	NNSM

ἐφ'	ἑαυτὸν	διεμερίσθη,	πῶς	σταθήσεται	ἡ	βασιλεία	αὐτοῦ;	ὅτι
contra	sí mismo	fue dividido,	¿cómo	se mantendrá en pie	el	reino	de él?	Porque
1909	1438	1266	4459	2476	3588	932	846	3754
P	RF3ASM	VAPI3S	BI	VFPI3S	DNSF	NNSF	RP3GSM	CAZ

λέγετε	ἐν	Βεελζεβοὺλ	ἐκβάλλειν	με	τὰ	δαιμόνια.	19 εἰ	δὲ
decís	por	Beelzebú	echar fuera	yo	a los	demonios.	si$_2$	Pero$_1$
3004	1722	954	1544	3165	3588	1140	1487	1161
VPAI2P	P	NDSM, XP	VPAN	RP1AS	DAPN	NAPN	CAC	CLN

ἐγὼ	ἐν	Βεελζεβοὺλ	ἐκβάλλω	τὰ	δαιμόνια,	οἱ	υἱοὶ	ὑμῶν	ἐν
yo	por	Beelzebú	echo fuera	los	demonios,	los	hijos	de vosotros	por
1473	1722	954	1544	3588	1140	3588	5207	5216	1722
RP1NS	P	NDSM, XP	VPAI1S	DAPN	NAPN	DNPM	NNPM	RP2GP	P

NVI

le dará un escorpión?
13 Pues, si ustedes, aun siendo malos, saben dar cosas buenas a sus hijos, ¡cuánto más el Padre celestial dará el Espíritu Santo a quienes se lo pidan!»

Jesús y Beelzebú

14 En otra ocasión Jesús expulsaba de un hombre a un demonio que lo había dejado mudo. Cuando salió el demonio, el mudo habló, y la gente se quedó asombrada.
15 Pero algunos dijeron: «Este expulsa a los demonios por medio de Beelzebú, príncipe de los demonios».
16 Otros, para ponerlo a prueba, le pedían una señal del cielo.
17 Como él conocía sus pensamientos, les dijo: «Todo reino dividido contra sí mismo quedará asolado, y una casa dividida contra sí misma se derrumbará.
18 Por tanto, si Satanás está dividido contra sí mismo, ¿cómo puede mantenerse en pie su reino? Lo pregunto porque ustedes dicen que yo expulso a los demonios por medio de Beelzebú.
19 Ahora bien, si yo expulso a los demonios por medio de Beelzebú, ¿los seguidores de ustedes por medio de quién los expulsan? Por eso ellos mismos los juzgarán a ustedes.

RVR

20 Mas si por
el dedo de Dios echo yo
fuera los demonios, en-
tonces el reino de Dios
ha llegado a vosotros.
21 Cuando el hombre
fuerte armado guarda
su palacio, en paz está lo
que posee.
22 Pero cuando viene
otro más fuerte que él y
le vence, le quita todas
sus armas en que había
confiado y reparte el
botín.
23 El que no está conmi-
go, contra mí está; y el
que conmigo no recoge,
desparrama.

El espíritu inmundo que vuelve

24 Cuando el espíritu
inmundo sale del hom-
bre, anda vagando por
lugares secos, buscando
reposo; y no hallándolo,
dice: Volveré a mi casa
de donde salí.
25 Y cuando llega, la ha-
lla barrida y en orden.
26 Entonces va, y toma
consigo otros siete
espíritus peores que él;
y entrados, habitan allí;
y el estado final de aquel
hombre viene a ser peor
que el primero.

τίνι ἐκβάλλουσιν; διὰ τοῦτο αὐτοὶ ὑμῶν κριταὶ ἔσονται. 20 εἰ
qué | echan fuera? | Por | esto | ellos | de vosotros$_3$ | jueces$_2$ | serán$_1$ | si$_2$
5101 1544 1223 5124 846 5216 2923 2071 1487
RI-DSM VPAI3P P RD-ASN RP3NPM RP2GP NNPM VFMI3P CAC

δὲ ἐν δακτύλῳ θεοῦ ἐκβάλλω τὰ δαιμόνια, ἄρα ἔφθασεν ἐφ᾽
Pero$_1$ | por | (el) dedo | de Dios | echo fuera | los | demonios, | entonces | llegó$_5$ | a$_6$
1161 1722 1147 2316 1544 3588 1140 686 5348 1909
CLC P NDSM NGSM VPAI1S DAPN NAPN CLI VAAI3S P

ὑμᾶς ἡ βασιλεία τοῦ θεοῦ. 21 ὅταν ὁ ἰσχυρὸς καθωπλισμένος
vosotros$_7$ | el$_1$ | reino$_2$ | de --$_3$ | Dios$_4$ | Cuando | el | fuerte | armado
5209 3588 932 3588 2316 3752 3588 2478 2528
RP2AP DNSF NNSF DGSM NGSM CAT DNSM JNSM VRPP-SNM

φυλάσσῃ τὴν ἑαυτοῦ αὐλήν, ἐν εἰρήνῃ ἐστὶν τὰ ὑπάρχοντα
custodie | el | de sí mismo,$_2$ | palacio$_1$ | en$_7$ | paz.$_8$ | están$_6$ | los$_3$ | bienes$_4$
5442 3588 1438 833 1722 1515 2076 3588 5224
VPAS3S DASF RF3GSM NASF P NDSF VPAI3S DNPN VPAP-PNN

αὐτοῦ· 22 ἐπὰν δὲ ἰσχυρότερος αὐτοῦ ἐπελθὼν νικήσῃ αὐτόν,
de él$_5$ | cuando$_2$ | Pero$_1$ | uno más fuerte | que él | habiendo venido | venciera | a él,
846 1875 1161 2478 846 1904 3528 846
RP3GSM CAT CLC JNSMC RP3GSM VAAP-SNM VAAS3S RP3ASM

τὴν πανοπλίαν αὐτοῦ αἴρει ἐφ᾽ ᾗ ἐπεποίθει, καὶ τὰ σκῦλα αὐτοῦ
la$_2$ | armadura$_3$ | de él,$_4$ | quita$_1$ | en$_5$ | la cual$_6$ | ha confiado,$_7$ | y$_8$ | los$_{10}$ | despojos$_{11}$ | de él.$_{12}$
3588 3833 846 142 1909 3739 3982 2532 3588 4661 846
DASF NASF RP3GSM VPAI3S P RR-DSF VLAI3S CLN DAPN NAPN RP3GSM

διαδίδωσιν. 23 ὁ μὴ ὢν μετ᾽ ἐμοῦ κατ᾽ ἐμοῦ ἐστιν, καὶ
reparte$_9$ | El que | no | está | con | mí | contra | mí | está, | y
1239 3588 3361 5607 3326 1700 2596 1700 2076 2532
VPAI3S DNSM BN, TN VPAP-SNM P RP1GS P RP1GS VPAI3S CLN

ὁ μὴ συνάγων μετ᾽ ἐμοῦ σκορπίζει.
el que | no | está recogiendo | con | mí, | dispersa.
3588 3361 4863 3326 1700 4650
DNSM BN, TN VPAP-SNM P RP1GS VPAI3S

24 Ὅταν τὸ ἀκάθαρτον πνεῦμα ἐξέλθῃ ἀπὸ τοῦ ἀνθρώπου,
Cuando | el | inmundo$_2$ | espíritu$_1$ | saliera | de | el | ser humano,
3752 3588 169 4151 1831 575 3588 444
CAT DNSN JNSN NNSN VAAS3S P DGSM NGSM

διέρχεται δι᾽ ἀνύδρων τόπων ζητοῦν ἀνάπαυσιν, καὶ μὴ εὑρίσκον
atraviesa | por | secos$_2$ | lugares$_1$ | buscando | reposo | y | no | encontrando
1330 1223 504 5117 2212 372 2532 3361 2147
VPUI3S P JGPM NGPM VPAP-SNN NASF CLN BN, TN VPAP-SNN

λέγει· Ὑποστρέψω εἰς τὸν οἶκόν μου ὅθεν ἐξῆλθον· 25 καὶ
dice: | Regresaré | a | la | casa | de mí | de donde | salí; | y
3004 5290 1519 3588 3624 3450 3606 1831 2532
VPAI3S VFAI1S P DASM NASM RP1GS CAL, B VAAI1S CLN

ἐλθὸν εὑρίσκει σεσαρωμένον καὶ κεκοσμημένον. 26 τότε
habiendo llegado | (la) encuentra | barrida | y | embellecida. | Entonces
2064 2147 4563 2532 2885 5119
VAAP-SNN VPAI3S VRPP-SAM CLN VRPP-SAM B

πορεύεται καὶ παραλαμβάνει ἕτερα πνεύματα πονηρότερα ἑαυτοῦ
va | y | toma consigo | a otros | espíritus$_2$ | más malos que$_3$ | sí mismo$_4$
4198 2532 3880 2087 4151 4190 1438
VPUI3S CLN VPAI3S JAPN NAPN JAPNC RF3GSN

ἑπτά, καὶ εἰσελθόντα κατοικεῖ ἐκεῖ, καὶ γίνεται τὰ ἔσχατα
siete$_1$ | y | habiendo entrado | moran | allí; | y | llega a ser que | las | últimas (condiciones)
2033 2532 1525 2730 1563 2532 1096 3588 2078
XN, J CLN VAAP-PNN VPAI3S BP CLN VPUI3S DNPN JNPN

NVI

20 Pero, si expulso a los
demonios con el poder
de Dios, eso significa
que ha llegado a ustedes
el reino de Dios.
21 »Cuando un hom-
bre fuerte y bien armado
cuida su hacienda, sus
bienes están seguros.
22 Pero, si lo ataca otro
más fuerte que él y lo
vence, le quita las armas
en que confiaba y repar-
te el botín.
23 »El que no está de
mi parte, está contra
mí; y el que conmigo no
recoge, esparce.
24 »Cuando un
espíritu maligno sale
de una persona, va por
lugares áridos buscando
un descanso. Y, al no en-
contrarlo, dice: "Volveré
a mi casa, de donde
salí". 25 Cuando llega,
la encuentra barrida y
arreglada. 26 Luego va y
trae otros siete espíritus
más malvados que él,
y entran a vivir allí. Así
que el estado final de
aquella persona resulta
peor que el inicial».

RVR

Los que en verdad son bienaventurados

27 Mientras él decía
estas cosas, una mujer
de entre la multitud
levantó la voz y le dijo:
Bienaventurado el
vientre que te llevó, y los
senos que te criaron.
28 Y él dijo:
Bienaventurados más
bien los que oyen la
palabra de Dios, y la
guardan.

La generación perversa demanda señal

29 Y apiñándose las
multitudes, comenzó a
decir: Esta generación
es mala; busca una se-
ñal, pero ninguna señal
le será dada, sino la señal
de Jonás.
30 Porque así como
Jonás vino a ser una
señal para los ninivitas,
también lo será el Hijo
del Hombre para esta
generación.
31 La reina del Sur se
levantará en el juicio
con los hombres de
esta generación, y los
condenará; porque ella
vino de los confines
de la tierra para oír la
sabiduría de Salomón, y
he aquí uno mayor que
Salomón en este lugar.
32 Los hombres

τοῦ	ἀνθρώπου	ἐκείνου	χείρονα	τῶν	πρώτων.
de --	ser humano	aquel	(son) peores	(que) las	primeras.
3588	444	1565	5501	3588	4413
DGSM	*NGSM*	*RD-GSM*	*JNPN*	*DGPN*	*JGPN*

27 Ἐγένετο	δὲ	ἐν	τῷ	λέγειν	αὐτὸν	ταῦτα	ἐπάρασά
sucedió$_{2}$	Y$_{1}$	en	el	decir	él	esto,	habiendo levantado$_{6}$
1096	1161	1722	3588	3004	846	5023	1869
VAMI3S	*CLN*	*P*	*DDSN, DDSM*	*VPAN*	*RP3ASM*	*RD-APN*	*VAAP-SNF*

τις	φωνὴν	γυνὴ	ἐκ	τοῦ	ὄχλου	εἶπεν	αὐτῷ·	Μακαρία	ἡ
cierta$_{1}$	(la) voz$_{7}$	mujer$_{2}$	de$_{3}$	la$_{4}$	multitud,$_{5}$	dijo	a él:	Bienaventurado	el
5100	5456	1135	1537	3588	3793	2036	846	3107	3588
JNSF, RX-NSF	*NASF*	*NNSF*	*P*	*DGSM*	*NGSM*	*VAAI3S*	*RP3DSM*	*JNSF*	*DNSF*

κοιλία	ἡ	βαστάσασά	σε	καὶ	μαστοὶ	οὓς	ἐθήλασας·	28 αὐτὸς
vientre	el	habiendo llevado encima	a ti	y	(los) pechos	los cuales	mamaste.	él$_{2}$
2836	3588	941	4571	2532	3149	3739	2337	846
NNSF	*DNSF*	*VAAP-SNF*	*RP2AS*	*CLN*	*NNPM*	*RR-APM*	*VAAI2S*	*RP3NSMP*

δὲ	εἶπεν·	Μενοῦν	μακάριοι	οἱ	ἀκούοντες	τὸν	λόγον	τοῦ	θεοῦ
Pero$_{1}$	dijo:	Más bien,	bienaventurados	los que	están escuchando	la	palabra	de --	Dios
1161	2036	3304	3107	3588	191	3588	3056	3588	2316
CLC	*VAAI3S*	*TE*	*JNPM*	*DNPM*	*VPAP-PNM*	*DASM*	*NASM*	*DGSM*	*NGSM*

καὶ	φυλάσσοντες.
y	están guardando.
2532	5442
CLN	*VPAP-PNM*

29 Τῶν	δὲ	ὄχλων	ἐπαθροιζομένων	ἤρξατο	λέγειν·	Ἡ	γενεὰ
las$_{3}$	Y$_{1}$	multitudes$_{4}$	estando amontonadas$_{2}$	comenzó	a decir:	La	generación
3588	1161	3793	1865	756	3004	3588	1074
DGPM	*CLN*	*NGPM*	*VPPP-PGM*	*VAMI3S*	*VPAN*	*DNSF*	*NNSF*

αὕτη	γενεὰ	πονηρά	ἐστιν·	σημεῖον	ζητεῖ,	καὶ	σημεῖον	οὐ
esta	generación$_{2}$	mala;$_{3}$	es$_{1}$	una señal,$_{5}$	busca$_{4}$	y$_{6}$	una señal$_{10}$	no$_{7}$
3778	1074	4190	2076	4592	2212	2532	4592	3756
RD-NSF	*NNSF*	*JNSF*	*VPAI3S*	*NASN*	*VPAI3S*	*CLC*	*NNSN*	*BN, TN*

δοθήσεται	αὐτῇ	εἰ	μὴ	τὸ	σημεῖον	⸀Ἰωνᾶ.	30 καθὼς	γὰρ	ἐγένετο
será dada$_{8}$	a ella$_{9}$	si	no	la	señal	de Jonás.	conforme$_{2}$	Porque$_{1}$	llegó a ser
1325	846	1487	3361	3588	4592	2495	2531	1063	1096
VFPI3S	*RP3DSF*	*CAC*	*BN, TN*	*DNSN*	*NNSN*	*NGSM*	*CAM*	*CLX*	*VAMI3S*

Ἰωνᾶς	τοῖς	Νινευίταις	σημεῖον,	οὕτως	ἔσται	καὶ	ὁ	υἱὸς	τοῦ
Jonás	para los	ninivitas	una señal,	así	será	también	el	Hijo	del
2495	3588	3536	4592	3779	2071	2532	3588	5207	3588
NNSM	*DDPM*	*NDPM*	*NNSN*	*B*	*VFMI3S*	*BE, TE*	*DNSM*	*NNSM*	*DGSM*

ἀνθρώπου	τῇ	γενεᾷ	ταύτῃ.	31 βασίλισσα	νότου	ἐγερθήσεται	ἐν
hombre	para la	generación	esta.	La reina	del sur	se levantará	en
444	3588	1074	3778	938	3558	1453	1722
NGSM	*DDSF*	*NDSF*	*RD-DSF*	*NNSF*	*NGSM*	*VFPI3S*	*P*

τῇ	κρίσει	μετὰ	τῶν	ἀνδρῶν	τῆς	γενεᾶς	ταύτης	καὶ	κατακρινεῖ
el	juicio	con	los	hombres	de la	generación	esta	y	condenará
3588	2920	3326	3588	435	3588	1074	3778	2532	2632
DDSF	*NDSF*	*P*	*DGPM*	*NGPM*	*DGSF*	*NGSF*	*RD-GSF*	*CLN*	*VFAI3S*

αὐτούς·	ὅτι	ἦλθεν	ἐκ	τῶν	περάτων	τῆς	γῆς	ἀκοῦσαι	τὴν	σοφίαν
a ellos,	porque	vino	desde	los	confines	de la	tierra	a oír	la	sabiduría
846	3754	2064	1537	3588	4009	3588	1093	191	3588	4678
RP3APM	*CAZ*	*VAAI3S*	*P*	*DGPN*	*NGPN*	*DGSF*	*NGSF*	*VAAN*	*DASF*	*NASF*

Σολομῶνος,	καὶ	ἰδοὺ	πλεῖον	Σολομῶνος	ὧδε.	32 ἄνδρες
de Salomón,	y	he aquí	más	que Salomón	(está) aquí.	(Los) hombres
4672	2532	2400	4119	4672	5602	435
NGSM	*CLN*	*I, VAAM2S*	*JNSNC*	*NGSM*	*BP*	*NNPM*

NVI

27 Mientras Jesús
decía estas cosas, una
mujer de entre la multi-
tud exclamó:
—¡Dichosa la mujer
que te dio a luz y te
amamantó!
28 —Dichosos más
bien —contestó Jesús—
los que oyen la palabra
de Dios y la obedecen.

La señal de Jonás

29 Como crecía
la multitud, Jesús se
puso a decirles: «Esta
es una generación
malvada. Pide una señal
milagrosa, pero no se le
dará más señal que la de
Jonás. 30 Así como Jonás
fue una señal para los
habitantes de Nínive,
también lo será el Hijo
del hombre para esta
generación. 31 La reina
del Sur se levantará en el
día del juicio y condena-
rá a esta gente; porque
ella vino desde los
confines de la tierra para
escuchar la sabiduría de
Salomón, y aquí tienen
ustedes a uno más
grande que Salomón.
32 Los ninivitas

11:29 ⸀ Manuscritos inferiores aumentaron *el profeta*.

RVR

de Nínive se levan-
tarán en el juicio con
esta generación, y la
condenarán; porque
se arrepintieron ante la
predicación de Jonás, y
he aquí uno mayor que
Jonás en este lugar.

La lámpara del cuerpo

33 Nadie, cuando en-
ciende una lámpara, la
pone en sitio oculto, ni
debajo del almud, sino
en el candelero, para
que los que entran vean
la luz.
34 La lámpara del cuerpo
es el ojo; cuando tu ojo
está sano, también todo
tu cuerpo está lleno de
luz; pero cuando tu ojo
es maligno, también tu
cuerpo está en tinieblas.
35 Mira, pues, no suceda
que la luz que en ti hay,
sea tinieblas.
36 Así que, si todo tu
cuerpo está lleno de
luz, no teniendo parte
alguna de tinieblas, será
todo luminoso, como
cuando una lámpara
te alumbra con su
resplandor.

Jesucristo redarguye a fariseos y a intérpretes de la ley

37 En acabando de ha-
blar, le rogó un fariseo
que comiese con él; y
entrando Jesús en la
casa, se sentó a la mesa.
38 El fariseo,

Νινευῖται	ἀναστήσονται	ἐν	τῇ	κρίσει	μετὰ	τῆς	γενεᾶς	ταύτης	καὶ
ninivitas	se levantarán	en	el	juicio	con	la	generación	esta	y
3536	450	1722	3588	2920	3326	3588	1074	3778	2532
NNPM	*VFMI3P*	*P*	*DDSF*	*NDSF*	*P*	*DGSF*	*NGSF*	*RD-GSF*	*CLN*

κατακρινοῦσιν	αὐτήν·	ὅτι	μετενόησαν	εἰς	τὸ	κήρυγμα	Ἰωνᾶ,	καὶ
condenarán	a ella;	porque	se arrepintieron	por	la	proclamación	de Jonás,	y
2632	846	3754	3340	1519	3588	2782	2495	2532
VFAI3P	*RP3ASF*	*CAZ*	*VAAI3P*	*P*	*DASN*	*NASN*	*NGSM*	*CLN*

ἰδοὺ	πλεῖον	Ἰωνᾶ	ὧδε.
he aquí	más	de (que) Jonás,	aquí.
2400	4119	2495	5602
I, VAAM2S	*JNSNC*	*NGSM*	*BP*

33 Οὐδεὶς	λύχνον	ἅψας	εἰς	κρύπτην	τίθησιν	οὐδὲ
Nadie	una lámpara$_2$	habiendo encendido$_3$	en$_4$	un lugar oculto,$_5$	pone$_1$	ni
3762	3088	681	1519	2926	5087	3761
JNSM	*NASM, NASF*	*VAAP-SNM*	*P*	*NASF*	*VPAI3S*	*TN, CLD*

ὑπὸ	τὸν	μόδιον	ἀλλ’	ἐπὶ	τὴν	λυχνίαν,	ἵνα	οἱ	εἰσπορευόμενοι	τὸ
bajo	el	cajón,	sino	sobre	el	candelabro	para que	los que	están entrando	la$_2$
5259	3588	3426	235	1909	3588	3087	2443	3588	1531	3588
P	*DASM*	*NASM*	*CLC*	*P*	*DASF*	*NASF*	*CAP*	*DNPM*	*VPUP-PNM*	*DASN*

φέγγος	βλέπωσιν.	34 ὁ	λύχνος	τοῦ	σώματός	ἐστιν	ὁ	ὀφθαλμός
luz$_3$	vean$_1$	La	lámpara	del	cuerpo	es	el	ojo
5338	991	3588	3088	3588	4983	2076	3588	3788
NASN	*VPAS3P*	*DNSM*	*NNSM*	*DGSN*	*NGSN*	*VPAI3S*	*DNSM*	*NNSM*

σου.	ὅταν	ὁ	ὀφθαλμός	σου	ἁπλοῦς	ᾖ,	καὶ	ὅλον	τὸ	σῶμά
de ti.	Cuando	el	ojo	de ti	puro,$_2$	esté$_1$	también	todo	el	cuerpo
4675	3752	3588	3788	4675	573	5600	2532	3650	3588	4983
RP2GS	*CAT*	*DNSM*	*NNSM*	*RP2GS*	*JNSM*	*VPAS3S*	*BE, TE*	*JNSN*	*DNSN*	*NNSN*

σου	φωτεινόν	ἐστιν·	ἐπὰν	δὲ	πονηρὸς	ᾖ,	καὶ	τὸ	σῶμά	σου
de ti	luminoso;$_2$	está$_1$	cuando$_2$	pero$_1$	malo	esté,	también	el	cuerpo	de ti
4675	5460	2076	1875	1161	4190	5600	2532	3588	4983	4675
RP2GS	*JNSN*	*VPAI3S*	*CAT*	*CLC*	*JNSM*	*VPAS3S*	*BE, TE*	*DNSN*	*NNSN*	*RP2GS*

σκοτεινόν.	35 σκόπει	οὖν	μὴ	τὸ	φῶς	τὸ	ἐν	σοὶ	σκότος
tenebroso (está).	Observa	pues, (que)	no$_6$	la$_1$	luz$_2$	la (que está)$_3$	en$_4$	ti$_5$	oscuridad.$_8$
4652	4648	3767	3361	3588	5457	3588	1722	4671	4655
JNSN	*VPAM2S*	*CLI*	*TN, CSC*	*DNSN*	*NNSN*	*DNSN*	*P*	*RP2DS*	*NNSN*

ἐστίν.	36 εἰ	οὖν	τὸ	σῶμά	σου	ὅλον	φωτεινόν,	μὴ	ἔχον	μέρος
es$_7$	si$_2$	Así que$_1$	el	cuerpo	de ti	todo	luminoso (está),	no	teniendo	parte
2076	1487	3767	3588	4983	4675	3650	5460	3361	2192	3313
VPAI3S	*CAC*	*CLI*	*DNSN*	*NNSN*	*RP2GS*	*JNSN*	*JNSN*	*BN, TN*	*VPAP-SNN*	*NASN*

τι	σκοτεινόν,	ἔσται	φωτεινὸν	ὅλον	ὡς	ὅταν	ὁ	λύχνος	τῇ
alguna	tenebrosa,	estará	luminoso	todo,	como	cuando	la	lámpara	(como) el
5100	4652	2071	5460	3650	5613	3752	3588	3088	3588
JASN, RX-ASN	*JASN*	*VFMI3S*	*JNSN*	*JNSN*	*CAM*	*CAT*	*DNSM*	*NNSM*	*DDSF*

ἀστραπῇ	φωτίζῃ	σε.
rayo	ilumina	a ti.
796	5461	4571
NDSF	*VPAS3S*	*RP2AS*

37 Ἐν	δὲ	τῷ	λαλῆσαι	ἐρωτᾷ	αὐτὸν	Φαρισαῖος	ὅπως	ἀριστήσῃ
en$_2$	Y$_1$	el	hablar	ruega	él	un fariseo	que	comiera
1722	1161	3588	2980	2065	846	5330	3704	709
P	*CLT*	*DDSM*	*VAAN*	*VPAI3S*	*RP3ASM*	*NNSM*	*CSC*	*VAAS3S*

παρ’	αὐτῷ·	εἰσελθὼν	δὲ	ἀνέπεσεν.	38 ὁ	δὲ	Φαρισαῖος
con	él;	habiendo entrado$_2$	y$_1$	se reclinó (a la mesa).	el$_2$	Y$_1$	fariseo
3844	846	1525	1161	377	3588	1161	5330
P	*RP3DSM*	*VAAP-SNM*	*CLN*	*VAAI3S*	*DNSM*	*CLN*	*NNSM*

NVI

se levantarán en el día
del juicio y condenarán a
esta generación; porque
ellos se arrepintieron al
escuchar la predicación
de Jonás, y aquí tienen
ustedes a uno más gran-
de que Jonás.

La lámpara del cuerpo

33 »Nadie enciende
una lámpara para luego
ponerla en un lugar
escondido o cubrirla
con un cajón, sino para
ponerla en una repisa, a
fin de que los que entren
tengan luz. 34 Tus ojos
son la lámpara de tu
cuerpo. Si tu visión es
clara, todo tu ser disfru-
tará de la luz; pero, si
está nublada, todo tu ser
estará en la oscuridad.
35 Asegúrate de que la
luz que crees tener no
sea oscuridad. 36 Por
tanto, si todo tu ser
disfruta de la luz, sin que
ninguna parte quede
en la oscuridad, estarás
completamente ilumi-
nado, como cuando una
lámpara te alumbra con
su luz».

Jesús denuncia a los fariseos y a los expertos en la ley

37 Cuando Jesús
terminó de hablar, un
fariseo lo invitó a comer
con él; así que entró
en la casa y se sentó a la
mesa. 38 Pero el fariseo

RVR

cuando lo vio, se extra-
ñó de que no se hubiese
lavado antes de comer.
39 Pero el Señor le dijo:
Ahora bien, vosotros los
fariseos limpiáis lo de
fuera del vaso y del pla-
to, pero vuestro interior
está lleno de rapacidad y
de maldad.
40 Necios, el que hizo lo
de afuera, ¿no hizo tam-
bién lo de adentro?
41 Pero dad limosna de
lo que tenéis, y entonces
todo os es limpio.
42 Mas ¡ay de vosotros,
fariseos!, que pagáis el
diezmo de la menta,
de la ruda, y de toda
hortaliza, y pasáis por
alto la justicia y el amor
de Dios. Esto se debía
hacer, sin dejar aquello.
43 ¡Ay de vosotros,
fariseos!, que amáis el
primer asiento en las
sinagogas, y los saludos
respetuosos en las
plazas.
44 ¡Ay de vosotros!, que
sois como sepulcros que
no se ven, y los hombres
que andan encima no
lo saben.
45 Respondiendo uno
de los intérpretes de la
ley, le dijo: Maestro,

ἰδὼν	ἐθαύμασεν	ὅτι	οὐ	πρῶτον	ἐβαπτίσθη	πρὸ	τοῦ	ἀρίστου.
habiendo visto	se maravilló	porque	no	primero$_2$	se lavó$_1$	antes de	la	comida.
1492	2296	3754	3756	4412	907	4253	3588	712
VAAP-SNM	*VAAI3S*	*CSC*	*BN, TN*	*B, J*	*VAPI3S*	*P*	*DGSN*	*NGSN*

39 εἶπεν	δὲ	ὁ	κύριος	πρὸς	αὐτόν·	Νῦν	ὑμεῖς	οἱ	Φαρισαῖοι	τὸ
dijo$_4$	Y$_1$	el$_2$	Señor$_3$	a	él:	Ahora	vosotros	los	fariseos	el$_2$
2036	1161	3588	2962	4314	846	3568	5210	3588	5330	3588
VAAI3S	*CLN*	*DNSM*	*NNSM*	*P*	*RP3ASM*	*B*	*RP2NP*	*DNPM*	*NNPM*	*DASN*

ἔξωθεν	τοῦ	ποτηρίου	καὶ	τοῦ	πίνακος	καθαρίζετε,	τὸ	δὲ	ἔσωθεν
exterior$_3$	de la$_4$	copa$_5$	y$_6$	del$_7$	plato,$_8$	limpian$_1$	el$_{10}$	pero$_9$	el interior
1855	3588	4221	2532	3588	4094	2511	3588	1161	2081
B	*DGSN*	*NGSN*	*CLN*	*DGSM*	*NGSM*	*VPAI2P*	*DNSN*	*CLC*	*B*

ὑμῶν	γέμει	ἁρπαγῆς	καὶ	πονηρίας.	40 ἄφρονες,	οὐχ	ὁ	ποιήσας
de vosotros	está lleno	de rapiña	y	de maldad.	Necios	¿no	el que	habiendo hecho
5216	1073	724	2532	4189	878	3756	3588	4160
RP2GP	*VPAI3S*	*NGSF*	*CLN*	*NGSF*	*JVPM*	*TN, TI*	*DNSM*	*VAAP-SNM*

τὸ	ἔξωθεν	καὶ	τὸ	ἔσωθεν	ἐποίησεν;	41 πλὴν	τὰ	ἐνόντα	δότε
el	exterior	también	el	interior	hizo?	Pero	las cosas	estando dentro	dad
3588	1855	2532	3588	2081	4160	4133	3588	1751	1325
DASN	*B*	*BE, TE*	*DASN*	*B*	*VAAI3S*	*CLC*	*DAPN*	*VPAP-PAN*	*VAAM2P*

ἐλεημοσύνην,	καὶ	ἰδοὺ	πάντα	καθαρὰ	ὑμῖν	ἐστιν.
(como) obras de misericordia,	y	he aquí	todas las cosas	limpias$_2$	para vosotros,$_3$	es (son)$_1$
1654	2532	2400	3956	2513	5213	2076
NASF	*CLN*	*I, VAAM2S*	*JNPN*	*JNPN*	*RP2DP*	*VPAI3S*

42 Ἀλλὰ	οὐαὶ	ὑμῖν	τοῖς	Φαρισαίοις,	ὅτι	ἀποδεκατοῦτε	τὸ
Pero,	¡ay de	vosotros,	--	fariseos!,	porque	diezmáis	la
235	3759	5213	3588	5330	3754	586	3588
CLC	*I, T*	*RP2DP*	*DDPM*	*NDPM*	*CAZ*	*VPAI2P*	*DASN*

ἡδύοσμον	καὶ	τὸ	πήγανον	καὶ	πᾶν	λάχανον,	καὶ	παρέρχεσθε	τὴν
menta	y	la	ruda	y	toda	legumbre	pero	dejáis de lado	el
2238	2532	3588	4076	2532	3956	3001	2532	3928	3588
NASN	*CLN*	*DASN*	*NASN*	*CLN*	*JASN*	*NASN*	*CLC*	*VPUI2P*	*DASF*

κρίσιν	καὶ	τὴν	ἀγάπην	τοῦ	θεοῦ·	ταῦτα	δὲ	ἔδει	ποιῆσαι
juicio	y	el	amor	de --	Dios;	estas cosas$_2$	pero$_1$	era necesario	hacer
2920	2532	3588	26	3588	2316	5023	1161	1163	4160
NASF	*CLN*	*DASF*	*NASF*	*DGSM*	*NGSM*	*RD-APN*	*CLC*	*VIAI3S*	*VAAN*

κἀκεῖνα	μὴ	παρεῖναι.	43 οὐαὶ	ὑμῖν	τοῖς	Φαρισαίοις,	ὅτι	ἀγαπᾶτε
aquellas$_2$	no$_1$	omitir.	¡Ay de	vosotros,	--	fariseos!	porque	amáis
2548	3361	3935	3759	5213	3588	5330	3754	25
RD-NPN, CLN	*BN, TN*	*VAAN*	*I, T*	*RP2DP*	*DDPM*	*NDPM*	*CAZ*	*VPAI2P*

τὴν	πρωτοκαθεδρίαν	ἐν	ταῖς	συναγωγαῖς	καὶ	τοὺς	ἀσπασμοὺς	ἐν
el	sitio de honor	en	las	sinagogas	y	los	saludos	en
3588	4410	1722	3588	4864	2532	3588	783	1722
DASF	*NASF*	*P*	*DDPF*	*NDPF*	*CLN*	*DAPM*	*NAPM*	*P*

ταῖς	ἀγοραῖς.	44 οὐαὶ	⸀ὑμῖν,	ὅτι	ἐστὲ	ὡς	τὰ	μνημεῖα	τὰ	ἄδηλα,	καὶ
las	plazas.	¡Ay de	vosotros,	que	sois	como	los	sepulcros	--	invisibles,	y
3588	58	3759	5213	3754	2075	5613	3588	3419	3588	82	2532
DDPF	*NDPF*	*I, T*	*RP2DP*	*CAZ*	*VPAI2P*	*P, CAM*	*DNPN*	*NNPN*	*DNPN*	*JNPN*	*CLN*

οἱ	ἄνθρωποι	οἱ	περιπατοῦντες	ἐπάνω	οὐκ	οἴδασιν.
las	personas	las que	están andando	sobre (ellos)	no	saben!
3588	444	3588	4043	1883	3756	1492
DNPM	*NNPM*	*DNPM*	*VPAP-PNM*	*B*	*BN, TN*	*VRAI3P*

45 Ἀποκριθεὶς	δέ	τις	τῶν	νομικῶν	λέγει	αὐτῷ·	Διδάσκαλε,
respondiendo$_2$	Y$_1$	uno	de los	maestros de la ley	dice	a él:	Maestro,
611	1161	5100	3588	3544	3004	846	1320
VAPP-SNM	*CLN*	*RX-NSM*	*DGPM*	*JGPM*	*VPAI3S*	*RP3DSM*	*NVSM*

NVI

se sorprendió al ver que
Jesús no había cumplido
con el rito de lavarse
antes de comer.
39 —Resulta que uste-
des los fariseos —les dijo
el Señor— limpian el
vaso y el plato por fuera,
pero por dentro están
ustedes llenos de codicia
y de maldad. 40 ¡Necios!
¿Acaso el que hizo lo de
afuera no hizo también
lo de adentro? 41 Den
más bien a los pobres
de lo que está dentro, y
así todo quedará limpio
para ustedes.
42 »¡Ay de ustedes, fa-
riseos!, que dan la déci-
ma parte de la menta, de
la ruda y de toda clase de
legumbres, pero descui-
dan la justicia y el amor
de Dios. Debían haber
practicado esto, sin dejar
de hacer aquello.
43 »¡Ay de ustedes,
fariseos!, que se mueren
por los primeros puestos
en las sinagogas y los
saludos en las plazas.
44 »¡Ay de ustedes!,
que son como tumbas
sin lápida, sobre las que
anda la gente sin darse
cuenta».
45 Uno de los expertos
en la ley le respondió:
—Maestro,

11:44 ⸀ Manuscritos inferiores aumentaron *escribas y fariseos hipócritas.*

RVR

cuando dices esto,
también nos insultas a
nosotros.
46 Y él dijo: ¡Ay de vo-
sotros, también, intér-
pretes de la ley!, porque
cargáis a los hombres
con cargas difíciles de
llevar, pero vosotros ni
aun con un dedo tocáis
las cargas.
47 ¡Ay de vosotros, que
edificáis los sepulcros
de los profetas a quienes
mataron vuestros
padres!
48 De modo que sois tes-
tigos y consentidores de
los hechos de vuestros
padres; porque a la ver-
dad ellos los mataron,
y vosotros edificáis sus
sepulcros.
49 Por eso la sabiduría
de Dios también dijo:
Les enviaré profetas y
apóstoles; y de ellos, a
unos matarán y a otros
perseguirán,
50 para que se demande
de esta generación la
sangre de todos los pro-
fetas que se ha derrama-
do desde la fundación
del mundo,
51 desde la sangre de
Abel hasta la sangre de
Zacarías, que pereció
entre el altar y el tem-
plo; sí, os digo que será
demandada de esta
generación.
52 ¡Ay de vosotros,

ταῦτα	λέγων	καὶ	ἡμᾶς	ὑβρίζεις.	46 ὁ	δὲ	εἶπεν·	Καὶ
estas cosas	diciendo	también	a nosotros	insultas.	--$_2$	Pero$_1$	dijo:	también
5023	3004	2532	2248	5195	3588	1161	2036	2532
RD-APN	*VPAP-SNM*	*BE, TE*	*RP1AP*	*VPAI2S*	*DNSM*	*CLN*	*VAAI3S*	*BE, TE*

ὑμῖν	τοῖς	νομικοῖς	οὐαί,	ὅτι	φορτίζετε	τοὺς	ἀνθρώπους
de vosotros,	--	maestros de la ley!	¡Ay,	porque	cargáis	a las	personas
5213	3588	3544	3759	3754	5412	3588	444
RP2DP	*DDPM*	*JDPM*	*I*	*CAZ*	*VPAI2P*	*DAPM*	*NAPM*

φορτία	δυσβάστακτα,	καὶ	αὐτοὶ	ἑνὶ	τῶν	δακτύλων	ὑμῶν
(con) cargas	difíciles de llevar	pero	vosotros mismos	con uno$_5$	de los$_6$	dedos$_7$	de vosotros.$_8$
5413	1419	2532	846	1520	3588	1147	5216
NAPN	*JAPN*	*CLN*	*RP3NPMP*	*JDSM*	*DGPM*	*NGPM*	*RP2GP*

οὐ	προσψαύετε	τοῖς	φορτίοις.	47 οὐαὶ	ὑμῖν,	ὅτι	οἰκοδομεῖτε
no$_1$	tocáis$_2$	las$_3$	cargas$_4$	¡Ay de	vosotros!,	porque	edificáis
3756	4379	3588	5413	3759	5213	3754	3618
BN, TN	*VPAI2P*	*DDPN*	*NDPN*	*I, T*	*RP2DP*	*CAZ*	*VPAI2P*

τὰ	μνημεῖα	τῶν	προφητῶν	οἱ	δὲ	πατέρες	ὑμῶν	ἀπέκτειναν
los	sepulcros	de los	profetas,	los$_2$	pero$_1$	padres	de vosotros	mataron
3588	3419	3588	4396	3588	1161	3962	5216	615
DAPN	*NAPN*	*DGPM*	*NGPM*	*DNPM*	*CLC*	*NNPM*	*RP2GP*	*VAAI3P*

αὐτούς.	48 ἄρα	μάρτυρές	ἐστε	καὶ	συνευδοκεῖτε	τοῖς	ἔργοις	τῶν
a ellos.	Por tanto	testigos	sois	y	aprobáis	las	obras	de los
846	686	3144	2075	2532	4909	3588	2041	3588
RP3APM	*CLI*	*NNPM*	*VPAI2P*	*CLN*	*VPAI2P*	*DDPN*	*NDPN*	*DGPM*

πατέρων	ὑμῶν,	ὅτι	αὐτοὶ	μὲν	ἀπέκτειναν	αὐτούς	ὑμεῖς	δὲ
padres	de vosotros,	porque	ellos	en verdad	mataron	a ellos	vosotros$_2$	y$_1$
3962	5216	3754	846	3303	615	846	5210	1161
NGPM	*RP2GP*	*CAZ*	*RP3NPMP*	*TK, C*	*VAAI3P*	*RP3APM*	*RP2NP*	*CLK, CLC*

⌜οἰκοδομεῖτε.	49 διὰ	τοῦτο	καὶ	ἡ	σοφία	τοῦ	θεοῦ	εἶπεν·	Ἀποστελῶ
edificáis.	Por	eso	también	la	sabiduría	de --	Dios	dijo:	Enviaré
3618	1223	5124	2532	3588	4678	3588	2316	2036	649
VPAI2P	*P*	*RD-ASN*	*BE, TE*	*DNSF*	*NNSF*	*DGSM*	*NGSM*	*VAAI3S*	*VFAI1S*

εἰς	αὐτοὺς	προφήτας	καὶ	ἀποστόλους,	καὶ	ἐξ	αὐτῶν	ἀποκτενοῦσιν
a	ellos	profetas	y	apóstoles,	y	de	ellos	matarán
1519	846	4396	2532	652	2532	1537	846	615
P	*RP3APM*	*NAPM*	*CLN*	*NAPM*	*CLN*	*P*	*RP3GPM*	*VFAI3P*

καὶ	διώξουσιν,	50 ἵνα	ἐκζητηθῇ	τὸ	αἷμα	πάντων	τῶν	προφητῶν
y	perseguirán,	para que	fuera pedido cuentas	de la	sangre	de todos	los	profetas,
2532	1377	2443	1567	3588	129	3956	3588	4396
CLN	*VFAI3P*	*CAR*	*VAPS3S*	*DNSN*	*NNSN*	*JGPM*	*DGPM*	*NGPM*

τὸ	ἐκκεχυμένον	ἀπὸ	καταβολῆς	κόσμου	ἀπὸ	τῆς	γενεᾶς
la	derramada	desde	(la) fundación	de(l) mundo	de	la	generación
3588	1632	575	2602	2889	575	3588	1074
DNSN	*VRPP-SNN*	*P*	*NGSF*	*NGSM*	*P*	*DGSF*	*NGSF*

ταύτης,	51 ἀπὸ	αἵματος	Ἅβελ	ἕως	αἵματος	Ζαχαρίου	τοῦ
esta,	desde	(la) sangre	de Abel	hasta	(la) sangre	de Zacarías,	el que
3778	575	129	6	2193	129	2197	3588
RD-GSF	*P*	*NGSN*	*NGSM, XP*	*P, C*	*NGSN*	*NGSM*	*DGSM, DGSN*

ἀπολομένου	μεταξὺ	τοῦ	θυσιαστηρίου	καὶ	τοῦ	οἴκου·	ναί,
habiendo perecido	entre	el	altar	y	la	casa (de Dios);	sí
622	3342	3588	2379	2532	3588	3624	3483
VAMP-SGM	*P, B*	*DGSN*	*NGSN*	*CLN*	*DGSM*	*NGSM*	*I, TE*

λέγω	ὑμῖν,	ἐκζητηθήσεται	ἀπὸ	τῆς	γενεᾶς	ταύτης.	52 οὐαὶ	ὑμῖν
digo	a vosotros,	será pedido a cuentas	de	la	generación	esta.	¡Ay de	vosotros,
3004	5213	1567	575	3588	1074	3778	3759	5213
VPAI1S	*RP2DP*	*VFPI3S*	*P*	*DGSF*	*NGSF*	*RD-GSF*	*I, T*	*RP2DP*

NVI

al hablar así nos insultas
también a nosotros.
46 Contestó Jesús:
—¡Ay de ustedes
también, expertos en
la ley! Abruman a los
demás con cargas que
apenas se pueden sopor-
tar, pero ustedes mismos
no levantan ni un dedo
para ayudarlos.
47 »¡Ay de uste-
des!, que construyen
monumentos para los
profetas, a quienes los
antepasados de ustedes
mataron. 48 En reali-
dad aprueban lo que
hicieron sus antepa-
sados; ellos mataron a
los profetas, y ustedes
les construyen los
sepulcros. 49 Por eso dijo
Dios en su sabiduría:
"Les enviaré profetas y
apóstoles, de los cuales
matarán a unos y perse-
guirán a otros". 50 Por lo
tanto, a esta generación
se le pedirán cuentas
de la sangre de todos
los profetas derrama-
da desde el principio
del mundo, 51 desde la
sangre de Abel hasta la
sangre de Zacarías, el
que murió entre el altar
y el santuario. Sí, les
aseguro que de todo esto
se le pedirán cuentas a
esta generación.
52 »¡Ay de ustedes,

11:48⌜ Manuscritos inferiores aumentaron *edificáis sus sepulcros.*

RVR

intérpretes de la ley!,
porque habéis quitado
la llave del conocimiento;
vosotros mismos no
entrasteis, y a los que entraban
se lo impedisteis.
53 Diciéndoles él estas
cosas, los escribas y
los fariseos comenzaron
a acosarle en gran
manera, y a provocarle a
que hablase de muchas
cosas;
54 acechándole, y procurando
cazar alguna
palabra de su boca para
acusarle.

La levadura de los fariseos

12 En esto, juntándose
por miles
y miles la multitud,
tanto que unos a otros
se pisaban, comenzó a
decir a sus discípulos:
Primeramente, guardaos
de la levadura de los fariseos,
que es la hipocresía.
2 Porque nada hay encubierto,
que no haya de
descubrirse; ni oculto,
que no haya de saberse.
3 Por tanto, todo lo que
habéis dicho en tinieblas,
en la luz se oirá; y
lo que habéis hablado al
oído en las habitaciones
privadas, se proclamará
en las azoteas.

τοῖς	νομικοῖς,	ὅτι	ἤρατε	τὴν	κλεῖδα	τῆς	γνώσεως·	αὐτοὶ	οὐκ
--	maestros de la ley!,	porque	tomasteis	la	llave	del	conocimiento;	vosotros mismos	no
3588	3544	3754	142	3588	2807	3588	1108	846	3756
DDPM	*JDPM*	*CAZ*	*VAAI2P*	*DASF*	*NASF*	*DGSF*	*NGSF*	*RP3NPMP*	*BN, TN*

εἰσήλθατε	καὶ	τοὺς	εἰσερχομένους	ἐκωλύσατε.
entrasteis	y	a los que	están entrando	impedisteis.
1525	2532	3588	1525	2967
VAAI2P	*CLN*	*DAPM*	*VPUP-PAM*	*VAAI2P*

53 Κἀκεῖθεν	ἐξελθόντος	αὐτοῦ	ἤρξαντο	οἱ	γραμματεῖς	καὶ	οἱ
Y de allí	habiendo salido	él,	comenzaron$_6$	los$_1$	escribas$_2$	y$_3$	los$_4$
2547	1831	846	756	3588	1122	2532	3588
CLN, BP	*VAAP-SGM*	*RP3GSM*	*VAMI3P*	*DNPM*	*NNPM*	*CLN*	*DNPM*

Φαρισαῖοι	δεινῶς	ἐνέχειν	καὶ	ἀποστοματίζειν	αὐτὸν	περὶ
fariseos$_5$	terriblemente	a guardar rencor	e	interrogar	a él	acerca de
5330	1171	1758	2532	653	846	4012
NNPM	*B*	*VPAN*	*CLN*	*VPAN*	*RP3ASM*	*P*

πλειόνων,	54 ἐνεδρεύοντες	⸀αὐτὸν	θηρεῦσαί	τι	ἐκ	τοῦ	στόματος
muchas cosas,	poniendo emboscadas	a él	para hacer caer	algo	de	la	boca
4119	1748	846	2340	5100	1537	3588	4750
JGPNC	*VPAP-PNM*	*RP3ASM*	*VAAN*	*RX-ASN*	*P*	*DGSN*	*NGSN*

⸀αὐτοῦ.
de él.
846
RP3GSM

12 Ἐν	οἷς	ἐπισυναχθεισῶν	τῶν	μυριάδων	τοῦ
En	las cuales (ocasiones)	habiendo reunido	--	miríadas	de la
1722	3739	1996	3588	3461	3588
P	*RR-DPN*	*VAPP-PGF*	*DGPF, DGPM*	*JGPF, JGPM*	*DGSM*

ὄχλου,	ὥστε	καταπατεῖν	ἀλλήλους,	ἤρξατο	λέγειν	πρὸς	τοὺς
multitud,	al punto de	pisarse	unos a otros,	comenzó	a decir	a$_2$	los$_3$
3793	5620	2662	240	756	3004	4314	3588
NGSM	*CAR*	*VPAN*	*RC-APM*	*VAMI3S*	*VPAN*	*P*	*DAPM*

μαθητὰς	αὐτοῦ	πρῶτον·	Προσέχετε	ἑαυτοῖς	ἀπὸ	τῆς	ζύμης,
discípulos$_4$	de él:$_5$	primeramente,$_1$	Prestad atención	a vosotros mismos	de	la	levadura,
3101	846	4412	4337	1438	575	3588	2219
NAPM	*RP3GSM*	*B, J*	*VPAM2P*	*RF2DPM*	*P*	*DGSF*	*NGSF*

ἥτις	ἐστὶν	ὑπόκρισις,	τῶν	Φαρισαίων.	2 οὐδὲν	δὲ	συγκεκαλυμμένον
la cual$_3$	es$_4$	(la) hipocresía$_5$	de los$_1$	fariseos$_2$	nada$_2$	Y$_1$	oculto
3748	2076	5272	3588	5330	3762	1161	4780
RR-NSF	*VPAI3S*	*NNSF*	*DGPM*	*NGPM*	*JNSN*	*CLN*	*VRPP-SNN*

ἐστὶν	ὃ	οὐκ	ἀποκαλυφθήσεται,	καὶ	κρυπτὸν	ὃ	οὐ
hay	lo cual	no	será revelado	y	secreto	lo cual	no
2076	3739	3756	601	2532	2927	3739	3756
VPAI3S	*RR-NSN*	*BN, TN*	*VFPI3S*	*CLN*	*JNSN*	*RR-NSN*	*BN, TN*

γνωσθήσεται.	3 ἀνθ᾽	ὧν	ὅσα	ἐν	τῇ	σκοτίᾳ	εἴπατε	ἐν	τῷ
será conocido.	Por	lo cual	cuantas cosas	en$_2$	la$_3$	oscuridad,$_4$	dijisteis$_1$	en$_6$	la$_7$
1097	473	3739	3745	1722	3588	4653	2036	1722	3588
VFPI3S	*P*	*RR-GPN*	*RK-APN*	*P*	*DDSF*	*NDSF*	*VAAI2P*	*P*	*DDSN*

φωτὶ	ἀκουσθήσεται,	καὶ	ὃ	πρὸς	τὸ	οὖς	ἐλαλήσατε	ἐν	τοῖς
luz,$_8$	será oído$_5$	y$_9$	lo que$_{10}$	en$_{12}$	el$_{13}$	oído,$_{14}$	hablasteis$_{11}$	en	los
5457	191	2532	3739	4314	3588	3775	2980	1722	3588
NDSN	*VFPI3S*	*CLN*	*RR-ASN*	*P*	*DASN*	*NASN*	*VAAI2P*	*P*	*DDPN*

ταμείοις	κηρυχθήσεται	ἐπὶ	τῶν	δωμάτων.
cuartos interiores	será proclamado	en	las	azoteas.
5009	2784	1909	3588	1430
NDPN	*VFPI3S*	*P*	*DGPN*	*NGPN*

NVI

expertos en la ley!, porque
se han adueñado de
la llave del conocimiento.
Ustedes mismos no
han entrado, y a los que
querían entrar les han
cerrado el paso».
53 Cuando Jesús salió
de allí, los maestros de
la ley y los fariseos,
resentidos, se pusieron
a acosarlo a preguntas.
54 Estaban tendiéndole
trampas para ver si fallaba
en algo.

Advertencias y estímulos

12 Mientras
tanto, se habían
reunido millares de
personas, tantas que
se atropellaban unas a
otras. Jesús comenzó
a hablar, dirigiéndose
primero a sus discípulos:
«Cuídense de la levadura
de los fariseos, o sea,
de la hipocresía. 2 No
hay nada encubierto que
no llegue a revelarse, ni
nada escondido que no
llegue a conocerse. 3 Así
que todo lo que ustedes
han dicho en la oscuridad
se dará a conocer a
plena luz, y lo que han
susurrado a puerta cerrada
se proclamará desde
las azoteas.

11:54 ⸀ Manuscritos inferiores aumentaron *para acusarle.*

RVR

A quién se debe temer

4 Y yo os digo, amigos
míos: No temáis a los
que matan el cuerpo,
y después nada más pue-
den hacer.
5 Pero os mostraré a
quién debéis temer:
Temed a aquel que
después de haber
quitado la vida, tiene
autoridad para echar en
el infierno; sí, os digo, a
éste temed.
6 ¿No se venden cinco
pajarillos por dos cuar-
tos? Con todo, ni uno
de ellos está olvidado
delante de Dios.
7 Pues aun los cabellos
de vuestra cabeza están
todos contados. No
temáis, pues; vosotros
valéis más que muchos
pajarillos.

El que me confiese delante de los hombres

8 Os digo que todo
aquel que me confiese
delante de los hombres,
también el Hijo del
Hombre le confesará
delante de los ángeles
de Dios;
9 mas el que me niegue
delante de los hombres,
será negado delante de
los ángeles de Dios.
10 A todo aquel que diga
alguna palabra contra
el Hijo del Hombre,

4 Λέγω δὲ ὑμῖν τοῖς φίλοις μου, μὴ φοβηθῆτε ἀπὸ τῶν
digo$_2$ Y$_1$ a vosotros, -- amigos míos: No temáis a los que
3004 1161 5213 3588 5384 3450 3361 5399 575 3588
VPAI1S CLN RP2DP DDPM JDPM RP1GS BN, TN VAPS2P, VAPM2P P DGPM

ἀποκτεινόντων τὸ σῶμα καὶ μετὰ ταῦτα μὴ ἐχόντων
están matando el cuerpo y después de estas cosas no teniendo
615 3588 4983 2532 3326 5023 3361 2192
VPAP-PGM DASN NASN CLN P RD-APN BN, TN VPAP-PGM

περισσότερόν τι ποιῆσαι. 5 ὑποδείξω δὲ ὑμῖν τίνα φοβηθῆτε·
más algo que hacer. enseñaré$_2$ Pero$_1$ a vosotros a quién temierais;
4053 5100 4160 5263 1161 5213 5101 5399
JASNC RX-ASN VAAN VFAI1S CLC RP2DP RI-ASM VAPS2P

φοβήθητε τὸν μετὰ τὸ ἀποκτεῖναι ἔχοντα ἐξουσίαν ἐμβαλεῖν
temed al (que) después de -- de matar está teniendo poder para arrojar
5399 3588 3326 3588 615 2192 1849 1685
VAPM2P DASM P DASN VAAN VPAP-SAM NASF VAAN

εἰς τὴν γέενναν. ναί, λέγω ὑμῖν, τοῦτον φοβήθητε. 6 οὐχὶ πέντε
a el infierno. Sí, digo a vosotros, a este.$_2$ temed$_1$ ¿No cinco$_2$
1519 3588 1067 3483 3004 5213 5126 5399 3780 4002
P DASF NASF I, TE VPAI1S RP2DP RD-ASM VAPM2P TI, TN XN, J

στρουθία πωλοῦνται ἀσσαρίων δύο; καὶ ἓν ἐξ αὐτῶν οὐκ
gorriones$_3$ son vendidos$_1$ ases?$_5$ (por) dos$_4$ Y uno (solo) de ellos no
4765 4453 787 1417 2532 1520 1537 846 3756
NNPN VPPI3P NGPN XN, J CLN JNSN P RP3GPN BN, TN

ἔστιν ἐπιλελησμένον ἐνώπιον τοῦ θεοῦ. 7 ἀλλὰ καὶ αἱ τρίχες τῆς
es olvidado delante de -- Dios. Pero aun los cabellos de--$_1$
2076 1950 1799 3588 2316 235 2532 3588 2359 3588
VPAI3S VRPP-SNN P, B DGSM NGSM CLC CLA, B DNPF NNPF DGSF

κεφαλῆς ὑμῶν πᾶσαι ἠρίθμηνται. μὴ φοβεῖσθε· πολλῶν στρουθίων
cabeza$_3$ vuestra$_2$ todos han sido contados. No temáis; muchos$_2$ gorriones.$_3$
2776 5216 3956 705 3361 5399 4183 4765
NGSF RP2GP JNPF VRPI3P BN, TN VPUM2P JGPN NGPN

διαφέρετε.
valéis más que$_1$
1308
VPAI2P

8 Λέγω δὲ ὑμῖν, πᾶς ὃς ἂν ὁμολογήσῃ ἐν ἐμοὶ ἔμπροσθεν
digo$_2$ Y$_1$ a vosotros, todo el que -- confiesa por mí delante de
3004 1161 5213 3956 3739 302 3670 1722 1698 1715
VPAI1S CLN RP2DP JNSM RR-NSM TC VAAS3S P RP1DS P

τῶν ἀνθρώπων, καὶ ὁ υἱὸς τοῦ ἀνθρώπου ὁμολογήσει ἐν αὐτῷ
los seres humanos, también el Hijo del hombre confesará por él
3588 444 2532 3588 5207 3588 444 3670 1722 846
DGPM NGPM BE, TE DNSM NNSM DGSM NGSM VFAI3S P RP3DSM

ἔμπροσθεν τῶν ἀγγέλων τοῦ θεοῦ· 9 ὁ δὲ ἀρνησάμενός με
delante de los ángeles de -- Dios; el que$_2$ pero$_1$ habiendo negado a mí
1715 3588 32 3588 2316 3588 1161 720 3165
P DGPM NGPM DGSM NGSM DNSM CLC VAMP-SNM RP1AS

ἐνώπιον τῶν ἀνθρώπων ἀπαρνηθήσεται ἐνώπιον τῶν ἀγγέλων τοῦ
delante de los seres humanos será negado delante de los ángeles de --
1799 3588 444 533 1799 3588 32 3588
P, B DGPM NGPM VFPI3S P, B DGPM NGPM DGSM

θεοῦ. 10 καὶ πᾶς ὃς ἐρεῖ λόγον εἰς τὸν υἱὸν τοῦ ἀνθρώπου,
Dios. Y todo el que dirá una palabra contra el Hijo del hombre
2316 2532 3956 3739 2046 3056 1519 3588 5207 3588 444
NGSM CLN JNSM RR-NSM VFAI3S NASM P DASM NASM DGSM NGSM

NVI

4 »A ustedes, mis
amigos, les digo que no
teman a los que matan el
cuerpo, pero después no
pueden hacer más. 5 Les
voy a enseñar más bien
a quién deben temer:
teman al que, después de
dar muerte, tiene poder
para echarlos al infierno.
Sí, les aseguro que a él
deben temerle. 6 ¿No se
venden cinco gorriones
por dos moneditas?
Sin embargo, Dios no
se olvida de ninguno
de ellos. 7 Así mismo
sucede con ustedes: aun
los cabellos de su cabeza
están contados. No
tengan miedo; ustedes
valen más que muchos
gorriones.
8 »Les aseguro que
a cualquiera que me
reconozca delante de la
gente, también el Hijo
del hombre lo reco-
nocerá delante de los
ángeles de Dios. 9 Pero
al que me desconozca
delante de la gente se le
desconocerá delante de
los ángeles de Dios. 10 Y
todo el que pronuncie
alguna palabra contra
el Hijo del hombre

RVR

le será perdonado; pero
al que blasfeme contra
el Espíritu Santo, no le
será perdonado.
11 Cuando os lleven a
las sinagogas, y ante los
magistrados y las autori-
dades, no os preocupéis
por cómo o qué habréis
de responder en defensa
vuestra, o qué habréis
de decir;
12 porque el Espíritu
Santo os enseñará en esa
misma hora lo que se
debe decir.

El rico insensato

13 Le dijo uno de la
multitud: Maestro, di a
mi hermano que reparta
conmigo la herencia.
14 Mas él le dijo:
Hombre, ¿quién me
ha constituido sobre
vosotros como juez o
repartidor?
15 Y les dijo: Mirad, y
guardaos de la avaricia;
porque la vida del hom-
bre no consiste en la
abundancia que tenga a
causa de sus posesiones.
16 También les refirió
una parábola, diciendo:
La heredad de un
hombre rico había
producido mucho.
17 Y él pensaba dentro
de sí, diciendo: ¿Qué
haré, porque no tengo
dónde almacenar mis
frutos?

ἀφεθήσεται	αὐτῷ	τῷ	δὲ	εἰς	τὸ	ἅγιον	πνεῦμα	βλασφημήσαντι
será perdonado	a él;	al que$_2$	pero$_1$	contra$_4$	el$_5$	Santo$_7$	Espíritu$_6$	habiendo blasfemado$_3$
863	846	3588	1161	1519	3588	40	4151	987
VFPI3S	*RP3DSM*	*DDSM*	*CLC*	*P*	*DASN*	*JASN*	*NASN*	*VAAP-SDM*

οὐκ	ἀφεθήσεται.	11 ὅταν	δὲ	εἰσφέρωσιν	ὑμᾶς	ἐπὶ	τὰς	συναγωγὰς
no	será perdonado.	cuando$_2$	Y$_1$	traigan	a vosotros	a	las	sinagogas
3756	863	3752	1161	1533	5209	1909	3588	4864
BN, TN	*VFPI3S*	*CAT*	*CLN*	*VPAS3P*	*RP2AP*	*P*	*DAPF*	*NAPF*

καὶ	τὰς	ἀρχὰς	καὶ	τὰς	ἐξουσίας,	μὴ	μεριμνήσητε	πῶς	ἢ	τί
y	los	gobernantes	y	las	autoridades	no	os preocupéis	cómo	o	qué
2532	3588	746	2532	3588	1849	3361	3309	4459	2228	5101
CLN	*DAPF*	*NAPF*	*CLN*	*DAPF*	*NAPF*	*BN, TN*	*VAAS2P*	*B*	*CLD*	*RI-ASN*

ἀπολογήσησθε	ἢ	τί	εἴπητε·	12 τὸ	γὰρ	ἅγιον	πνεῦμα	διδάξει
hablareis en defensa propia	o	qué	diréis,	el$_2$	porque$_1$	Santo$_4$	Espíritu$_3$	enseñará
626	2228	5101	2036	3588	1063	40	4151	1321
VAMS2P	*CLD*	*RI-ASN*	*VAAS2P*	*DNSN*	*CAZ*	*JNSN*	*NNSN*	*VFAI3S*

ὑμᾶς	ἐν	αὐτῇ	τῇ	ὥρᾳ	ἃ	δεῖ	εἰπεῖν.
a vosotros	en	misma$_2$	la$_1$	hora	las cosas (que)	es necesario	decir.
5209	1722	846	3588	5610	3739	1163	2036
RP2AP	*P*	*RP3DSFP*	*DDSF*	*NDSF*	*RR-APN*	*VPAI3S*	*VAAN*

13 Εἶπεν	δέ	τις	ἐκ	τοῦ	ὄχλου	αὐτῷ·	Διδάσκαλε,	εἰπὲ	τῷ
dijo$_2$	Y$_1$	alguien	de	la	multitud	a él:	Maestro,	di	al
2036	1161	5100	1537	3588	3793	846	1320	2036	3588
VAAI3S	*CLN*	*RX-NSM*	*P*	*DGSM*	*NGSM*	*RP3DSM*	*NVSM*	*VAAM2S*	*DDSM*

ἀδελφῷ	μου	μερίσασθαι	μετ'	ἐμοῦ	τὴν	κληρονομίαν.	14 ὁ	δὲ
hermano	de mí	repartir	con	mí	la	herencia.	--$_2$	Pero$_1$
80	3450	3307	3326	1700	3588	2817	3588	1161
NDSM	*RP1GS*	*VAMN*	*P*	*RP1GS*	*DASF*	*NASF*	*DNSM*	*CLC*

εἶπεν	αὐτῷ·	Ἄνθρωπε,	τίς	με	κατέστησεν	κριτὴν	ἢ	μεριστὴν
dijo	a él:	Hombre,	¿quién	a mí	hizo (como)	juez	o	repartidor
2036	846	444	5101	3165	2525	2923	2228	3312
VAAI3S	*RP3DSM*	*NVSM*	*RI-NSM*	*RP1AS*	*VAAI3S*	*NASM*	*CLD*	*NASM*

ἐφ'	ὑμᾶς;	15 εἶπεν	δὲ	πρὸς	αὐτούς·	Ὁρᾶτε	καὶ	φυλάσσεσθε	ἀπὸ
sobre	vosotros;	dijo$_2$	Y$_1$	a	ellos:	Mirad	y	guardaos	de
1909	5209	2036	1161	4314	846	3708	2532	5442	575
P	*RP2AP*	*VAAI3S*	*CLN*	*P*	*RP3APM*	*VPAM2P*	*CLN*	*VPMM2P*	*P*

πάσης	πλεονεξίας,	ὅτι	οὐκ	ἐν	τῷ	περισσεύειν	τινὶ
toda	codicia,	porque	no$_5$	en$_7$	el$_8$	abundar$_9$	a alguien$_1$
3956	4124	3754	3756	1722	3588	4052	5100
JGSF	*NGSF*	*CAZ*	*BN, TN*	*P*	*DDSN, DDSM*	*VPAN*	*RX-DSM*

ἡ	ζωὴ	αὐτοῦ	ἐστιν	ἐκ	τῶν	ὑπαρχόντων	αὐτῷ.*	16 εἶπεν	δὲ
la$_2$	vida$_3$	de él$_4$	está$_6$	de	las	posesiones	de él.	dijo$_2$	Y$_1$
3588	2222	846	2076	1537	3588	5224	846	2036	1161
DNSF	*NNSF*	*RP3GSM*	*VPAI3S*	*P*	*DGPN*	*VPAP-PGN*	*RP3DSM*	*VAAI3S*	*CLN*

παραβολὴν	πρὸς	αὐτοὺς	λέγων·	Ἀνθρώπου	τινὸς	πλουσίου
una parábola	a	ellos	diciendo:	hombre$_4$	de cierto$_3$	rico$_5$
3850	4314	846	3004	444	5100	4145
NASF	*P*	*RP3APM*	*VPAP-SNM*	*NGSM*	*JGSM, RX-GSM*	*JGSM*

εὐφόρησεν	ἡ	χώρα.	17 καὶ	διελογίζετο	ἐν	ἑαυτῷ	λέγων·	Τί
dio buena cosecha.$_6$	El$_1$	campo$_2$	Y	pensaba	en	sí mismo	diciendo:	¿Qué
2164	3588	5561	2532	1260	1722	1438	3004	5101
VAAI3S	*DNSF*	*NNSF*	*CLN*	*VIUI3S*	*P*	*RF3DSM*	*VPAP-SNM*	*RI-ASN*

ποιήσω,	ὅτι	οὐκ	ἔχω	ποῦ	συνάξω	τοὺς	καρπούς	μου;
higo (haré),	porque	no	tengo	donde	guardaré (guardar)	los	frutos	de mí?
4160	3754	3756	2192	4226	4863	3588	2590	3450
VAAS1S	*CAZ*	*BN, TN*	*VPAI1S*	*BP*	*VFAI1S*	*DAPM*	*NAPM*	*RP1GS*

NVI

será perdonado, pero
el que blasfeme contra
el Espíritu Santo no
tendrá perdón.
11 »Cuando los
hagan comparecer
ante las sinagogas,
los gobernantes y las
autoridades, no se
preocupen de cómo van
a defenderse o de qué
van a decir, 12 porque en
ese momento el Espíritu
Santo les enseñará lo que
deben responder».

Parábola del rico insensato

13 Uno de entre la
multitud le pidió:
—Maestro, dile a mi
hermano que comparta
la herencia conmigo.
14 —Hombre —
replicó Jesús—, ¿quién
me nombró a mí juez o
árbitro entre ustedes?
15 »¡Tengan cuidado!
—advirtió a la gente—.
Absténganse de toda
avaricia; la vida de una
persona no depende
de la abundancia de sus
bienes».
16 Entonces les contó
esta parábola:
—El terreno de un
hombre rico le produjo
una buena cosecha.
17 Así que se puso a
pensar: "¿Qué voy a
hacer? No tengo dónde
almacenar mi cosecha".

12:15* O sea *la vida de alguien no está en la abundancia de las posesiones.*

RVR

18 Y dijo: Esto haré:
derribaré mis graneros,
y edificaré otros más
grandes, y allí almace-
naré todos mis frutos y
mis bienes;
19 y diré a mi alma:
Alma, tienes muchos
bienes en reserva para
muchos años; descansa,
come, bebe, diviértete.
20 Pero Dios le dijo:
Necio, esta noche vie-
nen a pedirte tu alma;
y lo que has provisto,
¿para quién será?
21 Así es el que atesora
para sí mismo, y no es
rico para con Dios.

El afán y la ansiedad

22 Dijo luego a sus
discípulos: Por tanto os
digo: No os afanéis por
vuestra vida, qué come-
réis; ni por el cuerpo,
qué vestiréis.
23 La vida es más que
la comida; y el cuerpo,
más que el vestido.
24 Considerad los cuer-
vos, que ni siembran,
ni siegan; que ni tienen
despensa, ni granero,
y Dios los alimenta.
¡Cuánto más valéis
vosotros que las aves!
25 ¿Y quién de vosotros

18 καὶ	εἶπεν·	Τοῦτο	ποιήσω·	καθελῶ	μου	τὰς	ἀποθήκας	καὶ	μείζονας
Y	dijo:	Esto	haré:	destruiré	de mí$_3$	los$_1$	graneros$_2$	y$_4$	más grandes,$_6$
2532	2036	5124	4160	2507	3450	3588	596	2532	3173
CLN	VAAI3S	RD-ASN	VFAI1S	VFAI1S	RP1GS	DAPF	NAPF	CLN	JAPFC

οἰκοδομήσω,	καὶ	συνάξω	ἐκεῖ	πάντα	τὸν	σῖτον	καὶ	τὰ	ἀγαθά	μου,
edificaré$_5$	y	guardaré	allí	todo	el	trigo	y	los	bienes	de mí;
3618	2532	4863	1563	3956	3588	4621	2532	3588	18	3450
VFAI1S	CLN	VFAI1S	BP	JASM, JAPN	DASM	NASM	CLN	DAPN	JAPN	RP1GS

19 καὶ	ἐρῶ	τῇ	ψυχῇ	μου·	Ψυχή,	ἔχεις	πολλὰ	ἀγαθὰ	κείμενα	εἰς
y	diré	al	alma	de mí:	Alma,	tienes	muchos	bienes	que han sido puestos	
2532	2046	3588	5590	3450	5590	2192	4183	18	2749	1519
CLN	VFAI1S	DDSF	NDSF	RP1GS	NVSF	VPAI2S	JAPN	JAPN	VPUP-PAN	P

ἔτη	πολλά·	ἀναπαύου,	φάγε,	πίε,	εὐφραίνου.	20 εἶπεν	δὲ	αὐτῷ	ὁ
años;$_2$	muchos$_1$	reposa,	come,	bebe,	alégrate.	dijo$_4$	Pero$_1$	a él:$_5$	--$_2$
2094	4183	373	5315	4095	2165	2036	1161	846	3588
NAPN	JAPN	VPMM2S	VAAM2S	VAAM2S	VPPM2S	VAAI3S	CLC	RP3DSM	DNSM

θεός·	Ἄφρων,	ταύτῃ	τῇ	νυκτὶ	τὴν	ψυχήν	σου	ἀπαιτοῦσιν	ἀπὸ	σοῦ·
Dios$_3$	Necio,	esta$_4$	--$_5$	noche$_6$	la$_7$	vida$_8$	de ti;$_9$	reclaman$_1$	de$_2$	ti$_3$
2316	878	3778	3588	3571	3588	5590	4675	523	575	4675
NNSM	JVSM	RD-DSF	DDSF	NDSF	DASF	NASF	RP2GS	VPAI3P	P	RP2GS

ἃ	δὲ	ἡτοίμασας,	τίνι	ἔσται;	21 οὕτως	ὁ	θησαυρίζων
las cosas que	y	(que) preparaste	¿para quién	serán?	Así (es)	el que	está atesorando
3739	1161	2090	5101	2071	3779	3588	2343
RR-APN	CLN	VAAI2S	RI-DSM	VFMI3S	B	DNSM	VPAP-SNM

ἑαυτῷ	καὶ	μὴ	εἰς	θεὸν	πλουτῶν.
para sí	y	no	para$_2$	Dios.$_3$	está siendo rico$_1$
1438	2532	3361	1519	2316	4147
RF3DSM	CLC	BN, TN	P	NASM	VPAP-SNM

22 Εἶπεν	δὲ	πρὸς	τοὺς	μαθητὰς	αὐτοῦ·	Διὰ	τοῦτο	λέγω	ὑμῖν,
dijo$_2$	Y$_1$	a	los	discípulos	de él:	Por	esto	digo	a vosotros:
2036	1161	4314	3588	3101	846	1223	5124	3004	5213
VAAI3S	CLN	P	DAPM	NAPM	RP3GSM	P	RD-ASN	VPAI1S	RP2DP

μὴ	μεριμνᾶτε	τῇ	ψυχῇ	τί	φάγητε,	μηδὲ	τῷ	σώματι
no	os preocupéis	por la	vida,	qué	comierais,	ni	por el	cuerpo,
3361	3309	3588	5590	5101	5315	3366	3588	4983
BN, TN	VPAM2P	DDSF	NDSF	RI-ASN	VAAS2P	TN, CLD	DDSN	NDSN

τί	ἐνδύσησθε.	23 ἡ	γὰρ	ψυχὴ	πλεῖόν	ἐστιν	τῆς	τροφῆς	καὶ
qué	vistierais.	la$_2$	Porque$_1$	vida$_3$	más que$_5$	es$_4$	el	alimento,	y
5101	1746	3588	1063	5590	4119	2076	3588	5160	2532
RI-ASN	VAMS2P	DNSF	CAZ	NNSF	JNSNC	VPAI3S	DGSF	NGSF	CLN

τὸ	σῶμα	τοῦ	ἐνδύματος.	24 κατανοήσατε	τοὺς	κόρακας	ὅτι	οὐ
el	cuerpo	(que) el	vestido.	Considerad	los	cuervos,	que	no
3588	4983	3588	1742	2657	3588	2876	3754	3756
DNSN	NNSN	DGSN	NGSN	VAAM2P	DAPM	NAPM	CSC	BN, TN

σπείρουσιν	οὐδὲ	θερίζουσιν,	οἷς	οὐκ	ἔστιν	ταμεῖον	οὐδὲ
siembran	ni	cosechan,	para los cuales	no	está (hay)	despensa	ni
4687	3761	2325	3739	3756	2076	5009	3761
VPAI3P	TN, CLD	VPAI3P	RR-DPM	BN, TN	VPAI3S	NNSN	TN, CLD

ἀποθήκη,	καὶ	ὁ	θεὸς	τρέφει	αὐτούς·	πόσῳ	μᾶλλον	ὑμεῖς	διαφέρετε
granero	y	--	Dios	alimenta	a ellos;	cuánto	más	vosotros	valéis más que
596	2532	3588	2316	5142	846	4214	3123	5210	1308
NNSF	CLC	DNSM	NNSM	VPAI3S	RP3APM	RI-DSN	B	RP2NP	VPAI2P

τῶν	πετεινῶν.	25 τίς	δὲ	ἐξ	ὑμῶν	μεριμνῶν	δύναται	ἐπὶ	τὴν
las	aves.	quién$_2$	¿Y$_1$	de	vosotros	preocupándose	puede	sobre	la
3588	4071	5101	1161	1537	5216	3308, 3309	1410	1909	3588
DGPN	NGPN, JGPN	RI-NSM	CLN	P	RP2GP	VPAP-SNM	VPUI3S	P	DASF

NVI

18 Por fin dijo: "Ya sé lo
que voy a hacer: derriba-
ré mis graneros y cons-
truiré otros más grandes,
donde pueda almacenar
todo mi grano y mis
bienes. 19 Y diré: Alma
mía, ya tienes bastantes
cosas buenas guarda-
das para muchos años.
Descansa, come, bebe y
goza de la vida". 20 Pero
Dios le dijo: "¡Necio!
Esta misma noche te van
a reclamar la vida. ¿Y
quién se quedará con lo
que has acumulado?"
21 »Así le sucede al
que acumula riquezas
para sí mismo, en vez
de ser rico delante de
Dios».

No se preocupen

22 Luego dijo Jesús a
sus discípulos:
—Por eso les digo:
No se preocupen por su
vida, qué comerán; ni
por su cuerpo, con qué
se vestirán. 23 La vida
tiene más valor que la
comida, y el cuerpo más
que la ropa. 24 Fíjense
en los cuervos: no
siembran ni cosechan,
ni tienen almacén ni gra-
nero; sin embargo, Dios
los alimenta. ¡Cuánto
más valen ustedes que
las aves! 25 ¿Quién de
ustedes, por mucho

RVR

podrá con afanarse
añadir a su estatura un
codo?
26 Pues si no podéis ni lo
más pequeño, ¿por qué
os afanáis por lo demás?
27 Considerad los
lirios, cómo crecen;
no trabajan, ni hilan;
mas os digo, que ni aun
Salomón con toda su
gloria se vistió como
uno de ellos.
28 Y si así viste Dios la
hierba que hoy está en
el campo, y mañana
es echada al horno,
¿cuánto más a vosotros,
hombres de poca fe?
29 Vosotros, pues, no
andéis buscando lo que
habéis de comer, ni lo
que habéis de beber,
ni estéis en ansiosa
inquietud.
30 Porque todas estas co-
sas las buscan con afán
las gentes del mundo;
pero vuestro Padre sabe
que tenéis necesidad de
estas cosas.
31 Buscad más bien el
reino de Dios, y todas
estas cosas os serán
añadidas.

Tesoro en el cielo

32 No temáis, manada
pequeña, porque a vues-
tro Padre le ha placido
daros el reino.
33 Vended lo que
poseéis, y dad limosna;
haceos bolsas que no

ἡλικίαν	αὐτοῦ	προσθεῖναι	πῆχυν;	26 εἰ	οὖν	οὐδὲ	ἐλάχιστον
estatura	de él	añadir	un codo?	Si	pues,	ni (aun)	(lo) menos importante$_2$
2244	846	4369	4083	1487	3767	3761	1646
NASF	*RP3GSM*	*VAAN*	*NASM*	*CAC*	*CLI*	*CLA, TN, B*	*JASN*

δύνασθε,	τί	περὶ	τῶν	λοιπῶν	μεριμνᾶτε;	27 κατανοήσατε	τὰ
podéis (hacer)$_1$	¿por qué	acerca de	las	demás cosas	os preocupáis?	Considerad	los
1410	5101	4012	3588	3062	3309	2657	3588
VPUI2P	*RI-ASN*	*P*	*DGPN*	*JGPN*	*VPAI2P*	*VAAM2P*	*DAPN*

κρίνα	πῶς	αὐξάνει·	οὐ	κοπιᾷ	οὐδὲ	νήθει·	λέγω	δὲ	ὑμῖν,	οὐδὲ
lirios,	cómo	crecen;	no	se fatigan	ni	hilan;	digo$_2$	pero$_1$	a vosotros,	tampoco
2918	4459	837	3756	2872	3761	3514	3004	1161	5213	3761
NAPN	*B*	*VPAI3S*	*BN, TN*	*VPAI3S*	*CLD, TN*	*VPAI3S*	*VPAI1S*	*CLC*	*RP2DP*	*CLA, TN, B*

Σολομὼν	ἐν	πάσῃ	τῇ	δόξῃ	αὐτοῦ	περιεβάλετο	ὡς	ἓν	τούτων.
Salomón	en$_2$	toda$_3$	la$_4$	gloria$_5$	de él,$_6$	se vistió,$_1$	como	uno	de estos.
4672	1722	3956	3588	1391	846	4016	5613	1520	5130
NNSM	*P*	*JDSF*	*DDSF*	*NDSF*	*RP3GSM*	*VAMI3S*	*CAM*	*JNSN, JASN*	*RD-GPN*

28 εἰ	δὲ	ἐν	ἀγρῷ	τὸν	χόρτον	ὄντα	σήμερον	καὶ	αὔριον	εἰς
si$_2$	Y$_1$	en	(el) campo	la	hierba	estando	hoy,	y	mañana$_2$	a$_3$
1487	1161	1722	68	3588	5528	5607	4594	2532	839	1519
CAC	*CLN*	*P*	*NDSM*	*DASM*	*NASM*	*VPAP-SAM*	*B*	*CLN*	*B*	*P*

κλίβανον	βαλλόμενον	ὁ	θεὸς	οὕτως	ἀμφιέζει,	πόσῳ	μᾶλλον	ὑμᾶς,
un horno,$_4$	siendo echada$_1$	--	Dios	así	viste,	cuánto	más	a vosotros,
2823	906	3588	2316	3779	294	4214	3123	5209
NASM	*VPPP-SAM*	*DNSM*	*NNSM*	*B*	*VPAI3S*	*RI-DSN*	*B*	*RP2AP*

ὀλιγόπιστοι.	29 καὶ	ὑμεῖς	μὴ	ζητεῖτε	τί	φάγητε	καὶ	τί	πίητε,
(personas) de poca fe.	Y	vosotros	no	busquéis	qué	comierais	y	qué	bebierais
3640	2532	5210	3361	2212	5101	5315	2532	5101	4095
JVPM	*CLNB*	*RP2NP*	*BN, TN*	*VPAM2P*	*RI-ASN*	*VAAS2P*	*CLN*	*RI-ASN*	*VAAS2P*

καὶ	μὴ	μετεωρίζεσθε,	30 ταῦτα	γὰρ	πάντα	τὰ	ἔθνη	τοῦ	κόσμου
y	no	os angustiéis;	estas cosas,$_8$	porque$_1$	todas$_7$	los$_2$	pueblos$_3$	del$_4$	mundo$_5$
2532	3361	3349	5023	1063	3956	3588	1484	3588	2889
CLN	*BN, TN*	*VPPM2P*	*RD-APN*	*CAZ*	*JNPN*	*DNPN*	*NNPN*	*DGSM*	*NGSM*

ἐπιζητοῦσιν,	ὑμῶν	δὲ	ὁ	πατὴρ	οἶδεν	ὅτι	χρῄζετε	τούτων.
buscan$_6$	de vosotros$_{12}$	pero$_9$	el$_{10}$	Padre$_{11}$	sabe	que	necesitáis	de estas cosas.
1934	5216	1161	3588	3962	1492	3754	5535	5130
VPAI3P	*RP2GP*	*CLN*	*DNSM*	*NNSM*	*VRAI3S*	*CSC*	*VPAI2P*	*RD-GPN*

31 πλὴν	ζητεῖτε	τὴν	βασιλείαν	αὐτοῦ,	καὶ	ταῦτα	προστεθήσεται
No obstante	buscad	el	reino	de él,	y	estas cosas$_2$	serán añadidas$_1$
4133	2212	3588	932	846	2532	5023	4369
CLC	*VPAM2P*	*DASF*	*NASF*	*RP3GSM*	*CLN*	*RD-NPN*	*VFPI3S*

ὑμῖν.
a vosotros.
5213
RP2DP

32 Μὴ	φοβοῦ,	τὸ	μικρὸν	ποίμνιον,	ὅτι	εὐδόκησεν	ὁ	πατὴρ
No	temas,	--	pequeño	rebaño,	porque	tuvo a bien$_4$	el$_1$	Padre$_2$
3361	5399	3588	3398	4168	3754	2106	3588	3962
BN,TN	*VPUM2S*	*DVSN, DNSN*	*JVSN, JNSN*	*NVSN, NNSN*	*CAZ*	*VAAI3S*	*DNSM*	*NNSM*

ὑμῶν	δοῦναι	ὑμῖν	τὴν	βασιλείαν.	33 πωλήσατε	τὰ	ὑπάρχοντα
de vosotros$_3$	dar	a vosotros	el	reino.	Vended	los	bienes
5216	1325	5213	3588	932	4453	3588	5224
RP2GP	*VAAN*	*RP2DP*	*DASF*	*NASF*	*VAAM2P*	*DAPN*	*VPAP-PAN*

ὑμῶν	καὶ	δότε	ἐλεημοσύνην·	ποιήσατε	ἑαυτοῖς	βαλλάντια
de vosotros	y	dad	ayuda;	haced	para vosotros mismos$_4$	bolsas$_1$
5216	2532	1325	1654	4160	1438	905
RP2GP	*CLN*	*VAAM2P*	*NASF*	*VAAM2P*	*RF2DPM*	*NAPN*

NVI

que se preocupe, puede
añadir una sola hora al
curso de su vida? 26 Ya
que no pueden hacer
algo tan insignificante,
¿por qué se preocupan
por lo demás?
27 »Fíjense cómo
crecen los lirios. No
trabajan ni hilan; sin
embargo, les digo que
ni siquiera Salomón,
con todo su esplendor,
se vestía como uno de
ellos. 28 Si así viste Dios
a la hierba que hoy está
en el campo y mañana
es arrojada al horno,
¡cuánto más hará por
ustedes, gente de poca
fe! 29 Así que no se
afanen por lo que han
de comer o beber; dejen
de atormentarse. 30 El
mundo paganos anda
tras todas estas cosas,
pero el Padre sabe que
ustedes las necesitan.
31 Ustedes, por el con-
trario, busquen el reino
de Dios, y estas cosas les
serán añadidas.
32 »No tengan miedo,
mi rebaño pequeño,
porque es la buena vo-
luntad del Padre darles
el reino. 33 Vendan sus
bienes y den a los pobres.
Provéanse de bolsas que

RVR

se envejezcan, tesoro
en los cielos que no se
agote, adonde el ladrón
no se acerca, ni la polilla
corroe.
34 Porque donde está
vuestro tesoro, allí
estará también vuestro
corazón.

El siervo vigilante

35 Estén ceñidos vues-
tros lomos, y vuestras
lámparas encendidas;
36 y vosotros sed seme-
jantes a hombres que
aguardan a su señor
cuando regrese de las
bodas, para que al llegar
él y llamar, le abran en
seguida.
37 Dichosos aquellos
siervos a los cuales su
señor, cuando venga,
halle velando; de cierto
os digo que se ceñirá, y
hará que se sienten a la
mesa, y, pasando cerca
de cada uno, les servirá.
38 Y aunque venga a la
segunda vigilia, y aun-
que venga a la tercera
vigilia, si los halla así,
dichosos son aquellos
siervos.
39 Pero sabed esto, que
si supiese el padre de
familia a qué hora iba a
venir el ladrón, velaría,
y no permitiría que
horadaran su casa.

μὴ	παλαιούμενα,	θησαυρὸν	ἀνέκλειπτον	ἐν	τοῖς	οὐρανοῖς,	ὅπου
no$_2$	estando envejecidas$_3$	tesoro	inagotable	en	los	cielos,	donde
3361	3822	2344	413	1722	3588	3772	3699
BN, TN	*VPPP-PAN*	*NASM*	*JASM*	*P*	*DDPM*	*NDPM*	*CAL, B*

κλέπτης	οὐκ	ἐγγίζει	οὐδὲ	σὴς	διαφθείρει·	34 ὅπου	γάρ	ἐστιν	ὁ
(el) ladrón	no	se acerca	ni	(la) polilla	destruye,	donde$_2$	porque$_1$	está	el
2812	3756	1448	3761	4597	1311	3699	1063	2076	3588
NNSM	*BN, TN*	*VPAI3S*	*CLD, TN*	*NNSM*	*VPAI3S*	*CAL, B*	*CLX*	*VPAI3S*	*DNSM*

θησαυρὸς	ὑμῶν,	ἐκεῖ	καὶ	ἡ	καρδία	ὑμῶν	ἔσται.
tesoro	de vosotros,	allí	también	el	corazón	de vosotros	estará.
2344	5216	1563	2532	3588	2588	5216	2071
NNSM	*RP2GP*	*BP*	*BE, TE*	*DNSF*	*NNSF*	*RP2GP*	*VFMI3S*

35 Ἔστωσαν	ὑμῶν	αἱ	ὀσφύες	περιεζωσμέναι	καὶ	οἱ	λύχνοι
estén$_4$	de vosotros$_3$	Los$_1$	lomos$_2$	ceñidos	y	las	lámparas
2077	5216	3588	3751	4024	2532	3588	3088
VPAM3P	*RP2GP*	*DNPF*	*NNPF*	*VRPP-PNF*	*CLN*	*DNPM*	*NNPM*

καιόμενοι,	36 καὶ	ὑμεῖς	ὅμοιοι	ἀνθρώποις	προσδεχομένοις
estando encendidas;	y	vosotros	semejantes a	(las) personas	que están esperando
2545	2532	5210	3664	444	4327
VPPP-PNM, VPPP-PNF	*CLN*	*RP2NP*	*JNPM*	*NDPM*	*VPUP-PDM*

τὸν	κύριον	ἑαυτῶν	πότε	ἀναλύσῃ	ἐκ	τῶν	γάμων,	ἵνα
al	señor	de sí mismos	cuándo	regresará	de	las	(fiestas de) bodas,	para que
3588	2962	1438	4219	360	1537	3588	1062	2443
DASM	*NASM*	*RF3GPM*	*B*	*VAAS3S*	*P*	*DGPM*	*NGPM*	*CAP*

ἐλθόντος	καὶ	κρούσαντος	εὐθέως	ἀνοίξωσιν	αὐτῷ.
habiendo llegado	y	habiendo llamado (a la puerta)	inmediatamente	abrieran	a él.
2064	2532	2925	2112	455	846
VAAP-SGM	*CLN*	*VAAP-SGM*	*B*	*VAAS3P*	*RP3DSM*

37 μακάριοι	οἱ	δοῦλοι	ἐκεῖνοι,	οὓς	ἐλθὼν	ὁ	κύριος
Bienaventurados	los	esclavos	aquellos,	los cuales	habiendo llegado	el	señor
3107	3588	1401	1565	3739	2064	3588	2962
JNPM	*DNPM*	*NNPM*	*RD-NPM*	*RR-APM*	*VAAP-SNM*	*DNSM*	*NNSM*

εὑρήσει	γρηγοροῦντας·	ἀμὴν	λέγω	ὑμῖν	ὅτι	περιζώσεται	καὶ
encontrará	vigilando;	de cierto	digo	a vosotros	que	se ceñirá	y
2147	1127	281	3004	5213	3754	4024	2532
VFAI3S	*VPAP-PAM*	*XF, B*	*VPAI1S*	*RP2DP*	*CSC*	*VFMI3S*	*CLN*

ἀνακλινεῖ	αὐτοὺς	καὶ	παρελθὼν	διακονήσει	αὐτοῖς.	38 κἂν	ἐν
hará reclinar (a la mesa)	a ellos	y	habiendo pasado	servirá	a ellos.	Y aunque	en$_2$
347	846	2532	3928	1247	846	2579	1722
VFAI3S	*RP3APM*	*CLN*	*VAAP-SNM*	*VFAI3S*	*RP3DPM*	*CLN,CAC*	*P*

τῇ	δευτέρᾳ	κἂν	ἐν	τῇ	τρίτῃ	φυλακῇ	ἔλθῃ	καὶ	εὕρῃ	οὕτως,
la$_3$	segunda$_4$	y aunque$_5$	en$_6$	la$_7$	tercera$_8$	vigilia$_9$	viniera$_1$	y	(los) encontrara	así,
3588	1208	2579	1722	3588	5154	5438	2064	2532	2147	3779
DDSF	*JDSF*	*CLN, CAC*	*P*	*DDSF*	*JDSF*	*NDSF*	*VAAS3S*	*CLN*	*VAAS3S*	*B*

μακάριοί	εἰσιν	ἐκεῖνοι.
dichosos	son	aquellos.
3107	1526	1565
JNPM	*VPAI3P*	*RD-NPM*

39 Τοῦτο	δὲ	γινώσκετε	ὅτι	εἰ	ᾔδει	ὁ	οἰκοδεσπότης	ποίᾳ	ὥρᾳ
esto:$_3$	Pero$_1$	conoced$_2$	que	si	sabía$_3$	el$_1$	dueño de la casa$_2$	(a) qué	hora
5124	1161	1097	3754	1487	1492	3588	3617	4169	5610
RD-ASN	*CLC*	*VPAM2P*	*CSC*	*CAC*	*VLAI3S*	*DNSM*	*NNSM*	*JDSF*	*NDSF*

ὁ	κλέπτης	ἔρχεται,	οὐκ	ἂν	ἀφῆκεν	διορυχθῆναι	τὸν	οἶκον	αὐτοῦ.
el	ladrón	viene,	no	--	dejó	ser perforada	la	casa	de él.
3588	2812	2064	3756	302	863	1358	3588	3624	846
DNSM	*NNSM*	*VPUI3S*	*BN, TN*	*TC*	*VAAI3S*	*VAPN*	*DASM*	*NASM*	*RP3GSM*

NVI

no se desgasten; acumu-
len un tesoro inagotable
en el cielo, donde no hay
ladrón que aceche ni po-
lilla que destruya. 34 Pues
donde tengan ustedes
su tesoro, allí estará
también su corazón.

La vigilancia

35 »Manténganse
listos, con la ropa bien
ajustada y la luz encen-
dida. 36 Pórtense como
siervos que esperan a
que regrese su señor de
un banquete de bodas,
para abrirle la puerta tan
pronto como él llegue
y toque. 37 Dichosos
los siervos a quienes
su señor encuentre
pendientes de su llegada.
Créanme que se ajustará
la ropa, hará que los sier-
vos se sienten a la mesa,
y él mismo se pondrá a
servirles. 38 Sí, dichosos
aquellos siervos a quie-
nes su señor encuentre
preparados, aunque
llegue a la mediano-
che o de madrugada.
39 Pero entiendan esto:
Si un dueño de casa
supiera a qué hora va a
llegar el ladrón, estaría
pendiente para no
dejarlo forzar la entrada.

RVR

40 Vosotros, pues, tam-
bién, estad preparados,
porque a la hora que
no penséis, el Hijo del
Hombre vendrá.

El siervo infiel

41 Entonces Pedro le
dijo: Señor, ¿diriges esta
parábola a nosotros, o
también a todos?
42 Y dijo el Señor:
¿Quién es, pues, el
mayordomo fiel y
prudente al cual su
señor constituirá sobre
su servidumbre, para
que a su tiempo les dé la
ración conveniente?
43 Bienaventurado aquel
siervo al cual, cuando
su señor venga, le halle
haciendo así.
44 En verdad os digo
que le pondrá como
encargado de todos sus
bienes.
45 Mas si aquel siervo
dice en su corazón: Mi
señor tarda en venir; y
comienza a golpear a los
criados y a las criadas,
y a comer y beber y
embriagarse,
46 vendrá el señor de
aquel siervo en un día
que éste no espera, y a
la hora que no sabe, y le
cortará, y le pondrá con
los infieles.

40 καὶ	ὑμεῖς	γίνεσθε	ἕτοιμοι,	ὅτι	ᾗ	ὥρᾳ	οὐ	δοκεῖτε	ὁ	υἱὸς
Y	vosotros	estad	preparados,	porque	(en) la cual	hora	(que) no	pensáis	el	Hijo
2532	5210	1096	2092	3754	3739	5610	3756	1380	3588	5207
CLN	*RP2NP*	*VPUM2P*	*JNPM*	*CAZ*	*RR-DSF*	*NDSF*	*BN, TN*	*VPAI2P*	*DNSM*	*NNSM*

τοῦ	ἀνθρώπου	ἔρχεται.
del	hombre	viene.
3588	444	2064
DGSM	*NGSM*	*VPUI3S*

41 Εἶπεν	⸀δὲ	ὁ	Πέτρος·	Κύριε,	πρὸς	ἡμᾶς	τὴν	παραβολὴν	ταύτην
dijo$_2$	Y$_1$	--	Pedro:	Señor,	a$_2$	nosotros$_3$	la$_4$	parábola$_5$	esta$_6$
2036	1161	3588	4074	2962	4314	2248	3588	3850	3778
VAAI3S	*CLN*	*DNSM*	*NNSM*	*NVSM*	*P*	*RP1AP*	*DASF*	*NASF*	*RD-ASF*

λέγεις	ἢ	καὶ	πρὸς	πάντας;	42 καὶ	εἶπεν	ὁ	κύριος·	Τίς	ἄρα
¿dices$_1$	o	también	a	todos?	Y	dijo:$_3$	el$_1$	Señor$_2$	¿Quién	pues,
3004	2228	2532	4314	3956	2532	2036	3588	2962	5101	687
VPAI2S	*CLD*	*BE, TE*	*P*	*JAPM*	*CLN*	*VAAI3S*	*DNSM*	*NNSM*	*RI-NSM*	*CLI*

ἐστὶν	ὁ	πιστὸς	οἰκονόμος,	ὁ	φρόνιμος,	ὃν	καταστήσει	ὁ
es	el	fiel	administrador,	el	sensato,	a quien	pondrá$_3$	el$_1$
2076	3588	4103	3623	3588	5429	3739	2525	3588
VPAI3S	*DNSM*	*JNSM*	*NNSM*	*DNSM*	*JNSM*	*RR-ASM*	*VFAI3S*	*DNSM*

κύριος	ἐπὶ	τῆς	θεραπείας	αὐτοῦ	τοῦ	διδόναι	ἐν	καιρῷ	τὸ
señor$_2$	sobre	la	servidumbre	de él	--	para dar	a	tiempo	la
2962	1909	3588	2322	846	3588	1325	1722	2540	3588
NNSM	*P*	*DGSF*	*NGSF*	*RP3GSM*	*DGSN, DGSM*	*VPAN*	*P*	*NDSM*	*DASN*

σιτομέτριον;	43 μακάριος	ὁ	δοῦλος	ἐκεῖνος,	ὃν	ἐλθὼν	ὁ
ración (de comida)?	Bienaventurado	el	esclavo	aquel,	al cual,	habiendo venido	el
4620	3107	3588	1401	1565	3739	2064	3588
NASN	*JNSM*	*DNSM*	*NNSM*	*RD-NSM*	*RR-ASM*	*VAAP-SNM*	*DNSM*

κύριος	αὐτοῦ	εὑρήσει	ποιοῦντα	οὕτως·	44 ἀληθῶς	λέγω	ὑμῖν
señor	de él,	encontrará	haciendo	así.	Verdaderamente	digo	a vosotros
2962	846	2147	4160	3779	230	3004	5213
NNSM	*RP3GSM*	*VFAI3S*	*VPAP-SAM*	*B*	*B*	*VPAI1S*	*RP2DP*

ὅτι	ἐπὶ	πᾶσιν	τοῖς	ὑπάρχουσιν	αὐτοῦ	καταστήσει	αὐτόν.	45 ἐὰν	δὲ
que	sobre	todos	los	bienes	de él	pondrá	a él.	si$_2$	Pero$_1$
3754	1909	3956	3588	5224	846	2525	846	1437	1161
CSC	*P*	*JDPN*	*DDPN*	*VPAP-PDN*	*RP3GSM*	*VFAI3S*	*RP3ASM*	*CAC*	*CLC*

εἴπῃ	ὁ	δοῦλος	ἐκεῖνος	ἐν	τῇ	καρδίᾳ	αὐτοῦ·	Χρονίζει	ὁ	κύριός
dijera$_6$	el$_3$	esclavo$_4$	aquel$_5$	en	el	corazón	de él:	tarda$_4$	El$_1$	señor$_2$
2036	3588	1401	1565	1722	3588	2588	846	5549	3588	2962
VAAS3S	*DNSM*	*NNSM*	*RD-NSM*	*P*	*DDSF*	*NDSF*	*RP3GSM*	*VPAI3S*	*DNSM*	*NNSM*

μου	ἔρχεσθαι,	καὶ	ἄρξηται	τύπτειν	τοὺς	παῖδας	καὶ	τὰς	παιδίσκας,
de mí$_3$	(en) venir,$_5$	y	comenzara	a golpear	a los	sirvientes	y	a las	sirvientas,
3450	2064	2532	756	5180	3588	3816	2532	3588	3814
RP1GS	*VPUN*	*CLN*	*VAMS3S*	*VPAN*	*DAPM*	*NAPM*	*CLN*	*DAPF*	*NAPF*

ἐσθίειν	τε	καὶ	πίνειν	καὶ	μεθύσκεσθαι,	46 ἥξει	ὁ	κύριος	τοῦ
a comer$_2$	y tanto$_1$	como	a beber	y	a embriagarse,	llegará$_6$	el$_1$	señor$_2$	del$_3$
2068	5037	2532	4095	2532	3182	2240	3588	2962	3588
VPAN	*CLN*	*CLN*	*VPAN*	*CLN*	*VPPN*	*VFAI3S*	*DNSM*	*NNSM*	*DGSM*

δούλου	ἐκείνου	ἐν	ἡμέρᾳ	ᾗ	οὐ	προσδοκᾷ	καὶ	ἐν	ὥρᾳ	ᾗ
esclavo$_4$	aquel$_5$	en	(el) día	que	no	espera	y	en	(la) hora	que
1401	1565	1722	2250	3739	3756	4328	2532	1722	5610	3739
NGSM	*RD-GSM*	*P*	*NDSF*	*RR-DSF*	*BN, TN*	*VPAI3S*	*CLN*	*P*	*NDSF*	*RR-DSF*

οὐ	γινώσκει,	καὶ	διχοτομήσει	αὐτὸν	καὶ	τὸ	μέρος	αὐτοῦ	μετὰ	τῶν
no	sabe	y	partirá en medio	a él	y	la$_2$	parte$_3$	de él$_4$	con$_5$	los$_6$
3756	1097	2532	1371	846	2532	3588	3313	846	3326	3588
BN, TN	*VPAI3S*	*CLN*	*VFAI3S*	*RP3ASM*	*CLN*	*DASN*	*NASN*	*RP3GSM*	*P*	*DGPM*

NVI

40 Así mismo deben
ustedes estar prepara-
dos, porque el Hijo del
hombre vendrá cuando
menos lo esperen».
41 —Señor —le
preguntó Pedro—,
¿cuentas esta parábola
para nosotros, o para
todos?
42 Respondió el
Señor:
—¿Dónde se halla un
mayordomo fiel y pru-
dente a quien su señor
deja encargado de los
siervos para repartirles
la comida a su debido
tiempo? 43 Dichoso el
siervo cuyo señor, al
regresar, lo encuentra
cumpliendo con su de-
ber. 44 Les aseguro que lo
pondrá a cargo de todos
sus bienes. 45 Pero ¡qué
tal si ese siervo se pone
a pensar: "Mi señor
tarda en volver", y luego
comienza a golpear a los
criados y a las criadas, y a
comer y beber y embo-
rracharse! 46 El señor de
ese siervo volverá el día
en que el siervo menos
lo espere y a la hora me-
nos pensada. Entonces
lo castigará severa-
mente y le impondrá la
condena que reciben los
incrédulos.

RVR

47 Aquel siervo que conociendo la voluntad de su señor, no se preparó, ni hizo conforme a su voluntad, recibirá muchos azotes.
48 Mas el que sin conocerla hizo cosas dignas de azotes, recibirá pocos; porque a todo aquel a quien se haya dado mucho, mucho se le exigirá; y al que mucho se le haya confiado, más se le pedirá.

Jesucristo profetiza divisiones por su causa

49 Fuego vine a echar en la tierra; y ¡cómo deseo que se haya encendido ya!
50 De un bautismo tengo que ser bautizado; y ¡cómo me angustio hasta que se cumpla!
51 ¿Pensáis que he venido para dar paz en la tierra? No, os digo, sino más bien división.
52 Porque de aquí en adelante, cinco en una familia estarán divididos, tres contra dos, y dos contra tres.
53 Estará dividido el padre contra el hijo, y el hijo contra el padre; la madre contra la hija, y la hija contra la madre; la suegra contra su nuera, y la nuera contra su suegra.

ἀπίστων	θήσει.	47 ἐκεῖνος	δὲ	ὁ	δοῦλος	ὁ	γνοὺς	τὸ	θέλημα
incrédulos,$_{7}$	pondrá$_{1}$	aquel$_{4}$	Y$_{1}$	el$_{2}$	esclavo$_{3}$	el que	habiendo conocido	la	voluntad
571	5087	1565	1161	3588	1401	3588	1097	3588	2307
JGPM	*VFAI3S*	*RD-NSM*	*CLC*	*DNSM*	*NNSM*	*DNSM*	*VAAP-SNM*	*DASN*	*NASN*

τοῦ	κυρίου	αὐτοῦ	καὶ	μὴ	ἑτοιμάσας	ἢ	ποιήσας	πρὸς	τὸ
del	señor	de él	y	no	habiendo preparado	ni	habiendo hecho	de acuerdo a	la
3588	2962	846	2532	3361	2090	2228	4160	4314	3588
DGSM	*NGSM*	*RP3GSM*	*CLN*	*BN, TN*	*VAAP-SNM*	*CLD*	*VAAP-SNM*	*P*	*DASN*

θέλημα	αὐτοῦ	δαρήσεται	πολλάς·	48 ὁ	δὲ	μὴ	γνοὺς
voluntad	de él,	será azotado	(con) muchos (azotes).	el que$_{2}$	pero$_{1}$	no	habiendo conocido
2307	846	1194	4183	3588	1161	3361	1097
NASN	*RP3GSM*	*VFPI3S*	*JAPF*	*DNSM*	*CLC*	*BN, TN*	*VAAP-SNM*

ποιήσας	δὲ	ἄξια	πληγῶν	δαρήσεται	ὀλίγας.	παντὶ	δὲ
habiendo hecho$_{2}$	ni$_{1}$	cosas dignas	de azotes	será azotado	con pocos (azotes).	a todo$_{2}$	Pero$_{1}$
4160	1161	514	4127	1194	3641	3956	1161
VAAP-SNM	*CLN*	*JAPN*	*NGPF*	*VFPI3S*	*JAPF*	*JDSM*	*CLN*

ᾧ	ἐδόθη	πολύ,	πολὺ	ζητηθήσεται	παρ᾽	αὐτοῦ,	καὶ	ᾧ
el que	fue dado	mucho,	mucho	será reclamado	de parte de	de él,	y	al que
3739	1325	4183	4183	2212	3844	846	2532	3739
RR-DSM	*VAPI3S*	*JNSN, JASN*	*JNSN*	*VFPI3S*	*P*	*RP3GSM*	*CLN*	*RR-DSM*

παρέθεντο	πολύ,	περισσότερον	αἰτήσουσιν	αὐτόν.
entregaron	mucho,	más aun	pedirán	de él.
3908	4183	4053	154	846
VAMI3P	*JASN*	*JASNC*	*VFAI3P*	*RP3ASM*

49 Πῦρ	ἦλθον	βαλεῖν	ἐπὶ	τὴν	γῆν,	καὶ	τί	θέλω	εἰ	ἤδη	ἀνήφθη;*
fuego$_{3}$	Vine$_{1}$	a echar$_{2}$	sobre	la	tierra,	y	qué	deseo	si	ya	fue encendido.
4442	2064	906	1909	3588	1093	2532	5101	2309	1487	2235	381
NASN	*VAAI1S*	*VAAN*	*P*	*DASF*	*NASF*	*CLN*	*RI-ASN*	*VPAI1S*	*CAC*	*B*	*VAPI3S*

50 βάπτισμα	δὲ	ἔχω	βαπτισθῆναι,	καὶ	πῶς	συνέχομαι	ἕως	ὅτου
un bautismo$_{3}$	Y$_{1}$	tengo$_{2}$	para ser bautizado	y	cómo	estoy afligido	hasta	que
908	1161	2192	907	2532	4459	4912	2193	3755
NASN	*CLC*	*VPAI1S*	*VAPN*	*CLN*	*B*	*VPPI1S*	*P, C*	*RR-GSN*

τελεσθῇ.	51 δοκεῖτε	ὅτι	εἰρήνην	παρεγενόμην	δοῦναι	ἐν	τῇ	γῇ;
fuera cumplido.	¿Pensáis	que	paz$_{3}$	vine$_{1}$	a dar$_{2}$	en	la	tierra?
5055	1380	3754	1515	3854	1325	1722	3588	1093
VAPS3S	*VPAI2P*	*CSC*	*NASF*	*VAMI1S*	*VAAN*	*P*	*DDSF*	*NDSF*

οὐχί,	λέγω	ὑμῖν,	ἀλλ᾽	ἢ	διαμερισμόν.	52 ἔσονται	γὰρ	ἀπὸ
De ninguna manera,	digo	a vosotros	sino	más bien	división.	serán$_{2}$	Porque$_{1}$	desde
3780	3004	5213	235	2228	1267	2071	1063	575
BN, TN	*VPAI1S*	*RP2DP*	*CLC*	*CAM*	*NASM*	*VFMI3P*	*CLX*	*P*

τοῦ	νῦν	πέντε	ἐν	ἑνὶ	οἴκῳ	διαμεμερισμένοι,	τρεῖς	ἐπὶ	δυσὶν	καὶ	δύο
--	ahora	cinco	en$_{2}$	una$_{3}$	casa,$_{4}$	divididos$_{1}$	tres	contra	dos	y	dos
3588	3568	4002	1722	1520	3624	1266	5140	1909	1417	2532	1417
DGSM	*B*	*XN, J*	*P*	*JDSM*	*NDSM*	*VRPP-PNM*	*JNPM*	*P*	*JDPM*	*CLN*	*XN, J*

ἐπὶ	τρισίν,	53 διαμερισθήσονται	πατὴρ	ἐπὶ	υἱῷ	καὶ	υἱὸς	ἐπὶ	πατρί,
contra	tres,	serán divididos.$_{26}$	padre$_{1}$	contra$_{2}$	hijo$_{3}$	e$_{4}$	hijo$_{5}$	contra$_{6}$	padre,$_{7}$
1909	5140	1266	3962	1909	5207	2532	5207	1909	3962
P	*JDPM*	*VFPI3P*	*NNSM*	*P*	*NDSM*	*CLN*	*NNSM*	*P*	*NDSM*

μήτηρ	ἐπὶ	θυγατέρα	καὶ	θυγάτηρ	ἐπὶ	τὴν	μητέρα,	πενθερὰ	ἐπὶ
madre$_{8}$	contra$_{9}$	hija$_{10}$	e$_{11}$	hija$_{12}$	contra$_{13}$	--$_{14}$	madre,$_{15}$	suegra$_{16}$	contra$_{17}$
3384	1909	2364	2532	2364	1909	3588	3384	3994	1909
NNSF	*P*	*NASF*	*CLN*	*NNSF*	*P*	*DASF*	*NASF*	*NNSF*	*P*

τὴν	νύμφην	αὐτῆς	καὶ	νύμφη	ἐπὶ	τὴν	πενθεράν.
la$_{18}$	nuera$_{19}$	de ella$_{20}$	y$_{21}$	nuera$_{22}$	contra$_{23}$	--$_{24}$	suegra$_{25}$
3588	3565	846	2532	3565	1909	3588	3994
DASF	*NASF*	*RP3GSF*	*CLN*	*NNSF*	*P*	*DASF*	*NASF*

NVI

47 »El siervo que conoce la voluntad de su señor, y no se prepara para cumplirla, recibirá muchos golpes. 48 En cambio, el que no la conoce y hace algo que merezca castigo recibirá pocos golpes. A todo el que se le ha dado mucho, se le exigirá mucho; y al que se le ha confiado mucho, se le pedirá aun más.

División en vez de paz

49 »He venido a traer fuego a la tierra, y ¡cómo quisiera que ya estuviera ardiendo! 50 Pero tengo que pasar por la prueba de un bautismo, y ¡cuánta angustia siento hasta que se cumpla! 51 ¿Creen ustedes que vine a traer paz a la tierra? ¡Les digo que no, sino división! 52 De ahora en adelante estarán divididos cinco en una familia, tres contra dos, y dos contra tres. 53 Se enfrentarán el padre contra su hijo y el hijo contra su padre, la madre contra su hija y la hija contra su madre, la suegra contra su nuera y la nuera contra su suegra».

12:49* O sea *Cuánto desearía que ya estuviera encendido.*

RVR

¿Cómo no reconocéis este tiempo?

54 Decía también a la
multitud: Cuando veis
la nube que sale del
poniente, al instante
decís: Viene lluvia; y así
sucede.
55 Y cuando sopla el
viento del sur, decís:
Hará calor; y lo hace.
56 ¡Hipócritas! Sabéis
averiguar el aspecto del
cielo y de la tierra; ¿y
cómo no averiguáis este
tiempo?

Arréglate con tu adversario

57 ¿Y por qué no juzgáis
por vosotros mismos lo
que es justo?
58 Pues cuando vayas
al magistrado con tu
adversario, procura en
el camino arreglarte
con él, no sea que te
arrastre al juez, y el juez
te entregue al alguacil,
y el alguacil te meta en
la cárcel.
59 Te digo que no saldrás
de allí, hasta que hayas
pagado hasta el último
céntimo.

Arrepentíos o pereceréis

13 En este mismo
tiempo estaban
allí algunos que le con-
taban acerca de los gali-
leos cuya sangre Pilato
había mezclado con

54 Ἔλεγεν	δὲ	καὶ	τοῖς	ὄχλοις·	Ὅταν	ἴδητε	νεφέλην
decía$_2$	Y$_1$	también	a las	multitudes:	Cuando	vierais	(la) nube
3004	1161	2532	3588	3793	3752	1492	3507
VIAI3S	*CLN*	*BE, TE*	*DDPM*	*NDPM*	*CAT*	*VAAS2P*	*NASF*

ἀνατέλλουσαν	ἐπὶ	δυσμῶν,	εὐθέως	λέγετε	ὅτι	Ὄμβρος	ἔρχεται,
aparecer en el cielo	sobre	(el) occidente,	inmediatamente	decís	que	Aguacero	viene,
393	1909	1424	2112	3004	3754	3655	2064
VPAP-SAF	*P*	*NGPF*	*B*	*VPAI2P*	*CSC*	*NNSM*	*VPUI3S*

καὶ	γίνεται	οὕτως·	55 καὶ	ὅταν	νότον	πνέοντα,	λέγετε	ὅτι
y	sucede	así;	y	cuando	(el) viento del sur	(está) soplando,	decís	que:
2532	1096	3779	2532	3752	3558	4154	3004	3754
CLN	*VPUI3S*	*B*	*CLN*	*CAT*	*NASM*	*VPAP-SAM*	*VPAI2P*	*CSC*

Καύσων	ἔσται,	καὶ	γίνεται.	56 ὑποκριταί,	τὸ	πρόσωπον	τῆς	γῆς	καὶ
Calor ardiente	habrá,	y	sucede (así).	¡Hipócritas!	el$_3$	rostro$_4$	de la$_5$	tierra$_6$	y$_7$
2742	2071	2532	1096	5273	3588	4383	3588	1093	2532
NNSM	*VFMI3S*	*CLN*	*VPUI3S*	*NVPM*	*DASN*	*NASN*	*DGSF*	*NGSF*	*CLN*

τοῦ	οὐρανοῦ	οἴδατε	δοκιμάζειν,	τὸν	δὲ	καιρὸν	τοῦτον	πῶς
del$_8$	cielo,$_9$	Sabéis$_1$	comprobar$_2$	--$_{11}$	pero$_{10}$	tiempo oportuno	este	¿cómo
3588	3772	1492	1381	3588	1161	2540	5126	4459
DGSM	*NGSM*	*VRAI2P*	*VPAN*	*DASM*	*CLC*	*NASM*	*RD-ASM*	*BI*

οὐκ	οἴδατε	δοκιμάζειν;
no	sabéis	comprobar?
3756	1492	1381
BN, TN	*VRAI2P*	*VPAN*

57 Τί	δὲ	καὶ	ἀφ'	ἑαυτῶν	οὐ	κρίνετε	τὸ	δίκαιον;	58 ὡς
¿por qué$_2$	Y$_1$	también	por	vosotros mismos	no	juzgáis	lo	justo?	Cuando
5101	1161	2532	575	1438	3756	2919	3588	1342	5613
RI-ASN	*CLN*	*BE, TE*	*P*	*RF2GPM*	*BN, TN*	*VPAI2P*	*DASN*	*JASN*	*CAT*

γὰρ	ὑπάγεις	μετὰ	τοῦ	ἀντιδίκου	σου	ἐπ'	ἄρχοντα,	ἐν	τῇ	ὁδῷ
pues	vas	con	el	adversario	de ti	ante	un magistrado,	en	el	camino
1063	5217	3326	3588	476	4675	1909	758	1722	3588	3598
CLX	*VPAI2S*	*P*	*DGSM*	*NGSM*	*RP2GS*	*P*	*NASM*	*P*	*DDSF*	*NDSF*

δὸς	ἐργασίαν	ἀπηλλάχθαι	ἀπ'	αὐτοῦ,*	μήποτε	κατασύρῃ	σε	πρὸς
da(te)	a la obra	de ser liberado	de	él,	para que no	arrastre	a ti	a
1325	2039	525	575	846	3379	2694	4571	4314
VAAM2S	*NASF*	*VRPN*	*P*	*RP3GSM*	*CAP*	*VPAS3S, VAAS3S*	*RP2AS*	*P*

τὸν	κριτήν,	καὶ	ὁ	κριτής	σε	παραδώσει	τῷ	πράκτορι,	καὶ	ὁ
el	juez,	y	el	juez	te	entregará	al	carcelero,	y	el
3588	2923	2532	3588	2923	4571	3860	3588	4233	2532	3588
DASM	*NASM*	*CLN*	*DNSM*	*NNSM*	*RP2AS*	*VFAI3S*	*DDSM*	*NDSM*	*CLN*	*DNSM*

πράκτωρ	σε	βαλεῖ	εἰς	φυλακήν.	59 λέγω	σοι,	οὐ	μὴ*	ἐξέλθῃς
carcelero	te	echará	en	(la) cárcel.	Digo	a ti,	no	no	salieras
4233	4571	906	1519	5438	3004	4671	3756	3361	1831
NNSM	*RP2AS*	*VFAI3S*	*P*	*NASF*	*VPAI1S*	*RP2DS*	*BN, TN*	*BN, TN*	*VAAS2S*

ἐκεῖθεν	ἕως	καὶ	τὸ	ἔσχατον	λεπτὸν	ἀποδῷς.
de allí	hasta que	también	el$_2$	último$_3$	lepton.$_4$	pagaras$_1$
1564	2193	2532	3588	2078	3016	591
BP	*CAT*	*BE, TE*	*DASN*	*JASN*	*NASN, JASN*	*VAAS2S*

13 Παρῆσαν	δέ	τινες	ἐν	αὐτῷ	τῷ	καιρῷ	ἀπαγγέλλοντες
estaban presentes$_2$	Y$_1$	algunos	en	el mismo	--	tiempo	informando
3918	1161	5100	1722	846	3588	2540	518
VIAI3P	*CLN*	*RX-NPM*	*P*	*RP3DSMP*	*DDSM*	*NDSM*	*VPAP-PNM*

αὐτῷ	περὶ	τῶν	Γαλιλαίων	ὧν	τὸ	αἷμα	Πιλᾶτος	ἔμιξεν	μετὰ
a él	acerca de	de los	galileos	de los cuales	la$_3$	sangre$_4$	Pilato$_1$	mezcló$_2$	con
846	4012	3588	1057	3739	3588	129	4091	3396	3326
RP3DSM	*P*	*DGPM*	*NGPM, JGPM*	*RR-GPM*	*DASN*	*NASN*	*NNSM*	*VAAI3S*	*P*

NVI

Señales de los tiempos

54 Luego añadió
Jesús, dirigiéndose a la
multitud:
—Cuando ustedes
ven que se levanta una
nube en el occidente,
en seguida dicen: "Va a
llover", y así sucede. 55 Y,
cuando sopla el viento
del sur, dicen: "Va a
hacer calor", y así sucede.
56 ¡Hipócritas! Ustedes
saben interpretar la
apariencia de la tierra y
del cielo. ¿Cómo es que
no saben interpretar el
tiempo actual?
57 »¿Por qué no
juzgan por ustedes
mismos lo que es justo?
58 Si tienes que ir con un
adversario al magistra-
do, procura reconciliar-
te con él en el camino,
no sea que te lleve por
la fuerza ante el juez,
y el juez te entregue al
alguacil, y el alguacil te
meta en la cárcel. 59 Te
digo que no saldrás de
allí hasta que pagues el
último centavo».

El que no se arrepiente perecerá

13 En aquella oca-
sión algunos
que habían llegado le
contaron a Jesús cómo
Pilato había dado muer-
te a unos galileos

12:58* O sea *procura arreglarte con él.* **12:59*** O sea *de ninguna manera.*

RVR

los sacrificios de ellos.
2 Respondiendo Jesús,
les dijo: ¿Pensáis que
esos galileos eran más
pecadores que todos
los galileos porque
padecieron tales cosas?
3 Os digo: No;
antes bien, si no os
arrepentís, todos
pereceréis igualmente.
4 O aquellos dieciocho
sobre los cuales cayó
la torre en Siloé, y los
mató, ¿pensáis que
eran más culpables que
todos los hombres que
habitan en Jerusalén?
5 Os digo: No;
antes bien, si no os
arrepentís, todos
pereceréis igualmente.

Parábola de la higuera estéril

6 Dijo también esta
parábola: Tenía un
hombre una higuera
plantada en su viña, y
vino a buscar fruto en
ella, y no lo halló.
7 Y dijo al viñador:
Mira, hace tres años que
vengo a buscar fruto
en esta higuera, y no
lo hallo; córtala; ¿para
qué inutiliza también
la tierra?
8 Él entonces, respon-
diendo, le dijo: Señor,
déjala todavía este

τῶν	θυσιῶν	αὐτῶν.	2 καὶ	ἀποκριθεὶς	εἶπεν	αὐτοῖς·	Δοκεῖτε	ὅτι	οἱ
los	sacrificios	de ellos.	Y	respondiendo	dijo	a ellos:	¿Pensáis	que	los
3588	2378	846	2532	611	2036	846	1380	3754	3588
DGPF	NGPF	RP3GPM	CLN	VAPP-SNM	VAAI3S	RP3DPM	VPAI2P	CSC	DNPM

Γαλιλαῖοι	οὗτοι	ἁμαρτωλοὶ	παρὰ	πάντας	τοὺς	Γαλιλαίους	ἐγένοντο,
galileos	estos	pecadores$_3$	más$_2$	que todos$_4$	los$_5$	galileos,$_6$	llegaron a ser$_1$
1057	3778	268	3844	3956	3588	1057	1096
NNPM, JNPM	RD-NPM	JNPM	P	JAPM	DAPM	NAPM, JAPM	VAMI3P

ὅτι	ταῦτα	πεπόνθασιν;	3 οὐχί,	λέγω	ὑμῖν,	ἀλλ’	ἐὰν	μὴ	μετανοῆτε
porque	estas cosas	han padecido?	¡No!,	digo	a vosotros,	pero	si	no	os arrepintáis
3754	3778	3958	3780	3004	5213	235	1437	3361	3340
CAZ	RD-APN	VRAI3P	BN, TN	VPAI1S	RP2DP	CLC	CAC	BN, TN	VPAS2P

πάντες	ὁμοίως	ἀπολεῖσθε.	4 ἢ	ἐκεῖνοι	οἱ	δεκαοκτὼ	ἐφ’	οὓς
todos	igualmente	pereceréis.	O	aquellos	--	dieciocho	sobre	los cuales
3956	3668	622	2228	1565	3588	1176, 3638	1909	3739
JNPM	B	VFMI2P	CLD	RD-NPM	DNPM	XN, J	P	RR-APM

ἔπεσεν	ὁ	πύργος	ἐν	τῷ	Σιλωὰμ	καὶ	ἀπέκτεινεν	αὐτούς,	δοκεῖτε
cayó$_3$	la$_1$	torre$_2$	en	--	Siloé	y	mató	a ellos	¿pensáis
4098	3588	4444	1722	3588	4611	2532	615	846	1380
VAAI3S	DNSM	NNSM	P	DDSM	NDSM, XP	CLN	VAAI3S	RP3APM	VPAI2P

ὅτι	αὐτοὶ	ὀφειλέται	ἐγένοντο	παρὰ	πάντας	τοὺς	ἀνθρώπους	τοὺς
que	ellos	culpables	llegaron a ser	más que	todas	las	personas	las que
3754	846	3781	1096	3844	3956	3588	444	3588
CSC	RP3NPM	NNPM	VAMI3P	P	JAPM	DAPM	NAPM	DAPM

κατοικοῦντας	Ἰερουσαλήμ;	5 οὐχί,	λέγω	ὑμῖν,	ἀλλ’	ἐὰν	μὴ
estéan habitando	en Jerusalén?	No,	digo	a vosotros,	pero	si	no
2730	2419	3780	3004	5213	235	1437	3361
VPAP-PAM	NASF, XP	BN, TN	VPAI1S	RP2DP	CLC	CAC	BN, TN

μετανοῆτε	πάντες	ὡσαύτως	ἀπολεῖσθε.
os arrepintáis	todos	asimismo	pereceréis.
3340	3956	5615	622
VPAS2P	JNPM	B	VFMI2P

6 Ἔλεγεν	δὲ	ταύτην	τὴν	παραβολήν.	Συκῆν	εἶχέν	τις
decía$_2$	Y$_1$	esta	--	parábola:	una higuera$_3$	tenía$_2$	Alguien$_1$
3004	1161	3778	3588	3850	4808	2192	5100
VIAI3S	CLN	RD-ASF	DASF	NASF	NASF	VIAI3S	RX-NSM

πεφυτευμένην	ἐν	τῷ	ἀμπελῶνι	αὐτοῦ,	καὶ	ἦλθεν	ζητῶν	καρπὸν
plantada	en	la	viña	de él,	y	vino	buscando	fruto
5452	1722	3588	290	846	2532	2064	2212	2590
VRPP-SAF	P	DDSM	NDSM	RP3GSM	CLN	VAAI3S	VPAP-SNM	NASM

ἐν	αὐτῇ	καὶ	οὐχ	εὗρεν.	7 εἶπεν	δὲ	πρὸς	τὸν	ἀμπελουργόν·	Ἰδοὺ
en	ella	y	no	encontró.	dijo$_2$	Y$_1$	a	el	viñador:	Mira,
1722	846	2532	3756	2147	2036	1161	4314	3588	289	2400
P	RP3DSF	CLC	BN, TN	VAAI3S	VAAI3S	CLN	P	DASM	JASM, NASM	I, VAAM2S

τρία	ἔτη	ἀφ’	οὗ	ἔρχομαι	ζητῶν	καρπὸν	ἐν	τῇ	συκῇ	ταύτῃ	καὶ
tres	años	desde	que	vengo	buscando	fruto	en	la	higuera	esta	y
5140	2094	575	3739	2064	2212	2590	1722	3588	4808	3778	2532
JAPN	NAPN	P	RR-GSN	VPUI1S	VPAP-SNM	NASM	P	DDSF	NDSF	RD-DSF	CLC

οὐχ	εὑρίσκω·	ἔκκοψον	αὐτήν·	ἱνατί	καὶ	τὴν	γῆν	καταργεῖ;
no	encuentro;	corta	a ella	¿para qué	también	la	tierra	inutiliza?
3756	2147	1581	846	2444	2532	3588	1093	2673
BN, TN	VPAI1S	VAAM2S	RP3ASF	BI	BE, TE	DASF	NASF	VPAI3S

8 ὁ	δὲ	ἀποκριθεὶς	λέγει	αὐτῷ·	Κύριε,	ἄφες	αὐτὴν	καὶ	τοῦτο	τὸ
--$_2$	Pero$_1$	respondiendo	dice	a él:	Señor,	deja	a ella	también	este	--
3588	1161	611	3004	846	2962	863	846	2532	5124	3588
DNSM	CLC	VAPP-SNM	VPAI3S	RP3DSM	NVSM	VAAM2S	RP3ASF	BE, TE	RD-ASN	DASN

NVI

cuando ellos ofrecían
sus sacrificios. 2 Jesús les
respondió: «¿Piensan
ustedes que esos galileos,
por haber sufrido así,
eran más pecadores
que todos los demás?
3 ¡Les digo que no! De
la misma manera, todos
ustedes perecerán, a
menos que se arrepien-
tan. 4 ¿O piensan que
aquellos dieciocho que
fueron aplastados por la
torre de Siloé eran más
culpables que todos los
demás habitantes de
Jerusalén? 5 ¡Les digo
que no! De la misma
manera, todos ustedes
perecerán, a menos que
se arrepientan».
6 Entonces les contó
esta parábola: «Un
hombre tenía una
higuera plantada en su
viñedo, pero, cuando
fue a buscar fruto en ella,
no encontró nada. 7 Así
que le dijo al viñador:
"Mira, ya hace tres años
que vengo a buscar fruto
en esta higuera, y no
he encontrado nada.
¡Córtala! ¿Para qué ha
de ocupar terreno?"
8 "Señor —le contestó
el viñador—, déjela
todavía por un año más,

RVR

año, hasta que yo cave
alrededor de ella, y la
abone.
9 Y si da fruto, bien; y si
no, la cortarás después.

Jesucristo sana a una mujer en sábado

10 Enseñaba Jesús en una
sinagoga en sábado;
11 y había allí una
mujer que desde hacía
dieciocho años tenía
espíritu de enfermedad,
y andaba encorvada, y
en ninguna manera se
podía enderezar.
12 Cuando Jesús la vio, la
llamó hacia sí y le dijo:
Mujer, quedas libre de
tu enfermedad.
13 Y puso las manos
sobre ella; y ella se
enderezó al instante, y
glorificaba a Dios.
14 Pero el principal de
la sinagoga, enojado
de que Jesús hubiese
sanado en sábado, dijo
a la gente: Seis días hay
en que se debe trabajar;
en éstos, pues, venid
y sed sanados, y no en
sábado.
15 Entonces el Señor
le respondió y dijo:
Hipócrita, cada uno
de vosotros ¿no desata

ἔτος,	ἕως	ὅτου	σκάψω	περὶ	αὐτὴν	καὶ	βάλω	κόπρια·	9 κἂν
año,	hasta	que	cavare yo	alrededor de	ella	y	echara ya	abono,	y si
2094	2193	3755	4626	4012	846	2532	906	2874	2579
NASN	*P, C*	*RR-GSN*	*VAAS1S*	*P*	*RP3ASF*	*CLN*	*VAAS1S*	*NAPN*	*CLN, CAC*

μὲν	ποιήσῃ	καρπὸν	εἰς	τὸ	μέλλον—	εἰ	δὲ	μήγε,	ἐκκόψεις
en verdad	produjera	fruto	en	el	futuro	si$_2$	pero$_1$	no,	cortarás
3303	4160	2590	1519	3588	3195	1487	1161	3361, 1065	1581
TK, C	*VAAS3S*	*NASM*	*P*	*DASN*	*VPAP-SAN*	*CAC*	*CLK, CLC*	*T*	*VFAI2S*

αὐτήν.
a ella.
846
RP3ASF

10 ⸆Ἦν	δὲ	διδάσκων	ἐν	μιᾷ	τῶν	συναγωγῶν	ἐν	τοῖς	σάββασιν.*
estaba$_1$	Y$_1$	enseñando	en	una	de las	sinagogas	en	los	sábados.
2258	1161	1321	1722	1520	3588	4864	1722	3588	4521
VIAI3S	*CLT*	*VPAP-SNM*	*P*	*JDSF*	*DGPF*	*NGPF*	*P*	*DDPN*	*NDPN*

11 καὶ	ἰδοὺ	γυνὴ	πνεῦμα	ἔχουσα	ἀσθενείας	ἔτη	δεκαοκτώ,
Y	he aquí	una mujer	un espíritu$_2$	que está teniendo$_1$	de enfermedad	años$_2$	(hacía) dieciocho$_1$
2532	2400	1135	4151	2192	769	2094	1176, 3638
CLN	*I, VAAM2S*	*NNSF*	*NASN*	*VPAP-SNF*	*NGSF*	*NAPN*	*XN, J*

καὶ	ἦν	συγκύπτουσα	καὶ	μὴ	δυναμένη	ἀνακύψαι	εἰς	τὸ
y	estaba	encorvada	y	no	pudiendo	enderezar(se)	--	--
2532	2258	4794	2532	3361	1410	352	1519	3588
CLN	*VIAI3S*	*VPAP-SNF*	*CLN*	*BN, TN*	*VPUP-SNF*	*VAAN*	*P*	*DASN*

παντελές.	12 ἰδὼν	δὲ	αὐτὴν	ὁ	Ἰησοῦς	προσεφώνησεν	καὶ
completamente.	habiendo visto$_2$	Y$_1$	a ella	--	Jesús	llamó	y
3838	1492	1161	846	3588	2424	4377	2532
JASN	*VAAP-SNM*	*CLN*	*RP3ASF*	*DNSM*	*NNSM*	*VAAI3S*	*CLN*

εἶπεν	αὐτῇ·	Γύναι,	ἀπολέλυσαι	τῆς	ἀσθενείας	σου,	13 καὶ	ἐπέθηκεν
dijo	a ella:	Mujer,	has sido liberada	de la	enfermedad	de ti.	Y	puso sobre
2036	846	1135	630	3588	769	4675	2532	2007
VAAI3S	*RP3DSF*	*NVSF*	*VRPI2S*	*DGSF*	*NGSF*	*RP2GS*	*CLN*	*VAAI3S*

αὐτῇ	τὰς	χεῖρας·	καὶ	παραχρῆμα	ἀνωρθώθη,	καὶ	ἐδόξαζεν	τὸν	θεόν.
ella	las	manos,	y	al instante	fue enderezada	y	glorificaba	a --	Dios.
846	3588	5495	2532	3916	461	2532	1392	3588	2316
RP3DSF	*DAPF*	*NAPF*	*CLN*	*B*	*VAPI3S*	*CLN*	*VIAI3S*	*DASM*	*NASM*

14 ἀποκριθεὶς	δὲ	ὁ	ἀρχισυνάγωγος,	ἀγανακτῶν	ὅτι	τῷ	σαββάτῳ
respondiendo$_2$	Pero$_1$	el	jefe de la sinagoga,	estando indignado	porque	en el$_4$	sábado,$_5$
611	1161	3588	752	23	3754	3588	4521
VAPP-SNM	*CLN*	*DNSM*	*NNSM*	*VPAP-SNM*	*CAZ*	*DDSN*	*NDSN*

ἐθεράπευσεν	ὁ	Ἰησοῦς,	ἔλεγεν	τῷ	ὄχλῳ	ὅτι	Ἓξ	ἡμέραι	εἰσὶν	ἐν
sanó$_3$	--$_1$	Jesús$_2$	decía	a la	multitud:	que	seis	días	hay	en
2323	3588	2424	3004	3588	3793	3754	1803	2250	1526	1722
VAAI3S	*DNSM*	*NNSM*	*VIAI3S*	*DDSM*	*NDSM*	*CSC*	*XN, J*	*NNPF*	*VPAI3P*	*P*

αἷς	δεῖ	ἐργάζεσθαι·	ἐν	αὐταῖς	οὖν	ἐρχόμενοι	θεραπεύεσθε
los que	es conveniente	trabajar;	en	ellos	pues,	viniendo	sed sanados
3739	1163	2038	1722	846	3767	2064	2323
RR-DPF	*VPAI3S*	*VPUN*	*P*	*RP3DPF*	*CLI*	*VPUP-PNM*	*VPPM2P*

καὶ	μὴ	τῇ	ἡμέρᾳ	τοῦ	σαββάτου.	15 ἀπεκρίθη	⸀δὲ	αὐτῷ	ὁ
pero	no	en el	día	--	sábado.	respondió$_4$	Entonces$_1$	a él$_5$	el$_2$
2532	3361	3588	2250	3588	4521	611	1161	846	3588
CLC	*BN, TN*	*DDSF*	*NDSF*	*DGSN*	*NGSN*	*VAPI3S, VAMI3S*	*CLN*	*RP3DSM*	*DNSM*

κύριος	καὶ	εἶπεν·	Ὑποκριταί,	ἕκαστος	ὑμῶν	τῷ	σαββάτῳ	οὐ
Señor$_3$	y	dijo:	¡Hipócritas!	Cada uno	de vosotros	en el	sábado	¿no
2962	2532	2036	5273	1538	5216	3588	4521	3756
NNSM	*CLN*	*VAAI3S*	*NVPM*	*JNSM*	*RP2GP*	*DDSN*	*NDSN*	*TN, TI*

NVI

para que yo pueda cavar
a su alrededor y echarle
abono. 9 Así tal vez en
adelante dé fruto; si no,
córtela"».

Jesús sana en sábado a una mujer encorvada

10 Un sábado Jesús
estaba enseñando en
una de las sinagogas, 11 y
estaba allí una mujer que
por causa de un demo-
nio llevaba dieciocho
años enferma. Andaba
encorvada y de ningún
modo podía enderezar-
se. 12 Cuando Jesús la
vio, la llamó y le dijo:
—Mujer, quedas libre
de tu enfermedad.
13 Al mismo tiempo,
puso las manos sobre
ella, y al instante la
mujer se enderezó y
empezó a alabar a Dios.
14 Indignado porque
Jesús había sanado en
sábado, el jefe de la
sinagoga intervino, diri-
giéndose a la gente:
—Hay seis días en
que se puede trabajar,
así que vengan esos días
para ser sanados, y no el
sábado.
15 —¡Hipócritas! —le
contestó el Señor—.
¿Acaso no desata cada

13:10* O sea *en sábado.*

RVR

en sábado su buey o su asno del pesebre y lo lleva a beber?
16 Y a ésta que es hija de Abraham, a quien Satanás tuvo atada durante dieciocho años, ¿no se le debía desatar de esta ligadura en sábado?
17 Al decir él estas cosas, se avergonzaban todos sus adversarios; pero todo el pueblo se regocijaba por todas las cosas gloriosas hechas por él.

Parábola del grano de mostaza

18 Y dijo: ¿A qué es semejante el reino de Dios, y con qué lo compararé?
19 Es semejante al grano de mostaza, que un hombre tomó y sembró en su huerto; y creció, y se hizo árbol grande, y las aves del cielo anidaron en sus ramas.

Parábola de la levadura

20 Y volvió a decir: ¿A qué compararé el reino de Dios?
21 Es semejante a la levadura, que una mujer tomó y escondió en tres medidas de harina, hasta que todo quedó fermentado.

λύει	τὸν	βοῦν	αὐτοῦ	ἢ	τὸν	ὄνον	ἀπὸ	τῆς	φάτνης	καὶ	ἀπαγαγὼν
desata	al	buey	de él	o	al	asno	de	el	establo	y	habiéndolo llevado
3089	3588	1016	846	2228	3588	3688	575	3588	5336	2532	520
VPAI3S	*DASM*	*NASM*	*RP3GSM*	*CLD*	*DASM*	*NASM*	*P*	*DGSF*	*NGSF*	*CLN*	*VAAP-SNM*

ποτίζει;	16 ταύτην	δὲ	θυγατέρα	Ἀβραὰμ	οὖσαν,	ἣν	ἔδησεν	ὁ
bebe?	esta$_2$	Y$_1$	hija$_4$	de Abraham$_5$	siendo$_3$	a la cual	ató$_3$	--$_1$
4222	3778	1161	2364	11	5607	3739	1210	3588
VPAI3S	*RD-ASF*	*CLC*	*NASF*	*NGSM, XP*	*VPAP-SAF*	*RR-ASF*	*VAAI3S*	*DNSM*

Σατανᾶς	ἰδοὺ	δέκα	καὶ	ὀκτὼ	ἔτη,	οὐκ	ἔδει	λυθῆναι	ἀπὸ	τοῦ
Satanás$_2$	he aquí,	diez	y	ocho	años,	¿no	era necesario	desatar	de	la
4567	2400	1176	2532	3638	2094	3756	1163	3089	575	3588
NNSM	*I, VAAM2S*	*XN, J*	*CLN*	*XN, J*	*NAPN*	*BN, TN*	*VIAI3S*	*VAPN*	*P*	*DGSM*

δεσμοῦ	τούτου	τῇ	ἡμέρᾳ	τοῦ	σαββάτου;	17 καὶ	ταῦτα	λέγοντος
cadena	esta	en el	día	del	sábado?	Y	estas cosas	diciendo
1199	5127	3588	2250	3588	4521	2532	5023	3004
NGSM	*RD-GSM*	*DDSF*	*NDSF*	*DGSN*	*NGSN*	*CLN*	*RD-APN*	*VPAP-SGM*

αὐτοῦ	κατῃσχύνοντο	πάντες	οἱ	ἀντικείμενοι	αὐτῷ,	καὶ	πᾶς	ὁ
él	quedaban avergonzados	todos	los	que están oponiendo	a él,	y	toda	la
846	2617	3956	3588	480	846	2532	3956	3588
RP3GSM	*VIPI3P*	*JNPM*	*DNPM*	*VPUP-PNM*	*RP3DSM*	*CLC*	*JNSM*	*DNSM*

ὄχλος	ἔχαιρεν	ἐπὶ	πᾶσιν	τοῖς	ἐνδόξοις	τοῖς	γινομένοις	ὑπ’	αὐτοῦ.
multitud	se alegraba	por	todas	las	maravillas	las que	están siendo hechas	por	él.
3793	5463	1909	3956	3588	1741	3588	1096	5259	846
NNSM	*VIAI3S*	*P*	*JDPN*	*DDPN*	*JDPN*	*DDPN*	*VPUP-PDN*	*P*	*RP3GSM*

18 Ἔλεγεν	οὖν·	Τίνι	ὁμοία	ἐστὶν	ἡ	βασιλεία	τοῦ	θεοῦ,
Decía	entonces:	¿A qué	semejante$_2$	es$_1$	el	reino	de --	Dios
3004	3767	5101	3664	2076	3588	932	3588	2316
VIAI3S	*CLT*	*RI-DSN*	*JNSF*	*VPAI3S*	*DNSF*	*NNSF*	*DGSM*	*NGSM*

καὶ	τίνι	ὁμοιώσω	αὐτήν;	19 ὁμοία	ἐστὶν	κόκκῳ	σινάπεως,	ὃν
y	a qué	compararé	a él?	Semejante	es	a un grano	de mostaza,	el cual
2532	5101	3666	846	3664	2076	2848	4615	3739
CLN	*RI-DSN*	*VFAI1S*	*RP3ASF*	*JNSF*	*VPAI3S*	*NDSM*	*NGSN*	*RR-ASM*

λαβὼν	ἄνθρωπος	ἔβαλεν	εἰς	κῆπον	ἑαυτοῦ,	καὶ	ηὔξησεν	καὶ
habiendo tomando	una persona	echó	en	(el) huerto	de sí misma,	y	creció	y
2983	444	906	1519	2779	1438	2532	837	2532
VAAP-SNM	*NNSM*	*VAAI3S*	*P*	*NASM*	*RF3GSM*	*CLN*	*VAAI3S*	*CLN*

ἐγένετο	εἰς	⸀δένδρον,	καὶ	τὰ	πετεινὰ	τοῦ	οὐρανοῦ	κατεσκήνωσεν
llegó a ser	--	un árbol,	y	las	aves	del	cielo	descansan
1096	1519	1186	2532	3588	4071	3588	3772	2681
VAMI3S	*P*	*NASN*	*CLN*	*DNPN*	*NNPN, JNPN*	*DGSM*	*NGSM*	*VAAI3S*

ἐν	τοῖς	κλάδοις	αὐτοῦ.
en	las	ramas	de él.
1722	3588	2798	846
P	*DDPM*	*NDPM*	*RP3GSN*

20 Καὶ	πάλιν	εἶπεν·	Τίνι	ὁμοιώσω	τὴν	βασιλείαν	τοῦ	θεοῦ;
Y	volvió	a decir:	¿A qué	compararé	el	reino	de --	Dios?
2532	3825	2036	5101	3666	3588	932	3588	2316
CLN	*B*	*VAAI3S*	*RI-DSN*	*VFAI1S*	*DASF*	*NASF*	*DGSM*	*NGSM*

21 ὁμοία	ἐστὶν	ζύμῃ,	ἣν	λαβοῦσα	γυνὴ	ἔκρυψεν	εἰς	ἀλεύρου
Semejante	es	(a la) levadura,	la que	habiendo tomado	una mujer	escondió	en	de harina$_3$
3664	2076	2219	3739	2983	1135	2928	1519	224
JNSF	*VPAI3S*	*NDSF*	*RR-ASF*	*VAAP-SNF*	*NNSF*	*VAAI3S*	*P*	*NGSN*

σάτα	τρία	ἕως	οὗ	ἐζυμώθη	ὅλον.
medidas$_2$	tres$_1$	hasta	que	fue leudado	todo.
4568	5140	2193	3739	2220	3650
NAPN	*JAPN*	*P, C*	*RR-GSN*	*VAPI3S*	*JNSN, JASN*

NVI

uno de ustedes su buey o su burro en sábado, y lo saca del establo para llevarlo a tomar agua?
16 Sin embargo, a esta mujer, que es hija de Abraham, y a quien Satanás tenía atada durante dieciocho largos años, ¿no se le debía quitar esta cadena en sábado?
17 Cuando razonó así, quedaron humillados todos sus adversarios, pero la gente estaba encantada de tantas maravillas que él hacía.

Parábolas del grano de mostaza y de la levadura

18 —¿A qué se parece el reino de Dios? —continuó Jesús—. ¿Con qué voy a compararlo? 19 Se parece a un grano de mostaza que un hombre sembró en su huerto. Creció hasta convertirse en un árbol, y las aves anidaron en sus ramas.
20 Volvió a decir:
—¿Con qué voy a comparar el reino de Dios? 21 Es como la levadura que una mujer tomó y mezcló con una gran cantidad de harina, hasta que fermentó toda la masa.

13:19⸀ Manuscritos inferiores aumentaron *gran*.

RVR

La puerta estrecha

22 Recorría Jesús cada
una de las ciudades y
aldeas, enseñando, y
prosiguiendo su camino
hacia Jerusalén.
23 Y alguien le dijo:
Señor, ¿son pocos los
que se salvan? Y él les
dijo:
24 Esforzaos a entrar por
la puerta angosta; por-
que os digo que muchos
procurarán entrar, y no
podrán.
25 Después que el
padre de familia se haya
levantado y cerrado la
puerta, y estando fuera
empecéis a llamar a la
puerta, diciendo: Señor,
Señor, ábrenos, él res-
pondiendo os dirá: No
sé de dónde sois.
26 Entonces comenza-
réis a decir: Delante
de ti hemos comido y
bebido, y en nuestras
plazas enseñaste.
27 Pero os dirá: Os digo
que no sé de dónde sois;
apartaos de mí todos
vosotros, hacedores de
maldad.
28 Allí será el llanto y el
crujir de dientes, cuan-
do veáis a Abraham, a
Isaac, a Jacob y a todos
los profetas en el reino
de Dios, mientras a vo-
sotros os echan fuera.
29 Y vendrán del oriente

22 Καὶ	διεπορεύετο	κατὰ	πόλεις	καὶ	κώμας	διδάσκων	καὶ	πορείαν
Y	pasaba	por	ciudades	y	aldeas	enseñando	y	un viaje$_2$
2532	1279	2596	4172	2532	2968	1321	2532	4197
CLN	VIUI3S	P	NAPF	CLN	NAPF	VPAP-SNM	CLN	NASF

ποιούμενος	εἰς	Ἱεροσόλυμα.	23 εἶπεν	δέ	τις	αὐτῷ·	Κύριε,
haciendo$_1$	hacia	Jerusalén.	dijo$_3$	Y$_1$	alguien$_2$	a él:	Señor,
4160	1519	2414	2036	1161	5100	846	2962
VPMP-SNM	P	NASF	VAAI3S	CLN	RX-NSM	RP3DSM	NVSM

εἰ	ὀλίγοι	οἱ	σῳζόμενοι;	ὁ	δὲ	εἶπεν	πρὸς	αὐτούς·
¿si	pocos (son)	los que	están siendo salvados?	él$_2$	Entonces$_1$	dijo	a	ellos:
1487	3641	3588	4982	3588	1161	2036	4314	846
TI	JNPM	DNPM	VPPP-PNM	DNSM	CLN	VAAI3S	P	RP3APM

24 Ἀγωνίζεσθε	εἰσελθεῖν	διὰ	τῆς	στενῆς	θύρας,	ὅτι	πολλοί,	λέγω
Luchad	(por) entrar	por medio de	la	estrecha,$_2$	puerta$_1$	porque	muchos,	digo
75	1525	1223	3588	4728	2374	3754	4183	3004
VPUM2P	VAAN	P	DGSF	JGSF	NGSF	CAZ	JNPM	VPAI1S

ὑμῖν,	ζητήσουσιν	εἰσελθεῖν	καὶ	οὐκ	ἰσχύσουσιν,	25 ἀφ’	οὗ	ἂν
a vosotros,	buscarán	entrar	y	no	podrán.	Cuando	--	--$_3$
5213	2212	1525	2532	3756	2480	575	3739	302
RP2DP	VFAI3P	VAAN	CLC	BN, TN	VFAI3P	P	RR-GSN	TC

ἐγερθῇ	ὁ	οἰκοδεσπότης	καὶ	ἀποκλείσῃ	τὴν	θύραν,	καὶ	ἄρξησθε
se levantara$_4$	el$_1$	dueño de (la) casa$_2$	y	cerrara	la	puerta	y	comenzarais
1453	3588	3617	2532	608	3588	2374	2532	756
VAPS3S	DNSM	NNSM	CLN	VAAS3S	DASF	NASF	CLN	VAMS2P

ἔξω	ἑστάναι	καὶ	κρούειν	τὴν	θύραν	λέγοντες·	Κύριε,	ἄνοιξον	ἡμῖν·
afuera	a estar	y	a llamar	a la	puerta	diciendo:	Señor,	abre	a nosotros,
1854	2476	2532	2925	3588	2374	3004	2962	455	2254
BP	VRAN	CLN	VPAN	DASF	NASF	VPAP-PNM	NVSM	VAAM2S	RP1DP

καὶ	ἀποκριθεὶς	ἐρεῖ	ὑμῖν·	Οὐκ	οἶδα	ὑμᾶς	πόθεν	ἐστέ.	26 τότε
y	respondiendo	él dice	a vosotros:	No	conozco	a vosotros	de dónde	sois.	Entonces
2532	611	2046	5213	3756	1492	5209	4159	2075	5119
CLC	VAPP-SNM	VFAI3S	RP2DP	BN, TN	VRAI1S	RP2AP	B	VPAI2P	B

ἄρξεσθε	λέγειν·	Ἐφάγομεν	ἐνώπιόν	σου	καὶ	ἐπίομεν,	καὶ	ἐν	ταῖς
comenzaréis	a decir:	Comimos	delante de	ti	y	bebimos,	y	en$_2$	las$_3$
756	3004	5315	1799	4675	2532	4095	2532	1722	3588
VFMI2P	VPAN	VAAI1P	P, B	RP2GS	CLN	VAAI1P	CLN	P	DDPF

πλατείαις	ἡμῶν	ἐδίδαξας·	27 καὶ	ἐρεῖ	λέγων	ὑμῖν·	Οὐκ	οἶδα
plazas$_4$	de nosotros;$_5$	enseñaste$_1$	y	dirá	diciendo	a vosotros:	No	conozco
4113	2257	1321	2532	2046	3004	5213	3756	1492
NDPF, JDPF	RP1GP	VAAI2S	CLC	VFAI3S	VPAP-SNM	RP2DP	BN, TN	VRAI1S

πόθεν	ἐστέ·	ἀπόστητε	ἀπ’	ἐμοῦ,	πάντες	ἐργάται	ἀδικίας.	28 ἐκεῖ
de dónde	sois;	apartaos	de	mí,	todos	hacedores	de injusticia.	Allí
4159	2075	868	575	1700	3956	2040	93	1563
B	VPAI2P	VAAM2P	P	RP1GS	JVPM, JNPM	NVPM, NNPM	NGSF	BP

ἔσται	ὁ	κλαυθμὸς	καὶ	ὁ	βρυγμὸς	τῶν	ὀδόντων,	ὅταν	ὄψησθε
será	el	llanto	y	el	rechinamiento	de los	dientes,	cuando	veréis
2071	3588	2805	2532	3588	1030	3588	3599	3752	3700
VFMI3S	DNSM	NNSM	CLN	DNSM	NNSM	DGPM	NGPM	CAT	VAMS2P

Ἀβραὰμ	καὶ	Ἰσαὰκ	καὶ	Ἰακὼβ	καὶ	πάντας	τοὺς	προφήτας	ἐν	τῇ
a Abraham	y	a Isaac	y	a Jacob	y	a todos	los	profetas	en	el
11	2532	2464	2532	2384	2532	3956	3588	4396	1722	3588
NASM, XP	CLN	NASM, XP	CLN	NASM, XP	CLN	JAPM	DAPM	NAPM	P	DDSF

βασιλείᾳ	τοῦ	θεοῦ,	ὑμᾶς	δὲ	ἐκβαλλομένους	ἔξω.	29 καὶ	ἥξουσιν	ἀπὸ
reino	de --	Dios,	a vosotros$_2$	pero$_1$	siendo echados	fuera.	Y	vendrán	de(l)
932	3588	2316	5209	1161	1544	1854	2532	2240	575
NDSF	DGSM	NGSM	RP2AP	CLC	VPPP-PAM	BP	CLN	VFAI3P	P

NVI

La puerta estrecha

22 Continuando su
viaje a Jerusalén, Jesús
enseñaba en los pueblos
y aldeas por donde
pasaba.
23 —Señor, ¿son
pocos los que van a
salvarse? —le preguntó
uno.
24 —Esfuércense por
entrar por la puerta
estrecha —contestó—,
porque les digo que
muchos tratarán de
entrar y no podrán.
25 Tan pronto como el
dueño de la casa se haya
levantado a cerrar la
puerta, ustedes desde
afuera se pondrán a gol-
pear la puerta, diciendo:
"Señor, ábrenos". Pero
él les contestará: "No
sé quiénes son ustedes".
26 Entonces dirán:
"Comimos y bebimos
contigo, y tú enseñaste
en nuestras plazas".
27 Pero él les contestará:
"Les repito que no sé
quiénes son ustedes.
¡Apártense de mí, todos
ustedes hacedores de
injusticia!"
28 »Allí habrá llanto
y rechinar de dientes
cuando vean en el reino
de Dios a Abraham,
Isaac, Jacob y a todos
los profetas, mientras
a ustedes los echan
fuera. 29 Habrá quienes
lleguen del oriente y del

RVR

y del occidente, del nor-
te y del sur, y se sentarán
a la mesa en el reino de
Dios.
30 Y he aquí que hay
últimos que serán pri-
meros, y primeros que
serán últimos.

Lamento de Jesucristo sobre Jerusalén

31 Aquel mismo día se
acercaron unos fariseos,
diciéndole: Sal, y vete de
aquí, porque Herodes te
quiere matar.
32 Y les dijo: Id, y
decidle a ese zorro: Yo
echo fuera demonios y
hago curaciones hoy y
mañana, y al tercer día
termino mi obra.
33 Sin embargo, es nece-
sario que hoy y mañana
y pasado mañana siga
mi camino; porque
no es posible que un
profeta muera fuera de
Jerusalén.
34 ¡Jerusalén, Jerusalén,
que matas a los profetas,
y apedreas a los que te
son enviados! ¡Cuántas
veces quise juntar a tus
hijos, como la gallina a
sus polluelos debajo de
sus alas, y no quisiste!
35 He aquí, vuestra casa
os es dejada desierta; y

ἀνατολῶν	καὶ	δυσμῶν	καὶ	ἀπὸ	βορρᾶ	καὶ	νότου	καὶ	ἀνακλιθήσονται
oriente	y	occidente	y	de(l)	norte	y	de(l) sur	y	se reclinarán (a la mesa)
395	2532	1424	2532	575	1005	2532	3558	2532	347
NGPF	CLN	NGPF	CLN	P	NGSM	CLN	NGSM	CLN	VFPI3P

ἐν	τῇ	βασιλείᾳ	τοῦ	θεοῦ.	30 καὶ	ἰδοὺ	εἰσὶν	ἔσχατοι	οἳ
en	el	reino	de --	Dios.	Y	he aquí	son (hay)	últimos	los cuales
1722	3588	932	3588	2316	2532	2400	1526	2078	3739
P	DDSF	NDSF	DGSM	NGSM	CLN	I, VAAM2S	VPAI3P	JNPM	RR-NPM

ἔσονται	πρῶτοι,	καὶ	εἰσὶν	πρῶτοι	οἳ	ἔσονται	ἔσχατοι.
serán	primeros	y	son (hay)	primeros	los cuales	serán	últimos.
2071	4413	2532	1526	4413	3739	2071	2078
VFMI3P	JNPM	CLN	VPAI3P	JNPM	RR-NPM	VFMI3P	JNPM

31 Ἐν	αὐτῇ	τῇ	ὥρᾳ	προσῆλθάν	τινες	Φαρισαῖοι
En	esa	--	(misma) hora,	(se) acercaron$_3$	algunos$_1$	fariseos$_2$
1722	846	3588	5610	4334	5100	5330
P	RP3DSFP	DDSF	NDSF	VAAI3P	JNPM, RX-NPM	NNPM

λέγοντες	αὐτῷ·	Ἔξελθε	καὶ	πορεύου	ἐντεῦθεν,	ὅτι	Ἡρῴδης	θέλει
diciendo	a él:	Sal	y	vete	de aquí,	porque	Herodes	desea$_2$
3004	846	1831	2532	4198	1782	3754	2264	2309
VPAP-PNM	RP3DSM	VAAM2S	CLN	VPUM2S	BP	CAZ	NNSM	VPAI3S

σε	ἀποκτεῖναι.	32 καὶ	εἶπεν	αὐτοῖς·	Πορευθέντες	εἴπατε	τῇ	ἀλώπεκι
te$_1$	matar.	Y	dijo	a ellos:	Habiéndoos ido	decid	al	zorro
4571	615	2532	2036	846	4198	2036	3588	258
RP2AS	VAAN	CLN	VAAI3S	RP3DPM	VAPP-PNM	VAAM2P	DDSF	NDSF

ταύτῃ·	Ἰδοὺ	ἐκβάλλω	δαιμόνια	καὶ	ἰάσεις	ἀποτελῶ	σήμερον	καὶ
ese:	Mira,	echo fuera	demonios	y	curaciones$_2$	llevo a cabo$_1$	hoy	y
3778	2400	1544	1140	2532	2392	658	4594	2532
RD-DSF	I, VAAM2S	VPAI1S	NAPN	CLN	NAPF	VPAI1S	B	CLN

αὔριον,	καὶ	τῇ	τρίτῃ	τελειοῦμαι.	33 πλὴν	δεῖ	με	σήμερον
mañana	y	el	tercer (día)	soy llevado al final.	Pero	es necesario	a mí	hoy
839	2532	3588	5154	5048	4133	1163	3165	4594
B	CLN	DDSF	JDSF	VPPI1S	CLC	VPAI3S	RP1AS	B

καὶ	αὔριον	καὶ	τῇ	ἐχομένῃ	πορεύεσθαι,	ὅτι	οὐκ	ἐνδέχεται
y	mañana	y	al	siguiente (día)	caminar,	porque	no	es posible
2532	839	2532	3588	2192	4198	3754	3756	1735
CLN	B	CLN	DDSF	VPMP-SDF, VPPP-SDF	VPUN	CAZ	BN, TN	VPUI3S

προφήτην	ἀπολέσθαι	ἔξω	Ἰερουσαλήμ.	34 Ἰερουσαλὴμ	Ἰερουσαλήμ,
a un profeta	perecer	fuera	de Jerusalén.	Jerusalén,	Jerusalén,
4396	622	1854	2419	2419	2419
NASM	VAMN	P, B	NGSF, XP	NVSF, XP	NVSF, XP

ἡ	ἀποκτείνουσα	τοὺς	προφήτας	καὶ	λιθοβολοῦσα	τοὺς
la que	mata	a los	profetas	y	apedrea	a los
3588	615	3588	4396	2532	3036	3588
DVSF, DNSF	VPAP-SVF	DAPM	NAPM	CLN	VPAP-SVF	DAPM

ἀπεσταλμένους	πρὸς	αὐτήν—	ποσάκις	ἠθέλησα	ἐπισυνάξαι	τὰ
enviados	a	ella,	cuántas veces	quise	juntar	a los
649	4314	846	4212	2309	1996	3588
VRPP-PAM	P	RP3ASF	B	VAAI1S	VAAN	DAPN

τέκνα	σου	ὃν	τρόπον	ὄρνις	τὴν	ἑαυτῆς	νοσσιὰν	ὑπὸ	τὰς
hijos	de ti	de la	manera	(como) una gallina	la	de sí misma$_2$	camada de pollitos$_1$	bajo	las
5043	4675	3739	5158	3733	3588	1438	3555	5259	3588
NAPN	RP2GS	RR-ASM	NASM	NNSF, NNSM	DASF	RF3GSF	NASF	P	DAPF

πτέρυγας,	καὶ	οὐκ	ἠθελήσατε.	35 ἰδοὺ	ἀφίεται	ὑμῖν	ὁ	οἶκος
alas,	pero	no	quisisteis.	Mira,	es abandonada$_4$	a vosotros$_5$	la$_1$	casa$_2$
4420	2532	3756	2309	2400	863	5213	3588	3624
NAPF	CLC	BN, TN	VAAI2P	I,VAAM2S	VPPI3S	RP2DP	DNSM	NNSM

NVI

occidente, del norte y
del sur, para sentarse al
banquete en el reino de
Dios. 30 En efecto, hay
últimos que serán pri-
meros, y primeros que
serán últimos».

Lamento de Jesús sobre Jerusalén

31 En ese momento se
acercaron a Jesús unos
fariseos y le dijeron:
—Sal de aquí y vete
a otro lugar, porque
Herodes quiere matarte.
32 Él les contestó:
—Vayan y díganle
a ese zorro: "Mira,
hoy y mañana seguiré
expulsando demonios
y sanando a la gente, y
al tercer día terminaré
lo que debo hacer".
33 Tengo que seguir
adelante hoy, mañana y
pasado mañana, porque
no puede ser que muera
un profeta fuera de
Jerusalén.
34 »¡Jerusalén,
Jerusalén, que matas a
los profetas y apedreas
a los que se te envían!
¡Cuántas veces quise
reunir a tus hijos, como
reúne la gallina a sus
pollitos debajo de sus
alas, pero no quisis-
te! 35 Pues bien, la
casa de ustedes va a
quedar abandonada.

RVR

os digo que de ningún
modo me veréis, hasta
que llegue el tiempo en
que digáis: Bendito el
que viene en nombre
del Señor.

Jesucristo sana a un hidrópico

14 Aconteció un
sábado, que
habiendo entrado para
comer en casa de uno
de los principales de los
fariseos, éstos le acecha-
ban atentamente.
2 Y he aquí que estaba
delante de él un hombre
hidrópico.
3 Entonces Jesús tomó
la palabra y se dirigió a
los intérpretes de la ley y
a los fariseos, dicien-
do: ¿Es lícito sanar en
sábado?
4 Mas ellos callaron. Y él,
tomándole, le sanó, y le
despidió.
5 Y dirigiéndose a ellos,
dijo: ¿Quién de voso-
tros, si su asno o su buey
cae en algún pozo, no lo
sacará inmediatamente,
aunque sea en sábado?
6 Y no le podían replicar
a estas cosas.
7 Observando cómo
escogían los primeros
asientos a la mesa, refi-
rió a los convidados una
parábola, diciéndoles:
8 Cuando seas

ὑμῶν.	λέγω	δὲ	ὑμῖν,	οὐ	μὴ*	ἴδητέ	με	ἕως	ἥξει	ὅτε
de vosotros$_3$	digo$_7$	Pero$_6$	a vosotros,	no	no	vierais	me	hasta que	vendrá	cuando
5216	3004	1161	5213	3756	3361	3708	3165	2193	2240	3753
RP2GP	*VPAI1S*	*CLN*	*RP2DP*	*BN, TN*	*BN, TN*	*VAAS2P*	*RP1AS*	*CAT*	*VFAI3S*	*CAT*

εἴπητε·	Εὐλογημένος	ὁ	ἐρχόμενος	ἐν	ὀνόματι	κυρίου.
digáis	Bendito	el que	está viniendo	en	(el) nombre	del Señor.
2036	2127	3588	2064	1722	3686	2962
VAAS2P	*VRPP-SNM*	*DNSM*	*VPUP-SNM*	*P*	*NDSN*	*NGSM*

14 Καὶ	ἐγένετο	ἐν	τῷ	ἐλθεῖν	αὐτὸν	εἰς	οἶκόν	τινος
Y	sucedió que	en	el	ir	él	a	casa	de uno
2532	1096	1722	3588	2064	846	1519	3624	5100
CLN	*VAMI3S*	*P*	*DDSN, DDSM*	*VAAN*	*RP3ASM*	*P*	*NASM*	*JGSM, RX-GSM*

τῶν	ἀρχόντων	τῶν	Φαρισαίων	σαββάτῳ	φαγεῖν	ἄρτον	καὶ	αὐτοὶ
de los	jefes	de los	fariseos	en sábado	para comer	pan	y	ellos
3588	758	3588	5330	4521	5315	740	2532	846
DGPM	*NGPM*	*DGPM*	*NGPM*	*NDSN*	*VAAN*	*NASM*	*CLN*	*RP3NPM*

ἦσαν	παρατηρούμενοι	αὐτόν.	2 καὶ	ἰδοὺ	ἄνθρωπός	τις	ἦν
estaban	espiando atentamente	a él.	Y	he aquí	persona$_3$	cierta$_2$	estaba$_1$
2258	3906	846	2532	2400	444	5100	2258
VIAI3P	*VPMP-PNM*	*RP3ASM*	*CLN*	*I, VAAM2S*	*NNSM*	*JNSM, RX-NSM*	*VIAI3S*

ὑδρωπικὸς	ἔμπροσθεν	αὐτοῦ.	3 καὶ	ἀποκριθεὶς	ὁ	Ἰησοῦς	εἶπεν	πρὸς
hidrópica	delante de	él.	Y	respondiendo	--	Jesús	dijo	a
5203	1715	846	2532	611	3588	2424	2036	4314
JNSM	*P*	*RP3GSM*	*CLN*	*VAPP-SNM*	*DNSM*	*NNSM*	*VAAI3S*	*P*

τοὺς	νομικοὺς	καὶ	Φαρισαίους	λέγων·	Ἔξεστιν	τῷ	σαββάτῳ
los	maestros de la ley	y	a (los) fariseos	diciendo:	¿Es permitido	en el	sábado
3588	3544	2532	5330	3004	1832	3588	4521
DAPM	*JAPM*	*CLN*	*NAPM*	*VPAP-SNM*	*VPAI3S*	*DDSN*	*NDSN*

θεραπεῦσαι	ἢ	οὔ;	4 οἱ	δὲ	ἡσύχασαν.	καὶ	ἐπιλαβόμενος	ἰάσατο
sanar	o	no?	ellos$_2$	Pero$_1$	guardaron silencio.	Y	habiéndolo tomado	sanó
2323	2228	3756	3588	1161	2270	2532	1949	2390
VAAN	*CLD*	*BN, TN*	*DNPM*	*CLC*	*VAAI3P*	*CLN*	*VAMP-SNM*	*VAMI3S*

αὐτὸν	καὶ	ἀπέλυσεν.	5 καὶ	πρὸς	αὐτοὺς	εἶπεν·	Τίνος	ὑμῶν	υἱὸς	ἢ
a él	y	despidió.	Y	a	ellos	dijo:	¿Quién	de vosotros	un hijo	o
846	2532	630	2532	4314	846	2036	5101	5216	5207	2228
RP3ASM	*CLN*	*VAAI3S*	*CLN*	*P*	*RP3APM*	*VAAI3S*	*RI-GSM*	*RP2GP*	*NNSM*	*CLD*

βοῦς	εἰς	φρέαρ	πεσεῖται,	καὶ	οὐκ	εὐθέως	ἀνασπάσει	αὐτὸν
un buey	a	un pozo	caerá,	y	no	inmediatamente$_3$	sacará	a él
1016	1519	5421	4098	2532	3756	2112	385	846
NNSM	*P*	*NASN*	*VFMI3S*	*CLN*	*TN*	*B*	*VFAI3S*	*RP3ASM*

ἐν	ἡμέρᾳ	τοῦ	σαββάτου;	6 καὶ	οὐκ	ἴσχυσαν	ἀνταποκριθῆναι	πρὸς
en	(el) día	del	sábado?	Y	no	pudieron	replicar	a
1722	2250	3588	4521	2532	3756	2480	470	4314
P	*NDSF*	*DGSN*	*NGSN*	*CLN*	*BN, TN*	*VAAI3P*	*VAPN*	*P*

ταῦτα.
estas cosas.
5023
RD-APN

7 Ἔλεγεν	δὲ	πρὸς	τοὺς	κεκλημένους	παραβολήν,	ἐπέχων
decía$_2$	Y$_1$	a	los	invitados	una parábola,	observando atentamente
3004	1161	4314	3588	2564	3850	1907
VIAI3S	*CLN*	*P*	*DAPM*	*VRPP-PAM*	*NASF*	*VPAP-SNM*

πῶς	τὰς	πρωτοκλισίας	ἐξελέγοντο,	λέγων	πρὸς	αὐτούς·	8 Ὅταν
cómo	los$_2$	lugares de honor,$_3$	escogían$_1$	diciendo	a	ellos:	Cuando
4459	3588	4411	1586	3004	4314	846	3752
B, C	*DAPF*	*NAPF*	*VIMI3P*	*VPAP-SNM*	*P*	*RP3APM*	*CAT*

NVI

Y les advierto que ya no
volverán a verme hasta el
día que digan: "¡Bendito
el que viene en el nom-
bre del Señor!"»

Jesús en casa de un fariseo

14 Un día Jesús fue
a comer a casa
de un notable de los fari-
seos. Era sábado, así que
estos estaban acechando
a Jesús. 2 Allí, delante
de él, estaba un hombre
enfermo de hidropesía.
3 Jesús les preguntó a los
expertos en la ley y a los
fariseos:
—¿Está permitido o
no sanar en sábado?
4 Pero ellos se queda-
ron callados. Entonces
tomó al hombre, lo sanó
y lo despidió.
5 También les dijo:
—Si uno de ustedes
tiene un hijo o un buey
que se le cae en un pozo,
¿no lo saca en seguida
aunque sea sábado?
6 Y no pudieron con-
testarle nada.
7 Al notar cómo los
invitados escogían los
lugares de honor en
la mesa, les contó esta
parábola:
8 —Cuando alguien

13:35* O sea *de ninguna manera.*

RVR

convidado por alguno a
bodas, no te sientes en el
primer lugar, no sea que
otro más distinguido
que tú esté convidado
por él,
9 y viniendo el que te
convidó a ti y a él te
diga: Dale tu lugar a
éste; y entonces co-
miences con vergüenza
a ocupar el último lugar.
10 Mas cuando seas
convidado, ve y siéntate
en el último lugar, para
que cuando venga
el que te convidó, te
diga: Amigo, sube más
arriba; entonces tendrás
gloria delante de los
que se sientan contigo a
la mesa.
11 Porque cualquiera
que se enaltece, será
humillado; y el que se
humilla, será enaltecido.
12 Dijo también al que
le había convidado:
Cuando hagas comida
o cena, no llames a tus
amigos, ni a tus herma-
nos, ni a tus parientes,
ni a vecinos ricos; no
sea que ellos a su vez te
vuelvan a convidar, y
tengas ya tu recom-
pensa.
13 Antes bien, cuando
hagas banquete, llama a
los pobres, los mancos,
los cojos y los ciegos;
14 y serás dichoso;

κληθῇς	ὑπό	τινος	εἰς	γάμους,	μὴ	κατακλιθῇς	εἰς	τὴν
fueras invitado	por	alguien	a	una boda,	no	te reclines (a la mesa)	en	el
2564	5259	5100	1519	1062	3361	2625	1519	3588
VAPS2S	*P*	*RX-GSM*	*P*	*NAPM*	*BN, TN*	*VAPS2S*	*P*	*DASF*

πρωτοκλισίαν,	μήποτε	ἐντιμότερός	σου	ᾖ	κεκλημένος	ὑπ'
lugar de honor,	no sea que	(otro de más) alta estima	que tú	sea	invitado	por
4411	3379	1784	4675	5600	2564	5259
NASF	*CAP*	*JNSMC*	*RP2GS*	*VPAS3S*	*VRPP-SNM*	*P*

αὐτοῦ	9 καὶ	ἐλθὼν	ὁ	σὲ	καὶ	αὐτὸν	καλέσας	ἐρεῖ	σοι·
él,	y	habiendo venido	el que	a ti$_2$	y$_3$	a él$_4$	habiendo invitado$_1$	dirá	a ti:
846	2532	2064	3588	4571	2532	846	2564	2046	4671
RP3GSM	*CLN*	*VAAP-SNM*	*DNSM*	*RP2AS*	*CLN*	*RP3ASM*	*VAAP-SNM*	*VFAI3S*	*RP2DS*

Δὸς	τούτῳ	τόπον,	καὶ	τότε	ἄρξῃ	μετὰ	αἰσχύνης	τὸν	ἔσχατον
Da	a este	(el) lugar,	y	entonces	comenzarás	con	vergüenza	el$_2$	último$_3$
1325	5129	5117	2532	5119	756	3326	152	3588	2078
VAAM2S	*RD-DSM*	*NASM*	*CLN*	*B*	*VFMI2S, VAMS2S*	*P*	*NGSF*	*DASM*	*JASM*

τόπον	κατέχειν.	10 ἀλλ'	ὅταν	κληθῇς	πορευθεὶς	ἀνάπεσε	εἰς
lugar.$_4$	a ocupar$_1$	Pero	cuando	fueras invitado	habiéndote ido	reclínate (a la mesa)	en
5117	2722	235	3752	2564	4198	377	1519
NASM	*VPAN*	*CLC*	*CAT*	*VAPS2S*	*VAPP-SNM*	*VAAM2S*	*P*

τὸν	ἔσχατον	τόπον,	ἵνα	ὅταν	ἔλθῃ	ὁ	κεκληκώς	σε	ἐρεῖ
el	último	lugar,	para que	cuando	viniera	el que	ha invitado	a ti	dirá
3588	2078	5117	2443	3752	2064	3588	2564	4571	3004
DASM	*JASM*	*NASM*	*CAP*	*CAT*	*VAAS3S*	*DNSM*	*VRAP-SNM*	*RP2AS*	*VFAI3S*

σοι·	Φίλε,	προσανάβηθι	ἀνώτερον·	τότε	ἔσται	σοι	δόξα	ἐνώπιον
a ti:	Amigo,	acércate	más arriba;	entonces	habrá	para ti	gloria	delante de
4671	5384	4320	511	5119	2071	4671	1391	1799
RP2DS	*NVSM, JVSM*	*VAAM2S*	*JASN, B*	*B*	*VFMI3S*	*RP2DS*	*NNSF*	*P, B*

πάντων	τῶν	συνανακειμένων	σοι.	11 ὅτι	πᾶς	ὁ	ὑψῶν	ἑαυτὸν
todos	los	reclinados a comer en compañía	a ti.	Porque	todo	el	exaltando	a sí mismo
3956	3588	4873	4671	3754	3956	3588	5312	1438
JGPM	*DGPM*	*VPUP-PGM*	*RP2DS*	*CLX*	*JNSM*	*DNSM*	*VPAP-SNM*	*RF3ASM*

ταπεινωθήσεται	καὶ	ὁ	ταπεινῶν	ἑαυτὸν	ὑψωθήσεται.	12 Ἔλεγεν
será humillado,	y	el	humillando	a sí mismo	será exaltado.	decía$_2$
5013	2532	3588	5013	1438	5312	3004
VFPI3S	*CLC*	*DNSM*	*VPAP-SNM*	*RF3ASM*	*VFPI3S*	*VIAI3S*

δὲ	καὶ	τῷ	κεκληκότι	αὐτόν·	Ὅταν	ποιῇς	ἄριστον	ἢ	δεῖπνον,
Y$_1$	también	al que	habiendo invitado	a él:	Cuando	hagas	comida	o	cena,
1161	2532	3588	2564	846	3752	4160	712	2228	1173
CLN	*BE, TE*	*DDSM*	*VRAP-SDM*	*RP3ASM*	*CAT*	*VPAS2S*	*NASN, NNSN*	*CLD*	*NASN*

μὴ	φώνει	τοὺς	φίλους	σου	μηδὲ	τοὺς	ἀδελφούς	σου	μηδὲ
no	llames	a los	amigos	de ti	ni	a los	hermanos	de ti	ni
3361	5455	3588	5384	4675	3366	3588	80	4675	3366
BN, TN	*VPAM2S*	*DAPM*	*JAPM*	*RP2GS*	*TN, CLD*	*DAPM*	*NAPM*	*RP2GS*	*TN, CLD*

τοὺς	συγγενεῖς	σου	μηδὲ	γείτονας	πλουσίους,	μήποτε	καὶ	αὐτοὶ
a los	parientes	de ti	ni	a (los) vecinos	ricos,	no sea que	también	ellos
3588	4773	4675	3366	1069	4145	3379	2532	846
DAPM	*JAPM*	*RP2GS*	*TN, CLD*	*NAPM*	*JAPM*	*CAP*	*BE, TE*	*RP3NPM*

ἀντικαλέσωσίν	σε	καὶ	γένηται	ἀνταπόδομά	σοι.	13 ἀλλ'	ὅταν	δοχὴν
devolvieran la invitación	a ti	y	sucederá	una recompensa	para ti.	Pero	cuando	banquete$_2$
479	4571	2532	1096	468	4671	235	3752	1403
VAAS3P	*RP2AS*	*CLN*	*VAMS3S*	*NNSN, NASN*	*RP2DS*	*CLC*	*CAT*	*NASF*

ποιῇς,	κάλει	πτωχούς,	ἀναπείρους,	χωλούς,	τυφλούς·	14 καὶ	μακάριος
hagas$_1$	llama	a pobres,	lisiados,	cojos,	ciegos;	y	bienaventurado
4160	2564	4434	376	5560	5185	2532	3107
VPAS2S	*VPAM2S*	*JAPM*	*JAPM*	*JAPM*	*JAPM*	*CLN*	*JNSM*

NVI

te invite a una fiesta de
bodas, no te sientes en
el lugar de honor, no sea
que haya algún invitado
más distinguido que
tú. 9 Si es así, el que los
invitó a los dos vendrá
y te dirá: "Cédele tu
asiento a este hombre".
Entonces, avergonzado,
tendrás que ocupar el
último asiento. 10 Más
bien, cuando te inviten,
siéntate en el último
lugar, para que cuando
venga el que te invitó, te
diga: "Amigo, pasa más
adelante a un lugar me-
jor". Así recibirás honor
en presencia de todos los
demás invitados. 11 Todo
el que a sí mismo se
enaltece será humillado,
y el que se humilla será
enaltecido.
12 También dijo Jesús
al que lo había invitado:
—Cuando des una
comida o una cena, no
invites a tus amigos,
ni a tus hermanos, ni a
tus parientes, ni a tus
vecinos ricos; no sea que
ellos, a su vez, te inviten
y así seas recompensado.
13 Más bien, cuando
des un banquete,
invita a los pobres, a los
inválidos, a los cojos y a
los ciegos. 14 Entonces
serás dichoso, pues

RVR

porque ellos no te pueden recompensar, pero te será recompensado en la resurrección de los justos.

Parábola de la gran cena

15 Oyendo esto uno de los que estaban sentados con él a la mesa, le dijo: Dichoso el que coma pan en el reino de Dios.
16 Entonces Jesús le dijo: Un hombre hizo una gran cena, y convidó a muchos.
17 Y a la hora de la cena envió a su siervo a decir a los convidados: Venid, que ya todo está preparado.
18 Y todos a una comenzaron a excusarse. El primero le dijo: He comprado un campo, y necesito ir a verlo; te ruego que me excuses.
19 Otro dijo: He comprado cinco yuntas de bueyes, y voy a probarlos; te ruego que me excuses.
20 Y otro dijo: Acabo de casarme, y por tanto no puedo ir.
21 Regresó el siervo e hizo saber estas cosas a su señor. Entonces, enojado

ἔσῃ, ὅτι οὐκ ἔχουσιν ἀνταποδοῦναί σοι, ἀνταποδοθήσεται γάρ σοι
serás, porque no tienen para recompensar a ti, será recompensado$_2$ pues$_1$ a ti
2071 3754 3756 2192 467 4671 467 1063 4671
VFMI2S CAZ BN, TN VPAI3P VAAN RP2DS VFPI3S CAZ RP2DS

ἐν τῇ ἀναστάσει τῶν δικαίων.
en la resurrección de los justos.
1722 3588 386 3588 1342
P DDSF NDSF DGPM JGPM

15 Ἀκούσας δέ τις τῶν συνανακειμένων ταῦτα εἶπεν
habiendo oído$_2$ Y$_1$ uno de los reclinados a comer en compañía (de él) estas cosas dijo
191 1161 5100 3588 4873 5023 2036
VAAP-SNM CLN RX-NSM DGPM VPUP-PGM RD-APN VAAI3S

αὐτῷ· Μακάριος ὅστις φάγεται ἄρτον ἐν τῇ βασιλείᾳ τοῦ
a él: Bienaventurado quien quiera que comerá pan en el reino de --
846 3107 3748 5315 740 1722 3588 932 3588
RP3DSM JNSM RR-NSM VFMI3S NASM P DDSF NDSF DGSM

θεοῦ. 16 ὁ δὲ εἶπεν αὐτῷ· Ἄνθρωπός τις ἐποίει δεῖπνον
Dios. --$_2$ Y$_1$ dijo$_3$ a él:$_4$ hombre$_6$ Cierto$_5$ hacía una cena
2316 3588 1161 2036 846 444 5100 4160 1173
NGSM DNSM CLC VAAI3S RP3DSM NNSM JNSM, RX-NSM VIAI3S NASN

μέγα, καὶ ἐκάλεσεν πολλούς, 17 καὶ ἀπέστειλεν τὸν δοῦλον αὐτοῦ
grande e invitó a muchos y envió al esclavo de él
3173 2532 2564 4183 2532 649 3588 1401 846
JASN CLN VAAI3S JAPM CLN VAAI3S DASM NASM RP3GSM

τῇ ὥρᾳ τοῦ δείπνου εἰπεῖν τοῖς κεκλημένοις· Ἔρχεσθε, ὅτι ἤδη
a la hora de la cena a decir a los invitados: Venid, porque ya
3588 5610 3588 1173 2036 3588 2564 2064 3754 2235
DDSF NDSF DGSN NGSN VAAN DDPM VRPP-PDM VPUM2P CAZ B

ἕτοιμά ἐστιν. 18 καὶ ἤρξαντο ἀπὸ μιᾶς πάντες παραιτεῖσθαι. ὁ
preparados está. Y comenzaron a$_3$ una.$_4$ todos$_2$ a disculparse$_1$ El
2092 2076 2532 756 575 1520 3956 3868 3588
JNPN VPAI3S CLC VAMI3P P JGSF JNPM VPUN DNSM

πρῶτος εἶπεν αὐτῷ· Ἀγρὸν ἠγόρασα καὶ ἔχω ἀνάγκην ἐξελθὼν
primero dijo a él: un campo$_2$ Compré$_1$ y tengo necesidad (de) habiendo salido
4413 2036 846 68 59 2532 2192 318 1831
JNSM VAAI3S RP3DSM NASM VAAI1S CLN VPAI1S NASF VAAP-SNM

ἰδεῖν αὐτόν· ἐρωτῶ σε, ἔχε με παρῃτημένον. 19 καὶ ἕτερος εἶπεν·
ver a él; ruego a ti ten a mí (por) disculpado. Y otro dijo:
1492 846 2065 4571 2192 3165 3868 2532 2087 2036
VAAN RP3ASM VPAI1S RP2AS VPAM2S RP1AS VRPP-SAM CLN JNSM VAAI3S

Ζεύγη βοῶν ἠγόρασα πέντε καὶ πορεύομαι δοκιμάσαι αὐτά· ἐρωτῶ
yuntas$_3$ de bueyes$_4$ Compré$_1$ cinco$_2$ y voy a probar a ellas; ruego
2201 1016 59 4002 2532 4198 1381 846 2065
NAPN NGPM VAAI1S XN, J CLN VPUI1S VAAN RP3APN VPAI1S

σε, ἔχε με παρῃτημένον. 20 καὶ ἕτερος εἶπεν· Γυναῖκα ἔγημα
a ti ten a mí (por) disculpado. Y otro dijo: Una mujer desposé
4571 2192 3165 3868 2532 2087 2036 1135 1060
RP2AS VPAM2S RP1AS VRPP-SAM CLN JNSM VAAI3S NASF VAAI1S

καὶ διὰ τοῦτο οὐ δύναμαι ἐλθεῖν. 21 καὶ παραγενόμενος ὁ
y por causa de esto no puedo ir. Y habiendo llegado el
2532 1223 5124 3756 1410 2064 2532 3854 3588
CLN P RD-ASN BN, TN VPUI1S VAAN CLN VAMP-SNM DNSM

δοῦλος ἀπήγγειλεν τῷ κυρίῳ αὐτοῦ ταῦτα. τότε ὀργισθεὶς
esclavo informó al señor de él estas cosas. Entonces habiéndose enojado
1401 518 3588 2962 846 5023 5119 3710
NNSM VAAI3S DDSM NDSM RP3GSM RD-APN B VAPP-SNM

NVI

aunque ellos no tienen con qué recompensarte, serás recompensado en la resurrección de los justos.

Parábola del gran banquete

15 Al oír esto, uno de los que estaban sentados a la mesa con Jesús le dijo:

—¡Dichoso el que coma en el banquete del reino de Dios!

16 Jesús le contestó:

—Cierto hombre preparó un gran banquete e invitó a muchas personas.
17 A la hora del banquete mandó a su siervo a decirles a los invitados: "Vengan, porque ya todo está listo".
18 Pero todos, sin excepción, comenzaron a disculparse. El primero le dijo: "Acabo de comprar un terreno y tengo que ir a verlo. Te ruego que me disculpes".
19 Otro adujo: "Acabo de comprar cinco yuntas de bueyes, y voy a probarlas. Te ruego que me disculpes".
20 Otro alegó: "Acabo de casarme y por eso no puedo ir".
21 El siervo regresó y le informó de esto a su señor. Entonces el dueño de la

RVR

el padre de familia, dijo a su siervo: Sal inmediatamente por las plazas y las calles de la ciudad, y trae acá a los pobres, los mancos, los cojos y los ciegos.
22 Y dijo el siervo: Señor, se ha hecho como mandaste, y aún hay lugar.
23 Dijo el señor al siervo: Sal a los caminos y a los vallados, y fuérzalos a entrar, para que se llene mi casa.
24 Porque os digo que ninguno de aquellos hombres que fueron convidados, gustará mi cena.

Lo que cuesta seguir a Cristo

25 Grandes multitudes iban con él; y volviéndose, les dijo:
26 Si alguno viene a mí, y no aborrece a su padre, y madre, y mujer, e hijos, y hermanos, y hermanas, y aun también su propia vida, no puede ser mi discípulo.
27 Y el que no lleva su cruz y viene en pos de mí, no puede ser mi discípulo.

ὁ	οἰκοδεσπότης	εἶπεν	τῷ	δούλῳ	αὐτοῦ·	Ἔξελθε	ταχέως	εἰς	τὰς
el	dueño de (la) casa	dijo	al	esclavo	de él:	Ve	de prisa	a	las
3588	3617	2036	3588	1401	846	1831	5030	1519	3588
DNSM	*NNSM*	*VAAI3S*	*DDSM*	*NDSM*	*RP3GSM*	*VAAM2S*	*B*	*P*	*DAPF*

πλατείας	καὶ	ῥύμας	τῆς	πόλεως,	καὶ	τοὺς	πτωχοὺς	καὶ	ἀναπείρους
plazas	y	(las) calles	de la	ciudad	y	a los	pobres	y	lisiados
4113	2532	4505	3588	4172	2532	3588	4434	2532	376
NAPF, JAPF	*CLN*	*NAPF*	*DGSF*	*NGSF*	*CLN*	*DAPM*	*JAPM*	*CLN*	*JAPM*

καὶ	τυφλοὺς	καὶ	χωλοὺς	εἰσάγαγε	ὧδε.	22 καὶ	εἶπεν	ὁ	δοῦλος·
y	ciegos	y	cojos	trae	aquí.	Y	dijo	el	esclavo:
2532	5185	2532	5560	1521	5602	2532	2036	3588	1401
CLN	*JAPM*	*CLN*	*JAPM*	*VAAM2S*	*BP*	*CLN*	*VAAI3S*	*DNSM*	*NNSM*

Κύριε,	γέγονεν	ὃ	ἐπέταξας,	καὶ	ἔτι	τόπος	ἐστίν.	23 καὶ	εἶπεν
señor,	ha llegado a ser	lo que	ordenaste,	y	todavía	lugar	está (hay).	Y	dijo
2962	1096	3588	2004	2532	2089	5117	2076	2532	2036
NVSM	*VRAI3S*	*RR-ASN*	*VAAI2S*	*CLC*	*B*	*NNSM*	*VPAI3S*	*CLN*	*VAAI3S*

ὁ	κύριος	πρὸς	τὸν	δοῦλον·	Ἔξελθε	εἰς	τὰς	ὁδοὺς	καὶ	φραγμοὺς
el$_1$	señor$_2$	a	el	esclavo:	Ve	a	los	caminos	y	cercados
3588	2962	4314	3588	1401	1831	1519	3588	3598	2532	5418
DNSM	*NNSM*	*P*	*DASM*	*NASM*	*VAAM2S*	*P*	*DAPF*	*NAPF*	*CLN*	*NAPM*

καὶ	ἀνάγκασον	εἰσελθεῖν,	ἵνα	γεμισθῇ	μου	ὁ	οἶκος·	24 λέγω	γὰρ
y	obliga	a entrar,	para que	fuera llena	de mí,$_3$	la$_1$	casa$_2$	digo$_2$	porque$_1$
2532	315	1525	2443	1072	3450	3588	3624	3004	1063
CLN	*VAAM2S*	*VAAN*	*CAP*	*VAPS3S*	*RP1GS*	*DNSM*	*NNSM*	*VPAI1S*	*CAZ*

ὑμῖν	ὅτι	οὐδεὶς	τῶν	ἀνδρῶν	ἐκείνων	τῶν	κεκλημένων	γεύσεταί	μου
a vosotros	que	ninguno	de los	hombres	aquellos	los	invitados	probará	de mí.$_3$
5213	3754	3762	3588	435	1565	3588	2564	1089	3450
RP2DP	*CSC*	*JNSM*	*DGPM*	*NGPM*	*RD-GPM*	*DGPM*	*VRPP-PGM*	*VFMI3S*	*RP1GS*

τοῦ	δείπνου.
la$_1$	cena$_2$
3588	1173
DGSN	*NGSN*

25 Συνεπορεύοντο	δὲ	αὐτῷ	ὄχλοι	πολλοί,	καὶ	στραφεὶς	εἶπεν
acompañaban$_2$	Y$_1$	a él	multitudes	muchas,	y	habiéndose vuelto	dijo
4848	1161	846	3793	4183	2532	4762	2036
VIUI3P	*CLT*	*RP3DSM*	*NNPM*	*JNPM*	*CLN*	*VAPP-SNM*	*VAAI3S*

πρὸς	αὐτούς·	26 Εἴ	τις	ἔρχεται	πρός	με	καὶ	οὐ	μισεῖ	τὸν	πατέρα
a	ellos:	Si	alguno	viene	a	mí	y	no	odia	al	padre
4314	846	1487	5100	2064	4314	3165	2532	3756	3404	3588	3962
P	*RP3APM*	*CAC*	*RX-NSM*	*VPUI3S*	*P*	*RP1AS*	*CLN*	*BN, TN*	*VPAI3S*	*DASM*	*NASM*

ἑαυτοῦ	καὶ	τὴν	μητέρα	καὶ	τὴν	γυναῖκα	καὶ	τὰ	τέκνα	καὶ	τοὺς
de sí mismo	y	a la	madre	y	a la	mujer	y	a los	hijos	y	a los
1438	2532	3588	3384	2532	3588	1135	2532	3588	5043	2532	3588
RF3GSM	*CLN*	*DASF*	*NASF*	*CLN*	*DASF*	*NASF*	*CLN*	*DAPN*	*NAPN*	*CLN*	*DAPM*

ἀδελφοὺς	καὶ	τὰς	ἀδελφάς,	ἔτι	τε	καὶ	τὴν	ψυχὴν	ἑαυτοῦ,	οὐ
hermanos	y	a las	hermanas	(y) aún	--	también	la	vida	de sí mismo,	no
80	2532	3588	79	2089	5037	2532	3588	5590	1438	3756
NAPM	*CLN*	*DAPF*	*NAPF*	*B*	*CLN*	*CLA, B*	*DASF*	*NASF*	*RF3GSM*	*BN*

δύναται	εἶναί	μου	μαθητής.	27 ὅστις	οὐ	βαστάζει	τὸν	σταυρὸν
puede	ser	mi	discípulo.	Cualquiera	no	carga	la	cruz
1410	1511	3450	3101	3748	3756	941	3588	4716
VPUI3S	*VPAN*	*RP1GS*	*NNSM*	*RR-NSM*	*BN, TN*	*VPAI3S*	*DASM*	*NASM*

ἑαυτοῦ	καὶ	ἔρχεται	ὀπίσω	μου,	οὐ	δύναται	εἶναί	μου	μαθητής.
de sí mismo	y	viene	detrás	de mí,	no	puede	ser	mi	discípulo.
1438	2532	2064	3694	3450	3756	1410	1511	3450	3101
RF3GSM	*CLN*	*VPUI3S*	*P, B*	*RP1GS*	*BN, TN*	*VPUI3S*	*VPAN*	*RP1GS*	*NNSM*

NVI

casa se enojó y le mandó a su siervo: "Sal de prisa por las plazas y los callejones del pueblo, y trae acá a los pobres, a los inválidos, a los cojos y a los ciegos". 22 "Señor —le dijo luego el siervo—, ya hice lo que usted me mandó, pero todavía hay lugar". 23 Entonces el señor le respondió: "Ve por los caminos y las veredas, y oblígalos a entrar para que se llene mi casa. 24 Les digo que ninguno de aquellos invitados disfrutará de mi banquete".

El precio del discipulado

25 Grandes multitudes seguían a Jesús, y él se volvió y les dijo: 26 «Si alguno viene a mí y no sacrifica el amor a su padre y a su madre, a su esposa y a sus hijos, a sus hermanos y a sus hermanas, y aun a su propia vida, no puede ser mi discípulo. 27 Y el que no carga su cruz y me sigue, no puede ser mi discípulo.

RVR

28 Porque ¿quién de
vosotros, queriendo
edificar una torre, no se
sienta primero y calcula
los gastos, a ver si tiene
lo que necesita para
acabarla?
29 No sea que después
que haya puesto el
cimiento, y no pueda
acabarla, todos los que
lo vean comiencen a
hacer burla de él,
30 diciendo: Este hom-
bre comenzó a edificar,
y no pudo acabar.
31 ¿O qué rey, al marchar
a la guerra contra otro
rey, no se sienta primero
y considera si puede
hacer frente con diez
mil al que viene contra
él con veinte mil?
32 Y si no puede, cuando
el otro está todavía lejos,
le envía una embajada
y le pide condiciones
de paz.
33 Así, pues, cualquiera
de vosotros que no
renuncia a todo lo que
posee, no puede ser mi
discípulo.

Cuando la sal pierde su sabor

34 Buena es la sal; mas si
la sal se vuelve insípida,
¿con qué se sazonará?
35 Ni para la tierra ni
para el muladar es útil;

28 τίς	γὰρ	ἐξ	ὑμῶν	θέλων	πύργον	οἰκοδομῆσαι	οὐχὶ	πρῶτον
¿quién$_2$	Porque,$_1$	de entre	de vosotros	queriendo	una torre$_2$	edificar$_1$	no	primero
5101	1063	1537	5216	2309	4444	3618	3780	4412
RI-NSM	*CLX*	*P*	*RP2GP*	*VPAP-SNM*	*NASM*	*VAAN*	*TN, TI*	*B, J*

καθίσας	ψηφίζει	τὴν	δαπάνην,	εἰ	ἔχει	εἰς	ἀπαρτισμόν;	29 ἵνα
habiéndose sentado	calcula	el	costo,	si	tiene	para	la terminación?	para que
2523	5585	3588	1160	1487	2192	1519	535	2443
VAAP-SNM	*VPAI3S*	*DASF*	*NASF*	*CAC, T*	*VPAI3S*	*P*	*NASM*	*CAP*

μήποτε	θέντος	αὐτοῦ	θεμέλιον	καὶ	μὴ	ἰσχύοντος	ἐκτελέσαι
no sea que	habiendo puesto	su	fundamento	y	no	pudiendo	terminar
3379	5087	846	2310	2532	3361	2480	1615
TN, CAP	*VAAP-SGM*	*RP3GSM*	*NASM*	*CLN*	*BN, TN*	*VPAP-SGM*	*VAAN*

πάντες	οἱ	θεωροῦντες	ἄρξωνται	αὐτῷ	ἐμπαίζειν	30 λέγοντες	ὅτι
todos	los que	están viendo	se comenzarán	(de) él$_2$	a burlar$_1$	diciendo	que:
3956	3588	2334	756	846	1702	3004	3754
JNPM	*DNPM*	*VPAP-PNM*	*VAMS3P*	*RP3DSM*	*VPAN*	*VPAP-PNM*	*CSC*

Οὗτος	ὁ	ἄνθρωπος	ἤρξατο	οἰκοδομεῖν	καὶ	οὐκ	ἴσχυσεν	ἐκτελέσαι.
Este	--	hombre	comenzó	a edificar	pero	no	pudo	terminar.
3778	3588	444	756	3618	2532	3756	2480	1615
RD-NSM	*DNSM*	*NNSM*	*VAMI3S*	*VPAN*	*CLN*	*BN, TN*	*VAAI3S*	*VAAN*

31 ἢ	τίς	βασιλεὺς	πορευόμενος	ἑτέρῳ	βασιλεῖ	συμβαλεῖν
O	¿qué	rey	yendo	a otro$_2$	rey$_3$	a encontrar$_1$
2228	5101	935	4198	2087	935	4820
CLD	*JNSM, RI-NSM*	*NNSM*	*VPUP-SNM*	*JDSM*	*NDSM*	*VAAN*

εἰς	πόλεμον	οὐχὶ	καθίσας	πρῶτον	βουλεύσεται	εἰ	δυνατός
para	(la) guerra	no	habiéndose sentado	primero	resuelve	si	posible$_2$
1519	4171	3780	2523	4412	1011	1487	1415
P	*NASM*	*TN, TI*	*VAAP-SNM*	*B, J*	*VFMI3S*	*CAC, T*	*JNSM*

ἐστιν	ἐν	δέκα	χιλιάσιν	ὑπαντῆσαι	τῷ	μετὰ	εἴκοσι	χιλιάδων
es$_1$	con	diez	mil	salir al encuentro	al que	con$_2$	veinte$_3$	mil$_4$
2076	1722	1176	5505	5221	3588	3326	1501	5505
VPAI3S	*P*	*XN, J*	*JDPF, NDPF*	*VAAN*	*DDSM*	*P*	*JGPF, JNPM*	*JGPF, JNPF*

ἐρχομένῳ	ἐπ᾿	αὐτόν;	32 εἰ	δὲ	μήγε,	ἔτι	αὐτοῦ	πόρρω	ὄντος
está viniendo$_1$	contra	él?	si$_2$	Y$_1$	no,	todavía	de él$_3$	lejos$_2$	estando$_1$
2064	1909	846	1487	1161	3361, 1065	2089	846	4206	5607
VPUP-SDM	*P*	*RP3ASM*	*CAC*	*CLN*	*T*	*B*	*RP3GSM*	*B*	*VPAP-SGM*

πρεσβείαν	ἀποστείλας	ἐρωτᾷ	τὰ	πρὸς	εἰρήνην.	33 οὕτως	οὖν
una delegación$_2$	habiendo enviado$_1$	solicita	las (condiciones)	para	(la) paz.	Así	pues,
4242	649	2065	3588	4314	1515	3779	3767
NASF	*VAAP-SNM*	*VPAI3S*	*DAPN*	*P*	*NASF*	*B*	*CLI*

πᾶς	ἐξ	ὑμῶν	ὃς	οὐκ	ἀποτάσσεται	πᾶσιν	τοῖς	ἑαυτοῦ
todo (aquel)	de entre	vosotros	que	no	renuncia	a todos	los	de sí mismo,$_2$
3956	1537	5216	3739	3756	657	3956	3588	1438
JNSM	*P*	*RP2GP*	*RR-NSM*	*BN, TN*	*VPMI3S*	*JDPN*	*DDPN*	*RF3GSM*

ὑπάρχουσιν	οὐ	δύναται	εἶναί	μου	μαθητής.
bienes$_1$	no	puede	ser	mi	discípulo.
5224	3756	1410	1511	3450	3101
VPAP-PDN	*BN, TN*	*VPUI3S*	*VPAN*	*RP1GS*	*NNSM*

34 Καλὸν	οὖν	τὸ	ἅλας·	ἐὰν	δὲ	καὶ	τὸ	ἅλας	μωρανθῇ,	ἐν
Buena,	pues,	(es) la	sal;	si$_2$	pero$_1$	también	la	sal	pierde su sabor,	¿con
2570	3767	3588	217	1437	1161	2532	3588	217	3471	1722
JNSN	*CLI, CLT*	*DNSN*	*NNSN*	*CAC*	*CLC*	*CLA, B*	*DNSN*	*NNSN*	*VAPS3S*	*P*

τίνι	ἀρτυθήσεται;	35 οὔτε	εἰς	γῆν	οὔτε	εἰς	κοπρίαν	εὔθετόν
qué	será sazonada?	Ni	para	(la) tierra	ni	para	(el) estercolero	apropiada$_2$
5101	741	3777	1519	1093	3777	1519	2874	2111
RI-DSN	*VFPI3S*	*CLK,TN*	*P*	*NASF*	*CLK, CLD*	*P*	*NASF*	*JNSN*

NVI

28 »Supongamos
que alguno de ustedes
quiere construir una
torre. ¿Acaso no se
sienta primero a calcular
el costo, para ver si tiene
suficiente dinero para
terminarla?
29 Si echa los
cimientos y no puede
terminarla, todos los
que la vean comenza-
rán a burlarse de él,
30 y
dirán: "Este hombre ya
no pudo terminar lo que
comenzó a construir".
31 »O supongamos
que un rey está a punto
de ir a la guerra contra
otro rey. ¿Acaso no se
sienta primero a calcular
si con diez mil hombres
puede enfrentarse al que
viene contra él con vein-
te mil?
32 Si no puede,
enviará una delegación
mientras el otro está
todavía lejos, para pedir
condiciones de paz.
33 De la misma manera,
cualquiera de ustedes
que no renuncie a todos
sus bienes, no puede ser
mi discípulo.
34 »La sal es buena,
pero, si se vuelve insípi-
da, ¿cómo recuperará
el sabor?
35 No sirve ni
para la tierra ni para el

RVR

la arrojan fuera. El que
tiene oídos para oír,
oiga.

Parábola de la oveja perdida

15 Se acercaban a Jesús
todos los cobradores de
impuestos y pecadores
para oírle,
2 y los fariseos y los
escribas murmuraban,
diciendo: Éste recibe a
los pecadores, y come
con ellos.
3 Entonces él les refirió
esta parábola, diciendo:
4 ¿Qué hombre de
vosotros, teniendo cien
ovejas, si pierde una de
ellas, no deja las noventa
y nueve en el desierto, y
va tras la que se perdió,
hasta encontrarla?
5 Y cuando la encuentra,
la pone sobre sus hombros gozoso;
6 y al llegar a casa, reúne
a sus amigos y vecinos,
diciéndoles: Gozaos
conmigo, porque he encontrado mi oveja que
se había perdido.
7 Os digo que así habrá
más gozo en el cielo
por un pecador que
se arrepiente, que por
noventa y nueve justos
que no necesitan de
arrepentimiento.

ἐστιν· ἔξω βάλλουσιν αὐτό. ὁ ἔχων ὦτα ἀκούειν ἀκουέτω.
es,$_1$ afuera echan a ella. El que está teniendo oídos para oír oiga.
2076 1854 906 846 3588 2192 3775 191 191
VPAI3S BP VPAI3P RP3ASN DNSM VPAP-SNM NAPN VPAN VPAM3S

15 ¹Ἦσαν δὲ αὐτῷ ἐγγίζοντες πάντες οἱ τελῶναι καὶ οἱ
estaban$_2$ Y$_1$ a él$_4$ acercándose$_3$ todos los publicanos y los
2258 1161 846 1448 3956 3588 5057 2532 3588
VIAI3P CLT RP3DSM VPAP-PNM JNPM DNPM NNPM CLN DNPM

ἁμαρτωλοὶ ἀκούειν αὐτοῦ. ²καὶ διεγόγγυζον οἵ τε Φαρισαῖοι
pecadores para oír de él. Y criticaban los$_2$ tanto$_1$ fariseos
268 191 846 2532 1234 3588 5037 5330
JNPM VPAN RP3GSM CLN VIAI3P DNPM, RR-NPM CLK NNPM

καὶ οἱ γραμματεῖς λέγοντες ὅτι Οὗτος ἁμαρτωλοὺς προσδέχεται
como los escribas diciendo que: Este a pecadores$_2$ acoge$_1$
2532 3588 1122 3004 3754 3778 268 4327
CLK, CLN DNPM NNPM VPAP-PNM CSC RD-NSM JAPM VPUI3S

καὶ συνεσθίει αὐτοῖς. ³εἶπεν δὲ πρὸς αὐτοὺς τὴν παραβολὴν ταύτην
y come (con) ellos, dijo$_2$ Y$_1$ a ellos -- parábola$_2$ esta$_1$
2532 4906 846 2036 1161 4314 846 3588 3850 3778
CLN VPAI3S RP3DPM VAAI3S CLN P RP3APM DASF NASF RD-ASF

λέγων· ⁴Τίς ἄνθρωπος ἐξ ὑμῶν ἔχων ἑκατὸν πρόβατα καὶ
diciendo: ¿Qué persona de vosotros, teniendo cien ovejas y
3004 5101 444 1537 5216 2192 1540 4263 2532
VPAP-SNM JNSM, RI-NSM NNSM P RP2GP VPAP-SNM XN, J NAPN CLN

ἀπολέσας ἐξ αὐτῶν ἓν οὐ καταλείπει τὰ ἐνενήκοντα ἐννέα
habiendo perdido de$_2$ ellas,$_3$ a una$_1$ no deja a las noventa y nueve
622 1537 846 1520 3756 2641 3588 1768 1767
VAAP-SNM P RP3GPN JASN TN VPAI3S DAPN XN, J XN, J

ἐν τῇ ἐρήμῳ καὶ πορεύεται ἐπὶ τὸ ἀπολωλὸς ἕως εὕρῃ αὐτό;
en el desierto y va tras la perdida hasta encontrara a ella?
1722 3588 2048 2532 4198 1909 3588 622 2193 2147 846
P DDSF JDSF CLN VPUI3S P DASN VRAP-SAN CAT VAAS3S RP3ASN

⁵καὶ εὑρὼν ἐπιτίθησιν ἐπὶ τοὺς ὤμους αὐτοῦ χαίρων, ⁶καὶ
Y (habiéndola) encontrado (la) pone sobre los hombros de él alegrándose y
2532 2147 2007 1909 3588 5606 846 5463 2532
CLN VAAP-SNM VPAI3S P DAPM NAPM RP3GSM VPAP-SNM CLN

ἐλθὼν εἰς τὸν οἶκον συγκαλεῖ τοὺς φίλους καὶ τοὺς γείτονας,
habiendo venido a la casa reúne a los amigos y a los vecinos
2064 1519 3588 3624 4779 3588 5384 2532 3588 1069
VAAP-SNM P DASM NASM VPAI3S DAPM JAPM CLN DAPM NAPM

λέγων αὐτοῖς· Συγχάρητέ μοι ὅτι εὗρον τὸ πρόβατόν μου τὸ
diciendo a ellos: Alegraos conmigo, porque encontré la oveja de mí, la
3004 846 4796 3427 3754 2147 3588 4263 3450 3588
VPAP-SNM RP3DPM VAPM2P RP1DS CAZ VAAI1S DASN NASN RP1GS DASN

ἀπολωλός. ⁷λέγω ὑμῖν ὅτι οὕτως χαρὰ ἐν τῷ οὐρανῷ ἔσται
perdida. Digo a vosotros que así gozo en el$_2$ cielo$_3$ estraá (habrá)$_1$
622 3004 5213 3754 3779 5479 1722 3588 3772 2071
VRAP-SAN VPAI1S RP2DP CSC B NNSF P DDSM NDSM VFMI3S

ἐπὶ ἑνὶ ἁμαρτωλῷ μετανοοῦντι ἢ ἐπὶ ἐνενήκοντα ἐννέα δικαίοις
por un pecador que se está arrepintiéndo que por noventa y nueve justos,
1909 1520 268 3340 2228 1909 1768 1767 1342
P JDSM JDSM VPAP-SDM CAM P XN, J XN, J JDPM

οἵτινες οὐ χρείαν ἔχουσιν μετανοίας.
los que no necesidad$_2$ tienen$_1$ de arrepentimiento.
3748 3756 5532 2192 3341
RR-NPM BN, TN NASF VPAI3P NGSF

NVI

abono; hay que tirarla
fuera.
»El que tenga oídos
para oír, que oiga».

Parábola de la oveja perdida

15 Muchos recaudadores de
impuestos y pecadores
se acercaban a Jesús para
oírlo, 2 de modo que los
fariseos y los maestros de
la ley se pusieron a murmurar: «Este hombre
recibe a los pecadores y
come con ellos».
3 Él entonces les
contó esta parábola:
4 «Supongamos que
uno de ustedes tiene
cien ovejas y pierde una
de ellas. ¿No deja las
noventa y nueve en el
campo, y va en busca de
la oveja perdida hasta
encontrarla? 5 Y, cuando
la encuentra, lleno de
alegría la carga en los
hombros 6 y vuelve a la
casa. Al llegar, reúne a
sus amigos y vecinos,
y les dice: "Alégrense
conmigo; ya encontré
la oveja que se me había
perdido". 7 Les digo
que así es también en el
cielo: habrá más alegría
por un solo pecador
que se arrepienta que
por noventa y nueve
justos que no necesitan
arrepentirse.

RVR

Parábola de la moneda perdida

8 ¿O qué mujer que tiene diez dracmas, si pierde una dracma, no enciende una lámpara, y barre la casa, y busca con diligencia hasta encontrarla?
9 Y cuando la encuentra, reúne a sus amigas y vecinas, diciendo: Gozaos conmigo, porque he encontrado la dracma que había perdido.
10 Así os digo que hay gozo delante de los ángeles de Dios por un pecador que se arrepiente.

Parábola del hijo pródigo

11 También dijo: Un hombre tenía dos hijos;
12 y el menor de ellos dijo a su padre: Padre, dame la parte de los bienes que me corresponde; y les repartió los bienes.
13 No muchos días después, juntándolo todo el hijo menor, se fue lejos a una provincia apartada; y allí malgastó sus bienes viviendo perdidamente.
14 Y cuando todo lo había gastado, vino una gran hambre en aquella provincia, y comenzó a pasar necesidad.
15 Y fue y se allegó a uno de los ciudadanos de aquella tierra,

8 Ἢ τίς γυνὴ δραχμὰς ἔχουσα δέκα, ἐὰν ἀπολέσῃ δραχμὴν
O ¿qué mujer dracmas,$_3$ teniendo$_1$ diez$_2$ si perdiera dracma$_2$
2228 5101 1135 1406 2192 1176 1437 622 1406
CLD JNSF, RI-NSF NNSF NAPF VPAP-SNF XN, J CAC VAAS3S NASF

μίαν, οὐχὶ ἅπτει λύχνον καὶ σαροῖ τὴν οἰκίαν καὶ ζητεῖ ἐπιμελῶς
una$_1$ no enciende (una) lámpara y barre la casa y busca cuidadosamente
1520 3780 681 3088 2532 4563 3588 3614 2532 2212 1960
JASF TN, TI VPAI3S NASM, NASF CLN VPAI3S DASF NASF CLN VPAI3S B

ἕως οὗ εὕρῃ; 9 καὶ εὑροῦσα συγκαλεῖ τὰς φίλας καὶ
hasta que encontrara? Y habiendo(la) encontrado reúne a las amigas y
2193 3739 2147 2532 2147 4779 3588 5384 2532
P, C RR-GSN VAAS3S CLN VAAP-SNF VPAI3S DAPF NAPF, JAPF CLN

γείτονας λέγουσα· Συγχάρητέ μοι ὅτι εὗρον τὴν δραχμὴν ἣν
vecinas diciendo: Alegraos conmigo, porque encontré la dracma la cual
1069 3004 4796 3427 3754 2147 3588 1406 3739
NAPF VPAP-SNF VAPM2P RP1DS CAZ VAAI1S DASF NASF RR-ASF

ἀπώλεσα. 10 οὕτως, λέγω ὑμῖν, γίνεται χαρὰ ἐνώπιον τῶν ἀγγέλων
perdí. Así digo a vosotros llega a haber gozo delante de los ángeles
622 3779 3004 5213 1096 5479 1799 3588 32
VAAI1S B VPAI1S RP2DP VPUI3S NNSF P, B DGPM NGPM

τοῦ θεοῦ ἐπὶ ἑνὶ ἁμαρτωλῷ μετανοοῦντι.
de -- Dios por un pecador que se arrepinte.
3588 2316 1909 1520 268 3340
DGSM NGSM P JDSM JDSM VPAP-SDM

11 Εἶπεν δέ· Ἄνθρωπός τις εἶχεν δύο υἱούς. 12 καὶ εἶπεν ὁ
dijo:$_2$ Y$_1$ hombre$_4$ Cierto$_3$ tenía dos hijos. Y dijo$_3$ el$_1$
2036 1161 444 5100 2192 1417 5207 2532 2036 3588
VAAI3S CLN NNSM JNSM, RX-NSM VIAI3S XN, J NAPM CLN VAAI3S DNSM

νεώτερος αὐτῶν τῷ πατρί· Πάτερ, δός μοι τὸ ἐπιβάλλον μέρος*
más joven$_2$ de ellos al padre: Padre, da a mí la poniendo sobre$_2$ parte$_1$
3501 846 3588 3962 3962 1325 3427 3588 1911 3313
JNSMC RP3GPM DDSM NDSM NVSM VAAM2S RP1DS DASN VPAP-SAN NASN

τῆς οὐσίας. ὁ δὲ διεῖλεν αὐτοῖς τὸν βίον. 13 καὶ μετ᾽ οὐ
de la herencia. --$_2$ Y$_1$ repartió a ellos el (medio de) vida. Y después de no
3588 3776 3588 1161 1244 846 3588 979 2532 3326 3756
DGSF NGSF DNSM CLN VAAI3S RP3DPM DASM NASM CLN P BN, TN

πολλὰς ἡμέρας συναγαγὼν πάντα ὁ νεώτερος υἱὸς ἀπεδήμησεν
muchos días habiendo recogido todas las cosas el más joven$_2$ hijo$_1$ fue de viaje
4183 2250 4863 3956 3588 3501 5207 589
JAPF NAPF VAAP-SNM JAPN DNSM JNSMC NNSM VAAI3S

εἰς χώραν μακράν, καὶ ἐκεῖ διεσκόρπισεν τὴν οὐσίαν αὐτοῦ ζῶν
a una región lejana y allá dispersó la herencia de él viviendo
1519 5561 3117 2532 1563 1287 3588 3776 846 2198
P NASF JASF, B CLN BP VAAI3S DASF NASF RP3GSM VPAP-SNM

ἀσώτως. 14 δαπανήσαντος δὲ αὐτοῦ πάντα ἐγένετο λιμὸς
libertinamente. habiendo gastado$_2$ Y$_1$ de él todas las cosas sucedió hambre$_2$
811 1159 1161 846 3956 1096 3042
B VAAP-SGM CLN RP3GSM JAPN VAMI3S NNSF, NNSM

ἰσχυρὰ κατὰ τὴν χώραν ἐκείνην, καὶ αὐτὸς ἤρξατο ὑστερεῖσθαι.
una muy fuerte$_1$ en la región aquella, y él comenzó a pasar necesidad.
2478 2596 3588 5561 1565 2532 846 756 5302
JNSF P DASF NASF RD-ASF CLN RP3NSM VAMI3S VPPN

15 καὶ πορευθεὶς ἐκολλήθη ἑνὶ τῶν πολιτῶν τῆς χώρας ἐκείνης,
Y habiéndose ido se unió a uno de los ciudadanos de -- región$_2$ aquella$_1$
2532 4198 2853 1520 3588 4177 3588 5561 1565
CLN VAPP-SNM VAPI3S JDSM DGPM NGPM DGSF NGSF RD-GSF

NVI

Parábola de la moneda perdida

8 »O supongamos que una mujer tiene diez monedas de plata y pierde una. ¿No enciende una lámpara, barre la casa y busca con cuidado hasta encontrarla? 9 Y, cuando la encuentra, reúne a sus amigas y vecinas, y les dice: "Alégrense conmigo; ya encontré la moneda que se me había perdido". 10 Les digo que así mismo se alegra Dios con sus ángeles por un pecador que se arrepiente.

Parábola del hijo perdido

11 »Un hombre tenía dos hijos —continuó Jesús—. 12 El menor de ellos le dijo a su padre: "Papá, dame lo que me toca de la herencia". Así que el padre repartió sus bienes entre los dos. 13 Poco después el hijo menor juntó todo lo que tenía y se fue a un país lejano; allí vivió desenfrenadamente y derrochó su herencia.

14 »Cuando ya lo había gastado todo, sobrevino una gran escasez en la región, y él comenzó a pasar necesidad. 15 Así que fue y consiguió empleo con un ciudadano de aquel

15:12* O sea *lo que me corresponde.*

RVR

el cual le envió a sus
campos para que apa-
centase cerdos.
16 Y deseaba llenar su
vientre de las algarrobas
que comían los cerdos,
pero nadie le daba.
17 Y volviendo en sí,
dijo: ¡Cuántos jornale-
ros en casa de mi padre
tienen abundancia de
pan, y yo aquí perezco
de hambre!
18 Me levantaré e iré
a mi padre, y le diré:
Padre, he pecado contra
el cielo y ante ti.
19 Ya no soy digno de
ser llamado hijo tuyo;
hazme como a uno de
tus jornaleros.
20 Y levantándose, mar-
chó hacia su padre. Y
cuando aún estaba lejos,
lo vio su padre, y fue
movido a compasión, y
corrió, y se echó sobre
su cuello, y le besó efusi-
vamente.
21 Y el hijo le dijo:
Padre, he pecado contra
el cielo y ante ti, y ya no
soy digno de ser llama-
do tu hijo.
22 Pero el padre dijo
a sus siervos: Sacad
de prisa el mejor
vestido, y vestidle;

καὶ	ἔπεμψεν	αὐτὸν	εἰς	τοὺς	ἀγροὺς	αὐτοῦ	βόσκειν	χοίρους·	16 καὶ
y	envió	a él	a	los	campos	de él	a apacentar	cerdos,	y
2532	3992	846	1519	3588	68	846	1006	5519	2532
CLN	*VAAI3S*	*RP3ASM*	*P*	*DAPM*	*NAPM*	*RP3GSM*	*VPAN*	*NAPM*	*CLN*

ἐπεθύμει	γεμίσαι	τὴν	κοιλίαν	αὐτοῦ	ἀπὸ	τῶν	κερατίων	ὧν	ἤσθιον
deseaba	llenarse	el	vientre	de él	de	las	algarrobas,	las cuales	comían,$_3$
1937	1072	3588	2836	846	575	3588	2769	3739	2068
VIAI3S	*VAAN*	*DASF*	*NASF*	*RP3GSM*	*P*	*DGPN*	*NGPN*	*RR-GPN*	*VIAI3P*

οἱ	χοῖροι,	καὶ	οὐδεὶς	ἐδίδου	αὐτῷ.	17 εἰς	ἑαυτὸν	δὲ	ἐλθὼν
los$_1$	cerdos$_2$	pero	nadie	daba	a él.	hacia$_3$	sí mismo$_4$	Pero$_1$	habiendo vuelto$_2$
3588	5519	2532	3762	1325	846	1519	1438	1161	2064
DNPM	*NNPM*	*CLC*	*JNSM*	*VIAI3S*	*RP3DSM*	*P*	*RF3ASM*	*CLN*	*VAAP-SNM*

ἔφη·	Πόσοι	μίσθιοι	τοῦ	πατρός	μου	περισσεύονται	ἄρτων,	ἐγὼ
dijo:	¡Cuántos	jornaleros	del	padre	de mí	tienen abundancia	de panes,	yo$_2$
5346	4214	3407	3588	3962	3450	4052	740	1473
VIAI3S	*JNPM, RI-NPM*	*JNPM*	*DGSM*	*NGSM*	*RP1GS*	*VPMI3P*	*NGPM*	*RP1NS*

δὲ	λιμῷ	ὧδε	ἀπόλλυμαι·	18 ἀναστὰς	πορεύσομαι	πρὸς
y$_1$	de hambre!$_3$	aquí$_1$	me muero$_2$	Habiéndo(me) levantado	iré	hacia
1161	3042	5602	622	450	4198	4314
CLC	*NDSF, NDSM*	*BP*	*VPMI1S*	*VAAP-SNM*	*VFMI1S*	*P*

τὸν	πατέρα	μου	καὶ	ἐρῶ	αὐτῷ·	Πάτερ,	ἥμαρτον	εἰς	τὸν	οὐρανὸν
el	padre	de mí	y	diré	a él:	Padre,	pequé	contra	el	cielo
3588	3962	3450	2532	2046	846	3962	264	1519	3588	3772
DASM	*NASM*	*RP1GS*	*CLN*	*VFAI1S*	*RP3DSM*	*NVSM*	*VAAI1S*	*P*	*DASM*	*NASM*

καὶ	ἐνώπιόν	σου,	19 οὐκέτι	εἰμὶ	ἄξιος	κληθῆναι	υἱός	σου·	ποίησόν
y	delante de	ti.	Ya no	soy	digno	(de) ser llamado	hijo	tuyo;	haz
2532	1799	4675	3765	1510	514	2564	5207	4675	4160
CLN	*P, B*	*RP2GS*	*BN*	*VPAI1S*	*JNSM*	*VAPN*	*NNSM*	*RP2GS*	*VAAM2S*

με	ὡς	ἕνα	τῶν	μισθίων	σου.	20 καὶ	ἀναστὰς	ἦλθεν	πρὸς	τὸν
a mí	como	uno	de los	jornaleros	de ti.	Y	habiéndose levantado	fue	a	el
3165	5613	1520	3588	3407	4675	2532	450	2064	4314	3588
RP1AS	*CAM*	*JASM*	*DGPM*	*JGPM*	*RP2GS*	*CLN*	*VAAP-SNM*	*VAAI3S*	*P*	*DASM*

πατέρα	ἑαυτοῦ.	ἔτι	δὲ	αὐτοῦ	μακρὰν	ἀπέχοντος	εἶδεν	αὐτὸν	ὁ
padre	de sí mismo;	aún$_2$	y$_1$	de él$_5$	lejos$_4$	estando a la distancia$_3$	vio$_9$	a él$_{10}$	el$_6$
3962	1438	2089	1161	846	3112	568	1492	846	3588
NASM	*RF3GSM*	*B*	*CLC*	*RP3GSM*	*B, J*	*VPAP-SGM*	*VAAI3S*	*RP3ASM*	*DNSM*

πατὴρ	αὐτοῦ	καὶ	ἐσπλαγχνίσθη	καὶ	δραμὼν	ἐπέπεσεν	ἐπὶ	τὸν
padre$_7$	de él$_8$	y	se compadeció,	y	habiendo corrido	se tiró	sobre	el
3962	846	2532	4697	2532	5143	1968	1909	3588
NNSM	*RP3GSM*	*CLN*	*VAPI3S*	*CLN*	*VAAP-SNM*	*VAAI3S*	*P*	*DASM*

τράχηλον	αὐτοῦ	καὶ	κατεφίλησεν	αὐτόν.	21 εἶπεν	δὲ	ὁ	υἱὸς	αὐτῷ·
cuello	de él	y	besó	a él.	dijo$_2$	Y$_1$	el	hijo	a él:
5137	846	2532	2705	846	2036	1161	3588	5207	846
NASM	*RP3GSM*	*CLN*	*VAAI3S*	*RP3ASM*	*VAAI3S*	*CLN*	*DNSM*	*NNSM*	*RP3DSM*

Πάτερ,	ἥμαρτον	εἰς	τὸν	οὐρανὸν	καὶ	ἐνώπιόν	σου,	οὐκέτι	εἰμὶ
Padre,	pequé	contra	el	cielo	y	delante de	de ti;	ya no	soy
3962	264	1519	3588	3772	2532	1799	4675	3765	1510
NVSM	*VAAI1S*	*P*	*DASM*	*NASM*	*CLN*	*P, B*	*RP2GS*	*BN*	*VPAI1S*

ἄξιος	κληθῆναι	υἱός	σου.	22 εἶπεν	δὲ	ὁ	πατὴρ	πρὸς	τοὺς	δούλους
digno	(de) ser llamado	hijo	de ti.	dijo$_4$	Y$_1$	el$_2$	padre$_3$	a	los	esclavos
514	2564	5207	4675	2036	1161	3588	3962	4314	3588	1401
JNSM	*VAPN*	*NNSM*	*RP2GS*	*VAAI3S*	*CLC*	*DNSM*	*NNSM*	*P*	*DAPM*	*NAPM*

αὐτοῦ·	⸀Ταχὺ	ἐξενέγκατε	στολὴν	τὴν	πρώτην	καὶ	ἐνδύσατε
de él:	Pronto,	traed	una túnica larga	la	(de) primera (calidad)	y	vestid
846	5035	1627	4749	3588	4413	2532	1746
RP3GSM	*B, J*	*VAAM2P*	*NASF*	*DASF*	*JASF*	*CLN*	*VAAM2P*

NVI

país, quien lo mandó
a sus campos a cuidar
cerdos. 16 Tanta hambre
tenía que hubiera queri-
do llenarse el estómago
con la comida que
daban a los cerdos, pero
aun así nadie le daba
nada. 17 Por fin recapa-
citó y se dijo: "¡Cuántos
jornaleros de mi padre
tienen comida de sobra,
y yo aquí me muero
de hambre! 18 Tengo
que volver a mi padre y
decirle: Papá, he pecado
contra el cielo y contra
ti. 19 Ya no merezco que
se me llame tu hijo; trá-
tame como si fuera uno
de tus jornaleros". 20 Así
que emprendió el viaje y
se fue a su padre.

»Todavía estaba lejos
cuando su padre lo vio
y se compadeció de
él; salió corriendo a su
encuentro, lo abrazó y lo
besó. 21 El joven le dijo:
"Papá, he pecado contra
el cielo y contra ti. Ya no
merezco que se me llame
tu hijo". 22 Pero el padre
ordenó a sus siervos:
"¡Pronto! Traigan la
mejor ropa para vestirlo.

15:22⸀ Manuscritos inferiores suprimieron *Pronto*.

RVR

y poned un anillo en
su mano, y calzado en
sus pies.
23 Y traed el becerro
engordado y matadlo,
y comamos y hagamos
fiesta;
24 porque este mi hijo
estaba muerto, y ha revi-
vido; se había perdido,
y ha sido hallado. Y co-
menzaron a regocijarse.
25 Y su hijo mayor
estaba en el campo; y
cuando vino, y llegó
cerca de la casa, oyó la
música y las danzas;
26 y llamando a uno de
los criados, le preguntó
qué era aquello.
27 Él le dijo: Tu her-
mano ha venido; y tu
padre ha hecho matar el
becerro engordado, por
haberlo recobrado sano
y salvo.
28 Entonces se enojó, y
no quería entrar. Salió,
por tanto, su padre, y le
rogaba que entrase.
29 Pero él, respondien-
do, dijo al padre: He
aquí que por tantos
años te vengo sirviendo,
no habiéndote desobe-
decido jamás, y nunca
me has dado ni un ca-
brito para pasarlo bien
con mis amigos.
30 Pero cuando
vino este tu hijo,

αὐτόν,	καὶ	δότε	δακτύλιον	εἰς	τὴν	χεῖρα	αὐτοῦ	καὶ	ὑποδήματα	εἰς
a él,	y	dad	un anillo	en	la	mano	de él	y	sandalias	en
846	2532	1325	1146	1519	3588	5495	846	2532	5266	1519
RP3ASM	CLN	VAAM2P	NASM	P	DASF	NASF	RP3GSM	CLN	NAPN	P

τοὺς	πόδας,	23 καὶ	φέρετε	τὸν	μόσχον	τὸν	σιτευτόν,	θύσατε,	καὶ
los	pies,	y	traed	el	becerro	el	engordado	matad(lo),	y
3588	4228	2532	5342	3588	3448	3588	4618	2380	2532
DAPM	NAPM	CLN	VPAM2P	DASM	JASM, NASM	DASM	JASM	VAAM2P	CLN

φαγόντες	εὐφρανθῶμεν,	24 ὅτι	οὗτος	ὁ	υἱός	μου	νεκρὸς	ἦν	καὶ
habiendo comido	nos alegraríamos,	porque	este	--	hijo	de mí	muerto$_2$	estaba$_1$	y
5315	2165	3754	3778	3588	5207	3450	3498	2258	2532
VAAP-PNM	VAPS1P	CAZ	RD-NSM	DNSM	NNSM	RP1GS	JNSM	VIAI3S	CLN

ἀνέζησεν,	ἦν	ἀπολωλὼς	καὶ	εὑρέθη.	καὶ	ἤρξαντο	εὐφραίνεσθαι.
revivió,	estaba	perdido	y	fue hallado.	Y	comenzaron	a alegrarse.
326	2258	622	2532	2147	2532	756	2165
VAAI3S	VIAI3S	VRAP-SNM	CLN	VAPI3S	CLN	VAMI3P	VPPN

25 Ἦν	δὲ	ὁ	υἱὸς	αὐτοῦ	ὁ	πρεσβύτερος	ἐν	ἀγρῷ·	καὶ
estaba$_2$	Y$_1$	el	hijo	de él,	el	mayor,	en	(el) campo;	y
2258	1161	3588	5207	846	3588	4245	1722	68	2532
VIAI3S	CLN	DNSM	NNSM	RP3GSM	DNSM	JNSM	P	NDSM	CLN

ὡς	ἐρχόμενος	ἤγγισεν	τῇ	οἰκίᾳ,	ἤκουσεν	συμφωνίας	καὶ	χορῶν,
cuando	está viniendo	se acercó	a la	casa,	oyó	música	y	danzas,
5613	2064	1448	3588	3614	191	4858	2532	5525
CAT	VPUP-SNM	VAAI3S	DDSF	NDSF	VAAI3S	NGSF	CLN	NGPM

26 καὶ	προσκαλεσάμενος	ἕνα	τῶν	παίδων	ἐπυνθάνετο	τί	ἂν	εἴη
y	habiendo llamado para sí	a uno	de los	criados	preguntaba	qué	--	serían
2532	4341	1520	3588	3816	4441	5101	302	1498
CLN	VAMP-SNM	JASM	DGPM	NGPM	VIUI3S	RI-NSN	TC	VPAO3S

ταῦτα·	27 ὁ	δὲ	εἶπεν	αὐτῷ	ὅτι	Ὁ	ἀδελφός	σου	ἥκει,	καὶ
estas cosas.	--$_2$	Y$_1$	dijo	a él	que:	El	hermano	de ti	ha venido	y
5023	3588	1161	2036	846	3754	3588	80	4675	2240	2532
RD-NPN	DNSM	CLN	VAAI3S	RP3DSM	CSC	DNSM	NNSM	RP2GS	VPAI3S	CLN

ἔθυσεν	ὁ	πατήρ	σου	τὸν	μόσχον	τὸν	σιτευτόν,	ὅτι	ὑγιαίνοντα
mató$_4$	el$_1$	padre$_2$	de ti$_3$	al	becerro	--	engordado,	porque	estando sano.$_3$
2380	3588	3962	4675	3588	3448	3588	4618	3754	5198
VAAI3S	DNSM	NNSM	RP2GS	DASM	JASM, NASM	DASM	JASM	CAZ	VPAP-SAM

αὐτὸν	ἀπέλαβεν.	28 ὠργίσθη	δὲ	καὶ	οὐκ	ἤθελεν	εἰσελθεῖν.	ὁ	δὲ
a él$_1$	recibió$_2$	se enojó$_2$	Y$_1$	y	no	quería	entrar,	el$_2$	pero$_1$
846	618	3710	1161	2532	3756	2309	1525	3588	1161
RP3ASM	VAAI3S	VAPI3S	CLC	CLN	BN, TN	VIAI3S	VAAN	DNSM	CLN

πατὴρ	αὐτοῦ	ἐξελθὼν	παρεκάλει	αὐτόν.	29 ὁ	δὲ	ἀποκριθεὶς	εἶπεν
padre	de él	habiendo salido	rogaba	a él.	--$_2$	Y$_1$	respondiendo	dijo
3962	846	1831	3870	846	3588	1161	611	2036
NNSM	RP3GSM	VAAP-SNM	VIAI3S	RP3ASM	DNSM	CLC	VAPP-SNM	VAAI3S

τῷ	πατρὶ	αὐτοῦ·	Ἰδοὺ	τοσαῦτα	ἔτη	δουλεύω	σοι	καὶ	οὐδέποτε
al	padre	de él:	He aquí,	tantos	años	sirvo	a ti	y	nunca
3588	3962	846	2400	5118	2094	1398	4671	2532	3763
DDSM	NDSM	RP3GSM	I, VAAM2S	JAPN, RD-APN	NAPN	VPAI1S	RP2DS	CLN	BN

ἐντολήν	σου	παρῆλθον,	καὶ	ἐμοὶ	οὐδέποτε	ἔδωκας	ἔριφον	ἵνα
una orden$_2$	de ti,$_3$	desobedecí$_1$	y$_4$	a mí$_7$	nunca$_5$	diste$_6$	un cabrito$_7$	para que$_8$
1785	4675	3928	2532	1698	3763	1325	2056	2443
NASF	RP2GS	VAAI1S	CLN	RP1DS	BN	VAAI2S	NASM	CAP

μετὰ	τῶν	φίλων	μου	εὐφρανθῶ·	30 ὅτε	δὲ	ὁ	υἱός	σου	οὗτος	ὁ
con$_{10}$	los$_{11}$	amigos$_{12}$	de mí,$_{13}$	me alegrara$_9$	cuando$_2$	Pero$_1$	--	hijo$_4$	de ti,$_5$	este$_3$	el que
3326	3588	5384	3450	2165	3753	1161	3588	5207	4675	3778	3588
P	DGPM	JGPM	RP1GS	VAPS1S	CAT	CLC	DNSM	NNSM	RP2GS	RD-NSM	DNSM

NVI

Pónganle también
un anillo en el dedo y
sandalias en los pies.
23 Traigan el ternero más
gordo y mátenlo para
celebrar un banquete.
24 Porque este hijo mío
estaba muerto, pero
ahora ha vuelto a la vida;
se había perdido, pero ya
lo hemos encontrado".
Así que empezaron a
hacer fiesta.
25 »Mientras tanto,
el hijo mayor estaba
en el campo. Al volver,
cuando se acercó a la
casa, oyó la música
del baile. 26 Entonces
llamó a uno de los
siervos y le preguntó
qué pasaba. 27 "Ha
llegado tu hermano —le
respondió—, y tu papá
ha matado el ternero
más gordo porque ha
recobrado a su hijo sano
y salvo". 28 Indignado,
el hermano mayor se
negó a entrar. Así que su
padre salió a suplicarle
que lo hiciera. 29 Pero
él le contestó: "¡Fíjate
cuántos años te he
servido sin desobedecer
jamás tus órdenes, y ni
un cabrito me has dado
para celebrar una fiesta
con mis amigos! 30 ¡Pero
ahora llega ese hijo tuyo,

RVR

que ha consumido tus
bienes con rameras, has
hecho matar para él el
becerro engordado.
31 Él entonces le dijo:
Hijo, tú siempre estás
conmigo, y todas mis
cosas son tuyas.
32 Pero era necesario ha-
cer fiesta y regocijarnos,
porque este tu hermano
estaba muerto, y ha revi-
vido; se había perdido, y
ha sido hallado.

Parábola del mayordomo infiel

16 Decía también
a sus discípulos:
Había un hombre rico
que tenía un mayordo-
mo, y éste fue acusado
ante él como disipador
de sus bienes.
2 Entonces le llamó, y
le dijo: ¿Qué es esto
que oigo acerca de ti?
Presenta las cuentas de
tu administración, por-
que ya no podrás más ser
mayordomo.
3 Entonces el mayordo-
mo dijo para sí: ¿Qué
haré? Porque mi amo
me quita la mayordo-
mía. Para cavar, no ten-
go fuerzas; mendigar,
me da vergüenza.
4 Ya sé lo que haré para
que cuando se me desti-
tuya de la mayordomía,
me reciban en sus casas.
5 Y llamando a cada uno

καταφαγών	σου	τὸν	βίον	μετὰ	πορνῶν	ἦλθεν,	ἔθυσας	αὐτῷ
habiendo devorado	de ti	el	(medio de) vida	con	rameras,	vino,	mataste	para él
2719	4675	3588	979	3326	4204	2064	2380	846
VAAP-SNM	*RP2GS*	*DASM*	*NASM*	*P*	*NGPF*	*VAAI3S*	*VAAI2S*	*RP3DSM*

τὸν	σιτευτὸν	μόσχον.	31 ὁ	δὲ	εἶπεν	αὐτῷ·	Τέκνον,	σὺ	πάντοτε
el	engordado.$_2$	becerro$_1$	--$_2$	Y$_1$	dijo	a él:	Hijo,	tú	siempre
3588	4618	3448	3588	1161	2036	846	5043	4771	3842
DASM	*JASM*	*JASM, NASM*	*DNSM*	*CLN*	*VAAI3S*	*RP3DSM*	*NVSN*	*RP2NS*	*B*

μετ’	ἐμοῦ	εἶ,	καὶ	πάντα	τὰ	ἐμὰ	σά	ἐστιν·
con$_2$	mí$_3$	estás$_1$	y	todas	las cosas	mías	tuyas;$_2$	es (son)$_1$
3326	1700	1488	2532	3956	3588	1699	4674	2076
P	*RP1GS*	*VPAI2S*	*CLN*	*JNPN*	*DNPN*	*RS1NPN, JNPN*	*JNPN, RS2NPN*	*VPAI3S*

32 εὐφρανθῆναι	δὲ	καὶ	χαρῆναι	ἔδει,	ὅτι	ὁ	ἀδελφός	σου
alegrarse$_3$	pero$_1$	y$_4$	regocijarse$_5$	era necesario$_2$	porque$_6$	--$_8$	hermano$_9$	de ti$_{10}$
2165	1161	2532	5463	1163	3754	3588	80	4675
VAPN	*CLC*	*CLN*	*VAPN*	*VIAI3S*	*CAZ*	*DNSM*	*NNSM*	*RP2GS*

οὗτος	νεκρὸς	ἦν	καὶ	ἔζησεν,	καὶ	ἀπολωλὼς	καὶ	εὑρέθη.
este$_7$	muerto$_{12}$	estaba$_{11}$	y	revivió,	y	perdido	y	fue hallado.
3778	3498	2258	2532	2198	2532	622	2532	2147
RD-NSM	*JNSM*	*VIAI3S*	*CLN*	*VAAI3S*	*CLN*	*VRAP-SNM*	*CLN*	*VAPI3S*

16 Ἔλεγεν	δὲ	καὶ	πρὸς	τοὺς	μαθητάς·	Ἄνθρωπός	τις
decía$_2$	Y$_1$	también	a	los	discípulos:	hombre$_3$	cierto$_2$
3004	1161	2532	4314	3588	3101	444	5100
VIAI3S	*CLN*	*BE, TE*	*P*	*DAPM*	*NAPM*	*NNSM*	*JNSM, RX-NSM*

ἦν	πλούσιος	ὃς	εἶχεν	οἰκονόμον,	καὶ	οὗτος	διεβλήθη	αὐτῷ
Había$_1$	rico	el cual	tenía	un administrador,	y	este	fue acusado	(ante) él
2258	4145	3739	2192	3623	2532	3778	1225	846
VIAI3S	*JNSM*	*RR-NSM*	*VIAI3S*	*NASM*	*CLN*	*RD-NSM*	*VAPI3S*	*RP3DSM*

ὡς	διασκορπίζων	τὰ	ὑπάρχοντα	αὐτοῦ.	2 καὶ	φωνήσας	αὐτὸν
como	estando derrochando	los	bienes	de él,	Y	habiendo llamado	a él
5613	1287	3588	5224	846	2532	5455	846
CAM	*VPAP-SNM*	*DAPN*	*VPAP-PAN*	*RP3GSM*	*CLN*	*VAAP-SNM*	*RP3ASM*

εἶπεν	αὐτῷ·	Τί	τοῦτο	ἀκούω	περὶ	σοῦ;	ἀπόδος	τὸν	λόγον	τῆς
dijo	a él:	¿Qué	esto$_2$	oigo$_1$	acerca de	de ti?	Da	la	palabra	de la
2036	846	5101	5124	191	4012	4675	591	3588	3056	3588
VAAI3S	*RP3DSM*	*RI-NSN*	*RD-NSN*	*VPAI1S*	*P*	*RP2GS*	*VAAM2S*	*DASM*	*NASM*	*DGSF*

οἰκονομίας	σου,	οὐ	γὰρ	δύνῃ	ἔτι	οἰκονομεῖν.	3 εἶπεν	δὲ	ἐν	ἑαυτῷ
administración	de ti,	no$_2$	porque$_1$	puedes	más	administrar.	dijo$_4$	Y$_1$	a$_5$	sí mismo:$_6$
3622	4675	3756	1063	1410	2089	3621	2036	1161	1722	1438
NGSF	*RP2GS*	*BN, TN*	*CAZ*	*VPUI2S*	*B*	*VPAN*	*VAAI3S*	*CLN*	*P*	*RF3DSM*

ὁ	οἰκονόμος·	Τί	ποιήσω	ὅτι	ὁ	κύριός	μου	ἀφαιρεῖται	τὴν
el$_2$	administrador$_3$	¿Qué	hiciera,	porque	el	señor	de mí	quita	la
3588	3623	5101	4160	3754	3588	2962	3450	851	3588
DNSM	*NNSM*	*RI-ASN*	*VAAS1S*	*CAZ*	*DNSM*	*NNSM*	*RP1GS*	*VPMI3S*	*DASF*

οἰκονομίαν	ἀπ’	ἐμοῦ;	σκάπτειν	οὐκ	ἰσχύω,	ἐπαιτεῖν	αἰσχύνομαι·
administración	de	mí?	Cavar	no	tengo fuerzas,	pedir limosna	me avergüenza.
3622	575	1700	4626	3756	2480	1871	153
NASF	*P*	*RP1GS*	*VPAN*	*BN, TN*	*VPAI1S*	*VPAN*	*VPUI1S*

4 ἔγνων	τί	ποιήσω,	ἵνα	ὅταν	μετασταθῶ	ἐκ	τῆς	οἰκονομίας
Habiendo sabido	qué	haré,	para que	cuando	fuera trasladado	de	la	administración
1097	5101	4160	2443	3752	3179	1537	3588	3622
VAAI1S	*RI-ASN*	*VFAI1S*	*CAP*	*CAT*	*VAPS1S*	*P*	*DGSF*	*NGSF*

δέξωνταί	με	εἰς	τοὺς	οἴκους	ἑαυτῶν.	5 καὶ	προσκαλεσάμενος	ἕνα
recibieran	a mí	en	las	casas	de ellos.	Y	habiendo llamado para sí	uno$_2$
1209	3165	1519	3588	3624	1438	2532	4341	1520
VAMS3P	*RP1AS*	*P*	*DAPM*	*NAPM*	*RF3GPM*	*CLN*	*VAMP-SNM*	*JASM*

NVI

que ha despilfarrado tu
fortuna con prostitutas,
y tú mandas matar en
su honor el ternero más
gordo!"
31 »"Hijo mío —le
dijo su padre—, tú
siempre estás conmigo,
y todo lo que tengo es
tuyo. 32 Pero tenía-
mos que hacer fiesta y
alegrarnos, porque este
hermano tuyo estaba
muerto, pero ahora ha
vuelto a la vida; se había
perdido, pero ya lo he-
mos encontrado"».

Parábola del administrador astuto

16 Jesús contó
otra parábola
a sus discípulos: «Un
hombre rico tenía un
administrador a quien
acusaron de derrochar
sus bienes. 2 Así que lo
mandó a llamar y le dijo:
"¿Qué es esto que me di-
cen de ti? Rinde cuentas
de tu administración,
porque ya no puedes
seguir en tu puesto". 3 El
administrador reflexio-
nó: "¿Qué voy a hacer
ahora que mi patrón está
por quitarme el puesto?
No tengo fuerzas para
cavar, y me da vergüenza
pedir limosna. 4 Tengo
que asegurarme de que,
cuando me echen de la
administración, haya
gente que me reciba en
su casa. ¡Ya sé lo que voy
a hacer!"
5 »Llamó entonces
a cada uno de los que le

RVR

de los deudores de su
amo, dijo al primero:
¿Cuánto debes a mi
amo?
6 Él dijo: Cien barriles de
aceite. Y le dijo: Toma tu
recibo, siéntate pronto, y
escribe cincuenta.
7 Después dijo a otro: Y
tú, ¿cuánto debes? Y él
dijo: Cien medidas de
trigo. Él le dijo: Toma
tu recibo, y escribe
ochenta.
8 Y alabó el amo al
mayordomo injusto
por haber obrado sagaz-
mente; porque los hijos
de este siglo son más
sagaces en el trato con
sus semejantes que los
hijos de luz.
9 Y yo os digo: Ganad
amigos por medio de las
riquezas injustas, para
que cuando tengáis que
dejarlas, os reciban en las
moradas eternas.
10 El que es fiel en lo
muy poco, también es
fiel en lo mucho; y el
que es injusto en lo muy
poco, también es injusto
en lo mucho.
11 Pues si no fuisteis fieles
en las riquezas injustas,

ἕκαστον τῶν χρεοφειλετῶν τοῦ κυρίου ἑαυτοῦ ἔλεγεν τῷ πρώτῳ·
a cada$_1$ de los deudores del señor de sí mismo, decía al primero:
1538 3588 5533 3588 2962 1438 3004 3588 4413
JASM DGPM NGPM DGSM NGSM RF3GSM VIAI3S DDSM JDSM

Πόσον ὀφείλεις τῷ κυρίῳ μου; 6ὁ δὲ εἶπεν· Ἑκατὸν βάτους
¿Cuánto debes al señor de mí? él$_2$ Y$_1$ dijo: Cien batos
4214 3784 3588 2962 3450 3588 1161 2036 1540 943
RI-ASN VPAI2S DDSM NDSM RP1GS DNSM CLN VAAI3S XN, J NAPM

ἐλαίου. ὁ δὲ εἶπεν αὐτῷ· Δέξαι σου τὰ γράμματα* καὶ
de aceite de oliva. --$_2$ Y$_1$ dijo a él: Recibe de ti$_3$ las$_1$ letras$_2$ y
1637 3588 1161 2036 846 1209 4675 3588 1121 2532
NGSN DNSM CLN VAAI3S RP3DSM VAMM2S RP2GS DAPN NAPN CLN

καθίσας ταχέως γράψον πεντήκοντα. 7ἔπειτα ἑτέρῳ εἶπεν· Σὺ
habiéndote sentado rápidamente escribe cincuenta. Después a otro$_2$ dijo$_1$ tú$_4$
2523 5030 1125 4004 1899 2087 2036 4771
VAAP-SNM B VAAM2S XN, J B JDSM VAAI3S RP2NS

δὲ πόσον ὀφείλεις; ὁ δὲ εἶπεν· Ἑκατὸν κόρους σίτου. λέγει αὐτῷ·
¿Y$_3$ cuánto debes? --$_2$ Y$_1$ dijo: Cien coros de trigo. Dice a él:
1161 4214 3784 3588 1161 2036 1540 2884 4621 3004 846
CLN RI-ASN VPAI2S DNSM CLN VAAI3S XN, J NAPM NGSM VPAI3S RP3DSM

Δέξαι σου τὰ γράμματα* καὶ γράψον ὀγδοήκοντα. 8καὶ ἐπῄνεσεν
Recibe de ti$_3$ las$_1$ letras$_2$ y escribe ochenta. Y alabó$_3$
1209 4675 3588 1121 2532 1125 3589 2532 1867
VAMM2S RP2GS DAPN NAPN CLN VAAM2S XN, J CLN VAAI3S

ὁ κύριος τὸν οἰκονόμον τῆς ἀδικίας ὅτι φρονίμως ἐποίησεν·
el$_1$ señor$_2$ al administrador de la injusticia porque inteligentemente;$_2$ hizo$_1$
3588 2962 3588 3623 3588 93 3754 5430 4160
DNSM NNSM DASM NASM DGSF NGSF CAZ B VAAI3S

ὅτι οἱ υἱοὶ τοῦ αἰῶνος τούτου φρονιμώτεροι ὑπὲρ τοὺς υἱοὺς
pues los hijos de -- siglo$_2$ este$_1$ más inteligentes$_4$ que$_5$ los$_6$ hijos$_7$
3754 3588 5207 3588 165 5127 5429 5228 3588 5207
CLX, CAZ DNPM NNPM DGSM NGSM RD-GSM JNPMC P DAPM NAPM

τοῦ φωτὸς εἰς τὴν γενεὰν τὴν ἑαυτῶν εἰσιν. 9καὶ ἐγὼ ὑμῖν λέγω,
de la$_8$ luz$_9$ en$_{10}$ la$_{11}$ generación$_{12}$ --$_{13}$ de ellos.$_{14}$ son$_3$ Y yo a vosotros:$_2$ digo$_1$
3588 5457 1519 3588 1074 3588 1438 1526 2532 1473 5213 3004
DGSN NGSN P DASF NASF DASF RF3GPM VPAI3P CLN RP1NS RP2DP VPAI1S

ἑαυτοῖς ποιήσατε φίλους ἐκ τοῦ μαμωνᾶ τῆς ἀδικίας,
para vosotros mismos$_3$ Haced$_1$ amigos$_2$ con el dinero de la injusticia,
1438 4160 5384 1537 3588 3126 3588 93
RF2DPM VAAM2P JAPM P DGSM, DGSN NGSM, XF DGSF NGSF

ἵνα ὅταν ἐκλίπῃ δέξωνται ὑμᾶς εἰς τὰς αἰωνίους σκηνάς.
para que cuando faltara recibieran a vosotros en las eternas.$_2$ tiendas$_1$
2443 3752 1587 1209 5209 1519 3588 166 4633
CAP CAT VAAS3S VAMS3P RP2AP P DAPF JAPF NAPF

10Ὁ πιστὸς ἐν ἐλαχίστῳ καὶ ἐν πολλῷ πιστός ἐστιν,
El fiel en (lo) menos importante también en$_3$ (lo) mucho$_4$ fiel$_2$ es$_1$
3588 4103 1722 1646 2532 1722 4183 4103 2076
DNSM JNSM P JDSN BE, TE P JDSN JNSM VPAI3S

καὶ ὁ ἐν ἐλαχίστῳ ἄδικος καὶ ἐν πολλῷ ἄδικός ἐστιν.
y el en$_2$ (lo) menos importante$_3$ injusto$_1$ también$_4$ en$_5$ (lo) mucho$_6$ injusto.$_7$ es$_8$
2532 3588 1722 1646 94 2532 1722 4183 94 2076
CLN DNSM P JDSN JNSM BE, TE P JDSN JNSM VPAI3S

11εἰ οὖν ἐν τῷ ἀδίκῳ μαμωνᾷ πιστοὶ οὐκ ἐγένεσθε, τὸ
Si pues en el injusto$_2$ dinero$_1$ fieles,$_5$ no$_3$ llegasteis a ser$_4$ lo
1487 3767 1722 3588 94 3126 4103 3756 1096 3588
CAC CLI P DDSM, DDSN JDSM, JDSN NDSM, XF JNPM, JNPF BN, TN VAMI2P DASN

NVI

debían algo a su patrón.
Al primero le preguntó:
"¿Cuánto le debes a mi
patrón?" 6 "Cien barriles
de aceite", le contestó él.
El administrador le dijo:
"Toma tu factura, sién-
tate en seguida y escribe
cincuenta". 7 Luego pre-
guntó al segundo: "Y tú,
¿cuánto debes?" "Cien
bultos de trigo", contes-
tó. El administrador le
dijo: "Toma tu factura y
escribe ochenta".
8 »Pues bien, el
patrón elogió al admi-
nistrador de riquezas
mundanas por haber
actuado con astucia. Es
que los de este mundo,
en su trato con los que
son como ellos, son más
astutos que los que han
recibido la luz. 9 Por eso
les digo que se valgan de
las riquezas mundanas
para ganar amigos, a fin
de que cuando estas se
acaben haya quienes los
reciban a ustedes en las
viviendas eternas.
10 »El que es honrado
en lo poco también lo
será en lo mucho; y el
que no es íntegro en lo
poco tampoco lo será
en lo mucho. 11 Por eso,
si ustedes no han sido
honrados en el uso de

16:6*, 7* O sea *las facturas.*

RVR

¿quién os confiará lo
verdadero?
12 Y si en lo ajeno no
fuisteis fieles, ¿quién os
dará lo que es vuestro?
13 Ningún siervo puede
servir a dos señores;
porque o aborrecerá al
uno y amará al otro, o
estimará al uno y menospreciará al otro. No
podéis servir a Dios y a
las riquezas.
14 Y oían también todas
estas cosas los fariseos,
que eran avaros, y se
burlaban de él.
15 Entonces les dijo:
Vosotros sois los que
os justificáis a vosotros
mismos delante de
los hombres; pero
Dios conoce vuestros
corazones; porque lo
que los hombres tienen
por muy estimable,
delante de Dios es
abominación.

La ley y el reino de Dios

16 La ley y los profetas
eran hasta Juan; desde
entonces se predica la
Buena Nueva del reino
de Dios, y todos se
esfuerzan por entrar
en él.
17 Pero más fácil es que
pasen el cielo y la tierra,
que se frustre una tilde
de la ley.

ἀληθινὸν τίς ὑμῖν πιστεύσει; 12 καὶ εἰ ἐν τῷ ἀλλοτρίῳ
verdadero ¿quién a vosotros?$_2$ confiará$_1$ Y si en lo ajeno
228 5101 5213 4100 2532 1487 1722 3588 245
JASN RI-NSM RP2DP VFAI3S CLN CAC P DDSN, DDSM JDSN, JDSM

πιστοὶ οὐκ ἐγένεσθε, τὸ ὑμέτερον τίς δώσει ὑμῖν; 13 οὐδεὶς
fieles,$_3$ no$_1$ llegasteis a ser$_2$ lo vuestro ¿quién dará a vosotros? Ningún
4103 3756 1096 3588 5212 5101 1325 5213 3762
JNPM, JNPF BN, TN VAMI2P DASN RS2ASN, RS2APN RI-NSM VFAI3S RP2DP JNSM

οἰκέτης δύναται δυσὶ κυρίοις δουλεύειν· ἢ γὰρ τὸν ἕνα μισήσει
esclavo doméstico puede a dos$_2$ amos;$_3$ servir$_1$ u$_2$ porque$_1$ al$_4$ uno$_5$ odiará$_3$
3610 1410 1417 2962 1398 2228 1063 3588 1520 3404
NNSM VPUI3S JDPM NDPM VPAN CLK CLX DASM JASM VFAI3S

καὶ τὸν ἕτερον ἀγαπήσει, ἢ ἑνὸς ἀνθέξεται καὶ τοῦ ἑτέρου
y$_6$ al$_8$ otro,$_9$ amará$_7$ o$_{10}$ a uno$_{12}$ se dedicará$_{11}$ y$_{13}$ al$_{15}$ otro.$_{16}$
2532 3588 2087 25 2228 1520 472 2532 3588 2087
CLN DASM JASM VFAI3S CLK, CLD JGSM VFMI3S CLN DGSM JGSM

καταφρονήσει. οὐ δύνασθε θεῷ δουλεύειν καὶ μαμωνᾷ.
despreciará$_{14}$ No podéis a Dios$_2$ servir$_1$ y al dinero.
2706 3756 1410 2316 1398 2532 3126
VFAI3S BN, TN VPUI2P NDSM VPAN CLN NDSM, XF

14 Ἤκουον δὲ ταῦτα πάντα οἱ Φαρισαῖοι φιλάργυροι
oían$_6$ Y$_1$ estas cosas,$_8$ todas$_7$ los$_2$ fariseos$_3$ amigos del dinero$_5$
191 1161 5023 3956 3588 5330 5366
VIAI3P CLN RD-APN JAPN DNPM NNPM JNPM

ὑπάρχοντες, καὶ ἐξεμυκτήριζον αὐτόν. 15 καὶ εἶπεν αὐτοῖς· Ὑμεῖς
siendo$_4$ y se burlaban de él. Entonces dijo a ellos: Vosotros
5225 2532 1592 846 2532 2036 846 5210
VPAP-PNM CLN VIAI3P RP3ASM CLN VAAI3S RP3DPM RP2NP

ἐστε οἱ δικαιοῦντες ἑαυτοὺς ἐνώπιον τῶν ἀνθρώπων, ὁ
sois los que están justificando a vosotros mismos delante de los seres humanos, --$_2$
2075 3588 1344 1438 1799 3588 444 3588
VPAI2P DNPM VPAP-PNM RF2APM P, B DGPM NGPM DNSM

δὲ θεὸς γινώσκει τὰς καρδίας ὑμῶν· ὅτι τὸ ἐν ἀνθρώποις
pero$_1$ Dios conoce los corazones de vosotros; porque lo (que es) en$_2$ (los) seres humanos,$_3$
1161 2316 1097 3588 2588 5216 3754 3588 1722 444
CLC NNSM VPAI3S DAPF NAPF RP2GP CLX DNSN P NDPM

ὑψηλὸν βδέλυγμα ἐνώπιον τοῦ θεοῦ.
estimable$_1$ detestable (es) delante de -- Dios.
5308 946 1799 3588 2316
JNSN NNSN P, B DGSM NGSM

16 Ὁ νόμος καὶ οἱ προφῆται μέχρι Ἰωάννου· ἀπὸ τότε
La ley y los profetas (son) hasta Juan; desde entonces
3588 3551 2532 3588 4396 3360 2491 575 5119
DNSM NNSM CLN DNPM NNPM P, B NGSM P B

ἡ βασιλεία τοῦ θεοῦ εὐαγγελίζεται καὶ πᾶς εἰς αὐτὴν
el reino de -- Dios es anunciado y toda (persona) a$_2$ él.$_3$
3588 932 3588 2316 2097 2532 3956 1519 846
DNSF NNSF DGSM NGSM VPPI3S CLN JNSM P RP3ASF

βιάζεται. 17 Εὐκοπώτερον δέ ἐστιν τὸν οὐρανὸν καὶ τὴν γῆν
se opone con violencia$_1$ más fácil$_2$ Pero$_1$ es (que) el cielo y la tierra
971 2123 1161 2076 3588 3772 2532 3588 1093
VPMI3S JNSNC CLC VPAI3S DASM NASM CLN DASF NASF

παρελθεῖν ἢ τοῦ νόμου μίαν κεραίαν πεσεῖν.
pasar que de la ley un$_2$ trazo muy pequeño.$_3$ caer$_1$
3928 2228 3588 3551 1520 2762 4098
VAAN CAM DGSM NGSM JASF NASF VAAN

NVI

las riquezas mundanas,
¿quién les confiará las
verdaderas? 12 Y, si con
lo ajeno no han sido
honrados, ¿quién les
dará a ustedes lo que les
pertenece?
13 »Ningún sirviente
puede servir a dos patrones. Menospreciará
a uno y amará al otro,
o querrá mucho a uno
y despreciará al otro.
Ustedes no pueden
servir a la vez a Dios y a
las riquezas».
14 Oían todo esto los
fariseos, a quienes les
encantaba el dinero, y se
burlaban de Jesús. 15 Él
les dijo: «Ustedes se
hacen los buenos ante la
gente, pero Dios conoce
sus corazones. Dense
cuenta de que aquello
que la gente tiene en
gran estima es detestable
delante de Dios.

Otras enseñanzas

16 »La ley y los
profetas se proclamaron hasta Juan. Desde
entonces se anuncian
las buenas nuevas del
reino de Dios, y todos
se esfuerzan por entrar
en él. 17 Es más fácil que
desaparezcan el cielo y la
tierra que caiga una sola
tilde de la ley.

RVR

Jesucristo enseña sobre el divorcio

18 Todo el que repudia
a su mujer, y se casa con
otra, comete adulterio;
y el que se casa con la
repudiada del marido,
comete adulterio.

El rico y Lázaro

19 Había un hombre
rico, que se vestía de
púrpura y de lino fino, y
celebraba todos los días
fiestas espléndidas.
20 Había también un
mendigo llamado
Lázaro, que estaba echa-
do a la puerta de aquél,
lleno de llagas,
21 y ansiaba saciarse de
las migajas que caían de
la mesa del rico; y aun
los perros venían y le
lamían las llagas.
22 Aconteció que
murió el mendigo, y fue
llevado por los ángeles
al seno de Abraham; y
murió también el rico, y
fue sepultado.
23 Y en el Hades alzó
sus ojos, estando en
tormentos, y vio de lejos
a Abraham, y a Lázaro
en su seno.
24 Entonces él, dando
voces, dijo: Padre
Abraham, ten compa-
sión de mí, y envía a
Lázaro para que moje
la punta de su dedo

18 Πᾶς	ὁ	ἀπολύων	τὴν	γυναῖκα	αὐτοῦ	καὶ	γαμῶν	ἑτέραν
Todo	el que	que está divorciando	a la	mujer	de él	y	se está casándo	con otra
3956	3588	630	3588	1135	846	2532	1060	2087
JNSM	*DNSM*	*VPAP-SNM*	*DASF*	*NASF*	*RP3GSM*	*CLN*	*VPAP-SNM*	*JASF*

μοιχεύει,	καὶ	ὁ	ἀπολελυμένην	ἀπὸ	ἀνδρὸς	γαμῶν	μοιχεύει.
comete adulterio,	y	el que	(con la) divorciada$_2$	de$_3$	esposo$_4$	se está casando$_1$	comete adulterio.
3431	2532	3588	630	575	435	1060	3431
VPAI3S	*CLN*	*DNSM*	*VRPP-SAF*	*P*	*NGSM*	*VPAP-SNM*	*VPAI3S*

19 Ἄνθρωπος	δέ	τις	ἦν	πλούσιος,	καὶ	ἐνεδιδύσκετο
hombre$_4$	Y$_1$	cierto$_3$	había$_2$	rico,	y	se vestía
444	1161	5100	2258	4145	2532	1737
NNSM	*CLT*	*JNSM, RX-NSM*	*VIAI3S*	*JNSM*	*CLN*	*VIMI3S*

πορφύραν	καὶ	βύσσον	εὐφραινόμενος	καθ᾽	ἡμέραν	λαμπρῶς.
de púrpura	y	lino,	alegrándose	cada	día	espléndidamente.
4209	2532	1040	2165	2596	2250	2988
NASF	*CLN*	*NASF*	*VPPP-SNM*	*P*	*NASF*	*B*

20 πτωχὸς	δέ	τις	ὀνόματι	Λάζαρος	ἐβέβλητο	πρὸς	τὸν
pobre$_3$	Y$_1$	cierto$_2$	(de) nombre	Lázaro	se había echado	junto a	el
4434	1161	5100	3686	2976	906	4314	3588
JNSM	*CLN*	*JNSM, RX-NSM*	*NDSN*	*NNSM*	*VLPI3S*	*P*	*DASM*

πυλῶνα	αὐτοῦ	εἱλκωμένος	21 καὶ	ἐπιθυμῶν	χορτασθῆναι	⸀ἀπὸ	τῶν
portón	de él,	cubierto de llagas	y	ansiando	saciarse	de	las cosas que
4440	846	1669	2532	1937	5526	575	3588
NASM	*RP3GSM*	*VRPP-SNM*	*CLN*	*VPAP-SNM*	*VAPN*	*P*	*DGPN*

πιπτόντων	ἀπὸ	τῆς	τραπέζης	τοῦ	πλουσίου·	ἀλλὰ	καὶ	οἱ	κύνες
están cayendo	de	la	mesa	del	rico;	pero	también	los	perros
4098	575	3588	5132	3588	4145	235	2532	3588	2965
VPAP-PGN	*P*	*DGSF*	*NGSF*	*DGSM*	*JGSM*	*CLC*	*CLA, B*	*DNPM*	*NNPM*

ἐρχόμενοι	ἐπέλειχον	τὰ	ἕλκη	αὐτοῦ.	22 ἐγένετο	δὲ	ἀποθανεῖν	τὸν
viniendo	lamían	las	llagas	de él.	sucedió$_2$	Y$_1$	al morir	el
2064	621	3588	1668	846	1096	1161	599	3588
VPUP-PNM	*VIAI3P*	*DAPN*	*NAPN*	*RP3GSM*	*VAMI3S*	*CLN*	*VAAN*	*DASM*

πτωχὸν	καὶ	ἀπενεχθῆναι	αὐτὸν	ὑπὸ	τῶν	ἀγγέλων	εἰς	τὸν	κόλπον
pobre	y	ser llevado	él	por	los	ángeles	a	el	seno
4434	2532	667	846	5259	3588	32	1519	3588	2859
JASM	*CLN*	*VAPN*	*RP3ASM*	*P*	*DGPM*	*NGPM*	*P*	*DASM*	*NASM*

Ἀβραάμ·	ἀπέθανεν	δὲ	καὶ	ὁ	πλούσιος	καὶ	ἐτάφη.	23 καὶ	ἐν
de Abraham;	murió$_5$	y$_1$	también$_2$	el$_3$	rico$_4$	y	fue enterrado.	Y	en
11	599	1161	2532	3588	4145	2532	2290	2532	1722
NGSM, XP	*VAAI3S*	*CLN*	*BE, TE*	*DNSM*	*JNSM*	*CLN*	*VAPI3S*	*CLN*	*P*

τῷ	ᾅδῃ	ἐπάρας	τοὺς	ὀφθαλμοὺς	αὐτοῦ,	ὑπάρχων	ἐν	βασάνοις,
el	Hades	habiendo levantado	los	ojos	de él,	estando	en	tormentos,
3588	86	1869	3588	3788	846	5225	1722	931
DDSM	*NDSM*	*VAAP-SNM*	*DAPM*	*NAPM*	*RP3GSM*	*VPAP-SNM*	*P*	*NDPF*

ὁρᾷ	Ἀβραὰμ	ἀπὸ	μακρόθεν	καὶ	Λάζαρον	ἐν	τοῖς	κόλποις	αὐτοῦ.
ve	a Abraham	de	lejos	y	a Lázaro	en	los	senos	de él.
3708	11	575	3113	2532	2976	1722	3588	2859	846
VPAI3S	*NASM, XP*	*P*	*B*	*CLN*	*NASM*	*P*	*DDPM*	*NDPM*	*RP3GSM*

24 καὶ	αὐτὸς	φωνήσας	εἶπεν·	Πάτερ	Ἀβραάμ,	ἐλέησόν	με	καὶ
Y	él	exclamando	dijo:	Padre	Abraham,	ten misericordia	de mí	y
2532	846	5455	2036	3962	11	1653	3165	2532
CLN	*RP3NSM*	*VAAP-SNM*	*VAAI3S*	*NVSM*	*NVSM, XP*	*VAAM2S*	*RP1AS*	*CLN*

πέμψον	Λάζαρον	ἵνα	βάψῃ	τὸ	ἄκρον	τοῦ	δακτύλου	αὐτοῦ
envía	a Lázaro	para que	mojara	la	punta	del	dedo	de él
3992	2976	2443	911	3588	206	3588	1147	846
VAAM2S	*NASM*	*CAP*	*VAAS3S*	*DASN*	*NASN*	*DGSM*	*NGSM*	*RP3GSM*

NVI

18 »Todo el que se
divorcia de su esposa y
se casa con otra comete
adulterio; y el que se
casa con la divorciada
comete adulterio.

El rico y Lázaro

19 »Había un hombre
rico que se vestía lujosa-
mente y daba espléndi-
dos banquetes todos los
días. 20 A la puerta de su
casa se tendía un mendi-
go llamado Lázaro, que
estaba cubierto de llagas
21 y que hubiera querido
llenarse el estómago con
lo que caía de la mesa del
rico. Hasta los perros se
acercaban y le lamían
las llagas.
22 »Resulta que mu-
rió el mendigo, y los án-
geles se lo llevaron para
que estuviera al lado de
Abraham. También mu-
rió el rico, y lo sepulta-
ron. 23 En el infierno, en
medio de sus tormentos,
el rico levantó los ojos y
vio de lejos a Abraham,
y a Lázaro junto a él.
24 Así que alzó la voz y lo
llamó: "Padre Abraham,
ten compasión de mí
y manda a Lázaro que
moje la punta del dedo

16:21⸀ Manuscritos inferiores tienen *migajas*.

RVR

en agua, y refresque mi
lengua; porque estoy
atormentado en esta
llama.
25 Pero Abraham le dijo:
Hijo, acuérdate que
recibiste tus bienes en tu
vida, y Lázaro, del mis-
mo modo, males; pero
ahora éste es consolado
aquí, y tú atormentado.
26 Además de todo
esto, una gran sima está
puesta entre nosotros
y vosotros, de manera
que los que quieran
pasar de aquí a vosotros,
no puedan, ni de allá
pasar acá.
27 Entonces le dijo: Te
ruego, pues, padre, que
le envíes a la casa de mi
padre,
28 porque tengo cinco
hermanos, para que les
prevenga seriamente,
a fin de que no vengan
ellos también a este
lugar de tormento.
29 Y Abraham le dijo: A
Moisés y a los profetas
tienen; ¡que los oigan!
30 Él entonces dijo: No,
padre Abraham; sino
que si alguno va a ellos
de entre los muertos, se
arrepentirán.
31 Mas Abraham le dijo:
Si no oyen a Moisés y a
los profetas, tampoco

ὕδατος καὶ καταψύξῃ τὴν γλῶσσάν μου, ὅτι ὀδυνῶμαι ἐν
(con) agua y refresque la lengua de mí, porque estoy sufriendo tormento en
5204 2532 2711 3588 1100 3450 3754 3600 1722
NGSN CLN VAAS3S DASF NASF RP1GS CAZ VPPI1S P

τῇ φλογὶ ταύτῃ. 25 εἶπεν δὲ Ἀβραάμ· Τέκνον, μνήσθητι ὅτι
-- llama.$_2$ esta$_1$ dijo$_2$ Pero$_1$ Abraham: Hijo, acuérdate (que
3588 5395 3778 2036 1161 11 5043 3415 3754
DDSF NDSF RD-DSF VAAI3S CLC NNSM, XP NVSN VAPM2S CSC

ἀπέλαβες τὰ ἀγαθά σου ἐν τῇ ζωῇ σου, καὶ Λάζαρος ὁμοίως
recibiste los bienes de ti en la vida de ti, y Lázaro igualmente
618 3588 18 4675 1722 3588 2222 4675 2532 2976 3668
VAAI2S DAPN JAPN RP2GS P DDSF NDSF RP2GS CLN NNSM B

τὰ κακά· νῦν δὲ ὧδε παρακαλεῖται σὺ δὲ ὀδυνᾶσαι. 26 καὶ
los males; ahora$_2$ y$_1$ aquí es confortado tú$_2$ y$_1$ eres atormentado. También
3588 2556 3568 1161 5602 3870 4771 1161 3600 2532
DAPN JAPN B CLC BP VPPI3S RP2NS CLN VPPI2S CLN

ἐν πᾶσι τούτοις μεταξὺ ἡμῶν καὶ ὑμῶν χάσμα μέγα ἐστήρικται,
en todas estas cosas, entre nosotros y vosotros un abismo$_2$ grande$_3$ ha sido consolidado$_1$
1722 3956 5125 3342 2257 2532 5216 5490 3173 4741
P JDPN RD-DPN P, B RP1GP CLN RP2GP NNSN, NASN JNSN, JASN VRPI3S

ὅπως οἱ θέλοντες διαβῆναι ἔνθεν πρὸς ὑμᾶς μὴ δύνωνται,
a fin de que los que están queriendo cruzar de aquí a vosotros no puedan,
3704 3588 2309 1224 1759 4314 5209 3361 1410
CAP DNPM VPAP-PNM VAAN BP P RP2AP BN, TN VPUS3P

μηδὲ ἐκεῖθεν πρὸς ἡμᾶς διαπερῶσιν. 27 εἶπεν δέ· Ἐρωτῶ σε οὖν,
ni de allá$_2$ a$_3$ nosotros.$_4$ pasen$_1$ dijo:$_2$ Y$_1$ ruego$_4$ Te$_3$ pues,
3366 1564 4314 2248 1276 2036 1161 2065 4571 3767
TN, CLD BP P RP1AP VPAS3P VAAI3S CLN VPAI1S RP2AS CLI

πάτερ, ἵνα πέμψῃς αὐτὸν εἰς τὸν οἶκον τοῦ πατρός μου, 28 ἔχω
padre, que enviaras a él a la casa del padre de mí, tengo$_2$
3962 2443 3992 846 1519 3588 3624 3588 3962 3450 2192
NVSM CSC VAAS2S RP3ASM P DASM NASM DGSM NGSM RP1GS VPAI1S

γὰρ πέντε ἀδελφούς, ὅπως διαμαρτύρηται αὐτοῖς, ἵνα μὴ
porque$_1$ cinco hermanos, a fin de que testifique solemnemente a ellos, para que no
1063 4002 80 3704 1263 846 2443 3361
CAZ XN, J NAPM CAP VPUS3S RP3DPM CAP BN, TN

καὶ αὐτοὶ ἔλθωσιν εἰς τὸν τόπον τοῦτον τῆς βασάνου. 29 λέγει
también$_2$ ellos$_3$ vinieran$_1$ a el lugar este de -- tormento. dice:$_2$
2532 846 2064 1519 3588 5117 5126 3588 931 3004
BE, TE RP3NPM VAAS3P P DASM NASM RD-ASM DGSF NGSF VPAI3S

δὲ Ἀβραάμ· Ἔχουσι Μωϋσέα καὶ τοὺς προφήτας· ἀκουσάτωσαν
Pero$_1$ Abraham$_2$ Tienen a Moisés y a los profetas; que oigan
1161 11 2192 3475 2532 3588 4396 191
CLC NNSM, XP VPAI3P NASM CLN DAPM NAPM VAAM3P

αὐτῶν. 30 ὁ δὲ εἶπεν· Οὐχί, πάτερ Ἀβραάμ, ἀλλ' ἐάν τις ἀπὸ
a ellos. --$_2$ Pero$_1$ dijo: No, padre, Abraham, pero si alguno desde
846 3588 1161 2036 3780 3962 11 235 1437 5100 575
RP3GPM DNSM CLC VAAI3S BN, TN NVSM NVSM, XP CLC CAC RX-NSM P

νεκρῶν πορευθῇ πρὸς αὐτοὺς μετανοήσουσιν. 31 εἶπεν δὲ αὐτῷ· Εἰ
(los) muertos fuera a ellos se arrepentirían. dijo$_2$ Pero$_1$ a él: Si
3498 4198 4314 846 3340 2036 1161 846 1487
JGPM VAPS3S P RP3APM VFAI3P VAAI3S CLC RP3DSM CAC

Μωϋσέως καὶ τῶν προφητῶν οὐκ ἀκούουσιν, οὐδ' ἐάν τις ἐκ
a Moisés y los profetas no oyen, tampoco si alguno$_2$ desde$_3$
3475 2532 3588 4396 3756 191 3761 1437 5100 1537
NGSM CLN DGPM NGPM BN, TN VPAI3P CLA CAC RX-NSM P

NVI

en agua y me refresque
la lengua, porque estoy
sufriendo mucho en
este fuego". 25 Pero
Abraham le contestó:
"Hijo, recuerda que
durante tu vida te fue
muy bien, mientras que
a Lázaro le fue muy mal;
pero ahora a él le toca
recibir consuelo aquí, y
a ti, sufrir terriblemente.
26 Además de eso, hay
un gran abismo entre
nosotros y ustedes, de
modo que los que
quieren pasar de aquí
para allá no pueden, ni
tampoco pueden los de
allá para acá".
27 »Él respondió:
"Entonces te ruego,
padre, que mandes
a Lázaro a la casa de
mi padre, 28 para que
advierta a mis cinco
hermanos y no vengan
ellos también a este lu-
gar de tormento". 29 Pero
Abraham le contestó:
"Ya tienen a Moisés y a
los profetas; ¡que les ha-
gan caso a ellos!" 30 "No
les harán caso, padre
Abraham —replicó el
rico—; en cambio, si
se les presentara uno
de entre los muertos,
entonces sí se arrepen-
tirían". 31 Abraham le
dijo: "Si no les hacen
caso a Moisés y a los
profetas, tampoco se

RVR

se persuadirán aunque alguno se levante de los muertos.

Ocasiones de caer

17 Dijo Jesús a sus discípulos: Imposible es que no vengan tropiezos; mas ¡ay de aquel por quien vienen!
2 Mejor le sería que se le atase al cuello una piedra de molino y se le arrojase al mar, que hacer tropezar a uno de estos pequeños.
3 Tened cuidado de vosotros mismos. Si tu hermano peca, repréndele; y si se arrepiente, perdónale.
4 Y si peca contra ti siete veces al día, y vuelve a ti siete veces al día, diciendo: Me arrepiento; perdónale.

Auméntanos la fe

5 Dijeron los apóstoles al Señor: Auméntanos la fe.
6 Entonces el Señor dijo: Si tuvierais fe como un grano de mostaza, podríais decir a este sicómoro: Desarráigate, y plántate en el mar; y os obedecería.

El deber del siervo

7 ¿Quién de vosotros, teniendo un siervo que ara o apacienta ganado,

νεκρῶν	ἀναστῇ	πεισθήσονται.
(los) muertos$_4$	resucitara.$_5$	serán persuadidos$_1$
3498	450	3982
JGPM	*VAAS3S*	*VFPI3P*

17 Εἶπεν	δὲ	πρὸς	τοὺς	μαθητὰς	αὐτοῦ·	Ἀνένδεκτόν	ἐστιν
dijo$_2$	Y$_1$	a	los	discípulos	de él:	Imposible	es
2036	1161	4314	3588	3101	846	418	2076
VAAI3S	*CLT*	*P*	*DAPM*	*NAPM*	*RP3GSM*	*JNSN*	*VPAI3S*

τοῦ	τὰ	σκάνδαλα	μὴ	ἐλθεῖν,	πλὴν	οὐαὶ	δι'	οὗ
--	a los	tropiezos	no	venir,	pero	ay (de aquel)	por medio de	quien
3588	3588	4625	3361	2064	4133	3759	1223	3739
DGSN, DGSM	*DAPN*	*NAPN*	*BN, TN*	*VAAN*	*CLC*	*I, T*	*P*	*RR-GSM*

ἔρχεται·	2 λυσιτελεῖ	αὐτῷ	εἰ	λίθος	μυλικὸς	περίκειται	περὶ
vienen;	mejor es	para él	si	una piedra$_2$	de molino$_3$	se ata$_1$	alrededor de
2064	3081	846	1487	3037	3457	4029	4012
VPUI3S	*VPAI3S*	*RP3DSM*	*CAC*	*NNSM*	*JNSM*	*VPUI3S*	*P*

τὸν	τράχηλον	αὐτοῦ	καὶ	ἔρριπται	εἰς	τὴν	θάλασσαν	ἢ	ἵνα
el	cuello	de él	y	ha sido arrojado	a	el	mar	a	que
3588	5137	846	2532	4496	1519	3588	2281	2228	2443
DASM	*NASM*	*RP3GSM*	*CLN*	*VRPI3S*	*P*	*DASF*	*NASF*	*CAM*	*CSC*

σκανδαλίσῃ	τῶν	μικρῶν	τούτων	ἕνα.	3 προσέχετε	ἑαυτοῖς.	ἐὰν
hiciera tropezar	de los$_2$	pequeños$_3$	estos.$_4$	a uno$_1$	Prestad atención	a vosotros mismos,	Si
4624	3588	3398	5130	1520	4337	1438	1437
VAAS3S	*DGPM*	*JGPM*	*RD-GPM*	*JASM*	*VPAM2P*	*RF2DPM*	*CAC*

ἁμάρτῃ	ὁ	ἀδελφός	σου	ἐπιτίμησον	αὐτῷ,	καὶ	ἐὰν	μετανοήσῃ	ἄφες
pecara$_4$	el$_1$	hermano$_2$	de ti$_3$	reprende	a él,	y	si	se arrepintiera	perdona
264	3588	80	4675	2008	846	2532	1437	3340	863
VAAS3S	*DNSM*	*NNSM*	*RP2GS*	*VAAM2S*	*RP3DSM*	*CLN*	*CAC*	*VAAS3S*	*VAAM2S*

αὐτῷ·	4 καὶ	ἐὰν	ἑπτάκις	τῆς	ἡμέρας	ἁμαρτήσῃ	εἰς	σὲ	καὶ	ἑπτάκις
a él.	Y	si	siete veces$_4$	al$_5$	día,$_6$	pecara$_1$	contra$_2$	ti$_3$	y	siete veces
846	2532	1437	2034	3588	2250	264	1519	4571	2532	2034
RP3DSM	*CLN*	*CAC*	*B*	*DGSF*	*NGSF*	*VAAS3S*	*P*	*RP2AS*	*CLN*	*B*

ἐπιστρέψῃ	πρὸς	σὲ	λέγων·	Μετανοῶ,	ἀφήσεις	αὐτῷ.
(se) volviera	hacia	ti	diciendo:	Me arrepiento,	perdonarás	a él.
1994	4314	4571	3004	3340	863	846
VAAS3S	*P*	*RP2AS*	*VPAP-SNM*	*VPAI1S*	*VFAI2S*	*RP3DSM*

5 Καὶ	εἶπαν	οἱ	ἀπόστολοι	τῷ	κυρίῳ·	Πρόσθες	ἡμῖν	πίστιν.
Y	dijeron$_3$	los$_1$	apóstoles$_2$	al	Señor:	Aumenta	a nosotros	fe.
2532	3004	3588	652	3588	2962	4369	2254	4102
CLN	*VAAI3P*	*DNPM*	*NNPM*	*DDSM*	*NDSM*	*VAAM2S*	*RP1DP*	*NASF*

6 εἶπεν	δὲ	ὁ	κύριος·	Εἰ	ἔχετε	πίστιν	ὡς	κόκκον	σινάπεως,
dijo:$_4$	Y$_1$	el$_2$	Señor$_3$	Si	tenéis	fe	como	un grano	de mostaza,
2036	1161	3588	2962	1487	2192	4102	5613	2848	4615
VAAI3S	*CLN*	*DNSM*	*NNSM*	*CAC*	*VPAI2P*	*NASF*	*P, CAM*	*NASM*	*NGSN*

ἐλέγετε	ἂν	τῇ	συκαμίνῳ	ταύτῃ·	Ἐκριζώθητι	καὶ	φυτεύθητι	ἐν	τῇ
decíais	302	al	sicómoro	este:	Desarráigate	y	se plantada	en	el
3004	*TC*	3588	4807	3778	1610	2532	5452	1722	3588
VIAI2P		*DDSF*	*JDSF, JDSM*	*RD-DSF*	*VAPM2S*	*CLN*	*VAPM2S*	*P*	*DDSF*

θαλάσσῃ·	καὶ	ὑπήκουσεν	ἂν	ὑμῖν.
mar;	y	obedeciera	--	a vosotros.
2281	2532	5219	302	5213
NDSF	*CLN*	*VAAI3S*	*TC*	*RP2DP*

7 Τίς	δὲ	ἐξ	ὑμῶν	δοῦλον	ἔχων	ἀροτριῶντα	ἢ	ποιμαίνοντα,
¿quién$_2$	Y,$_1$	de	vosotros	un esclavo$_2$	teniendo$_1$	arando	o	pastoreando
5101	1161	1537	5216	1401	2192	722	2228	4165
RI-NSM	*CLN*	*P*	*RP2GP*	*NASM*	*VPAP-SNM*	*VPAP-SAM*	*CLD*	*VPAP-SAM*

NVI

convencerán aunque alguien se levante de entre los muertos"».

El pecado, la fe y el deber

17 Luego dijo Jesús a sus discípulos:
—Los tropiezos son inevitables, pero ¡ay de aquel que los ocasiona! 2 Más le valdría ser arrojado al mar con una piedra de molino atada al cuello que servir de tropiezo a uno solo de estos pequeños. 3 Así que, ¡cuídense!
»Si tu hermano peca, repréndelo; y, si se arrepiente, perdónalo.
4 Aun si peca contra ti siete veces en un día, y siete veces regresa a decirte "Me arrepiento", perdónalo».
5 Entonces los apóstoles le dijeron al Señor:
—¡Aumenta nuestra fe!
6 —Si ustedes tuvieran una fe tan pequeña como un grano de mostaza —les respondió el Señor—, podrían decirle a este árbol: "Desarráigate y plántate en el mar", y les obedecería.
7 »Supongamos que uno de ustedes tiene un siervo que ha estado arando el campo

RVR

al volver él del campo, le
dice: Pasa en seguida, y
siéntate a la mesa?
8 ¿No le dirá más bien:
Prepárame algo para
cenar, cíñete, y sírveme
hasta que haya comido
y bebido; y después de
esto, puedes comer y
beber tú?
9 ¿Acaso le da las gracias
al siervo porque hizo lo
que se le había manda-
do? Pienso que no.
10 Así también vosotros,
cuando hayáis hecho
todo lo que os ha sido
ordenado, decid:
Siervos inútiles somos,
pues hemos hecho lo
que debíamos hacer.

Diez leprosos son limpiados

11 Yendo Jesús a
Jerusalén, pasaba entre
Samaria y Galilea.
12 Y al entrar en una
aldea le salieron al
encuentro diez hombres
leprosos, los cuales se
pararon a distancia,
13 y alzaron la voz, di-
ciendo: ¡Jesús, Maestro,
ten compasión de
nosotros!
14 Cuando él los vio, les
dijo: Id y mostraos a los
sacerdotes. Y aconte-
ció que mientras iban,
fueron limpiados.
15 Entonces uno de ellos,

ὃς	εἰσελθόντι	ἐκ	τοῦ	ἀγροῦ	ἐρεῖ	αὐτῷ·	Εὐθέως	παρελθὼν
el cual	habiendo entrado	en	el	campo	dirá	a él:	Pronto,	habiendo pasado
3739	1525	1537	3588	68	2046	846	2112	3928
RR-NSM	VAAP-SDM	P	DGSM	NGSM	VFAI3S	RP3DSM	B	VAAP-SNM

ἀνάπεσε,	8 ἀλλ'	οὐχὶ	ἐρεῖ	αὐτῷ·	Ἑτοίμασον	τί	δειπνήσω
reclínate (a la mesa)?	Pero,	¿no	dirá (más bien)	a él:	Prepara	qué	cenara yo
377	235	3780	2046	846	2090	5101	1172
VAAM2S	CLC	TN, TI	VFAI3S	RP3DSM	VAAM2S	RI-ASN	VAAS1S

καὶ	περιζωσάμενος	διακόνει	μοι	ἕως	φάγω	καὶ	πίω,	καὶ	μετὰ
y	habiéndote ceñido	sirve	a mí	hasta (que)	comiera	y	bebiera,	y	después de
2532	4024	1247	3427	2193	5315	2532	4095	2532	3326
CLN	VAMP-SNM	VPAM2S	RP1DS	CAT	VAAS1S	CLN	VAAS1S	CLN	P

ταῦτα	φάγεσαι	καὶ	πίεσαι	σύ;	9 μὴ	ἔχει	χάριν*	τῷ	δούλῳ	ὅτι
estas cosas	comerás	y	beberás	tú?	¿Acaso	tiene	gratitud	al	esclavo	porque
5023	5315	2532	4095	4771	3361	2192	5485	3588	1401	3754
RD-APN	VFMI2S	CLN	VFMI2S	RP2NS	TN, TI	VPAI3S	NASF	DDSM	NDSM	CAZ

ἐποίησεν	τὰ	διαταχθέντα;	10 οὕτως	καὶ	ὑμεῖς,	ὅταν	ποιήσητε
hizo	las cosas que	habiendo sido ordenadas?	Así	también	vosotros	cuando	hicierais
4160	3588	1299	3779	2532	5210	3752	4160
VAAI3S	DAPN	VAPP-PAN	B	BE, TE	RP2NP	CAT	VAAS2P

πάντα	τὰ	διαταχθέντα	ὑμῖν,	λέγετε	ὅτι	Δοῦλοι	ἀχρεῖοί
todas las cosas	las que	habiendo sido ordenadas	a vosotros	decid	que:	Esclavos	inútiles
3956	3588	1299	5213	3004	3754	1401	888
JAPN	DAPN	VAPP-PAN	RP2DP	VPAM2P	CSC	NNPM	JNPM

ἐσμεν,	ὃ	ὠφείλομεν	ποιῆσαι	πεποιήκαμεν.
somos,	lo que	debíamos	hacer	hemos hecho.
2070	3739	3784	4160	4160
VPAI1P	RR-ASN	VIAI1P	VAAN	VRAI1P

11 Καὶ	ἐγένετο	ἐν	τῷ	πορεύεσθαι	εἰς	Ἰερουσαλὴμ	καὶ	αὐτὸς
Y	sucedió que	en	el	irse	a	Jerusalén	y	él
2532	1096	1722	3588	4198	1519	2419	2532	846
CLN	VAMI3S	P	DDSN, DDSM	VPUN	P	NASF, XP	CLN	RP3NSM

διήρχετο	διὰ	μέσον	Σαμαρείας	καὶ	Γαλιλαίας.	12 καὶ	εἰσερχομένου
pasaba	por	medio	de Samaria	y	Galilea.	Y	entrando
1330	1223	3319	4540	2532	1056	2532	1525
VIUI3S	P	JASN	NGSF	CLN	NGSF	CLN	VPUP-SGM

αὐτοῦ	εἴς	τινα	κώμην	ἀπήντησαν	δέκα	λεπροὶ	ἄνδρες,
él	a	cierta	aldea	encontraron	diez	leprosos,$_2$	varones$_1$
846	1519	5100	2968	528	1176	3015	435
RP3GSM	P	JASF, RX-ASF	NASF	VAAI3P	XN, J	JNPM	NNPM

οἳ	ἔστησαν	πόρρωθεν,	13 καὶ	αὐτοὶ	ἦραν	φωνὴν	λέγοντες·
los cuales	se pararon	desde lejos	y	ellos	levantaron	(la) voz	diciendo:
3739	2476	4207	2532	846	142	5456	3004
RR-NPM	VAAI3P	B	CLN	RP3NPM	VAAI3P	NASF	VPAP-PNM

Ἰησοῦ	ἐπιστάτα,	ἐλέησον	ἡμᾶς.	14 καὶ	ἰδὼν	εἶπεν	αὐτοῖς·
Jesús,	Maestro,	ten misericordia	de nosotros.	Y	habiendo visto	dijo	a ellos:
2424	1988	1653	2248	2532	1492	2036	846
NVSM	NVSM	VAAM2S	RP1AP	CLN	VAAP-SNM	VAAI3S	RP3DPM

Πορευθέντες	ἐπιδείξατε	ἑαυτοὺς	τοῖς	ἱερεῦσιν.	καὶ	ἐγένετο	ἐν
Habiendo ido	mostrad	a vosotros mismos	a los	sacerdotes.	Y	sucedió que	en
4198	1925	1438	3588	2409	2532	1096	1722
VAPP-PNM	VAAM2P	RF2APM	DDPM	NDPM	CLN	VAMI3S	P

τῷ	ὑπάγειν	αὐτοὺς	ἐκαθαρίσθησαν.	15 εἷς	δὲ	ἐξ	αὐτῶν,
el	ir	ellos,	fueron limpiados.	uno$_2$	Pero$_1$	de	ellos,
3588	5217	846	2511	1520	1161	1537	846
DDSN, DDSM	VPAN	RP3APM	VAPI3P	JNSM	CLN	P	RP3GPM

NVI

o cuidando las ovejas.
Cuando el siervo regresa
del campo, ¿acaso se le
dice: "Ven en seguida
a sentarte a la mesa"?
8 ¿No se le diría más
bien: "Prepárame la co-
mida y cámbiate de ropa
para atenderme mien-
tras yo ceno; después tú
podrás cenar"? 9 ¿Acaso
se le darían las gracias al
siervo por haber hecho
lo que se le mandó?
10 Así también ustedes,
cuando hayan hecho
todo lo que se les ha
mandado, deben decir:
"Somos siervos inútiles;
no hemos hecho más
que cumplir con nuestro
deber"».

Jesús sana a diez leprosos

11 Un día, siguiendo
su viaje a Jerusalén, Jesús
pasaba por Samaria
y Galilea. 12 Cuando
estaba por entrar en un
pueblo, salieron a su
encuentro diez hombres
enfermos de lepra.
Como se habían que-
dado a cierta distancia,
13 gritaron:
—¡Jesús, Maestro,
ten compasión de
nosotros!
14 Al verlos, les dijo:
—Vayan a presentarse
a los sacerdotes.
Resultó que, mientras
iban de camino, queda-
ron limpios.
15 Uno de ellos, al

17:9* O sea *¿acaso debe agradecer.*

RVR

viendo que había sido
sanado, volvió, glorifi-
cando a Dios a gran voz,
16 y se postró rostro en
tierra a sus pies, dándole
gracias; y éste era sama-
ritano.
17 Tomando la palabra
Jesús, dijo: ¿No son diez
los que fueron limpia-
dos? Y los otros nueve,
¿dónde están?
18 ¿No hubo quien
volviese y diese gloria a
Dios sino este extran-
jero?
19 Y le dijo: Levántate y
prosigue tu camino; tu
fe te ha sanado.

La venida del reino

20 Preguntado por los fa-
riseos, cuándo había de
venir el reino de Dios,
les respondió y dijo: El
reino de Dios no viene
con advertencia,
21 ni dirán: Aquí está,
o: Allí está; porque el
reino de Dios está en
medio de vosotros.
22 Y les dijo a los discí-
pulos: Vendrán días en
que ansiaréis ver uno
de los días del Hijo del
Hombre, y no lo veréis.
23 Y os dirán: Aquí está,
o: Allí está. No vayáis,

ἰδὼν	ὅτι	ἰάθη,	ὑπέστρεψεν	μετὰ	φωνῆς	μεγάλης	δοξάζων	τὸν
habiendo visto	que	fue sanado,	regresó	con	voz$_2$	gran$_1$	glorificando	a --
1492	3754	2390	5290	3326	5456	3173	1392	3588
VAAP-SNM	*CSC*	*VAPI3S*	*VAAI3S*	*P*	*NGSF*	*JGSF*	*VPAP-SNM*	*DASM*

θεόν,	16 καὶ	ἔπεσεν	ἐπὶ	πρόσωπον	παρὰ	τοὺς	πόδας	αὐτοῦ	εὐχαριστῶν
Dios,	y	cayó	sobre	(su) rostro,	a	los	pies	de él	agradeciendo
2316	2532	4098	1909	4383	3844	3588	4228	846	2168
NASM	*CLN*	*VAAI3S*	*P*	*NASN*	*P*	*DAPM*	*NAPM*	*RP3GSM*	*VPAP-SNM*

αὐτῷ·	καὶ	αὐτὸς	ἦν	Σαμαρίτης.	17 ἀποκριθεὶς	δὲ	ὁ	Ἰησοῦς	εἶπεν·
a él;	y	él	era	samaritano.	respondiendo$_2$	Y$_1$	--	Jesús	dijo:
846	2532	846	2258	4541	611	1161	3588	2424	2036
RP3DSM	*CLN*	*RP3NSM*	*VIAI3S*	*NNSM*	*VAPP-SNM*	*CLN*	*DNSM*	*NNSM*	*VAAI3S*

Οὐχὶ	οἱ	δέκα	ἐκαθαρίσθησαν;	οἱ	δὲ	ἐννέα	ποῦ;	18 οὐχ
¿No	los	diez	fueron limpios?	los$_2$	Y$_1$	nueve	¿dónde (están)?	¿No
3780	3588	1176	2511	3588	1161	1767	4226	3756
TN, TI	*DNPM*	*XN, J*	*VAPI3P*	*DNPM*	*CLC*	*XN, J*	*BI*	*BN,TN*

εὑρέθησαν	ὑποστρέψαντες	δοῦναι	δόξαν	τῷ	θεῷ	εἰ	μὴ	ὁ
fueron encontrados	habiendo regresado	para dar	gloria	a --	Dios	si	no	el
2147	5290	1325	1391	3588	2316	1487	3361	3588
VAPI3P	*VAAP-PNM*	*VAAN*	*NASF*	*DDSM*	*NDSM*	*CAC*	*BN, TN*	*DNSM*

ἀλλογενὴς	οὗτος;	19 καὶ	εἶπεν	αὐτῷ·	Ἀναστὰς	πορεύου·	ἡ	πίστις
extranjero	este?	Y	dijo	a él:	Habiéndote levantado	vete;	la	fe
241	3778	2532	2036	846	450	4198	3588	4102
JNSM	*RD-NSM*	*CLN*	*VAAI3S*	*RP3DSM*	*VAAP-SNM*	*VPUM2S*	*DNSF*	*NNSF*

σου	σέσωκέν	σε.
de ti	ha salvado	a ti.
4675	4982	4571
RP2GS	*VRAI3S*	*RP2AS*

20 Ἐπερωτηθεὶς	δὲ	ὑπὸ	τῶν	Φαρισαίων	πότε	ἔρχεται	ἡ
habiendo sido preguntado$_2$	Y$_1$	por	los	fariseos	cuándo	viene$_5$	el$_1$
1905	1161	5259	3588	5330	4219	2064	3588
VAPP-SNM	*CLT*	*P*	*DGPM*	*NGPM*	*B*	*VPUI3S*	*DNSF*

βασιλεία	τοῦ	θεοῦ	ἀπεκρίθη	αὐτοῖς	καὶ	εἶπεν·	Οὐκ	ἔρχεται	ἡ
reino$_2$	de --$_3$	Dios$_4$	respondió	a ellos	y	dijo:	no$_5$	viene$_6$	El$_1$
932	3588	2316	611	846	2532	2036	3756	2064	3588
NNSF	*DGSM*	*NGSM*	*VAPI3S, VAMI3S*	*RP3DPM*	*CLN*	*VAAI3S*	*BN, TN*	*VPUI3S*	*DNSF*

βασιλεία	τοῦ	θεοῦ	μετὰ	παρατηρήσεως,	21 οὐδὲ	ἐροῦσιν·	Ἰδοὺ	ὧδε
reino$_2$	de --$_3$	Dios$_4$	con	observación,	ni	dirán:	Mira,	aquí
932	3588	2316	3326	3907	3761	2046	2400	5602
NNSF	*DGSM*	*NGSM*	*P*	*NGSF*	*CLD,TN*	*VFAI3P*	*I, VAAM2S*	*BP*

ἤ·	Ἐκεῖ·	ἰδοὺ	γὰρ	ἡ	βασιλεία	τοῦ	θεοῦ	ἐντὸς	ὑμῶν	ἐστιν.
o	allá,	he aquí$_2$	porque$_1$	el	reino	de --	Dios	dentro	de vosotros	está.
2228	1563	2400	1063	3588	932	3588	2316	1787	5216	2076
CLD	*BP*	*I, VAAM2S*	*CAZ*	*DNSF*	*NNSF*	*DGSM*	*NGSM*	*P, B*	*RP2GP*	*VPAI3S*

22 Εἶπεν	δὲ	πρὸς	τοὺς	μαθητάς·	Ἐλεύσονται	ἡμέραι	ὅτε
dijo$_2$	Y$_1$	a	los	discípulos:	vendrán$_2$	Días$_1$	cuando$_3$
2036	1161	4314	3588	3101	2064	2250	3753
VAAI3S	*CLN*	*P*	*DAPM*	*NAPM*	*VFMI3P*	*NNPF*	*CAT, B*

ἐπιθυμήσετε	μίαν	τῶν	ἡμερῶν	τοῦ	υἱοῦ	τοῦ	ἀνθρώπου	ἰδεῖν	καὶ	οὐκ
desearéis$_4$	uno$_5$	de los$_6$	días$_7$	del$_8$	Hijo$_9$	del$_{10}$	Hombre$_{11}$	ver$_5$	y	no
1937	1520	3588	2250	3588	5207	3588	444	1492	2532	3756
VFAI2P	*JASF*	*DGPF*	*NGPF*	*DGSM*	*NGSM*	*DGSM*	*NGSM*	*VAAN*	*CLC*	*T, B*

ὄψεσθε.	23 καὶ	ἐροῦσιν	ὑμῖν·	Ἰδοὺ	ἐκεῖ·	Ἰδοὺ	ὧδε·	μὴ	ἀπέλθητε
veréis.	Y	dirán	a vosotros:	Mira	allí;	mira	acá;	no	vayáis
3700	2532	2046	5213	2400	1563	2400	5602	3361	565
VFMI2P	*CLN*	*VFAI3P*	*RP2DP*	*I, VAAM2S*	*BP*	*I, VAAM2S*	*BP*	*BN, TN*	*VAAS2P*

NVI

verse ya sano, regresó
alabando a Dios a gran-
des voces. 16 Cayó rostro
en tierra a los pies de
Jesús y le dio las gracias,
no obstante que era
samaritano.
17 —¿Acaso no que-
daron limpios los diez?
—preguntó Jesús—.
¿Dónde están los otros
nueve? 18 ¿No hubo
ninguno que regresara
a dar gloria a Dios,
excepto este extranjero?
19 Levántate y vete —le
dijo al hombre—; tu fe
te ha sanado.

La venida del reino de Dios

20 Los fariseos le pre-
guntaron a Jesús cuándo
iba a venir el reino de
Dios, y él les respondió:
—La venida del reino
de Dios no se puede
someter a cálculos. 21 No
van a decir: "¡Mírenlo
acá! ¡Mírenlo allá!"
Dense cuenta de que el
reino de Dios está entre
ustedes.
22 A sus discípulos
les dijo:
—Llegará el tiempo
en que ustedes anhela-
rán vivir siquiera uno
de los días del Hijo
del hombre, pero no
podrán. 23 Les dirán:
"¡Mírenlo allá! ¡Mírenlo
acá!" No vayan;

RVR

ni los sigáis.
24 Porque como el re-
lámpago que al fulgurar
resplandece desde un
extremo del cielo hasta
el otro, así también será
el Hijo del Hombre en
su día.
25 Pero primero es
necesario que padezca
mucho, y sea desechado
por esta generación.
26 Como fue en los días
de Noé, así también será
en los días del Hijo del
Hombre.
27 Comían, bebían, se
casaban y se daban en
casamiento, hasta el día
en que entró Noé en el
arca, y vino el diluvio y
los destruyó a todos.
28 Asimismo como
sucedió en los días de
Lot; comían, bebían,
compraban, vendían,
plantaban, edificaban;
29 mas el día en que Lot
salió de Sodoma, llovió
del cielo fuego y azufre,
y los destruyó a todos.
30 Lo mismo será el
día en que el Hijo del
Hombre se manifieste.
31 En aquel día, el que
esté en la azotea, y
sus bienes en casa, no

μηδὲ διώξητε. 24 ὥσπερ γὰρ ἡ ἀστραπὴ ἀστράπτουσα ἐκ τῆς
ni persigáis. así como$_2$ Porque$_1$ el relámpago relampagueando desde el (extremo)
3366 1377 5618 1063 3588 796 797 1537 3588
TN, CLD VAAS2P CAM CAZ DNSF NNSF VPAP-SNF P DGSF

ὑπὸ τὸν οὐρανὸν εἰς τὴν ὑπ' οὐρανὸν λάμπει, οὕτως ἔσται
bajo el cielo hacia el (otro extremo) bajo (el) cielo brilla, así será
5259 3588 3772 1519 3588 5259 3772 2989 3779 2071
P DASM NASM P DASF P NASM VPAI3S B VFMI3S

ὁ υἱὸς τοῦ ἀνθρώπου ἐν τῇ ἡμέρᾳ αὐτοῦ. 25 πρῶτον δὲ δεῖ
el Hijo del Hombre en el día de él. primero$_2$ Pero$_1$ es necesario
3588 5207 3588 444 1722 3588 2250 846 4412 1161 1163
DNSM NNSM DGSM NGSM P DDSF NDSF RP3GSM B, J CLC VPAI3S

αὐτὸν πολλὰ παθεῖν καὶ ἀποδοκιμασθῆναι ἀπὸ τῆς γενεᾶς ταύτης.
él muchas cosas$_2$ padecer$_1$ y ser rechazado por la generación esta.
846 4183 3958 2532 593 575 3588 1074 3778
RP3ASM JAPN VAAN CLN VAPN P DGSF NGSF RD-GSF

26 καὶ καθὼς ἐγένετο ἐν ταῖς ἡμέραις Νῶε, οὕτως ἔσται καὶ ἐν
Y como sucedió en los días de Noé, así será también en
2532 2531 1096 1722 3588 2250 3575 3779 2071 2532 1722
CLN CAM VAMI3S P DDPF NDPF NGSM, XP B VFMI3S BE, TE P

ταῖς ἡμέραις τοῦ υἱοῦ τοῦ ἀνθρώπου· 27 ἤσθιον, ἔπινον, ἐγάμουν,
los días del Hijo del Hombre; comían, bebían, se casaban,
3588 2250 3588 5207 3588 444 2068 4095 1060
DDPF NDPF DGSM NGSM DGSM NGSM VIAI3P VIAI3P VIAI3P

ἐγαμίζοντο, ἄχρι ἧς ἡμέρας εἰσῆλθεν Νῶε εἰς τὴν κιβωτόν,
eran dados en matrimonio hasta que un día entró$_2$ Noé$_1$ en el arca
1061 891 3739 2250 1525 3575 1519 3588 2787
VIPI3P P RR-GSF NGSF VAAI3S NNSM, XP P DASF NASF

καὶ ἦλθεν ὁ κατακλυσμὸς καὶ ἀπώλεσεν πάντας. 28 ὁμοίως
y vino$_3$ el$_1$ diluvio$_2$ y destruyó a todos. Igualmente
2532 2064 3588 2627 2532 622 3956 3668
CLN VAAI3S DNSM NNSM CLN VAAI3S JAPM B

καθὼς ἐγένετο ἐν ταῖς ἡμέραις Λώτ· ἤσθιον, ἔπινον, ἠγόραζον,
así sucedió en los días de Lot; comían, bebían, compraban,
2531 1096 1722 3588 2250 3091 2068 4095 59
CAM VAMI3S P DDPF NDPF NGSM, XP VIAI3P VIAI3P VIAI3P

ἐπώλουν, ἐφύτευον, ᾠκοδόμουν· 29 ᾗ δὲ ἡμέρᾳ ἐξῆλθεν Λὼτ
vendían, plantaban, construían; en que$_3$ pero$_1$ (el) día$_2$ salió$_5$ Lot$_4$
4453 5452 3618 3739 1161 2250 1831 3091
VIAI3P VIAI3P VIAI3P RR-DSF CLC NDSF VAAI3S NNSM, XP

ἀπὸ Σοδόμων, ἔβρεξεν πῦρ καὶ θεῖον ἀπ' οὐρανοῦ καὶ ἀπώλεσεν
de Sodoma, llovió fuego y azufre desde (el) cielo y destruyó
575 4670 1026 4442 2532 2303 575 3772 2532 622
P NGPN VAAI3S NASN CLN NASN P NGSM CLN VAAI3S

πάντας. 30 κατὰ τὰ αὐτὰ ἔσται ᾗ ἡμέρᾳ ὁ υἱὸς τοῦ
a todos. Según las mismas cosas será en que$_2$ (el) día$_1$ el Hijo del
3956 2596 3588 846 2071 3739 2250 3588 5207 3588
JAPM P DAPN RP3APN, JAPN VFMI3S RR-DSF NDSF DNSM NNSM DGSM

ἀνθρώπου ἀποκαλύπτεται. 31 ἐν ἐκείνῃ τῇ ἡμέρᾳ ὃς ἔσται ἐπὶ
Hombre es revelado. En aquel -- día el que estará sobre
444 601 1722 1565 3588 2250 3739 2071 1909
NGSM VPPI3S P RD-DSF DDSF NDSF RR-NSM VFMI3S P

τοῦ δώματος καὶ τὰ σκεύη αὐτοῦ ἐν τῇ οἰκίᾳ, μὴ καταβάτω
la azotea y los objetos de él en la casa, no baje
3588 1430 2532 3588 4632 846 1722 3588 3614 3361 2597
DGSN NGSN CLN DNPN NNPN RP3GSM P DDSF NDSF BN, TN VAAM3S

NVI

no los sigan. 24 Porque
en su día el Hijo del
hombre será como el
relámpago que fulgura
e ilumina el cielo de
un extremo al otro.
25 Pero antes él tiene que
sufrir muchas cosas y
ser rechazado por esta
generación.
26 »Tal como sucedió
en tiempos de Noé, así
también será cuando
venga el Hijo del hom-
bre. 27 Comían, bebían,
y se casaban y daban en
casamiento, hasta el día
en que Noé entró en el
arca; entonces llegó el
diluvio y los destruyó
a todos.
28 »Lo mismo
sucedió en tiempos de
Lot: comían y bebían,
compraban y vendían,
sembraban y edificaban.
29 Pero, el día en que Lot
salió de Sodoma, llovió
del cielo fuego y azufre y
acabó con todos.
30 »Así será el día en
que se manifieste el Hijo
del hombre. 31 En aquel
día, el que esté en la
azotea y tenga sus cosas
dentro de la casa, que

RVR

descienda a tomarlos; y
el que en el campo, asi-
mismo no vuelva atrás.
32 Acordaos de la mujer
de Lot.
33 Todo el que procure
salvar su vida, la per-
derá; y todo el que la
pierda, la conservará.
34 Os digo que en aque-
lla noche estarán dos en
una cama; el uno será
tomado, y el otro será
dejado.
35 Dos mujeres estarán
moliendo juntas; la una
será tomada, y la otra
dejada.
36 Dos estarán en el
campo; el uno será to-
mado, y el otro dejado.
37 Y respondiendo,
le dijeron: ¿Dónde,
Señor? Él les dijo:
Donde esté el cuerpo,
allí se juntarán también
las águilas.

Parábola de la viuda y el juez injusto

18 También les
refería Jesús una
parábola sobre la nece-
sidad de orar siempre, y
no desmayar,
2 diciendo: Había en
una ciudad un juez,
que ni temía a Dios, ni
respetaba a hombre.
3 Había también en
aquella ciudad una
viuda, la cual venía a él,
diciendo: Hazme justi-
cia de mi adversario.

ἆραι	αὐτά,	καὶ	ὁ	ἐν	ἀγρῷ	ὁμοίως	μὴ	ἐπιστρεψάτω	εἰς
a recoger	a ellas,	y	el (que esté)	en	(el) campo	igualmente	no	vuelva	a
142	846	2532	3588	1722	68	3668	3361	1994	1519
VAAN	*RP3APN*	*CLN*	*DNSM*	*P*	*NDSM*	*B*	*BN, TN*	*VAAM3S*	*P*

τὰ	ὀπίσω.	32 μνημονεύετε	τῆς	γυναικὸς	Λώτ.	33 ὃς	ἐὰν
las cosas	(que quedan) atrás.	Acordaos	de la	mujer	de Lot.	El que	--
3588	3694	3421	3588	1135	3091	3739	1437
DAPN	*B*	*VPAM2P*	*DGSF*	*NGSF*	*NGSM, XP*	*RR-NSM*	*TC*

ζητήσῃ	τὴν	ψυχὴν	αὐτοῦ	⌜περιποιήσασθαι	ἀπολέσει	αὐτήν,	ὃς
buscara	la	vida	de él	para preservar	perderá	a ella,	el que$_2$
2212	3588	5590	846	4046	622	846	3739
VAAS3S	*DASF*	*NASF*	*RP3GSM*	*VAMN*	*VFAI3S*	*RP3ASF*	*RR-NSM*

δ'	ἂν	ἀπολέσῃ	ζῳογονήσει	αὐτήν.	34 λέγω	ὑμῖν,	ταύτῃ	τῇ	νυκτὶ
y$_1$	--	(la) perdiera	conservará viva	a ella.	Digo	a vosotros	en esta	--	noche
1161	302	622	2225	846	3004	5213	3778	3588	3571
CLC	*TC*	*VAAS3S*	*VFAI3S*	*RP3ASF*	*VPAI1S*	*RP2DP*	*RD-DSF*	*DDSF*	*NDSF*

ἔσονται	δύο	ἐπὶ	κλίνης	μιᾶς,	ὁ	εἷς	παραλημφθήσεται	καὶ	ὁ
estarán$_2$	dos$_1$	en$_3$	cama,$_5$	una$_1$	el	uno	será tomado	pero	el
2071	1417	1909	2825	1520	3588	1520	3880	2532	3588
VFMI3P	*XN, J*	*P*	*NGSF*	*JGSF*	*DNSM*	*JNSM*	*VFPI3S*	*CLN*	*DNSM*

ἕτερος	ἀφεθήσεται·	35 ἔσονται	δύο	ἀλήθουσαι	ἐπὶ	τὸ	αὐτό,	ἡ
otro	será dejado;	estarán$_2$	dos$_1$	moliendo	en	el	mismo (lugar),	la
2087	863	2071	1417	229	1909	3588	846	3588
JNSM	*VFPI3S*	*VFMI3P*	*XN, J*	*VPAP-PNF*	*P*	*DASN*	*RP3ASNA, JASN*	*DNSF*

μία	παραλημφθήσεται	ἡ	δὲ	ἑτέρα	⌜ἀφεθήσεται.	37 καὶ	ἀποκριθέντες
una	será tomada	la$_2$	pero$_1$	otra	será dejada.	Y	respondiendo
1520	3880	3588	1161	2087	863	2532	611
JNSF	*VFPI3S*	*DNSF*	*CLN*	*JNSF*	*VFPI3S*	*CLN*	*VAPP-PNM*

λέγουσιν	αὐτῷ·	Ποῦ,	κύριε;	ὁ	δὲ	εἶπεν	αὐτοῖς·	Ὅπου	τὸ	σῶμα,
dicen	a él:	¿Dónde,	Señor?	--$_2$	Y$_1$	dijo	a ellos:	Donde (esté)	el	cuerpo
3004	846	4226	2962	3588	1161	2036	846	3699	3588	4983
VPAI3P	*RP3DSM*	*BI*	*NVSM*	*DNSM*	*CLN*	*VAAI3S*	*RP3DPM*	*CAL, B*	*DNSN*	*NNSN*

ἐκεῖ	καὶ	οἱ	ἀετοὶ	ἐπισυναχθήσονται.
allí	también	los	buitres	se reunirán.
1563	2532	3588	105	1996
BP	*BE, TE*	*DNPM*	*NNPM*	*VFPI3P*

18

Ἔλεγεν	δὲ	παραβολὴν	αὐτοῖς	πρὸς	τὸ	δεῖν	πάντοτε
decía$_2$	Y$_1$	una parábola	a ellos	sobre	--	ser necesario	siempre$_2$
3004	1161	3850	846	4314	3588	1163	3842
VIAI3S	*CLN*	*NASF*	*RP3DPM*	*P*	*DASN*	*VPAN*	*B*

προσεύχεσθαι	αὐτοὺς	καὶ	μὴ	ἐγκακεῖν,	2 λέγων·	Κριτής	τις
orar$_3$	ellos$_1$	y	no	desanimarse	diciendo:	juez$_2$	Cierto$_1$
4336	846	2532	3361	1573	3004	2923	5100
VPUN	*RP3APM*	*CLN*	*BN, TN*	*VPAN*	*VPAP-SNM*	*NNSM*	*JNSM, RX-NSM*

ἦν	ἔν	τινι	πόλει	τὸν	θεὸν	μὴ	φοβούμενος	καὶ	ἄνθρωπον
era (había)	en	cierta	ciudad	a --$_3$	Dios$_4$	no$_1$	temiendo$_2$	y$_5$	a persona (alguna)$_8$
2258	1722	5100	4172	3588	2316	3361	5399	2532	444
VIAI3S	*P*	*JDSF, RX-DSF*	*NDSF*	*DASM*	*NASM*	*BN, TN*	*VPUP-SNM*	*CLN*	*NASM*

μὴ	ἐντρεπόμενος.	3 χήρα	δὲ	ἦν	ἐν	τῇ	πόλει	ἐκείνῃ	καὶ
no$_6$	respetando$_7$	una viuda$_3$	Y$_1$	era (había)$_2$	en	la	ciudad	aquella	y
3361	1788	5503	1161	2258	1722	3588	4172	1565	2532
BN, TN	*VPPP-SNM*	*NNSF, JNSF*	*CLN*	*VIAI3S*	*P*	*DDSF*	*NDSF*	*RD-DSF*	*CLN*

ἤρχετο	πρὸς	αὐτὸν	λέγουσα·	Ἐκδίκησόν	με	ἀπὸ	τοῦ	ἀντιδίκου	μου.
venía	a	él	diciendo:	Haz justicia	a mí	de	el	adversario	de mí.
2064	4314	846	3004	1556	3165	575	3588	476	3450
VIUI3S	*P*	*RP3ASM*	*VPAP-SNF*	*VAAM2S*	*RP1AS*	*P*	*DGSM*	*NGSM*	*RP1GS*

NVI

no baje a buscarlas. Así
mismo el que esté en el
campo, que no regrese
por lo que haya dejado
atrás. 32 ¡Acuérdense de
la esposa de Lot! 33 El
que procure conser-
var su vida la perderá;
y el que la pierda la
conservará. 34 Les digo
que en aquella noche
estarán dos personas en
una misma cama: una
será llevada y la otra será
dejada. 35 Dos mujeres
estarán moliendo jun-
tas: una será llevada y la
otra será dejada».
37 —¿Dónde, Señor?
—preguntaron.
—Donde esté el ca-
dáver, allí se reunirán los
buitres —respondió él.

Parábola de la viuda insistente

18 Jesús les contó
a sus discípulos
una parábola para mos-
trarles que debían orar
siempre, sin desanimar-
se. 2 Les dijo: «Había
en cierto pueblo un juez
que no tenía temor de
Dios ni consideración
de nadie. 3 En el mismo
pueblo había una viuda
que insistía en pedirle:
"Hágame usted justicia
contra mi adversario".

17:33⌜ Manuscritos inferiores tienen *salvará*. **17:35**⌜ Manuscritos inferiores aumentaron [36] *dos estarán en el campo, uno será tomado y otro será dejado.*

RVR

4 Y él no quiso por algún
tiempo; pero después
de esto dijo dentro de
sí: Aunque ni temo a
Dios, ni tengo respeto a
hombre,
5 sin embargo, porque
esta viuda me es molesta,
le haré justicia, no
sea que viniendo de
continuo, me agote la
paciencia.
6 Y dijo el Señor: Oíd lo
que dijo el juez injusto.
7 ¿Y acaso Dios no hará
justicia a sus escogidos,
que claman a él día y no-
che? ¿Y está esperando
con longanimidad en
cuanto a ellos?
8 Os digo que pronto
les hará justicia. Pero
cuando venga el Hijo
del Hombre, ¿hallará fe
en la tierra?

Parábola del fariseo y el publicano

9 A unos que confiaban
en sí mismos como jus-
tos, y menospreciaban a
los demás, dijo también
esta parábola:
10 Dos hombres subie-
ron al templo a orar:
uno era fariseo, y el otro
cobrador de impuestos.
11 El fariseo,

4 καὶ	οὐκ	ἤθελεν	ἐπὶ	χρόνον,	μετὰ	ταῦτα	δὲ	εἶπεν	ἐν
Y	no	quería	por	(algún) tiempo.	después de$_2$	estas cosas.$_3$	Pero$_1$	dijo	dentro
2532	3756	2309	1909	5550	3326	5023	1161	2036	1722
CLN	*BN, TN*	*VIAI3S*	*P*	*NASM*	*P*	*RD-APN*	*CLC*	*VAAI3S*	*P*

ἑαυτῷ·	Εἰ	καὶ*	τὸν	θεὸν	οὐ	φοβοῦμαι	οὐδὲ	ἄνθρωπον
de sí mismo:	Si	también	a --	Dios	no	temo	ni	a ser humano
1438	1487	2532	3588	2316	3756	5399	3761	444
RF3DSM	*CAN*	*CAN, B*	*DASM*	*NASM*	*BN, TN*	*VPUI1S*	*CLD, TN*	*NASM*

ἐντρέπομαι,	5 διά	γε	τὸ	παρέχειν	μοι	κόπον	τὴν	χήραν
respeto,	por$_2$	ciertamente$_1$	--	causar	a mí	trabajo molesto	la	viuda
1788	1223	1065	3588	3930	3427	2873	3588	5503
VPPI1S	*P*	*TE, CLC*	*DASN*	*VPAN*	*RP1DS*	*NASM*	*DASF*	*NASF, JASF*

ταύτην	ἐκδικήσω	αὐτήν,	ἵνα	μὴ	εἰς	τέλος	ἐρχομένη	ὑπωπιάζῃ
esta	haré justicia	a ella,	para que	no	al	final	viniendo	abofetee
3778	1556	846	2443	3361	1519	5056	2064	5299
RD-ASF	*VFAI1S*	*RP3ASF*	*CAP*	*BN, TN*	*P*	*NASN*	*VPUP-SNF*	*VPAS3S*

με.	6 εἶπεν	δὲ	ὁ	κύριος·	Ἀκούσατε	τί	ὁ	κριτὴς	τῆς	ἀδικίας
a mí.	dijo:$_4$	Y$_1$	el$_2$	Señor$_3$	Oíd	que	el	juez	de la	injusticia
3165	2036	1161	3588	2962	191	5101	3588	2923	3588	93
RP1AS	*VAAI3S*	*CLN*	*DNSM*	*NNSM*	*VAAM2P*	*RI-ASN*	*DNSM*	*NNSM*	*DGSF*	*NGSF*

λέγει·	7 ὁ	δὲ	θεὸς	οὐ	μὴ	ποιήσῃ	τὴν	ἐκδίκησιν	τῶν	ἐκλεκτῶν
dice;	--$_2$	Y$_1$	Dios	¿acaso no	no	hiciera él	la	justicia	a los	elegidos
3004	3588	1161	2316	3756	3361	4160	3588	1557	3588	1588
VPAI3S	*DNSM*	*CLN*	*NNSM*	*TN*	*TN*	*VAAS3S*	*DASF*	*NASF*	*DGPM*	*JGPM*

αὐτοῦ	τῶν	βοώντων	αὐτῷ	ἡμέρας	καὶ	νυκτός,	καὶ	μακροθυμεῖ	ἐπ'
de él,	los que	están clamando	a él	día	y	noche,	y	tiene paciencia	con
846	3588	994	846	2250	2532	3571	2532	3114	1909
RP3GSM	*DGPM*	*VPAP-PGM*	*RP3DSM*	*NGSF*	*CLN*	*NGSF*	*CLN*	*VPAI3S*	*P*

αὐτοῖς;	8 λέγω	ὑμῖν	ὅτι	ποιήσει	τὴν	ἐκδίκησιν	αὐτῶν	ἐν	τάχει.	πλὴν
ellos?	Digo	a vosotros	que	hará	--	justicia	a ellos	en	breve.	Pero
846	3004	5213	3754	4160	3588	1557	846	1722	5034	4133
RP3DPM	*VPAI1S*	*RP2DP*	*CSC*	*VFAI3S*	*DASF*	*NASF*	*RP3GPM*	*P*	*NDSN*	*CLC*

ὁ	υἱὸς	τοῦ	ἀνθρώπου	ἐλθὼν	ἄρα	εὑρήσει	τὴν	πίστιν	ἐπὶ	τῆς
el	Hijo	del	Hombre	habiendo venido	entonces$_2$	¿encontrará$_1$	la	fe	en	la
3588	5207	3588	444	2064	687	2147	3588	4102	1909	3588
DNSM	*NNSM*	*DGSM*	*NGSM*	*VAAP-SNM*	*TI*	*VFAI3S*	*DASF*	*NASF*	*P*	*DGSF*

γῆς;
tierra?
1093
NGSF

9 Εἶπεν	δὲ	καὶ	πρός	τινας	τοὺς	πεποιθότας	ἐφ'	ἑαυτοῖς
dijo$_2$	Y$_1$	también	a	algunos	los	confiados	en	sí mismos
2036	1161	2532	4314	5100	3588	3982	1909	1438
VAAI3S	*CLN*	*BE, TE*	*P*	*JAPM, RX-APM*	*DAPM*	*VRAP-PAM*	*P*	*RF3DPM*

ὅτι	εἰσὶν	δίκαιοι	καὶ	ἐξουθενοῦντας	τοὺς	λοιποὺς	τὴν	παραβολὴν
que	son	justos	y	que están despreciando	a los	demás	la	parábola
3754	1526	1342	2532	1848	3588	3062	3588	3850
CSC	*VPAI3P*	*JNPM*	*CLN*	*VPAP-PAM*	*DAPM*	*JAPM*	*DASF*	*NASF*

ταύτην·	10 Ἄνθρωποι	δύο	ἀνέβησαν	εἰς	τὸ	ἱερὸν	προσεύξασθαι,
esta:	personas$_2$	Dos$_1$	subieron	a	el	templo	para orar,
3778	444	1417	305	1519	3588	2411	4336
RD-ASF	*NNPM*	*XN, J*	*VAAI3P*	*P*	*DASN*	*NASN, JASN*	*VAMN*

ὁ	εἷς	Φαρισαῖος	καὶ	ὁ	ἕτερος	τελώνης.	11 ὁ	Φαρισαῖος
--	uno	fariseo	y	el	otro	recaudador de impuestos.	El	fariseo
3588	1520	5330	2532	3588	2087	5057	3588	5330
DNSM	*JNSM*	*NNSM*	*CLN*	*DNSM*	*JNSM*	*NNSM*	*DNSM*	*NNSM*

NVI

4 Durante algún tiempo
él se negó, pero por fin
concluyó: "Aunque no
temo a Dios ni tengo
consideración de nadie,
5 como esta viuda no
deja de molestarme,
voy a tener que hacerle
justicia, no sea que con
sus visitas me haga la
vida imposible"».
6 Continuó el Señor:
«Tengan en cuenta lo
que dijo el juez injusto.
7 ¿Acaso Dios no hará
justicia a sus escogidos,
que claman a él día y
noche? ¿Se tardará
mucho en responderles?
8 Les digo que sí les hará
justicia, y sin demora.
No obstante, cuando
venga el Hijo del hom-
bre, ¿encontrará fe en la
tierra?»

Parábola del fariseo y del recaudador de impuestos

9 A algunos que,
confiando en sí mismos,
se creían justos y que
despreciaban a los de-
más, Jesús les contó esta
parábola: 10 «Dos hom-
bres subieron al templo
a orar; uno era fariseo,
y el otro, recaudador de
impuestos. 11 El fariseo

18:4* O sea *aunque.*

RVR

puesto en pie, oraba
consigo mismo de esta
manera: Dios, te doy
gracias porque no soy
como los demás hom-
bres, ladrones, injustos,
adúlteros, ni tampoco
como ese cobrador de
impuestos;
12 ayuno dos veces a la
semana, doy diezmos de
todo lo que gano.
13 Mas el cobrador de
impuestos, de pie y a
bastante distancia, no
quería ni aun alzar los
ojos al cielo, sino que
se golpeaba el pecho,
diciendo: Dios, sé pro-
picio a mí, pecador.
14 Os digo que éste
descendió a su casa
justificado más bien que
aquél; porque cualquie-
ra que se enaltece, será
humillado; y el que se
humilla será enaltecido.

Jesucristo bendice a los niños

15 Traían a él hasta los
niños de pecho para
que los tocase; pero al
verlo los discípulos, les
reprendieron.
16 Mas Jesús, llamán-
dolos, dijo: Dejad a los
niños venir a mí, y no
se lo impidáis; porque
de los tales es el reino
de Dios.

σταθεὶς	πρὸς	ἑαυτὸν	ταῦτα	προσηύχετο·	Ὁ	θεός,
habiéndose puesto de pie	para$_3$	sí mismo:$_4$	estas cosas$_2$	oraba$_1$	--	Dios,
2476	4314	1438	5023	4336	3588	2316
VAPP-SNM	*P*	*RF3ASM*	*RD-APN*	*VIUI3S*	*DVSM, DNSM*	*NNSM*

εὐχαριστῶ	σοι	ὅτι	οὐκ	εἰμὶ	ὥσπερ	οἱ	λοιποὶ	τῶν	ἀνθρώπων,
doy gracias	a ti	porque	no	soy	tal como	los	demás	de los	seres humanos,
2168	4671	3754	3756	1510	5618	3588	3062	3588	444
VPAI1S	*RP2DS*	*CSC*	*BN, TN*	*VPAI1S*	*CAM*	*DNPM*	*JNPM*	*DGPM*	*NGPM*

ἅρπαγες,	ἄδικοι,	μοιχοί,	ἢ	καὶ	ὡς	οὗτος	ὁ	τελώνης·
rapaces,	injustos,	adúlteros	ni	tampoco	como	este	--	recaudador de impuestos;
727	94	3432	2228	2532	5613	3778	3588	5057
JNPM	*JNPM*	*NNPM*	*CLD*	*CLA, B*	*CAM*	*RD-NSM*	*DNSM*	*NNSM*

12 νηστεύω	δὶς	τοῦ	σαββάτου,*	ἀποδεκατῶ	πάντα	ὅσα
ayuno	dos veces	del	sábado,	doy diezmo	de todas las cosas	cuantas
3522	1364	3588	4521	586	3956	3745
VPAI1S	*B*	*DGSN*	*NGSN*	*VPAI1S*	*JAPN*	*RK-APN*

κτῶμαι.	13 ὁ	δὲ	τελώνης	μακρόθεν	ἑστὼς	οὐκ	ἤθελεν
poseo.	el$_2$	Pero$_1$	recaudador de impuestos	(desde) lejos	puesto en pie	no	quería
2932	3588	1161	5057	3113	2476	3756	2309
VPUI1S	*DNSM*	*CLC*	*NNSM*	*B*	*VRAP-SNM*	*BN, TN*	*VIAI3S*

οὐδὲ	τοὺς	ὀφθαλμοὺς	ἐπᾶραι	εἰς	τὸν	οὐρανόν,	ἀλλ’	ἔτυπτε	τὸ
ni	los$_2$	ojos$_3$	levantar$_1$	hacia	el	cielo,	sino	golpeaba	el
3761	3588	3788	1869	1519	3588	3772	235	5180	3588
BN, TN	*DAPM*	*NAPM*	*VAAN*	*P*	*DASM*	*NASM*	*CLC*	*VIAI3S*	*DASN*

στῆθος	αὐτοῦ	λέγων·	Ὁ	θεός,	ἱλάσθητί	μοι	τῷ	ἁμαρτωλῷ.
pecho	de él	diciendo:	--	Dios,	ten compasión	para mí,	el	pecador.
4738	846	3004	3588	2316	2433	3427	3588	268
NASN	*RP3GSM*	*VPAP-SNM*	*DVSM, DNSM*	*NNSM*	*VAPM2S*	*RP1DS*	*DDSM*	*JDSM*

14 λέγω	ὑμῖν,	κατέβη	οὗτος	δεδικαιωμένος	εἰς	τὸν	οἶκον	αὐτοῦ
Digo	a vosotros,	bajó$_2$	este$_1$	justificado	a	la	casa	de él
3004	5213	2597	3778	1344	1519	3588	3624	846
VPAI1S	*RP2DP*	*VAAI3S*	*RD-NSM*	*VRPP-SNM*	*P*	*DASM*	*NASM*	*RP3GSM*

παρ’	ἐκεῖνον·	ὅτι	πᾶς	ὁ	ὑψῶν	ἑαυτὸν	ταπεινωθήσεται,	ὁ	δὲ
más que	aquel;	porque	todo	el que	se exalta	a sí mismo	será humillado,	el que$_2$	y$_1$
3844	1565	3754	3956	3588	5312	1438	5013	3588	1161
P	*RD-ASM*	*CLX*	*JNSM*	*DNSM*	*VPAP-SNM*	*RF3ASM*	*VFPI3S*	*DNSM*	*CLC*

ταπεινῶν	ἑαυτὸν	ὑψωθήσεται.
se humilla	a sí mismo	será exaltado.
5013	1438	5312
VPAP-SNM	*RF3ASM*	*VFPI3S*

15 Προσέφερον	δὲ	αὐτῷ	καὶ	τὰ	βρέφη	ἵνα	αὐτῶν	ἅπτηται·
traían$_2$	Y$_1$	a él	también	los	niños pequeños	para que	a ellos;$_2$	toque$_1$
4374	1161	846	2532	3588	1025	2443	846	680
VIAI3P	*CLN*	*RP3DSM*	*BE, TE*	*DAPN*	*NAPN*	*CAP*	*RP3GPN*	*VPMS3S*

ἰδόντες	δὲ	οἱ	μαθηταὶ	ἐπετίμων	αὐτοῖς.	16 ὁ	δὲ	Ἰησοῦς
habiendo visto$_4$	y$_3$	los	discípulos	reprendían	a ellos.	--$_2$	Pero$_1$	Jesús
1492	1161	3588	3101	2008	846	3588	1161	2424
VAAP-PNM	*CLC*	*DNPM*	*NNPM*	*VIAI3P*	*RP3DPM*	*DNSM*	*CLC*	*NNSM*

προσεκαλέσατο	αὐτὰ	λέγων·	Ἄφετε	τὰ	παιδία	ἔρχεσθαι	πρός	με	καὶ
llamó para sí	a ellos	diciendo:	Dejad	a los	niñitos	venir	a	mí	y
4341	846	3004	863	3588	3813	2064	4314	3165	2532
VAMI3S	*RP3APN*	*VPAP-SNM*	*VAAM2P*	*DAPN*	*NAPN*	*VPUN*	*P*	*RP1AS*	*CLN*

μὴ	κωλύετε	αὐτά,	τῶν	γὰρ	τοιούτων	ἐστὶν	ἡ	βασιλεία	τοῦ	θεοῦ.
no	impidáis	ellos,	de los$_2$	porque$_1$	tales	es	el	reino	de --	Dios.
3361	2967	846	3588	1063	5108	2076	3588	932	3588	2316
BN, TN	*VPAM2P*	*RP3APN*	*DGPN*	*CAZ*	*RD-GPN*	*VPAI3S*	*DNSF*	*NNSF*	*DGSM*	*NGSM*

NVI

se puso a orar consigo
mismo: "Oh Dios, te
doy gracias porque no
soy como otros hombres
—ladrones, malhe-
chores, adúlteros— ni
mucho menos como
ese recaudador de
impuestos. 12 Ayuno dos
veces a la semana y doy la
décima parte de todo lo
que recibo". 13 En cam-
bio, el recaudador de
impuestos, que se había
quedado a cierta distan-
cia, ni siquiera se atrevía
a alzar la vista al cielo,
sino que se golpeaba
el pecho y decía: "¡Oh
Dios, ten compasión de
mí, que soy pecador!"
14 »Les digo que este,
y no aquel, volvió a su
casa justificado ante
Dios. Pues todo el que
a sí mismo se enaltece
será humillado, y el
que se humilla será
enaltecido».

Jesús y los niños

15 También le lleva-
ban niños pequeños
a Jesús para que los
tocara. Al ver esto, los
discípulos reprendían
a quienes los llevaban.
16 Pero Jesús llamó a los
niños y dijo: «Dejen
que los niños vengan a
mí, y no se lo impidan,
porque el reino de Dios
es de quienes son como

18:12* O sea *a la semana.*

RVR

17 De cierto os digo, que el que no reciba el reino de Dios como un niño, no entrará en él.

El joven rico

18 Un hombre principal le preguntó, diciendo: Maestro bueno, ¿qué haré para heredar la vida eterna?
19 Jesús le dijo: ¿Por qué me llamas bueno? Ninguno hay bueno, sino sólo Dios.
20 Los mandamientos sabes: No cometas adulterio; no mates; no hurtes; no digas falso testimonio; honra a tu padre y a tu madre.
21 Él dijo: Todo esto lo he guardado desde mi juventud.
22 Jesús, oyendo esto, le dijo: Aún te falta una cosa: vende todo lo que tienes, y repártelo entre los pobres, y tendrás tesoro en el cielo; y ven, sígueme.
23 Entonces él, oyendo esto, se puso muy triste, porque era sumamente rico.
24 Al ver Jesús que se había entristecido mucho, dijo: ¡Cuán difícilmente entrarán en el reino de Dios los que tienen riquezas!

17 ἀμὴν λέγω ὑμῖν, ὃς ἂν μὴ δέξηται τὴν βασιλείαν τοῦ
Ciertamente digo a vosotros, el que -- no recibiera el reino de --
281 3004 5213 3739 302 3361 1209 3588 932 3588
XF, B VPAI1S RP2DP RR-NSM TC BN, TN VAMS3S DASF NASF DGSM

θεοῦ ὡς παιδίον, οὐ μὴ* εἰσέλθῃ εἰς αὐτήν.
Dios como un niñito no no entrara a él.
2316 5613 3813 3756 3361 1525 1519 846
NGSM CAM NNSN BN, TN BN, TN VAAS3S P RP3ASF

18 Καὶ ἐπηρώτησέν τις αὐτὸν ἄρχων λέγων· Διδάσκαλε
Y preguntó$_3$ uno$_1$ a él$_4$ de (los) jefes$_2$ diciendo: Maestro
2532 1905 5100 846 758 3004 1320
CLN VAAI3S JNSM, RX-NSM RP3ASM NNSM VPAP-SNM NVSM

ἀγαθέ, τί ποιήσας ζωὴν αἰώνιον κληρονομήσω; 19 εἶπεν δὲ
bueno, ¿qué habiendo hecho yo (la) vida$_2$ eterna?$_3$ heredaré$_1$ dijo$_4$ Y$_1$
18 5101 4160 2222 166 2816 2036 1161
JVSM RI-ASN VAAP-SNM NASF JASF VFAI1S, VAAS1S VAAI3S CLN

αὐτῷ ὁ Ἰησοῦς· Τί με λέγεις ἀγαθόν; οὐδεὶς ἀγαθὸς εἰ
a él:$_5$ --$_2$ Jesús$_3$ ¿Por qué me dices bueno? Nadie (es) bueno si
846 3588 2424 5101 3165 3004 18 3762 18 1487
RP3DSM DNSM NNSM RI-ASN RP1AS VPAI2S JASM JNSM JNSM CAC

μὴ εἷς ὁ θεός. 20 τὰς ἐντολὰς οἶδας· Μὴ μοιχεύσῃς, Μὴ
no (solo) uno, -- Dios. Los mandamientos sabes: No cometas adulterio; no
3361 1520 3588 2316 3588 1785 1492 3361 3431 3361
BN, TN JNSM DNSM NNSM DAPF NAPF VRAI2S BN, TN VAAS2S BN, TN

φονεύσῃς, Μὴ κλέψῃς, Μὴ ψευδομαρτυρήσῃς, Τίμα τὸν πατέρα
asesines; no robes; no des falso testimonio; honra al padre
5407 3361 2813 3361 5576 5091 3588 3962
VAAS2S BN, TN VAAS2S BN, TN VAAS2S VPAM2S DASM NASM

σου καὶ τὴν μητέρα. 21 ὁ δὲ εἶπεν· Ταῦτα πάντα ἐφύλαξα ἐκ
de ti y a la madre. --$_2$ Y$_1$ dijo:$_3$ estas (cosas)$_5$ Todas$_4$ guardé desde
4675 2532 3588 3384 3588 1161 2036 5023 3956 5442 1537
RP2GS CLN DASF NASF DNSM CLN VAAI3S RD-APN JAPN VAAI1S P

νεότητος μου. 22 ἀκούσας δὲ ὁ Ἰησοῦς εἶπεν αὐτῷ· Ἔτι ἕν
(la) juventud de mí. habiendo oído$_2$ Y$_1$ -- Jesús dijo a él: Todavía una cosa$_2$
3503 3450 191 1161 3588 2424 2036 846 2089 1520
NGSF RP1GS VAAP-SNM CLN DNSM NNSM VAAI3S RP3DSM B JNSN, JASN

σοι λείπει· πάντα ὅσα ἔχεις πώλησον καὶ διάδος πτωχοῖς, καὶ
a ti:$_3$ falta$_1$ todas las cosas$_5$ cuantas$_6$ tienes$_7$ vende$_4$ y reparte a (los) pobres, y
4671 3007 3956 3745 2192 4453 2532 1239 4434 2532
RP2DS VPAI3S JAPN RK-APN VPAI2S VAAM2S CLN VAAM2S JDPM CLN

ἕξεις θησαυρὸν ἐν οὐρανοῖς, καὶ δεῦρο ἀκολούθει μοι. 23 ὁ δὲ
tendrás un tesoro en (los) cielos, y ven sigue a mí. --$_2$ Pero$_1$
2192 2344 1722 3772 2532 1204 190 3427 3588 1161
VFAI2S NASM P NDPM CLN B VPAM2S RP1DS DNSM CLC

ἀκούσας ταῦτα περίλυπος ἐγενήθη, ἦν γὰρ πλούσιος σφόδρα.
habiendo oído estas cosas muy triste,$_2$ se puso$_1$ era$_4$ porque$_3$ rico.$_6$ extremadamente$_5$
191 5023 4036 1096 2258 1063 4145 4970
VAAP-SNM RD-APN JNSM VAPI3S VIAI3S CAZ JNSM B

24 Ἰδὼν δὲ αὐτὸν ὁ ⸀Ἰησοῦς εἶπεν· Πῶς δυσκόλως οἱ τὰ
habiendo visto$_2$ Y$_1$ a él$_5$ --$_3$ Jesús$_4$ dijo: ¡Cuán difícilmente los que --
1492 1161 846 3588 2424 2036 4459 1423 3588 3588
VAAP-SNM CLN RP3ASM DNSM NNSM VAAI3S B B DNPM DAPN

χρήματα ἔχοντες εἰς τὴν βασιλείαν τοῦ θεοῦ εἰσπορεύονται·
riquezas$_2$ están teniendo$_1$ a$_4$ el$_5$ reino$_6$ de --$_7$ Dios.$_8$ entran$_3$
5536 2192 1519 3588 932 3588 2316 1531
NAPN VPAP-PNM P DASF NASF DGSM NGSM VPUI3P

NVI

ellos. 17 Les aseguro que el que no reciba el reino de Dios como un niño, de ninguna manera entrará en él».

El dirigente rico

18 Cierto dirigente le preguntó:

—Maestro bueno, ¿qué tengo que hacer para heredar la vida eterna?

19 —¿Por qué me llamas bueno? —respondió Jesús—. Nadie es bueno sino solo Dios. 20 Ya sabes los mandamientos: "No cometas adulterio, no mates, no robes, no presentes falso testimonio, honra a tu padre y a tu madre".

21 —Todo eso lo he cumplido desde que era joven —dijo el hombre.

22 Al oír esto, Jesús añadió:

—Todavía te falta una cosa: vende todo lo que tienes y repártelo entre los pobres, y tendrás tesoro en el cielo. Luego ven y sígueme.

23 Cuando el hombre oyó esto, se entristeció mucho, pues era muy rico. 24 Al verlo tan afligido, Jesús comentó:

—¡Qué difícil es para los ricos entrar en el reino de Dios!

18:17* O sea *de ninguna manera.* **18:24⸀** Manuscritos importantes tienen *que se había entristecido.*

RVR

25 Porque es más fácil que un camello entre por el ojo de una aguja, que el que un rico entre en el reino de Dios.
26 Y los que oyeron esto dijeron: Entonces, ¿quién puede ser salvo?
27 Él les dijo: Lo que es imposible para los hombres, es posible para Dios.
28 Entonces Pedro dijo: He aquí que nosotros lo hemos dejado todo y te hemos seguido.
29 Y él les dijo: De cierto os digo, que no hay nadie que haya dejado casa, o padres, o hermanos, o mujer, o hijos, por el reino de Dios,
30 que no haya de recibir mucho más en este tiempo, y en el siglo venidero la vida eterna.

Nuevamente Jesucristo anuncia su muerte

31 Tomando Jesús a los doce, les dijo: He aquí que subimos a Jerusalén, y se cumplirán todas las cosas escritas por los profetas acerca del Hijo del Hombre.

25 εὐκοπώτερον	γάρ	ἐστιν	κάμηλον	διὰ	τρήματος	βελόνης	εἰσελθεῖν
más fácil$_3$	porque$_2$	es$_1$	un camello$_5$	por$_6$	(el) ojo$_7$	de una aguja,$_8$	entrar$_4$
2123	1063	2076	2574	1223	5168	4476	1525
JNSNC	*CLX*	*VPAI3S*	*NASM*	*P*	*NGSN*	*NGSF*	*VAAN*

ἢ	πλούσιον	εἰς	τὴν	βασιλείαν	τοῦ	θεοῦ	εἰσελθεῖν.
que$_9$	un rico$_{10}$	a$_{12}$	el$_{13}$	reino$_{14}$	de --$_{15}$	Dios.$_{16}$	entrar$_{11}$
2228	4145	1519	3588	932	3588	2316	1525
CAM	*JASM*	*P*	*DASF*	*NASF*	*DGSM*	*NGSM*	*VAAN*

26 Εἶπαν	δὲ	οἱ	ἀκούσαντες·	Καὶ	τίς	δύναται	σωθῆναι;	27 ὁ
dijeron:$_4$	Y$_1$	los que$_2$	habiendo oído$_3$	Y,	¿quién	puede	ser salvo?	--$_2$
3004	1161	3588	191	2532	5101	1410	4982	3588
VAAI3P	*CLN*	*DNPM*	*VAAP-PNM*	*CLN*	*RI-NSM*	*VPUI3S*	*VAPN*	*DNSM*

δὲ	εἶπεν·	Τὰ	ἀδύνατα	παρὰ	ἀνθρώποις	δυνατὰ	παρὰ	τῷ	θεῷ
Y$_1$	dijo:	Las cosas	imposibles	para	(los) seres humanos	posibles$_2$	para$_3$	--$_4$	Dios.$_5$
1161	2036	3588	102	3844	444	1415	3844	3588	2316
CLN	*VAAI3S*	*DNPN*	*JNPN*	*P*	*NDPM*	*JNPN*	*P*	*DDSM*	*NDSM*

ἐστιν.
es (son)$_1$
2076
VPAI3S

28 Εἶπεν	δὲ	ὁ	Πέτρος·	Ἰδοὺ	ἡμεῖς	ἀφέντες	τὰ	ἴδια
dijo:$_4$	Entonces$_1$	--$_2$	Pedro$_3$	Mira,	nosotros	habiendo dejado	las cosas	propias
2036	1161	3588	4074	2400	2249	863	3588	2398
VAAI3S	*CLN*	*DNSM*	*NNSM*	*I, VAAM2S*	*RP1NP*	*VAAP-PNM*	*DAPN*	*JAPN*

ἠκολουθήσαμέν	σοι.	29 ὁ	δὲ	εἶπεν	αὐτοῖς·	Ἀμὴν	λέγω	ὑμῖν
seguimos	a ti.	--$_2$	Y$_1$	dijo	a ellos:	Ciertamente	digo	a vosotros
190	4671	3588	1161	2036	846	281	3004	5213
VAAI1P	*RP2DS*	*DNSM*	*CLN*	*VAAI3S*	*RP3DPM*	*XF, B*	*VPAI1S*	*RP2DP*

ὅτι	οὐδείς	ἐστιν	ὃς	ἀφῆκεν	οἰκίαν	ἢ	γυναῖκα	ἢ	ἀδελφοὺς	ἢ
que	nadie	es (hay)	quien	dejó	casa	o	esposa	o	hermanos	o
3754	3762	2076	3739	863	3614	2228	1135	2228	80	2228
CSC	*JNSM*	*VPAI3S*	*RR-NSM*	*VAAI3S*	*NASF*	*CLD*	*NASF*	*CLD*	*NAPM*	*CLD*

γονεῖς	ἢ	τέκνα	ἕνεκεν	τῆς	βασιλείας	τοῦ	θεοῦ,	30 ὃς	οὐχὶ	μὴ*
padres	o	hijos	por causa	del	reino	de --	Dios,	el cual	no	no
1118	2228	5043	1752	3588	932	3588	2316	3739	3780	3361
NAPM	*CLD*	*NAPN*	*P, B*	*DGSF*	*NGSF*	*DGSM*	*NGSM*	*RR-NSM*	*BN, TN*	*BN, TN*

ἀπολάβῃ	πολλαπλασίονα	ἐν	τῷ	καιρῷ	τούτῳ	καὶ	ἐν	τῷ
recibiera	muchas veces más	en	el	tiempo oportuno	este	y	en	el
618	4179	1722	3588	2540	5129	2532	1722	3588
VAAS3S	*JAPN*	*P*	*DDSM*	*NDSM*	*RD-DSM*	*CLN*	*P*	*DDSM*

αἰῶνι	τῷ	ἐρχομένῳ	ζωὴν	αἰώνιον.
siglo	el que	está viniendo	vida	eterna.
165	3588	2064	2222	166
NDSM	*DDSM*	*VPUP-SDM*	*NASF*	*JASF*

31 Παραλαβὼν	δὲ	τοὺς	δώδεκα	εἶπεν	πρὸς	αὐτούς·	Ἰδοὺ
habiendo tomado consigo$_2$	Y$_1$	a los	doce	dijo	a	ellos:	Mira,
3880	1161	3588	1427	2036	4314	846	2400
VAAP-SNM	*CLN*	*DAPM*	*XN, J*	*VAAI3S*	*P*	*RP3APM*	*I, VAAM2S*

ἀναβαίνομεν	εἰς	Ἰερουσαλήμ,	καὶ	τελεσθήσεται	πάντα	τὰ
subimos	a	Jerusalén,	y	serán cumplidas	todas	las cosas
305	1519	2419	2532	5055	3956	3588
VPAI1P	*P*	*NASF, XP*	*CLN*	*VFPI3S*	*JNPN*	*DNPN*

γεγραμμένα	διὰ	τῶν	προφητῶν	τῷ	υἱῷ	τοῦ	ἀνθρώπου·
escritas	por	los	profetas	(sobre) el	Hijo	del	Hombre;
1125	1223	3588	4396	3588	5207	3588	444
VRPP-PNN	*P*	*DGPM*	*NGPM*	*DDSM*	*NDSM*	*DGSM*	*NGSM*

NVI

25 En realidad, le resulta más fácil a un camello pasar por el ojo de una aguja que a un rico entrar en el reino de Dios.
26 Los que lo oyeron preguntaron:
—Entonces, ¿quién podrá salvarse?
27 —Lo que es imposible para los hombres es posible para Dios —aclaró Jesús.
28 —Mira —le dijo Pedro—, nosotros hemos dejado todo lo que teníamos para seguirte.
29 —Les aseguro —respondió Jesús— que todo el que por causa del reino de Dios haya dejado casa, esposa, hermanos, padres o hijos
30 recibirá mucho más en este tiempo; y en la edad venidera, la vida eterna.

Jesús predice de nuevo su muerte

31 Entonces Jesús tomó aparte a los doce y les dijo: «Ahora vamos rumbo a Jerusalén, donde se cumplirá todo lo que escribieron los profetas acerca del Hijo del hombre.

18:30* O sea *de ninguna manera.*

RVR

32 Pues será entregado a
los gentiles, y será escar-
necido, y afrentado, y
escupido.
33 Y después que le
hayan azotado, le ma-
tarán; mas al tercer día
resucitará.
34 Pero ellos nada
comprendieron de estas
cosas, y estas palabras
les quedaban ocultas, y
no entendían lo que se
les decía.

Un ciego de Jericó recibe la vista

35 Aconteció que al
acercarse Jesús a Jericó,
un ciego estaba sentado
junto al camino, men-
digando;
36 y al oír pasar a una
multitud, preguntó qué
era aquello.
37 Y le dijeron que pasa-
ba Jesús nazareno.
38 Entonces dio voces,
diciendo: ¡Jesús, Hijo
de David, ten compa-
sión de mí!
39 Y los que iban delante
le increpaban para que
callase; pero él clamaba
mucho más: ¡Hijo de
David, ten compasión
de mí!
40 Jesús entonces, dete-
niéndose, mandó traerle
a su presencia; y cuando
llegó, le preguntó,
41 diciendo: ¿Qué
quieres que te haga?
Y él dijo: Señor, que

32 παραδοθήσεται	γὰρ	τοῖς	ἔθνεσιν	καὶ	ἐμπαιχθήσεται	καὶ
será entregado$_2$	porque$_1$	a los	gentiles	y	será ridiculizado	y
3860	1063	3588	1484	2532	1702	2532
VFPI3S	*CLX*	*DDPN*	*NDPN*	*CLN*	*VFPI3S*	*CLN*

ὑβρισθήσεται	καὶ	ἐμπτυσθήσεται,	33 καὶ	μαστιγώσαντες	ἀποκτενοῦσιν
será insultado	y	será escupido	y	habiéndolo azotado	matarán
5195	2532	1716	2532	3146	615
VFPI3S	*CLN*	*VFPI3S*	*CLN*	*VAAP-PNM*	*VFAI3P*

αὐτόν,	καὶ	τῇ	ἡμέρᾳ	τῇ	τρίτῃ	ἀναστήσεται.	34 καὶ	αὐτοὶ	οὐδὲν
a él,	y	al	día	--	tercero	resucitará.	Pero	ellos	nada
846	2532	3588	2250	3588	5154	450	2532	846	3762
RP3ASM	*CLN*	*DDSF*	*NDSF*	*DDSF*	*JDSF*	*VFMI3S*	*CLN*	*RP3NPMP*	*JASN*

τούτων	συνῆκαν,	καὶ	ἦν	τὸ	ῥῆμα	τοῦτο	κεκρυμμένον	ἀπ’	αὐτῶν,
de estas cosas	entendieron	y	estaba	la	palabra	esta	oculta	de	ellos
5130	4920	2532	2258	3588	4487	5124	2928	575	846
RD-GPN	*VAAI3P*	*CLN*	*VIAI3S*	*DNSN*	*NNSN*	*RD-NSN*	*VRPP-SNN*	*P*	*RP3GPM*

καὶ	οὐκ	ἐγίνωσκον	τὰ	λεγόμενα.
y	no	conocían	las cosas que	están siendo dichas.
2532	3756	1097	3588	3004
CLN	*BN, TN*	*VIAI3P*	*DAPN*	*VPPP-PAN*

35 Ἐγένετο	δὲ	ἐν	τῷ	ἐγγίζειν	αὐτὸν	εἰς	Ἰεριχὼ	τυφλός
sucedió que$_2$	Y$_1$	en	el	acercarse	él	a	Jericó,	ciego$_2$
1096	1161	1722	3588	1448	846	1519	2410	5185
VAMI3S	*CLT*	*P*	*DDSN, DDSM*	*VPAN*	*RP3ASM*	*P*	*NASF, XP*	*JNSM*

τις	ἐκάθητο	παρὰ	τὴν	ὁδὸν	ἐπαιτῶν.	36 ἀκούσας	δὲ
cierto$_1$	estaba sentado	junto a	el	camino	pidiendo limosna.	habiendo oído$_2$	Y$_1$
5100	2521	3844	3588	3598	1871	191	1161
JNSM, RX-NSM	*VIUI3S*	*P*	*DASF*	*NASF*	*VPAP-SNM*	*VAAP-SNM*	*CLN*

ὄχλου	διαπορευομένου	ἐπυνθάνετο	τί	εἴη	τοῦτο.	37 ἀπήγγειλαν
(la) multitud	que está pasando	preguntaba	qué	sería	eso.	informaron$_2$
3793	1279	4441	5101	1498	5124	518
NGSM	*VPUP-SGM*	*VIUI3S*	*RI-NSN*	*VPAO3S*	*RD-NSN*	*VAAI3P*

δὲ	αὐτῷ	ὅτι	Ἰησοῦς	ὁ	Ναζωραῖος	παρέρχεται.	38 καὶ	ἐβόησεν
E$_1$	a él	que	Jesús	el	nazareno	pasa.	Y	gritó
1161	846	3754	2424	3588	3480	3928	2532	994
CLN	*RP3DSM*	*CSC*	*NNSM*	*DNSM*	*NNSM*	*VPUI3S*	*CLN*	*VAAI3S*

λέγων·	Ἰησοῦ	υἱὲ	Δαυίδ,	ἐλέησόν	με.	39 καὶ	οἱ	προάγοντες
diciendo:	Jesús,	hijo	de David,	ten misericordia	de mí.	Pero	los que	están yendo delante
3004	2424	5207	1138	1653	3165	2532	3588	4254
VPAP-SNM	*NVSM*	*NVSM*	*NGSM, XP*	*VAAM2S*	*RP1AS*	*CLN*	*DNPM*	*VPAP-PNM*

ἐπετίμων	αὐτῷ	ἵνα	σιγήσῃ·	αὐτὸς	δὲ	πολλῷ	μᾶλλον	ἔκραζεν·
reprendían	a él	para que	se callara,	él$_2$	pero$_1$	mucho	más	gritaba:
2008	846	2443	4601	846	1161	4183	3123	2896
VIAI3P	*RP3DSM*	*CSC*	*VAAS3S*	*RP3NSMP*	*CLC*	*JDSN*	*B*	*VIAI3S*

Υἱὲ	Δαυίδ,	ἐλέησόν	με.	40 σταθεὶς	δὲ	ὁ	Ἰησοῦς	ἐκέλευσεν
Hijo	de David,	ten misericordia	de mí.	habiéndose detenido$_2$	Y$_1$	--	Jesús	mandó
5207	1138	1653	3165	2476	1161	3588	2424	2753
NVSM	*NGSM, XP*	*VAAM2S*	*RP1AS*	*VAPP-SNM*	*CLN*	*DNSM*	*NNSM*	*VAAI3S*

αὐτὸν	ἀχθῆναι	πρὸς	αὐτόν.	ἐγγίσαντος	δὲ	αὐτοῦ	ἐπηρώτησεν
él	ser guiado	a	él.	habiéndose acercado$_3$	Y$_1$	él$_2$	preguntó$_4$
846	71	4314	846	1448	1161	846	1905
RP3ASM	*VAPN*	*P*	*RP3ASM*	*VAAP-SGM*	*CLN*	*RP3GSM*	*VAAI3S*

αὐτόν·	41 Τί	σοι	θέλεις	ποιήσω;	ὁ	δὲ	εἶπεν·	Κύριε,	ἵνα
a él	¿Qué	a ti?$_3$	quieres (que)$_1$	yo hiciera$_2$	--$_5$	Y$_4$	dijo:	Señor,	que
846	5101	4671	2309	4160	3588	1161	2036	2962	2443
RP3ASM	*RI-ASN*	*RP2DS*	*VPAI2S*	*VAAS1S*	*DNSM*	*CLN*	*VAAI3S*	*NVSM*	*CSC*

NVI

32 En efecto, será entre-
gado a los gentiles. Se
burlarán de él, lo insul-
tarán, le escupirán; 33 y,
después de azotarlo, lo
matarán. Pero al tercer
día resucitará».
34 Los discípulos no
entendieron nada de
esto. Les era incompren-
sible, pues no captaban
el sentido de lo que les
hablaba.

Un mendigo ciego recibe la vista

35 Sucedió que al
acercarse Jesús a Jericó,
estaba un ciego sentado
junto al camino pidien-
do limosna. 36 Cuando
oyó a la multitud que
pasaba, preguntó qué
acontecía.
37 —Jesús de Nazaret
está pasando por aquí
—le respondieron.
38 —¡Jesús, Hijo de
David, ten compasión
de mí! —gritó el ciego.
39 Los que iban de-
lante lo reprendían para
que se callara, pero él se
puso a gritar aún más
fuerte:
—¡Hijo de David, ten
compasión de mí!
40 Jesús se detuvo y
mandó que se lo traje-
ran. Cuando el ciego
se acercó, le preguntó
Jesús:
41 —¿Qué quieres que
haga por ti?
—Señor, quiero ver.

RVR

recobre la vista.
42 Jesús le dijo:
Recóbrala, tu fe te ha
salvado.
43 Y al instante recobró
la vista, y le seguía, glo-
rificando a Dios; y todo
el pueblo, cuando vio
aquello, dio alabanza
a Dios.

Jesús y Zaqueo

19 Habiendo
entrado Jesús
en Jericó, iba pasando
por la ciudad.
2 Y sucedió que un varón
llamado Zaqueo, que era
un jefe de los cobradores
de impuestos, y rico,
3 procuraba ver quién
era Jesús; pero no podía
a causa de la multitud,
pues era pequeño de
estatura.
4 Y corriendo delante,
subió a un sicómoro
para verle; porque
estaba a punto de pasar
por allí.
5 Cuando Jesús llegó a
aquel lugar, mirando
hacia arriba, le vio, y le
dijo: Zaqueo, date prisa,
desciende, porque hoy
tengo que hospedarme
en tu casa.
6 Entonces él descen-
dió aprisa, y le recibió
gozoso.
7 Al ver esto, todos mur-
muraban, diciendo: Ha
entrado a hospedarse
con un hombre pecador.
8 Y Zaqueo, puesto en
pie, dijo al Señor: Mira,

ἀναβλέψω.	42 καὶ	ὁ	Ἰησοῦς	εἶπεν	αὐτῷ·	Ἀνάβλεψον·	ἡ	πίστις
yo viera.	Y	--	Jesús	dijo	a él:	Ve;	la	fe
308	2532	3588	2424	2036	846	308	3588	4102
VAAS1S	CLN	DNSM	NNSM	VAAI3S	RP3DSM	VAAM2S	DNSF	NNSF

σου	σέσωκέν	σε.	43 καὶ	παραχρῆμα	ἀνέβλεψεν,	καὶ	ἠκολούθει	αὐτῷ
de ti	ha salvado	a t.	Y	al instante	vio,	y	seguía	a él
4675	4982	4571	2532	3916	308	2532	190	846
RP2GS	VRAI3S	RP2AS	CLN	B	VAAI3S	CLN	VIAI3S	RP3DSM

δοξάζων	τὸν	θεόν.	καὶ	πᾶς	ὁ	λαὸς	ἰδὼν	ἔδωκεν	αἶνον	τῷ	θεῷ.
glorificando	a --	Dios.	Y	todo	el	pueblo	habiendo visto	dio	alabanza	a --	Dios.
1392	3588	2316	2532	3956	3588	2992	1492	1325	136	3588	2316
VPAP-SNM	DASM	NASM	CLN	JNSM	DNSM	NNSM	VAAP-SNM	VAAI3S	NASM	DDSM	NDSM

19 Καὶ	εἰσελθὼν	διήρχετο	τὴν	Ἰεριχώ.	2 καὶ	ἰδοὺ	ἀνὴρ
Y	habiendo entrado	pasaba por	--	Jericó.	Y	mira,	un hombre
2532	1525	1330	3588	2410	2532	2400	435
CLN	VAAP-SNM	VIUI3S	DASF	NASF, XP	CLN	I, VAAM2S	NNSM

ὀνόματι	καλούμενος	Ζακχαῖος,	καὶ	αὐτὸς	ἦν	ἀρχιτελώνης
(de) nombre	siendo llamado	Zaqueo,	y	él	era	jefe de los recaudadores de impuestos
3686	2564	2195	2532	846	2258	754
NDSN	VPPP-SNM	NNSM	CLN	RP3NSM	VIAI3S	NNSM

καὶ	αὐτὸς	πλούσιος·	3 καὶ	ἐζήτει	ἰδεῖν	τὸν	Ἰησοῦν	τίς	ἐστιν,	καὶ
y	él (era)	rico;	y	buscaba	ver	a --	Jesús	quién	es	y
2532	846	4145	2532	2212	1492	3588	2424	5101	2076	2532
CLN	RP3NSM	JNSM	CLN	VIAI3S	VAAN	DASM	NASM	RI-NSM	VPAI3S	CLC

οὐκ	ἠδύνατο	ἀπὸ	τοῦ	ὄχλου	ὅτι	τῇ	ἡλικίᾳ	μικρὸς	ἦν.	4 καὶ
no	podía	por	la	multitud,	porque	en la$_2$	estatura$_3$	pequeño.$_4$	era$_1$	Y
3756	1410	575	3588	3793	3754	3588	2244	3398	2258	2532
BN, TN	VIUI3S	P	DGSM	NGSM	CAZ	DDSF	NDSF	JNSM	VIAI3S	CLN

προδραμὼν	εἰς	τὸ	ἔμπροσθεν	ἀνέβη	ἐπὶ	συκομορέαν	ἵνα
habiendo corrido adelante	hacia	el	frente,	subió	sobre	un sicomoro	para que
4390	1519	3588	1715	305	1909	4809	2443
VAAP-SNM	P	DASN	B	VAAI3S	P	NASF	CAP

ἴδῃ	αὐτόν,	ὅτι	ἐκείνης	ἤμελλεν	διέρχεσθαι.	5 καὶ	ὡς	ἦλθεν	ἐπὶ
viera	a él,	porque	(por) allí	estaba a punto de	pasar.	Y	cuando	vino	a
1492	846	3754	1565	3195	1330	2532	5613	2064	1909
VAAS3S	RP3ASM	CAZ	RD-GSF	VIAI3S	VPUN	CLN	CAT	VAAI3S	P

τὸν	τόπον,	ἀναβλέψας	ὁ	Ἰησοῦς	εἶπεν	πρὸς	αὐτόν·	Ζακχαῖε,
el	lugar,	habiendo levantado la vista	--	Jesús	dijo	a	él:	Zaqueo
3588	5117	308	3588	2424	2036	4314	846	2195
DASM	NASM	VAAP-SNM	DNSM	NNSM	VAAI3S	P	RP3ASM	NVSM

σπεύσας	κατάβηθι,	σήμερον	γὰρ	ἐν	τῷ	οἴκῳ	σου	δεῖ
habiéndote apresurado	baja,	hoy$_2$	porque$_1$	en	la	casa	de ti	es necesario
4692	2597	4594	1063	1722	3588	3624	4675	1163
VAAP-SNM	VAAM2S	B	CAZ	P	DDSM	NDSM	RP2GS	VPAI3S

με	μεῖναι.	6 καὶ	σπεύσας	κατέβη,	καὶ	ὑπεδέξατο	αὐτὸν	χαίρων.
a mí	quedar.	Y	habiéndose apresurado	bajó	y	recibió	a él	alegrándose.
3165	3306	2532	4692	2597	2532	5264	846	5463
RP1AS	VAAN	CLN	VAAP-SNM	VAAI3S	CLN	VAMI3S	RP3ASM	VPAP-SNM

7 καὶ	ἰδόντες	πάντες	διεγόγγυζον	λέγοντες	ὅτι	Παρὰ	ἁμαρτωλῷ
Y	habiendo visto	todos	criticaban	diciendo	que:	Junto a	pecador$_2$
2532	1492	3956	1234	3004	3754	3844	268
CLN	VAAP-PNM	JNPM	VIAI3P	VPAP-PNM	CSC	P	JDSM

ἀνδρὶ	εἰσῆλθεν	καταλῦσαι.	8 σταθεὶς	δὲ	Ζακχαῖος	εἶπεν
un hombre$_1$	entró	a hospedarse.	habiéndose puesto de pie$_2$	Pero$_1$	Zaqueo	dijo
435	1525	2647	2476	1161	2195	2036
NDSM	VAAI3S	VAAN	VAPP-SNM	CLN	NNSM	VAAI3S

NVI

42 —¡Recibe la vista!
—le dijo Jesús—. Tu fe
te ha sanado.
43 Al instante recobró
la vista. Entonces,
glorificando a Dios, co-
menzó a seguir a Jesús, y
todos los que lo vieron
daban alabanza a Dios.

Zaqueo, el recaudador de impuestos

19 Jesús llegó a
Jericó y comen-
zó a cruzar la ciudad.
2 Resulta que había allí
un hombre llamado
Zaqueo, jefe de los re-
caudadores de impues-
tos, que era muy rico.
3 Estaba tratando de ver
quién era Jesús, pero la
multitud se lo impedía,
pues era de baja estatura.
4 Por eso se adelantó
corriendo y se subió a
un árbol sicómoro para
poder verlo, ya que Jesús
iba a pasar por allí.
5 Llegando al lugar,
Jesús miró hacia arriba
y le dijo:
—Zaqueo, baja en
seguida. Tengo que que-
darme hoy en tu casa.
6 Así que se apresuró
a bajar y, muy contento,
recibió a Jesús en su casa.
7 Al ver esto, todos
empezaron a murmurar:
«Ha ido a hospedarse
con un pecador».
8 Pero Zaqueo dijo
resueltamente:

RVR

Señor, voy a dar a los
pobres la mitad de mis
bienes; y si en algo he de-
fraudado a alguno, se lo
devuelvo cuadruplicado.
9 Jesús le dijo: Hoy ha
venido la salvación a
esta casa; por cuanto
también él es hijo de
Abraham.
10 Porque el Hijo del
Hombre vino a buscar
y a salvar lo que se había
perdido.

Parábola de las diez minas

11 Oyendo ellos estas
cosas, prosiguió Jesús y
dijo una parábola, por
cuanto estaba cerca de
Jerusalén, y ellos pen-
saban que el reino de
Dios iba a manifestarse
inmediatamente.
12 Dijo, pues: Un hom-
bre noble se fue a un
país lejano, para recibir
un reino y volver.
13 Y llamando a diez
siervos suyos, les dio
diez minas, y les dijo:
Negociad hasta que
venga.
14 Pero sus conciuda-
danos le aborrecían,
y enviaron tras él una
embajada, diciendo:
No queremos que éste

πρὸς	τὸν	κύριον·	Ἰδοὺ	τὰ	ἡμίσιά	μου	τῶν	ὑπαρχόντων,	κύριε,
a	el	Señor:	Mira,	las	mitades	de mí,$_3$	de los$_1$	bienes$_2$	Señor,
4314	3588	2962	2400	3588	2255	3450	3588	5224	2962
P	*DASM*	*NASM*	*I, VAAM2S*	*DAPN*	*JAPN*	*RP1GS*	*DGPN*	*VPAP-PGN*	*NVSM*

τοῖς	πτωχοῖς	δίδωμι,	καὶ	εἴ	τινός	τι	ἐσυκοφάντησα	ἀποδίδωμι
a los$_2$	pobres,$_3$	doy$_1$	y	si	de alguien	algo	defraudé,	devuelvo
3588	4434	1325	2532	1487	5100	5100	4811	591
DDPM	*JDPM*	*VPAI1S*	*CLN*	*CAC*	*RX-GSM*	*RX-ASN*	*VAAI1S*	*VPAI1S*

τετραπλοῦν.	9 εἶπεν	δὲ	πρὸς	αὐτὸν	ὁ	Ἰησοῦς	ὅτι	Σήμερον	σωτηρία
(el) cuádruple.	dijo$_4$	Y$_1$	a$_5$	él$_6$	--$_2$	Jesús$_3$	que:	Hoy	salvación
5073	2036	1161	4314	846	3588	2424	3754	4594	4991
JASN	*VAAI3S*	*CLN*	*P*	*RP3ASM*	*DNSM*	*NNSM*	*CSC*	*B*	*NNSF*

τῷ	οἴκῳ	τούτῳ	ἐγένετο,	καθότι	καὶ	αὐτὸς	υἱὸς	Ἀβραάμ	ἐστιν·
a la$_2$	casa$_3$	esta,$_4$	llegó$_1$	puesto que	también	él	hijo$_2$	de Abraham;$_3$	es$_1$
3588	3624	5129	1096	2530	2532	846	5207	11	2076
DDSM	*NDSM*	*RD-DSM*	*VAMI3S*	*CAZ*	*BE, TE*	*RP3NSMP*	*NNSM*	*NGSM, XP*	*VPAI3S*

10 ἦλθεν	γὰρ	ὁ	υἱὸς	τοῦ	ἀνθρώπου	ζητῆσαι	καὶ	σῶσαι	τὸ
vino$_6$	porque$_1$	el$_2$	Hijo$_3$	del$_4$	Hombre$_5$	a buscar	y	a salvar	lo que
2064	1063	3588	5207	3588	444	2212	2532	4982	3588
VAAI3S	*CAZ*	*DNSM*	*NNSM*	*DGSM*	*NGSM*	*VAAN*	*CLN*	*VAAN*	*DASN*

ἀπολωλός.
se ha perdido.
622
VRAP-SAN

11 Ἀκουόντων	δὲ	αὐτῶν	ταῦτα	προσθεὶς	εἶπεν	παραβολὴν	διὰ
oyendo$_2$	Y$_1$	ellos	estas cosas	habiendo añadido	dijo	una parábola	porque
191	1161	846	5023	4369	2036	3850	1223
VPAP-PGM	*CLN*	*RP3GPM*	*RD-APN*	*VAAP-SNM*	*VAAI3S*	*NASF*	*P*

τὸ	ἐγγὺς	εἶναι	Ἰερουσαλὴμ	αὐτὸν	καὶ	δοκεῖν	αὐτοὺς	ὅτι	παραχρῆμα
--	cerca$_2$	estar$_1$	de Jerusalén	él	y	pensar	ellos	que	inmediatamente
3588	1451	1511	2419	846	2532	1380	846	3754	3916
DASN	*P, B*	*VPAN*	*NGSF, XP*	*RP3ASM*	*CLN*	*VPAN*	*RP3APM*	*CSC*	*B*

μέλλει	ἡ	βασιλεία	τοῦ	θεοῦ	ἀναφαίνεσθαι.	12 εἶπεν	οὖν·	Ἄνθρωπός
va a	el$_2$	reino$_3$	de --$_4$	Dios.$_5$	aparecerse$_1$	Dijo	pues:	hombre$_2$
3195	3588	932	3588	2316	398	2036	3767	444
VPAI3S	*DNSF*	*NNSF*	*DGSM*	*NGSM*	*VPPN*	*VAAI3S*	*CLI*	*NNSM*

τις	εὐγενὴς	ἐπορεύθη	εἰς	χώραν	μακρὰν	λαβεῖν	ἑαυτῷ
Cierto$_1$	noble	fue	a	una región	lejana	para recibir	para sí
5100	2104	4198	1519	5561	3117	2983	1438
JNSM, RX-NSM	*JNSM*	*VAPI3S*	*P*	*NASF*	*JASF, B*	*VAAN*	*RF3DSM*

βασιλείαν	καὶ	ὑποστρέψαι.	13 καλέσας	δὲ	δέκα	δούλους	ἑαυτοῦ
un reino	y	volver.	habiendo llamado$_2$	Y$_1$	a diez	esclavos	de sí mismo
932	2532	5290	2564	1161	1176	1401	1438
NASF	*CLN*	*VAAN*	*VAAP-SNM*	*CLN*	*XN, J*	*NAPM*	*RF3GSM*

ἔδωκεν	αὐτοῖς	δέκα	μνᾶς	καὶ	εἶπεν	πρὸς	αὐτούς·	Πραγματεύσασθε
dio	a ellos	diez	minas	y	dijo	a	ellos:	Haced negocio
1325	846	1176	3414	2532	2036	4314	846	4231
VAAI3S	*RP3DPM*	*XN, J*	*NAPF*	*CLN*	*VAAI3S*	*P*	*RP3APM*	*VAMM2P*

ἐν	ᾧ	ἔρχομαι.	14 οἱ	δὲ	πολῖται	αὐτοῦ	ἐμίσουν	αὐτόν,	καὶ
en	lo que	vengo.	los$_2$	Pero$_1$	ciudadanos	de él	odiaban	a él,	y
1722	3739	2064	3588	1161	4177	846	3404	846	2532
P	*RR-DSM*	*VPUI1S*	*DNPM*	*CLC*	*NNPM*	*RP3GSM*	*VIAI3P*	*RP3ASM*	*CLN*

ἀπέστειλαν	πρεσβείαν	ὀπίσω	αὐτοῦ	λέγοντες·	Οὐ	θέλομεν	τοῦτον
enviaron	una delegación	detrás	de él	diciendo:	No	queremos	a este
649	4242	3694	846	3004	3756	2309	5126
VAAI3P	*NASF*	*P, B*	*RP3GSM*	*VPAP-PNM*	*BN, TN*	*VPAI1P*	*RD-ASM*

NVI

—Mira, Señor:
Ahora mismo voy a dar
a los pobres la mitad de
mis bienes y, si en algo
he defraudado a alguien,
le devolveré cuatro veces
la cantidad que sea.
9 —Hoy ha llegado
la salvación a esta casa
—le dijo Jesús—, ya que
este también es hijo de
Abraham. 10 Porque el
Hijo del hombre vino a
buscar y a salvar lo que se
había perdido.

Parábola del dinero

11 Como la gente
lo escuchaba, pasó a
contarles una parábola,
porque estaba cerca
de Jerusalén y la gente
pensaba que el reino de
Dios iba a manifestarse
en cualquier momento.
12 Así que les dijo: «Un
hombre de la nobleza se
fue a un país lejano para
ser coronado rey y luego
regresar. 13 Llamó a diez
de sus siervos y entregó
a cada cual una buena
cantidad de dinero. Les
instruyó: “Hagan nego-
cio con este dinero hasta
que yo vuelva”. 14 Pero
sus súbditos lo odiaban
y mandaron tras él una
delegación a decir: “No

RVR

reine sobre nosotros.
15 Aconteció que vuelto
él, después de recibir
el reino, mandó llamar
ante él a aquellos siervos
a los cuales había dado
el dinero, para saber lo
que había negociado
cada uno.
16 Se presentó el prime-
ro, diciendo: Señor, tu
mina ha producido diez
minas más.
17 Él le dijo: Está bien,
buen siervo; por cuanto
en lo poco has sido fiel,
tendrás autoridad sobre
diez ciudades.
18 Vino el segundo, di-
ciendo: Señor, tu mina
ha producido cinco
minas.
19 Y también a éste dijo:
Tú también estarás
sobre cinco ciudades.
20 Vino otro, dicien-
do: Señor, aquí está
tu mina, la cual he
tenido guardada en un
pañuelo;
21 porque tuve miedo
de ti, por cuanto eres
hombre exigente, que
tomas lo que no pusiste,
y siegas lo que no sem-
braste.
22 Entonces él le dijo:
Mal siervo, por tu pro-
pia boca te juzgo. Sabías
que yo era hombre
exigente, que tomo lo
que no puse, y que siego
lo que no sembré;
23 ¿por qué, pues, no

βασιλεῦσαι	ἐφ᾽	ἡμᾶς.	15 καὶ	ἐγένετο	ἐν	τῷ	ἐπανελθεῖν	αὐτὸν
reinar	sobre	nosotros.	Y	sucedió que	en	el	regresar	él
936	1909	2248	2532	1096	1722	3588	1880	846
VAAN	P	RP1AP	CLN	VAMI3S	P	DDSN, DDSM	VAAN	RP3ASM

λαβόντα	τὴν	βασιλείαν	καὶ	εἶπεν	φωνηθῆναι*	αὐτῷ	τοὺς
habiendo recibido	el	reino	y	dijo	ser llamados	ante él	a los
2983	3588	932	2532	2036	5455	846	3588
VAAP-SAM	DASF	NASF	CLN	VAAI3S	VAPN	RP3DSM	DAPM

δούλους	τούτους	οἷς	δεδώκει	τὸ	ἀργύριον,	ἵνα	γνοῖ	τί
esclavos	estos	a los cuales	había dado	la	plata,	para que	conociera	qué
1401	5128	3739	1325	3588	694	2443	1097	5101
NAPM	RD-APM	RR-DPM	VLAI3S	DASN	NASN	CAP	VAAS3S	RI-ASN

διεπραγματεύσαντο.	16 παρεγένετο	δὲ	ὁ	πρῶτος	λέγων·	Κύριε,	ἡ
ganaron negociando.	llegó$_2$	Y$_1$	el	primero	diciendo:	Señor,	la
1281	3854	1161	3588	4413	3004	2962	3588
VAMI3P	VAMI3S	CLN	DNSM	JNSM	VPAP-SNM	NVSM	DNSF

μνᾶ	σου	δέκα	προσηργάσατο	μνᾶς.	17 καὶ	εἶπεν	αὐτῷ·	Εὖγε,	ἀγαθὲ
mina	de ti	diez$_2$	produjo de más$_1$	minas.	Y	dijo	a él:	¡Muy bien,	buen
3414	4675	1176	4333	3414	2532	2036	846	2095	18
NNSF	RP2GS	XN, J	VAMI3S	NAPF	CLN	VAAI3S	RP3DSM	B, I	JVSM

δοῦλε,	ὅτι	ἐν	ἐλαχίστῳ	πιστὸς	ἐγένου,	ἴσθι	ἐξουσίαν	ἔχων
esclavo!	Porque	en	(lo) menos importante	fiel,$_2$	llegaste a ser$_1$	sé	autoridad	teniendo
1401	3754	1722	1646	4103	1096	2468	1849	2192
NVSM	CAZ	P	JDSN	JNSM	VAMI2S	VPAM2S	NASF	VPAP-SNM

ἐπάνω	δέκα	πόλεων.	18 καὶ	ἦλθεν	ὁ	δεύτερος	λέγων·	Ἡ	μνᾶ	σου,
sobre	diez	ciudades.	Y	vino$_3$	el$_1$	segundo$_2$	diciendo:	La	mina	de ti,
1883	1176	4172	2532	2064	3588	1208	3004	3588	3414	4675
P, B	XN, J	NGPF	CLN	VAAI3S	DNSM	JNSM	VPAP-SNM	DNSF	NNSF	RP2GS

κύριε,	ἐποίησεν	πέντε	μνᾶς.	19 εἶπεν	δὲ	καὶ	τούτῳ·	Καὶ	σὺ	ἐπάνω
señor,	hizo	cinco	minas.	dijo$_2$	Y$_1$	también	a este:	Y	tú	sobre$_2$
2962	4160	4002	3414	2036	1161	2532	5129	2532	4771	1883
NVSM	VAAI3S	XN, J	NAPF	VAAI3S	CLN	BE, TE	RD-DSM	BE, TE	RP2NS	P, B

γίνου	πέντε	πόλεων.	20 καὶ	ὁ	ἕτερος	ἦλθεν	λέγων·	Κύριε,	ἰδοὺ
estás$_1$	cinco	ciudades.	Y	el	otro	vino	diciendo:	Señor,	he aquí
1096	4002	4172	2532	3588	2087	2064	3004	2962	2400
VPUM2S	XN, J	NGPF	CLN	DNSM	JNSM	VAAI3S	VPAP-SNM	NVSM	I, VAAM2S

ἡ	μνᾶ	σου	ἣν	εἶχον	ἀποκειμένην	ἐν	σουδαρίῳ·	21 ἐφοβούμην
la	mina	de ti	la cual	tenía	guardada	en	un pañuelo;	tenía miedo$_2$
3588	3414	4675	3739	2192	606	1722	4676	5399
DNSF	NNSF	RP2GS	RR-ASF	VIAI1S	VPUP-SAF	P	NDSN	VIUI1S

γάρ	σε	ὅτι	ἄνθρωπος	αὐστηρὸς	εἶ,	αἴρεις	ὃ	οὐκ	ἔθηκας	καὶ
porque$_1$	a ti$_3$	porque$_4$	un hombre$_6$	estricto,$_7$	eres$_5$	tomas	lo que	no	pusiste	y
1063	4571	3754	444	840	1488	142	3739	3756	5087	2532
CAZ	RP2AS	CAZ	NNSM	JNSM	VPAI2S	VPAI2S	RR-ASN	BN, TN	VAAI2S	CLN

θερίζεις	ὃ	οὐκ	ἔσπειρας.	22 λέγει	αὐτῷ·	Ἐκ	τοῦ	στόματός	σου
cosechas	lo que	no	sembraste.	Dice	a él:	De	la	boca	de ti
2325	3739	3756	4687	3004	846	1537	3588	4750	4675
VPAI2S	RR-ASN	BN, TN	VAAI2S	VPAI3S	RP3DSM	P	DGSN	NGSN	RP2GS

κρίνω	σε,	πονηρὲ	δοῦλε·	ᾔδεις	ὅτι	ἐγὼ	ἄνθρωπος	αὐστηρός	εἰμι,
juzgaré	a ti	malo.$_2$	esclavo$_1$	¿Sabías	que	yo	un hombre$_2$	estricto$_3$	soy$_1$
2919	4571	4190	1401	1492	3754	1473	444	840	1510
VFAI1S	RP2AS	JVSM	NVSM	VLAI2S	CSC	RP1NS	NNSM	JNSM	VPAI1S

αἴρων	ὃ	οὐκ	ἔθηκα	καὶ	θερίζων	ὃ	οὐκ	ἔσπειρα;	23 καὶ
tomando	lo que	no	puse	y	cosechando	lo que	no	sembré?	¿y
142	3739	3756	5087	2532	2325	3739	3756	4687	2532
VPAP-SNM	RR-ASN	BN, TN	VAAI1S	CLN	VPAP-SNM	RR-ASN	BN, TN	VAAI1S	CLN

NVI

queremos a este por rey".
15 »A pesar de todo,
fue nombrado rey.
Cuando regresó a su
país, mandó llamar a los
siervos a quienes había
entregado el dinero,
para enterarse de lo que
habían ganado. 16 Se
presentó el primero y
dijo: "Señor, su dinero
ha producido diez veces
más". 17 "¡Hiciste bien,
siervo bueno! —le
respondió el rey—.
Puesto que has sido fiel
en tan poca cosa, te doy
el gobierno de diez ciu-
dades". 18 Se presentó el
segundo y dijo: "Señor,
su dinero ha producido
cinco veces más". 19 El
rey le respondió: "A ti
te pongo sobre cinco
ciudades".
20 »Llegó otro siervo
y dijo: "Señor, aquí tiene
su dinero; lo he tenido
guardado, envuelto en
un pañuelo. 21 Es que
le tenía miedo a usted,
que es un hombre muy
exigente: toma lo que
no depositó y cosecha
lo que no sembró". 22 El
rey le contestó: "Siervo
malo, con tus propias
palabras te voy a juzgar.
¿Así que sabías que
soy muy exigente, que
tomo lo que no deposité
y cosecho lo que no
sembré? 23 Entonces,

19:15* O sea *mandó a llamar.*

RVR

pusiste mi dinero en el
banco, para que al vol-
ver yo, lo hubiera recibi-
do con los intereses?
24 Y dijo a los que esta-
ban presentes: Quitadle
la mina, y dádsela al que
tiene las diez minas.
25 Ellos le dijeron:
Señor, ya tiene diez
minas.
26 Pues yo os digo que
a todo el que tiene, se
le dará; mas al que no
tiene, aun lo que tiene se
le quitará.
27 Pero a aquellos mis
enemigos que no
querían que yo reinase
sobre ellos, traedlos acá,
y degolladlos delante
de mí.

La entrada mesiánica en Jerusalén

28 Dicho esto, iba delan-
te, subiendo a Jerusalén.
29 Y aconteció que lle-
gando cerca de Betfagé
y de Betania, al pie del
monte que se llama de
los Olivos, envió dos de
sus discípulos,
30 diciendo: Id a la
aldea de enfrente, y al
entrar en ella hallaréis
un pollino atado, en el
cual ningún hombre
ha montado jamás;

διὰ	τί	οὐκ	ἔδωκάς	μου	τὸ	ἀργύριον	ἐπὶ	τράπεζαν;	κἀγὼ
por	qué	no	diste	de mí$_3$	la$_1$	plata$_2$	a	un banco?	Y yo
1223	5101	3756	1325	3450	3588	694	1909	5132	2504
P	RI-ASN	BN, TN	VAAI2S	RP1GS	DASN	NASN	P	NASF	RP1NS, CLN

ἐλθὼν	σὺν	τόκῳ	ἂν	αὐτὸ	ἔπραξα.	24 καὶ	τοῖς	παρεστῶσιν	εἶπεν·
habiendo venido	con$_4$	intereses$_5$	--$_2$	lo$_1$	reclamaría$_3$	Y	a los	presentes	dijo:
2064	4862	5110	302	846	4238	2532	3588	3936	2036
VAAP-SNM	P	NDSM	TC	RP3ASN	VAAI1S	CLN	DDPM	VRAP-PDM	VAAI3S

Ἄρατε	ἀπ'	αὐτοῦ	τὴν	μνᾶν	καὶ	δότε	τῷ	τὰς	δέκα	μνᾶς	ἔχοντι—
Quitad	de	él	la	mina	y	dad(la)	al	las$_2$	diez$_3$	minas.$_4$	que está teniendo$_1$
142	575	846	3588	3414	2532	1325	3588	3588	1176	3414	2192
VAAM2P	P	RP3GSM	DASF	NASF	CLN	VAAM2P	DDSM	DAPF	XN, J	NAPF	VPAP-SDM

25 καὶ	εἶπαν	αὐτῷ·	Κύριε,	ἔχει	δέκα	μνᾶς—	26 λέγω	ὑμῖν	ὅτι
Y	dijeron	a él:	Señor,	tiene	diez	minas.	Digo	a vosotros	que
2532	3004	846	2962	2192	1176	3414	3004	5213	3754
CLN	VAAI3P	RP3DSM	NVSM	VPAI3S	XN, J	NAPF	VPAI1S	RP2DP	CSC

παντὶ	τῷ	ἔχοντι	δοθήσεται,	ἀπὸ	δὲ	τοῦ	μὴ	ἔχοντος	καὶ
a todo	el	que está teniendo	será dado	de$_2$	y$_1$	el que	no	está teniendo	también
3956	3588	2192	1325	575	1161	3588	3361	2192	2532
JDSM	DDSM	VPAP-SDM	VFPI3S	P	CLC	DGSM	BN, TN	VPAP-SGM	CLA, B

ὃ	ἔχει	ἀρθήσεται.	27 πλὴν	τοὺς	ἐχθρούς	μου	τούτους	τοὺς
lo que	tiene	será quitado.	Pero	a los	enemigos	de mí	estos	los que
3739	2192	142	4133	3588	2190	3450	5128	3588
RR-ASN	VPAI3S	VFPI3S	CLC	DAPM	JAPM	RP1GS	RD-APM	DAPM

μὴ	θελήσαντάς	με	βασιλεῦσαι	ἐπ'	αὐτοὺς	ἀγάγετε	ὧδε	καὶ
no	habiendo querido	yo	reinar	sobre	ellos	traed	acá	y
3361	2309	3165	936	1909	846	71	5602	2532
BN, TN	VAAP-PAM	RP1AS	VAAN	P	RP3APM	VAAM2P	BP	CLN

κατασφάξατε	αὐτοὺς	ἔμπροσθέν	μου.
degollad	a ellos	delante de	mí.
2695	846	1715	3450
VAAM2P	RP3APM	P	RP1GS

28 Καὶ	εἰπὼν	ταῦτα	ἐπορεύετο	ἔμπροσθεν	ἀναβαίνων	εἰς
Y	habiendo dicho	estas cosas	iba	delante,	subiendo	hacia
2532	2036	5023	4198	1715	305	1519
CLN	VAAP-SNM	RD-APN	VIUI3S	B	VPAP-SNM	P

Ἱεροσόλυμα.
Jerusalén.
2414
NASF

29 Καὶ	ἐγένετο	ὡς	ἤγγισεν	εἰς	Βηθφαγὴ	καὶ	Βηθανίαν
Y	sucedió que	cuando	se acercó	a	Betfagé	y	Betania
2532	1096	5613	1448	1519	967	2532	963
CLN	VAMI3S	CAT	VAAI3S	P	NASF, XP	CLN	NASF

πρὸς	τὸ	ὄρος	τὸ	καλούμενον	Ἐλαιῶν,	ἀπέστειλεν	δύο	τῶν
a	el	monte	el	siendo llamado	de los Olivos,	envió	a dos	de los
4314	3588	3735	3588	2564	1636	649	1417	3588
P	DASN	NASN	DASN	VPPP-SAN	NGPF	VAAI3S	XN, J	DGPM

μαθητῶν	30 λέγων·	Ὑπάγετε	εἰς	τὴν	κατέναντι	κώμην,	ἐν	ᾗ
discípulos	diciendo:	Id	a	la	de enfrente,$_2$	aldea$_1$	en	la cual
3101	3004	5217	1519	3588	2713	2968	1722	3739
NGPM	VPAP-SNM	VPAM2P	P	DASF	B	NASF	P	RR-DSF

εἰσπορευόμενοι	εὑρήσετε	πῶλον	δεδεμένον,	ἐφ'	ὃν	οὐδεὶς	πώποτε
entrando	encontraréis	un pollino	atado,	sobre	el cual	nadie	jamás
1531	2147	4454	1210	1909	3739	3762	4455
VPUP-PNM	VFAI2P	NASM	VRPP-SAM	P	RR-ASM	JNSM	B

NVI

¿por qué no pusiste mi
dinero en el banco, para
que al regresar pudiera
reclamar los intere-
ses?" 24 Luego dijo a los
presentes: "Quítenle el
dinero y dénselo al que
recibió diez veces más".
25 "Señor —protesta-
ron—, ¡él ya tiene diez
veces más!" 26 El rey con-
testó: "Les aseguro que
a todo el que tiene, se le
dará más, pero al que no
tiene, se le quitará hasta
lo que tiene. 27 Pero, en
cuanto a esos enemigos
míos que no me querían
por rey, tráiganlos acá
y mátenlos delante de
mí"».

La entrada triunfal

28 Dicho esto, Jesús
siguió adelante, su-
biendo hacia Jerusalén.
29 Cuando se acercó a
Betfagué y a Betania,
junto al monte llamado
de los Olivos, envió a
dos de sus discípulos con
este encargo: 30 «Vayan
a la aldea que está en-
frente y, al entrar en ella,
encontrarán atado un
burrito en el que nadie

RVR

desatadlo, y traedlo.
31 Y si alguien os
pregunta: ¿Por qué lo
desatáis?, le responde-
réis así: Porque el Señor
lo necesita.
32 Fueron los que habían
sido enviados, y lo halla-
ron tal como les había
dicho.
33 Y cuando desataban
el pollino, sus dueños
les dijeron: ¿Por qué
desatáis el pollino?
34 Ellos dijeron: Porque
el Señor lo necesita.
35 Y lo trajeron a Jesús;
y habiendo echado sus
mantos sobre el pollino,
montaron a Jesús enci-
ma de él.
36 Y mientras él pasaba,
tendían sus mantos por
el camino.
37 Cuando llegaban ya
cerca de la bajada del
monte de los Olivos,
toda la multitud de los
discípulos comenzó a
alabar con alegría a Dios
a grandes voces por
todas las maravillas que
habían visto,
38 diciendo: ¡Bendito
el rey que viene en el
nombre del Señor; paz
en el cielo, y gloria en las
alturas!
39 Entonces algunos
de los fariseos de entre
la multitud le dijeron:

ἀνθρώπων	ἐκάθισεν,	καὶ	λύσαντες	αὐτὸν	ἀγάγετε.	31 καὶ
de (los) seres humanos	se sentó,	y	habiendo desatado	a él	traed.	Y
444	2523	2532	3089	846	71	2532
NGPM	*VAAI3S*	*CLN*	*VAAP-PNM*	*RP3ASM*	*VAAM2P*	*CLN*

ἐάν	τις	ὑμᾶς	ἐρωτᾷ·	Διὰ	τί	λύετε;	οὕτως	ἐρεῖτε	ὅτι	Ὁ
si	alguien	a vosotros	pregunte:	¿Por	qué	(lo) desatáis?	así	diréis:	Porque	el
1437	5100	5209	2065	1223	5101	3089	3779	2046	3754	3588
CAC	*RX-NSM*	*RP2AP*	*VPAS3S*	*P*	*RI-ASN*	*VPAI2P*	*B*	*VFAI2P*	*CSC*	*DNSM*

κύριος	αὐτοῦ	χρείαν	ἔχει.	32 ἀπελθόντες	δὲ	οἱ	ἀπεσταλμένοι
Señor	de él	necesidad	tiene.	habiéndose ido$_2$	Y$_1$	los	enviados
2962	846	5532	2192	565	1161	3588	649
NNSM	*RP3GSM*	*NASF*	*VPAI3S*	*VAAP-PNM*	*CLN*	*DNPM*	*VRPP-PNM*

εὗρον	καθὼς	εἶπεν	αὐτοῖς.	33 λυόντων	δὲ	αὐτῶν	τὸν	πῶλον	εἶπαν
encontraron	tal como	dijo	a ellos.	desatando$_2$	Y$_1$	ellos	el	pollino	dijeron
2147	2531	2036	846	3089	1161	846	3588	4454	3004
VAAI3P	*CAM*	*VAAI3S*	*RP3DPM*	*VPAP-PGM*	*CLN*	*RP3GPM*	*DASM*	*NASM*	*VAAI3P*

οἱ	κύριοι	αὐτοῦ	πρὸς	αὐτούς·	Τί	λύετε	τὸν	πῶλον;	34 οἱ	δὲ
los	amos	de él	a	ellos:	¿Por que	desatáis	al	pollino?	--$_2$	Y$_1$
3588	2962	846	4314	846	5101	3089	3588	4454	3588	1161
DNPM	*NNPM*	*RP3GSM*	*P*	*RP3APM*	*RI-ASN*	*VPAI2P*	*DASM*	*NASM*	*DNPM*	*CLN*

εἶπαν	ὅτι	Ὁ	κύριος	αὐτοῦ	χρείαν	ἔχει.	35 καὶ	ἤγαγον	αὐτὸν	πρὸς
dijeron:	Porque	el	Señor	de él	necesidad.$_2$	tiene$_1$	Y	llevaron	a él	a
3004	3754	3588	2962	846	5532	2192	2532	71	846	4314
VAAI3P	*CSC*	*DNSM*	*NNSM*	*RP3GSM*	*NASF*	*VPAI3S*	*CLN*	*VAAI3P*	*RP3ASM*	*P*

τὸν	Ἰησοῦν,	καὶ	ἐπιρίψαντες	αὐτῶν	τὰ	ἱμάτια	ἐπὶ	τὸν	πῶλον
--	Jesús	y	habiendo echado	de ellos$_3$	los$_1$	mantos$_2$	sobre	el	pollino
3588	2424	2532	1977	846	3588	2440	1909	3588	4454
DASM	*NASM*	*CLN*	*VAAP-PNM*	*RP3GPM*	*DAPN*	*NAPN*	*P*	*DASM*	*NASM*

ἐπεβίβασαν	τὸν	Ἰησοῦν·	36 πορευομένου	δὲ	αὐτοῦ	ὑπεστρώννυον
hicieron montar	a --	Jesús.	yendo$_2$	Y$_1$	él	alfombraban
1913	3588	2424	4198	1161	846	5291
VAAI3P	*DASM*	*NASM*	*VPUP-SGM*	*CLN*	*RP3GSM*	*VIAI3P*

τὰ	ἱμάτια	ἑαυτῶν	ἐν	τῇ	ὁδῷ.	37 ἐγγίζοντος	δὲ	αὐτοῦ	ἤδη
(con) los	mantos	de ellos mismos	en	el	camino.	acercándose$_2$	Y$_1$	él	ya
3588	2440	1438	1722	3588	3598	1448	1161	846	2235
DAPN	*NAPN*	*RF3GPM*	*P*	*DDSF*	*NDSF*	*VPAP-SGM*	*CLN*	*RP3GSM*	*B*

πρὸς	τῇ	καταβάσει	τοῦ	Ὄρους	τῶν	Ἐλαιῶν	ἤρξαντο	ἅπαν	τὸ
a	la	bajada	del	Monte	de los	Olivos	comenzó	toda	la
4314	3588	2600	3588	3735	3588	1636	756	537	3588
P	*DDSF*	*NDSF*	*DGSN*	*NGSN*	*DGPF*	*NGPF*	*VAMI3P*	*JNSN*	*DNSN*

πλῆθος	τῶν	μαθητῶν	χαίροντες	αἰνεῖν	τὸν	θεὸν	φωνῇ	μεγάλῃ
multitud	de los	discípulos	regocijándose	a alabar	a --	Dios	voz$_2$	a gran$_1$
4128	3588	3101	5463	134	3588	2316	5456	3173
NNSN	*DGPM*	*NGPM*	*VPAP-PNM*	*VPAN*	*DASM*	*NASM*	*NDSF*	*JDSF*

περὶ	πασῶν	ὧν	εἶδον	δυνάμεων,	38 λέγοντες·	Εὐλογημένος
acerca de	todos	los cuales$_2$	vieron,$_3$	(los) milagros$_1$	diciendo:	Bendito
4012	3956	3739	1492	1411	3004	2127
P	*JGPF*	*RR-GPF*	*VAAI3P*	*NGPF*	*VPAP-PNM*	*VRPP-SNM*

ὁ	ἐρχόμενος	βασιλεὺς	ἐν	ὀνόματι	κυρίου·	ἐν	οὐρανῷ	εἰρήνη
el	que está viniendo$_2$	Rey$_1$	en	(el) nombre	del Señor;	en	(el) cielo	paz
3588	2064	935	1722	3686	2962	1722	3772	1515
DNSM	*VPUP-SNM*	*NNSM*	*P*	*NDSN*	*NGSM*	*P*	*NDSM*	*NNSF*

καὶ	δόξα	ἐν	ὑψίστοις.	39 καί	τινες	τῶν	Φαρισαίων	ἀπὸ	τοῦ	ὄχλου
y	gloria	en	(las) alturas.	Y	algunos	de los	fariseos	de	la	multitud
2532	1391	1722	5310	2532	5100	3588	5330	575	3588	3793
CLN	*NNSF*	*P*	*JDPN*	*CLN*	*RX-NPM*	*DGPM*	*NGPM*	*P*	*DGSM*	*NGSM*

NVI

se ha montado.
Desátenlo y tráiganlo
acá. 31 Y, si alguien les
pregunta: "¿Por qué lo
desatan?", díganle: "El
Señor lo necesita"».
32 Fueron y lo encon-
traron tal como él les
había dicho. 33 Cuando
estaban desatando el
burrito, los dueños les
preguntaron:
—¿Por qué desatan el
burrito?
34 —El Señor lo nece-
sita —contestaron.
35 Se lo llevaron, pues,
a Jesús. Luego pusieron
sus mantos encima del
burrito y ayudaron a
Jesús a montarse. 36 A
medida que avanzaba, la
gente tendía sus mantos
sobre el camino.
37 Al acercarse él a
la bajada del monte de
los Olivos, todos los
discípulos se entusias-
maron y comenzaron a
alabar a Dios por tantos
milagros que habían
visto. Gritaban:

38 —¡Bendito el Rey
que viene en el
nombre del Señor!
—¡Paz en el cielo y glo-
ria en las alturas!

39 Algunos de los fa-
riseos que estaban entre
la gente le reclamaron
a Jesús:

RVR

Maestro, reprende a tus
discípulos.
40 Él, respondiendo,
les dijo: Os digo que si
éstos callan, las piedras
clamarán.
41 Y cuando llegó cerca,
al ver la ciudad, lloró
sobre ella,
42 diciendo: ¡Si también
tú conocieses, y de
cierto en este tu día,
lo que es para tu paz!
Mas ahora está oculto a
tus ojos.
43 Porque vendrán días
sobre ti, cuando tus ene-
migos te rodearán con
vallado, y te sitiarán,
y por todas partes te
estrecharán,
44 y te derribarán a tie-
rra, y a tus hijos dentro
de ti, y no dejarán en ti
piedra sobre piedra, por
cuanto no conociste el
tiempo de tu visitación.

Purificación del templo

45 Y entrando en el tem-
plo, comenzó a echar
fuera a todos los que
vendían y compraban
en él,
46 diciéndoles: Escrito
está: Mi casa es casa de
oración; mas vosotros la
habéis hecho cueva de
ladrones.

εἶπαν	πρὸς	αὐτόν·	Διδάσκαλε,	ἐπιτίμησον	τοῖς	μαθηταῖς	σου.	40 καὶ
dijeron	a	él:	Maestro,	reprende	a los	discípulos	de ti.	Y
3004	4314	846	1320	2008	3588	3101	4675	2532
VAAI3P	P	RP3ASM	NVSM	VAAM2S	DDPM	NDPM	RP2GS	CLN

ἀποκριθεὶς	εἶπεν·	Λέγω	ὑμῖν,	ὅτι	ἐὰν	οὗτοι	σιωπήσουσιν,	οἱ	λίθοι
respondiendo	dijo:	Digo	a vosotros,	que	si	estos	callarán	las	piedras
611	2036	3004	5213	3754	1437	3778	4623	3588	3037
VAPP-SNM	VAAI3S	VPAI1S	RP2DP	C	CAC	RD-NPM	VFAI3P	DNPM	NNPM

κράξουσιν.
gritarán.
2896
VFAI3P

41 Καὶ	ὡς	ἤγγισεν,	ἰδὼν	τὴν	πόλιν	ἔκλαυσεν	ἐπ'	αὐτήν,
Y	cuando	se acercó	habiendo visto	la	ciudad	lloró	sobre	ella
2532	5613	1448	1492	3588	4172	2799	1909	846
CLN	CAT	VAAI3S	VAAP-SNM	DASF	NASF	VAAI3S	P	RP3ASF

42 λέγων	ὅτι	Εἰ	ἔγνως	ἐν	τῇ	ἡμέρᾳ	ταύτῃ	καὶ	σὺ	τὰ
diciendo:	que:	Si	supiste	en	el	día	este	también	tú	las cosas
3004	3754	1487	1097	1722	3588	2250	3778	2532	4771	3588
VPAP-SNM	CSC	CAC	VAAI2S	P	DDSF	NDSF	RD-DSF	BE, TE	RP2NS	DAPN

πρὸς	εἰρήνην—	νῦν	δὲ	ἐκρύβη	ἀπὸ	ὀφθαλμῶν	σου.	43 ὅτι
(que llevan) a	(la) paz.	ahora$_2$	Pero$_1$	fue escondido	de	(los) ojos	de ti.	Porque
4314	1515	3568	1161	2928	575	3788	4675	3754
P	NASF	B	CLC	VAPI3S	P	NGPM	RP2GS	CAZ

ἥξουσιν	ἡμέραι	ἐπὶ	σὲ	καὶ	παρεμβαλοῦσιν	οἱ	ἐχθροί	σου	χάρακά
vendrán$_2$	días$_1$	sobre	ti	y	alzarán$_4$	los$_1$	enemigos$_2$	de ti$_3$	un terraplén
2240	2250	1909	4571	2532	4016	3588	2190	4675	5482
VFAI3P	NNPF	P	RP2AS	CLN	VFAI3P	DNPM	JNPM	RP2GS	NASM

σοι	καὶ	περικυκλώσουσίν	σε	καὶ	συνέξουσίν	σε	πάντοθεν,	44 καὶ
a ti	y	rodearán	a ti	y	estrecharán	a ti	por todas partes,	y
4671	2532	4033	4571	2532	4912	4571	3840	2532
RP2DS	CLN	VFAI3P	RP2AS	CLN	VFAI3P	RP2AS	B	CLN

ἐδαφιοῦσίν	σε	καὶ	τὰ	τέκνα	σου	ἐν	σοί,	καὶ	οὐκ	ἀφήσουσιν
arrasarán	a ti	y	a los	hijos	de ti	en	ti,	y	no	dejarán
1474	4571	2532	3588	5043	4675	1722	4671	2532	3756	863
VFAI3P	RP2AS	CLN	DAPN	NAPN	RP2GS	P	RP2DS	CLN	BN, TN	VFAI3P

λίθον	ἐπὶ	λίθον	ἐν	σοί,	ἀνθ'	ὧν	οὐκ	ἔγνως	τὸν	καιρὸν	τῆς
piedra	sobre	piedra	en	ti,	por cuanto	--	no	conociste	el	tiempo oportuno	de la
3037	1909	3037	1722	4671	473	3739	3756	1097	3588	2540	3588
NASM	P	NASM	P	RP2DS	P	RR-GPN	BN, TN	VAAI2S	DASM	NASM	DGSF

ἐπισκοπῆς	σου.
visitación	de ti.
1984	4675
NGSF	RP2GS

45 Καὶ	εἰσελθὼν	εἰς	τὸ	ἱερὸν	ἤρξατο	ἐκβάλλειν	τοὺς
Y	habiendo entrado	a	el	templo	comenzó	a echar fuera	a los que
2532	1525	1519	3588	2411	756	1544	3588
CLN	VAAP-SNM	P	DASN	NASN, JASN	VAMI3S	VPAN	DAPM

πωλοῦντας,	46 λέγων	αὐτοῖς·	Γέγραπται·	Καὶ	ἔσται	ὁ	οἶκός	μου
están vendiendo	diciendo	a ellos:	Está escrito:	Y	será	la	casa	de mí,
4453	3004	846	1125	2532	2071	3588	3624	3450
VPAP-PAM	VPAP-SNM	RP3DPM	VRPI3S	CLN	VFMI3S	DNSM	NNSM	RP1GS

οἶκος	προσευχῆς,	ὑμεῖς	δὲ	αὐτὸν	ἐποιήσατε	σπήλαιον	λῃστῶν.
casa	de oración,	vosotros$_2$	pero$_1$	a ella$_4$	hicisteis$_3$	cueva	de asaltantes.
3624	4335	5210	1161	846	4160	4693	3027
NNSM	NGSF	RP2NP	CLC	RP3ASM	VAAI2P	NASN	NGPM

NVI

—¡Maestro, reprende
a tus discípulos!
40 Pero él respondió:
—Les aseguro que, si
ellos se callan, gritarán
las piedras.

Jesús en el templo

41 Cuando se acercaba
a Jerusalén, Jesús vio la
ciudad y lloró por ella.
42 Dijo:
—¡Cómo quisiera
que hoy supieras lo que
te puede traer paz! Pero
eso ahora está oculto a
tus ojos. 43 Te sobreven-
drán días en que tus
enemigos levantarán un
muro y te rodearán, y
te encerrarán por todos
lados. 44 Te derribarán a
ti y a tus hijos dentro de
tus murallas. No dejarán
ni una piedra sobre otra,
porque no reconociste
el tiempo en que Dios
vino a salvarte.
45 Luego entró en el
templo y comenzó a
echar de allí a los que
estaban vendiendo.
46 «Escrito está —les
dijo—: "Mi casa será
casa de oración";
pero ustedes la han
convertido en "cueva de
ladrones"».

RVR

47 Y enseñaba cada día
en el templo; pero los
principales sacerdo-
tes, los escribas y los
principales del pueblo
procuraban matarle.
48 Y no hallaban nada
que pudieran hacerle,
porque todo el pueblo
estaba en suspenso
oyéndole.

La autoridad de Jesucristo

20 Sucedió un día,
cuando estaba
él enseñando al pueblo
en el templo, y anun-
ciando el evangelio,
que se llegaron a él los
principales sacerdotes
y los escribas, con los
ancianos,
2 y le hablaron diciendo:
Dinos: ¿con qué auto-
ridad haces estas cosas?;
¿o quién es el que te ha
dado esta autoridad?
3 Respondiendo él,
les dijo: Os haré yo
también una pregunta;
decidme:
4 El bautismo de Juan,
¿era del cielo, o de los
hombres?
5 Entonces ellos razona-
ban entre sí, diciendo: Si
decimos, del cielo, dirá:
¿Por qué, pues, no le
creísteis?
6 Y si decimos, de
los hombres, todo el
pueblo nos apedreará;

47 Καὶ	ἦν	διδάσκων	τὸ	καθ'	ἡμέραν	ἐν	τῷ	ἱερῷ·	οἱ	δὲ
Y	estaba	enseñando	--	cada	día	en	el	templo.	los$_2$	Y$_1$
2532	2258	1321	3588	2596	2250	1722	3588	2411	3588	1161
CLN	VIAI3S	VPAP-SNM	DASN	P	NASF	P	DDSN	NDSN, JDSN	DNPM	CLC

ἀρχιερεῖς	καὶ	οἱ	γραμματεῖς	ἐζήτουν	αὐτὸν	ἀπολέσαι	καὶ
principales sacerdotes	y	los	escribas	buscaban	a él	para matar(lo)	y también
749	2532	3588	1122	2212	846	622	2532
NNPM	CLN	DNPM	NNPM	VIAI3P	RP3ASM	VAAN	CLN

οἱ	πρῶτοι	τοῦ	λαοῦ,	48 καὶ	οὐχ	εὕρισκον	τὸ	τί	ποιήσωσιν,
los	prominentes	del	pueblo,	y	no	encontraban	--	qué	hicieran (hacer),
3588	4413	3588	2992	2532	3756	2147	3588	5101	4160
DNPM	JNPM	DGSM	NGSM	CLC	BN, TN	VIAI3P	DASN	RI-ASN	VAAS3P

ὁ	λαὸς	γὰρ	ἅπας	ἐξεκρέματο	αὐτοῦ	ἀκούων.
el$_3$	pueblo$_4$	porque$_1$	todo$_2$	consideró seriamente	de él	oyendo.
3588	2992	1063	537	1582	846	191
DNSM	NNSM	CAZ	JNSM	VAMI3S, VIMI3S	RP3GSM	VPAP-SNM

20 Καὶ	ἐγένετο	ἐν	μιᾷ	τῶν	ἡμερῶν	διδάσκοντος	αὐτοῦ
Y	sucedió que	en	uno	de los	días	enseñando	él
2532	1096	1722	1520	3588	2250	1321	846
CLN	VAMI3S	P	JDSF	DGPF	NGPF	VPAP-SGM	RP3GSM

τὸν	λαὸν	ἐν	τῷ	ἱερῷ	καὶ	εὐαγγελιζομένου	ἐπέστησαν	οἱ
al	pueblo	en	el	templo	y	anunciando la buena noticia	llegaron de pronto$_6$	los$_1$
3588	2992	1722	3588	2411	2532	2097	2186	3588
DASM	NASM	P	DDSN	NDSN, JDSN	CLN	VPMP-SGM	VAAI3P	DNPM

ἀρχιερεῖς	καὶ	οἱ	γραμματεῖς	σὺν	τοῖς	πρεσβυτέροις,	2 καὶ	εἶπαν
principales sacerdotes$_2$	y$_3$	los$_4$	escribas$_5$	con	los	ancianos	y	dijeron
749	2532	3588	1122	4862	3588	4245	2532	3004
NNPM	CLN	DNPM	NNPM	P	DDPM	JDPM	CLN	VAAI3P

λέγοντες	πρὸς	αὐτόν·	Εἰπὸν	ἡμῖν	ἐν	ποίᾳ	ἐξουσίᾳ	ταῦτα
diciendo	a	él:	Di	a nosotros	¿con	cuál	autoridad	estas cosas$_2$
3004	4314	846	2036	2254	1722	4169	1849	5023
VPAP-PNM	P	RP3ASM	VAAM2S, VAAI3P	RP1DP	P	JDSF, RI-DSF	NDSF	RD-APN

ποιεῖς,	ἢ	τίς	ἐστιν	ὁ	δούς	σοι	τὴν	ἐξουσίαν	ταύτην;
haces$_1$	o	quién	es	el que	habiendo dado	a ti	--$_2$	autoridad?$_3$	esta$_1$
4160	2228	5101	2076	3588	1325	4671	3588	1849	3778
VPAI2S	CLD	RI-NSM	VPAI3S	DNSM	VAAP-SNM	RP2DS	DASF	NASF	RD-ASF

3 ἀποκριθεὶς	δὲ	εἶπεν	πρὸς	αὐτούς·	Ἐρωτήσω	ὑμᾶς	κἀγὼ	λόγον,
respondiendo$_2$	Y$_1$	dijo	a	ellos:	Pediré	a vosotros	también yo	una palabra
611	1161	2036	4314	846	2065	5209	2504	3056
VAPP-SNM	CLN	VAAI3S	P	RP3APM	VFAI1S	RP2AP	RP1NS, TE	NASM

καὶ	εἴπατέ	μοι·	4 Τὸ	βάπτισμα	Ἰωάννου	ἐξ	οὐρανοῦ	ἦν	ἢ	ἐξ
y	decid	a mí:	El	bautismo	de Juan,	del$_2$	cielo$_3$	¿era$_1$	o	de
2532	2036	3427	3588	908	2491	1537	3772	2258	2228	1537
CLN	VAAM2P	RP1DS	DNSN	NNSN	NGSM	P	NGSM	VIAI3S	CLD	P

ἀνθρώπων;	5 οἱ	δὲ	συνελογίσαντο	πρὸς	ἑαυτοὺς	λέγοντες	ὅτι
(los) seres humanos?	--$_2$	Y$_1$	reflexionaron	en relación a	a sí mismos	diciendo:	que:
444	3588	1161	4817	4314	1438	3004	3754
NGPM	DNPM	CLN	VAMI3P	P	RF3APM	VPAP-PNM	CSC

Ἐὰν	εἴπωμεν·	Ἐξ	οὐρανοῦ,	ἐρεῖ·	Διὰ	τί	οὐκ	ἐπιστεύσατε	αὐτῷ;
Si	dijéramos:	Del	cielo,	dirá	¿por	qué	no	creísteis	en él?
1437	2036	1537	3772	2046	1223	5101	3756	4100	846
CAC	VAAS1P	P	NGSM	VFAI3S	P	RI-ASN	BN, TN	VAAI2P	RP3DSM

6 ἐὰν	δὲ	εἴπωμεν·	Ἐξ	ἀνθρώπων,	ὁ	λαὸς	ἅπας	καταλιθάσει	ἡμᾶς,
si$_2$	Y$_1$	dijéramos:	De	seres humanos,	el	pueblo	todo	apedrearía,$_2$	nos$_1$
1437	1161	2036	1537	444	3588	2992	537	2642	2248
CAC	CLC	VAAS1P	P	NGPM	DNSM	NNSM	JNSM	VFAI3S	RP1AP

NVI

47 Todos los días ense-
ñaba en el templo, y los
jefes de los sacerdotes,
los maestros de la ley y
los dirigentes del pueblo
procuraban matarlo.
48 Sin embargo, no en-
contraban la manera de
hacerlo, porque todo el
pueblo lo escuchaba con
gran interés.

La autoridad de Jesús puesta en duda

20 Un día,
mientras Jesús
enseñaba al pueblo en el
templo y les predica-
ba el evangelio, se le
acercaron los jefes de los
sacerdotes y los maestros
de la ley, junto con los
ancianos.
2 —Dinos con qué au-
toridad haces esto —lo
interrogaron—. ¿Quién
te dio esa autoridad?
3 —Yo también voy a
hacerles una pregunta a
ustedes —replicó él—.
Díganme: 4 El bautismo
de Juan, ¿procedía del
cielo o de la tierra?
5 Ellos, pues, lo discu-
tieron entre sí: «Si res-
pondemos: "Del cielo",
nos dirá: "¿Por qué no le
creyeron?" 6 Pero, si deci-
mos: "De la tierra", todo
el pueblo nos apedreará,

RVR

porque están persuadidos de que Juan era profeta.
7 Y respondieron que no sabían de dónde.
8 Entonces Jesús les dijo: Yo tampoco os digo con qué autoridad hago estas cosas.

Los labradores malvados

9 Comenzó luego a decir al pueblo esta parábola: Un hombre plantó una viña, la arrendó a unos labradores, y se ausentó por mucho tiempo.
10 Y a su tiempo, envió un siervo a los labradores, para que le diesen del fruto de la viña; pero los labradores le golpearon, y le enviaron con las manos vacías.
11 Volvió a enviar otro siervo; mas ellos a éste también, después de golpearle y afrentarle, le enviaron con las manos vacías.
12 Volvió a enviar un tercer siervo; mas ellos también a éste le hirieron y le echaron fuera.
13 Entonces el señor de la viña dijo: ¿Qué haré? Enviaré a mi hijo amado; quizá cuando le vean a él, le tendrán respeto.
14 Mas los labradores, al verle, razonaban

πεπεισμένος	γάρ	ἐστιν	Ἰωάννην	προφήτην	εἶναι·	7 καὶ	ἀπεκρίθησαν
convencido$_4$	porque$_3$	está	Juan	un profeta	ser.	Y	respondieron:
3982	1063	2076	2491	4396	1511	2532	611
VRPP-SNM	*CAZ*	*VPAI3S*	*NASM*	*NASM*	*VPAN*	*CLN*	*VAPI3P, VAMI3P*

μὴ	εἰδέναι	πόθεν.	8 καὶ	ὁ	Ἰησοῦς	εἶπεν	αὐτοῖς·	Οὐδὲ	ἐγὼ	λέγω
No	saber	de dónde.	Entonces	--	Jesús	dijo	a ellos:	Tampoco	yo	digo
3361	1492	4159	2532	3588	2424	2036	846	3761	1473	3004
BN, TN	*VRAN*	*B*	*CLN*	*DNSM*	*NNSM*	*VAAI3S*	*RP3DPM*	*BN, TN*	*RP1NS*	*VPAI1S*

ὑμῖν	ἐν	ποίᾳ	ἐξουσίᾳ	ταῦτα	ποιῶ.
a vosotros	con	cuál	autoridad	estas cosas.$_2$	hago$_1$
5213	1722	4169	1849	5023	4160
RP2DP	*P*	*JDSF, RI-DSF*	*NDSF*	*RD-APN*	*VPAI1S*

9 Ἤρξατο	δὲ	πρὸς	τὸν	λαὸν	λέγειν	τὴν	παραβολὴν	ταύτην·
comenzó$_2$	Y$_1$	hacia	el	pueblo	a decir	la	parábola	esta:
756	1161	4314	3588	2992	3004	3588	3850	3778
VAMI3S	*CLN*	*P*	*DASM*	*NASM*	*VPAN*	*DASF*	*NASF*	*RD-ASF*

Ἄνθρωπος	ἐφύτευσεν	ἀμπελῶνα,	καὶ	ἐξέδετο	αὐτὸν	γεωργοῖς,	καὶ
Una persona	plantó	una viña	y	arrendó	a ella	a labradores,	y
444	5452	290	2532	1554	846	1092	2532
NNSM	*VAAI3S*	*NASM*	*CLN*	*VAMI3S*	*RP3ASM*	*NDPM*	*CLN*

ἀπεδήμησεν	χρόνους	ἱκανούς.	10 καὶ	καιρῷ	ἀπέστειλεν
(se) fue de viaje	tiempos.$_2$	(por) considerables$_1$	Y	en (el) tiempo oportuno	envió
589	5550	2425	2532	2540	649
VAAI3S	*NAPM*	*JAPM*	*CLN*	*NDSM*	*VAAI3S*

πρὸς	τοὺς	γεωργοὺς	δοῦλον,	ἵνα	ἀπὸ	τοῦ	καρποῦ	τοῦ	ἀμπελῶνος
a	los	labradores	un esclavo	para	de$_2$	el$_3$	fruto$_4$	de la$_5$	viña$_6$
4314	3588	1092	1401	2443	575	3588	2590	3588	290
P	*DAPM*	*NAPM*	*NASM*	*CAP*	*P*	*DGSM*	*NGSM*	*DGSM*	*NGSM*

δώσουσιν	αὐτῷ·	οἱ	δὲ	γεωργοὶ	ἐξαπέστειλαν	αὐτὸν
darán$_1$	a él;$_7$	los$_9$	pero$_8$	labradores,$_{10}$	despacharon$_{12}$	a él$_{13}$
1325	846	3588	1161	1092	1821	846
VFAI3P	*RP3DSM*	*DNPM*	*CLC*	*NNPM*	*VAAI3P*	*RP3ASM*

δείραντες	κενόν.	11 καὶ	προσέθετο*	ἕτερον	πέμψαι	δοῦλον·
habiendo(lo) golpeado,$_{11}$	vacío.$_{14}$	Y	añadió	a otro$_2$	a enviar$_1$	esclavo;$_3$
1194	2756	2532	4369	2087	3992	1401
VAAP-PNM	*JASM*	*CLN*	*VAMI3S*	*JASM*	*VAAN*	*NASM*

οἱ	δὲ	κἀκεῖνον	δείραντες	καὶ	ἀτιμάσαντες	ἐξαπέστειλαν
ellos$_5$	pero$_4$	también (a este)	habiendo golpeado	y	habiendo deshonrado	(lo) despacharon
3588	1161	2548	1194	2532	818	1821
DNPM	*CLN*	*RD-ASM, TE*	*VAAP-PNM*	*CLN*	*VAAP-PNM*	*VAAI3P*

κενόν.	12 καὶ	προσέθετο*	τρίτον	πέμψαι·	οἱ	δὲ	καὶ	τοῦτον
vacío.	Y	añadió	un tercero;$_2$	a enviar$_1$	--$_4$	y$_3$	también	a este
2756	2532	4369	5154	3992	3588	1161	2532	5126
JASM	*CLN*	*VAMI3S*	*JASM, B*	*VAAN*	*DNPM*	*CLN*	*BE, TE*	*RD-ASM*

τραυματίσαντες	ἐξέβαλον.	13 εἶπεν	δὲ	ὁ	κύριος	τοῦ	ἀμπελῶνος·
habiéndo(lo) herido	expulsaron.	dijo$_2$	Y$_1$	el	señor	de la	viña:
5135	1544	2036	1161	3588	2962	3588	290
VAAP-PNM	*VAAI3P*	*VAAI3S*	*CLN*	*DNSM*	*NNSM*	*DGSM*	*NGSM*

Τί	ποιήσω;	πέμψω	τὸν	υἱόν	μου	τὸν	ἀγαπητόν·	ἴσως	τοῦτον
¿Qué	hiciera?	Enviaré	al	hijo	de mí	el	amado;	quizá	a este
5101	4160	3992	3588	5207	3450	3588	27	2481	5126
RI-ASN	*VAAS1S*	*VFAI1S*	*DASM*	*NASM*	*RP1GS*	*DASM*	*JASM*	*B*	*RD-ASM*

ἐντραπήσονται.	14 ἰδόντες	δὲ	αὐτὸν	οἱ	γεωργοὶ	διελογίζοντο
respetarán.	habiendo visto$_2$	Y$_1$	a él	los	labradores	pensaban
1788	1492	1161	846	3588	1092	1260
VFPI3P	*VAAP-PNM*	*CLC*	*RP3ASM*	*DNPM*	*NNPM*	*VIUI3P*

NVI

porque están convencidos de que Juan era un profeta».
Así que le respondieron:
7 —No sabemos de dónde era.
8 —Pues yo tampoco les voy a decir con qué autoridad hago esto.

Parábola de los labradores malvados

9 Pasó luego a contarle a la gente esta parábola:
—Un hombre plantó un viñedo, se lo arrendó a unos labradores y se fue de viaje por largo tiempo.
10 Llegada la cosecha, mandó un siervo a los labradores para que le dieran parte de la cosecha. Pero los labradores lo golpearon y lo despidieron con las manos vacías.
11 Les envió otro siervo, pero también a este lo golpearon, lo humillaron y lo despidieron con las manos vacías.
12 Entonces envió un tercero, pero aun a este lo hirieron y lo expulsaron.
13 »Entonces pensó el dueño del viñedo: "¿Qué voy a hacer? Enviaré a mi hijo amado; seguro que a él sí lo respetarán".
14 Pero, cuando lo vieron los labradores, trataron

20:11*, 12* O sea *volvió.*

RVR

entre sí, diciendo: Éste
es el heredero; venid,
matémosle, para que la
heredad sea nuestra.
15 Y le echaron fuera de
la viña, y le mataron.
¿Qué, pues, les hará el
señor de la viña?
16 Vendrá y destruirá a
estos labradores, y dará
su viña a otros. Cuando
ellos oyeron esto,
dijeron: ¡Que no suceda
tal cosa!
17 Pero él, mirándolos
fijamente, dijo: ¿Qué
es, pues, esto que está
escrito:

La piedra que
desecharon los
edificadores
Ha venido a ser piedra
angular?

18 Todo el que caiga
sobre aquella piedra,
será quebrantado; mas
sobre quien ella caiga, le
desmenuzará.

La cuestión del tributo

19 Procuraban los prin-
cipales sacerdotes y los
escribas echarle mano
en aquella hora, porque
comprendieron que
contra ellos había dicho
esta parábola; pero
temieron al pueblo.
20 Y quedándose ellos al
acecho, enviaron espías

πρὸς	ἀλλήλους	λέγοντες·	Οὗτός	ἐστιν	ὁ	κληρονόμος·
para	unos a otros	diciendo:	Este	es	el	heredero;
4314	240	3004	3778	2076	3588	2818
P	*RC-APM*	*VPAP-PNM*	*RD-NSM*	*VPAI3S*	*DNSM*	*NNSM*

ἀποκτείνωμεν	αὐτόν,	ἵνα	ἡμῶν	γένηται	ἡ	κληρονομία·	15 καὶ
matáramos	a él,	para que	de nosotros,$_4$	llegara a ser$_3$	la$_1$	herencia$_2$	Y
615	846	2443	2257	1096	3588	2817	2532
VPAS1P	*RP3ASM*	*CAP*	*RP1GP*	*VAMS3S*	*DNSF*	*NNSF*	*CLN*

ἐκβαλόντες	αὐτὸν	ἔξω	τοῦ	ἀμπελῶνος	ἀπέκτειναν.	τί	οὖν	ποιήσει
habiendo echado	a él	fuera	de la	viña,	(lo) mataron.	¿Qué	pues,	hará
1544	846	1854	3588	290	615	5101	3767	4160
VAAP-PNM	*RP3ASM*	*P, B*	*DGSM*	*NGSM*	*VAAI3P*	*RI-ASN*	*CLI*	*VFAI3S*

αὐτοῖς	ὁ	κύριος	τοῦ	ἀμπελῶνος;	16 ἐλεύσεται	καὶ	ἀπολέσει	τοὺς
a ellos	el	señor	de la	viña?	Vendrá	y	destruirá	los
846	3588	2962	3588	290	2064	2532	622	3588
RP3DPM	*DNSM*	*NNSM*	*DGSM*	*NGSM*	*VFMI3S*	*CLN*	*VFAI3S*	*DAPM*

γεωργοὺς	τούτους,	καὶ	δώσει	τὸν	ἀμπελῶνα	ἄλλοις.	ἀκούσαντες	δὲ
labradores	estos,	y	dará	la	viña	a otros.	habiendo oído	Y
1092	5128	2532	1325	3588	290	243	191	1161
NAPM	*RD-APM*	*CLN*	*VFAI3S*	*DASM*	*NASM*	*JDPM*	*VAAP-PNM*	*CLN*

εἶπαν·	Μὴ	γένοιτο.	17 ὁ	δὲ	ἐμβλέψας	αὐτοῖς	εἶπεν·	Τί
dijeron:	¡No	sea así!	--$_2$	Y$_1$	habiendo mirado fijamente	a ellos	dijo:	¿Qué
3004	3361	1096	3588	1161	1689	846	2036	5101
VAAI3P	*BN, TN*	*VAMO3S*	*DNSM*	*CLC*	*VAAP-SNM*	*RP3DPM*	*VAAI3S*	*RI-NSN*

οὖν	ἐστιν	τὸ	γεγραμμένον	τοῦτο·	Λίθον	ὃν	ἀπεδοκίμασαν	οἱ
pues,	es	--$_2$	escrito:$_3$	esto$_1$	(La) piedra	la cual	rechazaron	los que
3767	2076	3588	1125	5124	3037	3739	593	3588
CLI	*VPAI3S*	*DNSN*	*VRPP-SNN*	*RD-NSN*	*NASM*	*RR-ASM*	*VAAI3P*	*DNPM*

οἰκοδομοῦντες,	οὗτος	ἐγενήθη	εἰς	κεφαλὴν	γωνίας;	18 πᾶς	ὁ
estéan construyendo,	esta	llegó a convertirse	en	cabeza	del ángulo?	Todo	el que
3618	3778	1096	1519	2776	1137	3956	3588
VPAP-PNM	*RD-NSM*	*VAPI3S*	*P*	*NASF*	*NGSF*	*JNSM*	*DNSM*

πεσὼν	ἐπ'	ἐκεῖνον	τὸν	λίθον	συνθλασθήσεται·	ἐφ'	ὃν	δ'
habiendo caído	sobre	aquella	--	piedra	se estrellará	sobre$_2$	la que$_3$	Y$_1$
4098	1909	1565	3588	3037	4917	1909	3739	1161
VAAP-SNM	*P*	*RD-ASM*	*DASM*	*NASM*	*VFPI3S*	*P*	*RR-ASM*	*CLC*

ἂν	πέσῃ,	λικμήσει	αὐτόν.	19 καὶ	ἐζήτησαν	οἱ	γραμματεῖς	καὶ	οἱ
--	cayera	aplastará	a él.	Y	buscaron$_6$	los$_1$	escribas$_2$	y$_3$	los$_4$
302	4098	3039	846	2532	2212	3588	1122	2532	3588
TC	*VAAS3S*	*VFAI3S*	*RP3ASM*	*CLN*	*VAAI3P*	*DNPM*	*NNPM*	*CLN*	*DNPM*

ἀρχιερεῖς	ἐπιβαλεῖν	ἐπ'	αὐτὸν	τὰς	χεῖρας	ἐν	αὐτῇ	τῇ	ὥρᾳ,
principales sacerdotes$_5$	poner	sobre	él	las	manos	en	misma$_2$	la$_1$	hora,
749	1911	1909	846	3588	5495	1722	846	3588	5610
NNPM	*VAAN*	*P*	*RP3ASM*	*DAPF*	*NAPF*	*P*	*RP3DSFP*	*DDSF*	*NDSF*

καὶ	ἐφοβήθησαν	τὸν	λαόν,	ἔγνωσαν	γὰρ	ὅτι	πρὸς	αὐτοὺς	εἶπεν	τὴν
pero	tuvieron miedo	al	pueblo,	conocieron$_2$	porque$_1$	que	contra	ellos	dijo	la
2532	5399	3588	2992	1097	1063	3754	4314	846	2036	3588
CLC	*VAPI3P*	*DASM*	*NASM*	*VAAI3P*	*CAZ*	*CSC*	*P*	*RP3APM*	*VAAI3S*	*DASF*

παραβολὴν	ταύτην.
parábola	esta.
3850	3778
NASF	*RD-ASF*

20 Καὶ	παρατηρήσαντες	ἀπέστειλαν	ἐγκαθέτους	ὑποκρινομένους
y	habiéndolo vigilado	enviaron	espías	fingiendo
2532	3906	649	1455	5271
CLN	*VAAP-PNM*	*VAAI3P*	*JAPM*	*VPUP-PAM*

NVI

el asunto. "Este es el
heredero —dijeron—.
Matémoslo, y la heren-
cia será nuestra". 15 Así
que lo arrojaron fuera
del viñedo y lo mataron.
»¿Qué les hará el
dueño? 16 Volverá,
acabará con esos labra-
dores y dará el viñedo a
otros».
Al oír esto, la gente
exclamó:
—¡Dios no lo quiera!
17 Mirándolos fija-
mente, Jesús les dijo:
—Entonces, ¿qué
significa esto que está
escrito:

»"La piedra que
desecharon los
constructores
ha llegado a ser la pie-
dra angular"?

18 Todo el que caiga
sobre esa piedra quedará
despedazado y, si ella cae
sobre alguien, lo hará
polvo».
19 Los maestros de
la ley y los jefes de los
sacerdotes, cayendo en
cuenta que la parábola
iba dirigida contra ellos,
buscaron la manera de
echarle mano en aquel
mismo momento. Pero
temían al pueblo.

El pago de impuestos al césar

20 Entonces, para ace-
charlo, enviaron espías
que fingían ser gente

RVR

que se fingiesen justos,
a fin de sorprenderle
en alguna palabra, para
entregarle al poder y au-
toridad del gobernador.
21 Y le preguntaron,
diciendo: Maestro,
sabemos que dices y
enseñas rectamente, y
que no haces acepción
de personas, sino que
enseñas el camino de
Dios con verdad.
22 ¿Nos es lícito dar tri-
buto a César, o no?
23 Mas él, comprendien-
do la astucia de ellos,
les dijo: ¿Por qué me
tentáis?
24 Mostradme una mo-
neda. ¿De quién tiene la
imagen y la inscripción?
Y respondiendo, dije-
ron: De César.
25 Entonces les dijo:
Pues dad a César lo que
es de César, y a Dios lo
que es de Dios.
26 Y no pudieron
sorprenderle en palabra
alguna delante del
pueblo, sino que mara-
villados de su respuesta,
callaron.

La pregunta sobre la resurrección

27 Acercándose en-
tonces algunos de los
saduceos, los cuales
sostienen que no hay
resurrección, le pregun-
taron,
28 diciendo: Maestro,
Moisés nos escribió: Si
el hermano de alguno
muere teniendo

ἑαυτοὺς	δικαίους	εἶναι,	ἵνα	ἐπιλάβωνται	αὐτοῦ	λόγου,	ὥστε
ellos mismos	justos,$_2$	ser$_1$	para que	agarraran	de él,$_2$	una palabra$_1$	con el fin de
1438	1342	1511	2443	1949	846	3056	5620
RF3APM	*JAPM*	*VPAN*	*CAP*	*VAMS3P*	*RP3GSM*	*NGSM*	*CAP*

παραδοῦναι	αὐτὸν	τῇ	ἀρχῇ	καὶ	τῇ	ἐξουσίᾳ	τοῦ	ἡγεμόνος.	21 καὶ
entregar	a él	al	poder	y	la	autoridad	del	gobernador.	Y
3860	846	3588	746	2532	3588	1849	3588	2232	2532
VAAN	*RP3ASM*	*DDSF*	*NDSF*	*CLN*	*DDSF*	*NDSF*	*DGSM*	*NGSM*	*CLN*

ἐπηρώτησαν	αὐτὸν	λέγοντες·	Διδάσκαλε,	οἴδαμεν	ὅτι	ὀρθῶς	λέγεις
preguntaron	a él	diciendo:	Maestro,	sabemos	que	correctamente	dices
1905	846	3004	1320	1492	3754	3723	3004
VAAI3P	*RP3ASM*	*VPAP-PNM*	*NVSM*	*VRAI1P*	*CSC*	*B*	*VPAI2S*

καὶ	διδάσκεις	καὶ	οὐ	λαμβάνεις	πρόσωπον,*	ἀλλ’	ἐπ’	ἀληθείας	τὴν
y	enseñas	y	no	recibes	rostro,	sino	sobre	(la) verdad	el$_2$
2532	1321	2532	3756	2983	4383	235	1909	225	3588
CLN	*VPAI2S*	*CLN*	*BN, TN*	*VPAI2S*	*NASN*	*CLC*	*P*	*NGSF*	*DASF*

ὁδὸν	τοῦ	θεοῦ	διδάσκεις·	22 ἔξεστιν	ἡμᾶς	Καίσαρι	φόρον	δοῦναι
camino$_3$	de --$_4$	Dios.$_5$	enseñas$_1$	¿Es permitido	a nosotros	a César$_3$	tributo$_2$	dar$_1$
3598	3588	2316	1321	1832	2248	2541	5411	1325
NASF	*DGSM*	*NGSM*	*VPAI2S*	*VPAI3S*	*RP1AP*	*NDSM*	*NASM*	*VAAN*

ἢ	οὔ;	23 κατανοήσας	δὲ	αὐτῶν	τὴν	πανουργίαν	εἶπεν	πρὸς
o	no?	habiendo advertido$_2$	Pero$_1$	de ellos	la	astucia	dijo	a
2228	3756	2657	1161	846	3588	3834	2036	4314
CLD	*BN, TN*	*VAAP-SNM*	*CLC*	*RP3GPM*	*DASF*	*NASF*	*VAAI3S*	*P*

αὐτούς·	24 Δείξατέ	μοι	δηνάριον·	τίνος	ἔχει	εἰκόνα	καὶ	ἐπιγραφήν;
ellos:	Mostrad	a mí	un denario.	¿De quién	tiene	imagen	e	inscripción?
846	1166	3427	1220	5101	2192	1504	2532	1923
RP3APM	*VAAM2P*	*RP1DS*	*NASN*	*RI-GSM*	*VPAI3S*	*NASF*	*CLN*	*NASF*

ἀποκριθέντες	δὲ	εἶπαν·	Καίσαρος.	25 ὁ	δὲ	εἶπεν	πρὸς	αὐτούς·
respondiendo$_2$	Y$_1$	dijeron:	De César.	--$_2$	Y$_1$	dijo	a	ellos:
611	1161	3004	2541	3588	1161	2036	4314	846
VAPP-PNM	*CLN*	*VAAI3P*	*NGSM*	*DNSM*	*CLN*	*VAAI3S*	*P*	*RP3APM*

Τοίνυν	ἀπόδοτε	τὰ	Καίσαρος	Καίσαρι	καὶ	τὰ	τοῦ	θεοῦ	τῷ
Pues	devolved	las cosas	del César	a César	y	las cosas	de --	Dios	a --
5106	591	3588	2541	2541	2532	3588	3588	2316	3588
CLI	*VAAM2P*	*DAPN*	*NGSM*	*NDSM*	*CLN*	*DAPN*	*DGSM*	*NGSM*	*DDSM*

θεῷ.	26 καὶ	οὐκ	ἴσχυσαν	ἐπιλαβέσθαι	τοῦ	ῥήματος	ἐναντίον	τοῦ
Dios.	Y	no	pudieron	agarrar	de él$_2$	de palabra$_1$	delante	del
2316	2532	3756	2480	1949	3588	4487	1726	3588
NDSM	*CLN*	*BN, TN*	*VAAI3P*	*VAMN*	*DGSM*	*NGSN*	*P, B*	*DGSM*

λαοῦ,	καὶ	θαυμάσαντες	ἐπὶ	τῇ	ἀποκρίσει	αὐτοῦ	ἐσίγησαν.
pueblo	y	habiéndo(se) admirado	por	la	respuesta	de él	callaron.
2992	2532	2296	1909	3588	612	846	4601
NGSM	*CLN*	*VAAP-PNM*	*P*	*DDSF*	*NDSF*	*RP3GSM*	*VAAI3P*

27 Προσελθόντες	δέ	τινες	τῶν	Σαδδουκαίων,	οἱ	ἀντιλέγοντες
habiéndose acercado$_2$	Y$_1$	algunos	de los	saduceos,	los que	están contradiciendo
4334	1161	5100	3588	4523	3588	483
VAAP-PNM	*CLN*	*RX-NPM*	*DGPM*	*NGPM*	*DNPM*	*VPAP-PNM*

ἀνάστασιν	μὴ	εἶναι,	ἐπηρώτησαν	αὐτὸν	28 λέγοντες·	Διδάσκαλε,
(la) resurrección$_3$	no$_1$	existir$_2$	preguntaron	a él	diciendo:	Maestro,
386	3361	1511	1905	846	3004	1320
NASF	*BN, TN*	*VPAN*	*VAAI3P*	*RP3ASM*	*VPAP-PNM*	*NVSM*

Μωϋσῆς	ἔγραψεν	ἡμῖν,	ἐάν	τινος	ἀδελφὸς	ἀποθάνῃ	ἔχων
Moisés	escribió	a nosotros,	si	de alguien$_2$	(el) hermano$_1$	muriera	teniendo
3475	1125	2254	1437	5100	80	599	2192
NNSM	*VAAI3S*	*RP1DP*	*CAC*	*RX-GSM*	*NNSM*	*VAAS3S*	*VPAP-SNM*

NVI

honorable. Pensaban
atrapar a Jesús en algo
que él dijera, y así poder
entregarlo a la jurisdic-
ción del gobernador.
21 —Maestro —dije-
ron los espías—, sabe-
mos que lo que dices y
enseñas es correcto. No
juzgas por las aparien-
cias, sino que de verdad
enseñas el camino de
Dios. 22 ¿Nos está permi-
tido pagar impuestos al
césar o no?
23 Pero Jesús, dándose
cuenta de sus malas
intenciones, replicó:
24 —Muéstrenme una
moneda romana. ¿De
quién son esta imagen y
esta inscripción?
—Del césar
—contestaron.
25 —Entonces denle
al césar lo que es del
césar, y a Dios lo que es
de Dios.
26 No pudieron
atraparlo en lo que decía
en público. Así que, ad-
mirados de su respuesta,
se callaron.

La resurrección y el matrimonio

27 Luego, algunos de
los saduceos, que decían
que no hay resurrec-
ción, se acercaron a
Jesús y le plantearon un
problema:
28 —Maestro, Moisés
nos enseñó en sus escri-
tos que, si un hombre
muere y deja

20:21* O sea *no haces acepción de personas.*

RVR

mujer, y no deja hijos,
que su hermano la tome
por esposa, y levante
descendencia a su
hermano.
29 Hubo, pues, siete
hermanos; y el primero
tomó esposa, y murió
sin hijos.
30 Y la tomó el segundo,
el cual también murió
sin hijos.
31 La tomó el tercero,
y así todos los siete,
y murieron sin dejar
descendencia.
32 Por último, murió
también la mujer.
33 En la resurrección,
pues, ¿de cuál de ellos
será mujer, ya que los
siete la tuvieron por
mujer?
34 Y Jesús les dijo: Los
hijos de este siglo se
casan, y se dan en casa-
miento;
35 pero los que sean
tenidos por dignos de
alcanzar aquel siglo y la
resurrección de entre los
muertos, ni se casan, ni
se dan en casamiento.
36 Porque tampoco
pueden ya morir, pues
son como ángeles, y son
hijos de Dios, al ser hi-
jos de la resurrección.
37 Pero que los
muertos resucitan,

γυναῖκα,	καὶ	οὗτος	ἄτεκνος	ᾖ,	ἵνα	λάβῃ	ὁ	ἀδελφὸς	αὐτοῦ	τὴν
esposa,	y	este	sin hijos,$_2$	sea$_1$	que	tomara$_4$	el$_1$	hermano$_2$	de él$_3$	la
1135	2532	3778	815	1510	2443	2983	3588	80	846	3588
NASF	*CLN*	*RD-NSM*	*JNSM*	*VPAS3S*	*CSC*	*VAAS3S*	*DNSM*	*NNSM*	*RP3GSM*	*DASF*

γυναῖκα	καὶ	ἐξαναστήσῃ	σπέρμα	τῷ	ἀδελφῷ	αὐτοῦ.	29 ἑπτὰ	οὖν
esposa	y	levantara	simiente	al	hermano	de él.	siete$_3$	Pues$_1$
1135	2532	1817	4690	3588	80	846	2033	3767
NASF	*CLN*	*VAAS3S*	*NASN*	*DDSM*	*NDSM*	*RP3GSM*	*XN, J*	*CLT*

ἀδελφοὶ	ἦσαν·	καὶ	ὁ	πρῶτος	λαβὼν	γυναῖκα	ἀπέθανεν
hermanos;$_4$	habían$_2$	y	el	primero	habiendo tomando	esposa	murió
80	2258	2532	3588	4413	2983	1135	599
NNPM	*VIAI3P*	*CLN*	*DNSM*	*JNSM*	*VAAP-SNM*	*NASF*	*VAAI3S*

ἄτεκνος·	30 καὶ	⸀ὁ	δεύτερος⸌	31 καὶ	ὁ	τρίτος	ἔλαβεν	αὐτήν,
sin hijos;	y	el	segundo	y	el	tercero	tomó	a ella
815	2532	3588	1208	2532	3588	5154	2983	846
JNSM	*CLN*	*DNSM*	*JNSM*	*CLN*	*DNSM*	*JNSM*	*VAAI3S*	*RP3ASF*

ὡσαύτως	δὲ	καὶ	οἱ	ἑπτὰ	οὐ	κατέλιπον	τέκνα	καὶ	ἀπέθανον·
asimismo$_2$	y$_1$	también	los	siete	no	dejaron	hijos	y	murieron.
5615	1161	2532	3588	2033	3756	2641	5043	2532	599
B	*CLN*	*BE, TE*	*DNPM*	*XN, J*	*BN, TN*	*VAAI3P*	*NAPN*	*CLN*	*VAAI3P*

32 ὕστερον	καὶ	ἡ	γυνὴ	ἀπέθανεν.	33 ἡ	γυνὴ	οὖν	ἐν	τῇ
Finalmente	también	la	mujer	murió.	La	mujer,	pues,	en	la
5305	2532	3588	1135	599	3588	1135	3767	1722	3588
BS, J	*BE, TE*	*DNSF*	*NNSF*	*VAAI3S*	*DNSF*	*NNSF*	*CLI*	*P*	*DDSF*

ἀναστάσει	τίνος	αὐτῶν	γίνεται	γυνή;	οἱ	γὰρ	ἑπτὰ	ἔσχον	αὐτὴν
resurrección	¿de quién	de ellos	llega a ser	esposa?	los$_2$	Porque$_1$	siete	tuvieron	a ella
386	5101	846	1096	1135	3588	1063	2033	2192	846
NDSF	*RI-GSM*	*RP3GPM*	*VPUI3S*	*NNSF*	*DNPM*	*CAZ*	*XN, J*	*VAAI3P*	*RP3ASF*

γυναῖκα.
(por) esposa.
1135
NASF

34 Καὶ	εἶπεν	αὐτοῖς	ὁ	Ἰησοῦς·	Οἱ	υἱοὶ	τοῦ	αἰῶνος	τούτου
Y	dijo$_3$	a ellos:$_4$	--$_1$	Jesús$_2$	Los$_5$	hijos$_6$	de --$_7$	siglo$_9$	este$_8$
2532	2036	846	3588	2424	3588	5207	3588	165	5127
CLN	*VAAI3S*	*RP3DPM*	*DNSM*	*NNSM*	*DNPM*	*NNPM*	*DGSM*	*NGSM*	*RD-GSM*

γαμοῦσιν	καὶ	γαμίσκονται,	35 οἱ	δὲ	καταξιωθέντες	τοῦ
(se) casan	y	son dados en casamiento,	los que$_2$	pero$_1$	habiendo sido considerados dignos$_3$	el$_5$
1060	2532	1061	3588	1161	2661	3588
VPAI3P	*CLN*	*VPPI3P*	*DNPM*	*CLC*	*VAPP-PNM*	*DGSM*

αἰῶνος	ἐκείνου	τυχεῖν	καὶ	τῆς	ἀναστάσεως	τῆς	ἐκ	νεκρῶν
siglo$_6$	aquel$_7$	de experimentar$_4$	y	la	resurrección	de la	de	(entre los) muertos
165	1565	5177	2532	3588	386	3588	1537	3498
NGSM	*RD-GSM*	*VAAN*	*CLN*	*DGSF*	*NGSF*	*DGSF*	*P*	*JGPM*

οὔτε	γαμοῦσιν	οὔτε	γαμίζονται·	36 οὐδὲ	γὰρ	ἀποθανεῖν
ni	(se) casan	ni	se dan en casamiento;	no$_2$	porque$_1$	morir$_4$
3777	1060	3777	1061	3761	1063	599
CLK, TN	*VPAI3P*	*CLK, CLD*	*VPPI3P*	*BN, TN*	*CAZ*	*VAAN*

ἔτι	δύνανται,	ἰσάγγελοι	γάρ	εἰσιν	καὶ	υἱοί	εἰσιν	θεοῦ	τῆς
ya más,$_5$	pueden$_3$	como ángeles$_8$	porque$_6$	son$_7$	y$_9$	hijos$_{11}$	son$_{10}$	de Dios,$_{12}$	de la$_{15}$
2089	1410	2465	1063	1526	2532	5207	1526	2316	3588
B	*VPUI3P*	*JNPM*	*CAZ*	*VPAI3P*	*CLN*	*NNPM*	*VPAI3P*	*NGSM*	*DGSF*

ἀναστάσεως	υἱοὶ	ὄντες.	37 ὅτι	δὲ	ἐγείρονται	οἱ	νεκροὶ	καὶ
resurrección.$_{16}$	hijos$_{14}$	siendo$_{13}$	que$_2$	Pero$_1$	son levantados,$_5$	los$_3$	muertos$_4$	también
386	5207	5607	3754	1161	1453	3588	3498	2532
NGSF	*NNPM*	*VPAP-PNM*	*CSC*	*CLC*	*VPPI3P*	*DNPM*	*JNPM*	*CLA, B*

NVI

a la viuda sin hijos, el
hermano de ese hombre
tiene que casarse con
la viuda para que su
hermano tenga descen-
dencia. 29 Pues bien,
había siete hermanos.
El primero se casó y
murió sin dejar hijos.
30 Entonces el segundo
31 y el tercero se casaron
con ella, y así sucesiva-
mente murieron los siete
sin dejar hijos. 32 Por úl-
timo, murió también la
mujer. 33 Ahora bien, en
la resurrección, ¿de cuál
será esposa esta mujer, ya
que los siete estuvieron
casados con ella?
34 —La gente de este
mundo se casa y se da
en casamiento —les
contestó Jesús—. 35 Pero
en cuanto a los que sean
dignos de tomar parte
en el mundo venidero
por la resurrección: esos
no se casarán ni serán
dados en casamiento,
36 ni tampoco podrán
morir, pues serán como
los ángeles. Son hijos
de Dios porque toman
parte en la resurrección.
37 Pero que los muertos
resucitan lo dio a

20:30⸀⸌ Manuscritos inferiores aumentaron *El segundo tomó a la esposa y este murió sin hijos.*

RVR

aun Moisés lo enseñó
en el pasaje de la zarza,
cuando llama al Señor,
Dios de Abraham, Dios
de Isaac y Dios de Jacob.
38 Porque Dios no es
Dios de muertos, sino
de vivos, pues para él
todos viven.
39 Respondiéndole
algunos de los escribas,
dijeron: Maestro, bien
has dicho.
40 Y ya no se atrevían a
preguntarle nada.

¿De quién es hijo el Cristo?

41 Y él les dijo: ¿Cómo
dicen que el Cristo es
hijo de David?
42 Pues David mismo
dice en el libro de los
Salmos:
Dijo el Señor a mi
Señor:
Siéntate a mi diestra,
43 Hasta que ponga a
tus enemigos por estra-
do de tus pies.
44 David, pues, le llama
Señor; ¿cómo, enton-
ces, es hijo suyo?

El Señor Jesús previene contra los escribas

45 Y oyéndole todo
el pueblo, dijo a sus
discípulos:
46 Guardaos de los
escribas, que gustan de
pasearse con ropas lar-
gas, de que les saluden
respetuosamente en las

Μωϋσῆς	ἐμήνυσεν	ἐπὶ	τῆς	βάτου,	ὡς	λέγει	κύριον	τὸν	θεὸν
Moisés	indicó	(en el caso) sobre	la	zarza,	cuando	dice	Señor	al	Dios
3475	3377	1909	3588	942	5613	3004	2962	3588	2316
NNSM	*VAAI3S*	*P*	*DGSF*	*NGSF, NGSM*	*CAT*	*VPAI3S*	*NASM*	*DASM*	*NASM*

Ἀβραὰμ	καὶ	θεὸν	Ἰσαὰκ	καὶ	θεὸν	Ἰακώβ·	38 θεὸς	δὲ	οὐκ	ἔστιν
de Abraham	y	Dios	de Isaac	y	Dios	de Jacob.	Dios$_2$	y$_1$	no	es
11	2532	2316	2464	2532	2316	2384	2316	1161	3756	2076
NGSM, XP	*CLN*	*NASM*	*NGSM, XP*	*CLN*	*NASM*	*NGSM, XP*	*NNSM*	*CLN*	*BN, TN*	*VPAI3S*

νεκρῶν	ἀλλὰ	ζώντων,	πάντες	γὰρ	αὐτῷ	ζῶσιν.	39 ἀποκριθέντες
de muertos	sino	de los que están viviendo,	todos$_2$	porque$_1$	para él	viven.	respondiendo$_2$
3498	235	2198	3956	1063	846	2198	611
JGPM	*CLC*	*VPAP-PGM*	*JNPM*	*CAZ*	*RP3DSM*	*VPAI3P*	*VAPP-PNM*

δέ	τινες	τῶν	γραμματέων	εἶπαν·	Διδάσκαλε,	καλῶς	εἶπας·	40 οὐκέτι
Y$_1$	algunos	de los	escribas	dijeron:	Maestro,	bien	dijiste.	ya no$_2$
1161	5100	3588	1122	3004	1320	2573	2036	3765
CLN	*RX-NPM*	*DGPM*	*NGPM*	*VAAI3P*	*NVSM*	*B*	*VAAI2S*	*BN*

γὰρ	ἐτόλμων	ἐπερωτᾶν	αὐτὸν	οὐδέν.
Porque$_1$	se atrevían	a preguntar	a él	nada.
1063	5111	1905	846	3762
CAZ	*VIAI3P*	*VPAN*	*RP3ASM*	*JASN*

41 Εἶπεν	δὲ	πρὸς	αὐτούς·	Πῶς	λέγουσιν	τὸν	χριστὸν	εἶναι
dijo$_2$	Y$_1$	a	ellos:	¿Cómo	dicen	el	Cristo	ser
2036	1161	4314	846	4459	3004	3588	5547	1511
VAAI3S	*CLN*	*P*	*RP3APM*	*BI*	*VPAI3P*	*DASM*	*NASM*	*VPAN*

Δαυὶδ	υἱόν;	42 αὐτὸς	γὰρ	Δαυὶδ	λέγει	ἐν	βίβλῳ	ψαλμῶν·	Εἶπεν
de David?$_2$	hijo$_1$	el mismo$_2$	Porque$_1$	David	dice	en	(el) libro	de (los) Salmos:	dijo$_2$
1138	5207	846	1063	1138	3004	1722	976	5568	2036
NGSM, XP	*NASM*	*RP3NSMP*	*CAZ*	*NNSM, XP*	*VPAI3S*	*P*	*NDSF*	*NGPM*	*VAAI3S*

κύριος	τῷ	κυρίῳ	μου·	Κάθου	ἐκ	δεξιῶν	μου	43 ἕως	ἂν	θῶ
(El) Señor$_1$	al	Señor	de mí:	Siéntate	a	(la) derecha	de mí,	hasta que	--	pusiera
2962	3588	2962	3450	2521	1537	1188	3450	2193	302	5087
NNSM	*DDSM*	*NDSM*	*RP1GS*	*VPUM2S*	*P*	*JGPN, JGPM*	*RP1GS*	*CAT*	*TC*	*VAAS1S*

τοὺς	ἐχθρούς	σου	ὑποπόδιον	τῶν	ποδῶν	σου.	44 Δαυὶδ	οὖν	αὐτὸν
a los	enemigos	tuyos	(por) estrado	de los	pies	tuyos.	David,	pues,	a él$_2$
3588	2190	4675	5286	3588	4228	4675	1138	3767	846
DAPM	*JAPM*	*RP2GS*	*NASN*	*DGPM*	*NGPM*	*RP2GS*	*NNSM,XP*	*CLI*	*RP3ASM*

κύριον	καλεῖ,	καὶ	πῶς	αὐτοῦ	υἱός	ἐστιν;
Señor,$_3$	llama$_1$	entonces	¿cómo	de él?$_3$	hijo$_2$	es$_1$
2962	2564	2532	4459	846	5207	2076
NASM	*VPAI3S*	*CLN*	*BI*	*RP3GSM*	*NNSM*	*VPAI3S*

45 Ἀκούοντος	δὲ	παντὸς	τοῦ	λαοῦ	εἶπεν	τοῖς	μαθηταῖς·
oyendo$_2$	Y$_1$	todo	el	pueblo	dijo	a los	discípulos:
191	1161	3956	3588	2992	2036	3588	3101
VPAP-SGM	*CLN*	*JGSM*	*DGSM*	*NGSM*	*VAAI3S*	*DDPM*	*NDPM*

46 Προσέχετε	ἀπὸ	τῶν	γραμματέων	τῶν	θελόντων	περιπατεῖν
Cuidaos	de	los	escribas	los que	están queriendo	andar
4337	575	3588	1122	3588	2309	4043
VPAM2P	*P*	*DGPM*	*NGPM*	*DGPM*	*VPAP-PGM*	*VPAN*

ἐν	στολαῖς	καὶ	φιλούντων	ἀσπασμοὺς	ἐν	ταῖς	ἀγοραῖς	καὶ
con	túnicas largas	y	apreciando	saludos	en	las	plazas	y
1722	4749	2532	5368	783	1722	3588	58	2532
P	*NDPF*	*CLN*	*VPAP-PGM*	*NAPM*	*P*	*DDPF*	*NDPF*	*CLN*

NVI

entender Moisés mismo
en el pasaje sobre la zar-
za, pues llama al Señor
"el Dios de Abraham, de
Isaac y de Jacob". 38 Él no
es Dios de muertos, sino
de vivos; en efecto, para
él todos ellos viven.
39 Algunos de los
maestros de la ley le
respondieron:
—¡Bien dicho,
Maestro!
40 Y ya no se atre-
vieron a hacerle más
preguntas.

¿De quién es hijo el Cristo?

41 Pero Jesús les
preguntó:
—¿Cómo es que
dicen que el Cristo es
hijo de David? 42 David
mismo declara en el
libro de los Salmos:

»"Dijo el Señor a mi
Señor:
'Siéntate a mi
derecha,
43 hasta que ponga a
tus enemigos
por estrado de tus
pies'".

44 David lo llama
"Señor". ¿Cómo puede
entonces ser su hijo?»
45 Mientras todo
el pueblo lo escucha-
ba, Jesús les dijo a sus
discípulos:
46 —Cuídense de
los maestros de la ley.
Les gusta pasearse con
ropas ostentosas y les
encanta que los saluden

RVR

plazas, y de ocupar las
primeras sillas en las si-
nagogas, y los lugares de
honor en los banquetes;
47 que devoran las
casas de las viudas, y por
cubrir las apariencias
hacen largas oraciones;
ésos tendrán una sen-
tencia más rigurosa.

La ofrenda de la viuda

21 Levantando
los ojos, vio a
unos ricos que echaban
sus ofrendas en el arca
del tesoro.
2 Y vio también a una
viuda pobre, que echaba
allí dos moneditas.
3 Y dijo: En verdad os
digo, que esta viuda
pobre echó más que
todos.
4 Porque todos ellos
echaron para las ofren-
das de Dios de lo que
les sobra; mas ésta, de
su pobreza echó todo el
sustento que tenía.

Jesucristo predice la destrucción del templo

5 Y al decir algunos acer-
ca del templo que estaba
adornado de hermosas
piedras y ofrendas voti-
vas, dijo:
6 De esto que estáis con-
templando, días ven-
drán en que no quedará
piedra sobre piedra, que
no sea derribada.

πρωτοκαθεδρίας	ἐν	ταῖς	συναγωγαῖς	καὶ	πρωτοκλισίας	ἐν	τοῖς
sitios de honor	en	las	sinagogas	y	lugares de honor	en	las
4410	1722	3588	4864	2532	4411	1722	3588
NAPF	*P*	*DDPF*	*NDPF*	*CLN*	*NAPF*	*P*	*DDPN*

δείπνοις,	47 οἳ	κατεσθίουσιν	τὰς	οἰκίας	τῶν	χηρῶν	καὶ	προφάσει
cenas,	los que	devoran	las	casas	de las	viudas	y	por pretexto
1173	3739	2719	3588	3614	3588	5503	2532	4392
NDPN	*RR-NPM*	*VPAI3P*	*DAPF*	*NAPF*	*DGPF*	*NGPF, JGPF*	*CLN*	*NDSF*

μακρὰ	προσεύχονται·	οὗτοι	λήμψονται	περισσότερον	κρίμα.
largamente;$_2$	oran$_1$	estos	recibirán	mayor	juicio.
3117	4336	3778	2983	4053	2917
JAPN	*VPUI3P*	*RD-NPM*	*VFMI3P*	*JASNC*	*NASN*

21 Ἀναβλέψας	δὲ	εἶδεν	τοὺς	βάλλοντας	εἰς	τὸ
habiendo levantado la vista$_2$	Y$_1$	vio$_3$	a los$_4$	echando$_6$	en$_{10}$	el$_{11}$
308	1161	1492	3588	906	1519	3588
VAAP-SNM	*CLN*	*VAAI3S*	*DAPM*	*VPAP-PAM*	*P*	*DASN*

γαζοφυλάκιον	τὰ	δῶρα	αὐτῶν	πλουσίους.	2 εἶδεν	δέ	τινα
lugar de las ofrendas.$_{12}$	las$_7$	ofrendas$_8$	de ellos$_9$	ricos$_5$	vio$_2$	Y$_1$	a cierta
1049	3588	1435	846	4145	1492	1161	5100
NASN	*DAPN*	*NAPN*	*RP3GPM*	*JAPM*	*VAAI3S*	*CLN*	*JASF, RX-ASF*

χήραν	πενιχρὰν	βάλλουσαν	ἐκεῖ	λεπτὰ	δύο,	3 καὶ	εἶπεν·	Ἀληθῶς
viuda	pobre	echando	allí	leptones,$_2$	dos$_1$	y	dijo:	Verdaderamente
5503	3998	906	1563	3016	1417	2532	2036	230
NASF, JASF	*JASF*	*VPAP-SAF*	*BP*	*NAPN, JAPN*	*XN, J*	*CLN*	*VAAI3S*	*B*

λέγω	ὑμῖν	ὅτι	ἡ	χήρα	ἡ	πτωχὴ	αὕτη	πλεῖον	πάντων	ἔβαλεν·
digo	a vosotros	que	--$_2$	viuda$_3$	--$_4$	pobre$_5$	esta$_1$	más que$_7$	todos.$_8$	echó$_6$
3004	5213	3754	3588	5503	3588	4434	3778	4119	3956	906
VPAI1S	*RP2DP*	*CSC*	*DNSF*	*NNSF, JNSF*	*DNSF*	*JNSF*	*RD-NSF*	*JASNC*	*JGPM*	*VAAI3S*

4 πάντες	γὰρ	οὗτοι	ἐκ	τοῦ	περισσεύοντος	αὐτοῖς	ἔβαλον	εἰς	τὰ
todos$_2$	Porque$_1$	estos	de	lo que	está sobrando	a ellos	echaron	en	las
3956	1063	3778	1537	3588	4052	846	906	1519	3588
JNPM	*CAZ*	*RD-NPM*	*P*	*DGSN*	*VPAP-SGN*	*RP3DPM*	*VAAI3P*	*P*	*DAPN*

⸀δῶρα,	αὕτη	δὲ	ἐκ	τοῦ	ὑστερήματος	αὐτῆς	πάντα	τὸν	βίον
ofrendas,	esta$_2$	pero$_1$	de	la	carencia	de ella	todo$_2$	el$_3$	sustento$_4$
1435	846	1161	1537	3588	5303	846	3956	3588	979
NAPN	*RD-NSF*	*CLC*	*P*	*DGSN, DGSM*	*NGSN*	*RP3GSF*	*JASM*	*DASM*	*NASM*

ὃν	εἶχεν	ἔβαλεν.
que$_5$	tenía.$_6$	echó$_1$
3739	2192	906
RR-ASM	*VIAI3S*	*VAAI3S*

5 Καί	τινων	λεγόντων	περὶ	τοῦ	ἱεροῦ,	ὅτι	λίθοις	καλοῖς	καὶ
Y	algunos	hablando	acerca de	el	templo	que	con piedras	bellas	y
2532	5100	3004	4012	3588	2411	3754	3037	2570	2532
CLN	*RX-GPM*	*VPAP-PGM*	*P*	*DGSN*	*NGSN, JGSN*	*CSC*	*NDPM*	*JDPM*	*CLN*

ἀναθήμασιν	κεκόσμηται	εἶπεν·	6 Ταῦτα	ἃ	θεωρεῖτε,	ἐλεύσονται
ofrendas votivas	ha sido adornado	dijo:	Estas cosas	las cuales	veis,	vendrán
334	2885	2036	5023	3739	2334	2064
NDPN	*VRPI3S*	*VAAI3S*	*RD-APN*	*RR-APN*	*VPAI2P*	*VFMI3P*

ἡμέραι	ἐν	αἷς	οὐκ	ἀφεθήσεται	λίθος	ἐπὶ	λίθῳ	ὃς	οὐ
días	en	los cuales	no	será dejada	piedra	sobre	piedra	la cual	no
2250	1722	3739	3756	863	3037	1909	3037	3739	3756
NNPF	*P*	*RR-DPF*	*BN, TN*	*VFPI3S*	*NNSM*	*P*	*NDSM*	*RR-NSM*	*BN, TN*

καταλυθήσεται.
será derribada.
2647
VFPI3S

NVI

en las plazas, y ocupar el
primer puesto en las si-
nagogas y los lugares de
honor en los banquetes.
47 Devoran los bienes
de las viudas y a la vez
hacen largas plegarias
para impresionar a los
demás. Estos recibirán
peor castigo.

La ofrenda de la viuda

21 Jesús se detuvo
a observar y vio
a los ricos que echaban
sus ofrendas en las
alcancías del templo.
2 También vio a una
viuda pobre que echaba
dos moneditas de poco
valor.
3 —Les aseguro —
dijo— que esta viuda
pobre ha echado más
que todos los demás.
4 Todos ellos dieron sus
ofrendas de lo que les
sobraba; pero ella, de
su pobreza, echó todo
lo que tenía para su
sustento.

Señales del fin del mundo

5 Algunos de sus
discípulos comentaban
acerca del templo, de
cómo estaba adornado
con hermosas piedras y
con ofrendas dedicadas
a Dios. Pero Jesús dijo:
6 —En cuanto a todo
esto que ven ustedes,
llegará el día en que
no quedará piedra
sobre piedra; todo será
derribado.

21:4⸀ Manuscritos inferiores aumentaron *de Dios.*

RVR

[7] Y le preguntaron,
diciendo: Maestro,
¿cuándo será esto?; ¿y
qué señal habrá cuando
estas cosas estén a punto
de suceder?
[8] Él entonces dijo:
Mirad que no seáis
engañados; porque
vendrán muchos en mi
nombre, diciendo: Yo
soy el Cristo, y: El tiem-
po está cerca. Mas no
vayáis en pos de ellos.
[9] Y cuando oigáis de
guerras y de sediciones,
no os alarméis; porque
es necesario que estas
cosas acontezcan pri-
mero; pero el fin no será
inmediatamente.
[10] Entonces les dijo: Se
levantará nación contra
nación, y reino contra
reino;
[11] y habrá grandes te-
rremotos en diferentes
lugares, hambres y
pestilencias; y habrá
terror y grandes señales
del cielo.
[12] Pero antes de todas
estas cosas os echarán
mano, os perseguirán, y
os entregarán a las sina-
gogas y a las cárceles, y
seréis llevados ante reyes
y ante gobernadores por
causa de mi nombre.
[13] Y esto os será ocasión
para dar testimonio.
[14] Proponed en vuestros

---

[7] Ἐπηρώτησαν δὲ αὐτὸν λέγοντες· Διδάσκαλε, πότε οὖν ταῦτα
preguntaron$_2$ Y$_1$ a él diciendo: Maestro, ¿cuándo pues estas cosas
1905 1161 846 3004 1320 4219 3767 5023
VAAI3P CLN RP3ASM VPAP-PNM NVSM BI CLI RD-NPN

ἔσται, καὶ τί τὸ σημεῖον ὅταν μέλλῃ ταῦτα γίνεσθαι;
será(n) y cuál (será) la señal cuando esté(n) a punto de estas cosas?$_2$ (de) suceder$_1$
2071 2532 5101 3588 4592 3752 3195 5023 1096
VFMI3S CLN RI-NSN DNSN NNSN CAT VPAS3S RD-NPN VPUN

[8] ὁ δὲ εἶπεν· Βλέπετε μὴ πλανηθῆτε· πολλοὶ γὰρ ἐλεύσονται
--$_2$ Y$_1$ dijo: Ved (que) no fuerais engañados; muchos$_2$ porque$_1$ vendrán
3588 1161 2036 991 3361 4105 4183 1063 2064
DNSM CLN VAAI3S VPAM2P BN, TN VAPS2P JNPM CAZ VFMI3P

ἐπὶ τῷ ὀνόματί μου λέγοντες· Ἐγώ εἰμι καί· Ὁ καιρὸς
en el nombre de mí diciendo: Yo soy, y: El momento oportuno
1909 3588 3686 3450 3004 1473 1510 2532 3588 2540
P DDSN NDSN RP1GS VPAP-PNM RP1NS VPAI1S CLN DNSM NNSM

ἤγγικεν· μὴ πορευθῆτε ὀπίσω αὐτῶν. [9] ὅταν δὲ ἀκούσητε
se ha acercado. No fuerais detrás de ellos. cuando$_2$ Y$_1$ oyerais (de)
1448 3361 4198 3694 846 3752 1161 191
VRAI3S BN, TN VAPS2P P, B RP3GPM CAT CLC VAAS2P

πολέμους καὶ ἀκαταστασίας, μὴ πτοηθῆτε· δεῖ γὰρ ταῦτα
guerras y tumultos, no seáis alarmados; es necesario$_2$ porque$_1$ estas cosas
4171 2532 181 3361 4422 1163 1063 5023
NAPM CLN NAPF BN, TN VAPS2P VPAI3S CAZ RD-APN

γενέσθαι πρῶτον, ἀλλ᾽ οὐκ εὐθέως τὸ τέλος. [10] τότε ἔλεγεν
suceder primero, pero no inmediatamente (será) el fin. Entonces decía
1096 4412 235 3756 2112 3588 5056 5119 3004
VAMN B, J CLC BN, TN B DNSN NNSN B VIAI3S

αὐτοῖς· Ἐγερθήσεται ἔθνος ἐπ᾽ ἔθνος καὶ βασιλεία ἐπὶ βασιλείαν,
a ellos: Será levantado pueblo contra pueblo y reino contra reino,
846 1453 1484 1909 1484 2532 932 1909 932
RP3DPM VFPI3S NNSN P NASN CLN NNSF P NASF

[11] σεισμοί τε μεγάλοι καὶ κατὰ τόπους λιμοὶ καὶ λοιμοὶ ἔσονται,
terremotos$_4$ y$_1$ grandes$_3$ y$_5$ en (varios)$_6$ lugares$_7$ hambres$_8$ y$_9$ pestes$_{10}$ habrán$_2$
4578 5037 3173 2532 2596 5117 3042 2532 3061 2071
NNPM CLN JNPM CLN P NAPM NNPM CLN NNPM VFMI3P

φόβητρά τε καὶ σημεῖα ἀπ᾽ οὐρανοῦ μεγάλα ἔσται.
sucesos terribles$_{13}$ y$_{11}$ y$_{14}$ señales$_{16}$ de$_{17}$ (el) cielo.$_{18}$ grandes$_{15}$ habrá$_{12}$
5400 5037 2532 4592 575 3772 3173 2071
NNPN CLN CLN NNPN P NGSM JNPN VFMI3S

[12] Πρὸ δὲ τούτων πάντων ἐπιβαλοῦσιν ἐφ᾽ ὑμᾶς τὰς χεῖρας
antes de$_2$ Pero$_1$ estas cosas$_4$ todas$_3$ echarán sobre vosotros las manos
4253 1161 5130 3956 1911 1909 5209 3588 5495
P CLC RD-GPN JGPN VFAI3P P RP2AP DAPF NAPF

αὐτῶν καὶ διώξουσιν, παραδιδόντες εἰς τὰς συναγωγὰς καὶ φυλακάς,
de ellos y perseguirán, entregándo(os) a las sinagogas y cárceles,
846 2532 1377 3860 1519 3588 4864 2532 5438
RP3GPM CLN VFAI3P VPAP-PNM P DAPF NAPF CLN NAPF

ἀπαγομένους ἐπὶ βασιλεῖς καὶ ἡγεμόνας ἕνεκεν τοῦ ὀνόματός μου·
siendo llevados ante reyes y gobernadores por causa del nombre de mí;
520 1909 935 2532 2232 1752 3588 3686 3450
VPPP-PAM P NAPM CLN NAPM P, B DGSN NGSN RP1GS

[13] ἀποβήσεται ὑμῖν εἰς μαρτύριον. [14] θέτε οὖν ἐν ταῖς καρδίαις
resultará a vosotros para testimonio. Poned pues en los corazones
576 5213 1519 3142 5087 3767 1722 3588 2588
VFMI3S RP2DP P NASN VAAM2P CLI P DDPF NDPF

NVI

[7] —Maestro —le pre-
guntaron—, ¿cuándo
sucederá eso, y cuál será
la señal de que está a
punto de suceder?
[8] —Tengan cuidado;
no se dejen engañar
—les advirtió Jesús—.
Vendrán muchos que
usando mi nombre
dirán: "Yo soy", y: "El
tiempo está cerca".
No los sigan ustedes.
[9] Cuando sepan de
guerras y de revolucio-
nes, no se asusten. Es
necesario que eso suceda
primero, pero el fin no
vendrá en seguida.
[10] »Se levantará
nación contra nación,
y reino contra reino —
continuó—. [11] Habrá
grandes terremotos,
hambre y epidemias
por todas partes, cosas
espantosas y grandes
señales del cielo.
[12] »Pero antes de
todo esto, echarán mano
de ustedes y los perse-
guirán. Los entregarán
a las sinagogas y a las
cárceles, y por causa de
mi nombre los llevarán
ante reyes y goberna-
dores. [13] Así tendrán
ustedes la oportunidad
de dar testimonio ante
ellos. [14] Pero tengan en

RVR

corazones no preparar
de antemano vuestra
defensa;
15 porque yo os daré
palabras y sabiduría, a la
cual no podrán contra-
decir ni resistir todos los
que se os opongan.
16 Pero seréis entregados
aun por vuestros padres,
y hermanos, y parientes,
y amigos; y matarán a
algunos de vosotros;
17 y seréis aborrecidos
por todos a causa de mi
nombre.
18 Pero ni un cabello de
vuestra cabeza perecerá.
19 Con vuestra paciencia
ganaréis vuestras almas.
20 Pero cuando veáis a
Jerusalén rodeada de
ejércitos, sabed enton-
ces que su desolación ha
llegado.
21 Entonces los que
estén en Judea, huyan a
los montes; y los que en
medio de ella, váyanse; y
los que estén en los cam-
pos, no entren en ella.
22 Porque éstos son días
de venganza, para que se
cumplan todas las cosas
que están escritas.
23 Mas ¡ay de las que
estén encintas, y de las

ὑμῶν	μὴ	προμελετᾶν	ἀπολογηθῆναι,	15 ἐγὼ	γὰρ	δώσω	ὑμῖν
de vosotros	no	planear de antemano	para defenderos;	yo$_2$	porque$_1$	daré	a vosotros
5216	3361	4304	626	1473	1063	1325	5213
RP2GP	*BN, TN*	*VPAN*	*VAPN*	*RP1NS*	*CAZ*	*VFAI1S*	*RP2DP*

στόμα*	καὶ	σοφίαν	ἣ	οὐ	δυνήσονται	ἀντιστῆναι	ἢ
boca	y	sabiduría	la cual	no	podrán	resistir	o
4750	2532	4678	3739	3756	1410	436	3739
NASN	*CLN*	*NASF*	*RR-DSF*	*BN, TN*	*VFMI3P*	*VAAN*	*CLD*

ἀντειπεῖν	ἅπαντες	οἱ	ἀντικείμενοι	ὑμῖν.	16 παραδοθήσεσθε
contradecir	todos	los que	se están oponiendo	a vosotros.	seréis entregados$_2$
471	537	3588	480	5213	3860
VAAN	*JNPM*	*DNPM*	*VPUP-PNM*	*RP2DP*	*VFPI2P*

δὲ	καὶ	ὑπὸ	γονέων	καὶ	ἀδελφῶν	καὶ	συγγενῶν	καὶ	φίλων,	καὶ
Pero$_1$	también	por	padres	y	hermanos	y	parientes	y	amigos,	y
1161	2532	5259	1118	2532	80	2532	4773	2532	5384	2532
CLN	*CLA, B*	*P*	*NGPM*	*CLN*	*NGPM*	*CLN*	*JGPM*	*CLN*	*JGPM*	*CLN*

θανατώσουσιν	ἐξ	ὑμῶν,	17 καὶ	ἔσεσθε	μισούμενοι	ὑπὸ	πάντων
darán muerte	a (algunos)	de vosotros,	y	seréis	odiados	por	todos
2289	1537	5216	2532	2071	3404	5259	3956
VFAI3P	*P*	*RP2GP*	*CLN*	*VFMI2P*	*VPPP-PNM*	*P*	*JGPM*

διὰ	τὸ	ὄνομά	μου.	18 καὶ	θρὶξ	ἐκ	τῆς	κεφαλῆς	ὑμῶν	οὐ
por causa de	el	nombre	de mí.	Pero	un cabello$_4$	de$_5$	la$_6$	cabeza$_7$	de vosotros.$_8$	no$_1$
1223	3588	3686	3450	2532	2359	1537	3588	2776	5216	3756
P	*DASN*	*NASN*	*RP1GS*	*CLC*	*NNSF*	*P*	*DGSF*	*NGSF*	*RP2GP*	*BN, TN*

μὴ*	ἀπόληται.	19 ἐν	τῇ	ὑπομονῇ	ὑμῶν	κτήσασθε	τὰς	ψυχὰς
no$_2$	pereciera$_3$	En	la	perseverancia	de vosotros	poseeréis	las	vidas
3361	622	1722	3588	5281	5216	2932	3588	5590
BN, TN	*VAMS3S*	*P*	*DDSF*	*NDSF*	*RP2GP*	*VAMM2P*	*DAPF*	*NAPF*

ὑμῶν.
de vosotros.
5216
RP2GP

20 Ὅταν	δὲ	ἴδητε	κυκλουμένην	ὑπὸ	στρατοπέδων	Ἰερουσαλήμ,
cuando$_2$	Y$_1$	vierais	siendo rodeada	por	ejércitos	a Jerusalén,
3752	1161	1492	2944	5259	4760	2419
CAT	*CLC*	*VAAS2P*	*VPPP-SAF*	*P*	*NGPN*	*NASF, XP*

τότε	γνῶτε	ὅτι	ἤγγικεν	ἡ	ἐρήμωσις	αὐτῆς.	21 τότε	οἱ	ἐν
entonces	sabed	que	se ha acercado.$_4$	la$_1$	desolación$_2$	de ella$_3$	Entonces	los (que estén)	en
5119	1097	3754	1448	3588	2050	846	5119	3588	1722
B	*VAAM2P*	*CSC*	*VRAI3S*	*DNSF*	*NNSF*	*RP3GSF*	*B*	*DNPM*	*P*

τῇ	Ἰουδαίᾳ	φευγέτωσαν	εἰς	τὰ	ὄρη,	καὶ	οἱ	ἐν	μέσῳ	αὐτῆς
--	Judea	huyan	hacia	los	montes	y	los (que están)	en	medio de	ella
3588	2449	5343	1519	3588	3735	2532	3588	1722	3319	846
DDSF	*NDSF*	*VPAM3P*	*P*	*DAPN*	*NAPN*	*CLN*	*DNPM*	*P*	*JDSN*	*RP3GSF*

ἐκχωρείτωσαν,	καὶ	οἱ	ἐν	ταῖς	χώραις	μὴ	εἰσερχέσθωσαν	εἰς
aléjense	y	los (que están)	en	los	campos	no	entren	en
1633	2532	3588	1722	3588	5561	3361	1525	1519
VPAM3P	*CLN*	*DNPM*	*P*	*DDPF*	*NDPF*	*BN, TN*	*VPUM3P*	*P*

αὐτήν,	22 ὅτι	ἡμέραι	ἐκδικήσεως	αὗταί	εἰσιν	τοῦ	πλησθῆναι
ella,	porque	días$_3$	de venganza$_4$	estos$_1$	son$_2$	--	para ser cumplidas
846	3754	2250	1557	3778	1526	3588	4130
RP3ASF	*CAZ*	*NNPF*	*NGSF*	*RD-NPF*	*VPAI3P*	*DGSN, DGSM*	*VAPN*

πάντα	τὰ	γεγραμμένα.	23 οὐαὶ	ταῖς	ἐν	γαστρὶ	ἐχούσαις*	καὶ
todas	las cosas	escritas.	¡Ay de	las que	en$_2$	vientre$_3$	esán teniendo$_1$	y
3956	3588	1125	3759	3588	1722	1064	2192	2532
JAPN	*DAPN*	*VRPP-PAN*	*I, T*	*DDPF*	*P*	*NDSF*	*VPAP-PDF*	*CLN*

NVI

cuenta que no hay por
qué preparar una defen-
sa de antemano, 15 pues
yo mismo les daré tal
elocuencia y sabiduría
para responder que nin-
gún adversario podrá
resistirles ni contrade-
cirles. 16 Ustedes serán
traicionados aun por
sus padres, hermanos,
parientes y amigos, y a
algunos de ustedes se les
dará muerte. 17 Todo el
mundo los odiará por
causa de mi nombre.
18 Pero no se perderá ni
un solo cabello de su ca-
beza. 19 Si se mantienen
firmes, se salvarán.
20 »Ahora bien,
cuando vean a Jerusalén
rodeada de ejércitos,
sepan que su desolación
ya está cerca. 21 Entonces
los que estén en Judea
huyan a las montañas,
los que estén en la ciu-
dad salgan de ella, y los
que estén en el campo
no entren en la ciudad.
22 Ese será el tiempo
del juicio cuando se
cumplirá todo lo que
está escrito. 23 ¡Ay de las
que estén embarazadas

21:15* O sea *palabras.* **21:18*** O sea *de ninguna manera.* **21:23*** O sea *embarazadas.*

RVR

que críen en aquellos días!, porque habrá gran calamidad en la tierra, e ira contra este pueblo.
24 Y caerán a filo de espada, y serán llevados cautivos a todas las naciones; y Jerusalén será pisoteada por los gentiles, hasta que los tiempos de los gentiles se cumplan.

La venida del Hijo del Hombre

25 Y habrá señales en el sol, en la luna y en las estrellas, y sobre la tierra angustia de las gentes, perplejas a causa del bramido del mar y de las olas;
26 desmayándose los hombres por el temor y la expectación de las cosas que sobrevendrán en la tierra; porque los poderes de los cielos serán conmovidos.
27 Entonces verán al Hijo del Hombre, que vendrá en una nube con poder y gran gloria.
28 Cuando estas cosas comiencen a suceder, erguíos y levantad vuestra cabeza, porque vuestra redención está cerca.
29 También les dijo una parábola: Mirad la higuera y todos los árboles.

ταῖς	θηλαζούσαις	ἐν	ἐκείναις	ταῖς	ἡμέραις·	ἔσται	γὰρ	ἀνάγκη
las que estén	amamantando	en	aquellos	--	días!;	habrá$_2$	porque$_1$	necesidad
3588	2337	1722	1565	3588	2250	2071	1063	318
DDPF	*VPAP-PDF*	*P*	*RD-DPF*	*DDPF*	*NDPF*	*VFMI3S*	*CAZ*	*NNSF*

μεγάλη	ἐπὶ	τῆς	γῆς	καὶ	ὀργὴ	τῷ	λαῷ	τούτῳ,	24 καὶ	πεσοῦνται
grande	sobre	la	tierra	e	ira	(contra) el	pueblo	este,	y	caerán
3173	1909	3588	1093	2532	3709	3588	2992	5129	2532	4098
JNSF	*P*	*DGSF*	*NGSF*	*CLN*	*NNSF*	*DDSM*	*NDSM*	*RD-DSM*	*CLN*	*VFUI3P*

στόματι	μαχαίρης*	καὶ	αἰχμαλωτισθήσονται	εἰς	τὰ	ἔθνη
(por) boca	de espada	y	serán llevados cautivos	a	los$_2$	pueblos$_3$
4750	3162	2532	163	1519	3588	1484
NDSN	*NGSF*	*CLN*	*VFPI3P*	*P*	*DAPN*	*NAPN*

πάντα,	καὶ	Ἰερουσαλὴμ	ἔσται	πατουμένη	ὑπὸ	ἐθνῶν,	ἄχρι	οὗ
todos$_1$	y	Jerusalén	será	pisoteada	por	(los) gentiles,	hasta	que
3956	2532	2419	2071	3961	5259	1484	891	3739
JAPN	*CLN*	*NNSF, XP*	*VFMI3S*	*VPPP-SNF, VPPP-SNM*	*P*	*NGPN*	*P*	*RR-GSM*

πληρωθῶσιν	καιροὶ	ἐθνῶν.
fueran cumplidos.$_3$	(los) tiempos$_1$	de (los) gentiles$_2$
4137	2540	1484
VAPS3P	*NNPM*	*NGPN*

25 Καὶ	ἔσονται	σημεῖα	ἐν	ἡλίῳ	καὶ	σελήνῃ	καὶ	ἄστροις,	καὶ
Y	serán (habrán)	señales	en	(el) sol	y	(la) luna	y	(las) estrellas,	y
2532	2071	4592	1722	2246	2532	4582	2532	798	2532
CLN	*VFMI3P*	*NNPN*	*P*	*NDSM*	*CLN*	*NDSF*	*CLN*	*NDPN*	*CLN*

ἐπὶ	τῆς	γῆς	συνοχὴ	ἐθνῶν	ἐν	ἀπορίᾳ	ἤχους	θαλάσσης
sobre	la	tierra	angustia	de (los) pueblos	en	desesperación	(por el) ruido	del mar
1909	3588	1093	4928	1484	1722	640	2279	2281
P	*DGSF*	*NGSF*	*NNSF*	*NGPN*	*P*	*NDSF*	*NGSN*	*NGSF*

καὶ	σάλου,	26 ἀποψυχόντων	ἀνθρώπων	ἀπὸ	φόβου	καὶ	προσδοκίας
y	de (la) ola,	desmayándose	(las) personas	de	miedo	y	expectativa
2532	4535	674	444	575	5401	2532	4329
CLN	*NGSM*	*VPAP-PGM*	*NGPM*	*P*	*NGSM*	*CLN*	*NGSF*

τῶν	ἐπερχομένων	τῇ	οἰκουμένῃ,	αἱ	γὰρ	δυνάμεις
(por) las cosas	que están sucediendo	al	mundo,	los$_2$	porque$_1$	poderes
3588	1904	3588	3625	3588	1063	1411
DGPN, DGPM	*VPUP-PGN, VPUP-PGM*	*DDSF*	*NDSF*	*DNPF*	*CAZ*	*NNPF*

τῶν	οὐρανῶν	σαλευθήσονται.	27 καὶ	τότε	ὄψονται	τὸν	υἱὸν	τοῦ
de los	cielos	serán sacudidos.	Y	entonces	verán	al	Hijo	del
3588	3772	4531	2532	5119	3700	3588	5207	3588
DGPM	*NGPM*	*VFPI3P*	*CLN*	*B*	*VFMI3P*	*DASM*	*NASM*	*DGSM*

ἀνθρώπου	ἐρχόμενον	ἐν	νεφέλῃ	μετὰ	δυνάμεως	καὶ	δόξης	πολλῆς.
Hombre	viniendo	en	una nube	con	poder	y	gloria.$_2$	gran$_1$
444	2064	1722	3507	3326	1411	2532	1391	4183
NGSM	*VPUP-SAM*	*P*	*NDSF*	*P*	*NGSF*	*CLN*	*NGSF*	*JGSF*

28 ἀρχομένων	δὲ	τούτων	γίνεσθαι	ἀνακύψατε	καὶ	ἐπάρατε	τὰς
comenzando$_2$	Y$_1$	estas cosas	a suceder	erguíos	y	levantad	las
756	1161	5130	1096	352	2532	1869	3588
VPMP-PGN, VPMP-PGM	*CLN*	*RD-GPN*	*VPUN*	*VAAM2P*	*CLN*	*VAAM2P*	*DAPF*

κεφαλὰς	ὑμῶν,	διότι	ἐγγίζει	ἡ	ἀπολύτρωσις	ὑμῶν.
cabezas	de vosotros,	porque	se acerca.$_4$	la$_1$	liberación$_2$	de vosotros$_3$
2776	5216	1360	1448	3588	629	5216
NAPF	*RP2GP*	*CAZ*	*VPAI3S*	*DNSF*	*NNSF*	*RP2GP*

29 Καὶ	εἶπεν	παραβολὴν	αὐτοῖς·	Ἴδετε	τὴν	συκῆν	καὶ	πάντα	τὰ
Y	dijo	una parábola	a ellos:	Ved	la	higuera	y	todos	los
2532	2036	3850	846	1492	3588	4808	2532	3956	3588
CLN	*VAAI3S*	*NASF*	*RP3DPM*	*VAAM2P*	*DASF*	*NASF*	*CLN*	*JAPN*	*DAPN*

NVI

o amamantando en aquellos días! Porque habrá gran aflicción en la tierra, y castigo contra este pueblo.
24 Caerán a filo de espada y los llevarán cautivos a todas las naciones. Los gentiles pisotearán a Jerusalén, hasta que se cumplan los tiempos señalados para ellos.
25 »Habrá señales en el sol, la luna y las estrellas. En la tierra, las naciones estarán angustiadas y perplejas por el bramido y la agitación del mar.
26 Se desmayarán de terror los hombres, temerosos por lo que va a sucederle al mundo, porque los cuerpos celestes serán sacudidos.
27 Entonces verán al Hijo del hombre venir en una nube con poder y gran gloria.
28 Cuando comiencen a suceder estas cosas, cobren ánimo y levanten la cabeza, porque se acerca su redención».
29 Jesús también les propuso esta comparación:
—Fíjense en la higuera y en los demás árboles.

21:24* O sea *filo de espada.*

RVR

[30] Cuando ya brotan,
viéndolo, sabéis por
vosotros mismos que el
verano está ya cerca.
[31] Así también vosotros,
cuando veáis que suce-
den estas cosas, sabed
que está cerca el reino
de Dios.
[32] De cierto os digo, que
no pasará esta genera-
ción hasta que todo esto
acontezca.
[33] El cielo y la tierra
pasarán, pero mis pala-
bras de ningún modo
pasarán.
[34] Estad alerta por
vosotros mismos, no sea
que vuestros corazones
se carguen de libertinaje
y embriaguez y de las
preocupaciones de
esta vida, y venga de
repente sobre vosotros
aquel día.
[35] Porque como un lazo
vendrá sobre todos los
que habitan sobre la faz
de toda la tierra.
[36] Velad, pues, en todo
tiempo orando que seáis
tenidos por dignos de
escapar de todas estas
cosas que vendrán, y de
estar en pie delante del
Hijo del Hombre.
[37] Y enseñaba de día
en el templo; y salía a
pasar las noches en el

δένδρα·	30 ὅταν	προβάλωσιν	ἤδη,	βλέποντες	ἀφ'	ἑαυτῶν	γινώσκετε
árboles;	cuando	echaran brotes,$_2$	ya$_1$	viendo	por	vosotros mismos	sabéis
1186	3752	4261	2235	991	575	1438	1097
NAPN	*CAT*	*VAAS3P*	*B*	*VPAP-PNM*	*P*	*RF2GPM*	*VPAI2P*

ὅτι	ἤδη	ἐγγὺς	τὸ	θέρος	ἐστίν·	31 οὕτως	καὶ	ὑμεῖς,	ὅταν	ἴδητε
que	ya	cerca	el$_2$	verano;$_3$	está$_1$	así	también	vosotros,	cuando	vierais
3754	2235	1451	3588	2330	2076	3779	2532	5210	3752	1492
CSC	*B*	*B*	*DNSN*	*NNSN*	*VPAI3S*	*B*	*BE, TE*	*RP2NP*	*CAT*	*VAAS2P*

ταῦτα	γινόμενα,	γινώσκετε	ὅτι	ἐγγύς	ἐστιν	ἡ	βασιλεία	τοῦ	θεοῦ.
estas cosas	sucediendo,	sabed	que	cerca.$_6$	está$_5$	el$_1$	reino$_2$	de --$_3$	Dios$_4$
5023	1096	1097	3754	1451	2076	3588	932	3588	2316
RD-APN	*VPUP-PAN*	*VPAM2P*	*CSC*	*B*	*VPAI3S*	*DNSF*	*NNSF*	*DGSM*	*NGSM*

32 ἀμὴν	λέγω	ὑμῖν	ὅτι	οὐ	μὴ*	παρέλθῃ	ἡ	γενεὰ	αὕτη	ἕως
Ciertamente	digo	a vosotros	que	no	no	pasara$_4$	--$_2$	generación$_3$	esta$_1$	hasta que
281	3004	5213	3754	3756	3361	3928	3588	1074	3778	2193
XF, B	*VPAI1S*	*RP2DP*	*CSC*	*BN, TN*	*BN, TN*	*VAAS3S*	*DNSF*	*NNSF*	*RD-NSF*	*CAT*

ἂν	πάντα	γένηται.	33 ὁ	οὐρανὸς	καὶ	ἡ	γῆ	παρελεύσονται,
--	todas las cosas	sucedieran.	El	cielo	y	la	tierra	pasarán,
302	3956	1096	3588	3772	2532	3588	1093	3928
TC	*JNPN, JAPN*	*VAMS3S*	*DNSM*	*NNSM*	*CLN*	*DNSF*	*NNSF*	*VFMI3P*

οἱ	δὲ	λόγοι	μου	οὐ	μὴ*	παρελεύσονται.
las$_2$	pero$_1$	palabras	de mí	no	no	pasarán.
3588	1161	3056	3450	3756	3361	3928
DNPM	*CLC*	*NNPM*	*RP1GS*	*BN, TN*	*BN, TN*	*VFMI3P*

34 Προσέχετε	δὲ	ἑαυτοῖς	μήποτε	βαρηθῶσιν	ὑμῶν	αἱ
cuidaos$_2$	Y$_1$	a vosotros mismos	para que no$_4$	fueran cargados$_5$	de vosotros$_3$	los$_1$
4337	1161	1438	3379	916	5216	3588
VPAM2P	*CLN*	*RF2DPM*	*CSC, TN*	*VAPS3P*	*RP2GP*	*DNPF*

καρδίαι	ἐν	κραιπάλῃ	καὶ	μέθῃ	καὶ	μερίμναις	βιωτικαῖς,	καὶ
corazones$_2$	con	desenfreno	y	borracheras	y	preocupaciones	de la vida diaria	y
2588	1722	2897	2532	3178	2532	3308	982	2532
NNPF	*P*	*NDSF*	*CLN*	*NDSF*	*CLN*	*NDPF*	*JDPF*	*CLN*

ἐπιστῇ	ἐφ'	ὑμᾶς	αἰφνίδιος	ἡ	ἡμέρα	ἐκείνη	35 ὡς	παγίς·
sobreviniera$_4$	sobre$_5$	vosotros$_6$	repentina(mente)$_7$	el$_1$	día$_2$	aquel$_3$	como	trampa;
2186	1909	5209	160	3588	2250	1565	5613	3803
VAAS3S	*P*	*RP2AP*	*JNSF*	*DNSF*	*NNSF*	*RD-NSF*	*CAM*	*NNSF*

ἐπεισελεύσεται	γὰρ	ἐπὶ	πάντας	τοὺς	καθημένους	ἐπὶ	πρόσωπον
sobrevendrá$_2$	porque$_1$	sobre	todos	los que	están sentados	sobre	(la) faz
1904	1063	1909	3956	3588	2521	1909	4383
VFMI3S	*CAZ*	*P*	*JAPM*	*DAPM*	*VPUP-PAM*	*P*	*NASN*

πάσης	τῆς	γῆς.	36 ἀγρυπνεῖτε	δὲ	ἐν	παντὶ	καιρῷ	δεόμενοι	ἵνα
de toda	la	tierra.	velad$_2$	Pero$_1$	en	todo	tiempo oportuno	pidiendo	que
3956	3588	1093	69	1161	1722	3956	2540	1189	2443
JGSF	*DGSF*	*NGSF*	*VPAM2P*	*CLN*	*P*	*JDSM*	*NDSM*	*VPUP-PNM*	*CSC, CAP*

κατισχύσητε	ἐκφυγεῖν	ταῦτα	πάντα	τὰ	μέλλοντα	γίνεσθαι,	καὶ
tuvierais fuerzas	para escapar	estas cosas$_2$	(de) todas$_1$	las que	están a punto	(de) suceder	y
2729	1628	3778	3956	3588	3195	1096	2532
VAAS2P, VPAS2P	*VAAN*	*RD-APN*	*JAPN*	*DAPN*	*VPAP-PAN*	*VPUN*	*CLN*

σταθῆναι	ἔμπροσθεν	τοῦ	υἱοῦ	τοῦ	ἀνθρώπου.
estar en pie	delante de	del	Hijo	del	Hombre.
2476	1715	3588	5207	3588	444
VAPN	*P, B*	*DGSM*	*NGSM*	*DGSM*	*NGSM*

37 Ἦν	δὲ	τὰς	ἡμέρας	ἐν	τῷ	ἱερῷ	διδάσκων,	τὰς	δὲ	νύκτας
estaba$_2$	Y$_1$	los	días	en	el	templo	enseñando,	las$_2$	y$_1$	noches
2258	1161	3588	2250	1722	3588	2411	1321	3588	1161	3571
VIAI3S	*CLT*	*DAPF*	*NAPF*	*P*	*DDSN*	*NDSN, JDSN*	*VPAP-SNM*	*DAPF*	*CLC*	*NAPF*

NVI

[30] Cuando brotan las
hojas, ustedes pueden
ver por sí mismos y saber
que el verano está cerca.
[31] Igualmente, cuando
vean que suceden estas
cosas, sepan que el reino
de Dios está cerca.
[32] »Les aseguro que
no pasará esta genera-
ción hasta que todas
estas cosas sucedan. [33] El
cielo y la tierra pasarán,
pero mis palabras jamás
pasarán.
[34] »Tengan cuidado,
no sea que se les endu-
rezca el corazón por el
vicio, la embriaguez y las
preocupaciones de esta
vida. De otra mane-
ra, aquel día caerá de
improviso sobre ustedes,
[35] pues vendrá como una
trampa sobre todos los
habitantes de la tierra.
[36] Estén siempre vigi-
lantes, y oren para que
puedan escapar de todo
lo que está por suceder,
y presentarse delante del
Hijo del hombre».
[37] De día Jesús ense-
ñaba en el templo, pero
salía a pasar la noche en

21:32*, 33* O sea *de ninguna manera.*

RVR

monte que se llama de
los Olivos.
38 Y todo el pueblo venía a él de madrugada,
para oírle en el templo.

El complot para matar a Jesús

22 Estaba cerca
la fiesta de los
panes sin levadura, que
se llama la pascua.
2 Y los principales
sacerdotes y los escribas
buscaban cómo acabar
con él; pues temían al
pueblo.
3 Y entró Satanás en
Judas, por sobrenombre
Iscariote, el cual era uno
del número de los doce;
4 y éste fue y habló con
los principales sacerdotes, y con los jefes de la
guardia, de cómo se lo
entregaría.
5 Ellos se alegraron, y
convinieron en darle
dinero.
6 Y él consintió plenamente, y buscaba
una oportunidad para
entregárselo a espaldas
del pueblo.

Institución de la Cena del Señor

7 Llegó el día de los
panes sin levadura, en el
cual se debía sacrificar el
cordero de la pascua.
8 Y Jesús envió a Pedro
y a Juan, diciendo: Id,
preparadnos la pascua
para que la comamos.

ἐξερχόμενος ηὐλίζετο εἰς τὸ ὄρος τὸ καλούμενον Ἐλαιῶν· 38 καὶ
saliendo | pasaba la noche | en | el | monte | el | siendo llamado | de los Olivos; | y
1831 | 835 | 1519 | 3588 | 3735 | 3588 | 2564 | 1636 | 2532
VPUP-SNM | VIUI3S | P | DASN | NASN | DASN | VPPP-SAN | NGPF | CLN

πᾶς ὁ λαὸς ὤρθριζεν πρὸς αὐτὸν ἐν τῷ ἱερῷ ἀκούειν αὐτοῦ.
todo | el | pueblo | madrugaba | a | él | en$_3$ | el$_4$ | templo$_5$ | para escuchar$_1$ | a él$_2$
3956 | 3588 | 2992 | 3719 | 4314 | 846 | 1722 | 3588 | 2411 | 191 | 846
JNSM | DNSM | NNSM | VIAI3S | P | RP3ASM | P | DDSN | NDSN, JDSN | VPAN | RP3GSM

22 Ἤγγιζεν δὲ ἡ ἑορτὴ τῶν ἀζύμων ἡ λεγομένη
(se) acercaba.$_9$ | Y$_1$ | la$_2$ | fiesta$_3$ | de los$_4$ | panes sin levadura$_5$ | la que$_6$ | está siendo llamada$_7$
1448 | 1161 | 3588 | 1859 | 3588 | 106 | 3588 | 3004
VIAI3S | CLT | DNSF | NNSF | DGPN | JGPN | DNSF | VPPP-SNF

Πάσχα. 2 καὶ ἐζήτουν οἱ ἀρχιερεῖς καὶ οἱ γραμματεῖς τὸ πῶς
Pascua$_8$ | Y | buscaban$_6$ | los$_1$ | principales sacerdotes$_2$ | y$_3$ | los$_4$ | escribas$_5$ | el | cómo
3957 | 2532 | 2212 | 3588 | 749 | 2532 | 3588 | 1122 | 3588 | 4459
NNSN, XF | CLN | VIAI3P | DNPM | NNPM | CLN | DNPM | NNPM | DASN | B

ἀνέλωσιν αὐτόν, ἐφοβοῦντο γὰρ τὸν λαόν.
mataran | a él | temían$_2$ | pues$_1$ | al | pueblo.
337 | 846 | 5399 | 1063 | 3588 | 2992
VAAS3P | RP3ASM | VIUI3P | CAZ | DASM | NASM

3 Εἰσῆλθεν δὲ Σατανᾶς εἰς Ἰούδαν τὸν Ἰκαλούμενον Ἰσκαριώτην,
entró$_2$ | Y$_1$ | Satanás | en | Judas | el que | está siendo llamado | Iscariote,
1525 | 1161 | 4567 | 1519 | 2455 | 3588 | 2564 | 2469
VAAI3S | CLN | NNSM | P | NASM | DASM | VPPP-SAM | NASM

ὄντα ἐκ τοῦ ἀριθμοῦ τῶν δώδεκα· 4 καὶ ἀπελθὼν συνελάλησεν
siendo | de | el | número | de los | doce; | y | habiéndose ido | conversó
5607 | 1537 | 3588 | 706 | 3588 | 1427 | 2532 | 565 | 4814
VPAP-SAM | P | DGSM | NGSM | DGPM | XN, J | CLN | VAAP-SNM | VAAI3S

τοῖς ἀρχιερεῦσιν καὶ στρατηγοῖς τὸ πῶς αὐτοῖς
(con) los | principales sacerdotes | y | (con los) oficiales de la guardia del templo | el | cómo | a ellos.$_3$
3588 | 749 | 2532 | 4755 | 3588 | 4459 | 846
DDPM | NDPM | CLN | NDPM | DASN | B | RP3DPM

παραδῷ αὐτόν. 5 καὶ ἐχάρησαν καὶ συνέθεντο αὐτῷ ἀργύριον δοῦναι.
entregara$_1$ | a él$_2$ | Y | se alegraron | y | acordaron | a él.$_3$ | dinero$_2$ | dar$_1$
3860 | 846 | 2532 | 5463 | 2532 | 4934 | 846 | 694 | 1325
VAAS3S | RP3ASM | CLN | VAPI3P | CLN | VAMI3P | RP3DSM | NASN | VAAN

6 καὶ ἐξωμολόγησεν, καὶ ἐζήτει εὐκαιρίαν τοῦ παραδοῦναι
Y | aceptó, | y | buscaba | una ocasión propicia | -- | para entregar
2532 | 1843 | 2532 | 2212 | 2120 | 3588 | 3860
CLN | VAAI3S | CLN | VIAI3S | NASF | DGSN, DGSM | VAAN

αὐτὸν ἄτερ ὄχλου αὐτοῖς.
a él | sin$_2$ | (la) multitud.$_3$ | a ellos$_1$
846 | 817 | 3793 | 846
RP3ASM | P | NGSM | RP3DPM

7 ᵀἨλθεν δὲ ἡ ἡμέρα τῶν ἀζύμων, ἧ ἔδει θύεσθαι
llegó.$_{11}$ | Y$_1$ | el$_2$ | día$_3$ | de los$_4$ | panes sin levadura,$_5$ | (en) el cual$_6$ | era necesario$_7$ | sacrificar$_8$
2064 | 1161 | 3588 | 2250 | 3588 | 106 | 3739 | 1163 | 2380
VAAI3S | CLT | DNSF | NNSF | DGPN | JGPN | RR-DSF | VIAI3S | VPPN

τὸ πάσχα· 8 καὶ ἀπέστειλεν Πέτρον καὶ Ἰωάννην εἰπών·
la$_9$ | Pascua$_{10}$ | Entonces | envió | a Pedro | y | a Juan | habiendo dicho:
3588 | 3957 | 2532 | 649 | 4074 | 2532 | 2491 | 2036
DASN, DNSN | NASN, XF | CLN | VAAI3S | NASM | CLN | NASM | VAAP-SNM

Πορευθέντες ἑτοιμάσατε ἡμῖν τὸ πάσχα ἵνα φάγωμεν.
Habiéndoos ido | preparad | para nosotros$_3$ | la$_1$ | Pascua$_2$ | para que | comiéramos.
4198 | 2090 | 2254 | 3588 | 3957 | 2443 | 5315
VAPP-PNM | VAAM2P | RP1DP | DASN | NASN, XF | CSC, CAP | VAAS1P

NVI

el monte llamado de los
Olivos, 38 y toda la gente
madrugaba para ir al
templo a oírlo.

Judas acuerda traicionar a Jesús

22 Se aproximaba
la fiesta de
los Panes sin levadura,
llamada la Pascua. 2 Los
jefes de los sacerdotes
y los maestros de la
ley buscaban algún
modo de acabar con
Jesús, porque temían
al pueblo. 3 Entonces
entró Satanás en Judas,
uno de los doce, al que
llamaban Iscariote.
4 Este fue a los jefes de
los sacerdotes y a los capitanes del templo para
tratar con ellos cómo les
entregaría a Jesús. 5 Ellos
se alegraron y acordaron
darle dinero. 6 Él aceptó,
y comenzó a buscar una
oportunidad para entregarles a Jesús cuando no
hubiera gente.

La última cena

7 Cuando llegó el día
de la fiesta de los Panes
sin levadura, en que
debía sacrificarse el cordero de la Pascua, 8 Jesús
envió a Pedro y a Juan,
diciéndoles:
—Vayan a hacer los
preparativos para que
comamos la Pascua.

RVR

9 Ellos le dijeron: ¿Dónde quieres que la preparemos?

10 Él les dijo: Mirad, al entrar en la ciudad os saldrá al encuentro un hombre que lleva un cántaro de agua; seguidle hasta la casa donde entre,

11 y decid al padre de familia de la casa: El Maestro te dice: ¿Dónde está el aposento en el que pueda comer la pascua con mis discípulos?

12 Entonces él os mostrará un gran aposento alto ya dispuesto; preparad allí.

13 Fueron, pues, y hallaron como les había dicho; y prepararon la pascua.

14 Cuando llegó la hora, se sentó a la mesa, y con él los apóstoles.

15 Y les dijo: ¡Cuánto he deseado comer con vosotros esta pascua antes de padecer!

16 Porque os digo que no la comeré ya más, hasta que se cumpla en el reino de Dios.

17 Y habiendo tomado una copa, dio gracias, y dijo: Tomad esto, y repartidlo entre vosotros;

18 porque os digo que

9 οἱ	δὲ	εἶπαν	αὐτῷ·	Ποῦ	θέλεις	ἑτοιμάσωμεν;	10 ὁ	δὲ	εἶπεν
--$_2$	Y$_1$	dijeron	a él:	¿Dónde	quieres	preparáramos?	--$_2$	Y$_1$	dijo
3588	1161	3004	846	4226	2309	2090	3588	1161	2036
DNPM	*CLN*	*VAAI3P*	*RP3DSM*	*BI*	*VPAI2S*	*VAAS1P*	*DNSM*	*CLN*	*VAAI3S*

αὐτοῖς·	Ἰδοὺ	εἰσελθόντων	ὑμῶν	εἰς	τὴν	πόλιν	συναντήσει	ὑμῖν
a ellos:	Mira,	habiendo entrado	vosotros	a	la	ciudad	saldrá al encuentro de	vosotros
846	2400	1525	5216	1519	3588	4172	4876	5213
RP3DPM	*I, VAAM2S*	*VAAP-PGM*	*RP2GP*	*P*	*DASF*	*NASF*	*VFAI3S*	*RP2DP*

ἄνθρωπος	κεράμιον	ὕδατος	βαστάζων·	ἀκολουθήσατε	αὐτῷ	εἰς	τὴν
un hombre	una vasija$_2$	de agua,$_3$	cargando$_1$	seguid	a él	hacia	la
444	2765	5204	941	190	846	1519	3588
NNSM	*NASN*	*NGSN*	*VPAP-SNM*	*VAAM2P*	*RP3DSM*	*P*	*DASF*

οἰκίαν	εἰς	ἣν	εἰσπορεύεται.	11 καὶ	ἐρεῖτε	τῷ	οἰκοδεσπότῃ	τῆς
casa	en	la cual	entra.	Y	diréis	al	dueño	de la
3614	1519	3739	1531	2532	2046	3588	3617	3588
NASF	*P*	*RR-ASF*	*VPUI3S*	*CLN*	*VFAI2P*	*DDSM*	*NDSM*	*DGSF*

οἰκίας·	Λέγει	σοι	ὁ	διδάσκαλος·	Ποῦ	ἐστιν	τὸ	κατάλυμα	ὅπου
casa:	dice$_3$	a ti:$_4$	El$_1$	Maestro$_2$	¿Dónde	está	la	sala	donde
3614	3004	4671	3588	1320	4226	2076	3588	2646	3699
NGSF	*VPAI3S*	*RP2DS*	*DNSM*	*NNSM*	*BI*	*VPAI3S*	*DNSN*	*NNSN*	*CAL, B*

τὸ	πάσχα	μετὰ	τῶν	μαθητῶν	μου	φάγω;	12 κἀκεῖνος	ὑμῖν	δείξει
la$_2$	Pascua$_3$	con$_4$	los$_5$	discípulos$_6$	de mí?$_7$	comiera$_1$	Y aquel	a vosotros$_2$	mostrará$_1$
3588	3957	3326	3588	3101	3450	5315	2548	5213	1166
DASN	*NASN, XF*	*P*	*DGPM*	*NGPM*	*RP1GS*	*VAAS1S*	*RD-NSM, CLN*	*RP2DP*	*VFAI3S*

ἀνάγαιον	μέγα	ἐστρωμένον·	ἐκεῖ	ἑτοιμάσατε.	13 ἀπελθόντες	δὲ
sala en el piso alto$_4$	una gran$_3$	(ya) arreglada;	allí	preparad.	habiendo salido$_2$	Y$_1$
508	3173	4766	1563	2090	565	1161
NASN	*JASN*	*VRPP-SAN*	*BP*	*VAAM2P*	*VAAP-PNM*	*CLN*

εὗρον	καθὼς	εἰρήκει	αὐτοῖς,	καὶ	ἡτοίμασαν	τὸ	πάσχα.
encontraron	tal como	había dicho	a ellos	y	prepararon	la	Pascua.
2147	2531	4483	846	2532	2090	3588	3957
VAAI3P	*CAM*	*VLAI3S*	*RP3DPM*	*CLN*	*VAAI3P*	*DASN*	*NASN, XF*

14 Καὶ	ὅτε	ἐγένετο	ἡ	ὥρα,	ἀνέπεσεν	καὶ	οἱ	ἀπόστολοι
Y	cuando	llegó,$_3$	la$_1$	hora$_2$	se reclinó (a la mesa),	y	los	apóstoles
2532	3753	1096	3588	5610	377	2532	3588	652
CLN	*CAT*	*VAMI3S*	*DNSF*	*NNSF*	*VAAI3S*	*CLN*	*DNPM*	*NNPM*

σὺν	αὐτῷ.	15 καὶ	εἶπεν	πρὸς	αὐτούς·	Ἐπιθυμίᾳ	ἐπεθύμησα	τοῦτο
con	él.	Y	dijo	a	ellos:	Con deseo	deseé	esta
4862	846	2532	2036	4314	846	1939	1937	5124
P	*RP3DSM*	*CLN*	*VAAI3S*	*P*	*RP3APM*	*NDSF*	*VAAI1S*	*RD-ASN*

τὸ	πάσχα	φαγεῖν	μεθ᾽	ὑμῶν	πρὸ	τοῦ	με	παθεῖν·	16 λέγω
--	Pascua	comer	con	vosotros	antes de	--	yo	padecer;	digo$_2$
3588	3957	5315	3326	5216	4253	3588	3165	3958	3004
DASN	*NASN, XF*	*VAAN*	*P*	*RP2GP*	*P*	*DGSN, DGSM*	*RP1AS*	*VAAN*	*VPAI1S*

γὰρ	ὑμῖν	ὅτι	οὐ	μὴ*	φάγω	αὐτὸ	ἕως	ὅτου	πληρωθῇ	ἐν
porque$_1$	a vosotros	que	no	no	comiera	esto	hasta	que	fuera cumplido	en
1063	5213	3754	3756	3361	5315	846	2193	3755	4137	1722
CAZ	*RP2DP*	*CSC*	*BN, TN*	*BN, TN*	*VAAS1S*	*RP3ASN*	*P, C*	*RR-GSN*	*VAPS3S*	*P*

τῇ	βασιλείᾳ	τοῦ	θεοῦ.	17 καὶ	δεξάμενος	ποτήριον	εὐχαριστήσας
el	reino	de --	Dios.	Y	habiendo tomado	una copa	habiendo dado gracias
3588	932	3588	2316	2532	1209	4221	2168
DDSF	*NDSF*	*DGSM*	*NGSM*	*CLN*	*VAMP-SNM*	*NASN*	*VAAP-SNM*

εἶπεν·	Λάβετε	τοῦτο	καὶ	διαμερίσατε	εἰς	ἑαυτούς·	18 λέγω	γὰρ
dijo:	Tomad	esto	y	repartid	entre	vosotros mismos;	digo$_2$	porque$_1$
2036	2983	5124	2532	1266	1519	1438	3004	1063
VAAI3S	*VAAM2P*	*RD-ASN*	*CLN*	*VAAM2P*	*P*	*RF2APM*	*VPAI1S*	*CAZ*

NVI

9 —¿Dónde quieres
que la preparemos? —le
preguntaron.
10 —Miren —contes-
tó él—: al entrar ustedes
en la ciudad les saldrá al
encuentro un hombre
que lleva un cántaro
de agua. Síganlo hasta
la casa en que entre,
11 y díganle al dueño
de la casa: "El Maestro
pregunta: ¿Dónde está
la sala en la que voy a
comer la Pascua con
mis discípulos?" 12 Él
les mostrará en la planta
alta una sala amplia y
amueblada. Preparen
allí la cena.
13 Ellos se fueron y
encontraron todo tal
como les había dicho
Jesús. Así que prepara-
ron la Pascua.
14 Cuando llegó la
hora, Jesús y sus apósto-
les se sentaron a la mesa.
15 Entonces les dijo:
—He tenido muchí-
simos deseos de comer
esta Pascua con ustedes
antes de padecer, 16 pues
les digo que no volveré a
comerla hasta que tenga
su pleno cumplimiento
en el reino de Dios.
17 Luego tomó la
copa, dio gracias y dijo:
—Tomen esto y
repártanlo entre ustedes.
18 Les digo que no

22:16* O sea *de ninguna manera.*

RVR

no beberé ya más del
fruto de la vid, hasta que
venga el reino de Dios.
19 Y tomando el pan,
dio gracias, lo partió y
les dio, diciendo: Esto
es mi cuerpo, que por
vosotros es dado; haced
esto en memoria de mí.
20 De igual manera, des-
pués de haber cenado,
tomó la copa, diciendo:
Esta copa es el nuevo
pacto en mi sangre, que
por vosotros se derrama.
21 Mas he aquí, la mano
del que me entrega está
conmigo en la mesa.
22 Y, en verdad, el Hijo
del Hombre se va, según
lo que está determina-
do; pero ¡ay de aquel
hombre por quien es
entregado!
23 Entonces ellos
comenzaron a discutir
entre sí, quién de ellos
sería, pues, el que iba a
hacer esto.

La grandeza en el servicio

24 Hubo también entre
ellos un altercado sobre
quién de ellos parecía
ser mayor.
25 Pero él les dijo: Los
reyes de las naciones

ὑμῖν,	οὐ	μὴ*	πίω	ἀπὸ	τοῦ	νῦν	ἀπὸ	τοῦ	γενήματος	τῆς
a vosotros (que)	no	no	bebiera	desde	--	ahora	de	el	fruto	de la
5213	3756	3361	4095	575	3588	3568	575	3588	1081	3588
RP2DP	BN, TN	BN, TN	VAAS1S	P	DGSN	B	P	DGSN, DGSM	NGSN	DGSF

ἀμπέλου	ἕως	οὗ	ἡ	βασιλεία	τοῦ	θεοῦ	ἔλθῃ.	19 καὶ	λαβὼν
vid	hasta	que	el	reino	de --	Dios	viniera.	Y	habiendo tomando
288	2193	3739	3588	932	3588	2316	2064	2532	2983
NGSF	P, C	RR-GSN	DNSF	NNSF	DGSM	NGSM	VAAS3S	CLN	VAAP-SNM

ἄρτον	εὐχαριστήσας	ἔκλασεν	καὶ	ἔδωκεν	αὐτοῖς	λέγων·	Τοῦτό	ἐστιν
pan	habiendo dado gracias	(lo) partió	y	dio	a ellos	diciendo:	Esto	es
740	2168	2806	2532	1325	846	3004	5124	2076
NASM	VAAP-SNM	VAAI3S	CLN	VAAI3S	RP3DPM	VPAP-SNM	RD-NSN	VPAI3S

τὸ	σῶμά	μου	τὸ	ὑπὲρ	ὑμῶν	διδόμενον·	τοῦτο	ποιεῖτε	εἰς	τὴν
el	cuerpo	de mí	el que	en favor de$_2$	vosotros;$_3$	está siendo dado$_1$	esto$_5$	haced$_4$	en$_6$	la$_7$
3588	4983	3450	3588	5228	5216	1325	5124	4160	1519	3588
DNSN	NNSN	RP1GS	DNSN	P	RP2GP	VPPP-SNN	RD-ASN	VPAM2P	P	DASF

ἐμὴν	ἀνάμνησιν.	20 καὶ	τὸ	ποτήριον	ὡσαύτως	μετὰ	τὸ
mía.$_9$	memoria$_8$	Y	la	copa	asimismo	después de	--
1699	364	2532	3588	4221	5615	3326	3588
JASF, RS1ASF	NASF	CLN	DASN, DNSN	NASN, NNSN	B	P	DASN

δειπνῆσαι,	λέγων·	Τοῦτο	τὸ	ποτήριον	ἡ	καινὴ	διαθήκη	ἐν	τῷ
cenar,	diciendo:	Esta	--	copa (es)	el	nuevo	pacto	en	la
1172	3004	5124	3588	4221	3588	2537	1242	1722	3588
VAAN	VPAP-SNM	RD-NSN	DNSN	NNSN	DNSF	JNSF	NNSF	P	DDSN

αἵματί	μου,	τὸ	ὑπὲρ	ὑμῶν	ἐκχυννόμενον.	21 πλὴν	ἰδοὺ	ἡ	χεὶρ
sangre	de mí	la que	en favor de$_2$	vosotros,$_3$	está siendo derramada$_1$	Pero	mira,	la	mano
129	3450	3588	5228	5216	1632	4133	2400	3588	5495
NDSN	RP1GS	DNSN	P	RP2GP	VPPP-SNN	CLC	I, VAAM2S	DNSF	NNSF

τοῦ	παραδιδόντος	με	μετ'	ἐμοῦ	ἐπὶ	τῆς	τραπέζης.	22 ὅτι	ὁ
del que	está entregando	a mí	con	mí (está)	sobre	la	mesa;	porque	el
3588	3860	3165	3326	1700	1909	3588	5132	3754	3588
DGSM	VPAP-SGM	RP1AS	P	RP1GS	P	DGSF	NGSF	CAN,CAZ	DNSM

υἱὸς	μὲν	τοῦ	ἀνθρώπου	κατὰ	τὸ	ὡρισμένον	πορεύεται,	πλὴν
Hijo	--	del	Hombre	conforme a$_2$	lo$_3$	designado,$_4$	se va$_1$	pero
5207	3303	3588	444	2596	3588	3724	4198	4133
NNSM	TK, C	DGSM	NGSM	P	DASN	VRPP-SAN	VPUI3S	CLK, CLC

οὐαὶ	τῷ	ἀνθρώπῳ	ἐκείνῳ	δι'	οὗ	παραδίδοται.	23 καὶ	αὐτοὶ
ay	por la	persona	aquella	por medio de	la cual	es entregado.	Y	ellos
3759	3588	444	1565	1223	3739	3860	2532	846
I, T	DDSM	NDSM	RD-DSM	P	RR-GSM	VPPI3S	CLN	RP3NPM

ἤρξαντο	συζητεῖν	πρὸς	ἑαυτοὺς	τὸ	τίς	ἄρα	εἴη	ἐξ	αὐτῶν
comenzaron	a discutir	entre	sí mismos	--	(sobre) quién	entonces	sería	entre	ellos
756	4802	4314	1438	3588	5101	687	1498	1537	846
VAMI3P	VPAN	P	RF3APM	DASN	RI-NSM	CLI	VPAO3S	P	RP3GPM

ὁ	τοῦτο	μέλλων	πράσσειν.
el que	esto.$_3$	está a punto de$_1$	practicar$_2$
3588	5124	3195	4238
DNSM	RD-ASN	VPAP-SNM	VPAN

24 Ἐγένετο	δὲ	καὶ	φιλονεικία	ἐν	αὐτοῖς,	τὸ	τίς	αὐτῶν
sucedió$_2$	Y$_1$	también	una discusión	entre	ellos,	--	(sobre) quién	de ellos
1096	1161	2532	5379	1722	846	3588	5101	846
VAMI3S	CLN	BE, TE	NNSF	P	RP3DPM	DNSN	RI-NSM	RP3GPM

δοκεῖ	εἶναι	μείζων.	25 ὁ	δὲ	εἶπεν	αὐτοῖς·	Οἱ	βασιλεῖς	τῶν	ἐθνῶν
parece	ser	(el más) grande.	--$_2$	Pero$_1$	dijo	a ellos:	Los	reyes	de los	pueblos
1380	1511	3187	3588	1161	2036	846	3588	935	3588	1484
VPAI3S	VPAN	JNSMC	DNSM	CLN	VAAI3S	RP3DPM	DNPM	NNPM	DGPN	NGPN

NVI

volveré a beber del fruto
de la vid hasta que venga
el reino de Dios.
19 También tomó pan
y, después de dar gracias,
lo partió, se lo dio a ellos
y dijo:
—Este pan es mi
cuerpo, entregado por
ustedes; hagan esto en
memoria de mí.
20 De la misma mane-
ra tomó la copa después
de la cena, y dijo:
—Esta copa es el nue-
vo pacto en mi sangre,
que es derramada por
ustedes. 21 Pero sepan
que la mano del que va
a traicionarme está con
la mía, sobre la mesa.
22 A la verdad el Hijo del
hombre se irá según está
decretado, pero ¡ay de
aquel que lo traiciona!
23 Entonces comenza-
ron a preguntarse unos
a otros quién de ellos
haría esto.
24 Tuvieron además
un altercado sobre cuál
de ellos sería el más
importante. 25 Jesús
les dijo:
—Los reyes de las
naciones oprimen a

22:18* O sea *de ninguna manera.*

RVR

se enseñorean de ellas,
y los que sobre ellas
tienen autoridad son lla-
mados bienhechores;
26 mas no así vosotros,
sino sea el mayor entre
vosotros como el más
joven, y el que dirige,
como el que sirve.
27 Porque, ¿cuál es
mayor, el que se sienta a
la mesa, o el que sirve?
¿No es el que se sienta
a la mesa? Mas yo estoy
entre vosotros como el
que sirve.
28 Pero vosotros sois los
que habéis permane-
cido conmigo en mis
pruebas.
29 Yo, pues, os asigno un
reino, como mi Padre
me lo asignó a mí,
30 para que comáis y
bebáis a mi mesa en mi
reino; y os sentaréis en
tronos juzgando a las
doce tribus de Israel.

Jesús anuncia la negación de Pedro

31 Dijo también el
Señor: Simón, Simón,
he aquí que Satanás ha
solicitado poder para
zarandearos como a
trigo;
32 pero yo he rogado
por ti, que tu fe no
falle; y tú, cuando te
hayas vuelto, fortalece

κυριεύουσιν	αὐτῶν	καὶ	οἱ	ἐξουσιάζοντες	αὐτῶν	εὐεργέται
dominan	(sobre) ellos	y	los que	están ejerciendo autoridad	(sobre) ellos	bienhechores.$_2$
2961	846	2532	3588	1850	846	2110
VPAI3P	*RP3GPN*	*CLN*	*DNPM*	*VPAP-PNM*	*RP3GPN*	*NNPM*

καλοῦνται.	26 ὑμεῖς	δὲ	οὐχ	οὕτως,	ἀλλ'	ὁ	μείζων	ἐν
son llamados$_1$	entre vosotros$_2$	Pero$_1$	no	(es) así,	sino	el	(el más) grande	entre
2564	5210	1161	3756	3779	235	3588	3187	1722
VPPI3P	*RP2NP*	*CLC*	*BN, TN*	*B*	*CLC*	*DNSM*	*JNSMC*	*P*

ὑμῖν	γινέσθω	ὡς	ὁ	νεώτερος,	καὶ	ὁ	ἡγούμενος	ὡς
vosotros	llegue a ser	como	el	más joven	y	el que	está liderando	como
5213	1096	5613	3588	3501	2532	3588	2233	5613
RP2DP	*VPUM3S*	*CAM, B*	*DNSM*	*JNSMC*	*CLN*	*DNSM*	*VPUP-SNM*	*CAM, B*

ὁ	διακονῶν.	27 τίς	γὰρ	μείζων,	ὁ	ἀνακείμενος	ἢ	ὁ
el que	está sirviendo.	¿quién (es)$_2$	Porque$_1$	más grande,	el	reclinado (a la mesa)	o	el que
3588	1247	5101	1063	3187	3588	345	2228	3588
DNSM	*VPAP-SNM*	*RI-NSM*	*CLX*	*JNSMC*	*DNSM*	*VPUP-SNM*	*CLD*	*DNSM*

διακονῶν;	οὐχὶ	ὁ	ἀνακείμενος;	ἐγὼ	δὲ	ἐν	μέσῳ	ὑμῶν	εἰμι
está sirviendo?	¿No (es)	el que	está reclinado (a la mesa)?	yo$_2$	Pero$_1$	en	medio de	vosotros	soy
1247	3780	3588	345	1473	1161	1722	3319	5216	1510
VPAP-SNM	*TN, TI*	*DNSM*	*VPUP-SNM*	*RP1NS*	*CLC*	*P*	*JDSN*	*RP2GP*	*VPAI1S*

ὡς	ὁ	διακονῶν.
como	el que	está sirviendo.
5613	3588	1247
CAM, B	*DNSM*	*VPAP-SNM*

28 Ὑμεῖς	δέ	ἐστε	οἱ	διαμεμενηκότες	μετ'	ἐμοῦ	ἐν	τοῖς
vosotros$_2$	Y$_1$	sois	los que	han permanecido	con	mí	en	las
5210	1161	2075	3588	1265	3326	1700	1722	3588
RP2NP	*CLN*	*VPAI2P*	*DNPM*	*VRAP-PNM*	*P*	*RP1GS*	*P*	*DDPM*

πειρασμοῖς	μου·	29 κἀγὼ	διατίθεμαι	ὑμῖν,	καθὼς	διέθετό	μοι	ὁ
pruebas	de mí;	y yo	dispongo	para vosotros	así como	dispuso$_4$	para mí$_5$	el$_1$
3986	3450	2504	1303	5213	2531	1303	3427	3588
NDPM	*RP1GS*	*RP1NS,CLN*	*VPMI1S*	*RP2DP*	*CAM*	*VAMI3S*	*RP1DS*	*DNSM*

πατήρ	μου	βασιλείαν,	30 ἵνα	ἔσθητε	καὶ	πίνητε	ἐπὶ	τῆς	τραπέζης
Padre$_2$	de mí$_3$	un reino,	para que	comáis	y	bebáis	a	la	mesa
3962	3450	932	2443	2068	2532	4095	1909	3588	5132
NNSM	*RP1GS*	*NASF*	*CSC,CAP*	*VPAS2P*	*CLN*	*VPAS2P*	*P*	*DGSF*	*NGSF*

μου	ἐν	τῇ	βασιλείᾳ	μου,	καὶ	καθήσεσθε	ἐπὶ	θρόνων	τὰς	δώδεκα
de mí	en	el	reino	de mí,	y	os sentaréis	sobre	tronos	a las$_2$	doce$_3$
3450	1722	3588	932	3450	2532	2521	1909	2362	3588	1427
RP1GS	*P*	*DDSF*	*NDSF*	*RP1GS*	*CLN*	*VFMI2P*	*P*	*NGPM*	*DAPF*	*XN, J*

φυλὰς	κρίνοντες	τοῦ	Ἰσραήλ.
tribus$_4$	juzgando$_1$	de --	Israel.
5443	2919	3588	2474
NAPF	*VPAP-PNM*	*DGSM*	*NGSM, XP*

31 Σίμων	Σίμων,	ἰδοὺ	ὁ	Σατανᾶς	ἐξῃτήσατο	ὑμᾶς	τοῦ
Simón,	Simón,	mira,	--	Satanás	pidió	a vosotros	--
4613	4613	2400	3588	4567	1809	5209	3588
NVSM	*NVSM*	*I, VAAM2S*	*DNSM*	*NNSM*	*VAMI3S*	*RP2AP*	*DGSN, DGSM*

σινιάσαι	ὡς	τὸν	σῖτον·	32 ἐγὼ	δὲ	ἐδεήθην	περὶ	σοῦ	ἵνα	μὴ
para zarandear	como	el	trigo;	yo$_2$	pero$_1$	rogué	acerca de	ti	para que	no$_4$
4617	5613	3588	4621	1473	1161	1189	4012	4675	2443	3361
VAAN	*CAM*	*DASM*	*NASM*	*RP1NS*	*CLC*	*VAPI1S*	*P*	*RP2GS*	*CSC, CAP*	*BN, TN*

ἐκλίπῃ	ἡ	πίστις	σου·	καὶ	σύ	ποτε	ἐπιστρέψας	στήρισον	τοὺς
fallara,$_5$	la$_1$	fe$_2$	de ti$_3$	y	tú	cuando	habiendo vuelto	fortalece	a los
1587	3588	4102	4675	2532	4771	4218	1994	4741	3588
VAAS3S	*DNSF*	*NNSF*	*RP2GS*	*CLN*	*RP2NS*	*BX, TX*	*VAAP-SNM*	*VAAM2S*	*DAPM*

NVI

sus súbditos, y los que
ejercen autoridad sobre
ellos se llaman a sí mis-
mos benefactores. 26 No
sea así entre ustedes. Al
contrario, el mayor debe
comportarse como el
menor, y el que manda
como el que sirve.
27 Porque, ¿quién es
más importante, el que
está a la mesa o el que
sirve? ¿No lo es el que
está sentado a la mesa?
Sin embargo, yo estoy
entre ustedes como uno
que sirve. 28 Ahora bien,
ustedes son los que han
estado siempre a mi lado
en mis pruebas. 29 Por
eso, yo mismo les conce-
do un reino, así como mi
Padre me lo concedió a
mí, 30 para que coman
y beban a mi mesa en
mi reino, y se sienten en
tronos para juzgar a las
doce tribus de Israel.
31 »Simón, Simón,
mira que Satanás ha
pedido zarandearlos a
ustedes como si fueran
trigo. 32 Pero yo he orado
por ti, para que no falle
tu fe. Y tú, cuando te ha-
yas vuelto a mí, fortalece

RVR

a tus hermanos.
33 Él le dijo: Señor, estoy
dispuesto a ir contigo
no sólo a la cárcel, sino
también a la muerte.
34 Y él dijo: Pedro, te
aseguro que el gallo no
cantará hoy antes que tú
hayas negado tres veces
que me conoces.

Bolsa, alforja y espada

35 Y les dijo: Cuando
os envié sin bolsa, sin
alforja, y sin calzado,
¿acaso os faltó algo?
Ellos dijeron: Nada.
36 Entonces les dijo:
Pues ahora, el que
tiene bolsa, tómela, y
también la alforja; y el
que no tenga, venda su
manto y compre una
espada.
37 Porque os digo que
es necesario que se
cumpla todavía en mí
aquello que está escrito:
Y fue contado con los
inicuos; porque lo que
se refiere a mí, tiene
cumplimiento.
38 Entonces ellos dije-
ron: Señor, aquí hay dos
espadas. Y él les dijo:
¡Basta!

Jesús ora en Getsemaní

39 Y saliendo, se fue,
como solía, al monte
de los Olivos; y sus

ἀδελφούς σου. 33 ὁ δὲ εἶπεν αὐτῷ· Κύριε, μετὰ σοῦ ἕτοιμός εἰμι
hermanos de ti. --$_2$ Pero$_1$ dijo a él: Señor, con ti preparado$_2$ estoy$_1$
80 4675 3588 1161 2036 846 2962 3326 4675 2092 1510
NAPM RP2GS DNSM CLC VAAI3S RP3DSM NVSM P RP2GS JNSM VPAI1S

καὶ εἰς φυλακὴν καὶ εἰς θάνατον πορεύεσθαι. 34 ὁ δὲ εἶπεν·
aun hacia$_4$ (la) cárcel$_5$ y$_6$ a$_7$ (la) muerte.$_8$ ir$_3$ --$_2$ Y$_1$ dijo:
2532 1519 5438 2532 1519 2288 4198 3588 1161 2036
CLK, B P NASF CLK, CLN P NASM VPUN DNSM CLN VAAI3S

Λέγω σοι, Πέτρε, οὐ φωνήσει σήμερον ἀλέκτωρ ἕως τρίς με
Digo a ti, Pedro: no$_2$ llamará$_3$ hoy$_4$ (el) gallo$_1$ hasta tres veces a mí
3004 4671 4074 3756 5455 4594 220 2193 5151 3165
VPAI1S RP2DS NVSM BN, TN VFAI3S B NNSM CAT B RP1AS

ἀπαρνήσῃ εἰδέναι.
negaras conocer.
533 1492
VAMS2S, VFMI2S VRAN

35 Καὶ εἶπεν αὐτοῖς· Ὅτε ἀπέστειλα ὑμᾶς ἄτερ βαλλαντίου καὶ
Y dijo a ellos: Cuando envié a vosotros sin bolsa ni
2532 2036 846 3753 649 5209 817 905 2532
CLN VAAI3S RP3DPM CAT VAAI1S RP2AP P NGSN CLN

πήρας καὶ ὑποδημάτων, μή τινος ὑστερήσατε; οἱ δὲ εἶπαν·
alforja ni sandalias, ¿acaso de algo necesitasteis? --$_2$ Y$_1$ dijeron:
4082 2532 5266 3361 5100 5302 3588 1161 3004
NGSF CLN NGPN TN, TI RX-GSN VAAI2P DNPM CLN VAAI3P

Οὐθενός. 36 εἶπεν δὲ αὐτοῖς· Ἀλλὰ νῦν ὁ ἔχων βαλλάντιον
De nada. dijo$_2$ Y$_1$ a ellos: Pero ahora el que está teniendo bolsa
3762 2036 1161 846 235 3568 3588 2192 905
JGSN VAAI3S CLN RP3DPM CLC B DNSM VPAP-SNM NASN

ἀράτω, ὁμοίως καὶ πήραν, καὶ ὁ μὴ ἔχων πωλησάτω τὸ
tóme(la), igualmente también una bolsa, y el que no está teniendo venda el
142 3668 2532 4082 2532 3588 3361 2192 4453 3588
VAAM3S B BE, TE NASF CLN DNSM BN, TN VPAP-SNM VAAM3S DASN

ἱμάτιον αὐτοῦ καὶ ἀγορασάτω μάχαιραν. 37 λέγω γὰρ ὑμῖν ὅτι
manto de él y compre una espada. digo$_2$ Porque$_1$ a vosotros que
2440 846 2532 59 3162 3004 1063 5213 3754
NASN RP3GSM CLN VAAM3S NASF VPAI1S CAZ RP2DP CSC

τοῦτο τὸ γεγραμμένον δεῖ τελεσθῆναι ἐν ἐμοί, τό· Καὶ μετὰ
esto lo escrito es necesario ser completado en mí: -- Y con$_2$
5124 3588 1125 1163 5055 1722 1698 3588 2532 3326
RD-ASN DASN VRPP-SAN VPAI3S VAPN P RP1DS DASN CLN P

ἀνόμων ἐλογίσθη· καὶ γὰρ τὸ περὶ ἐμοῦ τέλος ἔχει. 38 οἱ
inicuos;$_3$ fue contado$_1$ también$_2$ porque$_1$ lo (dicho) acerca de mí finalidad.$_2$ tiene$_1$ --$_2$
459 3049 2532 1063 3588 4012 1700 5056 2192 3588
JGPM VAPI3S BE, TE CLX DNSN, DASN P RP1GS NASN VPAI3S DNPM

δὲ εἶπαν· Κύριε, ἰδοὺ μάχαιραι ὧδε δύο. ὁ δὲ εἶπεν αὐτοῖς·
Y$_1$ dijeron: Señor, mira, espadas$_3$ aquí (hay)$_1$ dos$_2$ --$_5$ Y$_4$ dijo a ellos:
1161 3004 2962 2400 3162 5602 1417 3588 1161 2036 846
CLN VAAI3P NVSM I, VAAM2S NNPF BP XN, J DNSM CLN VAAI3S RP3DPM

Ἱκανόν ἐστιν.
Suficiente es.
2425 2076
JNSN VPAI3S

39 Καὶ ἐξελθὼν ἐπορεύθη κατὰ τὸ ἔθος εἰς τὸ Ὄρος τῶν
Y habiendo salido se fue según la costumbre hacia el Monte de los
2532 1831 4198 2596 3588 1485 1519 3588 3735 3588
CLN VAAP-SNM VAPI3S P DASN NASN P DASN NASN DGPF

NVI

a tus hermanos».
33 —Señor —res-
pondió Pedro—, estoy
dispuesto a ir contigo
tanto a la cárcel como a
la muerte.
34 —Pedro, te digo
que hoy mismo, antes
de que cante el gallo, tres
veces negarás que me
conoces.
35 Luego Jesús dijo a
todos:
—Cuando los envié a
ustedes sin monedero ni
bolsa ni sandalias, ¿acaso
les faltó algo?
—Nada
—respondieron.
36 —Ahora, en
cambio, el que tenga un
monedero, que lo lleve;
así mismo, el que tenga
una bolsa. Y el que nada
tenga, que venda su
manto y compre una es-
pada. 37 Porque les digo
que tiene que cumplirse
en mí aquello que está
escrito: "Y fue contado
entre los transgresores".
En efecto, lo que se ha
escrito de mí se está
cumpliendo.
38 —Mira, Señor
—le señalaron los
discípulos—, aquí hay
dos espadas.
—¡Basta! —les
contestó.

Jesús ora en el monte de los Olivos

39 Jesús salió de la
ciudad y, como de
costumbre, se dirigió al
monte de los Olivos, y

RVR

discípulos también le
siguieron.
40 Cuando llegó a aquel
lugar, les dijo: Orad que
no entréis en tentación.
41 Y él se apartó de ellos
a una distancia como
de un tiro de piedra;
y puesto de rodillas,
oraba,
42 diciendo: Padre, si
quieres, aparta de mí
esta copa; pero no se
haga mi voluntad, sino
la tuya.
43 Y se le apareció un
ángel del cielo para
fortalecerle.
44 Y estando en agonía,
oraba más intensamen-
te; y era su sudor como
grandes gotas de sangre
engrumecidas que caían
sobre la tierra.
45 Cuando se levantó
de la oración, y vino a
sus discípulos, los halló
durmiendo a causa de la
tristeza;
46 y les dijo: ¿Por qué
dormís? Levantaos, y
orad para que no entréis
en tentación.

Arresto de Jesús

47 Mientras él aún estaba
hablando, se presentó
un grupo de gente; y el
que se llamaba Judas,
uno de los doce, iba
delante de ellos; y se
acercó hasta Jesús para
besarle.

Ἐλαιῶν·	ἠκολούθησαν	δὲ	αὐτῷ	καὶ	οἱ	μαθηταί.	40 γενόμενος
Olivos,	siguieron$_{5}$	y$_{1}$	a él.$_{6}$	también$_{2}$	los$_{3}$	discípulos$_{4}$	habiendo llegado$_{2}$
1636	190	1161	846	2532	3588	3101	1096
NGPF	*VAAI3P*	*CLN*	*RP3DSM*	*BE, TE*	*DNPM*	*NNPM*	*VAMP-SNM*

δὲ	ἐπὶ	τοῦ	τόπου	εἶπεν	αὐτοῖς·	Προσεύχεσθε	μὴ	εἰσελθεῖν	εἰς
Y$_{1}$	a	el	lugar	dijo	a ellos:	Orad	(para) no	entrar	en
1161	1909	3588	5117	2036	846	4336	3361	1525	1519
CLN	*P*	*DGSM*	*NGSM*	*VAAI3S*	*RP3DPM*	*VPUM2P*	*BN, TN*	*VAAN*	*P*

πειρασμόν.	41 καὶ	αὐτὸς	ἀπεσπάσθη	ἀπ'	αὐτῶν	ὡσεὶ	λίθου	βολήν,
tentación.	Y	él	se separó	de	ellos	como	de piedra,$_{2}$	un tiro$_{1}$
3986	2532	846	645	575	846	5616	3037	1000
NASM	*CLN*	*RP3NSM*	*VAPI3S*	*P*	*RP3GPM*	*CAM, B*	*NGSM*	*NASF*

καὶ	θεὶς	τὰ	γόνατα	προσηύχετο	42 λέγων·	Πάτερ,	εἰ	βούλει
y	habiendo puesto	las	rodillas	oraba	diciendo:	Padre,	si	deseas
2532	5087	3588	1119	4336	3004	3962	1487	1014
CLN	*VAAP-SNM*	*DAPN*	*NAPN*	*VIUI3S*	*VPAP-SNM*	*NVSM*	*CAC*	*VPUI2S*

παρένεγκε	τοῦτο	τὸ	ποτήριον	ἀπ'	ἐμοῦ·	πλὴν	μὴ	τὸ	θέλημά
aparta	esta	--	copa	de	mí;	pero	no	la$_{2}$	voluntad$_{3}$
3911	5124	3588	4221	575	1700	4133	3361	3588	2307
VAAM2S	*RD-ASN*	*DASN*	*NASN*	*P*	*RP1GS*	*CLC*	*BN, TN*	*DNSN*	*NNSN*

μου	ἀλλὰ	τὸ	σὸν	γινέσθω.	43 ⸀ὤφθη	δὲ	αὐτῷ	ἄγγελος	ἀπ'
de mí$_{4}$	sino$_{5}$	la$_{6}$	tuya$_{7}$	suceda$_{1}$	apareció$_{2}$	Y$_{1}$	a él	un ángel	de
3450	235	3588	4674	1096	3700	1161	846	32	575
RP1GS	*CLC*	*DNSN*	*RS2NSN, JNSN*	*VPUM3S*	*VAPI3S*	*CLN*	*RP3DSM*	*NNSM*	*P*

οὐρανοῦ	ἐνισχύων	αὐτόν.	44 καὶ	γενόμενος	ἐν	ἀγωνίᾳ	ἐκτενέστερον
(el) cielo	fortaleciendo	a él	Y	habiendo estado	en	agonía	con insistencia
3772	1765	846	2532	1096	1722	74	1617
NGSM	*VPAP-SNM*	*RP3ASM*	*CLN*	*VAMP-SNM*	*P*	*NDSF*	*B, J*

προσηύχετο·	καὶ	ἐγένετο	ὁ	ἱδρὼς	αὐτοῦ	ὡσεὶ	θρόμβοι	αἵματος
oraba;	y	llegó a ser	el	sudor	de él	como	gotas	de sangre
4336	2532	1096	3588	2402	846	5616	2361	129
VIUI3S	*CLN*	*VAMI3S*	*DNSM*	*NNSM*	*RP3GSM*	*P, CAM*	*NNPM*	*NGSN*

καταβαίνοντες	ἐπὶ	τὴν	γῆν.⸆	45 καὶ	ἀναστὰς	ἀπὸ	τῆς	προσευχῆς
cayendo	sobre	la	tierra.	Y	habiéndose levantado	de	la	oración
2597	1909	3588	1093	2532	450	575	3588	4335
VPAP-PNM	*P*	*DASF*	*NASF*	*CLN*	*VAAP-SNM*	*P*	*DGSF*	*NGSF*

ἐλθὼν	πρὸς	τοὺς	μαθητὰς	εὗρεν	κοιμωμένους	αὐτοὺς	ἀπὸ
habiendo ido	a	los	discípulos	encontró	durmiendo	a ellos	de
2064	4314	3588	3101	2147	2837	846	575
VAAP-SNM	*P*	*DAPM*	*NAPM*	*VAAI3S*	*VPPP-PAM*	*RP3APM*	*P*

τῆς	λύπης,	46 καὶ	εἶπεν	αὐτοῖς·	Τί	καθεύδετε;	ἀναστάντες
la	tristeza,	y	dijo	a ellos:	¿Por qué	dormís?	Habiéndoos levantado
3588	3077	2532	2036	846	5101	2518	450
DGSF	*NGSF*	*CLN*	*VAAI3S*	*RP3DPM*	*RI-ASN*	*VPAI2P*	*VAAP-PNM*

προσεύχεσθε,	ἵνα	μὴ	εἰσέλθητε	εἰς	πειρασμόν.
orad,	para que	no	entrarais	en	tentación.
4336	2443	3361	1525	1519	3986
VPUM2P	*CSC, CAP*	*BN, TN*	*VAAS2P*	*P*	*NASM*

47 Ἔτι	αὐτοῦ	λαλοῦντος	ἰδοὺ	ὄχλος,	καὶ	ὁ	λεγόμενος
Todavía	él	estaba hablando	(y) mira,	una multitud	y	el que	está siendo llamado
2089	846	2980	2400	3793	2532	3588	3004
B	*RP3GSM*	*VPAP-SGM*	*I, VAAM2S*	*NNSM*	*CLN*	*DNSM*	*VPPP-SNM*

Ἰούδας	εἷς	τῶν	δώδεκα	προήρχετο	αὐτούς,	καὶ	ἤγγισεν	τῷ	Ἰησοῦ
Judas,	uno	de los	doce,	iba adelante (de)	ellos	y	se acercó	a --	Jesús
2455	1520	3588	1427	4281	846	2532	1448	3588	2424
NNSM	*JNSM*	*DGPM*	*XN, J*	*VIUI3S*	*RP3APM*	*CLN*	*VAAI3S*	*DDSM*	*NDSM*

NVI

sus discípulos lo siguie-
ron. 40 Cuando llegaron
al lugar, les dijo: «Oren
para que no caigan en
tentación». 41 Entonces
se separó de ellos a
una buena distancia,
se arrodilló y empezó
a orar: 42 «Padre, si
quieres, no me hagas
beber este trago amargo;
pero no se cumpla mi
voluntad, sino la tuya».
43 Entonces se le apare-
ció un ángel del cielo
para fortalecerlo. 44 Pero,
como estaba angustiado,
se puso a orar con más
fervor, y su sudor era
como gotas de sangre
que caían a tierra.
45 Cuando terminó
de orar y volvió a los
discípulos, los encontró
dormidos, agotados por
la tristeza. 46 «¿Por qué
están durmiendo? —les
exhortó—. Levántense
y oren para que no cai-
gan en tentación».

Arresto de Jesús

47 Todavía estaba
hablando Jesús cuando
se apareció una turba, y
al frente iba uno de los
doce, el que se llamaba
Judas. Este se acercó
a Jesús para besarlo,

22:43⸀⸆ Manuscritos importantes no tienen los versículos 43 y 44.

RVR

[48] Entonces Jesús le dijo: Judas, ¿con un beso entregas al Hijo del Hombre?
[49] Viendo los que estaban con él lo que había de acontecer, le dijeron: Señor, ¿heriremos a espada?
[50] Y uno de ellos hirió al siervo del sumo sacerdote, y le cortó la oreja derecha.
[51] Entonces tomó la palabra Jesús, y dijo: ¡Dejad! ¡Basta ya! Y tocándole la oreja, le sanó.
[52] Y Jesús dijo a los principales sacerdotes, a los jefes de la guardia del templo y a los ancianos, que habían venido contra él: ¿Como contra un ladrón habéis salido con espadas y palos?
[53] Estando con vosotros cada día en el templo, no extendisteis las manos contra mí; pero ésta es vuestra hora, y la potestad de las tinieblas.

Pedro niega a Jesús

[54] Y prendiéndole, se lo llevaron, y le condujeron a casa del sumo sacerdote. Y Pedro le seguía de lejos.
[55] Y después de encender fuego

φιλῆσαι	αὐτόν.	[48] Ἰησοῦς	δὲ	εἶπεν	αὐτῷ·	Ἰούδα,	φιλήματι	τὸν
para besar	a él.	Jesús$_2$	Y$_1$	dijo	a él:	Judas,	¿con un beso	al
5368	846	2424	1161	2036	846	2455	5370	3588
VAAN	*RP3ASM*	*NNSM*	*CLC*	*VAAI3S*	*RP3DSM*	*NVSM*	*NDSN*	*DASM*

υἱὸν	τοῦ	ἀνθρώπου	παραδίδως;	[49] ἰδόντες	δὲ	οἱ	περὶ
Hijo	del	Hombre	entregas?	habiendo visto$_2$	Y$_1$	los (que estaban)	alrededor de
5207	3588	444	3860	1492	1161	3588	4012
NASM	*DGSM*	*NGSM*	*VPAI2S*	*VAAP-PNM*	*CLN*	*DNPM*	*P*

αὐτὸν	τὸ	ἐσόμενον	εἶπαν·	Κύριε,	εἰ	πατάξομεν	ἐν	μαχαίρῃ;
él	lo que	está siendo	dijeron:	Señor,	--	¿herimos	con	espada?
846	3588	2071	3004	2962	1487	3960	1722	3162
RP3ASM	*DASN*	*VFMP-SAN*	*VAAI3P*	*NVSM*	*TI*	*VFAI1P*	*P*	*NDSF*

[50] καὶ	ἐπάταξεν	εἷς	τις	ἐξ	αὐτῶν	τοῦ	ἀρχιερέως	τὸν	δοῦλον
Y	hirió$_5$	uno,$_1$	alguien$_2$	de$_3$	ellos$_4$	del$_8$	sumo sacerdote$_9$	al$_6$	esclavo$_7$
2532	3960	1520	5100	1537	846	3588	749	3588	1401
CLN	*VAAI3S*	*JNSM*	*RX-NSM*	*P*	*RP3GPM*	*DGSM*	*NGSM*	*DASM*	*NASM*

καὶ	ἀφεῖλεν	τὸ	οὖς	αὐτοῦ	τὸ	δεξιόν.	[51] ἀποκριθεὶς	δὲ	ὁ
y	cortó	la	oreja	de él,	la	derecha.	respondiendo$_2$	Y$_1$	--
2532	851	3588	3775	846	3588	1188	611	1161	3588
CLN	*VAAI3S*	*DASN*	*NASN*	*RP3GSM*	*DASN*	*JASN*	*VAPP-SNM*	*CLC*	*DNSM*

Ἰησοῦς	εἶπεν·	Ἐᾶτε	ἕως	τούτου·	καὶ	ἁψάμενος	τοῦ	ὠτίου	ἰάσατο
Jesús	dijo:	¡Dejad	hasta	esto!;	y	habiendo tocado	la	oreja	sanó
2424	2036	1439	2193	5127	2532	680	3588	5621	2390
NNSM	*VAAI3S*	*VPAM2P*	*P, C*	*RD-GSN*	*CLN*	*VAMP-SNM*	*DGSN*	*NGSN*	*VAMI3S*

αὐτόν.	[52] εἶπεν	δὲ	Ἰησοῦς	πρὸς	τοὺς	παραγενομένους	ἐπ’	αὐτὸν
a él.	dijo$_3$	Y$_1$	Jesús$_2$	a	los que	habiendo venido	contra	él
846	2036	1161	2424	4314	3588	3854	1909	846
RP3ASM	*VAAI3S*	*CLN*	*NNSM*	*P*	*DAPM*	*VAMP-PAM*	*P*	*RP3ASM*

ἀρχιερεῖς	καὶ	στρατηγοὺς	τοῦ	ἱεροῦ	καὶ	πρεσβυτέρους·
a (los) principales sacerdotes	y	a oficiales	del	templo	y	a (los) ancianos:
749	2532	4755	3588	2411	2532	4245
NAPM	*CLN*	*NAPM*	*DGSN*	*NGSN, JGSN*	*CLN*	*JAPM*

Ὡς	ἐπὶ	λῃστὴν	ἐξήλθατε	μετὰ	μαχαιρῶν	καὶ	ξύλων;	[53] καθ’	ἡμέραν
¿Cómo	contra	un ladrón	salisteis	con	espadas	y	palos?	Cada	día
5613	1909	3027	1831	3326	3162	2532	3586	2596	2250
CAM	*P*	*NASM*	*VAAI2P*	*P*	*NGPF*	*CLN*	*NGPN*	*P*	*NASF*

ὄντος	μου	μεθ’	ὑμῶν	ἐν	τῷ	ἱερῷ	οὐκ	ἐξετείνατε	τὰς	χεῖρας
estando	yo	con	vosotros	en	el	templo	no	extendisteis	las	manos
5607	3450	3326	5216	1722	3588	2411	3756	1614	3588	5495
VPAP-SGM	*RP1GS*	*P*	*RP2GP*	*P*	*DDSN*	*NDSN, JDSN*	*BN, TN*	*VAAI2P*	*DAPF*	*NAPF*

ἐπ’	ἐμέ·	ἀλλ’	αὕτη	ἐστὶν	ὑμῶν	ἡ	ὥρα	καὶ	ἡ	ἐξουσία	τοῦ
contra	mí,	pero	esta	es	de vosotros$_3$	la$_{ç}$	hora$_2$	y	la	autoridad	de la
1909	1691	235	3778	2076	5216	3588	5610	2532	3588	1849	3588
P	*RP1AS*	*CLC*	*RD-NSF*	*VPAI3S*	*RP2GP*	*DNSF*	*NNSF*	*CLN*	*DNSF*	*NNSF*	*DGSN*

σκότους.
oscuridad.
4655
NGSN

[54] Συλλαβόντες	δὲ	αὐτὸν	ἤγαγον	καὶ	εἰσήγαγον	εἰς	τὴν	οἰκίαν
habiendo apresado$_2$	Y$_1$	a él	llevaron	e	introdujeron	en	la	casa
4815	1161	846	71	2532	1521	1519	3588	3614
VAAP-PNM	*CLN*	*RP3ASM*	*VAAI3P*	*CLN*	*VAAI3P*	*P*	*DASF*	*NASF*

τοῦ	ἀρχιερέως·	ὁ	δὲ	Πέτρος	ἠκολούθει	μακρόθεν.	[55] περιαψάντων
del	sumo sacerdote;	--$_2$	y$_1$	Pedro	seguía	(de) lejos.	habiendo encendido$_2$
3588	749	3588	1161	4074	190	3113	681
DGSM	*NGSM*	*DNSM*	*CLN*	*NNSM*	*VIAI3S*	*B*	*VAAP-PGM*

NVI

[48] pero Jesús le preguntó:
—Judas, ¿con un beso traicionas al Hijo del hombre?
[49] Los discípulos que lo rodeaban, al darse cuenta de lo que pasaba, dijeron:
—Señor, ¿atacamos con la espada?
[50] Y uno de ellos hirió al siervo del sumo sacerdote, cortándole la oreja derecha.
[51] —¡Déjenlos! —ordenó Jesús.
Entonces le tocó la oreja al hombre, y lo sanó. [52] Luego dijo a los jefes de los sacerdotes, a los capitanes del templo y a los ancianos, que habían venido a prenderlo:
—¿Acaso soy un bandido, para que vengan contra mí con espadas y palos? [53] Todos los días estaba con ustedes en el templo, y no se atrevieron a ponerme las manos encima. Pero ya ha llegado la hora de ustedes, cuando reinan las tinieblas.

Pedro niega a Jesús

[54] Prendieron entonces a Jesús y lo llevaron a la casa del sumo sacerdote. Pedro los seguía de lejos. [55] Pero luego, cuando encendieron

RVR

en medio del patio, y de
sentarse juntos, Pedro se
sentó entre ellos.
56 Pero una criada, al
verle sentado junto a
la lumbre se fijó en él,
y dijo: También éste
estaba con él.
57 Pero él le negó,
diciendo: Mujer, no lo
conozco.
58 Un poco después,
viéndole otro, dijo: Tú
también eres de ellos.
Y Pedro dijo: Hombre,
no lo soy.
59 Pasada como
una hora, otro
insistía, diciendo:
Verdaderamente
también éste estaba con
él, porque también es
galileo.
60 Y Pedro dijo:
Hombre, no sé lo que
dices. Y en seguida,
mientras él todavía
estaba hablando, cantó
un gallo.
61 Entonces, se volvió el
Señor y miró a Pedro;
y Pedro se acordó de la
palabra del Señor, como
le había dicho: Antes
que el gallo cante, me
negarás tres veces.
62 Y saliendo afuera,
lloró amargamente.

Cristo, escarnecido y azotado

63 Los hombres que
tenían preso a Jesús,
se burlaban de él

δὲ	πῦρ	ἐν	μέσῳ	τῆς	αὐλῆς	καὶ	συγκαθισάντων	ἐκάθητο	ὁ
Y$_1$	fuego	en	medio de	del	patio	y	habiéndose sentado juntos,	se sentaba$_3$	--$_1$
1161	4442	1722	3319	3588	833	2532	4776	2521	3588
CLN	*NASN*	*P*	*JDSN*	*DGSF*	*NGSF*	*CLN*	*VAAP-PGM*	*VIUI3S*	*DNSM*

Πέτρος	μέσος	αὐτῶν.	56 Ἰδοῦσα	δὲ	αὐτὸν	παιδίσκη	τις
Pedro$_1$	en medio de	de ellos.	habiendo visto$_4$	Y$_1$	a él$_5$	criada$_3$	cierta$_2$
4074	3319	846	1492	1161	846	3814	5100
NNSM	*JNSM*	*RP3GPM*	*VAAP-SNF*	*CLN*	*RP3ASM*	*NNSF*	*JNSF, RX-NSF*

καθήμενον	πρὸς	τὸ	φῶς	καὶ	ἀτενίσασα	αὐτῷ	εἶπεν·	Καὶ	οὗτος
estando sentado	a	la	luz	y	habiendo fijado la mirada	a él	dijo:	También	este
2521	4314	3588	5457	2532	816	846	2036	2532	3778
VPUP-SAM	*P*	*DASN*	*NASN*	*CLN*	*VAAP-SNF*	*RP3DSM*	*VAAI3S*	*BE, TE*	*RD-NSM*

σὺν	αὐτῷ	ἦν·	57 ὁ	δὲ	ἠρνήσατο	λέγων·	Οὐκ	οἶδα	αὐτόν,	γύναι.
con	él	estaba.	--$_2$	Pero$_1$	negó	diciendo:	No	conozco	a él	mujer.
4862	846	2258	3588	1161	720	3004	3756	1492	846	1135
P	*RP3DSM*	*VIAI3S*	*DNSM*	*CLC*	*VAMI3S*	*VPAP-SNM*	*BN, TN*	*VRAI1S*	*RP3ASM*	*NVSF*

58 καὶ	μετὰ	βραχὺ	ἕτερος	ἰδὼν	αὐτὸν	ἔφη·	Καὶ	σὺ	ἐξ	αὐτῶν
Y	después de	poco	otro	habiendo visto	a él	dijo:	También	tú	de	ellos
2532	3326	1024	2087	1492	846	5346	2532	4771	1537	846
CLN	*P*	*JASN*	*JNSM*	*VAAP-SNM*	*RP3ASM*	*VIAI3S*	*BE, TE*	*RP2NS*	*P*	*RP3GPM*

εἶ·	ὁ	δὲ	Πέτρος	ἔφη·	Ἄνθρωπε,	οὐκ	εἰμί.	59 καὶ	διαστάσης	ὡσεὶ
eres.	--$_2$	Pero$_1$	Pedro	dijo:	Hombre,	no	soy.	Y	habiendo pasado	como
1488	3588	1161	4074	5346	444	3756	1510	2532	1339	5616
VPAI2S	*DNSM*	*CLC*	*NNSM*	*VIAI3S*	*NVSM*	*BN, TN*	*VPAI1S*	*CLN*	*VAAP-SGF*	*CAM, B*

ὥρας	μιᾶς	ἄλλος	τις	διϊσχυρίζετο	λέγων·	Ἐπ᾽	ἀληθείας	καὶ	οὗτος
hora$_2$	una$_1$	otro	cualquiera	insistía	diciendo:	En	verdad	también	este
5610	1520	243	5100	1340	3004	1909	225	2532	3778
NGSF	*JGSF*	*JNSM*	*RX-NSM*	*VIUI3S*	*VPAP-SNM*	*P*	*NGSF*	*BE, TE*	*RD-NSM*

μετ᾽	αὐτοῦ	ἦν,	καὶ	γὰρ	Γαλιλαῖός	ἐστιν.	60 εἶπεν	δὲ	ὁ	Πέτρος·
con	él	estaba,	también$_2$	porque$_1$	galileo.$_4$	es$_3$	dijo$_2$	Pero$_1$	--	Pedro:
3326	846	2258	2532	1063	1057	2076	2036	1161	3588	4074
P	*RP3GSM*	*VIAI3S*	*BE, TE*	*CAZ*	*NNSM, JNSM*	*VPAI3S*	*VAAI3S*	*CLC*	*DNSM*	*NNSM*

Ἄνθρωπε,	οὐκ	οἶδα	ὃ	λέγεις.	καὶ	παραχρῆμα	ἔτι	λαλοῦντος
Hombre,	no	sé	lo que	dices.	y	al instante	todavía	hablando
444	3756	1492	3739	3004	2532	3916	2089	2980
NVSM	*BN, TN*	*VRAI1S*	*RR-ASN*	*VPAI2S*	*CLN*	*B*	*B*	*VPAP-SGM*

αὐτοῦ	ἐφώνησεν	ἀλέκτωρ.	61 καὶ	στραφεὶς	ὁ	κύριος	ἐνέβλεψεν
él	cantó	(el) gallo.	Y	habiéndose vuelto	el	Señor	miró fijamente
846	5455	220	2532	4762	3588	2962	1689
RP3GSM	*VAAI3S*	*NNSM*	*CLN*	*VAPP-SNM*	*DNSM*	*NNSM*	*VAAI3S*

τῷ	Πέτρῳ,	καὶ	ὑπεμνήσθη	ὁ	Πέτρος	τοῦ	λόγου	τοῦ	κυρίου
a --	Pedro,	y	se acordó$_3$	--$_1$	Pedro$_2$	de la	palabra	del	Señor
3588	4074	2532	5279	3588	4074	3588	3056	3588	2962
DDSM	*NDSM*	*CLN*	*VAPI3S*	*DNSM*	*NNSM*	*DGSN, DGSM*	*NGSM*	*DGSM*	*NGSM*

ὡς	εἶπεν	αὐτῷ	ὅτι	Πρὶν	ἀλέκτορα	φωνῆσαι	σήμερον	ἀπαρνήσῃ
cuando	dijo	a él	que:	Antes de	un gallo	cantar	hoy	negarás
5613	2036	846	3754	4250	220	5455	4594	533
CSC	*VAAI3S*	*RP3DSM*	*CSC*	*CAT, B*	*NASM*	*VAAN*	*B*	*VFMI2S*

με	τρίς.	62 καὶ	ἐξελθὼν	[Γ]ἔξω	ἔκλαυσεν	πικρῶς.
a mí	tres veces.	Y	habiendo salido	afuera	lloró	amargamente.
3165	5151	2532	1831	1854	2799	4090
RP1AS	*B*	*CLN*	*VAAP-SNM*	*BP*	*VAAI3S*	*B*

63 Καὶ	οἱ	ἄνδρες	οἱ	συνέχοντες	αὐτὸν	ἐνέπαιζον	αὐτῷ
Y	los	varones	los que	están teniendo preso	a él	(se) burlaban	de él
2532	3588	435	3588	4912	846	1702	846
CLN	*DNPM*	*NNPM*	*DNPM*	*VPAP-PNM*	*RP3ASM*	*VIAI3P*	*RP3DSM*

NVI

una fogata en medio
del patio y se sentaron
alrededor, Pedro se les
unió. 56 Una criada lo vio
allí sentado a la lumbre,
lo miró detenidamente
y dijo:
—Este estaba con él.
57 Pero él lo negó.
—Muchacha, yo no
lo conozco.
58 Poco después lo vio
otro y afirmó:
—Tú también eres
uno de ellos.
—¡No, hombre, no lo
soy! —contestó Pedro.
59 Como una hora
más tarde, otro lo acusó:
—Seguro que este
estaba con él; miren que
es galileo.
60 —¡Hombre, no sé
de qué estás hablando!
—replicó Pedro.
En el mismo
momento en que dijo
eso, cantó el gallo.
61 El Señor se volvió y
miró directamente a
Pedro. Entonces Pedro
se acordó de lo que el
Señor le había dicho:
«Hoy mismo, antes de
que el gallo cante, me
negarás tres veces». 62 Y
saliendo de allí, lloró
amargamente.

Los soldados se burlan de Jesús

63 Los hombres
que vigilaban a Jesús
comenzaron a burlarse

22:62[Γ] Manuscritos inferiores aumentaron *Pedro*.

RVR

y le golpeaban;
64 y vendándole los ojos,
le golpeaban el rostro, y
le preguntaban, dicien-
do: ¡Adivina!, ¿quién
es el que te ha golpeado?
65 Y le decían otras mu-
chas cosas injuriándole.

Jesús ante el sanedrín

66 Cuando se hizo de
día, se reunió el consejo
de ancianos del pueblo,
tanto los principales
sacerdotes como los
escribas, y le trajeron
al lugar de su sanedrín,
diciendo:
67 Si eres tú el Cristo,
dínoslo. Y les dijo: Si
os lo digo, de ningún
modo lo creeréis;
68 y también si os pre-
gunto, no me responde-
réis, ni me soltaréis.
69 Pero desde ahora en
adelante el Hijo del
Hombre estará sentado
a la diestra del poder
de Dios.
70 Dijeron todos:
¿Luego tú eres el Hijo
de Dios? Y él les dijo:
Vosotros lo decís; lo soy.
71 Entonces ellos dije-
ron: ¿Qué necesidad
tenemos ya de testimo-
nio?, porque nosotros
mismos lo hemos oído
de su boca.

Jesucristo ante Pilato

23 Levantándose
entonces toda
la muchedumbre de

δέροντες,	[64] καὶ	περικαλύψαντες	αὐτὸν	ἐπηρώτων	λέγοντες·
golpeándo,	y	habiendo cubierto	a él	preguntaban	diciendo:
1194	2532	4028	846	1905	3004
VPAP-PNM	CLN	VAAP-PNM	RP3ASM	VIAI3P	VPAP-PNM

Προφήτευσον,	τίς	ἐστιν	ὁ	παίσας	σε;	[65] καὶ	ἕτερα	πολλὰ
Profetiza,	¿quién	es	el que	habiendo herido	a ti?	Y	otras	muchas cosas
4395	5101	2076	3588	3817	4571	2532	2087	4183
VAAM2S	RI-NSM	VPAI3S	DNSM	VAAP-SNM	RP2AS	CLN	JAPN	JAPN

βλασφημοῦντες	ἔλεγον	εἰς	αὐτόν.
blasfemando	decían	a	él.
987	3004	1519	846
VPAP-PNM	VIAI3P	P	RP3ASM

[66] Καὶ	ὡς	ἐγένετο	ἡμέρα,	συνήχθη	τὸ	πρεσβυτέριον	τοῦ	λαοῦ,
Y	cuando	llegó a ser	(de) día,	se reunió	el	consejo de ancianos	del	pueblo,
2532	5613	1096	2250	4863	3588	4244	3588	2992
CLN	CAT	VAMI3S	NNSF	VAPI3S	DNSN	NNSN	DGSM	NGSM

ἀρχιερεῖς	τε	καὶ	γραμματεῖς,	καὶ	ἀπήγαγον	αὐτὸν	εἰς	τὸ
principales sacerdotes$_2$	tanto$_1$	como	escribas,	y	llevaron$_2$	a él	a	el
749	5037	2532	1122	2532	520	846	1519	3588
NNPM	CLK	CLK, CLN	NNPM	CLN	VAAI3P	RP3ASM	P	DASN

συνέδριον	αὐτῶν,	[67] λέγοντες·	Εἰ	σὺ	εἶ	ὁ	χριστός,	εἰπὸν	ἡμῖν.
sanedrín	de ellos	diciendo:	Si	tú	eres	el	Cristo,	dí	a nosotros.
4892	846	3004	1487	4771	1488	3588	5547	3004	2254
NASN	RP3GPM	VPAP-PNM	CAC	RP2NS	VPAI2S	DNSM	NNSM	VAAM2S	RP1DP

εἶπεν	δὲ	αὐτοῖς·	Ἐὰν	ὑμῖν	εἴπω	οὐ	μὴ*	πιστεύσητε·	[68] ἐὰν	δὲ
dijo$_2$	Pero$_1$	a ellos:	Si	a vosotros	dijera,	no	no	creyerais;	si$_2$	y$_1$
2036	1161	846	1437	5213	2036	3756	3361	4100	1437	1161
VAAI3S	CLN	RP3DPM	CAC	RP2DP	VAAS1S	BN, TN	BN, TN	VAAS2P	CAC	CLN

ἐρωτήσω,	οὐ	μὴ*	ἀποκριθῆτε.	[69] ἀπὸ	τοῦ	νῦν	δὲ	ἔσται	ὁ
preguntará,	no	no	respondierais.	desde$_2$	--$_3$	ahora$_4$	Pero$_1$	estará	el
2065	3756	3361	611	575	3588	3568	1161	2071	3588
VAAS1S	BN, TN	BN, TN	VAPS2P, VAPM2P	P	DGSM	B	CLC	VFMI3S	DNSM

υἱὸς	τοῦ	ἀνθρώπου	καθήμενος	ἐκ	δεξιῶν	τῆς	δυνάμεως	τοῦ	θεοῦ.
Hijo	del	Hombre	sentado	a	(la) derecha	del	poder	de --	Dios.
5207	3588	444	2521	1537	1188	3588	1411	3588	2316
NNSM	DGSM	NGSM	VPUP-SNM	P	JGPN, JGPM	DGSF	NGSF	DGSM	NGSM

[70] εἶπαν	δὲ	πάντες·	Σὺ	οὖν	εἶ	ὁ	υἱὸς	τοῦ	θεοῦ;	ὁ	δὲ
dijeron$_2$	Y$_1$	todos:	¿tú$_2$	Entonces$_1$	eres	el	Hijo	de --	Dios?	él$_2$	Y$_1$
3004	1161	3956	4771	3767	1488	3588	5207	3588	2316	3588	1161
VAAI3P	CLN	JNPM	RP2NS	CLI	VPAI2S	DNSM	NNSM	DGSM	NGSM	DNSM	CLN

πρὸς	αὐτοὺς	ἔφη·	Ὑμεῖς	λέγετε	ὅτι	ἐγώ	εἰμι.	[71] οἱ	δὲ	εἶπαν·	Τί
a$_2$	a ellos:$_3$	dijo$_1$	Vosotros	decís	que	yo	soy.	ellos$_2$	Y$_1$	dijeron:	¿Qué
4314	846	5346	5210	3004	3754	1473	1510	3588	1161	3004	5101
P	RP3APM	VIAI3S	RP2NP	VPAI2P	CSC	RP1NS	VPAI1S	DNPM	CLN	VAAI3P	RI-ASN

ἔτι	ἔχομεν	μαρτυρίας	χρείαν;	αὐτοὶ	γὰρ	ἠκούσαμεν	ἀπὸ	τοῦ
ya$_3$	tenemos$_2$	de testimonio?$_4$	necesidad$_1$	(nosotros) mismos$_6$	Pues$_5$	oímos	de	la
2089	2192	3141	5532	846	1063	191	575	3588
B	VPAI1P	NGSF	NASF	RP3NPMP	CAZ	VAAI1P	P	DGSN

στόματος	αὐτοῦ.
boca	de él.
4750	846
NGSN	RP3GSM

23 Καὶ	ἀναστὰν	ἅπαν	τὸ	πλῆθος	αὐτῶν	ἤγαγον	αὐτὸν
Y	habiéndose levantado	toda	la	multitud	de ellos	llevaron	a él
2532	450	537	3588	4128	846	71	846
CLN	VAAP-SNN	JNSN	DNSN	NNSN	RP3GPM	VAAI3P	RP3ASM

NVI

de él y a golpearlo. 64 Le
vendaron los ojos, y le
increpaban:
—¡Adivina quién te
pegó!
65 Y le lanzaban mu-
chos otros insultos.

Jesús ante Pilato y Herodes

66 Al amanecer, se re-
unieron los ancianos del
pueblo, tanto los jefes
de los sacerdotes como
los maestros de la ley, e
hicieron comparecer a
Jesús ante el Consejo.
67 —Si eres el Cristo,
dínoslo —le exigieron.
Jesús les contestó:
—Si se lo dijera
a ustedes, no me lo
creerían 68 y, si les
hiciera preguntas, no
me contestarían. 69 Pero
de ahora en adelante el
Hijo del hombre estará
sentado a la derecha del
Dios Todopoderoso.
70 —¿Eres tú, enton-
ces, el Hijo de Dios?
—le preguntaron a
una voz.
—Ustedes mismos
lo dicen.
71 —¿Para qué nece-
sitamos más testimo-
nios? —resolvieron—.
Acabamos de oírlo de
sus propios labios.
23 sí que la asam-
blea en pleno

22:67*, 68* O sea *de ninguna manera.*

RVR

ellos, le condujeron a
Pilato.
2 Y comenzaron a
acusarle, diciendo:
Hemos hallado a éste
pervirtiendo a la nación,
prohibiendo dar tributo
a César, y diciendo que
él mismo es Cristo rey.
3 Entonces Pilato le pre-
guntó, diciendo: ¿Eres
tú el Rey de los judíos? Y
respondiéndole él, dijo:
Tú lo dices.
4 Y Pilato dijo a los prin-
cipales sacerdotes, y a la
gente: Ningún delito
hallo en este hombre.
5 Pero ellos porfiaban,
diciendo: Solivianta al
pueblo, enseñando por
toda Judea, comenzan-
do desde Galilea hasta
aquí.

Jesús ante Herodes

6 Entonces Pilato,
oyendo decir Galilea,
preguntó si el hombre
era galileo.
7 Y al percatarse de que
era de la jurisdicción de
Herodes, le remitió a
Herodes, que en aque-
llos días estaba también
en Jerusalén.
8 Herodes, al ver
a Jesús, se alegró
mucho, porque hacía
bastante tiempo que
deseaba verle; porque

ἐπὶ	τὸν	Πιλᾶτον.	2 ἤρξαντο	δὲ	κατηγορεῖν	αὐτοῦ	λέγοντες·	Τοῦτον
a	--	Pilato.	comenzaron$_2$	Y$_1$	a acusar	a él	diciendo:	A este
1909	3588	4091	756	1161	2723	846	3004	5126
P	*DASM*	*NASM*	*VAMI3P*	*CLN*	*VPAN*	*RP3GSM*	*VPAP-PNM*	*RD-ASM*

εὕραμεν	διαστρέφοντα	τὸ	ἔθνος	ἡμῶν	καὶ	κωλύοντα	φόρους
encontramos	pervirtiendo	al	pueblo	de nosotros	e	impidiendo	tributos$_2$
2147	1294	3588	1484	2257	2532	2967	5411
VAAI1P	*VPAP-SAM*	*DASN*	*NASN*	*RP1GP*	*CLN*	*VPAP-SAM*	*NAPM*

Καίσαρι	διδόναι	καὶ	λέγοντα	αὐτὸν	Χριστὸν	βασιλέα	εἶναι.	3 ὁ
a César$_3$	dar$_1$	y	diciendo	él mismo	Cristo$_2$	un rey.$_3$	ser$_1$	--$_2$
2541	1325	2532	3004	1438	5547	935	1511	3588
NDSM	*VPAN*	*CLN*	*VPAP-SAM*	*RF3ASM*	*NASM*	*NASM*	*VPAN*	*DNSM*

δὲ	Πιλᾶτος	ἠρώτησεν	αὐτὸν	λέγων·	Σὺ	εἶ	ὁ	βασιλεὺς
Y$_1$	Pilato	preguntó	a él	diciendo:	¿Tú	eres	el	rey
1161	4091	2065	846	3004	4771	1488	3588	935
CLN	*NNSM*	*VAAI3S*	*RP3ASM*	*VPAP-SNM*	*RP2NS*	*VPAI2S*	*DNSM*	*NNSM*

τῶν	Ἰουδαίων;	ὁ	δὲ	ἀποκριθεὶς	αὐτῷ	ἔφη·	Σὺ	λέγεις.	4 ὁ
de los	judíos?	--$_2$	Y$_1$	respondiendo	a él	dijo:	Tú	dices.	--$_2$
3588	2453	3588	1161	611	846	5346	4771	3004	3588
DGPM	*JGPM*	*DNSM*	*CLN*	*VAPP-SNM*	*RP3DSM*	*VIAI3S*	*RP2NS*	*VPAI2S*	*DNSM*

δὲ	Πιλᾶτος	εἶπεν	πρὸς	τοὺς	ἀρχιερεῖς	καὶ	τοὺς	ὄχλους·	Οὐδὲν
Y$_1$	Pilato	dijo	a	los	principales sacerdotes	y	a las	multitudes:	Ninguna
1161	4091	2036	4314	3588	749	2532	3588	3793	3762
CLN	*NNSM*	*VAAI3S*	*P*	*DAPM*	*NAPM*	*CLN*	*DAPM*	*NAPM*	*JASN*

εὑρίσκω	αἴτιον	ἐν	τῷ	ἀνθρώπῳ	τούτῳ.	5 οἱ	δὲ	ἐπίσχυον	λέγοντες
encuentro$_2$	culpa$_1$	en	el	hombre	este.	ellos$_2$	Pero$_1$	insistían	diciendo:
2147	158	1722	3588	444	5129	3588	1161	2001	3004
VPAI1S	*JASN*	*P*	*DDSM*	*NDSM*	*RD-DSM*	*DNPM*	*CLC*	*VIAI3P*	*VPAP-PNM*

ὅτι	Ἀνασείει	τὸν	λαὸν	διδάσκων	καθ᾽	ὅλης	τῆς	Ἰουδαίας,	καὶ
que	agita	al	pueblo	enseñando	por	toda	--	Judea	y
3754	383	3588	2992	1321	2596	3650	3588	2449	2532
CSC	*VPAI3S*	*DASM*	*NASM*	*VPAP-SNM*	*P*	*JGSF*	*DGSF*	*NGSF*	*CLN, B*

ἀρξάμενος	ἀπὸ	τῆς	Γαλιλαίας	ἕως	ὧδε.
habiendo comenzado	desde	--	Galilea	hasta	aquí.
756	575	3588	1056	2193	5602
VAMP-SNM	*P*	*DGSF*	*NGSF*	*P, C*	*BP*

6 Πιλᾶτος	δὲ	ἀκούσας	ἐπηρώτησεν	εἰ	ὁ	ἄνθρωπος	Γαλιλαῖός
Pilato$_2$	Y$_1$	habiendo oído	preguntó	si	el	hombre	galileo,$_2$
4091	1161	191	1905	1487	3588	444	1057
NNSM	*CLN*	*VAAP-SNM*	*VAAI3S*	*TI*	*DNSM*	*NNSM*	*NNSM, JNSM*

ἐστιν,	7 καὶ	ἐπιγνοὺς	ὅτι	ἐκ	τῆς	ἐξουσίας	Ἡρῴδου	ἐστὶν	ἀνέπεμψεν
es$_1$	y	habiendo sabido	que	de$_2$	la$_3$	autoridad$_4$	de Herodes$_5$	es$_1$	envió de regreso
2076	2532	1921	3754	1537	3588	1849	2264	2076	375
VPAI3S	*CLN*	*VAAP-SNM*	*CSC*	*P*	*DGSF*	*NGSF*	*NGSM*	*VPAI3S*	*VAAI3S*

αὐτὸν	πρὸς	Ἡρῴδην,	ὄντα	καὶ	αὐτὸν	ἐν	Ἱεροσολύμοις	ἐν
a él	a	Herodes,	estando	también	él	en	Jerusalén	en
846	4314	2264	5607	2532	846	1722	2414	1722
RP3ASM	*P*	*NASM*	*VPAP-SAM*	*BE, TE*	*RP3ASM*	*P*	*NDPN*	*P*

ταύταις	ταῖς	ἡμέραις.	8 ὁ	δὲ	Ἡρῴδης	ἰδὼν	τὸν	Ἰησοῦν	ἐχάρη
estos	--	días.	--$_2$	Y$_1$	Herodes	habiendo visto	a --	Jesús	se alegró
3778	3588	2250	3588	1161	2264	1492	3588	2424	5463
RD-DPF	*DDPF*	*NDPF*	*DNSM*	*CLN*	*NNSM*	*VAAP-SNM*	*DASM*	*NASM*	*VAPI3S*

λίαν,	ἦν	γὰρ	ἐξ	ἱκανῶν	χρόνων	θέλων	ἰδεῖν	αὐτὸν	διὰ
muchísimo,	estaba$_2$	porque$_1$	desde$_6$	considerables$_7$	tiempos$_8$	queriendo$_3$	ver	a él$_5$	por
3029	2258	1063	1537	2425	5550	2309	1492	846	1223
B	*VIAI3S*	*CAZ*	*P*	*JGPM*	*NGPM*	*VPAP-SNM*	*VAAN*	*RP3ASM*	*P*

NVI

se levantó, y lo llevaron
a Pilato. 2 Y comenzaron
la acusación con estas
palabras:
—Hemos descubier-
to a este hombre agi-
tando a nuestra nación.
Se opone al pago de
impuestos al empera-
dor y afirma que él es el
Cristo, un rey.
3 Así que Pilato le
preguntó a Jesús:
—¿Eres tú el rey de
los judíos?
—Tú mismo lo dices
—respondió.
4 Entonces Pilato
declaró a los jefes de
los sacerdotes y a la
multitud:
—No encuentro que
este hombre sea culpa-
ble de nada.
5 Pero ellos insistían:
—Con sus enseñan-
zas agita al pueblo por
toda Judea. Comenzó
en Galilea y ha llegado
hasta aquí.
6 Al oír esto, Pilato
preguntó si el hombre
era galileo. 7 Cuando se
enteró de que pertenecía
a la jurisdicción de
Herodes, se lo mandó
a él, ya que en aquellos
días también Herodes
estaba en Jerusalén.
8 Al ver a Jesús,
Herodes se puso muy
contento; hacía tiempo
que quería verlo por lo

RVR

había oído muchas cosas acerca de él, y esperaba verle hacer alguna señal.

[9] Y le hacía muchas preguntas, pero él nada le respondió.

[10] Y estaban los principales sacerdotes y los escribas acusándole con gran vehemencia.

[11] Entonces Herodes con sus soldados, después de menospreciarle y escarnecerle, le vistió de una ropa espléndida; y volvió a enviarle a Pilato.

[12] Y se hicieron amigos Pilato y Herodes aquel día; porque antes estaban enemistados entre sí.

Jesús, sentenciado a muerte

[13] Entonces Pilato, convocando a los principales sacerdotes, a los gobernantes, y al pueblo,

[14] les dijo: Me habéis presentado a este hombre como alborotador del pueblo; pero habiéndole interrogado yo delante de vosotros, no he hallado en este hombre ningún delito de los que le acusáis.

[15] Ni tampoco Herodes;

τὸ	ἀκούειν	περὶ	αὐτοῦ,	καὶ	ἤλπιζέν	τι	σημεῖον	ἰδεῖν	ὑπ'
el	oír	acerca de	él	y	esperaba	alguna$_2$	señal$_3$	ver$_1$	por$_5$
3588	191	4012	846	2532	1679	5100	4592	1492	5259
DASN	VPAN	P	RP3GSM	CLN	VIAI3S	JASN, RX-ASN	NASN	VAAN	P

αὐτοῦ	γινόμενον.	[9] ἐπηρώτα	δὲ	αὐτὸν	ἐν	λόγοις	ἱκανοῖς·	αὐτὸς	δὲ
él.$_6$	haciendo$_4$	preguntaba$_2$	Y$_1$	a él$_3$	con$_4$	palabras,$_6$	muchas$_5$	él$_8$	pero$_7$
846	1096	1905	1161	846	1722	3056	2425	846	1161
RP3GSM	VPUP-SAN	VIAI3S	CLN	RP3ASM	P	NDPM	JDPM	RP3NSM	CLC

οὐδὲν	ἀπεκρίνατο	αὐτῷ.	[10] εἱστήκεισαν	δὲ	οἱ	ἀρχιερεῖς	καὶ
nada	respondió	a él.	habían estado ahí$_2$	Y$_1$	los	principales sacerdotes	y
3762	611	846	2476	1161	3588	749	2532
JASN	VAMI3S	RP3DSM	VLAI3P	CLN	DNPM	NNPM	CLN

οἱ	γραμματεῖς	εὐτόνως	κατηγοροῦντες	αὐτοῦ.	[11] ἐξουθενήσας
los	escribas	violentamente$_3$	acusando$_1$	a él$_2$	habiendo despreciado$_2$
3588	1122	2159	2723	846	1848
DNPM	NNPM	B	VPAP-PNM	RP3GSM	VAAP-SNM

δὲ	αὐτὸν	καὶ	ὁ	Ἡρῴδης	σὺν	τοῖς	στρατεύμασιν	αὐτοῦ	καὶ
Y$_1$	a él	también	--	Herodes	con	los	ejércitos	de él	y
1161	846	2532	3588	2264	4862	3588	4753	846	2532
CLN	RP3ASM	BE, TE	DNSM	NNSM	P	DDPN	NDPN	RP3GSM	CLN

ἐμπαίξας	περιβαλὼν	ἐσθῆτα	λαμπρὰν	ἀνέπεμψεν	αὐτὸν	τῷ
habiéndose burlado	habiéndo(le) vestido	ropa	espléndida	envió de regreso	a él	a --
1702	4016	2066	2986	375	846	3588
VAAP-SNM	VAAP-SNM	NASF	JASF	VAAI3S	RP3ASM	DDSM

Πιλάτῳ.	[12] ἐγένοντο	δὲ	φίλοι	ὅ	τε	Ἡρῴδης	καὶ	ὁ
Pilato.	llegaron a ser$_2$	Y$_1$	amigos$_3$	--$_5$	tanto$_4$	Herodes	como	--
4091	1096	1161	5384	3588	5037	2264	2532	3588
NDSM	VAMI3P	CLN	JNPM	DNSM, RR-ASN	CLK	NNSM	CLK, CLN	DNSM

Πιλᾶτος	ἐν	αὐτῇ	τῇ	ἡμέρᾳ	μετ'	ἀλλήλων·*	προϋπῆρχον	γὰρ
Pilato	en	este	--	día	con	unos a otros,	antes estaban$_2$	porque$_1$
4091	1722	846	3588	2250	3326	240	4391	1063
NNSM	P	RP3DSFP	DDSF	NDSF	P	RC-GPM	VIAI3P	CLX

ἐν	ἔχθρᾳ	ὄντες	πρὸς	αὐτούς.
en	enemistad	siendo	entre	ellos.
1722	2189	5607	4314	846
P	NDSF	VPAP-PNM	P	RP3APM

[13] Πιλᾶτος	δὲ	συγκαλεσάμενος	τοὺς	ἀρχιερεῖς	καὶ	τοὺς
Pilato$_2$	Y$_1$	habiendo convocado	a los	principales sacerdotes	y	a los
4091	1161	4779	3588	749	2532	3588
NNSM	CLN	VAMP-SNM	DAPM	NAPM	CLN	DAPM

ἄρχοντας	καὶ	τὸν	λαὸν	[14] εἶπεν	πρὸς	αὐτούς·	Προσηνέγκατέ	μοι
jefes	y	al	pueblo	dijo	a	ellos:	Trajisteis	a mí
758	2532	3588	2992	2036	4314	846	4374	3427
NAPM	CLN	DASM	NASM	VAAI3S	P	RP3APM	VAAI2P	RP1DS

τὸν	ἄνθρωπον	τοῦτον	ὡς	ἀποστρέφοντα	τὸν	λαόν,	καὶ	ἰδοὺ
al	hombre	este	como	subvirtiendo	al	pueblo,	y	mira,
3588	444	5126	5613	654	3588	2992	2532	2400
DASM	NASM	RD-ASM	CAM	VPAP-SAM, VPAP-PAM	DASM	NASM	CLN	I, VAAM2S

ἐγὼ	ἐνώπιον	ὑμῶν	ἀνακρίνας	οὐθὲν	εὗρον	ἐν	τῷ	ἀνθρώπῳ
yo	delante de	vosotros	habiendo examinado	ninguna	encontré$_2$	en$_3$	el$_4$	hombre$_5$
1473	1799	5216	350	3762	2147	1722	3588	444
RP1NS	P, B	RP2GP	VAAP-SNM	JASN	VAAI1S	P	DDSM	NDSM

τούτῳ	αἴτιον	ὧν	κατηγορεῖτε	κατ'	αὐτοῦ.	[15] ἀλλ'	οὐδὲ	Ἡρῴδης,
este$_6$	culpa$_1$	de las cuales	acusáis	contra	él.	Pero	tampoco	Herodes,
5129	158	3739	2723	2596	846	235	3761	2264
RD-DSM	JASN	RR-GPN	VPAI2P	P	RP3GSM	CLC	BN, TN	NNSM

NVI

que oía acerca de él, y
esperaba presenciar al-
gún milagro que hiciera
Jesús. [9] Lo acosó con
muchas preguntas, pero
Jesús no le contestaba
nada. [10] Allí estaban
también los jefes de los
sacerdotes y los maestros
de la ley, acusándolo con
vehemencia. [11] Entonces
Herodes y sus soldados,
con desprecio y burlas,
le pusieron un manto
lujoso y lo mandaron
de vuelta a Pilato.
[12] Anteriormente,
Herodes y Pilato no se
llevaban bien, pero ese
mismo día se hicieron
amigos.

[13] Pilato entonces
reunió a los jefes de los
sacerdotes, a los gober-
nantes y al pueblo, [14] y
les dijo:

—Ustedes me
trajeron a este hombre
acusado de fomentar la
rebelión entre el pueblo,
pero resulta que lo he in-
terrogado delante de us-
tedes sin encontrar que
sea culpable de lo que
ustedes lo acusan. [15] Y
es claro que tampoco
Herodes lo ha juzgado

23:12* O sea *el uno con el otro.*

RVR

porque os remití a él; y
he aquí que nada digno
de muerte ha hecho él.
16 Le soltaré, pues, des-
pués de castigarle.
17 Y tenía necesidad de
soltarles uno en cada
fiesta.
18 Pero toda la multitud
dio voces a una, dicien-
do: ¡Fuera con ése, y
suéltanos a Barrabás!
19 El cual había sido
echado en la cárcel
por sedición ocurrida
en la ciudad, y por un
homicidio.
20 Les habló otra vez
Pilato, queriendo soltar
a Jesús;
21 pero ellos persistían
en dar voces, diciendo:
¡Crucifícale, crucifícale!
22 Él les dijo por tercera
vez: ¿Pues qué mal ha
hecho éste? Ningún
delito digno de muerte
he hallado en él; le casti-
garé, pues, y le soltaré.
23 Mas ellos instaban a
grandes voces, pidiendo
que fuese crucificado. Y
las voces de ellos y de los
principales sacerdotes
prevalecieron.
24 Entonces Pilato sen-
tenció que se hiciese lo
que ellos pedían;
25 y les soltó a aquel que
había sido echado en
la cárcel por sedición
y homicidio, a quien
habían pedido; y entre-
gó a Jesús a la voluntad
de ellos.

ἀνέπεμψεν	γὰρ	αὐτὸν	πρὸς	ἡμᾶς·	καὶ	ἰδοὺ	οὐδὲν	ἄξιον	θανάτου
envió de regreso$_2$	porque$_1$	él	a	nosotros,	y	mira,	nada	digno	de muerte
375	1063	846	4314	2248	2532	2400	3762	514	2288
VAAI3S	*CAZ*	*RP3ASM*	*P*	*RP1AP*	*CLN*	*I, VAAM2S*	*JNSN*	*JNSN*	*NGSM*

ἐστὶν	πεπραγμένον	αὐτῷ·	16 παιδεύσας	οὖν	αὐτὸν	⌈ἀπολύσω.
es	hecho	por él,	habiendo castigado$_2$	así que$_1$	a él	soltaré.
2076	4238	846	3811	3767	846	630
VPAI3S	*VRPP-SNN*	*RP3DSM*	*VAAP-SNM*	*CLI*	*RP3ASM*	*VFAI1S*

18 Ἀνέκραγον	δὲ	παμπληθεὶ	λέγοντες·	Αἶρε	τοῦτον,	ἀπόλυσον
gritaron$_2$	Pero$_1$	todos a una	diciendo:	¡Quita	a este,	perdona$_2$
349	1161	3826	3004	142	5126	630
VAAI3P	*CLC*	*B*	*VPAP-PNM*	*VPAM2S*	*RD-ASM*	*VAAM2S*

δὲ	ἡμῖν	τὸν	Βαραββᾶν·	19 ὅστις	ἦν	διὰ	στάσιν	τινὰ
y$_1$	para nosotros	a --	Barrabás!,	el cual	estaba	por causa de	revuelta$_2$	cierta$_1$
1161	2254	3588	912	3748	2258	1223	4714	5100
CLC	*RP1DP*	*DASM*	*NASM*	*RR-NSM*	*VIAI3S*	*P*	*NASF*	*JASF, RX-ASF*

γενομένην	ἐν	τῇ	πόλει	καὶ	φόνον	βληθεὶς	ἐν	τῇ
habiendo sucedido	en	la	ciudad	y	por asesinato	habiendo sido echado	en	la
1096	1722	3588	4172	2532	5408	906	1722	3588
VAMP-SAF	*P*	*DDSF*	*NDSF*	*CLN*	*NASM*	*VAPP-SNM*	*P*	*DDSF*

φυλακῇ.	20 πάλιν	δὲ	ὁ	Πιλᾶτος	προσεφώνησεν,	θέλων	ἀπολῦσαι
cárcel.	de nuevo$_2$	Y$_1$	--	Pilato	convocó	queriendo	soltar
5438	3825	1161	3588	4091	4377	2309	630
NDSF	*B*	*CLN*	*DNSM*	*NNSM*	*VAAI3S*	*VPAP-SNM*	*VAAN*

τὸν	Ἰησοῦν.	21 οἱ	δὲ	ἐπεφώνουν	λέγοντες·	Σταύρου	σταύρου
a --	Jesús.	ellos$_2$	Pero$_1$	gritaban	diciendo:	¡Crucifica,	crucifica
3588	2424	3588	1161	2019	3004	4717	4717
DASM	*NASM*	*DNPM*	*CLC*	*VIAI3P*	*VPAP-PNM*	*VPAM2S*	*VPAM2S*

αὐτόν.	22 ὁ	δὲ	τρίτον	εἶπεν	πρὸς	αὐτούς·	Τί	γὰρ	κακὸν	ἐποίησεν
a él!	--$_2$	Y$_1$	tercera vez	dijo	a	ellos:	¿qué$_2$	Pues$_1$	mal	hizo
846	3588	1161	5154	2036	4314	846	5101	1063	2556	4160
RP3ASM	*DNSM*	*CLN*	*JASN*	*VAAI3S*	*P*	*RP3APM*	*RI-ASN*	*TI, C*	*JASN*	*VAAI3S*

οὗτος;	οὐδὲν	αἴτιον	θανάτου	εὗρον	ἐν	αὐτῷ·	παιδεύσας	οὖν	αὐτὸν
este?	Ninguna	culpa	de muerte	encontré	en	él;	habiendo castigado$_2$	así que$_1$	a él
3778	3762	158	2288	2147	1722	846	3811	3767	846
RD-NSM	*JASN*	*JASN*	*NGSM*	*VAAI1S*	*P*	*RP3DSM*	*VAAP-SNM*	*CLI*	*RP3ASM*

ἀπολύσω.	23 οἱ	δὲ	ἐπέκειντο	φωναῖς	μεγάλαις	αἰτούμενοι	αὐτὸν
(lo) soltaré.	ellos$_2$	Pero$_1$	instaban$_3$	voces$_5$	a grandes$_4$	pidiendo$_6$	a él,$_8$
630	3588	1161	1945	5456	3173	154	846
VFAI1S	*DNPM*	*CLC*	*VIUI3P*	*NDPF*	*JDPF*	*VPMP-PNM*	*RP3ASM*

σταυρωθῆναι,	καὶ	κατίσχυον	αἱ	φωναὶ	⌈αὐτῶν.	24 καὶ	Πιλᾶτος
ser crucificado$_7$	y$_9$	se hacían fuertes$_{13}$	las$_{10}$	voces$_{11}$	de ellos$_{12}$	Y	Pilato
4717	2532	2729	3588	5456	846	2532	4091
VAPN	*CLN*	*VIAI3P*	*DNPF*	*NNPF*	*RP3GPM*	*CLN*	*NNSM*

ἐπέκρινεν	γενέσθαι	τὸ	αἴτημα	αὐτῶν·	25 ἀπέλυσεν	δὲ	τὸν
decidió	ser hecha	la	petición	de ellos,	despidió$_2$	y$_1$	al que$_3$
1948	1096	3588	155	846	630	1161	3588
VAAI3S	*VAMN*	*DASN, DNSN*	*NASN, NNSN*	*RP3GPM*	*VAAI3S*	*CLN*	*DASM*

διὰ	στάσιν	καὶ	φόνον	βεβλημένον	εἰς	φυλακὴν	ὃν	ᾐτοῦντο,
por causa de$_7$	revuelta$_8$	y$_9$	asesinato,$_{10}$	(había sido) echado$_4$	en$_5$	(la) cárcel$_6$	al cual$_{11}$	pedían,$_{12}$
1223	4714	2532	5408	906	1519	5438	3739	154
P	*NASF*	*CLN*	*NASM*	*VRPP-SAM*	*P*	*NASF*	*RR-ASM*	*VIMI3P*

τὸν	δὲ	Ἰησοῦν	παρέδωκεν	τῷ	θελήματι	αὐτῶν.
--$_{15}$	pero$_{13}$	a Jesús$_{16}$	entregó$_{14}$	a la	voluntad	de ellos.
3588	1161	2424	3860	3588	2307	846
DASM	*CLC*	*NASM*	*VAAI3S*	*DDSN*	*NDSN*	*RP3GPM*

NVI

culpable, puesto que
nos lo devolvió. Como
pueden ver, no ha come-
tido ningún delito que
merezca la muerte, 16 así
que le daré una paliza y
después lo soltaré.
18 Pero todos gritaron
a una voz:
—¡Llévate a ese!
¡Suéltanos a Barrabás!
19 A Barrabás lo ha-
bían metido en la cárcel
por una insurrección
en la ciudad, y por ho-
micidio. 20 Pilato, como
quería soltar a Jesús,
apeló al pueblo otra vez,
21 pero ellos se pusieron
a gritar:
—¡Crucifícalo!
¡Crucifícalo!
22 Por tercera vez les
habló:
—Pero ¿qué crimen
ha cometido este hom-
bre? No encuentro que
él sea culpable de nada
que merezca la pena de
muerte, así que le daré
una paliza y después lo
soltaré.
23 Pero a voz en cuello
ellos siguieron insistien-
do en que lo crucificara,
y con sus gritos se impu-
sieron. 24 Por fin Pilato
decidió concederles
su demanda: 25 soltó al
hombre que le pedían,
el que por insurrección
y homicidio había sido
echado en la cárcel, y
dejó que hicieran con
Jesús lo que quisieran.

23:16⌈ Manuscritos inferiores aumentaron [17] *Pues tenía necesidad de soltarles uno en cada fiesta.* **23:23**⌈ Manuscritos inferiores aumentaron *y de los principales sacerdotes.*

RVR

Crucifixión y muerte de Jesucristo

26 Y cuando lo llevaban,
tomaron a cierto Simón
de Cirene, que venía del
campo, y le pusieron
encima la cruz para que
la llevase tras Jesús.
27 Y le seguía gran mul-
titud del pueblo, y de
mujeres que se dolían y
se lamentaban por él.
28 Pero Jesús, vuelto ha-
cia ellas, les dijo: Hijas
de Jerusalén, no lloréis
por mí, sino llorad por
vosotras mismas y por
vuestros hijos.
29 Porque he aquí que
vendrán días en que
dirán: Dichosas las es-
tériles, y los vientres que
no concibieron, y los
pechos que no criaron.
30 Entonces comenza-
rán a decir a los montes:
Caed sobre noso-
tros; y a los collados:
Cubridnos.
31 Porque si en el leño
verde hacen estas cosas,
¿qué sucederá con el
seco?
32 Llevaban también
a otros dos, que eran
malhechores, para ser
ejecutados con él.
33 Y cuando llegaron
al lugar llamado de la
Calavera, allí le crucifi-
caron a él, y a los malhe-
chores, uno a la derecha

26 Καὶ ὡς ἀπήγαγον αὐτόν, ἐπιλαβόμενοι Σίμωνά τινα
Y cuando llevaron a él, habiendo agarrado Simón$_2$ a cierto$_1$
2532 5613 520 846 1949 4613 5100
CLN CAT VAAI3P RP3ASM VAMP-PNM NASM JASM, RX-ASM

Κυρηναῖον ἐρχόμενον ἀπ᾽ ἀγροῦ ἐπέθηκαν αὐτῷ τὸν σταυρὸν
de Cirene viniendo de(l) campo pusieron encima de él la cruz
2956 2064 575 68 2007 846 3588 4716
NASM VPUP-SAM P NGSM VAAI3P RP3DSM DASM NASM

φέρειν ὄπισθεν τοῦ Ἰησοῦ. 27 Ἠκολούθει δὲ αὐτῷ πολὺ πλῆθος
para llevar detrás de -- Jesús. seguía$_{13}$ Y$_1$ a él.$_{14}$ mucha$_2$ multitud$_3$
5342 3693 3588 2424 190 1161 846 4183 4128
VPAN P, B DGSM NGSM VIAI3S CLN RP3DSM JNSN NNSN

τοῦ λαοῦ καὶ γυναικῶν αἳ ἐκόπτοντο καὶ ἐθρήνουν αὐτόν.
del$_4$ pueblo$_5$ y$_6$ de mujeres,$_7$ las cuales$_8$ hacían duelo$_9$ y$_{10}$ se lamentaban$_{11}$ (por) él,$_{12}$
3588 2992 2532 1135 3739 2875 2532 2354 846
DGSM NGSM CLN NGPF RR-NPF VIMI3P CLN VIAI3P RP3ASM

28 στραφεὶς δὲ πρὸς αὐτὰς ὁ Ἰησοῦς εἶπεν· Θυγατέρες
habiéndose vuelto$_2$ Y$_1$ hacia ellas -- Jesús dijo: Hijas
4762 1161 4314 846 3588 2424 2036 2364
VAPP-SNM CLN P RP3APF DNSM NNSM VAAI3S NVPF

Ἰερουσαλήμ, μὴ κλαίετε ἐπ᾽ ἐμέ· πλὴν ἐφ᾽ ἑαυτὰς κλαίετε
de Jerusalén, no lloréis por mí; más bien por$_2$ vosotras mismas$_3$ llorad$_1$
2419 3361 2799 1909 1691 4133 1909 1438 2799
NGSF, XP BN, TN VPAM2P P RP1AS CLC P RF2APF VPAM2P

καὶ ἐπὶ τὰ τέκνα ὑμῶν, 29 ὅτι ἰδοὺ ἔρχονται ἡμέραι ἐν αἷς
y por los hijos de vosotras, porque mira, vienen$_2$ días$_1$ en los cuales
2532 1909 3588 5043 5216 3754 2400 2064 2250 1722 3739
CLN P DAPN NAPN RP2GP CAZ I, VAAM2S VPUI3P NNPF P RR-DPF

ἐροῦσιν Μακάριαι αἱ στεῖραι καὶ αἱ κοιλίαι αἳ οὐκ ἐγέννησαν
dirán: Bienaventuradas las estériles y los vientres los cuales no engendraron
2046 3107 3588 4723 2532 3588 2836 3739 3756 1080
VFAI3P JNPF DNPF NNPF, JNPF CLN DNPF NNPF RR-NPF BN, TN VAAI3P

καὶ μαστοὶ οἳ οὐκ ἔθρεψαν. 30 τότε ἄρξονται λέγειν τοῖς ὄρεσιν·
y (los) pechos los cuales no alimentaron. Entonces comenzarán a decir a los montes:
2532 3149 3739 3756 5142 5119 756 3004 3588 3735
CLN NNPM RR-NPM BN, TN VAAI3P B VFMI3P VPAN DDPN NDPN

Πέσετε ἐφ᾽ ἡμᾶς, καὶ τοῖς βουνοῖς· Καλύψατε ἡμᾶς· 31 ὅτι εἰ ἐν
Caed sobre nosotros, y a las colinas: Cubrid a nosotros; porque si en
4098 1909 2248 2532 3588 1015 2572 2248 3754 1487 1722
VAAM2P P RP1AP CLN DDPM NDPM VAAM2P RP1AP CAZ CAC P

τῷ ὑγρῷ ξύλῳ ταῦτα ποιοῦσιν, ἐν τῷ ξηρῷ τί γένηται;
la húmeda$_2$ madera$_1$ estas cosas.$_4$ hacen$_3$ en la seca ¿qué sucediera?
3588 5200 3586 5023 4160 1722 3588 3584 5101 1096
DDSN JDSN NDSN RD-APN VPAI3P P DDSN JDSN RI-NSN VAMS3S

32 Ἤγοντο δὲ καὶ ἕτεροι κακοῦργοι δύο σὺν αὐτῷ ἀναιρεθῆναι.
eran llevados$_2$ Y$_1$ también otros malhechores$_2$ dos$_1$ con él para ser matados.
71 1161 2532 2087 2557 1417 4862 846 337
VIPI3P CLN BE, TE JNPM JNPM XN, J P RP3DSM VAPN

33 καὶ ὅτε ἦλθον ἐπὶ τὸν τόπον τὸν καλούμενον Κρανίον, ἐκεῖ
Y cuando llegaron a el lugar el que está siendo llamado Calavera, allí
2532 3753 2064 1909 3588 5117 3588 2564 2898 1563
CLN CAT VAAI3P P DASM NASM DASM VPPP-SAM NASN BP

ἐσταύρωσαν αὐτὸν καὶ τοὺς κακούργους, ὃν μὲν ἐκ δεξιῶν
crucificaron a él y a los malhechores, el uno ciertamente a (la) derecha
4717 846 2532 3588 2557 3739 3303 1537 1188
VAAI3P RP3ASM CLN DAPM JAPM RR-ASM TK, C P JGPN, JGPM

NVI

La crucifixión

26 Cuando se lo lleva-
ban, echaron mano de
un tal Simón de Cirene,
que volvía del campo, y
le cargaron la cruz para
que la llevara detrás
de Jesús. 27 Lo seguía
mucha gente del pueblo,
incluso mujeres que se
golpeaban el pecho,
lamentándose por él.
28 Jesús se volvió hacia
ellas y les dijo:
—Hijas de Jerusalén,
no lloren por mí; lloren
más bien por ustedes y
por sus hijos. 29 Miren,
va a llegar el tiempo en
que se dirá: "¡Dichosas
las estériles, que nunca
dieron a luz ni amaman-
taron!" 30 Entonces

»"dirán a las monta-
ñas: '¡Caigan sobre
nosotros!',
y a las colinas:
'¡Cúbrannos!'"

31 Porque, si esto se hace
cuando el árbol está
verde, ¿qué no sucederá
cuando esté seco?»
32 También llevaban
con él a otros dos, ambos
criminales, para ser eje-
cutados. 33 Cuando lle-
garon al lugar llamado la
Calavera, lo crucificaron
allí, junto con los crimi-
nales, uno a su derecha y

RVR

y otro a la izquierda.
34 Y Jesús decía: Padre,
perdónalos, porque
no saben lo que hacen.
Y repartieron entre sí
sus vestidos, echando
suertes.
35 Y el pueblo estaba de
pie, mirando; y aun los
gobernantes se burlaban
de él, diciendo: A otros
salvó; sálvese a sí mis-
mo, si éste es el Cristo, el
escogido de Dios.
36 También los soldados
le escarnecían, acer-
cándose y ofreciéndole
vinagre,
37 y diciendo: Si tú eres
el Rey de los judíos,
sálvate a ti mismo.
38 Había también una
inscripción sobre él, es-
crita con letras griegas,
latinas y hebreas: ÉSTE
ES EL REY DE LOS
JUDÍOS.
39 Y uno de los mal-
hechores que estaban
colgados le injuriaba,
diciendo: Si tú eres el
Cristo, sálvate a ti mis-
mo y a nosotros.
40 Respondiendo el
otro, le reprendía,
diciendo: ¿Ni siquiera
temes tú a Dios, viendo
que estás bajo la misma
sentencia de condena-
ción?
41 Nosotros, a la verdad,
justamente, porque es-
tamos recibiendo lo que
merecieron nuestros
hechos; pero éste no ha

ὃν	δὲ	ἐξ	ἀριστερῶν.	34 ὁ	δὲ	Ἰησοῦς	ἔλεγεν·	Πάτερ,	ἄφες
el (otro)$_2$	y$_1$	a	(la) izquierda.	--$_2$	Y$_1$	Jesús	decía:	Padre,	perdona
3739	1161	1537	710	3588	1161	2424	3004	3962	863
RR-ASM	*CLK, CLC*	*P*	*JGPN, JGPM*	*DNSM*	*CLN*	*NNSM*	*VIAI3S*	*NVSM*	*VAAM2S*

αὐτοῖς,	οὐ	γὰρ	οἴδασιν	τί	ποιοῦσιν.	διαμεριζόμενοι	δὲ	τὰ
a ellos,	no$_2$	porque$_1$	saben	qué	hacen.	repartiendo$_2$	Y$_1$	los
846	3756	1063	1492	5101	4160	1266	1161	3588
RP3DPM	*BN, TN*	*CAZ*	*VRAI3P*	*RI-ASN*	*VPAI3P*	*VPMP-PNM*	*CLN*	*DAPN*

ἱμάτια	αὐτοῦ	ἔβαλον	κλήρους.	35 καὶ	εἱστήκει	ὁ	λαὸς
vestidos	de él	echaron	suertes.	Y	había quedado parado (allí)	el	pueblo
2440	846	906	2819	2532	2476	3588	2992
NAPN	*RP3GSM*	*VAAI3P*	*NAPM*	*CLN*	*VLAI3S*	*DNSM*	*NNSM*

θεωρῶν.	ἐξεμυκτήριζον	δὲ	καὶ	οἱ	ἄρχοντες	λέγοντες·	Ἄλλους
mirando.	se burlaban$_5$	Y$_1$	también$_2$	los$_3$	gobernantes$_4$	diciendo:	a otros,$_2$
2334	1592	1161	2532	3588	758	3004	243
VPAP-SNM	*VIAI3P*	*CLN*	*BE, TE*	*DNPM*	*NNPM*	*VPAP-PNM*	*JAPM*

ἔσωσεν,	σωσάτω	ἑαυτόν,	εἰ	οὗτός	ἐστιν	ὁ	Χριστὸς	τοῦ	θεοῦ,
Salvó$_1$	salve	a sí mismo,	si	este	es	el	Cristo	de --	Dios
4982	4982	1438	1487	3778	2076	3588	5547	3588	2316
VAAI3S	*VAAM3S*	*RF3ASM*	*CAC*	*RD-NSM*	*VPAI3S*	*DNSM*	*NNSM*	*DGSM*	*NGSM*

ὁ	ἐκλεκτός.	36 ἐνέπαιξαν	δὲ	αὐτῷ	καὶ	οἱ	στρατιῶται
el	elegido.	se burlaron$_5$	Y$_1$	de él$_6$	también$_2$	los$_3$	soldados$_4$
3588	1588	1702	1161	846	2532	3588	4757
DNSM	*JNSM*	*VAAI3P*	*CLN*	*RP3DSM*	*BE, TE*	*DNPM*	*NNPM*

προσερχόμενοι,	ὄξος	προσφέροντες	αὐτῷ	37 καὶ	λέγοντες·	Εἰ	σὺ
habiéndose acercado$_7$	vinagre$_9$	ofreciendo$_8$	a él	y	diciendo:	Si	tú
4334	3690	4374	846	2532	3004	1487	4771
VPUP-PNM	*NASN*	*VPAP-PNM*	*RP3DSM*	*CLN*	*VPAP-PNM*	*CAC*	*RP2NS*

εἶ	ὁ	βασιλεὺς	τῶν	Ἰουδαίων,	σῶσον	σεαυτόν.	38 ἦν	δὲ	καὶ
eres	el	rey	de los	judíos,	salva	a ti mismo.	había$_2$	Y$_1$	también
1488	3588	935	3588	2453	4982	4572	2258	1161	2532
VPAI2S	*DNSM*	*NNSM*	*DGPM*	*JGPM*	*VAAM2S*	*RF2ASM*	*VIAI3S*	*CLN*	*BE, TE*

ἐπιγραφὴ	ἐπ᾽	⸀αὐτῷ·	Ὁ	βασιλεὺς	τῶν	Ἰουδαίων	οὗτος.
una inscripción	sobre	él,	El$_2$	rey$_3$	de los$_4$	judíos.$_5$	este (es)$_1$
1923	1909	846	3588	935	3588	2453	3778
NNSF	*P*	*RP3DSM*	*DNSM*	*NNSM*	*DGPM*	*JGPM*	*RD-NSM*

39 Εἷς	δὲ	τῶν	κρεμασθέντων	κακούργων	ἐβλασφήμει	αὐτόν
uno$_2$	Y$_1$	de los$_3$	habiendo sido colgados$_5$	malhechores$_4$	calumniaba	a él
1520	1161	3588	2910	2557	987	846
JNSM	*CLN*	*DGPM*	*VAPP-PGM*	*JGPM*	*VIAI3S*	*RP3ASM*

λέγων·	Οὐχὶ	σὺ	εἶ	ὁ	Χριστός;	σῶσον	σεαυτὸν	καὶ	ἡμᾶς.
diciendo:	¿No	tú	eres	el	Cristo?	Salva	a ti mismo	y	a nosotros.
3004	3780	4771	1487	3588	5547	4982	4572	2532	2248
VPAP-SNM	*TN, TI*	*RP2NS*	*VPAI2S*	*DNSM*	*NNSM*	*VAAM2S*	*RF2ASM*	*CLN*	*RP1AP*

40 ἀποκριθεὶς	δὲ	ὁ	ἕτερος	ἐπιτιμῶν	αὐτῷ	ἔφη·	Οὐδὲ	φοβῇ	σὺ
respondiendo$_2$	Pero$_1$	el	otro	reprendiendo	a él	dijo:	¿Ni siquiera	temes	tú
611	1161	3588	2087	2008	846	5346	3761	5399	4771
VAPP-SNM	*CLC*	*DNSM*	*JNSM*	*VPAP-SNM*	*RP3DSM*	*VIAI3S*	*BN, TN*	*VPUI2S*	*RP2NS*

τὸν	θεόν,	ὅτι	ἐν	τῷ	αὐτῷ	κρίματι	εἶ;	41 καὶ	ἡμεῖς	μὲν
a --	Dios,	que	en	el	mismo	juicio	estás?	Y	nosotros	por un lado
3588	2316	3754	1722	3588	846	2917	1488	2532	2249	3303
DASM	*NASM*	*CAZ*	*P*	*DDSN*	*RP3DSNA, JDSN*	*NDSN*	*VPAI2S*	*CLN*	*RP1NP*	*TK, C*

δικαίως,	ἄξια	γὰρ	ὧν	ἐπράξαμεν	ἀπολαμβάνομεν·	οὗτος
justamente,	cosas merecidas$_2$	porque$_1$	de las	que hicimos	recibimos,	este$_2$
1346	514	1063	3739	4238	618	3778
B	*JAPN*	*CAZ*	*RR-GPN*	*VAAI1P*	*VPAI1P*	*RD-NSM*

NVI

otro a su izquierda.
34 —Padre —dijo
Jesús—, perdónalos,
porque no saben lo que
hacen.
Mientras tanto,
echaban suertes para
repartirse entre sí la ropa
de Jesús.
35 La gente, por su
parte, se quedó allí
observando, y aun los
gobernantes estaban
burlándose de él.
—Salvó a otros —de-
cían—; que se salve a sí
mismo si es el Cristo de
Dios, el Escogido.
36 También los
soldados se acercaron
para burlarse de él. Le
ofrecieron vinagre 37 y le
dijeron:
—Si eres el rey de
los judíos, sálvate a ti
mismo.
38 Resulta que había
sobre él un letrero, que
decía: «ESTE ES EL
REY DE LOS JUDÍOS».
39 Uno de los crimina-
les allí colgados empezó
a insultarlo:
—¿No eres tú el
Cristo? ¡Sálvate a ti
mismo y a nosotros!
40 Pero el otro crimi-
nal lo reprendió:
—¿Ni siquiera temor
de Dios tienes, aunque
sufres la misma conde-
na? 41 En nuestro caso,
el castigo es justo, pues
sufrimos lo que merecen
nuestros delitos; este,

23:38⸀ Manuscritos inferiores aumentaron *con letras griegas, romanas y hebreas, esto es.*

RVR

hecho nada impropio.
42 Y decía a Jesús: Señor,
acuérdate de mí cuando
vengas en tu reino.
43 Entonces Jesús le dijo:
De cierto te digo: Hoy
estarás conmigo en el
paraíso.
44 Cuando era como la
hora sexta, hubo tinie-
blas sobre toda la tierra
hasta la hora novena.
45 Y el sol se oscureció,
y el velo del templo se
rasgó por la mitad.
46 Y Jesús, clamando a
gran voz, dijo: Padre, en
tus manos encomiendo
mi espíritu. Y habiendo
dicho esto, expiró.
47 Cuando el centurión
vio lo que había aconte-
cido, dio gloria a Dios,
diciendo: Realmente,
este hombre era justo.
48 Y toda la multitud
de los que habían acu-
dido a este espectáculo,
viendo lo que había
acontecido, se volvían
golpeándose el pecho.
49 Pero estaban de pie
a distancia todos sus
conocidos, y las mujeres
que le habían seguido
desde Galilea, mirando
estas cosas.

δὲ	οὐδὲν	ἄτοπον	ἔπραξεν.	42 καὶ	ἔλεγεν·	Ἰησοῦ,	μνήσθητί	μου
pero$_1$	nada	anormal	hizo.	Y	decía:	Jesús	acuérdate	de mí
1161	3762	824	4238	2532	3004	2424	3415	3450
CLK, CLC	JASN	JASN	VAAI3S	CLN	VIAI3S	NVSM, NDSM	VAPM2S	RP1GS

ὅταν	ἔλθῃς	ἐν	τῇ	βασιλείᾳ	σου.	43 καὶ	εἶπεν	αὐτῷ·	Ἀμήν	σοι
cuando	fueras	a	el	reino	de ti.	Y	dijo	a él:	Ciertamente	a ti
3752	2064	1722	3588	932	4675	2532	2036	846	281	4671
CAT	VAAS2S	P	DDSF	NDSF	RP2GS	CLN	VAAI3S	RP3DSM	XF, B	RP2DS

λέγω	σήμερον	μετ’	ἐμοῦ	ἔσῃ	ἐν	τῷ	παραδείσῳ.
digo,	hoy	con	mí	estarás	en	el	paraíso.
3004	4594	3326	1700	2071	1722	3588	3857
VPAI1S	B	P	RP1GS	VFMI2S	P	DDSM	NDSM

44 Καὶ	ἦν	ἤδη	ὡσεὶ	ὥρα	ἕκτη	καὶ	σκότος	ἐγένετο	ἐφ’	ὅλην
Y	era	ya	como	(la) hora	sexta	y	oscuridad	sucedió	sobre	toda
2532	2258	2235	5616	5610	1623	2532	4655	1096	1909	3650
CLN	VIAI3S	B	CAM, B	NNSF	JNSF	CLN	NNSN	VAMI3S	P	JASF

τὴν	γῆν	ἕως	ὥρας	ἐνάτης	45 τοῦ	ἡλίου	ἐκλιπόντος,	ἐσχίσθη	δὲ	τὸ
la	tierra	hasta	(la) hora	novena	el$_2$	sol,$_3$	habiéndose eclipsado$_1$	fue rasgado$_9$	y$_4$	el$_5$
3588	1093	2193	5610	1766	3588	2246	1587	4977	1161	3588
DASF	NASF	P, C	NGSF	JGSF	DGSM	NGSM	VAAP-SGM	VAPI3S	CLN	DNSN

καταπέτασμα	τοῦ	ναοῦ	μέσον.	46 καὶ	φωνήσας	φωνῇ	μεγάλῃ	ὁ
velo$_6$	del$_7$	santuario$_8$	por el medio.	Y	habiendo gritado	voz$_2$	a gran$_1$	--
2665	3588	3485	3319	2532	5455	5456	3173	3588
NNSN	DGSM	NGSM	JASN	CLN	VAAP-SNM	NDSF	JDSF	DNSM

Ἰησοῦς	εἶπεν·	Πάτερ,	εἰς	χεῖράς	σου	παρατίθεμαι	τὸ	πνεῦμά	μου.
Jesús	dijo:	Padre,	en	(las) manos	de ti	entrego	el	espíritu	de mí.
2424	2036	3962	1519	5495	4675	3908	3588	4151	3450
NNSM	VAAI3S	NVSM	P	NAPF	RP2GS	VPMI1S	DASN	NASN	RP1GS

τοῦτο	δὲ	εἰπὼν	ἐξέπνευσεν.	47 Ἰδὼν	δὲ	ὁ	ἑκατοντάρχης
esto$_3$	Y$_1$	habiendo dicho$_2$	expiró.	habiendo visto$_2$	Y$_1$	el	centurión
5124	1161	2036	1606	1492	1161	3588	1543
RD-ASN	CLN	VAAP-SNM	VAAI3S	VAAP-SNM	CLN	DNSM	NNSM

τὸ	γενόμενον	ἐδόξαζεν	τὸν	θεὸν	λέγων·	Ὄντως	ὁ	ἄνθρωπος
lo que	habiendo sucedido	glorificaba	a --	Dios	diciendo:	Realmente	el	hombre
3588	1096	1392	3588	2316	3004	3689	3588	444
DASN	VAMP-SAN	VIAI3S	DASM	NASM	VPAP-SNM	B	DNSM	NNSM

οὗτος	δίκαιος	ἦν.	48 καὶ	πάντες	οἱ	συμπαραγενόμενοι	ὄχλοι	ἐπὶ
este	justo.$_2$	era$_1$	Y	todas	las	habiendo acudido en masa$_2$	multitudes$_1$	para
3778	1342	2258	2532	3956	3588	4836	3793	1909
RD-NSM	JNSM	VIAI3S	CLN	JNPM	DNPM	VAMP-PNM	NNPM	P

τὴν	θεωρίαν	ταύτην,	θεωρήσαντες	τὰ	γενόμενα,	τύπτοντες
el	espectáculo	este,	habiendo visto	las cosas que	habiendo sucedido,	golpeándose
3588	2335	3778	2334	3588	1096	5180
DASF	NASF	RD-ASF	VAAP-PNM	DAPN	VAMP-PAN	VPAP-PNM

τὰ	στήθη	ὑπέστρεφον.	49 εἱστήκεισαν	δὲ	πάντες	οἱ	γνωστοὶ
los	pechos	regresaban.	habían estado presentes$_2$	Y$_1$	todos$_4$	los$_5$	conocidos$_6$
3588	4738	5290	2476	1161	3956	3588	1110
DAPN	NAPN	VIAI3P	VLAI3P	CLC	JNPM	DNPM	JNPM

αὐτῷ	μακρόθεν,	καὶ	γυναῖκες	αἱ	συνακολουθοῦσαι	αὐτῷ	ἀπὸ	τῆς
de él$_7$	(de) lejos$_3$	y	(las) mujeres	las que	están siguiendo	a él	desde	--
846	3113	2532	1135	3588	4870	846	575	3588
RP3DSM	B	CLN	NNPF	DNPF	VPAP-PNF, VAAP-PNF	RP3DSM	P	DGSF

Γαλιλαίας,	ὁρῶσαι	ταῦτα.
Galilea,	viendo	estas cosas.
1056	3708	5023
NGSF	VPAP-PNF	RD-APN

NVI

en cambio, no ha hecho
nada malo.
42 Luego dijo:
—Jesús, acuérdate
de mí cuando vengas en
tu reino.
43 —Te aseguro que
hoy estarás conmigo en
el paraíso —le contestó
Jesús.

Muerte de Jesús

44 Desde el mediodía
y hasta la media tarde
toda la tierra quedó
sumida en la oscuridad,
45 pues el sol se ocultó. Y
la cortina del santuario
del templo se rasgó en
dos. 46 Entonces Jesús
exclamó con fuerza:
—¡Padre, en tus
manos encomiendo mi
espíritu!
Y al decir esto, expiró.
47 El centurión, al ver
lo que había sucedido,
alabó a Dios y dijo:
—Verdaderamente
este hombre era justo.
48 Entonces los que
se habían reunido
para presenciar aquel
espectáculo, al ver lo
ocurrido, se fueron
de allí golpeándose el
pecho. 49 Pero todos
los conocidos de Jesús,
incluso las mujeres que
lo habían seguido desde
Galilea, se quedaron
mirando desde lejos.

RVR

Jesús es sepultado

50 Había un hombre
llamado José, el cual era
miembro del consejo,
varón bueno y justo,
51 (el cual no había con-
sentido en el acuerdo ni
en los hechos de ellos),
de Arimatea, ciudad de
los judíos, el cual tam-
bién estaba esperando el
reino de Dios.
52 Éste fue a Pilato, y pi-
dió el cuerpo de Jesús.
53 Y descolgándolo, lo
envolvió en una sábana,
y lo puso en un sepulcro
excavado en roca, en
el cual aún no se había
puesto a nadie.
54 Era el día de la
Preparación, y estaba
para comenzar el
sábado.
55 Y las mujeres que
habían venido con él
desde Galilea, siguieron
también, y vieron el
sepulcro, y cómo fue
puesto su cuerpo.
56 Y regresando,
prepararon especias
aromáticas y ungüen-
tos; y descansaron el
sábado, conforme al
mandamiento.

La resurrección del Señor

24 El primer día
de la semana,
muy de mañana,

50 Καὶ	ἰδοὺ	ἀνὴρ	ὀνόματι	Ἰωσὴφ	βουλευτὴς	ὑπάρχων,
Y	mira,	un hombre	(de) nombre	José	miembro del sanedrín$_2$	siendo$_1$
2532	2400	435	3686	2501	1010	5225
CLN	I, VAAM2S	NNSM	NDSN	NNSM, XP	NNSM	VPAP-SNM

ἀνὴρ	ἀγαθὸς	καὶ	δίκαιος—	51 οὗτος	οὐκ	ἦν	συγκατατεθειμένος
hombre	bueno	y	justo,	este	no	había	estado de acuerdo
435	18	2532	1342	3778	3756	2258	4784
NNSM	JNSM	CLN	JNSM	RD-NSM	BN, TN	VIAI3S	VRUP-SNM

τῇ	βουλῇ	καὶ	τῇ	πράξει	αὐτῶν—	ἀπὸ	Ἀριμαθαίας	πόλεως
(con) la	decisión	y	la	acción	de ellos,	de	Arimatea	ciudad
3588	1012	2532	3588	4234	846	575	707	4172
DDSF	NDSF	CLN	DDSF	NDSF	RP3GPM	P	NGSF	NGSF

τῶν	Ἰουδαίων,	ὅς	προσεδέχετο	τὴν	βασιλείαν	τοῦ	θεοῦ,
de los	judíos,	quien	esperaba	el	reino	de --	Dios,
3588	2453	3739	4327	3588	932	3588	2316
DGPM	JGPM	RR-NSM	VIUI3S	DASF	NASF	DGSM	NGSM

52 οὗτος	προσελθὼν	τῷ	Πιλάτῳ	ᾐτήσατο	τὸ	σῶμα	τοῦ	Ἰησοῦ,
este	habiéndose acercado	a --	Pilato	pidió	el	cuerpo	de --	Jesús
3778	4334	3588	4091	154	3588	4983	3588	2424
RD-NSM	VAAP-SNM	DDSM	NDSM	VAMI3S	DASN	NASN	DGSM	NGSM

53 καὶ	καθελὼν	ἐνετύλιξεν	αὐτὸ	σινδόνι,	καὶ	ἔθηκεν	αὐτὸν
y	habiendo (lo) bajado	enrolló	a él	en una sábana	y	puso$_2$	a él
2532	2507	1794	846	4616	2532	5087	846
CLN	VAAP-SNM	VAAI3S	RP3ASN	NDSF	CLN	VAAI3S	RP3ASM

ἐν	μνήματι	λαξευτῷ	οὗ	οὐκ	ἦν	οὐδεὶς	οὔπω	κείμενος.
en	un sepulcro	excavado en la roca	donde	no	había	nadie	todavía.$_2$	sido puesto$_1$
1722	3418	2991	3757	3756	2258	3762	3768	2749
P	NDSN	JDSN	B	BN, TN	VIAI3S	JNSM	BN	VPUP-SNM

54 καὶ	ἡμέρα	ἦν	παρασκευῆς,	καὶ	σάββατον	ἐπέφωσκεν.
Y	(el) día$_2$	era$_1$	de la preparación	y	(el) sábado.$_2$	amanecía$_1$
2532	2250	2258	3904	2532	4521	2020
CLN	NNSF	VIAI3S	NGSF	CLN	NNSN	VIAI3S

55 κατακολουθήσασαι	δὲ	αἱ	γυναῖκες,	αἵτινες	ἦσαν	συνεληλυθυῖαι
habiendo seguido detrás$_2$	Y$_1$	las	mujeres,	las cuales	habían	venido juntas
2628	1161	3588	1135	3748	2258	4905
VAAP-PNF	CLN	DNPF	NNPF	RR-NPF	VIAI3P	VRAP-PNF

ἐκ	τῆς	Γαλιλαίας	αὐτῷ,	ἐθεάσαντο	τὸ	μνημεῖον	καὶ	ὡς	ἐτέθη
desde	--	Galilea	con él,	vieron	el	sepulcro	y	como	fue puesto.$_4$
1537	3588	1056	846	2300	3588	3419	2532	5613	5087
P	DGSF	NGSF	RP3DSM	VAMI3P	DASN	NASN	CLN	CSC	VAPI3S

τὸ	σῶμα	αὐτοῦ,	56 ὑποστρέψασαι	δὲ	ἡτοίμασαν	ἀρώματα	καὶ
el$_1$	cuerpo$_2$	de él$_3$	habiéndo(se) regresado,$_2$	Y$_1$	prepararon	especies aromáticas	y
3588	4983	846	5290	1161	2090	759	2532
DNSN	NNSN	RP3GSM	VAAP-PNF	CLN	VAAI3P	NAPN	CLN

μύρα.
perfumes.
3464
NAPN

Καὶ	τὸ	μὲν	σάββατον	ἡσύχασαν	κατὰ	τὴν	ἐντολήν,
Y	el$_2$	ciertamente$_1$	sábado$_3$	descansaron	según	el	mandamiento.
2532	3588	3303	4521	2270	2596	3588	1785
CLC	DASN	TE, C	NASN	VAAI3P	P	DASF	NASF

24 τῇ	δὲ	μιᾷ	τῶν	σαββάτων*	ὄρθρου	βαθέως	ἐπὶ	τὸ
en el$_2$	Pero$_1$	primer (día)	de los	sábados	al amanecer	profundo	a	el
3588	1161	1520	3588	4521	3722	901	1909	3588
DDSF	CLT	JDSF	DGPN	NGPN	NGSM	JGSM	P	DASN

NVI

Sepultura de Jesús

50 Había un hombre
bueno y justo llamado
José, miembro del
Consejo, 51 que no
había estado de acuerdo
con la decisión ni con
la conducta de ellos.
Era natural de un
pueblo de Judea llamado
Arimatea, y esperaba el
reino de Dios. 52 Este se
presentó ante Pilato y le
pidió el cuerpo de Jesús.
53 Después de bajarlo, lo
envolvió en una sábana
de lino y lo puso en un
sepulcro cavado en la
roca, en el que todavía
no se había sepultado
a nadie. 54 Era el día de
preparación para el sába-
do, que estaba a punto
de comenzar.
55 Las mujeres que
habían acompañado
a Jesús desde Galilea
siguieron a José para
ver el sepulcro y cómo
colocaban el cuerpo.
56 Luego volvieron a casa
y prepararon especias
aromáticas y perfumes.
Entonces descansaron
el sábado, conforme al
mandamiento.

La resurrección

24 El primer día
de la semana,
muy de mañana, las

24:1* O sea *de la semana.*

RVR

vinieron al sepulcro,
trayendo las especias
aromáticas que habían
preparado; y algunas
otras mujeres con ellas.
2 Y hallaron que había
sido retirada la piedra
del sepulcro;
3 y entrando, no hallaron
el cuerpo del Señor
Jesús.
4 Aconteció que estando
ellas perplejas por esto,
he aquí que se pararon
junto a ellas dos varones
con vestiduras resplan-
decientes;
5 y al llenarse ellas de
miedo, y bajar el rostro
a tierra, les dijeron ellos:
¿Por qué buscáis entre
los muertos al que vive?
6 No está aquí, sino que
ha resucitado. Recordad
cómo os habló cuando
aún estaba en Galilea,
7 diciendo: Es necesario
que el Hijo del Hombre
sea entregado en manos
de hombres pecadores,
y que sea crucificado, y
resucite al tercer día.
8 Entonces ellas se acor-
daron de sus palabras,
9 y volviendo del sepul-
cro, refirieron todas
estas cosas a los once, y a
todos los demás.
10 Eran María
Magdalena, y Juana, y
María madre de Jacobo,
y las demás con ellas,

μνῆμα	ἦλθον	φέρουσαι	ἃ	ἡτοίμασαν	⸀ἀρώματα.	2 εὗρον
sepulcro	fueron	llevando	los cuales$_2$	prepararon.$_3$	(las) especies aromáticas$_1$	encontraron$_2$
3418	2064	5342	3739	2090	759	2147
NASN	*VAAI3P*	*VPAP-PNF*	*RR-APN*	*VAAI3P*	*NAPN*	*VAAI3P*

δὲ	τὸν	λίθον	ἀποκεκυλισμένον	ἀπὸ	τοῦ	μνημείου,	3 εἰσελθοῦσαι
Y$_1$	la	piedra	removida	de	el	sepulcro,	habiendo entrado$_2$
1161	3588	3037	617	575	3588	3419	1525
CLN	*DASM*	*NASM*	*VRPP-SAM*	*P*	*DGSN*	*NGSN*	*VAAP-PNF*

δὲ	οὐχ	εὗρον	τὸ	⸀σῶμα.	4 καὶ	ἐγένετο	ἐν	τῷ	ἀπορεῖσθαι
y$_1$	no	encontraron	el	cuerpo.	Y	sucedió	en	el	estar confundidas
1161	3756	2147	3588	4983	2532	1096	1722	3588	639
CLC	*BN, TN*	*VAAI3P*	*DASN*	*NASN*	*CLN*	*VAMI3S*	*P*	*DDSN, DDSM*	*VPMN*

αὐτὰς	περὶ	τούτου	καὶ	ἰδοὺ	ἄνδρες	δύο	ἐπέστησαν	αὐταῖς	ἐν
ellas	acerca de	esto	y	mira,	varones$_2$	dos$_1$	aparecieron	a ellas	con
846	4012	5127	2532	2400	435	1417	2186	846	1722
RP3APF	*P*	*RD-GSN*	*CLN*	*I, VAAM2S*	*NNPM*	*XN, J*	*VAAI3P*	*RP3DPF*	*P*

ἐσθῆτι	ἀστραπτούσῃ.	5 ἐμφόβων	δὲ	γενομένων	αὐτῶν	καὶ
ropa	que está resplandeciendo.	aterrorizadas$_4$	Y$_1$	habiendo estado$_2$	ellas$_3$	e
2066	797	1719	1161	1096	846	2532
NDSF	*VPAP-SDF, VAAS3S*	*JGPF, JGPM*	*CLN*	*VAMP-PGF*	*RP3GPF*	*CLN*

κλινουσῶν	τὰ	πρόσωπα	εἰς	τὴν	γῆν	εἶπαν	πρὸς	αὐτάς·	Τί
inclinando	los	rostros	a	la	tierra	dijeron	a	ellas:	¿Por qué
2827	3588	4383	1519	3588	1093	3004	4314	846	5101
VPAP-PGF	*DAPN*	*NAPN*	*P*	*DASF*	*NASF*	*VAAI3P*	*P*	*RP3APF*	*RI-ASN*

ζητεῖτε	τὸν	ζῶντα	μετὰ	τῶν	νεκρῶν;	6 οὐκ	ἔστιν	ὧδε,	ἀλλὰ
buscáis	al que	está viviendo	entre	los	muertos?	No	está	aquí,	sino
2212	3588	2198	3326	3588	3498	3756	2076	5602	235
VPAI2P	*DASM*	*VPAP-SAM*	*P*	*DGPM*	*JGPM*	*BN, TN*	*VPAI3S*	*BP*	*CLC*

ἠγέρθη.	μνήσθητε	ὡς	ἐλάλησεν	ὑμῖν	ἔτι	ὢν	ἐν	τῇ
fue levantado.	Recordad	cómo	habló	a vosotros	ya	estando	en	--
1453	3415	5613	2980	5213	2089	5607	1722	3588
VAPI3S	*VAPM2P*	*CSC*	*VAAI3S*	*RP2DP*	*B*	*VPAP-SNM*	*P*	*DDSF*

Γαλιλαίᾳ,	7 λέγων	τὸν	υἱὸν	τοῦ	ἀνθρώπου	ὅτι	δεῖ	παραδοθῆναι
Galilea	diciendo:	el$_3$	Hijo$_4$	del$_5$	Hombre$_6$	que$_2$	Es necesario$_1$	ser entregado
1056	3004	3588	5207	3588	444	3754	1163	3860
NDSF	*VPAP-SNM*	*DASM*	*NASM*	*DGSM*	*NGSM*	*CSC*	*VPAI3S*	*VAPN*

εἰς	χεῖρας	ἀνθρώπων	ἁμαρτωλῶν	καὶ	σταυρωθῆναι	καὶ	τῇ	τρίτῃ
en	manos	de seres humanos	pecadores	y	ser crucificado	y	al	tercer
1519	5495	444	268	2532	4717	2532	3588	5154
P	*NAPF*	*NGPM*	*JGPM*	*CLN*	*VAPN*	*CLN*	*DDSF*	*JDSF*

ἡμέρᾳ	ἀναστῆναι.	8 καὶ	ἐμνήσθησαν	τῶν	ῥημάτων	αὐτοῦ,	9 καὶ
día	resucitar.	Y	recordaron	las	palabras	de él.	Y
2250	450	2532	3415	3588	4487	846	2532
NDSF	*VAAN*	*CLN*	*VAPI3P*	*DGPN*	*NGPN*	*RP3GSM*	*CLN*

ὑποστρέψασαι	ἀπὸ	τοῦ	μνημείου	ἀπήγγειλαν	ταῦτα	πάντα	τοῖς
habiéndo(se) regresado	de	el	sepulcro	anunciaron	estas cosas$_2$	todas$_1$	a los
5290	575	3588	3419	518	5023	3956	3588
VAAP-PNF	*P*	*DGSN*	*NGSN*	*VAAI3P*	*RD-APN*	*JAPN*	*DDPM*

ἕνδεκα	καὶ	πᾶσιν	τοῖς	λοιποῖς.	10 ἦσαν	δὲ	ἡ	Μαγδαληνὴ	Μαρία
once	y	a todos	los	demás.	eran$_2$	Y$_1$	--$_3$	Magdalena$_5$	María$_4$
1733	2532	3956	3588	3062	2258	1161	3588	3094	3137
XN, J	*CLN*	*JDPM*	*DDPM*	*JDPM*	*VIAI3P*	*CLN*	*DNSF*	*NNSF*	*NNSF*

καὶ	Ἰωάννα	καὶ	Μαρία	ἡ	Ἰακώβου*	καὶ	αἱ	λοιπαὶ	σὺν	αὐταῖς·
y	Juana	y	María	la de	Santiago	y	las	demás	con	ellas.
2532	2489	2532	3137	3588	2385	2532	3588	3062	4862	846
CLN	*NNSF*	*CLN*	*NNSF*	*DNSF*	*NGSM*	*CLN*	*DNPF*	*JNPF*	*P*	*RP3DPF*

NVI

mujeres fueron al
sepulcro, llevando las
especias aromáticas
que habían preparado.
2 Encontraron que había
sido quitada la piedra
que cubría el sepulcro
3 y, al entrar, no hallaron
el cuerpo del Señor
Jesús. 4 Mientras se
preguntaban qué habría
pasado, se les presenta-
ron dos hombres con
ropas resplandecientes.
5 Asustadas, se postraron
sobre su rostro, pero
ellos les dijeron:
—¿Por qué buscan
ustedes entre los muer-
tos al que vive? 6 No está
aquí; ¡ha resucitado!
Recuerden lo que les
dijo cuando todavía
estaba con ustedes en
Galilea: 7 "El Hijo del
hombre tiene que ser
entregado en manos de
hombres pecadores, y
ser crucificado, pero al
tercer día resucitará".
8 Entonces ellas
se acordaron de las
palabras de Jesús. 9 Al
regresar del sepulcro,
les contaron todas estas
cosas a los once y a todos
los demás. 10 Las mujeres
eran María Magdalena,
Juana, María la madre
de Jacobo, y las demás

24:2⸀ Manuscritos inferiores aumentaron *y algunas otras mujeres con ellas.* **24:3⸀** Manuscritos importantes tienen *del Señor Jesús.* **24:10*** O sea *la madre de.*

RVR

quienes dijeron estas
cosas a los apóstoles.
11 Mas a ellos les pare-
cían locura las palabras
de ellas, y no las creían.
12 Pero Pedro se levantó,
y corrió al sepulcro; y
asomándose adentro,
vio las vendas de amor-
tajar puestas allí solas,
y se fue a casa asom-
brado de lo que había
sucedido.

En el camino de Emaús

13 Y he aquí que dos de
ellos iban caminando el
mismo día a una aldea
llamada Emaús, que
estaba a sesenta estadios
de Jerusalén.
14 E iban hablando entre
sí de todas aquellas
cosas que habían acon-
tecido.
15 Sucedió que mientras
hablaban y discutían
entre sí, Jesús mismo
se acercó, y se puso a
caminar con ellos.
16 Mas los ojos de ellos
estaban velados, para
que no le conociesen.
17 Y les dijo: ¿Qué dis-
cusiones son éstas que
tenéis entre vosotros
mientras camináis, y
por qué estáis tristes?
18 Respondiendo uno

ἔλεγον	πρὸς	τοὺς	ἀποστόλους	ταῦτα.	11 καὶ	ἐφάνησαν	ἐνώπιον
Decían	a	los	apóstoles	estas cosas,	y	parecieron$_4$	delante de$_5$
3004	4314	3588	652	5023	2532	5316	1799
VIAI3P	*P*	*DAPM*	*NAPM*	*RD-APN*	*CLC*	*VAPI3P*	*P, B*

αὐτῶν	ὡσεὶ	λῆρος	τὰ	ῥήματα	ταῦτα,	καὶ	ἠπίστουν	αὐταῖς.
ellos$_6$	como$_7$	disparate,$_8$	las$_1$	palabras$_2$	estas$_3$	y	no creían	a ellas.
846	5616	3026	3588	4487	3778	2532	569	846
RP3GPM	*P, CAM*	*NNSM*	*DNPN*	*NNPN*	*RD-NPN*	*CLN*	*VIAI3P*	*RP3DPF*

12 Ὁ	δὲ	Πέτρος	ἀναστὰς	ἔδραμεν	ἐπὶ	τὸ	μνημεῖον·	καὶ
--$_2$	Pero$_1$	Pedro	habiéndose levantado	corrió	a	el	sepulcro,	y
3588	1161	4074	450	5143	1909	3588	3419	2532
DNSM	*CLC*	*NNSM*	*VAAP-SNM*	*VAAI3S*	*P*	*DASN*	*NASN*	*CLN*

παρακύψας	βλέπει	τὰ	ὀθόνια	μόνα·	καὶ	ἀπῆλθεν	πρὸς
habiéndose inclinado para mirar	ve	los	lienzos	solos,	y	se fue	a
3879	991	3588	3608	3441	2532	565	4314
VAAP-SNM	*VPAI3S*	*DAPN*	*NAPN*	*JAPN*	*CLN*	*VAAI3S*	*P*

αὐτὸν	θαυμάζων	τὸ	γεγονός.
sí mismo	admirándose por	lo	sucedido.
1438	2296	3588	1096
RF3ASM	*VPAP-SNM*	*DASN*	*VRAP-SAN*

13 Καὶ	ἰδοὺ	δύο	ἐξ	αὐτῶν	ἐν	αὐτῇ	τῇ	ἡμέρᾳ	ἦσαν
Y	mira,	dos	de	ellos	en	mismo$_2$	el$_1$	día	estaban
2532	2400	1417	1537	846	1722	846	3588	2250	2258
CLN	*I, VAAM2S*	*XN, J*	*P*	*RP3GPM*	*P*	*RP3DSFP*	*DDSF*	*NDSF*	*VIAI3P*

πορευόμενοι	εἰς	κώμην	ἀπέχουσαν	σταδίους	ἑξήκοντα	ἀπὸ
andando	hacia	una aldea	estando lejos	estadios$_2$	sesenta$_1$	de
4198	1519	2968	568	4712	1835	575
VPUP-PNM	*P*	*NASF*	*VPAP-SAF*	*NAPM, NAPM*	*XN, J*	*P*

Ἰερουσαλήμ,	ᾗ	ὄνομα	Ἐμμαοῦς,	14 καὶ	αὐτοὶ	ὡμίλουν	πρὸς
Jerusalén,	la que	(tenía)nombre	Emaús,	y	ellos	conversaban	--
2419	3739	3686	1695	2532	846	3656	4314
NGSF, XP	*RR-DSF*	*NNSN*	*NNSF, XP*	*CLN*	*RP3NPM*	*VIAI3P*	*P*

ἀλλήλους	περὶ	πάντων	τῶν	συμβεβηκότων	τούτων.	15 καὶ	ἐγένετο
unos con otros	acerca de	todas	--	sucedidas.$_2$	estas cosas$_1$	Y	sucedió que
240	4012	3956	3588	4819	5130	2532	1096
RC-APM	*P*	*JGPN*	*DGPN*	*VRAP-PGN*	*RD-GPN*	*CLN*	*VAMI3S*

ἐν	τῷ	ὁμιλεῖν	αὐτοὺς	καὶ	συζητεῖν	καὶ	αὐτὸς	Ἰησοῦς
en	el	conversar	ellos	y	discutir	también	mismo$_2$	Jesús$_1$
1722	3588	3656	846	2532	4802	2532	846	2424
P	*DDSN, DDSM*	*VPAN*	*RP3APM*	*CLN*	*VPAN*	*CLN*	*RP3NSMP*	*NNSM*

ἐγγίσας	συνεπορεύετο	αὐτοῖς,	16 οἱ	δὲ	ὀφθαλμοὶ	αὐτῶν
habiéndose acercado	caminaba junto	a ellos,	los$_2$	pero$_1$	ojos	de ellos
1448	4848	846	3588	1161	3788	846
VAAP-SNM	*VIUI3S*	*RP3DPM*	*DNPM*	*CLC*	*NNPM*	*RP3GPM*

ἐκρατοῦντο	τοῦ	μὴ	ἐπιγνῶναι	αὐτόν.	17 εἶπεν	δὲ	πρὸς
estaban impedidos	--	(para) no	reconocer	a él.	dijo$_2$	Y$_1$	a
2902	3588	3361	1921	846	2036	1161	4314
VIPI3P	*DGSN, DGSM*	*BN, TN*	*VAAN*	*RP3ASM*	*VAAI3S*	*CLN*	*P*

αὐτούς·	Τίνες	οἱ	λόγοι	οὗτοι	οὓς	ἀντιβάλλετε	πρὸς	ἀλλήλους
ellos:	¿Qué	--	palabras	(son) estas	las cuales	discutís	--	unos a otros
846	5101	3588	3056	3778	3739	474	4314	240
RP3APM	*RI-NPM*	*DNPM*	*NNPM*	*RD-NPM*	*RR-APM*	*VPAI2P*	*P*	*RC-APM*

περιπατοῦντες;	καὶ	ἐστάθησαν	σκυθρωποί.	18 ἀποκριθεὶς	δὲ	εἷς
caminando?	Y	se detuvieron	con cara triste.	respondiendo$_2$	Y$_1$	uno
4043	2532	2476	4659	611	1161	1520
VPAP-PNM	*CLN*	*VAPI3P*	*JNPM*	*VAPP-SNM*	*CLN*	*JNSM*

NVI

que las acompañaban.
11 Pero a los discípulos
el relato les pareció una
tontería, así que no les
creyeron. 12 Pedro, sin
embargo, salió corrien-
do al sepulcro. Se asomó
y vio solo las vendas de
lino. Luego volvió a su
casa, extrañado de lo que
había sucedido.

De camino a Emaús

13 Aquel mismo día
dos de ellos se dirigían
a un pueblo llamado
Emaús, a unos once
kilómetros de Jerusalén.
14 Iban conversando
sobre todo lo que había
acontecido. 15 Sucedió
que, mientras hablaban
y discutían, Jesús mismo
se acercó y comenzó
a caminar con ellos;
16 pero no lo recono-
cieron, pues sus ojos
estaban velados.
17 —¿Qué vienen dis-
cutiendo por el camino?
—les preguntó.
Se detuvieron, cabiz-
bajos; 18 y uno de ellos,

RVR

de ellos, que se llamaba
Cleofas, le dijo: ¿Eres
tú el único forastero en
Jerusalén que no te has
enterado de las cosas
que en ella han aconte-
cido en estos días?
19 Entonces él les dijo:
¿Qué cosas? Y ellos
le dijeron: De Jesús
nazareno, que fue un
profeta, poderoso en
obra y en palabra delan-
te de Dios y de todo el
pueblo;
20 y cómo le entrega-
ron los principales
sacerdotes, así como
nuestros gobernantes, a
sentencia de muerte, y le
crucificaron.
21 Pero nosotros esperá-
bamos que él era el que
iba a redimir a Israel;
ciertamente, y además
de todo esto, hoy es ya el
tercer día desde que esto
ha acontecido.
22 Y también nos han
asombrado unas mu-
jeres de entre nosotros,
las que de madrugada
fueron al sepulcro;
23 y como no hallaron
su cuerpo, vinieron
diciendo que también
habían visto visión de
ángeles, los cuales dicen
que él vive.
24 Y fueron algunos de
los nuestros al sepulcro,
y lo hallaron tal como

ὀνόματι	Κλεοπᾶς	εἶπεν	πρὸς	αὐτόν·	Σὺ	μόνος	παροικεῖς
por nombre	Cleofas	dijo	a	él:	¿(Eres) tú	(el) único (que)	vives temporalmente
3686	2810	2036	4314	846	4771	3441	3939
NDSN	*NNSM*	*VAAI3S*	*P*	*RP3ASM*	*RP2NS*	*JNSM*	*VPAI2S*

Ἰερουσαλὴμ	καὶ	οὐκ	ἔγνως	τὰ	γενόμενα	ἐν	αὐτῇ	ἐν	ταῖς
(en) Jerusalén	y	no	supiste	las cosas	habiendo sucedido	en	ella	en	--
2419	2532	3756	1097	3588	1096	1722	846	1722	3588
NASF, XP	*CLN*	*BN, TN*	*VAAI2S*	*DAPN*	*VAMP-PAN*	*P*	*RP3DSF*	*P*	*DDPF*

ἡμέραις	ταύταις;	19 καὶ	εἶπεν	αὐτοῖς·	Ποῖα;	οἱ	δὲ	εἶπαν	αὐτῷ·
días?$_2$	estos$_1$	Y	dijo	a ellos:	¿Qué cosas?	ellos$_2$	Y$_1$	dijeron	a él:
2250	3778	2532	2036	846	4169	3588	1161	3004	846
NDPF	*RD-DPF*	*CLN*	*VAAI3S*	*RP3DPM*	*RI-APN*	*DNPM*	*CLN*	*VAAI3P*	*RP3DSM*

Τὰ	περὶ	Ἰησοῦ	τοῦ	Ναζαρηνοῦ,	ὃς	ἐγένετο	ἀνὴρ	προφήτης
Las cosas	acerca de	Jesús	el	nazareno,	el cual	llegó a ser	un varón	profeta
3588	4012	2424	3588	3479	3739	1096	435	4396
DAPN	*P*	*NGSM*	*DGSM*	*NGSM, JGSM*	*RR-NSM*	*VAMI3S*	*NNSM*	*NNSM*

δυνατὸς	ἐν	ἔργῳ	καὶ	λόγῳ	ἐναντίον	τοῦ	θεοῦ	καὶ	παντὸς	τοῦ	λαοῦ,
poderoso	en	obra	y	palabra	delante	de --	Dios	y	de todo	el	pueblo,
1415	1722	2041	2532	3056	1726	3588	2316	2532	3956	3588	2992
JNSM	*P*	*NDSN*	*CLN*	*NDSM*	*P, B*	*DGSM*	*NGSM*	*CLN*	*JGSM*	*DGSM*	*NGSM*

20 ὅπως	τε	παρέδωκαν	αὐτὸν	οἱ	ἀρχιερεῖς	καὶ	οἱ	ἄρχοντες
como	--	entregaron$_7$	a él$_8$	los$_1$	principales sacerdotes$_2$	y$_3$	los$_4$	gobernantes$_5$
3704	5037	3860	846	3588	749	2532	3588	758
CSC, B	*CLK*	*VAAI3P*	*RP3ASM*	*DNPM*	*NNPM*	*CLN*	*DNPM*	*NNPM*

ἡμῶν	εἰς	κρίμα	θανάτου	καὶ	ἐσταύρωσαν	αὐτόν.	21 ἡμεῖς	δὲ
de nosotros$_6$	a	condena	de muerte	y	crucificaron	a él.	nosotros$_2$	Y$_1$
2257	1519	2917	2288	2532	4717	846	2249	1161
RP1GP	*P*	*NASN*	*NGSM*	*CLK, CLN*	*VAAI3P*	*RP3ASM*	*RP1NP*	*CLC*

ἠλπίζομεν	ὅτι	αὐτός	ἐστιν	ὁ	μέλλων	λυτροῦσθαι	τὸν	Ἰσραήλ·
esperábamos	que	él	es	el que	estando a punto de	redimir	a --	Israel.
1679	3754	846	2076	3588	3195	3084	3588	2474
VIAI1P	*CSC*	*RP3NSM*	*VPAI3S*	*DNSM*	*VPAP-SNM*	*VPMN*	*DASM*	*NASM, XP*

ἀλλά	γε	καὶ	σὺν	πᾶσιν	τούτοις	τρίτην	ταύτην	ἡμέραν	ἄγει
Pero,	ciertamente	también	con	todas las cosas	estas	tercer$_2$	este$_1$	día	va
235	1065	2532	4862	3956	5125	5154	3778	2250	71
CLC	*TE*	*BE, TE*	*P*	*JDPN*	*RD-DPN*	*JASF*	*RD-ASF*	*NASF*	*VPAI3S*

ἀφ’	οὗ	ταῦτα	ἐγένετο.	22 ἀλλὰ	καὶ	γυναῖκές	τινες	ἐξ
desde	que	estas cosas	sucedieron.	Pero	también	mujeres$_2$	algunas$_1$	de (entre)
575	3739	5023	1096	235	2532	1135	5100	1537
P	*RR-GSN*	*RD-NPN*	*VAMI3S*	*CLC*	*BE, TE*	*NNPF*	*JNPF, RX-NPF*	*P*

ἡμῶν	ἐξέστησαν	ἡμᾶς,	γενόμεναι	ὀρθριναὶ	ἐπὶ	τὸ	μνημεῖον	23 καὶ
nosotros	sorprendieron	a nosotros	habiendo estado	de madrugada	en	el	sepulcro	y
2257	1839	2248	1096	3720	1909	3588	3419	2532
RP1GP	*VAAI3P*	*RP1AP*	*VAMP-PNF*	*JNPF*	*P*	*DASN*	*NASN*	*CLC*

μὴ	εὑροῦσαι	τὸ	σῶμα	αὐτοῦ	ἦλθον	λέγουσαι	καὶ	ὀπτασίαν
no	habiendo encontrado	el	cuerpo	de él	vinieron	diciendo	también	una visión$_2$
3361	2147	3588	4983	846	2064	3004	2532	3701
BN, TN	*VAAP-PNF*	*DASN*	*NASN*	*RP3GSM*	*VAAI3P*	*VPAP-PNF*	*BE, TE*	*NASF*

ἀγγέλων	ἑωρακέναι,	οἳ	λέγουσιν	αὐτὸν	ζῆν.*	24 καὶ	ἀπῆλθόν
de ángeles,$_3$	haber visto$_1$	los cuales	dicen	él	vivir.	Y	fueron
32	3708	3739	3004	846	2198	2532	565
NGPM	*VRAN*	*RR-NPM*	*VPAI3P*	*RP3ASM*	*VPAN*	*CLN*	*VAAI3P*

τινες	τῶν	σὺν	ἡμῖν	ἐπὶ	τὸ	μνημεῖον,	καὶ	εὗρον	οὕτως
algunos	de (los que estaban)	con	nosotros	a	el	sepulcro,	y	encontraron	así
5100	3588	4862	2254	1909	3588	3419	2532	2147	3779
RX-NPM	*DGPM*	*P*	*RP1DP*	*P*	*DASN*	*NASN*	*CLN*	*VAAI3P*	*B*

NVI

llamado Cleofas, le dijo:
—¿Eres tú el único
peregrino en Jerusalén
que no se ha enterado de
todo lo que ha pasado
recientemente?
19 —¿Qué es lo que ha
pasado? —les preguntó.
—Lo de Jesús
de Nazaret. Era un
profeta, poderoso en
obras y en palabras
delante de Dios y de
todo el pueblo. 20 Los
jefes de los sacerdotes y
nuestros gobernantes
lo entregaron para ser
condenado a muerte, y
lo crucificaron; 21 pero
nosotros abrigábamos la
esperanza de que era él
quien redimiría a Israel.
Es más, ya hace tres días
que sucedió todo esto.
22 También algunas mu-
jeres de nuestro grupo
nos dejaron asombra-
dos. Esta mañana, muy
temprano, fueron al se-
pulcro, 23 pero no halla-
ron su cuerpo. Cuando
volvieron, nos contaron
que se les habían
aparecido unos ángeles
quienes les dijeron que
él está vivo. 24 Algunos
de nuestros compañeros
fueron después al sepul-
cro y lo encontraron tal

24:23* O sea *que él vive.*

RVR

las mujeres habían
dicho, pero a él no le
vieron.
25 Entonces él les dijo:
¡Oh insensatos, y tardos
de corazón para creer en
todo lo que los profetas
han dicho!
26 ¿No era necesario que
el Cristo padeciera estas
cosas, y que entrara en
su gloria?
27 Y comenzando desde
Moisés, y siguiendo
por todos los profetas,
se puso a explicarles en
todas las Escrituras lo
referente a él.
28 Llegaron a la aldea
adonde iban, y él hizo
como que iba más lejos.
29 Mas ellos le constriñe-
ron, diciendo: Quédate
con nosotros, porque
atardece, y el día ya ha
declinado. Entró, pues,
a quedarse con ellos.
30 Y aconteció que es-
tando sentado con ellos
a la mesa, tomó el pan y
bendijo; y partiéndolo,
les dio.
31 Entonces les fueron
abiertos los ojos, y le
reconocieron; mas él

καθὼς	καὶ	αἱ	γυναῖκες	εἶπον,	αὐτὸν	δὲ	οὐκ	εἶδον.	25 καὶ	αὐτὸς
como	también	las	mujeres	dijeron,	a él$_2$	pero$_1$	no	vieron.	Y	él
2531	2532	3588	1135	2036	846	1161	3756	1492	2532	846
CAM	*BE, TE*	*DNPF*	*NNPF*	*VAAI3P*	*RP3ASM*	*CLC*	*BN, TN*	*VAAI3P*	*CLN*	*RP3NSM*

εἶπεν	πρὸς	αὐτούς·	Ὦ	ἀνόητοι	καὶ	βραδεῖς	τῇ	καρδίᾳ	τοῦ
dijo	a	ellos:	¡Oh	insensatos	y	lentos	(en) el	corazón	--
2036	4314	846	5599	453	2532	1021	3588	2588	3588
VAAI3S	*P*	*RP3APM*	*I*	*JVPM*	*CLN*	*JVPM, JNPM*	*DDSF*	*NDSF*	*DGSN, DGSM*

πιστεύειν	ἐπὶ	πᾶσιν	οἷς	ἐλάλησαν	οἱ	προφῆται·	26 οὐχὶ
para creer	sobre	todas las cosas	las cuales	hablaron!$_3$	los$_1$	profetas$_2$	¿No
4100	1909	3956	3739	2980	3588	4396	3780
VPAN	*P*	*JDPN*	*RR-DPN*	*VAAI3P*	*DNPM*	*NNPM*	*TN, TI*

ταῦτα	ἔδει	παθεῖν	τὸν	χριστὸν	καὶ	εἰσελθεῖν	εἰς	τὴν	δόξαν
estas cosas$_5$	era necesario$_1$	padecer$_4$	el$_2$	Cristo$_3$	y	entrar	a	la	gloria
5023	1163	3958	3588	5547	2532	1525	1519	3588	1391
RD-APN	*VIAI3S*	*VAAN*	*DASM*	*NASM*	*CLN*	*VAAN*	*P*	*DASF*	*NASF*

αὐτοῦ;	27 καὶ	ἀρξάμενος	ἀπὸ	Μωϋσέως	καὶ	ἀπὸ	πάντων	τῶν
de él?	Y	habiendo comenzado	desde	Moisés	y	desde	todos	los
846	2532	756	575	3475	2532	575	3956	3588
RP3GSM	*CLN*	*VAMP-SNM*	*P*	*NGSM*	*CLN*	*P*	*JGPM*	*DGPM*

προφητῶν	διερμήνευσεν	αὐτοῖς	ἐν	πάσαις	ταῖς	γραφαῖς	τὰ	περὶ
profetas	explicó	a ellos	en	todas	las	Escrituras	las cosas	acerca de
4396	1329	846	1722	3956	3588	1124	3588	4012
NGPM	*VAAI3S*	*RP3DPM*	*P*	*JDPF*	*DDPF*	*NDPF*	*DAPN*	*P*

ἑαυτοῦ.
sí mismo.
1438
RF3GSM

28 Καὶ	ἤγγισαν	εἰς	τὴν	κώμην	οὗ	ἐπορεύοντο,	καὶ	αὐτὸς
Y	se acercaron	a	la	aldea	donde	Iban,	y	él
2532	1448	1519	3588	2968	3757	4198	2532	846
CLN	*VAAI3P*	*P*	*DASF*	*NASF*	*B*	*VIUI3P*	*CLN*	*RP3NSM*

προσεποιήσατο	πορρώτερον	πορεύεσθαι.	29 καὶ	παρεβιάσαντο	αὐτὸν
hizo como	más lejos	ir.	Y	obligaron	a él
4364	4208	4198	2532	3849	846
VAMI3S	*B*	*VPUN*	*CLC*	*VAMI3P*	*RP3ASM*

λέγοντες·	Μεῖνον	μεθ’	ἡμῶν,	ὅτι	πρὸς	ἑσπέραν	ἐστὶν	καὶ	κέκλικεν
diciendo:	Queda	con	nosotros,	porque	hacia	(el) atardecer	es	y	ha inclinado.$_4$
3004	3306	3326	2257	3754	4314	2073	2076	2532	2827
VPAP-PNM	*VAAM2S*	*P*	*RP1GP*	*CAZ*	*P*	*NASF*	*VPAI3S*	*CLN*	*VRAI3S*

ἤδη	ἡ	ἡμέρα.	καὶ	εἰσῆλθεν	τοῦ	μεῖναι	σὺν	αὐτοῖς.	30 καὶ
ya$_1$	el$_2$	día$_3$	Y	entró	--	para quedar	con	ellos.	Y
2235	3588	2250	2532	1525	3588	3306	4862	846	2532
B	*DNSF*	*NNSF*	*CLN*	*VAAI3S*	*DGSN, DGSM*	*VAAN*	*P*	*RP3DPM*	*CLN*

ἐγένετο	ἐν	τῷ	κατακλιθῆναι	αὐτὸν	μετ’	αὐτῶν	λαβὼν
sucedió que	en	el	reclinarse a la mesa	él	con	ellos,	habiendo tomando
1096	1722	3588	2625	846	3326	846	2983
VAMI3S	*P*	*DDSN, DDSM*	*VAPN*	*RP3ASM*	*P*	*RP3GPM*	*VAAP-SNM*

τὸν	ἄρτον	εὐλόγησεν	καὶ	κλάσας	ἐπεδίδου	αὐτοῖς·	31 αὐτῶν
el	pan	(lo) bendijo	y	habiéndo(lo) partido	daba	a ellos;	de ellos$_4$
3588	740	2127	2532	2806	1929	846	846
DASM	*NASM*	*VAAI3S*	*CLN*	*VAAP-SNM*	*VIAI3S*	*RP3DPM*	*RP3GPM*

δὲ	διηνοίχθησαν	οἱ	ὀφθαλμοὶ	καὶ	ἐπέγνωσαν	αὐτόν·	καὶ	αὐτὸς
y$_1$	fueron abiertos$_5$	los$_2$	ojos$_3$	y	reconocieron	a él	pero	él
1161	1272	3588	3788	2532	1921	846	2532	846
CLN	*VAPI3P*	*DNPM*	*NNPM*	*CLN*	*VAAI3P*	*RP3ASM*	*CLN*	*RP3NSM*

NVI

como habían dicho las
mujeres, pero a él no lo
vieron.
25 —¡Qué torpes son
ustedes —les dijo—, y
qué tardos de corazón
para creer todo lo que
han dicho los profetas!
26 ¿Acaso no tenía que
sufrir el Cristo estas
cosas antes de entrar en
su gloria?
27 Entonces, comen-
zando por Moisés y por
todos los profetas, les
explicó lo que se refería a
él en todas las Escrituras.
28 Al acercarse al pue-
blo adonde se dirigían,
Jesús hizo como que iba
más lejos. 29 Pero ellos
insistieron:
—Quédate con noso-
tros, que está atardecien-
do; ya es casi de noche.
Así que entró para
quedarse con ellos.
30 Luego, estando con
ellos a la mesa, tomó el
pan, lo bendijo, lo partió
y se lo dio. 31 Entonces
se les abrieron los ojos y
lo reconocieron, pero él

RVR

desapareció de su vista.
32 Y se dijeron el uno
al otro: ¿No estaba ar-
diendo nuestro corazón
dentro de nosotros,
mientras nos hablaba en
el camino, cuando nos
abría las Escrituras?
33 Y levantándose en
aquella misma hora,
volvieron a Jerusalén,
y hallaron a los once
reunidos, y a los que
estaban con ellos,
34 que decían: Ha
resucitado el Señor
verdaderamente, y se ha
aparecido a Simón.
35 Entonces ellos
contaban las cosas que
les habían acontecido
en el camino, y cómo le
habían reconocido al
partir el pan.

El Señor se aparece a los discípulos

36 Mientras ellos aún
hablaban de estas cosas,
Jesús se puso en medio
de ellos, y les dijo: Paz a
vosotros.
37 Entonces, espantados
y atemorizados, creían
ver un espíritu.
38 Pero él les dijo: ¿Por
qué estáis turbados, y
se suscitan en vuestro
corazón estos pensa-
mientos?
39 Mirad mis manos
y mis pies, que soy yo
mismo; palpad, y ved;
porque un espíritu no
tiene carne ni huesos,

ἄφαντος ἐγένετο ἀπ᾽ αὐτῶν. 32 καὶ εἶπαν πρὸς ἀλλήλους· Οὐχὶ ἡ
invisible$_2$ se hizo$_1$ para ellos. y dijeron -- unos a otros: ¿No el
855 1096 575 846 2532 3004 4314 240 3780 3588
JNSM VAMI3S P RP3GPM CLN VAAI3P P RC-APM TN, TI DNSF

καρδία ἡμῶν καιομένη ἦν ἐν ἡμῖν ὡς ἐλάλει ἡμῖν ἐν τῇ
corazón de nosotros ardiendo estaba en nosotros cuando hablaba a nosotros en el
2588 2257 2545 2258 1722 2254 5613 2980 2254 1722 3588
NNSF RP1GP VPPP-SNF VIAI3S P RP1DP CAT VIAI3S RP1DP P DDSF

ὁδῷ, ὡς διήνοιγεν ἡμῖν τὰς γραφάς; 33 καὶ ἀναστάντες αὐτῇ
camino, cuando abría a nosotros?$_3$ las$_1$ Escrituras$_2$ Y habiéndose levantado (en esa) misma
3598 5613 1272 2254 3588 1124 2532 450 846
NDSF CAT VIAI3S RP1DP DAPF NAPF CLN VAAP-PNM RP3DSFP

τῇ ὥρᾳ ὑπέστρεψαν εἰς Ἰερουσαλήμ, καὶ εὗρον ἠθροισμένους
-- hora regresaron a Jerusalén, y encontraron reunidos
3588 5610 5290 1519 2419 2532 2147 4867
DDSF NDSF VAAI3P P NASF, XP CLN VAAI3P VRPP-PAM

τοὺς ἕνδεκα καὶ τοὺς σὺν αὐτοῖς, 34 λέγοντας ὅτι ὄντως
a los once y a los (que estaban) con ellos, diciendo que realmente
3588 1733 2532 3588 4862 846 3004 3754 3689
DAPM XN, J CLN DAPM P RP3DPM VPAP-PAM CSC B

ἠγέρθη ὁ κύριος καὶ ὤφθη Σίμωνι. 35 καὶ αὐτοὶ ἐξηγοῦντο
fue levantado$_3$ el$_1$ Señor$_2$ y se apareció a Simón. Y ellos exponían detalladamente
1453 3588 2962 2532 3700 4613 2532 846 1834
VAPI3S DNSM NNSM CLN VAPI3S NDSM CLN RP3NPM VIUI3P

τὰ ἐν τῇ ὁδῷ καὶ ὡς ἐγνώσθη αὐτοῖς ἐν τῇ κλάσει
las cosas (que sucedieron) en el camino y cómo fue conocido por ellos en el partimiento
3588 1722 3588 3598 2532 5613 1097 846 1722 3588 2800
DAPN P DDSF NDSF CLN CSC VAPI3S RP3DPM P DDSF NDSF

τοῦ ἄρτου.
del pan.
3588 740
DGSM NGSM

36 Ταῦτα δὲ αὐτῶν λαλούντων αὐτὸς ἔστη ἐν μέσῳ ⸀αὐτῶν.
estas cosas$_4$ Y$_1$ ellos$_2$ estando hablando$_3$ él se paró en medio de ellos
5023 1161 846 2980 846 2476 1722 3319 846
RD-APN CLN RP3GPM VPAP-PGM RP3NSMP VAAI3S P JDSN RP3GPM

37 πτοηθέντες δὲ καὶ ἔμφοβοι γενόμενοι ἐδόκουν πνεῦμα
habiéndose alarmado$_2$ Pero$_1$ y$_3$ aterrorizados$_5$ habiendo estado$_4$ pensaban$_6$ un espíritu.$_8$
4422 1161 2532 1719 1096 1380 4151
VAPP-PNM CLC CLN JNPM VAMP-PNM VIAI3P NASN

θεωρεῖν. 38 καὶ εἶπεν αὐτοῖς· Τί τεταραγμένοι ἐστέ, καὶ διὰ τί
estar viendo$_7$ Y dijo a ellos: ¿Por qué turbados estáis, y por qué
2334 2532 2036 846 5101 5015 2075 2532 1223 5101
VPAN CLN VAAI3S RP3DPM RI-ASN VRPP-PNM VPAI2P CLN P RI-ASN

διαλογισμοὶ ἀναβαίνουσιν ἐν τῇ καρδίᾳ ὑμῶν; 39 ἴδετε τὰς
dudas suben en el corazón de vosotros? Mirad las
1261 305 1722 3588 2588 5216 1492 3588
NNPM VPAI3P P DDSF NDSF RP2GP VAAM2P DAPF

χεῖράς μου καὶ τοὺς πόδας μου ὅτι ἐγώ εἰμι αὐτός· ψηλαφήσατέ
manos de mí y los pies de mí que yo soy,$_2$ mismo$_1$ palpad
5495 3450 2532 3588 4228 3450 3754 1473 1510 846 5584
NAPF RP1GS CLN DAPM NAPM RP1GS CSC RP1NS VPAI1S RP3NSMP VAAM2P

με καὶ ἴδετε, ὅτι πνεῦμα σάρκα καὶ ὀστέα οὐκ ἔχει καθὼς ἐμὲ
a mí y ved, porque un espíritu carne$_3$ y$_4$ huesos$_5$ no$_1$ tiene$_2$ como$_6$ a mí$_8$
3165 2532 1492 3754 4151 4561 2532 3747 3756 2192 2531 1691
RP1AS CLN VAAM2P CAZ NNSN NASF CLN NAPN BN, TN VPAI3S CAM RP1AS

NVI

desapareció. 32 Se decían
el uno al otro:
—¿No ardía nuestro
corazón mientras
conversaba con nosotros
en el camino y nos expli-
caba las Escrituras?
33 Al instante se
pusieron en camino y re-
gresaron a Jerusalén. Allí
encontraron a los once
y a los que estaban reuni-
dos con ellos. 34 «¡Es
cierto! —decían—. El
Señor ha resucitado
y se le ha aparecido a
Simón».
35 Los dos, por su
parte, contaron lo que
les había sucedido en el
camino, y cómo habían
reconocido a Jesús cuan-
do partió el pan.

Jesús se aparece a los discípulos

36 Todavía estaban
ellos hablando acerca
de esto, cuando Jesús
mismo se puso en medio
de ellos y les dijo:
—Paz a ustedes.
37 Aterrorizados,
creyeron que veían a un
espíritu.
38 —¿Por qué se
asustan tanto? —les
preguntó—. ¿Por
qué les vienen dudas?
39 Miren mis manos y
mis pies. ¡Soy yo mis-
mo! Tóquenme y vean;
un espíritu no tiene
carne ni huesos, como

24:36⸀ Manuscritos inferiores aumentaron *y dijo a ellos: paz a vosotros.*

RVR

como veis que yo tengo.
40 Y diciendo esto, les
mostró las manos y
los pies.
41 Y como todavía ellos,
de gozo, no lo creían, y
estaban asombrados, les
dijo: ¿Tenéis aquí algo
de comer?
42 Entonces le dieron
parte de un pez asado, y
un panal de miel.
43 Y él lo tomó, y comió
a la vista de ellos.
44 Y les dijo: Estas son
las palabras que os ha-
blé, estando aún con vo-
sotros: que era necesario
que se cumpliese todo
lo que está escrito de
mí en la ley de Moisés,
en los profetas y en los
salmos.
45 Entonces les abrió
la mente, para que
comprendiesen las
Escrituras;
46 y les dijo: Así está es-
crito, y así era necesario
que el Cristo padeciese,
y resucitase de los muer-
tos al tercer día;
47 y que se predicase en
su nombre el arrepen-
timiento y el perdón
de pecados a todas las
naciones, comenzando
desde Jerusalén.
48 Y vosotros sois testi-
gos de estas cosas.
49 He aquí que yo voy a
enviar sobre vosotros la

θεωρεῖτε	ἔχοντα.	40 καὶ	τοῦτο	εἰπὼν	ἔδειξεν	αὐτοῖς	τὰς	χεῖρας
veis$_7$	teniendo.	Y	esto$_2$	habiendo dicho$_1$	mostró$_3$	a ellos	las	manos
2334	2192	2532	5124	2036	1166	846	3588	5495
VPAI2P	*VPAP-SAM*	*CLN*	*RD-ASN*	*VAAP-SNM*	*VAAI3S*	*RP3DPM*	*DAPF*	*NAPF*

καὶ	τοὺς	πόδας.	41 ἔτι	δὲ	ἀπιστούντων	αὐτῶν	ἀπὸ	τῆς	χαρᾶς	καὶ
y	los	pies.	todavía$_2$	Y$_1$	no creyendo	ellos	de	el	gozo	y
2532	3588	4228	2089	1161	569	846	575	3588	5479	2532
CLN	*DAPM*	*NAPM*	*B*	*CLN*	*VPAP-PGM*	*RP3GPM*	*P*	*DGSF*	*NGSF*	*CLN*

θαυμαζόντων	εἶπεν	αὐτοῖς·	Ἔχετέ	τι	βρώσιμον	ἐνθάδε;	42 οἱ	δὲ
estando admirados	dijo	a ellos:	¿Tenéis	algo	comestible	aquí?	--$_2$	Y$_1$
2296	2036	846	2192	5100	1034	1759	3588	1161
VPAP-PGM	*VAAI3S*	*RP3DPM*	*VPAI2P*	*RX-ASN*	*JASN*	*BP*	*DNPM*	*CLN*

ἐπέδωκαν	αὐτῷ	ἰχθύος	ὀπτοῦ	⸀μέρος·	43 καὶ	λαβὼν	ἐνώπιον
dieron	a él	de pescado$_2$	asado;$_3$	un pedazo$_1$	y	habiéndo(lo) tomando	delante de
1929	846	2486	3702	3313	2532	2983	1799
VAAI3P	*RP3DSM*	*NGSM*	*JGSM*	*NASN*	*CLN*	*VAAP-SNM*	*P, B*

αὐτῶν	ἔφαγεν.
ellos	comió.
846	5315
RP3GPM	*VAAI3S*

44 Εἶπεν	δὲ	πρὸς	αὐτούς·	Οὗτοι	οἱ	λόγοι	μου	οὓς	ἐλάλησα
dijo$_2$	Y$_1$	a	ellos:	Estas (son)	las	palabras	de mí	las cuales	hablé
2036	1161	4314	846	3778	3588	3056	3450	3739	2980
VAAI3S	*CLN*	*P*	*RP3APM*	*RD-NPM*	*DNPM*	*NNPM*	*RP1GS*	*RR-APM*	*VAAI1S*

πρὸς	ὑμᾶς	ἔτι	ὢν	σὺν	ὑμῖν,	ὅτι	δεῖ	πληρωθῆναι	πάντα
a	vosotros	todavía	estando	con	vosotros,	que	es necesario	ser cumplidas	todas
4314	5209	2089	5607	4862	5213	3754	1163	4137	3956
P	*RP2AP*	*B*	*VPAP-SNM*	*P*	*RP2DP*	*CSC*	*VPAI3S*	*VAPN*	*JAPN*

τὰ	γεγραμμένα	ἐν	τῷ	νόμῳ	Μωϋσέως	καὶ	προφήταις	καὶ
las cosas	escritas	en	la	ley	de Moisés	y	Profetas	y
3588	1125	1722	3588	3551	3475	2532	4396	2532
DAPN	*VRPP-PAN*	*P*	*DDSM*	*NDSM*	*NGSM*	*CLN*	*NDPM*	*CLN*

ψαλμοῖς	περὶ	ἐμοῦ.	45 τότε	διήνοιξεν	αὐτῶν	τὸν	νοῦν	τοῦ
en Salmos	acerca de	mí.	Entonces	abrió	de ellos$_3$	la$_1$	mente$_2$	--
5568	4012	1700	5119	1272	846	3588	3563	3588
NDPM	*P*	*RP1GS*	*B*	*VAAI3S*	*RP3GPM*	*DASM*	*NASM*	*DGSN, DGSM*

συνιέναι	τὰς	γραφάς,	46 καὶ	εἶπεν	αὐτοῖς	ὅτι	οὕτως	γέγραπται
para entender	las	Escrituras,	y	dijo	a ellos	que	Así	ha sido escrito
4920	3588	1124	2532	2036	846	3754	3779	1125
VPAN	*DAPF*	*NAPF*	*CLN*	*VAAI3S*	*RP3DPM*	*CSC*	*B*	*VRPI3S*

παθεῖν	τὸν	χριστὸν	καὶ	ἀναστῆναι	ἐκ	νεκρῶν	τῇ	τρίτῃ	ἡμέρᾳ,
padecer$_3$	el$_1$	Cristo$_2$	y	resucitar	de entre	(los) muertos	al	tercer	día,
3958	3588	5547	2532	450	1537	3498	3588	5154	2250
VAAN	*DASM*	*NASM*	*CLN*	*VAAN*	*P*	*JGPM*	*DDSF*	*JDSF*	*NDSF*

47 καὶ	κηρυχθῆναι	ἐπὶ	τῷ	ὀνόματι	αὐτοῦ	μετάνοιαν	καὶ	ἄφεσιν
y	ser proclamado,	en	el	nombre	de él,	(el) arrepentimiento	y	perdón
2532	2784	1909	3588	3686	846	3341	2532	859
CLN	*VAPN*	*P*	*DDSN*	*NDSN*	*RP3GSM*	*NASF*	*C*	*NASF*

ἁμαρτιῶν	εἰς	πάντα	τὰ	ἔθνη—	ἀρξάμενοι	ἀπὸ	Ἰερουσαλήμ·
de (los) pecados	para	todos	los	pueblos.	Habiendo comenzando	desde	Jerusalén
266	1519	3956	3588	1484	757	575	2419
NGPF	*P*	*JAPN*	*DAPN*	*NAPN*	*VAMP-PNM*	*P*	*NGSF, XP*

48 ὑμεῖς	ἐστε	μάρτυρες	τούτων.	49 καὶ	ἰδοὺ	ἐγὼ	ἐξαποστέλλω	τὴν
vosotros	sois	testigos	de estas cosas.	Y	mira,	yo	envío	la
5210	2076	3144	5130	2532	2400	1473	1821	3588
RP2NP	*VP-I2P*	*NNPM*	*RD-GPN*	*CLN*	*I, VAAM2S*	*RP1NS*	*VPAI1S*	*DASF*

NVI

ven que los tengo yo.
40 Dicho esto, les
mostró las manos y los
pies. 41 Como ellos no
acababan de creerlo a
causa de la alegría y del
asombro, les preguntó:
—¿Tienen aquí algo
de comer?
42 Le dieron un pe-
dazo de pescado asado,
43 así que lo tomó y se lo
comió delante de ellos.
Luego les dijo:
44 —Cuando todavía
estaba yo con ustedes,
les decía que tenía que
cumplirse todo lo que
está escrito acerca de
mí en la ley de Moisés,
en los profetas y en los
salmos.
45 Entonces les abrió
el entendimiento para
que comprendieran las
Escrituras.
46 —Esto es lo que
está escrito —les ex-
plicó—: que el Cristo
padecerá y resucitará
al tercer día, 47 y en su
nombre se predicarán
el arrepentimiento y
el perdón de pecados
a todas las naciones,
comenzando por
Jerusalén. 48 Ustedes son
testigos de estas cosas.
49 Ahora voy a enviarles

24:42⸀ Manuscritos inferiores aumentaron *y un panal de miel.*

RVR

promesa de mi Padre; pero vosotros quedaos en la ciudad, hasta que seáis revestidos de poder desde lo alto.

La ascensión

50 Y los sacó fuera hasta Betania, y alzando sus manos, los bendijo.
51 Y aconteció que mientras los bendecía, se fue alejando de ellos, e iba siendo llevado arriba al cielo.
52 Ellos, después de haberle adorado, se volvieron a Jerusalén con gran gozo;
53 y estaban siempre en el templo, alabando y bendiciendo a Dios. Amén.

ἐπαγγελίαν	τοῦ	πατρός	μου	ἐφ’	ὑμᾶς·	ὑμεῖς	δὲ	καθίσατε	ἐν	τῇ
promesa	del	Padre	de mí	sobre	vosotros,	vosotros$_2$	y$_1$	sentaos	en	la
1860	3588	3962	3450	1909	5209	5210	1161	2523	1722	3588
NASF	*DGSM*	*NGSM*	*RP1GS*	*P*	*RP2AP*	*RP2NP*	*CLC*	*VAAM2P*	*P*	*DDSF*

⸀πόλει	ἕως	οὗ	ἐνδύσησθε	ἐξ	ὕψους	δύναμιν.
ciudad	hasta	que	fuerais revestidos (con)	de$_2$	(lo) alto.$_3$	poder$_1$
4172	2193	3739	1746	1537	5311	1411
NDSF	*P, C*	*RR-GSN*	*VAMS2P*	*P*	*NGSN*	*NASF*

50 Ἐξήγαγεν	δὲ	αὐτοὺς	ἕως	πρὸς	Βηθανίαν,	καὶ	ἐπάρας	τὰς
sacó$_2$	Y$_1$	a ellos	hasta	--	Betania	y	habiendo alzado	las
1806	1161	846	2193	4314	963	2532	1869	3588
VAAI3S	*CLT*	*RP3APM*	*P, C*	*P*	*NASF*	*CLN*	*VAAP-SNM*	*DAPF*

χεῖρας	αὐτοῦ	εὐλόγησεν	αὐτούς.	51 καὶ	ἐγένετο	ἐν	τῷ	εὐλογεῖν
manos	de él	bendijo	a ellos.	Y	sucedió que	en	el	bendecir
5495	846	2127	846	2532	1096	1722	3588	2127
NAPF	*RP3GSM*	*VAAI3S*	*RP3APM*	*CLN*	*VAMI3S*	*P*	*DDSN, DDSM*	*VPAN*

αὐτὸν	αὐτοὺς	διέστη	ἀπ’	αὐτῶν	καὶ	ἀνεφέρετο	εἰς	τὸν	οὐρανόν.
él	a ellos	se apartó	de	ellos	y	era llevado arriba	a	el	cielo.
846	846	1339	575	846	2532	399	1519	3588	3772
RP3ASM	*RP3APM*	*VAAI3S*	*P*	*RP3GPM*	*CLN*	*VIPI3S*	*P*	*DASM*	*NASM*

52 καὶ	αὐτοὶ	προσκυνήσαντες	αὐτὸν	ὑπέστρεψαν	εἰς	Ἰερουσαλὴμ
Y	ellos	habiendo adorado postrados	a él	regresaron	a	Jerusalén
2532	846	4352	846	5290	1519	2419
CLN	*RP3NPM*	*VAAP-PNM*	*RP3ASM*	*VAAI3P*	*P*	*NASF, XP*

μετὰ	χαρᾶς	μεγάλης,	53 καὶ	ἦσαν	διὰ	παντὸς	ἐν	τῷ	ἱερῷ
con	gozo$_2$	gran$_1$	y	estaban	por	todo	en	el	templo
3326	5479	3173	2532	2258	1223	3956	1722	3588	2411
P	*NGSF*	*JGSF*	*CLN*	*VIAI3P*	*P*	*JGSM, JGSN*	*P*	*DDSN*	*NDSN, JDSN*

εὐλογοῦντες	τὸν	⸀θεόν.
bendiciendo	a --	Dios.
2127	3588	2316
VPAP-PNM	*DASM*	*NASM*

NVI

lo que ha prometido mi Padre; pero ustedes quédense en la ciudad hasta que sean revestidos del poder de lo alto.

La ascensión

50 Después los llevó Jesús hasta Betania; allí alzó las manos y los bendijo.
51 Sucedió que, mientras los bendecía, se alejó de ellos y fue llevado al cielo.
52 Ellos, entonces, lo adoraron y luego regresaron a Jerusalén con gran alegría.
53 Y estaban continuamente en el templo, alabando a Dios.

24:49⸀ Manuscritos inferiores aumentaron *Jerusalén.* **24:53**⸀ Manuscritos inferiores aumentaron *Amén.*

Evangelio según

JUAN

ΚΑΤΑ ΙΩΑΝΝΗΝ

RVR

El Verbo hecho carne

1 En el principio era
el Verbo, y el Verbo
estaba con Dios, y el
Verbo era Dios.
2 Éste estaba en el princi-
pio junto a Dios.
3 Todas las cosas por me-
dio de él fueron hechas,
y sin él nada de lo que ha
sido hecho, fue hecho.
4 En él estaba la vida, y
la vida era la luz de los
hombres.
5 La luz resplandece en
las tinieblas, y las tinie-
blas no prevalecieron
contra ella.
6 Hubo un hombre en-
viado de parte de Dios,
el cual se llamaba Juan.
7 Éste vino para testimo-
nio, para dar testimonio
de la luz, a fin de que
todos creyesen por él.
8 No era él la luz, sino
para dar testimonio de
la luz.
9 El Verbo era la luz ver-
dadera, que alumbra a
todo hombre que viene
a este mundo.
10 Estaba en el mundo,
y el mundo fue hecho
por medio de él;

1 Ἐν ἀρχῇ ἦν ὁ λόγος, καὶ ὁ λόγος ἦν πρὸς τὸν
En principio era la Palabra, y la Palabra estaba en relación a --
1722 746 2258 3588 3056 2532 3588 3056 2258 4314 3588
P NDSF VIAI3S DNSM NNSM CLN DNSM NNSM VIAI3S P DASM

θεόν, καὶ θεὸς ἦν ὁ λόγος. 2 οὗτος ἦν ἐν ἀρχῇ πρὸς τὸν
Dios, y Dios.$_4$ era$_3$ la$_1$ Palabra$_2$ Este estaba en principio en relación a --
2316 2532 2316 2258 3588 3056 3778 2258 1722 746 4314 3588
NASM CLN NNSM VIAI3S DNSM NNSM RD-NSM VIAI3S P NDSF P DASM

θεόν. 3 πάντα δι' αὐτοῦ ἐγένετο, καὶ χωρὶς αὐτοῦ ἐγένετο
Dios. Todas las cosas por medio de ella llegó a existir, y sin ella llegó a existir$_3$
2316 3956 1223 846 1096 2532 5565 846 1096
NASM JNPN P RP3GSM VAMI3S CLN P, B RP3GSM VAMI3S

οὐδὲ ἕν. ὃ γέγονεν 4 ἐν αὐτῷ ζωὴ ἦν, καὶ ἡ ζωὴ ἦν
ni$_1$ una cosa$_2$ la que ha llegado a existir. En ella vida,$_2$ estaba$_1$ y la vida era
3761 1520 3739 1096 1722 846 2222 2258 2532 3588 2222 2258
BN JNSN RR-NSN VRAI3S P RP3DSM NNSF VIAI3S CLN DNSF NNSF VIAI3S

τὸ φῶς τῶν ἀνθρώπων· 5 καὶ τὸ φῶς ἐν τῇ σκοτίᾳ φαίνει, καὶ
la luz de los seres humanos; y la luz en la oscuridad alumbra, y
3588 5457 3588 444 2532 3588 5457 1722 3588 4653 5316 2532
DNSN NNSN DGPM NGPM CLN DNSN NNSN P DDSF NDSF VPAI3S CLN

ἡ σκοτία αὐτὸ οὐ κατέλαβεν.
la oscuridad a ella.$_3$ no$_1$ apagó$_2$
3588 4653 846 3756 2638
DNSF NNSF RP3ASN BN, TN VAAI3S

6 Ἐγένετο ἄνθρωπος ἀπεσταλμένος παρὰ θεοῦ, ὄνομα αὐτῷ*
hubo,$_2$ Un hombre$_1$ enviado de parte de Dios, nombre para él
1096 444 649 3844 2316 3686 846
VAMI3S NNSM VRPP-SNM P NGSM NNSN RP3DSM

Ἰωάννης· 7 οὗτος ἦλθεν εἰς μαρτυρίαν, ἵνα μαρτυρήσῃ περὶ τοῦ
Juan; este vino para testimonio, para testificar acerca de de la
2491 3778 2064 1519 3141 2443 3140 4012 3588
NNSM RD-NSM VAAI3S P NASF CAP VAAS3S P DGSN

φωτός, ἵνα πάντες πιστεύσωσιν δι' αὐτοῦ. 8 οὐκ ἦν ἐκεῖνος
luz, para que todos creyeran por medio de él. no$_3$ era$_4$ aquel.$_5$
5457 2443 3956 4100 1223 846 3756 2258 1565
NGSN CAP JNPM VAAS3P P RP3GSM BN, TN VIAI3S RD-NSM

τὸ φῶς, ἀλλ' ἵνα μαρτυρήσῃ περὶ τοῦ φωτός. 9 ἦν τὸ φῶς τὸ
La$_1$ luz$_2$ sino para que testificara acerca de de la luz. era$_9$ La$_1$ luz$_2$ --$_3$
3588 5457 235 2443 3140 4012 3588 5457 2258 3588 5457 3588
DNSN NNSN CLC CAP VAAS3S P DGSN NGSN VIAI3S DNSN NNSN DNSN

ἀληθινὸν ὃ φωτίζει πάντα ἄνθρωπον ἐρχόμενον εἰς τὸν κόσμον.
verdadera$_4$ la que$_{10}$ alumbra$_{11}$ a todo$_{12}$ ser humano.$_{13}$ que viene$_5$ hacia$_6$ el$_7$ mundo$_8$
228 3739 5461 3956 444 2064 1519 3588 2889
JNSN RR-NSN VPAI3S JASM NASM VPUP-SAM P DASM NASM

10 Ἐν τῷ κόσμῳ ἦν, καὶ ὁ κόσμος δι' αὐτοῦ ἐγένετο,
En el mundo estaba, y el mundo por medio de él llegó a existir,
1722 3588 2889 2258 2532 3588 2889 1223 846 1096
P DDSM NDSM VIAI3S CLN DNSM NNSM P RP3GSM VAMI3S

NVI

El Verbo se hizo hombre

1 En el principio ya
existía el Verbo,
y el Verbo estaba con
Dios,
y el Verbo era Dios.
2 Él estaba con Dios en
el principio.
3 Por medio de él todas
las cosas fueron
creadas;
sin él, nada de lo crea-
do llegó a existir.
4 En él estaba la vida,
y la vida era la luz de la
humanidad.
5 Esta luz resplandece
en las tinieblas,
y las tinieblas no han
podido extinguirla.

6 Vino un hombre
llamado Juan. Dios lo
envió 7 como testigo
para dar testimonio
de la luz, a fin de que
por medio de él todos
creyeran. 8 Juan no era la
luz, sino que vino para
dar testimonio de la luz.
9 Esa luz verdadera, la
que alumbra a todo ser
humano, venía a este
mundo.
10 El que era la luz ya
estaba en el mundo, y
el mundo fue creado
por medio de él,

1:6* O sea *cuyo nombre era.*

RVR

pero el mundo no le
conoció.
11 Vino a lo que era
suyo, y los suyos no le
recibieron.
12 Pero a todos los que
le recibieron, a los que
creen en su nombre,
les dio potestad de ser
hechos hijos de Dios;
13 los cuales no han sido
engendrados de sangre,
ni de voluntad de carne,
ni de voluntad de varón,
sino de Dios.
14 Y el Verbo se hizo
carne, y habitó entre
nosotros (y vimos su
gloria, gloria como del
unigénito del Padre),
lleno de gracia y de
verdad.
15 Juan dio testimonio
de él, y clamó diciendo:
Éste es de quien yo
decía: El que viene des-
pués de mí, es antes de
mí; porque era primero
que yo.
16 Porque de su plenitud
todos hemos recibido, y
gracia sobre gracia.
17 Pues la ley fue dada
por medio de Moisés,
pero la gracia y la verdad
vinieron por medio de
Jesucristo.
18 A Dios nadie le ha
visto jamás; el unigé-
nito Hijo, que está
en el seno del Padre,

καὶ	ὁ	κόσμος	αὐτὸν	οὐκ	ἔγνω.	11 εἰς	τὰ	ἴδια	ἦλθεν,	καὶ
y	el$_1$	mundo$_2$	a él.$_5$	no$_3$	conoció$_4$	a$_2$	las cosas$_3$	propias,$_4$	Vino$_1$	y$_5$
2532	3588	2889	846	3756	1097	1519	3588	2398	2064	2532
CLC	*DNSM*	*NNSM*	*RP3ASM*	*BN, TN*	*VAAI3S*	*P*	*DAPN*	*JAPN*	*VAAI3S*	*CLC*

οἱ	ἴδιοι	αὐτὸν	οὐ	παρέλαβον.	12 ὅσοι	δὲ	ἔλαβον	αὐτόν,	ἔδωκεν
los$_6$	propios$_7$	a él.$_{10}$	no$_8$	recibieron$_9$	cuantos$_2$	Mas$_1$	recibieron$_3$	a él,$_4$	dio$_{11}$
3588	2398	846	3756	3880	3745	1161	2983	846	1325
DNPM	*JNPM*	*RP3ASM*	*BN, TN*	*VAAI3P*	*RK-NPM*	*CLC*	*VAAI3P*	*RP3ASM*	*VAAI3S*

αὐτοῖς	ἐξουσίαν	τέκνα	θεοῦ	γενέσθαι,	τοῖς	πιστεύουσιν	εἰς
a ellos$_{13}$	autoridad$_{12}$	hijos$_{15}$	de Dios;$_{16}$	para llegar a ser$_{14}$	a los que$_5$	creen$_6$	en$_7$
846	1849	5043	2316	1096	3588	4100	1519
RP3DPM	*NASF*	*NAPN, NNPN*	*NGSM*	*VAMN*	*DDPM*	*VPAP-PDM*	*P*

τὸ	ὄνομα	αὐτοῦ,	13 οἳ	οὐκ	ἐξ	αἱμάτων	οὐδὲ	ἐκ	θελήματος
el$_8$	nombre$_9$	de él,$_{10}$	quienes$_1$	no$_3$	de$_4$	sangres$_5$	ni$_6$	de$_7$	voluntad$_8$
3588	3686	846	3739	3756	1537	129	3761	1537	2307
DASN	*NASN*	*RP3GSM*	*RR-NPM*	*BN, TN*	*P*	*NGPN*	*TN, CLD*	*P*	*NGSN*

σαρκὸς	οὐδὲ	ἐκ	θελήματος	ἀνδρὸς	ἀλλ'	ἐκ	θεοῦ	ἐγεννήθησαν.
de carne$_9$	ni$_{10}$	de$_{11}$	voluntad$_{12}$	de hombre,$_{13}$	sino$_{14}$	de$_{15}$	Dios.$_{16}$	nacieron$_2$
4561	3761	1537	2307	435	235	1537	2316	1080
NGSF	*TN, CLD*	*P*	*NGSN*	*NGSM*	*CLC*	*P*	*NGSM*	*VAPI3P*

14 Καὶ	ὁ	λόγος	σὰρξ	ἐγένετο	καὶ	ἐσκήνωσεν	ἐν	ἡμῖν,	καὶ
Y	la	Palabra	carne,$_2$	llegó a ser$_1$	y	fijo tabernáculo	entre	nosotros,	y
2532	3588	3056	4561	1096	2532	4637	1722	2254	2532
CLN	*DNSM*	*NNSM*	*NNSF*	*VAMI3S*	*CLN*	*VAAI3S*	*P*	*RP1DP*	*CLN*

ἐθεασάμεθα	τὴν	δόξαν	αὐτοῦ,	δόξαν	ὡς	μονογενοῦς	παρὰ	πατρός,
contemplamos	la	gloria	de él,	gloria	como	del Unigénito	de parte de	(el) Padre,
2300	3588	1391	846	1391	5613	3439	3844	3962
VAMI1P	*DASF*	*NASF*	*RP3GSM*	*NASF*	*CAM, B*	*JGSM*	*P*	*NGSM*

πλήρης	χάριτος	καὶ	ἀληθείας·	15 (Ἰωάννης	μαρτυρεῖ	περὶ	αὐτοῦ	καὶ
lleno	de gracia	y	verdad.	Juan	testifica	acerca de	él	y
4134	5485	2532	225	2491	3140	4012	846	2532
JNSF	*NGSF*	*CLN*	*NGSF*	*NNSM*	*VPAI3S*	*P*	*RP3GSM*	*CLN*

κέκραγεν	λέγων·	Οὗτος	ἦν	ὃν	εἶπον·	Ὁ	ὀπίσω	μου	ἐρχόμενος
ha clamado	diciendo:	Este	era	el que	dije	el que$_1$	detrás de$_3$	mí,$_4$	viene$_2$
2896	3004	3778	2258	3739	2036	3588	3694	3450	2064
VRAI3S	*VPAP-SNM*	*RD-NSM*	*VIAI3S*	*RR-ASM*	*VAAI1S*	*DNSM*	*P, B*	*RP1GS*	*VPUP-SNM*

ἔμπροσθέν	μου	γέγονεν,	ὅτι	πρῶτός	μου	ἦν.)	16 ὅτι	ἐκ	τοῦ
delante$_6$	de mí,$_7$	ha llegado a ser$_5$	porque$_8$	primero$_{10}$	que yo.$_{11}$	era$_9$	Porque	de	la
1715	3450	1096	3754	4413	3450	2258	3754	1537	3588
P	*RP1GS*	*VRAI3S*	*CAZ*	*JNSM*	*RP1GS*	*VIAI3S*	*CAZ*	*P*	*DGSN*

πληρώματος	αὐτοῦ	ἡμεῖς	πάντες	ἐλάβομεν,	καὶ	χάριν	ἀντὶ	χάριτος·
plenitud	de él	nosotros$_2$	todos$_1$	recibimos,$_3$	y	gracia	tras	gracia;
4138	846	2249	3956	2983	2532	5485	473	5485
NGSN	*RP3GSM*	*RP1NP*	*JNPM*	*VAAI1P*	*CLA, B*	*NASF*	*P*	*NGSF*

17 ὅτι	ὁ	νόμος	διὰ	Μωϋσέως	ἐδόθη,	ἡ	χάρις	καὶ	ἡ
porque	la$_1$	ley$_2$	por medio de$_4$	Moisés,$_5$	fue dada$_3$	la$_6$	gracia$_7$	y$_8$	la$_9$
3754	3588	3551	1223	3475	1325	3588	5485	2532	3588
CAZ	*DNSM*	*NNSM*	*P*	*NGSM*	*VAPI3S*	*DNSF*	*NNSF*	*CLN*	*DNSF*

ἀλήθεια	διὰ	Ἰησοῦ	Χριστοῦ	ἐγένετο.	18 θεὸν	οὐδεὶς	ἑώρακεν
verdad$_{10}$	por medio de$_{12}$	Jesucristo.$_{13}$	$_{14}$	fue hecha$_{11}$	a Dios$_2$	Nadie$_1$	ha visto$_3$
225	1223	2424	5547	1096	2316	3762	3708
NNSF	*P*	*NGSM*	*NGSM*	*VAMI3S*	*NASM*	*JNSM*	*VRAI3S*

πώποτε·	⸀μονογενὴς	θεὸς⸁	ὁ	ὢν	εἰς	τὸν	κόλπον	τοῦ	πατρὸς
jamás;$_4$	(el) unigénito$_6$	Dios$_5$	el que	está	en	el	seno	del	Padre,
4455	3439	2316	3588	5607	1519	3588	2859	3588	3962
B	*JNSM*	*NNSM*	*DNSM*	*VPAP-SNM*	*P*	*DASM*	*NASM*	*DGSM*	*NGSM*

NVI

pero el mundo no lo re-
conoció. 11 Vino a lo que
era suyo, pero los suyos
no lo recibieron. 12 Mas
a cuantos lo recibieron, a
los que creen en su nom-
bre, les dio el derecho de
ser hijos de Dios. 13 Estos
no nacen de la sangre, ni
por deseos naturales, ni
por voluntad humana,
sino que nacen de Dios.
14 Y el Verbo se hizo
hombre y habitó entre
nosotros. Y hemos con-
templado su gloria, la
gloria que corresponde
al Hijo unigénito del
Padre, lleno de gracia y
de verdad.
15 Juan dio testimonio
de él, y a voz en cuello
proclamó: «Este es
aquel de quien yo decía:
"El que viene después
de mí es superior a mí,
porque existía antes que
yo"». 16 De su plenitud
todos hemos recibido
gracia sobre gracia,
17 pues la ley fue dada
por medio de Moisés,
mientras que la gracia
y la verdad nos han
llegado por medio de
Jesucristo. 18 A Dios
nadie lo ha visto nunca;
el Hijo unigénito, que es
Dios y que vive en unión

1:18⸀⸁ Manuscritos inferiores tienen *el unigénito Hijo.*

RVR

él le ha dado a conocer.

Testimonio de Juan el Bautista

19 Este es el testimonio
de Juan, cuando los
judíos de Jerusalén
enviaron sacerdotes
y levitas para que le
preguntasen: ¿Tú, quién
eres?
20 Confesó, y no negó,
sino que confesó: Yo no
soy el Cristo.
21 Y le preguntaron:
¿Qué, pues? ¿Eres tú
Elías? Dijo: No lo soy.
¿Eres tú el profeta? Y
respondió: No.
22 Le dijeron, pues:
¿Quién eres?, para que
demos una respuesta a
los que nos enviaron.
¿Qué dices de ti mismo?
23 Dijo: Yo soy la voz
de uno que clama en el
desierto: Enderezad el
camino del Señor, como
dijo el profeta Isaías.
24 Y los que habían sido
enviados eran de los
fariseos.
25 Y le preguntaron, y le
dijeron: ¿Por qué, pues,
bautizas, si tú no eres
el Cristo, ni Elías, ni el
profeta?
26 Juan les respondió
diciendo: Yo bautizo
con agua; mas en medio
de vosotros está uno

ἐκεῖνος	ἐξηγήσατο.
aquel	dio a conocer.
1565	1834
RD-NSM	VAMI3S

19 Καὶ	αὔτη	ἐστὶν	ἡ	μαρτυρία	τοῦ	Ἰωάννου	ὅτε	ἀπέστειλαν
Y	este	es	el	testimonio	de --	Juan,	cuando$_1$	enviaron$_4$
2532	3778	2076	3588	3141	3588	2491	3753	649
CLN	RD-NSF	VPAI3S	DNSF	NNSF	DGSM	NGSM	CAT	VAAI3P

οἱ	Ἰουδαῖοι	ἐξ	Ἱεροσολύμων	ἱερεῖς	καὶ	Λευίτας	ἵνα	ἐρωτήσωσιν
los$_2$	judíos$_3$	desde	Jerusalén	sacerdotes	y	levitas	para que	preguntaran
3588	2453	1537	2414	2409	2532	3019	2443	2065
DNPM	JNPM	P	NGPN	NAPM	CLN	NAPM	CAP	VAAS3P

αὐτόν·	Σὺ	τίς	εἶ;	20 καὶ	ὡμολόγησεν	καὶ	οὐκ	ἠρνήσατο,	καὶ
a él:	tú?$_3$	¿Quién$_1$	eres$_2$	Y	confesó	y	no	negó,	y
846	4771	5101	1488	2532	3670	2532	3756	720	2532
RP3ASM	RP2NS	RI-NSM	VPAI2S	CLN	VAAI3S	CLN	BN, TN	VAMI3S	CLN

ὡμολόγησεν	ὅτι	Ἐγὼ	οὐκ	εἰμὶ	ὁ	χριστός.	21 καὶ	ἠρώτησαν	αὐτόν·
confesó	que:	Yo	no	soy	el	Cristo.	Y	preguntaron	a él:
3670	3754	1473	3756	1510	3588	5547	2532	2065	846
VAAI3S	CSC	RP1NS	BN, TN	VPAI1S	DNSM	NNSM	CLN	VAAI3P	RP3ASM

Τί	οὖν;	σὺ	Ἠλίας	εἶ;	καὶ	λέγει·	Οὐκ	εἰμί.	Ὁ	προφήτης
¿qué (eres)?$_2$	Así que,$_1$	¿Tú$_3$	Elías?$_5$	eres$_4$	Y	dice:	No	soy.	el$_3$	profeta?$_4$
5101	3767	4771	2243	1488	2532	3004	3756	1510	3588	4396
RI-NSN	CLI	RP2NS	NNSM	VPAI2S	CLN	VPAI3S	BN, TN	VPAI1S	DNSM	NNSM

εἶ	σύ;	καὶ	ἀπεκρίθη·	Οὔ.	22 εἶπαν	οὖν	αὐτῷ·	Τίς	εἶ;	ἵνα
¿Eres$_1$	tú$_2$	Y	respondió:	No.	dijeron$_2$	Así que$_1$	a él:	¿Quién	eres	para que$_1$
1488	4771	2532	611	3756	3004	3767	846	5101	1488	2443
VPAI2S	RP2NS	CLN	VAPI3S, VAMI3S	I, TN	VAAI3P	CLT	RP3DSM	RI-NSM	VPAI2S	CAP

ἀπόκρισιν	δῶμεν	τοῖς	πέμψασιν	ἡμᾶς·	τί	λέγεις	περὶ	σεαυτοῦ;
respuesta$_3$	demos$_2$	a los que	enviaron	a nosotros?	¿Qué	dices	acerca de	ti mismo?
612	1325	3588	3992	2248	5101	3004	4012	4572
NASF	VAAS1P	DDPM	VAAP-PDM	RP1AP	RI-ASN	VPAI2S	P	RF2GSM

23 ἔφη·	Ἐγὼ	φωνὴ	βοῶντος	ἐν	τῇ	ἐρήμῳ·	Εὐθύνατε	τὴν	ὁδὸν
Decía:	Yo (soy)	una voz	que está clamando	en	el	desierto.	Enderezad	el	camino
5346	1473	5456	994	1722	3588	2048	2116	3588	3598
VIAI3S	RP1NS	NNSF	VPAP-SGM	P	DDSF	JDSF	VAAM2P	DASF	NASF

κυρίου,	καθὼς	εἶπεν	Ἠσαΐας	ὁ	προφήτης.
de(l) Señor,	como	dijo$_1$	Isaías.$_4$	el$_2$	profeta$_3$
2962	2531	2036	2268	3588	4396
NGSM	CAM	VAAI3S	NNSM	DNSM	NNSM

24 Καὶ	ἀπεσταλμένοι	ἦσαν	ἐκ	τῶν	Φαρισαίων.	25 καὶ	ἠρώτησαν
Y$_1$	(los) que han sido enviados$_3$	eran$_2$	de	los	fariseos.	Y	preguntaron
2532	649	2258	1537	3588	5330	2532	2065
CLN	VRPP-PNM	VIAI3P	P	DGPM	NGPM	CLN	VAAI3P

αὐτὸν	καὶ	εἶπαν	αὐτῷ·	Τί	οὖν	βαπτίζεις	εἰ	σὺ	οὐκ	εἶ	ὁ
a él	y	dijeron	a él:	¿por qué$_2$	Así que,$_1$	bautizas,	si	tú	no	eres	el
846	2532	3004	846	5101	3767	907	1487	4771	3756	1488	3588
RP3ASM	CLN	VAAI3P	RP3DSM	RI-ASN	CLI	VPAI2S	CAC	RP2NS	BN, TN	VPAI2S	DNSM

χριστὸς	οὐδὲ	Ἠλίας	οὐδὲ	ὁ	προφήτης;	26 ἀπεκρίθη	αὐτοῖς	ὁ
Cristo	ni	Elías	ni	el	profeta?	respondió$_3$	a ellos$_4$	--$_1$
5547	3761	2243	3761	3588	4396	611	846	3588
NNSM	TN, CLD	NNSM	TN, CLD	DNSM	NNSM	VAPI3S, VAMI3S	RP3DPM	DNSM

Ἰωάννης	λέγων·	Ἐγὼ	βαπτίζω	ἐν	ὕδατι·	μέσος	ὑμῶν	ἕστηκεν
Juan$_2$	diciendo:$_5$	Yo	bautizo	en	agua;	en medio de	de vosotros	está
2491	3004	1473	907	1722	5204	3319	5216	2476
NNSM	VPAP-SNM	RP1NS	VPAI1S	P	NDSN	JNSM	RP2GP	VRAI3S, VIAI3S

NVI

íntima con el Padre, nos
lo ha dado a conocer.

Juan el Bautista niega ser el Cristo

19 Este es el testimo-
nio de Juan cuando
los judíos de Jerusalén
enviaron sacerdotes y
levitas a preguntarle
quién era. 20 No se negó
a declararlo, sino que
confesó con franqueza:
—Yo no soy el Cristo.
21 —¿Quién eres
entonces? —le pregun-
taron—. ¿Acaso eres
Elías?
—No lo soy.
—¿Eres el profeta?
—No lo soy.
22 —¿Entonces quién
eres? ¡Tenemos que
llevar una respuesta
a los que nos envia-
ron! ¿Cómo te ves a ti
mismo?
23 —Yo soy la voz del
que grita en el desierto:
"Enderecen el camino
del Señor" —respondió
Juan, con las palabras del
profeta Isaías.
24 Algunos que
habían sido enviados
por los fariseos 25 lo
interrogaron:
—Pues, si no eres el
Cristo ni Elías ni el pro-
feta, ¿por qué bautizas?
26 —Yo bautizo con
agua, pero entre ustedes

RVR

a quien vosotros no
conocéis.
27 Éste es el que viene
después de mí, el que es
antes de mí, del cual yo
no soy digno de desatar
la correa del calzado.
28 Estas cosas sucedie-
ron en Betábara, al otro
lado del Jordán, donde
Juan estaba bautizando.

El Cordero de Dios

29 Al día siguiente
vio a Jesús que venía
hacia él, y dijo: He ahí
el Cordero de Dios,
que quita el pecado del
mundo.
30 Éste es aquel de quien
yo dije: Después de mí
viene un hombre, el cual
es antes de mí; porque
era primero que yo.
31 Y yo no le conocía;
mas para que fuese ma-
nifestado a Israel, por
esto vine yo bautizando
con agua.
32 Entonces dio Juan
testimonio, diciendo:
Vi al Espíritu que des-
cendía del cielo como
una paloma, y permane-
ció sobre él.
33 Y yo no le conocía;
pero el que me envió a
bautizar con agua, él me
dijo: Sobre quien veas
descender el Espíritu y
que permanece sobre él,

ὃν	ὑμεῖς	οὐκ	οἴδατε,	27 ὁ	ὀπίσω	μου	ἐρχόμενος,	οὗ	οὐκ
a quien	vosotros	no	conocéis,	el que$_1$	detrás de$_3$	mí,$_4$	viene$_2$	de quien	no
3739	5210	3756	1492	3588	3694	3450	2064	3739	3756
RR-ASM	RP2NP	BN, TN	VRAI2P	DNSM	P, B	RP1GS	VPUP-SNM	RR-GSM	BN, TN

εἰμὶ	ἄξιος	ἵνα	λύσω	αὐτοῦ	τὸν	ἱμάντα	τοῦ	ὑποδήματος.	28 ταῦτα
soy	digno	que	desate$_1$	de él.$_6$	la$_2$	correa$_3$	de la$_4$	sandalia$_5$	Estas cosas$_1$
1510	514	2443	3089	846	3588	2438	3588	5266	5023
VPAI1S	JNSM	CSC	VAAS1S	RP3GSM	DASM	NASM	DGSN	NGSN	RD-NPN

ἐν	Βηθανίᾳ	ἐγένετο	πέραν	τοῦ	Ἰορδάνου,	ὅπου	ἦν	ὁ	Ἰωάννης
en$_3$	Betania,$_4$	sucedió$_2$	del otro lado	del	Jordán,	donde$_1$	estaba$_4$	--$_2$	Juan$_3$
1722	963	1096	4008	3588	2446	3699	2258	3588	2491
P	NDSF	VAMI3S	P, B	DGSM	NGSM	CAL, B	VIAI3S	DNSM	NNSM

βαπτίζων.
bautizando.$_5$
907
VPAP-SNM

29 Τῇ	ἐπαύριον	βλέπει	τὸν	Ἰησοῦν	ἐρχόμενον	πρὸς	αὐτόν,	καὶ
Al	día siguiente	vio	a --	Jesús	que está viniendo	hacia	él,	y
3588	1887	991	3588	2424	2064	4314	846	2532
DDSF	B	VPAI3S	DASM	NASM	VPUP-SAM	P	RP3ASM	CLN

λέγει·	Ἴδε	ὁ	ἀμνὸς	τοῦ	θεοῦ	ὁ	αἴρων	τὴν	ἁμαρτίαν	τοῦ
dice:	Ve,	el	Cordero	de --	Dios,	el que	está quitando	el	pecado	del
3004	1492	3588	286	3588	2316	3588	142	3588	266	3588
VPAI3S	I, VAAM2S	DNSM	NNSM	DGSM	NGSM	DNSM	VPAP-SNM	DASF	NASF	DGSM

κόσμου.	30 οὗτός	ἐστιν	ὑπὲρ	οὗ	ἐγὼ	εἶπον·	Ὀπίσω	μου	ἔρχεται
mundo.	Este	es	sobre	quien	yo	dije:	Detrás de	mí	viene
2889	3778	2076	5228	3739	1473	2036	3694	3450	2064
NGSM	RD-NSM	VPAI3S	P	RR-GSM	RP1NS	VAAI1S	P, B	RP1GS	VPUI3S

ἀνὴρ	ὃς	ἔμπροσθέν	μου	γέγονεν,	ὅτι	πρῶτός	μου	ἦν·
un hombre,	el cual$_1$	delante de$_3$	mí,$_4$	ha llegado a ser$_2$	porque$_5$	primero$_7$	que yo.$_8$	era$_6$
435	3739	1715	3450	1096	3754	4413	3450	2258
NNSM	RR-NSM	P	RP1GS	VRAI3S	CAZ	JNSM	RP1GS	VIAI3S

31 κἀγὼ	οὐκ	ᾔδειν	αὐτόν,	ἀλλ’	ἵνα	φανερωθῇ	τῷ	Ἰσραὴλ	διὰ
Y yo	no	conocía	a él,	pero	para que	sea manifestado	a --	Israel,	por
2504	3756	1492	846	235	2443	5319	3588	2474	1223
RP1NS,CLN	BN, TN	VLAI1S	RP3ASM	CLC	CAP	VAPS3S	DDSM	NDSM, XP	P

τοῦτο	ἦλθον	ἐγὼ	ἐν	ὕδατι	βαπτίζων.	32 καὶ	ἐμαρτύρησεν	Ἰωάννης
esto	vine	yo$_1$	en$_3$	agua.$_4$	bautizando$_2$	y$_1$	testificó$_3$	Juan$_2$
5124	2064	1473	1722	5204	907	2532	3140	2491
RD-ASN	VAAI1S	RP1NS	P	NDSN	VPAP-SNM	CLN	VAAI3S	NNSM

λέγων	ὅτι	Τεθέαμαι	τὸ	πνεῦμα	καταβαῖνον	ὡς	περιστερὰν	ἐξ
diciendo	que:	He contemplado	al	Espíritu	bajando	como	paloma	desde
3004	3754	2300	3588	4151	2597	5613	4058	1537
VPAP-SNM	CSC	VRUI1S	DASN	NASN	VPAP-SAN	CAM, B	NASF	P

οὐρανοῦ,	καὶ	ἔμεινεν	ἐπ’	αὐτόν·	33 κἀγὼ	οὐκ	ᾔδειν	αὐτόν,	ἀλλ’	ὁ
cielo,	y	permaneció	sobre	él.	Y yo	no	conocía	a él,	pero	el que
3772	2532	3306	1909	846	2504	3756	1492	846	235	3588
NGSM	CLN	VAAI3S	P	RP3ASM	RP1NS,CLN	BN, TN	VLAI1S	RP3ASM	CLC	DNSM

πέμψας	με	βαπτίζειν	ἐν	ὕδατι	ἐκεῖνός	μοι	εἶπεν·	Ἐφ’	ὃν	ἂν
envió	a mí	a bautizar	en	agua,	aquel	a mí:$_2$	dijo$_1$	Sobre	quien	--
3992	3165	907	1722	5204	1565	3427	2036	1909	3739	302
VAAP-SNM	RP1AS	VPAN	P	NDSN	RD-NSM	RP1DS	VAAI3S	P	RR-ASM	TC

ἴδῃς	τὸ	πνεῦμα	καταβαῖνον	καὶ	μένον	ἐπ’	αὐτόν,	οὗτός	ἐστιν
veas$_1$	el$_3$	Espíritu$_4$	bajando$_2$	y	permaneciendo	sobre	él,	este	es
1492	3588	4151	2597	2532	3306	1909	846	3778	2076
VAAS2S	DASN	NASN	VPAP-SAN	CLN	VPAP-SAN	P	RP3ASM	RD-NSM	VPAI3S

NVI

hay alguien a quien no
conocen, 27 y que viene
después de mí, al cual yo
no soy digno ni siquiera
de desatarle la correa de
las sandalias.
28 Todo esto sucedió
en Betania, al otro lado
del río Jordán, donde
Juan estaba bautizando.

Jesús, el Cordero de Dios

29 Al día siguiente
Juan vio a Jesús que se
acercaba a él, y dijo:
«¡Aquí tienen al
Cordero de Dios, que
quita el pecado del mun-
do! 30 De este hablaba yo
cuando dije: "Después
de mí viene un hombre
que es superior a mí,
porque existía antes que
yo". 31 Yo ni siquiera lo
conocía, pero, para que
él se revelara al pueblo
de Israel, vine bautizan-
do con agua».
32 Juan declaró: «Vi
al Espíritu descender del
cielo como una paloma
y permanecer sobre él.
33 Yo mismo no lo cono-
cía, pero el que me envió
a bautizar con agua me
dijo: "Aquel sobre quien
veas que el Espíritu
desciende y permanece
es el que bautiza con el

RVR

ése es el que bautiza con
el Espíritu Santo.
34 Y yo le he visto, y he
dado testimonio de que
éste es el Hijo de Dios.

Los primeros discípulos

35 Al día siguiente, otra
vez estaba allí Juan, y
dos de sus discípulos.
36 Y fijándose en Jesús
que pasaba por allí, dijo:
He ahí el Cordero de
Dios.
37 Le oyeron hablar los
dos discípulos, y siguie-
ron a Jesús.
38 Y volviéndose Jesús,
y viendo que le seguían,
les dijo: ¿Qué buscáis?
Ellos le dijeron: Rabí
(que traducido es,
Maestro), ¿dónde te
hospedas?
39 Les dijo: Venid y ved.
Fueron, y vieron donde
se hospedaba, y se que-
daron con él aquel día;
porque era como la hora
décima.
40 Andrés, hermano de
Simón Pedro, era uno
de los que habían oído
a Juan, y habían seguido
a Jesús.
41 Éste halló primero a
su hermano Simón, y le
dijo: Hemos hallado al

ὁ	βαπτίζων	ἐν	πνεύματι	ἁγίῳ.	34 κἀγὼ	ἑώρακα,	καὶ
el que	está bautizando	en	Espíritu	Santo.	Y yo	he visto,	y
3588	907	1722	4151	40	2504	3708	2532
DNSM	*VPAP-SNM*	*P*	*NDSN*	*JDSN*	*RPINS,CLN*	*VRAI1S*	*CLN*

μεμαρτύρηκα	ὅτι	οὗτός	ἐστιν	ὁ	ἐκλεκτὸς	τοῦ	θεοῦ.
he testificado	que	este	es	el	elegido	de --	Dios.
3140	3754	3778	2076	3588	1588	3588	2316
VRAI1S	*CSC*	*RD-NSM*	*VPAI3S*	*DNSM*	*NNSM*	*DGSM*	*NGSM*

35 Τῇ	ἐπαύριον	πάλιν	εἱστήκει	ὁ	Ἰωάννης	καὶ	ἐκ	τῶν	μαθητῶν
Al	día siguiente	de nuevo	había estado$_3$	--$_1$	Juan$_2$	y$_4$	de$_6$	los$_7$	discípulos$_8$
3588	1887	3825	2476	3588	2491	2532	1537	3588	3101
DDSF	*B*	*B*	*VLAI3S*	*DNSM*	*NNSM*	*CLN*	*P*	*DGPM*	*NGPM*

αὐτοῦ	δύο,	36 καὶ	ἐμβλέψας	τῷ	Ἰησοῦ	περιπατοῦντι	λέγει·
de él,$_9$	dos$_5$	y	habiendo mirado fijamente	a --	Jesús	caminando	dice:
846	1417	2532	1689	3588	2424	4043	3004
RP3GSM	*XN, J*	*CLN*	*VAAP-SNM*	*DDSM*	*NDSM*	*VPAP-SDM*	*VPAI3S*

Ἴδε	ὁ	ἀμνὸς	τοῦ	θεοῦ.	37 καὶ	ἤκουσαν	οἱ	δύο	μαθηταὶ	αὐτοῦ
Ve	el	Cordero	de --	Dios.	Y$_1$	oyeron$_6$	los$_2$	dos$_3$	discípulos$_4$	de él$_5$
1492	3588	286	3588	2316	2532	191	3588	1417	3101	846
I, VAAM2S	*DNSM*	*NNSM*	*DGSM*	*NGSM*	*CLN*	*VAAI3P*	*DNPM*	*XN, J*	*NNPM*	*RP3GSM*

λαλοῦντος	καὶ	ἠκολούθησαν	τῷ	Ἰησοῦ.	38 στραφεὶς	δὲ	ὁ	Ἰησοῦς
hablando$_7$	y	siguieron	a --	Jesús.	se volvió$_4$	Mas$_1$	--$_2$	Jesús$_3$
2980	2532	190	3588	2424	4762	1161	3588	2424
VPAP-SGM	*CLN*	*VAAI3P*	*DDSM*	*NDSM*	*VAPP-SNM*	*CLN*	*DNSM*	*NNSM*

καὶ	θεασάμενος	αὐτοὺς	ἀκολουθοῦντας	λέγει	αὐτοῖς·	Τί	ζητεῖτε;
y	viendo	a ellos	siguiendo,	dice	a ellos:	¿Qué	buscáis?
2532	2300	846	190	3004	846	5101	2212
CLN	*VAMP-SNM*	*RP3APM*	*VPAP-PAM*	*VPAI3S*	*RP3DPM*	*RI-ASN*	*VPAI2P*

οἱ	δὲ	εἶπαν	αὐτῷ·	Ῥαββί	(ὃ	λέγεται	μεθερμηνευόμενον
--$_2$	Mas$_1$	dijeron	a él:	Rabí,	lo que	dice	siendo traducido,
3588	1161	3004	846	4461	3739	3004	3177
DNPM	*CLN*	*VAAI3P*	*RP3DSM*	*NVSM, XF*	*RR-NSN*	*VPPI3S*	*VPPP-SNN*

Διδάσκαλε),	ποῦ	μένεις;	39 λέγει	αὐτοῖς·	Ἔρχεσθε	καὶ	ὄψεσθε.	ἦλθαν
Maestro,	¿dónde	moras?	Dice	a ellos:	Venid	y	veréis.	vinieron$_2$
1320	4226	3306	3004	846	2064	2532	3708	2064
NVSM	*BI*	*VPAI2S*	*VPAI3S*	*RP3DPM*	*VPUM2P*	*CLN*	*VFMI2P*	*VAAI3P*

οὖν	καὶ	εἶδαν	ποῦ	μένει,	καὶ	παρ'	αὐτῷ	ἔμειναν	τὴν	ἡμέραν
Así que,$_1$	y	vieron	donde	mora;	y$_1$	con$_3$	él$_4$	permanecieron$_2$	--$_6$	día;$_7$
3767	2532	3708	4225	3306	2532	3844	846	3306	3588	2250
CLI	*CLN*	*VAAI3P*	*BP*	*VPAI3S*	*CLN*	*P*	*RP3DSM*	*VAAI3P*	*DASF*	*NASF*

ἐκείνην·	ὥρα	ἦν	ὡς	δεκάτη.	40 ἦν	Ἀνδρέας	ὁ	ἀδελφὸς
aquel$_5$	(la) hora$_{10}$	era$_8$	como$_9$	décima.$_{11}$	estaba,$_{14}$	Andrés,$_1$	el$_2$	hermano$_3$
1565	5610	2258	5613	1182	2258	406	3588	80
RD-ASF	*NNSF*	*VIAI3S*	*P, CAM*	*JNSF*	*VIAI3S*	*NNSM*	*DNSM*	*NNSM*

Σίμωνος	Πέτρου	εἷς	ἐκ	τῶν	δύο	τῶν	ἀκουσάντων	παρὰ
de Simón$_4$	Pedro,$_5$	uno$_6$	de$_7$	los$_8$	dos$_9$	de los que$_{10}$	oyeron$_{11}$	de parte de$_{12}$
4613	4074	1520	1537	3588	1417	3588	191	3844
NGSM	*NGSM*	*JNSM*	*P*	*DGPM*	*XN, J*	*DGPM*	*VAAP-PGM*	*P*

Ἰωάννου	καὶ	ἀκολουθησάντων	αὐτῷ·	41 εὑρίσκει	οὗτος	πρῶτον
Juan$_{13}$	y	siguieron	a él.	encontró$_2$	Este$_1$	primero
2491	2532	190	846	2147	3778	4412
NGSM	*CLN*	*VAAP-PGM*	*RP3DSM*	*VPAI3S*	*RD-NSM*	*B, J*

τὸν	ἀδελφὸν	τὸν	ἴδιον	Σίμωνα	καὶ	λέγει	αὐτῷ·	Εὑρήκαμεν	τὸν
al	hermano	--	propio (suyo)	Simón	y	dice	a él:	Hemos hallado	al
3588	80	3588	2398	4613	2532	3004	846	2147	3588
DASM	*NASM*	*DASM*	*JASM*	*NASM*	*CLN*	*VPAI3S*	*RP3DSM*	*VRAI1P*	*DASM*

NVI

Espíritu Santo». 34 Yo lo
he visto y por eso testifi-
co que este es el Hijo de
Dios».

Los primeros discípulos de Jesús

35 Al día siguiente
Juan estaba de nuevo
allí, con dos de sus dis-
cípulos. 36 Al ver a Jesús
que pasaba por ahí, dijo:
—¡Aquí tienen al
Cordero de Dios!
37 Cuando los dos
discípulos le oyeron
decir esto, siguieron a
Jesús. 38 Jesús se volvió y,
al ver que lo seguían, les
preguntó:
—¿Qué buscan?
—Rabí, ¿dónde te
hospedas? (Rabí signifi-
ca: Maestro).
39 —Vengan a ver —
les contestó Jesús.
Ellos fueron, pues,
y vieron dónde se hos-
pedaba, y aquel mismo
día se quedaron con él.
Eran como las cuatro de
la tarde.
40 Andrés, hermano
de Simón Pedro, era uno
de los dos que, al oír a
Juan, habían seguido a
Jesús. 41 Andrés encon-
tró primero a su herma-
no Simón, y le dijo:
—Hemos en-
contrado al Mesías

RVR

Mesías (que traducido
es, el Cristo).
42 Y le trajo a Jesús. Y
mirándole Jesús, dijo:
Tú eres Simón, hijo de
Jonás; tú serás llamado
Cefas (que quiere decir,
Pedro).

Jesús llama a Felipe y a Natanael

43 Al día siguiente quiso
Jesús salir hacia Galilea,
y halló a Felipe, y le dijo:
Sígueme.
44 Y Felipe era de
Betsaida, la ciudad de
Andrés y Pedro.
45 Felipe halló a
Natanael, y le dijo:
Hemos hallado a
aquel de quien escribió
Moisés en la ley, así
como los profetas: a
Jesús, el hijo de José, el
de Nazaret.
46 Natanael le dijo: ¿De
Nazaret puede salir algo
bueno? Le dijo Felipe:
Ven y ve.
47 Cuando Jesús vio
a Natanael que se le
acercaba, dijo de él:
He ahí un israelita de
verdad, en quien no hay
engaño.
48 Le dijo Natanael: ¿De
dónde me conoces?

Μεσσίαν	(ὅ	ἐστιν	μεθερμηνευόμενον	Χριστός).	42 ἤγαγεν	αὐτὸν
Mesías,	lo que	es	siendo traducido	Cristo.	Llevó	a él
3323	3739	2076	3177	5547	71	846
NASM	RR-NSN	VPAI3S	VPPP-SNN	NNSM	VAAI3S	RP3ASM

πρὸς	τὸν	Ἰησοῦν.	ἐμβλέψας	αὐτῷ	ὁ	Ἰησοῦς	εἶπεν·	Σὺ	εἶ
a	--	Jesús.	Habiendo mirado fijamente	a él	--	Jesús	dijo:	Tú	eres
4314	3588	2424	1689	846	3588	2424	2036	4771	1488
P	DASM	NASM	VAAP-SNM	RP3DSM	DNSM	NNSM	VAAI3S	RP2NS	VPAI2S

Σίμων	ὁ	υἱὸς	⸀Ἰωάννου,	σὺ	κληθήσῃ	Κηφᾶς	(ὃ	ἑρμηνεύεται
Simón,	el	hijo	de Juan,	tú	serás llamado	Cefas,	lo que	es interpretado
4613	3588	5207	2491	4771	2564	2786	3739	2059
NNSM	DNSM	NNSM	NGSM	RP2NS	VFPI2S	NNSM	RR-NSN	VPPI3S

Πέτρος).
Pedro.
4074
NNSM

43 Τῇ	ἐπαύριον	ἠθέλησεν	ἐξελθεῖν	εἰς	τὴν	Γαλιλαίαν.	καὶ	εὑρίσκει
Al	día siguiente	quiso	salir	hacia	--	Galilea,	y	encuentra
3588	1887	2309	1831	1519	3588	1056	2532	2147
DDSF	B	VAAI3S	VAAN	P	DASF	NASF	CLN	VPAI3S

Φίλιππον	καὶ	λέγει	αὐτῷ	ὁ	Ἰησοῦς·	Ἀκολούθει	μοι.	44 ἦν	δὲ
a Felipe,	y$_1$	dice$_4$	a él:$_5$	--$_2$	Jesús$_3$	Sigue	a mí.	era$_4$	Mas$_1$
5376	2532	3004	846	3588	2424	190	3427	2258	1161
NASM	CLN	VPAI3S	RP3DSM	DNSM	NNSM	VPAM2S	RP1DS	VIAI3S	CLN

ὁ	Φίλιππος	ἀπὸ	Βηθσαϊδά,	ἐκ	τῆς	πόλεως	Ἀνδρέου	καὶ	Πέτρου.
--$_2$	Felipe$_3$	de$_5$	Betsaida,$_6$	de	la	ciudad	de Andrés	y	de Pedro.
3588	5376	575	966	1537	3588	4172	406	2532	4074
DNSM	NNSM	P	NGSF, XP	P	DGSF	NGSF	NGSM	CLN	NGSM

45 εὑρίσκει	Φίλιππος	τὸν	Ναθαναὴλ	καὶ	λέγει	αὐτῷ·	Ὃν	ἔγραψεν
encuentra$_2$	Felipe$_1$	a --	Natanael	y	dice	a él:	a (de) quien$_2$	escribió$_4$
2147	5376	3588	3482	2532	3004	846	3739	1125
VPAI3S	NNSM	DASM	NASM, XP	CLN	VPAI3S	RP3DSM	RR-ASM	VAAI3S

Μωϋσῆς	ἐν	τῷ	νόμῳ	καὶ	οἱ	προφῆται	εὑρήκαμεν,	Ἰησοῦν	υἱὸν
Moisés$_3$	en$_5$	la$_6$	Ley$_7$	y$_8$	los$_9$	Profetas,$_{10}$	hemos hallado$_1$	a Jesús,	hijo
3475	1722	3588	3551	2532	3588	4396	2147	2424	5207
NNSM	P	DDSM	NDSM	CLN	DNPM	NNPM	VRAI1P	NASM	NASM

τοῦ	Ἰωσὴφ	τὸν	ἀπὸ	Ναζαρέτ.	46 καὶ	εἶπεν	αὐτῷ	Ναθαναήλ·	Ἐκ
de --	José,	el	de	Nazaret.	Y$_1$	dijo$_3$	a él:$_4$	Natanael$_2$	¿De
3588	2501	3588	575	3478	2532	2036	846	3482	1537
DGSM	NGSM, XP	DASM	P	NGSF, XP	CLN	VAAI3S	RP3DSM	NNSM, XP	P

Ναζαρὲτ	δύναταί	τι	ἀγαθὸν	εἶναι;	λέγει	αὐτῷ	ὁ	Φίλιππος·
Nazaret	puede$_1$	algo$_3$	bueno?$_4$	ser (haber)$_2$	dice$_7$	a él:$_8$	--$_5$	Felipe$_6$
3478	1410	5101	18	1511	3004	846	3588	5376
NGSF, XP	VPUI3S	RX-NSN	JNSN	VPAN	VPAI3S	RP3DSM	DNSM	NNSM

Ἔρχου	καὶ	ἴδε.	47 εἶδεν	ὁ	Ἰησοῦς	τὸν	Ναθαναὴλ	ἐρχόμενον
Ven	y	ve.	vio$_3$	--$_1$	Jesús$_2$	a --	Natanael	viniendo
2064	2532	1492	1492	3588	2424	3588	3482	2064
VPUM2S, VPUI2S	CLN	VAAM2S	VAAI3S	DNSM	NNSM	DASM	NASM, XP	VPUP-SAM

πρὸς	αὐτὸν	καὶ	λέγει	περὶ	αὐτοῦ·	Ἴδε	ἀληθῶς	Ἰσραηλίτης
a	él	y	dice	acerca de	él:	Ve	verdaderamente$_2$	un israelita$_1$
4314	846	2532	3004	4012	846	1492	230	2475
P	RP3ASM	CLN	VPAI3S	P	RP3GSM	I, VAAM2S	B	NNSM

ἐν	ᾧ	δόλος	οὐκ	ἔστιν.	48 λέγει	αὐτῷ	Ναθαναήλ·	Πόθεν	με
en$_3$	quien$_4$	engaño.$_7$	no$_5$	es (hay)$_6$	dice$_2$	a él:$_3$	Natanael$_1$	¿De dónde$_4$	a mí?$_6$
1722	3739	1388	3756	2076	3004	846	3482	4159	3165
P	RR-DSM	NNSM	BN, TN	VPAI3S	VPAI3S	RP3DSM	NNSM, XP	BI	RP1AS

NVI

(es decir, el Cristo).
42 Luego lo llevó a
Jesús, quien, mirándolo
fijamente, le dijo:
—Tú eres Simón, hijo
de Juan. Serás llamado
Cefas (es decir, Pedro).

Jesús llama a Felipe y a Natanael

43 Al día siguiente,
Jesús decidió salir hacia
Galilea. Se encontró con
Felipe, y lo llamó:
—Sígueme.
44 Felipe era del
pueblo de Betsaida, lo
mismo que Andrés y
Pedro. 45 Felipe buscó a
Natanael y le dijo:
—Hemos encontra-
do a Jesús de Nazaret,
el hijo de José, aquel de
quien escribió Moisés
en la ley, y de quien escri-
bieron los profetas.
46 —¡De Nazaret!
—replicó Natanael—.
¿Acaso de allí puede
salir algo bueno?
—Ven a ver —le
contestó Felipe.
47 Cuando Jesús vio
que Natanael se le acer-
caba, comentó:
—Aquí tienen a un
verdadero israelita, en
quien no hay falsedad.
48 —¿De dónde me
conoces? —le preguntó
Natanael.

1:42⸀ Manuscritos inferiores tienen *Jonás*.

RVR

Respondió Jesús y le
dijo: Antes que Felipe te
llamara, cuando estabas
debajo de la higuera,
te vi.
49 Respondió Natanael
y le dijo: Rabí, tú eres el
Hijo de Dios; tú eres el
Rey de Israel.
50 Respondió Jesús y le
dijo: ¿Porque te dije: Te
vi debajo de la higuera,
crees? Cosas mayores
que éstas verás.
51 Y le dijo: De cierto,
de cierto os digo: De
aquí en adelante veréis
el cielo abierto, y a los
ángeles de Dios que su-
ben y descienden sobre
el Hijo del Hombre.

Las bodas en Caná

2 Al tercer día hubo
unas bodas en
Caná de Galilea; y esta-
ba allí la madre de Jesús.
2 Y fue también invitado
a las bodas Jesús con sus
discípulos.
3 Y habiendo comen-
zado a faltar el vino, la
madre de Jesús le dijo:
No tienen vino.
4 Jesús le dijo: ¿Qué
tengo que ver contigo,
mujer? Aún no ha llega-
do mi hora.
5 Su madre dijo a los

γινώσκεις;	ἀπεκρίθη	Ἰησοῦς	καὶ	εἶπεν	αὐτῷ·	Πρὸ	τοῦ	σε
conoces$_{5}$	Respondió$_{8}$	Jesús$_{7}$	y	dijo	a él:	Antes de	--	a ti,$_{3}$
1097	611	2424	2532	2036	846	4253	3588	4571
VPAI2S	*VAPI3S, VAMI3S*	*NNSM*	*CLN*	*VAAI3S*	*RP3DSM*	*P*	*DGSN, DGSM*	*RP2AS*

Φίλιππον	φωνῆσαι	ὄντα	ὑπὸ	τὴν	συκῆν	εἶδόν	σε.	49 ἀπεκρίθη
Felipe$_{1}$	llamar$_{2}$	cuando estabas	bajo	la	higuera,	vi	a ti.	respondió:$_{2}$
5376	5455	5607	5259	3588	4808	1492	4571	611
NASM	*VAAN*	*VPAP-SAM*	*P*	*DASF*	*NASF*	*VAAI1S*	*RP2AS*	*VAPI3S, VAMI3S*

αὐτῷ	Ναθαναήλ·	Ῥαββί,	σὺ	εἶ	ὁ	υἱὸς	τοῦ	θεοῦ,	σὺ
a él$_{3}$	Natanael$_{1}$	Rabí,	tú	eres	el	Hijo	de --	Dios,	tú$_{1}$
846	3482	4461	4771	1488	3588	5207	3588	2316	4771
RP3DSM	*NNSM, XP*	*NVSM, XF*	*RP2NS*	*VPAI2S*	*DNSM*	*NNSM*	*DGSM*	*NGSM*	*RP2NS*

βασιλεὺς	εἶ	τοῦ	Ἰσραήλ.	50 ἀπεκρίθη	Ἰησοῦς	καὶ	εἶπεν	αὐτῷ·
(el) rey$_{3}$	eres$_{2}$	del$_{4}$	Israel.$_{5}$	respondió$_{2}$	Jesús$_{1}$	y$_{3}$	dijo$_{4}$	a él:
935	1488	3588	2474	611	2424	2532	2036	846
NNSM	*VPAI2S*	*DGSM*	*NGSM, XP*	*VAPI3S, VAMI3S*	*NNSM*	*CLN*	*VAAI3S*	*RP3DSM*

Ὅτι	εἶπόν	σοι	ὅτι	εἶδόν	σε	ὑποκάτω	τῆς	συκῆς	πιστεύεις;
¿Porque	dije	a ti	que	vi	a ti	bajo	de la	higuera	crees?
3754	2036	4671	3754	1492	4571	5270	3588	4808	4100
CAZ	*VAAI1S*	*RP2DS*	*CSC*	*VAAI1S*	*RP2AS*	*P, B*	*DGSF*	*NGSF*	*VPAI2S*

μείζω	τούτων	ὄψῃ.	51 καὶ	λέγει	αὐτῷ·	Ἀμὴν	ἀμὴν	λέγω	ὑμῖν,
cosas mayores$_{2}$	que estas.$_{3}$	verás$_{1}$	Y	dice	a él:	De cierto,	de cierto	digo	a vosotros:
3173	5130	3708	2532	3004	846	281	281	3004	5213
JAPNC	*RD-GPN*	*VFMI2S*	*CLN*	*VPAI3S*	*RP3DSM*	*XF, T*	*XF, T*	*VPAI1S*	*RP2DP*

ὄψεσθε	τὸν	οὐρανὸν	ἀνεῳγότα	καὶ	τοὺς	ἀγγέλους	τοῦ	θεοῦ
Veréis	el	cielo	abierto,	y	a los	ángeles	de --	Dios
3700	3588	3772	455	2532	3588	32	3588	2316
VFMI2P	*DASM*	*NASM*	*VRAP-SAM, VRPP-SAM*	*CLN*	*DAPM*	*NAPM*	*DGSM*	*NGSM*

ἀναβαίνοντας	καὶ	καταβαίνοντας	ἐπὶ	τὸν	υἱὸν	τοῦ	ἀνθρώπου.
subiendo	y	bajando	sobre	el	Hijo	del	Hombre.
305	2532	2597	1909	3588	5207	3588	444
VPAP-PAM	*CLN*	*VPAP-PAM*	*P*	*DASM*	*NASM*	*DGSM*	*NGSM*

2 Καὶ	τῇ	ἡμέρᾳ	τῇ	τρίτῃ	γάμος	ἐγένετο	ἐν	Κανὰ	τῆς
Y$_{1}$	al$_{2}$	día$_{5}$	--$_{3}$	tercer$_{4}$	una boda$_{6}$	sucedió$_{7}$	en	Caná	de --
2532	3588	2250	3588	5154	1062	1096	1722	2580	3588
CLN	*DDSF*	*NDSF*	*DDSF*	*JDSF*	*NNSM*	*VAMI3S*	*P*	*NDSF, XP*	*DGSF*

Γαλιλαίας,	καὶ	ἦν	ἡ	μήτηρ	τοῦ	Ἰησοῦ	ἐκεῖ·	2 ἐκλήθη	δὲ
Galilea,	y$_{1}$	estaba$_{3}$	la$_{4}$	madre$_{5}$	de --$_{6}$	Jesús.$_{7}$	allí$_{2}$	fue invitado$_{9}$	Mas$_{1}$
1056	2532	2258	3588	3384	3588	2424	1563	2564	1161
NGSF	*CLN*	*VIAI3S*	*DNSF*	*NNSF*	*DGSM*	*NGSM*	*BP*	*VAPI3S*	*CLN*

καὶ	ὁ	Ἰησοῦς	καὶ	οἱ	μαθηταὶ	αὐτοῦ	εἰς	τὸν	γάμον.	3 καὶ
también$_{2}$	--$_{3}$	Jesús$_{4}$	y$_{5}$	los$_{6}$	discípulos$_{7}$	de él$_{8}$	a$_{10}$	la$_{11}$	boda.$_{12}$	Y
2532	3588	2424	2532	3588	3101	846	1519	3588	1062	2532
BE, TE	*DNSM*	*NNSM*	*CLN*	*DNPM*	*NNPM*	*RP3GSM*	*P*	*DASM*	*NASM*	*CLN*

ὑστερήσαντος	οἴνου	λέγει	ἡ	μήτηρ	τοῦ	Ἰησοῦ	πρὸς	αὐτόν·	Οἶνον
cuando se acabó	(el) vino	dice$_{5}$	la$_{1}$	madre$_{2}$	de --$_{3}$	Jesús$_{4}$	a	él:	vino.$_{3}$
5302	3631	3004	3588	3384	3588	2424	4314	846	3631
VAAP-SGM	*NGSM*	*VPAI3S*	*DNSF*	*NNSF*	*DGSM*	*NGSM*	*P*	*RP3ASM*	*NASM*

οὐκ	ἔχουσιν.	4 καὶ	λέγει	αὐτῇ	ὁ	Ἰησοῦς·	Τί	ἐμοὶ	καὶ	σοί,
No$_{1}$	tienen$_{2}$	Y$_{1}$	dice$_{4}$	a ella:$_{5}$	--$_{2}$	Jesús$_{3}$	¿Qué	a mí	y	a ti
3756	2192	2532	3004	846	3588	2424	5101	1698	2532	4671
BN, TN	*VPAI3P*	*CLN*	*VPAI3S*	*RP3DSF*	*DNSM*	*NNSM*	*RI-NSN*	*RP1DS*	*CLN*	*RP2DS*

γύναι;	οὔπω	ἥκει	ἡ	ὥρα	μου.	5 λέγει	ἡ	μήτηρ	αὐτοῦ
señora?	todavía no$_{4}$	ha venido.$_{5}$	La$_{1}$	hora$_{2}$	de mí$_{3}$	dice$_{4}$	La$_{1}$	madre$_{2}$	de él$_{3}$
1135	3768	2240	3588	5610	3450	3004	3588	3384	846
NVSF	*BN*	*VPAI3S*	*DNSF*	*NNSF*	*RP1GS*	*VPAI3S*	*DNSF*	*NNSF*	*RP3GSM*

NVI

—Antes de que
Felipe te llamara,
cuando aún estabas bajo
la higuera, ya te había
visto.
49 —Rabí, ¡tú eres el
Hijo de Dios! ¡Tú eres el
Rey de Israel! —declaró
Natanael.
50 —¿Lo crees porque
te dije que te vi cuando
estabas debajo de la
higuera? ¡Vas a ver aun
cosas más grandes que
estas!
Y añadió:
51 —Ciertamente
les aseguro que ustedes
verán abrirse el cielo, y a
los ángeles de Dios subir
y bajar sobre el Hijo del
hombre.

Jesús cambia el agua en vino

2 Al tercer día se
celebró una boda
en Caná de Galilea, y
la madre de Jesús se en-
contraba allí. 2 También
habían sido invitados
a la boda Jesús y sus
discípulos. 3 Cuando el
vino se acabó, la madre
de Jesús le dijo:
—Ya no tienen vino.
4 —Mujer, ¿eso qué
tiene que ver conmigo?
—respondió Jesús—.
Todavía no ha llegado
mi hora.
5 Su madre dijo a los

RVR

sirvientes: Haced lo que
él os diga.
6 Y había allí seis tinajas
de piedra para agua,
conforme al rito de
la purificación de los
judíos, en cada una de las
cuales cabían dos o tres
cántaros.
7 Jesús les dijo: Llenad
estas tinajas de agua. Y
las llenaron hasta arriba.
8 Entonces les dijo:
Sacad ahora, y llevadlo
al maestresala. Y se lo
llevaron.
9 Cuando el maestresala
probó el agua hecha
vino (sin saber él de
dónde era, aunque lo
sabían los sirvientes que
habían sacado el agua),
llamó al novio,
10 y le dijo: Todo
hombre sirve primero el
buen vino, y cuando ya
han bebido mucho, en-
tonces el inferior; pero
tú has reservado el buen
vino hasta ahora.
11 Este principio de
sus señales hizo Jesús
en Caná de Galilea, y
manifestó su gloria; y
sus discípulos creyeron
en él.
12 Después de
esto descendie-
ron a Capernaúm,
él, su madre,

τοῖς	διακόνοις·	Ὅ	τι	ἂν	λέγῃ	ὑμῖν	ποιήσατε.	6 ἦσαν	δὲ
a los	servidores:	lo que$_2$	algo$_3$	--	dijere$_4$	a vosotros.$_5$	Haced$_1$	eran (había)$_3$	Mas$_1$
3588	1249	3739	5100	302	3004	5213	4160	2258	1161
DDPM	*NDPM*	*RR-ASN*	*RX-ASN*	*TC*	*VPAS3S*	*RP2DP*	*VAAM2P*	*VIAI3P*	*CLN*

ἐκεῖ	λίθιναι	ὑδρίαι	ἓξ	κατὰ	τὸν	καθαρισμὸν	τῶν	Ἰουδαίων
allí$_2$	hechas de piedra,$_6$	tinajas$_5$	seis$_4$	según$_8$	la$_9$	purificación$_{10}$	de los$_{11}$	judíos,$_{12}$
1563	3035	5201	1803	2596	3588	2512	3588	2453
BP	*JNPF*	*NNPF*	*XN, J*	*P*	*DASM*	*NASM*	*DGPM*	*JGPM*

κείμεναι,	χωροῦσαι	ἀνὰ	μετρητὰς	δύο	ἢ	τρεῖς.	7 λέγει	αὐτοῖς
puestas$_7$	teniendo capacidad$_{14}$	cada una$_{13}$	medidas.$_{18}$	de dos$_{15}$	o$_{16}$	tres$_{17}$	dice$_3$	a ellos:$_4$
2749	5562	303	3355	1417	2228	5140	3004	846
VPUP-PNF	*VPAP-PNF*	*P, B*	*NAPM*	*XN, J*	*CLD*	*JAPM*	*VPAI3S*	*RP3DPM*

ὁ	Ἰησοῦς·	Γεμίσατε	τὰς	ὑδρίας	ὕδατος·	καὶ	ἐγέμισαν	αὐτὰς	ἕως	ἄνω.
--$_1$	Jesús$_2$	Llenad	las	tinajas	de agua.	Y	llenaron	a ellas	hasta	arriba.
3588	2424	1072	3588	5201	5204	2532	1072	846	2193	507
DNSM	*NNSM*	*VAAM2P*	*DAPF*	*NAPF*	*NGSN*	*CLN*	*VAAI3P*	*RP3APF*	*P, C*	*B*

8 καὶ	λέγει	αὐτοῖς·	Ἀντλήσατε	νῦν	καὶ	φέρετε	τῷ	ἀρχιτρικλίνῳ·
Y	dice	a ellos:	sacad$_2$	Ahora$_1$	y	llevad	al	encargado del banquete.
2532	3004	846	501	3568	2532	5342	3588	755
CLN	*VPAI3S*	*RP3DPM*	*VAAM2P*	*B*	*CLN*	*VPAM2P*	*DDSM*	*NDSM*

οἱ	δὲ	ἤνεγκαν.	9 ὡς	δὲ	ἐγεύσατο	ὁ	ἀρχιτρίκλινος	τὸ	ὕδωρ
--$_2$	Mas$_1$	llevaron.$_3$	como$_2$	Y$_1$	probara$_5$	el$_3$	encargado del banquete$_4$	el$_6$	agua$_7$
3588	1161	5342	5613	1161	1089	3588	755	3588	5204
DNPM	*CLN*	*VAAI3P*	*CAT*	*CLN*	*VAMI3S*	*DNSM*	*NNSM*	*DASN*	*NASN*

οἶνον	γεγενημένον,	καὶ	οὐκ	ᾔδει	πόθεν	ἐστίν,	οἱ	δὲ	διάκονοι
vino,$_9$	hecha$_8$	y	no	sabía	de dónde	es (había);	los$_2$	pero$_1$	servidores,$_3$
3631	1096	2532	3756	1492	4159	2076	3588	1161	1249
NASM	*VRPP-SAN*	*CLN*	*BN, TN*	*VLAI3S*	*B*	*VPAI3S*	*DNPM*	*CLC*	*NNPM*

ᾔδεισαν	οἱ	ἠντληκότες	τὸ	ὕδωρ,	φωνεῖ	τὸν	νυμφίον	ὁ
sabían.$_8$	los que$_4$	sacaron$_5$	el$_6$	agua$_7$	llama$_{10}$	al$_{11}$	novio$_{12}$	El$_8$
1492	3588	501	3588	5204	5455	3588	3566	3588
VLAI3P	*DNPM*	*VRAP-PNM*	*DASN*	*NASN*	*VPAI3S*	*DASM*	*NASM*	*DNSM*

ἀρχιτρίκλινος	10 καὶ	λέγει	αὐτῷ·	Πᾶς	ἄνθρωπος	πρῶτον	τὸν	καλὸν
encargado del banquete$_9$	y	dice	a él:	Toda	persona	primero$_1$	el$_3$	buen$_4$
755	2532	3004	846	3956	444	4412	3588	2570
NNSM	*CLN*	*VPAI3S*	*RP3DSM*	*JNSM*	*NNSM*	*B, J*	*DASM*	*JASM*

οἶνον	τίθησιν,	καὶ	ὅταν	μεθυσθῶσιν	τὸν	ἐλάσσω·	σὺ	τετήρηκας	τὸν
vino,$_5$	pone$_2$	y	cuando	están embriagados	el	inferior;	tú	has guardado	el
3631	5087	2532	3752	3184	3588	1640	4771	5083	3588
NASM	*VPAI3S*	*CLN*	*CAT*	*VAPS3P*	*DASM*	*JASMC*	*RP2NS*	*VRAI2S*	*DASM*

καλὸν	οἶνον	ἕως	ἄρτι.	11 ταύτην	ἐποίησεν	ἀρχὴν	τῶν	σημείων	ὁ
buen	vino	hasta	ahora.	Este$_1$	hizo$_7$	principio$_2$	de las$_3$	señales$_4$	--$_5$
2570	3631	2193	737	3778	4160	746	3588	4592	3588
JASM	*NASM*	*P, C*	*B*	*RD-ASF*	*VAAI3S*	*NASF*	*DGPN*	*NGPN*	*DNSM*

Ἰησοῦς	ἐν	Κανὰ	τῆς	Γαλιλαίας	καὶ	ἐφανέρωσεν	τὴν	δόξαν	αὐτοῦ,
Jesús$_6$	en	Caná	de --	Galilea,	y	manifestó	la	gloria	de él;
2424	1722	2580	3588	1056	2532	5319	3588	1391	846
NNSM	*P*	*NDSF, XP*	*DGSF*	*NGSF*	*CLN*	*VAAI3S*	*DASF*	*NASF*	*RP3GSM*

καὶ	ἐπίστευσαν	εἰς	αὐτὸν	οἱ	μαθηταὶ	αὐτοῦ.
y	creyeron$_4$	a$_5$	él.$_6$	los$_1$	discípulos$_2$	de él$_3$
2532	4100	1519	846	3588	3101	846
CLN	*VAAI3P*	*P*	*RP3ASM*	*DNPM*	*NNPM*	*RP3GSM*

12 Μετὰ	τοῦτο	κατέβη	εἰς	Καφαρναοὺμ	αὐτὸς	καὶ	ἡ	μήτηρ
Después de$_1$	esto$_2$	descendió$_{15}$	hacia$_{16}$	Capernaum,$_{17}$	él$_3$	y$_4$	la$_5$	madre$_6$
3326	5124	2597	1519	2584	846	2532	3588	3384
P	*RD-ASN*	*VAAI3S*	*P*	*NASF, XP*	*RP3NSM*	*CLN*	*DNSF*	*NNSF*

NVI

sirvientes:
—Hagan lo que él les
ordene.
6 Había allí seis tinajas
de piedra, de las que
usan los judíos en sus
ceremonias de purifica-
ción. En cada una cabían
unos cien litros.
7 Jesús dijo a los
sirvientes:
—Llenen de agua las
tinajas.
Y los sirvientes las
llenaron hasta el borde.
8 —Ahora saquen un
poco y llévenlo al encar-
gado del banquete —les
dijo Jesús.
Así lo hicieron. 9 El
encargado del banquete
probó el agua conver-
tida en vino sin saber
de dónde había salido,
aunque sí lo sabían los
sirvientes que habían
sacado el agua. Entonces
llamó aparte al novio 10 y
le dijo:
—Todos sirven
primero el mejor vino
y, cuando los invitados
ya han bebido mucho,
entonces sirven el más
barato; pero tú has
guardado el mejor vino
hasta ahora.
11 Esta, la primera de
sus señales, la hizo Jesús
en Caná de Galilea. Así
reveló su gloria, y sus dis-
cípulos creyeron en él.
12 Después de esto
Jesús bajó a Capernaúm
con su madre, sus

RVR

sus hermanos y sus
discípulos; y estuvieron
allí no muchos días.

Purificación del templo

13 Estaba cerca la pascua
de los judíos; y subió
Jesús a Jerusalén,
14 y halló en el templo a
los que vendían bueyes,
ovejas y palomas, y a los
cambistas allí sentados.
15 Y haciendo un azote
de cuerdas, echó fuera
del templo a todos, y
las ovejas y los bueyes;
y esparció las monedas
de los cambistas, y volcó
las mesas;
16 y dijo a los que ven-
dían palomas: Quitad
de aquí esto; no hagáis
de la casa de mi Padre
casa de mercado.
17 Entonces se acorda-
ron sus discípulos de
que está escrito: El celo
de tu casa me devora.
18 Y los judíos respon-
dieron y le dijeron:
¿Qué señal nos mues-
tras, ya que haces esto?
19 Respondió Jesús y
les dijo: Destruid este

αὐτοῦ καὶ οἱ ἀδελφοὶ καὶ οἱ μαθηταὶ αὐτοῦ, καὶ ἐκεῖ ἔμειναν
de él$_{7}$ y$_{8}$ los$_{9}$ hermanos$_{10}$ y$_{11}$ los$_{12}$ discípulos$_{13}$ de él$_{14}$ y allí permanecieron
846 2532 3588 80 2532 3588 3101 846 2532 1563 3306
RP3GSM CLN DNPM NNPM CLN DNPM NNPM RP3GSM CLN BP VAAI3P

οὐ πολλὰς ἡμέρας.
no muchos días.
3756 4183 2250
BN, TN JAPF NAPF

13 Καὶ ἐγγὺς ἦν τὸ πάσχα τῶν Ἰουδαίων, καὶ ἀνέβη εἰς
Y$_{1}$ cerca$_{3}$ estaba$_{2}$ la Pascua de los judíos y$_{1}$ subió$_{4}$ hacia$_{5}$
2532 1451 2258 3588 3957 3588 2453 2532 305 1519
CLN B VIAI3S DNSN NNSN, XF DGPM JGPM CLN VAAI3S P

Ἱεροσόλυμα ὁ Ἰησοῦς. 14 καὶ εὗρεν ἐν τῷ ἱερῷ τοὺς
Jerusalén.$_{6}$ --$_{2}$ Jesús$_{3}$ Y encontró en$_{2}$ el$_{3}$ templo$_{4}$ a los que$_{5}$
2414 3588 2424 2532 2147 1722 3588 2411 3588
NASF DNSM NNSM CLN VAAI3S P DDSN NDSN, JDSN DAPM

πωλοῦντας βόας καὶ πρόβατα καὶ περιστερὰς καὶ τοὺς κερματιστὰς
están vendiendo$_{6}$ bueyes$_{7}$ y$_{8}$ ovejas$_{9}$ y$_{10}$ palomas$_{11}$ y$_{12}$ a los$_{13}$ cambistas.$_{14}$
4453 1016 2532 4263 2532 4058 2532 3588 2773
VPAP-PAM NAPM CLN NAPN CLN NAPF CLN DAPM NAPM

καθημένους, 15 καὶ ποιήσας φραγέλλιον ἐκ σχοινίων πάντας
sentados$_{1}$ Y habiendo hecho un látigo de sogas, a todos,$_{5}$
2521 2532 4160 5416 1537 4979 3956
VPUP-PAM CLN VAAP-SNM NASN P NGPN JAPM

ἐξέβαλεν ἐκ τοῦ ἱεροῦ τά τε πρόβατα καὶ τοὺς βόας,
echó fuera$_{1}$ de$_{2}$ el$_{3}$ templo$_{4}$ a las$_{7}$ tanto$_{6}$ ovejas$_{8}$ también a los bueyes,
1544 1537 3588 2411 3588 5037 4263 2532 3588 1016
VAAI3S P DGSN NGSN, JGSN DAPN CLK NAPN CLK, CLN DAPM NAPM

καὶ τῶν κολλυβιστῶν ἐξέχεεν τὰ κέρματα καὶ τὰς τραπέζας
y de los$_{4}$ cambistas$_{5}$ desparramó$_{1}$ las$_{2}$ monedas$_{3}$ y$_{6}$ las$_{8}$ mesas.$_{9}$
2532 3588 2855 1632 3588 2772 2532 3588 5132
CLN DGPM NGPM VAAI3S DAPN NAPN CLN DAPF NAPF

ἀνέστρεψεν, 16 καὶ τοῖς τὰς περιστερὰς πωλοῦσιν εἶπεν· Ἄρατε ταῦτα
volcó$_{7}$ Y$_{1}$ a los$_{3}$ las$_{5}$ palomas$_{6}$ que venden$_{4}$ dijo:$_{2}$ Quitad estas cosas
390 2532 3588 3588 4058 4453 2036 142 5023
VAAI3S CLN DDPM DAPF NAPF VPAP-PDM VAAI3S VAAM2P RD-APN

ἐντεῦθεν, μὴ ποιεῖτε τὸν οἶκον τοῦ πατρός μου οἶκον ἐμπορίου.
de aquí; no hagáis la casa del Padre de mí casa de mercado.
1782 3361 4160 3588 3624 3588 3962 3450 3624 1712
BP BN, TN VPAM2P DASM NASM DGSM NGSM RP1GS NASM NGSN

17 ἐμνήσθησαν οἱ μαθηταὶ αὐτοῦ ὅτι γεγραμμένον ἐστίν· Ὁ ζῆλος
recordaron$_{4}$ Los$_{1}$ discípulos$_{2}$ de él$_{3}$ que escrito está: El celo
3415 3588 3101 846 3754 1125 2076 3588 2205
VAPI3P DNPM NNPM RP3GSM CSC VRPP-SNN VPAI3S DNSM NNSM

τοῦ οἴκου σου καταφάγεταί με. 18 ἀπεκρίθησαν οὖν οἱ Ἰουδαῖοι
de la casa de ti devorará a mí. respondieron$_{4}$ Así que,$_{1}$ los$_{2}$ judíos$_{3}$
3588 3624 4675 2719 3165 611 3767 3588 2453
DGSM NGSM RP2GS VFMI3S RP1AS VAPI3P, VAMI3P CLI DNPM JNPM

καὶ εἶπαν αὐτῷ· Τί σημεῖον δεικνύεις ἡμῖν, ὅτι ταῦτα
y dijeron a él: ¿Qué señal muestras a nosotros ya que$_{1}$ estas cosas?$_{3}$
2532 3004 846 5101 4592 1166 2254 3754 5023
CLN VAAI3P RP3DSM JASN, RI-ASN NASN VPAI2S RP1DP CSC RD-APN

ποιεῖς; 19 ἀπεκρίθη Ἰησοῦς καὶ εἶπεν αὐτοῖς· Λύσατε τὸν ναὸν τοῦτον
haces$_{2}$ respondió$_{2}$ Jesús$_{1}$ y dijo a ellos: Destruid el templo,$_{2}$ este$_{1}$
4160 611 2424 2532 2036 846 3089 3588 3485 5126
VPAI2S VAPI3S, VAMI3S NNSM CLN VAAI3S RP3DPM VAAM2P DASM NASM RD-ASM

NVI

hermanos y sus discípu-
los, y se quedaron allí
unos días.

Jesús purifica el templo

13 Cuando se apro-
ximaba la Pascua de
los judíos, subió Jesús
a Jerusalén. 14 Y en el
templo halló a los que
vendían bueyes, ovejas
y palomas, e instalados
en sus mesas a los que
cambiaban dinero.
15 Entonces, haciendo
un látigo de cuerdas,
echó a todos del templo,
juntamente con sus
ovejas y sus bueyes; regó
por el suelo las monedas
de los que cambiaban di-
nero y derribó sus mesas.
16 A los que vendían las
palomas les dijo:
—¡Saquen esto de
aquí! ¿Cómo se atreven
a convertir la casa de mi
Padre en un mercado?
17 Sus discípulos se
acordaron de que está
escrito: «El celo por
tu casa me consumi-
rá». 18 Entonces los
judíos reaccionaron,
preguntándole:
—¿Qué señal puedes
mostrarnos para actuar
de esta manera?
19 —Destruyan este
templo —respondió

RVR

templo, y en tres días lo
levantaré.
20 Dijeron entonces los
judíos: En cuarenta y
seis años fue edificado
este templo, ¿y tú lo
levantarás en tres días?
21 Pero él se refería al
templo de su cuerpo.
22 Por eso, cuando
resucitó de entre los
muertos, sus discípulos
se acordaron de que
había dicho esto; y
creyeron a la Escritura
y a la palabra que Jesús
había dicho.

Jesús conoce a todos los hombres

23 Mientras estaba en
Jerusalén en la fiesta
de la pascua, muchos
creyeron en su nombre,
al ver las señales que
hacía.
24 Pero Jesús mismo no
se confiaba a ellos, por-
que conocía a todos,
25 y no tenía necesidad
de que nadie le diese
testimonio acerca del
hombre, pues él sabía lo
que había en el hombre.

El nuevo nacimiento

3 Había un hombre
de los fariseos que
se llamaba Nicodemo,
un hombre importante
entre los judíos.
2 Éste vino a Jesús
de noche, y le

καὶ	ἐν	τρισὶν	ἡμέραις	ἐγερῶ	αὐτόν.	20 εἶπαν	οὖν	οἱ	Ἰουδαῖοι·
y	en	tres	días	levantaré	a él.	dijeron:$_4$	Así que,$_1$	los$_2$	judíos$_3$
2532	1722	5140	2250	1453	846	3004	3767	3588	2453
CLN	*P*	*JDPF*	*NDPF*	*VFAI1S*	*RP3ASM*	*VAAI3P*	*CLI*	*DNPM*	*JNPM*

Τεσσεράκοντα	καὶ	ἓξ	ἔτεσιν	οἰκοδομήθη	ὁ	ναὸς	οὗτος,	καὶ	σὺ
(en) cuarenta$_9$	y$_{10}$	seis$_{11}$	años,$_{12}$	fue construido$_8$	--$_6$	templo$_7$	Este$_5$	y$_{13}$	tú$_{14}$
5062	2532	1803	2094	3618	3588	3485	3778	2532	4771
XN, J	*CLN*	*XN, J*	*NDPN*	*VAPI3S*	*DNSM*	*NNSM*	*RD-NSM*	*CLN*	*RP2NS*

ἐν	τρισὶν	ἡμέραις	ἐγερεῖς	αὐτόν;	21 ἐκεῖνος	δὲ	ἔλεγεν	περὶ	τοῦ	ναοῦ
en$_{17}$	tres$_{18}$	días?$_{19}$	levantarás$_{15}$	a él$_{16}$	aquel$_2$	Mas$_1$	hablaba	acerca de	del	templo
1722	5140	2250	1453	846	1565	1161	3004	4012	3588	3485
P	*JDPF*	*NDPF*	*VFAI2S*	*RP3ASM*	*RD-NSM*	*CLC*	*VIAI3S*	*P*	*DGSM*	*NGSM*

τοῦ	σώματος	αὐτοῦ.	22 ὅτε	οὖν	ἠγέρθη	ἐκ	νεκρῶν,	ἐμνήσθησαν
del	cuerpo	de él.	cuando$_2$	Así que,$_1$	fue resucitado	de entre	muertos,	recordaron$_4$
3588	4983	846	3753	3767	1453	1537	3498	3415
DGSN	*NGSN*	*RP3GSM*	*CAT*	*CLI*	*VAPI3S*	*P*	*JGPM*	*VAPI3P*

οἱ	μαθηταὶ	αὐτοῦ	ὅτι	τοῦτο	ἔλεγεν,	καὶ	ἐπίστευσαν	τῇ	γραφῇ	καὶ
los$_1$	discípulos$_2$	de él$_3$	que	esto	decía,	y	creyeron	a la	Escritura	y
3588	3101	846	3754	5124	3004	2532	4100	3588	1124	2532
DNPM	*NNPM*	*RP3GSM*	*CSC*	*RD-ASN*	*VIAI3S*	*CLN*	*VAAI3P*	*DDSF*	*NDSF*	*CLN*

τῷ	λόγῳ	ὃν	εἶπεν	ὁ	Ἰησοῦς.
a la	palabra	la que	dijo.$_3$	--$_1$	Jesús$_2$
3588	3056	3739	2036	3588	2424
DDSM	*NDSM*	*RR-ASM*	*VAAI3S*	*DNSM*	*NNSM*

23 Ὡς	δὲ	ἦν	ἐν	τοῖς	Ἱεροσολύμοις	ἐν	τῷ	πάσχα	ἐν
como$_2$	Mas$_1$	estaba$_3$	en$_4$	--	Jerusalén$_5$	en	la	Pascua,	en
5613	1161	2258	1722	3588	2414	1722	3588	3957	1722
CAT	*CLT*	*VIAI3S*	*P*	*DDPN*	*NDPN*	*P*	*DDSN, DDSM*	*NDSN, XF*	*P*

τῇ	ἑορτῇ,	πολλοὶ	ἐπίστευσαν	εἰς	τὸ	ὄνομα	αὐτοῦ,	θεωροῦντες
la	fiesta	muchos	creyeron	en	el	nombre	de él,	viendo
3588	1859	4183	4100	1519	3588	3686	846	2334
DDSF	*NDSF*	*JNPM*	*VAAI3P*	*P*	*DASN*	*NASN*	*RP3GSM*	*VPAP-PNM*

αὐτοῦ	τὰ	σημεῖα	ἃ	ἐποίει·	24 αὐτὸς	δὲ	Ἰησοῦς	οὐκ	ἐπίστευεν
de él,$_3$	las$_1$	señales$_2$	las que	hacía.	mismo$_3$	Pero$_1$	Jesús$_2$	no	creía
846	3588	4592	3739	4160	846	1161	2424	3756	4100
RP3GSM	*DAPN*	*NAPN*	*RR-APN*	*VIAI3S*	*RP3NSMP*	*CLC*	*NNSM*	*BN, TN*	*VIAI3S*

αὐτὸν	αὐτοῖς	διὰ	τὸ	αὐτὸν	γινώσκειν	πάντας	25 καὶ	ὅτι	οὐ
a sí mismo	en ellos,	a causa de	--	él	conocer	a todos,	también$_2$	porque$_1$	no$_3$
846	846	1223	3588	846	1097	3956	2532	3754	3756
RP3ASM	*RP3DPM*	*P*	*DASN*	*RP3ASM*	*VPAN*	*JAPM*	*CLN*	*CAZ*	*BN, TN*

χρείαν	εἶχεν	ἵνα	τις	μαρτυρήσῃ	περὶ	τοῦ	ἀνθρώπου,	αὐτὸς	γὰρ
necesidad$_5$	tenía$_4$	que	alguien	testificara	acerca de	del	ser humano,	él$_2$	porque$_1$
5532	2192	2443	5100	3140	4012	3588	444	846	1063
NASF	*VIAI3S*	*CSC*	*RX-NSM*	*VAAS3S*	*P*	*DGSM*	*NGSM*	*RP3NSMP*	*CAZ*

ἐγίνωσκεν	τί	ἦν	ἐν	τῷ	ἀνθρώπῳ.
conocía$_3$	qué	estaba (había)	en	el	ser humano.
1097	5101	2258	1722	3588	444
VIAI3S	*RI-NSN*	*VIAI3S*	*P*	*DDSM*	*NDSM*

3 Ἦν	δὲ	ἄνθρωπος	ἐκ	τῶν	Φαρισαίων,	Νικόδημος
estaba (había)$_2$	Mas$_1$	un hombre$_3$	de	los	fariseos,	Nicodemo
2258	1161	444	1537	3588	5330	3530
VIAI3S	*CLT*	*NNSM*	*P*	*DGPM*	*NGPM*	*NNSM*

ὄνομα	αὐτῷ,*	ἄρχων	τῶν	Ἰουδαίων·	2 οὗτος	ἦλθεν	πρὸς	αὐτὸν	νυκτὸς
nombre	a él,	magistrado	de los	judíos.	Este	vino	a	él	de noche
3686	846	758	3588	2453	3778	2064	4314	846	3571
NNSN	*RP3DSM*	*NNSM*	*DGPM*	*JGPM*	*RD-NSM*	*VAAI3S*	*P*	*RP3ASM*	*NGSF*

NVI

Jesús—, y lo levantaré de
nuevo en tres días.
20 —Tardaron
cuarenta y seis años en
construir este templo,
¿y tú vas a levantarlo en
tres días?
21 Pero el templo
al que se refería era su
propio cuerpo. 22 Así,
pues, cuando se levantó
de entre los muertos, sus
discípulos se acordaron
de lo que había dicho, y
creyeron en la Escritura
y en las palabras de Jesús.
23 Mientras estaba
en Jerusalén, durante
la fiesta de la Pascua,
muchos creyeron en su
nombre al ver las señales
que hacía. 24 En cambio
Jesús no les creía porque
los conocía a todos; 25 no
necesitaba que nadie le
informara nada acerca
de los demás, pues él
conocía el interior del
ser humano.

Jesús enseña a Nicodemo

3 Había entre los fa-
riseos un dirigente
de los judíos llamado
Nicodemo. 2 Este fue de
noche a visitar a Jesús.

3:1* O sea *cuyo nombre era.*

RVR

dijo: Rabí, sabemos
que has venido de Dios
como maestro; porque
nadie puede hacer estas
señales que tú haces, si
no está Dios con él.
3 Respondió Jesús y le
dijo: De cierto, de cierto
te digo, que el que no
nace de nuevo, no puede
ver el reino de Dios.
4 Nicodemo le dijo:
¿Cómo puede un hom-
bre nacer siendo viejo?
¿Puede acaso entrar por
segunda vez en el vientre
de su madre, y nacer?
5 Respondió Jesús: De
cierto, de cierto te digo,
que el que no nace de
agua y del Espíritu, no
puede entrar en el reino
de Dios.
6 Lo que es nacido de la
carne, carne es; y lo que
es nacido del Espíritu,
espíritu es.
7 No te asombres de que
te dije: Os es necesario
nacer de nuevo.
8 El viento sopla donde
quiere, y oyes su sonido;
pero no sabes de dónde
viene, ni adónde va;
así es todo aquel que es

καὶ	εἶπεν	αὐτῷ·	Ῥαββί,	οἴδαμεν	ὅτι	ἀπὸ	θεοῦ	ἐλήλυθας	διδάσκαλος·
y	dijo	a él:	Rabí,	sabemos	que	de$_3$	Dios,$_4$	has venido$_1$	(como) maestro$_2$
2532	2036	846	4461	1492	3754	575	2316	2064	1320
CLN	*VAAI3S*	*RP3DSM*	*NVSM, XF*	*VRAI1P*	*CSC*	*P*	*NGSM*	*VRAI2S*	*NNSM*

οὐδεὶς	γὰρ	δύναται	ταῦτα	τὰ	σημεῖα	ποιεῖν	ἃ	σὺ	ποιεῖς,	ἐὰν
nadie$_6$	porque$_5$	puede$_7$	estas$_9$	las$_{10}$	señales,$_{11}$	hacer$_8$	las que	tú	haces,	si
3762	1063	1410	5023	3588	4592	4160	3739	4771	4160	1437
JNSM	*CAZ*	*VPUI3S*	*RD-APN*	*DAPN*	*NAPN*	*VPAN*	*RR-APN*	*RP2NS*	*VPAI2S*	*CAC*

μὴ	ᾖ	ὁ	θεὸς	μετ'	αὐτοῦ.	3 ἀπεκρίθη	Ἰησοῦς	καὶ	εἶπεν	αὐτῷ·
no$_3$	está$_4$	--$_1$	Dios$_2$	con	él.	respondió$_2$	Jesús$_1$	y	dijo	a él:
3361	5600	3588	2316	3326	846	611	2424	2532	2036	846
BN, TN	*VPAS3S*	*DNSM*	*NNSM*	*P*	*RP3GSM*	*VAPI3S, VAMI3S*	*NNSM*	*CLN*	*VAAI3S*	*RP3DSM*

Ἀμὴν	ἀμὴν	λέγω	σοι,	ἐὰν	μή	τις	γεννηθῇ	ἄνωθεν,	οὐ	δύναται
De cierto,	de cierto	digo	a ti:	si$_1$	no$_3$	alguien$_2$	naciera	de lo alto,	no	puede
281	281	3004	4671	1437	3361	5100	1080	509	3756	1410
XF, T	*XF, T*	*VPAI1S*	*RP2DS*	*CAC*	*BN, TN*	*RX-NSM*	*VAPS3S*	*BP*	*BN, TN*	*VPUI3S*

ἰδεῖν	τὴν	βασιλείαν	τοῦ	θεοῦ.	4 λέγει	πρὸς	αὐτὸν	ὁ	Νικόδημος·
ver	el	reino	de --	Dios.	dice$_3$	a$_4$	a él:$_5$	--$_1$	Nicodemo$_2$
1492	3588	932	3588	2316	3004	4314	846	3588	3530
VAAN	*DASF*	*NASF*	*DGSM*	*NGSM*	*VPAI3S*	*P*	*RP3ASM*	*DNSM*	*NNSM*

Πῶς	δύναται	ἄνθρωπος	γεννηθῆναι	γέρων	ὤν;	μὴ	δύναται	εἰς
¿Cómo	puede	un ser humano	nacer	viejo?$_2$	siendo$_1$	No	puede	hacia
4459	1410	444	1080	1088	5607	3361	1410	1519
BI	*VPUI3S*	*NNSM*	*VAPN*	*NNSM*	*VPAP-SNM*	*TN*	*VPUI3S*	*P*

τὴν	κοιλίαν	τῆς	μητρὸς	αὐτοῦ	δεύτερον	εἰσελθεῖν	καὶ	γεννηθῆναι;
el	vientre	de la	madre	de él	por segunda vez$_2$	entrar$_1$	y	nacer.
3588	2836	3588	3384	846	1208	1525	2532	1080
DASF	*NASF*	*DGSF*	*NGSF*	*RP3GSM*	*B, J*	*VAAN*	*CLN*	*VAPN*

5 ἀπεκρίθη	Ἰησοῦς·	Ἀμὴν	ἀμὴν	λέγω	σοι,	ἐὰν	μή	τις	γεννηθῇ
respondió:$_2$	Jesús$_1$	De cierto,	de cierto	digo	a ti:	Si$_1$	no$_3$	alguien$_2$	naciera$_4$
611	2424	281	281	3004	4671	1437	3361	5100	1080
VAPI3S, VAMI3S	*NNSM*	*XF, T*	*XF, T*	*VPAI1S*	*RP2DS*	*CAC*	*BN, TN*	*RX-NSM*	*VAPS3S*

ἐξ	ὕδατος	καὶ	πνεύματος,	οὐ	δύναται	εἰσελθεῖν	εἰς	τὴν	βασιλείαν
de	agua	y	de(l) Espíritu	no	puede	entrar	en	el	reino
1537	5204	2532	4151	3756	1410	1525	1519	3588	932
P	*NGSN*	*CLN*	*NGSN*	*BN, TN*	*VPUI3S*	*VAAN*	*P*	*DASF*	*NASF*

τοῦ	θεοῦ.	6 τὸ	γεγεννημένον	ἐκ	τῆς	σαρκὸς	σάρξ	ἐστιν,	καὶ	τὸ
de --	Dios.	Lo que	ha nacido	de	la	carne,	carne;$_2$	es$_1$	y	lo que
3588	2316	3588	1080	1537	3588	4561	4561	2076	2532	3588
DGSM	*NGSM*	*DNSN*	*VRPP-SNN*	*P*	*DGSF*	*NGSF*	*NNSF*	*VPAI3S*	*CLC*	*DNSN*

γεγεννημένον	ἐκ	τοῦ	πνεύματος	πνεῦμά	ἐστιν.	7 μὴ	θαυμάσῃς	ὅτι
ha nacido	de	el	Espíritu	espíritu.$_2$	es$_1$	No	maravilléis	que
1080	1537	3588	4151	4151	2076	3361	2296	3754
VRPP-SNN	*P*	*DGSN*	*NGSN*	*NNSN*	*VPAI3S*	*BN, TN*	*VAAS2S*	*CSC*

εἶπόν	σοι	Δεῖ	ὑμᾶς	γεννηθῆναι	ἄνωθεν.	8 τὸ	πνεῦμα	ὅπου
dije	a ti:	Es necesario	a vosotros.$_3$	nacer$_1$	de lo alto$_2$	El$_1$	espíritu$_2$	donde$_4$
2036	4671	1163	5209	1080	509	3588	4151	3699
VAAI1S	*RP2DS*	*VPAI3S*	*RP2AP*	*VAPN*	*BP*	*DNSN*	*NNSN*	*CAL*

θέλει	πνεῖ,	καὶ	τὴν	φωνὴν	αὐτοῦ	ἀκούεις,	ἀλλ'	οὐκ	οἶδας	πόθεν
quiere,$_5$	sopla$_3$	y$_6$	la$_8$	voz$_9$	de él,$_{10}$	oyes$_7$	pero	no	sabes	de dónde
2309	4154	2532	3588	5456	846	191	235	3756	1492	4159
VPAI3S	*VPAI3S*	*CLN*	*DASF*	*NASF*	*RP3GSN*	*VPAI2S*	*CLC*	*BN, TN*	*VRAI2S*	*B*

ἔρχεται	καὶ	ποῦ	ὑπάγει·	οὕτως	ἐστὶν	πᾶς	ὁ	γεγεννημένος	ἐκ	τοῦ
viene	y	adónde	va.	Así	es	todo	el que	ha nacido	de	el
2064	2532	4226	5217	3779	2076	3956	3588	1080	1537	3588
VPUI3S	*CLN*	*BP*	*VPAI3S*	*B*	*VPAI3S*	*JNSM*	*DNSM*	*VRPP-SNM*	*P*	*DGSN*

NVI

—Rabí —le dijo—,
sabemos que eres un
maestro que ha venido
de parte de Dios, porque
nadie podría hacer las
señales que tú haces si
Dios no estuviera con él.
3 —De veras te asegu-
ro que quien no nazca
de nuevo no puede ver
el reino de Dios —dijo
Jesús.
4 —¿Cómo puede
uno nacer de nuevo
siendo ya viejo? —pre-
guntó Nicodemo—.
¿Acaso puede entrar por
segunda vez en el vientre
de su madre y volver a
nacer?
5 —Yo te aseguro
que quien no nazca de
agua y del Espíritu no
puede entrar en el reino
de Dios —respondió
Jesús—. 6 Lo que nace
del cuerpo es cuerpo;
lo que nace del Espíritu
es espíritu. 7 No te sor-
prendas de que te haya
dicho: "Tienen que na-
cer de nuevo". 8 El viento
sopla por donde quiere,
y lo oyes silbar, aunque
ignoras de dónde viene
y a dónde va. Lo mismo
pasa con todo el que
nace del Espíritu.

RVR

nacido del Espíritu.
9 Respondió Nicodemo
y le dijo: ¿Cómo puede
ser eso?
10 Respondió Jesús y le
dijo: Tú eres el maestro
de Israel, ¿y no conoces
estas cosas?
11 De cierto, de cierto
te digo, que hablamos
lo que sabemos, y
testificamos de lo que
hemos visto; y no recibís
nuestro testimonio.
12 Si os he dicho cosas
de la tierra, y no creéis,
¿cómo creeréis si os digo
las del cielo?
13 Y nadie ha subido al
cielo, sino el que descen-
dió del cielo; el Hijo del
Hombre, que está en
el cielo.
14 Y como Moisés
levantó la serpiente en
el desierto, así también
tiene que ser levantado
el Hijo del Hombre,
15 para que todo aquel
que cree en él, no perez-
ca, sino que tenga vida
eterna.

De tal manera amó Dios al mundo

16 Porque de tal manera
amó Dios al mundo,
que ha dado a su Hijo
unigénito, para que
todo aquel que cree en
él, no perezca, sino que
tenga vida eterna.
17 Porque Dios no envió

πνεύματος.	9 ἀπεκρίθη	Νικόδημος	καὶ	εἶπεν	αὐτῷ·	Πῶς	δύναται
Espíritu.	respondió$_2$	Nicodemo$_1$	y	dijo	a él:	¿Cómo$_1$	puede$_2$
4151	611	3530	2532	2036	846	4459	1410
NGSN	VAPI3S, VAMI3S	NNSM	CLN	VAAI3S	RP3DSM	BI	VPUI3S

ταῦτα	γενέσθαι;	10 ἀπεκρίθη	Ἰησοῦς	καὶ	εἶπεν	αὐτῷ·	Σὺ	εἶ
estas cosas?$_4$	suceder$_3$	respondió$_2$	Jesús$_1$	y	dijo	a él:	Tú	eres
5023	1096	611	2424	2532	2036	846	4771	1488
RD-NPN	VAMN	VAPI3S, VAMI3S	NNSM	CLN	VAAI3S	RP3DSM	RP2NS	VPAI2S

ὁ	διδάσκαλος	τοῦ	Ἰσραὴλ	καὶ	ταῦτα	οὐ	γινώσκεις;	11 ἀμὴν
el	maestro	de--	Israel,	¿y$_1$	estas cosas?$_4$	no$_2$	conoces$_3$	De cierto,
3588	1320	3588	2474	2532	5023	3756	1097	281
DNSM	NNSM	DGSM	NGSM, XP	CLN	RD-APN	BN, TN	VPAI2S	XF, T

ἀμὴν	λέγω	σοι	ὅτι	ὃ	οἴδαμεν	λαλοῦμεν	καὶ	ὃ	ἑωράκαμεν
de cierto	digo	a ti	que:$_1$	lo que$_3$	sabemos,$_4$	hablamos$_2$	y$_5$	lo que$_7$	hemos visto,$_8$
281	3004	4671	3754	3739	1492	2980	2532	3739	3708
XF, T	VPAI1S	RP2DS	CSC	RR-ASN	VRAI1P	VPAI1P	CLN	RR-ASN	VRAI1P

μαρτυροῦμεν,	καὶ	τὴν	μαρτυρίαν	ἡμῶν	οὐ	λαμβάνετε.	12 εἰ
testificamos$_6$	y$_9$	el$_{12}$	testimonio$_{13}$	de nosotros.$_{14}$	no$_{10}$	recibís$_{11}$	Si$_1$
3140	2532	3588	3141	2257	3756	2983	1487
VPAI1P	CLC	DASF	NASF	RP1GP	BN, TN	VPAI2P	CAC

τὰ	ἐπίγεια	εἶπον	ὑμῖν	καὶ	οὐ	πιστεύετε,	πῶς	ἐὰν	εἴπω	ὑμῖν
las cosas$_4$	terrenas$_5$	dije$_2$	a vosotros$_3$	y$_6$	no$_7$	creéis,$_8$	¿cómo$_1$	si$_3$	dijera$_4$	a vosotros$_5$
3588	1919	2036	5213	2532	3756	4100	4459	1437	2036	5213
DAPN	JAPN	VAAI1S	RP2DP	CLN	BN, TN	VPAI2P	BI	CAC	VAAS1S	RP2DP

τὰ	ἐπουράνια	πιστεύσετε;	13 καὶ	οὐδεὶς	ἀναβέβηκεν	εἰς	τὸν
las cosas$_6$	celestiales?$_7$	creeréis$_2$	Y	nadie	ha subido	a	el
3588	2032	4100	2532	3762	305	1519	3588
DAPN	JAPN	VFAI2P	CLN	JNSM	VRAI3S	P	DASM

οὐρανὸν	εἰ	μὴ	ὁ	ἐκ	τοῦ	οὐρανοῦ	καταβάς,	ὁ	υἱὸς	τοῦ
cielo	si$_1$	no$_2$	el que$_3$	de$_5$	el$_6$	cielo,$_7$	descendió$_4$	el	Hijo	del
3772	1487	3361	3588	1537	3588	3772	2597	3588	5207	3588
NASM	CAC	BN, TN	DNSM	P	DGSM	NGSM	VAAP-SNM	DNSM	NNSM	DGSM

⌈ἀνθρώπου.	14 καὶ	καθὼς	Μωϋσῆς	ὕψωσεν	τὸν	ὄφιν	ἐν	τῇ	ἐρήμῳ,
Hombre.	Y	como	Moisés	levantó	la	serpiente	en	el	desierto,
444	2532	2531	3475	5312	3588	3789	1722	3588	2048
NGSM	CLN	CAM	NNSM	VAAI3S	DASM	NASM	P	DDSF	JDSF

οὕτως	ὑψωθῆναι	δεῖ	τὸν	υἱὸν	τοῦ	ἀνθρώπου,	15 ἵνα	πᾶς	ὁ
así$_1$	ser levantado,$_7$	es necesario que$_2$	el$_3$	Hijo$_4$	del$_5$	Hombre$_6$	para que	todo	el que
3779	5312	1163	3588	5207	3588	444	2443	3956	3588
B	VAPN	VPAI3S	DASM	NASM	DGSM	NGSM	CAP	JNSM	DNSM

πιστεύων	ἐν	αὐτῷ	ἔχῃ	ζωὴν	αἰώνιον.
está creyendo	en	él	tenga	vida	eterna.
4100	1722	846	2192	2222	166
VPAP-SNM	P	RP3DSM	VPAS3S	NASF	JASF

16 Οὕτως	γὰρ	ἠγάπησεν	ὁ	θεὸς	τὸν	κόσμον	ὥστε	τὸν
así$_2$	Porque$_1$	amó$_5$	--$_3$	Dios$_4$	al$_6$	mundo,$_7$	de tal modo que$_8$	al$_{10}$
3779	1063	25	3588	2316	3588	2889	5620	3588
B	CLX	VAAI3S	DNSM	NNSM	DASM	NASM	CAR	DASM

υἱὸν	τὸν	μονογενῆ	ἔδωκεν,	ἵνα	πᾶς	ὁ	πιστεύων	εἰς	αὐτὸν
Hijo,$_{11}$	el$_{12}$	unigénito,$_{13}$	dio$_9$	para que	todo	el que	cree	en	él
5207	3588	3439	1325	2443	3956	3588	4100	1519	846
NASM	DASM	JASM	VAAI3S	CAP	JNSM	DNSM	VPAP-SNM	P	RP3ASM

μὴ	ἀπόληται	ἀλλὰ	ἔχῃ	ζωὴν	αἰώνιον.	17 οὐ	γὰρ	ἀπέστειλεν	ὁ
no	perezca,	sino	tenga	vida	eterna.	no$_4$	Porque$_1$	envió$_5$	--$_2$
3361	622	235	2192	2222	166	3756	1063	649	3588
BN, TN	VAMS3S	CLC	VPAS3S	NASF	JASF	BNTN	CLX	VAAI3S	DNSM

NVI

9 Nicodemo replicó:
—¿Cómo es posible
que esto suceda?
10 —Tú eres maestro
de Israel, ¿y no entiendes
estas cosas? —respondió
Jesús—. 11 Te aseguro
que hablamos de lo que
sabemos y damos testi-
monio de lo que hemos
visto personalmente,
pero ustedes no aceptan
nuestro testimonio.
12 Si les he hablado de
las cosas terrenales, y no
creen, ¿entonces cómo
van a creer si les hablo de
las celestiales? 13 Nadie
ha subido jamás al cielo
sino el que descendió
del cielo, el Hijo del
hombre.

Jesús y el amor del Padre

14 »Como levantó
Moisés la serpiente en el
desierto, así también tie-
ne que ser levantado el
Hijo del hombre, 15 para
que todo el que crea en
él tenga vida eterna.
16 »Porque tanto amó
Dios al mundo que dio a
su Hijo unigénito, para
que todo el que cree
en él no se pierda, sino
que tenga vida eterna.
17 Dios no envió a su

3:13⌈ Manuscritos inferiores aumentaron *el que está en el cielo.*

RVR

a su Hijo al mundo para
condenar al mundo,
sino para que el mundo
sea salvo por medio
de él.
18 El que cree en él, no
es condenado; pero el
que no cree, ya ha sido
condenado, porque no
ha creído en el nombre
del unigénito Hijo de
Dios.
19 Y esta es la condena-
ción: que la luz vino al
mundo, y los hombres
amaron más las tinieblas
que la luz, porque sus
obras eran malas.
20 Porque todo aquel
que obra el mal, aborre-
ce la luz y no viene a la
luz, para que sus obras
no sean redargüidas.
21 Pero el que practica
la verdad viene a la luz,
para que sean manifies-
tas sus obras, que han
sido hechas según Dios.

El amigo del esposo

22 Después de esto, vino
Jesús con sus discípulos
a la tierra de Judea, y
pasó allí algún tiempo
con ellos, y bautizaba.
23 Juan también bauti-
zaba en Enón, cerca de

θεὸς	τὸν	υἱὸν	εἰς	τὸν	κόσμον	ἵνα	κρίνῃ	τὸν	κόσμον,	ἀλλ'	ἵνα
Dios$_3$	al	Hijo	hacia	el	mundo	para que	juzgare	al	mundo,	sino	para que
2316	3588	5207	1519	3588	2889	2443	2919	3588	2889	235	2443
NNSM	*DASM*	*NASM*	*P*	*DASM*	*NASM*	*CAP*	*VPAS3S*	*DASM*	*NASM*	*CLC*	*CAP*

σωθῇ	ὁ	κόσμος	δι'	αὐτοῦ.	18 ὁ	πιστεύων	εἰς	αὐτὸν
sea salvado$_3$	el$_1$	mundo$_2$	por medio de$_4$	él.$_5$	El que	estea creyendo	en	él
4982	3588	2889	1223	846	3588	4100	1519	846
VAPS3S	*DNSM*	*NNSM*	*P*	*RP3GSM*	*DNSM*	*VPAP-SNM*	*P*	*RP3ASM*

οὐ	κρίνεται·	ὁ	δὲ	μὴ	πιστεύων	ἤδη	κέκριται,	ὅτι	μὴ
no	es juzgado,	el que$_4$	mas$_1$	no$_5$	está creyendo,$_6$	ya$_2$	ha sido juzgado$_3$	porque	no
3756	2919	3588	1161	3361	4100	2235	2919	3754	3361
BN, TN	*VPPI3S*	*DNSM*	*CLC*	*BN, TN*	*VPAP-SNM*	*B*	*VRPI3S*	*CAZ*	*BN, TN*

πεπίστευκεν	εἰς	τὸ	ὄνομα	τοῦ	μονογενοῦς	υἱοῦ	τοῦ	θεοῦ.	19 αὕτη
ha creído	en	el	nombre	del	Unigénito	Hijo	de --	Dios.	este$_2$
4100	1519	3588	3686	3588	3439	5207	3588	2316	3778
VRAI3S	*P*	*DASN*	*NASN*	*DGSM*	*JGSM*	*NGSM*	*DGSM*	*NGSM*	*RD-NSF*

δέ	ἐστιν	ἡ	κρίσις	ὅτι	τὸ	φῶς	ἐλήλυθεν	εἰς	τὸν	κόσμον	καὶ
Mas$_1$	es	el	juicio	que	la	luz	ha venido	a	el	mundo,	y$_1$
1161	2076	3588	2920	3754	3588	5457	2064	1519	3588	2889	2532
CLN	*VPAI3S*	*DNSF*	*NNSF*	*CSC*	*DNSN*	*NNSN*	*VRAI3S*	*P*	*DASM*	*NASM*	*CLC*

ἠγάπησαν	οἱ	ἄνθρωποι	μᾶλλον	τὸ	σκότος	ἢ	τὸ	φῶς,	ἦν
amaron$_4$	los$_2$	seres humanos$_3$	más	la	oscuridad	que	la	luz,	era (eran)$_5$
25	3588	444	3123	3588	4655	2228	3588	5457	2258
VAAI3P	*DNPM*	*NNPM*	*B*	*DASN*	*NASN*	*CAM*	*DASN*	*NASN*	*VIAI3S*

γὰρ	αὐτῶν	πονηρὰ	τὰ	ἔργα.	20 πᾶς	γὰρ	ὁ	φαῦλα	πράσσων
porque$_1$	de ellos$_4$	malas.$_6$	las$_2$	obras$_3$	todo$_2$	Porque$_1$	el que$_3$	cosas malas,$_5$	está haciendo$_4$
1063	846	4190	3588	2041	3956	1063	3588	5337	4238
CAZ	*RP3GPM*	*JNPN*	*DNPN*	*NNPN*	*JNSM*	*CLX*	*DNSM*	*JAPN*	*VPAP-SNM*

μισεῖ	τὸ	φῶς	καὶ	οὐκ	ἔρχεται	πρὸς	τὸ	φῶς,	ἵνα	μὴ	ἐλεγχθῇ
odia,$_8$	la$_6$	luz$_7$	y	no	viene	hacia	la	luz,	para que$_1$	no$_5$	sean manifestadas.$_6$
3404	3588	5457	2532	3756	2064	4314	3588	5457	2443	3361	1651
VPAI3S	*DASN*	*NASN*	*CLN*	*BN, TN*	*VPUI3S*	*P*	*DASN*	*NASN*	*CAP*	*BN, TN*	*VAPS3S*

τὰ	ἔργα	αὐτοῦ·	21 ὁ	δὲ	ποιῶν	τὴν	ἀλήθειαν	ἔρχεται	πρὸς
las$_2$	obras$_3$	de él$_4$	el que$_2$	Mas$_1$	hace (practica)$_3$	la	verdad	viene	hacia
3588	2041	846	3588	1161	4160	3588	225	2064	4314
DNPN	*NNPN*	*RP3GSM*	*DNSM*	*CLC*	*VPAP-SNM*	*DASF*	*NASF*	*VPUI3S*	*P*

τὸ	φῶς,	ἵνα	φανερωθῇ	αὐτοῦ	τὰ	ἔργα	ὅτι	ἐν	θεῷ	ἐστιν
la	luz	para que$_1$	sea manifestado,$_5$	de él$_4$	las$_2$	obras$_3$	porque$_6$	en$_9$	Dios.$_{10}$	está(n)$_7$
3588	5457	2443	5319	846	3588	2041	3754	1722	2316	2076
DASN	*NASN*	*CAP*	*VAPS3S*	*RP3GSM*	*DNPN*	*NNPN*	*CSC*	*P*	*NDSM*	*VPAI3S*

εἰργασμένα.
hechas$_8$
2038
VRPP-PNN

22 Μετὰ	ταῦτα	ἦλθεν	ὁ	Ἰησοῦς	καὶ	οἱ	μαθηταὶ	αὐτοῦ	εἰς
Después de	estas cosas	vino$_7$	--$_1$	Jesús$_2$	y$_3$	los$_4$	discípulos$_5$	de él$_6$	a$_8$
3326	5023	2064	3588	2424	2532	3588	3101	846	1519
P	*RD-APN*	*VAAI3S*	*DNSM*	*NNSM*	*CLN*	*DNPM*	*NNPM*	*RP3GSM*	*P*

τὴν	Ἰουδαίαν	γῆν,	καὶ	ἐκεῖ	διέτριβεν	μετ'	αὐτῶν	καὶ	ἐβάπτιζεν.
la$_9$	Judea,$_{11}$	tierra$_{10}$	y	allí	se quedaba	con	ellos,	y	bautizaba.
3588	2453	1093	2532	1563	1304	3326	846	2532	907
DASF	*JASF*	*NASF*	*CLN*	*BP*	*VIAI3S*	*P*	*RP3GPM*	*CLN*	*VIAI3S*

23 ἦν	δὲ	καὶ	ὁ	Ἰωάννης	βαπτίζων	ἐν	Αἰνὼν	ἐγγὺς	τοῦ
estaba$_2$	Mas$_1$	también$_3$	--$_4$	Juan$_5$	bautizando$_6$	en	Enón,	cerca	del
2258	1161	2532	3588	2491	907	1722	137	1451	3588
VIAI3S	*CLN*	*BE, TE*	*DNSM*	*NNSM*	*VPAP-SNM*	*P*	*NDSF, XP*	*P, B*	*DGSN, DGSM*

NVI

Hijo al mundo para
condenar al mundo,
sino para salvarlo por
medio de él. 18 El que
cree en él no es condena-
do, pero el que no cree
ya está condenado por
no haber creído en el
nombre del Hijo unigé-
nito de Dios. 19 Esta es la
causa de la condenación:
que la luz vino al mun-
do, pero la humanidad
prefirió las tinieblas a la
luz, porque sus hechos
eran perversos. 20 Pues
todo el que hace lo malo
aborrece la luz, y no se
acerca a ella por temor
a que sus obras queden
al descubierto. 21 En
cambio, el que practica
la verdad se acerca a la
luz, para que se vea cla-
ramente que ha hecho
sus obras en obediencia
a Dios».

Testimonio de Juan el Bautista acerca de Jesús

22 Después de esto
Jesús fue con sus dis-
cípulos a la región de
Judea. Allí pasó algún
tiempo con ellos, y
bautizaba. 23 También
Juan estaba bautizan-
do en Enón, cerca de

RVR

Salim, porque había allí
muchas aguas; y acu-
dían y eran bautizados.
24 Porque Juan no había
sido aún encarcelado.
25 Hubo, pues, una
discusión entre los
discípulos de Juan y
un judío acerca de la
purificación.
26 Y vinieron a Juan y le
dijeron: Rabí, el que es-
taba contigo al otro lado
del Jordán, de quien tú
diste testimonio, mira,
ése está bautizando, y
todos vienen a él.
27 Respondió Juan y
dijo: Un hombre no
puede recibir nada, si
no se le ha dado del
cielo.
28 Vosotros mismos me
sois testigos de que dije:
Yo no soy el Cristo, sino
que soy enviado delante
de él.
29 El que tiene a la novia,
es el novio; pero el
amigo del novio, que
está a su lado y le oye,
se alegra mucho por la
voz del novio; así pues,
este gozo mío se ha
completado.

Σαλείμ,	ὅτι	ὕδατα	πολλὰ	ἦν	ἐκεῖ,	καὶ	παρεγίνοντο	καὶ
Salim,	porque$_1$	aguas$_3$	muchas$_2$	estaba (había)$_4$	allí,	y	acudían	y
4530	3754	5204	4183	2258	1563	2532	3854	2532
NGSN, XP	*CAZ*	*NNPN*	*JNPN*	*VIAI3S*	*BP*	*CLN*	*VIMI3P*	*CLN*

ἐβαπτίζοντο·	24 οὔπω	γὰρ	ἦν	βεβλημένος	εἰς	τὴν	φυλακὴν
eran bautizados.	todavía no$_4$	porque$_1$	estaba (había)$_5$	sido echado$_6$	a$_7$	la$_8$	cárcel.$_9$
907	3768	1063	2258	906	1519	3588	5438
VIPI3P	*BN*	*CLX*	*VIAI3S*	*VRPP-SNM*	*P*	*DASF*	*NASF*

ὁ	Ἰωάννης.
--$_2$	Juan$_3$
3588	2491
DNSM	*NNSM*

25 Ἐγένετο	οὖν	ζήτησις	ἐκ	τῶν	μαθητῶν	Ἰωάννου	μετὰ
sucedió$_2$	Así que,$_1$	un discusión	de	los	discípulos	de Juan	con
1096	3767	2214	1537	3588	3101	2491	3326
VAMI3S	*CLI*	*NNSF*	*P*	*DGPM*	*NGPM*	*NGSM*	*P*

Ἰουδαίου	περὶ	καθαρισμοῦ.	26 καὶ	ἦλθον	πρὸς	τὸν	Ἰωάννην	καὶ
un judío	acerca de	purificación.	y	vinieron	a	--	Juan	y
2453	4012	2512	2532	2064	4314	3588	2491	2532
JGSM	*P*	*NGSM*	*CLN*	*VAAI3P*	*P*	*DASM*	*NASM*	*CLN*

εἶπαν	αὐτῷ·	Ῥαββί,	ὃς	ἦν	μετὰ	σοῦ	πέραν	τοῦ	Ἰορδάνου,
dijeron	a él:	Rabí,	el que	estaba	con	ti	al otro lado	del	Jordán,
3004	846	4461	3739	2258	3326	4675	4008	3588	2446
VAAI3P	*RP3DSM*	*NVSM, XF*	*RR-NSM*	*VIAI3S*	*P*	*RP2GS*	*P, B*	*DGSM*	*NGSM*

ᾧ	σὺ	μεμαρτύρηκας,	ἴδε	οὗτος	βαπτίζει	καὶ	πάντες	ἔρχονται
quien	tú	has testificado,	mira,	este	bautiza	y	todos	vienen
3739	4771	3140	1492	3778	907	2532	3956	2064
RR-DSM	*RP2NS*	*VRAI2S*	*I, VAAM2S*	*RD-NSM*	*VPAI3S*	*CLN*	*JNPM*	*VPUI3P*

πρὸς	αὐτόν.	27 ἀπεκρίθη	Ἰωάννης	καὶ	εἶπεν·	Οὐ	δύναται	ἄνθρωπος
hacia	él.	respondió$_2$	Juan$_1$	y	dijo:	No	puede	una persona
4314	846	611	2491	2532	2036	3756	1410	444
P	*RP3ASM*	*VAPI3S, VAMI3S*	*NNSM*	*CLN*	*VAAI3S*	*BN, TN*	*VPUI3S*	*NNSM*

λαμβάνειν	οὐδὲ	ἓν	ἐὰν	μὴ	ᾖ	δεδομένον	αὐτῷ	ἐκ	τοῦ
recibir	ni	una cosa,	si	no	fuere	dado	a él	de	el
2983	3761	1520	1437	3361	5600	1325	846	1537	3588
VPAN	*BN*	*JASN*	*CAC*	*BN, TN*	*VPAS3S*	*VRPP-SNN*	*RP3DSM*	*P*	*DGSM*

οὐρανοῦ.	28 αὐτοὶ	ὑμεῖς	μοι	μαρτυρεῖτε	ὅτι	εἶπον·	Οὐκ	εἰμὶ	ἐγὼ
cielo.	mismos$_2$	Vosotros$_1$	para mí$_4$	testificáis$_3$	que	dije:	No	soy	yo
3772	846	5210	3427	3140	3754	2036	3756	1510	1473
NGSM	*RP3NPMP*	*RP2NP*	*RP1DS*	*VPAI2P*	*CSC*	*VAAI1S*	*BN, TN*	*VPAI1S*	*RP1NS*

ὁ	χριστός,	ἀλλ᾽	ὅτι	Ἀπεσταλμένος	εἰμὶ	ἔμπροσθεν	ἐκείνου.	29 ὁ
el	Cristo,	sino	que	enviado$_2$	soy$_1$	delante	de aquel.	El que
3588	5547	235	3754	649	1510	1715	1565	3588
DNSM	*NNSM*	*CLC*	*CSC*	*VRPP-SNM*	*VPAI1S*	*P, B*	*RD-GSM*	*DNSM*

ἔχων	τὴν	νύμφην	νυμφίος	ἐστίν·	ὁ	δὲ	φίλος	τοῦ	νυμφίου
está teniendo	la	novia,	novio,$_2$	es$_1$	el$_4$	mas$_3$	amigo	del	novio,
2192	3588	3565	3566	2076	3588	1161	5384	3588	3566
VPAP-SNM	*DASF*	*NASF*	*NNSM*	*VPAI3S*	*DNSM*	*CLC*	*JNSM*	*DGSM*	*NGSM*

ὁ	ἑστηκὼς	καὶ	ἀκούων	αὐτοῦ,	χαρᾷ	χαίρει	διὰ	τὴν	φωνὴν
el que	ha estado presente	y	oyendo	de él	con gozo,	se alegra	a causa de	la	voz
3588	2476	2532	191	846	5479	5463	1223	3588	5456
DNSM	*VRAP-SNM*	*CLN*	*VPAP-SNM*	*RP3GSM*	*NDSF*	*VPAI3S*	*P*	*DASF*	*NASF*

τοῦ	νυμφίου.	αὕτη	οὖν	ἡ	χαρὰ	ἡ	ἐμὴ	πεπλήρωται.
del	novio.	este$_2$	Así que,$_1$	--	gozo	--	mío	se ha completado.
3588	3566	3778	3767	3588	5479	3588	1699	4137
DGSM	*NGSM*	*RD-NSF*	*CLI*	*DNSF*	*NNSF*	*DNSF*	*RS1NSF, JNSF*	*VRPI3S*

NVI

Salín, porque allí había
mucha agua. Así que la
gente iba para ser bau-
tizada. 24 (Esto sucedió
antes de que encarcela-
ran a Juan). 25 Se entabló
entonces una discusión
entre los discípulos de
Juan y un judío en torno
a los ritos de purifica-
ción. 26 Aquellos fueron
a ver a Juan y le dijeron:
—Rabí, fíjate, el
que estaba contigo al
otro lado del Jordán,
y de quien tú diste
testimonio, ahora está
bautizando, y todos
acuden a él.
27 —Nadie puede
recibir nada a menos
que Dios se lo conceda
—les respondió Juan—.
28 Ustedes me son
testigos de que dije: "Yo
no soy el Cristo, sino
que he sido enviado
delante de él". 29 El que
tiene a la novia es el
novio. Pero el amigo del
novio, que está a su lado
y lo escucha, se llena de
alegría cuando oye la
voz del novio. Esa es la
alegría que me inunda.

RVR

30 Es necesario que
él crezca, y que yo
mengüe.

El que viene de arriba

31 El que viene de
arriba está por encima
de todos; el que es de
la tierra, es terrenal, y
habla cosas terrenales; el
que viene del cielo, está
sobre todos.
32 Y lo que ha visto y
oído, de eso testifica;
y nadie recibe su testi-
monio.
33 El que recibe su testi-
monio, ése certifica que
Dios es veraz.
34 Porque Aquel a quien
Dios ha enviado, habla
las palabras de Dios;
pues Dios no da el
Espíritu por medida.
35 El Padre ama al Hijo,
y todas las cosas las ha
entregado en su mano.
36 El que cree en el Hijo,
tiene vida eterna; mas
el que rehúsa creer en
el Hijo, no verá la vida,
sino que la ira de Dios
permanece sobre él.

Jesucristo y la mujer samaritana

4 Cuando, pues, el
Señor supo que los
fariseos habían oído que
Jesús hacía y bautizaba
más discípulos que Juan
2 (aunque Jesús mismo
no bautizaba, sino sus
discípulos),
3 abandonó Judea,

30 ἐκεῖνον	δεῖ	αὐξάνειν,	ἐμὲ	δὲ	ἐλαττοῦσθαι.
aquel$_2$	Es necesario$_1$	crecer,$_3$	a mí$_5$	mas$_4$	disminuir.$_6$
1565	1163	837	1691	1161	1642
RD-ASM	*VPAI3S*	*VPAN*	*RP1AS*	*CLC*	*VPPN*

31 Ὁ	ἄνωθεν	ἐρχόμενος	ἐπάνω	πάντων	ἐστίν.	ὁ	ὢν	ἐκ
el que$_1$	de lo alto$_3$	viene,$_2$	sobre$_5$	todos;$_6$	está$_4$	el que	está siendo	de
3588	509	2064	1883	3956	2076	3588	5607	1537
DNSM	*BP*	*VPUP-SNM*	*P, B*	*JGPN*	*VPAI3S*	*DNSM*	*VPAP-SNM*	*P*

τῆς	γῆς	ἐκ	τῆς	γῆς	ἐστιν	καὶ	ἐκ	τῆς	γῆς	λαλεῖ·	ὁ	ἐκ	τοῦ
de la	tierra,	de$_2$	la$_3$	tierra$_4$	es$_1$	y$_5$	de$_7$	la$_8$	tierra,$_9$	habla$_6$	el (que)$_{10}$	de$_{12}$	el$_{13}$
3588	1093	1537	3588	1093	2076	2532	1537	3588	1093	2980	3588	1537	3588
DGSF	*NGSF*	*P*	*DGSF*	*NGSF*	*VPAI3S*	*CLN*	*P*	*DGSF*	*NGSF*	*VPAI3S*	*DNSM*	*P*	*DGSM*

οὐρανοῦ	ἐρχόμενος	ἐπάνω	πάντων	ἐστίν·	32 ὃ	ἑώρακεν	καὶ	ἤκουσεν
cielo$_{14}$	viene$_{11}$	sobre$_{16}$	todos;$_{17}$	está$_{15}$	el que	ha visto	y	oyó,
3772	2064	1883	3956	2076	3739	3708	2532	191
NGSM	*VPUP-SNM*	*P, B*	*JGPN*	*VPAI3S*	*RR-ASN*	*VRAI3S*	*CLN*	*VAAI3S*

τοῦτο	μαρτυρεῖ,	καὶ	τὴν	μαρτυρίαν	αὐτοῦ	οὐδεὶς	λαμβάνει.	33 ὁ
esto,$_2$	testifica$_1$	y$_3$	el$_6$	testimonio$_7$	de él.$_8$	nadie$_4$	recibe$_5$	El que
5124	3140	2532	3588	3141	846	3762	2983	3588
RD-ASN	*VPAI3S*	*CLC*	*DASF*	*NASF*	*RP3GSM*	*JNSM*	*VPAI3S*	*DNSM*

λαβὼν	αὐτοῦ	τὴν	μαρτυρίαν	ἐσφράγισεν	ὅτι	ὁ	θεὸς	ἀληθής
está recibiendo	de él	el	testimonio,	selló	que$_1$	--$_2$	Dios$_3$	veraz.$_5$
2983	846	3588	3141	4972	3754	3588	2316	227
VAAP-SNM	*RP3GSM*	*DASF*	*NASF*	*VAAI3S*	*CSC*	*DNSM*	*NNSM*	*JNSM*

ἐστιν.	34 ὃν	γὰρ	ἀπέστειλεν	ὁ	θεὸς	τὰ	ῥήματα	τοῦ	θεοῦ	λαλεῖ,
es$_4$	a quien$_2$	Porque$_1$	envió,$_5$	--$_3$	Dios$_4$	las$_6$	palabras$_7$	de--$_9$	Dios,$_{10}$	habla$_8$
2076	3739	1063	649	3588	2316	3588	4487	3588	2316	2980
VPAI3S	*RR-ASM*	*CAZ*	*VAAI3S*	*DNSM*	*NNSM*	*DAPN*	*NAPN*	*DGSM*	*NGSM*	*VPAI3S*

οὐ	γὰρ	ἐκ	μέτρου	δίδωσιν	τὸ	πνεῦμα.	35 ὁ	πατὴρ	ἀγαπᾷ	τὸν
no$_{12}$·	porque$_{11}$	por$_{16}$	medida.$_{17}$	da$_{13}$	el$_{14}$	Espíritu$_{15}$	El	Padre	ama	al
3756	1063	1537	3358	1325	3588	4151	3588	3962	25	3588
BN, TN	*CAZ*	*P*	*NGSN*	*VPAI3S*	*DASN*	*NASN*	*DNSM*	*NNSM*	*VPAI3S*	*DASM*

υἱόν,	καὶ	πάντα	δέδωκεν	ἐν	τῇ	χειρὶ	αὐτοῦ.	36 ὁ	πιστεύων
Hijo,	y$_1$	todas las cosas$_3$	ha dado$_2$	en	la	mano	de él.	El que	estea creyendo
5207	2532	3956	1325	1722	3588	5495	846	3588	4100
NASM	*CLN*	*JAPN*	*VRAI3S*	*P*	*DDSF*	*NDSF*	*RP3GSM*	*DNSM*	*VPAP-SNM*

εἰς	τὸν	υἱὸν	ἔχει	ζωὴν	αἰώνιον·	ὁ	δὲ	ἀπειθῶν	τῷ	υἱῷ	οὐκ
a	el	Hijo	tiene	vida	eterna,	el que$_2$	mas$_1$	desobedece	al	Hijo,	no
1519	3588	5207	2192	2222	166	3588	1161	544	3588	5207	3756
P	*DASM*	*NASM*	*VPAI3S*	*NASF*	*JASF*	*DNSM*	*CLC*	*VPAP-SNM*	*DDSM*	*NDSM*	*BN, TN*

ὄψεται	ζωήν,	ἀλλ᾽	ἡ	ὀργὴ	τοῦ	θεοῦ	μένει	ἐπ᾽	αὐτόν.
verá	vida,	sino	la	ira	de --	Dios	permanece	sobre	él.
3700	2222	235	3588	3709	3588	2316	3306	1909	846
VFMI3S	*NASF*	*CLC*	*DNSF*	*NNSF*	*DGSM*	*NGSM*	*VPAI3S*	*P*	*RP3ASM*

4 Ὡς	οὖν	ἔγνω	ὁ	⸀Ἰησοῦς	ὅτι	ἤκουσαν	οἱ	Φαρισαῖοι	ὅτι
como$_2$	Así que,$_1$	supo$_5$	--$_3$	Jesús$_4$	que$_6$	oyeron$_9$	los$_7$	fariseos$_8$	que$_{10}$
5613	3767	1097	3588	2424	3754	191	3588	5330	3754
CAT	*CLT*	*VAAI3S*	*DNSM*	*NNSM*	*CSC*	*VAAI3P*	*DNPM*	*NNPM*	*CSC*

Ἰησοῦς	πλείονας	μαθητὰς	ποιεῖ	καὶ	βαπτίζει	ἢ	Ἰωάννης—	2 καίτοιγε
Jesús$_{11}$	más$_{15}$	discípulos$_{16}$	hace$_{12}$	y$_{13}$	bautiza$_{14}$	que$_{17}$	Juan,$_{18}$	aunque
2424	4119	3101	4160	2532	907	2228	2491	2544
NNSM	*JAPMC*	*NAPM*	*VPAI3S*	*CLN*	*VPAI3S*	*CAM*	*NNSM*	*CAN*

Ἰησοῦς	αὐτὸς	οὐκ	ἐβάπτιζεν	ἀλλ᾽	οἱ	μαθηταὶ	αὐτοῦ—	3 ἀφῆκεν
Jesús	mismo	no	bautizaba,	sino	los	discípulos	de él,	dejó
2424	846	3756	907	235	3588	3101	846	863
NNSM	*RP3NSMP*	*BN, TN*	*VIAI3S*	*CLC*	*DNPM*	*NNPM*	*RP3GSM*	*VAAI3S*

NVI

30 A él le toca crecer, y a
mí menguar.

El que viene del cielo

31 »El que viene de
arriba está por encima
de todos; el que es de la
tierra, es terrenal y de lo
terrenal habla. El que
viene del cielo está por
encima de todos 32 y da
testimonio de lo que ha
visto y oído, pero nadie
recibe su testimonio.
33 El que lo recibe certi-
fica que Dios es veraz.
34 El enviado de Dios
comunica el mensaje
divino, pues Dios mis-
mo le da su Espíritu sin
restricción. 35 El Padre
ama al Hijo, y ha puesto
todo en sus manos. 36 El
que cree en el Hijo tiene
vida eterna; pero el que
rechaza al Hijo no sabrá
lo que es esa vida, sino
que permanecerá bajo el
castigo de Dios».

Jesús y la samaritana

4 Jesús se enteró de
que los fariseos
sabían que él estaba
haciendo y bautizando
más discípulos que Juan
2 (aunque en realidad no
era Jesús quien bautiza-
ba, sino sus discípulos).
3 Por eso se fue de Judea

4:1⸀ Manuscritos inferiores tienen *Señor*.

RVR

y marchó otra vez a
Galilea.
4 Y tenía que pasar por
Samaria.
5 Vino, pues, a una ciu-
dad de Samaria llamada
Sicar, cerca de la heredad
que Jacob dio a su hijo
José.
6 Y estaba allí el pozo de
Jacob. Entonces Jesús,
cansado del viaje, se sen-
tó, así, junto al pozo. Era
como la hora sexta.
7 Vino una mujer de
Samaria a sacar agua.
Jesús le dijo: Dame de
beber.
8 Pues sus discípulos
habían ido a la ciudad a
comprar alimentos.
9 La mujer samaritana le
dijo entonces: ¿Cómo
tú, siendo judío, me
pides de beber a mí, que
soy una mujer samari-
tana? (Porque judíos y
samaritanos no se tratan
entre sí.)
10 Respondió Jesús y le
dijo: Si conocieras el
don de Dios, y quién es
el que te dice: Dame de
beber; tú le habrías pe-
dido a él, y él te hubiera

τὴν	Ἰουδαίαν	καὶ	ἀπῆλθεν	πάλιν	εἰς	τὴν	Γαλιλαίαν.	4 ἔδει	δὲ
--	Judea	y	se fue	de nuevo	hacia	--	Galilea.	era necesario$_{2}$	Mas$_{1}$
3588	2449	2532	565	3825	1519	3588	1056	1163	1161
DASF	NASF	CLN	VAAI3S	B	P	DASF	NASF	VIAI3S	CLT

αὐτὸν	διέρχεσθαι	διὰ	τῆς	Σαμαρείας.	5 ἔρχεται	οὖν	εἰς	πόλιν
a él$_{3}$	pasar por	por medio de	de --	Samaria.	llega$_{2}$	Así que,$_{1}$	hacia	(la) ciudad
846	1330	1223	3588	4540	2064	3767	1519	4172
RP3ASM	VPUN	P	DGSF	NGSF	VPUI3S	CLI	P	NASF

τῆς	Σαμαρείας	λεγομένην	Συχὰρ	πλησίον	τοῦ	χωρίου	ὃ	ἔδωκεν
de --	Samaria,	llamada	Sicar,	cerca	de la	posesión	la que	dio$_{2}$
3588	4540	3004	4965	4139	3588	5564	3739	1325
DGSF	NGSF	VPPP-SAF	NASF, XP	P, B	DGSN	NGSN	RR-ASN	VAAI3S

Ἰακὼβ	τῷ	Ἰωσὴφ	τῷ	υἱῷ	αὐτοῦ·	6 ἦν	δὲ	ἐκεῖ	πηγὴ	τοῦ	Ἰακώβ.
Jacob$_{1}$	a --	José,	el	hijo	de él;	estaba$_{2}$	mas$_{1}$	allí$_{3}$	(la) fuente	de --	Jacob.
2384	3588	2501	3588	5207	846	2258	1161	1563	4077	3588	2384
NNSM, XP	DDSM	NDSM, XP	DDSM	NDSM	RP3GSM	VIAI3S	CLN	BP	NNSF	DGSM	NGSM, XP

ὁ	οὖν	Ἰησοῦς	κεκοπιακὼς	ἐκ	τῆς	ὁδοιπορίας	ἐκαθέζετο	οὕτως
--$_{2}$	Así que,$_{1}$	Jesús$_{3}$	cansado	de	el	viaje	estaba sentado	así
3588	3767	2424	2872	1537	3588	3597	2516	3779
DNSM	CLI	NNSM	VRAP-SNM	P	DGSF	NGSF	VIUI3S	B

ἐπὶ	τῇ	πηγῇ·	ὥρα	ἦν	ὡς	ἕκτη.
sobre	la	fuente,	(la) hora$_{3}$	era$_{1}$	como$_{2}$	sexta.$_{4}$
1909	3588	4077	5610	2258	5613	1623
P	DDSF	NDSF	NNSF	VIAI3S	P, CAM	JNSF

7 Ἔρχεται	γυνὴ	ἐκ	τῆς	Σαμαρείας	ἀντλῆσαι	ὕδωρ.	λέγει
viene$_{2}$	Una mujer$_{1}$	de	--	Samaria	para sacar	agua.	dice$_{3}$
2064	1135	1537	3588	4540	501	5204	3004
VPUI3S	NNSF	P	DGSF	NGSF	VAAN	NASN	VPAI3S

αὐτῇ	ὁ	Ἰησοῦς·	Δός	μοι	πεῖν·	8 οἱ	γὰρ	μαθηταὶ	αὐτοῦ
a ella:$_{4}$	--$_{1}$	Jesús$_{2}$	Da	a mí	(de) beber.	los$_{2}$	Porque$_{1}$	discípulos$_{3}$	de él
846	3588	2424	1325	3427	4095	3588	1063	3101	846
RP3DSF	DNSM	NNSM	VAAM2S	RP1DS	VAAN	DNPM	CLX	NNPM	RP3GSM

ἀπεληλύθεισαν	εἰς	τὴν	πόλιν,	ἵνα	τροφὰς	ἀγοράσωσιν.	9 λέγει	οὖν
habían ido	hacia	la	ciudad	para$_{1}$	alimentos.$_{3}$	comprar$_{2}$	dice$_{6}$	Así que,$_{1}$
565	1519	3588	4172	2443	5160	59	3004	3767
VLAI3P	P	DASF	NASF	CAP	NAPF	VAAS3P	VPAI3S	CLN

αὐτῷ	ἡ	γυνὴ	ἡ	Σαμαρῖτις·	Πῶς	σὺ	Ἰουδαῖος	ὢν	παρ’	ἐμοῦ
a él:$_{7}$	la$_{2}$	mujer$_{3}$	--$_{4}$	samaritana$_{5}$	¿Cómo$_{8}$	tú$_{9}$	judío$_{11}$	siendo$_{10}$	a$_{13}$	mí$_{14}$
846	3588	1135	3588	4542	4459	4771	2453	5607	3844	1700
RP3DSM	DNSF	NNSF	DNSF	NNSF	BI	RP2NS	JNSM	VPAP-SNM	P	RP1GS

πεῖν	αἰτεῖς	γυναικὸς	Σαμαρίτιδος	οὔσης;	οὐ	γὰρ	συγχρῶνται
beber,$_{15}$	pides$_{12}$	mujer$_{17}$	samaritana;$_{18}$	siendo$_{16}$	no$_{21}$	porque$_{19}$	se relacionan$_{22}$
4095	154	1135	4542	5607	3756	1063	4798
VAAN	VPAI2S	NGSF	NGSF	VPAP-SGF	BN, TN	CLX	VPUI3P

Ἰουδαῖοι	Σαμαρίταις.	10 ἀπεκρίθη	Ἰησοῦς	καὶ	εἶπεν	αὐτῇ·	Εἰ
judíos$_{20}$	con samaritanos.$_{23}$	respondió$_{2}$	Jesús$_{1}$	y	dijo	a ella:	Si
2453	4541	611	2424	2532	2036	846	1487
JNPM	NDPM	VAPI3S, VAMI3S	NNSM	CLN	VAAI3S	RP3DSF	CAC

ᾔδεις	τὴν	δωρεὰν	τοῦ	θεοῦ	καὶ	τίς	ἐστιν	ὁ	λέγων
habías sabido (supieras)	el	don	de --	Dios,	y	quién	es	el que	está diciendo
1492	3588	1431	3588	2316	2532	5101	2076	3588	3004
VLAI2S	DASF	NASF, B	DGSM	NGSM	CLN	RI-NSM	VPAI3S	DNSM	VPAP-SNM

σοι·	Δός	μοι	πεῖν,	σὺ	ἂν	ᾔτησας	αὐτὸν	καὶ	ἔδωκεν	ἂν	σοι	ὕδωρ
a ti:	Da	a mí	(de)beber,	tú	--	pedirías	a él,	y	daría	--	a ti	agua
4671	1325	3427	4095	4771	302	154	846	2532	1325	302	4671	5204
RP2DS	VAAM2S	RP1DS	VAAN	RP2NS	TC	VAAI2S	RP3ASM	CLN	VAAI3S	TC	RP2DS	NASN

NVI

y volvió otra vez a
Galilea. 4 Como tenía
que pasar por Samaria,
5 llegó a un pueblo sa-
maritano llamado Sicar,
cerca del terreno que
Jacob le había dado a su
hijo José. 6 Allí estaba
el pozo de Jacob. Jesús,
fatigado del camino,
se sentó junto al pozo.
Era cerca del mediodía.
7-8 Sus discípulos habían
ido al pueblo a comprar
comida.

En eso llegó a sacar
agua una mujer de
Samaria, y Jesús le dijo:

—Dame un poco
de agua.

9 Pero, como los
judíos no usan nada
en común con los
samaritanos, la mujer le
respondió:

—¿Cómo se te
ocurre pedirme agua,
si tú eres judío y yo soy
samaritana?

10 —Si supieras lo
que Dios puede dar,
y conocieras al que te
está pidiendo agua —
contestó Jesús—, tú le
habrías pedido a él, y él
te habría dado agua que

RVR

dado agua viva.
11 La mujer le dijo:
Señor, no tienes con qué
sacarla, y el pozo es hon-
do. ¿De dónde, pues,
tienes el agua viva?
12 ¿Acaso eres tú mayor
que nuestro padre
Jacob, que nos dio este
pozo, del cual bebió él
mismo, sus hijos y sus
ganados?
13 Respondió Jesús y le
dijo: Todo el que bebe
de esta agua, volverá a
tener sed;
14 pero el que beba del
agua que yo le daré, no
tendrá sed jamás; sino
que el agua que yo le
daré se convertirá den-
tro de él en una fuente
de agua que salte para
vida eterna.
15 La mujer le dijo:
Señor, dame de esa
agua, para que no tenga
yo sed, ni venga aquí a
sacarla.
16 Jesús le dijo: Ve, llama
a tu marido, y ven acá.
17 Respondió la mujer y
dijo: No tengo marido.
Jesús le dijo: Bien
has dicho: No tengo
marido;
18 porque has tenido

ζῶν.	11 λέγει	αὐτῷ	ἡ	γυνή·	Κύριε,	οὔτε	ἄντλημα	ἔχεις	καὶ
que está viviendo.	dice$_3$	a él:$_4$	La$_1$	mujer$_2$	Señor,$_5$	ni$_6$	una vasija,$_8$	tienes$_7$	y
2198	3004	846	3588	1135	2962	3777	502	2192	2532
VPAP-SAN	*VPAI3S*	*RP3DSM*	*DNSF*	*NNSF*	*NVSM*	*BN, TN*	*NASN*	*VPAI2S*	*CLN*

τὸ	φρέαρ	ἐστὶν	βαθύ·	πόθεν	οὖν	ἔχεις	τὸ	ὕδωρ	τὸ	ζῶν;
el	pozo	es	hondo,	¿de dónde$_2$	así que,$_1$	tienes$_3$	el	agua	la que	está viviendo?
3588	5421	2076	901	4159	3767	2192	3588	5204	3588	2198
DNSN	*NNSN*	*VPAI3S*	*JNSN*	*BI*	*CLI*	*VPAI2S*	*DASN*	*NASN*	*DASN*	*VPAP-SAN*

12 μὴ	σὺ	μείζων	εἶ	τοῦ	πατρὸς	ἡμῶν	Ἰακώβ,	ὃς	ἔδωκεν
no$_2$	¿Tú$_1$	mayor que$_4$	eres$_3$	el	padre	de nosotros	Jacob,	el cual	dio
3361	4771	3187	1488	3588	3962	2257	2384	3739	1325
TN,TI	*RP2NS*	*JNSMC*	*VPAI2S*	*DGSM*	*NGSM*	*RP1GP*	*NGSM, XP*	*RR-NSM*	*VAAI3S*

ἡμῖν	τὸ	φρέαρ	καὶ	αὐτὸς	ἐξ	αὐτοῦ	ἔπιεν	καὶ	οἱ	υἱοὶ	αὐτοῦ	καὶ
a nosotros	el	pozo,	y	él mismo	de	él	bebió	y	los	hijos	de él	y
2254	3588	5421	2532	846	1537	846	4095	2532	3588	5207	846	2532
RP1DP	*DASN*	*NASN*	*CLN*	*RP3NSMP*	*P*	*RP3GSN*	*VAAI3S*	*CLN*	*DNPM*	*NNPM*	*RP3GSM*	*CLN*

τὰ	θρέμματα	αὐτοῦ;	13 ἀπεκρίθη	Ἰησοῦς	καὶ	εἶπεν	αὐτῇ·	Πᾶς	ὁ
los	ganados	de él?	respondió$_2$	Jesús$_1$	y	dijo	a ella:	Todo	el que
3588	2353	846	611	2424	2532	2036	846	3956	3588
DNPN	*NNPN*	*RP3GSM*	*VAPI3S, VAMI3S*	*NNSM*	*CLN*	*VAAI3S*	*RP3DSF*	*JNSM*	*DNSM*

πίνων	ἐκ	τοῦ	ὕδατος	τούτου	διψήσει	πάλιν·	14 ὃς	δ'	ἂν	πίῃ
está bebiendo	de$_1$	--$_3$	agua,$_4$	esta$_2$	tendrá sed	de nuevo,	el que$_2$	mas$_1$	--	bebiere$_3$
4095	1537	3588	5204	5127	1372	3825	3739	1161	302	4095
VPAP-SNM	*P*	*DGSN*	*NGSN*	*RD-GSN*	*VFAI3S*	*B*	*RR-NSM*	*CLC*	*TC*	*VAAS3S*

ἐκ	τοῦ	ὕδατος	οὗ	ἐγὼ	δώσω	αὐτῷ,	οὐ	μὴ*	διψήσει	εἰς	τὸν
de	el	agua,	de la que	yo	daré	a él,	no	no	tendrá sed	para	--
1537	3588	5204	3739	1473	1325	846	3756	3361	1372	1519	3588
P	*DGSN*	*NGSN*	*RR-GSN*	*RP1NS*	*VFAI1S*	*RP3DSM*	*BN, TN*	*BN, TN*	*VFAI3S*	*P*	*DASM*

αἰῶνα,	ἀλλὰ	τὸ	ὕδωρ	ὃ	δώσω	αὐτῷ	γενήσεται	ἐν	αὐτῷ	πηγὴ
siempre,	pero	el	agua	la que	daré	a él	se hará	en	él	fuente
165	235	3588	5204	3739	1325	846	1096	1722	846	4077
NASM	*CLC*	*DNSN*	*NNSN*	*RR-ASN*	*VFAI1S*	*RP3DSM*	*VFMI3S*	*P*	*RP3DSM*	*NNSF*

ὕδατος	ἁλλομένου	εἰς	ζωὴν	αἰώνιον.	15 λέγει	πρὸς	αὐτὸν	ἡ	γυνή·
de agua	brotando	para	vida	eterna.	dice$_3$	a$_4$	él:$_5$	La$_1$	mujer$_2$
5204	242	1519	2222	166	3004	4314	846	3588	1135
NGSN	*VPUP-SGN*	*P*	*NASF*	*JASF*	*VPAI3S*	*P*	*RP3ASM*	*DNSF*	*NNSF*

Κύριε,	δός	μοι	τοῦτο	τὸ	ὕδωρ,	ἵνα	μὴ	διψῶ	μηδὲ	διέρχωμαι
Señor,	da	a mí	esta	--	agua,	para que	no	tenga sed	ni	venga
2962	1325	3427	5124	3588	5204	2443	3361	1372	3366	1330
NVSM	*VAAM2S*	*RP1DS*	*RD-ASN*	*DASN*	*NASN*	*CAP*	*BN, TN*	*VPAS1S*	*TN, CLD*	*VPUS1S*

ἐνθάδε	ἀντλεῖν.
aquí	para sacar.
1759	501
BP	*VPAN*

16 Λέγει	αὐτῇ·	Ὕπαγε	φώνησον	τὸν	ἄνδρα	σου	καὶ	ἐλθὲ	ἐνθάδε.
Dice	a ella:	Ve	llama	al	esposo	de ti,	y	ven	aquí.
3004	846	5217	5455	3588	435	4675	2532	2064	1759
VPAI3S	*RP3DSF*	*VPAM2S*	*VAAM2S*	*DASM*	*NASM*	*RP2GS*	*CLN*	*VAAM2S*	*BP*

17 ἀπεκρίθη	ἡ	γυνὴ	καὶ	εἶπεν	αὐτῷ·	Οὐκ	ἔχω	ἄνδρα.	λέγει	αὐτῇ
respondió$_3$	La$_1$	mujer$_2$	y	dijo	a él:	No	tengo	esposo.	dice$_3$	a ella:$_4$
611	3588	1135	2532	2036	846	3756	2192	435	3004	846
VAPI3S, VAMI3S	*DNSF*	*NNSF*	*CLN*	*VAAI3S*	*RP3DSM*	*BN, TN*	*VPAI1S*	*NASM*	*VPAI3S*	*RP3DSF*

ὁ	Ἰησοῦς·	Καλῶς	εἶπας	ὅτι	Ἄνδρα	οὐκ	ἔχω·	18 πέντε	γὰρ	ἄνδρας
--$_1$	Jesús$_2$	Bien	dijiste	que$_1$	esposo,$_4$	no$_2$	tengo$_3$	cinco$_3$	porque$_1$	esposos,$_4$
3588	2424	2573	2036	3754	435	3756	2192	4002	1063	435
DNSM	*NNSM*	*B*	*VAAI2S*	*CSC*	*NASM*	*BN, TN*	*VPAI1S*	*XN, J*	*CAZ*	*NAPM*

NVI

da vida.
11 —Señor, ni siquiera
tienes con qué sacar
agua, y el pozo es muy
hondo; ¿de dónde, pues,
vas a sacar esa agua que
da vida? 12 ¿Acaso eres tú
superior a nuestro padre
Jacob, que nos dejó este
pozo, del cual bebieron
él, sus hijos y su ganado?
13 —Todo el que beba
de esta agua volverá a
tener sed —respondió
Jesús—, 14 pero el que
beba del agua que yo le
daré no volverá a tener
sed jamás, sino que
dentro de él esa agua se
convertirá en un manan-
tial del que brotará vida
eterna.
15 —Señor, dame de
esa agua para que no
vuelva a tener sed ni siga
viniendo aquí a sacarla.
16 —Ve a llamar a tu
esposo, y vuelve acá —le
dijo Jesús.
17 —No tengo esposo
—respondió la mujer.
—Bien has dicho que
no tienes esposo. 18 Es

4:14* O sea *de ninguna manera.*

RVR

cinco maridos, y el que
tienes ahora no es ma-
rido tuyo; en esto has
dicho la verdad.
19 Le dijo la mujer:
Señor, estoy viendo que
tú eres profeta.
20 Nuestros padres
adoraron en este monte,
y vosotros decís que en
Jerusalén está el lugar
donde se debe adorar.
21 Jesús le dijo: Mujer,
créeme, que está lle-
gando la hora en que
ni en este monte ni en
Jerusalén adoraréis al
Padre.
22 Vosotros adoráis lo
que no sabéis; nosotros
adoramos lo que
sabemos; porque la
salvación viene de los
judíos.
23 Pero llega la hora, y
ahora es, cuando los
verdaderos adoradores
adorarán al Padre en es-
píritu y en verdad; por-
que también el Padre
busca tales adoradores
que le adoren.
24 Dios es Espíritu; y los
que le adoran, es nece-
sario que le adoren en
espíritu y en verdad.
25 Le dijo la mujer: Sé
que va a venir el Mesías,
llamado el Cristo;

ἔσχες,	καὶ	νῦν	ὃν	ἔχεις	οὐκ	ἔστιν	σου	ἀνήρ·	τοῦτο	ἀληθὲς
tuviste$_2$	y$_5$	ahora$_8$	el que$_6$	tienes$_7$	no	es	de ti,$_2$	esposo$_1$	esto$_3$	verdadero.$_5$
2192	2532	3568	3739	2192	3756	2076	4675	435	5124	227
VAAI2S	*CLN*	*B*	*RR-ASM*	*VPAI2S*	*BN, TN*	*VPAI3S*	*RP2GS*	*NNSM*	*RD-ASN*	*JASN*

εἴρηκας.	[19]λέγει	αὐτῷ	ἡ	γυνή·	Κύριε,	θεωρῶ	ὅτι	προφήτης	εἶ
has dicho$_4$	dice$_3$	a él:$_4$	La$_1$	mujer$_2$	Señor,$_5$	veo$_6$	que$_7$	profeta.$_{10}$	eres$_9$
2046	3004	846	3588	1135	2962	2334	3754	4396	1488
VRAI2S	*VPAI3S*	*RP3DSM*	*DNSF*	*NNSF*	*NVSM*	*VPAI1S*	*CSC*	*NNSM*	*VPAI2S*

σύ.	[20]οἱ	πατέρες	ἡμῶν	ἐν	τῷ	ὄρει	τούτῳ	προσεκύνησαν·	καὶ
tú$_8$	Los$_1$	padres$_2$	de nosotros$_3$	en$_5$	--$_7$	monte,$_8$	este$_6$	adoraron$_4$	y
4771	3588	3962	2257	1722	3588	3735	5129	4352	2532
RP2NS	*DNPM*	*NNPM*	*RP1GP*	*P*	*DDSN*	*NDSN*	*RD-DSN*	*VAAI3P*	*CLC*

ὑμεῖς	λέγετε	ὅτι	ἐν	Ἱεροσολύμοις	ἐστὶν	ὁ	τόπος	ὅπου	προσκυνεῖν
vosotros	decís	que	en	Jerusalén	es	el	lugar	donde	adorar.$_2$
5210	3004	3754	1722	2414	2076	3588	5117	3699	4352
RP2NP	*VPAI2P*	*CSC*	*P*	*NDPN*	*VPAI3S*	*DNSM*	*NNSM*	*CAL, B*	*VPAN*

δεῖ.	[21]λέγει	αὐτῇ	ὁ	Ἰησοῦς·	Πίστευέ	μοι,	γύναι,	ὅτι	ἔρχεται
es necesario$_1$	dice$_3$	a ella:$_4$	--$_1$	Jesús$_2$	cree$_6$	a mí,$_7$	Señora,$_5$	que	viene
1163	3004	846	3588	2424	4100	3427	1135	3754	2064
VPAI3S	*VPAI3S*	*RP3DSF*	*DNSM*	*NNSM*	*VPAM2S*	*RP1DS*	*NVSF*	*CSC*	*VPUI3S*

ὥρα	ὅτε	οὔτε	ἐν	τῷ	ὄρει	τούτῳ	οὔτε	ἐν	Ἱεροσολύμοις
(la) hora	cuando	ni	en	--$_2$	monte$_3$	este$_1$	ni	en	Jerusalén
5610	3753	3777	1722	3588	3735	5129	3777	1722	2414
NNSF	*CAT*	*CLK, TN*	*P*	*DDSN*	*NDSN*	*RD-DSN*	*CLK, CLD*	*P*	*NDPN*

προσκυνήσετε	τῷ	πατρί.	[22]ὑμεῖς	προσκυνεῖτε	ὃ	οὐκ	οἴδατε,
adoraréis	al	Padre.	Vosotros	adoráis	lo que	no	sabéis,
4352	3588	3962	5210	4352	3739	3756	1492
VFAI2P	*DDSM*	*NDSM*	*RP2NP*	*VPAI2P*	*RR-ASN*	*BN, TN*	*VRAI2P*

ἡμεῖς	προσκυνοῦμεν	ὃ	οἴδαμεν,	ὅτι	ἡ	σωτηρία	ἐκ	τῶν
nosotros	adoramos	lo que	sabemos;	porque$_1$	la$_2$	salvación$_3$	de$_5$	los$_6$
2249	4352	3739	1492	3754	3588	4991	1537	3588
RP1NP	*VPAI1P*	*RR-ASN*	*VRAI1P*	*CAZ*	*DNSF*	*NNSF*	*P*	*DGPM*

Ἰουδαίων	ἐστίν·	[23]ἀλλὰ	ἔρχεται	ὥρα	καὶ	νῦν	ἐστιν,	ὅτε	οἱ
judíos;$_7$	es$_4$	pero	viene	(la) hora	y	ahora	es	cuando	los
2453	2076	235	2064	5610	2532	3568	2076	3753	3588
JGPM	*VPAI3S*	*CLC*	*VPUI3S*	*NNSF*	*CLN*	*B*	*VPAI3S*	*CAT*	*DNPM*

ἀληθινοὶ	προσκυνηταὶ	προσκυνήσουσιν	τῷ	πατρὶ	ἐν	πνεύματι
verdaderos	adoradores	adorarán	al	Padre	en	espíritu
228	4353	4352	3588	3962	1722	4151
JNPM	*NNPM*	*VFAI3P*	*DDSM*	*NDSM*	*P*	*NDSN*

καὶ	ἀληθείᾳ,	καὶ	γὰρ	ὁ	πατὴρ	τοιούτους	ζητεῖ	τοὺς
y	verdad,	también$_2$	porque$_1$	el$_3$	Padre$_4$	tales$_6$	busca$_5$	a los que$_7$
2532	225	2532	1063	3588	3962	5108	2212	3588
CLN	*NDSF*	*BE, TE*	*CAZ*	*DNSM*	*NNSM*	*RD-APM*	*VPAI3S*	*DAPM*

προσκυνοῦντας	αὐτόν·	[24]πνεῦμα	ὁ	θεός,	καὶ	τοὺς	προσκυνοῦντας
están adorando	él.	(es) Espíritu,$_3$	--$_1$	Dios$_2$	y	los que	están adorando
4352	846	4151	3588	2316	2532	3588	4352
VPAP-PAM	*RP3ASM*	*NNSN*	*DNSM*	*NNSM*	*CLN*	*DAPM*	*VPAP-PAM*

αὐτὸν	ἐν	πνεύματι	καὶ	ἀληθείᾳ	δεῖ	προσκυνεῖν.	[25]λέγει	αὐτῷ
a él,	en$_3$	espíritu$_4$	y$_5$	verdad.$_6$	es necesario$_1$	adorar$_2$	dice$_3$	a él:$_4$
846	1722	4151	2532	225	1163	4352	3004	846
RP3ASM	*P*	*NDSN*	*CLN*	*NDSF*	*VPAI3S*	*VPAN*	*VPAI3S*	*RP3DSM*

ἡ	γυνή·	Οἶδα	ὅτι	Μεσσίας	ἔρχεται,	ὁ	λεγόμενος	χριστός·	ὅταν
La$_1$	mujer$_2$	Sé	que	(el) Mesías	viene,	el	llamado	Cristo;	cuando
3588	1135	1492	3754	3323	2064	3588	3004	5547	3752
DNSF	*NNSF*	*VRAI1S*	*CSC*	*NNSM*	*VPUI3S*	*DNSM*	*VPPP-SNM*	*NNSM*	*CAT*

NVI

cierto que has tenido
cinco, y el que ahora
tienes no es tu esposo.
En esto has dicho la
verdad.
19 —Señor, me doy
cuenta de que tú eres
profeta. 20 Nuestros an-
tepasados adoraron en
este monte, pero ustedes
los judíos dicen que el
lugar donde debemos
adorar está en Jerusalén.
21 —Créeme, mujer,
que se acerca la hora en
que ni en este monte ni
en Jerusalén adora-
rán ustedes al Padre.
22 Ahora ustedes adoran
lo que no conocen; no-
sotros adoramos lo que
conocemos, porque la
salvación proviene de los
judíos. 23 Pero se acerca
la hora, y ha llegado ya,
en que los verdaderos
adoradores rendirán
culto al Padre en espíritu
y en verdad, porque así
quiere el Padre que sean
los que le adoren. 24 Dios
es espíritu, y quienes lo
adoran deben hacerlo en
espíritu y en verdad.
25 —Sé que viene el
Mesías, al que llaman
el Cristo —respondió

RVR

cuando él venga, nos
declarará todas las cosas.
26 Jesús le dijo: Yo soy, el
que te está hablando.
27 En esto llegaron sus
discípulos, y se sorpren-
dieron de que hablara
con una mujer; sin
embargo, ninguno dijo:
¿Qué le preguntas?, o:
¿Qué hablas con ella?
28 Entonces la mujer
dejó su cántaro, y fue
a la ciudad, y dijo a los
hombres:
29 Venid, ved a un hom-
bre que me ha dicho
todo cuanto he hecho.
¿No será éste el Cristo?
30 Entonces salieron de
la ciudad, y comenzaron
a venir a él.
31 Entretanto, los
discípulos le rogaban,
diciendo: Rabí, come.
32 Pero él les dijo: Yo
tengo para comer un
alimento que vosotros
no sabéis.
33 Entonces los discí-
pulos se decían unos a
otros: ¿Le habrá traído
alguien de comer?
34 Jesús les dijo: Mi ali-
mento es hacer la volun-
tad del que me envió,

ἔλθῃ	ἐκεῖνος,	ἀναγγελεῖ	ἡμῖν	ἅπαντα.	[26] λέγει	αὐτῇ	ὁ	Ἰησοῦς·
venga	aquel	anunciará	a nosotros.$_{2}$	todas las cosas$_{1}$	dice$_{3}$	a ella:$_{4}$	--$_{1}$	Jesús$_{2}$
2064	1565	312	2254	537	3004	846	3588	2424
VAAS3S	RD-NSM	VFAI3S	RP1DP	JAPN	VPAI3S	RP3DSF	DNSM	NNSM

Ἐγώ	εἰμι,	ὁ	λαλῶν	σοι.
Yo	soy,	el que	está hablando	contigo.
1473	1510	3588	2980	4671
RP1NS	VPAI1S	DNSM	VPAP-SNM	RP2DS

[27] Καὶ	ἐπὶ	τούτῳ	ἦλθαν	οἱ	μαθηταὶ	αὐτοῦ,	καὶ	ἐθαύμαζον	ὅτι
Y	en	esto	vinieron,$_{4}$	los$_{1}$	discípulos$_{2}$	de él$_{3}$	y$_{5}$	se admiraban$_{6}$	que$_{7}$
2532	1909	5129	2064	3588	3101	846	2532	2296	3754
CLN	P	RD-DSN	VAAI3P	DNPM	NNPM	RP3GSM	CLN	VIAI3P	CSC

μετὰ	γυναικὸς	ἐλάλει·	οὐδεὶς	μέντοι	εἶπεν·	Τί	ζητεῖς;	ἤ	τί
con$_{9}$	una mujer;$_{10}$	hablaba$_{8}$	nadie$_{12}$	sin embargo,$_{11}$	dijo:$_{13}$	¿Qué	buscas,	o	¿qué
3326	1135	2980	3762	3305	2036	5101	2212	2228	5101
P	NGSF	VIAI3S	JNSM	CLC	VAAI3S	RI-ASN	VPAI2S	CLD	RI-ASN

λαλεῖς	μετ’	αὐτῆς;	[28] ἀφῆκεν	οὖν	τὴν	ὑδρίαν	αὐτῆς	ἡ	γυνὴ	καὶ
hablas	con	ella?	dejó$_{4}$	Así que,$_{1}$	el$_{5}$	cántaro$_{6}$	de ella$_{7}$	la$_{1}$	mujer$_{2}$	y
2980	3326	846	863	3767	3588	5201	846	3588	1135	2532
VPAI2S	P	RP3GSF	VAAI3S	CLN	DASF	NASF	RP3GSF	DNSF	NNSF	CLN

ἀπῆλθεν	εἰς	τὴν	πόλιν	καὶ	λέγει	τοῖς	ἀνθρώποις·	[29] Δεῦτε	ἴδετε
se fue	hacia	la	ciudad,	y	dice	a las	personas:	Venid,	ved
565	1519	3588	4172	2532	3004	3588	444	1205	1492
VAAI3S	P	DASF	NASF	CLN	VPAI3S	DDPM	NDPM	B	VAAM2P

ἄνθρωπον	ὅς	εἶπέ	μοι	πάντα	ὅσα	ἐποίησα·	μήτι	οὗτός
a un hombre,	el que	dijo	a mí	todas las cosas	tantas como	hice	¿Acaso	este
444	3739	2036	3427	3956	3745	4160	3385	3778
NASM	RR-NSM	VAAI3S	RP1DS	JAPN	RK-APN	VAAI1S	TI, TN	RD-NSM

ἐστιν	ὁ	χριστός;	[30] ἐξῆλθον	ἐκ	τῆς	πόλεως	καὶ	ἤρχοντο	πρὸς
es	el	Cristo?	Salieron	de	la	ciudad	y	venían	a
2076	3588	5547	1831	1537	3588	4172	2532	2064	4314
VPAI3S	DNSM	NNSM	VAAI3P	P	DGSF	NGSF	CLN	VIUI3P	P

αὐτόν.
él.
846
RP3ASM

[31] Ἐν	τῷ	μεταξὺ	ἠρώτων	αὐτὸν	οἱ	μαθηταὶ	λέγοντες·
En	el	intervalo,	pedían$_{3}$	a él$_{4}$	los$_{1}$	discípulos$_{2}$	diciendo:
1722	3588	3342	2065	846	3588	3101	3004
P	DDSN, DDSM	B	VIAI3P	RP3ASM	DNPM	NNPM	VPAP-PNM

Ῥαββί,	φάγε.	[32] ὁ	δὲ	εἶπεν	αὐτοῖς·	Ἐγὼ	βρῶσιν	ἔχω	φαγεῖν	ἣν
Rabí,	come.	--$_{2}$	Mas$_{1}$	dijo$_{3}$	a ellos:$_{4}$	Yo$_{5}$	alimento$_{7}$	tengo$_{6}$	para comer,$_{8}$	el que
4461	5315	3588	1161	2036	846	1473	1035	2192	5315	3739
NVSM, XF	VAAM2S	DNSM	CLC	VAAI3S	RP3DPM	RP1NS	NASF	VPAI1S	VAAN	RR-ASF

ὑμεῖς	οὐκ	οἴδατε.	[33] ἔλεγον	οὖν	οἱ	μαθηταὶ	πρὸς	ἀλλήλους·	Μή
vosotros	no	conocéis.	decían$_{4}$	Así que,$_{1}$	los$_{2}$	discípulos$_{3}$	a	unos a otros:	¿Acaso$_{1}$
5210	3756	1492	3004	3767	3588	3101	4314	240	3361
RP2NP	BN, TN	VRAI2P	VIAI3P	CLI	DNPM	NNPM	P	RC-APM	TN, TI

τις	ἤνεγκεν	αὐτῷ	φαγεῖν;	[34] λέγει	αὐτοῖς	ὁ	Ἰησοῦς·	Ἐμὸν
alguien$_{2}$	trajo$_{3}$	para él?$_{5}$	para comer$_{4}$	dice$_{3}$	a ellos:$_{4}$	--$_{1}$	Jesús$_{2}$	Mi
5100	5342	846	5315	3004	846	3588	2424	1699
RX-NSM	VAAI3S	RP3DSM	VAAN	VPAI3S	RP3DPM	DNSM	NNSM	JNSN, RS1NSN

βρῶμά	ἐστιν	ἵνα	ποιήσω	τὸ	θέλημα	τοῦ	πέμψαντός	με	καὶ
alimento	es	que	haga	la	voluntad	del que	habiendo enviado	a mí	y$_{1}$
1033	2076	2443	4160	3588	2307	3588	3992	3165	2532
NNSN	VPAI3S	CSC	VAAS1S	DASN	NASN	DGSM	VAAP-SGM	RP1AS	CLN

NVI

la mujer—. Cuando
él venga nos explicará
todas las cosas.
26 —Ese soy yo, el que
habla contigo —le dijo
Jesús.

Los discípulos vuelven a reunirse con Jesús

27 En esto llega-
ron sus discípulos y
se sorprendieron de
verlo hablando con una
mujer, aunque ninguno
le preguntó: «¿Qué pre-
tendes?» o «¿De qué
hablas con ella?»
28 La mujer dejó su
cántaro, volvió al pueblo
y le decía a la gente:
29 —Vengan a ver a
un hombre que me ha
dicho todo lo que he
hecho. ¿No será este el
Cristo?
30 Salieron del pueblo
y fueron a ver a Jesús.
31 Mientras tanto, sus
discípulos le insistían:
—Rabí, come algo.
32 —Yo tengo un
alimento que ustedes no
conocen —replicó él.
33 «¿Le habrán
traído algo de comer?»,
comentaban entre sí los
discípulos.
34 —Mi alimento es
hacer la voluntad del que
me envió y terminar su

RVR

y llevar a cabo su obra.
35 ¿No decís vosotros:
Aún faltan cuatro meses
para que llegue la siega?
Pues yo os digo: Alzad
vuestros ojos y mirad los
campos, porque ya están
blancos para la siega.
36 Y el que siega recibe
salario, y recoge fruto
para vida eterna, para
que el que siembra se
regocije juntamente con
el que siega.
37 Porque en esto es ver-
dadero el dicho: Uno es
el que siembra, y otro es
el que siega.
38 Yo os he enviado a
segar lo que vosotros
no habéis trabajado;
otros han trabajado, y
vosotros habéis entrado
en su labor.
39 Y de aquella ciudad,
muchos de los samari-
tanos creyeron en él por
la palabra de la mujer,
que daba testimonio
diciendo: Me dijo todo
lo que he hecho.
40 Entonces vinieron
los samaritanos a él y le
rogaban que se quedase
con ellos; y se quedó allí
dos días.
41 Y creyeron muchos
más por la palabra de él,

τελειώσω αὐτοῦ τὸ ἔργον. 35 οὐχ ὑμεῖς λέγετε ὅτι Ἔτι τετράμηνός
termine$_{2}$ de él.$_{5}$ la$_{3}$ obra$_{4}$ ¿No$_{1}$ vosotros$_{3}$ decís$_{2}$ que todavía cuatro meses$_{2}$
5048 846 3588 2041 3756 5210 3004 3754 2089 5072
VAAS1S RP3GSM DASN NASN TN,TI RP2NP VPAI2P CSC B JNSM

ἐστιν καὶ ὁ θερισμὸς ἔρχεται; ἰδοὺ λέγω ὑμῖν, ἐπάρατε τοὺς
es (son)$_{1}$ y la cosecha viene? He aquí digo a vosotros: Levantad los
2076 2532 3588 2326 2064 2400 3004 5213 1869 3588
VPAI3S CLN DNSM NNSM VPUI3S I, VAAM2S VPAI1S RP2DP VAAM2P DAPM

ὀφθαλμοὺς ὑμῶν καὶ θεάσασθε τὰς χώρας ὅτι λευκαί εἰσιν πρὸς
ojos de vosotros y mirad los campos, porque$_{1}$ blancos$_{3}$ están$_{4}$ para$_{5}$
3788 5216 2532 2300 3588 5561 3754 3022 1526 4314
NAPM RP2GP CLN VAMM2P DAPF NAPF CSC JNPF VPAI3P P

θερισμόν· ἤδη 36 ὁ θερίζων μισθὸν λαμβάνει καὶ συνάγει
(la) cosecha.$_{6}$ ya$_{2}$ El que$_{1}$ está cosechando$_{2}$ salario$_{4}$ recibe$_{3}$ y recoge
2326 2235 3588 2325 3408 2983 2532 4863
NASM B DNSM VPAP-SNM NASM VPAI3S CLN VPAI3S

καρπὸν εἰς ζωὴν αἰώνιον, ἵνα ὁ σπείρων ὁμοῦ χαίρῃ καὶ ὁ
fruto para vida eterna, para que el que$_{1}$ está sembrando$_{2}$ junto.$_{6}$ se alegre.$_{7}$ y$_{3}$ el que$_{4}$
2590 1519 2222 166 2443 3588 4687 3674 5463 2532 3588
NASM P NASF JASF CAR DNSM VPAP-SNM B VPAS3S CLN DNSM

θερίζων. 37 ἐν γὰρ τούτῳ ὁ λόγος ἐστὶν ἀληθινὸς ὅτι Ἄλλος
está cosechando$_{5}$ en$_{6}$ Porque$_{1}$ esto:$_{7}$ la$_{2}$ palabra$_{3}$ es$_{4}$ verdadera$_{5}$ que: otro
2325 1722 1063 5129 3588 3056 2076 228 3754 243
VPAP-SNM P CLI RD-DSN DNSM NNSM VPAI3S JNSM CSC JNSM

ἐστὶν ὁ σπείρων καὶ ἄλλος ὁ θερίζων· 38 ἐγὼ ἀπέστειλα
es el que está sembrando y otro el que está cosechando. Yo envié
2076 3588 4687 2532 243 3588 2325 1473 649
VPAI3S DNSM VPAP-SNM CLN JNSM DNSM VPAP-SNM RP1NS VAAI1S

ὑμᾶς θερίζειν ὃ οὐχ ὑμεῖς κεκοπιάκατε· ἄλλοι κεκοπιάκασιν,
a vosotros a cosechar lo que$_{1}$ no$_{3}$ vosotros$_{2}$ habéis trabajado, otros han trabajado
5209 2325 3739 3756 5210 2872 243 2872
RP2AP VPAN RR-ASN BN, TN RP2NP VRAI2P JNPM VRAI3P

καὶ ὑμεῖς εἰς τὸν κόπον αὐτῶν εἰσεληλύθατε.
y$_{1}$ vosotros$_{2}$ hacia$_{4}$ el$_{5}$ trabajo$_{6}$ de ellos.$_{7}$ habéis entrado$_{3}$
2532 5210 1519 3588 2873 846 1525
CLN RP2NP P DASM NASM RP3GPM VRAI2P

39 Ἐκ δὲ τῆς πόλεως ἐκείνης πολλοὶ ἐπίστευσαν εἰς αὐτὸν τῶν
de$_{4}$ Mas$_{1}$ la$_{5}$ ciudad$_{6}$ aquella$_{5}$ muchos$_{2}$ creyeron$_{3}$ en$_{10}$ él$_{11}$ de los$_{7}$
1537 1161 3588 4172 1565 4183 4100 1519 846 3588
P CLN DGSF NGSF RD-GSF JNPM VAAI3P P RP3ASM DGPM

Σαμαριτῶν διὰ τὸν λόγον τῆς γυναικὸς μαρτυρούσης ὅτι Εἶπέν
samaritanos$_{8}$ por la palabra de la mujer testificando, porque dijo
4541 1223 3588 3056 3588 1135 3140 3754 2036
NGPM P DASM NASM DGSF NGSF VPAP-SGF CSC VAAI3S

μοι πάντα ἃ ἐποίησα. 40 ὡς οὖν ἦλθον πρὸς αὐτὸν οἱ
a mí todas las cosas las que hice, como$_{2}$ Así que,$_{1}$ vinieron$_{5}$ a$_{6}$ él$_{7}$ los$_{3}$
3427 3956 3739 4160 5613 3767 2064 4314 846 3588
RP1DS JAPN RR-APN VAAI1S CAT CLI VAAI3P P RP3ASM DNPM

Σαμαρῖται, ἠρώτων αὐτὸν μεῖναι παρ' αὐτοῖς· καὶ ἔμεινεν ἐκεῖ δύο
samaritanos$_{4}$ pedían a él permanecer con ellos, y permaneció allí dos
4541 2065 846 3306 3844 846 2532 3306 1563 1417
NNPM VIAI3P RP3ASM VAAN P RP3DPM CLN VAAI3S BP XN, J

ἡμέρας. 41 καὶ πολλῷ πλείους ἐπίστευσαν διὰ τὸν λόγον αὐτοῦ,
días. Y mucho(s) más creyeron por la palabra de él.
2250 2532 4183 4119 4100 1223 3588 3056 846
NAPF CLN JDSN,JDSM JNPMC VAAI3P P DASM NASM RP3GSM

NVI

obra —les dijo Jesús—.
35 ¿No dicen ustedes:
"Todavía faltan cuatro
meses para la cosecha"?
Yo les digo: ¡Abran los
ojos y miren los campos
sembrados! Ya la cose-
cha está madura; 36 ya el
segador recibe su salario
y recoge el fruto para
vida eterna. Ahora tanto
el sembrador como
el segador se alegran
juntos. 37 Porque como
dice el refrán: "Uno es
el que siembra y otro el
que cosecha". 38 Yo los he
enviado a ustedes a cose-
char lo que no les costó
ningún trabajo. Otros se
han fatigado trabajando,
y ustedes han cosechado
el fruto de ese trabajo.

Muchos samaritanos creen en Jesús

39 Muchos de los sa-
maritanos que vivían en
aquel pueblo creyeron
en él por el testimonio
que daba la mujer:
«Me dijo todo lo que
he hecho». 40 Así que
cuando los samaritanos
fueron a su encuentro
le insistieron en que se
quedara con ellos. Jesús
permaneció allí dos días,
41 y muchos más llega-
ron a creer por lo que él
mismo decía.

RVR

42 y decían a la mujer: Ya
no creemos por lo que
tú has hablado, porque
nosotros mismos hemos
oído, y sabemos que
verdaderamente éste es
el Salvador del mundo,
el Cristo.

Jesucristo sana al hijo de un noble

43 Dos días después,
salió de allí y fue a
Galilea.
44 Porque Jesús mismo
había dado testimonio
de que un profeta no
tiene estima en su pro-
pia tierra.
45 Cuando llegó a
Galilea, los galileos le re-
cibieron, habiendo visto
todas las cosas que había
hecho en Jerusalén, en
la fiesta; porque tam-
bién ellos habían ido a
la fiesta.
46 Vino, pues, Jesús otra
vez a Caná de Galilea,
donde había convertido
el agua en vino. Y había
un oficial del rey, cuyo
hijo estaba enfermo, en
Capernaúm.
47 Éste, cuando oyó que
Jesús había llegado de
Judea a Galilea, se fue
hacia él y le rogaba que
descendiese y sanase a
su hijo, porque estaba a
punto de morir.

42 τῇ	τε	γυναικὶ	ἔλεγον	ὅτι	Οὐκέτι	διὰ	τὴν	σὴν	λαλιὰν
a la$_{3}$	Y$_{1}$	mujer$_{4}$	decían$_{2}$	que:$_{5}$	Ya no$_{6}$	por$_{8}$	la$_{9}$	tu$_{10}$	dicho,$_{11}$
3588	5037	1135	3004	3754	3765	1223	3588	4674	2981
DDSF	*CLN*	*NDSF*	*VIAI3P*	*CSC*	*BN*	*P*	*DASF*	*JASF, RS2ASF*	*NASF*

πιστεύομεν·	αὐτοὶ	γὰρ	ἀκηκόαμεν,	καὶ	οἴδαμεν	ὅτι	οὗτός
creemos$_{7}$	nosotros mismos$_{13}$	porque$_{12}$	hemos oído$_{14}$	y	sabemos	que	este
4100	846	1063	191	2532	1492	3754	3778
VPAI1P	*RP3NPMP*	*CAZ*	*VRAI1P*	*CLN*	*VRAI1P*	*CSC*	*RD-NSM*

ἐστιν	ἀληθῶς	ὁ	σωτὴρ	τοῦ	⸀κόσμου.
es	verdaderamente	el	Salvador	del	mundo.
2076	230	3588	4990	3588	2889
VPAI3S	*B*	*DNSM*	*NNSM*	*DGSM*	*NGSM*

43 Μετὰ	δὲ	τὰς	δύο	ἡμέρας	ἐξῆλθεν	ἐκεῖθεν	εἰς	τὴν	Γαλιλαίαν·
después de$_{2}$	Y$_{1}$	--$_{3}$	dos$_{4}$	días,$_{5}$	salió	de allí	hacia	--	Galilea.
3326	1161	3588	1417	2250	1831	1564	1519	3588	1056
P	*CLT*	*DAPF*	*XN, J*	*NAPF*	*VAAI3S*	*BP*	*P*	*DASF*	*NASF*

44 αὐτὸς	γὰρ	Ἰησοῦς	ἐμαρτύρησεν	ὅτι	προφήτης	ἐν	τῇ	ἰδίᾳ
él mismo$_{2}$	Porque$_{1}$	Jesús$_{3}$	testificó$_{4}$	que$_{5}$	profeta$_{6}$	en$_{10}$	la$_{11}$	propia$_{13}$
846	1063	2424	3140	3754	4396	1722	3588	2398
RP3NSMP	*CLX*	*NNSM*	*VAAI3S*	*CSC*	*NNSM*	*P*	*DDSF*	*JDSF*

πατρίδι	τιμὴν	οὐκ	ἔχει.	45 ὅτε	οὖν	ἦλθεν	εἰς	τὴν	Γαλιλαίαν,
tierra natal.$_{12}$	honor$_{9}$	no$_{7}$	tiene$_{8}$	cuando$_{2}$	Así que,$_{1}$	vino	a	--	Galilea,
3968	5092	3756	2192	3753	3767	2064	1519	3588	1056
NDSF	*NASF*	*BN, TN*	*VPAI3S*	*CAT*	*CLI*	*VAAI3S*	*P*	*DASF*	*NASF*

ἐδέξαντο	αὐτὸν	οἱ	Γαλιλαῖοι,	πάντα	ἑωρακότες	ὅσα	ἐποίησεν
recibieron$_{3}$	a él$_{4}$	los$_{1}$	galileos,$_{2}$	todas las cosas$_{6}$	habiendo visto$_{5}$	cuantas$_{7}$	hizo$_{8}$
1209	846	3588	1057	3956	3708	3745	4160
VAMI3P	*RP3ASM*	*DNPM*	*NNPM, JNPM*	*JAPN*	*VRAP-PNM*	*RK-APN*	*VAAI3S*

ἐν	Ἱεροσολύμοις	ἐν	τῇ	ἑορτῇ,	καὶ	αὐτοὶ	γὰρ	ἦλθον	εἰς	τὴν
en	Jerusalén	en	la	fiesta,	también$_{2}$	ellos$_{3}$	porque$_{1}$	fueron$_{4}$	hacia	la
1722	2414	1722	3588	1859	2532	846	1063	2064	1519	3588
P	*NDPN*	*P*	*DDSF*	*NDSF*	*BE, TE*	*RP3NPMP*	*CAZ*	*VAAI3P*	*P*	*DASF*

ἑορτήν.
fiesta.
1859
NASF

46 ⸆Ἦλθεν	οὖν	πάλιν	εἰς	τὴν	Κανὰ	τῆς	Γαλιλαίας,	ὅπου	ἐποίησεν
vino$_{2}$	Así que,$_{1}$	de nuevo$_{3}$	hacia	--	Caná	de la	Galilea,	donde	hizo
2064	3767	3825	1519	3588	2580	3588	1056	3699	4160
VAAI3S	*CLI*	*B*	*P*	*DASF*	*NASF, XP*	*DGSF*	*NGSF*	*CAL, B*	*VAAI3S*

τὸ	ὕδωρ	οἶνον.	καὶ	ἦν	τις	βασιλικὸς	οὗ	ὁ	υἱὸς
el	agua	vino,	y	estaba (había)	cierto	funcionario del rey,	de quien	el	hijo
3588	5204	3631	2532	2258	5100	937	3739	3588	5207
DASN	*NASN*	*NASM*	*CLN*	*VIAI3S*	*JNSM, RX-NSM*	*JNSM*	*RR-GSM*	*DNSM*	*NNSM*

ἠσθένει	ἐν	Καφαρναούμ.	47 οὗτος	ἀκούσας	ὅτι	Ἰησοῦς	ἥκει	ἐκ
estaba enfermo	en	Capernaum;	este	cuando oyó	que	Jesús	ha venido	de
770	1722	2584	3778	191	3754	2424	2240	1537
VIAI3S	*P*	*NDSF, XP*	*RD-NSM*	*VAAP-SNM*	*CSC*	*NNSM*	*VPAI3S*	*P*

τῆς	Ἰουδαίας	εἰς	τὴν	Γαλιλαίαν	ἀπῆλθεν	πρὸς	αὐτὸν	καὶ	ἠρώτα	ἵνα
--	Judea	hacia	--	Galilea	fue	a	él,	y	pedía	que
3588	2449	1519	3588	1056	565	4314	846	2532	2065	2443
DGSF	*NGSF*	*P*	*DASF*	*NASF*	*VAAI3S*	*P*	*RP3ASM*	*CLN*	*VIAI3S*	*CSC*

καταβῇ	καὶ	ἰάσηται	αὐτοῦ	τὸν	υἱόν,	ἤμελλεν	γὰρ	ἀποθνῄσκειν.
baje	y$_{1}$	sane$_{2}$	de él,$_{5}$	al$_{3}$	hijo$_{4}$	estaba a punto de$_{7}$	porque$_{6}$	morir.$_{8}$
2597	2532	2390	846	3588	5207	3195	1063	599
VAAS3S	*CLN*	*VAMS3S*	*RP3GSM*	*DASM*	*NASM*	*VIAI3S*	*CAZ*	*VPAN*

NVI

42 —Ya no creemos
solo por lo que tú dijiste
—le decían a la mu-
jer—; ahora lo hemos
oído nosotros mismos, y
sabemos que verdadera-
mente este es el Salvador
del mundo.

Jesús sana al hijo de un funcionario

43 Después de esos
dos días Jesús salió de
allí rumbo a Galilea
44 (pues, como él mismo
había dicho, a ningún
profeta se le honra en su
propia tierra). 45 Cuando
llegó a Galilea, fue bien
recibido por los galileos,
pues estos habían visto
personalmente todo
lo que había hecho en
Jerusalén durante la
fiesta de la Pascua, ya
que ellos habían estado
también allí.
46 Y volvió otra vez
Jesús a Caná de Galilea,
donde había convertido
el agua en vino. Había
allí un funcionario
real, cuyo hijo estaba
enfermo en Capernaúm.
47 Cuando este hombre
se enteró de que Jesús
había llegado de Judea
a Galilea, fue a su en-
cuentro y le suplicó que
bajara a sanar a su hijo,
pues estaba a punto de
morir.

4:42⸀ Manuscritos inferiores aumentaron *el Cristo*.

RVR

48 Entonces Jesús le dijo: Si no veis señales y prodigios, de ningún modo creéis.
49 El oficial del rey le dijo: Señor, desciende antes que mi hijo muera.
50 Jesús le dijo: Vete, tu hijo vive. Y el hombre creyó la palabra que Jesús le dijo, y se puso en camino.
51 Cuando ya él descendía, sus siervos salieron a recibirle, y le dieron noticias, diciendo: Tu hijo vive.
52 Entonces él les preguntó a qué hora había comenzado a mejorar. Y le dijeron: Ayer a la hora séptima le dejó la fiebre.
53 El padre, entonces, comprendió que aquélla era la hora en que Jesús le había dicho: Tu hijo vive; y creyó él y toda su familia.
54 Ésta fue una segunda señal que hizo Jesús cuando fue de Judea a Galilea.

El paralítico de Betesda

5 Después de estas cosas había una fiesta de los judíos, y

48 εἶπεν οὖν ὁ Ἰησοῦς πρὸς αὐτόν· Ἐὰν μὴ σημεῖα καὶ τέρατα
dijo$_4$ Así que,$_1$ --$_2$ Jesús$_3$ a a él: Si$_1$ no$_2$ señales$_4$ y$_5$ prodigios$_6$
2036 3767 3588 2424 4314 846 1437 3361 4592 2532 5059
VAAI3S CLN DNSM NNSM P RP3ASM CAC BN, TN NAPN CLN NAPN

ἴδητε, οὐ μὴ* πιστεύσητε. 49 λέγει πρὸς αὐτὸν ὁ βασιλικός·
veis$_3$ no no creeréis. dice$_3$ a$_4$ a él:$_5$ El$_1$ funcionario del rey$_2$
1492 3756 3361 4100 3004 4314 846 3588 937
VAAS2P BN, TN BN, TN VAAS2P VPAI3S P RP3ASM DNSM JNSM

Κύριε, κατάβηθι πρὶν ἀποθανεῖν τὸ παιδίον μου. 50 λέγει αὐτῷ ὁ
Señor, baja antes de morir el niñito de mí. dice$_3$ a él:$_4$ --$_1$
2962 2597 4250 599 3588 3813 3450 3004 846 3588
NVSM VAAM2S CAT, B VAAN DASN NASN RP1GS VPAI3S RP3DSM DNSM

Ἰησοῦς· Πορεύου· ὁ υἱός σου ζῇ. ἐπίστευσεν ὁ ἄνθρωπος τῷ
Jesús$_2$ Anda, el hijo de ti vive. creyó$_3$ El$_1$ hombre$_2$ la$_4$
2424 4198 3588 5207 4675 2198 4100 3588 444 3588
NNSM VPUM2S DNSM NNSM RP2GS VPAI3S VAAI3S DNSM NNSM DDSM

λόγῳ ὃν εἶπεν αὐτῷ ὁ Ἰησοῦς καὶ ἐπορεύετο. 51 ἤδη δὲ αὐτοῦ
palabra$_5$ la que$_6$ dijo$_8$ a él,$_9$ --$_7$ Jesús$_8$ y se marchó. ya$_2$ Y$_1$ él$_3$
3056 3739 2036 846 3588 2424 2532 4198 2235 1161 846
NDSM RR-ASM VAAI3S RP3DSM DNSM NNSM CLN VIUI3S B CLN RP3GSM

καταβαίνοντος οἱ δοῦλοι αὐτοῦ ὑπήντησαν αὐτῷ λέγοντες ὅτι
bajando,$_4$ los siervos de él salieron al encuentro a él diciendo que:
2597 3588 1401 846 5221 846 3004 3754
VPAP-SGM DNPM NNPM RP3GSM VAAI3P RP3DSM VPAP-PNM CSC

ὁ παῖς αὐτοῦ ζῇ. 52 ἐπύθετο οὖν τὴν ὥραν παρ᾽ αὐτῶν ἐν
El niño de él vive. averiguó$_2$ Así que$_1$ la hora a ellos en$_1$
3588 3816 846 2198 4441 3767 3588 5610 3844 846 1722
DNSM NNSM RP3GSM VPAI3S VAMI3S CLI DASF NASF P RP3GPM P

ᾗ κομψότερον ἔσχεν· εἶπαν οὖν αὐτῷ ὅτι Ἐχθὲς ὥραν ἑβδόμην
la que$_2$ mejoría.$_4$ tuvo$_3$ dijeron$_6$ Así que$_5$ a él$_7$ que: Ayer a (la) hora séptima
3739 2866 2192 3004 3767 846 3754 5504 5610 1442
RR-DSF B, J VAAI3S VAAI3P CLI RP3DSM CSC B NASF JASF

ἀφῆκεν αὐτὸν ὁ πυρετός. 53 ἔγνω οὖν ὁ πατὴρ ὅτι ἐκείνῃ
dejó$_3$ a él.$_4$ la$_1$ fiebre$_2$ supo$_4$ Así que,$_1$ el$_2$ padre$_3$ que aquella
863 846 3588 4446 1097 3767 3588 3962 3754 1565
VAAI3S RP3ASM DNSM NNSM VAAI3S CLI DNSM NNSM CSC RD-DSF

τῇ ὥρᾳ ἐν ᾗ εἶπεν αὐτῷ ὁ ⸀Ἰησοῦς· Ὁ υἱός σου ζῇ, καὶ
la hora en$_1$ la que$_2$ dijo$_5$ a él:$_6$ --$_3$ Jesús$_4$ El hijo de ti vive. Y
3588 5610 1722 3739 2036 846 3588 2424 3588 5207 4675 2198 2532
DDSF NDSF P RR-DSF VAAI3S RP3DSM DNSM NNSM DNSM NNSM RP2GS VPAI3S CLN

ἐπίστευσεν αὐτὸς καὶ ἡ οἰκία αὐτοῦ ὅλη. 54 τοῦτο δὲ πάλιν
creyó$_2$ él$_1$ y$_3$ la$_5$ casa (familia)$_6$ de él.$_7$ toda$_4$ esta$_5$ Mas$_1$ de nuevo,$_8$
4100 846 2532 3588 3614 846 3650 5124 1161 3825
VAAI3S RP3NSMP CLN DNSF NNSF RP3GSM JNSF RD-ASN CLN B

δεύτερον σημεῖον ἐποίησεν ὁ Ἰησοῦς ἐλθὼν ἐκ τῆς Ἰουδαίας εἰς
segunda$_6$ señal$_7$ hizo$_4$ --$_2$ Jesús$_3$ cuando vino de -- Judea hacia
1208 4592 4160 3588 2424 2064 1537 3588 2449 1519
JASN, B NASN VAAI3S DNSM NNSM VAAP-SNM P DGSF NGSF P

τὴν Γαλιλαίαν.
-- Galilea.
3588 1056
DASF NASF

5 Μετὰ ταῦτα ἦν ἑορτὴ τῶν Ἰουδαίων, καὶ ἀνέβη
Después de estas (cosas), era (la) fiesta de los judíos, y$_1$ subió$_3$
3326 5023 2258 1859 3588 2453 2532 305
P RD-APN VIAI3S NNSF DGPM JGPM CLN VAAI3S

NVI

48 —Ustedes nunca van a creer si no ven señales y prodigios —le dijo Jesús.
49 —Señor —rogó el funcionario—, baja antes de que se muera mi hijo.
50 —Vuelve a casa, que tu hijo vive —le dijo Jesús.
El hombre creyó lo que Jesús le dijo, y se fue. 51 Cuando se dirigía a su casa, sus siervos salieron a su encuentro y le dieron la noticia de que su hijo estaba vivo.
52 Cuando les preguntó a qué hora había comenzado su hijo a sentirse mejor, le contestaron:
—Ayer a la una de la tarde se le quitó la fiebre.
53 Entonces el padre se dio cuenta de que precisamente a esa hora Jesús le había dicho: «Tu hijo vive». Así que creyó él con toda su familia.
54 Esta fue la segunda señal que hizo Jesús después de que volvió de Judea a Galilea.

Jesús sana a un inválido

5 Algún tiempo después, se celebraba una fiesta de los judíos,

4:48* O sea *de ninguna manera.*

RVR

subió Jesús a Jerusalén.
2 Y hay en Jerusalén,
cerca de la puerta de las
Ovejas, un estanque,
llamado en hebreo
Betesda, el cual tiene
cinco pórticos.
3 En éstos yacía una
multitud de enfermos,
ciegos, cojos y paralí-
ticos, que esperaban el
movimiento del agua.
4 Porque un ángel descen-
día de tiempo en tiempo
al estanque, y agitaba el
agua; y el que primero
entraba en el estanque
después del movimiento
del agua, quedaba sano
de cualquier enfermedad
que tuviese.
5 Y había allí un hombre
que hacía treinta y
ocho años que estaba
enfermo.
6 Cuando Jesús lo vio
tendido, y supo que lle-
vaba ya mucho tiempo
así, le dijo: ¿Quieres
quedar sano?
7 Le respondió el
enfermo: Señor, no
tengo quien me meta
en el estanque cuando
se agita el agua; y entre-
tanto que yo voy, otro
desciende antes que yo.
8 Jesús le dijo: Levántate,
toma tu camilla, y anda.
9 Y al instante aquel
hombre quedó sano, y
tomó su camilla, y echó
a andar. Y era sábado
aquel día.
10 Decían, pues, los
judíos a aquel que había
sido sanado: Es sábado;
no te es lícito llevar la

Ἰησοῦς	εἰς	Ἱεροσόλυμα.	2 ἔστιν	δὲ	ἐν	τοῖς	Ἱεροσολύμοις	ἐπὶ	τῇ
Jesús$_2$	hacia	Jerusalén.	es (hay)$_2$	Mas$_1$	en$_3$	--	Jerusalén,	en	la
2424	1519	2414	2076	1161	1722	3588	2414	1909	3588
NNSM	*P*	*NASF*	*VPAI3S*	*CLN*	*P*	*DDPN*	*NDPN*	*P*	*DDSF*

προβατικῇ	κολυμβήθρα	ἡ	ἐπιλεγομένη	Ἑβραϊστὶ	⌜Βηθεσδά,
puerta de las ovejas,	un estanque	el que	es llamado	en hebreo	Betesda,
4262	2861	3588	1951	1447	964
JDSF	*NNSF*	*DNSF*	*VPPP-SNF*	*B*	*NNSF, XP*

πέντε	στοὰς	ἔχουσα.	3 ἐν	ταύταις	κατέκειτο	πλῆθος	τῶν
cinco$_2$	pórticos.$_3$	que tiene$_1$	en$_8$	estos.$_9$	estaba acostada$_7$	Una multitud$_1$	de los$_2$
4002	4745	2192	1722	3778	2621	4128	3588
XN, J	*NAPF*	*VPAP-SNF*	*P*	*RD-DPF*	*VIUI3S*	*NNSN*	*DGPM*

ἀσθενούντων,	τυφλῶν,	χωλῶν,	⌜ξηρῶν.	5 ἦν	δέ	τις	ἄνθρωπος
que están enfermos$_3$	ciegos,$_4$	cojos,$_5$	paralíticos$_6$	estaba$_4$	Mas$_1$	cierto$_2$	hombre$_3$
770	5185	5560	3584	2258	1161	5100	444
VPAP-PGM	*JGPM*	*JGPM*	*JGPM*	*VIAI3S*	*CLN*	*JNSM, RX-NSM*	*NNSM*

ἐκεῖ	τριάκοντα	ὀκτὼ	ἔτη	ἔχων	ἐν	τῇ	ἀσθενείᾳ	αὐτοῦ·	6 τοῦτον
allí$_5$	treinta$_7$	ocho$_8$	años$_9$	teniendo$_6$	con$_{10}$	la$_{11}$	enfermedad$_{12}$	de él.$_{13}$	a este$_4$
1563	5144	3638	2094	2192	1722	3588	769	846	5126
BP	*XN, J*	*XN, J*	*NAPN*	*VPAP-SNM*	*P*	*DDSF*	*NDSF*	*RP3GSM*	*RD-ASM*

ἰδὼν	ὁ	Ἰησοῦς	κατακείμενον,	καὶ	γνοὺς	ὅτι	πολὺν	ἤδη
habiendo visto$_3$	--$_1$	Jesús$_2$	estando acostado,$_5$	y	habiendo sabido	que$_1$	mucho$_3$	ya$_2$
1492	3588	2424	2621	2532	1097	3754	4183	2235
VAAP-SNM	*DNSM*	*NNSM*	*VPUP-SAM*	*CLN*	*VAAP-SNM*	*CSC*	*JASM*	*B*

χρόνον	ἔχει,	λέγει	αὐτῷ·	Θέλεις	ὑγιὴς	γενέσθαι;	7 ἀπεκρίθη	αὐτῷ
tiempo$_4$	tiene,	dice	a él:	¿Quieres$_1$	sano?$_3$	ser hecho$_2$	respondió$_3$	a él:$_4$
5550	2192	3004	846	2309	5199	1096	611	846
NASM	*VPAI3S*	*VPAI3S*	*RP3DSM*	*VPAI2S*	*JNSM*	*VAMN*	*VAPI3S, VAMI3S*	*RP3DSM*

ὁ	ἀσθενῶν·	Κύριε,	ἄνθρωπον	οὐκ	ἔχω	ἵνα	ὅταν	ταραχθῇ
El que$_1$	está enfermo$_2$	Señor,$_5$	a una persona$_8$	no$_6$	tengo,$_7$	para que$_9$	cuando$_{10}$	sea agitada$_{13}$
3588	770	2962	444	3756	2192	2443	3752	5015
DNSM	*VPAP-SNM*	*NVSM*	*NASM*	*BN, TN*	*VPAI1S*	*CSC*	*CAT*	*VAPS3S*

τὸ	ὕδωρ	βάλῃ	με	εἰς	τὴν	κολυμβήθραν·	ἐν	ᾧ	δὲ	ἔρχομαι
el$_{11}$	agua$_{12}$	meter	a mí	hacia	el	estanque;	en$_2$	lo que$_3$	mas$_1$	vengo$_5$
3588	5204	906	3165	1519	3588	2861	1722	3739	1161	2064
DNSN	*NNSN*	*VAAS3S*	*RP1AS*	*P*	*DASF*	*NASF*	*P*	*RR-DSN*	*CLN*	*VPUI1S*

ἐγὼ	ἄλλος	πρὸ	ἐμοῦ	καταβαίνει.	8 λέγει	αὐτῷ	ὁ	Ἰησοῦς·	Ἔγειρε
yo,$_4$	otro$_6$	antes de$_8$	mí.$_9$	baja$_7$	dice$_3$	a él:$_4$	--$_1$	Jesús$_2$	Levántate,
1473	243	4253	1700	2597	3004	846	3588	2424	1453
RP1NS	*JNSM*	*P*	*RP1GS*	*VPAI3S*	*VPAI3S*	*RP3DSM*	*DNSM*	*NNSM*	*VPAM2S*

ἆρον	τὸν	κράβαττόν	σου	καὶ	περιπάτει.	9 καὶ	εὐθέως	ἐγένετο
carga	la	camilla	de ti	y	anda.	E$_1$	inmediatamente$_2$	llegó a estar$_5$
142	3588	2895	4675	2532	4043	2532	2112	1096
VAAM2S	*DASM*	*NASM*	*RP2GS*	*CLN*	*VPAM2S*	*CLN*	*B*	*VAMI3S*

ὑγιὴς	ὁ	ἄνθρωπος	καὶ	ἦρε	τὸν	κράβαττον	αὐτοῦ	καὶ	περιεπάτει.
sano,$_6$	el$_3$	hombre$_4$	y	cargó	la	camilla	de él	y	andaba.
5199	3588	444	2532	142	3588	2895	846	2532	4043
JNSM	*DNSM*	*NNSM*	*CLN*	*VAAI3S*	*DASM*	*NASM*	*RP3GSM*	*CLN*	*VIAI3S*

⌜Ἦν	δὲ	σάββατον	ἐν	ἐκείνῃ	τῇ	ἡμέρᾳ.	10 ἔλεγον	οὖν	οἱ
era$_2$	Mas$_1$	sábado$_3$	en	aquel	--	día.	decían$_4$	Así que,$_1$	los$_2$
2258	1161	4521	1722	1565	3588	2250	3004	3767	3588
VIAI3S	*CLN*	*NNSN*	*P*	*RD-DSF*	*DDSF*	*NDSF*	*VIAI3P*	*CLI*	*DNPM*

Ἰουδαῖοι	τῷ	τεθεραπευμένῳ·	Σάββατόν	ἐστιν,	καὶ	οὐκ	ἔξεστίν
judíos$_3$	al que$_5$	había sido sanado:$_6$	sábado,$_8$	Es$_7$	y$_9$	no$_{10}$	es lícito$_{11}$
2453	3588	2323	4521	2076	2532	3756	1832
JNPM	*DDSM*	*VRPP-SDM*	*NNSN*	*VPAI3S*	*CLN*	*BN, TN*	*VPAI3S*

NVI

y subió Jesús a Jerusalén.
2 Había allí, junto a la
puerta de las Ovejas,
un estanque rodeado
de cinco pórticos, cuyo
nombre en arameo es
Betzatá. 3 En esos pórti-
cos se hallaban tendidos
muchos enfermos, cie-
gos, cojos y paralíticos.
5 Entre ellos se encontra-
ba un hombre inválido
que llevaba enfermo
treinta y ocho años.
6 Cuando Jesús lo vio
allí, tirado en el suelo, y
se enteró de que ya tenía
mucho tiempo de estar
así, le preguntó:
—¿Quieres quedar
sano?
7 —Señor —res-
pondió—, no tengo a
nadie que me meta en
el estanque mientras se
agita el agua y, cuando
trato de hacerlo, otro se
mete antes.
8 —Levántate, recoge
tu camilla y anda —le
contestó Jesús.
9 Al instante aquel
hombre quedó sano, así
que tomó su camilla y
echó a andar. Pero ese
día era sábado. 10 Por eso
los judíos le dijeron al
que había sido sanado:
—Hoy es sábado; no

5:2⌜ Manuscritos importantes tienen *Betzatá.* **5:3**⌜ Manuscritos inferiores aumentaron, con variantes, *que esperaban el movimiento del agua. 4 Porque un ángel del Señor descendía en ciertos tiempos en el estanque y agitaba el agua. Por tanto, el primero que entraba después del movimiento del agua era sanado de cualquier enfermedad que tuviera.*

RVR

camilla.
11 Él les respondió: El
que me sanó, él mismo
me dijo: Toma tu cami-
lla y anda.
12 Entonces le pregun-
taron: ¿Quién es el que
te dijo: Toma tu camilla
y anda?
13 Y el que había sido sa-
nado no sabía quién era,
porque Jesús se había
apartado de la gente que
estaba en aquel lugar.
14 Después le halló Jesús
en el templo, y le dijo:
Mira, ya estás sano; no
peques más, para que
no te suceda alguna
cosa peor.
15 El hombre se fue, y les
contó a los judíos que
era Jesús el que le había
sanado.
16 Y por esto, los judíos
perseguían a Jesús, y
procuraban matarle,
porque hacía estas cosas
en sábado.
17 Y Jesús les respondió:
Hasta ahora mi Padre
trabaja, y yo también
trabajo.
18 Por esto, pues, pro-
curaban más aún los
judíos matarle, porque
no sólo quebrantaba
el sábado, sino que
también decía que Dios
era su propio Padre,

σοι	ἆραι	τὸν	κράβαττον.	11 ὃς	δὲ	ἀπεκρίθη	αὐτοῖς·	Ὁ
a ti.$_{15}$	cargar$_{14}$	la$_{12}$	camilla$_{13}$	el que (él)$_{2}$	Mas$_{1}$	respondió	a ellos:	El que$_{1}$
4671	142	3588	2895	3739	1161	611	846	3588
RP2DS	*VAAN*	*DASM*	*NASM*	*RR-NSM*	*CLC*	*VAPI3S, VAMI3S*	*RP3DPM*	*DNSM*

ποιήσας	με	ὑγιῆ	ἐκεῖνός	μοι	εἶπεν	Ἆρον	τὸν	κράβαττόν	σου	καὶ
hizo$_{2}$	a mí$_{4}$	sano,$_{3}$	aquel$_{5}$	a mí:$_{7}$	dijo$_{6}$	Carga	la	camilla	de ti	y
4160	3165	5199	1565	3427	2036	142	3588	2895	4675	2532
VAAP-SNM	*RP1AS*	*JASM*	*RD-NSM*	*RP1DS*	*VAAI3S*	*VAAM2S*	*DASM*	*NASM*	*RP2GS*	*CLN*

περιπάτει.	12 ἠρώτησαν	οὖν	αὐτόν·	Τίς	ἐστιν	ὁ	ἄνθρωπος	ὁ
anda.	preguntaron$_{2}$	Así que,$_{1}$	a él:	¿Quién	es	el	hombre	el que
4043	2065	3767	846	5101	2076	3588	444	3588
VPAM2S	*VAAI3P*	*C*	*RP3ASM*	*RI-NSM*	*VPAI3S*	*DNSM*	*NNSM*	*DNSM*

εἰπών	σοι·	⸀Ἆρον	καὶ	περιπάτει;	13 ὁ	δὲ	ἰαθεὶς	οὐκ	ᾔδει
dijo	a ti:	Carga	y	anda?	el que$_{2}$	Mas$_{1}$	había sido sanado	no	sabía
2036	4671	142	2532	4043	3588	1161	2390	3756	1492
VAAP-SNM	*RP2DS*	*VAAM2S*	*CLN*	*VPAM2S*	*DNSM*	*CLN*	*VAPP-SNM*	*BN, TN*	*VLAI3S*

τίς	ἐστιν,	ὁ	γὰρ	Ἰησοῦς	ἐξένευσεν	ὄχλου	ὄντος	ἐν
quién	es;	--$_{2}$	porque$_{1}$	Jesús$_{3}$	se alejó	de la muchedumbre	que estaba	en
5101	2076	3588	1063	2424	1593	3793	5607	1722
RI-NSM	*VPAI3S*	*DNSM*	*CAZ*	*NNSM*	*VAAI3S*	*NGSM*	*VPAP-SGM*	*P*

τῷ	τόπῳ.	14 μετὰ	ταῦτα	εὑρίσκει	αὐτὸν	ὁ	Ἰησοῦς	ἐν	τῷ
el	lugar.	Después de	estas cosas,	encuentra$_{3}$	a él$_{4}$	--$_{1}$	Jesús$_{2}$	en	el
3588	5117	3326	5023	2147	846	3588	2424	1722	3588
DDSM	*NDSM*	*P*	*RD-APN*	*VPAI3S*	*RP3ASM*	*DNSM*	*NNSM*	*P*	*DDSN*

ἱερῷ	καὶ	εἶπεν	αὐτῷ·	Ἴδε	ὑγιὴς	γέγονας·	μηκέτι	ἁμάρτανε,
templo	y	dijo	a él:	Mira,$_{1}$	sano;$_{3}$	has llegado a ser$_{2}$	ya no	peques
2411	2532	2036	846	1492	5199	1096	3371	264
NDSN, JDSN	*CLN*	*VAAI3S*	*RP3DSM*	*I, VAAM2S*	*JNSM*	*VRAI2S*	*BN*	*VPAM2S*

ἵνα	μὴ	χεῖρόν	σοί	τι	γένηται.	15 ἀπῆλθεν	ὁ	ἄνθρωπος	καὶ
para que$_{1}$	no$_{2}$	peor$_{5}$	a ti.$_{6}$	algo$_{4}$	llegue a ser$_{3}$	se fue$_{3}$	El$_{1}$	hombre$_{2}$	y
2443	3361	5501	4671	5100	1096	565	3588	444	2532
CAP	*BN, TN*	*JNSN*	*RP2DS*	*RX-NSN*	*VAMS3S*	*VAAI3S*	*DNSM*	*NNSM*	*CLN*

ἀνήγγειλεν	τοῖς	Ἰουδαίοις	ὅτι	Ἰησοῦς	ἐστιν	ὁ	ποιήσας	αὐτὸν
anunció	a los	judíos	que	Jesús	es	el que	hizo	a él.$_{2}$
312	3588	2453	3754	2424	2076	3588	4160	846
VAAI3S	*DDPM*	*JDPM*	*CSC*	*NNSM*	*VPAI3S*	*DNSM*	*VAAP-SNM*	*RP3ASM*

ὑγιῆ.	16 καὶ	διὰ	τοῦτο	ἐδίωκον	οἱ	Ἰουδαῖοι	τὸν	Ἰησοῦν	ὅτι	ταῦτα
sano$_{1}$	Y	por	esto	perseguían$_{3}$	los$_{1}$	judíos$_{2}$	a --$_{4}$	Jesús,$_{5}$	porque$_{6}$	estas cosas$_{8}$
5199	2532	1223	5124	1377	3588	2453	3588	2424	3754	5023
JASM	*CLN*	*P*	*RD-ASN*	*VIAI3P*	*DNPM*	*JNPM*	*DASM*	*NASM*	*CAZ*	*RD-APN*

ἐποίει	ἐν	σαββάτῳ.	17 ὁ	δὲ	ἀπεκρίνατο	αὐτοῖς·	Ὁ	πατήρ	μου
hacía$_{7}$	en$_{9}$	sábado.$_{10}$	--$_{2}$	Mas$_{1}$	respondió$_{3}$	a ellos:	El	Padre	de mí
4160	1722	4521	3588	1161	611	846	3588	3962	3450
VIAI3S	*P*	*NDSN*	*DNSM*	*CLN*	*VAMI3S*	*RP3DPM*	*DNSM*	*NNSM*	*RP1GS*

ἕως	ἄρτι	ἐργάζεται	κἀγὼ	ἐργάζομαι.	18 διὰ	τοῦτο	οὖν	μᾶλλον
hasta	ahora	trabaja,	y yo	trabajo.	por$_{2}$	esto$_{3}$	Así que,$_{1}$	más$_{6}$
2193	737	2038	2504	2038	1223	5124	3767	3123
P, C	*B*	*VPUI3S*	*RP1NS, CLN*	*VPUI1S*	*P*	*RD-ASN*	*CLI*	*B*

ἐζήτουν	αὐτὸν	οἱ	Ἰουδαῖοι	ἀποκτεῖναι	ὅτι	οὐ	μόνον	ἔλυε	τὸ
buscaban$_{7}$	a él$_{8}$	los$_{4}$	judíos$_{5}$	para matar,$_{9}$	porque	no	solo	quebrantaba	el
2212	846	3588	2453	615	3754	3756	3440	3089	3588
VIAI3P	*RP3ASM*	*DNPM*	*JNPM*	*VAAN*	*CAZ*	*BN, TN*	*B, J*	*VIAI3S*	*DASN*

σάββατον,	ἀλλὰ	καὶ	πατέρα	ἴδιον	ἔλεγε	τὸν	θεόν,	ἴσον	ἑαυτὸν
sábado,	sino$_{1}$	también$_{2}$	Padre$_{4}$	propio (suyo)$_{5}$	llamaba$_{3}$	a --$_{6}$	Dios,$_{7}$	igual$_{9}$	a sí mismo$_{10}$
4521	235	2532	3962	2398	3004	3588	2316	2470	1438
NASN	*CLC*	*CLA, B*	*NASM*	*JASM*	*VIAI3S*	*DASM*	*NASM*	*JASM*	*RF3ASM*

NVI

te está permitido cargar
tu camilla.
11 —El que me sanó
me dijo: "Recoge tu
camilla y anda" —les
respondió.
12 —¿Quién es ese
hombre que te dijo:
"Recógela y anda"? —le
interpelaron.
13 El que había sido
sanado no tenía idea de
quién era, porque Jesús
se había escabullido en-
tre la mucha gente que
había en el lugar.
14 Después de esto
Jesús lo encontró en el
templo y le dijo:
—Mira, ya has queda-
do sano. No vuelvas
a pecar, no sea que te
ocurra algo peor.
15 El hombre se fue e
informó a los judíos que
Jesús era quien lo había
sanado.

Vida mediante el Hijo

16 Precisamente
por esto los judíos
perseguían a Jesús, pues
hacía tales cosas en
sábado. 17 Pero Jesús les
respondía:
—Mi Padre aún hoy
está trabajando, y yo
también trabajo.
18 Así que los judíos
redoblaban sus esfuer-
zos para matarlo, pues
no solo quebrantaba el
sábado, sino que incluso
llamaba a Dios su pro-
pio Padre, con lo que

5:12 ⸀ Manuscritos inferiores aumentaron *la camilla de ti.*

RVR

haciéndose igual a Dios.

La autoridad del Hijo

19 Respondió entonces
Jesús, y les dijo: De
cierto, de cierto os digo:
No puede el Hijo hacer
nada por su cuenta, sino
lo que ve hacer al Padre;
porque todo lo que él
hace, también lo hace
igualmente el Hijo.
20 Porque el Padre ama
al Hijo, y le muestra
todo lo que él hace; y le
mostrará mayores obras
que éstas para que voso-
tros os admiréis.
21 Porque como el Padre
levanta a los muertos, y
les da vida, así también
el Hijo da vida a los que
quiere.
22 Pues ni aun el Padre
juzga a nadie, sino que
ha dado todo juicio al
Hijo,
23 para que todos hon-
ren al Hijo como hon-
ran al Padre. El que no
honra al Hijo, no honra
al Padre que le envió.
24 De cierto, de cierto
os digo: El que oye mi
palabra, y cree al que me
envió, tiene vida eterna;
y no vendrá a condena-
ción, sino que ha pasado
de la muerte a la vida.
25 De cierto, de cierto
os digo: Llega la hora,

ποιῶν τῷ θεῷ. 19 Ἀπεκρίνατο οὖν ὁ Ἰησοῦς καὶ ἔλεγεν αὐτοῖς·
haciendo$_8$ a--$_{11}$ Dios.$_{12}$ respondió$_4$ Así que,$_1$ --$_2$ Jesús$_3$ y decía a ellos:
4160 3588 2316 611 3767 3588 2424 2532 3004 846
VPAP-SNM DDSM NDSM VAMI3S CLI DNSM NNSM CLN VIAI3S RP3DPM

Ἀμὴν ἀμὴν λέγω ὑμῖν, οὐ δύναται ὁ υἱὸς ποιεῖν ἀφ' ἑαυτοῦ
De cierto, de cierto digo a vosotros: no$_3$ puede$_4$ El$_1$ Hijo$_2$ hacer$_5$ de$_7$ sí mismo,$_8$
281 281 3004 5213 3756 1410 3588 5207 4160 575 1438
XF, T XF, T VPAI1S RP2DP BN, TN VPUI3S DNSM NNSM VPAN P RF3GSM

οὐδὲν ἐὰν μή τι βλέπῃ τὸν πατέρα ποιοῦντα· ἃ γὰρ ἂν
nada$_6$ si no algo ve al$_2$ Padre,$_3$ haciendo$_1$ las cosas que$_5$ porque$_4$ --
3762 1437 3361 5100 991 3588 3962 4160 3739 1063 302
JASN CAC BN, TN RX-ASN VPAS3S DASM NASM VPAP-SAM RR-APN CAZ TC

ἐκεῖνος ποιῇ, ταῦτα καὶ ὁ υἱὸς ὁμοίως ποιεῖ. 20 ὁ γὰρ πατὴρ
aquel hiciera estas cosas también el Hijo igualmente,$_2$ hace$_1$ el$_2$ Porque$_1$ Padre$_3$
1565 4160 5023 2532 3588 5207 3668 4160 3588 1063 3962
RD-NSM VPAS3S RD-APN BE, TE DNSM NNSM B VPAI3S DNSM CAZ NNSM

φιλεῖ τὸν υἱὸν καὶ πάντα δείκνυσιν αὐτῷ ἃ αὐτὸς ποιεῖ, καὶ
ama al Hijo, y$_1$ todas las cosas$_3$ muestra$_2$ a él, las que él hace y$_1$
5368 3588 5207 2532 3956 1166 846 3739 846 4160 2532
VPAI3S DASM NASM CLN JAPN VPAI3S RP3DSM RR-APN RP3NSMP VPAI3S CLN

μείζονα τούτων δείξει αὐτῷ ἔργα, ἵνα ὑμεῖς θαυμάζητε. 21 ὥσπερ
mayores$_2$ que estas$_4$ mostrará,$_5$ a él$_6$ obras$_3$ para que vosotros os admiréis. tal como$_2$
3173 5130 1166 846 2041 2443 5210 2296 5618
JAPNC RD-GPN VFAI3S RP3DSM NAPN CAP RP2NP VPAS2P CAM

γὰρ ὁ πατὴρ ἐγείρει τοὺς νεκροὺς καὶ ζῳοποιεῖ, οὕτως καὶ ὁ
Porque$_1$ el Padre levanta a los muertos y vivifica, así también el$_1$
1063 3588 3962 1453 3588 3498 2532 2227 3779 2532 3588
CLX DNSM NNSM VPAI3S DAPM JAPM CLN VPAI3S B CLA, B DNSM

υἱὸς οὓς θέλει ζῳοποιεῖ. 22 οὐδὲ γὰρ ὁ πατὴρ κρίνει οὐδένα,
Hijo$_2$ a quienes$_4$ quiere$_3$ vivifica.$_5$ ni$_2$ Porque$_1$ el$_3$ Padre$_4$ juzga a nadie,
5207 3739 2309 2227 3761 1063 3588 3962 2919 3762
NNSM RR-APM VPAI3S VPAI3S BN,CLA CAZ DNSM NNSM VPAI3S JASM

ἀλλὰ τὴν κρίσιν πᾶσαν δέδωκεν τῷ υἱῷ, 23 ἵνα πάντες τιμῶσι τὸν
sino el$_5$ juicio,$_6$ todo$_4$ ha dado$_1$ al$_2$ Hijo$_3$ para que todos honren al
235 3588 2920 3956 1325 3588 5207 2443 3956 5091 3588
CLC DASF NASF JASF VRAI3S DDSM NDSM CAP JNPM VPAS3P DASM

υἱὸν καθὼς τιμῶσι τὸν πατέρα. ὁ μὴ τιμῶν τὸν υἱὸν οὐ
Hijo como honran al Padre. El que no honra al Hijo, no
5207 2531 5091 3588 3962 3588 3361 5091 3588 5207 3756
NASM CAM VPAI3P DASM NASM DNSM BN, TN VPAP-SNM DASM NASM BN, TN

τιμᾷ τὸν πατέρα τὸν πέμψαντα αὐτόν. 24 Ἀμὴν ἀμὴν λέγω ὑμῖν
honra al Padre al que envió a él. De cierto, de cierto digo a vosotros
5091 3588 3962 3588 3992 846 281 281 3004 5213
VPAI3S DASM NASM DASM VAAP-SAM RP3ASM XF, T XF, T VPAI1S RP2DP

ὅτι ὁ τὸν λόγον μου ἀκούων καὶ πιστεύων τῷ πέμψαντί με
que:$_1$ El que$_2$ la$_4$ palabra$_5$ de mí$_6$ oye,$_3$ y está creyendo al que envió a mí
3754 3588 3588 3056 3450 191 2532 4100 3588 3992 3165
CSC DNSM DASM NASM RP1GS VPAP-SNM CLN VPAP-SNM DDSM VAAP-SDM RP1AS

ἔχει ζωὴν αἰώνιον, καὶ εἰς κρίσιν οὐκ ἔρχεται ἀλλὰ μεταβέβηκεν
tiene vida eterna, y para$_3$ juicio,$_4$ no$_1$ viene$_2$ sino ha pasado
2192 2222 166 2532 1519 2920 3756 2064 235 3327
VPAI3S NASF JASF CLN P NASF BN, TN VPUI3S CLC VRAI3S

ἐκ τοῦ θανάτου εἰς τὴν ζωήν. 25 Ἀμὴν ἀμὴν λέγω ὑμῖν ὅτι
de la muerte para la vida. De cierto, de cierto digo a vosotros que:
1537 3588 2288 1519 3588 2222 281 281 3004 5213 3754
P DGSM NGSM P DASF NASF XF, T XF, T VPAI1S RP2DP CSC

NVI

él mismo se hacía igual
a Dios.
19 Entonces Jesús
afirmó:
—Ciertamente les
aseguro que el hijo no
puede hacer nada por
su propia cuenta, sino
solamente lo que ve que
su padre hace, porque
cualquier cosa que hace
el padre, la hace también
el hijo. 20 Pues el padre
ama al hijo y le muestra
todo lo que hace. Sí, y
aun cosas más grandes
que estas le mostrará,
que los dejará a ustedes
asombrados. 21 Porque
así como el Padre resu-
cita a los muertos y les
da vida, así también el
Hijo da vida a quienes a
él le place. 22 Además, el
Padre no juzga a nadie,
sino que todo juicio lo
ha delegado en el Hijo,
23 para que todos honren
al Hijo como lo honran
a él. El que se niega a
honrar al Hijo no honra
al Padre que lo envió.
24 »Ciertamente les
aseguro que el que oye
mi palabra y cree al que
me envió tiene vida
eterna y no será juzgado,
sino que ha pasado
de la muerte a la vida.
25 Ciertamente les asegu-
ro que ya viene la hora, y

RVR

y ahora es, cuando los
muertos oirán la voz del
Hijo de Dios; y los que
la oigan vivirán.
26 Porque como el Padre
tiene vida en sí mismo,
así también le ha dado
al Hijo el tener vida en
sí mismo;
27 y también le dio auto-
ridad de ejecutar juicio,
por cuanto es el Hijo del
Hombre.
28 No os asombréis de
esto; porque va a llegar
la hora en que todos los
que están en los sepul-
cros oirán su voz;
29 y los que hicieron
lo bueno, saldrán a
resurrección de vida;
mas los que hicieron lo
malo, a resurrección de
condenación.

Testigos de Cristo

30 No puedo yo hacer
nada por mí mismo; se-
gún oigo, así juzgo; y mi
juicio es justo, porque
no busco mi voluntad,
sino la voluntad del que
me envió, la del Padre.
31 Si yo doy testimonio
acerca de mí mismo,
mi testimonio no es
verdadero.
32 Otro es el que da tes-
timonio acerca de mí, y
sé que el testimonio que
da de mí es verdadero.
33 Vosotros enviasteis

ἔρχεται	ὥρα	καὶ	νῦν	ἐστιν	ὅτε	οἱ	νεκροὶ	ἀκούσουσιν	τῆς	φωνῆς
Viene	(la) hora,	y	ahora	es,	cuando	los	muertos	oirán	la	voz
2064	5610	2532	3568	2076	3753	3588	3498	191	3588	5456
VPUI3S	*NNSF*	*CLN*	*B*	*VPAI3S*	*CAT*	*DNPM*	*JNPM*	*VFAI3P*	*DGSF*	*NGSF*

τοῦ	υἱοῦ	τοῦ	θεοῦ	καὶ	οἱ	ἀκούσαντες	ζήσουσιν.	26 ὥσπερ	γὰρ
del	Hijo	de --	Dios,	y	los que	oyeron	vivirán.	tal como$_2$	Porque$_1$
3588	5207	3588	2316	2532	3588	191	2198	5618	1063
DGSM	*NGSM*	*DGSM*	*NGSM*	*CLN*	*DNPM*	*VAAP-PNM*	*VFAI3P*	*CAM*	*CAZ*

ὁ	πατὴρ	ἔχει	ζωὴν	ἐν	ἑαυτῷ,	οὕτως	καὶ	τῷ	υἱῷ	ἔδωκεν
el	Padre	tiene	vida	en	sí mismo,	así	también$_1$	al$_3$	Hijo$_4$	dio$_2$
3588	3962	2192	2222	1722	1438	3779	2532	3588	5207	1325
DNSM	*NNSM*	*VPAI3S*	*NASF*	*P*	*RF3DSM*	*B*	*CLA, B*	*DDSM*	*NDSM*	*VAAI3S*

ζωὴν	ἔχειν	ἐν	ἑαυτῷ.	27 καὶ	ἐξουσίαν	ἔδωκεν	αὐτῷ	κρίσιν	ποιεῖν,
vida$_6$	tener$_5$	en$_7$	sí mismo.$_8$	Y$_1$	autoridad$_3$	dio$_2$	a él$_4$	juicio,$_6$	para hacer$_5$
2222	2192	1722	1438	2532	1849	1325	846	2920	4160
NASF	*VPAN*	*P*	*RF3DSM*	*CLN*	*NASF*	*VAAI3S*	*RP3DSM*	*NASF*	*VPAN*

ὅτι	υἱὸς	ἀνθρώπου	ἐστίν.	28 μὴ	θαυμάζετε	τοῦτο,	ὅτι	ἔρχεται
porque$_7$	(el) Hijo$_9$	de(l) Hombre.$_{10}$	es$_8$	No	os admiréis	esto,	porque	viene
3754	5207	444	2076	3361	2296	5124	3754	2064
CAZ	*NNSM*	*NGSM*	*VPAI3S*	*BNTN*	*VPAM2P*	*RD-ASN*	*CAZ*	*VPUI3S*

ὥρα	ἐν	ᾗ	πάντες	οἱ	ἐν	τοῖς	μνημείοις	ἀκούσουσιν	τῆς
(la) hora	en	la que	todos	los (que están)	en	las	tumbas	oirán	la
5610	1722	3739	3956	3588	1722	3588	3419	191	3588
NNSF	*P*	*RR-DSF*	*JNPM*	*DNPM*	*P*	*DDPN*	*NDPN*	*VFAI3P*	*DGSF*

φωνῆς	αὐτοῦ	29 καὶ	ἐκπορεύσονται	οἱ	τὰ	ἀγαθὰ	ποιήσαντες	εἰς
voz	de él;	y	saldrán$_5$	los$_1$	las cosas$_3$	buenas$_4$	que hicieron$_2$	para
5456	846	2532	1607	3588	3588	18	4160	1519
NGSF	*RP3GSM*	*CLN*	*VFMI3P*	*DNPM*	*DAPN*	*JAPN*	*VAAP-PNM*	*P*

ἀνάστασιν	ζωῆς,	οἱ	δὲ	τὰ	φαῦλα	πράξαντες	εἰς	ἀνάστασιν
resurrección	de vida,	los$_2$	mas$_1$	las cosas$_4$	malas,$_5$	que practicaron$_3$	hacia	resurrección
386	2222	3588	1161	3588	5337	4238	1519	386
NASF	*NGSF*	*DNPM*	*CLC*	*DAPN*	*JAPN*	*VAAP-PNM*	*P*	*NASF*

κρίσεως.	30 Οὐ	δύναμαι	ἐγὼ	ποιεῖν	ἀπ᾽	ἐμαυτοῦ	οὐδέν·	καθὼς	ἀκούω
de juicio.	no$_2$	puedo$_3$	Yo$_1$	hacer$_4$	de$_6$	mí mismo,$_7$	nada$_5$	como	oigo
2920	3756	1410	1473	4160	575	1683	3762	2531	191
NGSF	*BNTN*	*VPUI1S*	*RP1NS*	*VPAN*	*P*	*RF1GSM*	*JASN*	*CAM*	*VPAI1S*

κρίνω,	καὶ	ἡ	κρίσις	ἡ	ἐμὴ	δικαία	ἐστίν,	ὅτι	οὐ	ζητῶ	τὸ
juzgo,	y	el	juicio	--	mío	justo,$_2$	es$_1$	porque	no	busco	la
2919	2532	3588	2920	3588	1699	1342	2076	3754	3756	2212	3588
VPAI1S	*CLN*	*DNSF*	*NNSF*	*DNSF*	*RS1NSF, JNSF*	*JNSF*	*VPAI3S*	*CAZ*	*BN, TN*	*VPAI1S*	*DASN*

θέλημα	τὸ	ἐμὸν	ἀλλὰ	τὸ	θέλημα	τοῦ	πέμψαντός	⸀με.	31 Ἐὰν
voluntad	--	mía,	sino	la	voluntad	del que	envió	a mí.	Si
2307	3588	1699	235	3588	2307	3588	3992	3165	1437
NASN	*DASN*	*RS1ASN, JASN*	*CLC*	*DASN*	*NASN*	*DGSM*	*VAAP-SGM*	*RP1AS*	*CAC*

ἐγὼ	μαρτυρῶ	περὶ	ἐμαυτοῦ,	ἡ	μαρτυρία	μου	οὐκ	ἔστιν	ἀληθής·
yo	testifico	acerca de	mí mismo,	el	testimonio	de mí	no	es	verdadero;
1473	3140	4012	1683	3588	3141	3450	3756	2076	227
RP1NS	*VPAS1S*	*P*	*RF1GSM*	*DNSF*	*NNSF*	*RP1GS*	*BN, TN*	*VPAI3S*	*JNSF*

32 ἄλλος	ἐστὶν	ὁ	μαρτυρῶν	περὶ	ἐμοῦ,	καὶ	οἶδα	ὅτι	ἀληθής	ἐστιν
otro	es	el que	testifica	acerca de	mí,	y	sé	que	verdadero.$_8$	es$_7$
243	2076	3588	3140	4012	1700	2532	1492	3754	227	2076
JNSM	*VPAI3S*	*DNSM*	*VPAP-SNM*	*P*	*RP1GS*	*CLN*	*VRAI1S*	*CSC*	*JNSF*	*VPAI3S*

ἡ	μαρτυρία	ἣν	μαρτυρεῖ	περὶ	ἐμοῦ.	33 ὑμεῖς	ἀπεστάλκατε	πρὸς
el$_1$	testimonio$_2$	el que$_3$	testifica$_4$	acerca de$_5$	mí$_6$	Vosotros	habéis enviado	a
3588	3141	3739	3140	4012	1700	5210	649	4314
DNSF	*NNSF*	*RR-ASF*	*VPAI3S*	*P*	*RP1GS*	*RP2NP*	*VRAI2P*	*P*

NVI

ha llegado ya, en que los
muertos oirán la voz del
Hijo de Dios, y los que la
oigan vivirán. 26 Porque
así como el Padre tiene
vida en sí mismo, así
también ha concedido
al Hijo el tener vida en
sí mismo, 27 y le ha dado
autoridad para juzgar,
puesto que es el Hijo del
hombre.
28 »No se asombren
de esto, porque viene la
hora en que todos los
que están en los sepul-
cros oirán su voz, 29 y
saldrán de allí. Los que
han hecho el bien resuci-
tarán para tener vida,
pero los que han practi-
cado el mal resucitarán
para ser juzgados. 30 Yo
no puedo hacer nada
por mi propia cuenta;
juzgo solo según lo que
oigo, y mi juicio es justo,
pues no busco hacer mi
propia voluntad, sino
cumplir la voluntad del
que me envió.

Los testimonios a favor del Hijo

31 »Si yo testifico en
mi favor, ese testimonio
no es válido. 32 Otro es
el que testifica en mi
favor, y me consta que es
válido el testimonio que
él da de mí.
33 »Ustedes enviaron

5:30 ⸀ Manuscritos inferiores aumentaron *Padre.*

RVR

mensajeros a Juan, y él
dio testimonio de la
verdad.
34 Pero yo no recibo
testimonio de parte de
hombre alguno; mas
digo esto para que voso-
tros seáis salvos.
35 Él era una lámpara
que ardía y alumbraba;
y vosotros quisisteis re-
gocijaros por un tiempo
en su luz.
36 Mas yo tengo mayor
testimonio que el de
Juan; porque las obras
que el Padre me dio
para que las llevase a
cabo, las mismas obras
que yo hago, dan testi-
monio de mí, de que el
Padre me ha enviado.
37 También el Padre que
me envió ha dado tes-
timonio de mí. Nunca
habéis oído su voz, ni
habéis visto su aspecto,
38 ni tenéis su palabra
morando en vosotros;
porque a quien él envió,
vosotros no creéis.
39 Escudriñad las
Escrituras, porque a
vosotros os parece que
en ellas tenéis la vida
eterna; y ellas son las
que dan testimonio
de mí;
40 y no queréis venir
a mí para que tengáis
vida.
41 Gloria de los hombres
no recibo.

Ἰωάννην,	καὶ	μεμαρτύρηκε	τῇ	ἀληθείᾳ·	34 ἐγὼ	δὲ	οὐ	παρὰ
Juan,	y	ha testificado	la	verdad;	yo$_2$	Mas$_1$	no$_3$	de parte de$_7$
2491	2532	3140	3588	225	1473	1161	3756	3844
NASM	CLN	VRAI3S	DDSF	NDSF	RPINS	CLC	BN, TN	P

ἀνθρώπου	τὴν	μαρτυρίαν	λαμβάνω,	ἀλλὰ	ταῦτα	λέγω	ἵνα	ὑμεῖς
ser humano,$_8$	el$_5$	testimonio$_6$	recibo$_4$	pero	estas cosas	digo	para que	vosotros
444	3588	3141	2983	235	5023	3004	2443	5210
NGSM	DASF	NASF	VPAI1S	CLC	RD-APN	VPAI1S	CAP	RP2NP

σωθῆτε.	35 ἐκεῖνος	ἦν	ὁ	λύχνος	ὁ	καιόμενος	καὶ	φαίνων,	ὑμεῖς
seáis salvos.	Aquel	era	la	lámpara	la que	está ardiendo	y	brillando,	vosotros$_2$
4982	1565	2258	3588	3088	3588	2545	2532	5316	5210
VAPS2P	RD-NSM	VIAI3S	DNSM	NNSM	DNSM	VPPP-SNM	CLN	VPAP-SNM	RP2NP

δὲ	ἠθελήσατε	ἀγαλλιαθῆναι	πρὸς	ὥραν	ἐν	τῷ	φωτὶ	αὐτοῦ.	36 ἐγὼ
mas$_1$	quisisteis$_3$	regocijar$_4$	por	una hora	en	la	luz	de él.	yo$_2$
1161	2309	21	4314	5610	1722	3588	5457	846	1473
CLN	VAAI2P	VAPN	P	NASF	P	DDSN	NDSN	RP3GSM	RPINS

δὲ	ἔχω	τὴν	μαρτυρίαν	μείζω	τοῦ	Ἰωάννου,	τὰ	γὰρ	ἔργα	ἃ
Mas$_1$	tengo	el	testimonio	mayor	de --	Juan,	las$_2$	porque$_1$	obras$_3$	las que$_4$
1161	2192	3588	3141	3173	3588	2491	3588	1063	2041	3739
CLC	VPAI1S	DASF	NASF	JASFC	DGSM	NGSM	DNPN	CLX	NNPN	RR-APN

δέδωκέν	μοι	ὁ	πατὴρ	ἵνα	τελειώσω	αὐτά,	αὐτὰ	τὰ	ἔργα
ha dado$_7$	a mí$_8$	el$_5$	Padre$_6$	para que	lleve a cabo	a ellas,	mismas$_2$	las$_1$	obras$_3$
1325	3427	3588	3962	2443	5048	846	846	3588	2041
VRAI3S	RP1DS	DNSM	NNSM	CAP	VAAS1S	RP3APN	RP3NPNP	DNPN	NNPN

ἃ	ποιῶ,	μαρτυρεῖ	περὶ	ἐμοῦ	ὅτι	ὁ	πατήρ	με	ἀπέσταλκεν,
las que	hago	testifica(n)	acerca de	mí,	porque	el	Padre	a mí.$_2$	ha enviado$_1$
3739	4160	3140	4012	1700	3754	3588	3962	3165	649
RR-APN	VPAI1S	VPAI3S	P	RP1GS	CSC	DNSM	NNSM	RP1AS	VRAI3S

37 καὶ	ὁ	πέμψας	με	πατὴρ	ἐκεῖνος	μεμαρτύρηκεν	περὶ	ἐμοῦ.
Y$_1$	el que$_3$	envió$_4$	a mí,$_5$	Padre$_2$	aquel	ha testificado	acerca de	mí.
2532	3588	3992	3165	3962	1565	3140	4012	1700
CLN	DNSM	VAAP-SNM	RP1AS	NNSM	RD-NSM	VRAI3S	P	RP1GS

οὔτε	φωνὴν	αὐτοῦ	πώποτε	ἀκηκόατε	οὔτε	εἶδος	αὐτοῦ	ἑωράκατε,
Ni$_1$	voz$_3$	de él$_4$	jamás,$_5$	habéis oído$_2$	ni$_6$	forma$_8$	de él,$_9$	habéis visto$_7$
3777	5456	846	4455	191	3777	1491	846	3708
CLK, TN	NASF	RP3GSM	B	VRAI2P	CLK, CLD	NASN	RP3GSM	VRAI2P

38 καὶ	τὸν	λόγον	αὐτοῦ	οὐκ	ἔχετε	ἐν	ὑμῖν	μένοντα,	ὅτι	ὃν
y$_1$	la$_4$	palabra$_5$	de él$_6$	no$_2$	tenéis$_3$	en$_8$	vosotros,$_9$	permaneciendo$_7$	porque$_8$	al que$_{10}$
2532	3588	3056	846	3756	2192	1722	5213	3306	3754	3739
CLN	DASM	NASM	RP3GSM	BN, TN	VPAI2P	P	RP2DP	VPAP-SAM	CAZ	RR-ASM

ἀπέστειλεν	ἐκεῖνος	τούτῳ	ὑμεῖς	οὐ	πιστεύετε.	39 Ἐραυνᾶτε	τὰς
envió$_{11}$	aquel$_9$	a este$_{12}$	vosotros$_{13}$	no$_{14}$	creéis.$_{15}$	Escudriñáis	las
649	1565	5129	5210	3756	4100	2045	3588
VAAI3S	RD-NSM	RD-DSM	RP2NP	BN, TN	VPAI2P	VPAI2P, VPAM2P	DAPF

γραφάς,	ὅτι	ὑμεῖς	δοκεῖτε	ἐν	αὐταῖς	ζωὴν	αἰώνιον	ἔχειν·	καὶ	ἐκεῖναί
Escrituras,	porque	vosotros	pensáis	en$_4$	ellas,$_5$	vida$_2$	eterna$_3$	tener$_1$	y	aquellas
1124	3754	5210	1380	1722	846	2222	166	2192	2532	1565
NAPF	CAZ	RP2NP	VPAI2P	P	RP3DPF	NASF	JASF	VPAN	CLN	RD-NPF

εἰσιν	αἱ	μαρτυροῦσαι	περὶ	ἐμοῦ·	40 καὶ	οὐ	θέλετε	ἐλθεῖν	πρός
son	las que	están testificando	acerca de	mí,	y	no	queréis	venir	a
1526	3588	3140	4012	1700	2532	3756	2309	2064	4314
VPAI3P	DNPF	VPAP-PNF	P	RP1GS	CLC	BN, TN	VPAI2P	VAAN	P

με	ἵνα	ζωὴν	ἔχητε.	41 δόξαν	παρὰ	ἀνθρώπων	οὐ	λαμβάνω,
mí,	para que$_1$	vida.$_3$	tengáis$_2$	gloria$_3$	de parte de$_4$	seres humanos,$_5$	No$_1$	recibo$_2$
3165	2443	2222	2192	1391	3844	444	3756	2983
RP1AS	CAP	NASF	VPAS2P	NASF	P	NGPM	BN, TN	VPAI1S

NVI

a preguntarle a Juan,
y él dio un testimonio
válido. 34 Y no es que
acepte yo el testimonio
de un hombre; más
bien lo menciono para
que ustedes sean salvos.
35 Juan era una lámpara
encendida y brillante,
y ustedes decidieron
disfrutar de su luz por
algún tiempo.
36 »El testimonio
con que yo cuento tiene
más peso que el de Juan.
Porque esa misma tarea
que el Padre me ha en-
comendado que lleve a
cabo, y que estoy hacien-
do, es la que testifica que
el Padre me ha enviado.
37 Y el Padre mismo que
me envió ha testificado
en mi favor. Ustedes
nunca han oído su voz,
ni visto su figura, 38 ni
vive su palabra en uste-
des, porque no creen en
aquel a quien él envió.
39 Ustedes estudian con
diligencia las Escrituras
porque piensan que en
ellas hallan la vida eter-
na. ¡Y son ellas las que
dan testimonio en mi
favor! 40 Sin embargo,
ustedes no quieren venir
a mí para tener esa vida.
41 »La gloria
humana no la acepto,

RVR

42 Pero yo os conozco,
que no tenéis amor
de Dios en vosotros
mismos.
43 Yo he venido en nom-
bre de mi Padre, y no
me recibís; si otro viene
en su propio nombre, a
ése recibiréis.
44 ¿Cómo podéis
vosotros creer, pues
recibís gloria los unos
de los otros, y no buscáis
la gloria que viene del
Dios único?
45 No penséis que yo
voy a acusaros ante el
Padre; hay quien os
acusa, Moisés, en quien
tenéis puesta vuestra
esperanza.
46 Porque si creyeseis
a Moisés, me creeríais
a mí, porque de mí
escribió él.
47 Pero si no creéis a sus
escritos, ¿cómo creeréis
a mis palabras?

Alimentación de los cinco mil

6 Después de esto,
Jesús se fue al otro
lado del mar de Galilea,
el de Tiberias.
2 Y le seguía gran mul-
titud, porque veían las
señales que hacía en los
enfermos.
3 Subió Jesús al monte,
y se sentó allí con sus
discípulos.

42 ἀλλὰ	ἔγνωκα	ὑμᾶς	ὅτι	τὴν	ἀγάπην	τοῦ	θεοῦ	οὐκ	ἔχετε	ἐν
pero	he conocido	a vosotros	que$_{1}$	el$_{6}$	amor$_{7}$	de--$_{8}$	Dios.$_{9}$	no$_{2}$	tenéis$_{3}$	en$_{4}$
235	1097	5209	3754	3588	26	3588	2316	3756	2192	1722
CLC	VRAI1S	RP2AP	CSC	DASF	NASF	DGSM	NGSM	BN, TN	VPAI2P	P

ἑαυτοῖς.	43 ἐγὼ	ἐλήλυθα	ἐν	τῷ	ὀνόματι	τοῦ	πατρός	μου	καὶ
en vosotros mismos$_{5}$	Yo	he venido	en	el	nombre	del	Padre	de mí,	y
1438	1473	2064	1722	3588	3686	3588	3962	3450	2532
RF2DPM	RP1NS	VRAI1S	P	DDSN	NDSN	DGSM	NGSM	RP1GS	CLN

οὐ	λαμβάνετέ	με·	ἐὰν	ἄλλος	ἔλθῃ	ἐν	τῷ	ὀνόματι	τῷ	ἰδίῳ,
no	recibís	a mí;	si	otro	viene	en	el	nombre	--	propio,
3756	2983	3165	1437	243	2064	1722	3588	3686	3588	2398
BN, TN	VPAI2P	RP1AS	CAC	JNSM	VAAS3S	P	DDSN	NDSN	DDSN	JDSN

ἐκεῖνον	λήμψεσθε.	44 πῶς	δύνασθε	ὑμεῖς	πιστεῦσαι,	δόξαν	παρ'
a aquel	recibiréis.	¿Cómo$_{1}$	podéis$_{3}$	vosotros$_{2}$	creer$_{4}$	gloria$_{6}$	de parte de$_{7}$
1565	2983	4459	1410	5210	4100	1391	3844
RD-ASM	VFMI2P	BI	VPUI2P	RP2NP	VAAN	NASF	P

ἀλλήλων	λαμβάνοντες,	καὶ	τὴν	δόξαν	τὴν	παρὰ	τοῦ	μόνου	θεοῦ
unos a otros,$_{8}$	estar recibiendo$_{5}$	y$_{9}$	la$_{12}$	gloria$_{13}$	--$_{14}$	de parte de$_{15}$	el$_{16}$	único$_{17}$	Dios?$_{18}$
240	2983	2532	3588	1391	3588	3844	3588	3441	2316
RC-GPM	VPAP-PNM	CLC	DASF	NASF	DASF	P	DGSM	JGSM	NGSM

οὐ	ζητεῖτε;	45 μὴ	δοκεῖτε	ὅτι	ἐγὼ	κατηγορήσω	ὑμῶν	πρὸς	τὸν
no$_{10}$	buscáis$_{11}$	No	penséis	que	yo	acusaré	a vosotros	ante	el
3756	2212	3361	1380	3754	1473	2723	5216	4314	3588
BN, TN	VPAI2P	BN,TN	VPAM2P	CSC	RP1NS	VFAI1S	RP2GP	P	DASM

πατέρα·	ἔστιν	ὁ	κατηγορῶν	ὑμῶν	Μωϋσῆς,	εἰς	ὃν	ὑμεῖς
Padre;	está (hay)	el que	acusa	a vosotros	Moisés,	en	quien	vosotros
3962	2076	3588	2723	5216	3475	1519	3739	5210
NASM	VPAI3S	DNSM	VPAP-SNM	RP2GP	NNSM	P	RR-ASM	RP2NP

ἠλπίκατε.	46 εἰ	γὰρ	ἐπιστεύετε	Μωϋσεῖ,	ἐπιστεύετε	ἂν	ἐμοί,	περὶ
habéis esperado.	si$_{2}$	Porque$_{1}$	creyeseis$_{3}$	a Moisés,	creeríais	--	a mí;	acerca de$_{4}$
1679	1487	1063	4100	3475	4100	302	1698	4012
VRAI2P	CAC	CAZ	VIAI2P	NDSM	VIAI2P	TC	RP1DS	P

γὰρ	ἐμοῦ	ἐκεῖνος	ἔγραψεν.	47 εἰ	δὲ	τοῖς	ἐκείνου	γράμμασιν	οὐ
porque$_{1}$	mí.$_{5}$	aquel$_{2}$	escribió$_{3}$	si$_{2}$	Mas$_{1}$	a los$_{5}$	de aquel,$_{7}$	escritos$_{6}$	no$_{3}$
1063	1700	1565	1125	1487	1161	3588	1565	1121	3756
CAZ	RP1GS	RD-NSM	VAAI3S	CAC	CLC	DDPN	RD-GSM	NDPN	BN, TN

πιστεύετε,	πῶς	τοῖς	ἐμοῖς	ῥήμασιν	πιστεύσετε;
creéis$_{4}$	¿cómo$_{8}$	a las$_{10}$	mías?$_{12}$	palabras$_{11}$	creeréis$_{9}$
4100	4459	3588	1699	4487	4100
VPAI2P	BI	DDPN	JDPN, RS1DPN	NDPN	VFAI2P

6 Μετὰ	ταῦτα	ἀπῆλθεν	ὁ	Ἰησοῦς	πέραν	τῆς	θαλάσσης	τῆς
Después de	estas cosas,	se fue$_{3}$	--$_{1}$	Jesús$_{2}$	al otro lado	del	mar	de --
3326	5023	565	3588	2424	4008	3588	2281	3588
P	RD-APN	VAAI3S	DNSM	NNSM	P, B	DGSF	NGSF	DGSF

Γαλιλαίας	τῆς	Τιβεριάδος.	2 ἠκολούθει	δὲ	αὐτῷ	ὄχλος	πολύς,	ὅτι
Galilea,	de --	Tiberias.	seguía$_{2}$	Mas$_{1}$	a él$_{3}$	multitud,$_{5}$	mucha$_{4}$	porque
1056	3588	5085	190	1161	846	3793	4183	3754
NGSF	DGSF	NGSF	VIAI3S	CLN	RP3DSM	NNSM	JNSM	CAZ

ἐθεώρουν	τὰ	σημεῖα	ἃ	ἐποίει	ἐπὶ	τῶν	ἀσθενούντων.	3 ἀνῆλθεν
veían	las	señales	las que	hacía	en	los que	están enfermos.	subió$_{3}$
2334	3588	4592	3739	4160	1909	3588	770	424
VIAI3P	DAPN	NAPN	RR-APN	VIAI3S	P	DGPM	VPAP-PGM	VAAI3S

δὲ	εἰς	τὸ	ὄρος	Ἰησοῦς,	καὶ	ἐκεῖ	ἐκάθητο	μετὰ	τῶν	μαθητῶν	αὐτοῦ.
Y$_{1}$	hacia$_{4}$	el$_{5}$	monte,$_{6}$	Jesús$_{2}$	y	allí	se sentaba	con	los	discípulos	de él.
1161	1519	3588	3735	2424	2532	1563	2521	3326	3588	3101	846
CLN	P	DASN	NASN	NNSM	CLN	BP	VIUI3S	P	DGPM	NGPM	RP3GSM

NVI

42 pero a ustedes los co-
nozco, y sé que no aman
realmente a Dios. 43 Yo
he venido en nombre
de mi Padre, y ustedes
no me aceptan; pero,
si otro viniera por su
propia cuenta, a ese sí lo
aceptarían. 44 ¿Cómo va
a ser posible que ustedes
crean, si unos a otros
se rinden gloria, pero
no buscan la gloria que
viene del Dios único?
45 »Pero no piensen
que yo voy a acusar-
los delante del Padre.
Quien los va a acusar es
Moisés, en quien tienen
puesta su esperanza. 46 Si
le creyeran a Moisés, me
creerían a mí, porque de
mí escribió él. 47 Pero, si
no creen lo que él escri-
bió, ¿cómo van a creer
mis palabras?»

Jesús alimenta a los cinco mil

6 Algún tiempo
después, Jesús
se fue a la otra orilla
del mar de Galilea
(o de Tiberíades).
2 Y mucha gente lo
seguía, porque veían las
señales milagrosas que
hacía en los enfermos.
3 Entonces subió Jesús
a una colina y se sentó
con sus discípulos.

RVR

4 Y estaba cerca la
pascua, la fiesta de los
judíos.
5 Cuando alzó Jesús los
ojos, y vio que había ve-
nido a él gran multitud,
dijo a Felipe: ¿De dónde
compraremos panes
para que coman éstos?
6 Pero decía esto para
probarle; porque él sabía
lo que iba a hacer.
7 Felipe le respondió:
Doscientos denarios de
pan no bastarán para
que cada uno de ellos
tome un poco.
8 Uno de sus discípulos,
Andrés, el hermano de
Simón Pedro, le dijo:
9 Aquí hay un mucha-
cho, que tiene cinco
panes de cebada y dos
pececillos; pero ¿qué es
esto para tantos?
10 Entonces Jesús dijo:
Haced recostar la gente.
Y había mucha hierba
en aquel lugar; y se
recostaron como en
número de cinco mil
varones.
11 Tomó Jesús aquellos
panes, y habiendo dado
gracias, los repartió
entre los discípulos, y
los discípulos entre los
que estaban recostados;
asimismo de los peces,
cuanto querían.
12 Y cuando se saciaron,
dijo a sus discípulos:

---

4 ἦν δὲ ἐγγὺς τὸ πάσχα, ἡ ἑορτὴ τῶν Ἰουδαίων. 5 ἐπάρας
estaba$_{8}$ Y$_{1}$ cerca.$_{9}$ la$_{2}$ Pascua,$_{3}$ la$_{4}$ fiesta$_{5}$ de los$_{6}$ judíos,$_{7}$ habiendo levantado$_{4}$
2258 1161 1451 3588 3957 3588 1859 3588 2453 1869
VIAI3S CLN B DNSN NNSN, XF DNSF NNSF DGPM JGPM VAAP-SNM

οὖν τοὺς ὀφθαλμοὺς ὁ Ἰησοῦς καὶ θεασάμενος ὅτι πολὺς
Así que,$_{1}$ los$_{5}$ ojos$_{6}$ --$_{2}$ Jesús$_{3}$ y viendo que mucha
3767 3588 3788 3588 2424 2532 2300 3754 4183
CLN, CLI DAPM NAPM DNSM NNSM CLN VAMP-SNM CSC JNSM

ὄχλος ἔρχεται πρὸς αὐτὸν λέγει πρὸς Φίλιππον· Πόθεν ἀγοράσωμεν
multitud viene a él, dice a Felipe: ¿De dónde compraremos
3793 2064 4314 846 3004 4314 5376 4159 59
NNSM VPUI3S P RP3ASM VPAI3S P NASM BI VAAS1P

ἄρτους ἵνα φάγωσιν οὗτοι; 6 τοῦτο δὲ ἔλεγεν πειράζων αὐτόν,
panes para que coman?$_{2}$ estos$_{1}$ esto$_{2}$ Mas$_{1}$ decía probando a él,
740 2443 5315 3778 5124 1161 3004 3985 846
NAPM CAP VAAS3P RD-NPM RD-ASN CLN VIAI3S VPAP-SNM RP3ASM

αὐτὸς γὰρ ᾔδει τί ἔμελλεν ποιεῖν. 7 ἀπεκρίθη αὐτῷ Φίλιππος·
él$_{2}$ porque$_{1}$ sabía qué estaba a punto de hacer. respondió$_{2}$ a él:$_{3}$ Felipe$_{1}$
846 1063 1492 5101 3195 4160 611 846 5376
RP3NSMP CAZ VLAI3S RI-ASN VIAI3S VPAN VAPI3S, VAMI3S RP3DSM NNSM

Διακοσίων δηναρίων ἄρτοι οὐκ ἀρκοῦσιν αὐτοῖς ἵνα ἕκαστος
de doscientos$_{5}$ denarios$_{6}$ panes$_{4}$ no es suficiente para ellos, para que$_{1}$ cada uno$_{2}$
1250 1220 740 3756 714 846 2443 1538
JGPN NGPN NNPM BN, TN VPAI3P RP3DPM CSC JNSM

βραχύ τι λάβῃ. 8 λέγει αὐτῷ εἷς ἐκ τῶν μαθητῶν αὐτοῦ, Ἀνδρέας
poco.$_{5}$ algún$_{4}$ tome$_{3}$ dice$_{11}$ a él:$_{12}$ Uno$_{1}$ de$_{2}$ los$_{3}$ discípulos$_{4}$ de él,$_{5}$ Andrés$_{6}$
1024 5100 2983 3004 846 1520 1537 3588 3101 846 406
JASN RX-ASN VAAS3S VPAI3S RP3DSM JNSM P DGPM NGPM RP3GSM NNSM

ὁ ἀδελφὸς Σίμωνος Πέτρου· 9 Ἔστιν παιδάριον ὧδε ὃς ἔχει
el$_{7}$ hermano$_{8}$ de Simón$_{9}$ Pedro,$_{10}$ es (hay)$_{2}$ un muchacho$_{3}$ Aquí$_{1}$ el que tiene
3588 80 4613 4074 2076 3808 5602 3739 2192
DNSM NNSM NGSM NGSM VPAI3S NNSN BP RR-NSM VPAI3S

πέντε ἄρτους κριθίνους καὶ δύο ὀψάρια· ἀλλὰ ταῦτα τί ἐστιν εἰς
cinco panes de cebada y dos pescados, pero estos, ¿qué es para
4002 740 2916 2532 1417 3795 235 5023 5101 2076 1519
XN, J NAPM JAPM CLN XN, J NAPN CLC RD-NPN RI-NSN VPAI3S P

τοσούτους; 10 εἶπεν ὁ Ἰησοῦς· Ποιήσατε τοὺς ἀνθρώπους ἀναπεσεῖν.
tantos? dijo:$_{3}$ --$_{1}$ Jesús$_{2}$ Haced$_{4}$ a las$_{6}$ personas,$_{7}$ recostarse$_{5}$
5118 2036 3588 2424 4160 3588 444 377
RD-APM VAAI3S DNSM NNSM VAAM2P DAPM NAPM VAAN

ἦν δὲ χόρτος πολὺς ἐν τῷ τόπῳ. ἀνέπεσαν οὖν οἱ
estaba (había)$_{9}$ y$_{8}$ hierba$_{11}$ mucha$_{10}$ en el lugar. se recostaron;$_{4}$ Así que$_{1}$ los$_{2}$
2258 1161 5528 4183 1722 3588 5117 377 3767 3588
VIAI3S CLN NNSM JNSM P DDSM NDSM VAAI3P CLN, CLI DNPM

ἄνδρες τὸν ἀριθμὸν ὡς πεντακισχίλιοι. 11 ἔλαβεν οὖν τοὺς ἄρτους
varones$_{3}$ el número como cinco mil. tomó$_{4}$ Así que,$_{1}$ los$_{5}$ panes$_{6}$
435 3588 706 5613 4000 2983 3767 3588 740
NNPM DASM NASM CAM, B JNPM VAAI3S CLN DAPM NAPM

ὁ Ἰησοῦς καὶ εὐχαριστήσας ⸀διέδωκεν τοῖς ἀνακειμένοις, ὁμοίως
--$_{2}$ Jesús$_{3}$ y habiendo dado gracias distribuyó a los que están recostados, igualmente$_{2}$
3588 2424 2532 2168 1239 3588 345 3668
DNSM NNSM CLN VAAP-SNM VAAI3S DDPM VPUP-PDM B

καὶ ἐκ τῶν ὀψαρίων ὅσον ἤθελον. 12 ὡς δὲ ἐνεπλήσθησαν λέγει
e$_{1}$ de$_{5}$ los$_{6}$ pescados.$_{7}$ cuanto$_{3}$ querían$_{4}$ como$_{2}$ Mas$_{1}$ fueron satisfechos, dice
2532 1537 3588 3795 3745 2309 5613 1161 1705 3004
BE, TE P DGPN NGPN RK-ASN VIAI3P CAT CLN VAPI3P VPAI3S

NVI

4 Faltaba muy poco
tiempo para la fiesta
judía de la Pascua.
5 Cuando Jesús alzó la
vista y vio una gran mul-
titud que venía hacia él,
le dijo a Felipe:
—¿Dónde vamos a
comprar pan para que
coma esta gente?
6 Esto lo dijo solo
para ponerlo a prueba,
porque él ya sabía lo que
iba a hacer.
7 —Ni con el salario
de ocho meses podría-
mos comprar suficiente
pan para darle un
pedazo a cada uno —
respondió Felipe.
8 Otro de sus discí-
pulos, Andrés, que era
hermano de Simón
Pedro, le dijo:
9 —Aquí hay un mu-
chacho que tiene cinco
panes de cebada y dos
pescados, pero ¿qué es
esto para tanta gente?
10 —Hagan que se
sienten todos —ordenó
Jesús.
En ese lugar había
mucha hierba. Así que
se sentaron, y los varones
adultos eran como
cinco mil. 11 Jesús tomó
entonces los panes, dio
gracias y distribuyó a los
que estaban sentados
todo lo que quisieron.
Lo mismo hizo con los
pescados.
12 Una vez que queda-
ron satisfechos, dijo a sus

6:11⸀ Manuscritos inferiores aumentaron *a los discípulos, y los discípulos.*

RVR

Recoged los pedazos
que sobraron, para que
no se pierda nada.
13 Recogieron, pues,
y llenaron doce cestas
de pedazos, que de los
cinco panes de cebada
sobraron a los que ha-
bían comido.
14 Aquellos hombres,
entonces, viendo la señal
que Jesús había hecho,
dijeron: Éste es verdade-
ramente el profeta que
había de venir al mundo.
15 Pero Jesús, conocien-
do que iban a venir para
apoderarse de él y hacer-
le rey, volvió a retirarse
al monte él solo.

Jesucristo anda sobre el mar

16 Al atardecer, descen-
dieron sus discípulos
al mar,
17 y entrando en una
barca, iban cruzando el
mar hacia Capernaúm.
Había oscurecido ya, y
Jesús no había venido
a ellos.
18 Además, se levantaba
el mar con un gran
viento que soplaba.
19 Cuando habían rema-
do como veinticinco o

τοῖς	μαθηταῖς	αὐτοῦ·	Συναγάγετε	τὰ	περισσεύσαντα	κλάσματα,
a los	discípulos	de él:	recoged	los	sobrantes$_2$	pedazos$_1$
3588	3101	846	4863	3588	4052	2801
DDPM	*NDPM*	*RP3GSM*	*VAAM2P*	*DAPN*	*VAAP-PAN*	*NAPN*

ἵνα	μή	τι	ἀπόληται.	13 συνήγαγον	οὖν,	καὶ	ἐγέμισαν	δώδεκα
para que$_3$	no$_4$	algo.$_6$	se pierda$_5$	recogieron$_2$	Así que,$_1$	y	llenaron	doce
2443	3361	5100	622	4863	3767	2532	1072	1427
CAP	*BN, TN*	*RX-NSN*	*VAMS3S*	*VAAI3P*	*CLI*	*CLN*	*VAAI3P*	*XN, J*

κοφίνους	κλασμάτων	ἐκ	τῶν	πέντε	ἄρτων	τῶν	κριθίνων	ἃ
cestos	de pedazos	de	los	cinco	panes	de --	cebada	que
2894	2801	1537	3588	4002	740	3588	2916	3739
NAPM	*NGPN*	*P*	*DGPM*	*XN, J*	*NGPM*	*DGPM*	*JGPM*	*RR-APN*

ἐπερίσσευσαν	τοῖς	βεβρωκόσιν.	14 οἱ	οὖν	ἄνθρωποι	ἰδόντες	ὃ
sobraron	a los que	habían comido.	las$_2$	Así que$_1$	personas,$_3$	viendo$_4$	la que$_6$
4052	3588	977	3588	3767	444	1492	3739
VAAI3P	*DDPM*	*VRAP-PDM*	*DNPM*	*CLI*	*NNPM*	*VAAP-PNM*	*RR-ASN*

ἐποίησεν	σημεῖον	ἔλεγον	ὅτι	Οὗτός	ἐστιν	ἀληθῶς	ὁ	προφήτης
hizo,$_7$	(la) señal$_5$	decían	que:	Este	es	verdaderamente	el	profeta
4160	4592	3004	3754	3778	2076	230	3588	4396
VAAI3S	*NASN*	*VIAI3P*	*CSC*	*RD-NSM*	*VPAI3S*	*B*	*DNSM*	*NNSM*

ὁ	ἐρχόμενος	εἰς	τὸν	κόσμον.
el que	viene	a	el	mundo.
3588	2064	1519	3588	2889
DNSM	*VPUP-SNM*	*P*	*DASM*	*NASM*

15 Ἰησοῦς	οὖν	γνοὺς	ὅτι	μέλλουσιν	ἔρχεσθαι	καὶ	ἁρπάζειν
Jesús$_2$	así que$_1$	habiendo sabido	que	están a punto de	venir	y	arrebatar
2424	3767	1097	3754	3195	2064	2532	726
NNSM	*CLI*	*VAAP-SNM*	*CSC*	*VPAI3P*	*VPUN*	*CLN*	*VPAN*

αὐτὸν	ἵνα	ποιήσωσιν	βασιλέα	ἀνεχώρησεν	πάλιν	εἰς	τὸ	ὄρος
a él	para	hacer(le)	rey,	se retiró	de nuevo	a	el	monte
846	2443	4160	935	402	3825	1519	3588	3735
RP3ASM	*CAP*	*VAAS3P*	*NASM*	*VAAI3S*	*B*	*P*	*DASN*	*NASN*

αὐτὸς	μόνος.
él	solo.
846	3441
RP3NSMP	*JNSM*

16 Ὡς	δὲ	ὀψία	ἐγένετο	κατέβησαν	οἱ	μαθηταὶ	αὐτοῦ	ἐπὶ	τὴν
como$_2$	Mas$_1$	tarde,$_4$	llegó a ser$_3$	bajaron$_8$	los$_5$	discípulos$_6$	de él$_7$	a	el
5613	1161	3798	1096	2597	3588	3101	846	1909	3588
CAT	*CLT*	*JNSF*	*VAMI3S*	*VAAI3P*	*DNPM*	*NNPM*	*RP3GSM*	*P*	*DASF*

θάλασσαν,	17 καὶ	ἐμβάντες	εἰς	πλοῖον	ἤρχοντο	πέραν	τῆς	θαλάσσης
mar.	y	embarcando	en	una barca	iban	al otro lado	del	mar
2281	2532	1684	1519	4143	2064	4008	3588	2281
NASF	*CLN*	*VAAP-PNM*	*P*	*NASN*	*VIUI3P*	*P, B*	*DGSF*	*NGSF*

εἰς	Καφαρναούμ.	καὶ	σκοτία	ἤδη	ἐγεγόνει	καὶ	οὔπω	ἐληλύθει
a	Capernaum.	Y$_1$	(la) oscuridad,$_4$	ya$_2$	había llegado$_3$	y$_5$	todavía no$_8$	había venido$_9$
1519	2584	2532	4653	2235	1096	2532	3768	2064
P	*NASF, XP*	*CLN*	*NNSF*	*B*	*VLAI3S*	*CLN*	*BN*	*VLAI3S*

πρὸς	αὐτοὺς	ὁ	Ἰησοῦς,	18 ἡ	τε	θάλασσα	ἀνέμου	μεγάλου
a$_{10}$	ellos,$_{22}$	--$_6$	Jesús$_7$	el$_2$	y$_1$	mar$_3$	viento$_6$	gran$_5$
4314	846	3588	2424	3588	5037	2281	417	3173
P	*RP3APM*	*DNSM*	*NNSM*	*DNSF, RR-NSF*	*CLN*	*NNSF*	*NGSM*	*JGSM*

πνέοντος	διεγείρετο.	19 ἐληλακότες	οὖν	ὡς	σταδίους	εἴκοσι
está soplando.$_7$	encrespa$_4$	habiendo remado$_2$	Así que,$_1$	como$_3$	estadios,$_8$	veinte$_4$
4154	1326	1643	3767	5613	4712	1501
VPAP-SGM	*VPPI3S*	*VRAP-PNM*	*CLN*	*CAM, B*	*NAPM, NAPN*	*JAPM, JNPM*

NVI

discípulos:
—Recojan los peda-
zos que sobraron, para
que no se desperdicie
nada.
13 Así lo hicieron y,
con los pedazos de los
cinco panes de cebada
que les sobraron a los
que habían comido, lle-
naron doce canastas.
14 Al ver la señal que
Jesús había realizado, la
gente comenzó a decir:
«En verdad este es el
profeta, el que ha de ve-
nir al mundo». 15 Pero
Jesús, dándose cuenta de
que querían llevárselo a
la fuerza y declararlo rey,
se retiró de nuevo a la
montaña él solo.

Jesús camina sobre el agua

16 Cuando ya anoche-
cía, sus discípulos baja-
ron al lago 17 y subieron
a una barca, y comenza-
ron a cruzar el lago en
dirección a Capernaúm.
Para entonces ya había
oscurecido, y Jesús toda-
vía no se les había unido.
18 Por causa del fuerte
viento que soplaba,
el lago estaba picado.
19 Habrían remado unos
cinco o seis kilómetros

RVR

treinta estadios, vieron a
Jesús que andaba sobre
el mar y se acercaba a la
barca; y tuvieron miedo.
20 Mas él les dijo: Yo
soy; no temáis.
21 Querían, pues,
recogerlo en la barca; la
cual llegó en seguida a la
tierra adonde iban.

La gente busca a Jesús

22 El día siguiente, la
gente que se había
quedado al otro lado del
mar vio que no había
habido allí más que una
sola barca, y que Jesús
no había entrado en ella
con sus discípulos, sino
que éstos se habían ido
solos.
23 Pero otras barcas
habían arribado de
Tiberíades junto al
lugar donde habían
comido el pan después
de haber dado gracias
el Señor.
24 Cuando vio, pues, la
gente que Jesús no esta-
ba allí, ni sus discípulos,
entraron en las barcas
y fueron a Capernaúm,
buscando a Jesús.

Jesucristo, el pan de vida

25 Y hallándole al
otro lado del mar,
le dijeron: Rabí,

πέντε	ἢ	τριάκοντα	θεωροῦσιν	τὸν	Ἰησοῦν	περιπατοῦντα	ἐπὶ	τῆς
cinco$_5$	o$_6$	treinta$_7$	ven	a --	Jesús	andando	sobre	el
4002	2228	5144	2334	3588	2424	4043	1909	3588
XN, J	*CLD*	*XN, J*	*VPAI3P*	*DASM*	*NASM*	*VPAP-SAM*	*P*	*DGSF*

θαλάσσης	καὶ	ἐγγὺς	τοῦ	πλοίου	γινόμενον,	καὶ	ἐφοβήθησαν.	20 ὁ
mar,	y$_1$	cerca$_3$	del$_4$	barco$_5$	llegando$_2$	y$_6$	se asustaron.$_7$	--$_2$
2281	2532	1451	3588	4143	1096	2532	5399	3588
NGSF	*CLN*	*P, B*	*DGSN*	*NGSN*	*VPUP-SAM*	*CLN*	*VAPI3P*	*DNSM*

δὲ	λέγει	αὐτοῖς·	Ἐγώ	εἰμι,	μὴ	φοβεῖσθε.	21 ἤθελον	οὖν	λαβεῖν
Mas$_1$	dice$_3$	a ellos:	Yo	soy.	¡No	temáis!	querían$_2$	Así que,$_1$	recibir
1161	3004	846	1473	1510	3361	5399	2309	3767	2983
CLC	*VPAI3S*	*RP3DPM*	*RP1NS*	*VPAI1S*	*BN, TN*	*VPUM2P*	*VIAI3P*	*CLI*	*VAAN*

αὐτὸν	εἰς	τὸ	πλοῖον,	καὶ	εὐθέως	ἐγένετο	τὸ	πλοῖον	ἐπὶ	τῆς
a él	en	la	barca,	e$_1$	inmediatamente$_2$	llegó a estar$_5$	el$_3$	barco$_4$	en	la
846	1519	3588	4143	2532	2112	1096	3588	4143	1909	3588
RP3ASM	*P*	*DASN*	*NASN*	*CLN*	*B*	*VAMI3S*	*DNSN*	*NNSN*	*P*	*DGSF*

γῆς	εἰς	ἣν	ὑπῆγον.
tierra	hacia	la que	iban.
1093	1519	3739	5217
NGSF	*P*	*RR-ASF*	*VIAI3P*

22 Τῇ	ἐπαύριον	ὁ	ὄχλος	ὁ	ἑστηκὼς	πέραν	τῆς	θαλάσσης
Al	día siguiente,	la	multitud	la que	había estado	al otro lado	del	mar
3588	1887	3588	3793	3588	2476	4008	3588	2281
DDSF	*B*	*DNSM*	*NNSM*	*DNSM*	*VRAP-SNM*	*P, B*	*DGSF*	*NGSF*

εἶδον	ὅτι	πλοιάριον	ἄλλο	οὐκ	ἦν	ἐκεῖ	εἰ	μὴ	ἕν,	καὶ	ὅτι
vieron	que	barco pequeño$_2$	otro$_1$	no	estaba	allí,	si	no	uno,	y$_1$	porque$_2$
3708	3754	4142	243	3756	2258	1563	1487	3361	1520	2532	3754
VAAI3P	*CSC*	*NNSN*	*JNSN*	*BN, TN*	*VIAI3S*	*BP*	*CAC*	*BN, TN*	*JNSN*	*CLN*	*CSC*

οὐ	συνεισῆλθεν	τοῖς	μαθηταῖς	αὐτοῦ	ὁ	Ἰησοῦς	εἰς	τὸ
no$_5$	entró$_6$	con los$_7$	discípulos$_8$	de él$_9$	--$_3$	Jesús$_4$	a$_{10}$	la$_{11}$
3756	4897	3588	3101	846	3739	2424	1519	3588
BN, TN	*VAAI3S*	*DDPM*	*NDPM*	*RP3GSM*	*DNSM*	*NNSM*	*P*	*DASN*

πλοῖον	ἀλλὰ	μόνοι	οἱ	μαθηταὶ	αὐτοῦ	ἀπῆλθον·	23 ἀλλὰ	ἦλθεν
barco$_{12}$	sino	solos$_2$	los$_3$	discípulos$_4$	de él.$_5$	se fueron$_1$	Pero	vino (vinieron)
4143	235	3441	3588	3101	846	565	235	2064
NASN	*CLC*	*JNPM*	*DNPM*	*NNPM*	*RP3GSM*	*VAAI3P*	*CLC*	*VAAI3S*

πλοιάρια	ἐκ	Τιβεριάδος	ἐγγὺς	τοῦ	τόπου	ὅπου	ἔφαγον	τὸν	ἄρτον
barcos pequeños	de	Tiberias	cerca	del	lugar	donde	comieron	el	pan
4142	1537	5085	1451	3588	5117	3699	5315	3588	740
NNPN	*P*	*NGSF*	*P, B*	*DGSM*	*NGSM*	*CAL, B*	*VAAI3P*	*DASM*	*NASM*

εὐχαριστήσαντος	τοῦ	κυρίου.	24 ὅτε	οὖν	εἶδεν	ὁ	ὄχλος	ὅτι
habiendo dado gracias.$_3$	el$_1$	Señor$_2$	cuando$_2$	Así que,$_1$	vio$_5$	la$_3$	multitud$_4$	que
2168	3588	2962	3753	3767	1492	3588	3793	3754
VAAP-SGM	*DGSM*	*NGSM*	*CAT*	*CLI*	*VAAI3S*	*DNSM*	*NNSM*	*CSC*

Ἰησοῦς	οὐκ	ἔστιν	ἐκεῖ	οὐδὲ	οἱ	μαθηταὶ	αὐτοῦ,	ἐνέβησαν	αὐτοὶ
Jesús	no	está	allí,	ni	los	discípulos	de él,	embarcaron$_2$	ellos$_1$
2424	3756	2076	1563	3761	3588	3101	846	1684	846
NNSM	*BN, TN*	*VPAI3S*	*BP*	*CLD, TN*	*DNPM*	*NNPM*	*RP3GSM*	*VAAI3P*	*RP3NPMP*

εἰς	τὰ	πλοιάρια	καὶ	ἦλθον	εἰς	Καφαρναοὺμ	ζητοῦντες	τὸν	Ἰησοῦν.
en	los	barcos pequeños	y	vinieron	a	Capernaum	buscando	a --	Jesús.
1519	3588	4142	2532	2064	1519	2584	2212	3588	2424
P	*DAPN*	*NAPN*	*CLN*	*VAAI3P*	*P*	*NASF, XP*	*VPAP-PNM*	*DASM*	*NASM*

25 Καὶ	εὑρόντες	αὐτὸν	πέραν	τῆς	θαλάσσης	εἶπον	αὐτῷ·	Ῥαββί,
Y	cuando hallaron	a él	al otro lado	del	mar	dijeron	a él:	Rabí,
2532	2147	846	4008	3588	2281	2036	846	4461
CLN	*VAAP-PNM*	*RP3ASM*	*P, B*	*DGSF*	*NGSF*	*VAAI3P*	*RP3DSM*	*NVSM, XF*

NVI

cuando vieron que Jesús
se acercaba a la barca, ca-
minando sobre el agua,
y se asustaron. 20 Pero
él les dijo: «No tengan
miedo, que soy yo».
21 Así que se dispusieron
a recibirlo a bordo, y en
seguida la barca llegó a la
orilla adonde se dirigían.
22 Al día siguiente, la
multitud que se había
quedado en el otro lado
del lago se dio cuenta
de que los discípulos
se habían embarcado
solos. Allí había estado
una sola barca, y Jesús
no había entrado en
ella con sus discípulos.
23 Sin embargo, algunas
barcas de Tiberíades se
aproximaron al lugar
donde la gente había
comido el pan después
de haber dado gracias
el Señor. 24 En cuanto la
multitud se dio cuenta
de que ni Jesús ni sus
discípulos estaban allí,
subieron a las barcas y se
fueron a Capernaúm a
buscar a Jesús.

Jesús, el pan de vida

25 Cuando lo encon-
traron al otro lado del
lago, le preguntaron:
—Rabí, ¿cuándo

RVR

¿cuándo llegaste acá?
26 Respondió Jesús y les
dijo: De cierto, de cierto
os digo que me buscáis,
no porque habéis visto
señales, sino porque
comisteis de los panes y
os saciasteis.
27 Trabajad, no por la
comida que perece,
sino por la comida que
permanece para vida
eterna, la cual os dará el
Hijo del Hombre; por-
que a éste acreditó con
su sello Dios el Padre.
28 Entonces le dijeron:
¿Qué debemos hacer
para poner en práctica
las obras de Dios?
29 Respondió Jesús y les
dijo: Esta es la obra de
Dios, que creáis en el
que él ha enviado.
30 Le dijeron entonces:
¿Qué señal, pues, haces
tú, para que veamos, y
te creamos? ¿Qué obra
haces?
31 Nuestros padres
comieron el maná en
el desierto, como está
escrito: Pan del cielo les
dio a comer.
32 Jesús, entonces, les
dijo: De cierto, de
cierto os digo: No fue
Moisés quien os dio
el pan del cielo, sino

πότε	ὧδε	γέγονας;	26 ἀπεκρίθη	αὐτοῖς	ὁ	Ἰησοῦς	καὶ	εἶπεν	Ἀμὴν
¿cuándo	aquí?$_2$	has llegado$_1$	respondió$_3$	a ellos$_4$	--$_1$	Jesús$_2$	y	dijo:	De cierto,
4219	5602	1096	611	846	3588	2424	2532	2036	281
BI	BP	VRAI2S	VAPI3S,VAMI3S	RP3DPM	DNSM	NNSM	CLN	VAAI3S	XF, T

ἀμὴν	λέγω	ὑμῖν,	ζητεῖτέ	με	οὐχ	ὅτι	εἴδετε	σημεῖα	ἀλλ'	ὅτι
de cierto	digo	a vosotros	buscáis	a mí	no	porque	visteis	señales,	sino	porque
281	3004	5213	2212	3165	3756	3754	1492	4592	235	3754
XF, T	VPAI1S	RP2DP	VPAI2P	RP1AS	BN, TN	CAZ	VAAI2P	NAPN	CLC	CAZ

ἐφάγετε	ἐκ	τῶν	ἄρτων	καὶ	ἐχορτάσθητε·	27 ἐργάζεσθε	μὴ	τὴν
comisteis	de	los	panes	y	os hartasteis.	trabajad$_2$	No$_1$	(por) la
5315	1537	3588	740	2532	5526	2038	3361	3588
VAAI2P	P	DGPM	NGPM	CLN	VAPI2P	VPUM2P	BN, TN	DASF

βρῶσιν	τὴν	ἀπολλυμένην	ἀλλὰ	τὴν	βρῶσιν	τὴν	μένουσαν	εἰς
comida	la que	perece,	sino	(por) la	comida	la que	permanece	para
1035	3588	622	235	3588	1035	3588	3306	1519
NASF	DASF	VPMP-SAF	CLC	DASF	NASF	DASF	VPAP-SAF	P

ζωὴν	αἰώνιον,	ἣν	ὁ	υἱὸς	τοῦ	ἀνθρώπου	ὑμῖν	δώσει,	τοῦτον
vida	eterna,	la que	el	Hijo	del	Hombre	a vosotros;$_2$	dará$_1$	a este$_4$
2222	166	3739	3588	5207	3588	444	5213	1325	5126
NASF	JASF	RR-ASF	DNSM	NNSM	DGSM	NGSM	RP2DP	VFAI3S	RD-ASM

γὰρ	ὁ	πατὴρ	ἐσφράγισεν*	ὁ	θεός.	28 εἶπον	οὖν	πρὸς	αὐτόν·
porque$_3$	el$_5$	Padre$_6$	selló.$_9$	--$_7$	Dios$_8$	dijeron$_2$	Así que,$_1$	a	él:
1063	3588	3962	4972	3588	2316	2036	3767	4314	846
CAZ	DNSM	NNSM	VAAI3S	DNSM	NNSM	VAAI3P	CLI	P	RP3ASM

Τί	ποιῶμεν	ἵνα	ἐργαζώμεθα	τὰ	ἔργα	τοῦ	θεοῦ;	29 ἀπεκρίθη
¿Qué	hacemos	para que	realicemos	las	obras	de --	Dios?	respondió$_3$
5101	4160	2443	2038	3588	2041	3588	2316	611
RI-ASN	VPAS1P	CAP	VPUS1P	DAPN	NAPN	DGSM	NGSM	VAPI3S,VAMI3S

ὁ	Ἰησοῦς	καὶ	εἶπεν	αὐτοῖς·	Τοῦτό	ἐστιν	τὸ	ἔργον	τοῦ	θεοῦ	ἵνα
--$_1$	Jesús$_2$	y	dijo	a ellos:	Esta	es	la	obra	de --	Dios:	que
3588	2424	2532	2036	846	5124	2076	3588	2041	3588	2316	2443
DNSM	NNSM	CLN	VAAI3S	RP3DPM	RD-NSN	VPAI3S	DNSN	NNSN	DGSM	NGSM	CSC

πιστεύητε	εἰς	ὃν	ἀπέστειλεν	ἐκεῖνος.	30 εἶπον	οὖν	αὐτῷ·	Τί
creáis	a	el que	envió.$_2$	aquel$_1$	dijeron$_2$	Así que,$_1$	a él:	¿qué$_2$
4100	1519	3739	649	1565	2036	3767	846	5101
VPAS2P	P	RR-ASM	VAAI3S	RD-NSM	VAAI3P	CLI	RP3DSM	JASN, RI-ASN

οὖν	ποιεῖς	σὺ	σημεῖον,	ἵνα	ἴδωμεν	καὶ	πιστεύσωμέν	σοι;	τί
Así que,$_1$	haces$_4$	tú$_5$	señal$_3$	para que	veamos	y	creamos	en ti?	¿Qué
3767	4160	4771	4592	2443	1492	2532	4100	4671	5101
CLI	VPAI2S	RP2NS	NASN	CAP	VAAS1P	CLN	VAAS1P	RP2DS	RI-ASN

ἐργάζῃ;	31 οἱ	πατέρες	ἡμῶν	τὸ	μάννα	ἔφαγον	ἐν	τῇ	ἐρήμῳ,
obra haces?	Los	padres	de nosotros	el$_2$	maná$_3$	comieron$_1$	en	el	desierto,
2038	3588	3962	2257	3588	3131	5315	1722	3588	2048
VPUI2S	DNPM	NNPM	RP1GP	DASN	NASN, XF	VAAI3P	P	DDSF	JDSF

καθὼς	ἐστιν	γεγραμμένον·	Ἄρτον	ἐκ	τοῦ	οὐρανοῦ	ἔδωκεν	αὐτοῖς
como	está	escrito:	Pan$_4$	de$_5$	el$_6$	cielo.$_7$	dio$_1$	a ellos$_2$
2531	2076	1125	740	1537	3588	3772	1325	846
CAM	VPAI3S	VRPP-SNN	NASM	P	DGSM	NGSM	VAAI3S	RP3DPM

φαγεῖν.	32 εἶπεν	οὖν	αὐτοῖς	ὁ	Ἰησοῦς·	Ἀμὴν	ἀμὴν	λέγω	ὑμῖν,
para comer$_3$	dijo$_4$	Así que,$_1$	a ellos:$_5$	--$_2$	Jesús$_3$	De cierto,	de cierto	digo	a vosotros:
5315	2036	3767	846	3588	2424	281	281	3004	5213
VAAN	VAAI3S	CLI	RP3DPM	DNSM	NNSM	XF, T	XF, T	VPAI1S	RP2DP

οὐ	Μωϋσῆς	δέδωκεν	ὑμῖν	τὸν	ἄρτον	ἐκ	τοῦ	οὐρανοῦ,	ἀλλ'
no$_2$	Moisés$_1$	ha dado$_3$	a vosotros	el	pan	de	el	cielo,	sino
3756	3475	1325	5213	3588	740	1537	3588	3772	235
BN, TN	NNSM	VRAI3S	RP2DP	DASM	NASM	P	DGSM	NGSM	CLC

NVI

llegaste acá?
26 —Ciertamente les
aseguro que ustedes me
buscan no porque han
visto señales, sino por-
que comieron pan hasta
llenarse. 27 Trabajen,
pero no por la comida
que es perecedera, sino
por la que permanece
para vida eterna, la cual
les dará el Hijo del hom-
bre. Sobre este ha puesto
Dios el Padre su sello de
aprobación.
28 —¿Qué tenemos
que hacer para realizar
las obras que Dios exige?
—le preguntaron.
29 —Esta es la obra de
Dios: que crean en aquel
a quien él envió —les
respondió Jesús.
30 —¿Y qué señal
harás para que la veamos
y te creamos? ¿Qué pue-
des hacer? —insistieron
ellos—. 31 Nuestros
antepasados comieron
el maná en el desierto,
como está escrito: "Pan
del cielo les dio a comer".
32 —Ciertamente
les aseguro que no fue
Moisés el que les dio a
ustedes el pan del cielo

6:27* O sea *acreditó.*

RVR

que es mi Padre quien
os da el verdadero pan
del cielo.
33 Porque el pan de Dios
es aquel que descendió
del cielo y da vida al
mundo.
34 Le dijeron, pues:
Señor, danos siempre
este pan.
35 Jesús les dijo: Yo soy el
pan de la vida; el que a
mí viene, nunca tendrá
hambre; y el que en
mí cree, no tendrá sed
jamás.
36 Pero ya os dije que,
aunque me habéis visto,
no creéis.
37 Todo lo que el Padre
me da, vendrá a mí; y
al que a mí viene, de
ningún modo le echaré
fuera.
38 Porque he descendido
del cielo, no para hacer
mi voluntad, sino la
voluntad del que me
envió.
39 Y esta es la voluntad
del Padre, que me envió:
Que de todo lo que me
ha dado, no pierda yo
nada, sino que lo resuci-
te en el último día.
40 Y esta es la voluntad
del que me ha enviado:
Que todo aquel que

ὁ	πατήρ	μου	δίδωσιν	ὑμῖν	τὸν	ἄρτον	ἐκ	τοῦ	οὐρανοῦ	τὸν
el$_{1}$	Padre$_{2}$	de mí$_{3}$	da$_{4}$	a vosotros$_{5}$	--$_{8}$	pan$_{9}$	de$_{10}$	el$_{11}$	cielo;$_{12}$	el$_{6}$
3588	3962	3450	1325	5213	3588	740	1537	3588	3772	3588
DNSM	*NNSM*	*RP1GS*	*VPAI3S*	*RP2DP*	*DASM*	*NASM*	*P*	*DGSM*	*NGSM*	*DASM*

ἀληθινόν·	33 ὁ	γὰρ	ἄρτος	τοῦ	θεοῦ	ἐστιν	ὁ	καταβαίνων	ἐκ
verdadero$_{7}$	el$_{2}$	porque$_{1}$	pan$_{3}$	de --	Dios	es	el que	baja	de
228	3588	1063	740	3588	2316	2076	3588	2597	1537
JASM	*DNSM*	*CLX*	*NNSM*	*DGSM*	*NGSM*	*VPAI3S*	*DNSM*	*VPAP-SNM*	*P*

τοῦ	οὐρανοῦ	καὶ	ζωὴν	διδοὺς	τῷ	κόσμῳ.	34 εἶπον	οὖν	πρὸς	αὐτόν·
el	cielo,	y$_{1}$	vida$_{3}$	está dando$_{2}$	al$_{4}$	mundo.$_{5}$	dijeron$_{2}$	Así que,$_{1}$	a$_{3}$	él:$_{4}$
3588	3772	2532	2222	1325	3588	2889	2036	3767	4314	846
DGSM	*NGSM*	*CLN*	*NASF*	*VPAP-SNM*	*DDSM*	*NDSM*	*VAAI3P*	*CLI*	*P*	*RP3ASM*

Κύριε,	πάντοτε	δὸς	ἡμῖν	τὸν	ἄρτον	τοῦτον.
Señor,$_{5}$	siempre$_{7}$	da$_{6}$	a nosotros$_{8}$	--$_{10}$	pan.$_{11}$	este$_{9}$
2962	3842	1325	2254	3588	740	5126
NVSM	*B*	*VAAM2S*	*RP1DP*	*DASM*	*NASM*	*RD-ASM*

35 Εἶπεν	αὐτοῖς	ὁ	Ἰησοῦς·	Ἐγώ	εἰμι	ὁ	ἄρτος	τῆς	ζωῆς·	ὁ
dijo$_{3}$	a ellos:$_{4}$	--$_{1}$	Jesús$_{2}$	Yo	soy	el	pan	de --	vida,	el que
2036	846	3588	2424	1473	1510	3588	740	3588	2222	3588
VAAI3S	*RP3DPM*	*DNSM*	*NNSM*	*RP1NS*	*VPAI1S*	*DNSM*	*NNSM*	*DGSF*	*NGSF*	*DNSM*

ἐρχόμενος	πρὸς	ἐμὲ	οὐ	μὴ*	πεινάσῃ,	καὶ	ὁ	πιστεύων	εἰς	ἐμὲ
viene	a	mí	no	no	tendrá hambre,	y	el que	está creyendo	en	mí
2064	4314	1691	3756	3361	3983	2532	3588	4100	1519	1691
VPUP-SNM	*P*	*RP1AS*	*BN, TN*	*BN, TN*	*VAAS3S*	*CLN*	*DNSM*	*VPAP-SNM*	*P*	*RP1AS*

οὐ	μὴ*¹	διψήσει	πώποτε.	36 ἀλλ’	εἶπον	ὑμῖν	ὅτι	καὶ	ἑωράκατέ
no	no	tendrá sed	jamás.	Pero	dije	a vosotros	que	también	habéis visto
3756	3361	1372	4455	235	2036	5213	3754	2532	3708
BN, TN	*BN, TN*	*VFAI3S*	*B*	*CLC*	*VAAI1S*	*RP2DP*	*CSC*	*CLK*	*VRAI2P*

με	καὶ	οὐ	πιστεύετε.	37 πᾶν	ὃ	δίδωσίν	μοι	ὁ	πατὴρ
a mí,	y	no	creéis.	Todo	lo que	da$_{3}$	a mí,$_{4}$	el$_{1}$	Padre$_{2}$
3165	2532	3756	4100	3956	3739	1325	3427	3588	3962
RP1AS	*CLK, CLC*	*BN, TN*	*VPAI2P*	*JNSN,JASN*	*RR-ASN*	*VPAI3S*	*RP1DS*	*DNSM*	*NNSM*

πρὸς	ἐμὲ	ἥξει,	καὶ	τὸν	ἐρχόμενον	πρός	με	οὐ	μὴ*	ἐκβάλω	ἔξω,
a$_{5}$	mí$_{6}$	vendrá,$_{7}$	y$_{8}$	el que$_{13}$	viene$_{14}$	a$_{15}$	mí$_{16}$	no$_{9}$	no$_{10}$	echaré$_{11}$	fuera,$_{12}$
4314	1691	2240	2532	3588	2064	4314	1691	3756	3361	1544	1854
P	*RP1AS*	*VFAI3S*	*CLN*	*DASM*	*VPUP-SAM*	*P*	*RP1AS*	*BN, TN*	*BN, TN*	*VAAS1S*	*BP*

38 ὅτι	καταβέβηκα	ἀπὸ	τοῦ	οὐρανοῦ	οὐχ	ἵνα	ποιῶ	τὸ	θέλημα
porque	he bajado	de	el	cielo,	no	para que	haga	la	voluntad
3754	2597	575	3588	3772	3756	2443	4160	3588	2307
CAZ	*VRAI1S*	*P*	*DGSM*	*NGSM*	*BN, TN*	*CAP*	*VPAS1S*	*DASN*	*NASN*

τὸ	ἐμὸν	ἀλλὰ	τὸ	θέλημα	τοῦ	πέμψαντός	με.	39 τοῦτο	δέ
--	mía,	sino	la	voluntad	del que	envió	a mí.	esta	Mas
3588	1699	235	3588	2307	3588	3992	3165	5124	1161
DASN	*RS1ASN, JASN*	*CLC*	*DASN*	*NASN*	*DGSM*	*VAAP-SGM*	*RP1AS*	*RD-NSN*	*CLN*

ἐστιν	τὸ	θέλημα	τοῦ	πέμψαντός	⌜με	ἵνα	πᾶν	ὃ	δέδωκέν	μοι
es	la	voluntad	del que	envió	a mí,	que	todo	lo que	ha dado	a mí
2076	3588	2307	3588	3992	3165	2443	3956	3739	1325	3427
VPAI3S	*DNSN*	*NNSN*	*DGSM*	*VAAP-SGM*	*RP1AS*	*CSC*	*JASN*	*RR-ASN*	*VRAI3S*	*RP1DS*

μὴ	ἀπολέσω	ἐξ	αὐτοῦ	ἀλλὰ	ἀναστήσω	αὐτὸ	τῇ	ἐσχάτῃ	ἡμέρᾳ.
no	pierda	de	él,	sino	resucitaré	a él	en el	último	día.
3361	622	1537	846	235	450	846	3588	2078	2250
BN, TN	*VAAS1S*	*P*	*RP3GSN*	*CLC*	*VFAI1S*	*RP3ASN*	*DDSF*	*JDSF*	*NDSF*

40 τοῦτο	γάρ	ἐστιν	τὸ	θέλημα	τοῦ	πατρός	μου	ἵνα	πᾶς	ὁ
esta$_{2}$	porque$_{1}$	es	la	voluntad	del	Padre	de mí,	que	todo	el que
5124	1063	2076	3588	2307	3588	3962	3450	2443	3956	3588
RD-NSN	*CLX*	*VPAI3S*	*DNSN*	*NNSN*	*DGSM*	*NGSM*	*RP1GS*	*CSC*	*JNSM*	*DNSM*

NVI

—afirmó Jesús—. El
que da el verdadero pan
del cielo es mi Padre.
33 El pan de Dios es el
que baja del cielo y da
vida al mundo.
34 —Señor —le pidie-
ron—, danos siempre
ese pan.
35 —Yo soy el pan de
vida —declaró Jesús—.
El que a mí viene nunca
pasará hambre, y el
que en mí cree nunca
más volverá a tener sed.
36 Pero, como ya les dije,
a pesar de que ustedes
me han visto, no creen.
37 Todos los que el Padre
me da vendrán a mí; y
al que a mí viene, no lo
rechazo. 38 Porque he
bajado del cielo no para
hacer mi voluntad, sino
la del que me envió. 39 Y
esta es la voluntad del
que me envió: que yo no
pierda nada de lo que él
me ha dado, sino que lo
resucite en el día final.
40 Porque la voluntad de
mi Padre es que todo el

6:35*, 35*¹, 37* O sea *de ninguna manera.* **6:39⌜** Manuscritos inferiores aumentaron *Padre.*

RVR

ve al Hijo, y cree en él,
tenga vida eterna; y yo
le resucitaré en el último
día.
41 Murmuraban enton-
ces de él los judíos, por-
que había dicho: Yo soy
el pan que descendió
del cielo.
42 Y decían: ¿No es éste
Jesús, el hijo de José,
cuyo padre y madre
nosotros conocemos?
¿Cómo, pues, dice éste:
Del cielo he descen-
dido?
43 Jesús respondió y les
dijo: No murmuréis
entre vosotros.
44 Nadie puede venir a
mí, si el Padre que me
envió no le atrae; y yo le
resucitaré en el último
día.
45 Escrito está en los
profetas: Y serán todos
enseñados por Dios. Así
que, todo aquel que oyó
al Padre, y aprendió de
él, viene a mí.
46 No es que alguien
haya visto al Padre, sino
aquel que vino de parte
de Dios; éste ha visto
al Padre.
47 De cierto, de cierto os
digo: El que cree en mí,
tiene vida eterna.

θεωρῶν	τὸν	υἱὸν	καὶ	πιστεύων	εἰς	αὐτὸν	ἔχῃ	ζωὴν	αἰώνιον,	καὶ
está viendo	al	Hijo	y	está creyendo	en	él,	tenga	vida	eterna,	y$_1$
2334	3588	5207	2532	4100	1519	846	2192	2222	166	2532
VPAP-SNM	DASM	NASM	CLN	VPAP-SNM	P	RP3ASM	VPAS3S	NASF	JASF	CLN

ἀναστήσω	αὐτὸν	ἐγὼ	τῇ	ἐσχάτῃ	ἡμέρᾳ.
resucitaré$_3$	a él$_4$	yo$_2$	en el	último	día.
450	846	1473	3588	2078	2250
VFAI1S	RP3ASM	RP1NS	DDSF	JDSF	NDSF

41 Ἐγόγγυζον	οὖν	οἱ	Ἰουδαῖοι	περὶ	αὐτοῦ	ὅτι	εἶπεν·	Ἐγώ
murmuraban$_4$	Así que,$_1$	los$_2$	judíos$_3$	acerca de	de él,	porque	dijo:	Yo
1111	3767	3588	2453	4012	846	3754	2036	1473
VIAI3P	CLI	DNPM	JNPM	P	RP3GSM	CAZ	VAAI3S	RP1NS

εἰμι	ὁ	ἄρτος	ὁ	καταβὰς	ἐκ	τοῦ	οὐρανοῦ,	42 καὶ	ἔλεγον·	Οὐχ
soy	el	pan	el que	bajó	de	el	cielo.	Y	decían:	¿No$_1$
1510	3588	740	3588	2597	1537	3588	3772	2532	3004	3756
VPAI1S	DNSM	NNSM	DNSM	VAAP-SNM	P	DGSM	NGSM	CLN	VIAI3P	TN, TI

οὗτός	ἐστιν	Ἰησοῦς	ὁ	υἱὸς	Ἰωσήφ,	οὗ	ἡμεῖς	οἴδαμεν	τὸν	πατέρα
este$_3$	es$_2$	Jesús$_4$	el	hijo	de José,	de quien	nosotros	conocemos	al	Padre
3778	2076	2424	3588	5207	2501	3739	2249	1492	3588	3962
RD-NSM	VPAI3S	NNSM	DNSM	NNSM	NGSM, XP	RR-GSM	RP1NP	VRAI1P	DASM	NASM

καὶ	τὴν	μητέρα;	πῶς	νῦν	λέγει	ὅτι	Ἐκ	τοῦ	οὐρανοῦ	καταβέβηκα;
y	a la	madre?	¿Cómo	ahora	dice	que:	de$_2$	el$_3$	cielo?$_4$	he bajado$_1$
2532	3588	3384	4459	3568	3004	3754	1537	3588	3772	2597
CLN	DASF	NASF	BI	B	VPAI3S	CSC	P	DGSM	NGSM	VRAI1S

43 ἀπεκρίθη	Ἰησοῦς	καὶ	εἶπεν	αὐτοῖς·	Μὴ	γογγύζετε	μετ’	ἀλλήλων.
respondió$_2$	Jesús$_1$	y	dijo	a ellos:	No	murmuréis	con	unos a otros.
611	2424	2532	2036	846	3361	1111	3326	240
VAPI3S, VAMI3S	NNSM	CLN	VAAI3S	RP3DPM	BN, TN	VPAM2P	P	RC-GPM

44 οὐδεὶς	δύναται	ἐλθεῖν	πρός	με	ἐὰν	μὴ	ὁ	πατὴρ	ὁ	πέμψας
Nadie	puede	venir	a	mí	si$_1$	no$_7$	el$_2$	Padre$_3$	el que$_4$	envió$_5$
3762	1410	2064	4314	3165	1437	3361	3588	3962	3588	3992
JNSM	VPUI3S	VAAN	P	RP1AS	CAC	BN, TN	DNSM	NNSM	DNSM	VAAP-SNM

με	ἑλκύσῃ	αὐτόν,	κἀγὼ	ἀναστήσω	αὐτὸν	ἐν	τῇ	ἐσχάτῃ
a mí$_6$	atrajera$_8$	a él,	y yo	resucitaré	a él	en	el	último
3165	1670	846	2504	450	846	1722	3588	2078
RP1AS	VAAS3S	RP3ASM	RP1NS, CLN	VFAI1S	RP3ASM	P	DDSF	JDSF

ἡμέρᾳ.	45 ἔστιν	γεγραμμένον	ἐν	τοῖς	προφήταις·	Καὶ	ἔσονται
día.	Está	que ha sido escrito	en	los	profetas:	Y$_1$	serán$_3$
2250	2076	1125	1722	3588	4396	2532	2071
NDSF	VPAI3S	VRPP-SNN	P	DDPM	NDPM	CLN	VFMI3P

πάντες	διδακτοὶ	θεοῦ·	πᾶς	ὁ	ἀκούσας	παρὰ	τοῦ	πατρὸς	καὶ
todos$_2$	enseñados	de Dios.	Todo	el que	habiendo oído	de parte de	del	Padre,	y
3956	1318	2316	3956	3588	191	3844	3588	3962	2532
JNPM	JNPM	NGSM	JNSM	DNSM	VAAP-SNM	P	DGSM	NGSM	CLN

μαθὼν	ἔρχεται	πρὸς	ἐμέ.	46 οὐχ	ὅτι	τὸν	πατέρα	ἑώρακέν	τις	εἰ
aprendió,	viene	a	mí.	No	que	al$_3$	Padre,$_4$	ha visto$_1$	alguien$_2$	si
3129	2064	4314	1691	3756	3754	3588	3962	3708	5100	1487
VAAP-SNM	VPUI3S	P	RP1AS	BN,TN	CSC	DASM	NASM	VRAI3S	RX-NSM	CAC

μὴ	ὁ	ὢν	παρὰ	τοῦ	θεοῦ,	οὗτος	ἑώρακεν	τὸν	πατέρα.
no	el que	es	de parte de	--	Dios,	este	ha visto	al	Padre.
3361	3588	5607	3844	3588	2316	3778	3708	3588	3962
TN, BN	DNSM	VPAP-SNM	P	DGSM	NGSM	RD-NSM	VRAI3S	DASM	NASM

47 ἀμὴν	ἀμὴν	λέγω	ὑμῖν,	ὁ	πιστεύων	ἔχει	ζωὴν	αἰώνιον.
De cierto,	de cierto	digo	a vosotros:	El que	está creyendo	tiene	vida	eterna.
281	281	3004	5213	3588	4100	2192	2222	166
XF, T	XF, T	VPAI1S	RP2DP	DNSM	VPAP-SNM	VPAI3S	NASF	JASF

NVI

que reconozca al Hijo
y crea en él tenga vida
eterna, y yo lo resucitaré
en el día final.
41 Entonces los
judíos comenzaron a
murmurar contra él,
porque dijo: «Yo soy el
pan que bajó del cielo».
42 Y se decían: «¿Acaso
no es este Jesús, el hijo de
José? ¿No conocemos a
su padre y a su madre?
¿Cómo es que sale
diciendo: "Yo bajé del
cielo"?»
43 —Dejen de
murmurar —replicó
Jesús—. 44 Nadie puede
venir a mí si no lo atrae
el Padre que me envió, y
yo lo resucitaré en el día
final. 45 En los profetas
está escrito: "A todos
los instruirá Dios". En
efecto, todo el que escu-
cha al Padre y aprende
de él viene a mí. 46 Al
Padre nadie lo ha visto,
excepto el que viene de
Dios; solo él ha visto al
Padre. 47 Ciertamente
les aseguro que el que
cree tiene vida eterna.

RVR

48 Yo soy el pan de la
vida.
49 Vuestros padres
comieron el maná en el
desierto, y murieron.
50 Éste es el pan que
desciende del cielo, para
que coman de él y no
mueran.
51 Yo soy el pan vivo que
descendió del cielo; si
alguien come de este
pan, vivirá para siempre;
y el pan que yo daré es
mi carne, la cual yo daré
por la vida del mundo.
52 Entonces los judíos
contendían entre sí, di-
ciendo: ¿Cómo puede
éste darnos a comer su
carne?
53 Jesús les dijo: De
cierto, de cierto os digo:
Si no coméis la carne del
Hijo del Hombre, y be-
béis su sangre, no tenéis
vida en vosotros.
54 El que come mi carne
y bebe mi sangre, tiene
vida eterna; y yo le resu-
citaré en el último día.
55 Porque mi carne
es verdadera co-
mida, y mi sangre

48 ἐγώ	εἰμι	ὁ	ἄρτος	τῆς	ζωῆς·	49 οἱ	πατέρες	ὑμῶν	ἔφαγον	ἐν
Yo	soy	el	pan	de la	vida.	los	padres	de vosotros	comieron	en$_3$
1473	1510	3588	740	3588	2222	3588	3962	5216	5315	1722
RP1NS	*VPAI1S*	*DNSM*	*NNSM*	*DGSF*	*NGSF*	*DNPM*	*NNPM*	*RP2GP*	*VAAI3P*	*P*

τῇ	ἐρήμῳ	τὸ	μάννα	καὶ	ἀπέθανον·	50 οὗτός	ἐστιν	ὁ	ἄρτος	ὁ
el$_4$	desierto,$_5$	el$_1$	maná$_2$	y	murieron.	Este	es	el	pan	el que$_1$
3588	2048	3588	3131	2532	599	3778	2076	3588	740	3588
DDSF	*JDSF*	*DASN*	*NASN, XF*	*CLN*	*VAAI3P*	*RD-NSM*	*VPAI3S*	*DNSM*	*NNSM*	*DNSM*

ἐκ	τοῦ	οὐρανοῦ	καταβαίνων	ἵνα	τις	ἐξ	αὐτοῦ	φάγῃ	καὶ	μὴ
de$_3$	el$_4$	cielo,$_5$	baja$_2$	para que	alguien	de$_2$	él$_3$	coma$_1$	y	no
1537	3588	3772	2597	2443	5100	1537	846	5315	2532	3361
P	*DGSM*	*NGSM*	*VPAP-SNM*	*CAP*	*RX-NSM*	*P*	*RP3GSM*	*VAAS3S*	*CLN*	*BN, TN*

ἀποθάνῃ·	51 ἐγώ	εἰμι	ὁ	ἄρτος	ὁ	ζῶν	ὁ	ἐκ	τοῦ	οὐρανοῦ
muera.	Yo	soy	el	pan	el que	vive,	el (que)$_1$	de$_3$	el$_4$	cielo,$_5$
599	1473	1510	3588	740	3588	2198	3588	1537	3588	3772
VAAS3S	*RP1NS*	*VPAI1S*	*DNSM*	*NNSM*	*DNSM*	*VPAP-SNM*	*DNSM*	*P*	*DGSM*	*NGSM*

καταβάς·	ἐάν	τις	φάγῃ	ἐκ	τούτου	τοῦ	ἄρτου	ζήσει	εἰς	τὸν	αἰῶνα,
descendió$_2$	si	alguien	come	de	este	--	pan,	vivirá	para	la	eternidad,
2597	1437	5100	5315	1537	5127	3588	740	2198	1519	3588	165
VAAP-SNM	*CAC*	*RX-NSM*	*VAAS3S*	*P*	*RD-GSM*	*DGSM*	*NGSM*	*VFAI3S*	*P*	*DASM*	*NASM*

καὶ	ὁ	ἄρτος	δὲ	ὃν	ἐγὼ	δώσω	ἡ	σάρξ	μού	ἐστιν	ὑπὲρ	τῆς
y$_1$	el$_3$	pan$_4$	mas$_2$	a quien	yo	daré	la$_2$	carne$_3$	mía$_4$	es$_1$	en favor de$_5$	la$_6$
2532	3588	740	1161	3739	1473	1325	3588	4561	3450	2076	5228	3588
BE, TE	*DNSM*	*NNSM*	*CLN*	*RR-ASM*	*RP1NS*	*VFAI1S*	*DNSF*	*NNSF*	*RP1GS*	*VPAI3S*	*P*	*DGSF*

τοῦ	κόσμου	ζωῆς.
del$_8$	mundo.$_9$	vida$_7$
3588	2889	2222
DGSM	*NGSM*	*NGSF*

52 Ἐμάχοντο	οὖν	πρὸς	ἀλλήλους	οἱ	Ἰουδαῖοι	λέγοντες·	Πῶς
discutían$_4$	Así que,$_1$	hacia$_5$	unos a otros$_6$	los$_2$	judíos$_3$	diciendo:	¿Cómo$_1$
3164	3767	4314	240	3588	2453	3004	4459
VIUI3P	*CLI*	*P*	*RC-APM*	*DNPM*	*JNPM*	*VPAP-PNM*	*BI*

δύναται	οὗτος	ἡμῖν	δοῦναι	τὴν	σάρκα	αὐτοῦ	φαγεῖν;	53 εἶπεν	οὖν
puede$_3$	este$_2$	a nosotros$_5$	dar$_4$	la$_7$	carne$_8$	de él?$_9$	para comer$_6$	dijo$_4$	Así que,$_1$
1410	3778	2254	1325	3588	4561	846	5315	2036	3767
VPUI3S	*RD-NSM*	*RP1DP*	*VAAN*	*DASF*	*NASF*	*RP3GSM*	*VAAN*	*VAAI3S*	*CLI*

αὐτοῖς	ὁ	Ἰησοῦς·	Ἀμὴν	ἀμὴν	λέγω	ὑμῖν,	ἐὰν	μὴ	φάγητε	τὴν
a ellos:$_5$	--$_2$	Jesús$_3$	De cierto,	de cierto	digo	a vosotros:	Si	no	coméis	la
846	3588	2424	281	281	3004	5213	1437	3361	5315	3588
RP3DPM	*DNSM*	*NNSM*	*XF, T*	*XF, T*	*VPAI1S*	*RP2DP*	*CAC*	*BN, TN*	*VAAS2P*	*DASF*

σάρκα	τοῦ	υἱοῦ	τοῦ	ἀνθρώπου	καὶ	πίητε	αὐτοῦ	τὸ	αἷμα,	οὐκ	ἔχετε
carne	del	Hijo	del	Hombre,	y$_1$	bebéis$_2$	de él$_5$	la$_3$	sangre,$_4$	no	tenéis
4561	3588	5207	3588	444	2532	4095	846	3588	129	3756	2192
NASF	*DGSM*	*NGSM*	*DGSM*	*NGSM*	*CLN*	*VAAS2P*	*RP3GSM*	*DASN*	*NASN*	*BN, TN*	*VPAI2P*

ζωὴν	ἐν	ἑαυτοῖς.	54 ὁ	τρώγων	μου	τὴν	σάρκα	καὶ	πίνων	μου
vida	en	vosotros mismos.	El que	este a comiendo	mí	la	carne	y	bebe	de mí,$_3$
2222	1722	1438	3588	5176	3450	3588	4561	2532	4095	3450
NASF	*P*	*RF2DPM*	*DNSM*	*VPAP-SNM*	*RP1GS*	*DASF*	*NASF*	*CLN*	*VPAP-SNM*	*RP1GS*

τὸ	αἷμα	ἔχει	ζωὴν	αἰώνιον,	κἀγὼ	ἀναστήσω	αὐτὸν	τῇ	ἐσχάτῃ
la$_1$	sangre$_2$	tiene	vida	eterna,	y yo	resucitaré	a él	en el	último
3588	129	2192	2222	166	2504	450	846	3588	2078
DASN	*NASN*	*VPAI3S*	*NASF*	*JASF*	*RP1NS, CLN*	*VFAI1S*	*RP3ASM*	*DDSF*	*JDSF*

ἡμέρᾳ.	55 ἡ	γὰρ	σάρξ	μου	ἀληθής	ἐστι	βρῶσις,	καὶ	τὸ	αἷμά	μου
día.	la$_2$	Porque$_1$	carne$_3$	de mí$_4$	verdadera$_6$	es$_5$	comida,$_7$	y$_8$	la$_9$	sangre$_{10}$	de mí$_{11}$
2250	3588	1063	4561	3450	227	2076	1035	2532	3588	129	3450
NDSF	*DNSF*	*CAZ*	*NNSF*	*RP1GS*	*JNSF*	*VPAI3S*	*NNSF*	*CLN*	*DNSN*	*NNSN*	*RP1GS*

NVI

48 Yo soy el pan de vida.
49 Los antepasados de
ustedes comieron el
maná en el desierto, y
sin embargo murieron.
50 Pero este es el pan que
baja del cielo; el que
come de él no muere.
51 Yo soy el pan vivo que
bajó del cielo. Si alguno
come de este pan, vivirá
para siempre. Este pan es
mi carne, que daré para
que el mundo viva.
52 Los judíos co-
menzaron a disputar
acaloradamente entre
sí: «¿Cómo puede este
darnos a comer su
carne?»
53 —Ciertamente
les aseguro —afirmó
Jesús— que, si no
comen la carne del Hijo
del hombre ni beben
su sangre, no tienen
realmente vida. 54 El que
come mi carne y bebe
mi sangre tiene vida
eterna, y yo lo resucitaré
en el día final. 55 Porque
mi carne es verdadera
comida y mi sangre es

RVR

es verdadera bebida.
56 El que come mi
carne y bebe mi sangre,
permanece en mí, y yo
en él.
57 Como me envió el
Padre viviente, y yo vivo
por medio del Padre,
asimismo el que me
come, él también vivirá
por medio de mí.
58 Éste es el pan que
descendió del cielo;
no como comieron
vuestros padres el maná,
y murieron; el que come
de este pan, vivirá eter-
namente.
59 Estas cosas dijo en la
sinagoga, enseñando en
Capernaúm.

Palabras de vida eterna

60 Al oírlas, muchos de
sus discípulos dijeron:
Dura es esta palabra;
¿quién la puede oír?
61 Sabiendo Jesús en sí
mismo que sus discí-
pulos murmuraban de
esto, les dijo: ¿Esto os
ofende?
62 ¿Pues qué, si vieseis al
Hijo del Hombre subir
adonde estaba primero?
63 El espíritu es el que
da vida; la carne no
aprovecha para nada;
las palabras que yo
os he hablado son

ἀληθής	ἐστι	πόσις.	56 ὁ	τρώγων	μου	τὴν	σάρκα	καὶ	πίνων	μου
verdadera$_{13}$	es$_{12}$	bebida.$_{14}$	El que	come	de mí,$_{3}$	la$_{1}$	carne$_{2}$	y$_{4}$	bebe$_{5}$	de mí,$_{8}$
227	2076	4213	3588	5176	3450	3588	4561	2532	4095	3450
JNSF	VPAI3S	NNSF	DNSM	VPAP-SNM	RP1GS	DASF	NASF	CLN	VPAP-SNM	RP1GS

τὸ	αἷμα	ἐν	ἐμοὶ	μένει	κἀγὼ	ἐν	αὐτῷ.	57 καθὼς	ἀπέστειλέν	με
la$_{6}$	sangre$_{7}$	en$_{10}$	mí,$_{11}$	permanece$_{9}$	y yo	en	él.	Como	envió$_{4}$	a mí,$_{5}$
3588	129	1722	1698	3306	2504	1722	846	2531	649	3165
DASN	NASN	P	RP1DS	VPAI3S	RP1NS, CLN	P	RP3DSM	CAM	VAAI3S	RP1AS

ὁ	ζῶν	πατὴρ	κἀγὼ	ζῶ	διὰ	τὸν	πατέρα,	καὶ	ὁ
el que$_{2}$	vive,$_{3}$	(el) Padre$_{1}$	y yo	vivo	por medio de	el	Padre,	y	el que
3588	2198	3962	2504	2198	1223	3588	3962	2532	3588
DNSM	VPAP-SNM	NNSM	RP1NS, CLN	VPAI1S	P	DASM	NASM	CLN	DNSM

τρώγων	με	κἀκεῖνος	ζήσει	δι'	ἐμέ.	58 οὗτός	ἐστιν	ὁ	ἄρτος
está comiendo	a mí,	él también	vivirá	por medio de	mí.	Este	es	el	pan
5176	3165	2548	2198	1223	1691	3778	2076	3588	740
VPAP-SNM	RP1AS	RD-NSM, TE	VFAI3S	P	RP1AS	RD-NSM	VPAI3S	DNSM	NNSM

ὁ	ἐξ	οὐρανοῦ	καταβάς,	οὐ	καθὼς	ἔφαγον	οἱ	πατέρες	καὶ
el que$_{1}$	de$_{3}$	(el) cielo,$_{4}$	descendió$_{2}$	no	como	comieron$_{3}$	los$_{1}$	padres$_{2}$	y
3588	1537	3772	2597	3756	2531	5315	3588	3962	2532
DNSM	P	NGSM	VAAP-SNM	BN, TN	CAM	VAAI3P	DNPM	NNPM	CLN

ἀπέθανον·	ὁ	τρώγων	τοῦτον	τὸν	ἄρτον	ζήσει	εἰς	τὸν	αἰῶνα.
murieron;	el que	está comiendo	este	--	pan	vivirá	para	la	eternidad.
599	3588	5176	5126	3588	740	2198	1519	3588	165
VAAI3P	DNSM	VPAP-SNM	RD-ASM	DASM	NASM	VFAI3S	P	DASM	NASM

59 ταῦτα	εἶπεν	ἐν	συναγωγῇ	διδάσκων	ἐν	Καφαρναούμ.
estas cosas$_{2}$	dijo$_{1}$	en$_{3}$	una sinagoga,	enseñando	en	Capernaúm.
5023	2036	1722	4864	1321	1722	2584
RD-APN	VAAI3S	P	NDSF	VPAP-SNM	P	NDSF, XP

60 Πολλοὶ	οὖν	ἀκούσαντες	ἐκ	τῶν	μαθητῶν	αὐτοῦ	εἶπαν·
muchos$_{2}$	Así que,$_{1}$	al oír$_{7}$	de$_{3}$	los$_{4}$	discípulos$_{5}$	de él$_{6}$	dijeron:
4183	3767	191	1537	3588	3101	846	3004
JNPM	CLI	VAAP-PNM	P	DGPM	NGPM	RP3GSM	VAAI3P

Σκληρός	ἐστιν	ὁ	λόγος	οὗτος·	τίς	δύναται	αὐτοῦ	ἀκούειν;
dura,$_{5}$	es$_{4}$	la$_{2}$	palabra$_{3}$	Esta$_{1}$	¿quién$_{5}$	puede$_{6}$	de ella?$_{8}$	oír$_{7}$
4642	2076	3588	3056	3778	5101	1410	846	191
JNSM	VPAI3S	DNSM	NNSM	RD-NSM	RI-NSM	VPUI3S	RP3GSM	VPAN

61 εἰδὼς	δὲ	ὁ	Ἰησοῦς	ἐν	ἑαυτῷ	ὅτι	γογγύζουσιν	περὶ	τούτου
cuando supo$_{4}$	Mas$_{1}$	--$_{2}$	Jesús$_{3}$	en	sí mismo	que$_{1}$	murmuran$_{5}$	acerca de$_{6}$	esto,$_{7}$
1492	1161	3588	2424	1722	1438	3754	1111	4012	5127
VRAP-SNM	CLN	DNSM	NNSM	P	RF3DSM	CSC	VPAI3P	P	RD-GSN

οἱ	μαθηταὶ	αὐτοῦ	εἶπεν	αὐτοῖς·	Τοῦτο	ὑμᾶς	σκανδαλίζει;	62 ἐὰν
los$_{2}$	discípulos$_{3}$	de él$_{4}$	dijo	a ellos:	¿Esto	a vosotros?$_{2}$	escandaliza$_{1}$	¿si$_{2}$
3588	3101	846	2036	846	5124	5209	4624	1437
DNPM	NNPM	RP3GSM	VAAI3S	RP3DPM	RD-NSN	RP2AP	VPAI3S	CAC

οὖν	θεωρῆτε	τὸν	υἱὸν	τοῦ	ἀνθρώπου	ἀναβαίνοντα	ὅπου	ἦν
Así que,$_{1}$	veis$_{3}$	al	Hijo	del	Hombre	subiendo	donde	estaba
3767	2334	3588	5207	3588	444	305	3699	2258
CLI	VPAS2P	DASM	NASM	DGSM	NGSM	VPAP-SAM	CAL	VIAI3S

τὸ	πρότερον;	63 τὸ	πνεῦμά	ἐστιν	τὸ	ζῳοποιοῦν,	ἡ	σὰρξ	οὐκ
--	antes?	El	espíritu	es	el que	da vida,	la	carne	no
3588	4386	3588	4151	2076	3588	2227	3588	4561	3756
DASN, DNSN	JASN, JNSN	DNSN	NNSN	VPAI3S	DNSN	VPAP-SNN	DNSF	NNSF	BN, TN

ὠφελεῖ	οὐδέν·	τὰ	ῥήματα	ἃ	ἐγὼ	λελάληκα	ὑμῖν	πνεῦμά	ἐστιν
beneficia	nada;	las	palabras	las que	yo	he hablado	a vosotros	espíritu$_{2}$	es (son)$_{1}$
5623	3762	3588	4487	3739	1473	2980	5213	4151	2076
VPAI3S	JASN	DNPN	NNPN	RR-APN	RP1NS	VRAI1S	RP2DP	NNSN	VPAI3S

NVI

verdadera bebida. 56 El
que come mi carne y
bebe mi sangre perma-
nece en mí y yo en él.
57 Así como me envió el
Padre viviente, y yo vivo
por el Padre, también el
que come de mí vivirá
por mí. 58 Este es el pan
que bajó del cielo. Los
antepasados de ustedes
comieron maná y mu-
rieron, pero el que come
de este pan vivirá para
siempre.
59 Todo esto lo dijo
Jesús mientras ense-
ñaba en la sinagoga de
Capernaúm.

Muchos discípulos abandonan a Jesús

60 Al escucharlo, mu-
chos de sus discípulos
exclamaron: «Esta
enseñanza es muy
difícil; ¿quién puede
aceptarla?»
61 Jesús, muy
consciente de que sus
discípulos murmuraban
por lo que había dicho,
les reprochó:
—¿Esto les causa
tropiezo? 62 ¿Qué tal si
vieran al Hijo del hom-
bre subir adonde antes
estaba? 63 El Espíritu da
vida; la carne no vale
para nada. Las palabras
que les he hablado son

RVR

espíritu y son vida.
64 Pero hay algunos de
vosotros que no creen.
Porque Jesús sabía desde
el principio quiénes
eran los que no creían,
y quién le había de
entregar.
65 Y siguió diciendo:
Por eso os he dicho que
nadie puede venir a mí,
si no le ha sido dado del
Padre.
66 Desde entonces mu-
chos de sus discípulos
volvieron atrás, y ya no
andaban con él.
67 Dijo entonces Jesús a
los doce: ¿Queréis acaso
iros también vosotros?
68 Le respondió Simón
Pedro: Señor, ¿a quién
iremos? Tú tienes pala-
bras de vida eterna.
69 Y nosotros hemos
creído y conocemos que
tú eres el Cristo, el Hijo
del Dios viviente.
70 Jesús les respondió:
¿No os he escogido yo a
vosotros los doce, y uno
de vosotros es diablo?
71 Se refería a Judas
Iscariote, hijo de Simón;
porque éste era el que
le iba a entregar, siendo
uno de los doce.

καὶ ζωή ἐστιν. 64 ἀλλὰ εἰσὶν ἐξ ὑμῶν τινες οἳ οὐ πιστεύουσιν.
y$_3$ vida.,$_5$ es (son)$_4$ Pero$_1$ son (hay)$_2$ de$_4$ vosotros$_5$ algunos$_3$ quienes no creen,
2532 2222 2076 235 1526 1537 5216 5100 3739 3756 4100
CLN NNSF VPAI3S CLC VPAI3P P RP2GP RX-NPM RR-NPM BN, TN VPAI3P

ᾔδει γὰρ ἐξ ἀρχῆς ὁ Ἰησοῦς τίνες εἰσὶν οἱ μὴ πιστεύοντες
sabía$_4$ porque$_1$ desde$_5$ principio$_6$ --$_2$ Jesús$_3$ quiénes son los que no creen,
1492 1063 1537 746 3588 2424 5101 1526 3588 3361 4100
VLAI3S CLX P NGSF DNSM NNSM RI-NPM VPAI3P DNPM BN, TN VPAP-PNM

καὶ τίς ἐστιν ὁ παραδώσων αὐτόν. 65 καὶ ἔλεγεν· Διὰ τοῦτο
y quién es el que entregará a él. Y decía: Por esto
2532 5101 2076 3588 3860 846 2532 3004 1223 5124
CLN RI-NSM VPAI3S DNSM VFAP-SNM RP3ASM CLN VIAI3S P RD-ASN

εἴρηκα ὑμῖν ὅτι οὐδεὶς δύναται ἐλθεῖν πρός με ἐὰν μὴ ᾖ
he dicho a vosotros que nadie puede venir a mí si no haya
2046 5213 3754 3762 1410 2064 4314 3165 1437 3361 5600
VRAI1S RP2DP CSC JNSM VPUI3S VAAN P RP1AS CAC BN, TN VPAS3S

δεδομένον αὐτῷ ἐκ τοῦ πατρός.
sido dado a él de el Padre.
1325 846 1537 3588 3962
VRPP-SNN RP3DSM P DGSM NGSM

66 Ἐκ τούτου πολλοὶ ἐκ τῶν μαθητῶν αὐτοῦ ἀπῆλθον εἰς τὰ
Desde esto, muchos de los discípulos de él se fueron hacia las cosas
1537 5127 4183 1537 3588 3101 846 565 1519 3588
P RD-GSN JNPM P DGPM NGPM RP3GSM VAAI3P P DAPN

ὀπίσω καὶ οὐκέτι μετ᾽ αὐτοῦ περιεπάτουν. 67 εἶπεν οὖν ὁ Ἰησοῦς
de atrás y ya no con$_2$ él.$_3$ andaban$_1$ dijo$_4$ Así que,$_1$ --$_2$ Jesús$_3$
3694 2532 3765 3326 846 4043 2036 3767 3588 2424
B CLN BN P RP3GSM VIAI3P VAAI3S CLI DNSM NNSM

τοῖς δώδεκα· Μὴ καὶ ὑμεῖς θέλετε ὑπάγειν; 68 ἀπεκρίθη αὐτῷ
a los doce: ¿No$_1$ también$_3$ vosotros?$_5$ queréis$_2$ ir$_4$ respondió$_3$ a él:$_4$
3588 1427 3361 2532 5210 2309 5217 611 846
DDPM XN, J TN, TI BE, TE RP2NP VPAI2P VPAN VAPI3S, VAMI3S RP3DSM

Σίμων Πέτρος· Κύριε, πρὸς τίνα ἀπελευσόμεθα; ῥήματα ζωῆς αἰωνίου
Simón$_1$ Pedro$_2$ Señor, ¿a quién iremos? palabras$_2$ de vida$_3$ eterna;$_4$
4613 4074 2962 4314 5101 565 4487 2222 166
NNSM NNSM NVSM P RI-ASM VFMI1P NAPN NGSF JGSF

ἔχεις, 69 καὶ ἡμεῖς πεπιστεύκαμεν καὶ ἐγνώκαμεν ὅτι σὺ εἶ ὁ
Tienes$_1$ y nosotros hemos creído y hemos conocido que tú eres el
2192 2532 2249 4100 2532 1097 3754 4771 1488 3588
VPAI2S CLN RP1NP VRAI1P CLN VRAI1P CSC RP2NS VPAI2S DNSM

⸀ἅγιος τοῦ ⸀¹θεοῦ. 70 ἀπεκρίθη αὐτοῖς ὁ Ἰησοῦς· Οὐκ ἐγὼ ὑμᾶς
Santo de -- Dios. respondió$_3$ a ellos:$_4$ --$_1$ Jesús$_2$ ¿No$_5$ yo$_7$ a vosotros$_8$
40 3588 2316 611 846 3588 2424 3756 1473 5209
JNSM DGSM NGSM VAPI3S, VAMI3S RP3DPM DNSM NNSM TN, TI RP1NS RP2AP

τοὺς δώδεκα ἐξελεξάμην; καὶ ἐξ ὑμῶν εἷς διάβολός ἐστιν. 71 ἔλεγεν
los$_9$ doce,$_{10}$ escogí$_6$ y$_{11}$ de$_{13}$ vosotros$_{14}$ uno$_{12}$ diablo?$_{16}$ es$_{15}$ hablaba$_2$
3588 1427 1586 2532 1537 5216 1520 1228 2076 3004
DAPM XN, J VAMI1S CLC P RP2GP JNSM JNSM VPAI3S VIAI3S

δὲ τὸν Ἰούδαν Σίμωνος Ἰσκαριώτου· οὗτος γὰρ ἔμελλεν
Mas$_1$ a -- Judas, (hijo) de Simón Iscariote, este,$_2$ porque$_1$ estaba a punto de$_7$
1161 3588 2455 4613 2469 3778 1063 3195
CLN DASM NASM NGSM NGSM RD-NSM CAZ VIAI3S

παραδιδόναι αὐτόν, εἷς ἐκ τῶν δώδεκα.
entregar$_8$ a él.$_9$ uno$_3$ de$_4$ los$_5$ doce.$_6$
3860 846 1520 1537 3588 1427
VPAN RP3ASM JNSM P DGPM XN, J

NVI

espíritu y son vida. 64 Sin
embargo, hay algunos de
ustedes que no creen.
Es que Jesús conocía
desde el principio
quiénes eran los que no
creían y quién era el que
iba a traicionarlo. Así
que añadió:
65 —Por esto les dije
que nadie puede venir
a mí, a menos que se lo
haya concedido el Padre.
66 Desde entonces
muchos de sus discí-
pulos le volvieron la
espalda y ya no andaban
con él. Así que Jesús les
preguntó a los doce:
67 —¿También uste-
des quieren marcharse?
68 —Señor —contes-
tó Simón Pedro—, ¿a
quién iremos? Tú tienes
palabras de vida eterna.
69 Y nosotros hemos
creído, y sabemos que tú
eres el Santo de Dios.
70 —¿No los he esco-
gido yo a ustedes doce?
—repuso Jesús—. No
obstante, uno de ustedes
es un diablo.
71 Se refería a Judas,
hijo de Simón Iscariote,
uno de los doce, que iba
a traicionarlo.

6:69⸀ Manuscritos inferiores tienen *Cristo, el Hijo.* **6:69**⸀¹ Manuscritos inferiores aumentaron *el que vive.*

RVR

Incredulidad de los hermanos de Jesús

7 Después de estas
cosas, andaba Jesús
en Galilea; pues no
quería andar en Judea,
porque los judíos le bus-
caban para matarle.
2 Estaba cerca la fiesta
de los judíos, la de los
tabernáculos.
3 Le dijeron, pues, sus
hermanos: Sal de aquí,
y vete a Judea, para que
también tus discípulos
vean las obras que haces.
4 Porque ninguno que
procura darse a conocer
hace algo en secreto. Si
haces estas cosas, mani-
fiéstate al mundo.
5 Porque ni aun sus her-
manos creían en él.
6 Entonces Jesús les dijo:
Mi tiempo aún no ha
llegado, mas vuestro
tiempo siempre está
presto.
7 No puede el mundo
aborreceros a vosotros;
mas a mí me aborrece,
porque yo testifico de él,
que sus obras son malas.
8 Subid vosotros a la
fiesta; yo no subo toda-
vía a esa fiesta, porque

7 Καὶ	μετὰ	ταῦτα	περιεπάτει	ὁ	Ἰησοῦς	ἐν	τῇ	Γαλιλαίᾳ,
Y	después de	estas cosas	andaba$_{3}$	--$_{1}$	Jesús$_{2}$	en	--	Galilea,
2532	3326	5023	4043	3588	2424	1722	3588	1056
CLN	*P*	*RD-APN*	*VIAI3S*	*DNSM*	*NNSM*	*P*	*DDSF*	*NDSF*

οὐ	γὰρ	ἤθελεν	ἐν	τῇ	Ἰουδαίᾳ	περιπατεῖν,	ὅτι	ἐζήτουν	αὐτὸν
no$_{2}$	porque$_{1}$	quería$_{3}$	en$_{5}$	--$_{6}$	Judea,$_{7}$	andar$_{4}$	porque$_{8}$	buscaban$_{11}$	a él$_{12}$
3756	1063	2309	1722	3588	2449	4043	3754	2212	846
BN, TN	*CLX*	*VIAI3S*	*P*	*DDSF*	*NDSF*	*VPAN*	*CAZ*	*VIAI3P*	*RP3ASM*

οἱ	Ἰουδαῖοι	ἀποκτεῖναι.	2 ἦν	δὲ	ἐγγὺς	ἡ	ἑορτὴ	τῶν	Ἰουδαίων
los$_{9}$	judíos$_{10}$	para matar.$_{13}$	estaba$_{8}$	Mas$_{1}$	cerca.$_{9}$	la$_{2}$	fiesta$_{3}$	de los$_{4}$	judíos,$_{5}$
3588	2453	615	2258	1161	1451	3588	1859	3588	2453
DNPM	*JNPM*	*VAAN*	*VIAI3S*	*CLN*	*B*	*DNSF*	*NNSF*	*DGPM*	*JGPM*

ἡ	σκηνοπηγία.	3 εἶπον	οὖν	πρὸς	αὐτὸν	οἱ	ἀδελφοὶ	αὐτοῦ·
la$_{6}$	fiesta de los tabernáculos,$_{7}$	dijeron$_{5}$	Así que,$_{1}$	a$_{6}$	a él:$_{7}$	los$_{2}$	hermanos$_{3}$	de él$_{4}$
3588	4634	2036	3767	4314	846	3588	80	846
DNSF	*NNSF*	*VAAI3P*	*CLI*	*P*	*RP3ASM*	*DNPM*	*NNPM*	*RP3GSM*

Μετάβηθι	ἐντεῦθεν	καὶ	ὕπαγε	εἰς	τὴν	Ἰουδαίαν,	ἵνα	καὶ	οἱ
Sal	de aquí	y	ve	hacia	--	Judea,	para que	también	los
3327	1782	2532	5217	1519	3588	2449	2443	2532	3588
VAAM2S	*BP*	*CLN*	*VPAM2S*	*P*	*DASF*	*NASF*	*CAP*	*BE, TE*	*DNPM*

μαθηταί	σου	θεωρήσουσιν	σοῦ	τὰ	ἔργα	ἃ	ποιεῖς·	4 οὐδεὶς
discípulos	de ti	vean	de ti,$_{3}$	las$_{1}$	obras$_{2}$	las que	haces.	nadie$_{2}$
3101	4675	2334	4675	3588	2041	3739	4160	3762
NNPM	*RP2GS*	*VFAI3P*	*RP2GS*	*DAPN*	*NAPN*	*RR-APN*	*VPAI2S*	*JNSM*

γάρ	τι	ἐν	κρυπτῷ	ποιεῖ	καὶ	ζητεῖ	αὐτὸς	ἐν	παρρησίᾳ	εἶναι·
Porque$_{1}$	algo$_{4}$	en$_{5}$	secreto$_{6}$	hace$_{3}$	y$_{7}$	busca$_{8}$	él mismo$_{9}$	en$_{11}$	público.$_{12}$	estar$_{10}$
1063	5100	1722	2927	4160	2532	2212	846	1722	3954	1511
CAZ	*RX-ASN*	*P*	*JDSN*	*VPAI3S*	*CLN*	*VPAI3S*	*RP3NSMP*	*P*	*NDSF*	*VPAN*

εἰ	ταῦτα	ποιεῖς,	φανέρωσον	σεαυτὸν	τῷ	κόσμῳ.	5 οὐδὲ	γὰρ
Si$_{13}$	estas cosas$_{15}$	haces$_{14}$	manifiesta	a ti mismo	al	mundo.	ni$_{2}$	Porque$_{1}$
1487	5023	4160	5319	4572	3588	2889	3761	1063
CAC	*RD-APN*	*VPAI2S*	*VAAM2S*	*RF2ASM*	*DDSM*	*NDSM*	*BN, CLA*	*CAZ*

οἱ	ἀδελφοὶ	αὐτοῦ	ἐπίστευον	εἰς	αὐτόν.	6 λέγει	οὖν	αὐτοῖς	ὁ
los	hermanos	de él	creían	en	él.	dice$_{4}$	Así que,$_{1}$	a ellos:$_{5}$	--$_{2}$
3588	80	846	4100	1519	846	3004	3767	846	3588
DNPM	*NNPM*	*RP3GSM*	*VIAI3P*	*P*	*RP3ASM*	*VPAI3S*	*CLI*	*RP3DPM*	*DNSM*

Ἰησοῦς·	Ὁ	καιρὸς	ὁ	ἐμὸς	οὔπω	πάρεστιν,	ὁ	δὲ
Jesús$_{3}$	el	momento oportuno	--	mío	todavía no	está presente,	el$_{2}$	mas$_{1}$
2424	3588	2540	3588	1699	3768	3918	3588	1161
NNSM	*DNSM*	*NNSM*	*DNSM*	*RS1NSM, JNSM*	*BN*	*VPAI3S*	*DNSM*	*CLC*

καιρὸς	ὁ	ὑμέτερος	πάντοτέ	ἐστιν	ἕτοιμος.	7 οὐ	δύναται
momento oportuno	--	vuestro	siempre	está	preparado.	no$_{3}$	puede$_{4}$
2540	3588	5212	3842	2076	2092	3756	1410
NNSM	*DNSM*	*RS2NSM, RS2NPM*	*B*	*VPAI3S*	*JNSM*	*BN, TN*	*VPUI3S*

ὁ	κόσμος	μισεῖν	ὑμᾶς,	ἐμὲ	δὲ	μισεῖ,	ὅτι	ἐγὼ	μαρτυρῶ	περὶ
El$_{1}$	mundo$_{2}$	odiar$_{5}$	a vosotros,$_{6}$	a mí,$_{9}$	mas$_{7}$	odia$_{8}$	porque	yo	testifico	acerca de
3588	2889	3404	5209	1691	1161	3404	3754	1473	3140	4012
DNSM	*NNSM*	*VPAN*	*RP2AP*	*RP1AS*	*CLC*	*VPAI3S*	*CAZ*	*RP1NS*	*VPAI1S*	*P*

αὐτοῦ	ὅτι	τὰ	ἔργα	αὐτοῦ	πονηρά	ἐστιν.	8 ὑμεῖς	ἀνάβητε	εἰς	τὴν
de él	que	las	obras	de él	malas.$_{2}$	es (son)$_{1}$	Vosotros	subid	hacia	la
846	3754	3588	2041	846	4190	2076	5210	305	1519	3588
RP3GSM	*CSC*	*DNPN*	*NNPN*	*RP3GSM*	*JNPN*	*VPAI3S*	*RP2NP*	*VAAM2P*	*P*	*DASF*

ἑορτήν·	ἐγὼ	οὐκ	ἀναβαίνω	εἰς	τὴν	ἑορτὴν	ταύτην,	ὅτι	ὁ
fiesta,	yo	no	subo	hacia$_{1}$	--$_{3}$	fiesta,$_{4}$	esta$_{2}$	porque$_{5}$	el$_{6}$
1859	1473	3756	305	1519	3588	1859	3778	3754	3588
NASF	*RP1NS*	*BN, TN*	*VPAI1S*	*P*	*DASF*	*NASF*	*RD-ASF*	*CAZ*	*DNSM*

NVI

Jesús va a la fiesta de los Tabernáculos

7 Algún tiempo
después, Jesús
andaba por Galilea. No
tenía ningún interés en
ir a Judea, porque allí los
judíos buscaban la opor-
tunidad para matarlo.
2 Faltaba poco tiempo
para la fiesta judía de los
Tabernáculos, 3 así que
los hermanos de Jesús le
dijeron:
—Deberías salir de
aquí e ir a Judea, para
que tus discípulos vean
las obras que realizas,
4 porque nadie que quie-
ra darse a conocer actúa
en secreto. Ya que haces
estas cosas, deja que el
mundo te conozca.
5 Lo cierto es que ni
siquiera sus hermanos
creían en él. 6 Por eso
Jesús les dijo:
—Para ustedes
cualquier tiempo es
bueno, pero el tiempo
mío aún no ha llegado.
7 El mundo no tiene
motivos para aborrecer-
los; a mí, sin embargo,
me aborrece porque yo
testifico que sus obras
son malas. 8 Suban
ustedes a la fiesta. Yo no
voy todavía a esta fiesta

RVR

mi tiempo aún no se ha
cumplido.
9 Y habiéndoles dicho
esto, se quedó en
Galilea.

Jesús en la fiesta de los tabernáculos

10 Pero después que sus
hermanos habían subi-
do, entonces él también
subió a la fiesta, no
manifiestamente, sino
como en secreto.
11 Y le buscaban los
judíos en la fiesta, y
decían: ¿Dónde está
aquél?
12 Y había gran mur-
mullo acerca de él entre
la multitud, pues unos
decían: Es bueno; pero
otros decían: No, sino
que engaña al pueblo.
13 Sin embargo, ningu-
no hablaba abiertamen-
te de él, por miedo a los
judíos.
14 Mas a la mitad de
la fiesta, subió Jesús al
templo, y enseñaba.
15 Y se maravillaban
los judíos, diciendo:
¿Cómo sabe éste letras,
sin haber estudiado?
16 Jesús les respondió y
dijo: Mi doctrina no es
mía, sino de aquel que
me envió.
17 El que quiera hacer
la voluntad de Dios,

ἐμὸς	καιρὸς	οὔπω	πεπλήρωται.	9 ταῦτα	δὲ	εἰπὼν
mío,$_{8}$	momento oportuno$_{7}$	todavía no	se ha completado	estas cosas,$_{3}$	Mas$_{1}$	habiendo dicho$_{2}$
1699	2540	3768	4137	5023	1161	2036
JNSM, RS1NSM	*NNSM*	*BN*	*VRPI3S*	*RD-APN*	*CLN*	*VAAP-SNM*

αὐτὸς	ἔμεινεν	ἐν	τῇ	Γαλιλαίᾳ.
él	permaneció	en	--	Galilea.
846	3306	1722	3588	1056
RP3NSM	*VAAI3S*	*P*	*DDSF*	*NDSF*

10 Ὡς	δὲ	ἀνέβησαν	οἱ	ἀδελφοὶ	αὐτοῦ	εἰς	τὴν	ἑορτήν,	τότε
como$_{2}$	Mas$_{1}$	subieron$_{6}$	los$_{3}$	hermanos$_{4}$	de él$_{5}$	hacia	la	fiesta,	entonces
5613	1161	305	3588	80	846	1519	3588	1859	5119
CAT	*CLC*	*VAAI3P*	*DNPM*	*NNPM*	*RP3GSM*	*P*	*DASF*	*NASF*	*B*

καὶ	αὐτὸς	ἀνέβη,	οὐ	φανερῶς	ἀλλὰ	ὡς	ἐν	κρυπτῷ.	11 οἱ	οὖν
también	él	subió,	no	públicamente	sino	como	en	secreto.	los$_{2}$	Así que$_{1}$
2532	846	305	3756	5320	235	5613	1722	2927	3588	3767
BE, TE	*RP3NSMP*	*VAAI3S*	*BN, TN*	*B*	*CLC*	*CAM, B*	*P*	*JDSN*	*DNPM*	*CLT*

Ἰουδαῖοι	ἐζήτουν	αὐτὸν	ἐν	τῇ	ἑορτῇ	καὶ	ἔλεγον·	Ποῦ	ἐστιν	ἐκεῖνος;
judíos	buscaban	a él	en	la	fiesta	y	decían	¿dónde	está	aquel?
2453	2212	846	1722	3588	1859	2532	3004	4226	2076	1565
JNPM	*VIAI3P*	*RP3ASM*	*P*	*DDSF*	*NDSF*	*CLN*	*VIAI3P*	*BI*	*VPAI3S*	*RD-NSM*

12 καὶ	γογγυσμὸς	περὶ	αὐτοῦ	ἦν	πολὺς	ἐν	τοῖς	ὄχλοις·	οἱ
y$_{1}$	murmullo$_{4}$	acerca de$_{5}$	él$_{6}$	estaba (había)$_{2}$	mucho$_{3}$	entre	las	multitudes;	los (que)
2532	1112	4012	846	2258	4183	1722	3588	3793	3588
CLN	*NNSM*	*P*	*RP3GSM*	*VIAI3S*	*JNSM*	*P*	*DDPM*	*NDPM*	*DNPM*

μὲν	ἔλεγον	ὅτι	Ἀγαθός	ἐστιν,	ἄλλοι	δὲ	ἔλεγον·	Οὔ,	ἀλλὰ
en verdad	decían	que:	bueno,$_{2}$	Es$_{1}$	otros$_{4}$	mas$_{3}$	decían:$_{5}$	No,	sino
3303	3004	3754	18	2076	243	1161	3004	3756	235
TK, C	*VIAI3P*	*CSC*	*JNSM*	*VPAI3S*	*JNPM*	*CLK, CLC*	*VIAI3P*	*BN, TN*	*CLC*

πλανᾷ	τὸν	ὄχλον.	13 οὐδεὶς	μέντοι	παρρησίᾳ	ἐλάλει	περὶ	αὐτοῦ	διὰ
engaña	a la	multitud.	nadie$_{2}$	Sin embargo,$_{1}$	públicamente$_{4}$	hablaba$_{3}$	acerca de	él	por
4105	3588	3793	3762	3305	3954	2980	4012	846	1223
VPAI3S	*DASM*	*NASM*	*JNSM*	*CLC*	*NDSF*	*VIAI3S*	*P*	*RP3GSM*	*P*

τὸν	φόβον	τῶν	Ἰουδαίων.
el	miedo	de los (a los)	judíos.
3588	5401	3588	2453
DASM	*NASM*	*DGPM*	*JGPM*

14 Ἤδη	δὲ	τῆς	ἑορτῆς	μεσούσης	ἀνέβη	Ἰησοῦς	εἰς	τὸ	ἱερὸν
ya$_{3}$	Pero$_{1}$	la$_{4}$	fiesta,$_{5}$	estando a la mitad$_{2}$	subió$_{7}$	Jesús$_{6}$	a	el	templo
2235	1161	3588	1859	3322	305	2424	1519	3588	2411
B	*CLT*	*DGSF*	*NGSF*	*VPAP-SGF*	*VAAI3S*	*NNSM*	*P*	*DASN*	*NASN, JASN*

καὶ	ἐδίδασκεν.	15 ἐθαύμαζον	οὖν	οἱ	Ἰουδαῖοι	λέγοντες·	Πῶς	οὗτος
y	enseñaba.	se admiraban$_{4}$	Así que,$_{1}$	los$_{2}$	judíos$_{3}$	diciendo:$_{5}$	¿Cómo$_{6}$	este$_{7}$
2532	1321	2296	3767	3588	2453	3004	4459	3778
CLN	*VIAI3S*	*VIAI3P*	*CLI*	*DNPM*	*JNPM*	*VPAP-PNM*	*BI*	*RD-NSM*

γράμματα	οἶδεν	μὴ	μεμαθηκώς;	16 ἀπεκρίθη	οὖν	αὐτοῖς	ὁ
letras$_{9}$	sabe$_{8}$	no	habiendo aprendido?	respondió$_{4}$	Así que,$_{1}$	a ellos$_{5}$	--$_{2}$
1121	1492	3361	3129	611	3767	846	3588
NAPN	*VRAI3S*	*BN, TN*	*VRAP-SNM*	*VAPI3S, VAMI3S*	*CLI*	*RP3DPM*	*DNSM*

Ἰησοῦς	καὶ	εἶπεν·	Ἡ	ἐμὴ	διδαχὴ	οὐκ	ἔστιν	ἐμὴ	ἀλλὰ
Jesús$_{3}$	y$_{6}$	dijo:$_{7}$	La$_{8}$	mía$_{10}$	enseñanza$_{9}$	no	es	mía,	sino
2424	2532	2036	3588	1699	1322	3756	2076	1699	235
NNSM	*CLN*	*VAAI3S*	*DNSF*	*JNSF, RS1NSF*	*NNSF*	*BN, TN*	*VPAI3S*	*JNSF, RS1NSF*	*CLC*

τοῦ	πέμψαντός	με.	17 ἐάν	τις	θέλῃ	τὸ	θέλημα	αὐτοῦ	ποιεῖν,
del que	envió	a mí;	si$_{1}$	alguien$_{2}$	quiere$_{3}$	la$_{5}$	voluntad$_{6}$	de él,$_{7}$	hacer$_{4}$
3588	3992	3165	1437	5100	2309	3588	2307	846	4160
DGSM	*VAAP-SGM*	*RP1AS*	*CAC*	*RX-NSM*	*VPAS3S*	*DASN*	*NASN*	*RP3GSM*	*VPAN*

NVI

porque mi tiempo aún
no ha llegado.
9 Dicho esto, se quedó
en Galilea. 10 Sin embar-
go, después de que sus
hermanos se fueron a
la fiesta, fue también él,
no públicamente, sino
en secreto. 11 Por eso las
autoridades judías lo
buscaban durante la fies-
ta, y decían: «¿Dónde
se habrá metido?»
12 Entre la multi-
tud corrían muchos
rumores acerca de él.
Unos decían: «Es una
buena persona». Otros
alegaban: «No, lo que
pasa es que engaña a la
gente». 13 Sin embargo,
por temor a los judíos
nadie hablaba de él
abiertamente.

Jesús enseña en la fiesta

14 Jesús esperó hasta
la mitad de la fiesta
para subir al templo y
comenzar a enseñar.
15 Los judíos se admi-
raban y decían: «¿De
dónde sacó este tantos
conocimientos sin haber
estudiado?»
16 —Mi enseñanza
no es mía —replicó
Jesús—, sino del que
me envió. 17 El que
esté dispuesto a hacer
la voluntad de Dios

RVR

conocerá si la doctrina
es de Dios, o si yo hablo
por mi propia cuenta.
18 El que habla por su
propia cuenta, busca
su propia gloria; pero
el que busca la gloria
del que le envió, éste es
verdadero, y no hay en
él injusticia.
19 ¿No os dio Moisés
la ley? Y ninguno de
vosotros cumple la ley.
¿Por qué procuráis
matarme?
20 Respondió la multi-
tud y dijo: Demonio
tienes; ¿quién procura
matarte?
21 Jesús respondió y les
dijo: Una obra hice, y
todos os maravilláis.
22 Pues bien: Moisés os
dio la circuncisión (no
porque sea de Moisés,
sino de los padres); y en
sábado circuncidáis al
hombre.
23 Si recibe el hombre
la circuncisión en
sábado, para que la
ley de Moisés no sea
quebrantada, ¿os enojáis
conmigo porque sané
completamente a un
hombre en sábado?
24 No juzguéis según las
apariencias, sino juzgad
con justo juicio.

γνώσεται	περὶ	τῆς	διδαχῆς	πότερον	ἐκ	τοῦ	θεοῦ	ἐστιν	ἢ	ἐγὼ
conocerá	acerca de	de la	enseñanza	si	de$_{2}$	--$_{3}$	Dios,$_{4}$	es$_{1}$	o	yo
1097	4012	3588	1322	4220	1537	3588	2316	2076	2228	1473
VFMI3S	*P*	*DGSF*	*NGSF*	*CLK, B*	*P*	*DGSM*	*NGSM*	*VPAI3S*	*CLK, CLD*	*RP1NS*

ἀπ'	ἐμαυτοῦ	λαλῶ.	18 ὁ	ἀφ'	ἑαυτοῦ	λαλῶν	τὴν	δόξαν	τὴν	ἰδίαν
de$_{2}$	mí mismo.$_{3}$	hablo$_{1}$	el que$_{1}$	de$_{3}$	sí mismo,$_{4}$	habla$_{2}$	--$_{8}$	gloria,$_{9}$	la$_{6}$	propia$_{7}$
575	1683	2980	3588	575	1438	2980	3588	1391	3588	2398
P	*RF1GSM*	*VPAI1S*	*DNSM*	*P*	*RF3GSM*	*VPAP-SNM*	*DASF*	*NASF*	*DASF*	*JASF*

ζητεῖ·	ὁ	δὲ	ζητῶν	τὴν	δόξαν	τοῦ	πέμψαντος	αὐτὸν	οὗτος
busca$_{5}$	el que$_{2}$	mas$_{1}$	busca$_{3}$	la	gloria	del que	envió	a él,	este$_{1}$
2212	3588	1161	2212	3588	1391	3588	3992	846	3778
VPAI3S	*DNSM*	*CLC*	*VPAP-SNM*	*DASF*	*NASF*	*DGSM*	*VAAP-SGM*	*RP3ASM*	*RD-NSM*

ἀληθής	ἐστιν	καὶ	ἀδικία	ἐν	αὐτῷ	οὐκ	ἔστιν.
verdadero,$_{3}$	es$_{2}$	e$_{4}$	injusticia$_{5}$	en$_{7}$	él.$_{8}$	no$_{6}$	es (hay)$_{7}$
227	2076	2532	93	1722	846	3756	2076
JNSM	*VPAI3S*	*CLN*	*NNSF*	*P*	*RP3DSM*	*BN, TN*	*VPAI3S*

19 Οὐ	Μωϋσῆς	δέδωκεν	ὑμῖν	τὸν	νόμον;	καὶ	οὐδεὶς	ἐξ	ὑμῶν
¿No$_{1}$	Moisés$_{3}$	ha dado$_{2}$	a vosotros$_{4}$	la	ley?	Y	ninguno	de	vosotros
3756	3475	1325	5213	3588	3551	2532	3762	1537	5216
TN,TI	*NNSM*	*VRAI3S*	*RP2DP*	*DASM*	*NASM*	*CLC*	*JNSM*	*P*	*RP2GP*

ποιεῖ	τὸν	νόμον.	τί	με	ζητεῖτε	ἀποκτεῖναι;	20 ἀπεκρίθη	ὁ
hace	la	ley.	¿Por qué$_{1}$	a mí$_{3}$	buscáis$_{2}$	para matar?$_{4}$	respondió:$_{3}$	La$_{1}$
4160	3588	3551	5101	3165	2212	615	611	3588
VPAI3S	*DASM*	*NASM*	*RI-ASN*	*RP1AS*	*VPAI2P*	*VAAN*	*VAPI3S, VAMI3S*	*DNSM*

ὄχλος·	Δαιμόνιον	ἔχεις·	τίς	σε	ζητεῖ	ἀποκτεῖναι;	21 ἀπεκρίθη
multitud$_{2}$	demonio,$_{5}$	Tienes$_{4}$	¿quién$_{1}$	a ti$_{3}$	busca$_{2}$	para matar?$_{4}$	respondió$_{2}$
3793	1140	2192	5101	4571	2212	615	611
NNSM	*NASN*	*VPAI2S*	*RI-NSM*	*RP2AS*	*VPAI3S*	*VAAN*	*VAPI3S, VAMI3S*

Ἰησοῦς	καὶ	εἶπεν	αὐτοῖς·	Ἓν	ἔργον	ἐποίησα	καὶ	πάντες	θαυμάζετε.
Jesús$_{1}$	y	dijo	a ellos:	una$_{2}$	obra,$_{3}$	Hice$_{1}$	y	todos	os admiráis.
2424	2532	2036	846	1520	2041	4160	2532	3956	2296
NNSM	*CLN*	*VAAI3S*	*RP3DPM*	*JASN*	*NASN*	*VAAI1S*	*CLN*	*JNPM*	*VPAI2P*

22 διὰ	τοῦτο	Μωϋσῆς	δέδωκεν	ὑμῖν	τὴν	περιτομήν—	οὐχ	ὅτι
Por	esto	Moisés	ha dado	a vosotros	la	circuncisión,	no	porque$_{1}$
1223	5124	3475	1325	5213	3588	4061	3756	3754
P	*RD-ASN*	*NNSM*	*VRAI3S*	*RP2DP*	*DASF*	*NASF*	*BN, TN*	*CSC, CLX*

ἐκ	τοῦ	Μωϋσέως	ἐστὶν	ἀλλ'	ἐκ	τῶν	πατέρων—	καὶ	ἐν	σαββάτῳ
de$_{3}$	--$_{4}$	Moisés,$_{5}$	es$_{2}$	sino	de	los	padres,	y	en	sábado
1537	3588	3475	2076	235	1537	3588	3962	2532	1722	4521
P	*DGSM*	*NGSM*	*VPAI3S*	*CLC*	*P*	*DGPM*	*NGPM*	*CLN*	*P*	*NDSN*

περιτέμνετε	ἄνθρωπον.	23 εἰ	περιτομὴν	λαμβάνει	ἄνθρωπος	ἐν
circuncidáis	a un hombre.	si$_{1}$	(la) circuncisión$_{4}$	recibe$_{3}$	un hombre$_{2}$	en
4059	444	1487	4061	2983	444	1722
VPAI2P	*NASM*	*CAC*	*NASF*	*VPAI3S*	*NNSM*	*P*

σαββάτῳ	ἵνα	μὴ	λυθῇ	ὁ	νόμος	Μωϋσέως,	ἐμοὶ	χολᾶτε
sábado	para que	no$_{4}$	sea quebrantada,$_{5}$	la$_{1}$	ley$_{2}$	de Moisés,$_{3}$	conmigo$_{7}$	¿os enojáis$_{6}$
4521	2443	3361	3089	3588	3551	3475	1698	5520
NDSN	*CAP*	*BN, TN*	*VAPS3S*	*DNSM*	*NNSM*	*NGSM*	*RP1DS*	*VPAI2P*

ὅτι	ὅλον	ἄνθρωπον	ὑγιῆ	ἐποίησα	ἐν	σαββάτῳ;	24 μὴ	κρίνετε	κατ'
porque$_{8}$	entero$_{10}$	a un hombre$_{11}$	sano$_{12}$	hice$_{9}$	en	sábado?	No	juzguéis	según
3754	3650	444	5199	4160	1722	4521	3361	2919	2596
CAZ	*JASM*	*NASM*	*JASM*	*VAAI1S*	*P*	*NDSN*	*BN,TN*	*VPAM2P*	*P*

ὄψιν,	ἀλλὰ	τὴν	δικαίαν	κρίσιν	κρίνετε.
apariencia,	sino$_{1}$	el$_{3}$	justo$_{5}$	juicio.$_{4}$	juzgad$_{2}$
3799	235	3588	1342	2920	2919
NASF	*CLC*	*DASF*	*JASF*	*NASF*	*VPAM2P*

NVI

reconocerá si mi ense-
ñanza proviene de Dios
o si yo hablo por mi
propia cuenta. 18 El que
habla por cuenta propia
busca su vanagloria; en
cambio, el que busca
glorificar al que lo envió
es una persona íntegra
y sin doblez. 19 ¿No les
ha dado Moisés la ley a
ustedes? Sin embargo,
ninguno de ustedes la
cumple. ¿Por qué tratan
entonces de matarme?
20 —Estás endemo-
niado —contestó la
multitud—. ¿Quién
quiere matarte?
21 —Hice un milagro
y todos ustedes han
quedado asombrados.
22 Por eso Moisés les dio
la circuncisión, que en
realidad no proviene de
Moisés, sino de los pa-
triarcas, y aun en sábado
la practican. 23 Ahora
bien, si para cumplir la
ley de Moisés circunci-
dan a un varón incluso
en sábado, ¿por qué se
enfurecen conmigo si en
sábado lo sano por com
pleto? 24 No juzguen por
las apariencias; juzguen
con justicia.

RVR

¿Es éste el Cristo?

25 Decían entonces unos
de Jerusalén: ¿No es
éste a quien buscan para
matarle?
26 Pues mirad, habla
públicamente, y no le
dicen nada. ¿Habrán
reconocido en verdad
los gobernantes que éste
es el Cristo?
27 Pero éste, sabemos de
dónde es; mas cuando
venga el Cristo, nadie
sabrá de dónde es.
28 Jesús entonces, en-
señando en el templo,
alzó la voz y dijo: A mí
me conocéis, y sabéis
de dónde soy; y no he
venido de mí mismo,
pero el que me envió es
verdadero, a quien voso-
tros no conocéis.
29 Pero yo le conozco,
porque de él procedo, y
él me envió.
30 Entonces procuraban
prenderle; pero nadie
puso sobre él la mano,
porque aún no había
llegado su hora.
31 Y muchos de la
multitud creyeron en
él, y decían: El Cristo,
cuando venga, ¿acaso
hará más señales que las
que éste hace?

Los fariseos envían alguaciles para prender a Jesús

32 Los fariseos oyeron
a la gente comen-
tar de él estas cosas;

25 Ἔλεγον	οὖν	τινες	ἐκ	τῶν	Ἱεροσολυμιτῶν·	Οὐχ	οὗτός	ἐστιν
decían:$_{6}$	Así que,$_{1}$	algunos$_{2}$	de$_{3}$	los$_{4}$	de Jerusalén$_{5}$	¿No	este	es
3004	3767	5100	1537	3588	2415	3756	3778	2076
VIAI3P	*CLI*	*RX-NPM*	*P*	*DGPM*	*NGPM*	*TN, TI*	*RD-NSM*	*VPAI3S*

ὃν	ζητοῦσιν	ἀποκτεῖναι;	26 καὶ	ἴδε	παρρησίᾳ	λαλεῖ	καὶ	οὐδὲν
al que	buscan	para matar?	y$_{1}$	mira,$_{2}$	públicamente,$_{4}$	habla$_{3}$	y$_{5}$	nada$_{6}$
3739	2212	615	2532	1492	3954	2980	2532	3762
RR-ASM	*VPAI3P*	*VAAN*	*CLN*	*I, VAAM2S*	*NDSF*	*VPAI3S*	*CLN*	*JASN*

αὐτῷ	λέγουσιν·	μήποτε	ἀληθῶς	ἔγνωσαν	οἱ	ἄρχοντες	ὅτι	οὗτός
a él,$_{8}$	dicen$_{7}$	¿Quizás$_{9}$	verdaderamente$_{13}$	conocieron$_{12}$	los$_{10}$	gobernantes$_{11}$	que	este
846	3004	3379	230	1097	3588	758	3754	3778
RP3DSM	*VPAI3P*	*TI*	*B*	*VAAI3P*	*DNPM*	*NNPM*	*CSC*	*RD-NSM*

ἐστιν	ὁ	Χριστός;	27 ἀλλὰ	τοῦτον	οἴδαμεν	πόθεν	ἐστίν·	ὁ	δὲ
es	el	Cristo?	Pero$_{1}$	a este$_{3}$	conocemos$_{2}$	de dónde	es,	el$_{4}$	mas$_{1}$
2076	3588	5547	235	5126	1492	4159	2076	3588	1161
VPAI3S	*DNSM*	*NNSM*	*CLC*	*RD-ASM*	*VRAI1P*	*BI*	*VPAI3S*	*DNSM*	*CLC*

Χριστὸς	ὅταν	ἔρχηται	οὐδεὶς	γινώσκει	πόθεν	ἐστίν.	28 ἔκραξεν	οὖν
Cristo$_{5}$	cuando$_{2}$	venga$_{3}$	nadie	conoce	de dónde	es.	clamó$_{4}$	Así que,$_{1}$
5547	3752	2064	3762	1097	4159	2076	2896	3767
NNSM	*CAT*	*VPUS3S*	*JNSM*	*VPAI3S*	*BI*	*VPAI3S*	*VAAI3S*	*CLI*

ἐν	τῷ	ἱερῷ	διδάσκων	ὁ	Ἰησοῦς	καὶ	λέγων·	Κἀμὲ	οἴδατε
en$_{5}$	el$_{6}$	templo$_{7}$	enseñando$_{8}$	--$_{2}$	Jesús$_{3}$	y$_{9}$	diciendo:$_{10}$	y a mí$_{12}$	Conocéis$_{11}$
1722	3588	2411	1321	3588	2424	2532	3004	2504	1492
P	*DDSN*	*NDSN, JDSN*	*VPAP-SNM*	*DNSM*	*NNSM*	*CLN*	*VPAP-SNM*	*RP1AS, CLK*	*VRAI2P*

καὶ	οἴδατε	πόθεν	εἰμί·	καὶ	ἀπ᾽	ἐμαυτοῦ	οὐκ	ἐλήλυθα,	ἀλλ᾽	ἔστιν
y	sabéis	de dónde	soy;	y$_{1}$	de$_{4}$	mí mismo,$_{5}$	no$_{2}$	he venido$_{3}$	sino$_{6}$	es$_{10}$
2532	1492	4159	1510	2532	575	1683	3756	2064	235	2076
CLK, CLN	*VRAI2P*	*BI*	*VPAI1S*	*CLN*	*P*	*RF1GSM*	*BN, TN*	*VRAI1S*	*CLC*	*VPAI3S*

ἀληθινὸς	ὁ	πέμψας	με,	ὃν	ὑμεῖς	οὐκ	οἴδατε·	29 ἐγὼ	οἶδα
verdadero,$_{11}$	el que$_{7}$	envió$_{8}$	a mí$_{9}$	al que	vosotros	no	conocéis.	Yo	conozco
228	3588	3992	3165	3739	5210	3756	1492	1473	1492
JNSM	*DNSM*	*VAAP-SNM*	*RP1AS*	*RR-ASM*	*RP2NP*	*BN, TN*	*VRAI2P*	*RP1NS*	*VRAI1S*

αὐτόν,	ὅτι	παρ᾽	αὐτοῦ	εἰμι	κἀκεῖνός	με	ἀπέστειλεν.	30 ἐζήτουν
a él,	porque	de parte de	él	soy	y él también	a mí	envió.	buscaban$_{2}$
846	3754	3844	846	1510	2548	3165	649	2212
RP3ASM	*CAZ*	*P*	*RP3GSM*	*VPAI1S*	*RD-NSM, CLN*	*RP1AS*	*VAAI3S*	*VIAI3P*

οὖν	αὐτὸν	πιάσαι,	καὶ	οὐδεὶς	ἐπέβαλεν	ἐπ᾽	αὐτὸν	τὴν	χεῖρα,
Así que,$_{1}$	a él$_{3}$	para arrestar,$_{4}$	y	nadie	puso	sobre$_{3}$	él,$_{4}$	la$_{1}$	mano$_{2}$
3767	846	4084	2532	3762	1911	1909	846	3588	5495
CLI	*RP3ASM*	*VAAN*	*CLC*	*JNSM*	*VAAI3S*	*P*	*RP3ASM*	*DASF*	*NASF*

ὅτι	οὔπω	ἐληλύθει	ἡ	ὥρα	αὐτοῦ.	31 ἐκ	τοῦ	ὄχλου	δὲ	πολλοὶ
porque$_{5}$	todavía no$_{9}$	había venido.$_{10}$	la$_{6}$	hora$_{7}$	de él$_{8}$	de$_{6}$	la$_{7}$	multitud,$_{8}$	Mas$_{1}$	muchos$_{2}$
3754	3768	2064	3588	5610	846	1537	3588	3793	1161	4183
CAZ	*BN*	*VLAI3S*	*DNSF*	*NNSF*	*RP3GSM*	*P*	*DGSM*	*NGSM*	*CLC*	*JNPM*

ἐπίστευσαν	εἰς	αὐτόν,	καὶ	ἔλεγον·	Ὁ	Χριστὸς	ὅταν	ἔλθῃ	μὴ
creyeron$_{3}$	en$_{4}$	él$_{5}$	y	decían:	el$_{2}$	Cristo,$_{3}$	cuando$_{1}$	venga$_{4}$	¿no$_{5}$
4100	1519	846	2532	3004	3588	5547	3752	2064	3361
VAAI3P	*P*	*RP3ASM*	*CLN*	*VIAI3P*	*DNSM*	*NNSM*	*CAT*	*VAAS3S*	*TN, TI*

πλείονα	σημεῖα	ποιήσει	ὧν	οὗτος	ἐποίησεν;
más$_{7}$	señales$_{8}$	hará$_{6}$	que las que$_{9}$	este$_{10}$	hizo?$_{11}$
4119	4592	4160	3739	3778	4160
JAPNC	*NAPN*	*VFAI3S*	*RR-GPN*	*RD-NSM*	*VAAI3S*

32 Ἤκουσαν	οἱ	Φαρισαῖοι	τοῦ	ὄχλου	γογγύζοντος	περὶ	αὐτοῦ
oyeron$_{3}$	Los$_{1}$	fariseos$_{2}$	a la$_{4}$	multitud$_{5}$	murmurando$_{6}$	acerca de$_{8}$	él,$_{9}$
191	3588	5330	3588	3793	1111	4012	846
VAAI3P	*DNPM*	*NNPM*	*DGSM*	*NGSM*	*VPAP-SGM*	*P*	*RP3GSM*

NVI

¿Es este el Cristo?

25 Algunos de los que
vivían en Jerusalén co-
mentaban: «¿No es este
al que quieren matar?
26 Ahí está, hablando
abiertamente, y nadie
le dice nada. ¿Será que
las autoridades se han
convencido de que es
el Cristo? 27 Nosotros
sabemos de dónde viene
este hombre, pero cuan-
do venga el Cristo nadie
sabrá su procedencia».
28 Por eso Jesús, que
seguía enseñando en el
templo, exclamó:
—¡Con que ustedes
me conocen y saben de
dónde vengo! No he
venido por mi propia
cuenta, sino que me en-
vió uno que es digno de
confianza. Ustedes no lo
conocen, 29 pero yo sí lo
conozco porque vengo
de parte suya, y él mismo
me ha enviado.
30 Entonces quisieron
arrestarlo, pero nadie
le echó mano porque
aún no había llegado
su hora. 31 Con todo,
muchos de entre la
multitud creyeron en
él y decían: «Cuando
venga el Cristo, ¿acaso
va a hacer más señales
que este hombre?»
32 Los fariseos
oyeron a la multi-
tud que murmuraba
estas cosas acerca de él,

RVR

y los principales
sacerdotes y los fariseos
enviaron alguaciles para
que le prendiesen.
33 Entonces Jesús dijo:
Todavía estaré con
vosotros un poco de
tiempo, y me iré al que
me envió.
34 Me buscaréis, y no me
hallaréis; y adonde yo
esté, vosotros no podéis
venir.
35 Entonces los judíos
dijeron entre sí:
¿Adónde se va a ir éste,
que no le hallemos?
¿Acaso va a ir a los dis-
persos entre los griegos,
y a enseñar a los griegos?
36 ¿Qué significa esto
que dijo: Me buscaréis,
y no me hallaréis; y
adonde yo esté, vosotros
no podéis venir?

Ríos de agua viva

37 En el último y gran
día de la fiesta, Jesús
se puso en pie y alzó la
voz, diciendo: Si alguno
tiene sed, venga a mí
y beba.
38 El que cree en mí,
como dice la Escritura,
de su interior correrán
ríos de agua viva.
39 Esto dijo del Espíritu
que iban a recibir los
que creyesen en él;

ταῦτα, καὶ ἀπέστειλαν οἱ ἀρχιερεῖς καὶ οἱ Φαρισαῖοι
estas cosas$_7$ y$_{10}$ enviaron$_{16}$ los$_{11}$ principales sacerdotes$_{12}$ y$_{13}$ los$_{14}$ fariseos$_{15}$
5023 2532 649 3588 749 2532 3588 5330
RD-APN CLN VAAI3P DNPM NNPM CLN DNPM NNPM

ὑπηρέτας ἵνα πιάσωσιν αὐτόν. 33 εἶπεν οὖν ὁ Ἰησοῦς· Ἔτι
a ayudantes$_{17}$ para que arresten a él. dijo$_4$ Así que,$_1$ --$_2$ Jesús$_3$ todavía$_5$
5257 2443 4084 846 2036 3767 3588 2424 2089
NAPM CAP VAAS3P RP3ASM VAAI3S CLI DNSM NNSM B

χρόνον μικρὸν μεθ' ὑμῶν εἰμι καὶ ὑπάγω πρὸς τὸν πέμψαντά με.
tiempo$_8$ poco$_7$ con$_9$ vosotros,$_{10}$ estoy$_6$ y voy a el que envió a mí.
5550 3398 3326 5216 1510 2532 5217 4314 3588 3992 3165
NASM JASM P RP2GP VPAI1S CLN VPAI1S P DASM VAAP-SAM RP1AS

34 ζητήσετέ με καὶ οὐχ εὑρήσετε, καὶ ὅπου εἰμὶ ἐγὼ ὑμεῖς οὐ
Buscaréis a mí y no hallaréis, y donde$_1$ estoy$_3$ yo$_2$ vosotros no
2212 3165 2532 3756 2147 2532 3699 1510 1473 5210 3756
VFAI2P RP1AS CLC BN, TN VFAI2P CLN CAL VPAI1S RP1NS RP2NP BN, TN

δύνασθε ἐλθεῖν. 35 εἶπον οὖν οἱ Ἰουδαῖοι πρὸς ἑαυτούς· Ποῦ οὗτος
podéis ir. dijeron$_4$ Así que,$_1$ los$_2$ judíos$_3$ a$_5$ sí mismos:$_6$ ¿Dónde$_7$ este,$_{10}$
1410 2064 2036 3767 3588 2453 4314 1438 4226 3778
VPUI2P VAAN VAAI3P CLI DNPM JNPM P RF3APM BI RD-NSM

μέλλει πορεύεσθαι ὅτι ἡμεῖς οὐχ εὑρήσομεν αὐτόν; μὴ εἰς τὴν
está a punto de$_8$ irse$_9$ que nosotros no hallaremos a él? ¿Acaso$_1$ a$_4$ la$_5$
3195 4198 3754 2249 3756 2147 846 3361 1519 3588
VPAI3S VPUN CAR RP1NP BN, TN VFAI1P RP3ASM TN, TI P DASF

διασπορὰν τῶν Ἑλλήνων μέλλει πορεύεσθαι καὶ διδάσκειν τοὺς
diáspora$_6$ de los$_7$ griegos$_8$ está a punto de$_2$ irse$_3$ y enseñar a los
1290 3588 1672 3195 4198 2532 1321 3588
NASF DGPM NGPM VPAI3S VPUN CLN VPAN DAPM

Ἕλληνας; 36 τίς ἐστιν ὁ λόγος οὗτος ὃν εἶπε· Ζητήσετέ με καὶ
griegos? ¿Qué$_1$ es$_2$ --$_4$ palabra$_5$ esta$_3$ la que dice: Buscaréis a mí y
1672 5101 2076 3588 3056 3778 3739 2036 2212 3165 2532
NAPM RI-NSM VPAI3S DNSM NNSM RD-NSM RR-ASM VAAI3S VFAI2P RP1AS CLC

οὐχ εὑρήσετε, καὶ ὅπου εἰμὶ ἐγὼ ὑμεῖς οὐ δύνασθε ἐλθεῖν;
no hallaréis, y donde estoy$_2$ yo$_1$ vosotros no podéis ir?
3756 2147 2532 3699 1510 1473 5210 3756 1410 2064
BN, TN VFAI2P CLN CAL VPAI1S RP1NS RP2NP BN, TN VPUI2P VAAN

37 Ἐν δὲ τῇ ἐσχάτῃ ἡμέρᾳ τῇ μεγάλῃ τῆς ἑορτῆς εἱστήκει
en$_2$ Mas$_1$ el$_3$ último$_4$ día$_5$ --$_8$ grande,$_9$ de la$_6$ fiesta$_7$ se había puesto en pie$_{12}$
1722 1161 3588 2078 2250 3588 3173 3588 1859 2476
P CLT DDSF JDSF NDSF DDSF JDSF DGSF NGSF VLAI3S

ὁ Ἰησοῦς, καὶ ἔκραξεν λέγων· Ἐάν τις διψᾷ ἐρχέσθω πρός
--$_{10}$ Jesús$_{11}$ y$_{13}$ clamó diciendo: Si alguien tiene sed, venga a
3588 2424 2532 2896 3004 1437 5100 1372 2064 4314
DNSM NNSM CLN VAAI3S VPAP-SNM CAC RX-NSM VPAS3S VPUM3S P

με καὶ πινέτω. 38 ὁ πιστεύων εἰς ἐμέ, καθὼς εἶπεν ἡ γραφή,
mí y beba. El que está creyendo en mí, como$_1$ dijo$_4$ la$_2$ Escritura,$_3$
3165 2532 4095 3588 4100 1519 1691 2531 2036 3588 1124
RP1AS CLN VPAM3S DNSM VPAP-SNM P RP1AS CAM VAAI3S DNSF NNSF

ποταμοὶ ἐκ τῆς κοιλίας* αὐτοῦ ῥεύσουσιν ὕδατος ζῶντος. 39 τοῦτο
ríos$_5$ desde$_9$ el$_{10}$ vientre$_{11}$ de él.$_{12}$ correrán$_8$ de agua$_6$ viva$_7$ esto$_2$
4215 1537 3588 2836 846 4482 5204 2198 5124
NNPM P DGSF NGSF RP3GSM VFAI3P NGSN VPAP-SGN RD-ASN

δὲ εἶπεν περὶ τοῦ πνεύματος οὗ ἔμελλον λαμβάνειν οἱ
Mas$_1$ dijo$_3$ acerca de el Espíritu el que$_1$ estaban a punto de$_6$ recibir,$_7$ los que$_2$
1161 2036 4012 3588 4151 3739 3195 2983 3588
CLN VAAI3S P DGSN NGSN RR-GSN VIAI3P VPAN DNPM

NVI

y junto con los jefes de
los sacerdotes mandaron
unos guardias del tem-
plo para arrestarlo.
33 —Voy a estar con
ustedes un poco más
de tiempo —afirmó
Jesús—, y luego volveré
al que me envió. 34 Me
buscarán, pero no me
encontrarán, porque
adonde yo esté no po-
drán ustedes llegar.
35 «¿Y este a dónde
piensa irse que no
podamos encontrarlo?
—comentaban entre sí
los judíos—. ¿Será que
piensa ir a nuestra gente
dispersa entre las nacio-
nes, para enseñar a los
griegos? 36 ¿Qué quiso
decir con eso de que "me
buscarán, pero no me
encontrarán", y "adonde
yo esté no podrán uste-
des llegar"?»

Jesús en el último día de la fiesta

37 En el último día, el
más solemne de la fiesta,
Jesús se puso de pie y
exclamó:
—¡Si alguno tiene
sed, que venga a mí y
beba! 38 De aquel que
cree en mí, como dice la
Escritura, brotarán ríos
de agua viva.
39 Con esto se refería
al Espíritu que habrían
de recibir más tarde
los que creyeran en él.

7:38* O sea *desde el interior.*

RVR

pues aún no había sido
dado el Espíritu Santo,
porque Jesús no había
sido aún glorificado.

División entre la gente

40 Entonces algunos
de la multitud, oyendo
estas palabras, decían:
Verdaderamente éste es
el profeta.
41 Otros decían: Éste
es el Cristo. Mas otros
decían: ¿De Galilea ha
de venir el Cristo?
42 ¿No dice la Escritura
que del linaje de David,
y de la aldea de Belén,
de donde era David, ha
de venir el Cristo?
43 Había, pues, disen-
sión entre la gente a
causa de él.
44 Y algunos de ellos
querían prenderle; pero
ninguno le echó mano.

¡Nunca ha hablado hombre así!

45 Los alguaciles vinie-
ron a los principales sa-
cerdotes y a los fariseos;
y éstos les dijeron: ¿Por
qué no le habéis traído?
46 Los alguaciles respon-
dieron: ¡Jamás hombre
alguno ha hablado
como este hombre!
47 Entonces los fariseos
les respondieron:
¿También vosotros

πιστεύσαντες	εἰς	αὐτόν·	οὔπω	γὰρ	ἦν	⸀πνεῦμα,	ὅτι	Ἰησοῦς
creyeron$_3$	en$_4$	él$_5$	todavía no$_9$	porque$_8$	estaba$_{10}$	(el) Espíritu,	porque	Jesús
4100	1519	846	3768	1063	2258	4151	3754	2424
VAAP-PNM	P	RP3ASM	BN	CLX	VIAI3S	NNSN	CAZ	NNSM

οὐδέπω	ἐδοξάσθη.
todavía no	fue glorificado.
3764	1392
BN	VAPI3S

40 Ἐκ	τοῦ	ὄχλου	οὖν	ἀκούσαντες	τῶν	λόγων	τούτων	ἔλεγον·
desde$_6$	la$_7$	multitud$_8$	Así que,$_1$	habiendo oído$_2$	--$_4$	palabras$_5$	estas$_3$	decían:$_9$
1537	3588	3793	3767	191	3588	3056	5130	3004
P	DGSM	NGSM	CLI	VAAP-PNM	DGPM	NGPM	RD-GPM	VIAI3P

Οὗτός	ἐστιν	ἀληθῶς	ὁ	προφήτης·	41 ἄλλοι	ἔλεγον·	Οὗτός	ἐστιν
Este	es	verdaderamente	el	profeta;	otros	decían:	este	es
3778	2076	230	3588	4396	243	3004	3778	2076
RD-NSM	VPAI3S	B	DNSM	NNSM	JNPM	VIAI3P	RD-NSM	VPAI3S

ὁ	Χριστός·	οἱ	δὲ˺	ἔλεγον·	Μὴ	γὰρ	ἐκ	τῆς	Γαλιλαίας	ὁ
el	Cristo;	los (otros)$_2$	mas$_1$	decían:$_3$	acaso$_5$	¿Pues$_4$	de$_8$	--$_9$	Galilea?$_{10}$	el$_6$
3588	5547	3588	1161	3004	3361	1063	1537	3588	1056	3588
DNSM	NNSM	DNPM	CLC	VIAI3P	TN, TI	TI, C	P	DGSF	NGSF	DNSM

Χριστὸς	ἔρχεται;	42 οὐχ	ἡ	γραφὴ	εἶπεν	ὅτι	ἐκ	τοῦ	σπέρματος
Cristo$_7$	viene$_8$	¿No$_1$	la$_3$	Escritura$_4$	dijo$_2$	que	de	la	simiente
5547	2064	3756	3588	1124	2036	3754	1537	3588	4690
NNSM	VPUI3S	TN, TI	DNSF	NNSF	VAAI3S	CSC	P	DGSN	NGSN

Δαυίδ,	καὶ	ἀπὸ	Βηθλέεμ	τῆς	κώμης	ὅπου	ἦν	Δαυίδ,	ἔρχεται	ὁ
de David	y	de	Belén,	la	aldea	donde	era	David	viene	el
1138	2532	575	965	3588	2968	3699	2258	1138	2064	3588
NGSM, XP	CLN	P	NGSF, XP	DGSF	NGSF	CAL, B	VIAI3S	NNSM, XP	VPUI3S	DNSM

χριστός;	43 σχίσμα	οὖν	ἐγένετο	ἐν	τῷ	ὄχλῳ	δι᾽	αὐτόν.	44 τινὲς
Cristo?	división$_3$	Así que$_1$	se hizo$_2$	entre	la	multitud	a causa de	él;	algunos$_2$
5547	4978	3767	1096	1722	3588	3793	1223	846	5100
NNSM	NNSN	CLI	VAMI3S	P	DDSM	NDSM	P	RP3ASM	RX-NPM

δὲ	ἤθελον	ἐξ	αὐτῶν	πιάσαι	αὐτόν,	ἀλλ᾽	οὐδεὶς	ἐπέβαλεν	ἐπ᾽	αὐτὸν
mas$_1$	querían$_5$	de$_3$	ellos$_4$	arrestar	a él,	pero	nadie	puso	sobre$_3$	él.$_4$
1161	2309	1537	846	4084	846	235	3762	1911	1909	846
CLN	VIAI3P	P	RP3GPM	VAAN	RP3ASM	CLC	JNSM	VAAI3S	P	RP3ASM

τὰς	χεῖρας.
las$_1$	manos$_2$
3588	5495
DAPF	NAPF

45 Ἦλθον	οὖν	οἱ	ὑπηρέται	πρὸς	τοὺς	ἀρχιερεῖς	καὶ
vinieron$_4$	Así que$_1$	los$_2$	ayudantes$_3$	a	los	principales sacerdotes	y
2064	3767	3588	5257	4314	3588	749	2532
VAAI3P	CLI	DNPM	NNPM	P	DAPM	NAPM	CLN

Φαρισαίους,	καὶ	εἶπον	αὐτοῖς	ἐκεῖνοι·	Διὰ	τί	οὐκ	ἠγάγετε
a fariseos	y$_1$	dijeron$_3$	a ellos:$_4$	aquellos$_2$	¿Por	qué	no	trajisteis
5330	2532	2036	846	1565	1223	5101	3756	71
NAPM	CLN	VAAI3P	RP3DPM	RD-NPM	P	RI-ASN	BN, TN	VAAI2P

αὐτόν;	46 ἀπεκρίθησαν	οἱ	ὑπηρέται·	Οὐδέποτε	ἐλάλησεν	οὕτως
a él?	respondieron:$_3$	los$_1$	ayudantes$_2$	Nunca$_4$	habló$_6$	así.$_7$
846	611	3588	5257	3763	2980	3779
RP3ASM	VAPI3P, VAMI3P	DNPM	NNPM	BN	VAAI3S	B

ἄνθρωπος.	47 ἀπεκρίθησαν	οὖν	αὐτοῖς	οἱ	Φαρισαῖοι·	Μὴ	καὶ
un ser humano$_5$	respondieron$_4$	Así que,$_1$	a ellos:$_5$	los$_2$	fariseos$_3$	¿Acaso	también
444	611	3767	846	3588	5330	3361	2532
NNSM	VAPI3P, VAMI3P	CLI	RP3DPM	DNPM	NNPM	TN, TI	BE, TE

NVI

Hasta ese momento el
Espíritu no había sido
dado, porque Jesús no
había sido glorificado
todavía.
40 Al oír sus palabras,
algunos de entre la
multitud decían:
«Verdaderamente este
es el profeta». 41 Otros
afirmaban: «¡Es el
Cristo!» Pero otros
objetaban: «¿Cómo
puede el Cristo venir
de Galilea? 42 ¿Acaso
no dice la Escritura que
el Cristo vendrá de la
descendencia de David,
y de Belén, el pueblo
de donde era David?»
43 Por causa de Jesús la
gente estaba dividida.
44 Algunos querían
arrestarlo, pero nadie le
puso las manos encima.

Incredulidad de los dirigentes judíos

45 Los guardias del
templo volvieron a los
jefes de los sacerdotes y
a los fariseos, quienes los
interrogaron:
—¿Se puede saber
por qué no lo han
traído?
46 —¡Nunca nadie
ha hablado como ese
hombre! —declararon
los guardias.
47 —¿Así que también
ustedes se han dejado
engañar? —replicaron

7:39⸀ Manuscritos inferiores aumentaron *Santo.*

RVR

habéis sido engañados?
48 ¿Acaso ha creído en él
alguno de los gobernan-
tes, o de los fariseos?
49 Mas esta gente que no
conoce la ley, son unos
malditos.
50 Les dijo Nicodemo, el
que vino a él de noche,
el cual era uno de ellos:
51 ¿Juzga acaso nuestra
ley a un hombre si
primero no le oye, y
conoce lo que está
haciendo?
52 Respondieron y le
dijeron: ¿Acaso eres
tú también galileo?
Escudriña y ve que de
Galilea nunca ha surgi-
do ningún profeta.

La mujer adúltera

53 Y cada uno se fue a
su casa.
8 Mas Jesús se fue
al monte de los
olivos.
2 Y por la mañana se
presentó de nuevo en el
templo, y todo el pueblo
vino a él; y sentándose,
les enseñaba.
3 Entonces los escribas
y los fariseos le trajeron
una mujer sorprendida
en adulterio; y ponién-
dola en medio,
4 le dijeron: Maestro,

ὑμεῖς πεπλάνησθε; 48 μή τις ἐκ τῶν ἀρχόντων ἐπίστευσεν εἰς
vosotros habéis sido engañados? ¿Acaso alguno de los gobernantes creyó$_5$ en$_6$
5210 4105 3361 5100 1537 3588 758 4100 1519
RP2NP VRPI2P TN, TI RX-NSM P DGPM NGPM VAAI3S P

αὐτὸν ἢ ἐκ τῶν Φαρισαίων; 49 ἀλλὰ ὁ ὄχλος οὗτος ὁ μὴ
él?$_7$ o$_1$ de$_2$ los$_3$ fariseos$_4$ Pero$_1$ --$_3$ multitud,$_4$ esta$_2$ la que no
846 2228 1537 3588 5330 235 3588 3793 3778 3588 3361
RP3ASM CLD P DGPM NGPM CLC DNSM NNSM RD-NSM DNSM BN, TN

γινώσκων τὸν νόμον ἐπάρατοί εἰσιν. 50 λέγει Νικόδημος πρὸς αὐτούς,
conoce la ley malditos.$_2$ son$_1$ dice:$_{11}$ Nicodemo,$_1$ a$_{12}$ ellos$_{13}$
1097 3588 3551 1944 1526 3004 3530 4314 846
VPAP-SNM DASM NASM JNPM VPAI3P VPAI3S NNSM P RP3APM

ὁ ἐλθὼν πρὸς αὐτὸν πρότερον, εἷς ὢν ἐξ αὐτῶν· 51 Μὴ
el que$_2$ vino$_3$ a$_4$ él$_5$ antes$_6$ uno$_8$ siendo$_7$ de$_9$ ellos,$_{10}$ ¿Acaso
3588 2064 4314 846 4386 1520 5607 1537 846 3361
DNSM VAAP-SNM P RP3ASM JASN JNSM VPAP-SNM P RP3GPM TN, TI

ὁ νόμος ἡμῶν κρίνει τὸν ἄνθρωπον ἐὰν μὴ ἀκούσῃ πρῶτον
la ley de nosotros juzga al ser humano si no oye primero
3588 3551 2257 2919 3588 444 1437 3361 191 4412
DNSM NNSM RP1GP VPAI3S DASM NASM CAC BN, TN VAAS3S B, J

παρ’ αὐτοῦ καὶ γνῷ τί ποιεῖ; 52 ἀπεκρίθησαν καὶ εἶπαν αὐτῷ·
de parte de él y conoce qué hace? Respondieron y dijeron a él:
3844 846 2532 1097 5101 4160 611 2532 3004 846
P RP3GSM CLN VAAS3S RI-ASN VPAI3S VAPI3P, VAMI3P CLN VAAI3P RP3DSM

Μὴ καὶ σὺ ἐκ τῆς Γαλιλαίας εἶ; ἐραύνησον καὶ ἴδε ὅτι ἐκ
¿Acaso también tú de$_2$ --$_3$ Galilea?$_4$ eres$_1$ Investiga y mira que$_1$ de$_5$
3361 2532 4771 1537 3588 1056 1488 2045 2532 1492 3754 1537
TN, TI BE, TE RP2NS P DGSF NGSF VPAI2S VAAM2S CLN VAAM2S CSC P

τῆς Γαλιλαίας προφήτης οὐκ ⸀ἐγείρεται.
--$_6$ Galilea.$_7$ profeta$_2$ no$_3$ es levantado$_4$
3588 1056 4396 3756 1453
DGSF NGSF NNSM BN, TN VPPI3S

⟦53 καὶ ἐπορεύθη ἕκαστος εἰς τὸν οἶκον αὐτοῦ.*
Y se fueron cada uno a la casa de él,
2532 4198 1538 1519 3588 3624 846
CLN VAPI3S JNSM P DASM NASM RP3GSM

8 Ἰησοῦς δὲ ἐπορεύθη εἰς τὸ ὄρος τῶν Ἐλαιῶν. 2 Ὄρθρου δὲ
Jesús$_2$ mas$_1$ se fue$_3$ hacia el monte de los Olivos. al amanecer$_2$ Y$_1$
2424 1161 4198 1519 3588 3735 3588 1636 3722 1161
NNSM CLC VAPI3S P DASN NASN DGPF NGPF NGSM CLN

πάλιν παρεγένετο εἰς τὸ ἱερόν, καὶ πᾶς ὁ λαὸς ἤρχετο· καὶ
de nuevo vino a el templo, y todo el pueblo venía, y
3825 3854 1519 3588 2411 2532 3956 3588 2992 2064 2532
B VAMI3S P DASN NASN, JASN CLN JNSM DNSM NNSM VIUI3S CLN

καθίσας ἐδίδασκεν αὐτούς. 3 ἄγουσιν δὲ οἱ γραμματεῖς καὶ
habiéndose sentado enseñaba a ellos. llevan$_7$ Mas$_1$ los$_2$ escribas$_3$ y$_4$
2523 1321 846 71 1161 3588 1122 2532
VAAP-SNM VIAI3S RP3APM VPAI3P CLN DNPM NNPM CLN

οἱ Φαρισαῖοι πρὸς αὐτὸν γυναῖκα ἐν μοιχείᾳ καταλήφθεισαν· καὶ
los$_5$ fariseos$_6$ a él una mujer en$_2$ adulterio,$_3$ sorprendida$_1$ y
3588 5330 4314 846 1135 1722 3430 2638 2532
DNPM NNPM P RP3ASM NASF P NDSF VAPP-SAF CLN

στήσαντες αὐτὴν ἐν μέσῳ, 4 λέγουσιν αὐτῷ, πειράζοντες· Διδάσκαλε,
habiendo puesto a ella en medio, dicen$_2$ a él:$_3$ probando$_1$ Maestro,
2476 846 1722 3319 3004 846 3985 1320
VAAP-PNM RP3ASF P JDSN VPAI3P RP3DSM VPAP-PNM NVSM

NVI

los fariseos—. 48 ¿Acaso
ha creído en él alguno
de los gobernantes o de
los fariseos? 49 ¡No! Pero
esta gente, que no sabe
nada de la ley, está bajo
maldición.
50 Nicodemo, que era
uno de ellos y que antes
había ido a ver a Jesús, les
interpeló:
51 —¿Acaso nuestra
ley condena a un hom-
bre sin antes escucharlo
y averiguar lo que hace?
52 —¿No eres tú
también de Galilea? —
protestaron—. Investiga
y verás que de Galilea
no ha salido ningún
profeta.

---

53 Entonces todos se
fueron a casa.

La mujer sorprendida en adulterio

8 Pero Jesús se fue
al monte de los
Olivos. 2 Al amanecer se
presentó de nuevo en el
templo. Toda la gente se
le acercó, y él se sentó a
enseñarles. 3 Los maes-
tros de la ley y los fari-
seos llevaron entonces a
una mujer sorprendida
en adulterio, y ponién-
dola en medio del grupo
4 le dijeron a Jesús:
—Maestro, a esta

7:52⸀ Manuscritos inferiores aumentaron desde 7:53 hasta 8:11, con muchas variaciones. En varios manuscritos estos versículos se encuentran ubicados en otros lugares del Nuevo Testamento. Esta sección no es considerada como un escrito original de Juan. En este Nuevo Testamento las adiciones de este tipo están marcados por dobles corchetes (⟦ ⟧). 7:53* O sea *cada uno a su casa.*

RVR

esta mujer ha sido
sorprendida en el acto
mismo de adulterio.
5 Y en la ley nos mandó
Moisés apedrear a tales
mujeres. Tú, pues, ¿qué
dices?
6 Mas esto decían ten-
tándole, para tener de
qué acusarle. Pero Jesús,
inclinado hacia el suelo,
escribía en tierra con
el dedo.
7 Y como insistieran en
preguntarle, se enderezó
y les dijo: El que de
vosotros esté sin pecado,
sea el primero en arrojar
la piedra contra ella.
8 E inclinándose de nue-
vo hacia el suelo, siguió
escribiendo en tierra.
9 Pero ellos, al oír
esto, acusados por su
conciencia, salían uno a
uno, comenzando desde
los más viejos hasta los
últimos; y quedó solo
Jesús, y la mujer que
estaba en medio.
10 Enderezándose Jesús,
y no viendo a nadie sino
a la mujer, le dijo: Mujer,
¿dónde están aque-
llos que te acusaban?
¿Ninguno te condenó?
11 Ella dijo: Ninguno,
Señor. Entonces le dijo
Jesús: Tampoco yo te
condeno; vete, y no
peques ya más.

αὕτη	ἡ	γυνὴ	κατελήφθη	ἐπ᾽	αὐτοφόρῳ	μοιχευομένη.	5 ἐν	δὲ
esta	--	mujer	fue sorprendida	en	el acto	cometiendo adulterio.	en$_5$	Mas$_1$
3778	3588	1135	2638	1909	1888	3431	1722	1161
RD-NSF	*DNSF*	*NNSF*	*VAPI3S*	*P*	*JDSM*	*VPPP-SNF*	*P*	*CLN*

τῷ	νόμῳ	Μωσῆς	ἡμῖν	ἐνετείλατο	τὰς	τοιαύτας	λιθοβολεῖσθαι·
la$_6$	ley$_7$	Moisés$_2$	a nosotros$_4$	mandó$_3$	a las$_9$	tales,$_{10}$	apedrear$_8$
3588	3551	3475	2254	1781	3588	5108	3036
DDSM	*NDSM*	*NNSM*	*RP1DP*	*VAMI3S*	*DAPF*	*RD-APF*	*VPPN*

σὺ	οὖν	τί	λέγεις;	6 τοῦτο	δὲ	ἔλεγον	πειράζοντες	αὐτόν,	ἵνα
tú?$_{14}$	así que,$_{11}$	¿qué$_{12}$	dices$_{13}$	esto$_2$	Pero$_1$	decían$_3$	probando	a él,	para que
4771	3767	5101	3004	5124	1161	3004	3985	846	2443
RP2NS	*CLI*	*RI-ASN*	*VPAI2S*	*RD-ASN*	*CLN*	*VIAI3P*	*VPAP-PNM*	*RP3ASM*	*CAP*

ἔχωσιν	κατηγορεῖν	αὐτοῦ.	ὁ	δὲ	Ἰησοῦς	κάτω	κύψας,	τῷ	δακτύλῳ
tengan	para acusar	a él.	--$_2$	Mas$_1$	Jesús$_3$	abajo$_5$	inclinado$_4$	con el$_7$	dedo$_8$
2192	2723	846	3588	1161	2424	2736	2955	3588	1147
VPAS3P	*VPAN*	*RP3GSM*	*DNSM*	*CLC*	*NNSM*	*BP*	*VAAP-SNM*	*DDSM*	*NDSM*

ἔγραφεν	εἰς	τὴν	γῆν,	μὴ	προσποιούμενος.	7 ὡς	δὲ	ἐπέμενον
escribía$_6$	en	la	tierra,	no	pretendiendo;	como$_2$	Mas$_1$	persistían$_3$
1125	1519	3588	1093	3361	4364	5613	1161	1961
VIAI3S	*P*	*DASF*	*NASF*	*T*	*VPUP-SNM*	*CAT*	*CLN*	*VIAI3P*

ἐρωτῶντες	αὐτόν,	ἀνακύψας	εἶπεν	πρὸς	αὐτούς·	Ὁ	ἀναμάρτητος
preguntando	a él,	enderezándose	dijo	a	ellos:	El que$_1$	esté sin pecado$_2$
2065	846	352	2036	4314	846	3588	361
VPAP-PNM	*RP3ASM*	*VPAI1S*	*VAAI3S*	*P*	*RP3APM*	*DNSM*	*JNSM*

ὑμῶν,	πρῶτον	ἐπ᾽	αὐτὴν	τὸν	λίθον	βαλέτω.	8 καὶ	πάλιν	κάτω
de vosotros$_3$	primero$_7$	sobre$_8$	ella.$_9$	la$_5$	piedra$_6$	arroje$_4$	y$_1$	de nuevo$_2$	abajo.$_8$
5216	4412	1909	846	3588	3037	906	2532	3825	2736
RP2GP	*JASM*	*P*	*RP3ASF*	*DASM*	*NASM*	*VAAM3S*	*CLN*	*B*	*B*

κύψας	ἔγραφεν	εἰς	τὴν	γῆν.	9 οἱ	δέ,	ἀκούσαντες,	καὶ	ὑπὸ	τῆς
inclinado$_7$	escribía$_3$	en$_4$	la$_5$	tierra$_6$	los que$_2$	Mas$_1$	oyeron,$_3$	y$_4$	por$_6$	de la$_7$
2955	1125	1519	3588	1093	3588	1161	191	2532	5259	3588
VAAP-SNM	*VIAI3S*	*P*	*DASF*	*NASF*	*DNPM*	*CLN*	*VAAP-PNM*	*CLN*	*P*	*DGSF*

συνειδήσεως	ἐλεγχόμενοι,	ἐξήρχοντο	εἷς	καθ᾽	εἷς,	ἀρξάμενοι	ἀπὸ
conciencia$_8$	siendo reprendidos$_5$	salían	uno	a	uno,	habiendo comenzando	desde
4893	1651	1831	1520	2596	1520	756	575
NGSF	*VPPP-PNM*	*VIUI3P*	*JNSM*	*P*	*JNSM*	*VAMP-PNM*	*P*

τῶν	πρεσβυτέρων·	καὶ	κατελείφθη	μόνος	ὁ	Ἰησοῦς,	καὶ	ἡ	γυνὴ
los	mayores.	Y$_1$	fue dejado atrás$_4$	solo$_5$	--$_2$	Jesús$_3$	y$_6$	la$_8$	mujer$_9$
3588	4245	2532	2641	3441	3588	2424	2532	3588	1135
DGPM	*JGPM*	*CLN*	*VAPI3S*	*JNSM*	*DNSM*	*NNSM*	*CLN*	*DNSF*	*NNSF*

ἐν	μέσῳ	οὖσα.	10 ἀνακύψας	δὲ	ὁ	Ἰησοῦς,	καὶ	μηδένα	θεασάμενος
en$_{10}$	medio.$_{11}$	estando$_7$	enderezándose$_4$	Mas$_1$	--$_2$	Jesús$_3$	y	a nadie	viendo,
1722	3319	5607	352	1161	3588	2424	2532	3367	2300
P	*JDSN*	*VPAP-SNF*	*VAAP-SNM*	*CLN*	*DNSM*	*NNSM*	*C*	*JASM*	*VAMP-SNM*

πλὴν	τῆς	γυναικός,	εἶπεν	αὐτῇ·	Ποῦ	εἰσιν	ἐκεῖνοι	οἱ	κατήγοροί	σου;
excepto	la	mujer,	dijo	a ella:	¿Dónde	están	aquellos	los	acusadores	de ti?
4133	3588	1135	2036	846	4226	1526	1565	3588	2725	4675
B	*DGSF*	*NGSF*	*VAAI3S*	*RP3DSF*	*BI*	*VPAI3P*	*RD-NPM*	*DNPM*	*NNPM*	*RP2GS*

Οὐδείς	σε	κατέκρινεν;	11 ἡ	δὲ	εἶπεν·	Οὐδείς,	κύριε.	εἶπεν	δὲ
¿Nadie$_1$	a ti?$_3$	condenó$_2$	la (ella)$_2$	Y$_1$	dijo:$_3$	Nadie,	Señor.	dijo:$_4$	Mas$_1$
3762	4571	2632	3588	1161	2036	3762	2962	2036	1161
JNSM	*RP2AS*	*VAAI3S*	*DNSF*	*CLN*	*VAAI3S*	*JNSM*	*NVSM*	*VAAI3S*	*CLN*

ὁ	Ἰησοῦς·	Οὐδὲ	ἐγώ	σε	κρίνω·	πορεύου	καὶ	μηκέτι	ἁμάρτανε.]]
--$_2$	Jesús$_3$	Ni	yo	a ti.$_2$	juzgo$_1$	Anda,	y	ya no	peques.
3588	2424	3761	1473	4571	2919	4198	2532	3371	264
DNSM	*NNSM*	*BN, CLD*	*RP1NS*	*RP2AS*	*VPAI1S*	*VPUM2S*	*CLN*	*BN*	*VPAM2S*

NVI

mujer se le ha
sorprendido en el acto
mismo de adulterio.
5 En la ley Moisés
nos ordenó apedrear
a tales mujeres.
¿Tú qué dices?
6 Con esta pregunta le
estaban tendiendo una
trampa, para tener de
qué acusarlo. Pero Jesús
se inclinó y con el dedo
comenzó a escribir en el
suelo. 7 Y, como ellos lo
acosaban a preguntas,
Jesús se incorporó y
les dijo:
—Aquel de ustedes
que esté libre de pecado,
que tire la primera
piedra.
8 E inclinándose de
nuevo, siguió escribien-
do en el suelo. 9 Al oír
esto, se fueron retirando
uno tras otro, comen-
zando por los más viejos,
hasta dejar a Jesús solo
con la mujer, que aún
seguía allí. 10 Entonces
él se incorporó y le
preguntó:
—Mujer, ¿dónde
están? ¿Ya nadie te
condena?
11 —Nadie, Señor.
—Tampoco yo te
condeno. Ahora vete, y
no vuelvas a pecar.

RVR

Jesucristo, la luz del mundo

12 Otra vez Jesús les
habló, diciendo: Yo soy
la luz del mundo; el que
me sigue, de ningún
modo andará en tinie-
blas, sino que tendrá la
luz de la vida.
13 Entonces los fariseos
le dijeron: Tú das
testimonio acerca de ti
mismo; tu testimonio
no es verdadero.
14 Respondió Jesús y les
dijo: Aunque yo doy
testimonio acerca de mí
mismo, mi testimonio
es verdadero, porque sé
de dónde he venido y
adónde voy; pero voso-
tros no sabéis de dónde
vengo, ni adónde voy.
15 Vosotros juzgáis
según la carne; yo no
juzgo a nadie.
16 Y si yo juzgo, mi
juicio es verdadero;
porque no soy yo solo,
sino yo y el Padre que
me envió.
17 Y en vuestra ley está
escrito que el testimo-
nio de dos hombres es
verdadero.
18 Yo soy el que doy tes-
timonio de mí mismo,
y el Padre que me envió
da también testimonio
de mí.
19 Ellos le dijeron:
¿Dónde está tu Padre?
Respondió Jesús: Ni

12 Πάλιν	οὖν	αὐτοῖς	ἐλάλησεν	ὁ	Ἰησοῦς	λέγων·	Ἐγώ	εἰμι
de nuevo$_2$	Así que$_1$	a ellos$_6$	habló$_5$	--$_3$	Jesús$_4$	diciendo:	Yo	soy
3825	3767	846	2980	3588	2424	3004	1473	1510
B	*CLT*	*RP3DPM*	*VAAI3S*	*DNSM*	*NNSM*	*VPAP-SNM*	*RP1NS*	*VPAI1S*

τὸ	φῶς	τοῦ	κόσμου·	ὁ	ἀκολουθῶν	ἐμοὶ	οὐ	μὴ*	περιπατήσῃ
la	luz	del	mundo,	el que	está siguiedo	a mí	no	no	andará
3588	5457	3588	2889	3588	190	1698	3756	3361	4043
DNSN	*NNSN*	*DGSM*	*NGSM*	*DNSM*	*VPAP-SNM*	*RP1DS*	*BN, TN*	*BN, TN*	*VAAS3S*

ἐν	τῇ	σκοτίᾳ,	ἀλλ'	ἕξει	τὸ	φῶς	τῆς	ζωῆς.	13 εἶπον	οὖν	αὐτῷ
en	la	oscuridad,	sino	tendrá	la	luz	de la	vida.	dijeron$_4$	Así que$_1$	a él:$_5$
1722	3588	4653	235	2192	3588	5457	3588	2222	2036	3767	846
P	*DDSF*	*NDSF*	*CLC*	*VFAI3S*	*DASN*	*NASN*	*DGSF*	*NGSF*	*VAAI3P*	*CLI*	*RP3DSM*

οἱ	Φαρισαῖοι·	Σὺ	περὶ	σεαυτοῦ	μαρτυρεῖς·	ἡ	μαρτυρία	σου
los$_2$	fariseos$_3$	Tú$_6$	acerca de$_8$	ti mismo;$_9$	testificas$_7$	el	testimonio	de ti
3588	5330	4771	4012	4572	3140	3588	3141	4675
DNPM	*NNPM*	*RP2NS*	*P*	*RF2GSM*	*VPAI2S*	*DNSF*	*NNSF*	*RP2GS*

οὐκ	ἔστιν	ἀληθής.	14 ἀπεκρίθη	Ἰησοῦς	καὶ	εἶπεν	αὐτοῖς·	Κἂν	ἐγὼ
no	es	verdadero.	respondió$_2$	Jesús$_1$	y	dijo	a ellos:	Y aunque	yo
3756	2076	227	611	2424	2532	2036	846	2579	1473
BN, TN	*VPAI3S*	*JNSF*	*VAPI3S, VAMI3S*	*NNSM*	*CLN*	*VAAI3S*	*RP3DPM*	*CLA, CAC*	*RP1NS*

μαρτυρῶ	περὶ	ἐμαυτοῦ,	ἀληθής	ἐστιν	ἡ	μαρτυρία	μου,	ὅτι	οἶδα
testificara	acerca de	mí mismo,	verdadero,$_5$	es$_4$	el$_1$	testimonio$_2$	de mí$_3$	porque	sé
3140	4012	1683	227	2076	3588	3141	3450	3754	1492
VPAS1S	*P*	*RF1GSM*	*JNSF*	*VPAI3S*	*DNSF*	*NNSF*	*RP1GS*	*CAZ*	*VRAI1S*

πόθεν	ἦλθον	καὶ	ποῦ	ὑπάγω·	ὑμεῖς	δὲ	οὐκ	οἴδατε	πόθεν	ἔρχομαι	ἢ
de dónde	vine	y	dónde	voy;	vosotros$_2$	mas$_1$	no	sabéis	de dónde	vengo	o
4159	2064	2532	4226	5217	5210	1161	3756	1492	4159	2064	3588
B	*VAAI1S*	*CLN*	*B*	*VPAI1S*	*RP2NP*	*CLC*	*BN, TN*	*VRAI2P*	*B*	*VPUI1S*	*CLD*

ποῦ	ὑπάγω.	15 ὑμεῖς	κατὰ	τὴν	σάρκα	κρίνετε,	ἐγὼ	οὐ	κρίνω	οὐδένα.
dónde	voy.	Vosotros	según$_2$	la$_3$	carne,$_4$	juzgáis$_1$	yo	no	juzgo	a nadie.
4226	5217	5210	2596	3588	4561	2919	1473	3756	2919	3762
B	*VPAI1S*	*RP2NP*	*P*	*DASF*	*NASF*	*VPAI2P*	*RP1NS*	*BN, TN*	*VPAI1S*	*JASM*

16 καὶ	ἐὰν	κρίνω	δὲ	ἐγώ,	ἡ	κρίσις	ἡ	ἐμὴ	ἀληθινή	ἐστιν,
incluso$_2$	si$_3$	juzgo,$_5$	Mas$_1$	yo$_4$	el	juicio	--	mío	verdadero,$_2$	es$_1$
2532	1437	2919	1161	1473	3588	2920	3588	1699	228	2076
CLA, B	*CAC*	*VPAS1S*	*CLC*	*RP1NS*	*DNSF*	*NNSF*	*DNSF*	*RS1NSF, JNSF*	*JNSF*	*VPAI3S*

ὅτι	μόνος	οὐκ	εἰμί,	ἀλλ'	ἐγὼ	καὶ	ὁ	πέμψας	με	πατήρ.	17 καὶ
porque$_3$	solo,$_6$	no$_4$	estoy$_5$	sino$_7$	yo$_8$	y$_9$	el que$_{11}$	envió$_{12}$	a mí.$_{13}$	(el) Padre$_{10}$	y$_2$
3754	3441	3756	1510	235	1473	2532	3588	3992	3165	3962	2532
CAZ	*JNSM*	*BN, TN*	*VPAI1S*	*CLC*	*RP1NS*	*CLN*	*DNSM*	*VAAP-SNM*	*RP1AS*	*NNSM*	*CLA,B*

ἐν	τῷ	νόμῳ	δὲ	τῷ	ὑμετέρῳ	γέγραπται	ὅτι	δύο	ἀνθρώπων
en$_3$	--$_6$	ley$_7$	Mas$_1$	--$_4$	vuestra$_5$	ha sido escrito$_8$	que$_9$	de dos$_{14}$	personas.$_{15}$
1722	3588	3551	1161	3588	5212	1125	3754	1417	444
P	*DDSM*	*NDSM*	*CLN*	*DDSM*	*RS2DSM, RS2DPM*	*VRPI3S*	*CSC*	*XN, J*	*NGPM*

ἡ	μαρτυρία	ἀληθής	ἐστιν.	18 ἐγώ	εἰμι	ὁ	μαρτυρῶν	περὶ
el$_{10}$	testimonio$_{11}$	verdadero$_{12}$	es$_{13}$	Yo	soy	el que	está testificando	acerca de
3588	3141	227	2076	1473	1510	3588	3140	4012
DNSF	*NNSF*	*JNSF*	*VPAI3S*	*RP1NS*	*VPAI1S*	*DNSM*	*VPAP-SNM*	*P*

ἐμαυτοῦ	καὶ	μαρτυρεῖ	περὶ	ἐμοῦ	ὁ	πέμψας	με	πατήρ.	19 ἔλεγον
mí mismo,	y$_1$	testifica$_6$	acerca de$_7$	mí.$_8$	el que$_3$	envió$_4$	a mí$_5$	(el) Padre$_2$	decían$_2$
1683	2532	3140	4012	1700	3588	3992	3165	3962	3004
RF1GSM	*CLN*	*VPAI3S*	*P*	*RP1GS*	*DNSM*	*VAAP-SNM*	*RP1AS*	*NNSM*	*VIAI3P*

οὖν	αὐτῷ·	Ποῦ	ἐστιν	ὁ	πατήρ	σου;	ἀπεκρίθη	Ἰησοῦς·	Οὔτε	ἐμὲ
Así que$_1$	a él:$_3$	¿Dónde	está	el	Padre	de ti?	respondió:$_2$	Jesús$_1$	Ni	a mí
3767	846	4226	2076	3588	3962	4675	611	2424	3777	1691
CLI	*RP3DSM*	*BI*	*VPAI3S*	*DNSM*	*NNSM*	*RP2GS*	*VAPI3S, VAMI3S*	*NNSM*	*CLK, TN*	*RP1AS*

NVI

Validez del testimonio de Jesús

12 Una vez más Jesús
se dirigió a la gente, y
les dijo:
—Yo soy la luz del
mundo. El que me sigue
no andará en tinieblas,
sino que tendrá la luz de
la vida.
13 —Tú te presen-
tas como tu propio
testigo —alegaron los
fariseos—, así que tu tes-
timonio no es válido.
14 —Aunque yo
sea mi propio testigo
—repuso Jesús—, mi
testimonio es válido,
porque sé de dónde he
venido y a dónde voy.
Pero ustedes no saben de
dónde vengo ni a dónde
voy. 15 Ustedes juzgan se-
gún criterios humanos;
yo, en cambio, no juzgo
a nadie. 16 Y, si lo hago,
mis juicios son válidos
porque no los emito
por mi cuenta, sino en
unión con el Padre que
me envió. 17 En la ley de
ustedes está escrito que
el testimonio de dos
personas es válido. 18 Yo
soy testigo de mí mismo,
y el Padre que me envió
también da testimonio
de mí.
19 —¿Dónde está tu
padre?

8:12* O sea *de ninguna manera.*

RVR

a mí me conocéis, ni
a mi Padre; si a mí me
conocieseis, también a
mi Padre conoceríais.
20 Estas palabras habló
Jesús en el lugar de las
ofrendas, enseñando
en el templo; y nadie le
prendió, porque aún no
había llegado su hora.

Adonde yo voy, vosotros no podéis venir

21 Otra vez les dijo
Jesús: Yo me voy, y me
buscaréis, pero moriréis
en vuestro pecado;
adonde yo voy, vosotros
no podéis venir.
22 Decían entonces los
judíos: ¿Acaso se matará
a sí mismo, que dice:
Adonde yo voy, voso-
tros no podéis venir?
23 Y les dijo: Vosotros
sois de abajo, yo soy de
arriba; vosotros sois de
este mundo, yo no soy
de este mundo.
24 Por eso os dije que
moriréis en vuestros
pecados; porque si
no creéis que yo soy,
moriréis en vuestros
pecados.
25 Entonces le dijeron:
¿Tú quién eres? Jesús les
dijo: En primer lugar, lo
que os estoy diciendo.

οἴδατε	οὔτε	τὸν	πατέρα	μου·	εἰ	ἐμὲ	ᾔδειτε,	καὶ	τὸν	πατέρα
conocéis,	ni	al	Padre	de mí;	si	a mí	conocierais	también	al	Padre
1492	3777	3588	3962	3450	1487	1691	1492	2532	3588	3962
VRAI2P	*CLK, CLD*	*DASM*	*NASM*	*RP1GS*	*CAC*	*RP1AS*	*VLAI2P*	*BE, TE*	*DASM*	*NASM*

μου	ἂν	ᾔδειτε.	20 ταῦτα	τὰ	ῥήματα	⸀ἐλάλησεν	ἐν	τῷ	γαζοφυλακίῳ
de mí	--	conoceríais.	estas$_2$	--$_3$	palabras$_4$	Habló$_1$	en	el	lugar de las ofrendas,
3450	302	1492	5023	3588	4487	2980	1722	3588	1049
RP1GS	*TC*	*VLAI2P*	*RD-APN*	*DAPN*	*NAPN*	*VAAI3S*	*P*	*DDSN*	*NDSN*

διδάσκων	ἐν	τῷ	ἱερῷ·	καὶ	οὐδεὶς	ἐπίασεν	αὐτόν,	ὅτι	οὔπω
enseñando	en	el	templo;	y	nadie	arrestó	a él,	porque$_1$	todavía no$_5$
1321	1722	3588	2411	2532	3762	4084	846	3754	3768
VPAP-SNM	*P*	*DDSN*	*NDSN, JDSN*	*CLN*	*JNSM*	*VAAI3S*	*RP3ASM*	*CAZ*	*BN*

ἐληλύθει	ἡ	ὥρα	αὐτοῦ.
había venido.$_6$	la$_2$	hora$_3$	de él$_4$
2064	3588	5610	846
VLAI3S	*DNSF*	*NNSF*	*RP3GSM*

21 Εἶπεν	οὖν	πάλιν	αὐτοῖς·	Ἐγὼ	ὑπάγω	καὶ	ζητήσετέ	με,	καὶ
dijo$_2$	Así que$_1$	de nuevo$_3$	a ellos:	Yo	voy	y	buscaréis	a mí,	y$_1$
2036	3767	3825	846	1473	5217	2532	2212	3165	2532
VAAI3S	*CLN*	*B*	*RP3DPM*	*RP1NS*	*VPAI1S*	*CLN*	*VFAI2P*	*RP1AS*	*CLN*

ἐν	τῇ	ἁμαρτίᾳ	ὑμῶν	ἀποθανεῖσθε·	ὅπου	ἐγὼ	ὑπάγω	ὑμεῖς	οὐ
en$_3$	el$_4$	pecado$_5$	de vosotros;$_6$	moriréis$_2$	donde	yo	voy	vosotros	no
1722	3588	266	5216	599	3699	1473	5217	5210	3756
P	*DDSF*	*NDSF*	*RP2GP*	*VFMI2P*	*CAL*	*RP1NS*	*VPAI1S*	*RP2NP*	*BN, TN*

δύνασθε	ἐλθεῖν.	22 ἔλεγον	οὖν	οἱ	Ἰουδαῖοι·	Μήτι	ἀποκτενεῖ	ἑαυτὸν
podéis	ir.	decían:$_4$	Así que$_1$	los$_2$	judíos$_3$	¿Acaso	se matará	a sí mismo,
1410	2064	3004	3767	3588	2453	3385	615	1438
VPUI2P	*VAAN*	*VIAI3P*	*CLI*	*DNPM*	*JNPM*	*TI, TN*	*VFAI3S*	*RF3ASM*

ὅτι	λέγει·	Ὅπου	ἐγὼ	ὑπάγω	ὑμεῖς	οὐ	δύνασθε	ἐλθεῖν;	23 καὶ
porque	dice	donde	yo	voy	vosotros	no	podéis	ir?	Y
3754	3004	3699	1473	5217	5210	3756	1410	2064	2532
CAZ	*VPAI3S*	*CAL*	*RP1NS*	*VPAI1S*	*RP2NP*	*BN, TN*	*VPUI2P*	*VAAN*	*CLN*

ἔλεγεν	αὐτοῖς·	Ὑμεῖς	ἐκ	τῶν	κάτω	ἐστέ,	ἐγὼ	ἐκ	τῶν
decía	a ellos:	vosotros$_1$	de$_3$	las cosas$_4$	de abajo,$_5$	sois$_2$	yo$_6$	de$_8$	las cosas$_9$
3004	846	5210	1537	3588	2736	2075	1473	1537	3588
VIAI3S	*RP3DPM*	*RP2NP*	*P*	*DGPN, DGPM*	*BP*	*VPAI2P*	*RP1NS*	*P*	*DGPN, DGPM*

ἄνω	εἰμί·	ὑμεῖς	ἐκ	τούτου	τοῦ	κόσμου	ἐστέ,	ἐγὼ	οὐκ	εἰμὶ
de arriba.$_{10}$	soy$_7$	Vosotros$_{11}$	de$_{13}$	este$_{14}$	--$_{15}$	mundo;$_{16}$	sois$_{12}$	yo$_{17}$	no$_{18}$	soy$_{19}$
507	1510	5210	1537	5127	3588	2889	2075	1473	3756	1510
BP	*VPAI1S*	*RP2NP*	*P*	*RD-GSM*	*DGSM*	*NGSM*	*VPAI2P*	*RP1NS*	*BN, TN*	*VPAI1S*

ἐκ	τοῦ	κόσμου	τούτου.	24 εἶπον	οὖν	ὑμῖν	ὅτι	ἀποθανεῖσθε	ἐν
de$_{20}$	--$_{22}$	mundo.$_{23}$	este$_{21}$	dije$_2$	Así que$_1$	a vosotros	que	moriréis	en
1537	3588	2889	5127	2036	3767	5213	3754	599	1722
P	*DGSM*	*NGSM*	*RD-GSM*	*VAAI1S*	*CLI*	*RP2DP*	*CSC*	*VFMI2P*	*P*

ταῖς	ἁμαρτίαις	ὑμῶν·	ἐὰν	γὰρ	μὴ	πιστεύσητε	ὅτι	ἐγώ	εἰμι,
los	pecados	de vosotros,	si$_2$	porque$_1$	no$_3$	creéis	que	yo	soy,
3588	266	5216	1437	1063	3361	4100	3754	1473	1510
DDPF	*NDPF*	*RP2GP*	*CAC*	*CAZ*	*BN, TN*	*VAAS2P*	*CSC*	*RP1NS*	*VPAI1S*

ἀποθανεῖσθε	ἐν	ταῖς	ἁμαρτίαις	ὑμῶν.	25 ἔλεγον	οὖν	αὐτῷ·	Σὺ
moriréis	en	los	pecados	de vosotros.	decían$_2$	Así que$_1$	a él:$_3$	tú?$_6$
599	1722	3588	266	5216	3004	3767	846	4771
VFMI2P	*P*	*DDPF*	*NDPF*	*RP2GP*	*VIAI3P*	*CLI*	*RP3DSM*	*RP2NS*

τίς	εἶ;	εἶπεν	αὐτοῖς	ὁ	Ἰησοῦς·	Τὴν	ἀρχὴν	ὅ	τι
¿Quién$_4$	eres$_5$	dijo$_9$	a ellos:$_{10}$	--$_7$	Jesús$_8$	al$_{16}$	principio.$_{17}$	(es) lo que$_{11}$	que$_{12}$
5101	1488	2036	846	3588	2424	3588	746	3739	5100
RI-NSM	*VPAI2S*	*VAAI3S*	*RP3DPM*	*DNSM*	*NNSM*	*DASF*	*NASF*	*RR-ASN*	*RX-ASN*

NVI

—Si supieran quién
soy yo, sabrían también
quién es mi Padre.
20 Estas palabras las
dijo Jesús en el lugar
donde se depositaban las
ofrendas, mientras ense-
ñaba en el templo. Pero
nadie le echó mano,
porque aún no había
llegado su tiempo.

Yo no soy de este mundo

21 De nuevo Jesús
les dijo:
—Yo me voy, y uste-
des me buscarán, pero
en su pecado morirán.
Adonde yo voy, ustedes
no pueden ir.
22 Comentaban,
por tanto, los judíos:
«¿Acaso piensa suici-
darse? ¿Será por eso que
dice: "Adonde yo voy,
ustedes no pueden ir"?»
23 —Ustedes son de
aquí abajo —continuó
Jesús—; yo soy de allá
arriba. Ustedes son de
este mundo; yo no soy
de este mundo. 24 Por
eso les he dicho que
morirán en sus pecados,
pues, si no creen que yo
soy el que afirmo ser, en
sus pecados morirán.
25 —¿Quién eres tú?
—le preguntaron.
—En primer lugar,
¿qué tengo que explicar-
les? —contestó Jesús—.

8:20⸀ Manuscritos inferiores aumentaron *Jesús*.

RVR

26 Muchas cosas tengo
que hablar y juzgar de
vosotros; pero el que me
envió es verdadero; y
yo, lo que le he oído a él,
esto hablo al mundo.
27 Pero no comprendie-
ron que les hablaba del
Padre.
28 Les dijo, pues, Jesús:
Cuando hayáis levanta-
do al Hijo del Hombre,
entonces conoceréis que
yo soy, y que nada hago
por mí mismo, sino
que según me enseñó el
Padre, así hablo.
29 Y el que me envió,
está conmigo; no me
ha dejado solo el Padre,
porque yo hago siempre
lo que le agrada.
30 Mientras hablaba
él estas cosas, muchos
creyeron en él.

La verdad os hará libres

31 Dijo entonces Jesús a
los judíos que le habían
creído: Si vosotros per-
manecéis en mi palabra,
seréis verdaderamente
mis discípulos;
32 y conoceréis la ver-
dad, y la verdad os hará
libres.
33 Le respondieron:
Linaje de Abraham
somos, y jamás hemos
sido esclavos de nadie.
¿Cómo dices tú:

καὶ	λαλῶ	ὑμῖν;	26 πολλὰ	ἔχω	περὶ	ὑμῶν	λαλεῖν	καὶ	κρίνειν·
también$_{13}$	hablo$_{14}$	a vosotros$_{15}$	muchas cosas$_{2}$	Tengo$_{1}$	acerca de$_{6}$	vosotros,$_{7}$	para hablar$_{3}$	y$_{4}$	juzgar$_{5}$
2532	2980	5213	4183	2192	4012	5216	2980	2532	2919
BE, TE	*VPAI1S*	*RP2DP*	*JAPN*	*VPAI1S*	*P*	*RP2GP*	*VPAN*	*CLN*	*VPAN*

ἀλλ’	ὁ	πέμψας	με	ἀληθής	ἐστιν,	κἀγὼ	ἃ	ἤκουσα	παρ’
pero	el que	envió	a mí	verdadero,$_{2}$	es$_{1}$	y yo	las cosas que$_{2}$	oí$_{1}$	de parte de
235	3588	3992	3165	227	2076	2504	3739	191	3844
CLC	*DNSM*	*VAAP-SNM*	*RP1AS*	*JNSM*	*VPAI3S*	*RP1NS, CLN*	*RR-APN*	*VAAI1S*	*P*

αὐτοῦ	ταῦτα	λαλῶ	εἰς	τὸν	κόσμον.	27 οὐκ	ἔγνωσαν	ὅτι	τὸν	πατέρα
él,	estas cosas	hablo	a	el	mundo.	No$_{1}$	conocieron$_{2}$	que$_{3}$	al$_{6}$	Padre.$_{7}$
846	5023	2980	1519	3588	2889	3756	1097	3754	3588	3962
RP3GSM	*RD-APN*	*VPAI1S*	*P*	*DASM*	*NASM*	*BN,TN*	*VAAI3P*	*CSC*	*DASM*	*NASM*

αὐτοῖς	ἔλεγεν.	28 εἶπεν	οὖν	ὁ	Ἰησοῦς·	Ὅταν	ὑψώσητε	τὸν	υἱὸν
a ellos$_{5}$	decía$_{4}$	dijo:$_{4}$	Así que$_{1}$	--$_{2}$	Jesús$_{3}$	Cuando	levantéis	al	Hijo
846	3004	2036	3767	3588	2424	3752	5312	3588	5207
RP3DPM	*VIAI3S*	*VAAI3S*	*CLI*	*DNSM*	*NNSM*	*CAT*	*VAAS2P*	*DASM*	*NASM*

τοῦ	ἀνθρώπου,	τότε	γνώσεσθε	ὅτι	ἐγώ	εἰμι,	καὶ	ἀπ’	ἐμαυτοῦ	ποιῶ
del	Hombre,	entonces	conoceréis	que	yo	soy,	y$_{1}$	de$_{4}$	mí mismo,$_{5}$	hago$_{3}$
3588	444	5119	1097	3754	1473	1510	2532	575	1683	4160
DGSM	*NGSM*	*B*	*VFMI2P*	*CSC*	*RP1NS*	*VPAI1S*	*CLN*	*P*	*RF1GSM*	*VPAI1S*

οὐδέν,	ἀλλὰ	καθὼς	ἐδίδαξέν	με	ὁ	πατὴρ	ταῦτα	λαλῶ.	29 καὶ
nada$_{2}$	sino$_{6}$	como$_{7}$	enseñó$_{10}$	a mí$_{11}$	el$_{8}$	Padre$_{9}$	estas cosas.$_{13}$	hablo$_{12}$	Y
3762	235	2531	1321	3165	3588	3962	5023	2980	2532
JASN	*CLC*	*CAM*	*VAAI3S*	*RP1AS*	*DNSM*	*NNSM*	*RD-APN*	*VPAI1S*	*CLN*

ὁ	πέμψας	με	μετ’	ἐμοῦ	ἐστιν·	οὐκ	ἀφῆκέν	με	⸀μόνον,	ὅτι
el que	envió	a mí,	conmigo		está;	no	dejó	a mí,$_{2}$	solo$_{1}$	porque$_{3}$
3588	3992	3165	3326	1700	2076	3756	863	3165	3441	3754
DNSM	*VAAP-SNM*	*RP1AS*	*P*	*RP1GS*	*VPAI3S*	*BN, TN*	*VAAI3S*	*RP1AS*	*JASM, B*	*CAZ*

ἐγὼ	τὰ	ἀρεστὰ	αὐτῷ	ποιῶ	πάντοτε.	30 ταῦτα	αὐτοῦ	λαλοῦντος
yo$_{4}$	las cosas$_{7}$	agradables$_{8}$	para él.$_{9}$	hago$_{5}$	siempre$_{6}$	estas cosas,$_{3}$	Él$_{1}$	hablando$_{2}$
1473	3588	701	846	4160	3842	5023	846	2980
RP1NS	*DAPN*	*JAPN*	*RP3DSM*	*VPAI1S*	*B*	*RD-APN*	*RP3GSM*	*VPAP-SGM*

πολλοὶ	ἐπίστευσαν	εἰς	αὐτόν.
muchos	creyeron	en	él.
4183	4100	1519	846
JNPM	*VAAI3P*	*P*	*RP3ASM*

31 Ἔλεγεν	οὖν	ὁ	Ἰησοῦς	πρὸς	τοὺς	πεπιστευκότας	αὐτῷ
decía$_{4}$	Así que$_{1}$	--$_{2}$	Jesús$_{3}$	a$_{5}$	los$_{6}$	que habían creído$_{8}$	en él:$_{9}$
3004	3767	3588	2424	4314	3588	4100	846
VIAI3S	*CLI*	*DNSM*	*NNSM*	*P*	*DAPM*	*VRAP-PAM*	*RP3DSM*

Ἰουδαίους·	Ἐὰν	ὑμεῖς	μείνητε	ἐν	τῷ	λόγῳ	τῷ	ἐμῷ,
judíos$_{7}$	Si	vosotros	permanecéis	en	la	palabra	--	mía,
2453	1437	5210	3306	1722	3588	3056	3588	1699
JAPM	*CAC*	*RP2NP*	*VAAS2P*	*P*	*DDSM*	*NDSM*	*DDSM*	*RS1DSM, JDSM*

ἀληθῶς	μαθηταί	μού	ἐστε,	32 καὶ	γνώσεσθε	τὴν	ἀλήθειαν,	καὶ	ἡ
verdaderamente$_{1}$	discípulos;$_{4}$	mis$_{3}$	sois$_{2}$	y	conoceréis	la	verdad,	y	la
230	3101	3450	2075	2532	1097	3588	225	2532	3588
B	*NNPM*	*RP1GS*	*VPAI2P*	*CLN*	*VFMI2P*	*DASF*	*NASF*	*CLN*	*DNSF*

ἀλήθεια	ἐλευθερώσει	ὑμᾶς.	33 ἀπεκρίθησαν	πρὸς	αὐτόν·	Σπέρμα
verdad	liberará	a vosotros.	respondieron	a	él:	simiente$_{2}$
225	1659	5209	611	4314	846	4690
NNSF	*VFAI3S*	*RP2AP*	*VAPI3P, VAMI3P*	*P*	*RP3ASM*	*NNSN*

Ἀβραάμ	ἐσμεν	καὶ	οὐδενὶ	δεδουλεύκαμεν	πώποτε·	πῶς	σὺ	λέγεις
de Abraham,$_{3}$	Somos$_{1}$	y$_{4}$	a nadie$_{6}$	hemos servido$_{5}$	jamás;	¿cómo	tú	dices
11	2070	2532	3762	1398	4455	4459	4771	3004
NGSM, XP	*VPAI1P*	*CLN*	*JDSM*	*VRAI1P*	*B*	*BI*	*RP2NS*	*VPAI2S*

NVI

26 Son muchas las cosas
que tengo que decir y
juzgar de ustedes. Pero el
que me envió es veraz, y
lo que le he oído decir es
lo mismo que le repito al
mundo.
27 Ellos no entendie-
ron que les hablaba de
su Padre. 28 Por eso Jesús
añadió:
—Cuando hayan
levantado al Hijo del
hombre, sabrán ustedes
que yo soy, y que no
hago nada por mi propia
cuenta, sino que hablo
conforme a lo que el
Padre me ha enseñado.
29 El que me envió está
conmigo; no me ha
dejado solo, porque
siempre hago lo que le
agrada.
30 Mientras aún ha-
blaba, muchos creyeron
en él.

Los hijos de Abraham

31 Jesús se dirigió
entonces a los judíos que
habían creído en él, y
les dijo:
—Si se mantienen
fieles a mis enseñanzas,
serán realmente mis dis-
cípulos; 32 y conocerán
la verdad, y la verdad los
hará libres.
33 —Nosotros
somos descendientes de
Abraham —le contes-
taron—, y nunca hemos
sido esclavos de nadie.
¿Cómo puedes decir

8:29 ⸀ Manuscritos inferiores aumentaron *el Padre.*

RVR

Seréis libres?
34 Jesús les respondió:
De cierto, de cierto os
digo, que todo aquel
que hace pecado, es
esclavo del pecado.
35 Y el esclavo no queda
en la casa para siempre;
el hijo sí queda para
siempre.
36 Así que, si el Hijo os
liberta, seréis verdadera-
mente libres.
37 Sé que sois descen-
dientes de Abraham;
pero procuráis matar-
me, porque mi palabra
no halla cabida en
vosotros.
38 Yo hablo lo que he
visto cerca del Padre; y
vosotros hacéis lo que
habéis oído cerca de
vuestro padre.

Sois de vuestro padre el diablo

39 Respondieron y le
dijeron: Nuestro padre
es Abraham. Jesús les
dijo: Si fueseis hijos de
Abraham, haríais las
obras de Abraham.
40 Pero ahora procuráis
matarme a mí, hombre
que os he hablado la
verdad, la cual se la he
oído a Dios; no hizo
esto Abraham.
41 Vosotros hacéis las
obras de vuestro padre.

ὅτι	Ἐλεύθεροι	γενήσεσθε;
que:	libres?$_2$	llegaréis a ser$_1$
3754	1658	1096
CSC	*JNPM*	*VFMI2P*

34 Ἀπεκρίθη	αὐτοῖς	ὁ	Ἰησοῦς·	Ἀμὴν	ἀμὴν	λέγω	ὑμῖν	ὅτι	πᾶς
respondió$_3$	a ellos:$_4$	--$_1$	Jesús$_2$	De cierto,	de cierto	digo	a vosotros	que	todo
611	846	3588	2424	281	281	3004	5213	3754	3956
VAPI3S, VAMI3S	*RP3DPM*	*DNSM*	*NNSM*	*XF, T*	*XF, T*	*VPAI1S*	*RP2DP*	*CSC*	*JNSM*

ὁ	ποιῶν	τὴν	ἁμαρτίαν	δοῦλός	ἐστιν	τῆς	ἁμαρτίας·	35 ὁ	δὲ
el que	practica	el	pecado,	esclavo	es	del	pecado.	el$_2$	Mas$_1$
3588	4160	3588	266	1401	2076	3588	266	3588	1161
DNSM	*VPAP-SNM*	*DASF*	*NASF*	*NNSM*	*VPAI3S*	*DGSF*	*NGSF*	*DNSM*	*CLN*

δοῦλος	οὐ	μένει	ἐν	τῇ	οἰκίᾳ	εἰς	τὸν	αἰῶνα·	ὁ	υἱὸς	μένει
esclavo	no	permanece	en	la	casa	para	--	siempre;	el	Hijo	permanece
1401	3756	3306	1722	3588	3614	1519	3588	165	3588	5207	3306
NNSM	*BN, TN*	*VPAI3S*	*P*	*DDSF*	*NDSF*	*P*	*DASM*	*NASM*	*DNSM*	*NNSM*	*VPAI3S*

εἰς	τὸν	αἰῶνα.	36 ἐὰν	οὖν	ὁ	υἱὸς	ὑμᾶς	ἐλευθερώσῃ,	ὄντως
para	--	siempre.	si$_2$	Así que,$_1$	el$_3$	Hijo$_4$	a vosotros,$_6$	liberare$_5$	realmente$_8$
1519	3588	165	1437	3767	3588	5207	5209	1659	3689
P	*DASM*	*NASM*	*CAC*	*CLI*	*DNSM*	*NNSM*	*RP2AP*	*VAAS3S*	*B*

ἐλεύθεροι	ἔσεσθε.	37 Οἶδα	ὅτι	σπέρμα	Ἀβραάμ	ἐστε·	ἀλλὰ	ζητεῖτέ	με
libres.$_9$	seréis$_7$	Sé$_1$	que$_2$	simiente$_4$	de Abraham,$_5$	sois$_3$	pero	buscáis	a mí
1658	2071	1492	3754	4690	11	2075	235	2212	3165
JNPM	*VFMI2P*	*VRAI1S*	*CSC*	*NNSN*	*NGSM, XP*	*VPAI2P*	*CLC*	*VPAI2P*	*RP1AS*

ἀποκτεῖναι,	ὅτι	ὁ	λόγος	ὁ	ἐμὸς	οὐ	χωρεῖ	ἐν	ὑμῖν.
para matar	porque	la	palabra	--	mía	no	halla cabida	en	vosotros.
615	3754	3588	3056	3588	1699	3756	5562	1722	5213
VAAN	*CAZ*	*DNSM*	*NNSM*	*DNSM*	*RS1NSM, JNSM*	*BN, TN*	*VPAI3S*	*P*	*RP2DP*

38 ἃ	ἐγὼ	ἑώρακα	παρὰ	τῷ	πατρὶ	λαλῶ·	καὶ	ὑμεῖς	οὖν
las cosas que$_2$	yo$_3$	he visto$_4$	de parte de$_5$	el$_6$	Padre,$_7$	Hablo$_1$	también$_9$	vosotros$_{10}$	entonces$_8$
3739	1473	3708	3844	3588	3962	2980	2532	5210	3767
RR-APN	*RP1NS*	*VRAI1S*	*P*	*DDSM*	*NDSM*	*VPAI1S*	*BE, TE*	*RP2NP*	*CLI*

ἃ	ἠκούσατε	παρὰ	τοῦ	πατρὸς	ποιεῖτε.
las cosas que$_{12}$	oísteis$_{13}$	de parte de$_{14}$	el$_{15}$	padre.$_{16}$	hacéis$_{11}$
3739	191	3844	3588	3962	4160
RR-APN	*VAAI2P*	*P*	*DGSM*	*NGSM*	*VPAI2P*

39 Ἀπεκρίθησαν	καὶ	εἶπαν	αὐτῷ·	Ὁ	πατὴρ	ἡμῶν	Ἀβραάμ	ἐστιν.
Respondieron	y	dijeron	a él:	El	padre	de nosotros	Abraham$_2$	es$_1$
611	2532	3004	846	3588	3962	2257	11	2076
VAPI3P, VAMI3P	*CLN*	*VAAI3P*	*RP3DSM*	*DNSM*	*NNSM*	*RP1GP*	*NNSM, XP*	*VPAI3S*

λέγει	αὐτοῖς	ὁ	Ἰησοῦς·	Εἰ	τέκνα	τοῦ	Ἀβραάμ	ἐστε,	τὰ	ἔργα
dice$_5$	a ellos:$_6$	--$_3$	Jesús$_4$	Si$_7$	hijos$_9$	de --$_{10}$	Abraham,$_{11}$	sois (fuerais)$_8$	las$_{13}$	obras$_{14}$
3004	846	3588	2424	1487	5043	3588	11	2075	3588	2041
VPAI3S	*RP3DPM*	*DNSM*	*NNSM*	*CAC*	*NNPN*	*DGSM*	*NGSM, XP*	*VPAI2P*	*DAPN*	*NAPN*

τοῦ	Ἀβραὰμ	ἐποιεῖτε·	40 νῦν	δὲ	ζητεῖτέ	με	ἀποκτεῖναι,	ἄνθρωπον
de --$_{15}$	Abraham.$_{16}$	hacíais (haríais)$_{12}$	ahora$_2$	Mas$_1$	buscáis	a mí	para matar,	a un hombre
3588	11	4160	3568	1161	2212	3165	615	444
DGSM	*NGSM, XP*	*VIAI2P*	*B*	*CLC*	*VPAI2P*	*RP1AS*	*VAAN*	*NASM*

ὃς	τὴν	ἀλήθειαν	ὑμῖν	λελάληκα	ἣν	ἤκουσα	παρὰ	τοῦ	θεοῦ·
el que$_1$	la$_3$	verdad$_4$	a vosotros,$_5$	he hablado$_2$	la que	oí	de parte	de --	Dios.
3739	3588	225	5213	2980	3739	191	3844	3588	2316
RR-NSM	*DASF*	*NASF*	*RP2DP*	*VRAI1S*	*RR-ASF*	*VAAI1S*	*P*	*DGSM*	*NGSM*

τοῦτο	Ἀβραὰμ	οὐκ	ἐποίησεν.	41 ὑμεῖς	ποιεῖτε	τὰ	ἔργα	τοῦ	πατρὸς
esto.$_4$	Abraham$_1$	no$_2$	hizo$_3$	Vosotros	hacéis	las	obras	del	padre
5124	11	3756	4160	5210	4160	3588	2041	3588	3962
RD-ASN	*NNSM, XP*	*BN, TN*	*VAAI3S*	*RP2NP*	*VPAI2P*	*DAPN*	*NAPN*	*DGSM*	*NGSM*

NVI

que seremos liberados?
34 —Ciertamente les
aseguro que todo el que
peca es esclavo del peca-
do —respondió Jesús—.
35 Ahora bien, el esclavo
no se queda para siem-
pre en la familia; pero el
hijo sí se queda en ella
para siempre. 36 Así que,
si el Hijo los libera, serán
ustedes verdaderamente
libres. 37 Yo sé que uste-
des son descendientes de
Abraham. Sin embargo,
procuran matarme por-
que no está en sus planes
aceptar mi palabra. 38 Yo
hablo de lo que he visto
en presencia del Padre;
así también ustedes,
hagan lo que del Padre
han escuchado.
39 —Nuestro padre es
Abraham —replicaron.
—Si fueran hijos
de Abraham, harían
lo mismo que él hizo.
40 Ustedes, en cambio,
quieren matarme, ¡a
mí, que les he expuesto
la verdad que he reci-
bido de parte de Dios!
Abraham jamás haría
tal cosa. 41 Las obras de
ustedes son como las de
su padre.

RVR

Entonces le dijeron: Nosotros no somos nacidos de fornicación; tenemos un padre, Dios.
42 Jesús entonces les dijo: Si fuese Dios vuestro padre, me amaríais a mí; porque yo de Dios he salido, y he venido; pues no he venido de mí mismo, sino que él me envió.
43 ¿Por qué no comprendéis mi lenguaje? Porque no podéis escuchar mi palabra.
44 Vosotros sois de vuestro padre el diablo, y queréis hacer los deseos de vuestro padre. Él ha sido homicida desde el principio, y no se mantuvo en la verdad, pues no hay verdad en él. Cuando habla mentira, de lo suyo habla; porque es mentiroso, y padre de la mentira.
45 Y a mí, porque yo digo la verdad, no me creéis.
46 ¿Quién de vosotros me redarguye de pecado? Pues si digo la verdad, ¿por qué vosotros no me creéis?
47 El que es de Dios, escucha las palabras de Dios; por esto no las escucháis vosotros,

ὑμῶν.	εἶπαν	αὐτῷ·	Ἡμεῖς	ἐκ	πορνείας	οὐ	γεγεννήμεθα·	ἕνα
de vosotros.	Dijeron	a él:	Nosotros$_{1}$	de$_{4}$	inmoralidad sexual.$_{5}$	no$_{2}$	hemos nacido$_{3}$	un$_{7}$
5216	3004	846	2249	1537	4202	3756	1080	1520
RP2GP	*VAAI3P*	*RP3DSM*	*RP1NP*	*P*	*NGSF*	*BN, TN*	*VRPI1P*	*JASM*

πατέρα	ἔχομεν	τὸν	θεόν.	42 εἶπεν	αὐτοῖς	ὁ	Ἰησοῦς·	Εἰ	ὁ	θεὸς
Padre:$_{8}$	Tenemos$_{6}$	--$_{9}$	Dios.$_{10}$	dijo$_{3}$	a ellos:$_{4}$	--$_{1}$	Jesús$_{2}$	Si$_{5}$	--$_{6}$	Dios$_{7}$
3962	2192	3588	2316	2036	846	3588	2424	1487	3588	2316
NASM	*VPAI1P*	*DASM*	*NASM*	*VAAI3S*	*RP3DPM*	*DNSM*	*NNSM*	*CAC*	*DNSM*	*NNSM*

πατὴρ	ὑμῶν	ἦν	ἠγαπᾶτε	ἂν	ἐμέ,	ἐγὼ	γὰρ	ἐκ	τοῦ	θεοῦ
Padre$_{9}$	de vosotros,$_{10}$	era (fuera)$_{8}$	amaríais$_{11}$	--$_{12}$	a mí,$_{13}$	yo$_{15}$	porque$_{14}$	de$_{19}$	--$_{20}$	Dios,$_{21}$
3962	5216	2258	25	302	1691	1473	1063	1537	3588	2316
NNSM	*RP2GP*	*VIAI3S*	*VIAI2P*	*TC*	*RP1AS*	*RP1NS*	*CAZ*	*P*	*DGSM*	*NGSM*

ἐξῆλθον	καὶ	ἥκω·	οὐδὲ	γὰρ	ἀπ'	ἐμαυτοῦ	ἐλήλυθα,	ἀλλ'	ἐκεῖνός
salí$_{16}$	y$_{17}$	he venido$_{18}$	ni$_{23}$	porque$_{22}$	de$_{25}$	mí mismo,$_{26}$	he venido$_{24}$	sino$_{27}$	aquel$_{28}$
1831	2532	2240	3761	1063	575	1683	2064	235	1565
VAAI1S	*CLN*	*VPAI1S*	*BN, CLA*	*CLX*	*P*	*RF1GSM*	*VRAI1S*	*CLC*	*RD-NSM*

με	ἀπέστειλεν.	43 διὰ	τί	τὴν	λαλιὰν	τὴν	ἐμὴν	οὐ	γινώσκετε;
a mí.$_{30}$	envió$_{29}$	Por$_{1}$	¿qué$_{2}$	el$_{5}$	discurso$_{6}$	el$_{7}$	mío?$_{8}$	no$_{3}$	conocéis$_{4}$
3165	649	1223	5101	3588	2981	3588	1699	3756	1097
RP1AS	*VAAI3S*	*P*	*RI-ASN*	*DASF*	*NASF*	*DASF*	*RS1ASF, JASF*	*BN, TN*	*VPAI2P*

ὅτι	οὐ	δύνασθε	ἀκούειν	τὸν	λόγον	τὸν	ἐμόν.	44 ὑμεῖς	ἐκ	τοῦ
Porque	no	podéis	oír	la	palabra	--	mía.	Vosotros$_{1}$	de$_{3}$	el$_{4}$
3754	3756	1410	191	3588	3056	3588	1699	5210	1537	3588
CAZ	*BN, TN*	*VPUI2P*	*VPAN*	*DASM*	*NASM*	*DASM*	*RS1ASM, JASM*	*RP2NP*	*P*	*DGSM*

πατρὸς	τοῦ	διαβόλου	ἐστὲ	καὶ	τὰς	ἐπιθυμίας	τοῦ	πατρὸς	ὑμῶν
padre$_{5}$	--$_{6}$	diablo,$_{7}$	sois$_{2}$	y$_{8}$	los$_{11}$	deseos (malos)$_{12}$	del$_{13}$	padre$_{14}$	de vosotros.$_{15}$
3962	3588	1228	2075	2532	3588	1939	3588	3962	5216
NGSM	*DGSM*	*JGSM*	*VPAI2P*	*CLN*	*DAPF*	*NAPF*	*DGSM*	*NGSM*	*RP2GP*

θέλετε	ποιεῖν.	ἐκεῖνος	ἀνθρωποκτόνος	ἦν	ἀπ'	ἀρχῆς,	καὶ	ἐν	τῇ
queréis$_{9}$	hacer$_{10}$	Aquel$_{16}$	homicida$_{17}$	era$_{18}$	desde$_{19}$	principio,$_{20}$	y$_{21}$	en$_{24}$	la$_{25}$
2309	4160	1565	443	2258	575	746	2532	1722	3588
VPAI2P	*VPAN*	*RD-NSM*	*JNSM, NNSM*	*VIAI3S*	*P*	*NGSF*	*CLN*	*P*	*DDSF*

ἀληθείᾳ	οὐκ	ἔστηκεν,	ὅτι	οὐκ	ἔστιν	ἀλήθεια	ἐν	αὐτῷ.	ὅταν	λαλῇ
verdad,$_{26}$	no$_{22}$	se sostenía$_{23}$	porque	no	es (hay)	verdad	en	él.	Cuando	habla
225	3756	2476	3754	3756	2076	225	1722	846	3752	2980
NDSF	*BN, TN*	*VIAI3S, VRAI3S*	*CAZ*	*BN, TN*	*VPAI3S*	*NNSF*	*P*	*RP3DSM*	*CAT*	*VPAS3S*

τὸ	ψεῦδος,	ἐκ	τῶν	ἰδίων	λαλεῖ,	ὅτι	ψεύστης	ἐστὶν	καὶ	ὁ
la	mentira,	de	las	propias cosas	habla,	porque	mentiroso	es,	y	el
3588	5579	1537	3588	2398	2980	3754	5583	2076	2532	3588
DASN	*NASN*	*P*	*DGPN*	*JGPN*	*VPAI3S*	*CAZ*	*NNSM*	*VPAI3S*	*CLN*	*DNSM*

πατὴρ	αὐτοῦ.	45 ἐγὼ	δὲ	ὅτι	τὴν	ἀλήθειαν	λέγω,	οὐ	πιστεύετέ	μοι.
padre	de ella.	yo$_{3}$	Mas$_{1}$	porque$_{2}$	la$_{5}$	verdad,$_{6}$	digo$_{4}$	no	creéis	a mí.
3962	846	1473	1161	3754	3588	225	3004	3756	4100	3427
NNSM	*RP3GSN*	*RP1NS*	*CLC*	*CAZ*	*DASF*	*NASF*	*VPAI1S*	*BN, TN*	*VPAI2P*	*RP1DS*

46 τίς	ἐξ	ὑμῶν	ἐλέγχει	με	περὶ	ἁμαρτίας;	εἰ	ἀλήθειαν	λέγω,
¿Quién	de	vosotros	reprende	a mí	acerca de	pecado?	Si$_{1}$	(la) verdad,$_{3}$	digo$_{2}$
5101	1537	5216	1651	3165	4012	266	1487	225	3004
RI-NSM	*P*	*RP2GP*	*VPAI3S*	*RP1AS*	*P*	*NGSF*	*CAC*	*NASF*	*VPAI1S*

διὰ	τί	ὑμεῖς	οὐ	πιστεύετέ	μοι;	47 ὁ	ὢν	ἐκ	τοῦ	θεοῦ	τὰ
¿por	qué	vosotros	no	creéis	a mí?	El que$_{1}$	es$_{2}$	de$_{3}$	--$_{4}$	Dios,$_{5}$	las$_{7}$
1223	5101	5210	3756	4100	3427	3588	5607	1537	3588	2316	3588
P	*RI-ASN*	*RP2NP*	*BN, TN*	*VPAI2P*	*RP1DS*	*DNSM*	*VPAP-SNM*	*P*	*DGSM*	*NGSM*	*DAPN*

ῥήματα	τοῦ	θεοῦ	ἀκούει·	διὰ	τοῦτο	ὑμεῖς	οὐκ	ἀκούετε	ὅτι	ἐκ	τοῦ
palabras$_{8}$	de--$_{9}$	Dios.$_{10}$	oye$_{6}$	Por	esto	vosotros	no	oís,	porque$_{1}$	de$_{4}$	--$_{5}$
4487	3588	2316	191	1223	5124	5210	3756	191	3754	1537	3588
NAPN	*DGSM*	*NGSM*	*VPAI3S*	*P*	*RD-ASN*	*RP2NP*	*BN, TN*	*VPAI2P*	*CAZ*	*P*	*DGSM*

NVI

—Nosotros no
somos hijos nacidos
de prostitución —le
reclamaron—. Un solo
Padre tenemos, y es Dios
mismo.

Los hijos del diablo

42 —Si Dios fuera su
Padre —les contestó
Jesús—, ustedes me
amarían, porque yo he
venido de Dios y aquí
me tienen. No he venido
por mi propia cuenta,
sino que él me envió.
43 ¿Por qué no entienden
mi modo de hablar?
Porque no pueden
aceptar mi palabra.
44 Ustedes son de su
padre, el diablo, cuyos
deseos quieren cumplir.
Desde el principio este
ha sido un asesino, y
no se mantiene en la
verdad, porque no hay
verdad en él. Cuando
miente, expresa su propia naturaleza, porque
es un mentiroso. ¡Es
el padre de la mentira! 45 Y sin embargo
a mí, que les digo la
verdad, no me creen.
46 ¿Quién de ustedes me
puede probar que soy
culpable de pecado? Si
digo la verdad, ¿por qué
no me creen? 47 El que es
de Dios escucha lo que
Dios dice. Pero ustedes

RVR

porque no sois de Dios.

La preexistencia de Cristo

48 Respondieron
entonces los judíos, y le
dijeron: ¿No decimos
bien nosotros, que tú
eres samaritano, y que
tienes demonio?
49 Respondió Jesús: Yo
no tengo demonio, sino
que honro a mi Padre; y
vosotros me deshonráis.
50 Pero yo no busco
mi gloria; hay quien la
busca, y juzga.
51 De cierto, de cierto os
digo, que el que guarda
mi palabra, nunca jamás
verá la muerte.
52 Entonces los judíos
le dijeron: Ahora nos
damos perfecta cuenta
de que tienes demonio.
Abraham murió, y los
profetas; y tú dices: El
que guarda mi palabra,
nunca jamás gustará la
muerte.
53 ¿Eres tú, acaso,
mayor que nuestro
padre Abraham, el cual
murió? ¡Y los profetas
murieron! ¿Quién te
haces a ti mismo?
54 Respondió Jesús: Si
yo me glorifico a mí
mismo, mi gloria nada
es; mi Padre es el que
me glorifica, el que
vosotros decís que es

θεοῦ	οὐκ	ἐστέ.
Dios.$_6$	no$_2$	sois$_3$
2316	3756	2075
NGSM	*BN, TN*	*VPAI2P*

48 Ἀπεκρίθησαν	οἱ	Ἰουδαῖοι	καὶ	εἶπαν	αὐτῷ·	Οὐ	καλῶς	λέγομεν
respondieron$_3$	Los$_1$	judíos$_2$	y$_4$	dijeron$_5$	a él:$_6$	¿No$_7$	bien$_9$	hablamos$_8$
611	3588	2453	2532	3004	846	3756	2573	3004
VAPI3P, VAMI3P	*DNPM*	*JNPM*	*CLN*	*VAAI3P*	*RP3DSM*	*TN, TI*	*B*	*VPAI1P*

ἡμεῖς	ὅτι	Σαμαρίτης	εἶ	σὺ	καὶ	δαιμόνιον	ἔχεις;	49 ἀπεκρίθη
nosotros$_{10}$	que$_{11}$	samaritano$_{14}$	eres$_{13}$	tú$_{12}$	y$_{15}$	un demonio?$_{17}$	tienes$_{16}$	respondió:$_2$
2249	3754	4541	1488	4771	2532	1140	2192	611
RP1NP	*CSC*	*NNSM*	*VPAI2S*	*RP2NS*	*CLN*	*NASN*	*VPAI2S*	*VAPI3S, VAMI3S*

Ἰησοῦς·	Ἐγὼ	δαιμόνιον	οὐκ	ἔχω,	ἀλλὰ	τιμῶ	τὸν	πατέρα	μου,	καὶ
Jesús$_1$	Yo$_3$	un demonio,$_6$	no$_4$	tengo$_5$	sino	honro	al	Padre	de mí,	y
2424	1473	1140	3756	2192	235	5091	3588	3962	3450	2532
NNSM	*RP1NS*	*NASN*	*BN, TN*	*VPAI1S*	*CLC*	*VPAI1S*	*DASM*	*NASM*	*RP1GS*	*CLN*

ὑμεῖς	ἀτιμάζετέ	με.	50 ἐγὼ	δὲ	οὐ	ζητῶ	τὴν	δόξαν	μου·	ἔστιν
vosotros	deshonráis	a mí	yo$_2$	Mas$_1$	no	busco	la	gloria	de mí;	es (hay)
5210	818	3165	1473	1161	3756	2212	3588	1391	3450	2076
RP2NP	*VPAI2P*	*RP1AS*	*RP1NS*	*CLN*	*BN, TN*	*VPAI1S*	*DASF*	*NASF*	*RP1GS*	*VPAI3S*

ὁ	ζητῶν	καὶ	κρίνων.	51 ἀμὴν	ἀμὴν	λέγω	ὑμῖν,	ἐάν	τις	τὸν
el que	busca	y	que juzga.	De cierto,	de cierto	digo	a vosotros:	Si$_1$	alguien$_2$	la$_4$
3588	2212	2532	2919	281	281	3004	5213	1437	5100	3588
DNSM	*VPAP-SNM*	*CLN*	*VPAP-SNM*	*XF, T*	*XF, T*	*VPAI1S*	*RP2DP*	*CAC*	*RX-NSM*	*DASM*

ἐμὸν	λόγον	τηρήσῃ,	θάνατον	οὐ	μὴ*	θεωρήσῃ	εἰς	τὸν
mía$_5$	palabra,$_6$	guardare$_3$	(la) muerte.$_{13}$	no$_7$	no$_8$	verá$_9$	para$_{10}$	--$_{11}$
1699	3056	5083	2288	3756	3361	2334	1519	3588
JASM, RS1ASM	*NASM*	*VAAS3S*	*NASM*	*BN, TN*	*BN, TN*	*VAAS3S*	*P*	*DASM*

αἰῶνα.	52 εἶπον	αὐτῷ	οἱ	Ἰουδαῖοι·	Νῦν	ἐγνώκαμεν	ὅτι	δαιμόνιον
siempre$_{12}$	dijeron$_3$	a él:$_4$	Los$_1$	judíos$_2$	Ahora$_5$	hemos conocido$_6$	que$_7$	un demonio,$_9$
165	2036	846	3588	2453	3568	1097	3754	1140
NASM	*VAAI3P*	*RP3DSM*	*DNPM*	*JNPM*	*B*	*VRAI1P*	*CSC*	*NASN*

ἔχεις.	Ἀβραὰμ	ἀπέθανεν	καὶ	οἱ	προφῆται,	καὶ	σὺ	λέγεις·	Ἐάν
tienes$_8$	Abraham	murió	y	los	profetas,	y	tú	dices:	si
2192	11	599	2532	3588	4396	2532	4771	3004	1437
VPAI2S	*NNSM, XP*	*VAAI3S*	*CLN*	*DNPM*	*NNPM*	*CLN*	*RP2NS*	*VPAI2S*	*CAC*

τις	τὸν	λόγον	μου	τηρήσῃ,	οὐ	μὴ*	γεύσηται	θανάτου	εἰς	τὸν
alguien	la$_2$	palabra$_3$	de mí,$_4$	guardare$_1$	no	no	probará	(la) muerte.$_4$	para$_1$	--$_2$
5100	3588	3056	3450	5083	3756	3361	1089	2288	1519	3588
RX-NSM	*DASM*	*NASM*	*RP1GS*	*VAAS3S*	*BN, TN*	*BN, TN*	*VAMS3S*	*NGSM*	*P*	*DASM*

αἰῶνα·	53 μὴ	σὺ	μείζων	εἶ	τοῦ	πατρὸς	ἡμῶν	Ἀβραάμ,	ὅστις
siempre$_3$	¿Acaso$_1$	tú$_2$	mayor$_4$	eres$_3$	del$_5$	padre$_6$	de nosotros$_7$	Abraham,$_8$	el cual
165	3361	4771	3187	1488	3588	3962	2257	11	3748
NASM	*TN, TI*	*RP2NS*	*JNSMC*	*VPAI2S*	*DGSM*	*NGSM*	*RP1GP*	*NGSM, XP*	*RR-NSM*

ἀπέθανεν;	καὶ	οἱ	προφῆται	ἀπέθανον·	τίνα	σεαυτὸν	ποιεῖς;
murió?	También	los	profetas	murieron,	¿quién$_1$	a ti mismo?$_3$	te haces$_2$
599	2532	3588	4396	599	5101	4572	4160
VAAI3S	*CLN*	*DNPM*	*NNPM*	*VAAI3P*	*RI-ASM*	*RF2ASM*	*VPAI2S*

54 ἀπεκρίθη	Ἰησοῦς·	Ἐὰν	ἐγὼ	δοξάσω	ἐμαυτόν,	ἡ	δόξα	μου	οὐδέν
respondió:$_2$	Jesús$_1$	Si	yo	glorificare	a mí mismo,	la$_1$	gloria$_2$	de mí$_3$	nada;$_5$
611	2424	1437	1473	1392	1683	3588	1391	3450	3762
VAPI3S, VAMI3S	*NNSM*	*CAC*	*RP1NS*	*VAAS1S*	*RF1ASM*	*DNSF*	*NNSF*	*RP1GS*	*JNSN*

ἐστιν·	ἔστιν	ὁ	πατήρ	μου	ὁ	δοξάζων	με,	ὅν	ὑμεῖς	λέγετε
es$_4$	es$_9$	el$_{10}$	Padre$_{11}$	de mí,$_{12}$	el que$_6$	glorifica$_7$	a mí$_8$	al que	vosotros	decís
2076	2076	3588	3962	3450	3588	1392	3165	3739	5210	3004
VPAI3S	*VPAI3S*	*DNSM*	*NNSM*	*RP1GS*	*DNSM*	*VPAP-SNM*	*RP1AS*	*RR-ASM*	*RP2NP*	*VPAI2P*

NVI

no escuchan, porque no
son de Dios.

Declaración de Jesús acerca de sí mismo

48 —¿No tenemos
razón al decir que eres
un samaritano, y que
estás endemoniado? —
replicaron los judíos.
49 —No estoy poseído
por ningún demonio
—contestó Jesús—. Tan
solo honro a mi Padre;
pero ustedes me deshon-
ran a mí. 50 Yo no busco
mi propia gloria; pero
hay uno que la busca, y él
es el juez. 51 Ciertamente
les aseguro que el que
cumple mi palabra nun-
ca morirá.
52 —¡Ahora estamos
convencidos de que
estás endemoniado!
—exclamaron los
judíos—. Abraham
murió, y también los
profetas, pero tú sales
diciendo que, si alguno
guarda tu palabra, nun-
ca morirá. 53 ¿Acaso eres
tú mayor que nuestro
padre Abraham? Él mu-
rió, y también murieron
los profetas. ¿Quién te
crees tú?
54 —Si yo me glori-
fico a mí mismo —les
respondió Jesús—, mi
gloria no significa nada.
Pero quien me glorifica
es mi Padre, el que
ustedes dicen que es su

8:51*, 52* O sea *de ninguna manera.*

RVR

vuestro Dios.
55 Pero vosotros no le
conocéis; mas yo le
conozco, y si dijese que
no le conozco, sería
mentiroso como voso-
tros; pero le conozco, y
guardo su palabra.
56 Abraham vuestro
padre se regocijó de que
había de ver mi día; lo
vio, y se regocijó.
57 Entonces le dijeron
los judíos: Aún no tie-
nes cincuenta años, ¿y
has visto a Abraham?
58 Jesús les dijo: De
cierto, de cierto os digo:
Antes que Abraham
naciese, yo soy.
59 Tomaron entonces
piedras para arrojár-
selas; pero Jesús se
escondió y salió del
templo atravesando
por en medio de ellos, y
así pasó.

Jesús sana a un ciego de nacimiento

9 Y al pasar, vio a un
hombre ciego de
nacimiento.
2 Y le preguntaron sus
discípulos, diciendo:
Rabí, ¿quién pecó, éste o
sus padres, para que haya
nacido ciego?
3 Respondió Jesús: No
es que pecó éste, ni sus
padres, sino para que las
obras de Dios se mani-
fiesten en él.
4 Es menester que yo
haga las obras del que

ὅτι θεὸς ἡμῶν ἐστιν, 55 καὶ οὐκ ἐγνώκατε αὐτόν, ἐγὼ δὲ οἶδα
que Dios$_1$ de nosotros,$_3$ es$_2$ y no habéis conocido a él, yo$_2$ mas$_1$ conozco$_3$
3754 2316 2257 2076 2532 3756 1097 846 1473 1161 1492
CSC NNSM RP1GP VPAI3S CLN BN, TN VRAI2P RP3ASM RP1NS CLC VRAI1S

αὐτόν· κἂν εἴπω ὅτι οὐκ οἶδα αὐτόν, ἔσομαι ὅμοιος ὑμῖν
a él. Y si dijera que no conozco a él, seré$_1$ semejante$_3$ a vosotros,$_4$
846 2579 2036 3754 3756 1492 846 2071 3664 5213
RP3ASM CLN, CAC VAAS1S CSC BN, TN VRAI1S RP3ASM VFMI1S JNSM RP2DP

ψεύστης· ἀλλὰ οἶδα αὐτὸν καὶ τὸν λόγον αὐτοῦ τηρῶ. 56 Ἀβραὰμ
mentiroso$_2$ pero conozco a él, y$_1$ la$_3$ palabra$_4$ de él.$_5$ guardo$_2$ Abraham
5583 235 1492 846 2532 3588 3056 846 5083 11
NNSM CLC VRAI1S RP3ASM CLN DASM NASM RP3GSM VPAI1S NNSM, XP

ὁ πατὴρ ὑμῶν ἠγαλλιάσατο ἵνα ἴδῃ τὴν ἡμέραν τὴν
el padre de vosotros se regocijó para (por) viera (ver) el día --
3588 3962 5216 21 2443 1492 3588 2250 3588
DNSM NNSM RP2GP VAMI3S CSC VAAS3S DASF NASF DASF

ἐμήν, καὶ εἶδεν καὶ ἐχάρη. 57 εἶπον οὖν οἱ Ἰουδαῖοι πρὸς αὐτόν·
mío, y vio y se alegró. dijeron$_4$ Así que,$_1$ los$_2$ judíos$_3$ a él:
1699 2532 1492 2532 5463 2036 3767 3588 2453 4314 846
RS1ASF, JASF CLN VAAI3S CLN VAPI3S VAAI3P CLI DNPM JNPM P RP3ASM

Πεντήκοντα ἔτη οὔπω ἔχεις καὶ Ἀβραὰμ ἑώρακας; 58 εἶπεν αὐτοῖς
cincuenta$_3$ años,$_4$ todavía no$_1$ tienes$_2$ ¿y$_5$ a Abraham?$_7$ has visto$_6$ dijo$_2$ a ellos:$_3$
4004 2094 3768 2192 2532 11 3708 2036 846
XN, J NAPN BN VPAI2S CLN NASM, XP VRAI2S VAAI3S RP3DPM

Ἰησοῦς· Ἀμὴν ἀμὴν λέγω ὑμῖν, πρὶν Ἀβραὰμ γενέσθαι ἐγὼ εἰμί.
Jesús$_1$ De cierto, de cierto digo a vosotros: antes de$_3$ Abraham$_5$ llegara a ser.$_4$ Yo$_1$ soy$_2$
2424 281 281 3004 5213 4250 11 1096 1473 1510
NNSM XF, T XF, T VPAI1S RP2DP CAT, B NASM, XP VAMN RP1NS VPAI1S

59 ἦραν οὖν λίθους ἵνα βάλωσιν ἐπ' αὐτόν· Ἰησοῦς δὲ ἐκρύβη καὶ
tomaron$_2$ Así que,$_1$ piedras$_3$ para echar sobre él, Jesús$_2$ mas$_1$ se escondió$_3$ y
142 3767 3037 2443 906 1909 846 2424 1161 2928 2532
VAAI3P CLI NAPM CAP VAAS3P P RP3ASM NNSM CLC VAPI3S CLN

ἐξῆλθεν ἐκ τοῦ ἱεροῦ.
salió de el templo.
1831 1537 3588 2411
VAAI3S P DGSN NGSN, JGSN

9 Καὶ παράγων εἶδεν ἄνθρωπον τυφλὸν ἐκ γενετῆς. 2 καὶ
Y pasando, vio a un hombre ciego de nacimiento. Y$_1$
2532 3855 1492 444 5185 1537 1079 2532
CLN VPAP-SNM VAAI3S NASM JASM P NGSF CLN

ἠρώτησαν αὐτὸν οἱ μαθηταὶ αὐτοῦ λέγοντες· Ῥαββί, τίς ἥμαρτεν,
preguntaron$_5$ a él$_6$ los$_2$ discípulos$_3$ de él$_4$ diciendo: Rabí, ¿quién pecó,
2065 846 3588 3101 846 3004 4461 5101 264
VAAI3P RP3ASM DNPM NNPM RP3GSM VPAP-PNM NVSM, XF RI-NSM VAAI3S

οὗτος ἢ οἱ γονεῖς αὐτοῦ, ἵνα τυφλὸς γεννηθῇ; 3 ἀπεκρίθη
este o los padres de él, para que$_1$ ciego?$_3$ naciera$_2$ respondió:$_2$
3778 2228 3588 1118 846 2443 5185 1080 611
RD-NSM CLD DNPM NNPM RP3GSM CAR JNSM VAPS3S VAPI3S, VAMI3S

Ἰησοῦς· Οὔτε οὗτος ἥμαρτεν οὔτε οἱ γονεῖς αὐτοῦ, ἀλλ' ἵνα
Jesús$_1$ Ni este pecó ni los padres de él, sino para que$_1$
2424 3777 3778 264 3777 3588 1118 846 235 2443
NNSM CLK, TN RD-NSM VAAI3S CLK, CLD DNPM NNPM RP3GSM CLC CAP

φανερωθῇ τὰ ἔργα τοῦ θεοῦ ἐν αὐτῷ. 4 ⸀ἡμᾶς δεῖ ἐργάζεσθαι
sea manifestado$_6$ las$_2$ obras$_3$ de --$_4$ Dios$_5$ en él. a nosotros$_2$ Es necesario$_1$ trabajar$_3$
5319 3588 2041 3588 2316 1722 846 2248 1163 2038
VAPS3S DNPN NNPN DGSM NGSM P RP3DSM RP1AP VPAI3S VPUN

NVI

Dios, 55 aunque no lo
conocen. Yo, en cambio,
sí lo conozco. Si dijera
que no lo conozco, sería
tan mentiroso como
ustedes; pero lo conozco
y cumplo su palabra.
56 Abraham, el padre de
ustedes, se regocijó al
pensar que vería mi día;
y lo vio y se alegró.
57 —Ni a los cin-
cuenta años llegas —le
dijeron los judíos—, ¿y
has visto a Abraham?
58 —Ciertamente les
aseguro que, antes de
que Abraham naciera,
¡yo soy!
59 Entonces los judíos
tomaron piedras para
arrojárselas, pero Jesús se
escondió y salió inadver-
tido del templo.

Jesús sana a un ciego de nacimiento

9 A su paso, Jesús vio
a un hombre que
era ciego de nacimien-
to. 2 Y sus discípulos le
preguntaron:
—Rabí, para que este
hombre haya nacido
ciego, ¿quién pecó, él o
sus padres?
3 —Ni él pecó, ni sus
padres —respondió
Jesús—, sino que esto
sucedió para que la
obra de Dios se hiciera
evidente en su vida.
4 Mientras sea de día,
tenemos que llevar a
cabo la obra del que me

9:4 ⸀ Manuscritos inferiores tienen *a mí*.

RVR

me envió, entretanto
que el día dura; viene
la noche, cuando nadie
puede trabajar.
5 Entretanto que estoy
en el mundo, soy luz del
mundo.
6 Dicho esto, escupió en
tierra, e hizo lodo con la
saliva, y untó con el lodo
los ojos del ciego,
7 y le dijo: Ve a lavarte
en el estanque de Siloé
(que significa Enviado).
Fue entonces, y se lavó, y
regresó viendo.
8 Entonces los vecinos,
y los que antes le habían
visto que era ciego, de-
cían: ¿No es éste el que
se sentaba y mendigaba?
9 Otros decían: Él es; y
otros: A él se parece. Él
decía: Yo soy.
10 Y le decían: ¿Cómo te
fueron abiertos los ojos?
11 Respondió él y dijo:
Ese hombre que se llama
Jesús hizo lodo, me untó
los ojos, y me dijo: Ve al
Siloé, y lávate; y fui, y me

τὰ ἔργα τοῦ πέμψαντός με ἕως ἡμέρα ἐστίν· ἔρχεται νὺξ
las obras del que envió a mí mientras$_1$ día,$_3$ es$_2$ viene$_5$ (la) noche$_4$
3588 2041 3588 3992 3165 2193 2250 2076 2064 3571
DAPN NAPN DGSM VAAP-SGM RP1AS CAT NNSF VPAI3S VPUI3S NNSF

ὅτε οὐδεὶς δύναται ἐργάζεσθαι. 5 ὅταν ἐν τῷ κόσμῳ ὦ, φῶς
cuando nadie puede trabajar. Cuando en$_2$ el$_3$ mundo,$_4$ estoy$_1$ luz
3753 3762 1410 2038 3752 1722 3588 2889 5600 5457
CAT, B JNSM VPUI3S VPUN CAT P DDSM NDSM VPAS1S NNSN

εἰμι τοῦ κόσμου. 6 ταῦτα εἰπὼν ἔπτυσεν χαμαὶ καὶ ἐποίησεν
soy del mundo. estas cosas,$_2$ Habiendo dicho$_1$ escupió en el suelo e hizo
1510 3588 2889 5023 2036 4429 5476 2532 4160
VPAI1S DGSM NGSM RD-APN VAAP-SNM VAAI3S B CLN VAAI3S

πηλὸν ἐκ τοῦ πτύσματος, καὶ ἐπέχρισεν αὐτοῦ τὸν πηλὸν ἐπὶ τοὺς
lodo de la saliva, y untó de él.$_6$ el$_1$ lodo$_2$ sobre$_3$ los$_4$
4081 1537 3588 4427 2532 2025 846 3588 4081 1909 3588
NASM P DGSN NGSN CLN VAAI3S RP3GSM DASM NASM P DAPM

⸀ὀφθαλμούς, 7 καὶ εἶπεν αὐτῷ· Ὕπαγε νίψαι εἰς τὴν κολυμβήθραν
ojos$_5$ y dijo a él: Ve para lavar(te) a el estanque
3788 2532 2036 846 5217 3538 1519 3588 2861
NAPM CLN VAAI3S RP3DSM VPAM2S VAMM2S P DASF NASF

τοῦ Σιλωάμ (ὃ ἑρμηνεύεται Ἀπεσταλμένος). ἀπῆλθεν οὖν καὶ
de -- Siloé, el que se traduce como Enviado. fue$_2$ Así que$_1$ y
3588 4611 3739 2059 649 565 3767 2532
DGSM NGSM, XP RR-NSN VPPI3S VRPP-SNM VAAI3S CLI CLN

ἐνίψατο, καὶ ἦλθεν βλέπων. 8 οἱ οὖν γείτονες καὶ οἱ θεωροῦντες
se lavó y vino viendo. los$_2$ Así que$_1$ vecinos$_3$ y los que están mirando
3538 2532 2064 991 3588 3767 1069 2532 3588 2334
VAMI3S CLN VAAI3S VPAP-SNM DNPM CLI NNPM CLN DNPM VPAP-PNM

αὐτὸν τὸ πρότερον ὅτι προσαίτης ἦν ἔλεγον· Οὐχ οὗτός ἐστιν
a él, el$_1$ antes$_3$ que$_2$ mendigo$_5$ era$_4$ decían: ¿No$_1$ este$_3$ es$_2$
846 3588 4386 3754 5185 2258 3004 3756 3778 2076
RP3ASM DASN JASN CSC NNSM VIAI3S VIAI3P TN, TI RD-NSM VPAI3S

ὁ καθήμενος καὶ προσαιτῶν; 9 ἄλλοι ἔλεγον ὅτι Οὗτός ἐστιν· ἄλλοι
el que está sentado y mendigando? Otros decían que: Este es. Otros
3588 2521 2532 4319 243 3004 3754 3778 2076 243
DNSM VPUP-SNM CLN VPAP-SNM JNPM VIAI3P CSC RD-NSM VPAI3S JNPM

ἔλεγον· Οὐχί, ἀλλὰ ὅμοιος αὐτῷ ἐστιν. ἐκεῖνος ἔλεγεν ὅτι
decían: No, de ninguna manera, sino semejante$_2$ a él.$_3$ es$_1$ Aquel decía que:
3004 3780 235 3664 846 2076 1565 3004 3754
VIAI3P BN, TN CLC JNSM RP3DSM VPAI3S RD-NSM VIAI3S CSC

Ἐγώ εἰμι. 10 ἔλεγον οὖν αὐτῷ· Πῶς ἠνεῴχθησάν σου οἱ ὀφθαλμοί;
Yo soy. decían$_2$ así que$_1$ a él:$_3$ ¿Cómo$_4$ fueron abiertos$_7$ a ti?$_8$ los$_5$ ojos$_6$
1473 1510 3004 3767 846 4459 455 4675 3588 3788
RP1NS VPAI1S VIAI3P CLI RP3DSM BI VAPI3P RP2GS DNPM NNPM

11 ἀπεκρίθη ἐκεῖνος· Ὁ ἄνθρωπος ὁ λεγόμενος Ἰησοῦς πηλὸν
respondió:$_2$ Aquel$_1$ El hombre el que es llamado Jesús lodo$_2$
611 1565 3588 444 3588 3004 2424 4081
VAPI3S, VAMI3S RD-NSM DNSM NNSM DNSM VPPP-SNM NNSM NASM

ἐποίησεν καὶ ἐπέχρισέν μου τοὺς ὀφθαλμοὺς καὶ εἶπέν μοι ὅτι
hizo$_1$ y untó de mí,$_3$ los$_1$ ojos$_2$ y dijo a mí que:
4160 2532 2025 3450 3588 3788 2532 2036 3427 3754
VAAI3S CLN VAAI3S RP1GS DAPM NAPM CLN VAAI3S RP1DS CSC

Ὕπαγε εἰς τὸν Σιλωὰμ καὶ νίψαι· ἀπελθὼν οὖν καὶ νιψάμενος
Ve hacia -- Siloé y lavar. habiendo ido$_2$ Así que$_1$ y habiéndome lavado,
5217 1519 3588 4611 2532 3538 565 3767 2532 3538
VPAM2S P DASM NASM, XP CLN VAMM2S VAAP-SNM CLI CLN VAMP-SNM

NVI

envió. Viene la noche
cuando nadie puede
trabajar. 5 Mientras esté
yo en el mundo, luz soy
del mundo.
6 Dicho esto, escupió
en el suelo, hizo barro
con la saliva y se lo untó
en los ojos al ciego,
diciéndole:
7 —Ve y lávate en el
estanque de Siloé (que
significa: Enviado).
El ciego fue y se lavó, y
al volver ya veía.
8 Sus vecinos y los que
lo habían visto pedir
limosna decían: «¿No
es este el que se sienta
a mendigar?» 9 Unos
aseguraban: «Sí, es él».
Otros decían: «No es él,
sino que se le parece».
Pero él insistía: «Soy
yo».
10 —¿Cómo entonces
se te han abierto los
ojos? —le preguntaron.
11 —Ese hombre que
se llama Jesús hizo un
poco de barro, me lo
untó en los ojos y me
dijo: "Ve y lávate en
Siloé". Así que fui, me

9:6 ⸀ Manuscritos inferiores aumentaron *del ciego.*

RVR

lavé, y recibí la vista.
12 Entonces le dijeron:
¿Dónde está él? Él dijo:
No lo sé.

Los fariseos interrogan al ciego sanado

13 Llevaron ante los
fariseos al que había
sido ciego.
14 Y era sábado cuando
Jesús había hecho el
lodo, y le había abierto
los ojos.
15 Volvieron, pues, a
preguntarle también
los fariseos cómo había
recibido la vista. Él les
dijo: Me puso lodo
sobre los ojos, y me lavé,
y veo.
16 Entonces algunos de
los fariseos decían: Ese
hombre no procede de
Dios, porque no guarda
el sábado. Otros decían:
¿Cómo puede un
hombre pecador hacer
tales señales? Y había
disensión entre ellos.
17 Entonces volvieron
a decirle al ciego: ¿Qué
dices tú del que te abrió
los ojos? Y él dijo: Que
es profeta.
18 Pero los judíos no
creían que él había sido
ciego, y que había reci-
bido la vista, hasta que
llamaron a los padres

ἀνέβλεψα.	12 καὶ	εἶπαν	αὐτῷ·	Ποῦ	ἐστιν	ἐκεῖνος;	λέγει·	Οὐκ	οἶδα.
recuperé la vista.	y	dijeron	a él:	¿Dónde	está?	Aquel	dice:	No	sé.
308	2532	3004	846	4226	2076	1565	3004	3756	1492
VAAI1S	CLN	VAAI3P	RP3DSM	BI	VPAI3S	RD-NSM	VPAI3S	BN, TN	VRAI1S

13 Ἄγουσιν	αὐτὸν	πρὸς	τοὺς	Φαρισαίους	τόν	ποτε	τυφλόν.
Llevan	a él,	ante$_4$	los$_5$	fariseos,$_6$	al$_1$	en otro tiempo$_3$	ciego$_2$
71	846	4314	3588	5330	3588	4218	5185
VPAI3P	RP3ASM	P	DAPM	NAPM	DASM	BX, TX	JASM

14 ἦν	δὲ	σάββατον	ἐν	ᾗ	ἡμέρᾳ	τὸν	πηλὸν	ἐποίησεν	ὁ
era$_{15}$	mas$_1$	sábado.$_{16}$	en$_3$	el que$_4$	(el) día$_2$	el$_8$	lodo$_9$	hizo$_7$	--$_5$
2258	1161	4521	1722	3739	2250	3588	4081	4160	3588
VIAI3S	CLN	NNSN	P	RR-DSF	NDSF	DASM	NASM	VAAI3S	DNSM

Ἰησοῦς	καὶ	ἀνέῳξεν	αὐτοῦ	τοὺς	ὀφθαλμούς.	15 πάλιν	οὖν	ἠρώτων
Jesús$_6$	y$_{10}$	abrió$_{11}$	de él$_{14}$	los$_{12}$	ojos$_{13}$	de nuevo:$_7$	Así que$_1$	preguntaban$_5$
2424	2532	455	846	3588	3788	3825	3767	2065
NNSM	CLN	VAAI3S	RP3GSM	DAPM	NAPM	B	CLI	VIAI3P

αὐτὸν	καὶ	οἱ	Φαρισαῖοι	πῶς	ἀνέβλεψεν.	ὁ	δὲ	εἶπεν	αὐτοῖς·
a él$_6$	también$_4$	los$_2$	fariseos$_3$	¿Cómo	recuperó la vista?	--$_2$	Mas$_1$	dijo	a ellos:
846	2532	3588	5330	4459	308	3588	1161	2036	846
RP3ASM	BE, TE	DNPM	NNPM	B	VAAI3S	DNSM	CLN	VAAI3S	RP3DPM

Πηλὸν	ἐπέθηκέν	μου	ἐπὶ	τοὺς	ὀφθαλμούς,	καὶ	ἐνιψάμην,	καὶ	βλέπω.
lodo$_2$	Puso en$_1$	de mí$_6$	sobre$_3$	los$_4$	ojos$_5$	y	me lavé	y	veo.
4081	2007	3450	1909	3588	3788	2532	3538	2532	991
NASM	VAAI3S	RP1GS	P	DAPM	NAPM	CLN	VAMI1S	CLN	VPAI1S

16 ἔλεγον	οὖν	ἐκ	τῶν	Φαρισαίων	τινές·	Οὐκ	ἔστιν	οὗτος	παρὰ
decían:$_6$	Así que$_1$	de$_3$	los$_4$	fariseos$_5$	algunos$_2$	no$_{10}$	es$_{11}$	Este$_7$	de parte de$_{12}$
3004	3767	1537	3588	5330	5100	3756	2076	3778	3844
VIAI3P	CLI	P	DGPM	NGPM	RX-NPM	BN, TN	VPAI3S	RD-NSM	P

θεοῦ	ὁ	ἄνθρωπος,	ὅτι	τὸ	σάββατον	οὐ	τηρεῖ.	ἄλλοι	ἔλεγον·
Dios,$_{13}$	--$_8$	hombre$_9$	porque$_{14}$	el$_{17}$	sábado.$_{18}$	no$_{15}$	guarda$_{16}$	Otros	decían:
2316	3588	444	3754	3588	4521	3756	5083	243	3004
NGSM	DNSM	NNSM	CAZ	DASN	NASN	BN, TN	VPAI3S	JNPM	VIAI3P

Πῶς	δύναται	ἄνθρωπος	ἁμαρτωλὸς	τοιαῦτα	σημεῖα	ποιεῖν;	καὶ
¿Cómo$_1$	puede$_4$	un hombre$_2$	pecador$_3$	esta clase de$_6$	señales?$_7$	hacer$_5$	Y$_8$
4459	1410	444	268	5108	4592	4160	2532
BI	VPUI3S	NNSM	JNSM	RD-APN	NAPN	VPAN	CLN

σχίσμα	ἦν	ἐν	αὐτοῖς.	17 λέγουσιν	οὖν	τῷ	τυφλῷ	πάλιν·
división$_{10}$	estaba (había)$_9$	entre$_{11}$	ellos.$_{12}$	dicen$_2$	Así que$_1$	al$_4$	ciego$_5$	de nuevo:$_3$
4978	2258	1722	846	3004	3767	3588	5185	3825
NNSN	VIAI3S	P	RP3DPM	VPAI3P	CLI	DDSM	JDSM	B

Τί	σὺ	λέγεις	περὶ	αὐτοῦ,	ὅτι	ἠνέῳξέν	σου	τοὺς	ὀφθαλμούς;	ὁ
¿Qué$_6$	tú$_8$	dices$_7$	acerca de	él,	porque	abrió	de ti?$_3$	los$_1$	ojos$_2$	--$_5$
5101	4771	3004	4012	846	3754	455	4675	3588	3788	3588
RI-ASN	RP2NS	VPAI2S	P	RP3GSM	CAZ	VAAI3S	RP2GS	DAPM	NAPM	DNSM

δὲ	εἶπεν	ὅτι	Προφήτης	ἐστίν.
Mas$_4$	dijo$_6$	que$_7$	profeta.$_9$	es$_8$
1161	2036	3754	4396	2076
CLN	VAAI3S	CSC	NNSM	VPAI3S

18 Οὐκ	ἐπίστευσαν	οὖν	οἱ	Ἰουδαῖοι	περὶ	αὐτοῦ	ὅτι	ἦν
no$_4$	creyeron$_5$	Así que,$_1$	los$_2$	judíos$_3$	acerca de$_6$	él$_7$	que	era
3756	4100	3767	3588	2453	4012	846	3754	2258
BN, TN	VAAI3P	CLI	DNPM	JNPM	P	RP3GSM	CSC	VIAI3S

τυφλὸς	καὶ	ἀνέβλεψεν,	ἕως	ὅτου	ἐφώνησαν	τοὺς	γονεῖς	αὐτοῦ	τοῦ
ciego	y	recuperó la vista,	hasta	que	llamaron	a los	padres	de él	el que
5185	2532	308	2193	3755	5455	3588	1118	846	3588
JNSM	CLN	VAAI3S	P, C	RR-GSN	VAAI3P	DAPM	NAPM	RP3GSM	DGSM

NVI

lavé, y entonces pude
ver.
12 —¿Y dónde está
ese hombre? —le
preguntaron.
—No lo sé
—respondió.

Las autoridades investigan la sanidad del ciego

13 Llevaron ante los
fariseos al que había
sido ciego. 14 Era sábado
cuando Jesús hizo el
barro y le abrió los ojos
al ciego. 15 Por eso los
fariseos, a su vez, le pre-
guntaron cómo había
recibido la vista.
—Me untó barro en
los ojos, me lavé, y ahora
veo —respondió.
16 Algunos de los
fariseos comentaban:
«Ese hombre no viene
de parte de Dios, porque
no respeta el sábado».
Otros objetaban:
«¿Cómo puede un pe-
cador hacer semejantes
señales?» Y había des-
acuerdo entre ellos.
17 Por eso interroga-
ron de nuevo al ciego:
—¿Y qué opinas tú
de él? Fue a ti a quien te
abrió los ojos.
—Yo digo que es
profeta —contestó.
18 Pero los judíos no
creían que el hombre
hubiera sido ciego y
que ahora viera, y hasta
llamaron a sus padres

RVR

del que había recibido
la vista,
19 y les preguntaron,
diciendo: ¿Es éste vuestro hijo, el que vosotros
decís que nació ciego?
¿Cómo, pues, ve ahora?
20 Sus padres respondieron y les dijeron:
Sabemos que éste es
nuestro hijo, y que nació
ciego;
21 pero cómo es que
ahora ve, no lo sabemos;
o quién le haya abierto
los ojos, nosotros tampoco lo sabemos; edad
tiene, preguntadle a él;
él hablará de sí mismo.
22 Esto dijeron sus
padres, porque tenían
miedo a los judíos, por
cuanto los judíos ya
habían acordado que
si alguno confesase
que Jesús era el Mesías,
fuera expulsado de la
sinagoga.
23 Por eso dijeron sus
padres: Edad tiene,
preguntadle a él.
24 Entonces volvieron
a llamar al hombre que
había sido ciego, y le dijeron: Da gloria a Dios;
nosotros sabemos que
ese hombre es pecador.
25 Entonces él respondió
y dijo: Si es pecador, no
lo sé; una cosa sé, que yo
era ciego, y ahora veo.

ἀναβλέψαντος	19 καὶ	ἠρώτησαν	αὐτοὺς	λέγοντες·	Οὗτός	ἐστιν	ὁ
había recuperado la vista	y	preguntaron	a ellos	diciendo:	¿Este	es	el
308	2532	2065	846	3004	3778	2076	3588
VAAP-SGM	*CLN*	*VAAI3P*	*RP3APM*	*VPAP-PNM*	*RD-NSM*	*VPAI3S*	*DNSM*

υἱὸς	ὑμῶν,	ὃν	ὑμεῖς	λέγετε	ὅτι	τυφλὸς	ἐγεννήθη;	πῶς	οὖν
hijo	de vosotros,	el que	vosotros	decís	que	ciego?$_{2}$	nació$_{1}$	¿cómo$_{2}$	Así que,$_{1}$
5207	5216	3739	5210	3004	3754	5185	1080	4459	3767
NNSM	*RP2GP*	*RR-ASM*	*RP2NP*	*VPAI2P*	*CSC*	*JNSM*	*VAPI3S*	*BI*	*CLI*

βλέπει	ἄρτι;	20 ἀπεκρίθησαν	οὖν	οἱ	γονεῖς	αὐτοῦ	καὶ	εἶπαν·
ve$_{3}$	ahora?$_{4}$	respondieron$_{5}$	Así que$_{1}$	los$_{2}$	padres$_{3}$	de él$_{4}$	y	dijeron:
991	737	611	3767	3588	1118	846	2532	3004
VPAI3S	*B*	*VAPI3P, VAMI3P*	*CLI*	*DNPM*	*NNPM*	*RP3GSM*	*CLN*	*VAAI3P*

Οἴδαμεν	ὅτι	οὗτός	ἐστιν	ὁ	υἱὸς	ἡμῶν	καὶ	ὅτι	τυφλὸς	ἐγεννήθη·
Sabemos	que	este	es	el	hijo	de nosotros,	y	que	ciego,$_{2}$	nació$_{1}$
1492	3754	3778	2076	3588	5207	2257	2532	3754	5185	1080
VRAI1P	*CSC*	*RD-NSM*	*VPAI3S*	*DNSM*	*NNSM*	*RP1GP*	*CLN*	*CSC*	*JNSM*	*VAPI3S*

21 πῶς	δὲ	νῦν	βλέπει	οὐκ	οἴδαμεν,	ἢ	τίς	ἤνοιξεν	αὐτοῦ	τοὺς
cómo$_{2}$	pero$_{1}$	ahora	ve,	no	sabemos;	o	quién$_{4}$	abrió$_{5}$	de él.$_{8}$	los$_{6}$
4459	1161	3568	991	3756	1492	2228	5101	455	846	3588
B	*CLC*	*B*	*VPAI3S*	*BN, TN*	*VRAI1P*	*CLD*	*RI-NSM*	*VAAI3S*	*RP3GSM*	*DAPM*

ὀφθαλμοὺς	ἡμεῖς	οὐκ	οἴδαμεν·	αὐτὸν	ἐρωτήσατε,	ἡλικίαν	ἔχει,
ojos$_{7}$	nosotros$_{1}$	no$_{2}$	sabemos$_{3}$	a él;$_{10}$	Preguntad$_{9}$	edad,$_{13}$	tiene$_{12}$
3788	2249	3756	1492	846	2065	2244	2192
NAPM	*RP1NP*	*BN, TN*	*VRAI1P*	*RP3ASM*	*VAAM2P*	*NASF*	*VPAI3S*

αὐτὸς	περὶ	ἑαυτοῦ	λαλήσει.	22 ταῦτα	εἶπαν	οἱ	γονεῖς	αὐτοῦ	ὅτι
él$_{11}$	acerca de$_{14}$	de sí mismo.$_{15}$	hablará$_{13}$	estas cosas$_{5}$	dijeron$_{4}$	Los$_{1}$	padres$_{2}$	de él$_{3}$	porque
846	4012	1438	2980	5023	3004	3588	1118	846	3754
RP3NSM	*P*	*RF3GSM*	*VFAI3S*	*RD-APN*	*VAAI3P*	*DNPM*	*NNPM*	*RP3GSM*	*CAZ*

ἐφοβοῦντο	τοὺς	Ἰουδαίους,	ἤδη	γὰρ	συνετέθειντο	οἱ	Ἰουδαῖοι	ἵνα
tenían miedo	a los	judíos,	ya$_{4}$	porque$_{1}$	habían acordado$_{5}$	los$_{2}$	judíos$_{3}$	que
5399	3588	2453	2235	1063	4934	3588	2453	2443
VIUI3P	*DAPM*	*JAPM*	*B*	*CAZ*	*VLMI3P*	*DNPM*	*JNPM*	*CSC*

ἐάν	τις	αὐτὸν	ὁμολογήσῃ	χριστόν,	ἀποσυνάγωγος	γένηται.	23 διὰ
si	alguien	a él,$_{3}$	confesara$_{1}$	(ser) Cristo$_{2}$	expulsado de la sinagoga.$_{5}$	fuera$_{4}$	Por
1437	5100	846	3670	5547	656	1096	1223
CAC	*RX-NSM*	*RP3ASM*	*VAAS3S*	*NASM*	*JNSM*	*VAMS3S*	*P*

τοῦτο	οἱ	γονεῖς	αὐτοῦ	εἶπαν	ὅτι	Ἡλικίαν	ἔχει,	αὐτὸν	ἐπερωτήσατε.
esto	los	padres	de él	dijeron	que:	Edad	tiene,	a él	preguntad.
5124	3588	1118	846	3004	3754	2244	2192	846	1905
RD-ASN	*DNPM*	*NNPM*	*RP3GSM*	*VAAI3P*	*CSC*	*NASF*	*VPAI3S*	*RP3ASM*	*VAAM2P*

24 Ἐφώνησαν	οὖν	τὸν	ἄνθρωπον	ἐκ	δευτέρου	ὃς	ἦν
llamaron$_{2}$	Así que$_{1}$	al	hombre	de (por)	segunda vez,	el que	era
5455	3767	3588	444	1537	1208	3739	2258
VAAI3P	*CLI*	*DASM*	*NASM*	*P*	*JGSN*	*RR-NSM*	*VIAI3S*

τυφλὸς	καὶ	εἶπαν	αὐτῷ·	Δὸς	δόξαν	τῷ	θεῷ·	ἡμεῖς	οἴδαμεν	ὅτι
ciego,	y	dijeron	a él:	Da	gloria	a --	Dios.	Nosotros	sabemos	que
5185	2532	3004	846	1325	1391	3588	2316	2249	1492	3754
JNSM	*CLN*	*VAAI3P*	*RP3DSM*	*VAAM2S*	*NASF*	*DDSM*	*NDSM*	*RP1NP*	*VRAI1P*	*CSC*

οὗτος	ὁ	ἄνθρωπος	ἁμαρτωλός	ἐστιν.	25 ἀπεκρίθη	οὖν	ἐκεῖνος·
este	--	hombre	pecador.$_{2}$	es$_{1}$	respondió:$_{3}$	Así que$_{1}$	aquel$_{2}$
3778	3588	444	268	2076	611	3767	1565
RD-NSM	*DNSM*	*NNSM*	*JNSM*	*VPAI3S*	*VAPI3S, VAMI3S*	*CLI*	*RD-NSM*

Εἰ	ἁμαρτωλός	ἐστιν	οὐκ	οἶδα·	ἓν	οἶδα	ὅτι	τυφλὸς	ὢν	ἄρτι
Si$_{4}$	pecador,$_{6}$	es$_{5}$	no	sé.	Una cosa	sé	que:	ciego$_{2}$	siendo$_{1}$	ahora
1487	268	2076	3756	1492	1520	1492	3754	5185	5607	737
TI	*JNSM*	*VPAI3S*	*BN, TN*	*VRAI1S*	*JASN*	*VRAI1S*	*CSC*	*JNSM*	*VPAP-SNM*	*B*

NVI

19 y les preguntaron:
—¿Es este su hijo, el
que dicen ustedes que
nació ciego? ¿Cómo es
que ahora puede ver?
20 —Sabemos que
este es nuestro hijo
—contestaron los padres—, y sabemos también que nació ciego.
21 Lo que no sabemos es
cómo ahora puede ver,
ni quién le abrió los ojos.
Pregúntenselo a él, que
ya es mayor de edad y
puede responder por sí
mismo.
22 Sus padres contestaron así por miedo a
los judíos, pues ya estos
habían convenido que se
expulsara de la sinagoga
a todo el que reconociera que Jesús era el Cristo.
23 Por eso dijeron sus
padres: «Pregúntenselo
a él, que ya es mayor de
edad».
24 Por segunda vez
llamaron los judíos al
que había sido ciego, y le
dijeron:
—¡Da gloria a Dios!
A nosotros nos consta
que ese hombre es
pecador.
25 —Si es pecador,
no lo sé —respondió el
hombre—. Lo único
que sé es que yo era ciego
y ahora veo.

RVR

26 Le volvieron a decir:
¿Qué te hizo? ¿Cómo te
abrió los ojos?
27 Él les respondió: Ya os
lo he dicho, y no habéis
escuchado; ¿por qué
lo queréis oír otra vez?
¿Acaso queréis también
vosotros haceros sus
discípulos?
28 Entonces le injuria-
ron, y dijeron: Tú eres
discípulo de ése; pero
nosotros somos discípu-
los de Moisés.
29 Nosotros sabemos
que Dios ha hablado a
Moisés; pero respecto
a ése, no sabemos de
dónde es.
30 Respondió el hom-
bre, y les dijo: Pues en
eso está lo asombroso,
en que vosotros no se-
páis de dónde es, y a mí
me abrió los ojos.
31 Y sabemos que Dios
no oye a los pecadores;
pero si alguno es teme-
roso de Dios, y hace su
voluntad, a ése oye.
32 Desde el principio
no se ha oído decir que
alguien abriese los ojos a
uno que nació ciego.
33 Si éste no viniera de
parte de Dios, nada
podría hacer.
34 Respondieron y le
dijeron: Tú naciste todo
entero en pecado, ¿y
nos enseñas a nosotros?

βλέπω. 26 εἶπον οὖν αὐτῷ· Τί ἐποίησέν σοι; πῶς ἤνοιξέν σου τοὺς
veo. dijeron$_2$ así que$_1$ a él: ¿Qué hizo a ti? ¿Cómo$_1$ abrió$_2$ de ti?$_5$ los$_3$
991 2036 3767 846 5101 4160 4671 4459 455 4675 3588
VPAI1S VAAI3P CLI RP3DSM RI-ASN VAAI3S RP2DS BI VAAI3S RP2GS DAPM

ὀφθαλμούς; 27 ἀπεκρίθη αὐτοῖς· Εἶπον ὑμῖν ἤδη καὶ οὐκ ἠκούσατε·
ojos$_4$ Respondió a ellos: dije$_2$ a vosotros$_3$ Ya$_1$ y no oísteis.
3788 611 846 2036 5213 2235 2532 3756 191
NAPM VAPI3S, VAMI3S RP3DPM VAAI1S RP2DP B CLN BN, TN VAAI2P

τί πάλιν θέλετε ἀκούειν; μὴ καὶ ὑμεῖς θέλετε αὐτοῦ μαθηταὶ
¿Por qué$_1$ de nuevo?$_4$ queréis$_2$ oír$_3$ ¿Acaso$_5$ también$_7$ vosotros$_8$ queréis$_6$ de él?$_{11}$ discípulos$_{10}$
5101 3825 2309 191 3361 2532 5210 2309 846 3101
RI-ASN B VPAI2P VPAN TN, TI BE, TE RP2NP VPAI2P RP3GSM NNPM

γενέσθαι; 28 ἐλοιδόρησαν αὐτὸν καὶ εἶπον· Σὺ μαθητὴς εἶ
llegar a ser$_9$ Insultaron a él y dijeron: Tú$_1$ discípulo$_3$ eres$_2$
1096 3058 846 2532 2036 4771 3101 1488
VAMN VAAI3P RP3ASM CLN VAAI3P RP2NS NNSM VPAI2S

ἐκείνου, ἡμεῖς δὲ τοῦ Μωϋσέως ἐσμὲν μαθηταί· 29 ἡμεῖς οἴδαμεν
de aquel,$_4$ nosotros$_6$ mas$_5$ de --$_8$ Moisés.$_9$ somos$_6$ discípulos$_7$ Nosotros sabemos
1565 2249 1161 3588 3475 2070 3101 2249 1492
RD-GSM RP1NP CLC DGSM NGSM VPAI1P NNPM RP1NP VRAI1P

ὅτι Μωϋσεῖ λελάληκεν ὁ θεός, τοῦτον δὲ οὐκ οἴδαμεν πόθεν
que$_1$ a Moisés,$_5$ ha hablado$_4$ --$_2$ Dios$_3$ a este$_7$ mas$_6$ no conocemos de dónde
3754 3475 2980 3588 2316 5126 1161 3756 1492 4159
CSC NDSM VRAI3S DNSM NNSM RD-ASM CLC BN, TN VRAI1P CAL, B

ἐστίν. 30 ἀπεκρίθη ὁ ἄνθρωπος καὶ εἶπεν αὐτοῖς· Ἐν τούτῳ γὰρ
es. respondió$_3$ El$_1$ hombre$_2$ y dijo a ellos: en$_2$ esto$_3$ Porque$_1$
2076 611 3588 444 2532 2036 846 1722 5129 1063
VPAI3S VAPI3S, VAMI3S DNSM NNSM CLN VAAI3S RP3DPM P RD-DSN CLN

τὸ θαυμαστόν ἐστιν ὅτι ὑμεῖς οὐκ οἴδατε πόθεν ἐστίν, καὶ ἤνοιξέν
lo$_5$ admirable,$_6$ está$_4$ que vosotros no sabéis de dónde es y abrió$_1$
3588 2298 2076 3754 5210 3756 1492 4159 2076 2532 455
DNSN JNSN VPAI3S CSC RP2NP BN, TN VRAI2P CAL, B VPAI3S CLC VAAI3S

μου τοὺς ὀφθαλμούς. 31 οἴδαμεν ὅτι ἁμαρτωλῶν ὁ θεὸς οὐκ
de mí.$_4$ los$_2$ ojos$_3$ sabemos (que)$_2$ Porque$_1$ a pecadores,$_7$ --$_3$ Dios$_4$ no$_5$
3450 3588 3788 1492 3754 268 3588 2316 3756
RP1GS DAPM NAPM VRAI1P CSC JGPM DNSM NNSM BN, TN

ἀκούει, ἀλλ᾽ ἐάν τις θεοσεβὴς ᾖ καὶ τὸ θέλημα αὐτοῦ ποιῇ
oye$_6$ pero$_8$ si$_9$ alguien$_{10}$ temeroso de Dios$_{12}$ es$_{11}$ e$_{13}$ la$_{15}$ voluntad$_{16}$ de él.$_{17}$ hiciera$_{14}$
191 235 1437 5100 2318 5600 2532 3588 2307 846 4160
VPAI3S CLC CAC RX-NSM JNSM VPAS3S CLN DASN NASN RP3GSM VPAS3S

τούτου ἀκούει. 32 ἐκ τοῦ αἰῶνος* οὐκ ἠκούσθη ὅτι ἠνέῳξέν τις
a este oye. Desde el siglo no fue oído que$_1$ abriera$_3$ alguien$_2$
5127 191 1537 3588 165 3756 191 3754 455 5100
RD-GSM VPAI3S P DGSM NGSM BN, TN VAPI3S CSC VAAI3S RX-NSM

ὀφθαλμοὺς τυφλοῦ γεγεννημένου· 33 εἰ μὴ ἦν οὗτος παρὰ
(los) ojos$_4$ ciego.$_6$ habiendo nacido$_5$ Si no era (fuera) este de parte de
3788 5185 1080 1487 3361 2258 3778 3844
NAPM JGSM VRPP-SGM CAC BN, TN VIAI3S RD-NSM P

θεοῦ, οὐκ ἠδύνατο ποιεῖν οὐδέν. 34 ἀπεκρίθησαν καὶ εἶπαν αὐτῷ·
Dios, no podía (podría) hacer nada. Respondieron y dijeron a él:
2316 3756 1410 4160 3762 611 2532 3004 846
NGSM BN, TN VIUI3S VPAN JASN VAPI3P, VAMI3P CLN VAAI3P RP3DSM

Ἐν ἁμαρτίαις σὺ ἐγεννήθης ὅλος, καὶ σὺ διδάσκεις ἡμᾶς; καὶ
en$_4$ pecados,$_5$ Tú$_1$ naciste$_2$ completo$_3$ ¿y tú enseñas a nosotros? Y
1722 266 4771 1080 3650 2532 4771 1321 2248 2532
P NDPF RP2NS VAPI2S JNSM CLN RP2NS VPAI2S RP1AP CLN

NVI

26 Pero ellos le
insistieron:
—¿Qué te hizo?
¿Cómo te abrió los ojos?
27 —Ya les dije y no
me hicieron caso. ¿Por
qué quieren oírlo de
nuevo? ¿Es que también
ustedes quieren hacerse
sus discípulos?
28 Entonces lo insulta-
ron y le dijeron:
—¡Discípulo de ese
lo serás tú! ¡Nosotros
somos discípulos de
Moisés! 29 Y sabemos
que a Moisés le habló
Dios; pero de este no
sabemos ni de dónde
salió.
30 —¡Allí está lo
sorprendente! —res-
pondió el hombre—:
que ustedes no sepan de
dónde salió, y que a mí
me haya abierto los ojos.
31 Sabemos que Dios no
escucha a los pecadores,
pero sí a los piadosos y a
quienes hacen su volun-
tad. 32 Jamás se ha sabido
que alguien le haya
abierto los ojos a uno
que nació ciego. 33 Si este
hombre no viniera de
parte de Dios, no podría
hacer nada.
34 Ellos replicaron:
—Tú, que naciste
sumido en pecado, ¿vas
a darnos lecciones?

9:32* O sea *jamás.*

RVR

Y le expulsaron.

Ceguera espiritual

35 Oyó Jesús que le
habían expulsado; y ha-
llándole, le dijo: ¿Crees
tú en el Hijo de Dios?
36 Respondió él y dijo:
¿Quién es, Señor, para
que crea en él?
37 Le dijo Jesús: Pues le
has visto, y el que está
hablando contigo, él es.
38 Y él dijo: Creo,
Señor; y le adoró.
39 Y añadió Jesús: Para
juicio he venido yo a
este mundo; para que
los que no ven, vean, y
los que ven, se vuelvan
ciegos.
40 Entonces algunos de
los fariseos que estaban
con él, al oír esto, le di-
jeron: ¿Acaso nosotros
somos también ciegos?
41 Jesús les respondió:
Si fuerais ciegos, no
tendríais pecado; mas
ahora decís: Vemos;
por eso, vuestro pecado
permanece.

Parábola del redil

10 De cierto, de
cierto os digo:
El que no entra por la

ἐξέβαλον	αὐτὸν	ἔξω.
expulsaron	a él	fuera.
1544	846	1854
VAAI3P	*RP3ASM*	*BP*

35 Ἤκουσεν	Ἰησοῦς	ὅτι	ἐξέβαλον	αὐτὸν	ἔξω,	καὶ	εὑρὼν	αὐτὸν
oyó$_2$	Jesús$_1$	que	expulsaron	a él	fuera,	y	hallando	a él
191	2424	3754	1544	846	1854	2532	2147	846
VAAI3S	*NNSM*	*CSC*	*VAAI3P*	*RP3ASM*	*BP*	*CLN*	*VAAP-SNM*	*RP3ASM*

εἶπεν·	Σὺ	πιστεύεις	εἰς	τὸν	υἱὸν	τοῦ	ἀνθρώπου;	36 ἀπεκρίθη
dijo:	¿Tú	crees	a	el	Hijo	del	Hombre?	respondió$_2$
2036	4771	4100	1519	3588	5207	3588	444	611
VAAI3S	*RP2NS*	*VPAI2S*	*P*	*DASM*	*NASM*	*DGSM*	*NGSM*	*VAPI3S, VAMI3S*

ἐκεῖνος	καὶ	εἶπεν·	Καὶ	τίς	ἐστιν,	κύριε,	ἵνα	πιστεύσω	εἰς	αὐτόν;
Aquel$_1$	y	dijo:	¿Y	quién	es,	Señor,	para que	creyera	en	él?
1565	2532	2036	2532	5101	2076	2962	2443	4100	1519	846
RD-NSM	*CLN*	*VAAI3S*	*CLN*	*RI-NSM*	*VPAI3S*	*NVSM*	*CAP*	*VAAS1S*	*P*	*RP3ASM*

37 εἶπεν	αὐτῷ	ὁ	Ἰησοῦς·	Καὶ	ἑώρακας	αὐτὸν	καὶ	ὁ
dijo$_3$	a él:$_4$	--$_1$	Jesús$_2$	También	has visto	a él,	y$_1$	el que$_4$
2036	846	3588	2424	2532	3708	846	2532	3588
VAAI3S	*RP3DSM*	*DNSM*	*NNSM*	*CLK*	*VRAI2S*	*RP3ASM*	*CLK, CLN*	*DNSM*

λαλῶν	μετὰ	σοῦ	ἐκεῖνός	ἐστιν.	38 ὁ	δὲ	ἔφη·	Πιστεύω,	κύριε·
está hablando$_5$	con$_6$	ti.$_7$	aquel$_2$	es$_3$	--$_2$	Mas$_1$	decía:$_3$	Creo,	Señor.
2980	3326	4675	1565	2076	3588	1161	5346	4100	2962
VPAP-SNM	*P*	*RP2GS*	*RD-NSM*	*VPAI3S*	*DNSM*	*CLN*	*VIAI3S*	*VPAI1S*	*NVSM*

καὶ	προσεκύνησεν	αὐτῷ.	39 καὶ	εἶπεν	ὁ	Ἰησοῦς·	Εἰς	κρίμα	ἐγὼ	εἰς
Y	adoró	a él.	Y$_1$	dijo:$_4$	--$_2$	Jesús$_3$	para$_{11}$	juicio,$_{12}$	Yo$_5$	a$_7$
2532	4352	846	2532	2036	3588	2424	1519	2917	1473	1519
CLN	*VAAI3S*	*RP3DSM*	*CLN*	*VAAI3S*	*DNSM*	*NNSM*	*P*	*NASN*	*RP1NS*	*P*

τὸν	κόσμον	τοῦτον	ἦλθον,	ἵνα	οἱ	μὴ	βλέποντες	βλέπωσιν	καὶ
--$_9$	mundo$_{10}$	este$_8$	vine$_6$	para que	los que	no	están viendo	vean,	y
3588	2889	5126	2064	2443	3588	3361	991	991	2532
DASM	*NASM*	*RD-ASM*	*VAAI1S*	*CAP, CAR*	*DNPM*	*BN, TN*	*VPAP-PNM*	*VPAS3P*	*CLN*

οἱ	βλέποντες	τυφλοὶ	γένωνται.	40 ἤκουσαν	ἐκ	τῶν	Φαρισαίων
los que	están viendo	ciegos.$_2$	lleguen a ser$_1$	oyeron$_8$	De$_1$	los$_2$	fariseos$_3$
3588	991	5185	1096	191	1537	3588	5330
DNPM	*VPAP-PNM*	*JNPM*	*VAMS3P*	*VAAI3P*	*P*	*DGPM*	*NGPM*

ταῦτα	οἱ	μετ᾽	αὐτοῦ	ὄντες,	καὶ	εἶπον	αὐτῷ·	Μὴ	καὶ	ἡμεῖς
estas cosas,$_9$	Los que$_4$	con$_6$	él$_7$	están$_5$	y	dijeron	a él:	¿Acaso	también	nosotros
5023	3588	3326	846	5607	2532	2036	846	3361	2532	2249
RD-APN	*DNPM*	*P*	*RP3GSM*	*VPAP-PNM*	*CLN*	*VAAI3P*	*RP3DSM*	*TN, TI*	*BE, TE*	*RP1NP*

τυφλοί	ἐσμεν;	41 εἶπεν	αὐτοῖς	ὁ	Ἰησοῦς·	Εἰ	τυφλοὶ	ἦτε,	οὐκ	ἂν
ciegos?$_2$	somos$_1$	dijo$_3$	a ellos:$_4$	--$_1$	Jesús$_2$	Si$_5$	ciegos,$_7$	fuerais$_6$	no	--
5185	2070	2036	846	3588	2424	1487	5185	2258	3756	302
JNPM	*VPAI1P*	*VAAI3S*	*RP3DPM*	*DNSM*	*NNSM*	*CAC*	*JNPM*	*VIAI2P*	*BN, TN*	*TC*

εἴχετε	ἁμαρτίαν·	νῦν	δὲ	λέγετε	ὅτι	Βλέπομεν·	ἡ	ἁμαρτία	ὑμῶν
tendríais	pecado;	ahora,$_2$	mas$_1$	decís:$_4$	que$_3$	vemos,	el	pecado	de vosotros
2192	266	3568	1161	3004	3754	991	3588	266	5216
VIAI2P	*NASF*	*B*	*CLC*	*VPAI2P*	*CSC*	*VPAI1P*	*DNSF*	*NNSF*	*RP2GP*

μένει.
permanece.
3306
VPAI3S

10 Ἀμὴν	ἀμὴν	λέγω	ὑμῖν,	ὁ	μὴ	εἰσερχόμενος	διὰ	τῆς
De cierto,	de cierto	digo	a vosotros:	el que	no	entra	por	la
281	281	3004	5213	3588	3361	1525	1223	3588
XF, T	*XF, T*	*VPAI1S*	*RP2DP*	*DNSM*	*BN, TN*	*VPUP-SNM*	*P*	*DGSF*

NVI

Y lo expulsaron.

La ceguera espiritual

35 Jesús se enteró de
que habían expulsado a
aquel hombre, y al en-
contrarlo le preguntó:
—¿Crees en el Hijo
del hombre?
36 —¿Quién es,
Señor? Dímelo, para
que crea en él.
37 —Pues ya lo has
visto —le contestó
Jesús—; es el que está
hablando contigo.
38 —Creo, Señor —
declaró el hombre.
Y, postrándose, lo
adoró.
39 Entonces Jesús dijo:
—Yo he venido a este
mundo para juzgarlo,
para que los ciegos vean,
y los que ven se queden
ciegos.
40 Algunos fariseos
que estaban con él,
al oírlo hablar así, le
preguntaron:
—¿Qué? ¿Acaso
también nosotros somos
ciegos?
41 Jesús les contestó:
—Si fueran ciegos,
no serían culpables de
pecado, pero, como afir-
man que ven, su pecado
permanece.

Jesús, el buen pastor

10 »Ciertamente
les aseguro
que el que no entra

RVR

puerta en el redil de las
ovejas, sino que sube por
otra parte, ése es ladrón
y salteador.
2 Mas el que entra por la
puerta, es pastor de las
ovejas.
3 A éste le abre el porte-
ro, y las ovejas oyen su
voz; y llama a sus propias
ovejas por su nombre, y
las saca.
4 Y cuando ha sacado
fuera todas las propias,
va delante de ellas; y las
ovejas le siguen, porque
conocen su voz.
5 Mas al extraño no
le seguirán, sino que
huirán de él, porque no
conocen la voz de los
extraños.
6 Esta alegoría les dijo
Jesús; pero ellos no
comprendieron de qué
les estaba hablando.

Jesús, el Buen Pastor

7 Volvió, pues, Jesús a
decirles: De cierto, de
cierto os digo: Yo soy la
puerta de las ovejas.
8 Todos cuantos vinie-
ron antes de mí, son
ladrones y salteadores;
pero no los oyeron las
ovejas.
9 Yo soy la puerta; el que
entre por medio de mí,

Θύρας εἰς τὴν αὐλὴν τῶν προβάτων ἀλλὰ ἀναβαίνων ἀλλαχόθεν
puerta hacia el redil de las ovejas, sino sube por otra parte,
2374 1519 3588 833 3588 4263 235 305 237
NGSF P DASF NASF DGPN NGPN CLC VPAP-SNM B

ἐκεῖνος κλέπτης ἐστὶν καὶ λῃστής· 2 ὁ δὲ εἰσερχόμενος διὰ τῆς
aquel$_{1}$ ladrón$_{3}$ es$_{2}$ y$_{4}$ asaltante;$_{5}$ el que$_{2}$ pero$_{1}$ entra por la
1565 2812 2076 2532 3027 3588 1161 1525 1223 3588
RD-NSM NNSM VPAI3S CLN NNSM DNSM CLC VPUP-SNM P DGSF

θύρας ποιμήν ἐστιν τῶν προβάτων. 3 τούτῳ ὁ θυρωρὸς ἀνοίγει,
puerta, pastor es de las ovejas. a este,$_{4}$ el$_{1}$ portero$_{2}$ abre$_{3}$
2374 4166 2076 3588 4263 5129 3588 2377 455
NGSF NNSM VPAI3S DGPN NGPN RD-DSM DNSM NNSM VPAI3S

καὶ τὰ πρόβατα τῆς φωνῆς αὐτοῦ ἀκούει καὶ τὰ ἴδια πρόβατα
y$_{5}$ las$_{6}$ ovejas$_{7}$ la$_{9}$ voz$_{10}$ de él,$_{11}$ oye(n)$_{8}$ y$_{12}$ a las$_{16}$ propias$_{18}$ ovejas$_{17}$
2532 3588 4263 3588 5456 846 191 2532 3588 2398 4263
CLN DNPN NNPN DGSF NGSF RP3GSM VPAI3S CLN DAPN JAPN NAPN

φωνεῖ κατ᾽ ὄνομα καὶ ἐξάγει αὐτά. 4 ὅταν τὰ ἴδια πάντα ἐκβάλῃ,
llama$_{13}$ según$_{14}$ nombre$_{15}$ y saca a ellas. Cuando$_{1}$ las$_{4}$ propias,$_{5}$ a todas$_{3}$ saca$_{2}$
5455 2596 3686 2532 1806 846 3752 3588 2398 3956 1544
VPAI3S P NASN CLN VPAI3S RP3APN CAT DAPN JAPN JAPN VAAS3S

ἔμπροσθεν αὐτῶν πορεύεται, καὶ τὰ πρόβατα αὐτῷ ἀκολουθεῖ, ὅτι
delante$_{7}$ de ellas,$_{8}$ va$_{6}$ y$_{9}$ las$_{10}$ ovejas$_{11}$ a él,$_{13}$ siguen$_{12}$ porque
1715 846 4198 2532 3588 4263 846 190 3754
P, B RP3GPN VPUI3S CLN DNPN NNPN, NAPN RP3DSM VPAI3S CAZ

οἴδασιν τὴν φωνὴν αὐτοῦ· 5 ἀλλοτρίῳ δὲ οὐ μὴ* ἀκολουθήσουσιν
conocen la voz de él; a(l) extraño,$_{5}$ pero$_{1}$ no$_{2}$ no$_{3}$ seguirán$_{4}$
1492 3588 5456 846 245 1161 3756 3361 190
VRAI3P DASF NASF RP3GSM JDSM CLC BN, TN BN, TN VFAI3P

ἀλλὰ φεύξονται ἀπ᾽ αὐτοῦ, ὅτι οὐκ οἴδασι τῶν ἀλλοτρίων τὴν
sino huirán de él, porque$_{1}$ no$_{2}$ conocen$_{3}$ de los$_{6}$ extraños.$_{7}$ la$_{4}$
235 5343 575 846 3754 3756 1492 3588 245 3588
CLC VFMI3P P RP3GSM CAZ BN, TN VRAI3P DGPM JGPM DASF

φωνήν. 6 ταύτην τὴν παροιμίαν εἶπεν αὐτοῖς ὁ Ἰησοῦς· ἐκεῖνοι δὲ
voz$_{5}$ esta$_{5}$ --$_{6}$ comparación,$_{7}$ dijo$_{3}$ a ellos$_{4}$ --$_{1}$ Jesús$_{2}$ aquellos$_{9}$ pero$_{8}$
5456 3778 3588 3942 2036 846 3588 2424 1565 1161
NASF RD-ASF DASF NASF VAAI3S RP3DPM DNSM NNSM RD-NPM CLC

οὐκ ἔγνωσαν τίνα ἦν ἃ ἐλάλει αὐτοῖς.
no entendieron qué cosas era (eran) las que hablaba a ellos.
3756 1097 5101 2258 3739 2980 846
BN, TN VAAI3P RI-NPN VIAI3S RR-APN VIAI3S RP3DPM

7 Εἶπεν οὖν πάλιν αὐτοῖς ὁ Ἰησοῦς· Ἀμὴν ἀμὴν λέγω ὑμῖν
dijo$_{4}$ Así que$_{1}$ de nuevo$_{5}$ a ellos:$_{6}$ --$_{2}$ Jesús$_{3}$ De cierto, de cierto digo a vosotros
2036 3767 3825 846 3588 2424 281 281 3004 5213
VAAI3S CLI B RP3DPM DNSM NNSM XF, T XF, T VPAI1S RP2DP

ὅτι ἐγώ εἰμι ἡ θύρα τῶν προβάτων. 8 πάντες ὅσοι ἦλθον πρὸ
que: Yo soy la puerta de las ovejas. Todos cuantos vinieron antes de
3754 1473 1510 3588 2374 3588 4263 3956 3745 2064 4253
CSC RP1NS VPAI1S DNSF NNSF DGPN NGPN JNPM RK-NPM VAAI3P P

ἐμοῦ κλέπται εἰσὶν καὶ λῃσταί· ἀλλ᾽ οὐκ ἤκουσαν αὐτῶν τὰ
mí ladrones$_{1}$ son,$_{4}$ y$_{2}$ saltantes$_{3}$ peros$_{5}$ no$_{8}$ oyeron$_{9}$ a ellos.$_{10}$ las$_{6}$
1700 2812 1526 2532 3027 235 3756 191 846 3588
RP1GS NNPM VPAI3P CLN NNPM CLC BN, TN VAAI3P RP3GPM DNPN

πρόβατα. 9 ἐγώ εἰμι ἡ θύρα· δι᾽ ἐμοῦ ἐάν τις εἰσέλθῃ
ovejas$_{7}$ Yo soy la puerta: por medio de$_{4}$ mí,$_{5}$ si$_{1}$ alguien$_{2}$ entrara (entra)$_{3}$
4263 1473 1510 3588 2374 1223 1700 1437 5100 1525
NNPN RP1NS VPAI1S DNSF NNSF P RP1GS CAC RX-NSM VAAS3S

NVI

por la puerta al redil
de las ovejas, sino que
trepa y se mete por
otro lado, es un ladrón
y un bandido. 2 El que
entra por la puerta es el
pastor de las ovejas. 3 El
portero le abre la puerta,
y las ovejas oyen su voz.
Llama por nombre a las
ovejas y las saca del redil.
4 Cuando ya ha sacado a
todas las que son suyas,
va delante de ellas, y las
ovejas lo siguen porque
reconocen su voz. 5 Pero
a un desconocido jamás
lo siguen; más bien,
huyen de él porque
no reconocen voces
extrañas».
6 Jesús les puso este
ejemplo, pero ellos no
captaron el sentido
de sus palabras. 7 Por
eso volvió a decirles:
«Ciertamente les asegu-
ro que yo soy la puerta
de las ovejas. 8 Todos los
que vinieron antes de
mí eran unos ladrones
y unos bandidos, pero
las ovejas no les hicieron
caso. 9 Yo soy la puerta;
el que entre por esta

10:5* O sea *de ninguna manera.*

RVR

será salvo; entrará, y sal-
drá, y hallará pastos.
10 El ladrón no viene
sino para hurtar, matar
y destruir; yo he venido
para que tengan vida,
y para que la tengan en
abundancia.
11 Yo soy el buen pastor;
el buen pastor da su vida
por las ovejas.
12 Mas el asalariado, y
que no es el pastor, de
quien no son propias las
ovejas, ve venir al lobo,
y deja las ovejas y huye,
y el lobo arrebata las
ovejas y las dispersa.
13 Así que el asalariado
huye, porque es asala-
riado, y no le importan
las ovejas.
14 Yo soy el buen pastor;
y conozco mis ovejas, y
las mías me conocen,
15 así como el Padre me
conoce, y yo conozco al
Padre; y pongo mi vida
por las ovejas.
16 También tengo otras
ovejas que no son de
este redil; aquéllas
también debo traer;
y oirán mi voz, y

σωθήσεται	καὶ	εἰσελεύσεται	καὶ	ἐξελεύσεται	καὶ	νομὴν	εὑρήσει.
será salvo	y	entrará	y	saldrá,	y$_1$	pasto.$_3$	hallará$_2$
4982	2532	1525	2532	1831	2532	3542	2147
VFPI3S	*CLN*	*VFMI3S*	*CLN*	*VFMI3S*	*CLN*	*NASF*	*VFAI3S*

10 ὁ	κλέπτης	οὐκ	ἔρχεται	εἰ	μὴ	ἵνα	κλέψῃ	καὶ	θύσῃ	καὶ
El	ladrón	no	viene	si	no	para que	robara (robe)	y	matara (mate)	y
3588	2812	3756	2064	1487	3361	2443	2813	2532	2380	2532
DNSM	*NNSM*	*BN, TN*	*VPUI3S*	*CAC*	*BN, TN*	*CAP*	*VAAS3S*	*CLN*	*VAAS3S*	*CLN*

ἀπολέσῃ·	ἐγὼ	ἦλθον	ἵνα	ζωὴν	ἔχωσιν	καὶ	περισσὸν	ἔχωσιν.
destruyera (destruya),	yo	vine	para que$_1$	vida$_3$	tengan$_2$	y$_4$	abundante.$_6$	tengan$_5$
622	1473	2064	2443	2222	2192	2532	4053	2192
VAAS3S	*RP1NS*	*VAAI1S*	*CAP*	*NASF*	*VPAS3P*	*CLN*	*B, J*	*VPAS3P*

11 Ἐγώ	εἰμι	ὁ	ποιμὴν	ὁ	καλός·	ὁ	ποιμὴν	ὁ	καλὸς	τὴν
Yo	soy	el	pastor	--	bueno.	El	pastor	--	bueno	la
1473	1510	3588	4166	3588	2570	3588	4166	3588	2570	3588
RP1NS	*VPAI1S*	*DNSM*	*NNSM*	*DNSM*	*JNSM*	*DNSM*	*NNSM*	*DNSM*	*JNSM*	*DASF*

ψυχὴν	αὐτοῦ	τίθησιν	ὑπὲρ	τῶν	προβάτων·	12 ὁ	μισθωτὸς	καὶ
vida	de él	pone	en favor de	de las	ovejas.	el$_2$	asalariado,$_3$	Y$_1$
5590	846	5087	5228	3588	4263	3588	3411	2532
NASF	*RP3GSM*	*VPAI3S*	*P*	*DGPN*	*NGPN*	*DNSM*	*NNSM, JNSM*	*CLN*

οὐκ	ὢν	ποιμήν,	οὗ	οὐκ	ἔστιν	τὰ	πρόβατα	ἴδια,	θεωρεῖ
no$_5$	siendo$_4$	pastor$_6$	del que$_7$	no$_8$	es (son)$_9$	las$_{11}$	ovejas,$_{12}$	propias,$_{10}$	ve$_{13}$
3756	5607	4166	3739	3756	2076	3588	4263	2398	2334
BN, TN	*VPAP-SNM*	*NNSM*	*RR-GSM*	*BN, TN*	*VPAI3S*	*DNPN*	*NNPN*	*JNPN*	*VPAI3S*

τὸν	λύκον	ἐρχόμενον	καὶ	ἀφίησιν	τὰ	πρόβατα	καὶ	φεύγει—	καὶ
al$_{15}$	lobo,$_{16}$	viniendo$_{14}$	y	deja	las	ovejas	y	huye,	y
3588	3074	2064	2532	863	3588	4263	2532	5343	2532
DASM	*NASM*	*VPUP-SAM*	*CLN*	*VPAI3S*	*DAPN*	*NAPN*	*CLN*	*VPAI3S*	*CLN*

ὁ	λύκος	ἁρπάζει	αὐτὰ	καὶ	σκορπίζει—	13 ⸀ὅτι	μισθωτός	ἐστιν	καὶ
el	lobo	agarra	a ellas	y	(las) dispersa;	porque	asalariado	es,	y
3588	3074	726	846	2532	4650	3754	3411	2076	2532
DNSM	*NNSM*	*VPAI3S*	*RP3APN*	*CLN*	*VPAI3S*	*CAZ*	*NNSM, JNSM*	*VPAI3S*	*CLN*

οὐ	μέλει	αὐτῷ	περὶ	τῶν	προβάτων.	14 ἐγώ	εἰμι	ὁ	ποιμὴν	ὁ
no	importa	a él	acerca de	de las	ovejas.	Yo	soy	el	pastor	--
3756	3199	846	4012	3588	4263	1473	1510	3588	4166	3588
BN, TN	*VPAI3S*	*RP3DSM*	*P*	*DGPN*	*NGPN*	*RP1NS*	*VPAI1S*	*DNSM*	*NNSM*	*DNSM*

καλός,	καὶ	γινώσκω	τὰ	ἐμὰ	καὶ	γινώσκουσί	με	τὰ
bueno,	y	conozco	a las	mías,	y$_1$	conocen$_4$	a mí,$_5$	las$_2$
2570	2532	1097	3588	1699	2532	1097	3165	3588
JNSM	*CLN*	*VPAI1S*	*DAPN*	*RS1APN, JAPN*	*CLN*	*VPAI3P*	*RP1AS*	*DNPN, DAPN*

ἐμά,	15 καθὼς	γινώσκει	με	ὁ	πατὴρ	κἀγὼ	γινώσκω
mías$_3$	como$_1$	conoce$_4$	a mí,$_5$	el$_2$	Padre$_3$	y yo	conozco
1699	2531	1097	3165	3588	3962	2504	1097
RS1NPN, JNPN	*CAM*	*VPAI3S*	*RP1AS*	*DNSM*	*NNSM*	*RP1NS, CLN*	*VPAI1S*

τὸν	πατέρα,	καὶ	τὴν	ψυχήν	μου	τίθημι	ὑπὲρ	τῶν	προβάτων.
al	Padre,	también$_1$	la$_3$	vida$_4$	de mí$_5$	pongo$_2$	en favor de	las	ovejas.
3588	3962	2532	3588	5590	3450	5087	5228	3588	4263
DASM	*NASM*	*CLN*	*DASF*	*NASF*	*RP1GS*	*VPAI1S*	*P*	*DGPN*	*NGPN*

16 καὶ	ἄλλα	πρόβατα	ἔχω	ἃ	οὐκ	ἔστιν	ἐκ	τῆς	αὐλῆς	ταύτης·
y$_1$	otras$_3$	ovejas,$_4$	tengo$_2$	las que	no	es (son)	de$_1$	--$_3$	redil,$_4$	esta$_2$
2532	243	4263	2192	3739	3756	2076	1537	3588	833	3778
CLN	*JAPN*	*NAPN*	*VPAI1S*	*RR-NPN*	*BN, TN*	*VPAI3S*	*P*	*DGSF*	*NGSF*	*RD-GSF*

κἀκεῖνα	δεῖ	με	ἀγαγεῖν,	καὶ	τῆς	φωνῆς	μου	ἀκούσουσιν,	καὶ
también aquellas	es necesario$_1$	a mí,$_3$	traer$_2$	y$_4$	la$_6$	voz$_7$	de mí,$_8$	oirán$_5$	y
2548	1163	3165	71	2532	3588	5456	3450	191	2532
RD-NPN, TE	*VPAI3S*	*RP1AS*	*VAAN*	*CLN*	*DGSF*	*NGSF*	*RP1GS*	*VFAI3P*	*CLN*

NVI

puerta, que soy yo, será
salvo. Se moverá con
entera libertad, y hallará
pastos. 10 El ladrón no
viene más que a robar,
matar y destruir; yo he
venido para que tengan
vida, y la tengan en
abundancia.
11 »Yo soy el buen
pastor. El buen pastor
da su vida por las ovejas.
12 El asalariado no es
el pastor, y a él no le
pertenecen las ovejas.
Cuando ve que el lobo
se acerca, abandona las
ovejas y huye; entonces
el lobo ataca al rebaño
y lo dispersa. 13 Y ese
hombre huye porque,
siendo asalariado, no le
importan las ovejas.
14 »Yo soy el buen
pastor; conozco a mis
ovejas, y ellas me cono-
cen a mí, 15 así como
el Padre me conoce a
mí y yo lo conozco a él,
y doy mi vida por las
ovejas. 16 Tengo otras
ovejas que no son de
este redil, y también a
ellas debo traerlas. Así
ellas escucharán mi voz,

10:13 ⸀ Manuscritos inferiores aumentaron *Así que el asalariado huye.*

RVR

habrá un solo rebaño, y
un solo pastor.
17 Por eso me ama el
Padre, porque yo pongo
mi vida, para volverla
a tomar.
18 Nadie me la quita,
sino que yo la pongo
de mí mismo. Tengo
potestad para ponerla,
y tengo potestad para
volverla a tomar. Este
mandamiento recibí de
mi Padre.
19 Volvió a haber disen-
sión entre los judíos a
causa de estas palabras.
20 Muchos de ellos
decían: Demonio tiene,
y está fuera de sí; ¿por
qué le oís?
21 Decían otros: Estas
palabras no son de
endemoniado. ¿Puede
acaso el demonio abrir
los ojos de los ciegos?

Los judíos rechazan a Jesucristo

22 Se celebró por
entonces la fiesta de
la Dedicación en
Jerusalén. Era invierno,
23 y Jesús andaba pa-
seando en el templo por
el pórtico de Salomón.
24 Y le rodearon los
judíos y le decían:
¿Hasta cuándo nos vas
a tener en vilo? Si tú
eres el Cristo, dínoslo
abiertamente.
25 Jesús les respondió:
Os lo he dicho, y no

γενήσονται	μία	ποίμνη,	εἷς	ποιμήν.	17 διὰ	τοῦτό	με	ὁ	πατὴρ
llegarán a ser	un	rebaño,	un	pastor.	Por	esto,	a mí,$_4$	el$_1$	Padre$_2$
1096	1520	4167	1520	4166	1223	5124	3165	3588	3962
VFMI3P	*JNSF*	*NNSF*	*JNSM*	*NNSM*	*P*	*RD-ASN*	*RP1AS*	*DNSM*	*NNSM*

ἀγαπᾷ	ὅτι	ἐγὼ	τίθημι	τὴν	ψυχήν	μου,	ἵνα	πάλιν	λάβω	αὐτήν.
ama$_3$	porque	yo	pongo	la	vida	de mí	para	de nuevo	tome	a ella.
25	3754	1473	5087	3588	5590	3450	2443	3825	2983	846
VPAI3S	*CAZ*	*RP1NS*	*VPAI1S*	*DASF*	*NASF*	*RP1GS*	*CAP*	*B*	*VAAS1S*	*RP3ASF*

18 οὐδεὶς	αἴρει	αὐτὴν	ἀπ'	ἐμοῦ,	ἀλλ'	ἐγὼ	τίθημι	αὐτὴν	ἀπ'	ἐμαυτοῦ.
Nadie	quita	a ella	de	mí,	pero	yo	pongo	a ella	de	mí mismo.
3762	142	846	575	1700	235	1473	5087	846	575	1683
JNSM	*VPAI3S*	*RP3ASF*	*P*	*RP1GS*	*CLC*	*RP1NS*	*VPAI1S*	*RP3ASF*	*P*	*RF1GSM*

ἐξουσίαν	ἔχω	θεῖναι	αὐτήν,	καὶ	ἐξουσίαν	ἔχω	πάλιν	λαβεῖν	αὐτήν·
autoridad$_2$	Tengo$_1$	para poner$_3$	a ella,$_4$	y$_5$	autoridad$_8$	tengo$_6$	de nuevo$_7$	para tomar$_9$	a ella.$_{10}$
1849	2192	5087	846	2532	1849	2192	3825	2983	846
NASF	*VPAI1S*	*VAAN*	*RP3ASF*	*CLN*	*NASF*	*VPAI1S*	*B*	*VAAN*	*RP3ASF*

ταύτην	τὴν	ἐντολὴν	ἔλαβον	παρὰ	τοῦ	πατρός	μου.
este$_{12}$	--$_{13}$	mandamiento$_{14}$	Recibí$_{11}$	de parte de	el	Padre	de mí.
3778	3588	1785	2983	3844	3588	3962	3450
RD-ASF	*DASF*	*NASF*	*VAAI1S*	*P*	*DGSM*	*NGSM*	*RP1GS*

19 Σχίσμα	πάλιν	ἐγένετο	ἐν	τοῖς	Ἰουδαίοις	διὰ	τοὺς	λόγους
División	de nuevo$_2$	llegó a existir$_1$	entre	los	judíos	por$_1$	--$_3$	palabras.$_4$
4978	3825	1096	1722	3588	2453	1223	3588	3056
NNSN	*B*	*VAMI3S*	*P*	*DDPM*	*JDPM*	*P*	*DAPM*	*NAPM*

τούτους.	20 ἔλεγον	δὲ	πολλοὶ	ἐξ	αὐτῶν·	Δαιμόνιον	ἔχει	καὶ	μαίνεται·
estas$_2$	decían:$_5$	Mas$_1$	muchos$_2$	de$_3$	ellos$_4$	Demonio	tiene	y	está fuera de sí,
5128	3004	1161	4183	1537	846	1140	2192	2532	3105
RD-APM	*VIAI3P*	*CLN*	*JNPM*	*P*	*RP3GPM*	*NASN*	*VPAI3S*	*CLN*	*VPUI3S*

τί	αὐτοῦ	ἀκούετε;	21 ἄλλοι	ἔλεγον·	Ταῦτα	τὰ	ῥήματα	οὐκ	ἔστιν
¿por qué$_1$	a él?$_3$	oís$_2$	Otros	decían:	Estas	--	palabras	no	es (son)
5101	846	191	243	3004	5023	3588	4487	3756	2076
RI-ASN	*RP3GSM*	*VPAI2P*	*JNPM*	*VIAI3P*	*RD-NPN*	*DNPN*	*NNPN*	*BN, TN*	*VPAI3S*

δαιμονιζομένου·	μὴ	δαιμόνιον	δύναται	τυφλῶν	ὀφθαλμοὺς	ἀνοῖξαι;
del que está endemoniado.	no$_2$	Un demonio$_1$	puede$_3$	de los ciegos.$_6$	ojos$_5$	abrir$_4$
1139	3361	1140	1410	5185	3788	455
VPUP-SGM	*TN, TI*	*NNSN*	*VPUI3S*	*JGPM*	*NAPM*	*VAAN*

22 Ἐγένετο	τότε	τὰ	ἐγκαίνια	ἐν	τοῖς	Ἱεροσολύμοις·	χειμὼν
llegó$_4$	Entonces$_1$	la$_2$	fiesta de la dedicación$_3$	en	--	Jerusalén.	invierno,$_2$
1096	5119	3588	1456	1722	3588	2414	5494
VAMI3S	*B*	*DNPN*	*NNPN*	*P*	*DDPN*	*NDPN*	*NNSM*

ἦν,	23 καὶ	περιεπάτει	ὁ	Ἰησοῦς	ἐν	τῷ	ἱερῷ	ἐν	τῇ	στοᾷ	τοῦ
Era$_1$	y	caminaba$_3$	--$_1$	Jesús$_2$	en	el	templo,	en	el	pórtico	de --
2258	2532	4043	3588	2424	1722	3588	2411	1722	3588	4745	3588
VIAI3S	*CLN*	*VIAI3S*	*DNSM*	*NNSM*	*P*	*DDSN*	*NDSN, JDSN*	*P*	*DDSF*	*NDSF*	*DGSM*

Σολομῶνος.	24 ἐκύκλωσαν	οὖν	αὐτὸν	οἱ	Ἰουδαῖοι	καὶ	ἔλεγον	αὐτῷ·
Salomón.	rodearon$_4$	Así que,$_1$	a él$_5$	los$_2$	judíos$_3$	y	decían	a él:
4672	2944	3767	846	3588	2453	2532	3004	846
NGSM	*VAAI3P*	*CLN*	*RP3ASM*	*DNPM*	*JNPM*	*CLN*	*VIAI3P*	*RP3DSM*

Ἕως	πότε	τὴν	ψυχὴν	ἡμῶν	αἴρεις;*	εἰ	σὺ	εἶ	ὁ	χριστός,
¿Hasta	cuándo	la$_2$	vida$_3$	de nosotros?$_4$	quitas$_1$	Si	tú	eres	el	Cristo,
2193	4219	3588	5590	2257	142	1487	4771	1488	3588	5547
P, C	*BI*	*DASF*	*NASF*	*RP1GP*	*VPAI2S*	*CAC*	*RP2NS*	*VPAI2S*	*DNSM*	*NNSM*

εἰπὲ	ἡμῖν	παρρησίᾳ.	25 ἀπεκρίθη	αὐτοῖς	ὁ	Ἰησοῦς·	Εἶπον	ὑμῖν
di	a nosotros.$_2$	abiertamente$_1$	respondió$_3$	a ellos:$_4$	--$_1$	Jesús$_2$	Dije	a vosotros
2036	2254	3954	611	846	3588	2424	2036	5213
VAAM2S	*RP1DP*	*NDSF*	*VAPI3S, VAMI3S*	*RP3DPM*	*DNSM*	*NNSM*	*VAAI1S*	*RP2DP*

NVI

y habrá un solo rebaño
y un solo pastor. 17 Por
eso me ama el Padre:
porque entrego mi vida
para volver a recibirla.
18 Nadie me la arrebata,
sino que yo la entrego
por mi propia voluntad.
Tengo autoridad para
entregarla, y tengo
también autoridad para
volver a recibirla. Este
es el mandamiento que
recibí de mi Padre».
19 De nuevo las
palabras de Jesús fueron
motivo de disensión en-
tre los judíos. 20 Muchos
de ellos decían: «Está
endemoniado y loco
de remate. ¿Para qué
hacerle caso?» 21 Pero
otros opinaban: «Estas
palabras no son de un
endemoniado. ¿Puede
acaso un demonio
abrirles los ojos a los
ciegos?»

Jesús y la fiesta de la Dedicación

22 Por esos días se
celebraba en Jerusalén la
fiesta de la Dedicación.
Era invierno, 23 y Jesús
andaba en el templo,
por el pórtico de
Salomón. 24 Entonces lo
rodearon los judíos y le
preguntaron:
—¿Hasta cuándo vas
a tenernos en suspenso?
Si tú eres el Cristo, dí-
noslo con franqueza.
25 —Ya se lo he
dicho a ustedes, y no

10:24* O sea *nos tienes en suspenso.*

RVR

creéis; las obras que
yo hago en el nombre
de mi Padre, ellas dan
testimonio de mí;
26 pero vosotros no
creéis, porque no sois
de mis ovejas, como os
he dicho.
27 Mis ovejas oyen mi
voz, y yo las conozco, y
me siguen,
28 y yo les doy vida
eterna; y no perecerán
jamás, ni nadie las arre-
batará de mi mano.
29 Mi Padre que me
las dio, es mayor que
todos, y nadie las puede
arrebatar de la mano de
mi Padre.
30 Yo y el Padre somos
una sola cosa.
31 Entonces los judíos
volvieron a tomar pie-
dras para apedrearle.
32 Jesús les respondió:
Muchas buenas obras
os he mostrado de mi
Padre; ¿por cuál de ellas
me vais a apedrear?
33 Le respondieron los
judíos, diciendo: No te
queremos apedrear por
ninguna obra buena,
sino por la blasfemia;
porque tú, siendo

καὶ οὐ πιστεύετε· τὰ ἔργα ἃ ἐγὼ ποιῶ ἐν τῷ ὀνόματι τοῦ
y no creéis. Las obras las que yo hago, en el nombre del
2532 3756 4100 3588 2041 3739 1473 4160 1722 3588 3686 3588
CLC BN, TN VPAI2P DNPN NNPN RR-APN RP1NS VPAI1S P DDSN NDSN DGSM

πατρός μου ταῦτα μαρτυρεῖ περὶ ἐμοῦ· 26 ἀλλὰ ὑμεῖς οὐ πιστεύετε,
Padre de mí, estas testifica(n) acerca de mí; pero vosotros no creéis,
3962 3450 5023 3140 4012 1700 235 5210 3756 4100
NGSM RP1GS RD-NPN VPAI3S P RP1GS CLC RP2NP BN, TN VPAI2P

ὅτι οὐκ ἐστὲ ἐκ τῶν προβάτων τῶν ἐμῶν. 27 τὰ πρόβατα τὰ
porque no sois de las ovejas -- mías. Las$_1$ ovejas$_2$ --$_3$
3754 3756 2075 1537 3588 4263 3588 1699 3588 4263 3588
CAZ BN, TN VPAI2P P DGPN NGPN DGPN RS1GPN, JGPN DNPN NNPN DNPN

ἐμὰ τῆς φωνῆς μου ἀκούουσιν, κἀγὼ γινώσκω αὐτά, καὶ
mías$_4$ la$_6$ voz$_7$ de mí,$_8$ oyen$_5$ y yo conozco a ellas, y
1699 3588 5456 3450 191 2504 1097 846 2532
RS1NPN, JNPN DGSF NGSF RP1GS VPAI3P RP1NS, CLN VPAI1S RP3APN CLN

ἀκολουθοῦσίν μοι, 28 κἀγὼ δίδωμι αὐτοῖς ζωὴν αἰώνιον, καὶ οὐ
siguen a mí. Y yo doy a ellas vida eterna, y no
190 3427 2504 1325 846 2222 166 2532 3756
VPAI3P RP1DS RP1NS,CLN VPAI1S RP3DPN NASF JASF CLN BN, TN

μὴ* ἀπόλωνται εἰς τὸν αἰῶνα, καὶ οὐχ ἁρπάσει τις αὐτὰ ἐκ
no perecen para la eternidad; y$_1$ no$_3$ arrebatará$_4$ alguien$_2$ a ellas$_5$ de
3361 622 1519 3588 165 2532 3756 726 5100 846 1537
BN, TN VAMS3P P DASM NASM CLN BN, TN VFAI3S RX-NSM RP3APN P

τῆς χειρός μου. 29 ὁ πατήρ μου ὃ δέδωκέν μοι πάντων μεῖζων
la mano de mí. El Padre de mí el que ha dado a mí, de todos,$_3$ mayor$_1$
3588 5495 3450 3588 3962 3450 3588 1325 3427 3956 3173
DGSF NGSF RP1GS DNSM NNSM RP1GS RR-NSN VRAI3S RP1DS JGPM JNSMC

ἐστίν, καὶ οὐδεὶς δύναται ἁρπάζειν ἐκ τῆς χειρὸς τοῦ πατρός. 30 ἐγὼ
es$_2$ y nadie puede arrebatar de la mano del Padre. yo$_4$
2076 2532 3762 1410 726 1537 3588 5495 3588 3962 1473
VPAI3S CLN JNSM VPUI3S VPAN P DGSF NGSF DGSM NGSM RP1NS

καὶ ὁ πατὴρ ἕν ἐσμεν.
y$_3$ El$_1$ Padre$_2$ uno.$_6$ somos$_5$
2532 3588 3962 1520 2070
CLN DNSM NNSM JNSN VPAI1P

31 Ἐβάστασαν οὖν πάλιν λίθους οἱ Ἰουδαῖοι ἵνα λιθάσωσιν
agarraron$_4$ Así que$_1$ de nuevo$_6$ piedras$_5$ los$_2$ judíos$_3$ para apedrear
941 3767 3825 3037 3588 2453 2443 3034
VAAI3P C B NAPM DNPM JNPM CAP VAAS3P

αὐτόν. 32 ἀπεκρίθη αὐτοῖς ὁ Ἰησοῦς· Πολλὰ ἔργα καλὰ ἔδειξα
a él. respondió$_3$ a ellos:$_4$ --$_1$ Jesús$_2$ muchas$_7$ obras$_8$ buenas$_9$ Mostré$_5$
846 611 846 3588 2424 4183 2041 2570 1166
RP3ASM VAPI3S, VAMI3S RP3DPM DNSM NNSM JAPN NAPN JAPN VAAI1S

ὑμῖν ἐκ τοῦ πατρός· διὰ ποῖον αὐτῶν ἔργον ἐμὲ λιθάζετε;
a vosotros$_6$ de el Padre, ¿por$_1$ cuál$_2$ de ellas$_4$ obra$_3$ a mí?$_6$ apedreáis$_5$
5213 1537 3588 3962 1223 4169 846 2041 1691 3034
RP2DP P DGSM NGSM P JASN, RI-ASN RP3GPN NASN RP1AS VPAI2P

33 ἀπεκρίθησαν αὐτῷ οἱ Ἰουδαῖοι· Περὶ καλοῦ ἔργου οὐ
respondieron$_3$ a él:$_4$ Los$_1$ judíos$_2$ Acerca de buena obra no
611 846 3588 2453 4012 2570 2041 3756
VAPI3P, VAMI3P RP3DSM DNPM JNPM P JGSN NGSN BN, TN

λιθάζομέν σε ἀλλὰ περὶ βλασφημίας, καὶ ὅτι σὺ ἄνθρωπος
apedreamos a ti, sino acerca de blasfemia, también$_2$ porque$_1$ tú$_3$ un ser humano,$_5$
3034 4571 235 4012 988 2532 3754 4771 444
VPAI1P RP2AS CLC P NGSF CLN CAZ RP2NS NNSM

NVI

lo creen. Las obras que
hago en nombre de
mi Padre son las que
me acreditan, 26 pero
ustedes no creen porque
no son de mi rebaño.
27 Mis ovejas oyen mi
voz; yo las conozco y
ellas me siguen. 28 Yo les
doy vida eterna, y nunca
perecerán, ni nadie po-
drá arrebatármelas de la
mano. 29 Mi Padre, que
me las ha dado, es más
grande que todos; y de
la mano del Padre nadie
las puede arrebatar. 30 El
Padre y yo somos uno.
31 Una vez más los
judíos tomaron piedras
para arrojárselas, 32 pero
Jesús les dijo:
—Yo les he mostrado
muchas obras irrepro-
chables que proceden
del Padre. ¿Por cuál
de ellas me quieren
apedrear?
33 —No te apedrea-
mos por ninguna de
ellas, sino por blasfemia;
porque tú, siendo

10:28*O sea *de ninguna manera*.

RVR

hombre, te haces Dios a
ti mismo.
34 Jesús les respondió:
¿No está escrito en
vuestra ley: Yo dije,
dioses sois?
35 Si llamó dioses a
aquellos a quienes vino
la palabra de Dios (y la
Escritura no puede ser
quebrantada),
36 ¿al que el Padre santi-
ficó y envió al mundo,
vosotros decís: Tú
blasfemas, porque dije:
Hijo de Dios soy?
37 Si no hago las obras
de mi Padre, no me
creáis.
38 Mas si las hago, aun-
que no me creáis a mí,
creed a las obras, para
que conozcáis y creáis
que el Padre está en mí,
y yo en el Padre.
39 Procuraron otra vez
prenderle, pero él se
salió de sus manos.
40 Y se fue de nuevo al
otro lado del Jordán, al
lugar donde primero
había estado bautizando
Juan; y se quedó allí.
41 Y muchos acudieron
a él, y decían: Juan, a la
verdad, ninguna señal
hizo; pero todo lo que
Juan dijo de éste, era
verdad.

ὢν	ποιεῖς	σεαυτὸν	θεόν.	34 ἀπεκρίθη	αὐτοῖς	ὁ	Ἰησοῦς·	Οὐκ
siendo$_4$	haces	a ti mismo	Dios.	respondió$_3$	a ellos:$_4$	--$_1$	Jesús$_2$	¿Acaso no
5607	4160	4572	2316	611	846	3588	2424	3756
VPAP-SNM	*VPAI2S*	*RF2ASM*	*NASM*	*VAPI3S, VAMI3S*	*RP3DPM*	*DNSM*	*NNSM*	*TN, TI*

ἔστιν	γεγραμμένον	ἐν	τῷ	νόμῳ	ὑμῶν	ὅτι	Ἐγὼ	εἶπα·	Θεοί	ἐστε;
está	escrito	en	la	ley	de vosotros	que:	Yo	dije,	dioses?$_2$	sois$_1$
2076	1125	1722	3588	3551	5216	3754	1473	2036	2316	2075
VPAI3S	*VRPP-SNN*	*P*	*DDSM*	*NDSM*	*RP2GP*	*CSC*	*RP1NS*	*VAAI1S*	*NNPM*	*VPAI2P*

35 εἰ	ἐκείνους	εἶπεν	θεοὺς	πρὸς	οὓς	ὁ	λόγος	τοῦ	θεοῦ	ἐγένετο,
Si	aquel	dijo	dioses	a	a quienes	la	palabra	de --	Dios	llegó a ser (vino),
1487	1565	2036	2316	4314	3739	3588	3056	3588	2316	1096
CAC	*RD-APM*	*VAAI3S*	*NAPM*	*P*	*RR-APM*	*DNSM*	*NNSM*	*DGSM*	*NGSM*	*VAMI3S*

καὶ	οὐ	δύναται	λυθῆναι	ἡ	γραφή,	36 ὃν	ὁ	πατὴρ	ἡγίασεν
y$_1$	no$_4$	puedes$_5$	ser quebrantada,$_6$	la$_2$	Escritura$_3$	al que$_4$	el$_1$	Padre$_2$	santificó$_3$
2532	3756	1410	3089	3588	1124	3739	3588	3962	37
CLN	*BN, TN*	*VPUI3S*	*VAPN*	*DNSF*	*NNSF*	*RR-ASM*	*DNSM*	*NNSM*	*VAAI3S*

καὶ	ἀπέστειλεν	εἰς	τὸν	κόσμον	ὑμεῖς	λέγετε	ὅτι	Βλασφημεῖς,	ὅτι
también	envió	a	el	mundo,	¿vosotros	decís	que:	blasfemas,	porque
2532	649	1519	3588	2889	5210	3004	3754	987	3754
CLN	*VAAI3S*	*P*	*DASM*	*NASM*	*RP2NP*	*VPAI2P*	*CSC*	*VPAI2S*	*CAZ*

εἶπον·	Υἱὸς	τοῦ	θεοῦ	εἰμι;	37 εἰ	οὐ	ποιῶ	τὰ	ἔργα	τοῦ	πατρός
dije	Hijo	de --	Dios	soy?	Si	no	hago	las	obras	del	Padre
2036	5207	3588	2316	1510	1487	3756	4160	3588	2041	3588	3962
VAAI1S	*NNSM*	*DGSM*	*NGSM*	*VPAI1S*	*CAC*	*BN, TN*	*VPAI1S*	*DAPN*	*NAPN*	*DGSM*	*NGSM*

μου,	μὴ	πιστεύετέ	μοι·	38 εἰ	δὲ	ποιῶ,	κἂν	ἐμοὶ	μὴ	πιστεύητε
de mí,	no	creáis	a mí.	si$_2$	Mas$_1$	hago,$_3$	aunque	a mí	no	creáis,
3450	3361	4100	3427	1487	1161	4160	2579	1698	3361	4100
RP1GS	*BN, TN*	*VPAM2P*	*RP1DS*	*CAC*	*CLC*	*VPAI1S*	*CAN, B*	*RP1DS*	*BN, TN*	*VPAS2P*

τοῖς	ἔργοις	πιστεύετε,	ἵνα	γνῶτε	καὶ	γινώσκητε	ὅτι	ἐν	ἐμοὶ
las$_2$	obras,$_3$	creed$_1$	para que	conozcáis	y	sigáis conociendo	que	en$_3$	mí,$_4$
3588	2041	4100	2443	1097	2532	1097	3754	1722	1698
DDPN	*NDPN*	*VPAM2P*	*CAP*	*VAAS2P*	*CLN*	*VPAS2P*	*CSC*	*P*	*RP1DS*

ὁ	πατὴρ	κἀγὼ	ἐν	τῷ	πατρί.	39 ἐζήτουν	οὖν	πάλιν	αὐτὸν
el$_1$	Padre (está)$_2$	y yo	en	el	Padre.	buscaban$_3$	Así que,$_1$	de nuevo$_2$	a él
3588	3962	2504	1722	3588	3962	2212	3767	3825	846
DNSM	*NNSM*	*RP1NS, CLN*	*P*	*DDSM*	*NDSM*	*VIAI3P*	*CLI*	*B*	*RP3ASM*

πιάσαι·	καὶ	ἐξῆλθεν	ἐκ	τῆς	χειρὸς	αὐτῶν.
para arrestar,	y	salió	de	la	mano	de ellos.
4084	2532	1831	1537	3588	5495	846
VAAN	*CLC*	*VAAI3S*	*P*	*DGSF*	*NGSF*	*RP3GPM*

40 Καὶ	ἀπῆλθεν	πάλιν	πέραν	τοῦ	Ἰορδάνου	εἰς	τὸν	τόπον	ὅπου
Y	se fue	de nuevo	al otro lado	del	Jordán,	hacia	el	lugar	donde
2532	565	3825	4008	3588	2446	1519	3588	5117	3699
CLN	*VAAI3S*	*B*	*P, B*	*DGSM*	*NGSM*	*P*	*DASM*	*NASM*	*CAL, B*

ἦν	Ἰωάννης	τὸ	πρῶτον	βαπτίζων,	καὶ	ἔμεινεν	ἐκεῖ.	41 καὶ
estaba$_2$	Juan$_1$	al$_4$	principio$_5$	bautizando,$_3$	y	permaneció	allí.	Y
2258	2491	3588	4413	907	2532	3306	1563	2532
VIAI3S	*NNSM*	*DASN, DNSN*	*B, J*	*VPAP-SNM*	*CLN*	*VAAI3S*	*BP*	*CLN*

πολλοὶ	ἦλθον	πρὸς	αὐτὸν	καὶ	ἔλεγον	ὅτι	Ἰωάννης	μὲν	σημεῖον
muchos	vinieron	a	él,	y	decían	que	Juan	en verdad	señal,$_3$
4183	2064	4314	846	2532	3004	3754	2491	3303	4592
JNPM	*VAAI3P*	*P*	*RP3ASM*	*CLN*	*VIAI3P*	*CSC*	*NNSM*	*TK, C*	*NASN*

ἐποίησεν	οὐδέν,	πάντα	δὲ	ὅσα	εἶπεν	Ἰωάννης	περὶ	τούτου
hizo$_1$	ninguna$_2$	todas las cosas$_5$	pero$_4$	cuantas$_6$	dijo$_8$	Juan$_7$	acerca de	este,
4160	3762	3956	1161	3745	2036	2491	4012	5127
VAAI3S	*JASN*	*JNPN*	*CLK, CLC*	*RK-APN*	*VAAI3S*	*NNSM*	*P*	*RD-GSM*

NVI

hombre, te haces pasar
por Dios.
34 —¿Y acaso —res-
pondió Jesús— no está
escrito en su ley: "Yo he
dicho que ustedes son
dioses"? 35 Si Dios llamó
"dioses" a aquellos para
quienes vino la palabra
(y la Escritura no puede
ser quebrantada), 36 ¿por
qué acusan de blasfemia
a quien el Padre apartó
para sí y envió al mun-
do? ¿Tan solo porque
dijo: "Yo soy el Hijo de
Dios"? 37 Si no hago las
obras de mi Padre, no
me crean. 38 Pero, si las
hago, aunque no me
crean a mí, crean a mis
obras, para que sepan y
entiendan que el Padre
está en mí, y que yo estoy
en el Padre.
39 Nuevamente
intentaron arrestarlo,
pero él se les escapó de
las manos.
40 Volvió Jesús al otro
lado del Jordán, al lugar
donde Juan había estado
bautizando antes; y
allí se quedó. 41 Mucha
gente acudía a él, y
decía: «Aunque Juan
nunca hizo ninguna
señal milagrosa, todo lo
que dijo acerca de este
hombre era verdad».

RVR

42 Y muchos creyeron
en él allí.

Muerte de Lázaro

11 Estaba enton-
ces enfermo
uno llamado Lázaro,
de Betania, la aldea de
María y de Marta su
hermana.
2 (María, cuyo hermano
Lázaro estaba enfermo,
fue la que ungió al
Señor con perfume, y le
enjugó los pies con sus
cabellos.)
3 Enviaron, pues, las
hermanas para decir a
Jesús: Señor, mira, el que
amas está enfermo.
4 Oyéndolo Jesús, dijo:
Esta enfermedad no es
para muerte, sino para
la gloria de Dios, para
que el Hijo de Dios sea
glorificado por medio
de ella.
5 Y amaba Jesús a Marta,
a su hermana y a Lázaro.
6 Cuando oyó, pues,
que estaba enfermo, se
quedó dos días más en
el lugar donde estaba.
7 Luego, después de
esto, dijo a los discí-
pulos: Vamos a Judea
otra vez.
8 Le dijeron los dis-
cípulos: Rabí, ahora
procuraban los judíos
apedrearte, ¿y otra vez
vas allá?

ἀληθῆ	ἦν.	42 καὶ	πολλοὶ	ἐπίστευσαν	εἰς	αὐτὸν	ἐκεῖ.
verdadero.$_2$	era$_1$	Y	muchos	creyeron	en	él	allí.
227	2258	2532	4183	4100	1519	846	1563
JNPN	*VIAI3S*	*CLN*	*JNPM*	*VAAI3P*	*P*	*RP3ASM*	*BP*

11 Ἦν	δέ	τις	ἀσθενῶν,	Λάζαρος	ἀπὸ	Βηθανίας
estaba (había)$_2$	Mas$_1$	alguien$_3$	que está enfermo,	Lázaro	de	Betania
2258	1161	5100	770	2976	575	963
VIAI3S	*CLT*	*RX-NSM*	*VPAP-SNM*	*NNSM*	*P*	*NGSF*

ἐκ	τῆς	κώμης	Μαρίας	καὶ	Μάρθας	τῆς	ἀδελφῆς	αὐτῆς.	2 ἦν
de	la	aldea	de María	y	de Marta	la	hermana	de ella.	era$_3$
1537	3588	2968	3137	2532	3136	3588	79	846	2258
P	*DGSF*	*NGSF*	*NGSF*	*CLN*	*NGSF*	*DGSF*	*NGSF*	*RP3GSF*	*VIAI3S*

δὲ	Μαριὰμ	ἡ	ἀλείψασα	τὸν	κύριον	μύρῳ	καὶ	ἐκμάξασα
Y$_1$	María$_2$	la que$_1$	ungió$_2$	al$_4$	Señor,$_5$	con perfume$_3$	y	enjugó
1161	3137	3588	218	3588	2962	3464	2532	1591
CLN	*NNSF, XP*	*DNSF*	*VAAP-SNF*	*DASM*	*NASM*	*NDSN*	*CLN*	*VAAP-SNF*

τοὺς	πόδας	αὐτοῦ	ταῖς	θριξὶν	αὐτῆς,	ἧς	ὁ	ἀδελφὸς	Λάζαρος
los	pies	de él	los$_2$	con cabellos$_1$	de ella,$_3$	cuyo	--	hermano,	Lázaro,
3588	4228	846	3588	2359	846	3739	3588	80	2976
DAPM	*NAPM*	*RP3GSM*	*DDPF*	*NDPF*	*RP3GSF*	*RR-GSF*	*DNSM*	*NNSM*	*NNSM*

ἠσθένει.	3 ἀπέστειλαν	οὖν	αἱ	ἀδελφαὶ	πρὸς	αὐτὸν	λέγουσαι·
estaba enfermo.	enviaron$_4$	Así que$_1$	las$_2$	hermanas$_3$	a	él	diciendo:
770	649	3767	3588	79	4314	846	3004
VIAI3S	*VAAI3P*	*CLI*	*DNPF*	*NNPF*	*P*	*RP3ASM*	*VPAP-PNF*

Κύριε,	ἴδε	ὃν	φιλεῖς	ἀσθενεῖ.	4 ἀκούσας	δὲ	ὁ	Ἰησοῦς	εἶπεν·
Señor,	mira	al que	amas	está enfermo.	cuando oyó$_4$	Mas$_1$	--$_2$	Jesús$_3$	dijo:
2962	1492	3739	5368	770	191	1161	3588	2424	2036
NVSM	*I, VAAM2S*	*RR-ASM*	*VPAI2S*	*VPAI3S*	*VAAP-SNM*	*CLN*	*DNSM*	*NNSM*	*VAAI3S*

Αὕτη	ἡ	ἀσθένεια	οὐκ	ἔστιν	πρὸς	θάνατον	ἀλλ'	ὑπὲρ	τῆς	δόξης
Esta	--	enfermedad	no	es	para	muerte,	sino	en favor de	la	gloria
3778	3588	769	3756	2076	4314	2288	235	5228	3588	1391
RD-NSF	*DNSF*	*NNSF*	*BN, TN*	*VPAI3S*	*P*	*NASM*	*CLC*	*P*	*DGSF*	*NGSF*

τοῦ	θεοῦ	ἵνα	δοξασθῇ	ὁ	υἱὸς	τοῦ	θεοῦ	δι'	αὐτῆς.	5 ἠγάπα
de --	Dios,	para que$_1$	sea glorificado$_6$	el$_2$	Hijo$_3$	de --$_4$	Dios$_5$	por medio de	ella.	amaba$_4$
3588	2316	2443	1392	3588	5207	3588	2316	1223	846	25
DGSM	*NGSM*	*CAP*	*VAPS3S*	*DNSM*	*NNSM*	*DGSM*	*NGSM*	*P*	*RP3GSF*	*VIAI3S*

δὲ	ὁ	Ἰησοῦς	τὴν	Μάρθαν	καὶ	τὴν	ἀδελφὴν	αὐτῆς	καὶ	τὸν
Mas$_1$	--$_2$	Jesús$_3$	a --	Marta	y	a la	hermana	de ella	y	a --
1161	3588	2424	3588	3136	2532	3588	79	846	2532	3588
CLN	*DNSM*	*NNSM*	*DASF*	*NASF*	*CLN*	*DASF*	*NASF*	*RP3GSF*	*CLN*	*DASM*

Λάζαρον.	6 ὡς	οὖν	ἤκουσεν	ὅτι	ἀσθενεῖ,	τότε	μὲν	ἔμεινεν
Lázaro.	como$_2$	Así que$_1$	oyó$_3$	que	está enfermo,	entonces	precisamente	permaneció
2976	5613	3767	191	3754	770	5119	3303	3306
NASM	*CAT*	*CLI*	*VAAI3S*	*CSC*	*VPAI3S*	*B*	*TE*	*VAAI3S*

ἐν	ᾧ	ἦν	τόπῳ	δύο	ἡμέρας·	7 ἔπειτα	μετὰ	τοῦτο	λέγει	τοῖς
en$_4$	el que$_5$	estaba;$_6$	en lugar$_3$	dos$_1$	días$_2$	luego	después de	esto,	dice	a los
1722	3739	2258	5117	1417	2250	1899	3326	5124	3004	3588
P	*RR-DSM*	*VIAI3S*	*NDSM*	*XN, J*	*NAPF*	*B*	*P*	*RD-ASN*	*VPAI3S*	*DDPM*

μαθηταῖς·	Ἄγωμεν	εἰς	τὴν	Ἰουδαίαν	πάλιν.	8 λέγουσιν	αὐτῷ	οἱ
discípulos:	Vayamos	a	--	Judea	de nuevo.	dicen$_3$	a él:$_4$	Los$_1$
3101	71	1519	3588	2449	3825	3004	846	3588
NDPM	*VPAS1P*	*P*	*DASF*	*NASF*	*B*	*VPAI3P*	*RP3DSM*	*DNPM*

μαθηταί·	Ῥαββί,	νῦν	ἐζήτουν	σε	λιθάσαι	οἱ	Ἰουδαῖοι,	καὶ	πάλιν
discípulos$_2$	Rabí,	ahora$_1$	buscaban$_4$	a ti$_5$	para apedrear,$_6$	los$_2$	judíos$_3$	¿y	de nuevo
3101	4461	3568	2212	4571	3034	3588	2453	2532	3825
NNPM	*NVSM, XF*	*B*	*VIAI3P*	*RP2AS*	*VAAN*	*DNPM*	*JNPM*	*CLN*	*B*

NVI

42 Y muchos en aquel
lugar creyeron en Jesús.

Muerte de Lázaro

11 Había un hom-
bre enfermo
llamado Lázaro, que era
de Betania, el pueblo
de María y Marta, sus
hermanas. 2 María era
la misma que ungió
con perfume al Señor,
y le secó los pies con
sus cabellos. 3 Las dos
hermanas mandaron a
decirle a Jesús: «Señor,
tu amigo querido está
enfermo».
4 Cuando Jesús oyó
esto, dijo: «Esta enfer-
medad no terminará en
muerte, sino que es para
la gloria de Dios, para
que por ella el Hijo de
Dios sea glorificado».
5 Jesús amaba a Marta,
a su hermana y a Lázaro.
6 A pesar de eso, cuando
oyó que Lázaro estaba
enfermo, se quedó dos
días más donde se en-
contraba. 7 Después dijo
a sus discípulos:
—Volvamos a Judea.
8 —Rabí —objetaron
ellos—, hace muy poco
los judíos intentaron
apedrearte, ¿y todavía
quieres volver allá?

RVR

9 Respondió Jesús: ¿No
son doce las horas del
día? El que anda de día,
no tropieza, porque ve
la luz de este mundo;
10 pero el que anda de
noche, tropieza, porque
no hay luz en él.
11 Dicho esto, les dijo
después: Nuestro amigo
Lázaro se ha quedado
dormido; mas voy para
despertarle.
12 Dijeron entonces sus
discípulos: Señor, si está
dormido, sanará.
13 Pero Jesús se había
referido a la muerte
de Lázaro; y a ellos les
pareció que hablaba del
reposar del sueño.
14 Entonces Jesús les dijo
abiertamente: Lázaro
ha muerto;
15 y me alegro por voso-
tros, de no haber estado
allí, para que creáis;
pero vayamos hasta él.
16 Dijo entonces Tomás,
llamado Dídimo, a sus
condiscípulos: Vamos
también nosotros, para
que muramos con él.

Jesucristo, la resurrección y la vida

17 Vino, pues, Jesús,
y halló que hacía ya
cuatro días que Lázaro

ὑπάγεις	ἐκεῖ;	9 ἀπεκρίθη	Ἰησοῦς·	Οὐχὶ	δώδεκα	ὧραί	εἰσιν	τῆς
vas	allá?	respondió:$_{2}$	Jesús$_{1}$	¿No$_{3}$	doce$_{5}$	horas$_{6}$	son (hay)$_{4}$	del
5217	1563	611	2424	3780	1427	5610	1526	3588
VPAI2S	*BP*	*VAPI3S, VAMI3S*	*NNSM*	*TN, TI*	*XN, J*	*NNPF*	*VPAI3P*	*DGSF*

ἡμέρας;	ἐάν	τις	περιπατῇ	ἐν	τῇ	ἡμέρᾳ,	οὐ	προσκόπτει,	ὅτι
día?	Si	alguien	anda	en	el	día	no	tropieza,	porque$_{1}$
2250	1437	5100	4043	1722	3588	2250	3756	4350	3754
NGSF	*CAC*	*RX-NSM*	*VPAS3S*	*P*	*DDSF*	*NDSF*	*BN, TN*	*VPAI3S*	*CAZ*

τὸ	φῶς	τοῦ	κόσμου	τούτου	βλέπει.	10 ἐὰν	δέ	τις	περιπατῇ	ἐν
la$_{3}$	luz$_{4}$	de--$_{5}$	mundo;$_{7}$	este$_{6}$	ve$_{2}$	si$_{2}$	mas$_{1}$	alguien	anda	en
3588	5457	3588	2889	5127	991	1437	1161	5100	4043	1722
DASN	*NASN*	*DGSM*	*NGSM*	*RD-GSM*	*VPAI3S*	*CAC*	*CLC*	*RX-NSM*	*VPAS3S*	*P*

τῇ	νυκτί,	προσκόπτει,	ὅτι	τὸ	φῶς	οὐκ	ἔστιν	ἐν	αὐτῷ.	11 ταῦτα
la	noche,	tropieza,	porque	la	luz	no	está	en	él.	estas cosas,$_{2}$
3588	3571	4350	3754	3588	5457	3756	2076	1722	846	5023
DDSF	*NDSF*	*VPAI3S*	*CAZ*	*DNSN*	*NNSN*	*BN, TN*	*VPAI3S*	*P*	*RP3DSM*	*RD-APN*

εἶπεν,	καὶ	μετὰ	τοῦτο	λέγει	αὐτοῖς·	Λάζαρος	ὁ	φίλος	ἡμῶν
Dijo$_{1}$	y	después de	esto	dice	a ellos:	Lázaro,	el	amigo	de nosotros
2036	2532	3326	5124	3004	846	2976	3588	5384	2257
VAAI3S	*CLN*	*P*	*RD-ASN*	*VPAI3S*	*RP3DPM*	*NNSM*	*DNSM*	*JNSM*	*RP1GP*

κεκοίμηται,	ἀλλὰ	πορεύομαι	ἵνα	ἐξυπνίσω	αὐτόν.	12 εἶπαν	οὖν	οἱ
se ha dormido,	pero	voy	para	despertar	a él.	dijeron$_{4}$	Así que,$_{1}$	los$_{2}$
2837	235	4198	2443	1852	846	3004	3767	3588
VRPI3S	*CLC*	*VPUI1S*	*CAP*	*VAAS1S*	*RP3ASM*	*VAAI3P*	*CLI*	*DNPM*

μαθηταὶ	αὐτῷ·	Κύριε,	εἰ	κεκοίμηται	σωθήσεται.	13 εἰρήκει	δὲ
discípulos$_{3}$	a él:$_{5}$	Señor,	si	se ha dormido	será sanado.	había dicho$_{4}$	Mas$_{1}$
3101	846	2962	1487	2837	4982	2046	1161
NNPM	*RP3DSM*	*NVSM*	*CAC*	*VRPI3S*	*VFPI3S*	*VLAI3S*	*CLN*

ὁ	Ἰησοῦς	περὶ	τοῦ	θανάτου	αὐτοῦ.	ἐκεῖνοι	δὲ	ἔδοξαν	ὅτι	περὶ
--$_{2}$	Jesús$_{3}$	acerca de	la	muerte	de él,	aquellos$_{2}$	pero$_{1}$	pensaron$_{3}$	que$_{4}$	acerca de$_{6}$
3588	2424	4012	3588	2288	846	1565	1161	1380	3754	4012
DNSM	*NNSM*	*P*	*DGSM*	*NGSM*	*RP3GSM*	*RD-NPM*	*CLC*	*VAAI3P*	*CSC*	*P*

τῆς	κοιμήσεως	τοῦ	ὕπνου	λέγει.	14 τότε	οὖν	εἶπεν	αὐτοῖς	ὁ
el$_{7}$	reposo$_{8}$	del$_{9}$	sueño.$_{10}$	dice$_{5}$	entonces,$_{2}$	Así que$_{1}$	dijo$_{5}$	a ellos$_{6}$	--$_{3}$
3588	2838	3588	5258	3004	5119	3767	2036	846	3588
DGSF	*NGSF*	*DGSM*	*NGSM*	*VPAI3S*	*B*	*CLN*	*VAAI3S*	*RP3DPM*	*DNSM*

Ἰησοῦς	παρρησίᾳ·	Λάζαρος	ἀπέθανεν,	15 καὶ	χαίρω	δι'	ὑμᾶς,	ἵνα
Jesús$_{4}$	abiertamente:	Lázaro	murió,	y	me alegro	a causa de	vosotros,	para que$_{4}$
2424	3954	2976	599	2532	5463	1223	5209	2443
NNSM	*NDSF*	*NNSM*	*VAAI3S*	*CLN*	*VPAI1S*	*P*	*RP2AP*	*CAP*

πιστεύσητε,	ὅτι	οὐκ	ἤμην	ἐκεῖ·	ἀλλὰ	ἄγωμεν	πρὸς	αὐτόν.	16 εἶπεν
creáis,$_{5}$	que$_{1}$	no$_{3}$	estaba (yo)$_{2}$	allí$_{3}$	pero	vayamos	a	él.	dijo$_{6}$
4100	3754	3756	2252	1563	235	71	4314	846	2036
VAAS2P	*CAZ*	*BN, TN*	*VIMI1S*	*BP*	*CLC*	*VPAS1P*	*P*	*RP3ASM*	*VAAI3S*

οὖν	Θωμᾶς	ὁ	λεγόμενος	Δίδυμος	τοῖς	συμμαθηταῖς·	Ἄγωμεν
Así que$_{1}$	Tomás,$_{2}$	el$_{3}$	llamado$_{4}$	Gemelo,$_{5}$	a los	condiscípulos:	Vayamos
3767	2381	3588	3004	1324	3588	4827	71
CLI	*NNSM*	*DNSM*	*VPPP-SNM*	*NNSM*	*DDPM*	*NDPM*	*VPAS1P*

καὶ	ἡμεῖς	ἵνα	ἀποθάνωμεν	μετ'	αὐτοῦ.
también	nosotros	para que	muramos	con	él.
2532	2249	2443	599	3326	846
BE, TE	*RP1NP*	*CAP*	*VAAS1P*	*P*	*RP3GSM*

17 Ἐλθὼν	οὖν	ὁ	Ἰησοῦς	εὗρεν	αὐτὸν	τέσσαρας	ἤδη	ἡμέρας
cuando vino$_{2}$	Así que$_{1}$	--$_{3}$	Jesús,$_{4}$	encontró$_{5}$	a él$_{6}$	cuatro$_{9}$	ya$_{8}$	días.$_{10}$
2064	3767	3588	2424	2147	846	5064	2235	2250
VAAP-SNM	*CLT*	*DNSM*	*NNSM*	*VAAI3S*	*RP3ASM*	*JAPF*	*B*	*NAPF*

NVI

9 —¿Acaso el día no
tiene doce horas? —res-
pondió Jesús—. El que
anda de día no tropieza,
porque tiene la luz de
este mundo. 10 Pero el
que anda de noche sí
tropieza, porque no
tiene luz.
11 Dicho esto, añadió:
—Nuestro amigo
Lázaro duerme, pero
voy a despertarlo.
12 —Señor —respon-
dieron sus discípulos—,
si duerme, es que va a
recuperarse.
13 Jesús les hablaba
de la muerte de Lázaro,
pero sus discípulos pen-
saron que se refería al
sueño natural. 14 Por eso
les dijo claramente:
—Lázaro ha muerto,
15 y por causa de ustedes
me alegro de no haber
estado allí, para que
crean. Pero vamos a
verlo.
16 Entonces Tomás,
apodado el Gemelo, dijo
a los otros discípulos:
—Vayamos también
nosotros, para morir
con él.

Jesús consuela a las hermanas de Lázaro

17 A su llegada, Jesús
se encontró con que
Lázaro llevaba ya cuatro

RVR

estaba en el sepulcro.
18 Betania estaba cerca
de Jerusalén, como a
quince estadios;
19 y muchos de los
judíos habían venido
a Marta y a María,
para consolarlas por su
hermano.
20 Entonces Marta,
cuando oyó que Jesús
venía, salió a su encuen-
tro, mientras María se
quedaba sentada en
casa.
21 Y Marta dijo a Jesús:
Señor, si hubieses estado
aquí, mi hermano no
habría muerto.
22 Mas también sé ahora
que todo lo que pidas a
Dios, Dios te lo dará.
23 Jesús le dijo: Tu her-
mano resucitará.
24 Marta le dijo: Ya
sé que resucitará en
la resurrección, en el
último día.
25 Le dijo Jesús: Yo soy la
resurrección y la vida; el
que cree en mí, aunque
haya muerto, vivirá.
26 Y todo aquel que vive
y cree en mí, no morirá
eternamente. ¿Crees
esto?
27 Le dijo: Sí, Señor;
yo he creído que

ἔχοντα	ἐν	τῷ	μνημείῳ.	18 ἦν	δὲ	ἡ	Βηθανία	ἐγγὺς	τῶν
teniendo$_7$	en$_{11}$	la$_{12}$	tumba,$_{13}$	estaba$_2$	Y$_1$	--	Betania	cerca	de --
2192	1722	3588	3419	2258	1161	3588	963	1451	3588
VPAP-SAM	*P*	*DDSN*	*NDSN*	*VIAI3S*	*CLN*	*DNSF*	*NNSF*	*P, B*	*DGPN*

Ἱεροσολύμων	ὡς	ἀπὸ	σταδίων	δεκαπέντε.	19 πολλοὶ	δὲ	ἐκ
Jerusalén,	como$_1$	de$_2$	estadios.$_4$	quince$_3$	muchos$_2$	Y$_1$	de
2414	5613	575	4712	1178	4183	1161	1537
NGPN	*CAM, B*	*P, B*	*NGPN*	*XN, J*	*JNPM*	*CLN*	*P*

τῶν	Ἰουδαίων	ἐληλύθεισαν	πρὸς	τὴν	Μάρθαν	καὶ	Μαριὰμ	ἵνα
los	judíos	habían venido	a	--	Marta	y	María	para que
3588	2453	2064	4314	3588	3136	2532	3137	2443
DGPM	*JGPM*	*VLAI3P*	*P*	*DASF*	*NASF*	*CLN*	*NASF, XP*	*CAP*

παραμυθήσωνται	αὐτὰς	περὶ	τοῦ	ἀδελφοῦ.	20 ἡ	οὖν	Μάρθα	ὡς
consolaran	a ellas	acerca de	el	hermano.	--$_2$	Así que$_1$	Marta$_3$	como
3888	846	4012	3588	80	3588	3767	3136	5613
VAMS3P	*RP3APF*	*P*	*DGSM*	*NGSM*	*DNSF*	*CLN*	*NNSF*	*CAT*

ἤκουσεν	ὅτι	Ἰησοῦς	ἔρχεται	ὑπήντησεν	αὐτῷ·	Μαρία	δὲ	ἐν	τῷ
oyó	que	Jesús	viene,	salió al encuentro	de él.	María$_2$	Pero$_1$	en$_4$	la$_5$
191	3754	2424	2064	5221	846	3137	1161	1722	3588
VAAI3S	*CSC*	*NNSM*	*VPUI3S*	*VAAI3S*	*RP3DSM*	*NNSF, XP*	*CLC*	*P*	*DDSM*

οἴκῳ	ἐκαθέζετο.	21 εἶπεν	οὖν	ἡ	Μάρθα	πρὸς	τὸν	Ἰησοῦν·	Κύριε,
casa.$_6$	estaba sentada$_3$	dijo$_4$	Así que$_1$	--$_2$	Marta$_3$	a	--	Jesús:	Señor,
3624	2516	2036	3767	3588	3136	4314	3588	2424	2962
NDSM	*VIUI3S*	*VAAI3S*	*CLN*	*DNSF*	*NNSF*	*P*	*DASM*	*NASM*	*NVSM*

εἰ	ἦς	ὧδε	οὐκ	ἂν	ἀπέθανεν	ὁ	ἀδελφός	μου·
si	estabas (hubieras estado)	aquí,	no$_4$	--$_5$	murió (habría muerto).$_6$	el$_1$	hermano$_2$	de mí$_3$
1487	2258	5602	3756	302	599	3588	80	3450
CAC	*VIAI2S*	*BP*	*BN, TN*	*TC*	*VAAI3S*	*DNSM*	*NNSM*	*RP1GS*

22 καὶ	νῦν	οἶδα	ὅτι	ὅσα	ἂν	αἰτήσῃ	τὸν	θεὸν	δώσει	σοι	ὁ	θεός.
Y	ahora	sé	que	cuantas cosas	--	pidierais	a --	Dios,	dará$_3$	a ti.$_4$	--$_1$	Dios$_2$
2532	3568	1492	3754	3745	302	154	3588	2316	1325	4671	3588	2316
CLA, B	*B*	*VRAI1S*	*CSC*	*RK-APN*	*TC*	*VAMS2S*	*DASM*	*NASM*	*VFAI3S*	*RP2DS*	*DNSM*	*NNSM*

23 λέγει	αὐτῇ	ὁ	Ἰησοῦς·	Ἀναστήσεται	ὁ	ἀδελφός	σου.	24 λέγει
dice$_3$	a ella:$_4$	--$_1$	Jesús$_2$	resucitará.$_8$	El$_5$	hermano$_6$	de ti$_7$	dice$_3$
3004	846	3588	2424	450	3588	80	4675	3004
VPAI3S	*RP3DSF*	*DNSM*	*NNSM*	*VFMI3S*	*DNSM*	*NNSM*	*RP2GS*	*VPAI3S*

αὐτῷ	ἡ	Μάρθα·	Οἶδα	ὅτι	ἀναστήσεται	ἐν	τῇ	ἀναστάσει	ἐν	τῇ
a él:$_4$	--$_1$	Marta$_2$	Sé	que	resucitará	en	la	resurrección,	en	el
846	3588	3136	1492	3754	450	1722	3588	386	1722	3588
RP3DSM	*DNSF*	*NNSF*	*VRAI1S*	*CSC*	*VFMI3S*	*P*	*DDSF*	*NDSF*	*P*	*DDSF*

ἐσχάτῃ	ἡμέρᾳ.	25 εἶπεν	αὐτῇ	ὁ	Ἰησοῦς·	Ἐγώ	εἰμι	ἡ	ἀνάστασις
último	día.	dijo$_3$	a ella:$_4$	--$_1$	Jesús$_2$	Yo	soy	la	resurrección
2078	2250	2036	846	3588	2424	1473	1510	3588	386
JDSF	*NDSF*	*VAAI3S*	*RP3DSF*	*DNSM*	*NNSM*	*RP1NS*	*VPAI1S*	*DNSF*	*NNSF*

καὶ	ἡ	ζωή·	ὁ	πιστεύων	εἰς	ἐμὲ	κἂν	ἀποθάνῃ	ζήσεται,	26 καὶ
y	la	vida,	el que	creyendo	en	mí,	aunque	muera	vivirá;	y
2532	3588	2222	3588	4100	1519	1691	2579	599	2198	2532
CLN	*DNSF*	*NNSF*	*DNSM*	*VPAP-SNM*	*P*	*RP1AS*	*CAN, B*	*VAAS3S*	*VFMI3S*	*CLN*

πᾶς	ὁ	ζῶν	καὶ	πιστεύων	εἰς	ἐμὲ	οὐ	μὴ*	ἀποθάνῃ	εἰς	τὸν
todo	el que	vive	y	está creyendo	en	mí,	no	no	(muriera) morirá	para	--
3956	3588	2198	2532	4100	1519	1691	3756	3361	599	1519	3588
JNSM	*DNSM*	*VPAP-SNM*	*CLN*	*VPAP-SNM*	*P*	*RP1AS*	*BN, TN*	*BN, TN*	*VAAS3S*	*P*	*DASM*

αἰῶνα·	πιστεύεις	τοῦτο;	27 λέγει	αὐτῷ·	Ναί,	κύριε·	ἐγὼ	πεπίστευκα
siempre.	¿Crees	esto?	Dice	a él:	Sí,	Señor,	yo	he creído
165	4100	5124	3004	846	3483	2962	1473	4100
NASM	*VPAI2S*	*RD-ASN*	*VPAI3S*	*RP3DSM*	*I, T*	*NVSM*	*RP1NS*	*VRAI1S*

NVI

días en el sepulcro.
18 Betania estaba cerca
de Jerusalén, como a tres
kilómetros de distancia,
19 y muchos judíos ha-
bían ido a casa de Marta
y de María, a darles el
pésame por la muerte de
su hermano. 20 Cuando
Marta supo que Jesús lle-
gaba, fue a su encuentro;
pero María se quedó en
la casa.
21 —Señor —le dijo
Marta a Jesús—, si
hubieras estado aquí,
mi hermano no habría
muerto. 22 Pero yo sé que
aun ahora Dios te dará
todo lo que le pidas.
23 —Tu hermano re-
sucitará —le dijo Jesús.
24 —Yo sé que resuci-
tará en la resurrección,
en el día final —respon-
dió Marta.
25 Entonces Jesús
le dijo:
—Yo soy la resurrec-
ción y la vida. El que cree
en mí vivirá, aunque
muera; 26 y todo el que
vive y cree en mí no mo-
rirá jamás. ¿Crees esto?
27 —Sí, Señor; yo creo

11:26*O sea *de ninguna manera.*

RVR

tú eres el Cristo, el Hijo de Dios, que has venido al mundo.

Jesús llora ante la tumba de Lázaro

28 Habiendo dicho esto, fue y llamó a María su hermana, diciéndole en secreto: El Maestro está aquí y te llama.
29 Ella, en cuanto lo oyó, se levantó de prisa y vino a él.
30 Jesús todavía no había entrado en la aldea, sino que estaba en el lugar donde Marta había salido a recibirle.
31 Entonces los judíos que estaban en casa con ella y la consolaban, al ver que María se había levantado de prisa y había salido, la siguieron, diciendo: Va al sepulcro a llorar allí.
32 María, cuando llegó adonde estaba Jesús, al verle, se arrojó a sus pies, diciéndole: Señor, si hubieses estado aquí, no habría muerto mi hermano.
33 Jesús entonces, al verla llorando, y a los judíos que la acompañaban,

ὅτι	σὺ	εἶ	ὁ	χριστὸς	ὁ	υἱὸς	τοῦ	θεοῦ	ὁ	εἰς	τὸν	κόσμον
que	tú	eres	el	Cristo,	el	Hijo	de --	Dios,	el que$_1$	a$_3$	el$_4$	mundo.$_5$
3754	4771	1488	3588	5547	3588	5207	3588	2316	3588	1519	3588	2889
CSC	*RP2NS*	*VPAI2S*	*DNSM*	*NNSM*	*DNSM*	*NNSM*	*DGSM*	*NGSM*	*DNSM*	*P*	*DASM*	*NASM*

ἐρχόμενος.
viene$_2$
2064
VPUP-SNM

28 Καὶ	τοῦτο	εἰποῦσα	ἀπῆλθεν	καὶ	ἐφώνησεν	Μαριὰμ	τὴν
Y$_1$	esto,$_3$	habiendo dicho$_2$	se fue	y	llamó	a María	la
2532	5124	2036	565	2532	5455	3137	3588
CLN	*RD-ASN*	*VAAP-SNF*	*VAAI3S*	*CLN*	*VAAI3S*	*NASF, XP*	*DASF*

ἀδελφὴν	αὐτῆς	λάθρᾳ	εἰποῦσα·	Ὁ	διδάσκαλος	πάρεστιν	καὶ
hermana	de ella,	secretamente:$_2$	habiendo dicho$_1$	El	Maestro	está presente	y
79	846	2977	2036	3588	1320	3918	2532
NASF	*RP3GSF*	*B*	*VAAP-SNF*	*DNSM*	*NNSM*	*VPAI3S*	*CLN*

φωνεῖ	σε.	29 ἐκείνη	δὲ	ὡς	ἤκουσεν	ἠγέρθη	ταχὺ	καὶ	ἤρχετο
llama	a ti.	aquella$_2$	Mas$_1$	como	oyó,	se levanta	rápido	y	venía
5455	4571	1565	1161	5613	191	1453	5035	2532	2064
VPAI3S	*RP2AS*	*RD-NSF*	*CLN*	*CAT*	*VAAI3S*	*VAPI3S*	*B, J*	*CLN*	*VIUI3S*

πρὸς	αὐτόν·	30 οὔπω	δὲ	ἐληλύθει	ὁ	Ἰησοῦς	εἰς	τὴν	κώμην,
a	a él.	todavía no$_4$	Y$_1$	había venido$_5$	--$_2$	Jesús$_3$	a	la	aldea,
4314	846	3768	1161	2064	3588	2424	1519	3588	2968
P	*RP3ASM*	*BN*	*CLN*	*VLAI3S*	*DNSM*	*NNSM*	*P*	*DASF*	*NASF*

ἀλλ᾽	ἦν	ἔτι	ἐν	τῷ	τόπῳ	ὅπου	ὑπήντησεν	αὐτῷ	ἡ	Μάρθα.
sino	estaba	todavía	en	el	lugar	donde$_1$	salió al encuentro$_4$	a él.$_5$	--$_2$	Marta$_3$
235	2258	2089	1722	3588	5117	3699	5221	846	3588	3136
CLC	*VIAI3S*	*B*	*P*	*DDSM*	*NDSM*	*CAL, B*	*VAAI3S*	*RP3DSM*	*DNSF*	*NNSF*

31 οἱ	οὖν	Ἰουδαῖοι	οἱ	ὄντες	μετ᾽	αὐτῆς	ἐν	τῇ	οἰκίᾳ	καὶ
los$_2$	Así que$_1$	judíos,$_3$	los que	están	con	ella	en	la	casa	también
3588	3767	2453	3588	5607	3326	846	1722	3588	3614	2532
DNPM	*CLN*	*JNPM*	*DNPM*	*VPAP-PNM*	*P*	*RP3GSF*	*P*	*DDSF*	*NDSF*	*CLN*

παραμυθούμενοι	αὐτήν,	ἰδόντες	τὴν	Μαριὰμ	ὅτι	ταχέως	ἀνέστη	καὶ
consolando	a ella,	viendo	a --	María	que	tan aprisa$_2$	se levantó$_1$	y
3888	846	1492	3588	3137	3754	5030	450	2532
VPUP-PNM	*RP3ASF*	*VAAP-PNM*	*DASF*	*NASF, XP*	*CSC*	*B*	*VAAI3S*	*CLN*

ἐξῆλθεν,	ἠκολούθησαν	αὐτῇ	δόξαντες	ὅτι	ὑπάγει	εἰς	τὸ	μνημεῖον
salió,	siguieron	a ella	habiendo pensado	que	va	a	la	tumba
1831	190	846	1380	3754	5217	1519	3588	3419
VAAI3S	*VAAI3P*	*RP3DSF*	*VAAP-PNM*	*CSC*	*VPAI3S*	*P*	*DASN*	*NASN*

ἵνα	κλαύσῃ	ἐκεῖ.	32 ἡ	οὖν	Μαριὰμ	ὡς	ἦλθεν	ὅπου	ἦν	Ἰησοῦς
para que	llorara	allí.	--$_2$	Así que$_1$	María$_3$	como	vino	donde	estaba	Jesús,
2443	2799	1563	3588	3767	3137	5613	2064	3699	2258	2424
CAP	*VAAS3S*	*BP*	*DNSF*	*CLN*	*NNSF, XP*	*CAT*	*VAAI3S*	*R, CAL*	*VIAI3S*	*NNSM*

ἰδοῦσα	αὐτὸν	ἔπεσεν	αὐτοῦ	πρὸς	τοὺς	πόδας,	λέγουσα	αὐτῷ·	Κύριε,
habiendo visto	a él	cayó$_1$	de él$_5$	a$_2$	los$_3$	pies$_4$	diciendo	a él:	Señor,
1492	846	4098	846	4314	3588	4228	3004	846	2962
VAAP-SNF	*RP3ASM*	*VAAI3S*	*RP3GSM*	*P*	*DAPM*	*NAPM*	*VPAP-SNF*	*RP3DSM*	*NVSM*

εἰ	ἧς	ὧδε	οὐκ	ἂν	μου	ἀπέθανεν	ὁ	ἀδελφός.
si	estabas (hubieras estado)	aquí	no$_4$	--$_5$	de mí$_3$	murió (habría muerto).$_6$	el$_1$	hermano$_2$
1487	2258	5602	3756	302	3450	599	3588	80
CAC	*VIAI2S*	*BP*	*BN, TN*	*TC*	*RP1GS*	*VAAI3S*	*DNSM*	*NNSM*

33 Ἰησοῦς	οὖν	ὡς	εἶδεν	αὐτὴν	κλαίουσαν	καὶ	τοὺς	συνελθόντας
Jesús$_2$	Así que$_1$	como	vio	a ella	llorando,	y	a los que$_2$	acompañaron$_3$
2424	3767	5613	1492	846	2799	2532	3588	4905
NNSM	*CLN*	*CAT*	*VAAI3S*	*RP3ASF*	*VPAP-SAF*	*CLN*	*DAPM*	*VAAP-PAM*

NVI

que tú eres el Cristo, el Hijo de Dios, el que había de venir al mundo.

28 Dicho esto, Marta regresó a la casa y, llamando a su hermana María, le dijo en privado:

—El Maestro está aquí y te llama.

29 Cuando María oyó esto, se levantó rápidamente y fue a su encuentro. 30 Jesús aún no había entrado en el pueblo, sino que todavía estaba en el lugar donde Marta se había encontrado con él. 31 Los judíos que habían estado con María en la casa, dándole el pésame, al ver que se había levantado y había salido de prisa, la siguieron, pensando que iba al sepulcro a llorar.

32 Cuando María llegó adonde estaba Jesús y lo vio, se arrojó a sus pies y le dijo:

—Señor, si hubieras estado aquí, mi hermano no habría muerto.

33 Al ver llorar a María y a los judíos que la habían acompañado,

RVR

también llorando, se
estremeció interiormen-
te y se conmovió,
34 y dijo: ¿Dónde le ha-
béis puesto? Le dijeron:
Señor, ven y ve.
35 Jesús lloró.
36 Dijeron entonces los
judíos: Mirad cómo le
amaba.
37 Y algunos de ellos
dijeron: ¿No podía
éste, que abrió los ojos
del ciego, haber hecho
también que Lázaro no
muriera?

Resurrección de Lázaro

38 Jesús, profundamente
conmovido otra vez,
vino al sepulcro. Era
una cueva, y tenía una
piedra puesta encima.
39 Dijo Jesús: Quitad
la piedra. Marta, la
hermana del que había
muerto, le dijo: Señor,
hiede ya, porque es de
cuatro días.
40 Jesús le dijo: ¿No te he
dicho que si crees, verás
la gloria de Dios?
41 Quitaron, pues, la
piedra de donde había
sido puesto el muerto. Y
Jesús, alzando los ojos a
lo alto, dijo: Padre, gra-
cias te doy por haberme
oído.
42 Yo sabía que siempre
me oyes; pero lo
dije por causa de la

αὐτῇ	Ἰουδαίους	κλαίοντας	ἐνεβριμήσατο	τῷ	πνεύματι	καὶ
a ella$_4$	a judíos$_1$	llorando,	se conmovió profundamente	el	espíritu	y
846	2453	2799	1690	3588	4151	2532
RP3DSF	*JAPM*	*VPAP-PAM*	*VAMI3S*	*DDSN*	*NDSN*	*CLN*

ἐτάραξεν	ἑαυτόν,	34 καὶ	εἶπεν·	Ποῦ	τεθείκατε	αὐτόν;	λέγουσιν	αὐτῷ·
se estremeció	a sí mismo,	y	dijo:	¿Dónde	habéis puesto	a él?	Dicen	a él:
5015	1438	2532	2036	4226	5087	846	3004	846
VAAI3S	*RF3ASM*	*CLN*	*VAAI3S*	*BI*	*VRAI2P*	*RP3ASM*	*VPAI3P*	*RP3DSM*

Κύριε,	ἔρχου	καὶ	ἴδε.	35 ἐδάκρυσεν	ὁ	Ἰησοῦς.	36 ἔλεγον	οὖν
Señor,	ven	y	ve.	lloró.$_3$	--$_1$	Jesús$_2$	decían:$_4$	Así que$_1$
2962	2064	2532	1492	1145	3588	2424	3004	3767
NVSM	*VPUM2S, VPUI2S*	*CLN*	*VAAM2S*	*VAAI3S*	*DNSM*	*NNSM*	*VIAI3P*	*CLI*

οἱ	Ἰουδαῖοι·	Ἴδε	πῶς	ἐφίλει	αὐτόν.	37 τινὲς	δὲ	ἐξ	αὐτῶν	εἶπαν·
los$_2$	judíos$_3$	Mira,	cómo	amaba	a él.	algunos$_2$	Mas$_1$	de	ellos	dijeron:
3588	2453	1492	4459	5368	846	5100	1161	1537	846	3004
DNPM	*JNPM*	*I, VAAM2S*	*B*	*VIAI3S*	*RP3ASM*	*RX-NPM*	*CLC*	*P*	*RP3GPM*	*VAAI3P*

Οὐκ	ἐδύνατο	οὗτος	ὁ	ἀνοίξας	τοὺς	ὀφθαλμοὺς	τοῦ	τυφλοῦ	ποιῆσαι
¿No	podía	este,	el que	abrió	los	ojos	del	ciego,	hacer
3756	1410	3778	3588	455	3588	3788	3588	5185	4160
TN, TI	*VIUI3S*	*RD-NSM*	*DNSM*	*VAAP-SNM*	*DAPM*	*NAPM*	*DGSM*	*JGSM*	*VAAN*

ἵνα	καὶ	οὗτος	μὴ	ἀποθάνῃ;
que	también	este	no	muriera?
2443	2532	3778	3361	599
CSC	*BE, TE*	*RD-NSM*	*BN, TN*	*VAAS3S*

38 Ἰησοῦς	οὖν	πάλιν	ἐμβριμώμενος	ἐν	ἑαυτῷ	ἔρχεται	εἰς
Jesús,$_2$	Así que$_1$	de nuevo,$_6$	conmoviéndose profundamente$_3$	en$_4$	sí mismo$_5$	viene	hacia
2424	3767	3825	1690	1722	1438	2064	1519
NNSM	*CLN*	*B*	*VPUP-SNM*	*P*	*RF3DSM*	*VPUI3S*	*P*

τὸ	μνημεῖον·	ἦν	δὲ	σπήλαιον,	καὶ	λίθος	ἐπέκειτο	ἐπ'	αὐτῷ.
la	tumba;	era$_2$	mas$_1$	una cueva$_3$	y	una piedra	estaba puesta	sobre	ella.
3588	3419	2258	1161	4693	2532	3037	1945	1909	846
DASN	*NASN*	*VIAI3S*	*CLN*	*NNSN*	*CLN*	*NNSM*	*VIUI3S*	*P*	*RP3DSN*

39 λέγει	ὁ	Ἰησοῦς·	Ἄρατε	τὸν	λίθον.	λέγει	αὐτῷ	ἡ	ἀδελφὴ	τοῦ
dice:$_3$	--$_1$	Jesús$_2$	Quitad	la	piedra.	dice$_8$	a él:$_9$	La$_1$	hermana$_2$	del que$_3$
3004	3588	2424	142	3588	3037	3004	846	3588	79	3588
VPAI3S	*DNSM*	*NNSM*	*VAAM2P*	*DASM*	*NASM*	*VPAI3S*	*RP3DSM*	*DNSF*	*NNSF*	*DGSM*

τετελευτηκότος	Μάρθα·	Κύριε,	ἤδη	ὄζει,	τεταρταῖος	γάρ	ἐστιν.
había muerto,$_4$	Marta,$_5$	Señor,	ya	huele mal,	cuarto día.$_3$	porque$_1$	es$_2$
5053	3136	2962	2235	3605	5066	1063	2076
VRAP-SGM	*NNSF*	*NVSM*	*B*	*VPAI3S*	*JNSM*	*CAZ*	*VPAI3S*

40 λέγει	αὐτῇ	ὁ	Ἰησοῦς·	Οὐκ	εἶπόν	σοι	ὅτι	ἐὰν	πιστεύσῃς	ὄψῃ
dice$_3$	a ella:$_4$	--$_1$	Jesús$_2$	¿Acaso no	dije	a ti	que	si	creyeras	verás
3004	846	3588	2424	3756	2036	4671	3754	1437	4100	3708
VPAI3S	*RP3DSF*	*DNSM*	*NNSM*	*TN, TI*	*VAAI1S*	*RP2DS*	*CSC*	*CAC*	*VAAS2S*	*VFMI2S*

τὴν	δόξαν	τοῦ	θεοῦ;	41 ἦραν	οὖν	τὸν	⌜λίθον.	ὁ	δὲ	Ἰησοῦς	ἦρεν
la	gloria	de --	Dios?	quitaron$_2$	Así que$_1$	la$_3$	piedra.$_4$	--$_6$	Mas$_5$	Jesús$_7$	alzó
3588	1391	3588	2316	142	3767	3588	3037	3588	1161	2424	142
DASF	*NASF*	*DGSM*	*NGSM*	*VAAI3P*	*CLI*	*DASM*	*NASM*	*DNSM*	*CLN*	*NNSM*	*VAAI3S*

τοὺς	ὀφθαλμοὺς	ἄνω	καὶ	εἶπεν·	Πάτερ,	εὐχαριστῶ	σοι	ὅτι	ἤκουσάς
los	ojos	arriba	y	dijo:	Padre,	doy gracias	a ti	que	oíste
3588	3788	507	2532	2036	3962	2168	4671	3754	191
DAPM	*NAPM*	*B*	*CLN*	*VAAI3S*	*NVSM*	*VPAI1S*	*RP2DS*	*CSC*	*VAAI2S*

μου,	42 ἐγὼ	δὲ	ᾔδειν	ὅτι	πάντοτέ	μου	ἀκούεις·	ἀλλὰ	διὰ	τὸν
a mí.	yo$_2$	Y$_1$	sabía	que	siempre	de mí,$_2$	oyes$_1$	pero$_3$	a causa de$_5$	la$_6$
3450	1473	1161	1492	3754	3842	3450	191	235	1223	3588
RP1GS	*RP1NS*	*CLN*	*VLAI1S*	*CSC*	*B*	*RP1GS*	*VPAI2S*	*CLC*	*P*	*DASM*

NVI

Jesús se turbó y se con-
movió profundamente.
34 —¿Dónde lo han
puesto? —preguntó.
—Ven a verlo, Señor
—le respondieron.
35 Jesús lloró.
36 —¡Miren cuánto
lo quería! —dijeron los
judíos.
37 Pero algunos de
ellos comentaban:
—Este, que le abrió
los ojos al ciego, ¿no
podría haber impedido
que Lázaro muriera?

Jesús resucita a Lázaro

38 Conmovido una
vez más, Jesús se acercó
al sepulcro. Era una cue-
va cuya entrada estaba
tapada con una piedra.
39 —Quiten la piedra
—ordenó Jesús.
Marta, la hermana del
difunto, objetó:
—Señor, ya debe oler
mal, pues lleva cuatro
días allí.
40 —¿No te dije que
si crees verás la gloria
de Dios? —le contestó
Jesús.
41 Entonces quitaron
la piedra. Jesús, alzando
la vista, dijo:
—Padre, te doy gra-
cias porque me has escu-
chado. 42 Ya sabía yo que
siempre me escuchas,
pero lo dije por la gente

11:41⌜ Manuscritos inferiores aumentaron *de donde había sido puesto el muerto.*

RVR

multitud que está alre-
dedor, para que crean
que tú me has enviado.
43 Y habiendo dicho
esto, clamó a gran voz:
¡Lázaro, sal fuera!
44 Y el que había muerto
salió, atadas las manos
y los pies con vendas, y
el rostro envuelto en un
sudario. Jesús les dijo:
Desatadle, y dejadle ir.

El complot para matar a Jesús

45 Entonces muchos de
los judíos que habían
venido para acompañar
a María, y vieron lo que
hizo Jesús, creyeron
en él.
46 Pero algunos de ellos
fueron a los fariseos y
les dijeron lo que Jesús
había hecho.
47 Entonces los princi-
pales sacerdotes y los
fariseos reunieron el sa-
nedrín, y dijeron: ¿Qué
hacemos? Porque este
hombre hace muchas
señales.
48 Si le dejamos así,
todos creerán en él; y
vendrán los romanos, y
destruirán nuestro lugar
santo y nuestra nación.
49 Entonces Caifás, uno
de ellos, que era sumo
sacerdote aquel año, les

ὄχλον	τὸν	περιεστῶτα	εἶπον,	ἵνα	πιστεύσωσιν	ὅτι	σύ	με
multitud$_7$	la que$_8$	está alrededor,$_9$	dije$_4$	para que	creyeran	que	tú	a mí.$_2$
3793	3588	4026	2036	2443	4100	3754	4771	3165
NASM	*DASM*	*VRAP-SAM*	*VAAI1S*	*CAP*	*VAAS3P*	*CSC*	*RP2NS*	*RP1AS*

ἀπέστειλας.	43 καὶ	ταῦτα	εἰπὼν	φωνῇ	μεγάλῃ	ἐκραύγασεν·
enviaste$_1$	y$_1$	estas cosas,$_3$	habiendo dicho$_2$	voz:$_6$	con gran$_5$	clamó$_4$
649	2532	5023	2036	5456	3173	2905
VAAI2S	*CLN*	*RD-APN*	*VAAP-SNM*	*NDSF*	*JDSF*	*VAAI3S*

Λάζαρε,	δεῦρο	ἔξω.	44 ἐξῆλθεν	ὁ	τεθνηκὼς	δεδεμένος	τοὺς	πόδας
Lázaro,	ven	fuera.	salió$_3$	El que$_1$	había muerto$_2$	atado$_4$	los$_6$	pies$_7$
2976	1204	1854	1831	3588	2348	1210	3588	4228
NVSM	*B*	*BP*	*VAAI3S*	*DNSM*	*VRAP-SNM*	*VRPP-SNM*	*DAPM*	*NAPM*

καὶ	τὰς	χεῖρας	κειρίαις,	καὶ	ἡ	ὄψις	αὐτοῦ	σουδαρίῳ	περιεδέδετο.
y$_8$	las$_9$	manos,$_{10}$	con vendas$_5$	y$_{11}$	el$_{12}$	rostro$_{13}$	de él$_{14}$	con sudario.$_{16}$	había sido envuelto$_{15}$
2532	3588	5495	2750	2532	3588	3799	846	4676	4019
CLN	*DAPF*	*NAPF*	*NDPF*	*CLN*	*DNSF*	*NNSF*	*RP3GSM*	*NDSN*	*VLPI3S*

λέγει	αὐτοῖς	ὁ	Ἰησοῦς·	Λύσατε	αὐτὸν	καὶ	ἄφετε	αὐτὸν	ὑπάγειν.
dice$_{18}$	a ellos:$_{19}$	--$_{16}$	Jesús$_{17}$	Desatad	a él,	y	dejad	a él	ir.
3004	846	3588	2424	3089	846	2532	863	846	5217
VPAI3S	*RP3DPM*	*DNSM*	*NNSM*	*VAAM2P*	*RP3ASM*	*CLN*	*VAAM2P*	*RP3ASM*	*VPAN*

45 Πολλοὶ	οὖν	ἐκ	τῶν	Ἰουδαίων,	οἱ	ἐλθόντες	πρὸς	τὴν	Μαριὰμ
muchos$_2$	Así que$_1$	de	los	judíos,	los que	vinieron	a	--	María,
4183	3767	1537	3588	2453	3588	2064	4314	3588	3137
JNPM	*CLI*	*P*	*DGPM*	*JGPM*	*DNPM*	*VAAP-PNM*	*P*	*DASF*	*NASF, XP*

καὶ	θεασάμενοι	ἃ	ἐποίησεν,	ἐπίστευσαν	εἰς	αὐτόν·	46 τινὲς	δὲ
y	habiendo visto	las cosas que	hizo,	creyeron	en	él.	algunos$_2$	Mas$_1$
2532	2300	3739	4160	4100	1519	846	5100	1161
CLN	*VAMP-PNM*	*RR-APN*	*VAAI3S*	*VAAI3P*	*P*	*RP3ASM*	*RX-NPM*	*CLC*

ἐξ	αὐτῶν	ἀπῆλθον	πρὸς	τοὺς	Φαρισαίους	καὶ	εἶπαν	αὐτοῖς	ἃ
de	ellos	se fueron	a	los	fariseos	y	dijeron	a ellos	las cosas que$_1$
1537	846	565	4314	3588	5330	2532	3004	846	3739
P	*RP3GPM*	*VAAI3P*	*P*	*DAPM*	*NAPM*	*CLN*	*VAAI3P*	*RP3DPM*	*RR-APN*

ἐποίησεν	Ἰησοῦς.	47 συνήγαγον	οὖν	οἱ	ἀρχιερεῖς	καὶ	οἱ
hizo.$_3$	Jesús$_2$	reunieron$_7$	Así que$_1$	los$_2$	principales sacerdotes$_3$	y$_4$	los$_5$
4160	2424	4863	3767	3588	749	2532	3588
VAAI3S	*NNSM*	*VAAI3P*	*CLI*	*DNPM*	*NNPM*	*CLN*	*DNPM*

Φαρισαῖοι	συνέδριον,	καὶ	ἔλεγον·	Τί	ποιοῦμεν	ὅτι	οὗτος	ὁ
fariseos$_6$	al sanedrín$_8$	y	decían:	¿Qué	hacemos?,	porque	este$_1$	--$_2$
5330	4892	2532	3004	5101	4160	3754	3778	3588
NNPM	*NASN*	*CLN*	*VIAI3P*	*RI-ASN*	*VPAI1P*	*CAZ*	*RD-NSM*	*DNSM*

ἄνθρωπος	πολλὰ	ποιεῖ	σημεῖα;	48 ἐὰν	ἀφῶμεν	αὐτὸν	οὕτως,	πάντες
hombre$_3$	muchas$_5$	hace$_4$	señales.$_6$	Si	dejamos	a él	así,	todos
444	4183	4160	4592	1437	863	846	3779	3956
NNSM	*JAPN*	*VPAI3S*	*NAPN*	*CAC*	*VAAS1P*	*RP3ASM*	*B*	*JNPM*

πιστεύσουσιν	εἰς	αὐτόν,	καὶ	ἐλεύσονται	οἱ	Ῥωμαῖοι	καὶ	ἀροῦσιν
creerán	en	él	y$_1$	vendrán$_4$	los$_2$	romanos$_3$	y	quitarán
4100	1519	846	2532	2064	3588	4514	2532	142
VFAI3P	*P*	*RP3ASM*	*CLN*	*VFMI3P*	*DNPM*	*JNPM*	*CLN*	*VFAI3P*

ἡμῶν	καὶ	τὸν	τόπον	καὶ	τὸ	ἔθνος.	49 εἷς	δέ	τις	ἐξ
de nosotros	también	el	lugar	y	la	nación.	uno$_3$	Pero$_1$	cierto$_2$	de$_4$
2257	2532	3588	5117	2532	3588	1484	1520	1161	5100	1537
RP1GP	*CLK*	*DASM*	*NASM*	*CLK, CLN*	*DASN*	*NASN*	*JNSM*	*CLN*	*JNSM, RX-NSM*	*P*

αὐτῶν	Καϊάφας,	ἀρχιερεὺς	ὢν	τοῦ	ἐνιαυτοῦ	ἐκείνου,	εἶπεν
ellos,$_5$	Caifás,	sumo sacerdote$_5$	siendo$_1$	el$_3$	año,$_4$	aquel$_2$	dijo
846	2533	749	5607	3588	1763	1565	2036
RP3GPM	*NNSM*	*NNSM*	*VPAP-SNM*	*DGSM*	*NGSM*	*RD-GSM*	*VAAI3S*

NVI

que está aquí presente,
para que crean que tú
me enviaste.
43 Dicho esto, gritó
con todas sus fuerzas:
—¡Lázaro, sal fuera!
44 El muerto salió, con
vendas en las manos y
en los pies, y el rostro cu-
bierto con un sudario.
—Quítenle las ven-
das y dejen que se vaya
—les dijo Jesús.

La conspiración para matar a Jesús

45 Muchos de los
judíos que habían ido a
ver a María y que habían
presenciado lo hecho
por Jesús creyeron en
él. 46 Pero algunos de
ellos fueron a ver a los
fariseos y les contaron lo
que Jesús había hecho.
47 Entonces los jefes de
los sacerdotes y los fari-
seos convocaron a una
reunión del Consejo.
—¿Qué vamos a ha-
cer? —dijeron—. Este
hombre está haciendo
muchas señales mila-
grosas. 48 Si lo dejamos
seguir así, todos van a
creer en él, y vendrán los
romanos y acabarán con
nuestro lugar sagrado,
e incluso con nuestra
nación.
49 Uno de ellos, llama-
do Caifás, que ese año
era el sumo sacerdote,

RVR

dijo: Vosotros no sabéis
nada;
50 ni os dais cuenta de
que nos conviene que
un solo hombre muera
por el pueblo, y no que
toda la nación perezca.
51 Esto no lo dijo por sí
mismo, sino que como
era el sumo sacerdote
aquel año, profetizó que
Jesús iba a morir por la
nación;
52 y no solamente por
la nación, sino también
para congregar en uno
a los hijos de Dios que
estaban dispersos.
53 Así que, desde aquel
día acordaron matarle.
54 Por tanto, Jesús ya no
andaba abiertamente
entre los judíos, sino
que se alejó de allí a la
región contigua al de-
sierto, a una ciudad lla-
mada Efraín; y se quedó
allí con sus discípulos.
55 Y estaba cerca la
pascua de los judíos;
y muchos subieron
de aquella región a
Jerusalén antes de la
pascua, para purificarse.
56 Y buscaban a Jesús,

αὐτοῖς·	Ὑμεῖς	οὐκ	οἴδατε	οὐδέν,	50 οὐδὲ	λογίζεσθε	ὅτι	συμφέρει
a ellos:	Vosotros	no	sabéis	nada,	ni	tenéis en cuenta	que	conviene
846	5210	3756	1492	3762	3761	3049	3754	4851
RP3DPM	*RP2NP*	*BN, TN*	*VRAI2P*	*JASN*	*BN,CLD*	*VPUI2P*	*CSC*	*VPAI3S*

ὑμῖν	ἵνα	εἷς	ἄνθρωπος	ἀποθάνῃ	ὑπὲρ	τοῦ	λαοῦ	καὶ	μὴ	ὅλον	τὸ
a vosotros	que	un	hombre	muera	por	el	pueblo,	y	no	toda	la
5213	2443	1520	444	599	5228	3588	2992	2532	3361	3650	3588
RP2DP	*CSC*	*JNSM*	*NNSM*	*VAAS3S*	*P*	*DGSM*	*NGSM*	*CLN*	*BN, TN*	*JNSN*	*DNSN*

ἔθνος	ἀπόληται.	51 τοῦτο	δὲ	ἀφ᾽	ἑαυτοῦ	οὐκ	εἶπεν,	ἀλλὰ	ἀρχιερεὺς
nación	perezca.	esto$_2$	Pero$_1$	de$_5$	de sí mismo,$_6$	no$_3$	dijo$_4$	sino$_7$	sumo sacerdote$_9$
1484	622	5124	1161	575	1438	3756	2036	235	749
NNSN	*VAMS3S*	*RD-ASN*	*CLN*	*P*	*RF3GSM*	*BN, TN*	*VAAI3S*	*CLC*	*NNSM*

ὢν	τοῦ	ἐνιαυτοῦ	ἐκείνου	ἐπροφήτευσεν	ὅτι	ἔμελλεν	Ἰησοῦς
siendo$_8$	de --$_{10}$	año,$_{12}$	aquel$_{11}$	profetizó$_{13}$	que$_{14}$	estaba a punto de$_{16}$	Jesús$_{15}$
5607	3588	1763	1565	4395	3754	3195	2424
VPAP-SNM	*DGSM*	*NGSM*	*RD-GSM*	*VAAI3S*	*CSC*	*VIAI3S*	*NNSM*

ἀποθνῄσκειν	ὑπὲρ	τοῦ	ἔθνους,	52 καὶ	οὐχ	ὑπὲρ	τοῦ	ἔθνους	μόνον,	ἀλλ᾽
morir$_{17}$	por	la	nación;	y	no	por$_2$	la$_3$	nación,$_4$	solo$_1$	sino
599	5228	3588	1484	2532	3756	5228	3588	1484	3440	235
VPAN	*P*	*DGSN*	*NGSN*	*CLN*	*BN, TN*	*P*	*DGSN*	*NGSN*	*B, J*	*CLC*

ἵνα	καὶ	τὰ	τέκνα	τοῦ	θεοῦ	τὰ	διεσκορπισμένα	συναγάγῃ	εἰς
para que	también	los	hijos	de --	de Dios,	los que	están dispersados,	(él) reúna	en
2443	2532	3588	5043	3588	2316	3588	1287	4863	1519
CAP	*BE, TE*	*DAPN*	*NAPN*	*DGSM*	*NGSM*	*DAPN*	*VRPP-PAN*	*VAAS3S*	*P*

ἕν.	53 ἀπ᾽	ἐκείνης	οὖν	τῆς	ἡμέρας	ἐβουλεύσαντο	ἵνα	ἀποκτείνωσιν
uno.	desde$_2$	aquel$_3$	Así que,$_1$	--	día,	resolvieron	que	mataran
1520	575	1565	3767	3588	2250	1011	2443	615
JASN	*P*	*RD-GSF*	*CLI*	*DGSF*	*NGSF*	*VAMI3P*	*CSC*	*VPAS3P*

αὐτόν.
a él.
846
RP3ASM

54 Ὁ	οὖν	Ἰησοῦς	οὐκέτι	παρρησίᾳ	περιεπάτει	ἐν	τοῖς	Ἰουδαίοις,
--$_2$	Así que$_1$	Jesús$_3$	ya no$_4$	abiertamente$_6$	andaba$_5$	entre	los	judíos,
3588	3767	2424	3765	3954	4043	1722	3588	2453
DNSM	*CLI*	*NNSM*	*BN*	*NDSF*	*VIAI3S*	*P*	*DDPM*	*JDPM*

ἀλλὰ	ἀπῆλθεν	ἐκεῖθεν	εἰς	τὴν	χώραν	ἐγγὺς	τῆς	ἐρήμου,	εἰς	Ἐφραὶμ
sino	se fue	de allí	en	la	región	cerca	del	desierto,	a$_1$	Efraín,$_4$
235	565	1564	1519	3588	5561	1451	3588	2048	1519	2187
CLC	*VAAI3S*	*BP*	*P*	*DASF*	*NASF*	*P, B*	*DGSF*	*JGSF*	*P*	*NASM, XP*

λεγομένην	πόλιν,	κἀκεῖ	ἔμεινεν	μετὰ	τῶν	μαθητῶν.
llamada$_3$	(la) ciudad$_2$	y allí	permaneció	con	los	discípulos.
3004	4172	2546	3306	3326	3588	3101
VPPP-SAF	*NASF*	*CLN, BP*	*VAAI3S*	*P*	*DGPM*	*NGPM*

55 Ἦν	δὲ	ἐγγὺς	τὸ	πάσχα	τῶν	Ἰουδαίων,	καὶ	ἀνέβησαν	πολλοὶ
estaba$_6$	Mas$_1$	cerca,$_7$	la$_2$	Pascua$_3$	de los$_4$	judíos$_5$	y$_7$	subieron$_9$	muchos$_8$
2258	1161	1451	3588	3957	3588	2453	2532	305	4183
VIAI3S	*CLT*	*B*	*DNSN*	*NNSN, XF*	*DGPM*	*JGPM*	*CLN*	*VAAI3P*	*JNPM*

εἰς	Ἱεροσόλυμα	ἐκ	τῆς	χώρας	πρὸ	τοῦ	πάσχα	ἵνα
hacia$_{13}$	Jerusalén,$_{14}$	desde$_{10}$	la$_{11}$	región$_{12}$	antes de$_{18}$	la$_{19}$	Pascua.$_{20}$	para que$_{15}$
1519	2414	1537	3588	5561	4253	3588	3957	2443
P	*NASF*	*P*	*DGSF*	*NGSF*	*P*	*DGSN, DGSM*	*NGSN, XF*	*CAP*

ἁγνίσωσιν	ἑαυτούς.	56 ἐζήτουν	οὖν	τὸν	Ἰησοῦν	καὶ	ἔλεγον	μετ᾽
se purificaran$_{16}$	a sí mismos$_{17}$	buscaban$_2$	Así que$_1$	a --	Jesús,	y	decían	con
48	1438	2212	3767	3588	2424	2532	3004	3326
VAAS3P	*RF3APM*	*VIAI3P*	*CLI*	*DASM*	*NASM*	*CLN*	*VIAI3P*	*P*

NVI

les dijo:
—¡Ustedes no saben
nada en absoluto! 50 No
entienden que les
conviene más que muera
un solo hombre por el
pueblo, y no que perezca
toda la nación.
51 Pero esto no lo dijo
por su propia cuenta,
sino que, como era
sumo sacerdote ese
año, profetizó que Jesús
moriría por la nación
judía, 52 y no solo por esa
nación, sino también
por los hijos de Dios que
estaban dispersos, para
congregarlos y unifi-
carlos. 53 Así que desde
ese día convinieron en
quitarle la vida.
54 Por eso Jesús ya
no andaba en público
entre los judíos. Se retiró
más bien a una región
cercana al desierto, a un
pueblo llamado Efraín,
donde se quedó con sus
discípulos.
55 Faltaba poco para
la Pascua judía, así que
muchos subieron del
campo a Jerusalén para
su purificación ceremo-
nial antes de la Pascua.
56 Andaban buscando a
Jesús, y mientras estaban

RVR

y estando ellos en el
templo, se preguntaban
unos a otros: ¿Qué os
parece? ¿No vendrá a
la fiesta?
57 Y los principales
sacerdotes y los fariseos
habían dado orden de
que si alguno supiese
dónde estaba, lo de-
nunciara, para que le
prendiesen.

Jesucristo es ungido en Betania

12 Seis días antes
de la pascua,
vino Jesús a Betania,
donde estaba Lázaro, el
que había estado muer-
to, y a quien había resu-
citado de los muertos.
2 Y le hicieron allí una
cena; Marta servía, y
Lázaro era uno de los
que estaban sentados a la
mesa con él.
3 Entonces María tomó
una libra de perfume de
nardo puro, de mucho
precio, y ungió los pies
de Jesús, y los enjugó
con sus cabellos; y la
casa se llenó del olor del
perfume.
4 Y dijo uno de sus dis-
cípulos, Judas Iscariote
hijo de Simón, el que iba
a entregarle:
5 ¿Por qué no fue este
perfume vendido por
trescientos denarios, y
dado a los pobres?
6 Pero dijo esto, no

ἀλλήλων	ἐν	τῷ	ἱερῷ	ἑστηκότες·	Τί	δοκεῖ	ὑμῖν;	ὅτι
unos a otros,	en$_2$	el$_3$	templo:$_4$	habiendo estado presentes$_1$	¿Qué	parece	a vosotros?	¿Que
240	1722	3588	2411	2476	5101	1380	5213	3754
RC-GPM	*P*	*DDSN*	*NDSN, JDSN*	*VRAP-PNM*	*RI-ASN*	*VPAI3S*	*RP2DP*	*CSC*

οὐ	μή*	ἔλθῃ	εἰς	τὴν	ἑορτήν;	57 δεδώκεισαν	δὲ	οἱ	ἀρχιερεῖς
no	no	venga	a	la	fiesta?	habiendo dado$_7$	Mas$_1$	los$_2$	principales sacerdotes$_3$
3756	3361	2064	1519	3588	1859	1325	1161	3588	749
BN, TN	*BN, TN*	*VAAS3S*	*P*	*DASF*	*NASF*	*VLAI3P*	*CLN*	*DNPM*	*NNPM*

καὶ	οἱ	Φαρισαῖοι	ἐντολὰς	ἵνα	ἐάν	τις	γνῷ	ποῦ	ἐστιν	μηνύσῃ,
y$_4$	los$_5$	fariseos$_6$	órdenes$_8$	que,	si	alguien	supiera	dónde	está,	informara
2532	3588	5330	1785	2443	1437	5100	1097	4226	2076	3377
CLN	*DNPM*	*NNPM*	*NAPF*	*CSC*	*CAC*	*RX-NSM*	*VAAS3S*	*B*	*VPAI3S*	*VAAS3S*

ὅπως	πιάσωσιν	αὐτόν.
a fin de que	arresten	a él.
3704	4084	846
CAP	*VAAS3P*	*RP3ASM*

12 Ὁ	οὖν	Ἰησοῦς	πρὸ	ἓξ	ἡμερῶν	τοῦ	πάσχα	ἦλθεν
--$_2$	Así que$_1$	Jesús,$_3$	antes de$_6$	seis$_4$	días$_5$	la$_7$	Pascua,$_8$	vino
3588	3767	2424	4253	1803	2250	3588	3957	2064
DNSM	*CLT*	*NNSM*	*P*	*XN, J*	*NGPF*	*DGSN, DGSM*	*NGSN, XF*	*VAAI3S*

εἰς	Βηθανίαν,	ὅπου	ἦν	⸀Λάζαρος,	ὃν	ἤγειρεν	ἐκ	νεκρῶν	Ἰησοῦς.
hacia	Betania,	donde	estaba	Lázaro,	a quien$_1$	levantó$_3$	de$_4$	muertos.$_5$	Jesús$_2$
1519	963	3699	2258	2976	3739	1453	1537	3498	2424
P	*NASF*	*CAL, B*	*VIAI3S*	*NNSM*	*RR-ASM*	*VAAI3S*	*P*	*JGPM*	*NNSM*

2 ἐποίησαν	οὖν	αὐτῷ	δεῖπνον	ἐκεῖ,	καὶ	ἡ	Μάρθα	διηκόνει,	ὁ
hicieron$_2$	Así que$_1$	a él$_4$	una cena$_3$	allí,	y	--	Marta	servía,	--$_2$
4160	3767	846	1173	1563	2532	3588	3136	1247	3588
VAAI3P	*CLN*	*RP3DSM*	*NASN*	*BP*	*CLN*	*DNSF*	*NNSF*	*VIAI3S*	*DNSM*

δὲ	Λάζαρος	εἷς	ἦν	ἐκ	τῶν	ἀνακειμένων	σὺν	αὐτῷ·	3 ἡ	οὖν
y$_1$	Lázaro$_3$	uno$_5$	era$_4$	de	los	reclinados (a la mesa)	con	él.	--$_2$	Entonces,$_1$
1161	2976	1520	2258	1537	3588	345	4862	846	3588	3767
CLN	*NNSM*	*JNSM*	*VIAI3S*	*P*	*DGPM*	*VPUP-PGM*	*P*	*RP3DSM*	*DNSF*	*CLN*

Μαριὰμ	λαβοῦσα	λίτραν	μύρου	νάρδου	πιστικῆς	πολυτίμου
María,$_3$	habiendo tomado	una libra	de perfume	de nardo	puro	valioso,
3137	2983	3046	3464	3487	4101	4186
NNSF, XP	*VAAP-SNF*	*NASF*	*NGSN*	*NGSF*	*JGSF*	*JGSF*

ἤλειψεν	τοὺς	πόδας	τοῦ	Ἰησοῦ	καὶ	ἐξέμαξεν	ταῖς	θριξὶν	αὐτῆς	τοὺς
ungió	los	pies	de --	Jesús	y	enjugó	con los$_4$	cabellos$_5$	de ella,$_6$	los$_1$
218	3588	4228	3588	2424	2532	1591	3588	2359	846	3588
VAAI3S	*DAPM*	*NAPM*	*DGSM*	*NGSM*	*CLN*	*VAAI3S*	*DDPF*	*NDPF*	*RP3GSF*	*DAPM*

πόδας	αὐτοῦ·	ἡ	δὲ	οἰκία	ἐπληρώθη	ἐκ	τῆς	ὀσμῆς	τοῦ	μύρου.
pies$_2$	de él$_3$	la$_8$	entonces$_7$	casa$_9$	fue llena	de	el	aroma	del	perfume.
4228	846	3588	1161	3614	4137	1537	3588	3744	3588	3464
NAPM	*RP3GSM*	*DNSF*	*CLN*	*NNSF*	*VAPI3S*	*P*	*DGSF*	*NGSF*	*DGSN*	*NGSN*

4 λέγει	δὲ	Ἰούδας	ὁ	Ἰσκαριώτης	εἷς	τῶν	μαθητῶν	αὐτοῦ,	ὁ
dice:$_{13}$	Mas$_1$	Judas$_2$	el$_3$	Iscariote,$_4$	uno$_5$	de los$_6$	discípulos$_7$	de él,$_8$	el que$_9$
3004	1161	2455	3588	2469	1520	3588	3101	846	3588
VPAI3S	*CLC*	*NNSM*	*DNSM*	*NNSM*	*JNSM*	*DGPM*	*NGPM*	*RP3GSM*	*DNSM*

μέλλων	αὐτὸν	παραδιδόναι·	5 Διὰ	τί	τοῦτο	τὸ	μύρον	οὐκ
está a punto de$_{10}$	a él$_{12}$	entregar,$_{11}$	¿Por	qué	este	--	perfume	no
3195	846	3860	1223	5101	5124	3588	3464	3756
VPAP-SNM	*RP3ASM*	*VPAN*	*P*	*RI-ASN*	*RD-NSN*	*DNSN*	*NNSN*	*BN, TN*

ἐπράθη	τριακοσίων	δηναρίων	καὶ	ἐδόθη	πτωχοῖς;	6 εἶπεν	δὲ	τοῦτο
es vendido	por trescientos	denarios	y	es dado	para (los) pobres?	dijo$_2$	Mas$_1$	esto,$_3$
4097	5145	1220	2532	1325	4434	2036	1161	5124
VAPI3S	*JGPN, JGPM*	*NGPN*	*CLN*	*VAPI3S*	*JDPM*	*VAAI3S*	*CLN*	*RD-ASN*

NVI

en el templo comenta-
ban entre sí: «¿Qué les
parece? ¿Acaso no ven-
drá a la fiesta?» 57 Por
su parte, los jefes de los
sacerdotes y los fariseos
habían dado la orden de
que, si alguien llegaba a
saber dónde estaba Jesús,
debía denunciarlo para
que lo arrestaran.

María unge a Jesús en Betania

12 Seis días antes
de la Pascua
llegó Jesús a Betania,
donde vivía Lázaro, a
quien Jesús había resu-
citado. 2 Allí se dio una
cena en honor de Jesús.
Marta servía, y Lázaro
era uno de los que
estaban a la mesa con él.
3 María tomó entonces
como medio litro de
nardo puro, que era un
perfume muy caro, y lo
derramó sobre los pies
de Jesús, secándoselos
luego con sus cabellos.
Y la casa se llenó de la
fragancia del perfume.
4 Judas Iscariote, que
era uno de sus discípulos
y que más tarde lo trai-
cionaría, objetó:
5 —¿Por qué no se
vendió este perfume,
que vale muchísimo
dinero, para dárselo a los
pobres?
6 Dijo esto no porque

11:56* O sea *de ninguna manera.*

12:1⸀ Manuscritos inferiores aumentaron *el que había muerto.*

RVR

porque tuviese interés
por los pobres, sino por-
que era ladrón, y tenien-
do la bolsa, sustraía de lo
que se echaba en ella.
7 Entonces Jesús dijo:
Déjala; para el día de mi
sepultura ha guardado
esto.
8 Porque a los pobres
siempre los tenéis con
vosotros, mas a mí no
siempre me tendréis.

El complot contra Lázaro

9 Gran multitud de
los judíos se enteraron
entonces de que él es-
taba allí, y vinieron, no
solamente por causa de
Jesús, sino también para
ver a Lázaro, a quien
había resucitado de los
muertos.
10 Pero los principales
sacerdotes acordaron
dar muerte también a
Lázaro,
11 porque a causa de él
muchos de los judíos
se apartaban y creían
en Jesús.

La entrada mesiánica en Jerusalén

12 Al día siguiente,
grandes multitudes que
habían venido a la fiesta,
al oír que Jesús venía a
Jerusalén,
13 tomaron ramas de
palmera y salieron a su
encuentro, y clamaban:
¡Hosanná! ¡Bendito el
que viene en nombre

οὐχ	ὅτι	περὶ	τῶν	πτωχῶν	ἔμελεν	αὐτῷ,	ἀλλ’	ὅτι	κλέπτης	ἦν
no$_{4}$	porque$_{5}$	acerca de$_{8}$	los$_{9}$	pobres,$_{10}$	importaba$_{6}$	a él$_{7}$	sino	porque	ladrón	era,
3756	3754	4012	3588	4434	3199	846	235	3754	2812	2258
BN, TN	*CAZ*	*P*	*DGPM*	*JGPM*	*VIAI3S*	*RP3DSM*	*CLC*	*CAZ*	*NNSM*	*VIAI3S*

καὶ	τὸ	γλωσσόκομον	ἔχων	τὰ	βαλλόμενα	ἐβάσταζεν.	7 εἶπεν
y$_{1}$	la$_{3}$	bolsa$_{4}$	teniendo$_{2}$	lo que$_{6}$	se echa.$_{7}$	tomaba$_{5}$	dijo:$_{4}$
2532	3588	1101	2192	3588	906	941	2036
CLN	*DASN*	*NASN*	*VPAP-SNM*	*DAPN*	*VPPP-PAN*	*VIAI3S*	*VAAI3S*

οὖν	ὁ	Ἰησοῦς·	Ἄφες	αὐτήν,	ἵνα	εἰς	τὴν	ἡμέραν	τοῦ	ἐνταφιασμοῦ
Así que$_{1}$	--$_{2}$	Jesús$_{3}$	Deja	a ella,	que	para	el	día	de la	sepultura
3767	3588	2424	863	846	2443	1519	3588	2250	3588	1780
CLI	*DNSM*	*NNSM*	*VAAM2S*	*RP3ASF*	*CAP*	*P*	*DASF*	*NASF*	*DGSM*	*NGSM*

μου	τηρήσῃ	αὐτό·	8 τοὺς	πτωχοὺς	γὰρ	πάντοτε	ἔχετε	μεθ’
de mí	guarda	a él (perfume),	a los$_{6}$	pobres,$_{7}$	porque$_{1}$	siempre$_{2}$	tenéis$_{3}$	con$_{4}$
3450	5083	846	3588	4434	1063	3842	2192	3326
RP1GS	*VAAS3S*	*RP3ASN*	*DAPM*	*JAPM*	*CAZ*	*B*	*VPAI2P*	*P*

ἑαυτῶν,	ἐμὲ	δὲ	οὐ	πάντοτε	ἔχετε.
vosotros mismos$_{5}$	a mí.$_{12}$	pero$_{8}$	no$_{9}$	siempre$_{10}$	tenéis$_{11}$
1438	1691	1161	3756	3842	2192
RF2GPM	*RP1AS*	*CLC*	*BN, TN*	*B*	*VPAI2P*

9 Ἔγνω	οὖν	ὄχλος	πολὺς	ἐκ	τῶν	Ἰουδαίων	ὅτι	ἐκεῖ	ἐστιν,
supo$_{7}$	Así que$_{1}$	multitud$_{3}$	mucha$_{2}$	de$_{4}$	los$_{5}$	judíos$_{6}$	que	allí	está
1097	3767	3793	4183	1537	3588	2453	3754	1563	2076
VAAI3S	*CLT*	*NNSM*	*JNSM*	*P*	*DGPM*	*JGPM*	*CSC*	*BP*	*VPAI3S*

καὶ	ἦλθον	οὐ	διὰ	τὸν	Ἰησοῦν	μόνον,	ἀλλ’	ἵνα	καὶ	τὸν
y	vinieron,	no	a causa de$_{2}$	--$_{3}$	Jesús,$_{4}$	solo$_{1}$	sino$_{5}$	para que$_{6}$	también$_{7}$	a --$_{9}$
2532	2064	3756	1223	3588	2424	3440	235	2443	2532	3588
CLN	*VAAI3P*	*BN, TN*	*P*	*DASM*	*NASM*	*B, J*	*CLC*	*CAP*	*BE, TE*	*DASM*

Λάζαρον	ἴδωσιν	ὃν	ἤγειρεν	ἐκ	νεκρῶν.	10 ἐβουλεύσαντο	δὲ	οἱ
Lázaro,$_{10}$	vieran$_{8}$	al que	levantó	de	(los) muertos.	resolvieron$_{4}$	Mas$_{1}$	los$_{2}$
2976	1492	3739	1453	1537	3498	1011	1161	3588
NASM	*VAAS3P*	*RR-ASM*	*VAAI3S*	*P*	*JGPM*	*VAMI3P*	*CLN*	*DNPM*

ἀρχιερεῖς	ἵνα	καὶ	τὸν	Λάζαρον	ἀποκτείνωσιν,	11 ὅτι	πολλοὶ
principales sacerdotes$_{3}$	que$_{5}$	también$_{6}$	a --$_{8}$	Lázaro$_{9}$	mataran (matarían),$_{7}$	porque	muchos
749	2443	2532	3588	2976	615	3754	4183
NNPM	*CSC*	*BE, TE*	*DASM*	*NASM*	*VPAS3P*	*CAZ*	*JNPM*

δι’	αὐτὸν	ὑπῆγον	τῶν	Ἰουδαίων	καὶ	ἐπίστευον	εἰς	τὸν	Ἰησοῦν.
a causa de	él	se iban	de los	judíos	y	creían	en	--	Jesús.
1223	846	5217	3588	2453	2532	4100	1519	3588	2424
P	*RP3ASM*	*VIAI3P*	*DGPM*	*JGPM*	*CLN*	*VIAI3P*	*P*	*DASM*	*NASM*

12 Τῇ	ἐπαύριον	ὁ	ὄχλος	πολὺς	ὁ	ἐλθὼν	εἰς	τὴν	ἑορτήν,
Al	día siguiente	--$_{2}$	multitud,$_{3}$	mucha$_{1}$	la que	vino	a	la	fiesta
3588	1887	3588	3793	4183	3588	2064	1519	3588	1859
DDSF	*B*	*DNSM*	*NNSM*	*JNSM*	*DNSM*	*VAAP-SNM*	*P*	*DASF*	*NASF*

ἀκούσαντες	ὅτι	ἔρχεται	ὁ	Ἰησοῦς	εἰς	Ἱεροσόλυμα,	13 ἔλαβον
al oír	que$_{1}$	viene$_{4}$	--$_{2}$	Jesús$_{3}$	hacia	Jerusalén,	tomaron
191	3754	2064	3588	2424	1519	2414	2983
VAAP-PNM	*CSC*	*VPUI3S*	*DNSM*	*NNSM*	*P*	*NASF*	*VAAI3P*

τὰ	βαΐα	τῶν	φοινίκων	καὶ	ἐξῆλθον	εἰς	ὑπάντησιν	αὐτῷ,	καὶ
las	ramas	de las	palmeras	y	salieron	a	encuentro	con él,	y
3588	902	3588	5404	2532	1831	1519	5222	846	2532
DAPN	*NAPN*	*DGPM*	*NGPM*	*CLN*	*VAAI3P*	*P*	*NASF*	*RP3DSM*	*CLN*

ἐκραύγαζον·	Ὡσαννά,	εὐλογημένος	ὁ	ἐρχόμενος	ἐν	ὀνόματι
gritaban:	¡Hosanna!	¡Bendito	el que viene		en	nombre
2905	5614	2127	3588	2064	1722	3686
VIAI3P	*I, XF*	*VRPP-SNM*	*DNSM*	*VPUP-SNM*	*P*	*NDSN*

NVI

se interesara por los po-
bres, sino porque era un
ladrón y, como tenía a su
cargo la bolsa del dinero,
acostumbraba robarse lo
que echaban en ella.
7 —Déjala en paz —
respondió Jesús—. Ella
ha estado guardando
este perfume para el
día de mi sepultura. 8 A
los pobres siempre los
tendrán con ustedes,
pero a mí no siempre me
tendrán.
9 Mientras tanto,
muchos de los judíos se
enteraron de que Jesús
estaba allí, y fueron
a ver no solo a Jesús,
sino también a Lázaro,
a quien Jesús había
resucitado. 10 Entonces
los jefes de los sacerdotes
resolvieron matar tam-
bién a Lázaro, 11 pues
por su causa muchos se
apartaban de los judíos y
creían en Jesús.

La entrada triunfal

12 Al día siguiente
muchos de los que
habían ido a la fiesta se
enteraron de que Jesús
se dirigía a Jerusalén;
13 tomaron ramas de
palma y salieron a
recibirlo, gritando a voz
en cuello:

—¡Hosanna!

—¡Bendito el que
viene en el nombre

RVR

del Señor, el Rey de
Israel!
14 Y halló Jesús un as-
nillo, y montó sobre él,
como está escrito:
15 No temas, hija de
Sión;
He aquí que tu Rey
viene,
Montado sobre un po-
llino de asna.
16 Estas cosas no las
entendieron sus dis-
cípulos al principio;
pero cuando Jesús fue
glorificado, entonces se
acordaron de que estas
cosas estaban escritas
acerca de él, y de que se
las habían hecho.
17 Y daba testimonio la
gente que estaba con él
cuando llamó a Lázaro
del sepulcro, y le resuci-
tó de los muertos.
18 Por lo cual también
salió la gente a su en-
cuentro, porque oyeron
que él había hecho esta
señal.
19 Pero los fariseos
dijeron entre sí: Ya veis
que no conseguís nada.
Mirad, el mundo se va
tras él.

Unos griegos buscan al Señor

20 Había ciertos griegos
entre los que subían a
adorar en la fiesta.
21 Éstos, pues, se
acercaron a Felipe,

κυρίου,	καὶ	ὁ	βασιλεὺς	τοῦ	Ἰσραήλ.	14 εὑρὼν	δὲ	ὁ	Ἰησοῦς
del Señor,	y	--	rey	de --	Israel!	hallando$_4$	Mas$_1$	--$_2$	Jesús$_3$
2962	2532	3588	935	3588	2474	2147	1161	3588	2424
NGSM	*CLN, CLA*	*DNSM*	*NNSM*	*DGSM*	*NGSM, XP*	*VAAP-SNM*	*CLN*	*DNSM*	*NNSM*

ὀνάριον	ἐκάθισεν	ἐπ'	αὐτό,	καθώς	ἐστιν	γεγραμμένον·	15 Μὴ	φοβοῦ,
un asnillo	se sentó	sobre	él	como	está	escrito:	No	temas
3678	2523	1909	846	2531	2076	1125	3361	5399
NASN	*VAAI3S*	*P*	*RP3ASN*	*CAM*	*VPAI3S*	*VRPP-SNN*	*BNTN*	*VPUM2S*

θυγάτηρ	Σιών·	ἰδοὺ	ὁ	βασιλεύς	σου	ἔρχεται,	καθήμενος
hija	de Sión,	mira,	el	Rey	de ti	viene,	estando sentado
2364	4622	2400	3588	935	4675	2064	2521
NVSF	*NGSF, XP*	*I, VAAM2S*	*DNSM*	*NNSM*	*RP2GS*	*VPUI3S*	*VPUP-SNM*

ἐπὶ	πῶλον	ὄνου.	16 ταῦτα	οὐκ	ἔγνωσαν	αὐτοῦ	οἱ	μαθηταὶ
sobre	un pollino	de asna.	estas cosas$_6$	no$_4$	comprendieron$_5$	de él$_3$	Los$_1$	discípulos$_2$
1909	4454	3688	5023	3756	1097	846	3588	3101
P	*NASM*	*NGSF*	*RD-APN*	*BN, TN*	*VAAI3P*	*RP3GSM*	*DNPM*	*NNPM*

τὸ	πρῶτον,	ἀλλ'	ὅτε	ἐδοξάσθη	Ἰησοῦς	τότε	ἐμνήσθησαν	ὅτι
al$_7$	principio,$_8$	pero	cuando	fue glorificado	Jesús,	entonces	recordaron	que
3588	4413	235	3753	1392	2424	5119	3415	3754
DASN	*B, J*	*CLC*	*CAT*	*VAPI3S*	*NNSM*	*B*	*VAPI3P*	*CSC*

ταῦτα	ἦν	ἐπ'	αὐτῷ	γεγραμμένα	καὶ	ταῦτα	ἐποίησαν	αὐτῷ.
estas cosas	estaba(n)$_1$	sobre$_3$	él,$_4$	escritas$_2$	y$_5$	estas cosas$_7$	hicieron$_6$	a él.$_8$
5023	2258	1909	846	1125	2532	5023	4160	846
RD-NPN	*VIAI3S*	*P*	*RP3DSM*	*VRPP-PNN*	*CLN*	*RD-APN*	*VAAI3P*	*RP3DSM*

17 ἐμαρτύρει	οὖν	ὁ	ὄχλος	ὁ	ὢν	μετ'	αὐτοῦ	ὅτε	τὸν
testificaba.$_{20}$	Así que$_1$	la$_2$	multitud,$_3$	la que$_4$	está$_5$	con$_6$	él$_7$	cuando$_8$	a$_9$
3140	3767	3588	3793	3588	5607	3326	846	3753	3588
VIAI3S	*CLN*	*DNSM*	*NNSM*	*DNSM*	*VPAP-SNM*	*P*	*RP3GSM*	*CAT*	*DASM*

Λάζαρον	ἐφώνησεν	ἐκ	τοῦ	μνημείου	καὶ	ἤγειρεν	αὐτὸν	ἐκ	νεκρῶν.
Lázaro$_{10}$	llamó$_{11}$	de$_{12}$	la$_{13}$	tumba$_{14}$	y$_{15}$	levantó$_{16}$	a él$_{19}$	de$_{17}$	(los) muertos,$_{18}$
2976	5455	1537	3588	3419	2532	1453	846	1537	3498
NASM	*VAAI3S*	*P*	*DGSN*	*NGSN*	*CLN*	*VAAI3S*	*RP3ASM*	*P*	*JGPM*

18 διὰ	τοῦτο	καὶ	ὑπήντησεν	αὐτῷ	ὁ	ὄχλος	ὅτι	ἤκουσαν	τοῦτο
Por	esto	también	salió al encuentro$_3$	de él,$_4$	la$_1$	multitud$_2$	porque$_5$	oyeron$_6$	esta$_9$
1223	5124	2532	5221	846	3588	3793	3754	191	5124
P	*RD-ASN*	*BE, TE*	*VAAI3S*	*RP3DSM*	*DNSM*	*NNSM*	*CAZ*	*VAAI3P*	*RD-ASN*

αὐτὸν	πεποιηκέναι	τὸ	σημεῖον.	19 οἱ	οὖν	Φαρισαῖοι	εἶπαν	πρὸς
a él$_7$	hacer$_8$	--$_{10}$	señal.$_{11}$	los$_2$	Así que$_1$	fariseos$_3$	dijeron	para
846	4160	3588	4592	3588	3767	5330	3004	4314
RP3ASM	*VRAN*	*DASN*	*NASN*	*DNPM*	*CLI*	*NNPM*	*VAAI3P*	*P*

ἑαυτούς·	Θεωρεῖτε	ὅτι	οὐκ	ὠφελεῖτε	οὐδέν·	ἴδε	ὁ	κόσμος
sí mismos:	¿Veis	que	no	conseguís	nada?	Mira,	el	mundo
1438	2334	3754	3756	5623	3762	1492	3588	2889
RF3APM	*VPAI2P, VPAM2P*	*CSC*	*BN, TN*	*VPAI2P*	*JASN*	*I, VAAM2S*	*DNSM*	*NNSM*

ὀπίσω	αὐτοῦ	ἀπῆλθεν.
detrás de$_2$	él.$_3$	se fue$_1$
3694	846	565
P, B	*RP3GSM*	*VAAI3S*

20 Ἦσαν	δὲ	Ἕλληνές	τινες	ἐκ	τῶν	ἀναβαινόντων	ἵνα
estaban$_8$	Mas$_1$	griegos$_3$	algunos$_2$	de$_4$	los que$_5$	están subiendo	para$_6$
2258	1161	1672	5100	1537	3588	305	2443
VIAI3P	*CLT*	*NNPM*	*JNPM, RX-NPM*	*P*	*DGPM*	*VPAP-PGM*	*CAP*

προσκυνήσωσιν	ἐν	τῇ	ἑορτῇ·	21 οὗτοι	οὖν	προσῆλθον	Φιλίππῳ
adorar$_7$	en$_9$	la$_{10}$	fiesta.$_{11}$	estos$_2$	Así que$_1$	se acercaron$_3$	a Felipe,
4352	1722	3588	1859	3778	3767	4334	5376
VAAS3P	*P*	*DDSF*	*NDSF*	*RD-NPM*	*CLN*	*VAAI3P*	*NDSM*

NVI

del Señor!

—¡Bendito el Rey de
Israel!

14 Jesús encontró un
burrito y se montó en él,
como dice la Escritura:

15 «No temas, oh hija
de Sión;
mira, que aquí viene
tu rey,
montado sobre un
burrito».

16 Al principio, sus
discípulos no entendie-
ron lo que sucedía. Solo
después de que Jesús fue
glorificado se dieron
cuenta de que se había
cumplido en él lo que de
él ya estaba escrito.
17 La gente que había
estado con Jesús cuando
él llamó a Lázaro del
sepulcro y lo resucitó
de entre los muertos
seguía difundiendo la
noticia. 18 Muchos que
se habían enterado de la
señal realizada por Jesús
salían a su encuentro.
19 Por eso los fariseos
comentaban entre sí:
«Como pueden ver, así
no vamos a lograr nada.
¡Miren cómo lo sigue
todo el mundo!»

Jesús predice su muerte

20 Entre los que
habían subido a adorar
en la fiesta había algunos
griegos. 21 Estos se
acercaron a Felipe,

RVR

que era de Betsaida de
Galilea, y le rogaron,
diciendo: Señor, quere-
mos ver a Jesús.
22 Felipe fue y se lo dijo
a Andrés; entonces
Andrés y Felipe se lo
dijeron a Jesús.
23 Jesús les respondió
diciendo: Ha llegado
la hora para que el
Hijo del Hombre sea
glorificado.
24 De cierto, de cierto os
digo, que si el grano de
trigo no cae en la tierra y
muere, queda solo; pero
si muere, lleva mucho
fruto.
25 El que ama su vida,
la perderá; y el que
aborrece su vida en este
mundo, la guardará
para vida eterna.
26 Si alguno me sirve,
sígame; y donde yo
esté, allí también estará
mi servidor. Al que
me sirva, mi Padre le
honrará.

Jesucristo anuncia su muerte

27 Ahora está turbada
mi alma; ¿y qué diré?
¿Padre, sálvame de esta
hora? Mas para esto he
llegado a esta hora.

τῷ	ἀπὸ	Βηθσαϊδὰ	τῆς	Γαλιλαίας,	καὶ	ἠρώτων	αὐτὸν	λέγοντες·
el	de	Betsaida	de --	Galilea,	y	pedían	a él	diciendo:
3588	575	966	3588	1056	2532	2065	846	3004
DDSM	P	NGSF, XP	DGSF	NGSF	CLN	VIAI3P	RP3ASM	VPAP-PNM

Κύριε,	θέλομεν	τὸν	Ἰησοῦν	ἰδεῖν.	22 ἔρχεται	ὁ	Φίλιππος	καὶ	λέγει
Señor,	queremos$_1$	a --$_3$	Jesús.$_4$	ver$_2$	viene$_3$	--$_1$	Felipe$_2$	y	dice
2962	2309	3588	2424	1492	2064	3588	5376	2532	3004
NVSM	VPAI1P	DASM	NASM	VAAN	VPUI3S	DNSM	NNSM	CLN	VPAI3S

τῷ	Ἀνδρέᾳ·	ἔρχεται	Ἀνδρέας	καὶ	Φίλιππος	καὶ	λέγουσιν	τῷ	Ἰησοῦ.
a --	Andrés;	viene(n)$_4$	Andrés$_1$	y$_2$	Felipe$_3$	y	dicen	a --	Jesús.
3588	406	2064	406	2532	5376	2532	3004	3588	2424
DDSM	NDSM	VPUI3S	NNSM	CLN	NNSM	CLN	VPAI3P	DDSM	NDSM

23 ὁ	δὲ	Ἰησοῦς	ἀποκρίνεται	αὐτοῖς	λέγων·	Ἐλήλυθεν	ἡ	ὥρα
--$_2$	mas$_1$	Jesús$_3$	responde	a ellos	diciendo:	ha venido$_3$	La$_1$	hora$_2$
3588	1161	2424	611	846	3004	2064	3588	5610
DNSM	CLN	NNSM	VPUI3S	RP3DPM	VPAP-SNM	VRAI3S	DNSF	NNSF

ἵνα	δοξασθῇ	ὁ	υἱὸς	τοῦ	ἀνθρώπου.	24 ἀμὴν	ἀμὴν	λέγω	ὑμῖν,
para que$_4$	sea glorificado$_9$	el$_5$	Hijo$_6$	del$_7$	Hombre.$_8$	De cierto,	de cierto	digo	a vosotros:
2443	1392	3588	5207	3588	444	281	281	3004	5213
CSC	VAPS3S	DNSM	NNSM	DGSM	NGSM	XF, T	XF, T	VPAI1S	RP2DP

ἐὰν	μὴ	ὁ	κόκκος	τοῦ	σίτου	πεσὼν	εἰς	τὴν	γῆν	ἀποθάνῃ,
si$_1$	no$_6$	el$_2$	grano$_3$	del$_4$	trigo$_5$	habiendo caído$_8$	hacia$_9$	la$_{10}$	tierra,$_{11}$	muere$_7$
1437	3361	3588	2848	3588	4621	4098	1519	3588	1093	599
CAC	BN, TN	DNSM	NNSM	DGSM	NGSM	VAAP-SNM	P	DASF	NASF	VAAS3S

αὐτὸς	μόνος	μένει·	ἐὰν	δὲ	ἀποθάνῃ,	πολὺν	καρπὸν	φέρει.	25 ὁ
él$_{12}$	solo;$_{14}$	permanece$_{13}$	si$_{16}$	pero$_{15}$	muere$_{17}$	mucho$_{19}$	fruto.$_{20}$	lleva$_{18}$	El que
846	3441	3306	1437	1161	599	4183	2590	5342	3588
RP3NSMP	JNSM	VPAI3S	CAC	CLC	VAAS3S	JASM	NASM	VPAI3S	DNSM

φιλῶν	τὴν	ψυχὴν	αὐτοῦ	ἀπολλύει	αὐτήν,	καὶ	ὁ	μισῶν	τὴν
está amando	la	vida	de él,	pierde	a ella;	y	el que	está odiando	la
5368	3588	5590	846	622	846	2532	3588	3404	3588
VPAP-SNM	DASF	NASF	RP3GSM	VPAI3S	RP3ASF	CLC	DNSM	VPAP-SNM	DASF

ψυχὴν	αὐτοῦ	ἐν	τῷ	κόσμῳ	τούτῳ	εἰς	ζωὴν	αἰώνιον	φυλάξει	αὐτήν.
vida	de él	en$_1$	--$_3$	mundo,$_4$	este$_2$	para	vida	eterna	guardará	a ella.
5590	846	1722	3588	2889	5129	1519	2222	166	5442	846
NASF	RP3GSM	P	DDSM	NDSM	RD-DSM	P	NASF	JASF	VFAI3S	RP3ASF

26 ἐὰν	ἐμοί	τις	διακονῇ	ἐμοὶ	ἀκολουθείτω,	καὶ	ὅπου	εἰμὶ	ἐγὼ	ἐκεῖ
Si$_1$	a mí,$_4$	alguien$_2$	sirve$_3$	a mí,$_6$	sigue$_5$	y$_7$	donde$_8$	estoy,$_{10}$	yo$_9$	allí
1437	1698	5100	1247	1698	190	2532	3699	1510	1473	1563
CAC	RP1DS	RX-NSM	VPAS3S	RP1DS	VPAM3S	CLN	CAL	VPAI1S	RP1NS	BP

καὶ	ὁ	διάκονος	ὁ	ἐμὸς	ἔσται·	ἐάν	τις	ἐμοὶ	διακονῇ
también	el	servidor	--	mío	estará;	si$_1$	alguien$_2$	a mí,$_4$	sirve$_3$
2532	3588	1249	3588	1699	2071	1437	5100	1698	1247
BE, TE	DNSM	NNSM	DNSM	RS1NSM, JNSM	VFMI3S	CAC	RX-NSM	RP1DS	VPAS3S

τιμήσει	αὐτὸν	ὁ	πατήρ.
honrará$_7$	a él.$_8$	el$_5$	Padre$_6$
5091	846	3588	3962
VFAI3S	RP3ASM	DNSM	NNSM

27 Νῦν	ἡ	ψυχή	μου	τετάρακται,	καὶ	τί	εἴπω;	πάτερ,	σῶσόν
Ahora	la	vida	de mí	se ha turbado	y,	¿qué	dijera (diré)?	¿Padre	salva
3568	3588	5590	3450	5015	2532	5101	2036	3962	4982
B	DNSF	NNSF	RP1GS	VRPI3S	CLN	RI-ASN	VAAS1S	NVSM	VAAM2S

με	ἐκ	τῆς	ὥρας	ταύτης.	ἀλλὰ	διὰ	τοῦτο	ἦλθον	εἰς	τὴν	ὥραν
a mí	de$_1$	--$_3$	hora?$_4$	esta$_2$	Pero	por	esto	vine	a$_1$	--$_3$	hora.$_4$
3165	1537	3588	5610	3778	235	1223	5124	2064	1519	3588	5610
RP1AS	P	DGSF	NGSF	RD-GSF	CLC	P	RD-ASN	VAAI1S	P	DASF	NASF

NVI

que era de Betsaida de
Galilea, y le pidieron:
—Señor, queremos
ver a Jesús.
22 Felipe fue a decír-
selo a Andrés, y ambos
fueron a decírselo a
Jesús.
23 —Ha llegado la
hora de que el Hijo del
hombre sea glorificado
—les contestó Jesús—.
24 Ciertamente les
aseguro que, si el grano
de trigo no cae en tierra
y muere, se queda solo.
Pero, si muere, produce
mucho fruto. 25 El que se
apega a su vida la pierde;
en cambio, el que
aborrece su vida en este
mundo la conserva para
la vida eterna. 26 Quien
quiera servirme debe se-
guirme; y donde yo esté,
allí también estará mi
siervo. A quien me sirva,
mi Padre lo honrará.
27 »Ahora todo mi ser
está angustiado, ¿y acaso
voy a decir: "Padre,
sálvame de esta hora
difícil"? ¡Si precisamen-
te para afrontarla he

RVR

28 Padre, glorifica tu nombre. Entonces vino una voz del cielo: Lo he glorificado, y lo glorificaré otra vez.
29 Y la multitud que estaba allí, y había oído la voz, decía que había sido un trueno. Otros decían: Un ángel le ha hablado.
30 Respondió Jesús y dijo: No ha venido esta voz por causa mía, sino por causa de vosotros.
31 Ahora es el juicio de este mundo; ahora el príncipe de este mundo será echado fuera.
32 Y yo, si soy levantado de la tierra, a todos atraeré a mí mismo.
33 Y decía esto dando a entender de qué muerte iba a morir.
34 Le respondió la gente: Nosotros hemos oído de la ley, que el Cristo permanece para siempre. ¿Cómo, pues, dices tú que es necesario que el Hijo del Hombre sea levantado? ¿Quién es este Hijo del Hombre?
35 Entonces Jesús les dijo: Aún por un poco está la luz entre vosotros; andad entretanto que tenéis luz, para que no os sorprendan las

ταύτην.	28 πάτερ,	δόξασόν	σου	τὸ	ὄνομα.	ἦλθεν	οὖν	φωνὴ	ἐκ
esta$_{2}$	Padre$_{1}$	glorifica$_{2}$	de ti.$_{5}$	el$_{3}$	nombre$_{4}$	vino$_{7}$	Así que,$_{6}$	una voz	de
3778	3962	1392	4675	3588	3686	2064	3767	5456	1537
RD-ASF	*NVSM*	*VAAM2S*	*RP2GS*	*DASN*	*NASN*	*VAAI3S*	*CLI*	*NNSF*	*P*

τοῦ	οὐρανοῦ·	Καὶ	ἐδόξασα	καὶ	πάλιν	δοξάσω.	29 ὁ	οὖν
el	cielo:	No solo	(lo) glorifiqué,	sino también	de nuevo.$_{2}$	(lo) glorificaré$_{1}$	la$_{2}$	Así que$_{1}$
3588	3772	2532	1392	2532	3825	1392	3588	3767
DGSM	*NGSM*	*CLK*	*VAAI1S*	*CLK, CLN*	*B*	*VFAI1S*	*DNSM*	*CLI*

ὄχλος	ὁ	ἑστὼς	καὶ	ἀκούσας	ἔλεγεν	βροντὴν	γεγονέναι·
multitud$_{3}$	la que$_{4}$	había estado presente$_{5}$	y$_{6}$	cuando oyó$_{7}$	decía:$_{8}$	un trueno,$_{10}$	ha sucedido$_{9}$
3793	3588	2476	2532	191	3004	1027	1096
NNSM	*DNSM*	*VRAP-SNM*	*CLN*	*VAAP-SNM*	*VIAI3S*	*NASF*	*VRAN*

ἄλλοι	ἔλεγον·	Ἄγγελος	αὐτῷ	λελάληκεν.	30 ἀπεκρίθη	Ἰησοῦς	καὶ
otros$_{11}$	decían:$_{12}$	Un ángel$_{13}$	a él.$_{15}$	ha hablado$_{14}$	respondió$_{2}$	Jesús$_{1}$	y$_{3}$
243	3004	32	846	2980	611	2424	2532
JNPM	*VIAI3P*	*NNSM*	*RP3DSM*	*VRAI3S*	*VAPI3S, VAMI3S*	*NNSM*	*CLN*

εἶπεν·	Οὐ	δι'	ἐμὲ	ἡ	φωνὴ	αὕτη	γέγονεν	ἀλλὰ	δι'	ὑμᾶς.
dijo:$_{4}$	no$_{8}$	a causa de$_{12}$	mí,$_{13}$	--$_{6}$	voz$_{7}$	Esta$_{5}$	ha llegado a ser$_{11}$	sino	a causa de	vosotros.
2036	3756	1223	1691	3588	5456	3778	1096	235	1223	5209
VAAI3S	*BN, TN*	*P*	*RP1AS*	*DNSF*	*NNSF*	*RD-NSF*	*VRAI3S*	*CLC*	*P*	*RP2AP*

31 νῦν	κρίσις	ἐστὶν	τοῦ	κόσμου	τούτου,	νῦν	ὁ	ἄρχων	τοῦ	κόσμου
Ahora	(el) juicio$_{2}$	es$_{1}$	de--$_{3}$	mundo,$_{5}$	este$_{4}$	ahora	el	gobernante	de--$_{1}$	mundo$_{3}$
3568	2920	2076	3588	2889	5127	3568	3588	758	3588	2889
B	*NNSF*	*VPAI3S*	*DGSM*	*NGSM*	*RD-GSM*	*B*	*DNSM*	*NNSM*	*DGSM*	*NGSM*

τούτου	ἐκβληθήσεται	ἔξω·	32 κἀγὼ	ἐὰν	ὑψωθῶ	ἐκ	τῆς	γῆς,	πάντας
este$_{2}$	será echado	fuera.	Y yo,	si	soy levantado	de	la	tierra,	a todos$_{2}$
5127	1544	1854	2504	1437	5312	1537	3588	1093	3956
RD-GSM	*VFPI3S*	*BP*	*RP1NS,CLN*	*CAC*	*VAPS1S*	*P*	*DGSF*	*NGSF*	*JAPM*

ἑλκύσω	πρὸς	ἐμαυτόν.	33 τοῦτο	δὲ	ἔλεγεν	σημαίνων	ποίῳ	θανάτῳ
atraeré$_{1}$	a	mí mismo.	esto$_{2}$	Mas$_{1}$	decía	aclarando	de cuál	muerte
1670	4314	1683	5124	1161	3004	4591	4169	2288
VFAI1S	*P*	*RF1ASM*	*RD-ASN*	*CLN*	*VIAI3S*	*VPAP-SNM*	*JDSM, RI-DSM*	*NDSM*

ἤμελλεν	ἀποθνῄσκειν.	34 ἀπεκρίθη	οὖν	αὐτῷ	ὁ	ὄχλος·	Ἡμεῖς
estaba a punto de	morir.	respondió$_{4}$	Así que$_{1}$	a él:$_{5}$	la$_{2}$	multitud$_{3}$	Nosotros
3195	599	611	3767	846	3588	3793	2249
VIAI3S	*VPAN*	*VAPI3S, VAMI3S*	*CLI*	*RP3DSM*	*DNSM*	*NNSM*	*RP1NP*

ἠκούσαμεν	ἐκ	τοῦ	νόμου	ὅτι	ὁ	Χριστὸς	μένει	εἰς	τὸν	αἰῶνα,
oímos	de	la	ley	que	el	Cristo	permanece	para	la	eternidad,
191	1537	3588	3551	3754	3588	5547	3306	1519	3588	165
VAAI1P	*P*	*DGSM*	*NGSM*	*CSC*	*DNSM*	*NNSM*	*VPAI3S*	*P*	*DASM*	*NASM*

καὶ	πῶς	λέγεις	σὺ	ὅτι	δεῖ	ὑψωθῆναι	τὸν	υἱὸν	τοῦ	ἀνθρώπου;
¿y	cómo	dices$_{2}$	tú$_{1}$	que$_{3}$	es necesario$_{8}$	que sea levantado?$_{9}$	el$_{4}$	Hijo$_{5}$	del$_{6}$	Hombre$_{7}$
2532	4459	3004	4771	3754	1163	5312	3588	5207	3588	444
CLN	*BI*	*VPAI2S*	*RP2NS*	*CSC*	*VPAI3S*	*VAPN*	*DASM*	*NASM*	*DGSM*	*NGSM*

τίς	ἐστιν	οὗτος	ὁ	υἱὸς	τοῦ	ἀνθρώπου;	35 εἶπεν	οὖν	αὐτοῖς	ὁ
¿Quién	es	este	--	Hijo	del	Hombre?	dijo$_{4}$	así que$_{1}$	a ellos:$_{5}$	--$_{2}$
5101	2076	3778	3588	5207	3588	444	2036	3767	846	3588
RI-NSM	*VPAI3S*	*RD-NSM*	*DNSM*	*NNSM*	*DGSM*	*NGSM*	*VAAI3S*	*CLI*	*RP3DPM*	*DNSM*

Ἰησοῦς·	Ἔτι	μικρὸν	χρόνον	τὸ	φῶς	ἐν	ὑμῖν	ἐστιν.	περιπατεῖτε
Jesús$_{3}$	Todavía	poco	tiempo	la$_{1}$	luz$_{2}$	entre$_{4}$	vosotros,$_{5}$	está$_{3}$	andad$_{6}$
2424	2089	3398	5550	3588	5457	1722	5213	2076	4043
NNSM	*B*	*JASM*	*NASM*	*DNSN*	*NNSN*	*P*	*RP2DP*	*VPAI3S*	*VPAM2P*

ὡς	τὸ	φῶς	ἔχετε,	ἵνα	μὴ	σκοτία	ὑμᾶς	καταλάβῃ,	καὶ	ὁ
mientras$_{7}$	la$_{9}$	luz,$_{10}$	tenéis$_{8}$	para que$_{11}$	no$_{13}$	oscuridad$_{12}$	a vosotros,$_{15}$	sorprenda$_{14}$	y	el que
5613	3588	5457	2192	2443	3361	4653	5209	2638	2532	3588
CAT	*DASN*	*NASN*	*VPAI2P*	*CAP*	*BN, TN*	*NNSF*	*RP2AP*	*VAAS3S*	*CLN*	*DNSM*

NVI

venido! 28 ¡Padre, glorifica tu nombre!»

Se oyó entonces, desde el cielo, una voz que decía: «Ya lo he glorificado, y volveré a glorificarlo». 29 La multitud que estaba allí, y que oyó la voz, decía que había sido un trueno; otros decían que un ángel le había hablado.

30 —Esa voz no vino por mí, sino por ustedes —dijo Jesús—. 31 El juicio de este mundo ha llegado ya, y el príncipe de este mundo va a ser expulsado. 32 Pero yo, cuando sea levantado de la tierra, atraeré a todos a mí mismo.

33 Con esto daba Jesús a entender de qué manera iba a morir.

34 —De la ley hemos sabido —le respondió la gente— que el Cristo permanecerá para siempre; ¿cómo, pues, dices que el Hijo del hombre tiene que ser levantado? ¿Quién es ese Hijo del hombre?

35 —Ustedes van a tener la luz solo un poco más de tiempo —les dijo Jesús—. Caminen mientras tengan la luz, antes de que los envuelvan las

RVR

tinieblas; porque el que
anda en tinieblas, no
sabe adónde va.
36 Entretanto que tenéis
la luz, creed en la luz,
para que seáis hijos
de luz.
Estas cosas habló Jesús,
y se fue y se ocultó de
ellos.

Incredulidad de los judíos

37 Pero a pesar de que
había hecho tan grandes
señales delante de ellos,
no creían en él;
38 para que se cumpliese
la palabra del profeta
Isaías, que dijo:
Señor, ¿quién ha
creído a nuestro
anuncio?
¿Y a quién se ha reve-
lado el brazo del
Señor?
39 Por esto no podían
creer, porque también
dijo Isaías:
40 Ha cegado los ojos
de ellos, y endure-
ció su corazón;
Para que no vean
con los ojos, y
entiendan con el
corazón,
Y se conviertan, y yo
los sane.
41 Isaías dijo esto cuan-
do vio su gloria, y habló
acerca de él.
42 Con todo eso, aun
de los gobernantes,

περιπατῶν	ἐν	τῇ	σκοτίᾳ	οὐκ	οἶδεν	ποῦ	ὑπάγει.	36 ὡς	τὸ	φῶς
anda	en	la	oscuridad	no	sabe	dónde	va.	Mientras$_1$	la$_3$	luz,$_4$
4043	1722	3588	4653	3756	1492	4226	5217	5613	3588	5457
VPAP-SNM	P	DDSF	NDSF	BN, TN	VRAI3S	B	VPAI3S	CAT	DASN	NASN

ἔχετε,	πιστεύετε	εἰς	τὸ	φῶς,	ἵνα	υἱοὶ	φωτὸς	γένησθε.
tenéis$_2$	creed	en	la	luz,	para que	hijos	de luz	lleguéis a ser.
2192	4100	1519	3588	5457	2443	5207	5457	1096
VPAI2P	VPAM2P	P	DASN	NASN	CAP	NNPM	NGSN	VAMS2P

Ταῦτα	ἐλάλησεν	Ἰησοῦς,	καὶ	ἀπελθὼν	ἐκρύβη	ἀπ’	αὐτῶν.
Estas cosas	habló,$_2$	Jesús$_1$	y	habiéndose ido	se escondió	de	ellos.
5023	2980	2424	2532	565	2928	575	846
RD-APN	VAAI3S	NNSM	CLN	VAAP-SNM	VAPI3S	P	RP3GPM

37 τοσαῦτα	δὲ	αὐτοῦ	σημεῖα	πεποιηκότος	ἔμπροσθεν	αὐτῶν	οὐκ
tantas$_4$	Pero$_1$	él$_2$	señales$_5$	habiendo hecho$_3$	delante	de ellos,	no
5118	1161	846	4592	4160	1715	846	3756
JAPN, RD-APN	CLC	RP3GSM	NAPN	VRAP-SGM	P	RP3GPM	BN, TN

ἐπίστευον	εἰς	αὐτόν,	38 ἵνα	ὁ	λόγος	Ἠσαΐου	τοῦ	προφήτου
creían	en	él,	para que	la	palabra	de Isaías	el	profeta
4100	1519	846	2443	3588	3056	2268	3588	4396
VIAI3P	P	RP3ASM	CAP	DNSM	NNSM	NGSM	DGSM	NGSM

πληρωθῇ	ὃν	εἶπεν·	Κύριε,	τίς	ἐπίστευσεν	τῇ	ἀκοῇ	ἡμῶν;	καὶ
se cumpliera,	la que	dijo:	Señor,	¿quién	creyó	al	anuncio	de nosotros?	Y
4137	3739	2036	2962	5101	4100	3588	189	2257	2532
VAPS3S	RR-ASM	VAAI3S	NVSM	RI-NSM	VAAI3S	DDSF	NDSF	RP1GP	CLN

ὁ	βραχίων	κυρίου	τίνι	ἀπεκαλύφθη;	39 διὰ	τοῦτο	οὐκ	ἠδύναντο
el	brazo (poder)	del Señor	¿a quién	fue revelado?	Por	esto	no	podían
3588	1023	2962	5101	601	1223	5124	3756	1410
DNSM	NNSM	NGSM	RI-DSM	VAPI3S	P	RD-ASN	BN, TN	VIUI3P

πιστεύειν	ὅτι	πάλιν	εἶπεν	Ἠσαΐας·	40 Τετύφλωκεν	αὐτῶν	τοὺς
creer,	porque	de nuevo	dijo	Isaías:	Ha segado$_1$	de ellos,$_4$	los$_2$
4100	3754	3825	2036	2268	5186	846	3588
VPAN	CAZ	B	VAAI3S	NNSM	VRAI3S	RP3GPM	DAPM

ὀφθαλμοὺς	καὶ	ἐπώρωσεν	αὐτῶν	τὴν	καρδίαν,	ἵνα	μὴ	ἴδωσιν	τοῖς
ojos$_3$	y$_5$	endureció$_6$	de ellos,$_9$	el$_7$	corazón$_8$	para que	no	vieran	con los
3788	2532	4456	846	3588	2588	2443	3361	1492	3588
NAPM	CLN	VAAI3S	RP3GPM	DASF	NASF	CAP	BN, TN	VAAS3P	DDPM

ὀφθαλμοῖς	καὶ	νοήσωσιν	τῇ	καρδίᾳ	καὶ	στραφῶσιν,	καὶ	ἰάσομαι
ojos	y	entendieran	con el	corazón	y	se volvieran	y	sanaré (sane)
3788	2532	3539	3588	2588	2532	4762	2532	2390
NDPM	CLN	VAAS3P	DDSF	NDSF	CLN	VAPS3P	CLN	VFMI1S

αὐτούς.	41 ταῦτα	εἶπεν	Ἠσαΐας	ὅτι	εἶδεν	τὴν	δόξαν	αὐτοῦ,	καὶ
a ellos.	estas cosas$_3$	dijo$_2$	Isaías$_1$	porque	vio	la	gloria	de él,	y
846	5023	2036	2268	3754	1492	3588	1391	846	2532
RP3APM	RD-APN	VAAI3S	NNSM	CAZ	VAAI3S	DASF	NASF	RP3GSM	CLN

ἐλάλησεν	περὶ	αὐτοῦ.	42 ὅμως	μέντοι	καὶ	ἐκ	τῶν	ἀρχόντων
habló	acerca de	él.	a pesar de eso	Sin embargo,	también$_1$	de$_3$	los$_4$	gobernantes$_5$
2980	4012	846	3676	3305	2532	1537	3588	758
VAAI3S	P	RP3GSM	B	CLC	CLA, B	P	DGPM	NGPM

NVI

tinieblas. El que camina
en las tinieblas no sabe
a dónde va. 36 Mientras
tengan la luz, crean en
ella, para que sean hijos
de la luz.
Cuando terminó de
hablar, Jesús se fue y se
escondió de ellos.

Los judíos siguen en su incredulidad

37 A pesar de haber
hecho Jesús todas estas
señales en presencia de
ellos, todavía no creían
en él. 38 Así se cumplió
lo dicho por el profeta
Isaías:

«Señor, ¿quién ha
creído a nuestro
mensaje,
y a quién se le ha reve-
lado el poder del
Señor?»

39 Por eso no podían
creer, pues también
había dicho Isaías:

40 «Les ha cegado los
ojos
y endurecido el
corazón,
para que no vean con
los ojos,
ni entiendan con el
corazón
ni se conviertan; y yo
los sane».

41 Esto lo dijo Isaías
porque vio la gloria de
Jesús y habló de él.
42 Sin embargo,
muchos de ellos, incluso

RVR

muchos creyeron en él;
pero a causa de los fari-
seos no lo confesaban,
para no ser expulsados
de la sinagoga.
43 Porque amaban más
la gloria de los hombres
que la gloria de Dios.

Las palabras de Jesucristo juzgarán a los hombres

44 Jesús clamó y dijo: El
que cree en mí, no cree
en mí, sino en el que me
envió;
45 y el que me ve, ve al
que me envió.
46 Yo, la luz, he venido
al mundo, para que
todo aquel que cree en
mí no permanezca en
tinieblas.
47 Al que oye mis pa-
labras, y no las guarda,
yo no le juzgo; porque
no he venido a juzgar al
mundo, sino a salvar al
mundo.
48 El que me rechaza, y
no recibe mis palabras,
tiene quien le juzgue; la
palabra que he hablado,
ella le juzgará en el
último día.
49 Porque yo no he
hablado por mi propia
cuenta; sino que el
Padre que me envió, él
me dio mandamiento
de lo que he de decir, y
de lo que he de hablar.

πολλοὶ	ἐπίστευσαν	εἰς	αὐτόν,	ἀλλὰ	διὰ	τοὺς	Φαρισαίους	οὐχ
muchos$_2$	creyeron	en	él,	pero	a causa de	los	fariseos	no
4183	4100	1519	846	235	1223	3588	5330	3756
JNPM	*VAAI3P*	*P*	*RP3ASM*	*CLC*	*P*	*DAPM*	*NAPM*	*BN, TN*

ὡμολόγουν	ἵνα	μὴ	ἀποσυνάγωγοι	γένωνται,	43 ἠγάπησαν	γὰρ
confesaban,	para que$_1$	no$_2$	expulsados de la sinagoga,$_4$	lleguen a ser$_3$	amaron$_2$	porque$_1$
3670	2443	3361	656	1096	25	1063
VIAI3P	*CAP*	*BN, TN*	*JNPM*	*VAMS3P*	*VAAI3P*	*CAZ*

τὴν	δόξαν	τῶν	ἀνθρώπων	μᾶλλον	ἤπερ	τὴν	δόξαν	τοῦ	θεοῦ.
la$_3$	gloria$_4$	de los	seres humanos	más	que	la	gloria	de --	Dios.
3588	1391	3588	444	3123	2260	3588	1391	3588	2316
DASF	*NASF*	*DGPM*	*NGPM*	*B*	*T, C*	*DASF*	*NASF*	*DGSM*	*NGSM*

44 Ἰησοῦς	δὲ	ἔκραξεν	καὶ	εἶπεν·	Ὁ	πιστεύων	εἰς	ἐμὲ	οὐ
Jesús$_2$	Mas$_1$	clamó$_3$	y	dijo:	El que	está creyendo	en	mí,	no
2424	1161	2896	2532	2036	3588	4100	1519	1691	3756
NNSM	*CLN*	*VAAI3S*	*CLN*	*VAAI3S*	*DNSM*	*VPAP-SNM*	*P*	*RP1AS*	*BN, TN*

πιστεύει	εἰς	ἐμὲ	ἀλλὰ	εἰς	τὸν	πέμψαντά	με,	45 καὶ	ὁ	θεωρῶν
cree	en	mí,	sino	en	el que	envió	a mí;	y	el que	está viendo
4100	1519	1691	235	1519	3588	3992	3165	2532	3588	2334
VPAI3S	*P*	*RP1AS*	*CLC*	*P*	*DASM*	*VAAP-SAM*	*RP1AS*	*CLN*	*DNSM*	*VPAP-SNM*

ἐμὲ	θεωρεῖ	τὸν	πέμψαντά	με.	46 ἐγὼ	φῶς	εἰς	τὸν	κόσμον
a mí,	ve	al que	envió	a mí.	Yo$_1$	(como) luz$_3$	hacia$_4$	el$_5$	mundo,$_6$
1691	2334	3588	3992	3165	1473	5457	1519	3588	2889
RP1AS	*VPAI3S*	*DASM*	*VAAP-SAM*	*RP1AS*	*RP1NS*	*NNSN, NASN*	*P*	*DASM*	*NASM*

ἐλήλυθα,	ἵνα	πᾶς	ὁ	πιστεύων	εἰς	ἐμὲ	ἐν	τῇ	σκοτίᾳ	μὴ
he venido$_2$	para que	todo	el que	está creyendo	en	mí,	en$_3$	la$_4$	oscuridad$_5$	no$_1$
2064	2443	3956	3588	4100	1519	1691	1722	3588	4653	3361
VRAI1S	*CAP*	*JNSM*	*DNSM*	*VPAP-SNM*	*P*	*RP1AS*	*P*	*DDSF*	*NDSF*	*BN, TN*

μείνῃ.	47 καὶ	ἐάν	τίς	μου	ἀκούσῃ	τῶν	ῥημάτων	καὶ	μὴ
permaneciera.$_2$	Y	si	alguien$_1$	de mí$_3$	oyera$_2$	las	palabras,	y	no
3306	2532	1437	5100	3450	191	3588	4487	2532	3361
VAAS3S	*CLN*	*CAC*	*RI-NSM*	*RP1GS*	*VAAS3S*	*DGPN*	*NGPN*	*CLN*	*BN, TN*

φυλάξῃ,	ἐγὼ	οὐ	κρίνω	αὐτόν,	οὐ	γὰρ	ἦλθον	ἵνα	κρίνω
guardara,	yo	no	juzgo	a él,	no$_2$	porque$_1$	vine$_3$	para que	juzgara
5442	1473	3756	2919	846	3756	1063	2064	2443	2919
VAAS3S	*RP1NS*	*BN, TN*	*VPAI1S, VFAI1S*	*RP3ASM*	*BN, TN*	*CAZ*	*VAAI1S*	*CAP*	*VPAS1S*

τὸν	κόσμον	ἀλλ'	ἵνα	σώσω	τὸν	κόσμον.	48 ὁ	ἀθετῶν	ἐμὲ	καὶ
al	mundo,	sino	para que	salvara	al	mundo.	El que	está rechazando	a mí	y
3588	2889	235	2443	4982	3588	2889	3588	114	1691	2532
DASM	*NASM*	*CLC*	*CAP*	*VAAS1S*	*DASM*	*NASM*	*DNSM*	*VPAP-SNM*	*RP1AS*	*CLN*

μὴ	λαμβάνων	τὰ	ῥήματά	μου	ἔχει	τὸν	κρίνοντα	αὐτόν·	ὁ
no	recibiendo (recibe)	las	palabras	de mí,	tiene	al que	está juzgando	a él:	La
3361	2983	3588	4487	3450	2192	3588	2919	846	3588
BN, TN	*VPAP-SNM*	*DAPN*	*NAPN*	*RP1GS*	*VPAI3S*	*DASM*	*VPAP-SAM*	*RP3ASM*	*DNSM*

λόγος	ὃν	ἐλάλησα	ἐκεῖνος	κρινεῖ	αὐτὸν	ἐν	τῇ	ἐσχάτῃ	ἡμέρᾳ·
palabra,	la que	hablé,	aquella	juzgará	a él	en	el	último	día.
3056	3739	2980	1565	2919	846	1722	3588	2078	2250
NNSM	*RR-ASM*	*VAAI1S*	*RD-NSM*	*VFAI3S*	*RP3ASM*	*P*	*DDSF*	*JDSF*	*NDSF*

49 ὅτι	ἐγὼ	ἐξ	ἐμαυτοῦ	οὐκ	ἐλάλησα,	ἀλλ'	ὁ	πέμψας	με
Porque$_1$	yo$_2$	de$_5$	mí mismo,$_6$	no$_3$	hablé$_4$	sino$_7$	el que$_{10}$	envió$_{11}$	a mí$_{12}$
3754	1473	1537	1683	3756	2980	235	3588	3992	3165
CAZ	*RP1NS*	*P*	*RF1GSM*	*BN, TN*	*VAAI1S*	*CLC*	*DNSM*	*VAAP-SNM*	*RP1AS*

πατὴρ	αὐτός	μοι	ἐντολὴν	δέδωκεν	τί	εἴπω	καὶ	τί	λαλήσω.
(el) Padre$_8$	mismo,$_9$	a mí$_{15}$	un mandamiento$_{14}$	ha dado$_{13}$	qué	dijera	y	qué	hablara.
3962	846	3427	1785	1325	5101	2036	2532	5101	2980
NNSM	*RP3NSM*	*RP1DS*	*NASF*	*VRAI3S*	*RI-ASN*	*VAAS1S*	*CLN*	*RI-ASN*	*VAAS1S*

NVI

muchos de los jefes,
creyeron en él, pero no
lo confesaban porque
temían que los fariseos
los expulsaran de la
sinagoga. 43 Preferían
recibir honores de los
hombres más que de
parte de Dios.
44 «El que cree en mí
—clamó Jesús con voz
fuerte—, cree no solo
en mí, sino en el que me
envió. 45 Y el que me ve
a mí ve al que me envió.
46 Yo soy la luz que ha
venido al mundo, para
que todo el que crea en
mí no viva en tinieblas.
47 »Si alguno escucha
mis palabras, pero no
las obedece, no seré yo
quien lo juzgue; pues no
vine a juzgar al mundo,
sino a salvarlo. 48 El que
me rechaza y no acepta
mis palabras tiene quien
lo juzgue. La palabra
que yo he proclama-
do lo condenará en el
día final. 49 Yo no he
hablado por mi propia
cuenta; el Padre que me
envió me ordenó qué
decir y cómo decirlo.

RVR

50 Y sé que su manda-
miento es vida eterna.
Así pues, lo que yo
hablo, lo hablo como el
Padre me lo ha dicho.

Jesús lava los pies de sus discípulos

13 Antes de la fiesta de la pascua,
sabiendo Jesús que su
hora había llegado para
que pasase de este mun-
do al Padre, habiendo
amado a los suyos que
estaban en el mundo, los
amó hasta el fin.
2 Y cuando cenaban,
como el diablo ya había
puesto en el corazón de
Judas Iscariote, hijo de
Simón, que le entregase,
3 sabiendo Jesús que
el Padre le había dado
todas las cosas en las ma-
nos, y que había salido
de Dios, y a Dios iba,
4 se levantó de la cena,
y se quitó su manto, y
tomando una toalla, se
la ciñó.
5 Luego puso agua en
un lebrillo, y comenzó a
lavar los pies de los discí-
pulos, y a enjugarlos con
la toalla con que estaba
ceñido.
6 Llegó, pues, a Simón
Pedro; y Pedro le dijo:
Señor, ¿tú me lavas los
pies a mí?
7 Respondió Jesús y le

50 καὶ	οἶδα	ὅτι	ἡ	ἐντολὴ	αὐτοῦ	ζωὴ	αἰώνιός	ἐστιν.	ἃ	οὖν
Y	sé	que	el	mandamiento	de él	vida$_2$	eterna;$_3$	es$_1$	las cosas que$_5$	Así que$_4$
2532	1492	3754	3588	1785	846	2222	166	2076	3739	3767
CLN	*VRAI1S*	*CSC*	*DNSF*	*NNSF*	*RP3GSM*	*NNSF*	*JNSF*	*VPAI3S*	*RR-APN*	*CLI*

ἐγὼ	λαλῶ,	καθὼς	εἴρηκέν	μοι	ὁ	πατήρ,	οὕτως	λαλῶ.
yo$_6$	hablo$_7$	como$_8$	ha dicho$_{11}$	a mí,$_{12}$	el$_9$	Padre$_{10}$	así	hablo.
1473	2980	2531	2046	3427	3588	3962	3779	2980
RP1NS	*VPAI1S*	*CAM*	*VRAI3S*	*RP1DS*	*DNSM*	*NNSM*	*B*	*VPAI1S*

13 Πρὸ	δὲ	τῆς	ἑορτῆς	τοῦ	πάσχα	εἰδὼς	ὁ	Ἰησοῦς
antes de$_2$	Y$_1$	la	fiesta	de la	Pascua,	cuando supo$_3$	--$_1$	Jesús$_2$
4253	1161	3588	1859	3588	3957	1492	3588	2424
P	*CLT*	*DGSF*	*NGSF*	*DGSN, DGSM*	*NGSN, XF*	*VRAP-SNM*	*DNSM*	*NNSM*

ὅτι	ἦλθεν	αὐτοῦ	ἡ	ὥρα	ἵνα	μεταβῇ	ἐκ	τοῦ	κόσμου	τούτου	πρὸς
que	vino	de él$_3$	la$_1$	hora$_2$	para que	pasara	de$_1$	--$_3$	mundo$_4$	este$_2$	a
3754	2064	846	3588	5610	2443	3327	1537	3588	2889	5127	4314
CSC	*VAAI3S*	*RP3GSM*	*DNSF*	*NNSF*	*CSC*	*VAAS3S*	*P*	*DGSM*	*NGSM*	*RD-GSM*	*P*

τὸν	πατέρα	ἀγαπήσας	τοὺς	ἰδίους	τοὺς	ἐν	τῷ	κόσμῳ	εἰς
el	Padre,	habiendo amado	a los	suyos	a los (que están)	en	el	mundo,	hasta$_3$
3588	3962	25	3588	2398	3588	1722	3588	2889	1519
DASM	*NASM*	*VAAP-SNM*	*DAPM*	*JAPM*	*DAPM*	*P*	*DDSM*	*NDSM*	*P*

τέλος	ἠγάπησεν	αὐτούς.	2 καὶ	δείπνου	γινομένου,	τοῦ	διαβόλου	ἤδη
fin.$_4$	amó$_1$	a ellos$_2$	Y$_1$	una cena,$_3$	teniendo lugar$_2$	el	diablo	ya
5056	25	846	2532	1173	1096	3588	1228	2235
NASN	*VAAI3S*	*RP3APM*	*CLN*	*NGSN*	*VPUP-SGN*	*DGSM*	*JGSM*	*B*

βεβληκότος	εἰς	τὴν	καρδίαν	ἵνα	παραδοῖ	αὐτὸν	Ἰούδας	Σίμωνος
había puesto	en	el	corazón	que$_1$	entregara$_5$	a él,$_6$	Judas,$_2$	(hijo) de Simón$_3$
906	1519	3588	2588	2443	3860	846	2455	4613
VRAP-SGM	*P*	*DASF*	*NASF*	*CSC*	*VAAS3S*	*RP3ASM*	*NNSM*	*NGSM*

Ἰσκαριώτου,	3 εἰδὼς	ὅτι	πάντα	ἔδωκεν	αὐτῷ	ὁ	πατὴρ
Iscariote,$_4$	habiendo sabido$_1$	que$_2$	todas las cosas$_7$	dio$_5$	a él$_6$	el$_3$	Padre$_4$
2469	1492	3754	3956	1325	846	3588	3962
NGSM	*VRAP-SNM*	*CSC*	*JAPN*	*VAAI3S*	*RP3DSM*	*DNSM*	*NNSM*

εἰς	τὰς	χεῖρας,	καὶ	ὅτι	ἀπὸ	θεοῦ	ἐξῆλθεν	καὶ	πρὸς	τὸν	θεὸν	ὑπάγει,
en	las	manos,	y	que	de$_2$	Dios,$_3$	salió$_1$	y$_4$	a$_6$	--$_7$	Dios,$_8$	va$_5$
1519	3588	5495	2532	3754	575	2316	1831	2532	4314	3588	2316	5217
P	*DAPF*	*NAPF*	*CLN*	*CSC*	*P*	*NGSM*	*VAAI3S*	*CLN*	*P*	*DASM*	*NASM*	*VPAI3S*

4 ἐγείρεται	ἐκ	τοῦ	δείπνου	καὶ	τίθησιν	τὰ	ἱμάτια	καὶ	λαβὼν
se levanta	de	la	cena	y	pone a un lado	los	vestidos,	y	habiendo tomando
1453	1537	3588	1173	2532	5087	3588	2440	2532	2983
VPPI3S	*P*	*DGSN*	*NGSN*	*CLN*	*VPAI3S*	*DAPN*	*NAPN*	*CLN*	*VAAP-SNM*

λέντιον	διέζωσεν	ἑαυτόν·	5 εἶτα	βάλλει	ὕδωρ	εἰς	τὸν	νιπτῆρα,	καὶ
un paño	(lo) ató alrededor	a sí mismo;	después	echa	agua	en	la	palangana,	y
3012	1241	1438	1534	906	5204	1519	3588	3537	2532
NASN	*VAAI3S*	*RF3ASM*	*B*	*VPAI3S*	*NASN*	*P*	*DASM*	*NASM*	*CLN*

ἤρξατο	νίπτειν	τοὺς	πόδας	τῶν	μαθητῶν	καὶ	ἐκμάσσειν	τῷ	λεντίῳ
comenzó	a lavar	los	pies	de los	discípulos	y	a enjugar	con el	paño
756	3538	3588	4228	3588	3101	2532	1591	3588	3012
VAMI3S	*VPAN*	*DAPM*	*NAPM*	*DGPM*	*NGPM*	*CLN*	*VPAN*	*DDSN*	*NDSN*

ᾧ	ἦν	διεζωσμένος.	6 ἔρχεται	οὖν	πρὸς	Σίμωνα	Πέτρον.	λέγει
con el que	estaba	ceñido alrededor.	viene$_2$	Así que$_1$	a	Simón	Pedro;	dice
3739	2258	1241	2064	3767	4314	4613	4074	3004
RR-DSN	*VIAI3S*	*VRMP-SNM, VRPP-SNM*	*VPUI3S*	*CLI*	*P*	*NASM*	*NASM*	*VPAI3S*

αὐτῷ·	Κύριε,	σύ	μου	νίπτεις	τοὺς	πόδας;	7 ἀπεκρίθη	Ἰησοῦς	καὶ
a él:	Señor,	¿tú	a mí	lavas	los	pies?	respondió$_2$	Jesús$_1$	y
846	2962	4771	3450	3538	3588	4228	611	2424	2532
RP3DSM	*NVSM*	*RP2NS*	*RP1GS*	*VPAI2S*	*DAPM*	*NAPM*	*VAPI3S, VAMI3S*	*NNSM*	*CLN*

NVI

50 Y sé muy bien que su
mandato es vida eterna.
Así que todo lo que digo
es lo que el Padre me ha
ordenado decir».

Jesús les lava los pies a sus discípulos

13 Se acercaba la fiesta de la
Pascua. Jesús sabía que le
había llegado la hora de
abandonar este mundo
para volver al Padre. Y
habiendo amado a los
suyos que estaban en el
mundo, los amó hasta
el fin.
2 Llegó la hora de
la cena. El diablo ya
había incitado a Judas
Iscariote, hijo de Simón,
para que traicionara a
Jesús. 3 Sabía Jesús que
el Padre había puesto
todas las cosas bajo su
dominio, y que había sa-
lido de Dios y a él volvía;
4 así que se levantó de la
mesa, se quitó el manto
y se ató una toalla a la
cintura. 5 Luego echó
agua en un recipiente y
comenzó a lavarles los
pies a sus discípulos y a
secárselos con la toalla
que llevaba a la cintura.
6 Cuando llegó a
Simón Pedro, este le
dijo:
—¿Y tú, Señor, me
vas a lavar los pies a mí?
7 —Ahora no
entiendes lo que estoy

RVR

dijo: Lo que yo hago, tú
no lo comprendes ahora; mas lo entenderás
después.
8 Pedro le dijo: No me
lavarás los pies jamás.
Jesús le respondió: Si no
te lavo, no tendrás parte
conmigo.
9 Le dijo Simón Pedro:
Señor, no sólo mis pies,
sino también las manos
y la cabeza.
10 Jesús le dijo: El que
está lavado, no necesita
sino lavarse los pies,
pues está todo limpio; y
vosotros estáis limpios,
aunque no todos.
11 Porque sabía quién le
iba a entregar; por eso
dijo: No todos estáis
limpios.
12 Después que les lavó
los pies, tomó su manto,
se puso de nuevo a la
mesa, y les dijo: ¿Sabéis
lo que os he hecho?
13 Vosotros me llamáis
Maestro, y Señor; y decís bien, porque lo soy.
14 Pues si yo, el Señor
y el Maestro, he
lavado vuestros pies,
vosotros también debéis

εἶπεν	αὐτῷ·	Ὃ	ἐγὼ	ποιῶ	σὺ	οὐκ	οἶδας	ἄρτι,	γνώσῃ	δὲ	μετὰ
dijo	a él:	Lo que	yo	hago,	tú	no	sabes	ahora,	conocerás$_2$	pero$_1$	después de$_3$
2036	846	3739	1473	4160	4771	3756	1492	737	1097	1161	3326
VAAI3S	RP3DSM	RR-ASN	RP1NS	VPAI1S	RP2NS	BN, TN	VRAI2S	B	VFMI2S	CLC	P

ταῦτα.	8 λέγει	αὐτῷ	Πέτρος·	Οὐ	μὴ*	νίψῃς	μου	τοὺς	πόδας	εἰς
estas cosas.$_4$	dice$_2$	a él:$_3$	Pedro$_1$	No	no	lavarás	a mí$_3$	los$_1$	pies$_2$	para
5023	3004	846	4074	3756	3361	3538	3450	3588	4228	1519
RD-APN	VPAI3S	RP3DSM	NNSM	BN, TN	BN, TN	VAAS2S	RP1GS	DAPM	NAPM	P

τὸν	αἰῶνα.*1	ἀπεκρίθη	Ἰησοῦς	αὐτῷ·	Ἐὰν	μὴ	νίψω	σε,	οὐκ	ἔχεις
la	eternidad.	respondió$_2$	Jesús$_1$	a él:$_3$	Si	no	lavare	a ti,	no	tienes
3588	165	611	2424	846	1437	3361	3538	4571	3756	2192
DASM	NASM	VAPI3S, VAMI3S	NNSM	RP3DSM	CAC	BN, TN	VAAS1S	RP2AS	BN, TN	VPAI2S

μέρος	μετ’	ἐμοῦ.	9 λέγει	αὐτῷ	Σίμων	Πέτρος·	Κύριε,	μὴ	τοὺς	πόδας
parte	con	mí.	dice$_3$	a él:$_4$	Simón$_1$	Pedro$_2$	Señor,	no	los$_2$	pies$_3$
3313	3326	1700	3004	846	4613	4074	2962	3361	3588	4228
NASN	P	RP1GS	VPAI3S	RP3DSM	NNSM	NNSM	NVSM	BN, TN	DAPM	NAPM

μου	μόνον	ἀλλὰ	καὶ	τὰς	χεῖρας	καὶ	τὴν	κεφαλήν.	10 λέγει	αὐτῷ
de mí$_4$	solo$_1$	sino	también	las	manos	y	la	cabeza.	dice$_3$	a él:$_4$
3450	3440	235	2532	3588	5495	2532	3588	2776	3004	846
RP1GS	B, J	CLC	BE, TE	DAPF	NAPF	CLN	DASF	NASF	VPAI3S	RP3DSM

ὁ	Ἰησοῦς·	Ὁ	λελουμένος	οὐκ	ἔχει	χρείαν	εἰ	μὴ	τοὺς	πόδας
--$_1$	Jesús$_2$	el que	se ha bañado	no	tiene	necesidad	si	no	los$_2$	pies,$_3$
3588	2424	3588	3068	3756	2192	5532	1487	3361	3588	4228
DNSM	NNSM	DNSM	VRPP-SNM	BN, TN	VPAI3S	NASF	CAC	BN, TN	DAPM	NAPM

νίψασθαι,	ἀλλ’	ἔστιν	καθαρὸς	ὅλος·	καὶ	ὑμεῖς	καθαροί	ἐστε,	ἀλλ’
lavarse$_1$	sino (que)	está	limpio	todo,	y	vosotros	limpios	estáis,	pero
3538	235	2076	2513	3650	2532	5210	2513	2075	235
VAMN	CLC	VPAI3S	JNSM	JNSM	CLN	RP2NP	JNPM	VPAI2P	CLC

οὐχὶ	πάντες.	11 ᾔδει	γὰρ	τὸν	παραδιδόντα	αὐτόν·	διὰ	τοῦτο	εἶπεν
no	todos.	sabía$_2$	Porque$_1$	al que	está entregando	a él,	por	esto	dijo
3780	3956	1492	1063	3588	3860	846	1223	5124	2036
BN, TN	JNPM	VLABS	CLX	DASM	VPAP-SAM	RP3ASM	P	RD-ASN	VAAI3S

ὅτι	Οὐχὶ	πάντες	καθαροί	ἐστε.
que:	No	todos	limpios.$_2$	estáis$_1$
3754	3780	3956	2513	2075
CSC	BN, TN	JNPM	JNPM	VAPI2P

12 Ὅτε	οὖν	ἔνιψεν	τοὺς	πόδας	αὐτῶν	καὶ	ἔλαβεν	τὰ	ἱμάτια
cuando$_2$	Así que$_1$	lavó	los	pies	de ellos	y	tomó	los	vestidos
3753	3767	3538	3588	4228	846	2532	2983	3588	2440
CAT	CLI	VAAI3S	DAPM	NAPM	RP3GPM	CLN	VAAI3S	DAPN	NAPN

αὐτοῦ	καὶ	ἀνέπεσεν,	πάλιν	εἶπεν	αὐτοῖς·	Γινώσκετε	τί	πεποίηκα
de él,	y$_2$	se recostó$_1$	de nuevo	dijo	a ellos:	¿Conocéis	qué	he hecho
846	2532	377	3825	2036	846	1097	5101	4160
RP3GSM	CLN	VAAI3S	B	VAAI3S	RP3DPM	VPAI2P, VPAM2P	RI-ASN	VRAI1S

ὑμῖν;	13 ὑμεῖς	φωνεῖτέ	με	Ὁ	διδάσκαλος	καὶ	Ὁ	κύριος,	καὶ
a vosotros?	Vosotros	llamáis	a mí	--	Maestro	y	--	Señor,	y
5213	5210	5455	3165	3588	1320	2532	3588	2962	2532
RP2DP	RP2NP	VPAI2P	RP1AS	DNSM	NNSM	CLN	DNSM	NNSM	CLN

καλῶς	λέγετε,	εἰμὶ	γάρ.	14 εἰ	οὖν	ἐγὼ	ἔνιψα	ὑμῶν	τοὺς	πόδας
bien	decís,	soy.$_2$	porque$_1$	si$_2$	Así que$_1$	yo$_3$	lavé$_9$	de vosotros,$_{12}$	los$_{10}$	pies$_{11}$
2573	3004	1510	1063	1487	3767	1473	3538	5216	3588	4228
B	VPAI2P	VPAI1S	CAZ	CAC	CLI	RP1NS	VAAI1S	RP2GP	DAPM	NAPM

ὁ	κύριος	καὶ	ὁ	διδάσκαλος,	καὶ	ὑμεῖς	ὀφείλετε	ἀλλήλων
el$_4$	Señor$_5$	y$_6$	el$_7$	Maestro$_8$	también$_{13}$	vosotros$_{14}$	debéis$_{15}$	unos a otros;$_{19}$
3588	2962	2532	3588	1320	2532	5210	3784	240
DNSM	NNSM	CLN	DNSM	NNSM	BE, TE	RP2NP	VPAI2P	RC-GPM

NVI

haciendo —le respondió Jesús—, pero lo
entenderás más tarde.
8 —¡No! —protestó
Pedro—. ¡Jamás me
lavarás los pies!
—Si no te los lavo, no
tendrás parte conmigo.
9 —Entonces, Señor,
¡no solo los pies, sino
también las manos y la
cabeza!
10 —El que ya se ha
bañado no necesita
lavarse más que los pies
—le contestó Jesús—;
pues ya todo su cuerpo
está limpio. Y ustedes ya
están limpios, aunque
no todos.
11 Jesús sabía quién
lo iba a traicionar, y por
eso dijo que no todos
estaban limpios.
12 Cuando terminó de
lavarles los pies, se puso
el manto y volvió a su
lugar. Entonces les dijo:
—¿Entienden lo que
he hecho con ustedes?
13 Ustedes me llaman
Maestro y Señor, y dicen
bien, porque lo soy.
14 Pues, si yo, el Señor y
el Maestro, les he lavado
los pies, también ustedes

13:8* O sea *de ninguna manera.* **13:8*1** O sea *jamás.*

RVR

lavaros los pies los unos
a los otros.
15 Porque os he dado
ejemplo, para que como
yo os he hecho, vosotros
también hagáis así.
16 De cierto, de cierto
os digo: El siervo no es
mayor que su señor, ni
el enviado es mayor que
el que le envió.
17 Si sabéis estas cosas,
dichosos sois si las po-
néis en práctica.
18 No hablo de todos
vosotros; yo sé a quie-
nes he elegido; mas
para que se cumpla la
Escritura: El que come
pan conmigo, levantó
contra mí su calcañar.
19 Desde ahora os lo
digo antes que suceda,
para que cuando suce-
da, creáis que yo soy.
20 De cierto, de cierto
os digo: El que recibe al
que yo envíe, me recibe
a mí; y el que me recibe
a mí, recibe al que me
envió.

Jesús anuncia la traición de Judas

21 Habiendo dicho Jesús
esto, se turbó en su in-
terior, y dio testimonio,
diciendo: De cierto,
de cierto os digo, que
uno de vosotros me va a
entregar.
22 Entonces los discí-
pulos se miraban unos
a otros, dudando de
quién hablaba.
23 Y uno de sus dis-
cípulos, al cual Jesús

νίπτειν	τοὺς	πόδας·	15 ὑπόδειγμα	γὰρ	ἔδωκα	ὑμῖν	ἵνα	καθὼς	ἐγὼ
lavar$_{16}$	los$_{17}$	pies$_{18}$	ejemplo$_{3}$	porque$_{1}$	di$_{2}$	a vosotros,$_{4}$	para que	como	yo
3538	3588	4228	5262	1063	1325	5213	2443	2531	1473
VPAN	DAPM	NAPM	NASN	CAZ	VAAI1S	RP2DP	CAP	CAM	RP1NS

ἐποίησα	ὑμῖν	καὶ	ὑμεῖς	ποιῆτε.	16 ἀμὴν	ἀμὴν	λέγω	ὑμῖν,	οὐκ
hice	a vosotros,	también	vosotros	hagáis.	De cierto,	de cierto	digo	a vosotros:	no$_{2}$
4160	5213	2532	5210	4160	281	281	3004	5213	3756
VAAI1S	RP2DP	BE, TE	RP2NP	VPAS2P	XF, T	XF, T	VPAI1S	RP2DP	BN, TN

ἔστιν	δοῦλος	μείζων	τοῦ	κυρίου	αὐτοῦ	οὐδὲ	ἀπόστολος	μείζων	τοῦ
es$_{3}$	un esclavo$_{1}$	mayor$_{4}$	(que) el	señor	de él,	ni	un enviado	mayor	del que
2076	1401	3187	3588	2962	846	3761	652	3187	3588
VPAI3S	NNSM	JNSMC	DGSM	NGSM	RP3GSM	CLD, TN	NNSM	JNSMC	DGSM

πέμψαντος	αὐτόν.	17 εἰ	ταῦτα	οἴδατε,	μακάριοί	ἐστε	ἐὰν	ποιῆτε
envió	a él.	Si$_{1}$	estas cosas,$_{3}$	sabéis$_{2}$	bienaventurados	sois	si	hacéis
3992	846	1487	5023	1492	3107	2075	1437	4160
VAAP-SGM	RP3ASM	CAC	RD-APN	VRAI2P	JNPM	VPAI2P	CAC	VPAS2P

αὐτά.	18 οὐ	περὶ	πάντων	ὑμῶν	λέγω·	ἐγὼ	οἶδα	τίνας	ἐξελεξάμην·
ellas.	No$_{1}$	acerca de$_{3}$	todos$_{4}$	vosotros,$_{5}$	hablo$_{2}$	yo	sé	a quiénes	escogí,
846	3756	4012	3956	5216	3004	1473	1492	5101	1586
RP3APN	BNTN	P	JGPM	RP2GP	VPAI1S	RP1NS	VRAI1S	RI-APM	VAMI1S

ἀλλ᾽	ἵνα	ἡ	γραφὴ	πληρωθῇ·	Ὁ	τρώγων	μου	τὸν	ἄρτον	ἐπῆρεν
pero	para que	la	Escritura	se cumpliera:	El que	coma	de mí	el	pan,	levantó
235	2443	3588	1124	4137	3588	5176	3450	3588	740	1869
CLC	CAP	DNSF	NNSF	VAPS3S	DNSM	VPAP-SNM	RP1GS	DASM	NASM	VAAI3S

ἐπ᾽	ἐμὲ	τὴν	πτέρναν	αὐτοῦ.	19 ἀπ᾽	ἄρτι	λέγω	ὑμῖν	πρὸ	τοῦ
sobre	mí	el	talón	de él.	Desde	ahora	digo	a vosotros	antes de	--
1909	1691	3588	4418	846	575	737	3004	5213	4253	3588
P	RP1AS	DASF	NASF	RP3GSM	P	B	VPAI1S	RP2DP	P	DGSN, DGSM

γενέσθαι,	ἵνα	πιστεύσητε	ὅταν	γένηται	ὅτι	ἐγώ	εἰμι.	20 ἀμὴν
suceder,	para que	creáis	cuando$_{4}$	suceda,$_{5}$	que$_{1}$	yo$_{2}$	soy$_{3}$	De cierto,
1096	2443	4100	3752	1096	3754	1473	1510	281
VAMN	CAP	VAAS2P	CAT	VAMS3S	CSC	RP1NS	VPAI1S	XF, T

ἀμὴν	λέγω	ὑμῖν,	ὁ	λαμβάνων	ἄν	τινα	πέμψω	ἐμὲ
de cierto	digo	a vosotros:	El que	recibe	--	a alguien (que)	envié,	a mí$_{2}$
281	3004	5213	3588	2983	302	5100	3992	1691
XF, T	VPAI1S	RP2DP	DNSM	VPAP-SNM	TC	RX-ASM	VAAS1S	RP1AS

λαμβάνει,	ὁ	δὲ	ἐμὲ	λαμβάνων	λαμβάνει	τὸν	πέμψαντά	με.
recibe,$_{1}$	el que$_{4}$	mas$_{3}$	a mí,$_{6}$	recibe$_{5}$	recibe	al que	envió	a mí.
2983	3588	1161	1691	2983	2983	3588	3992	3165
VPAI3S	DNSM	CLN	RP1AS	VPAP-SNM	VPAI3S	DASM	VAAP-SAM	RP1AS

21 Ταῦτα	εἰπὼν	ὁ	Ἰησοῦς	ἐταράχθη	τῷ	πνεύματι	καὶ
estas cosas,$_{2}$	Habiendo dicho$_{1}$	--	Jesús	se turbó	en el	espíritu	y
5023	2036	3588	2424	5015	3588	4151	2532
RD-APN	VAAP-SNM	DNSM	NNSM	VAPI3S	DDSN	NDSN	CLN

ἐμαρτύρησεν	καὶ	εἶπεν·	Ἀμὴν	ἀμὴν	λέγω	ὑμῖν	ὅτι	εἷς	ἐξ	ὑμῶν
testificó	y	dijo:	De cierto,	de cierto	digo	a vosotros	que	uno	de	vosotros
3140	2532	2036	281	281	3004	5213	3754	1520	1537	5216
VAAI3S	CLN	VAAI3S	XF, T	XF, T	VPAI1S	RP2DP	CSC	JNSM	P	RP2GP

παραδώσει	με.	22 ἔβλεπον	εἰς	ἀλλήλους	οἱ	μαθηταὶ	ἀπορούμενοι
entregará	a mí.	miraban$_{3}$	a$_{4}$	unos a otros$_{5}$	los$_{1}$	discípulos$_{2}$	estando confundidos
3860	3165	991	1519	240	3588	3101	639
VFAI3S	RP1AS	VIAI3P	P	RC-APM	DNPM	NNPM	VPMP-PNM

περὶ	τίνος	λέγει.	23 ἦν	ἀνακείμενος	εἷς	ἐκ	τῶν	μαθητῶν	αὐτοῦ
acerca de	quién	habla.	estaba$_{10}$	reclinado (a la mesa)$_{11}$	Uno$_{1}$	de$_{2}$	los$_{3}$	discípulos$_{4}$	de él,$_{5}$
4012	5101	3004	2258	345	1520	1537	3588	3101	846
P	RI-GSM	VPAI3S	VIAI3S	VPUP-SNM	JNSM	P	DGPM	NGPM	RP3GSM

NVI

deben lavarse los pies los
unos a los otros. 15 Les he
puesto el ejemplo, para
que hagan lo mismo que
yo he hecho con ustedes.
16 Ciertamente les asegu-
ro que ningún siervo
es más que su amo, y
ningún mensajero es
más que el que lo envió.
17 ¿Entienden esto?
Dichosos serán si lo
ponen en práctica.

Jesús predice la traición de Judas

18 »No me refiero a
todos ustedes; yo sé a
quiénes he escogido.
Pero esto es para que se
cumpla la Escritura: "El
que comparte el pan
conmigo me ha puesto
la zancadilla".
19 »Les digo esto
ahora, antes de que
suceda, para que cuando
suceda crean que yo soy.
20 Ciertamente les asegu-
ro que el que recibe al
que yo envío me recibe
a mí, y el que me recibe
a mí recibe al que me
envió».
21 Dicho esto, Jesús se
angustió profundamen-
te y declaró:
—Ciertamente les
aseguro que uno de uste-
des me va a traicionar.
22 Los discípulos se
miraban unos a otros sin
saber a cuál de ellos se
refería. 23 Uno de ellos,
el discípulo a quien Jesús

RVR

amaba, estaba recostado
al lado de Jesús.
24 A éste, pues, hizo
señas Simón Pedro,
para que preguntase
quién era aquel de quien
hablaba.
25 Él, entonces, recos-
tándose cerca del pecho
de Jesús, le dijo: Señor,
¿quién es?
26 Respondió Jesús:
A quien yo dé el pan
mojado, aquél es. Y
mojando el pan, lo dio
a Judas Iscariote hijo de
Simón.
27 Y después del bocado,
entró Satanás en él.
Entonces Jesús le dijo:
Lo que vas a hacer,
hazlo más pronto.
28 Pero ninguno de los
que estaban a la mesa
entendió por qué le
dijo esto.
29 Porque algunos
pensaban, puesto que
Judas tenía la bolsa, que
Jesús le decía: Compra
lo que necesitamos para
la fiesta; o que diese algo
a los pobres.
30 Cuando él, pues,
tomó el bocado, salió en
seguida; y era de noche.

El nuevo mandamiento

31 Luego que salió, dijo
Jesús: Ahora ha sido
glorificado el Hijo del

ἐν	τῷ	κόλπῳ	τοῦ	Ἰησοῦ,	ὃν	ἠγάπα	ὁ	Ἰησοῦς.	24 νεύει	οὖν
en$_{12}$	el$_{13}$	regazo$_{14}$	de--$_{15}$	Jesús;$_{16}$	al que$_{6}$	amaba$_{9}$	--$_{7}$	Jesús,$_{8}$	hace señas$_{4}$	así que$_{1}$
1722	3588	2859	3588	2424	3739	25	3588	2424	3506	3767
P	DDSM	NDSM	DGSM	NGSM	RR-ASM	VIAI3S	DNSM	NNSM	VPAI3S	CLI

τούτῳ	Σίμων	Πέτρος	πυθέσθαι	τίς	ἂν	εἴη	περὶ	οὗ	λέγει.
a este$_{5}$	Simón$_{2}$	Pedro$_{3}$	para preguntar	quién	--	sería	acerca de	el cual	habla.
5129	4613	4074	4441	5101	302	1498	4012	3739	3004
RD-DSM	NNSM	NNSM	VAMN	RI-NSM	TC	VPAO3S	P	RR-GSM	VPAI3S

25 ἀναπεσὼν	ἐκεῖνος	οὕτως	ἐπὶ	τὸ	στῆθος	τοῦ	Ἰησοῦ	λέγει	αὐτῷ·
recostándose$_{2}$	Aquel$_{1}$	así	en	el	pecho	de --	Jesús	dice	a él:
377	1565	3779	1909	3588	4738	3588	2424	3004	846
VAAP-SNM	RD-NSM	B	P	DASN	NASN	DGSM	NGSM	VPAI3S	RP3DSM

Κύριε,	τίς	ἐστιν;	26 ἀποκρίνεται	ὁ	Ἰησοῦς·	Ἐκεῖνός	ἐστιν	ᾧ
Señor,	¿quién	es?	responde:$_{3}$	--$_{1}$	Jesús$_{2}$	aquel$_{5}$	Es$_{4}$	con quien
2962	5101	2076	611	3588	2424	1565	2076	3739
NVSM	RI-NSM	VPAI3S	VPUI3S	DNSM	NNSM	RD-NSM	VPAI3S	RR-DSM

ἐγὼ	βάψω	τὸ	ψωμίον	καὶ	δώσω	αὐτῷ·	βάψας	οὖν	τὸ
yo	moje	el	bocado de pan	y	daré	a él.	habiendo mojado$_{2}$	Así que$_{1}$	el
1473	911	3588	5596	2532	1325	846	911	3767	3588
RP1NS	VFAI1S	DASN	NASN	CLN	VFAI1S	RP3DSM	VAAP-SNM	CLI	DASN

ψωμίον	δίδωσιν	Ἰούδᾳ	Σίμωνος	Ἰσκαριώτου.	27 καὶ	μετὰ	τὸ
bocado de pan	da	a Judas	(hijo) de Simón	Iscariote.	Y	después de	el
5596	1325	2455	4613	2469	2532	3326	3588
NASN	VPAI3S	NDSM	NGSM	NGSM	CLN	P	DASN

ψωμίον	τότε	εἰσῆλθεν	εἰς	ἐκεῖνον	ὁ	Σατανᾶς.	λέγει	οὖν	αὐτῷ
bocado de pan,	entonces	entró$_{3}$	en$_{4}$	aquel;$_{5}$	--$_{1}$	Satanás$_{2}$	dice$_{9}$	así que$_{6}$	a él:$_{10}$
5596	5119	1525	1519	1565	3588	4567	3004	3767	846
NASN	B	VAAI3S	P	RD-ASM	DNSM	NNSM	VPAI3S	CLI	RP3DSM

ὁ	Ἰησοῦς·	Ὃ	ποιεῖς	ποίησον	τάχιον.	28 τοῦτο	δὲ	οὐδεὶς	ἔγνω
--$_{7}$	Jesús$_{8}$	Lo que	haces,	haz(lo)	pronto.	esto$_{9}$	Y$_{1}$	ninguno$_{2}$	entendió$_{5}$
3588	2424	3739	4160	4160	5032	5124	1161	3762	1097
DNSM	NNSM	RR-ASN	VPAI2S	VAAM2S	B, J	RD-ASN	CLN	JNSM	VAAI3S

τῶν	ἀνακειμένων	πρὸς	τί	εἶπεν	αὐτῷ·	29 τινὲς	γὰρ
de los que$_{3}$	están reclinados (a la mesa)$_{4}$	en relación a$_{6}$	a qué$_{7}$	dijo$_{8}$	a él;$_{10}$	algunos$_{2}$	porque$_{1}$
3588	345	4314	5101	2036	846	5100	1063
DGPM	VPUP-PGM	P	RI-ASN	VAAI3S	RP3DSM	RX-NPM	CAZ

ἐδόκουν,	ἐπεὶ	τὸ	γλωσσόκομον	εἶχεν	Ἰούδας,	ὅτι	λέγει	αὐτῷ	ὁ
pensaban,$_{3}$	puesto que$_{4}$	la$_{7}$	bolsa,$_{8}$	tenía$_{6}$	Judas$_{5}$	que$_{9}$	dice$_{12}$	a él:$_{13}$	--$_{10}$
1380	1893	3588	1101	2192	2455	3754	3004	846	3588
VIAI3P	CAZ	DASN	NASN	VIAI3S	NNSM	CSC	VPAI3S	RP3DSM	DNSM

Ἰησοῦς·	Ἀγόρασον	ὧν	χρείαν	ἔχομεν	εἰς	τὴν	ἑορτήν,	ἢ	τοῖς
Jesús$_{11}$	Compra$_{14}$	las cosas que$_{15}$	necesidad$_{17}$	tenemos$_{16}$	para	la	fiesta,	o$_{1}$	para los$_{5}$
2424	59	3739	5532	2192	1519	3588	1859	2228	3588
NNSM	VAAM2S	RR-GPN	NASF	VPAI1P	P	DASF	NASF	CLD	DDPM

πτωχοῖς	ἵνα	τι	δῷ.	30 λαβὼν	οὖν	τὸ	ψωμίον	ἐκεῖνος
pobres.$_{6}$	que$_{2}$	algo$_{4}$	diera$_{3}$	habiendo tomando$_{2}$	Así que$_{1}$	el	bocado de pan,	aquel
4434	2443	5100	1325	2983	3767	3588	5596	1565
JDPM	CSC	RX-ASN	VAAS3S	VAAP-SNM	CLI	DASN	NASN	RD-NSM

ἐξῆλθεν	εὐθύς.	ἦν	δὲ	νύξ.
salió	en seguida;	era$_{2}$	y$_{1}$	de noche.$_{3}$
1831	2117	2258	1161	3571
VAAI3S	B, J	VIAI3S	CLN	NNSF

31 Ὅτε	οὖν	ἐξῆλθεν	λέγει	Ἰησοῦς·	Νῦν	ἐδοξάσθη	ὁ	υἱὸς
cuando$_{2}$	Así que,$_{1}$	salió$_{3}$	dice:$_{5}$	Jesús$_{4}$	Ahora	fue glorificado	el	Hijo
3753	3767	1831	3004	2424	3568	1392	3588	5207
CAT	CLI	VAAI3S	VPAI3S	NNSM	B	VAPI3S	DNSM	NNSM

NVI

amaba, estaba a su lado.
24 Simón Pedro le hizo
señas a ese discípulo y
le dijo:
—Pregúntale a quién
se refiere.
25 —Señor, ¿quién es?
—preguntó él, reclinán-
dose sobre Jesús.
26 —Aquel a quien
yo le dé este pedazo de
pan que voy a mojar en
el plato —le contestó
Jesús.
Acto seguido, mojó
el pedazo de pan y se lo
dio a Judas Iscariote, hijo
de Simón. 27 Tan pronto
como Judas tomó el pan,
Satanás entró en él.
—Lo que vas a hacer,
hazlo pronto —le dijo
Jesús.
28 Ninguno de los que
estaban a la mesa enten-
dió por qué le dijo eso
Jesús. 29 Como Judas era
el encargado del dinero,
algunos pensaron que
Jesús le estaba diciendo
que comprara lo nece-
sario para la fiesta, o que
diera algo a los pobres.
30 En cuanto Judas tomó
el pan, salió de allí. Ya
era de noche.

Jesús predice la negación de Pedro

31 Cuando Judas
hubo salido, Jesús dijo:
—Ahora es glo-
rificado el Hijo del

RVR

Hombre, y Dios ha sido
glorificado en él.
32 Si Dios ha sido
glorificado en él, Dios
también le glorificará en
sí mismo, y en seguida le
glorificará.
33 Hijitos, aún estaré
con vosotros un poco.
Me buscaréis; pero
como dije a los judíos,
así os digo ahora a vo-
sotros: Adonde yo voy,
vosotros no podéis ir.
34 Un mandamiento
nuevo os doy: Que os
améis unos a otros;
como yo os he amado,
que también os améis
unos a otros.
35 En esto conocerán
todos que sois mis discí-
pulos, si tenéis amor los
unos con los otros.

Jesús anuncia la negación de Pedro

36 Le dijo Simón Pedro:
Señor, ¿adónde vas?
Jesús le respondió:
Adonde yo voy, no me
puedes seguir ahora;
mas me seguirás más
tarde.
37 Le dijo Pedro: Señor,
¿por qué no te puedo
seguir ahora? Mi vida
pondré por ti.
38 Jesús le respondió:
¿Tu vida pondrás por
mí? De cierto, de cierto
te digo: No cantará el
gallo, antes que me ha-
yas negado tres veces.

τοῦ	ἀνθρώπου,	καὶ	ὁ	θεὸς	ἐδοξάσθη	ἐν	αὐτῷ·	32 εἰ	ὁ	θεὸς
del	Hombre,	también	--	Dios	fue glorificado	en	él.	Si	--	Dios
3588	444	2532	3588	2316	1392	1722	846	1487	3588	2316
DGSM	*NGSM*	*CLN*	*DNSM*	*NNSM*	*VAPI3S*	*P*	*RP3DSM*	*CAC*	*DNSM*	*NNSM*

ἐδοξάσθη	ἐν	αὐτῷ,	καὶ	ὁ	θεὸς	δοξάσει	αὐτὸν	ἐν	αὐτῷ,	καὶ
fue glorificado	en	él,	también	--	Dios	glorificará	a él	en	él,	y
1392	1722	846	2532	3588	2316	1392	846	1722	846	2532
VAPI3S	*P*	*RP3DSM*	*BE, TE*	*DNSM*	*NNSM*	*VFAI3S*	*RP3ASM*	*P*	*RP3DSM*	*CLN*

εὐθὺς	δοξάσει	αὐτόν.	33 τεκνία,	ἔτι	μικρὸν	μεθ᾽	ὑμῶν	εἰμι·	ζητήσετέ
en seguida	glorificará	a él.	Hijitos,	todavía	un poco	con$_2$	vosotros.$_3$	estoy$_1$	Buscaréis
2117	1392	846	5040	2089	3397	3326	5216	1510	2212
B, J	*VFAI3S*	*RP3ASM*	*NVPN*	*B*	*JASN*	*P*	*RP2GP*	*VPAI1S*	*VFAI2P*

με,	καὶ	καθὼς	εἶπον	τοῖς	Ἰουδαίοις	ὅτι	Ὅπου	ἐγὼ	ὑπάγω	ὑμεῖς	οὐ
a mí	y,	como	dije	a los	judíos	que:	Adonde	yo	voy,	vosotros	no
3165	2532	2531	2036	3588	2453	3754	3699	1473	5217	5210	3756
RP1AS	*CLN*	*CAM*	*VAAI1S*	*DDPM*	*JDPM*	*CSC*	*CAL*	*RP1NS*	*VPAI1S*	*RP2NP*	*BN, TN*

δύνασθε	ἐλθεῖν,	καὶ	ὑμῖν	λέγω	ἄρτι.	34 ἐντολὴν	καινὴν	δίδωμι
podéis	venir;	también$_1$	a vosotros.$_4$	digo$_3$	ahora$_2$	mandamiento:$_3$	un nuevo$_4$	doy$_1$
1410	2064	2532	5213	3004	737	1785	2537	1325
VPUI2P	*VAAN*	*BE, TE*	*RP2DP*	*VPAI1S*	*B*	*NASF*	*JASF*	*VPAI1S*

ὑμῖν	ἵνα	ἀγαπᾶτε	ἀλλήλους,	καθὼς	ἠγάπησα	ὑμᾶς	ἵνα	καὶ
a vosotros$_2$	Que	améis	unos a otros	como	amé	a vosotros,	que	también
5213	2443	25	240	2531	25	5209	2443	2532
RP2DP	*CSC*	*VPAS2P*	*RC-APM*	*CAM*	*VAAI1S*	*RP2AP*	*CSC*	*BE, TE*

ὑμεῖς	ἀγαπᾶτε	ἀλλήλους.	35 ἐν	τούτῳ	γνώσονται	πάντες	ὅτι	ἐμοὶ
vosotros	améis	unos a otros.	En	esto,	conocerán$_2$	todos$_1$	que$_3$	mis$_5$
5210	25	240	1722	5129	1097	3956	3754	1698
RP2NP	*VPAS2P*	*RC-APM*	*P*	*RD-DSN*	*VFMI3P*	*JNPM*	*CSC*	*JNPM, RP1DS*

μαθηταί	ἐστε,	ἐὰν	ἀγάπην	ἔχητε	ἐν	ἀλλήλοις.
discípulos,$_6$	sois$_4$	si$_7$	amor$_9$	tengáis (tenéis)$_8$	entre	unos con otros.
3101	2075	1437	26	2192	1722	240
NNPM	*VPAI2P*	*CAC*	*NASF*	*VPAS2P*	*P*	*RC-DPM*

36 Λέγει	αὐτῷ	Σίμων	Πέτρος·	Κύριε,	ποῦ	ὑπάγεις;	ἀπεκρίθη	Ἰησοῦς·
dice:$_3$	a él$_4$	Simón$_1$	Pedro$_2$	Señor,	¿adónde	vas?	respondió:$_2$	Jesús$_1$
3004	846	4613	4074	2962	4226	5217	611	2424
VPAI3S	*RP3DSM*	*NNSM*	*NNSM*	*NVSM*	*BI*	*VPAI2S*	*VAMI3S*	*NNSM*

Ὅπου	ὑπάγω	οὐ	δύνασαί	μοι	νῦν	ἀκολουθῆσαι,	ἀκολουθήσεις	δὲ
Adonde	voy	no$_1$	puedes$_2$	a mí$_4$	ahora,$_5$	seguir$_3$	seguirás$_7$	pero$_6$
3699	5217	3756	1410	3427	3568	190	190	1161
CAL	*VPAI1S*	*BN, TN*	*VPUI2S*	*RP1DS*	*B*	*VAAN*	*VFAI2S*	*CLC*

ὕστερον.	37 λέγει	αὐτῷ	ὁ	Πέτρος·	Κύριε,	διὰ	τί	οὐ	δύναμαί	σοι
más tarde.$_8$	dice$_3$	a él:$_4$	--$_1$	Pedro$_2$	Señor,	¿por	qué	no	puedo	a ti$_2$
5305	3004	846	3588	4074	2962	1223	5101	3756	1410	4671
B, J	*VPAI3S*	*RP3DSM*	*DNSM*	*NNSM*	*NVSM*	*P*	*RI-ASN*	*BN*	*VPUI1S*	*RP2DS*

ἀκολουθῆσαι	ἄρτι;	τὴν	ψυχήν	μου	ὑπὲρ	σοῦ	θήσω.	38 ἀποκρίνεται
seguir$_1$	ahora?$_3$	la$_5$	vida$_6$	de mí$_7$	en favor de$_8$	de ti.$_9$	Pondré$_4$	responde:$_2$
190	737	3588	5590	3450	5228	4675	5087	611
VAAN	*B*	*DASF*	*NASF*	*RP1GS*	*P*	*RP2GS*	*VFAI1S*	*VPUI3S*

Ἰησοῦς·	Τὴν	ψυχήν	σου	ὑπὲρ	ἐμοῦ	θήσεις;	ἀμὴν	ἀμὴν	λέγω	σοι,
Jesús$_1$	¿la$_4$	vida$_5$	de ti$_6$	por$_7$	mí?$_8$	Pondrás?$_3$	De cierto,	de cierto	digo	a ti:
2424	3588	5590	4675	5228	1700	5087	281	281	3004	4671
NNSM	*DASF*	*NASF*	*RP2GS*	*P*	*RP1GS*	*VFAI2S*	*XF, T*	*XF, T*	*VPAI1S*	*RP2DS*

οὐ	μή*	ἀλέκτωρ	φωνήσῃ	ἕως	οὗ	ἀρνήσῃ	με	τρίς.
no$_2$	no$_3$	(el) gallo$_1$	cantara (cantará)$_4$	hasta	que	negarás	a mí	tres veces.
3756	3361	220	5455	2193	3739	720	3165	5151
BN, TN	*BN, TN*	*NNSM*	*VAAS3S*	*P, C*	*RR-GSN*	*VFMI2S, VAMS2S*	*RP1AS*	*B*

NVI

hombre, y Dios es glo-
rificado en él. 32 Si Dios
es glorificado en él, Dios
glorificará al Hijo en sí
mismo, y lo hará muy
pronto.
33 »Mis queridos
hijos, poco tiempo me
queda para estar con
ustedes. Me buscarán, y
lo que antes les dije a los
judíos, ahora se lo digo a
ustedes: Adonde yo voy,
ustedes no pueden ir.
34 »Este manda-
miento nuevo les doy:
que se amen los unos a
los otros. Así como yo
los he amado, también
ustedes deben amarse
los unos a los otros. 35 De
este modo todos sabrán
que son mis discípulos,
si se aman los unos a los
otros».
36 —¿Y a dónde vas,
Señor? —preguntó
Simón Pedro.
—Adonde yo voy, no
puedes seguirme ahora,
pero me seguirás más
tarde.
37 —Señor —insistió
Pedro—, ¿por qué no
puedo seguirte ahora?
Por ti daré hasta la vida.
38 —¿Tú darás la vida
por mí? ¡De veras te
aseguro que antes de
que cante el gallo, me
negarás tres veces!

13:38* O sea *de ninguna manera.*

RVR

Jesucristo, el camino al Padre

14 No se turbe
vuestro co-
razón; creéis en Dios,
creed también en mí.
2 En la casa de mi Padre
hay muchas mansiones;
si no, ya os lo hubiera
dicho; voy, pues, a
preparar lugar para
vosotros.
3 Y si me voy y os prepa-
ro lugar, vendré otra vez,
y os tomaré conmigo,
para que donde yo estoy,
vosotros también estéis.
4 Y sabéis adónde voy, y
sabéis el camino.
5 Le dijo Tomás: Señor,
no sabemos adónde vas;
¿cómo, pues, podemos
saber el camino?
6 Jesús le dijo: Yo soy el
camino, y la verdad, y
la vida; nadie viene al
Padre, sino por medio
de mí.
7 Si me conocieseis,
también conoceríais a
mi Padre; y desde ahora
le conocéis, y le habéis
visto.
8 Felipe le dijo: Señor,
muéstranos el Padre, y
nos basta.
9 Jesús le dijo: ¿Tanto
tiempo hace que estoy

14 Μὴ	ταρασσέσθω	ὑμῶν	ἡ	καρδία·	πιστεύετε	εἰς
no$_4$	se turbe,$_5$	de vosotros$_3$	El$_1$	corazón$_2$	creed	en
3361	5015	5216	3588	2588	4100	1519
BN, TN	VPPM3S	RP2GP	DNSF	NNSF	VPAI2P, VPAM2P	P

τὸν	θεόν,	καὶ	εἰς	ἐμὲ	πιστεύετε.	2 ἐν	τῇ	οἰκίᾳ	τοῦ	πατρός
--	Dios,	también$_1$	en$_3$	mí.$_4$	creed$_2$	En	la	casa	de --	Padre
3588	2316	2532	1519	1691	4100	1722	3588	3614	3588	3962
DASM	NASM	BE, TE	P	RP1AS	VPAI2P, VPAM2P	P	DDSF	NDSF	DGSM	NGSM

μου	μοναὶ	πολλαί	εἰσιν·	εἰ	δὲ	μή,	εἶπον	ἂν	ὑμῖν
de mí	moradas$_3$	muchas$_2$	son (hay);$_1$	si$_5$	y$_4$	no,	dije (habría dicho)	--	a vosotros;
3450	3438	4183	1526	1487	1161	3361	2036	302	5213
RP1GS	JNPF, NNPF	JNPF	VPAI3P	CAC	CLN	BN, TN	VAAI1S	TC	RP2DP

ὅτι	πορεύομαι	ἑτοιμάσαι	τόπον	ὑμῖν·	3 καὶ	ἐὰν	πορευθῶ	καὶ
porque	voy	a preparar	lugar	para vosotros;	y	si	me voy (me fuera)	y
3754	4198	2090	5117	5213	2532	1437	4198	2532
CAZ	VPUI1S	VAAN	NASM	RP2DP	CLN	CAC	VAPS1S	CLN

ἑτοιμάσω	τόπον	ὑμῖν,	πάλιν	ἔρχομαι	καὶ	παραλήμψομαι	ὑμᾶς
preparo (preparara)	lugar	para vosotros,	de nuevo$_2$	vengo$_1$	y	recogeré	a vosotros
2090	5117	5213	3825	2064	2532	3880	5209
VAAS1S	NASM	RP2DP	B	VPUI1S	CLN	VFMI1S	RP2AP

πρὸς	ἐμαυτόν,	ἵνα	ὅπου	εἰμὶ	ἐγὼ	καὶ	ὑμεῖς	ἦτε.	4 καὶ	ὅπου	ἐγὼ
hacia	mí mismo,	para que	donde	estoy$_2$	yo,$_1$	también$_4$	vosotros$_3$	estéis.$_5$	Y$_1$	donde$_5$	yo$_6$
4314	1683	2443	3699	1510	1473	2532	5210	5600	2532	3699	1473
P	RF1ASM	CAP	CAL	VPAI1S	RP1NS	BE, TE	RP2NP	VPAS2P	CLN	CAL	RP1NS

ὑπάγω	οἴδατε	τὴν	ὁδόν.	5 λέγει	αὐτῷ	Θωμᾶς·	Κύριε,	οὐκ	οἴδαμεν
voy.$_7$	sabéis$_2$	el$_3$	camino$_4$	dice$_2$	a él:$_3$	Tomás$_1$	Señor,	no	sabemos
5217	1492	3588	3598	3004	846	2381	2962	3756	1492
VPAI1S	VRAI2P	DASF	NASF	VPAI3S	RP3DSM	NNSM	NVSM	BN, TN	VRAI1P

ποῦ	ὑπάγεις·	πῶς	δυνάμεθα	τὴν	ὁδὸν	εἰδέναι;	6 λέγει	αὐτῷ	ὁ
dónde	vas,	¿cómo$_1$	podemos$_2$	el$_4$	camino?$_5$	saber$_3$	dice$_3$	a él:$_4$	--$_1$
4226	5217	4459	1410	3588	3598	1492	3004	846	3588
B	VPAI2S	BI	VPUI1P	DASF	NASF	VRAN	VPAI3S	RP3DSM	DNSM

Ἰησοῦς·	Ἐγώ	εἰμι	ἡ	ὁδὸς	καὶ	ἡ	ἀλήθεια	καὶ	ἡ	ζωή·	οὐδεὶς
Jesús$_2$	Yo	soy	el	camino	y	la	verdad	y	la	vida,	nadie
2424	1473	1510	3588	3598	2532	3588	225	2532	3588	2222	3762
NNSM	RP1NS	VPAI1S	DNSF	NNSF	CLN	DNSF	NNSF	CLN	DNSF	NNSF	JNSM

ἔρχεται	πρὸς	τὸν	πατέρα	εἰ	μὴ	δι’	ἐμοῦ.	7 εἰ	ἐγνώκειτέ	με,
viene	a	el	Padre	si	no	por medio de	mí.	Si	habéis conocido	a mí,
2064	4314	3588	3962	1487	3361	1223	1700	1487	1097	3165
VPUI3S	P	DASM	NASM	CAC	BN, TN	P	RP1GS	CAC	VLAI2P	RP1AS

καὶ	τὸν	πατέρα	μου	ἂν	ᾔδειτε·	ἀπ’	ἄρτι	γινώσκετε	αὐτὸν	καὶ
también$_1$	al$_4$	Padre$_5$	de mí.$_6$	--$_2$	habríais conocido$_3$	Desde	ahora	conocéis	a él	y
2532	3588	3962	3450	302	1492	575	737	1097	846	2532
BE, TE	DASM	NASM	RP1GS	T	VLAI2P	P	B	VPAI2P	RP3ASM	CLN

ἑωράκατε	αὐτόν.
habéis visto	a él.
3708	846
VRAI2P	RP3ASM

8 Λέγει	αὐτῷ	Φίλιππος·	Κύριε,	δεῖξον	ἡμῖν	τὸν	πατέρα,	καὶ
dice$_2$	a él:$_3$	Felipe$_1$	Señor,	muestra	a nosotros	al	Padre,	y
3004	846	5376	2962	1166	2254	3588	3962	2532
VPAI3S	RP3DSM	NNSM	NVSM	VAAM2S	RP1DP	DASM	NASM	CLN

ἀρκεῖ	ἡμῖν.	9 λέγει	αὐτῷ	ὁ	Ἰησοῦς·	Τοσούτῳ	χρόνῳ	μεθ’
es suficiente	para nosotros.	dice$_3$	a él:$_4$	--$_1$	Jesús$_2$	¿Por tanto	tiempo	con$_2$
714	2254	3004	846	3588	2424	5118	5550	3326
VPAI3S	RP1DP	VPAI3S	RP3DSM	DNSM	NNSM	JDSM, RD-DSM	NDSM	P

NVI

Jesús consuela a sus discípulos

14 »No se angus-
tien. Confíen
en Dios, y confíen
también en mí. 2 En el
hogar de mi Padre hay
muchas viviendas; si no
fuera así, ya se lo habría
dicho a ustedes. Voy a
prepararles un lugar. 3 Y,
si me voy y se lo preparo,
vendré para llevármelos
conmigo. Así ustedes
estarán donde yo esté.
4 Ustedes ya conocen el
camino para ir adonde
yo voy».

Jesús, el camino al Padre

5 Dijo entonces
Tomás:
—Señor, no sabemos
a dónde vas, así que
¿cómo podemos cono-
cer el camino?
6 —Yo soy el camino,
la verdad y la vida —le
contestó Jesús—. Nadie
llega al Padre sino por
mí. 7 Si ustedes real-
mente me conocieran,
conocerían también a
mi Padre. Y ya desde este
momento lo conocen y
lo han visto.
8 —Señor —dijo
Felipe—, muéstranos
al Padre y con eso nos
basta.
9 —¡Pero, Felipe!
¿Tanto tiempo llevo ya
entre ustedes, y todavía

RVR

con vosotros, y no me
has conocido, Felipe?
El que me ha visto a
mí, ha visto al Padre;
¿cómo, pues, dices tú:
Muéstranos el Padre?
10 ¿No crees que yo
estoy en el Padre, y el
Padre está en mí? Las
palabras que yo os ha-
blo, no las hablo por mi
propia cuenta, sino que
el Padre que mora en
mí, él hace las obras.
11 Creedme que yo estoy
en el Padre, y el Padre en
mí; si no, creedme por
las mismas obras.
12 De cierto, de cierto os
digo: El que cree en mí,
las obras que yo hago,
también él las hará; y
aun hará mayores que
éstas, porque yo voy al
Padre.
13 Y cualquier cosa que
pidáis al Padre en mi
nombre, la haré, para
que el Padre sea glorifi-
cado en el Hijo.
14 Si me pedís algo en
mi nombre, yo lo haré.

La promesa del Espíritu Santo

15 Si me amáis, guardad
mis mandamientos.
16 Y yo rogaré al
Padre, y os dará
otro Consolador,

ὑμῶν εἰμι καὶ οὐκ ἔγνωκάς με, Φίλιππε; ὁ ἑωρακὼς ἐμὲ
vosotros,$_3$ estoy$_1$ y no has conocido a mí, Felipe? El que ha visto a mí,
5216 1510 2532 3756 1097 3165 5376 3588 3708 1691
RP2GP VPAI1S CLN BN, TN VRAI2S RP1AS NVSM DNSM VRAP-SNM RP1AS

ἑώρακεν τὸν πατέρα· πῶς σὺ λέγεις· Δεῖξον ἡμῖν τὸν πατέρα;
ha visto al Padre, ¿cómo tú dices: Muestra a nosotros al Padre?
3708 3588 3962 4459 4771 3004 1166 2254 3588 3962
VRAI3S DASM NASM BI RP2NS VPAI2S VAAM2S RP1DP DASM NASM

10 οὐ πιστεύεις ὅτι ἐγὼ ἐν τῷ πατρὶ καὶ ὁ πατὴρ ἐν ἐμοί
¿No crees que yo (estoy) en el Padre y el Padre en$_2$ mí?$_3$
3756 4100 3754 1473 1722 3588 3962 2532 3588 3962 1722 1698
BNTN VPAI2S CSC RP1NS P DDSM NDSM CLN DNSM NNSM P RP1DS

ἐστιν; τὰ ῥήματα ἃ ἐγὼ λέγω ὑμῖν ἀπ᾽ ἐμαυτοῦ οὐ
está$_1$ Las palabras las que yo digo a vosotros, de$_3$ mí mismo;$_4$ no$_1$
2076 3588 4487 3739 1473 3004 5213 575 1683 3756
VPAI3S DAPN NAPN RR-APN RP1NS VPAI1S RP2DP P RF1GSM BN, TN

λαλῶ, ὁ δὲ πατὴρ ἐν ἐμοὶ μένων ποιεῖ τὰ ἔργα αὐτοῦ.
hablo$_2$ el$_6$ mas$_5$ Padre$_7$ en$_9$ mí,$_{10}$ que está morando$_8$ hace las obras de él.
2980 3588 1161 3962 1722 1698 3306 4160 3588 2041 846
VPAI1S DNSM CLC NNSM P RP1DS VPAP-SNM VPAI3S DAPN NAPN RP3GSM

11 πιστεύετέ μοι ὅτι ἐγὼ ἐν τῷ πατρὶ καὶ ὁ πατὴρ ἐν ἐμοί·
Creed a mí que yo (estoy) en el Padre y el Padre en mí;
4100 3427 3754 1473 1722 3588 3962 2532 3588 3962 1722 1698
VPAM2P RP1DS CSC RP1NS P DDSM NDSM CLN DNSM NNSM P RP1DS

εἰ δὲ μή, διὰ τὰ ἔργα αὐτὰ πιστεύετε. 12 ἀμὴν ἀμὴν λέγω
si$_2$ mas$_1$ no,$_3$ a causa de$_5$ las$_6$ obras$_7$ mismas.$_8$ creed$_4$ De cierto, de cierto digo
1487 1161 3361 1223 3588 2041 846 4100 281 281 3004
CAC CLN BN, TN P DAPN NAPN RP3APN VPAM2P XF, T XF, T VPAI1S

ὑμῖν, ὁ πιστεύων εἰς ἐμὲ τὰ ἔργα ἃ ἐγὼ ποιῶ κἀκεῖνος
a vosotros: el que está creyendo en mí, las obras las que yo hago, él también
5213 3588 4100 1519 1691 3588 2041 3739 1473 4160 2548
RP2DP DNSM VPAP-SNM P RP1AS DAPN NAPN RR-APN RP1NS VPAI1S RD-NSM, TE

ποιήσει, καὶ μείζονα τούτων ποιήσει, ὅτι ἐγὼ πρὸς τὸν πατέρα
hará, y$_1$ mayores$_3$ que estas$_4$ hará$_2$ porque$_5$ yo$_6$ a$_8$ el$_9$ Padre;$_{10}$
4160 2532 3173 5130 4160 3754 1473 4314 3588 3962
VFAI3S CLN JAPNC RD-GPN VFAI3S CAZ RP1NS P DASM NASM

πορεύομαι· 13 καὶ ὅ τι ἂν αἰτήσητε ἐν τῷ ὀνόματί μου
voy$_7$ y$_1$ lo que$_3$ algo$_2$ -- pidierais en el nombre de mí,
4198 2532 3739 5100 302 154 1722 3588 3686 3450
VPUI1S CLN RR-ASN RX-ASN TC VAAS2P P DDSN NDSN RP1GS

τοῦτο ποιήσω, ἵνα δοξασθῇ ὁ πατὴρ ἐν τῷ υἱῷ· 14 ἐάν τι
esto$_2$ haré$_1$ para que$_3$ sea glorificado$_6$ el$_4$ Padre$_5$ en el Hijo. Si$_1$ algo$_3$
5124 4160 2443 1392 3588 3962 1722 3588 5207 1437 5100
RD-ASN VFAI1S CAP VAPS3S DNSM NNSM P DDSM NDSM CAC RX-ASN

αἰτήσητέ με ἐν τῷ ὀνόματί μου ἐγὼ ποιήσω.
pidierais$_2$ a mí$_4$ en el nombre de mí, yo haré.
154 3165 1722 3588 3686 3450 1473 4160
VAAS2P RP1AS P DDSN NDSN RP1GS RP1NS VFAI1S

15 Ἐὰν ἀγαπᾶτέ με, τὰς ἐντολὰς τὰς ἐμὰς τηρήσετε·
Si$_1$ amáis$_2$ a mí,$_3$ los$_5$ mandamientos$_6$ --$_7$ míos.$_8$ guardaréis$_4$
1437 25 3165 3588 1785 3588 1699 5083
CAC VPAS2P RP1AS DAPF NAPF DAPF RS1APF, JAPF VFAI2P

16 κἀγὼ ἐρωτήσω τὸν πατέρα καὶ ἄλλον παράκλητον δώσει ὑμῖν
Y yo pediré al Padre, y$_1$ otro$_4$ Consolador,$_5$ dará$_2$ a vosotros$_3$
2504 2065 3588 3962 2532 243 3875 1325 5213
RP1NS,CLN VFAI1S DASM NASM CLN JASM NASM VFAI3S RP2DP

NVI

no me conoces? El que
me ha visto a mí ha visto
al Padre. ¿Cómo puedes
decirme: "Muéstranos
al Padre"? 10 ¿Acaso no
crees que yo estoy en el
Padre, y que el Padre está
en mí? Las palabras que
yo les comunico, no las
hablo como cosa mía,
sino que es el Padre, que
está en mí, el que realiza
sus obras. 11 Créanme
cuando les digo que
yo estoy en el Padre y
que el Padre está en mí;
o al menos créanme
por las obras mismas.
12 Ciertamente les
aseguro que el que cree
en mí las obras que yo
hago también él las hará,
y aun las hará mayores,
porque yo vuelvo al
Padre. 13 Cualquier cosa
que ustedes pidan en mi
nombre, yo la haré; así
será glorificado el Padre
en el Hijo. 14 Lo que
pidan en mi nombre, yo
lo haré.

Jesús promete el Espíritu Santo

15 »Si ustedes me
aman, obedecerán mis
mandamientos. 16 Y yo
le pediré al Padre, y él les
dará otro Consolador

RVR

para que esté con voso-
tros para siempre:
17 el Espíritu de la
verdad, al cual el mundo
no puede recibir,
porque no le ve, ni le
conoce; pero vosotros le
conocéis, porque mora
con vosotros, y estará en
vosotros.
18 No os dejaré huérfa-
nos; vendré a vosotros.
19 Todavía un poco, y el
mundo ya no me verá
más; pero vosotros me
veréis; porque yo vivo,
y vosotros también
viviréis.
20 En aquel día vosotros
conoceréis que yo estoy
en mi Padre, y vosotros
en mí, y yo en vosotros.
21 El que tiene mis man-
damientos, y los guarda,
ése es el que me ama;
y el que me ama, será
amado por mi Padre, y
yo le amaré, y me mani-
festaré a él.
22 Le dijo Judas (no el
Iscariote): Señor, ¿cómo
es que te manifestarás
a nosotros, y no al
mundo?
23 Respondió Jesús y le
dijo: El que me ama,
guardará mi palabra;

ἵνα	ᾖ	μεθ'	ὑμῶν	εἰς	τὸν	αἰῶνα,	17 τὸ	πνεῦμα	τῆς	ἀληθείας,
para que	esté	con	vosotros	para	la	eternidad,	el	Espíritu	de la	verdad,
2443	1510	3326	5216	1519	3588	165	3588	4151	3588	225
CAP	VPAS3S	P	RP2GP	P	DASM	NASM	DASN	NASN	DGSF	NGSF

ὃ	ὁ	κόσμος	οὐ	δύναται	λαβεῖν,	ὅτι	οὐ	θεωρεῖ	αὐτὸ	οὐδὲ
al que	el	mundo	no	puede	recibir,	porque	no	ve	a él	ni
3739	3588	2889	3756	1410	2983	3754	3756	2334	846	3761
RR-ASN	DNSM	NNSM	BN, TN	VPUI3S	VAAN	CAZ	BN, TN	VPAI3S	RP3ASN	CLD, TN

γινώσκει·	ὑμεῖς	γινώσκετε	αὐτό,	ὅτι	παρ'	ὑμῖν	μένει	καὶ	ἐν
conoce;	vosotros	conocéis	a él,	porque$_1$	con$_3$	vosotros$_4$	permanece$_2$	y$_5$	en$_7$
1097	5210	1097	846	3754	3844	5213	3306	2532	1722
VPAI3S	RP2NP	VPAI2P	RP3ASN	CAZ	P	RP2DP	VPAI3S	CLN	P

ὑμῖν	ἔσται.
vosotros.$_8$	estará$_6$
5213	2071
RP2DP	VFMI3S

18 Οὐκ	ἀφήσω	ὑμᾶς	ὀρφανούς,	ἔρχομαι	πρὸς	ὑμᾶς.	19 ἔτι	μικρὸν
No	dejaré	a vosotros,$_2$	huérfanos$_1$	vengo	a	vosotros.	Aún	un poco
3756	863	5209	3737	2064	4314	5209	2089	3397
BN, TN	VFAI1S	RP2AP	JAPM	VPUI1S	P	RP2AP	B	JASN

καὶ	ὁ	κόσμος	με	οὐκέτι	θεωρεῖ,	ὑμεῖς	δὲ	θεωρεῖτέ	με,	ὅτι	ἐγὼ
y	el	mundo	a mí,$_3$	ya no$_1$	ve$_2$	vosotros$_5$	mas$_4$	veis	a mí,	porque	yo
2532	3588	2889	3165	3765	2334	5210	1161	2334	3165	3754	1473
CLN	DNSM	NNSM	RP1AS	BN	VPAI3S	RP2NP	CLC	VPAI2P	RP1AS	CAZ	RP1NS

ζῶ	καὶ	ὑμεῖς	ζήσετε.	20 ἐν	ἐκείνῃ	τῇ	ἡμέρᾳ	γνώσεσθε	ὑμεῖς
vivo,	también	vosotros	viviréis.	En	aquel	--	día	conoceréis$_2$	vosotros$_1$
2198	2532	5210	2198	1722	1565	3588	2250	1097	5210
VPAI1S	BE, TE	RP2NP	VFAI2P	P	RD-DSF	DDSF	NDSF	VFMI2P	RP2NP

ὅτι	ἐγὼ	ἐν	τῷ	πατρί	μου	καὶ	ὑμεῖς	ἐν	ἐμοὶ	κἀγὼ	ἐν	ὑμῖν.
que	yo (estoy)	en	el	Padre	de mí,	y	vosotros	en	mí	y yo	en	vosotros.
3754	1473	1722	3588	3962	3450	2532	5210	1722	1698	2504	1722	5213
CSC	RP1NS	P	DDSM	NDSM	RP1GS	CLN	RP2NP	P	RP1DS	RP1NS, CLN	P	RP2DP

21 ὁ	ἔχων	τὰς	ἐντολάς	μου	καὶ	τηρῶν	αὐτὰς	ἐκεῖνός	ἐστιν
El que	está teniendo	los	mandamientos	de mí	y	está guardando	a ellos,	aquel	es
3588	2192	3588	1785	3450	2532	5083	846	1565	2076
DNSM	VPAP-SNM	DAPF	NAPF	RP1GS	CLN	VPAP-SNM	RP3APF	RD-NSM	VPAI3S

ὁ	ἀγαπῶν	με·	ὁ	δὲ	ἀγαπῶν	με	ἀγαπηθήσεται	ὑπὸ	τοῦ
el que	está amando	a mí;	el que$_2$	mas$_1$	está amando$_3$	a mí,	será amado	por	el
3588	25	3165	3588	1161	25	3165	25	5259	3588
DNSM	VPAP-SNM	RP1AS	DNSM	CLN	VPAP-SNM	RP1AS	VFPI3S	P	DGSM

πατρός	μου,	κἀγὼ	ἀγαπήσω	αὐτὸν	καὶ	ἐμφανίσω	αὐτῷ	ἐμαυτόν.
Padre	de mí,	y yo	amaré	a él	y	manifestaré	a él.$_2$	a mí mismo$_1$
3962	3450	2504	25	846	2532	1718	846	1683
NGSM	RP1GS	RP1NS, CLN	VFAI1S	RP3ASM	CLN	VFAI1S	RP3DSM	RF1ASM

22 λέγει	αὐτῷ	Ἰούδας,	οὐχ	ὁ	Ἰσκαριώτης·	Κύριε,	τί	γέγονεν
dice$_5$	a él:$_6$	Judas,$_1$	no$_2$	el$_3$	Iscariote,$_4$	Señor,	¿qué	ha sucedido
3004	846	2455	3756	3588	2469	2962	5101	1096
VPAI3S	RP3DSM	NNSM	BN, TN	DNSM	NNSM	NVSM	RI-NSN	VRAI3S

ὅτι	ἡμῖν	μέλλεις	ἐμφανίζειν	σεαυτὸν	καὶ	οὐχὶ	τῷ	κόσμῳ;
que$_1$	a nosotros$_5$	estás a punto de$_2$	manifestar$_3$	a ti mismo$_4$	y	no	al	mundo?
3754	2254	3195	1718	4572	2532	3780	3588	2889
CSC	RP1DP	VPAI2S	VPAN	RF2ASM	CLN	BN, TN	DDSM	NDSM

23 ἀπεκρίθη	Ἰησοῦς	καὶ	εἶπεν	αὐτῷ·	Ἐάν	τις	ἀγαπᾷ	με	τὸν	λόγον
respondió$_2$	Jesús$_1$	y	dijo	a él:	Si	alguno	ama	a mí,	la$_2$	palabra$_3$
611	2424	2532	2036	846	1437	5100	25	3165	3588	3056
VAPI3S, VAMI3S	NNSM	CLN	VAAI3S	RP3DSM	CAC	RX-NSM	VPAS3S	RP1AS	DASM	NASM

NVI

para que los acompañe
siempre: 17 el Espíritu
de verdad, a quien el
mundo no puede acep-
tar porque no lo ve ni lo
conoce. Pero ustedes sí
lo conocen, porque vive
con ustedes y estará en
ustedes. 18 No los voy a
dejar huérfanos; volveré
a ustedes. 19 Dentro de
poco el mundo ya no me
verá más, pero ustedes sí
me verán. Y porque yo
vivo, también ustedes
vivirán. 20 En aquel día
ustedes se darán cuenta
de que yo estoy en mi
Padre, y ustedes en mí, y
yo en ustedes. 21 ¿Quién
es el que me ama? El que
hace suyos mis manda-
mientos y los obedece. Y
al que me ama, mi Padre
lo amará, y yo también
lo amaré y me manifes-
taré a él».
22 Judas (no el
Iscariote) le dijo:
—¿Por qué, Señor,
estás dispuesto a mani-
festarte a nosotros, y no
al mundo?
23 Le contestó Jesús:
—El que me ama,
obedecerá mi palabra,

RVR

y mi Padre le amará, e
iremos a él, y haremos
morada con él.
24 El que no me ama, no
guarda mis palabras; y
la palabra que habéis
oído no es mía, sino del
Padre que me envió.
25 Os he dicho estas
cosas estando con
vosotros.
26 Mas el Consolador, el
Espíritu Santo, a quien
el Padre enviará en mi
nombre, él os enseñará
todas las cosas, y os
recordará todo lo que
yo os he dicho.
27 La paz os dejo, mi paz
os doy; yo no os la doy
como el mundo la da.
No se turbe vuestro co-
razón, ni tenga miedo.
28 Habéis oído que yo os
he dicho: Voy, y vengo a
vosotros. Si me amarais,
os alegraríais, porque he
dicho que voy al Padre;
porque el Padre es ma-
yor que yo.
29 Y ahora os lo he dicho
antes que suceda, para
que cuando suceda,
creáis.
30 No hablaré ya
mucho con vosotros;

μου τηρήσει, καὶ ὁ πατὴρ μου ἀγαπήσει αὐτόν, καὶ πρὸς αὐτὸν
de mí,$_4$ guardará$_1$ y el Padre de mí amará a él, y$_1$ a$_3$ él$_4$
3450 5083 2532 3588 3962 3450 25 846 2532 4314 846
RP1GS VFAI3S CLN DNSM NNSM RP1GS VFAI3S RP3ASM CLN P RP3ASM

ἐλευσόμεθα καὶ μονὴν παρ᾽ αὐτῷ ποιησόμεθα. 24 ὁ μὴ ἀγαπῶν
vendremos$_2$ y$_5$ morada$_7$ con$_8$ él.$_9$ haremos$_6$ El que no está amando
2064 2532 3438 3844 846 4160 3588 3361 25
VFMI1P CLN NASF P RP3DSM VFMI1P DNSM BN, TN VPAP-SNM

με τοὺς λόγους μου οὐ τηρεῖ· καὶ ὁ λόγος ὃν ἀκούετε οὐκ
a mí, las$_3$ palabras$_4$ de mí;$_5$ no$_1$ guarda$_2$ y la palabra la que oís no
3165 3588 3056 3450 3756 5083 2532 3588 3056 3739 191 3756
RP1AS DAPM NAPM RP1GS BN, TN VPAI3S CLN DNSM NNSM RR-ASM VPAI2P BN, TN

ἔστιν ἐμὸς ἀλλὰ τοῦ πέμψαντός με πατρός.
es mía, sino$_1$ del que$_3$ envió$_4$ a mí.$_5$ del Padre$_2$
2076 1699 235 3588 3992 3165 3962
VPAI3S JNSM, RS1NSM CLC DGSM VAAP-SGM RP1AS NGSM

25 Ταῦτα λελάληκα ὑμῖν παρ᾽ ὑμῖν μένων· 26 ὁ δὲ
Estas cosas he hablado a vosotros con$_2$ vosotros;$_3$ permaneciendo$_1$ el$_2$ mas$_1$
5023 2980 5213 3844 5213 3306 3588 1161
RD-APN VRAI1S RP2DP P RP2DP VPAP-SNM DNSM CLC

παράκλητος, τὸ πνεῦμα τὸ ἅγιον ὃ πέμψει ὁ πατὴρ ἐν
Consolador,$_3$ el Espíritu -- Santo, el que enviará$_3$ el$_1$ Padre$_2$ en
3875 3588 4151 3588 40 3739 3992 3588 3962 1722
NNSM DNSN NNSN DNSN JNSN RR-ASN VFAI3S DNSM NNSM P

τῷ ὀνόματί μου, ἐκεῖνος ὑμᾶς διδάξει πάντα καὶ ὑπομνήσει
el nombre de mí, aquel$_1$ a vosotros$_4$ enseñará$_2$ todas las cosas$_3$ y recordará
3588 3686 3450 1565 5209 1321 3956 2532 5279
DDSN NDSN RP1GS RD-NSM RP2AP VFAI3S JAPN CLN VFAI3S

ὑμᾶς πάντα ἃ εἶπον ὑμῖν. 27 εἰρήνην ἀφίημι ὑμῖν, εἰρήνην
a vosotros todas las cosas las que dije a vosotros. paz$_2$ Dejo$_1$ a vosotros,$_3$ paz$_6$
5209 3956 3739 2036 5213 1515 863 5213 1515
RP2AP JAPN RR-APN VAAI1S RP2DP NASF VPAI1S RP2DP NASF

τὴν ἐμὴν δίδωμι ὑμῖν· οὐ καθὼς ὁ κόσμος δίδωσιν ἐγὼ
la$_7$ mía,$_8$ doy$_4$ a vosotros$_5$ no como el mundo da, yo
3588 1699 1325 5213 3756 2531 3588 2889 1325 1473
DASF RS1ASF, JASF VPAI1S RP2DP BN, TN CAM DNSM NNSM VPAI3S RP1NS

δίδωμι ὑμῖν. μὴ ταρασσέσθω ὑμῶν ἡ καρδία μηδὲ δειλιάτω.
doy a vosotros, no$_4$ se turbe$_5$ de vosotros$_3$ el$_1$ corazón$_2$ ni$_6$ se acobarde.$_7$
1325 5213 3361 5015 5216 3588 2588 3366 1168
VPAI1S RP2DP BN, TN VPPM3S RP2GP DNSF NNSF TN, CLD VPAM3S

28 ἠκούσατε ὅτι ἐγὼ εἶπον ὑμῖν· Ὑπάγω καὶ ἔρχομαι πρὸς ὑμᾶς. εἰ
Oísteis que yo dije a vosotros: Voy y vengo a vosotros. Si
191 3754 1473 2036 5213 5217 2532 2064 4314 5209 1487
VAAI2P CSC RP1NS VAAI1S RP2DP VPAI1S CLN VPUI1S P RP2AP CAC

ἠγαπᾶτέ με ἐχάρητε ἄν, ὅτι πορεύομαι πρὸς τὸν πατέρα, ὅτι ὁ
amarais a mí, alegraríais -- porque voy a el Padre, porque el$_1$
25 3165 5463 302 3754 4198 4314 3588 3962 3754 3588
VIAI2P RP1AS VAPI2P TC CAZ VPUI1S P DASM NASM CAZ DNSM

πατὴρ μείζων μού ἐστιν. 29 καὶ νῦν εἴρηκα ὑμῖν πρὶν γενέσθαι,
Padre$_2$ mayor$_4$ que yo.$_5$ es$_3$ Y ahora he dicho a vosotros antes de suceder,
3962 3187 3450 2076 2532 3568 2046 5213 4250 1096
NNSM JNSMC RP1GS VPAI3S CLN B VRAI1S RP2DP CAT, B VAMN

ἵνα ὅταν γένηται πιστεύσητε. 30 οὐκέτι πολλὰ λαλήσω μεθ᾽ ὑμῶν,
para que cuando suceda creáis. Ya no$_1$ muchas cosas$_3$ hablaré$_2$ con vosotros,
2443 3752 1096 4100 3765 4183 2980 3326 5216
CAP CAT VAMS3S VAAS2P BN JAPN VFAI1S P RP2GP

NVI

y mi Padre lo amará, y
haremos nuestra vivien-
da en él. 24 El que no me
ama, no obedece mis
palabras. Pero estas pala-
bras que ustedes oyen no
son mías, sino del Padre,
que me envió.
25 »Todo esto lo
digo ahora que estoy
con ustedes. 26 Pero el
Consolador, el Espíritu
Santo, a quien el Padre
enviará en mi nombre,
les enseñará todas las
cosas y les hará recordar
todo lo que les he dicho.
27 La paz les dejo; mi paz
les doy. Yo no se la doy
a ustedes como la da el
mundo. No se angustien
ni se acobarden.
28 »Ya me han oído
decirles: "Me voy, pero
vuelvo a ustedes". Si me
amaran, se alegrarían de
que voy al Padre, porque
el Padre es más grande
que yo. 29 Y les he dicho
esto ahora, antes de que
suceda, para que cuando
suceda, crean. 30 Ya no
hablaré más con ustedes,

RVR

porque viene el príncipe de este mundo, y él nada tiene en mí.
[31] Mas para que el mundo conozca que amo al Padre, actúo como el Padre me mandó. Levantaos, vámonos de aquí.

Jesucristo, la vid verdadera

15 Yo soy la vid verdadera, y mi Padre es el labrador.
[2] Todo pámpano que en mí no lleva fruto, lo quita; y todo aquel que lleva fruto, lo limpia, para que lleve más fruto.
[3] Vosotros estáis ya limpios por la palabra que os he hablado.
[4] Permaneced en mí, y yo en vosotros. Como el pámpano no puede llevar fruto por sí mismo, si no permanece en la vid, así tampoco vosotros, si no permanecéis en mí.
[5] Yo soy la vid, vosotros los pámpanos; el que permanece en mí, y yo en él, éste lleva mucho fruto; porque separados de mí, nada podéis hacer.
[6] El que en mí no permanece, es echado fuera como el pámpano, y se seca; y los recogen, y los echan en el fuego, y arden.

Texto interlineal

ἔρχεται	γὰρ	ὁ	τοῦ	κόσμου	ἄρχων·	καὶ	ἐν	ἐμοὶ	οὐκ	ἔχει	οὐδέν,
viene;$_6$	porque$_1$	el$_2$	del$_4$	mundo$_5$	gobernante$_3$	y$_7$	en$_{11}$	mí,$_{12}$	no$_8$	tiene$_9$	nada$_{10}$
2064	1063	3588	3588	2889	758	2532	1722	1698	3756	2192	3762
VPUI3S	CAZ	DNSM	DGSM	NGSM	NNSM	CLN	P	RP1DS	BN, TN	VPAI3S	JASN

31 ἀλλ'	ἵνα	γνῷ	ὁ	κόσμος	ὅτι	ἀγαπῶ	τὸν	πατέρα,	καὶ	καθὼς
pero$_1$	para que$_2$	supiera$_5$	el$_3$	mundo$_4$	que	amo	al	Padre,	y$_1$	como$_2$
235	2443	1097	3588	2889	3754	25	3588	3962	2532	2531
CLC	CAP	VAAS3S	DNSM	NNSM	CSC	VPAI1S	DASM	NASM	CLN	CAM

ἐνετείλατο	μοι	ὁ	πατὴρ	οὕτως	ποιῶ.	Ἐγείρεσθε,	ἄγωμεν	ἐντεῦθεν.
mandó$_5$	a mí,$_6$	el$_3$	Padre$_4$	así	hago.	Levantaos,	vámonos	de aquí.
1781	3427	3588	3962	3779	4160	1453	71	1782
VAMI3S	RP1DS	DNSM	NNSM	B	VPAI1S	VPUM2P	VAPS1P	BP

15 Ἐγώ	εἰμι	ἡ	ἄμπελος	ἡ	ἀληθινή,	καὶ	ὁ	πατήρ	μου	ὁ
Yo	soy	la	vid	--	verdadera,	y	el	Padre	de mí	el$_2$
1473	1510	3588	288	3588	228	2532	3588	3962	3450	3588
RP1NS	VPAI1S	DNSF	NNSF	DNSF	JNSF	CLN	DNSM	NNSM	RP1GS	DNSM

γεωργός	ἐστιν·	2 πᾶν	κλῆμα	ἐν	ἐμοὶ	μὴ	φέρον	καρπὸν	αἴρει	αὐτό,
labrador.$_3$	es$_1$	Todo	pámpano	en$_4$	mí,$_5$	no$_1$	llevando$_2$	fruto,$_3$	levanta	a él,
1092	2076	3956	2814	1722	1698	3361	5342	2590	142	846
NNSM	VPAI3S	JASN	NASN	P	RP1DS	BN, TN	VPAP-SAN	NASM	VPAI3S	RP3ASN

καὶ	πᾶν	τὸ	καρπὸν	φέρον	καθαίρει	αὐτὸ	ἵνα	καρπὸν	πλείονα
y	todo	el (que)$_1$	fruto$_3$	lleva$_2$	limpia	a él	para que$_1$	fruto.$_4$	más$_3$
2532	3956	3588	2590	5342	2508	846	2443	2590	4119
CLN	JASN	DASN	NASM	VPAP-SAN	VPAI3S	RP3ASN	CAP	NASM	JASMC

φέρῃ.	3 ἤδη	ὑμεῖς	καθαροί	ἐστε	διὰ	τὸν	λόγον	ὃν	λελάληκα	ὑμῖν·
lleve$_2$	ya$_3$	Vosotros$_1$	limpios$_4$	estáis$_2$	por	la	palabra	la que	he hablado	a vosotros;
5342	2235	5210	2513	2075	1223	3588	3056	3739	2980	5213
VPAS3S	B	RP2NP	JNPM	VPAI2P	P	DASM	NASM	RR-ASM	VRAI1S	RP2DP

4 μείνατε	ἐν	ἐμοί,	κἀγὼ	ἐν	ὑμῖν.	καθὼς	τὸ	κλῆμα	οὐ	δύναται
permaneced	en	mí,	y yo	en	vosotros.	Como	el	pámpano	no$_1$	puede$_2$
3306	1722	1698	2504	1722	5213	2531	3588	2814	3756	1410
VAAM2P	P	RP1DS	RP1NS, CLN	P	RP2DP	CAM	DNSN	NNSN	BN, TN	VPUI3S

καρπὸν	φέρειν	ἀφ'	ἑαυτοῦ	ἐὰν	μὴ	μένῃ	ἐν	τῇ	ἀμπέλῳ,	οὕτως
fruto$_4$	llevar$_3$	de	sí mismo	si	no	permanece	en	la	vid,	así
2590	5342	575	1438	1437	3361	3306	1722	3588	288	3779
NASM	VPAN	P	RF3GSN	CAC	BN, TN	VPAS3S	P	DDSF	NDSF	B

οὐδὲ	ὑμεῖς	ἐὰν	μὴ	ἐν	ἐμοὶ	μένητε.	5 ἐγώ	εἰμι	ἡ	ἄμπελος,
tampoco	vosotros,	si$_1$	no$_2$	en$_4$	mí,$_5$	permanecéis$_3$	Yo	soy	la	vid,
3761	5210	1437	3361	1722	1698	3306	1473	1510	3588	288
CLD, TN, B	RP2NP	CAC	BN, TN	P	RP1DS	VPAS2P	RP1NS	VPAI1S	DNSF	NNSF

ὑμεῖς	τὰ	κλήματα.	ὁ	μένων	ἐν	ἐμοὶ	κἀγὼ	ἐν	αὐτῷ
vosotros	los	pámpanos.	El que	está permaneciendo	en	mí	y yo	en	él,
5210	3588	2814	3588	3306	1722	1698	2504	1722	846
RP2NP	DNPN	NNPN	DNSM	VPAP-SNM	P	RP1DS	RP1NS, CLN	P	RP3DSM

οὗτος	φέρει	καρπὸν	πολύν,	ὅτι	χωρὶς	ἐμοῦ	οὐ	δύνασθε	ποιεῖν	οὐδέν.
este	lleva	fruto,$_2$	mucho$_1$	porque	sin	mí	no	podéis	hacer	nada.
3778	5342	2590	4183	3754	5565	1700	3756	1410	4160	3762
RD-NSM	VPAI3S	NASM	JASM	CAZ	P, B	RP1GS	BN, TN	VPUI2P	VPAN	JASN

6 ἐὰν	μή	τις	μένῃ	ἐν	ἐμοί,	ἐβλήθη	ἔξω	ὡς	τὸ	κλῆμα	καὶ
Si$_1$	no$_3$	alguno$_2$	permanece	en	mí,	fue echado	fuera	como	el	pámpano	y
1437	3361	5100	3306	1722	1698	906	1854	5613	3588	2814	2532
CAC	BN, TN	RX-NSM	VPAS3S	P	RP1DS	VAPI3S	BP	CAM	DNSN	NNSN	CLN

ἐξηράνθη,	καὶ	συνάγουσιν	αὐτὰ	καὶ	εἰς	τὸ	πῦρ	βάλλουσιν	καὶ
se secó,	y	recogen	a ellos	y$_1$	a$_3$	el$_4$	fuego,$_5$	echan$_2$	y
3583	2532	4863	846	2532	1519	3588	4442	906	2532
VAPI3S	CLN	VPAI3P	RP3APN	CLN	P	DASN	NASN	VPAI3P	CLN

NVI

porque viene el príncipe de este mundo. Él no tiene ningún dominio sobre mí, [31] pero el mundo tiene que saber que amo al Padre, y que hago exactamente lo que él me ha ordenado que haga.

»¡Levántense, vámonos de aquí.

Jesús, la vid verdadera

15 »Yo soy la vid verdadera, y mi Padre es el labrador.
[2] Toda rama que en mí no da fruto, la corta; pero toda rama que da fruto la poda para que dé más fruto todavía.
[3] Ustedes ya están limpios por la palabra que les he comunicado.
[4] Permanezcan en mí, y yo permaneceré en ustedes. Así como ninguna rama puede dar fruto por sí misma, sino que tiene que permanecer en la vid, así tampoco ustedes pueden dar fruto si no permanecen en mí.

[5] »Yo soy la vid y ustedes son las ramas. El que permanece en mí, como yo en él, dará mucho fruto; separados de mí no pueden ustedes hacer nada.
[6] El que no permanece en mí es desechado y se seca, como las ramas que se recogen, se arrojan al fuego y se queman.

RVR

7 Si permanecéis en mí, y
mis palabras permane-
cen en vosotros, pedid
todo lo que queráis, y os
será hecho.
8 En esto es glorificado
mi Padre, en que llevéis
mucho fruto, y seáis, así,
mis discípulos.
9 Así como el Padre me
ha amado, también yo
os he amado; permane-
ced en mi amor.
10 Si guardáis mis man-
damientos, permane-
ceréis en mi amor; así
como yo he guardado
los mandamientos de mi
Padre, y permanezco en
su amor.
11 Estas cosas os he ha-
blado, para que mi gozo
esté en vosotros, y vues-
tro gozo sea cumplido.
12 Este es mi manda-
miento: Que os améis
unos a otros, como yo
os he amado.
13 Nadie tiene mayor
amor que este, que uno
ponga su vida por sus
amigos.
14 Vosotros sois mis
amigos, si hacéis cuanto
yo os mando.
15 Ya no os llamo sier-
vos, porque el siervo
no sabe lo que hace su

καίεται.	7 ἐὰν	μείνητε	ἐν	ἐμοὶ	καὶ	τὰ	ῥήματά	μου	ἐν	ὑμῖν
arden.	Si	permanecéis	en	mí	y	las	palabras	de mí	en$_{2}$	vosotros,$_{3}$
2545	1437	3306	1722	1698	2532	3588	4487	3450	1722	5213
VPPI3S	*CAC*	*VAAS2P*	*P*	*RP1DS*	*CLN*	*DNPN*	*NNPN*	*RP1GS*	*P*	*RP2DP*

μείνῃ,	ὃ	ἐὰν	θέλητε	αἰτήσασθε	καὶ	γενήσεται	ὑμῖν.	8 ἐν
permaneciera$_{1}$	lo que$_{5}$	si$_{6}$	queráis,$_{7}$	pedid$_{4}$	y	sucederá	a vosotros	en$_{5}$
3306	3739	1437	2309	154	2532	1096	5213	1722
VAAS3S	*RR-ASN*	*CAC, T*	*VPAS2P*	*VAMM2P*	*CLN*	*VFMI3S*	*RP2DP*	*P*

τούτῳ	ἐδοξάσθη	ὁ	πατήρ	μου	ἵνα	καρπὸν	πολὺν	φέρητε	καὶ
esto$_{6}$	fue glorificado,$_{4}$	El$_{1}$	Padre$_{2}$	de mí$_{3}$	para que$_{7}$	fruto$_{10}$	mucho$_{9}$	llevéis$_{8}$	y
5129	1392	3588	3962	3450	2443	2590	4183	5342	2532
RD-DSN	*VAPI3S*	*DNSM*	*NNSM*	*RP1GS*	*CSC*	*NASM*	*JASM*	*VPAS2P*	*CLN*

γένησθε	ἐμοὶ	μαθηταί.	9 καθὼς	ἠγάπησέν	με	ὁ	πατήρ,
lleguéis a ser	mis	discípulos.	Como$_{1}$	amó$_{4}$	a mí,$_{5}$	el$_{2}$	Padre$_{3}$
1096	1698	3101	2531	25	3165	3588	3962
VAMS2P	*JNPM, RP1DS*	*NNPM*	*CAM*	*VAAI3S*	*RP1AS*	*DNSM*	*NNSM*

κἀγὼ	ὑμᾶς	ἠγάπησα,	μείνατε	ἐν	τῇ	ἀγάπῃ	τῇ	ἐμῇ.	10 ἐὰν
también yo$_{6}$	a vosotros;$_{8}$	amé$_{7}$	permaneced	en	el	amor	--	mío.	Si$_{1}$
2504	5209	25	3306	1722	3588	26	3588	1699	1437
RP1NS, TE	*RP2AP*	*VAAI1S*	*VAAM2P*	*P*	*DDSF*	*NDSF*	*DDSF*	*RS1DSF, JDSF*	*CAC*

τὰς	ἐντολάς	μου	τηρήσητε,	μενεῖτε	ἐν	τῇ	ἀγάπῃ	μου,	καθὼς
los$_{3}$	mandamientos$_{4}$	de mí,$_{5}$	guardáis$_{2}$	permaneceréis	en	el	amor	de mí,	como$_{1}$
3588	1785	3450	5083	3306	1722	3588	26	3450	2531
DAPF	*NAPF*	*RP1GS*	*VAAS2P*	*VFAI2P*	*P*	*DDSF*	*NDSF*	*RP1GS*	*CAM*

ἐγὼ	τὰς	ἐντολὰς	τοῦ	πατρός	μου	τετήρηκα	καὶ	μένω	αὐτοῦ
yo$_{2}$	los$_{4}$	mandamientos$_{5}$	del$_{6}$	Padre$_{7}$	de mí$_{8}$	he guardado$_{3}$	y$_{9}$	permanezco$_{10}$	de él.$_{14}$
1473	3588	1785	3588	3962	3450	5083	2532	3306	846
RP1NS	*DAPF*	*NAPF*	*DGSM*	*NGSM*	*RP1GS*	*VRAI1S*	*CLN*	*VPAI1S*	*RP3GSM*

ἐν	τῇ	ἀγάπῃ.	11 ταῦτα	λελάληκα	ὑμῖν	ἵνα	ἡ	χαρὰ	ἡ
en$_{11}$	el$_{12}$	amor$_{13}$	estas cosas$_{3}$	He hablado$_{1}$	a vosotros$_{2}$	para que	el	gozo	el
1722	3588	26	5023	2980	5213	2443	3588	5479	3588
P	*DDSF*	*NDSF*	*RD-APN*	*VRAI1S*	*RP2DP*	*CAP*	*DNSF*	*NNSF*	*DNSF*

ἐμὴ	ἐν	ὑμῖν	ᾖ	καὶ	ἡ	χαρὰ	ὑμῶν	πληρωθῇ.
mío	en$_{2}$	vosotros,$_{3}$	esté$_{1}$	y	el	gozo	de vosotros	se cumpliera.
1699	1722	5213	1510	2532	3588	5479	5216	4137
RS1NSF, JNSF	*P*	*RP2DP*	*VPAS3S*	*CLN*	*DNSF*	*NNSF*	*RP2GP*	*VAPS3S*

12 Αὕτη	ἐστὶν	ἡ	ἐντολὴ	ἡ	ἐμή	ἵνα	ἀγαπᾶτε	ἀλλήλους
Este	es	el	mandamiento	--	mío,	que	améis	unos a otros
3778	2076	3588	1785	3588	1699	2443	25	240
RD-NSF	*VPAI3S*	*DNSF*	*NNSF*	*DNSF*	*RS1NSF, JNSF*	*CSC*	*VPAS2P*	*RC-APM*

καθὼς	ἠγάπησα	ὑμᾶς.	13 μείζονα	ταύτης	ἀγάπην	οὐδεὶς	ἔχει,	ἵνα
como	amé	a vosotros.	mayor que$_{3}$	este$_{4}$	amor,$_{5}$	Nadie$_{1}$	tiene$_{2}$	que
2531	25	5209	3173	3778	26	3762	2192	2443
CAM	*VAAI1S*	*RP2AP*	*JASFC*	*RD-GSF*	*NASF*	*JNSM*	*VPAI3S*	*CSC*

τις	τὴν	ψυχὴν	αὐτοῦ	θῇ	ὑπὲρ	τῶν	φίλων	αὐτοῦ.	14 ὑμεῖς
alguien$_{1}$	la$_{3}$	vida$_{4}$	de él$_{5}$	ponga$_{2}$	en favor de	de los	amigos	de él.	Vosotros$_{1}$
5100	3588	5590	846	5087	5228	3588	5384	846	5210
RX-NSM	*DASF*	*NASF*	*RP3GSM*	*VAAS3S*	*P*	*DGPM*	*JGPM*	*RP3GSM*	*RP2NP*

φίλοι	μού	ἐστε	ἐὰν	ποιῆτε	ἃ	ἐγὼ	ἐντέλλομαι	ὑμῖν.	15 οὐκέτι
amigos$_{3}$	de mí,$_{4}$	sois$_{2}$	si	hacéis	las cosas que	yo	mando	a vosotros.	Ya no
5384	3450	2075	1437	4160	3739	1473	1781	5213	3765
JNPM	*RP1GS*	*VPAI2P*	*CAC*	*VPAS2P*	*RR-APN*	*RP1NS*	*VPUI1S*	*RP2DP*	*BN*

λέγω	ὑμᾶς	δούλους,	ὅτι	ὁ	δοῦλος	οὐκ	οἶδεν	τί	ποιεῖ	αὐτοῦ
digo	a vosotros	siervos,	porque	el	siervo	no	sabe	qué$_{1}$	hace,$_{5}$	de él$_{4}$
3004	5209	1401	3754	3588	1401	3756	1492	5101	4160	846
VPAI1S	*RP2AP*	*NAPM*	*CAZ*	*DNSM*	*NNSM*	*BN, TN*	*VRAI3S*	*RI-ASN*	*VPAI3S*	*RP3GSM*

NVI

7 Si permanecen en mí y
mis palabras permane-
cen en ustedes, pidan
lo que quieran, y se les
concederá. 8 Mi Padre
es glorificado cuando
ustedes dan mucho
fruto y muestran así que
son mis discípulos.
9 »Así como el
Padre me ha amado
a mí, también yo los
he amado a ustedes.
Permanezcan en mi
amor. 10 Si obedecen mis
mandamientos, perma-
necerán en mi amor, así
como yo he obedecido
los mandamientos de mi
Padre y permanezco en
su amor. 11 Les he dicho
esto para que tengan mi
alegría y así su alegría
sea completa. 12 Y este
es mi mandamiento:
que se amen los unos a
los otros, como yo los he
amado. 13 Nadie tiene
amor más grande que el
dar la vida por sus ami-
gos. 14 Ustedes son mis
amigos si hacen lo que
yo les mando. 15 Ya no
los llamo siervos, porque
el siervo no está al tanto
de lo que hace su amo;

RVR

señor; sino que os he
llamado amigos, porque
todas las cosas que le
oí a mi Padre, os las he
dado a conocer.
16 No me elegisteis voso-
tros a mí, sino que yo os
elegí a vosotros, y os he
puesto para que vayáis
y llevéis fruto, y vuestro
fruto permanezca; para
que todo lo que pidáis
al Padre en mi nombre,
os lo dé.
17 Esto os mando: Que
os améis unos a otros.

El mundo os aborrecerá

18 Si el mundo os abo-
rrece, sabed que a mí me
ha aborrecido antes que
a vosotros.
19 Si fuerais del mundo,
el mundo amaría lo
suyo; pero porque no
sois del mundo, sino
que yo os elegí del mun-
do, por eso el mundo os
aborrece.
20 Acordaos de la
palabra que yo os he
dicho: El siervo no es
mayor que su señor. Si
a mí me han persegui-
do, también a vosotros
os perseguirán; si han
guardado mi palabra,
también guardarán la
vuestra.
21 Mas todo esto os
harán por causa de
mi nombre, porque

ὁ	κύριος·	ὑμᾶς	δὲ	εἴρηκα	φίλους,	ὅτι	πάντα	ἃ
el$_{2}$	Señor$_{3}$	a vosotros$_{8}$	mas$_{6}$	he llamado$_{7}$	amigos,$_{9}$	porque$_{10}$	todas las cosas$_{13}$	las que$_{14}$
3588	2962	5209	1161	2046	5384	3754	3956	3739
DNSM	*NNSM*	*RP2AP*	*CLC*	*VRAI1S*	*JAPM*	*CAZ*	*JAPN*	*RR-APN*

ἤκουσα	παρὰ	τοῦ	πατρός	μου	ἐγνώρισα	ὑμῖν.	16 οὐχ	ὑμεῖς
oí$_{15}$	de parte de$_{16}$	el$_{17}$	Padre$_{18}$	de mí.$_{19}$	di a conocer$_{11}$	a vosotros$_{12}$	no$_{2}$	Vosotros$_{1}$
191	3844	3588	3962	3450	1107	5213	3756	5210
VAAI1S	*P*	*DGSM*	*NGSM*	*RP1GS*	*VAAI1S*	*RP2DP*	*BN,TN*	*RP2NP*

με	ἐξελέξασθε,	ἀλλ’	ἐγὼ	ἐξελεξάμην	ὑμᾶς,	καὶ	ἔθηκα	ὑμᾶς	ἵνα
a mí,$_{4}$	elegisteis$_{3}$	sino	yo	elegí	a vosotros,	y	puse	a vosotros	para que
3165	1586	235	1473	1586	5209	2532	5087	5209	2443
RP1AS	*VAMI2P*	*CLC*	*RP1NS*	*VAMI1S*	*RP2AP*	*CLN*	*VAAI1S*	*RP2AP*	*CSC*

ὑμεῖς	ὑπάγητε	καὶ	καρπὸν	φέρητε	καὶ	ὁ	καρπὸς	ὑμῶν	μένῃ,
vosotros	vayáis	y	fruto$_{2}$	llevéis$_{1}$	y	el	fruto	de vosotros	permanezca,
5210	5217	2532	2590	5342	2532	3588	2590	5216	3306
RP2NP	*VPAS2P*	*CLN*	*NASM*	*VPAS2P*	*CLN*	*DNSM*	*NNSM*	*RP2GP*	*VPAS3S*

ἵνα	ὅ	τι	ἂν	αἰτήσητε	τὸν	πατέρα	ἐν	τῷ	ὀνόματί	μου	δῷ
para que	lo que	algo	--	pidierais	al	Padre	en	el	nombre	de mí,	diera
2443	3739	5100	302	154	3588	3962	1722	3588	3686	3450	1325
CAP, CAR	*RR-ASN*	*RX-ASN*	*TC*	*VAAS2P*	*DASM*	*NASM*	*P*	*DDSN*	*NDSN*	*RP1GS*	*VAAS3S*

ὑμῖν.	17 ταῦτα	ἐντέλλομαι	ὑμῖν	ἵνα	ἀγαπᾶτε	ἀλλήλους.
a vosotros.	Estas cosas	mando	a vosotros,	que	améis	unos a otros.
5213	5023	1781	5213	2443	25	240
RP2DP	*RD-APN*	*VPUI1S*	*RP2DP*	*CSC*	*VPAS2P*	*RC-APM*

18 Εἰ	ὁ	κόσμος	ὑμᾶς	μισεῖ,	γινώσκετε	ὅτι	ἐμὲ	πρῶτον	ὑμῶν
Si	el	mundo$_{1}$	a vosotros,$_{3}$	odia$_{2}$	conoced$_{4}$	que$_{5}$	a mí$_{7}$	antes que$_{8}$	a vosotros.$_{9}$
1487	3588	2889	5209	3404	1097	3754	1691	4412	5216
CAC	*DNSM*	*NNSM*	*RP2AP*	*VPAI3S*	*VPAI2P, VPAM2P*	*CSC*	*RP1AS*	*B, J*	*RP2GP*

μεμίσηκεν.	19 εἰ	ἐκ	τοῦ	κόσμου	ἦτε,	ὁ	κόσμος	ἂν	τὸ	ἴδιον
ha odiado$_{6}$	Si$_{1}$	de$_{3}$	el$_{4}$	mundo,$_{5}$	fuerais$_{2}$	el$_{6}$	mundo$_{7}$	--$_{8}$	a lo$_{10}$	propio (suyo);$_{11}$
3404	1487	1537	3588	2889	2258	3588	2889	302	3588	2398
VRAI3S	*CAC*	*P*	*DGSM*	*NGSM*	*VIAI2P*	*DNSM*	*NNSM*	*TC*	*DASN*	*JASN*

ἐφίλει·	ὅτι	δὲ	ἐκ	τοῦ	κόσμου	οὐκ	ἐστέ,	ἀλλ’	ἐγὼ	ἐξελεξάμην
amaba$_{9}$	porque$_{13}$	mas$_{12}$	de$_{16}$	el$_{17}$	mundo,$_{18}$	no$_{14}$	sois$_{15}$	sino	yo	elegí
5368	3754	1161	1537	3588	2889	3756	2075	235	1473	1586
VIAI3S	*CAZ*	*CLC*	*P*	*DGSM*	*NGSM*	*BN, TN*	*VPAI2P*	*CLC*	*RP1NS*	*VAMI1S*

ὑμᾶς	ἐκ	τοῦ	κόσμου,	διὰ	τοῦτο	μισεῖ	ὑμᾶς	ὁ	κόσμος.
a vosotros	de	el	mundo,	por$_{1}$	esto$_{2}$	odia$_{5}$	a vosotros.$_{6}$	el$_{3}$	mundo$_{4}$
5209	1537	3588	2889	1223	5124	3404	5209	3588	2889
RP2AP	*P*	*DGSM*	*NGSM*	*P*	*RD-ASN*	*VPAI3S*	*RP2AP*	*DNSM*	*NNSM*

20 μνημονεύετε	τοῦ	λόγου	οὗ	ἐγὼ	εἶπον	ὑμῖν·	Οὐκ	ἔστιν	δοῦλος
Acordaos	de la	palabra	la que	yo	dije	a vosotros:	no$_{2}$	es$_{3}$	Un siervo$_{1}$
3421	3588	3056	3739	1473	2036	5213	3756	2076	1401
VPAM2P	*DGSM*	*NGSM*	*RR-GSM*	*RP1NS*	*VAAI1S*	*RP2DP*	*BN, TN*	*VPAI3S*	*NNSM*

μείζων	τοῦ	κυρίου	αὐτοῦ·	εἰ	ἐμὲ	ἐδίωξαν,	καὶ	ὑμᾶς	διώξουσιν·
mayor que	el	Señor	de él.	Si$_{1}$	a mí,$_{3}$	persiguieron$_{2}$	también	a vosotros;$_{2}$	perseguirán$_{1}$
3187	3588	2962	846	1487	1691	1377	2532	5209	1377
JNSMC	*DGSM*	*NGSM*	*RP3GSM*	*CAC*	*RP1AS*	*VAAI3P*	*BE, TE*	*RP2AP*	*VFAI3P*

εἰ	τὸν	λόγον	μου	ἐτήρησαν,	καὶ	τὸν	ὑμέτερον	τηρήσουσιν.
si$_{3}$	la$_{5}$	palabra$_{6}$	de mí$_{7}$	guardan,$_{4}$	también$_{8}$	la$_{10}$	vuestra.$_{11}$	guardarán$_{9}$
1487	3588	3056	3450	5083	2532	3588	5212	5083
CAC	*DASM*	*NASM*	*RP1GS*	*VAAI3P*	*BE, TE*	*DASM*	*RS2ASM, RS2APM*	*VFAI3P*

21 ἀλλὰ	ταῦτα	πάντα	ποιήσουσιν	εἰς	ὑμᾶς	διὰ	τὸ	ὄνομά	μου,
Pero$_{1}$	estas cosas$_{4}$	todas$_{3}$	harán$_{2}$	a	vosotros	a causa de	el	nombre	de mí,
235	5023	3956	4160	1519	5209	1223	3588	3686	3450
CLC	*RD-APN*	*JAPN*	*VFAI3P*	*P*	*RP2AP*	*P*	*DASN*	*NASN*	*RP1GS*

NVI

los he llamado amigos,
porque todo lo que a mi
Padre le oí decir se lo he
dado a conocer a uste-
des. 16 No me escogieron
ustedes a mí, sino que
yo los escogí a ustedes y
los comisioné para que
vayan y den fruto, un
fruto que perdure. Así
el Padre les dará todo lo
que le pidan en mi nom-
bre. 17 Este es mi manda-
miento: que se amen los
unos a los otros.

Jesús y sus discípulos aborrecidos por el mundo

18 »Si el mundo
los aborrece, tengan
presente que antes que
a ustedes, me aborreció
a mí. 19 Si fueran del
mundo, el mundo los
amaría como a los suyos.
Pero ustedes no son del
mundo, sino que yo los
he escogido de entre
el mundo. Por eso el
mundo los aborrece.
20 Recuerden lo que les
dije: "Ningún siervo es
más que su amo". Si a
mí me han perseguido,
también a ustedes los
perseguirán. Si han obe-
decido mis enseñanzas,
también obedecerán
las de ustedes. 21 Los
tratarán así por causa
de mi nombre, porque

RVR

no conocen al que me
ha enviado.
22 Si yo no hubiera
venido, ni les hubiera
hablado, no tendrían
pecado; pero ahora
no tienen excusa de su
pecado.
23 El que me aborrece a
mí, aborrece también a
mi Padre.
24 Si yo no hubiese
hecho entre ellos las
obras que ningún otro
ha hecho, no tendrían
pecado; pero ahora las
han visto, y me han abo-
rrecido a mí y también a
mi Padre.
25 Pero esto es para que
se cumpla la palabra que
está escrita en su ley:
Me aborrecieron sin
motivo.
26 Pero cuando venga
el Consolador, a quien
yo os enviaré del Padre,
el Espíritu de verdad, el
cual procede del Padre,
él dará testimonio acer-
ca de mí.
27 Y vosotros daréis
testimonio también,
porque estáis conmigo
desde el principio.
16 Estas cosas os
he hablado,
para que no tengáis
tropiezo.
2 Os expulsarán de las
sinagogas; y aun viene la

ὅτι	οὐκ	οἴδασιν	τὸν	πέμψαντά	με.	22 εἰ	μὴ	ἦλθον	καὶ	ἐλάλησα
porque	no	conocen	al que	envió	a mí.	Si	no	vine	y	hablé
3754	3756	1492	3588	3992	3165	1487	3361	2064	2532	2980
CAZ	*BN, TN*	*VRAI3P*	*DASM*	*VAAP-SAM*	*RP1AS*	*CAC*	*BN, TN*	*VAAI1S*	*CLN*	*VAAI1S*

αὐτοῖς,	ἁμαρτίαν	οὐκ	εἴχοσαν·	νῦν	δὲ	πρόφασιν	οὐκ	ἔχουσιν
a ellos,	pecado;$_3$	no$_1$	tenían$_2$	ahora$_5$	mas$_4$	excusa$_8$	no$_6$	tienen$_7$
846	266	3756	2192	3568	1161	4392	3756	2192
RP3DPM	*NASF*	*BN, TN*	*VIAI3P*	*B*	*CLC*	*NASF*	*BN, TN*	*VPAI3P*

περὶ	τῆς	ἁμαρτίας	αὐτῶν.	23 ὁ	ἐμὲ	μισῶν	καὶ	τὸν	πατέρα
acerca de	el	pecado	de ellos.	El que$_1$	a mí,$_3$	odia$_2$	también$_4$	al$_6$	Padre$_7$
4012	3588	266	846	3588	1691	3404	2532	3588	3962
P	*DGSF*	*NGSF*	*RP3GPM*	*DNSM*	*RP1AS*	*VPAP-SNM*	*BE, TE*	*DASM*	*NASM*

μου	μισεῖ.	24 εἰ	τὰ	ἔργα	μὴ	ἐποίησα	ἐν	αὐτοῖς	ἃ	οὐδεὶς
de mí.$_8$	odia$_5$	Si$_1$	las$_6$	obras$_7$	no$_2$	hice$_3$	entre$_4$	ellos$_5$	las que	ningún
3450	3404	1487	3588	2041	3361	4160	1722	846	3739	3762
RP1GS	*VPAI3S*	*CAC*	*DAPN*	*NAPN*	*BN, TN*	*VAAI1S*	*P*	*RP3DPM*	*RR-APN*	*JNSM*

ἄλλος	ἐποίησεν,	ἁμαρτίαν	οὐκ	εἴχοσαν·	νῦν	δὲ	καὶ	ἑωράκασιν
otro	hizo,	pecado;$_3$	no$_1$	tendrían$_2$	ahora$_5$	pero$_4$	también	han visto
243	4160	266	3756	2192	3568	1161	2532	3708
JNSM	*VAAI3S*	*NASF*	*BN, TN*	*VIAI3P*	*B*	*CLC*	*CLK*	*VRAI3P*

καὶ	μεμισήκασιν	καὶ	ἐμὲ	καὶ	τὸν	πατέρα	μου.	25 ἀλλ’	ἵνα
y	han odiado	también	a mí	y	al	Padre	de mí.	Pero$_1$	para que$_2$
2532	3404	2532	1691	2532	3588	3962	3450	235	2443
CLK, CLN	*VRAI3P*	*CLK*	*RP1AS*	*CLK, CLN*	*DASM*	*NASM*	*RP1GS*	*CLC*	*CAP*

πληρωθῇ	ὁ	λόγος	ὁ	ἐν	τῷ	νόμῳ	αὐτῶν	γεγραμμένος	ὅτι
se cumpliera,$_{11}$	la$_3$	palabra,$_4$	la que$_5$	en$_7$	la$_8$	ley$_9$	de ellos$_{10}$	ha sido escrita$_6$	que
4137	3588	3056	3588	1722	3588	3551	846	1125	3754
VAPS3S	*DNSM*	*NNSM*	*DNSM*	*P*	*DDSM*	*NDSM*	*RP3GPM*	*VRPP-SNM*	*CSC*

Ἐμίσησάν	με	δωρεάν.
odiaron	a mí	sin causa.
3404	3165	1432
VAAI3P	*RP1AS*	*B*

26 Ὅταν	ἔλθῃ	ὁ	παράκλητος	ὃν	ἐγὼ	πέμψω	ὑμῖν	παρὰ
Cuando$_1$	venga$_4$	el$_2$	Consolador$_3$	al que	yo	enviaré	a vosotros	de parte de
3752	2064	3588	3875	3739	1473	3992	5213	3844
CAT	*VAAS3S*	*DNSM*	*NNSM*	*RR-ASM*	*RP1NS*	*VFAI1S*	*RP2DP*	*P*

τοῦ	πατρός,	τὸ	πνεῦμα	τῆς	ἀληθείας	ὃ	παρὰ	τοῦ	πατρὸς
el	Padre,	el	Espíritu	de la	verdad,	el que$_1$	de parte de$_3$	el$_4$	Padre,$_5$
3588	3962	3588	4151	3588	225	3739	3844	3588	3962
DGSM	*NGSM*	*DNSN*	*NNSN*	*DGSF*	*NGSF*	*RR-NSN*	*P*	*DGSM*	*NGSM*

ἐκπορεύεται,	ἐκεῖνος	μαρτυρήσει	περὶ	ἐμοῦ·	27 καὶ	ὑμεῖς	δὲ
procede$_2$	aquel	testificará	acerca de	mí;	también$_2$	vosotros$_3$	mas$_1$
1607	1565	3140	4012	1700	2532	5210	1161
VPUI3S	*RD-NSM*	*VFAI3S*	*P*	*RP1GS*	*BE, TE*	*RP2NP*	*CLN*

μαρτυρεῖτε,	ὅτι	ἀπ’	ἀρχῆς	μετ’	ἐμοῦ	ἐστε.
testificáis$_4$	que$_5$	desde$_9$	(el) principio.$_{10}$	conmigo$_7$	$_8$	estáis$_6$
3140	3754	575	746	3326	1700	2075
VPAI2P	*CAZ*	*P*	*NGSF*	*P*	*RP1GS*	*VPAI2P*

16

Ταῦτα	λελάληκα	ὑμῖν	ἵνα	μὴ	σκανδαλισθῆτε.
Estas cosas	he hablado	a vosotros	para que	no	os ofendáis
5023	2980	5213	2443	3361	4624
RD-APN	*VRAI1S*	*RP2DP*	*CAP*	*BN, TN*	*VAPS2P*

2 ἀποσυναγώγους	ποιήσουσιν	ὑμᾶς·	ἀλλ’	ἔρχεται	ὥρα	ἵνα	πᾶς
excluidos de las sinagogas;$_3$	Harán$_1$	a vosotros$_2$	pero	viene	(la) hora	que	todo
656	4160	5209	235	2064	5610	2443	3956
JAPM	*VFAI3P*	*RP2AP*	*CLC*	*VPUI3S*	*NNSF*	*CSC*	*JNSM*

NVI

no conocen al que me
envió. 22 Si yo no hubiera
venido ni les hubiera
hablado, no serían
culpables de pecado.
Pero ahora no tienen
excusa por su pecado.
23 El que me aborrece a
mí también aborrece a
mi Padre. 24 Si yo no hu-
biera hecho entre ellos
las obras que ningún
otro antes ha realizado,
no serían culpables de
pecado. Pero ahora las
han visto, y sin embargo
a mí y a mi Padre nos
han aborrecido. 25 Pero
esto sucede para que se
cumpla lo que está escri-
to en la ley de ellos: "Me
odiaron sin motivo".
26 »Cuando venga
el Consolador, que yo
les enviaré de parte del
Padre, el Espíritu de
verdad que procede
del Padre, él testifica-
rá acerca de mí. 27 Y
también ustedes darán
testimonio porque han
estado conmigo desde el
principio.
16 »Todo esto les
he dicho para
que no flaquee su fe.
2 Los expulsarán de las
sinagogas; y hasta viene

RVR

hora cuando cualquiera
que os mate, pensará que
rinde servicio a Dios.
3 Y harán esto porque
no conocen al Padre
ni a mí.
4 Mas os he dicho estas
cosas, para que cuando
llegue la hora, os acor-
déis de que ya os lo había
dicho.

La obra del Espíritu Santo

Esto no os lo dije al
principio, porque yo
estaba con vosotros.
5 Pero ahora voy al que
me envió; y ninguno de
vosotros me pregunta:
¿Adónde vas?
6 Antes, porque os he
dicho estas cosas, la tris-
teza ha llenado vuestro
corazón.
7 Pero yo os digo la
verdad: Os conviene
que yo me vaya; porque
si no me fuese, el
Consolador no vendría
a vosotros; mas si me
voy, os lo enviaré.
8 Y cuando él venga,
redargüirá al mundo
de pecado, de justicia y
de juicio.
9 De pecado, por cuanto
no creen en mí;
10 de justicia, por cuanto
voy al Padre, y no me
veréis más;

ὁ	ἀποκτείνας	ὑμᾶς	δόξῃ	λατρείαν	προσφέρειν	τῷ	θεῷ.
el que	mate	a vosotros,	piensa (que)$_1$	servicio$_3$	ofrece$_2$	a --	Dios.
3588	615	5209	1380	2999	4374	3588	2316
DNSM	*VAAP-SNM*	*RP2AP*	*VAAS3S*	*NASF*	*VPAN*	*DDSM*	*NDSM*

3 καὶ	ταῦτα	ποιήσουσιν	ὅτι	οὐκ	ἔγνωσαν	τὸν	πατέρα	οὐδὲ	ἐμέ.
y$_1$	estas cosas$_3$	harán$_2$	porque	no	conocieron	al	Padre	ni	a mí.
2532	5023	4160	3754	3756	1097	3588	3962	3761	1691
CLN	*RD-APN*	*VFAI3P*	*CAZ*	*BN, TN*	*VAAI3P*	*DASM*	*NASM*	*CLD, TN*	*RP1AS*

4 ἀλλὰ	ταῦτα	λελάληκα	ὑμῖν	ἵνα	ὅταν	ἔλθῃ	ἡ	ὥρα	αὐτῶν
Pero$_1$	estas cosas$_4$	he hablado$_2$	a vosotros$_3$	para que$_5$	cuando$_6$	venga,$_{10}$	la$_7$	hora$_8$	de ellas$_9$
235	5023	2980	5213	2443	3752	2064	3588	5610	846
CLC	*RD-APN*	*VRAI1S*	*RP2DP*	*CAP*	*CAT*	*VAAS3S*	*DNSF*	*NNSF*	*RP3GPN*

μνημονεύητε	αὐτῶν	ὅτι	ἐγὼ	εἶπον	ὑμῖν.
recordéis	de ellas,	que	yo	dije	a vosotros.
3421	846	3754	1473	2036	5213
VPAS2P	*RP3GPN*	*CSC*	*RP1NS*	*VAAI1S*	*RP2DP*

Ταῦτα	δὲ	ὑμῖν	ἐξ	ἀρχῆς	οὐκ	εἶπον,	ὅτι	μεθ'	ὑμῶν	ἤμην.
estas cosas$_4$	Mas$_1$	a vosotros$_5$	desde$_6$	principio,$_7$	no$_2$	dije$_3$	porque$_8$	con$_{10}$	vosotros.$_{11}$	estaba$_9$
5023	1161	5213	1537	746	3756	2036	3754	3326	5216	2252
RD-APN	*CLN*	*RP2DP*	*P*	*NGSF*	*BN, TN*	*VAAI1S*	*CAZ*	*P*	*RP2GP*	*VIMI1S*

5 νῦν	δὲ	ὑπάγω	πρὸς	τὸν	πέμψαντά	με	καὶ	οὐδεὶς	ἐξ	ὑμῶν	ἐρωτᾷ
ahora$_2$	Mas$_1$	voy	a	al que	envió	a mí,	y	ninguno	de	vosotros	pregunta
3568	1161	5217	4314	3588	3992	3165	2532	3762	1537	5216	2065
B	*CLC*	*VPAI1S*	*P*	*DASM*	*VAAP-SAM*	*RP1AS*	*CLN*	*JNSM*	*P*	*RP2GP*	*VPAI3S*

με·	Ποῦ	ὑπάγεις;	6 ἀλλ'	ὅτι	ταῦτα	λελάληκα	ὑμῖν	ἡ	λύπη
a mí:	¿A dónde	vas?	Sino	que	estas cosas$_3$	he hablado$_1$	a vosotros,$_2$	la	tristeza
3165	4226	5217	235	3754	5023	2980	5213	3588	3077
RP1AS	*BI*	*VPAI2S*	*CLC*	*CAZ*	*RD-APN*	*VRAI1S*	*RP2DP*	*DNSF*	*NNSF*

πεπλήρωκεν	ὑμῶν	τὴν	καρδίαν.	7 ἀλλ'	ἐγὼ	τὴν	ἀλήθειαν	λέγω
ha llenado$_1$	de vosotros.$_4$	el$_2$	corazón$_3$	Pero$_1$	yo$_2$	la$_5$	verdad$_6$	digo$_3$
4137	5216	3588	2588	235	1473	3588	225	3004
VRAI3S	*RP2GP*	*DASF*	*NASF*	*CLC*	*RP1NS*	*DASF*	*NASF*	*VPAI1S*

ὑμῖν,	συμφέρει	ὑμῖν	ἵνα	ἐγὼ	ἀπέλθω.	ἐὰν	γὰρ	μὴ	ἀπέλθω,	ὁ
a vosotros,$_4$	conviene	a vosotros	que	yo	me fuera,	si$_2$	porque$_1$	no	me fuera,	el
5213	4851	5213	2443	1473	565	1437	1063	3361	565	3588
RP2DP	*VPAI3S*	*RP2DP*	*CSC*	*RP1NS*	*VAAS1S*	*CAC*	*CAZ*	*BN, TN*	*VAAS1S*	*DNSM*

παράκλητος	οὐ	μὴ*	ἔλθῃ	πρὸς	ὑμᾶς·	ἐὰν	δὲ	πορευθῶ,	πέμψω
Consolador	no	no	vendrá	a	vosotros;	si$_2$	mas$_1$	me voy (me fuera),	enviaré
3875	3756	3361	2064	4314	5209	1437	1161	4198	3992
NNSM	*T*	*T*	*VAAS3S*	*P*	*RP2AP*	*CAC*	*CLC*	*VAPS1S*	*VFAI1S*

αὐτὸν	πρὸς	ὑμᾶς.	8 καὶ	ἐλθὼν	ἐκεῖνος	ἐλέγξει	τὸν	κόσμον	περὶ
a él	a	vosotros.	Y	habiendo venido	aquel	convencerá	al	mundo	acerca de
846	4314	5209	2532	2064	1565	1651	3588	2889	4012
RP3ASM	*P*	*RP2AP*	*CLN*	*VAAP-SNM*	*RD-NSM*	*VFAI3S*	*DASM*	*NASM*	*P*

ἁμαρτίας	καὶ	περὶ	δικαιοσύνης	καὶ	περὶ	κρίσεως·	9 περὶ	ἁμαρτίας
pecado	y	acerca de	justicia	y	acerca de	juicio;	acerca de	pecado,
266	2532	4012	1343	2532	4012	2920	4012	266
NGSF	*CLN*	*P*	*NGSF*	*CLN*	*P*	*NGSF*	*P*	*NGSF*

μέν,	ὅτι	οὐ	πιστεύουσιν	εἰς	ἐμέ·	10 περὶ	δικαιοσύνης	δέ,
en verdad$_2$	porque$_1$	no	creen	en	mí;	acerca de$_2$	justicia,$_3$	mas$_1$
3303	3754	3756	4100	1519	1691	4012	1343	1161
TK, C	*CAZ*	*BN, TN*	*VPAI3P*	*P*	*RP1AS*	*P*	*NGSF*	*CLK, CLN*

ὅτι	πρὸς	τὸν	πατέρα	ὑπάγω	καὶ	οὐκέτι	θεωρεῖτέ	με·	11 περὶ
porque$_4$	a$_6$	el$_7$	Padre$_8$	voy$_5$	y	ya no	veis	a mí;	acerca de$_2$
3754	4314	3588	3962	5217	2532	3765	2334	3165	4012
CAZ	*P*	*DASM*	*NASM*	*VPAI1S*	*CLN*	*BN*	*VPAI2P*	*RP1AS*	*P*

NVI

el día en que cualquiera
que los mate pensará
que le está prestando
un servicio a Dios.
3 Actuarán de este modo
porque no nos han
conocido ni al Padre ni a
mí. 4 Y les digo esto para
que cuando llegue ese
día se acuerden de que
ya se lo había advertido.
Sin embargo, no les dije
esto al principio porque
yo estaba con ustedes.

La obra del Espíritu Santo

5 »Ahora vuelvo al
que me envió, pero nin-
guno de ustedes me pre-
gunta: "¿A dónde vas?"
6 Al contrario, como les
he dicho estas cosas, se
han entristecido mucho.
7 Pero les digo la verdad:
Les conviene que me
vaya porque, si no lo
hago, el Consolador
no vendrá a ustedes;
en cambio, si me voy,
se lo enviaré a ustedes.
8 Y, cuando él venga,
convencerá al mundo
de su error en cuanto
al pecado, a la justicia
y al juicio; 9 en cuanto
al pecado, porque no
creen en mí; 10 en cuanto
a la justicia, porque voy
al Padre y ustedes ya no
podrán verme; 11 y en

16:7* O sea *de ninguna manera.*

RVR

11 y de juicio, por cuanto
el príncipe de este mun-
do ha sido ya juzgado.
12 Aún tengo muchas
cosas que deciros, pero
ahora no las podéis
sobrellevar.
13 Pero cuando venga el
Espíritu de verdad, él os
guiará a toda la verdad;
porque no hablará por
su propia cuenta, sino
que hablará todo cuan-
to oiga, y os hará saber
las cosas que habrán
de venir.
14 Él me glorificará; por-
que tomará de lo mío, y
os lo hará saber.
15 Todo lo que tiene el
Padre es mío; por eso
dije que tomará de lo
mío, y os lo hará saber.

La tristeza se convertirá en gozo

16 Todavía un poco, y no
me veréis; y de nuevo un
poco, y me veréis; por-
que yo voy al Padre.
17 Entonces se dijeron
algunos de sus discípu-
los unos a otros: ¿Qué
es esto que nos dice:
Todavía un poco, y no
me veréis; y de nuevo un
poco, y me veréis; y, por-
que yo voy al Padre?
18 Decían, pues: ¿Qué
quiere decir con:
Todavía un poco? No
sabemos qué quiere
decir.

δὲ	κρίσεως,	ὅτι	ὁ	ἄρχων	τοῦ	κόσμου	τούτου	κέκριται.
y$_1$	juicio,$_3$	porque	el	gobernante	de--$_1$	mundo$_3$	este$_2$	ha sido juzgado.
1161	2920	3754	3588	758	3588	2889	5127	2919
CLK, CLN	*NGSF*	*CAZ*	*DNSM*	*NNSM*	*DGSM*	*NGSM*	*RD-GSM*	*VRPI3S*

12 Ἔτι	πολλὰ	ἔχω	ὑμῖν	λέγειν,	ἀλλ'	οὐ	δύνασθε
Todavía$_1$	muchas cosas$_3$	tengo$_2$	a vosotros,$_5$	que decir$_4$	pero$_6$	no$_8$	podéis$_9$
2089	4183	2192	5213	3004	235	3756	1410
B	*JAPN*	*VPAI1S*	*RP2DP*	*VPAN*	*CLC*	*BN, TN*	*VPUI2P*

βαστάζειν	ἄρτι·	13 ὅταν	δὲ	ἔλθῃ	ἐκεῖνος,	τὸ	πνεῦμα	τῆς	ἀληθείας,
sobrellevar;$_{10}$	ahora$_7$	cuando$_2$	mas$_1$	venga,$_4$	aquel$_3$	el	Espíritu	de la	verdad,
941	737	3752	1161	2064	1565	3588	4151	3588	225
VPAN	*B*	*CAT*	*CLC*	*VAAS3S*	*RD-NSM*	*DNSN*	*NNSN*	*DGSF*	*NGSF*

ὁδηγήσει	ὑμᾶς	ἐν	τῇ	ἀληθείᾳ	πάσῃ,	οὐ	γὰρ	λαλήσει	ἀφ'
guiará	a vosotros	en$_1$	la$_3$	verdad,$_4$	toda$_2$	no$_6$	porque$_5$	hablará$_7$	de
3594	5209	1722	3588	225	3956	3756	1063	2980	575
VFAI3S	*RP2AP*	*P*	*DDSF*	*NDSF*	*JDSF*	*BN, TN*	*CLX*	*VFAI3S*	*P*

ἑαυτοῦ,	ἀλλ'	ὅσα	ἀκούσει	λαλήσει,	καὶ	τὰ	ἐρχόμενα	ἀναγγελεῖ
sí mismo,	sino	cuanto	oye	hablará,	y$_1$	las cosas que$_4$	vienen.$_5$	anunciará$_2$
1438	235	3745	191	2980	2532	3588	2064	312
RF3GSM	*CLC*	*RK-APN*	*VFAI3S*	*VFAI3S*	*CLN*	*DAPN*	*VPUP-PAN*	*VFAI3S*

ὑμῖν.	14 ἐκεῖνος	ἐμὲ	δοξάσει,	ὅτι	ἐκ	τοῦ	ἐμοῦ	λήμψεται
a vosotros$_3$	Aquel$_1$	a mí,$_3$	glorificará$_2$	porque$_4$	de$_6$	lo$_7$	mío$_8$	tomará$_5$
5213	1565	1691	1392	3754	1537	3588	1700	2983
RP2DP	*RD-NSM*	*RP1AS*	*VFAI3S*	*CAZ*	*P*	*DGSN, DGSM*	*RP1GSN, RP1GS*	*VFMI3S*

καὶ	ἀναγγελεῖ	ὑμῖν.	15 πάντα	ὅσα	ἔχει	ὁ	πατὴρ	ἐμά
y	anunciará	a vosotros.	Todas las cosas	cuantas	tiene,$_3$	el$_1$	Padre$_2$	mías;$_5$
2532	312	5213	3956	3745	2192	3588	3962	1699
CLN	*VFAI3S*	*RP2DP*	*JNPN*	*RK-APN*	*VPAI3S*	*DNSM*	*NNSM*	*JNPN, RS1NPN*

ἐστιν·	διὰ	τοῦτο	εἶπον	ὅτι	ἐκ	τοῦ	ἐμοῦ	λαμβάνει	καὶ
es (son)$_4$	por	esto	dije	que$_1$	de$_3$	lo$_4$	mío$_5$	toma$_2$	y
2076	1223	5124	2036	3754	1537	3588	1700	2983	2532
VPAI3S	*P*	*RD-ASN*	*VAAI1S*	*CSC*	*P*	*DGSN, DGSM*	*RP1GSN, RP1GS*	*VPAI3S*	*CLN*

ἀναγγελεῖ	ὑμῖν.
anunciará	a vosotros.
312	5213
VFAI3S	*RP2DP*

16 Μικρὸν	καὶ	οὐκέτι	θεωρεῖτέ	με,	καὶ	πάλιν	μικρὸν	καὶ	ὄψεσθέ
Un poco	y	ya no	veis	a mí,	y	de nuevo	un poco	y	veréis
3397	2532	3765	2334	3165	2532	3825	3397	2532	3700
JASN	*CLN*	*BN*	*VPAI2P*	*RP1AS*	*CLN*	*B*	*JASN*	*CLN*	*VFMI2P*

⸀με.	17 εἶπαν	οὖν	ἐκ	τῶν	μαθητῶν	αὐτοῦ	πρὸς	ἀλλήλους·	Τί	ἐστιν
a mí.	dijeron$_6$	Así que$_1$	de$_2$	los$_3$	discípulos$_4$	de él$_5$	a	unos a otros:	¿Qué	es
3165	3004	3767	1537	3588	3101	846	4314	240	5101	2076
RP1AS	*VAAI3P*	*CLI*	*P*	*DGPM*	*NGPM*	*RP3GSM*	*P*	*RC-APM*	*RI-NSN*	*VPAI3S*

τοῦτο	ὃ	λέγει	ἡμῖν·	Μικρὸν	καὶ	οὐ	θεωρεῖτέ	με,	καὶ	πάλιν
esto	lo que	dice	a nosotros:	Un poco	y	no	veis	a mí,	y	de nuevo
5124	3739	3004	2254	3397	2532	3756	2334	3165	2532	3825
RD-NSN	*RR-ASN*	*VPAI3S*	*RP1DP*	*JASN*	*CLN*	*BN, TN*	*VPAI2P*	*RP1AS*	*CLN*	*B*

μικρὸν	καὶ	ὄψεσθέ	με;	καί·	Ὅτι	ὑπάγω	πρὸς	τὸν	πατέρα;	18 ἔλεγον
un poco	y	veréis	a mí?	¿Y:	Porque	voy	a	el	Padre?	decían·$_2$
3397	2532	3700	3165	2532	3754	5217	4314	3588	3962	3004
JASN	*CLN*	*VFMI2P*	*RP1AS*	*CLN*	*CAZ*	*VPAI1S*	*P*	*DASM*	*NASM*	*VIAI3P*

οὖν·	Τί	ἐστιν	τοῦτο	ὃ	λέγει	μικρόν;	οὐκ	οἴδαμεν	τί	λαλεῖ.
Así que$_1$	¿Qué	es	esto	lo que	dice	un poco?	No	sabemos	qué	habla.
3767	5101	2076	5124	3739	3004	3397	3756	1492	5101	2980
CLI	*RI-NSN*	*VPAI3S*	*RD-NSN*	*RR-ASN*	*VPAI3S*	*JASN*	*BN, TN*	*VRAI1P*	*RI-ASN*	*VPAI3S*

NVI

cuanto al juicio, porque
el príncipe de este mun-
do ya ha sido juzgado.
12 »Muchas cosas me
quedan aún por decirles,
que por ahora no po-
drían soportar. 13 Pero,
cuando venga el Espíritu
de la verdad, él los guiará
a toda la verdad, porque
no hablará por su propia
cuenta, sino que dirá
solo lo que oiga y les
anunciará las cosas por
venir. 14 Él me glorificará
porque tomará de lo
mío y se lo dará a cono-
cer a ustedes. 15 Todo
cuanto tiene el Padre
es mío. Por eso les dije
que el Espíritu tomará
de lo mío y se lo dará a
conocer a ustedes.
16 »Dentro de poco
ya no me verán; pero un
poco después volverán a
verme».

La despedida de Jesús

17 Algunos de sus
discípulos comentaban
entre sí:
«¿Qué quiere decir
con eso de que "dentro
de poco ya no me verán",
y "un poco después vol-
verán a verme", y "por-
que voy al Padre"?» 18 E
insistían: «¿Qué quiere
decir con eso de "dentro
de poco"? No sabemos
de qué habla».

16:16⸀ Manuscritos inferiores aumentaron *porque yo voy al Padre.*

RVR

[19] Jesús conoció que
querían preguntarle, y
les dijo: ¿Indagáis entre
vosotros acerca de esto
que dije: Todavía un
poco, y no me veréis; y
de nuevo un poco, y me
veréis?
[20] De cierto, de cierto os
digo, que vosotros llora-
réis y os lamentaréis, y el
mundo se alegrará; vo-
sotros os entristeceréis,
pero vuestra tristeza se
convertirá en gozo.
[21] La mujer, cuando da a
luz, tiene dolor, porque
ha llegado su hora; pero
después que ha dado
a luz un niño, ya no se
acuerda de la angustia,
por el gozo de que haya
nacido un hombre en el
mundo.
[22] También vosotros
ahora tenéis tristeza;
pero os volveré a ver, y se
gozará vuestro corazón,
y nadie os quitará vues-
tro gozo.
[23] En aquel día no me
preguntaréis nada. De
cierto, de cierto os digo,
que todo cuanto pidáis
al Padre en mi nombre,
os lo dará.
[24] Hasta ahora, nada
habéis pedido en mi
nombre; pedid, y reci-
biréis, para que vuestro
gozo esté completo.

[19] ἔγνω Ἰησοῦς ὅτι ἤθελον αὐτὸν ἐρωτᾶν, καὶ εἶπεν αὐτοῖς· Περὶ
conoció$_{2}$ Jesús$_{1}$ que deseaban a él,$_{2}$ preguntar$_{1}$ y dijo a ellos: ¿Acerca de
1097 2424 3754 2309 846 2065 2532 2036 846 4012
VAAI3S NNSM CSC VIAI3P RP3ASM VPAN CLN VAAI3S RP3DPM P

τούτου ζητεῖτε μετ' ἀλλήλων ὅτι εἶπον· Μικρὸν καὶ οὐ θεωρεῖτέ
esto buscáis con unos a otros porque dije: Un poco y no veis
5127 2212 3326 240 3754 2036 3397 2532 3756 2334
RD-GSN VPAI2P P RC-GPM CSC VAAI1S JASN CLN BN, TN VPAI2P

με, καὶ πάλιν μικρὸν καὶ ὄψεσθέ με; [20] ἀμὴν ἀμὴν λέγω ὑμῖν
a mí, y de nuevo un poco y veréis a mí? De cierto, de cierto digo a vosotros
3165 2532 3825 3397 2532 3700 3165 281 281 3004 5213
RP1AS CLN B JASN CLN VFMI2P RP1AS XF, T XF, T VPAI1S RP2DP

ὅτι κλαύσετε καὶ θρηνήσετε ὑμεῖς, ὁ δὲ κόσμος χαρήσεται· ὑμεῖς
que$_{1}$ lloraréis$_{3}$ y$_{4}$ lamentaréis,$_{5}$ vosotros$_{2}$ el$_{7}$ mas$_{6}$ mundo se alegrará; vosotros
3754 2799 2532 2354 5210 3588 1161 2889 5463 5210
CSC VFAI2P CLN VFAI2P RP2NP DNSM CLC NNSM VFPI3S RP2NP

λυπηθήσεσθε, ἀλλ' ἡ λύπη ὑμῶν εἰς χαρὰν γενήσεται. [21] ἡ
entristeceréis, pero la tristeza de vosotros en$_{2}$ gozo.$_{3}$ se convertirá$_{1}$ la$_{2}$
3076 235 3588 3077 5216 1519 5479 1096 3588
VFPI2P CLC DNSF NNSF RP2GP P NASF VFMI3S DNSF

γυνὴ ὅταν τίκτῃ λύπην ἔχει, ὅτι ἦλθεν ἡ ὥρα αὐτῆς· ὅταν δὲ
mujer$_{3}$ Cuando$_{1}$ da a luz$_{4}$ tristeza,$_{6}$ tiene$_{5}$ porque$_{7}$ vino;$_{11}$ la$_{8}$ hora$_{9}$ de ella$_{10}$ cuando$_{13}$ mas$_{12}$
1135 3752 5088 3077 2192 3754 2064 3588 5610 846 3752 1161
NNSF CAT VPAS3S NASF VPAI3S CAZ VAAI3S DNSF NNSF RP3GSF CAT CLC

γεννήσῃ τὸ παιδίον, οὐκέτι μνημονεύει τῆς θλίψεως διὰ τὴν χαρὰν
da a luz al niñito, ya no recuerda la angustia por el gozo
1080 3588 3813 3765 3421 3588 2347 1223 3588 5479
VAAS3S DASN NASN BN VPAI3S DGSF NGSF P DASF NASF

ὅτι ἐγεννήθη ἄνθρωπος εἰς τὸν κόσμον. [22] καὶ ὑμεῖς οὖν νῦν
que$_{1}$ nació$_{3}$ un ser humano$_{2}$ a el mundo. también$_{2}$ vosotros$_{3}$ Así que,$_{1}$ ahora$_{4}$
3754 1080 444 1519 3588 2889 2532 5210 3767 3568
CSC VAPI3S NNSM P DASM NASM BE, TE RP2NP CLI B

μὲν λύπην ἔχετε· πάλιν δὲ ὄψομαι ὑμᾶς, καὶ χαρήσεται
en verdad$_{5}$ tristeza;$_{7}$ tenéis$_{6}$ de nuevo$_{8}$ mas$_{7}$ veré a vosotros, y$_{1}$ se alegrará,$_{5}$
3303 3077 2192 3825 1161 3700 5209 2532 5463
TK, C NASF VPAI2P B CLK, CLC VFMI1S RP2AP CLN VFPI3S

ὑμῶν ἡ καρδία, καὶ τὴν χαρὰν ὑμῶν οὐδεὶς αἴρει ἀφ' ὑμῶν.
de vosotros$_{4}$ el$_{2}$ corazón$_{3}$ y$_{6}$ el$_{11}$ gozo$_{12}$ de vosotros.$_{13}$ nadie$_{7}$ quita$_{8}$ de$_{9}$ vosotros$_{10}$
5216 3588 2588 2532 3588 5479 5216 3762 142 575 5216
RP2GP DNSF NNSF CLN DASF NASF RP2GP JNSM VPAI3S P RP2GP

[23] καὶ ἐν ἐκείνῃ τῇ ἡμέρᾳ ἐμὲ οὐκ ἐρωτήσετε οὐδέν· ἀμὴν ἀμὴν
Y en aquel -- día a mí.$_{4}$ no$_{1}$ preguntaréis$_{2}$ nada$_{3}$ De cierto, de cierto
2532 1722 1565 3588 2250 1691 3756 2065 3762 281 281
CLN P RD-DSF DDSF NDSF RP1AS BN, TN VFAI2P JASN XF, T XF, T

λέγω ὑμῖν, ἄν τι αἰτήσητε τὸν πατέρα δώσει ὑμῖν ἐν τῷ
digo a vosotros: -- algo pidierais al Padre, dará a vosotros en el
3004 5213 302 5100 154 3588 3962 1325 5213 1722 3588
VPAI1S RP2DP CAC, T RX-ASN VAAS2P DASM NASM VFAI3S RP2DP P DDSN

ὀνόματί μου. [24] ἕως ἄρτι οὐκ ᾐτήσατε οὐδὲν ἐν τῷ ὀνόματί μου·
nombre de mí. Hasta ahora no pedisteis nada en el nombre de mí;
3686 3450 2193 737 3756 154 3762 1722 3588 3686 3450
NDSN RP1GS P, C B BN, TN VAAI2P JASN P DDSN NDSN RP1GS

αἰτεῖτε καὶ λήμψεσθε, ἵνα ἡ χαρὰ ὑμῶν ᾖ πεπληρωμένη.
pedid, y recibiréis, para que el gozo de vosotros sea completo.
154 2532 2983 2443 3588 5479 5216 5600 4137
VPAM2P CLN VFMI2P CAP DNSF NNSF RP2GP VPAS3S VRPP-SNF

NVI

[19] Jesús se dio cuenta
de que querían hacerle
preguntas acerca de esto,
así que les dijo:
—¿Se están pregun-
tando qué quise decir
cuando dije: "Dentro de
poco ya no me verán",
y "un poco después
volverán a verme"?
[20] Ciertamente les asegu-
ro que ustedes llorarán
de dolor, mientras que
el mundo se alegrará.
Se pondrán tristes, pero
su tristeza se convertirá
en alegría.
[21] La mujer
que está por dar a luz
siente dolores porque
ha llegado su momento,
pero en cuanto nace la
criatura se olvida de su
angustia por la alegría de
haber traído al mundo
un nuevo ser.
[22] Lo mis-
mo les pasa a ustedes:
Ahora están tristes, pero
cuando vuelva a verlos
se alegrarán, y nadie les
va a quitar esa alegría.
[23] En aquel día ya no
me preguntarán nada.
Ciertamente les aseguro
que mi Padre les dará
todo lo que le pidan en
mi nombre.
[24] Hasta
ahora no han pedido
nada en mi nombre.
Pidan y recibirán,
para que su alegría sea
completa.

RVR

Yo he vencido al mundo

25 Estas cosas os he ha-
blado en alegorías; viene
la hora en que ya no os
hablaré por alegorías,
sino que claramente os
anunciaré acerca del
Padre.
26 En aquel día pediréis
en mi nombre; y no os
digo que yo rogaré al
Padre por vosotros,
27 pues el Padre mismo
os ama, porque vosotros
me habéis amado, y
habéis creído que yo salí
de Dios.
28 Salí del Padre, y he
venido al mundo; otra
vez dejo el mundo, y voy
al Padre.
29 Le dijeron sus dis-
cípulos: He aquí que
ahora hablas claramen-
te, y no dices ninguna
alegoría.
30 Ahora vemos que
sabes todas las cosas, y
no necesitas que nadie
te pregunte; por esto
creemos que has salido
de Dios.
31 Jesús les respondió:
¿Ahora creéis?
32 He aquí la hora viene,
y ha venido ya, en que
seréis esparcidos cada
uno por su lado, y me
dejaréis solo; mas no
estoy solo, porque el
Padre está conmigo.

25 Ταῦτα	ἐν	παροιμίαις	λελάληκα	ὑμῖν·	ἔρχεται	ὥρα	ὅτε
estas cosas$_3$	en$_4$	comparaciones,$_5$	He hablado$_1$	a vosotros$_2$	viene$_7$	(la) hora$_6$	cuando$_8$
5023	1722	3942	2980	5213	2064	5610	3753
RD-APN	*P*	*NDPF*	*VRAI1S*	*RP2DP*	*VPUI3S*	*NNSF*	*CAT, B*

οὐκέτι	ἐν	παροιμίαις	λαλήσω	ὑμῖν	ἀλλὰ	παρρησίᾳ	περὶ	τοῦ
ya no$_9$	en$_{12}$	comparaciones,$_{13}$	hablaré$_{10}$	a vosotros$_{11}$	sino$_{14}$	claramente$_{17}$	acerca de$_{18}$	el$_{19}$
3765	1722	3942	2980	5213	235	3954	4012	3588
BN	*P*	*NDPF*	*VFAI1S*	*RP2DP*	*CLC*	*NDSF*	*P*	*DGSM*

πατρὸς	ἀπαγγελῶ	ὑμῖν.	26 ἐν	ἐκείνῃ	τῇ	ἡμέρᾳ	ἐν	τῷ	ὀνόματί
Padre.$_{20}$	anunciaré$_{15}$	a vosotros$_{16}$	En	aquel	--	día	en$_2$	el$_3$	nombre$_4$
3962	518	5213	1722	1565	3588	2250	1722	3588	3686
NGSM	*VFAI1S*	*RP2DP*	*P*	*RD-DSF*	*DDSF*	*NDSF*	*P*	*DDSN*	*NDSN*

μου	αἰτήσεσθε,	καὶ	οὐ	λέγω	ὑμῖν	ὅτι	ἐγὼ	ἐρωτήσω	τὸν	πατέρα
de mí,$_5$	pediréis$_1$	y	no	digo	a vosotros	que	yo	pediré	al	Padre
3450	154	2532	3756	3004	5213	3754	1473	2065	3588	3962
RP1GS	*VFMI2P*	*CLN*	*BN, TN*	*VPAI1S*	*RP2DP*	*CSC*	*RP1NS*	*VFAI1S*	*DASM*	*NASM*

περὶ	ὑμῶν·	27 αὐτὸς	γὰρ	ὁ	πατὴρ	φιλεῖ	ὑμᾶς,	ὅτι	ὑμεῖς	ἐμὲ
acerca de	vosotros;	mismo$_4$	porque$_1$	el$_2$	Padre$_3$	ama$_5$	a vosotros,	porque	vosotros	a mí$_2$
4012	5216	846	1063	3588	3962	5368	5209	3754	5210	1691
P	*RP2GP*	*RP3NSMP*	*CAZ*	*DNSM*	*NNSM*	*VPAI3S*	*RP2AP*	*CAZ*	*RP2NP*	*RP1AS*

πεφιλήκατε	καὶ	πεπιστεύκατε	ὅτι	ἐγὼ	παρὰ	τοῦ	θεοῦ	ἐξῆλθον.
habéis amado$_1$	y	habéis creído	que	yo	de parte de$_2$	de--$_3$	Dios.$_4$	salí$_1$
5368	2532	4100	3754	1473	3844	3588	2316	1831
VRAI2P	*CLN*	*VRAI2P*	*CSC*	*RP1NS*	*P*	*DGSM*	*NGSM*	*VAAI1S*

28 ἐξῆλθον	ἐκ	τοῦ	πατρὸς	καὶ	ἐλήλυθα	εἰς	τὸν	κόσμον·	πάλιν	ἀφίημι
Salí	de	el	Padre	y	he venido	a	el	mundo;	de nuevo	dejo
1831	1539	3588	3962	2532	2064	1519	3588	2889	3825	863
VAAI1S	*P*	*DGSM*	*NGSM*	*CLN*	*VRAI1S*	*P*	*DASM*	*NASM*	*B*	*VPAI1S*

τὸν	κόσμον	καὶ	πορεύομαι	πρὸς	τὸν	πατέρα.
al	mundo	y	voy	a	el	Padre.
3588	2889	2532	4198	4314	3588	3962
DASM	*NASM*	*CLN*	*VPUI1S*	*P*	*DASM*	*NASM*

29 Λέγουσιν	οἱ	μαθηταὶ	αὐτοῦ·	Ἴδε	νῦν	ἐν	παρρησίᾳ	λαλεῖς,
dicen:$_4$	Los$_1$	discípulos$_2$	de él$_3$	Mira,$_5$	ahora$_6$	con$_8$	claridad,$_9$	hablas$_7$
3004	3588	3101	846	1492	3568	1722	3954	2980
VPAI3P	*DNPM*	*NNPM*	*RP3GSM*	*I, VAAM2S*	*B*	*P*	*NDSF*	*VPAI2S*

καὶ	παροιμίαν	οὐδεμίαν	λέγεις.	30 νῦν	οἴδαμεν	ὅτι	οἶδας	πάντα
y$_{10}$	comparación.$_{13}$	ninguna$_{12}$	dices$_{11}$	Ahora	sabemos	que	sabes	todas las cosas
2532	3942	3762	3004	3568	1492	3754	1492	3956
CLN	*NASF*	*JASF*	*VPAI2S*	*B*	*VRAI1P*	*CSC*	*VRAI2S*	*JAPN*

καὶ	οὐ	χρείαν	ἔχεις	ἵνα	τίς	σε	ἐρωτᾷ·	ἐν	τούτῳ	πιστεύομεν	ὅτι
y$_1$	no$_2$	necesidad$_4$	tienes$_3$	que$_5$	alguien$_6$	a ti;$_8$	pregunte$_7$	en$_{10}$	esto$_{11}$	creemos$_9$	que$_{12}$
2532	3756	5532	2192	2443	5100	4571	2065	1722	5129	4100	3754
CLN	*BN, TN*	*NASF*	*VPAI2S*	*CSC*	*RI-NSM*	*RP2AS*	*VPAS3S*	*P*	*RD-DSN*	*VPAI1P*	*CSC*

ἀπὸ	θεοῦ	ἐξῆλθες.	31 ἀπεκρίθη	αὐτοῖς	Ἰησοῦς·	Ἄρτι	πιστεύετε;	32 ἰδοὺ
de$_{14}$	Dios.$_{15}$	saliste$_{13}$	respondió$_2$	a ellos:$_3$	Jesús$_1$	¿Ahora	creéis?	¡He aquí
575	2316	1831	611	846	2424	737	4100	2400
P	*NGSM*	*VAAI2S*	*VAPI3S, VAMI3S*	*RP3DPM*	*NNSM*	*B*	*VPAI2P*	*I, VAAM2S*

ἔρχεται	ὥρα	καὶ	ἐλήλυθεν	ἵνα	σκορπισθῆτε	ἕκαστος	εἰς	τὰ	ἴδια
viene$_2$	(la) hora$_1$	y	ha llegado	que$_1$	seréis dispersados$_3$	cada uno$_2$	a	las cosas	propias
2064	5610	2532	2064	2443	4650	1538	1519	3588	2398
VPUI3S	*NNSF*	*CLN*	*VRAI3S*	*CSC*	*VAPS2P*	*JNSM*	*P*	*DAPN*	*JAPN*

κἀμὲ	μόνον	ἀφῆτε·	καὶ	οὐκ	εἰμὶ	μόνος,	ὅτι	ὁ	πατὴρ	μετ'
y a mí$_1$	solo,$_3$	dejáis$_2$	y	no	estoy	solo,	porque$_1$	el$_2$	Padre$_3$	con$_5$
2504	3441	863	2532	3756	1510	3441	3754	3588	3962	3326
RP1AS, CLN	*B, J*	*VAAS2P*	*CLC*	*BN, TN*	*VPAI1S*	*JNSM*	*CAZ*	*DNSM*	*NNSM*	*P*

NVI

25 »Les he dicho todo
esto por medio de com-
paraciones, pero viene
la hora en que ya no les
hablaré así, sino que
les hablaré claramente
acerca de mi Padre. 26 En
aquel día pedirán en mi
nombre. Y no digo que
voy a rogar por ustedes
al Padre, 27 ya que el
Padre mismo los ama
porque me han amado
y han creído que yo he
venido de parte de Dios.
28 Salí del Padre y vine
al mundo; ahora dejo
de nuevo el mundo y
vuelvo al Padre».
29 —Ahora sí estás
hablando directamente,
sin vueltas ni rodeos —
le dijeron sus discípu-
los—. 30 Ya podemos
ver que sabes todas las
cosas, y que ni siquiera
necesitas que nadie te
haga preguntas. Por
esto creemos que saliste
de Dios.
31 —¿Hasta ahora
me creen? —contestó
Jesús—. 32 Miren que
la hora viene, y ya está
aquí, en que ustedes
serán dispersados, y cada
uno se irá a su propia
casa y a mí me dejarán
solo. Sin embargo,
solo no estoy, porque
el Padre está conmigo.

RVR

33 Estas cosas os he ha-
blado para que tengáis
paz en mí. En el mundo
tendréis aflicción; pero
tened ánimo, yo he
vencido al mundo.

Jesús ora por sus discípulos

17 Estas cosas
habló Jesús,
y levantando los ojos
al cielo, dijo: Padre,
ha llegado la hora;
glorifica a tu Hijo, para
que también tu Hijo te
glorifique a ti;
2 como le has dado
potestad sobre toda
carne, para que dé vida
eterna a todos los que le
has dado.
3 Y esta es la vida eterna:
que te conozcan a ti, el
único Dios verdadero, y
a Jesucristo, a quien has
enviado.
4 Yo te he glorificado
en la tierra; he llevado a
término la obra que me
diste a realizar.
5 Ahora pues, Padre, glo-
rifícame tú al lado tuyo,
con aquella gloria que
tuve contigo antes que el
mundo existiese.
6 He manifestado tu
nombre a los hombres

ἐμοῦ ἐστιν. 33ταῦτα λελάληκα ὑμῖν ἵνα ἐν ἐμοὶ εἰρήνην ἔχητε·
mí$_6$ está$_4$ estas cosas$_2$ He hablado$_1$ a vosotros$_3$ para que$_4$ en$_7$ mí.$_8$ paz$_6$ tengáis$_5$
1700 2076 5023 2980 5213 2443 1722 1698 1515 2192
RP1GS VPAI3S RD-APN VRAI1S RP2DP CAP P RP1DS NASF VPAS2P

ἐν τῷ κόσμῳ θλῖψιν ἔχετε, ἀλλὰ θαρσεῖτε, ἐγὼ νενίκηκα τὸν
En$_9$ el$_{10}$ mundo$_{11}$ aflicción,$_{13}$ tenéis$_{12}$ pero tened valor, yo he vencido al
1722 3588 2889 2347 2192 235 2293 1473 3528 3588
P DDSM NDSM NASF VPAI2P CLC VPAM2P RP1NS VRAI1S DASM

κόσμον.
mundo.
2889
NASM

17 Ταῦτα ἐλάλησεν Ἰησοῦς, καὶ ἐπάρας τοὺς ὀφθαλμοὺς
estas cosas,$_3$ habló$_2$ Jesús$_1$ y cuando levantó los ojos
5023 2980 2424 2532 1869 3588 3788
RD-APN VAAI3S NNSM CLN VAAP-SNM DAPM NAPM

αὐτοῦ εἰς τὸν οὐρανὸν εἶπεν· Πάτερ, ἐλήλυθεν ἡ ὥρα· δόξασόν
de él hacia el cielo dijo: Padre$_1$ ha llegado,$_4$ la$_2$ hora$_3$ glorifica$_5$
846 1519 3588 3772 2036 3962 2064 3588 5610 1392
RP3GSM P DASM NASM VAAI3S NVSM VRAI3S DNSF NNSF VAAM2S

σου τὸν υἱόν, ἵνα ὁ υἱὸς δοξάσῃ σέ, 2καθὼς ἔδωκας αὐτῷ
de ti,$_8$ al$_6$ Hijo$_7$ para que el Hijo glorifique a ti, como diste a él
4675 3588 5207 2443 3588 5207 1392 4571 2531 1325 846
RP2GS DASM NASM CAP DNSM NNSM VAAS3S RP2AS CAM VAAI2S RP3DSM

ἐξουσίαν πάσης σαρκός, ἵνα πᾶν ὃ δέδωκας αὐτῷ δώσῃ
autoridad de (sobre) toda carne, para que$_1$ a todo$_6$ lo que$_7$ has dado.$_8$ a él$_9$ dé$_2$
1849 3956 4561 2443 3956 3739 1325 846 1325
NASF JGSF NGSF CSC JASN RR-ASN VRAI2S RP3DSM VAAS3S

αὐτοῖς ζωὴν αἰώνιον. 3αὕτη δέ ἐστιν ἡ αἰώνιος ζωὴ ἵνα γινώσκωσι
a ellos,$_5$ vida$_3$ eterna$_4$ esta$_2$ Mas$_1$ es$_3$ la$_4$ eterna,$_6$ vida$_5$ que conozcan
846 2222 166 3778 1161 2076 3588 166 2222 2443 1097
RP3DPM NASF JASF RD-NSF CLN VPAI3S DNSF JNSF NNSF CSC VPAS3P

σὲ τὸν μόνον ἀληθινὸν θεὸν καὶ ὃν ἀπέστειλας Ἰησοῦν Χριστόν.
a ti el solo verdadero Dios y al que enviaste, Jesús Cristo.
4571 3588 3441 228 2316 2532 3739 649 2424 5547
RP2AS DASM JASM, B JASM NASM CLN RR-ASM VAAI2S NASM NASM

4ἐγώ σε ἐδόξασα ἐπὶ τῆς γῆς, τὸ ἔργον τελειώσας ὃ
Yo$_1$ a ti$_3$ glorifiqué$_2$ en la tierra, la$_2$ obra$_3$ habiendo terminado$_1$ la que$_4$
1473 4571 1392 1909 3588 1093 3588 2041 5048 3739
RP1NS RP2AS VAAI1S P DGSF NGSF DASN NASN VAAP-SNM RR-ASN

δέδωκάς μοι ἵνα ποιήσω· 5καὶ νῦν δόξασόν με σύ, πάτερ, παρὰ
has dado a mí para que haga; y$_1$ ahora,$_2$ glorifica$_5$ a mí$_6$ tú$_4$ Padre,$_3$ al lado de
1325 3427 2443 4160 2532 3568 1392 3165 4771 3962 3844
VRAI2S RP1DS CAP VAAS1S CLN B VAAM2S RP1AS RP2NS NVSM P

σεαυτῷ τῇ δόξῃ ᾗ εἶχον πρὸ τοῦ τὸν κόσμον εἶναι
ti mismo, con la gloria la que tenía antes de$_3$ --$_4$ el$_6$ mundo.$_7$ ser (existir)$_5$
4572 3588 1391 3739 2192 4253 3588 3588 2889 1511
RF2DSM DDSF NDSF RR-DSF VIAI1S P DGSN, DGSM DASM NASM VPAN

παρὰ σοί.
al lado de$_1$ ti$_2$
3844 4671
P RP2DS

6Ἐφανέρωσά σου τὸ ὄνομα τοῖς ἀνθρώποις οὓς ἔδωκάς μοι
Manifesté de ti el nombre a los hombres a quienes diste a mí
5319 4675 3588 3686 3588 444 3739 1325 3427
VAAI1S RP2GS DASN NASN DDPM NDPM RR-APM VAAI2S RP1DS

NVI

33 Yo les he dicho estas
cosas para que en mí ha-
llen paz. En este mundo
afrontarán aflicciones,
pero ¡anímense! Yo he
vencido al mundo.

Jesús ora por sí mismo

17 Después de que
Jesús dijo esto,
dirigió la mirada al cielo
y oró así:
«Padre, ha llegado
la hora. Glorifica a
tu Hijo, para que tu
Hijo te glorifique a ti,
2 ya que le has confe-
rido autoridad sobre
todo mortal para que
él les conceda vida
eterna a todos los que
le has dado. 3 Y esta es
la vida eterna: que te
conozcan a ti, el único
Dios verdadero, y a
Jesucristo, a quien tú
has enviado. 4 Yo te
he glorificado en la
tierra, y he llevado a
cabo la obra que me
encomendaste. 5 Y
ahora, Padre, glorifí-
came en tu presencia
con la gloria que tuve
contigo antes de que
el mundo existiera.

Jesús ora por sus discípulos

6 »A los que me
diste del mundo les
he revelado quién

RVR

que del mundo me dis-
te; tuyos eran, y me los
diste, y han guardado tu
palabra.
7 Ahora han conocido
que todas las cosas que
me has dado, proceden
de ti;
8 porque les he dado las
palabras que me diste;
y ellos las recibieron, y
han conocido verdade-
ramente que salí de ti,
y han creído que tú me
enviaste.
9 Yo ruego por ellos; no
ruego por el mundo,
sino por los que me dis-
te; porque tuyos son,
10 y todo lo mío es tuyo,
y lo tuyo mío; y he sido
glorificado en ellos.
11 Y ya no estoy en el
mundo; mas éstos están
en el mundo, y yo voy a
ti. Padre santo, a los que
me has dado, guárdalos
en tu nombre, para
que sean uno, así como
nosotros.
12 Cuando estaba con
ellos en el mundo, yo los
guardaba en tu nombre;
a los que me diste, los
guardé, y ninguno de
ellos se perdió, sino el
hijo de perdición, para
que se cumpliese la
Escritura.
13 Pero ahora voy a ti; y

ἐκ	τοῦ	κόσμου.	σοὶ	ἦσαν	κἀμοὶ	αὐτοὺς	ἔδωκας,	καὶ	τὸν	λόγον
de	el	mundo.	de ti$_2$	Eran$_1$	también a mí$_3$	a ellos,$_5$	diste$_4$	y$_6$	la$_8$	palabra$_9$
1537	3588	2889	4674	2258	2504	846	1325	2532	3588	3056
P	*DGSM*	*NGSM*	*RP2DS*	*VIAI3P*	*RP1DS, CLN*	*RP3APM*	*VAAI2S*	*CLN*	*DASM*	*NASM*

σου	τετήρηκαν.	7 νῦν	ἔγνωκαν	ὅτι	πάντα	ὅσα	δέδωκάς	μοι
de ti.$_{10}$	han guardado$_7$	Ahora	han conocido	que	todas las cosas	cuantas	has dado	a mí
4675	5083	3568	1097	3754	3956	3745	1325	3427
RP2GS	*VRAI3P*	*B*	*VRAI3P*	*CSC*	*JNPN*	*RK-APN*	*VRAI2S*	*RP1DS*

παρὰ	σοῦ	εἰσιν·	8 ὅτι	τὰ	ῥήματα	ἃ	ἔδωκάς	μοι	δέδωκα
de parte de$_2$	ti;$_3$	son$_1$	porque	las	palabras	las que	diste	a mí,	he dado
3844	4675	1526	3754	3588	4487	3739	1325	3427	1325
P	*RP2GS*	*VPAI3P*	*CAZ*	*DAPN*	*NAPN*	*RR-APN*	*VAAI2S*	*RP1DS*	*VRAI1S*

αὐτοῖς,	καὶ	αὐτοὶ	ἔλαβον	καὶ	ἔγνωσαν	ἀληθῶς	ὅτι	παρὰ	σοῦ
a ellos,	y	ellos	recibieron	y	conocieron	verdaderamente	que$_1$	de parte de$_3$	ti,$_4$
846	2532	846	2983	2532	1097	230	3754	3844	4675
RP3DPM	*CLN*	*RP3NPM*	*VAAI3P*	*CLN*	*VAAI3P*	*B*	*CSC*	*P*	*RP2GS*

ἐξῆλθον,	καὶ	ἐπίστευσαν	ὅτι	σύ	με	ἀπέστειλας.	9 ἐγὼ	περὶ	αὐτῶν
salí$_2$	y	creyeron	que	tú$_1$	a mí.$_3$	enviaste$_2$	Yo$_1$	acerca de$_3$	ellos,$_4$
1831	2532	4100	3754	4771	3165	649	1473	4012	846
VAAI1S	*CLN*	*VAAI3P*	*CSC*	*RP2NS*	*RP1AS*	*VAAI2S*	*RP1NS*	*P*	*RP3GPM*

ἐρωτῶ·	οὐ	περὶ	τοῦ	κόσμου	ἐρωτῶ	ἀλλὰ	περὶ	ὧν	δέδωκάς
ruego$_2$	no$_5$	acerca de$_7$	el$_8$	mundo,$_9$	ruego$_6$	sino	acerca de	los que	has dado
2065	3756	4012	3588	2889	2065	235	4012	3739	1325
VPAI1S	*BN, TN*	*P*	*DGSM*	*NGSM*	*VPAI1S*	*CLC*	*P*	*RR-GPM*	*VRAI2S*

μοι,	ὅτι	σοί	εἰσιν,	10 καὶ	τὰ	ἐμὰ	πάντα	σά	ἐστιν
a mí,	porque$_1$	tuyos.$_3$	son$_2$	Y$_1$	--$_3$	mías$_4$	todas las cosas$_2$	tuyas;$_6$	es (son)$_5$
3427	3754	4671	1526	2532	3588	1699	3956	4674	2076
RP1DS	*CAZ*	*RP2DS*	*VPAI3P*	*CLN*	*DNPN*	*RS1NPN, JNPN*	*JNPN*	*JNPN, RS2NPN*	*VPAI3S*

καὶ	τὰ	σὰ	ἐμά,	καὶ	δεδόξασμαι	ἐν	αὐτοῖς.	11 καὶ
y	las cosas	tuyas	mías,	y	he sido glorificado	en	ellos.	Y$_1$
2532	3588	4674	1699	2532	1392	1722	846	2532
CLN	*DNPN*	*RS2NPN, JNPN*	*JNPN, RS1NPN*	*CLN*	*VRPI1S*	*P*	*RP3DPM*	*CLN*

οὐκέτι	εἰμὶ	ἐν	τῷ	κόσμῳ,	καὶ	αὐτοὶ	ἐν	τῷ	κόσμῳ	εἰσίν,	κἀγὼ
ya no$_3$	estoy$_2$	en	el	mundo,	y$_1$	ellos$_2$	en$_4$	el$_5$	mundo,$_6$	están$_3$	y yo$_7$
3765	1510	1722	3588	2889	2532	846	1722	3588	2889	1526	2504
BN	*VPAI1S*	*P*	*DDSM*	*NDSM*	*CLC*	*RP3NPM*	*P*	*DDSM*	*NDSM*	*VPAI3P*	*RP1NS, CLN*

πρὸς	σὲ	ἔρχομαι.	πάτερ	ἅγιε,	τήρησον	αὐτοὺς	ἐν	τῷ	ὀνόματί	σου
a$_9$	ti.$_{10}$	voy$_8$	Padre	santo,	guarda	a ellos	en	el	nombre	de ti
4314	4571	2064	3962	40	5083	846	1722	3588	3686	4675
P	*RP2AS*	*VPUI1S*	*NVSM*	*JVSM*	*VAAM2S*	*RP3APM*	*P*	*DDSN*	*NDSN*	*RP2GS*

ᾧ	δέδωκάς	μοι,	ἵνα	ὦσιν	ἓν	καθὼς	ἡμεῖς.	12 ὅτε	ἤμην	μετ᾽
el que	has dado	a mí,	para que	sean	una cosa	como	nosotros.	Cuando	estaba	con
3739	1325	3427	2443	5600	1520	2531	2249	3753	2252	3326
RR-DSN	*VRAI2S*	*RP1DS*	*CAP*	*VPAS3P*	*JNSN*	*CAM*	*RP1NP*	*CAT*	*VIMI1S*	*P*

⸀αὐτῶν	ἐγὼ	ἐτήρουν	αὐτοὺς	ἐν	τῷ	ὀνόματί	σου	ᾧ	δέδωκάς
ellos,	yo	guardaba	a ellos	en	el	nombre	de ti	el que	has dado
846	1473	5083	846	1722	3588	3686	4675	3739	1325
RP3GPM	*RP1NS*	*VIAI1S*	*RP3APM*	*P*	*DDSN, DDSM*	*NDSN*	*RP2GS*	*RR-DSN*	*VRAI2S*

μοι,	καὶ	ἐφύλαξα,	καὶ	οὐδεὶς	ἐξ	αὐτῶν	ἀπώλετο	εἰ	μὴ	ὁ
a mí,	y	(los) guardé,	y	ninguno	de	ellos	se perdió,	si	no	el
3427	2532	5442	2532	3762	1537	846	622	1487	3361	3588
RP1DS	*CLN*	*VAAI1S*	*CLN*	*JNSM*	*P*	*RP3GPM*	*VAMI3S*	*CAC*	*BN, TN*	*DNSM*

υἱὸς	τῆς	ἀπωλείας,	ἵνα	ἡ	γραφὴ	πληρωθῇ.	13 νῦν	δὲ	πρὸς	σὲ
hijo	de la	perdición,	para que	la	Escritura	se cumpliera.	ahora$_2$	Mas$_1$	a$_4$	ti$_5$
5207	3588	684	2443	3588	1124	4137	3568	1161	4314	4571
NNSM	*DGSF*	*NGSF*	*CAP*	*DNSF*	*NNSF*	*VAPS3S*	*B*	*CLC*	*P*	*RP2AS*

NVI

eres. Eran tuyos; tú
me los diste y ellos
han obedecido tu pa-
labra. 7 Ahora saben
que todo lo que me
has dado viene de ti,
8 porque les he entre-
gado las palabras que
me diste, y ellos las
aceptaron; saben con
certeza que salí de ti, y
han creído que tú me
enviaste. 9 Ruego por
ellos. No ruego por
el mundo, sino por
los que me has dado,
porque son tuyos.
10 Todo lo que yo ten-
go es tuyo, y todo lo
que tú tienes es mío; y
por medio de ellos he
sido glorificado. 11 Ya
no voy a estar por más
tiempo en el mundo,
pero ellos están toda-
vía en el mundo, y yo
vuelvo a ti.

»Padre santo,
protégelos con el po-
der de tu nombre, el
nombre que me diste,
para que sean uno, lo
mismo que nosotros.
12 Mientras estaba con
ellos, los protegía y los
preservaba mediante
el nombre que me
diste, y ninguno se
perdió sino aquel que
nació para perderse, a
fin de que se cumplie-
ra la Escritura.
13 »Ahora vuelvo a

17:12⸀ Manuscritos inferiores aumentaron *en el mundo.*

RVR

hablo esto en el mundo,
para que tengan mi
gozo completo en sí
mismos.
14 Yo les he dado tu
palabra; y el mundo los
aborreció, porque no
son del mundo, como
tampoco yo soy del
mundo.
15 No ruego que los qui-
tes del mundo, sino que
los guardes del mal.
16 No son del mundo,
como tampoco yo soy
del mundo.
17 Santifícalos en tu
verdad; tu palabra es
verdad.
18 Como tú me enviaste
al mundo, así yo los he
enviado al mundo.
19 Y por ellos yo me
santifico a mí mismo,
para que también ellos
estén santificados en la
verdad.
20 Mas no ruego sola-
mente por éstos, sino
también por los que
han de creer en mí por
medio de la palabra
de ellos,
21 para que todos sean
uno; como tú, oh Padre,
en mí, y yo en ti, que
también ellos sean uno
en nosotros; para que el
mundo crea que tú me
enviaste.

ἔρχομαι,	καὶ	ταῦτα	λαλῶ	ἐν	τῷ	κόσμῳ	ἵνα	ἔχωσιν	τὴν	χαρὰν
voy$_{3}$	y	estas cosas	hablo	en	el	mundo	para que	tengan	el	gozo
2064	2532	5023	2980	1722	3588	2889	2443	2192	3588	5479
VPUI1S	*CLN*	*RD-APN*	*VPAI1S*	*P*	*DDSM*	*NDSM*	*CAP*	*VPAS3P*	*DASF*	*NASF*

τὴν	ἐμὴν	πεπληρωμένην	ἐν	ἑαυτοῖς.	14 ἐγὼ	δέδωκα	αὐτοῖς	τὸν
--	mío	completo	en	sí mismos.	Yo	he dado	a ellos	la
3588	1699	4137	1722	1438	1473	1325	846	3588
DASF	*RS1ASF, JASF*	*VRPP-SAF*	*P*	*RF3DPM*	*RP1NS*	*VRAI1S*	*RP3DPM*	*DASM*

λόγον	σου,	καὶ	ὁ	κόσμος	ἐμίσησεν	αὐτούς,	ὅτι	οὐκ	εἰσὶν	ἐκ	τοῦ
palabra	de ti,	y	el	mundo	odió	a ellos,	porque	no	son	de	el
3056	4675	2532	3588	2889	3404	846	3754	3756	1526	1537	3588
NASM	*RP2GS*	*CLN*	*DNSM*	*NNSM*	*VAAI3S*	*RP3APM*	*CAZ*	*BN, TN*	*VPAI3P*	*P*	*DGSM*

κόσμου	καθὼς	ἐγὼ	οὐκ	εἰμὶ	ἐκ	τοῦ	κόσμου.	15 οὐκ	ἐρωτῶ	ἵνα	ἄρῃς
mundo,	como	yo	no	soy	de	el	mundo.	No	ruego	que	quites
2889	2531	1473	3756	1510	1537	3588	2889	3756	2065	2443	142
NGSM	*CAM*	*RP1NS*	*BN, TN*	*VPAI1S*	*P*	*DGSM*	*NGSM*	*BN,TN*	*VPAI1S*	*CSC*	*VAAS2S*

αὐτοὺς	ἐκ	τοῦ	κόσμου	ἀλλ'	ἵνα	τηρήσῃς	αὐτοὺς	ἐκ	τοῦ	πονηροῦ.
a ellos	de	el	mundo,	sino	que	guardes	a ellos	de	el	maligno.
846	1537	3588	2889	235	2443	5083	846	1537	3588	4190
RP3APM	*P*	*DGSM*	*NGSM*	*CLC*	*CSC*	*VAAS2S*	*RP3APM*	*P*	*DGSM*	*JGSM*

16 ἐκ	τοῦ	κόσμου	οὐκ	εἰσὶν	καθὼς	ἐγὼ	οὐκ	εἰμὶ	ἐκ	τοῦ	κόσμου.
de$_{3}$	el$_{4}$	mundo,$_{5}$	No$_{1}$	son$_{2}$	como	yo	no	soy	de	el	mundo.
1537	3588	2889	3756	1526	2531	1473	3756	1510	1537	3588	2889
P	*DGSM*	*NGSM*	*BN, TN*	*VPAI3P*	*CAM*	*RP1NS*	*BN, TN*	*VPAI1S*	*P*	*DGSM*	*NGSM*

17 ἁγίασον	αὐτοὺς	ἐν	τῇ	ἀληθείᾳ·	ὁ	λόγος	ὁ	σὸς
Santifica	a ellos	en	la	verdad,	la	palabra	--	tuya
37	846	1722	3588	225	3588	3056	3588	4674
VAAM2S	*RP3APM*	*P*	*DDSF*	*NDSF*	*DNSM*	*NNSM*	*DNSM*	*RS2NSM, JNSM*

ἀλήθειά	ἐστιν.	18 καθὼς	ἐμὲ	ἀπέστειλας	εἰς	τὸν	κόσμον,	κἀγὼ
verdad.$_{2}$	es$_{1}$	Como$_{1}$	a mí$_{3}$	enviaste$_{2}$	a	el	mundo,	también yo
225	2076	2531	1691	649	1519	3588	2889	2504
NNSF	*VPAI3S*	*CAM*	*RP1AS*	*VAAI2S*	*P*	*DASM*	*NASM*	*RP1NS, TE*

ἀπέστειλα	αὐτοὺς	εἰς	τὸν	κόσμον·	19 καὶ	ὑπὲρ	αὐτῶν	ἐγὼ	ἁγιάζω
envié	a ellos	a	el	mundo;	y$_{1}$	por$_{5}$	ellos,$_{6}$	yo$_{2}$	santifico$_{3}$
649	846	1519	3588	2889	2532	5228	846	1473	37
VAAI1S	*RP3APM*	*P*	*DASM*	*NASM*	*CLN*	*P*	*RP3GPM*	*RP1NS*	*VPAI1S*

ἐμαυτόν,	ἵνα	ὦσιν	καὶ	αὐτοὶ	ἡγιασμένοι	ἐν	ἀληθείᾳ.
a mí mismo$_{4}$	para que$_{7}$	sean$_{10}$	también$_{8}$	ellos$_{9}$	santificados$_{11}$	en$_{12}$	(la) verdad.$_{13}$
1683	2443	5600	2532	846	37	1722	225
RF1ASM	*CAP*	*VPAS3P*	*BE, TE*	*RP3NPMP*	*VRPP-PNM*	*P*	*NDSF*

20 Οὐ	περὶ	τούτων	δὲ	ἐρωτῶ	μόνον,	ἀλλὰ	καὶ	περὶ	τῶν
no$_{2}$	acerca de$_{5}$	estos,$_{6}$	Mas$_{1}$	ruego$_{3}$	solo$_{4}$	sino$_{7}$	también$_{8}$	acerca de$_{9}$	los que$_{10}$
3756	4012	5130	1161	2065	3440	235	2532	4012	3588
BN,TN	*P*	*RD-GPM*	*CLN*	*VPAI1S*	*B, J*	*CLC*	*BE, TE*	*P*	*DGPM*

πιστευόντων	διὰ	τοῦ	λόγου	αὐτῶν	εἰς	ἐμέ,	21 ἵνα	πάντες	ἓν
creen$_{11}$	por$_{14}$	la$_{15}$	palabra$_{16}$	de ellos,$_{17}$	en$_{12}$	mí$_{13}$	para que$_{1}$	todos$_{2}$	una cosa,$_{4}$
4100	1223	3588	3056	846	1519	1691	2443	3956	1520
VPAP-PGM	*P*	*DGSM*	*NGSM*	*RP3GPM*	*P*	*RP1AS*	*CSC*	*JNPM*	*JNSN*

ὦσιν,	καθὼς	σύ,	πάτερ,	ἐν	ἐμοὶ	κἀγὼ	ἐν	σοί,	ἵνα	καὶ	αὐτοὶ
sean$_{3}$	como	tú,	Padre,	en	mí	y yo	en	ti,	que$_{1}$	también$_{2}$	ellos$_{3}$
5600	2531	4771	3962	1722	1698	2504	1722	4671	2443	2532	846
VPAS3P	*CAM*	*RP2NS*	*NVSM*	*P*	*RP1DS*	*RP1NS, CLN*	*P*	*RP2DS*	*CSC*	*BE, TE*	*RP3NPM*

ἐν	⸀ἡμῖν	ὦσιν,	ἵνα	ὁ	κόσμος	πιστεύῃ	ὅτι	σύ	με	ἀπέστειλας.
en$_{5}$	nosotros,$_{6}$	estén$_{4}$	para que	el	mundo	crea	que$_{1}$	tú$_{2}$	a mí.$_{4}$	enviaste$_{3}$
1722	2254	5600	2443	3588	2889	4100	3754	4771	3165	649
P	*RP1DP*	*VPAS3P*	*CAP*	*DNSM*	*NNSM*	*VPAS3S*	*CSC*	*RP2NS*	*RP1AS*	*VAAI2S*

NVI

ti, pero digo estas co-
sas mientras todavía
estoy en el mundo,
para que tengan mi
alegría en plenitud.
14 Yo les he entrega-
do tu palabra, y el
mundo los ha odiado
porque no son del
mundo, como tam-
poco yo soy del mun-
do. 15 No te pido que
los quites del mundo,
sino que los protejas
del maligno. 16 Ellos
no son del mundo,
como tampoco lo soy
yo. 17 Santifícalos en
la verdad; tu palabra
es la verdad. 18 Como
tú me enviaste al
mundo, yo los envío
también al mundo.
19 Y por ellos me
santifico a mí mismo,
para que también
ellos sean santificados
en la verdad.

Jesús ora por todos los creyentes

20 »No ruego solo
por estos. Ruego tam-
bién por los que han
de creer en mí por
el mensaje de ellos,
21 para que todos sean
uno. Padre, así como
tú estás en mí y yo en
ti, permite que ellos
también estén en
nosotros, para que
el mundo crea que
tú me has enviado.

17:21⸀ Manuscritos inferiores aumentaron *uno*.

RVR

22 Y yo les he dado la
gloria que me diste, para
que sean uno, así como
nosotros somos uno.
23 Yo en ellos, y tú en mí,
para que sean perfectos
en unidad, para que el
mundo conozca que tú
me enviaste, y que los
has amado a ellos como
también a mí me has
amado.
24 Padre, aquellos que
me has dado, quiero que
donde yo estoy, también
ellos estén conmigo,
para que vean mi gloria
que me has dado; por-
que me has amado des-
de antes de la fundación
del mundo.
25 Padre justo, el mundo
no te ha conocido, pero
yo te he conocido, y
éstos han conocido que
tú me enviaste.
26 Y les he dado a cono-
cer tu nombre, y lo daré
a conocer aún, para que
el amor con que me has
amado, esté en ellos, y
yo en ellos.

Arresto de Jesús

18 Habiendo di-
cho estas cosas,
salió Jesús con sus discí-
pulos hacia el otro lado
del torrente de Cedrón,
donde había un huerto,
en el cual entró él y sus
discípulos.
2 Y también Judas, el que

22 κἀγὼ	τὴν	δόξαν	ἣν	δέδωκάς	μοι	δέδωκα	αὐτοῖς,	ἵνα	ὦσιν
Y yo$_1$	la$_4$	gloria$_5$	la que$_6$	has dado$_7$	a mí,$_8$	he dado$_2$	a ellos$_3$	para que	sean
2504	3588	1391	3739	1325	3427	1325	846	2443	5600
RP1NS,CLN	*DASF*	*NASF*	*RR-ASF*	*VRAI2S*	*RP1DS*	*VRAI1S*	*RP3DPM*	*CAP*	*VPAS3P*

ἓν	καθὼς	ἡμεῖς	ἕν,	23 ἐγὼ	ἐν	αὐτοῖς	καὶ	σὺ	ἐν	ἐμοί,
una cosa	como	nosotros	(somos) una cosa;	yo	en	ellos	y	tú	en	mí,
1520	2531	2249	1520	1473	1722	846	2532	4771	1722	1698
JNSN	*CAM*	*RP1NP*	*JNSN*	*RP1NS*	*P*	*RP3DPM*	*CLN*	*RP2NS*	*P*	*RP1DS*

ἵνα	ὦσιν	τετελειωμένοι	εἰς	ἕν,	ἵνα	γινώσκῃ	ὁ	κόσμος	ὅτι
para que	sean	perfeccionados	en	uno,	para que$_1$	conozca$_4$	el$_2$	mundo$_3$	que$_5$
2443	5600	5048	1519	1520	2443	1097	3588	2889	3754
CAP	*VPAS3P*	*VRPP-PNM*	*P*	*JASN*	*CAP*	*VPAS3S*	*DNSM*	*NNSM*	*CSC*

σύ	με	ἀπέστειλας	καὶ	ἠγάπησας	αὐτοὺς	καθὼς	ἐμὲ	ἠγάπησας.
tú$_6$	a mí$_8$	enviaste$_7$	y	amaste	a ellos	como$_1$	a mí.$_3$	amaste$_2$
4771	3165	649	2532	25	846	2531	1691	25
RP2NS	*RP1AS*	*VAAI2S*	*CLN*	*VAAI2S*	*RP3APM*	*CAM*	*RP1AS*	*VAAI2S*

24 πάτερ,	ὃ	δέδωκάς	μοι,	θέλω	ἵνα	ὅπου	εἰμὶ	ἐγὼ	κἀκεῖνοι	ὦσιν
Padre,	lo que	has dado	a mí,	quiero	que	donde	estoy,$_2$	yo$_1$	también ellos	estén
3962	3739	1325	3427	2309	2443	3699	1510	1473	2548	5600
NVSM	*RR-ASN*	*VRAI2S*	*RP1DS*	*VPAI1S*	*CSC*	*CAL*	*VPAI1S*	*RP1NS*	*RD-NPM, TE*	*VPAS3P*

μετ᾽	ἐμοῦ,	ἵνα	θεωρῶσιν	τὴν	δόξαν	τὴν	ἐμὴν	ἣν	δέδωκάς	μοι,
con	mí	para que	vean	la	gloria	--	mía,	la que	has dado	a mí,
3326	1700	2443	2334	3588	1391	3588	1699	3739	1325	3427
P	*RP1GS*	*CSC*	*VPAS3P*	*DASF*	*NASF*	*DASF*	*RS1ASF, JASF*	*RR-ASF*	*VRAI2S*	*RP1DS*

ὅτι	ἠγάπησάς	με	πρὸ	καταβολῆς	κόσμου.
porque	amaste	a mí	antes de	(la) fundación	de(l) mundo.
3754	25	3165	4253	2602	2889
CAZ	*VAAI2S*	*RP1AS*	*P*	*NGSF*	*NGSM*

25 Πάτερ	δίκαιε,	καὶ	ὁ	κόσμος	σε	οὐκ	ἔγνω,	ἐγὼ	δέ	σε
Padre	justo,	también	el$_1$	mundo$_2$	a ti,$_5$	no$_3$	conoció$_4$	yo$_7$	mas$_6$	a ti,$_9$
3962	1342	2532	3588	2889	4571	3756	1097	1473	1161	4571
NVSM	*JVSM*	*CAN, B*	*DNSM*	*NNSM*	*RP2AS*	*BN, TN*	*VAAI3S*	*RP1NS*	*CLC*	*RP2AS*

ἔγνων,	καὶ	οὗτοι	ἔγνωσαν	ὅτι	σύ	με	ἀπέστειλας,	26 καὶ	ἐγνώρισα
conocí$_8$	y	estos	conocieron	que	tú$_1$	a mí;$_3$	enviaste$_2$	y$_1$	di a conocer$_2$
1097	2532	3778	1097	3754	4771	3165	649	2532	1107
VAAI1S	*CLN*	*RD-NPM*	*VAAI3P*	*CSC*	*RP2NS*	*RP1AS*	*VAAI2S*	*CLN*	*VAAI1S*

αὐτοῖς	τὸ	ὄνομά	σου	καὶ	γνωρίσω,	ἵνα	ἡ	ἀγάπη	ἣν	ἠγάπησάς
a ellos$_6$	el$_3$	nombre$_4$	de ti$_5$	y	daré a conocer,	para que	el	amor	el que	amaste
846	3588	3686	4675	2532	1107	2443	3588	26	3739	25
RP3DPM	*DASN*	*NASN*	*RP2GS*	*CLN*	*VFAI1S*	*CAP*	*DNSF*	*NNSF*	*RR-ASF*	*VAAI2S*

με	ἐν	αὐτοῖς	ᾖ	κἀγὼ	ἐν	αὐτοῖς.
a mí	en$_2$	ellos,$_3$	esté$_1$	y yo	en	ellos.
3165	1722	846	5600	2504	1722	846
RP1AS	*P*	*RP3DPM*	*VPAS3S*	*RP1NS, CLN*	*P*	*RP3DPM*

18 Ταῦτα	εἰπὼν	Ἰησοῦς	ἐξῆλθεν	σὺν	τοῖς	μαθηταῖς	αὐτοῦ
estas cosas,$_2$	Habiendo dicho$_1$	Jesús$_3$	salió	con	los	discípulos	de él
5023	2036	2424	1831	4862	3588	3101	846
RD-APN	*VAAP-SNM*	*NNSM*	*VAAI3S*	*P*	*DDPM*	*NDPM*	*RP3GSM*

πέραν	τοῦ	χειμάρρου	τοῦ	Κεδρὼν	ὅπου	ἦν	κῆπος,	εἰς	ὃν
al otro lado	del	torrente	del	Cedrón,	donde	estaba (había)	un huerto	a	el que
4008	3588	5493	3588	2748	3699	2258	2779	1519	3739
P, B	*DGSM*	*NGSM*	*DGSM*	*NGSM, XP*	*CAL, B*	*VIAI3S*	*NNSM*	*P*	*RR-ASM*

εἰσῆλθεν	αὐτὸς	καὶ	οἱ	μαθηταὶ	αὐτοῦ.	2 ᾔδει	δὲ	καὶ	Ἰούδας
entró$_2$	él$_1$	y	los	discípulos	de él.	conocía$_7$	Mas$_1$	también$_6$	Judas$_2$
1525	846	2532	3588	3101	846	1492	1161	2532	2455
VAAI3S	*RP3NSMP*	*CLN*	*DNPM*	*NNPM*	*RP3GSM*	*VLAI3S*	*CLN*	*BE, TE*	*NNSM*

NVI

22 Yo les he dado la
gloria que me diste,
para que sean uno, así
como nosotros somos
uno: 23 yo en ellos y tú
en mí. Permite que al-
cancen la perfección
en la unidad, y así el
mundo reconozca
que tú me enviaste y
que los has amado a
ellos tal como me has
amado a mí.
24 »Padre, quiero
que los que me has
dado estén conmigo
donde yo estoy. Que
vean mi gloria, la glo-
ria que me has dado
porque me amaste
desde antes de la crea-
ción del mundo.
25 »Padre justo,
aunque el mundo
no te conoce, yo sí
te conozco, y estos
reconocen que tú
me enviaste. 26 Yo les
he dado a conocer
quién eres, y seguiré
haciéndolo, para que
el amor con que me
has amado esté en
ellos, y yo mismo esté
en ellos».

Arresto de Jesús

18 Cuando Jesús
terminó de
orar, salió con sus discí-
pulos y cruzó el arroyo
de Cedrón. Al otro
lado había un huerto
en el que entró con sus
discípulos.
2 También Judas,

RVR

le entregaba, conocía
aquel lugar, porque Jesús
se había reunido allí
muchas veces con sus
discípulos.
3 Judas, pues, tomando
una compañía de solda-
dos, y alguaciles de los
principales sacerdotes
y de los fariseos, fue allí
con linternas y antor-
chas, y con armas.
4 Pero Jesús, sabiendo
todas las cosas que le
habían de sobrevenir, se
adelantó y les dijo: ¿A
quién buscáis?
5 Le respondieron: A
Jesús nazareno. Jesús les
dijo: Yo soy. Y estaba
también con ellos Judas,
el que le entregaba.
6 Cuando les dijo: Yo
soy, retrocedieron, y
cayeron en tierra.
7 Volvió, pues, a pregun-
tarles: ¿A quién buscáis?
Y ellos dijeron: A Jesús
nazareno.
8 Respondió Jesús: Os
he dicho que yo soy;
pues si me buscáis a mí,
dejad ir a éstos;
9 para que se cumpliese
aquello que había dicho:
De los que me diste, no
perdí ninguno.
10 Entonces Simón
Pedro, que tenía una
espada, la desenvainó, e

ὁ	παραδιδοὺς	αὐτὸν	τὸν	τόπον,	ὅτι	πολλάκις	συνήχθη	Ἰησοῦς
el que$_3$	está entregando$_4$	a él$_5$	el	lugar,	porque	a menudo	se reunió$_2$	Jesús$_1$
3588	3860	846	3588	5117	3754	4178	4863	2424
DNSM	*VPAP-SNM*	*RP3ASM*	*DASM*	*NASM*	*CAZ*	*B*	*VAPI3S*	*NNSM*

ἐκεῖ	μετὰ	τῶν	μαθητῶν	αὐτοῦ.	3 ὁ	οὖν	Ἰούδας	λαβὼν	τὴν
allí	con	los	discípulos	de él.	--$_2$	Así que$_1$	Judas,$_3$	habiendo tomando$_{12}$	el$_{13}$
1563	3326	3588	3101	846	3588	3767	2455	2983	3588
BP	*P*	*DGPM*	*NGPM*	*RP3GSM*	*DNSM*	*CLI*	*NNSM*	*VAAP-SNM*	*DASF*

σπεῖραν	καὶ	ἐκ	τῶν	ἀρχιερέων	καὶ	ἐκ	τῶν	Φαρισαίων
grupo de soldados$_{14}$	y$_{15}$	de$_{17}$	los$_{18}$	jefes de los sacerdotes$_{19}$	y$_{20}$	de$_{21}$	los$_{22}$	fariseos.$_{23}$
4686	2532	1537	3588	749	2532	1537	3588	5330
NASF	*CLN*	*P*	*DGPM*	*NGPM*	*CLN*	*P*	*DGPM*	*NGPM*

ὑπηρέτας	ἔρχεται	ἐκεῖ	μετὰ	φανῶν	καὶ	λαμπάδων	καὶ	ὅπλων.	4 Ἰησοῦς
sirvientes$_{16}$	viene$_4$	allá$_5$	con$_6$	linternas$_7$	y$_8$	antorchas$_9$	y$_{10}$	armas,$_{11}$	Jesús$_2$
5257	2064	1563	3326	5322	2532	2985	2532	3696	2424
NAPM	*VPUI3S*	*BP*	*P*	*NGPM*	*CLN*	*NGPF*	*CLN*	*NGPN*	*NNSM*

οὖν	εἰδὼς	πάντα	τὰ	ἐρχόμενα	ἐπ'	αὐτὸν	ἐξῆλθεν,
Así que,$_1$	habiendo sabido$_3$	todas las cosas	las que	vienen	sobre	él,	salió
3767	1492	3956	3588	2064	1909	846	1831
CLI	*VRAP-SNM*	*JAPN*	*DAPN*	*VPUP-PAN*	*P*	*RP3ASM*	*VAAI3S*

καὶ	λέγει	αὐτοῖς·	Τίνα	ζητεῖτε;	5 ἀπεκρίθησαν	αὐτῷ·	Ἰησοῦν	τὸν
y	dice	a ellos:	¿A quién	buscáis?	Respondieron	a él:	a Jesús	--
2532	3004	846	5101	2212	611	846	2424	3588
CLN	*VPAI3S*	*RP3DPM*	*RI-ASM*	*VPAI2P*	*VAPI3P, VAMI3P*	*RP3DSM*	*NASM*	*DASM*

Ναζωραῖον.	λέγει	αὐτοῖς·	Ἐγώ	εἰμι.	εἱστήκει	δὲ	καὶ	Ἰούδας	ὁ
Nazareno.	Dice	a ellos:	Yo	soy.	había estado$_7$	Mas$_1$	también$_6$	Judas$_2$	el que$_3$
3480	3004	846	1473	1510	2476	1161	2532	2455	3588
NASM	*VPAI3S*	*RP3DPM*	*RP1NS*	*VPAI1S*	*VLAI3S*	*CLN*	*BE, TE*	*NNSM*	*DNSM*

παραδιδοὺς	αὐτὸν	μετ'	αὐτῶν.	6 ὡς	οὖν	εἶπεν	αὐτοῖς·	Ἐγώ	εἰμι,
está entregando$_4$	a él$_5$	con$_8$	ellos.$_9$	como$_2$	Así que$_1$	dijo$_3$	a ellos:$_4$	Yo	soy,
3860	846	3326	846	5613	3767	2036	846	1473	1510
VPAP-SNM	*RP3ASM*	*P*	*RP3GPM*	*CAT*	*CLI*	*VAAI3S*	*RP3DPM*	*RP1NS*	*VPAI1S*

ἀπῆλθον	εἰς	τὰ	ὀπίσω	καὶ	ἔπεσαν	χαμαί.	7 πάλιν	οὖν	ἐπηρώτησεν
se fueron	hacia	--	atrás,	y	cayeron	en el suelo.	de nuevo$_2$	Así que,$_1$	preguntó$_3$
565	1519	3588	3694	2532	4098	5476	3825	3767	1905
VAAI3P	*P*	*DAPN*	*B*	*CLN*	*VAAI3P*	*B*	*B*	*CLI*	*VAAI3S*

αὐτούς·	Τίνα	ζητεῖτε;	οἱ	δὲ	εἶπαν·	Ἰησοῦν	τὸν	Ναζωραῖον.
a ellos:$_4$	¿A quién	buscáis?	--$_2$	Mas$_1$	dijeron:$_3$	a Jesús	el	Nazareno.
846	5101	2212	3588	1161	3004	2424	3588	3480
RP3APM	*RI-ASM*	*VPAI2P*	*DNPM*	*CLN*	*VAAI3P*	*NASM*	*DASM*	*NASM*

8 ἀπεκρίθη	Ἰησοῦς·	Εἶπον	ὑμῖν	ὅτι	ἐγώ	εἰμι·	εἰ	οὖν	ἐμὲ	ζητεῖτε,
respondió:$_2$	Jesús$_1$	Dije	a vosotros	que	yo	soy;	si$_2$	así que$_1$	a mí,$_4$	buscáis$_3$
611	2424	2036	5213	3754	1473	1510	1487	3767	1691	2212
VAPI3S, VAMI3S	*NNSM*	*VAAI1S*	*RP2DP*	*CSC*	*RP1NS*	*VPAI1S*	*CAC*	*CLI*	*RP1AS*	*VPAI2P*

ἄφετε	τούτους	ὑπάγειν·	9 ἵνα	πληρωθῇ	ὁ	λόγος	ὃν	εἶπεν	ὅτι
dejad$_5$	a estos;$_7$	ir$_6$	para que$_1$	se cumpliera$_6$	la$_2$	palabra$_3$	la que$_4$	dijo$_5$	que:
863	5128	5217	2443	4137	3588	3056	3739	2036	3754
VAAM2P	*RD-APM*	*VPAN*	*CAP*	*VAPS3S*	*DNSM*	*NNSM*	*RR-ASM*	*VAAI3S*	*CSC*

Οὓς	δέδωκάς	μοι	οὐκ	ἀπώλεσα	ἐξ	αὐτῶν	οὐδένα.	10 Σίμων
A quienes	has dado	a mí	no$_1$	perdí$_2$	de$_4$	ellos.$_5$	ninguno$_3$	Simón$_2$
3739	1325	3427	3756	622	1537	846	3762	4613
RR-APM	*VRAI2S*	*RP1DS*	*BN, TN*	*VAAI1S*	*P*	*RP3GPM*	*JASM*	*NNSM*

οὖν	Πέτρος	ἔχων	μάχαιραν	εἵλκυσεν	αὐτὴν	καὶ	ἔπαισεν	τὸν	τοῦ
Así que$_1$	Pedro,$_3$	teniendo	una espada,	sacó	a ella	e	hirió$_1$	al$_2$	del$_4$
3767	4074	2192	3162	1670	846	2532	3817	3588	3588
CLN	*NNSM*	*VPAP-SNM*	*NASF*	*VAAI3S*	*RP3ASF*	*CLN*	*VAAI3S*	*DASM*	*DGSM*

NVI

el que lo traicionaba,
conocía aquel lugar,
porque muchas veces
Jesús se había reunido
allí con sus discípulos.
3 Así que Judas llegó al
huerto, a la cabeza de
un destacamento de sol-
dados y guardias de los
jefes de los sacerdotes y
de los fariseos. Llevaban
antorchas, lámparas y
armas.
4 Jesús, que sabía todo
lo que le iba a suceder,
les salió al encuentro.
—¿A quién buscan?
—les preguntó.
5 —A Jesús de
Nazaret —contestaron.
—Yo soy.
Judas, el traidor, esta-
ba con ellos. 6 Cuando
Jesús les dijo: «Yo soy»,
dieron un paso atrás y se
desplomaron.
7 —¿A quién buscan?
—volvió a preguntarles
Jesús.
—A Jesús de Nazaret
—repitieron.
8 —Ya les dije que yo
soy. Si es a mí a quien
buscan, dejen que estos
se vayan.
9 Esto sucedió para
que se cumpliera lo que
había dicho: «De los
que me diste ninguno se
perdió».
10 Simón Pedro, que
tenía una espada, la
desenfundó e hirió al

RVR

hirió al siervo del sumo
sacerdote, y le cortó la
oreja derecha. Y el siervo
se llamaba Malco.
11 Jesús entonces dijo a
Pedro: Mete tu espada
en la vaina; la copa que
el Padre me ha dado,
¿acaso no la he de beber?

Jesucristo ante el sumo sacerdote

12 Entonces la compañía
de soldados, el tribuno
y los alguaciles de los
judíos, prendieron a
Jesús y le ataron,
13 y le llevaron primera-
mente a Anás; porque
era suegro de Caifás,
que era sumo sacerdote
aquel año.
14 Era Caifás el que ha-
bía dado el consejo a los
judíos, de que convenía
que un solo hombre
muriese por el pueblo.

Pedro en el patio de Anás

15 Y seguían a Jesús
Simón Pedro y otro dis-
cípulo. Y este discípulo
era conocido del sumo
sacerdote, y entró con
Jesús al patio del sumo
sacerdote;
16 mas Pedro estaba
fuera, junto a la puerta.
Salió, pues, el discípulo
que era conocido del
sumo sacerdote, y
habló a la portera, e
hizo entrar a Pedro.

ἀρχιερέως	δοῦλον	καὶ	ἀπέκοψεν	αὐτοῦ	τὸ	ὠτάριον	τὸ	δεξιόν.
sumo sacerdote,$_{5}$	siervo$_{3}$	y	cortó	de él	la	oreja	--	derecha;
749	1401	2532	609	846	3588	5621	3588	1188
NGSM	NASM	CLN	VAAI3S	RP3GSM	DASN	NASN	DASN	JASN

ἦν	δὲ	ὄνομα	τῷ	δούλῳ	Μάλχος.	11 εἶπεν	οὖν	ὁ	Ἰησοῦς
era$_{5}$	mas$_{1}$	(el) nombre$_{2}$	para el$_{3}$	siervo$_{4}$	Malco.$_{6}$	dijo$_{4}$	Así que$_{1}$	--$_{2}$	Jesús$_{3}$
2258	1161	3686	3588	1401	3124	2036	3767	3588	2424
VIAI3S	CLN	NNSN	DDSM	NDSM	NNSM	VAAI3S	CLI	DNSM	NNSM

τῷ	Πέτρῳ·	Βάλε	τὴν	μάχαιραν	εἰς	τὴν	θήκην·	τὸ	ποτήριον	ὃ
a --$_{5}$	Pedro:$_{6}$	Mete	la	espada	en	la	vaina;	la	copa	la que$_{3}$
3588	4074	906	3588	3162	1519	3588	2336	3588	4221	3739
DDSM	NDSM	VAAM2S	DASF	NASF	P	DASF	NASF	DASN	NASN	RR-ASN

δέδωκέν	μοι	ὁ	πατὴρ	οὐ	μὴ*	πίω	αὐτό;	12 Ἡ	οὖν	σπεῖρα
ha dado$_{4}$	a mí$_{5}$	el$_{1}$	Padre$_{2}$	¿no	no	beberé	a ella?	el$_{2}$	Así que$_{1}$	grupo de soldados$_{3}$
1325	3427	3588	3962	3756	3361	4095	846	3588	3767	4686
VRAI3S	RP1DS	DNSM	NNSM	TN	TN	VAAS1S	RP3ASN	DNSF	CLT	NNSF

καὶ	ὁ	χιλίαρχος	καὶ	οἱ	ὑπηρέται	τῶν	Ἰουδαίων	συνέλαβον	τὸν
y	el	comandante	y	los	ayudantes	de los	judíos	arrestaron	a --
2532	3588	5506	2532	3588	5257	3588	2453	4815	3588
CLN	DNSM	NNSM	CLN	DNPM	NNPM	DGPM	JGPM	VAAI3P	DASM

Ἰησοῦν	καὶ	ἔδησαν	αὐτὸν	13 καὶ	ἤγαγον	πρὸς	Ἄνναν	πρῶτον·	ἦν
Jesús	y	amarraron	a él,	y	llevaron	hacia	a Anás	primeramente,	era$_{2}$
2424	2532	1210	846	2532	71	4314	452	4412	2258
NASM	CLN	VAAI3P	RP3ASM	CLN	VAAI3P	P	NASM	B,J	VIAI3S

γὰρ	πενθερὸς	τοῦ	Καϊάφα,	ὅς	ἦν	ἀρχιερεὺς	τοῦ	ἐνιαυτοῦ
porque$_{1}$	suegro	de --	Caifás,	el que	era	sumo sacerdote	de --$_{1}$	año;$_{3}$
1063	3995	3588	2533	3739	2258	749	3588	1763
CAZ	NNSM	DGSM	NGSM	RR-NSM	VIAI3S	NNSM	DGSM	NGSM

ἐκείνου·	14 ἦν	δὲ	Καϊάφας	ὁ	συμβουλεύσας	τοῖς	Ἰουδαίοις	ὅτι
aquel$_{2}$	era$_{3}$	mas$_{1}$	Caifás$_{2}$	el que	habiendo aconsejado	a los	judíos	que
1565	2258	1161	2533	3588	4823	3588	2453	3754
RD-GSM	VIAI3S	CLN	NNSM	DNSM	VAAP-SNM	DDPM	JDPM	CSC

συμφέρει	ἕνα	ἄνθρωπον	ἀποθανεῖν	ὑπὲρ	τοῦ	λαοῦ.	15 Ἠκολούθει
conviene	(que) un	hombre	morir	por	el	pueblo.	seguía$_{7}$
4851	1520	444	599	5228	3588	2992	190
VPAI3S	JASM	NASM	VAAN	P	DGSM	NGSM	VIAI3S

δὲ	τῷ	Ἰησοῦ	Σίμων	Πέτρος	καὶ	ἄλλος	μαθητής.	ὁ	δὲ	μαθητὴς
Mas$_{1}$	a --$_{8}$	Jesús.$_{9}$	Simón$_{2}$	Pedro$_{3}$	y$_{4}$	otro$_{5}$	discípulo$_{6}$	el$_{11}$	Y$_{10}$	discípulo$_{12}$
1161	3588	2424	4613	4074	2532	243	3101	3588	1161	3101
CLT	DDSM	NDSM	NNSM	NNSM	CLN	JNSM	NNSM	DNSM	CLN	NNSM

ἐκεῖνος	ἦν	γνωστὸς	τῷ	ἀρχιερεῖ	καὶ	συνεισῆλθεν	τῷ	Ἰησοῦ
aquel	era	conocido	por el	sumo sacerdote,	y	entró con	--	Jesús
1565	2258	1110	3588	749	2532	4897	3588	2424
RD-NSM	VIAI3S	JNSM	DDSM	NDSM	CLN	VAAI3S	DDSM	NDSM

εἰς	τὴν	αὐλὴν	τοῦ	ἀρχιερέως,	16 ὁ	δὲ	Πέτρος	εἱστήκει	πρὸς	τῇ
a	el	patio	del	sumo sacerdote;	--$_{2}$	Mas$_{1}$	Pedro$_{3}$	había estado	a	la
1519	3588	833	3588	749	3588	1161	4074	2476	4314	3588
P	DASF	NASF	DGSM	NGSM	DNSM	CLC	NNSM	VLAI3S	P	DDSF

θύρᾳ	ἔξω.	ἐξῆλθεν	οὖν	ὁ	μαθητὴς	ὁ	ἄλλος	ὁ	γνωστὸς	τοῦ
puerta	fuera,	salió$_{10}$	así que$_{1}$	--$_{4}$	discípulo,$_{5}$	el$_{2}$	otro$_{3}$	el$_{6}$	conocido$_{7}$	del$_{8}$
2374	1854	1831	3767	3588	3101	3588	243	3588	1110	3588
NDSF	BP	VAAI3S	CLI	DNSM	NNSM	DNSM	JNSM	DNSM	JNSM	DGSM

ἀρχιερέως	καὶ	εἶπεν	τῇ	θυρωρῷ	καὶ	εἰσήγαγεν	τὸν	Πέτρον.	17 λέγει
sumo sacerdote,$_{9}$	y	habló	a la	portera	e	hizo entrar	a --	Pedro.	dice$_{6}$
749	2532	2036	3588	2377	2532	1521	3588	4074	3004
NGSM	CLN	VAAI3S	DDSF	NDSF	CLN	VAAI3S	DASM	NASM	VPAI3S

NVI

siervo del sumo sacer-
dote, cortándole la oreja
derecha. (El siervo se
llamaba Malco).
11 —¡Vuelve esa
espada a su funda! —le
ordenó Jesús a Pedro—.
¿Acaso no he de beber
el trago amargo que el
Padre me da a beber?

Jesús ante Anás

12 Entonces los solda-
dos, su comandante y
los guardias de los judíos
arrestaron a Jesús. Lo
ataron 13 y lo llevaron
primeramente a Anás,
que era suegro de Caifás,
el sumo sacerdote de
aquel año. 14 Caifás era
el que había aconseja-
do a los judíos que era
preferible que muriera
un solo hombre por el
pueblo.

Pedro niega a Jesús

15 Simón Pedro y
otro discípulo seguían
a Jesús. Y, como el otro
discípulo era conocido
del sumo sacerdote, en-
tró en el patio del sumo
sacerdote con Jesús;
16 Pedro, en cambio,
tuvo que quedarse afue-
ra, junto a la puerta. El
discípulo conocido del
sumo sacerdote volvió
entonces a salir, habló
con la portera de turno
y consiguió que Pedro
entrara.

18:11* O sea *de ninguna manera.*

RVR

17 Entonces la criada
portera dijo a Pedro:
¿No eres tú también de
los discípulos de este
hombre? Dijo él: No
lo soy.
18 Y estaban en pie los
siervos y los alguaciles
que habían encendido
unas brasas de carbón;
porque hacía frío, y se
calentaban; y también
con ellos estaba Pedro
en pie, calentándose.

Anás interroga a Jesús

19 Y el sumo sacerdote
preguntó a Jesús acerca
de sus discípulos y de su
doctrina.
20 Jesús le respondió: Yo
he hablado públicamen-
te al mundo; siempre he
enseñado en la sinagoga
y en el templo, donde se
reúnen todos los judíos,
y nada he hablado en
oculto.
21 ¿Por qué me pregun-
tas a mí? Pregunta a los
que han oído, qué les
he hablado; he aquí,
ellos saben lo que yo he
dicho.
22 Apenas dijo esto, uno
de los alguaciles, que
estaba allí, le dio a Jesús
una bofetada, diciendo:
¿Así respondes al sumo
sacerdote?
23 Jesús le respondió: Si

οὖν	τῷ	Πέτρῳ	ἡ	παιδίσκη	ἡ	θυρωρός·	Μὴ	καὶ	σὺ
Así que,$_{1}$	a --$_{7}$	Pedro:$_{8}$	la$_{2}$	criada,$_{3}$	la$_{4}$	portera,$_{5}$	¿Acaso$_{9}$	también$_{10}$	tú$_{11}$
3767	3588	4074	3588	3814	3588	2377	3361	2532	4771
CLN	*DDSM*	*NDSM*	*DNSF*	*NNSF*	*DNSF*	*NNSF*	*TN, TI*	*BE, TE*	*RP2NS*

ἐκ	τῶν	μαθητῶν	εἶ	τοῦ	ἀνθρώπου	τούτου;	λέγει	ἐκεῖνος·	Οὐκ
de$_{13}$	los$_{14}$	discípulos$_{15}$	eres$_{12}$	de --$_{16}$	hombre?$_{18}$	este$_{17}$	dice:$_{20}$	Aquel$_{19}$	No
1537	3588	3101	1488	3588	444	5127	3004	1565	3756
P	*DGPM*	*NGPM*	*VPAI2S*	*DGSM*	*NGSM*	*RD-GSM*	*VPAI3S*	*RD-NSM*	*BN, TN*

εἰμί.	18 εἱστήκεισαν	δὲ	οἱ	δοῦλοι	καὶ	οἱ	ὑπηρέται	ἀνθρακιὰν
soy.	habían estado de pie$_{7}$	Mas$_{1}$	los$_{2}$	siervos$_{3}$	y$_{4}$	los$_{5}$	ayudantes$_{6}$	brasas de carbón,$_{9}$
1510	2476	1161	3588	1401	2532	3588	5257	439
VPAI1S	*VLAI3P*	*CLN*	*DNPM*	*NNPM*	*CLN*	*DNPM*	*NNPM*	*NASF*

πεποιηκότες,	ὅτι	ψῦχος	ἦν,	καὶ	ἐθερμαίνοντο·	ἦν	δὲ	καὶ
habían hecho$_{8}$	porque$_{10}$	frío$_{12}$	estaba (hacía)$_{11}$	y	se calentaban;	estaba$_{3}$	y$_{1}$	también$_{2}$
4160	3754	5592	2258	2532	2328	2258	1161	2532
VRAP-PNM	*CAZ*	*NNSN*	*VIAI3S*	*CLN*	*VIUI3P*	*VIAI3S*	*CLN*	*BE, TE*

ὁ	Πέτρος	μετ’	αὐτῶν	ἑστὼς	καὶ	θερμαινόμενος.	19 Ὁ	οὖν
--$_{4}$	Pedro$_{5}$	con	ellos	puesto en pie	y	calentándose.	el$_{2}$	Así que$_{1}$
3588	4074	3326	846	2476	2532	2328	3588	3767
DNSM	*NNSM*	*P*	*RP3GPM*	*VRAP-SNM*	*CLN*	*VPMP-SNM*	*DNSM*	*CLT*

ἀρχιερεὺς	ἠρώτησεν	τὸν	Ἰησοῦν	περὶ	τῶν	μαθητῶν	αὐτοῦ	καὶ
sumo sacerdote$_{3}$	preguntó	a --	Jesús	acerca de	los	discípulos	de él	y
749	2065	3588	2424	4012	3588	3101	846	2532
NNSM	*VAAI3S*	*DASM*	*NASM*	*P*	*DGPM*	*NGPM*	*RP3GSM*	*CLN*

περὶ	τῆς	διδαχῆς	αὐτοῦ.	20 ἀπεκρίθη	αὐτῷ	Ἰησοῦς·	Ἐγὼ	παρρησίᾳ
acerca de	la	enseñanza	de él.	respondió$_{2}$	a él:$_{3}$	Jesús$_{1}$	Yo$_{4}$	abiertamente$_{6}$
4012	3588	1322	846	611	846	2424	1473	3954
P	*DGSF*	*NGSF*	*RP3GSM*	*VAPI3S, VAMI3S*	*RP3DSM*	*NNSM*	*RP1NS*	*NDSF*

λελάληκα	τῷ	κόσμῳ·	ἐγὼ	πάντοτε	ἐδίδαξα	ἐν	συναγωγῇ	καὶ
he hablado$_{5}$	al$_{7}$	mundo;$_{8}$	yo$_{9}$	siempre$_{11}$	enseñ$_{10}$	en	una sinagoga	y
2980	3588	2889	1473	3842	1321	1722	4864	2532
VRAI1S	*DDSM*	*NDSM*	*RP1NS*	*B*	*VAAI1S*	*P*	*NDSF*	*CLN*

ἐν	τῷ	ἱερῷ,	ὅπου	πάντες	οἱ	Ἰουδαῖοι	συνέρχονται,	καὶ	ἐν
en	el	templo,	donde	todos	los	judíos	se reúnen	y$_{1}$	en$_{4}$
1722	3588	2411	3699	3956	3588	2453	4905	2532	1722
P	*DDSN*	*NDSN, JDSN*	*CAL, B*	*JNPM*	*DNPM*	*JNPM*	*VPUI3P*	*CLN*	*P*

κρυπτῷ	ἐλάλησα	οὐδέν.	21 τί	με	ἐρωτᾷς;	ἐρώτησον	τοὺς
secreto.$_{5}$	hablé$_{3}$	nada$_{2}$	¿Por qué$_{1}$	a mí$_{3}$	preguntas?$_{2}$	Pregunta	a los que
2927	2980	3762	5101	3165	2065	2065	3588
JDSN	*VAAI1S*	*JASN*	*RI-ASN*	*RP1AS*	*VPAI2S*	*VAAM2S*	*DAPM*

ἀκηκοότας	τί	ἐλάλησα	αὐτοῖς·	ἴδε	οὗτοι	οἴδασιν	ἅ
han oído,	qué	hablé	a ellos;	mira,	estos	saben	las cosas que
191	5101	2980	846	1492	3778	1492	3739
VRAP-PAM	*RI-ASN*	*VAAI1S*	*RP3DPM*	*I, VAAM2S*	*RD-NPM*	*VRAI3P*	*RR-APN*

εἶπον	ἐγώ.	22 ταῦτα	δὲ	αὐτοῦ	εἰπόντος	εἷς	παρεστηκὼς	τῶν
dije.$_{2}$	yo$_{1}$	estas cosas$_{4}$	Mas$_{1}$	él,$_{2}$	habiendo dicho$_{3}$	uno$_{5}$	estaba al lado$_{8}$	de los$_{6}$
2036	1473	5023	1161	846	2036	1520	3936	3588
VAAI1S	*RP1NS*	*RD-APN*	*CLN*	*RP3GSM*	*VAAP-SGM*	*JNSM*	*VRAP-SNM*	*DGPM*

ὑπηρετῶν	ἔδωκεν	ῥάπισμα	τῷ	Ἰησοῦ	εἰπών·	Οὕτως	ἀποκρίνῃ
sirvientes$_{7}$	dio	una bofetada	a --	Jesús	habiendo dicho:	¿Así	respondes
5257	1325	4475	3588	2424	2036	3779	611
NGPM	*VAAI3S*	*NASN*	*DDSM*	*NDSM*	*VAAP-SNM*	*B*	*VPUI2S*

τῷ	ἀρχιερεῖ;	23 ἀπεκρίθη	αὐτῷ	Ἰησοῦς·	Εἰ	κακῶς	ἐλάλησα,
al	sumo sacerdote?	respondió$_{2}$	a él:$_{3}$	Jesús$_{1}$	Si$_{4}$	mal,$_{6}$	hablé$_{5}$
3588	749	611	846	2424	1487	2560	2980
DDSM	*NDSM*	*VAPI3S, VAMI3S*	*RP3DSM*	*NNSM*	*CAC*	*B*	*VAAI1S*

NVI

17 —¿No eres tú tam-
bién uno de los discípu-
los de ese hombre? —le
preguntó la portera.
—No lo soy —res-
pondió Pedro.
18 Los criados y los
guardias estaban de pie
alrededor de una fogata
que habían hecho para
calentarse, pues hacía
frío. Pedro también
estaba de pie con ellos,
calentándose.

Jesús ante el sumo sacerdote

19 Mientras tanto, el
sumo sacerdote interro-
gaba a Jesús acerca de
sus discípulos y de sus
enseñanzas.
20 —Yo he hablado
abiertamente al mundo
—respondió Jesús—.
Siempre he enseñado
en las sinagogas o en el
templo, donde se con-
gregan todos los judíos.
En secreto no he dicho
nada. 21 ¿Por qué me in-
terrogas a mí? ¡Interroga
a los que me han oído
hablar! Ellos deben
saber lo que dije.
22 Apenas dijo esto,
uno de los guardias que
estaba allí cerca le dio
una bofetada y le dijo:
—¿Así contestas al
sumo sacerdote?
23 —Si he dicho algo

RVR

he hablado mal, testifica
en qué está el mal; y
si bien, ¿por qué me
golpeas?
24 Anás entonces le
envió atado a Caifás, el
sumo sacerdote.

Pedro niega a Jesucristo

25 Estaba, pues, Pedro
en pie, calentándose.
Y le dijeron: ¿No eres
tú de sus discípulos? Él
negó, y dijo: No lo soy.
26 Uno de los siervos
del sumo sacerdote, pa-
riente de aquel a quien
Pedro había cortado la
oreja, le dijo: ¿No te vi
yo en el huerto con él?
27 Negó Pedro otra vez;
y en seguida cantó el
gallo.

Jesús ante Pilato

28 Llevaron a Jesús de
casa de Caifás al preto-
rio. Era de madrugada,
y ellos no entraron en
el pretorio para no con-
taminarse, y así poder
comer la pascua.
29 Entonces salió Pilato
a ellos, y les dijo: ¿Qué
acusación traéis contra
este hombre?
30 Respondieron y le
dijeron: Si éste no fuera
malhechor, no te lo ha-
bríamos entregado.
31 Entonces les dijo

μαρτύρησον	περὶ	τοῦ	κακοῦ·	εἰ	δὲ	καλῶς,	τί	με	δέρεις;
testifica	acerca de	de lo	malo;	si$_{2}$	pero$_{1}$	bien,$_{3}$	¿por qué$_{4}$	a mí?$_{6}$	golpeas$_{5}$
3140	4012	3588	2556	1487	1161	2573	5101	3165	1194
VAAM2S	P	DGSN	JGSN	CAC	CLC	B	RI-ASN	RP1AS	VPAI2S

24 ἀπέστειλεν	οὖν	αὐτὸν	ὁ	Ἄννας	δεδεμένον	πρὸς	Καϊάφαν	τὸν
envió$_{4}$	Así que$_{1}$	a él$_{5}$	--$_{2}$	Anás$_{3}$	atado	a	Caifás,	el
649	3767	846	3588	452	1210	4314	2533	3588
VAAI3S	CLI	RP3ASM	DNSM	NNSM	VRPP-SAM	P	NASM	DASM

ἀρχιερέα.	25 Ἦν	δὲ	Σίμων	Πέτρος	ἑστὼς	καὶ	θερμαινόμενος.	εἶπον
sumo sacerdote.	estaba$_{4}$	Mas$_{1}$	Simón$_{2}$	Pedro$_{3}$	puesto en pie	y	calentándose.	dijeron$_{2}$
749	2258	1161	4613	4074	2476	2532	2328	2036
NASM	VIAI3S	CLT	NNSM	NNSM	VRAP-SNM	CLN	VPMP-SNM	VAAI3P

οὖν	αὐτῷ·	Μὴ	καὶ	σὺ	ἐκ	τῶν	μαθητῶν	αὐτοῦ	εἶ;	ἠρνήσατο
Así que$_{1}$	a él:$_{3}$	¿Acaso$_{4}$	también$_{7}$	tú$_{6}$	de$_{8}$	los$_{9}$	discípulos$_{10}$	de él?$_{11}$	eres$_{5}$	negó$_{13}$
3767	846	3361	2532	4771	1537	3588	3101	846	1488	720
CLN	RP3DSM	TN, TI	BE, TE	RP2NS	P	DGPM	NGPM	RP3GSM	VPAI2S	VAMI3S

ἐκεῖνος	καὶ	εἶπεν·	Οὐκ	εἰμί.	26 λέγει	εἷς	ἐκ	τῶν	δούλων	τοῦ
Aquel$_{12}$	y	dijo:	No	soy.	dice:$_{14}$	Uno$_{1}$	de$_{2}$	los$_{3}$	siervos$_{4}$	del$_{5}$
1565	2532	2036	3756	1510	3004	1520	1537	3588	1401	3588
RD-NSM	CLN	VAAI3S	BN, TN	VPAI1S	VPAI3S	JNSM	P	DGPM	NGPM	DGSM

ἀρχιερέως,	συγγενὴς	ὢν	οὗ	ἀπέκοψεν	Πέτρος	τὸ	ὠτίον·	Οὐκ
sumo sacerdote,$_{6}$	pariente$_{8}$	siendo$_{7}$	del que$_{9}$	cortó$_{11}$	Pedro$_{10}$	la$_{12}$	oreja,$_{13}$	¿No$_{15}$
749	4773	5607	3739	609	4074	3588	5621	3756
NGSM	JNSM	VPAP-SNM	RR-GSM	VAAI3S	NNSM	DASN	NASN	TN, TI

ἐγώ	σε	εἶδον	ἐν	τῷ	κήπῳ	μετ᾽	αὐτοῦ;	27 πάλιν	οὖν	ἠρνήσατο
yo$_{17}$	a ti$_{18}$	vi$_{16}$	en	el	huerto	con	él?	de nuevo,$_{4}$	Así que$_{1}$	negó$_{3}$
1473	4571	1492	1722	3588	2779	3326	846	3825	3767	720
RP1NS	RP2AS	VAAI1S	P	DDSM	NDSM	P	RP3GSM	B	CLI	VAMI3S

Πέτρος·	καὶ	εὐθέως	ἀλέκτωρ	ἐφώνησεν.	28 Ἄγουσιν	οὖν	τὸν	Ἰησοῦν
Pedro$_{2}$	y	en seguida	un gallo	cantó.	llevan$_{2}$	Así que$_{1}$	a --	Jesús
4074	2532	2112	220	5455	71	3767	3588	2424
NNSM	CLN	B	NNSM	VAAI3S	VPAI3P	CLT	DASM	NASM

ἀπὸ	τοῦ	Καϊάφα	εἰς	τὸ	πραιτώριον·	ἦν	δὲ	πρωΐ·	καὶ	αὐτοὶ
desde	--	Caifás	hacia	el	pretorio,	era$_{2}$	mas$_{1}$	de madrugada,	y	ellos
575	3588	2533	1519	3588	4232	2258	1161	4404	2532	846
P	DGSM	NGSM	P	DASN	NASN	VIAI3S	CLN	B	CLN	RP3NPMP

οὐκ	εἰσῆλθον	εἰς	τὸ	πραιτώριον,	ἵνα	μὴ	μιανθῶσιν	ἀλλὰ
no	entraron	a	el	pretorio	para que	no	se contaminaran,	sino
3756	1525	1519	3588	4232	2443	3361	3392	235
BN, TN	VAAI3P	P	DASN	NASN	CAP	BN, TN	VAPS3P	CLC

φάγωσιν	τὸ	πάσχα.	29 ἐξῆλθεν	οὖν	ὁ	Πιλᾶτος	ἔξω	πρὸς	αὐτοὺς
comieran	la	Pascua.	salió$_{4}$	Así que$_{1}$	--$_{2}$	Pilato$_{3}$	fuera	hacia	ellos
5315	3588	3957	1831	3767	3588	4091	1854	4314	846
VAAS3P	DASN	NASN, XF	VAAI3S	CLI	DNSM	NNSM	BP	P	RP3APM

καὶ	φησίν·	Τίνα	κατηγορίαν	φέρετε	κατὰ	τοῦ	ἀνθρώπου	τούτου;
y	dice:	¿Qué	acusación	traéis	contra	--$_{2}$	hombre?$_{3}$	este$_{1}$
2532	5346	5101	2724	5342	2596	3588	444	5127
CLN	VPAI3S	JASF, RI-ASF	NASF	VPAI2P	P	DGSM	NGSM	RD-GSM

30 ἀπεκρίθησαν	καὶ	εἶπαν	αὐτῷ·	Εἰ	μὴ	ἦν	οὗτος	κακὸν
Respondieron	y	dijeron	a él:	Si$_{1}$	no$_{2}$	era (estuviera)$_{3}$	este$_{4}$	mal,$_{6}$
611	2532	3004	846	1487	3361	2258	3778	2556
VAPI3P, VAMI3P	CLN	VAAI3P	RP3DSM	CAC	BN, TN	VIAI3S	RD-NSM	JASN

ποιῶν,	οὐκ	ἄν	σοι	παρεδώκαμεν	αὐτόν.	31 εἶπεν	οὖν	αὐτοῖς	ὁ
haciendo$_{5}$	no$_{7}$	--$_{8}$	a ti.$_{11}$	habríamos entregado$_{9}$	a él$_{10}$	dijo$_{4}$	Así que$_{1}$	a ellos:$_{5}$	--$_{2}$
4160	3756	302	4671	3860	846	2036	3767	846	3588
VPAP-SNM	BN, TN	TC	RP2DS	VAAI1P	RP3ASM	VAAI3S	CLI	RP3DPM	DNSM

NVI

malo —replicó Jesús—,
demuéstramelo. Pero, si
lo que dije es correcto,
¿por qué me pegas?
24 Entonces Anás lo
envió, todavía atado, a
Caifás, el sumo sacerdote.

Pedro niega de nuevo a Jesús

25 Mientras tanto,
Simón Pedro seguía de
pie, calentándose.
—¿No eres tú tam-
bién uno de sus discípu-
los? —le preguntaron.
—No lo soy —dijo
Pedro, negándolo.
26 —¿Acaso no te
vi en el huerto con él?
—insistió uno de los
siervos del sumo sacer-
dote, pariente de aquel
a quien Pedro le había
cortado la oreja.
27 Pedro volvió a
negarlo, y en ese instante
cantó el gallo.

Jesús ante Pilato

28 Luego los judíos lle-
varon a Jesús de la casa de
Caifás al palacio del go-
bernador romano. Como
ya amanecía, los judíos
no entraron en el palacio,
pues de hacerlo se con-
taminarían ritualmente
y no podrían comer la
Pascua. 29 Así que Pilato
salió a interrogarlos:
—¿De qué delito acu-
san a este hombre?
30 —Si no fuera un
malhechor —respon-
dieron—, no te lo
habríamos entregado.
31 —Pues llévenselo

RVR

Pilato: Tomadle voso-
tros, y juzgadle según
vuestra ley. Y los judíos
le dijeron: A nosotros
no nos está permitido
dar muerte a nadie;
32 para que se cumpliese
la palabra que Jesús
había dicho, dando a
entender de qué muerte
iba a morir.
33 Entonces Pilato
volvió a entrar en el
pretorio, y llamó a Jesús
y le dijo: ¿Eres tú el Rey
de los judíos?
34 Jesús le respondió:
¿Dices tú esto por ti
mismo, o te lo han
dicho otros de mí?
35 Pilato le respondió:
¿Soy yo acaso judío? Tu
nación, y los principa-
les sacerdotes, te han
entregado a mí. ¿Qué
has hecho?
36 Respondió Jesús: Mi
reino no es de este mun-
do; si mi reino fuera de
este mundo, mis servi-
dores pelearían para que
yo no fuera entregado a
los judíos; pero mi reino
no es de aquí.
37 Le dijo entonces

Πιλᾶτος·	Λάβετε	αὐτὸν	ὑμεῖς,	καὶ	κατὰ	τὸν	νόμον	ὑμῶν	κρίνατε
Pilato$_{3}$	tomad$_{7}$	a él$_{8}$	Vosotros$_{6}$	y$_{9}$	según$_{12}$	la$_{13}$	ley$_{14}$	de vosotros.$_{15}$	juzgad$_{10}$
4091	2983	846	5210	2532	2596	3588	3551	5216	2919
NNSM	*VAAM2P*	*RP3ASM*	*RP2NP*	*CLN*	*P*	*DASM*	*NASM*	*RP2GP*	*VAAM2P*

αὐτόν.	εἶπον	αὐτῷ	οἱ	Ἰουδαῖοι·	Ἡμῖν	οὐκ	ἔξεστιν	ἀποκτεῖναι
a él$_{11}$	dijeron$_{18}$	a él:$_{19}$	Los$_{16}$	judíos$_{17}$	a nosotros$_{22}$	No$_{20}$	es permitido$_{21}$	matar$_{23}$
846	2036	846	3588	2453	2254	3756	1832	615
RP3ASM	*VAAI3P*	*RP3DSM*	*DNPM*	*JNPM*	*RP1DP*	*BN, TN*	*VPAI3S*	*VAAN*

οὐδένα·	32 ἵνα	ὁ	λόγος	τοῦ	Ἰησοῦ	πληρωθῇ	ὃν	εἶπεν	σημαίνων
a nadie;$_{24}$	para que	la	palabra	de --	Jesús	se cumpliera,	la que	dijo	dando a entender
3762	2443	3588	3056	3588	2424	4137	3739	2036	4591
JASM	*CAP*	*DNSM*	*NNSM*	*DGSM*	*NGSM*	*VAPS3S*	*RR-ASM*	*VAAI3S*	*VPAP-SNM*

ποίῳ	θανάτῳ	ἤμελλεν	ἀποθνῄσκειν.	33 Εἰσῆλθεν	οὖν	πάλιν
con qué clase de	muerte	estaba a punto de	morir.	entró$_{4}$	Así que$_{1}$	de nuevo$_{5}$
4169	2288	3195	599	1525	3767	3825
JDSM, RI-DSM	*NDSM*	*VIAI3S*	*VPAN*	*VAAI3S*	*CLI*	*B*

εἰς	τὸ	πραιτώριον	ὁ	Πιλᾶτος	καὶ	ἐφώνησεν	τὸν	Ἰησοῦν	καὶ
hacia$_{6}$	el$_{7}$	pretorio$_{8}$	--$_{2}$	Pilato$_{3}$	y	llamó	a --	Jesús	y
1519	3588	4232	3588	4091	2532	5455	3588	2424	2532
P	*DASN*	*NASN*	*DNSM*	*NNSM*	*CLN*	*VAAI3S*	*DASM*	*NASM*	*CLN*

εἶπεν	αὐτῷ·	Σὺ	εἶ	ὁ	βασιλεὺς	τῶν	Ἰουδαίων;	34 ἀπεκρίθη
dijo	a él:	¿Tú	eres	el	Rey	de los	judíos?	respondió:$_{2}$
2036	846	4771	1488	3588	935	3588	2453	611
VAAI3S	*RP3DSM*	*RP2NS*	*VPAI2S*	*DNSM*	*NNSM*	*DGPM*	*JGPM*	*VAPI3S, VAMI3S*

Ἰησοῦς·	Ἀπὸ	σεαυτοῦ	σὺ	τοῦτο	λέγεις	ἢ	ἄλλοι	εἶπόν	σοι	περὶ
Jesús$_{1}$	¿De$_{6}$	ti mismo$_{7}$	tú$_{3}$	esto$_{4}$	dices$_{5}$	u	otros	dijeron	a ti	acerca de
2424	575	4572	4771	5124	3004	2228	243	2036	4671	4012
NNSM	*P*	*RF2GSM*	*RP2NS*	*RD-ASN*	*VPAI2S*	*CLD*	*JNPM*	*VAAI3P*	*RP2DS*	*P*

ἐμοῦ;	35 ἀπεκρίθη	ὁ	Πιλᾶτος·	Μήτι	ἐγὼ	Ἰουδαῖός	εἰμι;	τὸ	ἔθνος
mí?	respondió:$_{3}$	--$_{1}$	Pilato$_{2}$	¿Acaso$_{1}$	yo$_{2}$	judío?$_{4}$	soy$_{3}$	La	nación
1700	611	3588	4091	3385	1473	2453	1510	3588	1484
RP1GS	*VAPI3S, VAMI3S*	*DNSM*	*NNSM*	*TI, TN*	*RP1NS*	*JNSM*	*VPAI1S*	*DNSN*	*NNSN*

τὸ	σὸν	καὶ	οἱ	ἀρχιερεῖς	παρέδωκάν	σε	ἐμοί·	τί
--	tuya	y	los	principales sacerdotes	entregaron	a ti	a mí,	¿qué
3588	4674	2532	3588	749	3860	4571	1698	5101
DNSN	*RS2NSN, JNSN*	*CLN*	*DNPM*	*NNPM*	*VAAI3P*	*RP2AS*	*RP1DS*	*RI-ASN*

ἐποίησας;	36 ἀπεκρίθη	Ἰησοῦς·	Ἡ	βασιλεία	ἡ	ἐμὴ	οὐκ	ἔστιν
hiciste?	respondió:$_{2}$	Jesús$_{1}$	El	reino	--	mío	no	es
4160	611	2424	3588	932	3588	1699	3756	2076
VAAI2S	*VAPI3S, VAMI3S*	*NNSM*	*DNSF*	*NNSF*	*DNSF*	*RS1NSF, JNSF*	*BN, TN*	*VPAI3S*

ἐκ	τοῦ	κόσμου	τούτου·	εἰ	ἐκ	τοῦ	κόσμου	τούτου	ἦν	ἡ
de	--$_{2}$	mundo;$_{3}$	este$_{1}$	si	de	--$_{2}$	mundo$_{3}$	este$_{1}$	era (fuera)	el
1537	3588	2889	5127	1487	1537	3588	2889	5127	2258	3588
P	*DGSM*	*NGSM*	*RD-GSM*	*CAC*	*P*	*DGSM*	*NGSM*	*RD-GSM*	*VIAI3S*	*DNSF*

βασιλεία	ἡ	ἐμή,	οἱ	ὑπηρέται	οἱ	ἐμοὶ	ἠγωνίζοντο
reino	--	mío,	los	servidores	--	míos	lucharían
932	3588	1699	3588	5257	3588	1698	75
NNSF	*DNSF*	*RS1NSF, JNSF*	*DNPM*	*NNPM*	*DNPM*	*RP1NPM, RP1DS*	*VIUI3P*

ἄν,	ἵνα	μὴ	παραδοθῶ	τοῖς	Ἰουδαίοις·	νῦν	δὲ	ἡ	βασιλεία
--	para que	no	fuera entregado	a los	judíos,	ahora$_{2}$	mas$_{1}$	el	reino
302	2443	3361	3860	3588	2453	3568	1161	3588	932
TC	*CAP*	*BN, TN*	*VAPS1S*	*DDPM*	*JDPM*	*B*	*CLC*	*DNSF*	*NNSF*

ἡ	ἐμὴ	οὐκ	ἔστιν	ἐντεῦθεν.	37 εἶπεν	οὖν	αὐτῷ	ὁ	Πιλᾶτος·
--	mío	no	es	de aquí.	dijo$_{4}$	Así que$_{1}$	a él:$_{5}$	--$_{2}$	Pilato$_{3}$
3588	1699	3756	2076	1782	2036	3767	846	3588	4091
DNSF	*RS1NSF, JNSF*	*BN, TN*	*VPAI3S*	*BP*	*VAAI3S*	*CLI*	*RP3DSM*	*DNSM*	*NNSM*

NVI

ustedes y júzguenlo
según su propia ley —les
dijo Pilato.
—Nosotros no tene-
mos ninguna autoridad
para ejecutar a nadie —
objetaron los judíos.
32 Esto sucedió para
que se cumpliera lo que
Jesús había dicho, al in-
dicar la clase de muerte
que iba a sufrir.
33 Pilato volvió a en-
trar en el palacio y llamó
a Jesús.
—¿Eres tú el rey
de los judíos? —le
preguntó.
34 —¿Eso lo dices tú
—le respondió Jesús—,
o es que otros te han
hablado de mí?
35 —¿Acaso soy ju-
dío? —replicó Pilato—.
Han sido tu propio
pueblo y los jefes de los
sacerdotes los que te
entregaron a mí. ¿Qué
has hecho?
36 —Mi reino no es de
este mundo —contestó
Jesús—. Si lo fuera, mis
propios guardias pelea-
rían para impedir que
los judíos me arrestaran.
Pero mi reino no es de
este mundo.
37 —¡Así que eres rey!
—le dijo Pilato.

RVR

Pilato: ¿Luego, eres tú
rey? Respondió Jesús:
Tú lo dices; yo soy rey.
Yo para esto he nacido,
y para esto he venido
al mundo, para dar
testimonio a la verdad.
Todo aquel que es de la
verdad, oye mi voz.
38 Le dijo Pilato: ¿Qué
es verdad? Y, dicho
esto, salió otra vez a los
judíos, y les dijo: Yo
no hallo en él ningún
delito.
39 Pero vosotros tenéis
la costumbre de que
os suelte a uno en la
pascua. ¿Queréis, pues,
que os suelte al Rey de
los judíos?
40 Entonces todos
gritaron de nuevo, di-
ciendo: No a éste, sino a
Barrabás. Y Barrabás era
ladrón.
19 Así que, enton-
ces tomó Pilato
a Jesús, y le azotó.
2 Y los soldados entre-
tejieron una corona de
espinas, y se la pusieron
en la cabeza, y le vistie-
ron con un manto de
púrpura;
3 y le decían: ¡Salve, Rey

Οὐκοῦν	βασιλεὺς	εἶ	σύ;	ἀπεκρίθη	ὁ	Ἰησοῦς·	Σὺ	λέγεις	ὅτι
¿Luego$_{6}$	rey?$_{9}$	eres$_{8}$	tú$_{7}$	respondió:$_{12}$	--$_{10}$	Jesús$_{11}$	Tú	dices	que
3766	935	1488	4771	611	3588	2424	4771	3004	3754
CLI, TI	NNSM	VPAI2S	RP2NS	VAPI3S, VAMI3S	DNSM	NNSM	RP2NS	VPAI2S	CSC

βασιλεύς	εἰμι.	ἐγὼ	εἰς	τοῦτο	γεγέννημαι	καὶ	εἰς	τοῦτο	ἐλήλυθα	εἰς
rey,$_{3}$	soy$_{2}$	yo$_{1}$	para	esto	he nacido	y	para	esto	he venido	a
935	1510	1473	1519	5124	1080	2532	1519	5124	2064	1519
NNSM	VPAI1S	RP1NS	P	RD-ASN	VRPI1S	CLN	P	RD-ASN	VRAI1S	P

τὸν	κόσμον	ἵνα	μαρτυρήσω	τῇ	ἀληθείᾳ·	πᾶς	ὁ	ὢν	ἐκ
el	mundo,	para que	testifique	a la	verdad;	todo	el que	es	de
3588	2889	2443	3140	3588	225	3956	3588	5607	1537
DASM	NASM	CAP	VAAS1S	DDSF	NDSF	JNSM	DNSM	VPAP-SNM	P

τῆς	ἀληθείας	ἀκούει	μου	τῆς	φωνῆς.	38 λέγει	αὐτῷ	ὁ	Πιλᾶτος·
la	verdad,	oye$_{1}$	de mí.$_{4}$	la$_{2}$	voz$_{3}$	dice$_{3}$	a él:$_{4}$	--$_{1}$	Pilato$_{2}$
3588	225	191	3450	3588	5456	3004	846	3588	4091
DGSF	NGSF	VPAI3S	RP1GS	DGSF	NGSF	VPAI3S	RP3DSM	DNSM	NNSM

Τί	ἐστιν	ἀλήθεια;	Καὶ	τοῦτο	εἰπὼν	πάλιν	ἐξῆλθεν	πρὸς	τοὺς
¿Qué	es	(la) verdad?	Y$_{1}$	esto,$_{3}$	habiendo dicho$_{2}$	de nuevo$_{5}$	salió$_{4}$	a	los
5101	2076	225	2532	5124	2036	3825	1831	4314	3588
RI-NSN	VPAI3S	NNSF	CLN	RD-ASN	VAAP-SNM	B	VAAI3S	P	DAPM

Ἰουδαίους,	καὶ	λέγει	αὐτοῖς·	Ἐγὼ	οὐδεμίαν	εὑρίσκω	ἐν	αὐτῷ	αἰτίαν·
judíos	y	dice	a ellos:	Yo$_{1}$	ninguna$_{3}$	hallo$_{2}$	en$_{5}$	él.$_{6}$	culpa$_{4}$
2453	2532	3004	846	1473	3762	2147	1722	846	156
JAPM	CLN	VPAI3S	RP3DPM	RP1NS	JASF	VPAI1S	P	RP3DSM	NASF

39 ἔστιν	δὲ	συνήθεια	ὑμῖν	ἵνα	ἕνα	ἀπολύσω	ὑμῖν	ἐν
es (hay)$_{2}$	Pero$_{1}$	una costumbre$_{3}$	entre vosotros:$_{4}$	que$_{5}$	a uno$_{7}$	suelte$_{6}$	a vosotros$_{8}$	en
2076	1161	4914	5213	2443	1520	630	5213	1722
VPAI3S	CLC	NNSF	RP2DP	CSC	JASM	VAAS1S	RP2DP	P

τῷ	πάσχα·	βούλεσθε	οὖν	ἀπολύσω	ὑμῖν	τὸν	βασιλέα	τῶν
la	Pascua;	¿queréis que$_{2}$	así que$_{1}$	suelte	a vosotros	al	rey	de los
3588	3957	1014	3767	630	5213	3588	935	3588
DDSN, DDSM	NDSN, XF	VPUI2P	CLI	VAAS1S	RP2DP	DASM	NASM	DGPM

Ἰουδαίων;	40 ἐκραύγασαν	οὖν	πάλιν	λέγοντες·	Μὴ	τοῦτον	ἀλλὰ
judíos?	gritaron$_{2}$	Así que$_{1}$	de nuevo	diciendo:	No	a este,	sino
2453	2905	3767	3825	3004	3361	5126	235
JGPM	VAAI3P	CLI	B	VPAP-PNM	BN, TN	RD-ASM	CLC

τὸν	Βαραββᾶν.	ἦν	δὲ	ὁ	Βαραββᾶς	λῃστής.
a --	Barrabás.	era$_{4}$	Y$_{1}$	--$_{2}$	Barrabás$_{3}$	un bandido.$_{5}$
3588	912	2258	1161	3588	912	3027
DASM	NASM	VIAI3S	CLN	DNSM	NNSM	NNSM

19

Τότε	οὖν	ἔλαβεν	ὁ	Πιλᾶτος	τὸν	Ἰησοῦν	καὶ
entonces$_{2}$	Así que$_{1}$	tomó$_{5}$	--$_{3}$	Pilato$_{4}$	a --	Jesús	y
5119	3767	2983	3588	4091	3588	2424	2532
B	CLI	VAAI3S	DNSM	NNSM	DASM	NASM	CLN

ἐμαστίγωσεν.	2 καὶ	οἱ	στρατιῶται	πλέξαντες	στέφανον	ἐξ
(lo) azotó.	Y	los	soldados,	habiendo tejiendo	una corona	de
3146	2532	3588	4757	4120	4735	1537
VAAI3S	CLN	DNPM	NNPM	VAAP-PNM	NASM	P

ἀκανθῶν	ἐπέθηκαν	αὐτοῦ	τῇ	κεφαλῇ,	καὶ	ἱμάτιον	πορφυροῦν
espinos,	pusieron	de él$_{3}$	en la$_{1}$	cabeza,$_{2}$	y$_{4}$	(con) un manto$_{7}$	púrpura$_{8}$
173	2007	846	3588	2776	2532	2440	4210
NGPF	VAAI3P	RP3GSM	DDSF	NDSF	CLN	NASN	JASN

περιέβαλον	αὐτόν,	3 καὶ	ἤρχοντο	πρὸς	αὐτὸν	καὶ	ἔλεγον·	Χαῖρε,
cubrieron$_{5}$	a él$_{6}$	y	venían	a	él	y	decían:	¡Viva
4016	846	2532	2064	4314	846	2532	3004	5463
VAAI3P	RP3ASM	CLN	VIUI3P	P	RP3ASM	CLN	VIAI3P	VPAM2S

NVI

—Eres tú quien dice
que soy rey. Yo para
esto nací, y para esto
vine al mundo: para dar
testimonio de la verdad.
Todo el que está de parte
de la verdad escucha
mi voz.
38 —¿Y qué es la
verdad? —preguntó
Pilato.
Dicho esto, salió otra
vez a ver a los judíos.
—Yo no encuentro
que este sea culpable
de nada —declaró—.
39 Pero, como ustedes
tienen la costumbre de
que les suelte a un preso
durante la Pascua, ¿quie-
ren que les suelte al "rey
de los judíos"?
40 —¡No, no sueltes
a ese; suelta a Barrabás!
—volvieron a gritar
desaforadamente.
Y Barrabás era un
bandido.

La sentencia

19 Pilato tomó en-
tonces a Jesús y
mandó que lo azotaran.
2 Los soldados, que ha-
bían tejido una corona
de espinas, se la pusieron
a Jesús en la cabeza y lo
vistieron con un manto
de color púrpura.
3 —¡Viva el rey de los

RVR

de los judíos!; y le daban
de bofetadas.
4 Entonces Pilato
salió otra vez, y les dijo:
Mirad, os lo traigo fuera,
para que os deis cuenta
de que no hallo en él
ningún delito.
5 Y salió Jesús, llevando
la corona de espinas y
el manto de púrpura. Y
Pilato les dijo: ¡He aquí
el hombre!
6 Cuando le vieron los
principales sacerdotes y
los alguaciles, gritaron,
diciendo: ¡Crucifícale!
¡Crucifícale! Pilato les
dijo: Tomadle vosotros,
y crucificadle; porque yo
no hallo delito en él.
7 Los judíos le respondieron: Nosotros
tenemos una ley, y según
nuestra ley debe morir,
porque se hizo a sí mismo Hijo de Dios.
8 Cuando Pilato oyó
decir esto, tuvo más
miedo.
9 Y entró otra vez en el
pretorio, y dijo a Jesús:
¿De dónde eres tú? Mas
Jesús no le dio respuesta.

ὁ	βασιλεὺς	τῶν	Ἰουδαίων·	καὶ	ἐδίδοσαν	αὐτῷ	ῥαπίσματα.	4 καὶ
el	rey	de los	judíos!	Y	daban	a él.$_2$	bofetadas$_1$	y$_1$
3588	935	3588	2453	2532	1325	846	4475	2532
DNSM	NNSM	DGPM	JGPM	CLN	VIAI3P	RP3DSM	NAPN	CLN

ἐξῆλθεν	πάλιν	ἔξω	ὁ	Πιλᾶτος	καὶ	λέγει	αὐτοῖς·	Ἴδε	ἄγω
salió$_4$	de nuevo$_5$	fuera$_6$	--$_2$	Pilato$_3$	y	dice	a ellos:	Mira,	traigo$_1$
1831	3825	1854	3588	4091	2532	3004	846	1492	71
VAAI3S	B	BP	DNSM	NNSM	CLN	VPAI3S	RP3DPM	I, VAAM2S	VPAI1S

ὑμῖν	αὐτὸν	ἔξω,	ἵνα	γνῶτε	ὅτι	οὐδεμίαν	αἰτίαν	εὑρίσκω	ἐν
a vosotros$_4$	a él$_2$	fuera$_3$	para que	conozcáis	que$_1$	ningún$_3$	culpa$_4$	hallo$_2$	en
5213	846	1854	2443	1097	3754	3762	156	2147	1722
RP2DP	RP3ASM	BP	CAP	VAAS2P	CSC	JASF	NASF	VPAI1S	P

αὐτῷ.	5 ἐξῆλθεν	οὖν	ὁ	Ἰησοῦς	ἔξω,	φορῶν	τὸν	ἀκάνθινον
él.	salió$_4$	Así que$_1$	--$_2$	Jesús$_3$	fuera$_5$	usando$_6$	la$_7$	con espinas,$_9$
846	1831	3767	3588	2424	1854	5409	3588	174
RP3DSM	VAAI3S	CLI	DNSM	NNSM	BP	VPAP-SNM	DASM	JASM

στέφανον	καὶ	τὸ	πορφυροῦν	ἱμάτιον.	καὶ	λέγει	αὐτοῖς·	Ἰδοὺ	ὁ
corona$_8$	y$_{10}$	el$_{11}$	púrpura,$_{13}$	manto$_{12}$	y	dice	a ellos:	¡He aquí	el
4735	2532	3588	4210	2440	2532	3004	846	2400	3588
NASM	CLN	DASN	JASN	NASN	CLN	VPAI3S	RP3DPM	I, VAAM2S	DNSM

ἄνθρωπος.	6 ὅτε	οὖν	εἶδον	αὐτὸν	οἱ	ἀρχιερεῖς	καὶ	οἱ
hombre!	cuando$_2$	Así que$_1$	vieron$_8$	a él,$_9$	los$_3$	principales sacerdotes$_4$	y$_5$	los$_6$
444	3753	3767	1492	846	3588	749	2532	3588
NNSM	CAT	CLI	VAAI3P	RP3ASM	DNPM	NNPM	CLN	DNPM

ὑπηρέται	ἐκραύγασαν	λέγοντες·	Σταύρωσον	σταύρωσον.	λέγει	αὐτοῖς
ayudantes$_7$	gritaron	diciendo:	¡Crucifica,	crucifica!	dice$_3$	a ellos:$_4$
5257	2905	3004	4717	4717	3004	846
NNPM	VAAI3P	VPAP-PNM	VAAM2S	VAAM2S	VPAI3S	RP3DPM

ὁ	Πιλᾶτος·	Λάβετε	αὐτὸν	ὑμεῖς	καὶ	σταυρώσατε,	ἐγὼ	γὰρ	οὐχ
--$_1$	Pilato$_2$	Tomad	a él	vosotros,	y	crucificad(lo),	yo$_2$	porque$_1$	no$_3$
3588	4091	2983	846	5210	2532	4717	1473	1063	3756
DNSM	NNSM	VAAM2P	RP3ASM	RP2NP	CLN	VAAM2P	RP1NS	CAZ	BN, TN

εὑρίσκω	ἐν	αὐτῷ	αἰτίαν.	7 ἀπεκρίθησαν	αὐτῷ	οἱ	Ἰουδαῖοι·	Ἡμεῖς
hallo$_4$	en	él	culpa.	respondieron$_3$	a él:$_4$	los$_1$	judíos$_2$	Nosotros$_5$
2147	1722	846	156	611	846	3588	2453	2249
VPAI1S	P	RP3DSM	NASF	VAPI3P, VAMI3P	RP3DSM	DNPM	JNPM	RP1NP

νόμον	ἔχομεν,	καὶ	κατὰ	τὸν	νόμον	ὀφείλει	ἀποθανεῖν,	ὅτι	υἱὸν	θεοῦ
(la) ley,$_7$	tenemos$_6$	y	en	la	ley	debe	morir,	porque	Hijo$_2$	de Dios$_3$
3551	2192	2532	2596	3588	3551	3784	599	3754	5207	2316
NASM	VPAI1P	CLN	P	DASM	NASM	VPAI3S	VAAN	CAZ	NASM	NGSM

ἑαυτὸν	ἐποίησεν.
a sí mismo.$_4$	se hizo$_1$
1438	4160
RF3ASM	VAAI3S

8 Ὅτε	οὖν	ἤκουσεν	ὁ	Πιλᾶτος	τοῦτον	τὸν	λόγον,	μᾶλλον
cuando$_2$	Así que$_1$	oyó$_5$	--$_3$	Pilato$_4$	esta	--	palabra,	más
3753	3767	191	3588	4091	5126	3588	3056	3123
CAT	CLI	VAAI3S	DNSM	NNSM	RD-ASM	DASM	NASM	B

ἐφοβήθη,	9 καὶ	εἰσῆλθεν	εἰς	τὸ	πραιτώριον	πάλιν	καὶ	λέγει	τῷ
temió,	y	entró	hacia	el	pretorio	de nuevo,	y	dice	a --
5399	2532	1525	1519	3588	4232	3825	2532	3004	3588
VAPI3S	CLN	VAAI3S	P	DASN	NASN	B	CLN	VPAI3S	DDSM

Ἰησοῦ·	Πόθεν	εἶ	σύ;	ὁ	δὲ	Ἰησοῦς	ἀπόκρισιν	οὐκ	ἔδωκεν	αὐτῷ.
Jesús:	¿De dónde	eres	tú?	--$_2$	Mas$_1$	Jesús$_3$	respuesta$_6$	no$_4$	dio$_5$	a él.$_7$
2424	4159	1488	4771	3588	1161	2424	612	3756	1325	846
NDSM	BI	VPAI2S	RP2NS	DNSM	CLC	NNSM	NASF	BN	VAAI3S	RP3DSM

NVI

judíos! —le gritaban,
mientras se le acercaban
para abofetearlo.
4 Pilato volvió a salir.
—Aquí lo tienen —
dijo a los judíos—. Lo he
sacado para que sepan
que no lo encuentro
culpable de nada.
5 Cuando salió Jesús,
llevaba puestos la corona
de espinas y el manto de
color púrpura.
—¡Aquí tienen al
hombre! —les dijo
Pilato.
6 Tan pronto como
lo vieron, los jefes de los
sacerdotes y los guardias
gritaron a voz en cuello:
—¡Crucifícalo!
¡Crucifícalo!
—Pues llévenselo y
crucifíquenlo ustedes —
replicó Pilato—. Por mi
parte, no lo encuentro
culpable de nada.
7 —Nosotros tenemos una ley, y según esa
ley debe morir, porque
se ha hecho pasar por
Hijo de Dios —insistieron los judíos.
8 Al oír esto, Pilato se
atemorizó aún más, 9 así
que entró de nuevo en
el palacio y le preguntó
a Jesús:
—¿De dónde eres tú?
Pero Jesús no le contestó nada.

RVR

10 Entonces le dijo Pilato: ¿A mí no me hablas? ¿No sabes que tengo autoridad para crucificarte, y que tengo autoridad para soltarte?

11 Respondió Jesús: No tendrías ninguna autoridad contra mí, si no se te hubiera dado de arriba; por tanto, el que me ha entregado a ti, tiene mayor pecado.

12 Desde entonces procuraba Pilato soltarle; pero los judíos gritaban, diciendo: Si sueltas a éste, no eres amigo del César; todo el que se hace rey, se opone al César.

13 Entonces Pilato, oyendo esto, llevó fuera a Jesús, y se sentó en el tribunal en el lugar llamado el Enlosado, y en hebreo Gabatá.

14 Era la preparación de la pascua, y como la hora sexta. Entonces dijo a los judíos: ¡He aquí vuestro Rey!

15 Pero ellos gritaron: ¡Fuera, fuera, crucifícale! Pilato les dijo: ¿A vuestro Rey he de crucificar?

10 λέγει	οὖν	αὐτῷ	ὁ	Πιλᾶτος·	Ἐμοὶ	οὐ	λαλεῖς;	οὐκ	οἶδας	ὅτι
dice$_4$	Así que$_1$	a él:$_5$	--$_2$	Pilato$_3$	¿A mí	no	hablas?	¿No	sabes	que
3004	3767	846	3588	4091	1698	3756	2980	3756	1492	3754
VPAI3S	*CLI*	*RP3DSM*	*DNSM*	*NNSM*	*RP1DS*	*TN, TI*	*VPAI2S*	*TN, TI*	*VRAI2S*	*CSC*

ἐξουσίαν	ἔχω	ἀπολῦσαί	σε	καὶ	ἐξουσίαν	ἔχω	σταυρῶσαί	σε;
autoridad$_2$	tengo$_1$	para soltar	a ti	y	autoridad$_2$	tengo$_1$	para crucificar	a ti?
1849	2192	630	4571	2532	1849	2192	4717	4571
NASF	*VPAI1S*	*VAAN*	*RP2AS*	*CLN*	*NASF*	*VPAI1S*	*VAAN*	*RP2AS*

11 ἀπεκρίθη	αὐτῷ	Ἰησοῦς·	Οὐκ	εἶχες	ἐξουσίαν	κατ᾽	ἐμοῦ	οὐδεμίαν
respondió$_2$	a él:$_3$	Jesús$_1$	No	tienes	autoridad$_2$	contra$_3$	mí$_4$	ninguna$_1$
611	846	2424	3756	2192	1849	2596	1700	3762
VAPI3S, VAMI3S	*RP3DSM*	*NNSM*	*BN, TN*	*VIAI2S*	*NASF*	*P*	*RP1GS*	*JASF*

εἰ	μὴ	ἦν	δεδομένον	σοι	ἄνωθεν·	διὰ	τοῦτο	ὁ	παραδούς
si	no	era (hubiera)	sido dada	a ti	de lo alto,	por	esto	el que	entregó
1487	3361	2258	1325	4671	509	1223	5124	3588	3860
CAC	*BN, TN*	*VIAI3S*	*VRPP-SNN*	*RP2DS*	*BP*	*P*	*RD-ASN*	*DNSM*	*VAAP-SNM*

μέ	σοι	μείζονα	ἁμαρτίαν	ἔχει.	12 ἐκ	τούτου	ὁ	Πιλᾶτος	ἐζήτει
a mí	a ti	mayor$_2$	pecado.$_3$	tiene$_1$	desde	esto	--	Pilato	buscaba
3165	4671	3173	266	2192	1537	5127	3588	4091	2212
RP1AS	*RP2DS*	*JASFC*	*NASF*	*VPAI3S*	*P*	*RD-GSN*	*DNSM*	*NNSM*	*VIAI3S*

ἀπολῦσαι	αὐτόν·	οἱ	δὲ	Ἰουδαῖοι	ἐκραύγασαν	λέγοντες·	Ἐὰν	τοῦτον
soltar	a él,	los$_2$	pero$_1$	judíos$_3$	gritaron	diciendo:	Si$_1$	a este,$_3$
630	846	3588	1161	2453	2905	3004	1437	5126
VAAN	*RP3ASM*	*DNPM*	*CLC*	*JNPM*	*VAAI3P*	*VPAP-PNM*	*CAC*	*RD-ASM*

ἀπολύσῃς,	οὐκ	εἶ	φίλος	τοῦ	Καίσαρος·	πᾶς	ὁ	βασιλέα	ἑαυτὸν
sueltas$_2$	no	eres	amigo	del	César,	todo$_1$	--$_4$	rey,$_5$	a sí mismo$_3$
630	3756	1488	5384	3588	2541	3956	3588	935	1438
VAAS2S	*BN, TN*	*VPAI2S*	*JNSM*	*DGSM*	*NGSM*	*JNSM*	*DNSM*	*NASM*	*RF3ASM*

ποιῶν	ἀντιλέγει	τῷ	Καίσαρι.
el que se está haciendo$_2$	se opone	al	César.
4160	483	3588	2541
VPAP-SNM	*VPAI3S*	*DDSM*	*NDSM*

13 Ὁ	οὖν	Πιλᾶτος	ἀκούσας	τῶν	λόγων	τούτων	ἤγαγεν	ἔξω	τὸν
--$_2$	Así que$_1$	Pilato$_3$	cuando oyó$_4$	--$_6$	palabras,$_7$	estas$_5$	llevó	fuera	a --
3588	3767	4091	191	3588	3056	5130	71	1854	3588
DNSM	*CLI*	*NNSM*	*VAAP-SNM*	*DGPM*	*NGPM*	*RD-GPM*	*VAAI3S*	*BP*	*DASM*

Ἰησοῦν,	καὶ	ἐκάθισεν	ἐπὶ	βήματος	εἰς	τόπον	λεγόμενον	Λιθόστρωτον,
Jesús	y	se sentó	en	(el) tribunal,	en	lugar	llamado	Enlosado,
2424	2532	2523	1909	968	1519	5117	3004	3038
NASM	*CLN*	*VAAI3S*	*P*	*NGSN*	*P*	*NASM*	*VPPP-SAM*	*JASN*

Ἑβραϊστὶ	δὲ	Γαββαθα.	14 ἦν	δὲ	παρασκευὴ	τοῦ	πάσχα,
en hebreo$_2$	y$_1$	Gabata.$_3$	era$_2$	Y$_1$	(el) día de preparación	de la	Pascua,
1447	1161	1042	2258	1161	3904	3588	3957
B	*CLN*	*NASN, XP*	*VIAI3S*	*CLN*	*NNSF*	*DGSN, DGSM*	*NGSN, XF*

ὥρα	ἦν	ὡς	ἕκτη.	καὶ	λέγει	τοῖς	Ἰουδαίοις·	Ἴδε	ὁ	βασιλεὺς
(la) hora$_3$	era$_1$	como$_2$	sexta;$_4$	y	dice	a los	judíos:	Mira,	el	rey
5610	2258	5613	1623	2532	3004	3588	2453	1492	3588	935
NNSF	*VIAI3S*	*P, CAM*	*JNSF*	*CLN*	*VPAI3S*	*DDPM*	*JDPM*	*I, VAAM2S*	*DNSM*	*NNSM*

ὑμῶν.	15 ἐκραύγασαν	οὖν	ἐκεῖνοι·	Ἆρον	ἆρον,	σταύρωσον
de vosotros.	gritaron:$_3$	Así que$_1$	aquellos$_2$	¡Quita!	¡Quita!	Crucifica
5216	2905	3767	1565	142	142	4717
RP2GP	*VAAI3P*	*CLI*	*RD-NPM*	*VAAM2S*	*VAAM2S*	*VAAM2S*

αὐτόν.	λέγει	αὐτοῖς	ὁ	Πιλᾶτος·	Τὸν	βασιλέα	ὑμῶν	σταυρώσω;
a él.	dice$_3$	a ellos:$_4$	--$_1$	Pilato$_2$	al$_6$	rey$_7$	de vosotros?$_8$	¿Crucificaré$_5$
846	3004	846	3588	4091	3588	935	5216	4717
RP3ASM	*VPAI3S*	*RP3DPM*	*DNSM*	*NNSM*	*DASM*	*NASM*	*RP2GP*	*VAAS1S, VFAI1S*

NVI

10 —¿Te niegas a hablarme? —le dijo Pilato—. ¿No te das cuenta de que tengo poder para ponerte en libertad o para mandar que te crucifiquen?

11 —No tendrías ningún poder sobre mí si no se te hubiera dado de arriba —le contestó Jesús—. Por eso el que me puso en tus manos es culpable de un pecado más grande.

12 Desde entonces Pilato procuraba poner en libertad a Jesús, pero los judíos gritaban desaforadamente:

—Si dejas en libertad a este hombre, no eres amigo del emperador. Cualquiera que pretende ser rey se hace su enemigo.

13 Al oír esto, Pilato
llevó a Jesús hacia fuera
y se sentó en el tribunal,
en un lugar al que
llamaban el Empedrado
(que en arameo se dice
Gabatá). 14 Era el día
de la preparación para
la Pascua, cerca del
mediodía.

—Aquí tienen a su rey —dijo Pilato a los judíos.

15 —¡Fuera! ¡Fuera! ¡Crucifícalo! —vociferaron.

—¿Acaso voy a crucificar a su rey? —replicó Pilato.

RVR

Respondieron los
principales sacerdotes:
No tenemos más rey
que César.
16 Así que entonces
lo entregó a ellos para
que fuese crucificado.
Tomaron, pues, a Jesús,
y le llevaron.

Crucifixión y muerte de Jesús

17 Y él, cargando su
cruz, salió al lugar lla-
mado de la Calavera, y
en hebreo, Gólgota;
18 y allí le crucificaron, y
con él a otros dos, uno
a cada lado, y Jesús en
medio.
19 Escribió también
Pilato un título, y lo
puso sobre la cruz,
el cual decía: JESÚS
NAZARENO,
EL REY DE LOS
JUDÍOS.
20 Y muchos de los ju-
díos leyeron este título;
porque el lugar donde
Jesús fue crucificado es-
taba cerca de la ciudad, y
estaba escrito en hebreo,
en griego y en latín.
21 Dijeron a Pilato los
principales sacerdotes
de los judíos: No escri-
bas: el Rey de los judíos,
sino, que él dijo: Soy
Rey de los judíos.
22 Respondió Pilato:
Lo que he escrito, he
escrito.

ἀπεκρίθησαν οἱ ἀρχιερεῖς· Οὐκ ἔχομεν βασιλέα εἰ μὴ
respondieron:$_{11}$ Los$_{9}$ principales sacerdotes$_{10}$ No tenemos rey, si no
611 3588 749 3756 2192 935 1487 3361
VAPI3P, VAMI3P DNPM NNPM BN, TN VPAI1P NASM CAC BN, TN

Καίσαρα. 16 τότε οὖν παρέδωκεν αὐτὸν αὐτοῖς ἵνα σταυρωθῇ.
César. entonces,$_{2}$ Así que$_{1}$ entregó a él a ellos para que fuera crucificado.
2541 5119 3767 3860 846 846 2443 4717
NASM B CLI VAAI3S RP3ASM RP3DPM CAP VAPS3S

Παρέλαβον οὖν τὸν Ἰησοῦν· 17 καὶ βαστάζων αὐτῷ τὸν
tomaron$_{2}$ Así que$_{1}$ a -- Jesús, y cargando por sí mismo,$_{3}$ la$_{1}$
3880 3767 3588 2424 2532 941 1438 3588
VAAI3P CLT DASM NASM CLN VPAP-SNM RF3DSM DASM

σταυρὸν ἐξῆλθεν εἰς τὸν λεγόμενον Κρανίου Τόπον, ὃ λέγεται
cruz$_{2}$ salió hacia el llamado$_{2}$ de (la) Calavera,$_{3}$ lugar$_{1}$ el que se dice
4716 1831 1519 3588 3004 2898 5117 3739 3004
NASM VAAI3S P DASM VPPP-SAM NGSN NASM RR-NSN VPPI3S

Ἑβραϊστὶ Γολγοθα, 18 ὅπου αὐτὸν ἐσταύρωσαν, καὶ μετ' αὐτοῦ ἄλλους
en hebreo Gólgota, donde$_{1}$ a él$_{3}$ crucificaron,$_{2}$ y con él a otros
1447 1115 3699 846 4717 2532 3326 846 243
B NNSF, NASF CAL, B RP3ASM VAAI3P CLN P RP3GSM JAPM

δύο ἐντεῦθεν καὶ ἐντεῦθεν, μέσον δὲ τὸν Ἰησοῦν. 19 ἔγραψεν δὲ
dos a un lado y a otro lado, en medio de$_{2}$ y$_{1}$ a--$_{3}$ Jesús.$_{4}$ escribió$_{5}$ Y$_{1}$
1417 1782 2532 1782 3319 1161 3588 2424 1125 1161
XN, J BP CLN BP JASN CLN DASM NASM VAAI3S CLN

καὶ τίτλον ὁ Πιλᾶτος καὶ ἔθηκεν ἐπὶ τοῦ σταυροῦ· ἦν δὲ
también$_{4}$ una inscripción,$_{6}$ --$_{2}$ Pilato$_{3}$ y puso sobre la cruz; estaba$_{2}$ y$_{1}$
2532 5102 3588 4091 2532 5087 1909 3588 4716 2258 1161
BE, TE NASM DNSM NNSM CLN VAAI3S P DGSM NGSM VIAI3S CLN

γεγραμμένον· Ἰησοῦς ὁ Ναζωραῖος ὁ βασιλεὺς τῶν Ἰουδαίων.
escrito:$_{3}$ Jesús -- Nazareno, el rey de los judíos.
1125 2424 3588 3480 3588 935 3588 2453
VRPP-SNN NNSM DNSM NNSM DNSM NNSM DGPM JGPM

20 τοῦτον οὖν τὸν τίτλον πολλοὶ ἀνέγνωσαν τῶν Ἰουδαίων, ὅτι
esta$_{6}$ Así que$_{1}$ la$_{7}$ inscripción,$_{8}$ muchos$_{2}$ leyeron$_{5}$ de los$_{3}$ judíos$_{4}$ porque$_{9}$
5126 3767 3588 5102 4183 314 3588 2453 3754
RD-ASM CLI DASM NASM JNPM VAAI3P DGPM JGPM CAZ

ἐγγὺς ἦν ὁ τόπος τῆς πόλεως ὅπου ἐσταυρώθη ὁ Ἰησοῦς·
cerca$_{13}$ estaba$_{12}$ el$_{10}$ lugar$_{11}$ de la$_{14}$ ciudad$_{15}$ donde$_{16}$ fue crucificado,$_{19}$ --$_{17}$ Jesús$_{18}$
1451 2258 3588 5117 3588 4172 3699 4717 3588 2424
P, B VIAI3S DNSM NNSM DGSF NGSF CAL, B VAPI3S DNSM NNSM

καὶ ἦν γεγραμμένον Ἑβραϊστί, Ῥωμαϊστί, Ἑλληνιστί. 21 ἔλεγον
y estaba escrito en hebreo, en latín, en griego. decían$_{6}$
2532 2258 1125 1447 4515 1676 3004
CLN VIAI3S VRPP-SNN B B B VIAI3P

οὖν τῷ Πιλάτῳ οἱ ἀρχιερεῖς τῶν Ἰουδαίων· Μὴ γράφε·
Así que$_{1}$ a--$_{7}$ Pilato:$_{8}$ los$_{2}$ principales sacerdotes$_{3}$ de los$_{4}$ judíos$_{5}$ No escribas:
3767 3588 4091 3588 749 3588 2453 3361 1125
CLI DDSM NDSM DNPM NNPM DGPM JGPM BN, TN VPAM2S

Ὁ βασιλεὺς τῶν Ἰουδαίων, ἀλλ' ὅτι ἐκεῖνος εἶπεν Βασιλεύς τῶν
El rey de los judíos, sino que aquel dijo: (el) rey$_{2}$ de los$_{3}$
3588 935 3588 2453 235 3754 1565 2036 935 3588
DNSM NNSM DGPM JGPM CLC CSC RD-NSM VAAI3S NNSM DGPM

Ἰουδαίων εἰμί. 22 ἀπεκρίθη ὁ Πιλᾶτος· Ὃ γέγραφα γέγραφα.
judíos.$_{4}$ Soy$_{1}$ respondió:$_{3}$ --$_{1}$ Pilato$_{2}$ Lo que escribí, escribí.
2453 1510 611 3588 4091 3739 1125 1125
JGPM VPAI1S VAPI3S, VAMI3S DNSM NNSM RR-ASN VRAI1S VRAI1S

NVI

—No tenemos más
rey que el emperador ro-
mano —contestaron los
jefes de los sacerdotes.
16 Entonces Pilato se
lo entregó para que lo
crucificaran, y los solda-
dos se lo llevaron.

La crucifixión

17 Jesús salió cargando
su propia cruz hacia
el lugar de la Calavera
(que en arameo se llama
Gólgota). 18 Allí lo cru-
cificaron, y con él a otros
dos, uno a cada lado y
Jesús en medio.
19 Pilato mandó
que se pusiera sobre la
cruz un letrero en el
que estuviera escrito:
«JESÚS DE NAZARET,
REY DE LOS JUDÍOS».
20 Muchos de los judíos
lo leyeron, porque el
sitio en que crucificaron
a Jesús estaba cerca de la
ciudad. El letrero estaba
escrito en arameo, latín
y griego.
21 —No escribas "Rey
de los judíos" —pro-
testaron ante Pilato los
jefes de los sacerdotes
judíos—. Era él quien
decía ser rey de los
judíos.
22 —Lo que he escri-
to, escrito queda —les
contestó Pilato.

RVR

23 Cuando los soldados hubieron crucificado a Jesús, tomaron los vestidos de él, e hicieron cuatro partes, una para cada soldado. Tomaron también su túnica, la cual era sin costura, de un solo tejido de arriba abajo.
24 Entonces dijeron entre sí: No la partamos, sino echemos suertes sobre ella, a ver de quién será. Esto fue para que se cumpliese la Escritura, que dice:

Repartieron ente sí mis vestidos,
Y sobre mi ropa echaron suertes.

Y esto es precisamente lo que hicieron los soldados.
25 Estaban de pie junto a la cruz de Jesús su madre, y la hermana de su madre, María mujer de Cleofas, y María Magdalena.
26 Cuando vio Jesús a su madre, y al discípulo a quien él amaba, que estaba presente, dijo a su madre: Mujer, he ahí tu hijo.
27 Después dijo al discípulo: He ahí tu madre. Y desde aquella hora el discípulo la recibió en su casa.

23 οἱ	οὖν	στρατιῶται	ὅτε	ἐσταύρωσαν	τὸν	Ἰησοῦν	ἔλαβον	τὰ
los$_2$	Así que$_1$	soldados$_3$	cuando	crucificaron	a --	Jesús,	tomaron	los
3588	3767	4757	3753	4717	3588	2424	2983	3588
DNPM	*CLN*	*NNPM*	*CAT*	*VAAI3P*	*DASM*	*NASM*	*VAAI3P*	*DAPN*

ἱμάτια	αὐτοῦ	καὶ	ἐποίησαν	τέσσαρα	μέρη,	ἑκάστῳ	στρατιώτῃ
vestidos	de él	e	hicieron	cuatro	partes	para cada	soldado
2440	846	2532	4160	5064	3313	1538	4757
NAPN	*RP3GSM*	*CLN*	*VAAI3P*	*JAPN*	*NAPN*	*JDSM*	*NDSM*

μέρος,	καὶ	τὸν	χιτῶνα.	ἦν	δὲ	ὁ	χιτὼν	ἄραφος,	ἐκ	τῶν
una parte,	y	la	túnica.	era$_4$	Y$_1$	la$_2$	túnica$_3$	sin costura,	desde$_4$	--$_5$
3313	2532	3588	5509	2258	1161	3588	5509	729	1537	3588
NASN, NNSN	*CLN*	*DASM*	*NASM*	*VIAI3S*	*CLN*	*DNSM*	*NNSM*	*JNSM*	*P*	*DGPN, DGPM*

ἄνωθεν	ὑφαντὸς	δι’	ὅλου.	24 εἶπαν	οὖν	πρὸς	ἀλλήλους.	Μὴ
arriba.$_6$	tejida$_1$	por$_2$	entero$_3$	dijeron$_2$	Así que$_1$	a	unos a otros:	No
509	5307	1223	3650	3004	3767	4314	240	3361
B	*JNSM*	*P*	*JGSM*	*VAAI3P*	*CLI*	*P*	*RC-APM*	*BN, TN*

σχίσωμεν	αὐτόν,	ἀλλὰ	λάχωμεν	περὶ	αὐτοῦ	τίνος	ἔσται.	ἵνα
rasguemos	a ella,	sino	echemos suertes	acerca de	ella	de quién	será;	para que
4977	846	235	2975	4012	846	5101	2071	2443
VAAS1P	*RP3ASM*	*CLC*	*VAAS1P*	*P*	*RP3GSM*	*RI-GSM*	*VFMI3S*	*CAP*

ἡ	γραφὴ	πληρωθῇ	ἡ	λέγουσα.	Διεμερίσαντο	τὰ	ἱμάτιά	μου
la$_2$	Escritura$_3$	se cumpliera$_1$	la que$_4$	dice:$_5$	Repartieron	los	vestidos	de mí
3588	1124	4137	3588	3004	1266	3588	2440	3450
DNSF	*NNSF*	*VAPS3S*	*DNSF*	*VPAP-SNF*	*VAMI3P*	*DAPN*	*NAPN*	*RP1GS*

ἑαυτοῖς	καὶ	ἐπὶ	τὸν	ἱματισμόν	μου	ἔβαλον	κλῆρον.	Οἱ	μὲν
para ellos mismos,	y$_1$	sobre$_4$	la$_5$	ropa$_6$	de mí.$_7$	echaron$_2$	suerte$_3$	los$_{10}$	en verdad,$_9$
1438	2532	1909	3588	2441	3450	906	2819	3588	3303
RF3DPM	*CLN*	*P*	*DASM*	*NASM*	*RP1GS*	*VAAI3P*	*NASM*	*DNPM*	*TE, C*

οὖν	στρατιῶται	ταῦτα	ἐποίησαν.
Así que$_8$	soldados$_{11}$	estas cosas.$_{13}$	hicieron$_{12}$
3767	4757	5023	4160
CLI	*NNPM*	*RD-APN*	*VAAI3P*

25 Εἱστήκεισαν	δὲ	παρὰ	τῷ	σταυρῷ	τοῦ	Ἰησοῦ	ἡ	μήτηρ
habían estado de pie$_{19}$	Y$_1$	al lado de$_{20}$	la$_{21}$	cruz$_{22}$	de --$_{23}$	Jesús.$_{24}$	la$_2$	madre$_3$
2476	1161	3844	3588	4716	3588	2424	3588	3384
VLAI3P	*CLN*	*P*	*DDSM*	*NDSM*	*DGSM*	*NGSM*	*DNSF*	*NNSF*

αὐτοῦ	καὶ	ἡ	ἀδελφὴ	τῆς	μητρὸς	αὐτοῦ,	Μαρία	ἡ	τοῦ	Κλωπᾶ	καὶ
de él$_4$	y$_5$	la$_6$	hermana$_7$	de la$_8$	madre$_9$	de él,$_{10}$	María$_{11}$	la$_{12}$	de --$_{13}$	Cleofas$_{14}$	y$_{15}$
846	2532	3588	79	3588	3384	846	3137	3588	3588	2832	2532
RP3GSM	*CLN*	*DNSF*	*NNSF*	*DGSF*	*NGSF*	*RP3GSM*	*NNSF*	*DNSF*	*DGSM*	*NGSM*	*CLN*

Μαρία	ἡ	Μαγδαληνή.	26 Ἰησοῦς	οὖν	ἰδὼν	τὴν	μητέρα	καὶ	τὸν
María$_{16}$	--$_{17}$	Magdalena$_{18}$	Jesús$_2$	Así que$_1$	habiendo visto$_3$	a la	madre	y	al
3137	3588	3094	2424	3767	1492	3588	3384	2532	3588
NNSF	*DNSF*	*NNSF*	*NNSM*	*CLI*	*VAAP-SNM*	*DASF*	*NASF*	*CLN*	*DASM*

μαθητὴν	παρεστῶτα	ὃν	ἠγάπα	λέγει	τῇ	μητρί.	Γύναι,	ἴδε
discípulo	que había estado presente,	a quien	amaba,	dice	a la	madre:	Mujer,	mira,
3101	3936	3739	25	3004	3588	3384	1135	1492
NASM	*VRAP-SAM*	*RR-ASM*	*VIAI3S*	*VPAI3S*	*DDSF*	*NDSF*	*NVSF*	*I, VAAM2S*

ὁ	υἱός	σου.	27 εἶτα	λέγει	τῷ	μαθητῇ.	Ἴδε	ἡ	μήτηρ	σου.	καὶ
el	hijo	de ti.	Después	dice	al	discípulo:	Mira,	la	madre	de ti.	Y
3588	5207	4675	1534	3004	3588	3101	1492	3588	3384	4675	2532
DNSM	*NNSM*	*RP2GS*	*B*	*VPAI3S*	*DDSM*	*NDSM*	*I, VAAM2S*	*DNSF*	*NNSF*	*RP2GS*	*CLN*

ἀπ’	ἐκείνης	τῆς	ὥρας	ἔλαβεν	ὁ	μαθητὴς	αὐτὴν	εἰς	τὰ	ἴδια.*
desde	aquella	--	hora,	recibió$_3$	el$_1$	discípulo$_2$	a ella	en	las	propias.
575	1565	3588	5610	2983	3588	3101	846	1519	3588	2398
P	*RD-GSF*	*DGSF*	*NGSF*	*VAAI3S*	*DNSM*	*NNSM*	*RP3ASF*	*P*	*DAPN*	*JAPN*

NVI

23 Cuando los soldados crucificaron a Jesús, tomaron su manto y lo partieron en cuatro partes, una para cada uno de ellos. Tomaron también la túnica, la cual no tenía costura, sino que era de una sola pieza, tejida de arriba abajo.
24 —No la dividamos —se dijeron unos a otros—. Echemos suertes para ver a quién le toca.
Y así lo hicieron los soldados. Esto sucedió para que se cumpliera la Escritura que dice:

«Se repartieron entre ellos mi manto,
y sobre mi ropa echaron suertes».

25 Junto a la cruz de Jesús estaban su madre, la hermana de su madre, María la esposa de Cleofas, y María Magdalena. 26 Cuando Jesús vio a su madre, y a su lado al discípulo a quien él amaba, dijo a su madre:
—Mujer, ahí tienes a tu hijo.
27 Luego dijo al discípulo:
—Ahí tienes a tu madre.
Y desde aquel momento ese discípulo la recibió en su casa.

19:27* O sea *en su casa.*

RVR

28 Después de esto,
sabiendo Jesús que ya
todo estaba consuma-
do, dijo, para que la
Escritura se cumpliese:
Tengo sed.
29 Y había allí una vasija
llena de vinagre; enton-
ces ellos empaparon en
vinagre una esponja, y
sujetándola a una rama
de hisopo, se la acerca-
ron a la boca.
30 Luego que Jesús
tomó el vinagre, dijo:
Consumado está. Y
habiendo inclinado
la cabeza, entregó el
espíritu.

El costado de Jesús, traspasado

31 Entonces los judíos,
por cuanto era la pre-
paración de la pascua,
a fin de que los cuerpos
no quedasen en la cruz
en el sábado (pues aquel
sábado era de gran
solemnidad), rogaron a
Pilato que se les quebra-
sen las piernas, y fuesen
quitados de allí.
32 Vinieron, pues, los
soldados, y quebraron
las piernas al primero,
y asimismo al otro que
había sido crucificado
con él.
33 Mas cuando llegaron
a Jesús, como le vieron
ya muerto, no le quebra-
ron las piernas.
34 Pero uno de los
soldados le abrió el
costado con una lanza,

28 Μετὰ	τοῦτο	εἰδὼς	ὁ	Ἰησοῦς	ὅτι	ἤδη	πάντα
Después de	esto,	habiendo sabido$_3$	--$_1$	Jesús$_2$	que	ya	todas las cosas
3326	5124	1492	3588	2424	3754	2235	3956
P	*RD-ASN*	*VRAP-SNM*	*DNSM*	*NNSM*	*CSC*	*B*	*JNPN*

τετέλεσται	ἵνα	τελειωθῇ	ἡ	γραφή	λέγει·	Διψῶ.	29 σκεῦος
ha sido consumada,	para que$_1$	se cumpliera,$_4$	la$_2$	Escritura$_3$	dice:	Tengo sed.	Una vasija$_1$
5055	2443	5048	3588	1124	3004	1372	4632
VRPI3S	*CAP*	*VAPS3S*	*DNSF*	*NNSF*	*VPAI3S*	*VPAI1S*	*NNSN*

ἔκειτο	ὄξους	μεστόν·	σπόγγον	οὖν	μεστὸν	τοῦ	ὄξους
estaba puesta (había),$_4$	de vinagre$_3$	llena$_2$	una esponja$_7$	así que$_5$	llena$_8$	de--$_9$	vinagre$_{10}$
2749	3690	3324	4699	3767	3324	3588	3690
VIUI3S	*NGSN*	*JNSN*	*NASM*	*CLI*	*JASM, JNSN*	*DGSN*	*NGSN*

ὑσσώπῳ	περιθέντες	προσήνεγκαν	αὐτοῦ	τῷ	στόματι.
en un hisopo,$_{11}$	habiendo puesto alrededor$_6$	acercaron$_{12}$	de él.$_{15}$	a la$_{13}$	boca$_{14}$
5301	4060	4374	846	3588	4750
NDSM	*VAAP-PNM*	*VAAI3P*	*RP3GSM*	*DDSN*	*NDSN*

30 ὅτε	οὖν	ἔλαβεν	τὸ	ὄξος	ὁ	Ἰησοῦς	εἶπεν·	Τετέλεσται,	καὶ
cuando$_2$	Así que$_1$	tomó	el	vinagre,	--	Jesús	dijo:	Ha sido consumado,	y
3753	3767	2983	3588	3690	3588	2424	2036	5055	2532
CAT	*CLN*	*VAAI3S*	*DASN*	*NASN*	*DNSM*	*NNSM*	*VAAI3S*	*VRPI3S*	*CLN*

κλίνας	τὴν	κεφαλὴν	παρέδωκεν	τὸ	πνεῦμα.
habiendo inclinado	la	cabeza	entregó	el	espíritu.
2827	3588	2776	3860	3588	4151
VAAP-SNM	*DASF*	*NASF*	*VAAI3S*	*DASN*	*NASN*

31 Οἱ	οὖν	Ἰουδαῖοι,	ἐπεὶ	παρασκευὴ	ἦν,	ἵνα	μὴ
los$_2$	Así que$_1$	judíos,$_3$	puesto que$_4$	día de preparación,$_6$	era$_5$	para que$_7$	no$_{10}$
3588	3767	2453	1839	3904	2258	2443	3361
DNPM	*CLN*	*JNPM*	*CAZ*	*NNSF*	*VIAI3S*	*CAP*	*BN, TN*

μείνῃ	ἐπὶ	τοῦ	σταυροῦ	τὰ	σώματα	ἐν	τῷ	σαββάτῳ,	ἦν
permaneciera$_{11}$	sobre$_{12}$	la$_{13}$	cruz$_{14}$	los$_8$	cuerpos$_9$	en$_{15}$	el$_{16}$	sábado,$_{17}$	era$_{19}$
3306	1909	3588	4716	3588	4983	1722	3588	4521	2258
VAAS3S	*P*	*DGSM*	*NGSM*	*DNPN*	*NNPN*	*P*	*DDSN*	*NDSN*	*VIAI3S*

γὰρ	μεγάλη	ἡ	ἡμέρα	ἐκείνου	τοῦ	σαββάτου,	ἠρώτησαν	τὸν
porque$_{18}$	grande$_{20}$	el$_{21}$	día$_{22}$	de aquel$_{23}$	--$_{24}$	sábado,$_{25}$	pidieron$_{26}$	--
1063	3173	3588	2250	1565	3588	4521	2065	3588
CAZ	*JNSF*	*DNSF*	*NNSF*	*RD-GSN*	*DGSN*	*NGSN*	*VAAI3P*	*DASM*

Πιλᾶτον	ἵνα	κατεαγῶσιν	αὐτῶν	τὰ	σκέλη	καὶ	ἀρθῶσιν.	32 ἦλθον
a Pilato	que	fueran quebradas,$_4$	de ellos$_3$	las$_1$	piernas$_2$	y	fueran quitados.	vinieron,$_4$
4091	2443	2608	846	3588	4628	2532	142	2064
NASM	*CSC*	*VAPS3P*	*RP3GPM*	*DNPN*	*NNPN*	*CLN*	*VAPS3P*	*VAAI3P*

οὖν	οἱ	στρατιῶται,	καὶ	τοῦ	μὲν	πρώτου	κατέαξαν	τὰ	σκέλη
así que$_1$	los$_2$	soldados$_3$	y$_5$	del$_{10}$	en verdad$_6$	primero,$_{11}$	quebraron$_7$	las$_8$	piernas$_9$
3767	3588	4757	2532	3588	3303	4413	2608	3588	4628
CLI	*DNPM*	*NNPM*	*CLN*	*DGSM*	*TK, C*	*JGSM*	*VAAI3P*	*DAPN*	*NAPN*

καὶ	τοῦ	ἄλλου	τοῦ	συσταυρωθέντος	αὐτῷ·	33 ἐπὶ	δὲ	τὸν	Ἰησοῦν
y	del	otro	que	había sido crucificado con	él;	a$_3$	pero$_1$	--$_4$	Jesús,$_5$
2532	3588	243	3588	4957	846	1909	1161	3588	2424
CLN	*DGSM*	*JGSM*	*DGSM*	*VAPP-SGM*	*RP3DSM*	*P*	*CLK*	*DASM*	*NASM*

ἐλθόντες,	ὡς	εἶδον	ἤδη	αὐτὸν	τεθνηκότα,	οὐ	κατέαξαν	αὐτοῦ
habiendo llegado$_2$	como	vieron	ya	a él	había muerto,	no	quebraron$_1$	de él,$_4$
2064	5613	1492	2235	846	2348	3756	2608	846
VAAP-PNM	*CAT*	*VAAI3P*	*B*	*RP3ASM*	*VRAP-SAM*	*BN, TN*	*VAAI3P*	*RP3GSM*

τὰ	σκέλη,	34 ἀλλ’	εἷς	τῶν	στρατιωτῶν	λόγχῃ	αὐτοῦ	τὴν	πλευρὰν
las$_2$	piernas$_3$	sino	uno	de los	soldados	con una lanza$_2$	de él$_3$	el$_4$	costado,$_5$
3588	4628	235	1520	3588	4757	3057	846	3588	4125
DAPN	*NAPN*	*CLC*	*JNSM*	*DGPM*	*NGPM*	*NDSF*	*RP3GSM*	*DASF*	*NASF*

NVI

Muerte de Jesús

28 Después de esto,
como Jesús sabía que ya
todo había terminado, y
para que se cumpliera la
Escritura, dijo:
—Tengo sed.
29 Había allí una vasija
llena de vinagre; así que
empaparon una esponja
en el vinagre, la pusieron
en una caña y se la
acercaron a la boca. 30 Al
probar Jesús el vinagre,
dijo:
—Todo se ha
cumplido.
Luego inclinó la cabe-
za y entregó el espíritu.
31 Era el día de la pre-
paración para la Pascua.
Los judíos no querían
que los cuerpos perma-
necieran en la cruz en
sábado, por ser este un
día muy solemne. Así
que le pidieron a Pilato
ordenar que les que-
braran las piernas a los
crucificados y bajaran
sus cuerpos. 32 Fueron
entonces los soldados y
le quebraron las piernas
al primer hombre que
había sido crucificado
con Jesús, y luego al otro.
33 Pero, cuando se acer-
caron a Jesús y vieron
que ya estaba muerto,
no le quebraron las
piernas, 34 sino que uno
de los soldados le abrió
el costado con una lanza,

RVR

y al instante salió sangre
y agua.
35 Y el que lo vio da
testimonio, y su testi-
monio es verdadero; y
él sabe que dice verdad,
para que también voso-
tros creáis.
36 Porque estas cosas
sucedieron para que se
cumpliese la Escritura:
No se le quebrará nin-
gún hueso.
37 Y también otra
Escritura dice: Mirarán
al que traspasaron.

Jesús es sepultado

38 Después de todo esto,
José de Arimatea, que
era discípulo de Jesús,
pero secretamente por
miedo a los judíos, rogó
a Pilato que le permi-
tiese llevarse el cuerpo
de Jesús; y Pilato se lo
concedió. Entonces
vino, y se llevó el cuerpo
de Jesús.
39 También Nicodemo,
el que antes había visi-
tado a Jesús de noche,
vino trayendo un com-
puesto de mirra y de
áloe, como cien libras.
40 Tomaron, pues, el
cuerpo de Jesús, y lo
envolvieron en lienzos
con especias aromáticas,
según es costumbre se-
pultar entre los judíos.

ἔνυξεν,	καὶ	ἐξῆλθεν	εὐθὺς	αἷμα	καὶ	ὕδωρ.	35 καὶ	ὁ	ἑωρακὼς
hirió$_{1}$	y	salió	en seguida	sangre	y	agua.	Y	el que	ha visto
3572	2532	1831	2117	129	2532	5204	2532	3588	3708
VAAI3S	*CLN*	*VAAI3S*	*B, J*	*NNSN*	*CLN*	*NNSN*	*CLN*	*DNSM*	*VRAP-SNM*

μεμαρτύρηκεν,	καὶ	ἀληθινὴ	αὐτοῦ	ἐστιν	ἡ	μαρτυρία,	καὶ	ἐκεῖνος
ha testificado,	y	verdadero$_{1}$	de él,$_{5}$	es$_{2}$	el$_{3}$	testimonio$_{4}$	y	aquel
3140	2532	228	846	2076	3588	3141	2532	1565
VRAI3S	*CLN*	*JNSF*	*RP3GSM*	*VPAI3S*	*DNSF*	*NNSF*	*CLN*	*RD-NSM*

οἶδεν	ὅτι	ἀληθῆ	λέγει,	ἵνα	καὶ	ὑμεῖς	πιστεύητε.	36 ἐγένετο	γὰρ
sabe	que$_{1}$	verdadero,$_{3}$	dice$_{2}$	para que	también	vosotros	creáis.	sucedió$_{3}$	Porque$_{1}$
1492	3754	227	3004	2443	2532	5210	4100	1096	1063
VRAI3S	*CSC*	*JAPN*	*VPAI3S*	*CAP*	*BE, TE*	*RP2NP*	*VAAS2P*	*VAMI3S*	*CAZ*

ταῦτα	ἵνα	ἡ	γραφὴ	πληρωθῇ·	Ὀστοῦν	οὐ	συντριβήσεται
estas cosas$_{2}$	para que	la	Escritura	se cumpliera:	Hueso$_{1}$	no$_{3}$	será quebrado$_{4}$
5023	2443	3588	1124	4137	3747	3756	4937
RD-NPN	*CAP*	*DNSF*	*NNSF*	*VAPS3S*	*NNSN*	*BN, TN*	*VFPI3S*

αὐτοῦ.	37 καὶ	πάλιν	ἑτέρα	γραφὴ	λέγει·	Ὄψονται	εἰς	ὃν
de él.$_{2}$	Y	de nuevo	otra	Escritura	dice:	Mirarán	a	el que
846	2532	3825	2087	1124	3004	3700	1519	3739
RP3GSM	*CLN*	*B*	*JNSF*	*NNSF*	*VPAI3S*	*VFMI3P*	*P*	*RR-ASM*

ἐξεκέντησαν.
traspasaron.
1574
VAAI3P

38 Μετὰ	δὲ	ταῦτα	ἠρώτησεν	τὸν	Πιλᾶτον	Ἰωσὴφ	ἀπὸ
después de$_{2}$	Y$_{1}$	estas cosas,$_{3}$	pidió$_{18}$	a --$_{19}$	Pilato$_{20}$	José$_{4}$	de$_{5}$
3326	1161	3778	2065	3588	4091	2501	575
P	*CLT*	*RD-APN*	*VAAI3S*	*DASM*	*NASM*	*NNSM, XP*	*P*

Ἀριμαθαίας,	ὢν	μαθητὴς	τοῦ	Ἰησοῦ	κεκρυμμένος*	δὲ
Arimatea,$_{6}$	siendo$_{7}$	discípulo$_{8}$	de --$_{9}$	Jesús$_{10}$	habiendo estado escondido$_{12}$	pero$_{11}$
707	5607	3101	3588	2424	2928	1161
NGSF	*VPAP-SNM*	*NNSM*	*DGSM*	*NGSM*	*VRPP-SNM*	*CLC*

διὰ	τὸν	φόβον	τῶν	Ἰουδαίων,	ἵνα	ἄρῃ	τὸ	σῶμα	τοῦ	Ἰησοῦ·
a causa de$_{13}$	el$_{14}$	miedo$_{15}$	de los$_{16}$	judíos,$_{17}$	para que	quitara	el	cuerpo	de --	Jesús,
1223	3588	5401	3588	2453	2443	142	3588	4983	3588	2424
P	*DASM*	*NASM*	*DGPM*	*JGPM*	*CSC*	*VAAS3S*	*DASN*	*NASN*	*DGSM*	*NGSM*

καὶ	ἐπέτρεψεν	ὁ	Πιλᾶτος.	ἦλθεν	οὖν	καὶ	ἦρεν	τὸ	σῶμα	αὐτοῦ.
y$_{1}$	permitió.$_{4}$	--$_{2}$	Pilato$_{3}$	vino$_{6}$	Así que$_{5}$	y	quitó	el	cuerpo	de él.
2532	2010	3588	4091	2064	3767	2532	142	3588	4983	846
CLN	*VAAI3S*	*DNSM*	*NNSM*	*VAAI3S*	*CLI*	*CLN*	*VAAI3S*	*DASN*	*NASN*	*RP3GSM*

39 ἦλθεν	δὲ	καὶ	Νικόδημος,	ὁ	ἐλθὼν	πρὸς	αὐτὸν	νυκτὸς
vino$_{11}$	Y$_{1}$	también$_{2}$	Nicodemo,$_{3}$	el que$_{4}$	vino$_{5}$	a$_{6}$	él$_{7}$	de noche$_{8}$
2064	1161	2532	3530	3588	2064	4314	846	3571
VAAI3S	*CLN*	*BE, TE*	*NNSM*	*DNSM*	*VAAP-SNM*	*P*	*RP3ASM*	*NGSF*

τὸ	πρῶτον,	φέρων	μίγμα	σμύρνης	καὶ	ἀλόης	ὡς	λίτρας	ἑκατόν.
al$_{9}$	principio,$_{10}$	trayendo	una mezcla	de mirra	y	de áloe,	como	libras.$_{2}$	cien$_{1}$
3588	4413	5342	3395	4666	2532	250	5613	3046	1540
DASN	*B, J*	*VPAP-SNM*	*NASN*	*NGSF*	*CLN*	*NGSF*	*CAM, B*	*NAPF*	*XN, J*

40 ἔλαβον	οὖν	τὸ	σῶμα	τοῦ	Ἰησοῦ	καὶ	ἔδησαν	αὐτὸ	ὀθονίοις	μετὰ
tomaron$_{2}$	Así que$_{1}$	el	cuerpo	de --	Jesús	y	envolvieron	a él	con vendas,	con
2983	3767	3588	4983	3588	2424	2532	1210	846	3608	3326
VAAI3P	*CLN*	*DASN*	*NASN*	*DGSM*	*NGSM*	*CLN*	*VAAI3P*	*RP3ASN*	*NDPN*	*P*

τῶν	ἀρωμάτων,	καθὼς	ἔθος	ἐστὶν	τοῖς	Ἰουδαίοις	ἐνταφιάζειν.
las	especias aromáticas	como$_{1}$	costumbre$_{3}$	es$_{2}$	a los	judíos	preparar para el sepelio.
3588	759	2531	1485	2076	3588	2453	1779
DGPN	*NGPN*	*CAM*	*NNSN*	*VPAI3S*	*DDPM*	*JDPM*	*VPAN*

NVI

y al instante le brotó san-
gre y agua. 35 El que lo
vio ha dado testimonio
de ello, y su testimonio
es verídico. Él sabe que
dice la verdad, para que
también ustedes crean.
36 Estas cosas sucedieron
para que se cumpliera
la Escritura: «No le
quebrarán ningún hue-
so» 37 y, como dice otra
Escritura: «Mirarán al
que han traspasado».

Sepultura de Jesús

38 Después de esto,
José de Arimatea le
pidió a Pilato el cuerpo
de Jesús. José era discí-
pulo de Jesús, aunque en
secreto por miedo a los
judíos. Con el permiso
de Pilato, fue y retiró
el cuerpo. 39 También
Nicodemo, el que antes
había visitado a Jesús
de noche, llegó con
unos treinta y cuatro
kilos de una mezcla de
mirra y áloe. 40 Ambos
tomaron el cuerpo de
Jesús y, conforme a la
costumbre judía de dar
sepultura, lo envolvie-
ron en vendas con las
especias aromáticas.

19:38* O sea *en secreto.*

RVR

41 Y en el lugar donde había sido crucificado, había un huerto, y en el huerto un sepulcro nuevo, en el cual aún no había sido puesto ninguno.

42 Allí, pues, por causa de la preparación de la pascua de los judíos, y porque aquel sepulcro estaba cerca, pusieron a Jesús.

La resurrección del Señor

20 El primer día de la semana, María Magdalena fue de madrugada, siendo aún oscuro, al sepulcro; y vio quitada la piedra del sepulcro.

2 Entonces corrió, y fue a Simón Pedro y al otro discípulo, aquel al que amaba Jesús, y les dijo: Se han llevado del sepulcro al Señor, y no sabemos dónde le han puesto.

3 Salieron, pues, Pedro y el otro discípulo, y fueron al sepulcro.

4 Corrían los dos juntos; pero el otro discípulo corrió más aprisa que Pedro, y llegó primero al sepulcro.

5 Y bajándose a mirar, vio los lienzos colocados en el suelo, pero no entró.

6 Luego llegó Simón

---

41 ἦν δὲ ἐν τῷ τόπῳ ὅπου ἐσταυρώθη κῆπος, καὶ ἐν τῷ
estaba (había)$_7$ Y$_1$ en$_2$ el$_3$ lugar$_4$ donde$_5$ fue crucificado$_6$ un huerto,$_8$ y en el
2258 1161 1722 3588 5117 3699 4717 2779 2532 1722 3588
VIAI3S CLN P DDSM NDSM CAL, B VAPI3S NNSM CLN P DDSM

κήπῳ μνημεῖον καινόν, ἐν ᾧ οὐδέπω οὐδεὶς ἦν τεθειμένος·
huerto, un sepulcro nuevo en el que todavía no nadie estaba (había) sido puesto.
2779 3419 2537 1722 3739 3764 3762 2258 5087
NDSM NNSN JNSN P RR-DSN BN JNSM VIAI3S VRPP-SNM

42 ἐκεῖ οὖν διὰ τὴν παρασκευὴν τῶν Ἰουδαίων, ὅτι ἐγγὺς ἦν
allí$_2$ Así que$_1$ a causa de$_6$ el$_7$ día de preparación$_8$ de los$_9$ judíos,$_{10}$ porque$_{11}$ cerca.$_{15}$ estaba$_{14}$
1563 3767 1223 3588 3904 3588 2453 3754 1451 2258
BP CLN P DASF NASF DGPM JGPM CAZ B VIAI3S

τὸ μνημεῖον, ἔθηκαν τὸν Ἰησοῦν.
el$_{12}$ sepulcro$_{13}$ pusieron$_3$ a --$_4$ Jesús,$_5$
3588 3419 5087 3588 2424
DNSN NNSN VAAI3P DASM NASM

20 Τῇ δὲ μιᾷ τῶν σαββάτων* Μαρία ἡ Μαγδαληνὴ ἔρχεται
en el$_2$ Y$_1$ uno de los sábados, María$_1$ --$_2$ Magdalena$_3$ viene$_4$
3588 1161 1520 3588 4521 3137 3588 3094 2064
DDSF CLT JDSF DGPN NGPN NNSF DNSF NNSF VPUI3S

πρωῒ σκοτίας ἔτι οὔσης εἰς τὸ μνημεῖον, καὶ βλέπει
de madrugada,$_8$ oscuridad,$_{11}$ todavía$_{10}$ siendo (habiendo)$_9$ a$_5$ el$_6$ sepulcro$_7$ y ve
4404 4653 2089 5607 1519 3588 3419 2532 991
B NGSF B VPAP-SGF P DASN NASN CLN VPAI3S

τὸν λίθον ἠρμένον ἐκ τοῦ μνημείου. 2 τρέχει οὖν καὶ ἔρχεται πρὸς
la piedra quitada de el sepulcro. corre$_2$ Así que$_1$ y viene a
3588 3037 142 1537 3588 3419 5143 3767 2532 2064 4314
DASM NASM VRPP-SAM P DGSN NGSN VPAI3S CLI CLN VPUI3S P

Σίμωνα Πέτρον καὶ πρὸς τὸν ἄλλον μαθητὴν ὃν ἐφίλει ὁ
Simón Pedro y a el otro discípulo al que$_1$ amaba,$_4$ --$_2$
4613 4074 2532 4314 3588 243 3101 3739 5368 3588
NASM NASM CLN P DASM JASM NASM RR-ASM VIAI3S DNSM

Ἰησοῦς, καὶ λέγει αὐτοῖς· Ἦραν τὸν κύριον ἐκ τοῦ μνημείου, καὶ
Jesús$_3$ y dice a ellos: Llevaron al Señor de el sepulcro, y
2424 2532 3004 846 142 3588 2962 1537 3588 3419 2532
NNSM CLN VPAI3S RP3DPM VAAI3P DASM NASM P DGSN NGSN CLN

οὐκ οἴδαμεν ποῦ ἔθηκαν αὐτόν. 3 ἐξῆλθεν οὖν ὁ Πέτρος καὶ ὁ
no sabemos dónde pusieron a él. salieron,$_8$ Así que$_1$ --$_2$ Pedro$_3$ y$_4$ el$_5$
3756 1492 4226 5087 846 1831 3767 3588 4074 2532 3588
BN, TN VRAI1P B VAAI3P RP3ASM VAAI3S CLI DNSM NNSM CLN DNSM

ἄλλος μαθητής, καὶ ἤρχοντο εἰς τὸ μνημεῖον. 4 ἔτρεχον δὲ οἱ δύο
otro$_6$ discípulo$_7$ e iban hacia el sepulcro. corrían$_4$ Y$_1$ los$_2$ dos$_3$
243 3101 2532 2064 1519 3588 3419 5143 1161 3588 1417
JNSM NNSM CLN VIUI3P P DASN NASN VIAI3P CLN DNPM XN, J

ὁμοῦ· καὶ ὁ ἄλλος μαθητὴς προέδραμεν τάχιον τοῦ Πέτρου
juntamente; y el otro discípulo corrió delante más aprisa (que) -- Pedro
3674 2532 3588 243 3101 4390 5032 3588 4074
B CLN DNSM JNSM NNSM VAAI3S B, J DGSM NGSM

καὶ ἦλθεν πρῶτος εἰς τὸ μνημεῖον, 5 καὶ παρακύψας βλέπει
y vino primero,$_5$ a$_2$ el$_3$ sepulcro$_4$ y habiéndose inclinado para mirar, ve
2532 2064 4413 1519 3588 3419 2532 3879 991
CLN VAAI3S JNSM P DASN NASN CLN VAAP-SNM VPAI3S

κείμενα τὰ ὀθόνια, οὐ μέντοι εἰσῆλθεν. 6 ἔρχεται οὖν καὶ
puestas,$_3$ las$_1$ vendas$_2$ no$_5$ sin embargo,$_4$ entró.$_6$ viene$_5$ Así que$_1$ también$_4$
2749 3588 3608 3756 3305 1525 2064 3767 2532
VPUP-PAN DAPN NAPN BN, TN CLC VAAI3S VPUI3S CLN BE, TE

NVI

41 En el lugar donde crucificaron a Jesús había un huerto, y en el huerto un sepulcro nuevo en el que todavía no se había sepultado a nadie.

42 Como era el día judío de la preparación, y el sepulcro estaba cerca, pusieron allí a Jesús.

El sepulcro vacío

20 El primer día de la semana, muy de mañana, cuando todavía estaba oscuro, María Magdalena fue al sepulcro y vio que habían quitado la piedra que cubría la entrada.

2 Así que fue corriendo a ver a Simón Pedro y al otro discípulo, a quien Jesús amaba, y les dijo:

—¡Se han llevado del sepulcro al Señor, y no sabemos dónde lo han puesto!

3 Pedro y el otro discípulo se dirigieron entonces al sepulcro.

4 Ambos fueron corriendo, pero, como el otro discípulo corría más aprisa que Pedro, llegó primero al sepulcro.

5 Inclinándose, se asomó y vio allí las vendas, pero
no entró. 6 Tras él llegó

20:1* O sea *primer día de la semana.*

RVR

Pedro tras él, y entró
en el sepulcro, y vio los
lienzos colocados en
el suelo,
7 y el sudario, que había
estado sobre la cabeza de
Jesús, no puesto con los
lienzos, sino enrollado
en un lugar aparte.
8 Entonces entró tam-
bién el otro discípulo,
que había venido pri-
mero al sepulcro; y vio,
y creyó.
9 Porque aún no habían
entendido la Escritura,
que era menester que
él resucitase de los
muertos.
10 Y volvieron los discí-
pulos a los suyos.

Jesús se aparece a María Magdalena

11 Pero María estaba
fuera llorando junto
al sepulcro; y mien-
tras lloraba, se inclinó
para mirar dentro del
sepulcro;
12 y vio a dos ángeles
con vestiduras blancas,
que estaban sentados el
uno a la cabecera, y el
otro a los pies, donde el
cuerpo de Jesús había
sido colocado.
13 Y le dijeron: Mujer,
¿por qué lloras? Les
dijo: Porque se han lle-
vado a mi Señor, y no sé
dónde le han puesto.
14 Dicho esto, se volvió,

Σίμων Πέτρος ἀκολουθῶν αὐτῷ, καὶ εἰσῆλθεν εἰς τὸ μνημεῖον·
Simón$_2$ Pedro$_3$ siguiendo a él, y entró a el sepulcro;
4613 4074 190 846 2532 1525 1519 3588 3419
NNSM NNSM VPAP-SNM RP3DSM CLN VAAI3S P DASN NASN

καὶ θεωρεῖ τὰ ὀθόνια κείμενα, 7 καὶ τὸ σουδάριον, ὃ ἦν ἐπὶ
y ve las vendas puestas, y el sudario el que estaba sobre
2532 2334 3588 3608 2749 2532 3588 4676 3739 2258 1909
CLN VPAI3S DAPN NAPN VPUP-PAN CLN DASN NASN RR-NSN VIAI3S P

τῆς κεφαλῆς αὐτοῦ, οὐ μετὰ τῶν ὀθονίων κείμενον ἀλλὰ χωρὶς
la cabeza de él, no$_1$ con$_3$ las$_4$ vendas,$_5$ puesto$_2$ sino$_6$ aparte,$_8$
3588 2776 846 3756 3326 3588 3608 2749 235 5565
DGSF NGSF RP3GSM BN, TN P DGPN NGPN VPUP-SAN CLC B

ἐντετυλιγμένον εἰς ἕνα τόπον. 8 τότε οὖν εἰσῆλθεν καὶ ὁ
enrollado$_7$ en un lugar. entonces,$_2$ Así que$_1$ entró,$_{13}$ también$_{12}$ el$_3$
1794 1519 1520 5117 5119 3767 1525 2532 3588
VRPP-SAN P JASM NASM B CLN VAAI3S BE, TE DNSM

ἄλλος μαθητὴς ὁ ἐλθὼν πρῶτος εἰς τὸ μνημεῖον, καὶ εἶδεν
otro$_4$ discípulo,$_5$ el que$_6$ vino$_7$ primero,$_{11}$ a$_8$ el$_9$ sepulcro$_{10}$ y vio
243 3101 3588 2064 4413 1519 3588 3419 2532 1492
JNSM NNSM DNSM VAAP-SNM JNSM P DASN NASN CLN VAAI3S

καὶ ἐπίστευσεν· 9 οὐδέπω γὰρ ᾔδεισαν τὴν γραφὴν ὅτι δεῖ
y creyó; todavía no$_2$ porque$_1$ conocían$_3$ la Escritura, que es necesario$_1$
2532 4100 3764 1063 1492 3588 1124 3754 1163
CLN VAAI3S BN CLX VLAI3P DASF NASF CSC VPAI3S

αὐτὸν ἐκ νεκρῶν ἀναστῆναι. 10 ἀπῆλθον οὖν πάλιν πρὸς
a él$_3$ de$_4$ (los) muertos.$_5$ resucitar$_2$ se fueron$_4$ Así que$_1$ de nuevo$_5$ a$_6$
846 1537 3498 450 565 3767 3825 4314
RP3ASM P JGPM VAAN VAAI3P CLT B P

αὐτοὺς* οἱ μαθηταί. 11 Μαρία δὲ εἱστήκει πρὸς τῷ μνημείῳ ἔξω
ellos.$_7$ los$_2$ discípulos$_3$ María$_2$ Pero$_1$ estaba de pie, junto a el sepulcro fuera,
846 3588 3101 3137 1161 2476 4314 3588 3419 1854
RP3APM DNPM NNPM NNSF CLC VLAI3S P DDSN NDSN BP

κλαίουσα. ὡς οὖν ἔκλαιεν παρέκυψεν εἰς τὸ μνημεῖον, 12 καὶ
llorando; como$_2$ así que$_1$ lloraba$_3$ se inclinó para mirar a el sepulcro, y
2799 5613 3767 2799 3879 1519 3588 3419 2532
VPAP-SNF CAT CLN VIAI3S VAAI3S P DASN NASN CLN

θεωρεῖ δύο ἀγγέλους ἐν λευκοῖς* καθεζομένους, ἕνα πρὸς τῇ κεφαλῇ
ve dos ángeles con blancas sentados, uno a la cabeza
2334 1417 32 1722 3022 2516 1520 4314 3588 2776
VPAI3S XN, J NAPM P JDPN VPUP-PAM JASM P DDSF NDSF

καὶ ἕνα πρὸς τοῖς ποσίν, ὅπου ἔκειτο τὸ σῶμα τοῦ Ἰησοῦ.
y uno a los pies, donde estaba puesto (había).$_5$ el$_1$ cuerpo$_2$ de --$_3$ Jesús$_4$
2532 1520 4314 3588 4228 3699 2749 3588 4983 3588 2424
CLN JASM P DDPM NDPM CAL, B VIUI3S DNSN NNSN DGSM NGSM

13 καὶ λέγουσιν αὐτῇ ἐκεῖνοι· Γύναι, τί κλαίεις; λέγει αὐτοῖς ὅτι
Y$_1$ dicen$_3$ a ella:$_4$ aquellos$_2$ Mujer, ¿por qué lloras? Dice a ellos que:
2532 3004 846 1565 1135 5101 2799 3004 846 3754
CLN VPAI3P RP3DSF RD-NPM NVSF RI-ASN VPAI2S VPAI3S RP3DPM CSC

Ἦραν τὸν κύριόν μου, καὶ οὐκ οἶδα ποῦ ἔθηκαν αὐτόν. 14 ταῦτα
Se llevaron al Señor de mí, y no sé dónde pusieron a él. estas cosas$_2$
142 3588 2962 3450 2532 3756 1492 4226 5087 846 5023
VAAI3P DASM NASM RP1GS CLN BN, TN VRAI1S B VAAI3P RP3ASM RD-APN

εἰποῦσα ἐστράφη εἰς τὰ ὀπίσω, καὶ θεωρεῖ τὸν Ἰησοῦν ἑστῶτα,
Habiendo dicho$_1$ se volvió$_3$ hacia -- de atrás y ve a -- Jesús de pie,
2036 4762 1519 3588 3694 2532 2334 3588 2424 2476
VAAP-SNF VAPI3S P DAPN B CLN VPAI3S DASM NASM VRAP-SAM

NVI

Simón Pedro, y entró en
el sepulcro. Vio allí las
vendas 7 y el sudario que
había cubierto la cabeza
de Jesús, aunque el su-
dario no estaba con las
vendas, sino enrollado
en un lugar aparte. 8 En
ese momento entró tam-
bién el otro discípulo, el
que había llegado prime-
ro al sepulcro; y vio y
creyó. 9 Hasta entonces
no habían entendido la
Escritura, que dice que
Jesús tenía que resucitar.

Jesús se aparece a María Magdalena

10 Los discípulos
regresaron a su casa,
11 pero María se quedó
afuera, llorando junto al
sepulcro. Mientras llora-
ba, se inclinó para mirar
dentro del sepulcro, 12 y
vio a dos ángeles vesti-
dos de blanco, sentados
donde había estado el
cuerpo de Jesús, uno a la
cabecera y otro a los pies.
13 —¿Por qué lloras,
mujer? —le pregunta-
ron los ángeles.
—Es que se han
llevado a mi Señor, y no
sé dónde lo han puesto
—les respondió.
14 Apenas dijo esto,
volvió la mirada y allí vio

20:10* O sea *a sus casas.* **20:12*** O sea *ropas blancas.*

RVR

y vio a Jesús que estaba allí; mas no sabía que era Jesús.
15 Jesús le dijo: Mujer, ¿por qué lloras? ¿A quién buscas? Ella, pensando que era el hortelano, le dijo: Señor, si tú lo has llevado, dime dónde lo has puesto, y yo lo llevaré.
16 Jesús le dijo: ¡María! Volviéndose ella, le dijo: ¡Rabuní! (que quiere decir, Maestro).
17 Jesús le dijo: Suéltame, porque aún no he subido a mi Padre; mas ve a mis hermanos, y diles: Subo a mi Padre y a vuestro Padre, a mi Dios y a vuestro Dios.
18 Fue entonces María Magdalena para dar a los discípulos las nuevas de que había visto al Señor, y que él le había dicho estas cosas.

Jesús se aparece a los discípulos

19 Al atardecer de aquel mismo día, el primero de la semana, estando las puertas cerradas en el lugar donde los discípulos estaban reunidos por miedo a los judíos, vino Jesús, se puso en medio y les dijo: Paz a vosotros.
20 Y, dicho esto, les mostró las manos y el

καὶ οὐκ ᾔδει ὅτι Ἰησοῦς ἐστιν. 15 λέγει αὐτῇ Ἰησοῦς· Γύναι, τί
y no sabía que Jesús.$_2$ es$_1$ dice$_2$ a ella:$_3$ Jesús$_1$ Mujer, ¿por qué
2532 3756 1492 3754 2424 2076 3004 846 2424 1135 5101
CLC BN, TN VLAI3S CSC NNSM VPAI3S VPAI3S RP3DSF NNSM NVSF RI-ASN

κλαίεις; τίνα ζητεῖς; ἐκείνη δοκοῦσα ὅτι ὁ κηπουρός ἐστιν λέγει
lloras? ¿A quién buscas? Aquella, pensando que el$_2$ hortelano,$_3$ es$_1$ dice
2799 5101 2212 1565 1380 3754 3588 2780 2076 3004
VPAI2S RI-ASM VPAI2S RD-NSF VPAP-SNF CSC DNSM NNSM VPAI3S VPAI3S

αὐτῷ· Κύριε, εἰ σὺ ἐβάστασας αὐτόν, εἰπέ μοι ποῦ ἔθηκας αὐτόν,
a él: Señor, si tú llevaste a él, di a mí dónde pusiste a él,
846 2962 1487 4771 941 846 2036 3427 4226 5087 846
RP3DSM NVSM CAC RP2NS VAAI2S RP3ASM VAAM2S RP1DS B VAAI2S RP3ASM

κἀγὼ αὐτὸν ἀρῶ. 16 λέγει αὐτῇ Ἰησοῦς· Μαριάμ. στραφεῖσα ἐκείνη
y yo$_1$ a él.$_3$ llevaré$_2$ dice$_2$ a ella:$_3$ Jesús$_1$ ¡Mariam!$_4$ se dio la vuelta,$_6$ Aquella$_5$
2504 846 142 3004 846 2424 3137 4762 1565
RP1NS, CLN RP3ASM VFAI1S VPAI3S RP3DSF NNSM NVSF, XP VAPP-SNF RD-NSF

λέγει αὐτῷ Ἑβραϊστί· Ραββουνι (ὃ λέγεται* Διδάσκαλε). 17 λέγει
dice a él en hebreo: ¡Raboni! lo que dice Maestro. dice$_2$
3004 846 1447 4462 3588 3004 1320 3004
VPAI3S RP3DSM B NVSM, XF RR-NSN VPPI3S NVSM VPAI3S

αὐτῇ Ἰησοῦς· Μή μου ἅπτου,* οὔπω γὰρ ἀναβέβηκα πρὸς
a ella:$_3$ Jesús$_1$ No$_4$ de mí,$_6$ agarres$_5$ todavía no$_8$ porque$_7$ he subido a
846 2424 3361 3450 680 3768 1063 305 4314
RP3DSF NNSM BN, TN RP1GS VPMM2S BN CAZ VRAI1S P

τὸν πατέρα· πορεύου δὲ πρὸς τοὺς ἀδελφούς μου καὶ εἰπὲ αὐτοῖς·
el Padre; vete$_2$ pero$_1$ a los hermanos de mí y di a ellos:
3588 3962 4198 1161 4314 3588 80 3450 2532 2036 846
DASM NASM VPUM2S CLC P DAPM NAPM RP1GS CLN VAAM2S RP3DPM

Ἀναβαίνω πρὸς τὸν πατέρα μου καὶ πατέρα ὑμῶν καὶ θεόν μου καὶ
Subo a el Padre de mí y Padre de vosotros y Dios de mí y
305 4314 3588 3962 3450 2532 3962 5216 2532 2316 3450 2532
VPAI1S P DASM NASM RP1GS CLN NASM RP2GP CLN NASM RP1GS CLN

θεὸν ὑμῶν. 18 ἔρχεται Μαριὰμ ἡ Μαγδαληνὴ ἀγγέλλουσα τοῖς
Dios de vosotros. viene$_4$ María$_1$ --$_2$ Magdalena$_3$ habiendo anunciado a los
2316 5216 2064 3137 3588 3094 32 3588
NASM RP2GP VPUI3S NNSF, XP DNSF NNSF VPAP-SNF DDPM

μαθηταῖς ὅτι Ἑώρακα τὸν κύριον καὶ ταῦτα εἶπεν αὐτῇ. 19 Οὔσης
discípulos que: He visto al Señor; y estas cosas$_2$ dijo$_1$ a mí.$_3$ siendo$_2$
3101 3754 3708 3588 2962 2532 5023 2036 846 5607
NDPM CSC VRAI1S DASM NASM CLN RD-APN VAAI3S RP3DSF VPAP-SGF

οὖν ὀψίας τῇ ἡμέρᾳ ἐκείνῃ τῇ μιᾷ σαββάτων,* καὶ τῶν
Así que$_1$ (el) atardecer$_3$ en el día aquel, el uno de los sábados, y$_1$ las$_3$
3767 3798 3588 2250 1565 3588 1520 4521 2532 3588
CLT JGSF DDSF NDSF RD-DSF DDSF JDSF NGPN CLN DGPF, DGPN

θυρῶν κεκλεισμένων ὅπου ἦσαν οἱ μαθηταὶ διὰ τὸν φόβον
puertas$_4$ habiendo estado cerradas$_2$ donde$_5$ estaban$_8$ los$_6$ discípulos$_7$ a causa de el miedo
2374 2808 3699 2258 3588 3101 1223 3588 5401
NGPF VRPP-PGF, VRPP-PGM CAL VIAI3P DNPM NNPM P DASM NASM

τῶν Ἰουδαίων, ἦλθεν ὁ Ἰησοῦς καὶ ἔστη εἰς τὸ μέσον, καὶ
de los judíos, vino$_3$ --$_1$ Jesús$_2$ y se puso en pie en el medio, y
3588 2453 2064 3588 2424 2532 2476 1519 3588 3319 2532
DGPM, DGPF JGPM VAAI3S DNSM NNSM CLN VAAI3S P DASN JASN CLN

λέγει αὐτοῖς· Εἰρήνη ὑμῖν. 20 καὶ τοῦτο εἰπὼν ἔδειξεν τὰς χεῖρας
dice a ellos: Paz a vosotros. Y$_1$ esto,$_3$ habiendo dicho$_2$ mostró$_4$ las$_6$ manos$_7$
3004 846 1515 5213 2532 5124 2036 1166 3588 5495
VPAI3S RP3DPM NNSF RP2DP CLN RD-ASN VAAP-SNM VAAI3S DAPF NAPF

NVI

a Jesús de pie, aunque no sabía que era él. 15 Jesús le dijo:
—¿Por qué lloras, mujer? ¿A quién buscas?
Ella, pensando que se trataba del que cuidaba el huerto, le dijo:
—Señor, si usted se lo ha llevado, dígame dónde lo ha puesto, y yo iré por él.
16 —María —le dijo Jesús.
Ella se volvió y exclamó:
—¡Raboni! (que en arameo significa: Maestro).
17 —Suéltame, porque todavía no he vuelto al Padre. Ve más bien a mis hermanos y diles: "Vuelvo a mi Padre, que es Padre de ustedes; a mi Dios, que es Dios de ustedes".
18 María Magdalena fue a darles la noticia a los discípulos. «¡He visto al Señor!», exclamaba, y les contaba lo que él le había dicho.

Jesús se aparece a sus discípulos

19 Al atardecer de aquel primer día de la semana, estando reunidos los discípulos a puerta cerrada por temor a los judíos, entró Jesús y, poniéndose en medio de ellos, los saludó.
—¡La paz sea con ustedes!
20 Dicho esto, les mostró las manos y

20:16* O sea *lo que quiere decir.* **20:17*** O sea *no me detengas.* **20:19*** O sea *el primer día de la semana.*

RVR

costado. Y los discípulos
se regocijaron viendo
al Señor.
21 Entonces Jesús les dijo
otra vez: Paz a vosotros.
Como me envió el
Padre, así también yo
os envío.
22 Y habiendo dicho
esto, sopló, y les dijo:
Recibid el Espíritu
Santo.
23 A quienes remitiereis
los pecados, les son
remitidos; y a quienes
se los retuviereis, les
quedan retenidos.

Incredulidad de Tomás

24 Pero Tomás, uno de
los doce, llamado el
Mellizo, no estaba con
ellos cuando vino Jesús.
25 Le dijeron, pues,
los otros discípulos:
Hemos visto al Señor.
Él les dijo: Si no veo en
sus manos la señal de los
clavos, y meto mi dedo
en el lugar de los clavos,
y meto mi mano en su
costado, no creeré de
ningún modo.
26 Ocho días después,
estaban otra vez sus
discípulos dentro, y
con ellos Tomás. Llegó
Jesús, estando las puer-
tas cerradas, y se puso en
medio y les dijo: Paz a
vosotros.
27 Luego dijo a Tomás:

καὶ τὴν πλευρὰν αὐτοῖς. ἐχάρησαν οὖν οἱ μαθηταὶ ἰδόντες
y$_{8}$ el$_{9}$ costado,$_{10}$ a ellos$_{5}$ se alegraron$_{15}$ así que$_{11}$ los$_{12}$ discípulos$_{13}$ cuando vieron
2532 3588 4125 846 5463 3767 3588 3101 1492
CLN DASF NASF RP3DPM VAPI3P CLI DNPM NNPM VAAP-PNM

τὸν κύριον. 21 εἶπεν οὖν αὐτοῖς ὁ Ἰησοῦς πάλιν· Εἰρήνη ὑμῖν·
al Señor. dijo$_{4}$ Así que$_{1}$ a ellos$_{5}$ --$_{2}$ Jesús$_{3}$ de nuevo: Paz a vosotros,
3588 2962 2036 3767 846 3588 2424 3825 1515 5213
DASM NASM VAAI3S CLN RP3DPM DNSM NNSM B NNSF RP2DP

καθὼς ἀπέσταλκέν με ὁ πατήρ, κἀγὼ πέμπω ὑμᾶς. 22 καὶ τοῦτο
como$_{1}$ ha enviado$_{4}$ a mí,$_{5}$ el$_{2}$ Padre$_{3}$ también yo envío a vosotros. Y$_{1}$ esto,$_{3}$
2531 649 3165 3588 3962 2504 3992 5209 2532 5124
CAM VRAI3S RP1AS DNSM NNSM RP1NS, TE VPAI1S RP2AP CLN RD-ASN

εἰπὼν ἐνεφύσησεν καὶ λέγει αὐτοῖς· Λάβετε πνεῦμα ἅγιον· 23 ἄν
habiendo dicho$_{2}$ sopló y dice a ellos: Recibid (el) Espíritu Santo. --
2036 1720 2532 3004 846 2983 4151 40 302
VAAP-SNM VAAI3S CLN VPAI3S RP3DPM VAAM2P NASN JASN CACT

τινων ἀφῆτε τὰς ἁμαρτίας ἀφέωνται αὐτοῖς· ἄν τινων κρατῆτε
De quienes perdonéis los pecados, han sido perdonados a ellos; -- de quienes retengáis,
5100 863 3588 266 863 846 302 5100 2902
RX-GPM VAAS2P DAPF NAPF VRPI3P RP3DPM CAC, T RX-GPM VPAS2P

κεκράτηνται. 24 Θωμᾶς δὲ εἷς ἐκ τῶν δώδεκα, ὁ λεγόμενος
han sido retenidos. Tomás,$_{2}$ Pero$_{1}$ uno de los doce, el que es llamado
2902 2381 1161 1520 1537 3588 1427 3588 3004
VRPI3P NNSM CLT JNSM P DGPM XN, J DNSM VPPP-SNM

Δίδυμος, οὐκ ἦν μετ᾽ αὐτῶν ὅτε ἦλθεν Ἰησοῦς. 25 ἔλεγον οὖν
Gemelo, no estaba con ellos cuando vino.$_{2}$ Jesús$_{1}$ decían$_{5}$ Así que$_{1}$
1324 3756 2258 3326 846 3753 2064 2424 3004 3767
NNSM BN, TN VIAI3S P RP3GPM CAT VAAI3S NNSM VIAI3P CLI

αὐτῷ οἱ ἄλλοι μαθηταί· Ἑωράκαμεν τὸν κύριον. ὁ δὲ εἶπεν
a él:$_{6}$ los$_{2}$ otros$_{3}$ discípulos$_{4}$ Hemos visto al Señor, --$_{2}$ pero$_{1}$ dijo$_{3}$
846 3588 243 3101 3708 3588 2962 3588 1161 2036
RP3DSM DNPM JNPM NNPM VRAI1P DASM NASM DNSM CLC VAAI3S

αὐτοῖς· Ἐὰν μὴ ἴδω ἐν ταῖς χερσὶν αὐτοῦ τὸν τύπον τῶν ἥλων
a ellos: Si no veo en las manos de él la marca de los clavos,
846 1437 3361 1492 1722 3588 5495 846 3588 5179 3588 2247
RP3DPM CAC BN, TN VAAS1S P DDPF NDPF RP3GSM DASM NASM DGPM NGPM

καὶ βάλω τὸν δάκτυλόν μου εἰς τὸν τύπον τῶν ἥλων καὶ βάλω
y pongo el dedo de mí en la marca de los clavos y pongo
2532 906 3588 1147 3450 1519 3588 5179 3588 2247 2532 906
CLN VAAS1S DASM NASM RP1GS P DASM NASM DGPM NGPM CLN VAAS1S

μου τὴν χεῖρα εἰς τὴν πλευρὰν αὐτοῦ, οὐ μὴ* πιστεύσω. 26 Καὶ
de mí$_{3}$ la$_{1}$ mano$_{2}$ en el costado de él, no no creeré. Y$_{1}$
3450 3588 5495 1519 3588 4125 846 3756 3361 4100 2532
RP1GS DASF NASF P DASF NASF RP3GSM BN, TN BN, TN VFAI1S CLN

μεθ᾽ ἡμέρας ὀκτὼ πάλιν ἦσαν ἔσω οἱ μαθηταὶ αὐτοῦ καὶ
después de$_{2}$ días,$_{4}$ ocho$_{3}$ de nuevo$_{8}$ estaban$_{9}$ adentro,$_{10}$ los$_{5}$ discípulos$_{6}$ de él$_{7}$ y
3326 2250 3638 3825 2258 2080 3588 3101 846 2532
P NAPF XN, J B VIAI3P BP DNPM NNPM RP3GSM CLN

Θωμᾶς μετ᾽ αὐτῶν. ἔρχεται ὁ Ἰησοῦς τῶν θυρῶν κεκλεισμένων,
Tomás con ellos. viene$_{6}$ --$_{4}$ Jesús$_{5}$ las$_{2}$ puertas,$_{3}$ Habiendo estado cerradas$_{1}$
2381 3326 846 2064 3588 2424 3588 2374 2808
NNSM P RP3GPM VPUI3S DNSM NNSM DGPF NGPF VRPP-PGF, VRPP-PGM

καὶ ἔστη εἰς τὸ μέσον καὶ εἶπεν· Εἰρήνη ὑμῖν. 27 εἶτα λέγει
y se puso en pie en el medio, y dijo: Paz a vosotros. Después dice
2532 2476 1519 3588 3319 2532 2036 1515 5213 1534 3004
CLN VAAI3S P DASN JASN CLN VAAI3S NNSF RP2DP B VPAI3S

NVI

el costado. Al ver al
Señor, los discípulos se
alegraron.
21 —¡La paz sea con
ustedes! —repitió
Jesús—. Como el Padre
me envió a mí, así yo los
envío a ustedes.
22 Acto seguido, sopló
sobre ellos y les dijo:
—Reciban el Espíritu
Santo. 23 A quienes les
perdonen sus pecados,
les serán perdonados;
a quienes no se los
perdonen, no les serán
perdonados.

Jesús se aparece a Tomás

24 Tomás, al que apo-
daban el Gemelo, y que
era uno de los doce, no
estaba con los discípulos
cuando llegó Jesús. 25 Así
que los otros discípulos
le dijeron:
—¡Hemos visto al
Señor!
—Mientras no vea
yo la marca de los clavos
en sus manos, y meta
mi dedo en las marcas y
mi mano en su costado,
no lo creeré —repuso
Tomás.
26 Una semana más
tarde estaban los dis-
cípulos de nuevo en la
casa, y Tomás estaba con
ellos. Aunque las puertas
estaban cerradas, Jesús
entró y, poniéndose
en medio de ellos, los
saludó.
—¡La paz sea con
ustedes!
27 Luego le dijo a

20:25* O sea *de ninguna manera.*

RVR

Pon aquí tu dedo,
y mira mis manos;
y acerca tu mano, y
métela en mi costado; y
no seas incrédulo, sino
creyente.
28 Entonces Tomás res-
pondió y le dijo: ¡Señor
mío, y Dios mío!
29 Jesús le dijo: Porque
me has visto, Tomás, has
creído; bienaventurados
los que no vieron, y
creyeron.

El propósito del libro

30 Hizo además Jesús
muchas otras señales en
presencia de sus discípu-
los, las cuales no están
escritas en este libro.
31 Pero éstas se han
escrito para que creáis
que Jesús es el Cristo, el
Hijo de Dios, y para que
creyendo, tengáis vida
en su nombre.

El Señor se aparece a siete de sus discípulos

21 Después de
esto, Jesús se
manifestó otra vez a sus
discípulos junto al mar
de Tiberíades; y se mani-
festó de esta manera:
2 Estaban juntos Simón
Pedro, Tomás llamado
el Mellizo, Natanael
el de Caná de Galilea,

τῷ	Θωμᾷ·	Φέρε	τὸν	δάκτυλόν	σου	ὧδε	καὶ	ἴδε	τὰς	χεῖράς
a --	Tomás:	Trae	el	dedo	de ti	aquí	y	mira	las	manos
3588	2381	5342	3588	1147	4675	5602	2532	1492	3588	5495
DDSM	NDSM	VPAM2S	DASM	NASM	RP2GS	BP	CLN	VAAM2S	DAPF	NAPF

μου,	καὶ	φέρε	τὴν	χεῖρά	σου	καὶ	βάλε	εἰς	τὴν	πλευράν	μου,	καὶ
de mí	y	trae	la	mano	de ti	y	mete	en	el	costado	de mí,	y
3450	2532	5342	3588	5495	4675	2532	906	1519	3588	4125	3450	2532
RP1GS	CLN	VPAM2S	DASF	NASF	RP2GS	CLN	VAAM2S	P	DASF	NASF	RP1GS	CLN

μὴ	γίνου	ἄπιστος	ἀλλὰ	πιστός.	28 ἀπεκρίθη	Θωμᾶς	καὶ	εἶπεν
no	sigas siendo	incrédulo,	sino	fiel.	respondió$_{2}$	Tomás$_{1}$	y	dijo
3361	1096	571	235	4103	611	2381	2532	2036
BN, TN	VPUM2S	JNSM	CLC	JNSM	VAPI3S, VAMI3S	NNSM	CLN	VAAI3S

αὐτῷ·	Ὁ	κύριός	μου	καὶ	ὁ	θεός	μου.	29 λέγει	αὐτῷ	ὁ	Ἰησοῦς·
a él:	--	Señor	de mí	y	--	Dios	de mí.	dice$_{3}$	a él:$_{4}$	--$_{1}$	Jesús$_{2}$
846	3588	2962	3450	2532	3588	2316	3450	3004	846	3588	2424
RP3DSM	DNSM	NNSM	RP1GS	CLN	DNSM	NNSM	RP1GS	VPAI3S	RP3DSM	DNSM	NNSM

Ὅτι	ἑώρακάς	με	πεπίστευκας;	μακάριοι	οἱ	μὴ	ἰδόντες	καὶ
¿Porque	has visto	a mí	has creído?	Bienaventurados	los que	no	vieron	y
3754	3708	3165	4100	3107	3588	3361	1492	2532
CAZ	VRAI2S	RP1AS	VRAI2S	JNPM	DNPM	BN, TN	VAAP-PNM	CLN

πιστεύσαντες.	30 Πολλὰ	μὲν	οὖν	καὶ	ἄλλα	σημεῖα	ἐποίησεν	ὁ
creyeron.	muchas cosas$_{6}$	en verdad$_{2}$	Así que$_{1}$	y$_{7}$	otras$_{8}$	señales$_{9}$	hizo$_{5}$	--$_{3}$
4100	4183	3303	3767	2532	243	4592	4160	3588
VAAP-PNM	JAPN	TK, C	CLI	BE, TE	JAPN	NAPN	VAAI3S	DNSM

Ἰησοῦς	ἐνώπιον	τῶν	μαθητῶν,	ἃ	οὐκ	ἔστιν	γεγραμμένα	ἐν
Jesús$_{4}$	delante de	los	discípulos,	las que	no	está (están)	escritas	en
2424	1799	3588	3101	3739	3756	2076	1125	1722
NNSM	P, B	DGPM	NGPM	RR-NPN	BN, TN	VPAI3S	VRPP-PNN	P

τῷ	βιβλίῳ*	τούτῳ·	31 ταῦτα	δὲ	γέγραπται	ἵνα	πιστεύητε	ὅτι
--$_{2}$	rollo;$_{3}$	este$_{1}$	estas cosas$_{2}$	pero$_{1}$	ha(n) sido escrito$_{3}$	para que	creáis	que
3588	975	5129	5023	1161	1125	2443	4100	3754
DDSN	NDSN	RD-DSN	RD-NPN	CLK, CLC	VRPI3S	CAP	VAAS2P	CSC

Ἰησοῦς	ἐστιν	ὁ	Χριστὸς	ὁ	υἱὸς	τοῦ	θεοῦ,	καὶ	ἵνα	πιστεύοντες
Jesús	es	el	Cristo,	el	Hijo	de --	Dios,	y	para que	creyendo,
2424	2076	3588	5547	3588	5207	3588	2316	2532	2443	4100
NNSM	VPAI3S	DNSM	NNSM	DNSM	NNSM	DGSM	NGSM	CLN	CAP	VPAP-PNM

ζωὴν	ἔχητε	ἐν	τῷ	ὀνόματι	αὐτοῦ.
vida$_{2}$	tengáis$_{1}$	en	la	nombre	de él.
2222	2192	1722	3588	3686	846
NASF	VPAS2P	P	DDSN	NDSN	RP3GSM

21

Μετὰ	ταῦτα	ἐφανέρωσεν	ἑαυτὸν	πάλιν	ὁ	Ἰησοῦς	τοῖς
Después de	estas cosas,	se manifestó$_{3}$	a sí mismo$_{4}$	de nuevo$_{5}$	--$_{1}$	Jesús$_{2}$	a los
3326	5023	5319	1438	3825	3588	2424	3588
P	RD-APN	VAAI3S	RF3ASM	B	DNSM	NNSM	DDPM

μαθηταῖς	ἐπὶ	τῆς	θαλάσσης	τῆς	Τιβεριάδος·	ἐφανέρωσεν	δὲ	οὕτως.
discípulos	en	el	mar	de --	Tiberias;	se manifestó$_{2}$	y$_{1}$	así:$_{3}$
3101	1909	3588	2281	3588	5085	5319	1161	3779
NDPM	P	DGSF	NGSF	DGSF	NGSF	VAAI3S	CLN	B

2 ἦσαν	ὁμοῦ	Σίμων	Πέτρος	καὶ	Θωμᾶς	ὁ	λεγόμενος	Δίδυμος	καὶ
estaban$_{26}$	juntos.$_{27}$	Simón$_{1}$	Pedro$_{2}$	y$_{3}$	Tomás,$_{4}$	el$_{5}$	llamado$_{6}$	Gemelo,$_{7}$	y$_{8}$
2258	3674	4613	4074	2532	2381	3588	3004	1324	2532
VIAI3P	B	NNSM	NNSM	CLN	NNSM	DNSM	VPPP-SNM	NNSM	CLN

Ναθαναὴλ	ὁ	ἀπὸ	Κανὰ	τῆς	Γαλιλαίας	καὶ	οἱ	τοῦ	Ζεβεδαίου
Natanael,$_{9}$	el$_{10}$	de$_{11}$	Caná$_{12}$	de --$_{13}$	Galilea,$_{14}$	y$_{15}$	los$_{16}$	(hijos) de --$_{17}$	Zebedeo$_{18}$
3482	3588	575	2580	3588	1056	2532	3588	3588	2199
NNSM, XP	DNSM	P	NGSF, XP	DGSF	NGSF	CLN	DNPM	DGSM	NGSM

NVI

Tomás:
—Pon tu dedo aquí y
mira mis manos. Acerca
tu mano y métela en
mi costado. Y no seas
incrédulo, sino hombre
de fe.
28 —¡Señor mío y
Dios mío! —exclamó
Tomás.
29 —Porque me has
visto, has creído —le
dijo Jesús—; dichosos
los que no han visto y sin
embargo creen.
30 Jesús hizo muchas
otras señales milagro-
sas en presencia de sus
discípulos, las cuales no
están registradas en este
libro. 31 Pero estas se han
escrito para que ustedes
crean que Jesús es el
Cristo, el Hijo de Dios,
y para que al creer en su
nombre tengan vida.

Jesús y la pesca milagrosa

21 Después de
esto Jesús se
apareció de nuevo a
sus discípulos, junto
al lago de Tiberíades.
Sucedió de esta manera:
2 Estaban juntos Simón
Pedro, Tomás (al que
apodaban el Gemelo),
Natanael, el de Caná

20:30* O sea *este libro.*

RVR

los hijos de Zebedeo,
y otros dos de sus dis-
cípulos.
3 Simón Pedro les dijo:
Voy a pescar. Ellos le
dijeron: Vamos noso-
tros también contigo.
Fueron, y entraron en
una barca; y aquella no-
che no pescaron nada.
4 Cuando ya iba ama-
neciendo, se presentó
Jesús en la playa; mas
los discípulos no sabían
que era Jesús.
5 Y les dijo: Hijitos, ¿te-
néis algo de comer? Le
respondieron: No.
6 Él les dijo: Echad la red
a la derecha de la barca,
y hallaréis. Entonces
la echaron, y ya no la
podían sacar, por la gran
cantidad de peces.
7 Entonces aquel
discípulo a quien Jesús
amaba dijo a Pedro:
¡Es el Señor! Simón
Pedro, cuando oyó que
era el Señor, se ciñó la
ropa (porque se había
despojado de ella), y se
echó al mar.
8 Y los otros discípulos
vinieron con la barca,
arrastrando la red de
peces, pues no distaban
de tierra sino como

καὶ	ἄλλοι	ἐκ	τῶν	μαθητῶν	αὐτοῦ	δύο.	³λέγει	αὐτοῖς	Σίμων	Πέτρος·
y$_{19}$	otros$_{20}$	de$_{22}$	los$_{23}$	discípulos$_{24}$	de él$_{25}$	dos$_{21}$	dice$_{3}$	a ellos:$_{4}$	Simón$_{1}$	Pedro$_{2}$
2532	243	1537	3588	3101	846	1417	3004	846	4613	4074
CLN	*JNPM*	*P*	*DGPM*	*NGPM*	*RP3GSM*	*XN, J*	*VPAI3S*	*RP3DPM*	*NNSM*	*NNSM*

Ὑπάγω	ἁλιεύειν·	λέγουσιν	αὐτῷ·	Ἐρχόμεθα	καὶ	ἡμεῖς	σὺν	σοί.
Voy	a pescar.	Dicen	a él:	vamos$_{3}$	también$_{2}$	Nosotros$_{1}$	con$_{4}$	ti.$_{5}$
5217	232	3004	846	2064	2532	2249	4862	4671
VPAI1S	*VPAN*	*VPAI3P*	*RP3DSM*	*VPUI1P*	*BE, TE*	*RP1NP*	*P*	*RP2DS*

ἐξῆλθον	καὶ	ἐνέβησαν	εἰς	τὸ	πλοῖον,	καὶ	ἐν	ἐκείνῃ	τῇ	νυκτὶ
Salieron,	y	entraron	en	la	barco,	y	en	aquella	--	noche
1831	2532	1684	1519	3588	4143	2532	1722	1565	3588	3571
VAAI3P	*CLN*	*VAAI3P*	*P*	*DASN*	*NASN*	*CLC*	*P*	*RD-DSF*	*DDSF*	*NDSF*

ἐπίασαν	οὐδέν.	⁴Πρωΐας	δὲ	ἤδη	γενομένης	ἔστη	Ἰησοῦς	εἰς
agarraron.$_{2}$	nada$_{1}$	el amanecer,$_{4}$	Y$_{1}$	ya$_{2}$	cuando se hizo$_{3}$	se puso en pie$_{6}$	Jesús$_{5}$	en
4084	3762	4405	1161	2235	1096	2476	2424	1519
VAAI3P	*JASN*	*NGSF*	*CLN*	*B*	*VAMP-SGF*	*VAAI3S*	*NNSM*	*P*

τὸν	αἰγιαλόν·	οὐ	μέντοι	ᾔδεισαν	οἱ	μαθηταὶ	ὅτι	Ἰησοῦς	ἐστιν.
la	playa,	no$_{4}$	sin embargo,$_{1}$	sabían$_{5}$	los$_{2}$	discípulos$_{3}$	que$_{6}$	Jesús.$_{8}$	es$_{7}$
3588	123	3756	3305	1492	3588	3101	3754	2424	2076
DASM	*NASM*	*BN, TN*	*CLC*	*VLAI3P*	*DNPM*	*NNPM*	*CSC*	*NNSM*	*VPAI3S*

⁵λέγει	οὖν	αὐτοῖς	ὁ	Ἰησοῦς·	Παιδία,	μή	τι	προσφάγιον
dice$_{4}$	Así que,$_{1}$	a ellos:$_{5}$	--$_{2}$	Jesús$_{3}$	Niñitos,	¿acaso$_{1}$	algún$_{3}$	pez para comer?$_{4}$
3004	3767	846	3588	2424	3813	3361	5100	4371
VPAI3S	*CLN*	*RP3DPM*	*DNSM*	*NNSM*	*NVPN*	*TN, TI*	*JASN, RX-ASN*	*NASN*

ἔχετε;	ἀπεκρίθησαν	αὐτῷ·	Οὔ.	⁶ὁ	δὲ	εἶπεν	αὐτοῖς·	Βάλετε	εἰς	τὰ
tenéis$_{2}$	Respondieron	a él:	No.	--$_{2}$	Y$_{1}$	dijo	a ellos:	Echad$_{1}$	hacia$_{4}$	las$_{5}$
2192	611	846	3756	3588	1161	2036	846	906	1519	3588
VPAI2P	*VAPI3P, VAMI3P*	*RP3DSM*	*I, TN*	*DNSM*	*CLN*	*VAAI3S*	*RP3DPM*	*VAAM2P*	*P*	*DAPN*

δεξιὰ	μέρη	τοῦ	πλοίου	τὸ	δίκτυον,	καὶ	εὑρήσετε.	ἔβαλον	οὖν,	καὶ
derechas$_{7}$	partes$_{6}$	de la$_{8}$	barca,$_{9}$	la$_{2}$	red$_{3}$	y	hallaréis.	echaron,$_{2}$	Así que$_{1}$	y$_{3}$
1188	3313	3588	4143	3588	1350	2532	2147	906	3767	2532
JAPN	*NAPN*	*DGSN*	*NGSN*	*DASN*	*NASN*	*CLN*	*VFAI2P*	*VAAI3P*	*CLI*	*CLN*

οὐκέτι	αὐτὸ	ἑλκύσαι	ἴσχυον	ἀπὸ	τοῦ	πλήθους	τῶν	ἰχθύων.	⁷λέγει
ya no$_{4}$	a ella,$_{7}$	arrastrar$_{6}$	podían$_{5}$	por	la	multitud	de los	pescados.	dice$_{9}$
3765	846	1670	2480	575	3588	4128	3588	2486	3004
BN	*RP3ASN*	*VAAN*	*VIAI3P*	*P*	*DGSN*	*NGSN*	*DGPM*	*NGPM*	*VPAI3S*

οὖν	ὁ	μαθητὴς	ἐκεῖνος	ὃν	ἠγάπα	ὁ	Ἰησοῦς	τῷ	Πέτρῳ·
Así que$_{1}$	el$_{2}$	discípulo,$_{3}$	aquel$_{4}$	al que$_{5}$	amaba,$_{8}$	--$_{6}$	Jesús$_{7}$	a --$_{10}$	Pedro:$_{11}$
3767	3588	3101	1565	3739	25	3588	2424	3588	4074
CLI	*DNSM*	*NNSM*	*RD-NSM*	*RR-ASM*	*VIAI3S*	*DNSM*	*NNSM*	*DDSM*	*NDSM*

Ὁ	κύριός	ἐστιν.	Σίμων	οὖν	Πέτρος,	ἀκούσας	ὅτι	ὁ	κύριός
el$_{13}$	Señor.$_{14}$	Es$_{12}$	Simón$_{16}$	Así que$_{15}$	Pedro$_{17}$	habiendo oído	que	el$_{2}$	Señor,$_{3}$
3588	2962	2076	4613	3767	4074	191	3754	3588	2962
DNSM	*NNSM*	*VPAI3S*	*NNSM*	*CLI*	*NNSM*	*VAAP-SNM*	*CSC*	*DNSM*	*NNSM*

ἐστιν,	τὸν	ἐπενδύτην	διεζώσατο,	ἦν	γὰρ	γυμνός,	καὶ	ἔβαλεν
es$_{1}$	la$_{5}$	capa,$_{6}$	se puso alrededor$_{4}$	estaba$_{8}$	porque$_{7}$	desnudo,$_{9}$	y	echó
2076	3588	1903	1241	2258	1063	1131	2532	906
VPAI3S	*DASM*	*NASM, NASF*	*VAMI3S*	*VIAI3S*	*CAZ*	*JNSM*	*CLN*	*VAAI3S*

ἑαυτὸν	εἰς	τὴν	θάλασσαν.	⁸οἱ	δὲ	ἄλλοι	μαθηταὶ	τῷ	πλοιαρίῳ
a sí mismo	a	el	mar.	los$_{2}$	Y$_{1}$	otros$_{3}$	discípulos$_{4}$	en el$_{6}$	barquito,$_{7}$
1438	1519	3588	2281	3588	1161	243	3101	3588	4142
RF3ASM	*P*	*DASF*	*NASF*	*DNPM*	*CLC*	*JNPM*	*NNPM*	*DDSN*	*NDSN*

ἦλθον,	οὐ	γὰρ	ἦσαν	μακρὰν	ἀπὸ	τῆς	γῆς	ἀλλὰ	ὡς	ἀπὸ	πηχῶν
vinieron$_{5}$	no$_{14}$	porque$_{13}$	estaban$_{15}$	lejos$_{16}$	de$_{17}$	la$_{18}$	tierra,$_{19}$	sino$_{20}$	como$_{21}$	de$_{22}$	codos.$_{24}$
2064	3756	1063	2258	3112	575	3588	1093	235	5613	575	4083
VAAI3P	*BN, TN*	*CAZ*	*VIAI3P*	*B, J*	*P*	*DGSF*	*NGSF*	*CLC*	*CAM, B*	*P*	*NGPM*

NVI

de Galilea, los hijos de
Zebedeo, y otros dos
discípulos.
3 —Me voy a pescar
—dijo Simón Pedro.
—Nos vamos contigo
—contestaron ellos.
Salieron, pues, de allí
y se embarcaron, pero
esa noche no pescaron
nada.
4 Al despuntar el alba
Jesús se hizo presente
en la orilla, pero los
discípulos no se dieron
cuenta de que era él.
5 —Muchachos, ¿no
tienen algo de comer?
—les preguntó Jesús.
—No —respondie-
ron ellos.
6 —Tiren la red a la
derecha de la barca, y
pescarán algo.
Así lo hicieron, y era
tal la cantidad de pes-
cados que ya no podían
sacar la red.
7 —¡Es el Señor! —
dijo a Pedro el discípulo
a quien Jesús amaba.
Tan pronto como
Simón Pedro le oyó
decir: «Es el Señor»,
se puso la ropa, pues
estaba semidesnudo, y se
tiró al agua. 8 Los otros
discípulos lo siguieron
en la barca, arrastrando
la red llena de pescados,
pues estaban a escasos

RVR

doscientos codos.
9 Al descender a tierra,
vieron unas brasas pues-
tas, y un pez encima de
ellas, y pan.
10 Jesús les dijo: Traed
de los peces que acabáis
de pescar.
11 Subió Simón Pedro, y
sacó la red a tierra, llena
de grandes peces, ciento
cincuenta y tres; y aun
siendo tantos, no se
rompió la red.
12 Les dijo Jesús: Venid,
comed. Y ninguno de
los discípulos se atrevía
a preguntarle: ¿Tú,
quién eres?, sabiendo
que era el Señor.
13 Vino, pues, Jesús, y
tomó el pan y les dio, y
asimismo del pescado.
14 Ésta era ya la tercera
vez que Jesús se manifes-
taba a sus discípulos,
después de haber resuci-
tado de los muertos.

Apacienta mis ovejas

15 Después de haber
comido, Jesús dijo a
Simón Pedro: Simón,
hijo de Jonás, ¿me
amas más que éstos? Le
respondió: Sí, Señor;
tú sabes que te amo. Él
le dijo: Apacienta mis
corderos.
16 Volvió a decirle la

διακοσίων,	σύροντες	τὸ	δίκτυον	τῶν	ἰχθύων.	9Ὡς	οὖν
doscientos$_{23}$	tirando$_{8}$	la$_{9}$	red$_{10}$	de los$_{11}$	pescados,$_{12}$	cuando$_{2}$	Así que$_{1}$
1250	4951	3588	1350	3588	2486	5613	3767
JGPM	*VPAP-PNM, VPAP-SNM*	*DASN*	*NASN*	*DGPM*	*NGPM*	*CAT*	*CLN*

ἀπέβησαν	εἰς	τὴν	γῆν	βλέπουσιν	ἀνθρακιὰν	κειμένην	καὶ	ὀψάριον
desembarcaron	en	la	tierra,	ven	brasas	puestas	y$_{1}$	pescado$_{3}$
576	1519	3588	1093	991	439	2749	2532	3795
VAAI3P	*P*	*DASF*	*NASF*	*VPAI3P*	*NASF*	*VPUP-SAF*	*CLN*	*NASN*

ἐπικείμενον	καὶ	ἄρτον.	10λέγει	αὐτοῖς	ὁ	Ἰησοῦς·	Ἐνέγκατε	ἀπὸ
estaba puesto$_{2}$	y	pan.	dice$_{3}$	a ellos:$_{4}$	--$_{1}$	Jesús$_{2}$	Traed	de
1945	2532	740	3004	846	3588	2424	5342	575
VPUP-SAN	*CLN*	*NASM*	*VPAI3S*	*RP3DPM*	*DNSM*	*NNSM*	*VAAM2P*	*P*

τῶν	ὀψαρίων	ὧν	ἐπιάσατε	νῦν.	11ἀνέβη	οὖν	Σίμων	Πέτρος	καὶ
los	pescados	los que	agarraron	ahora.	subió$_{4}$	Así que$_{1}$	Simón$_{2}$	Pedro$_{3}$	y
3588	3795	3739	4084	3568	305	3767	4613	4074	2532
DGPN	*NGPN*	*RR-GPN*	*VAAI2P*	*B*	*VAAI3S*	*CLI*	*NNSM*	*NNSM*	*CLN*

εἵλκυσεν	τὸ	δίκτυον	εἰς	τὴν	γῆν	μεστὸν	ἰχθύων	μεγάλων	ἑκατὸν
sacó	la	red	a	la	tierra	llena	de peces	grandes:	cien
1670	3588	1350	1519	3588	1093	3324	2486	3173	1540
VAAI3S	*DASN*	*NASN*	*P*	*DASF*	*NASF*	*JASN*	*NGPM*	*JGPM*	*XN, J*

πεντήκοντα	τριῶν·	καὶ	τοσούτων	ὄντων	οὐκ	ἐσχίσθη	τὸ	δίκτυον.
cincuenta	tres,	y	tantos,$_{2}$	siendo$_{1}$	no$_{5}$	se rasgó.$_{6}$	la$_{3}$	red$_{4}$
4004	5140	2532	5118	5607	3756	4977	3588	1350
XN, J	*JGPM*	*CLN*	*RD-GPM*	*VPAP-PGM*	*BN, TN*	*VAPI3S*	*DNSN*	*NNSN*

12λέγει	αὐτοῖς	ὁ	Ἰησοῦς·	Δεῦτε	ἀριστήσατε.	οὐδεὶς	δὲ	ἐτόλμα	τῶν
dice$_{3}$	a ellos:$_{4}$	--$_{1}$	Jesús$_{2}$	Venid,	desayunad.	nadie$_{2}$	Y$_{1}$	se atrevió$_{5}$	de los$_{3}$
3004	846	3588	2424	1205	709	3762	1161	5111	3588
VPAI3S	*RP3DPM*	*DNSM*	*NNSM*	*B*	*VAAM2P*	*JNSM*	*CLN*	*VIAI3S*	*DGPM*

μαθητῶν	ἐξετάσαι	αὐτόν·	Σὺ	τίς	εἶ;	εἰδότες	ὅτι	ὁ	κύριός
discípulos$_{4}$	a preguntar	a él:	tú?,$_{3}$	¿quién$_{1}$	eres$_{2}$	sabiendo	que	el$_{2}$	Señor.$_{3}$
3101	1833	846	4771	5101	1488	1492	3754	3588	2962
NGPM	*VAAN*	*RP3ASM*	*RP2NS*	*RI-NSM*	*VPAI2S*	*VRAP-PNM*	*CSC*	*DNSM*	*NNSM*

ἐστιν.	13ἔρχεται	ὁ	Ἰησοῦς	καὶ	λαμβάνει	τὸν	ἄρτον	καὶ	δίδωσιν
es$_{1}$	viene$_{3}$	--$_{1}$	Jesús$_{2}$	y$_{4}$	toma$_{5}$	el$_{8}$	pan$_{9}$	y$_{6}$	da$_{7}$
2076	2064	3588	2424	2532	2983	3588	740	2532	1325
VPAI3S	*VPUI3S*	*DNSM*	*NNSM*	*CLN*	*VPAI3S*	*DASM*	*NASM*	*CLN*	*VPAI3S*

αὐτοῖς,	καὶ	τὸ	ὀψάριον	ὁμοίως.	14τοῦτο	ἤδη	τρίτον	ἐφανερώθη
a ellos,$_{10}$	y	el	pescado	igualmente.	Esto	(era) ya	(la) tercera vez,	fue manifestado$_{3}$
846	2532	3588	3795	3668	5124	2235	5154	5319
RP3DPM	*CLN*	*DASN*	*NASN*	*B*	*RD-ASN*	*B*	*JASN*	*VAPI3S*

ὁ	Ἰησοῦς	τοῖς	μαθηταῖς	ἐγερθεὶς	ἐκ	νεκρῶν.	15Ὅτε	οὖν
--$_{1}$	Jesús$_{2}$	a los	discípulos	habiendo sido levantado	de	(los) muertos.	cuando$_{2}$	Así que$_{1}$
3588	2424	3588	3101	1453	1537	3498	3753	3767
DNSM	*NNSM*	*DDPM*	*NDPM*	*VAPP-SNM*	*P*	*JGPM*	*CAT*	*CLN*

ἠρίστησαν	λέγει	τῷ	Σίμωνι	Πέτρῳ	ὁ	Ἰησοῦς·	Σίμων	ΓἸωάννου,
desayunaron$_{3}$	dice$_{6}$	a--$_{7}$	Simón$_{8}$	Pedro:$_{9}$	--$_{4}$	Jesús$_{5}$	Simón	(hijo) de Juan,
709	3004	3588	4613	4074	3588	2424	4613	2491
VAAI3P	*VPAI3S*	*DDSM*	*NDSM*	*NDSM*	*DNSM*	*NNSM*	*NVSM*	*NGSM*

ἀγαπᾷς	με	πλέον	τούτων;	λέγει	αὐτῷ·	Ναί,	κύριε,	σὺ	οἶδας
¿amas	a mí	más	que estos?	Dice	a él:	Sí,	Señor,	tú	sabes
25	3165	4119	5130	3004	846	3483	2962	4771	1492
VPAI2S	*RP1AS*	*JASNC*	*RD-GPM, RD-GPN*	*VPAI3S*	*RP3DSM*	*I, T*	*NVSM*	*RP2NS*	*VRAI2S*

ὅτι	φιλῶ	σε.	λέγει	αὐτῷ·	Βόσκε	τὰ	ἀρνία	μου.	16λέγει	αὐτῷ	πάλιν
que	quiero	a ti.	Dice	a él:	Apacienta	las	ovejas	de mí.	Dice	a él	de nuevo
3754	5368	4571	3004	846	1006	3588	721	3450	3004	846	3825
CSC	*VPAI1S*	*RP2AS*	*VPAI3S*	*RP3DSM*	*VPAM2S*	*DAPN*	*NAPN*	*RP1GS*	*VPAI3S*	*RP3DSM*	*B*

NVI

cien metros de la orilla.
9 Al desembarcar, vieron
unas brasas con un pes-
cado encima, y un pan.
10 —Traigan algunos
de los pescados que
acaban de sacar —les
dijo Jesús.
11 Simón Pedro subió
a bordo y arrastró hasta
la orilla la red, la cual
estaba llena de pescados
de buen tamaño. Eran
ciento cincuenta y tres,
pero a pesar de ser tantos
la red no se rompió.
12 —Vengan a desayu-
nar —les dijo Jesús.
Ninguno de los
discípulos se atrevía a
preguntarle: «¿Quién
eres tú?», porque sabían
que era el Señor. 13 Jesús
se acercó, tomó el pan y
se lo dio a ellos, e hizo lo
mismo con el pescado.
14 Esta fue la tercera vez
que Jesús se apareció a
sus discípulos después
de haber resucitado.

Jesús restituye a Pedro

15 Cuando termina-
ron de desayunar, Jesús
le preguntó a Simón
Pedro:
—Simón, hijo de
Juan, ¿me amas más que
estos?
—Sí, Señor, tú sabes
que te quiero —contes-
tó Pedro.
—Apacienta mis cor-
deros —le dijo Jesús.
16 Y volvió a
preguntarle:

21:15Γ Manuscritos inferiores tienen *Jonás*.

RVR

segunda vez: Simón,
hijo de Jonás, ¿me
amas? Pedro le respon-
dió: Sí, Señor; tú sabes
que te amo. Le dijo:
Pastorea mis ovejas.
17 Le dijo la tercera vez:
Simón, hijo de Jonás,
¿me amas? Pedro se en-
tristeció de que le dijese
por tercera vez: ¿Me
amas?, y le respondió:
Señor, tú lo sabes todo;
tú sabes que te amo.
Jesús le dijo: Apacienta
mis ovejas.
18 De cierto, de cierto
te digo: Cuando eras
más joven, te ceñías tú
mismo, e ibas adonde
querías; mas cuando ya
seas viejo, extenderás tus
manos, y te ceñirá otro,
y te llevará adonde no
quieras.
19 Esto dijo, dando a
entender con qué muer-
te había de glorificar
a Dios. Y dicho esto,
añadió: Sígueme.

El discípulo amado

20 Volviéndose Pedro,
vio que les seguía el
discípulo a quien amaba
Jesús, el mismo que en la
cena se había recostado
en su pecho, y le había
dicho: Señor, ¿quién es
el que te ha de entregar?
21 Cuando Pedro le
vio, dijo a Jesús: Señor,
y éste ¿qué?

δεύτερον·	Σίμων	⌜Ἰωάννου,	ἀγαπᾷς	με;	λέγει	αὐτῷ·	Ναί,	κύριε,	σὺ
por segunda vez:	Simón,	(hijo) de Juan,	¿amas	a mí?	Dice	a él:	Sí,	Señor,	tú
1208	4613	2491	25	3165	3004	846	3483	2962	4771
B, J	*NVSM*	*NGSM*	*VPAI2S*	*RP1AS*	*VPAI3S*	*RP3DSM*	*I, T*	*NVSM*	*RP2NS*

οἶδας	ὅτι	φιλῶ	σε.	λέγει	αὐτῷ·	Ποίμαινε	τὰ	πρόβατά	μου.	17 λέγει
sabes	que	quiero	a ti.	Dice	a él:	Pastorea	las	ovejas	de mí.	Dice
1492	3754	5368	4571	3004	846	4165	3588	4263	3450	3004
VRAI2S	*CSC*	*VPAI1S*	*RP2AS*	*VPAI3S*	*RP3DSM*	*VPAM2S*	*DAPN*	*NAPN*	*RP1GS*	*VPAI3S*

αὐτῷ	τὸ	τρίτον·	Σίμων	⌜Ἰωάννου,	φιλεῖς	με;	ἐλυπήθη	ὁ	Πέτρος
a él	la	tercera vez:	Simón,	(hijo) de Juan,	¿quieres	a mí?	se entristeció$_3$	--$_1$	Pedro$_2$
846	3588	5154	4613	2491	5368	3165	3076	3588	4074
RP3DSM	*DASN*	*JASN*	*NVSM*	*NGSM*	*VPAI2S*	*RP1AS*	*VAPI3S*	*DNSM*	*NNSM*

ὅτι	εἶπεν	αὐτῷ	τὸ	τρίτον·	Φιλεῖς	με;	καὶ	εἶπεν	αὐτῷ·	Κύριε,
porque	dijo	a él	la	tercera vez:	¿Quieres	a mí?	Y	dijo	a él	Señor:
3754	2036	846	3588	5154	5368	3165	2532	3004	846	2962
CAZ	*VAAI3S*	*RP3DSM*	*DASN*	*JASN*	*VPAI2S*	*RP1AS*	*CLN*	*VAAI3S*	*RP3DSM*	*NVSM*

πάντα	σὺ	οἶδας,	σὺ	γινώσκεις	ὅτι	φιλῶ	σε.	λέγει	αὐτῷ	ὁ
todas las cosas;$_3$	Tú$_1$	sabes$_2$	tú	conoces	que	quiero	a ti.	dice$_3$	a él:$_4$	--$_1$
3956	4771	1492	4771	1097	3754	5368	4571	3004	846	3588
JAPN	*RP2NS*	*VRAI2S*	*RP2NS*	*VPAI2S*	*CSC*	*VPAI1S*	*RP2AS*	*VPAI3S*	*RP3DSM*	*DNSM*

Ἰησοῦς·	Βόσκε	τὰ	πρόβατά	μου.	18 ἀμὴν	ἀμὴν	λέγω	σοι,	ὅτε
Jesús$_2$	Apacienta	las	ovejas	de mí.	De cierto,	de cierto	digo	a ti:	Cuando
2424	1006	3588	4263	3450	281	281	3004	4671	3753
NNSM	*VPAM2S*	*DAPN*	*NAPN*	*RP1GS*	*XF, T*	*XF, T*	*VPAI1S*	*RP2DS*	*CAT*

ἦς	νεώτερος,	ἐζώννυες	σεαυτὸν	καὶ	περιεπάτεις	ὅπου	ἤθελες·	ὅταν
eras	más joven	vestías	a ti mismo,	y	andabas	donde	querías;	cuando$_2$
2258	3501	2224	4572	2532	4043	3699	2309	3752
VIAI2S	*JNSMC*	*VIAI2S*	*RF2ASM*	*CLN*	*VIAI2S*	*CAL*	*VIAI2S*	*CAT*

δὲ	γηράσῃς,	ἐκτενεῖς	τὰς	χεῖράς	σου,	καὶ	ἄλλος	σε	ζώσει	καὶ	οἴσει
pero$_1$	envejezcas,	extenderás	las	manos	de ti	y	otro	a ti$_2$	vestirá$_1$	y	llevará
1161	1095	1614	3588	5495	4675	2532	243	4571	2224	2532	5342
CLC	*VAAS2S*	*VFAI2S*	*DAPF*	*NAPF*	*RP2GS*	*CLN*	*JNSM*	*RP2AS*	*VFAI3S*	*CLN*	*VFAI3S*

ὅπου	οὐ	θέλεις.	19 τοῦτο	δὲ	εἶπεν	σημαίνων	ποίῳ	θανάτῳ
donde	no	quieres.	esto$_2$	Mas$_1$	dijo$_3$	dando a entender	con qué clase de	muerte
3699	3756	2309	5124	1161	2036	4591	4169	2288
CAL	*BN, TN*	*VPAI2S*	*RD-ASN*	*CLN*	*VAAI3S*	*VPAP-SNM*	*JDSM, RI-DSM*	*NDSM*

δοξάσει	τὸν	θεόν.	καὶ	τοῦτο	εἰπὼν	λέγει	αὐτῷ·	Ἀκολούθει	μοι.
glorificará	--	Dios,	y$_1$	esto,$_3$	habiendo dicho$_2$	dice	a él:	Sigue	a mí.
1392	3588	2316	2532	5124	2036	3004	846	190	3427
VFAI3S	*DASM*	*NASM*	*CLN*	*RD-ASN*	*VAAP-SNM*	*VPAI3S*	*RP3DSM*	*VPAM2S*	*RP1DS*

20 Ἐπιστραφεὶς	ὁ	Πέτρος	βλέπει	τὸν	μαθητὴν	ὃν	ἠγάπα	ὁ
habiéndose vuelto,$_3$	--$_1$	Pedro$_2$	ve	al	discípulo,	al que	amaba$_3$	--$_1$
1994	3588	4074	991	3588	3101	3739	25	3588
VAPP-SNM	*DNSM*	*NNSM*	*VPAI3S*	*DASM*	*NASM*	*RR-ASM*	*VIAI3S*	*DNSM*

Ἰησοῦς	ἀκολουθοῦντα,	ὅς	καὶ	ἀνέπεσεν	ἐν	τῷ	δείπνῳ	ἐπὶ
Jesús$_2$	siguiendo.$_{22}$	el que$_4$	también$_5$	se recostó$_6$	en$_{11}$	la$_{12}$	cena,$_{13}$	sobre$_7$
2424	190	3739	2532	377	1722	3588	1173	1909
NNSM	*VPAP-SAM*	*RR-NSM*	*BE, TE*	*VAAI3S*	*P*	*DDSN*	*NDSN*	*P*

τὸ	στῆθος	αὐτοῦ	καὶ	εἶπεν·	Κύριε,	τίς	ἐστιν	ὁ	παραδιδούς
el$_8$	pecho$_9$	de él$_{10}$	y$_{14}$	dijo:$_{15}$	Señor,$_{16}$	¿quién$_{17}$	es$_{18}$	el que$_{19}$	está entregando$_{20}$
3588	4738	846	2532	2036	2962	5101	2076	3588	3860
DASN	*NASN*	*RP3GSM*	*CLN*	*VAAI3S*	*NVSM*	*RI-NSM*	*VPAI3S*	*DNSM*	*VPAP-SNM*

σε;	21 τοῦτον	οὖν	ἰδὼν	ὁ	Πέτρος	λέγει	τῷ	Ἰησοῦ·	Κύριε,
a ti?$_{21}$	a este,$_3$	Así que$_1$	habiendo visto$_2$	--	Pedro	dice	a --	Jesús:	Señor,
4571	5126	3767	1492	3588	4074	3004	3588	2424	2962
RP2AS	*RD-ASM*	*CLI*	*VAAP-SNM*	*DNSM*	*NNSM*	*VPAI3S*	*DDSM*	*NDSM*	*NVSM*

NVI

—Simón, hijo de
Juan, ¿me amas?
—Sí, Señor, tú sabes
que te quiero.
—Cuida de mis
ovejas.
17 Por tercera vez Jesús
le preguntó:
—Simón, hijo de
Juan, ¿me quieres?
A Pedro le dolió que
por tercera vez Jesús le
hubiera preguntado:
«¿Me quieres?» Así
que le dijo:
—Señor, tú lo sabes
todo; tú sabes que te
quiero.
—Apacienta mis
ovejas —le dijo Jesús—.
18 De veras te aseguro
que cuando eras más jo-
ven te vestías tú mismo
e ibas adonde querías;
pero, cuando seas viejo,
extenderás las manos y
otro te vestirá y te llevará
adonde no quieras ir.
19 Esto dijo Jesús para
dar a entender la clase de
muerte con que Pedro
glorificaría a Dios.
Después de eso añadió:
—¡Sígueme!
20 Al volverse, Pedro
vio que los seguía el
discípulo a quien Jesús
amaba, el mismo que en
la cena se había reclina-
do sobre Jesús y le había
dicho: «Señor, ¿quién
es el que va a traicionar-
te?» 21 Al verlo, Pedro
preguntó:
—Señor, ¿y este, qué?

21:16⌜, 17⌜ Manuscritos inferiores tienen *Jonás*.

RVR

22 Jesús le dijo: Si quiero
que él quede hasta que
yo venga, ¿qué te va a ti?
Tú, sígueme.
23 Este dicho se extendió
entonces entre los
hermanos, que aquel
discípulo no moriría.
Pero Jesús no le dijo
que no moriría, sino:
Si quiero que él quede
hasta que yo venga, ¿qué
te va a ti?
24 Éste es el discípulo
que da testimonio de
estas cosas, y escribió
estas cosas; y sabemos
que su testimonio es
verdadero.
25 Y hay también otras
muchas cosas que hizo
Jesús, las cuales si se
escribieran una por una,
pienso que ni aun en
el mundo cabrían los
libros que se habrían de
escribir. Amén.

οὗτος	δὲ	τί;	22 λέγει	αὐτῷ	ὁ	Ἰησοῦς·	Ἐὰν	αὐτὸν	θέλω	μένειν
este?$_3$	¿y$_1$	qué$_2$	dice$_3$	a él:$_4$	--$_1$	Jesús$_2$	Si$_5$	a él$_7$	quiero$_6$	permanecer
3778	1161	5101	3004	846	3588	2424	1437	846	2309	3306
RD-NSM	*CLC*	*RI-NSN*	*VPAI3S*	*RP3DSM*	*DNSM*	*NNSM*	*CAC*	*RP3ASM*	*VPAS1S*	*VPAN*

ἕως	ἔρχομαι,	τί	πρὸς	σέ;	σύ	μοι	ἀκολούθει.	23 ἐξῆλθεν	οὖν
hasta que	vengo,	¿qué	a	ti?	Tú$_1$	a mí.$_3$	sigue$_2$	salió$_5$	Así que$_1$
2193	2064	5101	4314	4571	4771	3427	190	1831	3767
CAT	*VPUI1S*	*RI-NSN*	*P*	*RP2AS*	*RP2NS*	*RP1DS*	*VPAM2S*	*VAAI3S*	*CLI*

οὗτος	ὁ	λόγος	εἰς	τοὺς	ἀδελφοὺς	ὅτι	ὁ	μαθητὴς	ἐκεῖνος	οὐκ
esta$_2$	--$_3$	palabra$_4$	a	los	hermanos	que	el	discípulo	aquel	no
3778	3588	3056	1519	3588	80	3754	3588	3101	1565	3756
RD-NSM	*DNSM*	*NNSM*	*P*	*DAPM*	*NAPM*	*CSC*	*DNSM*	*NNSM*	*RD-NSM*	*BN, TN*

ἀποθνῄσκει.	οὐκ	εἶπεν	δὲ	αὐτῷ	ὁ	Ἰησοῦς	ὅτι	οὐκ	ἀποθνῄσκει
muere;	no$_4$	dijo$_5$	pero$_1$	a él$_6$	--$_2$	Jesús$_3$	que	no	muere,
599	3756	2036	1161	846	3588	2424	3754	3756	599
VPAI3S	*BN, TN*	*VAAI3S*	*CLC*	*RP3DSM*	*DNSM*	*NNSM*	*CSC*	*BN, TN*	*VPAI3S*

ἀλλ'·	Ἐὰν	αὐτὸν	θέλω	μένειν	ἕως	ἔρχομαι,	τί	πρὸς	σέ;	24 Οὗτός
sino:	Si$_1$	a él$_3$	quiero$_2$	permanecer	hasta que	vengo,	¿qué	a	ti?	Este
235	1437	846	2309	3306	2193	2064	5101	4314	4571	3778
CLC	*CAC*	*RP3ASM*	*VPAS1S*	*VPAN*	*CAT*	*VPUI1S*	*RI-NSN*	*P*	*RP2AS*	*RD-NSM*

ἐστιν	ὁ	μαθητὴς	ὁ	μαρτυρῶν	περὶ	τούτων	καὶ	ὁ	γράψας
es	el	discípulo	el que	está testificando	acerca de	estas cosas	y	el que	escribió
2076	3588	3101	3588	3140	4012	5130	2532	3588	1125
VPAI3S	*DNSM*	*NNSM*	*DNSM*	*VPAP-SNM*	*P*	*RD-GPN*	*CLN*	*DNSM*	*VAAP-SNM*

ταῦτα,	καὶ	οἴδαμεν	ὅτι	ἀληθὴς	αὐτοῦ	ἡ	μαρτυρία	ἐστίν	25 ἔστιν
estas cosas,	y	sabemos	que	verdadero$_2$	de él.$_5$	el$_3$	testimonio$_4$	es$_1$	es (hay)$_2$
5023	2532	1492	3754	227	846	3588	3141	2076	2076
RD-APN	*CLN*	*VRAI1P*	*CSC*	*JNSF*	*RP3GSM*	*DNSF*	*NNSF*	*VPAI3S*	*VPAI3S*

δὲ	καὶ	ἄλλα	πολλὰ	ἃ	ἐποίησεν	ὁ	Ἰησοῦς,	ἅτινα	ἐὰν
Y$_1$	también	otras	muchas cosas,	las que	hizo,$_3$	--$_1$	Jesús$_2$	las cuales	si
1161	2532	243	4183	3739	4160	3588	2424	3748	1437
CLT	*BE, TE*	*JNPN*	*JNPN*	*RR-APN*	*VAAI3S*	*DNSM*	*NNSM*	*RR-NPN*	*CAC*

γράφηται	καθ'	ἕν,*	οὐδ'	αὐτὸν	οἶμαι	τὸν	κόσμον	χωρήσειν
fueran escritas	según	una,	ni$_2$	mismo$_4$	supongo que$_1$	el$_3$	mundo$_5$	cabrían$_6$
1125	2596	1520	3761	846	3633	3588	2889	5562
VPPS3S	*P*	*JASN*	*CLA, TN, B*	*RP3ASMP*	*VPUI1S*	*DASM*	*NASM*	*VFAN*

τὰ	γραφόμενα	Γβιβλία.*1
los$_7$	escritos.$_9$	rollos$_8$
3588	1125	975
DAPN	*VPPP-PAN*	*NAPN*

NVI

22 —Si quiero que él
permanezca vivo hasta
que yo vuelva, ¿a ti qué?
Tú sígueme no más.
23 Por este moti-
vo corrió entre los
hermanos el rumor de
que aquel discípulo no
moriría. Pero Jesús no
dijo que no moriría, sino
solamente: «Si quiero
que él permanezca vivo
hasta que yo vuelva, ¿a
ti qué?»
24 Este es el discípulo
que da testimonio de
estas cosas, y las escribió.
Y estamos convencidos
de que su testimonio es
verídico.
25 Jesús hizo también
muchas otras cosas, tan-
tas que, si se escribiera
cada una de ellas, pienso
que los libros escritos
no cabrían en el mundo
entero.

21:25* O sea *una por una.* **21:25Γ** Manuscritos inferiores aumentaron *Amén.* **21:25*1** O sea *supongo que ni aun en el mundo cabrían los rollos que se escribieran.*

HECHOS DE LOS APÓSTOLES

ΠΡΑΞΕΙΣ ΑΠΟΣΤΟΛΩΝ

RVR

La promesa del Espíritu Santo

1 En el primer tratado, oh Teófilo, hice
mención de todas las
cosas que Jesús comenzó
a hacer y a enseñar,
2 hasta el día en que fue
recibido arriba, después
de haber dado mandamientos por medio
del Espíritu Santo a
los apóstoles que había
escogido;
3 a quienes también, después de haber padecido,
se presentó vivo con
muchas pruebas indubitables, apareciéndoseles
durante cuarenta días y
hablándoles acerca del
reino de Dios.
4 Y estando reunido con
ellos, les mandó que no
se fueran de Jerusalén,
sino que aguardasen
la promesa del Padre,
la cual, les dijo, oísteis
de mí.
5 Porque Juan ciertamente bautizó con
agua, mas vosotros
seréis bautizados con el
Espíritu Santo dentro de
no muchos días.

La ascensión

6 Entonces los que
se habían reunido le
preguntaban, diciendo:

1

Τὸν	μὲν	πρῶτον	λόγον	ἐποιησάμην	περὶ	πάντων,	ὦ
la$_3$	En verdad,$_1$	la primera$_4$	palabra$_5$	hice$_2$	acerca de	todas las cosas,	¡oh
3588	3303	4413	3056	4160	4012	3956	5599
DASM	*TE*	*B, J*	*NASM*	*VAMI1S*	*P*	*JGPN*	*I*

Θεόφιλε,	ὧν	ἤρξατο	ὁ	Ἰησοῦς	ποιεῖν	τε	καὶ	διδάσκειν
Teófilo!,	las cuales	comenzó$_3$	--$_1$	Jesús$_2$	a hacer	y	también	a enseñar
2321	3739	756	3588	2424	4160	5037	2532	1321
NVSM	*RR-GPN*	*VAMI3S*	*DNSM*	*NNSM*	*VPAN*	*CLK*	*CLK, CLN*	*VPAN*

2 ἄχρι	ἧς	ἡμέρας	ἐντειλάμενος	τοῖς	ἀποστόλοις	διὰ	πνεύματος
hasta	que$_2$	(el) día$_1$	habiendo mandado	a los	apóstoles	por medio de	(el) Espíritu
891	3739	2250	1781	3588	652	1223	4151
P	*RR-GSF*	*NGSF*	*VAUP-SNM*	*DDPM*	*NDPM*	*P*	*NGSN*

ἁγίου	οὓς	ἐξελέξατο	ἀνελήμφθη·	3 οἷς	καὶ	παρέστησεν
Santo,	a los cuales	escogió,	fue recibido arriba;	a los cuales	también	se presentó
40	3739	1586	353	3739	2532	3936
JGSN	*RR-APM*	*VAMI3S*	*VAPI3S*	*RR-DPM*	*BE, TE*	*VAAI3S*

ἑαυτὸν	ζῶντα	μετὰ	τὸ	παθεῖν	αὐτὸν	ἐν	πολλοῖς	τεκμηρίοις,	δι’
a sí mismo	viviendo	después de	--$_2$	padecer$_3$	él$_1$	con	muchas	pruebas,	por
1438	2198	3326	3588	3958	846	1722	4183	5039	1223
RF3ASM	*VPAP-SAM*	*P*	*DASN*	*VAAN*	*RP3ASM*	*P*	*JDPN*	*NDPN*	*P*

ἡμερῶν	τεσσεράκοντα	ὀπτανόμενος	αὐτοῖς	καὶ	λέγων	τὰ	περὶ
días$_2$	cuarenta$_1$	apareciendo	a ellos	y	diciendo	las cosas	sobre
2250	5062	3700	846	2532	3004	3588	4012
NGPF	*XN, J*	*VPUP-SNM*	*RP3DPM*	*CLN*	*VPAP-SNM*	*DAPN*	*P*

τῆς	βασιλείας	τοῦ	θεοῦ·	4 καὶ	συναλιζόμενος	παρήγγειλεν	αὐτοῖς	ἀπὸ
el	reino	--	de Dios;	y	estando juntos	ordenó	a ellos	de
3588	932	3588	2316	2532	4871	3853	846	575
DGSF	*NGSF*	*DGSM*	*NGSM*	*CLN*	*VPUP-SNM*	*VAAI3S*	*RP3DPM*	*P*

Ἱεροσολύμων	μὴ	χωρίζεσθαι,	ἀλλὰ	περιμένειν	τὴν	ἐπαγγελίαν	τοῦ
Jerusalén,$_3$	no$_1$	ausentarse$_2$	sino	esperar	la	promesa	del
2414	3361	5563	235	4037	3588	1860	3588
NGPN	*BN, TN*	*VPPN*	*CLC*	*VPAN*	*DASF*	*NASF*	*DGSM*

πατρὸς	ἣν	ἠκούσατέ	μου·	5 ὅτι	Ἰωάννης	μὲν	ἐβάπτισεν	ὕδατι,
Padre,	la cual	oísteis	de mí,	porque	Juan	en verdad	bautizó	con agua,
3962	3739	191	3450	3754	2491	3303	907	5204
NGSM	*RR-ASF*	*VAAI2P*	*RP1GS*	*CAZ*	*NNSM*	*TK, C*	*VAAI3S*	*NDSN*

ὑμεῖς	δὲ	ἐν	πνεύματι	βαπτισθήσεσθε	ἁγίῳ	οὐ	μετὰ	πολλὰς
vosotros$_2$	pero$_1$	con	(el) Espíritu	seréis bautizados$_2$	Santo$_1$	no	después de	muchos
5210	1161	1722	4151	907	40	3756	3326	4183
RP2NP	*CLK, CLC*	*P*	*NDSN*	*VFPI2P*	*JDSN*	*BN, TN*	*P*	*JAPF*

ταύτας	ἡμέρας.
estos	días.
3778	2250
RD-APF	*NAPF*

6 Οἱ	μὲν	οὖν	συνελθόντες	ἠρώτων	αὐτὸν	λέγοντες·
los que$_3$	Ciertamente,$_1$	así que$_2$	habiéndose reunido	preguntaban	a él	diciendo:
3588	3303	3767	4905	2065	846	3004
DNPM	*TE, C*	*CLT*	*VAAP-PNM*	*VIAI3P*	*RP3ASM*	*VPAP-PNM*

NVI

Jesús llevado al cielo

1 Estimado Teófilo,
en mi primer libro
me referí a todo lo que
Jesús comenzó a hacer
y enseñar 2 hasta el día
en que fue llevado al
cielo, luego de darles
instrucciones por medio
del Espíritu Santo a
los apóstoles que había
escogido. 3 Después de
padecer la muerte, se
les presentó dándoles
muchas pruebas convincentes de que estaba
vivo. Durante cuarenta
días se les apareció y les
habló acerca del reino de
Dios. 4 Una vez, mientras comía con ellos, les
ordenó:
—No se alejen de
Jerusalén, sino esperen
la promesa del Padre, de
la cual les he hablado:
5 Juan bautizó con agua,
pero dentro de pocos
días ustedes serán bautizados con el Espíritu
Santo.
6 Entonces los que
estaban reunidos con él
le preguntaron:

RVR

Señor, ¿restaurarás el
reino a Israel en este
tiempo?
7 Y les dijo: No os toca
a vosotros conocer los
tiempos o las sazones
que el Padre puso en su
sola potestad;
8 pero recibiréis poder,
cuando haya venido so-
bre vosotros el Espíritu
Santo, y me seréis
testigos en Jerusalén, en
toda Judea, en Samaria,
y hasta lo último de la
tierra.
9 Y habiendo dicho estas
cosas, viéndolo ellos,
fue alzado, y le tomó
sobre sí una nube que le
ocultó de sus ojos.
10 Y estando ellos con
los ojos puestos en el
cielo, entretanto que él
se iba, he aquí que se pu-
sieron junto a ellos dos
varones con vestiduras
blancas,
11 los cuales también
les dijeron: Varones
galileos, ¿por qué estáis
mirando al cielo? Este
mismo Jesús, que ha
sido tomado de voso-
tros al cielo, vendrá así,
tal como le habéis visto
ir al cielo.

Elección del sustituto de Judas

12 Entonces volvieron
a Jerusalén desde el
monte que se llama del

Κύριε,	εἰ	ἐν	τῷ	χρόνῳ	τούτῳ	ἀποκαθιστάνεις	τὴν	βασιλείαν	τῷ
Señor,	¿si	en	el	tiempo	este	restauras	el	reino	--
2962	1487	1722	3588	5550	5129	600	3588	932	3588
NVSM	TI	P	DDSM	NDSM	RD-DSM	VPAI2S	DASF	NASF	DDSM

Ἰσραήλ;	7 εἶπεν	δὲ	πρὸς	αὐτούς·	Οὐχ	ὑμῶν	ἐστιν	γνῶναι	χρόνους
a Israel?	dijo$_2$	Y$_1$	a	ellos:	No	de vosotros$_2$	es$_1$	conocer	tiempos
2474	2036	1161	4314	846	3756	5216	2076	1097	5550
NDSM, XP	VAAI3S	CLN	P	RP3APM	BN, TN	RP2GP	VPAI3S	VAAN	NAPM

ἢ	καιροὺς	οὓς	ὁ	πατὴρ	ἔθετο	ἐν	τῇ	ἰδίᾳ	ἐξουσίᾳ,	8 ἀλλὰ
ni	momentos	los cuales	el	Padre	puso	en	la	propia	autoridad,	pero
2228	2540	3739	3588	3962	5087	1722	3588	2398	1849	235
CLD	NAPM	RR-APM	DNSM	NNSM	VAMI3S	P	DDSF	JDSF	NDSF	CLC

λήμψεσθε	δύναμιν	ἐπελθόντος	τοῦ	ἁγίου	πνεύματος	ἐφ'	ὑμᾶς,	καὶ
recibiréis	poder	habiendo venido	el	Santo$_2$	Espíritu$_1$	sobre	vosotros	y
2983	1411	1904	3588	40	4151	1909	5209	2532
VFMI2P	NASF	VAAP-SGN	DGSN	JGSN	NGSN	P	RP2AP	CLN

ἔσεσθέ	μου	μάρτυρες	ἔν	τε	Ἰερουσαλὴμ	καὶ	ἐν	πάσῃ	τῇ
seréis	de mí$_2$	testigos$_1$	en	tanto	Jerusalén	como	en	toda	--
2071	3450	3144	1722	5037	2419	2532	1722	3956	3588
VFMI2P	RP1GS	NNPM	P	CLK	NDSF, XP	CLK, CLN	P	JDSF	DDSF

Ἰουδαίᾳ	καὶ	Σαμαρείᾳ	καὶ	ἕως	ἐσχάτου	τῆς	γῆς.	9 καὶ	ταῦτα
Judea	y	Samaria	y	hasta	(lo) último	de la	tierra.	Y	estas cosas$_1$
2449	2532	4540	2532	2193	2078	3588	1093	2532	5023
NDSF	CLN	NDSF	CLK, CLN	P, C	JGSN, JGSM	DGSF	NGSF	CLN	RD-APN

εἰπὼν	βλεπόντων	αὐτῶν	ἐπήρθη	καὶ	νεφέλη	ὑπέλαβεν	αὐτὸν
habiendo dicho$_1$	viendo	ellos	fue levantado,	y	una nube	acogió	a él
2036	991	846	1869	2532	3507	5274	846
VAAP-SNM	VPAP-PGM	RP3GPM	VAPI3S	CLN	NNSF	VAAI3S	RP3ASM

ἀπὸ	τῶν	ὀφθαλμῶν	αὐτῶν.	10 καὶ	ὡς	ἀτενίζοντες	ἦσαν	εἰς	τὸν
de	los	ojos	de ellos.	Y	como	mirando fijamente$_2$	estaban$_1$	a	el
575	3588	3788	846	2532	5613	816	2258	1519	3588
P	DGPM	NGPM	RP3GPM	CLN	CAT	VPAP-PNM	VIAI3P	P	DASM

οὐρανὸν	πορευομένου	αὐτοῦ,	καὶ	ἰδοὺ	ἄνδρες	δύο	παρειστήκεισαν
cielo	yéndose	él,	y	he aquí	varones$_2$	dos$_1$	se habían puesto junto a
3772	4198	846	2532	2400	435	1417	3936
NASM	VPUP-SGM	RP3GSM	CLN, B	I, VAAM2S	NNPM	XN, J	VLAI3P

αὐτοῖς	ἐν	ἐσθήσεσι	λευκαῖς,	11 οἳ	καὶ	εἶπαν·	Ἄνδρες	Γαλιλαῖοι,
ellos	en	ropas	blancas,	los cuales	también	dijeron:	Varones	galileos,
846	1722	2067	3022	3739	2532	3004	435	1057
RP3DPM	P	NDPF	JDPF	RR-NPM	BE, TE	VAAI3P	NVPM	NVPM, JVPM

τί	ἑστήκατε	βλέποντες	εἰς	τὸν	οὐρανόν;	οὗτος	ὁ	Ἰησοῦς
¿por qué	habéis estados parados	mirando fijamente	a	el	cielo?	Este	--	Jesús
5101	2476	991	1519	3588	3772	3778	3588	2424
RI-ASN	VRAI2P	VPAP-PNM	P	DASM	NASM	RD-NSM	DNSM	NNSM

ὁ	ἀναλημφθεὶς	ἀφ'	ὑμῶν	εἰς	τὸν	οὐρανὸν	οὕτως	ἐλεύσεται
el	habiendo sido tomado hacia arriba	de	vosotros	a	el	cielo	así	vendrá
3588	353	575	5216	1519	3588	3772	3779	2064
DNSM	VAPP-SNM	P	RP2GP	P	DASM	NASM	B	VFMI3S

ὃν	τρόπον	ἐθεάσασθε	αὐτὸν	πορευόμενον	εἰς	τὸν	οὐρανόν.
de (la)	manera (como)	visteis$_2$	lo$_1$	yendo	a	el	cielo.
3739	5158	2300	846	4198	1519	3588	3772
RR-ASM	NASM	VAMI2P	RP3ASM	VPUP-SAM	P	DASM	NASM

12 Τότε	ὑπέστρεψαν	εἰς	Ἰερουσαλὴμ	ἀπὸ	ὄρους	τοῦ
Entonces	regresaron	a	Jerusalén	desde	(el) monte	el que
5119	5290	1519	2419	575	3735	3588
B	VAAI3P	P	NASF, XP	P	NGSN	DGSN

NVI

—Señor, ¿es ahora
cuando vas a restablecer
el reino a Israel?
7 —No les toca a uste-
des conocer la hora ni el
momento determinados
por la autoridad misma
del Padre —les contestó
Jesús—. 8 Pero, cuando
venga el Espíritu Santo
sobre ustedes, recibirán
poder y serán mis testi-
gos tanto en Jerusalén
como en toda Judea
y Samaria, y hasta los
confines de la tierra.
9 Habiendo dicho
esto, mientras ellos lo
miraban, fue llevado a
las alturas hasta que una
nube lo ocultó de su
vista. 10 Ellos se queda-
ron mirando fijamente
al cielo mientras él se ale-
jaba. De repente, se les
acercaron dos hombres
vestidos de blanco, que
les dijeron:
11 —Galileos, ¿qué
hacen aquí mirando al
cielo? Este mismo Jesús,
que ha sido llevado de
entre ustedes al cielo,
vendrá otra vez de la
misma manera que lo
han visto irse.

Elección de Matías para reemplazar a Judas

12 Entonces regresa-
ron a Jerusalén desde
el monte llamado de

RVR

Olivar, el cual está cerca
de Jerusalén, camino de
un sábado.
[13] Y, luego que entraron,
subieron al aposento
alto, donde estaban
alojados Pedro y Jacobo,
Juan y Andrés, Felipe
y Tomás, Bartolomé y
Mateo, Jacobo hijo de
Alfeo y Simón el Zelote,
y Judas hermano de
Jacobo.
[14] Todos éstos perse-
veraban unánimes en
oración y ruego, con las
mujeres, y con María la
madre de Jesús, y con
sus hermanos.
[15] En aquellos días, se
levantó Pedro en medio
de los hermanos (y los
reunidos eran como
ciento veinte en núme-
ro), y dijo:
[16] Varones hermanos,
era menester que se
cumpliese la Escritura
en que el Espíritu Santo
habló antes por boca de
David acerca de Judas,
que actuó como guía
de los que prendieron
a Jesús,
[17] y era contado con
nosotros, y tenía parte

καλουμένου	Ἐλαιῶνος,	ὅ	ἐστιν	ἐγγὺς	Ἰερουσαλὴμ	σαββάτου
siendo llamado	del Olivar,	el cual	está	cerca	de Jerusalén,	de un sábado.$_3$
2564	1638	3739	2076	1451	2419	4521
VPPP-SGN	*NGSM*	*RR-NSN*	*VPAI3S*	*P, B*	*NGSF, XP*	*NGSN*

ἔχον	ὁδόν.	[13] καὶ	ὅτε	εἰσῆλθον,	εἰς	τὸ	ὑπερῷον
teniendo$_1$	camino$_2$	Y	cuando	entraron,	a	la	habitación superior
2192	3598	2532	3753	1525	1519	3588	5253
VPAP-SNN, VPAP-SAN	*NASF*	*CLN*	*CAT*	*VAAI3P*	*P*	*DASN*	*NASN*

ἀνέβησαν	οὗ	ἦσαν	καταμένοντες,	ὅ	τε	Πέτρος	καὶ
subieron	donde	estaban	alojándose,	--	tanto	Pedro	como
305	3757	2258	2650	3588	5037	4074	2532
VAAI3P	*B*	*VIAI3P*	*VPAP-PNM*	*DNSM, RR-NSN*	*CLK*	*NNSM*	*CLK, CLN*

Ἰωάννης	καὶ	Ἰάκωβος	καὶ	Ἀνδρέας,	Φίλιππος	καὶ	Θωμᾶς,
Juan	y	Jacob	y	Andrés,	Felipe	y	Tomás,
2491	2532	2385	2532	406	5376	2532	2381
NNSM	*CLK, CLN*	*NNSM*	*CLK, CLN*	*NNSM*	*NNSM*	*CLK, CLN*	*NNSM*

Βαρθολομαῖος	καὶ	Μαθθαῖος,	Ἰάκωβος	Ἁλφαίου	καὶ	Σίμων
Bartolomé	y	Mateo,	Jacob	(hijo) de Alfeo	y	Simón
918	2532	3156	2385	256	2532	4613
NNSM	*CLK, CLN*	*NNSM*	*NNSM*	*NGSM*	*CLK, CLN*	*NNSM*

ὁ	ζηλωτὴς	καὶ	Ἰούδας	Ἰακώβου.	[14] οὗτοι	πάντες	ἦσαν
el	zelote	y	Judas	(hijo) de Santiago.	estos$_2$	Todos$_1$	estaban$_3$
3588	2207	2532	2455	2385	3778	3956	2258
DNSM	*NNSM*	*CLK, CLN*	*NNSM*	*NGSM*	*RD-NPM*	*JNPM*	*VIAI3P*

προσκαρτεροῦντες	ὁμοθυμαδὸν	τῇ	προσευχῇ	σὺν	γυναιξὶν	καὶ
perseverando$_5$	unánimes$_4$	en la	oración,	con	(las) mujeres	y
4342	3661	3588	4335	4862	1135	2532
VPAP-PNM	*B*	*DDSF*	*NDSF*	*P*	*NDPF*	*CLN*

Μαριὰμ	τῇ	μητρὶ	τοῦ	Ἰησοῦ	καὶ	σὺν	τοῖς	ἀδελφοῖς	αὐτοῦ.
con María	la	madre	--	de Jesús	y	con	los	hermanos	de él.
3137	3588	3384	3588	2424	2532	4862	3588	80	846
NDSF, XP	*DDSF*	*NDSF*	*DGSM*	*NGSM*	*CLN*	*P*	*DDPM*	*NDPM*	*RP3GSM*

[15] Καὶ	ἐν	ταῖς	ἡμέραις	ταύταις	ἀναστὰς	Πέτρος	ἐν	μέσῳ
Y	en	los	días	estos	habiéndo(se) levantado	Pedro	en	medio de
2532	1722	3588	2250	3778	450	4074	1722	3319
CLN	*P*	*DDPF*	*NDPF*	*RD-DPF*	*VAAP-SNM*	*NNSM*	*P*	*JDSN*

τῶν	⌜ἀδελφῶν	εἶπεν	(ἦν	τε	ὄχλος	ὀνομάτων	ἐπὶ	τὸ	αὐτὸ
de los	hermanos	habló;	había$_2$	y$_1$	una multitud	de nombres	en	el	mismo (lugar)
3588	80	2036	2258	5037	3793	3686	1909	3588	846
DGPM	*NGPM*	*VAAI3S*	*VIAI3S*	*CLN*	*NNSM*	*NGPN*	*P*	*DASN*	*RP3ASN, JASN*

ὡς	ἑκατὸν	εἴκοσι)·	[16] Ἄνδρες	ἀδελφοί,	ἔδει	πληρωθῆναι	τὴν
como	ciento	veinte:	Varones	hermanos,	era necesario	ser cumplida	la
5613	1540	1501	435	80	1163	4137	3588
P, CAM	*XN, J*	*JNPM*	*NVPM*	*NVPM*	*VIAI3S*	*VAPN*	*DASF*

γραφὴν	ἣν	προεῖπε	τὸ	πνεῦμα	τὸ	ἅγιον	διὰ	στόματος
Escritura	la cual	dijo de antemano	el	Espíritu	--	Santo	por medio de	(la) boca
1124	3739	4277	3588	4151	3588	40	1223	4750
NASF	*RR-ASF*	*VAAI3S*	*DNSN*	*NNSN*	*DNSN*	*JNSN*	*P*	*NGSN*

Δαυὶδ	περὶ	Ἰούδα	τοῦ	γενομένου	ὁδηγοῦ	τοῖς	συλλαβοῦσιν
de David	acerca de	Judas	el	habiéndose hecho	guía	para los	habiendo arrestado
1138	4012	2455	3588	1096	3595	3588	4815
NGSM, XP	*P*	*NGSM*	*DGSM*	*VAMP-SGM*	*NGSM*	*DDPM*	*VAAP-PDM*

Ἰησοῦν,	[17] ὅτι	κατηριθμημένος	ἦν	ἐν	ἡμῖν	καὶ	ἔλαχεν	τὸν
a Jesús,	porque	contado	era	entre	nosotros	y	obtuvo	--
2424	3754	2674	2258	1722	2254	2532	2975	3588
NASM	*CSC*	*VRPP-SNM*	*VIAI3S*	*P*	*RP1DP*	*CLN*	*VAAI3S*	*DASM*

NVI

los Olivos, situado
aproximadamente a un
kilómetro de la ciudad.
[13] Cuando llegaron,
subieron al lugar donde
se alojaban. Estaban
allí Pedro, Juan, Jacobo,
Andrés, Felipe, Tomás,
Bartolomé, Mateo,
Jacobo hijo de Alfeo,
Simón el Zelote y Judas
hijo de Jacobo. [14] Todos,
en un mismo espíritu, se
dedicaban a la oración,
junto con las mujeres
y con los hermanos de
Jesús y su madre María.
[15] Por aquellos
días Pedro se puso de
pie en medio de los
creyentes, que eran un
grupo como de ciento
veinte personas, [16] y
les dijo: «Hermanos,
tenía que cumplirse
la Escritura que, por
boca de David, había
predicho el Espíritu
Santo en cuanto a Judas,
el que sirvió de guía
a los que arrestaron a
Jesús. [17] Judas se contaba
entre los nuestros y
participaba en nuestro

1:15⌜ Manuscritos inferiores valor tienen *discípulos.*

RVR

en este ministerio.
18 Éste, pues, con el
salario de su iniquidad
adquirió un campo, y
cayendo de cabeza, se
reventó por la mitad,
y todas sus entrañas se
derramaron.
19 Y fue notorio a
todos los habitantes de
Jerusalén, de tal manera
que aquel campo se
llama en su propia
lengua, Acéldama, que
quiere decir, Campo de
sangre.
20 Porque está escrito en
el libro de los Salmos:

Quede desierta su morada,
Y no haya quien habite en ella;

y:

Tome otro su cargo.

21 Es necesario, pues,
que de los hombres que
han estado juntos con
nosotros todo el tiempo
que el Señor Jesús vivió
entre nosotros,
22 comenzando desde el
bautismo de Juan hasta
el día en que de entre
nosotros fue llevado
arriba, uno sea hecho
testigo con nosotros, de
su resurrección.
23 Y presentaron a
dos: a José, llamado
Barsabás, que tenía por
sobrenombre Justo, y a
Matías.
24 Y orando, dijeron:

κλῆρον	τῆς	διακονίας	ταύτης.—	18 Οὗτος	μὲν	οὖν	ἐκτήσατο
parte	de el	servicio	este.	Este	ciertamente,	pues,	adquirió
2819	3588	1248	3778	3778	3303	3767	2932
NASM	*DGSF*	*NGSF*	*RD-GSF*	*RD-NSM*	*TE, C*	*CLN*	*VAMI3S*

χωρίον	ἐκ	μισθοῦ	τῆς	ἀδικίας,	καὶ	πρηνὴς	γενόμενος	ἐλάκησεν
un terreno	del	salario	de la	injusticia	y	despeñado	habiéndose caído	se reventó
5564	1537	3408	3588	93	2532	4248	1096	2997
NASN	*P*	*NGSM*	*DGSF*	*NGSF*	*CLN*	*JNSM*	*VAMP-SNM*	*VAAI3S*

μέσος,	καὶ	ἐξεχύθη	πάντα	τὰ	σπλάγχνα	αὐτοῦ.	19 καὶ	γνωστὸν
por en medio	y	se derramó	todas	las	entrañas	de él;	y	conocido
3319	2532	1632	3956	3588	4698	846	2532	1110
JNSM	*CLN*	*VAPI3S*	*JNPN*	*DNPN*	*NNPN*	*RP3GSM*	*CLN*	*JNSN*

ἐγένετο	πᾶσι	τοῖς	κατοικοῦσιν	Ἰερουσαλήμ,	ὥστε	κληθῆναι	τὸ
se hizo	a todos	los que	están habitando	Jerusalén,	de modo que	ser llamado	el
1096	3956	3588	2730	2419	5620	2564	3588
VAMI3S	*JDPM*	*DDPM*	*VPAP-PDM*	*NASF, XP*	*CAR*	*VAPN*	*DASN*

χωρίον	ἐκεῖνο	τῇ	ἰδίᾳ	διαλέκτῳ	αὐτῶν	Ἀκελδαμάχ,	τοῦτ’	ἔστιν
terreno	aquel	en la	propia	lengua	de ellos	Acéldama,	esto	es
5564	1565	3588	2398	1258	846	184	5124	2076
NASN	*RD-ASN*	*DDSF*	*JDSF*	*NDSF*	*RP3GPM*	*NASN, XP*	*RD-NSN*	*VPAI3S*

Χωρίον	Αἵματος.—	20 γέγραπται	γὰρ	ἐν	βίβλῳ	ψαλμῶν·	Γενηθήτω
Campo	de Sangre.	ha sido escrito$_2$	Porque$_1$	en	(el) libro	de (los) Salmos:	Sea hecha
5564	129	1125	1063	1722	976	5568	1096
NASN	*NGSN*	*VRPI3S*	*CAZ*	*P*	*NDSF*	*NGPM*	*VAPM3S*

ἡ	ἔπαυλις	αὐτοῦ	ἔρημος	καὶ	μὴ	ἔστω	ὁ	κατοικῶν	ἐν	αὐτῇ,
la	morada	de él	desierta	y	no	haya	el que	esté habitando	en	ella,
3588	1886	846	2048	2532	3361	2077	3588	2730	1722	846
DNSF	*NNSF*	*RP3GSM*	*JNSF*	*CLN*	*BN, TN*	*VPAM3S*	*DNSM*	*VPAP-SNM*	*P*	*RP3DSF*

καί·	Τὴν	ἐπισκοπὴν	αὐτοῦ	λαβέτω	ἕτερος.	21 δεῖ	οὖν
y:	el$_3$	cargo$_4$	de él.$_5$	reciba$_2$	Otra (persona)$_1$	es necesario (que)$_2$	Así que$_1$
2532	3588	1984	846	2983	2087	1163	3767
CLN	*DASF*	*NASF*	*RP3GSM*	*VAAM3S*	*JNSM*	*VPAI3S*	*CLI*

τῶν	συνελθόντων	ἡμῖν	ἀνδρῶν	ἐν	παντὶ	χρόνῳ	ᾧ	εἰσῆλθεν
de los$_3$	habiendo venido junto con$_5$	nosotros$_6$	varones$_4$	en	todo	(el) tiempo	que	entró$_4$
3588	4905	2254	435	1722	3956	5550	3739	1525
DGPM	*VAAP-PGM*	*RP1DP*	*NGPM*	*P*	*JDSM*	*NDSM*	*RR-DSM*	*VAAI3S*

καὶ	ἐξῆλθεν	ἐφ’	ἡμᾶς	ὁ	κύριος	Ἰησοῦς,	22 ἀρξάμενος	ἀπὸ	τοῦ
y$_5$	salió$_6$	entre$_7$	nosotros,$_8$	el$_1$	Señor$_2$	Jesús$_3$	habiendo comenzado	desde	el
2532	1831	1909	2248	3588	2962	2424	756	575	3588
CLN	*VAAI3S*	*P*	*RP1AP*	*DNSM*	*NNSM*	*NNSM*	*VAMP-SNM*	*P*	*DGSN*

βαπτίσματος	Ἰωάννου	ἕως	τῆς	ἡμέρας	ἧς	ἀνελήμφθη	ἀφ’	ἡμῶν,
bautismo	de Juan	hasta	el	día	que	fue tomado hacia arriba	de	nosotros,
908	2491	2193	3588	2250	3739	353	575	2257
NGSN	*NGSM*	*P, C*	*DGSF*	*NGSF*	*RR-GSF*	*VAPI3S*	*P*	*RP1GP*

μάρτυρα	τῆς	ἀναστάσεως	αὐτοῦ	σὺν	ἡμῖν	γενέσθαι	ἕνα	τούτων.
testigo$_4$	de la$_5$	resurrección$_6$	de él$_7$	con$_8$	nosotros.$_9$	para ser hecho$_3$	uno$_1$	de estos$_2$
3144	3588	386	846	4862	2254	1096	1520	5130
NASM	*DGSF*	*NGSF*	*RP3GSM*	*P*	*RP1DP*	*VAMN*	*JASM*	*RD-GPM*

23 καὶ	ἔστησαν	δύο,	Ἰωσὴφ	τὸν	καλούμενον	Βαρσαββᾶν,	ὃς
Y	presentaron	a dos:	a José	el	siendo llamado	Barsabás,	el cual
2532	2476	1417	2501	3588	2564	923	3739
CLN	*VAAI3P*	*XN, J*	*NASM, XP*	*DASM*	*VPPP-SAM*	*NASM*	*RR-NSM*

ἐπεκλήθη	Ἰοῦστος,	καὶ	Μαθθίαν.	24 καὶ	προσευξάμενοι	εἶπαν
fue llamado por sobrenombre	Justo,	y	Matías.	Y	habiendo orado	dijeron:
1941	2459	2532	3159	2532	4336	3004
VAPI3S	*NNSM*	*CLN*	*NASM*	*CLN*	*VAMP-PNM*	*VAAI3P*

NVI

ministerio. 18 (Con el
dinero que obtuvo por
su crimen, Judas compró
un terreno; allí cayó de
cabeza, se reventó, y se
le salieron las vísceras.
19 Todos en Jerusalén
se enteraron de ello, así
que aquel terreno fue
llamado Acéldama, que
en su propio idioma
quiere decir "Campo de
Sangre").
20 »Porque en el
libro de los Salmos —
continuó Pedro— está
escrito:

»"Que su lugar quede desierto,
y que nadie lo habite".

También está escrito:

»"Que otro se haga cargo de su oficio".

21-22 Por tanto, es preciso
que se una a nosotros un
testigo de la resurrec-
ción, uno de los que
nos acompañaban
todo el tiempo que el
Señor Jesús vivió entre
nosotros, desde que Juan
bautizaba hasta el día en
que Jesús fue llevado de
entre nosotros».
23 Así que propu-
sieron a dos: a José,
llamado Barsabás,
apodado el Justo, y a
Matías. 24 Y oraron así:

RVR

Tú, Señor, que conoces los corazones de todos, muestra cuál de estos dos has escogido,
25 para ocupar en el ministerio del apostolado el puesto del que se desvió Judas por transgresión, para irse a su propio lugar.
26 Y les echaron suertes, y la suerte cayó sobre Matías; y fue contado con los once apóstoles.

La venida del Espíritu Santo

2 Cuando llegó el día de Pentecostés, estaban todos unánimes juntos.
2 Y de repente vino del cielo un estruendo como de un viento recio que soplaba, el cual llenó toda la casa donde estaban sentados;
3 y se les aparecieron lenguas como de fuego, que, repartiéndose, se posaron sobre cada uno de ellos.
4 Y todos fueron llenos del Espíritu Santo, y comenzaron a hablar en otras lenguas, según el Espíritu les daba que se expresasen.
5 Había en Jerusalén judíos que allí residían, varones piadosos, procedentes de todas las naciones bajo el cielo.
6 Y al ocurrir este

Σὺ	κύριε	καρδιογνῶστα	πάντων,	ἀνάδειξον	ὃν	ἐξελέξω,	ἐκ
Tú,	Señor,	conocedor de los corazones	de todos,	muestra	al que	escogiste	de
4771	2962	2589	3956	322	3739	1586	1537
RP2NS	*NVSM*	*NVSM*	*JGPM*	*VAAM2S*	*RR-ASM*	*VAMI2S*	*P*

τούτων	τῶν	δύο	ἕνα,	25 λαβεῖν	τὸν	τόπον	τῆς	διακονίας	ταύτης	καὶ
estos	de los$_2$	dos,$_3$	uno$_1$	para tomar	el	lugar	del	ministerio	este	y
5130	3588	1417	1520	2983	3588	5117	3588	1248	3778	2532
RD-GPM	*DGPM*	*XN,J*	*JASM*	*VAAN*	*DASM*	*NASM*	*DGSF*	*NGSF*	*RD-GSF*	*CLN*

ἀποστολῆς,	ἀφ'	ἧς	παρέβη	Ἰούδας	πορευθῆναι	εἰς	τὸν	τόπον	τὸν
apostolado,	de	el cual	se extravió	Judas	para irse	a	--$_3$	lugar.$_4$	-- (su)$_1$
651	575	3739	3845	2455	4198	1519	3588	5117	3588
NGSF	*P*	*RR-GSF*	*VAAI3S*	*NNSM*	*VAPN*	*P*	*DASM*	*NASM*	*DASM*

ἴδιον.	26 καὶ	ἔδωκαν	κλήρους	αὐτοῖς,	καὶ	ἔπεσεν	ὁ	κλῆρος	ἐπὶ
propio$_2$	Y	dieron	suertes	a ellos	y	cayó	la	suerte	sobre
2398	2532	1325	2819	846	2532	4098	3588	2819	1909
JASM	*CLN*	*VAAI3P*	*NAPM*	*RP3DPM*	*CLN*	*VAAI3S*	*DNSM*	*NNSM*	*P*

Μαθθίαν,	καὶ	συγκατεψηφίσθη	μετὰ	τῶν	ἕνδεκα	ἀποστόλων.
Matías	y	fue asociado	con	los	once	apóstoles.
3159	2532	4785	3326	3588	1733	652
NASM	*CLN*	*VAPI3S*	*P*	*DGPM*	*XN,J*	*NGPM*

2

Καὶ	ἐν	τῷ	συμπληροῦσθαι	τὴν	ἡμέραν	τῆς	πεντηκοστῆς
Y	en	el	ser cumplido	el	día	del	Pentecostés
2532	1722	3588	4845	3588	2250	3588	4005
CLN	*P*	*DDSN, DDSM*	*VPPN*	*DASF*	*NASF*	*DGSF*	*NGSF*

ἦσαν	πάντες	ὁμοῦ	ἐπὶ	τὸ	αὐτό,	2 καὶ	ἐγένετο	ἄφνω	ἐκ	τοῦ
estaban	todos	juntos	en	el	mismo (lugar).	Y	vino	de repente	de	el
2258	3956	3674	1909	3588	846	2532	1096	869	1537	3588
VIAI3P	*JNPM*	*B*	*P*	*DASN*	*RP3ASN,JASN*	*CLN*	*VAMI3S*	*B*	*P*	*DGSM*

οὐρανοῦ	ἦχος	ὥσπερ	φερομένης	πνοῆς	βιαίας	καὶ	ἐπλήρωσεν	ὅλον
cielo	un ruido	como	siendo traído$_3$	de un viento$_1$	violento$_2$	y	llenó	toda
3772	2279	5618	5342	4157	972	2532	4137	3650
NGSM	*NNSM*	*CAM*	*VPUP-SGF*	*NGSF*	*JGSF*	*CLN*	*VAAI3S*	*JASM*

τὸν	οἶκον	οὗ	ἦσαν	καθήμενοι,	3 καὶ	ὤφθησαν	αὐτοῖς	διαμεριζόμεναι
la	casa	donde	estaban	sentados;	y	se aparecieron	a ellos	repartiéndose,$_4$
3588	3624	3757	2258	2521	2532	3700	846	1266
DASM	*NASM*	*B*	*VIAI3P*	*VPUP-PNM*	*CLN*	*VAPI3P*	*RP3DPM*	*VPUP-PNF*

γλῶσσαι	ὡσεὶ	πυρός,	καὶ	ἐκάθισεν	ἐφ'	ἕνα	ἕκαστον	αὐτῶν,	4 καὶ
lenguas$_1$	como$_2$	de fuego,$_3$	y	se sentó	sobre	uno$_2$	cada$_1$	de ellos,	y
1100	5616	4442	2532	2523	1909	1520	1538	846	2532
NNPF	*CAM*	*NGSN*	*CLN*	*VAAI3S*	*P*	*JASM*	*JASM*	*RP3GPM*	*CLN*

ἐπλήσθησαν	πάντες	πνεύματος	ἁγίου,	καὶ	ἤρξαντο	λαλεῖν	ἑτέραις
fueron llenos	todos	de el Espíritu	Santo	y	comenzaron	a hablar	en otras
4130	3956	4151	40	2532	756	2980	2087
VAPI3P	*JNPM*	*NGSN*	*JGSN*	*CLN*	*VAMI3P*	*VPAN*	*JDPF*

γλώσσαις	καθὼς	τὸ	πνεῦμα	ἐδίδου	ἀποφθέγγεσθαι	αὐτοῖς.
lenguas	según	el	Espíritu	daba	expresarse.$_2$	a ellos$_1$
1100	2531	3588	4151	1325	669	846
NDPF	*CAM*	*DNSN*	*NNSN*	*VIAI3S*	*VPUN*	*RP3DPM*

5 Ἦσαν	δὲ	ἐν	Ἰερουσαλὴμ	κατοικοῦντες	Ἰουδαῖοι,	ἄνδρες	εὐλαβεῖς
estaban$_2$	Y$_1$	en	Jerusalén	habitando	judíos,	varones	piadosos
2258	1161	1722	2419	2730	2453	435	2126
VIAI3P	*CLN*	*P*	*NASF, XP*	*VPAP-PNM*	*JNPM*	*NNPM*	*JNPM*

ἀπὸ	παντὸς	ἔθνους	τῶν	ὑπὸ	τὸν	οὐρανόν·	6 γενομένης	δὲ
de	todo	pueblo	de los (que están)	bajo de	el	cielo.	habiendo sucedido$_2$	Y$_1$
575	3956	1484	3588	5259	3588	3772	1096	1161
P	*JGSN*	*NGSN*	*DGPN*	*P*	*DASM*	*NASM*	*VAMP-SGF*	*CLN*

NVI

«Señor, tú que conoces el corazón de todos, muéstranos a cuál de estos dos has elegido
25 para que se haga cargo del servicio apostólico que Judas dejó para irse al lugar que le corres-
pondía». 26 Luego echa-
ron suertes y la elección recayó en Matías; así que él fue reconocido junto con los once apóstoles.

El Espíritu Santo desciende en Pentecostés

2 Cuando llegó el día de Pentecostés, estaban todos juntos
en el mismo lugar. 2 De
repente, vino del cielo un ruido como el de una violenta ráfaga de viento y llenó toda la casa don-
de estaban reunidos. 3 Se
les aparecieron entonces unas lenguas como de fuego que se repartieron y se posaron sobre cada
uno de ellos. 4 Todos fue-
ron llenos del Espíritu Santo y comenzaron a hablar en diferentes lenguas, según el Espíritu les concedía expresarse.
5 Estaban de visita en Jerusalén judíos piadosos, procedentes de todas las naciones de
la tierra. 6 Al oír aquel

RVR

estruendo, se juntó la
multitud; y quedaron
desconcertados, porque
cada uno les oía hablar
en su propia lengua.
7 Y estaban atónitos y
maravillados, diciendo:
Mirad, ¿no son galileos
todos estos que hablan?
8 ¿Cómo, pues, les
oímos nosotros hablar
cada uno en nuestra
lengua en la que hemos
nacido?
9 Partos, medos, elami-
tas, y los que habitamos
en Mesopotamia, en
Judea, en Capadocia, en
el Ponto y en Asia,
10 en Frigia y Panfilia, en
Egipto y en las regiones
de África más allá de
Cirene, y romanos aquí
residentes, tanto judíos
como prosélitos,
11 cretenses y árabes,
les oímos hablar en
nuestras lenguas las
maravillas de Dios.
12 Y estaban todos
atónitos y perplejos,
diciéndose unos a otros:
¿Qué quiere decir esto?
13 Mas otros, burlándo-
se, decían: Están llenos
de mosto.

τῆς	φωνῆς	ταύτης	συνῆλθε	τὸ	πλῆθος	καὶ	συνεχύθη,	ὅτι	ἤκουον
el	sonido	este,	se reunió	la	multitud	y	fue alborotada	porque	oían$_3$
3588	5456	3778	4905	3588	4128	2532	4797	3754	191
DGSF	*NGSF*	*RD-GSF*	*VAAI3S*	*DNSN*	*NNSN*	*CLN*	*VAPI3S*	*CAZ*	*VIAI3P*

εἷς	ἕκαστος	τῇ	ἰδίᾳ	διαλέκτῳ	λαλούντων	αὐτῶν·	7 ἐξίσταντο	δὲ
uno$_2$	cada$_1$	en la$_6$	propia$_7$	lengua.$_8$	hablando$_5$	a ellos$_4$	se sorprendían$_2$	Y$_1$
1520	1538	3588	2398	1258	2980	846	1839	1161
JNSM	*JNSM*	*DDSF*	*JDSF*	*NDSF*	*VPAP-PGM*	*RP3GPM*	*VIMI3P*	*CLN*

καὶ	ἐθαύμαζον	λέγοντες·	Οὐχ	ἰδοὺ	πάντες	οὗτοί	εἰσιν	οἱ
y	se maravillaban	diciendo:	¿no$_2$	Mirad,$_1$	todos$_4$	estos$_5$	son$_3$	los que
2532	2296	3004	3756	2400	537	3778	1526	3588
CLN	*VIAI3P*	*VPAP-PNM*	*TN, TI*	*I, VAAM2S*	*JNPM*	*RD-NPM*	*VPAI3P*	*DNPM*

λαλοῦντες	Γαλιλαῖοι;	8 καὶ	πῶς	ἡμεῖς	ἀκούομεν	ἕκαστος	τῇ	ἰδίᾳ
están hablando	galileos?	Pero	¿cómo	nosotros	oímos	cada uno	en la	propia
2980	1057	2532	4459	2249	191	1538	3588	2398
VPAP-PNM	*NNPM, JNPM*	*CLN*	*BI*	*RP1NP*	*VPAI1P*	*JNSM*	*DDSF*	*JDSF*

διαλέκτῳ	ἡμῶν	ἐν	ᾗ	ἐγεννήθημεν;	9 Πάρθοι	καὶ	Μῆδοι	καὶ
lengua	de nosotros	en	la que	nacimos?	Partos	y	medos	y
1258	2257	1722	3739	1080	3934	2532	3370	2532
NDSF	*RP1GP*	*P*	*RR-DSF*	*VAPI1P*	*NNPM*	*CLN*	*NNPM*	*CLN*

Ἐλαμῖται,	καὶ	οἱ	κατοικοῦντες	τὴν	Μεσοποταμίαν,	Ἰουδαίαν
elamitas	y	los que	están habitando	--	Mesopotamia,	Judea
1639	2532	3588	2730	3588	3318	2449
NNPM	*CLN*	*DNPM*	*VPAP-PNM*	*DASF*	*NASF*	*NASF*

τε	καὶ	Καππαδοκίαν,	Πόντον	καὶ	τὴν	Ἀσίαν,	10 Φρυγίαν	τε
y	también	Capadocia,	Ponto	y	--	Asia,	Frigia	como
5037	2532	2587	4195	2532	3588	773	5435	5037
CLK	*CLK, CLN*	*NASF*	*NASM*	*CLN*	*DASF*	*NASF*	*NASF*	*CLK*

καὶ	Παμφυλίαν,	Αἴγυπτον	καὶ	τὰ	μέρη	τῆς	Λιβύης	τῆς
también	Panfilia,	Egipto	y	las	regiones	--	de Libia	la (que está)
2532	3828	125	2532	3588	3313	3588	3033	3588
CLK, CLN	*NASF*	*NASF*	*CLN*	*DAPN*	*NAPN*	*DGSF*	*NGSF*	*DGSF*

κατὰ	Κυρήνην,	καὶ	οἱ	ἐπιδημοῦντες	Ῥωμαῖοι,	11 Ἰουδαῖοί
frente	a Cirene	y	los que	están residiendo como extranjeros,$_2$	romanos$_1$	judíos
2596	2957	2532	3588	1927	4514	2453
P	*NASF*	*CLN*	*DNPM*	*VPAP-PNM*	*JNPM*	*JNPM*

τε	καὶ	προσήλυτοι,	Κρῆτες	καὶ	Ἄραβες,	ἀκούομεν	λαλούντων
como	también	prosélitos,	cretenses	y	árabes,	oímos	hablando$_2$
5037	2532	4339	2912	2532	690	191	2980
CLK	*CLK, CLN*	*NNPM*	*NNPM*	*CLN*	*NNPM*	*VPAI1P*	*VPAP-PGM*

αὐτῶν	ταῖς	ἡμετέραις	γλώσσαις	τὰ	μεγαλεῖα	τοῦ	θεοῦ.	12 ἐξίσταντο
a ellos$_1$	--	en nuestras	lenguas	las	grandezas	--	de Dios.	se sorprendían$_2$
846	3588	2251	1100	3588	3167	3588	2316	1839
RP3GPM	*DDPF*	*JDPF, RS1DPF*	*NDPF*	*DAPN*	*JAPN*	*DGSM*	*NGSM*	*VIMI3P*

δὲ	πάντες	καὶ	διηπόρουν,	ἄλλος	πρὸς	ἄλλον	λέγοντες·	Τί	θέλει
Y$_1$	todos	y	estaban perplejos,	otro$_2$	a$_3$	otro:$_4$	diciendo$_1$	¿Qué	quiere
1161	3956	2532	1280	243	4314	243	3004	5101	2309
CLN	*JNPM*	*CLN*	*VIAI3P*	*JNSM*	*P*	*JASM*	*VPAP-PNM*	*RI-ASN*	*VPAI3S*

τοῦτο	εἶναι;	13 ἕτεροι	δὲ	διαχλευάζοντες	ἔλεγον	ὅτι	Γλεύκους
esto	ser?	otros$_2$	Pero$_1$	burlándose	decían:	porque	de vino dulce nuevo
5124	1511	2087	1161	5512	3004	3754	1098
RD-ASN	*VPAN*	*JNPM*	*CLC*	*VPAP-PNM*	*VIAI3P*	*CSC*	*NGSN*

μεμεστωμένοι	εἰσίν.
llenos	están.
3325	1526
VRPP-PNM	*VPAI3P*

NVI

bullicio, se agolparon
y quedaron todos pas-
mados porque cada uno
los escuchaba hablar
en su propio idioma.
7 Desconcertados y
maravillados, decían:
«¿No son galileos todos
estos que están hablan-
do? 8 ¿Cómo es que cada
uno de nosotros los oye
hablar en su lengua ma-
terna? 9 Partos, medos
y elamitas; habitantes
de Mesopotamia, de
Judea y de Capadocia,
del Ponto y de Asia, 10 de
Frigia y de Panfilia, de
Egipto y de las regiones
de Libia cercanas a
Cirene; visitantes llega-
dos de Roma; 11 judíos
y prosélitos; cretenses y
árabes: ¡todos por igual
los oímos proclamar en
nuestra propia lengua las
maravillas de Dios!»
12 Desconcertados y
perplejos, se pregun-
taban: «¿Qué quiere
decir esto?» 13 Otros se
burlaban y decían: «Lo
que pasa es que están
borrachos».

RVR

Primer discurso de Pedro

14 Entonces Pedro, poniéndose en pie con los once, alzó la voz y se expresó así, diciéndoles: Varones judíos, y todos los que habitáis en Jerusalén, esto os sea notorio, y prestad atención a mis palabras.
15 Porque éstos no están ebrios, como vosotros suponéis, puesto que es la hora tercera del día;
16 sino que esto es lo dicho por medio del profeta Joel:
17 Y sucederá en los últimos días, dice Dios,
Que derramaré de mi Espíritu sobre toda carne,
Y vuestros hijos y vuestras hijas profetizarán;
Vuestros jóvenes verán visiones,
Y vuestros ancianos soñarán sueños;
18 Y hasta sobre mis siervos y sobre mis siervas en aquellos días
Derramaré de mi Espíritu, y profetizarán.
19 Y daré prodigios arriba en el cielo,
Y señales abajo en la tierra,
Sangre y fuego y vapor de humo;
20 El sol se convertirá en tinieblas,

14 Σταθεὶς	δὲ	ὁ	Πέτρος	σὺν	τοῖς	ἕνδεκα	ἐπῆρεν	τὴν
habiéndose puesto de pie$_2$	Y$_1$	--	Pedro	con	los	once,	levantó	la
2476	1161	3588	4074	4862	3588	1733	1869	3588
VAPP-SNM	CLC	DNSM	NNSM	P	DDPM	XN, J	VAAI3S	DASF

φωνὴν	αὐτοῦ	καὶ	ἀπεφθέγξατο	αὐτοῖς·	Ἄνδρες	Ἰουδαῖοι	καὶ	οἱ
voz	de él	y	habló	a ellos:	Varones	judíos	y	los que$_2$
5456	846	2532	669	846	435	2453	2532	3588
NASF	RP3GSM	CLN	VAMI3S	RP3DPM	NVPM	JVPM	CLN	DNPM

κατοικοῦντες	Ἰερουσαλὴμ	πάντες,	τοῦτο	ὑμῖν	γνωστὸν	ἔστω	καὶ
están habitando$_3$	en Jerusalén,$_4$	todos$_1$	esto$_7$	a vosotros$_8$	conocido$_6$	sea$_5$	y
2730	2419	3956	5124	5213	1110	2077	2532
VPAP-PNM	NASF, XP	JNPM	RD-NSN	RP2DP	JNSN	VPAM3S	CLN

ἐνωτίσασθε	τὰ	ῥήματά	μου.	15 οὐ	γὰρ	ὡς	ὑμεῖς	ὑπολαμβάνετε
prestad atención	a las	palabras	de mí.	no$_2$	Porque$_1$	como	vosotros	suponéis,
1801	3588	4487	3450	3756	1063	5613	5210	5274
VAMM2P	DAPN	NAPN	RP1GS	BN,TN	CLX	CAM	RP2NP	VPAI2P

οὗτοι	μεθύουσιν,	ἔστιν	γὰρ	ὥρα	τρίτη	τῆς	ἡμέρας,	16 ἀλλὰ	τοῦτό
estos	están ebrios,	es$_2$	pues$_1$	(la) hora	tercera	del	día,	sino	esto
3778	3184	2076	1063	5610	5154	3588	2250	235	5124
RD-NPM	VPAI3P	VPAI3S	CAZ	NNSF	JNSF	DGSF	NGSF	CLC	RD-NSN

ἐστιν	τὸ	εἰρημένον	διὰ	τοῦ	προφήτου	Ἰωήλ·	17 Καὶ	ἔσται	ἐν
es	lo	dicho	por medio de	el	profeta	Joel:	Y	será	en
2076	3588	2046	1223	3588	4396	2493	2532	2071	1722
VPAI3S	DNSN	VRPP-SNN	P	DGSM	NGSM	NGSM, XP	CLN	VFMI3S	P

ταῖς	ἐσχάταις	ἡμέραις,	λέγει	ὁ	θεός,	ἐκχεῶ	ἀπὸ	τοῦ	πνεύματός	μου
los	últimos	días,	dice,$_3$	--$_1$	Dios$_2$	derramaré	de	el	Espíritu	de mí
3588	2078	2250	3004	3588	2316	1632	575	3588	4151	3450
DDPF	JDPF	NDPF	VPAI3S	DNSM	NNSM	VFAI1S	P	DGSN	NGSN	RP1GS

ἐπὶ	πᾶσαν	σάρκα,	καὶ	προφητεύσουσιν	οἱ	υἱοὶ	ὑμῶν	καὶ	αἱ
sobre	toda	carne,	y	profetizarán$_8$	los$_1$	hijos$_2$	de vosotros$_3$	y$_4$	las$_5$
1909	3956	4561	2532	4395	3588	5207	5216	2532	3588
P	JASF	NASF	CLN	VFAI3P	DNPM	NNPM	RP2GP	CLN	DNPF

θυγατέρες	ὑμῶν,	καὶ	οἱ	νεανίσκοι	ὑμῶν	ὁράσεις	ὄψονται,	καὶ
hijas$_6$	de vosotros$_7$	y	los	jóvenes	de vosotros	visiones$_2$	verán$_1$	y
2364	5216	2532	3588	3495	5216	3706	3700	2532
NNPF	RP2GP	CLN	DNPM	NNPM	RP2GP	NAPF	VFMI3P	CLN

οἱ	πρεσβύτεροι	ὑμῶν	ἐνυπνίοις	ἐνυπνιασθήσονται·	18 καί	γε
los	ancianos	de vosotros	sueños;$_2$	soñarán$_1$	y	ciertamente
3588	4245	5216	1798	1797	2532	1065
DNPM	JNPM	RP2GP	NDPN	VFPI3P	CLN	BE, TE

ἐπὶ	τοὺς	δούλους	μου	καὶ	ἐπὶ	τὰς	δούλας	μου	ἐν	ταῖς	ἡμέραις
sobre$_2$	los$_3$	esclavos$_4$	de mí$_5$	y$_6$	sobre$_7$	las$_8$	esclavas$_9$	de mí$_{10}$	en$_{11}$	los$_{12}$	días$_{13}$
1909	3588	1401	3450	2532	1909	3588	1399	3450	1722	3588	2250
P	DAPM	NAPM	RP1GS	CLN	P	DAPF	NAPF	RP1GS	P	DDPF	NDPF

ἐκείναις	ἐκχεῶ	ἀπὸ	τοῦ	πνεύματός	μου,	καὶ	προφητεύσουσιν.	19 καὶ
aquellos$_{14}$	derramaré$_1$	de	el	Espíritu	de mí,	y	profetizarán.	Y
1565	1632	575	3588	4151	3450	2532	4395	2532
RD-DPF	VFAI1S	P	DGSN	NGSN	RP1GS	CLN	VFAI3P	CLN

δώσω	τέρατα	ἐν	τῷ	οὐρανῷ	ἄνω	καὶ	σημεῖα	ἐπὶ	τῆς	γῆς	κάτω,
daré	prodigios	en	el	cielo	arriba	y	señales	en	la	tierra	abajo,
1325	5059	1722	3588	3772	507	2532	4592	1909	3588	1093	2736
VFAI1S	NAPN	P	DDSM	NDSM	BP	CLN	NAPN	P	DGSF	NGSF	BP

αἷμα	καὶ	πῦρ	καὶ	ἀτμίδα	καπνοῦ·	20 ὁ	ἥλιος	μεταστραφήσεται	εἰς
sangre	y	fuego	y	vapor	de humo;	el	sol	será transformado	en
129	2532	4442	2532	822	2586	3588	2246	3344	1519
NASN	CLN	NASN	CLN	NASF	NGSM	DNSM	NNSM	VFPI3S	P

NVI

Pedro se dirige a la multitud

14 Entonces Pedro, con los once, se puso de pie y dijo a voz en cuello: «Compatriotas judíos y todos ustedes que están en Jerusalén, déjenme explicarles lo que sucede; presten atención a lo que les voy a decir.
15 Estos no están borrachos, como suponen ustedes. ¡Apenas son las nueve de la mañana!
16 En realidad lo que pasa es lo que anunció el profeta Joel:

17 »"Sucederá que en los últimos días —dice Dios—,
derramaré mi Espíritu sobre todo el género humano.
Los hijos y las hijas de ustedes profetizarán,
tendrán visiones los jóvenes
y sueños los ancianos.
18 En esos días derramaré mi Espíritu
aun sobre mis siervos y mis siervas,
y profetizarán.
19 Arriba en el cielo y abajo en la tierra mostraré prodigios:
sangre, fuego y nubes de humo.
20 El sol se convertirá en tinieblas

RVR

Y la luna en sangre,
Antes que venga el día
del Señor,
Grande y manifiesto;
21 Y sucederá que
todo aquel que
invoque el nombre
del Señor, será
salvo.
22 Varones israelitas,
oíd estas palabras: Jesús
nazareno, varón acre-
ditado por Dios entre
vosotros con milagros,
prodigios y señales que
Dios hizo entre voso-
tros por medio de él,
como vosotros mismos
sabéis;
23 a éste, entregado por
el determinado designio
y previo conocimiento
de Dios, lo prendisteis y
matasteis por manos de
inicuos, crucificándole;
24 al cual Dios resucitó,
sueltos los dolores de
la muerte, por cuanto
era imposible que fuese
retenido por ella.
25 Porque David dice
de él:
Veía siempre al Señor
delante de mí;
Porque está a mi dies-
tra, para que yo no
sea conmovido.
26 Por lo cual mi
corazón se alegró,
y saltó de gozo mi
lengua,
Y aun mi carne
descansará en

σκότος	καὶ	ἡ	σελήνη	εἰς	αἷμα	πρὶν	ἢ	ἐλθεῖν	ἡμέραν	κυρίου	τὴν
oscuridad	y	la	luna	en	sangre,	antes de	--	venir	(el) día	del Señor.$_5$	--$_1$
4655	2532	3588	4582	1519	129	4250	2228	2064	2250	2962	3588
NASN	*CLN*	*DNSF*	*NNSF*	*P*	*NASN*	*CAT*	*T*	*VAAN*	*NASF*	*NGSM*	*DASF*

μεγάλην	καὶ	ἐπιφανῆ.	21 καὶ	ἔσται	πᾶς	ὃς	ἐὰν	ἐπικαλέσηται	τὸ
grande$_2$	y$_3$	glorioso$_4$	Y	será (que)	todo	el que	si	invocara	el
3173	2532	2016	2532	2071	3956	3739	1437	1941	3588
JASF	*CLN*	*JASF*	*CLN*	*VFMI3S*	*JNSM*	*RR-NSM*	*TC*	*VAMS3S*	*DASN*

ὄνομα	κυρίου	σωθήσεται.
nombre	del Señor	será salvo.
3686	2962	4982
NASN	*NGSM*	*VFPI3S*

22 Ἄνδρες	Ἰσραηλῖται,	ἀκούσατε	τοὺς	λόγους	τούτους.	Ἰησοῦν	τὸν
Varones	israelitas,	oíd	las	palabras	estas:	Jesús	el
435	2475	191	3588	3056	5128	2424	3588
NVPM	*NVPM*	*VAAM2P*	*DAPM*	*NAPM*	*RD-APM*	*NASM*	*DASM*

Ναζωραῖον,	ἄνδρα	ἀποδεδειγμένον	ἀπὸ	τοῦ	θεοῦ	εἰς	ὑμᾶς	δυνάμεσι
nazareno,	varón	acreditado	por	--	Dios	entre	vosotros	con milagros
3480	435	584	575	3588	2316	1519	5209	1411
NASM	*NASM*	*VRPP-SAM*	*P*	*DGSM*	*NGSM*	*P*	*RP2AP*	*NDPF*

καὶ	τέρασι	καὶ	σημείοις	οἷς	ἐποίησεν	δι᾽	αὐτοῦ	ὁ	θεὸς
y	prodigios	y	señales	las cuales	hizo	por medio de$_3$	él$_4$	--$_1$	Dios$_2$
2532	5059	2532	4592	3739	4160	1223	846	3588	2316
CLN	*NDPN*	*CLN*	*NDPN*	*RR-DPN*	*VAAI3S*	*P*	*RP3GSM*	*DNSM*	*NNSM*

ἐν	μέσῳ	ὑμῶν,	καθὼς	αὐτοὶ	οἴδατε,	23 τοῦτον	τῇ	ὡρισμένῃ
en	medio	de vosotros	tal como	vosotros mismos	sabéis,	a este,	según el	designado$_2$
1722	3319	5216	2531	846	1492	5126	3588	3724
P	*JDSN*	*RP2GP*	*CAM*	*RP3NPMP*	*VRAI2P*	*RD-ASM*	*DDSF*	*VRPP-SDF*

βουλῇ	καὶ	προγνώσει	τοῦ	θεοῦ	ἔκδοτον	διὰ	χειρὸς	ἀνόμων
plan$_1$	y	conocimiento previo	--	de Dios	entregado	por	mano	de (los) sin ley
1012	2532	4268	3588	2316	1560	1223	5495	459
NDSF	*CLN*	*NDSF*	*DGSM*	*NGSM*	*JASM*	*P*	*NGSF*	*JGPM*

προσπήξαντες	ἀνείλατε,	24 ὃν	ὁ	θεὸς	ἀνέστησεν	λύσας	τὰς
habiéndo(lo) clavado	matasteis,	a quien	--	Dios	levantó	habiendo liberado	los
4362	337	3739	3588	2316	450	3089	3588
VAAP-PNM	*VAAI2P*	*RR-ASM*	*DNSM*	*NNSM*	*VAAI3S*	*VAAP-SNM*	*DAPF*

ὠδῖνας	τοῦ	θανάτου,	καθότι	οὐκ	ἦν	δυνατὸν	κρατεῖσθαι	αὐτὸν
dolores de parto	de la	muerte,	puesto que	no	era	posible	ser retenido	él
5604	3588	2288	2530	3756	2258	1415	2902	846
NAPF	*DGSM*	*NGSM*	*CAZ*	*BN, TN*	*VIAI3S*	*JNSN*	*VPPN*	*RP3ASM*

ὑπ᾽	αὐτοῦ.	25 Δαυὶδ	γὰρ	λέγει	εἰς	αὐτόν·	Προορώμην	τὸν	κύριον
por	ella.	David$_2$	Porque$_1$	dice	a	él:	Veía ante mí	al	Señor
5259	846	1138	1063	3004	1519	846	4309	3588	2962
P	*RP3GSM*	*NNSM,XP*	*CAZ*	*VPAI3S*	*P*	*RP3ASM*	*VIMI1S*	*DASM*	*NASM*

ἐνώπιόν	μου	διὰ	παντός,	ὅτι	ἐκ	δεξιῶν	μού	ἐστιν	ἵνα	μὴ
delante de	mí	por	todo,	porque	a	(la) derecha	de mí	está	para que	no
1799	3450	1223	3956	3754	1537	1188	3450	2076	2443	3361
P, B	*RP1GS*	*P*	*JGSM*	*CAZ*	*P*	*JGPN, JGPM*	*RP1GS*	*VPAI3S*	*CAP*	*BN, TN*

σαλευθῶ.	26 διὰ	τοῦτο	ηὐφράνθη	ἡ	καρδία	μου	καὶ	ἠγαλλιάσατο
fuera sacudido yo.	Por	esto	se alegró$_4$	el$_1$	corazón$_2$	de mí$_3$	y$_5$	se regocijó$_9$
4531	1223	5124	2165	3588	2588	3450	2532	21
VAPS1S	*P*	*RD-ASN*	*VAPI3S*	*DNSF*	*NNSF*	*RP1GS*	*CLN*	*VAMI3S*

ἡ	γλῶσσά	μου,	ἔτι	δὲ	καὶ	ἡ	σάρξ	μου	κατασκηνώσει	ἐπ᾽
la$_6$	lengua$_7$	de mí$_8$	además$_{11}$	y$_{10}$	también	la	carne	de mí	descansará	en
3588	1100	3450	2089	1161	2532	3588	4561	3450	2681	1909
DNSF	*NNSF*	*RP1GS*	*B*	*CLN*	*BE, TE*	*DNSF*	*NNSF*	*RP1GS*	*VFAI3S*	*P*

NVI

y la luna en sangre
antes que llegue el día
del Señor,
día grande y
esplendoroso.
21 Y todo el que invo-
que el nombre del
Señor
será salvo».

22 »Pueblo de Israel,
escuchen esto: Jesús de
Nazaret fue un hombre
acreditado por Dios
ante ustedes con mila-
gros, señales y prodigios,
los cuales realizó Dios
entre ustedes por medio
de él, como bien lo sa-
ben. 23 Este fue entrega-
do según el determinado
propósito y el previo
conocimiento de Dios;
y, por medio de gente
malvada, ustedes lo
mataron, clavándolo en
la cruz. 24 Sin embargo,
Dios lo resucitó, libránd-
dolo de las angustias de
la muerte, porque era
imposible que la muerte
lo mantuviera bajo su
dominio. 25 En efecto,
David dijo de él:

»“Veía yo al Señor
siempre delante
de mí,
porque él está a mi
derecha
para que no caiga.
26 Por eso mi corazón
se alegra, y canta
con gozo mi
lengua;
mi cuerpo también

RVR

esperanza;
27 Porque no dejarás
mi alma en el
Hades,
Ni permitirás que
tu Santo vea
corrupción.
28 Me hiciste conocer
caminos de vida;
Me llenarás de gozo
con tu presencia.
29 Varones hermanos,
se os puede decir
abiertamente acerca del
patriarca David, que
murió y fue sepultado,
y su sepulcro está entre
nosotros hasta el día
de hoy.
30 Pero siendo profeta,
y sabiendo que Dios le
había asegurado con
juramento que de su
descendencia, en cuanto
a la carne, haría surgir al
Cristo para que se senta-
se en su trono,
31 viéndolo de antema-
no, habló de la resurrec-
ción de Cristo, que su
alma no fue dejada en el
Hades, ni su carne vio la
corrupción.
32 A este Jesús resucitó
Dios, de lo cual todos
nosotros somos testigos.
33 Así que, exaltado por
la diestra de Dios, y
habiendo recibido del
Padre la promesa del
Espíritu Santo, ha derra-
mado esto que vosotros
veis y oís.

ἐλπίδι.	[27] ὅτι	οὐκ	ἐγκαταλείψεις	τὴν	ψυχήν	μου	εἰς	ᾅδην,	οὐδὲ
esperanza,	porque	no	abandonarás	la	vida	de mí	en	el Hades	ni
1680	3754	3756	1459	3588	5590	3450	1519	86	3761
NDSF	*CAZ*	*BN, TN*	*VFAI2S*	*DASF*	*NASF*	*RP1GS*	*P*	*NASM*	*CLD, TN*

δώσεις	τὸν	ὅσιόν	σου	ἰδεῖν	διαφθοράν.	[28] ἐγνώρισάς	μοι	ὁδοὺς	ζωῆς,
darás	al	Santo	de ti	ver	corrupción.	Diste a conocer	a mí	caminos	de vida,
1325	3588	3741	4675	1492	1312	1107	3427	3598	2222
VFAI2S	*DASM*	*JASM*	*RP2GS*	*VAAN*	*NASF*	*VAAI2S*	*RP1DS*	*NAPF*	*NGSF*

πληρώσεις	με	εὐφροσύνης	μετὰ	τοῦ	προσώπου	σου.
llenarás	a mí	de alegría	con	el	rostro	de ti.
4137	3165	2167	3326	3588	4383	4675
VFAI2S	*RP1AS*	*NGSF*	*P*	*DGSN*	*NGSN*	*RP2GS*

[29] Ἄνδρες	ἀδελφοί,	ἐξὸν	εἰπεῖν	μετὰ	παρρησίας	πρὸς	ὑμᾶς
Varones	hermanos,	siendo permitido	decir	con	franqueza	a	vosotros
435	80	1832	2036	3326	3954	4314	5209
NVPM	*NVPM*	*VPAP-SNN*	*VAAN*	*P*	*NGSF*	*P*	*RP2AP*

περὶ	τοῦ	πατριάρχου	Δαυίδ,	ὅτι	καὶ	ἐτελεύτησεν	καὶ	ἐτάφη,
acerca de	el	patriarca	David	que	también	murió	y	fue enterrado,
4012	3588	3966	1138	3754	2532	5053	2532	2290
P	*DGSM*	*NGSM*	*NGSM, XP*	*CSC*	*CLK*	*VAAI3S*	*CLK, CLN*	*VAPI3S*

καὶ	τὸ	μνῆμα	αὐτοῦ	ἔστιν	ἐν	ἡμῖν	ἄχρι	τῆς	ἡμέρας	ταύτης·
y	el	sepulcro	de él	está	entre	nosotros	hasta	el	día	este.
2532	3588	3418	846	2076	1722	2254	891	3588	2250	3778
CLN	*DNSN*	*NNSN*	*RP3GSM*	*VPAI3S*	*P*	*RP1DP*	*P*	*DGSF*	*NGSF*	*RD-GSF*

[30] προφήτης	οὖν	ὑπάρχων,	καὶ	εἰδὼς	ὅτι	ὅρκῳ	ὤμοσεν	αὐτῷ
profeta,$_3$	Pues$_1$	siendo$_2$	y	sabido (es)	que	con juramento	juró$_3$	a él$_4$
4396	3767	5225	2532	1492	3754	3727	3660	846
NNSM	*CLI*	*VPAP-SNM*	*CLN*	*VRAP-SNM*	*CSC*	*NDSM*	*VAAI3S*	*RP3DSM*

ὁ	θεὸς	ἐκ	καρποῦ	τῆς	ὀσφύος	⌜αὐτοῦ*	καθίσαι	ἐπὶ	τὸν	θρόνον
--$_1$	Dios$_2$	de	(el) fruto	del	lomo	de él	sentarse (uno)	sobre	el	trono
3588	2316	1537	2590	3588	3751	846	2523	1909	3588	2362
DNSM	*NNSM*	*P*	*NGSM*	*DGSF*	*NGSF*	*RP3GSM*	*VAAN*	*P*	*DASM*	*NASM*

αὐτοῦ,	[31] προϊδὼν	ἐλάλησεν	περὶ	τῆς	ἀναστάσεως	τοῦ	Χριστοῦ
de él,	habiendo previsto	habló	acerca de	de la	resurrección	--	de Cristo
846	4275	2980	4012	3588	386	3588	5547
RP3GSM	*VAAP-SNM*	*VAAI3S*	*P*	*DGSF*	*NGSF*	*DGSM*	*NGSM*

ὅτι	⌜οὔτε	ἐγκατελείφθη	εἰς	ᾅδην	οὔτε	ἡ	σάρξ	αὐτοῦ	εἶδεν
que	ni	fue desamparado	en	(el) Hades	ni	la	carne	de él	vio
3754	3777	1459	1519	86	3777	3588	4561	846	1492
CSC	*CLK, TN*	*VAPI3S*	*P*	*NASM*	*CLK, CLD*	*DNSF*	*NNSF*	*RP3GSM*	*VAAI3S*

διαφθοράν.	[32] τοῦτον	τὸν	Ἰησοῦν	ἀνέστησεν	ὁ	θεός,	οὗ	πάντες
corrupción.	a este$_4$	--$_5$	Jesús,$_6$	levantó$_3$	--$_1$	Dios$_2$	de lo cual	todos
1312	5126	3588	2424	450	3588	2316	3739	3956
NASF	*RD-ASM*	*DASM*	*NASM*	*VAAI3S*	*DNSM*	*NNSM*	*RR-GSM*	*JNPM*

ἡμεῖς	ἐσμεν	μάρτυρες.	[33] τῇ	δεξιᾷ	οὖν	τοῦ	θεοῦ	ὑψωθεὶς
nosotros	somos	testigos;	a la$_3$	derecha$_4$	así que$_1$	--$_5$	de Dios,$_6$	habiendo sido exaltado$_2$
2249	2070	3144	3588	1188	3767	3588	2316	5312
RP1NP	*VPAI1P*	*NNPM*	*DDSF*	*JDSF*	*CLI*	*DGSM*	*NGSM*	*VAPP-SNM*

τήν	τε	ἐπαγγελίαν	τοῦ	πνεύματος	τοῦ	ἁγίου	λαβὼν
la$_8$	y$_7$	promesa	del	Espíritu	--	Santo	habiendo recibido
3588	5037	1860	3588	4151	3588	40	2983
DASF	*CLN*	*NASF*	*DGSN*	*NGSN*	*DGSN, DGSM*	*JGSN*	*VAAP-SNM*

παρὰ	τοῦ	πατρὸς	ἐξέχεεν	τοῦτο	ὃ	ὑμεῖς	βλέπετε	καὶ	ἀκούετε.
de parte de	el	Padre,	derramó	esto	lo que	vosotros	veis	y	oís.
3844	3588	3962	1632	5124	3739	5210	991	2532	191
P	*DGSM*	*NGSM*	*VAAI3S*	*RD-ASN*	*RR-ASN*	*RP2NP*	*VPAI2P*	*CLK, CLN*	*VPAI2P*

NVI

vivirá en esperanza.
27 No dejarás que mi
vida termine en el
sepulcro;
no permitirás que
tu santo sufra
corrupción.
28 Me has dado a cono-
cer los caminos de
la vida;
me llenarás de alegría
en tu presencia".

29 »Hermanos, per-
mítanme hablarles con
franqueza acerca del pa-
triarca David, que murió
y fue sepultado, y cuyo
sepulcro está entre noso-
tros hasta el día de hoy.
30 Era profeta y sabía que
Dios le había prometido
bajo juramento poner
en el trono a uno de sus
descendientes. 31 Fue así
como previó lo que iba
a suceder. Refiriéndose
a la resurrección del
Mesías, afirmó que Dios
no dejaría que su vida
terminara en el sepulcro,
ni que su fin fuera la co-
rrupción. 32 A este Jesús,
Dios lo resucitó, y de
ello todos nosotros so-
mos testigos. 33 Exaltado
por el poder de Dios,
y habiendo recibido
del Padre el Espíritu
Santo prometido, ha
derramado esto que us-
tedes ahora ven y oyen.

2:30⌜ Manuscritos inferiores aumentaron *en cuanto a la carne, levantará al Cristo.* **2:30*** O sea *su descendencia uno se levantará.* **2:31⌜** Manuscritos inferiores aumentaron *su alma no fue dejada.*

RVR

[34] Porque David no
subió a los cielos; pero él
mismo dice:
Dijo el Señor a mi
Señor:
Siéntate a mi diestra,
[35] Hasta que ponga a
tus enemigos por
estrado de tus pies.
[36] Sepa, pues, con plena
seguridad toda la casa
de Israel que a este Jesús
a quien vosotros crucifi-
casteis, Dios le ha hecho
Señor y Cristo.
[37] Al oír esto, se com-
pungieron de corazón,
y dijeron a Pedro y a
los demás apóstoles:
Varones hermanos, ¿qué
haremos?
[38] Pedro les dijo:
Arrepentíos, y bautícese
cada uno de vosotros en
el nombre de Jesucristo
para perdón de los peca-
dos; y recibiréis el don
del Espíritu Santo.
[39] Porque para vosotros
es la promesa, y para
vuestros hijos, y para to-
dos los que están lejos;
para cuantos el Señor
nuestro Dios llame.
[40] Y con otras muchas
palabras testificaba
solemnemente y les ex-
hortaba, diciendo: Sed
salvos de esta perversa
generación.

[34] οὐ γὰρ Δαυὶδ ἀνέβη εἰς τοὺς οὐρανούς, λέγει δὲ αὐτός· Εἶπεν
no$_3$ Porque$_1$ David$_2$ subió a los cielos, dice:$_3$ pero$_1$ él mismo$_2$ Dijo
3756 1063 1138 305 1519 3588 3772 3004 1161 846 2036
BN,TN CAZ NNSM, XP VAAI3S P DAPM NAPM VPAI3S CLC RP3NSMP VAAI3S

ὁ κύριος τῷ κυρίῳ μου· Κάθου ἐκ δεξιῶν μου, [35] ἕως ἂν
el Señor al Señor de mí: Siéntate a la derecha de mí hasta que --
3588 2962 3588 2962 3450 2521 1537 1188 3450 2193 302
DNSM NNSM DDSM NDSM RP1GS VPUM2S P JGPN, JGPM RP1GS CAT TC

θῶ τοὺς ἐχθρούς σου ὑποπόδιον τῶν ποδῶν σου. [36] ἀσφαλῶς οὖν
yo pusiera a los enemigos de ti como estrado de los pies de ti. con certeza$_2$ Así que$_1$
5087 3588 2190 4675 5286 3588 4228 4675 806 3767
VAAS1S DAPM JAPM RP2GS NASN DGPM NGPM RP2GS B CLI

γινωσκέτω πᾶς οἶκος Ἰσραὴλ ὅτι καὶ κύριον αὐτὸν καὶ Χριστὸν
sepa toda (la) casa de Israel que tanto$_5$ Señor$_6$ a él$_4$ como$_7$ Cristo,$_8$
1097 3956 3624 2474 3754 2532 2962 846 2532 5547
VPAM3S JNSM NNSM NGSM, XP CSC CLK NASM RP3ASM CLK, CLN NASM

ἐποίησεν ὁ θεός, τοῦτον τὸν Ἰησοῦν ὃν ὑμεῖς ἐσταυρώσατε.
hizo$_3$ --$_1$ Dios$_2$ a este -- Jesús a quien vosotros crucificasteis.
4160 3588 2316 5126 3588 2424 3739 5210 4717
VAAI3S DNSM NNSM RD-ASM DASM NASM RR-ASM RP2NP VAAI2P

[37] Ἀκούσαντες δὲ κατενύγησαν τὴν καρδίαν, εἶπόν τε πρὸς
habiendo oído$_2$ Y$_1$ fueron traspasados el corazón dijeron$_2$ y$_1$ a
191 1161 2660 3588 2588 2036 5037 4314
VAAP-PNM CLN VAPI3P DASF NASF VAAI3P CLN P

τὸν Πέτρον καὶ τοὺς λοιποὺς ἀποστόλους· Τί ποιήσωμεν, ἄνδρες
-- Pedro y a los demás apóstoles: ¿Qué hiciéramos, varones
3588 4074 2532 3588 3062 652 5101 4160 435
DASM NASM CLN DAPM JAPM NAPM RI-ASN VAAS1P NVPM

ἀδελφοί; [38] Πέτρος δὲ πρὸς αὐτούς· Μετανοήσατε, καὶ βαπτισθήτω
hermanos? Pedro$_2$ Y$_1$ a ellos: Arrepentíos y sea bautizado
80 4074 1161 4314 846 3340 2532 907
NVPM NNSM CLN P RP3APM VAAM2P CLN VAPM3S

ἕκαστος ὑμῶν ἐπὶ τῷ ὀνόματι Ἰησοῦ Χριστοῦ εἰς ἄφεσιν τῶν
cada uno de vosotros en el nombre de Jesús Cristo para perdón de los
1538 5216 1909 3588 3686 2424 5547 1519 859 3588
JNSM RP2GP P DDSN NDSN NGSM NGSM P NASF DGPF

ἁμαρτιῶν ὑμῶν, καὶ λήμψεσθε τὴν δωρεὰν τοῦ ἁγίου πνεύματος·
pecados de vosotros y recibiréis el don del Santo.$_2$ Espíritu$_1$
266 5216 2532 2983 3588 1431 3588 40 4151
NGPF RP2GP CLN VFMI2P DASF NASF, B DGSN JGSN NGSN

[39] ὑμῖν γάρ ἐστιν ἡ ἐπαγγελία καὶ τοῖς τέκνοις ὑμῶν
para vosotros$_2$ Porque$_1$ es la promesa y para los hijos de vosotros
5213 1063 2076 3588 1860 2532 3588 5043 5216
RP2DP CAZ VPAI3S DNSF NNSF CLN DDPN NDPN RP2GP

καὶ πᾶσι τοῖς εἰς μακρὰν ὅσους ἂν προσκαλέσηται κύριος
y para todos los (que están) -- lejos, a cuantos -- llamara (el) Señor
2532 3956 3588 1519 3112 3745 302 4341 2962
CLN JDPM DDPM P B, J RK-APM TC VAMS3S NNSM

ὁ θεὸς ἡμῶν. [40] ἑτέροις τε λόγοις πλείοσιν διεμαρτύρατο,
-- Dios de nosotros. con otras$_2$ Y$_1$ palabras$_4$ muchas$_3$ testificó solemnemente
3588 2316 2257 2087 5037 3056 4119 1263
DNSM NNSM RP1GP JDPM CLN NDPM JDPMC VAMI3S

καὶ παρεκάλει αὐτοὺς λέγων· Σώθητε ἀπὸ τῆς γενεᾶς τῆς
y exhortaba a ellos diciendo: Salvaos de -- generación$_2$ --
2532 3870 846 3004 4982 575 3588 1074 3588
CLN VIAI3S RP3APM VPAP-SNM VAPM2P P DGSF NGSF DGSF

NVI

[34] David no subió al
cielo, y sin embargo
declaró:

»"Dijo el Señor a mi
Señor:
Siéntate a mi derecha,
[35] hasta que ponga a
tus enemigos
por estrado de tus
pies".

[36] »Por tanto, sépalo
bien todo Israel que
a este Jesús, a quien
ustedes crucificaron,
Dios lo ha hecho Señor
y Mesías».
[37] Cuando oyeron
esto, todos se sintieron
profundamente con-
movidos y les dijeron
a Pedro y a los otros
apóstoles:
—Hermanos, ¿qué
debemos hacer?
[38] —Arrepiéntase y
bautícese cada uno de
ustedes en el nombre de
Jesucristo para perdón
de sus pecados —les
contestó Pedro—, y
recibirán el don del
Espíritu Santo. [39] En
efecto, la promesa es
para ustedes, para sus
hijos y para todos los ex-
tranjeros, es decir, para
todos aquellos a quienes
el Señor nuestro Dios
quiera llamar.
[40] Y con muchas otras
razones les exhortaba
insistentemente:
—¡Sálvense de esta
generación perversa!

RVR

41 Así que los que aco-
gieron bien su palabra
fueron bautizados; y
se añadieron aquel día
como tres mil personas.
42 Y se ocupaban asidua-
mente en la enseñanza
de los apóstoles, en la
comunión unos con
otros, en el partimien-
to del pan y en las
oraciones.

Comunión de los primeros cristianos

43 Y sobrevino temor a
toda persona; y muchos
prodigios y señales
eran hechos por los
apóstoles.
44 Todos los que habían
creído estaban juntos, y
tenían en común todas
las cosas;
45 y vendían sus pro-
piedades y sus bienes, y
los distribuían a todos
según la necesidad de
cada uno.
46 Y acudiendo asi-
duamente unánimes
cada día al templo, y
partiendo el pan por
las casas, comían juntos
con alegría y sencillez de
corazón,
47 alabando a Dios, y
teniendo favor con
todo el pueblo. Y el
Señor añadía cada día a
la iglesia a los que iban
siendo salvos.

Sanidad de un cojo

3 Un día, Pedro y
Juan subían juntos
al templo a la hora

σκολιᾶς	ταύτης.	41 οἱ	μὲν	οὖν	ἀποδεξάμενοι	τὸν	λόγον	αὐτοῦ
perversa.$_3$	esta$_1$	los que$_3$	--$_2$	Así que$_1$	habiendo acogido	la	palabra	de él
4646	3778	3588	3303	3767	588	3588	3056	846
JGSF	*RD-GSF*	*DNPM*	*TE, C*	*CLI*	*VAMP-PNM*	*DASM*	*NASM*	*RP3GSM*

ἐβαπτίσθησαν,	καὶ	προσετέθησαν	ἐν	τῇ	ἡμέρᾳ	ἐκείνῃ	ψυχαὶ	ὡσεὶ
fueron bautizados	y	fueron añadidos	en	el	día	aquel	personas.$_3$	como$_1$
907	2532	4369	1722	3588	2250	1565	5590	5616
VAPI3P	*CLN*	*VAPI3P*	*P*	*DDSF*	*NDSF*	*RD-DSF*	*NNPF*	*CAM, B*

τρισχίλιαι.	42 ἦσαν	δὲ	προσκαρτεροῦντες	τῇ	διδαχῇ	τῶν	ἀποστόλων
tres mil$_2$	estaban$_2$	Y$_1$	perseverando	en la	enseñanza	de los	apóstoles
5153	2258	1161	4342	3588	1322	3588	652
JNPF	*VIAI3P*	*CLN*	*VPAP-PNM*	*DDSF*	*NDSF*	*DGPM*	*NGPM*

καὶ	τῇ	κοινωνίᾳ,	τῇ	κλάσει	τοῦ	ἄρτου	καὶ	ταῖς	προσευχαῖς.
y	en la	comunión,	en el	partir	el	pan	y	en las	oraciones.
2532	3588	2842	3588	2800	3588	740	2532	3588	4335
CLN	*DDSF*	*NDSF*	*DDSF*	*NDSF*	*DGSM*	*NGSM*	*CLN*	*DDPF*	*NDPF*

43 Ἐγίνετο	δὲ	πάσῃ	ψυχῇ	φόβος,	πολλά	τε	τέρατα	καὶ	σημεῖα
llegó a ser$_2$	Y$_1$	en toda	persona	temor,	muchos$_2$	y$_1$	prodigios	y	señales
1096	1161	3956	5590	5401	4183	5037	5059	2532	4592
VIUI3S	*CLN*	*JDSF*	*NDSF*	*NNSM*	*JNPN*	*CLN*	*NNPN*	*CLN*	*NNPN*

διὰ	τῶν	ἀποστόλων	ἐγίνετο.	44 πάντες	δὲ	οἱ	πιστεύοντες
por medio de$_2$	los$_3$	apóstoles.$_4$	sucedían$_1$	todos$_2$	Y$_1$	los que	están creyendo
1223	3588	652	1096	3956	1161	3588	4100
P	*DGPM*	*NGPM*	*VIUI3S*	*JNPM*	*CLN*	*DNPM*	*VPAP-PNM*

ἦσαν	ἐπὶ	τὸ	αὐτὸ	καὶ	εἶχον	ἅπαντα	κοινά,*	45 καὶ	τὰ
estaban	en	el	mismo (lugar)	y	tenían	todas las cosas	comunes	y	las
2258	1909	3588	846	2532	2192	537	2839	2532	3588
VIAI3P	*P*	*DASN*	*RP3ASN, JASN*	*CLN*	*VIAI3P*	*JAPN*	*JAPN*	*CLN*	*DAPN*

κτήματα	καὶ	τὰς	ὑπάρξεις	ἐπίπρασκον	καὶ	διεμέριζον	αὐτὰ	πᾶσιν
posesiones	y	los	bienes	vendían	y	repartían	a ellas	a todos
2933	2532	3588	5223	4097	2532	1266	846	3956
NAPN	*CLN*	*DAPF*	*NAPF*	*VIAI3P*	*CLN*	*VIAI3P*	*RP3APN*	*JDPM*

καθότι	ἄν	τις	χρείαν	εἶχεν.	46 καθ᾽	ἡμέραν	τε	προσκαρτεροῦντες
según	--	alguien	necesidad.$_2$	tenía$_1$	cada$_2$	día (estaban)$_3$	y$_1$	perseverando
2530	302	5100	5532	2192	2596	2250	5037	4342
CAM	*TC*	*RX-NSM*	*NASF*	*VIAI3S*	*P*	*NASF*	*CLN*	*VPAP-PNM*

ὁμοθυμαδὸν	ἐν	τῷ	ἱερῷ,	κλῶντές	τε	κατ᾽	οἶκον	ἄρτον,
unánimes	en	el	templo,	partiendo$_2$	y$_1$	en cada	casa	el pan,
3661	1722	3588	2411	2806	5037	2596	3624	740
B	*P*	*DDSN*	*NDSN, JDSN*	*VPAP-PNM*	*CLN*	*P*	*NASM*	*NASM*

μετελάμβανον	τροφῆς	ἐν	ἀγαλλιάσει	καὶ	ἀφελότητι	καρδίας,
participaban en	(el) alimento	con	alegría	y	sencillez	de corazón,
3335	5160	1722	20	2532	858	2588
VIAI3P	*NGSF*	*P*	*NDSF*	*CLN*	*NDSF*	*NGSF*

47 αἰνοῦντες	τὸν	θεὸν	καὶ	ἔχοντες	χάριν	πρὸς	ὅλον	τὸν	λαόν.	ὁ	δὲ
alabando	--	a Dios	y	teniendo	gracia	con	todo	el	pueblo.	el$_2$	Y$_1$
134	3588	2316	2532	2192	5485	4314	3650	3588	2992	3588	1161
VPAP-PNM	*DASM*	*NASM*	*CLN*	*VPAP-PNM*	*NASF*	*P*	*JASM*	*DASM*	*NASM*	*DNSM*	*CLN*

κύριος	προσετίθει	τοὺς	σῳζομένους	καθ᾽	ἡμέραν	⸂ἐπὶ	τὸ	αὐτό⸃.
Señor	añadía	a los que	que siendo salvos	cada	día	en	el	mismo (lugar).
2962	4369	3588	4982	2596	2250	1909	3588	846
NNSM	*VIAI3S*	*DAPM*	*VPPP-PAM*	*P*	*NASF*	*P*	*DASN*	*RP3ASN, JASN*

3 ⸂Πέτρος	δὲ⸃	καὶ	Ἰωάννης	ἀνέβαινον	εἰς	τὸ	ἱερὸν	ἐπὶ	τὴν
Pedro$_2$	Y$_1$	y	Juan	subían	a	el	templo	a	la
4074	1161	2532	2491	305	1519	3588	2411	1909	3588
NNSM	*CLT*	*CLN*	*NNSM*	*VIAI3P*	*P*	*DASN*	*NASN, JASN*	*P*	*DASF*

NVI

La comunidad de los creyentes

41 Así, pues, los que re-
cibieron su mensaje fue-
ron bautizados, y aquel
día se unieron a la iglesia
unas tres mil personas.
42 Se mantenían firmes
en la enseñanza de los
apóstoles, en la comu-
nión, en el partimiento
del pan y en la oración.
43 Todos estaban asom-
brados por los muchos
prodigios y señales que
realizaban los apóstoles.
44 Todos los creyentes
estaban juntos y tenían
todo en común: 45 ven-
dían sus propiedades y
posesiones, y compar-
tían sus bienes entre sí
según la necesidad de
cada uno. 46 No dejaban
de reunirse en el templo
ni un solo día. De casa
en casa partían el pan y
compartían la comida
con alegría y generosi-
dad, 47 alabando a Dios y
disfrutando de la estima-
ción general del pueblo.
Y cada día el Señor
añadía al grupo los que
iban siendo salvos.

Pedro sana a un mendigo lisiado

3 Un día su-
bían Pedro y
Juan al templo a las

2:44* O sea *en común*. **2:47⸂⸃** Manuscritos inferiores tienen *a la iglesia*. **3:1⸂⸃** Manuscritos inferiores tienen Y *en el mismo lugar Pedro.*

RVR

novena, la de la oración.
[2] Y era traído un hombre
cojo de nacimiento, a
quien ponían cada día
a la puerta del templo
que se llama la Hermosa,
para que pidiese limosna
a los que entraban en el
templo.
[3] Éste, cuando vio a
Pedro y a Juan que iban
a entrar en el templo,
les rogaba que le diesen
limosna.
[4] Pedro, con Juan, fijan-
do en él los ojos, le dijo:
Míranos.
[5] Entonces él les estuvo
atento, aguardando a
recibir de ellos algo.
[6] Mas Pedro dijo: No
poseo plata ni oro, pero
lo que tengo te doy; en
el nombre de Jesucristo
de Nazaret, levántate
y anda.
[7] Y tomándole por la
mano derecha le levan-
tó; y al momento se le
consolidaron los pies y
tobillos;
[8] y de un salto, se puso
en pie y comenzó a
andar; y entró con ellos
en el templo, andando,
y saltando, y alabando
a Dios.

ὥραν	τῆς	προσευχῆς	τὴν	ἐνάτην,	[2] καί	τις	ἀνὴρ	χωλὸς	ἐκ
hora	de la	oración,	la	novena.	Y	cierto	hombre	cojo	desde
5610	3588	4335	3588	1766	2532	5100	435	5560	1537
NASF	*DGSF*	*NGSF*	*DASF*	*JASF*	*CLN*	*JNSM, RX-NSM*	*NNSM*	*JNSM*	*P*

κοιλίας	μητρὸς	αὐτοῦ	ὑπάρχων	ἐβαστάζετο,	ὃν	ἐτίθουν	καθ’
(el) vientre	de (la) madre	de él	estando presente	era llevado,	a quien	ponían	cada
2836	3384	846	5225	941	3739	5087	2596
NGSF	*NGSF*	*RP3GSM*	*VPAP-SNM*	*VIPI3S*	*RR-ASM*	*VIAI3P*	*P*

ἡμέραν	πρὸς	τὴν	θύραν	τοῦ	ἱεροῦ	τὴν	λεγομένην	Ὡραίαν
día	junto	a la	puerta	del	templo	la que	está siendo llamada	Hermosa
2250	4314	3588	2374	3588	2411	3588	3004	5611
NASF	*P*	*DASF*	*NASF*	*DGSN*	*NGSN, JGSN*	*DASF*	*VPPP-SAF*	*JASF*

τοῦ	αἰτεῖν	ἐλεημοσύνην	παρὰ	τῶν	εἰσπορευομένων	εἰς	τὸ
--	para pedir	limosna	de	los que	están entrando	a	el
3588	154	1654	3844	3588	1531	1519	3588
DGSN, DGSM	*VPAN*	*NASF*	*P*	*DGPM*	*VPUP-PGM*	*P*	*DASN*

ἱερόν,	[3] ὃς	ἰδὼν	Πέτρον	καὶ	Ἰωάννην	μέλλοντας	εἰσιέναι
templo;	el cual	habiendo visto	a Pedro	y	a Juan	estando a punto de	para entrar
2411	3739	1492	4074	2532	2491	3195	1524
NASN, JASN	*RR-NSM*	*VAAP-SNM*	*NASM*	*CLN*	*NASM*	*VPAP-PAM*	*VPAN*

εἰς	τὸ	ἱερὸν	ἠρώτα	ἐλεημοσύνην	λαβεῖν.	[4] ἀτενίσας	δὲ
en	el	templo,	rogaba	limosna	recibir.	habiendo fijado la mirada$_2$	Y$_1$
1519	3588	2411	2065	1654	2983	816	1161
P	*DASN*	*NASN, JASN*	*VIAI3S*	*NASF*	*VAAN*	*VAAP-SNM*	*CLN*

Πέτρος	εἰς	αὐτὸν	σὺν	τῷ	Ἰωάννῃ	εἶπεν·	Βλέψον	εἰς	ἡμᾶς.	[5] ὁ
Pedro$_5$	en$_3$	él$_4$	con	--	Juan	dijo:	Mira	a	nosotros.	él$_2$
4074	1519	846	4862	3588	2491	2036	991	1519	2248	3588
NNSM	*P*	*RP3ASM*	*P*	*DDSM*	*NDSM*	*VAAI3S*	*VAAM2S*	*P*	*RP1AP*	*DNSM*

δὲ	ἐπεῖχεν	αὐτοῖς	προσδοκῶν	τι	παρ’	αὐτῶν	λαβεῖν.
Y$_1$	observando atentamente	a ellos	esperando	algo$_2$	de$_3$	ellos.$_4$	recibir$_1$
1161	1907	846	4328	5100	3844	846	2983
CLN	*VIAI3S*	*RP3DPM*	*VPAP-SNM*	*RX-ASN*	*P*	*RP3GPM*	*VAAN*

[6] εἶπεν	δὲ	Πέτρος·	Ἀργύριον	καὶ	χρυσίον	οὐχ	ὑπάρχει	μοι,*	ὃ
dijo$_2$	Y$_1$	Pedro:	Plata	y	oro	no	hay	para mí,	lo que$_2$
2036	1161	4074	694	2532	5553	3756	5225	3427	3739
VAAI3S	*CLC*	*NNSM*	*NNSN, NASN*	*CLN*	*NNSN, NASN*	*BN, TN*	*VPAI3S*	*RP1DS*	*RR-ASN*

δὲ	ἔχω	τοῦτό	σοι	δίδωμι·	ἐν	τῷ	ὀνόματι	Ἰησοῦ	Χριστοῦ	τοῦ
pero$_1$	tengo	esto	a ti	doy;	en	el	nombre	de Jesús	Cristo	el
1161	2192	5124	4671	1325	1722	3588	3686	2424	5547	3588
CLC	*VPAI1S*	*RD-ASN*	*RP2DS*	*VPAI1S*	*P*	*DDSN*	*NDSN*	*NGSM*	*NGSM*	*DGSM*

Ναζωραίου	⸀περιπάτει.	[7] καὶ	πιάσας	αὐτὸν	τῆς	δεξιᾶς	χειρὸς
nazareno	anda.	Y	habiendo agarrado	a él	de la	derecha$_2$	mano$_1$
3480	4043	2532	4084	846	3588	1188	5495
NGSM	*VPAM2S*	*CLN*	*VAAP-SNM*	*RP3ASM*	*DGSF*	*JGSF*	*NGSF*

ἤγειρεν	αὐτόν·	παραχρῆμα	δὲ	ἐστερεώθησαν	αἱ	βάσεις	αὐτοῦ	καὶ
levantó$_3$	a él;$_4$	al instante$_6$	y$_5$	fueron fortalecidos;$_{12}$	los$_7$	pies$_8$	de él$_9$	y$_{10}$
1453	846	3916	1161	4732	3588	939	846	2532
VAAI3S	*RP3ASM*	*B*	*CLN*	*VAPI3P*	*DNPF*	*NNPF*	*RP3GSM*	*CLN*

τὰ	σφυδρά,	[8] καὶ	ἐξαλλόμενος	ἔστη	καὶ	περιεπάτει,	καὶ	εἰσῆλθεν
los$_{11}$	tobillos$_{12}$	y	saltando	se puso en pie	y	andaba	y	entró
3588	4974	2532	1814	2476	2532	4043	2532	1525
DNPN	*NNPN*	*CLN*	*VPUP-SNM*	*VAAI3S*	*CLN*	*VIAI3S*	*CLN*	*VAAI3S*

σὺν	αὐτοῖς	εἰς	τὸ	ἱερὸν	περιπατῶν	καὶ	ἁλλόμενος	καὶ	αἰνῶν	τὸν
con	ellos	a	el	templo	andando	y	brincando	y	alabando	--
4862	846	1519	3588	2411	4043	2532	242	2532	134	3588
P	*RP3DPM*	*P*	*DASN*	*NASN, JASN*	*VPAP-SNM*	*CLN*	*VPUP-SNM*	*CLN*	*VAAP-SNM*	*DASM*

NVI

tres de la tarde, que es
la hora de la oración.
[2] Junto a la puerta
llamada Hermosa había
un hombre lisiado de
nacimiento, al que todos
los días dejaban allí para
que pidiera limosna a
los que entraban en el
templo. [3] Cuando este
vio que Pedro y Juan
estaban por entrar, les
pidió limosna. [4] Pedro,
con Juan, mirándolo
fijamente, le dijo:
—¡Míranos!
[5] El hombre fijó en
ellos la mirada, esperan-
do recibir algo.
[6] —No tengo plata ni
oro —declaró Pedro—,
pero lo que tengo te
doy. En el nombre de
Jesucristo de Nazaret,
¡levántate y anda!
[7] Y tomándolo por la
mano derecha, lo levan-
tó. Al instante los pies y
los tobillos del hombre
cobraron fuerza. [8] De
un salto se puso en pie
y comenzó a caminar.
Luego entró con ellos
en el templo con sus
propios pies, saltando
y alabando a Dios.

3:6* O sea *tengo*.

3:6⸀ Manuscritos inferiores aumentaron *levántate y*.

RVR

9 Y todo el pueblo le vio
andar y alabar a Dios.
10 Y le reconocían que
era el que se sentaba a
pedir limosna a la puerta
del templo, la Hermosa;
y se llenaron de asombro
y estupor por lo que le
había sucedido.

Discurso de Pedro en el pórtico de Salomón

11 Y teniendo asidos a
Pedro y a Juan el cojo
que había sido sanado,
todo el pueblo a una,
atónito, corrió hacia
ellos al pórtico que se
llama de Salomón.
12 Viendo esto Pedro,
respondió al pueblo:
Varones israelitas, ¿por
qué os maravilláis de
esto?, ¿o por qué ponéis
los ojos en nosotros,
como si por nuestro
propio poder o piedad
hubiésemos hecho
andar a éste?
13 El Dios de Abraham,
de Isaac y de Jacob,
el Dios de nuestros
padres, ha glorificado a
su Siervo Jesús, a quien
vosotros entregasteis
y negasteis delante de
Pilato, cuando éste
había resuelto ponerle
en libertad.
14 Mas vosotros negas-
teis al Santo y al Justo,
y pedisteis que se os

θεόν.	9 καὶ	εἶδεν	πᾶς	ὁ	λαὸς	αὐτὸν	περιπατοῦντα	καὶ	αἰνοῦντα
a Dios.	Y	vio	todo	el	pueblo	a él	andando	y	alabando
2316	2532	1492	3956	3588	2992	846	4043	2532	134
NASM	*CLN*	*VAAI3S*	*JNSM*	*DNSM*	*NNSM*	*RP3ASM*	*VPAP-SAM*	*CLN*	*VPAP-SAM*

τὸν	θεόν,	10 ἐπεγίνωσκον	δὲ	αὐτὸν	ὅτι	οὗτος	ἦν	ὁ	πρὸς	τὴν
--	a Dios.	reconocían$_2$	y$_1$	a él	que	este	era	el que	para$_2$	la$_3$
3588	2316	1921	1161	846	3754	3778	2258	3588	4314	3588
DASM	*NASM*	*VIAI3P*	*CLN*	*RP3ASM*	*CSC*	*RD-NSM*	*VIAI3S*	*DNSM*	*P*	*DASF*

ἐλεημοσύνην	καθήμενος	ἐπὶ	τῇ	Ὡραίᾳ	Πύλῃ	τοῦ	ἱεροῦ,	καὶ
limosna$_4$	estando sentado$_1$	en	la	Hermosa$_2$	puerta$_1$	del	templo	y
1654	2521	1909	3588	5611	4439	3588	2411	2532
NASF	*VPUP-SNM*	*P*	*DDSF*	*JDSF*	*NDSF*	*DGSN*	*NGSN, JGSN*	*CLN*

ἐπλήσθησαν	θάμβους	καὶ	ἐκστάσεως	ἐπὶ	τῷ	συμβεβηκότι	αὐτῷ.
se llenaron	de admiración	y	asombro	por	lo	sucedido	a él.
4130	2285	2532	1611	1909	3588	4819	846
VAPI3P	*NGSN*	*CLN*	*NGSF*	*P*	*DDSN*	*VRAP-SDN*	*RP3DSM*

11 Κρατοῦντος	δὲ	αὐτοῦ	τὸν	Πέτρον	καὶ	τὸν	Ἰωάννην
teniendo sujetado$_2$	Y$_1$	él	--	a Pedro	y	--	a Juan
2902	1161	846	3588	4074	2532	3588	2491
VPAP-SGM	*CLN*	*RP3GSM*	*DASM*	*NASM*	*CLN*	*DASM*	*NASM*

συνέδραμεν	πᾶς	ὁ	λαὸς	πρὸς	αὐτοὺς	ἐπὶ	τῇ	στοᾷ	τῇ
acudió corriendo$_5$	todo$_1$	el$_2$	pueblo$_3$	hacia$_6$	ellos$_7$	en$_8$	el$_9$	pórtico,$_{10}$	el que$_{11}$
4936	3956	3588	2992	4314	846	1909	3588	4745	3588
VAAI3S	*JNSM*	*DNSM*	*NNSM*	*P*	*RP3APM*	*P*	*DDSF*	*NDSF*	*DDSF*

καλουμένῃ	Σολομῶντος	ἔκθαμβοι.	12 ἰδὼν	δὲ	ὁ	Πέτρος
está siendo llamado$_{12}$	de Salomón.$_{13}$	asombrados$_4$	habiendo visto$_2$	Y$_1$	--	Pedro
2564	4672	1569	1492	1161	3588	4074
VPPP-SDF	*NGSM*	*JNPM*	*VAAP-SNM*	*CLN*	*DNSM*	*NNSM*

ἀπεκρίνατο	πρὸς	τὸν	λαόν·	Ἄνδρες	Ἰσραηλῖται,	τί	θαυμάζετε
respondió	a	el	pueblo:	Varones	israelitas,	¿por qué	os admiráis
611	4314	3588	2992	435	2475	5101	2296
VAMI3S	*P*	*DASM*	*NASM*	*NVPM*	*NVPM*	*RI-ASN*	*VPAI2P*

ἐπὶ	τούτῳ,	ἢ	ἡμῖν	τί	ἀτενίζετε	ὡς	ἰδίᾳ	δυνάμει	ἢ
de	esto	o	a nosotros$_2$	por qué$_1$	miráis fijamente	como (si)	por propio	poder	o
1909	5129	2228	2254	5101	816	5613	2398	1411	2228
P	*RD-DSN*	*CLD*	*RP1DP*	*RI-ASN*	*VPAI2P*	*CAM*	*JDSF*	*NDSF*	*CLD*

εὐσεβείᾳ	πεποιηκόσιν	τοῦ	περιπατεῖν	αὐτόν;	13 ὁ	θεὸς	Ἀβραὰμ
piedad	habiendo hecho	--	andar	a él?	El	Dios	de Abraham
2150	4160	3588	4043	846	3588	2316	11
NDSF	*VRAP-PDM*	*DGSN, DGSM*	*VPAN*	*RP3ASM*	*DNSM*	*NNSM*	*NGSM, XP*

καὶ	Ἰσαὰκ	καὶ	Ἰακώβ,	ὁ	θεὸς	τῶν	πατέρων	ἡμῶν,	ἐδόξασεν	τὸν
e	Isaac	y	Jacob,	el	Dios	de los	padres	de nosotros,	glorificó	al
2532	2464	2532	2384	3588	2316	3588	3962	2257	1392	3588
CLN	*NGSM, XP*	*CLN*	*NGSM, XP*	*DNSM*	*NNSM*	*DGPM*	*NGPM*	*RP1GP*	*VAAI3S*	*DASM*

παῖδα	αὐτοῦ	Ἰησοῦν,	ὃν	ὑμεῖς	μὲν	παρεδώκατε	καὶ	ἠρνήσασθε
siervo	de él,	Jesús,	a quien	vosotros	ciertamente	entregasteis	y	negasteis
3816	846	2424	3739	5210	3303	3860	2532	720
NASM	*RP3GSM*	*NASM*	*RR-ASM*	*RP2NP*	*TE*	*VAAI2P*	*CLN*	*VAMI2P*

κατὰ	πρόσωπον	Πιλάτου,	κρίναντος	ἐκείνου	ἀπολύειν·	14 ὑμεῖς
en	(el) rostro	de Pilato,	habiendo decidido	aquel	perdonar (a él).	vosotros$_2$
2596	4383	4091	2919	1565	630	5210
P	*NASN*	*NGSM*	*VAAP-SGM*	*RD-GSM*	*VPAN*	*RP2NP*

δὲ	τὸν	ἅγιον	καὶ	δίκαιον	ἠρνήσασθε	καὶ	ᾐτήσασθε	ἄνδρα	φονέα
Pero$_1$	al	Santo	y	Justo	negasteis,	y	pedisteis	a un varón	homicida
1161	3588	40	2532	1342	720	2532	154	435	5406
CLC	*DASM*	*JASM*	*CLN*	*JASM*	*VAMI2P*	*CLN*	*VAMI2P*	*NASM*	*NASM*

NVI

9 Cuando todo el pueblo
lo vio caminar y alabar a
Dios, 10 lo reconocieron
como el mismo hombre
que acostumbraba
pedir limosna sentado
junto a la puerta llamada
Hermosa, y se llenaron
de admiración y asom-
bro por lo que le había
ocurrido.

Pedro se dirige a los espectadores

11 Mientras el hombre
seguía aferrado a Pedro y
a Juan, toda la gente, que
no salía de su asombro,
corrió hacia ellos al lugar
conocido como Pórtico
de Salomón. 12 Al ver
esto, Pedro les dijo:
«Pueblo de Israel, ¿por
qué les sorprende lo que
ha pasado? ¿Por qué
nos miran como si, por
nuestro propio poder
o virtud, hubiéramos
hecho caminar a este
hombre? 13 El Dios
de Abraham, de Isaac
y de Jacob, el Dios de
nuestros antepasados,
ha glorificado a su siervo
Jesús. Ustedes lo entre-
garon y lo rechazaron
ante Pilato, aunque este
había decidido soltarlo.
14 Rechazaron al Santo y
Justo, y pidieron que se

RVR

concediera de gracia un
homicida,
15 y matasteis al Autor
de la vida, a quien Dios
ha resucitado de los
muertos, de lo cual no-
sotros somos testigos.
16 Y por la fe en su nom-
bre, a éste, que vosotros
veis y conocéis, le ha
consolidado su nombre;
y la fe que es por medio
de él ha dado a éste
esta completa sanidad
en presencia de todos
vosotros.
17 Ahora bien, herma-
nos, ya sé que por igno-
rancia lo habéis hecho,
como también vuestros
gobernantes.
18 Pero Dios ha cumpli-
do así lo que había antes
anunciado por boca
de todos los profetas,
que su Cristo había de
padecer.
19 Así que, arrepentíos
y convertíos, para que
sean borrados vuestros
pecados; para que
vengan de la presencia
del Señor tiempos de
refrigerio,
20 y él envíe a Jesucristo,
designado de antemano
para vosotros;
21 a quien el cielo debe
guardar hasta los tiem-
pos de la restauración
de todas las cosas, de
los que habló Dios
por boca de sus santos
profetas que hubo

χαρισθῆναι	ὑμῖν,	15 τὸν	δὲ	ἀρχηγὸν	τῆς	ζωῆς	ἀπεκτείνατε,	ὃν
ser hecho (el) favor a	a vosotros,	al$_{2}$	y$_{1}$	autor	de la	vida	matasteis,	a quien
5483	5213	3588	1161	747	3588	2222	615	3739
VAPN	RP2DP	DASM	CLC	NASM	DGSF	NGSF	VAAI2P	RR-ASM

ὁ	θεὸς	ἤγειρεν	ἐκ	νεκρῶν,	οὗ	ἡμεῖς	μάρτυρές	ἐσμεν.	16 καὶ	ἐπὶ
--	Dios	levantó	de	(los) muertos,	de lo cual	nosotros	testigos	somos.	Y	por
3588	2316	1453	1537	3498	3739	2249	3144	2070	2532	1909
DNSM	NNSM	VAAI3S	P	JGPM	RR-GSN	RP1NP	NNPM	VPAI1P	CLN	P

τῇ	πίστει	τοῦ	ὀνόματος	αὐτοῦ	τοῦτον	ὃν	θεωρεῖτε	καὶ	οἴδατε
la	fe	en el	nombre	de él,	a este	a quien	veis	y	conocéis,
3588	4102	3588	3686	846	5126	3739	2334	2532	1492
DDSF	NDSF	DGSN	NGSN	RP3GSM	RD-ASM	RR-ASM	VPAI2P	CLN	VRAI2P

ἐστερέωσεν	τὸ	ὄνομα	αὐτοῦ,	καὶ	ἡ	πίστις	ἡ	δι᾽	αὐτοῦ
fortaleció$_{4}$	el$_{1}$	nombre$_{2}$	de él$_{3}$	y	la	fe	la (que es)	por medio de	él
4732	3588	3686	846	2532	3588	4102	3588	1223	846
VAAI3S	DNSN	NNSN	RP3GSM	CLN	DNSF	NNSF	DNSF	P	RP3GSM

ἔδωκεν	αὐτῷ	τὴν	ὁλοκληρίαν	ταύτην	ἀπέναντι	πάντων	ὑμῶν.
dio	a él	--	total curación$_{2}$	esta$_{1}$	delante de	todos	vosotros.
1325	846	3588	3647	3778	561	3956	5216
VAAI3S	RP3DSM	DASF	NASF	RD-ASF	P, B	JGPM	RP2GP

17 Καὶ	νῦν,	ἀδελφοί,	οἶδα	ὅτι	κατὰ	ἄγνοιαν	ἐπράξατε,	ὥσπερ
Y	ahora,	hermanos,	sé	que	por	ignorancia	(lo) hicisteis,	como
2532	3568	80	1492	3754	2596	52	4238	5618
CLN	B	NVPM	VRAI1S	CSC	P	NASF	VAAI2P	CAM

καὶ	οἱ	ἄρχοντες	ὑμῶν·	18 ὁ	δὲ	θεὸς	ἃ	προκατήγγειλεν
también	los	jefes	de vosotros;	--$_{2}$	pero$_{1}$	Dios$_{3}$	las cosas que$_{6}$	anunció anticipadamente$_{7}$
2532	3588	758	5216	3588	1161	2316	3739	4293
BE, TE	DNPM	NNPM	RP2GP	DNSM	CLC	NNSM	RR-APN	VAAI3S

διὰ	στόματος	πάντων	τῶν	προφητῶν	παθεῖν	τὸν	Χριστὸν	αὐτοῦ
por$_{8}$	boca$_{9}$	de todos$_{10}$	los$_{11}$	profetas$_{12}$	padecer$_{13}$	el$_{14}$	Cristo$_{15}$	de él,$_{16}$
1223	4750	3956	3588	4396	3958	3588	5547	846
P	NGSN	JGPM	DGPM	NGPM	VAAN	DASM	NASM	RP3GSM

ἐπλήρωσεν	οὕτως.	19 μετανοήσατε	οὖν	καὶ	ἐπιστρέψατε	πρὸς
cumplió$_{4}$	así$_{5}$	arrepentíos$_{2}$	Así que$_{1}$	y	volveos	para
4137	3779	3340	3767	2532	1994	4314
VAAI3S	B	VAAM2P	CLI	CLN	VAAM2P	P

τὸ	ἐξαλειφθῆναι	ὑμῶν	τὰς	ἁμαρτίας,	20 ὅπως	ἂν	ἔλθωσιν
--	ser borrados	de vosotros	los	pecados,	a fin de que	--	vinieran
3588	1813	5216	3588	266	3704	302	2064
DASN	VAPN	RP2GP	DAPF	NAPF	CAP	TC	VAAS3P

καιροὶ	ἀναψύξεως	ἀπὸ	προσώπου	τοῦ	κυρίου	καὶ	ἀποστείλῃ	τὸν
tiempos	de alivio	de	(el) rostro	del	Señor	y	enviara él	al
2540	403	575	4383	3588	2962	2532	649	3588
NNPM	NGSF	P	NGSN	DGSM	NGSM	CLN	VAAS3S	DASM

προκεχειρισμένον	ὑμῖν	Χριστὸν	Ἰησοῦν,	21 ὃν	δεῖ	οὐρανὸν
previamente elegido	a vosotros,	Cristo	Jesús,	a quien	es necesario	(el) cielo
4400	5213	5547	2424	3739	1163	3772
VRPP-SAM	RP2DP	NASM	NASM	RR-ASM	VPAI3S	NASM

μὲν	δέξασθαι	ἄχρι	χρόνων	ἀποκαταστάσεως	πάντων
ciertamente	recibir	hasta	(los) tiempos	de (la) restauración	de todas las cosas
3303	1209	891	5550	605	3956
TE	VAMN	P	NGPM	NGSF	JGPN

ὧν	ἐλάλησεν	ὁ	θεὸς	διὰ	στόματος	τῶν	ἁγίων	ἀπ᾽	αἰῶνος
de las cuales	habló$_{3}$	--$_{1}$	Dios$_{2}$	por	(la) boca	de los	santos	desde$_{3}$	(el) siglo,$_{4}$
3739	2980	3588	2316	1223	4750	3588	40	575	165
RR-GPN	VAAI3S	DNSM	NNSM	P	NGSN	DGPM	JGPM	P	NGSM

NVI

indultara a un asesino.
15 Mataron al autor de la
vida, pero Dios lo levan-
tó de entre los muertos,
y de eso nosotros somos
testigos. 16 Por la fe en
el nombre de Jesús, él
ha restablecido a este
hombre a quien ustedes
ven y conocen. Esta fe
que viene por medio
de Jesús lo ha sanado
por completo, como les
consta a ustedes.
17 »Ahora bien,
hermanos, yo sé que
ustedes y sus dirigentes
actuaron así por igno-
rancia. 18 Pero de este
modo Dios cumplió lo
que de antemano había
anunciado por medio de
todos los profetas: que
su Mesías tenía que pa-
decer. 19 Por tanto, para
que sean borrados sus
pecados, arrepiéntanse
y vuélvanse a Dios, a fin
de que vengan tiempos
de descanso de parte del
Señor, 20 enviándoles el
Mesías que ya había sido
preparado para ustedes,
el cual es Jesús. 21 Es
necesario que él perma-
nezca en el cielo hasta
que llegue el tiempo de
la restauración de todas
las cosas, como Dios
lo ha anunciado desde
hace siglos por medio

RVR

desde la antigüedad.
22 Porque Moisés dijo
a los padres: El Señor
vuestro Dios os levan-
tará un profeta de entre
vuestros hermanos,
como a mí; a él oiréis
en todas las cosas que
os hable;
23 y toda alma que no
oiga a aquel profeta, será
totalmente exterminada
del pueblo.
24 Y todos los profetas
desde Samuel en adelan-
te, cuantos han hablado,
también han anunciado
estos días.
25 Vosotros sois los hijos
de los profetas, y del
pacto que Dios hizo
con nuestros padres,
diciendo a Abraham:
Y en tu simiente serán
benditas todas las fami-
lias de la tierra.
26 Dios ha resucitado
a su Siervo, en primer
lugar para vosotros; y lo
ha enviado para bende-
ciros, haciendo que cada
uno se convierta de sus
maldades.

Pedro y Juan ante el sanedrín

4 Mientras hablaban
ellos al pueblo,
vinieron sobre ellos los
sacerdotes y el jefe de la
guardia del templo, y los
saduceos,

αὐτοῦ	προφητῶν.	22 Μωϋσῆς	⸀μὲν	εἶπεν	ὅτι	Προφήτην	ὑμῖν
de él$_2$	profetas$_1$	Moisés	en verdad	dijo:	que:	un profeta$_5$	para vosotros$_6$
846	4396	3475	3303	2036	3754	4396	5213
RP3GSM	*NGPM*	*NNSM*	*TE, C*	*VAAI3S*	*CSC*	*NASM*	*RP2DP*

ἀναστήσει	κύριος	ὁ	θεὸς	ἐκ	τῶν	ἀδελφῶν	ὑμῶν	ὡς	ἐμέ·
levantará$_4$	(El) Señor$_1$	--$_2$	Dios$_3$	de	los	hermanos	de vosotros,	como	a mí;
450	2962	3588	2316	1537	3588	80	5216	5613	1691
VFAI3S	*NNSM*	*DNSM*	*NNSM*	*P*	*DGPM*	*NGPM*	*RP2GP*	*CAM*	*RP1AS*

αὐτοῦ	ἀκούσεσθε	κατὰ	πάντα	ὅσα	ἂν	λαλήσῃ	πρὸς	ὑμᾶς.
a él	oiréis	en	todas las cosas	cuantas	--	hablará	a	vosotros.
846	191	2596	3956	3745	302	2980	4314	5209
RP3GSM	*VFMI2P*	*P*	*JAPN*	*RK-APN*	*TC*	*VAAS3S*	*P*	*RP2AP*

23 ἔσται	δὲ	πᾶσα	ψυχὴ	ἥτις	ἂν	μὴ	ἀκούσῃ	τοῦ	προφήτου	ἐκείνου
será (que)$_2$	Y$_1$	toda	persona	la que	--	no	oyera	a el	profeta	aquel
2071	1161	3956	5590	3748	302	3361	191	3588	4396	1565
VFMI3S	*CLN*	*JNSF*	*NNSF*	*RR-NSF*	*T*	*BN, TN*	*VAAS3S*	*DGSM*	*NGSM*	*RD-GSM*

ἐξολεθρευθήσεται	ἐκ	τοῦ	λαοῦ.	24 καὶ	πάντες	δὲ	οἱ	προφῆται
será exterminado	de	el	pueblo.	también$_2$	todos$_3$	Y$_1$	los	profetas
1842	1537	3588	2992	2532	3956	1161	3588	4396
VFPI3S	*P*	*DGSM*	*NGSM*	*CLN, B*	*JNPM*	*CLN*	*DNPM*	*NNPM*

ἀπὸ	Σαμουὴλ	καὶ	τῶν	καθεξῆς	ὅσοι	ἐλάλησαν	καὶ	κατήγγειλαν
desde	Samuel	y	--	sucesivamente$_2$	cuantos$_1$	hablaron	también	anunciaron
575	4545	2532	3588	2517	3745	2980	2532	2605
P	*NGSM, XP*	*CLN*	*DGPM*	*B*	*RK-NPM*	*VAAI3P*	*BE, TE*	*VAAI3P*

τὰς	ἡμέρας	ταύτας.	25 ὑμεῖς	ἐστε	οἱ	υἱοὶ	τῶν	προφητῶν	καὶ	τῆς
los	días	estos.	Vosotros	sois	los	hijos	de los	profetas	y	de la
3588	2250	3778	5210	2075	3588	5207	3588	4396	2532	3588
DAPF	*NAPF*	*RD-APF*	*RP2NP*	*VPAI2P*	*DNPM*	*NNPM*	*DGPM*	*NGPM*	*CLN*	*DGSF*

διαθήκης	ἧς	διέθετο	ὁ	θεὸς	πρὸς	τοὺς	πατέρας	ὑμῶν,	λέγων
alianza	que	dispuso$_3$	--$_1$	Dios$_2$	con	los	padres	de vosotros	diciendo
1242	3739	1303	3588	2316	4314	3588	3962	5216	3004
NGSF	*RR-GSF*	*VAMI3S*	*DNSM*	*NNSM*	*P*	*DAPM*	*NAPM*	*RP2GP*	*VPAP-SNM*

πρὸς	Ἀβραάμ·	Καὶ	ἐν	τῷ	σπέρματί	σου	ἐνευλογηθήσονται	πᾶσαι
a	Abraham:	Y	en	la	simiente	de ti	serán bendecidas	todas
4314	11	2532	1722	3588	4690	4675	1757	3956
P	*NASM, XP*	*CLN*	*P*	*DDSN*	*NDSN*	*RP2GS*	*VFPI3P*	*JNPF*

αἱ	πατριαὶ	τῆς	γῆς.	26 ὑμῖν	πρῶτον	ἀναστήσας	ὁ	θεὸς
las	familias	de la	tierra.	para vosotros$_4$	primeramente$_5$	habiendo levantado$_3$	--$_1$	Dios$_2$
3588	3965	3588	1093	5213	4412	450	3588	2316
DNPF	*NNPF*	*DGSF*	*NGSF*	*RP2DP*	*B, J*	*VAAP-SNM*	*DNSM*	*NNSM*

τὸν	παῖδα	αὐτοῦ	ἀπέστειλεν	αὐτὸν	εὐλογοῦντα	ὑμᾶς	ἐν	τῷ
al	siervo	de él	envió	a él	bendiciendo	a vosotros	en	el
3588	3816	846	649	846	2127	5209	1722	3588
DASM	*NASM*	*RP3GSM*	*VAAI3S*	*RP3ASM*	*VPAP-SAM*	*RP2AP*	*P*	*DDSN, DDSM*

ἀποστρέφειν	ἕκαστον	ἀπὸ	τῶν	πονηριῶν	ὑμῶν.
volverse	cada uno	de	las	maldades	de vosotros.
654	1538	575	3588	4189	5216
VPAN	*JASM*	*P*	*DGPF*	*NGPF*	*RP2GP*

4 Λαλούντων	δὲ	αὐτῶν	πρὸς	τὸν	λαὸν	ἐπέστησαν	αὐτοῖς	οἱ
hablando$_2$	Y$_1$	ellos	a	el	pueblo	(se) acercaron$_{11}$	a ellos	los$_1$
2980	1161	846	4314	3588	2992	2186	846	3588
VPAP-PGM	*CLN*	*RP3GPM*	*P*	*DASM*	*NASM*	*VAAI3P*	*RP3DPM*	*DNPM*

ἱερεῖς	καὶ	ὁ	στρατηγὸς	τοῦ	ἱεροῦ	καὶ	οἱ	Σαδδουκαῖοι,
sacerdotes$_2$	y$_3$	el$_4$	oficial de la guardia$_5$	del$_6$	templo$_7$	y$_8$	los$_9$	saduceos$_{10}$
2409	2532	3588	4755	3588	2411	2532	3588	4523
NNPM	*CLN*	*DNSM*	*NNSM*	*DGSN*	*NGSN, JGSN*	*CLN*	*DNPM*	*NNPM*

NVI

de sus santos profetas.
22 Moisés dijo: "El Señor
su Dios hará surgir para
ustedes, de entre sus pro-
pios hermanos, a un pro-
feta como yo; presten
atención a todo lo que
les diga.
23 Porque quien
no le haga caso será eli-
minado del pueblo".
24 »En efecto, a partir
de Samuel todos los
profetas han anunciado
estos días.
25 Ustedes,
pues, son herederos de
los profetas y del pacto
que Dios estableció con
nuestros antepasados
al decirle a Abraham:
"Todos los pueblos del
mundo serán bendeci-
dos por medio de tu des-
cendencia".
26 Cuando
Dios resucitó a su
siervo, lo envió primero
a ustedes para darles la
bendición de que cada
uno se convierta de sus
maldades».

Pedro y Juan ante el Consejo

4 Mientras Pedro y
Juan le hablaban
a la gente, se les presen-
taron los sacerdotes, el
capitán de la guardia del
templo y los saduceos.

3:22⸀ Manuscritos inferiores aumentaron *porque a los padres.*

RVR

2 muy molestos de que
enseñasen al pueblo, y
anunciasen en Jesús la
resurrección de entre los
muertos.
3 Y les echaron mano, y
los pusieron en la cárcel
hasta el día siguiente,
porque ya atardecía.
4 Pero muchos de los que
habían oído la palabra,
creyeron; y el número de
los varones llegó a ser de
unos cinco mil.
5 Aconteció al día
siguiente, que se reunie-
ron en Jerusalén los go-
bernantes, los ancianos
y los escribas,
6 y el sumo sacerdote
Anás, y Caifás y Juan y
Alejandro, y todos los
que eran del linaje de los
sumos sacerdotes;
7 y poniéndoles en
medio, les preguntaban:
¿Con qué clase de po-
der, o en qué nombre,
habéis hecho vosotros
esto?
8 Entonces Pedro, lleno
del Espíritu Santo, les
dijo: Gobernantes del
pueblo, y ancianos de
Israel:
9 Puesto que hoy se nos
interroga acerca del
beneficio hecho a un
hombre enfermo, en
virtud de quién ha sido
éste sanado,
10 sabedlo todos voso-
tros, y todo el pueblo

2 διαπονούμενοι	διὰ	τὸ	διδάσκειν	αὐτοὺς	τὸν	λαὸν	καὶ	καταγγέλλειν
estando contrariados	por	--	enseñar	ellos	al	pueblo	y	anunciar
1278	1223	3588	1321	846	3588	2992	2532	2605
VPUP-PNM	P	DASN	VPAN	RP3APM	DASM	NASM	CLN	VPAN

ἐν	τῷ	Ἰησοῦ	τὴν	ἀνάστασιν	τὴν	ἐκ	νεκρῶν,	3 καὶ	ἐπέβαλον	αὐτοῖς
en	--	Jesús	la	resurrección	--	de	(los) muertos,	y	pusieron sobre	ellos
1722	3588	2424	3588	386	3588	1537	3498	2532	1911	846
P	DDSM	NDSM	DASF	NASF	DASF	P	JGPM	CLN	VAAI3P	RP3DPM

τὰς	χεῖρας	καὶ	ἔθεντο	εἰς	τήρησιν	εἰς	τὴν	αὔριον,	ἦν	γὰρ
las	manos	y	(los) pusieron	en	custodia	hasta	el	día siguiente;	era$_2$	porque$_1$
3588	5495	2532	5087	1519	5084	1519	3588	839	2258	1063
DAPF	NAPF	CLN	VAMI3P	P	NASF	P	DASF	B	VIAI3S	CAZ

ἑσπέρα	ἤδη.	4 πολλοὶ	δὲ	τῶν	ἀκουσάντων	τὸν	λόγον	ἐπίστευσαν,
(la) tarde	ya.	muchos$_2$	Pero$_1$	de los que	habiendo oído	la	palabra	creyeron,
2073	2235	4183	1161	3588	191	3588	3056	4100
NNSF	B	JNPM	CLC	DGPM	VAAP-PGM	DASM	NASM	VAAI3P

καὶ	ἐγενήθη	ὁ	ἀριθμὸς	τῶν	ἀνδρῶν	ὡς	χιλιάδες	πέντε.
y	llegó a ser$_5$	el$_1$	número$_2$	de los$_3$	varones$_4$	como$_6$	mil.$_8$	cinco$_7$
2532	1096	3588	706	3588	435	5613	5505	4002
CLN	VAPI3S	DNSM	NNSM	DGPM	NGPM	P, CAM	JNPF, NNPF	XN, J

5 Ἐγένετο	δὲ	ἐπὶ	τὴν	αὔριον	συναχθῆναι	αὐτῶν	τοὺς	ἄρχοντας
sucedió que$_2$	Y$_1$	en	el	siguiente día	reunirse	de ellos$_3$	los$_1$	jefes$_2$
1096	1161	1909	3588	839	4863	846	3588	758
VAMI3S	CLT	P	DASF	B	VAPN	RP3GPM	DAPM	NAPM

καὶ	τοὺς	πρεσβυτέρους	καὶ	τοὺς	γραμματεῖς	ἐν	Ἰερουσαλήμ	6 (καὶ
y	los	ancianos	y	los	escribas	en	Jerusalén,	y
2532	3588	4245	2532	3588	1122	1722	2419	2532
CLN	DAPM	JAPM	CLN	DAPM	NAPM	P	NDSF, XP	CLN

Ἅννας	ὁ	ἀρχιερεὺς	καὶ	Καϊάφας	καὶ	Ἰωάννης	καὶ	Ἀλέξανδρος
Anás	el	sumo sacerdote	y	Caifás	y	Juan	y	Alejandro
452	3588	749	2532	2533	2532	2491	2532	223
NNSM	DNSM	NNSM	CLN	NNSM	CLN	NNSM	CLN	NNSM

καὶ	ὅσοι	ἦσαν	ἐκ	γένους	ἀρχιερατικοῦ),	7 καὶ	στήσαντες	αὐτοὺς
y	cuantos	eran	de	(la) familia	de (los) sumocerdotes,	y	habiendo puesto	a ellos
2532	3745	2258	1537	1085	748	2532	2476	846
CLN	RK-NPM	VIAI3P	P	NGSN	JGSN	CLN	VAAP-PNM	RP3APM

ἐν	τῷ	μέσῳ	ἐπυνθάνοντο·	Ἐν	ποίᾳ	δυνάμει	ἢ	ἐν	ποίῳ
en	el	medio	preguntaban:	¿Con	qué clase de	poder	o	en	cuál
1722	3588	3319	4441	1722	4169	1411	2228	1722	4169
P	DDSN	JDSN	VIUI3P	P	JDSF, RI-DSF	NDSF	CLD	P	JDSN, RI-DSN

ὀνόματι	ἐποιήσατε	τοῦτο	ὑμεῖς;	8 τότε	Πέτρος	πλησθεὶς	πνεύματος
nombre	hicisteis	esto	vosotros?	Entonces	Pedro	habiendo sido lleno	del Espíritu
3686	4160	5124	5210	5119	4074	4130	4151
NDSN	VAAI2P	RD-ASN	RP2NP	B	NNSM	VAPP-SNM	NGSN

ἁγίου	εἶπεν	πρὸς	αὐτούς·	Ἄρχοντες	τοῦ	λαοῦ	καὶ	πρεσβύτεροι,	9 εἰ
Santo	dijo	a	ellos:	Jefes	del	pueblo	y	ancianos,	si
40	2036	4314	846	758	3588	2992	2532	4245	1487
JGSN	VAAI3S	P	RP3APM	NVPM	DGSM	NGSM	CLN	JVPM	CAC

ἡμεῖς	σήμερον	ἀνακρινόμεθα	ἐπὶ	εὐεργεσίᾳ	ἀνθρώπου	ἀσθενοῦς,	ἐν
nosotros	hoy	somos examinados	por	un buen servicio	a un hombre	enfermo	en
2249	4594	350	1909	2108	444	772	1722
RP1NP	B	VPPI1P	P	NDSF	NGSM	JGSM	P

τίνι	οὗτος	σέσωσται,	10 γνωστὸν	ἔστω	πᾶσιν	ὑμῖν	καὶ	παντὶ	τῷ
quién	este	ha sido sanado,	conocido	sea	a todos	vosotros	y	a todo	el
5101	3778	4982	1110	2077	3956	5213	2532	3956	3588
RI-DSN	RD-NSM	VRPI3S	JNSN	VPAM3S	JDPM	RP2DP	CLN	JDSM	DDSM

NVI

2 Estaban muy disgusta-
dos porque los apóstoles
enseñaban a la gente y
proclamaban la resurrec-
ción, que se había hecho
evidente en el caso de
Jesús. 3 Prendieron a
Pedro y a Juan y, como
ya anochecía, los
metieron en la cárcel
hasta el día siguiente.
4 Pero muchos de los
que oyeron el mensaje
creyeron, y el número
de estos, contando solo
a los hombres, llegaba a
unos cinco mil.
5 Al día siguiente se
reunieron en Jerusalén
los gobernantes, los
ancianos y los maestros
de la ley. 6 Allí estaban el
sumo sacerdote Anás,
Caifás, Juan, Alejandro
y los otros miembros
de la familia del sumo
sacerdote. 7 Hicieron
que Pedro y Juan
comparecieran ante
ellos y comenzaron a
interrogarlos:
—¿Con qué poder,
o en nombre de quién,
hicieron ustedes esto?
8 Pedro, lleno del
Espíritu Santo, les
respondió:
—Gobernantes del
pueblo y ancianos:
9 Hoy se nos procesa
por haber favorecido
a un inválido, ¡y se nos
pregunta cómo fue sana-
do! 10 Sepan, pues, todos
ustedes y todo el pueblo

RVR

de Israel, que en el
nombre de Jesucristo
de Nazaret, a quien
vosotros crucificasteis y
a quien Dios resucitó de
los muertos, por él este
hombre está en vuestra
presencia sano.
11 Este Jesús es la piedra
desechada por vosotros
los constructores, la cual
ha venido a ser piedra
angular.
12 Y en ningún otro hay
salvación; porque no
hay otro nombre bajo
el cielo, dado a los hom-
bres, en que podamos
ser salvos.
13 Entonces, viendo el
denuedo de Pedro y de
Juan, y dándose cuenta
de que eran hombres
sin letras y del vulgo,
se maravillaban; y les
reconocían que habían
estado con Jesús.
14 Y viendo al hombre
que había sido sanado,
que estaba en pie con
ellos, no tenían nada
que replicar.
15 Entonces les orde-
naron que saliesen del
sanedrín; y conferencia-
ban entre sí,
16 diciendo: ¿Qué
haremos con estos hom-
bres? Porque de cierto,
una señal notoria ha

λαῷ	Ἰσραὴλ	ὅτι	ἐν	τῷ	ὀνόματι	Ἰησοῦ	Χριστοῦ	τοῦ	Ναζωραίου,
pueblo	de Israel	que	en	el	nombre	de Jesús	Cristo	el	nazareno
2992	2474	3754	1722	3588	3686	2424	5547	3588	3480
NDSM	*NGSM, XP*	*CSC*	*P*	*DDSN*	*NDSN*	*NGSM*	*NGSM*	*DGSM*	*NGSM*

ὃν	ὑμεῖς	ἐσταυρώσατε,	ὃν	ὁ	θεὸς	ἤγειρεν	ἐκ	νεκρῶν,	ἐν
a quien	vosotros	crucificasteis,	al cual	--	Dios	levantó	de	(los) muertos,	en
3739	5210	4717	3739	3588	2316	1453	1537	3498	1722
RR-ASM	*RP2NP*	*VAAI2P*	*RR-ASM*	*DNSM*	*NNSM*	*VAAI3S*	*P*	*JGPM*	*P*

τούτῳ	οὗτος	παρέστηκεν	ἐνώπιον	ὑμῶν	ὑγιής.	11 οὗτός	ἐστιν
este (nombre)	este (varón)	(se) ha presentado	delante de	vosotros	sano.	Este	es
5129	3778	3936	1799	5216	5199	3778	2076
RD-DSN	*RD-NSM*	*VRAI3S*	*P, B*	*RP2GP*	*JNSM*	*RD-NSM*	*VPAI3S*

ὁ	λίθος	ὁ	ἐξουθενηθεὶς	ὑφ’	ὑμῶν	τῶν	οἰκοδόμων,	ὁ
la	piedra	la que	habiendo sido despreciada	por	vosotros	los	constructores,	la
3588	3037	3588	1848	5259	5216	3588	3621	3588
DNSM	*NNSM*	*DNSM*	*VAPP-SNM*	*P*	*RP2GP*	*DGPM*	*NGPM*	*DNSM*

γενόμενος	εἰς	κεφαλὴν	γωνίας.	12 καὶ	οὐκ	ἔστιν	ἐν	ἄλλῳ
habiendo llegado a ser	--	cabeza	angular.	Y	no	hay	en	otro$_2$
1096	1519	2776	1137	2532	3756	2076	1722	243
VAMP-SNM	*P*	*NASF*	*NGSF*	*CLN*	*BN, TN*	*VPAI3S*	*P*	*JDSM*

οὐδενὶ	ἡ	σωτηρία,	οὐδὲ	γὰρ	ὄνομά	ἐστιν	ἕτερον	ὑπὸ	τὸν	οὐρανὸν
ningún$_1$	la	salvación,	no$_2$	porque$_1$	nombre$_5$	hay$_3$	otro$_4$	bajo	el	cielo
3762	3588	4991	3761	1063	3686	2076	2087	5259	3588	3772
JDSM	*DNSF*	*NNSF*	*BN, TN*	*CAZ*	*NNSN*	*VPAI3S*	*JNSN*	*P*	*DASM*	*NASM*

τὸ	δεδομένον	ἐν	ἀνθρώποις	ἐν	ᾧ	δεῖ	σωθῆναι	ἡμᾶς.
--	dado	a	(los) seres humanos	por	el que	es necesario	ser salvados	nosotros.
3588	1325	1722	444	1722	3739	1163	4982	2248
DNSN	*VRPP-SNN*	*P*	*NDPM*	*P*	*RR-DSN*	*VPAI3S*	*VAPN*	*RP1AP*

13 Θεωροῦντες	δὲ	τὴν	τοῦ	Πέτρου	παρρησίαν	καὶ	Ἰωάννου
viendo$_2$	Y$_1$	la$_3$	--$_5$	de Pedro$_6$	osadía$_4$	y	de Juan
2334	1161	3588	3588	4074	3954	2532	2491
VPAP-PNM	*CLN*	*DASF*	*DGSM*	*NGSM*	*NASF*	*CLN*	*NGSM*

καὶ	καταλαβόμενοι	ὅτι	ἄνθρωποι	ἀγράμματοί	εἰσιν	καὶ	ἰδιῶται,
y	habiendo comprendido	que	personas	sin letras	son,$_3$	y$_1$	sin cultura$_2$
2532	2638	3754	444	62	1526	2532	2399
CLN	*VAMP-PNM*	*CSC*	*NNPM*	*JNPM*	*VPAI3P*	*CLN*	*NNPM*

ἐθαύμαζον,	ἐπεγίνωσκόν	τε	αὐτοὺς	ὅτι	σὺν	τῷ	Ἰησοῦ	ἦσαν,	14 τόν
se admiraban$_3$	reconocían$_5$	y$_4$	a ellos	que	con	--	Jesús	estaban,	a el$_3$
2296	1921	5037	846	3754	4862	3588	2424	2258	3588
VIAI3P	*VIAI3P*	*CLN*	*RP3APM*	*CSC*	*P*	*DDSM*	*NDSM*	*VIAI3P*	*DASM*

τε	ἄνθρωπον	βλέποντες	σὺν	αὐτοῖς	ἑστῶτα	τὸν	τεθεραπευμένον
y$_1$	hombre$_4$	viendo$_2$	con$_8$	ellos,$_9$	parado$_7$	el que$_5$	ha sido sanado,$_6$
5037	444	991	4862	846	2476	3588	2323
CLN	*NASM*	*VPAP-PNM*	*P*	*RP3DPM*	*VRAP-SAM*	*DASM*	*VRPP-SAM*

οὐδὲν	εἶχον	ἀντειπεῖν.	15 κελεύσαντες	δὲ	αὐτοὺς	ἔξω	τοῦ	συνεδρίου
nada	tenían	para contradecir.	habiendo mandado$_2$	Y$_1$	a ellos	fuera	del	Sanedrín
3762	2192	471	2753	1161	846	1854	3588	4892
JASN	*VIAI3P*	*VAAN*	*VAAP-PNM*	*CLC*	*RP3APM*	*P, B*	*DGSN*	*NGSN*

ἀπελθεῖν	συνέβαλλον	πρὸς	ἀλλήλους	16 λέγοντες·	Τί	ποιήσωμεν
salir,	reflexionaban	--	unos con otros	diciendo:	¿Qué	hiciéramos
565	4820	4314	240	3004	5101	4160
VAAN	*VIAI3P*	*P*	*RC-APM*	*VPAP-PNM*	*RI-ASN*	*VAAS1P*

τοῖς	ἀνθρώποις	τούτοις;	ὅτι	μὲν	γὰρ	γνωστὸν	σημεῖον	γέγονεν
con los	hombres	estos?	que$_3$	en verdad$_2$	Porque$_1$	notoria$_6$	una señal$_5$	ha sucedido$_4$
3588	444	5125	3754	3303	1063	1110	4592	1096
DDPM	*NDPM*	*RD-DPM*	*CSC*	*TE, C*	*CAZ*	*JNSN*	*NNSN*	*VRAI3S*

NVI

de Israel que este hom-
bre está aquí delante de
ustedes, sano gracias al
nombre de Jesucristo de
Nazaret, crucificado por
ustedes, pero resucitado
por Dios. 11 Jesucristo es

» "la piedra que des-
echaron ustedes los
constructores,
y que ha llegado a ser la
piedra angular".

12 De hecho, en ningún
otro hay salvación,
porque no hay bajo el
cielo otro nombre dado
a los hombres mediante
el cual podamos ser
salvos ».
13 Los gobernantes,
al ver la osadía con
que hablaban Pedro y
Juan, y al darse cuenta
de que eran gente sin
estudios ni preparación,
quedaron asombrados
y reconocieron que
habían estado con Jesús.
14 Además, como vieron
que los acompañaba el
hombre que había sido
sanado, no tenían nada
que alegar. 15 Así que
les mandaron que se
retiraran del Consejo, y
se pusieron a delibe-
rar entre sí: 16 «¿Qué
vamos a hacer con estos
sujetos? Es un hecho
que por medio de ellos
ha ocurrido un milagro

RVR

sido hecha por medio
de ellos, manifiesta a
todos los que moran
en Jerusalén, y no lo
podemos negar.
17 Pero, a fin de que no
se divulgue más entre el
pueblo, amenacémosles
para que no hablen
de aquí en adelante a
hombre alguno en este
nombre.
18 Y llamándolos, les in-
timaron que en ninguna
manera pronunciasen
palabra ni enseñasen en
el nombre de Jesús.
19 Mas Pedro y Juan res-
pondieron diciéndoles:
Juzgad si es justo delan-
te de Dios obedecer a
vosotros más bien que
a Dios;
20 porque no podemos
menos de decir lo que
hemos visto y oído.
21 Ellos entonces les
amenazaron y les
soltaron, no hallando
motivo para castigarles,
por causa del pueblo;
porque todos glorifica-
ban a Dios por lo que
había acontecido,
22 ya que el hombre en
quien se había hecho
este milagro de sanidad,
tenía más de cuarenta
años.

Oración pidiendo confianza y valor

23 Y puestos en libertad,
vinieron a los suyos y
contaron todo lo que

δι'	αὐτων	πᾶσιν	τοῖς	κατοικοῦσιν	Ἰερουσαλὴμ	φανερόν,	καὶ	οὐ
por	ellos	a todos	los que	están habitando	Jerusalén	es visible	y	no
1223	846	3956	3588	2730	2419	5318	2532	3756
P	*RP3GPM*	*JDPM*	*DDPM*	*VPAP-PDM*	*NASF, XP*	*JNSN*	*CLN*	*BN, TN*

δυνάμεθα	ἀρνεῖσθαι·	17 ἀλλ'	ἵνα	μὴ	ἐπὶ	πλεῖον	διανεμηθῇ	εἰς
podemos	negar;	pero	para que	no	en$_2$	más$_3$	fuera divulgado$_1$	a
1410	720	235	2443	3361	1909	4119	1268	1519
VPUI1P	*VPUN*	*CLC*	*CAP*	*BN, TN*	*P*	*JASNC*	*VAPS3S*	*P*

τὸν	λαόν,	Ἰάπειλησώμεθα	αὐτοῖς	μηκέτι	λαλεῖν	ἐπὶ	τῷ	ὀνόματι
el	pueblo,	amenacemos	a ellos	no más	hablar	en	el	nombre
3588	2992	546	846	3371	2980	1909	3588	3686
DASM	*NASM*	*VAMS1P*	*RP3DPM*	*BN*	*VPAN*	*P*	*DDSN*	*NDSN*

τούτῳ	μηδενὶ	ἀνθρώπων.	18 καὶ	καλέσαντες	αὐτοὺς	παρήγγειλαν
este	a ninguna	de (las) personas.	Y	habiendo llamado	a ellos	ordenaron
5129	3367	444	2532	2564	846	3853
RD-DSN	*JDSM*	*NGPM*	*CLN*	*VAAP-PNM*	*RP3APM*	*VAAI3P*

τὸ	καθόλου	μὴ	φθέγγεσθαι	μηδὲ	διδάσκειν	ἐπὶ	τῷ	ὀνόματι
--	absolutamente	no	hablar	ni	enseñar	en	el	nombre
3588	2527	3361	5350	3366	1321	1909	3588	3686
DASN	*B*	*BN, TN*	*VPUN*	*TN, CLD*	*VPAN*	*P*	*DDSN*	*NDSN*

τοῦ	Ἰησοῦ.	19 ὁ	δὲ	Πέτρος	καὶ	Ἰωάννης	ἀποκριθέντες	εἶπον	πρὸς
--	de Jesús.	--$_2$	Pero$_1$	Pedro	y	Juan	respondiendo	dijeron	a
3588	2424	3588	1161	4074	2532	2491	611	2036	4314
DGSM	*NGSM*	*DNSM*	*CLC*	*NNSM*	*CLN*	*NNSM*	*VAPP-PNM*	*VAAI3P*	*P*

αὐτούς·	Εἰ	δίκαιόν	ἐστιν	ἐνώπιον	τοῦ	θεοῦ	ὑμῶν	ἀκούειν	μᾶλλον
ellos:	Si	justo$_2$	es$_1$	delante de	--	Dios	a vosotros$_2$	oír$_1$	más
846	1487	1342	2076	1799	3588	2316	5216	191	3123
RP3APM	*CAC*	*JNSN*	*VPAI3S*	*P, B*	*DGSM*	*NGSM*	*RP2GP*	*VPAN*	*B*

ἢ	τοῦ	θεοῦ,	κρίνατε,	20 οὐ	δυνάμεθα	γὰρ	ἡμεῖς	ἃ	εἴδαμεν
que	--	a Dios,	juzgad;	no$_3$	podemos$_4$	porque$_1$	nosotros$_2$	las cosas que$_7$	vemos$_8$
2228	3588	2316	2919	3756	1410	1063	2249	3739	3708
CAM	*DGSM*	*NGSM*	*VAAM2P*	*BN,TN*	*VPUI1P*	*CAZ*	*RP1NP*	*RR-APN*	*VAAI1P*

καὶ	ἠκούσαμεν	μὴ	λαλεῖν.	21 οἱ	δὲ	προσαπειλησάμενοι	ἀπέλυσαν
y$_9$	oímos.$_{10}$	no$_5$	hablar$_6$	--$_2$	Y$_1$	habiendo amenazado de nuevo$_3$	soltaron$_4$
2532	191	3361	2980	3588	1161	4324	630
CLN	*VAAI1P*	*BN, TN*	*VPAN*	*DNPM*	*CLN*	*VAMP-PNM*	*VAAI3P*

αὐτούς,	μηδὲν	εὑρίσκοντες	τὸ	πῶς	Ικολάσωνται	αὐτούς,	διὰ
a ellos$_5$	nada$_7$	encontrando$_6$	--	cómo	castigaran	a ellos,	por causa de
846	3367	2147	3588	4459	2849	846	1223
RP3APM	*JASN*	*VPAP-PNM*	*DASN*	*B*	*VAMS3P*	*RP3APM*	*P*

τὸν	λαόν,	ὅτι	πάντες	ἐδόξαζον	τὸν	θεὸν	ἐπὶ	τῷ	γεγονότι·	22 ἐτῶν
el	pueblo,	porque	todos	glorificaban	--	a Dios	por	lo	sucedido;	años.$_{15}$
3588	2992	3754	3956	1392	3588	2316	1909	3588	1096	2094
DASM	*NASM*	*CAZ*	*JNPM*	*VIAI3P*	*DASM*	*NASM*	*P*	*DDSN*	*VRAP-SDN*	*NGPN*

γὰρ	ἦν	πλειόνων	τεσσεράκοντα	ὁ	ἄνθρωπος	ἐφ'	ὃν
porque$_1$	era (tenía)$_{12}$	más$_{13}$	de cuarenta$_{14}$	el$_2$	hombre$_3$	en$_4$	quien$_5$
1063	2258	4119	5062	3588	444	1909	3739
CAZ	*VIAI3S*	*JGPNC*	*XN, J*	*DNSM*	*NNSM*	*P*	*RR-ASM*

γεγόνει	τὸ	σημεῖον	τοῦτο	τῆς	ἰάσεως.
había sucedido$_6$	la$_7$	señal$_8$	esta$_9$	de la$_{10}$	curación.$_{11}$
1096	3588	4592	5124	3588	2392
VLAI3S	*DNSN*	*NNSN*	*RD-NSN*	*DGSF*	*NGSF*

23 Ἀπολυθέντες	δὲ	ἦλθον	πρὸς	τοὺς	ἰδίους	καὶ	ἀπήγγειλαν
habiendo sido liberados$_2$	Y$_1$	fueron	a	los	suyos	e	informaron
630	1161	2064	4314	3588	2398	2532	518
VAPP-PNM	*CLT*	*VAAI3P*	*P*	*DAPM*	*JAPM*	*CLN*	*VAAI3P*

NVI

evidente; todos los que
viven en Jerusalén lo
saben, y no podemos
negarlo. 17 Pero, para
evitar que este asunto
siga divulgándose entre
la gente, vamos a ame-
nazarlos para que no
vuelvan a hablar de ese
nombre a nadie».
18 Los llamaron y les
ordenaron terminante-
mente que dejaran de
hablar y enseñar acerca
del nombre de Jesús.
19 Pero Pedro y Juan
replicaron:
—¿Es justo delante de
Dios obedecerlos a uste-
des en vez de obedecerlo
a él? ¡Júzguenlo ustedes
mismos! 20 Nosotros no
podemos dejar de hablar
de lo que hemos visto
y oído.
21 Después de nuevas
amenazas, los dejaron
irse. Por causa de la gen-
te, no hallaban manera
de castigarlos: todos
alababan a Dios por
lo que había sucedido,
22 pues el hombre que
había sido milagrosa-
mente sanado tenía más
de cuarenta años.

La oración de los creyentes

23 Al quedar libres,
Pedro y Juan volvieron a
los suyos y les relataron

RVR

los principales sacer-
dotes y los ancianos les
habían dicho.
24 Y ellos, al oírlo,
alzaron unánimes la
voz a Dios, y dijeron:
Soberano Señor, tú eres
el Dios que hiciste el
cielo, la tierra y el mar, y
todo lo que en ellos hay;
25 que por boca de
David tu siervo dijiste:
¿A qué fin se amoti-
nan las gentes,
Y los pueblos piensan
cosas vanas?
26 Acudieron los reyes
de la tierra,
Y los príncipes se
coaligaron
Contra el Señor, y
contra su Cristo.
27 Porque verdadera-
mente se aliaron en esta
ciudad contra tu santo
Siervo Jesús, a quien un-
giste, Herodes y Poncio
Pilato, con los gentiles y
el pueblo de Israel,
28 para hacer cuanto
tu mano y tu designio
habían predestinado
que sucediera.
29 Y en lo de ahora,
Señor, fíjate en sus
amenazas, y concede
a tus siervos que con
todo denuedo hablen tu
palabra,
30 mientras extiendes tu

ὅσα	πρὸς	αὐτοὺς	οἱ	ἀρχιερεῖς	καὶ	οἱ	πρεσβύτεροι
cuantas cosas	a$_7$	ellos.$_8$	los$_1$	principales sacerdotes$_2$	y$_3$	los$_4$	ancianos$_5$
3745	4314	846	3588	749	2532	3588	4245
RK-APN	*P*	*RP3APM*	*DNPM*	*NNPM*	*CLN*	*DNPM*	*JNPM*

εἶπαν.	24 οἱ	δὲ	ἀκούσαντες	ὁμοθυμαδὸν	ἦραν	φωνὴν	πρὸς	τὸν
dijeron$_6$	--$_2$	Y$_1$	habiendo oído	unánimemente	levantaron	(la) voz	a	--
3004	3588	1161	191	3661	142	5456	4314	3588
VAAI3P	*DNPM*	*CLN*	*VAAP-PNM*	*B*	*VAAI3P*	*NASF*	*P*	*DASM*

θεὸν	καὶ	εἶπαν·	Δέσποτα,	σὺ	ὁ	ποιήσας	τὸν	οὐρανὸν	καὶ
Dios	y	dijeron:	Soberano,	tú	el	habiendo hecho	el	cielo	y
2316	2532	3004	1203	4771	3588	4160	3588	3772	2532
NASM	*CLN*	*VAAI3P*	*NVSM*	*RP2NS*	*DNSM*	*VAAP-SNM*	*DASM*	*NASM*	*CLN*

τὴν	γῆν	καὶ	τὴν	θάλασσαν	καὶ	πάντα	τὰ	ἐν	αὐτοῖς,	25 ὁ	⌜τοῦ
la	tierra	y	el	mar	y	todas	las cosas	en	ellos,	--	el$_9$
3588	1093	2532	3588	2281	2532	3956	3588	1722	846	3588	3588
DASF	*NASF*	*CLN*	*DASF*	*NASF*	*CLN*	*JAPN*	*DAPN*	*P*	*RP3DPN*	*DNSM*	*DGSM*

πατρὸς	ἡμῶν⌝	διὰ	⌜¹πνεύματος	ἁγίου⌝¹	στόματος	Δαυὶδ
Padre$_{10}$	de nosotros:$_{11}$	por medio de$_2$	(el) Espíritu$_3$	Santo$_4$	por boca$_5$	de David$_6$
3962	2257	1223	4151	40	4750	1138
NGSM	*RP1GP*	*P*	*NGSN*	*JGSN*	*NGSN*	*NGSM, XP*

παιδός	σου	εἰπών·	Ἱνατί	ἐφρύαξαν	ἔθνη	καὶ	λαοὶ
siervo$_7$	de ti,$_8$	habiendo dicho$_1$	¿Por que	protestan con furia	(las) naciones	y	(los) pueblos
3816	4675	3004	2444	5433	1484	2532	2992
NGSM	*RP2GS*	*VAAP-SNM*	*BI*	*VAAI3P*	*NNPN*	*CLN*	*NNPM*

ἐμελέτησαν	κενά;	26 παρέστησαν	οἱ	βασιλεῖς	τῆς	γῆς	καὶ	οἱ
practicaron	cosas vanas?	(se) presentaron$_5$	Los$_1$	reyes$_2$	de la$_3$	tierra$_4$	y	los
3191	2756	3936	3588	935	3588	1093	2532	3588
VAAI3P	*JAPN*	*VAAI3P*	*DNPM*	*NNPM*	*DGSF*	*NGSF*	*CLN*	*DNPM*

ἄρχοντες	συνήχθησαν	ἐπὶ	τὸ	αὐτὸ	κατὰ	τοῦ	κυρίου	καὶ	κατὰ
gobernantes	se reunieron	en	el	ello	contra	el	Señor	y	contra
758	4863	1909	3588	846	2596	3588	2962	2532	2596
NNPM	*VAPI3P*	*P*	*DASN*	*RP3ASN, JASN*	*P*	*DGSM*	*NGSM*	*CLN*	*P*

τοῦ	Χριστοῦ	αὐτοῦ.	27 συνήχθησαν	γὰρ	ἐπ’	ἀληθείας	ἐν	τῇ	πόλει
el	Cristo	de él.	se reunieron$_4$	Porque$_1$	en$_2$	verdad$_3$	en	la	ciudad
3588	5547	846	4863	1063	1909	225	1722	3588	4172
DGSM	*NGSM*	*RP3GSM*	*VAPI3P*	*CLX*	*P*	*NGSF*	*P*	*DDSF*	*NDSF*

ταύτῃ	ἐπὶ	τὸν	ἅγιον	παῖδά	σου	Ἰησοῦν,	ὃν	ἔχρισας,	Ἡρῴδης	τε
esta	contra	el	santo	siervo	de ti,	Jesús,	a quien	ungiste,	Herodes	y
3778	1909	3588	40	3816	4675	2424	3739	5548	2264	5037
RD-DSF	*P*	*DASM*	*JASM*	*NASM*	*RP2GS*	*NASM*	*RR-ASM*	*VAAI2S*	*NNSM*	*CLK*

καὶ	Πόντιος	Πιλᾶτος	σὺν	ἔθνεσιν	καὶ	λαοῖς	Ἰσραήλ,	28 ποιῆσαι
también	Poncio	Pilato	con	(los) gentiles	y	(los) pueblos	de Israel,	para hacer
2532	4194	4091	4862	1484	2532	2992	2474	4160
CLK, CLN	*NNSM*	*NNSM*	*P*	*NDPN*	*CLN*	*NDPM*	*NGSM, XP*	*VAAN*

ὅσα	ἡ	χείρ	σου	καὶ	ἡ	βουλὴ	προώρισεν	γενέσθαι.	29 καὶ
cuantas cosas	la	mano	de ti	y	el	plan	predestinó	suceder.	Y
3745	3588	5495	4675	2532	3588	1012	4309	1096	2532
RK-APN	*DNSF*	*NNSF*	*RP2GS*	*CLN*	*DNSF*	*NNSF*	*VAAI3S*	*VAMN*	*CLN*

τὰ	νῦν,	κύριε,	ἔπιδε	ἐπὶ	τὰς	ἀπειλὰς	αὐτῶν	καὶ	δὸς	τοῖς	δούλοις
--	ahora,	Señor,	fíjate	en	las	amenazas	de ellos	y	da	a los	esclavos
3588	3568	2962	1896	1909	3588	547	846	2532	1325	3588	1401
DAPN	*B*	*NVSM*	*VAAM2S*	*P*	*DAPF*	*NAPF*	*RP3GPM*	*CLN*	*VAAM2S*	*DDPM*	*NDPM*

σου	μετὰ	παρρησίας	πάσης	λαλεῖν	τὸν	λόγον	σου,	30 ἐν	τῷ
de ti	con	franqueza$_2$	toda$_1$	hablar	la	palabra	de ti,	en	el
4675	3326	3954	3956	2980	3588	3056	4675	1722	3588
RP2GS	*P*	*NGSF*	*JGSF*	*VPAN*	*DASM*	*NASM*	*RP2GS*	*P*	*DDSN, DDSM*

NVI

todo lo que les habían
dicho los jefes de los sa-
cerdotes y los ancianos.
24 Cuando lo oyeron,
alzaron unánimes la
voz en oración a Dios:
«Soberano Señor,
creador del cielo y de la
tierra, del mar y de todo
lo que hay en ellos, 25 tú,
por medio del Espíritu
Santo, dijiste en labios
de nuestro padre David,
tu siervo:

»"¿Por qué se suble-
van las naciones
y en vano conspiran
los pueblos?
26 Los reyes de la tierra
se rebelan
y los gobernantes se
confabulan
contra el Señor
y contra su ungido".

27 En efecto, en esta
ciudad se reunieron
Herodes y Poncio
Pilato, con los gentiles y
con el pueblo de Israel,
contra tu santo siervo
Jesús, a quien ungiste
28 para hacer lo que de
antemano tu poder y tu
voluntad habían deter-
minado que sucediera.
29 Ahora, Señor, toma
en cuenta sus amenazas
y concede a tus siervos el
proclamar tu palabra sin
temor alguno. 30 Por eso,

4:25⌜⌝ Manuscritos inferiores suprimieron *el Padre de nosotros.* **4:25⌜¹⌝¹** Manuscritos inferiores suprimieron *el Espíritu Santo.*

nvn

mano para que se hagan
sanidades y señales y
prodigios mediante
el nombre de tu santo
Siervo Jesús.
31 Cuando acabaron
de orar, el lugar en que
estaban congregados
tembló; y todos fueron
llenos del Espíritu
Santo, y hablaban con
denuedo la palabra de
Dios.

Todas las cosas en común

32 Y la multitud de los
que habían creído era de
un corazón y un alma;
y ni uno solo decía ser
suyo propio nada de
lo que poseía, sino que
tenían todas las cosas en
común.
33 Y con gran poder los
apóstoles daban testi-
monio de la resurrec-
ción del Señor Jesús, y
abundante gracia había
sobre todos ellos.
34 Así que no había
entre ellos ningún nece-
sitado; porque todos los
que poseían heredades
o casas, las vendían, y
traían el precio de lo
vendido,
35 y lo ponían a los pies
de los apóstoles; y se re-
partía a cada uno según
su necesidad.
36 Entonces José, a quien
los apóstoles le pusieron
por sobrenombre

τὴν	χεῖρά	σου	ἐκτείνειν	σε	εἰς	ἴασιν	καὶ	σημεῖα	καὶ	τέρατα
la$_3$	mano$_4$	de ti$_5$	extender$_1$	tú$_2$	para	curación	y	señales	y	prodigios
3588	5495	4675	1614	4571	1519	2392	2532	4592	2532	5059
DASF	*NASF*	*RP2GS*	*VPAN*	*RP2AS*	*P*	*NASF*	*CLN*	*NAPN, NNPN*	*CLN*	*NAPN, NNPN*

γίνεσθαι	διὰ	τοῦ	ὀνόματος	τοῦ	ἁγίου	παιδός	σου	Ἰησοῦ.	31 καὶ
hacer	por medio de	el	nombre	del	santo	siervo	de ti,	Jesús.	Y
1096	1223	3588	3686	3588	40	3816	4675	2424	2532
VPUN	*P*	*DGSN*	*NGSN*	*DGSM*	*JGSM*	*NGSM*	*RP2GS*	*NGSM*	*CLN*

δεηθέντων	αὐτῶν	ἐσαλεύθη	ὁ	τόπος	ἐν	ᾧ	ἦσαν	συνηγμένοι,
habiendo orado	ellos	fue sacudido$_7$	el$_1$	lugar$_2$	en$_3$	el cual$_4$	estaban$_5$	reunidos$_6$
1189	846	4531	3588	5117	1722	3739	2258	4863
VAPP-PGM	*RP3GPM*	*VAPI3S*	*DNSM*	*NNSM*	*P*	*RR-DSM*	*VIAI3P*	*VRPP-PNM*

καὶ	ἐπλήσθησαν	ἅπαντες	τοῦ	ἁγίου	πνεύματος,	καὶ	ἐλάλουν	τὸν
y	fueron llenados	todos	del	Santo$_2$	Espíritu$_1$	y	hablaban	la
2532	4130	537	3588	40	4151	2532	2980	3588
CLN	*VAPI3P*	*JNPM*	*DGSN, DGSM*	*JGSN*	*NGSN*	*CLN*	*VIAI3P*	*DASM*

λόγον	τοῦ	θεοῦ	μετὰ	παρρησίας.
palabra	--	de Dios	con	confianza.
3056	3588	2316	3326	3954
NASM	*DGSM*	*NGSM*	*P*	*NGSF*

32 Τοῦ	δὲ	πλήθους	τῶν	πιστευσάντων	ἦν	καρδία	καὶ	ψυχὴ
de la$_5$	Y$_1$	multitud$_6$	de los que$_7$	habiendo creído$_8$	era$_9$	(el) corazón$_2$	y$_3$	(el) alma$_4$
3588	1161	4128	3588	4100	2258	2588	2532	5590
DGSN	*CLT*	*NGSN*	*DGPM*	*VAAP-PGM*	*VIAI3S*	*NNSF*	*CLN*	*NNSF*

μία,	καὶ	οὐδὲ	εἷς	τι	τῶν	ὑπαρχόντων	αὐτῷ	ἔλεγεν	ἴδιον	εἶναι,
uno,	y	ni	uno	algo$_3$	de los$_5$	bienes$_6$	de él$_7$	decía$_1$	propio$_4$	ser$_2$
1520	2532	3761	1520	5100	3588	5225	846	3004	2398	1511
JNSF	*CLN*	*BN*	*JNSM*	*RX-ASN*	*DGPN*	*VPAP-PGN*	*RP3DSM*	*VIAI3S*	*JASN, JASM*	*VPAN*

ἀλλ’	ἦν	αὐτοῖς	πάντα	κοινά.	33 καὶ	δυνάμει	μεγάλῃ	ἀπεδίδουν
sino$_8$	era$_{10}$	para ellos$_{11}$	todas las cosas$_9$	comunes.	Y	con poder	grande	daban$_3$
235	2258	846	537	2839	2532	1411	3173	591
CLC	*VIAI3S*	*RP3DPM*	*JNPN*	*JNPN*	*CLN*	*NDSF*	*JDSF*	*VIAI3P*

τὸ	μαρτύριον	οἱ	ἀπόστολοι	τῆς	ἀναστάσεως	τοῦ	κυρίου	Ἰησοῦ,
el$_4$	testimonio$_5$	los$_1$	apóstoles$_2$	de la	resurrección	del	Señor	Jesús,
3588	3142	3588	652	3588	386	3588	2962	2424
DASN	*NASN*	*DNPM*	*NNPM*	*DGSF*	*NGSF*	*DGSM*	*NGSM*	*NGSM*

χάρις	τε	μεγάλη	ἦν	ἐπὶ	πάντας	αὐτούς.	34 οὐδὲ	γὰρ	ἐνδεής	τις
gracia$_3$	y$_1$	grande$_2$	había	sobre	todos	ellos.	ni$_2$	Porque$_1$	necesitado	alguno
5485	5037	3173	2258	1909	3956	846	3761	1063	1729	5100
NNSF	*CLN*	*JNSF*	*VIAI3S*	*P*	*JAPM*	*RP3APM*	*BN*	*CLX*	*JNSM*	*RX-NSM*

ἦν	ἐν	αὐτοῖς·	ὅσοι	γὰρ	κτήτορες	χωρίων	ἢ	οἰκιῶν	ὑπῆρχον,
había	entre	ellos;	cuantos$_2$	porque$_1$	propietarios	de terrenos	o	de casas	eran,
2258	1722	846	3745	1063	2935	5564	2228	3614	5225
VIAI3S	*P*	*RP3DPM*	*RK-NPM*	*CAZ*	*NNPM*	*NGPN*	*CLD*	*NGPF*	*VIAI3P*

πωλοῦντες	ἔφερον	τὰς	τιμὰς	τῶν	πιπρασκομένων	35 καὶ	ἐτίθουν
vendiendo	traían	los	precios	de las cosas	vendidas	y	ponían
4453	5342	3588	5092	3588	4097	2532	5087
VPAP-PNM	*VIAI3P*	*DAPF*	*NAPF*	*DGPN, DGPM*	*VPPP-PGN, VPPP-PGM*	*CLN*	*VIAI3P*

παρὰ	τοὺς	πόδας	τῶν	ἀποστόλων·	διεδίδετο	δὲ	ἑκάστῳ	καθότι
a	los	pies	de los	apóstoles,	se repartía$_2$	y$_1$	a cada uno	según
3844	3588	4228	3588	652	1239	1161	1538	2530
P	*DAPM*	*NAPM*	*DGPM*	*NGPM*	*VIPI3S*	*CLN*	*JDSM*	*CAM*

ἂν	τις	χρείαν	εἶχεν.	36 Ἰωσὴφ	δὲ	ὁ	ἐπικληθεὶς
--	alguien	necesidad.$_2$	tenía$_1$	José$_2$	Y$_1$	el que	habiendo sido llamado por sobrenombre
302	5100	5532	2192	2501	1161	3588	1941
TC	*RX-NSM*	*NASF*	*VIAI3S*	*NNSM, XP*	*CLN*	*DNSM*	*VAPP-SNM*

NVI

extiende tu mano para
sanar y hacer señales
y prodigios mediante
el nombre de tu santo
siervo Jesús».
31 Después de haber
orado, tembló el lugar
en que estaban reuni-
dos; todos fueron llenos
del Espíritu Santo, y
proclamaban la palabra
de Dios sin temor
alguno.

Los creyentes comparten sus bienes

32 Todos los creyentes
eran de un solo sentir y
pensar. Nadie conside-
raba suya ninguna de
sus posesiones, sino que
las compartían. 33 Los
apóstoles, a su vez, con
gran poder seguían
dando testimonio de la
resurrección del Señor
Jesús. La gracia de Dios
se derramaba abundan-
temente sobre todos
ellos, 34 pues no había
ningún necesitado en
la comunidad. Quienes
poseían casas o terrenos
los vendían, llevaban
el dinero de las ventas
35 y lo entregaban a los
apóstoles para que se
distribuyera a cada uno
según su necesidad.
36 José, un levita na-
tural de Chipre, a quien
los apóstoles llamaban

RVR

Bernabé (que traducido es, Hijo de consolación), levita, natural de Chipre,
37 como poseía un campo, lo vendió y trajo el precio y lo puso a los pies de los apóstoles.

Ananías y Safira

5 Pero cierto hombre llamado Ananías, con Safira su mujer, vendió una heredad,
2 y se quedó con parte del precio, sabiéndolo también su mujer; y trayendo sólo una parte, la puso a los pies de los apóstoles.
3 Y dijo Pedro: Ananías, ¿por qué llenó Satanás tu corazón para que mintieses al Espíritu Santo, y te quedases con parte del precio de la heredad?
4 Reteniéndola, ¿no se te quedaba a ti?; y vendida, ¿no estaba en tu poder? ¿Por qué pusiste esto en tu corazón? No has mentido a los hombres, sino a Dios.
5 Al oír Ananías estas palabras, cayó y expiró. Y vino un gran temor

Βαρναβᾶς	ἀπὸ	τῶν	ἀποστόλων,	ὅ	ἐστιν	μεθερμηνευόμενον	υἱὸς
Bernabé	por	los	apóstoles,	que	es	traducido	Hijo
921	575	3588	652	3739	2076	3177	5207
NNSM	*P*	*DGPM*	*NGPM*	*RR-NSN*	*VPAI3S*	*VPPP-SNN*	*NNSM*

παρακλήσεως,	Λευίτης,	Κύπριος	τῷ	γένει,	37 ὑπάρχοντος	αὐτῷ*
de consolación,	levita,	chipriota	(en cuanto) al	linaje,	existiendo	para él
3874	3019	2953	3588	1085	5225	846
NGSF	*NNSM*	*NNSM*	*DDSN*	*NDSN*	*VPAP-SGM*	*RP3DSM*

ἀγροῦ	πωλήσας	ἤνεγκεν	τὸ	χρῆμα	καὶ	ἔθηκεν	παρὰ	τοὺς	πόδας
un campo,	habiéndolo vendido	trajo	el	dinero	y	puso	a	los	pies
68	4453	5342	3588	5536	2532	5087	3844	3588	4228
NGSM	*VAAP-SNM*	*VAAI3S*	*DASN*	*NASN*	*CLN*	*VAAI3S*	*P*	*DAPM*	*NAPM*

τῶν	ἀποστόλων.
de los	apóstoles.
3588	652
DGPM	*NGPM*

5 Ἀνὴρ	δέ	τις	Ἀνανίας	ὀνόματι	σὺν	Σαπφίρῃ	τῇ
varón$_3$	Pero$_1$	cierto$_2$	Ananías$_5$	de nombre$_4$	con	Safira	la
435	1161	5100	367	3686	4862	4551	3588
NNSM	*CLC*	*JNSM, RX-NSM*	*NNSM*	*NDSN*	*P*	*NDSF*	*DDSF*

γυναικὶ	αὐτοῦ	ἐπώλησεν	κτῆμα	2 καὶ	ἐνοσφίσατο	ἀπὸ	τῆς	τιμῆς,
esposa	de él	vendió	una propiedad	y	se quedó con una parte	de	el	precio,
1135	846	4453	2933	2532	3557	575	3588	5092
NDSF	*RP3GSM*	*VAAI3S*	*NASN*	*CLN*	*VAMI3S*	*P*	*DGSF*	*NGSF*

συνειδυίης	καὶ	τῆς	γυναικός,	καὶ	ἐνέγκας	μέρος	τι	παρὰ
percatándose	también	la	esposa,	y	habiendo traído	parte$_2$	cierta$_1$	a$_2$
4894	2532	3588	1135	2532	5342	3313	5100	3844
VRAP-SGF	*BE, TE*	*DGSF*	*NGSF*	*CLN*	*VAAP-SNM*	*NASN*	*JASN, RX-ASN*	*P*

τοὺς	πόδας	τῶν	ἀποστόλων	ἔθηκεν.	3 εἶπεν	δὲ	ὁ	Πέτρος·	Ἀνανία,
los$_3$	pies$_4$	de los$_5$	apóstoles.$_6$	(lo) puso$_1$	dijo:$_4$	Y$_1$	--$_2$	Pedro$_3$	Ananías,
3588	4228	3588	652	5087	2036	1161	3588	4074	367
DAPM	*NAPM*	*DGPM*	*NGPM*	*VAAI3S*	*VAAI3S*	*CLN*	*DNSM*	*NNSM*	*NVSM*

διὰ	τί	ἐπλήρωσεν	ὁ	Σατανᾶς	τὴν	καρδίαν	σου,	ψεύσασθαί	σε
¿por	qué	llenó$_3$	--$_1$	Satanás$_2$	el	corazón	de ti,	para mentir	tú
1223	5101	4137	3588	4567	3588	2588	4675	5574	4571
P	*RI-ASN*	*VAAI3S*	*DNSM*	*NNSM*	*DASF*	*NASF*	*RP2GS*	*VAMN*	*RP2AS*

τὸ	πνεῦμα	τὸ	ἅγιον	καὶ	νοσφίσασθαι	ἀπὸ	τῆς	τιμῆς	τοῦ	χωρίου;
al	Espíritu	--	Santo	y	quedarse con una parte	de	el	precio	del	terreno?
3588	4151	3588	39	2532	3557	575	3588	5092	3588	5564
DASN	*NASN*	*DASN*	*JASN*	*CLN*	*VAMN*	*P*	*DGSF*	*NGSF*	*DGSN*	*NGSN*

4 οὐχὶ	μένον	σοὶ	ἔμενεν*	καὶ	πραθὲν	ἐν	τῇ	σῇ
¿No	quedando	a ti	quedaba	y	habiendo sido vendido	en$_2$	--$_3$	tu$_4$
3780	3306	4671	3306	2532	4097	1722	3588	4674
TN, TI	*VPAP-SNN*	*RP2DS*	*VIAI3S*	*CLN*	*VAPP-SNN*	*P*	*DDSF*	*JDSF, RS2DSF*

ἐξουσίᾳ	ὑπῆρχεν;	τί	ὅτι	ἔθου	ἐν	τῇ	καρδίᾳ	σου	τὸ	πρᾶγμα
poder?$_5$	estaba$_1$	¿Por qué	--	pusiste	en	el	corazón	de ti	la	acción
1849	5225	5101	3754	5087	1722	3588	2588	4675	3588	4229
NDSF	*VIAI3S*	*RI-ASN*	*CSC*	*VAMI2S*	*P*	*DDSF*	*NDSF*	*RP2GS*	*DASN*	*NASN*

τοῦτο;	οὐκ	ἐψεύσω	ἀνθρώποις	ἀλλὰ	τῷ	θεῷ.	5 ἀκούων	δὲ	ὁ
esta?	No	mentiste	a seres humanos	sino	--	a Dios.	oyendo$_2$	Y$_1$	--
5124	3756	5574	444	235	3588	2316	191	1161	3588
RD-ASN	*BN, TN*	*VAMI2S*	*NDPM*	*CLC*	*DDSM*	*NDSM*	*VPAP-SNM*	*CLN*	*DNSM*

Ἀνανίας	τοὺς	λόγους	τούτους	πεσὼν	ἐξέψυξεν·	καὶ	ἐγένετο	φόβος
Ananías	las	palabras	estas	habiendo caído	expiró,	y	hubo	temor
367	3588	3056	5128	4098	1634	2532	1096	5401
NNSM	*DAPM*	*NAPM*	*RD-APM*	*VAAP-SNM*	*VAAI3S*	*CLN*	*VAMI3S*	*NNSM*

NVI

Bernabé (que significa: Consolador), 37 vendió un terreno que poseía, llevó el dinero y lo puso a disposición de los apóstoles.

Ananías y Safira

5 1-2 Un hombre llamado Ananías también vendió una propiedad y, en complicidad con su esposa Safira, se quedó con parte del dinero y puso el resto a disposición de los apóstoles.
3 —Ananías —le reclamó Pedro—, ¿cómo es posible que Satanás haya llenado tu corazón para que le mintieras al Espíritu Santo y te quedaras con parte del dinero que recibiste por el terreno?
4 ¿Acaso no era tuyo antes de venderlo? Y una vez vendido, ¿no estaba el dinero en tu poder? ¿Cómo se te ocurrió hacer esto? ¡No has mentido a los hombres, sino a Dios!
5 Al oír estas palabras, Ananías cayó muerto. Y un gran temor se

4:37* O sea *teniendo él*. **5:4*** O sea *te pertenecía*.

RVR

sobre todos los que lo
oyeron.
6 Y levantándose los
jóvenes, lo envolvie-
ron, y sacándolo, lo
sepultaron.
7 Pasado un lapso como
de tres horas, sucedió
que entró su mujer, no
sabiendo lo que había
acontecido.
8 Entonces Pedro
le preguntó: Dime,
¿vendisteis en tanto la
heredad? Y ella dijo: Sí,
en tanto.
9 Y Pedro le dijo: ¿Por
qué os pusisteis de
acuerdo para tentar
al Espíritu del Señor?
He aquí a la puerta
los pies de los que han
sepultado a tu marido, y
te sacarán a ti.
10 Al instante ella cayó
a los pies de él, y expiró;
y cuando entraron los
jóvenes, la hallaron
muerta; y la sacaron, y
la sepultaron junto a su
marido.
11 Y vino gran temor
sobre toda la iglesia, y
sobre todos los que oían
estas cosas.

Muchas señales y maravillas

12 Y por manos de los
apóstoles se hacían mu-
chas señales y prodigios

μέγας ἐπὶ πάντας τοὺς ἀκούοντας. 6 ἀναστάντες δὲ οἱ νεώτεροι
grande en todos los que están oyendo. habiéndose levantado$_4$ Y$_1$ los$_2$ jóvenes$_3$
3173 1909 3956 3588 191 450 1161 3588 3501
JNSM P JAPM DAPM VPAP-PAM VAAP-PNM CLN DNPM JNPMC

συνέστειλαν αὐτὸν καὶ ἐξενέγκαντες ἔθαψαν.
envolvieron$_5$ a él y habiéndo(lo) sacado (lo) enterraron.
4958 846 2532 1627 2290
VAAI3P RP3ASM CLN VAAP-PNM VAAI3P

7 Ἐγένετο δὲ ὡς ὡρῶν τριῶν διάστημα καὶ ἡ γυνὴ αὐτοῦ
hubo$_2$ Y$_1$ como$_4$ horas$_6$ de tres$_5$ un intervalo$_3$ y la esposa de él
1096 1161 5613 5610 5140 1292 2532 3588 1135 846
VAMI3S CLN CAM, B NGPF JGPF NNSN CLN DNSF NNSF RP3GSM

μὴ εἰδυῖα τὸ γεγονὸς εἰσῆλθεν. 8 ἀπεκρίθη δὲ πρὸς αὐτὴν
no sabiendo lo sucedido entró. respondió$_2$ Y$_1$ a ella
3361 1492 3588 1096 1525 611 1161 4314 846
BN, TN VRAP-SNF DASN VRAP-SAN VAAI3S VAPI3S, VAMI3S CLN P RP3ASF

Πέτρος· Εἰπέ μοι, εἰ τοσούτου τὸ χωρίον ἀπέδοσθε; ἡ δὲ
Pedro: Di a mí: -- ¿Por tanto el terreno vendisteis? ella$_2$ Y$_1$
4074 2036 3427 1487 5118 3588 5564 591 3588 1161
NNSM VAAM2S RP1DS TI RD-GSN DASN NASN VAMI2P DNSF CLN

εἶπεν· Ναί, τοσούτου. 9 ὁ δὲ Πέτρος πρὸς αὐτήν· Τί ὅτι
dijo: Sí, por tanto. --$_2$ Y$_1$ Pedro a ella: ¿Por qué
2036 3483 5118 3588 1161 4074 4314 846 5101 3754
VAAI3S I, T RD-GSN DNSM CLN NNSM P RP3ASF RI-NSN CSC

συνεφωνήθη ὑμῖν πειράσαι τὸ πνεῦμα κυρίου; ἰδοὺ οἱ
fue acordado entre vosotros probar al Espíritu del Señor? Mira, los
4856 5213 3985 3588 4151 2962 2400 3588
VAPI3S RP2DP VAAN DASN NASN NGSM I, VAAM2S DNPM

πόδες τῶν θαψάντων τὸν ἄνδρα σου ἐπὶ τῇ θύρᾳ καὶ
pies de los que habiendo enterrado al esposo de ti en la puerta (están) y
4228 3588 2290 3588 435 4675 1909 3588 2374 2532
NNPM DGPM VAAP-PGM DASM NASM RP2GS P DDSF NDSF CLN

ἐξοίσουσίν σε. 10 ἔπεσεν δὲ παραχρῆμα πρὸς τοὺς πόδας αὐτοῦ
sacarán a ti. cayó$_2$ Y$_1$ al instante a los pies de él
1627 4571 4098 1161 3916 4314 3588 4228 846
VFAI3P RP2AS VAAI3S CLN B P DAPM NAPM RP3GSM

καὶ ἐξέψυξεν· εἰσελθόντες δὲ οἱ νεανίσκοι εὗρον αὐτὴν νεκράν,
y expiró; habiendo entrado$_4$ y$_1$ los$_2$ jóvenes$_3$ encontraron a ella muerta
2532 1634 1525 1161 3588 3495 2147 846 3498
CLN VAAI3S VAAP-PNM CLN DNPM NNPM VAAI3P RP3ASF JASF

καὶ ἐξενέγκαντες ἔθαψαν πρὸς τὸν ἄνδρα αὐτῆς. 11 καὶ ἐγένετο
y habiéndo(la) sacado (la) enterraron. junto a el esposo de ella, y hubo
2532 1627 2290 4314 3588 435 846 2532 1096
CLN VAAP-PNM VAAI3P P DASM NASM RP3GSF CLN VAMI3S

φόβος μέγας ἐφ' ὅλην τὴν ἐκκλησίαν καὶ ἐπὶ πάντας τοὺς ἀκούοντας
temor grande sobre toda la iglesia y sobre todos los que están oyendo
5401 3173 1909 3650 3588 1577 2532 1909 3956 3588 191
NNSM JNSM P JASF DASF NASF CLN P JAPM DAPM VPAP-PAM

ταῦτα.
estas cosas.
5023
RD-APN

12 Διὰ δὲ τῶν χειρῶν τῶν ἀποστόλων ἐγίνετο σημεῖα καὶ τέρατα
por$_7$ Y$_1$ las$_8$ manos$_9$ de los$_{10}$ apóstoles,$_{11}$ se hacían$_2$ señales$_4$ y$_5$ prodigios$_6$
1223 1161 3588 5495 3588 652 1096 4592 2532 5059
P CLN DGPF NGPF DGPM NGPM VIUI3S NNPN CLN NNPN

NVI

apoderó de todos los
que se enteraron de lo
sucedido. 6 Entonces
se acercaron los más
jóvenes, envolvieron el
cuerpo, se lo llevaron y le
dieron sepultura.
7 Unas tres horas más
tarde entró la esposa,
sin saber lo que había
ocurrido.
8 —Dime —le pre-
guntó Pedro—, ¿ven-
dieron ustedes el terreno
por tal precio?
—Sí —dijo ella—,
por tal precio.
9 —¿Por qué se
pusieron de acuerdo
para poner a prueba al
Espíritu del Señor? —le
recriminó Pedro—.
¡Mira! Los que sepulta-
ron a tu esposo acaban
de regresar y ahora te
llevarán a ti.
10 En ese mismo
instante ella cayó muerta
a los pies de Pedro.
Entonces entraron
los jóvenes y, al verla
muerta, se la llevaron y le
dieron sepultura al lado
de su esposo. 11 Y un
gran temor se apoderó
de toda la iglesia y de to-
dos los que se enteraron
de estos sucesos.

Los apóstoles sanan a muchas personas

12 Por medio de los
apóstoles ocurrían mu-
chas señales y prodigios

RVR

en el pueblo; y estaban
todos unánimes en el
pórtico de Salomón.
13 De los demás, ningu-
no se atrevía a juntarse
con ellos; pero el pueblo
los alababa grande-
mente.
14 Y cada vez se adherían
al Señor más creyen-
tes, gran número así
de hombres como de
mujeres;
15 tanto que sacaban los
enfermos a las calles,
y los ponían en lechos
y camillas, para que al
pasar Pedro, a lo menos
su sombra cubriese a
alguno de ellos.
16 Y aun de las ciu-
dades circunvecinas
de Jerusalén venían
muchos, trayendo en-
fermos y atormentados
de espíritus inmundos;
y todos eran sanados.

Arresto y liberación de Pedro y Juan

17 Entonces, levantán-
dose el sumo sacerdote
y todos los que estaban
con él, esto es, la secta de
los saduceos, se llenaron
de celos;
18 y echaron mano a los
apóstoles y los pusieron
en la cárcel pública.
19 Mas un ángel del
Señor, abrió de noche
las puertas de la cárcel y,
sacándolos, dijo:
20 Id, y puestos en pie

πολλὰ	ἐν	τῷ	λαῷ·	καὶ	ἦσαν	ὁμοθυμαδὸν	ἅπαντες	ἐν	τῇ	Στοᾷ
muchas$_3$	en	el	pueblo,	y	estaban$_2$	unánimes$_3$	todos$_1$	en	el	pórtico
4183	1722	3588	2992	2532	2258	3661	537	1722	3588	4745
JNPN	*P*	*DDSM*	*NDSM*	*CLN*	*VIAI3P*	*B*	*JNPM*	*P*	*DDSF*	*NDSF*

Σολομῶντος·	13 τῶν	δὲ	λοιπῶν	οὐδεὶς	ἐτόλμα	κολλᾶσθαι	αὐτοῖς,	ἀλλ’
de Salomón,	de los$_2$	y$_1$	demás	nadie	se atrevía	a unirse	a ellos,	pero
4672	3588	1161	3062	3762	5111	2853	846	235
NGSM	*DGPM*	*CLN*	*JGPM*	*JNSM*	*VIAI3S*	*VPPN*	*RP3DPM*	*CLC*

ἐμεγάλυνεν	αὐτοὺς	ὁ	λαός,	14 μᾶλλον	δὲ	προσετίθεντο	πιστεύοντες
engrandecía$_3$	a ellos,$_4$	el$_1$	pueblo$_1$	más$_2$	y$_1$	eran añadidos$_4$	creyendo$_3$
3170	846	3588	2992	3123	1161	4369	4100
VIAI3S	*RP3APM*	*DNSM*	*NNSM*	*B*	*CLN*	*VIPI3P*	*VPAP-PNM*

τῷ	κυρίῳ	πλήθη	ἀνδρῶν	τε	καὶ	γυναικῶν·	15 ὥστε	καὶ	εἰς
al	Señor,	multitudes	de varones	y	también	de mujeres,	de tal modo que	también	a
3588	2962	4128	435	5037	2532	1135	5620	2532	1519
DDSM	*NDSM*	*NNPN*	*NGPM*	*CLK*	*CLK, CLN*	*NGPF*	*CAR*	*CLA, B*	*P*

τὰς	πλατείας	ἐκφέρειν	τοὺς	ἀσθενεῖς	καὶ	τιθέναι	ἐπὶ	κλιναρίων	καὶ
las	calles	sacaban	a los	enfermos	y	poner	en	camillas	y
3588	4113	1627	3588	772	2532	5087	1909	2825	2532
DAPF	*NAPF, JAPF*	*VPAN*	*DAPM*	*JAPM*	*CLN*	*VPAN*	*P*	*NGPN*	*CLN*

κραβάττων,	ἵνα	ἐρχομένου	Πέτρου	κἂν	ἡ	σκιὰ	ἐπισκιάσῃ
catres,	para que	viniendo	Pedro	por lo menos	la	sombra	cubriera
2895	2443	2064	4074	2579	3588	4639	1982
NGPM	*CAP*	*VPUP-SGM*	*NGSM*	*CLA*	*DNSF*	*NNSF*	*VAAS3S*

τινὶ	αὐτῶν.	16 συνήρχετο	δὲ	καὶ	τὸ	πλῆθος	τῶν	πέριξ
a algunos	de ellos.	se reunía$_2$	Y$_1$	también	la	multitud	de las	circunvecinas$_2$
5100	846	4905	1161	2532	3588	4128	3588	4038
RX-DSM	*RP3GPM*	*VIUI3S*	*CLN*	*BE, TE*	*DNSN*	*NNSN*	*DGPF*	*B*

πόλεων	Ἰερουσαλήμ,	φέροντες	ἀσθενεῖς	καὶ	ὀχλουμένους	ὑπὸ
ciudades$_1$	de Jerusalén	trayendo	enfermos	y	siendo afligidos	por
4172	2419	5342	772	2532	3791	5259
NGPF	*NGSF, XP*	*VPAP-PNM*	*JAPM*	*CLN*	*VPPP-PAM*	*P*

πνευμάτων	ἀκαθάρτων,	οἵτινες	ἐθεραπεύοντο	ἅπαντες.
espíritus	inmundos,	los cuales	eran sanados.$_2$	todos$_1$
4151	169	3748	2323	537
NGPN	*JGPN*	*RR-NPM*	*VIPI3P*	*JNPM*

17 Ἀναστὰς	δὲ	ὁ	ἀρχιερεὺς	καὶ	πάντες	οἱ	σὺν
habiéndose levantado$_2$	Pero$_1$	el	sumo sacerdote	y	todos	los (que estaban)	con
450	1161	3588	749	2532	3956	3588	4862
VAAP-SNM	*CLN*	*DNSM*	*NNSM*	*CLN*	*JNPM*	*DNPM*	*P*

αὐτῷ,	ἡ	οὖσα	αἵρεσις	τῶν	Σαδδουκαίων,	ἐπλήσθησαν	ζήλου	18 καὶ
él,	la$_2$	siendo$_1$	secta	de los	saduceos,	se llenaron	de celo	y
846	3588	5607	139	3588	4523	4130	2205	2532
RP3DSM	*DNSF*	*VPAP-SNF*	*NNSF*	*DGPM*	*NGPM*	*VAPI3P*	*NGSM*	*CLN*

ἐπέβαλον	τὰς	χεῖρας	ἐπὶ	τοὺς	ἀποστόλους	καὶ	ἔθεντο	αὐτοὺς	ἐν
pusieron sobre	las	manos	sobre	los	apóstoles	y	pusieron	a ellos	en
1911	3588	5495	1909	3588	652	2532	5087	846	1722
VAAI3P	*DAPF*	*NAPF*	*P*	*DAPM*	*NAPM*	*CLN*	*VAMI3P*	*RP3APM*	*P*

τηρήσει	δημοσίᾳ.	19 ἄγγελος	δὲ	κυρίου	διὰ	νυκτὸς	ἤνοιξε	τὰς
(la) prisión	pública.	un ángel$_2$	Pero$_1$	del Señor	durante	(la) noche	habiendo abierto	las
5084	1219	32	1161	2962	1223	3571	455	3588
NDSF	*JDSF*	*NNSM*	*CLC*	*NGSM*	*P*	*NGSF*	*VAAI3S*	*DAPF*

θύρας	τῆς	φυλακῆς	ἐξαγαγών	τε	αὐτοὺς	εἶπεν·	20 Πορεύεσθε	καὶ
puertas	de la	cárcel	habiendo sacado$_2$	y$_1$	a ellos	dijo:	Id	y
2374	3588	5438	1806	5037	846	2036	4198	2532
NAPF	*DGSF*	*NGSF*	*VAAP-SNM*	*CLN*	*RP3APM*	*VAAI3S*	*VPUM2P*	*CLN*

NVI

entre el pueblo; y todos
los creyentes se reunían
de común acuerdo en
el Pórtico de Salomón.
13 Nadie entre el pueblo
se atrevía a juntarse
con ellos, aunque los
elogiaban. 14 Y seguía
aumentando el número
de los que confiaban
en el Señor. 15 Era tal la
multitud de hombres
y mujeres que hasta
sacaban a los enfermos a
las plazas y los ponían en
colchonetas y camillas
para que, al pasar Pedro,
por lo menos su sombra
cayera sobre alguno
de ellos. 16 También
de los pueblos vecinos
a Jerusalén acudían
multitudes que llevaban
personas enfermas y
atormentadas por espí-
ritus malignos, y todas
eran sanadas.

Persiguen a los apóstoles

17 El sumo sacerdote
y todos sus partidarios,
que pertenecían a la
secta de los saduceos,
se llenaron de envidia.
18 Entonces arrestaron a
los apóstoles y los metie-
ron en la cárcel común.
19 Pero en la noche un
ángel del Señor abrió
las puertas de la cárcel y
los sacó. 20 «Vayan —les

RVR

en el templo, hablad al
pueblo todas las pala-
bras de esta vida.
21 Habiendo oído esto,
entraron al amanecer en
el templo, y enseñaban.
Entretanto, se presenta-
ron el sumo sacerdote y
los que estaban con él, y
convocaron al sanedrín
y a todos los ancianos
de los hijos de Israel, y
enviaron a la cárcel para
que fuesen traídos.
22 Pero cuando llegaron
los alguaciles, no los
hallaron en la cárcel;
entonces volvieron e
informaron,
23 diciendo: Por cierto,
hemos hallado la
cárcel cerrada con toda
seguridad, y los guardias
afuera de pie ante las
puertas; mas cuando
abrimos, a nadie halla-
mos dentro.
24 Cuando oyeron
estas palabras el sumo
sacerdote y el jefe de la
guardia del templo y los
principales sacerdotes,
se preguntaban per-
plejos en qué vendría a
parar aquello.
25 Pero se presentó uno,
que les dio esta noticia:
He aquí, los varones que
pusiste en la cárcel están

σταθέντες	λαλεῖτε	ἐν	τῷ	ἱερῷ	τῷ	λαῷ	πάντα	τὰ	ῥήματα
habiéndoos puesto de pie	hablad	en	el	templo	al	pueblo	todas	las	palabras
2476	2980	1722	3588	2411	3588	2992	3956	3588	4487
VAPP-PNM	*VPAM2P*	*P*	*DDSN*	*NDSN, JDSN*	*DDSM*	*NDSM*	*JAPN*	*DAPN*	*NAPN*

τῆς	ζωῆς	ταύτης.	21 ἀκούσαντες	δὲ	εἰσῆλθον	ὑπὸ	τὸν	ὄρθρον	εἰς
de la	vida	esta.	habiendo oído (ellos)$_2$	Y$_1$	entraron	por	la	mañana	en
3588	2222	3778	191	1161	1525	5259	3588	3722	1519
DGSF	*NGSF*	*RD-GSF*	*VAAP-PNM*	*CLN*	*VAAI3P*	*P*	*DASM*	*NASM*	*P*

τὸ	ἱερὸν	καὶ	ἐδίδασκον.
el	templo	y	enseñaban.
3588	2411	2532	1321
DASN	*NASN, JASN*	*CLN*	*VIAI3P*

Παραγενόμενος	δὲ	ὁ	ἀρχιερεὺς	καὶ	οἱ	σὺν	αὐτῷ
habiendo llegado$_2$	Y$_1$	el	sumo sacerdote	y	los (que estaban)	con	él
3854	1161	3588	749	2532	3588	4862	846
VAMP-SNM	*CLN*	*DNSM*	*NNSM*	*CLN*	*DNPM*	*P*	*RP3DSM*

συνεκάλεσαν	τὸ	συνέδριον	καὶ	πᾶσαν	τὴν	γερουσίαν	τῶν	υἱῶν
convocaron	al	Sanedrín	y	a todo	el	en consejo de ancianos	de los	hijos
4779	3588	4892	2532	3956	3588	1087	3588	5207
VAAI3P	*DASN*	*NASN*	*CLN*	*JASF*	*DASF*	*NASF*	*DGPM*	*NGPM*

Ἰσραήλ,	καὶ	ἀπέστειλαν	εἰς	τὸ	δεσμωτήριον	ἀχθῆναι	αὐτούς.	22 οἱ
de Israel,	y	enviaron	a	la	cárcel	a ser traídos	ellos.	los$_3$
2474	2532	649	1519	3588	1201	71	846	3588
NGSM, XP	*CLN*	*VAAI3P*	*P*	*DASN*	*NASN*	*VAPN*	*RP3APM*	*DNPM*

δὲ	παραγενόμενοι	ὑπηρέται	οὐχ	εὗρον	αὐτοὺς	ἐν	τῇ	φυλακῇ,
Pero$_1$	habiendo llegado$_2$	ayudantes	no	encontraron	a ellos	en	la	cárcel;
1161	3854	5257	3756	2147	846	1722	3588	5438
CLC	*VAMP-PNM*	*NNPM*	*BN, TN*	*VAAI3P*	*RP3APM*	*P*	*DDSF*	*NDSF*

ἀναστρέψαντες	δὲ	ἀπήγγειλαν	23 λέγοντες	ὅτι	Τὸ	δεσμωτήριον
habiéndose regresado$_2$	y$_1$	informaron	diciendo:	--	La	cárcel
390	1161	518	3004	3754	3588	1201
VAAP-PNM	*CLN*	*VAAI3P*	*VPAP-PNM*	*CSC*	*DASN*	*NASN*

εὕρομεν	κεκλεισμένον	ἐν	πάσῃ	ἀσφαλείᾳ	καὶ	τοὺς	φύλακας	ἑστῶτας
encontramos	que ha estado cerrada	con	toda	seguridad	y	a los	guardas	puestos en pie
2147	2808	1722	3956	803	2532	3588	5441	2476
VAAI1P	*VRPP-SAN*	*P*	*JDSF*	*NDSF*	*CLN*	*DAPM*	*NAPM*	*VRAP-PAM*

ἐπὶ	τῶν	θυρῶν,	ἀνοίξαντες	δὲ	ἔσω	οὐδένα	εὕρομεν.	24 ὡς	δὲ
en	las	puertas,	habiendo abierto$_2$	pero$_1$	dentro	a nadie	encontramos.	cuando$_2$	Y$_1$
1909	3588	2374	455	1161	2080	3762	2147	5613	1161
P	*DGPF*	*NGPF*	*VAAP-PNM*	*CLC*	*BP*	*JASM*	*VAAI1P*	*CAT*	*CLN*

ἤκουσαν	τοὺς	λόγους	τούτους	ὅ	⸀τε	στρατηγὸς	τοῦ	ἱεροῦ
oyeron	las	palabras	estas	el$_2$	tanto$_1$	oficial de la guardia	del	templo
191	3588	3056	5128	3588	5037	4755	3588	2411
VAAI3P	*DAPM*	*NAPM*	*RD-APM*	*DNSM, RR-ASN*	*CLK*	*NNSM*	*DGSN*	*NGSN, JGSN*

καὶ	οἱ	ἀρχιερεῖς,	διηπόρουν	περὶ	αὐτῶν	τί
como	los	principales sacerdotes,	estaban perplejos	acerca de	ellos	(preguntándose) qué
2532	3588	749	1280	4012	846	5101
CLK, CLN	*DNPM*	*NNPM*	*VIAI3P*	*P*	*RP3GPM*	*RI-NSN*

ἂν	γένοιτο	τοῦτο.	25 παραγενόμενος	δέ	τις	ἀπήγγειλεν	αὐτοῖς
--	sería	esto.	habiendo llegado$_2$	Pero$_1$	alguien	informó	a ellos:
302	1096	5124	3854	1161	5100	518	846
TC	*VAMO3S*	*RD-NSN*	*VAMP-SNM*	*CLN*	*RX-NSM*	*VAAI3S*	*RP3DPM*

ὅτι	Ἰδοὺ	οἱ	ἄνδρες	οὓς	ἔθεσθε	ἐν	τῇ	φυλακῇ	εἰσὶν	ἐν	τῷ
--	Mira,	los	varones	a quienes	pusisteis	en	la	cárcel	están	en$_2$	el$_3$
3754	2400	3588	435	3739	5087	1722	3588	5438	1526	1722	3588
CSC	*I, VAAM2S*	*DNPM*	*NNPM*	*RR-APM*	*VAMI2P*	*P*	*DDSF*	*NDSF*	*VPAI3P*	*P*	*DDSN*

NVI

dijo—, preséntense en el
templo y comuniquen al
pueblo todo este mensa-
je de vida».
21 Conforme a lo
que habían oído, al
amanecer entraron en el
templo y se pusieron a
enseñar. Cuando llega-
ron el sumo sacerdote y
sus partidarios, convoca-
ron al Consejo, es decir,
a la asamblea general de
los ancianos de Israel,
y mandaron traer de la
cárcel a los apóstoles.
22 Pero, al llegar los
guardias a la cárcel,
no los encontraron.
Así que volvieron con
el siguiente informe:
23 «Encontramos la cár-
cel cerrada, con todas las
medidas de seguridad, y
a los guardias firmes a las
puertas; pero, cuando
abrimos, no encontra-
mos a nadie adentro».
24 Al oírlo, el capitán
de la guardia del
templo y los jefes de los
sacerdotes se quedaron
perplejos, preguntán-
dose en qué terminaría
todo aquello. 25 En esto,
se presentó alguien que
les informó: «¡Miren!
Los hombres que
ustedes metieron en la
cárcel están en el templo

5:24⸀ Manuscritos inferiores aumentaron *el sumosacerdote*.

RVR

en pie en el templo, y
enseñan al pueblo.
26 Entonces fue el jefe
de la guardia con los
alguaciles, y los trajo
sin violencia, porque
temían ser apedreados
por el pueblo.
27 Cuando los trajeron,
los presentaron en el
sanedrín, y el sumo sa-
cerdote les preguntó,
28 diciendo: ¿No os
mandamos estrictamen-
te que no enseñaseis
en ese nombre? Y
ahora habéis llenado a
Jerusalén de vuestra en-
señanza, y queréis hacer
recaer sobre nosotros la
sangre de ese hombre.
29 Respondiendo Pedro
y los apóstoles, dijeron:
Hay que obedecer a
Dios antes que a los
hombres.
30 El Dios de nuestros
padres levantó a Jesús,
a quien vosotros matas-
teis colgándole en un
madero.
31 A éste, Dios ha exal-
tado con su diestra por
Jefe y Salvador, para dar
a Israel arrepentimiento
y perdón de pecados.
32 Y nosotros somos
testigos suyos de
estas cosas, y también
el Espíritu Santo,

ἱερῷ	ἑστῶτες	καὶ	διδάσκοντες	τὸν	λαόν.	26 τότε	ἀπελθὼν	ὁ
templo$_4$	de pie$_1$	y	enseñando	al	pueblo.	Entonces	habiendo salido	el
2411	2476	2532	1321	3588	2992	5119	565	3588
NDSN, JDSN	VRAP-PNM	CLN	VPAP-PNM	DASM	NASM	B	VAAP-SNM	DNSM

στρατηγὸς	σὺν	τοῖς	ὑπηρέταις	ἤγαγεν	αὐτούς,	οὐ	μετὰ	βίας,
oficial de la guardia	con	los	ayudantes	llevaba	a ellos	no	con	violencia,
4755	4862	3588	5257	71	846	3756	3326	970
NNSM	P	DDPM	NDPM	VAAI3S	RP3APM	BN, TN	P	NGSF

ἐφοβοῦντο	γὰρ	τὸν	λαόν,	μὴ	λιθασθῶσιν.
temían$_2$	porque$_1$	al	pueblo,	no (sea que)	fueran apedreados.
5399	1063	3588	2992	3361	3034
VIUI3P	CAZ	DASM	NASM	CSC, T	VAPS3P

27 Ἀγαγόντες	δὲ	αὐτοὺς	ἔστησαν	ἐν	τῷ	συνεδρίῳ.	καὶ
habiendo traído$_2$	Y$_1$	a ellos	(los) pusieron de pie	en	el	Sanedrín.	Y
71	1161	846	2476	1722	3588	4892	2532
VAAP-PNM	CLN	RP3APM	VAAI3P	P	DDSN	NDSN	CLN

ἐπηρώτησεν	αὐτοὺς	ὁ	ἀρχιερεὺς	28 λέγων·	Παραγγελίᾳ
preguntó$_3$	a ellos$_4$	el$_1$	sumo sacerdote$_2$	diciendo:	Con un mandato
1905	846	3588	749	3004	3852
VAAI3S	RP3APM	DNSM	NNSM	VPAP-SNM	NDSF

παρηγγείλαμεν	ὑμῖν	μὴ	διδάσκειν	ἐπὶ	τῷ	ὀνόματι	τούτῳ,	καὶ
ordenamos	a vosotros	no	enseñar	en	el	nombre	este,	y
3853	5213	3361	1321	1909	3588	3686	5129	2532
VAAI1P	RP2DP	BN, TN	VPAN	P	DDSN	NDSN	RD-DSN	CLC

ἰδοὺ	πεπληρώκατε	τὴν	Ἰερουσαλὴμ	τῆς	διδαχῆς	ὑμῶν,	καὶ
mira,	habéis llenado	--	a Jerusalén	de la	enseñanza	de vosotros	y
2400	4137	3588	2419	3588	1322	5216	2532
I, VAAM2S	VRAI2P	DASF	NASF, XP	DGSF	NGSF	RP2GP	CLN

βούλεσθε	ἐπαγαγεῖν	ἐφ᾽	ἡμᾶς	τὸ	αἷμα	τοῦ	ἀνθρώπου	τούτου.
deseáis	hacer caer	sobre	nosotros	la	sangre	del	hombre	este.
1014	1863	1909	2248	3588	129	3588	444	5127
VPUI2P	VAAN	P	RP1AP	DASN	NASN	DGSM	NGSM	RD-GSM

29 ἀποκριθεὶς	δὲ	Πέτρος	καὶ	οἱ	ἀπόστολοι	εἶπαν·	Πειθαρχεῖν
respondiendo$_2$	Y$_1$	Pedro	y	los	apóstoles	dijeron:	Obedecer
611	1161	4074	2532	3588	652	3004	3980
VAPP-SNM	CLN	NNSM	CLN	DNPM	NNPM	VAAI3P	VPAN

δεῖ	θεῷ	μᾶλλον	ἢ	ἀνθρώποις.	30 ὁ	θεὸς	τῶν	πατέρων	ἡμῶν
es necesario	a Dios	más	que	a (los) seres humanos.	El	Dios	de los	padres	de nosotros
1163	2316	3123	2228	444	3588	2316	3588	3962	2257
VPAI3S	NDSM	B	CAM	NDPM	DNSM	NNSM	DGPM	NGPM	RP1GP

ἤγειρεν	Ἰησοῦν,	ὃν	ὑμεῖς	διεχειρίσασθε	κρεμάσαντες	ἐπὶ	ξύλου·
resucitó	a Jesús,	a quien	vosotros	matasteis	habiéndo(lo) colgado	en	un madero;
1453	2424	3739	5210	1315	2910	1909	3586
VAAI3S	NASM	RR-ASM	RP2NP	VAMI2P	VAAP-PNM	P	NGSN

31 τοῦτον	ὁ	θεὸς	ἀρχηγὸν	καὶ	σωτῆρα	ὕψωσεν	τῇ	δεξιᾷ	αὐτοῦ,
a este	--$_1$	Dios$_2$	(como) Originador	y	Salvador	exaltó	a la	derecha	de él
5126	3588	2316	747	2532	4990	5312	3588	1188	846
RD-ASM	DNSM	NNSM	NASM	CLN	NASM	VAAI3S	DDSF	JDSF	RP3GSM

τοῦ	δοῦναι	μετάνοιαν	τῷ	Ἰσραὴλ	καὶ	ἄφεσιν	ἁμαρτιῶν·	32 καὶ	ἡμεῖς
--	para dar	arrepentimiento	--	a Israel	y	perdón	de pecados.	Y	nosotros
3588	1325	3341	3588	2474	2532	859	266	2532	2249
DGSN	VAAN	NASF	DDSM	NDSM, XP	CLN	NASF	NGPF	CLN	RP1NP

ἐσμεν	μάρτυρες	τῶν	ῥημάτων	τούτων,	καὶ	τὸ	πνεῦμα	τὸ
somos	testigos	de las	palabras	estas	y	el	Espíritu	--
2070	3144	3588	4487	5130	2532	3588	4151	3588
VPAI1P	NNPM	DGPN	NGPN	RD-GPN	CLN	DNSN, DASN	NNSN, NASN	DNSN, DASN

NVI

y siguen enseñando
al pueblo». 26 Fue
entonces el capitán con
sus guardias y trajo a los
apóstoles sin recurrir a
la fuerza, porque temían
ser apedreados por la
gente. 27 Los conduje-
ron ante el Consejo, y
el sumo sacerdote les
reclamó:
28 —
Terminantemente
les hemos prohibido
enseñar en ese nombre.
Sin embargo, ustedes
han llenado a Jerusalén
con sus enseñanzas, y se
han propuesto echarnos
la culpa a nosotros de la
muerte de ese hombre.
29 —¡Es necesario
obedecer a Dios antes
que a los hombres! —
respondieron Pedro y
los demás apóstoles—.
30 El Dios de nuestros
antepasados resucitó a
Jesús, a quien ustedes
mataron colgándolo de
un madero. 31 Por su po-
der, Dios lo exaltó como
Príncipe y Salvador, para
que diera a Israel arre-
pentimiento y perdón
de pecados. 32 Nosotros
somos testigos de estos
acontecimientos, y
también lo es el Espíritu

RVR

el cual ha dado Dios a
los que le obedecen.
33 Ellos, oyendo esto,
se sentían heridos en
lo más vivo y querían
matarlos.
34 Entonces, levantán-
dose en el sanedrín
un fariseo llamado
Gamaliel, doctor de la
ley, venerado de todo el
pueblo, mandó que sa-
casen fuera por un mo-
mento a los apóstoles,
35 y luego les dijo:
Varones israelitas, tened
cuidado de lo que vais
a hacer respecto a estos
hombres.
36 Porque antes de estos
días se levantó Teudas,
diciendo que era
alguien. A éste se unió
un número como de
cuatrocientos hombres;
pero él fue muerto, y to-
dos los que le obedecían
fueron dispersados y
quedaron en nada.
37 Después de éste, se
levantó Judas el galileo,
en los días del censo,
y llevó en pos de sí a
bastante gente. Pereció
también él, y todos los
que le obedecían fueron
dispersados.
38 Y en lo de ahora, os
digo: Apartaos de estos
hombres, y dejadlos

ἅγιον ὃ ἔδωκεν ὁ θεὸς τοῖς πειθαρχοῦσιν αὐτῷ.
Santo el cual dio$_3$ --$_1$ Dios$_2$ a los que están obedeciendo a él.
40 3739 1325 3588 2316 3588 3980 846
JNSN, JASN RR-ASN VAAI3S DNSM NNSM DDPM VPAP-PDM RP3DSM

33 Οἱ δὲ ἀκούσαντες διεπρίοντο καὶ ἐβούλοντο ἀνελεῖν αὐτούς.
--$_2$ Y$_1$ habiendo oído se enfurecían y deseaban matar a ellos.
3588 1161 191 1282 2532 1014 337 846
DNPM CLN VAAP-PNM VIPI3P CLN VIUI3P VAAN RP3APM

34 ἀναστὰς δέ τις ἐν τῷ συνεδρίῳ Φαρισαῖος ὀνόματι
habiéndose levantado$_2$ Y$_1$ cierto$_6$ en$_3$ el$_4$ Sanedrín$_5$ fariseo de nombre
450 1161 5100 1722 3588 4892 5330 3686
VAAP-SNM CLC RX-NSM P DDSN NDSN NNSM NDSN

Γαμαλιήλ, νομοδιδάσκαλος τίμιος παντὶ τῷ λαῷ, ἐκέλευσεν ἔξω
Gamaliel, maestro de la Ley honrado por todo el pueblo, mandó fuera$_2$
1059 3547 5093 3956 3588 2992 2753 1854
NNSM, XP NNSM JNSM JDSM DDSM NDSM VAAI3S BP

βραχὺ τοὺς ἀνθρώπους ποιῆσαι, 35 εἶπέν τε πρὸς αὐτούς·
por un poco (de tiempo)$_3$ a los$_4$ hombres.$_5$ hacer$_1$ dijo$_2$ Y$_1$ a ellos:
1024 3588 444 4160 2036 5037 4314 846
JASN DAPM NAPM VAAN VAAI3S CLN P RP3APM

Ἄνδρες Ἰσραηλῖται, προσέχετε ἑαυτοῖς ἐπὶ τοῖς ἀνθρώποις
Varones israelitas, cuidad a vosotros mismos con los hombres
435 2475 4337 1438 1909 3588 444
NVPM NVPM VPAM2P RF3DPM P DDPM NDPM

τούτοις τί μέλλετε πράσσειν. 36 πρὸ γὰρ τούτων τῶν ἡμερῶν
estos qué estáis a punto de hacer. antes de$_2$ Porque$_1$ estos -- días
5125 5101 3195 4238 4253 1063 5130 3588 2250
RD-DPM RI-ASN VPAI2P VPAN P CAZ RD-GPF DGPF NGPF

ἀνέστη Θευδᾶς, λέγων εἶναί τινα ἑαυτόν, ᾧ προσεκλίθη
se levantó Teudas diciendo ser alguien él mismo, a quien se juntó
450 2333 3004 1511 5100 1438 3739 4347
VAAI3S NNSM VPAP-SNM VPAN RX-ASM RF3ASM RR-DSM VAPI3S

ἀνδρῶν ἀριθμὸς ὡς τετρακοσίων· ὃς ἀνῃρέθη, καὶ πάντες ὅσοι
hombres;$_4$ un número$_1$ como$_2$ de cuatrocientos$_3$ el cual fue muerto, y todos cuantos
435 706 5613 5071 3739 337 2532 3956 3745
NGPM NNSM CAM, B JGPM, JGPN RR-NSM VAPI3S CLN JNPM RK-NPM

ἐπείθοντο αὐτῷ διελύθησαν καὶ ἐγένοντο εἰς οὐδέν. 37 μετὰ τοῦτον
obedecían a él fueron dispersados y quedaron en nada. Después de este
3982 846 1262 2532 1096 1519 3762 3326 5126
VIPI3P RP3DSM VAPI3P CLN VAMI3P P JASN P RD-ASM

ἀνέστη Ἰούδας ὁ Γαλιλαῖος ἐν ταῖς ἡμέραις τῆς ἀπογραφῆς
se levantó Judas el galileo en los días del censo
450 2455 3588 1057 1722 3588 2250 3588 582
VAAI3S NNSM DNSM NNSM, JNSM P DDPF NDPF DGSF NGSF

καὶ ἀπέστησε ⸀λαὸν ὀπίσω αὐτοῦ· κἀκεῖνος ἀπώλετο καὶ πάντες
y arrastró al pueblo detrás de de él; él también pereció y todos
2532 868 2992 3694 846 2548 622 2532 3956
CLN VAAI3S NASM P, B RP3GSM RD-NSM, CLN VAMI3S CLN JNPM

ὅσοι ἐπείθοντο αὐτῷ διεσκορπίσθησαν. 38 καὶ τὰ νῦν λέγω ὑμῖν,
cuantos obedecían a él fueron dispersados. Y -- ahora digo a vosotros:
3745 3982 846 1287 2532 3588 3568 3004 5213
RK-NPM VIPI3P RP3DSM VAPI3P CLN DAPN B VPAI1S RP2DP

ἀπόστητε ἀπὸ τῶν ἀνθρώπων τούτων καὶ ἄφετε αὐτούς· (ὅτι
Apartaos de las personas estas y dejad a ellos; porque
868 575 3588 444 5130 2532 863 846 3754
VAAM2P P DGPM NGPM RD-GPM CLN VAAM2P RP3APM CAZ

NVI

Santo que Dios ha dado
a quienes le obedecen.
33 A los que oyeron
esto se les subió la sangre
a la cabeza y querían
matarlos. 34 Pero un fa-
riseo llamado Gamaliel,
maestro de la ley muy
respetado por todo el
pueblo, se puso de pie
en el Consejo y mandó
que hicieran salir por
un momento a los
apóstoles. 35 Luego dijo:
«Hombres de Israel,
piensen dos veces en lo
que están a punto de ha-
cer con estos hombres.
36 Hace algún tiempo
surgió Teudas, jactán-
dose de ser alguien, y se
le unieron unos cuatro-
cientos hombres. Pero
lo mataron y todos sus
seguidores se dispersa-
ron y allí se acabó todo.
37 Después de él surgió
Judas el galileo, en los
días del censo, y logró
que la gente lo siguiera.
A él también lo mata-
ron, y todos sus secuaces
se dispersaron. 38 En este
caso les aconsejo que
dejen a estos hombres

5:37⸀ Manuscritos inferiores aumentaron *mucho*.

RVR

en paz; porque si este
plan o esta obra es de los
hombres, se desvane-
cerá;
39 mas si es de Dios, no
la podréis destruir; no
sea que os encontréis
luchando contra Dios.
40 Y fueron persuadidos
por él; y llamando a los
apóstoles, después de
azotarlos, les intimaron
que no hablasen en el
nombre de Jesús, y los
pusieron en libertad.
41 Y ellos salieron de la
presencia del sanedrín,
gozosos de haber sido
tenidos por dignos de
padecer afrenta por
causa del Nombre.
42 Y todos los días, en el
templo y por las casas,
no cesaban de enseñar y
predicar a Jesucristo.

Elección de siete diáconos

6 En aquellos días,
al aumentar el nú-
mero de los discípulos,
hubo murmuración
de los griegos contra
los hebreos, de que las
viudas de aquéllos eran
desatendidas en la distri-
bución diaria.
2 Entonces los doce con-
vocaron a la multitud de
los discípulos, y dijeron:
No es conveniente que
nosotros dejemos la

ἐὰν ᾖ ἐξ ἀνθρώπων ἡ βουλὴ αὕτη ἢ τὸ ἔργον τοῦτο,
si sea$_{8}$ de$_{9}$ seres humanos$_{10}$ el$_{1}$ plan$_{2}$ este$_{3}$ o$_{4}$ la$_{5}$ obra$_{6}$ esta$_{7}$
1437 5600 1537 444 3588 1012 3778 2228 3588 2041 5124
CAC VPAS3S P NGPM DNSF NNSF RD-NSF CLD DNSN NNSN RD-NSN

καταλυθήσεται, 39 εἰ δὲ ἐκ θεοῦ ἐστιν, οὐ δυνήσεσθε καταλῦσαι
será destruida, si$_{2}$ pero$_{1}$ de Dios es, no podréis destruir
2647 1487 1161 1537 2316 2076 3756 1410 2647
VFPI3S CAC CLC P NGSM VPAI3S BN, TN VFMI2P VAAN

αὐτούς·) μήποτε καὶ θεομάχοι εὑρεθῆτε. ἐπείσθησαν
a ellos no sea que también luchadores contra Dios fuerais encontrados, fueron persuadidos$_{2}$
846 3379 2532 2314 2147 3982
RP3APM CAP BE, TE JNPM VAPS2P VAPI3P

δὲ αὐτῷ, 40 καὶ προσκαλεσάμενοι τοὺς ἀποστόλους δείραντες
Y$_{1}$ por él. Y habiendo llamado a los apóstoles habiendo(los) azotado
1161 846 2532 4341 3588 652 1194
CLN RP3DSM CLN VAMP-PNM DAPM NAPM VAAP-PNM

παρήγγειλαν μὴ λαλεῖν ἐπὶ τῷ ὀνόματι τοῦ Ἰησοῦ καὶ ἀπέλυσαν.
ordenaron no hablar en el nombre -- de Jesús y (los) soltaron.
3853 3361 2980 1909 3588 3686 3588 2424 2532 630
VAAI3P BN, TN VPAN P DDSN NDSN DGSM NGSM CLN VAAI3P

41 οἱ μὲν οὖν ἐπορεύοντο χαίροντες ἀπὸ προσώπου τοῦ
--$_{3}$ en verdad$_{2}$ Así que$_{1}$ se iban regocijándose del rostro del
3588 3303 3767 4198 5463 575 4383 3588
DNPM TE CLI VIUI3P VPAP-PNM P NGSN DGSN

συνεδρίου ὅτι κατηξιώθησαν ὑπὲρ τοῦ ὀνόματος ἀτιμασθῆναι·
Sanedrín porque fueron tenidos por dignos por causa$_{2}$ del$_{3}$ nombre,$_{4}$ (de) ser deshonrados$_{1}$
4892 3754 2661 5228 3588 3686 818
NGSN CSC VAPI3P P DGSN NGSN VAPN

42 πᾶσάν τε ἡμέραν ἐν τῷ ἱερῷ καὶ κατ' οἶκον οὐκ
todo$_{2}$ y$_{1}$ (el) día en el templo y según casa no
3956 5037 2250 1722 3588 2411 2532 2596 3624 3756
JASF CLK NASF P DDSN NDSN, JDSN CLK, CLN P NASM BN, TN

ἐπαύοντο διδάσκοντες καὶ εὐαγγελιζόμενοι τὸν Χριστὸν Ἰησοῦν.
cesaban enseñando y anunciando la buena noticia -- de Cristo Jesús.
3973 1321 2532 2097 3588 5547 2424
VIMI3P VPAP-PNM CLN VPMP-PNM DASM NASM NASM

6 Ἐν δὲ ταῖς ἡμέραις ταύταις πληθυνόντων τῶν μαθητῶν
en$_{2}$ Y$_{1}$ los días estos multiplicándose los discípulos
1722 1161 3588 2250 3778 4129 3588 3101
P CLT DDPF NDPF RD-DPF VPAP-PGM DGPM NGPM

ἐγένετο γογγυσμὸς τῶν Ἑλληνιστῶν πρὸς τοὺς Ἑβραίους ὅτι
hubo murmullo de los helenistas contra los hebreos, porque
1096 1112 3588 1675 4314 3588 1445 3754
VAMI3S NNSM DGPM NGPM P DAPM JAPM, NAPM CAZ

παρεθεωροῦντο ἐν τῇ διακονίᾳ τῇ καθημερινῇ αἱ χῆραι αὐτῶν.
eran descuidadas$_{4}$ en$_{5}$ el$_{6}$ servicio$_{7}$ --$_{8}$ diario,$_{9}$ las$_{1}$ viudas$_{2}$ de ellos$_{3}$
3865 1722 3588 1248 3588 2522 3588 5503 846
VIPI3P P DDSF NDSF DDSF JDSF DNPF NNPF, JNPF RP3GPM

2 προσκαλεσάμενοι δὲ οἱ δώδεκα τὸ πλῆθος τῶν μαθητῶν
habiendo llamado$_{2}$ Y$_{1}$ los doce a la multitud de los discípulos
4341 1161 3588 1427 3588 4128 3588 3101
VAMP-PNM CLN DNPM XN, J DASN NASN DGPM NGPM

εἶπαν· Οὐκ ἀρεστόν ἐστιν ἡμᾶς καταλείψαντας τὸν λόγον τοῦ
dijeron: No agradable$_{2}$ es$_{1}$ para nosotros habiendo dejado la palabra --
3004 3756 701 2076 2248 2641 3588 3056 3588
VAAI3P BN, TN JNSN VPAI3S RP1AP VAAP-PAM DASM NASM DGSM

NVI

en paz. ¡Suéltenlos! Si lo
que se proponen y hacen
es de origen humano,
fracasará; 39 pero, si es
de Dios, no podrán
destruirlos, y ustedes se
encontrarán luchando
contra Dios».
Se dejaron per-
suadir por Gamaliel.
40 Entonces llamaron a
los apóstoles y, luego de
azotarlos, les ordenaron
que no hablaran más
en el nombre de Jesús.
Después de eso los
soltaron.
41 Así, pues, los
apóstoles salieron del
Consejo, llenos de
gozo por haber sido
considerados dignos de
sufrir afrentas por causa
del Nombre. 42 Y día tras
día, en el templo y de
casa en casa, no dejaban
de enseñar y anunciar las
buenas nuevas de que
Jesús es el Mesías.

Elección de los siete

6 En aquellos días,
al aumentar el nú-
mero de los discípulos,
se quejaron los judíos de
habla griega contra los
de habla aramea de que
sus viudas eran desaten-
didas en la distribución
diaria de los alimentos.
2 Así que los doce reu-
nieron a toda la comu-
nidad de discípulos y les
dijeron: «No está bien
que nosotros los após-
toles descuidemos el
ministerio de la palabra

RVR

palabra de Dios, para
servir a las mesas.
3 Buscad, pues, herma-
nos, de entre vosotros
a siete varones de buen
testimonio, llenos del
Espíritu Santo y de
sabiduría, a quienes
encarguemos de este
trabajo.
4 Y nosotros nos dedica-
remos asiduamente a la
oración y al ministerio
de la palabra.
5 Agradó la propuesta
a toda la multitud; y
eligieron a Esteban,
varón lleno de fe y del
Espíritu Santo, a Felipe,
a Prócoro, a Nicanor, a
Timón, a Pármenas, y
a Nicolás prosélito de
Antioquía;
6 a los cuales presentaron
ante los apóstoles, quie-
nes, después de orar, les
impusieron las manos.
7 Y crecía la palabra del
Señor, y el número de
los discípulos se multi-
plicaba en gran manera
en Jerusalén; también
muchos de los sacerdo-
tes obedecían a la fe.

Arresto de Esteban

8 Y Esteban, lleno de
gracia y de poder, hacía
grandes prodigios y se-
ñales entre el pueblo.
9 Entonces se levanta-
ron unos de la sinagoga

θεοῦ	διακονεῖν	τραπέζαις·	3 ἐπισκέψασθε	δέ,	ἀδελφοί,	ἄνδρας	ἐξ
de Dios	para servir	a (las) mesas.	escoged,$_{2}$	Y$_{1}$	hermanos,$_{3}$	varones$_{5}$	entre$_{6}$
2316	1247	5132	1980	1161	80	435	1537
NGSM	VPAN	NDPF	VAMM2P	CLN	NVPM	NAPM	P

ὑμῶν	μαρτυρουμένους	ἑπτὰ	πλήρεις	⸀πνεύματος	καὶ	σοφίας,	οὓς
vosotros$_{7}$	siendo de buen testimonio,$_{8}$	a siete$_{4}$	llenos	del Espíritu	y	de sabiduría,	a quienes
5216	3140	2033	4134	4151	2532	4678	3739
RP2GP	VPPP-PAM	XN, J	JAPM	NGSN	CLN	NGSF	RR-APM

καταστήσομεν	ἐπὶ	τῆς	χρείας	ταύτης·	4 ἡμεῖς	δὲ	τῇ	προσευχῇ
constituiremos	sobre	la	necesidad	esta.	nosotros$_{2}$	Y$_{1}$	a la$_{4}$	oración$_{5}$
2525	1909	3588	5532	3778	2249	1161	3588	4335
VFAI1P	P	DGSF	NGSF	RD-GSF	RP1NP	CLC	DDSF	NDSF

καὶ	τῇ	διακονίᾳ	τοῦ	λόγου	προσκαρτερήσομεν.	5 καὶ	ἤρεσεν	ὁ
y$_{6}$	al$_{7}$	servicio$_{8}$	de la$_{9}$	palabra.$_{10}$	nos ocuparemos asiduamente$_{3}$	Y	agradó$_{3}$	la$_{1}$
2532	3588	1248	3588	3056	4342	2532	700	3588
CLN	DDSF	NDSF	DGSM	NGSM	VFAI1P	CLN	VAAI3S	DNSM

λόγος	ἐνώπιον	παντὸς	τοῦ	πλήθους,	καὶ	ἐξελέξαντο	Στέφανον,
palabra$_{2}$	delante de	toda	la	multitud	y	escogieron	a Esteban,
3056	1799	3956	3588	4128	2532	1586	4736
NNSM	P, B	JGSN	DGSN	NGSN	CLN	VAMI3P	NASM

ἄνδρα	πλήρης	πίστεως	καὶ	πνεύματος	ἁγίου,	καὶ	Φίλιππον	καὶ
varón	lleno	de fe	y	del Espíritu	Santo,	y	a Felipe	y
435	4134	4102	2532	4151	40	2532	5376	2532
NASM	JNSM	NGSF	CLN	NGSN	JGSN	CLN	NASM	CLN

Πρόχορον	καὶ	Νικάνορα	καὶ	Τίμωνα	καὶ	Παρμενᾶν	καὶ	Νικόλαον
a Prócoro	y	a Nicanor	y	a Timón	y	a Pármenas	y	a Nicolás
4402	2532	3527	2532	5096	2532	3937	2532	3532
NASM	CLN	NASM	CLN	NASM	CLN	NASM	CLN	NASM

προσήλυτον	Ἀντιοχέα,	6 οὓς	ἔστησαν	ἐνώπιον	τῶν	ἀποστόλων,	καὶ
un prosélito	de Antioquía,	a los cuales	pusieron	delante de	de los	apóstoles,	y
4339	491	3739	2476	1799	3588	652	2532
NASM	NASM	RR-APM	VAAI3P	P, B	DGPM	NGPM	CLN

προσευξάμενοι	ἐπέθηκαν	αὐτοῖς	τὰς	χεῖρας.
habiendo orado	impusieron	a ellos.$_{3}$	las$_{1}$	manos$_{2}$
4336	2007	846	3588	5495
VAMP-PNM	VAAI3P	RP3DPM	DAPF	NAPF

7 Καὶ	ὁ	λόγος	τοῦ	θεοῦ	ηὔξανεν,	καὶ	ἐπληθύνετο	ὁ	ἀριθμὸς
Y	la	palabra	--	de Dios	crecía	y	se multiplicaba	el$_{1}$	número$_{2}$
2532	3588	3056	3588	2316	837	2532	4129	3588	706
CLN	DNSM	NNSM	DGSM	NGSM	VIAI3S	CLN	VIPI3S	DNSM	NNSM

τῶν	μαθητῶν	ἐν	Ἰερουσαλὴμ	σφόδρα,	πολύς	τε	ὄχλος	τῶν	ἱερέων
de los$_{3}$	discípulos$_{4}$	en	Jerusalén	extremadamente,	mucha$_{2}$	y$_{1}$	multitud	de los	sacerdotes
3588	3101	1722	2419	4970	4183	5037	3793	3588	2409
DGPM	NGPM	P	NDSF, XP	B	JNSM	CLN	NNSM	DGPM	NGPM

ὑπήκουον	τῇ	πίστει.
obedecían	a la	fe.
5219	3588	4102
VIAI3P	DDSF	NDSF

8 Στέφανος	δὲ	πλήρης	χάριτος	καὶ	δυνάμεως	ἐποίει	τέρατα
Esteban$_{2}$	Y$_{1}$	lleno	de gracia	y	de poder	hacía	prodigios
4736	1161	4134	5485	2532	1411	4160	5059
NNSM	CLT	JNSM	NGSF	CLN	NGSF	VIAI3S	NAPN

καὶ	σημεῖα	μεγάλα	ἐν	τῷ	λαῷ.	9 ἀνέστησαν	δέ	τινες	τῶν	ἐκ
y	señales	grandes	en	el	pueblo.	se levantaron$_{2}$	Y$_{1}$	algunos	de los	de
2532	4592	3173	1722	3588	2992	450	1161	5100	3588	1537
CLN	NAPN	JAPN	P	DDSM	NDSM	VAAI3P	CLC	RX-NPM	DGPM	P

NVI

de Dios para servir las
mesas. 3 Hermanos, es-
cojan de entre ustedes a
siete hombres de buena
reputación, llenos del
Espíritu y de sabiduría,
para encargarles esta
responsabilidad. 4 Así
nosotros nos dedicare-
mos de lleno a la oración
y al ministerio de la
palabra».
5 Esta propues-
ta agradó a toda la
asamblea. Escogieron
a Esteban, hombre
lleno de fe y del Espíritu
Santo, y a Felipe, a
Prócoro, a Nicanor, a
Timón, a Parmenas y
a Nicolás, un prosélito
de Antioquía. 6 Los pre-
sentaron a los apóstoles,
quienes oraron y les
impusieron las manos.
7 Y la palabra de Dios
se difundía: el número
de los discípulos aumen-
taba considerablemente
en Jerusalén, e incluso
muchos de los sacerdo-
tes obedecían a la fe.

Arresto de Esteban

8 Esteban, hombre
lleno de la gracia y del
poder de Dios, hacía
grandes prodigios y
señales milagrosas
entre el pueblo. 9 Con
él se pusieron a discutir

6:3⸀ Manuscritos inferiores aumentaron *Santo*.

RVR

llamada de los Libertos,
y de los de Cirene, de
Alejandría, de Cilicia
y de Asia, y disputaban
con Esteban.
10 Pero no podían
resistir a la sabiduría
y al Espíritu con que
hablaba.
11 Entonces sobornaron
a unos para que dijesen:
Le hemos oído hablar
palabras blasfemas
contra Moisés y contra
Dios.
12 Y soliviantaron al
pueblo, a los ancianos y
a los escribas; y cayendo
sobre él, le arrebataron,
y le trajeron al sanedrín.
13 Y presentaron testi-
gos falsos que decían:
Este hombre no cesa de
hablar palabras contra
este lugar santo y contra
la ley;
14 pues le hemos oído
decir que ese Jesús de
Nazaret destruirá este
lugar, y cambiará las cos-
tumbres que nos legó
Moisés.
15 Entonces todos los
que estaban sentados
en el sanedrín, al fijar
los ojos en él, vieron su
rostro como el rostro de
un ángel.

τῆς συναγωγῆς τῆς λεγομένης Λιβερτίνων καὶ Κυρηναίων
la sinagoga la que estea siendo llamada de (los) Libertos y de (los) cireneos
3588 4864 3588 3004 3032 2532 2956
DGSF NGSF DGSF VPPP-SGF NGPM CLN NGPM

καὶ Ἀλεξανδρέων καὶ τῶν ἀπὸ Κιλικίας καὶ Ἀσίας συζητοῦντες
y alejandrinos y de los de Cilicia y Asia discutiendo
2532 221 2532 3588 575 2791 2532 773 4802
CLN NGPM CLN DGPM P NGSF CLN NGSF VPAP-PNM

τῷ Στεφάνῳ, 10 καὶ οὐκ ἴσχυον ἀντιστῆναι τῇ σοφίᾳ καὶ τῷ
-- con Esteban, y no podían oponerse a la sabiduría y al
3588 4736 2532 3756 2480 436 3588 4678 2532 3588
DDSM NDSM CLN BN, TN VIAI3P VAAN DDSF NDSF CLN DDSN

πνεύματι ᾧ ἐλάλει. 11 τότε ὑπέβαλον ἄνδρας λέγοντας ὅτι
Espíritu que hablaba. Entonces sobornaron a unos varones diciendo: --
4151 3739 2980 5119 5260 435 3004 3754
NDSN RR-DSN VIAI3S B VAAI3P NAPM VPAP-PAM CSC

Ἀκηκόαμεν αὐτοῦ λαλοῦντος ῥήματα βλάσφημα εἰς Μωϋσῆν καὶ
Hemos oído a él hablando palabras blasfemas contra Moisés y
191 846 2980 4487 989 1519 3475 2532
VRAI1P RP3GSM VPAP-SGM NAPN JAPN P NASM CLN

τὸν θεόν· 12 συνεκίνησάν τε τὸν λαὸν καὶ τοὺς πρεσβυτέρους καὶ
-- contra Dios. amotinaron$_2$ Y$_1$ al pueblo y a los ancianos y
3588 2316 4787 5037 3588 2992 2532 3588 4245 2532
DASM NASM VAAI3P CLN DASM NASM CLN DAPM JAPM CLN

τοὺς γραμματεῖς, καὶ ἐπιστάντες συνήρπασαν αὐτὸν
a los escribas, y habiendo(se) presentando de improvisto arrastraron a él
3588 1122 2532 2186 4884 846
DAPM NAPM CLN VAAP-PNM VAAI3P RP3ASM

καὶ ἤγαγον εἰς τὸ συνέδριον, 13 ἔστησάν τε μάρτυρας ψευδεῖς
y (lo) llevaron a el Sanedrín, pusieron$_2$ y$_1$ testigos mentirosos
2532 71 1519 3588 4892 2476 5037 3144 5571
CLN VAAI3P P DASN NASN VAAI3P CLN NAPM JAPM

λέγοντας· Ὁ ἄνθρωπος οὗτος οὐ παύεται λαλῶν ῥήματα κατὰ
diciendo: El hombre este no cesa hablando palabras contra
3004 3588 444 3778 3756 3973 2980 4487 2596
VPAP-PAM DNSM NNSM RD-NSM BN, TN VPMI3S VPAP-SNM NAPN P

τοῦ τόπου τοῦ ἁγίου καὶ τοῦ νόμου, 14 ἀκηκόαμεν γὰρ αὐτοῦ
el lugar -- Santo y la ley; hemos oído$_3$ porque$_1$ a él
3588 5117 3588 40 2532 3588 3551 191 1063 846
DGSM NGSM DGSM JGSM CLN DGSM NGSM VRAI1P CAZ RP3GSM

λέγοντος ὅτι Ἰησοῦς ὁ Ναζωραῖος οὗτος καταλύσει τὸν τόπον
diciendo que Jesús el nazareno este destruirá el lugar
3004 3754 2424 3588 3480 3778 2647 3588 5117
VPAP-SGM CSC NNSM DNSM NNSM RD-NSM VFAI3S DASM NASM

τοῦτον καὶ ἀλλάξει τὰ ἔθη ἃ παρέδωκεν ἡμῖν Μωϋσῆς.
este y cambiará las costumbres las cuales entregó$_2$ a nosotros$_1$ Moisés$_1$
5126 2532 236 3588 1485 3739 3860 2254 3475
RD-ASM CLN VFAI3S DAPN NAPN RR-APN VAAI3S RP1DP NNSM

15 καὶ ἀτενίσαντες εἰς αὐτὸν πάντες οἱ καθεζόμενοι ἐν τῷ
Y habiendo mirado fijamente a él todos los que estando sentados en el
2532 816 1519 846 3956 3588 2516 1722 3588
CLN VAAP-PNM P RP3ASM JNPM DNPM VPUP-PNM P DDSN

συνεδρίῳ εἶδον τὸ πρόσωπον αὐτοῦ ὡσεὶ πρόσωπον ἀγγέλου.
Sanedrín vieron el rostro de él como (el) rostro de un ángel.
4892 1492 3588 4383 846 5616 4383 32
NDSN VAAI3P DASN NASN RP3GSM CAM NASN NGSM

NVI

ciertos individuos de la
sinagoga llamada de los
Libertos, donde había
judíos de Cirene y de
Alejandría, de Cilicia y
de la provincia de Asia.
10 Como no podían ha-
cer frente a la sabiduría
ni al Espíritu con que
hablaba Esteban, 11 insti-
garon a unos hombres
a decir: «Hemos oído
a Esteban blasfemar
contra Moisés y contra
Dios».
12 Agitaron al pueblo,
a los ancianos y a los
maestros de la ley. Se
apoderaron de Esteban
y lo llevaron ante el
Consejo. 13 Presentaron
testigos falsos, que de-
clararon: «Este hombre
no deja de hablar contra
este lugar santo y contra
la ley. 14 Le hemos oído
decir que ese Jesús de
Nazaret destruirá este
lugar y cambiará las
tradiciones que nos dejó
Moisés».
15 Todos los que
estaban sentados en el
Consejo fijaron la mira-
da en Esteban y vieron
que su rostro se parecía
al de un ángel.

RVR

Discurso y muerte de Esteban

7 El sumo sacerdote
dijo entonces: ¿Es
esto así?
2 Y él dijo: Varones
hermanos y padres, oíd:
El Dios de la gloria se
apareció a nuestro padre
Abraham, estando en
Mesopotamia, antes que
morase en Harán,
3 y le dijo: Sal de tu
tierra y de tu parentela,
y ven a la tierra que yo te
mostraré.
4 Entonces salió de la
tierra de los caldeos y
habitó en Harán; y de
allí, después de la muerte
de su padre, Dios le
trasladó a esta tierra, en
la cual vosotros habitáis
ahora.
5 Y no le dio herencia
en ella, ni aun para
asentar un pie; pero le
prometió que se la daría
en posesión a él, y a su
descendencia después
de él, cuando no tenía
ningún hijo.
6 Y le habló Dios así:
Que su descendencia
sería extranjera en tierra
ajena, y que los redu-
cirían a servidumbre
y los maltratarían, por
cuatrocientos años.
7 Mas yo juzgaré, dijo
Dios, a la nación de la

7 Εἶπεν δὲ ὁ ἀρχιερεύς· Εἰ ταῦτα οὕτως ἔχει; 2ὁ δὲ
dijo:$_{4}$ Y$_{1}$ el$_{2}$ sumo sacerdote$_{3}$ -- ¿Estas cosas así?$_{2}$ tiene (son)$_{1}$ --$_{2}$ Y$_{1}$
2036 1161 3588 749 1487 5023 3779 2192 3588 1161
VAAI3S CLN DNSM NNSM TI RD-NPN B VPAI3S DNSM CLN

ἔφη· Ἄνδρες ἀδελφοὶ καὶ πατέρες, ἀκούσατε. Ὁ θεὸς τῆς δόξης
dijo: Varones hermanos y padres, oíd. El Dios de la gloria
5346 435 80 2532 3962 191 3588 2316 3588 1391
VIAI3S NVPM NVPM CLN NVPM VAAM2P DNSM NNSM DGSF NGSF

ὤφθη τῷ πατρὶ ἡμῶν Ἀβραὰμ ὄντι ἐν τῇ Μεσοποταμίᾳ
se apareció al padre de nosotros Abraham estando en -- Mesopotamia
3700 3588 3962 2257 11 5607 1722 3588 3318
VAPI3S DDSM NDSM RP1GP NDSM, XP VPAP-SDM P DDSF NDSF

πρὶν ἢ κατοικῆσαι αὐτὸν ἐν Χαρράν, 3καὶ εἶπεν πρὸς αὐτόν·
antes de -- habitar él en Harán y dijo a él:
4250 2228 2730 846 1722 5488 2532 2036 4314 846
CAT T, C VAAN RP3ASM P NDSF, XP CLN VAAI3S P RP3ASM

Ἔξελθε ἐκ τῆς γῆς σου καὶ ἐκ τῆς συγγενείας σου, καὶ δεῦρο
Sal de la tierra de ti y de la familia de ti, y ven
1831 1537 3588 1093 4675 2532 1537 3588 4772 4675 2532 1204
VAAM2S P DGSF NGSF RP2GS CLN P DGSF NGSF RP2GS CLN B

εἰς τὴν γῆν ἣν ἄν σοι δείξω. 4τότε ἐξελθὼν ἐκ γῆς
a la tierra la cual -- a ti mostraré. Entonces habiendo salido de (la) tierra
1519 3588 1093 3739 302 4671 1166 5119 1831 1537 1093
P DASF NASF RR-ASF TC RP2DS VFAI1S B VAAP-SNM P NGSF

Χαλδαίων κατῴκησεν ἐν Χαρράν. κἀκεῖθεν μετὰ τὸ ἀποθανεῖν
de (los) caldeos habitó en Harán. Y de allí después de -- morir
5466 2730 1722 5488 2547 3326 3588 599
NGPM VAAI3S P NDSF, XP CLN, BP P DASN VAAN

τὸν πατέρα αὐτοῦ μετῴκισεν αὐτὸν εἰς τὴν γῆν ταύτην εἰς ἣν
el padre de él trasladó a él a la tierra esta en la cual
3588 3962 846 3351 846 1519 3588 1093 3778 1519 3739
DASM NASM RP3GSM VAAI3S RP3ASM P DASF NASF RD-ASF P RR-ASF

ὑμεῖς νῦν κατοικεῖτε, 5καὶ οὐκ ἔδωκεν αὐτῷ κληρονομίαν ἐν αὐτῇ
vosotros ahora habitáis, y no dio a él herencia en ella
5210 3568 2730 2532 3756 1325 846 2817 1722 846
RP2NP B VPAI2P CLN BN, TN VAAI3S RP3DSM NASF P RP3DSF

οὐδὲ βῆμα ποδός, καὶ ἐπηγγείλατο δοῦναι αὐτῷ εἰς κατάσχεσιν
ni un paso de un pie y prometió dar$_{1}$ a él$_{3}$ en$_{4}$ posesión$_{5}$
3761 968 4228 2532 1861 1325 846 1519 2697
CLD, TN NASN NGSM CLN VAMI3S VAAN RP3DSM P NASF

αὐτὴν καὶ τῷ σπέρματι αὐτοῦ μετ᾿ αὐτόν, οὐκ ὄντος αὐτῷ
a esta$_{2}$ y a la simiente de él después de él, no habiendo para él
846 2532 3588 4690 846 3326 846 3756 5607 846
RP3ASF CLN DDSN NDSN RP3GSM P RP3ASM BN, TN VPAP-SGN RP3DSM

τέκνου. 6ἐλάλησεν δὲ οὕτως ὁ θεὸς ὅτι ἔσται τὸ σπέρμα αὐτοῦ
hijo. habló$_{2}$ Y$_{1}$ así -- Dios que será la simiente de él
5043 2980 1161 3779 3588 2316 3754 2071 3588 4690 846
NGSN VAAI3S CLN B DNSM NNSM CSC VFMI3S DNSN NNSN RP3GSM

πάροικον ἐν γῇ ἀλλοτρίᾳ, καὶ δουλώσουσιν αὐτὸ καὶ κακώσουσιν
extranjera en tierra extraña y esclavizarán a ella y (la) maltratarán
3941 1722 1093 245 2532 1402 846 2532 2559
JNSN P NDSF JDSF CLN VFAI3P RP3ASN CLN VFAI3P

ἔτη τετρακόσια· 7καὶ τὸ ἔθνος ᾧ ἐὰν δουλεύσουσιν κρινῶ ἐγώ,
años;$_{2}$ cuatrocientos$_{1}$ y al$_{6}$ pueblo$_{7}$ al cual$_{8}$ --$_{9}$ servirán como esclavos,$_{10}$ juzgaré$_{5}$ yo$_{4}$
2094 5071 2532 3588 1484 3739 1437 1398 2919 1473
NAPN JAPN CLN DASN NASN RR-DSN TC VFAI3P VFAI1S RP1NS

NVI

Discurso de Esteban ante el Consejo

7 —¿Son ciertas
estas acusaciones?
—le preguntó el sumo
sacerdote.
2 Él contestó:
—Hermanos y
padres, ¡escúchenme!
El Dios de la gloria
se apareció a nues-
tro padre Abraham
cuando este aún vivía
en Mesopotamia, antes
de radicarse en Jarán.
3 "Deja tu tierra y a
tus parientes —le dijo
Dios—, y ve a la tierra
que yo te mostraré".
4 »Entonces salió de
la tierra de los caldeos
y se estableció en Jarán.
Desde allí, después de
la muerte de su padre,
Dios lo trasladó a esta
tierra donde ustedes
viven ahora.
5 No le
dio herencia alguna en
ella, ni siquiera dónde
plantar el pie, pero le
prometió dársela en
posesión a él y a su
descendencia, aunque
Abraham no tenía ni un
solo hijo todavía.
6 Dios
le dijo así: "Tus descen-
dientes vivirán como
extranjeros en tierra
extraña, donde serán es-
clavizados y maltratados
durante cuatrocientos
años.
7 Pero, sea cual sea
la nación que los escla-
vice, yo la castigaré, y

RVR

cual serán siervos; y
después de esto saldrán
y me servirán en este
lugar.
8 Y le dio el pacto de
la circuncisión; y así
Abraham engendró a
Isaac, y le circuncidó
al octavo día; e Isaac a
Jacob, y Jacob a los doce
patriarcas.
9 Los patriarcas tuvieron
envidia de José, y lo
vendieron para Egipto;
pero Dios estaba con él,
10 y le libró de todas
sus tribulaciones, y le
dio gracia y sabiduría
delante de Faraón rey
de Egipto, el cual lo
constituyó gobernador
sobre Egipto y sobre
toda su casa.
11 Sobrevino entonces
hambre en toda la tierra
de Egipto y de Canaán, y
gran tribulación; y nues-
tros padres no hallaban
alimentos.
12 Cuando oyó Jacob
que había trigo en
Egipto, envió a nuestros
padres la primera vez.
13 Y en la segunda, José
se dio a conocer a sus
hermanos, y fue mani-
festado a Faraón el linaje

ὁ	θεὸς	εἶπεν,	καὶ	μετὰ	ταῦτα	ἐξελεύσονται	καὶ	λατρεύσουσίν
--$_1$	Dios$_2$	dijo:$_3$	y	después de	estas cosas	saldrán	y	servirán
3588	2316	2036	2532	3326	5023	1831	2532	3000
DNSM	*NNSM*	*VAAI3S*	*CLN*	*P*	*RD-APN*	*VFMI3P*	*CLN*	*VFAI3P*

μοι	ἐν	τῷ	τόπῳ	τούτῳ.	8 καὶ	ἔδωκεν	αὐτῷ	διαθήκην	περιτομῆς·
a mí	en	el	lugar	este.	Y	dio	a él	(el) pacto	de (la) circuncisión;
3427	1722	3588	5117	5129	2532	1325	846	1242	4061
RP1DS	*P*	*DDSM*	*NDSM*	*RD-DSM*	*CLN*	*VAAI3S*	*RP3DSM*	*NASF*	*NGSF*

καὶ	οὕτως	ἐγέννησεν	τὸν	Ἰσαὰκ	καὶ	περιέτεμεν	αὐτὸν	τῇ	ἡμέρᾳ	τῇ
y	así	engendró	--	a Isaac	y	circuncidó	a él	en el	día	--
2532	3779	1080	3588	2464	2532	4059	846	3588	2250	3588
CLN	*B*	*VAAI3S*	*DASM*	*NASM, XP*	*CLN*	*VAAI3S*	*RP3ASM*	*DDSF*	*NDSF*	*DDSF*

ὀγδόῃ,	καὶ	Ἰσαὰκ	τὸν	Ἰακώβ,	καὶ	Ἰακὼβ	τοὺς	δώδεκα	πατριάρχας.
octavo,	e	Isaac	--	a Jacob,	y	Jacob	a los	doce	patriarcas.
3590	2532	2464	3588	2384	2532	2384	3588	1427	3966
JDSF	*CLN*	*NNSM, XP*	*DASM*	*NASM, XP*	*CLN*	*NNSM, XP*	*DAPM*	*XN, J*	*NAPM*

9 Καὶ	οἱ	πατριάρχαι	ζηλώσαντες	τὸν	Ἰωσὴφ	ἀπέδοντο	εἰς
Y	los	patriarcas	habiendo tenido celos	--	de José	(lo) vendieron	para
2532	3588	3966	2206	3588	2501	591	1519
CLN	*DNPM*	*NNPM*	*VAAP-PNM*	*DASM*	*NASM, XP*	*VAMI3P*	*P*

Αἴγυπτον·	καὶ	ἦν	ὁ	θεὸς	μετ᾽	αὐτοῦ,	10 καὶ	ἐξείλατο	αὐτὸν	ἐκ
Egipto;	y	estaba$_3$	--$_1$	Dios$_2$	con	él	y	rescató	a él	de
125	2532	2258	3588	2316	3326	846	2532	1807	846	1537
NASF	*CLC*	*VIAI3S*	*DNSM*	*NNSM*	*P*	*RP3GSM*	*CLN*	*VAMI3S*	*RP3ASM*	*P*

πασῶν	τῶν	θλίψεων	αὐτοῦ,	καὶ	ἔδωκεν	αὐτῷ	χάριν	καὶ	σοφίαν
todas	las	aflicciones	de él	y	dio	a él	gracia	y	sabiduría
3956	3588	2347	846	2532	1325	846	5485	2532	4678
JGPF	*DGPF*	*NGPF*	*RP3GSM*	*CLN*	*VAAI3S*	*RP3DSM*	*NASF*	*CLN*	*NASF*

ἐναντίον	Φαραὼ	βασιλέως	Αἰγύπτου,	καὶ	κατέστησεν	αὐτὸν
delante	de faraón,	rey	de Egipto	y	nombró	a él
1726	5328	935	125	2532	2525	846
P, B	*NGSM, XP*	*NGSM*	*NGSF*	*CLN*	*VAAI3S*	*RP3ASM*

ἡγούμενον	ἐπ᾽	Αἴγυπτον	καὶ	ὅλον	τὸν	οἶκον	αὐτοῦ.	11 ἦλθεν	δὲ
que esté gobernando	sobre	Egipto	y	toda	la	casa	de él.	vino$_2$	Y$_1$
2233	1909	125	2532	3650	3588	3624	846	2064	1161
VPUP-SAM	*P*	*NASF*	*CLN*	*JASM*	*DASM*	*NASM*	*RP3GSM*	*VAAI3S*	*CLT*

λιμὸς	ἐφ᾽	ὅλην	τὴν	Αἴγυπτον	καὶ	Χανάαν	καὶ	θλῖψις	μεγάλη,	καὶ
hambre	sobre	todo	--	Egipto	y	Canaán	y	aflicción	grande,	y
3042	1909	3650	3588	125	2532	5477	2532	2347	3173	2532
NNSM	*P*	*JASF*	*DASF*	*NASF*	*CLN*	*NASF, XP*	*CLN*	*NNSF*	*JNSF*	*CLN*

οὐχ	ηὕρισκον	χορτάσματα	οἱ	πατέρες	ἡμῶν·	12 ἀκούσας	δὲ
no$_4$	encontraban$_5$	alimentos,$_6$	los$_1$	padres$_2$	de nosotros$_3$	habiendo oído$_2$	Y$_1$
3756	2147	5527	3588	3962	2257	191	1161
BN, TN	*VIAI3P*	*NAPN*	*DNPM*	*NNPM*	*RP1GP*	*VAAP-SNM*	*CLN*

Ἰακὼβ	ὄντα	σιτία	εἰς	Αἴγυπτον	ἐξαπέστειλεν	τοὺς	πατέρας
Jacob	habiendo	granos (de trigo)	en	Egipto	envió	a los	padres
2384	5607	4621	1519	125	1821	3588	3962
NNSM, XP	*VPAP-PAN*	*NAPN*	*P*	*NASF*	*VAAI3S*	*DAPM*	*NAPM*

ἡμῶν	πρῶτον.	13 καὶ	ἐν	τῷ	δευτέρῳ	ἀνεγνωρίσθη	Ἰωσὴφ
de nosotros	primero;	y	en	el	segundo	se dio a conocer	José
2257	4412	2532	1722	3588	1208	319	2501
RP1GP	*B, J*	*CLN*	*P*	*DDSN, DDSM*	*JDSN, JDSM*	*VAPI3S*	*NNSM, XP*

τοῖς	ἀδελφοῖς	αὐτοῦ,	καὶ	φανερὸν	ἐγένετο	τῷ	Φαραὼ	τὸ	γένος
a los	hermanos	de él	y	manifiesto	se hizo	al	faraón	el	linaje
3588	80	846	2532	5318	1096	3588	5328	3588	1085
DDPM	*NDPM*	*RP3GSM*	*CLN*	*JNSN*	*VAMI3S*	*DDSM*	*NDSM, XP*	*DNSN*	*NNSN*

NVI

luego tus descendientes
saldrán de esa tierra y me
adorarán en este lugar".
8 Hizo con Abraham
el pacto que tenía por
señal la circuncisión.
Así, cuando Abraham
tuvo a su hijo Isaac, lo
circuncidó a los ocho
días de nacido, e Isaac a
Jacob, y Jacob a los doce
patriarcas.
9 »Por envidia los
patriarcas vendieron a
José como esclavo, quien
fue llevado a Egipto;
pero Dios estaba con
él 10 y lo libró de todas
sus desgracias. Le dio
sabiduría para ganarse el
favor del faraón, rey de
Egipto, que lo nombró
gobernador del país y
del palacio real.
11 »Hubo enton-
ces un hambre que
azotó a todo Egipto y
a Canaán, causando
mucho sufrimiento, y
nuestros antepasados no
encontraban alimentos.
12 Al enterarse Jacob de
que había comida en
Egipto, mandó allá a
nuestros antepasados
en una primera visita.
13 En la segunda, José
se dio a conocer a sus
hermanos, y el faraón

RVR

de José.
14 José envió a llamar a su
padre Jacob, y a toda su
parentela, en número de
setenta y cinco personas.
15 Así descendió Jacob
a Egipto, donde murió
él, y también nuestros
padres;
16 de allí fueron traslada-
dos a Siquem, y puestos
en el sepulcro que a
precio de dinero había
comprado Abraham de
los hijos de Hamor en
Siquem.
17 Pero cuando se
acercaba el tiempo de la
promesa, que Dios ha-
bía jurado a Abraham,
el pueblo creció y se
multiplicó en Egipto,
18 hasta que se levantó
en Egipto otro rey que
no sabía nada de José.
19 Este rey, usando de
astucia con nuestro
pueblo, maltrató a nues-
tros padres, a fin de que
expusiesen a la muerte a
sus niños de pecho, para
que no se propagasen.
20 En aquel tiempo
nació Moisés, y fue her-
moso a los ojos de Dios;
y fue criado tres meses
en casa de su padre.
21 Pero siendo expuesto

Ἰωσήφ.	14 ἀποστείλας	δὲ	Ἰωσὴφ	μετεκαλέσατο	Ἰακὼβ	τὸν	πατέρα
de José.	habiendo enviado$_{2}$	Y$_{1}$	José	hizo llamar	a Jacob	el	padre
2501	649	1161	2501	3333	2384	3588	3962
NGSM, XP	*VAAP-SNM*	*CLN*	*NNSM, XP*	*VAMI3S*	*NASM, XP*	*DASM*	*NASM*

αὐτοῦ	καὶ	πᾶσαν	τὴν	συγγένειαν	ἐν	ψυχαῖς	ἑβδομήκοντα	πέντε,
de él	y	a toda	la	parentela,	en	vidas;$_{3}$	setenta$_{1}$	y cinco$_{2}$
846	2532	3956	3588	4772	1722	5590	1440	4002
RP3GSM	*CLN*	*JASF*	*DASF*	*NASF*	*P*	*NDPF*	*XN, J*	*XN, J*

15 καὶ	κατέβη	Ἰακὼβ	εἰς	Αἴγυπτον.	καὶ	ἐτελεύτησεν	αὐτὸς	καὶ	οἱ
y	bajó$_{2}$	Jacob$_{1}$	a	Egipto.	Y	murió	él	y	los
2532	2597	2384	1519	125	2532	5053	846	2532	3588
CLN	*VAAI3S*	*NNSM, XP*	*P*	*NASF*	*CLN*	*VAAI3S*	*RP3NSM*	*CLN*	*DNPM*

πατέρες	ἡμῶν,	16 καὶ	μετετέθησαν	εἰς	Συχὲμ	καὶ	ἐτέθησαν	ἐν
padres	de nosotros,	y	fueron trasladados	a	Siquem	y	fueron puestos	en
3962	2257	2532	3346	1519	4966	2532	5087	1722
NNPM	*RP1GP*	*CLN*	*VAPI3P*	*P*	*NASF, XP*	*CLN*	*VAPI3P*	*P*

τῷ	μνήματι	ᾧ	ὠνήσατο	Ἀβραὰμ	τιμῆς	ἀργυρίου	παρὰ	τῶν	υἱῶν
el	sepulcro	el cual	compró	Abraham	a precio	de plata	de	los	hijos
3588	3418	3739	5608	11	5092	694	3844	3588	5207
DDSN	*NDSN*	*RR-DSN*	*VAMI3S*	*NNSM, XP*	*NGSF*	*NGSN*	*P*	*DGPM*	*NGPM*

Ἑμμὼρ	ἐν	Συχέμ.
de Hamor	en	Siquem.
1697	1722	4966
NGSM, XP	*P*	*NDSF, XP*

17 Καθὼς	δὲ	ἤγγιζεν	ὁ	χρόνος	τῆς	ἐπαγγελίας	ἧς
como$_{2}$	Y$_{1}$	(se) acercaba$_{5}$	el$_{1}$	tiempo$_{2}$	de la$_{3}$	promesa$_{4}$	la cual$_{6}$
2531	1161	1448	3588	5550	3588	1860	3739
CAT	*CLT*	*VIAI3S*	*DNSM*	*NNSM*	*DGSF*	*NGSF*	*RR-GSF*

ὡμολόγησεν	ὁ	θεὸς	τῷ	Ἀβραάμ,	ηὔξησεν	ὁ	λαὸς	καὶ
prometió,$_{11}$	--$_{7}$	Dios$_{8}$	--$_{9}$	a Abraham$_{10}$	creció$_{14}$	el$_{12}$	pueblo$_{13}$	y
3670	3588	2316	3588	11	837	3588	2992	2532
VAAI3S	*DNSM*	*NNSM*	*DDSM*	*NDSM, XP*	*VAAI3S*	*DNSM*	*NNSM*	*CLN*

ἐπληθύνθη	ἐν	Αἰγύπτῳ,	18 ἄχρι	οὗ	ἀνέστη	βασιλεὺς	ἕτερος	ἐπ'
se multiplicó	en	Egipto	hasta	que	se levantó$_{3}$	rey$_{2}$	otro$_{1}$	sobre
4129	1722	125	891	3739	450	935	2087	1909
VAPI3S	*P*	*NDSF*	*P*	*RR-GSM*	*VAAI3S*	*NNSM*	*JNSM*	*P*

Αἴγυπτον,	ὃς	οὐκ	ᾔδει	τὸν	Ἰωσήφ.	19 οὗτος	κατασοφισάμενος
Egipto	el cual	no	conocía	--	a José.	Este	habiendo tratado traicioneramente
125	3739	3756	1492	3588	2501	3778	2686
NASF	*RR-NSM*	*BN, TN*	*VLAI3S*	*DASM*	*NASM, XP*	*RD-NSM*	*VAMP-SNM*

τὸ	γένος	ἡμῶν	ἐκάκωσεν	τοὺς	πατέρας	τοῦ	ποιεῖν	τὰ
al	linaje	de nosotros	maltrató	a los	padres	--	para hacer	(que) los
3588	1085	2257	2559	3588	3962	3588	4160	3588
DASN	*NASN*	*RP1GP*	*VAAI3S*	*DAPM*	*NAPM*	*DGSN, DGSM*	*VPAN*	*DAPN*

βρέφη	ἔκθετα	αὐτῶν	εἰς	τὸ	μὴ	ζῳογονεῖσθαι.	20 ἐν
recién nacidos	fueran abandonados$_{2}$	de ellos$_{1}$	para	--	no	ser conservados con vida.	En
1025	1570	846	1519	3588	3361	2225	1722
NAPN	*JAPN*	*RP3GPM*	*P*	*DASN*	*BN, TN*	*VPPN*	*P*

ᾧ	καιρῷ	ἐγεννήθη	Μωϋσῆς,	καὶ	ἦν	ἀστεῖος	τῷ	θεῷ·	ὃς
el cual	tiempo	nació	Moisés,	y	era	hermoso	--	para Dios;	el cual
3739	2540	1080	3475	2532	2258	791	3588	2316	3739
RR-DSM	*NDSM*	*VAPI3S*	*NNSM*	*CLN*	*VIAI3S*	*JNSM*	*DDSM*	*NDSM*	*RR-NSM*

ἀνετράφη	μῆνας	τρεῖς	ἐν	τῷ	οἴκῳ	τοῦ	πατρός·	21 ἐκτεθέντος
fue criado	meses$_{2}$	tres$_{1}$	en	la	casa	del	padre,	habiendo sido abandonado$_{2}$
397	3376	5140	1722	3588	3624	3588	3962	1620
VAPI3S	*NAPM*	*JAPM*	*P*	*DDSM*	*NDSM*	*DGSM*	*NGSM*	*VAPP-SGM*

NVI

supo del origen de José.
14 Después de esto, José
mandó llamar a su padre
Jacob y a toda su familia,
setenta y cinco personas
en total. 15 Bajó entonces
Jacob a Egipto, y allí
murieron él y nuestros
antepasados. 16 Sus
restos fueron llevados
a Siquén y puestos en
el sepulcro que a buen
precio Abraham había
comprado a los hijos de
Jamor en Siquén.
17 »Cuando ya se
acercaba el tiempo de
que se cumpliera la pro-
mesa que Dios le había
hecho a Abraham, el
pueblo crecía y se multi-
plicaba en Egipto. 18 Por
aquel entonces subió al
trono de Egipto un nue-
vo rey que no sabía nada
de José. 19 Este rey usó de
artimañas con nuestro
pueblo y oprimió a
nuestros antepasados,
obligándolos a dejar
abandonados a sus hijos
recién nacidos para que
murieran.
20 »En aquel tiempo
nació Moisés, y fue agra-
dable a los ojos de Dios.
Por tres meses se crió en
la casa de su padre 21 y,
al quedar abandonado,

RVR

a la muerte, la hija de
Faraón le recogió y le
crió como a hijo suyo.
22 Y fue instruido
Moisés en toda la sabi-
duría de los egipcios;
y era poderoso en sus
palabras y obras.
23 Cuando cumplió la
edad de cuarenta años,
le vino el deseo de visi-
tar a sus hermanos, los
hijos de Israel.
24 Y al ver a uno que era
tratado injustamente,
lo defendió, e hiriendo
al egipcio, vengó al
oprimido.
25 Y él pensaba que sus
hermanos comprende-
rían que Dios les estaba
dando libertad por
mano suya; mas ellos no
lo comprendieron así.
26 Y al día siguiente, se
presentó a unos de ellos
que reñían, y trató de
ponerlos en paz, dicien-
do: Varones, vosotros
sois hermanos, ¿a qué
fin os maltratáis el uno
al otro?
27 Entonces el que
maltrataba a su prójimo
le dio un empujón,
diciendo: ¿Quién te ha
constituido gobernante
y juez sobre nosotros?
28 ¿Acaso quieres tú
matarme, como mataste
ayer al egipcio?

δὲ	αὐτοῦ	ἀνείλατο	αὐτὸν	ἡ	θυγάτηρ	Φαραὼ	καὶ	ἀνεθρέψατο
y$_1$	él$_3$	recogió$_7$	a él$_4$	la$_4$	hija$_5$	de faraón$_6$	y	crió
1161	846	337	846	3588	2364	5328	2532	397
CLN	*RP3GSM*	*VAMI3S*	*RP3ASM*	*DNSF*	*NNSF*	*NGSM, XP*	*CLN*	*VAMI3S*

αὐτὸν	ἑαυτῇ	εἰς	υἱόν.	22 καὶ	ἐπαιδεύθη	Μωϋσῆς	πάσῃ	σοφίᾳ
e él	para sí misma	como	hijo.	Y	fue educado$_2$	Moisés$_1$	en toda	(la) sabiduría
846	1438	1519	5207	2532	3811	3475	3956	4678
RP3ASM	*RF3DSF*	*P*	*NASM*	*CLN*	*VAPI3S*	*NNSM*	*JDSF*	*NDSF*

Αἰγυπτίων,	ἦν	δὲ	δυνατὸς	ἐν	λόγοις	καὶ	ἔργοις	αὐτοῦ.
de (los) egipcios,	era$_2$	y$_1$	poderoso	en	palabras	y	obras	de él.
124	2258	1161	1415	1722	3056	2532	2041	846
JGPM	*VIAI3S*	*CLN*	*JNSM*	*P*	*NDPM*	*CLN*	*NDPN*	*RP3GSM*

23 Ὡς	δὲ	ἐπληροῦτο	αὐτῷ	τεσσερακονταετὴς	χρόνος,	ἀνέβη
cuando$_2$	Pero$_1$	era cumplido	para él	de cuarenta años$_2$	(el) tiempo$_1$	subió
5613	1161	4137	846	5063	5550	305
CAT	*CLN*	*VIPI3S*	*RP3DSM*	*JNSM*	*NNSM*	*VAAI3S*

ἐπὶ	τὴν	καρδίαν	αὐτοῦ	ἐπισκέψασθαι	τοὺς	ἀδελφοὺς	αὐτοῦ	τοὺς
en	el	corazón	de él	visitar	a los	hermanos	de él	a los
1909	3588	2588	846	1980	3588	80	846	3588
P	*DASF*	*NASF*	*RP3GSM*	*VAMN*	*DAPM*	*NAPM*	*RP3GSM*	*DAPM*

υἱοὺς	Ἰσραήλ.	24 καὶ	ἰδών	τινα	ἀδικούμενον	ἠμύνατο	καὶ
hijos	de Israel.	Y	habiendo visto	a alguien	siendo maltratado injustamente	(lo) defendió	e
5207	2474	2532	1492	5100	91	292	2532
NAPM	*NGSM, XP*	*CLN*	*VAAP-SNM*	*RX-ASM*	*VPPP-SAM*	*VAMI3S*	*CLN*

ἐποίησεν	ἐκδίκησιν	τῷ	καταπονουμένῳ	πατάξας	τὸν	Αἰγύπτιον.
hizo	venganza	al que	que está siendo maltratado	habiendo herido	al	egipcio.
4160	1557	3588	2669	3960	3588	124
VAAI3S	*NASF*	*DDSM*	*VPPP-SDM*	*VAAP-SNM*	*DASM*	*JASM*

25 ἐνόμιζεν	δὲ	συνιέναι	τοὺς	ἀδελφοὺς	ὅτι	ὁ	θεὸς	διὰ	χειρὸς	αὐτοῦ
suponía$_2$	Y$_1$	entender	los	hermanos	que	--	Dios	por	mano	de él
3543	1161	4920	3588	80	3754	3588	2316	1223	5495	846
VIAI3S	*CLN*	*VPAN*	*DAPM*	*NAPM*	*CSC*	*DNSM*	*NNSM*	*P*	*NGSF*	*RP3GSM*

δίδωσιν	σωτηρίαν	αὐτοῖς,	οἱ	δὲ	οὐ	συνῆκαν.	26 τῇ	τε	ἐπιούσῃ
da	liberación	a ellos;	--$_2$	pero$_1$	no	entendieron.	al$_2$	Y$_1$	siguiente
1325	4991	846	3588	1161	3756	4920	3588	5037	1966
VPAI3S	*NASF*	*RP3DPM*	*DNPM*	*CLC*	*BN, TN*	*VAAI3P*	*DDSF*	*CLN*	*VPAP-SDF*

ἡμέρᾳ	ὤφθη	αὐτοῖς	μαχομένοις	καὶ	συνήλλασσεν	αὐτοὺς	εἰς
día	se apareció	a ellos	(y estaban) luchando	y	reconciliaba	a ellos	para
2250	3708	846	3164	2532	4900	846	1519
NDSF	*VAPI3S*	*RP3DPM*	*VPUP-PDM*	*CLN*	*VIAI3S*	*RP3APM*	*P*

εἰρήνην	εἰπών·	Ἄνδρες,	ἀδελφοί	ἐστε·	ἱνατί	ἀδικεῖτε	ἀλλήλους;
(la) paz	habiendo dicho:	Varones,	hermanos	sois;	¿por qué	cometéis injusticia	unos a otros?
1515	3004	435	80	2075	2444	91	240
NASF	*VAAP-SNM*	*NVPM*	*NNPM*	*VPAI2P*	*BI*	*VPAI2P*	*RC-APM*

27 ὁ	δὲ	ἀδικῶν	τὸν	πλησίον	ἀπώσατο	αὐτὸν	εἰπών·
el que$_2$	Pero$_1$	haciendo injusticia	al	prójimo	desechó	a él	habiendo dicho:
3588	1161	91	3588	4139	683	846	2036
DNSM	*CLC*	*VPAP-SNM*	*DASM*	*B*	*VAMI3S*	*RP3ASM*	*VAAP-SNM*

Τίς	σε	κατέστησεν	ἄρχοντα	καὶ	δικαστὴν	ἐφ᾽	ἡμῶν;	28 μὴ
¿Quién	te	nombró	jefe	y	juez	sobre	nosotros?	¿Acaso
5101	4571	2525	758	2532	1348	1909	2257	3361
RI-NSM	*RP2AS*	*VAAI3S*	*NASM*	*CLN*	*NASM, NASF*	*P*	*RP1GP*	*TN, TI*

ἀνελεῖν	με	σὺ	θέλεις	ὃν	τρόπον	ἀνεῖλες	ἐχθὲς	τὸν	Αἰγύπτιον;
matar	a mí	tú$_2$	quieres$_1$	que$_4$	(la) manera$_3$	mataste	ayer	al	egipcio?
337	3165	4771	2309	3739	5158	337	5504	3588	124
VAAN	*RP1AS*	*RP2NS*	*VPAI2S*	*RR-ASM*	*NASM*	*VAAI2S*	*B*	*DASM*	*JASM*

NVI

la hija del faraón lo
adoptó y lo crió como
a su propio hijo. 22 Así
Moisés fue instruido en
toda la sabiduría de los
egipcios, y era poderoso
en palabra y en obra.
23 »Cuando cumplió
cuarenta años, Moisés
tuvo el deseo de allegarse
a sus hermanos israelitas.
24 Al ver que un egipcio
maltrataba a uno de
ellos, acudió en su defen-
sa y lo vengó matando
al egipcio. 25 Moisés
suponía que sus herma-
nos reconocerían que
Dios iba a liberarlos por
medio de él, pero ellos
no lo comprendieron
así. 26 Al día siguiente,
Moisés sorprendió a dos
israelitas que estaban
peleando. Trató de
reconciliarlos, dicién-
doles: "Señores, ustedes
son hermanos; ¿por qué
quieren hacerse daño?"
27 »Pero el que
estaba maltratando al
otro empujó a Moisés
y le dijo: "¿Y quién te
nombró a ti gobernante
y juez sobre nosotros?
28 ¿Acaso quieres
matarme a mí, como
mataste ayer al egipcio?"

RVR

29 Al oír esta palabra,
Moisés huyó, y vivió
como extranjero en
tierra de Madián, donde
engendró dos hijos.
30 Pasados cuarenta
años, un ángel se le apa-
reció en el desierto del
monte Sinay, en la llama
de fuego de una zarza.
31 Entonces Moisés,
mirando, se asombró de
la visión; y acercándose
para observar, vino a él
la voz del Señor:
32 Yo soy el Dios de
tus padres, el Dios de
Abraham, el Dios de
Isaac, y el Dios de Jacob.
Y Moisés, temblando,
no se atrevía a mirar.
33 Y le dijo el Señor:
Quítate las sandalias de
los pies, porque el lugar
en que estás es tierra
santa.
34 Ciertamente he visto
la aflicción de mi pue-
blo que está en Egipto, y
he oído su gemido, y he
descendido para librar-
los. Ahora, pues, ven, te
enviaré a Egipto.
35 A este Moisés, a quien
habían rechazado,
diciendo: ¿Quién te ha

29 ἔφυγεν δὲ Μωϋσῆς ἐν τῷ λόγῳ τούτῳ, καὶ ἐγένετο πάροικος ἐν
huyó$_3$ Y$_1$ Moisés$_2$ en la palabra esta, y se hizo extranjero en
5343 1161 3475 1722 3588 3056 5129 2532 1096 3941 1722
VAAI3S CLN NNSM P DDSM NDSM RD-DSM CLN VAMI3S JNSM P

γῇ Μαδιάμ, οὗ ἐγέννησεν υἱοὺς δύο.
(la) tierra de Madián, donde engendró hijos.$_2$ dos$_1$
1093 3099 3757 1080 5207 1417
NDSF NGSM, XP B VAAI3S NAPM XN, J

30 Καὶ πληρωθέντων ἐτῶν τεσσεράκοντα ὤφθη αὐτῷ ἐν
Y habiendo sido completados años$_2$ cuarenta$_1$ se apareció$_4$ a él$_5$ en$_6$
2532 4137 2094 5062 3700 846 1722
CLN VAPP-PGN NGPN XN, J VAPI3S RP3DSM P

τῇ ἐρήμῳ τοῦ ὄρους Σινᾶ ἄγγελος ἐν φλογὶ πυρὸς βάτου·
el$_7$ desierto$_8$ del$_9$ monte$_{10}$ Sinaí$_{11}$ un ángel$_3$ en una llama de fuego de una zarza.
3588 2048 3588 3735 4614 32 1722 5395 4442 942
DDSF JDSF DGSN NGSN NGSN, XP NNSM P NDSF NGSN NGSF, NGSM

31 ὁ δὲ Μωϋσῆς ἰδὼν ἐθαύμασεν τὸ ὅραμα. προσερχομένου
--$_2$ Y$_1$ Moisés habiendo visto se maravillaba de la visión, acercándose$_2$
3588 1161 3475 1492 2296 3588 3705 4334
DNSM CLN NNSM VAAP-SNM VIAI3S DASN NASN VPUP-SGM

δὲ αὐτοῦ κατανοῆσαι ἐγένετο φωνὴ κυρίου· 32 Ἐγὼ ὁ θεὸς τῶν
y$_1$ él para observar vino una voz del Señor: Yo (soy) el Dios de los
1161 846 2657 1096 5456 2962 1473 3588 2316 3588
CLN RP3GSM VAAN VAMI3S NNSF NGSM RP1NS DNSM NNSM DGPM

πατέρων σου, ὁ θεὸς Ἀβραὰμ καὶ Ἰσαὰκ καὶ Ἰακώβ. ἔντρομος
padres de ti, el Dios de Abraham y de Isaac y de Jacob. temeroso$_3$
3962 4675 3588 2316 11 2532 2464 2532 2384 1790
NGPM RP2GS DNSM NNSM NGSM, XP CLN NGSM, XP CLN NGSM, XP JNSM

δὲ γενόμενος Μωϋσῆς οὐκ ἐτόλμα κατανοῆσαι. 33 εἶπεν δὲ αὐτῷ
Y$_1$ habiéndose hecho$_2$ Moisés no se atrevía a observar. dijo$_4$ Y$_1$ a él:$_5$
1161 1096 3475 3756 5111 2657 2036 1161 846
CLN VAMP-SNM NNSM BN, TN VIAI3S VAAN VAAI3S CLN RP3DSM

ὁ κύριος· Λῦσον τὸ ὑπόδημα τῶν ποδῶν σου, ὁ γὰρ τόπος ἐφ’
el$_2$ Señor$_3$ Desata la sandalia de los pies de ti, el$_2$ porque$_1$ lugar sobre
3588 2962 3089 3588 5266 3588 4228 4675 3588 1063 5117 1909
DNSM NNSM VAAM2S DASN NASN DGPM NGPM RP2GS DNSM CAZ NNSM P

ᾧ ἕστηκας γῆ ἁγία ἐστίν. 34 Ἰδὼν εἶδον τὴν κάκωσιν τοῦ
el cual (te) has parado tierra santa es. Habiendo visto vi la opresión del
3739 2476 1093 40 2076 1492 1492 3588 2561 3588
RR-DSM VRAI2S NNSF JNSF VPAI3S VAAP-SNM VAAI1S DASF NASF DGSM

λαοῦ μου τοῦ ἐν Αἰγύπτῳ, καὶ τοῦ στεναγμοῦ αὐτοῦ ἤκουσα,
pueblo de mí el (que está) en Egipto y el gemido de ellos oí,
2992 3450 3588 1722 125 2532 3588 4726 846 191
NGSM RP1GS DGSM P NDSF CLN DGSM NGSM RP3GSM VAAI1S

καὶ κατέβην ἐξελέσθαι αὐτούς· καὶ νῦν δεῦρο ἀποστείλω σε εἰς
y descendí para librar a ellos; y ahora ven enviara yo a ti a
2532 2597 1807 846 2532 3568 1204 649 4571 1519
CLN VAAI1S VAMN RP3APM CLN B B VAAS1S RP2AS P

Αἴγυπτον.
Egipto.
125
NASF

35 Τοῦτον τὸν Μωϋσῆν, ὃν ἠρνήσαντο εἰπόντες· Τίς σε
A este -- Moisés, a quien negaron habiendo dicho: ¿Quién te
5126 3588 3475 3739 720 2036 5101 4571
RD-ASM DASM NASM RR-ASM VAMI3P VAAP-PNM RI-NSM RP2AS

NVI

29 Al oír esto, Moisés
huyó a Madián; allí vivió
como extranjero y tuvo
dos hijos.
30 »Pasados cuarenta
años, se le apareció un
ángel en el desierto cer-
cano al monte Sinaí, en
las llamas de una zarza
que ardía. 31 Moisés se
asombró de lo que veía.
Al acercarse para obser-
var, oyó la voz del Señor:
32 "Yo soy el Dios de tus
antepasados, el Dios de
Abraham, de Isaac y de
Jacob". Moisés se puso a
temblar de miedo, y no
se atrevía a mirar.
33 »Le dijo el Señor:
"Quítate las sandalias,
porque estás pisando tie-
rra santa. 34 Ciertamente
he visto la opresión
que sufre mi pueblo
en Egipto. Los he
escuchado quejarse, así
que he descendido para
librarlos. Ahora ven y
te enviaré de vuelta a
Egipto".
35 »A este mismo
Moisés, a quien habían
rechazado diciéndole:
"¿Y quién te nombró

RVR

constituido gobernante
y juez?, a éste lo envió
Dios como gobernante
y libertador por mano
del ángel que se le apare-
ció en la zarza.
36 Éste los sacó, habien-
do hecho prodigios
y señales en tierra de
Egipto, y en el Mar
Rojo, y en el desierto
por cuarenta años.
37 Éste es el Moisés que
dijo a los hijos de Israel:
El Señor vuestro Dios
os suscitará un profeta
como yo de entre
vuestros hermanos; a
él oiréis.
38 Éste es aquel Moisés
que estuvo en la con-
gregación en el desierto
con el ángel que le ha-
blaba en el monte Sinay,
y con nuestros padres, y
que recibió palabras de
vida para darnos;
39 al cual nuestros
padres no quisieron
obedecer, sino que le
desecharon, y en sus
corazones se volvieron
a Egipto,
40 cuando dijeron a
Aarón: Haznos dioses
que vayan delante de
nosotros; porque a este
Moisés, que nos sacó
de la tierra de Egipto,
no sabemos qué le haya
acontecido.

κατέστησεν	ἄρχοντα	καὶ	δικαστήν,	τοῦτον	ὁ	θεὸς	καὶ	ἄρχοντα
hizo (como)	jefe	y	juez?	a este$_4$	--$_1$	Dios$_2$	--$_3$	(como) jefe$_5$
2525	758	2532	1348	5126	3588	2316	2532	758
VAAI3S	*NASM*	*CLN*	*NASM, NASF*	*RD-ASM*	*DNSM*	*NNSM*	*CLK*	*NASM*

καὶ	λυτρωτὴν	ἀπέσταλκεν	σὺν	χειρὶ	ἀγγέλου	τοῦ	ὀφθέντος
y$_6$	libertador$_7$	ha enviado$_4$	con	(la) mano	del ángel	--	habiendo sido aparecido
2532	3086	649	4862	5495	32	3588	3700
CLK, CLN	*NASM*	*VRAI3S*	*P*	*NDSF*	*NGSM*	*DGSM*	*VAPP-SGM*

αὐτῷ	ἐν	τῇ	βάτῳ.	36 οὗτος	ἐξήγαγεν	αὐτοὺς	ποιήσας	τέρατα
a él	en	la	zarza.	Este	sacó	a ellos	habiendo hecho	prodigios
846	1722	3588	942	3778	1806	846	4160	5059
RP3DSM	*P*	*DDSF*	*NDSF, NDSM*	*RD-NSM*	*VAAI3S*	*RP3APM*	*VAAP-SNM*	*NAPN*

καὶ	σημεῖα	ἐν	γῇ	Αἰγύπτῳ	καὶ	ἐν	Ἐρυθρᾷ	Θαλάσσῃ	καὶ	ἐν
y	señales	en	tierra	de Egipto	y	en	Rojo$_2$	el Mar$_1$	y	en
2532	4592	1722	1093	125	2532	1722	2063	2281	2532	1722
CLN	*NAPN*	*P*	*NDSF*	*NDSF*	*CLN*	*P*	*JDSF*	*NDSF*	*CLN*	*P*

τῇ	ἐρήμῳ	ἔτη	τεσσεράκοντα.	37 οὗτός	ἐστιν	ὁ	Μωϋσῆς	ὁ
el	desierto	años.$_2$	por cuarenta$_1$	Este	es	--	Moisés	el que
3588	2048	2094	5062	3778	2076	3588	3475	3588
DDSF	*JDSF*	*NAPN, NNPN*	*XN, J*	*RD-NSM*	*VPAI3S*	*DNSM*	*NNSM*	*DNSM*

εἴπας	τοῖς	υἱοῖς	Ἰσραήλ·	Προφήτην	ὑμῖν	ἀναστήσει	ὁ	⸢θεὸς
habiendo dicho	a los	hijos	de Israel:	un profeta$_4$	a vosotros$_5$	levantará$_3$	--$_1$	Dios$_2$
3004	3588	5207	2474	4396	5213	450	3588	2316
VAAP-SNM	*DDPM*	*NDPM*	*NGSM, XP*	*NASM*	*RP2DP*	*VFAI3S*	*DNSM*	*NNSM*

ἐκ	τῶν	ἀδελφῶν	ὑμῶν	ὡς	ἐμέ.	38 οὗτός	ἐστιν	ὁ	γενόμενος
de	los	hermanos	de vosotros	como	a mí.	Este	es	el que	habiendo estado
1537	3588	80	5216	5613	1691	3778	2076	3588	1096
P	*DGPM*	*NGPM*	*RP2GP*	*CAM*	*RP1AS*	*RD-NSM*	*VPAI3S*	*DNSM*	*VAMP-SNM*

ἐν	τῇ	ἐκκλησίᾳ	ἐν	τῇ	ἐρήμῳ	μετὰ	τοῦ	ἀγγέλου	τοῦ	λαλοῦντος
en	la	asamblea	en	el	desierto	con	el	ángel	el	hablando
1722	3588	1577	1722	3588	2048	3326	3588	32	3588	2980
P	*DDSF*	*NDSF*	*P*	*DDSF*	*JDSF*	*P*	*DGSM*	*NGSM*	*DGSM*	*VPAP-SGM*

αὐτῷ	ἐν	τῷ	ὄρει	Σινᾶ	καὶ	τῶν	πατέρων	ἡμῶν,	ὃς	ἐδέξατο
a él	en	el	Monte	Sinaí	y	con los	padres	de nosotros,	el que	recibió
846	1722	3588	3735	4614	2532	3588	3962	2257	3739	1209
RP3DSM	*P*	*DDSN*	*NDSN*	*NDSN, XP*	*CLN*	*DGPM*	*NGPM*	*RP1GP*	*RR-NSM*	*VAMI3S*

λόγια	ζῶντα	δοῦναι	ἡμῖν,	39 ᾧ	οὐκ	ἠθέλησαν	ὑπήκοοι	γενέσθαι
palabras	viviendo	para dar	a nosotros,	al cual	no$_4$	quisieron$_5$	obedientes$_7$	ser$_6$
3051	2198	1325	2254	3739	3756	2309	5255	1096
NAPN	*VPAP-PAN*	*VAAN*	*RP1DP*	*RR-DSM*	*BN, TN*	*VAAI3P*	*JNPM*	*VAMN*

οἱ	πατέρες	ἡμῶν,	ἀλλὰ	ἀπώσαντο	καὶ	ἐστράφησαν	ἐν	ταῖς
los$_1$	padres$_2$	de nosotros$_3$	sino	(lo) desecharon	y	se volvieron	en	los
3588	3962	2257	235	683	2532	4762	1722	3588
DNPM	*NNPM*	*RP1GP*	*CLC*	*VAMI3P*	*CLN*	*VAPI3P*	*P*	*DDPF*

καρδίαις	αὐτῶν	εἰς	Αἴγυπτον,	40 εἰπόντες	τῷ	Ἀαρών·	Ποίησον
corazones	de ellos	a	Egipto,	habiendo dicho	--	a Aarón:	Haz
2588	846	1519	125	2036	3588	2	4160
NDPF	*RP3GPM*	*P*	*NASF*	*VAAP-PNM*	*DDSM*	*NDSM, XP*	*VAAM2S*

ἡμῖν	θεοὺς	οἳ	προπορεύσονται	ἡμῶν·	ὁ	γὰρ	Μωϋσῆς	οὗτος,
a nosotros	dioses	los cuales	irán delante	de nosotros;	--$_2$	porque$_1$	Moisés$_4$	este$_3$
2254	2316	3739	4313	2257	3588	1063	3475	3778
RP1DP	*NAPM*	*RR-NPM*	*VFMI3P*	*RP1GP*	*DNSM*	*CAZ*	*NNSM*	*RD-NSM*

ὃς	ἐξήγαγεν	ἡμᾶς	ἐκ	γῆς	Αἰγύπτου,	οὐκ	οἴδαμεν	τί	ἐγένετο
el que	sacó	a nosotros	de	tierra	de Egipto,	no	sabemos	qué	sucedió
3739	1806	2248	1537	1093	125	3756	1492	5101	1096
RR-NSM	*VAAI3S*	*RP1AP*	*P*	*NGSF*	*NGSF*	*BN,*	*VRAI1P*	*RI-NSN*	*VAMI3S*

NVI

gobernante y juez?",
Dios lo envió para ser
gobernante y libertador,
mediante el poder del
ángel que se le apareció
en la zarza. 36 Él los sacó
de Egipto haciendo
prodigios y señales
milagrosas tanto en la
tierra de Egipto como
en el Mar Rojo, y en el
desierto durante cuaren-
ta años.
37 »Este Moisés les
dijo a los israelitas:
"Dios hará surgir para
ustedes, de entre sus
propios hermanos, un
profeta como yo". 38 Este
mismo Moisés estuvo
en la asamblea en el
desierto, con el ángel
que le habló en el monte
Sinaí, y con nuestros an-
tepasados. Fue también
él quien recibió palabras
de vida para comunicár-
noslas a nosotros.
39 »Nuestros ante-
pasados no quisieron
obedecerlo a él, sino que
lo rechazaron. Lo que
realmente deseaban era
volver a Egipto, 40 por lo
cual le dijeron a Aarón:
"Tienes que hacernos
dioses que vayan delante
de nosotros, porque a
ese Moisés que nos sacó
de Egipto, ¡no sabemos
qué pudo haberle
pasado!"

7:37⸢ Manuscritos inferiores aumentaron *el Señor de vosotros.*

RVR

[41] Entonces hicieron un becerro, y ofrecieron sacrificio al ídolo, y se regocijaron en las obras de sus manos.
[42] Y Dios se apartó, y los entregó a que rindiesen culto al ejército del cielo; como está escrito en el libro de los profetas:

¿Acaso me ofrecisteis víctimas y sacrificios
En el desierto por cuarenta años, casa de Israel?
[43] Antes bien llevasteis el tabernáculo de Moloc,
Y la estrella de vuestro dios Renfán,
Figuras que os hicisteis para adorarlas.
Yo también os transportaré más allá de Babilonia.

[44] Tuvieron nuestros padres el tabernáculo del testimonio en el desierto, como había ordenado Dios cuando habló a Moisés para que lo hiciese conforme al modelo que había visto.
[45] A su vez, habiéndolo recibido, nuestros padres lo introdujeron con Josué al tomar posesión de la tierra de los gentiles, a los cuales Dios arrojó de la presencia de nuestros padres, hasta

αὐτῷ.	[41] καὶ	ἐμοσχοποίησαν	ἐν	ταῖς	ἡμέραις	ἐκείναις	καὶ	ἀνήγαγον
a él.	E	hicieron un becerro	en	los	días	aquellos	y	ofrecieron
846	2532	3447	1722	3588	2250	1565	2532	321
RP3DSM	*CLN*	*VAAI3P*	*P*	*DDPF*	*NDPF*	*RD-DPF*	*CLN*	*VAAI3P*

θυσίαν	τῷ	εἰδώλῳ,	καὶ	εὐφραίνοντο	ἐν	τοῖς	ἔργοις	τῶν	χειρῶν
un sacrificio	al	ídolo	y	se alegraban	en	las	obras	de las	manos
2378	3588	1497	2532	2165	1722	3588	2041	3588	5495
NASF	*DDSN*	*NDSN*	*CLN*	*VIPI3P*	*P*	*DDPN*	*NDPN*	*DGPF*	*NGPF*

αὐτῶν.	[42] ἔστρεψεν	δὲ	ὁ	θεὸς	καὶ	παρέδωκεν	αὐτοὺς	λατρεύειν	τῇ
de ellos.	se volvió$_4$	Y$_1$	--$_2$	Dios$_3$	y	entregó	los	a rendir culto	al
846	4762	1161	3588	2316	2532	3860	846	3000	3588
RP3GPM	*VAAI3S*	*CLC*	*DNSM*	*NNSM*	*CLN*	*VAAI3S*	*RP3APM*	*VPAN*	*DDSF*

στρατιᾷ	τοῦ	οὐρανοῦ,	καθὼς	γέγραπται	ἐν	βίβλῳ	τῶν	προφητῶν·
ejército	del	cielo	como	ha sido escrito	en	(el) libro	de los	profetas:
4756	3588	3772	2531	1125	1722	976	3588	4396
NDSF	*DGSM*	*NGSM*	*CAM*	*VRPI3S*	*P*	*NDSF*	*DGPM*	*NGPM*

Μὴ	σφάγια	καὶ	θυσίας	προσηνέγκατέ	μοι	ἔτη	τεσσεράκοντα
¿Acaso	víctimas$_2$	y$_3$	sacrificios$_4$	ofrecisteis$_1$	a mí$_5$	años$_7$	por cuarenta$_6$
3361	4968	2532	2378	4374	3427	2094	5062
TN, TI	*NAPN*	*CLN*	*NAPF*	*VAAI2P*	*RP1DS*	*NAPN*	*XN, J*

ἐν	τῇ	ἐρήμῳ,	οἶκος	Ἰσραήλ;	[43] καὶ	ἀνελάβετε	τὴν	σκηνὴν
en	el	desierto,	casa	de Israel?	Y	llevasteis	la	tienda
1722	3588	2048	3624	2474	2532	353	3588	4633
P	*DDSF*	*JDSF*	*NVSM, NNSM*	*NGSM, XP*	*CLN*	*VAAI2P*	*DASF*	*NASF*

τοῦ	Μολὸχ	καὶ	τὸ	ἄστρον	τοῦ	θεοῦ	Ῥαιφάν,	τοὺς	τύπους
--	de Moloc	y	la	estrella	del	dios	Refán,	las	figuras
3588	3434	2532	3588	798	3588	2316	4481	3588	5179
DGSM	*NGSM, XP*	*CLN*	*DASN*	*NASN*	*DGSM*	*NGSM*	*NGSM, XP*	*DAPM*	*NAPM*

οὓς	ἐποιήσατε	προσκυνεῖν	αὐτοῖς.	καὶ	μετοικιῶ	ὑμᾶς	ἐπέκεινα
las cuales	hicisteis	para adorar	a ellas,	y	deportaré	a vosotros	más allá de
3739	4160	4352	846	2532	3351	5209	1900
RR-APM	*VAAI2P*	*VPAN*	*RP3DPM*	*CLN*	*VFAI1S*	*RP2AP*	*P, B*

Βαβυλῶνος.
Babilonia.
897
NGSF

[44] Ἡ	σκηνὴ	τοῦ	μαρτυρίου	ἦν	τοῖς	πατράσιν	ἡμῶν	ἐν	τῇ
La	tienda	de el	testimonio	estaba	para los	padres	de nosotros	en	el
3588	4633	3588	3142	2258	3588	3962	2257	1722	3588
DNSF	*NNSF*	*DGSN*	*NGSN*	*VIAI3S*	*DDPM*	*NDPM*	*RP1GP*	*P*	*DDSF*

ἐρήμῳ,	καθὼς	διετάξατο	ὁ	λαλῶν	τῷ	Μωϋσῇ	ποιῆσαι	αὐτὴν
desierto	como	ordenó	el que	está hablando	--	a Moisés	para hacer	a ella
2048	2531	1299	3588	2980	3588	3475	4160	846
JDSF	*CAM*	*VAMI3S*	*DNSM*	*VPAP-SNM*	*DDSM*	*NDSM*	*VAAN*	*RP3ASF*

κατὰ	τὸν	τύπον	ὃν	ἑωράκει,	[45] ἣν	καὶ	εἰσήγαγον	διαδεξάμενοι
según	el	modelo	el cual	había visto;	la cual	también$_4$	introdujeron$_5$	habiéndo(la) recibido$_6$
2596	3588	5179	3739	3708	3739	2532	1521	1237
P	*DASM*	*NASM*	*RR-ASM*	*VLAI3S*	*RR-ASF*	*BE, TE*	*VAAI3P*	*VAMP-PNM*

οἱ	πατέρες	ἡμῶν	μετὰ	Ἰησοῦ	ἐν	τῇ	κατασχέσει	τῶν	ἐθνῶν
los$_1$	padres$_2$	de nosotros$_3$	con	Josué	en	la	toma de posesión	de los	pueblos,
3588	3962	2257	3326	2424	1722	3588	2697	3588	1484
DNPM	*NNPM*	*RP1GP*	*P*	*NGSM*	*P*	*DDSF*	*NDSF*	*DGPN*	*NGPN*

ὧν	ἐξῶσεν	ὁ	θεὸς	ἀπὸ	προσώπου	τῶν	πατέρων	ἡμῶν	ἕως
a los cuales	expulsó$_3$	--$_1$	Dios$_2$	de el	rostro	de los	padres	de nosotros	hasta
3739	1856	3588	2316	575	4383	3588	3962	2257	2193
RR-GPN	*VAAI3S*	*DNSM*	*NNSM*	*P*	*NGSN*	*DGPM*	*NGPM*	*RP1GP*	*P, C*

NVI

[41] »Entonces se hicieron un ídolo en forma de becerro. Le ofrecieron sacrificios y tuvieron fiesta en honor de la obra de sus manos.
[42] Pero Dios les volvió la espalda y los entregó a que rindieran culto a los astros. Así está escrito en el libro de los profetas:

»"Casa de Israel, ¿acaso me ofrecieron ustedes sacrificios y ofrendas
durante los cuarenta años en el desierto?
[43] Por el contrario, ustedes se hicieron cargo del tabernáculo de Moloc,
de la estrella del dios Refán,
y de las imágenes que hicieron para adorarlas.
Por lo tanto, los mandaré al exilio" más allá de Babilonia.

[44] »Nuestros antepasados tenían en el desierto el tabernáculo del testimonio, hecho como Dios le había ordenado a Moisés, según el modelo que este había visto.
[45] Después de haber recibido el tabernáculo, lo trajeron consigo bajo el mando de Josué, cuando conquistaron la tierra de las naciones que Dios expulsó de la presencia de ellos. Allí permaneció hasta el tiempo de

RVR

los días de David;
46 el cual halló gracia
delante de Dios, y pidió
proveer tabernáculo
para el Dios de Jacob.
47 Mas fue Salomón
quien le edificó casa;
48 si bien el Altísimo
no habita en templos
hechos a mano, como
dice el profeta:
49 El cielo es mi trono,
Y la tierra el estrado de
mis pies.
¿Qué clase de casa me
edificaréis?, dice el
Señor;
¿O cuál es el lugar de mi
reposo?
50 ¿No hizo mi mano
todas estas cosas?
51 ¡Duros de cerviz,
e incircuncisos de
corazón y de oídos!
Vosotros siempre resistís
al Espíritu Santo; como
vuestros padres, así
también vosotros.
52 ¿A cuál de los profetas
no persiguieron vues-
tros padres? Y mataron
a los que anunciaron de
antemano la venida del
Justo, de quien vosotros
ahora habéis sido trai-
dores y asesinos;
53 vosotros que recibis-
teis la ley por disposi-
ción de ángeles, y no la
guardasteis.

τῶν	ἡμερῶν	Δαυίδ·	46 ὅς	εὗρεν	χάριν	ἐνώπιον	τοῦ	θεοῦ	καὶ	ᾐτήσατο
los	días	de David,	el cual	encontró	gracia	delante de	--	Dios	y	pidió
3588	2250	1138	3739	2147	5485	1799	3588	2316	2532	154
DGPF	*NGPF*	*NGSM, XP*	*RR-NSM*	*VAAI3S*	*NASF*	*P, B*	*DGSM*	*NGSM*	*CLN*	*VAMI3S*

εὑρεῖν	σκήνωμα	τῷ	θεῷ	Ἰακώβ.	47 Σολομῶν	δὲ	οἰκοδόμησεν
hallar	un tabernáculo	para el	Dios	de Jacob.	Salomón$_2$	Pero$_1$	edificó
2147	4638	3588	2316	2384	4672	1161	3618
VAAN	*NASN*	*DDSM*	*NDSM*	*NGSM, XP*	*NNSM*	*CLC*	*VAAI3S*

αὐτῷ	οἶκον.	48 ἀλλ'	οὐχ	ὁ	ὕψιστος	ἐν	χειροποιήτοις	κατοικεῖ·
a él	una casa.	Pero	no$_3$	el$_1$	Altísimo$_2$	en$_5$	(casas) hechas a mano,$_6$	habita$_4$
846	3624	235	3756	3588	5310	1722	5499	2730
RP3DSM	*NASM*	*CLC*	*BN, TN*	*DNSM*	*JNSM*	*P*	*JDPM*	*VPAI3S*

καθὼς	ὁ	προφήτης	λέγει·	49 Ὁ	οὐρανός	μοι	θρόνος,	ἡ	δὲ	γῆ
como	el	profeta	dice:	El	cielo (es)	para mí	trono,	la$_2$	y$_1$	tierra
2531	3588	4396	3004	3588	3772	3427	2362	3588	1161	1093
CAM	*DNSM*	*NNSM*	*VPAI3S*	*DNSM*	*NNSM*	*RP1DS*	*NNSM*	*DNSF*	*CLN*	*NNSF*

ὑποπόδιον	τῶν	ποδῶν	μου·	ποῖον	οἶκον	οἰκοδομήσετέ	μοι,	λέγει
estrado	de los	pies	de mí;	¿qué (clase de)	casa	edificaréis	para mí?	dice;$_2$
5286	3588	4228	3450	4169	3624	3618	3427	3004
NNSN	*DGPM*	*NGPM*	*RP1GS*	*JASM, RI-ASM*	*NASM*	*VFAI2P*	*RP1DS*	*VPAI3S*

κύριος,	ἢ	τίς	τόπος	τῆς	καταπαύσεώς	μου;	50 οὐχὶ	ἡ	χείρ	μου
(el) Señor$_1$	o	¿qué	lugar (es)	el	de descanso	de mí?	no$_4$	¿La$_1$	mano$_2$	de mí$_3$
2962	2228	5101	5117	3588	2663	3450	3780	3588	5495	3450
NNSM	*CLD*	*RI-NSM*	*NNSM*	*DGSF*	*NGSF*	*RP1GS*	*TN, TI*	*DNSF*	*NNSF*	*RP1GS*

ἐποίησεν	ταῦτα	πάντα;
hizo$_5$	estas cosas?$_2$	todas$_1$
4160	5023	3956
VAAI3S	*RD-APN*	*JAPN*

51 Σκληροτράχηλοι	καὶ	ἀπερίτμητοι	καρδίαις	καὶ	τοῖς	ὠσίν,
Rebeldes	e	incircuncisos	en (los) corazones	y	en los	oídos,
4644	2532	564	2588	2532	3588	3775
JVPM	*CLN*	*JVPM*	*NDPF*	*CLN*	*DDPN*	*NDPN*

ὑμεῖς	ἀεὶ	τῷ	πνεύματι	τῷ	ἁγίῳ	ἀντιπίπτετε,	ὡς	οἱ	πατέρες
vosotros	siempre	al	Espíritu	--	Santo	resistís	como	los	padres
5210	104	3588	4151	3588	40	496	5613	3588	3962
RP2NP	*B*	*DDSN*	*NDSN*	*DDSN*	*JDSN*	*VPAI2P*	*CAM*	*DNPM*	*NNPM*

ὑμῶν	καὶ	ὑμεῖς.	52 τίνα	τῶν	προφητῶν	οὐκ	ἐδίωξαν	οἱ	πατέρες
de vosotros	también	vosotros.	¿A cuál	de los	profetas	no	persiguieron	los	padres
5216	2532	5210	5101	3588	4396	3756	1377	3588	3962
RP2GP	*BE, TE*	*RP2NP*	*RI-ASM*	*DGPM*	*NGPM*	*BN, TN*	*VAAI3P*	*DNPM*	*NNPM*

ὑμῶν;	καὶ	ἀπέκτειναν	τοὺς	προκαταγγείλαντας	περὶ	τῆς
de vosotros?	Y	mataron	a los	habiendo anunciado de antemano	acerca de	la
5216	2532	615	3588	4293	4012	3588
RP2GP	*CLN*	*VAAI3P*	*DAPM*	*VAAP-PAM*	*P*	*DGSF*

ἐλεύσεως	τοῦ	δικαίου	οὗ	νῦν	ὑμεῖς	προδόται	καὶ	φονεῖς	ἐγένεσθε,
venida	del	Justo,	de quien	ahora	vosotros	traidores	y	homicidas	fuisteis,
1660	3588	1342	3739	3568	5210	4273	2532	5406	1096
NGSF	*DGSM*	*JGSM*	*RR-GSM*	*B*	*RP2NP*	*NNPM*	*CLN*	*NNPM*	*VAMI2P*

53 οἵτινες	ἐλάβετε	τὸν	νόμον	εἰς	διαταγὰς	ἀγγέλων,	καὶ	οὐκ
los que	recibisteis	la	ley	por	órdenes	de angeles	y	no
3748	2983	3588	3551	1519	1296	32	2532	3756
RR-NPM	*VAAI2P*	*DASM*	*NASM*	*P*	*NAPF*	*NGPM*	*CLC*	*BN, TN*

ἐφυλάξατε.
(la) guardasteis.
5442
VAAI2P

NVI

David, 46 quien disfrutó
del favor de Dios y pidió
que le permitiera pro-
veer una morada para
el Dios de Jacob. 47 Pero
fue Salomón quien
construyó la casa.
48 »Sin embargo, el
Altísimo no habita en
casas construidas por
manos humanas. Como
dice el profeta:

49 »"El cielo es mi
trono,
y la tierra, el estrado
de mis pies.
¿Qué clase de casa me
construirán?
—dice el Señor—.
¿O qué lugar de
descanso?
50 ¿No es mi mano la
que ha hecho todas
estas cosas?"

51 »¡Tercos, duros
de corazón y torpes
de oídos! Ustedes son
iguales que sus antepa-
sados: ¡Siempre resisten
al Espíritu Santo! 52 ¿A
cuál de los profetas no
persiguieron sus ante-
pasados? Ellos mataron
a los que de antemano
anunciaron la venida
del Justo, y ahora a este
lo han traicionado y
asesinado 53 ustedes,
que recibieron la ley
promulgada por medio
de ángeles y no la han
obedecido».

RVR

54 Oyendo estas cosas,
se sentían heridos en lo
más vivo, y rechinaban
los dientes contra él.
55 Pero Esteban, lleno
del Espíritu Santo, pues-
tos los ojos en el cielo,
vio la gloria de Dios, y a
Jesús que estaba de pie a
la diestra de Dios,
56 y dijo: He aquí, veo
los cielos abiertos, y al
Hijo del Hombre que
está de pie a la diestra
de Dios.
57 Entonces ellos, gritan-
do a grandes voces,
se taparon los oídos,
y arremetieron a una
contra él.
58 Y echándole fuera de
la ciudad, comenzaron a
apedrearle; y los testigos
pusieron sus ropas a los
pies de un joven que se
llamaba Saulo.
59 Y apedreaban a
Esteban, mientras él
invocaba y decía: Señor
Jesús, recibe mi espíritu.
60 Y puesto de rodillas,
clamó a gran voz: Señor,
no les tomes en cuenta
este pecado. Y habiendo
dicho esto, se durmió.

Saulo persigue a la iglesia

8 Saulo estaba de acuerdo con ellos en su muerte. En aquel

54 Ἀκούοντες	δὲ	ταῦτα	διεπρίοντο	ταῖς	καρδίαις	αὐτῶν	καὶ
oyendo$_2$	Y$_1$	estas cosas	se enfurecían	en los	corazones	de ellos	y
191	1161	5023	1282	3588	2588	846	2532
VPAP-PNM	*CLN*	*RD-APN*	*VIPI3P*	*DDPF*	*NDPF*	*RP3GPM*	*CLN*

ἔβρυχον	τοὺς	ὀδόντας	ἐπ'	αὐτόν.	55 ὑπάρχων	δὲ	πλήρης	πνεύματος
hacían rechinar	los	dientes	contra	él.	estando$_2$	Pero$_1$	lleno	del Espíritu
1031	3588	3599	1909	846	5225	1161	4134	4151
VIAI3P	*DAPM*	*NAPM*	*P*	*RP3ASM*	*VPAP-SNM*	*CLC*	*JNSM*	*NGSN*

ἁγίου	ἀτενίσας	εἰς	τὸν	οὐρανὸν	εἶδεν	δόξαν	θεοῦ	καὶ	Ἰησοῦν
Santo	habiendo fijado la mirada	a	el	cielo	vio	(la) gloria	de Dios	y	a Jesús
40	816	1519	3588	3772	1492	1391	2316	2532	2424
JGSN	*VAAP-SNM*	*P*	*DASM*	*NASM*	*VAAI3S*	*NASF*	*NGSM*	*CLN*	*NASM*

ἑστῶτα	ἐκ	δεξιῶν	τοῦ	θεοῦ,	56 καὶ	εἶπεν·	Ἰδοὺ	θεωρῶ	τοὺς
parado	a	(la) derecha	--	de Dios	y	dijo:	Mira,	veo	los
2476	1537	1188	3588	2316	2532	2036	2400	2334	3588
VRAP-SAM	*P*	*JGPN, JGPM*	*DGSM*	*NGSM*	*CLN*	*VAAI3S*	*I, VAAM2S*	*VPAI1S*	*DAPM*

οὐρανοὺς	διηνοιγμένους	καὶ	τὸν	υἱὸν	τοῦ	ἀνθρώπου	ἐκ	δεξιῶν
cielos	abiertos	y	al	Hijo	del	Hombre	a$_2$	(la) derecha$_3$
3772	1272	2532	3588	5207	3588	444	1537	1188
NAPM	*VRPP-PAM*	*CLN*	*DASM*	*NASM*	*DGSM*	*NGSM*	*P*	*JGPN, JGPM*

ἑστῶτα	τοῦ	θεοῦ.	57 κράξαντες	δὲ	φωνῇ	μεγάλῃ	συνέσχον	τὰ	ὦτα
parado$_1$	--	de Dios.	habiendo gritado$_2$	Y$_1$	con voz	grande	taparon	los	oídos
2476	3588	2316	2896	1161	5456	3173	4912	3588	3775
VRAP-SAM	*DGSM*	*NGSM*	*VAAP-PNM*	*CLN*	*NDSF*	*JDSF*	*VAAI3P*	*DAPN*	*NAPN*

αὐτῶν,	καὶ	ὥρμησαν	ὁμοθυμαδὸν	ἐπ'	αὐτόν,	58 καὶ	ἐκβαλόντες	ἔξω
de ellos	y	se precipitaron	unánimemente	contra	él	y	habiendo(lo) echado	fuera
846	2532	3729	3661	1909	846	2532	1544	1854
RP3GPM	*CLN*	*VAAI3P*	*B*	*P*	*RP3ASM*	*CLN*	*VAAP-PNM*	*P, B*

τῆς	πόλεως	ἐλιθοβόλουν.	καὶ	οἱ	μάρτυρες	ἀπέθεντο	τὰ	ἱμάτια
de la	ciudad	(lo) apedreaban.	Y	los	testigos	pusieron	los	mantos
3588	4172	3036	2532	3588	3144	659	3588	2440
DGSF	*NGSF*	*VIAI3P*	*CLN*	*DNPM*	*NNPM*	*VAMI3P*	*DAPN*	*NAPN*

αὐτῶν	παρὰ	τοὺς	πόδας	νεανίου	καλουμένου	Σαύλου.	59 καὶ
de ellos	junto a	los	pies	de un joven	que está siendo llamado	Saulo.	Y
846	3844	3588	4228	3494	2564	4569	2532
RP3GPM	*P*	*DAPM*	*NAPM*	*NGSM*	*VPPP-SGM*	*NGSM*	*CLN*

ἐλιθοβόλουν	τὸν	Στέφανον	ἐπικαλούμενον	καὶ	λέγοντα·	Κύριε	Ἰησοῦ,
apedreaban	--	a Esteban,	invocando él	y	diciendo:	Señor	Jesús,
3036	3588	4736	1941	2532	3004	2962	2424
VIAI3P	*DASM*	*NASM*	*VPMP-SAM*	*CLN*	*VPAP-SAM*	*NVSM*	*NVSM*

δέξαι	τὸ	πνεῦμά	μου·	60 θεὶς	δὲ	τὰ	γόνατα	ἔκραξεν	φωνῇ
recibe	el	espíritu	de mí.	habiendo puesto$_2$	Y$_1$	las	rodillas	gritó	con voz
1209	3588	4151	3450	5087	1161	3588	1119	2896	5456
VAMM2S	*DASN*	*NASN*	*RP1GS*	*VAAP-SNM*	*CLN*	*DAPN*	*NAPN*	*VAAI3S*	*NDSF*

μεγάλῃ·	Κύριε,	μὴ	στήσῃς	αὐτοῖς	ταύτην	τὴν	ἁμαρτίαν·	καὶ	τοῦτο
grande:	Señor,	no	pongas	contra ellos	este	--	pecado.	Y	esto$_2$
3173	2962	3361	2476	846	3778	3588	266	2532	5124
JDSF	*NVSM*	*BN, TN*	*VAAS2S*	*RP3DPM*	*RD-ASF*	*DASF*	*NASF*	*CLN*	*RD-ASN*

εἰπὼν	ἐκοιμήθη.
habiendo dicho$_1$	durmió.
2036	2837
VAAP-SNM	*VAPI3S*

8 Σαῦλος	δὲ	ἦν	συνευδοκῶν	τῇ	ἀναιρέσει	αὐτοῦ.
Saulo$_2$	Y$_1$	estaba	aprobando	la	muerte (violenta)	de él.
4569	1161	2258	4909	3588	336	846
NNSM	*CLN*	*VIAI3S*	*VPAP-SNM*	*DDSF*	*NDSF*	*RP3GSM*

NVI

Muerte de Esteban

54 Al oír esto, rechi-
nando los dientes mon-
taron en cólera contra
él. 55 Pero Esteban, lleno
del Espíritu Santo, fijó
la mirada en el cielo y
vio la gloria de Dios, y a
Jesús de pie a la derecha
de Dios.
56 —¡Veo el cielo
abierto —exclamó—,
y al Hijo del hombre de
pie a la derecha de Dios!
57 Entonces ellos,
gritando a voz en cuello,
se taparon los oídos y to-
dos a una se abalanzaron
sobre él, 58 lo sacaron a
empellones fuera de la
ciudad y comenzaron
a apedrearlo. Los acu-
sadores le encargaron
sus mantos a un joven
llamado Saulo.
59 Mientras lo ape-
dreaban, Esteban oraba.
—Señor Jesús —de-
cía—, recibe mi espíritu.
60 Luego cayó de
rodillas y gritó:
—¡Señor, no les
tomes en cuenta este
pecado!
Cuando hubo dicho
esto, murió.

8 Y Saulo estaba allí, aprobando la muerte de Esteban.

RVR

día se desató una gran
persecución contra
la iglesia que estaba
en Jerusalén; y todos
fueron esparcidos por
las regiones de Judea y
de Samaria, excepto los
apóstoles.
2 Y unos hombres piado-
sos llevaron a enterrar a
Esteban, e hicieron gran
duelo por él.
3 Y Saulo asolaba la
iglesia, y entrando casa
por casa, arrastraba a
hombres y a mujeres,
y los entregaba en la
cárcel.

Predicación de Felipe en Samaria

4 Pero los que fueron
esparcidos iban por to-
das partes anunciando
las Buenas Nuevas de la
palabra.
5 Entonces Felipe, des-
cendiendo a la ciudad
de Samaria, les predica-
ba a Cristo.
6 Y la gente, unánime,
escuchaba atentamen-
te las cosas que decía
Felipe, oyendo y viendo
las señales que hacía.
7 Porque de muchos
que tenían espíritus
inmundos, salían éstos
dando grandes voces;
y muchos paralíticos y
cojos eran sanados;

Ἐγένετο	δὲ	ἐν	ἐκείνῃ	τῇ	ἡμέρᾳ	διωγμὸς	μέγας	ἐπὶ	τὴν	ἐκκλησίαν
hubo$_2$	Y$_1$	en	aquel	--	día	persecución	grande	contra	la	iglesia
1096	1161	1722	1565	3588	2250	1375	3173	1909	3588	1577
VAMI3S	*CLT*	*P*	*RD-DSF*	*DDSF*	*NDSF*	*NNSM*	*JNSM*	*P*	*DASF*	*NASF*

τὴν	ἐν	Ἱεροσολύμοις·	πάντες	δὲ	διεσπάρησαν	κατὰ	τὰς	χώρας
la (que está)	en	Jerusalén,	todos$_2$	y$_1$	se dispersaron	por	las	regiones
3588	1722	2414	3956	1161	1289	2596	3588	5561
DASF	*P*	*NDPN*	*JNPM*	*CLN*	*VAPI3P*	*P*	*DAPF*	*NAPF*

τῆς	Ἰουδαίας	καὶ	Σαμαρείας	πλὴν	τῶν	ἀποστόλων.	2 συνεκόμισαν
de --	Judea	y	Samaria,	excepto	los	apóstoles.	enterraron$_2$
3588	2449	2532	4540	4133	3588	652	4792
DGSF	*NGSF*	*CLN*	*NGSF*	*P, B*	*DGPM*	*NGPM*	*VAAI3P*

δὲ	τὸν	Στέφανον	ἄνδρες	εὐλαβεῖς	καὶ	ἐποίησαν	κοπετὸν	μέγαν
Y$_1$	a --	Esteban	unos varones	piadosos	e	hicieron	lamento	grande
1161	3588	4736	435	2126	2532	4160	2870	3173
CLN	*DASM*	*NASM*	*NNPM*	*JNPM*	*CLN*	*VAAI3P*	*NASM*	*JASM*

ἐπ᾽	αὐτῷ.	3 Σαῦλος	δὲ	ἐλυμαίνετο	τὴν	ἐκκλησίαν	κατὰ	τοὺς	οἴκους
sobre	él.	Saulo$_2$	Y$_1$	hacía estragos en	la	iglesia	por	las	casas
1909	846	4569	1161	3075	3588	1577	2596	3588	3624
P	*RP3DSM*	*NNSM*	*CLC*	*VIUI3S*	*DASF*	*NASF*	*P*	*DAPM*	*NAPM*

εἰσπορευόμενος,	σύρων	τε	ἄνδρας	καὶ	γυναῖκας	παρεδίδου	εἰς
entrando,	arrastrando$_2$	y$_1$	varones	y	mujeres	(los) entregaba	a
1531	4951	5037	435	2532	1135	3860	1519
VPUP-SNM	*VPAP-SNM*	*CLK*	*NAPM*	*CLK, CLN*	*NAPF*	*VIAI3S*	*P*

φυλακήν.
(la) cárcel.
5438
NASF

4 Οἱ	μὲν	οὖν	διασπαρέντες	διῆλθον	εὐαγγελιζόμενοι	τὸν
los que$_3$	--$_2$	Así que$_1$	habiendo sido dispersados	se pasaron	anunciando	la
3588	3303	3767	1289	1330	2097	3588
DNPM	*TE*	*CLT*	*VAPP-PNM*	*VAAI3P, VAAI3S*	*VPMP-PNM*	*DASM*

λόγον.	5 Φίλιππος	δὲ	κατελθὼν	εἰς	τὴν	πόλιν	τῆς	Σαμαρείας
palabra.	Felipe$_2$	Y$_1$	habiendo bajado	a	la	ciudad	de --	Samaria
3056	5376	1161	2718	1519	3588	4172	3588	4540
NASM	*NNSM*	*CLN*	*VAAP-SNM*	*P*	*DASF*	*NASF*	*DGSF*	*NGSF*

ἐκήρυσσεν	αὐτοῖς	τὸν	χριστόν.	6 προσεῖχον	δὲ	οἱ	ὄχλοι
proclamaba	a ellos	a --	Cristo.	prestaban atención$_4$	Y$_1$	las$_2$	multitudes$_3$
2784	846	3588	5547	4337	1161	3588	3793
VIAI3S	*RP3DPM*	*DASM*	*NASM*	*VIAI3P*	*CLN*	*DNPM*	*NNPM*

τοῖς	λεγομένοις	ὑπὸ	τοῦ	Φιλίππου	ὁμοθυμαδὸν	ἐν	τῷ
a las cosas que	están siendo dichas	por	--	Felipe,	unánimes	en	el
3588	3004	5259	3588	5376	3661	1722	3588
DDPN	*VPPP-PDN*	*P*	*DGSM*	*NGSM*	*B*	*P*	*DDSN, DDSM*

ἀκούειν	αὐτοὺς	καὶ	βλέπειν	τὰ	σημεῖα	ἃ	ἐποίει.	7 πολλοὶ
oír	a ellas	y	ver	las	señales	las cuales	hacía;	muchos$_2$
191	846	2532	991	3588	4592	3739	4160	4183
VPAN	*RP3APM*	*CLN*	*VPAN*	*DAPN*	*NAPN*	*RR-APN*	*VIAI3S*	*JNPM*

γὰρ	τῶν	ἐχόντων	πνεύματα	ἀκάθαρτα	βοῶντα	φωνῇ	μεγάλῃ
porque$_1$	de los que	están teniendo	espíritus	inmundos	gritando$_2$	(con) voz$_3$	grande$_4$
1063	3588	2192	4151	169	994	5456	3173
CLX	*DGPM*	*VPAP-PGM*	*NAPN*	*JAPN*	*VPAP-PNN*	*NDSF*	*JDSF*

ἐξήρχοντο,	πολλοὶ	δὲ	παραλελυμένοι	καὶ	χωλοὶ	ἐθεραπεύθησαν·
salían$_1$	muchos$_6$	y$_5$	paralizados	y	cojos	fueron sanados;
1831	4183	1161	3886	2532	5560	2323
VIUI3P	*JNPM*	*CLN*	*VRPP-PNM*	*CLN*	*JNPM*	*VAPI3P*

NVI

La iglesia perseguida y dispersa

Aquel día se desató
una gran persecución
contra la iglesia en
Jerusalén, y todos,
excepto los apóstoles,
se dispersaron por
las regiones de Judea
y Samaria.
2 Unos
hombres piadosos
sepultaron a Esteban e
hicieron gran duelo por
él.
3 Saulo, por su parte,
causaba estragos en la
iglesia: entrando de casa
en casa, arrastraba a
hombres y mujeres y los
metía en la cárcel.

Felipe en Samaria

4 Los que se habían
dispersado predicaban la
palabra por dondequie-
ra que iban.
5 Felipe bajó
a una ciudad de Samaria
y les anunciaba al
Mesías.
6 Al oír a Felipe y
ver las señales milagrosas
que realizaba, mucha
gente se reunía y todos
prestaban atención a su
mensaje.
7 De muchos
endemoniados los
espíritus malignos salían
dando alaridos, y un
gran número de paralí-
ticos y cojos quedaban

RVR

8 así que había gran gozo
en aquella ciudad.
9 Pero había un hombre
llamado Simón, que
antes ejercía la magia
en aquella ciudad, y
tenía atónita a la gente
de Samaria, haciéndose
pasar por algo grande.
10 A éste oían atenta-
mente todos, desde el
más pequeño hasta el
más grande, diciendo:
Éste es el Gran Poder
de Dios.
11 Y le estaban atentos,
porque con sus artes
mágicas les había tenido
atónitos por bastante
tiempo.
12 Pero cuando creyeron
a Felipe, que anunciaba
el evangelio del reino
de Dios y el nombre de
Jesucristo, se bautizaban
hombres y mujeres.
13 También creyó Simón
mismo, y habiéndose
bautizado, perseveraba
junto a Felipe; y viendo
las señales y grandes
milagros que se hacían,
estaba atónito.
14 Cuando los apóstoles
que estaban en Jerusalén
oyeron que Samaria ha-
bía recibido la palabra
de Dios, enviaron allá a

8 ἐγένετο	δὲ	πολλὴ	χαρὰ	ἐν	τῇ	πόλει	ἐκείνῃ.
hubo$_2$	y$_1$	mucho	gozo	en	--	ciudad.$_2$	aquella$_1$
1096	1161	4183	5479	1722	3588	4172	1565
VAMI3S	CLN	JNSF	NNSF	P	DDSF	NDSF	RD-DSF

9 ᾿Ανὴρ	δέ	τις	ὀνόματι	Σίμων	προϋπῆρχεν	ἐν	τῇ	πόλει
hombre$_3$	Y$_1$	cierto$_2$	(de) nombre	Simón	estaba desde antes	en	la	ciudad
435	1161	5100	3686	4613	4391	1722	3588	4172
NNSM	CLT	JNSM, RX-NSM	NDSN	NNSM	VIAI3S	P	DDSF	NDSF

μαγεύων	καὶ	ἐξιστάνων	τὸ	ἔθνος	τῆς	Σαμαρείας,	λέγων
practicando magia	y	sorprendiendo	al	pueblo	de --	Samaria,	diciendo
3096	2532	1839	3588	1484	3588	4540	3004
VPAP-SNM	CLN	VPAP-SNM	DASN	NASN	DGSF	NGSF	VPAP-SNM

εἶναί	τινα	ἑαυτὸν	μέγαν,	10 ᾧ	προσεῖχον	πάντες	ἀπὸ	μικροῦ
ser	alguien$_2$	él mismo$_1$	grande,	al cual	prestaban atención	todos	desde	(el) pequeño
1511	5100	1438	3173	3739	4337	3956	575	3398
VPAN	RX-ASM	RF3ASM	JASM	RR-DSM	VIAI3P	JNPM	P	JGSM

ἕως	μεγάλου	λέγοντες·	Οὗτός	ἐστιν	ἡ	Δύναμις	τοῦ	θεοῦ	ἡ
hasta	(el) grande	diciendo:	Este	es	el	poder	de --	Dios	el que
2193	3173	3004	3778	2076	3588	1411	3588	2316	3588
P, C	JGSM	VPAP-PNM	RD-NSM	VPAI3S	DNSF	NNSF	DGSM	NGSM	DNSF

καλουμένη	Μεγάλη.	11 προσεῖχον	δὲ	αὐτῷ	διὰ	τὸ
está siendo llamado	grande.	prestaban atención$_2$	Y$_1$	a él	por causa de (que)	--
2564	3173	4337	1161	846	1223	3588
VPPP-SNF	JNSF	VIAI3P	CLN	RP3DSM	P	DASN

ἱκανῷ	χρόνῳ	ταῖς	μαγείαις	ἐξεστακέναι	αὐτούς.	12 ὅτε	δὲ
por considerable	tiempo	con la$_3$	magia.$_4$	sorprendía$_1$	a ellos$_2$	cuando$_2$	Pero$_1$
2425	5550	3588	3095	1839	846	3753	1161
JDSM	NDSM	DDPF	NDPF	VRAN	RP3APM	CAT	CLC

ἐπίστευσαν	τῷ	Φιλίππῳ	εὐαγγελιζομένῳ	περὶ	τῆς	βασιλείας
creyeron	a --	Felipe	anunciando la buena noticia	acerca de	el	reino
4100	3588	5376	2097	4012	3588	932
VAAI3P	DDSM	NDSM	VPMP-SDM	P	DGSF	NGSF

τοῦ	θεοῦ	καὶ	τοῦ	ὀνόματος	᾿Ιησοῦ	Χριστοῦ,	ἐβαπτίζοντο	ἄνδρες
de --	Dios	y	el	nombre	de Jesús	Cristo,	eran bautizados.$_5$	varones$_1$
3588	2316	2532	3588	3686	2424	5547	907	435
DGSM	NGSM	CLN	DGSN	NGSN	NGSM	NGSM	VIPI3P	NNPM

τε	καὶ	γυναῖκες.	13 ὁ	δὲ	Σίμων	καὶ	αὐτὸς	ἐπίστευσεν,
y$_2$	también$_3$	mujeres$_4$	--$_3$	Y$_1$	Simón$_4$	también$_5$	el mismo$_2$	creyó
5037	2532	1135	3588	1161	4613	2532	846	4100
CLK	CLK, CLN	NNPF	DNSM	CLN	NNSM	CLA, B	RP3NSMP	VAAI3S

καὶ	βαπτισθεὶς	ἦν	προσκαρτερῶν	τῷ	Φιλίππῳ,	θεωρῶν	τε
y	habiendo sido bautizado	estaba	perseverando	con --	Felipe,	mirando$_3$	y$_1$
2532	907	2258	4342	3588	5376	2334	5037
CLN	VAPP-SNM	VIAI3S	VPAP-SNM	DDSM	NDSM	VPAP-SNM	CLN

σημεῖα	καὶ	δυνάμεις	μεγάλας	γινομένας	ἐξίστατο.
(las) señales$_4$	y$_5$	(los) milagros$_7$	grandes$_6$	que están sucediendo$_8$	estaba asombrado$_2$
4592	2532	1411	3173	1096	1839
NAPN	CLN	NAPF	JAPF	VPUP-PAF	VIMI3S

14 ᾿Ακούσαντες	δὲ	οἱ	ἐν	῾Ιεροσολύμοις	ἀπόστολοι	ὅτι	δέδεκται
habiendo oído$_2$	Y$_1$	los$_3$	en$_5$	Jerusalén$_6$	apóstoles$_4$	que$_7$	ha recibido$_{10}$
191	1161	3588	1722	2414	652	3754	1209
VAAP-PNM	CLT	DNPM	P	NDPN	NNPM	CSC	VRUI3S

ἡ	Σαμάρεια	τὸν	λόγον	τοῦ	θεοῦ,	ἀπέστειλαν	πρὸς	αὐτοὺς	Πέτρον
--$_8$	Samaria$_9$	la	palabra	de --	Dios,	enviaron	a	ellos	a Pedro
3588	4540	3588	3056	3588	2316	649	4314	846	4074
DNSF	NNSF	DASM	NASM	DGSM	NGSM	VAAI3P	P	RP3APM	NASM

NVI

sanos. 8 Y aquella ciudad
se llenó de alegría.

Simón el hechicero

9 Ya desde antes
había en esa ciudad un
hombre llamado Simón
que, jactándose de ser
un gran personaje, prac-
ticaba la hechicería y
asombraba a la gente de
Samaria. 10 Todos, desde
el más pequeño hasta el
más grande, le prestaban
atención y exclamaban:
«¡Este hombre es al que
llaman el Gran Poder de
Dios!»
11 Lo seguían porque
por mucho tiempo los
había tenido deslum-
brados con sus artes
mágicas. 12 Pero, cuando
creyeron a Felipe,
que les anunciaba las
buenas nuevas del reino
de Dios y el nombre
de Jesucristo, tanto
hombres como mujeres
se bautizaron. 13 Simón
mismo creyó y, después
de bautizarse, seguía a
Felipe por todas partes,
asombrado de los gran-
des milagros y señales
que veía.
14 Cuando los após-
toles que estaban en
Jerusalén se enteraron
de que los samaritanos
habían aceptado la pala-
bra de Dios, les enviaron

RVR

Pedro y a Juan;
15 los cuales descendie-
ron y oraron por ellos
para que recibiesen el
Espíritu Santo;
16 porque aún no había
descendido sobre nin-
guno de ellos, sino que
solamente habían sido
bautizados en el nom-
bre del Señor Jesús.
17 Entonces les impo-
nían las manos, y reci-
bían el Espíritu Santo.
18 Cuando vio Simón
que por la imposición
de las manos de los
apóstoles se daba el
Espíritu Santo, les ofre-
ció dinero,
19 diciendo: Dadme
también a mí esta potes-
tad, para que cualquiera
a quien yo imponga
las manos, reciba el
Espíritu Santo.
20 Entonces Pedro le
dijo: Tu dinero vaya
contigo a la perdición,
porque has supuesto
que el don de Dios se
obtiene con dinero.
21 No tienes tú parte ni
suerte en este asunto,
porque tu corazón no es
recto delante de Dios.
22 Arrepiéntete, pues, de
esta tu maldad, y ruega a
Dios, si quizá te sea per-
donado el pensamiento
de tu corazón;

καὶ	Ἰωάννην,	15 οἵτινες	καταβάντες	προσηύξαντο	περὶ	αὐτῶν	ὅπως
y	a Juan,	quienes	habiendo bajado	oraron	por	ellos	para que
2532	2491	3748	2597	4336	4012	846	3704
CLN	*NASM*	*RR-NPM*	*VAAP-PNM*	*VAMI3P*	*P*	*RP3GPM*	*CSC*

λάβωσιν	πνεῦμα	ἅγιον·	16 οὐδέπω	γὰρ	ἦν	ἐπ᾽	οὐδενὶ	αὐτῶν
recibieran	a(l) Espíritu	Santo;	todavía no$_2$	porque$_1$	había$_3$	sobre$_5$	ninguno$_6$	de ellos,$_7$
2983	4151	40	3764	1063	2258	1909	3762	846
VAAS3P	*NASN*	*JASN*	*BN*	*CAZ*	*VIAI3S*	*P*	*JDSM*	*RP3GPM*

ἐπιπεπτωκός,	μόνον	δὲ	βεβαπτισμένοι	ὑπῆρχον	εἰς	τὸ	ὄνομα
caído$_4$	solamente$_9$	sino$_8$	bautizados$_{11}$	eran$_{10}$	en	el	nombre
1968	3440	1161	907	5225	1519	3588	3686
VRAP-SNN	*B, J*	*CLC*	*VRPP-PNM*	*VIAI3P*	*P*	*DASN*	*NASN*

τοῦ	⸀κυρίου	Ἰησοῦ.	17 τότε	ἐπετίθεσαν	τὰς	χεῖρας	ἐπ᾽	αὐτούς,	καὶ
del	Señor	Jesús.	Entonces	imponían	las	manos	sobre	ellos	y
3588	2962	2424	5119	2007	3588	5495	1909	846	2532
DGSM	*NGSM*	*NGSM*	*B*	*VIAI3P*	*DAPF*	*NAPF*	*P*	*RP3APM*	*CLN*

ἐλάμβανον	πνεῦμα	ἅγιον.	18 ἰδὼν	δὲ	ὁ	Σίμων	ὅτι	διὰ	τῆς
recibían	(el) Espíritu	Santo.	habiendo visto$_2$	Y$_1$	--	Simón	que	por	la
2983	4151	40	3708	1161	3588	4613	3754	1223	3588
VIAI3P	*NASN*	*JASN*	*VAAP-SNM*	*CLN*	*DNSM*	*NNSM*	*CSC*	*P*	*DGSF*

ἐπιθέσεως	τῶν	χειρῶν	τῶν	ἀποστόλων	δίδοται	τὸ	πνεῦμα
imposición	de las	manos	de los	apóstoles	es dado	el	Espíritu,
1936	3588	5495	3588	652	1325	3588	4151
NGSF	*DGPF*	*NGPF*	*DGPM*	*NGPM*	*VPPI3S*	*DNSN, DASN*	*NNSN, NASN*

προσήνεγκεν	αὐτοῖς	χρήματα	19 λέγων·	Δότε	κἀμοὶ	τὴν	ἐξουσίαν
ofreció	a ellos	dineros	diciendo:	Dad	también a mí	la	autoridad
4374	846	5536	3004	1325	2504	3588	1849
VAAI3S	*RP3DPM*	*NAPN*	*VPAP-SNM*	*VAAM2P*	*RP1DS, TE*	*DASF*	*NASF*

ταύτην	ἵνα	ᾧ	ἐὰν	ἐπιθῶ	τὰς	χεῖρας	λαμβάνῃ	πνεῦμα	ἅγιον.
esta	para que	a quien	--	pusiera yo	las	manos	reciba	(el) Espíritu	Santo.
3778	2443	3739	1437	2007	3588	5495	2983	4151	40
RD-ASF	*CAP*	*RR-DSM*	*TC*	*VAAS1S*	*DAPF*	*NAPF*	*VPAS3S*	*NASN*	*JASN*

20 Πέτρος	δὲ	εἶπεν	πρὸς	αὐτόν·	Τὸ	ἀργύριόν	σου	σὺν	σοὶ
Pedro$_2$	Y$_1$	dijo	a	él:	La	plata	de ti	con	ti
4074	1161	2036	4314	846	3588	694	4675	4862	4671
NNSM	*CLC*	*VAAI3S*	*P*	*RP3ASM*	*DNSN*	*NNSN*	*RP2GS*	*P*	*RP2DS*

εἴη	εἰς	ἀπώλειαν	ὅτι	τὴν	δωρεὰν	τοῦ	θεοῦ	ἐνόμισας	διὰ
sea	para	destrucción	porque	el	don	de --	Dios	supusiste	por medio de$_2$
1498	1519	684	3754	3588	1431	3588	2316	3543	1223
VPAO3S	*P*	*NASF*	*CAZ*	*DASF*	*NASF, B*	*DGSM*	*NGSM*	*VAAI2S*	*P*

χρημάτων	κτᾶσθαι.	21 οὐκ	ἔστιν	σοι	μερὶς	οὐδὲ	κλῆρος	ἐν	τῷ
dineros.$_3$	ser adquirido$_1$	No	hay	para ti	parte	ni	suerte	en	la
5536	2932	3756	2076	4671	3310	3761	2819	1722	3588
NGPN	*VPUN*	*BN,TN*	*VPAI3S*	*RP2DS*	*NNSF*	*CLD, TN*	*NNSM*	*P*	*DDSM*

λόγῳ	τούτῳ,	ἡ	γὰρ	καρδία	σου	οὐκ	ἔστιν	εὐθεῖα	ἔναντι	τοῦ
palabra	esta,	el$_2$	porque$_1$	corazón	tuyo	no	es	recto	delante	de --
3056	5129	3588	1063	2588	4675	3756	2076	2117	1725	3588
NDSM	*RD-DSM*	*DNSF*	*CAZ*	*NNSF*	*RP2GS*	*BN, TN*	*VPAI3S*	*JNSF*	*P, B*	*DGSM*

θεοῦ.	22 μετανόησον	οὖν	ἀπὸ	τῆς	κακίας	σου	ταύτης,	καὶ	δεήθητι
Dios.	arrepiéntete$_2$	Así que$_1$	de$_3$	la$_4$	malicia$_6$	de ti,$_7$	esta$_5$	y	ruega
2316	3340	3767	575	3588	2549	4675	3778	2532	1189
NGSM	*VAAM2S*	*CLI*	*P*	*DGSF*	*NGSF*	*RP2GS*	*RD-GSF*	*CLN*	*VAPM2S*

τοῦ	κυρίου	εἰ	ἄρα	ἀφεθήσεταί	σοι	ἡ	ἐπίνοια	τῆς	καρδίας	σου·
al	Señor	si	tal vez	será perdonado	a ti	el	pensamiento	del	corazón	de ti,
3588	2962	1487	686	863	4671	3588	1963	3588	2588	4675
DGSM	*NGSM*	*TI*	*CLI, T*	*VFPI3S*	*RP2DS*	*DNSF*	*NNSF*	*DGSF*	*NGSF*	*RP2GS*

NVI

a Pedro y a Juan. 15 Estos,
al llegar, oraron por ellos
para que recibieran el
Espíritu Santo, 16 porque
el Espíritu aún no había
descendido sobre nin-
guno de ellos; solamente
habían sido bautizados
en el nombre del Señor
Jesús. 17 Entonces Pedro
y Juan les impusieron las
manos, y ellos recibieron
el Espíritu Santo.
18 Al ver Simón que
mediante la imposición
de las manos de los após-
toles se daba el Espíritu
Santo, les ofreció dinero
19 y les pidió:
—Denme también a
mí ese poder, para que
todos a quienes yo les
imponga las manos reci-
ban el Espíritu Santo.
20 —¡Que tu dinero
perezca contigo —le
contestó Pedro—,
porque intentaste
comprar el don de Dios
con dinero! 21 No tienes
arte ni parte en este
asunto, porque no eres
íntegro delante de Dios.
22 Por eso, arrepiéntete
de tu maldad y ruega
al Señor. Tal vez te per-
done el haber tenido
esa mala intención.

8:16⸀ Manuscritos inferiores tienen *Cristo*.

RVR

23 porque veo que estás
en hiel de amargura y en
ataduras de maldad.
24 Respondiendo enton-
ces Simón, dijo: Rogad
vosotros por mí al
Señor, para que no me
sobrevenga nada de esto
que habéis dicho.
25 Y ellos, habiendo tes-
tificado solemnemente
y hablado la palabra
de Dios, se volvieron a
Jerusalén, y anunciaron
el evangelio en muchas
poblaciones de los
samaritanos.

Felipe y el etíope

26 Pero un ángel del
Señor habló a Felipe,
diciendo: Levántate y
ve hacia el sur, al camino
que desciende de
Jerusalén a Gaza. Es un
desierto.
27 Él se levantó y fue. Y
sucedió que un etíope,
eunuco, alto funciona-
rio de Candace reina de
los etíopes, el cual estaba
a cargo de todos sus
tesoros, y había venido a
Jerusalén para adorar,
28 volvía sentado en
su carro, y leyendo al
profeta Isaías.
29 Y el Espíritu dijo
a Felipe: Acércate y

23 εἰς	γὰρ	χολὴν	πικρίας	καὶ	σύνδεσμον	ἀδικίας	ὁρῶ	σε	ὄντα.
en$_2$	porque$_1$	hiel	de amargura	y	lazo	de injusticia	veo$_2$	te$_1$	estando.
1519	1063	5521	4088	2532	4886	93	3708	4571	5607
P	*CAZ*	*NASF*	*NGSF*	*CLN*	*NASM*	*NGSF*	*VPAI1S*	*RP2AS*	*VPAP-SAM*

24 ἀποκριθεὶς	δὲ	ὁ	Σίμων	εἶπεν·	Δεήθητε	ὑμεῖς	ὑπὲρ	ἐμοῦ	πρὸς	τὸν
respondiendo$_2$	Y$_1$	--	Simón	dijo:	Rogad	vosotros	por	mí	a	el
611	1161	3588	4613	2036	1189	5210	5228	1700	4314	3588
VAPP-SNM	*CLN*	*DNSM*	*NNSM*	*VAAI3S*	*VAPM2P*	*RP2NP*	*P*	*RP1GS*	*P*	*DASM*

κύριον	ὅπως	μηδὲν	ἐπέλθῃ	ἐπ'	ἐμὲ	ὧν	εἰρήκατε.
Señor	para que	nada	viniera	sobre	mí	de las cosas que	habéis dicho.
2962	3704	3367	1904	1909	1691	3739	2046
NASM	*CSC*	*JNSN*	*VAAS3S*	*P*	*RP1AS*	*RR-GPN*	*VRAI2P*

25 Οἱ	μὲν	οὖν	διαμαρτυράμενοι	καὶ	λαλήσαντες	τὸν	λόγον
Los que$_3$	--$_2$	Así que$_1$	habiendo testificado solemnemente	y	habiendo hablado	la	palabra
3588	3303	3767	1263	2532	2980	3588	3056
DNPM	*TE*	*CLN*	*VAMP-PNM*	*CLN*	*VAAP-PNM*	*DASM*	*NASM*

τοῦ	κυρίου	ὑπέστρεφον	εἰς	Ἱεροσόλυμα,	πολλάς	τε	κώμας	τῶν
del	Señor	volvían	a	Jerusalén,	a muchas$_2$	y$_1$	aldeas	de los
3588	2962	5290	1519	2414	4183	5037	2968	3588
DGSM	*NGSM*	*VIAI3P*	*P*	*NASF*	*JAPF*	*CLN*	*NAPF*	*DGPM*

Σαμαριτῶν	εὐηγγελίζοντο.
samaritanos	anunciaban la buena noticia.
4541	2097
NGPM	*VIMI3P*

26 Ἄγγελος	δὲ	κυρίου	ἐλάλησεν	πρὸς	Φίλιππον	λέγων·	Ἀνάστηθι
un ángel$_2$	Y$_1$	del Señor	habló	a	Felipe	diciendo:	Levántate
32	1161	2962	2980	4314	5376	3004	450
NNSM	*CLT*	*NGSM*	*VAAI3S*	*P*	*NASM*	*VPAP-SNM*	*VAAM2S*

καὶ	πορεύου	κατὰ	μεσημβρίαν	ἐπὶ	τὴν	ὁδὸν	τὴν	καταβαίνουσαν
y	ve	hacia	(el) sur	sobre	el	camino	el que	está descendiendo
2532	4198	2596	3314	1909	3588	3598	3588	2597
CLN	*VPUM2S*	*P*	*NASF*	*P*	*DASF*	*NASF*	*DASF*	*VPAP-SAF*

ἀπὸ	Ἰερουσαλὴμ	εἰς	Γάζαν·	αὕτη	ἐστὶν	ἔρημος.	27 καὶ	ἀναστὰς
de	Jerusalén	a	Gaza,	este	es	desierto.	Y	habiéndose levantado
575	2419	1519	1048	3778	2076	2048	2532	450
P	*NGSF, XP*	*P*	*NASF*	*RD-NSF*	*VPAI3S*	*JNSF*	*CLN*	*VAAP-SNM*

ἐπορεύθη,	καὶ	ἰδοὺ	ἀνὴρ	Αἰθίοψ	εὐνοῦχος	δυνάστης	Κανδάκης
se fue;	y	mira,	un varón	etíope	eunuco	alto funcionario	de Candace
4198	2532	2400	435	128	2135	1413	2582
VAPI3S	*CLN*	*I, VAAM2S*	*NNSM*	*NNSM*	*NNSM*	*NNSM*	*NGSF*

βασιλίσσης	Αἰθιόπων,	ὃς	ἦν	ἐπὶ	πάσης	τῆς	γάζης	αὐτῆς,	ὃς
reina	de (los) etíopes,	el cual	estaba	sobre	todo	el	tesoro	de ella,	el cual
938	128	3739	2258	1909	3956	3588	1047	846	3739
NGSF	*NGPM*	*RR-NSM*	*VIAI3S*	*P*	*JGSF*	*DGSF*	*NGSF*	*RP3GSF*	*RR-NSM*

ἐληλύθει	προσκυνήσων	εἰς	Ἰερουσαλήμ,	28 ἦν	τε	ὑποστρέφων	καὶ
había venido	para adorar,$_3$	a$_1$	Jerusalén$_2$	estaba$_2$	y$_1$	volviendo	y
2064	4352	1519	2419	2258	5037	5290	2532
VLAI3S	*VFAP-SNM*	*P*	*NASF, XP*	*VIAI3S*	*CLN*	*VPAP-SNM*	*CLN*

καθήμενος	ἐπὶ	τοῦ	ἅρματος	αὐτοῦ	καὶ	ἀνεγίνωσκεν	τὸν	προφήτην
estando sentado	en	el	carruaje	de él	y	leía	al	profeta
2521	1909	3588	716	846	2532	314	3588	4396
VPUP-SNM	*P*	*DGSN*	*NGSN*	*RP3GSM*	*CLN*	*VIAI3S*	*DASM*	*NASM*

Ἠσαΐαν.	29 εἶπεν	δὲ	τὸ	πνεῦμα	τῷ	Φιλίππῳ·	Πρόσελθε	καὶ
Isaías.	dijo$_2$	Y$_1$	el	Espíritu	a --	Felipe:	Acércate	y
2268	2036	1161	3588	4151	3588	5376	4334	2532
NASM	*VAAI3S*	*CLN*	*DNSN*	*NNSN*	*DDSM*	*NDSM*	*VAAM2S*	*CLN*

NVI

23 Veo que vas camino a
la amargura y a la esclavi-
tud del pecado.
24 —Rueguen al
Señor por mí —respon-
dió Simón—, para que
no me suceda nada de lo
que han dicho.
25 Después de
testificar y proclamar
la palabra del Señor,
Pedro y Juan se pusieron
en camino de vuelta
a Jerusalén, y de paso
predicaron el evangelio
en muchas poblaciones
de los samaritanos.

Felipe y el etíope

26 Un ángel del Señor
le dijo a Felipe: «Ponte
en marcha hacia el sur,
por el camino del desier-
to que baja de Jerusalén
a Gaza». 27 Felipe em-
prendió el viaje, y resulta
que se encontró con
un etíope eunuco, alto
funcionario encargado
de todo el tesoro de la
Candace, reina de los
etíopes. Este había ido
a Jerusalén para adorar
28 y, en el viaje de regreso
a su país, iba sentado en
su carroza, leyendo el
libro del profeta Isaías.
29 El Espíritu le dijo a
Felipe: «Acércate y

RVR

júntate a ese carro.
30 Cuando Felipe se
acercó corriendo, le oyó
que leía al profeta Isaías,
y dijo: Pero ¿entiendes
lo que lees?
31 Él dijo: ¿Y cómo
podré, si alguno no me
guía? Y rogó a Felipe
que subiese y se sentara
con él.
32 El pasaje de la
Escritura que leía era
éste:

Como oveja fue llevado al matadero;
Y como cordero sin voz delante del que lo trasquila,
Así no abrió su boca.
33 En su humillación no se le hizo justicia;
Mas su generación ¿quién la describirá?
Porque su vida es quitada de la tierra.

34 Tomando la palabra
el eunuco, dijo a Felipe:
Te ruego que me digas:
¿de quién dice el profeta
esto; de sí mismo, o de
algún otro?
35 Entonces Felipe,
abriendo su boca, y
comenzando desde esta
escritura, le anunció el
evangelio de Jesús.
36 Y yendo por el
camino, llegaron a

κολλήθητι	τῷ	ἅρματι	τούτῳ.	30 προσδραμὼν	δὲ	ὁ	Φίλιππος
únete	a --	carruaje.$_2$	este$_1$	habiendo corrido$_2$	Y$_1$	--	Felipe
2853	3588	716	5129	4370	1161	3588	5376
VAPM2S	DDSN	NDSN	RD-DSN	VAAP-SNM	CLN	DNSM	NNSM

ἤκουσεν	αὐτοῦ	ἀναγινώσκοντος	Ἠσαΐαν	τὸν	προφήτην	καὶ	εἶπεν·
oyó	de él	leyendo	a Isaías	el	profeta	y	dijo:
191	846	314	2268	3588	4396	2532	2036
VAAI3S	RP3GSM	VPAP-SGM	NASM	DASM	NASM	CLN	VAAI3S

Ἆρά	γε	γινώσκεις	ἃ	ἀναγινώσκεις;	31 ὁ	δὲ	εἶπεν·	Πῶς	γὰρ
Entonces,	¿realmente	entiendes	los que	lees?	--$_2$	Y$_1$	dijo:	¿Cómo	pues
687	1065	1097	3739	314	3588	1161	2036	4459	1063
TI, C	TE	VPAI2S	RR-APN	VPAI2S	DNSM	CLN	VAAI3S	BI	TI, C

ἂν	δυναίμην	ἐὰν	μή	τις	ὁδηγήσει	με;	παρεκάλεσέν	τε	τὸν
--	podría	si	no$_2$	alguien$_1$	guiará$_3$	a mí?$_4$	rogó$_6$	Y$_5$	a --
302	1410	1437	3361	5100	3594	3165	3870	5037	3588
TC	VPUO1S	CAC	BN, TN	RX-NSM	VFAI3S	RP1AS	VAAI3S	CLN	DASM

Φίλιππον	ἀναβάντα	καθίσαι	σὺν	αὐτῷ.	32 ἡ	δὲ	περιοχὴ	τῆς	γραφῆς
Felipe	habiendo subido	sentarse	con	él.	el$_2$	Y$_1$	pasaje	de la	Escritura
5376	305	2523	4862	846	3588	1161	4042	3588	1124
NASM	VAAP-SAM	VAAN	P	RP3DSM	DNSF	CLN	NNSF	DGSF	NGSF

ἣν	ἀνεγίνωσκεν	ἦν	αὕτη·	Ὡς	πρόβατον	ἐπὶ	σφαγὴν	ἤχθη,
el cual	leía	era	este:	como$_2$	oveja$_3$	a$_4$	(el) matadero,$_5$	Fue llevado$_1$
3739	314	2258	3778	5613	4263	1909	4967	71
RR-ASF	VIAI3S	VIAI3S	RD-NSF	CAM	NNSN	P	NASF	VAPI3S

καὶ	ὡς	ἀμνὸς	ἐναντίον	τοῦ	κείραντος	αὐτὸν	ἄφωνος,	οὕτως	οὐκ
y	como	cordero	delante	del que	habiendo esquilado	a él,	mudo,	así	no
2532	5613	286	1726	3588	2751	846	880	3779	3756
CLN	CAM	NNSM	P, B	DGSM	VAAP-SGM	RP3ASM	JNSM	B	BN, TN

ἀνοίγει	τὸ	στόμα	αὐτοῦ.	33 ἐν	τῇ	ταπεινώσει	ἡ	κρίσις	αὐτοῦ
abre	la	boca	de él.	en$_5$	la$_6$	humillación$_7$	El$_1$	juicio$_2$	de él$_3$
455	3588	4750	846	1722	3588	5014	3588	2920	846
VPAI3S	DASN	NASN	RP3GSM	P	DDSF	NDSF	DNSF	NNSF	RP3GSM

ἤρθη·	τὴν	γενεὰν	αὐτοῦ	τίς	διηγήσεται;	ὅτι	αἴρεται	ἀπὸ	τῆς
fue quitado;$_4$	la	generación	de él	¿quién	(la) contará?	Porque	es quitada$_4$	de$_5$	la$_6$
142	3588	1074	846	5101	1334	3754	142	575	3588
VAPI3S	DASF	NASF	RP3GSM	RI-NSM	VFMI3S	CAZ	VPPI3S	P	DGSF

γῆς	ἡ	ζωὴ	αὐτοῦ.	34 ἀποκριθεὶς	δὲ	ὁ	εὐνοῦχος	τῷ	Φιλίππῳ
tierra.$_7$	la$_1$	vida$_2$	de él$_3$	respondiendo$_2$	Y$_1$	el	eunuco	a --	Felipe
1093	3588	2222	846	611	1161	3588	2135	3588	5376
NGSF	DNSF	NNSF	RP3GSM	VAPP-SNM	CLN	DNSM	NNSM	DDSM	NDSM

εἶπεν·	Δέομαί	σου,	περὶ	τίνος	ὁ	προφήτης	λέγει	τοῦτο;	περὶ
dijo:	Ruego	a ti,	¿acerca de	quién	el	profeta	dice	esto?	¿Acerca de
2036	1189	4675	4012	5101	3588	4396	3004	5124	4012
VAAI3S	VPUI1S	RP2GS	P	RI-GSM	DNSM	NNSM	VPAI3S	RD-ASN	P

ἑαυτοῦ	ἢ	περὶ	ἑτέρου	τινός;	35 ἀνοίξας	δὲ	ὁ	Φίλιππος	τὸ
de sí mismo	o	acerca de	otro?$_2$	algún$_1$	abriendo$_2$	Y$_1$	--	Felipe	la
1438	2228	4012	2087	5100	455	1161	3588	5376	3588
RF3GSM	CLD	P	JGSM	RX-GSM	VAAP-SNM	CLN	DNSM	NNSM	DASN

στόμα	αὐτοῦ	καὶ	ἀρξάμενος	ἀπὸ	τῆς	γραφῆς	ταύτης	εὐηγγελίσατο
boca	de él	y	comenzando	desde	la	Escritura$_2$	esta$_1$	anunció la buena noticia
4750	846	2532	756	575	3588	1124	3778	2097
NASN	RP3GSM	CLN	VAMP-SNM	P	DGSF	NGSF	RD-GSF	VAMI3S

αὐτῷ	τὸν	Ἰησοῦν.	36 ὡς	δὲ	ἐπορεύοντο	κατὰ	τὴν	ὁδόν,	ἦλθον	ἐπί
a él.$_3$	de --$_1$	Jesús$_2$	como$_2$	Y$_1$	iban	por	el	camino,	vinieron	a
846	3588	2424	5613	1161	4198	2596	3588	3598	2064	1909
RP3DSM	DASM	NASM	CAT	CLN	VIUI3P	P	DASF	NASF	VAAI3P	P

NVI

júntate a ese carro».
30 Felipe se acercó
de prisa a la carroza y,
al oír que el hombre
leía al profeta Isaías, le
preguntó:
—¿Acaso entiende usted lo que está
leyendo?
31 —¿Y cómo voy
a entenderlo —contestó— si nadie me lo
explica?
Así que invitó a
Felipe a subir y sentarse
con él. 32 El pasaje de
la Escritura que estaba
leyendo era el siguiente:

«Como oveja, fue llevado al matadero;
y como cordero que enmudece ante su trasquilador,
ni siquiera abrió su boca.
33 Lo humillaron y no le hicieron justicia.
¿Quién describirá su descendencia?
Porque su vida fue arrancada de la tierra».

34 —Dígame usted,
por favor, ¿de quién
habla aquí el profeta,
de sí mismo o de algún
otro? —le preguntó el
eunuco a Felipe.
35 Entonces Felipe,
comenzando con ese
mismo pasaje de la
Escritura, le anunció las
buenas nuevas acerca de
Jesús. 36 Mientras iban
por el camino, llegaron

RVR

cierta agua, y dijo el
eunuco: Aquí hay agua;
¿qué impide que yo sea
bautizado?
37 Felipe dijo: Si crees
de todo corazón, bien
puedes. Y respondien-
do, dijo: Creo que
Jesucristo es el Hijo de
Dios.
38 Y mandó parar el
carro; y descendieron
ambos al agua, Felipe y
el eunuco, y le bautizó.
39 Cuando subieron
del agua, el Espíritu del
Señor arrebató a Felipe;
y el eunuco no le vio
más, pues siguió gozoso
su camino.
40 Pero Felipe se
encontró en Azoto; y
pasando, anunciaba
el evangelio en todas
las ciudades, hasta que
llegó a Cesarea.

Conversión de Saulo

9 Saulo, respirando
aún amenazas
y muerte contra los
discípulos del Señor,
se presentó al sumo
sacerdote,
2 y le pidió cartas para las
sinagogas de Damasco,
a fin de que si hallaba
algunos hombres o
mujeres de este Camino,
los trajese presos a
Jerusalén.
3 Mas yendo por el ca-
mino, aconteció que al
llegar cerca de Damasco,
repentinamente le

τι	ὕδωρ,	καί	φησιν	ὁ	εὐνοῦχος·	Ἰδοὺ	ὕδωρ,	τί	κωλύει
cierta	agua,	y	dice:$_3$	el$_1$	eunuco$_2$	Mira,	agua;	¿qué	impide
5100	5204	2532	5346	3588	2135	2400	5204	5101	2967
JASN, RX-ASN	*NASN*	*CLN*	*VPAI3S*	*DNSM*	*NNSM*	*I, VAAM2S*	*NNSN*	*RI-NSN*	*VPAI3S*

με	⌜βαπτισθῆναι;	38 καὶ	ἐκέλευσεν	στῆναι	τὸ	ἅρμα,	καὶ	κατέβησαν
me	ser bautizado?	Y	mandó	parar	el	carruaje,	y	bajaron$_2$
3165	907	2532	2753	2476	3588	716	2532	2597
RP1AS	*VAPN*	*CLN*	*VAAI3S*	*VAAN*	*DASN*	*NASN*	*CLN*	*VAAI3P*

ἀμφότεροι	εἰς	τὸ	ὕδωρ	ὅ	τε	Φίλιππος	καὶ	ὁ
ambos$_1$	a	el	agua,	--	tanto	Felipe	como	el
297	1519	3588	5204	3588	5037	5376	2532	3588
JNPM	*P*	*DASN*	*NASN*	*DNSM, RR-ASN*	*CLK*	*NNSM*	*CLK, CLN*	*DNSM*

εὐνοῦχος,	καὶ	ἐβάπτισεν	αὐτόν.	39 ὅτε	δὲ	ἀνέβησαν	ἐκ	τοῦ	ὕδατος,
eunuco,	y	bautizó	a él.	cuando$_2$	Y$_1$	subieron	de	el	agua,
2135	2532	907	846	3753	1161	305	1537	3588	5204
NNSM	*CLN*	*VAAI3S*	*RP3ASM*	*CAT*	*CLN*	*VAAI3P*	*P*	*DGSN*	*NGSN*

πνεῦμα	κυρίου	ἥρπασεν	τὸν	Φίλιππον,	καὶ	οὐκ	εἶδεν	αὐτὸν	οὐκέτι
(el) Espíritu	del Señor	arrebató	a --	Felipe	y	no$_3$	vio$_4$	a él$_5$	más.$_6$
4151	2962	726	3588	5376	2532	3756	1492	846	3765
NNSN	*NGSM*	*VAAI3S*	*DASM*	*NASM*	*CLN*	*BN, TN*	*VAAI3S*	*RP3ASM*	*BN*

ὁ	εὐνοῦχος,	ἐπορεύετο	γὰρ	τὴν	ὁδὸν	αὐτοῦ	χαίρων.	40 Φίλιππος
el$_1$	eunuco$_2$	iba$_8$	pues$_7$	(por) el	camino	de él	alegrándo(se).	Felipe$_2$
3588	2135	4198	1063	3588	3598	846	5463	5376
DNSM	*NNSM*	*VIUI3S*	*CLN*	*DASF*	*NASF*	*RP3GSM*	*VPAP-SNM*	*NNSM*

δὲ	εὑρέθη	εἰς	Ἄζωτον,	καὶ	διερχόμενος	εὐηγγελίζετο	τὰς	πόλεις
Y$_1$	se encontró	en	Azoto;	y	pasando	anunciaba la buena noticia	las$_2$	ciudades$_3$
1161	2147	1519	108	2532	1330	2097	3588	4172
CLC	*VAPI3S*	*P*	*NASF*	*CLN*	*VPUP-SNM*	*VIMI3S*	*DAPF*	*NAPF*

πάσας	ἕως	τοῦ	ἐλθεῖν	αὐτὸν	εἰς	Καισάρειαν.
(por) todas$_1$	hasta	--	llegar	él	a	Cesarea.
3956	2193	3588	2064	846	1519	2542
JAPF	*P, C*	*DGSN, DGSM*	*VAAN*	*RP3ASM*	*P*	*NASF*

9 Ὁ	δὲ	Σαῦλος	ἔτι	ἐμπνέων	ἀπειλῆς	καὶ	φόνου	εἰς
--$_2$	Y$_1$	Saulo$_3$	todavía	respirando	amenaza	y	asesinato	contra
3588	1161	4569	2089	1709	547	2532	5408	1519
DNSM	*CLT*	*NNSM*	*B*	*VPAP-SNM*	*NGSF*	*CLN*	*NGSM*	*P*

τοὺς	μαθητὰς	τοῦ	κυρίου,	προσελθὼν	τῷ	ἀρχιερεῖ	2 ᾐτήσατο
los	discípulos	del	Señor,	habiéndose presentado	al	sumo sacerdote	pidió
3588	3101	3588	2962	4334	3588	749	154
DAPM	*NAPM*	*DGSM*	*NGSM*	*VAAP-SNM*	*DDSM*	*NDSM*	*VAMI3S*

παρ'	αὐτοῦ	ἐπιστολὰς	εἰς	Δαμασκὸν	πρὸς	τὰς	συναγωγάς,
de parte de	él	cartas	para	Damasco	para	las	sinagogas,
3844	846	1992	1519	1154	4314	3588	4864
P	*RP3GSM*	*NAPF*	*P*	*NASF*	*P*	*DAPF*	*NAPF*

ὅπως	ἐάν	τινας	εὕρῃ	τῆς	ὁδοῦ	ὄντας,	ἄνδρας	τε	καὶ
a fin de que	si	algunos	encontrara	del$_2$	camino,$_3$	siendo$_1$	varones	y	también
3704	1437	5100	2147	3588	3598	5607	435	5037	2532
CAP	*CAC*	*RX-APM*	*VAAS3S*	*DGSF*	*NGSF*	*VPAP-PAM*	*NAPM*	*CLK*	*CLK, CLN*

γυναῖκας,	δεδεμένους	ἀγάγῃ	εἰς	Ἰερουσαλήμ.	3 ἐν	δὲ	τῷ
mujeres,	encadenados	trajera	a	Jerusalén.	en$_2$	Y$_1$	el
1135	1210	71	1519	2419	1722	1161	3588
NAPF	*VRPP-PAM*	*VAAS3S*	*P*	*NASF, XP*	*P*	*CLN*	*DDSN, DDSM*

πορεύεσθαι	ἐγένετο	αὐτὸν	ἐγγίζειν	τῇ	Δαμασκῷ,	ἐξαίφνης	τε
ir	sucedió	él	acercarse	a --	Damasco,	repentinamente$_2$	y$_1$
4198	1096	846	1448	3588	1154	1810	5037
VPUN	*VAMI3S*	*RP3ASM*	*VPAN*	*DDSF*	*NDSF*	*B*	*CLN*

NVI

a un lugar donde había
agua, y dijo el eunuco:
—Mire usted, aquí
hay agua. ¿Qué impide
que yo sea bautizado?
38 Entonces mandó
parar la carroza, y ambos
bajaron al agua, y Felipe
lo bautizó. 39 Cuando
subieron del agua, el
Espíritu del Señor se
llevó de repente a Felipe.
El eunuco no volvió a
verlo, pero siguió alegre
su camino. 40 En cuanto
a Felipe, apareció en
Azoto, y se fue predican-
do el evangelio en todos
los pueblos hasta que
llegó a Cesarea.

Conversión de Saulo

9 Mientras tanto,
Saulo, respirando
aún amenazas de muerte
contra los discípulos
del Señor, se presentó
al sumo sacerdote 2 y le
pidió cartas de extradi-
ción para las sinagogas
de Damasco. Tenía la
intención de encon-
trar y llevarse presos
a Jerusalén a todos
los que pertenecieran
al Camino, fueran
hombres o mujeres. 3 En
el viaje sucedió que, al
acercarse a Damasco,

8:36⌜ Manuscritos inferiores aumentaron [37] *Y Felipe dijo: Si crees de todo corazón, bien puedes. Y respondió dijo: Creo que el Hijo de Dios es Jesucristo.*

RVR

rodeó un resplandor de
luz del cielo;
4 y cayendo en tierra, oyó
una voz que le decía:
Saulo, Saulo, ¿por qué
me persigues?
5 Él dijo: ¿Quién eres,
Señor? Y le dijo: Yo soy
Jesús, a quien tú persi-
gues; dura cosa te es dar
coces contra el aguijón.
6 Él, temblando y
temeroso, dijo: Señor,
¿qué quieres que yo
haga? Y el Señor le dijo:
Levántate y entra en la
ciudad, y se te dirá lo que
debes hacer.
7 Y los hombres que iban
de camino con él, se pa-
raron atónitos, oyendo a
la verdad la voz, mas sin
ver a nadie.
8 Entonces Saulo se
levantó del suelo, y
aunque tenía abiertos
los ojos, no veía a nadie;
así que, llevándole de la
mano, le metieron en
Damasco,
9 y estuvo tres días sin
ver, y no comió ni bebió.
10 Había entonces en
Damasco un discípulo
llamado Ananías, a
quien el Señor dijo en
visión: Ananías. Y él
respondió: Heme aquí,
Señor.
11 Y el Señor le dijo:
Levántate, y ve a la
calle que se llama Recta,
y busca en casa de

αὐτὸν	περιήστραψεν	φῶς	ἐκ	τοῦ	οὐρανοῦ,	4 καὶ	πεσὼν	ἐπὶ
él$_4$	brilló en rededor de$_3$	una luz	de	el	cielo	y	habiendo caído	sobre
846	4015	5457	1537	3588	3772	2532	4098	1909
RP3ASM	*VAAI3S*	*NNSN*	*P*	*DGSM*	*NGSM*	*CLN*	*VAAP-SNM*	*P*

τὴν	γῆν	ἤκουσεν	φωνὴν	λέγουσαν	αὐτῷ	Σαοὺλ	Σαούλ,	τί	με
la	tierra	oyó	una voz	diciendo	a él:	Saulo,	Saulo,	¿por qué	me
3588	1093	191	5456	3004	846	4549	4549	5101	3165
DASF	*NASF*	*VAAI3S*	*NASF*	*VPAP-SAF*	*RP3DSM*	*NVSM, XP*	*NVSM, XP*	*RI-ASN*	*RP1AS*

διώκεις;	5 εἶπεν	δέ·	Τίς	εἶ,	κύριε;	ὁ	δέ·	Ἐγώ	εἰμι	Ἰησοῦς
persigues?	dijo:$_2$	Y$_1$	¿Quién	eres,	Señor?	--$_2$	Y$_1$	Yo	soy	Jesús
1377	2036	1161	5101	1488	2962	3588	1161	1473	1510	2424
VPAI2S	*VAAI3S*	*CLN*	*RI-NSM*	*VPAI2S*	*NVSM*	*DNSM*	*CLN*	*RP1NS*	*VPAI1S*	*NNSM*

ὃν	σὺ	διώκεις·	6 ἀλλὰ	ἀνάστηθι	καὶ	εἴσελθε	εἰς	τὴν	πόλιν,	καὶ
a quien	tú	persigues;	pero	levántate	y	entra	en	la	ciudad,	y
3739	4771	1377	235	450	2532	1525	1519	3588	4172	2532
RR-ASM	*RP2NS*	*VPAI2S*	*TE, C*	*VAAM2S*	*CLN*	*VAAM2S*	*P*	*DASF*	*NASF*	*CLN*

λαληθήσεταί	σοι	ὅ	τί	σε	δεῖ	ποιεῖν.	7 οἱ	δὲ	ἄνδρες
será dicho	a ti	lo	que	te	es necesario	hacer.	los$_2$	Y$_1$	varones
2980	4671	3739	5100	4571	1163	4160	3588	1161	435
VFPI3S	*RP2DS*	*RR-ASN*	*RI-ASN*	*RP2AS*	*VPAI3S*	*VPAN*	*DNPM*	*CLN*	*NNPM*

οἱ	συνοδεύοντες	αὐτῷ	εἱστήκεισαν	ἐνεοί,	ἀκούοντες	μὲν
los que	están viajando con	él	se habían detenido	mudos de miedo,	oyendo	por un lado
3588	4922	846	2476	1769	191	3303
DNPM	*VPAP-PNM*	*RP3DSM*	*VLAI3P*	*NNPM, JNPM*	*VPAP-PNM*	*TK, C*

τῆς	φωνῆς	μηδένα	δὲ	θεωροῦντες.	8 ἠγέρθη	δὲ	Σαῦλος	ἀπὸ
la	voz	a nadie$_2$	pero$_1$	viendo.	se levantó$_3$	Y$_1$	Saulo$_2$	de
3588	5456	3367	1161	2334	1453	1161	4569	575
DGSF	*NGSF*	*JASM*	*CLK, CLC*	*VPAP-PNM*	*VAPI3S*	*CLN*	*NNSM*	*P*

τῆς	γῆς,	ἀνεῳγμένων	δὲ	τῶν	ὀφθαλμῶν	αὐτοῦ	οὐδὲν	ἔβλεπεν·
la	tierra,	abiertos$_2$	y$_1$	los	ojos	de él	nada	veía;
3588	1093	455	1161	3588	3788	846	3762	991
DGSF	*NGSF*	*VRPP-PGM*	*CLC*	*DGPM*	*NGPM*	*RP3GSM*	*JASN*	*VIAI3S*

χειραγωγοῦντες	δὲ	αὐτὸν	εἰσήγαγον	εἰς	Δαμασκόν.	9 καὶ	ἦν
conduciendo de la mano$_2$	y$_1$	a él	(lo) introdujeron	a	Damasco.	Y	estaba
5496	1161	846	1521	1519	1154	2532	2258
VPAP-PNM	*CLN*	*RP3ASM*	*VAAI3P*	*P*	*NASF*	*CLN*	*VIAI3S*

ἡμέρας	τρεῖς	μὴ	βλέπων,	καὶ	οὐκ	ἔφαγεν	οὐδὲ	ἔπιεν.	10 Ἦν	δέ
días$_2$	tres$_1$	no	viendo	y	no	comió	ni	bebió.	había$_2$	Y$_1$
2250	5140	3361	991	2532	3756	5315	3761	4095	2258	1161
NAPF	*JAPF*	*BN, TN*	*VPAP-SNM*	*CLN*	*BN, TN*	*VAAI3S*	*CLD, TN*	*VAAI3S*	*VIAI3S*	*CLT*

τις	μαθητὴς	ἐν	Δαμασκῷ	ὀνόματι	Ἁνανίας,	καὶ	εἶπεν	πρὸς
cierto	discípulo	en	Damasco	(de) nombre	Ananías,	y	dijo$_3$	a$_4$
5100	3101	1722	1154	3686	367	2532	2036	4314
JNSM, RX-NSM	*NNSM*	*P*	*NDSF*	*NDSN*	*NNSM*	*CLN*	*VAAI3S*	*P*

αὐτὸν	ἐν	ὁράματι	ὁ	κύριος·	Ἁνανία.	ὁ	δὲ	εἶπεν·	Ἰδοὺ
él$_5$	en$_6$	una visión:$_7$	el$_1$	Señor$_2$	Ananías.	él$_2$	Y$_1$	dijo:	Mira, (aquí estoy)
846	1722	3705	3588	2962	367	3588	1161	2036	2400
RP3ASM	*P*	*NDSN*	*DNSM*	*NNSM*	*NVSM*	*DNSM*	*CLN*	*VAAI3S*	*I, VAAM2S*

ἐγώ,	κύριε.	11 ὁ	δὲ	κύριος	πρὸς	αὐτόν·	Ἀναστὰς	πορεύθητι	ἐπὶ
yo,	Señor.	el$_2$	Y$_1$	Señor	a	a él:	Habiéndo(te) levantado	ve	a
1473	2962	3588	1161	2962	4314	846	450	4198	1909
RP1NS	*NVSM*	*DNSM*	*CLN*	*NNSM*	*P*	*RP3ASM*	*VAAP-SNM*	*VAPM2S*	*P*

τὴν	ῥύμην	τὴν	καλουμένην	Εὐθεῖαν	καὶ	ζήτησον	ἐν	οἰκίᾳ	Ἰούδα
la	calle	la que	está siendo llamada	Recta	y	busca	en	(la) casa	de Judas
3588	4505	3588	2564	2117	2532	2212	1722	3614	2455
DASF	*NASF*	*DASF*	*VPPP-SAF*	*JASF*	*CLN*	*VAAM2S*	*P*	*NDSF*	*NGSM*

NVI

una luz del cielo relam-
pagueó de repente a su
alrededor. 4 Él cayó al
suelo y oyó una voz que
le decía:
—Saulo, Saulo, ¿por
qué me persigues?
5 —¿Quién eres,
Señor? —preguntó.
—Yo soy Jesús, a
quien tú persigues —le
contestó la voz—.
6 Levántate y entra en la
ciudad, que allí se te dirá
lo que tienes que hacer.
7 Los hombres que
viajaban con Saulo se
detuvieron atónitos,
porque oían la voz, pero
no veían a nadie. 8 Saulo
se levantó del suelo, pero
cuando abrió los ojos
no podía ver, así que lo
tomaron de la mano y
lo llevaron a Damasco.
9 Estuvo ciego tres días,
sin comer ni beber nada.
10 Había en Damasco
un discípulo llamado
Ananías, a quien el
Señor llamó en una
visión.
—¡Ananías!
—Aquí estoy, Señor.
11 —Anda, ve a la
casa de Judas, en la
calle llamada Derecha,

RVR

Judas a uno llamado
Saulo, de Tarso; porque
mira, está orando,
12 y ha visto en visión
a un varón llamado
Ananías, que entra y le
pone las manos encima
para que recobre la
vista.
13 Entonces Ananías
respondió: Señor, he
oído de muchos acerca
de este hombre, cuántos
males ha hecho a tus
santos en Jerusalén;
14 y aquí tiene autoridad
de los principales sa-
cerdotes para prender a
todos los que invocan tu
nombre.
15 El Señor le dijo: Ve,
porque instrumento es-
cogido me es éste, para
llevar mi nombre en
presencia de los gentiles,
y de reyes, y de los hijos
de Israel;
16 porque yo le mostraré
cuánto es menester
que padezca por mi
nombre.
17 Fue entonces Ananías
y entró en la casa, y
poniendo sobre él las
manos, dijo: Hermano
Saulo, el Señor Jesús,
que se te apareció en
el camino por donde
venías, me ha enviado
para que recobres la
vista y seas lleno del
Espíritu Santo.

Σαῦλον	ὀνόματι	Ταρσέα,	ἰδοὺ	γὰρ	προσεύχεται,	12 καὶ	εἶδεν
a Saulo$_2$	(de) nombre$_1$	tarsense;	mira,$_2$	porque$_1$	él ora.	y	vio
4569	3686	5018	2400	1063	4336	2532	1492
NASM	*NDSN*	*NASM*	*I, VAAM2S*	*CAZ*	*VPUI3S*	*CLN*	*VAAI3S*

ἄνδρα	ἐν	ὁράματι	Ἀνανίαν	ὀνόματι	εἰσελθόντα	καὶ	ἐπιθέντα
un varón	en	una visión	Ananías$_2$	(de) nombre$_1$	habiendo entrado	y	habiendo impuesto
435	1722	3705	367	3686	1525	2532	2007
NASM	*P*	*NDSN*	*NASM*	*NDSN*	*VAAP-SAM*	*CLN*	*VAAP-SAM*

αὐτῷ	χεῖρας	ὅπως	ἀναβλέψῃ.	13 ἀπεκρίθη	δὲ	Ἀνανίας·	Κύριε,
a él	(las) manos	para que	recobrara la vista.	respondió$_2$	Pero$_1$	Ananías:	Señor,
846	5495	3704	308	611	1161	367	2962
RP3DSM	*NAPF*	*CAP*	*VAAS3S*	*VAPI3S, VAMI3S*	*CLN*	*NNSM*	*NVSM*

ἤκουσα	ἀπὸ	πολλῶν	περὶ	τοῦ	ἀνδρὸς	τούτου,	ὅσα	κακὰ
oí	de	muchos	acerca de	--	hombre$_2$	este$_1$	cuantas cosas	malas
191	575	4183	4012	3588	435	5127	3745	2556
VAAI1S	*P*	*JGPM*	*P*	*DGSM*	*NGSM*	*RD-GSM*	*JAPN, RK-APN*	*JAPN*

τοῖς	ἁγίοις	σου	ἐποίησεν	ἐν	Ἰερουσαλήμ·	14 καὶ	ὧδε	ἔχει	ἐξουσίαν
a los$_2$	santos$_3$	de ti$_4$	hizo$_1$	en	Jerusalén;	y	aquí	tiene	autoridad
3588	40	4675	4160	1722	2419	2532	5602	2192	1849
DDPM	*JDPM*	*RP2GS*	*VAAI3S*	*P*	*NDSF, XP*	*CLN*	*BP*	*VPAI3S*	*NASF*

παρὰ	τῶν	ἀρχιερέων	δῆσαι	πάντας	τοὺς	ἐπικαλουμένους
de parte de	los	jefes de los sacerdotes	para encadenar	a todos	los que	están invocando
3844	3588	749	1210	3956	3588	1941
P	*DGPM*	*NGPM*	*VAAN*	*JAPM*	*DAPM*	*VPMP-PAM*

τὸ	ὄνομά	σου.	15 εἶπεν	δὲ	πρὸς	αὐτὸν	ὁ	κύριος·	Πορεύου,	ὅτι
el	nombre	de ti.	dijo$_4$	Y$_1$	a$_5$	él$_6$	el$_2$	Señor$_3$	Ve,	porque
3588	3686	4675	2036	1161	4314	846	3588	2962	4198	3754
DASN	*NASN*	*RP2GS*	*VAAI3S*	*CLC*	*P*	*RP3ASM*	*DNSM*	*NNSM*	*VPUM2S*	*CAZ*

σκεῦος	ἐκλογῆς	ἐστίν	μοι	οὗτος	τοῦ	βαστάσαι	τὸ	ὄνομά	μου
objeto	elegido	es	para mí	este	--	para llevar	el	nombre	de mí
4632	1589	2076	3427	3778	3588	941	3588	3686	3450
NNSN	*NGSF*	*VPAI3S*	*RP1DS*	*RD-NSM*	*DGSN, DGSM*	*VAAN*	*DASN*	*NASN*	*RP1GS*

ἐνώπιον	ἐθνῶν	τε	καὶ	βασιλέων	υἱῶν	τε	Ἰσραήλ,
delante de	(los) gentiles	y	también	de (los) reyes	de (los) hijos de$_2$	y$_1$	Israel;
1799	1484	5037	2532	935	5207	5037	2474
P, B	*NGPN*	*CLK*	*CLK, CLN*	*NGPM*	*NGPM*	*CLK, CLN*	*NGSM, XP*

16 ἐγὼ	γὰρ	ὑποδείξω	αὐτῷ	ὅσα	δεῖ	αὐτὸν	ὑπὲρ	τοῦ
yo$_2$	porque$_1$	mostraré	a él	cuantas cosas	es necesario	él	por$_2$	el$_3$
1473	1063	5263	846	3745	1163	846	5228	3588
RP1NS	*CAZ*	*VFAI1S*	*RP3DSM*	*RK-APN*	*VPAI3S*	*RP3ASM*	*P*	*DGSN*

ὀνόματός	μου	παθεῖν.	17 ἀπῆλθεν	δὲ	Ἀνανίας	καὶ	εἰσῆλθεν	εἰς	τὴν
nombre$_4$	de mí.$_5$	padecer$_1$	fue$_3$	Y$_1$	Ananías$_2$	y	entró	en	la
3686	3450	3958	565	1161	367	2532	1525	1519	3588
NGSN	*RP1GS*	*VAAN*	*VAAI3S*	*CLN*	*NNSM*	*CLN*	*VAAI3S*	*P*	*DASF*

οἰκίαν,	καὶ	ἐπιθεὶς	ἐπ'	αὐτὸν	τὰς	χεῖρας	εἶπεν·	Σαοὺλ	ἀδελφέ,
casa	y	habiendo puesto	sobre	él	las	manos	dijo:	Saulo	hermano,
3614	2532	2007	1909	846	3588	5495	2036	4549	80
NASF	*CLN*	*VAAP-SNM*	*P*	*RP3ASM*	*DAPF*	*NAPF*	*VAAI3S*	*NVSM, XP*	*NVSM*

ὁ	κύριος	ἀπέσταλκέν	με,	Ἰησοῦς	ὁ	ὀφθείς	σοι	ἐν	τῇ
el	Señor	ha enviado	a mí,	Jesús	el que	habiendo sido visto	por ti	en	el
3588	2962	649	3165	2424	3588	3700	4671	1722	3588
DNSM	*NNSM*	*VRAI3S*	*RP1AS*	*NNSM*	*DNSM*	*VAPP-SNM*	*RP2DS*	*P*	*DDSF*

ὁδῷ	ᾗ	ἤρχου,	ὅπως	ἀναβλέψῃς	καὶ	πλησθῇς	πνεύματος	ἁγίου.
camino	que	venías,	para que	recobraras la vista	y	fueras lleno	de(l) Espíritu	Santo.
3598	3739	2064	3704	308	2532	4130	4151	40
NDSF	*RR-DSF*	*VIUI2S*	*CAP*	*VAAS2S*	*CLN*	*VAPS2S*	*NGSN*	*JGSN*

NVI

y pregunta por un tal
Saulo de Tarso. Está
orando, 12 y ha visto en
una visión a un hombre
llamado Ananías, que
entra y pone las manos
sobre él para que recobre
la vista.
13 Entonces Ananías
respondió:
—Señor, he oído
hablar mucho de ese
hombre y de todo el
mal que ha causado a
tus santos en Jerusalén.
14 Y ahora lo tenemos
aquí, autorizado por los
jefes de los sacerdotes,
para llevarse presos a
todos los que invocan tu
nombre.
15 —¡Ve! —insistió
el Señor—, porque ese
hombre es mi instru-
mento escogido para dar
a conocer mi nombre
tanto a las naciones
y a sus reyes como al
pueblo de Israel. 16 Yo le
mostraré cuánto tendrá
que padecer por mi
nombre.
17 Ananías se fue
y, cuando llegó a la
casa, le impuso las
manos a Saulo y le
dijo: «Hermano
Saulo, el Señor Jesús,
que se te apareció en el
camino, me ha enviado
para que recobres la
vista y seas lleno del
Espíritu Santo».

RVR

18 Y al momento caye-
ron de sus ojos como
escamas, y recobró al
instante la vista; se le-
vantó y fue bautizado.
19 Y habiendo tomado
alimento, recobró
fuerzas. Y estuvo Saulo
por algunos días con los
discípulos que había en
Damasco.

Saulo predica en Damasco

20 Y en seguida se puso a
predicar a Cristo en las
sinagogas, diciendo que
éste era el Hijo de Dios.
21 Y todos los que le
oían estaban atóni-
tos, y decían: ¿No es
éste el que perseguía
en Jerusalén a los que
invocaban este nombre,
y a eso había venido acá,
para llevarlos presos
ante los principales
sacerdotes?
22 Pero Saulo mucho
más se llenaba de
poder, y confundía a los
judíos que moraban en
Damasco, demostrando
que Jesús era el Cristo.

Saulo escapa de los judíos

23 Pasados bastantes
días, los judíos resolvie-
ron en consejo matarle;
24 pero su decisión
llegó a conocimiento
de Saulo. Y ellos guarda-
ban las puertas de día y
de noche para matarle.
25 Entonces los discí-
pulos, tomándole de

18 καὶ	εὐθέως	ἀπέπεσαν	αὐτοῦ	ἀπὸ	τῶν	ὀφθαλμῶν	ὡς	λεπίδες,
E	inmediatamente	cayeron	de él$_4$	de$_1$	los$_2$	ojos$_3$	como	escamas,
2532	2112	634	846	575	3588	3788	5613	3013
CLN	*B*	*VAAI3P*	*RP3GSM*	*P*	*DGPM*	*NGPM*	*CAM*	*NNPF*

ἀνέβλεψέν	τε	καὶ	ἀναστὰς	ἐβαπτίσθη,	19 καὶ	λαβὼν
recobró la vista$_2$	y$_1$	y	habiéndose levantado	fue bautizado	y	habiendo tomando
308	5037	2532	450	907	2532	2983
VAAI3S	*CLN*	*CLN*	*VAAP-SNM*	*VAPI3S*	*CLN*	*VAAP-SNM*

τροφὴν	ἐνίσχυσεν.	Ἐγένετο	δὲ	μετὰ	τῶν	ἐν	Δαμασκῷ	μαθητῶν
alimento	recobró fuerzas.	estuvo$_2$	Y$_1$	con	los	en$_2$	Damasco$_3$	discípulos$_1$
5160	1765	1096	1161	3326	3588	1722	1154	3101
NASF	*VAAI3S*	*VAMI3S*	*CLT*	*P*	*DGPM*	*P*	*NDSF*	*NGPM*

ἡμέρας	τινὰς,	20 καὶ	εὐθέως	ἐν	ταῖς	συναγωγαῖς	ἐκήρυσσεν	τὸν
días$_5$	algunos$_4$	e	inmediatamente	en	las	sinagogas	proclamaba	a --
2250	5100	2532	2112	1722	3588	4864	2784	3588
NAPF	*JAPF, RX-APF*	*CLN*	*B*	*P*	*DDPF*	*NDPF*	*VIAI3S*	*DASM*

Ἰησοῦν	ὅτι	οὗτός	ἐστιν	ὁ	υἱὸς	τοῦ	θεοῦ.	21 ἐξίσταντο	δὲ	πάντες
Jesús	que:	Este	es	el	Hijo	de --	Dios.	se sorprendían$_5$	Y$_1$	todos$_2$
2424	3754	3778	2076	3588	5207	3588	2316	1839	1161	3956
NASM	*CSC*	*RD-NSM*	*VPAI3S*	*DNSM*	*NNSM*	*DGSM*	*NGSM*	*VIMI3P*	*CLN*	*JNPM*

οἱ	ἀκούοντες	καὶ	ἔλεγον·	Οὐχ	οὗτός	ἐστιν	ὁ	πορθήσας	ἐν
los que$_3$	están oyendo$_4$	y	decían:	¿No	este	es	el que	habiendo destruido	en
3588	191	2532	3004	3756	3778	2076	3588	4199	1722
DNPM	*VPAP-PNM*	*CLN*	*VIAI3P*	*TN, TI*	*RD-NSM*	*VPAI3S*	*DNSM*	*VAAP-SNM*	*P*

Ἰερουσαλὴμ	τοὺς	ἐπικαλουμένους	τὸ	ὄνομα	τοῦτο,	καὶ	ὧδε	εἰς
Jerusalén	a los que	invocando	el	nombre	este,	y	aquí	a
2419	3588	1941	3588	3686	5124	2532	5602	1519
NASF, XP	*DAPM*	*VPMP-PAM*	*DASN*	*NASN*	*RD-ASN*	*CLN*	*BP*	*P*

τοῦτο	ἐληλύθει	ἵνα	δεδεμένους	αὐτοὺς	ἀγάγῃ	ἐπὶ	τοὺς	ἀρχιερεῖς;
esto	había venido	para que	encadenados$_2$	a ellos$_3$	llevara$_1$	ante	los	principales sacerdotes?
5124	2064	2443	1210	846	71	1909	3588	749
RD-ASN	*VLAI3S*	*CAP*	*VRPP-PAM*	*RP3APM*	*VAAS3S*	*P*	*DAPM*	*NAPM*

22 Σαῦλος	δὲ	μᾶλλον	ἐνεδυναμοῦτο	καὶ	συνέχυννεν	τοὺς	Ἰουδαίους
Saulo$_2$	Y$_1$	más	se fortalecía	y	alborotaba	a los	judíos
4569	1161	3123	1743	2532	4797	3588	2453
NNSM	*CLC*	*B*	*VIPI3S*	*CLN*	*VIAI3S*	*DAPM*	*JAPM*

τοὺς	κατοικοῦντας	ἐν	Δαμασκῷ,	συμβιβάζων	ὅτι	οὗτός	ἐστιν	ὁ
los que	están habitando	en	Damasco	demostrando	que	este	es	el
3588	2730	1722	1154	4822	3754	3778	2076	3588
DAPM	*VPAP-PAM*	*P*	*NDSF*	*VPAP-SNM*	*CSC*	*RD-NSM*	*VPAI3S*	*DNSM*

Χριστός.	23 Ὡς	δὲ	ἐπληροῦντο	ἡμέραι	ἱκαναί,	συνεβουλεύσαντο
Cristo.	cuando$_2$	Y$_1$	eran cumplidos	días,$_2$	bastantes$_1$	decidieron (en consejo)$_3$
5547	5613	1161	4137	2250	2425	4823
NNSM	*CAT*	*CLN*	*VIPI3P*	*NNPF*	*JNPF*	*VAMI3P*

οἱ	Ἰουδαῖοι	ἀνελεῖν	αὐτόν·	24 ἐγνώσθη	δὲ	τῷ	Σαύλῳ	ἡ	ἐπιβουλὴ
los$_1$	judíos$_2$	matar	a él;	fue conocida$_5$	pero$_1$	por--$_6$	Saulo.$_7$	la$_2$	conspiración$_3$
3588	2453	337	846	1097	1161	3588	4569	3588	1917
DNPM	*JNPM*	*VAAN*	*RP3ASM*	*VAPI3S*	*CLC*	*DDSM*	*NDSM*	*DNSF*	*NNSF*

αὐτῶν.	παρετηροῦντο	δὲ	καὶ	τὰς	πύλας	ἡμέρας	τε	καὶ
de ellos$_4$	vigilaban atentamente$_{10}$	Y$_8$	también$_9$	las	puertas	de día$_2$	tanto$_1$	como
846	3906	1161	2532	3588	4439	2250	5037	2532
RP3GPM	*VIMI3P*	*CLN*	*BE, TE*	*DAPF*	*NAPF*	*NGSF*	*CLK*	*CLK, CLN*

νυκτὸς	ὅπως	αὐτὸν	ἀνέλωσιν·	25 λαβόντες	δὲ	οἱ	μαθηταὶ	αὐτοῦ
de noche	para que	a él	mataran;	habiendo tomado$_4$	pero$_1$	los$_2$	discípulos$_3$	a él
3571	3704	846	337	2983	1161	3588	3101	846
NGSF	*CAP*	*RP3ASM*	*VAAS3P*	*VAAP-PNM*	*CLC*	*DNPM*	*NNPM*	*RP3GSM*

NVI

18 Al instante cayó de los
ojos de Saulo algo como
escamas, y recobró la
vista. Se levantó y fue
bautizado;
19 y, habien-
do comido, recobró las
fuerzas.

Saulo en Damasco y en Jerusalén

Saulo pasó varios días
con los discípulos que
estaban en Damasco,
20 y en seguida se dedicó
a predicar en las sina-
gogas, afirmando que
Jesús es el Hijo de Dios.
21 Todos los que le oían
quedaban asombrados,
y preguntaban: «¿No es
este el que en Jerusalén
perseguía a muerte a los
que invocan ese nom-
bre? ¿Y no ha venido
aquí para llevárselos
presos y entregarlos a los
jefes de los sacerdotes?»
22 Pero Saulo cobraba
cada vez más fuerza y
confundía a los judíos
que vivían en Damasco,
demostrándoles que
Jesús es el Mesías.
23 Después de muchos
días, los judíos se pusie-
ron de acuerdo para ha-
cerlo desaparecer,
24 pero
Saulo se enteró de sus
maquinaciones. Día y
noche vigilaban de cerca
las puertas de la ciudad
con el fin de eliminarlo.
25 Pero sus discípulos se
lo llevaron de noche y lo

RVR

noche, le bajaron por una abertura del muro, descolgándole en una canasta.

Saulo en Jerusalén

26 Cuando llegó a Jerusalén, trataba de juntarse con los discípulos; pero todos le tenían miedo, no creyendo que fuese discípulo.
27 Entonces Bernabé, tomándole, lo condujo ante los apóstoles, y les relató cómo Saulo había visto en el camino al Señor, el cual le había hablado, y cómo en Damasco había hablado valerosamente en el nombre de Jesús.
28 Y estaba con ellos en Jerusalén; y entraba y salía,
29 y hablaba denodadamente en el nombre del Señor, y disputaba con los griegos; pero éstos intentaban matarle.
30 Cuando se enteraron de esto los hermanos, le llevaron hasta Cesarea, y le enviaron a Tarso.
31 Entonces las iglesias tenían paz por toda Judea, Galilea y Samaria, siendo edificadas y andando en el temor del Señor, y se acrecentaban fortalecidas por la consolación del Espíritu Santo.

νυκτὸς	διὰ	τοῦ	τείχους	καθῆκαν	αὐτὸν	χαλάσαντες	ἐν
de noche	por$_3$	el$_4$	muro$_5$	bajaron$_1$	a él$_2$	habiéndo(lo) hecho descolgar	en
3571	1223	3588	5038	2524	846	5465	1722
NGSF	P	DGSN	NGSN	VAAI3P	RP3ASM	VAAP-PNM	P

σπυρίδι.	26 Παραγενόμενος	δὲ	εἰς	Ἰερουσαλὴμ	ἐπείραζεν	κολλᾶσθαι
un cesto.	habiendo llegado$_2$	Y$_1$	a	Jerusalén	intentaba	unirse
4711	3854	1161	1519	2419	3985	2853
NDSF	VAMP-SNM	CLT	P	NASF, XP	VIAI3S	VPPN

τοῖς	μαθηταῖς·	καὶ	πάντες	ἐφοβοῦντο	αὐτόν,	μὴ	πιστεύοντες	ὅτι
a los	discípulos,	y	todos	temían	a él	no	creyendo	que
3588	3101	2532	3956	5399	846	3361	4100	3754
DDPM	NDPM	CLC	JNPM	VIUI3P	RP3ASM	BN, TN	VPAP-PNM	CSC

ἐστὶν	μαθητής.	27 Βαρναβᾶς	δὲ	ἐπιλαβόμενος	αὐτὸν	ἤγαγεν	πρὸς
es	discípulo.	Bernabé$_2$	Y$_1$	habiendo tomado	a él	(lo) llevó	a
2076	3101	921	1161	1949	846	71	4314
VPAI3S	NNSM	NNSM	CLC	VAMP-SNM	RP3ASM	VAAI3S	P

τοὺς	ἀποστόλους,	καὶ	διηγήσατο	αὐτοῖς	πῶς	ἐν	τῇ	ὁδῷ	εἶδεν	τὸν
los	apóstoles	y	contó	a ellos	cómo	en	el	camino	vio	al
3588	652	2532	1334	846	4459	1722	3588	3598	1492	3588
DAPM	NAPM	CLN	VAMI3S	RP3DPM	B	P	DDSF	NDSF	VAAI3S	DASM

κύριον	καὶ	ὅτι	ἐλάλησεν	αὐτῷ	καὶ	πῶς	ἐν	Δαμασκῷ	ἐπαρρησιάσατο
Señor	y	que	habló	a él,	y	cómo	en	Damasco	habló con valentía
2962	2532	3754	2980	846	2532	4459	1722	1154	3955
NASM	CLN	CSC	VAAI3S	RP3DSM	CLN	B	P	NDSF	VAMI3S

ἐν	τῷ	ὀνόματι	τοῦ	Ἰησοῦ.	28 καὶ	ἦν	μετ᾽	αὐτῶν	εἰσπορευόμενος
en	el	nombre	de --	Jesús.	Y	estaba	con	ellos	entrando
1722	3588	3686	3588	2424	2532	2258	3326	846	1531
P	DDSN	NDSN	DGSM	NGSM	CLN	VIAI3S	P	RP3GPM	VPUP-SNM

καὶ	ἐκπορευόμενος	εἰς	Ἰερουσαλήμ,	παρρησιαζόμενος	ἐν	τῷ
y	saliendo	en	Jerusalén,	hablando con valentía	en	el
2532	1607	1519	2419	3955	1722	3588
CLN	VPUP-SNM	P	NASF, XP	VPUP-SNM	P	DDSN

ὀνόματι	τοῦ	κυρίου,	29 ἐλάλει	τε	καὶ	συνεζήτει	πρὸς	τοὺς
nombre	del	Señor,	hablaba	y	también	discutía	con	los
3686	3588	2962	2980	5037	2532	4802	4314	3588
NDSN	DGSM	NGSM	VIAI3S	CLK	CLK, CLN	VIAI3S	P	DAPM

Ἑλληνιστάς·	οἱ	δὲ	ἐπεχείρουν	ἀνελεῖν	αὐτόν.	30 ἐπιγνόντες	δὲ
helenistas,	--$_2$	pero$_1$	intentaban	matar	a él.	habiendo sabido$_2$	Pero$_1$
1675	3588	1161	2021	337	846	1921	1161
NAPM	DNPM	CLC	VIAI3P	VAAN	RP3ASM	VAAP-PNM	CLN

οἱ	ἀδελφοὶ	κατήγαγον	αὐτὸν	εἰς	Καισάρειαν	καὶ	ἐξαπέστειλαν
los	hermanos	llevaron	a él$_1$	a	Cesarea	y	enviaron
3588	80	2609	846	1519	2542	2532	1821
DNPM	NNPM	VAAI3P	RP3ASM	P	NASF	CLN	VAAI3P

αὐτὸν	εἰς	Ταρσόν.	31 Ἡ	μὲν	οὖν	ἐκκλησία	καθ᾽	ὅλης	τῆς
a él	a	Tarso.	la$_3$	en verdad$_2$	Entonces$_1$	(la) iglesia	por	toda	--
846	1519	5019	3588	3303	3767	1577	2596	3650	3588
RP3ASM	P	NASF	DNSF	TE, C	CLI, CLT	NNSF	P	JGSF	DGSF

Ἰουδαίας	καὶ	Γαλιλαίας	καὶ	Σαμαρείας	εἶχεν	εἰρήνην	οἰκοδομουμένη,
Judea	y	Galilea	y	Samaria	tenía	paz	siendo edificada
2449	2532	1056	2532	4540	2192	1515	3618
NGSF	CLN	NGSF	CLN	NGSF	VIAI3S	NASF	VPPP-SNF

καὶ	πορευομένη	τῷ	φόβῳ	τοῦ	κυρίου	καὶ	τῇ	παρακλήσει	τοῦ
y	andando	en el	temor	del	Señor	y	en la$_2$	consolación$_3$	del$_4$
2532	4198	3588	5401	3588	2962	2532	3588	3874	3588
CLN	VPUP-SNF	DDSM	NDSM	DGSM	NGSM	CLN	DDSF	NDSF	DGSN

NVI

bajaron en un canasto por una abertura en la muralla.
26 Cuando llegó a Jerusalén, trataba de juntarse con los discípulos, pero todos tenían miedo de él, porque no creían que de veras fuera discípulo.
27 Entonces Bernabé lo tomó a su cargo y lo llevó a los apóstoles. Saulo les describió en detalle cómo en el camino había visto al Señor, el cual le había hablado, y cómo en Damasco había predicado con libertad en el nombre de Jesús.
28 Así que se quedó con ellos, y andaba por todas partes en Jerusalén, hablando abiertamente en el nombre del Señor.
29 Conversaba y discutía con los judíos de habla griega, pero ellos se proponían eliminarlo.
30 Cuando se enteraron de ello los hermanos, se lo llevaron a Cesarea y de allí lo mandaron a Tarso.
31 Mientras tanto, la iglesia disfrutaba de paz a la vez que se consolidaba en toda Judea, Galilea y Samaria, pues vivía en el temor del Señor. E iba creciendo en número,

RVR

Sanidad de Eneas

32 Aconteció que Pedro,
cuando recorría todos
aquellos lugares, vino
también a los santos que
habitaban en Lida.
33 Y halló allí a un
hombre que se llamaba
Eneas, que hacía ocho
años que estaba en
cama, pues era para-
lítico.
34 Y le dijo Pedro:
Eneas, Jesucristo te
sana; levántate, y haz tu
cama. Y en seguida se
levantó.
35 Y le vieron todos los
que habitaban en Lida
y en Sarón, los cuales se
convirtieron al Señor.

Resurrección de Dorcás

36 Había entonces en
Jope una discípula
llamada Tabitá, que
traducido quiere decir
Dorcás. Ésta abundaba
en buenas obras y en
limosnas que hacía.
37 Y aconteció que en
aquellos días enfermó
y murió. Después de
lavada, la pusieron en la
estancia superior.
38 Y como Lida estaba
cerca de Jope, los
discípulos, oyendo que
Pedro estaba allí, le
enviaron dos hombres,

ἁγίου	πνεύματος	ἐπληθύνετο.	32 Ἐγένετο	δὲ	Πέτρον	διερχόμενον	διὰ
Santo.$_6$	Espíritu$_5$	se multiplicaba$_1$	sucedió que$_2$	Y$_1$	a Pedro	pasando	por
40	4151	4129	1096	1161	4074	1330	1223
JGSN	*NGSN*	*VIPI3S*	*VAMI3S*	*CLT*	*NASM*	*VPUP-SAM*	*P*

πάντων	κατελθεῖν	καὶ	πρὸς	τοὺς	ἁγίους	οὓς	κατοικοῦντας
todos (los lugares)	al bajar	también	a	los	santos	los que	están habitando
3956	2718	2532	4314	3588	40	3588	2730
JGPN	*VAAN*	*BE, TE*	*P*	*DAPM*	*JAPM*	*DAPM*	*VPAP-PAM*

Λύδδα.	33 εὗρεν	δὲ	ἐκεῖ	ἄνθρωπόν	τινα	ὀνόματι	Αἰνέαν
Lida.	encontró$_2$	Y$_1$	allí	hombre$_2$	a cierto$_1$	(de) nombre	Eneas
3069	2147	1161	1563	444	5100	3686	132
NASF	*VAAI3S*	*CLN*	*BP*	*NASM*	*JASM, RX-ASM*	*NDSN*	*NASM*

ἐξ	ἐτῶν	ὀκτὼ	κατακείμενον	ἐπὶ	κραβάττου,	ὃς	ἦν
desde (hacía)$_4$	años,$_6$	ocho$_5$	estando acostado$_1$	sobre$_2$	una cama$_3$	el cual	estaba
1537	2094	3638	2621	1909	2895	3739	2258
P	*NGPN*	*XN, J*	*VPUP-SAM*	*P*	*NGSM*	*RR-NSM*	*VIAI3S*

παραλελυμένος.	34 καὶ	εἶπεν	αὐτῷ	ὁ	Πέτρος·	Αἰνέα,	ἰᾶταί	σε
paralizado.	Y	dijo$_3$	a él:$_4$	--$_1$	Pedro$_2$	Eneas,$_5$	sana.$_9$	te$_8$
3886	2532	2036	846	3588	4074	132	2390	4571
VRPP-SNM	*CLN*	*VAAI3S*	*RP3DSM*	*DNSM*	*NNSM*	*NVSM*	*VPUI3S*	*RP2AS*

Ἰησοῦς	Χριστός·	ἀνάστηθι	καὶ	στρῶσον	σεαυτῷ·	καὶ	εὐθέως
Jesús$_6$	Cristo$_7$	Levántate	y	arregla (la cama)	para ti mismo.	E	inmediatamente
2424	5547	450	2532	4766	4572	2532	2112
NNSM	*NNSM*	*VAAM2S*	*CLN*	*VAAM2S*	*RF2DSM*	*CLN*	*B*

ἀνέστη.	35 καὶ	εἶδαν	αὐτὸν	πάντες	οἱ	κατοικοῦντες	Λύδδα	καὶ
se levantó.	Y	vieron$_8$	a él,$_9$	todos$_1$	los que$_2$	están habitando$_3$	Lida$_4$	y$_5$
450	2532	3708	846	3956	3588	2730	3069	2532
VAAI3S	*CLN*	*VAAI3P*	*RP3ASM*	*JNPM*	*DNPM*	*VPAP-PNM*	*NASF*	*CLN*

τὸν	Σαρῶνα,	οἵτινες	ἐπέστρεψαν	ἐπὶ	τὸν	κύριον.	36 Ἐν	Ἰόππῃ
--$_6$	Sarón$_7$	los cuales	se convirtieron	a	el	Señor.	en$_2$	Jope$_3$
3588	4565	3748	1994	1909	3588	2962	1722	2445
DASM	*NASM*	*RR-NPM*	*VAAI3P*	*P*	*DASM*	*NASM*	*P*	*NDSF*

δέ	τις	ἦν	μαθήτρια	ὀνόματι	Ταβιθά,	ἣ	διερμηνευομένη
Y$_1$	cierta$_5$	había$_4$	discípula	(de) nombre	Tabita,	que	siendo traducido
1161	5100	2258	3102	3686	5000	3739	1329
CLT	*JNSF, RX-NSF*	*VIAI3S*	*NNSF*	*NDSN*	*NNSF, XP*	*RR-NSF*	*VPPP-SNF*

λέγεται	Δορκάς·	αὕτη	ἦν	πλήρης	ἔργων	ἀγαθῶν	καὶ	ἐλεημοσυνῶν
se dice	Dorcas;	esta	estaba	llena	de obras	buenas	y	de limosnas
3004	1393	846	2258	4134	2041	18	2532	1654
VPPI3S	*NNSF*	*RD-NSF*	*VIAI3S*	*JNSF*	*NGPN*	*JGPN*	*CLN*	*NGPF*

ὧν	ἐποίει.	37 ἐγένετο	δὲ	ἐν	ταῖς	ἡμέραις	ἐκείναις	ἀσθενήσασαν
las cuales	hacía.	sucedió que$_2$	Y$_1$	en	los	días	aquellos	habiéndo(se) enfermado
3739	4160	1096	1161	1722	3588	2250	1565	770
RR-GPF	*VIAI3S*	*VAMI3S*	*CLN*	*P*	*DDPF*	*NDPF*	*RD-DPF*	*VAAP-SAF*

αὐτὴν	ἀποθανεῖν·*	λούσαντες	δὲ	ἔθηκαν	αὐτὴν	ἐν	ὑπερῴῳ.
ella	para morir;	habiéndo(la) lavado$_2$	y$_1$	pusieron$_4$	la$_3$	en	una estancia superior.
846	599	3068	1161	5087	846	1722	5253
RP3ASF	*VAAN*	*VAAP-PNM*	*CLN*	*VAAI3P*	*RP3ASF*	*P*	*NDSN*

38 ἐγγὺς	δὲ	οὔσης	Λύδδας	τῇ	Ἰόππῃ	οἱ	μαθηταὶ	ἀκούσαντες
cerca$_3$	Y$_1$	estando$_2$	Lida	a--	Jope	los	discípulos	habiendo oído
1451	1161	5607	3069	3588	2445	3588	3101	191
P, B	*CLN*	*VPAP-SGF*	*NGSF*	*DDSF*	*NDSF*	*DNPM*	*NNPM*	*VAAP-PNM*

ὅτι	Πέτρος	ἐστὶν	ἐν	αὐτῇ	ἀπέστειλαν	δύο	ἄνδρας	πρὸς	αὐτὸν
que	Pedro	está	en	ella	enviaron	a dos	varones	a	él
3754	4074	2076	1722	846	649	1417	435	4314	846
CSC	*NNSM*	*VPAI3S*	*P*	*RP3DSF*	*VAAI3P*	*XN, J*	*NAPM*	*P*	*RP3ASM*

NVI

fortalecida por el
Espíritu Santo.

Eneas y Dorcas

32 Pedro, que estaba
recorriendo toda la
región, fue también a
visitar a los santos que
vivían en Lida. 33 Allí
encontró a un paralítico
llamado Eneas, que lle-
vaba ocho años en cama.
34 «Eneas —le dijo
Pedro—, Jesucristo te
sana. Levántate y tiende
tu cama». Y al instante
se levantó. 35 Todos los
que vivían en Lida y
en Sarón lo vieron, y se
convirtieron al Señor.
36 Había en Jope
una discípula llamada
Tabita (que traducido es
Dorcas). Esta se esmera-
ba en hacer buenas obras
y en ayudar a los pobres.
37 Sucedió que en esos
días cayó enferma y mu-
rió. Pusieron el cadáver,
después de lavarlo, en
un cuarto de la planta
alta. 38 Y como Lida
estaba cerca de Jope, los
discípulos, al enterarse
de que Pedro se encon-
traba en Lida, enviaron
a dos hombres a rogarle:

9:37* O sea *murió.*

RVR

a rogarle: No tardes en
venir a nosotros.
39 Levantándose en-
tonces Pedro, fue con
ellos; y cuando llegó,
le llevaron a la estancia
superior, donde le ro-
dearon todas las viudas,
llorando y mostrando
las túnicas y los vestidos
que Dorcás hacía cuan-
do estaba con ellas.
40 Entonces, sacando
a todos, Pedro se puso
de rodillas y oró; y vol-
viéndose al cuerpo, dijo:
Tabitá, levántate. Y ella
abrió los ojos, y al ver a
Pedro, se incorporó.
41 Y él, dándole la mano,
la levantó; entonces,
llamando a los santos y
a las viudas, la presentó
viva.
42 Esto fue notorio en
toda Jope, y muchos
creyeron en el Señor.
43 Y aconteció que se
quedó bastantes días en
Jope en casa de un cierto
Simón, curtidor.

Pedro y Cornelio

10 Había en
Cesarea
un hombre llamado
Cornelio, centurión de
la compañía llamada la
Italiana,
2 piadoso y temeroso de

παρακαλοῦντες·	Μὴ	ὀκνήσῃς	διελθεῖν	ἕως	ἡμῶν·	39 ἀναστὰς
rogando:	No	tardes	(en) pasar	hasta	nosotros.	habiéndo(se) levantado$_2$
3870	3361	3635	1330	2193	2257	450
VPAP-PNM	*BN, TN*	*VAAS2S*	*VAAN*	*P, C*	*RP1GP*	*VAAP-SNM*

δὲ	Πέτρος	συνῆλθεν	αὐτοῖς·	ὃν	παραγενόμενον	ἀνήγαγον	εἰς
Y$_1$	Pedro	fue junto con	ellos;	al cual	habiendo llegado	hicieron subir	a
1161	4074	4905	846	3739	3854	321	1519
CLN	*NNSM*	*VAAI3S*	*RP3DPM*	*RR-ASM*	*VAMP-SAM*	*VAAI3P*	*P*

τὸ	ὑπερῷον,	καὶ	παρέστησαν	αὐτῷ	πᾶσαι	αἱ	χῆραι	κλαίουσαι
la	habitación superior	y	(se) presentaron	a él	todas	las	viudas	llorando
3588	5253	2532	3936	846	3956	3588	5503	2799
DASN	*NASN*	*CLN*	*VAAI3P*	*RP3DSM*	*JNPF*	*DNPF*	*NNPF, JNPF*	*VPAP-PNF*

καὶ	ἐπιδεικνύμεναι	χιτῶνας	καὶ	ἱμάτια	ὅσα	ἐποίει	μετ'	αὐτῶν
y	mostrando	(las) túnicas	y	ropas	cuantos	hacía$_3$	con$_5$	ellas.$_6$
2532	1925	5509	2532	2440	3745	4160	3326	846
CLN	*VPMP-PNF*	*NAPM*	*CLN*	*NAPN*	*RK-APN*	*VIAI3S*	*P*	*RP3GPF*

οὖσα	ἡ	Δορκάς.	40 ἐκβαλὼν	δὲ	ἔξω	πάντας	ὁ	Πέτρος	καὶ
estando$_4$	--$_1$	Dorcas$_2$	habiendo sacado$_4$	Y$_1$	fuera$_5$	a todos$_6$	--$_2$	Pedro$_3$	y
5607	3588	1393	1544	1161	1854	3956	3588	4074	2532
VPAP-SNF	*DNSF*	*NNSF*	*VAAP-SNM*	*CLN*	*BP*	*JAPM*	*DNSM*	*NNSM*	*CLN*

θεὶς	τὰ	γόνατα*	προσηύξατο,	καὶ	ἐπιστρέψας	πρὸς	τὸ
habiéndose puesto	las	rodillas	oró	y	habiéndose vuelto	a	el
5087	3588	1119	4336	2532	1994	4314	3588
VAAP-SNM	*DAPN*	*NAPN*	*VAMI3S*	*CLN*	*VAAP-SNM*	*P*	*DASN*

σῶμα	εἶπεν·	Ταβιθά,	ἀνάστηθι.	ἡ	δὲ	ἤνοιξεν	τοὺς	ὀφθαλμοὺς
cuerpo	dijo:	Tabita,	levántate.	ella$_2$	Y$_1$	abrió	los	ojos
4983	2036	5000	450	3588	1161	455	3588	3788
NASN	*VAAI3S*	*NVSF, XP*	*VAAM2S*	*DNSF*	*CLN*	*VAAI3S*	*DAPM*	*NAPM*

αὐτῆς,	καὶ	ἰδοῦσα	τὸν	Πέτρον	ἀνεκάθισεν.	41 δοὺς	δὲ	αὐτῇ
de ella,	y	habiendo visto	a --	Pedro	se incorporó.	habiendo dado$_2$	Y$_1$	a ella
846	2532	1492	3588	4074	339	1325	1161	846
RP3GSF	*CLN*	*VAAP-SNF*	*DASM*	*NASM*	*VAAI3S*	*VAAP-SNM*	*CLN*	*RP3DSF*

χεῖρα	ἀνέστησεν	αὐτήν,	φωνήσας	δὲ	τοὺς	ἁγίους	καὶ	τὰς	χήρας
(la) mano	levantó	a ella,	habiendo llamado$_4$	y$_3$	a los	santos	y	a las	viudas
5495	450	846	5455	1161	3588	40	2532	3588	5503
NASF	*VAAI3S*	*RP3ASF*	*VAAP-SNM*	*CLN*	*DAPM*	*JAPM*	*CLN*	*DAPF*	*NAPF, JAPF*

παρέστησεν	αὐτὴν	ζῶσαν.	42 γνωστὸν	δὲ	ἐγένετο	καθ'	ὅλης	τῆς
presentó	a ella	viviendo.	conocido$_3$	Y$_1$	llegó a ser$_2$	por	toda	--
3936	846	2198	1110	1161	1096	2596	3650	3588
VAAI3S	*RP3ASF*	*VPAP-SAF*	*JNSN*	*CLN*	*VAMI3S*	*P*	*JGSF*	*DGSF*

Ἰόππης,	καὶ	ἐπίστευσαν	πολλοὶ	ἐπὶ	τὸν	κύριον.	43 ἐγένετο	δὲ
Jope,	y	creyeron$_2$	muchos$_1$	en	el	Señor.	sucedió que$_2$	Y$_1$
2445	2532	4100	4183	1909	3588	2962	1096	1161
NGSF	*CLN*	*VAAI3P*	*JNPM*	*P*	*DASM*	*NASM*	*VAMI3S*	*CLN*

ἡμέρας	ἱκανὰς	μεῖναι	ἐν	Ἰόππῃ	παρά	τινι	Σίμωνι	βυρσεῖ.
días$_4$	bastantes$_3$	permanecer	en	Jope	junto a	un cierto	Simón	curtidor.
2250	2425	3306	1722	2445	3844	5100	4613	1038
NAPF	*JAPF*	*VAAN*	*P*	*NDSF*	*P*	*JDSM, RX-DSM*	*NDSM*	*NDSM*

10 Ἀνὴρ	δέ	⸀τις	ἐν	Καισαρείᾳ	ὀνόματι	Κορνήλιος,
varón$_3$	Y$_1$	cierto$_2$	en	Cesarea	(de) nombre	Cornelio,
435	1161	5100	1722	2542	3686	2883
NNSM	*CLT*	*JNSM, RX-NSM*	*P*	*NDSF*	*NDSN*	*NNSM*

ἑκατοντάρχης	ἐκ	σπείρης	τῆς	καλουμένης	Ἰταλικῆς,	2 εὐσεβὴς
centurión	de	(la) cohorte	de la que	está siendo llamada	Italiana,	piadoso
1543	1537	4686	3588	2564	2483	2152
NNSM	*P*	*NGSF*	*DGSF*	*VPPP-SGF*	*JGSF*	*JNSM*

NVI

«¡Por favor, venga usted
a Jope en seguida!»
39 Sin demora, Pedro
se fue con ellos, y cuan-
do llegó lo llevaron al
cuarto de arriba. Todas
las viudas se presenta-
ron, llorando y mostrán-
dole las túnicas y otros
vestidos que Dorcas
había hecho cuando aún
estaba con ellas.
40 Pedro hizo que to-
dos salieran del cuarto;
luego se puso de rodillas
y oró. Volviéndose hacia
la muerta, dijo: «Tabita,
levántate». Ella abrió
los ojos y, al ver a Pedro,
se incorporó. 41 Él,
tomándola de la mano,
la levantó. Luego llamó
a los creyentes y a las viu-
das, a quienes la presen-
tó viva. 42 La noticia se
difundió por todo Jope,
y muchos creyeron en el
Señor. 43 Pedro se quedó
en Jope un buen tiempo,
en casa de un tal Simón,
que era curtidor.

Cornelio manda llamar a Pedro

10 Vivía en
Cesarea un
centurión llamado
Cornelio, del regimien-
to conocido como el
Italiano. 2 Él y toda su

9:40* O sea *habiéndose puesto de rodillas.*

RVR

Dios con toda su casa, y
que hacía muchas limos-
nas al pueblo, y oraba a
Dios continuamente.
3 Éste vio claramente
en una visión, como a
la hora novena del día,
que un ángel de Dios
entraba donde él estaba,
y le decía: Cornelio.
4 Él, mirándole fijamen-
te, y atemorizado, dijo:
¿Qué hay, Señor? Y le
dijo: Tus oraciones y tus
limosnas han subido
como un memorial
delante de Dios.
5 Envía, pues, ahora
hombres a Jope, y haz
venir a Simón, el que
tiene por sobrenombre
Pedro.
6 Éste se hospeda en casa
de cierto Simón curti-
dor, que tiene su casa
junto al mar; él te dirá lo
que debes hacer.
7 Tan pronto como se
fue el ángel que hablaba
con Cornelio, éste llamó
a dos de sus criados, y a
un devoto soldado de
los que le servían cons-
tantemente;
8 a los cuales envió a
Jope, después de haber-
les contado todo.

καὶ	φοβούμενος	τὸν	θεὸν	σὺν	παντὶ	τῷ	οἴκῳ	αὐτοῦ,	ποιῶν
y	temiendo	a --	Dios	con	toda	la	casa	de él,	haciendo
2532	5399	3588	2316	4862	3956	3588	3624	846	4160
CLN	*VPUP-SNM*	*DASM*	*NASM*	*P*	*JDSM*	*DDSM*	*NDSM*	*RP3GSM*	*VPAP-SNM*

ἐλεημοσύνας	πολλὰς	τῷ	λαῷ	καὶ	δεόμενος	τοῦ	θεοῦ	διὰ	παντός,*
obras de misericordia$_2$	muchas$_1$	al	pueblo	y	pidiendo	a --	Dios	durante	todo,
1654	4183	3588	2992	2532	1189	3588	2316	1223	3956
NAPF	*JAPF*	*DDSM*	*NDSM*	*CLN*	*VPUP-SNM*	*DGSM*	*NGSM*	*P*	*JGSM, JGSN*

3 εἶδεν	ἐν	ὁράματι	φανερῶς	ὡσεὶ	περὶ	ὥραν	ἐνάτην	τῆς	ἡμέρας
vio	en	una visión	claramente,	como	alrededor de	(la) hora	novena	del	día,
1492	1722	3705	5320	5616	4012	5610	1766	3588	2250
VAAI3S	*P*	*NDSN*	*B*	*CAM, B*	*P*	*NASF*	*JASF*	*DGSF*	*NGSF*

ἄγγελον	τοῦ	θεοῦ	εἰσελθόντα	πρὸς	αὐτὸν	καὶ	εἰπόντα	αὐτῷ·
a un ángel	de --	Dios	habiendo entrado	ante	él	y	habiendo dicho	a él:
32	3588	2316	1525	4314	846	2532	2036	846
NASM	*DGSM*	*NGSM*	*VAAP-SAM*	*P*	*RP3ASM*	*CLN*	*VAAP-SAM*	*RP3DSM*

Κορνήλιε.	4 ὁ	δὲ	ἀτενίσας	αὐτῷ	καὶ	ἔμφοβος	γενόμενος
Cornelio.	--$_2$	Y$_1$	habiendo fijado la mirada	en él	y	temeroso$_2$	habiendo estado$_1$
2883	3588	1161	816	846	2532	1719	1096
NVSM	*DNSM*	*CLN*	*VAAP-SNM*	*RP3DSM*	*CLN*	*JNSM*	*VAMP-SNM*

εἶπεν·	Τί	ἐστιν,	κύριε;	εἶπεν	δὲ	αὐτῷ·	Αἱ	προσευχαί	σου	καὶ
dijo:	¿Qué	es,	Señor?	dijo$_2$	Y$_1$	a él:	Las	oraciones	de ti	y
2036	5101	2076	2962	2036	1161	846	3588	4335	4675	2532
VAAI3S	*RI-NSN*	*VPAI3S*	*NVSM*	*VAAI3S*	*CLN*	*RP3DSM*	*DNPF*	*NNPF*	*RP2GS*	*CLN*

αἱ	ἐλεημοσύναι	σου	ἀνέβησαν	εἰς	μνημόσυνον	ἔμπροσθεν
las	obras de misericordia	de ti	subieron	para	recuerdo	delante
3588	1654	4675	305	1519	3422	1715
DNPF	*NNPF*	*RP2GS*	*VAAI3P*	*P*	*NASN*	*P*

τοῦ	θεοῦ·	5 καὶ	νῦν	πέμψον	ἄνδρας	εἰς	Ἰόππην	καὶ	μετάπεμψαι
de --	Dios.	Y	ahora	envía	varones	a	Jope	y	manda traer
3588	2316	2532	3568	3992	435	1519	2445	2532	3343
DGSM	*NGSM*	*CLN*	*B*	*VAAM2S*	*NAPM*	*P*	*NASF*	*CLN*	*VAMM2S*

Σίμωνά	τινα	ὅς	ἐπικαλεῖται	Πέτρος·	6 οὗτος	ξενίζεται	παρά
Simón$_2$	a cierto$_1$	el cual	es llamado	Pedro;	este	se hospeda	junto con
4613	5100	3739	1941	4074	3778	3579	3844
NASM	*JASM, RX-ASM*	*RR-NSM*	*VPPI3S*	*NNSM*	*RD-NSM*	*VPPI3S*	*P*

τινι	Σίμωνι	βυρσεῖ,	ᾧ	ἐστιν	οἰκία	παρὰ	θάλασσαν.	7 ὡς
cierto	Simón	curtidor,	cuya	está$_2$	casa$_1$	junto a(l)	mar.	cuando$_2$
5100	4613	1038	3739	2076	3614	3844	2281	5613
JDSM, RX-DSM	*NDSM*	*NDSM*	*RR-DSM*	*VPAI3S*	*NNSF*	*P*	*NASF*	*CAT*

δὲ	ἀπῆλθεν	ὁ	ἄγγελος	ὁ	λαλῶν	αὐτῷ,	φωνήσας	δύο	τῶν
Y$_1$	(se) fue,$_8$	el$_3$	ángel$_4$	el que$_5$	está hablando$_6$	a él$_7$	habiendo llamado	a dos	de los
1161	565	3588	32	3588	2980	846	5455	1417	3588
CLN	*VAAI3S*	*DNSM*	*NNSM*	*DNSM*	*VPAP-SNM*	*RP3DSM*	*VAAP-SNM*	*XN, J*	*DGPM*

οἰκετῶν	καὶ	στρατιώτην	εὐσεβῆ	τῶν	προσκαρτερούντων	αὐτῷ
esclavos domésticos	y	a un soldado	piadoso	de los	acompañando siempre	a él
3610	2532	4757	2152	3588	4342	846
NGPM	*CLN*	*NASM*	*JASM*	*DGPM*	*VPAP-PGM*	*RP3DSM*

8 καὶ	ἐξηγησάμενος	ἅπαντα	αὐτοῖς	ἀπέστειλεν	αὐτοὺς	εἰς	τὴν
y	habiendo explicado	todas las cosas	a ellos	envió	a ellos	a	--
2532	1834	537	846	649	846	1519	3588
CLN	*VAMP-SNM*	*JAPN*	*RP3DPM*	*VAAI3S*	*RP3APM*	*P*	*DASF*

Ἰόππην.
Jope.
2445
NASF

NVI

familia eran devotos
y temerosos de Dios.
Realizaba muchas obras
de beneficencia para el
pueblo de Israel y oraba
a Dios constantemente.
3 Un día, como a las tres
de la tarde, tuvo una
visión. Vio claramente a
un ángel de Dios que se
le acercaba y le decía:
—¡Cornelio!
4 —¿Qué quieres,
Señor? —le preguntó
Cornelio, mirándolo
fijamente y con mucho
miedo.
—Dios ha recibido
tus oraciones y tus
obras de beneficencia
como una ofrenda —le
contestó el ángel—.
5 Envía de inmediato a
algunos hombres a Jope
para que hagan venir a
un tal Simón, apodado
Pedro. 6 Él se hospeda
con Simón el curtidor,
que tiene su casa junto
al mar.
7 Después de que se
fue el ángel que le había
hablado, Cornelio llamó
a dos de sus siervos y a
un soldado devoto de
los que le servían regu-
larmente. 8 Les explicó
todo lo que había suce-
dido y los envió a Jope.

10:2* O sea *constantemente.*

RVR

9 Al día siguiente, mientras ellos iban por el camino y se acercaban a la ciudad, Pedro subió a la azotea para orar, cerca de la hora sexta.
10 Sintió hambre, y quiso comer; pero mientras le preparaban algo, le sobrevino un éxtasis;
11 y vio el cielo abierto, y que descendía algo semejante a un gran lienzo, que atado de las cuatro puntas era bajado a la tierra;
12 en el cual había de todos los cuadrúpedos terrestres y reptiles y aves del cielo.
13 Y le vino una voz: Levántate, Pedro, mata y come.
14 Entonces Pedro dijo: Señor, de ningún modo; porque no he comido jamás ninguna cosa común o inmunda.
15 Volvió la voz a él la segunda vez: Lo que Dios ha purificado, no lo llames tú común.
16 Esto se hizo tres veces; y aquel lienzo volvió a ser recogido en el cielo.
17 Y mientras Pedro estaba perplejo dentro de sí pensando qué podría

9 Τῇ δὲ ἐπαύριον ὁδοιπορούντων ἐκείνων καὶ τῇ πόλει ἐγγιζόντων
al$_2$ Y$_1$ día siguiente, viajando aquellos y a la$_2$ ciudad$_3$ acercándose$_1$
3588 1161 1887 3596 1565 2532 3588 4172 1448
DDSF CLT B VPAP-PGM RD-GPM CLN DDSF NDSF VPAP-PGM

ἀνέβη Πέτρος ἐπὶ τὸ δῶμα προσεύξασθαι περὶ ὥραν ἕκτην.
subió Pedro a la azotea para orar alrededor de (la) hora sexta.
305 4074 1909 3588 1430 4336 4012 5610 1623
VAAI3S NNSM P DASN NASN VAMN P NASF JASF

10 ἐγένετο δὲ πρόσπεινος καὶ ἤθελεν γεύσασθαι· παρασκευαζόντων
llegó a estar$_2$ Y$_1$ hambriento y quería comer, preparando$_2$
1096 1161 4361 2532 2309 1089 3903
VAMI3S CLN JNSM CLN VIAI3S VAMN VPAP-PGM

δὲ αὐτῶν ἐγένετο ἐπ' αὐτὸν ἔκστασις, 11 καὶ θεωρεῖ τὸν οὐρανὸν
y$_1$ ellos sobrevino sobre él un éxtasis, y ve el cielo
1161 846 1096 1909 846 1611 2532 2334 3588 3772
CLN RP3GPM VAMI3S P RP3ASM NNSF CLN VPAI3S DASM NASM

ἀνεῳγμένον καὶ καταβαῖνον σκεῦός τι ὡς ὀθόνην μεγάλην
abierto y descendiendo$_6$ objeto$_2$ cierto$_1$ como$_3$ una lona$_4$ grande$_5$
455 2532 2597 4632 5100 5613 3607 3173
VRPP-SAM CLN VPAP-SAN NASN JASN, RX-ASN CAM NASF JASF

τέσσαρσιν ἀρχαῖς καθιέμενον ἐπὶ τῆς γῆς, 12 ἐν ᾧ ὑπῆρχεν πάντα
por cuatro$_8$ puntas siendo bajado$_7$ sobre la tierra, en el cual había todos
5064 746 2524 1909 3588 1093 1722 3739 5225 3956
JDPF NDPF VPPP-SAN P DGSF NGSF P RR-DSN VIAI3S JNPN

τὰ τετράποδα καὶ ἑρπετὰ τῆς γῆς καὶ πετεινὰ τοῦ οὐρανοῦ. 13 καὶ
los cuadrúpedos y reptiles de la tierra y aves del cielo. Y
3588 5074 2532 2062 3588 1093 2532 4071 3588 3772 2532
DNPN JNPN CLN NNPN DGSF NGSF CLN NNPN, JNPN DGSM NGSM CLN

ἐγένετο φωνὴ πρὸς αὐτόν· Ἀναστάς, Πέτρε, θῦσον καὶ φάγε.
vino una voz a él: Habiéndo(te) levantado, Pedro, mata y come.
1096 5456 4314 846 450 4074 2380 2532 5315
VAMI3S NNSF P RP3ASM VAAP-SNM NVSM VAAM2S CLN VAAM2S

14 ὁ δὲ Πέτρος εἶπεν· Μηδαμῶς, κύριε, ὅτι οὐδέποτε ἔφαγον
--$_2$ Y$_1$ Pedro dijo: De ninguna manera, Señor, porque nunca comí
3588 1161 4074 2036 3365 2962 3754 3763 5315
DNSM CLC NNSM VAAI3S BN NVSM CAZ BN VAAI1S

πᾶν κοινὸν καὶ ἀκάθαρτον. 15 καὶ φωνὴ πάλιν ἐκ δευτέρου πρὸς
todo común e impuro. Y una voz de nuevo por segunda vez a
3956 2839 2532 169 2532 5456 3825 1537 1208 4314
JASN JASN CLN JASN CLN NNSF B P JGSN P

αὐτόν· Ἃ ὁ θεὸς ἐκαθάρισεν σὺ μὴ κοίνου. 16 τοῦτο
él: Las cosas que -- Dios limpió tú no consideres impuras. esto$_2$
846 3739 3588 2316 2511 4771 3361 2840 5124
RP3ASM RR-APN DNSM NNSM VAAI3S RP2NS BN, TN VPAM2S RD-NSN

δὲ ἐγένετο ἐπὶ τρίς, καὶ εὐθὺς ἀνελήμφθη τὸ σκεῦος εἰς τὸν
Y$_1$ sucedió por tres veces y en seguida fue recibido arriba el objeto a el
1161 1096 1909 5151 2532 2117 353 3588 4632 1519 3588
CLN VAMI3S P B CLN B, J VAPI3S DNSN NNSN P DASM

οὐρανόν.
cielo.
3772
NASM

17 Ὡς δὲ ἐν ἑαυτῷ διηπόρει ὁ Πέτρος τί ἂν εἴη τὸ
como$_2$ Y$_1$ en sí mismo estaba perplejo -- Pedro sobre qué -- sería la
5613 1161 1722 1438 1280 3588 4074 5101 302 1498 3588
CAT CLT P RF3DSM VIAI3S DNSM NNSM RI-NSN TC VPAO3S DNSN

NVI

La visión de Pedro

9 Al día siguiente, mientras ellos iban de camino y se acercaban a la ciudad, Pedro subió a la azotea a orar. Era casi el mediodía. 10 Tuvo hambre y quiso algo de comer. Mientras se lo preparaban, le sobrevino un éxtasis. 11 Vio el cielo abierto y algo parecido a una gran sábana que, suspendida por las cuatro puntas, descendía hacia la tierra. 12 En ella había toda clase de cuadrúpedos, como también reptiles y aves.
13 —Levántate, Pedro; mata y come —le dijo una voz.
14 —¡De ninguna manera, Señor! —replicó Pedro—. Jamás he comido nada impuro o inmundo.
15 Por segunda vez le insistió la voz:
—Lo que Dios ha purificado, tú no lo llames impuro.
16 Esto sucedió tres veces, y en seguida la sábana fue recogida al cielo.
17 Pedro no atinaba a explicarse cuál podría

RVR

significar la visión que
había visto, los hom-
bres que habían sido
enviados por Cornelio,
después de preguntar
por la casa de Simón,
llegaron a la puerta.
18 Y llamando, pregun-
taron si se hospedaba
allí un Simón que
tenía por sobrenombre
Pedro.
19 Y mientras Pedro me-
ditaba sobre la visión, le
dijo el Espíritu: Mira, te
buscan tres hombres.
20 Levántate, pues, y des-
ciende, y vete con ellos
sin vacilar, porque yo los
he enviado.
21 Entonces Pedro,
descendiendo adonde
estaban los hombres
que habían sido envia-
dos por Cornelio, les
dijo: Mirad, yo soy el
que buscáis; ¿cuál es la
causa por la que habéis
venido?
22 Ellos dijeron:
Cornelio el centurión,
varón justo y temeroso
de Dios, y que tiene
buen testimonio en
toda la nación de los
judíos, ha recibido ins-
trucciones de un santo
ángel, de hacerte venir a
su casa para escuchar las
palabras que tú hables.
23 Entonces, haciéndo-
les entrar, los hospedó.

ὅραμα	ὃ	εἶδεν,	ἰδοὺ	οἱ	ἄνδρες	οἱ	ἀπεσταλμένοι	ὑπὸ	τοῦ
visión	que	vio,	he aquí	los	varones	--	enviados	por	--
3705	3739	1492	2400	3588	435	3588	649	5259	3588
NNSN	*RR-ASN*	*VAAI3S*	*I, VAAM2S*	*DNPM*	*NNPM*	*DNPM*	*VRPP-PNM*	*P*	*DGSM*

Κορνηλίου	διερωτήσαντες	τὴν	οἰκίαν	τοῦ	Σίμωνος	ἐπέστησαν
Cornelio	habiendo preguntando por	la	casa	de --	Simón	se presentaron
2883	1331	3588	3614	3588	4613	2186
NGSM	*VAAP-PNM*	*DASF*	*NASF*	*DGSM*	*NGSM*	*VAAI3P*

ἐπὶ	τὸν	πυλῶνα,	18 καὶ	φωνήσαντες	ἐπυνθάνοντο	εἰ	Σίμων
a	la	puerta,	y	habiendo llamado	preguntaban	si	Simón
1909	3588	4440	2532	5455	4441	1487	4613
P	*DASM*	*NASM*	*CLN*	*VAAP-PNM*	*VIUI3P*	*TI*	*NNSM*

ὁ	ἐπικαλούμενος	Πέτρος	ἐνθάδε	ξενίζεται.	19 τοῦ	δὲ	Πέτρου
el que	estea siendo llamado	Pedro	aquí.$_2$	se hospeda$_1$	--	Y	Pedro
3588	1941	4074	1759	3579	3588	1161	4074
DNSM	*VPPP-SNM*	*NNSM*	*BP*	*VPPI3S*	*DGSM*	*CLN*	*NGSM*

διενθυμουμένου	περὶ	τοῦ	ὁράματος	εἶπεν	αὐτῷ	τὸ	πνεῦμα·
reflexionando	acerca de	la	visión	dijo$_3$	a él:$_4$	el$_1$	Espíritu$_2$
1760	4012	3588	3705	3004	846	3588	4151
VPUP-SGM	*P*	*DGSN*	*NGSN*	*VAAI3S*	*RP3DSM*	*DNSN*	*NNSN*

Ἰδοὺ	ἄνδρες	ζητοῦντές	σε·	20 ἀλλὰ	ἀναστὰς	κατάβηθι
Mira,	unos varones	están buscando	a ti,	pero	habiéndo(te) levantado	baja
2400	435	2212	4571	235	450	2597
I, VAAM2S	*NNPM*	*VPAP-PNM*	*RP2AS*	*TE, C*	*VAAP-SNM*	*VAAM2S*

καὶ	πορεύου	σὺν	αὐτοῖς	μηδὲν	διακρινόμενος,	ὅτι	ἐγὼ	ἀπέσταλκα
y	ve	con	ellos	nada	dudando	porque	yo	he enviado
2532	4198	4862	846	3367	1252	3754	1473	649
CLN	*VPUM2S*	*P*	*RP3DPM*	*JASN*	*VPMP-SNM*	*CAZ*	*RP1NS*	*VRAI1S*

αὐτούς.	21 καταβὰς	δὲ	Πέτρος	πρὸς	τοὺς	ἄνδρας	εἶπεν·	Ἰδοὺ	ἐγώ
a ellos	habiendo bajado$_2$	Y$_1$	Pedro	a$_2$	los$_3$	varones:$_4$	dijo$_1$	Mira,	yo
846	2597	1161	4074	4314	3588	435	2036	2400	1473
RP3APM	*VAAP-SNM*	*CLN*	*NNSM*	*P*	*DAPM*	*NAPM*	*VAAI3S*	*I, VAAM2S*	*RP1NS*

εἰμι	ὃν	ζητεῖτε·	τίς	ἡ	αἰτία	δι’	ἣν	πάρεστε;	22 οἱ	δὲ
soy	a quien	buscáis;	¿cuál (es)	la	razón	por	la cual	estáis presentes?	ellos$_2$	Y$_1$
1510	3739	2212	5101	3588	156	1223	3739	3918	3588	1161
VPAI1S	*RR-ASM*	*VPAI2P*	*RI-NSF*	*DNSF*	*NNSF*	*P*	*RR-ASF*	*VPAI2P*	*DNPM*	*CLN*

εἶπαν·	Κορνήλιος	ἑκατοντάρχης,	ἀνὴρ	δίκαιος	καὶ	φοβούμενος	τὸν
dijeron:	Cornelio,$_2$	(El) centurión$_1$	hombre	justo	y	que está temiendo	a --
3004	2883	1543	435	1342	2532	5399	3588
VAAI3P	*NNSM*	*NNSM*	*NNSM*	*JNSM*	*CLN*	*VPUP-SNM*	*DASM*

θεὸν	μαρτυρούμενός	τε	ὑπὸ	ὅλου	τοῦ	ἔθνους	τῶν	Ἰουδαίων,
Dios,	siendo objeto de buen testimonio$_2$	y$_1$	por	todo	el	pueblo	de los	judíos,
2316	3140	5037	5259	3650	3588	1484	3588	2453
NASM	*VPPP-SNM*	*CLN*	*P*	*JGSN*	*DGSN*	*NGSN*	*DGPM*	*JGPM*

ἐχρηματίσθη	ὑπὸ	ἀγγέλου	ἁγίου	μεταπέμψασθαί	σε	εἰς	τὸν	οἶκον
fue avisado	por	un ángel	santo	para mandar traer	a ti	a	la	casa
5537	5259	32	40	3343	4571	1519	3588	3624
VAPI3S	*P*	*NGSM*	*JGSM*	*VAMN*	*RP2AS*	*P*	*DASM*	*NASM*

αὐτοῦ	καὶ	ἀκοῦσαι	ῥήματα	παρὰ	σοῦ.	23 εἰσκαλεσάμενος	οὖν
de él	y	oír	(las) palabras	de	ti.	habiendo hecho entrar,$_2$	Entonces$_1$
846	2532	191	4487	3844	4675	1528	3767
RP3GSM	*CLN*	*VAAN*	*NAPN*	*P*	*RP2GS*	*VAMP-SNM*	*CLI*

αὐτοὺς	ἐξένισεν.
a ellos	hospedó.
846	3579
RP3APM	*VAAI3S*

NVI

ser el significado de la
visión. Mientras tanto,
los hombres enviados
por Cornelio, que
estaban preguntando
por la casa de Simón, se
presentaron a la puerta.
18 Llamando, averigua-
ron si allí se hospedaba
Simón, apodado Pedro.
19 Mientras Pedro
seguía reflexionando
sobre el significado de
la visión, el Espíritu le
dijo: «Mira, Simón,
tres hombres te buscan.
20 Date prisa, baja y
no dudes en ir con
ellos, porque yo los he
enviado».
21 Pedro bajó y les dijo
a los hombres:
—Aquí estoy; yo soy
el que ustedes buscan.
¿Qué asunto los ha
traído por acá?
22 Ellos le
contestaron:
—Venimos de parte
del centurión Cornelio,
un hombre justo y
temeroso de Dios, respe-
tado por todo el pueblo
judío. Un ángel de Dios
le dio instrucciones de
invitarlo a usted a su casa
para escuchar lo que
usted tiene que decirle.
23 Entonces Pedro
los invitó a pasar y los
hospedó.

RVR

Y al día siguiente, levantándose, se fue con ellos; y le acompañaron algunos de los hermanos de Jope.
24 Al día siguiente entraron en Cesarea. Y Cornelio los estaba esperando, habiendo convocado a sus parientes y amigos más íntimos.
25 Cuando Pedro entró, salió Cornelio a su encuentro, y postrándose a sus pies, adoró.
26 Mas Pedro le levantó, diciendo: Levántate, pues yo mismo también soy hombre.
27 Y conversando con él, entró, y halló a muchos que se habían reunido.
28 Y les dijo: Vosotros conocéis perfectamente cuán abominable es para un varón judío juntarse o acercarse a un extranjero; pero a mí me ha mostrado Dios que a ningún hombre llame común o inmundo;
29 por lo cual, al ser llamado, vine sin replicar. Así que pregunto: ¿Por qué causa me habéis hecho venir?

Τῇ δὲ ἐπαύριον ἀναστὰς ἐξῆλθεν σὺν αὐτοῖς, καί τινες
al$_2$ Y$_1$ día siguiente habiéndose levantado fue con ellos y algunos
3588 1161 1887 450 1831 4862 846 2532 5100
DDSF CLT B VAAP-SNM VAAI3S P RP3DPM CLN RX-NPM

τῶν ἀδελφῶν τῶν ἀπὸ Ἰόππης συνῆλθον αὐτῷ. 24 τῇ δὲ ἐπαύριον
de los hermanos de los de Jope fueron junto con él. al$_2$ Y$_1$ día siguiente
3588 80 3588 575 2445 4905 846 3588 1161 1887
DGPM NGPM DGPM P NGSF VAAI3P RP3DSM DDSF CLN B

εἰσῆλθεν εἰς τὴν Καισάρειαν. ὁ δὲ Κορνήλιος ἦν προσδοκῶν
entró en -- Cesarea; --$_2$ y$_1$ Cornelio estaba esperando
1525 1519 3588 2542 3588 1161 2883 2258 4328
VAAI3S P DASF NASF DNSM CLN NNSM VIAI3S VPAP-SNM

αὐτοὺς συγκαλεσάμενος τοὺς συγγενεῖς αὐτοῦ καὶ τοὺς ἀναγκαίους
a ellos habiendo convocado a los parientes de él y a los íntimos.$_2$
846 4779 3588 4773 846 2532 3588 316
RP3APM VAMP-SNM DAPM JAPM RP3GSM CLN DAPM JAPM

φίλους. 25 ὡς δὲ ἐγένετο τοῦ εἰσελθεῖν τὸν Πέτρον,
amigos$_1$ cuando$_3$ Y$_1$ sucedió que$_2$ al entrar -- Pedro,
5384 5613 1161 1096 3588 1525 3588 4074
JAPM CAT CLN VAMI3S DGSN, DGSM VAAN DASM NASM

συναντήσας αὐτῷ ὁ Κορνήλιος πεσὼν ἐπὶ τοὺς πόδας
habiendo salido al encuentro$_3$ a él$_4$ --$_1$ Cornelio$_2$ habiendo caído a los pies
4876 846 3588 2883 4098 1909 3588 4228
VAAP-SNM RP3DSM DNSM NNSM VAAP-SNM P DAPM NAPM

προσεκύνησεν. 26 ὁ δὲ Πέτρος ἤγειρεν αὐτὸν λέγων· Ἀνάστηθι·
adoró. --$_2$ Y$_1$ Pedro levantó a él diciendo: Levántate;
4352 3588 1161 4074 1453 846 3004 450
VAAI3S DNSM CLC NNSM VAAI3S RP3ASM VPAP-SNM VAAM2S

καὶ ἐγὼ αὐτὸς ἄνθρωπός εἰμι. 27 καὶ συνομιλῶν αὐτῷ εἰσῆλθεν,
también yo mismo ser humano.$_2$ soy$_1$ Y conversando (con) él entró
2532 1473 846 444 1510 2532 4926 846 1525
BE, TE RP1NS RP3NSMP NNSM VPAI1S CLN VPAP-SNM RP3DSM VAAI3S

καὶ εὑρίσκει συνεληλυθότας πολλούς, 28 ἔφη τε πρὸς αὐτούς· Ὑμεῖς
y encuentra reunidos a muchos, dijo$_2$ y$_1$ a ellos: Vosotros
2532 2147 4905 4183 5346 5037 4314 846 5210
CLN VPAI3S VRAP-PAM JAPM VIAI3S CLN P RP3APM RP2NP

ἐπίστασθε ὡς ἀθέμιτόν ἐστιν ἀνδρὶ Ἰουδαίῳ κολλᾶσθαι ἢ
entendéis como ilícito es para un varón judío unirse o
1987 5613 111 2076 435 2453 2853 2228
VPUI2P CSC, B JNSN VPAI3S NDSM JDSM VPPN CLD

προσέρχεσθαι ἀλλοφύλῳ· κἀμοὶ ὁ θεὸς ἔδειξεν μηδένα κοινὸν
acercarse a un extranjero; también a mí -- Dios mostró (que) a ningún común$_3$
4334 246 2504 3588 2316 1166 3367 2839
VPUN JDSM RP1DS, CLC DNSM NNSM VAAI3S JASM JASM

ἢ ἀκάθαρτον λέγειν ἄνθρωπον· 29 διὸ καὶ ἀναντιρρήτως ἦλθον
o$_4$ inmundo;$_5$ decir$_2$ ser humano$_1$ por eso también sin poner objeción vine
2228 169 3004 444 1352 2532 369 2064
CLD JASM VPAN NASM CLI CLA, B B VAAI1S

μεταπεμφθείς. πυνθάνομαι οὖν τίνι λόγῳ μετεπέμψασθέ
habiendo sido mandado a traer. Pregunto pues, ¿por qué palabra mandasteis traer
3343 4441 3767 5101 3056 3343
VAPP-SNM VPUI1S CLI JDSM, RI-DSM NDSM VAMI2P

με.
a mí?
3165
RP1AS

NVI

Pedro en casa de Cornelio

Al día siguiente, Pedro se fue con ellos acompañado de algunos creyentes de Jope.
24 Un día después llegó a Cesarea. Cornelio estaba esperándolo con los parientes y amigos íntimos que había reunido. 25 Al llegar Pedro a la casa, Cornelio salió a recibirlo y, postrándose delante de él, le rindió homenaje. 26 Pero Pedro hizo que se levantara, y le dijo:

—Ponte de pie, que solo soy un hombre como tú.

27 Pedro entró en la casa conversando con él, y encontró a muchos reunidos.

28 Entonces les habló así:

—Ustedes saben muy bien que nuestra ley prohíbe que un judío se junte con un extranjero o lo visite. Pero Dios me ha hecho ver que a nadie debo llamar impuro o inmundo. 29 Por eso, cuando mandaron por mí, vine sin poner ninguna objeción. Ahora permítanme preguntarles: ¿para qué me hicieron venir?

RVR

30 Entonces Cornelio
dijo: Hace cuatro días
que a esta hora yo estaba
en ayunas; y a la hora
novena, mientras oraba
en mi casa, vi que se
puso delante de mí un
varón con vestiduras
resplandecientes,
31 y dijo: Cornelio, tu
oración ha sido escucha-
da, y tus limosnas han
sido recordadas delante
de Dios.
32 Envía, pues, a Jope, y
haz venir a Simón el que
tiene por sobrenombre
Pedro, el cual se hospe-
da en casa de Simón, un
curtidor, junto al mar;
y cuando llegue, él te
hablará.
33 Así que luego envié
por ti; y tú has hecho
bien en venir. Ahora,
pues, todos nosotros
estamos aquí en la pre-
sencia de Dios, para oír
todo lo que Dios te ha
ordenado.
34 Entonces Pedro,
abriendo la boca, dijo:
En verdad comprendo
que Dios no hace acep-
ción de personas,
35 sino que en toda
nación, el que le teme y
practica lo que es justo,
le es acepto.
36 Él envió la palabra
a los hijos de Israel,

30 Καὶ ὁ Κορνήλιος ἔφη· Ἀπὸ τετάρτης ἡμέρας* μέχρι ταύτης
Y -- Cornelio dijo: Desde (el) cuarto día hasta esta
2532 3588 2883 5346 575 5067 2250 3360 3778
CLN DNSM NNSM VIAI3S P JGSF NGSF P, B RD-GSF

τῆς ὥρας ⸀ἤμην τὴν ἐνάτην προσευχόμενος ἐν τῷ οἴκῳ μου, καὶ
-- hora, estaba a la novena orando en la casa de mí, y
3588 5610 2252 3588 1766 4336 1722 3588 3624 3450 2532
DGSF NGSF VIMI1S DASF JASF VPUP-SNM P DDSM NDSM RP1GS CLN

ἰδοὺ ἀνὴρ ἔστη ἐνώπιόν μου ἐν ἐσθῆτι λαμπρᾷ 31 καὶ
mira, un hombre se puso en pie delante de mí con ropa resplandeciente y
2400 435 2476 1799 3450 1722 2066 2986 2532
I, VAAM2S NNSM VAAI3S P, B RP1GS P NDSF JDSF CLN

φησί· Κορνήλιε, εἰσηκούσθη σου ἡ προσευχὴ καὶ αἱ ἐλεημοσύναι
dice: Cornelio, fue escuchada$_4$ de ti$_3$ la$_1$ oración$_2$ y las obras de misericordia
5346 2883 1522 4675 3588 4335 2532 3588 1654
VPAI3S NVSM VAPI3S RP2GS DNSF NNSF CLN DNPF NNPF

σου ἐμνήσθησαν ἐνώπιον τοῦ θεοῦ. 32 πέμψον οὖν εἰς Ἰόππην καὶ
de ti fueron recordadas delante de -- Dios. Envía pues a Jope y
4675 3415 1799 3588 2316 3992 3767 1519 2445 2532
RP2GS VAPI3P P, B DGSM NGSM VAAM2S CLI P NASF CLN

μετακάλεσαι Σίμωνα ὃς ἐπικαλεῖται Πέτρος· οὗτος ξενίζεται ἐν
manda llamar a Simón el cual es llamado Pedro, este se hospeda en
3333 4613 3739 1941 4074 3778 3579 1722
VAMM2S NASM RR-NSM VPPI3S NNSM RD-NSM VPPI3S P

οἰκίᾳ Σίμωνος βυρσέως παρὰ θάλασσαν. 33 ἐξαυτῆς οὖν ἔπεμψα
casa de Simón (el) curtidor junto a (el) mar. Inmediatamente pues envié
3614 4613 1038 3844 2281 1824 3767 3992
NDSF NGSM NGSM P NASF B CLI VAAI1S

πρὸς σέ, σύ τε καλῶς ἐποίησας παραγενόμενος. νῦν οὖν
por ti, tú$_2$ y$_1$ bien hiciste habiendo llegado. ahora$_2$ Así que$_1$
4314 4571 4771 5037 2573 4160 3854 3568 3767
P RP2AS RP2NS CLN B VAAI2S VAMP-SNM B CLI

πάντες ἡμεῖς ἐνώπιον τοῦ θεοῦ πάρεσμεν ἀκοῦσαι πάντα τὰ
todos nosotros delante de -- Dios estamos presentes para oír todas las cosas --
3956 2249 1799 3588 2316 3918 191 3956 3588
JNPM RP1NP P, B DGSM NGSM VPAI1P VAAN JAPN DAPN

προστεταγμένα σοι ὑπὸ τοῦ ⸀κυρίου.
ordenadas a ti por el Señor.
4367 4671 5259 3588 2962
VRPP-PAN RP2DS P DGSM NGSM

34 Ἀνοίξας δὲ Πέτρος τὸ στόμα εἶπεν· Ἐπ' ἀληθείας
abriendo$_2$ Y$_1$ Pedro la boca dijo: En verdad
455 1161 4074 3588 4750 2036 1909 225
VAAP-SNM CLN NNSM DASN NASN VAAI3S P NGSF

καταλαμβάνομαι ὅτι οὐκ ἔστιν προσωπολήμπτης ὁ θεός, 35 ἀλλ'
comprendo que no$_3$ es$_4$ uno que hace discriminaciones,$_4$ --$_1$ Dios$_2$ sino
2638 3754 3756 2076 4381 3588 2316 235
VPMI1S CSC BN, TN VPAI3S NNSM DNSM NNSM CLC

ἐν παντὶ ἔθνει ὁ φοβούμενος αὐτὸν καὶ ἐργαζόμενος δικαιοσύνην
en todo pueblo el que está temiendo a él y practicando justicia
1722 3956 1484 3588 5399 846 2532 2038 1343
P JDSN NDSN DNSM VPUP-SNM RP3ASM CLN VPUP-SNM NASF

δεκτὸς αὐτῷ ἐστιν. 36 τὸν λόγον ὃν ἀπέστειλεν τοῖς υἱοῖς Ἰσραὴλ
agradable$_2$ a él.$_3$ es$_1$ La palabra la que envió a los hijos de Israel
1184 846 2076 3588 3056 3739 649 3588 5207 2474
JNSM RP3DSM VPAI3S DASM NASM RR-ASM VAAI3S DDPM NDPM NGSM, XP

NVI

30 Cornelio contestó:
—Hace cuatro días a
esta misma hora, las tres
de la tarde, estaba yo en
casa orando. De repente
apareció delante de mí
un hombre vestido con
ropa brillante, 31 y me
dijo: "Cornelio, Dios ha
oído tu oración y se ha
acordado de tus obras
de beneficencia. 32 Por
lo tanto, envía a alguien
a Jope para hacer venir a
Simón, apodado Pedro,
que se hospeda en casa
de Simón el curtidor,
junto al mar". 33 Así que
inmediatamente mandé
a llamarte, y tú has teni-
do la bondad de venir.
Ahora estamos todos
aquí, en la presencia
de Dios, para escuchar
todo lo que el Señor te
ha encomendado que
nos digas.
34 Pedro tomó la
palabra, y dijo:
—Ahora comprendo
que en realidad para
Dios no hay favori-
tismos, 35 sino que en
toda nación él ve con
agrado a los que le
temen y actúan con
justicia. 36 Dios envió
su mensaje al pueblo de
Israel, anunciando las

10:30* O sea *Hace cuatro días.* **10:30⸀** Manuscritos inferiores aumentaron *ayunando y.* **10:33⸀** Manuscritos inferiores tienen *Dios.*

RVR

anunciando el evangelio
de la paz por medio de
Jesucristo; éste es Señor
de todos.
37 Vosotros sabéis lo
que se divulgó por toda
Judea, comenzando des-
de Galilea, después del
bautismo que predicó
Juan:
38 cómo ungió Dios
con el Espíritu Santo
y con poder a Jesús de
Nazaret, y cómo éste
pasó haciendo el bien
y sanando a todos los
oprimidos por el diablo,
porque Dios estaba
con él.
39 Y nosotros somos tes-
tigos de todas las cosas
que hizo en la tierra de
Judea y en Jerusalén; a
quien mataron colgán-
dole en un madero.
40 A éste, Dios le resuci-
tó al tercer día, y le con-
cedió hacerse visible;
41 no a todo el pueblo,
sino a los testigos que
Dios había escogido de
antemano, a nosotros
que comimos y bebimos
con él después que resu-
citó de los muertos.
42 Y nos encargó que
predicásemos al pue-
blo, y testificásemos
solemnemente que él es
el designado por Dios

εὐαγγελιζόμενος	εἰρήνην	διὰ	Ἰησοῦ	Χριστοῦ·	οὗτός	ἐστιν
anunciando la buena noticia	de paz	por medio de	Jesús	Cristo,	este	es
2097	1515	1223	2424	5547	3778	2076
VPMP-SNM	*NASF*	*P*	*NGSM*	*NGSM*	*RD-NSM*	*VPAI3S*

πάντων	κύριος.	37 ὑμεῖς	οἴδατε	τὸ	γενόμενον	ῥῆμα	καθ'	ὅλης	τῆς
de todos.$_2$	Señor$_1$	Vosotros	sabéis	la	habiendo sucedido$_2$	palabra$_1$	por	toda	--
3956	2962	5210	1492	3588	1096	4487	2596	3650	3588
JGPM	*NNSM*	*RP2NP*	*VRAI2P*	*DASN*	*VAMP-SAN*	*NASN*	*P*	*JGSF*	*DGSF*

Ἰουδαίας,	ἀρξάμενος	ἀπὸ	τῆς	Γαλιλαίας	μετὰ	τὸ	βάπτισμα	ὃ
Judea,	habiendo comenzado	desde	--	Galilea	después de	el	bautismo	que
2449	757	575	3588	1056	3326	3588	908	3739
NGSF	*VAMP-SNM*	*P*	*DGSF*	*NGSF*	*P*	*DASN*	*NASN*	*RR-ASN*

ἐκήρυξεν	Ἰωάννης,	38 Ἰησοῦν	τὸν	ἀπὸ	Ναζαρέθ,	ὡς	ἔχρισεν	αὐτὸν
proclamó	Juan,	a Jesús	el	de	Nazaret,	cómo	ungió$_3$	a él$_4$
2784	2491	2424	3588	575	3478	5613	5548	846
VAAI3S	*NNSM*	*NASM*	*DASM*	*P*	*NGSF, XP*	*CSC*	*VAAI3S*	*RP3ASM*

ὁ	θεὸς	πνεύματι	ἁγίῳ	καὶ	δυνάμει,	ὃς	διῆλθεν	εὐεργετῶν	καὶ
--$_1$	Dios$_2$	(con el) Espíritu	Santo	y	(con) poder,	el cual	pasó	haciendo el bien	y
3588	2316	4151	40	2532	1411	3739	1330	2109	2532
DNSM	*NNSM*	*NDSN*	*JDSN*	*CLN*	*NDSF*	*RR-NSM*	*VAAI3S*	*VPAP-SNM*	*CLN*

ἰώμενος	πάντας	τοὺς	καταδυναστευομένους	ὑπὸ	τοῦ	διαβόλου,	ὅτι
sanando	a todos	los que	están siendo oprimidos	por	el	diablo,	porque
2390	3956	3588	2616	5259	3588	1228	3754
VPUP-SNM	*JAPM*	*DAPM*	*VPPP-PAM*	*P*	*DGSM*	*JGSM*	*CAZ*

ὁ	θεὸς	ἦν	μετ'	αὐτοῦ.	39 καὶ	ἡμεῖς	μάρτυρες	πάντων	ὧν
--	Dios	estaba	con	él.	Y	nosotros	(somos) testigos	de todas las cosas	las cuales
3588	2316	2258	3326	846	2532	2249	3144	3956	3739
DNSM	*NNSM*	*VIAI3S*	*P*	*RP3GSM*	*CLN*	*RP1NP*	*NNPM*	*JGPN*	*RR-GPN*

ἐποίησεν	ἔν	τε	τῇ	χώρᾳ	τῶν	Ἰουδαίων	καὶ	Ἰερουσαλήμ·	ὃν
hizo	en$_2$	tanto$_1$	la	región	de los	judíos	como	(en) Jerusalén.	al cual$_2$
4160	1722	5037	3588	5561	3588	2453	2532	2419	3739
VAAI3S	*P*	*CLK*	*DDSF*	*NDSF*	*DGPM*	*JGPM*	*CLK, CLN*	*NDSF, XP*	*RR-ASM*

καὶ	ἀνεῖλαν	κρεμάσαντες	ἐπὶ	ξύλου.	40 τοῦτον	ὁ	θεὸς	ἤγειρεν	τῇ
Y$_1$	mataron	habiéndo(lo) colgado	en	un madero,	a este$_4$	--$_1$	Dios$_2$	levantó$_3$	(en) el
2532	337	2910	1909	3586	5126	3588	2316	1453	3588
BE, TE	*VAAI3P*	*VAAP-PNM*	*P*	*NGSN*	*RD-ASM*	*DNSM*	*NNSM*	*VAAI3S*	*DDSF*

τρίτῃ	ἡμέρᾳ	καὶ	ἔδωκεν	αὐτὸν	ἐμφανῆ	γενέσθαι,	41 οὐ	παντὶ	τῷ
tercer	día	y	dio	a él	manifiesto,$_2$	llegar a ser$_1$	no	a todo	el
5154	2250	2532	1325	846	1717	1096	3756	3956	3588
JDSF	*NDSF*	*CLN*	*VAAI3S*	*RP3ASM*	*JASM*	*VAMN*	*BNTN*	*JDSM*	*DDSM*

λαῷ	ἀλλὰ	μάρτυσι	τοῖς	προκεχειροτονημένοις	ὑπὸ	τοῦ	θεοῦ,	ἡμῖν,
pueblo	sino	a (los) testigos	a los	escogidos previamente	por	--	Dios,	a nosotros,
2992	235	3144	3588	4401	5259	3588	2316	2254
NDSM	*CLC*	*NDPM*	*DDPM*	*VRPP-PDM*	*P*	*DGSM*	*NGSM*	*RP1DP*

οἵτινες	συνεφάγομεν	καὶ	συνεπίομεν	αὐτῷ	μετὰ	τὸ	ἀναστῆναι
los que	comimos juntos	y	bebimos junto con	él	después de (ser)	--	levantado
3748	4906	2532	4844	846	3326	3588	450
RR-NPM	*VAAI1P*	*CLN*	*VAAI1P*	*RP3DSM*	*P*	*DASN*	*VAAN*

αὐτὸν	ἐκ	νεκρῶν.	42 καὶ	παρήγγειλεν	ἡμῖν	κηρύξαι	τῷ	λαῷ	καὶ
él	de	(los) muertos;	y	ordenó	a nosotros	anunciar	al	pueblo	y
846	1537	3498	2532	3853	2254	2784	3588	2992	2532
RP3ASM	*P*	*JGPM*	*CLN*	*VAAI3S*	*RP1DP*	*VAAN*	*DDSM*	*NDSM*	*CLN*

διαμαρτύρασθαι	ὅτι	οὗτός	ἐστιν	ὁ	ὡρισμένος	ὑπὸ	τοῦ	θεοῦ
testificar solemnemente	que	este	es	el	designado	por	--	Dios
1263	3754	3778	2076	3588	3724	5259	3588	2316
VAMN	*CSC*	*RD-NSM*	*VPAI3S*	*DNSM*	*VRPP-SNM*	*P*	*DGSM*	*NGSM*

NVI

buenas nuevas de la paz
por medio de Jesucristo,
que es el Señor de todos.
37 Ustedes conocen este
mensaje que se difundió
por toda Judea, comen-
zando desde Galilea,
después del bautismo
que predicó Juan.
38 Me refiero a Jesús de
Nazaret: cómo lo ungió
Dios con el Espíritu
Santo y con poder, y
cómo anduvo haciendo
el bien y sanando a
todos los que estaban
oprimidos por el diablo,
porque Dios estaba con
él. 39 Nosotros somos
testigos de todo lo que
hizo en la tierra de los
judíos y en Jerusalén. Lo
mataron, colgándolo de
un madero, 40 pero Dios
lo resucitó al tercer día y
dispuso que se aparecie-
ra, 41 no a todo el pueblo,
sino a nosotros, testigos
previamente escogidos
por Dios, que comimos
y bebimos con él des-
pués de su resurrección.
42 Él nos mandó a pre-
dicar al pueblo y a dar
solemne testimonio de
que ha sido nombrado
por Dios como juez de

RVR

como Juez de vivos y
muertos.
43 De éste dan testimo-
nio todos los profetas,
que todo el que crea en
él, recibirá perdón de
pecados por su nombre.
44 Mientras aún hablaba
Pedro estas palabras,
el Espíritu Santo cayó
sobre todos los que oían
el mensaje.
45 Y todos los creyentes
que eran de la circun-
cisión y habían venido
con Pedro, se quedaron
atónitos de que el don
del Espíritu Santo se
hubiese derramado
también sobre los
gentiles.
46 Porque los oían que
hablaban en lenguas,
y que magnificaban a
Dios.
47 Entonces respon-
dió Pedro: ¿Puede
acaso alguno impedir el
agua, para que no sean
bautizados estos que
han recibido el Espíritu
Santo también como
nosotros?
48 Y ordenó que fuesen
bautizados en el nom-
bre del Señor Jesús.
Entonces le rogaron
que se quedase por
algunos días.

Pedro informa a la iglesia de Jerusalén

11 Oyeron los
apóstoles y los
hermanos que estaban
en Judea, que también

κριτὴς	ζώντων	καὶ	νεκρῶν.	43 τούτῳ	πάντες	οἱ	προφῆται
(como)juez	de los que están viviendo	y	de muertos.	a este$_4$	Todos$_1$	los$_2$	profetas$_3$
2923	2198	2532	3498	5129	3956	3588	4396
NNSM	*VPAP-PGM*	*CLN*	*JGPM*	*RD-DSM*	*JNPM*	*DNPM*	*NNPM*

μαρτυροῦσιν,	ἄφεσιν	ἁμαρτιῶν	λαβεῖν	διὰ	τοῦ	ὀνόματος	αὐτοῦ
dan testimonio,	(el) perdón$_7$	de pecados$_8$	(de) recibir$_6$	por$_9$	el$_{10}$	nombre$_{11}$	de él.$_{12}$
3140	859	266	2983	1223	3588	3686	846
VPAI3P	*NASF*	*NGPF*	*VAAN*	*P*	*DGSN*	*NGSN*	*RP3GSM*

πάντα	τὸν	πιστεύοντα	εἰς	αὐτόν.
a todo$_1$	el que$_2$	está creyendo$_3$	en$_4$	él$_5$
3956	3588	4100	1519	846
JASM	*DASM*	*VPAP-SAM*	*P*	*RP3ASM*

44 Ἔτι	λαλοῦντος	τοῦ	Πέτρου	τὰ	ῥήματα	ταῦτα	ἐπέπεσε	τὸ
Todavía	estando hablando	--	Pedro	--$_2$	palabras$_3$	estas$_1$	cayó	el
2089	2980	3588	4074	3588	4487	5023	1968	3588
B	*VPAP-SGM*	*DGSM*	*NGSM*	*DAPN*	*NAPN*	*RD-APN*	*VAAI3S*	*DNSN*

πνεῦμα	τὸ	ἅγιον	ἐπὶ	πάντας	τοὺς	ἀκούοντας	τὸν	λόγον.	45 καὶ
Espíritu	--	Santo	sobre	todos	los que	están oyendo	la	palabra.	Y
4151	3588	40	1909	3956	3588	191	3588	3056	2532
NNSN	*DNSN*	*JNSN*	*P*	*JAPM*	*DAPM*	*VPAP-PAM*	*DASM*	*NASM*	*CLN*

ἐξέστησαν	οἱ	ἐκ	περιτομῆς	πιστοὶ	ὅσοι	συνῆλθαν	τῷ	Πέτρῳ,
se sorprendieron$_5$	los$_1$	de$_3$	(la) circuncisión$_4$	fieles$_2$	cuantos	vinieron	con --	Pedro,
1839	3588	1537	4061	4103	3745	4905	3588	4074
VAAI3P	*DNPM*	*P*	*NGSF*	*JNPM, JNPF*	*RK-NPM*	*VAAI3P*	*DDSM*	*NDSM*

ὅτι	καὶ	ἐπὶ	τὰ	ἔθνη	ἡ	δωρεὰ	τοῦ	ἁγίου	πνεύματος	ἐκκέχυται·
porque	también	sobre	los	gentiles	el	don	del	Santo$_2$	Espíritu$_1$	ha sido derramado;
3754	2532	1909	3588	1484	3588	1431	3588	40	4151	1632
CSC	*CLA, B*	*P*	*DAPN*	*NAPN*	*DNSF*	*NNSF*	*DGSN*	*JGSN*	*NGSN*	*VRPI3S*

46 ἤκουον	γὰρ	αὐτῶν	λαλούντων	γλώσσαις	καὶ	μεγαλυνόντων	τὸν
oían$_2$	porque$_1$	a ellos	hablando	(en) lenguas	y	engrandeciendo	a --
191	1063	846	2980	1100	2532	3170	3588
VIAI3P	*CAZ*	*RP3GPM*	*VPAP-PGM*	*NDPF*	*CLN*	*VPAP-PGM*	*DASM*

θεόν.	τότε	ἀπεκρίθη	Πέτρος·	47 Μήτι	τὸ	ὕδωρ	δύναται	κωλῦσαί
Dios.	Entonces	respondió	Pedro:	¿Acaso	el$_4$	agua$_5$	puede$_1$	negar$_3$
2316	5119	611	4074	3385	3588	5204	1410	2967
NASM	*B*	*VAPI3S, VAMI3S*	*NNSM*	*TI, TN*	*DASN*	*NASN*	*VPUI3S*	*VAAN*

τις	τοῦ	μὴ	βαπτισθῆναι	τούτους	οἵτινες	τὸ	πνεῦμα	τὸ
alguien$_2$	para--	no	ser bautizados	estos,	los cuales	el	Espíritu	--
5100	3588	3361	907	5128	3748	3588	4151	3588
RX-NSM	*DGSN, DGSM*	*BN, TN*	*VAPN*	*RD-APM*	*RR-NPM*	*DASN*	*NASN*	*DASN*

ἅγιον	ἔλαβον	ὡς	καὶ	ἡμεῖς;	48 προσέταξεν	δὲ	αὐτοὺς	ἐν	τῷ
Santo	recibieron	como	también	nosotros?	ordenó$_2$	Y$_1$	a ellos	en$_2$	el$_3$
40	2983	5613	2532	2249	4367	1161	846	1722	3588
JASN	*VAAI3P*	*CAM*	*BE, TE*	*RP1NP*	*VAAI3S*	*CLN*	*RP3APM*	*P*	*DDSN*

ὀνόματι	Ἰησοῦ	Χριστοῦ	βαπτισθῆναι.	τότε	ἠρώτησαν	αὐτὸν
nombre$_4$	de Jesús$_5$	Cristo$_6$	ser bautizados$_1$	Entonces	pidieron	a él
3686	2424	5547	907	5119	2065	846
NDSN	*NGSM*	*NGSM*	*VAPN*	*B*	*VAAI3P*	*RP3ASM*

ἐπιμεῖναι	ἡμέρας	τινάς.
permanecer	días.$_2$	algunos$_1$
1961	2250	5100
VAAN	*NAPF*	*JAPF, RX-APF*

11

Ἤκουσαν	δὲ	οἱ	ἀπόστολοι	καὶ	οἱ	ἀδελφοὶ	οἱ	ὄντες
oyeron$_{12}$	Y$_1$	los$_2$	apóstoles$_3$	y$_4$	los$_5$	hermanos$_6$	los que$_7$	estando$_8$
191	1161	3588	652	2532	3588	80	3588	5607
VAAI3P	*CLT*	*DNPM*	*NNPM*	*CLN*	*DNPM*	*NNPM*	*DNPM*	*VPAP-PNM*

NVI

vivos y muertos. 43 De
él dan testimonio todos
los profetas, que todo el
que cree en él recibe, por
medio de su nombre, el
perdón de los pecados.
44 Mientras Pedro
estaba todavía hablando,
el Espíritu Santo descen-
dió sobre todos los que
escuchaban el mensaje.
45 Los defensores de la
circuncisión que habían
llegado con Pedro
se quedaron asom-
brados de que el don
del Espíritu Santo se
hubiera derramado tam-
bién sobre los gentiles,
46 pues los oían hablar
en lenguas y alabar a
Dios. Entonces Pedro
respondió:
47 —¿Acaso puede al-
guien negar el agua para
que sean bautizados
estos que han recibido el
Espíritu Santo lo mismo
que nosotros?
48 Y mandó que
fueran bautizados en el
nombre de Jesucristo.
Entonces le pidieron
que se quedara con ellos
algunos días.

Pedro explica su comportamiento

11 Los apóstoles
y los herma-
nos de toda Judea se

RVR

los gentiles habían reci-
bido la palabra de Dios.
2 Y cuando Pedro subió
a Jerusalén, disputaban
con él los que eran de la
circuncisión,
3 diciendo: Has entrado
en casa de hombres
incircuncisos, y has
comido con ellos.
4 Entonces comenzó
Pedro a contarles por
orden lo sucedido,
diciendo:
5 Estaba yo en la ciudad
de Jope orando, y vi en
éxtasis una visión; un
objeto semejante a un
gran lienzo que descen-
día, que por las cuatro
puntas era bajado del
cielo y venía hasta mí.
6 Cuando fijé en él los
ojos, lo observé atenta-
mente y vi cuadrúpedos
terrestres, y fieras, y rep-
tiles, y aves del cielo.
7 Y oí una voz que me
decía: Levántate, Pedro,
mata y come.
8 Y dije: Señor, de nin-
guna manera; porque
ninguna cosa común o
inmunda entró jamás en
mi boca.
9 Entonces la voz me
respondió del cielo por
segunda vez: Lo que
Dios purificó, no lo
llames tú común.
10 Y esto se hizo tres
veces, y volvió todo a ser

κατὰ τὴν Ἰουδαίαν ὅτι καὶ τὰ ἔθνη ἐδέξαντο τὸν λόγον τοῦ θεοῦ.
en$_{9}$ --$_{10}$ Judea$_{11}$ que también los gentiles recibieron la palabra de -- Dios.
2596 3588 2449 3754 2532 3588 1484 1209 3588 3056 3588 2316
P DASF NASF CSC BE, TE DNPN NNPN VAMI3P DASM NASM DGSM NGSM

2 ὅτε δὲ ἀνέβη Πέτρος εἰς Ἰερουσαλήμ, διεκρίνοντο πρὸς αὐτὸν
cuando$_{2}$ Y$_{1}$ subió Pedro a Jerusalén disputaban con él
3753 1161 305 4074 1519 2419 1252 4314 846
CAT CLN VAAI3S NNSM P NASF, XP VIMI3P P RP3ASM

οἱ ἐκ περιτομῆς 3 λέγοντες ὅτι Εἰσῆλθες πρὸς ἄνδρας ἀκροβυστίαν
los de (la) circuncisión diciendo que: Entraste con varones incircuncisión$_{2}$
3588 1537 4061 3004 3754 1525 4314 435 203
DNPM P NGSF VPAP-PNM CSC VAAI2S P NAPM NASF

ἔχοντας καὶ συνέφαγες αὐτοῖς. 4 ἀρξάμενος δὲ Πέτρος ἐξετίθετο
teniendo$_{1}$ y comiste (con) ellos. comenzando$_{2}$ Y$_{1}$ Pedro exponía
2192 2532 4906 846 756 1161 4074 1620
VPAP-PAM CLN VAAI2S RP3DPM VAMP-SNM CLN NNSM VIMI3S

αὐτοῖς καθεξῆς λέγων· 5 Ἐγὼ ἤμην ἐν πόλει Ἰόππῃ προσευχόμενος
a ellos sucesivamente diciendo: Yo estaba en (la) ciudad de Jope orando
846 2517 3004 1473 2252 1722 4172 2445 4336
RP3DPM B VPAP-SNM RP1NS VIMI1S P NDSF NDSF VPUP-SNM

καὶ εἶδον ἐν ἐκστάσει ὅραμα, καταβαῖνον σκεῦός τι ὡς
y vi en éxtasis una visión, descendiendo$_{6}$ objeto$_{2}$ cierto$_{1}$ como$_{3}$
2532 1492 1722 1611 3705 2597 4632 5100 5613
CLN VAAI1S P NDSF NASN VPAP-SAN NASN, NNSN JASN, RX-ASN CAM

ὀθόνην μεγάλην τέσσαρσιν ἀρχαῖς καθιεμένην ἐκ τοῦ οὐρανοῦ, καὶ
una lona$_{4}$ grande$_{5}$ (por) cuatro esquinas siendo bajado de el cielo, y
3607 3173 5064 746 2524 1537 3588 3772 2532
NASF JASF JDPF NDPF VPPP-SAF P DGSM NGSM CLN

ἦλθεν ἄχρι ἐμοῦ· 6 εἰς ἣν ἀτενίσας κατενόουν καὶ εἶδον τὰ
vino hasta mí; en el cual habiendo fijado la mirada observaba y vi a los
2064 891 1700 1519 3739 816 2657 2532 1492 3588
VAAI3S P RP1GS P RR-ASF VAAP-SNM VIAI1S CLN VAAI1S DAPN

τετράποδα τῆς γῆς καὶ τὰ θηρία καὶ τὰ ἑρπετὰ καὶ τὰ πετεινὰ
cuadrúpedos de la tierra y a las bestias, y a los reptiles y a las aves
5074 3588 1093 2532 3588 2342 2532 3588 2062 2532 3588 4071
JAPN DGSF NGSF CLN DAPN NAPN CLN DAPN NAPN CLN DAPN NAPN, JAPN

τοῦ οὐρανοῦ. 7 ἤκουσα δὲ καὶ φωνῆς λεγούσης μοι· Ἀναστάς,
del cielo. oí$_{2}$ Y$_{1}$ también una voz diciendo a mí: Habiéndo(te) levantado,
3588 3772 191 1161 2532 5456 3004 3427 450
DGSM NGSM VAAI1S CLN BE, TE NGSF VPAP-SGF RP1DS VAAP-SNM

Πέτρε, θῦσον καὶ φάγε. 8 εἶπον δέ· Μηδαμῶς, κύριε, ὅτι κοινὸν
Pedro, mata y come. dije:$_{2}$ Y$_{1}$ De ninguna manera, Señor, porque (algo) inmundo
4074 2380 2532 5315 2036 1161 3365 2962 3754 2839
NVSM VAAM2S CLN VAAM2S VAAI1S CLC BN NVSM CAZ JNSN, JASN

ἢ ἀκάθαρτον οὐδέποτε εἰσῆλθεν εἰς τὸ στόμα μου. 9 ἀπεκρίθη δὲ
o impuro nunca entró en la boca de mí. respondió$_{2}$ Y$_{1}$
2228 169 3763 1525 1519 3588 4750 3450 611 1161
CLD JNSN, JASN BN VAAI3S P DASN NASN RP1GS VAPI3S, VAMI3S CLN

φωνὴ ἐκ δευτέρου ἐκ τοῦ οὐρανοῦ· Ἃ ὁ θεὸς ἐκαθάρισεν
una voz por segunda vez de el cielo: Las cosas que -- Dios limpió
5456 1537 1208 1537 3588 3772 3739 3588 2316 2511
NNSF P JGSN P DGSM NGSM RR-APN DNSM NNSM VAAI3S

σὺ μὴ κοίνου. 10 τοῦτο δὲ ἐγένετο ἐπὶ τρίς, καὶ ἀνεσπάσθη
tú no consideres impuras. esto$_{2}$ Y$_{1}$ sucedió por tres veces, y fue levantado
4771 3361 2840 5124 1161 1096 1909 5151 2532 385
RP2NS BN, TN VPAM2S RD-NSN CLN VAMI3S P B CLN VAPI3S

NVI

enteraron de que tam-
bién los gentiles habían
recibido la palabra de
Dios. 2 Así que cuando
Pedro subió a Jerusalén,
los defensores de la cir-
cuncisión lo criticaron
3 diciendo:
—Entraste en casa de
hombres incircuncisos y
comiste con ellos.
4 Entonces Pedro
comenzó a explicarles
paso a paso lo que había
sucedido:
5 —Yo estaba orando
en la ciudad de Jope
y tuve en éxtasis una
visión. Vi que del cielo
descendía algo parecido
a una gran sábana que,
suspendida por las
cuatro puntas, bajaba
hasta donde yo estaba.
6 Me fijé en lo que había
en ella, y vi cuadrúpe-
dos, fieras, reptiles y aves.
7 Luego oí una voz que
me decía: "Levántate,
Pedro; mata y come".
8 Repliqué: "¡De nin-
guna manera, Señor!
Jamás ha entrado en
mi boca nada impuro o
inmundo". 9 Por segunda
vez insistió la voz del
cielo: "Lo que Dios
ha purificado, tú no lo
llames impuro". 10 Esto
sucedió tres veces, y
luego todo volvió a ser

RVR

llevado arriba al cielo.
11 Y en aquel momento
llegaron tres hombres a
la casa donde yo estaba,
enviados a mí desde
Cesarea.
12 Y el Espíritu me dijo
que fuese con ellos sin
dudar. Fueron también
conmigo estos seis her-
manos, y entramos en
casa de un varón,
13 quien nos contó cómo
había visto en su casa al
ángel, que estaba en pie
y le dijo: Envía hombres
a Jope, y haz venir a
Simón, el que tiene por
sobrenombre Pedro;
14 él te hablará palabras
por las cuales serás salvo
tú, y toda tu casa.
15 Y cuando comencé a
hablar, cayó el Espíritu
Santo sobre ellos
también, como sobre
nosotros al principio.
16 Entonces me acordé
de lo dicho por el Señor,
cuando dijo: Juan
ciertamente bautizó
en agua, mas vosotros
seréis bautizados con el
Espíritu Santo.
17 Si Dios, pues, les
concedió también el
mismo don que a noso-
tros que hemos creído

πάλιν	ἅπαντα	εἰς	τὸν	οὐρανόν.	11 καὶ	ἰδοὺ	ἐξαυτῆς	τρεῖς
de nuevo	todo	a	el	cielo.	Y	mira,	inmediatamente	tres
3825	537	1519	3588	3772	2532	2400	1824	5140
B	*JNPN*	*P*	*DASM*	*NASM*	*CLN*	*I, VAAM2S*	*B*	*JNPM*

ἄνδρες	ἐπέστησαν	ἐπὶ	τὴν	οἰκίαν	ἐν	ᾗ	ἤμεν,	ἀπεσταλμένοι	ἀπὸ
varones	aparecieron	en	la	casa	en	la cual	estábamos,	siendo enviados	de
435	2186	1909	3588	3614	1722	3739	1510	649	575
NNPM	*VAAI3P*	*P*	*DASF*	*NASF*	*P*	*RR-DSF*	*VIAI1P*	*VRPP-PNM*	*P*

Καισαρείας	πρός	με.	12 εἶπεν	δὲ	τὸ	πνεῦμά	μοι	συνελθεῖν	αὐτοῖς
Cesarea	a	mí.	dijo$_2$	Y$_1$	el	Espíritu	a mí	ir con	ellos
2542	4314	3165	2036	1161	3588	4151	3427	4905	846
NGSF	*P*	*RP1AS*	*VAAI3S*	*CLN*	*DNSN*	*NNSN*	*RP1DS*	*VAAN*	*RP3DPM*

μηδὲν	διακρίναντα.	ἦλθον	δὲ	σὺν	ἐμοὶ	καὶ	οἱ	ἓξ	ἀδελφοὶ
nada	habiendo dudado.	vinieron$_2$	Y$_1$	con	mí	también	los	seis	hermanos
3367	1252	2064	1161	4862	1698	2532	3588	1803	80
JASN	*VAAP-SAM*	*VAAI3P*	*CLN*	*P*	*RP1DS*	*BE, TE*	*DNPM*	*XN, J*	*NNPM*

οὗτοι,	καὶ	εἰσήλθομεν	εἰς	τὸν	οἶκον	τοῦ	ἀνδρός.	13 ἀπήγγειλεν	δὲ
estos	y	entramos	en	la	casa	del	varón.	informó$_2$	E$_1$
3778	2532	1525	1519	3588	3624	3588	435	518	1161
RD-NPM	*CLN*	*VAAI1P*	*P*	*DASM*	*NASM*	*DGSM*	*NGSM*	*VAAI3S*	*CLN*

ἡμῖν	πῶς	εἶδεν	τὸν	ἄγγελον	ἐν	τῷ	οἴκῳ	αὐτοῦ	σταθέντα
a nosotros	cómo	vio	al	ángel	en	la	casa	de él	habiendo estado de pie
2254	4459	1492	3588	32	1722	3588	3624	846	2476
RP1DP	*B, C*	*VAAI3S*	*DASM*	*NASM*	*P*	*DDSM*	*NDSM*	*RP3GSM*	*VAPP-SAM*

καὶ	εἰπόντα·	Ἀπόστειλον	εἰς	Ἰόππην	καὶ	μετάπεμψαι	Σίμωνα
y	habiendo dicho:	Envía	para	Jope	y	manda traer	a Simón
2532	2036	649	1519	2445	2532	3343	4613
CLN	*VAAP-SAM*	*VAAM2S*	*P*	*NASF*	*CLN*	*VAMM2S*	*NASM*

τὸν	ἐπικαλούμενον	Πέτρον,	14 ὃς	λαλήσει	ῥήματα	πρὸς	σὲ
el	siendo llamado	Pedro,	el cual	hablará	palabras	a	ti
3588	1941	4074	3739	2980	4487	4314	4571
DASM	*VPPP-SAM*	*NASM*	*RR-NSM*	*VFAI3S*	*NAPN*	*P*	*RP2AS*

ἐν	οἷς	σωθήσῃ	σὺ	καὶ	πᾶς	ὁ	οἶκός	σου.	15 ἐν	δὲ	τῷ
por	las cuales	serás salvo	tú	y	toda	la	casa	tuya.	en$_2$	Y$_1$	el
1722	3739	4982	4771	2532	3956	3588	3624	4675	1722	1161	3588
P	*RR-DPN*	*VFPI2S*	*RP2NS*	*CLN*	*JNSM*	*DNSM*	*NNSM*	*RP2GS*	*P*	*CLN*	*DDSN, DDSM*

ἄρξασθαί	με	λαλεῖν	ἐπέπεσεν	τὸ	πνεῦμα	τὸ	ἅγιον	ἐπ'	αὐτοὺς
comenzar	yo	a hablar	cayó$_5$	el$_1$	Espíritu$_2$	--$_3$	Santo$_4$	sobre	ellos
756	3165	2980	1968	3588	4151	3588	40	1909	846
VAMN	*RP1AS*	*VPAN*	*VAAI3S*	*DNSN*	*NNSN*	*DNSN*	*JNSN*	*P*	*RP3APM*

ὥσπερ	καὶ	ἐφ'	ἡμᾶς	ἐν	ἀρχῇ.	16 ἐμνήσθην	δὲ	τοῦ	ῥήματος
así como	también	sobre	nosotros	en	(el) principio.	recordé$_2$	Y$_1$	de la	palabra
5618	2532	1909	2248	1722	746	3415	1161	3588	4487
CAM	*BE, TE*	*P*	*RP1AP*	*P*	*NDSF*	*VAPI1S*	*CLN*	*DGSN*	*NGSN*

τοῦ	κυρίου	ὡς	ἔλεγεν·	Ἰωάννης	μὲν	ἐβάπτισεν	ὕδατι,	ὑμεῖς
del	Señor	cuando	decía:	Juan	por un lado	bautizó	con agua,	vosotros$_2$
3588	2962	5613	3004	2491	3303	907	5204	5210
DGSM, DGSN	*NGSM*	*CSC*	*VIAI3S*	*NNSM*	*TK, C*	*VAAI3S*	*NDSN*	*RP2NP*

δὲ	βαπτισθήσεσθε	ἐν	πνεύματι	ἁγίῳ.	17 εἰ	οὖν	τὴν	ἴσην
pero$_1$	seréis bautizados	con	(el) Espíritu	Santo.	si$_2$	Entonces,$_1$	el$_6$	mismo$_7$
1161	907	1722	4151	40	1487	3767	3588	2470
CLK, CLC	*VFPI2P*	*P*	*NDSN*	*JDSN*	*CAC*	*CLI*	*DASF*	*JASF*

δωρεὰν	ἔδωκεν	αὐτοῖς	ὁ	θεὸς	ὡς	καὶ	ἡμῖν	πιστεύσασιν	ἐπὶ
don$_8$	dios$_5$	a ellos$_9$	--$_3$	Dios$_4$	como	también	a nosotros	habiendo creído	en
1431	1325	846	3588	2316	5613	2532	2254	4100	1909
NASF, B	*VAAI3S*	*RP3DPM*	*DNSM*	*NNSM*	*CAM*	*BE, TE*	*RP1DP*	*VAAP-PDM*	*P*

NVI

llevado al cielo.
11 »En aquel momen-
to se presentaron en la
casa donde yo estaba
tres hombres que desde
Cesarea habían sido
enviados a verme. 12 El
Espíritu me dijo que
fuera con ellos sin dudar.
También fueron conmi-
go estos seis hermanos,
y entramos en la casa de
aquel hombre. 13 Él nos
contó cómo en su casa
se le había aparecido
un ángel que le dijo:
"Manda a alguien a
Jope para hacer venir a
Simón, apodado Pedro.
14 Él te traerá un men-
saje mediante el cual
serán salvos tú y toda tu
familia".
15 »Cuando comencé
a hablarles, el Espíritu
Santo descendió sobre
ellos tal como al prin-
cipio descendió sobre
nosotros. 16 Entonces re-
cordé lo que había dicho
el Señor: "Juan bautizó
con agua, pero ustedes
serán bautizados con el
Espíritu Santo". 17 Por
tanto, si Dios les ha dado
a ellos el mismo don que
a nosotros al creer en el

RVR

en el Señor Jesucristo,
¿quién era yo para poder
impedir a Dios?
18 Entonces, oídas
estas cosas, callaron, y
glorificaron a Dios, di-
ciendo: ¡De manera que
también a los gentiles ha
dado Dios arrepenti-
miento para vida!

La iglesia en Antioquía

19 Ahora bien, los que
habían sido esparci-
dos por la tribulación
que hubo con motivo
de Esteban, pasaron
hasta Fenicia, Chipre y
Antioquía, no hablando
a nadie la palabra, sino
sólo a los judíos.
20 Pero había entre ellos
unos varones de Chipre
y de Cirene, los cuales,
cuando entraron en
Antioquía, hablaban
también a los griegos,
anunciando el evangelio
del Señor Jesús.
21 Y la mano del Señor
estaba con ellos, y gran
número creyó y se con-
virtió al Señor.
22 Llegó la noticia de
estas cosas a oídos de
la iglesia que estaba en
Jerusalén; y enviaron a
Bernabé que fuese hasta
Antioquía.
23 Éste, cuando llegó, y
vio la gracia de Dios, se

τὸν	κύριον	Ἰησοῦν	Χριστόν,	ἐγὼ	τίς	ἤμην	δυνατὸς	κωλῦσαι	τὸν
el	Señor	Jesús	Cristo,	yo	¿quién	era$_2$	poderoso$_1$	para impedir	a --
3588	2962	2424	5547	1473	5101	2252	1415	2967	3588
DASM	*NASM*	*NASM*	*NASM*	*RP1NS*	*RI-NSM*	*VIMI1S*	*JNSM*	*VAAN*	*DASM*

θεόν;	18 ἀκούσαντες	δὲ	ταῦτα	ἡσύχασαν	καὶ	ἐδόξασαν	τὸν	θεὸν
Dios?	habiendo oído$_2$	Y$_1$	estas cosas	se tranquilizaron	y	glorificaron	a --	Dios
2316	191	1161	5023	2270	2532	1392	3588	2316
NASM	*VAAP-PNM*	*CLN*	*RD-APN*	*VAAI3P*	*CLN*	*VAAI3P*	*DASM*	*NASM*

λέγοντες·	Ἄρα	καὶ	τοῖς	ἔθνεσιν	ὁ	θεὸς	τὴν	μετάνοιαν	εἰς	ζωὴν
diciendo:	Entonces	también$_8$	a los$_9$	gentiles.$_{10}$	--$_1$	Dios$_2$	el$_4$	arrepentimiento$_5$	para$_6$	(la) vida$_7$
3004	686	2532	3588	1484	3588	2316	3588	3341	1519	2222
VPAP-PNM	*CLI*	*CLA, B*	*DDPN*	*NDPN*	*DNSM*	*NNSM*	*DASF*	*NASF*	*P*	*NASF*

ἔδωκεν.
dio$_3$
1325
VAAI3S

19 Οἱ	μὲν	οὖν	διασπαρέντες	ἀπὸ	τῆς	θλίψεως	τῆς
los que$_3$	--$_2$	Entonces$_1$	habiendo sido dispersados	desde	la	aflicción	la que
3588	3303	3767	1289	575	3588	2347	3588
DNPM	*TE*	*CLT*	*VAPP-PNM*	*P*	*DGSF*	*NGSF*	*DGSF*

γενομένης	ἐπὶ	Στεφάνῳ	διῆλθον	ἕως	Φοινίκης	καὶ	Κύπρου	καὶ
habiendo sucedido	sobre	Esteban	pasaron	hasta	Fenicia	y	Chipre	y
1096	1909	4736	1330	2193	5403	2532	2954	2532
VAMP-SGF	*P*	*NDSM*	*VAAI3P, VAAI3S*	*P, C*	*NGSF*	*CLN*	*NGSF*	*CLN*

Ἀντιοχείας	μηδενὶ	λαλοῦντες	τὸν	λόγον	εἰ	μὴ	μόνον	Ἰουδαίοις.
Antioquía	a nadie$_2$	hablando$_1$	la	palabra	si	no	solo	a (los) judíos.
490	3367	2980	3588	3056	1487	3361	3440	2453
NGSF	*JDSM*	*VPAP-PNM*	*DASM*	*NASM*	*CAC*	*BN, TN*	*B, J*	*JDPM*

20 ἦσαν	δέ	τινες	ἐξ	αὐτῶν	ἄνδρες	Κύπριοι	καὶ	Κυρηναῖοι,	οἵτινες
había$_2$	Pero$_1$	algunos	de	ellos	varones	chipriotas	y	cireneos,	los cuales
2258	1161	5100	1537	846	435	2953	2532	2956	3748
VIAI3P	*CLC*	*RX-NPM*	*P*	*RP3GPM*	*NNPM*	*NNPM*	*CLN*	*NNPM*	*RR-NPM*

ἐλθόντες	εἰς	Ἀντιόχειαν	ἐλάλουν	καὶ	πρὸς	τοὺς	Ἑλληνιστάς,
habiendo venido	a	Antioquía	hablaban	también	a	los	helenistas,
2064	1519	490	2980	2532	4314	3588	1675
VAAP-PNM	*P*	*NASF*	*VIAI3P*	*BE, TE*	*P*	*DAPM*	*NAPM*

εὐαγγελιζόμενοι	τὸν	κύριον	Ἰησοῦν.	21 καὶ	ἦν	χεὶρ	κυρίου	μετ’
anunciando la buena noticia	(d)el	Señor	Jesús.	Y	estaba	(la) mano	del Señor	con
2097	3588	2962	2424	2532	2258	5495	2962	3326
VPMP-PNM	*DASM*	*NASM*	*NASM*	*CLN*	*VIAI3S*	*NNSF*	*NGSM*	*P*

αὐτῶν,	πολύς	τε	ἀριθμὸς	ὁ	πιστεύσας	ἐπέστρεψεν	ἐπὶ	τὸν
ellos,	mucho$_2$	y$_1$	número	el que	habiendo creído	se convirtió	a	el
846	4183	5037	706	3588	4100	1994	1909	3588
RP3GPM	*JNSM*	*CLN*	*NNSM*	*DNSM*	*VAAP-SNM*	*VAAI3S*	*P*	*DASM*

κύριον.	22 ἠκούσθη	δὲ	ὁ	λόγος	εἰς	τὰ	ὦτα	τῆς	ἐκκλησίας	τῆς
Señor.	fue oída$_4$	Y$_1$	la$_2$	palabra$_3$	en	los	oídos	de la	iglesia	la que
2962	191	1161	3588	3056	1519	3588	3775	3588	1577	3588
NASM	*VAPI3S*	*CLN*	*DNSM*	*NNSM*	*P*	*DAPN*	*NAPN*	*DGSF*	*NGSF*	*DGSF*

οὔσης	ἐν	Ἰερουσαλὴμ	περὶ	αὐτῶν,	καὶ	ἐξαπέστειλαν	Βαρναβᾶν
estando	en	Jerusalén	acerca de	ellos,	y	enviaron	a Bernabé
5607	1722	2419	4012	846	2532	1821	921
VPAP-SGF	*P*	*NDSF, XP*	*P*	*RP3GPM*	*CLN*	*VAAI3P*	*NASM*

ἕως	Ἀντιοχείας·	23 ὃς	παραγενόμενος	καὶ	ἰδὼν	τὴν	χάριν
hasta	Antioquía;	el cual	habiendo llegado	y	habiendo visto	la	gracia
2193	490	3739	3854	2532	1492	3588	5485
P, C	*NGSF*	*RR-NSM*	*VAMP-SNM*	*CLN*	*VAAP-SNM*	*DASF*	*NASF*

NVI

Señor Jesucristo, ¿quién
soy yo para pretender
estorbar a Dios?»
18 Al oír esto, se
apaciguaron y alabaron
a Dios diciendo:
—¡Así que también a
los gentiles les ha conce-
dido Dios el arrepenti-
miento para vida!

La iglesia en Antioquía

19 Los que se habían
dispersado a causa de la
persecución que se desa-
tó por el caso de Esteban
llegaron hasta Fenicia,
Chipre y Antioquía,
sin anunciar a nadie el
mensaje excepto a los
judíos. 20 Sin embargo,
había entre ellos algunas
personas de Chipre y de
Cirene que, al llegar a
Antioquía, comenzaron
a hablarles también a los
de habla griega, anun-
ciándoles las buenas
nuevas acerca del Señor
Jesús. 21 El poder del
Señor estaba con ellos, y
un gran número creyó y
se convirtió al Señor.
22 La noticia de estos
sucesos llegó a oídos de
la iglesia de Jerusalén, y
mandaron a Bernabé a
Antioquía. 23 Cuando él
llegó y vio las evidencias
de la gracia de Dios, se

RVR

regocijó, y exhortó a to-
dos a que con propósito
de corazón permanecie-
sen fieles al Señor.
24 Porque era varón
bueno, y lleno del
Espíritu Santo y de fe. Y
una gran multitud fue
agregada al Señor.
25 Después fue Bernabé
a Tarso para buscar a
Saulo; y hallándole, le
trajo a Antioquía.
26 Y se congregaron
allí todo un año con
la iglesia, y enseñaron
a mucha gente; y a los
discípulos se les llamó
cristianos por primera
vez en Antioquía.
27 En aquellos días unos
profetas descendie-
ron de Jerusalén a
Antioquía.
28 Y levantándose uno
de ellos, llamado Agabo,
daba a entender por el
Espíritu, que vendría
una gran hambre en
toda la tierra habitada;
la cual sucedió en tiem-
po de Claudio.
29 Entonces los discípu-
los, cada uno conforme
a los bienes de que
disponía, determinaron
enviar socorro a los her-
manos que habitaban
en Judea;
30 lo cual en efecto
hicieron, enviándolo
a los ancianos por

τὴν	τοῦ	θεοῦ,	ἐχάρη	καὶ	παρεκάλει	πάντας	τῇ	προθέσει	τῆς
--	de --	Dios,	se alegró	y	exhortaba	a todos	(para que)	(con) propósito	del
3588	3588	2316	5463	2532	3870	3956	3588	4286	3588
DASF	DGSM	NGSM	VAPI3S	CLN	VIAI3S	JAPM	DDSF	NDSF	DGSF

καρδίας	προσμένειν	τῷ	κυρίῳ,	24 ὅτι	ἦν	ἀνὴρ	ἀγαθὸς	καὶ	πλήρης
corazón	permanecer	en el	Señor,	porque	era	varón	bueno	y	lleno
2588	4357	3588	2962	3754	2258	435	18	2532	4134
NGSF	VPAN	DDSM	NDSM	CAZ	VIAI3S	NNSM	JNSM	CLN	JNSM

πνεύματος	ἁγίου	καὶ	πίστεως.	καὶ	προσετέθη	ὄχλος	ἱκανὸς	τῷ	κυρίῳ.
de(l) Espíritu	Santo	y	de fe.	Y	fue añadida	multitud$_2$	bastante$_1$	al	Señor.
4151	40	2532	4102	2532	4369	3793	2425	3588	2962
NGSN	JGSN	CLN	NGSF	CLN	VAPI3S	NNSM	JNSM	DDSM	NDSM

25 ἐξῆλθεν	δὲ	εἰς	Ταρσὸν	ἀναζητῆσαι	Σαῦλον,	26 καὶ	εὑρὼν
salió$_2$	Y$_1$	para	Tarso	a buscar	a Saulo,	y	habiéndolo encontrado
1831	1161	1519	5019	327	4569	2532	2147
VAAI3S	CLN	P	NASF	VAAN	NASM	CLN	VAAP-SNM

ἤγαγεν	εἰς	Ἀντιόχειαν.	ἐγένετο	δὲ	αὐτοῖς	καὶ	ἐνιαυτὸν	ὅλον
(lo) llevó	a	Antioquía.	sucedió$_2$	Y$_1$	a ellos	también	un año$_2$	todo$_1$
71	1519	490	1096	1161	846	2532	1763	3650
VAAI3S	P	NASF	VAMI3S	CLN	RP3DPM	BE, TE	NASM	JASM

συναχθῆναι	ἐν	τῇ	ἐκκλησίᾳ	καὶ	διδάξαι	ὄχλον	ἱκανόν,	χρηματίσαι
reunirse	en	la	iglesia	y	enseñar	multitud.$_2$	a bastante$_1$	ser llamados$_7$
4863	1722	3588	1577	2532	1321	3793	2425	5537
VAPN	P	DDSF	NDSF	CLN	VAAN	NASM	JASM	VAAN

τε	πρώτως	ἐν	Ἀντιοχείᾳ	τοὺς	μαθητὰς	Χριστιανούς.
Y$_3$	por primera vez$_4$	en$_5$	Antioquía$_6$	a los$_8$	discípulos$_9$	cristianos.$_{10}$
5037	4413	1722	490	3588	3101	5546
CLN	B	P	NDSF	DAPM	NAPM	NAPM

27 Ἐν	ταύταις	δὲ	ταῖς	ἡμέραις	κατῆλθον	ἀπὸ	Ἱεροσολύμων
en$_2$	estos$_3$	Y$_1$	--	días	bajaron	de	Jerusalén
1722	3778	1161	3588	2250	2718	575	2414
P	RD-DPF	CLT	DDPF	NDPF	VAAI3P	P	NGPN

προφῆται	εἰς	Ἀντιόχειαν·	28 ἀναστὰς	δὲ	εἷς	ἐξ	αὐτῶν	ὀνόματι
unos profetas	a	Antioquía.	habiéndose levantado$_2$	Y$_1$	uno	de	ellos	(de) nombre
4396	1519	490	450	1161	1520	1537	846	3686
NNPM	P	NASF	VAAP-SNM	CLN	JNSM	P	RP3GPM	NDSN

Ἄγαβος	ἐσήμανεν	διὰ	τοῦ	πνεύματος	λιμὸν	μεγάλην	μέλλειν
Agabo	dio a entender	por	el	Espíritu	un hambre	grande	estar a punto de
13	4591	1223	3588	4151	3042	3173	3195
NNSM	VAAI3S	P	DGSN	NGSN	NASF, NASM	JASF	VPAN

ἔσεσθαι	ἐφ᾽	ὅλην	τὴν	οἰκουμένην·	ἥτις	ἐγένετο	ἐπὶ	Κλαυδίου.
ser	en	toda	la	tierra habitada,	la cual	sucedió	en (tiempos)	de Claudio.
2071	1909	3650	3588	3625	3748	1096	1909	2804
VFMN	P	JASF	DASF	NASF	RR-NSF	VAMI3S	P	NGSM

29 τῶν	δὲ	μαθητῶν	καθὼς	εὐπορεῖτό	τις	ὥρισαν	ἕκαστος	αὐτῶν
de los$_2$	Y$_1$	discípulos,	según	tenía recursos,$_2$	alguno$_1$	designó	cada uno	de ellos
3588	1161	3101	2531	2141	5100	3724	1538	846
DGPM	CLN	NGPM	CAM	VIMI3S	RX-NSM	VAAI3P	JNSM	RP3GPM

εἰς	διακονίαν	πέμψαι	τοῖς	κατοικοῦσιν	ἐν	τῇ	Ἰουδαίᾳ	ἀδελφοῖς·
para	una ayuda$_2$	enviar$_1$	a los$_3$	que están habitando$_4$	en$_5$	--$_6$	Judea;$_7$	hermanos$_4$
1519	1248	3992	3588	2730	1722	3588	2449	80
P	NASF	VAAN	DDPM	VPAP-PDM	P	DDSF	NDSF	NDPM

30 ὃ	καὶ	ἐποίησαν	ἀποστείλαντες	πρὸς	τοὺς	πρεσβυτέρους	διὰ
lo cual	también	hicieron	habiéndo(lo) enviado	a	los	ancianos	por
3739	2532	4160	649	4314	3588	4245	1223
RR-ASN	BE, TE	VAAI3P	VAAP-PNM	P	DAPM	JAPM	P

NVI

alegró y animó a todos a
hacerse el firme propósi-
to de permanecer fieles
al Señor, 24 pues era un
hombre bueno, lleno del
Espíritu Santo y de fe.
Un gran número de per-
sonas aceptó al Señor.
25 Después partió
Bernabé para Tarso
en busca de Saulo, 26 y,
cuando lo encontró,
lo llevó a Antioquía.
Durante todo un año se
reunieron los dos con
la iglesia y enseñaron
a mucha gente. Fue en
Antioquía donde a los
discípulos se les llamó
«cristianos» por pri-
mera vez.
27 Por aquel tiempo
unos profetas bajaron de
Jerusalén a Antioquía.
28 Uno de ellos, llamado
Ágabo, se puso de pie
y predijo por medio
del Espíritu que iba a
haber una gran hambre
en todo el mundo, lo
cual sucedió durante
el reinado de Claudio.
29 Entonces decidieron
que cada uno de los
discípulos, según los
recursos de cada cual,
enviaría ayuda a los
hermanos que vivían en
Judea. 30 Así lo hicieron,
mandando su ofrenda
a los ancianos por

RVR

mano de Bernabé y de Saulo.

Jacobo, muerto; Pedro, encarcelado

12 En aquel mismo tiempo el rey Herodes echó mano a algunos de la iglesia para maltratarles.
[2] Y mató a espada a Jacobo, hermano de Juan.
[3] Y viendo que esto agradaba a los judíos, procedió a prender también a Pedro. Eran entonces los días de los panes sin levadura.
[4] Y habiéndole tomado preso, le puso en la cárcel, entregándole a cuatro grupos de cuatro soldados cada uno, para que le custodiasen; y se proponía sacarle al pueblo después de la pascua.
[5] Así que Pedro estaba custodiado en la cárcel; pero la iglesia hacía ferviente oración a Dios por él.

Pedro, librado de la cárcel

[6] Y cuando Herodes le iba a sacar, aquella misma noche estaba Pedro durmiendo entre dos soldados, sujeto con dos cadenas, y los guardias delante de la puerta

χειρὸς	Βαρναβᾶ	καὶ	Σαύλου.
mano	de Bernabé	y	de Saulo.
5495	921	2532	4569
NGSF	NGSM	CLN	NGSM

12

Κατ’	ἐκεῖνον	δὲ	τὸν	καιρὸν	ἐπέβαλεν	Ἡρῴδης	ὁ
por$_2$	aquel$_3$	Y$_1$	--$_4$	tiempo$_5$	puso$_9$	Herodes$_8$	el$_6$
2596	1565	1161	3588	2540	1911	2264	3588
P	RD-ASM	CLT	DASM	NASM	VAAI3S	NNSM	DNSM

βασιλεὺς	τὰς	χεῖρας	κακῶσαί	τινας	τῶν	ἀπὸ	τῆς	ἐκκλησίας.
rey$_7$	las	manos	para maltratar	a algunos	de los	de	la	iglesia.
935	3588	5495	2559	5100	3588	575	3588	1577
NNSM	DAPF	NAPF	VAAN	RX-APM	DGPM	P	DGSF	NGSF

[2] ἀνεῖλεν	δὲ	Ἰάκωβον	τὸν	ἀδελφὸν	Ἰωάννου	μαχαίρῃ.	[3] ἰδὼν
mató$_2$	Y$_1$	a Jacobo	el	hermano	de Juan	con espada.	habiendo visto$_2$
337	1161	2385	3588	80	2491	3162	1492
VAAI3S	CLN	NASM	DASM	NASM	NGSM	NDSF	VAAP-SNM

δὲ	ὅτι	ἀρεστόν	ἐστιν	τοῖς	Ἰουδαίοις	προσέθετο	συλλαβεῖν	καὶ
Y$_1$	que	agradable	es	a los	judíos,	añadió	arrestar	también
1161	3754	701	2076	3588	2453	4369	4815	2532
CLN	CSC	JNSN	VPAI3S	DDPM	JDPM	VAMI3S	VAAN	BE, TE

Πέτρον	(ἦσαν	δὲ	ἡμέραι	τῶν	ἀζύμων),	[4] ὃν	καὶ	πιάσας
a Pedro,	eran$_2$	y$_1$	(los) días	de los	panes sin levadura,	a quien	también	habiendo arrestado
4074	2258	1161	2250	3588	106	3739	2532	4084
NASM	VIAI3P	CLN	NNPF	DGPN	JGPN	RR-ASM	BE, TE	VAAP-SNM

ἔθετο	εἰς	φυλακήν,	παραδοὺς	τέσσαρσιν	τετραδίοις	στρατιωτῶν
puso	en	(la) cárcel,	habiéndo(lo) entregado	a cuatro	escuadras de cuatro	soldados
5087	1519	5438	3860	5064	5069	4757
VAMI3S	P	NASF	VAAP-SNM	JDPN	NDPN	NGPM

φυλάσσειν	αὐτόν,	βουλόμενος	μετὰ	τὸ	πάσχα	ἀναγαγεῖν	αὐτὸν
para custodiar	a él,	deseando	después de	la	Pascua	presentar	a él
5442	846	1014	3326	3588	3957	321	846
VPAN	RP3ASM	VPUP-SNM	P	DASN	NASN, XF	VAAN	RP3ASM

τῷ	λαῷ.	[5] ὁ	μὲν	οὖν	Πέτρος	ἐτηρεῖτο	ἐν	τῇ	φυλακῇ·
con el	pueblo.	--$_3$	--$_2$	Así que$_1$	Pedro	era custodiado	en	la	cárcel;
3588	2992	3588	3303	3767	4074	5083	1722	3588	5438
DDSM	NDSM	DNSM	TE, C	CLI	NNSM	VIPI3S	P	DDSF	NDSF

προσευχὴ	δὲ	ἦν	ἐκτενῶς	γινομένη	ὑπὸ	τῆς	ἐκκλησίας	πρὸς	τὸν
(la) oración$_2$	pero$_1$	era$_{12}$	fervientemente,$_{13}$	hecha$_3$	por$_4$	la$_5$	iglesia$_6$	a$_7$	--$_8$
4335	1161	2258	1619	1096	5259	3588	1577	4314	3588
NNSF	CLN	VIAI3S	B	VPUP-SNF	P	DGSF	NGSF	P	DASM

θεὸν	περὶ	αὐτοῦ.
Dios$_9$	acerca de$_{10}$	él$_{11}$
2316	4012	846
NASM	P	RP3GSM

[6] Ὅτε	δὲ	ἤμελλεν	προαγαγεῖν	αὐτὸν*	ὁ	Ἡρῴδης,	τῇ
cuando$_2$	Y$_1$	estaba a punto de$_5$	venir$_6$	a él,$_7$	--$_3$	Herodes$_4$	la
3753	1161	3195	4254	846	3588	2264	3588
CAT	CLT	VIAI3S	VAAN	RP3ASM	DNSM	NNSM	DDSF

νυκτὶ	ἐκείνῃ	ἦν	ὁ	Πέτρος	κοιμώμενος	μεταξὺ	δύο	στρατιωτῶν
noche	aquella	estaba$_3$	--$_1$	Pedro$_2$	durmiendo	entre	dos	soldados
3571	1565	2258	3588	4074	2837	3342	1417	4757
NDSF	RD-DSF	VIAI3S	DNSM	NNSM	VPPP-SNM	P, B	XN, J	NGPM

δεδεμένος	ἁλύσεσιν	δυσίν,	φύλακές	τε	πρὸ	τῆς	θύρας	ἐτήρουν
atado	cadenas$_2$	con dos$_1$	unos guardias$_4$	y$_3$	delante de	la	puerta	guardaban
1210	254	1417	5441	5037	4253	3588	2374	5083
VRPP-SNM	NDPF	JDPF	NNPM	CLN	P	DGSF	NGSF	VIAI3P

NVI

medio de Bernabé y de Saulo.

Pedro escapa milagrosamente de la cárcel

12 En ese tiempo el rey Herodes hizo arrestar a algunos de la iglesia con el fin de maltratarlos. [2] A Jacobo, hermano de Juan, lo mandó matar a espada.
[3] Al ver que esto agradaba a los judíos, procedió a prender también a Pedro. Esto sucedió durante la fiesta de los Panes sin levadura.
[4] Después de arrestarlo, lo metió en la cárcel y lo puso bajo la vigilancia de cuatro grupos de cuatro soldados cada uno. Tenía la intención de hacerlo comparecer en juicio público después de la Pascua. [5] Pero, mientras mantenían a Pedro en la cárcel, la iglesia oraba constante y fervientemente a Dios por él.
[6] La misma noche en que Herodes estaba a punto de sacar a Pedro para someterlo a juicio, este dormía entre dos soldados, sujeto con dos cadenas. Unos guardias vigilaban la entrada de la

12:6* O sea *sacarlo para llevarlo a juicio.*

RVR

custodiaban la cárcel.
7 Y he aquí que se
presentó un ángel
del Señor, y una luz
resplandeció en la celda;
y tocando a Pedro en
el costado, le despertó,
diciendo: Levántate
pronto. Y las cadenas se
le cayeron de las manos.
8 Le dijo el ángel:
Cíñete, y cálzate las
sandalias. Y lo hizo así.
Y le dijo: Envuélvete en
tu manto, y sígueme.
9 Y saliendo, le seguía;
pero no sabía que era
verdad lo que hacía el
ángel, sino que le pare-
cía que veía una visión.
10 Habiendo pasado la
primera y la segunda
guardia, llegaron a la
puerta de hierro que
daba a la ciudad, la
cual se les abrió por
sí misma; y salidos,
avanzaron por una calle,
y de repente el ángel se
ausentó de él.
11 Entonces Pedro,
volviendo en sí, dijo:
Ahora sé verdadera-
mente que el Señor
ha enviado su ángel, y
me ha arrebatado de la
mano de Herodes, y de
todo lo que el pueblo de
los judíos esperaba.

τὴν	φυλακήν.	7 καὶ	ἰδοὺ	ἄγγελος	κυρίου	ἐπέστη,	καὶ	φῶς	ἔλαμψεν
la	cárcel.	Y	mira,	un ángel	de(l) Señor	se presentó,	y	una luz	brilló
3588	5438	2532	2400	32	2962	2186	2532	5457	2989
DASF	*NASF*	*CLN*	*I, VAAM2S*	*NNSM*	*NGSM*	*VAAI3S*	*CLN*	*NNSN*	*VAAI3S*

ἐν	τῷ	οἰκήματι·	πατάξας	δὲ	τὴν	πλευρὰν	τοῦ	Πέτρου	ἤγειρεν
en	la	celda;	habiendo golpeado$_2$	y$_1$	el	costado	de --	Pedro	despertó
1722	3588	3612	3960	1161	3588	4125	3588	4074	1453
P	*DDSN*	*NDSN*	*VAAP-SNM*	*CLN*	*DASF*	*NASF*	*DGSM*	*NGSM*	*VAAI3S*

αὐτὸν	λέγων·	Ἀνάστα	ἐν	τάχει·	καὶ	ἐξέπεσαν	αὐτοῦ	αἱ	ἁλύσεις	ἐκ
a él	diciendo:	Levántate	con	rapidez.	Y	cayeron$_4$	de él$_3$	las$_1$	cadenas$_2$	de
846	3004	450	1722	5034	2532	1601	846	3588	254	1537
RP3ASM	*VPAP-SNM*	*VAAM2S*	*P*	*NDSN*	*CLN*	*VAAI3P*	*RP3GSM*	*DNPF*	*NNPF*	*P*

τῶν	χειρῶν.	8 εἶπεν	δὲ	ὁ	ἄγγελος	πρὸς	αὐτόν·	Ζῶσαι	καὶ	ὑπόδησαι
las	manos.	dijo$_4$	Y$_1$	el$_2$	ángel$_3$	a	él:	Cíñete	y	cálzate
3588	5495	2036	1161	3588	32	4314	846	2224	2532	5265
DGPF	*NGPF*	*VAAI3S*	*CLN*	*DNSM*	*NNSM*	*P*	*RP3ASM*	*VAMM2S*	*CLN*	*VAMM2S*

τὰ	σανδάλιά	σου·	ἐποίησεν	δὲ	οὕτως.	καὶ	λέγει	αὐτῷ·	Περιβαλοῦ
las	sandalias	de ti.	hizo$_2$	E$_1$	así.	Y	dice	él:	Envuélvete en
3588	4547	4675	4160	1161	3779	2532	3004	846	4016
DAPN	*NAPN*	*RP2GS*	*VAAI3S*	*CLN*	*B*	*CLN*	*VPAI3S*	*RP3DSM*	*VAMM2S*

τὸ	ἱμάτιόν	σου	καὶ	ἀκολούθει	μοι.	9 καὶ	ἐξελθὼν	ἠκολούθει,	καὶ
el	manto	de ti	y	sigue	a mí.	Y	habiendo salido	(lo) seguía,	y
3588	2440	4675	2532	190	3427	2532	1831	190	2532
DASN	*NASN*	*RP2GS*	*CLN*	*VPAM2S*	*RP1DS*	*CLN*	*VAAP-SNM*	*VIAI3S*	*CLN*

οὐκ	ᾔδει	ὅτι	ἀληθές	ἐστιν	τὸ	γινόμενον	διὰ	τοῦ	ἀγγέλου,
no	sabía	qué	verdadero	es	lo que	está sucediendo	por medio de	el	ángel;
3756	1492	3754	227	2076	3588	1096	1223	3588	32
BN, TN	*VLAI3S*	*CSC*	*JNSN*	*VPAI3S*	*DNSN*	*VPUP-SNN*	*P*	*DGSM*	*NGSM*

ἐδόκει	δὲ	ὅραμα	βλέπειν.	10 διελθόντες	δὲ	πρώτην	φυλακὴν	καὶ
pensaba$_2$	y$_1$	una visión.$_4$	ver$_3$	habiendo pasado$_2$	Y$_1$	a(l) primer	guardia	y
1380	1161	3705	991	1330	1161	4413	5438	2532
VIAI3S	*CLC*	*NASN*	*VPAN*	*VAAP-PNM*	*CLN*	*JASF*	*NASF*	*CLN*

δευτέραν	ἦλθαν	ἐπὶ	τὴν	πύλην	τὴν	σιδηρᾶν	τὴν	φέρουσαν	εἰς
a(l) segundo	vinieron	a	la	puerta	--	de hierro	la que	está llevando	a
1208	2064	1909	3588	4439	3588	4603	3588	5342	1519
JASF	*VAAI3P*	*P*	*DASF*	*NASF*	*DASF*	*JASF*	*DASF*	*VPAP-SAF*	*P*

τὴν	πόλιν,	ἥτις	αὐτομάτη	ἠνοίγη	αὐτοῖς,	καὶ	ἐξελθόντες	προῆλθον
la	ciudad,	la cual	por sí misma	fue abierta	a ellos	y	habiendo salido	avanzaron
3588	4172	3748	844	455	846	2532	1831	4281
DASF	*NASF*	*RR-NSF*	*JNSF*	*VAPI3S*	*RP3DPM*	*CLN*	*VAAP-PNM*	*VAAI3P*

ῥύμην	μίαν,	καὶ	εὐθέως	ἀπέστη	ὁ	ἄγγελος	ἀπ᾽	αὐτοῦ.	11 καὶ
calle$_2$	(por) una$_1$	e	inmediatamente	se apartó$_3$	el$_1$	ángel$_2$	de	él.	Y
4505	1520	2532	2112	868	3588	32	575	846	2532
NASF	*JASF*	*CLN*	*B*	*VAAI3S*	*DNSM*	*NNSM*	*P*	*RP3GSM*	*CLN*

ὁ	Πέτρος	ἐν	ἑαυτῷ	γενόμενος	εἶπεν·	Νῦν	οἶδα	ἀληθῶς	ὅτι
--	Pedro	en$_2$	sí mismo$_3$	volviendo$_1$	dijo:	Ahora	sé	verdaderamente	que
3588	4074	1722	1438	1096	2036	3568	1492	230	3754
DNSM	*NNSM*	*P*	*RF3DSM*	*VAMP-SNM*	*VAAI3S*	*B*	*VRAI1S*	*B*	*CSC*

ἐξαπέστειλεν	ὁ	κύριος	τὸν	ἄγγελον	αὐτοῦ	καὶ	ἐξείλατό	με	ἐκ
envió$_3$	el$_1$	Señor$_2$	al	ángel	de él	y	rescató	a mí	de
1821	3588	2962	3588	32	846	2532	1807	3165	1537
VAAI3S	*DNSM*	*NNSM*	*DASM*	*NASM*	*RP3GSM*	*CLN*	*VAMI3S*	*RP1AS*	*P*

χειρὸς	Ἡρῴδου	καὶ	πάσης	τῆς	προσδοκίας	τοῦ	λαοῦ	τῶν	Ἰουδαίων.
(la) mano	de Herodes	y	de toda	la	expectativa	del	pueblo	de los	judíos.
5495	2264	2532	3956	3588	4329	3588	2992	3588	2453
NGSF	*NGSM*	*CLN*	*JGSF*	*DGSF*	*NGSF*	*DGSM*	*NGSM*	*DGPM*	*JGPM*

NVI

cárcel. 7 De repente apa-
reció un ángel del Señor
y una luz resplandeció
en la celda. Despertó
a Pedro con unas
palmadas en el costado
y le dijo: «¡Date prisa,
levántate!» Las cadenas
cayeron de las manos de
Pedro. 8 Le dijo además
el ángel: «Vístete y
cálzate las sandalias».
Así lo hizo, y el ángel
añadió: «Échate la capa
encima y sígueme».
9 Pedro salió tras
él, pero no sabía si
realmente estaba suce-
diendo lo que el ángel
hacía. Le parecía que se
trataba de una visión.
10 Pasaron por la primera
y la segunda guardia,
y llegaron al portón
de hierro que daba a la
ciudad. El portón se les
abrió por sí solo, y salie-
ron. Caminaron unas
cuadras, y de repente el
ángel lo dejó solo.
11 Entonces Pedro
volvió en sí y se dijo:
«Ahora estoy comple-
tamente seguro de que
el Señor ha enviado a su
ángel para librarme del
poder de Herodes y de
todo lo que el pueblo
judío esperaba».

RVR

12 Y habiendo reflexio-
nado así, llegó a casa
de María la madre de
Juan, el que tenía por
sobrenombre Marcos,
donde muchos estaban
reunidos orando.
13 Cuando llamó Pedro
a la puerta del patio,
salió a escuchar una mu-
chacha llamada Rode,
14 la cual, cuando reco-
noció la voz de Pedro,
de gozo no abrió la
puerta, sino que corrió
adentro a anunciar que
Pedro estaba a la puerta.
15 Y ellos le dijeron:
Estás loca. Pero ella
insistía en que así era.
Entonces ellos decían:
¡Es su ángel!
16 Mas Pedro continua-
ba llamando; y cuando
abrieron y le vieron, se
quedaron atónitos.
17 Pero él, haciéndoles
con la mano señal de
que callasen, les contó
cómo el Señor le había
sacado de la cárcel. Y
dijo: Haced saber esto a
Jacobo y a los hermanos.
Y salió, y se fue a otro
lugar.
18 Luego que fue de
día, hubo un alboroto
no pequeño entre los

12 Συνιδών τε ἦλθεν ἐπὶ τὴν οἰκίαν τῆς Μαρίας τῆς
habiéndo(se) dado cuenta$_2$ Y$_1$ fue a la casa de -- María la
4894 5037 2064 1909 3588 3614 3588 3137 3588
VAAP-SNM CLN VAAI3S P DASF NASF DGSF NGSF DGSF

μητρὸς Ἰωάννου τοῦ ἐπικαλουμένου Μάρκου, οὗ ἦσαν ἱκανοὶ
madre de Juan el que está siendo llamado Marcos, donde estaban bastantes
3384 2491 3588 1941 3138 3757 2258 2425
NGSF NGSM DGSM VPPP-SGM NGSM B VIAI3P JNPM

συνηθροισμένοι καὶ προσευχόμενοι. 13 κρούσαντος δὲ αὐτοῦ τὴν
reunidos y orando. habiendo llamado$_2$ Y$_1$ él a la
4867 2532 4336 2925 1161 846 3588
VRPP-PNM CLN VPUP-PNM VAAP-SGM CLN RP3GSM DASF

θύραν τοῦ πυλῶνος προσῆλθε παιδίσκη ὑπακοῦσαι ὀνόματι Ῥόδη,
puerta del pórtico se acercó una criada$_2$ para obedecer$_1$ (de) nombre Rode,
2374 3588 4440 4334 3814 5219 3686 4498
NASF DGSM NGSM VAAI3S NNSF VAAN NDSN NNSF

14 καὶ ἐπιγνοῦσα τὴν φωνὴν τοῦ Πέτρου ἀπὸ τῆς χαρᾶς οὐκ
y habiendo reconocido la voz de -- Pedro de el gozo no
2532 1921 3588 5456 3588 4074 575 3588 5479 3756
CLN VAAP-SNF DASF NASF DGSM NGSM P DGSF NGSF BN, TN

ἤνοιξεν τὸν πυλῶνα, εἰσδραμοῦσα δὲ ἀπήγγειλεν ἑστάναι τὸν
abrió la puerta, habiendo corrido (adentro)$_2$ y$_1$ informó estar --
455 3588 4440 1532 1161 518 2476 3588
VAAI3S DASM NASM VAAP-SNF CLC VAAI3S VRAN DASM

Πέτρον πρὸ τοῦ πυλῶνος. 15 οἱ δὲ πρὸς αὐτὴν εἶπαν· Μαίνῃ. ἡ
Pedro a la puerta. --$_2$ Y$_1$ a$_4$ ella:$_5$ dijeron$_3$ Estás loca. ella$_2$
4074 4253 3588 4440 3588 1161 4314 846 3004 3105 3588
NASM P DGSM NGSM DNPM CLN P RP3ASF VAAI3P VPUI2S DNSF

δὲ διϊσχυρίζετο οὕτως ἔχειν.* οἱ δὲ ἔλεγον· Ὁ ἄγγελός ἐστιν
Pero$_1$ insistía así tener. --$_2$ Y$_1$ decían:$_3$ el$_5$ ángel$_6$ Es$_4$
1161 1340 3779 2192 3588 1161 3004 3588 32 2076
CLC VIUI3S B VPAN DNPM CLN VIAI3P DNSM NNSM VPAI3S

αὐτοῦ. 16 ὁ δὲ Πέτρος ἐπέμενεν κρούων· ἀνοίξαντες δὲ εἶδαν
de él. --$_2$ Y$_1$ Pedro insistía llamando (a la puerta); habiendo abierto$_2$ y$_1$ vieron
846 3588 1161 4074 1961 2925 455 1161 3708
RP3GSM DNSM CLN NNSM VIAI3S VPAP-SNM VAAP-PNM CLN VAAI3P

αὐτὸν καὶ ἐξέστησαν. 17 κατασείσας δὲ αὐτοῖς τῇ χειρὶ σιγᾶν
a él y se sorprendieron. habiendo hecho señas$_2$ Y$_1$ a ellos (con) la mano para callar(los)
846 2532 1839 2678 1161 846 3588 5495 4601
RP3ASM CLN VAAI3P VAAP-SNM CLN RP3DPM DDSF NDSF VPAN

διηγήσατο αὐτοῖς πῶς ὁ κύριος αὐτὸν ἐξήγαγεν ἐκ τῆς φυλακῆς,
contó a ellos cómo el Señor a él$_2$ sacó$_1$ de la cárcel
1334 846 4459 3588 2962 846 1806 1537 3588 5438
VAMI3S RP3DPM B DNSM NNSM RP3ASM VAAI3S P DGSF NGSF

εἶπέν τε· Ἀπαγγείλατε Ἰακώβῳ καὶ τοῖς ἀδελφοῖς ταῦτα. καὶ
dijo:$_2$ y$_1$ Informad a Jacobo y a los hermanos estas cosas. Y
2036 5037 518 2385 2532 3588 80 5023 2532
VAAI3S CLN VAAM2P NDSM CLN DDPM NDPM RD-APN CLN

ἐξελθὼν ἐπορεύθη εἰς ἕτερον τόπον.
habiendo salido se fue a otro lugar.
1831 4198 1519 2087 5117
VAAP-SNM VAPI3S P JASM NASM

18 Γενομένης δὲ ἡμέρας ἦν τάραχος οὐκ ὀλίγος ἐν τοῖς
habiéndose hecho$_2$ Y$_1$ de día era (había) una confusión no pequeña entre los
1096 1161 2250 2258 5017 3756 3641 1722 3588
VAMP-SGF CLT NGSF VIAI3S NNSM BN, TN JNSM P DDPM

NVI

12 Cuando cayó en
cuenta de esto, fue a casa
de María, la madre de
Juan, apodado Marcos,
donde muchas perso-
nas estaban reunidas
orando. 13 Llamó a la
puerta de la calle, y salió
a responder una criada
llamada Rode. 14 Al re-
conocer la voz de Pedro,
se puso tan contenta
que volvió corriendo
sin abrir.
—¡Pedro está a la
puerta! —exclamó.
15 —¡Estás loca! —le
dijeron.
Ella insistía en que
así era, pero los otros
decían:
—Debe de ser su
ángel.
16 Entre tanto, Pedro
seguía llamando.
Cuando abrieron la
puerta y lo vieron, que-
daron pasmados. 17 Con
la mano Pedro les hizo
señas de que se callaran,
y les contó cómo el
Señor lo había sacado de
la cárcel.
—Cuéntenles esto a
Jacobo y a los hermanos
—les dijo.
Luego salió y se fue a
otro lugar.
18 Al amanecer se
produjo un gran albo-
roto entre los soldados

12:15* O sea *que así era.*

RVR

soldados sobre qué
había sido de Pedro.
19 Mas Herodes, habién-
dole buscado sin hallar-
le, después de interrogar
a los guardias, mandó
ejecutarlos. Después
descendió de Judea a
Cesarea y se quedó allí.

Muerte de Herodes

20 Y Herodes estaba
enojado contra los de
Tiro y de Sidón; pero
ellos se presentaron de
común acuerdo ante él,
y habiendo sobornado a
Blasto, que era camarero
mayor del rey, pedían
paz, porque su territorio
era abastecido por el
del rey.
21 Y un día señalado,
Herodes, vestido de ro-
pas reales, se sentó en el
tribunal y les arengó.
22 Y el pueblo aclamaba
gritando: ¡Voz de Dios,
y no de hombre!
23 Al momento un ángel
del Señor le hirió, por
cuanto no dio la gloria
a Dios; y expiró comido
de gusanos.
24 Pero la palabra
del Señor crecía y se
multiplicaba.
25 Y Bernabé y Saulo,

στρατιώταις,	τί	ἄρα	ὁ	Πέτρος	ἐγένετο.	19 Ἡρῴδης	δὲ
soldados	(sobre) qué	entonces	--	Pedro	se hizo.	Herodes$_2$	Y$_1$
4757	5101	687	3588	4074	1096	2264	1161
NDPM	*RI-NSN*	*CLI*	*DNSM*	*NNSM*	*VAMI3S*	*NNSM*	*CLN*

ἐπιζητήσας	αὐτὸν	καὶ	μὴ	εὑρὼν	ἀνακρίνας	τοὺς
habiendo buscado	a él	y	no	habiéndo(lo) encontrado	habiendo examinado	a los
1934	846	2532	3361	2147	350	3588
VAAP-SNM	*RP3ASM*	*CLN*	*BN, TN*	*VAAP-SNM*	*VAAP-SNM*	*DAPM*

φύλακας	ἐκέλευσεν	ἀπαχθῆναι,	καὶ	κατελθὼν	ἀπὸ	τῆς	Ἰουδαίας	εἰς
guardas	mandó	ejecutarlos,	y	habiendo bajado	de	--	Judea	a
5441	2753	520	2532	2718	575	3588	2449	1519
NAPM	*VAAI3S*	*VAPN*	*CLN*	*VAAP-SNM*	*P*	*DGSF*	*NGSF*	*P*

Καισάρειαν	διέτριβεν.
Cesarea	se quedó (ahí).
2542	1304
NASF	*VIAI3S*

20 Ἦν	δὲ	θυμομαχῶν	Τυρίοις	καὶ	Σιδωνίοις·	ὁμοθυμαδὸν
estaba$_2$	Y$_1$	sumamente enfurecido	(con los) tirios	y	(los) sidonios;	unánimemente$_2$
2258	1161	2371	5183	2532	4606	3661
VIAI3S	*CLT*	*VPAP-SNM*	*NDPM*	*CLN*	*JDPM, JDPF*	*B*

δὲ	παρῆσαν	πρὸς	αὐτόν,	καὶ	πείσαντες	Βλάστον	τὸν	ἐπὶ
y$_1$	se presentaban	ante	él	y	habiendo persuadido	a Blasto,	el (que estaba)	sobre
1161	3918	4314	846	2532	3982	986	3588	1909
CLN	*VIAI3P*	*P*	*RP3ASM*	*CLN*	*VAAP-PNM*	*NASM*	*DASM*	*P*

τοῦ	κοιτῶνος	τοῦ	βασιλέως	ᾐτοῦντο	εἰρήνην	διὰ	τὸ	τρέφεσθαι
el	cuarto privado	del	rey,	pedían	paz	por causa de	el	ser abastecida
3588	2846	3588	935	154	1515	1223	3588	5142
DGSM	*NGSM*	*DGSM*	*NGSM*	*VIMI3P*	*NASF*	*P*	*DASN*	*VPPN*

αὐτῶν	τὴν	χώραν	ἀπὸ	τῆς	βασιλικῆς.	21 τακτῇ	δὲ	ἡμέρᾳ	ὁ
de ellos$_3$	la$_1$	región$_2$	por	el	rey.	fijado$_2$	Y$_1$	(el) día	--
846	3588	5561	575	3588	937	5002	1161	2250	3588
RP3GPM	*DASF*	*NASF*	*P*	*DGSF*	*JGSF*	*JDSF*	*CLN*	*NDSF*	*DNSM*

Ἡρῴδης	ἐνδυσάμενος	ἐσθῆτα	βασιλικὴν	καὶ	καθίσας	ἐπὶ	τοῦ
Herodes	habiéndose vestido	(con) ropa	real	y	habiéndose sentado	en	el
2264	1746	2066	937	2532	2523	1909	3588
NNSM	*VAMP-SNM*	*NASF*	*JASF*	*CLN*	*VAAP-SNM*	*P*	*DGSN*

βήματος	ἐδημηγόρει	πρὸς	αὐτούς·	22 ὁ	δὲ	δῆμος	ἐπεφώνει·	Θεοῦ
tribunal	dirigía un discurso	a	ellos,	el$_2$	y$_1$	pueblo	gritaba:	de Dios$_2$
968	1215	4314	846	3588	1161	1218	2019	2316
NGSN	*VIAI3S*	*P*	*RP3APM*	*DNSM*	*CLN*	*NNSM*	*VIAI3S*	*NGSM*

φωνὴ	καὶ	οὐκ	ἀνθρώπου.	23 παραχρῆμα	δὲ	ἐπάταξεν	αὐτὸν	ἄγγελος
Voz$_1$	y	no	de ser humano.	al instante$_2$	Y$_1$	hirió$_5$	a él$_6$	un ángel$_3$
5456	2532	3756	444	3916	1161	3960	846	32
NNSF	*CLN*	*BN, TN*	*NGSM*	*B*	*CLN*	*VAAI3S*	*RP3ASM*	*NNSM*

κυρίου	ἀνθ'	ὧν	οὐκ	ἔδωκεν	τὴν	δόξαν	τῷ	θεῷ,	καὶ	γενόμενος
de(l) Señor$_4$	por cuanto	--	no	dio	--	gloria	a --	Dios,	y	habiendo sido
2962	473	3739	3756	1325	3588	1391	3588	2316	2532	1096
NGSM	*P*	*RR-GPN*	*BN, TN*	*VAAI3S*	*DASF*	*NASF*	*DDSM*	*NDSM*	*CLN*	*VAMP-SNM*

σκωληκόβρωτος	ἐξέψυξεν.
comido por gusanos	murió.
4662	1634
JNSM	*VAAI3S*

24 Ὁ	δὲ	λόγος	τοῦ	θεοῦ	ηὔξανεν	καὶ	ἐπληθύνετο.	25 Βαρναβᾶς
la$_2$	Y$_1$	palabra	de --	Dios	crecía	y	se multiplicaba.	Bernabé$_2$
3588	1161	3056	3588	2316	837	2532	4129	921
DNSM	*CLN*	*NNSM*	*DGSM*	*NGSM*	*VIAI3S*	*CLN*	*VIPI3S*	*NNSM*

NVI

respecto al paradero de
Pedro. 19 Herodes hizo
averiguaciones, pero, al
no encontrarlo, les tomó
declaración a los guar-
dias y mandó matarlos.
Después viajó de Judea a
Cesarea y se quedó allí.

Muerte de Herodes

20 Herodes estaba
furioso con los de Tiro
y de Sidón, pero ellos se
pusieron de acuerdo y
se presentaron ante él.
Habiéndose ganado el
favor de Blasto, cama-
rero del rey, pidieron
paz, porque su región
dependía del país del
rey para obtener sus
provisiones.
21 El día señalado,
Herodes, ataviado con
su ropaje real y sentado
en su trono, le dirigió
un discurso al pueblo.
22 La gente gritaba:
«¡Voz de un dios, no de
hombre!» 23 Al instante
un ángel del Señor lo
hirió, porque no le había
dado la gloria a Dios; y
Herodes murió comido
de gusanos.
24 Pero la palabra de
Dios seguía extendién-
dose y difundiéndose.
25 Cuando Bernabé

RVR

cumplido su servicio,
volvieron de Jerusalén,
llevando también
consigo a Juan, el que
tenía por sobrenombre
Marcos.

Bernabé y Saulo comienzan su primer viaje misionero

13 Había entonces
en la iglesia que
estaba en Antioquía,
profetas y maestros:
Bernabé, Simón el que
se llamaba Níger, Lucio
de Cirene, Manaén el
que se había criado junto
con Herodes el tetrarca,
y Saulo.
2 Mientras estaban éstos
celebrando el culto del
Señor, y ayunando,
dijo el Espíritu Santo:
Apartadme a Bernabé
y a Saulo para la obra a
que los he llamado.
3 Entonces, habiendo
ayunado y orado, les
impusieron las manos y
los despidieron.

Los apóstoles predican en Chipre

4 Ellos, entonces,
enviados por el Espíritu
Santo, descendieron a
Seleucia, y de allí nave-
garon a Chipre.
5 Y llegados a Salamina,
anunciaban la palabra
de Dios en las sinagogas
de los judíos. Tenían
también a Juan de
ayudante.

δὲ	καὶ	Σαῦλος	ὑπέστρεψαν,	εἰς	Ἰερουσαλὴμ	πληρώσαντες	τὴν
Y$_1$	y	Saulo	regresaron	a	Jerusalén	habiendo cumplido	el
1161	2532	4569	5290	1519	2419	4137	3588
CLN	CLN	NNSM	VAAI3P	P	NASF, XP	VAAP-PNM	DASF

διακονίαν,	συμπαραλαβόντες	Ἰωάννην	τὸν	ἐπικληθέντα	Μᾶρκον.
ministerio,	habiendo llevado consigo	a Juan	el que	está siendo llamado	Marcos.
1248	4838	2491	3588	1941	3138
NASF	VAAP-PNM	NASM	DASM	VAPP-SAM	NASM

13 Ἦσαν	δὲ	ἐν	Ἀντιοχείᾳ	κατὰ	τὴν	οὖσαν	ἐκκλησίαν
estaban$_2$	Y$_1$	en	Antioquía	en	la	estando$_2$	iglesia$_1$
2258	1161	1722	490	2596	3588	5607	1577
VIAI3P	CLT	P	NDSF	P	DASF	VPAP-SAF	NASF

προφῆται	καὶ	διδάσκαλοι	ὅ	τε	Βαρναβᾶς	καὶ	Συμεὼν
profetas	y	maestros:	--	tanto	Bernabé	como	Simón
4396	2532	1320	3588	5037	921	2532	4826
NNPM	CLN	NNPM	DNSM, RR-ASN	CLN	NNSM	CLN	NNSM, XP

ὁ	καλούμενος	Νίγερ,	καὶ	Λούκιος	ὁ	Κυρηναῖος,	Μαναήν
el	que está siendo llamado	Níger,	y	Lucio	el	cireneo,	Manaén$_2$
3588	2564	3526	2532	3066	3588	2956	3127
DNSM	VPPP-SNM	NNSM, XP	CLN	NNSM	DNSM	NNSM	NNSM, XP

τε	Ἡρῴδου	τοῦ	τετραάρχου	σύντροφος	καὶ	Σαῦλος.
y$_1$	de Herodes$_4$	el$_5$	tetrarca$_6$	compañero de infancia$_3$	y	Saulo.
5037	2264	3588	5076	4939	2532	4569
CLN	NGSM	DGSM	NGSM	JNSM	CLN	NNSM

2 λειτουργούντων	δὲ	αὐτῶν	τῷ	κυρίῳ	καὶ	νηστευόντων	εἶπεν	τὸ
sirviendo$_2$	Y$_1$	ellos	al	Señor	y	ayunando	dijo	el
3008	1161	846	3588	2962	2532	3522	2036	3588
VPAP-PGM	CLN	RP3GPM	DDSM	NDSM	CLN	VPAP-PGM	VAAI3S	DNSN

πνεῦμα	τὸ	ἅγιον·	Ἀφορίσατε	δή	μοι	τὸν	Βαρναβᾶν	καὶ	Σαῦλον
Espíritu	--	Santo:	Separad	pues	para mí	a --	Bernabé	y	a Saulo
4151	3588	40	873	1211	3427	3588	921	2532	4569
NNSN	DNSN	JNSN	VAAM2P	TE	RP1DS	DASM	NASM	CLN	NASM

εἰς	τὸ	ἔργον	ὃ	προσκέκλημαι	αὐτούς.	3 τότε	νηστεύσαντες	καὶ
para	la	obra	a la que	he llamado	a ellos.	Entonces	habiendo ayunado	y
1519	3588	2041	3739	4341	846	5119	3522	2532
P	DASN	NASN	RR-ASN	VRUI1S	RP3APM	B	VAAP-PNM	CLN

προσευξάμενοι	καὶ	ἐπιθέντες	τὰς	χεῖρας	αὐτοῖς	ἀπέλυσαν.
habiendo orado	y	habiendo puesto	las	manos	a ellos	(los) despidieron.
4336	2532	2007	3588	5495	846	630
VAMP-PNM	CLN	VAAP-PNM	DAPF	NAPF	RP3DPM	VAAI3P

4 Αὐτοὶ	μὲν	οὖν	ἐκπεμφθέντες	ὑπὸ	τοῦ	ἁγίου	πνεύματος
Ellos	--	pues,	habiendo sido enviados	por	el	Santo$_2$	Espíritu$_1$
846	3303	3767	1599	5259	3588	40	4151
RP3NPMP	TE, C	CLI	VAPP-PNM	P	DGSN	JGSN	NGSN

κατῆλθον	εἰς	Σελεύκειαν,	ἐκεῖθέν	τε	ἀπέπλευσαν	εἰς	Κύπρον,
bajaron	a	Seleucia,	de allí$_2$	y$_1$	zarparon	hacia	Chipre,
2718	1519	4581	1564	5037	636	1519	2954
VAAI3P	P	NASF	B	CLN	VAAI3P	P	NASF

5 καὶ	γενόμενοι	ἐν	Σαλαμῖνι	κατήγγελλον	τὸν	λόγον	τοῦ	θεοῦ	ἐν
y	habiendo estado	en	Salamira	anunciaban	la	palabra	de --	Dios	en
2532	1096	1722	4529	2605	3588	3056	3588	2316	1722
CLN	VAMP-PNM	P	NDSF	VIAI3P	DASM	NASM	DGSM	NGSM	P

ταῖς	συναγωγαῖς	τῶν	Ἰουδαίων·	εἶχον	δὲ	καὶ	Ἰωάννην	ὑπηρέτην.
las	sinagogas	de los	judíos.	tenían$_2$	Y$_1$	también	a Juan	(como) ayudante.
3588	4864	3588	2453	2192	1161	2532	2491	5257
DDPF	NDPF	DGPM	JGPM	VIAI3P	CLN	BE, TE	NASM	NASM

NVI

y Saulo cumplieron su
servicio, regresaron de
Jerusalén llevando con
ellos a Juan, llamado
también Marcos.

Despedida de Bernabé y Saulo

13 En la iglesia
de Antioquía
eran profetas y maestros
Bernabé; Simeón, apo-
dado el Negro; Lucio
de Cirene; Manaén,
que se había criado con
Herodes el tetrarca;
y Saulo. 2 Mientras
ayunaban y participa-
ban en el culto al Señor,
el Espíritu Santo dijo:
«Apártenme ahora a
Bernabé y a Saulo para
el trabajo al que los he
llamado».
3 Así que después de
ayunar, orar e impo-
nerles las manos, los
despidieron.

En Chipre

4 Bernabé y Saulo,
enviados por el Espíritu
Santo, bajaron a
Seleucia, y de allí na-
vegaron a Chipre. 5 Al
llegar a Salamina, predi-
caron la palabra de Dios
en las sinagogas de los
judíos. Tenían también a
Juan como ayudante.

RVR

⁶Y habiendo atravesado
toda la isla hasta Pafos,
hallaron a cierto mago,
falso profeta, judío,
llamado Barjesús,
⁷que estaba con el
procónsul Sergio Paulo,
varón inteligente. Éste,
llamando a Bernabé y
a Saulo, deseaba oír la
palabra de Dios.
⁸Pero se les oponía
Elimas, el mago (pues
así se traduce su nom-
bre), procurando apar-
tar de la fe al procónsul.
⁹Entonces Saulo, que
también es Pablo, lleno
del Espíritu Santo, fijan-
do en él los ojos,
¹⁰dijo: ¡Oh, lleno
de todo engaño y de
toda maldad, hijo del
diablo, enemigo de toda
justicia! ¿No cesarás de
trastornar los caminos
rectos del Señor?
¹¹Ahora, pues, he aquí
que la mano del Señor
está contra ti, y quedarás
ciego, y no verás el sol
por algún tiempo. E
inmediatamente caye-
ron sobre él oscuridad y
tinieblas; y daba vueltas,
buscando quien le con-
dujese de la mano.
¹²Entonces el pro-
cónsul, viendo lo que
había sucedido, creyó,

⁶διελθόντες	δὲ	ὅλην	τὴν	νῆσον	ἄχρι	Πάφου	εὗρον	ἄνδρα
habiendo pasado$_2$	Y$_1$	toda	la	isla	hasta	Pafos	encontraron	varón$_2$
1330	1161	3650	3588	3520	891	3974	2147	435
VAAP-PNM	*CLN*	*JASF*	*DASF*	*NASF*	*P*	*NGSF*	*VAAI3P*	*NASM*

τινὰ	μάγον	ψευδοπροφήτην	Ἰουδαῖον	ᾧ	ὄνομα	Βαριησοῦ,
a cierto$_1$	mago,	un falso profeta	judío	cuyo	nombre (era)	Barjesús
5100	3097	5578	2453	3739	3686	919
JASM, RX-ASM	*NASM*	*NASM*	*JASM*	*RR-DSM*	*NNSN*	*NGSM*

⁷ὃς	ἦν	σὺν	τῷ	ἀνθυπάτῳ	Σεργίῳ	Παύλῳ,	ἀνδρὶ	συνετῷ.	οὗτος
el cual	estaba	con	el	procónsul	Sergio	Paulo,	varón	inteligente.	Este
3739	2258	4862	3588	446	4588	3972	435	4908	3778
RR-NSM	*VIAI3S*	*P*	*DDSM*	*NDSM*	*NDSM*	*NDSM*	*NDSM*	*JDSM*	*RD-NSM*

προσκαλεσάμενος	Βαρναβᾶν	καὶ	Σαῦλον	ἐπεζήτησεν	ἀκοῦσαι	τὸν
habiendo llamado	a Bernabé	y	a Saulo	buscó	oír	la
4341	921	2532	4569	1934	191	3588
VAMP-SNM	*NASM*	*CLN*	*NASM*	*VAAI3S*	*VAAN*	*DASM*

λόγον	τοῦ	θεοῦ.	⁸ἀνθίστατο	δὲ	αὐτοῖς	Ἐλύμας	ὁ	μάγος,	οὕτως
palabra	de --	Dios;	se resistía$_2$	y$_1$	a ellos	Elimas	el	mago,	así$_2$
3056	3588	2316	436	1161	846	1681	3588	3097	3779
NASM	*DGSM*	*NGSM*	*VIMI3S*	*CLC*	*RP3DPM*	*NNSM*	*DNSM*	*NNSM*	*B*

γὰρ	μεθερμηνεύεται	τὸ	ὄνομα	αὐτοῦ,	ζητῶν	διαστρέψαι	τὸν
porque$_1$	es traducido	el	nombre	de él,	buscando	desviar	al
1063	3177	3588	3686	846	2212	1294	3588
CLX	*VPPI3S*	*DNSN*	*NNSN*	*RP3GSM*	*VPAP-SNM*	*VAAN*	*DASM*

ἀνθύπατον	ἀπὸ	τῆς	πίστεως.	⁹Σαῦλος	δέ,	ὁ	καὶ	Παῦλος,
procónsul	de	la	fe.	Saulo$_2$	Y$_1$	el (que)	también (es)	Pablo,
446	575	3588	4102	4569	1161	3588	2532	3972
NASM	*P*	*DGSF*	*NGSF*	*NNSM*	*CLN*	*DNSM*	*BE, TE*	*NNSM*

πλησθεὶς	πνεύματος	ἁγίου	ἀτενίσας	εἰς	αὐτὸν	¹⁰εἶπεν·	Ὦ
habiendo sido lleno	de(l) Espíritu	Santo	habiendo fijado la mirada	en	él	dijo:	¡Oh
4130	4151	40	816	1519	846	2036	5599
VAPP-SNM	*NGSN*	*JGSN*	*VAAP-SNM*	*P*	*RP3ASM*	*VAAI3S*	*I*

πλήρης	παντὸς	δόλου	καὶ	πάσης	ῥᾳδιουργίας,	υἱὲ	διαβόλου,	ἐχθρὲ
lleno	de todo	engaño	y	de toda	malicia,	hijo	de(l) diablo,	enemigo
4134	3956	1388	2532	3956	4468	5207	1228	2190
JNSM	*JGSM*	*NGSM*	*CLN*	*JGSF*	*NGSF*	*NVSM*	*JGSM*	*JVSM*

πάσης	δικαιοσύνης,	οὐ	παύσῃ	διαστρέφων	τὰς	ὁδοὺς	κυρίου	τὰς
de toda	justicia!,	¿no	cesarás	pervirtiendo	los	caminos$_2$	del Señor?$_3$	--
3956	1343	3756	3973	1294	3588	3598	2962	3588
JGSF	*NGSF*	*BN, TN*	*VFMI2S*	*VPAP-SNM*	*DAPF*	*NAPF*	*NGSM*	*DAPF*

εὐθείας;	¹¹καὶ	νῦν	ἰδοὺ	χεὶρ	κυρίου	ἐπὶ	σέ,	καὶ	ἔσῃ	τυφλὸς
rectos$_1$	Y	ahora	mira,	(la) mano	del Señor	(está) sobre	ti	y	serás	ciego
2117	2532	3568	2400	5495	2962	1909	4571	2532	2071	5185
JAPF	*CLN*	*B*	*I, VAAM2S*	*NNSF*	*NGSM*	*P*	*RP2AS*	*CLN*	*VFMI2S*	*JNSM*

μὴ	βλέπων	τὸν	ἥλιον	ἄχρι	καιροῦ.	παραχρῆμα	δὲ	ἔπεσεν
no	viendo	el	sol	hasta	el tiempo oportuno.	al instante$_2$	Y$_1$	cayó
3361	991	3588	2246	891	2540	3916	1161	4098
BN, TN	*VPAP-SNM*	*DASM*	*NASM*	*P*	*NGSM*	*B*	*C*	*VAAI3S*

ἐπ᾽	αὐτὸν	ἀχλὺς	καὶ	σκότος,	καὶ	περιάγων	ἐζήτει	χειραγωγούς.
sobre	él	oscuridad	y	tinieblas	y	dando vueltas	buscaba	guías que lo llevaran de la mano.
1909	846	887	2532	4655	2532	4013	2212	5497
P	*RP3ASM*	*NNSF*	*CLN*	*NNSN*	*CLN*	*VPAP-SNM*	*VIAI3S*	*NAPM*

¹²τότε	ἰδὼν	ὁ	ἀνθύπατος	τὸ	γεγονὸς	ἐπίστευσεν
Entonces	habiendo visto	el	procónsul	lo	sucedido	creyó
5119	1492	3588	446	3588	1096	4100
B	*VAAP-SNM*	*DNSM*	*NNSM*	*DASN*	*VRAP-SAN*	*VAAI3S*

NVI

⁶Recorrieron toda la
isla hasta Pafos. Allí se
encontraron con un he-
chicero, un falso profeta
judío llamado Barjesús,
⁷que estaba con el
gobernador Sergio
Paulo. El gobernador,
hombre inteligente,
mandó llamar a Bernabé
y a Saulo, en un esfuerzo
por escuchar la palabra
de Dios. ⁸Pero Elimas el
hechicero (que es lo que
significa su nombre) se
les oponía y procuraba
apartar de la fe al gober-
nador. ⁹Entonces Saulo,
o sea Pablo, lleno del
Espíritu Santo, clavó los
ojos en Elimas y le dijo:
¹⁰«¡Hijo del diablo y
enemigo de toda justi-
cia, lleno de todo tipo
de engaño y de fraude!
¿Nunca dejarás de torcer
los caminos rectos del
Señor? ¹¹Ahora la mano
del Señor está contra ti;
vas a quedarte ciego y
por algún tiempo no po-
drás ver la luz del sol».

Al instante cayeron
sobre él sombra y oscuri-
dad, y comenzó a buscar
a tientas a alguien que
lo llevara de la mano.
¹²Al ver lo sucedido,
el gobernador creyó,

NVN

impresionado por la
doctrina del Señor.

Pablo y Bernabé en Antioquía de Pisidia

13 Habiendo zarpado
de Pafos, Pablo y sus
compañeros arribaron a
Perge de Panfilia; pero
Juan, separándose de
ellos, se volvió Jerusalén.
14 Ellos, pasando
de Perge, llegaron a
Antioquía de Pisidia; y
el sábado entraron en la
sinagoga y se sentaron.
15 Y después de la lectu-
ra de la ley y de los pro-
fetas, los principales de
la sinagoga mandaron
a decirles: Varones her-
manos, si tenéis alguna
palabra de exhortación
para el pueblo, hablad.
16 Entonces Pablo, le-
vantándose, hecha señal
de silencio con la mano,
dijo: Varones israelitas,
y los que teméis a Dios,
oíd:
17 El Dios de este pueblo
de Israel escogió a nues-
tros padres, y enalteció
al pueblo, siendo ellos
extranjeros en tierra de
Egipto, y con brazo le-
vantado los sacó de ella.
18 Y por un tiempo

ἐκπλησσόμενος	ἐπὶ	τῇ	διδαχῇ	τοῦ	κυρίου.
admirándose	por	la	enseñanza	del	Señor.
1605	1909	3588	1322	3588	2962
VPPP-SNM	P	DDSF	NDSF	DGSM	NGSM

13 Ἀναχθέντες	δὲ	ἀπὸ	τῆς	Πάφου	οἱ	περὶ	Παῦλον
embarcándose$_2$	Y$_1$	desde	--	Pafos	los (que estaban)	alrededor de	Pablo
321	1161	575	3588	3974	3588	4012	3972
VAPP-PNM	CLT	P	DGSF	NGSF	DNPM	P	NASM

ἦλθον	εἰς	Πέργην	τῆς	Παμφυλίας·	Ἰωάννης	δὲ	ἀποχωρήσας	ἀπ᾽
llegaron	a	Perge	de --	Panfilia;	Juan$_2$	pero$_1$	habiéndo(se) separado	de
2064	1519	4011	3588	3828	2491	1161	672	575
VAAI3P	P	NASF	DGSF	NGSF	NNSM	CLC	VAAP-SNM	P

αὐτῶν	ὑπέστρεψεν	εἰς	Ἱεροσόλυμα.	14 αὐτοὶ	δὲ	διελθόντες	ἀπὸ	τῆς
ellos	volvió	a	Jerusalén.	ellos$_2$	Y$_1$	habiendo pasado	de	--
846	5290	1519	2414	846	1161	1330	575	3588
RP3GPM	VAAI3S	P	NASF	RP3NPM	CLN	VAAP-PNM	P	DGSF

Πέργης	παρεγένοντο	εἰς	Ἀντιόχειαν	τὴν	Πισιδίαν,	καὶ	εἰσελθόντες
Perge	llegaron	a	Antioquía	la (de)	Pisidia,	y	habiendo entrado
4011	3854	1519	490	3588	4099	2532	1525
NGSF	VAMI3P	P	NASF	DASF	NASF	CLN	VAAP-PNM

εἰς	τὴν	συναγωγὴν	τῇ	ἡμέρᾳ	τῶν	σαββάτων*	ἐκάθισαν.	15 μετὰ
en	la	sinagoga	el	día	de los	sábados	(se) sentaron.	después de$_2$
1519	3588	4864	3588	2250	3588	4521	2523	3326
P	DASF	NASF	DDSF	NDSF	DGPN	NGPN	VAAI3P	P

δὲ	τὴν	ἀνάγνωσιν	τοῦ	νόμου	καὶ	τῶν	προφητῶν	ἀπέστειλαν
Y$_1$	la	lectura	de la	ley	y	de los	profetas	enviaron$_3$
1161	3588	320	3588	3551	2532	3588	4396	649
CLN	DASF	NASF	DGSM	NGSM	CLN	DGPM	NGPM	VAAI3P

οἱ	ἀρχισυνάγωγοι	πρὸς	αὐτοὺς	λέγοντες·	Ἄνδρες	ἀδελφοί,	εἴ
los$_1$	jefes de la sinagoga$_2$	a	ellos	diciendo:	Varones	hermanos,	si
3588	752	4314	846	3004	435	80	1487
DNPM	NNPM	P	RP3APM	VPAP-PNM	NVPM	NVPM	CAC

τίς	ἐστιν	ἐν	ὑμῖν	λόγος	παρακλήσεως	πρὸς	τὸν	λαόν,	λέγετε.
alguna$_2$	hay$_1$	en$_5$	vosotros$_6$	palabra$_3$	de consolación$_4$	para	el	pueblo,	decid.
5100	2076	1722	5213	3056	3874	4314	3588	2992	3004
RX-NSM	VPAI3S	P	RP2DP	NNSM	NGSF	P	DASM	NASM	VPAM2P

16 ἀναστὰς	δὲ	Παῦλος	καὶ	κατασείσας	τῇ	χειρὶ	εἶπεν·
habiéndose levantado$_2$	Y$_1$	Pablo	y	habiendo hecho señas	(con) la	mano	dijo:
450	1161	3972	2532	2678	3588	5495	2036
VAAP-SNM	CLN	NNSM	CLN	VAAP-SNM	DDSF	NDSF	VAAI3S

Ἄνδρες	Ἰσραηλῖται	καὶ	οἱ	φοβούμενοι	τὸν	θεόν,	ἀκούσατε.
Varones	israelitas	y	los que	están temiendo	a --	Dios,	oíd:
435	2475	2532	3588	5399	3588	2316	191
NVPM	NVPM	CLN	DVPM, DNPM	VPUP-PVM, VPUP-PNM	DASM	NASM	VAAM2P

17 ὁ	θεὸς	τοῦ	λαοῦ	τούτου	Ἰσραὴλ	ἐξελέξατο	τοὺς	πατέρας	ἡμῶν,
El	Dios	de --	pueblo$_2$	este$_1$	de Israel	escogió	a los	padres	de nosotros,
3588	2316	3588	2992	5127	2474	1586	3588	3962	2257
DNSM	NNSM	DGSM	NGSM	RD-GSM	NGSM, XP	VAMI3S	DAPM	NAPM	RP1GP

καὶ	τὸν	λαὸν	ὕψωσεν	ἐν	τῇ	παροικίᾳ	ἐν	γῇ	Αἰγύπτου,
y	al$_2$	pueblo$_3$	exaltó$_1$	en	la	estadía como extranjeros	en	(la) tierra	de Egipto
2532	3588	2992	5312	1722	3588	3940	1722	1093	125
CLN	DASM	NASM	VAAI3S	P	DDSF	NDSF	P	NDSF	NGSF

καὶ	μετὰ	βραχίονος	ὑψηλοῦ	ἐξήγαγεν	αὐτοὺς	ἐξ	αὐτῆς,	18 καί,	ὡς
y	con	brazo	en alto	sacó	a ellos	de	ella,	y	como
2532	3326	1023	5308	1806	846	1537	846	2532	5613
CLN	P	NGSM	JGSM	VAAI3S	RP3APM	P	RP3GSF	CLN	CAM, B

NVI

maravillado de la ense-
ñanza acerca del Señor.

En Antioquía de Pisidia

13 Pablo y sus com-
pañeros se hicieron a la
mar desde Pafos, y llega-
ron a Perge de Panfilia.
Juan se separó de ellos
y regresó a Jerusalén;
14 ellos, por su parte,
siguieron su viaje desde
Perge hasta Antioquía
de Pisidia. El sábado en-
traron en la sinagoga y se
sentaron. 15 Al terminar
la lectura de la ley y los
profetas, los jefes de la
sinagoga mandaron a
decirles: «Hermanos, si
tienen algún mensaje de
aliento para el pueblo,
hablen».
16 Pablo se puso en
pie, hizo una señal
con la mano y dijo:
«Escúchenme, israeli-
tas, y ustedes, los gentiles
temerosos de Dios: 17 El
Dios de este pueblo de
Israel escogió a nuestros
antepasados y engran-
deció al pueblo mientras
vivían como extranjeros
en Egipto. Con gran
poder los sacó de aquella
tierra 18 y soportó su mal

13:14* O sea *en el día sábado.*

RVR

como de cuarenta
años los soportó en el
desierto;
19 y habiendo destruido
siete naciones en la
tierra de Canaán, les
dio en herencia su
territorio.
20 Después, al cabo de
unos cuatrocientos
cincuenta años, les dio
jueces hasta el profeta
Samuel.
21 Luego pidieron rey,
y Dios les dio a Saúl
hijo de Cis, varón de la
tribu de Benjamín, por
cuarenta años.
22 Después de destituir
a éste, les levantó por
rey a David, de quien
dio también testimonio
diciendo: He hallado
a David hijo de Isay,
varón conforme a mi
corazón, quien hará
todo lo que yo quiero.
23 De la descendencia
de éste, y conforme a la
promesa, Dios suscitó a
Jesús por Salvador para
Israel.
24 Antes de su venida,
predicó Juan un bautis-
mo de arrepentimiento
a todo el pueblo de
Israel.
25 Mas cuando Juan
terminaba su carrera,
dijo: ¿Quién suponéis
que soy? No soy yo él;
mas he aquí que viene
tras mí uno de quien no

τεσσερακονταετῆ	χρόνον	ἐτροποφόρησεν	αὐτοὺς	ἐν	τῇ	ἐρήμῳ,
de cuarenta años$_2$	(durante) un tiempo$_1$	soportó	a ellos	en	el	desierto
5063	5550	5159	846	1722	3588	2048
JASM	*NASM*	*VAAI3S*	*RP3APM*	*P*	*DDSF*	*JDSF*

19 καὶ	καθελὼν	ἔθνη	ἑπτὰ	ἐν	γῇ	Χανάαν	κατεκληρονόμησεν
y	habiendo destruido	naciones$_2$	siete$_1$	en	tierra	de Canaán	dio en herencia
2532	2507	1484	2033	1722	1093	5477	2624
CLN	*VAAP-SNM*	*NAPN*	*XN, J*	*P*	*NDSF*	*NGSF, XP*	*VAAI3S*

τὴν	γῆν	αὐτῶν	20 ὡς	ἔτεσι	τετρακοσίοις	καὶ	πεντήκοντα.
la	tierra	de ellos	como	años.$_4$	por cuatrocientos$_1$	y$_2$	cincuenta$_3$
3588	1093	846	5613	2094	5071	2532	4004
DASF	*NASF*	*RP3GPN, RP3GPM*	*CAMB*	*NDPN*	*JDPN*	*CLN*	*XN, J*

καὶ	μετὰ	ταῦτα	ἔδωκεν	κριτὰς	ἕως	Σαμουὴλ	τοῦ	προφήτου.
Y	después de	estas cosas	dio	jueces	hasta	Samuel	el	profeta.
2532	3326	5023	1325	2923	2193	4545	3588	4396
CLN	*P*	*RD-APN*	*VAAI3S*	*NAPM*	*P, C*	*NGSM, XP*	*DGSM*	*NGSM*

21 κἀκεῖθεν	ᾐτήσαντο	βασιλέα,	καὶ	ἔδωκεν	αὐτοῖς	ὁ	θεὸς	τὸν
Y de allí	pidieron	rey,	y	dio$_3$	a ellos$_4$	--$_1$	Dios$_2$	a --
2547	154	935	2532	1325	846	3588	2316	3588
CLN, BP	*VAMI3P*	*NASM*	*CLN*	*VAAI3S*	*RP3DPM*	*DNSM*	*NNSM*	*DASM*

Σαοὺλ	υἱὸν	Κίς,	ἄνδρα	ἐκ	φυλῆς	Βενιαμίν,	ἔτη	τεσσεράκοντα·
Saúl	hijo	de Quis,	varón	de	(la) tribu	de Benjamín,	años,$_2$	cuarenta$_1$
4549	5207	2797	435	1537	5443	958	2094	5062
NASM, XP	*NASM*	*NGSM, XP*	*NASM*	*P*	*NGSF*	*NGSM, XP*	*NAPN*	*XN, J*

22 καὶ	μεταστήσας*	αὐτὸν	ἤγειρεν	τὸν	Δαυὶδ	αὐτοῖς	εἰς	βασιλέα,
y	habiendo movido	a él	levantó	a --	David	a ellos	para	rey
2532	3179	846	1453	3588	1138	846	1519	935
CLN	*VAAP-SNM*	*RP3ASM*	*VAAI3S*	*DASM*	*NASM, XP*	*RP3DPM*	*P*	*NASM*

ᾧ	καὶ	εἶπεν	μαρτυρήσας·	Εὗρον	Δαυὶδ	τὸν	τοῦ	Ἰεσσαί,
el cual	también$_2$	dijo:$_3$	habiendo dado testimonio$_1$	Encontré	a David	el (hijo)	de --	Isaí,
3739	2532	3004	3140	2147	1138	3588	3588	2421
RR-DSM	*BE, TE*	*VAAI3S*	*VAAP-SNM*	*VAAI1S*	*NASM, XP*	*DASM*	*DGSM*	*NGSM, XP*

ἄνδρα	κατὰ	τὴν	καρδίαν	μου,	ὃς	ποιήσει	πάντα	τὰ	θελήματά
varón	conforme a	el	corazón	de mí,	quien	hará	todas	las	voluntades
435	2596	3588	2588	3450	3739	4160	3956	3588	2307
NASM	*P*	*DASF*	*NASF*	*RP1GS*	*RR-NSM*	*VFAI3S*	*JAPN*	*DAPN*	*NAPN*

μου.	23 τούτου	ὁ	θεὸς	ἀπὸ	τοῦ	σπέρματος	κατ’	ἐπαγγελίαν	ἤγαγεν
de mí.	de este,$_6$	--$_1$	Dios$_2$	de$_3$	la$_4$	simiente$_5$	según	(la) promesa,	llevó
3450	5127	3588	2316	575	3588	4690	2596	1860	71
RP1GS	*RD-GSM*	*DNSM*	*NNSM*	*P*	*DGSN*	*NGSN*	*P*	*NASF*	*VAAI3S*

τῷ	Ἰσραὴλ	σωτῆρα	Ἰησοῦν,	24 προκηρύξαντος	Ἰωάννου	πρὸ
a --	Israel	a(l) Salvador	Jesús,	habiendo predicado previamente,	Juan	antes de
3588	2474	4990	2424	4296	2491	4253
DDSM	*NDSM, XP*	*NASM*	*NASM*	*VAAP-SGM*	*NGSM*	*P*

προσώπου	τῆς	εἰσόδου	αὐτοῦ*	βάπτισμα	μετανοίας	παντὶ	τῷ	λαῷ
(el) rostro	de la	entrada	de él,	(un) bautismo	de arrepentimiento	a todo	el	pueblo
4383	3588	1529	846	908	3341	3839	3588	2992
NGSN	*DGSF*	*NGSF*	*RP3GSM*	*NASN*	*NGSF*	*JDSM*	*DDSM*	*NDSM*

Ἰσραήλ.	25 ὡς	δὲ	ἐπλήρου	Ἰωάννης	τὸν	δρόμον,	ἔλεγεν·	Τί	ἐμὲ
de Israel.	cuando$_2$	Y$_1$	completaba$_4$	Juan$_3$	la	carrera,	decía:	¿Qué	yo$_2$
2474	5613	1161	4137	2491	3588	1408	3004	5101	1691
NGSM, XP	*CAT*	*CLN*	*VIAI3S*	*NNSM*	*DASM*	*NASM*	*VIAI3S*	*RI-ASN*	*RP1AS*

ὑπονοεῖτε	εἶναι;	οὐκ	εἰμὶ	ἐγώ·	ἀλλ’	ἰδοὺ	ἔρχεται	μετ’	ἐμὲ
suponéis$_1$	ser?	No	soy	yo;	sino	mira,	viene	después de	mí (alguien)
5282	1511	3756	1510	1473	235	2400	2064	3326	1691
VPAI2P	*VPAN*	*BN, TN*	*VPAI1S*	*RP1NS*	*CLC*	*I, VAAM2S*	*VPUI3S*	*P*	*RP1AS*

NVI

proceder en el desierto
unos cuarenta años.
19 Luego de destruir siete
naciones en Canaán, dio
a su pueblo la tierra de
ellas en herencia. 20 Todo
esto duró unos cuatro-
cientos cincuenta años.
»Después de esto,
Dios les asignó jueces
hasta los días del profeta
Samuel. 21 Entonces pi-
dieron un rey, y Dios les
dio a Saúl, hijo de Quis,
de la tribu de Benjamín,
que gobernó por cua-
renta años. 22 Tras desti-
tuir a Saúl, les puso por
rey a David, de quien
dio este testimonio: "He
encontrado en David,
hijo de Isaí, un hombre
conforme a mi corazón;
él realizará todo lo que
yo quiero".
23 »De los des-
cendientes de este,
conforme a la promesa,
Dios ha provisto a Israel
un salvador, que es Jesús.
24 Antes de la venida de
Jesús, Juan predicó un
bautismo de arrepenti-
miento a todo el pueblo
de Israel. 25 Cuando
estaba completando
su carrera, Juan decía:
"¿Quién suponen us-
tedes que soy? No soy
aquel. Miren, después de
mí viene uno a quien no

13:22* O sea *destituyó.* **13:24*** O sea *su venida.*

RVR

soy digno de desatar el
calzado de sus pies.
26 Varones hermanos,
hijos del linaje de
Abraham, y los que
entre vosotros teméis
a Dios, a vosotros es
enviada la palabra de
esta salvación.
27 Porque los habitantes
de Jerusalén y sus gober-
nantes, no conociendo
a Jesús, ni las palabras
de los profetas que se
leen todos los sábados,
las cumplieron al con-
denarle.
28 Y sin hallar en él
ninguna causa digna
de muerte, pidieron a
Pilato que se le matase.
29 Y habiendo cumplido
todas las cosas que
estaban escritas acerca
de él, bajándolo del
madero, lo pusieron en
el sepulcro.
30 Mas Dios le levantó
de los muertos.
31 Y él se apareció
durante muchos días a
los que habían subido
juntamente con él de
Galilea a Jerusalén, los
cuales ahora son sus tes-
tigos ante el pueblo.
32 Y nosotros también
os anunciamos la Buena
Nueva de que la pro-
mesa hecha a nuestros
padres,
33 Dios la ha cumplido

οὗ	οὐκ	εἰμὶ	ἄξιος	τὸ	ὑπόδημα	τῶν	ποδῶν	λῦσαι.
de quien	no	soy	digno	la	sandalia	de los	pies	desatar.
3739	3756	1510	514	3588	5266	3588	4228	3089
RR-GSM	BN, TN	VPAI1S	JNSM	DASN	NASN	DGPM	NGPM	VAAN

26 Ἄνδρες	ἀδελφοί,	υἱοὶ	γένους	Ἀβραὰμ	καὶ	οἱ	ἐν	ὑμῖν
Varones	hermanos,	hijos	de(l) linaje	de Abraham	y	los que	entre$_3$	vosotros$_4$
435	80	5207	1085	11	2532	3588	1722	5213
NVPM	NVPM	NVPM	NGSN	NGSM, XP	CLN	DVPM, DNPM	P	RP2DP

φοβούμενοι	τὸν	θεόν,	ἡμῖν	ὁ	λόγος	τῆς	σωτηρίας	ταύτης
están temiendo$_1$	a --$_2$	Dios$_3$	a nosotros.$_{11}$	la$_5$	palabra$_6$	de la$_8$	salvación$_9$	esta$_7$
5399	3588	2316	2254	3588	3056	3588	4991	3778
VPUP-PVM, VPUP-PNM	DASM	NASM	RP1DP	DNSM	NNSM	DGSF	NGSF	RD-GSF

ἐξαπεστάλη.	27 οἱ	γὰρ	κατοικοῦντες	ἐν	Ἰερουσαλὴμ	καὶ	οἱ
fue enviada$_{10}$	los que$_2$	Porque$_1$	habitando	en	Jerusalén	y	los
1821	3588	1063	2730	1722	2419	2532	3588
VAPI3S	DNPM	CAZ	VPAP-PNM	P	NDSF, XP	CLN	DNPM

ἄρχοντες	αὐτῶν	τοῦτον	ἀγνοήσαντες	καὶ	τὰς	φωνὰς	τῶν	προφητῶν
jefes	de ellos,	a este$_2$	habiendo desconocido$_1$	y	las	voces	de los	profetas
758	846	5126	50	2532	3588	5456	3588	4396
NNPM	RP3GPM	RD-ASM	VAAP-PNM	CLN	DAPF	NAPF	DGPM	NGPM

τὰς	κατὰ	πᾶν	σάββατον	ἀναγινωσκομένας	κρίναντες
las que	en$_2$	todo$_3$	sábado$_4$	están siendo leídas$_1$	habiéndo(lo) condenado,$_6$
3588	2596	3956	4521	314	2919
DAPF	P	JASN	NASN	VPPP-PAF	VAAP-PNM

ἐπλήρωσαν,	28 καὶ	μηδεμίαν	αἰτίαν	θανάτου	εὑρόντες	ᾐτήσαντο
(las) cumplieron$_5$	y	ninguna$_2$	causa$_3$	de muerte$_4$	habiendo encontrado$_1$	pidieron
4137	2532	3367	156	2288	2147	154
VAAI3P	CLN	JASF	NASF	NGSM	VAAP-PNM	VAMI3P

Πιλᾶτον	ἀναιρεθῆναι	αὐτόν.	29 ὡς	δὲ	ἐτέλεσαν	πάντα
a Pilato	matar	a él.	cuando$_2$	Y$_1$	cumplieron	todas las cosas
4091	337	846	5613	1161	5055	3956
NASM	VAPN	RP3ASM	CAT	CLN	VAAI3P	JAPN

τὰ	περὶ	αὐτοῦ	γεγραμμένα,	καθελόντες	ἀπὸ	τοῦ	ξύλου
las que están$_1$	acerca de$_3$	él,$_4$	escritas$_2$	habiéndo(lo) bajado	de	el	madero
3588	4012	846	1125	2507	575	3588	3586
DAPN	P	RP3GSM	VRPP-PAN	VAAP-PNM	P	DGSN	NGSN

ἔθηκαν	εἰς	μνημεῖον.	30 ὁ	δὲ	θεὸς	ἤγειρεν	αὐτὸν	ἐκ	νεκρῶν·
(lo) pusieron	en	(el) sepulcro.	--$_2$	Pero$_1$	Dios	levantó	a eel	de	(los) muertos,
5087	1519	3419	3588	1161	2316	1453	846	1537	3498
VAAI3P	P	NASN	DNSM	CLC	NNSM	VAAI3S	RP3ASM	P	JGPM

31 ὃς	ὤφθη	ἐπὶ	ἡμέρας	πλείους	τοῖς	συναναβᾶσιν	αὐτῷ	ἀπὸ
el cual	se apareció	por	días$_2$	muchos$_1$	a los que	habiendo subido	con él	de
3739	3700	1909	2250	4119	3588	4872	846	575
RR-NSM	VAPI3S	P	NAPF	JAPFC	DDPM	VAAP-PDM	RP3DSM	P

τῆς	Γαλιλαίας	εἰς	Ἰερουσαλήμ,	οἵτινες	νῦν	εἰσὶ	μάρτυρες	αὐτοῦ
--	Galilea	a	Jerusalén,	los cuales	ahora	son	testigos	de él
3588	1056	1519	2419	3748	3568	1526	3144	846
DGSF	NGSF	P	NASF, XP	RR-NPM	B	VPAI3P	NNPM	RP3GSM

πρὸς	τὸν	λαόν.	32 καὶ	ἡμεῖς	ὑμᾶς	εὐαγγελιζόμεθα	τὴν	πρὸς
ante	el	pueblo.	Y	nosotros	a vosotros$_2$	anunciamos la buena noticia$_1$	la$_3$	a$_6$
4314	3588	2992	2532	2249	5209	2097	3588	4314
P	DASM	NASM	CLN	RP1NP	RP2AP	VPMI1P	DASF	P

τοὺς	πατέρας	ἐπαγγελίαν	γενομένην	33 ὅτι	ταύτην	ὁ	θεὸς
los$_7$	padres,$_8$	promesa$_4$	habiendo sido hecha$_5$	que	esta$_4$	--$_1$	Dios$_2$
3588	3962	1860	1096	3754	3778	3588	2316
DAPM	NAPM	NASF	VAMP-SAF	CSC	RD-ASF	DNSM	NNSM

NVI

soy digno ni siquiera de
desatarle las sandalias".
26 »Hermanos, des-
cendientes de Abraham,
y ustedes, los gentiles
temerosos de Dios: a no-
sotros se nos ha enviado
este mensaje de salva-
ción.
27 Los habitantes
de Jerusalén y sus gober-
nantes no reconocieron
a Jesús. Por tanto, al
condenarlo, cumplieron
las palabras de los profe-
tas que se leen todos los
sábados.
28 Aunque no
encontraron ninguna
causa digna de muerte,
le pidieron a Pilato que
lo mandara a ejecutar.
29 Después de llevar a
cabo todas las cosas que
estaban escritas acerca
de él, lo bajaron del
madero y lo sepultaron.
30 Pero Dios lo levantó
de entre los muertos.
31 Durante muchos días
lo vieron los que habían
subido con él de Galilea
a Jerusalén, y ellos son
ahora sus testigos ante el
pueblo.
32 »Nosotros les
anunciamos a ustedes las
buenas nuevas respecto
a la promesa hecha
a nuestros antepasa-
dos.
33 Dios nos la ha
cumplido plenamente a

RVR

a los hijos de ellos, a
nosotros, resucitando a
Jesús; como está escrito
también en el salmo
segundo: Mi hijo eres
tú, yo te he engendra-
do hoy.
34 Y en cuanto a que le
levantó de los muertos
para nunca más volver a
corrupción, lo dijo así:
Os daré las misericor-
diosas y fieles promesas
hechas a David.
35 Por eso dice también
en otro salmo: No per-
mitirás que tu Santo vea
corrupción.
36 Porque a la verdad
David, habiendo servi-
do a su propia genera-
ción según la voluntad
de Dios, durmió, y fue
reunido con sus padres,
y vio corrupción.
37 Mas aquel a quien
Dios levantó, no vio
corrupción.
38 Tened, pues, entendi-
do, varones hermanos,
que por medio de él se
os anuncia perdón de
pecados,
39 y que de todo aquello
de que por la ley de
Moisés no pudisteis
ser justificados, en él es

ἐκπεπλήρωκεν	τοῖς	τέκνοις	ἡμῶν	ἀναστήσας	Ἰησοῦν,	ὡς	καὶ
ha cumplido$_3$	a los	hijos	de nosotros,	habiendo resucitado	a Jesús,	como	también
1603	3588	5043	2257	450	2424	5613	2532
VRAI3S	*DDPN*	*NDPN*	*RP1GP*	*VAAP-SNM*	*NASM*	*CAM*	*BE, TE*

ἐν	τῷ	ψαλμῷ	γέγραπται	τῷ	δευτέρῳ·	Υἱός	μου	εἶ	σύ,	ἐγὼ
en	el	salmo	ha sido escrito:$_3$	--$_1$	segundo$_2$	Hijo	de mí	eres	tú,	yo
1722	3588	5568	1125	3588	1208	5207	3450	1488	4771	1473
P	*DDSM*	*NDSM*	*VRPI3S*	*DDSM*	*JDSM*	*NNSM*	*RP1GS*	*VPAI2S*	*RP2NS*	*RP1NS*

σήμερον	γεγέννηκά	σε.	34 ὅτι	δὲ	ἀνέστησεν	αὐτὸν	ἐκ	νεκρῶν
hoy	he engendrado	a ti.	que$_2$	Y$_1$	levantó$_4$	a él$_3$	de	(los) muertos
4594	1080	4571	3754	1161	450	846	1537	3498
B	*VRAI1S*	*RP2AS*	*CSC*	*CLN*	*VAAI3S*	*RP3ASM*	*P*	*JGPM*

μηκέτι	μέλλοντα	ὑποστρέφειν	εἰς	διαφθοράν,	οὕτως	εἴρηκεν	ὅτι
ya no	yendo a	volver	a	corrupción,	así	ha dicho:	--
3371	3195	5290	1519	1312	3779	2046	3754
BN	*VPAP-SAM*	*VPAN*	*P*	*NASF*	*B*	*VRAI3S*	*CSC*

Δώσω	ὑμῖν	τὰ	ὅσια	Δαυὶδ	τὰ	πιστά.	35 διότι	καὶ	ἐν
Daré	a vosotros	las cosas	santas,	de David,$_3$	las$_1$	(promesas) fieles$_2$	Por eso	también	en
1325	5213	3588	3741	1138	3588	4103	1360	2532	1722
VFAI1S	*RP2DP*	*DAPN*	*JAPN*	*NGSM, XP*	*DAPN*	*JAPN*	*CLI*	*BE, TE*	*P*

ἑτέρῳ	λέγει·	Οὐ	δώσεις	τὸν	ὅσιόν	σου	ἰδεῖν	διαφθοράν·	36 Δαυὶδ
otro (lugar)	dice:	No	darás	al	Santo	de ti	ver	corrupción.	David$_2$
2087	3004	3756	1325	3588	3741	4675	1492	1312	1138
JDSM	*VPAI3S*	*BN, TN*	*VFAI2S*	*DASM*	*JASM*	*RP2GS*	*VAAN*	*NASF*	*NNSM,XP*

μὲν	γὰρ	ἰδίᾳ	γενεᾷ	ὑπηρετήσας	τῇ	τοῦ	θεοῦ
por un lado$_3$	Porque$_1$	a (la) propia$_5$	generación$_6$	habiendo servido$_4$	(según) el$_7$	--$_9$	de Dios,$_{10}$
3303	1063	2398	1074	5256	3588	3588	2316
TE, C	*CLX*	*JDSF*	*NDSF*	*VAAP-SNM*	*DDSF*	*DGSM*	*NGSM*

βουλῇ	ἐκοιμήθη	καὶ	προσετέθη	πρὸς	τοὺς	πατέρας	αὐτοῦ	καὶ	εἶδεν
plan$_8$	durmió,	y	fue puesto	con	los	padres	de él	y	vio
1012	2837	2532	4369	4314	3588	3962	846	2532	1492
NDSF	*VAPI3S*	*CLN*	*VAPI3S*	*P*	*DAPM*	*NAPM*	*RP3GSM*	*CLN*	*VAAI3S*

διαφθοράν,	37 ὃν	δὲ	ὁ	θεὸς	ἤγειρεν	οὐκ	εἶδεν	διαφθοράν.
corrupción;	a quien$_4$	pero$_1$	--$_2$	Dios$_3$	levantó,	no	vio	corrupción.
1312	3739	1161	3588	2316	1453	3756	1492	1312
NASF	*RR-ASM*	*CLC*	*DNSM*	*NNSM*	*VAAI3S*	*BN, TN*	*VAAI3S*	*NASF*

38 γνωστὸν	οὖν	ἔστω	ὑμῖν,	ἄνδρες	ἀδελφοί,	ὅτι	διὰ	τούτου
Conocido	pues	sea	a vosotros,	varones	hermanos,	que	por medio de	este
1110	3767	2077	5213	435	80	3754	1223	5127
JNSN	*CLI*	*VPAM3S*	*RP2DP*	*NVPM*	*NVPM*	*CSC*	*P*	*RD-GSM*

ὑμῖν	ἄφεσις	ἁμαρτιῶν	καταγγέλλεται,	καὶ	ἀπὸ	πάντων	ὧν
a vosotros$_2$	perdón$_3$	de (los) pecados$_4$	es anunciado$_1$	y	de	todas las cosas	de las cuales
5213	859	266	2605	2532	575	3956	3739
RP2DP	*NNSF*	*NGPF*	*VPPI3S*	*CLN*	*P*	*JGPN*	*RR-GPN*

οὐκ	ἠδυνήθητε	ἐν	νόμῳ	Μωϋσέως	δικαιωθῆναι	39 ἐν	τούτῳ	πᾶς
no	pudisteis	en$_2$	(la) ley$_3$	de Moisés,$_4$	ser justificados$_1$	en	este	todo
3756	1410	1722	3551	3475	1344	1722	5129	3956
BN, TN	*VAPI2P*	*P*	*NDSM*	*NGSM*	*VAPN*	*P*	*RD-DSM*	*JNSM*

NVI

nosotros, los descendien-
tes de ellos, al resucitar a
Jesús. Como está escrito
en el segundo salmo:

» "Tú eres mi hijo;
hoy mismo te he
engendrado".

34 Dios lo resucitó para
que no volviera jamás
a la corrupción. Así
se cumplieron estas
palabras:

» "Yo les daré las ben-
diciones santas y
seguras prometidas
a David".

35 Por eso dice en otro
pasaje:

» "No permitirás que
el fin de tu santo sea
la corrupción".

36 » Ciertamente
David, después de servir
a su propia generación
conforme al propó-
sito de Dios, murió,
fue sepultado con sus
antepasados, y su cuerpo
sufrió la corrupción.
37 Pero aquel a quien
Dios resucitó no sufrió
la corrupción de su
cuerpo.
38 » Por tanto,
hermanos, sepan que
por medio de Jesús se
les anuncia a ustedes el
perdón de los pecados.
39 Ustedes no pudieron
ser justificados de esos
pecados por la ley de
Moisés, pero todo el

RVR

justificado todo aquel
que cree.
40 Mirad, pues, que no
venga sobre vosotros
lo que está dicho en los
profetas:
41 Mirad, oh me-
nospreciadores,
y asombraos, y
desapareced;
Porque yo hago una
obra en vuestros
días,
Obra que no creeréis,
aunque alguien os
la cuente.
42 Cuando salieron ellos
de la sinagoga de los
judíos, los gentiles les
rogaron que el siguiente
sábado les hablasen de
estas cosas.
43 Y disuelta la reunión,
muchos de los judíos y
de los prosélitos piado-
sos siguieron a Pablo
y a Bernabé, quienes
hablándoles, les persua-
dían a que perseverasen
en la gracia de Dios.
44 Al sábado siguiente,
se reunió casi toda la
ciudad para oír la pala-
bra de Dios.
45 Pero viendo los judíos
la muchedumbre, se
llenaron de celos, y se
oponían a lo que Pablo
decía, contradiciendo y

ὁ	πιστεύων	δικαιοῦται.	40 βλέπετε	οὖν	μὴ	ἐπέλθῃ	τὸ
el que	está creyendo	es justificado.	Ved	pues	no	sobreviniera	lo
3588	4100	1344	991	3767	3361	1904	3588
DNSM	*VPAP-SNM*	*VPPI3S*	*VPAM2P*	*CLI*	*CSC, T*	*VAAS3S*	*DNSN, DASN*

εἰρημένον	ἐν	τοῖς	προφήταις·	41 Ἴδετε,	οἱ	καταφρονηταί,
dicho	en	los	profetas:	Mirad,	--	cínicos
2046	1722	3588	4396	1492	3588	2707
VRPP-SNN, VRPP-SAN	*P*	*DDPM*	*NDPM*	*VAAM2P*	*DVPM, DNPM*	*NVPM, NNPM*

καὶ	θαυμάσατε	καὶ	ἀφανίσθητε,	ὅτι	ἔργον	ἐργάζομαι	ἐγὼ	ἐν
y	maravillaos	y	desaparezcan,	porque	una obra$_3$	realizo$_2$	yo$_1$	en
2532	2296	2532	853	3754	2041	2038	1473	1722
CLN	*VAAM2P*	*CLN*	*VAPM2P*	*CAZ*	*NASN*	*VPUI1S*	*RP1NS*	*P*

ταῖς	ἡμέραις	ὑμῶν,	ἔργον	ὃ	οὐ	μὴ*	πιστεύσητε	ἐάν	τις
los	días	de vosotros,	una obra	que	no	no	creyerais	si	alguien
3588	2250	5216	2041	3739	3756	3361	4100	1437	5100
DDPF	*NDPF*	*RP2GP*	*NASN*	*RR-ASN*	*BN, TN*	*BN, TN*	*VAAS2P*	*CAC*	*RX-NSM*

ἐκδιηγῆται	ὑμῖν.
contare	a vosotros.
1555	5213
VPUS3S	*RP2DP*

42 Ἐξιόντων	δὲ	αὐτῶν	Γπαρεκάλουν	εἰς	τὸ	μεταξὺ	σάββατον
saliendo$_2$	Y$_1$	ellos	rogaban	en	el	siguiente	sábado
1826	1161	846	3870	1519	3588	3342	4521
VPAP-PGM	*CLN*	*RP3GPM*	*VIAI3P*	*P*	*DASN*	*B*	*NASN*

λαληθῆναι	αὐτοῖς	τὰ	ῥήματα	ταῦτα.	43 λυθείσης	δὲ
ser hablado	a ellos	las	palabras	estas.	habiendo sido disuelta$_2$	Y$_1$
2980	846	3588	4487	3778	3089	1161
VAPN	*RP3DPM*	*DAPN, DNPN*	*NAPN*	*RD-APN*	*VAPP-SGF*	*CLN*

τῆς	συναγωγῆς	ἠκολούθησαν	πολλοὶ	τῶν	Ἰουδαίων	καὶ	τῶν
la	reunión	siguieron$_8$	muchos$_1$	de los$_2$	judíos$_3$	y$_4$	de los que$_5$
3588	4864	190	4183	3588	2453	2532	3588
DGSF	*NGSF*	*VAAI3P*	*JNPM*	*DGPM*	*JGPM*	*CLN*	*DGPM*

σεβομένων	προσηλύτων	τῷ	Παύλῳ	καὶ	τῷ	Βαρναβᾷ,	οἵτινες
que están adorando$_6$	prosélitos$_7$	a --	Pablo	y	a --	Bernabé,	quienes
4576	4339	3588	3972	2532	3588	921	3748
VPUP-PGM	*NGPM*	*DDSM*	*NDSM*	*CLN*	*DDSM*	*NDSM*	*RR-NPM*

προσλαλοῦντες	αὐτοῖς	ἔπειθον	αὐτοὺς	προσμένειν	τῇ	χάριτι	τοῦ
hablando (con)	ellos	persuadían	a ellos	de permanecer	en la	gracia	de --
4354	846	3982	846	4357	3588	5485	3588
VPAP-PNM	*RP3DPM*	*VIAI3P*	*RP3APM*	*VPAN*	*DDSF*	*NDSF*	*DGSM*

θεοῦ.
Dios.
2316
NGSM

44 Τῷ	δὲ	ἐρχομένῳ	σαββάτῳ	σχεδὸν	πᾶσα	ἡ	πόλις	συνήχθη
al$_2$	Y$_1$	que está viniendo$_4$	sábado$_3$	casi	toda	la	ciudad	se reunió
3588	1161	2064	4521	4975	3956	3588	4172	4863
DDSN	*CLT*	*VPUP-SDN*	*NDSN*	*B*	*JNSF*	*DNSF*	*NNSF*	*VAPI3S*

ἀκοῦσαι	τὸν	λόγον	τοῦ	κυρίου.	45 ἰδόντες	δὲ	οἱ	Ἰουδαῖοι
para oír	la	palabra	del	Señor.	habiendo visto$_2$	Y$_1$	los	judíos
191	3588	3056	3588	2962	1492	1161	3588	2453
VAAN	*DASM*	*NASM*	*DGSM*	*NGSM*	*VAAP-PNM*	*CLN*	*DNPM*	*JNPM*

τοὺς	ὄχλους	ἐπλήσθησαν	ζήλου	καὶ	ἀντέλεγον	τοῖς	ὑπὸ	Παύλου
a las	multitudes	se llenaron	de celo	y	contradecían	las cosas	por$_2$	Pablo,$_3$
3588	3793	4130	2205	2532	483	3588	5259	3972
DAPM	*NAPM*	*VAPI3P*	*NGSM*	*CLN*	*VIAI3P*	*DDPN*	*P*	*NGSM*

NVI

que cree es justificado
por medio de Jesús.
40 Tengan cuidado, no
sea que les suceda lo que
han dicho los profetas:

41 »"¡Miren, burlones!
¡Asómbrense y
desaparezcan!
Estoy por hacer en es-
tos días una obra
que ustedes nunca
creerán,
aunque alguien se la
explique"».

42 Al salir ellos de la
sinagoga, los invitaron a
que el siguiente sábado
les hablaran más de
estas cosas. 43 Cuando
se disolvió la asamblea,
muchos judíos y proséli-
tos fieles acompañaron
a Pablo y a Bernabé, los
cuales en su conver-
sación con ellos les
instaron a perseverar en
la gracia de Dios.
44 El siguiente sábado
casi toda la ciudad se
congregó para oír la pa-
labra del Señor. 45 Pero,
cuando los judíos vieron
a las multitudes, se llena-
ron de celos y contrade-
cían con maldiciones lo

13:41* O sea *de ninguna manera.* **13:42Γ** Manuscritos inferiores aumentaron *los gentiles.*

RVR

blasfemando.
46 Entonces Pablo y
Bernabé, hablando
con denuedo, dijeron:
Era necesario que la
palabra de Dios os fuera
anunciada primero a
vosotros; mas puesto
que la desecháis, y no os
juzgáis dignos de la vida
eterna, mirad, nos vol-
vemos a los gentiles.
47 Porque así nos lo
ha mandado el Señor,
diciendo:
Te he puesto para luz
de los gentiles,
A fin de que seas para
salvación hasta lo
último de la tierra.
48 Los gentiles, oyendo
esto, se regocijaban y
glorificaban la palabra
del Señor, y creyeron
todos cuantos estaban
destinados a vida eterna.
49 Y la palabra del Señor
se difundía por toda
aquella región.
50 Pero los judíos
instigaron a mujeres
piadosas y distinguidas,
y a los principales de la
ciudad, y provocaron
una persecución contra
Pablo y Bernabé, y
los expulsaron de sus
confines.
51 Ellos entonces,
sacudiendo contra ellos
el polvo de sus pies,
llegaron a Iconio.
52 Y los discípulos

λαλουμένοις	βλασφημοῦντες.	46 παρρησιασάμενοί	τε	ὁ	Παῦλος
siendo dichas$_1$	blasfemando.	habiendo hablado con valentía$_2$	Y$_1$	--	Pablo
2980	987	3955	5037	3588	3972
VPPP-PDN	*VPAP-PNM*	*VAMP-PNM*	*CLN*	*DNSM*	*NNSM*

καὶ	ὁ	Βαρναβᾶς	εἶπαν·	Ὑμῖν	ἦν	ἀναγκαῖον	πρῶτον	λαληθῆναι
y	--	Bernabé	dijeron:	A vosotros	era	necesario	primero	ser hablada
2532	3588	921	3004	5213	2258	316	4412	2980
CLN	*DNSM*	*NNSM*	*VAAI3P*	*RP2DP*	*VIAI3S*	*JNSN*	*B, J*	*VAPN*

τὸν	λόγον	τοῦ	θεοῦ·	ἐπειδὴ	ἀπωθεῖσθε	αὐτὸν	καὶ	οὐκ	ἀξίους
la	palabra	de --	Dios;	puesto que	desecháis	a ella	y	no	dignos$_2$
3588	3056	3588	2316	1894	683	846	2532	3756	514
DASM	*NASM*	*DGSM*	*NGSM*	*CAZ*	*VPUI2P*	*RP3ASM*	*CLN*	*BN, TN*	*JAPM*

κρίνετε	ἑαυτοὺς	τῆς	αἰωνίου	ζωῆς,	ἰδοὺ	στρεφόμεθα	εἰς	τὰ
juzgáis$_1$	a vosotros mismos	de la	eterna,$_2$	vida$_1$	mira,	nos volvemos	a	los
2919	1438	3588	166	2222	2400	4762	1519	3588
VPAI2P	*RF2APM*	*DGSF*	*JGSF*	*NGSF*	*I, VAAM2S*	*VPPI1P*	*P*	*DAPN*

ἔθνη·	47 οὕτως	γὰρ	ἐντέταλται	ἡμῖν	ὁ	κύριος·	Τέθεικά	σε
gentiles.	así$_2$	Porque$_1$	ha mandado$_5$	a nosotros:$_6$	el$_3$	Señor$_4$	He puesto	ti
1484	3779	1063	1781	2254	3588	2962	5087	4571
NAPN	*B*	*CAZ*	*VRMI3S, VRPI3S*	*RP1DP*	*DNSM*	*NNSM*	*VRAI1S*	*RP2AS*

εἰς	φῶς	ἐθνῶν	τοῦ	εἶναί	σε	εἰς	σωτηρίαν	ἕως	ἐσχάτου
para	luz	de (los) gentiles	--	para ser	tú	para	salvación	hasta	(lo) último
1519	5457	1484	3588	1511	4571	1519	4991	2193	2078
P	*NASN*	*NGPN*	*DGSN, DGSM*	*VPAN*	*RP2AS*	*P*	*NASF*	*P, C*	*JGSN*

τῆς	γῆς.	48 ἀκούοντα	δὲ	τὰ	ἔθνη	ἔχαιρον	καὶ	ἐδόξαζον	τὸν
de la	tierra.	oyendo$_2$	Y$_1$	los	gentiles	(se) alegraban	y	glorificaban	la
3588	1093	191	1161	3588	1484	5463	2532	1392	3588
DGSF	*NGSF*	*VPAP-PNN*	*CLN*	*DNPN*	*NNPN*	*VIAI3P*	*CLN*	*VIAI3P*	*DASM*

λόγον	τοῦ	κυρίου,	καὶ	ἐπίστευσαν	ὅσοι	ἦσαν	τεταγμένοι	εἰς	ζωὴν
palabra	del	Señor	y	creyeron	cuantos	estaban	designados	para	(la) vida
3056	3588	2962	2532	4100	3745	2258	5021	1519	2222
NASM	*DGSM*	*NGSM*	*CLN*	*VAAI3P*	*RK-NPM*	*VIAI3P*	*VRPP-PNM*	*P*	*NASF*

αἰώνιον·	49 διεφέρετο	δὲ	ὁ	λόγος	τοῦ	κυρίου	δι'	ὅλης	τῆς	χώρας.
eterna;	(se) difundía$_6$	y$_1$	la$_2$	palabra$_3$	del$_4$	Señor$_5$	por	toda	la	región.
166	1308	1161	3588	3056	3588	2962	1223	3650	3588	5561
JASF	*VIPI3S*	*CLN*	*DNSM*	*NNSM*	*DGSM*	*NGSM*	*P*	*JGSF*	*DGSF*	*NGSF*

50 οἱ	δὲ	Ἰουδαῖοι	παρώτρυναν	τὰς	σεβομένας	γυναῖκας	τὰς
los$_2$	Y$_1$	judíos	instigaron	a las	que están adorando,$_2$	mujeres$_1$	las
3588	1161	2453	3951	3588	4576	1135	3588
DNPM	*CLC*	*JNPM*	*VAAI3P*	*DAPF*	*VPUP-PAF*	*NAPF*	*DAPF*

εὐσχήμονας	καὶ	τοὺς	πρώτους*	τῆς	πόλεως	καὶ	ἐπήγειραν	διωγμὸν
distinguidas	y	a los	primeros	de la	ciudad	e	incitaron	una persecución
2158	2532	3588	4413	3588	4172	2532	1892	1375
JAPF, JAPM	*CLN*	*DAPM*	*JAPM*	*DGSF*	*NGSF*	*CLN*	*VAAI3P*	*NASM*

ἐπὶ	τὸν	Παῦλον	καὶ	Βαρναβᾶν,	καὶ	ἐξέβαλον	αὐτοὺς	ἀπὸ	τῶν
contra	--	Pablo	y	Bernabé	y	(los) expulsaron	a ellos	de	los
1909	3588	3972	2532	921	2532	1544	846	575	3588
P	*DASM*	*NASM*	*CLN*	*NASM*	*CLN*	*VAAI3P*	*RP3APM*	*P*	*DGPN*

ὁρίων	αὐτῶν.	51 οἱ	δὲ	ἐκτιναξάμενοι	τὸν	κονιορτὸν	τῶν	ποδῶν
territorios	de ellos.	ellos$_2$	Pero$_1$	habiendo sacudido	el	polvo	de los	pies
3725	846	3588	1161	1621	3588	2868	3588	4228
NGPN	*RP3GPM*	*DNPM*	*CLN*	*VAMP-PNM*	*DASM*	*NASM*	*DGPM*	*NGPM*

ἐπ'	αὐτοὺς	ἦλθον	εἰς	Ἰκόνιον,	52 οἵ	τε	μαθηταὶ	ἐπληροῦντο
contra	ellos	fueron	a	Iconio,	los$_3$	y$_2$	discípulos	estaban llenos
1909	846	2064	1519	2430	3588	5037	3101	4137
P	*RP3APM*	*VAAI3P*	*P*	*NASN*	*DNPM,RR-NPM*	*CLN*	*NNPM*	*VIPI3P*

NVI

que Pablo decía.
46 Pablo y Bernabé les
contestaron valiente-
mente: «Era necesario
que les anunciáramos
la palabra de Dios
primero a ustedes.
Como la rechazan y no
se consideran dignos
de la vida eterna, ahora
vamos a dirigirnos a los
gentiles. 47 Así nos lo ha
mandado el Señor:

»"Te he puesto
por luz para las
naciones,
a fin de que lleves mi
salvación hasta
los confines de la
tierra"».

48 Al oír esto, los
gentiles se alegraron y
celebraron la palabra del
Señor; y creyeron todos
los que estaban destina-
dos a la vida eterna.
49 La palabra del
Señor se difundía por
toda la región. 50 Pero los
judíos incitaron a mu-
jeres muy distinguidas y
favorables al judaísmo, y
a los hombres más pro-
minentes de la ciudad,
y provocaron una per-
secución contra Pablo y
Bernabé. Por tanto, los
expulsaron de la región.
51 Ellos, por su parte, se
sacudieron el polvo de
los pies en señal de pro-
testa contra la ciudad, y
se fueron a Iconio. 52 Y
los discípulos quedaron

14:50* O sea *principales.*

RVR

estaban llenos de gozo y del Espíritu Santo.

Pablo y Bernabé en Iconio

14 Aconteció en Iconio que entraron juntos en la sinagoga de los judíos, y hablaron de tal manera que creyó una gran multitud, tanto de judíos, como de griegos.
2 Mas los judíos que no creían excitaron y tornaron hostiles los ánimos de los gentiles contra los hermanos.
3 Por tanto, se detuvieron allí mucho tiempo, hablando con denuedo, confiados en el Señor, el cual daba testimonio a la palabra de su gracia, concediendo que se hiciesen por medio de las manos de ellos señales y prodigios.
4 Y la gente de la ciudad estaba dividida: unos estaban con los judíos, y otros con los apóstoles.
5 Pero cuando los judíos y los gentiles, juntamente con sus gobernantes, se lanzaron a afrentarlos y apedrearlos,
6 dándose ellos cuenta, huyeron a las ciudades de Licaonia, a Listra y Derbe, y a toda la región circunvecina,
7 y allí se pusieron a predicar el evangelio.

χαρᾶς καὶ πνεύματος ἁγίου.
de gozo | y (del) | Espíritu | Santo.
5479 2532 4151 40
NGSF CLN NGSN JGSN

14 Ἐγένετο δὲ ἐν Ἰκονίῳ κατὰ τὸ αὐτὸ* εἰσελθεῖν
sucedió que$_2$ | Y$_1$ | en | Iconio | conforme a | el | el mismo | entrar
1096 1161 1722 2430 2596 3588 846 1525
VAMI3S CLT P NDSN P DASN RP3ASN, JASN VAAN

αὐτοὺς εἰς τὴν συναγωγὴν τῶν Ἰουδαίων καὶ λαλῆσαι οὕτως
ellos | en | la | sinagoga | de los | judíos | y | hablar | así
846 1519 3588 4864 3588 2453 2532 2980 3779
RP3APM P DASF NASF DGPM JGPM CLN VAAN B

ὥστε πιστεῦσαι Ἰουδαίων τε καὶ Ἑλλήνων πολὺ πλῆθος.
de tal modo que | creer | de judíos$_3$ | y$_4$ | también$_5$ | de griegos.$_6$ | mucha$_1$ | multitud$_2$
5620 4100 2453 5037 2532 1672 4183 4128
CAR VAAN JGPM CLK CLK, CLN NGPM JASN NASN

2 οἱ δὲ ἀπειθήσαντες* Ἰουδαῖοι ἐπήγειραν καὶ ἐκάκωσαν
los que$_2$ | Y$_1$ | habiendo desobedecido$_4$ | judíos$_3$ | incitaron | y | maltrataron
3588 1161 544 2453 1892 2532 2559
DNPM CLC VAAP-PNM JNPM VAAI3P CLN VAAI3P

τὰς ψυχὰς*¹ τῶν ἐθνῶν κατὰ τῶν ἀδελφῶν. 3 ἱκανὸν μὲν οὖν
las | vidas | de los | gentiles | contra | los | hermanos. | bastante$_3$ | --$_2$ | Así que$_1$
3588 5590 3588 1484 2596 3588 80 2425 3303 3767
DAPF NAPF DGPN NGPN P DGPM NGPM JASM TE, C CLI

χρόνον διέτριψαν παρρησιαζόμενοι ἐπὶ τῷ κυρίῳ τῷ μαρτυροῦντι
tiempo | (se) quedaron | hablando con valentía | sobre | el | Señor, | el que | está dando testimonio
5550 1304 3955 1909 3588 2962 3588 3140
NASM VAAI3P VPUP-PNM P DDSM NDSM DDSM VPAP-SDM

τῷ λόγῳ τῆς χάριτος αὐτοῦ, διδόντι σημεῖα καὶ τέρατα γίνεσθαι
a la | palabra | de la | gracia | de él, | concediendo | señales$_2$ | y$_3$ | prodigios$_4$ | hacer$_1$
3588 3056 3588 5485 846 1325 4592 2532 5059 1096
DDSM NDSM DGSF NGSF RP3GSM VPAP-SDM NAPN CLN NAPN VPUN

διὰ τῶν χειρῶν αὐτῶν. 4 ἐσχίσθη δὲ τὸ πλῆθος τῆς πόλεως, καὶ
por medio de | de las | manos | de ellos. | se dividió,$_6$ | Y$_1$ | la$_2$ | multitud$_3$ | de la$_4$ | ciudad$_5$ | y
1223 3588 5495 846 4977 1161 3588 4128 3588 4172 2532
P DGPF NGPF RP3GPM VAPI3S CLC DNSN NNSN DGSF NGSF CLN

οἱ μὲν ἦσαν σὺν τοῖς Ἰουδαίοις οἱ δὲ σὺν τοῖς ἀποστόλοις.
--$_2$ | --$_1$ | estaban | con | los | judíos, | --$_2$ | y$_1$ | con | los | apóstoles.
3588 3303 2258 4862 3588 2453 3588 1161 4862 3588 652
DNPM TK, C VIAI3P P DDPM JDPM DNPM CLK, CLC P DDPM NDPM

5 ὡς δὲ ἐγένετο ὁρμὴ τῶν ἐθνῶν τε καὶ Ἰουδαίων σὺν τοῖς
cuando$_2$ | Pero$_1$ | hubo | un impulso | de los | gentiles | y | también | de judíos | con | los
5613 1161 1096 3730 3588 1484 5037 2532 2453 4862 3588
CAT CLN VAMI3S NNSF DGPN NGPN CLK CLK, CLN JGPM P DDPM

ἄρχουσιν αὐτῶν ὑβρίσαι καὶ λιθοβολῆσαι αὐτούς, 6 συνιδόντες
jefes | de ellos | para maltratar | y | apedrear | a ellos, | habiendo caído en cuenta
758 846 5195 2532 3036 846 4894
NDPM RP3GPM VAAN CLN VAAN RP3APM VAAP-PNM

κατέφυγον εἰς τὰς πόλεις τῆς Λυκαονίας Λύστραν καὶ Δέρβην καὶ
huyeron | a | las | ciudades | de -- | Licaonia, | a Listra | y | a Derbe | y
2703 1519 3588 4172 3588 3071 3082 2532 1191 2532
VAAI3P P DAPF NAPF DGSF NGSF NASF CLN NASF CLN

τὴν περίχωρον, 7 κἀκεῖ εὐαγγελιζόμενοι ἦσαν.
a la | región vecina, | y allí | anunciando la buena noticia.$_2$ | estaban$_1$
3588 4066 2546 2097 2258
DASF JASF CLN, BP VPMP-PNM VIAI3P

NVI

llenos de alegría y del Espíritu Santo.

En Iconio

14 En Iconio, Pablo y Bernabé entraron, como de costumbre, en la sinagoga judía y hablaron de tal manera que creyó una multitud de judíos y de griegos. 2 Pero los judíos incrédulos incitaron a los gentiles y les amargaron el ánimo contra los hermanos.
3 En todo caso, Pablo y Bernabé pasaron allí bastante tiempo, hablando valientemente en el nombre del Señor, quien confirmaba el mensaje de su gracia haciendo señales y prodigios por medio de ellos.
4 La gente de la ciudad estaba dividida: unos estaban de parte de los judíos, y otros de parte de los apóstoles. 5 Hubo un complot tanto de los gentiles como de los judíos, apoyados por sus dirigentes, para maltratarlos y apedrearlos.
6 Al darse cuenta de esto, los apóstoles huyeron a Listra y a Derbe, ciudades de Licaonia, y a sus alrededores, 7 donde siguieron anunciando las buenas nuevas.

14:1* O sea *juntos.* **14:2*** O sea *que rehusaron creer.* **14:2*¹** O sea *los ánimos.*

RVR

Pablo es apedreado en Listra

8 Y había en Listra cier-
to hombre sentado, im-
posibilitado de los pies,
cojo de nacimiento, que
jamás había andado.
9 Éste oyó hablar a
Pablo, el cual, fijando en
él sus ojos, y viendo que
tenía fe para ser sanado,
10 dijo a gran voz:
Levántate derecho
sobre tus pies. Y él dio
un salto y se puso a
caminar.
11 Entonces la gente,
visto lo que Pablo
había hecho, alzó la
voz, diciendo en lengua
licaónica: Los dioses se
han hecho semejantes a
los hombres y han baja-
do hasta nosotros.
12 Y llamaban a Bernabé
Júpiter, y a Pablo,
Mercurio, porque éste
era el que dirigía la
palabra.
13 Y el sacerdote de
Júpiter, cuyo templo
estaba a la entrada de
la ciudad, trajo toros y
guirnaldas delante de las
puertas, y juntamente
con la muchedumbre
quería ofrecer sacri-
ficios.
14 Cuando lo oyeron
los apóstoles Bernabé
y Pablo, rasgaron sus
ropas, y se lanzaron en
medio de la multitud,
dando voces
15 y diciendo: Varones,

8 Καί	τις	ἀνὴρ	ἀδύνατος	ἐν	Λύστροις	τοῖς	ποσὶν	ἐκάθητο,
Y	cierto	hombre	imposibilitado$_3$	en$_1$	Listra,$_2$	de los	pies	estaba sentado,
2532	5100	435	102	1722	3082	3588	4228	2521
CLN	JNSM, RX-NSM	NNSM	JNSM	P	NDPN	DDPM	NDPM	VIUI3S

χωλὸς	ἐκ	κοιλίας	μητρὸς	αὐτοῦ,	ὃς	οὐδέποτε	περιεπάτησεν.
cojo	desde	(el) vientre	de la madre	de él,	el cual	nunca	anduvo.
5560	1537	2836	3384	846	3739	3763	4043
JNSM	P	NGSF	NGSF	RP3GSM	RR-NSM	BN	VAAI3S

9 οὗτος	ἤκουσεν	τοῦ	Παύλου	λαλοῦντος·	ὃς	ἀτενίσας
Este	oyó	a --	Pablo	hablando;	el cual	habiendo mirado fijamente
3778	191	3588	3972	2980	3739	816
RD-NSM	VAAI3S	DGSM	NGSM	VPAP-SGM	RR-NSM	VAAP-SNM

αὐτῷ	καὶ	ἰδὼν	ὅτι	ἔχει	πίστιν[1]	τοῦ	σωθῆναι	10 εἶπεν
a él	y	habiendo visto	que	tiene	fe	--	para ser sanado,	dijo
846	2532	1492	3754	2192	4102	3588	4982	2036
RP3DSM	CLN	VAAP-SNM	CSC	VPAI3S	NASF	DGSN, DGSM	VAPN	VAAI3S

μεγάλῃ	φωνῇ·	Ἀνάστηθι	ἐπὶ	τοὺς	πόδας	σου	ὀρθός·	καὶ	ἥλατο
(con) gran	voz:	Levántate	sobre$_2$	los$_3$	pies$_4$	de ti,$_5$	derecho$_1$	Y	brincó
3173	5456	450	1909	3588	4228	4675	3717	2532	242
JDSF	NDSF	VAAM2S	P	DAPM	NAPM	RP2GS	JNSM	CLN	VAMI3S

καὶ	περιεπάτει.	11 οἵ	τε	ὄχλοι	ἰδόντες	ὃ	ἐποίησεν
y	andaba.	las$_2$	Y$_1$	multitudes	habiendo visto	lo que	hizo
2532	4043	3588	5037	3793	1492	3739	4160
CLN	VIAI3S	DNPM,RR-NPM	CLN	NNPM	VAAP-PNM	RR-ASN	VAAI3S

Παῦλος	ἐπῆραν	τὴν	φωνὴν	αὐτῶν	Λυκαονιστὶ	λέγοντες·	Οἱ	θεοὶ
Pablo	levantaron	la	voz	de ellos	en licaonio	diciendo:	Los	dioses
3972	1869	3588	5456	846	3072	3004	3588	2316
NNSM	VAAI3P	DASF	NASF	RP3GPM	B	VPAP-PNM	DNPM	NNPM

ὁμοιωθέντες	ἀνθρώποις	κατέβησαν	πρὸς	ἡμᾶς	12 ἐκάλουν
habiéndose hecho semejantes	a (los) seres humanos	bajaron	a	nosotros,	llamaban$_2$
3666	444	2597	4314	2248	2564
VAPP-PNM	NDPM	VAAI3P	P	RP1AP	VIAI3P

τε	τὸν	Βαρναβᾶν	Δία,	τὸν	δὲ	Παῦλον	Ἑρμῆν,	ἐπειδὴ	αὐτὸς	ἦν
y$_1$	a --	Bernabé	Zeus,	a --$_2$	y$_1$	Pablo	Hermes,	porque	este	era
5037	3588	921	2203	3588	1161	3972	2060	1894	846	2258
CLN	DASM	NASM	NASM	DASM	CLN	NASM	NASM	CAZ	RP3NSM	VIAI3S

ὁ	ἡγούμενος	τοῦ	λόγου.	13 ὅ	τε	ἱερεὺς	τοῦ	Διὸς	τοῦ
el que	está dirigiendo	la	palabra.	el$_2$	Y$_1$	sacerdote	de --	Zeus	el que
3588	2233	3588	3056	3588	5037	2409	3588	2203	3588
DNSM	VPUP-SNM	DGSM	NGSM	DNSM,RR-ASN	CLN	NNSM	DGSM	NGSM	DGSM

ὄντος	πρὸ	τῆς	πόλεως	ταύρους	καὶ	στέμματα	ἐπὶ	τοὺς	πυλῶνας
estando	al frente	de la	ciudad,	toros$_2$	y$_3$	guirnaldas$_4$	a$_5$	las$_6$	puertas$_7$
5607	4253	3588	4172	5022	2532	4725	1909	3588	4440
VPAP-SGM	P	DGSF	NGSF	NAPM	CLN	NAPN	P	DAPM	NAPM

ἐνέγκας	σὺν	τοῖς	ὄχλοις	ἤθελεν	θύειν.	14 ἀκούσαντες	δὲ	οἱ
habiendo traído$_1$	con$_{10}$	las$_{11}$	multitudes$_{12}$	quería$_8$	sacrificar$_9$	habiendo oído$_2$	Y$_1$	los
5342	4862	3588	3793	2309	2380	191	1161	3588
VAAP-SNM	P	DDPM	NDPM	VIAI3S	VPAN	VAAP-PNM	CLC	DNPM

ἀπόστολοι	Βαρναβᾶς	καὶ	Παῦλος,	διαρρήξαντες	τὰ	ἱμάτια	αὐτῶν
apóstoles	Bernabé	y	Pablo,	habiendo rasgado	las	vestidos	de ellos
652	921	2532	3972	1284	3588	2440	846
NNPM	NNSM	CLN	NNSM	VAAP-PNM	DAPN	NAPN	RP3GPM

ἐξεπήδησαν	εἰς	τὸν	ὄχλον	κράζοντες	15 καὶ	λέγοντες·	Ἄνδρες,	τί
se precipitaron	entre	la	multitud	gritando	y	diciendo:	Varones,	¿por qué
1530	1519	3588	3793	2896	2532	3004	435	5101
VAAI3P	P	DASM	NASM	VPAP-PNM	CLN	VPAP-PNM	NVPM	RI-ASN

NVI

En Listra y Derbe

8 En Listra vivía
un hombre lisiado de
nacimiento, que no
podía mover las piernas
y nunca había cami-
nado. Estaba sentado,
9 escuchando a Pablo,
quien al reparar en él y
ver que tenía fe para ser
sanado, 10 le ordenó con
voz fuerte:
—¡Ponte en pie y
enderézate!
El hombre dio un sal-
to y empezó a caminar.
11 Al ver lo que Pablo
había hecho, la gente
comenzó a gritar en el
idioma de Licaonia:
—¡Los dioses han to-
mado forma humana y
han venido a visitarnos!
12 A Bernabé lo lla-
maban Zeus, y a Pablo,
Hermes, porque era el
que dirigía la palabra.
13 El sacerdote de Zeus,
el dios cuyo templo
estaba a las afueras de
la ciudad, llevó toros y
guirnaldas a las puertas
y, con toda la multi-
tud, quería ofrecerles
sacrificios.
14 Al enterarse de esto
los apóstoles Bernabé
y Pablo, se rasgaron las
vestiduras y se lanzaron
por entre la multitud,
gritando:
15 —Señores,
¿por qué hacen esto?

RVR

¿por qué hacéis esto?
También nosotros
somos hombres de igual
condición que vosotros,
que os anunciamos que
de estas vanidades os
convirtáis al Dios vivo,
que hizo el cielo y la
tierra, el mar, y todo lo
que en ellos hay.
16 En las generaciones
pasadas él ha dejado a
todas las gentes andar
en sus propios caminos;
17 si bien no se dejó a sí
mismo sin testimonio,
haciendo bien, dán-
donos lluvias del cielo
y estaciones del año
fructíferas, llenando
de sustento y de alegría
nuestros corazones.
18 Y diciendo estas
cosas, a duras penas
lograron impedir que
la multitud les ofreciese
sacrificio.
19 Entonces vinieron de
Antioquía y de Iconio
unos judíos, que per-
suadieron a la multitud,
y después de apedrear
a Pablo, le arrastraron
fuera de la ciudad,
suponiendo que estaba
muerto.
20 Pero rodeándole los
discípulos, se levantó y
entró en la ciudad; y al

ταῦτα	ποιεῖτε;	καὶ	ἡμεῖς	ὁμοιοπαθεῖς	ἐσμεν	ὑμῖν	ἄνθρωποι,
estas cosas?$_2$	hacéis$_1$	También	nosotros	igualmente mortales$_3$	somos$_1$	a vosotros$_4$	seres humanos$_2$
5023	4160	2532	2249	3663	2070	5213	444
RD-APN	VPAI2P	BE, TE	RP1NP	JNPM	VPAI1P	RP2DP	NNPM

εὐαγγελιζόμενοι	ὑμᾶς	ἀπὸ	τούτων	τῶν	ματαίων
anunciando la buena noticia	a vosotros	(para que) de	de estas cosas	--	vanas
2097	5209	575	5130	3588	3152
VPMP-PNM	RP2AP	P	RD-GPM	DGPN, DGPM	JGPN, JGPM

ἐπιστρέφειν	ἐπὶ	θεὸν	ζῶντα	ὃς	ἐποίησεν	τὸν	οὐρανὸν	καὶ
volveros	a	(el) Dios	que está viviendo,	el cual	hizo	el	cielo	y
1994	1909	2316	2198	3739	4160	3588	3772	2532
VPAN	P	NASM	VPAP-SAM	RR-NSM	VAAI3S	DASM	NASM	CLN

τὴν	γῆν	καὶ	τὴν	θάλασσαν	καὶ	πάντα	τὰ	ἐν	αὐτοῖς·
la	tierra	y	el	mar	y	todas las cosas	las (que hay)	en	ellos;
3588	1093	2532	3588	2281	2532	3956	3588	1722	846
DASF	NASF	CLN	DASF	NASF	CLN	JAPN	DAPN	P	RP3DPN, RP3DPM

16 ὃς	ἐν	ταῖς	παρῳχημέναις	γενεαῖς	εἴασεν	πάντα	τὰ	ἔθνη
el cual	en$_2$	las$_3$	pasadas$_4$	generaciones$_5$	permitió$_1$	a todos	los	pueblos
3739	1722	3588	3944	1074	1439	3956	3588	1484
RR-NSM	P	DDPF	VRUP-PDF	NDPF	VAAI3S	JAPN	DAPN	NAPN

πορεύεσθαι	ταῖς	ὁδοῖς	αὐτῶν·	17 καίτοι	οὐκ	ἀμάρτυρον	αὐτὸν
ir	(por) los	caminos	de ellos;	aunque	no	sin testimonio$_2$	(de) sí mismo$_3$
4198	3588	3598	846	2543	3756	267	846
VPUN	DDPF	NDPF	RP3GPN	CAN	BN, TN	JASM	RP3ASM

ἀφῆκεν	ἀγαθουργῶν,	οὐρανόθεν	ὑμῖν	ὑετοὺς	διδοὺς	καὶ	καιροὺς
dejó$_1$	haciendo bien,	del cielo$_4$	a vosotros$_2$	lluvias$_3$	dando$_1$	y	tiempos
863	14	3771	5213	5205	1325	2532	2540
VAAI3S	VPAP-SNM	B	RP2DP	NAPM	VPAP-SNM	CLN	NAPM

καρποφόρους,	ἐμπιπλῶν	τροφῆς	καὶ	εὐφροσύνης	τὰς	καρδίας	ὑμῶν.
fructíferos,	llenando	de alimento	y	de alegría	los	corazones	de vosotros.
2593	1705	5160	2532	2167	3588	2588	5216
JAPM	VPAP-SNM	NGSF	CLN	NGSF	DAPF	NAPF	RP2GP

18 καὶ	ταῦτα	λέγοντες	μόλις	κατέπαυσαν	τοὺς	ὄχλους	τοῦ	μὴ
Y	estas cosas,$_2$	diciendo$_1$	apenas	hicieron cesar	a las	multitudes	--	(para) no
2532	5023	3004	3433	2664	3588	3793	3588	3361
CLN	RD-APN	VPAP-PNM	B	VAAI3P	DAPM	NAPM	DGSN, DGSM	BN, TN

θύειν	αὐτοῖς.
sacrificar	para ellos.
2380	846
VPAN	RP3DPM

19 Ἐπῆλθαν	δὲ	ἀπὸ	Ἀντιοχείας	καὶ	Ἰκονίου	Ἰουδαῖοι,	καὶ
vinieron$_2$	Y$_1$	de	Antioquía	y	de Iconio	judíos	y
1904	1161	575	490	2532	2430	2453	2532
VAAI3P	CLT	P	NGSF	CLN	NGSN	JNPM	CLN

πείσαντες	τοὺς	ὄχλους	καὶ	λιθάσαντες	τὸν	Παῦλον	ἔσυρον
habiendo persuadido	a las	multitudes	y	habiendo apedreado	a --	Pablo	(lo) arrastraron
3982	3588	3793	2532	3034	3588	3972	4951
VAAP-PNM	DAPM	NAPM	CLN	VAAP-PNM	DASM	NASM	VIAI3P

ἔξω	τῆς	πόλεως,	νομίζοντες	αὐτὸν	τεθνηκέναι.	20 κυκλωσάντων	δὲ
fuera	de la	ciudad	suponiendo	él	estar muerto.	habiendo rodeado$_2$	Y$_1$
1854	3588	4172	3543	846	2348	2944	1161
P, B	DGSF	NGSF	VPAP-PNM	RP3ASM	VRAN	VAAP-PGM	CLC

τῶν	μαθητῶν	αὐτὸν	ἀναστὰς	εἰσῆλθεν	εἰς	τὴν	πόλιν.	καὶ	τῇ
los	discípulos	a él	habiéndose levantado	entró	en	la	ciudad.	Y	al
3588	3101	846	450	1525	1519	3588	4172	2532	3588
DGPM	NGPM	RP3ASM	VAAP-SNM	VAAI3S	P	DASF	NASF	CLN	DDSF

NVI

Nosotros también
somos hombres mor-
tales como ustedes. Las
buenas nuevas que les
anunciamos son que
dejen estas cosas sin
valor y se vuelvan al
Dios viviente, que hizo
el cielo, la tierra, el mar y
todo lo que hay en ellos.
16 En épocas pasadas él
permitió que todas las
naciones siguieran su
propio camino. 17 Sin
embargo, no ha dejado
de dar testimonio de sí
mismo haciendo el bien,
dándoles lluvias del cielo
y estaciones fructíferas,
proporcionándoles
comida y alegría de
corazón.
18 A pesar de todo
lo que dijeron, a duras
penas evitaron que la
multitud les ofreciera
sacrificios.
19 En eso llegaron de
Antioquía y de Iconio
unos judíos que hicieron
cambiar de parecer a la
multitud. Apedrearon
a Pablo y lo arrastra-
ron fuera de la ciudad,
creyendo que estaba
muerto. 20 Pero, cuando
lo rodearon los discípu-
los, él se levantó y volvió
a entrar en la ciudad. Al

RVR

día siguiente salió con
Bernabé para Derbe.
21 Y después de anunciar
el evangelio a aquella
ciudad y de hacer
muchos discípulos, vol-
vieron a Listra, a Iconio
y a Antioquía,
22 fortaleciendo los áni-
mos de los discípulos,
exhortándoles a que
permaneciesen en la fe,
y diciéndoles: Es me-
nester que pasemos por
muchas tribulaciones
para entrar en el reino
de Dios.
23 Les designaron
ancianos en cada iglesia,
y habiendo orado con
ayunos, los encomen-
daron al Señor en quien
habían creído.

Regreso a Antioquía de Siria

24 Pasando después
por Pisidia, vinieron a
Panfilia.
25 Y habiendo predica-
do la palabra en Perge,
descendieron a Atalia.
26 De allí navegaron a
Antioquía, desde donde
habían sido encomen-
dados a la gracia de Dios
para la obra que habían
cumplido.
27 Y habiendo llegado,
y reunido a la iglesia,
refirieron cuán grandes
cosas había hecho Dios
con ellos, y cómo había

ἐπαύριον	ἐξῆλθεν	σὺν	τῷ	Βαρναβᾷ	εἰς	Δέρβην.
día siguiente	salió	con	--	Bernabé	a	Derbe.
1887	1831	4862	3588	921	1519	1191
B	VAAI3S	P	DDSM	NDSM	P	NASF

21 Εὐαγγελισάμενοί	τε	τὴν	πόλιν	ἐκείνην	καὶ
habiendo anunciado la buena noticia$_2$	Y$_1$	a la	ciudad	aquella	y
2097	5037	3588	4172	1565	2532
VAMP-PNM	CLN	DASF	NASF	RD-ASF	CLN

μαθητεύσαντες	ἱκανοὺς	ὑπέστρεψαν	εἰς	τὴν	Λύστραν	καὶ	εἰς
habiendo hecho discípulos	bastantes	regresaron	a	--	Listra	y	a
3100	2425	5290	1519	3588	3082	2532	1519
VAAP-PNM	JAPM	VAAI3P	P	DASF	NASF	CLN	P

Ἰκόνιον	καὶ	εἰς	Ἀντιόχειαν,	22 ἐπιστηρίζοντες	τὰς	ψυχὰς	τῶν
Iconio	y	a	Antioquía	fortaleciendo	las	vidas	de los
2430	2532	1519	490	1991	3588	5590	3588
NASN	CLN	P	NASF	VPAP-PNM	DAPF	NAPF	DGPM

μαθητῶν,	παρακαλοῦντες	ἐμμένειν	τῇ	πίστει	καὶ	ὅτι	διὰ
discípulos,	exhortando	a permanecer	en la	fe	y	que	por medio de
3101	3870	1696	3588	4102	2532	3754	1223
NGPM	VPAP-PNM	VPAN	DDSF	NDSF	CLN	CSC	P

πολλῶν	θλίψεων	δεῖ	ἡμᾶς	εἰσελθεῖν	εἰς	τὴν	βασιλείαν	τοῦ
muchos	sufrimientos	es necesario	nosotros	entrar	en	el	reino	de --
4183	2347	1163	2248	1525	1519	3588	932	3588
JGPF	NGPF	VPAI3S	RP1AP	VAAN	P	DASF	NASF	DGSM

θεοῦ.	23 χειροτονήσαντες	δὲ	αὐτοῖς	κατ'	ἐκκλησίαν	πρεσβυτέρους
Dios.	habiendo designado$_2$	Y$_1$	para ellos$_4$	en (cada)$_5$	iglesia,$_6$	ancianos$_3$
2316	5500	1161	846	2596	1577	4245
NGSM	VAAP-PNM	CLN	RP3DPM	P	NASF	JAPM

προσευξάμενοι	μετὰ	νηστειῶν	παρέθεντο	αὐτοὺς	τῷ	κυρίῳ	εἰς
habiendo orado	con	ayunos	encomendaron$_2$	los$_1$	al	Señor	en
4336	3326	3521	3908	846	3588	2962	1519
VAMP-PNM	P	NGPF	VAMI3P	RP3APM	DDSM	NDSM	P

ὃν	πεπιστεύκεισαν.	24 καὶ	διελθόντες	τὴν	Πισιδίαν	ἦλθον	εἰς	τὴν
el cual	habían creído.	Y	habiendo pasado	--	Pisidia,	vinieron	a	--
3739	4100	2532	1330	3588	4099	2064	1519	3588
RR-ASM	VLAI3P	CLN	VAAP-PNM	DASF	NASF	VAAI3P	P	DASF

Παμφυλίαν,	25 καὶ	λαλήσαντες	ἐν	Πέργῃ	τὸν	λόγον	κατέβησαν
Panfilia	y	habiendo hablado	en	Perge	la	palabra	bajaron
3828	2532	2980	1722	4011	3588	3056	2597
NASF	CLN	VAAP-PNM	P	NDSF	DASM	NASM	VAAI3P

εἰς	Ἀττάλειαν,	26 κἀκεῖθεν	ἀπέπλευσαν	εἰς	Ἀντιόχειαν,	ὅθεν	ἦσαν
a	Atalia;	y de allí	zarparon	a	Antioquía,	de donde	habían
1519	825	2547	636	1519	490	3606	2258
P	NASF	CLN, BP	VAAI3P	P	NASF	CAL, B	VIAI3P

παραδεδομένοι	τῇ	χάριτι	τοῦ	θεοῦ	εἰς	τὸ	ἔργον	ὃ	ἐπλήρωσαν.
sido entregados	a la	gracia	de --	Dios	para	la	obra	que	cumplieron.
3860	3588	5485	3588	2316	1519	3588	2041	3739	4137
VRPP-PNM	DDSF	NDSF	DGSM	NGSM	P	DASN	NASN	RR-ASN	VAAI3P

27 παραγενόμενοι	δὲ	καὶ	συναγαγόντες	τὴν	ἐκκλησίαν	ἀνήγγελλον
habiendo llegado$_2$	Y$_1$	y	habiendo reunido	a la	iglesia	informaban
3854	1161	2532	4863	3588	1577	312
VAMP-PNM	CLN	CLN	VAAP-PNM	DASF	NASF	VIAI3P

ὅσα	ἐποίησεν	ὁ	θεὸς	μετ'	αὐτῶν	καὶ	ὅτι	ἤνοιξεν	τοῖς
cuantas cosas	hizo$_3$	--$_1$	Dios$_2$	con	ellos	y	que	abrió	a los
3745	4160	3588	2316	3326	846	2532	3754	455	3588
RK-APN	VAAI3S	DNSM	NNSM	P	RP3GPM	CLN	CSC	VAAI3S	DDPN

NVI

día siguiente, partió para
Derbe en compañía de
Bernabé.

El regreso a Antioquía de Siria

21 Después de anun-
ciar las buenas nuevas
en aquella ciudad y de
hacer muchos discípu-
los, Pablo y Bernabé
regresaron a Listra, a
Iconio y a Antioquía,
22 fortaleciendo a los
discípulos y animán-
dolos a perseverar en la
fe. «Es necesario pasar
por muchas dificul-
tades para entrar en
el reino de Dios», les
decían. 23 En cada iglesia
nombraron ancianos y,
con oración y ayuno, los
encomendaron al Señor,
en quien habían creído.
24 Atravesando Pisidia,
llegaron a Panfilia, 25 y,
cuando terminaron de
predicar la palabra en
Perge, bajaron a Atalía.
26 De Atalía navega-
ron a Antioquía, donde
se los había encomen-
dado a la gracia de
Dios para la obra que
ya habían realizado.
27 Cuando llegaron,
reunieron a la iglesia e
informaron de todo lo
que Dios había hecho
por medio de ellos, y de
cómo había abierto la

RVR

abierto la puerta de la fe a los gentiles.
28 Y se quedaron allí mucho tiempo con los discípulos.

El problema de los judaizantes, y reunión en Jerusalén

15 Entonces algunos que venían de Judea enseñaban a los hermanos: Si no os circuncidáis conforme al rito de Moisés, no podéis ser salvos.
2 Como Pablo y Bernabé tuviesen una discusión y contienda no pequeña con ellos, se dispuso que subiesen Pablo y Bernabé, y algunos otros de ellos, a Jerusalén, a los apóstoles y los ancianos, para tratar esta cuestión.
3 Ellos, pues, habiendo sido puestos en camino por la iglesia, pasaron por Fenicia y Samaria, relatando con todo detalle la conversión de los gentiles; y causaban gran gozo a todos los hermanos.
4 Y llegados a Jerusalén, fueron recibidos por la iglesia y los apóstoles y los ancianos, y refirieron todas las cosas que Dios había hecho con ellos.

ἔθνεσιν	θύραν	πίστεως.	28 διέτριβον	δὲ	χρόνον	οὐκ	ὀλίγον	σὺν	τοῖς
gentiles	(la) puerta	de (la) fe.	(se) quedaban$_2$	Y$_1$	tiempo$_5$	no$_3$	poco$_4$	con	los
1484	2374	4102	1304	1161	5550	3756	3641	4862	3588
NDPN	*NASF*	*NGSF*	*VIAI3P*	*CLN*	*NASM*	*BN, TN*	*B, J*	*P*	*DDPM*

μαθηταῖς.
discípulos.
3101
NDPM

15 Καί	τινες	κατελθόντες	ἀπὸ	τῆς	Ἰουδαίας	ἐδίδασκον	τοὺς
Y	algunos	habiendo bajado	de	--	Judea	enseñaban	a los
2532	5100	2718	575	3588	2449	1321	3588
CLN	*RX-NPM*	*VAAP-PNM*	*P*	*DGSF*	*NGSF*	*VIAI3P*	*DAPM*

ἀδελφοὺς	ὅτι	Ἐὰν	μὴ	περιτμηθῆτε	τῷ	ἔθει	τῷ	Μωϋσέως,
hermanos:	--	Si	no	os circuncidarais	por la	costumbre	de --	Moisés,
80	3754	1437	3361	4059	3588	1485	3588	3475
NAPM	*CSC*	*CAC*	*BN, TN*	*VAPS2P*	*DDSN*	*NDSN*	*DDSN*	*NGSM*

οὐ	δύνασθε	σωθῆναι.	2 γενομένης	δὲ	στάσεως	καὶ	ζητήσεως	οὐκ
no	podéis	ser salvos.	habiendo sucedido$_2$	Y$_1$	una discordia	y	una discusión	no
3756	1410	4982	1096	1161	4714	2532	2214	3756
BN, TN	*VPUI2P*	*VAPN*	*VAMP-SGF*	*CLN*	*NGSF*	*CLN*	*NGSF*	*BN, TN*

ὀλίγης	τῷ	Παύλῳ	καὶ	τῷ	Βαρναβᾷ	πρὸς	αὐτοὺς	ἔταξαν	ἀναβαίνειν
pequeña	de --	Pablo	y	de --	Bernabé	con	ellos,	decidieron	subir
3641	3588	3972	2532	3588	921	4314	846	5021	305
JGSF	*DDSM*	*NDSM*	*CLN*	*DDSM*	*NDSM*	*P*	*RP3APM*	*VAAI3P*	*VPAN*

Παῦλον	καὶ	Βαρναβᾶν	καί	τινας	ἄλλους	ἐξ	αὐτῶν	πρὸς	τοὺς
Pablo	y	Bernabé	y	algunos	otros	de	ellos	a	los
3972	2532	921	2532	5100	243	1537	846	4314	3588
NASM	*CLN*	*NASM*	*CLN*	*JAPM, RX-APM*	*JAPM*	*P*	*RP3GPM*	*P*	*DAPM*

ἀποστόλους	καὶ	πρεσβυτέρους	εἰς	Ἰερουσαλὴμ	περὶ	τοῦ	ζητήματος
apóstoles	y	ancianos	a	Jerusalén	acerca de	la	discusión
652	2532	4245	1519	2419	4012	3588	2213
NAPM	*CLN*	*JAPM*	*P*	*NASF, XP*	*P*	*DGSN*	*NGSN*

τούτου.	3 οἱ	μὲν	οὖν	προπεμφθέντες	ὑπὸ	τῆς	ἐκκλησίας
esta.	--$_3$	--$_2$	Entonces$_1$	habiendo sido encaminados	por	la	iglesia
5127	3588	3303	3767	4311	5259	3588	1577
RD-GSN	*DNPM*	*TE*	*CLI*	*VAPP-PNM*	*P*	*DGSF*	*NGSF*

διήρχοντο	τήν	τε	Φοινίκην	καὶ	Σαμάρειαν	ἐκδιηγούμενοι	τὴν
pasaban	--	tanto	a Fenicia	como	a Samaria	contando	la
1330	3588	5037	5403	2532	4540	1555	3588
VIUI3P	*DASF*	*CLK*	*NASF*	*CLK, CLN*	*NASF*	*VPUP-PNM*	*DASF*

ἐπιστροφὴν	τῶν	ἐθνῶν,	καὶ	ἐποίουν	χαρὰν	μεγάλην	πᾶσι	τοῖς
conversión	de los	gentiles	y	hacían	gozo	grande	a todos	los
1995	3588	1484	2532	4160	5479	3173	3956	3588
NASF	*DGPN*	*NGPN*	*CLN*	*VIAI3P*	*NASF*	*JASF*	*JDPM*	*DDPM*

ἀδελφοῖς.	4 παραγενόμενοι	δὲ	εἰς	Ἱεροσόλυμα	παρεδέχθησαν
hermanos.	habiendo llegado$_2$	Y$_1$	a	Jerusalén	fueron recibidos
80	3854	1161	1519	2419	3858
NDPM	*VAMP-PNM*	*CLN*	*P*	*NASF, XP*	*VAPI3P*

ἀπὸ	τῆς	ἐκκλησίας	καὶ	τῶν	ἀποστόλων	καὶ	τῶν	πρεσβυτέρων,
por	la	iglesia	y	los	apóstoles	y	los	ancianos,
575	3588	1577	2532	3588	652	2532	3588	4245
P	*DGSF*	*NGSF*	*CLN*	*DGPM*	*NGPM*	*CLN*	*DGPM*	*JGPM*

ἀνήγγειλάν	τε	ὅσα	ὁ	θεὸς	ἐποίησεν	μετ’	αὐτῶν.
(les) informaron	--	cuantas cosas	--	Dios	hizo	con	ellos.
312	5037	3745	3588	2316	4160	3326	846
VAAI3P	*CLN*	*RK-APN*	*DNSM*	*NNSM*	*VAAI3S*	*P*	*RP3GPM*

NVI

puerta de la fe a los gentiles.
28 Y se quedaron allí mucho tiempo con los discípulos.

El concilio de Jerusalén

15 Algunos que habían llegado de Judea a Antioquía se pusieron a enseñar a los hermanos: «A menos que ustedes se circunciden, conforme a la tradición de Moisés, no pueden ser salvos».
2 Esto provocó un altercado y un serio debate de Pablo y Bernabé con ellos. Entonces se decidió que Pablo y Bernabé, y algunos otros creyentes, subieran a Jerusalén para tratar este asunto con los apóstoles y los ancianos.
3 Enviados por la iglesia, al pasar por Fenicia y Samaria contaron cómo se habían convertido los gentiles. Estas noticias llenaron de alegría a todos los creyentes.
4 Al llegar a Jerusalén, fueron muy bien recibidos tanto por la iglesia como por los apóstoles y los ancianos, a quienes informaron de todo lo que Dios había hecho por medio de ellos.

RVR

5 Pero algunos de la
secta de los fariseos,
que habían creído, se
levantaron diciendo: Se
debe circuncidarlos, y
mandarles que guarden
la ley de Moisés.
6 Y se reunieron los
apóstoles y los ancianos
para considerar este
asunto.
7 Y después de mucha
discusión, Pedro se le-
vantó y les dijo: Varones
hermanos, vosotros
estáis perfectamente en-
terados de que ya hace
algún tiempo Dios me
escogió de entre noso-
tros para que los gentiles
oyesen por mi boca la
palabra del evangelio y
creyesen.
8 Y Dios, que conoce
los corazones, les dio
testimonio, dándoles el
Espíritu Santo lo mis-
mo que a nosotros;
9 y ninguna diferencia
hizo entre nosotros y
ellos, purificando por la
fe sus corazones.
10 Ahora, pues, ¿por
qué tentáis a Dios,
imponiendo sobre la
cerviz de los discípulos
un yugo que ni nuestros
padres ni nosotros he-
mos podido llevar?
11 Más bien, creemos
que por la gracia del

5 ἐξανέστησαν δέ τινες τῶν ἀπὸ τῆς αἱρέσεως τῶν Φαρισαίων
(se) levantaron$_{10}$ Pero$_1$ algunos$_2$ de los$_3$ de parte de$_4$ del$_5$ partido$_6$ de los$_7$ fariseos$_8$
1817 1161 5100 3588 575 3588 139 3588 5330
VAAI3P CLN RX-NPM DGPM P DGSF NGSF DGPM NGPM

πεπιστευκότες, λέγοντες ὅτι δεῖ περιτέμνειν αὐτοὺς παραγγέλλειν
los que habían creído$_9$ diciendo que es necesario circuncidar a ellos mandar$_2$
4100 3004 3754 1163 4059 846 3853
VRAP-PNM VPAP-PNM CSC VPAI3S VPAN RP3APM VPAN

τε τηρεῖν τὸν νόμον Μωϋσέως.
y$_1$ a guardar la ley de Moisés.
5037 5083 3588 3551 3475
CLN VPAN DASM NASM NGSM

6 Συνήχθησάν τε οἱ ἀπόστολοι καὶ οἱ πρεσβύτεροι ἰδεῖν περὶ
se reunieron$_7$ Y$_1$ los$_2$ apóstoles$_3$ y$_4$ los$_5$ ancianos$_6$ para ver acerca de
4863 5037 3588 652 2532 3588 4245 1492 4012
VAPI3P CLN DNPM NNPM CLN DNPM JNPM VAAN P

τοῦ λόγου τούτου. 7 πολλῆς δὲ ζητήσεως γενομένης ἀναστὰς
el asunto este. mucha$_3$ Y$_1$ discusión$_4$ habiendo habido$_2$ habiéndose levantado
3588 3056 5127 4183 1161 2214 1096 450
DGSM NGSM RD-GSM JGSF CLN NGSF VAMP-SGF VAAP-SNM

Πέτρος εἶπεν πρὸς αὐτούς· Ἄνδρες ἀδελφοί, ὑμεῖς ἐπίστασθε ὅτι ἀφ’
Pedro dijo a ellos: Varones hermanos, vosotros sabéis que desde
4074 2036 4314 846 435 80 5210 1987 3754 575
NNSM VAAI3S P RP3APM NVPM NVPM RP2NP VPUI2P CSC P

ἡμερῶν ἀρχαίων ἐν ὑμῖν ἐξελέξατο ὁ θεὸς διὰ τοῦ στόματός
días antiguos entre vosotros escogió$_3$ --$_1$ Dios$_2$ por medio de de la boca
2250 744 1722 5213 1586 3588 2316 1223 3588 4750
NGPF JGPF P RP2DP VAMI3S DNSM NNSM P DGSN NGSN

μου ἀκοῦσαι τὰ ἔθνη τὸν λόγον τοῦ εὐαγγελίου καὶ πιστεῦσαι,
de mí el oír los gentiles la palabra del evangelio y creer;
3450 191 3588 1484 3588 3056 3588 2098 2532 4100
RP1GS VAAN DAPN NAPN DASM NASM DGSN NGSN CLN VAAN

8 καὶ ὁ καρδιογνώστης θεὸς ἐμαρτύρησεν αὐτοῖς δοὺς
y --$_1$ conocedor de los corazones,$_3$ Dios,$_2$ dio testimonio a ellos habiendo(les) dado
2532 3588 2589 2316 3140 846 1325
CLN DNSM NNSM NNSM VAAI3S RP3DPN, RP3DPM VAAP-SNM

τὸ πνεῦμα τὸ ἅγιον καθὼς καὶ ἡμῖν, 9 καὶ οὐθὲν διέκρινεν
el Espíritu -- Santo como también a nosotros y (en) nada distinguió
3588 4151 3588 40 2531 2532 2254 2532 3762 1252
DASN NASN DASN JASN CAM BE, TE RP1DP CLN JASN VAAI3S

μεταξὺ ἡμῶν τε καὶ αὐτῶν, τῇ πίστει καθαρίσας τὰς
entre nosotros -- y ellos, (por) la$_2$ fe$_3$ habiendo purificado$_1$ los
3342 2257 5037 2532 846 3588 4102 2511 3588
P, B RP1GP CLK CLK, CLN RP3GPN, RP3GPM DDSF NDSF VAAP-SNM DAPF

καρδίας αὐτῶν. 10 νῦν οὖν τί πειράζετε τὸν θεόν, ἐπιθεῖναι
corazones de ellos. Ahora pues, ¿por qué tentáis a -- Dios para imponer
2588 846 3568 3767 5101 3985 3588 2316 2007
NAPF RP3GPN, RP3GPM B CLI RI-ASN VPAI2P DASM NASM VAAN

ζυγὸν ἐπὶ τὸν τράχηλον τῶν μαθητῶν ὃν οὔτε οἱ πατέρες
un yugo sobre el cuello de los discípulos, el cual ni los padres
2218 1909 3588 5137 3588 3101 3739 3777 3588 3962
NASM P DASM NASM DGPM NGPM RR-ASM CLK, TN DNPM NNPM

ἡμῶν οὔτε ἡμεῖς ἰσχύσαμεν βαστάσαι; 11 ἀλλὰ διὰ τῆς
de nosotros ni nosotros pudimos llevar? Pero por medio de la
2257 3777 2249 2480 941 235 1223 3588
RP1GP CLK, TN RP1NP VAAI1P VAAN CLC P DGSF

NVI

5 Entonces intervinie-
ron algunos creyentes
que pertenecían a la
secta de los fariseos y
afirmaron:
—Es necesario cir-
cuncidar a los gentiles y
exigirles que obedezcan
la ley de Moisés.
6 Los apóstoles y los
ancianos se reunieron
para examinar este
asunto. 7 Después de una
larga discusión, Pedro
tomó la palabra:
—Hermanos, ustedes
saben que desde un
principio Dios me
escogió de entre ustedes
para que por mi boca
los gentiles oyeran el
mensaje del evangelio
y creyeran. 8 Dios, que
conoce el corazón
humano, mostró que
los aceptaba dándoles el
Espíritu Santo, lo mis-
mo que a nosotros. 9 Sin
hacer distinción alguna
entre nosotros y ellos,
purificó sus corazones
por la fe. 10 Entonces,
¿por qué tratan ahora de
provocar a Dios ponien-
do sobre el cuello de esos
discípulos un yugo que
ni nosotros ni nuestros
antepasados hemos
podido soportar? 11 ¡No

RVR

Señor Jesús somos salvos, de igual modo que ellos.
12 Entonces toda la multitud calló, y escuchaban a Bernabé y a Pablo, que contaban cuán grandes señales y maravillas había hecho Dios por medio de ellos entre los gentiles.
13 Y cuando ellos callaron, Jacobo tomó la palabra y dijo: Varones hermanos, oídme.
14 Simón ha contado cómo Dios visitó por primera vez a los gentiles, para tomar de entre ellos un pueblo para su nombre.
15 Y con esto concuerdan las palabras de los profetas, como está escrito:
16 Después de esto volveré
Y reedificaré el tabernáculo de David, que está caído;
Y repararé sus ruinas,
Y lo volveré a levantar,
17 Para que el resto de los hombres busque al Señor,
Y todos los gentiles, sobre los cuales es invocado mi nombre,
18 Dice el Señor, que hace todo esto.
Desde la eternidad conoce el Señor su obra.

χάριτος	τοῦ	κυρίου	Ἰησοῦ	πιστεύομεν	σωθῆναι	καθ'	ὃν	τρόπον
gracia	del	Señor	Jesús	creemos	ser salvos	según	la	manera (como)
5485	3588	2962	2424	4100	4982	2596	3739	5158
NGSF	DGSM	NGSM	NGSM	VPAI1P	VAPN	P	RR-ASM	NASM

κἀκεῖνοι.
también aquellos.
2548
RD-NPM, TE

12 Ἐσίγησεν	δὲ	πᾶν	τὸ	πλῆθος,	καὶ	ἤκουον	Βαρναβᾶ	καὶ
calló,$_5$	Y$_1$	toda$_2$	la$_3$	multitud$_4$	y	oían	de Bernabé	y
4601	1161	3956	3588	4128	2532	191	921	2532
VAAI3S	CLN	JNSN	DNSN	NNSN	CLN	VIAI3P	NGSM	CLN

Παύλου	ἐξηγουμένων	ὅσα	ἐποίησεν	ὁ	θεὸς	σημεῖα	καὶ	τέρατα
de Pablo,	exponiendo	cuantas cosas	hizo$_3$	--$_1$	Dios$_2$	señales	y	prodigios
3972	1834	3745	4160	3588	2316	4592	2532	5059
NGSM	VPUP-PGM	RK-APN	VAAI3S	DNSM	NNSM	NAPN	CLN	NAPN

ἐν	τοῖς	ἔθνεσιν	δι'	αὐτῶν.	13 μετὰ	δὲ	τὸ	σιγῆσαι	αὐτοὺς
entre	los	gentiles	por medio de	ellos.	después de$_2$	Y$_1$	--	callar	a ellos
1722	3588	1484	1223	846	3326	1161	3588	4601	846
P	DDPN	NDPN	P	RP3GPM	P	CLN	DASN	VAAN	RP3APM

ἀπεκρίθη	Ἰάκωβος	λέγων·	Ἄνδρες	ἀδελφοί,	ἀκούσατέ	μου.	14 Συμεὼν
respondió	Jacob	diciendo:	Varones	hermanos,	oíd	(a) mí.	Simón
611	2385	3004	435	80	191	3450	4826
VAPI3S, VAMI3S	NNSM	VPAP-SNM	NVPM	NVPM	VAAM2P	RP1GS	NNSM, XP

ἐξηγήσατο	καθὼς	πρῶτον	ὁ	θεὸς	ἐπεσκέψατο	λαβεῖν	ἐξ
dio a conocer	cómo	primero	--	Dios	visitó	para obtener	de entre
1834	2531	4412	3588	2316	1980	2983	1537
VAMI3S	CSC	B, J	DNSM	NNSM	VAMI3S	VAAN	P

ἐθνῶν	λαὸν	τῷ	ὀνόματι	αὐτοῦ.	15 καὶ	τούτῳ	συμφωνοῦσιν	οἱ
(los) gentiles	un pueblo	para el	nombre	de él.	Y	con esto,$_6$	concuerdan$_5$	las$_1$
1484	2992	3588	3686	846	2532	5129	4856	3588
NGPN	NASM	DDSN	NDSN	RP3GSM	CLN	RD-DSN	VPAI3P	DNPM

λόγοι	τῶν	προφητῶν,	καθὼς	γέγραπται·	16 Μετὰ	ταῦτα	ἀναστρέψω
palabras$_2$	de los$_3$	profetas$_4$	como	ha sido escrito:	Después de	estas cosas	volveré
3056	3588	4396	2531	1125	3326	5023	390
NNPM	DGPM	NGPM	CAM	VRPI3S	P	RD-APN	VFAI1S

καὶ	ἀνοικοδομήσω	τὴν	σκηνὴν	Δαυὶδ	τὴν	πεπτωκυῖαν	καὶ	τὰ
y	reconstruiré	el	tabernáculo	de David,	la$_2$	caída$_3$	y$_4$	las$_5$
2532	456	3588	4633	1138	3588	4098	2532	3588
CLN	VFAI1S	DASF	NASF	NGSM, XP	DASF	VRAP-SAF	CLN	DAPN

κατεσκαμμένα	αὐτῆς	ἀνοικοδομήσω	καὶ	ἀνορθώσω	αὐτήν,	17 ὅπως
(partes) destrozadas$_6$	de ella$_7$	reconstruiré$_1$	y	restauraré	a él,	a fin de que
2679	846	456	2532	461	846	3704
VRPP-PAN	RP3GSF	VFAI1S	CLN	VFAI1S	RP3ASF	CAP

ἂν	ἐκζητήσωσιν	οἱ	κατάλοιποι	τῶν	ἀνθρώπων	τὸν	κύριον,	καὶ
--	buscaran$_5$	los$_1$	restantes$_2$	de los$_3$	seres humanos$_4$	al	Señor	y
302	1567	3588	2645	3588	444	3588	2962	2532
TC	VAAS3P	DNPM	JNPM	DGPM	NGPM	DASM	NASM	CLN, B

πάντα	τὰ	ἔθνη	ἐφ'	οὓς	ἐπικέκληται	τὸ	ὄνομά	μου	ἐπ'
todos	los	pueblos	sobre	los cuales	ha sido invocado	el	nombre	de mí	sobre
3956	3588	1484	1909	3739	1941	3588	3686	3450	1909
JNPN	DNPN	NNPN	P	RR-APM	VRPI3S	DNSN, DASN	NNSN, NASN	RP1GS	P

αὐτούς,	λέγει	κύριος	ποιῶν	ταῦτα	18 γνωστὰ	ἀπ'	αἰῶνος.
ellos,	dice$_4$	(el) Señor$_1$	que está haciendo$_2$	estas cosas$_3$	conocidas	desde	(el) siglo.
846	3004	2962	4160	5023	1110	575	165
RP3APM	VPAI3S	NNSM	VPAP-SNM	RD-APN	JAPN, JNPN	P	NGSM

NVI

puede ser! Más bien, como ellos, creemos que somos salvos por la gracia de nuestro Señor Jesús.
12 Toda la asamblea guardó silencio para escuchar a Bernabé y a Pablo, que les contaron las señales y prodigios que Dios había hecho por medio de ellos entre los gentiles.
13 Cuando terminaron, Jacobo tomó la palabra y dijo:
—Hermanos, escúchenme.
14 Simón nos ha expuesto cómo Dios desde el principio tuvo a bien escoger de entre los gentiles un pueblo para honra de su nombre.
15 Con esto concuerdan las palabras de los profetas, tal como está escrito:

16 »"Después de esto volveré
y reedificaré la choza caída de David.
Reedificaré sus ruinas,
y la restauraré,
17 para que busque al Señor el resto de la humanidad,
todas las naciones que llevan mi nombre.
18 Así dice el Señor, que hace estas cosas"
conocidas desde tiempos antiguos.

RVR

19 Por lo cual yo juzgo
que no se inquiete a los
que de entre los gentiles
se convierten a Dios,
20 sino que se les escriba
que se aparten de las
contaminaciones de los
ídolos, de la fornicación,
de lo estrangulado y de
la sangre.
21 Porque Moisés desde
generaciones antiguas
tiene en cada ciudad
quien lo predique en
las sinagogas, donde es
leído cada sábado.
22 Entonces pareció
bien a los apóstoles y a
los ancianos, con toda
la iglesia, elegir de entre
ellos varones y enviarlos
a Antioquía con Pablo
y Bernabé: a Judas que
tenía por sobrenom-
bre Barsabás, y a Silas,
varones dirigentes entre
los hermanos;
23 y escribir por con-
ducto de ellos: Los
apóstoles, los ancianos
y los hermanos, a los
hermanos de entre los
gentiles que están en
Antioquía, en Siria y en
Cilicia, saludos.
24 Por cuanto hemos
oído que algunos que
han salido de nosotros,

19 διὸ	ἐγὼ	κρίνω	μὴ	παρενοχλεῖν	τοῖς	ἀπὸ	τῶν	ἐθνῶν
Por lo cual	yo	juzgo	no	imponer cargas adicionales	a los	de	los	gentiles
1352	1473	2919	3361	3926	3588	575	3588	1484
CLI	*RPINS*	*VPAI1S*	*BN, TN*	*VPAN*	*DDPM*	*P*	*DGPN*	*NGPN*

ἐπιστρέφουσιν	ἐπὶ	τὸν	θεόν,	20 ἀλλὰ	ἐπιστεῖλαι	αὐτοῖς	τοῦ
los que están volviéndose	a	--	Dios,	sino	escribir una carta	a ellos	--
1994	1909	3588	2316	235	1989	846	3588
VPAP-PDM	*P*	*DASM*	*NASM*	*CLC*	*VAAN*	*RP3DPM*	*DGSN, DGSM*

ἀπέχεσθαι	τῶν	ἀλισγημάτων	τῶν	εἰδώλων	καὶ	τῆς	πορνείας	καὶ
para abstenerse	de las	contaminaciones	de los	ídolos	y	de la	inmoralidad sexual	y
567	3588	234	3588	1497	2532	3588	4202	2532
VPMN	*DGPN*	*NGPN*	*DGPN*	*NGPN*	*CLN*	*DGSF*	*NGSF*	*CLN*

τοῦ	πνικτοῦ	καὶ	τοῦ	αἵματος.	21 Μωϋσῆς	γὰρ	ἐκ	γενεῶν	ἀρχαίων
de lo	estrangulado	y	de la	sangre.	Moisés$_2$	Porque$_1$	desde	generaciones	antiguas
3588	4156	2532	3588	129	3475	1063	1537	1074	744
DGSN	*JGSN*	*CLN*	*DGSN*	*NGSN*	*NNSM*	*CAZ*	*P*	*NGPF*	*JGPF*

κατὰ	πόλιν	τοὺς	κηρύσσοντας	αὐτὸν	ἔχει	ἐν	ταῖς	συναγωγαῖς
en cada	ciudad	a los que$_2$	están proclamando$_3$	a él$_4$	tiene$_1$	en	las	sinagogas
2596	4172	3588	2784	846	2192	1722	3588	4864
P	*NASF*	*DAPM*	*VPAP-PAM*	*RP3ASM*	*VPAI3S*	*P*	*DDPF*	*NDPF*

κατὰ	πᾶν	σάββατον	ἀναγινωσκόμενος.
en$_2$	todo$_3$	sábado.$_4$	siendo leído$_1$
2596	3956	4521	314
P	*JASN*	*NASN*	*VPPP-SNM*

22 Τότε	ἔδοξε	τοῖς	ἀποστόλοις	καὶ	τοῖς	πρεσβυτέροις	σὺν	ὅλῃ	τῇ
Entonces	pareció	a los	apóstoles	y	a los	ancianos	con	toda	la
5119	1380	3588	652	2532	3588	4245	4862	3650	3588
B	*VAAI3S*	*DDPM*	*NDPM*	*CLN*	*DDPM*	*JDPM*	*P*	*JDSF*	*DDSF*

ἐκκλησίᾳ	ἐκλεξαμένους	ἄνδρας	ἐξ	αὐτῶν	πέμψαι	εἰς	Ἀντιόχειαν
iglesia	habiendo escogido	varones	de entre	ellos	enviar(los)	a	Antioquía
1577	1586	435	1537	846	3992	1519	490
NDSF	*VAMP-PAM*	*NAPM*	*P*	*RP3GPM*	*VAAN*	*P*	*NASF*

σὺν	τῷ	Παύλῳ	καὶ	Βαρναβᾷ,	Ἰούδαν	τὸν	καλούμενον	Βαρσαββᾶν
con	--	Pablo	y	Bernabé,	a Judas	el que	está siendo llamado	Barsabás
4862	3588	3972	2532	921	2455	3588	2564	923
P	*DDSM*	*NDSM*	*CLN*	*NDSM*	*NASM*	*DASM*	*VPPP-SAM*	*NASM*

καὶ	Σιλᾶν,	ἄνδρας	ἡγουμένους	ἐν	τοῖς	ἀδελφοῖς,	23 γράψαντες
y	a Silas,	varones	que están liderando	entre	los	hermanos,	habiendo escrito
2532	4609	435	2233	1722	3588	80	1125
CLN	*NASM*	*NAPM*	*VPUP-PAM*	*P*	*DDPM*	*NDPM*	*VAAP-PNM*

διὰ	χειρὸς	αὐτῶν·	Οἱ	ἀπόστολοι	καὶ	οἱ	πρεσβύτεροι	ἀδελφοὶ
por	mano	de ellos:	Los	apóstoles	y	los	ancianos	hermanos
1223	5495	846	3588	652	2532	3588	4245	80
P	*NGSF*	*RP3GPM*	*DNPM*	*NNPM*	*CLN*	*DNPM*	*JNPM*	*NNPM*

τοῖς	κατὰ	τὴν	Ἀντιόχειαν	καὶ	Συρίαν	καὶ	Κιλικίαν	ἀδελφοῖς	τοῖς
a los	en$_2$	--	Antioquía$_3$	y$_4$	Siria$_5$	y$_6$	Cilicia$_7$	hermanos$_1$	a los
3588	2596	3588	490	2532	4947	2532	2791	80	3588
DDPM	*P*	*DASF*	*NASF*	*CLN*	*NASF*	*CLN*	*NASF*	*NDPM*	*DDPM*

ἐξ	ἐθνῶν	χαίρειν.	24 ἐπειδὴ	ἠκούσαμεν	ὅτι	τινὲς	ἐξ	ἡμῶν
de entre	(los) gentiles,	saludos.	Puesto que	oímos	que	algunos	de entre	nosotros
1537	1484	5463	1894	191	3754	5100	1537	2257
P	*NGPN*	*VPAN*	*CAZ*	*VAAI1P*	*CSC*	*RX-NPM*	*P*	*RP1GP*

NVI

19 »Por lo tanto, yo
considero que debemos
dejar de ponerles trabas
a los gentiles que se con-
vierten a Dios. 20 Más
bien debemos escribirles
que se abstengan de lo
contaminado por los
ídolos, de la inmoralidad
sexual, de la carne de
animales estrangulados
y de sangre. 21 En efecto,
desde tiempos antiguos
Moisés siempre ha teni-
do en cada ciudad quien
lo predique y lo lea en
las sinagogas todos los
sábados».

Carta del concilio a los creyentes gentiles

22 Entonces los
apóstoles y los ancianos,
de común acuerdo con
toda la iglesia, decidie-
ron escoger a algunos
de ellos y enviarlos a
Antioquía con Pablo y
Bernabé. Escogieron a
Judas, llamado Barsabás,
y a Silas, que tenían bue-
na reputación entre los
hermanos. 23 Con ellos
mandaron la siguiente
carta:

Los apóstoles y
los ancianos,

a nuestros her-
manos gentiles en
Antioquía, Siria y
Cilicia:

Saludos.

24 Nos hemos
enterado de que

RVR

a los cuales no dimos orden, os han inquietado con palabras, perturbando vuestras almas, mandando circuncidaros y guardar la ley,
25 nos ha parecido bien, habiendo llegado a un común acuerdo, elegir varones y enviarlos a vosotros con nuestros amados Bernabé y Pablo,
26 hombres que han expuesto su vida por el nombre de nuestro Señor Jesucristo.
27 Así que hemos enviado a Judas y a Silas, los cuales también de palabra os informarán de lo mismo.
28 Porque ha parecido bien al Espíritu Santo, y a nosotros, no imponeros ninguna carga más que estas cosas necesarias:
29 que os abstengáis de lo sacrificado a ídolos, de sangre, de ahogado y de fornicación. Si os abstenéis de tales cosas, obraréis bien. Pasadlo bien.
30 Así, pues, los que fueron enviados descendieron a Antioquía, y

ἐξελθόντες	ἐτάραξαν	ὑμᾶς	λόγοις	ἀνασκευάζοντες	τὰς	ψυχὰς
habiendo salido	perturbaron	a vosotros	con palabras	inquietando	las	vidas
1831	5015	5209	3056	384	3588	5590
VAAP-PNM	*VAAI3P*	*RP2AP*	*NDPM*	*VPAP-PNM*	*DAPF*	*NAPF*

⸀ὑμῶν	οἷς	οὐ	διεστειλάμεθα,	25 ἔδοξεν	ἡμῖν	γενομένοις
de vosotros	a los cuales	no	ordenamos,	pareció	a nosotros	habiendo sido hecho
5216	3739	3756	1291	1380	2254	1096
RP2GP	*RR-DPM*	*BN, TN*	*VAMI1P*	*VAAI3S*	*RP1DP*	*VAMP-PDM*

ὁμοθυμαδὸν	ἐκλεξαμένοις	ἄνδρας	πέμψαι	πρὸς	ὑμᾶς	σὺν	τοῖς
unánimemente,	habiendo escogido	a unos varones	para enviar	a	vosotros	con	los
3661	1586	435	3992	4314	5209	4862	3588
B	*VAMP-PDM*	*NAPM*	*VAAN*	*P*	*RP2AP*	*P*	*DDPM*

ἀγαπητοῖς	ἡμῶν	Βαρναβᾷ	καὶ	Παύλῳ,	26 ἀνθρώποις	παραδεδωκόσι
amados	de nosotros	Bernabé	y	Pablo,	personas	habiendo entregado
27	2257	921	2532	3972	444	3860
JDPM	*RP1GP*	*NDSM*	*CLN*	*NDSM*	*NDPM*	*VRAP-PDM*

τὰς	ψυχὰς	αὐτῶν	ὑπὲρ	τοῦ	ὀνόματος	τοῦ	κυρίου	ἡμῶν	Ἰησοῦ
las	vidas	de ellos	por	el	nombre	del	Señor	de nosotros	Jesús
3588	5590	846	5228	3588	3686	3588	2962	2257	2424
DAPF	*NAPF*	*RP3GPM*	*P*	*DGSN*	*NGSN*	*DGSM*	*NGSM*	*RP1GP*	*NGSM*

Χριστοῦ.	27 ἀπεστάλκαμεν	οὖν	Ἰούδαν	καὶ	Σιλᾶν,	καὶ	αὐτοὺς
Cristo.	hemos enviado$_2$	Así que$_1$	a Judas	y	a Silas	y	a ellos
5547	649	3767	2455	2532	4609	2532	846
NGSM	*VRAI1P*	*CLI*	*NASM*	*CLN*	*NASM*	*BE, TE*	*RP3APM*

διὰ	λόγου	ἀπαγγέλλοντας	τὰ	αὐτά.	28 ἔδοξεν	γὰρ	τῷ
por medio de	palabra	informando	las	mismas cosas.	pareció$_2$	Porque$_1$	al
1223	3056	518	3588	846	1380	1063	3588
P	*NGSM*	*VPAP-PAM*	*DAPN*	*RP3APN, JAPN*	*VAAI3S*	*CLX*	*DDSN*

πνεύματι	τῷ	ἁγίῳ	καὶ	ἡμῖν	μηδὲν	πλέον	ἐπιτίθεσθαι	ὑμῖν
Espíritu	--	Santo	y	a nosotros	ninguna	más$_3$	ser impuesta$_3$	a vosotros$_4$
4151	3588	40	2532	2254	3367	4119	2007	5213
NDSN	*DDSN*	*JDSN*	*CLN*	*RP1DP*	*JASN*	*JASNC*	*VPMN*	*RP2DP*

βάρος	πλὴν	τούτων	τῶν	ἐπάναγκες,	29 ἀπέχεσθαι	εἰδωλοθύτων
carga$_1$	excepto	estas cosas	--	necesarias,	abstenerse	de cosas sacrificios a los ídolos,
922	4133	5130	3588	1876	567	1494
NASN	*P, B*	*RD-GPN*	*DGPN*	*B*	*VPMN*	*JGPN*

καὶ	αἵματος	καὶ	πνικτῶν	καὶ	πορνείας·	ἐξ	ὧν
y	de sangre	y	de (animales) estrangulados	y	de inmoralidad sexual,	de	las cuales
2532	129	2532	4156	2532	4202	1537	3739
CLN	*NGSN*	*CLN*	*JGPN*	*CLN*	*NGSF*	*P*	*RR-GPN*

διατηροῦντες	ἑαυτοὺς	εὖ	πράξετε.	ἔρρωσθε.
guardando	a vosotros mismos.$_3$	bien$_2$	haréis$_1$	Estad bien (de salud).
1301	1438	2095	4238	4517
VPAP-PNM	*RF2APM*	*B*	*VFAI2P*	*VRPM2P*

30 Οἱ	μὲν	οὖν	ἀπολυθέντες	κατῆλθον	εἰς	Ἀντιόχειαν,	καὶ
ellos$_3$	--$_2$	Así que$_1$	habiendo sido despedidos	bajaron	a	Antioquía,	y
3588	3303	3767	630	2718	1519	490	2532
DNPM	*TE, C*	*CLT*	*VAPP-PNM*	*VAAI3P*	*P*	*NASF*	*CLN*

NVI

algunos de los
nuestros, sin nues-
tra autorización, los
han inquietado a
ustedes, alarmán-
doles con lo que les
han dicho. 25 Así
que de común
acuerdo hemos
decidido escoger a
algunos hombres y
enviarlos a ustedes
con nuestros
queridos hermanos
Pablo y Bernabé,
26 quienes han
arriesgado su vida
por el nombre
de nuestro Señor
Jesucristo. 27 Por
tanto, les enviamos
a Judas y a Silas para
que les confirmen
personalmente lo
que les escribimos.
28 Nos pareció
bien al Espíritu
Santo y a nosotros
no imponerles a
ustedes ninguna
carga aparte de los
siguientes requisi-
tos: 29 abstenerse de
lo sacrificado a los
ídolos, de sangre, de
la carne de animales
estrangulados y
de la inmoralidad
sexual. Bien harán
ustedes si evitan
estas cosas.

Con nuestros mejores deseos.

30 Una vez despe-
didos, ellos bajaron
a Antioquía, donde

15:24⸀ Manuscritos inferiores aumentaron *diciendo circuncidaros y guardar la ley.*

RVR

reuniendo a la congrega-
ción, entregaron la carta;
31 y habiéndola leído,
se regocijaron por la
consolación.
32 Y Judas y Silas, como
ellos también eran
profetas, consolaron y
confortaron a los her-
manos con abundancia
de palabras.
33 Y después de pasar
algún tiempo allí, fue-
ron despedidos con paz
por los hermanos, para
volver a aquellos que los
habían enviado.
34 Mas a Silas le pareció
bien el quedarse allí.
35 Pero Pablo y Bernabé
continuaron en
Antioquía, enseñando
la palabra del Señor y
anunciando el evangelio
con otros muchos.

Pablo se separa de Bernabé, y comienza su segundo viaje misionero

36 Después de algunos
días, Pablo dijo a
Bernabé: Volvamos a
visitar a los hermanos
en todas las ciudades en
que hemos anunciado la
palabra del Señor, para
ver cómo están.
37 Y Bernabé quería que
llevasen consigo a Juan,
el que tenía por sobre-
nombre Marcos;
38 pero Pablo insistía
en que no debían llevar
consigo al que se había
apartado de ellos desde
Panfilia, y no había ido
con ellos a la obra.

συναγαγόντες	τὸ	πλῆθος	ἐπέδωκαν	τὴν	ἐπιστολήν·	31 ἀναγνόντες
habiendo reunido	a la	multitud	entregaron	la	carta.	habiendo leído$_2$
4863	3588	4128	1929	3588	1992	314
VAAP-PNM	*DASN*	*NASN*	*VAAI3P*	*DASF*	*NASF*	*VAAP-PNM*

δὲ	ἐχάρησαν	ἐπὶ	τῇ	παρακλήσει.	32 Ἰούδας	τε	καὶ	Σιλᾶς,	καὶ
Y$_1$	se alegraron	por	la	consolación.	Judas$_2$	Y$_1$	como	Silas	también
1161	5463	1909	3588	3874	2455	5037	2532	4609	2532
CLN	*VAPI3P*	*P*	*DDSF*	*NDSF*	*NNSM*	*CLN*	*CLN*	*NNSM*	*BE, TE*

αὐτοὶ	προφῆται	ὄντες,	διὰ	λόγου	πολλοῦ	παρεκάλεσαν	τοὺς
ellos$_2$	profetas$_3$	siendo$_1$	por medio de	palabra$_2$	mucha$_1$	confortaron	a los
846	4396	5607	1223	3056	4183	3870	3588
RP3NPMP	*NNPM*	*VPAP-PNM*	*P*	*NGSM*	*JGSM*	*VAAI3P*	*DAPM*

ἀδελφοὺς	καὶ	ἐπεστήριξαν·	33 ποιήσαντες	δὲ	χρόνον	ἀπελύθησαν
hermanos	y	(los) fortalecieron,	habiendo hecho$_2$	y$_1$	un tiempo	fueron despedidos
80	2532	1991	4160	1161	5550	630
NAPM	*CLN*	*VAAI3P*	*VAAP-PNM*	*CLN*	*NASM*	*VAPI3P*

μετ'	εἰρήνης	ἀπὸ	τῶν	ἀδελφῶν	πρὸς	τοὺς	⸀ἀποστείλαντας	αὐτούς⸆.
con	paz	por	los	hermanos	a	los que	habiendo enviado	a ellos.
3326	1515	575	3588	80	4314	3588	649	846
P	*NGSF*	*P*	*DGPM*	*NGPM*	*P*	*DAPM*	*VAAP-PAM*	*RP3APM*

35 Παῦλος	δὲ	καὶ	Βαρναβᾶς	διέτριβον	ἐν	Ἀντιοχείᾳ	διδάσκοντες	καὶ
Pablo$_2$	Pero$_1$	y	Bernabé	(se) quedaban	en	Antioquía	enseñando	y
3972	1161	2532	921	1304	1722	490	1321	2532
NNSM	*CLC*	*CLN*	*NNSM*	*VIAI3P*	*P*	*NDSF*	*VPAP-PNM*	*CLN*

εὐαγγελιζόμενοι	μετὰ	καὶ	ἑτέρων	πολλῶν	τὸν	λόγον	τοῦ	κυρίου.
anunciando	con$_2$	también$_1$	otros$_4$	muchos$_3$	la	palabra	del	Señor.
2097	3326	2532	2087	4183	3588	3056	3588	2962
VPMP-PNM	*P*	*BE, TE*	*JGPM*	*JGPM*	*DASM*	*NASM*	*DGSM*	*NGSM*

36 Μετὰ	δέ	τινας	ἡμέρας	εἶπεν	πρὸς	Βαρναβᾶν	Παῦλος·
después de$_2$	Y$_1$	algunos	días	dijo	a	Bernabé	Pablo:
3326	1161	5100	2250	2036	4314	921	3972
P	*CLT*	*JAPF, RX-APF*	*NAPF*	*VAAI3S*	*P*	*NASM*	*NNSM*

Ἐπιστρέψαντες	δὴ	ἐπισκεψώμεθα	τοὺς	ἀδελφοὺς	κατὰ	πόλιν
Habiendo vuelto	ya	visitáramos	a los	hermanos	en	ciudad$_2$
1994	1211	1980	3588	80	2596	4172
VAAP-PNM	*TE*	*VAMS1P*	*DAPM*	*NAPM*	*P*	*NASF*

πᾶσαν	ἐν	αἷς	κατηγγείλαμεν	τὸν	λόγον	τοῦ	κυρίου,	πῶς
toda$_1$	en	las cuales	anunciamos	la	palabra	del	Señor	(para ver) cómo
3956	1722	3739	2605	3588	3056	3588	2962	4459
JASF	*P*	*RR-DPF*	*VAAI1P*	*DASM*	*NASM*	*DGSM*	*NGSM*	*B*

ἔχουσιν.*	37 Βαρναβᾶς	δὲ	ἐβούλετο	συμπαραλαβεῖν	καὶ	τὸν
tienen.	Bernabé$_2$	Y$_1$	quería	llevar consigo	también	a --
2192	921	1161	1014	4838	2532	3588
VPAI3P	*NNSM*	*CLN*	*VIUI3S*	*VAAN*	*BE, TE*	*DASM*

Ἰωάννην	τὸν	καλούμενον	Μᾶρκον·	38 Παῦλος	δὲ	ἠξίου,	τὸν
Juan	el que	está siendo llamado	Marcos;	Pablo$_2$	pero$_1$	consideraba digno,	al
2491	3588	2564	3138	3972	1161	515	3588
NASM	*DASM*	*VPPP-SAM*	*NASM*	*NNSM*	*CLC*	*VIAI3S*	*DASM*

ἀποστάντα	ἀπ'	αὐτῶν	ἀπὸ	Παμφυλίας	καὶ	μὴ	συνελθόντα
habiéndose apartado	de	ellos	desde	Panfilia	y	no	habiendo(se) venido junto
868	575	846	575	3828	2532	3361	4905
VAAP-SAM	*P*	*RP3GPM*	*P*	*NGSF*	*CLN*	*BN, TN*	*VAAP-SAM*

αὐτοῖς	εἰς	τὸ	ἔργον,	μὴ	συμπαραλαμβάνειν	τοῦτον.	39 ἐγένετο
con ellos	a	la	obra	no	llevar consigo	a este.	sucedió$_2$
846	1519	3588	2041	3361	4838	5126	1096
RP3DPM	*P*	*DASN*	*NASN*	*BN, TN*	*VPAN*	*RD-ASM*	*VAMI3S*

NVI

reunieron a la congre-
gación y entregaron la
carta. 31 Los creyentes
la leyeron y se alegraron
por su mensaje alenta-
dor. 32 Judas y Silas, que
también eran profetas,
hablaron extensamente
para animarlos y forta-
lecerlos. 33 Después de
pasar algún tiempo allí,
los hermanos los despi-
dieron en paz, para que
regresaran a quienes los
habían enviado. 35 Pablo
y Bernabé permane-
cieron en Antioquía,
enseñando y anuncian-
do la palabra del Señor
en compañía de muchos
otros.

Desacuerdo entre Pablo y Bernabé

36 Algún tiempo
después, Pablo le dijo a
Bernabé: «Volvamos
a visitar a los creyentes
en todas las ciudades en
donde hemos anuncia-
do la palabra del Señor,
y veamos cómo están».
37 Resulta que Bernabé
quería llevar con ellos a
Juan Marcos, 38 pero a
Pablo no le pareció pru-
dente llevarlo, porque
los había abandonado
en Panfilia y no había se-
guido con ellos en el tra-
bajo. 39 Se produjo entre

15:33⸀⸆ Manuscritos inferiores tienen *apótoles*. 34 *Y a Silas le pareció bien quedarse allí.* **15:36*** O sea *cómo están*.

RVR

39 Y se produjo tal
tirantez entre ellos, que
se separaron el uno del
otro; Bernabé, tomando
a Marcos, se embarcó
rumbo a Chipre,
40 y Pablo, escogiendo a
Silas, salió encomenda-
do por los hermanos a la
gracia del Señor,
41 y pasó por Siria y
Cilicia, consolidando
las iglesias.

Pablo toma por compañero a Timoteo

16 Después llegó a
Derbe y a Listra;
y he aquí que había allí
cierto discípulo llamado
Timoteo, hijo de una
mujer judía creyente,
pero de padre griego;
2 y daban buen testimo-
nio de él los hermanos
que estaban en Listra y
en Iconio.
3 Quiso Pablo que éste
saliera con él; y tomán-
dole, le circuncidó por
causa de los judíos que
había en aquellos luga-
res; porque todos sabían
que su padre era griego.
4 Y al pasar por las ciu-
dades, les entregaban las
ordenanzas que habían
acordado los apóstoles y
los ancianos que estaban

δὲ	παροξυσμὸς	ὥστε	ἀποχωρισθῆναι	αὐτοὺς	ἀπ'	ἀλλήλων,	τόν
Y$_1$	un serio desacuerdo	de modo que	separarse	ellos	de	unos a otros,	--
1161	3948	5620	673	846	575	240	3588
CLN	NNSM	CAR	VAPN	RP3APM	P	RC-GPM	DASM

τε	Βαρναβᾶν	παραλαβόντα	τὸν	Μᾶρκον	ἐκπλεῦσαι	εἰς	Κύπρον,
y	Bernabé	habiendo tomado	a --	Marcos	embarcar	a	Chipre,
5037	921	3880	3588	3138	1602	1519	2954
CLN	NASM	VAAP-SAM	DASM	NASM	VAAN	P	NASF

40 Παῦλος	δὲ	ἐπιλεξάμενος	Σιλᾶν	ἐξῆλθεν	παραδοθεὶς	τῇ	χάριτι
Pablo$_2$	y$_1$	habiendo llamado	a Silas	salió	habiendo entregado	a la	gracia
3972	1161	1951	4609	1831	3860	3588	5485
NNSM	CLC	VAMP-SNM	NASM	VAAI3S	VAPP-SNM	DDSF	NDSF

τοῦ	κυρίου	ὑπὸ	τῶν	ἀδελφῶν,	41 διήρχετο	δὲ	τὴν	Συρίαν	καὶ	τὴν
del	Señor	por	los	hermanos;	pasaba$_2$	y$_1$	por --	Siria	y	--
3588	2962	5259	3588	80	1330	1161	3588	4947	2532	3588
DGSM	NGSM	P	DGPM	NGPM	VIUI3S	CLN	DASF	NASF	CLN	DASF

Κιλικίαν	ἐπιστηρίζων	τὰς	ἐκκλησίας.
Cilicia	fortaleciendo	a las	iglesias.
2791	1991	3588	1577
NASF	VPAP-SNM	DAPF	NAPF

16 Κατήντησεν	δὲ	καὶ	εἰς	Δέρβην	καὶ	εἰς	Λύστραν.	καὶ
llegó$_2$	Y$_1$	--	a	Derbe	y	a	Listra.	Y
2658	1161	2532	1519	1191	2532	1519	3082	2532
VAAI3S	CLT	TE, C	P	NASF	CLN	P	NASF	CLN

ἰδοὺ	μαθητής	τις	ἦν	ἐκεῖ	ὀνόματι	Τιμόθεος,	υἱὸς	γυναικὸς
mira,	discípulo$_2$	cierto$_1$	estaba	allí	(de) nombre	Timoteo,	hijo	(de) mujer
2400	3101	5100	2258	1563	3686	5095	5207	1135
I, VAAM2S	NNSM	JNSM, RX-NSM	VIAI3S	BP	NDSN	NNSM	NNSM	NGSF

Ἰουδαίας	πιστῆς,	πατρὸς	δὲ	Ἕλληνος,	2 ὃς	ἐμαρτυρεῖτο
judía	fiel,	de padre$_2$	y$_1$	griego,	el cual	era objeto de buen testimonio
2453	4103	3962	1161	1672	3739	3140
JGSF	JGSF	NGSM	CLC	NGSM	RR-NSM	VIPI3S

ὑπὸ	τῶν	ἐν	Λύστροις	καὶ	Ἰκονίῳ	ἀδελφῶν·	3 τοῦτον	ἠθέλησεν	ὁ
por	los	en$_2$	Listra$_3$	e$_4$	Iconio.$_5$	hermanos$_1$	a este$_4$	quiso$_3$	--$_1$
5259	3588	1722	3082	2532	2430	80	5126	2309	3588
P	DGPM	P	NDPN	CLN	NDSN	NGPM	RD-ASM	VAAI3S	DNSM

Παῦλος	σὺν	αὐτῷ	ἐξελθεῖν,*	καὶ	λαβὼν	περιέτεμεν	αὐτὸν
Pablo$_2$	con	él	salir,	y	habiéndo(lo) tomando	circuncidó	a él
3972	4862	846	1831	2532	2983	4059	846
NNSM	P	RP3DSM	VAAN	CLN	VAAP-SNM	VAAI3S	RP3ASM

διὰ	τοὺς	Ἰουδαίους	τοὺς	ὄντας	ἐν	τοῖς	τόποις	ἐκείνοις,
por causa de	los	judíos	los que	estando	en	los	lugares	aquellos;
1223	3588	2453	3588	5607	1722	3588	5117	1565
P	DAPM	JAPM	DAPM	VPAP-PAM	P	DDPM	NDPM	RD-DPM

ᾔδεισαν	γὰρ	ἅπαντες	ὅτι	Ἕλλην	ὁ	πατὴρ	αὐτοῦ	ὑπῆρχεν.	4 ὡς
sabían$_3$	porque$_1$	todos$_2$	que$_4$	griego.$_9$	el$_5$	padre$_6$	de él$_7$	era$_8$	cuando$_2$
1492	1063	537	3754	1672	3588	3962	846	5225	5613
VLAI3P	CAZ	JNPM	CSC	NNSM	DNSM	NNSM	RP3GSM	VIAI3S	CAT

δὲ	διεπορεύοντο	τὰς	πόλεις,	παρεδίδοσαν	αὐτοῖς	φυλάσσειν	τὰ
Y$_1$	pasaban por	las	ciudades,	entregaban	a ellos	para guardar	los
1161	1279	3588	4172	3860	846	5442	3588
CLN	VIUI3P	DAPF	NAPF	VIAI3P	RP3DPM	VPAN	DAPN

δόγματα	τὰ	κεκριμένα	ὑπὸ	τῶν	ἀποστόλων	καὶ	πρεσβυτέρων
decretos	--	determinados	por	los	apóstoles	y	ancianos
1378	3588	2919	5259	3588	652	2532	4245
NAPN	DAPN	VRPP-PAN	P	DGPM	NGPM	CLN	JGPM

NVI

ellos un conflicto tan
serio que acabaron por
separarse. Bernabé se
llevó a Marcos y se em-
barcó rumbo a Chipre,
40 mientras que Pablo
escogió a Silas. Después
de que los hermanos
lo encomendaron a la
gracia del Señor, Pablo
partió 41 y viajó por Siria
y Cilicia, consolidando a
las iglesias.

Timoteo se une a Pablo y a Silas

16 Llegó Pablo a
Derbe y des-
pués a Listra, donde se
encontró con un discí-
pulo llamado Timoteo,
hijo de una mujer judía
creyente, pero de padre
griego. 2 Los hermanos
en Listra y en Iconio
hablaban bien de
Timoteo, 3 así que Pablo
decidió llevárselo. Por
causa de los judíos que
vivían en aquella región,
lo circuncidó, pues to-
dos sabían que su padre
era griego. 4 Al pasar por
las ciudades, entregaban
los acuerdos tomados
por los apóstoles y los
ancianos de Jerusalén,

16:3* O sea *que fuera con él.*

RVR

en Jerusalén, para que las
observasen.
5 Así que las iglesias eran
consolidadas en la fe, y
aumentaban en número
cada día.

La visión del varón macedonia

6 Y atravesando Frigia
y la región de Galacia,
les impidió el Espíritu
Santo hablar la palabra
en Asia;
7 y cuando llegaron a
Misia, intentaron ir a
Bitinia, pero el Espíritu
de Jesús no se lo per-
mitió.
8 Y pasando junto a
Misia, descendieron a
Tróade.
9 Y se le mostró a Pablo
una visión de noche:
un varón macedonio
estaba en pie, rogán-
dole y diciendo: Pasa a
Macedonia y ayúdanos.
10 Cuando vio la visión,
en seguida procuramos
partir para Macedonia,
dando por cierto que
Dios nos llamaba para
que les anunciásemos el
evangelio.

Encarcelados en Filipos

11 Zarpando, pues,
de Tróade, vinimos
con rumbo directo a
Samotracia, y el día
siguiente a Neápolis;
12 y de allí a Filipos, que
es una ciudad principal

τῶν	ἐν	Ἱεροσολύμοις.	5 αἱ	μὲν	οὖν	ἐκκλησίαι	ἐστερεοῦντο
de los	en	Jerusalén.	las$_3$	--$_2$	Así que$_1$	iglesias	eran fortalecidas
3588	1722	2414	3588	3303	3767	1577	4732
DGPM	*P*	*NDPN*	*DNPF*	*TE, C*	*CLI*	*NNPF*	*VIPI3P*

τῇ	πίστει	καὶ	ἐπερίσσευον	τῷ	ἀριθμῷ	καθ’	ἡμέραν.	6 Διῆλθον
en la	fe	y	sobreabundaban	--	en número	cada	día.	pasaban por$_2$
3588	4102	2532	4052	3588	706	2596	2250	1330
DDSF	*NDSF*	*CLN*	*VIAI3P*	*DDSM*	*NDSM*	*P*	*NASF*	*VAAI3P, VAAI3S*

δὲ	τὴν	Φρυγίαν	καὶ	Γαλατικὴν	χώραν,	κωλυθέντες	ὑπὸ	τοῦ
Y$_1$	--$_3$	de Frigia$_5$	y$_6$	Galacia$_7$	región$_4$	habiendo sido impedidos	por	el
1161	3588	5435	2532	1054	5561	2967	5259	3588
CLT	*DASF*	*NASF*	*CLN*	*JASF*	*NASF*	*VAPP-PNM*	*P*	*DGSN*

ἁγίου	πνεύματος	λαλῆσαι	τὸν	λόγον	ἐν	τῇ	Ἀσίᾳ,	7 ἐλθόντες
Santo$_2$	Espíritu$_1$	hablar	la	palabra	en	--	Asia;	habiendo venido$_2$
40	4151	2980	3588	3056	1722	3588	773	2064
JGSN	*NGSN*	*VAAN*	*DASM*	*NASM*	*P*	*DDSF*	*NDSF*	*VAAP-PNM*

δὲ	κατὰ	τὴν	Μυσίαν	ἐπείραζον	εἰς	τὴν	Βιθυνίαν	πορευθῆναι
y$_1$	a	--	Misia	intentaban	a$_2$	--$_3$	Bitinia,$_4$	ir$_1$
1161	2596	3588	3465	3985	1519	3588	978	4198
CLN	*P*	*DASF*	*NASF*	*VIAI3P*	*P*	*DASF*	*NASF*	*VAPN*

καὶ	οὐκ	εἴασεν	αὐτοὺς	τὸ	πνεῦμα	Ἰησοῦ·	8 παρελθόντες	δὲ
pero	no	permitió	a ellos	el	Espíritu	de Jesús;	habiendo pasado (por)$_2$	y$_1$
2532	3756	1439	846	3588	4151	2424	3928	1161
CLC	*BN, TN*	*VAAI3S*	*RP3APM*	*DNSN*	*NNSN*	*NGSM*	*VAAP-PNM*	*CLN*

τὴν	Μυσίαν	κατέβησαν	εἰς	Τρῳάδα.	9 καὶ	ὅραμα	διὰ	νυκτὸς
--	Misia	bajaron	a	Troas.	Y	una visión	por$_2$	(la) noche$_3$
3588	3465	2597	1519	5174	2532	3705	1223	3571
DASF	*NASF*	*VAAI3P*	*P*	*NASF*	*CLN*	*NNSN*	*P*	*NGSF*

τῷ	Παύλῳ	ὤφθη,	ἀνὴρ	Μακεδών	τις	ἦν	ἑστὼς
(por)--$_4$	Pablo$_5$	fue vista$_1$	hombre$_7$	macedonio$_8$	cierto$_6$	estaba	puesto en pie
3588	3972	3700	435	3110	5100	2258	2476
DDSM	*NDSM*	*VAPI3S*	*NNSM*	*NNSM*	*JNSM, RX-NSM*	*VIAI3S*	*VRAP-SNM*

καὶ	παρακαλῶν	αὐτὸν	καὶ	λέγων·	Διαβὰς	εἰς	Μακεδονίαν
y	rogando	a él	y	diciendo:	Habiendo pasado	a	Macedonia
2532	3870	846	2532	3004	1224	1519	3109
CLN	*VPAP-SNM*	*RP3ASM*	*CLN*	*VPAP-SNM*	*VAAP-SNM*	*P*	*NASF*

βοήθησον	ἡμῖν.	10 ὡς	δὲ	τὸ	ὅραμα	εἶδεν,	εὐθέως	ἐζητήσαμεν
ayuda	a nosotros.	cuando$_2$	Y$_1$	la	visión	vio,	inmediatamente	buscamos
997	2254	5613	1161	3588	3705	1492	2112	2212
VAAM2S	*RP1DP*	*CAT*	*CLN*	*DASN*	*NASN*	*VAAI3S*	*B*	*VAAI1P*

ἐξελθεῖν	εἰς	Μακεδονίαν,	συμβιβάζοντες	ὅτι	προσκέκληται	ἡμᾶς
ir	a	Macedonia	concluyendo	que	ha llamado$_3$	a nosotros$_4$
1831	1519	3109	4822	3754	4341	2248
VAAN	*P*	*NASF*	*VPAP-PNM*	*CSC*	*VRUI3S*	*RP1AP*

ὁ	θεὸς	εὐαγγελίσασθαι	αὐτούς.	11 Ἀναχθέντες	οὖν	ἀπὸ
--$_1$	Dios$_2$	para anunciar (la) buena noticia	a ellos.	habiendo embarcado$_2$	Así que$_1$	de
3588	2316	2097	846	321	3767	575
DNSM	*NNSM*	*VAMN*	*RP3APM*	*VAPP-PNM*	*C*	*P*

Τρῳάδος	εὐθυδρομήσαμεν	εἰς	Σαμοθρᾴκην,	τῇ	δὲ	ἐπιούσῃ
Troas	nos dirigimos directamente	a	Samotracia,	al$_2$	y$_1$	siguiente (día)
5174	2113	1519	4543	3588	1161	1966
NGSF	*VAAI1P*	*P*	*NASF*	*DDSF*	*CLN*	*VPAP-SDF*

εἰς	Νέαν	Πόλιν,	12 κἀκεῖθεν	εἰς	Φιλίππους,	ἥτις	ἐστὶν	πρώτη
a	Neápolis.$_2$	(la) ciudad$_1$	Y de allí	a	Filipos,	la cual	es	(la) primera
1519	3501	4172	2547	1519	5375	3748	2076	4413
P	*JASF*	*NASF*	*CLN, BP*	*P*	*NAPM, NASM*	*RR-NSF*	*VPAI3S*	*JGSF*

NVI

para que los pusieran
en práctica. 5 Y así las
iglesias se fortalecían en
la fe y crecían en número
día tras día.

La visión de Pablo del hombre macedonio

6 Atravesaron la re-
gión de Frigia y Galacia,
ya que el Espíritu Santo
les había impedido que
predicaran la palabra
en la provincia de Asia.
7 Cuando llegaron cerca
de Misia, intentaron
pasar a Bitinia, pero el
Espíritu de Jesús no se
lo permitió. 8 Entonces,
pasando de largo por
Misia, bajaron a Troas.
9 Durante la noche
Pablo tuvo una visión
en la que un hombre
de Macedonia, puesto
de pie, le rogaba:
«Pasa a Macedonia y
ayúdanos». 10 Después
de que Pablo tuvo
la visión, en seguida
nos preparamos para
partir hacia Macedonia,
convencidos de que
Dios nos había llamado
a anunciar el evangelio a
los macedonios.

Conversión de Lidia en Filipos

11 Zarpando de Troas,
navegamos directamen-
te a Samotracia, y al día
siguiente a Neápolis.
12 De allí fuimos a
Filipos, que es una colo-
nia romana y la ciudad
principal de ese distrito

RVR

de la provincia de
Macedonia, y una colo-
nia; y nos quedamos en
aquella ciudad algunos
días.
13 Y el sábado salimos
fuera de la puerta, junto
al río, donde suponía-
mos que había un lugar
de oración; y sentán-
donos, nos pusimos a
hablarles a las mujeres
que se habían reunido.
14 Entonces una mujer
llamada Lidia, vende-
dora de púrpura, de la
ciudad de Tiatira, que
adoraba a Dios, estaba
oyendo; y el Señor abrió
su corazón para que
estuviese atenta a lo que
Pablo hablaba.
15 Y cuando fue bauti-
zada, y su familia, nos
rogó diciendo: Si habéis
juzgado que soy fiel al
Señor, entrad y hospe-
daos en mi casa. Y nos
obligó a quedarnos.
16 Aconteció que mien-
tras íbamos a la oración,
nos salió al encuentro
una muchacha que tenía
espíritu de adivina-
ción, la cual daba gran
ganancia a sus amos,
adivinando.
17 Ésta, siguiendo a
Pablo y a nosotros,
gritaba, diciendo: Estos
hombres son siervos del

τῆς	μερίδος	Μακεδονίας	πόλις,	κολωνία.	ἦμεν	δὲ	ἐν	ταύτῃ
de la$_2$	parte$_3$	de Macedonia,$_4$	ciudad$_1$	una colonia.	estábamos$_2$	Y$_1$	en	esta
3588	3310	3109	4172	2862	1510	1161	1722	3778
DGSF	NGSF	NGSF	NNSF	NNSF	VIAI1P	CLN	P	RD-DSF

τῇ	πόλει	διατρίβοντες	ἡμέρας	τινάς.	13 τῇ	τε	ἡμέρᾳ	τῶν
--	ciudad	quedándonos	días.$_2$	algunos$_1$	el$_2$	Y$_1$	día	de los
3588	4172	1304	2250	5100	3588	5037	2250	3588
DDSF	NDSF	VPAP-PNM	NAPF	JAPF, RX-APF	DDSF	CLN	NDSF	DGPN

σαββάτων*	ἐξήλθομεν	ἔξω	τῆς	πύλης	παρὰ	ποταμὸν	οὗ	ἐνομίζομεν
sábados	salimos	fuera	de la	puerta	junto a	(el) río	donde	suponíamos
4521	1831	1854	3588	4439	3844	4215	3757	3543
NGPN	VAAI1P	P, B	DGSF	NGSF	P	NASM	B	VIAI1P

προσευχὴν	εἶναι,	καὶ	καθίσαντες	ἐλαλοῦμεν	ταῖς	συνελθούσαις
(un lugar de) oración$_2$	estar,$_1$	y	habiéndonos sentado	hablamos	a las	habiéndose reunido.$_2$
4335	1511	2532	2523	2980	3588	4905
NASF	VPAN	CLN	VAAP-PNM	VIAI1P	DDPF	VAAP-PDF

γυναιξίν.	14 καί	τις	γυνὴ	ὀνόματι	Λυδία,	πορφυρόπωλις	πόλεως
mujeres$_1$	Y	cierta	mujer	(de) nombre	Lidia,	vendedora de púrpura	de (la) ciudad
1135	2532	5100	1135	3686	3070	4211	4172
NDPF	CLN	JNSF, RX-NSF	NNSF	NDSN	NNSF	NNSF	NGSF

Θυατείρων	σεβομένη	τὸν	θεόν,	ἤκουεν,	ἧς	ὁ	κύριος	διήνοιξεν
de Tiatira	adorando	a --	Dios,	oía,	(a) la cual	el	Señor	abrió
2363	4576	3588	2316	191	3739	3588	2962	1272
NGPN	VPUP-SNF	DASM	NASM	VIAI3S	RR-GSF	DNSM	NNSM	VAAI3S

τὴν	καρδίαν	προσέχειν	τοῖς	λαλουμένοις	ὑπὸ	τοῦ	Παύλου.
el	corazón	para prestar atención a	a las cosas	siendo habladas	por	--	Pablo.
3588	2588	4337	3588	2980	5259	3588	3972
DASF	NASF	VPAN	DDPN	VPPP-PDN	P	DGSM	NGSM

15 ὡς	δὲ	ἐβαπτίσθη	καὶ	ὁ	οἶκος	αὐτῆς,	παρεκάλεσεν	λέγουσα·
cuando$_2$	Y$_1$	fue bautizada	y	la	casa	de ella,	rogó	diciendo:
5613	1161	907	2532	3588	3624	846	3870	3004
CAT	CLN	VAPI3S	CLN	DNSM	NNSM	RP3GSF	VAAI3S	VPAP-SNF

Εἰ	κεκρίκατέ	με	πιστὴν	τῷ	κυρίῳ	εἶναι,	εἰσελθόντες	εἰς
Si	habéis juzgado	a mí	fiel$_2$	al$_3$	Señor$_4$	ser,$_1$	habiendo entrado	en
1487	2919	3165	4103	3588	2962	1511	1525	1519
CAC	VRAI2P	RP1AS	JASF	DDSM	NDSM	VPAN	VAAP-PNM	P

τὸν	οἶκόν	μου	μένετε·	καὶ	παρεβιάσατο	ἡμᾶς.	16 Ἐγένετο	δὲ
la	casa	de mí	permaneced;	e	insistió con fuerza	a nosotros.	sucedió que$_2$	Y$_1$
3588	3624	3450	3306	2532	3849	2248	1096	1161
DASM	NASM	RP1GS	VPAM2P	CLN	VAMI3S	RP1AP	VAMI3S	CLT

πορευομένων	ἡμῶν	εἰς	τὴν	προσευχὴν	παιδίσκην	τινὰ	ἔχουσαν
yendo	nosotros	a	la	oración	criada$_2$	cierta$_1$	teniendo
4198	2257	1519	3588	4335	3814	5100	2192
VPUP-PGM	RP1GP	P	DASF	NASF	NASF	JASF, RX-ASF	VPAP-SAF

πνεῦμα	πύθωνα	ὑπαντῆσαι	ἡμῖν,	ἥτις	ἐργασίαν	πολλὴν	παρεῖχεν
espíritu	de Pitón	salir al encuentro	(de) nosotros,	la cual	ganancia$_3$	mucha$_2$	presentaba$_1$
4151	4436	5221	2254	3748	2039	4183	3930
NASN	NASM	VAAN	RP1DP	RR-NSF	NASF	JASF	VIAI3S

τοῖς	κυρίοις	αὐτῆς	μαντευομένη·	17 αὕτη	κατακολουθοῦσα	τῷ
a los	amos	de ella	adivinando.	Esta,	siguiendo	a --
3588	2962	846	3132	3778	2628	3588
DDPM	NDPM	RP3GSF	VPUP-SNF	RD-NSF	VPAP-SNF, VAAP-SNF	DDSM

Παύλῳ	καὶ	ἡμῖν	ἔκραζεν	λέγουσα·	Οὗτοι	οἱ	ἄνθρωποι	δοῦλοι
Pablo	y	a nosotros	gritaba	diciendo:	Estos	--	hombres	esclavos$_2$
3972	2532	2254	2896	3004	3778	3588	444	1401
NDSM	CLN	RP1DP	VIAI3S	VPAP-SNF	RD-NPM	DNPM	NNPM	NNPM

NVI

de Macedonia. En esa
ciudad nos quedamos
varios días.
13 El sábado salimos a
las afueras de la ciudad,
y fuimos por la orilla del
río, donde esperábamos
encontrar un lugar de
oración. Nos sentamos y
nos pusimos a conversar
con las mujeres que se
habían reunido. 14 Una
de ellas, que se llamaba
Lidia, adoraba a Dios.
Era de la ciudad de
Tiatira y vendía telas de
púrpura. Mientras escu-
chaba, el Señor le abrió
el corazón para que
respondiera al mensaje
de Pablo. 15 Cuando fue
bautizada con su fami-
lia, nos hizo la siguiente
invitación: «Si ustedes
me consideran creyente
en el Señor, vengan a
hospedarse en mi casa».
Y nos persuadió.

Pablo y Silas en la cárcel

16 Una vez, cuando
íbamos al lugar de ora-
ción, nos salió al encuen-
tro una joven esclava
que tenía un espíritu de
adivinación. Con sus
poderes ganaba mucho
dinero para sus amos.
17 Nos seguía a Pablo y a
nosotros, gritando:
—Estos hombres
son siervos del Dios

16:13* O sea *en sábado.*

RVR

Dios Altísimo, quienes
os anuncian un camino
de salvación.
18 Y esto lo hacía por
muchos días; Pablo,
cansado ya de esto, se
volvió y dijo al espíritu:
Te mando en el nombre
de Jesucristo, que salgas
de ella. Y salió en aquel
mismo momento.
19 Viendo sus amos que
había desaparecido la es-
peranza de su ganancia,
prendieron a Pablo y a
Silas, y los arrastraron
hasta la plaza pública,
ante las autoridades;
20 y presentándolos a los
magistrados, dijeron:
Estos hombres, siendo
judíos, alborotan nues-
tra ciudad,
21 y proclaman costum-
bres que no nos es lícito
recibir ni hacer, pues
somos romanos.
22 Y se agolpó el pueblo
contra ellos; y los ma-
gistrados, rasgándoles
las ropas, ordenaron
azotarles con varas.
23 Después de haberles
azotado mucho, los
echaron en la cárcel,
mandando al carcelero
que los guardase con
seguridad.
24 El cual, recibido este

τοῦ	θεοῦ	τοῦ	ὑψίστου	εἰσίν,	οἵτινες	καταγγέλλουσιν	ὑμῖν	ὁδὸν
del$_3$	Dios$_4$	--$_5$	Altísimo$_6$	son$_1$	los cuales	anuncian	a vosotros	(el) camino
3588	2316	3588	5310	1526	3748	2605	5213	3598
DGSM	NGSM	DGSM	JGSM	VPAI3P	RR-NPM	VPAI3P	RP2DP	NASF

σωτηρίας.	18 τοῦτο	δὲ	ἐποίει	ἐπὶ	πολλὰς	ἡμέρας.	διαπονηθεὶς	δὲ
de salvación.	esto$_2$	Y$_1$	hacía	por	muchos	días.	habiéndo(se) contrariado$_2$	Y$_1$
4991	5124	1161	4160	1909	4183	2250	1278	1161
NGSF	RD-NSN	CLN	VIAI3S	P	JAPF	NAPF	VAPP-SNM, VAMP-SNM	CLN

Παῦλος	καὶ	ἐπιστρέψας	τῷ	πνεύματι	εἶπεν·	Παραγγέλλω	σοι	ἐν
Pablo	y	habiéndo(se) vuelto	al	espíritu	dijo:	Ordeno	a ti	en
3972	2532	1994	3588	4151	2036	3853	4671	1722
NNSM	CLN	VAAP-SNM	DDSN	NDSN	VAAI3S	VPAI1S	RP2DS	P

ὀνόματι	Ἰησοῦ	Χριστοῦ	ἐξελθεῖν	ἀπ'	αὐτῆς·	καὶ	ἐξῆλθεν	αὐτῇ	τῇ
(el) nombre	de Jesús	Cristo	salir	de	ella;	y	salió	misma$_2$	(en) la$_1$
3686	2424	5547	1831	575	846	2532	1831	846	3588
NDSN	NGSM	NGSM	VAAN	P	RP3GSF	CLN	VAAI3S	RP3DSF	DDSF

ὥρᾳ.	19 Ἰδόντες	δὲ	οἱ	κύριοι	αὐτῆς	ὅτι	ἐξῆλθεν	ἡ	ἐλπὶς	τῆς
hora.$_3$	habiendo visto$_2$	Y$_1$	los	amos	de ella	que	se fue$_6$	la$_1$	esperanza$_2$	de la$_3$
5610	1492	1161	3588	2962	846	3754	1831	3588	1680	3588
NDSF	VAAP-PNM	CLN	DNPM	NNPM	RP3GSF	CSC	VAAI3S	DNSF	NNSF	DGSF

ἐργασίας	αὐτῶν	ἐπιλαβόμενοι	τὸν	Παῦλον	καὶ	τὸν	Σιλᾶν	εἵλκυσαν
ganancia$_4$	de ellos$_5$	habiendo agarrado	a --	Pablo	y	a --	Silas	(los) arrastraron
2039	846	1949	3588	3972	2532	3588	4609	1670
NGSF	RP3GPM	VAMP-PNM	DASM	NASM	CLN	DASM	NASM	VAAI3P

εἰς	τὴν	ἀγορὰν	ἐπὶ	τοὺς	ἄρχοντας,	20 καὶ	προσαγαγόντες	αὐτοὺς
a	la	plaza	ante	los	jefes	y	habiendo traído	a ellos
1519	3588	58	1909	3588	758	2532	4317	846
P	DASF	NASF	P	DAPM	NAPM	CLN	VAAP-PNM	RP3APM

τοῖς	στρατηγοῖς	εἶπαν·	Οὗτοι	οἱ	ἄνθρωποι	ἐκταράσσουσιν	ἡμῶν
a los	magistrados	dijeron:	Estos	--	hombres	perturban	de nosotros,$_3$
3588	4755	3004	3778	3588	444	1613	2257
DDPM	NDPM	VAAI3P	RD-NPM	DNPM	NNPM	VPAI3P	RP1GP

τὴν	πόλιν	Ἰουδαῖοι	ὑπάρχοντες,	21 καὶ	καταγγέλλουσιν	ἔθη	ἃ
la$_1$	ciudad$_2$	judíos,$_5$	siendo (ellos)$_4$	y	anuncian	costumbres	las cuales
3588	4172	2453	5225	2532	2605	1485	3739
DASF	NASF	JNPM	VPAP-PNM	CLN	VPAI3P	NAPN	RR-APN

οὐκ	ἔξεστιν	ἡμῖν	παραδέχεσθαι	οὐδὲ	ποιεῖν	Ῥωμαίοις	οὖσιν.
no	es permitido	a nosotros	recibir	ni	practicar	romanos.$_2$	siendo (nosotros)$_1$
3756	1832	2254	3858	3761	4160	4514	5607
BN, TN	VPAI3S	RP1DP	VPUN	CLD, TN	VPAN	JDPM	VPAP-PDM

22 καὶ	συνεπέστη	ὁ	ὄχλος	κατ'	αὐτῶν,	καὶ	οἱ	στρατηγοὶ
Y	(se) amotinó$_3$	la$_1$	multitud$_2$	contra	ellos	y	los	magistrados
2532	4911	3588	3793	2596	846	2532	3588	4755
CLN	VAAI3S	DNSM	NNSM	P	RP3GPM	CLN	DNPM	NNPM

περιρήξαντες	αὐτῶν	τὰ	ἱμάτια	ἐκέλευον	ῥαβδίζειν,	23 πολλάς	τε
habiendo rasgado	de ellos	las	ropas	(los) mandaban	apalear,	muchos$_4$	y$_1$
4048	846	3588	2440	2753	4463	4183	5037
VAAP-PNM	RP3GPM	DAPN	NAPN	VIAI3P	VPAN	JAPF	CLN

ἐπιθέντες	αὐτοῖς	πληγὰς	ἔβαλον	εἰς	φυλακήν,	παραγγείλαντες
habiendo puesto$_2$	a ellos$_3$	golpes	(los) echaron	en	(la) cárcel	habiendo ordenado
2007	846	4127	906	1519	5438	3853
VAAP-PNM	RP3DPM	NAPF	VAAI3P	P	NASF	VAAP-PNM

τῷ	δεσμοφύλακι	ἀσφαλῶς	τηρεῖν	αὐτούς.	24 ὃς	παραγγελίαν
al	carcelero	con seguridad.$_3$	guardar$_1$	a ellos$_2$	El cual	orden$_3$
3588	1200	806	5083	846	3739	3852
DDSM	NDSM	B	VPAN	RP3APM	RR-NSM	NASF

NVI

Altísimo, y les anuncian
a ustedes el camino de
salvación.
18 Así continuó
durante muchos días.
Por fin Pablo se molestó
tanto que se volvió y
reprendió al espíritu:
—¡En el nombre de
Jesucristo, te ordeno que
salgas de ella!
Y en aquel mismo
momento el espíritu
la dejó.
19 Cuando los amos
de la joven se dieron
cuenta de que se les
había esfumado la espe-
ranza de ganar dinero,
echaron mano a Pablo y
a Silas y los arrastraron a
la plaza, ante las autori-
dades. 20 Los presenta-
ron ante los magistrados
y dijeron:
—Estos hombres son
judíos, y están alboro-
tando a nuestra ciudad,
21 enseñando costum-
bres que a los romanos
se nos prohíbe admitir o
practicar.
22 Entonces la multi-
tud se amotinó contra
Pablo y Silas, y los magis-
trados mandaron que les
arrancaran la ropa y los
azotaran. 23 Después de
darles muchos golpes,
los echaron en la cárcel,
y ordenaron al carcelero
que los custodiara con
la mayor seguridad. 24 Al

RVR

mandato, los metió
en el calabozo de más
adentro, y les aseguró
los pies en el cepo.
25 Pero hacia la media-
noche, Pablo y Silas ora-
ban, y cantaban himnos
a Dios; y los presos les
escuchaban.
26 Entonces sobrevino
de repente un gran te-
rremoto, de tal manera
que los cimientos de la
cárcel fueron sacudidos;
y al instante se abrieron
todas las puertas, y las
cadenas de todos se
soltaron.
27 Despertó el carcelero,
y viendo abiertas las
puertas de la cárcel,
sacó la espada y se iba a
matar, pensando que los
presos se habían fugado.
28 Mas Pablo clamó a
gran voz, diciendo: No
te hagas ningún mal,
pues todos estamos
aquí.
29 Él entonces, pidiendo
luz, se precipitó aden-
tro, y temblando, se pos-
tró a los pies de Pablo y
de Silas;
30 y sacándolos, les dijo:
Señores, ¿qué debo
hacer para ser salvo?
31 Ellos dijeron: Cree

τοιαύτην	λαβὼν	ἔβαλεν	αὐτοὺς	εἰς	τὴν	ἐσωτέραν	φυλακὴν
esta$_2$	habiendo recibido$_1$	echó	a ellos	en	la	interior$_2$	cárcel$_1$
5108	2983	906	846	1519	3588	2082	5438
JASF, RD-ASF	*VAAP-SNM*	*VAAI3S*	*RP3APM*	*P*	*DASF*	*JASF*	*NASF*

καὶ	τοὺς	πόδας	ἠσφαλίσατο	αὐτῶν	εἰς	τὸ	ξύλον.	25 Κατὰ	δὲ
y	los$_2$	pies$_3$	aseguró$_1$	de ellos$_4$	en	el	cepo.	por$_2$	Y$_1$
2532	3588	4228	805	846	1519	3588	3586	2596	1161
CLN	*DAPM*	*NAPM*	*VAMI3S*	*RP3GPM*	*P*	*DASN*	*NASN*	*P*	*CLT*

τὸ	μεσονύκτιον	Παῦλος	καὶ	Σιλᾶς	προσευχόμενοι	ὕμνουν	τὸν
la	media noche	Pablo	y	Silas	orando	cantaban himnos	a --
3588	3317	3972	2532	4609	4336	5214	3588
DASN	*NASN*	*NNSM*	*CLN*	*NNSM*	*VPUP-PNM*	*VIAI3P*	*DASM*

θεόν,	ἐπηκροῶντο	δὲ	αὐτῶν	οἱ	δέσμιοι.	26 ἄφνω	δὲ	σεισμὸς
Dios,	escuchaban$_4$	y$_1$	a ellos;$_5$	los$_2$	prisioneros$_3$	de repente$_2$	y$_1$	un terremoto
2316	1874	1161	846	3588	1198	869	1161	4578
NASM	*VIUI3P*	*CLN*	*RP3GPM*	*DNPM*	*NNPM*	*B*	*CLN*	*NNSM*

ἐγένετο	μέγας	ὥστε	σαλευθῆναι	τὰ	θεμέλια	τοῦ	δεσμωτηρίου,
sucedió$_2$	grande$_1$	de tal modo que	ser sacudidos	los	fundamentos	de la	cárcel;
1096	3173	5620	4531	3588	2310	3588	1201
VAMI3S	*JNSM*	*CAR*	*VAPN*	*DAPN*	*NAPN*	*DGSN*	*NGSN*

ἠνεῴχθησαν	δὲ	παραχρῆμα	αἱ	θύραι	πᾶσαι,	καὶ	πάντων	τὰ
fueron abiertas$_5$	y$_1$	al instante$_6$	las$_3$	puertas$_4$	todas$_2$	y	todas	las
455	1161	3916	3588	2374	3956	2532	3956	3588
VAPI3P	*CLN*	*B*	*DNPF*	*NNPF*	*JNPF*	*CLN*	*JGPM*	*DNPN*

δεσμὰ	ἀνέθη.	27 ἔξυπνος	δὲ	γενόμενος	ὁ	δεσμοφύλαξ	καὶ
cadenas	fueron soltadas.	despierto$_3$	Y$_1$	habiendo estado$_2$	el	carcelero	y
1199	447	1853	1161	1096	3588	1200	2532
NNPN	*VAPI3S*	*JNSM*	*CLN*	*VAMP-SNM*	*DNSM*	*NNSM*	*CLN*

ἰδὼν	ἀνεῳγμένας	τὰς	θύρας	τῆς	φυλακῆς	σπασάμενος	τὴν
habiendo visto	abiertas	las	puertas	de la	cárcel,	habiendo desenvainado	la
1492	455	3588	2374	3588	5438	4685	3588
VAAP-SNM	*VRPP-PAF*	*DAPF*	*NAPF*	*DGSF*	*NGSF*	*VAMP-SNM*	*DASF*

μάχαιραν	ἤμελλεν	ἑαυτὸν	ἀναιρεῖν,	νομίζων	ἐκπεφευγέναι	τοὺς
espada	estaba a punto de	a sí mismo$_2$	matar(se)$_1$	pensando	que escaparse	los
3162	3195	1438	337	3543	1628	3588
NASF	*VIAI3S*	*RF3ASM*	*VPAN*	*VPAP-SNM*	*VRAN*	*DAPM*

δεσμίους.	28 ἐφώνησεν	δὲ	φωνῇ	μεγάλῃ	ὁ	Παῦλος	λέγων·	Μηδὲν
prisioneros.	exclamó$_4$	Y$_1$	(con) voz$_5$	grande$_6$	--$_2$	Pablo$_3$	diciendo:	Nada
1198	5455	1161	5456	3173	3588	3972	3004	3367
NAPM	*VAAI3S*	*CLC*	*NDSF*	*JDSF*	*DNSM*	*NNSM*	*VPAP-SNM*	*JASN*

πράξῃς	σεαυτῷ	κακόν,	ἅπαντες	γάρ	ἐσμεν	ἐνθάδε.	29 αἰτήσας
hagas$_2$	a ti mismo,$_3$	malo$_1$	todos$_5$	porque$_4$	estamos	aquí.	habiendo pedido$_2$
4238	4572	2556	537	1063	2070	1759	154
VAAS2S	*RF2DSM*	*JASN*	*JNPM*	*CAZ*	*VPAI1P*	*BP*	*VAAP-SNM*

δὲ	φῶτα	εἰσεπήδησεν	καὶ	ἔντρομος	γενόμενος	προσέπεσεν	τῷ
Y$_1$	luces	se precipitó dentro	y	temeroso$_2$	habiendo estado$_1$	se postró ante	--
1161	5457	1530	2532	1790	1096	4363	3588
CLN	*NAPN*	*VAAI3S*	*CLN*	*JNSM*	*VAMP-SNM*	*VAAI3S*	*DDSM*

Παύλῳ	καὶ	τῷ	Σιλᾷ,	30 καὶ	προαγαγὼν	αὐτοὺς	ἔξω	ἔφη·	Κύριοι,
Pablo	y	--	Silas,	y	habiendo llevado	a ellos	fuera	dijo:	Señores,
3972	2532	3588	4609	2532	4254	846	1854	5346	2962
NDSM	*CLN*	*DDSM*	*NDSM*	*CLN*	*VAAP-SNM*	*RP3APM*	*BP*	*VIAI3S*	*NVPM*

τί	με	δεῖ	ποιεῖν	ἵνα	σωθῶ;	31 οἱ	δὲ	εἶπαν·	Πίστευσον
¿qué	me	es necesario	hacer	para que	fuera salvo?	ellos$_2$	Y$_1$	dijeron:	Cree
5101	3165	1163	4160	2443	4982	3588	1161	3004	4100
RI-ASN	*RP1AS*	*VPAI3S*	*VPAN*	*CAP*	*VAPS1S*	*DNPM*	*CLN*	*VAAI3P*	*VAAM2S*

NVI

recibir tal orden, este
los metió en el calabozo
interior y les sujetó los
pies en el cepo.
25 A eso de la media-
noche, Pablo y Silas
se pusieron a orar y a
cantar himnos a Dios, y
los otros presos los escu-
chaban. 26 De repente se
produjo un terremoto
tan fuerte que la cárcel
se estremeció hasta sus
cimientos. Al instante
se abrieron todas las
puertas y a los presos se
les soltaron las cadenas.
27 El carcelero despertó
y, al ver las puertas de la
cárcel de par en par, sacó
la espada y estuvo a pun-
to de matarse, porque
pensaba que los presos
se habían escapado. Pero
Pablo le gritó:
28 —¡No te hagas
ningún daño! ¡Todos
estamos aquí!
29 El carcelero pidió
luz, entró precipita-
damente y se echó
temblando a los pies de
Pablo y de Silas. 30 Luego
los sacó y les preguntó:
—Señores, ¿qué
tengo que hacer para ser
salvo?
31 —Cree en el

RVR

en el Señor Jesucristo,
y serás salvo, tú y tu casa.
32 Y le hablaron la
palabra del Señor a él y
a todos los que estaban
en su casa.
33 Y él, tomándolos en
aquella misma hora de
la noche, les lavó las
heridas; y en seguida se
bautizó él con todos los
suyos.
34 Y llevándolos a su
casa, les puso la mesa;
y se regocijó con toda
su casa de haber creído
a Dios.
35 Cuando fue de
día, los magistrados
enviaron alguaciles a
decir: Suelta a aquellos
hombres.
36 Y el carcelero comu-
nicó estas palabras a
Pablo: Los magistrados
han enviado a decir
que se os suelte; así que
ahora salid, y marchaos
en paz.
37 Pero Pablo les dijo:
Después de azotarnos
públicamente sin sen-
tencia judicial, siendo
ciudadanos romanos,
nos echaron en la cárcel,
¿y ahora nos van a sacar
a escondidas? No, por
cierto, sino que vengan

ἐπὶ	τὸν	κύριον	Ἰησοῦν,	καὶ	σωθήσῃ	σὺ	καὶ	ὁ	οἶκός	σου.	32 καὶ
en	el	Señor	Jesús	y	serás salvo	tú	y	--	casa	de ti.	Y
1909	3588	2962	2424	2532	4982	4771	2532	3588	3624	4675	2532
P	*DASM*	*NASM*	*NASM*	*CLN*	*VFPI2S*	*RP2NS*	*CLN*	*DNSM*	*NNSM*	*RP2GS*	*CLN*

ἐλάλησαν	αὐτῷ	τὸν	λόγον	τοῦ	κυρίου	σὺν	πᾶσι	τοῖς	ἐν
hablaron	a él	la	palabra	del	Señor	con	todos	los (que estaban)	en
2980	846	3588	3056	3588	2962	4862	3956	3588	1722
VAAI3P	*RP3DSM*	*DASM*	*NASM*	*DGSM*	*NGSM*	*P*	*JDPM*	*DDPM*	*P*

τῇ	οἰκίᾳ	αὐτοῦ.	33 καὶ	παραλαβὼν	αὐτοὺς	ἐν	ἐκείνῃ	τῇ	ὥρᾳ
la	casa	de él.	Y	habiendo tomado consigo	a ellos	en	aquella	--	hora
3588	3614	846	2532	3880	846	1722	1565	3588	5610
DDSF	*NDSF*	*RP3GSM*	*CLN*	*VAAP-SNM*	*RP3APM*	*P*	*RD-DSF*	*DDSF*	*NDSF*

τῆς	νυκτὸς	ἔλουσεν	ἀπὸ	τῶν	πληγῶν,	καὶ	ἐβαπτίσθη	αὐτὸς	καὶ	οἱ
de la	noche	(les) lavó	de	las	heridas,	y	fue bautizado$_2$	él$_3$	y$_4$	los$_6$
3588	3571	3068	575	3588	4127	2532	907	846	2532	3588
DGSF	*NGSF*	*VAAI3S*	*P*	*DGPF*	*NGPF*	*CLN*	*VAPI3S*	*RP3NSMP*	*CLN*	*DNPM*

αὐτοῦ	πάντες	παραχρῆμα,	34 ἀναγαγών	τε	αὐτοὺς	εἰς	τὸν	οἶκον
de él,$_7$	todos$_5$	en seguida$_1$	habiendo llevado$_2$	y$_1$	a ellos	a	la	casa
846	3956	3916	321	5037	846	1519	3588	3624
RP3GSM	*JNPM*	*B*	*VAAP-SNM*	*CLN*	*RP3APM*	*P*	*DASM*	*NASM*

παρέθηκεν	τράπεζαν	καὶ	ἠγαλλιάσατο	πανοικεὶ	πεπιστευκὼς
(les) puso	(la) mesa,	y	se regocijó	con toda la familia	habiendo creído
3908	5132	2532	21	3832	4100
VAAI3S	*NASF*	*CLN*	*VAMI3S*	*B*	*VRAP-SNM*

τῷ	θεῷ.	35 Ἡμέρας	δὲ	γενομένης	ἀπέστειλαν	οἱ	στρατηγοὶ
en--	Dios.	de día$_3$	Y$_1$	habiéndose hecho$_2$	enviaron$_5$	los$_3$	magistrados$_4$
3588	2316	2250	1161	1096	649	3588	4755
DDSM	*NDSM*	*NGSF*	*CLT*	*VAMP-SGF*	*VAAI3P*	*DNPM*	*NNPM*

τοὺς	ῥαβδούχους	λέγοντες·	Ἀπόλυσον	τοὺς	ἀνθρώπους	ἐκείνους.
a los	guardias	diciendo:	Suelta	a los	hombres	aquellos,
3588	4465	3004	630	3588	444	1565
DAPM	*NAPM*	*VPAP-PNM*	*VAAM2S*	*DAPM*	*NAPM*	*RD-APM*

36 ἀπήγγειλεν	δὲ	ὁ	δεσμοφύλαξ	τοὺς	λόγους	τούτους	πρὸς	τὸν
informó$_4$	Y$_1$	el$_2$	carcelero$_3$	las	palabras	estas	a	--
518	1161	3588	1200	3588	3056	5128	4314	3588
VAAI3S	*CLN*	*DNSM*	*NNSM*	*DAPM*	*NAPM*	*RD-APM*	*P*	*DASM*

Παῦλον,	ὅτι	Ἀπέσταλκαν	οἱ	στρατηγοὶ	ἵνα	ἀπολυθῆτε·	νῦν
Pablo:	Que	han enviado$_3$	los$_1$	magistrados$_2$	para que	fuerais soltados;	ahora
3972	3754	649	3588	4755	2443	630	3568
NASM	*CSC*	*VRAI3P*	*DNPM*	*NNPM*	*CAP*	*VAPS2P*	*B*

οὖν	ἐξελθόντες	πορεύεσθε	ἐν	εἰρήνῃ.	37 ὁ	δὲ	Παῦλος	ἔφη	πρὸς
pues	habiendo salido	id	en	paz.	--$_2$	Pero$_1$	Pablo	dijo	a
3767	1831	4198	1722	1515	3588	1161	3972	5346	4314
CLI	*VAAP-PNM*	*VPUM2P*	*P*	*NDSF*	*DNSM*	*CLC*	*NNSM*	*VIAI3S*	*P*

αὐτούς·	Δείραντες	ἡμᾶς	δημοσίᾳ	ἀκατακρίτους,	ἀνθρώπους
ellos:	Habiendo azotado	a nosotros	públicamente	sin proceso judicial,	hombres$_2$
846	1194	2248	1219	178	444
RP3APM	*VAAP-PNM*	*RP1AP*	*B, J*	*JAPM*	*NAPM*

Ῥωμαίους	ὑπάρχοντας,	ἔβαλαν	εἰς	φυλακήν·	καὶ	νῦν	λάθρᾳ
romanos,$_3$	siendo$_1$	nos echaron	a	(la) cárcel,	¿y	ahora	secretamente
4514	5225	906	1519	5438	2532	3568	2977
JAPM	*VPAP-PAM*	*VAAI3P*	*P*	*NASF*	*CLN*	*B*	*B*

ἡμᾶς	ἐκβάλλουσιν;	οὐ	γάρ,	ἀλλὰ	ἐλθόντες	αὐτοὶ	ἡμᾶς
a nosotros	echan fuera?	no,$_2$	Pues$_1$	sino	habiendo venido	ellos mismos	a nosotros
2248	1544	3756	1063	235	2064	846	2248
RP1AP	*VPAI3P*	*BN, TN*	*CLI*	*CLC*	*VAAP-PNM*	*RP3NPMP*	*RP1AP*

NVI

Señor Jesús; así tú y tu
familia serán salvos —le
contestaron.
32 Luego les expusie-
ron la palabra de Dios
a él y a todos los demás
que estaban en su casa.
33 A esas horas de la
noche, el carcelero se los
llevó y les lavó las heri-
das; en seguida fueron
bautizados él y toda su
familia. 34 El carcelero
los llevó a su casa, les
sirvió comida y se alegró
mucho junto con toda
su familia por haber
creído en Dios.
35 Al amanecer, los
magistrados manda-
ron a unos guardias al
carcelero con esta orden:
«Suelta a esos hom-
bres». 36 El carcelero,
entonces, le informó a
Pablo:
—Los magistrados
han ordenado que los
suelte. Así que pueden
irse. Vayan en paz.
37 Pero Pablo respon-
dió a los guardias:
—¿Cómo? A
nosotros, que somos
ciudadanos romanos,
que nos han azotado
públicamente y sin
proceso alguno, y nos
han echado en la cárcel,
¿ahora quieren expulsar-
nos a escondidas? ¡Nada
de eso! Que vengan ellos

RVR

ellos mismos a sacarnos.
38 Y los alguaciles hicie-
ron saber estas palabras
a los magistrados, los
cuales tuvieron miedo al
oír que eran romanos.
39 Y viniendo, les roga-
ron; y sacándolos, les
pidieron que salieran de
la ciudad.
40 Entonces, saliendo
de la cárcel, entraron en
casa de Lidia, y habien-
do visto a los hermanos,
los consolaron, y se
fueron.

Alboroto en Tesalónica

17 Después de pa-
sar por Anfípolis
y Apolonia, llegaron a
Tesalónica, donde había
una sinagoga de los
judíos.
2 Y Pablo, como acos-
tumbraba, fue a ellos, y
por tres sábados discutió
con ellos, basándose en
las Escrituras,
3 explicando y demos-
trando que era necesario
que el Cristo padeciese,
y resucitase de los muer-
tos; y que Jesús, a quien
yo os anuncio, decía él,
es el Cristo.
4 Y algunos de ellos
creyeron, y se juntaron
con Pablo y con Silas; y
de los griegos piadosos

ἐξαγαγέτωσαν.	38 ἀπήγγειλαν	δὲ	τοῖς	στρατηγοῖς	οἱ	ῥαβδοῦχοι
saquen.	informaron$_4$	Y$_1$	a los$_5$	magistrados$_6$	los$_2$	guardias$_3$
1806	518	1161	3588	4755	3588	4465
VAAM3P	*VAAI3P*	*CLN*	*DDPM*	*NDPM*	*DNPM*	*NNPM*

τὰ	ῥήματα	ταῦτα·	ἐφοβήθησαν	δὲ	ἀκούσαντες	ὅτι	Ῥωμαῖοί	εἰσιν,
las	palabras	estas.	temieron$_2$	Y$_1$	habiendo oído	que	romanos	son,
3588	4487	5023	5399	1161	191	3754	4514	1526
DAPN	*NAPN*	*RD-APN*	*VAPI3P*	*CLN*	*VAAP-PNM*	*CSC*	*JNPM*	*VPAI3P*

39 καὶ	ἐλθόντες	παρεκάλεσαν	αὐτούς,	καὶ	ἐξαγαγόντες	ἠρώτων
y	habiendo venido	rogaron	a ellos	y	habiendo sacado	pedían
2532	2064	3870	846	2532	1806	2065
CLN	*VAAP-PNM*	*VAAI3P*	*RP3APM*	*CLN*	*VAAP-PNM*	*VIAI3P*

ἀπελθεῖν	ἀπὸ	τῆς	πόλεως.	40 ἐξελθόντες	δὲ	ἀπὸ	τῆς	φυλακῆς
salir	de	la	ciudad.	habiendo salido	Y	de	la	cárcel
565	575	3588	4172	1831	1161	575	3588	5438
VAAN	*P*	*DGSF*	*NGSF*	*VAAP-PNM*	*CLN*	*P*	*DGSF*	*NGSF*

εἰσῆλθον	πρὸς	τὴν	Λυδίαν,	καὶ	ἰδόντες	παρεκάλεσαν	τοὺς
entraron	a	la (casa de)	Lidia	y	habiendo visto	confortaron	a los
1525	4314	3588	3070	2532	1492	3870	3588
VAAI3P	*P*	*DASF*	*NASF*	*CLN*	*VAAP-PNM*	*VAAI3P*	*DAPM*

ἀδελφοὺς	καὶ	ἐξῆλθαν.
hermanos	y	salieron.
80	2532	1831
NAPM	*CLN*	*VAAI3P*

17 Διοδεύσαντες	δὲ	τὴν	Ἀμφίπολιν	καὶ	τὴν	Ἀπολλωνίαν
habiendo recorrido$_2$	Y$_1$	--	Anfípolis	y	--	Apolonia
1353	1161	3588	295	2532	3588	624
VAAP-PNM	*CLT*	*DASF*	*NASF*	*CLN*	*DASF*	*NASF*

ἦλθον	εἰς	Θεσσαλονίκην,	ὅπου	ἦν	συναγωγὴ	τῶν	Ἰουδαίων.
vinieron	a	Tesalónica,	donde	era (había)	una sinagoga	de los	judíos.
2064	1519	2332	3699	2258	4864	3588	2453
VAAI3P	*P*	*NASF*	*CAL, B*	*VIAI3S*	*NNSF*	*DGPM*	*JGPM*

2 κατὰ	δὲ	τὸ	εἰωθὸς	τῷ	Παύλῳ	εἰσῆλθεν	πρὸς	αὐτοὺς	καὶ
según$_2$	Y$_1$	lo	acostumbrado	para --	Pablo	entró	junto a	ellos	y
2596	1161	3588	1486	3588	3972	1525	4314	846	2532
P	*CLN*	*DASN*	*VRAP-SAN*	*DDSM*	*NDSM*	*VAAI3S*	*P*	*RP3APM*	*CLN*

ἐπὶ	σάββατα	τρία	διελέξατο	αὐτοῖς	ἀπὸ	τῶν	γραφῶν,	3 διανοίγων
por	sábados$_2$	tres$_1$	discutió	con ellos	a (partir)	de las	Escrituras,	explicando
1909	4521	5140	1256	846	575	3588	1124	1272
P	*NAPN*	*JAPN*	*VAMI3S*	*RP3DPM*	*P*	*DGPF*	*NGPF*	*VPAP-SNM*

καὶ	παρατιθέμενος	ὅτι	τὸν	χριστὸν	ἔδει	παθεῖν	καὶ	ἀναστῆναι
y	demostrando	que	el$_2$	Cristo$_3$	era necesario$_1$	padecer	y	levantar
2532	3908	3754	3588	5547	1163	3958	2532	450
CLN	*VPMP-SNM*	*CSC*	*DASM*	*NASM*	*VIAI3S*	*VAAN*	*CLN*	*VAAN*

ἐκ	νεκρῶν,	καὶ	ὅτι	οὗτός	ἐστιν	ὁ	χριστός,	ὁ	Ἰησοῦς	ὃν
de	(los) muertos,	y	que	este	es	el	Cristo	--	Jesús	a quien
1537	3498	2532	3754	3778	2076	3588	5547	3588	2424	3739
P	*JGPM*	*CLN*	*CSC*	*RD-NSM*	*VPAI3S*	*DNSM*	*NNSM*	*DNSM*	*NNSM*	*RR-ASM*

ἐγὼ	καταγγέλλω	ὑμῖν.	4 καί	τινες	ἐξ	αὐτῶν	ἐπείσθησαν	καὶ
yo	anuncio	a vosotros.	Y	algunos	de	ellos	fueron persuadidos	y
1473	2605	5213	2532	5100	1537	846	3982	2532
RP1NS	*VPAI1S*	*RP2DP*	*CLN*	*RX-NPM*	*P*	*RP3GPM*	*VAPI3P*	*CLN*

προσεκληρώθησαν	τῷ	Παύλῳ	καὶ	τῷ	Σιλᾷ,	τῶν	τε	σεβομένων
se unieron	a --	Pablo	y	a --	Silas,	de los$_2$	y$_1$	adorando$_4$
4345	3588	3972	2532	3588	4609	3588	5037	4576
VAPI3P	*DDSM*	*NDSM*	*CLN*	*DDSM*	*NDSM*	*DGPM*	*CLK*	*VPUP-PGM*

NVI

personalmente a escol-
tarnos hasta la salida.
38 Los guardias co-
municaron la respuesta
a los magistrados. Estos
se asustaron cuando
oyeron que Pablo y
Silas eran ciudadanos
romanos, 39 así que
fueron a presentarles
sus disculpas. Los es-
coltaron desde la cárcel,
pidiéndoles que se
fueran de la ciudad. 40 Al
salir de la cárcel, Pablo
y Silas se dirigieron a la
casa de Lidia, donde se
vieron con los hermanos
y los animaron. Después
se fueron.

En Tesalónica

17 Atravesando
Anfípolis y
Apolonia, Pablo y Silas
llegaron a Tesalónica,
donde había una
sinagoga de los judíos.
2 Como era su costum-
bre, Pablo entró en la
sinagoga y tres sábados
seguidos discutió con
ellos. Basándose en las
Escrituras, 3 les explicaba
y demostraba que era
necesario que el Mesías
padeciera y resucitara.
Les decía: «Este Jesús
que les anuncio es el
Mesías». 4 Algunos de
los judíos se convencie-
ron y se unieron a Pablo
y a Silas, como también

RVR

gran número, y mujeres
principales no pocas.
5 Entonces los judíos
que no creían, teniendo
celos, tomaron consigo
a algunos hombres
malvados de la plaza,
y juntando una turba,
alborotaron la ciudad;
y asaltando la casa de
Jasón, procuraban sacar-
los al pueblo.
6 Pero no hallándolos,
trajeron a Jasón y a algu-
nos hermanos ante las
autoridades de la ciudad,
gritando: Estos que
han revolucionado el
mundo entero también
han venido acá;
7 a los cuales Jasón ha
recibido; y todos éstos
contravienen los decre-
tos de César, diciendo
que hay otro rey, Jesús.
8 Y alborotaron al pue-
blo y a las autoridades de
la ciudad, que oían estas
cosas.
9 Pero obtenida fianza de
Jasón y de los demás, los
soltaron.

Pablo y Silas en Berea

10 Inmediatamente,
los hermanos enviaron
de noche a Pablo y a
Silas hasta Berea. Y
ellos, habiendo llegado,

Ἑλλήνων	πλῆθος	πολὺ	γυναικῶν	τε	τῶν	πρώτων*	οὐκ	ὀλίγαι.
griegos$_3$	multitud,$_6$	mucha$_5$	mujeres$_{11}$	y$_7$	de las$_{10}$	primeras.$_{12}$	no$_8$	pocas$_9$
1672	4128	4183	1135	5037	3588	4413	3756	3641
NGPM	*NNSN*	*JNSN*	*NGPF*	*CLK*	*DGPF*	*JGPF*	*BN, TN*	*JNPF*

5 ζηλώσαντες	δὲ	οἱ	Ἰουδαῖοι	καὶ	προσλαβόμενοι	τῶν	ἀγοραίων
habiendo tenido celos$_2$	Y$_1$	los	judíos	y	habiendo tomado consigo	de las	gente de la plaza
2206	1161	3588	2453	2532	4355	3588	60
VAAP-PNM	*CLC*	*DNPM*	*JNPM*	*CLN*	*VAMP-PNM*	*DGPM*	*JGPM*

ἄνδρας	τινὰς	πονηροὺς	καὶ	ὀχλοποιήσαντες	ἐθορύβουν	τὴν
varones$_2$	algunos$_1$	malos	y	habiendo armado un tumulto	alborotaban	a la
435	5100	4190	2532	3792	2350	3588
NAPM	*JAPM, RX-APM*	*JAPM*	*CLN*	*VAAP-PNM*	*VIAI3P*	*DASF*

πόλιν,	καὶ	ἐπιστάντες¹	τῇ	οἰκίᾳ	Ἰάσονος	ἐζήτουν	αὐτοὺς	προαγαγεῖν
ciudad	y	habiendo llegado	a la	casa	de Jasón	buscaban	a ellos	para llevar
4172	2532	2186	3588	3614	2394	2212	846	4254
NASF	*CLN*	*VAAP-PNM*	*DDSF*	*NDSF*	*NGSM*	*VIAI3P*	*RP3APM*	*VAAN*

εἰς	τὸν	δῆμον·	6 μὴ	εὑρόντες	δὲ	αὐτοὺς	ἔσυρον	Ἰάσονα	καί
ante	el	pueblo;	no$_2$	habiendo encontrado$_3$	y$_1$	a ellos	arrastraban	a Jasón	y
1519	3588	1218	3361	2147	1161	846	4951	2394	2532
P	*DASM*	*NASM*	*BN, TN*	*VAAP-PNM*	*CLN*	*RP3APM*	*VIAI3P*	*NASM*	*CLN*

τινας	ἀδελφοὺς	ἐπὶ	τοὺς	πολιτάρχας,	βοῶντες	ὅτι	Οἱ	τὴν
algunos	hermanos	ante	los	magistrados de la ciudad	gritando:	que:	Los que	la$_2$
5100	80	1909	3588	4173	994	3754	3588	3588
JAPM, RX-APM	*NAPM*	*P*	*DAPM*	*NAPM*	*VPAP-PNM*	*CSC*	*DNPM*	*DASF*

οἰκουμένην	ἀναστατώσαντες	οὗτοι	καὶ	ἐνθάδε	πάρεισιν,	7 οὓς
tierra habitada$_3$	habiendo perturbado$_1$	estos	también	aquí	están presentes,	a los cuales
3625	387	3778	2532	1759	3918	3739
NASF	*VAAP-PNM*	*RD-NPM*	*BE, TE*	*BP*	*VPAI3P*	*RR-APM*

ὑποδέδεκται	Ἰάσων·	καὶ	οὗτοι	πάντες	ἀπέναντι	τῶν	δογμάτων
ha hospedado;$_2$	Jasón$_1$	y$_3$	estos$_5$	todos$_4$	contra$_7$	los$_8$	decretos$_9$
5264	2394	2532	3778	3956	561	3588	1378
VRUI3S	*NNSM*	*CLN*	*RD-NPM*	*JNPM*	*P, B*	*DGPN*	*NGPN*

Καίσαρος	πράσσουσι,	βασιλέα	ἕτερον	λέγοντες	εἶναι	Ἰησοῦν.
de César;$_{10}$	actúan$_6$	rey,$_{14}$	otro$_{13}$	diciendo$_{11}$	haber$_{12}$	Jesús.
2541	4238	935	2087	3004	1511	2424
NGSM	*VPAI3P*	*NASM*	*JASM*	*VPAP-PNM*	*VPAN*	*NASM*

8 ἐτάραξαν	δὲ	τὸν	ὄχλον	καὶ	τοὺς	πολιτάρχας	ἀκούοντας	ταῦτα,
perturbaron$_2$	Y$_1$	a la	multitud	y	a los	magistrados de la ciudad	oyendo	estas cosas,
5015	1161	3588	3793	2532	3588	4173	191	5023
VAAI3P	*CLN*	*DASM*	*NASM*	*CLN*	*DAPM*	*NAPM*	*VPAP-PAM*	*RD-APN*

9 καὶ	λαβόντες	τὸ	ἱκανὸν	παρὰ	τοῦ	Ἰάσονος	καὶ	τῶν	λοιπῶν
y	habiendo tomado	la	fianza	de	--	Jasón	y	de los	demás
2532	2983	3588	2425	3844	3588	2394	2532	3588	3062
CLN	*VAAP-PNM*	*DASN*	*JASN*	*P*	*DGSM*	*NGSM*	*CLN*	*DGPM*	*JGPM*

ἀπέλυσαν	αὐτούς.
soltaron	a ellos.
630	846
VAAI3P	*RP3APM*

10 Οἱ	δὲ	ἀδελφοὶ	εὐθέως	διὰ	νυκτὸς	ἐξέπεμψαν	τόν	τε
los$_2$	Y$_1$	hermanos	inmediatamente	durante	(la) noche	enviaron (fuera)	--	tanto
3588	1161	80	2112	1223	3571	1599	3588	5037
DNPM	*CLT*	*NNPM*	*B*	*P*	*NGSF*	*VAAI3P*	*DASM*	*CLK*

Παῦλον	καὶ	τὸν	Σιλᾶν	εἰς	Βέροιαν,	οἵτινες	παραγενόμενοι	εἰς	τὴν
a Pablo	como	--	Silas	hacia	Berea,	los cuales	habiendo llegado	a$_2$	la$_3$
3972	2532	3588	4609	1519	960	3748	3854	1519	3588
NASM	*CLK, CLN*	*DASM*	*NASM*	*P*	*NASF*	*RR-NPM*	*VAMP-PNM*	*P*	*DASF*

NVI

lo hicieron un buen
número de mujeres
prominentes y muchos
griegos que adoraban
a Dios.
5 Pero los judíos,
llenos de envidia, reclu-
taron a unos maleantes
callejeros, con los que
armaron una turba y
empezaron a alborotar
la ciudad. Asaltaron la
casa de Jasón en busca
de Pablo y Silas, con el
fin de procesarlos públi-
camente. 6 Pero, como
no los encontraron,
arrastraron a Jasón y a
algunos otros hermanos
ante las autoridades
de la ciudad, gritando:
«¡Estos que han trastor-
nado el mundo entero
han venido también acá,
7 y Jasón los ha recibido
en su casa! Todos ellos
actúan en contra de los
decretos del emperador,
afirmando que hay otro
rey, uno que se llama
Jesús». 8 Al oír esto, la
multitud y las autori-
dades de la ciudad se
alborotaron; 9 entonces
estas exigieron fianza a
Jasón y a los demás para
dejarlos en libertad.

En Berea

10 Tan pronto como
se hizo de noche, los her-
manos enviaron a Pablo
y a Silas a Berea, quienes
al llegar se dirigieron

17:4* O sea *principales.*

RVR

entraron en la sinagoga
de los judíos.
11 Y éstos eran más
nobles que los de
Tesalónica, pues recibie-
ron la palabra con toda
solicitud, escudriñando
cada día las Escrituras
para ver si estas cosas
eran así.
12 Así que creyeron mu-
chos de ellos, y mujeres
griegas de distinción, y
no pocos hombres.
13 Cuando los judíos de
Tesalónica se entera-
ron de que también en
Berea era anunciada
la palabra de Dios por
Pablo, fueron allá, y
también alborotaron a
las multitudes.
14 Pero los hermanos
hicieron salir a Pablo
a toda prisa para que
se fuese hasta la costa;
y Silas y Timoteo se
quedaron allí.
15 Y los que se habían
encargado de conducir
a Pablo, le llevaron a
Atenas; y habiendo
recibido orden para
Silas y Timoteo, de
que viniesen a él lo más
pronto que pudiesen,
salieron.

συναγωγὴν	τῶν	Ἰουδαίων	ἀπῄεσαν·	11 οὗτοι	δὲ	ἦσαν	εὐγενέστεροι
sinagoga$_4$	de los$_5$	judíos.$_6$	iban$_1$	estos$_2$	Y$_1$	eran	más nobles que
4864	3588	2453	549	3778	1161	2258	2104
NASF	*DGPM*	*JGPM*	*VIAI3P*	*RD-NPM*	*CLN*	*VIAI3P*	*JNPMC*

τῶν	ἐν	Θεσσαλονίκῃ,	οἵτινες	ἐδέξαντο	τὸν	λόγον	μετὰ	πάσης
los (que estaban)	en	Tesalónica,	los cuales	recibieron	la	palabra	con	toda
3588	1722	2332	3748	1209	3588	3056	3326	3956
DGPM	*P*	*NDSF*	*RR-NPM*	*VAMI3P*	*DASM*	*NASM*	*P*	*JGSF*

προθυμίας,	τὸ	καθ’	ἡμέραν	ἀνακρίνοντες	τὰς	γραφὰς	εἰ	ἔχοι
buena voluntad	--	cada	día	examinando	las	Escrituras	si	tendría (eran)
4288	3588	2596	2250	350	3588	1124	1487	2192
NGSF	*DASN*	*P*	*NASF*	*VPAP-PNM*	*DAPF*	*NAPF*	*TI*	*VPAO3S*

ταῦτα	οὕτως.	12 πολλοὶ	μὲν	οὖν	ἐξ	αὐτῶν	ἐπίστευσαν,	καὶ	τῶν
estas cosas	así.	muchos$_3$	--$_2$	Así que$_1$	de	ellos	creyeron,	tanto	de las
5023	3779	4183	3303	3767	1537	846	4100	2532	3588
RD-NPN	*B*	*JNPM*	*TE, C*	*CLI*	*P*	*RP3GPM*	*VAAI3P*	*CLN*	*DGPF*

Ἑλληνίδων	γυναικῶν	τῶν	εὐσχημόνων	καὶ	ἀνδρῶν	οὐκ
griegas$_2$	mujeres$_1$	--	distinguidas	como	de (los) varones	no
1674	1135	3588	2158	2532	435	3756
NGPF	*NGPF*	*DGPF, DGPM*	*JGPF, JGPM*	*CLN*	*NGPM*	*BN, TN*

ὀλίγοι.	13 ὡς	δὲ	ἔγνωσαν	οἱ	ἀπὸ	τῆς	Θεσσαλονίκης	Ἰουδαῖοι
pocos.	cuando$_2$	Y$_1$	supieron$_7$	los$_2$	de$_4$	--$_5$	Tesalónica$_6$	judíos$_3$
3641	5613	1161	1097	3588	575	3588	2332	2453
JNPM	*CAT*	*CLC*	*VAAI3P*	*DNPM*	*P*	*DGSF*	*NGSF*	*JNPM*

ὅτι	καὶ	ἐν	τῇ	Βεροίᾳ	κατηγγέλη	ὑπὸ	τοῦ	Παύλου	ὁ	λόγος
que	también	en	--	Berea	fue anunciada$_5$	por$_6$	--$_7$	Pablo,$_8$	la$_1$	palabra$_2$
3754	2532	1722	3588	960	2605	5259	3588	3972	3588	3056
CSC	*BE, TE*	*P*	*DDSF*	*NDSF*	*VAPI3S*	*P*	*DGSM*	*NGSM*	*DNSM*	*NNSM*

τοῦ	θεοῦ,	ἦλθον	κἀκεῖ	σαλεύοντες	καὶ	ταράσσοντες	τοὺς	ὄχλους.
de --$_3$	Dios$_4$	vinieron	también allí	sacudiendo	y	turbando	a las	multitudes.
3588	2316	2064	2546	4531	2532	5015	3588	3793
DGSM	*NGSM*	*VAAI3P*	*BE, TE*	*VPAP-PNM*	*CLN*	*VPAP-PNM*	*DAPM*	*NAPM*

14 εὐθέως	δὲ	τότε	τὸν	Παῦλον	ἐξαπέστειλαν	οἱ	ἀδελφοὶ
inmediatamente$_3$	Pero$_1$	entonces$_2$	--$_8$	a Pablo$_7$	enviaron$_6$	los$_4$	hermanos$_5$
2112	1161	5119	3588	3972	1821	3588	80
B	*CLN*	*B*	*DASM*	*NASM*	*VAAI3P*	*DNPM*	*NNPM*

πορεύεσθαι	ἕως	ἐπὶ	τὴν	θάλασσαν·	ὑπέμεινάν	τε	ὅ	τε
a ir	hasta	junto	el	mar,	permanecieron$_0$	y$_1$	--$_2$	tanto$_3$
4198	2193	1909	3588	2281	5278	5037	3588	5037
VPUN	*P, C*	*P*	*DASF*	*NASF*	*VAAI3P*	*CLC*	*DNSM, RR-ASN*	*CLK*

Σιλᾶς	καὶ	ὁ	Τιμόθεος	ἐκεῖ.	15 οἱ	δὲ	καθιστάνοντες	τὸν
Silas$_4$	como$_5$	--$_6$	Timoteo$_7$	allí.$_9$	los que$_2$	Y$_1$	están acompañando	a --
4609	2532	3588	5095	1563	3588	1161	2525	3588
NNSM	*CLK, CLN*	*DNSM*	*NNSM*	*BP*	*DNPM*	*CLN*	*VPAP-PNM*	*DASM*

Παῦλον	ἤγαγον	ἕως	Ἀθηνῶν,	καὶ	λαβόντες	ἐντολὴν	πρὸς	τὸν
Pablo	(lo) llevaban	hasta	Atenas,	y	habiendo tomado	instrucción	para	--
3972	71	2193	116	2532	2983	1785	4314	3588
NASM	*VAAI3P*	*P, C*	*NGPF*	*CLN*	*VAAP-PNM*	*NASF*	*P*	*DASM*

Σιλᾶν	καὶ	τὸν	Τιμόθεον	ἵνα	ὡς	τάχιστα	ἔλθωσιν	πρὸς
Silas	y	--	Timoteo,	que	tan	rápido (como fuera posible)	vinieran	a
4609	2532	3588	5095	2443	5613	5033	2064	4314
NASM	*CLN*	*DASM*	*NASM*	*CSC*	*CAM, B*	*BS, J*	*VAAS3P*	*P*

αὐτὸν	ἐξῄεσαν.
él,	salían.
846	1826
RP3ASM	*VIAI3P*

NVI

a la sinagoga de los
judíos. 11 Estos eran de
sentimientos más nobles
que los de Tesalónica, de
modo que recibieron el
mensaje con toda avidez
y todos los días exami-
naban las Escrituras
para ver si era verdad
lo que se les anunciaba.
12 Muchos de los judíos
creyeron, y también
un buen número de
griegos, incluso mujeres
distinguidas y no pocos
hombres.
13 Cuando los judíos
de Tesalónica se ente-
raron de que también
en Berea estaba Pablo
predicando la palabra
de Dios, fueron allá
para agitar y alborotar
a las multitudes. 14 En
seguida los hermanos
enviaron a Pablo hasta
la costa, pero Silas y
Timoteo se quedaron
en Berea. 15 Los que
acompañaban a Pablo
lo llevaron hasta Atenas.
Luego regresaron con
instrucciones de que
Silas y Timoteo se reu-
nieran con él tan pronto
como les fuera posible.

RVR

Pablo en Atenas

16 Mientras Pablo los
esperaba en Atenas, su
espíritu se indignaba al
contemplar la ciudad
entregada a la idolatría.
17 Así que discutía en la
sinagoga con los judíos
y con los temerosos de
Dios, y en la plaza cada
día con los que allí se
encontraban.
18 Y algunos filósofos
de los epicúreos y de los
estoicos disputaban con
él; y unos decían: ¿Qué
querrá decir este char-
latán? Y otros: Parece
que es predicador de
divinidades extrañas;
porque les predicaba el
evangelio de Jesús, y de
la resurrección.
19 Y tomándole, le traje-
ron al Areópago, dicien-
do: ¿Podemos saber qué
es esta nueva enseñanza
de que hablas?
20 Pues traes a nuestros
oídos cosas extrañas.
Queremos, pues, saber
qué quiere decir esto.
21 (Porque todos
los atenienses y los
extranjeros residentes
allí, en ninguna otra
cosa se interesaban sino
en decir o en oír las
últimas novedades.)

16 Ἐν δὲ ταῖς Ἀθήναις ἐκδεχομένου αὐτοὺς τοῦ Παύλου,
en$_2$ Y$_1$ -- Atenas esperando -- -los -- Pablo,
1722 1161 3588 116 1551 846 3588 3972
P CLT DDPF NDPF VPUP-SGM RP3APM DGSM NGSM

παρωξύνετο τὸ πνεῦμα αὐτοῦ ἐν αὐτῷ θεωροῦντος κατείδωλον
se irritaba el espíritu de él en el observando llena de ídolos.$_4$
3947 3588 4151 846 1722 846 2334 2712
VIPI3S DNSN NNSN RP3GSM P RP3DSM VPAP-SGM JASF

οὖσαν τὴν πόλιν. 17 διελέγετο μὲν οὖν ἐν τῇ συναγωγῇ τοῖς
estando$_1$ la$_2$ ciudad$_3$ Discutía -- pues en la sinagoga (con) los
5607 3588 4172 1256 3303 3767 1722 3588 4864 3588
VPAP-SAF DASF NASF VIUI3S TE, C CLI P DDSF NDSF DDPM

Ἰουδαίοις καὶ τοῖς σεβομένοις καὶ ἐν τῇ ἀγορᾷ κατὰ πᾶσαν ἡμέραν
judíos y los que están adorando y en la plaza según cada día
2453 2532 3588 4576 2532 1722 3588 58 2596 3956 2250
JDPM CLN DDPM VPUP-PDM CLN P DDSF NDSF P JASF NASF

πρὸς τοὺς παρατυγχάνοντας. 18 τινὲς δὲ καὶ τῶν Ἐπικουρείων
con los hallándose presente por casualidad. algunos$_2$ Y$_1$ también de los epicúreos$_2$
4314 3588 3909 5100 1161 2532 3588 1946
P DAPM VPAP-PAM RX-NPM CLN TE, C DGPM NGPM

καὶ Στοϊκῶν φιλοσόφων συνέβαλλον αὐτῷ, καί τινες ἔλεγον· Τί ἂν
y$_3$ estoicos$_4$ filósofos$_1$ reflexionaban (con) él, y algunos decían: ¿Qué --
2532 4770 5386 4820 846 2532 5100 3004 5101 302
CLN JGPM NGPM VIAI3P RP3DSM CLN RX-NPM VIAI3P RI-ASN TC

θέλοι ὁ σπερμολόγος οὗτος λέγειν; οἱ δέ· Ξένων δαιμονίων
querría el charlatán este decir? otros:$_2$ Y$_1$ De extraños demonios
2309 3588 4691 3778 3004 3588 1161 3581 1140
VPAO3S DNSM JNSM RD-NSM VPAN DNPM CLC JGPN NGPN

δοκεῖ καταγγελεὺς εἶναι· ὅτι τὸν Ἰησοῦν καὶ τὴν ἀνάστασιν
parece propagandista ser, porque --$_2$ a Jesús$_3$ y$_4$ la$_5$ resurrección.$_6$
1380 2604 1511 3754 3588 2424 2532 3588 386
VPAI3S NNSM VPAN CAZ DASM NASM CLN DASF NASF

εὐηγγελίζετο. 19 ἐπιλαβόμενοί τε αὐτοῦ ἐπὶ τὸν Ἄρειον Πάγον
anunciaba la buena noticia$_1$ habiendo tomado$_2$ Y$_1$ (a) él a el Ares$_2$ Monte de$_1$
2097 1949 5037 846 1909 3588 697 697
VIMI3S VAMP-PNM CLN RP3GSM P DASM NASM NASM

ἤγαγον, λέγοντες· Δυνάμεθα γνῶναι τίς ἡ καινὴ αὕτη ἡ ὑπὸ
(lo) llevaron diciendo: ¿Podemos saber cuál (es) -- nueva$_2$ esta$_1$ --$_3$ por$_6$
71 3004 1410 1097 5101 3588 2537 3778 3588 5259
VAAI3P VPAP-PNM VPUI1P VAAN RI-NSF DNSF JNSF RD-NSF DNSF P

σοῦ λαλουμένη διδαχή; 20 ξενίζοντα γάρ τινα εἰσφέρεις εἰς
ti?$_7$ siendo hablada$_5$ enseñanza$_4$ produciendo extrañeza$_3$ Porque$_1$ ciertas cosas$_2$ traes a
4675 2980 1322 3579 1063 5100 1533 1519
RP2GS VPPP-SNF NNSF VPAP-PAN CAZ RX-APN VPAI2S P

τὰς ἀκοὰς ἡμῶν· βουλόμεθα οὖν γνῶναι τίνα θέλει ταῦτα εἶναι.
las oídos de nosotros; deseamos pues saber qué quieren estas cosas ser --
3588 189 2257 1014 3767 1097 5100 2309 5023 1511
DAPF NAPF RP1GP VPUI1P CLI VAAN RI-APN VPAI3S RD-APN VPAN

21 Ἀθηναῖοι δὲ πάντες καὶ οἱ ἐπιδημοῦντες ξένοι εἰς οὐδὲν
(los) atenienses$_3$ Y$_1$ todos$_2$ y los que están residiendo extranjeros en ninguna
117 1161 3956 2532 3588 1927 3581 1519 3762
JNPM CLN JNPM CLN DNPM VPAP-PNM JNPM P JASN

ἕτερον ηὐκαίρουν ἢ λέγειν τι ἢ ἀκούειν τι καινότερον.
otra (cosa) pasaban el tiempo sino (en) decir algo o (en) oír algo nuevo.
2087 2119 2228 3004 5100 2228 191 5100 2537
JASN VIAI3P CAM VPAN RX-ASN CLD VPAN RX-ASN JASN

NVI

En Atenas

16 Mientras Pablo los
esperaba en Atenas, le
dolió en el alma ver que
la ciudad estaba llena
de ídolos. 17 Así que
discutía en la sinagoga
con los judíos y con los
griegos que adoraban a
Dios, y a diario hablaba
en la plaza con los que
se encontraban por allí.
18 Algunos filósofos
epicúreos y estoicos
entablaron conversación
con él. Unos decían:
«¿Qué querrá decir
este charlatán?» Otros
comentaban: «Parece
que es predicador de
dioses extranjeros».
Decían esto porque
Pablo les anunciaba las
buenas nuevas de Jesús
y de la resurrección.
19 Entonces se lo lleva-
ron a una reunión del
Areópago.
—¿Se puede saber
qué nueva enseñanza es
esta que usted presenta?
—le preguntaron—.
20 Porque nos viene
usted con ideas que
nos suenan extrañas,
y queremos saber qué
significan.
21 Es que todos los
atenienses y los extran-
jeros que vivían allí se
pasaban el tiempo sin
hacer otra cosa más que
escuchar y comentar las
últimas novedades.

RVR

22 Entonces Pablo,
puesto en pie en medio
del Areópago, dijo:
Varones atenienses,
en todo observo que
sois extremadamente
religiosos;
23 porque mientras
pasaba y observaba
los objetos de vuestra
adoración, hallé
también un altar en
el cual estaba esta
inscripción: AL DIOS
DESCONOCIDO.
Al que vosotros adoráis,
pues, sin conocerle, a ése
os vengo a anunciar.
24 El Dios que hizo el
mundo y todas las cosas
que hay en él, siendo
Señor del cielo y de la
tierra, no habita en tem-
plos hechos por manos
humanas,
25 ni es servido por
manos de hombres,
como si necesitase de
algo; pues él es quien da
a todos vida y aliento y
todas las cosas.
26 Y de una misma
sangre ha hecho toda
nación de los hombres,
para que habiten sobre
toda la faz de la tierra; y
les ha prefijado el orden
de las estaciones, y las
fronteras de sus lugares
de residencia;
27 para que busquen a
Dios, si tal vez, palpan-
do, pueden hallarle,
aunque ciertamente no
está lejos de cada uno de
nosotros.
28 Porque en él vivimos,
y nos movemos, y

22 Σταθεὶς δὲ Παῦλος ἐν μέσῳ τοῦ Ἀρείου Πάγου ἔφη·
habiéndose puesto de pie$_{2}$ Y$_{1}$ Pablo en medio del Ares$_{2}$ monte de$_{1}$ dijo:
2476 1161 3972 1722 3319 3588 697 697 5346
VAPP-SNM CLN NNSM P JDSN DGSM NGSM NGSM VIAI3S

Ἄνδρες Ἀθηναῖοι, κατὰ πάντα ὡς δεισιδαιμονεστέρους ὑμᾶς
Varones atenienses, en todas las cosas como$_{3}$ muy religiosos.$_{4}$ a vosotros$_{2}$
435 117 2596 3956 5613 1174 5209
NVPM JVPM P JAPN CAM, B JAPMC RP2AP

θεωρῶ· 23 διερχόμενος γὰρ καὶ ἀναθεωρῶν τὰ σεβάσματα ὑμῶν
observo$_{1}$ pasando$_{2}$ Porque$_{1}$ y observando los objetos de adoración de vosotros
2334 1330 1063 2532 333 3588 4574 5216
VPAI1S VPUP-SNM CAZ CLN VPAP-SNM DAPN NAPN RP2GP

εὗρον καὶ βωμὸν ἐν ᾧ ἐπεγέγραπτο· Ἀγνώστῳ θεῷ. ὃ οὖν
encontré también un altar en el cual había sido inscrito desconocido.$_{2}$ A(l) dios$_{1}$ lo que$_{4}$ Pues$_{3}$
2147 2532 1041 1722 3739 1924 57 2316 3739 3767
VAAI1S CLA, B NASM P RR-DSM VLPI3S JDSM NDSM RR-ASN CLI

ἀγνοοῦντες εὐσεβεῖτε, τοῦτο ἐγὼ καταγγέλλω ὑμῖν. 24 ὁ θεὸς ὁ
desconociendo adoráis, eso yo anuncio a vosotros. El Dios el que
50 2151 5124 1473 2605 5213 3588 2316 3588
VPAP-PNM VPAI2P RD-ASN RP1NS VPAI1S RP2DP DNSM NNSM DNSM

ποιήσας τὸν κόσμον καὶ πάντα τὰ ἐν αὐτῷ, οὗτος οὐρανοῦ
habiendo hecho el mundo y todas las cosas en él, este de(l) cielo$_{3}$
4160 3588 2889 2532 3956 3588 1722 846 3778 3772
VAAP-SNM DASM NASM CLN JAPN DAPN P RP3DSM RD-NSM NGSM

καὶ γῆς ὑπάρχων κύριος οὐκ ἐν χειροποιήτοις ναοῖς κατοικεῖ
y$_{4}$ de (la) tierra$_{5}$ siendo$_{1}$ Señor$_{2}$ no$_{6}$ en$_{8}$ hechos a mano$_{10}$ templos$_{9}$ habita$_{7}$
2532 1093 5225 2962 3756 1722 5499 3485 2730
CLN NGSF VPAP-SNM NNSM BN, TN P JDPM NDPM VPAI3S

25 οὐδὲ ὑπὸ χειρῶν ἀνθρωπίνων θεραπεύεται προσδεόμενός τινος,
ni por$_{2}$ manos$_{3}$ humanas$_{1}$ es servido$_{1}$ como si necesitando de algo,
3761 5259 5495 442 2323 4326 5100
CLD,TN P NGPF JGPF, JGPM VPPI3S VPUP-SNM RX-GSN

αὐτὸς διδοὺς πᾶσι ζωὴν καὶ πνοὴν καὶ τὰ πάντα· 26 ἐποίησέν
él mismo dando a todos vida y aliento y las cosas.$_{2}$ todas$_{1}$ hizo$_{2}$
846 1325 3956 2222 2532 4157 2532 3588 3956 4160
RP3NSMP VPAP-SNM JDPM, JDPN NASF CLN NASF CLN DAPN JAPN VAAI3S

τε ἐξ ⸀ἑνὸς πᾶν ἔθνος ἀνθρώπων κατοικεῖν ἐπὶ παντὸς
E$_{1}$ de uno todo pueblo de (los) seres humanos para habitar sobre toda
5037 1537 1520 3956 1484 444 2730 1909 3956
CLN P JGSM, JGSN JASN NASN NGPM VPAN P JGSN

προσώπου τῆς γῆς, ὁρίσας προστεταγμένους καιροὺς καὶ τὰς
(la) faz de la tierra, habiendo designado determinados$_{2}$ (los) tiempos$_{1}$ y los
4383 3588 1093 3724 4367 2540 2532 3588
NGSN DGSF NGSF VAAP-SNM VRPP-PAM NAPM CLN DAPF

ὁροθεσίας τῆς κατοικίας αὐτῶν, 27 ζητεῖν τὸν θεὸν εἰ ἄρα γε
límites de la habitación de ellos para buscar a -- Dios, si tal vez realmente
3734 3588 2733 846 2212 3588 2316 1487 686 1065
NAPF DGSF NGSF RP3GPM VPAN DASM NASM CAC, T T TE

ψηλαφήσειαν αὐτὸν καὶ εὕροιεν, καί γε οὐ μακρὰν ἀπὸ ἑνὸς
palparan a él y encontrarían, aunque ciertamente no lejos de uno$_{2}$
5584 846 2532 2147 2532 1065 3756 3112 575 1520
VAAO3P RP3ASM CLN VAAO3P CLN, B TE BN, TN B, J P JGSM

ἑκάστου ἡμῶν ὑπάρχοντα. 28 ἐν αὐτῷ γὰρ ζῶμεν καὶ κινούμεθα
cada$_{1}$ de nosotros estando. en$_{2}$ él$_{3}$ Porque$_{1}$ vivimos y nos movemos
1538 2257 5225 1722 846 1063 2198 2532 2795
JGSM RP1GP VPAP-SAM P RP3DSM CAZ VPAI1P CLN VPPI1P

NVI

22 Pablo se puso en
medio del Areópago y
tomó la palabra:
—¡Ciudadanos
atenienses! Observo que
ustedes son sumamente
religiosos en todo lo
que hacen. 23 Al pasar
y fijarme en sus lugares
sagrados, encontré
incluso un altar con esta
inscripción: A UN DIOS
DESCONOCIDO. Pues
bien, eso que ustedes
adoran como algo des-
conocido es lo que yo les
anuncio.
24 »El Dios que hizo
el mundo y todo lo que
hay en él es Señor del
cielo y de la tierra. No
vive en templos cons-
truidos por hombres,
25 ni se deja servir por
manos humanas, como
si necesitara de algo. Por
el contrario, él es quien
da a todos la vida, el
aliento y todas las cosas.
26 De un solo hombre
hizo todas las naciones
para que habitaran toda
la tierra; y determinó los
períodos de su historia
y las fronteras de sus te-
rritorios. 27 Esto lo hizo
Dios para que todos lo
busquen y, aunque sea a
tientas, lo encuentren.
En verdad, él no está
lejos de ninguno de
nosotros, 28 "puesto
que en él vivimos, nos
movemos y existimos".

17:6⸀ Manuscritos inferiores aumentaron *sangre.*

RVR

somos; como algunos
de vuestros propios poe-
tas también han dicho:
Porque somos también
linaje suyo.
29 Siendo, pues, linaje de
Dios, no debemos pen-
sar que la Divinidad sea
semejante a oro, o plata,
o piedra, escultura de
arte y de imaginación de
hombres.
30 Por tanto, Dios,
habiendo pasado por
alto los tiempos de esta
ignorancia, ahora man-
da a todos los hombres
en todo lugar, que se
arrepientan;
31 por cuanto ha esta-
blecido un día en el cual
va a juzgar al mundo
con justicia, por aquel
varón a quien designó,
dando fe a todos con
haberle levantado de los
muertos.
32 Pero cuando oyeron
lo de la resurrección
de los muertos, unos
se burlaban, y otros
decían: Ya te oiremos
acerca de esto otra vez.
33 Y así salió Pablo de en
medio de ellos.
34 Mas algunos hombres
se unieron a él y creye-
ron; entre los cuales es-
taban también Dionisio
el areopagita, una mujer
llamada Dámaris, y
otros con ellos.

Pablo en Corinto

18 Después de estas
cosas, Pablo se
marchó de Atenas y

καὶ	ἐσμέν,	ὡς	καί	τινες	τῶν	καθ’	ὑμᾶς	ποιητῶν	εἰρήκασιν·	Τοῦ
y	somos,	como	también	algunos	de los	entre$_2$	vosotros$_3$	poetas$_1$	han dicho:	de él$_2$
2532	2070	5613	2532	5100	3588	2596	5209	4163	2046	3588
CLN	*VPAI1P*	*CAM*	*CLA, B*	*RX-NPM*	*DGPM*	*P*	*RP2AP*	*NGPM*	*VRAI3P*	*DGSM*

γὰρ	καὶ	γένος	ἐσμέν.	29 γένος	οὖν	ὑπάρχοντες	τοῦ	θεοῦ	οὐκ
Porque$_1$	también	linaje	somos.	linaje$_3$	pues$_2$	Siendo$_1$	de --	Dios	no
1063	2532	1085	2070	1085	3767	5225	3588	2316	3756
CLX	*BE, TE*	*NNSN*	*VPAI1P*	*NNSN*	*CLI*	*VPAP-PNM*	*DGSM*	*NGSM*	*BN, TN*

ὀφείλομεν	νομίζειν	χρυσῷ	ἢ	ἀργύρῳ	ἢ	λίθῳ,	χαράγματι	τέχνης
debemos	pensar	(que) a oro	o	plata	o	piedra,	esculpido	de arte
3784	3543	5557	2228	696	2228	3037	5480	5078
VPAI1P	*VPAN*	*NDSM*	*CLD*	*NDSM*	*CLD*	*NDSM*	*NDSN*	*NGSF*

καὶ	ἐνθυμήσεως	ἀνθρώπου,	τὸ	θεῖον	εἶναι	ὅμοιον.	30 τοὺς	μὲν	οὖν
y	de ingenio	humano,	la	divinidad	ser	semejante.	los$_3$	--$_2$	Pues,$_1$
2532	1761	444	3588	2304	1511	3664	3588	3303	3767
CLN	*NGSF*	*NGSM*	*DASN*	*JASN*	*VPAN*	*JASN, JASM*	*DAPM*	*TE*	*CLI*

χρόνους	τῆς	ἀγνοίας	ὑπεριδὼν	ὁ	θεὸς	τὰ	νῦν	παραγγέλλει	τοῖς
tiempos$_6$	de la$_7$	ignorancia$_8$	habiendo ignorado$_5$	--$_3$	Dios$_4$	--	ahora	manda	a --
5550	3588	52	5237	3588	2316	3588	3568	3853	3588
NAPM	*DGSF*	*NGSF*	*VAAP-SNM*	*DNSM*	*NNSM*	*DAPN*	*B*	*VPAI3S*	*DDPM*

ἀνθρώποις	πάντας	πανταχοῦ	μετανοεῖν,	31 καθότι	ἔστησεν	ἡμέραν
seres humanos$_2$	todos$_1$	en todas partes	arrepentirse,	puesto que	estableció	un día
444	3956	3837	3340	2530	2476	2250
NDPM	*JAPM*	*B*	*VPAN*	*CAZ*	*VAAI3S*	*NASF*

ἐν	ᾗ	μέλλει	κρίνειν	τὴν	οἰκουμένην	ἐν	δικαιοσύνῃ	ἐν	ἀνδρὶ
en	el cual	va a	juzgar	a la	tierra habitada	con	justicia	por	un varón
1722	3739	3195	2919	3588	3625	1722	1343	1722	435
P	*RR-DSF*	*VPAI3S*	*VPAN*	*DASF*	*NASF*	*P*	*NDSF*	*P*	*NDSM*

ᾧ	ὥρισεν,	πίστιν	παρασχὼν	πᾶσιν	ἀναστήσας	αὐτὸν	ἐκ	νεκρῶν.
el cual	designó,	fe$_2$	habiendo dado$_1$	a todos	habiendo levantado	a él	de	(los) muertos.
3739	3724	4102	3930	3956	450	846	1537	3498
RR-DSM	*VAAI3S*	*NASF*	*VAAP-SNM*	*JDPM*	*VAAP-SNM*	*RP3ASM*	*P*	*JGPM*

32 Ἀκούσαντες	δὲ	ἀνάστασιν	νεκρῶν	οἱ	μὲν	ἐχλεύαζον	οἱ
habiendo oído$_2$	Y$_1$	de (la) resurrección	de (los) muertos	unos$_2$	--$_1$	se burlaban,$_3$	otros$_5$
191	1161	386	3498	3588	3303	5512	3588
VAAP-PNM	*CLN*	*NASF*	*JGPM*	*DNPM*	*TK, C*	*VIAI3P*	*DNPM*

δὲ	εἶπαν	Ἀκουσόμεθά	σου	περὶ	τούτου	καὶ	πάλιν.	33 οὕτως
y$_4$	dijeron:	Oiremos	a ti$_1$	acerca de	esto	también	otra vez.	Así
1161	3004	191	4675	4012	5127	2532	3825	3779
CLK, CLC	*VAAI3P*	*VFMI1P*	*RP2GS*	*P*	*RD-GSN*	*BE, TE*	*B*	*B*

ὁ	Παῦλος	ἐξῆλθεν	ἐκ	μέσου	αὐτῶν·	34 τινὲς	δὲ	ἄνδρες
--	Pablo	salió	de	en medio	de ellos.	algunos$_2$	Y$_1$	varones
3588	3972	1831	1537	3319	846	5100	1161	435
DNSM	*NNSM*	*VAAI3S*	*P*	*JGSN*	*RP3GPM*	*JNPM,RX-NPM*	*CLC*	*NNPM*

κολληθέντες	αὐτῷ	ἐπίστευσαν,	ἐν	οἷς	καὶ	Διονύσιος	ὁ
habiéndose juntado	con él	creyeron,	entre	los cuales	también	Dionisio	el
2853	846	4100	1722	3739	2532	1354	3588
VAPP-PNM	*RP3DSM*	*VAAI3P*	*P*	*RR-DPM*	*CLK*	*NNSM*	*DNSM*

Ἀρεοπαγίτης	καὶ	γυνὴ	ὀνόματι	Δάμαρις	καὶ	ἕτεροι	σὺν	αὐτοῖς.
areopagita	y	una mujer	(de) nombre	Dámaris	y	otros	con	ellos.
698	2532	1135	3686	1152	2532	2087	4862	846
NNSM	*CLK, CLN*	*NNSF*	*NDSN*	*NNSF*	*CLK, CLN*	*JNPM*	*P*	*RP3DPM*

18 Μετὰ	ταῦτα	χωρισθεὶς	ἐκ	τῶν	Ἀθηνῶν	ἦλθεν	εἰς
Después de	estas cosas	habiéndose separado	de	los	de Atenas	fue	a
3326	5023	5563	1537	3588	116	2064	1519
P	*RD-APN*	*VAPP-SNM*	*P*	*DGPF, DGPN*	*NGPF*	*VAAI3S*	*P*

NVI

Como algunos de sus
propios poetas griegos
han dicho: "De él somos
descendientes".
29 »Por tanto, siendo
descendientes de Dios,
no debemos pensar que
la divinidad sea como el
oro, la plata o la piedra:
escultura hecha como
resultado del ingenio
y de la destreza del ser
humano. 30 Pues bien,
Dios pasó por alto
aquellos tiempos de tal
ignorancia, pero ahora
manda a todos, en todas
partes, que se arrepien-
tan. 31 Él ha fijado un
día en que juzgará al
mundo con justicia, por
medio del hombre que
ha designado. De ello ha
dado pruebas a todos al
levantarlo de entre los
muertos».
32 Cuando oyeron de
la resurrección, unos se
burlaron; pero otros le
dijeron:
—Queremos que
usted nos hable en otra
ocasión sobre este tema.
33 En ese momen-
to Pablo salió de la
reunión. 34 Algunas
personas se unieron a
Pablo y creyeron. Entre
ellos estaba Dionisio,
miembro del Areópago,
también una mujer
llamada Dámaris, y
otros más.

En Corinto

18 Después de
esto, Pablo se
marchó de Atenas y se

RVR

fue a Corinto.
2 Y halló a un judío
llamado Aquila, natural
del Ponto, recién venido
de Italia con Priscila
su mujer, por cuanto
Claudio había ordenado
que todos los judíos
saliesen de Roma. Se
acercó a ellos,
3 y como era del mismo
oficio, se quedó con
ellos, y trabajaban
juntos, pues el oficio de
ellos era hacer tiendas.
4 Y discutía en la sina-
goga todos los sábados,
y persuadía a judíos y a
griegos.
5 Y cuando Silas y
Timoteo vinieron de
Macedonia, Pablo
estaba entregado por
entero a la predicación
de la palabra, testifican-
do solemnemente a los
judíos que Jesús era el
Cristo.
6 Pero oponiéndose y
blasfemando ellos, les
dijo, sacudiéndose los
vestidos: Vuestra sangre
sea sobre vuestra propia
cabeza; yo soy limpio;
desde ahora me iré a los
gentiles.
7 Y pasando de allí, se
fue a la casa de uno

Κόρινθον.	2 καὶ	εὑρών	τινα	Ἰουδαῖον	ὀνόματι	Ἀκύλαν,
Corinto.	Y	habiendo encontrado	a cierto	judío	(de) nombre	Aquila,
2882	2532	2147	5100	2453	3686	207
NASF	CLN	VAAP-SNM	JASM, RX-ASM	JASM	NDSN	NASM

Ποντικὸν	τῷ	γένει,	προσφάτως	ἐληλυθότα	ἀπὸ	τῆς	Ἰταλίας
del Ponto	por el	origen,	recientemente	venido	de	--	Italia
4193	3588	1085	4373	2064	575	3588	2482
JASM	DDSN	NDSN	B	VRAP-SAM	P	DGSF	NGSF

καὶ	Πρίσκιλλαν	γυναῖκα	αὐτοῦ	διὰ	τὸ	διατεταχέναι	Κλαύδιον
y	a Priscila	(la) esposa	de él	por	--	haber ordenado	Claudio
2532	4252	1135	846	1223	3588	1299	2804
CLN, B	NASF	NASF	RP3GSM	P	DASN	VRAN	NASM

χωρίζεσθαι	πάντας	τοὺς	Ἰουδαίους	ἀπὸ	τῆς	Ῥώμης,	προσῆλθεν
ser separados	todos	los	judíos	de	--	Roma,	fue
5563	3956	3588	2453	575	3588	4516	4334
VPPN	JAPM	DAPM	JAPM	P	DGSF	NGSF	VAAI3S

αὐτοῖς,	3 καὶ	διὰ	τὸ	ὁμότεχνον	εἶναι	ἔμενεν	παρ’	αὐτοῖς	καὶ
a ellos,	y	por	el$_2$	mismo oficio$_3$	ser$_1$	permanecía	con	ellos	y
846	2532	1223	3588	3673	1511	3306	3844	846	2532
RP3DPM	CLN	P	DASN	JASM	VPAN	VIAI3S	P	RP3DPM	CLN

ἠργάζετο,	ἦσαν	γὰρ	σκηνοποιοὶ	τῇ	τέχνῃ.	4 διελέγετο	δὲ
trabajaba;	eran$_2$	porque$_1$	fabricantes de tiendas	por el	oficio.	discutía$_2$	Y$_1$
2038	2258	1063	4635	3588	5078	1256	1161
VIUI3S	VIAI3P	CLX	NNPM	DDSF	NDSF	VIUI3S	CLN

ἐν	τῇ	συναγωγῇ	κατὰ	πᾶν	σάββατον,	ἔπειθέν	τε	Ἰουδαίους	καὶ
en	la	sinagoga	en	todo	sábado,	persuadía$_2$	y$_1$	a judíos	y
1722	3588	4864	2596	3956	4521	3982	5037	2453	2532
P	DDSF	NDSF	P	JASN	NASN	VIAI3S	CLN	JAPM	CLN

Ἕλληνας.	5 Ὡς	δὲ	κατῆλθον	ἀπὸ	τῆς	Μακεδονίας	ὅ	τε
a griegos.	cuando$_2$	Y$_1$	bajaron	desde	--	Macedonia	--	tanto
1672	5613	1161	2718	575	3588	3109	3588	5037
NAPM	CAT	CLN	VAAI3P	P	DGSF	NGSF	DNSM, RR-ASN	CLK

Σιλᾶς	καὶ	ὁ	Τιμόθεος,	συνείχετο	τῷ	λόγῳ	ὁ
Silas	como	--	Timoteo,	se dedicaba enteramente$_3$	a la$_4$	palabra,$_5$	--$_1$
4609	2532	3588	5095	4912	3588	3056	3588
NNSM	CLK, CLN	DNSM	NNSM	VIPI3S	DDSM, DDSN	NDSM	DNSM

Παῦλος,	διαμαρτυρόμενος	τοῖς	Ἰουδαίοις	εἶναι	τὸν	χριστὸν	Ἰησοῦν.
Pablo$_2$	testificando solemnemente	a los	judíos	ser$_2$	el$_3$	Cristo.$_4$	Jesús$_1$
3972	1263	3588	2453	1511	3588	5547	2424
NNSM	VPUP-SNM	DDPM	JDPM	VPAN	DASM	NASM	NASM

6 ἀντιτασσομένων	δὲ	αὐτῶν	καὶ	βλασφημούντων	ἐκτιναξάμενος
oponiéndose$_2$	Pero$_1$	ellos	y	calumniando,	habiéndose sacudido él
498	1161	846	2532	987	1621
VPMP-PGM	CLC	RP3GPM	CLN	VPAP-PGM	VAMP-SNM

τὰ	ἱμάτια	εἶπεν	πρὸς	αὐτούς·	Τὸ	αἷμα	ὑμῶν	ἐπὶ	τὴν	κεφαλὴν
los	vestidos	dijo	a	ellos:	La	sangre	de vosotros (sea)	sobre	la	cabeza
3588	2440	2036	4314	846	3588	129	5216	1909	3588	2776
DAPN	NAPN	VAAI3S	P	RP3APM	DNSN	NNSN	RP2GP	P	DASF	NASF

ὑμῶν·	καθαρὸς	ἐγώ·	ἀπὸ	τοῦ	νῦν	εἰς	τὰ	ἔθνη	πορεύσομαι.
de vosotros:	limpio	(soy) yo;	desde	--	ahora	a$_2$	los$_3$	gentiles.$_4$	iré$_1$
5216	2513	1473	575	3588	3568	1519	3588	1484	4198
RP2GP	JNSM	RP1NS	P	DGSM	B	P	DAPN	NAPN	VFMI1S

7 καὶ	μεταβὰς	ἐκεῖθεν	εἰσῆλθεν	εἰς	οἰκίαν	τινὸς	ὀνόματι	⸀Τιτίου
Y	habiendo pasado	de allí	entró	a	(la) casa	de alguien	(de) nombre	Ticio
2532	3327	1564	1525	1519	3614	5100	3686	5103
CLN	VAAP-SNM	BP	VAAI3S	P	NASF	RX-GSM	NDSN	NGSM

NVI

fue a Corinto. 2 Allí se
encontró con un judío
llamado Aquila, natural
del Ponto, y con su espo-
sa Priscila. Hacía poco
habían llegado de Italia,
porque Claudio había
mandado que todos los
judíos fueran expulsa-
dos de Roma. Pablo fue
a verlos 3 y, como hacía
tiendas de campaña al
igual que ellos, se quedó
para que trabajaran jun-
tos. 4 Todos los sábados
discutía en la sinagoga,
tratando de persuadir a
judíos y a griegos.
5 Cuando Silas y
Timoteo llegaron de
Macedonia, Pablo se
dedicó exclusivamente
a la predicación, testi-
ficándoles a los judíos
que Jesús era el Mesías.
6 Pero, cuando los judíos
se opusieron a Pablo
y lo insultaron, este se
sacudió la ropa en señal
de protesta y les dijo:
«¡Caiga la sangre de
ustedes sobre su propia
cabeza! Estoy libre de
responsabilidad. De
ahora en adelante me
dirigiré a los gentiles».
7 Entonces Pablo salió
de la sinagoga y se fue
a la casa de un tal Ticio

18:7 ⸀ Manuscritos inferiores suprimieron *Ticio*.

RVR

llamado Justo, temeroso
de Dios, la cual estaba
junto a la sinagoga.
8 Y Crispo, el principal
de la sinagoga, creyó
en el Señor con toda
su casa; y muchos de
los corintios, oyendo,
creían y eran bauti-
zados.
9 Entonces el Señor dijo
a Pablo por medio de
una visión en la noche:
No temas, sino habla, y
no calles;
10 porque yo estoy con-
tigo, y ninguno pondrá
sobre ti la mano para
hacerte mal, porque yo
tengo mucho pueblo en
esta ciudad.
11 Y se estableció allí
por un año y seis meses,
enseñándoles la palabra
de Dios.
12 Pero siendo Galión
procónsul de Acaya, los
judíos se levantaron de
común acuerdo contra
Pablo, y le llevaron al
tribunal,
13 diciendo: Éste per-
suade a los hombres a
honrar a Dios contra
la ley.
14 Y cuando Pablo iba
a abrir la boca, Galión
dijo a los judíos: Si se
tratara de alguna injus-
ticia o de algún crimen

Ἰούστου	σεβομένου	τὸν	θεόν,	οὗ	ἡ	οἰκία	ἦν	συνομοροῦσα
Justo	que está adorando	a --	Dios,	del cual	la	casa	estaba	contigua
2459	4576	3588	2316	3739	3588	3614	2258	4927
NGSM	*VPUP-SGM*	*DASM*	*NASM*	*RR-GSM*	*DNSF*	*NNSF*	*VIAI3S*	*VPAP-SNF*

τῇ	συναγωγῇ.	8 Κρίσπος	δὲ	ὁ	ἀρχισυνάγωγος	ἐπίστευσεν	τῷ
a la	sinagoga.	Cristo$_2$	Y$_1$	el	jefe de la sinagoga	creyó	al
3588	4864	2921	1161	3588	752	4100	3588
DDSF	*NDSF*	*NNSM*	*CLN*	*DNSM*	*NNSM*	*VAAI3S*	*DDSM*

κυρίῳ	σὺν	ὅλῳ	τῷ	οἴκῳ	αὐτοῦ,	καὶ	πολλοὶ	τῶν	Κορινθίων	ἀκούοντες
Señor	con	toda	la	casa	de él,	y	muchos	de los	corintios	oyendo
2962	4862	3650	3588	3624	846	2532	4183	3588	2881	191
NDSM	*P*	*JDSM*	*DDSM*	*NDSM*	*RP3GSM*	*CLN*	*JNPM*	*DGPM*	*JGPM, NGPM*	*VPAP-PNM*

ἐπίστευον	καὶ	ἐβαπτίζοντο.	9 εἶπεν	δὲ	ὁ	κύριος	ἐν	νυκτὶ	δι’
creían	y	eran bautizados.	dijo$_2$	Y$_1$	el	Señor	en	(la) noche	por medio de
4100	2532	907	2036	1161	3588	2962	1722	3571	1223
VIAI3P	*CLN*	*VIPI3P*	*VAAI3S*	*CLN*	*DNSM*	*NNSM*	*P*	*NDSF*	*P*

ὁράματος	τῷ	Παύλῳ·	Μὴ	φοβοῦ,	ἀλλὰ	λάλει	καὶ	μὴ	σιωπήσῃς,
una visión	a --	Pablo:	No	temas,	sino	habla	y	no	calles,
3705	3588	3972	3361	5399	235	2980	2532	3361	4623
NGSN	*DDSM*	*NDSM*	*BN, TN*	*VPUM2S*	*CLC*	*VPAM2S*	*CLN*	*BN, TN*	*VAAS2S*

10 διότι	ἐγώ	εἰμι	μετὰ	σοῦ	καὶ	οὐδεὶς	ἐπιθήσεταί	σοι	τοῦ
porque	yo	estoy	con	ti	y	nadie	pondrá	sobre ti	la (mano)
1360	1473	1510	3326	4675	2532	3762	2007	4671	3588
CAZ	*RP1NS*	*VPAI1S*	*P*	*RP2GS*	*CLN*	*JNSM*	*VFMI3S*	*RP2DS*	*DGSN, DGSM*

κακῶσαί	σε,	διότι	λαός	ἐστί	μοι	πολὺς	ἐν	τῇ	πόλει	ταύτῃ.
para maltratar	a ti,	porque	pueblo$_4$	(es) hay$_1$	para mí$_2$	mucho$_3$	en	la	ciudad	esta.
2559	4571	1360	2992	2076	3427	4183	1722	3588	4172	3778
VAAN	*RP2AS*	*CAZ*	*NNSM*	*VPAI3S*	*RP1DS*	*JNSM*	*P*	*DDSF*	*NDSF*	*RD-DSF*

11 ἐκάθισεν	δὲ	ἐνιαυτὸν	καὶ	μῆνας	ἕξ	διδάσκων	ἐν	αὐτοῖς	τὸν
se sentó$_2$	Y$_1$	un año	y	meses$_2$	seis$_1$	enseñando	entre	ellos	la
2523	1161	1763	2532	3376	1803	1321	1722	846	3588
VAAI3S	*CLN*	*NASM*	*CLN*	*NAPM*	*XN, J*	*VPAP-SNM*	*P*	*RP3DPM*	*DASM*

λόγον	τοῦ	θεοῦ.	12 Γαλλίωνος	δὲ	ἀνθυπάτου	ὄντος	τῆς	Ἀχαΐας
palabra	de --	Dios.	Galión$_3$	Pero$_1$	procónsul$_4$	siendo$_2$	de --	Acaya,
3056	3588	2316	1058	1161	446	5607	3588	882
NASM	*DGSM*	*NGSM*	*NGSM*	*CLT*	*NGSM*	*VPAP-SGM*	*DGSF*	*NGSF*

κατεπέστησαν	ὁμοθυμαδὸν	οἱ	Ἰουδαῖοι	τῷ	Παύλῳ	καὶ	ἤγαγον
se levantaron contra$_4$	unánimemente$_1$	los$_2$	judíos$_3$	--	Pablo	y	condujeron
2721	3661	3588	2453	3588	3972	2532	71
VAAI3P	*B*	*DNPM*	*JNPM*	*DDSM*	*NDSM*	*CLN*	*VAAI3P*

αὐτὸν	ἐπὶ	τὸ	βῆμα,	13 λέγοντες	ὅτι	Παρὰ	τὸν	νόμον	ἀναπείθει
a él	a	el	tribunal,	diciendo	que:	Contrario a	la	ley	persuade$_2$
846	1909	3588	968	3004	3754	3844	3588	3551	374
RP3ASM	*P*	*DASN*	*NASN*	*VPAP-PNM*	*CSC*	*P*	*DASM*	*NASM*	*VPAI3S*

οὗτος	τοὺς	ἀνθρώπους	σέβεσθαι	τὸν	θεόν.	14 μέλλοντος	δὲ	τοῦ
este$_1$	a las	personas	a adorar	a --	Dios.	estando a punto de$_3$	Y$_1$	--
3778	3588	444	4576	3588	2316	3195	1161	3588
RD-NSM	*DAPM*	*NAPM*	*VPUN*	*DASM*	*NASM*	*VPAP-SGM*	*CLN*	*DGSM*

Παύλου	ἀνοίγειν	τὸ	στόμα	εἶπεν	ὁ	Γαλλίων	πρὸς	τοὺς	Ἰουδαίους·
Pablo$_2$	abrir	la	boca	dijo$_3$	--$_1$	Galión$_2$	a	los	judíos:
3972	455	3588	4750	2036	3588	1058	4314	3588	2453
NGSM	*VPAN*	*DASN*	*NASN*	*VAAI3S*	*DNSM*	*NNSM*	*P*	*DAPM*	*JAPM*

Εἰ	μὲν	ἦν	ἀδίκημά	τι	ἢ	ῥᾳδιούργημα	πονηρόν,	ὦ
Si	en verdad	era	injusticia$_2$	alguna$_1$	o	delito,$_2$	un mal$_1$	¡oh
1487	3303	2258	92	5100	2228	4467	4190	5599
CAC	*TK, C*	*VIAI3S*	*NNSN*	*JNSN, RX-NSN*	*CLD*	*NNSN*	*JNSN*	*I*

NVI

Justo, que adoraba a
Dios y que vivía al lado
de la sinagoga. 8 Crispo,
el jefe de la sinagoga, cre-
yó en el Señor con toda
su familia. También
creyeron y fueron
bautizados muchos de
los corintios que oyeron
a Pablo.
9 Una noche el Señor
le dijo a Pablo en una
visión: «No tengas
miedo; sigue hablando y
no te calles, 10 pues estoy
contigo. Aunque te ata-
quen, no voy a dejar que
nadie te haga daño, por-
que tengo mucha gente
en esta ciudad». 11 Así
que Pablo se quedó allí
un año y medio, ense-
ñando entre el pueblo la
palabra de Dios.
12 Mientras Galión
era gobernador de
Acaya, los judíos a una
atacaron a Pablo y lo
condujeron al tribunal.
13 —Este hombre
—denunciaron ellos—
anda persuadiendo a la
gente a adorar a Dios de
una manera que va en
contra de nuestra ley.
14 Pablo ya iba a
hablar cuando Galión
les dijo:
—Si ustedes los
judíos estuvieran enta-
blando una demanda
sobre algún delito o
algún crimen grave,

RVR

depravado, oh judíos, yo
os toleraría conforme a
derecho.
15 Pero si son cuestiones
de palabras, y de nom-
bres, y de vuestra ley,
vedlo vosotros; porque
yo no quiero ser juez de
estas cosas.
16 Y los echó del tri-
bunal.
17 Entonces todos los
griegos, apoderándose
de Sóstenes, princi-
pal de la sinagoga, le
golpeaban delante del
tribunal; pero Galión
no hacía caso de nada
de esto.
18 Mas Pablo, habiéndo-
se quedado aún muchos
días allí, después se des-
pidió de los hermanos y
se embarcó hacia Siria, y
con él Priscila y Aquila,
habiéndose rapado la
cabeza en Cencrea, por-
que tenía hecho voto.
19 Y llegó a Éfeso, y a
ellos los dejó allí; mas él,
entrando en la sinagoga,
discutía con los judíos,
20 los cuales le rogaban
que se quedase con ellos
por más tiempo; mas no
accedió,
21 sino que se despidió
de ellos, diciendo: Es
menester que en todo
caso yo guarde en
Jerusalén la fiesta que
viene; pero volveré a
vosotros otra vez, si
Dios quiere. Y zarpó
de Éfeso.

Ἰουδαῖοι,	κατὰ	λόγον	ἂν	ἀνεσχόμην	ὑμῶν·	15 εἰ	δὲ	ζητήματά
judíos!,	conforme a	palabra	--	soportaría	a vosotros;	si$_2$	pero$_1$	controversias
2453	2596	3056	302	430	5216	1487	1161	2213
JVPM	*P*	*NASM*	*TC*	*VAMI1S*	*RP2GP*	*CAC*	*CLK, CLC*	*NNPN*

ἐστιν	περὶ	λόγου	καὶ	ὀνομάτων	καὶ	νόμου	τοῦ	καθ'	ὑμᾶς,	ὄψεσθε
es	acerca de	palabra	y	de nombres	y	de (la) ley	la	según	vosotros,	ved
2076	4012	3056	2532	3686	2532	3551	3588	2596	5209	3700
VPAI3S	*P*	*NGSM*	*CLN*	*NGPN*	*CLN*	*NGSM*	*DGSM*	*P*	*RP2AP*	*VFMI2P*

αὐτοί·	κριτὴς	ἐγὼ	τούτων	οὐ	βούλομαι	εἶναι.	16 καὶ	ἀπήλασεν
ellos mismos,	juez$_5$	yo$_1$	de estas cosas.$_6$	no$_2$	deseo$_3$	ser$_4$	Y	despidió
846	2923	1473	5130	3756	1014	1511	2532	556
RP3NPMP	*NNSM*	*RP1NS*	*RD-GPN*	*BN, TN*	*VPUI1S*	*VPAN*	*CLN*	*VAAI3S*

αὐτοὺς	ἀπὸ	τοῦ	βήματος.	17 ἐπιλαβόμενοι	δὲ	πάντες	Σωσθένην
a ellos	de	el	tribunal.	habiendo agarrado$_2$	Y$_1$	todos	a Sóstenes
846	575	3588	968	1949	1161	3956	4988
RP3APM	*P*	*DGSN*	*NGSN*	*VAMP-PNM*	*CLN*	*JNPM*	*NASM*

τὸν	ἀρχισυνάγωγον	ἔτυπτον	ἔμπροσθεν	τοῦ	βήματος·	καὶ	οὐδὲν
el	jefe de la sinagoga	(lo) golpeaban	delante de	el	tribunal;	y	nada
3588	752	5180	1715	3588	968	2532	3762
DASM	*NASM*	*VIAI3P*	*P*	*DGSN*	*NGSN*	*CLC*	*JNSN*

τούτων	τῷ	Γαλλίωνι	ἔμελεν.	18 Ὁ	δὲ	Παῦλος	ἔτι	προσμείνας
de estas cosas.	a --$_2$	Galión.$_3$	importaba$_1$	--$_2$	Y$_1$	Pablo	todavía	habiéndose quedado
5130	3588	1058	3199	3588	1161	3972	2089	4357
RD-GPN	*DDSM*	*NDSM*	*VIAI3S*	*DNSM*	*CLT*	*NNSM*	*B*	*VAAP-SNM*

ἡμέρας	ἱκανὰς	τοῖς	ἀδελφοῖς	ἀποταξάμενος	ἐξέπλει	εἰς	τὴν
días$_2$	bastantes$_1$	con los	hermanos	habiéndome despedido	se embarcaba	hacia	--
2250	2425	3588	80	657	1602	1519	3588
NAPF	*JAPF*	*DDPM*	*NDPM*	*VAMP-SNM*	*VIAI3S*	*P*	*DASF*

Συρίαν,	καὶ	σὺν	αὐτῷ	Πρίσκιλλα	καὶ	Ἀκύλας,	κειράμενος	ἐν
Siria,	y	con	él	Priscila	y	Aquila,	habiéndose rapado (él)	en
4947	2532	4862	846	4252	2532	207	2751	1722
NASF	*CLN*	*P*	*RP3DSM*	*NNSF*	*CLN*	*NNSM*	*VAMP-SNM*	*P*

Κεγχρεαῖς	τὴν	κεφαλήν,	εἶχεν	γὰρ	εὐχήν.	19 κατήντησαν	δὲ	εἰς
Cencrea	la	cabeza,	tenía$_2$	porque$_1$	un voto.	llegaron$_2$	Y$_1$	a
2747	3588	2776	2192	1063	2171	2658	1161	1519
NDPF	*DASF*	*NASF*	*VIAI3S*	*CAZ*	*NASF*	*VAAI3P*	*CLN*	*P*

Ἔφεσον,	κἀκείνους	κατέλιπεν	αὐτοῦ,	αὐτὸς	δὲ	εἰσελθὼν	εἰς	τὴν
Éfeso,	y a aquellos$_2$	dejó$_1$	allí,$_3$	él$_5$	y$_4$	habiendo entrado	en	la
2181	2548	2641	847	846	1161	1525	1519	3588
NASF	*RD-APM, CLN*	*VAAI3S*	*BP*	*RP3NSMP*	*CLC*	*VAAP-SNM*	*P*	*DASF*

συναγωγὴν	διελέξατο	τοῖς	Ἰουδαίοις.	20 ἐρωτώντων	δὲ	αὐτῶν	ἐπὶ
sinagoga	discutió	con los	judíos.	pidiendo$_2$	Y$_1$	ellos	por
4864	1256	3588	2453	2065	1161	846	1909
NASF	*VAMI3S*	*DDPM*	*JDPM*	*VPAP-PGM*	*CLN*	*RP3GPM*	*P*

πλείονα	χρόνον	μεῖναι	οὐκ	ἐπένευσεν,	21 ἀλλὰ	ἀποταξάμενος	καὶ
mucho	tiempo	permanecer (él)	no	consintió.	sino	habiéndose despedido	y
4119	5550	3306	3756	1962	235	657	2532
JASMC	*NASM*	*VAAN*	*BN, TN*	*VAAI3S*	*CLC*	*VAMP-SNM*	*CLN*

⸀εἰπών·	Πάλιν	ἀνακάμψω	πρὸς	ὑμᾶς	τοῦ	θεοῦ	θέλοντος	ἀνήχθη
habiendo dicho:	De nuevo	regresaré	a	vosotros	--	Dios	queriendo,	se embarcó
2036	3825	344	4314	5209	3588	2316	2309	321
VAAP-SNM	*B*	*VFAI1S*	*P*	*RP2AP*	*DGSM*	*NGSM*	*VPAP-SGM*	*VAPI3S*

ἀπὸ	τῆς	Ἐφέσου,	22 καὶ	κατελθὼν	εἰς	Καισάρειαν,	ἀναβὰς	καὶ
de	--	Éfeso,	y	habiendo bajado	en	Cesarea,	habiendo subido	y
575	3588	2181	2532	2718	1519	2542	305	2532
P	*DGSF*	*NGSF*	*CLN*	*VAAP-SNM*	*P*	*NASF*	*VAAP-SNM*	*CLN*

NVI

sería razonable que los
escuchara. 15 Pero, como
se trata de cuestiones de
palabras, de nombres
y de su propia ley, arré-
glense entre ustedes. No
quiero ser juez de tales
cosas.
16 Así que mandó
que los expulsaran del
tribunal. 17 Entonces se
abalanzaron todos sobre
Sóstenes, el jefe de la
sinagoga, y lo golpearon
delante del tribunal.
Pero Galión no le dio
ninguna importancia al
asunto.

Priscila, Aquila y Apolos

18 Pablo permane-
ció en Corinto algún
tiempo más. Después
se despidió de los
hermanos y emprendió
el viaje rumbo a Siria,
acompañado de Priscila
y Aquila. En Cencreas,
antes de embarcarse,
se hizo rapar la cabeza
a causa de un voto que
había hecho. 19 Al llegar
a Éfeso, Pablo se separó
de sus acompañantes
y entró en la sinagoga,
donde se puso a discutir
con los judíos. 20 Estos le
pidieron que se quedara
más tiempo con ellos.
Él no accedió, 21 pero al
despedirse les prometió:
«Ya volveré, si Dios
quiere». Y zarpó de
Éfeso. 22 Cuando desem-
barcó en Cesarea, subió

18:21 ⸀ Manuscritos inferiores aumentaron *Es necesario para mí en todo caso, guardar la fiesta que viene en Jerusalén.*

RVR

Pablo regresa a Antioquía y comienza su tercer viaje misionero

22 Habiendo arribado a
Cesarea, subió para sa-
ludar a la iglesia, y luego
descendió a Antioquía.
23 Y después de estar
allí algún tiempo, salió,
recorriendo por orden
la región de Galacia y de
Frigia, fortaleciendo a
todos los discípulos.

Apolos predica en Éfeso

24 Llegó entonces a Éfeso
un judío llamado Apolos,
natural de Alejandría, va-
rón elocuente, poderoso
en las Escrituras.
25 Éste había sido
instruido en el camino
del Señor; y siendo
de espíritu fervoroso,
hablaba y enseñaba di-
ligentemente lo concer-
niente al Señor, aunque
solamente conocía el
bautismo de Juan.
26 Y comenzó a hablar
con denuedo en la
sinagoga; pero cuando le
oyeron Priscila y Aquila,
le tomaron aparte y le ex-
pusieron más exactamen-
te el camino de Dios.
27 Y queriendo él pasar a
Acaya, los hermanos le
animaron, y escribieron
a los discípulos que le
recibiesen; y llegado él
allá, fue de gran provecho
a los que por medio de la
gracia habían creído;
28 porque vigorosamen-
te refutaba en público a

ἀσπασάμενος	τὴν	ἐκκλησίαν,	κατέβη	εἰς	Ἀντιόχειαν,	23 καὶ	ποιήσας
habiendo saludado	a la	iglesia,	bajó	a	Antioquía,	y	habiendo hecho
782	3588	1577	2597	1519	490	2532	4160
VAMP-SNM	*DASF*	*NASF*	*VAAI3S*	*P*	*NASF*	*CLN*	*VAAP-SNM*

χρόνον	τινὰ	ἐξῆλθεν,	διερχόμενος	καθεξῆς	τὴν	Γαλατικὴν
tiempo$_2$	algún$_1$	salió,	atravesando	ordenadamente	la	(de) Galacia$_2$
5550	5100	1831	1330	2517	3588	1054
NASM	*JASM, RX-ASM*	*VAAI3S*	*VPUP-SNM*	*B*	*DASF*	*JASF*

χώραν	καὶ	Φρυγίαν,	στηρίζων	πάντας	τοὺς	μαθητάς.	24 Ἰουδαῖος	δέ
región$_1$	y	Frigia,	fortaleciendo	a todos	los	discípulos.	judío$_3$	Y$_1$
5561	2532	5435	4741	3956	3588	3101	2453	1161
NASF	*CLN*	*NASF*	*VPAP-SNM*	*JAPM*	*DAPM*	*NAPM*	*JNSM*	*CLT*

τις	Ἀπολλῶς	ὀνόματι,	Ἀλεξανδρεὺς	τῷ	γένει,	ἀνὴρ	λόγιος,
cierto$_2$	Apolo	(de) nombre,	alejandrino	por el	origen,	hombre	elocuente,
5100	625	3686	221	3588	1085	435	3052
JNSM, RX-NSM	*NNSM*	*NDSN*	*NNSM*	*DDSN*	*NDSN*	*NNSM*	*JNSM*

κατήντησεν	εἰς	Ἔφεσον,	δυνατὸς	ὢν	ἐν	ταῖς	γραφαῖς.	25 οὗτος
llegó	a	Éfeso,	capaz	siendo	en	las	Escrituras.	Este
2658	1519	2181	1415	5607	1722	3588	1124	3778
VAAI3S	*P*	*NASF*	*JNSM*	*VPAP-SNM*	*P*	*DDPF*	*NDPF*	*RD-NSM*

ἦν	κατηχημένος	τὴν	ὁδὸν	τοῦ	κυρίου,	καὶ	ζέων	τῷ	πνεύματι
era	instruido	(en) el	camino	del	Señor	y	siendo ferviente	en el	espíritu
2258	2727	3588	3598	3588	2962	2532	2204	3588	4151
VIAI3S	*VRPP-SNM*	*DASF*	*NASF*	*DGSM*	*NGSM*	*CLN*	*VPAP-SNM*	*DDSN*	*NDSN*

ἐλάλει	καὶ	ἐδίδασκεν	ἀκριβῶς	τὰ	περὶ	τοῦ	Ἰησοῦ,	ἐπιστάμενος
hablaba	y	enseñaba	con precisión	las cosas	acerca de	--	Jesús,	entendiendo
2980	2532	1321	199	3588	4012	3588	2424	1987
VIAI3S	*CLN*	*VIAI3S*	*B*	*DAPN*	*P*	*DGSM*	*NGSM*	*VPUP-SNM*

μόνον	τὸ	βάπτισμα	Ἰωάννου.	26 οὗτός	τε	ἤρξατο	παρρησιάζεσθαι
solamente	el	bautismo	de Juan;	este$_2$	y$_1$	comenzó	a hablar con valentía
3440	3588	908	2491	3778	5037	756	3955
B, J	*DASN*	*NASN*	*NGSM*	*RD-NSM*	*CLN*	*VAMI3S*	*VPUN*

ἐν	τῇ	συναγωγῇ·	ἀκούσαντες	δὲ	αὐτοῦ	Πρίσκιλλα	καὶ	Ἀκύλας
en	la	sinagoga.	habiendo oído$_2$	Y$_1$	a él	Priscila	y	Aquila
1722	3588	4864	191	1161	846	4252	2532	207
P	*DDSF*	*NDSF*	*VAAP-PNM*	*CLN*	*RP3GSM*	*NNSF*	*CLN*	*NNSM*

προσελάβοντο	αὐτὸν	καὶ	ἀκριβέστερον	αὐτῷ	ἐξέθεντο	τὴν
habiendo acogido (aparte)	a él	y	con precisión	a él,$_6$	expusieron$_1$	el$_2$
4355	846	2532	199	846	1620	3588
VAMI3P	*RP3ASM*	*CLN*	*B, J*	*RP3DSM*	*VAMI3P*	*DASF*

ὁδὸν	τοῦ	θεοῦ.	27 βουλομένου	δὲ	αὐτοῦ	διελθεῖν	εἰς	τὴν	Ἀχαΐαν
camino$_3$	de --$_4$	Dios$_5$	deseando$_2$	Y$_1$	él	pasar	a	--	Acaya,
3598	3588	2316	1014	1161	846	1330	1519	3588	882
NASF	*DGSM*	*NGSM*	*VPUP-SGM*	*CLN*	*RP3GSM*	*VAAN*	*P*	*DASF*	*NASF*

προτρεψάμενοι	οἱ	ἀδελφοὶ	ἔγραψαν	τοῖς	μαθηταῖς	ἀποδέξασθαι
habiéndo(lo) animado	los	hermanos	escribieron	a los	discípulos	recibir
4389	3588	80	1125	3588	3101	588
VAMP-PNM	*DNPM*	*NNPM*	*VAAI3P*	*DDPM*	*NDPM*	*VAMN*

αὐτόν·	ὃς	παραγενόμενος	συνεβάλετο	πολὺ	τοῖς	πεπιστευκόσιν
a él,	el cual	habiendo llegado	ayudó	mucho	a los que	han creído
846	3739	3854	4820	4183	3588	4100
RP3ASM	*RR-NSM*	*VAMP-SNM*	*VAMI3S*	*JASN*	*DDPM*	*VRAP-PDM*

διὰ	τῆς	χάριτος·	28 εὐτόνως	γὰρ	τοῖς	Ἰουδαίοις	διακατηλέγχετο
por medio de	la	gracia;	enérgicamente	porque	a los$_2$	judíos$_3$	refutaba$_1$
1223	3588	5485	2159	1063	3588	2453	1246
P	*DGSF*	*NGSF*	*B*	*CAZ*	*DDPM*	*JDPM*	*VIUI3S*

NVI

a Jerusalén a saludar a
la iglesia y luego bajó a
Antioquía.
23 Después de pasar
algún tiempo allí, Pablo
se fue a visitar una por
una las congregaciones
de Galacia y Frigia,
animando a todos los
discípulos.
24 Por aquel entonces
llegó a Éfeso un judío
llamado Apolos, natural
de Alejandría. Era un
hombre ilustrado y
convincente en el uso de
las Escrituras. 25 Había
sido instruido en el
camino del Señor, y con
gran fervor hablaba y
enseñaba con la mayor
exactitud acerca de
Jesús, aunque conocía
solo el bautismo de Juan.
26 Comenzó a hablar
valientemente en la si-
nagoga. Al oírlo Priscila
y Aquila, lo tomaron a
su cargo y le explicaron
con mayor precisión el
camino de Dios.
27 Como Apolos
quería pasar a Acaya, los
hermanos lo animaron y
les escribieron a los discí-
pulos de allá para que
lo recibieran. Cuando
llegó, ayudó mucho a
quienes por la gracia
habían creído, 28 pues
refutaba vigorosamente

RVR

los judíos, demostrando por medio de las Escrituras que Jesús era el Cristo.

Pablo en Éfeso

19 Aconteció que
mientras Apolos
estaba en Corinto,
Pablo, después de recorrer las regiones altas,
vino a Éfeso, y hallando
a ciertos discípulos,
2 les dijo: ¿Recibisteis el
Espíritu Santo cuando
creísteis? Y ellos le dijeron: Ni siquiera hemos
oído si hay Espíritu
Santo.
3 Entonces dijo: ¿En
qué, pues, fuisteis bautizados? Ellos dijeron: En
el bautismo de Juan.
4 Dijo Pablo: Juan
bautizó con bautismo
de arrepentimiento,
diciendo al pueblo que
creyesen en aquel que
vendría después de él,
esto es, en Jesús el Cristo.
5 Cuando oyeron esto,
fueron bautizados en el
nombre del Señor Jesús.
6 Y habiéndoles impuesto Pablo las manos, vino
sobre ellos el Espíritu
Santo; y hablaban en
lenguas, y profetizaban.
7 Eran en total unos
doce hombres.
8 Y entrando Pablo en la
sinagoga, hablaba con
denuedo por espacio de

δημοσίᾳ ἐπιδεικνὺς διὰ τῶν γραφῶν εἶναι τὸν χριστὸν Ἰησοῦν.
públicamente demostrando por medio de de las Escrituras ser$_2$ el$_3$ Cristo.$_4$ (que) Jesús$_1$
1219 1925 1223 3588 1124 1511 3588 5547 2424
B, J VPAP-SNM P DGPF NGPF VPAN DASM NASM NASM

19 Ἐγένετο δὲ ἐν τῷ τὸν Ἀπολλῶ εἶναι ἐν Κορίνθῳ
sucedió que$_2$ Y$_1$ en -- -- Apolo$_2$ estar$_1$ en Corinto,
1096 1161 1722 3588 3588 625 1511 1722 2882
VAMI3S CLT P DDSN, DDSM DASM NASM VPAN P NDSF

Παῦλον διελθόντα τὰ ἀνωτερικὰ μέρη ἐλθεῖν εἰς Ἔφεσον καὶ
Pablo habiendo pasado las superiores$_2$ partes$_1$ bajar a Éfeso y
3972 1330 3588 510 3313 2064 1519 2181 2532
NASM VAAP-SAM DAPN JAPN NAPN VAAN P NASF CLN

εὑρεῖν τινας μαθητάς, 2 εἶπέν τε πρὸς αὐτούς· Εἰ πνεῦμα
hallar algunos discípulos dijo$_2$ y$_1$ a ellos: -- ¿(El) Espíritu
2147 5100 3101 2036 5037 4314 846 1487 4151
VAAN JAPM, RX-APM NAPM VAAI3S CLN P RP3APM TI NASN

ἅγιον ἐλάβετε πιστεύσαντες; οἱ δὲ πρὸς αὐτόν· Ἀλλ᾽ οὐδ᾽ εἰ
Santo recibisteis habiendo creído? ellos$_2$ Y$_1$ a él: Pero ni (siquiera) si$_2$
40 2983 4100 3588 1161 4314 846 235 3761 1487
JASN VAAI2P VAAP-PNM DNPM CLN P RP3ASM CLC CLA, TN, B TI

πνεῦμα ἅγιον ἔστιν ἠκούσαμεν. 3 εἶπέν τε· Εἰς τί οὖν ἐβαπτίσθητε;
Espíritu$_4$ Santo.$_5$ hay$_3$ oímos$_1$ dijo:$_2$ Y$_1$ ¿En qué pues fuisteis bautizados?
4151 40 2076 191 2036 5037 1519 5101 3767 907
NNSN JNSN VPAI3S VAAI1P VAAI3S CLN P RI-ASN CLI VAPI2P

οἱ δὲ εἶπαν· Εἰς τὸ Ἰωάννου βάπτισμα. 4 εἶπεν δὲ Παῦλος·
--$_2$ Y$_1$ dijeron: En el de Juan.$_2$ bautismo$_1$ dijo:$_2$ Y$_1$ Pablo$_2$
3588 1161 3004 1519 3588 2491 908 2036 1161 3972
DNPM CLN VAAI3P P DASN NGSM NASN VAAI3S CLN NNSM

Ἰωάννης ἐβάπτισεν βάπτισμα μετανοίας, τῷ λαῷ λέγων
Juan bautizó (un) bautismo de arrepentimiento al pueblo diciendo
2491 907 908 3341 3588 2992 3004
NNSM VAAI3S NASN NGSF DDSM NDSM VPAP-SNM

εἰς τὸν ἐρχόμενον μετ᾽ αὐτὸν ἵνα πιστεύσωσιν, τοῦτ᾽ ἔστιν
en$_3$ el que$_4$ está viniendo$_5$ después de$_6$ él,$_7$ que$_1$ creyeran$_2$ esto es
1519 3588 2064 3326 846 2443 4100 5124 2076
P DASM VPUP-SAM P RP3ASM CSC VAAS3P RD-NSN VPAI3S

εἰς τὸν Ἰησοῦν. 5 ἀκούσαντες δὲ ἐβαπτίσθησαν εἰς τὸ ὄνομα
en -- Jesús. habiendo oído$_2$ Y$_1$ fueron bautizados en el nombre
1519 3588 2424 191 1161 907 1519 3588 3686
P DASM NASM VAAP-PNM CLN VAPI3P P DASN NASN

τοῦ κυρίου Ἰησοῦ· 6 καὶ ἐπιθέντος αὐτοῖς τοῦ Παύλου χεῖρας
del Señor Jesús, y habiendo impuesto a ellos -- Pablo (las) manos
3588 2962 2424 2532 2007 846 3588 3972 5495
DGSM NGSM NGSM CLN VAAP-SGM RP3DPM DGSM NGSM NAPF

ἦλθε τὸ πνεῦμα τὸ ἅγιον ἐπ᾽ αὐτούς, ἐλάλουν τε γλώσσαις
vino el Espíritu -- Santo sobre ellos, hablaban$_2$ y$_1$ lenguas
2064 3588 4151 3588 40 1909 846 2980 5037 1100
VAAI3S DNSN NNSN DNSN JNSN P RP3APM VIAI3P CLN NDPF

καὶ ἐπροφήτευον. 7 ἦσαν δὲ οἱ πάντες ἄνδρες ὡσεὶ δώδεκα.
y profetizaban. eran$_2$ Y$_1$ los$_4$ todos$_3$ varones como doce.
2532 4395 2258 1161 3588 3956 435 5616 1427
CLN VIAI3P VIAI3P CLN DNPM JNPM NNPM CAM, B XN, J

8 Εἰσελθὼν δὲ εἰς τὴν συναγωγὴν ἐπαρρησιάζετο ἐπὶ μῆνας τρεῖς
habiendo entrado$_2$ Y$_1$ en la sinagoga hablaba con valentía por meses$_2$ tres$_1$
1525 1161 1519 3588 4864 3955 1909 3376 5140
VAAP-SNM CLT P DASF NASF VIUI3S P NAPM JAPM

NVI

en público a los judíos, demostrando por las Escrituras que Jesús es el Mesías.

Pablo en Éfeso

19 Mientras
Apolos estaba
en Corinto, Pablo
recorrió las regiones del
interior y llegó a Éfeso.
Allí encontró a algunos
discípulos.
2 —¿Recibieron
ustedes el Espíritu Santo
cuando creyeron? —les
preguntó.
—No, ni siquiera
hemos oído hablar
del Espíritu Santo
—respondieron.
3 —Entonces, ¿qué
bautismo recibieron?
—El bautismo de
Juan.
4 Pablo les explicó:
—El bautismo de
Juan no era más que un
bautismo de arrepentimiento. Él le decía al
pueblo que creyera en el
que venía después de él,
es decir, en Jesús.
5 Al oír esto, fueron
bautizados en el
nombre del Señor
Jesús. 6 Cuando Pablo
les impuso las manos,
el Espíritu Santo vino
sobre ellos, y empezaron
a hablar en lenguas y a
profetizar. 7 Eran en total unos doce hombres.
8 Pablo entró en la
sinagoga y habló allí con
toda valentía durante

RVR

tres meses, discutiendo
y persuadiendo acerca
del reino de Dios.
9 Pero como algunos se
endurecían y se volvían
desobedientes, hablan-
do mal del Camino
delante de la multitud,
se apartó Pablo de ellos
y separó a los discípulos,
discutiendo cada día en
la escuela de uno llama-
do Tiranno.
10 Esto continuó por
espacio de dos años, de
manera que todos los
que habitaban en Asia,
judíos y griegos, oyeron
la palabra del Señor
Jesús.
11 Y Dios hacía milagros
extraordinarios por
manos de Pablo,
12 de tal manera que aun
aplicaban a los enfermos
los paños o delantales
que habían estado en
contacto con su cuerpo,
y las enfermedades se
iban de ellos, y los espí-
ritus malos salían.
13 Pero algunos de los
exorcistas ambulantes
judíos, intentaron invo-
car el nombre del Señor
Jesús sobre los que
tenían espíritus malos,
diciendo: Os conjuro
por Jesús, el que predica
Pablo.
14 Había siete hijos de
un tal Esceva, judío, jefe

διαλεγόμενος	καὶ	πείθων	περὶ	τῆς	βασιλείας	τοῦ	θεοῦ.	9 ὡς	δέ
discutiendo	y	persuadiendo	acerca de	el	reino	de --	Dios.	como$_2$	Y$_1$
1256	2532	3982	4012	3588	932	3588	2316	5613	1161
VPUP-SNM	CLN	VPAP-SNM	P	DGSF	NGSF	DGSM	NGSM	CAT	CLC

τινες	ἐσκληρύνοντο	καὶ	ἠπείθουν	κακολογοῦντες	τὴν	ὁδὸν	ἐνώπιον
algunos	se endurecían	y	desconfiaban	hablando mal	(d)el	camino	delante de
5100	4645	2532	544	2551	3588	3598	1799
RX-NPM	VIPI3P	CLN	VIAI3P	VPAP-PNM	DASF	NASF	P, B

τοῦ	πλήθους,	ἀποστὰς	ἀπ'	αὐτῶν	ἀφώρισεν	τοὺς	μαθητάς,	καθ'
la	multitud,	habiéndose apartado (él)	de	ellos	separó	a los	discípulos,	cada
3588	4128	868	575	846	873	3588	3101	2596
DGSN	NGSN	VAAP-SNM	P	RP3GPM	VAAI3S	DAPM	NAPM	P

ἡμέραν	διαλεγόμενος	ἐν	τῇ	σχολῇ	Τυράννου.	10 τοῦτο	δὲ	ἐγένετο
día	discutiendo	en	la	escuela	de Tirano.	esto$_2$	Y$_1$	sucedió
2250	1256	1722	3588	4981	5181	5124	1161	1096
NASF	VPUP-SNM	P	DDSF	NDSF	NGSM	RD-NSN	CLN	VAMI3S

ἐπὶ	ἔτη	δύο,	ὥστε	πάντας	τοὺς	κατοικοῦντας	τὴν	Ἀσίαν	ἀκοῦσαι
por	años,$_2$	dos$_1$	de modo que	todos	los que	están habitando	--	Asia	oír
1909	2094	1417	5620	3956	3588	2730	3588	773	191
P	NAPN	XN, J	CAR	JAPM	DAPM	VPAP-PAM	DASF	NASF	VAAN

τὸν	λόγον	τοῦ	κυρίου,	Ἰουδαίους	τε	καὶ	Ἕλληνας.	11 Δυνάμεις
la	palabra	del	Señor,	judíos	y	también	griegos.	milagros,$_5$
3588	3056	3588	2962	2453	5037	2532	1672	1411
DASM	NASM	DGSM	NGSM	JAPM	CLK	CLK, CLN	NAPM	NAPF

τε	οὐ	τὰς	τυχούσας	ὁ	θεὸς	ἐποίει	διὰ	τῶν	χειρῶν	Παύλου,
Y$_1$	no$_6$	los$_7$	ordinarios,$_8$	--$_2$	Dios$_3$	hacía$_4$	por medio de	las	manos	de Pablo,
5037	3756	3588	5177	3588	2316	4160	1223	3588	5495	3972
CLN	BN, TN	DAPF	VAAP-PAF	DNSM	NNSM	VIAI3S	P	DGPF	NGPF	NGSM

12 ὥστε	καὶ	ἐπὶ	τοὺς	ἀσθενοῦντας	ἀποφέρεσθαι	ἀπὸ	τοῦ	χρωτὸς
de modo que	también	sobre	los que	estando enfermos	ser llevados	de	la	piel
5620	2532	1909	3588	770	667	575	3588	5559
CAR	CLA, B	P	DAPM	VPAP-PAM	VPPN	P	DGSM	NGSM

αὐτοῦ	σουδάρια	ἢ	σιμικίνθια	καὶ	ἀπαλλάσσεσθαι	ἀπ'	αὐτῶν	τὰς
de él	pañuelos	o	delantales	y	ser librados	de	ellos	las
846	4676	2228	4612	2532	525	575	846	3588
RP3GSM	NAPN	CLD	NAPN	CLN	VPPN	P	RP3GPM	DAPF

νόσους,	τά	τε	πνεύματα	τὰ	πονηρὰ	ἐκπορεύεσθαι.	13 ἐπεχείρησαν
enfermedades,	los$_2$	y$_1$	espíritus	--	malos	salirse.	intentaron$_2$
3554	3588	5037	4151	3588	4190	1607	2021
NAPF	DAPN	CLN	NAPN	DAPN	JAPN	VPUN	VAAI3P

δέ	τινες	καὶ	τῶν	περιερχομένων	Ἰουδαίων	ἐξορκιστῶν	ὀνομάζειν
E$_1$	algunos$_4$	también$_3$	de los	que están viajando$_3$	judíos$_1$	exorcistas$_2$	invocar
1161	5100	2532	3588	4022	2453	1845	3687
CLN	RX-NPM	BE, TE	DGPM	VPUP-PGM	JGPM	NGPM	VPAN

ἐπὶ	τοὺς	ἔχοντας	τὰ	πνεύματα	τὰ	πονηρὰ	τὸ	ὄνομα	τοῦ
sobre	los	que están teniendo	los	espíritus	--	malos	el	nombre	del
1909	3588	2192	3588	4151	3588	4190	3588	3686	3588
P	DAPM	VPAP-PAM	DAPN	NAPN	DAPN	JAPN	DASN	NASN	DGSM

κυρίου	Ἰησοῦ	λέγοντες·	Ὁρκίζω	ὑμᾶς	τὸν	Ἰησοῦν	ὃν	Παῦλος
Señor	Jesús	diciendo:	Conjuro	a vosotros	--	(por) Jesús	a quien	Pablo
2962	2424	3004	3726	5209	3588	2424	3739	3972
NGSM	NGSM	VPAP-PNM	VPAI1S	RP2AP	DASM	NASM	RR-ASM	NNSM

κηρύσσει.	14 ἦσαν	δέ	τινος	Σκευᾶ	Ἰουδαίου	ἀρχιερέως	ἑπτὰ
proclama.	estaban$_2$	Y$_1$	de cierto$_7$	Esceva,$_8$	judío,$_9$	jefe de los sacerdotes.$_{10}$	siete$_5$
2784	2258	1161	5100	4630	2453	749	2033
VPAI3S	VIAI3P	CLN	JGSM, RX-GSM	NGSM	JGSM	NGSM	XN, J

NVI

tres meses. Discutía
acerca del reino de Dios,
tratando de convencer-
los, 9 pero algunos se ne-
garon obstinadamente
a creer, y ante la congre-
gación hablaban mal del
Camino. Así que Pablo
se alejó de ellos y formó
un grupo aparte con los
discípulos; y a diario
debatía en la escuela de
Tirano. 10 Esto continuó
por espacio de dos años,
de modo que todos los
judíos y los griegos que
vivían en la provincia de
Asia llegaron a escuchar
la palabra del Señor.
11 Dios hacía milagros
extraordinarios por
medio de Pablo, 12 a tal
grado que a los enfermos
les llevaban pañuelos y
delantales que habían
tocado el cuerpo de
Pablo, y quedaban sanos
de sus enfermedades, y
los espíritus malignos
salían de ellos.
13 Algunos judíos
que andaban expulsan-
do espíritus malignos
intentaron invocar
sobre los endemoniados
el nombre del Señor
Jesús. Decían: «¡En el
nombre de Jesús, a quien
Pablo predica, les orde-
no que salgan!» 14 Esto
lo hacían siete hijos de
un tal Esceva, que era

RVR

de los sacerdotes, que
hacían esto.
15 Pero respondiendo
el espíritu malo, dijo:
A Jesús conozco, y sé
quién es Pablo; pero vo-
sotros, ¿quiénes sois?
16 Y el hombre en quien
estaba el espíritu malo
se lanzó de un salto
sobre ellos y, dominán-
dolos, pudo más que
ellos, de tal manera que
huyeron de aquella casa
desnudos y cubiertos de
heridas.
17 Y esto fue conoci-
do por todos los que
habitaban en Éfeso, así
judíos como griegos; y
cayó temor sobre todos
ellos, y era magnificado
el nombre del Señor
Jesús.
18 Y muchos de los que
habían creído venían,
confesando y dando
cuenta de las cosas que
practicaban.
19 Y muchos de los que
habían practicado la
magia trajeron los libros
y los quemaron delante
de todos; y hecha la
cuenta de su precio, ha-
llaron que era cincuenta
mil piezas de plata.
20 Así crecía y se robus-
tecía poderosamente la
palabra del Señor.
21 Pasadas estas cosas,

υἱοὶ	τοῦτο	ποιοῦντες.	15 ἀποκριθὲν	δὲ	τὸ	πνεῦμα	τὸ	πονηρὸν	εἶπεν
hijos$_6$	esto$_4$	haciendo$_5$	respondiendo$_2$	Y$_1$	el	espíritu	--	malo	dijo
5207	5124	4160	611	1161	3588	4151	3588	4190	2036
NNPM	*RD-ASN*	*VPAP-PNM*	*VAPP-SNN*	*CLN*	*DNSN*	*NNSN*	*DNSN*	*JNSN*	*VAAI3S*

αὐτοῖς·	Τὸν	Ἰησοῦν	γινώσκω	καὶ	τὸν	Παῦλον	ἐπίσταμαι,	ὑμεῖς
a ellos:	a --$_2$	Jesús$_3$	conozco$_1$	y$_4$	a --$_6$	Pablo,$_7$	sé$_5$	a vosotros$_9$
846	3588	2424	1097	2532	3588	3972	1987	5210
RP3DPM	*DASM*	*NASM*	*VPAI1S*	*CLN*	*DASM*	*NASM*	*VPUI1S*	*RP2NP*

δὲ	τίνες	ἐστέ;	16 καὶ	ἐφαλόμενος	ὁ	ἄνθρωπος	ἐπ'	αὐτοὺς	ἐν
pero$_8$	¿quiénes	sois?	Y	habiendo saltado	el	hombre	sobre	ellos	en
1161	5101	2075	2532	2177	3588	444	1909	846	1722
CLK, CLC	*RI-NPM*	*VPAI2P*	*CLN*	*VAMP-SNM*	*DNSM*	*NNSM*	*P*	*RP3APM*	*P*

ᾧ	ἦν	τὸ	πνεῦμα	τὸ	πονηρὸν	κατακυριεύσας	ἀμφοτέρων
el cual	estaba	el	espíritu	--	malo,	habiendo dominado con tiranía	a ambos
3739	2258	3588	4151	3588	4190	2634	297
RR-DSM	*VIAI3S*	*DNSN*	*NNSN*	*DNSN*	*JNSN*	*VAAP-SNM*	*JGPM*

ἴσχυσεν	κατ'	αὐτῶν,	ὥστε	γυμνοὺς	καὶ	τετραυματισμένους
pudo	contra	ellos	de modo que	desnudos	y	heridos
2480	2596	846	5620	1131	2532	5135
VAAI3S	*P*	*RP3GPM*	*CAR*	*JAPM*	*CLN*	*VRPP-PAM*

ἐκφυγεῖν	ἐκ	τοῦ	οἴκου	ἐκείνου.	17 τοῦτο	δὲ	ἐγένετο	γνωστὸν	πᾶσιν
escapar	de	la	casa	aquella.	esto$_2$	Y$_1$	se hizo	conocido	a todos
1628	1537	3588	3624	1565	5124	1161	1096	1110	3956
VAAN	*P*	*DGSM*	*NGSM*	*RD-GSM*	*RD-NSN*	*CLN*	*VAMI3S*	*JNSN*	*JDPM*

Ἰουδαίοις	τε	καὶ	Ἕλλησιν	τοῖς	κατοικοῦσιν	τὴν	Ἔφεσον,	καὶ
judíos$_2$	tanto$_1$	como	griegos	los que	están habitando	--	Éfeso	y
2453	5037	2532	1672	3588	2730	3588	2181	2532
JDPM	*CLK*	*CLK, CLN*	*NDPM*	*DDPM*	*VPAP-PDM*	*DASF*	*NASF*	*CLN*

ἐπέπεσεν	φόβος	ἐπὶ	πάντας	αὐτούς,	καὶ	ἐμεγαλύνετο	τὸ
cayó$_2$	temor$_1$	sobre	todos	ellos:	y	era engrandecido	el
1968	5401	1909	3956	846	2532	3170	3588
VAAI3S	*NNSM*	*P*	*JAPM*	*RP3APM*	*CLN*	*VIPI3S*	*DNSN, DASN*

ὄνομα	τοῦ	κυρίου	Ἰησοῦ.	18 πολλοί	τε	τῶν	πεπιστευκότων	ἤρχοντο
nombre	del	Señor	Jesús.	muchos$_2$	Y$_1$	de los	creyentes	venían
3686	3588	2962	2424	4183	5037	3588	4100	2064
NNSN, NASN	*DGSM*	*NGSM*	*NGSM*	*JNPM*	*CLN*	*DGPM*	*VRAP-PGM*	*VIUI3P*

ἐξομολογούμενοι	καὶ	ἀναγγέλλοντες	τὰς	πράξεις	αὐτῶν.	19 ἱκανοὶ
confesando	y	anunciando	las	obras	de ellos.	bastantes$_2$
1843	2532	312	3588	4234	846	2425
VPMP-PNM	*CLN*	*VPAP-PNM*	*DAPF*	*NAPF*	*RP3GPM*	*JNPM*

δὲ	τῶν	τὰ	περίεργα	πραξάντων	συνενέγκαντες	τὰς	βίβλους
Y$_1$	de los que$_3$	--$_5$	brujerías$_6$	habiendo hecho$_4$	habiendo juntado	los	libros
1161	3588	3588	4021	4238	4851	3588	976
CLN	*DGPM*	*DAPN*	*JAPN*	*VAAP-PGM*	*VAAP-PNM*	*DAPF*	*NAPF*

κατέκαιον	ἐνώπιον	πάντων·	καὶ	συνεψήφισαν	τὰς	τιμὰς	αὐτῶν	καὶ
(los) quemaban	delante de	todos;	y	calcularon	los	precios	de ellos	y
2618	1799	3956	2532	4860	3588	5092	846	2532
VIAI3P	*P, B*	*JGPM*	*CLN*	*VAAI3P*	*DAPF*	*NAPF*	*RP3GPF*	*CLN*

εὗρον	ἀργυρίου	μυριάδας	πέντε.*	20 οὕτως	κατὰ	κράτος	τοῦ
encontraron	monedas de plata.$_3$	diez mil$_2$	cinco$_1$	Así	con	poder	del$_3$
2147	694	3461	4002	3779	2596	2904	3588
VAAI3P	*NGSN*	*JAPF, JAPM*	*XN, J*	*B*	*P*	*NASN*	*DGSM*

κυρίου	ὁ	λόγος	ηὔξανεν	καὶ	ἴσχυεν.	21 Ὡς	δὲ	ἐπληρώθη
Señor$_4$	la$_1$	palabra$_2$	crecía	y	era poderosa.	cuando$_2$	Y$_1$	fue cumplida
2962	3588	3056	837	2532	2480	5613	1161	4137
NGSM	*DNSM*	*NNSM*	*VIAI3S*	*CLN*	*VIAI3S*	*CAT*	*CLT*	*VAPI3S*

NVI

uno de los jefes de los
sacerdotes judíos.
15 Un día el espíritu
maligno les replicó:
«Conozco a Jesús, y
sé quién es Pablo, pero
ustedes ¿quiénes son?»
16 Y abalanzándose so-
bre ellos, el hombre que
tenía el espíritu maligno
los dominó a todos.
Los maltrató con tanta
violencia que huyeron
de la casa desnudos y
heridos.
17 Cuando se entera-
ron los judíos y los grie-
gos que vivían en Éfeso,
el temor se apoderó de
todos ellos, y el nombre
del Señor Jesús era
glorificado. 18 Muchos
de los que habían creído
llegaban ahora y con-
fesaban públicamente
sus prácticas malvadas.
19 Un buen número de
los que practicaban la
hechicería juntaron sus
libros en un montón y
los quemaron delante de
todos. Cuando calcula-
ron el precio de aquellos
libros, resultó un total
de cincuenta mil mo-
nedas de plata. 20 Así la
palabra del Señor crecía
y se difundía con poder
arrollador.
21 Después de todos
estos sucesos, Pablo

19:19* O sea *cincuenta mil.*

RVR

Pablo tomó la decisión
de ir a Jerusalén,
después de recorrer
Macedonia y Acaya,
diciendo: Después que
haya estado allí, debo
visitar también Roma.
22 Y enviando a
Macedonia a dos de
los que le ayudaban,
Timoteo y Erasto, él se
quedó por algún tiem-
po en Asia.

Alboroto en Éfeso

23 Hubo por aquel
tiempo un disturbio
no pequeño acerca del
Camino.
24 Porque un platero
llamado Demetrio,
que hacía templecillos
de plata de Diana,
proporcionaba no poca
ganancia a los artífices;
25 a los cuales, reunidos
con los obreros del
mismo oficio, dijo:
Varones, sabéis que
de este oficio depende
nuestra prosperidad;
26 pero veis y oís que este
Pablo, no solamente en
Éfeso, sino en casi toda
Asia, ha persuadido y
apartado a muchas gen-
tes, diciendo que no son
dioses los que se hacen
con las manos.
27 Y no solamente hay
peligro de que este

ταῦτα,	ἔθετο	ὁ	Παῦλος	ἐν	τῷ	πνεύματι	διελθὼν	τὴν
estas cosas,	puso$_3$	--$_1$	Pablo$_2$	en	el	espíritu	habiendo pasado	(por)
5023	5087	3588	3972	1722	3588	4151	1330	3588
RD-NPN	VAMI3S	DNSM	NNSM	P	DDSN	NDSN	VAAP-SNM	DASF

Μακεδονίαν	καὶ	Ἀχαΐαν	πορεύεσθαι	εἰς	Ἱεροσόλυμα,	εἰπὼν
Macedonia	y	Acaya	ir	a	Jerusalén	habiendo dicho:
3109	2532	882	4198	1519	2414	2036
NASF	CLN	NASF	VPUN	P	NASF	VAAP-SNM

ὅτι	Μετὰ	τὸ	γενέσθαι	με	ἐκεῖ	δεῖ	με	καὶ	Ῥώμην	ἰδεῖν.
que	después de	--	estar	yo	allí	es necesario	a mí	también	Roma.$_2$	ver$_1$
3754	3326	3588	1096	3165	1563	1163	3165	2532	4516	1492
CSC	P	DASN	VAMN	RP1AS	BP	VPAI3S	RP1AS	BE, TE	NASF	VAAN

22 ἀποστείλας	δὲ	εἰς	τὴν	Μακεδονίαν	δύο	τῶν	διακονούντων
habiendo enviado$_2$	Y$_1$	a	--	Macedonia	a dos	de los que	están sirviendo
649	1161	1519	3588	3109	1417	3588	1247
VAAP-SNM	CLN	P	DASF	NASF	XN, J	DGPM	VPAP-PGM

αὐτῷ,	Τιμόθεον	καὶ	Ἔραστον,	αὐτὸς	ἐπέσχεν	χρόνον	εἰς	τὴν	Ἀσίαν.
a él,	Timoteo	y	Erasto,	él	se quedó	un tiempo	en	--	Asia.
846	5095	2532	2037	846	1907	5550	1519	3588	773
RP3DSM	NASM	CLN	NASM	RP3NSMP	VAAI3S	NASM	P	DASF	NASF

23 Ἐγένετο	δὲ	κατὰ	τὸν	καιρὸν	ἐκεῖνον	τάραχος	οὐκ	ὀλίγος	περὶ
sucedió$_2$	Y$_1$	por	el	tiempo	aquel	una confusión	no	pequeña	acerca de
1096	1161	2596	3588	2540	1565	5017	3756	3641	4012
VAMI3S	CLT	P	DASM	NASM	RD-ASM	NNSM	BN, TN	JNSM	P

τῆς	ὁδοῦ.	24 Δημήτριος	γάρ	τις	ὀνόματι,	ἀργυροκόπος,	ποιῶν
el	camino.	Demetrio$_3$	Porque$_1$	cierto$_2$	(de) nombre,	platero,	haciendo
3588	3598	1216	1063	5100	3686	695	4160
DGSF	NGSF	NNSM	CLX	RX-NSM	NDSN	NNSM	VPAP-SNM

ναοὺς	ἀργυροῦς	Ἀρτέμιδος	παρείχετο	τοῖς	τεχνίταις	οὐκ	ὀλίγην
templetes	de plata	de Artemisa	suministraba	a los	artesanos	no	poca
3485	693	735	3930	3588	5079	3756	3641
NAPM	JAPM	NGSF	VIMI3S	DDPM	NDPM	BN, TN	JASF

ἐργασίαν,	25 οὓς	συναθροίσας	καὶ	τοὺς	περὶ	τὰ	τοιαῦτα
ganancia,	a los cuales	habiendo reunido	y	a los	con respecto a$_2$	las$_3$	tales cosas,$_4$
2039	3739	4867	2532	3588	4012	3588	5108
NASF	RR-APM	VAAP-SNM	BE, TE	DAPM	P	DAPN	RD-APN

ἐργάτας	εἶπεν·	Ἄνδρες,	ἐπίστασθε	ὅτι	ἐκ	ταύτης	τῆς	ἐργασίας
obreros$_1$	dijo:	Varones,	sabéis	que	de$_4$	este$_5$	--$_6$	negocio$_7$
2040	2036	435	1987	3754	1537	3778	3588	2039
NAPM	VAAI3S	NVPM	VPUI2P	CSC	P	RD-GSF	DGSF	NGSF

ἡ	εὐπορία	ἡμῖν	ἐστιν,	26 καὶ	θεωρεῖτε	καὶ	ἀκούετε	ὅτι	οὐ
la$_1$	prosperidad$_2$	para nosotros$_3$	existe	y	veis	y	oís	que	no
3588	2142	2254	2076	2532	2334	2532	191	3754	3756
DNSF	NNSF	RP1DP	VPAI3S	CLN	VPAI2P	CLN	VPAI2P	CSC	BN, TN

μόνον	Ἐφέσου	ἀλλὰ	σχεδὸν	πάσης	τῆς	Ἀσίας	ὁ	Παῦλος	οὗτος
solamente	de Éfeso	sino	casi	toda	--	Asia	--$_2$	Pablo$_3$	este$_1$
3440	2181	235	4975	3956	3588	773	3588	3972	3778
B, J	NGSF	CLC	B	JGSF	DGSF	NGSF	DNSM	NNSM	RD-NSM

πείσας	μετέστησεν	ἱκανὸν	ὄχλον,	λέγων	ὅτι	οὐκ	εἰσὶν	θεοὶ
habiendo persuadido	cambió	bastante	multitud	diciendo	que	no	son	dioses
3982	3179	2425	3793	3004	3754	3756	1526	2316
VAAP-SNM	VAAI3S	JASM	NASM	VPAP-SNM	CSC	BN, TN	VPAI3P	NNPM

οἱ	διὰ	χειρῶν	γινόμενοι.	27 οὐ	μόνον	δὲ	τοῦτο	κινδυνεύει
los que	por medio de$_2$	manos.$_3$	están haciéndose$_1$	no$_2$	solamente$_3$	Y$_1$	esta$_6$	está en peligro$_4$
3588	1223	5495	1096	3756	3440	1161	5124	2793
DNPM	P	NGPF	VPUP-PNM	BN, TN	B, J	CLN	RD-NSN	VPAI3S

NVI

tomó la determina-
ción de ir a Jerusalén,
pasando por Macedonia
y Acaya. Decía:
«Después de estar
allí, tengo que visitar
Roma». 22 Entonces
envió a Macedonia a
dos de sus ayudantes,
Timoteo y Erasto,
mientras él se quedaba
por algún tiempo en la
provincia de Asia.

El disturbio en Éfeso

23 Por aquellos días
se produjo un gran
disturbio a propósito del
Camino. 24 Un platero
llamado Demetrio, que
hacía figuras en plata
del templo de Artemisa,
proporcionaba a los
artesanos no poca
ganancia. 25 Los reunió
con otros obreros del
ramo, y les dijo:
—Compañeros,
ustedes saben que
obtenemos buenos
ingresos de este oficio.
26 Les consta además que
el tal Pablo ha logrado
persuadir a mucha gente
no solo en Éfeso, sino
en casi toda la provincia
de Asia. Él sostiene que
no son dioses los que se
hacen con las manos.
27 Ahora bien, no solo
hay el peligro de que

RVR

nuestro negocio venga
a desacreditarse, sino
también que el templo
de la gran diosa Diana
sea estimado en nada, y
vaya a ser despojada de
su majestad, aquella a
quien venera toda Asia,
y el mundo entero.
28 Cuando oyeron estas
cosas, se llenaron de ira,
y gritaban, diciendo:
¡Grande es Diana de los
efesios!
29 Y la ciudad se llenó
de confusión, y a una
se lanzaron al teatro,
arrebatando a Gayo y a
Aristarco, macedonios,
compañeros de viaje de
Pablo.
30 Y queriendo Pablo
salir al pueblo, los
discípulos no se lo per-
mitieron.
31 Y también algunas de
las autoridades de Asia,
que eran amigos suyos,
le enviaron recado,
rogándole que no se
presentase en el teatro.
32 Unos, pues, gritaban
una cosa, y otros otra;
porque la concurrencia
estaba confusa, y los
más no sabían por qué
se habían reunido.
33 Y sacaron de entre la
multitud a Alejandro,
empujándole los judíos.

ἡμῖν	τὸ	μέρος	εἰς	ἀπελεγμὸν	ἐλθεῖν,	ἀλλὰ	καὶ	τὸ	τῆς
para nosotros$_5$	--	parte	en	desprestigio	venir	sino	también	el$_4$	de la$_6$
2254	3588	3313	1519	557	2064	235	2532	3588	3588
RP1DP	*DASN*	*NASN*	*P*	*NASM*	*VAAN*	*CLC*	*BE, TE*	*DASN*	*DGSF*

μεγάλης	θεᾶς	Ἀρτέμιδος	ἱερὸν	εἰς	οὐθὲν	λογισθῆναι,	μέλλειν
gran$_7$	diosa$_8$	Artemisa,$_9$	templo$_5$	en$_2$	nada$_3$	ser considerado$_1$	estar a punto de$_{11}$
3173	2299	735	2411	1519	3762	3049	3195
JGSF	*NGSF*	*NGSF*	*NASN, JASN*	*P*	*JASN*	*VAPN*	*VPAN*

τε	καὶ	καθαιρεῖσθαι	τῆς	μεγαλειότητος	αὐτῆς,	ἣν	ὅλη	ἡ
y$_{10}$	también	ser destruida	de la	grandeza	de ella	a quien	toda	--
5037	2532	2507	3588	3168	846	3739	3650	3588
CLN	*CLA, B*	*VPPN*	*DGSF*	*NGSF*	*RP3GSF*	*RR-ASF*	*JNSF*	*DNSF*

Ἀσία	καὶ	ἡ	οἰκουμένη	σέβεται.	28 Ἀκούσαντες	δὲ	καὶ	γενόμενοι
Asia	y	la	tierra habitada	adora.	habiendo oído$_2$	Y$_1$	y	habiendo estado
773	2532	3588	3625	4576	191	1161	2532	1096
NNSF	*CLN*	*DNSF*	*NNSF*	*VPUI3S*	*VAAP-PNM*	*CLN*	*CLN*	*VAMP-PNM*

πλήρεις	θυμοῦ	ἔκραζον	λέγοντες·	Μεγάλη	ἡ	Ἄρτεμις	Ἐφεσίων.
llenos	de enojo	gritaban	diciendo:	¡Grande (es)	--	Artemisa	de (los) efesios!
4134	2372	2896	3004	3173	3588	735	2180
JNPM	*NGSM*	*VIAI3P*	*VPAP-PNM*	*JNSF*	*DNSF*	*NNSF*	*JGPM*

29 καὶ	ἐπλήσθη	ἡ	πόλις	τῆς	συγχύσεως,	ὥρμησάν	τε	ὁμοθυμαδὸν
Y	fue llena$_3$	la$_1$	ciudad$_2$	de la	confusión,	(se) precipitaron$_2$	y$_1$	unánimemente
2532	4130	3588	4172	3588	4799	3729	5037	3661
CLN	*VAPI3S*	*DNSF*	*NNSF*	*DGSF*	*NGSF*	*VAAI3P*	*CLN*	*B*

εἰς	τὸ	θέατρον	συναρπάσαντες	Γάϊον	καὶ	Ἀρίσταρχον	Μακεδόνας,
a	el	teatro	habiendo arrastrado	a Gayo	y	a Aristarco,	macedonios,
1519	3588	2302	4884	1050	2532	708	3110
P	*DASN*	*NASN*	*VAAP-PNM*	*NASM*	*CLN*	*NASM*	*NAPM*

συνεκδήμους	Παύλου.	30 Παύλου	δὲ	βουλομένου	εἰσελθεῖν	εἰς
compañeros de viaje	de Pablo.	Pablo$_2$	Y$_1$	deseando	entrar	a
4898	3972	3972	1161	1014	1525	1519
NAPM	*NGSM*	*NGSM*	*CLN*	*VPUP-SGM*	*VAAN*	*P*

τὸν	δῆμον	οὐκ	εἴων	αὐτὸν	οἱ	μαθηταί·	31 τινὲς	δὲ	καὶ	τῶν
la	asamblea	no$_3$	permitían$_4$	a él.$_5$	los$_1$	discípulos$_2$	algunos$_3$	y$_1$	también$_2$	de los
3588	1218	3756	1439	846	3588	3101	5100	1161	2532	3588
DASM	*NASM*	*BN, TN*	*VIAI3P*	*RP3ASM*	*DNPM*	*NNPM*	*RX-NPM*	*CLN*	*CLA, B*	*DGPM*

Ἀσιαρχῶν,	ὄντες	αὐτῷ	φίλοι,	πέμψαντες	πρὸς	αὐτὸν	παρεκάλουν
asiarcas,	siendo	de él,$_2$	amigos$_1$	habiendo enviado	a	él	rogaban
775	5607	846	5384	3992	4314	846	3870
NGPM	*VPAP-PNM*	*RP3DSM*	*JNPM*	*VAAP-PNM*	*P*	*RP3ASM*	*VIAI3P*

μὴ	δοῦναι	ἑαυτὸν*	εἰς	τὸ	θέατρον.	32 ἄλλοι	μὲν	οὖν	ἄλλο	τι
no	dar	a sí mismo	en	el	teatro.	otros$_3$	--$_2$	Así que$_1$	diferente$_6$	algo$_5$
3361	1325	1438	1519	3588	2302	243	3303	3767	243	5100
BN, TN	*VAAN*	*RF3ASM*	*P*	*DASN*	*NASN*	*JNPM*	*TE, C*	*CLN*	*JASN, JNSN*	*RX-ASN*

ἔκραζον,	ἦν	γὰρ	ἡ	ἐκκλησία	συγκεχυμένη,	καὶ	οἱ	πλείους
gritaban$_4$	estaba$_{10}$	porque$_7$	la$_8$	asamblea$_9$	alborotada,	y	los	más
2896	2258	1063	3588	1577	4797	2532	3588	4119
VIAI3P	*VIAI3S*	*CAZ*	*DNSF*	*NNSF*	*VRPP-SNF*	*CLN*	*DNPM*	*JNPMC*

οὐκ	ᾔδεισαν	τίνος	ἕνεκα	συνεληλύθεισαν.	33 ἐκ	δὲ	τοῦ	ὄχλου
no	sabían	qué$_2$	por causa de$_1$	(se) habían reunido.	de$_2$	Y$_1$	la	multitud
3756	1492	5101	1752	4905	1537	1161	3588	3793
BN, TN	*VLAI3P*	*RI-GSN*	*P, B*	*VLAI3P*	*P*	*CLN*	*DGSM*	*NGSM*

συνεβίβασαν	Ἀλέξανδρον	προβαλόντων	αὐτὸν	τῶν	Ἰουδαίων,
instruyeron	a Alejandro,	habiendo empujado hacia adelante	a él	los	judíos;
4822	223	4261	846	3588	2453
VAAI3P	*NASM*	*VAAP-PGM*	*RP3ASM*	*DGPM*	*JGPM*

NVI

se desprestigie nuestro
oficio, sino también
de que el templo de la
gran diosa Artemisa sea
menospreciado, y que
la diosa misma, a quien
adoran toda la provincia
de Asia y el mundo
entero, sea despojada de
su divina majestad.
28 Al oír esto, se enfu-
recieron y comenzaron
a gritar:
—¡Grande es
Artemisa de los efesios!
29 En seguida toda
la ciudad se alborotó.
La turba en masa se
precipitó en el teatro,
arrastrando a Gayo y a
Aristarco, compañeros
de viaje de Pablo, que
eran de Macedonia.
30 Pablo quiso presentar-
se ante la multitud, pero
los discípulos no se lo
permitieron. 31 Incluso
algunas autoridades
de la provincia, que
eran amigos de Pablo,
le enviaron un recado,
rogándole que no se
arriesgara a entrar en el
teatro.
32 Había confusión en
la asamblea. Cada uno
gritaba una cosa distinta,
y la mayoría ni siquiera
sabía para qué se habían
reunido. 33 Los judíos
empujaron a un tal
Alejandro hacia adelan-
te, y algunos de entre la

19:31* O sea *ir a*.

RVR

Entonces Alejandro,
pidiendo silencio con
la mano, quería hablar
en su defensa ante el
pueblo.
34 Pero cuando le co-
nocieron que era judío,
todos a una voz gritaron
casi por dos horas:
¡Grande es Diana de los
efesios!
35 Entonces el secretario
de la ciudad, cuando
había apaciguado a la
multitud, dijo: Varones
efesios, ¿pues quién es
el hombre que no sabe
que la ciudad de los
efesios es guardiana del
templo de la gran diosa
Diana, y de la imagen
caída del cielo?
36 Puesto que esto es
indiscutible, debéis cal-
maros y no hacer nada
precipitadamente.
37 Porque habéis traído
a estos hombres, sin ser
sacrílegos ni blasfema-
dores de vuestra diosa.
38 Y si Demetrio y los
artífices que están con
él tienen pleito contra
alguno, audiencias se
conceden, y procón-
sules hay; acúsense los
unos a los otros.
39 Y si demandáis algu-
na otra cosa, en legítima
asamblea se puede
decidir.
40 Porque además hay
peligro de que seamos
acusados de sedición
por esto de hoy, no

ὁ	δὲ	Ἀλέξανδρος	κατασείσας	τὴν	χεῖρα	ἤθελεν	ἀπολογεῖσθαι
--$_2$	y$_1$	Alejandro	habiendo hecho señas	(con) la	mano	quería	defenderse
3588	1161	223	2678	3588	5495	2309	626
DNSM	*CLN*	*NNSM*	*VAAP-SNM*	*DASF*	*NASF*	*VIAI3S*	*VPUN*

τῷ	δήμῳ.	34 ἐπιγνόντες	δὲ	ὅτι	Ἰουδαῖός	ἐστιν	φωνὴ	ἐγένετο
(ante) la	asamblea.	habiendo reconocido$_2$	Y$_1$	que	judío	es	voz$_2$	se hizo$_3$
3588	1218	1921	1161	3754	2453	2076	5456	1096
DDSM	*NDSM*	*VAAP-PNM*	*CLC*	*CSC*	*JNSM*	*VPAI3S*	*NNSF*	*VAMI3S*

μία	ἐκ	πάντων	ὡς	ἐπὶ	ὥρας	δύο	κραζόντων·	Μεγάλη	ἡ	Ἄρτεμις
una$_1$	de	todos	como	por	horas$_2$	dos$_1$	gritando:	¡Grande (es)	--	Artemisa
1520	1537	3956	5613	1909	5610	1417	2896	3173	3588	735
JNSF	*P*	*JGPM*	*CAM, B*	*P*	*NAPF*	*XN, J*	*VPAP-PGM*	*JNSF*	*DNSF*	*NNSF*

Ἐφεσίων.	35 καταστείλας	δὲ	ὁ	γραμματεὺς	τὸν	ὄχλον	φησίν·
de (los) efesios!	habiendo calmado$_2$	Y$_1$	el	escribano	a la	multitud	dice:
2180	2687	1161	3588	1122	3588	3793	5346
JGPM	*VAAP-SNM*	*CLN*	*DNSM*	*NNSM*	*DASM*	*NASM*	*VPAI3S*

Ἄνδρες	Ἐφέσιοι,	τίς	γάρ	ἐστιν	ἀνθρώπων	ὃς	οὐ	γινώσκει
Varones	efesios,	quién$_2$	¿pues$_1$	es (hay)	de (las) personas	quien	no	conoce (que)
435	2180	5101	1063	2076	444	3739	3756	1097
NVPM	*JVPM, JNPM*	*RI-NSM*	*CLX*	*VPAI3S*	*NGPM*	*RR-NSM*	*BN, TN*	*VPAI3S*

τὴν	Ἐφεσίων	πόλιν	νεωκόρον	οὖσαν	τῆς	μεγάλης	Ἀρτέμιδος
la	de (los) efesios$_2$	ciudad$_1$	guardiana del templo$_4$	siendo$_3$	de la	gran	Artemisa
3588	2180	4172	3511	5607	3588	3173	735
DASF	*JGPM*	*NASF*	*JASM, JASF*	*VPAP-SAF*	*DGSF*	*JGSF*	*NGSF*

καὶ	τοῦ	διοπετοῦς;	36 ἀναντιρρήτων	οὖν	ὄντων	τούτων
y	de la	piedra caída del cielo?	innegables$_3$	Así que$_1$	siendo$_2$	estas cosas,
2532	3588	1356	368	3767	5607	5130
CLN	*DGSN, DGSM*	*JGSN, JGSM*	*JGPN, JGPM*	*CLI*	*VPAP-PGN*	*RD-GPN*

δέον	ἐστὶν	ὑμᾶς	κατεσταλμένους	ὑπάρχειν	καὶ	μηδὲν	προπετὲς
necesario	es	a vosotros	calmados$_2$	estar$_1$	y	nada	imprudente
1163	2076	5209	2687	5225	2532	3367	4312
VPAP-SNN	*VPAI3S*	*RP2AP*	*VRPP-PAM*	*VPAN*	*CLN*	*JASN*	*JASN*

πράσσειν.	37 ἠγάγετε	γὰρ	τοὺς	ἄνδρας	τούτους	οὔτε	ἱεροσύλους
hacer.	trajisteis$_2$	Porque$_1$	a los	varones	estos	(que) ni (son)	sacrílegos
4238	71	1063	3588	435	5128	3777	2417
VPAN	*VAAI2P*	*CAZ*	*DAPM*	*NAPM*	*RD-APM*	*CLK, TN*	*JAPM*

οὔτε	βλασφημοῦντας	τὴν	θεὸν	ἡμῶν.	38 εἰ	μὲν	οὖν	Δημήτριος
ni	que están blasfemando	al	Dios	de nosotros.	si$_3$	--$_2$	Así que$_1$	Demetrio
3777	987	3588	2316	2257	1487	3303	3767	1216
CLK, TN	*VPAP-PAM*	*DASF*	*NASF*	*RP1GP*	*CAC*	*TE, C*	*CLI*	*NNSM*

καὶ	οἱ	σὺν	αὐτῷ	τεχνῖται	ἔχουσιν	πρός	τινα	λόγον,	ἀγοραῖοι
y	los	con$_2$	él$_3$	artesanos$_1$	tienen	contra	alguna	palabra,	audiencias
2532	3588	4862	846	5079	2192	4314	5100	3056	60
CLN	*DNPM*	*P*	*RP3DSM*	*NNPM*	*VPAI3P*	*P*	*RX-ASM*	*NASM*	*JNPF, JNPM*

ἄγονται	καὶ	ἀνθύπατοί	εἰσιν,	ἐγκαλείτωσαν	ἀλλήλοις.	39 εἰ	δέ
(son) conducidas	y	procónsules	existen,	presenten cargos	unos a otros.	si$_2$	Y$_1$
71	2532	446	1526	1458	240	1487	1161
VPPI3P	*CLN*	*NNPM*	*VPAI3P*	*VPAM3P*	*RC-DPM*	*CAC*	*CLN*

τι	περαιτέρω	ἐπιζητεῖτε,	ἐν	τῇ	ἐννόμῳ	ἐκκλησίᾳ	ἐπιλυθήσεται.
algo	más aún	buscáis,	en	la	legal$_2$	asamblea$_1$	será resuelto.
5100	4008	1934	1722	3588	1772	1577	1956
RX-ASN	*B*	*VPAI2P*	*P*	*DDSF*	*JDSF*	*NDSF*	*VFPI3S*

40 καὶ	γὰρ	κινδυνεύομεν	ἐγκαλεῖσθαι	στάσεως	περὶ	τῆς	σήμερον
también$_2$	Porque$_1$	estamos en peligro	de ser acusados	de sedición	acerca de	de lo	de hoy,
2532	1063	2793	1458	4714	4012	3588	4594
BE, TE	*CAZ*	*VPAI1P*	*VPPN*	*NGSF*	*P*	*DGSF*	*B*

NVI

multitud lo sacaron para
que tomara la palabra. Él
agitó la mano para pedir
silencio y presentar su
defensa ante el pueblo.
34 Pero, cuando se dieron
cuenta de que era judío,
todos se pusieron a
gritar al unísono como
por dos horas:
—¡Grande es
Artemisa de los efesios!
35 El secretario del
concejo municipal logró
calmar a la multitud
y dijo:
—Ciudadanos de
Éfeso, ¿acaso no sabe
todo el mundo que
la ciudad de Éfeso es
guardiana del templo
de la gran Artemisa y
de su estatua bajada del
cielo? 36 Ya que estos
hechos son innegables,
es preciso que ustedes
se calmen y no hagan
nada precipitadamente.
37 Ustedes han traído a
estos hombres, aunque
ellos no han cometido
ningún sacrilegio ni
han blasfemado contra
nuestra diosa. 38 Así
que, si Demetrio y sus
compañeros de oficio
tienen alguna queja con-
tra alguien, para eso hay
tribunales y gobernado-
res. Vayan y presenten
allí sus acusaciones unos
contra otros. 39 Si tienen
alguna otra deman-
da, que se resuelva en
legítima asamblea.
40 Tal y como están las
cosas, con los sucesos de
hoy corremos el riesgo

RVR

habiendo ninguna causa
por la cual podamos dar
razón de esta reunión
tumultuosa.
41 Y habiendo dicho
esto, despidió la
asamblea.

Viaje de Pablo a Macedonia y Grecia

20 Después que
cesó el tumulto,
mandó llamar Pablo
a los discípulos, y ha-
biéndolos exhortado, se
despidió y salió para ir a
Macedonia.
2 Y después de recorrer
aquellas regiones, y
de exhortarles con abun-
dancia de palabras, llegó
a Grecia.
3 Después de haber
estado allí tres meses,
y habiendo tramado
los judíos una conjura
contra él, cuando iba a
embarcarse para Siria,
tomó la decisión de vol-
ver por Macedonia.
4 Y le acompañaron
hasta Asia, Sópater
de Berea, Aristarco y
Segundo de Tesalónica,
Gayo de Derbe y
Timoteo; y de Asia,
Tíquico y Trófimo.
5 Éstos, habiéndose ade-
lantado, nos esperaron
en Tróade.
6 Y nosotros, pasados
los días de los panes sin
levadura, navegamos

μηδενὸς	αἰτίου	ὑπάρχοντος	περὶ	οὗ	οὐ	δυνησόμεθα	ἀποδοῦναι
ninguna	culpa	existiendo	acerca de	la cual	no	podremos	dar
3367	159	5225	4012	3739	3756	1410	591
JGSN	*JGSN*	*VPAP-SGN*	*P*	*RR-GSN*	*BN, TN*	*VFMI1P*	*VAAN*

λόγον	περὶ	τῆς	συστροφῆς	ταύτης.	41 καὶ	ταῦτα	εἰπὼν
palabra	acerca de	del	tumulto	este.	Y	estas cosas$_2$	habiendo dicho$_1$
3056	4012	3588	4963	3778	2532	5023	2036
NASM	*P*	*DGSF*	*NGSF*	*RD-GSF*	*CLN*	*RD-APN*	*VAAP-SNM*

ἀπέλυσεν	τὴν	ἐκκλησίαν.
despidió	a la	asamblea.
630	3588	1577
VAAI3S	*DASF*	*NASF*

20 Μετὰ	δὲ	τὸ	παύσασθαι	τὸν	θόρυβον	μεταπεμψάμενος
después de$_2$	Y$_1$	--	cesar	el	tumulto	habiendo mandado a traer$_3$
3326	1161	3588	3973	3588	2351	3343
P	*CLT*	*DASN*	*VAMN*	*DASM*	*NASM*	*VAMP-SNM*

ὁ	Παῦλος	τοὺς	μαθητὰς	καὶ	παρακαλέσας,	ἀσπασάμενος	ἐξῆλθεν
--$_1$	Pablo$_2$	a los	discípulos	y	habiéndo(los) exhortado,	habiéndose despedido	salió
3588	3972	3588	3101	2532	3870	782	1831
DNSM	*NNSM*	*DAPM*	*NAPM*	*CLN*	*VAAP-SNM*	*VAMP-SNM*	*VAAI3S*

πορεύεσθαι	εἰς	Μακεδονίαν.	2 διελθὼν	δὲ	τὰ	μέρη	ἐκεῖνα
para ir	a	Macedonia.	habiendo pasado$_2$	Y$_1$	las	regiones	aquellas
4198	1519	3109	1330	1161	3588	3313	1565
VPUN	*P*	*NASF*	*VAAP-SNM*	*CLN*	*DAPN*	*NAPN*	*RD-APN*

καὶ	παρακαλέσας	αὐτοὺς	λόγῳ	πολλῷ	ἦλθεν	εἰς	τὴν	Ἑλλάδα
y	habiendo exhortado	a ellos	palabra$_2$	(con) mucha$_1$	vino	a	--	Grecia
2532	3870	846	3056	4183	2064	1519	3588	1671
CLN	*VAAP-SNM*	*RP3APM*	*NDSM*	*JDSM*	*VAAI3S*	*P*	*DASF*	*NASF*

3 ποιήσας	τε	μῆνας	τρεῖς·	γενομένης	ἐπιβουλῆς	αὐτῷ	ὑπὸ	τῶν
habiendo hecho$_2$	y$_1$	meses;$_4$	tres$_3$	habiendo sucedido	una conspiración	(contra) él	por	los
4160	5037	3376	5140	1096	1917	846	5259	3588
VAAP-SNM	*CLN*	*NAPM*	*JAPM*	*VAMP-SGF*	*NGSF*	*RP3DSM*	*P*	*DGPM*

Ἰουδαίων	μέλλοντι	ἀνάγεσθαι	εἰς	τὴν	Συρίαν	ἐγένετο	γνώμης
judíos	estando a punto de	embarcarse	para	--	Siria,	hizo	(la) decisión
2453	3195	321	1519	3588	4947	1096	1106
JGPM	*VPAP-SDM*	*VPPN*	*P*	*DASF*	*NASF*	*VAMI3S*	*NGSF*

τοῦ	ὑποστρέφειν	διὰ	Μακεδονίας.	4 συνείπετο	δὲ	⌜αὐτῷ
de --	regresar	por	Macedonia.	acompañaba$_2$	Y$_1$	a él
3588	5290	1223	3109	4902	1161	846
DGSN, DGSM	*VPAN*	*P*	*NGSF*	*VIUI3S*	*CLN*	*RP3DSM*

Σώπατρος	⌜1Πύρρου	Βεροιαῖος,	Θεσσαλονικέων	δὲ	Ἀρίσταρχος	καὶ
Sópatro	(hijo) de Pirro	de Berea,	de (los) tesalonicenses$_2$	y$_1$	Aristarco	y
4986	4450	961	2331	1161	708	2532
NNSM	*NGSM*	*JNSM*	*NGPM*	*CLN*	*NNSM*	*CLN*

Σεκοῦνδος,	καὶ	Γάϊος	Δερβαῖος	καὶ	Τιμόθεος,	Ἀσιανοὶ	δὲ	Τυχικὸς
Secundo,	y	Gayo	de Derbe	y	Timoteo	de Asia	y	Tíquico
4580	2532	1050	1190	2532	5095	774	1161	5190
NNSM	*CLN*	*NNSM*	*JNSM*	*CLN*	*NNSM*	*NNPM*	*CLN*	*NNSM*

καὶ	Τρόφιμος·	5 οὗτοι	δὲ	προσελθόντες	ἔμενον	ἡμᾶς	ἐν	Τρῳάδι·
y	Trófimo.	estos$_2$	Y$_1$	habiéndose ido adelante	esperaban	a nosotros	en	Troas.
2532	5161	3778	1161	4281	3306	2248	1722	5174
CLN	*NNSM*	*RD-NPM*	*CLN*	*VAAP-PNM*	*VIAI3P*	*RP1AP*	*P*	*NDSF*

6 ἡμεῖς	δὲ	ἐξεπλεύσαμεν	μετὰ	τὰς	ἡμέρας	τῶν	ἀζύμων	ἀπὸ
nosotros$_2$	y$_1$	zarpamos	después de$_3$	los$_4$	días$_5$	de los$_6$	panes sin levadura,$_7$	de$_1$
2249	1161	1602	3326	3588	2250	3588	106	575
RP1NP	*CLC*	*VAAI1P*	*P*	*DAPF*	*NAPF*	*DGPN*	*JGPN*	*P*

NVI

de que nos acusen de
causar disturbios. ¿Qué
razón podríamos dar de
este alboroto, si no hay
ninguna?
41 Dicho esto, despi-
dió la asamblea.

Recorrido por Macedonia y Grecia

20 Cuando cesó
el alboroto,
Pablo mandó llamar a
los discípulos y, después
de animarlos, se des-
pidió y salió rumbo a
Macedonia. 2 Recorrió
aquellas regiones, alen-
tando a los creyentes
en muchas ocasiones, y
por fin llegó a Grecia,
3 donde se quedó tres
meses. Como los judíos
tramaban un atentado
contra él cuando estaba
a punto de embarcarse
para Siria, decidió regre-
sar por Macedonia. 4 Lo
acompañaron Sópater
hijo de Pirro, de Berea;
Aristarco y Segundo,
de Tesalónica; Gayo,
de Derbe; Timoteo; y
por último, Tíquico y
Trófimo, de la provincia
de Asia. 5 Estos se ade-
lantaron y nos esperaron
en Troas. 6 Pero nosotros
zarpamos de Filipos
después de la fiesta de
los Panes sin levadura, y

20:4⌜ Manuscritos inferiores aumentaron *hasta Asia.* **20:4⌜1** Manuscritos inferiores suprimieron *(hijo) de Pirro.*

RVR

desde Filipos, y en cinco días nos reunimos con ellos en Tróade, donde nos quedamos siete días.

Visita de despedida de Pablo en Tróade

7 El primer día de
la semana, estando
reunidos los discípulos
para partir el pan, Pablo
conversaba con ellos,
habiendo de salir al día
siguiente; y alargó el
discurso hasta la media-
noche.
8 Y había muchas
lámparas en el aposento
alto donde estaban
reunidos;
9 y un joven llamado
Eutico, que estaba
sentado en la ventana,
rendido de un sueño
profundo, por cuanto
Pablo alargaba su
discurso, vencido del
sueño, cayó del tercer
piso abajo, y fue levanta-
do muerto.
10 Entonces descendió
Pablo y se echó sobre
él, y abrazándole, dijo:
No os alarméis, pues
está vivo.
11 Después de haber
subido, y partido el pan
y comido, habló larga-
mente hasta el alba; y
así salió.
12 Y llevaron al joven
vivo, y fueron grande-
mente consolados.

Φιλίππων,	καὶ	ἤλθομεν	πρὸς	αὐτοὺς	εἰς	τὴν	Τρῳάδα	ἄχρι	ἡμερῶν
Filipos$_2$	y	vinimos	a	ellos	en	--	Troas	hasta	días,$_2$
5375	2532	2064	4314	846	1519	3588	5174	891	2250
NGPM, NGSM	*CLN*	*VAAI1P*	*P*	*RP3APM*	*P*	*DASF*	*NASF*	*P*	*NGPF*

πέντε,	οὗ	διετρίψαμεν	ἡμέρας	ἑπτά.
(en) cinco$_1$	donde	nos quedamos	días.$_2$	siete$_1$
4002	3757	1304	2250	2033
XN, J	*B*	*VAAI1P*	*NAPF*	*XN, J*

7 Ἐν	δὲ	τῇ	μιᾷ	τῶν	σαββάτων*	συνηγμένων	ἡμῶν	κλάσαι
en$_2$	Y$_1$	el	primer	de --	(los) sábados	reunidos$_2$	nosotros$_1$	para partir
1722	1161	3588	1520	3588	4521	4863	2257	2806
P	*CLT*	*DDSF*	*JDSF*	*DGPN*	*NGPN*	*VRPP-PGM*	*RP1GP*	*VAAN*

ἄρτον	ὁ	Παῦλος	διελέγετο	αὐτοῖς,	μέλλων	ἐξιέναι	τῇ	ἐπαύριον,
(el) pan,	--	Pablo	discutía	(con) ellos,	estando a punto de	salir	al	día siguiente,
740	3588	3972	1256	846	3195	1826	3588	1887
NASM	*DNSM*	*NNSM*	*VIUI3S*	*RP3DPM*	*VPAP-SNM*	*VPAN*	*DDSF*	*B*

παρέτεινέν	τε	τὸν	λόγον	μέχρι	μεσονυκτίου.	8 ἦσαν	δὲ	λαμπάδες
prolongaba$_2$	y$_1$	la	palabra	hasta	(la) media noche.	estaban$_2$	Y$_1$	lámparas$_4$
3905	5037	3588	3056	3360	3317	2258	1161	2985
VIAI3S	*CLN*	*DASM*	*NASM*	*P, B*	*NGSN*	*VIAI3P*	*CLN*	*NNPF*

ἱκαναὶ	ἐν	τῷ	ὑπερῴῳ	οὗ	ἦμεν	συνηγμένοι·	9 καθεζόμενος
bastantes$_3$	en	la	estancia superior	donde	estábamos	reunidos.	estando sentado$_2$
2425	1722	3588	5253	3757	1510	4863	2516
JNPF	*P*	*DDSN*	*NDSN*	*B*	*VIAI1P*	*VRPP-PNM*	*VPUP-SNM*

δέ	τις	νεανίας	ὀνόματι	Εὔτυχος	ἐπὶ	τῆς	θυρίδος,	καταφερόμενος
Y$_1$	cierto	joven	(de) nombre	Eutico	en	la	ventana,	siendo dominado
1161	5100	3494	3686	2161	1909	3588	2376	2702
CLN	*JNSM*	*NNSM*	*NDSN*	*NNSM*	*P*	*DGSF*	*NGSF*	*VPPP-SNM*

ὕπνῳ	βαθεῖ	διαλεγομένου	τοῦ	Παύλου	ἐπὶ	πλεῖον,
por (el) sueño	profundo	discutiendo	--	Pablo	por	mucho (tiempo),
5258	901	1256	3588	3972	1909	4119
NDSM	*JDSM*	*VPUP-SGM*	*DGSM*	*NGSM*	*P*	*JASNC*

κατενεχθεὶς	ἀπὸ	τοῦ	ὕπνου	ἔπεσεν	ἀπὸ	τοῦ	τριστέγου	κάτω
habiendo sido dominado	por	el	sueño	cayó	desde	el	tercer piso	abajo
2702	575	3588	5258	4098	575	3588	5152	2736
VAPP-SNM	*P*	*DGSM*	*NGSM*	*VAAI3S*	*P*	*DGSN*	*NGSN*	*B*

καὶ	ἤρθη	νεκρός.	10 καταβὰς	δὲ	ὁ	Παῦλος	ἐπέπεσεν	αὐτῷ
y	fue recogido	muerto.	habiendo bajado$_2$	Y$_1$	--	Pablo	(se) tiró sobre	él
2532	142	3498	2597	1161	3588	3972	1968	846
CLN	*VAPI3S*	*JNSM*	*VAAP-SNM*	*CLN*	*DNSM*	*NNSM*	*VAAI3S*	*RP3DSM*

καὶ	συμπεριλαβὼν	εἶπεν·	Μὴ	θορυβεῖσθε,	ἡ	γὰρ	ψυχὴ	αὐτοῦ
y	habiéndo(lo) abrazado	dijo:	No	os alarméis,	la$_2$	porque$_1$	vida	de él
2532	4843	2036	3361	2350	3588	1063	5590	846
CLN	*VAAP-SNM*	*VAAI3S*	*BN, TN*	*VPPM2P*	*DNSF*	*CAZ*	*NNSF*	*RP3GSM*

ἐν	αὐτῷ	ἐστιν.	11 ἀναβὰς	δὲ	καὶ	κλάσας	τὸν	ἄρτον	καὶ
en	él	está.	habiendo subido$_2$	Y$_1$	y	habiendo partido	el	pan	y
1722	846	2076	305	1161	2532	2806	3588	740	2532
P	*RP3DSM*	*VPAI3S*	*VAAP-SNM*	*CLN*	*CLN*	*VAAP-SNM*	*DASM*	*NASM*	*CLN*

γευσάμενος	ἐφ’	ἱκανόν	τε	ὁμιλήσας	ἄχρι	αὐγῆς,	οὕτως	ἐξῆλθεν.
habiéndo probado	por$_2$	bastante$_3$	y$_1$	habiendo conversado	hasta	(la) aurora	así	salió.
1089	1909	2425	5037	3656	891	827	3779	1831
VAMP-SNM	*P*	*JASM, JASN*	*CLN*	*VAAP-SNM*	*P*	*NGSF*	*B*	*VAAI3S*

12 ἤγαγον	δὲ	τὸν	παῖδα	ζῶντα,	καὶ	παρεκλήθησαν	οὐ	μετρίως.
condujeron$_2$	Y$_1$	al	muchacho	viviendo	y	fueron animados	no	moderadamente.
71	1161	3588	3816	2198	2532	3870	3756	3357
VAAI3P	*CLN*	*DASM*	*NASM*	*VPAP-SAM*	*CLN*	*VAPI3P*	*BN, TN*	*B*

NVI

a los cinco días nos reunimos con los otros en Troas, donde pasamos siete días.

Visita de Pablo a Troas

7 El primer día de la
semana nos reunimos
para partir el pan.
Como iba a salir al día
siguiente, Pablo estuvo
hablando a los creyentes,
y prolongó su discurso
hasta la medianoche.
8 En el cuarto del piso su-
perior donde estábamos
reunidos había muchas
lámparas. 9 Un joven lla-
mado Eutico, que estaba
sentado en una ventana,
comenzó a dormirse
mientras Pablo alargaba
su discurso. Cuando se
quedó profundamente
dormido, se cayó desde
el tercer piso y lo reco-
gieron muerto. 10 Pablo
bajó, se echó sobre el jo-
ven y lo abrazó. «¡No se
alarmen! —les dijo—.
¡Está vivo!» 11 Luego
volvió a subir, partió
el pan y comió. Siguió
hablando hasta el ama-
necer, y entonces se fue.
12 Al joven se lo llevaron
vivo a su casa, para gran
consuelo de todos.

20:7* O sea *el primer día de la semana.*

RVR

Viaje de Tróade a Mileto

13 Nosotros, adelantándonos a embarcarnos,
navegamos a Asón para
recoger allí a Pablo, ya
que así lo había dispues-
to, queriendo él ir por
tierra.
14 Cuando se reunió
con nosotros en Asón,
tomándole a bordo,
vinimos a Mitilene.
15 Navegando de allí, al
día siguiente llegamos
delante de Quío, y al
otro día cruzamos hasta
Samos; y habiendo he-
cho escala en Trogilio,
al día siguiente llegamos
a Mileto.
16 Porque Pablo había
decidido pasar de
largo por Éfeso, para no
detenerse en Asia, pues
se apresuraba por estar
el día de Pentecostés,
si le fuese posible, en
Jerusalén.

Discurso de despedida de Pablo en Mileto

17 Enviando, pues, desde
Mileto a Éfeso, hizo
llamar a los ancianos de
la iglesia.
18 Cuando se presen-
taron a él, les dijo:
Vosotros sabéis bien
cómo me he compor-
tado entre vosotros
todo el tiempo, desde

13 Ἡμεῖς δὲ προελθόντες ἐπὶ τὸ πλοῖον ἀνήχθημεν ἐπὶ τὴν
nosotros$_2$ Y$_1$ habiendo adelantado a el barco nos embarcamos para --
2249 1161 4281 1909 3588 4143 321 1909 3588
RP1NP CLN VAAP-PNM P DASN NASN VAPI1P P DASF

Ἄσσον, ἐκεῖθεν μέλλοντες ἀναλαμβάνειν τὸν Παῦλον, οὕτως γὰρ
Asón, de allí disponiéndo(nos) a recoger a -- Pablo; así$_2$ porque$_1$
789 1564 3195 353 3588 3972 3779 1063
NASF BP VPAP-PNM VPAN DASM NASM B CAZ

διατεταγμένος ἦν μέλλων αὐτὸς πεζεύειν. 14 ὡς δὲ συνέβαλλεν
ordenado$_4$ estaba$_3$ intentando él ir por tierra. cuando Y (se) reunía
1299 2258 3195 846 3978 5613 1161 4820
VRPP-SNM VIAI3S VPAP-SNM RP3NSMP VPAN CAT CLN VIAI3S

ἡμῖν εἰς τὴν Ἄσσον, ἀναλαβόντες αὐτὸν ἤλθομεν εἰς
(con) nosotros en -- Asón, habiendo recibido (a bordo) a él vinimos a
2254 1519 3588 789 353 846 2064 1519
RP1DP P DASF NASF VAAP-PNM RP3ASM VAAI1P P

Μιτυλήνην, 15 κἀκεῖθεν ἀποπλεύσαντες τῇ ἐπιούσῃ κατηντήσαμεν
Mitilene, y de allí habiendo zarpado al siguiente (día) llegamos
3412 2547 636 3588 1966 2658
NASF CLN, BP VAAP-PNM DDSF VPAP-SDF VAAI1P

ἄντικρυς Χίου, τῇ δὲ ἑτέρᾳ παρεβάλομεν εἰς Σάμον, τῇ δὲ
frente a Quío, al$_2$ y$_1$ otro (día) pasamos frente a Samos al$_2$ y$_1$
481 5508 3588 1161 2087 3846 1519 4544 3588 1161
P, B NGSF DDSF CLN JDSF VAAI1P P NASF DDSF CLN

ἐχομένῃ ἤλθομεν εἰς Μίλητον. 16 κεκρίκει γὰρ ὁ Παῦλος
siguiente (día) llegamos a Mileto había decidido$_4$ Porque$_1$ --$_2$ Pablo$_3$
2192 2064 1519 3399 2919 1063 3588 3972
VPMP-SDF, VPPP-SDF VAAI1P P NASF VLAI3S CAZ DNSM NNSM

παραπλεῦσαι τὴν Ἔφεσον, ὅπως μὴ γένηται αὐτῷ χρονοτριβῆσαι
pasar de largo a -- Éfeso, para que no sucediera a él demorarse
3896 3588 2181 3704 3361 1096 846 5551
VAAN DASF NASF CAP BN, TN VAMS3S RP3DSM VAAN

ἐν τῇ Ἀσίᾳ, ἔσπευδεν γὰρ εἰ δυνατὸν εἴη αὐτῷ τὴν ἡμέραν
en -- Asia; estaba apresurado$_2$ porque$_1$ si$_3$ posible$_5$ sería$_4$ (para) él$_6$ el$_{10}$ día$_{11}$
1722 3588 773 4692 1063 1487 1415 1498 846 3588 2250
P DDSF NDSF VIAI3S CAZ CAC JNSN VPAO3S RP3DSM DASF NASF

τῆς πεντηκοστῆς γενέσθαι εἰς Ἱεροσόλυμα.
de --$_{12}$ Pentecostés.$_{13}$ estar$_7$ en$_8$ Jerusalén$_9$
3588 4005 1096 1519 2414
DGSF NGSF VAMN P NASF

17 Ἀπὸ δὲ τῆς Μιλήτου πέμψας εἰς Ἔφεσον μετεκαλέσατο
desde$_2$ Y -- Mileto habiendo enviado a Éfeso hizo llamar
575 1161 3588 3399 3992 1519 2181 3333
P CLT DGSF NGSF VAAP-SNM P NASF VAMI3S

τοὺς πρεσβυτέρους τῆς ἐκκλησίας. 18 ὡς δὲ παρεγένοντο πρὸς
a los ancianos de la iglesia. cuando$_2$ Y$_1$ llegaron a
3588 4245 3588 1577 5613 1161 3854 4314
DAPM JAPM DGSF NGSF CAT CLN VAMI3P P

αὐτὸν εἶπεν αὐτοῖς· Ὑμεῖς ἐπίστασθε ἀπὸ πρώτης ἡμέρας ἀφ᾽ ἧς
él dijo a ellos: Vosotros sabéis, desde (el) primer día desde que
846 2036 846 5210 1987 575 4413 2250 575 3739
RP3ASM VAAI3S RP3DPM RP2NP VPUI2P P JGSF NGSF P RR-GSF

ἐπέβην εἰς τὴν Ἀσίαν πῶς μεθ᾽ ὑμῶν τὸν πάντα χρόνον ἐγενόμην,
llegué a -- Asia cómo con vosotros -- todo tiempo estuve,
1910 1519 3588 773 4459 3326 5216 3588 3956 5550 1096
VAAI1S P DASF NASF B P RP2GP DASM JASM NASM VAMI1S

NVI

Pablo se despide de los ancianos de Éfeso

13 Nosotros, por
nuestra parte, nos
embarcamos anticipada-
mente y zarpamos para
Asón, donde íbamos
a recoger a Pablo. Así
se había planeado, ya
que él iba a hacer esa
parte del viaje por tierra.
14 Cuando se encontró
con nosotros en Asón,
lo tomamos a bordo
y fuimos a Mitilene.
15 Desde allí zarpa-
mos al día siguiente y
llegamos frente a Quío.
Al otro día cruzamos en
dirección a Samos, y un
día después llegamos a
Mileto. 16 Pablo había
decidido pasar de largo a
Éfeso para no demorarse
en la provincia de Asia,
porque tenía prisa por
llegar a Jerusalén para
el día de Pentecostés, si
fuera posible.
17 Desde Mileto,
Pablo mandó llamar a
los ancianos de la iglesia
de Éfeso. 18 Cuando
llegaron, les dijo:
«Ustedes saben cómo
me porté todo el tiempo
que estuve con ustedes,
desde el primer día que

RVR

el primer día que entré
en Asia,
[19] sirviendo al Señor
con toda humildad, y
con muchas lágrimas, y
pruebas que me han ve-
nido por las asechanzas
de los judíos;
[20] cómo no me retraje
de anunciaros nada que
fuese útil y de enseñaros,
públicamente y por las
casas,
[21] testificando solemne-
mente a judíos y a genti-
les acerca del arrepenti-
miento para con Dios, y
de la fe en nuestro Señor
Jesucristo.
[22] Y ahora, he aquí que
yo, encadenado en el
espíritu, voy a Jerusalén,
sin saber lo que allá me
acontecerá;
[23] salvo que el Espíritu
Santo por todas las ciu-
dades me da testimonio
solemne, diciendo que
me esperan cadenas y
tribulaciones.
[24] Pero de ninguna cosa
hago caso, ni estimo
preciosa mi vida para
mí mismo, con tal que
acabe mi carrera con
gozo, y el ministerio que
recibí del Señor Jesús,
para dar solemne testi-
monio del evangelio de
la gracia de Dios.
[25] Y ahora, he aquí
que yo sé que ninguno
de todos vosotros,

[19] δουλεύων	τῷ	κυρίῳ	μετὰ	πάσης	ταπεινοφροσύνης	καὶ
sirviendo como esclavo	al	Señor	con	toda	humildad	y
1398	3588	2962	3326	3956	5012	2532
VPAP-SNM	*DDSM*	*NDSM*	*P*	*JGSF*	*NGSF*	*CLN*

δακρύων	καὶ	πειρασμῶν	τῶν	συμβάντων	μοι	ἐν	ταῖς	ἐπιβουλαῖς
lágrimas	y	pruebas	las que	habiendo sucedido	(sobre) mí	por	las	conspiraciones
1144	2532	3986	3588	4819	3427	1722	3588	1917
NGPN	*CLN*	*NGPM*	*DGPM*	*VAAP-PGM*	*RP1DS*	*P*	*DDPF*	*NDPF*

τῶν	Ἰουδαίων·	[20] ὡς	οὐδὲν	ὑπεστειλάμην	τῶν	συμφερόντων
de los	judíos,	cómo	nada	retrocedí	de las cosas	siendo útiles
3588	2453	5613	3762	5288	3588	4851
DGPM	*JGPM*	*CSC*	*JASN*	*VAMI1S*	*DGPN*	*VPAP-PGN*

τοῦ	μὴ	ἀναγγεῖλαι	ὑμῖν	καὶ	διδάξαι	ὑμᾶς	δημοσίᾳ	καὶ	κατ’
--	no	anunciar	a vosotros	y	enseñar	a vosotros	públicamente	y	en
3588	3361	312	5213	2532	1321	5209	1219	2532	2596
DGSN, DGSM	*BN, TN*	*VAAN*	*RP2DP*	*CLN*	*VAAN*	*RP2AP*	*B, J*	*CLN*	*P*

οἴκους,	[21] διαμαρτυρόμενος	Ἰουδαίοις	τε	καὶ	Ἕλλησιν	τὴν	εἰς
(las) casas,	testificando solemnemente	a judíos$_2$	tanto$_1$	como	a griegos	el$_1$	para$_3$
3624	1263	2453	5037	2532	1672	3588	1519
NAPM	*VPUP-SNM*	*JDPM*	*CLK*	*CLK, CLN*	*NDPM*	*DASF*	*P*

θεὸν	μετάνοιαν	καὶ	πίστιν	εἰς	τὸν	κύριον	ἡμῶν	Ἰησοῦν.	[22] καὶ
Dios$_4$	arrepentimiento$_2$	y	(la) fe	en	el	Señor	de nosotros	Jesús.	Y
2316	3341	2532	4102	1519	3588	2962	2257	2424	2532
NASM	*NASF*	*CLN*	*NASF*	*P*	*DASM*	*NASM*	*RP1GP*	*NASM*	*CLN*

νῦν	ἰδοὺ	δεδεμένος	ἐγὼ	τῷ	πνεύματι	πορεύομαι	εἰς	Ἰερουσαλήμ,
ahora	mira,	atado	yo	(en) el	espíritu	voy	a	Jerusalén
3568	2400	1210	1473	3588	4151	4198	1519	2419
B	*I, VAAM2S*	*VRPP-SNM*	*RP1NS*	*DDSN*	*NDSN*	*VPUI1S*	*P*	*NASF, XP*

τὰ	ἐν	αὐτῇ	συναντήσοντά	μοι	μὴ	εἰδώς,	[23] πλὴν	ὅτι	τὸ
las cosas que	en	ella	están sucediendo	a mí	no	es conocido,	excepto	que	el
3588	1722	846	4876	3427	3361	1492	4133	3754	3588
DAPN	*P*	*RP3DSF*	*VFAP-PAN*	*RP1DS*	*BN, TN*	*VRAP-SNM*	*CLC*	*CSC*	*DNSN*

πνεῦμα	τὸ	ἅγιον	κατὰ	πόλιν	διαμαρτύρεταί	μοι	λέγον	ὅτι	δεσμὰ
Espíritu	--	Santo	en cada	ciudad	testifica solemnemente	a mí	diciendo	que	cadenas$_3$
4151	3588	40	2596	4172	1263	3427	3004	3754	1199
NNSN	*DNSN*	*JNSN*	*P*	*NASF*	*VPUI3S*	*RP1DS*	*VPAP-SNN*	*CSC*	*NNPN*

καὶ	θλίψεις	με	μένουσιν.	[24] ἀλλ’	οὐδενὸς	λόγου	ποιοῦμαι	τὴν
y$_4$	aflicciones.$_5$	me$_1$	esperan$_2$	Pero	de ningún	asunto	hago	la
2532	2347	3165	3306	235	3762	3056	4160	3588
CLN	*NNPF*	*RP1AS*	*VPAI3P*	*CLC*	*JGSM, JGSN*	*NGSM*	*VPMI1S*	*DASF*

ψυχὴν	τιμίαν	ἐμαυτῷ	ὡς	τελειῶσαι	τὸν	δρόμον	⌜μου	καὶ	τὴν
vida	valiosa	para mí mismo	como	perfeccionar	la	carrera	de mí	y	el
5590	5093	1683	5613	5048	3588	1408	3450	2532	3588
NASF	*JASF*	*RF1DSM*	*CAP*	*VAAN*	*DASM*	*NASM*	*RP1GS*	*CLN*	*DASF*

διακονίαν	ἣν	ἔλαβον	παρὰ	τοῦ	κυρίου	Ἰησοῦ,	διαμαρτύρασθαι
ministerio	el cual	recibí	de	el	Señor	Jesús,	para testificar solemnemente
1248	3739	2983	3844	3588	2962	2424	1263
NASF	*RR-ASF*	*VAAI1S*	*P*	*DGSM*	*NGSM*	*NGSM*	*VAMN*

τὸ	εὐαγγέλιον	τῆς	χάριτος	τοῦ	θεοῦ.
el	evangelio	de la	gracia	de --	Dios.
3588	2098	3588	5485	3588	2316
DASN	*NASN*	*DGSF*	*NGSF*	*DGSM*	*NGSM*

[25] Καὶ	νῦν	ἰδοὺ	ἐγὼ	οἶδα	ὅτι	οὐκέτι	ὄψεσθε	τὸ	πρόσωπόν	μου
Y	ahora	mira,	yo	sé	que	ya no	veréis	el	rostro	de mí
2532	3568	2400	1473	1492	3754	3765	3700	3588	4383	3450
CLN	*B*	*I, VAAM2S*	*RP1NS*	*VRAI1S*	*CSC*	*BN*	*VFMI2P*	*DASN*	*NASN*	*RP1GS*

NVI

vine a la provincia de
Asia. [19] He servido al
Señor con toda humil-
dad y con lágrimas, a
pesar de haber sido so-
metido a duras pruebas
por las maquinaciones
de los judíos. [20] Ustedes
saben que no he
vacilado en predicarles
todo lo que les fuera de
provecho, sino que les
he enseñado pública-
mente y en las casas. [21] A
judíos y a griegos les he
instado a convertirse a
Dios y a creer en nuestro
Señor Jesús.
[22] »Y ahora tengan
en cuenta que voy a
Jerusalén obligado por el
Espíritu, sin saber lo que
allí me espera. [23] Lo úni-
co que sé es que en todas
las ciudades el Espíritu
Santo me asegura que
me esperan prisiones y
sufrimientos. [24] Sin em-
bargo, considero que mi
vida carece de valor para
mí mismo, con tal de
que termine mi carrera
y lleve a cabo el servicio
que me ha encomenda-
do el Señor Jesús, que es
el de dar testimonio del
evangelio de la gracia
de Dios.
[25] »Escuchen, yo sé
que ninguno de ustedes,

20:24⌜ Manuscritos inferiores aumentaron *con gozo.*

RVR

entre quienes he pasado
predicando el reino
de Dios, verá más mi
rostro.
26 Por tanto, yo os
pongo por testigos en el
día de hoy, de que estoy
limpio de la sangre de
todos;
27 porque no he rehuido
anunciaros todo el
consejo de Dios.
28 Por tanto, mirad por
vosotros, y por todo
el rebaño en que el
Espíritu Santo os ha
puesto por supervisores,
para apacentar la iglesia
del Señor, la cual él ad-
quirió para sí por medio
de su propia sangre.
29 Porque yo sé que
después de mi partida
entrarán en medio de
vosotros lobos rapaces,
que no perdonarán al
rebaño.
30 Y de vosotros mismos
se levantarán hombres
que hablen cosas per-
versas para arrastrar tras
sí a los discípulos.
31 Por tanto, velad,
recordando que, por
tres años, de noche y
de día, no he cesado de
amonestar con lágrimas
a cada uno.
32 Y ahora, hermanos, os
encomiendo a Dios, y a
la palabra de su gracia,
que tiene poder para
sobreedificaros y daros

ὑμεῖς	πάντες	ἐν	οἷς	διῆλθον	κηρύσσων	τὴν	βασιλείαν.	26 διότι
vosotros	todos	entre	los cuales	pasé	proclamando	el	reino.	Por eso
5210	3956	1722	3739	1330	2784	3588	932	1360
RP2NP	JNPM	P	RR-DPM	VAAI1S	VPAP-SNM	DASF	NASF	CLI

μαρτύρομαι	ὑμῖν	ἐν	τῇ	σήμερον	ἡμέρᾳ	ὅτι	καθαρός	εἰμι	ἀπὸ	τοῦ
testifico	a vosotros	en	el	de hoy$_2$	día$_1$	que	limpio	estoy	de	la
3143	5213	1722	3588	4594	2250	3754	2513	1510	575	3588
VPUI1S	RP2DP	P	DDSF	B	NDSF	CSC	JNSM	VPAI1S	P	DGSN

αἵματος	πάντων,	27 οὐ	γὰρ	ὑπεστειλάμην	τοῦ	μὴ	ἀναγγεῖλαι
sangre	de todos;	no$_2$	porque$_1$	retrocedí	--	(para) no	anunciar
129	3956	3756	1063	5288	3588	3361	312
NGSN	JGPM	BNTN	CAZ	VAMI1S	DGSN, DGSM	BN, TN	VAAN

πᾶσαν	τὴν	βουλὴν	τοῦ	θεοῦ	ὑμῖν.	28 προσέχετε	ἑαυτοῖς	καὶ
todo	el	propósito	de --	Dios	para vosotros.	Cuidad	a vosotros mismos	y
3956	3588	1012	3588	2316	5213	4337	1438	2532
JASF	DASF	NASF	DGSM	NGSM	RP2DP	VPAM2P	RF2DPM	CLN

παντὶ	τῷ	ποιμνίῳ,	ἐν	ᾧ	ὑμᾶς	τὸ	πνεῦμα	τὸ	ἅγιον	ἔθετο
a todo	el	rebaño,	en	el cual	a vosotros	el	Espíritu	--	Santo	puso
3956	3588	4168	1722	3739	5209	3588	4151	3588	40	5087
JDSN	DDSN	NDSN	P	RR-DSN	RP2AP	DNSN	NNSN	DNSN	JNSN	VAMI3S

ἐπισκόπους,	ποιμαίνειν	τὴν	ἐκκλησίαν	τοῦ	θεοῦ,	ἣν	περιεποιήσατο
(como) supervisores	para pastorear	a la	iglesia	de --	Dios,	la cual	adquirió
1985	4165	3588	1577	3588	2316	3739	4046
NAPM	VPAN	DASF	NASF	DGSM	NGSM	RR-ASF	VAMI3S

διὰ	τοῦ	αἵματος	τοῦ	ἰδίου.	29 ἐγὼ	οἶδα	ὅτι	εἰσελεύσονται
por medio de	la	sangre	--	propia.	Yo	sé	que	entrarán
1223	3588	129	3588	2398	1473	1492	3754	1525
P	DGSN	NGSN	DGSM	JGSM	RP1NS	VRAI1S	CSC	VFMI3P

μετὰ	τὴν	ἄφιξίν	μου	λύκοι	βαρεῖς	εἰς	ὑμᾶς	μὴ	φειδόμενοι	τοῦ
después de	la	partida	de mí	lobos	feroces	a	vosotros	(que) no	perdonando	el
3326	3588	867	3450	3074	926	1519	5209	3361	5339	3588
P	DASF	NASF	RP1GS	NNPM	JNPM	P	RP2AP	BN, TN	VPUP-PNM	DGSN

ποιμνίου,	30 καὶ	ἐξ	ὑμῶν	αὐτῶν	ἀναστήσονται	ἄνδρες	λαλοῦντες
rebaño,	y	de entre	vosotros	mismos	se levantarán	varones	hablando
4168	2532	1537	5216	846	450	435	2980
NGSN	CLN	P	RP2GP	RP3GPM	VFMI3P	NNPM	VPAP-PNM

διεστραμμένα	τοῦ	ἀποσπᾶν	τοὺς	μαθητὰς	ὀπίσω	ἑαυτῶν·
(cosas) pervertidas	--	para separar	a los	discípulos	detrás de	de ellos mismos.
1294	3588	645	3588	3101	3694	1438
VRPP-PAN	DGSN, DGSM	VPAN	DAPM	NAPM	P, B	RP3GPM

31 διὸ	γρηγορεῖτε,	μνημονεύοντες	ὅτι	τριετίαν	νύκτα	καὶ	ἡμέραν
Por lo cual	vigilad,	recordando	que	(durante) tres años	noche	y	día
1352	1127	3421	3754	5148	3571	2532	2250
CLI	VPAM2P	VPAP-PNM	CSC	NASF	NASF	CLN	NASF

οὐκ	ἐπαυσάμην	μετὰ	δακρύων	νουθετῶν	ἕνα	ἕκαστον.	32 καὶ	τὰ
no	cesé	con	lágrimas	amonestando	uno.$_2$	a cada$_1$	Y	--
3756	3973	3326	1144	3560	1520	1538	2532	3588
BN, TN	VAMI1S	P	NGPN	VPAP-SNM	JASM	JASM	CLN	DAPN

νῦν	παρατίθεμαι	ὑμᾶς	τῷ	θεῷ	καὶ	τῷ	λόγῳ	τῆς	χάριτος	αὐτοῦ,
ahora	entrego	a vosotros	a --	Dios	y	a la	palabra	de la	gracia	de él,
3568	3908	5209	3588	2316	2532	3588	3056	3588	5485	846
B	VPMI1S	RP2AP	DDSM	NDSM	CLN	DDSM	NDSM	DGSF	NGSF	RP3GSM

τῷ	δυναμένῳ	οἰκοδομῆσαι	καὶ	δοῦναι	τὴν	κληρονομίαν	ἐν	τοῖς
al que	está pudiendo	edificar	y	dar	la	herencia	entre	los
3588	1410	3618	2532	1325	3588	2817	1722	3588
DDSM	VPUP-SDM	VAAN	CLN	VAAN	DASF	NASF	P	DDPM

NVI

entre quienes he andado
predicando el reino de
Dios, volverá a verme.
26 Por tanto, hoy les
declaro que soy inocente
de la sangre de todos,
27 porque sin vacilar les
he proclamado todo
el propósito de Dios.
28 Tengan cuidado de
sí mismos y de todo el
rebaño sobre el cual el
Espíritu Santo los ha
puesto como obispos
para pastorear la iglesia
de Dios, que él adquirió
con su propia sangre.
29 Sé que después de
mi partida entrarán en
medio de ustedes lobos
feroces que procurarán
acabar con el rebaño.
30 Aun de entre ustedes
mismos se levantarán
algunos que enseñarán
falsedades para arrastrar
a los discípulos que los
sigan. 31 Así que estén
alerta. Recuerden que
día y noche, durante tres
años, no he dejado de
amonestar con lágrimas
a cada uno en particular.
32 »Ahora los
encomiendo a Dios y
al mensaje de su gracia,
mensaje que tiene poder
para edificarlos y darles

RVR

herencia con todos los santificados.
33 Ni plata ni oro ni vestido de nadie he codiciado.
34 Antes bien, vosotros mismos sabéis que para lo que me ha sido necesario a mí y a los que están conmigo, estas manos me han servido.
35 En todo os he mostrado que, trabajando así, se debe ayudar a los necesitados, y recordar las palabras del Señor Jesús, que dijo: Más bienaventurado es dar que recibir.
36 Y dicho esto, se puso de rodillas, y oró con todos ellos.
37 Entonces hubo gran llanto de todos; y echándose al cuello de Pablo, le besaban afectuosamente.
38 afligidos en gran manera por la palabra que había dicho, de que no verían más su rostro. Y le acompañaron al barco.

Viaje de Pablo a Jerusalén

21 Después de separarnos de ellos, zarpamos y fuimos con rumbo directo a Cos, y al día siguiente a

ἡγιασμένοις	πᾶσιν.	33 ἀργυρίου	ἢ	χρυσίου	ἢ	ἱματισμοῦ	οὐδενὸς
santificados.$_{2}$	todos$_{1}$	Plata	u	oro	o	vestido	de nadie
37	3956	694	2228	5553	2228	2441	3762
VRPP-PDM	*JDPM*	*NGSN*	*CLD*	*NGSN*	*CLD*	*NGSM*	*JGSM*

ἐπεθύμησα·	34 αὐτοὶ	γινώσκετε	ὅτι	ταῖς	χρείαις	μου	καὶ	τοῖς
deseé;	vosotros mismos	conocéis	que	a las	necesidades	de mí	y	a los
1937	846	1097	3754	3588	5532	3450	2532	3588
VAAI1S	*RP3NPMP*	*VPAI2P*	*CSC*	*DDPF*	*NDPF*	*RP1GS*	*CLN*	*DDPM*

οὖσι	μετ᾽	ἐμοῦ	ὑπηρέτησαν	αἱ	χεῖρες	αὗται.	35 πάντα
que estando	con	mí	sirvieron.$_{4}$	las$_{1}$	manos$_{2}$	estas$_{3}$	(En) todas las cosas
5607	3326	1700	5256	3588	5495	3778	3956
VPAP-PDM	*P*	*RP1GS*	*VAAI3P*	*DNPF*	*NNPF*	*RD-NPF*	*JAPN*

ὑπέδειξα	ὑμῖν	ὅτι	οὕτως	κοπιῶντας	δεῖ	ἀντιλαμβάνεσθαι
mostré	a vosotros	que	así	trabajando arduamente	es necesario	auxiliar
5263	5213	3754	3779	2872	1163	482
VAAI1S	*RP2DP*	*CSC*	*B*	*VPAP-PAM*	*VPAI3S*	*VPUN*

τῶν	ἀσθενούντων,	μνημονεύειν	τε	τῶν	λόγων	τοῦ	κυρίου	Ἰησοῦ
de los que	estando débiles,	recordar$_{2}$	y$_{1}$	las	palabras	del	Señor	Jesús
3588	770	3421	5037	3588	3056	3588	2962	2424
DGPM	*VPAP-PGM*	*VPAN*	*CLN*	*DGPM*	*NGPM*	*DGSM*	*NGSM*	*NGSM*

ὅτι	αὐτὸς	εἶπεν	Μακάριόν	ἐστιν	μᾶλλον	διδόναι	ἢ	λαμβάνειν.
que	él mismo	dijo:	Bienaventurado	es	más bien	dar	que	recibir.
3754	846	2036	3107	2076	3123	1325	2228	2983
CSC	*RP3NSMP*	*VAAI3S*	*JNSN*	*VPAI3S*	*B*	*VPAN*	*CAM*	*VPAN*

36 Καὶ	ταῦτα	εἰπὼν	θεὶς	τὰ	γόνατα	αὐτοῦ	σὺν
Y	estas cosas	habiendo dicho	habiéndo(se) puesto	(en) las	rodillas	de él	con
2532	5023	2036	5087	3588	1119	846	4862
CLN	*RD-APN*	*VAAP-SNM*	*VAAP-SNM*	*DAPN*	*NAPN*	*RP3GSM*	*P*

πᾶσιν	αὐτοῖς	προσηύξατο.	37 ἱκανὸς	δὲ	κλαυθμὸς	ἐγένετο	πάντων,
todos	ellos	oró.	bastante$_{2}$	Y$_{1}$	llanto	hubo	de todos
3956	846	4336	2425	1161	2805	1096	3956
JDPM	*RP3DPM*	*VAMI3S*	*JNSM*	*CLN*	*NNSM*	*VAMI3S*	*JGPM*

καὶ	ἐπιπεσόντες	ἐπὶ	τὸν	τράχηλον	τοῦ	Παύλου	κατεφίλουν
y	habiéndo(se) derrumbado	sobre	el	cuello	de --	Pablo	besaban
2532	1968	1909	3588	5137	3588	3972	2705
CLN	*VAAP-PNM*	*P*	*DASM*	*NASM*	*DGSM*	*NGSM*	*VIAI3P*

αὐτόν,	38 ὀδυνώμενοι	μάλιστα	ἐπὶ	τῷ	λόγῳ	ᾧ	εἰρήκει	ὅτι	οὐκέτι
a él,	estando afligidos	especialmente	por	la	palabra	que	había dicho,	que	ya no
846	3600	3122	1909	3588	3056	3739	2046	3754	3765
RP3ASM	*VPPP-PNM*	*BS*	*P*	*DDSM*	*NDSM*	*RR-DSM*	*VLAI3S*	*CSC*	*BN*

μέλλουσιν	τὸ	πρόσωπον	αὐτοῦ	θεωρεῖν.	προέπεμπον	δὲ	αὐτὸν	εἰς
van a	el$_{2}$	rostro$_{3}$	de él.$_{4}$	ver$_{1}$	acompañaban$_{6}$	Y$_{5}$	a él	a
3195	3588	4383	846	2334	4311	1161	846	1519
VPAI3P	*DASN*	*NASN*	*RP3GSM*	*VPAN*	*VIAI3P*	*CLN*	*RP3ASM*	*P*

τὸ	πλοῖον.
el	barco.
3588	4143
DASN	*NASN*

21 Ὡς	δὲ	ἐγένετο	ἀναχθῆναι	ἡμᾶς	ἀποσπασθέντας	ἀπ᾽
cuando$_{2}$	Y$_{1}$	sucedió	embarcar	nosotros	habiéndonos separado	de
5613	1161	1096	321	2248	645	575
CAT	*CLT*	*VAMI3S*	*VAPN*	*RP1AP*	*VAPP-PAM*	*P*

αὐτῶν,	εὐθυδρομήσαντες	ἤλθομεν	εἰς	τὴν	Κῶ,	τῇ	δὲ	ἑξῆς
ellos,	habiendo dirigido directamente	vinimos	a	--	Cos,	al (día)$_{2}$	y$_{1}$	siguiente
846	2113	2064	1519	3588	2972	3588	1161	1836
RP3GPM	*VAAP-PNM*	*VAAI1P*	*P*	*DASF*	*NASF*	*DDSF*	*CLN*	*B*

NVI

herencia entre todos los santificados. 33 No he codiciado ni la plata ni el oro ni la ropa de nadie.
34 Ustedes mismos saben bien que estas manos se han ocupado de mis propias necesidades y de las de mis compañeros.
35 Con mi ejemplo les he mostrado que es preciso trabajar duro para ayudar a los necesitados, recordando las palabras del Señor Jesús: "Hay más dicha en dar que en recibir"».
36 Después de decir esto, Pablo se puso de rodillas con todos ellos y oró. 37 Todos lloraban inconsolablemente mientras lo abrazaban y lo besaban. 38 Lo que más los entristecía era su declaración de que ellos no volverían a verlo. Luego lo acompañaron hasta el barco.

Rumbo a Jerusalén

21 Después de separarnos de ellos, zarpamos y navegamos directamente a Cos. Al día siguiente

RVR

Rodas, y de allí a Pátara.
2 Y hallando un barco
que pasaba a Fenicia,
nos embarcamos, y
zarpamos.
3 Al avistar Chipre, de-
jándola a mano izquier-
da, navegamos hacia
Siria, y arribamos a Tiro,
porque el barco había de
descargar allí.
4 Y después de hallar a
los discípulos, nos que-
damos allí siete días; y
ellos decían a Pablo por
medio del Espíritu, que
no subiese a Jerusalén.
5 Cumplidos aquellos
días, salimos, acompa-
ñándonos todos, con
sus mujeres e hijos, hasta
fuera de la ciudad; y
puestos de rodillas en la
playa, oramos.
6 Y tras despedirnos los
unos de los otros, subi-
mos al barco, y ellos se
volvieron a sus casas.
7 Y nosotros comple-
tamos la navegación,
saliendo de Tiro y arri-
bando a Tolemaida; y
habiendo saludado a los
hermanos, nos queda-
mos con ellos un día.
8 Al otro día, saliendo

εἰς	τὴν	Ῥόδον,	κἀκεῖθεν	εἰς	Πάταρα·	2 καὶ	εὑρόντες	πλοῖον
a	--	Rodas	y de allí	a	Pátara;	y	habiendo encontrado	un barco
1519	3588	4499	2547	1519	3959	2532	2147	4143
P	*DASF*	*NASF*	*CLN, BP*	*P*	*NAPN*	*CLN*	*VAAP-PNM*	*NASN*

διαπερῶν	εἰς	Φοινίκην	ἐπιβάντες	ἀνήχθημεν.	3 ἀναφάναντες
pasando	hacia	Fenicia	habiendo subido	nos embarcamos.	habiendo avistado$_2$
1276	1519	5403	1910	321	398
VPAP-SAN	*P*	*NASF*	*VAAP-PNM, VAAP-SNM*	*VAPI1P*	*VAAP-PNM*

δὲ	τὴν	Κύπρον	καὶ	καταλιπόντες	αὐτὴν	εὐώνυμον	ἐπλέομεν	εἰς
Y$_1$	--	Chipre	y	habiendo dejado	a ella	a (la) izquierda	navegábamos	hacia
1161	3588	2954	2532	2641	846	2176	4126	1519
CLN	*DASF*	*NASF*	*CLN*	*VAAP-PNM*	*RP3ASF*	*JASF*	*VIAI1P*	*P*

Συρίαν,	καὶ	κατήλθομεν	εἰς	Τύρον,	ἐκεῖσε	γὰρ	τὸ	πλοῖον	ἦν
Siria	y	llegamos	a	Tiro;	allí$_2$	porque$_1$	el	barco	estaba
4947	2532	2718	1519	5184	1566	1063	3588	4143	2258
NASF	*CLN*	*VAAI1P*	*P*	*NASF*	*BP*	*CAZ*	*DNSN*	*NNSN*	*VIAI3S*

ἀποφορτιζόμενον	τὸν	γόμον.	4 ἀνευρόντες	δὲ	τοὺς	μαθητὰς
descargando	la	carga.	habiendo encontrado$_2$	Y$_1$	a los	discípulos,
670	3588	1117	429	1161	3588	3101
VPUP-SNN	*DASM*	*NASM*	*VAAP-PNM*	*CLN*	*DAPM*	*NAPM*

ἐπεμείναμεν	αὐτοῦ	ἡμέρας	ἑπτά,	οἵτινες	τῷ	Παύλῳ	ἔλεγον	διὰ
permaneció	aquí	días,$_2$	siete$_1$	los cuales	a --$_2$	Pablo$_3$	decían$_1$	por medio de
1961	847	2250	2033	3748	3588	3972	3004	1223
VAAI1P	*BP*	*NAPF*	*XN, J*	*RR-NPM*	*DDSM*	*NDSM*	*VIAI3P*	*P*

τοῦ	πνεύματος	μὴ	ἐπιβαίνειν	εἰς	Ἱεροσόλυμα.	5 ὅτε	δὲ
el	Espíritu	no	subir	a	Jerusalén.	cuando$_3$	Y$_1$
3588	4151	3361	1910	1519	2414	3753	1161
DGSN	*NGSN*	*BN, TN*	*VPAN*	*P*	*NASF*	*CAT*	*CLN*

ἐγένετο	ἐξαρτίσαι	ἡμᾶς	τὰς	ἡμέρας,	ἐξελθόντες	ἐπορευόμεθα
sucedió$_2$	completar	nosotros	los	días,	habiendo salido	íbamos
1096	1822	2248	3588	2250	1831	4198
VAMI3S	*VAAN*	*RP1AP*	*DAPF*	*NAPF*	*VAAP-PNM*	*VIUI1P*

προπεμπόντων	ἡμᾶς	πάντων	σὺν	γυναιξὶ	καὶ	τέκνοις	ἕως	ἔξω	τῆς
encaminando	a nosotros	de todos$_3$	con$_1$	las esposas$_2$	e	hijos	hasta	afuera	de la
4311	2248	3956	4862	1135	2532	5043	2193	1854	3588
VPAP-PGM	*RP1AP*	*JGPM*	*P*	*NDPF*	*CLN*	*NDPN*	*P, C*	*P, B*	*DGSF*

πόλεως,	καὶ	θέντες	τὰ	γόνατα	ἐπὶ	τὸν	αἰγιαλὸν	προσευξάμενοι
ciudad,	y	habiendo puesto	las	rodillas	en	la	playa	habiendo orado
4172	2532	5087	3588	1119	1909	3588	123	4336
NGSF	*CLN*	*VAAP-PNM*	*DAPN*	*NAPN*	*P*	*DASM*	*NASM*	*VAMP-PNM*

6 ἀπησπασάμεθα	ἀλλήλους,	καὶ	ἐνέβημεν	εἰς	τὸ	πλοῖον,	ἐκεῖνοι
nos despedimos	unos a otros	y	entramos	en	el	barco,	aquellos$_2$
782	240	2532	1684	1519	3588	4143	1565
VAMI1P	*RC-APM*	*CLN*	*VAAI1P*	*P*	*DASN*	*NASN*	*RD-NPM*

δὲ	ὑπέστρεψαν	εἰς	τὰ	ἴδια.*	7 Ἡμεῖς	δὲ	τὸν	πλοῦν	διανύσαντες
y$_1$	regresaron	a	las	propias.	nosotros$_2$	Y$_1$	el$_4$	navegar$_5$	habiendo completado$_3$
1161	5290	1519	3588	2398	2249	1161	3588	4144	1274
CLN	*VAAI3P*	*P*	*DAPN*	*JAPN*	*RP1NP*	*CLT*	*DASM*	*NASM*	*VAAP-PNM*

ἀπὸ	Τύρου	κατηντήσαμεν	εἰς	Πτολεμαΐδα,	καὶ	ἀσπασάμενοι	τοὺς
de	Tiro	llegamos	a	Tolemaida	y	habiendo saludado	a los
575	5184	2658	1519	4424	2532	782	3588
P	*NGSF*	*VAAI1P*	*P*	*NASF*	*CLN*	*VAMP-PNM*	*DAPM*

ἀδελφοὺς	ἐμείναμεν	ἡμέραν	μίαν	παρ'	αὐτοῖς.	8 τῇ	δὲ	ἐπαύριον
hermanos	permanecimos	día$_2$	un$_1$	con	ellos.	al$_2$	Y$_1$	día siguiente
80	3306	2250	1520	3844	846	3588	1161	1887
NAPM	*VAAI1P*	*NASF*	*JASF*	*P*	*RP3DPM*	*DDSF*	*CLN*	*B*

NVI

fuimos a Rodas, y de allí
a Pátara. 2 Como encon-
tramos un barco que iba
para Fenicia, subimos
a bordo y zarpamos.
3 Después de avistar
Chipre y de pasar al sur
de la isla, navegamos
hacia Siria y llegamos
a Tiro, donde el barco
tenía que descargar.
4 Allí encontramos a
los discípulos y nos
quedamos con ellos siete
días. Ellos, por medio
del Espíritu, exhortaron
a Pablo a que no subiera
a Jerusalén. 5 Pero, al
cabo de algunos días,
partimos y continuamos
nuestro viaje. Todos los
discípulos, incluso las
mujeres y los niños, nos
acompañaron hasta las
afueras de la ciudad,
y allí en la playa nos
arrodillamos y oramos.
6 Luego de despedirnos,
subimos a bordo y ellos
regresaron a sus hogares.
7 Nosotros conti-
nuamos nuestro viaje
en barco desde Tiro y
arribamos a Tolemaida,
donde saludamos a
los hermanos y nos
quedamos con ellos un
día. 8 Al día siguiente

21:6* O sea *a sus casas.*

RVR

Pablo y los que con él
estábamos, fuimos a
Cesarea; y entrando en
casa de Felipe el evange-
lista, que era uno de los
siete, nos hospedamos
en su casa.
9 Éste tenía cuatro hijas
doncellas que profeti-
zaban.
10 Y permaneciendo
nosotros allí bastantes
días, descendió de Judea
un profeta llamado
Agabo,
11 quien viniendo a
vernos, tomó el cinto
de Pablo, y atándose los
pies y las manos, dijo:
Esto dice el Espíritu
Santo: Así atarán los
judíos en Jerusalén al
varón de quien es este
cinto, y le entregarán en
manos de los gentiles.
12 Al oír esto, le roga-
mos, tanto nosotros
como los de aquel
lugar, que no subiese a
Jerusalén.
13 Entonces Pablo
respondió: ¿Qué
hacéis llorando y
quebrantándome el
corazón? Porque yo
estoy dispuesto no
sólo a ser atado, sino
también a morir en
Jerusalén por el nombre

ἐξελθόντες	ἤλθομεν	εἰς	Καισάρειαν,	καὶ	εἰσελθόντες	εἰς	τὸν
habiendo salido	vinimos	a	Cesarea	y	habiendo entrado	en	la
1831	2064	1519	2542	2532	1525	1519	3588
VAAP-PNM	*VAAI1P*	*P*	*NASF*	*CLN*	*VAAP-PNM*	*P*	*DASM*

οἶκον	Φιλίππου	τοῦ	εὐαγγελιστοῦ	ὄντος	ἐκ	τῶν	ἑπτὰ	ἐμείναμεν
casa	de Felipe	el	evangelista,	siendo	de	los	siete,	permanecimos
3624	5376	3588	2099	5607	1537	3588	2033	3306
NASM	*NGSM*	*DGSM*	*NGSM*	*VPAP-SGM*	*P*	*DGPM*	*XN, J*	*VAAI1P*

παρ᾽	αὐτῷ.	9 τούτῳ	δὲ	ἦσαν	θυγατέρες	τέσσαρες	παρθένοι
con	él.	(para) este$_2$	Y$_1$	existían$_3$	hijas$_5$	cuatro$_4$	vírgenes
3844	846	5129	1161	2258	2364	5064	3933
P	*RP3DSM*	*RD-DSM*	*CLN*	*VIAI3P*	*NNPF*	*JNPF*	*NNPF*

προφητεύουσαι.	10 ἐπιμενόντων	δὲ	ἡμέρας	πλείους	κατῆλθέν	τις
profetizando.	permaneciendo$_2$	Y$_1$	días$_4$	muchos$_3$	bajó$_9$	cierto$_5$
4395	1961	1161	2250	4119	2718	5100
VPAP-PNF	*VPAP-PGM*	*CLN*	*NAPF*	*JAPFC*	*VAAI3S*	*RX-NSM*

ἀπὸ	τῆς	Ἰουδαίας	προφήτης	ὀνόματι	Ἅγαβος,	11 καὶ	ἐλθὼν	πρὸς
de$_{10}$	--$_{11}$	Judea,$_{12}$	profeta$_6$	(de) nombre$_7$	Agabo$_8$	y	habiendo venido	a
575	3588	2449	4396	3686	13	2532	2064	4314
P	*DGSF*	*NGSF*	*NNSM*	*NDSN*	*NNSM*	*CLN*	*VAAP-SNM*	*P*

ἡμᾶς	καὶ	ἄρας	τὴν	ζώνην	τοῦ	Παύλου	δήσας	ἑαυτοῦ
nosotros	y	habiendo tomado	el	cinto	de --	Pablo,	habiendo atado	de sí mismo$_6$
2248	2532	142	3588	2223	3588	3972	1210	1438
RP1AP	*CLN*	*VAAP-SNM*	*DASF*	*NASF*	*DGSM*	*NGSM*	*VAAP-SNM*	*RF3GSM*

τοὺς	πόδας	καὶ	τὰς	χεῖρας	εἶπεν·	Τάδε	λέγει	τὸ	πνεῦμα	τὸ
los$_1$	pies$_2$	y$_3$	las$_4$	manos$_5$	dijo:	Estas cosas:$_6$	dice$_5$	El$_1$	Espíritu$_2$	--$_3$
3588	4228	2532	3588	5495	2036	3592	3004	3588	4151	3588
DAPM	*NAPM*	*CLN*	*DAPF*	*NAPF*	*VAAI3S*	*RD-APN*	*VPAI3S*	*DNSN*	*NNSN*	*DNSN*

ἅγιον	Τὸν	ἄνδρα	οὗ	ἐστιν	ἡ	ζώνη	αὕτη,	οὕτως	δήσουσιν	ἐν
Santo$_4$	Al	varón	del cual	es	el	cinto	este,	así	atarán$_3$	en$_4$
40	3588	435	3739	2076	3588	2223	3778	3779	1210	1722
JNSN	*DASM*	*NASM*	*RR-GSM*	*VPAI3S*	*DNSF*	*NNSF*	*RD-NSF*	*B*	*VFAI3P*	*P*

Ἰερουσαλὴμ	οἱ	Ἰουδαῖοι	καὶ	παραδώσουσιν	εἰς	χεῖρας	ἐθνῶν.
Jerusalén$_5$	los$_1$	judíos$_2$	y	entregarán	en	manos	de (los) gentiles.
2419	3588	2453	2532	3860	1519	5495	1484
NDSF, XP	*DNPM*	*JNPM*	*CLN*	*VFAI3P*	*P*	*NAPF*	*NGPN*

12 ὡς	δὲ	ἠκούσαμεν	ταῦτα,	παρεκαλοῦμεν	ἡμεῖς	τε	καὶ	οἱ
cuando$_2$	Y$_1$	oímos	estas cosas,	rogábamos	nosotros	y	también	los
5613	1161	191	5023	3870	2249	5037	2532	3588
CAT	*CLN*	*VAAI1P*	*RD-APN*	*VIAI1P*	*RP1NP*	*CLK*	*CLK, CLN*	*DNPM*

ἐντόπιοι	τοῦ	μὴ	ἀναβαίνειν	αὐτὸν	εἰς	Ἰερουσαλήμ.	13 τότε
residentes	--	no	subir	él	a	Jerusalén.	Entonces
1786	3588	3361	305	846	1519	2419	5119
JNPM	*DGSN, DGSM*	*BN, TN*	*VPAN*	*RP3ASM*	*P*	*NASF, XP*	*B*

ἀπεκρίθη	ὁ	Παῦλος·	Τί	ποιεῖτε	κλαίοντες	καὶ	συνθρύπτοντές
respondió:$_3$	--$_1$	Pablo$_2$	¿Qué	hacéis	llorando	y	quebrando
611	3588	3972	5101	4160	2799	2532	4919
VAPI3S, VAMI3S	*DNSM*	*NNSM*	*RI-ASN*	*VPAI2P*	*VPAP-PNM*	*CLN*	*VPAP-PNM*

μου	τὴν	καρδίαν;	ἐγὼ	γὰρ	οὐ	μόνον	δεθῆναι	ἀλλὰ	καὶ
de mí	el	corazón?	yo$_2$	Porque$_1$	no$_5$	solamente$_6$	para ser atado$_7$	sino$_8$	también$_9$
3450	3588	2588	1473	1063	3756	3440	1210	235	2532
RP1GS	*DASF*	*NASF*	*RP1NS*	*CAZ*	*BN, TN*	*B, J*	*VAPN*	*CLC*	*BE, TE*

ἀποθανεῖν	εἰς	Ἰερουσαλὴμ	ἑτοίμως	ἔχω	ὑπὲρ	τοῦ	ὀνόματος	τοῦ
para morir$_{10}$	en$_{11}$	Jerusalén$_{12}$	listo$_4$	tengo (estoy)$_3$	por	el	nombre	del --
599	1519	2419	2093	2192	5228	3588	3686	3588
VAAN	*P*	*NASF, XP*	*B*	*VPAI1S*	*P*	*DGSN*	*NGSN*	*DGSM*

NVI

salimos y llegamos a
Cesarea, y nos hospeda-
mos en casa de Felipe el
evangelista, que era uno
de los siete; 9 este tenía
cuatro hijas solteras que
profetizaban.
10 Llevábamos allí
varios días cuando bajó
de Judea un profeta
llamado Ágabo. 11 Este
vino a vernos y, toman-
do el cinturón de Pablo,
se ató con él de pies y
manos, y dijo:
—Así dice el Espíritu
Santo: "De esta manera
atarán los judíos de
Jerusalén al dueño de
este cinturón, y lo entre-
garán en manos de los
gentiles".
12 Al oír esto, nosotros
y los de aquel lugar le
rogamos a Pablo que no
subiera a Jerusalén.
13 —¿Por qué lloran?
¡Me parten el alma!
—respondió Pablo—.
Por el nombre del Señor
Jesús estoy dispuesto
no solo a ser atado, sino
también a morir en
Jerusalén.

RVR

del Señor Jesús.
14 Y como no se dejaba
persuadir, desistimos,
diciendo: Hágase la
voluntad del Señor.
15 Después de esos
días, hechos ya los
preparativos, subimos a
Jerusalén.
16 Y vinieron también
con nosotros de Cesarea
algunos de los discípu-
los, trayendo consigo a
uno llamado Mnasón,
de Chipre, discípulo
antiguo, con quien nos
hospedaríamos.

Arresto de Pablo en el templo

17 Cuando llegamos a
Jerusalén, los hermanos
nos recibieron con
gozo.
18 Y al día siguiente
Pablo entró con noso-
tros a ver a Jacobo, y
se hallaban presentes
todos los ancianos;
19 y después de haberles
saludado, les contó una
por una las cosas que
Dios había hecho entre
los gentiles por medio
de su ministerio.
20 Cuando ellos lo oye-
ron, glorificaban a Dios,
y le dijeron: Ya ves, her-
mano, cuántos miles y
miles de judíos hay que
han creído; y todos son
celosos por la ley.
21 Pero se les ha infor-
mado en cuanto a ti,
que enseñas a todos los

κυρίου	Ἰησοῦ.	14 μὴ	πειθομένου	δὲ	αὐτοῦ	ἡσυχάσαμεν	εἰπόντες·
Señor	Jesús.	no$_2$	siendo persuadido$_3$	Y$_1$	él	guardamos silencio	habiendo dicho:
2962	2424	3361	3982	1161	846	2270	2036
NGSM	NGSM	BNTN	VPPP-SGM	CLN	RP3GSM	VAAI1P	VAAP-PNM

Τοῦ	κυρίου	τὸ	θέλημα	γινέσθω.	15 Μετὰ	δὲ	τὰς	ἡμέρας	ταύτας
del$_4$	Señor.$_5$	la$_2$	voluntad$_3$	Hágase$_1$	después de$_2$	Y$_1$	los	días	estos
3588	2962	3588	2307	1096	3326	1161	3588	2250	3778
DGSM	NGSM	DNSN	NNSN	VPUM3S	P	CLT	DAPF	NAPF	RD-APF

ἐπισκευασάμενοι	ἀνεβαίνομεν	εἰς	Ἱεροσόλυμα·	16 συνῆλθον	δὲ
habiéndonos preparado	subíamos	a	Jerusalén;	vinieron juntos	y
643	305	1519	2414	4905	1161
VAMP-PNM	VIAI1P	P	NASF	VAAI3P	CLN

καὶ	τῶν	μαθητῶν	ἀπὸ	Καισαρείας	σὺν	ἡμῖν,	ἄγοντες	παρ'
también	de los	discípulos	de	Cesarea	con	nosotros,	trayendo (uno)	con
2532	3588	3101	575	2542	4862	2254	71	3844
BE, TE	DGPM	NGPM	P	NGSF	P	RP1DP	VPAP-PNM	P

ᾧ	ξενισθῶμεν	Μνάσωνί	τινι	Κυπρίῳ,	ἀρχαίῳ	μαθητῇ.
el cual	fuéramos hospedados,	Mnasón,	cierto	chipriota,	antiguo	discípulo.
3739	3579	3416	5100	2953	744	3101
RR-DSM	VAPS1P	NDSM	JDSM, RX-DSM	NDSM	JDSM	NDSM

17 Γενομένων	δὲ	ἡμῶν	εἰς	Ἱεροσόλυμα	ἀσμένως	ἀπεδέξαντο	ἡμᾶς
habiendo estado$_2$	Y$_1$	nosotros	a	Jerusalén	con alegría.$_5$	recibieron$_3$	a nosotros$_4$
1096	1161	2257	1519	2414	780	588	2248
VAMP-PGM	CLT	RP1GP	P	NASF	B	VAMI3P	RP1AP

οἱ	ἀδελφοί.	18 τῇ	δὲ	ἐπιούσῃ	εἰσῄει	ὁ	Παῦλος	σὺν	ἡμῖν
los$_1$	hermanos$_2$	al$_2$	Y$_1$	siguiente (día)$_3$	entraba$_6$	--$_4$	Pablo$_5$	con	nosotros
3588	80	3588	1161	1966	1524	3588	3972	4862	2254
DNPM	NNPM	DDSF	CLN	VPAP-SDF	VIAI3S, VLAI3S	DNSM	NNSM	P	RP1DP

πρὸς	Ἰάκωβον,	πάντες	τε	παρεγένοντο	οἱ	πρεσβύτεροι.	19 καὶ
a (ver)	a Jacobo,	todos$_2$	y$_1$	llegaron.$_5$	los$_3$	ancianos$_4$	Y
4314	2385	3956	5037	3854	3588	4245	2532
P	NASM	JNPM	CLN	VAMI3P	DNPM	JNPM	TE, C

ἀσπασάμενος	αὐτοὺς	ἐξηγεῖτο	καθ'	ἓν	ἕκαστον	ὧν
habiendo saludado	a ellos	exponía detalladamente	cada	una	cada uno,	de las cosas que
782	846	1834	2596	1520	1538	3739
VAMP-SNM	RP3APM	VIUI3S	P	JASN	JASN	RR-GPN

ἐποίησεν	ὁ	θεὸς	ἐν	τοῖς	ἔθνεσιν	διὰ	τῆς	διακονίας	αὐτοῦ.
hizo$_3$	--$_1$	Dios$_2$	entre	los	gentiles	por medio de	el	ministerio	de él.
4160	3588	2316	1722	3588	1484	1223	3588	1248	846
VAAI3S	DNSM	NNSM	P	DDPN	NDPN	P	DGSF	NGSF	RP3GSM

20 οἱ	δὲ	ἀκούσαντες	ἐδόξαζον	τὸν	θεόν,	εἶπόν	τε	αὐτῷ·
los que$_2$	Y$_1$	habiendo oído	glorificaban	a --	Dios	dijeron$_2$	y$_1$	a él:
3588	1161	191	1392	3588	2316	3004	5037	846
DNPM	CLN	VAAP-PNM	VIAI3P	DASM	NASM	VAAI3P	CLN	RP3DSM

Θεωρεῖς,	ἀδελφέ,	πόσαι	μυριάδες	εἰσὶν	ἐν	τοῖς	Ἰουδαίοις
(Ya) ves,	hermano,	cuántas	miríadas	son	entre$_3$	los$_4$	judíos,$_5$
2334	80	4214	3461	1526	1722	3588	2453
VPAI2S	NVSM	JNPF, RI-NPF	JNPF, JNPM	VPAI3P	P	DDPM	JDPM

τῶν	πεπιστευκότων,	καὶ	πάντες	ζηλωταὶ	τοῦ	νόμου	ὑπάρχουσιν·
--$_1$	creyentes$_2$	y	todos	celosos	de la	ley	son;
3588	4100	2532	3956	2207	3588	3551	5225
DGPM	VRAP-PGM	CLN	JNPM	NNPM	DGSM	NGSM	VPAI3P

21 κατηχήθησαν	δὲ	περὶ	σοῦ	ὅτι	ἀποστασίαν	διδάσκεις	ἀπὸ
fueron informados$_2$	y$_1$	acerca de	ti	que	apostasía$_2$	enseñas$_1$	de
2727	1161	4012	4675	3754	646	1321	575
VAPI3P	CLN	P	RP2GS	CSC	NASF	VPAI2S	P

NVI

14 Como no se dejaba
convencer, desistimos,
exclamando:
—¡Que se haga la
voluntad del Señor!
15 Después de esto,
acabamos los prepa-
rativos y subimos a
Jerusalén. 16 Algunos de
los discípulos de Cesarea
nos acompañaron y
nos llevaron a la casa de
Mnasón, donde íbamos
a alojarnos. Este era de
Chipre, y uno de los
primeros discípulos.

Llegada de Pablo a Jerusalén

17 Cuando llega-
mos a Jerusalén, los
creyentes nos recibieron
calurosamente. 18 Al día
siguiente Pablo fue con
nosotros a ver a Jacobo,
y todos los ancianos
estaban presentes.
19 Después de saludarlos,
Pablo les relató detalla-
damente lo que Dios
había hecho entre los
gentiles por medio de su
ministerio.
20 Al oírlo, alabaron a
Dios. Luego le dijeron a
Pablo: «Ya ves, herma-
no, cuántos miles de ju-
díos han creído, y todos
ellos siguen aferrados
a la ley. 21 Ahora bien,
han oído decir que tú
enseñas que se aparten

RVR

judíos que están entre
los gentiles a apostatar
de Moisés, diciéndoles
que no circunciden a
sus hijos, ni observen las
costumbres.
22 ¿Qué hacer, pues? La
multitud se reunirá de
cierto, porque oirán que
has venido.
23 Haz, pues, esto que te
decimos: Tenemos cua-
tro hombres que tienen
obligación de cumplir
un voto.
24 Tómalos contigo, pu-
rifícate con ellos, y paga
sus gastos para que se
rasuren la cabeza; y to-
dos comprenderán que
no hay nada de lo que
se les informó acerca de
ti, sino que tú también
andas ordenadamente,
guardando la ley.
25 Pero en cuanto a los
gentiles que han creído,
nosotros les hemos
escrito determinando
que no guarden nada de
esto; solamente que se
abstengan de lo sacrifi-
cado a los ídolos, de la
sangre, de lo estrangula-
do y de fornicación.
26 Entonces Pablo tomó
consigo a aquellos hom-
bres, y al día siguiente,
habiéndose purificado
con ellos, entró en el
templo, para notificar
de la terminación de los
días de la purificación,
hasta que se presentase

Μωϋσέως	τοὺς	κατὰ	τὰ	ἔθνη	πάντας	Ἰουδαίους,	λέγων	μὴ
Moisés	a los	entre$_3$	los$_4$	gentiles,$_5$	todos (que viven)$_2$	judíos$_1$	diciendo	no
3475	3588	2596	3588	1484	3956	2453	3004	3361
NGSM	*DAPM*	*P*	*DAPN*	*NAPN*	*JAPM*	*JAPM*	*VPAP-SNM*	*BN, TN*

περιτέμνειν	αὐτοὺς	τὰ	τέκνα	μηδὲ	τοῖς	ἔθεσιν	περιπατεῖν.
circuncidar	a ellos	a los	hijos	ni	(en) las$_2$	costumbres (nuestras)	andar$_1$
4059	846	3588	5043	3366	3588	1485	4043
VPAN	*RP3APM*	*DAPN*	*NAPN*	*TN, CLD*	*DDPN*	*NDPN*	*VPAN*

22 τί	οὖν	ἐστιν;	πάντως	ἀκούσονται	ὅτι	ἐλήλυθας.	23 τοῦτο
¿qué$_2$	Así que,$_1$	hay?	Ciertamente	oirán	que	has venido.	esto$_3$
5101	3767	2076	3843	191	3754	2064	5124
RI-NSN	*CLI*	*VPAI3S*	*B*	*VFMI3P*	*CSC*	*VRAI2S*	*RD-ASN*

οὖν	ποίησον	ὅ	σοι	λέγομεν·	εἰσὶν	ἡμῖν	ἄνδρες	τέσσαρες
pues$_2$	Haz$_1$	que	a ti	decimos:	Están	(con) nosotros	varones$_2$	cuatro$_1$
3767	4160	3739	4671	3004	1526	2254	435	5064
CLI	*VAAM2S*	*RR-ASN*	*RP2DS*	*VPAI1P*	*VPAI3P*	*RP1DP*	*NNPM*	*JNPM*

εὐχὴν	ἔχοντες	ἀφ᾽	ἑαυτῶν.	24 τούτους	παραλαβὼν	ἁγνίσθητι	σὺν
un voto$_2$	teniendo$_1$	sobre	sí mismos.	A estos	tomando	purifícate	con
2171	2192	575	1438	5128	3880	48	4862
NASF	*VPAP-PNM*	*P*	*RF3GPM*	*RD-APM*	*VAAP-SNM*	*VAPM2S*	*P*

αὐτοῖς	καὶ	δαπάνησον	ἐπ᾽	αὐτοῖς	ἵνα	ξυρήσονται	τὴν	κεφαλήν,
ellos	y	costea	por	ellos	para que	se afeitarán	la	cabeza,
846	2532	1159	1909	846	2443	3587	3588	2776
RP3DPM	*CLN*	*VAAM2S*	*P*	*RP3DPM*	*CAP*	*VFMI3P*	*DASF*	*NASF*

καὶ	γνώσονται	πάντες	ὅτι	ὧν	κατήχηνται	περὶ	σοῦ
y	conocerán	todos	que	de las cosas que	han sido informados	acerca de	de ti
2532	1097	3956	3754	3739	2727	4012	4675
CLN	*VFMI3P*	*JNPM*	*CSC*	*RR-GPN*	*VRPI3P*	*P*	*RP2GS*

οὐδέν	ἐστιν,	ἀλλὰ	στοιχεῖς	καὶ	αὐτὸς	φυλάσσων	τὸν	νόμον.
nada	hay	sino (que)	andas	también	tú mismo	guardando	la	ley.
3762	2076	235	4748	2532	846	5442	3588	3551
JNSN	*VPAI3S*	*CLC*	*VPAI2S*	*BE, TE*	*RP3NSMP*	*VPAP-SNM*	*DASM*	*NASM*

25 περὶ	δὲ	τῶν	πεπιστευκότων	ἐθνῶν	ἡμεῖς	ἀπεστείλαμεν
acerca de$_2$	Y$_1$	de los	creyentes	gentiles	nosotros	escribimos
4012	1161	3588	4100	1484	2249	1989
P	*CLC*	*DGPN, DGPM*	*VRAP-PGN, VRAP-PGM*	*NGPN*	*RP1NP*	*VAAI1P*

κρίναντες	φυλάσσεσθαι	αὐτοὺς	τό	τε	εἰδωλόθυτον	καὶ
habiendo decidido	guardarse	ellos	(de) lo$_2$	tanto$_1$	sacrificado a los ídolos	como
2919	5442	846	3588	5037	1494	2532
VAAP-PNM	*VPMN*	*RP3APM*	*DASN*	*CLK*	*JASN*	*CLK, CLN*

αἷμα	καὶ	πνικτὸν	καὶ	πορνείαν.	26 τότε	ὁ
(de la) sangre	y	(de lo) estrangulado	y	(de la) inmoralidad sexual.	Entonces	--
129	2532	4156	2532	4202	5119	3588
NASN	*CLK, CLN*	*JASN*	*CLK, CLN*	*NASF*	*B*	*DNSM*

Παῦλος	παραλαβὼν	τοὺς	ἄνδρας	τῇ	ἐχομένῃ	ἡμέρᾳ	σὺν
Pablo	habiendo tomado consigo	a los	varones	al	siguiente	día	con
3972	3880	3588	435	3588	2192	2250	4862
NNSM	*VAAP-SNM*	*DAPM*	*NAPM*	*DDSF*	*VPMP-SDF, VPPP-SDF*	*NDSF*	*P*

αὐτοῖς	ἁγνισθεὶς	εἰσῄει	εἰς	τὸ	ἱερόν,	διαγγέλλων	τὴν
ellos	habiendo sido purificado,	entraba	en	el	templo	anunciando	el
846	48	1524	1519	3588	2411	1229	3588
RP3DPM	*VAPP-SNM*	*VIAI3S, VLAI3S*	*P*	*DASN*	*NASN, JASN*	*VPAP-SNM*	*DASF*

ἐκπλήρωσιν	τῶν	ἡμερῶν	τοῦ	ἁγνισμοῦ	ἕως	οὗ	προσηνέχθη	ὑπὲρ
cumplimiento	de los	días	de la	purificación	hasta	que	fue ofrecida$_3$	por$_4$
1604	3588	2250	3588	49	2193	3739	4374	5228
NASF	*DGPF*	*NGPF*	*DGSM*	*NGSM*	*P, C*	*RR-GSM*	*VAPI3S*	*P*

NVI

de Moisés todos los ju-
díos que viven entre los
gentiles. Les recomien-
das que no circunciden
a sus hijos ni vivan según
nuestras costumbres.
22 ¿Qué vamos a hacer?
Sin duda se van a enterar
de que has llegado. 23 Por
eso, será mejor que sigas
nuestro consejo. Hay
aquí entre nosotros
cuatro hombres que
tienen que cumplir un
voto. 24 Llévatelos, toma
parte en sus ritos de
purificación y paga los
gastos que correspon-
den al voto de rasurarse
la cabeza. Así todos sa-
brán que no son ciertos
esos informes acerca de
ti, sino que tú también
vives en obediencia a la
ley. 25 En cuanto a los
creyentes gentiles, ya les
hemos comunicado por
escrito nuestra decisión
de que se abstengan de
lo sacrificado a los ído-
los, de sangre, de la carne
de animales estrangula-
dos y de la inmoralidad
sexual».
26 Al día siguiente
Pablo se llevó a los hom-
bres y se purificó con
ellos. Luego entró en el
templo para dar aviso de
la fecha en que vencería
el plazo de la purifica-
ción y se haría la ofrenda

NVN

la ofrenda por cada uno
de ellos.
27 Pero cuando estaban
para cumplirse los
siete días, unos judíos
de Asia, al verle en el
templo, alborotaron
a toda la multitud y le
echaron mano,
28 dando voces:
¡Varones israelitas,
ayudadnos! Éste es el
hombre que por todas
partes enseña a todos
contra el pueblo, la ley
y este lugar; y además
de esto, ha metido a
griegos en el templo, y
ha profanado este santo
lugar.
29 Porque antes habían
visto con él en la ciudad
a Trófimo, de Éfeso, a
quien pensaban que
Pablo había metido en
el templo.
30 Así que toda la ciudad
se alborotó, y se agolpó
el pueblo; y apoderán-
dose de Pablo, le arras-
traron fuera del templo,
e inmediatamente cerra-
ron las puertas.
31 Y procurando ellos
matarle, se le avisó al
tribuno de la compañía,
que toda la ciudad de
Jerusalén estaba albo-
rotada.
32 Éste, tomando en
seguida soldados y

ἑνὸς	ἑκάστου	αὐτῶν	ἡ	προσφορά.	27 Ὡς	δὲ	ἔμελλον	αἱ
uno$_6$	cada$_5$	de ellos.$_7$	la$_1$	ofrenda$_2$	cuando$_2$	Y$_1$	estaban a punto de	los$_2$
1520	1538	846	3588	4376	5613	1161	3195	3588
JGSM	*JGSM*	*RP3GPM*	*DNSF*	*NNSF*	*CAT*	*CLT*	*VIAI3P*	*DNPF*

ἑπτὰ	ἡμέραι	συντελεῖσθαι,	οἱ	ἀπὸ	τῆς	Ἀσίας	Ἰουδαῖοι	θεασάμενοι
siete$_3$	días,$_4$	ser completados$_1$	los	de$_2$	--$_3$	Asia$_4$	judíos$_1$	habiendo visto
2033	2250	4931	3588	575	3588	773	2453	2300
XN, J	*NNPF*	*VPPN*	*DNPM*	*P*	*DGSF*	*NGSF*	*JNPM*	*VAMP-PNM*

αὐτὸν	ἐν	τῷ	ἱερῷ	συνέχεον	πάντα	τὸν	ὄχλον	καὶ	ἐπέβαλον
a él	en	el	templo	alborotaban	a toda	la	multitud	y	pusieron
846	1722	3588	2411	4797	3956	3588	3793	2532	1911
RP3ASM	*P*	*DDSN*	*NDSN, JDSN*	*VIAI3P*	*JASM*	*DASM*	*NASM*	*CLN*	*VAAI3P*

ἐπ'	αὐτὸν	τὰς	χεῖρας,	28 κράζοντες·	Ἄνδρες	Ἰσραηλῖται,	βοηθεῖτε·
sobre	él	las	manos	gritando:	Varones	israelitas,	ayudad(nos);
1909	846	3588	5495	2896	435	2475	997
P	*RP3ASM*	*DAPF*	*NAPF*	*VPAP-PNM*	*NVPM*	*NVPM*	*VPAM2P*

οὗτός	ἐστιν	ὁ	ἄνθρωπος	ὁ	κατὰ	τοῦ	λαοῦ	καὶ	τοῦ	νόμου	καὶ
este	es	el	hombre	el que	contra$_2$	el$_3$	pueblo$_4$	y$_5$	la$_6$	ley$_7$	y$_8$
3778	2076	3588	444	3588	2596	3588	2992	2532	3588	3551	2532
RD-NSM	*VPAI3S*	*DNSM*	*NNSM*	*DNSM*	*P*	*DGSM*	*NGSM*	*CLN*	*DGSM*	*NGSM*	*CLN*

τοῦ	τόπου	τούτου	πάντας	πανταχῇ	διδάσκων,	ἔτι	τε	καὶ
el$_9$	lugar$_{10}$	este$_{11}$	a todos$_{12}$	en todas partes,$_{13}$	está enseñando$_1$	todavía$_{15}$	y$_{14}$	también
3588	5117	5127	3956	3837	1321	2089	5037	2532
DGSM	*NGSM*	*RD-GSM*	*JAPM*	*B*	*VPAP-SNM*	*B*	*CLN*	*CLA, B*

Ἕλληνας	εἰσήγαγεν	εἰς	τὸ	ἱερὸν	καὶ	κεκοίνωκεν	τὸν	ἅγιον	τόπον
a griegos	trajo	a	el	templo	y	ha profanado	el	santo	lugar
1672	1521	1519	3588	2411	2532	2840	3588	40	5117
NAPM	*VAAI3S*	*P*	*DASN*	*NASN, JASN*	*CLN*	*VRAI3S*	*DASM*	*JASM*	*NASM*

τοῦτον.	29 ἦσαν	γὰρ	προεωρακότες	Τρόφιμον	τὸν	Ἐφέσιον	ἐν	τῇ
este.	habían$_2$	Porque$_1$	visto	a Trófimo	el	efesio	en	la
5126	2258	1063	4308	5161	3588	2180	1722	3588
RD-ASM	*VIAI3P*	*CAZ*	*VRAP-PNM*	*NASM*	*DASM*	*JASM*	*P*	*DDSF*

πόλει	σὺν	αὐτῷ,	ὃν	ἐνόμιζον	ὅτι	εἰς	τὸ	ἱερὸν	εἰσήγαγεν	ὁ
ciudad	con	él,	a quien	suponían	que	a$_4$	el$_5$	templo.$_6$	trajo$_3$	--$_1$
4172	4862	846	3739	3543	3754	1519	3588	2411	1521	3588
NDSF	*P*	*RP3DSM*	*RR-ASM*	*VIAI3P*	*CSC*	*P*	*DASN*	*NASN, JASN*	*VAAI3S*	*DNSM*

Παῦλος.	30 ἐκινήθη	τε	ἡ	πόλις	ὅλη	καὶ	ἐγένετο	συνδρομὴ
Pablo$_2$	fue movida$_5$	Y$_1$	la$_2$	ciudad$_3$	entera$_4$	y	hubo	un tropel
3972	2795	5037	3588	4172	3650	2532	1096	4890
NNSM	*VAPI3S*	*CLN*	*DNSF*	*NNSF*	*JNSF*	*CLN*	*VAMI3S*	*NNSF*

τοῦ	λαοῦ,	καὶ	ἐπιλαβόμενοι	τοῦ	Παύλου	εἷλκον	αὐτὸν	ἔξω
del	pueblo,	y	habiendo agarrado	a --	Pablo	arrastraban	a él	fuera
3588	2992	2532	1949	3588	3972	1670	846	1854
DGSM	*NGSM*	*CLN*	*VAMP-PNM*	*DGSM*	*NGSM*	*VIAI3P*	*RP3ASM*	*P, B*

τοῦ	ἱεροῦ,	καὶ	εὐθέως	ἐκλείσθησαν	αἱ	θύραι.	31 ζητούντων
del	templo	e	inmediatamente	cerraron.$_3$	las$_1$	puertas$_2$	buscando$_2$
3588	2411	2532	2112	2808	3588	2374	2212
DGSN	*NGSN, JGSN*	*CLN*	*B*	*VAPI3P*	*DNPF*	*NNPF*	*VPAP-PGM*

τε	αὐτὸν	ἀποκτεῖναι	ἀνέβη	φάσις	τῷ	χιλιάρχῳ	τῆς	σπείρης	ὅτι
Y$_1$	a él	matar	subió	un aviso	al	jefe militar	de la	cohorte	que
5037	846	615	305	5334	3588	5506	3588	4686	3754
CLN	*RP3ASM*	*VAAN*	*VAAI3S*	*NNSF*	*DDSM*	*NDSM*	*DGSF*	*NGSF*	*CSC*

ὅλη	συγχύννεται	Ἰερουσαλήμ,	32 ὃς	ἐξαυτῆς	παραλαβὼν
toda	está alborotada.$_2$	Jerusalén$_1$	El cual	inmediatamente	habiendo tomado consigo
3650	4797	2419	3739	1824	3880
JNSF	*VPPI3S*	*NNSF, XP*	*RR-NSM*	*B*	*VAAP-SNM*

NVI

por cada uno de ellos.

Arresto de Pablo

27 Cuando estaban a
punto de cumplirse los
siete días, unos judíos
de la provincia de Asia
vieron a Pablo en el
templo. Alborotaron
a toda la multitud
y le echaron mano,
28 gritando: «¡Israelitas!
¡Ayúdennos! Este es el
individuo que anda por
todas partes enseñando
a toda la gente contra
nuestro pueblo, nuestra
ley y este lugar. Además,
hasta ha metido a unos
griegos en el templo, y
ha profanado este lugar
santo».
29 Ya antes habían
visto en la ciudad a
Trófimo el efesio en
compañía de Pablo, y
suponían que Pablo
lo había metido en el
templo.
30 Toda la ciudad
se alborotó. La gente
se precipitó en masa,
agarró a Pablo y lo sacó
del templo a rastras,
e inmediatamente se
cerraron las puertas.
31 Estaban por matarlo,
cuando se le informó al
comandante del bata-
llón romano que toda
la ciudad de Jerusalén
estaba amotinada. 32 En
seguida tomó algunos
centuriones con sus

RVR

centuriones, bajó
corriendo hacia ellos. Y
cuando ellos vieron al
tribuno y a los soldados,
dejaron de golpear a
Pablo.
33 Entonces, llegando el
tribuno, le prendió y le
mandó atar con dos ca-
denas, y preguntó quién
era y qué había hecho.
34 Pero entre la mul-
titud, unos gritaban
una cosa, y otros otra;
y como no podía ave-
riguar los hechos con
seguridad a causa del al-
boroto, mandó llevarle
a la fortaleza.
35 Al llegar a las gradas,
aconteció que tuvo que
ser llevado a cuestas
por los soldados a causa
de la violencia de la
multitud;
36 porque la muche-
dumbre del pueblo
venía detrás, gritando:
¡Muera!

Defensa de Pablo ante el pueblo

37 Cuando estaban para
meter a Pablo en la for-
taleza, dijo al tribuno:
¿Se me permite decirte
algo? Y él dijo: ¿Sabes
griego?
38 ¿Entonces no eres
tú aquel egipcio que
levantó una sedición
antes de estos días,
y sacó al desierto

στρατιώτας καὶ ἑκατοντάρχας κατέδραμεν ἐπ᾽ αὐτούς, οἱ δὲ
soldados y centuriones se precipitó sobre ellos, --$_2$ y$_1$
4757 2532 1543 2701 1909 846 3588 1161
NAPM CLN NAPM VAAI3S P RP3APM DNPM CLN

ἰδόντες τὸν χιλίαρχον καὶ τοὺς στρατιώτας ἐπαύσαντο τύπτοντες
habiendo visto al jefe militar y a los soldados cesaron golpeando
1492 3588 5506 2532 3588 4757 3973 5180
VAAP-PNM DASM NASM CLN DAPM NAPM VAMI3P VPAP-PNM

τὸν Παῦλον. 33 τότε ἐγγίσας ὁ χιλίαρχος ἐπελάβετο αὐτοῦ
a -- Pablo. Entonces habiéndose acercado el jefe militar sujetó$_2$ a él
3588 3972 5119 1448 3588 5506 1949 846
DASM NASM B VAAP-SNM DNSM NNSM VAMI3S RP3GSM

καὶ ἐκέλευσε δεθῆναι ἁλύσεσι δυσί, καὶ ἐπυνθάνετο τίς εἴη
y mandó ser atado cadenas,$_2$ con dos$_1$ y preguntaba quién sería
2532 2753 1210 254 1417 2532 4441 5101 1498
CLN VAAI3S VAPN NDPF JDPF CLN VIUI3S RI-NSM VPAO3S

καὶ τί ἐστιν πεποιηκώς. 34 ἄλλοι δὲ ἄλλο τι ἐπεφώνουν ἐν
y qué ha hecho. otros$_2$ Pero$_1$ diferente$_5$ algo$_4$ gritaban$_3$ entre
2532 5101 2076 4160 243 1161 243 5100 2019 1722
CLN RI-ASN VPAI3S VRAP-SNM JNPM CLN JASN RX-ASN VIAI3P P

τῷ ὄχλῳ· μὴ δυναμένου δὲ αὐτοῦ γνῶναι τὸ ἀσφαλὲς διὰ
la multitud. no$_2$ pudiendo$_3$ Y$_1$ él conocer -- (nada) preciso por causa de
3588 3793 3361 1410 1161 846 1097 3588 804 1223
DDSM NDSM BN, TN VPUP-SGM CLN RP3GSM VAAN DASN JASN P

τὸν θόρυβον ἐκέλευσεν ἄγεσθαι αὐτὸν εἰς τὴν παρεμβολήν. 35 ὅτε
el tumulto mandó ser llevado él a el campamento. cuando$_2$
3588 2351 2753 71 846 1519 3588 3925 3753
DASM NASM VAAI3S VPPN RP3ASM P DASF NASF CAT

δὲ ἐγένετο ἐπὶ τοὺς ἀναβαθμούς, συνέβη βαστάζεσθαι αὐτὸν ὑπὸ
Y$_1$ llegó sobre las gradas, sucedió ser cargado él por
1161 1096 1909 3588 304 4819 941 846 5259
CLN VAMI3S P DAPM NAPM VAAI3S VPPN RP3ASM P

τῶν στρατιωτῶν διὰ τὴν βίαν τοῦ ὄχλου, 36 ἠκολούθει γὰρ τὸ
los soldados por la violencia de la multitud, seguía$_2$ porque$_1$ la
3588 4757 1223 3588 970 3588 3793 190 1063 3588
DGPM NGPM P DASF NASF DGSM NGSM VIAI3S CAZ DNSN

πλῆθος τοῦ λαοῦ κράζοντες· Αἶρε αὐτόν. 37 Μέλλων τε
multitud del pueblo gritando: ¡Quita a él! estando a punto de$_2$ Y$_1$
4128 3588 2992 2896 142 846 3195 5037
NNSN DGSM NGSM VPAP-PNM VPAM2S RP3ASM VPAP-SNM CLN

εἰσάγεσθαι εἰς τὴν παρεμβολὴν ὁ Παῦλος λέγει τῷ χιλιάρχῳ·
ser introducido en el campamento -- Pablo dice al jefe militar:
1521 1519 3588 3925 3588 3972 3004 3588 5506
VPPN P DASF NASF DNSM NNSM VPAI3S DDSM NDSM

Εἰ ἔξεστίν μοι εἰπεῖν τι πρὸς σέ; ὁ δὲ ἔφη· Ἑλληνιστὶ
-- ¿Es lícito a mí decir algo a ti? --$_2$ Y$_1$ dijo: ¿En griego
1487 1832 3427 2036 5100 4314 4571 3588 1161 5346 1676
TI VPAI3S RP1DS VAAN RX-ASN P RP2AS DNSM CLN VIAI3S B

γινώσκεις; 38 οὐκ ἄρα σὺ εἶ ὁ Αἰγύπτιος ὁ πρὸ τούτων
sabes (hablar)? no$_3$ Entonces,$_1$ ¿tú$_2$ eres el egipcio el antes de$_2$ estos$_3$
1097 3756 687 4771 1488 3588 124 3588 4253 5130
VPAI2S BN,TN CLI RP2NS VPAI2S DNSM JNSM DNSM P RD-GPF

τῶν ἡμερῶν ἀναστατώσας καὶ ἐξαγαγὼν εἰς τὴν ἔρημον τοὺς
--$_4$ días$_5$ habiendo causado una revuelta$_1$ y habiendo sacado a el desierto a los
3588 2250 387 2532 1806 1519 3588 2048 3588
DGPF NGPF VAAP-SNM CLN VAAP-SNM P DASF JASF DAPM

NVI

tropas, y bajó corriendo
hacia la multitud. Al ver
al comandante y a sus
soldados, los amotina-
dos dejaron de golpear
a Pablo.
33 El comandante se
abrió paso, lo arrestó y
ordenó que lo sujetaran
con dos cadenas. Luego
preguntó quién era
y qué había hecho.
34 Entre la multitud cada
uno gritaba una cosa dis-
tinta. Como el coman-
dante no pudo averiguar
la verdad a causa del
alboroto, mandó que
condujeran a Pablo al
cuartel. 35 Cuando Pablo
llegó a las gradas, los
soldados tuvieron que
llevárselo en vilo debido
a la violencia de la turba.
36 El pueblo en masa iba
detrás gritando: «¡Que
lo maten!»

Pablo se dirige a la multitud

37 Cuando los solda-
dos estaban a punto de
meterlo en el cuartel,
Pablo le preguntó al
comandante:
—¿Me permite decir-
le algo?
—¿Hablas griego?
—replicó el coman-
dante—. 38 ¿No eres
el egipcio que hace
algún tiempo provocó
una rebelión y llevó al

RVR

aquellos cuatro mil
terroristas?
39 Entonces dijo Pablo:
Lo cierto es que yo soy
un judío de Tarso, ciu-
dadano de una ciudad
no insignificante de
Cilicia; y te ruego que
me permitas hablar al
pueblo.
40 Y cuando él se
lo permitió, Pablo,
estando en pie en las
gradas, hizo señal con
la mano al pueblo. Y
hecho un gran silencio,
habló en lengua hebrea,
diciendo:
22 Varones
hermanos y
padres, oíd ahora mi
defensa ante vosotros.
2 Y al oír que les hablaba
en lengua hebrea, guar-
daron más silencio. Y él
les dijo:
3 Yo de cierto soy judío,
nacido en Tarso de
Cilicia, pero criado en
esta ciudad, instruido
a los pies de Gamaliel,
estrictamente conforme
a la ley de nuestros
padres, celoso de Dios,
como hoy lo sois todos
vosotros.
4 Y perseguí este
Camino hasta la muer-
te, prendiendo y entre-
gando en cárceles,

τετρακισχιλίους	ἄνδρας	τῶν	σικαρίων;	39 εἶπεν	δὲ	ὁ	Παῦλος·
cuatro mil	varones	de los	sicarios?	dijo:$_4$	Y$_1$	--$_2$	Pablo$_3$
5070	435	3588	4607	2036	1161	3588	3972
JAPM	*NAPM*	*DGPM*	*NGPM*	*VAAI3S*	*CLN*	*DNSM*	*NNSM*

Ἐγὼ	ἄνθρωπος	μέν	εἰμι	Ἰουδαῖος,	Ταρσεὺς	τῆς	Κιλικίας,	οὐκ
Yo	hombre$_3$	en verdad$_1$	soy$_2$	judío,	tarsense	de --	Cilicia,	no$_3$
1473	444	3303	1510	2453	5018	3588	2791	3756
RP1NS	*NNSM*	*TE, C*	*VPAI1S*	*JNSM*	*NNSM*	*DGSF*	*NGSF*	*BN, TN*

ἀσήμου	πόλεως	πολίτης·	δέομαι	δέ	σου,	ἐπίτρεψόν	μοι	λαλῆσαι
insignificante;$_4$	de una ciudad$_2$	ciudadano$_1$	pido$_6$	y$_5$	a ti,	permite	a mí	hablar
767	4172	4177	1189	1161	4675	2010	3427	2980
JGSF	*NGSF*	*NNSM*	*VPUI1S*	*CLN*	*RP2GS*	*VAAM2S*	*RP1DS*	*VAAN*

πρὸς	τὸν	λαόν.	40 ἐπιτρέψαντος	δὲ	αὐτοῦ	ὁ	Παῦλος	ἑστὼς	ἐπὶ
a	el	pueblo.	habiendo concedido$_3$	Y$_1$	él$_2$	--	Pablo	puesto en pie	sobre
4314	3588	2992	2010	1161	846	3588	3972	2476	1909
P	*DASM*	*NASM*	*VAAP-SGM*	*CLN*	*RP3GSM*	*DNSM*	*NNSM*	*VRAP-SNM*	*P*

τῶν	ἀναβαθμῶν	κατέσεισε	τῇ	χειρὶ	τῷ	λαῷ,	πολλῆς	δὲ	σιγῆς
las	gradas	hizo señas	(con) la	mano	al	pueblo.	mucho$_2$	Y$_1$	silencio
3588	304	2678	3588	5495	3588	2992	4183	1161	4602
DGPM	*NGPM*	*VAAI3S*	*DDSF*	*NDSF*	*DDSM*	*NDSM*	*JGSF*	*CLN*	*NGSF*

γενομένης	προσεφώνησεν	τῇ	Ἑβραΐδι	διαλέκτῳ	λέγων
habiéndose hecho	habló	(en) la	hebrea$_2$	lengua$_1$	diciendo:
1096	4377	3588	1446	1258	3004
VAMP-SGF	*VAAI3S*	*DDSF*	*JDSF, NDSF*	*NDSF*	*VPAP-SNM*

22 Ἄνδρες	ἀδελφοὶ	καὶ	πατέρες,	ἀκούσατέ	μου	τῆς	πρὸς
Varones	hermanos	y	padres,	oíd	de mí$_4$	la$_2$	ante$_5$
435	80	2532	3962	191	3450	3588	4314
NVPM	*NVPM*	*CLN*	*NVPM*	*VAAM2P*	*RP1GS*	*DGSF*	*P*

ὑμᾶς	νυνὶ	ἀπολογίας.	2 Ἀκούσαντες	δὲ	ὅτι	τῇ	Ἑβραΐδι	διαλέκτῳ
vosotros.$_6$	ahora$_1$	defensa$_3$	habiendo oído$_2$	Y$_1$	que	(en) la	hebrea$_2$	lengua$_1$
5209	3570	627	191	1161	3754	3588	1446	1258
RP2AP	*B*	*NGSF*	*VAAP-PNM*	*CLN*	*CSC*	*DDSF*	*JDSF, NDSF*	*NDSF*

προσεφώνει	αὐτοῖς	μᾶλλον	παρέσχον	ἡσυχίαν.	καὶ	φησίν·	3 Ἐγώ
hablaba	a ellos	más	procuraron	tranquilidad.	Y	dice:	Yo
4377	846	3123	3930	2271	2532	5346	1473
VIAI3S	*RP3DPM*	*B*	*VAAI3P*	*NASF*	*CLN*	*VPAI3S*	*RP1NS*

εἰμι	ἀνὴρ	Ἰουδαῖος,	γεγεννημένος	ἐν	Ταρσῷ	τῆς	Κιλικίας,
soy	varón	judío,	nacido	en	Tarso	de --	Cilicia,
1510	435	2453	1080	1722	5019	3588	2791
VPAI1S	*NNSM*	*JNSM*	*VRPP-SNM*	*P*	*NDSF*	*DGSF*	*NGSF*

ἀνατεθραμμένος	δὲ	ἐν	τῇ	πόλει	ταύτῃ	παρὰ	τοὺς	πόδας	Γαμαλιήλ,
criado$_2$	pero$_1$	en	la	ciudad	esta,	junto a$_2$	los$_3$	pies$_4$	de Gamaliel$_5$
397	1161	1722	3588	4172	3778	3844	3588	4228	1059
VRPP-SNM	*CLC*	*P*	*DDSF*	*NDSF*	*RD-DSF*	*P*	*DAPM*	*NAPM*	*NGSM, XP*

πεπαιδευμένος	κατὰ	ἀκρίβειαν	τοῦ	πατρῴου	νόμου,	ζηλωτὴς
educado$_1$	según	(el) rigor	de la	paterna,$_2$	ley$_1$	celoso$_4$
3811	2596	195	3588	3971	3551	2207
VRPP-SNM	*P*	*NASF*	*DGSM*	*JGSM*	*NGSM*	*NNSM*

ὑπάρχων	τοῦ	θεοῦ	καθὼς	πάντες	ὑμεῖς	ἐστε	σήμερον,	4 ὃς	ταύτην
siendo$_3$	de --	Dios	como	todos	vosotros	sois	hoy;	el cual	este
5225	3588	2316	2531	3956	5210	2075	4594	3739	3778
VPAP-SNM	*DGSM*	*NGSM*	*CAM*	*JNPM*	*RP2NP*	*VPAI2P*	*B*	*RR-NSM*	*RD-ASF*

τὴν	ὁδὸν	ἐδίωξα	ἄχρι	θανάτου,	δεσμεύων	καὶ	παραδιδοὺς	εἰς	φυλακὰς
--	camino	perseguí	hasta	(la) muerte,	atando	y	entregando	en	cárceles
3588	3598	1377	891	2288	1195	2532	3860	1519	5438
DASF	*NASF*	*VAAI1S*	*P*	*NGSM*	*VPAP-SNM*	*CLN*	*VPAP-SNM*	*P*	*NAPF*

NVI

desierto a cuatro mil
guerrilleros?
39 —No, yo soy judío,
natural de Tarso, una
ciudad muy importante
de Cilicia —le respon-
dió Pablo—. Por favor,
permítame hablarle al
pueblo.
40 Con el permiso del
comandante, Pablo se
puso de pie en las gradas
e hizo una señal con
la mano a la multitud.
Cuando todos guarda-
ron silencio, les dijo en
arameo:
22 «Padres y
hermanos,
escuchen ahora mi
defensa».
2 Al oír que les habla-
ba en arameo, guarda-
ron más silencio.
Pablo continuó:
3 «Yo soy judío, nacido
en Tarso de Cilicia,
pero criado en esta
ciudad. Bajo la tutela de
Gamaliel recibí instruc-
ción cabal en la ley de
nuestros antepasados,
y fui tan celoso de Dios
como cualquiera de
ustedes lo es hoy día.
4 Perseguí a muerte a
los seguidores de este
Camino, arrestando y
echando en la cárcel a

RVR

tanto a hombres como a
mujeres;
5 como el sumo sa-
cerdote también me
es testigo, y todos los
ancianos, de quienes
también recibí cartas
para los hermanos, y fui
a Damasco para traer
presos a Jerusalén tam-
bién a los que estuviesen
allí, para que fuesen
castigados.

Pablo relata su conversión

6 Pero aconteció
que cuando iba de
camino, al llegar cerca
de Damasco, como a
mediodía, de repente
me rodeó una gran luz
del cielo;
7 y caí al suelo, y oí
una voz que me decía:
Saulo, Saulo, ¿por qué
me persigues?
8 Yo entonces respondí:
¿Quién eres, Señor? Y
me dijo: Yo soy Jesús
de Nazaret, a quien tú
persigues.
9 Y los que estaban
conmigo vieron la
luz, ciertamente, y se
espantaron; pero no en-
tendieron la voz del que
hablaba conmigo.
10 Y dije: ¿Qué haré,
Señor? Y el Señor me
dijo: Levántate, y ve
a Damasco, y allí se te
dirá todo lo que está

ἄνδρας	τε	καὶ	γυναῖκας,	5 ὡς	καὶ	ὁ	ἀρχιερεὺς	μαρτυρεῖ
a varones$_2$	tanto$_1$	como	a mujeres,	como	también	el	sumo sacerdote	testifica$_5$
435	5037	2532	1135	5613	2532	3588	749	3140
NAPM	*CLK*	*CLK, CLN*	*NAPF*	*CAM*	*BE, TE*	*DNSM*	*NNSM*	*VPAI3S*

μοι	καὶ	πᾶν	τὸ	πρεσβυτέριον·	παρ᾽	ὧν	καὶ	ἐπιστολὰς
(sobre) mí,$_6$	y$_1$	todo$_2$	el$_3$	consejo de ancianos$_4$	de	los cuales	también	cartas
3427	2532	3956	3588	4244	3844	3739	2532	1992
RP1DS	*CLN*	*JNSN*	*DNSN*	*NNSN*	*P*	*RR-GPM*	*CLA, B*	*NAPF*

δεξάμενος	πρὸς	τοὺς	ἀδελφοὺς	εἰς	Δαμασκὸν	ἐπορευόμην
habiendo recibido	para	los	hermanos,	a	Damasco	iba,
1209	4314	3588	80	1519	1154	4198
VAMP-SNM	*P*	*DAPM*	*NAPM*	*P*	*NASF*	*VIUI1S*

ἄξων	καὶ	τοὺς	ἐκεῖσε	ὄντας	δεδεμένους	εἰς	Ἰερουσαλὴμ
trayendo	también$_2$	a los$_3$	allí,$_5$	estando$_4$	encadenados$_1$	a	Jerusalén
71	2532	3588	1566	5607	1210	1519	2419
VFAP-SNM	*BE, TE*	*DAPM*	*BP*	*VPAP-PAM*	*VRPP-PAM*	*P*	*NASF, XP*

ἵνα	τιμωρηθῶσιν.	6 Ἐγένετο	δέ	μοι	πορευομένῳ	καὶ	ἐγγίζοντι
para que	fueran castigados.	sucedió$_2$	Y$_1$	a mí	que yendo	y	acercándome
2443	5097	1096	1161	3427	4198	2532	1448
CAP	*VAPS3P*	*VAMI3S*	*CLT*	*RP1DS*	*VPUP-SDM*	*CLN*	*VPAP-SDM*

τῇ	Δαμασκῷ	περὶ	μεσημβρίαν	ἐξαίφνης	ἐκ	τοῦ	οὐρανοῦ
a --	Damasco	alrededor de	mediodía	repentinamente	de	el	cielo
3588	1154	4012	3314	1810	1537	3588	3772
DDSF	*NDSF*	*P*	*NASF*	*B*	*P*	*DGSM*	*NGSM*

περιαστράψαι	φῶς	ἱκανὸν	περὶ	ἐμέ,	7 ἔπεσά	τε	εἰς	τὸ
brillar en derredor	luz$_2$	bastante$_1$	alrededor de	mí,	caí$_2$	y$_1$	a	el
4015	5457	2425	4012	1691	4098	5037	1519	3588
VAAN	*NASN, NNSN*	*JASN, JNSN*	*P*	*RP1AS*	*VAAI1S*	*CLN*	*P*	*DASN*

ἔδαφος	καὶ	ἤκουσα	φωνῆς	λεγούσης	μοι·	Σαοὺλ	Σαούλ,	τί	με
suelo	y	oí	una voz	diciendo	a mí:	Saulo,	Saulo,	¿por qué	me
1475	2532	191	5456	3004	3427	4549	4549	5101	3165
NASN	*CLN*	*VAAI1S*	*NGSF*	*VPAP-SGF*	*RP1DS*	*NVSM, XP*	*NVSM, XP*	*RI-ASN*	*RP1AS*

διώκεις;	8 ἐγὼ	δὲ	ἀπεκρίθην·	Τίς	εἶ,	κύριε;	εἶπέν	τε	πρὸς	ἐμέ·
persigues?	yo$_2$	Y$_1$	respondí:	¿Quién	eres,	Señor?	dijo$_2$	Y$_1$	a	mí:
1377	1473	1161	611	5101	1488	2962	2036	5037	4314	3165
VPAI2S	*RP1NS*	*CLN*	*VAPI1S, VAMI1S*	*RI-NSM*	*VPAI2S*	*NVSM*	*VAAI3S*	*CLN*	*P*	*RP1AS*

Ἐγώ	εἰμι	Ἰησοῦς	ὁ	Ναζωραῖος	ὃν	σὺ	διώκεις.	9 οἱ	δὲ	σὺν
Yo	soy	Jesús	el	nazareno	a quien	tú	persigues.	los$_2$	Y$_1$	con$_4$
1473	1510	2424	3588	3480	3739	4771	1377	3588	1161	4862
RP1NS	*VPAI1S*	*NNSM*	*DNSM*	*NNSM*	*RR-ASM*	*RP2NS*	*VPAI2S*	*DNPM*	*CLN*	*P*

ἐμοὶ	ὄντες	τὸ	μὲν	φῶς	⸀ἐθεάσαντο	τὴν	δὲ	φωνὴν	οὐκ
mí$_5$	estando$_3$	la$_6$	en verdad$_8$	luz$_7$	vieron$_9$	la$_{11}$	pero$_{10}$	voz	no
1698	5607	3588	3303	5457	2300	3588	1161	5456	3756
RP1DS	*VPAP-PNM*	*DASN*	*TK, C*	*NASN*	*VAMI3P*	*DASF*	*CLK, CLC*	*NASF*	*BN, TN*

ἤκουσαν	τοῦ	λαλοῦντός	μοι.	10 εἶπον	δέ·	Τί	ποιήσω,	κύριε;	ὁ
oyeron	del que	está hablando	a mí.	dije:$_2$	Y$_1$	¿Qué	hiciera,	Señor?	el$_2$
191	3588	2980	3427	2036	1161	5101	4160	2962	3588
VAAI3P	*DGSM*	*VPAP-SGM*	*RP1DS*	*VAAI1S*	*CLN*	*RI-ASN*	*VAAS1S*	*NVSM*	*DNSM*

δὲ	κύριος	εἶπεν	πρός	με·	Ἀναστὰς	πορεύου	εἰς	Δαμασκόν,
Y$_1$	Señor	dijo	a	mí:	Habiéndote levantado	ve	a	Damasco
1161	2962	2036	4314	3165	450	4198	1519	1154
CLN	*NNSM*	*VAAI3S*	*P*	*RP1AS*	*VAAP-SNM*	*VPUM2S*	*P*	*NASF*

κἀκεῖ	σοι	λαληθήσεται	περὶ	πάντων	ὧν	τέτακται
y allí	a ti	será hablado	acerca de	de todas las cosas	las que	ha(n) sido ordenada(s)
2546	4671	2980	4012	3956	3739	5021
CLN, BP	*RP2DS*	*VFPI3S*	*P*	*JGPN*	*RR-GPN*	*VRPI3S*

NVI

hombres y mujeres por
igual, 5 y así lo pueden
atestiguar el sumo sacer-
dote y todo el Consejo
de ancianos. Incluso
obtuve de parte de ellos
cartas de extradición
para nuestros hermanos
judíos en Damasco, y
fui allá con el fin de traer
presos a Jerusalén a los
que encontrara, para
que fueran castigados.
6 »Sucedió que a eso
del mediodía, cuando
me acercaba a Damasco,
una intensa luz del cielo
relampagueó de repente
a mi alrededor. 7 Caí al
suelo y oí una voz que
me decía: "Saulo, Saulo,
¿por qué me persigues?"
8 "¿Quién eres, Señor?",
pregunté. "Yo soy Jesús
de Nazaret, a quien tú
persigues", me contestó
él. 9 Los que me acom-
pañaban vieron la luz,
pero no percibieron la
voz del que me hablaba.
10 "¿Qué debo hacer,
Señor?", le pregunté.
"Levántate —dijo el
Señor—, y entra en
Damasco. Allí se te
dirá todo lo que se ha

22:9⸀ Manuscritos inferiores aumentaron *y se atemorizaron.*

RVR

ordenado que hagas.
11 Y como yo no veía a
causa del resplandor de
la luz, me llevaron de la
mano los que estaban
conmigo, y llegué a
Damasco.
12 Entonces uno lla-
mado Ananías, varón
piadoso según la ley, que
tenía buen testimonio
de todos los judíos que
allí habitaban,
13 vino hasta donde yo
estaba, y acercándose,
me dijo: Hermano
Saulo, recobra la vista.
Y yo en aquel mismo
momento recobré la
vista y lo miré.
14 Y él dijo: El Dios de
nuestros padres te ha
designado para que
conozcas su voluntad,
y veas al Justo, y oigas la
voz de su boca.
15 Porque le serás testigo
ante todos los hombres,
de lo que has visto y
oído.
16 Ahora, pues, ¿a qué
esperas? Levántate y
bautízate, y lava tus
pecados, invocando su
nombre.

Pablo es enviado a los gentiles

17 Y me aconteció,
vuelto a Jerusalén, que
orando en el templo me
sobrevino un éxtasis.
18 Y le vi que me
decía: Date prisa, y

σοι	ποιῆσαι.	11 ὡς	δὲ	οὐκ	ἐνέβλεπον	ἀπὸ	τῆς	δόξης	τοῦ
a ti	hacer.	como$_2$	Y$_1$	no	miraba claramente	de	la	gloria	de la
4671	4160	5613	1161	3756	1689	575	3588	1391	3588
RP2DS	*VAAN*	*CAT*	*CLN*	*BN, TN*	*VIAI1S, VIAI3P*	*P*	*DGSF*	*NGSF*	*DGSN*

φωτὸς	ἐκείνου,	χειραγωγούμενος	ὑπὸ	τῶν	συνόντων	μοι	ἦλθον
luz	aquella,	siendo conducido de la mano	por	los que	estando con	mí	vine
5457	1565	5496	5259	3588	4895	3427	2064
NGSN	*RD-GSN*	*VPPP-SNM*	*P*	*DGPM*	*VPAP-PGM*	*RP1DS*	*VAAI1S*

εἰς	Δαμασκόν.	12 Ἁνανίας	δέ	τις	ἀνὴρ	εὐλαβὴς	κατὰ	τὸν
a	Damasco.	Ananías,$_3$	Y$_1$	cierto$_2$	hombre	piadoso	según	la
1519	1154	367	1161	5100	435	2126	2596	3588
P	*NASF*	*NNSM*	*CLT*	*JNSM, RX-NSM*	*NNSM*	*JNSM*	*P*	*DASM*

νόμον	μαρτυρούμενος	ὑπὸ	πάντων	τῶν	κατοικούντων
ley,	siendo objeto de buen testimonio	por	todos	los	que están habitando (allí),$_2$
3551	3140	5259	3956	3588	2730
NASM	*VPPP-SNM*	*P*	*JGPM*	*DGPM*	*VPAP-PGM*

Ἰουδαίων,	13 ἐλθὼν	πρὸς	ἐμὲ	καὶ	ἐπιστὰς	εἶπέν	μοι·
judíos$_1$	habiendo venido	a	mí	y	habiéndo(se) inclinado	dijo	a mí:
2453	2064	4314	3165	2532	2186	2036	3427
JGPM	*VAAP-SNM*	*P*	*RP1AS*	*CLN*	*VAAP-SNM*	*VAAI3S*	*RP1DS*

Σαοὺλ	ἀδελφέ,	ἀνάβλεψον·	κἀγὼ	αὐτῇ	τῇ	ὥρᾳ	ἀνέβλεψα	εἰς
Saulo	hermano,	recobra la vista.	Y yo	misma$_2$	en la$_1$	hora	levanté la vista	hacia
4549	80	308	2504	846	3588	5610	308	1519
NVSM, XP	*NVSM*	*VAAM2S*	*RP1NS, CLN*	*RP3DSFP*	*DDSF*	*NDSF*	*VAAI1S*	*P*

αὐτόν.	14 ὁ	δὲ	εἶπεν·	Ὁ	θεὸς	τῶν	πατέρων	ἡμῶν	προεχειρίσατό
él.	--$_2$	Y$_1$	dijo:	El	Dios	de los	padres	de nosotros	eligió
846	3588	1161	2036	3588	2316	3588	3962	2257	4400
RP3ASM	*DNSM*	*CLN*	*VAAI3S*	*DNSM*	*NNSM*	*DGPM*	*NGPM*	*RP1GP*	*VAMI3S*

σε	γνῶναι	τὸ	θέλημα	αὐτοῦ	καὶ	ἰδεῖν	τὸν	δίκαιον	καὶ	ἀκοῦσαι
a ti	para conocer	la	voluntad	de él	y	ver	al	Justo	y	oír
4571	1097	3588	2307	846	2532	1492	3588	1342	2532	191
RP2AS	*VAAN*	*DASN*	*NASN*	*RP3GSM*	*CLN*	*VAAN*	*DASM*	*JASM*	*CLN*	*VAAN*

φωνὴν	ἐκ	τοῦ	στόματος	αὐτοῦ,	15 ὅτι	ἔσῃ	μάρτυς	αὐτῷ	πρὸς
(la) voz	de	la	boca	de él,	porque	serás	testigo	de él	a
5456	1537	3588	4750	846	3754	2071	3144	846	4314
NASF	*P*	*DGSN*	*NGSN*	*RP3GSM*	*CAZ*	*VFMI2S*	*NNSM*	*RP3DSM*	*P*

πάντας	ἀνθρώπους	ὧν	ἑώρακας	καὶ	ἤκουσας.	16 καὶ	νῦν	τί
todas	(las) personas	de las cosas que	has visto	y	oíste.	Y	ahora,	¿por qué
3956	444	3739	3708	2532	191	2532	3568	5101
JAPM	*NAPM*	*RR-GPN*	*VRAI2S*	*CLN*	*VAAI2S*	*CLN*	*B*	*RI-ASN*

μέλλεις;	ἀναστὰς	βάπτισαι	καὶ	ἀπόλουσαι	τὰς	ἁμαρτίας	σου
tardas?	Habiéndote levantado	bautízate	y	lava	los	pecados	de ti
3195	450	907	2532	628	3588	266	4675
VPAI2S	*VAAP-SNM*	*VAMM2S*	*CLN*	*VAMM2S*	*DAPF*	*NAPF*	*RP2GS*

ἐπικαλεσάμενος	τὸ	ὄνομα	αὐτοῦ.	17 Ἐγένετο	δέ	μοι	ὑποστρέψαντι
habiendo invocado	el	nombre	de él.	sucedió que$_3$	Y$_1$	a mí$_2$	habiendo vuelto
1941	3588	3686	846	1096	1161	3427	5290
VAMP-SNM	*DASN*	*NASN*	*RP3GSM*	*VAMI3S*	*CLT*	*RP1DS*	*VAAP-SDM*

εἰς	Ἰερουσαλὴμ	καὶ	προσευχομένου	μου	ἐν	τῷ	ἱερῷ	γενέσθαι
a	Jerusalén	y	estando orando	yo	en	el	templo	llegar
1519	2419	2532	4336	3450	1722	3588	2411	1096
P	*NASF, XP*	*CLN*	*VPUP-SGM*	*RP1GS*	*P*	*DDSN*	*NDSN, JDSN*	*VAMN*

με	ἐν	ἐκστάσει	18 καὶ	ἰδεῖν	αὐτὸν	λέγοντά	μοι·	Σπεῦσον	καὶ
a mí	en	éxtasis	y	ver	a él	diciendo	a mí:	Apresúrate	y
3165	1722	1611	2532	1492	846	3004	3427	4692	2532
RP1AS	*P*	*NDSF*	*CLN*	*VAAN*	*RP3ASM*	*VPAP-SAM*	*RP1DS*	*VAAM2S*	*CLN*

NVI

dispuesto que hagas".
11 Mis compañeros me
llevaron de la mano
hasta Damasco porque
el resplandor de aquella
luz me había dejado
ciego.
12 »Vino a verme un
tal Ananías, hombre
devoto que observaba la
ley y a quien respetaban
mucho los judíos que
allí vivían. 13 Se puso
a mi lado y me dijo:
"Hermano Saulo, ¡reci-
be la vista!" Y en aquel
mismo instante recobré
la vista y pude verlo.
14 Luego dijo: "El Dios
de nuestros antepasados
te ha escogido para que
conozcas su voluntad, y
para que veas al Justo y
oigas las palabras de su
boca. 15 Tú le serás testi-
go ante toda persona de
lo que has visto y oído.
16 Y ahora, ¿qué esperas?
Levántate, bautízate y
lávate de tus pecados,
invocando su nombre".
17 »Cuando volví a
Jerusalén, mientras ora-
ba en el templo tuve una
visión 18 y vi al Señor que
me hablaba: "¡Date pri-
sa! Sal inmediatamente

RVR

sal prontamente de
Jerusalén; porque no
recibirán tu testimonio
acerca de mí.
19 Yo dije: Señor, ellos
saben bien que yo en-
carcelaba y azotaba en
todas las sinagogas a los
que creían en ti;
20 y cuando se derra-
maba la sangre de
Esteban tu testigo, yo
mismo también estaba
presente, y consentía en
su muerte, y guardaba
las ropas de los que le
mataban.
21 Pero me dijo: Ve, por-
que yo te enviaré lejos a
los gentiles.

Pablo en manos del tribuno

22 Y le escuchaban hasta
esta palabra; entonces
alzaron la voz, diciendo:
Quita de la tierra a tal
hombre, porque no
conviene que viva.
23 Y como ellos gritaban
y arrojaban sus ropas y
lanzaban polvo al aire,
24 mandó el tribuno
que le metiesen en la
fortaleza, y ordenó
que lo sometieran a los
azotes, para averiguar
por qué causa clamaban
así contra él.
25 Pero cuando le estira-
ron con correas, Pablo

ἔξελθε	ἐν	τάχει	ἐξ	Ἰερουσαλήμ,	διότι	οὐ	παραδέξονταί	σου
sal	en	breve	de	Jerusalén,	porque	no	recibirán	de ti
1831	1722	5034	1537	2419	1360	3756	3858	4675
VAAM2S	P	NDSN	P	NGSF, XP	CAZ	BN, TN	VFUI3P	RP2GS

μαρτυρίαν	περὶ	ἐμοῦ.	19 κἀγὼ	εἶπον·	Κύριε,	αὐτοὶ	ἐπίστανται
testimonio	acerca de	mí.	Y yo	dije:	Señor,	ellos mismos	saben
3141	4012	1700	2504	2036	2962	846	1987
NASF	P	RP1GS	RP1NS,CLN	VAAI1S	NVSM	RP3NPMP	VPUI3P

ὅτι	ἐγὼ	ἤμην	φυλακίζων	καὶ	δέρων	κατὰ	τὰς	συναγωγὰς	τοὺς
que	yo	estaba	encarcelando	y	golpeando	en	las	sinagogas	a los que
3754	1473	2252	5439	2532	1194	2596	3588	4864	3588
CSC	RP1NS	VIMI1S	VPAP-SNM	CLN	VPAP-SNM	P	DAPF	NAPF	DAPM

πιστεύοντας	ἐπὶ	σέ·	20 καὶ	ὅτε	ἐξεχύννετο	τὸ	αἷμα	Στεφάνου
están creyendo	en	ti,	y	cuando	se derramaba	la	sangre	de Esteban
4100	1909	4571	2532	3753	1632	3588	129	4736
VPAP-PAM	P	RP2AS	CLN	CAT	VIPI3S	DNSN	NNSN	NGSM

τοῦ	μάρτυρός	σου,	καὶ	αὐτὸς	ἤμην	ἐφεστὼς	καὶ	συνευδοκῶν
el	testigo	de ti,	también	yo mismo	estaba	presente	y	aprobando
3588	3144	4675	2532	846	2252	2186	2532	4909
DGSM	NGSM	RP2GS	CLN, B	RP3NSMP	VIMI1S	VRAP-SNM	CLN	VPAP-SNM

καὶ	φυλάσσων	τὰ	ἱμάτια	τῶν	ἀναιρούντων	αὐτόν.	21 καὶ	εἶπεν
y	guardando	los	mantos	de los que	están matando	a él.	Y	dijo
2532	5442	3588	2440	3588	337	846	2532	2036
CLN	VPAP-SNM	DAPN	NAPN	DGPM	VPAP-PGM	RP3ASM	CLN	VAAI3S

πρός	με·	Πορεύου,	ὅτι	ἐγὼ	εἰς	ἔθνη	μακρὰν	ἐξαποστελῶ
a	mí:	Ve,	que	yo	a$_4$	(los) gentiles$_5$	lejos$_3$	enviaré$_1$
4314	3165	4198	3754	1473	1519	1484	3112	1821
P	RP1AS	VPUM2S	CAZ	RP1NS	P	NAPN	B, J	VFAI1S

σε.	22 Ἤκουον	δὲ	αὐτοῦ	ἄχρι	τούτου	τοῦ	λόγου	καὶ	ἐπῆραν	τὴν
a ti$_2$	oían$_2$	Y$_1$	a él	hasta	esta	--	palabra	y	levantaron	la
4571	191	1161	846	891	5127	3588	3056	2532	1869	3588
RP2AS	VIAI3P	CLN	RP3GSM	P	RD-GSM	DGSM	NGSM	CLN	VAAI3P	DASF

φωνὴν	αὐτῶν	λέγοντες·	Αἶρε	ἀπὸ	τῆς	γῆς	τὸν	τοιοῦτον,	οὐ	γὰρ
voz	de ellos	diciendo:	¡Quita	de	la	tierra	a --	tal (hombre),	no$_2$	porque$_1$
5456	846	3004	142	575	3588	1093	3588	5108	3756	1063
NASF	RP3GPM	VPAP-PNM	VPAM2S	P	DGSF	NGSF	DASM	RD-ASM	BN, TN	CAZ

καθῆκεν	αὐτὸν	ζῆν.	23 κραυγαζόντων	τε	αὐτῶν	καὶ	ῥιπτούντων
era conveniente	a él	vivir!	gritando$_2$	Y$_1$	ellos	y	arrojando
2520	846	2198	2905	5037	846	2532	4495
VIAI3S	RP3ASM	VPAN	VPAP-PGM	CLN	RP3GPM	CLN	VPAP-PGM

τὰ	ἱμάτια	καὶ	κονιορτὸν	βαλλόντων	εἰς	τὸν	ἀέρα,	24 ἐκέλευσεν
los	mantos	y	polvo$_2$	echando$_1$	a	el	aire,	mandó$_3$
3588	2440	2532	2868	906	1519	3588	109	2753
DAPN	NAPN	CLN	NASM	VPAP-PGM	P	DASM	NASM	VAAI3S

ὁ	χιλίαρχος	εἰσάγεσθαι	αὐτὸν	εἰς	τὴν	παρεμβολήν,	εἴπας
el$_1$	jefe militar$_2$	ser introducido	a él	a	el	campamento,	habiendo dicho
3588	5506	1521	846	1519	3588	3925	3004
DNSM	NNSM	VPPN	RP3ASM	P	DASF	NASF	VAAP-SNM

μάστιξιν	ἀνετάζεσθαι	αὐτὸν	ἵνα	ἐπιγνῷ	δι'	ἣν	αἰτίαν	οὕτως
(con) azotes$_3$	ser interrogado$_2$	a él$_1$	para que	supiera	por	qué	causa	así
3148	426	846	2443	1921	1223	3739	156	3779
NDPF	VPPN	RP3ASM	CAP	VAAS3S	P	RR-ASF	NASF	B

ἐπεφώνουν	αὐτῷ.	25 ὡς	δὲ	προέτειναν	αὐτὸν	τοῖς	ἱμᾶσιν	εἶπεν
gritaban (contra)	él.	cuando$_2$	Y$_1$	estiraron	a él	(con) las	correas,	dijo$_3$
2019	846	5613	1161	4385	846	3588	2438	2036
VIAI3P	RP3DSM	CAT	CLN	VAAI3P	RP3ASM	DDPM	NDPM	VAAI3S

NVI

de Jerusalén, porque no
aceptarán tu testimonio
acerca de mí". 19 "Señor
—le respondí—, ellos
saben que yo andaba de
sinagoga en sinagoga en-
carcelando y azotando
a los que creen en ti; 20 y,
cuando se derramaba
la sangre de tu testigo
Esteban, ahí estaba yo,
dando mi aprobación
y cuidando la ropa de
quienes lo mataban".
21 Pero el Señor me repli-
có: "Vete; yo te enviaré
lejos, a los gentiles"».

Pablo el ciudadano romano

22 La multitud estuvo
escuchando a Pablo
hasta que pronunció
esas palabras. Entonces
levantaron la voz y
gritaron: «¡Bórralo de
la tierra! ¡Ese tipo no
merece vivir!»
23 Como seguían gri-
tando, tirando sus man-
tos y arrojando polvo al
aire, 24 el comandante
ordenó que metieran
a Pablo en el cuartel.
Mandó que lo interro-
garan a latigazos con el
fin de averiguar por qué
gritaban así contra él.
25 Cuando lo estaban
sujetando con cadenas

RVR

dijo al centurión que
estaba presente: ¿Os es
lícito azotar a un ciuda-
dano romano sin haber
sido condenado?
26 Cuando el centurión
oyó esto, fue y dio aviso
al tribuno, diciendo:
¿Qué vas a hacer?
Porque este hombre es
ciudadano romano.
27 Vino el tribuno y le
dijo: Dime, ¿eres tú
ciudadano romano? Él
dijo: Sí.
28 Respondió el tribuno:
Yo con una gran suma
adquirí esta ciudadanía.
Entonces Pablo dijo:
Pues yo la tengo de
nacimiento.
29 Así que, en seguida se
apartaron de él los que
le iban a someter a tor-
mento; y aun el tribuno
tuvo miedo también, al
conocer que era ciuda-
dano romano, y que le
había tenido atado con
cadenas.

Pablo ante el sanedrín

30 Al día siguiente, que-
riendo averiguar de se-
guro la causa por la cual
le acusaban los judíos, lo
desató, y mandó venir a
los principales sacerdo-
tes y a todo el sanedrín,
y sacando a Pablo, le
presentó ante ellos.

πρὸς	τὸν	ἑστῶτα	ἑκατόνταρχον	ὁ	Παῦλος·	Εἰ	ἄνθρωπον
a$_4$	el$_5$	parado (allí):$_7$	centurión$_6$	--$_1$	Pablo$_2$	--	¿A una persona
4314	3588	2476	1543	3588	3972	1487	444
P	*DASM*	*VRAP-SAM*	*NASM*	*DNSM*	*NNSM*	*TI*	*NASM*

Ῥωμαῖον	καὶ	ἀκατάκριτον	ἔξεστιν	ὑμῖν	μαστίζειν;	26 ἀκούσας	δὲ
romana	y	sin proceso judicial	es permitido	a vosotros	azotar?	habiendo oído$_2$	Y$_1$
4514	2532	178	1832	5213	3147	191	1161
JASM	*CLN*	*JASM*	*VPAI3S*	*RP2DP*	*VPAN*	*VAAP-SNM*	*CLN*

ὁ	ἑκατοντάρχης	προσελθὼν	τῷ	χιλιάρχῳ	ἀπήγγειλεν	λέγων·	Τί
el	centurión	habiendo ido	al	jefe militar	informó	diciendo:	¿Qué
3588	1543	4334	3588	5506	518	3004	5101
DNSM	*NNSM*	*VAAP-SNM*	*DDSM*	*NDSM*	*VAAI3S*	*VPAP-SNM*	*RI-ASN*

μέλλεις	ποιεῖν;	ὁ	γὰρ	ἄνθρωπος	οὗτος	Ῥωμαῖός	ἐστιν.	27 προσελθὼν
vas a	hacer?	el$_2$	Porque$_1$	hombre	este	romano	es.	habiendo venido$_2$
3195	4160	3588	1063	444	3778	4514	2076	4334
VPAI2S	*VPAN*	*DNSM*	*CAZ*	*NNSM*	*RD-NSM*	*JNSM*	*VPAI3S*	*VAAP-SNM*

δὲ	ὁ	χιλίαρχος	εἶπεν	αὐτῷ·	Λέγε	μοι,	σὺ	Ῥωμαῖος	εἶ;	ὁ	δὲ
Y$_1$	el	jefe militar	dijo	a él:	Di	a mí,	¿tú	romano	eres?	él$_2$	Y$_1$
1161	3588	5506	2036	846	3004	3427	4771	4514	1487	3588	1161
CLN	*DNSM*	*NNSM*	*VAAI3S*	*RP3DSM*	*VPAM2S*	*RP1DS*	*RP2NS*	*JNSM*	*VPAI2S*	*DNSM*	*CLN*

ἔφη·	Ναί.	28 ἀπεκρίθη	δὲ	ὁ	χιλίαρχος·	Ἐγὼ	πολλοῦ	κεφαλαίου	τὴν
dijo:	Sí.	respondió:$_3$	Y$_1$	el$_2$	jefe militar$_3$	Yo	(con) mucha	suma de dinero	la$_2$
5346	3483	611	1161	3588	5506	1473	4183	2774	3588
VIAI3S	*I, T*	*VAPI3S, VAMI3S*	*CLN*	*DNSM*	*NNSM*	*RP1NS*	*JGSN*	*NGSN*	*DASF*

πολιτείαν	ταύτην	ἐκτησάμην.	ὁ	δὲ	Παῦλος	ἔφη·	Ἐγὼ	δὲ	καὶ
ciudadanía$_3$	esta.$_4$	adquirí$_1$	--$_6$	Y$_5$	Pablo$_7$	dijo:$_8$	yo$_{10}$	Pero$_9$	también
4174	3778	2932	3588	1161	3972	5346	1473	1161	2532
NASF	*RD-ASF*	*VAMI1S*	*DNSM*	*CLN*	*NNSM*	*VIAI3S*	*RP1NS*	*CLC*	*BE, TE*

γεγέννημαι.	29 εὐθέως	οὖν	ἀπέστησαν	ἀπ’	αὐτοῦ	οἱ	μέλλοντες
he nacido (así).	inmediatamente$_2$	Así que$_1$	se aparataron	de	él	los que	están yendo a
1080	2112	3767	868	575	846	3588	3195
VRPI1S	*B*	*CLI*	*VAAI3P*	*P*	*RP3GSM*	*DNPM*	*VPAP-PNM*

αὐτὸν	ἀνετάζειν·	καὶ	ὁ	χιλίαρχος	δὲ	ἐφοβήθη	ἐπιγνοὺς	ὅτι
a él,$_2$	interrogar$_1$	y	el	jefe militar	también	temió	habiendo sabido	que
846	426	2532	3588	5506	1161	5399	1921	3754
RP3ASM	*VPAN*	*BE, TE*	*DNSM*	*NNSM*	*CLN*	*VAPI3S*	*VAAP-SNM*	*CSC*

Ῥωμαῖός	ἐστιν	καὶ	ὅτι	αὐτὸν	ἦν	δεδεκώς.	30 Τῇ	δὲ	ἐπαύριον
romano	es	y	que	lo	había	encadenado.	al$_2$	Y$_1$	día siguiente
4514	2076	2532	3754	846	2258	1210	3588	1161	1887
JNSM	*VPAI3S*	*CLN*	*CSC*	*RP3ASM*	*VIAI3S*	*VRAP-SNM*	*DDSF*	*CLT*	*B*

βουλόμενος	γνῶναι	τὸ	ἀσφαλὲς	τὸ	τί	κατηγορεῖται	ὑπὸ	τῶν
deseando	conocer	--	(con) precisión	el	por qué	es acusado	por	los
1014	1097	3588	804	3588	5101	2723	5259	3588
VPUP-SNM	*VAAN*	*DASN*	*JASN*	*DASN*	*RI-ASN*	*VPPI3S*	*P*	*DGPM*

Ἰουδαίων	ἔλυσεν	⸀αὐτόν,	καὶ	ἐκέλευσεν	συνελθεῖν	τοὺς	ἀρχιερεῖς
judíos,	soltó	a él	y	mandó	reunir	a los	principales sacerdotes
2453	3089	846	2532	2753	4905	3588	749
JGPM	*VAAI3S*	*RP3ASM*	*CLN*	*VAAI3S*	*VAAN*	*DAPM*	*NAPM*

καὶ	πᾶν	τὸ	συνέδριον,	καὶ	καταγαγὼν	τὸν	Παῦλον	ἔστησεν	εἰς
y	a todo	el	Sanedrín,	y	habiendo hecho bajar	a --	Pablo	(lo) puso	ante
2532	3956	3588	4892	2532	2609	3588	3972	2476	1519
CLN	*JASN*	*DASN*	*NASN*	*CLN*	*VAAP-SNM*	*DASM*	*NASM*	*VAAI3S*	*P*

αὐτούς.
ellos.
846
RP3APM

NVI

para azotarlo, Pablo le
dijo al centurión que
estaba allí:
—¿Permite la ley que
ustedes azoten a un ciu-
dadano romano antes de
ser juzgado?
26 Al oír esto, el
centurión fue y avisó al
comandante.
—¿Qué va a hacer
usted? Resulta que ese
hombre es ciudadano
romano.
27 El comandante se
acercó a Pablo y le dijo:
—Dime, ¿eres ciuda-
dano romano?
—Sí, lo soy.
28 —A mí me costó
una fortuna adquirir mi
ciudadanía —le dijo el
comandante.
—Pues yo la tengo de
nacimiento —replicó
Pablo.
29 Los que iban a
interrogarlo se retiraron
en seguida. Al darse
cuenta de que Pablo era
ciudadano romano, el
comandante mismo
se asustó de haberlo
encadenado.

Pablo ante el Consejo

30 Al día siguiente,
como el comandante
quería saber con certeza
de qué acusaban los ju-
díos a Pablo, lo desató y
mandó que se reunieran
los jefes de los sacerdotes
y el Consejo en pleno.
Luego llevó a Pablo para
que compareciera ante
ellos.

22:30⸀ Manuscritos inferiores aumentaron *de las cadenas.*

RVR

23 Entonces
Pablo, miran-
do fijamente al sanedrín,
dijo: Varones hermanos,
yo con toda buena
conciencia me he com-
portado delante de Dios
hasta el día de hoy.
2 El sumo sacerdote
Ananías ordenó enton-
ces a los que estaban jun-
to a él, que le golpeasen
en la boca.
3 Entonces Pablo le dijo:
¡Dios te va a golpear a
ti, pared blanqueada!
¿Estás tú sentado para
juzgarme conforme a la
ley, y me mandas golpear
quebrantando la ley?
4 Los que estaban
presentes dijeron: ¿Al
sumo sacerdote de Dios
injurias?
5 Pablo dijo: No sabía,
hermanos, que era el
sumo sacerdote; pues es-
crito está: No injuriarás
al jefe de tu pueblo.
6 Entonces Pablo, dán-
dose cuenta de que una
parte eran saduceos, y
otra fariseos, alzó la voz
en el sanedrín: Varones
hermanos, yo soy
fariseo, hijo de fariseo;
se me juzga por esperar
la resurrección de los
muertos.
7 Cuando dijo esto, se

23 ἀτενίσας	δὲ	ὁ	Παῦλος	τῷ	συνεδρίῳ	εἶπεν·
habiendo mirado fijamente$_2$	Y$_1$	--	Pablo$_3$	al$_5$	Sanedrín:$_6$	dijo$_4$
816	1161	3588	3972	3588	4892	2036
VAAP-SNM	CLN	DNSM	NNSM	DDSN	NDSN	VAAI3S

Ἄνδρες	ἀδελφοί,	ἐγὼ	πάσῃ	συνειδήσει	ἀγαθῇ	πεπολίτευμαι	τῷ
Varones	hermanos,	yo	(con) toda	conciencia$_2$	buena$_1$	me he conducido	para --
435	80	1473	3956	4893	18	4176	3588
NVPM	NVPM	RP1NS	JDSF	NDSF	JDSF	VRMI1S, VRPI1S	DDSM

θεῷ	ἄχρι	ταύτης	τῆς	ἡμέρας.	2 ὁ	δὲ	ἀρχιερεὺς	Ἁνανίας	ἐπέταξεν
Dios	hasta	este	--	día.	el$_2$	Y$_1$	sumo sacerdote	Ananías	ordenó
2316	891	3778	3588	2250	3588	1161	749	367	2004
NDSM	P	RD-GSF	DGSF	NGSF	DNSM	CLN	NNSM	NNSM	VAAI3S

τοῖς	παρεστῶσιν	αὐτῷ	τύπτειν	αὐτοῦ	τὸ	στόμα.	3 τότε	ὁ	Παῦλος
a los	presentes junto	a él	golpear	de él.$_3$	la$_1$	boca$_2$	Entonces	--	Pablo
3588	3936	846	5180	846	3588	4750	5119	3588	3972
DDPM	VRAP-PDM	RP3DSM	VPAN	RP3GSM	DASN	NASN	B	DNSM	NNSM

πρὸς	αὐτὸν	εἶπεν·	Τύπτειν	σε	μέλλει	ὁ	θεός,	τοῖχε	κεκονιαμένε·
a$_2$	él:$_3$	dijo$_1$	a golpear$_4$	a ti,$_5$	va$_3$	--$_1$	Dios$_2$	pared	blanqueada;
4314	846	2036	5180	4571	3195	3588	2316	5109	2867
P	RP3ASM	VAAI3S	VPAN	RP2AS	VPAI3S	DNSM	NNSM	NVSM	VRPP-SVM

καὶ	σὺ	κάθῃ	κρίνων	με	κατὰ	τὸν	νόμον,	καὶ	παρανομῶν
¿y	tú	estás sentado	juzgando	a mí	según	la	ley	y	quebrando la ley
2532	4771	2521	2919	3165	2596	3588	3551	2532	3891
CLN, B	RP2NS	VPUI2S	VPAP-SNM	RP1AS	P	DASM	NASM	CLC	VPAP-SNM

κελεύεις	με	τύπτεσθαι;	4 οἱ	δὲ	παρεστῶτες	εἶπαν·	Τὸν	ἀρχιερέα
ordenas	a mí	ser golpeado?	los$_2$	Y$_1$	presentes	dijeron:	¿Al	sumo sacerdote
2753	3165	5180	3588	1161	3936	3004	3588	749
VPAI2S	RP1AS	VPPN	DNPM	CLN	VRAP-PNM	VAAI3P	DASM	NASM

τοῦ	θεοῦ	λοιδορεῖς;	5 ἔφη	τε	ὁ	Παῦλος·	Οὐκ	ᾔδειν,	ἀδελφοί,	ὅτι
de --	Dios	insultas?	dijo:$_4$	Y$_1$	--$_2$	Pablo$_3$	No	sabía,	hermanos,	que
3588	2316	3058	5346	5037	3588	3972	3756	1492	80	3754
DGSM	NGSM	VPAI2S	VIAI3S	CLN	DNSM	NNSM	BN, TN	VLAI1S	NVPM	CSC

ἐστὶν	ἀρχιερεύς·	γέγραπται	γὰρ	ὅτι	Ἄρχοντα	τοῦ	λαοῦ	σου	οὐκ
es	sumo sacerdote;	ha sido escrito:$_2$	porque$_1$	que$_3$	al jefe$_7$	del$_8$	pueblo$_9$	de ti.$_{10}$	No$_4$
2076	749	1125	1063	3754	758	3588	2992	4675	3756
VPAI3S	NNSM	VRPI3S	CAZ	CSC	NASM	DGSM	NGSM	RP2GS	BN, TN

ἐρεῖς	κακῶς.
hablarás$_5$	mal$_6$
2046	2560
VFAI2S	B

6 Γνοὺς	δὲ	ὁ	Παῦλος	ὅτι	τὸ	ἓν	μέρος	ἐστὶν
habiendo conocido$_2$	Y$_1$	--	Pablo	que	--	una	parte	es
1097	1161	3588	3972	3754	3588	1520	3313	2076
VAAP-SNM	CLN	DNSM	NNSM	CSC	DNSN	JNSN	NNSN	VPAI3S

Σαδδουκαίων	τὸ	δὲ	ἕτερον	Φαρισαίων	ἔκραζεν	ἐν	τῷ	συνεδρίῳ·
de saduceos	la$_2$	y$_1$	otra	de fariseos	gritaba	en	el	Sanedrín:
4523	3588	1161	2087	5330	2896	1722	3588	4892
NGPM	DNSN	CLN	JNSN	NGPM	VIAI3S	P	DDSN	NDSN

Ἄνδρες	ἀδελφοί,	ἐγὼ	Φαρισαῖός	εἰμι,	υἱὸς	Φαρισαίων·	περὶ
Varones	hermanos,	yo	fariseo,$_2$	soy$_1$	hijo	de fariseo;	acerca de
435	80	1473	5330	1510	5207	5330	4012
NVPM	NVPM	RP1NS	NNSM	VPAI1S	NNSM	NGPM	P

ἐλπίδος	καὶ	ἀναστάσεως	νεκρῶν	ἐγὼ	κρίνομαι.	7 τοῦτο	δὲ	αὐτοῦ
(la) esperanza	y	(la) resurrección	(de los) muertos,	yo	soy juzgado.	esto$_2$	Y$_1$	él
1680	2532	386	3498	1473	2919	5124	1161	846
NGSF	CLN	NGSF	JGPM	RP1NS	VPPI1S	RD-ASN	CLN	RP3GSM

NVI

23 Pablo se quedó
mirando
fijamente al Consejo
y dijo:
—Hermanos, hasta
hoy yo he actuado de-
lante de Dios con toda
buena conciencia.
2 Ante esto, el sumo
sacerdote Ananías
ordenó a los que estaban
cerca de Pablo que lo
golpearan en la boca.
3 —¡Hipócrita, a
usted también lo va
a golpear Dios! —
reaccionó Pablo—.
¡Ahí está sentado para
juzgarme según la ley!,
¿y usted mismo viola la
ley al mandar que me
golpeen?
4 Los que esta-
ban junto a Pablo le
interpelaron:
—¿Cómo te atreves
a insultar al sumo sacer-
dote de Dios?
5 —Hermanos, no me
había dado cuenta de
que es el sumo sacerdote
—respondió Pablo—;
de hecho está escrito:
"No hables mal del jefe
de tu pueblo".
6 Pablo, sabiendo
que unos de ellos eran
saduceos y los demás
fariseos, exclamó en el
Consejo:
—Hermanos, yo soy
fariseo de pura cepa. Me
están juzgando porque
he puesto mi esperanza
en la resurrección de los
muertos.
7 Apenas dijo esto,

RVR

produjo un altercado
entre los fariseos y los
saduceos, y la asamblea
se dividió.
8 Porque los saduceos
dicen que no hay
resurrección, ni ángel,
ni espíritu; pero los
fariseos afirman todas
estas cosas.
9 Y hubo un gran
vocerío; y levantán-
dose los escribas de la
parte de los fariseos, se
oponían enérgicamen-
te, diciendo: Ningún
mal hallamos en este
hombre; ¿qué, si un
espíritu le ha hablado, o
un ángel? ¡No luchemos
contra Dios!
10 Y al ir en aumento el
altercado, el tribuno,
teniendo temor de que
Pablo fuese despeda-
zado por ellos, mandó
que bajase la tropa para
sacarle de en medio
de ellos, y llevarle a la
fortaleza.
11 A la noche siguiente
se le presentó el Señor
y le dijo: Ten ánimo,
Pablo, pues como
has testificado de mí
en Jerusalén, así es
necesario que testifiques
también en Roma.

λαλοῦντος	ἐγένετο	στάσις	τῶν	Φαρισαίων	καὶ	Σαδδουκαίων,
habiendo dicho	sucedió	una discordia	de los	fariseos	y	saduceos
2980	1096	4714	3588	5330	2532	4523
VPAP-SGM	*VAMI3S*	*NNSF*	*DGPM*	*NGPM*	*CLN*	*NGPM*

καὶ	ἐσχίσθη	τὸ	πλῆθος.	8 Σαδδουκαῖοι	μὲν	γὰρ	λέγουσιν	μὴ
y	se dividió.$_3$	la$_1$	multitud$_2$	(los) saduceos$_3$	por un lado$_2$	Porque$_1$	dicen	no
2532	4977	3588	4128	4523	3303	1063	3004	3361
CLN	*VAPI3S*	*DNSN*	*NNSN*	*NNPM*	*TK, C*	*CLX*	*VPAI3P*	*BN, TN*

εἶναι	ἀνάστασιν	μήτε	ἄγγελον	μήτε	πνεῦμα,	Φαρισαῖοι	δὲ
habar	resurrección	ni	ángel	ni	espíritu,	(los) fariseos$_2$	y por otro lado$_1$
1511	386	3383	32	3383	4151	5330	1161
VPAN	*NASF*	*TN, CLD*	*NASM*	*TN, CLD*	*NASN*	*NNPM*	*CLK, CLC*

ὁμολογοῦσιν	τὰ	ἀμφότερα.	9 ἐγένετο	δὲ	κραυγὴ	μεγάλη,	καὶ
profesan	--	ambas cosas.	hubo$_2$	Y$_1$	un clamor	grande,	y
3670	3588	297	1096	1161	2906	3173	2532
VPAI3P	*DAPN*	*JAPN*	*VAMI3S*	*CLN*	*NNSF*	*JNSF*	*CLN*

ἀναστάντες	τινὲς	τῶν	γραμματέων	τοῦ	μέρους	τῶν	Φαρισαίων
habiéndose levantado	algunos	de los	escribas	de la	parte	de los	fariseos
450	5100	3588	1122	3588	3313	3588	5330
VAAP-PNM	*RX-NPM*	*DGPM*	*NGPM*	*DGSN*	*NGSN*	*DGPM*	*NGPM*

διεμάχοντο	λέγοντες·	Οὐδὲν	κακὸν	εὑρίσκομεν	ἐν	τῷ
protestaban enérgicamente	diciendo:	Ningún	mal	encontramos	en	el
1264	3004	3762	2556	2147	1722	3588
VIUI3P	*VPAP-PNM*	*JASN*	*JASN*	*VPAI1P*	*P*	*DDSM*

ἀνθρώπῳ	τούτῳ·	εἰ	δὲ	πνεῦμα	ἐλάλησεν	αὐτῷ	ἢ	ἄγγελος—
hombre	este;	¿si$_2$	y,$_1$	un espíritu	habló	a él	o	un ángel?
444	5129	1487	1161	4151	2980	846	2228	32
NDSM	*RD-DSM*	*CAC*	*CLN*	*NNSN*	*VAAI3S*	*RP3DSM*	*CLD*	*NNSM*

10 πολλῆς	δὲ	γινομένης	στάσεως	φοβηθεὶς	ὁ	χιλίαρχος	μὴ
mucha$_3$	Y$_1$	habiendo$_2$	discordia	habiendo temido	el	jefe militar	no (sea que)
4183	1161	1096	4714	5399	3588	5506	3361
JGSF	*CLN*	*VPUP-SGF*	*NGSF*	*VAPP-SNM*	*DNSM*	*NNSM*	*CSC, T*

διασπασθῇ	ὁ	Παῦλος	ὑπ'	αὐτῶν	ἐκέλευσεν	τὸ	στράτευμα
fuera despedazado$_3$	--$_1$	Pablo$_2$	por	ellos,	mandó	al	ejército
1288	3588	3972	5259	846	2753	3588	4753
VAPS3S	*DNSM*	*NNSM*	*P*	*RP3GPM*	*VAAI3S*	*DASN*	*NASN*

καταβὰν	ἁρπάσαι	αὐτὸν	ἐκ	μέσου	αὐτῶν,	ἄγειν	τε	εἰς	τὴν
habiendo bajado	arrebatar	a él	de	en medio	de ellos	llevar(lo)$_2$	y$_1$	a	el
2597	726	846	1537	3319	846	71	5037	1519	3588
VAAP-SAN	*VAAN*	*RP3ASM*	*P*	*JGSN*	*RP3GPM*	*VPAN*	*CLN*	*P*	*DASF*

παρεμβολήν.
campamento.
3925
NASF

11 Τῇ	δὲ	ἐπιούσῃ	νυκτὶ	ἐπιστὰς	αὐτῷ	ὁ	κύριος	εἶπεν·
a la$_2$	Y$_1$	siguiente	noche	habiendo aparecido	a él	el	Señor	dijo:
3588	1161	1966	3571	2186	846	3588	2962	2036
DDSF	*CLT*	*VPAP-SDF*	*NDSF*	*VAAP-SNM*	*RP3DSM*	*DNSM*	*NNSM*	*VAAI3S*

Θάρσει,	ὡς	γὰρ	διεμαρτύρω	τὰ	περὶ	ἐμοῦ	εἰς	Ἰερουσαλὴμ
Ten valor	como$_2$	porque$_1$	testificaste	las cosas	acerca de	mí	en	Jerusalén,
2293	5613	1063	1263	3588	4012	1700	1519	2419
VPAM2S	*CAM*	*CAZ*	*VAMI2S*	*DAPN*	*P*	*RP1GS*	*P*	*NASF, XP*

οὕτω	σε	δεῖ	καὶ	εἰς	Ῥώμην	μαρτυρῆσαι.
así	te	es necesario	también	en$_2$	Roma.$_3$	testificar$_1$
3779	4571	1163	2532	1519	4516	3140
B	*RP2AS*	*VPAI3S*	*BE, TE*	*P*	*NASF*	*VAAN*

NVI

surgió un altercado
entre los fariseos y los
saduceos, y la asamblea
quedó dividida. 8 (Los
saduceos sostienen que
no hay resurrección,
ni ángeles ni espíritus;
los fariseos, en cambio,
reconocen todo esto).
9 Se produjo un gran
alboroto, y algunos de
los maestros de la ley que
eran fariseos se pusieron
de pie y protestaron.
«No encontramos
ningún delito en este
hombre —dijeron—.
¿Acaso no podría haber-
le hablado un espíritu o
un ángel?» 10 Se tornó
tan violento el altercado
que el comandante tuvo
miedo de que hicieran
pedazos a Pablo. Así que
ordenó a los soldados
que bajaran para sacarlo
de allí por la fuerza y
llevárselo al cuartel.
11 A la noche siguien-
te el Señor se apareció
a Pablo, y le dijo:
«¡Ánimo! Así como
has dado testimonio de
mí en Jerusalén, es nece-
sario que lo des también
en Roma».

RVR

Complot contra Pablo

12 Cuando se hizo de
día, algunos de los ju-
díos tramaron un com-
plot y se comprome-
tieron bajo juramento
solemne, diciendo que
no comerían ni bebe-
rían hasta que hubiesen
dado muerte a Pablo.
13 Eran más de cuarenta
los que habían hecho
esta conjuración,
14 los cuales fueron a los
principales sacerdotes y
a los ancianos y dijeron:
Nosotros nos hemos
comprometido bajo ju-
ramento solemne, a no
gustar nada hasta que
hayamos dado muerte
a Pablo.
15 Ahora pues, voso-
tros, con el sanedrín,
requerid al tribuno que
le traiga mañana ante
vosotros, como que
queréis indagar alguna
cosa más minuciosa-
mente acerca de él; y
nosotros estaremos
listos para matarle antes
que llegue.
16 Mas el hijo de la her-
mana de Pablo, oyendo
hablar de la emboscada,
fue y entró en la fortale-
za, y dio aviso a Pablo.
17 Pablo, llamando a
uno de los centuriones,
dijo: Lleva a este joven
ante el tribuno, porque

12 Γενομένης	δὲ	ἡμέρας	ποιήσαντες	συστροφὴν	οἱ	Ἰουδαῖοι
habiendo sido$_2$	Y$_1$	de día	habiendo hecho	una conspiración	los	judíos
1096	1161	2250	4160	4963	3588	2453
VAMP-SGF	CLT	NGSF	VAAP-PNM	NASF	DNPM	JNPM

ἀνεθεμάτισαν	ἑαυτοὺς	λέγοντες	μήτε	φαγεῖν	μήτε	πιεῖν	ἕως
juraron	a sí mismos	diciendo	ni	comer	ni	beber	hasta
332	1438	3004	3383	5315	3383	4095	2193
VAAI3P	RF3APM	VPAP-PNM	CLK, TN	VAAN	CLK, TN	VAAN	P, C

οὗ	ἀποκτείνωσιν	τὸν	Παῦλον.	13 ἦσαν	δὲ	πλείους	τεσσεράκοντα
que	mataran	a --	Pablo.	eran$_2$	Y$_1$	más	(de) cuarenta
3739	615	3588	3972	2258	1161	4119	5062
RR-GSM	VPAS3P	DASM	NASM	VIAI3P	CLN	JNPMC	XN, J

οἱ	ταύτην	τὴν	συνωμοσίαν	ποιησάμενοι·	14 οἵτινες	προσελθόντες
los que	esta$_2$	--	conspiración,$_3$	habiendo hecho$_1$	los cuales	habiendo ido
3588	3778	3588	4945	4160	3748	4334
DNPM	RD-ASF	DASF	NASF	VAMP-PNM	RR-NPM	VAAP-PNM

τοῖς	ἀρχιερεῦσιν	καὶ	τοῖς	πρεσβυτέροις	εἶπαν·	Ἀναθέματι
a los	principales sacerdotes	y	a los	ancianos	dijeron:	Con maldición
3588	749	2532	3588	4245	3004	331
DDPM	NDPM	CLN	DDPM	JDPM	VAAI3P	NDSN

ἀνεθεματίσαμεν	ἑαυτοὺς	μηδενὸς	γεύσασθαι	ἕως	οὗ
juramos	a nosotros mismos	de nada	probar	hasta	que
332	1438	3367	1089	2193	3739
VAAI1P	RF1APM	JGSN	VAMN	P, C	RR-GSM

ἀποκτείνωμεν	τὸν	Παῦλον.	15 νῦν	οὖν	ὑμεῖς	ἐμφανίσατε	τῷ
matáramos	a --	Pablo.	ahora$_2$	Así que$_1$	vosotros	manifestad	al
615	3588	3972	3568	3767	5210	1718	3588
VPAS1P	DASM	NASM	B	CLI	RP2NP	VAAM2P	DDSM

χιλιάρχῳ	σὺν	τῷ	συνεδρίῳ	ὅπως	καταγάγῃ	αὐτὸν	εἰς	ὑμᾶς	ὡς
jefe militar	con	el	Sanedrín	que	haga bajar	a él	a	vosotros	como
5506	4862	3588	4892	3704	2609	846	1519	5209	5613
NDSM	P	DDSN	NDSN	CSC	VAAS3S	RP3ASM	P	RP2AP	CAM

μέλλοντας	διαγινώσκειν	ἀκριβέστερον	τὰ	περὶ	αὐτοῦ·	ἡμεῖς	δὲ
yendo (vosotros)	a examinar	con precisión	las cosas	acerca de	él;	nosotros$_2$	y$_1$
3195	1231	199	3588	4012	846	2249	1161
VPAP-PAM	VPAN	B, J	DAPN	P	RP3GSM	RP1NP	CLN

πρὸ	τοῦ	ἐγγίσαι	αὐτὸν	ἕτοιμοί	ἐσμεν	τοῦ	ἀνελεῖν	αὐτόν.
antes de	--	acercarse	él	preparados	estamos	--	para matar	a él.
4253	3588	1448	846	2092	2070	3588	337	846
P	DGSN, DGSM	VAAN	RP3ASM	JNPM	VPAI1P	DGSN, DGSM	VAAN	RP3ASM

16 Ἀκούσας	δὲ	ὁ	υἱὸς	τῆς	ἀδελφῆς	Παύλου	τὴν	ἐνέδραν
habiendo oído$_2$	Y$_1$	el	hijo	de la	hermana	de Pablo	la	emboscada,
191	1161	3588	5207	3588	79	3972	3588	1747
VAAP-SNM	CLN	DNSM	NNSM	DGSF	NGSF	NGSM	DASF	NASF

παραγενόμενος	καὶ	εἰσελθὼν	εἰς	τὴν	παρεμβολὴν	ἀπήγγειλεν
habiendo llegado	y	habiendo entrado	en	el	campamento	informó
3854	2532	1525	1519	3588	3925	518
VAMP-SNM	CLN	VAAP-SNM	P	DASF	NASF	VAAI3S

τῷ	Παύλῳ.	17 προσκαλεσάμενος	δὲ	ὁ	Παῦλος	ἕνα	τῶν
a --	Pablo.	habiendo llamado$_2$	Y$_1$	--	Pablo	a uno	de los
3588	3972	4341	1161	3588	3972	1520	3588
DDSM	NDSM	VAMP-SNM	CLN	DNSM	NNSM	JASM	DGPM

ἑκατονταρχῶν	ἔφη·	Τὸν	νεανίαν	τοῦτον	ἄπαγε	πρὸς	τὸν	χιλίαρχον,
centuriones	dijo:	Al	joven	este	lleva	a	el	jefe militar
1543	5346	3588	3494	5126	520	4314	3588	5506
NGPM	VIAI3S	DASM	NASM	RD-ASM	VAAM2S	P	DASM	NASM

NVI

Conspiración para matar a Pablo

12 Muy de mañana
los judíos tramaron una
conspiración y juraron
bajo maldición no co-
mer ni beber hasta que
lograran matar a Pablo.
13 Más de cuarenta hom-
bres estaban implicados
en esta conspiración.
14 Se presentaron ante
los jefes de los sacerdotes
y los ancianos, y les
dijeron:
—Nosotros hemos
jurado bajo maldición
no comer nada hasta
que logremos matar a
Pablo. 15 Ahora, con el
respaldo del Consejo,
pídanle al comandante
que haga comparecer
al reo ante ustedes, con
el pretexto de obtener
información más precisa
sobre su caso. Nosotros
estaremos listos para
matarlo en el camino.
16 Pero, cuando el
hijo de la hermana de
Pablo se enteró de esta
emboscada, entró en el
cuartel y avisó a Pablo.
17 Este llamó entonces a
uno de los centuriones y
le pidió:
—Lleve a este joven
al comandante, porque

RVR

tiene cierto aviso que
darle.
18 Él entonces, tomán-
dole, le llevó al tribuno,
y dijo: El preso Pablo
me llamó y me rogó
que trajese ante ti a este
joven, que tiene algo
que hablarte.
19 El tribuno, tomándo-
le de la mano y lleván-
dole aparte, le pregun-
tó: ¿Qué es lo que tienes
que comunicarme?
20 Él le dijo: Los judíos
han convenido en ro-
garte que mañana lleves
a Pablo ante el sanedrín,
como que van a inquirir
alguna cosa más minu-
ciosa acerca de él.
21 Pero tú no les creas;
porque más de cuarenta
hombres de ellos le ace-
chan, los cuales se han
comprometido bajo
juramento solemne,
a no comer ni beber
hasta que le hayan dado
muerte; y ahora están
listos aguardando el
cumplimiento de tu
promesa.
22 Entonces el tribuno
despidió al joven, man-
dándole que a nadie in-
formase de que le había
dado aviso de esto.

ἔχει	γὰρ	ἀπαγγεῖλαί	τι	αὐτῷ.	18 ὁ	μὲν	οὖν	παραλαβὼν
tiene$_2$	porque$_1$	para informar$_4$	algo$_3$	a él.	Él,	--	entonces,	habiendo tomado consigo
2192	1063	518	5100	846	3588	3303	3767	3880
VPAI3S	CAZ	VAAN	RX-ASN	RP3DSM	DNSM	TE	CLI	VAAP-SNM

αὐτὸν	ἤγαγεν	πρὸς	τὸν	χιλίαρχον	καὶ	φησίν·	Ὁ	δέσμιος	Παῦλος
a él	(lo) llevó	a	el	jefe militar	y	dice:	El	prisionero	Pablo
846	71	4314	3588	5506	2532	5346	3588	1198	3972
RP3ASM	VAAI3S	P	DASM	NASM	CLN	VPAI3S	DNSM	NNSM	NNSM

προσκαλεσάμενός	με	ἠρώτησεν	τοῦτον	τὸν	νεανίαν	ἀγαγεῖν	πρὸς
habiendo llamado	a mí	pidió	a este	--	joven	traer	a
4341	3165	2065	5126	3588	3495	71	4314
VAMP-SNM	RP1AS	VAAI3S	RD-ASM	DASM	NASM	VAAN	P

σέ,	ἔχοντά	τι	λαλῆσαί	σοι.	19 ἐπιλαβόμενος	δὲ	τῆς	χειρὸς	αὐτοῦ
ti,	teniendo	algo	para hablar	a ti.	habiéndo(lo) tomado$_2$	Y$_1$	de la	mano	de él
4571	2192	5100	2980	4671	1949	1161	3588	5495	846
RP2AS	VPAP-SAM	RX-ASN	VAAN	RP2DS	VAMP-SNM	CLN	DGSF	NGSF	RP3GSM

ὁ	χιλίαρχος	καὶ	ἀναχωρήσας	κατ’	ἰδίαν	ἐπυνθάνετο·	Τί	ἐστιν
el	jefe militar	y	habiéndo(se) retirado	en	privado	preguntaba:	¿Qué	es
3588	5506	2532	402	2596	2398	4441	5101	2076
DNSM	NNSM	CLN	VAAP-SNM	P	JASF	VIUI3S	RI-NSN	VPAI3S

ὃ	ἔχεις	ἀπαγγεῖλαί	μοι;	20 εἶπεν	δὲ	ὅτι	Οἱ	Ἰουδαῖοι	συνέθεντο
lo que	tienes	para informar	a mí?	dijo$_2$	Y$_1$	que:	Los	judíos	acordaron
3739	2192	518	3427	2036	1161	3754	3588	2453	4934
RR-ASN	VPAI2S	VAAN	RP1DS	VAAI3S	CLN	CSC	DNPM	JNPM	VAMI3P

τοῦ	ἐρωτῆσαί	σε	ὅπως	αὔριον	τὸν	Παῦλον	καταγάγῃς	εἰς	τὸ
--	solicitar	a ti	para que	mañana	a --$_2$	Pablo$_3$	bajaras$_1$	a	el
3588	2065	4571	3704	839	3588	3972	2609	1519	3588
DGSN, DGSM	VAAN	RP2AS	CSC	B	DASM	NASM	VAAS2S	P	DASN

συνέδριον	ὡς	μέλλον	τι	ἀκριβέστερον	πυνθάνεσθαι	περὶ	αὐτοῦ·
Sanedrín	como	yendo a	algo$_2$	con precisión$_3$	averiguar$_1$	acerca de	él.
4892	5613	3195	5100	199	4441	4012	846
NASN	CAM	VPAP-SAN	RX-ASN	B	VPUN	P	RP3GSM

21 σὺ	οὖν	μὴ	πεισθῇς	αὐτοῖς,	ἐνεδρεύουσιν	γὰρ	αὐτὸν	ἐξ
Tú	pues	no	fueras persuadido	(por) ellos;	están emboscados contra$_2$	porque$_1$	él$_3$	de entre$_7$
4771	3767	3361	3982	846	1748	1063	846	1537
RP2NS	CLI	BN, TN	VAPS2S	RP3DPM	VPAI3P	CAZ	RP3ASM	P

αὐτῶν	ἄνδρες	πλείους	τεσσεράκοντα,	οἵτινες	ἀνεθεμάτισαν	ἑαυτοὺς
ellos,$_8$	varones$_6$	más$_4$	(de) cuarenta$_5$	los cuales	juraron	a sí mismos
846	435	4119	5062	3748	332	1438
RP3GPM	NNPM	JNPMC	XN, J	RR-NPM	VAAI3P	RF3APM

μήτε	φαγεῖν	μήτε	πιεῖν	ἕως	οὗ	ἀνέλωσιν	αὐτόν,	καὶ	νῦν	εἰσιν
ni	comer	ni	beber	hasta	que	mataran	a él	y	ahora	están
3383	5315	3383	4095	2193	3739	337	846	2532	3568	1526
CLK, TN	VAAN	CLK, TN	VAAN	P, C	RR-GSM	VAAS3P	RP3ASM	CLN	B	VPAI3P

ἕτοιμοι	προσδεχόμενοι	τὴν	ἀπὸ	σοῦ	ἐπαγγελίαν.	22 ὁ	μὲν	οὖν
preparados	aguardando	la	de$_2$	ti.$_3$	promesa$_1$	el$_3$	--$_2$	Entonces$_1$
2092	4327	3588	575	4675	1860	3588	3303	3767
JNPM	VPUP-PNM	DASF	P	RP2GS	NASF	DNSM	TE, C	CLI

χιλίαρχος	ἀπέλυσε	τὸν	νεανίσκον	παραγγείλας	μηδενὶ	ἐκλαλῆσαι
jefe militar	despidió	al	joven	habiéndo(le) mandado	a nadie	contar
5506	630	3588	3495	3853	3367	1583
NNSM	VAAI3S	DASM	NASM	VAAP-SNM	JDSM	VAAN

ὅτι	ταῦτα	ἐνεφάνισας	πρὸς	ἐμέ.
que	estas cosas	manifestaste	a	mí.
3754	5023	1718	4314	3165
CSC	RD-APN	VAAI2S	P	RP1AS

NVI

tiene algo que decirle.
18 Así que el centurión
lo llevó al comandante,
y le dijo:
—El preso Pablo me
llamó y me pidió que
le trajera este joven,
porque tiene algo que
decirle.
19 El comandante
tomó de la mano al
joven, lo llevó aparte y le
preguntó:
—¿Qué quieres
decirme?
20 —Los judíos se
han puesto de acuerdo
para pedirle a usted que
mañana lleve a Pablo
ante el Consejo con
el pretexto de obtener
información más precisa
acerca de él. 21 No se deje
convencer, porque más
de cuarenta de ellos lo
esperan emboscados.
Han jurado bajo maldi-
ción no comer ni beber
hasta que hayan logrado
matarlo. Ya están listos;
solo aguardan a que
usted les conceda su
petición.
22 El comandante
despidió al joven con
esta advertencia:
—No le digas a nadie
que me has informado
de esto.

RVR

Pablo es enviado a Félix el gobernador

23 Y llamando a dos
centuriones, mandó
que prepararan para
la hora tercera de la
noche doscientos
soldados, setenta jinetes
y doscientos lanceros,
para que fuesen hasta
Cesarea;
24 y que preparasen tam-
bién cabalgaduras en las
que, montando a Pablo,
le llevasen en salvo a
Félix el gobernador.
25 Y escribió una carta
en estos términos:
26 Claudio Lisias al exce-
lentísimo gobernador
Félix: Salud.
27 A este hombre,
aprehendido por los
judíos, y al que iban
ellos a matar, lo libré yo
acudiendo con la tropa,
al enterarme de que era
ciudadano romano.
28 Y queriendo saber la
causa por qué le acusa-
ban, le llevé al sanedrín
de ellos;
29 y hallé que le acusa-
ban por cuestiones de
la ley de ellos, pero que
no tenía ningún delito
digno de muerte o de
prisión.

23 Καὶ	προσκαλεσάμενός	τινας	δύο	τῶν	ἑκατονταρχῶν	εἶπεν·
Y	habiendo llamado	--	a dos	de los	centuriones	dijo:
2532	4341	5100	1417	3588	1543	2036
CLN	VAMP-SNM	RX-APM	XN, J	DGPM	NGPM	VAAI3S

Ἑτοιμάσατε	στρατιώτας	διακοσίους	ὅπως	πορευθῶσιν	ἕως
Preparad	soldados$_2$	doscientos$_1$	para que	se fueran	hasta
2090	4757	1250	3704	4198	2193
VAAM2P	NAPM	JAPM	CAP	VAPS3P	P, C

Καισαρείας,	καὶ	ἱππεῖς	ἑβδομήκοντα	καὶ	δεξιολάβους	διακοσίους,
Cesarea,	y	jinetes$_2$	setenta$_1$	y$_3$	lanceros$_5$	doscientos$_4$
2542	2532	2460	1440	2532	1187	1250
NGSF	CLN	NAPM	XN, J	CLN	NAPM	JAPM

ἀπὸ	τρίτης	ὥρας	τῆς	νυκτός,	24 κτήνη	τε	παραστῆσαι	ἵνα
desde	(la) tercera	hora	de la	noche,	bestias de carga$_2$	y$_1$	para presentar	para que
575	5154	5610	3588	3571	2934	5037	3936	2443
P	JGSF	NGSF	DGSF	NGSF	NAPN	CLN	VAAN	CAP

ἐπιβιβάσαντες	τὸν	Παῦλον	διασώσωσι	πρὸς	Φήλικα	τὸν
habiendo montado (encima)	a --	Pablo	(lo) llevaran a salvo	ante	Félix	el
1913	3588	3972	1295	4314	5344	3588
VAAP-PNM	DASM	NASM	VAAS3P	P	NASM	DASM

ἡγεμόνα,	25 γράψας	ἐπιστολὴν	ἔχουσαν	τὸν	τύπον	τοῦτον·
gobernador,	habiendo escrito	una carta	teniendo	el	modelo	este:
2232	1125	1992	2192	3588	5179	5126
NASM	VAAP-SNM	NASF	VPAP-SAF	DASM	NASM	RD-ASM

26 Κλαύδιος	Λυσίας	τῷ	κρατίστῳ	ἡγεμόνι	Φήλικι	χαίρειν.	27 τὸν
Claudio	Lisias	al	excelentísimo	gobernador	Félix:	saludos.	Al
2804	3079	3588	2903	2232	5344	5463	3588
NNSM	NNSM	DDSM	JDSM	NDSM	NDSM	VPAN	DASM

ἄνδρα	τοῦτον	συλλημφθέντα	ὑπὸ	τῶν	Ἰουδαίων	καὶ	μέλλοντα
varón	este,	habiendo sido arrestado	por	los	judíos	y	estando a punto de
435	5126	4815	5259	3588	2453	2532	3195
NASM	RD-ASM	VAPP-SAM	P	DGPM	JGPM	CLN	VPAP-SAM

ἀναιρεῖσθαι	ὑπ’	αὐτῶν	ἐπιστὰς	σὺν	τῷ	στρατεύματι	ἐξειλάμην,
ser muerto	por	ellos,	habiéndome acercado	con	el	ejército	(lo) libré
337	5259	846	2186	4862	3588	4753	1807
VPPN	P	RP3GPM	VAAP-SNM	P	DDSN	NDSN	VAMI1S

μαθὼν	ὅτι	Ῥωμαῖός	ἐστιν,	28 βουλόμενός	τε	ἐπιγνῶναι	τὴν
habiendo aprendido	porque	romano	es.	deseando$_2$	Y$_1$	conocer	la
3129	3754	4514	2076	1014	5037	1921	3588
VAAP-SNM	CSC	JNSM	VPAI3S	VPUP-SNM	CLN	VAAN	DASF

αἰτίαν	δι’	ἣν	ἐνεκάλουν	αὐτῷ,	κατήγαγον	εἰς	τὸ	συνέδριον
causa	por	la cual	presentaban cargos contra	él	(lo) hice bajar	a	el	Sanedrín
156	1223	3739	1458	846	2609	1519	3588	4892
NASF	P	RR-ASF	VIAI3P	RP3DSM	VAAI1S	P	DASN	NASN

αὐτῶν.	29 ὃν	εὗρον	ἐγκαλούμενον	περὶ	ζητημάτων	τοῦ	νόμου
de ellos.	Al cual	encontré	siendo acusado	acerca de	cuestiones	de la	ley
846	3739	2147	1458	4012	2213	3588	3551
RP3GPM	RR-ASM	VAAI1S	VPPP-SAM	P	NGPN	DGSM	NGSM

αὐτῶν,	μηδὲν	δὲ	ἄξιον	θανάτου	ἢ	δεσμῶν	ἔχοντα	ἔγκλημα.
ellos,	ninguna$_2$	pero$_1$	digna$_5$	de muerte$_6$	o$_7$	de cadenas.$_8$	teniendo él$_4$	acusación$_3$
846	3367	1161	514	2288	2228	1199	2192	1462
RP3GPM	JASN	CLC	JASN	NGSM	CLD	NGPM	VPAP-SAM	NASN

NVI

Trasladan a Pablo a Cesarea

23 Entonces el co-
mandante llamó a dos
de sus centuriones y les
ordenó:
—Alisten un desta-
camento de doscientos
soldados de infantería,
setenta de caballería y
doscientos lanceros para
que vayan a Cesarea esta
noche a las nueve. 24 Y
preparen cabalgaduras
para llevar a Pablo sano
y salvo al gobernador
Félix.
25 Además, escribió una
carta en estos términos:

26 Claudio Lisias,

a su excelencia el go-
bernador Félix:

Saludos.

27 Los judíos prendie-
ron a este hombre
y estaban a punto
de matarlo, pero
yo llegué con
mis soldados y lo
rescaté, porque me
había enterado de
que es ciudadano
romano. 28 Yo
quería saber de qué
lo acusaban, así que
lo llevé al Consejo
judío. 29 Descubrí
que lo acusaban de
algunas cuestio-
nes de su ley, pero
no había contra
él cargo alguno
que mereciera la
muerte o la cárcel.

RVR

30 Pero al ser avisa-
do de que los judíos
habían preparado una
emboscada contra este
hombre, al punto le he
enviado a ti, intimando
también a los acusado-
res que presenten de-
lante de ti lo que tengan
contra él. Pásalo bien.
31 Y los soldados,
tomando a Pablo como
se les había ordenado,
le llevaron de noche a
Antípatris.
32 Y al día siguiente,
dejando que los jinetes
fuesen con él, volvieron
a la fortaleza.
33 Cuando aquéllos
llegaron a Cesarea, y
entregaron la carta al
gobernador, presenta-
ron también a Pablo
delante de él.
34 Y el gobernador, des-
pués de leer la carta, pre-
guntó de qué provincia
era; e informado de que
era de Cilicia,
35 le dijo: Te atenderé
cuando vengan tus
acusadores. Y mandó
que le custodiasen en el
pretorio de Herodes.

Defensa de Pablo ante Félix

24 Cinco días des-
pués, descen-
dió el sumo sacerdote

---

30 μηνυθείσης δέ μοι ἐπιβουλῆς εἰς τὸν ἄνδρα ἔσεσθαι
habiendo sido informado$_2$ Y$_1$ a mí una conspiración$_2$ contra$_3$ el$_4$ varón$_5$ haber$_1$
3377 1161 3427 1917 1519 3588 435 2071
VAPP-SGF CLN RP1DS NGSF P DASM NASM VFMN

ἐξαυτῆς ἔπεμψα πρὸς σέ, παραγγείλας καὶ τοῖς κατηγόροις
Inmediatamente envié a ti habiendo mandado también a los acusadores
1824 3992 4314 4571 3853 2532 3588 2725
B VAAI1S P RP2AS VAAP-SNM BE, TE DDPM NDPM

λέγειν πρὸς αὐτὸν ἐπὶ ⌈σοῦ.
decir las cosas contra él delante de ti.
3004 4314 846 1909 4675
VPAN P RP3ASM P RP2GS

31 Οἱ μὲν οὖν στρατιῶται κατὰ τὸ διατεταγμένον αὐτοῖς
los$_3$ --$_2$ Así que$_1$ soldados según lo ordenado a ellos
3588 3303 3767 4757 2596 3588 1299 846
DNPM TE, C CLI NNPM P DASN VRPP-SAN RP3DPM

ἀναλαβόντες τὸν Παῦλον ἤγαγον διὰ νυκτὸς εἰς τὴν Ἀντιπατρίδα·
habiendo tomando a -- Pablo (lo) llevaron por (la) noche a -- Antípatris,
353 3588 3972 71 1223 3571 1519 3588 494
VAAP-PNM DASM NASM VAAI3P P NGSF P DASF NASF

32 τῇ δὲ ἐπαύριον ἐάσαντες τοὺς ἱππεῖς ἀπέρχεσθαι σὺν
al$_2$ y$_1$ día siguiente habiendo permitido a los jinetes irse con
3588 1161 1887 1439 3588 2460 565 4862
DDSF CLN B VAAP-PNM DAPM NAPM VPUN P

αὐτῷ ὑπέστρεψαν εἰς τὴν παρεμβολήν· 33 οἵτινες εἰσελθόντες
él regresaron a el campamento; los cuales habiendo entrado
846 5290 1519 3588 3925 3748 1525
RP3DSM VAAI3P P DASF NASF RR-NPM VAAP-PNM

εἰς τὴν Καισάρειαν καὶ ἀναδόντες τὴν ἐπιστολὴν τῷ ἡγεμόνι
en -- Cesarea y habiendo entregado la carta al gobernador
1519 3588 2542 2532 325 3588 1992 3588 2232
P DASF NASF CLN VAAP-PNM DASF NASF DDSM NDSM

παρέστησαν καὶ τὸν Παῦλον αὐτῷ. 34 ἀναγνοὺς δὲ καὶ
presentaron también a -- Pablo a él. habiendo leído$_2$ Y$_1$ y
3936 2532 3588 3972 846 314 1161 2532
VAAI3P BE, TE DASM NASM RP3DSM VAAP-SNM CLN CLN

ἐπερωτήσας ἐκ ποίας ἐπαρχείας ἐστὶν καὶ πυθόμενος ὅτι
habiendo preguntado de qué provincia es, y habiendo averiguado que
1905 1537 4169 1885 2076 2532 4441 3754
VAAP-SNM P JGSF, RI-GSF NGSF VPAI3S CLN VAMP-SNM CSC

ἀπὸ Κιλικίας, 35 Διακούσομαί σου, ἔφη, ὅταν καὶ οἱ κατήγοροί
de Cilicia, oiré$_2$ a ti$_3$ Dijo$_1$ cuando también los acusadores
575 2791 1251 4675 5346 3752 2532 3588 2725
P NGSF VFMI1S RP2GS VIAI3S CAT BE, TE DNPM NNPM

σου παραγένωνται· κελεύσας ἐν τῷ πραιτωρίῳ τοῦ Ἡρῴδου
de ti llegaran; habiendo ordenado en$_3$ el$_4$ pretorio$_5$ de --$_6$ Herodes,$_7$
4675 3854 2753 1722 3588 4232 3588 2264
RP2GS VAMS3P VAAP-SNM P DDSN NDSN DGSM NGSM

φυλάσσεσθαι αὐτόν.
ser guardado$_1$ él$_2$
5442 846
VPPN, VPMN RP3ASM

24 Μετὰ δὲ πέντε ἡμέρας κατέβη ὁ ἀρχιερεὺς Ἁνανίας
después de$_2$ Y$_1$ cinco$_3$ días$_4$ bajó$_8$ el$_5$ sumo sacerdote$_6$ Ananías$_7$
3326 1161 4002 2250 2597 3588 749 367
P CLT XN, J NAPF VAAI3S DNSM NNSM NNSM

NVI

30 Cuando me
informaron que se
tramaba una cons-
piración contra
este hombre, decidí
enviarlo a usted en
seguida. También
les ordené a sus
acusadores que ex-
pongan delante de
usted los cargos que
tengan contra él.

31 Así que los solda-
dos, según se les había
ordenado, tomaron a
Pablo y lo llevaron de
noche hasta Antípatris.
32 Al día siguiente
dejaron que la caballería
siguiera con él mientras
ellos volvían al cuartel.
33 Cuando la caballería
llegó a Cesarea, le entre-
garon la carta al gober-
nador y le presentaron
también a Pablo. 34 Félix
leyó la carta y preguntó
de qué provincia era. Al
enterarse de que Pablo
era de Cilicia, 35 le dijo:
«Te daré audiencia
cuando lleguen tus
acusadores». Y ordenó
que lo dejaran bajo
custodia en el palacio de
Herodes.

El proceso ante Félix

24 Cinco días
después, el
sumo sacerdote Ananías
bajó a Cesarea con

23:30⌈ Manuscritos inferiores aumentaron *Pásalo bien.*

RVR

Ananías con algunos de
los ancianos y un cierto
orador llamado Tértulo,
y comparecieron ante
el gobernador contra
Pablo.
2 Y cuando éste fue lla-
mado, Tértulo comenzó
a acusarle, diciendo:
Como debido a ti
gozamos de gran paz,
y muchas reformas son
realizadas en beneficio
de esta nación por tu
prudencia,
3 oh excelentísimo Félix,
lo reconocemos en todo
tiempo y en todo lugar
con toda gratitud.
4 Pero por no moles-
tarte más largamente,
te ruego que nos oigas
brevemente conforme a
tu equidad.
5 Porque hemos hallado
que este hombre es una
plaga, y promotor de
sediciones entre todos
los judíos por todo el
mundo, y cabecilla de la
secta de los nazarenos.
6 Intentó también profa-
nar el templo; y después
de prenderle, quisimos
juzgarle conforme a
nuestra ley.
7 Pero se presentó el
tribuno Lisias, y con
gran violencia le quitó
de nuestras manos,
8 mandando a sus
acusadores que viniesen
a ti. Tú mismo, pues,
si le interrogas, podrás
informarte de todas
estas cosas de que le
acusamos.

μετὰ	πρεσβυτέρων	τινῶν	καὶ	ῥήτορος	Τερτύλλου	τινός,
con$_{9}$	ancianos$_{11}$	algunos$_{10}$	y$_{12}$	orador$_{14}$	Tértulo,$_{15}$	un cierto$_{13}$
3326	4245	5100	2532	4489	5061	5100
P	*JGPM*	*JGPM, RX-GPM*	*CLN*	*NGSM*	*NGSM*	*JGSM, RX-GSM*

οἵτινες	ἐνεφάνισαν	τῷ	ἡγεμόνι	κατὰ	τοῦ	Παύλου.	2 κληθέντος
los cuales	presentaron acusaciones	al	gobernador	contra	--	Pablo.	habiendo sido llamado$_{2}$
3748	1718	3588	2232	2596	3588	3972	2564
RR-NPM	*VAAI3P*	*DDSM*	*NDSM*	*P*	*DGSM*	*NGSM*	*VAPP-SGM*

δὲ	αὐτοῦ	ἤρξατο	κατηγορεῖν	ὁ	Τέρτυλλος	λέγων·	Πολλῆς
Y$_{1}$	él,$_{3}$	comenzó$_{6}$	a acusar$_{7}$	--$_{4}$	Tértulo$_{5}$	diciendo:$_{8}$	mucha$_{10}$
1161	846	756	2723	3588	5061	3004	4183
CLN	*RP3GSM*	*VAMI3S*	*VPAN*	*DNSM*	*NNSM*	*VPAP-SNM*	*JGSF*

εἰρήνης	τυγχάνοντες	διὰ	σοῦ	καὶ	διορθωμάτων	γινομένων	τῷ
paz$_{11}$	Obteniendo$_{9}$	por medio de	ti	y	(las) reformas	siendo hechas	al
1515	5177	1223	4675	2532	2735	1096	3588
NGSF	*VPAP-PNM*	*P*	*RP2GS*	*CLN*	*NGPN*	*VPUP-PGN*	*DDSN*

ἔθνει	τούτῳ	διὰ	τῆς	σῆς	προνοίας	3 πάντῃ	τε	καὶ
pueblo	este	por medio de	la	tuya,$_{2}$	provisión$_{1}$	de todos modos$_{2}$	y$_{1}$	y
1484	5129	1223	3588	4674	4307	3839	5037	2532
NDSN	*RD-DSN*	*P*	*DGSF*	*JGSF, RS2GSF*	*NGSF*	*B*	*CLK*	*CLK, CLN*

πανταχοῦ	ἀποδεχόμεθα,	κράτιστε	Φῆλιξ,	μετὰ	πάσης	εὐχαριστίας.
en todas partes	(lo) recibimos,	excelentísimo	Félix,	con	toda	acción de gracias.
3837	588	2903	5344	3326	3956	2169
B	*VPUI1P*	*JVSM*	*NVSM*	*P*	*JGSF*	*NGSF*

4 ἵνα	δὲ	μὴ	ἐπὶ	πλεῖόν	σε	ἐγκόπτω,	παρακαλῶ	ἀκοῦσαί
para que$_{2}$	Y$_{1}$	no	por	más (tiempo)	te	estorbe,	ruego	oír
2443	1161	3361	1909	4119	4571	1465	3870	191
CAP	*CLC*	*BN, TN*	*P*	*JASNC*	*RP2AS*	*VPAS1S*	*VPAI1S*	*VAAN*

σε	ἡμῶν	συντόμως	τῇ	σῇ	ἐπιεικείᾳ.	5 εὑρόντες	γὰρ
a ti	a nosotros	por breve tiempo	con la	tuya,$_{2}$	benevolencia$_{1}$	habiendo encontrado$_{2}$	porque$_{1}$
4571	2257	4935	3588	4674	1932	2147	1063
RP2AS	*RP1GP*	*B*	*DDSF*	*JDSF, RS2DSF*	*NDSF*	*VAAP-PNM*	*CLX*

τὸν	ἄνδρα	τοῦτον	λοιμὸν	καὶ	κινοῦντα	στάσεις	πᾶσι	τοῖς
al	varón	este	una peste	y	promoviendo	sediciones	entre todos	los
3588	435	5126	3061	2532	2795	4714	3956	3588
DASM	*NASM*	*RD-ASM*	*NASM, JASM*	*CLN*	*VPAP-SAM*	*NAPF*	*JDPM*	*DDPM*

Ἰουδαίοις	τοῖς	κατὰ	τὴν	οἰκουμένην	πρωτοστάτην	τε	τῆς	τῶν
judíos	los que están	por	la	tierra habitada	cabecilla$_{2}$	y$_{1}$	de la$_{3}$	de los$_{5}$
2453	3588	2596	3588	3625	4414	5037	3588	3588
JDPM	*DDPM*	*P*	*DASF*	*NASF*	*NASM*	*CLN*	*DGSF*	*DGPM*

Ναζωραίων	αἱρέσεως,	6 ὃς	καὶ	τὸ	ἱερὸν	ἐπείρασεν	βεβηλῶσαι,
nazarenos,$_{6}$	secta$_{4}$	el cual	también	el$_{2}$	templo$_{3}$	intentó$_{1}$	profanar,
3480	139	3739	2532	3588	2411	3985	953
NGPM	*NGSF*	*RR-NSM*	*CLA, B*	*DASN*	*NASN, JASN*	*VAAI3S, VIAI3S*	*VAAN*

ὃν	καὶ	⸀ἐκρατήσαμεν,	8 παρ᾿	οὗ	δυνήσῃ	αὐτὸς	ἀνακρίνας
al cual	también	retuvimos,	junto a	el cual	podrás	(tú) mismo	habiendo examinado
3739	2532	2902	3844	3739	1410	846	350
RR-ASM	*BE, TE*	*VAAI1P*	*P*	*RR-GSM*	*VFMI2S*	*RP3NSMP*	*VAAP-SNM*

περὶ	πάντων	τούτων	ἐπιγνῶναι	ὧν	ἡμεῖς	κατηγοροῦμεν	αὐτοῦ.
acerca de	todas	estas cosas	conocer	de las cuales	nosotros	acusamos	a él.
4012	3956	5130	1921	3739	2249	2723	846
P	*JGPN*	*RD-GPN*	*VAAN*	*RR-GPN*	*RP1NP*	*VPAI1P*	*RP3GSM*

NVI

algunos de los ancianos
y un abogado llamado
Tértulo, para presentar
ante el gobernador las
acusaciones contra
Pablo. 2 Cuando se hizo
comparecer al acusado,
Tértulo expuso su caso
ante Félix:
—Excelentísimo
Félix, bajo su mandato
hemos disfrutado de un
largo período de paz,
y gracias a la previsión
suya se han llevado a
cabo reformas en pro de
esta nación. 3 En todas
partes y en toda ocasión
reconocemos esto con
profunda gratitud.
4 Pero, a fin de no im-
portunarlo más, le ruego
que, con la bondad
que lo caracteriza, nos
escuche brevemente.
5 Hemos descubierto
que este hombre es una
plaga que por todas
partes anda provocan-
do disturbios entre los
judíos. Es cabecilla de la
secta de los nazarenos.
6 Incluso trató de profa-
nar el templo; por eso
lo prendimos. 8 Usted
mismo, al interrogarlo,
podrá cerciorarse de
la verdad de todas las
acusaciones que presen-
tamos contra él.
9 Los judíos

24:6⸀ Manuscritos inferiores aumentaron *y quisimos juzgarle según nuestra ley.* [7] *E intervino el jefe militar Lisias y quitó a él de la mano de nosotros con mucha violencia,* [8] *mandando a los acusadores de él venir ante ti.*

RVR

9 Los judíos también
se unían a la acusación,
asegurando que las
cosas eran así.
10 Habiéndole hecho
señal el gobernador a
Pablo para que hablase,
éste respondió: Porque
bien sé que desde hace
muchos años eres juez
de esta nación, haré
mi defensa con buen
ánimo.
11 Como tú puedes
cerciorarte, no hace más
de doce días que subí a
Jerusalén a adorar;
12 y ni en el templo, ni
en las sinagogas, ni en
la ciudad me hallaron
disputando con ningu-
no, ni amotinando a la
multitud;
13 ni te pueden probar
las cosas de que ahora
me acusan.
14 Pero esto te confieso,
que según el Camino
que ellos llaman secta,
así doy culto al Dios de
mis padres creyendo
todas las cosas que están
escritas en la ley y en los
profetas;
15 teniendo esperanza
en Dios, la cual ellos
mismos también

9 συνεπέθεντο	δὲ	καὶ	οἱ	Ἰουδαῖοι	φάσκοντες	ταῦτα	οὕτως
atacaron conjuntamente$_2$	Y$_1$	también	los	judíos	afirmando	estas cosas	así
4934	1161	2532	3588	2453	5335	5023	3779
VAMI3P	*CLN*	*BE, TE*	*DNPM*	*JNPM*	*VPAP-PNM*	*RD-APN*	*B*

ἔχειν.
tener.
2192
VPAN

10 Ἀπεκρίθη	τε	ὁ	Παῦλος	νεύσαντος	αὐτῷ	τοῦ	ἡγεμόνος
respondió$_4$	Y$_1$	--$_2$	Pablo$_3$	habiendo hecho señas	a él	el	gobernador
611	5037	3588	3972	3506	846	3588	2232
VAPI3S, VAMI3S	*CLN*	*DNSM*	*NNSM*	*VAAP-SGM*	*RP3DSM*	*DGSM*	*NGSM*

λέγειν·	Ἐκ	πολλῶν	ἐτῶν	ὄντα	σε	κριτὴν	τῷ	ἔθνει	τούτῳ
para decir:	Desde	muchos	años	siendo$_2$	tú$_3$	juez$_4$	del$_5$	pueblo,$_7$	este$_6$
3004	1537	4183	2094	5607	4571	2923	3588	1484	5129
VPAN	*P*	*JGPN*	*NGPN*	*VPAP-SAM*	*RP2AS*	*NASM*	*DDSN*	*NDSN*	*RD-DSN*

ἐπιστάμενος	εὐθύμως	τὰ	περὶ	ἐμαυτοῦ	ἀπολογοῦμαι,
sabiendo yo$_1$	con confianza	las (cosas)	acerca de	mí mismo	presento mi defensa,
1987	2115	3588	4012	1683	626
VPUP-SNM	*B*	*DAPN*	*P*	*RF1GSM*	*VPUI1S*

11 δυναμένου	σου	ἐπιγνῶναι,	ὅτι	οὐ	πλείους	εἰσίν	μοι	ἡμέραι
pudiendo	tú (mismo)	reconocer	que	no	más (que)$_3$	son$_1$	para mí$_2$	días$_5$
1410	4675	1921	3754	3756	4119	1526	3427	2250
VPUP-SGM	*RP2GS*	*VAAN*	*CSC*	*BN, TN*	*JNPFC*	*VPAI3P*	*RP1DS*	*NNPF*

δώδεκα	ἀφ᾽	ἧς	ἀνέβην	προσκυνήσων	εἰς	Ἰερουσαλήμ,	12 καὶ	οὔτε
doce$_4$	desde	que	subí	para adorar,$_3$	a$_1$	Jerusalén$_2$	y	ni
1427	575	3739	305	4352	1519	2419	2532	3777
XN, J	*P*	*RR-GSF*	*VAAI1S*	*VFAP-SNM*	*P*	*NASF, XP*	*CLN*	*CLK, TN*

ἐν	τῷ	ἱερῷ	εὗρόν	με	πρός	τινα	διαλεγόμενον	ἢ	ἐπίστασιν
en	el	templo	encontraron	a mí	con	alguien	discutiendo	ni	agitación$_2$
1722	3588	2411	2147	3165	4314	5100	1256	2228	1999
P	*DDSN*	*NDSN, JDSN*	*VAAI3P*	*RP1AS*	*P*	*RX-ASM*	*VPUP-SAM*	*CLD*	*NASF*

ποιοῦντα	ὄχλου	οὔτε	ἐν	ταῖς	συναγωγαῖς	οὔτε	κατὰ	τὴν	πόλιν,
haciendo$_1$	de (la) multitud	ni	en	las	sinagogas	ni	por	la	ciudad
4160	3793	3777	1722	3588	4864	3777	2596	3588	4172
VPAP-SAM	*NGSM*	*CLK, TN*	*P*	*DDPF*	*NDPF*	*CLK, TN*	*P*	*DASF*	*NASF*

13 οὐδὲ	παραστῆσαι	δύνανταί	σοι	περὶ	ὧν	νυνὶ	κατηγοροῦσίν
ni	presentar (pruebas)$_2$	pueden$_1$	a ti	acerca de	las cosas que	ahora	acusan
3761	3936	1410	4671	4012	3739	3570	2723
CLD, TN	*VAAN*	*VPUI3P*	*RP2DS*	*P*	*RR-GPN*	*B*	*VPAI3P*

μου.	14 ὁμολογῶ	δὲ	τοῦτό	σοι	ὅτι	κατὰ	τὴν	ὁδὸν	ἣν	λέγουσιν
a mí.	confieso$_2$	Y$_1$	esto	a ti,	que	según	el	camino	al cual	dicen
3450	3670	1161	5124	4671	3754	2596	3588	3598	3739	3004
RP1GS	*VPAI1S*	*CLC*	*RD-ASN*	*RP2DS*	*CSC*	*P*	*DASF*	*NASF*	*RR-ASF*	*VPAI3P*

αἵρεσιν	οὕτως	λατρεύω	τῷ	πατρῴῳ	θεῷ,	πιστεύων	πᾶσι	τοῖς
secta,	así	sirvo	al	(de) los ancestros$_2$	Dios$_1$	creyendo	todas	las cosas
139	3779	3000	3588	3971	2316	4100	3956	3588
NASF	*B*	*VPAI1S*	*DDSM*	*JDSM*	*NDSM*	*VPAP-SNM*	*JDPN*	*DDPN*

κατὰ	τὸν	νόμον	καὶ	τοῖς	ἐν	τοῖς	προφήταις	γεγραμμένοις,
según	la	ley	y	las que$_1$	en$_3$	los$_4$	profetas,$_5$	han sido escritas$_2$
2596	3588	3551	2532	3588	1722	3588	4396	1125
P	*DASM*	*NASM*	*CLN*	*DDPN, DDPM*	*P*	*DDPM*	*NDPM*	*VRPP-PDN*

15 ἐλπίδα	ἔχων	εἰς	τὸν	θεόν,	ἣν	καὶ	αὐτοὶ	οὗτοι
esperanza$_2$	teniendo$_1$	en	--	Dios,	la cual	también	ellos mismos,	estos,
1680	2192	1519	3588	2316	3739	2532	846	3778
NASF	*VPAP-SNM*	*P*	*DASM*	*NASM*	*RR-ASF*	*BE, TE*	*RP3NPMP*	*RD-NPM*

NVI

corroboraron la acu-
sación, afirmando que
todo esto era cierto.
10 Cuando el goberna-
dor, con un gesto, le
concedió la palabra,
Pablo respondió:
—Sé que desde hace
muchos años usted ha
sido juez de esta nación;
así que de buena gana
presento mi defensa.
11 Usted puede compro-
bar fácilmente que no
hace más de doce días
que subí a Jerusalén para
adorar. 12 Mis acusado-
res no me encontraron
discutiendo con nadie
en el templo, ni promo-
viendo motines entre la
gente en las sinagogas ni
en ninguna otra parte de
la ciudad. 13 Tampoco
pueden probarle a usted
las cosas de que ahora
me acusan. 14 Sin em-
bargo, esto sí confieso:
que adoro al Dios de
nuestros antepasados
siguiendo este Camino
que mis acusadores
llaman secta, pues estoy
de acuerdo con todo lo
que enseña la ley y creo
lo que está escrito en los
profetas. 15 Tengo en
Dios la misma esperanza

RVR

abrigan, de que ha de
haber resurrección de
los muertos, tanto de
justos como de injustos.
16 Y por esto, yo mismo
me ejercito constante-
mente en conservar una
conciencia irreprensible
ante Dios y ante los
hombres.
17 Pero pasados algunos
años, vine a hacer
limosnas a mi nación y a
presentar ofrendas.
18 Estaba haciendo esto,
cuando unos judíos
de Asia me hallaron
purificado en el templo,
no con multitud ni con
alboroto.
19 Ellos deberían
comparecer ante ti y
acusarme, si tienen algo
contra mí.
20 O que digan estos
mismos si hallaron en
mí algún delito, cuando
comparecí ante el
sanedrín,
21 a no ser este solo grito
que lancé estando en
medio de ellos: Acerca
de la resurrección de los
muertos soy juzgado
hoy por vosotros.
22 Entonces Félix, oídas
estas cosas, estando
mejor informado de
este Camino, les dio lar-
gas, diciendo: Cuando
descienda el tribuno
Lisias, decidiré vuestro
asunto.
23 Y mandó al centurión

προσδέχονται,	ἀνάστασιν	μέλλειν	ἔσεσθαι	δικαίων	τε	καὶ
esperan,	resurrección	estar a punto de	ser	de (los) justos,$_{2}$	tanto$_{1}$	como
4327	386	3195	2071	1342	5037	2532
VPUI3P	*NASF*	*VPAN*	*VFMN*	*JGPM*	*CLK*	*CLK, CLN*

ἀδίκων.	16 ἐν	τούτῳ	καὶ	αὐτὸς	ἀσκῶ	ἀπρόσκοπον	συνείδησιν
de injustos.	En	esto	también	(yo) mismo	(me) esfuerzo	irreprensible$_{3}$	una conciencia$_{2}$
94	1722	5129	2532	846	778	677	4893
JGPM	*P*	*RD-DSN*	*BE, TE*	*RP3NSMP*	*VPAI1S*	*JASF*	*NASF*

ἔχειν	πρὸς	τὸν	θεὸν	καὶ	τοὺς	ἀνθρώπους	διὰ	παντός.	17 δι'
para tener$_{1}$	delante de	--	Dios	y	de los	seres humanos	por	todo.	después de$_{2}$
2192	4314	3588	2316	2532	3588	444	1223	3956	1223
VPAN	*P*	*DASM*	*NASM*	*CLN*	*DAPM*	*NAPM*	*P*	*JGSM, JGSN*	*P*

ἐτῶν	δὲ	πλειόνων	ἐλεημοσύνας	ποιήσων	εἰς	τὸ	ἔθνος	μου
años$_{4}$	Y$_{1}$	muchos$_{3}$	obras de misericordia$_{6}$	estando para hacer$_{5}$	a$_{10}$	el$_{11}$	pueblo$_{12}$	de mí,$_{13}$
2094	1161	4119	1654	4160	1519	3588	1484	3450
NGPN	*CLN*	*JGPNC*	*NAPF*	*VFAP-SNM*	*P*	*DASN*	*NASN*	*RP1GS*

παρεγενόμην	καὶ	προσφοράς,	18 ἐν	αἷς	εὗρόν	με	ἡγνισμένον
vine$_{9}$	y$_{7}$	ofrendas$_{8}$	en	las cuales	encontraron	a mí	purificado
3854	2532	4376	1722	3739	2147	3165	48
VAMI1S	*CLN*	*NAPF*	*P*	*RR-DPF*	*VAAI3P*	*RP1AS*	*VRPP-SAM*

ἐν	τῷ	ἱερῷ,	οὐ	μετὰ	ὄχλου	οὐδὲ	μετὰ	θορύβου,	19 τινὲς
en	el	templo	no	con	multitud	ni	con	tumulto,	algunos$_{2}$
1722	3588	2411	3756	3326	3793	3761	3326	2351	5100
P	*DDSN*	*NDSN, JDSN*	*BN, TN*	*P*	*NGSM*	*CLD, TN*	*P*	*NGSM*	*JNPM, RX-NPM*

δὲ	ἀπὸ	τῆς	Ἀσίας	Ἰουδαῖοι,	οὓς	ἔδει	ἐπὶ	σοῦ	παρεῖναι	καὶ
pero$_{1}$	de$_{4}$	--$_{5}$	Asia,$_{6}$	judíos$_{3}$	los cuales	era necesario	ante	ti	estar presentes	y
1161	575	3588	773	2453	3739	1163	1909	4675	3918	2532
CLC	*P*	*DGSF*	*NGSF*	*JNPM*	*RR-APM*	*VIAI3S*	*P*	*RP2GS*	*VPAN*	*CLN*

κατηγορεῖν	εἴ	τι	ἔχοιεν	πρὸς	ἐμέ,	20 ἢ	αὐτοὶ	οὗτοι	εἰπάτωσαν
acusar	si	algo	tendrían	contra	mí.	O	ellos mismos,	estos	digan
2723	1487	5100	2192	4314	1691	2228	846	3778	2036
VPAN	*CAC*	*RX-ASN*	*VPAO3P*	*P*	*RP1AS*	*CLD*	*RP3NPMP*	*RD-NPM*	*VAAM3P*

τί	εὗρον	ἀδίκημα	στάντος	μου	ἐπὶ	τοῦ	συνεδρίου	21 ἢ	περὶ
qué	encontraron$_{2}$	injusticia$_{1}$	habiendo estado	yo	ante	el	Sanedrín,	o	acerca de
5100	2147	92	2476	3450	1909	3588	4892	2228	4012
RI-ASN	*VAAI3P*	*NASN*	*VAAP-SGM*	*RP1GS*	*P*	*DGSN*	*NGSN*	*CAM*	*P*

μιᾶς	ταύτης	φωνῆς	ἧς	ἐκέκραξα	ἐν	αὐτοῖς	ἑστὼς	ὅτι	Περὶ
una	esta	voz	la cual	grité	entre	ellos	puesto en pie	que:	Acerca de
1520	3778	5456	3739	2896	1722	846	2476	3754	4012
JGSF	*RD-GSF*	*NGSF*	*RR-GSF*	*VAAI1S*	*P*	*RP3DPM*	*VRAP-SNM*	*CSC*	*P*

ἀναστάσεως	νεκρῶν	ἐγὼ	κρίνομαι	σήμερον	ἐφ'	ὑμῶν.
(la) resurrección	de (los) muertos	yo	soy juzgado	hoy	ante	vosotros.
386	3498	1473	2919	4594	1909	5216
NGSF	*JGPM*	*RP1NS*	*VPPI1S*	*B*	*P*	*RP2GP*

22 Ἀνεβάλετο	δὲ	αὐτοὺς	ὁ	Φῆλιξ,	ἀκριβέστερον	εἰδὼς
aplazó$_{4}$	Y$_{1}$	a ellos$_{5}$	--$_{2}$	Félix,$_{3}$	con precisión$_{7}$	habiendo conocido$_{6}$
306	1161	846	3588	5344	199	1492
VAMI3S	*CLN*	*RP3APM*	*DNSM*	*NNSM*	*B, J*	*VRAP-SNM*

τὰ	περὶ	τῆς	ὁδοῦ,	εἴπας·	Ὅταν	Λυσίας	ὁ	χιλίαρχος
las cosas	acerca de	el	camino	habiendo dicho:	Cuando	Lisias	el	jefe militar
3588	4012	3588	3598	3004	3752	3079	3588	5506
DAPN	*P*	*DGSF*	*NGSF*	*VAAP-SNM*	*CAT*	*NNSM*	*DNSM*	*NNSM*

καταβῇ	διαγνώσομαι	τὰ	καθ'	ὑμᾶς·	23 διαταξάμενος	τῷ
bajara,	decidiré	las cosas	respecto	a vosotros;	habiendo ordenado	al
2597	1231	3588	2596	5209	1299	3588
VAAS3S	*VFMI1S*	*DAPN*	*P*	*RP2AP*	*VAMP-SNM*	*DDSM*

NVI

que estos hombres
profesan, de que habrá
una resurrección de los
justos y de los injustos.
16 En todo esto procuro
conservar siempre
limpia mi conciencia
delante de Dios y de los
hombres.
17 »Después de una
ausencia de varios años,
volví a Jerusalén para
traerle donativos a mi
pueblo y presentar
ofrendas. 18 En esto
estaba, habiéndome ya
purificado, cuando me
encontraron en el tem-
plo. No me acompañaba
ninguna multitud, ni
estaba implicado en nin-
gún disturbio. 19 Los que
me vieron eran algunos
judíos de la provincia de
Asia, y son ellos los que
deberían estar delante
de usted para formular
sus acusaciones, si es que
tienen algo contra mí.
20 De otro modo, estos
que están aquí deberían
declarar qué delito halla-
ron en mí cuando com-
parecí ante el Consejo,
21 a no ser lo que exclamé
en presencia de ellos: "Es
por la resurrección de los
muertos por lo que hoy
me encuentro procesado
delante de ustedes"».
22 Entonces Félix, que
estaba bien informado
del Camino, suspendió
la sesión.
—Cuando venga el
comandante Lisias, de-
cidiré su caso —les dijo.
23 Luego le ordenó

NVN

que se custodiase a Pablo, pero que se le concediese alguna libertad, y que no impidiese a ninguno de los suyos servirle o venir a él.
24 Algunos días después, viniendo Félix con Drusila su mujer, que era judía, llamó a Pablo, y le oyó acerca de la fe en Jesucristo.
25 Pero al disertar Pablo acerca de la justicia, del dominio propio y del juicio venidero, Félix se aterrorizó, y dijo: Vete por ahora; pero cuando tenga oportunidad te llamaré.
26 Esperaba también junto con esto, que Pablo le diera dinero para que le soltase; por lo cual le hacía llamar con frecuencia para conversar con él.
27 Pero al cabo de dos años recibió Félix por sucesor a Porcio Festo; y queriendo Félix congraciarse con los judíos, dejó preso a Pablo.

ἑκατοντάρχῃ	τηρεῖσθαι	αὐτὸν	ἔχειν	τε	ἄνεσιν	καὶ	μηδένα	κωλύειν
centurión	custodiar	a él	tener$_2$	y$_1$	reposo	y	a nadie	impedir
1543	5083	846	2192	5037	425	2532	3367	2967
NDSM	*VPPN*	*RP3ASM*	*VPAN*	*CLC*	*NASF*	*CLN*	*JASM*	*VPAN*

τῶν	ἰδίων	αὐτοῦ	ὑπηρετεῖν	αὐτῷ.
de los	propios	de él	servir	a él.
3588	2398	846	5256	846
DGPM	*JGPM*	*RP3GSM*	*VPAN*	*RP3DSM*

24 Μετὰ	δὲ	ἡμέρας	τινὰς	παραγενόμενος	ὁ	Φῆλιξ	σὺν
después de$_2$	Y$_1$	días$_4$	algunos$_3$	habiendo llegado	--	Félix	con
3326	1161	2250	5100	3854	3588	5344	4862
P	*CLT*	*NAPF*	*JAPF, RX-APF*	*VAMP-SNM*	*DNSM*	*NNSM*	*P*

Δρουσίλλῃ	τῇ	ἰδίᾳ	γυναικὶ	οὔσῃ	Ἰουδαίᾳ	μετεπέμψατο	τὸν
Drusila	la	propia$_2$	esposa$_1$	siendo	judía,	mandó traer	a --
1409	3588	2398	1135	5607	2453	3343	3588
NDSF	*DDSF*	*JDSF*	*NDSF*	*VPAP-SDF*	*JDSF*	*VAMI3S*	*DASM*

Παῦλον	καὶ	ἤκουσεν	αὐτοῦ	περὶ	τῆς	εἰς	Χριστὸν	Ἰησοῦν	πίστεως.
Pablo	y	oyó	a él	acerca de	la	en$_2$	Cristo$_3$	Jesús.$_4$	fe$_1$
3972	2532	191	846	4012	3588	1519	5547	2424	4102
NASM	*CLN*	*VAAI3S*	*RP3GSM*	*P*	*DGSF*	*P*	*NASM*	*NASM*	*NGSF*

25 διαλεγομένου	δὲ	αὐτοῦ	περὶ	δικαιοσύνης	καὶ	ἐγκρατείας
discutiendo$_2$	Y$_1$	él	acerca de	(la) justicia	y	(el) dominio propio
1256	1161	846	4012	1343	2532	1466
VPUP-SGM	*CLN*	*RP3GSM*	*P*	*NGSF*	*CLN*	*NGSF*

καὶ	τοῦ	κρίματος	τοῦ	μέλλοντος	ἔμφοβος	γενόμενος	ὁ	Φῆλιξ
y	el	juicio	el que	está viniendo,	temeroso$_2$	habiendo estado$_1$	--	Félix
2532	3588	2917	3588	3195	1719	1096	3588	5344
CLN	*DGSN*	*NGSN*	*DGSN*	*VPAP-SGN*	*JNSM*	*VAMP-SNM*	*DNSM*	*NNSM*

ἀπεκρίθη·	Τὸ	νῦν	ἔχον	πορεύου,	καιρὸν	δὲ	μεταλαβὼν
respondió:	(Por)--	ahora	--	vete;	un tiempo oportuno$_3$	pero$_1$	habiendo encontrado$_2$
611	3588	3568	2192	4198	2540	1161	3335
VAPI3S, VAMI3S	*DASN*	*B*	*VPAP-SAN*	*VPUM2S*	*NASM*	*CLN*	*VAAP-SNM*

μετακαλέσομαί	σε·	26 ἅμα	καὶ	ἐλπίζων	ὅτι	χρήματα
mandaré llamar	a ti;	al mismo tiempo	también	esperando	que	dineros
3333	4571	260	2532	1679	3754	5536
VFMI1S	*RP2AS*	*B*	*BE, TE*	*VPAP-SNM*	*CSC*	*NNPN, NAPN*

δοθήσεται	αὐτῷ	ὑπὸ	τοῦ	⸀Παύλου·	διὸ	καὶ	πυκνότερον	αὐτὸν
será dado	a él	por	--	Pablo;	por eso	también	con frecuencia	a él$_2$
1325	846	5259	3588	3972	1352	2532	4437	846
VFPI3S	*RP3DSM*	*P*	*DGSM*	*NGSM*	*CLI*	*BE, TE*	*JASNC*	*RP3ASM*

μεταπεμπόμενος	ὡμίλει	αὐτῷ.
mandando traer$_1$	conversaba	con él.
3343	3656	846
VPUP-SNM	*VIAI3S*	*RP3DSM*

27 Διετίας	δὲ	πληρωθείσης	ἔλαβεν	διάδοχον	ὁ	Φῆλιξ
dos años$_2$	Y$_1$	habiendo sido completado	recibió (como)$_3$	sucesor$_4$	--$_1$	Félix$_2$
1333	1161	4137	2983	1240	3588	5344
NGSF	*CLT*	*VAPP-SGF*	*VAAI3S*	*NASM*	*DNSM*	*NNSM*

Πόρκιον	Φῆστον·	θέλων	τε	χάριτα	καταθέσθαι	τοῖς	Ἰουδαίοις	ὁ
a Porcio	Festo,	queriendo$_2$	y$_1$	gracia$_4$	conceder$_3$	a los	judíos,	--
4201	5347	2309	5037	5485	2698	3588	2453	3588
NASM	*NASM*	*VPAP-SNM*	*CLN*	*NASF*	*VAMN*	*DDPM*	*JDPM*	*DNSM*

Φῆλιξ	κατέλιπε	τὸν	Παῦλον	δεδεμένον.
Félix	dejó	a --	Pablo	preso.
5344	2641	3588	3972	1210
NNSM	*VAAI3S*	*DASM*	*NASM*	*VRPP-SAM*

NVI

al centurión que mantuviera custodiado a Pablo, pero que le diera cierta libertad y permitiera que sus amigos lo atendieran.
24 Algunos días después llegó Félix con su esposa Drusila, que era judía. Mandó llamar a Pablo y lo escuchó hablar acerca de la fe en Cristo Jesús.
25 Al disertar Pablo sobre la justicia, el dominio propio y el juicio venidero, Félix tuvo miedo y le dijo: «¡Basta por ahora! Puedes retirarte. Cuando sea oportuno te mandaré llamar otra vez».
26 Félix también esperaba que Pablo le ofreciera dinero; por eso mandaba llamarlo con frecuencia y conversaba con él.
27 Transcurridos dos años, Félix tuvo como sucesor a Porcio Festo, pero, como Félix quería congraciarse con los judíos, dejó preso a Pablo.

24:26⸀ Manuscritos inferiores aumentaron *para que lo soltare.*

RVR

Pablo apela a César

25 Llegado,
pues, Festo a
la provincia, subió de
Cesarea a Jerusalén tres
días después.
2 Y los principales
sacerdotes y los más
influyentes de los judíos
se presentaron ante
él contra Pablo, y le
rogaron,
3 pidiendo contra él,
como un favor, que le
hiciese traer a Jerusalén;
preparando ellos una
emboscada para matarle
en el camino.
4 Pero Festo respon-
dió que Pablo estaba
custodiado en Cesarea,
adonde él mismo parti-
ría en breve.
5 Los que de vosotros
puedan, dijo, descien-
dan conmigo, y si hay
algún crimen en este
hombre, acúsenle.
6 Y deteniéndose entre
ellos no más de ocho
o diez días, vino a
Cesarea, y al día siguien-
te se sentó en el tribunal,
y mandó que fuese
traído Pablo.
7 Cuando éste llegó, lo
rodearon los judíos que
habían descendido de
Jerusalén, presentan-
do contra él muchas
y graves acusaciones,

25 Φῆστος	οὖν	ἐπιβὰς	τῇ	ἐπαρχείᾳ	μετὰ	τρεῖς	ἡμέρας
Festo	pues	habiendo llegado	a la	provincia	después de	tres	días
5347	3767	1910	3588	1885	3326	5140	2250
NNSM	*CLT*	*VAAP-SNM*	*DDSF*	*NDSF*	*P*	*JAPF*	*NAPF*

ἀνέβη	εἰς	Ἱεροσόλυμα	ἀπὸ	Καισαρείας,	2 ἐνεφάνισάν	τε
subió	a	Jerusalén	desde	Cesarea,	presentaron acusaciones$_9$	y$_1$
305	1519	2414	575	2542	1718	5037
VAAI3S	*P*	*NASF*	*P*	*NGSF*	*VAAI3P*	*CLN*

αὐτῷ	οἱ	ἀρχιερεῖς	καὶ	οἱ	πρῶτοι	τῶν	Ἰουδαίων	κατὰ	τοῦ
a él$_{10}$	los$_2$	principales sacerdotes$_3$	y$_4$	los$_5$	influyentes$_6$	de los$_7$	judíos$_8$	contra	--
846	3588	749	2532	3588	4413	3588	2453	2596	3588
RP3DSM	*DNPM*	*NNPM*	*CLN*	*DNPM*	*JNPM*	*DGPM*	*JGPM*	*P*	*DGSM*

Παύλου,	καὶ	παρεκάλουν	αὐτὸν	3 αἰτούμενοι	χάριν	κατ᾽	αὐτοῦ	ὅπως
Pablo,	y	rogaban	a él	pidiendo	una gracia$_3$	contra$_1$	él$_2$	que
3972	2532	3870	846	154	5485	2596	846	3704
NGSM	*CLN*	*VIAI3P*	*RP3ASM*	*VPMP-PNM*	*NASF*	*P*	*RP3GSM*	*CSC*

μεταπέμψηται	αὐτὸν	εἰς	Ἰερουσαλήμ,	ἐνέδραν	ποιοῦντες	ἀνελεῖν
mandara traer	a él	a	Jerusalén,	una emboscada$_2$	haciendo$_1$	para matar
3343	846	1519	2419	1747	4160	337
VAMS3S	*RP3ASM*	*P*	*NASF, XP*	*NASF*	*VPAP-PNM*	*VAAN*

αὐτὸν	κατὰ	τὴν	ὁδόν.	4 ὁ	μὲν	οὖν	Φῆστος	ἀπεκρίθη	τηρεῖσθαι
a él	en	el	camino.	--$_3$	--$_2$	Pues$_1$	Festo	respondió	ser custodiado$_3$
846	2596	3588	3598	3588	3303	3767	5347	611	5083
RP3ASM	*P*	*DASF*	*NASF*	*DNSM*	*TE, C*	*CLI*	*NNSM*	*VAPI3S, VAMI3S*	*VPPN*

τὸν	Παῦλον	εἰς	Καισάρειαν,	ἑαυτὸν	δὲ	μέλλειν	ἐν	τάχει
--$_1$	Pablo$_2$	en	Cesarea,	él mismo$_2$	y$_1$	estar a punto de$_3$	en$_5$	breve.$_6$
3588	3972	1519	2542	1438	1161	3195	1722	5034
DASM	*NASM*	*P*	*NASF*	*RF3ASM*	*CLN*	*VPAN*	*P*	*NDSN*

ἐκπορεύεσθαι·	5 Οἱ	οὖν	ἐν	ὑμῖν,	φησίν,	δυνατοὶ	συγκαταβάντες
partir (para allá)$_4$	los$_2$	Así que$_1$	entre$_4$	vosotros$_5$	dice$_6$	poderosos$_3$	habiendo bajado conmigo
1607	3588	3767	1722	5213	5346	1415	4782
VPUN	*DNPM*	*CLI*	*P*	*RP2DP*	*VPAI3S*	*JNPM*	*VAAP-PNM*

εἴ	τι	ἐστιν	ἐν	τῷ	ἀνδρὶ	ἄτοπον	κατηγορείτωσαν	αὐτοῦ.
si	algo	hay	en	el	varón	anormal	acusen	a él.
1487	5100	2076	1722	3588	435	824	2723	846
CAC	*RX-NSN*	*VPAI3S*	*P*	*DDSM*	*NDSM*	*JNSN*	*VPAM3P*	*RP3GSM*

6 Διατρίψας	δὲ	ἐν	αὐτοῖς	ἡμέρας	οὐ	πλείους	ὀκτὼ	ἢ	δέκα,
habiendo quedado$_2$	Y$_1$	con	ellos	días,$_6$	no$_1$	más$_2$	(de) ocho$_3$	o$_4$	diez$_5$
1304	1161	1722	846	2250	3756	4119	3638	2228	1176
VAAP-SNM	*CLT*	*P*	*RP3DPM*	*NAPF*	*BN, TN*	*JAPFC*	*XN, J*	*CLD*	*XN, J*

καταβὰς	εἰς	Καισάρειαν,	τῇ	ἐπαύριον	καθίσας	ἐπὶ	τοῦ
habiendo bajado	a	Cesarea,	al	día siguiente	habiéndose sentado	en	el
2597	1519	2542	3588	1887	2523	1909	3588
VAAP-SNM	*P*	*NASF*	*DDSF*	*B*	*VAAP-SNM*	*P*	*DGSN*

βήματος	ἐκέλευσεν	τὸν	Παῦλον	ἀχθῆναι.	7 παραγενομένου	δὲ
tribunal	mandó	--	Pablo	ser traído.	habiendo llegado$_2$	Y$_1$
968	2753	3588	3972	71	3854	1161
NGSN	*VAAI3S*	*DASM*	*NASM*	*VAPN*	*VAMP-SGM*	*CLN*

αὐτοῦ	περιέστησαν	αὐτὸν	οἱ	ἀπὸ	Ἱεροσολύμων	καταβεβηκότες
él	se pararon alrededor	de él	los	de$_3$	Jerusalén$_4$	que habían bajado$_2$
846	4026	846	3588	575	2414	2597
RP3GSM	*VAAI3P*	*RP3ASM*	*DNPM*	*P*	*NGPN*	*VRAP-PNM*

Ἰουδαῖοι,	πολλὰ	καὶ	βαρέα	αἰτιώματα	καταφέροντες	ἃ
judíos$_1$	muchas$_6$	y$_7$	pesadas$_8$	acusaciones,$_9$	presentando$_5$	las cuales
2453	4183	2532	926	157	2702	3739
JNPM	*JAPN*	*CLN*	*JAPN*	*NAPN*	*VPAP-PNM*	*RR-APN*

NVI

El proceso ante Festo

25 Tres días des-
pués de llegar a
la provincia, Festo subió
de Cesarea a Jerusalén.
2 Entonces los jefes
de los sacerdotes y los
dirigentes de los judíos
presentaron sus acu-
saciones contra Pablo.
3 Insistentemente le
pidieron a Festo que les
hiciera el favor de trasla-
dar a Pablo a Jerusalén.
Lo cierto es que ellos
estaban preparando una
emboscada para matarlo
en el camino. 4 Festo
respondió: «Pablo está
preso en Cesarea, y yo
mismo partiré en breve
para allá. 5 Que vayan
conmigo algunos de los
dirigentes de ustedes y
formulen allí sus acusa-
ciones contra él, si es que
ha hecho algo malo».
6 Después de pasar en-
tre los judíos unos ocho
o diez días, Festo bajó a
Cesarea, y al día siguien-
te convocó al tribunal y
mandó que le trajeran
a Pablo. 7 Cuando este
se presentó, los judíos
que habían bajado de
Jerusalén lo rodearon,
formulando contra él
muchas acusaciones

RVR

las cuales no podían probar;

8 alegando Pablo en su defensa: Ni contra la ley de los judíos, ni contra el templo, ni contra César he pecado en nada.

9 Pero Festo, queriendo congraciarse con los judíos, respondiendo a Pablo dijo: ¿Quieres subir a Jerusalén, y allá ser juzgado de estas cosas delante de mí?

10 Pablo dijo: Ante el tribunal de César estoy, donde debo ser juzgado. A los judíos no les he hecho ningún agravio, como tú sabes muy bien.

11 Porque si he hecho algún agravio, o cosa alguna digna de muerte, no rehúso morir; pero si nada hay de las cosas de que éstos me acusan, nadie puede entregarme a ellos. A César apelo.

12 Entonces Festo, habiendo hablado con el consejo, respondió: A César has apelado; a César irás.

Pablo ante Agripa y Berenice

13 Pasados algunos días, el rey Agripa y Berenice vinieron a Cesarea para

οὐκ	ἴσχυον	ἀποδεῖξαι,	8 τοῦ	Παύλου	ἀπολογουμένου	ὅτι	Οὔτε
no	podían	probar,	--	Pablo	hablando en defensa propia	que	Ni
3756	2480	584	3588	3972	626	3754	3777
BN, TN	*VIAI3P*	*VAAN*	*DGSM*	*NGSM*	*VPUP-SGM*	*CSC*	*CLK, TN*

εἰς	τὸν	νόμον	τῶν	Ἰουδαίων	οὔτε	εἰς	τὸ	ἱερὸν	οὔτε	εἰς
contra	la	ley	de los	judíos	ni	contra	el	templo	ni	contra
1519	3588	3551	3588	2453	3777	1519	3588	2411	3777	1519
P	*DASM*	*NASM*	*DGPM*	*JGPM*	*CLK, TN*	*P*	*DASN*	*NASN, JASN*	*CLK, TN*	*P*

Καίσαρά	τι	ἥμαρτον.	9 ὁ	Φῆστος	δὲ	θέλων	τοῖς	Ἰουδαίοις
César	algo	pequé.	--$_{2}$	Festo,$_{3}$	Pero$_{1}$	queriendo$_{4}$	a los$_{7}$	judíos$_{8}$
2541	5100	264	3588	5347	1161	2309	3588	2453
NASM	*RX-ASN*	*VAAI1S*	*DNSM*	*NNSM*	*CLN*	*VPAP-SNM*	*DDPM*	*JDPM*

χάριν	καταθέσθαι	ἀποκριθεὶς	τῷ	Παύλῳ	εἶπεν·	Θέλεις	εἰς
gracia$_{6}$	conceder$_{5}$	habiendo respondido	a --	Pablo	dijo:	¿Quieres	a$_{2}$
5485	2698	611	3588	3972	2036	2309	1519
NASF	*VAMN*	*VAPP-SNM*	*DDSM*	*NDSM*	*VAAI3S*	*VPAI2S*	*P*

Ἱεροσόλυμα	ἀναβὰς	ἐκεῖ	περὶ	τούτων	κριθῆναι	ἐπ’	ἐμοῦ;
Jerusalén$_{3}$	habiendo subido$_{1}$	allí$_{4}$	acerca de$_{6}$	estas cosas$_{7}$	ser juzgado$_{5}$	delante de	mí?
2414	305	1563	4012	5130	2919	1909	1700
NASF	*VAAP-SNM*	*BP*	*P*	*RD-GPN*	*VAPN*	*P*	*RP1GS*

10 εἶπεν	δὲ	ὁ	Παῦλος·	Ἐπὶ	τοῦ	βήματος	Καίσαρος	ἑστώς
dijo,$_{4}$	Y$_{1}$	--$_{2}$	Pablo$_{3}$	Delante de	el	tribunal	de César	puesto en pie
2036	1161	3588	3972	1909	3588	968	2541	2476
VAAI3S	*CLN*	*DNSM*	*NNSM*	*P*	*DGSN*	*NGSN*	*NGSM*	*VRAP-SNM*

εἰμι,	οὗ	με	δεῖ	κρίνεσθαι.	Ἰουδαίους	οὐδὲν	ἠδίκησα,	ὡς
estoy,	donde	a mí	es necesario	ser juzgado.	a (los) judíos$_{3}$	(En) nada$_{1}$	hice daño$_{2}$	como
1510	3757	3165	1163	2919	2453	3762	91	5613
VPAI1S	*B*	*RP1AS*	*VPAI3S*	*VPPN*	*JAPM*	*JASN*	*VAAI1S*	*CAM*

καὶ	σὺ	κάλλιον	ἐπιγινώσκεις.	11 εἰ	μὲν	οὖν	ἀδικῶ	καὶ
también	tú	muy bien	sabes.	Si	por un lado	pues	hago injusticia$_{3}$	y$_{4}$
2532	4771	2566	1921	1487	3303	3767	91	2532
BE, TE	*RP2NS*	*B, J*	*VPAI2S*	*CAC*	*TE, C*	*CLI*	*VPAI1S*	*CLN*

ἄξιον	θανάτου	πέπραχά	τι,	οὐ	παραιτοῦμαι	τὸ	ἀποθανεῖν·	εἰ
digno$_{5}$	de muerte$_{6}$	he practicado$_{2}$	algo$_{1}$	no	evito	el	morir;	si$_{2}$
514	2288	4238	5100	3756	3868	3588	599	1487
JASN	*NGSM*	*VRAI1S*	*RX-ASN*	*BN, TN*	*VPUI1S*	*DASN*	*VAAN*	*CAC*

δὲ	οὐδέν	ἐστιν	ὧν	οὗτοι	κατηγοροῦσίν	μου,	οὐδείς	με
pero por otro$_{1}$	nada	hay	de las cosas	estas (que)	acusan	a mí	nadie	a mí$_{3}$
1161	3762	2076	3739	3778	2723	3450	3762	3165
CLC	*JNSN*	*VPAI3S*	*RR-GPN*	*RD-NPM*	*VPAI3P*	*RP1GS*	*JNSM*	*RP1AS*

δύναται	αὐτοῖς	χαρίσασθαι·	Καίσαρα	ἐπικαλοῦμαι.	12 τότε	ὁ
puede$_{1}$	a ellos.$_{4}$	entregar$_{2}$	a César$_{6}$	Invoco$_{5}$	Entonces	--
1410	846	5483	2541	1941	5119	3588
VPUI3S	*RP3DPM*	*VAMN*	*NASM*	*VPMI1S*	*B*	*DNSM*

Φῆστος	συλλαλήσας	μετὰ	τοῦ	συμβουλίου	ἀπεκρίθη·	Καίσαρα
Festo,	habiendo conversado	con	el	consejo	respondió:	A César
5347	4814	3326	3588	4824	611	2541
NNSM	*VAAP-SNM*	*P*	*DGSN*	*NGSN*	*VAPI3S, VAMI3S*	*NASM*

ἐπικέκλησαι,	ἐπὶ	Καίσαρα	πορεύσῃ.	13 Ἡμερῶν	δὲ	διαγενομένων
has invocado,	a	César	irás.	días$_{4}$	Y$_{1}$	habiendo pasado$_{2}$
1941	1909	2541	4198	2250	1161	1230
VRMI2S	*P*	*NASM*	*VFMI2S*	*NGPF*	*CLT*	*VAMP-PGF*

τινῶν	Ἀγρίππας	ὁ	βασιλεὺς	καὶ	Βερνίκη	κατήντησαν	εἰς
algunos$_{3}$	Agripa$_{7}$	el$_{5}$	rey$_{6}$	y	Berenice	llegaron	a
5100	67	3588	935	2532	959	2658	1519
JGPF, RX-GPF	*NNSM*	*DNSM*	*NNSM*	*CLN*	*NNSF*	*VAAI3P*	*P*

NVI

graves que no podían probar.

8 Pablo se defendía:

—No he cometido ninguna falta ni contra la ley de los judíos ni contra el templo ni contra el emperador.

9 Pero Festo, queriendo congraciarse con los judíos, le preguntó:

—¿Estás dispuesto a subir a Jerusalén para ser juzgado allí ante mí?

10 Pablo contestó:

—Ya estoy ante el
tribunal del emperador,
que es donde se me debe
juzgar. No les he hecho
ningún agravio a los
judíos, como usted sabe
muy bien.
11 Si soy culpa-
ble de haber hecho algo
que merezca la muerte,
no me niego a morir.
Pero, si no son ciertas
las acusaciones que
estos judíos formulan
contra mí, nadie tiene el
derecho de entregarme a
ellos para complacerlos.
¡Apelo al emperador!

12 Después de consultar con sus asesores, Festo declaró:

—Has apelado al emperador. ¡Al emperador irás!

Festo consulta al rey Agripa

13 Pasados algunos días, el rey Agripa y Berenice llegaron a

RVR

saludar a Festo.
14 Y como pasaban allí
muchos días, Festo
expuso al rey la causa
de Pablo, diciendo: Un
hombre ha sido dejado
preso por Félix,
15 respecto al cual, cuan-
do fui a Jerusalén, se me
presentaron los prin-
cipales sacerdotes y los
ancianos de los judíos,
pidiendo sentencia de
condenación contra él.
16 Les respondí que no
es costumbre de los ro-
manos entregar alguno
a la muerte antes que el
acusado tenga delante a
sus acusadores, y tenga
la oportunidad de de-
fenderse de los cargos.
17 Así que, después que
ellos se reunieron aquí,
sin ninguna dilación, al
día siguiente, me senté
en el tribunal y mandé
traer al hombre.
18 Y cuando sus
acusadores compare-
cieron, ningún cargo
presentaron de los que
yo sospechaba,
19 sino que tenían con-
tra él ciertas cuestiones
acerca de su propia
religión, y de un cierto

Καισάρειαν	ἀσπασάμενοι	τὸν	Φῆστον.	14 ὡς	δὲ	πλείους	ἡμέρας
Cesarea	habiendo saludado	a --	Festo.	como$_{2}$	Y$_{1}$	muchos$_{5}$	días,$_{6}$
2542	782	3588	5347	5613	1161	4119	2250
NASF	*VAMP-PNM*	*DASM*	*NASM*	*CAT*	*CLN*	*JAPFC*	*NAPF*

διέτριβον	ἐκεῖ,	ὁ	Φῆστος	τῷ	βασιλεῖ	ἀνέθετο	τὰ	κατὰ
(se) quedaban$_{3}$	allí$_{4}$	--$_{7}$	Festo$_{8}$	al$_{14}$	rey$_{15}$	presentó$_{9}$	las cosas$_{10}$	acerca de$_{11}$
1304	1563	3588	5347	3588	935	394	3588	2596
VIAI3P	*BP*	*DNSM*	*NNSM*	*DDSM*	*NDSM*	*VAMI3S*	*DAPN*	*P*

τὸν	Παῦλον	λέγων·	Ἀνήρ	τίς	ἐστιν	καταλελειμμένος	ὑπὸ
--$_{12}$	Pablo$_{13}$	diciendo:$_{16}$	hombre$_{19}$	cierto$_{18}$	Hay$_{17}$	que ha sido dejado$_{20}$	por$_{22}$
3588	3972	3004	435	5100	2076	2641	5259
DASM	*NASM*	*VPAP-SNM*	*NNSM*	*JNSM, RI-NSM*	*VPAI3S*	*VRPP-SNM*	*P*

Φήλικος	δέσμιος,	15 περὶ	οὗ	γενομένου	μου	εἰς	Ἱεροσόλυμα
Félix,$_{23}$	preso$_{21}$	acerca de	el cual	habiendo estado	yo	en	Jerusalén
5344	1198	4012	3739	1096	3450	1519	2414
NGSM	*NNSM*	*P*	*RR-GSM*	*VAMP-SGM*	*RP1GS*	*P*	*NASF*

ἐνεφάνισαν	οἱ	ἀρχιερεῖς	καὶ	οἱ	πρεσβύτεροι	τῶν
presentaron acusaciones$_{8}$	los$_{1}$	principales sacerdotes$_{2}$	y$_{3}$	los$_{4}$	ancianos$_{5}$	de los$_{6}$
1718	3588	749	2532	3588	4245	3588
VAAI3P	*DNPM*	*NNPM*	*CLN*	*DNPM*	*JNPM*	*DGPM*

Ἰουδαίων,	αἰτούμενοι	κατ’	αὐτοῦ	καταδίκην·	16 πρὸς	οὓς
judíos$_{7}$	pidiendo$_{9}$	contra$_{11}$	él.$_{12}$	condena$_{10}$	a	los cuales
2453	154	2596	846	1349	4314	3739
JGPM	*VPMP-PNM*	*P*	*RP3GSM*	*NASF*	*P*	*RR-APM*

ἀπεκρίθην	ὅτι	οὐκ	ἔστιν	ἔθος	Ῥωμαίοις	χαρίζεσθαί	τινα
respondí	que	no	es	costumbre	romana	conceder como gracia	a alguna
611	3754	3756	2076	1485	4514	5483	5100
VAPI1S, VAMI1S	*CSC*	*BN, TN*	*VPAI3S*	*NNSN*	*JDPM*	*VPUN*	*JASM, RX-ASM*

⌜ἄνθρωπον	πρὶν	ἢ	ὁ	κατηγορούμενος	κατὰ	πρόσωπον	ἔχοι
persona	antes	que	el que	está siendo acusado	en	(el) rostro	tendría
444	4250	2228	3588	2723	2596	4383	2192
NASM	*CAT*	*T, C*	*DNSM*	*VPPP-SNM*	*P*	*NASN*	*VPAO3S*

τοὺς	κατηγόρους	τόπον	τε	ἀπολογίας	λάβοι	περὶ	τοῦ	ἐγκλήματος.
a los	acusadores	lugar$_{3}$	y$_{1}$	de defensa$_{4}$	recibiría$_{2}$	acerca de	la	acusación.
3588	2725	5117	5037	627	2983	4012	3588	1462
DAPM	*NAPM*	*NASM*	*CLN*	*NGSF*	*VAAO3S*	*P*	*DGSN*	*NGSN*

17 συνελθόντων	οὖν	ἐνθάδε	ἀναβολὴν	μηδεμίαν	ποιησάμενος
habiendo venido juntos$_{2}$	Así que$_{1}$	aquí,$_{3}$	demora,$_{6}$	ninguna$_{5}$	habiendo hecho$_{4}$
4905	3767	1759	311	3367	4160
VAAP-PGM	*CLI*	*BP*	*NASF*	*JASF*	*VAMP-SNM*

τῇ	ἑξῆς	καθίσας	ἐπὶ	τοῦ	βήματος	ἐκέλευσα	ἀχθῆναι	τὸν
al	siguiente (día)	habiéndose sentado	en	el	tribunal	ordené	ser traído	el
3588	1836	2523	1909	3588	968	2753	71	3588
DDSF	*B*	*VAAP-SNM*	*P*	*DGSN*	*NGSN*	*VAAI1S*	*VAPN*	*DASM*

ἄνδρα·	18 περὶ	οὗ	σταθέντες	οἱ	κατήγοροι	οὐδεμίαν	αἰτίαν
varón;	acerca de	el cual	habiéndose parado	los	acusadores	ningún	cargo
435	4012	3739	2476	3588	2725	3762	156
NASM	*P*	*RR-GSM*	*VAPP-PNM*	*DNPM*	*NNPM*	*JASF*	*NASF*

ἔφερον	ὧν	ἐγὼ	ὑπενόουν	πονηρῶν,	19 ζητήματα	δέ	τινα
traían	de las cosas	yo$_{2}$	sospechaba,$_{3}$	malas (que)$_{1}$	cuestiones$_{3}$	sino$_{1}$	algunas$_{2}$
5342	3739	1473	5282	4190	2213	1161	5100
VIAI3P	*RR-GPN*	*RP1NS*	*VIAI1S*	*JGPN*	*NAPN*	*CLC*	*JAPN, RX-APN*

περὶ	τῆς	ἰδίας	δεισιδαιμονίας	εἶχον	πρὸς	αὐτὸν	καὶ	περὶ	τινος
acerca de	de la	propia	religión	tenían	contra	él	y	acerca de	cierto
4012	3588	2398	1175	2192	4314	846	2532	4012	5100
P	*DGSF*	*JGSF*	*NGSF*	*VIAI3P*	*P*	*RP3ASM*	*CLN*	*P*	*JGSM, RX-GSM*

NVI

Cesarea para saludar a
Festo. 14 Como se entre-
tuvieron allí varios días,
Festo le presentó al rey el
caso de Pablo.
—Hay aquí un hom-
bre —le dijo— que Félix
dejó preso. 15 Cuando
fui a Jerusalén, los jefes
de los sacerdotes y los
ancianos de los judíos
presentaron acusaciones
contra él y exigieron que
se le condenara. 16 Les
respondí que no es cos-
tumbre de los romanos
entregar a ninguna
persona sin antes conce-
derle al acusado un careo
con sus acusadores, y
darle la oportunidad de
defenderse de los cargos.
17 Cuando acudieron
a mí, no dilaté el caso,
sino que convoqué al
tribunal el día siguiente
y mandé traer a este
hombre. 18 Al levantarse
para hablar, sus acusa-
dores no alegaron en
su contra ninguno de
los delitos que yo había
supuesto. 19 Más bien,
tenían contra él algunas
cuestiones tocantes a su
propia religión y sobre

25:16⌜ Manuscritos inferiores aumentaron *a la muerte.*

NVN

Jesús, ya muerto, del
que Pablo afirmaba que
está vivo.
20 Yo no sabía qué
camino tomar para
investigar tal caso, y le
pregunté si quería ir a
Jerusalén y ser juzgado
allí de estas cosas.
21 Mas como Pablo
apeló que se le reservase
para la decisión del
Augusto, mandé que le
custodiasen hasta que
yo le envíe a César.
22 Entonces Agripa dijo
a Festo: Yo también
querría oír a ese hom-
bre. Y él le dijo: Mañana
le oirás.
23 Al otro día, viniendo
Agripa y Berenice con
mucha pompa, y en-
trando en la audiencia
con los tribunos y los
hombres más impor-
tantes de la ciudad, por
mandato de Festo fue
traído Pablo.
24 Entonces Festo dijo:
Rey Agripa, y todos los
varones que estáis aquí
juntos con nosotros,
aquí tenéis a este hom-
bre, respecto del cual
toda la multitud de los
judíos me ha deman-
dado en Jerusalén y
aquí, gritando que

Ἰησοῦ	τεθνηκότος,	ὃν	ἔφασκεν	ὁ	Παῦλος	ζῆν.	20 ἀπορούμενος
Jesús	muerto	el cual	afirmaba$_3$	--$_1$	Pablo$_2$	vivir.	estando confundido$_2$
2424	2348	3739	5335	3588	3972	2198	639
NGSM	*VRAP-SGM*	*RR-ASM*	*VIAI3S*	*DNSM*	*NNSM*	*VPAN*	*VPMP-SNM*

δὲ	ἐγὼ	τὴν	περὶ	τούτων	ζήτησιν	ἔλεγον	εἰ	βούλοιτο
Y$_1$	yo	la$_2$	acerca de$_4$	de estas cosas.$_5$	investigación$_3$	decía$_1$	si	desearía
1161	1473	3588	4012	5130	2214	3004	1487	1014
CLN	*RP1NS*	*DASF*	*P*	*RD-GPN*	*NASF*	*VIAI1S*	*TI*	*VPUO3S*

πορεύεσθαι	εἰς	Ἱεροσόλυμα	κἀκεῖ	κρίνεσθαι	περὶ	τούτων.	21 τοῦ	δὲ
ir	a	Jerusalén	y allí	ser juzgado	acerca de	estas cosas.	--$_2$	Pero$_1$
4198	1519	2414	2546	2919	4012	5130	3588	1161
VPUN	*P*	*NASF*	*CLN, BP*	*VPPN*	*P*	*RD-GPN*	*DGSM*	*CLC*

Παύλου	ἐπικαλεσαμένου	τηρηθῆναι	αὐτὸν	εἰς	τὴν	τοῦ	Σεβαστοῦ
Pablo	habiendo invocado	ser preso	él	para	el	del$_2$	Augusto,$_3$
3972	1941	5083	846	1519	3588	3588	4575
NGSM	*VAMP-SGM*	*VAPN*	*RP3ASM*	*P*	*DASF*	*DGSM*	*JGSM*

διάγνωσιν,	ἐκέλευσα	τηρεῖσθαι	αὐτὸν	ἕως	οὗ	ἀναπέμψω	αὐτὸν
juicio$_1$	ordené	ser custodiado	él	hasta	que	enviara de regreso	a él
1233	2753	5083	846	2193	3739	375	846
NASF	*VAAI1S*	*VPPN*	*RP3ASM*	*P, C*	*RR-GSM*	*VAAS1S*	*RP3ASM*

πρὸς	Καίσαρα.	22 Ἀγρίππας	δὲ	πρὸς	τὸν	Φῆστον·	Ἐβουλόμην	καὶ
a	César.	Agripa$_2$	Y$_1$	a	--	Festo:	Deseaba	también
4314	2541	67	1161	4314	3588	5347	1014	2532
P	*NASM*	*NNSM*	*CLN*	*P*	*DASM*	*NASM*	*VIUI1S*	*BE, TE*

αὐτὸς	τοῦ	ἀνθρώπου	ἀκοῦσαι.	Αὔριον,	φησίν,	ἀκούσῃ	αὐτοῦ.	23 Τῇ
yo mismo	al$_2$	hombre.$_3$	oír$_1$	Mañana,	dice,	oirás	a él	al$_2$
846	3588	444	191	839	5346	191	846	3588
RP3NSMP	*DGSM*	*NGSM*	*VAAN*	*B*	*VPAI3S*	*VFMI2S*	*RP3GSM*	*DDSF*

οὖν	ἐπαύριον	ἐλθόντος	τοῦ	Ἀγρίππα	καὶ	τῆς	Βερνίκης	μετὰ	πολλῆς
Así que$_1$	día siguiente	habiendo venido	--	Agripa	y	--	Berenice	con	mucha
3767	1887	2064	3588	67	2532	3588	959	3326	4183
CLT	*B*	*VAAP-SGM*	*DGSM*	*NGSM*	*CLN*	*DGSF*	*NGSF*	*P*	*JGSF*

φαντασίας	καὶ	εἰσελθόντων	εἰς	τὸ	ἀκροατήριον	σύν	τε	χιλιάρχοις
pompa	y	habiendo entrado	a	la	sala de audiencias	con	--	(los) jefes militares
5325	2532	1525	1519	3588	201	4862	5037	5506
NGSF	*CLN*	*VAAP-PGM*	*P*	*DASN*	*NASN*	*P*	*CLK*	*NDPM*

καὶ	ἀνδράσιν	τοῖς	κατ᾽	ἐξοχὴν	τῆς	πόλεως	καὶ	κελεύσαντος	τοῦ
y	(los) varones	los	según	la eminencia	de la	ciudad	y	habiendo ordenado	--
2532	435	3588	2596	1851	3588	4172	2532	2753	3588
CLK, CLN	*NDPM*	*DDPM*	*P*	*NASF*	*DGSF*	*NGSF*	*CLN*	*VAAP-SGM*	*DGSM*

Φήστου	ἤχθη	ὁ	Παῦλος.	24 καί	φησιν	ὁ	Φῆστος·	Ἀγρίππα
Festo	fue llevado.$_3$	--$_1$	Pablo$_2$	Y	dice:$_3$	--$_1$	Festo$_2$	Agripa$_5$
5347	71	3588	3972	2532	5346	3588	5347	67
NGSM	*VAPI3S*	*DNSM*	*NNSM*	*CLN*	*VPAI3S*	*DNSM*	*NNSM*	*NVSM*

βασιλεῦ	καὶ	πάντες	οἱ	συμπαρόντες	ἡμῖν	ἄνδρες,
Rey$_4$	y	todos	los	estando con$_2$	nosotros,$_3$	varones$_1$
935	2532	3956	3588	4840	2254	435
NVSM	*CLN*	*JVPM, JNPM*	*DVPM, DNPM*	*VPAP-PVM, VPAP-PNM*	*RP1DP*	*NVPM*

θεωρεῖτε	τοῦτον	περὶ	οὗ	ἅπαν	τὸ	πλῆθος	τῶν	Ἰουδαίων
veis	a este	acerca de	el cual	toda	la	multitud	de los	judíos
2334	5126	4012	3739	537	3588	4128	3588	2453
VPAI2P, VPAM2P	*RD-ASM*	*P*	*RR-GSM*	*JNSN*	*DNSN*	*NNSN*	*DGPM*	*JGPM*

ἐνέτυχόν	μοι	ἔν	τε	Ἱεροσολύμοις	καὶ	ἐνθάδε,	βοῶντες	μὴ
acudieron	a mí	en$_2$	tanto$_1$	Jerusalén	como	aquí	gritando	no
1793	3427	1722	5037	2414	2532	1759	994	3361
VAAI3P	*RP1DS*	*P*	*CLK*	*NDPN*	*CLK, CLN*	*BP*	*VPAP-PNM*	*BN, TN*

NVI

un tal Jesús, ya muerto,
que Pablo sostiene
que está vivo. 20 Yo no
sabía cómo investigar
tales cuestiones, así que
le pregunté si estaba
dispuesto a ir a Jerusalén
para ser juzgado allí
con respecto a esos
cargos. 21 Pero, como
Pablo apeló para que
se le reservara el fallo al
emperador, ordené que
quedara detenido hasta
ser remitido a Roma.
22 —A mí también
me gustaría oír a ese
hombre —le dijo
Agripa a Festo.
—Pues mañana
mismo lo oirá usted —le
contestó Festo.

Pablo ante Agripa

23 Al día siguiente
Agripa y Berenice se
presentaron con gran
pompa, y entraron en
la sala de la audiencia
acompañados por
oficiales de alto rango y
por las personalidades
más distinguidas de la
ciudad. Festo mandó
que le trajeran a Pablo,
24 y dijo:
—Rey Agripa y todos
los presentes: Aquí
tienen a este hombre.
Todo el pueblo judío me
ha presentado una de-
manda contra él, tanto
en Jerusalén como aquí
en Cesarea, pidiendo a

RVR

no debe vivir más.
25 Pero yo, hallando que
no ha hecho ninguna
cosa digna de muerte, y
como él mismo apeló al
Augusto, he determina-
do enviarle a él.
26 Como no tengo nada
en concreto que escribir
a mi señor sobre él, le
he traído ante vosotros,
y sobre todo ante ti, oh
rey Agripa, para que
después de examinarle,
tenga yo qué escribir.
27 Porque me parece
fuera de razón enviar un
preso, y no indicar los
cargos que haya en su
contra.

Defensa de Pablo ante Agripa

26 Entonces
Agripa dijo
a Pablo: Se te permite
hablar a tu favor. Pablo
entonces, extendiendo
la mano, comenzó así su
defensa:
2 Me tengo por dichoso,
oh rey Agripa, de que
haya de defenderme hoy
delante de ti de todas las
cosas de que soy acusa-
do por los judíos.
3 Sobre todo, porque tú
conoces bien todas las
costumbres y cuestiones
que hay entre los judíos;
por lo cual te ruego que
me oigas con paciencia.

Vida pasada de Pablo

4 Mi vida, pues, desde
mi juventud, la cual
desde el principio

δεῖν	αὐτὸν	ζῆν	μηκέτι.	25 ἐγὼ	δὲ	κατελαβόμην	μηδὲν	ἄξιον	αὐτὸν
debe	él	vivir	más.	yo$_2$	Pero$_1$	descubrí	nada	digno	él$_2$
1163	846	2198	3371	1473	1161	2638	3367	514	846
VPAN	*RP3ASM*	*VPAN*	*BN*	*RP1NS*	*CLC*	*VAMI1S*	*JASN*	*JASN*	*RP3ASM*

θανάτου	πεπραχέναι,	αὐτοῦ	δὲ	τούτου	ἐπικαλεσαμένου	τὸν
de muerte$_1$	haber hecho,	él$_2$	pero$_1$	esto	habiendo invocado	al
2288	4238	846	1161	5127	1941	3588
NGSM	*VRAN*	*RP3GSM*	*CLN*	*RD-GSM*	*VAMP-SGM*	*DASM*

Σεβαστὸν	ἔκρινα	πέμπειν.	26 περὶ	οὗ	ἀσφαλές	τι	γράψαι
Augusto	decidí	enviar(lo)	Acerca de	quien	seguro$_2$	algo$_1$	para escribir$_5$
4575	2919	3992	4012	3739	804	5100	1125
JASM	*VAAI1S*	*VPAN*	*P*	*RR-GSM*	*JASN*	*RX-ASN*	*VAAN*

τῷ	κυρίῳ	οὐκ	ἔχω·	διὸ	προήγαγον	αὐτὸν	ἐφ᾽	ὑμῶν
al$_6$	señor,$_7$	no$_3$	tengo$_4$	por lo cual	traje	a él	delante de	vosotros
3588	2962	3756	2192	1352	4254	846	1909	5216
DDSM	*NDSM*	*BN, TN*	*VPAI1S*	*CLI*	*VAAI1S*	*RP3ASM*	*P*	*RP2GP*

καὶ	μάλιστα	ἐπὶ	σοῦ,	βασιλεῦ	Ἀγρίππα,	ὅπως	τῆς	ἀνακρίσεως
y	especialmente	delante de	ti,	rey	Agripa,	para que	la$_2$	investigación$_3$
2532	3122	1909	4675	935	67	3704	3588	351
CLN	*BS*	*P*	*RP2GS*	*NVSM*	*NVSM*	*CAP*	*DGSF*	*NGSF*

γενομένης	σχῶ	τί	γράψω·	27 ἄλογον	γάρ	μοι	δοκεῖ	πέμποντα
habiendo hecho$_1$	tuviera yo	qué	escribiera;	absurdo$_4$	porque$_1$	a mí$_3$	parece$_2$	enviando
1096	2192	5100	1125	249	1063	3427	1380	3992
VAMP-SGF	*VAAS1S*	*RI-ASN*	*VAAS1S*	*JNSN*	*CAZ*	*RP1DS*	*VPAI3S*	*VPAP-SAM*

δέσμιον	μὴ	καὶ	τὰς	κατ᾽	αὐτοῦ	αἰτίας	σημᾶναι.
un prisionero	no$_2$	y$_1$	los$_4$	contra$_6$	él.$_7$	cargos$_5$	señalar$_3$
1198	3361	2532	3588	2596	846	156	4591
NASM	*BN, TN*	*BE, TE*	*DAPF*	*P*	*RP3GSM*	*NAPF, NGSF*	*VAAN*

26 Ἀγρίππας	δὲ	πρὸς	τὸν	Παῦλον	ἔφη·	Ἐπιτρέπεταί	σοι
Agripa$_2$	Y$_1$	a$_4$	--$_5$	Pablo:$_6$	dijo$_3$	Se permite	a ti
67	1161	4314	3588	3972	5346	2010	4671
NNSM	*CLN*	*P*	*DASM*	*NASM*	*VIAI3S*	*VPPI3S*	*RP2DS*

ὑπὲρ	σεαυτοῦ	λέγειν.	τότε	ὁ	Παῦλος	ἐκτείνας	τὴν	χεῖρα
en favor de$_2$	de ti mismo$_3$	hablar$_1$	Entonces	--	Pablo,	habiendo extendido	la	mano
5228	4572	3004	5119	3588	3972	1614	3588	5495
P	*RF2GSM*	*VPAN*	*B*	*DNSM*	*NNSM*	*VAAP-SNM, VAAP-SNF*	*DASF*	*NASF*

ἀπελογεῖτο·	2 Περὶ	πάντων	ὧν	ἐγκαλοῦμαι	ὑπὸ	Ἰουδαίων,
presentaba su defensa:	Acerca de	todas las cosas	de las cuales	soy acusado	por	(los) judíos,
626	4012	3956	3739	1458	5259	2453
VIUI3S	*P*	*JGPN*	*RR-GPN*	*VPPI1S*	*P*	*JGPM*

βασιλεῦ	Ἀγρίππα,	ἥγημαι	ἐμαυτὸν	μακάριον	ἐπὶ	σοῦ	μέλλων
rey	Agripa,	he estimado	a mí mismo	bienaventurado	delante de$_4$	ti,$_5$	estando a punto de$_1$
935	67	2233	1683	3107	1909	4675	3195
NVSM	*NVSM*	*VRUI1S*	*RF1ASM*	*JASM*	*P*	*RP2GS*	*VPAP-SNM*

σήμερον	ἀπολογεῖσθαι,	3 μάλιστα	γνώστην	ὄντα	σε	πάντων
hoy$_3$	presentar mi defensa$_2$	especialmente	conocedor$_2$	siendo$_1$	tú	de todas
4594	626	3122	1109	5607	4571	3956
B	*VPUN*	*BS*	*NASM*	*VPAP-SAM*	*RP2AS*	*JGPN*

τῶν	κατὰ	Ἰουδαίους	ἐθῶν	τε	καὶ	ζητημάτων·	διὸ	δέομαι
las	entre$_5$	(los) judíos,$_6$	costumbres$_1$	y$_2$	también$_3$	cuestiones controversiales$_4$	por eso	pido
3588	2596	2453	1485	5037	2532	2213	1352	1189
DGPN	*P*	*JAPM*	*NGPN*	*CLK*	*CLK, CLN*	*NGPN*	*CLI*	*VPUI1S*

μακροθύμως	ἀκοῦσαί	μου.	4 Τὴν	μὲν	οὖν	βίωσίν	μου	τὴν	ἐκ
pacientemente	oír	a mí.	la$_6$	--$_2$	Pues$_1$	forma de vivir$_7$	de mí$_8$	--$_9$	desde$_{10}$
3116	191	3450	3588	3303	3767	981	3450	3588	1537
B	*VAAN*	*RP1GS*	*DASF*	*TE, C*	*CLT*	*NASF*	*RP1GS*	*DASF*	*P*

NVI

gritos su muerte. 25 He
llegado a la conclusión
de que él no ha hecho
nada que merezca la
muerte, pero, como ape-
ló al emperador, he de-
cidido enviarlo a Roma.
26 El problema es que
no tengo definido nada
que escribir al soberano
acerca de él. Por eso lo
he hecho comparecer
ante ustedes, y espe-
cialmente delante de
usted, rey Agripa, para
que como resultado de
esta investigación tenga
yo algunos datos para
mi carta; 27 me parece
absurdo enviar un preso
sin especificar los cargos
contra él.
26 Entonces
Agripa le dijo
a Pablo:
—Tienes permiso
para defenderte.
Pablo hizo un
ademán con la mano y
comenzó así su defensa:
2 —Rey Agripa,
para mí es un privilegio
presentarme hoy ante
usted para defenderme
de las acusaciones de
los judíos, 3 sobre todo
porque usted está bien
informado de todas las
tradiciones y controver-
sias de los judíos. Por eso
le ruego que me escuche
con paciencia.
4 »Todos los judíos
saben cómo he vivido

RVR

pasé en mi nación, en
Jerusalén, la saben todos
los judíos;
[5] los cuales me conocen
desde mucho tiempo
atrás, si quieren testi-
ficarlo, que conforme
a la más rigurosa secta
de nuestra religión, viví
como fariseo.
[6] Y ahora, por la espe-
ranza de la promesa que
hizo Dios a nuestros
padres, estoy sometido
a juicio;
[7] promesa cuyo cum-
plimiento esperan
alcanzar nuestras doce
tribus, rindiendo culto
constantemente a Dios
de día y de noche. Por
esta esperanza, oh rey
Agripa, soy acusado por
los judíos.
[8] ¡Qué! ¿Se juzga entre
vosotros como cosa
increíble el que Dios
resucite a los muertos?

Pablo el perseguidor

[9] Pues también yo había
creído mi deber hacer
muchas cosas contra
el nombre de Jesús de
Nazaret;
[10] y esto es precisamente
lo que hice en Jerusalén.
Yo encerré en cárceles
a muchos de los santos,
habiendo recibido po-
deres de los principales
sacerdotes; y cuando los
mataban, yo di mi voto.
[11] Y muchas veces,

νεότητος	τὴν	ἀπ’	ἀρχῆς	γενομένην	ἐν	τῷ	ἔθνει	μου
(la) juventud$_{11}$	la que$_{12}$	desde$_{14}$	(el) principio$_{15}$	habiendo estado$_{13}$	en$_{16}$	el$_{17}$	pueblo$_{18}$	de mí$_{19}$
3503	3588	575	746	1096	1722	3588	1484	3450
NGSF	*DASF*	*P*	*NGSF*	*VAMP-SAF*	*P*	*DDSN*	*NDSN*	*RP1GS*

ἔν	τε	Ἱεροσολύμοις	ἴσασι	πάντες	Ἰουδαῖοι,	[5] προγινώσκοντές
en$_{20}$	--$_{21}$	Jerusalén,$_{22}$	han conocido$_{5}$	todos$_{3}$	(los) judíos$_{4}$	conociendo de antemano
1722	5037	2414	2467	3956	2453	4267
P	*CLN*	*NDPN*	*VRAI3P*	*JNPM*	*JNPM*	*VPAP-PNM*

με	ἄνωθεν,	ἐὰν	θέλωσι	μαρτυρεῖν,	ὅτι	κατὰ	τὴν	ἀκριβεστάτην
a mí	desde el principio,	si	quieran	testificar(lo),	que	según	la	más estricta
3165	509	1437	2309	3140	3754	2596	3588	196
RP1AS	*B*	*CAC*	*VPAS3P*	*VPAN*	*CSC*	*P*	*DASF*	*JASFS*

αἵρεσιν	τῆς	ἡμετέρας	θρησκείας	ἔζησα	Φαρισαῖος.	[6] καὶ	νῦν	ἐπ’
secta	de la	nuestra	religión	viví	(como) fariseo.	Y	ahora	por
139	3588	2251	2356	2198	5330	2532	3568	1909
NASF	*DGSF*	*JGSF, RS1GPF*	*NGSF*	*VAAI1S*	*NNSM*	*CLN*	*B*	*P*

ἐλπίδι	τῆς	εἰς	τοὺς	πατέρας	ἡμῶν	ἐπαγγελίας	γενομένης	ὑπὸ
(la) esperanza	de la	a$_{6}$	los$_{7}$	padres$_{8}$	de nosotros$_{9}$	promesa$_{1}$	habiendo sido hecha$_{2}$	por$_{3}$
1680	3588	1519	3588	3962	2257	1860	1096	5259
NDSF	*DGSF*	*P*	*DAPM*	*NAPM*	*RP1GP*	*NGSF*	*VAMP-SGF*	*P*

τοῦ	θεοῦ	ἕστηκα	κρινόμενος,	[7] εἰς	ἣν	τὸ	δωδεκάφυλον	ἡμῶν
--$_{4}$	Dios$_{5}$	he estado	siendo juzgado,	a	la cual	--	doce tribus	de nosotros
3588	2316	2476	2919	1519	3739	3588	1429	2257
DGSM	*NGSM*	*VRAI1S*	*VPPP-SNM*	*P*	*RR-ASF*	*DNSN*	*NNSN*	*RP1GP*

ἐν	ἐκτενείᾳ	νύκτα	καὶ	ἡμέραν	λατρεῦον	ἐλπίζει	καταντῆσαι·	περὶ
en	perseverancia	noche	y	día	sirviendo (a Dios)	esperan	alcanzar,	acerca de
1722	1616	3571	2532	2250	3000	1679	2658	4012
P	*NDSF*	*NASF*	*CLN*	*NASF*	*VPAP-SNN*	*VPAI3S*	*VAAN*	*P*

ἧς	ἐλπίδος	ἐγκαλοῦμαι	ὑπὸ	Ἰουδαίων,	βασιλεῦ·	[8] τί	ἄπιστον
la cual	esperanza	soy acusado	por	de (los) judíos,	rey.	¿Por qué	increíble
3739	1680	1458	5259	2453	935	5101	571
RR-GSF	*NGSF*	*VPPI1S*	*P*	*JGPM*	*NVSM*	*RI-ASN*	*JASN, JASM*

κρίνεται	παρ’	ὑμῖν	εἰ	ὁ	θεὸς	νεκροὺς	ἐγείρει;	[9] Ἐγὼ	μὲν
se juzga	entre	vosotros	si	--	Dios	a (los) muertos	levanta?	Yo	en verdad
2919	3844	5213	1487	3588	2316	3498	1453	1473	3303
VPPI3S	*P*	*RP2DP*	*CAC, CSC*	*DNSM*	*NNSM*	*JAPM*	*VPAI3S*	*RP1NS*	*TE, C*

οὖν	ἔδοξα	ἐμαυτῷ	πρὸς	τὸ	ὄνομα	Ἰησοῦ	τοῦ	Ναζωραίου	δεῖν
pues	pensé	para mí mismo	contra$_{5}$	el$_{6}$	nombre$_{7}$	de Jesús$_{8}$	el$_{9}$	nazareno,$_{10}$	ser necesario$_{1}$
3767	1380	1683	4314	3588	3686	2424	3588	3480	1163
CLT	*VAAI1S*	*RF1DSM*	*P*	*DASN*	*NASN*	*NGSM*	*DGSM*	*NGSM*	*VPAN*

πολλὰ	ἐναντία	πρᾶξαι·	[10] ὃ	καὶ	ἐποίησα	ἐν	Ἱεροσολύμοις,
muchas cosas$_{3}$	contrarias$_{4}$	hacer$_{2}$	lo cual	también	hice	en	Jerusalén,
4183	1727	4238	3739	2532	4160	1722	2414
JAPN	*JAPN*	*VAAN*	*RR-ASN*	*BE, TE*	*VAAI1S*	*P*	*NDPN*

καὶ	πολλούς	τε	τῶν	ἁγίων	ἐγὼ	ἐν	φυλακαῖς	κατέκλεισα	τὴν
y	a muchos	--	de los	santos	yo	en$_{2}$	cárceles$_{3}$	encerré$_{1}$	la$_{5}$
2532	4183	5037	3588	40	1473	1722	5438	2623	3588
CLN	*JAPM*	*CLK*	*DGPM*	*JGPM*	*RP1NS*	*P*	*NDPF*	*VAAI1S*	*DASF*

παρὰ	τῶν	ἀρχιερέων	ἐξουσίαν	λαβών,	ἀναιρουμένων
de$_{7}$	los$_{8}$	principales sacerdotes$_{9}$	autoridad$_{6}$	habiendo recibido$_{4}$	siendo muertos$_{11}$
3844	3588	749	1849	2983	337
P	*DGPM*	*NGPM*	*NASF*	*VAAP-SNM*	*VPPP-PGM*

τε	αὐτῶν	κατήνεγκα	ψῆφον,	[11] καὶ	κατὰ	πάσας
y$_{10}$	ellos	presenté acusaciones (contra ellos)	(mi) voto.	Y	en	todas
5037	846	2702	5586	2532	2596	3956
CLK, CLC	*RP3GPM*	*VAAI1S*	*NASF*	*CLN*	*P*	*JAPF*

NVI

desde que era niño,
desde mi edad temprana
entre mi gente y tam-
bién en Jerusalén. [5] Ellos
me conocen desde hace
mucho tiempo y pueden
atestiguar, si quieren,
que viví como fariseo,
de acuerdo con la secta
más estricta de nuestra
religión. [6] Y ahora me
juzgan por la esperanza
que tengo en la promesa
que Dios hizo a nuestros
antepasados. [7] Esta es la
promesa que nuestras
doce tribus esperan
alcanzar rindiendo culto
a Dios con diligencia
día y noche. Es por esta
esperanza, oh rey, por
lo que me acusan los
judíos. [8] ¿Por qué les pa-
rece a ustedes increíble
que Dios resucite a los
muertos?
[9] »Pues bien, yo
mismo estaba conven-
cido de que debía hacer
todo lo posible por
combatir el nombre de
Jesús de Nazaret. [10] Eso
es precisamente lo que
hice en Jerusalén. Con
la autoridad de los jefes
de los sacerdotes metí
en la cárcel a muchos de
los santos y, cuando los
mataban, yo manifes-
taba mi aprobación.
[11] Muchas veces anduve

RVR

castigándolos en todas
las sinagogas, los
forzaba a blasfemar; y
enfurecido sobrema-
nera contra ellos, los
perseguía hasta en las
ciudades extranjeras.

Pablo relata su conversión

12 Ocupado en esto, iba
yo a Damasco con po-
deres y comisión de los
principales sacerdotes,
13 cuando a mediodía,
oh rey, yendo por el
camino, vi una luz del
cielo que sobrepasaba
al resplandor del sol, la
cual me rodeó a mí y a
los que iban conmigo.
14 Y habiendo caído
todos nosotros en tierra,
oí una voz que me ha-
blaba, y decía en lengua
hebrea: Saulo, Saulo,
¿por qué me persigues?
Dura cosa te es dar co-
ces contra el aguijón.
15 Yo entonces dije:
¿Quién eres, Señor? Y el
Señor dijo: Yo soy Jesús,
a quien tú persigues.
16 Pero levántate, y pon-
te sobre tus pies; porque
para esto me he apareci-
do a ti, para designarte
ministro y testigo de
las cosas que has visto,
y de aquellas en que me
apareceré a ti,
17 librándote de tu
pueblo, y de los gentiles,

τὰς	συναγωγὰς	πολλάκις	τιμωρῶν	αὐτοὺς	ἠνάγκαζον	βλασφημεῖν,
las	sinagogas	a menudo	castigando	a ellos	(los) obligaba	a blasfemar
3588	4864	4178	5097	846	315	987
DAPF	*NAPF*	*B*	*VPAP-SNM*	*RP3APM*	*VIAI1S*	*VPAN*

περισσῶς	τε	ἐμμαινόμενος	αὐτοῖς	ἐδίωκον	ἕως	καὶ	εἰς	τὰς
excesivamente$_{3}$	y$_{1}$	estando enfurecido$_{2}$	(contra) ellos	perseguía	hasta$_{2}$	también$_{1}$	en	las
4057	5037	1693	846	1377	2193	2532	1519	3588
B	*CLN*	*VPUP-SNM*	*RP3DPM*	*VIAI1S*	*P, C*	*CLA, B*	*P*	*DAPF*

ἔξω	πόλεις.	12 Ἐν	οἷς	πορευόμενος	εἰς	τὴν	Δαμασκὸν	μετ᾽
de afuera.$_{2}$	ciudades$_{1}$	En	las cuales	yendo (yo)	a	--	Damasco	con
1854	4172	1722	3739	4198	1519	3588	1154	3326
B	*NAPF*	*P*	*RR-DPN*	*VPUP-SNM*	*P*	*DASF*	*NASF*	*P*

ἐξουσίας	καὶ	ἐπιτροπῆς	τῆς	τῶν	ἀρχιερέων	13 ἡμέρας	μέσης	κατὰ
autoridad	y	pleno poder	--	de los	principales sacerdotes	día$_{2}$	(al) medio$_{1}$	en
1849	2532	2011	3588	3588	749	2250	3319	2596
NGSF	*CLN*	*NGSF*	*DGSF*	*DGPM*	*NGPM*	*NGSF*	*JGSF*	*P*

τὴν	ὁδὸν	εἶδον,	βασιλεῦ,	οὐρανόθεν	ὑπὲρ	τὴν	λαμπρότητα	τοῦ	ἡλίου
el	camino	vi,	(oh) rey,	desde cielo$_{2}$	superior$_{3}$	al$_{4}$	brillo$_{5}$	del$_{6}$	sol$_{7}$
3588	3598	1492	935	3771	5228	3588	2987	3588	2246
DASF	*NASF*	*VAAI1S*	*NVSM*	*BP*	*P*	*DASF*	*NASF*	*DGSM*	*NGSM*

περιλάμψαν	με	φῶς	καὶ	τοὺς	σὺν	ἐμοὶ	πορευομένους.
habiendo brillado alrededor de$_{8}$	mí$_{9}$	una luz$_{1}$	y	los que	con$_{2}$	mí.$_{3}$	están yendo$_{1}$
4034	3165	5457	2532	3588	4862	1698	4198
VAAP-SAN	*RP1AS*	*NASN*	*CLN*	*DAPM*	*P*	*RP1DS*	*VPUP-PAM*

14 πάντων	τε	καταπεσόντων	ἡμῶν	εἰς	τὴν	γῆν	ἤκουσα	φωνὴν
todos$_{3}$	Y$_{1}$	habiendo caído$_{2}$	nosotros	en	la	tierra,	oí	una voz
3956	5037	2667	2257	1519	3588	1093	191	5456
JGPM	*CLN*	*VAAP-PGM*	*RP1GP*	*P*	*DASF*	*NASF*	*VAAI1S*	*NASF*

λέγουσαν	πρός	με	τῇ	Ἑβραΐδι	διαλέκτῳ·	Σαοὺλ	Σαούλ,	τί
diciendo	a	mí	(en) la	hebrea:$_{2}$	lengua$_{1}$	Saulo	Saulo,	¿por qué
3004	4314	3165	3588	1446	1258	4549	4549	5101
VPAP-SAF	*P*	*RP1AS*	*DDSF*	*JDSF, NDSF*	*NDSF*	*NVSM, XP*	*NVSM, XP*	*RI-ASN*

με	διώκεις;	σκληρόν	σοι	πρὸς	κέντρα	λακτίζειν.	15 ἐγὼ	δὲ
me	persigues?	Duro (es)	(para) ti	contra$_{2}$	(los) aguijones$_{3}$	dar coces$_{1}$	yo$_{2}$	Y$_{1}$
3165	1377	4642	4671	4314	2759	2979	1473	1161
RP1AS	*VPAI2S*	*JNSN*	*RP2DS*	*P*	*NAPN*	*VPAN*	*RP1NS*	*CLN*

εἶπα·	Τίς	εἶ,	κύριε;	ὁ	δὲ	κύριος	εἶπεν·	Ἐγώ	εἰμι	Ἰησοῦς
dije:	¿Quién	eres,	Señor?	el$_{2}$	Y$_{1}$	Señor	dijo:	Yo	soy	Jesús
3004	5101	1488	2962	3588	1161	2962	2036	1473	1510	2424
VAAI1S	*RI-NSM*	*VPAI2S*	*NVSM*	*DNSM*	*CLN*	*NNSM*	*VAAI3S*	*RP1NS*	*VPAI1S*	*NNSM*

ὃν	σὺ	διώκεις.	16 ἀλλὰ	ἀνάστηθι	καὶ	στῆθι	ἐπὶ	τοὺς	πόδας	σου·
al que	tú	persigues.	Pero	levántate	y	ponte	sobre	los	pies	de ti;
3739	4771	1377	235	450	2532	2476	1909	3588	4228	4675
RR-ASM	*RP2NS*	*VPAI2S*	*TE, C*	*VAAM2S*	*CLN*	*VAAM2S*	*P*	*DAPM*	*NAPM*	*RP2GS*

εἰς	τοῦτο	γὰρ	ὤφθην	σοι,	προχειρίσασθαί	σε	ὑπηρέτην	καὶ
por$_{2}$	esto$_{3}$	porque$_{1}$	me aparecí	a ti,	para elegir	a ti	servidor	y
1519	5124	1063	3700	4671	4400	4571	5257	2532
P	*RD-ASN*	*CAZ*	*VAPI1S*	*RP2DS*	*VAMN*	*RP2AS*	*NASM*	*CLN*

μάρτυρα	ὧν	τε	εἶδές	με	ὧν	τε	ὀφθήσομαί	σοι,
testigo	de las (cosas) que$_{2}$	tanto$_{1}$	viste	a mí	de las que$_{2}$	como$_{1}$	me apareceré	a ti,
3144	3739	5037	1492	3165	3739	5037	3700	4671
NASM	*RR-GPN*	*CLK*	*VAAI2S*	*RP1AS*	*RR-GPN*	*CLK, CLN*	*VFPI1S*	*RP2DS*

17 ἐξαιρούμενός	σε	ἐκ	τοῦ	λαοῦ	καὶ	ἐκ	τῶν	ἐθνῶν,	εἰς	οὓς
librando	a ti	de	el	pueblo	y	de	los	gentiles	a	los cuales
1807	4571	1537	3588	2992	2532	1537	3588	1484	1519	3739
VPMP-SNM	*RP2AS*	*P*	*DGSM*	*NGSM*	*CLN*	*P*	*DGPN*	*NGPN*	*P*	*RR-APM*

NVI

de sinagoga en sinagoga
castigándolos para
obligarlos a blasfemar.
Mi obsesión contra ellos
me llevaba al extremo de
perseguirlos incluso en
ciudades del extranjero.
12 »En uno de esos
viajes iba yo hacia
Damasco con la autori-
dad y la comisión de los
jefes de los sacerdotes.
13 A eso del mediodía,
oh rey, mientras iba por
el camino, vi una luz
del cielo, más reful-
gente que el sol, que
con su resplandor nos
envolvió a mí y a mis
acompañantes. 14 Todos
caímos al suelo, y yo oí
una voz que me decía en
arameo: "Saulo, Saulo,
¿por qué me persigues?
¿Qué sacas con darte
cabezazos contra la
pared?" 15 Entonces
pregunté: "¿Quién eres,
Señor?" "Yo soy Jesús, a
quien tú persigues —me
contestó el Señor—.
16 Ahora, ponte en pie
y escúchame. Me he
aparecido a ti con el fin
de designarte siervo y
testigo de lo que has
visto de mí y de lo que te
voy a revelar. 17 Te libraré
de tu propio pueblo y de
los gentiles. Te envío a

RVR

a quienes ahora te envío,
18 para que abras sus
ojos, a fin de que se con-
viertan de las tinieblas
a la luz, y de la potestad
de Satanás a Dios; para
que reciban, por la fe
que es en mí, perdón de
pecados y herencia entre
los santificados.

Pablo obedece a la visión

19 Por lo cual, oh rey
Agripa, no fui rebelde a
la visión celestial,
20 sino que anuncié
primeramente a los que
están en Damasco, y
Jerusalén, y por toda la
tierra de Judea, y a los
gentiles, que se arrepin-
tiesen y se convirtiesen
a Dios, haciendo obras
dignas de arrepenti-
miento.
21 Por causa de esto los
judíos, prendiéndome
en el templo, intentaron
matarme.
22 Pero habiendo obte-
nido auxilio de Dios,
persevero hasta el día de
hoy, dando testimonio
a pequeños y a grandes,
no diciendo nada fuera
de las cosas que los pro-
fetas y Moisés dijeron
que habían de suceder:
23 Que el Cristo había
de padecer, y que siendo
el primero de la resu-
rrección de los muertos,
iba a anunciar luz al

ἐγὼ	ἀποστέλλω	σε	18 ἀνοῖξαι	ὀφθαλμοὺς	αὐτῶν,	τοῦ	ἐπιστρέψαι
yo	envío	ti	para abrir	(los) ojos	de ellos,	--	para volver (ellos)
1473	649	4571	455	3788	846	3588	1994
RP1NS	VPAI1S	RP2AS	VAAN	NAPM	RP3GPM	DGSN	VAAN

ἀπὸ	σκότους	εἰς	φῶς	καὶ	τῆς	ἐξουσίας	τοῦ	Σατανᾶ	ἐπὶ	τὸν
de	(la) oscuridad	a	(la) luz	y	de la	autoridad	de --	Satanás	a	--
575	4655	1519	5457	2532	3588	1849	3588	4567	1909	3588
P	NGSN	P	NASN	CLN	DGSF	NGSF	DGSM	NGSM	P	DASM

θεόν,	τοῦ	λαβεῖν	αὐτοὺς	ἄφεσιν	ἁμαρτιῶν	καὶ	κλῆρον	ἐν
Dios,	--	para recibir	ellos	perdón	de (los) pecados	y	una herencia	entre
2316	3588	2983	846	859	266	2532	2819	1722
NASM	DGSN, DGSM	VAAN	RP3APM	NASF	NGPF	CLN	NASM	P

τοῖς	ἡγιασμένοις	πίστει	τῇ	εἰς	ἐμέ.	19 Ὅθεν,	βασιλεῦ	Ἀγρίππα,
los	santificados	fe$_2$	(por) la$_1$	en	mí.	Así que,	rey	Agripa,
3588	37	4102	3588	1519	1691	3606	935	67
DDPM	VRPP-PDM	NDSF	DDSF	P	RP1AS	B, C	NVSM	NVSM

οὐκ	ἐγενόμην	ἀπειθὴς	τῇ	οὐρανίῳ	ὀπτασίᾳ,	20 ἀλλὰ	τοῖς
no	fui	desobediente	a la	celestial$_2$	visión$_1$	sino	a los (que estaban)$_2$
3756	1096	545	3588	3770	3701	235	3588
BN, TN	VAMI1S	JNSM	DDSF	JDSF	NDSF	CLC	DDPM

ἐν	Δαμασκῷ	πρῶτόν	τε	καὶ	Ἱεροσολύμοις,	πᾶσάν	τε	τὴν
en$_3$	Damasco$_4$	primero,$_5$	y$_6$	también$_7$	(en) Jerusalén,$_8$	a toda$_{10}$	y$_9$	la$_{11}$
1722	1154	4412	5037	2532	2414	3956	5037	3588
P	NDSF	B, J	CLK	CLK, CLN	NDPN	JASF	CLN	DASF

χώραν	τῆς	Ἰουδαίας,	καὶ	τοῖς	ἔθνεσιν	ἀπήγγελλον	μετανοεῖν	καὶ
región$_{12}$	de --$_{13}$	Judea$_{14}$	y$_{15}$	a los$_{16}$	gentiles$_{17}$	anunciaba$_1$	arrepentirse	y
5561	3588	2449	2532	3588	1484	518	3340	2532
NASF	DGSF	NGSF	CLN	DDPN	NDPN	VIAI1S	VPAN	CLN

ἐπιστρέφειν	ἐπὶ	τὸν	θεόν,	ἄξια	τῆς	μετανοίας	ἔργα	πράσσοντας.
volver	a	--	Dios,	dignas$_3$	del$_4$	arrepentimiento.$_5$	obras$_2$	haciendo$_1$
1994	1909	3588	2316	514	3588	3341	2041	4238
VPAN	P	DASM	NASM	JAPN	DGSF	NGSF	NAPN	VPAP-PAM

21 ἕνεκα	τούτων	με	Ἰουδαῖοι	συλλαβόμενοι	ἐν	τῷ	ἱερῷ
Por causa de	estas cosas	a mí	(los) judíos	habiéndome apresado	en	el	templo
1752	5130	3165	2453	4815	1722	3588	2411
P, B	RD-GPN	RP1AS	JNPM	VAMP-PNM	P	DDSN	NDSN, JDSN

ἐπειρῶντο	διαχειρίσασθαι.	22 ἐπικουρίας	οὖν	τυχὼν	τῆς	ἀπὸ
intentaban	matar.	ayuda$_3$	Así que$_1$	habiendo obtenido$_2$	--	de parte de
3987	1315	1947	3767	5177	3588	575
VIUI3P	VAMN	NGSF	CLI	VAAP-SNM	DGSF	P

τοῦ	θεοῦ	ἄχρι	τῆς	ἡμέρας	ταύτης	ἕστηκα	μαρτυρόμενος	μικρῷ
--	Dios	hasta	el	día	este	he estado	testificando	a pequeño$_2$
3588	2316	891	3588	2250	3778	2476	3143	3398
DGSM	NGSM	P	DGSF	NGSF	RD-GSF	VRAI1S	VPUP-SNM	JDSM

τε	καὶ	μεγάλῳ,	οὐδὲν	ἐκτὸς	λέγων	ὧν	τε	οἱ	προφῆται
tanto$_1$	como	a grande	nada$_2$	fuera de$_3$	diciendo$_1$	las cosas que	tanto	los	profetas
5037	2532	3173	3762	1622	3004	3739	5037	3588	4396
CLK	CLK, CLN	JDSM	JASN	P, B	VPAP-SNM	RR-GPN	CLK	DNPM	NNPM

ἐλάλησαν	μελλόντων	γίνεσθαι	καὶ	Μωϋσῆς,	23 εἰ	παθητὸς
hablaron$_3$	yendo a$_4$	suceder;$_5$	como$_1$	Moisés$_2$	que	sometido al sufrimiento$_3$
2980	3195	1096	2532	3475	1487	3805
VAAI3P	VPAP-PGN	VPUN	CLK, CLN	NNSM	CSC,B	JNSM

ὁ	χριστός,	εἰ	πρῶτος	ἐξ	ἀναστάσεως	νεκρῶν	φῶς	μέλλει
el$_1$	Cristo$_2$	--	(el) primero	de	(la) resurrección	de (los) muertos	luz	va
3588	5547	1487	4413	1537	386	3498	5457	3195
DNSM	NNSM	CSC, B	JNSM	P	NGSF	JGPM	NASN	VPAI3S

NVI

estos 18 para que les abras
los ojos y se conviertan
de las tinieblas a la luz,
y del poder de Satanás
a Dios, a fin de que, por
la fe en mí, reciban el
perdón de los pecados
y la herencia entre los
santificados".
19 »Así que, rey
Agripa, no fui desobe-
diente a esa visión celes-
tial. 20 Al contrario, co-
menzando con los que
estaban en Damasco,
siguiendo con los que
estaban en Jerusalén y en
toda Judea, y luego con
los gentiles, a todos les
prediqué que se arrepin-
tieran y se convirtieran a
Dios, y que demostraran
su arrepentimiento con
sus buenas obras. 21 Solo
por eso los judíos me
prendieron en el templo
y trataron de matarme.
22 Pero Dios me ha
ayudado hasta hoy, y
así me mantengo firme,
testificando a grandes y
pequeños. No he dicho
sino lo que los profetas
y Moisés ya dijeron
que sucedería: 23 que
el Cristo padecería y
que, siendo el primero
en resucitar, proclama-
ría la luz a su propio

RVR

pueblo y a los gentiles.

Pablo exhorta a Agripa a que crea

24 Al decir él estas cosas
en su defensa, Festo dijo
a gran voz: Estás loco,
Pablo; las muchas letras
te están llevando a la
locura.
25 Mas él dijo: No estoy
loco, excelentísimo
Festo, sino que pronun-
cio palabras de verdad y
de cordura.
26 Pues el rey sabe bien
estas cosas, delante de
quien también hablo
con toda confianza.
Porque no pienso que se
le oculte nada de esto;
pues no se ha hecho esto
en un rincón.
27 ¿Crees, oh rey Agripa,
a los profetas? Yo sé que
crees.
28 Entonces Agripa dijo
a Pablo: Por poco me
persuades a hacerme
cristiano.
29 Y Pablo dijo:
¡Quisiera Dios que por
poco o por mucho, no
solamente tú, sino tam-
bién todos los que hoy
me oyen, fueseis hechos
tales cual yo soy, excepto
estas cadenas!
30 Entonces se levantó
el rey, y el gobernador,

καταγγέλλειν	τῷ	τε	λαῷ	καὶ	τοῖς	ἔθνεσιν.	24 Ταῦτα	δὲ	αὐτοῦ
a anunciar	al$_2$	tanto$_1$	pueblo	como	a los	gentiles.	estas cosas$_2$	Y$_1$	él
2605	3588	5037	2992	2532	3588	1484	5023	1161	846
VPAN	DDSM	CLK	NDSM	CLK, CLN	DDPN	NDPN	RD-APN	CLN	RP3GSM

ἀπολογουμένου	ὁ	Φῆστος	μεγάλῃ	τῇ	φωνῇ	φησιν·	Μαίνῃ,
hablando en defensa propia	--	Festo	con grande	--	voz	dice:	Estás loco,
626	3588	5347	3173	3588	5456	5346	3105
VPUP-SGM	DNSM	NNSM	JDSF	DDSF	NDSF	VPAI3S	VPUI2S

Παῦλε·	τὰ	πολλά	σε	γράμματα	εἰς	μανίαν	περιτρέπει.	25 ὁ
Pablo;	las	muchas	a ti$_2$	letras$_1$	a$_4$	(la) locura.$_5$	(te) vuelven$_3$	--$_2$
3972	3588	4183	4571	1121	1519	3130	4062	3588
NVSM	DNPN	JNPN	RP2AS	NNPN	P	NASF	VPAI3S	DNSM

δὲ	Παῦλος·	Οὐ	μαίνομαι,	φησίν,	κράτιστε	Φῆστε,	ἀλλὰ	ἀληθείας
Pero$_1$	Pablo$_3$	No$_5$	estoy loco,$_6$	dice$_4$	excelentísimo	Festo,	sino	de verdad$_3$
1161	3972	3756	3105	5346	2903	5347	235	225
CLC	NNSM	BN, TN	VPUI1S	VPAI3S	JVSM	NVSM	CLC	NGSF

καὶ	σωφροσύνης	ῥήματα	ἀποφθέγγομαι.	26 ἐπίσταται	γὰρ	περὶ
y$_4$	de sensatez.$_5$	palabras$_2$	hablo$_1$	sabe$_4$	Porque$_1$	acerca de$_5$
2532	4997	4487	669	1987	1063	4012
CLN	NGSF	NAPN	VPUI1S	VPUI3S	CAZ	P

τούτων	ὁ	βασιλεύς,	πρὸς	ὃν	καὶ	παρρησιαζόμενος	λαλῶ·
estas cosas,$_6$	el$_2$	rey$_3$	delante de	el cual	también	hablando con valentía$_2$	hablo$_1$
5130	3588	935	4314	3739	2532	3955	2980
RD-GPN	DNSM	NNSM	P	RR-ASM	BE, TE	VPUP-SNM	VPAI1S

λανθάνειν	γὰρ	αὐτὸν	τούτων	οὐ	πείθομαι	οὐθέν,	οὐ	γάρ
ignorar$_4$	porque$_3$	él	de estas cosas,	no	estoy persuadido	que nada;	no$_2$	porque$_1$
2990	1063	846	5130	3756	3982	3762	3756	1063
VPAN	CAZ	RP3ASM	RD-GPN	BN, TN	VPPI1S	JASN	BN, TN	CAZ

ἐστιν	ἐν	γωνίᾳ	πεπραγμένον	τοῦτο.	27 πιστεύεις,	βασιλεῦ	Ἀγρίππα,
está$_3$	en$_6$	un rincón.$_7$	hecho$_4$	esto$_5$	¿Crees,	rey	Agripa,
2076	1722	1137	4238	5124	4100	935	67
VPAI3S	P	NDSF	VRPP-SNN	RD-NSN	VPAI2S	NVSM	NVSM

τοῖς	προφήταις;	οἶδα	ὅτι	πιστεύεις.	28 ὁ	δὲ	Ἀγρίππας	πρὸς	τὸν
(en) los	profetas?	Sé	que	crees.	--$_2$	Y$_1$	Agripa	a	--
3588	4396	1492	3754	4100	3588	1161	67	4314	3588
DDPM	NDPM	VRAI1S	CSC	VPAI2S	DNSM	CLN	NNSM	P	DASM

Παῦλον·	Ἐν	ὀλίγῳ	με	πείθεις	Χριστιανὸν	ποιῆσαι.	29 ὁ	δὲ
Pablo:	Por	poco	me	persuades	cristiano.$_2$	a hacer(me)$_1$	--$_2$	Y$_1$
3972	1722	3641	3165	3982	5546	4160	3588	1161
NASM	P	JDSN	RP1AS	VPAI2S	NASM	VAAN	DNSM	CLN

Παῦλος·	Εὐξαίμην	ἂν	τῷ	θεῷ	καὶ	ἐν	ὀλίγῳ	καὶ	ἐν	μεγάλῳ
Pablo:	Desearía	--	--	Dios	(que)	por	poco	como	por	grande
3972	2172	302	3588	2316	2532	1722	3641	2532	1722	3173
NNSM	VAMO1S	TC	DDSM	NDSM	CLK	P	JDSN	CLK, CLD	P	JDSM

οὐ	μόνον	σὲ	ἀλλὰ	καὶ	πάντας	τοὺς	ἀκούοντάς	μου	σήμερον
no	sólo	tú	sino	también	todos	los que	habiendo oído	a mí	hoy
3756	3440	4571	235	2532	3956	3588	191	3450	4594
BN, TN	B, J	RP2AS	CLC	BE, TE	JAPM	DAPM	VPAP-PAM	RP1GS	B

γενέσθαι	τοιούτους	ὁποῖος	καὶ	ἐγώ	εἰμι	παρεκτὸς	τῶν	δεσμῶν
llegar a ser	tales	cual	también	yo	soy,	excepto	(por) las	cadenas
1096	5108	3697	2532	1473	1510	3924	3588	1199
VAMN	RD-APM	JNSM, JNSN	BE, TE	RP1NS	VPAI1S	P, B	DGPM	NGPM

τούτων.	30 Ἀνέστη	τε	ὁ	βασιλεὺς	καὶ	ὁ	ἡγεμὼν	ἥ	τε
estas.	se levantó$_4$	Y$_1$	el$_2$	rey$_3$	y	el	gobernador	--	y
5130	450	5037	3588	935	2532	3588	2232	3588	5037
RD-GPM	VAAI3S	CLN	DNSM	NNSM	CLN	DNSM	NNSM	DNSF, RR-NSF	CLN

NVI

pueblo y a los gentiles».
24 Al llegar Pablo a
este punto de su defensa,
Festo interrumpió.
—¡Estás loco, Pablo!
—le gritó—. El mucho
estudio te ha hecho
perder la cabeza.
25 —No estoy loco,
excelentísimo Festo
—contestó Pablo—.
Lo que digo es cierto
y sensato. 26 El rey está
familiarizado con
estas cosas, y por eso
hablo ante él con tanto
atrevimiento. Estoy con-
vencido de que nada de
esto ignora, porque no
sucedió en un rincón.
27 Rey Agripa, ¿cree
usted en los profetas? ¡A
mí me consta que sí!
28 —Un poco más y
me convences a hacerme
cristiano —le dijo
Agripa.
29 —Sea por poco o
por mucho —le replicó
Pablo—, le pido a Dios
que no solo usted, sino
también todos los que
me están escuchando
hoy lleguen a ser como
yo, aunque sin estas
cadenas.
30 Se levantó el rey, y
también el gobernador,

RVR

y Berenice, y los que
se habían sentado con
ellos;
31 y cuando se retiraron
aparte, hablaban entre
sí, diciendo: Ninguna
cosa digna ni de muerte
ni de prisión está practi-
cando este hombre.
32 Y Agripa dijo a Festo:
Podría este hombre ser
puesto en libertad, si no
hubiera apelado a César.

Pablo es enviado a Roma

27 Cuando se
decidió que
habíamos de navegar
para Italia, entregaron a
Pablo y a algunos otros
presos a un centurión
llamado Julio, de la
compañía Augusta.
2 Y embarcándonos en
una nave adramitena
que estaba para zarpar
hacia los puertos de
Asia, nos hicimos a la
mar, estando con noso-
tros Aristarco, macedo-
nio de Tesalónica.
3 Al otro día llegamos a
Sidón; y Julio, tratando
humanamente a Pablo,
le permitió que fuese
a los amigos, para ser
atendido por ellos.
4 Y haciéndonos a la vela
desde allí, navegamos
a sotavento de Chipre,
porque los vientos

Βερνίκη	καὶ	οἱ	συγκαθήμενοι	αὐτοῖς,	31 καὶ	ἀναχωρήσαντες	ἐλάλουν
Berenice	y	los que	estando sentados con	ellos,	y	habiéndo(se) retirado	hablaban
959	2532	3588	4775	846	2532	402	2980
NNSF	*CLN*	*DNPM*	*VPUP-PNM*	*RP3DPM*	*CLN*	*VAAP-PNM*	*VIAI3P*

πρὸς	ἀλλήλους	λέγοντες	ὅτι	Οὐδὲν	θανάτου	ἢ	δεσμῶν	ἄξιον	τι
--	unos con otros	diciendo	que:	nada$_4$	de muerte$_8$	o$_9$	de cadenas$_{10}$	digno$_7$	--$_6$
4314	240	3004	3754	3762	2288	2228	1199	514	5100
P	*RC-APM*	*VPAP-PNM*	*CSC*	*JASN*	*NGSM*	*CLD*	*NGPM*	*JASN*	*RX-ASN*

πράσσει	ὁ	ἄνθρωπος	οὗτος.	32 Ἀγρίππας	δὲ	τῷ	Φήστῳ	ἔφη·
hace$_5$	El$_1$	hombre$_2$	este$_3$	Agripa$_2$	Y$_1$	a --$_4$	Festo:$_5$	dijo$_3$
4238	3588	444	3778	67	1161	3588	5347	5346
VPAI3S	*DNSM*	*NNSM*	*RD-NSM*	*NNSM*	*CLN*	*DDSM*	*NDSM*	*VIAI3S*

Ἀπολελύσθαι	ἐδύνατο	ὁ	ἄνθρωπος	οὗτος	εἰ	μὴ	ἐπεκέκλητο
ser despedido$_{10}$	podía$_9$	El$_6$	hombre$_7$	este$_8$	si	no	había invocado
630	1410	3588	444	3778	1487	3361	1941
VRPN	*VIUI3S*	*DNSM*	*NNSM*	*RD-NSM*	*CAC*	*BN, TN*	*VLMI3S*

Καίσαρα.
a César.
2541
NASM

27 Ὡς	δὲ	ἐκρίθη	τοῦ	ἀποπλεῖν	ἡμᾶς	εἰς	τὴν	Ἰταλίαν,
cuando$_2$	Y$_1$	fue decidido	--	navegar	nosotros	a	--	Italia,
5613	1161	2919	3588	636	2248	1519	3588	2482
CAT	*CLT*	*VAPI3S*	*DGSN, DGSM*	*VPAN*	*RP1AP*	*P*	*DASF*	*NASF*

παρεδίδουν	τόν	τε	Παῦλον	καί	τινας	ἑτέρους	δεσμώτας
entregaban	--$_2$	tanto$_1$	a Pablo	como	a algunos	otros	prisioneros
3860	3588	5037	3972	2532	5100	2087	1202
VIAI3P	*DASM*	*CLK*	*NASM*	*CLK, CLN*	*JAPM, RX-APM*	*JAPM*	*NAPM*

ἑκατοντάρχῃ	ὀνόματι	Ἰουλίῳ	σπείρης	Σεβαστῆς.	2 ἐπιβάντες
a un centurión	(de) nombre	Julio	de (la) cohorte	Augusta.	habiendo subido$_2$
1543	3686	2457	4686	4575	1910
NDSM	*NDSN*	*NDSM*	*NGSF*	*JGSF*	*VAAP-PNM, VAAP-SNM*

δὲ	πλοίῳ	Ἀδραμυττηνῷ	μέλλοντι	πλεῖν	εἰς	τοὺς	κατὰ	τὴν
Y$_1$	a un barco	de Adramitio	yendo a	navegar	hacia	los	junto a$_2$	--$_3$
1161	4143	98	3195	4126	1519	3588	2596	3588
CLN	*NDSN*	*JDSN*	*VPAP-SDN, VPAP-SDM*	*VPAN*	*P*	*DAPM*	*P*	*DASF*

Ἀσίαν	τόπους	ἀνήχθημεν	ὄντος	σὺν	ἡμῖν	Ἀριστάρχου	Μακεδόνος
Asia$_4$	lugares$_1$	nos embarcamos	estando	con	nosotros	Aristarco	un macedonio
773	5117	321	5607	4862	2254	708	3110
NASF	*NAPM*	*VAPI1P*	*VPAP-SGM*	*P*	*RP1DP*	*NGSM*	*NGSM*

Θεσσαλονικέως·	3 τῇ	τε	ἑτέρᾳ	κατήχθημεν	εἰς	Σιδῶνα,
tesalonicense.	al$_2$	Y$_1$	otro (día)	arribamos	a	Sidón,
2331	3588	5037	2087	2609	1519	4605
NGSM	*DDSF*	*CLN*	*JDSF*	*VAPI1P, VAPI1S*	*P*	*NASF*

φιλανθρώπως	τε	ὁ	Ἰούλιος	τῷ	Παύλῳ	χρησάμενος	ἐπέτρεψεν
humanamente$_5$	y$_1$	--$_2$	Julio$_3$	a --$_6$	Pablo$_7$	habiendo tratado$_4$	(le) permitió,
5364	5037	3588	2457	3588	3972	5530	2010
B	*CLN*	*DNSM*	*NNSM*	*DDSM*	*NDSM*	*VAMP-SNM*	*VAAI3S*

πρὸς	τοὺς	φίλους	πορευθέντι	ἐπιμελείας	τυχεῖν.	4 κἀκεῖθεν
a (donde)$_2$	los$_3$	amigos,$_4$	habiendo ido$_1$	cuidado (de ellos)$_6$	obtener$_5$	Y de allí
4314	3588	5384	4198	1958	5177	2547
P	*DAPM*	*JAPM*	*VAPP-SDM*	*NGSF*	*VAAN*	*CLN, BP*

ἀναχθέντες	ὑπεπλεύσαμεν	τὴν	Κύπρον	διὰ	τὸ	τοὺς	ἀνέμους
habiéndonos embarcado	navegamos al abrigo de	--	Chipre	por causa de	--	los	vientos
321	5284	3588	2954	1223	3588	3588	417
VAPP-PNM	*VAAI1P*	*DASF*	*NASF*	*P*	*DASN*	*DAPM*	*NAPM*

NVI

Berenice y los que esta-
ban sentados con ellos.
31 Al retirarse, decían
entre sí:
—Este hombre no ha
hecho nada que merezca
la muerte ni la cárcel.
32 Y Agripa le dijo a
Festo:
—Se podría poner en
libertad a este hombre
si no hubiera apelado al
emperador.

Pablo viaja a Roma

27 Cuando se
decidió que
navegáramos rumbo
a Italia, entregaron a
Pablo y a algunos otros
presos a un centurión
llamado Julio, que
pertenecía al batallón
imperial. 2 Subimos a
bordo de un barco, con
matrícula de Adramitio,
que estaba a punto de
zarpar hacia los puertos
de la provincia de Asia,
y nos hicimos a la mar.
Nos acompañaba
Aristarco, un macedo-
nio de Tesalónica.
3 Al día siguiente
hicimos escala en Sidón;
y Julio, con mucha
amabilidad, le permitió
a Pablo visitar a sus
amigos para que lo aten-
dieran. 4 Desde Sidón
zarpamos y navegamos
al abrigo de Chipre, por-
que los vientos nos eran

RVR

eran contrarios.
5 Habiendo atravesado
el mar frente a Cilicia
y Panfilia, arribamos a
Mira, ciudad de Licia.
6 Y hallando allí el
centurión una nave
alejandrina que zarpaba
para Italia, nos embarcó
en ella.
7 Navegando muchos
días despacio, y llegando
a duras penas frente a
Gnído, como el viento
no nos permitía más,
navegamos a sotaven-
to de Creta, frente a
Salmona.
8 Y costeándola con
dificultad, llegamos a
un lugar que llaman
Buenos Puertos, cerca
del cual estaba la ciudad
de Lasea.
9 Y habiendo pasado
mucho tiempo, y siendo
ya peligrosa la navega-
ción, por haber pasado
ya el ayuno, Pablo les
amonestaba,
10 diciéndoles: Varones,
veo que la navegación
va a ser con perjuicio y
mucha pérdida, no sólo
del cargamento y de la
nave, sino también de
nuestras personas.
11 Pero el centurión

εἶναι	ἐναντίους,	5 τό	τε	πέλαγος	τὸ	κατὰ	τὴν	Κιλικίαν	καὶ
ser	contrarios.	el$_3$	y$_1$	mar (abierto)$_4$	--$_5$	por$_6$	--$_7$	Cilicia$_8$	y$_7$
1511	1727	3588	5037	3989	3588	2596	3588	2791	2532
VPAN	JAPM	DASN	CLN	NASN	DASN	P	DASF	NASF	CLN

Παμφυλίαν	διαπλεύσαντες	κατήλθομεν	εἰς	Μύρα	τῆς	Λυκίας.
Panfilia$_9$	habiendo atravesado navegando$_2$	llegamos	a	Mira	de --	Licia.
3828	1277	2718	1519	3460	3588	3073
NASF	VAAP-PNM	VAAI1P	P	NAPN	DGSF	NGSF

6 κἀκεῖ	εὑρὼν	ὁ	ἑκατοντάρχης	πλοῖον	Ἀλεξανδρῖνον	πλέον
Y allí	habiendo encontrado	el	centurión	un barco	alejandrino	navegando
2546	2147	3588	1543	4143	222	4126
CLN, BP	VAAP-SNM	DNSM	NNSM	NASN	JASN	VPAP-SAN

εἰς	τὴν	Ἰταλίαν	ἐνεβίβασεν	ἡμᾶς	εἰς	αὐτό.	7 ἐν	ἱκαναῖς	δὲ	ἡμέραις
para	--	Italia	embarcó	a nosotros	en	él.	por$_2$	bastantes$_3$	Y$_1$	días
1519	3588	2482	1688	2248	1519	846	1722	2425	1161	2250
P	DASF	NASF	VAAI3S	RP1AP	P	RP3ASN	P	JDPF	CLN	NDPF

βραδυπλοοῦντες	καὶ	μόλις	γενόμενοι	κατὰ	τὴν	Κνίδον,	μὴ
navegando lentamente	y	con dificultad	habiendo llegado	por	--	Gnido,	no
1020	2532	3433	1096	2596	3588	2834	3361
VPAP-PNM	CLN	B	VAMP-PNM	P	DASF	NASF	BN, TN

προσεῶντος	ἡμᾶς	τοῦ	ἀνέμου,	ὑπεπλεύσαμεν	τὴν	Κρήτην	κατὰ
pudiendo acercar	a nosotros	(por) el	viento,	navegamos al abrigo de	--	Creta	frente a
4330	2248	3588	417	5284	3588	2914	2596
VPAP-SGM	RP1AP	DGSM	NGSM	VAAI1P	DASF	NASF	P

Σαλμώνην,	8 μόλις	τε	παραλεγόμενοι	αὐτὴν	ἤλθομεν	εἰς	τόπον
Salmón,	con dificultad$_2$	y$_1$	costeando	a ella	llegamos	a	lugar$_2$
4534	3433	5037	3881	846	2064	1519	5117
NASF	B	CLN	VPUP-PNM	RP3ASF	VAAI1P	P	NASM

τινὰ	καλούμενον	Καλοὺς	Λιμένας	ᾧ	ἐγγὺς	ἦν	πόλις
cierto$_1$	siendo llamado	Buenos	Puertos	en el cual	cerca	estaba	(la) ciudad
5100	2564	2568, 2570	2568, 3040	3739	1451	2258	4172
JASM, RX-ASM	VPPP-SAM	JAPM	NAPM	RR-DSM	P, B	VIAI3S	NNSF

Λασαία.
de Lasea.
2996
NNSF

9 Ἱκανοῦ	δὲ	χρόνου	διαγενομένου	καὶ	ὄντος	ἤδη	ἐπισφαλοῦς
bastante$_2$	Y$_1$	tiempo	habiendo pasado	y	siendo	ya	peligrosa
2425	1161	5550	1230	2532	5607	2235	2000
JGSM	CLT	NGSM	VAMP-SGM	CLN	VPAP-SGM	B	JGSM

τοῦ	πλοὸς	διὰ	τὸ	καὶ	τὴν	νηστείαν	ἤδη	παρεληλυθέναι,
la	navegación	por causa de$_2$	--$_3$	también$_1$	el$_6$	ayuno,$_7$	ya$_4$	haber pasado$_5$
3588	4144	1223	3588	2532	3588	3521	2235	3928
DGSM	NGSM	P	DASN	CLA, B	DASF	NASF	B	VRAN

παρῄνει	ὁ	Παῦλος	10 λέγων	αὐτοῖς·	Ἄνδρες,	θεωρῶ	ὅτι	μετὰ	ὕβρεως
exhortaba$_{10}$	--$_8$	Pablo$_9$	diciendo	a ellos:	Varones,	veo	que	con	daño
3867	3588	3972	3004	846	435	2334	3754	3326	5196
VIAI3S	DNSM	NNSM	VPAP-SNM	RP3DPM	NVPM	VPAI1S	CSC	P	NGSF

καὶ	πολλῆς	ζημίας	οὐ	μόνον	τοῦ	φορτίου	καὶ	τοῦ	πλοίου
y	mucha	pérdida	no	solamente	del	cargamento	y	del	barco
2532	4183	2209	3756	3440	3588	5413	2532	3588	4143
CLN	JGSF	NGSF	CLK, TN, B	B, J	DGSN, DGSM	NGSN	CLN	DGSN	NGSN

ἀλλὰ	καὶ	τῶν	ψυχῶν	ἡμῶν	μέλλειν	ἔσεσθαι	τὸν	πλοῦν.	11 ὁ
sino	también	de las	vidas	de nosotros	ir a	ser	la	navegación.	el$_2$
235	2532	3588	5590	2257	3195	2071	3588	4144	3588
CLK, CLC	BE, TE	DGPF	NGPF	RP1GP	VPAN	VFMN	DASM	NASM	DNSM

NVI

contrarios. 5 Después de
atravesar el mar frente
a las costas de Cilicia
y Panfilia, arribamos a
Mira de Licia. 6 Allí el
centurión encontró un
barco de Alejandría que
iba para Italia, y nos hizo
subir a bordo. 7 Durante
muchos días la navega-
ción fue lenta, y a duras
penas llegamos frente a
Gnido. Como el viento
nos era desfavorable
para seguir el rumbo
trazado, navegamos al
amparo de Creta, frente
a Salmona. 8 Seguimos
con dificultad a lo largo
de la costa y llegamos
a un lugar llamado
Buenos Puertos, cerca
de la ciudad de Lasea.
9 Se había perdido
mucho tiempo, y era pe-
ligrosa la navegación por
haber pasado ya la fiesta
del ayuno. Así que Pablo
les advirtió: 10 «Señores,
veo que nuestro viaje va
a ser desastroso y que va
a causar mucho perjui-
cio tanto para el barco
y su carga como para
nuestras propias vidas».
11 Pero el centurión,

RVR

daba más crédito al
piloto y al patrón de la
nave, que a lo que Pablo
decía.
12 Y siendo el puerto
inadecuado para inver-
nar, la mayoría acordó
zarpar también de allí,
por si pudiesen arribar a
Fénice, puerto de Creta
que mira al sudoeste y
noroeste, e invernar allí.

La tempestad en el mar

13 Y soplando una brisa
del sur, pareciéndoles
que ya habían consegui-
do su propósito, levaron
anclas e iban costeando
Creta.
14 Pero no mucho des-
pués dio contra la nave
un viento huracanado
llamado Euroclidón.
15 Y siendo arrastrada
la nave, y no pudiendo
poner proa al viento,
nos abandonamos a él y
nos dejamos llevar.
16 Y habiendo corrido
a sotavento de una
pequeña isla llamada
Clauda, con dificultad
pudimos hacernos con
el esquife.
17 Y una vez subido a
bordo, usaron de refuer-
zos para ceñir la nave; y

δὲ	ἑκατοντάρχης	τῷ	κυβερνήτῃ	καὶ	τῷ	ναυκλήρῳ	μᾶλλον
Pero$_1$	centurión	(por) el$_2$	piloto$_3$	y$_4$	el$_5$	capitán del barco$_6$	más$_7$
1161	1543	3588	2942	2532	3588	3490	3123
CLC	*NNSM*	*DDSM*	*NDSM*	*CLN*	*DDSM*	*NDSM*	*B*

ἐπείθετο	ἢ	τοῖς	ὑπὸ	Παύλου	λεγομένοις.	12 ἀνευθέτου	δὲ
era persuadido$_1$	que$_8$	por las (palabras)$_9$	por$_{11}$	Pablo.$_{12}$	siendo dichas$_{10}$	incómodo$_5$	Y$_1$
3982	2228	3588	5259	3972	3004	428	1161
VIPI3S	*T, C*	*DDPN*	*P*	*NGSM*	*VPPP-PDN*	*JGSM*	*CLN*

τοῦ	λιμένος	ὑπάρχοντος	πρὸς	παραχειμασίαν	οἱ	πλείονες	ἔθεντο
el$_3$	puerto$_4$	estando$_2$	para	pasar el invierno	los	más	pusieron
3588	3040	5225	4314	3915	3588	4119	5087
DGSM	*NGSM*	*VPAP-SGM*	*P*	*NASF*	*DNPM*	*JNPMC*	*VAMI3P*

βουλὴν	ἀναχθῆναι	ἐκεῖθεν,	εἴ	πως	δύναιντο	καταντήσαντες
(la) decisión	embarcarse	de allí,	si	de algún modo	podrían	habiendo llegado
1012	321	1564	1513	1513	1410	2658
NASF	*VAPN*	*BP*	*CAC, T*	*TX, BX*	*VPUO3P*	*VAAP-PNM*

εἰς	Φοίνικα	παραχειμάσαι,	λιμένα	τῆς	Κρήτης	βλέποντα	κατὰ
a	Fenice	pasar el invierno (allí),	un puerto	de --	Creta	mirando	a(l)
1519	5405	3914	3040	3588	2914	991	2596
P	*NASM*	*VAAN*	*NASM*	*DGSF*	*NGSF*	*VPAP-SAM*	*P*

λίβα	καὶ	κατὰ	χῶρον.
sudoeste	y	a(l)	noroeste.
3047	2532	2596	5566
NASM	*CLN*	*P*	*NASM*

13 Ὑποπνεύσαντος	δὲ	νότου	δόξαντες	τῆς	προθέσεως
habiendo soplado la brisa$_2$	Y$_1$	de un viento sureño	habiendo pensado (ellos)	el	propósito
5285	1161	3558	1380	3588	4286
VAAP-SGM	*CLT*	*NGSM*	*VAAP-PNM*	*DGSF*	*NGSF*

κεκρατηκέναι	ἄραντες	ἆσσον	παρελέγοντο	τὴν	Κρήτην.
haber alcanzado,	habiendo recogido (anclas),	muy cerca	costeaban	--	Creta.
2902	142	788	3881	3588	2914
VRAN	*VAAP-PNM*	*B*	*VIUI3P*	*DASF*	*NASF*

14 μετ’	οὐ	πολὺ	δὲ	ἔβαλεν	κατ’	αὐτῆς	ἄνεμος	τυφωνικὸς	ὁ
después de$_2$	no$_3$	mucho$_4$	Pero$_1$	(se) arrojó	contra	ella	un viento	huracanado	el
3326	3756	4183	1161	906	2596	846	417	5189	3588
P	*BN, TN*	*JASN*	*CLC*	*VAAI3S*	*P*	*RP3GSF*	*NNSM*	*JNSM*	*DNSM*

καλούμενος	Εὐρακύλων·	15 συναρπασθέντος	δὲ	τοῦ	πλοίου	καὶ	μὴ
siendo llamado	Euroclidón;	habiendo sido arrastrado$_2$	Y$_1$	el	barco	y	no
2564	2148	4884	1161	3588	4143	2532	3361
VPPP-SNM	*NNSM*	*VAPP-SGN*	*CLN*	*DGSN*	*NGSN*	*CLN*	*BN, TN*

δυναμένου	ἀντοφθαλμεῖν	τῷ	ἀνέμῳ	ἐπιδόντες	ἐφερόμεθα.
pudiendo	hacer frente a	el	viento	habiéndo(nos) entregado	éramos llevados a la deriva.
1410	503	3588	417	1929	5342
VPUP-SGN	*VPAN*	*DDSM*	*NDSM*	*VAAP-PNM*	*VIPI1P*

16 νησίον	δέ	τι	ὑποδραμόντες	καλούμενον	Καῦδα
pequeña isla$_4$	Y$_1$	cierta$_3$	habiendo navegado a lo largo de$_2$	siendo llamada	Cauda,
3519	1161	5100	5295	2564	2802
NASN	*CLN*	*JASN, RX-ASN*	*VAAP-PNM*	*VPPP-SAN*	*NASN, XP*

ἰσχύσαμεν	μόλις	περικρατεῖς	γενέσθαι	τῆς	σκάφης,	17 ἣν
pudimos	con dificultad	dominio$_2$	hacer$_1$	del	bote salvavidas,	al cual
2480	3433	4031	1096	3588	4627	3739
VAAI1P	*B*	*JNPM*	*VAMN*	*DGSF*	*NGSF*	*RR-ASF*

ἄραντες	βοηθείαις	ἐχρῶντο	ὑποζωννύντες	τὸ	πλοῖον·
habiendo levantado,	soportes$_2$	usaban$_1$	atando pasando cables por debajo de	el	barco,
142	996	5530	5269	3588	4143
VAAP-PNM	*NDPF*	*VIUI3P*	*VPAP-PNM*	*DASN*	*NASN*

NVI

en vez de hacerle caso,
siguió el consejo del
timonel y del dueño
del barco.
12 Como el
puerto no era adecuado
para invernar, la mayoría
decidió que debíamos
seguir adelante, con la
esperanza de llegar a
Fenice, puerto de Creta
que da al suroeste y al
noroeste, y pasar allí el
invierno.

La tempestad

13 Cuando comenzó
a soplar un viento suave
del sur, creyeron que
podían conseguir lo que
querían, así que levaron
anclas y navegaron
junto a la costa de
Creta.
14 Poco después
se nos vino encima un
viento huracanado,
llamado Nordeste, que
venía desde la isla.
15 El
barco quedó atrapado
por la tempestad y no
podía hacerle frente
al viento, así que nos
dejamos llevar a la
deriva.
16 Mientras pa-
sábamos al abrigo de un
islote llamado Cauda,
a duras penas pudimos
sujetar el bote salvavidas.
17 Después de subirlo a
bordo, amarraron con
sogas todo el casco del
barco para reforzarlo.

RVR

teniendo temor de dar
en la Sirte, arriaron las
velas y quedaron a la
deriva.
18 Pero siendo combati-
dos por una furiosa tem-
pestad, al día siguiente
empezaron a aligerar
la nave,
19 y al tercer día con
nuestras propias manos
arrojamos los aparejos
de la nave.
20 Y no apareciendo
ni sol ni estrellas por
muchos días, y acosados
por una tempestad no
pequeña, ya se fue per-
diendo toda esperanza
de salvarnos.
21 Entonces Pablo,
como hacía ya mucho
que no comíamos,
puesto en pie en medio
de ellos, dijo: Debíais,
oh varones, haberme
hecho caso, y no zarpar
de Creta tan sólo para
recibir este perjuicio y
pérdida.
22 Pero ahora os exhorto
a tener buen ánimo,
pues no habrá ninguna
pérdida de vida entre
vosotros, sino solamen-
te de la nave.
23 Porque esta noche ha
estado conmigo el ángel
del Dios de quien soy y
a quien sirvo,
24 y me ha dicho: Pablo,

φοβούμενοί	τε	μὴ	εἰς	τὴν	Σύρτιν	ἐκπέσωσιν,	χαλάσαντες	τὸ
temiendo (que)$_2$	y$_1$	--$_4$	en$_5$	el$_6$	Sirte$_7$	encallaran$_3$	habiendo hecho bajar	el
5399	5037	3361	1519	3588	4950	1601	5465	3588
VPUP-PNM	*CLN*	*CSC*	*P*	*DASF*	*NASF*	*VAAS3P*	*VAAP-PNM*	*DASN*

σκεῦος,	οὕτως	ἐφέροντο.	18 σφοδρῶς	δὲ	χειμαζομένων
ancla flotante,	así	eran llevados a la deriva.	violentamente$_4$	Y$_1$	siendo sacudidos por la tempestad$_3$
4632	3779	5342	4971	1161	5492
NASN	*B*	*VIPI3P*	*B*	*CLN*	*VPPP-PGM*

ἡμῶν	τῇ	ἑξῆς	ἐκβολὴν	ἐποιοῦντο,	19 καὶ	τῇ	τρίτῃ
nosotros$_2$	al$_5$	siguiente (día)$_6$	una descarga$_8$	hacían$_7$	y	al	tercer (día)
2257	3588	1836	1546	4160	2532	3588	5154
RP1GP	*DDSF*	*B*	*NASF*	*VIMI3P*	*CLN*	*DDSF*	*JDSF*

αὐτόχειρες	τὴν	σκευὴν	τοῦ	πλοίου	ἔρριψαν.	20 μήτε	δὲ	ἡλίου
con las propias manos$_2$	el$_3$	aparejo$_4$	del$_5$	barco$_6$	arrojaron$_1$	ni$_2$	Y$_1$	sol
849	3588	4631	3588	4143	4496	3383	1161	2246
JNPM	*DASF*	*NASF*	*DGSN*	*NGSN*	*VAAI3P*	*CLK,TN*	*CLN*	*NGSM*

μήτε	ἄστρων	ἐπιφαινόντων	ἐπὶ	πλείονας	ἡμέρας,	χειμῶνός	τε
ni	estrellas	mostrándose	por	muchos	días,	una tempestad$_2$	y$_1$
3383	798	2014	1909	4119	2250	5494	5037
CLK, TN	*NGPN*	*VPAP-PGN*	*P*	*JAPFC, JAPMC*	*NAPF*	*NGSM*	*CLN*

οὐκ	ὀλίγου	ἐπικειμένου,	λοιπὸν	περιῃρεῖτο	ἐλπὶς	πᾶσα	τοῦ
no	pequeña	estando sobre (nosotros),	finalmente$_3$	era quitada$_4$	esperanza$_2$	toda$_1$	de --$_5$
3756	3641	1945	3063	4014	1680	3956	3588
BN, TN	*JGSM*	*VPUP-SGM*	*JASN*	*VIPI3S*	*NNSF*	*JNSF*	*DGSN, DGSM*

σῴζεσθαι	ἡμᾶς.
ser salvados.$_7$	nosotros$_6$
4982	2248
VPPN	*RP1AP*

21 Πολλῆς	τε	ἀσιτίας	ὑπαρχούσης	τότε	σταθεὶς
mucha$_3$	Y$_1$	falta de comida,$_4$	existiendo$_2$	entonces	habiéndose puesto de pie
4183	5037	776	5225	5119	2476
JGSF	*CLN*	*NGSF*	*VPAP-SGF*	*B*	*VAPP-SNM*

ὁ	Παῦλος	ἐν	μέσῳ	αὐτῶν	εἶπεν·	Ἔδει	μέν,	ὦ	ἄνδρες,
--	Pablo	en	medio	de ellos	dijo:	Era necesario,	en verdad	¡oh	varones!,
3588	3972	1722	3319	846	2036	1163	3303	5599	435
DNSM	*NNSM*	*P*	*JDSN*	*RP3GPM*	*VAAI3S*	*VIAI3S*	*TE, C*	*I*	*NVPM*

πειθαρχήσαντάς	μοι	μὴ	ἀνάγεσθαι	ἀπὸ	τῆς	Κρήτης	κερδῆσαί
habiendo obedecido$_2$	a mí (consejo)$_3$	no$_1$	embarcarse	de	--	Creta	ahorrar$_2$
3980	3427	3361	321	575	3588	2914	2770
VAAP-PAM	*RP1DS*	*BN, TN*	*VPPN*	*P*	*DGSF*	*NGSF*	*VAAN*

τε	τὴν	ὕβριν	ταύτην	καὶ	τὴν	ζημίαν.	22 καὶ	τὰ	νῦν	παραινῶ	ὑμᾶς
y$_1$	el	daño	este	y	la	pérdida.	Y	--	ahora	exhorto	a vosotros
5037	3588	5196	3778	2532	3588	2209	2532	3588	3568	3867	5209
CLN	*DASF*	*NASF*	*RD-ASF*	*CLN*	*DASF*	*NASF*	*CLC*	*DAPN*	*B*	*VPAI1S*	*RP2AP*

εὐθυμεῖν,	ἀποβολὴ	γὰρ	ψυχῆς	οὐδεμία	ἔσται	ἐξ	ὑμῶν	πλὴν	τοῦ
tener buen ánimo,	pérdida$_3$	porque$_1$	de vida$_4$	ninguna$_2$	habrá	de	vosotros	excepto	el
2114	580	1063	5590	3762	2071	1537	5216	4133	3588
VPAN	*NNSF*	*CAZ*	*NGSF*	*JNSF*	*VFMI3S*	*P*	*RP2GP*	*P, B*	*DGSN*

πλοίου.	23 παρέστη	γάρ	μοι	ταύτῃ	τῇ	νυκτὶ	τοῦ	θεοῦ,	οὗ
barco.	(se) presentó$_2$	Porque$_1$	a mí	esta	--	noche,	del$_2$	Dios,$_3$	de quien$_4$
4143	3936	1063	3427	3778	3588	3571	3588	2316	3739
NGSN	*VAAI3S*	*CAZ*	*RP1DS*	*RD-DSF*	*DDSF*	*NDSF*	*DGSM*	*NGSM*	*RR-GSM*

εἰμι,	ᾧ	καὶ	λατρεύω,	ἄγγελος	24 λέγων·	Μὴ	φοβοῦ,	Παῦλε.
soy$_5$	a quien$_6$	también$_7$	sirvo,$_8$	un ángel$_1$	diciendo:	No	temas,	Pablo,
1510	3739	2532	3000	32	3004	3361	5399	3972
VPAI1S	*RR-DSM*	*CLN, B*	*VPAI1S*	*NNSM*	*VPAP-SNM*	*BN, TN*	*VPUM2S*	*NVSM*

NVI

Temiendo que fueran a
encallar en los bancos de
arena de la Sirte, echa-
ron el ancla flotante y
dejaron el barco a la de-
riva. 18 Al día siguiente,
dado que la tempestad
seguía arremetiendo con
mucha fuerza contra
nosotros, comenzaron
a arrojar la carga por la
borda. 19 Al tercer día,
con sus propias manos
arrojaron al mar los apa-
rejos del barco. 20 Como
pasaron muchos días
sin que aparecieran ni
el sol ni las estrellas, y
la tempestad seguía
arreciando, perdimos
al fin toda esperanza de
salvarnos.

21 Llevábamos ya mu-
cho tiempo sin comer,
así que Pablo se puso en
medio de todos y dijo:
«Señores, debían haber
seguido mi consejo y no
haber zarpado de Creta;
así se habrían ahorrado
este perjuicio y esta
pérdida. 22 Pero ahora
los exhorto a cobrar
ánimo, porque ninguno
de ustedes perderá la
vida; solo se perderá
el barco. 23 Anoche
se me apareció un
ángel del Dios a quien
pertenezco y a quien
sirvo, 24 y me dijo: "No
tengas miedo, Pablo.

RVR

no temas; es menester
que comparezcas ante
César; y mira, Dios te
ha concedido todos los
que navegan contigo.
25 Por tanto, oh varones,
tened buen ánimo;
porque yo confío en
Dios que acontecerá
exactamente como se
me ha dicho.
26 Con todo, tenemos
que encallar en cierta
isla.
27 Cuando llegó la
decimocuarta noche, y
éramos llevados a través
del mar Adriático,
a la medianoche los
marineros comenzaron
a presentir que estaban
cerca de tierra;
28 y echando la sonda,
hallaron veinte brazas;
y pasando un poco más
adelante, volviendo a
echar la sonda, hallaron
quince brazas.
29 Y temiendo dar en
escollos, echaron cuatro
anclas por la popa, y
ansiaban que se hiciese
de día.
30 Pero como los mari-
neros procuraban huir
de la nave, y habían
echado el esquife al mar,
aparentando como que
iban a tender las anclas
de proa,
31 dijo Pablo al
centurión y a los

Καίσαρί	σε	δεῖ	παραστῆναι,	καὶ	ἰδοὺ	κεχάρισταί	σοι
(ante) César	te	es necesario	compadecer,	y	mira,	ha dado generosamente$_{3}$	a ti$_{4}$
2541	4571	1163	3936	2532	2400	5483	4671
NDSM	*RP2AS*	*VPAI3S*	*VAAN*	*CLN*	*I, VAAM2S*	*VRUI3S*	*RP2DS*

ὁ	θεὸς	πάντας	τοὺς	πλέοντας	μετὰ	σοῦ.	25 διὸ	εὐθυμεῖτε,
--$_{1}$	Dios$_{2}$	todos	los que	están navegando	con	ti.	Por lo cual	tened buen ánimo,
3588	2316	3956	3588	4126	3326	4675	1352	2114
DNSM	*NNSM*	*JAPM*	*DAPM*	*VPAP-PAM*	*P*	*RP2GS*	*CLI*	*VPAM2P*

ἄνδρες·	πιστεύω	γὰρ	τῷ	θεῷ	ὅτι	οὕτως	ἔσται	καθ'	ὃν	τρόπον
varones;	creo$_{2}$	porque$_{1}$	(en) --	Dios	que	así	será	según	la cual	manera (como)
435	4100	1063	3588	2316	3754	3779	2071	2596	3739	5158
NVPM	*VPAI1S*	*CAZ*	*DDSM*	*NDSM*	*CSC*	*B*	*VFMI3S*	*P*	*RR-ASM*	*NASM*

λελάληταί	μοι.	26 εἰς	νῆσον	δέ	τινα	δεῖ	ἡμᾶς	ἐκπεσεῖν.
ha sido hablado	a mí.	en$_{2}$	isla$_{4}$	Y$_{1}$	cierta$_{3}$	es necesario	nosotros.$_{2}$	encallar$_{1}$
2980	3427	1519	3520	1161	5100	1163	2248	1601
VRPI3S	*RP1DS*	*P*	*NASF*	*CLC*	*JASF, RX-ASF*	*VPAI3S*	*RP1AP*	*VAAN*

27 Ὡς	δὲ	τεσσαρεσκαιδεκάτη	νὺξ	ἐγένετο	διαφερομένων
cuando$_{2}$	Y$_{1}$	(la) decimocuarta	noche	vino	siendo transportados de un lado a otro
5613	1161	5065	3571	1096	1308
CAT	*CLT*	*JNSF*	*NNSF*	*VAMI3S*	*VPPP-PGM*

ἡμῶν	ἐν	τῷ	Ἀδρίᾳ,	κατὰ	μέσον	τῆς	νυκτὸς	ὑπενόουν	οἱ
nosotros	en	el	Adriático,	hacia	(la) mitad	de la	noche	sospechaban	los
2257	1722	3588	99	2596	3319	3588	3571	5282	3588
RP1GP	*P*	*DDSM*	*NDSM*	*P*	*JASN*	*DGSF*	*NGSF*	*VIAI3P*	*DNPM*

ναῦται	προσάγειν	τινὰ	αὐτοῖς	χώραν.	28 καὶ	βολίσαντες
marineros	acercarse	cierta$_{2}$	a ellos$_{1}$	tierra.	Y	habiendo echado la sonda
3492	4317	5100	846	5561	2532	1001
NNPM	*VPAN*	*JASF, RX-ASF*	*RP3DPM*	*NASF*	*CLN*	*VAAP-PNM*

εὗρον	ὀργυιὰς	εἴκοσι,	βραχὺ	δὲ	διαστήσαντες	καὶ
encontraron	brazas,$_{2}$	veinte$_{1}$	un poco (más lejos)$_{4}$	y$_{3}$	habiendo pasado (un tiempo)	y
2147	3712	1501	1024	1161	1339	2532
VAAI3P	*NAPF*	*JAPF, JNPM*	*JASN*	*CLN*	*VAAP-PNM*	*CLN*

πάλιν	βολίσαντες	εὗρον	ὀργυιὰς	δεκαπέντε·	29 φοβούμενοί
de nuevo	habiendo echado la sonda	encontraron	brazas;$_{2}$	quince$_{1}$	temiendo (que)$_{2}$
3825	1001	2147	3712	1178	5399
B	*VAAP-PNM*	*VAAI3P*	*NAPF*	*XN, J*	*VPUP-PNM*

τε	μή	που	κατὰ	τραχεῖς	τόπους	ἐκπέσωμεν	ἐκ	πρύμνης
y$_{1}$	--	en algún lugar	contra	escabrosos$_{2}$	lugares$_{1}$	encalláramos,	de	(la) popa
5037	3361	4225	2596	5138	5117	1601	1537	4403
CLN	*CSC*	*BX, TX*	*P*	*JAPM*	*NAPM*	*VAAS1P*	*P*	*NGSF*

ῥίψαντες	ἀγκύρας	τέσσαρας	ηὔχοντο	ἡμέραν	γενέσθαι.	30 τῶν
habiendo arrojado	anclas$_{2}$	cuatro$_{1}$	deseaban	(de) día	hacerse.	los$_{2}$
4496	45	5064	2172	2250	1096	3588
VAAP-PNM	*NAPF*	*JAPF*	*VIUI3P*	*NASF*	*VAMN*	*DGPM*

δὲ	ναυτῶν	ζητούντων	φυγεῖν	ἐκ	τοῦ	πλοίου	καὶ	χαλασάντων	τὴν
Y$_{1}$	marineros	buscando	huir	de	el	barco	y	habiendo hecho bajar	el
1161	3492	2212	5343	1537	3588	4143	2532	5465	3588
CLN	*NGPM*	*VPAP-PGM*	*VAAN*	*P*	*DGSN*	*NGSN*	*CLN*	*VAAP-PGM*	*DASF*

σκάφην	εἰς	τὴν	θάλασσαν	προφάσει	ὡς	ἐκ	πρῴρης	ἀγκύρας
bote salvavidas	en	el	mar,	pretexto (de)$_{2}$	como$_{1}$	desde$_{6}$	(la) proa,$_{7}$	(las) anclas$_{5}$
4627	1519	3588	2281	4392	5613	1537	4408	45
NASF	*P*	*DASF*	*NASF*	*NDSF*	*CAM*	*P*	*NGSF*	*NAPF*

μελλόντων	ἐκτείνειν,	31 εἶπεν	ὁ	Παῦλος	τῷ	ἑκατοντάρχῃ	καὶ	τοῖς
yendo a$_{3}$	lanzar$_{4}$	dijo$_{3}$	--$_{1}$	Pablo$_{2}$	al	centurión	y	a los
3195	1614	2036	3588	3972	3588	1543	2532	3588
VPAP-PGM	*VPAN*	*VAAI3S*	*DNSM*	*NNSM*	*DDSM*	*NDSM*	*CLN*	*DDPM*

NVI

Tienes que comparecer
ante el emperador; y
Dios te ha concedido
la vida de todos los que
navegan contigo". 25 Así
que ¡ánimo, señores!
Confío en Dios que
sucederá tal y como se
me dijo. 26 Sin embargo,
tenemos que encallar en
alguna isla».

El naufragio

27 Ya habíamos
pasado catorce noches
a la deriva por el mar
Adriático cuando a eso
de la medianoche los
marineros presintieron
que se aproximaban a
tierra. 28 Echaron la son-
da y encontraron que el
agua tenía unos treinta
y siete metros de profun-
didad. Más adelante
volvieron a echar la son-
da y encontraron que
tenía cerca de veintisiete
metros de profundidad.
29 Temiendo que fuéra-
mos a estrellarnos contra
las rocas, echaron cuatro
anclas por la popa y se
pusieron a rogar que
amaneciera. 30 En un
intento por escapar del
barco, los marineros
comenzaron a bajar el
bote salvavidas al mar,
con el pretexto de que
iban a echar algunas
anclas desde la proa.
31 Pero Pablo les advirtió
al centurión y a los

RVR

soldados: Si éstos no permanecen en la nave, vosotros no podéis salvaros.
32 Entonces los soldados cortaron las amarras del esquife y lo dejaron perderse.
33 Y hasta que empezó a hacerse de día, Pablo exhortaba a todos a que comiesen, diciendo: Éste es el decimocuarto día que veláis y permanecéis en ayunas, sin haber comido nada.
34 Por tanto, os ruego que comáis algo, porque es conveniente para vuestra salud; pues ni aun un cabello de la cabeza de ninguno de vosotros perecerá.
35 Y habiendo dicho esto, tomó el pan y dio gracias a Dios en presencia de todos, y partiéndolo, comenzó a comer.
36 Entonces todos, teniendo ya mejor ánimo, comieron también.
37 Y éramos todas las personas en la nave doscientas setenta y seis.
38 Y ya satisfechos, aligeraron la nave, echando el trigo al mar.

στρατιώταις·	Ἐὰν	μὴ	οὗτοι	μείνωσιν	ἐν	τῷ	πλοίῳ,	ὑμεῖς	σωθῆναι
soldados:	Si	no$_2$	estos$_1$	permanecieran	en	el	barco,	vosotros	ser salvados.$_3$
4757	1437	3361	3778	3306	1722	3588	4143	5210	4982
NDPM	*CAC*	*BN, TN*	*RD-NPM*	*VAAS3P*	*P*	*DDSN*	*NDSN*	*RP2NP*	*VAPN*

οὐ	δύνασθε.	32 τότε	ἀπέκοψαν	οἱ	στρατιῶται	τὰ	σχοινία	τῆς
no$_1$	podéis$_2$	Entonces	cortaron$_3$	los$_1$	soldados$_2$	las	sogas	del
3756	1410	5119	609	3588	4757	3588	4979	3588
BN, TN	*VPUI2P*	*B*	*VAAI3P*	*DNPM*	*NNPM*	*DAPN*	*NAPN*	*DGSF*

σκάφης	καὶ	εἴασαν	αὐτὴν	ἐκπεσεῖν.
bote salvavidas	y	dejaron	a él	caer.
4627	2532	1439	846	1601
NGSF	*CLN*	*VAAI3P*	*RP3ASF*	*VAAN*

33 Ἄχρι	δὲ	οὗ	ἡμέρα	ἤμελλεν	γίνεσθαι	παρεκάλει	ὁ
hasta$_2$	Y$_1$	que	(de) día	estaba a punto de	ser,	exhortaba$_3$	--$_1$
891	1161	3739	2250	3195	1096	3870	3588
P	*CLN*	*RR-GSN*	*NNSF*	*VIAI3S*	*VPUN*	*VIAI3S*	*DNSM*

Παῦλος	ἅπαντας	μεταλαβεῖν	τροφῆς	λέγων·	Τεσσαρεσκαιδεκάτην
Pablo$_2$	a todos	a tomar	alimento	diciendo:	(el) decimocuarto$_2$
3972	537	3335	5160	3004	5065
NNSM	*JAPM*	*VAAN*	*NGSF*	*VPAP-SNM*	*JASF*

σήμερον	ἡμέραν	προσδοκῶντες	ἄσιτοι	διατελεῖτε,	μηθὲν
Hoy (es)$_1$	día	que esperando	sin comer$_2$	os mantenéis$_1$	nada
4594	2250	4328	777	1300	3367
B	*NASF*	*VPAP-PNM*	*JNPM*	*VPAI2P*	*JASN*

προσλαβόμενοι·	34 διὸ	παρακαλῶ	ὑμᾶς	μεταλαβεῖν	τροφῆς,
habiendo tomado.	Por lo cual	ruego	a vosotros	tomar	alimento;
4355	1352	3870	5209	3335	5160
VAMP-PNM	*CLI*	*VPAI1S*	*RP2AP*	*VAAN*	*NGSF*

τοῦτο	γὰρ	πρὸς	τῆς	ὑμετέρας	σωτηρίας	ὑπάρχει·	οὐδενὸς	γὰρ
esto$_2$	porque$_1$	para	--	vuestra	salvación	es,	de ninguno$_2$	porque$_1$
5124	1063	4314	3588	5212	4991	5225	3762	1063
RD-NSN	*CAZ*	*P*	*DGSF*	*JGSF, RS2GPF*	*NGSF*	*VPAI3S*	*JGSM*	*CAZ*

ὑμῶν	θρὶξ	ἀπὸ	τῆς	κεφαλῆς	ἀπολεῖται.	35 εἴπας	δὲ	ταῦτα
de vosotros	un cabello	de	la	cabeza	se perderá.	habiendo dicho$_2$	Y$_1$	estas cosas
5216	2359	575	3588	2776	622	3004	1161	5023
RP2GP	*NNSF*	*P*	*DGSF*	*NGSF*	*VFMI3S*	*VAAP-SNM*	*CLN*	*RD-APN*

καὶ	λαβὼν	ἄρτον	εὐχαρίστησεν	τῷ	θεῷ	ἐνώπιον	πάντων	καὶ
y	habiendo tomando	pan	dio gracias	a --	Dios	delante de	todos	y
2532	2983	740	2168	3588	2316	1799	3956	2532
CLN	*VAAP-SNM*	*NASM*	*VAAI3S*	*DDSM*	*NDSM*	*P, B*	*JGPM*	*CLN*

κλάσας	ἤρξατο	ἐσθίειν.	36 εὔθυμοι	δὲ	γενόμενοι	πάντες
habiéndo(lo) partido	comenzó	a comer.	de buenos ánimos$_3$	Y$_1$	habiendo llegado a estar$_2$	todos
2806	756	2068	2115	1161	1096	3956
VAAP-SNM	*VAMI3S*	*VPAN*	*JNPM*	*CLN*	*VAMP-PNM*	*JNPM*

καὶ	αὐτοὶ	προσελάβοντο	τροφῆς.	37 ἤμεθα	δὲ	αἱ	πᾶσαι	ψυχαὶ	ἐν
también	ellos	tomaron	alimento.	éramos$_2$	Y$_1$	las$_4$	todas$_3$	vidas	en
2532	846	4355	5160	1510	1161	3588	3956	5590	1722
CLN, B	*RP3NPMP*	*VAMI3P*	*NGSF*	*VIMI1P*	*CLN*	*DNPF*	*JNPF*	*NNPF*	*P*

τῷ	πλοίῳ	διακόσιαι	ἑβδομήκοντα	ἕξ.	38 κορεσθέντες	δὲ	τροφῆς
el	barco	doscientas	setenta	(y) seis.	habiéndonos saciado$_2$	Y$_1$	de alimento
3588	4143	1250	1440	1803	2880	1161	5160
DDSN	*NDSN*	*JNPF*	*XN, J*	*XN, J*	*VAPP-PNM*	*CLN*	*NGSF*

ἐκούφιζον	τὸ	πλοῖον	ἐκβαλλόμενοι	τὸν	σῖτον	εἰς	τὴν	θάλασσαν.
aligeraban	el	barco	echando	el	trigo	en	el	mar.
2893	3588	4143	1544	3588	4621	1519	3588	2281
VIAI3P	*DASN*	*NASN*	*VPMP-PNM*	*DASM*	*NASM*	*P*	*DASF*	*NASF*

NVI

soldados: «Si esos no
se quedan en el barco,
no podrán salvarse
ustedes». 32 Así que
los soldados cortaron
las amarras del bote
salvavidas y lo dejaron
caer al agua.
33 Estaba a punto
de amanecer cuando
Pablo animó a todos a
tomar alimento: «Hoy
hace ya catorce días que
ustedes están con la vida
en un hilo, y siguen sin
probar bocado. 34 Les
ruego que coman algo,
pues lo necesitan para
sobrevivir. Ninguno
de ustedes perderá ni
un solo cabello de la
cabeza». 35 Dicho esto,
tomó pan y dio gracias
a Dios delante de todos.
Luego lo partió y co-
menzó a comer. 36 Todos
se animaron y también
comieron. 37 Éramos
en total doscientas
setenta y seis personas
en el barco. 38 Una vez
satisfechos, aligeraron el
barco echando el trigo
al mar.

RVR

El naufragio

39 Cuando se hizo de día, no reconocían la tierra, pero divisaban una ensenada que tenía playa, en la cual acordaron varar la nave, si era posible.
40 Cortando, pues, las anclas, las dejaron en el mar, largando también las amarras de los timones; e izando al viento la vela de proa, enfilaron hacia la playa.
41 Pero dando en un escollo donde se encuentran dos corrientes, hicieron encallar la nave; y la proa se clavó y quedó inmóvil, mientras que la popa se abría con la violencia de las olas.
42 Entonces los soldados acordaron matar a los presos, para que ninguno se fugase nadando.
43 Pero el centurión, queriendo salvar a Pablo, les impidió este intento, y mandó que los que pudiesen nadar se echasen los primeros, y saliesen a tierra;
44 y los demás, parte en tablas, parte en varios objetos procedentes de la nave. Y así

39 Ὅτε	δὲ	ἡμέρα	ἐγένετο,	τὴν	γῆν	οὐκ	ἐπεγίνωσκον,	κόλπον
cuando$_2$	Y$_1$	(de) día	se hizo,	la$_3$	tierra$_4$	no$_1$	reconocían,$_2$	bahía$_7$
3753	1161	2250	1096	3588	1093	3756	1921	2859
CAT	*CLN*	*NNSF*	*VAMI3S*	*DASF*	*NASF*	*BN, TN*	*VIAI3P*	*NASM*

δέ	τινα	κατενόουν	ἔχοντα	αἰγιαλὸν	εἰς	ὃν	ἐβουλεύοντο
pero$_5$	cierta$_6$	percibían	teniendo	una playa	a	la cual	decían,
1161	5100	2657	2192	123	1519	3739	1011
CLC	*JASM, RX-ASM*	*VIAI3P*	*VPAP-SAM*	*NASM*	*P*	*RR-ASM*	*VIUI3P*

εἰ	δύναιντο	ἐξῶσαι	τὸ	πλοῖον.	40 καὶ	τὰς	ἀγκύρας
si	podrían	lanzar hacia (ella)	el	barco.	Y	las$_2$	anclas$_3$
1487	1410	1856	3588	4143	2532	3588	45
CAC, T	*VPUO3P*	*VAAN*	*DASN*	*NASN*	*CLN*	*DAPF*	*NAPF*

περιελόντες	εἴων	εἰς	τὴν	θάλασσαν,	ἅμα	ἀνέντες	τὰς
habiendo quitado$_1$	(las) dejaban	en	el	mar,	al mismo tiempo	habiendo soltado	las
4014	1439	1519	3588	2281	260	447	3588
VAAP-PNM	*VIAI3P*	*P*	*DASF*	*NASF*	*B*	*VAAP-PNM*	*DAPF*

ζευκτηρίας	τῶν	πηδαλίων,	καὶ	ἐπάραντες	τὸν	ἀρτέμωνα	τῇ
amarras	de los	timones	y	habiendo levantado	la	vela delantera	al (viento)
2202	3588	4079	2532	1869	3588	736	3588
NAPF	*DGPN*	*NGPN*	*CLN*	*VAAP-PNM*	*DASM*	*NASM*	*DDSF*

πνεούσῃ	κατεῖχον	εἰς	τὸν	αἰγιαλόν.	41 περιπεσόντες	δὲ
soplando	se dejaban arrastrar	a	la	playa.	habiendo chocado$_2$	Y$_1$
4154	2722	1519	3588	123	4045	1161
VPAP-SDF	*VIAI3P*	*P*	*DASM*	*NASM*	*VAAP-PNM*	*CLC*

εἰς	τόπον	διθάλασσον	ἐπέκειλαν	τὴν	ναῦν,	καὶ	ἡ	μὲν	πρῷρα
en	un lugar	entre dos mares	encallaron	la	nave	y	la	--	proa
1519	5117	1337	2027	3588	3491	2532	3588	3303	4408
P	*NASM*	*JASM*	*VAAI3P*	*DASF*	*NASF*	*CLN*	*DNSF*	*TK, C*	*NNSF*

ἐρείσασα	ἔμεινεν	ἀσάλευτος,	ἡ	δὲ	πρύμνα	ἐλύετο	ὑπὸ
habiéndo(se) clavado	permaneció	inmóvil,	la$_2$	pero$_1$	popa	se destruía	por
2043	3306	761	3588	1161	4403	3089	5259
VAAP-SNF	*VAAI3S*	*JNSF*	*DNSF*	*CLK, CLC*	*NNSF*	*VIPI3S*	*P*

τῆς	βίας.	42 τῶν	δὲ	στρατιωτῶν	βουλὴ	ἐγένετο	ἵνα	τοὺς
la	violencia (de la olas).	de los$_3$	Y$_1$	soldados$_4$	(el) plan$_2$	fue	que	a los
3588	970	3588	1161	4757	1012	1096	2443	3588
DGSF	*NGSF*	*DGPM*	*CLN*	*NGPM*	*NNSF*	*VAMI3S*	*CSC*	*DAPM*

δεσμώτας	ἀποκτείνωσιν,	μή	τις	ἐκκολυμβήσας	διαφύγῃ·
prisioneros	mataran,	no (fuera que)	alguno	habiendo salido nadando	escapara;
1202	615	3361	5100	1579	1309
NAPM	*VPAS3P*	*CAP, TN*	*RX-NSM*	*VAAP-SNM*	*VAAS3S*

43 ὁ	δὲ	ἑκατοντάρχης	βουλόμενος	διασῶσαι	τὸν	Παῦλον	ἐκώλυσεν
el$_2$	y$_1$	centurión	deseando	salvar	a --	Pablo	impidió
3588	1161	1543	1014	1295	3588	3972	2967
DNSM	*CLC*	*NNSM*	*VPUP-SNM*	*VAAN*	*DASM*	*NASM*	*VAAI3S*

αὐτοὺς	τοῦ	βουλήματος,	ἐκέλευσέν	τε	τοὺς	δυναμένους	κολυμβᾶν
a ellos	el	propósito,	ordenó$_2$	y$_1$	a los que	pudiendo	nadar
846	3588	1013	2753	5037	3588	1410	2860
RP3APM	*DGSN*	*NGSN*	*VAAI3S*	*CLN*	*DAPM*	*VPUP-PAM*	*VPAN*

ἀπορίψαντας	πρώτους	ἐπὶ	τὴν	γῆν	ἐξιέναι,	44 καὶ	τοὺς	λοιποὺς	οὓς
habiéndo(se) lanzado	(los) primeros	a$_2$	la$_3$	tierra.$_4$	salir$_1$	Y	a los	demás	unos
641	4413	1909	3588	1093	1826	2532	3588	3062	3739
VAAP-PAM	*JAPM*	*P*	*DASF*	*NASF*	*VPAN*	*CLN*	*DAPM*	*JAPM*	*RR-APM*

μὲν	ἐπὶ	σανίσιν	οὓς	δὲ	ἐπί	τινων	τῶν	ἀπὸ	τοῦ	πλοίου·	καὶ
--	sobre	tablones,	otros$_2$	y$_1$	sobre	algunas	de las cosas	de	el	barco.	Y
3303	1909	4548	3739	1161	1909	5100	3588	575	3588	4143	2532
TK, C	*P*	*NDPF*	*RR-APM*	*CLK, CLC*	*P*	*RX-GPN*	*DGPN*	*P*	*DGSN*	*NGSN*	*CLN*

NVI

39 Cuando amane-
ció, no reconocieron la
tierra, pero vieron una
bahía que tenía playa,
donde decidieron enca-
llar el barco a como diera
lugar. 40 Cortaron las
anclas y las dejaron caer
en el mar, desatando a
la vez las amarras de los
timones. Luego izaron
a favor del viento la vela
de proa y se dirigieron a
la playa. 41 Pero el barco
fue a dar en un banco de
arena y encalló. La proa
se encajó en el fondo y
quedó varada, mientras
la popa se hacía pedazos
al embate de las olas.
42 Los soldados
pensaron matar a los
presos para que ninguno
escapara a nado. 43 Pero
el centurión quería sal-
varle la vida a Pablo, y les
impidió llevar a cabo el
plan. Dio orden de que
los que pudieran nadar
saltaran primero por la
borda para llegar a tierra,
44 y de que los demás
salieran valiéndose de
tablas o de restos del
barco. De esta manera

RVR

aconteció que todos
llegamos a tierra sanos
y salvos.

Pablo en la isla de Malta

28 Estando ya a
salvo, supimos
que la isla se llamaba
Malta.
2 Y los naturales nos
trataron con no poca
humanidad; porque
encendieron una ho-
guera, a causa de la lluvia
que caía y del frío, y nos
recibieron a todos.
3 Pero, al recoger Pablo
algunas ramas secas y
echarlas al fuego, salió
una víbora, huyendo del
calor, y se le prendió en
la mano.
4 Cuando los natu-
rales vieron la víbora
colgando de su mano,
se decían unos a otros:
Ciertamente este
hombre es un homicida,
a quien, aunque ha esca-
pado del mar, la Justicia
no deja vivir.
5 Pero él, sacudiendo la
víbora en el fuego, no
sufrió ningún daño.
6 Ellos aguardaban a que
comenzase a hinchar-
se, o cayese muerto de
repente; mas habiendo
esperado mucho, y vien-
do que nada anormal le

οὕτως	ἐγένετο	πάντας	διασωθῆναι	ἐπὶ	τὴν	γῆν.
así	sucedió (que)	todos	ser traídos salvos	a	la	tierra.
3779	1096	3956	1295	1909	3588	1093
B	VAMI3S	JAPM	VAPN	P	DASF	NASF

28

Καὶ	διασωθέντες	τότε	ἐπέγνωμεν	ὅτι	Μελίτη	ἡ	νῆσος
Y	habiendo sido salvados	entonces	supimos	que	Malta.$_4$	la$_1$	isla$_2$
2532	1295	5119	1921	3754	3194	3588	3520
CLN	VAPP-PNM	B	VAAI1P	CSC	NNSF	DNSF	NNSF

καλεῖται.	2 οἵ	τε	βάρβαροι	παρεῖχον	οὐ	τὴν	τυχοῦσαν
se llama$_3$	los$_2$	Y$_1$	bárbaros	presentaban	no	la	ordinaria
2564	3588	5037	915	3930	3756	3588	5177
VPPI3S	DNPM, RR-NPM	CLN	JNPM	VIAI3P	BN, TN	DASF	VAAP-SAF

φιλανθρωπίαν	ἡμῖν,	ἅψαντες	γὰρ	πυρὰν	προσελάβοντο
humanidad	a nosotros,	habiendo encendido$_2$	porque$_1$	una hoguera	recibieron
5363	2254	681	1063	4443	4355
NASF	RP1DP	VAAP-PNM	CAZ	NASF	VAMI3P

πάντας	ἡμᾶς	διὰ	τὸν	ὑετὸν	τὸν	ἐφεστῶτα	καὶ	διὰ	τὸ
a todos	nosotros	por causa de	la	lluvia	la	presentada	y	por causa de	el
3956	2248	1223	3588	5205	3588	2186	2532	1223	3588
JAPM	RP1AP	P	DASM	NASM	DASM	VRAP-SAM	CLN	P	DASN

ψῦχος.	3 συστρέψαντος	δὲ	τοῦ	Παύλου	φρυγάνων	τι	πλῆθος
frío.	habiendo reunido$_2$	Y$_1$	--$_3$	Pablo$_4$	de ramas secas$_7$	cierta$_5$	cantidad$_6$
5592	4962	1161	3588	3972	5434	5100	4128
NASN	VAAP-SGM	CLN	DGSM	NGSM	NGPN	JASN, RX-ASN	NASN

καὶ	ἐπιθέντος	ἐπὶ	τὴν	πυράν,	ἔχιδνα	ἀπὸ	τῆς	θέρμης	ἐξελθοῦσα
y	habiéndo(las) puesto	en	la	hoguera,	una víbora	de$_2$	el$_3$	calor$_4$	habiendo salido$_1$
2532	2007	1909	3588	4443	2191	575	3588	2329	1831
CLN	VAAP-SGM	P	DASF	NASF	NNSF	P	DGSF	NGSF	VAAP-SNF

καθῆψε	τῆς	χειρὸς	αὐτοῦ.	4 ὡς	δὲ	εἶδον	οἱ	βάρβαροι	κρεμάμενον
se agarró	de la	mano	de él.	cuando$_2$	Y$_1$	vieron	los	bárbaros	colgando
2510	3588	5495	846	5613	1161	1492	3588	915	2910
VAAI3S	DGSF	NGSF	RP3GSM	CAT	CLN	VAAI3P	DNPM	JNPM	VPMP-SAN

τὸ	θηρίον	ἐκ	τῆς	χειρὸς	αὐτοῦ,	πρὸς	ἀλλήλους	ἔλεγον·	Πάντως
el	animal	de	la	mano	de él,	--$_2$	unos a otros:$_3$	decían$_1$	Ciertamente$_4$
3588	2342	1537	3588	5495	846	4314	240	3004	3843
DASN	NASN	P	DGSF	NGSF	RP3GSM	P	RC-APM	VIAI3P	B

φονεύς	ἐστιν	ὁ	ἄνθρωπος	οὗτος	ὃν	διασωθέντα	ἐκ	τῆς
un asesino,$_9$	es$_8$	el$_5$	hombre$_6$	este$_7$	el cual	habiendo sido salvado	de	el
5406	2076	3588	444	3778	3739	1295	1537	3588
NNSM	VPAI3S	DNSM	NNSM	RD-NSM	RR-ASM	VAPP-SAM	P	DGSF

θαλάσσης	ἡ	δίκη	ζῆν	οὐκ	εἴασεν.	5 ὁ	μὲν	οὖν	ἀποτινάξας	τὸ
mar	la	Justicia	vivir.$_3$	no$_1$	permitió$_2$	Él	--	pues	habiendo sacudido	el
2281	3588	1349	2198	3756	1439	3588	3303	3767	660	3588
NGSF	DNSF	NNSF	VPAN	BN, TN	VAAI3S	DNSM	TE, C	CLC	VAAP-SNM	DASN

θηρίον	εἰς	τὸ	πῦρ	ἔπαθεν	οὐδὲν	κακόν·	6 οἱ	δὲ	προσεδόκων
animal	hacia	el	fuego	padeció,$_3$	ningún$_1$	mal$_2$	--$_2$	y$_1$	esperaban
2342	1519	3588	4442	3958	3762	2556	3588	1161	4328
NASN	P	DASN	NASN	VAAI3S	JASN	JASN	DNPM	CLN	VIAI3P

αὐτὸν	μέλλειν	πίμπρασθαι	ἢ	καταπίπτειν	ἄφνω	νεκρόν.	ἐπὶ
a él	estar a punto de	hincharse	o	caer	de repente	muerto.	por$_2$
846	3195	4092	2228	2667	869	3498	1909
RP3ASM	VPAN	VPPN	CLD	VPAN	B	JASM	P

πολὺ	δὲ	αὐτῶν	προσδοκώντων	καὶ	θεωρούντων	μηδὲν	ἄτοπον	εἰς
mucho$_3$	Pero$_1$	ellos	esperando	y	viendo	nada	anormal	a
4183	1161	846	4328	2532	2334	3367	824	1519
JASN	CLC	RP3GPM	VPAP-PGM	CLN	VPAP-PGM	JASN	JASN	P

NVI

todos llegamos sanos y
salvos a tierra.

En la isla de Malta

28 Una vez a
salvo, nos
enteramos de que la isla
se llamaba Malta. 2 Los
isleños nos trataron con
toda clase de atencio-
nes. Encendieron una
fogata y nos invitaron
a acercarnos, porque
estaba lloviendo y hacía
frío. 3 Sucedió que Pablo
recogió un montón de
leña y la estaba echando
al fuego cuando una
víbora que huía del calor
se le prendió en la mano.
4 Al ver la serpiente
colgada de la mano de
Pablo, los isleños se
pusieron a comentar
entre sí: «Sin duda este
hombre es un asesino,
pues aunque se salvó del
mar, la justicia divina
no va a consentir que
siga con vida». 5 Pero
Pablo sacudió la mano
y la serpiente cayó en
el fuego, y él no sufrió
ningún daño. 6 La gente
esperaba que se hinchara
o cayera muerto de re-
pente, pero, después de
esperar un buen rato y
de ver que nada extraño

RVR

sucedía, cambiaron de
parecer y decían que era
un dios.
7 Cerca de aquellos lu-
gares había propiedades
del hombre principal de
la isla, llamado Publio,
quien nos recibió y
hospedó amistosamen-
te tres días.
8 Y aconteció que el
padre de Publio estaba
en cama, enfermo de
fiebre y de disentería;
y entró Pablo a verle, y
después de haber orado,
le impuso las manos, y
le sanó.
9 Hecho esto, también
los demás que en la isla
tenían enfermedades,
venían, y eran sanados;
10 los cuales también
nos honraron con
muchas atenciones; y
cuando zarpamos, nos
proveyeron de las cosas
necesarias.

Continuación del viaje a Roma

11 Pasados tres meses,
nos hicimos a la vela en
una nave alejandrina
que había invernado en
la isla, la cual tenía por
enseña a Cástor y Pólux.
12 Y llegados a Siracusa,
nos quedamos allí tres
días.
13 De allí, costeando
alrededor, llegamos a
Regio; y un día después,

αὐτὸν	γινόμενον,	μεταβαλόμενοι	ἔλεγον	αὐτὸν	εἶναι	θεόν.	7 Ἐν
él	sucediendo	habiendo cambiado de opinión	decían	él	ser	un dios.	en$_2$
846	1096	3327	3004	846	1511	2316	1722
RP3ASM	*VPUP-SAN*	*VAMP-PNM*	*VIAI3P*	*RP3ASM*	*VPAN*	*NASM*	*P*

δὲ	τοῖς	περὶ	τὸν	τόπον	ἐκεῖνον	ὑπῆρχεν	χωρία
Y$_1$	los (sitios)	alrededor de	el	lugar	aquel	había	terrenos (que pertenecían)
1161	3588	4012	3588	5117	1565	5225	5564
CLT	*DDPN*	*P*	*DASM*	*NASM*	*RD-ASM*	*VIAI3S*	*NNPN*

τῷ	πρώτῳ	τῆς	νήσου	ὀνόματι	Ποπλίῳ,	ὃς	ἀναδεξάμενος	ἡμᾶς
al	principal	de la	isla	de nombre	Publio,	el cual	habiendo recibido	a nosotros
3588	4413	3588	3520	3686	4196	3739	324	2248
DDSM	*JDSM*	*DGSF*	*NGSF*	*NDSN*	*NDSM*	*RR-NSM*	*VAMP-SNM*	*RP1AP*

τρεῖς	ἡμέρας	φιλοφρόνως	ἐξένισεν.	8 ἐγένετο	δὲ	τὸν	πατέρα
tres	días	amistosamente.$_2$	(nos) hospedó$_1$	sucedió que$_2$	Y$_1$	el	padre
5140	2250	5390	3579	1096	1161	3588	3962
JAPF	*NAPF*	*B*	*VAAI3S*	*VAMI3S*	*CLN*	*DASM*	*NASM*

τοῦ	Ποπλίου	πυρετοῖς	καὶ	δυσεντερίῳ	συνεχόμενον	κατακεῖσθαι,
de --	Publio	(por) fiebres	y	disentería	siendo afligido	estar acostado,
3588	4196	4446	2532	1420	4912	2621
DGSM	*NGSM*	*NDPM*	*CLN*	*NDSN, NDSF*	*VPPP-SAM*	*VPUN*

πρὸς	ὃν	ὁ	Παῦλος	εἰσελθὼν	καὶ	προσευξάμενος	ἐπιθεὶς
a	el cual	--	Pablo,	habiendo entrado	y	habiendo orado	habiendo puesto
4314	3739	3588	3972	1525	2532	4336	2007
P	*RR-ASM*	*DNSM*	*NNSM*	*VAAP-SNM*	*CLN*	*VAMP-SNM*	*VAAP-SNM*

τὰς	χεῖρας	αὐτῷ	ἰάσατο	αὐτόν.	9 τούτου	δὲ	γενομένου	καὶ	οἱ
las	manos	(sobre) él,	sanó	a él.	esto$_2$	Y$_1$	habiendo sucedido	también	los
3588	5495	846	2390	846	5127	1161	1096	2532	3588
DAPF	*NAPF*	*RP3DSM*	*VAMI3S*	*RP3ASM*	*RD-GSN*	*CLN*	*VAMP-SGN*	*BE, TE*	*DNPM*

λοιποὶ	οἱ	ἐν	τῇ	νήσῳ	ἔχοντες	ἀσθενείας	προσήρχοντο	καὶ
demás	los que	en$_3$	la$_4$	isla$_5$	están teniendo$_1$	enfermedades$_2$	se acercaban	y
3062	3588	1722	3588	3520	2192	769	4334	2532
JNPM	*DNPM*	*P*	*DDSF*	*NDSF*	*VPAP-PNM*	*NAPF*	*VIUI3P*	*CLN*

ἐθεραπεύοντο,	10 οἳ	καὶ	πολλαῖς	τιμαῖς	ἐτίμησαν	ἡμᾶς	καὶ
eran sanados,	los cuales	también	con muchos	honores	honraron	a nosotros	y
2323	3739	2532	4183	5092	5091	2248	2532
VIPI3P	*RR-NPM*	*BE, TE*	*JDPF*	*NDPF*	*VAAI3P*	*RP1AP*	*CLN*

ἀναγομένοις	ἐπέθεντο	τὰ	πρὸς	τὰς	χρείας.	11 Μετὰ	δὲ
embarcándonos	pusieron	las cosas	para	las	necesidades (de nosotros).	después de$_2$	Y$_1$
321	2007	3588	4314	3588	5532	3326	1161
VPPP-PDM	*VAMI3P*	*DAPN*	*P*	*DAPF*	*NAPF*	*P*	*CLT*

τρεῖς	μῆνας	ἀνήχθημεν	ἐν	πλοίῳ	παρακεχειμακότι	ἐν	τῇ	νήσῳ
tres	meses,	nos embarcamos	en	un barco (que)	había pasado el invierno	en	la	isla,
5140	3376	321	1722	4143	3914	1722	3588	3520
JAPM	*NAPM*	*VAPI1P*	*P*	*NDSN*	*VRAP-SDN, VRAP-SDM*	*P*	*DDSF*	*NDSF*

Ἀλεξανδρίνῳ,	παρασήμῳ	Διοσκούροις.	12 καὶ	καταχθέντες
alejandrino,	(marcado por la) insignia de	los Dióscuros.	Y	habiendo bajado
222	3902	1359	2532	2609
JDSN	*NDSN, JDSN*	*NDPM*	*CLN*	*VAPP-PNM*

εἰς	Συρακούσας	ἐπεμείναμεν	ἡμέρας	τρεῖς,	13 ὅθεν	περιελόντες
a	Siracusa	permanecimos	días,$_2$	tres$_1$	de donde	habiendo ido en derredor
1519	4946	1961	2250	5140	3606	4014
P	*NAPF*	*VAAI1P*	*NAPF*	*JAPF*	*CAL, B*	*VAAP-PNM*

κατηντήσαμεν	εἰς	Ῥήγιον.	καὶ	μετὰ	μίαν	ἡμέραν	ἐπιγενομένου
llegamos	a	Regio.	Y	después de	un	día	habiéndose levantado
2658	1519	4484	2532	3326	1520	2250	1920
VAAI1P	*P*	*NASN*	*CLN*	*P*	*JASF*	*NASF*	*VAMP-SGM*

NVI

le sucedía, cambiaron de parecer y decían que era un dios.

7 Cerca de allí había
una finca que pertenecía
a Publio, el funcionario
principal de la isla. Este
nos recibió en su casa
con amabilidad y nos
hospedó durante tres
días. 8 El padre de Publio
estaba en cama, enfermo
con fiebre y disentería.
Pablo entró a verlo y,
después de orar, le impu-
so las manos y lo sanó.
9 Como consecuencia
de esto, los demás enfer-
mos de la isla también
acudían y eran sanados.
10 Nos colmaron de
muchas atenciones y nos
proveyeron de todo lo
necesario para el viaje.

Llegada a Roma

11 Al cabo de tres me-
ses en la isla, zarpamos
en un barco que había
invernado allí. Era una
nave de Alejandría que
tenía por insignia a
los dioses Dióscuros.
12 Hicimos escala en
Siracusa, donde nos
quedamos tres días.
13 Desde allí navegamos
bordeando la costa y
llegamos a Regio. Al
día siguiente se levantó

RVR

soplando el viento sur,
llegamos al segundo día
a Puteoli,
14 donde habiendo
hallado hermanos,
nos rogaron que nos
quedásemos con ellos
siete días; así llegamos
a Roma,
15 y cuando los herma-
nos de allí tuvieron
noticias de nosotros,
salieron a recibirnos
hasta el Foro de Apio y
las Tres Tabernas; y al
verlos, Pablo dio gracias
a Dios y cobró ánimo.
16 Cuando llegamos
a Roma, el centurión
entregó los presos al
prefecto militar, pero
a Pablo se le permitió
vivir aparte, con el sol-
dado que le custodiaba.

Pablo predica en Roma

17 Aconteció que tres
días después, Pablo con-
vocó a los principales de
los judíos, a los cuales,
luego que estuvieron
reunidos, les dijo: Yo,
varones hermanos, no
habiendo hecho nada
contra el pueblo, ni con-
tra las costumbres de
nuestros padres, he sido
entregado preso desde
Jerusalén en manos de
los romanos;
18 los cuales, habién-
dome examinado, me
querían soltar, por no
haber en mí ninguna
causa de muerte.
19 Pero oponiéndo-
se los judíos, me vi

νότου	δευτεραῖοι	ἤλθομεν	εἰς	Ποτιόλους,	14 οὗ	εὑρόντες
un viento del sur	al día siguiente	llegamos	a	Puteoli,	donde	habiendo encontrado
3558	1206	2064	1519	4223	3757	2147
NGSM	JNPM	VAAI1P	P	NAPM	B	VAAP-PNM

ἀδελφοὺς	παρεκλήθημεν	παρ’	αὐτοῖς	ἐπιμεῖναι	ἡμέρας	ἑπτά·	καὶ
a unos hermanos	fuimos rogados	junto a	ellos	permanecer	días;$_2$	siete$_1$	y
80	3870	3844	846	1961	2250	2033	2532
NAPM	VAPI1P	P	RP3DPM	VAAN	NAPF	XN, J	CLN

οὕτως	εἰς	τὴν	Ῥώμην	ἤλθαμεν.	15 κἀκεῖθεν	οἱ	ἀδελφοὶ	ἀκούσαντες
así	a$_2$	--$_3$	Roma.$_4$	llegamos$_1$	Y de allí	los	hermanos	habiendo oído
3779	1519	3588	4516	2064	2547	3588	80	191
B	P	DASF	NASF	VAAI1P	CLN, BP	DNPM	NNPM	VAAP-PNM

τὰ	περὶ	ἡμῶν	ἦλθαν	εἰς	ἀπάντησιν	ἡμῖν	ἄχρι	Ἀππίου	Φόρου
las cosas	acerca de	nosotros	vinieron	a	(el) encuentro	(de) nosotros	hasta	de Apio$_2$	el Foro$_1$
3588	4012	2257	2064	1519	529	2254	891	675	5410
DAPN	P	RP1GP	VAAI3P	P	NASF	RP1DP	P	NGSM	NGSN

καὶ	Τριῶν	Ταβερνῶν,	οὓς	ἰδὼν	ὁ	Παῦλος	εὐχαριστήσας
y	(las) Tres	Tabernas,	a los cuales	habiendo visto	--	Pablo	habiendo dado gracias
2532	5140	4999	3739	1492	3588	3972	2168
CLN	JGPF	NGPF	RR-APM	VAAP-SNM	DNSM	NNSM	VAAP-SNM

τῷ	θεῷ	ἔλαβε	θάρσος.	16 Ὅτε	δὲ	εἰσήλθομεν	εἰς	Ῥώμην,
a --	Dios	tomó	ánimo.	cuando$_2$	Y$_1$	entramos	a	Roma,
3588	2316	2983	2294	3753	1161	1525	1519	4516
DDSM	NDSM	VAAI3S	NASN	CAT	CLN	VAAI1P	P	NASF

⸀ἐπετράπη	τῷ	Παύλῳ	μένειν	καθ’	ἑαυτὸν*	σὺν	τῷ	φυλάσσοντι
fue permitido	a --	Pablo	permanecer	por	sí mismo	con	el que$_2$	está custodiando$_3$
2010	3588	3972	3306	2596	1438	4862	3588	5442
VAPI3S	DDSM	NDSM	VPAN	P	RF3ASM	P	DDSM	VPAP-SDM

αὐτὸν	στρατιώτῃ.	17 Ἐγένετο	δὲ	μετὰ	ἡμέρας	τρεῖς	συγκαλέσασθαι
a él.$_4$	un soldado$_1$	sucedió que$_2$	Y$_1$	después de	días$_2$	tres$_1$	convocar
846	4757	1096	1161	3326	2250	5140	4779
RP3ASM	NDSM	VAMI3S	CLT	P	NAPF	JAPF	VAMN

αὐτὸν	τοὺς	ὄντας	τῶν	Ἰουδαίων	πρώτους·	συνελθόντων	δὲ
él	a los que	siendo	de los$_2$	judíos,$_3$	principales$_1$	estando reunidos$_5$	y$_4$
846	3588	5607	3588	2453	4413	4905	1161
RP3ASM	DAPM	VPAP-PAM	DGPM	JGPM	JAPM	VAAP-PGM	CLN

αὐτῶν	ἔλεγεν	πρὸς	αὐτούς·	Ἐγώ,	ἄνδρες	ἀδελφοί,	οὐδὲν	ἐναντίον
ellos	decía	a	ellos:	Yo,	varones	hermanos,	nada$_2$	contrario$_3$
846	3004	4314	846	1473	435	80	3762	1727
RP3GPM	VIAI3S	P	RP3APM	RP1NS	NVPM	NVPM	JASN	JASN

ποιήσας	τῷ	λαῷ	ἢ	τοῖς	ἔθεσι	τοῖς	πατρῴοις	δέσμιος
habiendo hecho$_1$	al	pueblo	o	a las	costumbres	las	heredadas de los ancestros	preso$_2$
4160	3588	2992	2228	3588	1485	3588	3971	1198
VAAP-SNM	DDSM	NDSM	CLD	DDPN	NDPN	DDPN	JDPN	NNSM

ἐξ	Ἱεροσολύμων	παρεδόθην	εἰς	τὰς	χεῖρας	τῶν	Ῥωμαίων,	18 οἵτινες
desde$_3$	Jerusalén$_4$	fui entregado$_1$	en	las	manos	de los	romanos,	los cuales
1537	2414	3860	1519	3588	5495	3588	4514	3748
P	NGPN	VAPI1S	P	DAPF	NAPF	DGPM	JGPM	RR-NPM

ἀνακρίναντές	με	ἐβούλοντο	ἀπολῦσαι	διὰ	τὸ	μηδεμίαν
habiendo escudriñado	a mí	deseaban	soltarme	a causa de (que)	--	ninguna
350	3165	1014	630	1223	3588	3367
VAAP-PNM	RP1AS	VIUI3P	VAAN	P	DASN	JASF

αἰτίαν	θανάτου	ὑπάρχειν	ἐν	ἐμοί·	19 ἀντιλεγόντων	δὲ	τῶν	Ἰουδαίων
causa	de muerte	hay	en	mí;	contradiciendo$_2$	pero$_1$	los	judíos
156	2288	5225	1722	1698	483	1161	3588	2453
NASF	NGSM	VPAN	P	RP1DS	VPAP-PGM	CLC	DGPM	JGPM

NVI

el viento del sur, y al
segundo día llegamos a
Poteoli. 14 Allí encontra-
mos a algunos creyentes
que nos invitaron a
pasar una semana con
ellos. Y por fin llegamos
a Roma. 15 Los herma-
nos de Roma, habiéndo-
se enterado de nuestra
situación, salieron hasta
el Foro de Apio y Tres
Tabernas a recibirnos.
Al verlos, Pablo dio
gracias a Dios y cobró
ánimo. 16 Cuando lle-
gamos a Roma, a Pablo
se le permitió tener su
domicilio particular,
con un soldado que lo
custodiara.

Pablo predica bajo custodia en Roma

17 Tres días más tarde,
Pablo convocó a los
dirigentes de los judíos.
Cuando estuvieron
reunidos, les dijo:
—A mí, hermanos,
a pesar de no haber
hecho nada contra mi
pueblo ni contra las
costumbres de nues-
tros antepasados, me
arrestaron en Jerusalén
y me entregaron a los
romanos. 18 Estos me
interrogaron y quisieron
soltarme por no ser yo
culpable de ningún
delito que mereciera
la muerte. 19 Cuando
los judíos se opusieron,

28:16⸀ Manuscritos inferiores aumentaron *el centurión antregó a los presos.* **28:16*** O sea *aparte.*

NVN

forzado a apelar a
César; no porque
tenga de qué acusar a mi
nación.
[20] Así que por esta causa
os he llamado para veros
y hablaros; porque por
la esperanza de Israel
estoy sujeto con esta
cadena.
[21] Entonces ellos le dije-
ron: Nosotros ni hemos
recibido de Judea cartas
acerca de ti, ni ninguno
de los hermanos que ha
venido ha informado
o hablado algo malo
acerca de ti.
[22] Pero querríamos oír
de ti mismo lo que pien-
sas; porque de esta secta
nos es bien conocido
que en todas partes se la
contradice.
[23] Y habiéndole seña-
lado un día, vinieron
a él muchos adonde se
hospedaba, a los cuales
les explicaba y les testi-
ficaba solemnemente el
reino de Dios desde la
mañana hasta la tarde,
persuadiéndoles acerca
de Jesús, basándose
tanto en la ley de Moisés
como en los profetas.
[24] Y algunos eran
persuadidos por lo que
se decía, pero otros no
creían.
[25] Y como no estuviesen

ἠναγκάσθην	ἐπικαλέσασθαι	Καίσαρα,	οὐχ	ὡς	τοῦ	ἔθνους	μου
fui obligado	a invocar	a César	no	como (si)	del$_4$	pueblo$_5$	de mí,$_6$
315	1941	2541	3756	5613	3588	1484	3450
VAPI1S	VAMN	NASM	BN, TN	CAM	DGSN	NGSN	RP1GS

ἔχων	τι	κατηγορεῖν.	[20] διὰ	ταύτην	οὖν	τὴν	αἰτίαν	παρεκάλεσα
teniendo$_1$	algo$_2$	para acusar$_3$	por$_2$	esta$_3$	Así que$_1$	--	causa	llamé
2192	5100	2723	1223	3778	3767	3588	156	3870
VPAP-SNM	RX-ASN	VPAN	P	RD-ASF	CLI	DASF	NASF	VAAI1S

ὑμᾶς	ἰδεῖν	καὶ	προσλαλῆσαι,	ἕνεκεν	γὰρ	τῆς	ἐλπίδος	τοῦ	Ἰσραὴλ
a vosotros	para veros	y	hablar,	por causa$_2$	porque$_1$	de la	esperanza	de --	Israel
5209	1492	2532	4354	1752	1063	3588	1680	3588	2474
RP2AP	VAAN	CLN	VAAN	P, B	CAZ	DGSF	NGSF	DGSM	NGSM, XP

τὴν	ἅλυσιν	ταύτην	περίκειμαι.	[21] οἱ	δὲ	πρὸς	αὐτὸν	εἶπαν·	Ἡμεῖς
--$_3$	cadena.$_4$	esta$_2$	llevo puesta alrededor$_1$	ellos$_2$	Y$_1$	a	él	dijeron:	Nosotros
3588	254	3778	4029	3588	1161	4314	846	3004	2249
DASF	NASF	RD-ASF	VPUI1S	DNPM	CLN	P	RP3ASM	VAAI3P	RP1NP

οὔτε	γράμματα	περὶ	σοῦ	ἐδεξάμεθα	ἀπὸ	τῆς	Ἰουδαίας,	οὔτε
ni	cartas	acerca de	ti	recibimos	de	--	Judea	ni
3777	1121	4012	4675	1209	575	3588	2449	3777
CLK, TN	NAPN	P	RP2GS	VAMI1P	P	DGSF	NGSF	CLK, TN

παραγενόμενός	τις	τῶν	ἀδελφῶν	ἀπήγγειλεν	ἢ	ἐλάλησέν	τι
habiendo llegado	alguno	de los	hermanos	informó	o	habló	algo
3854	5100	3588	80	518	2228	2980	5100
VAMP-SNM	RX-NSM	DGPM	NGPM	VAAI3S	CLD	VAAI3S	RX-ASN

περὶ	σοῦ	πονηρόν.	[22] ἀξιοῦμεν	δὲ	παρὰ	σοῦ	ἀκοῦσαι
acerca de$_2$	ti.$_3$	malo$_1$	consideramos conveniente$_2$	Pero$_1$	de	ti	oír
4012	4675	4190	515	1161	3844	4675	191
P	RP2GS	JASN	VPAI1P	CLC	P	RP2GS	VAAN

ἃ	φρονεῖς,	περὶ	μὲν	γὰρ	τῆς	αἱρέσεως	ταύτης	γνωστὸν
las cosas que	piensas,	acerca de$_3$	--$_2$	porque$_1$	la	secta	esta	conocido
3739	5426	4012	3303	1063	3588	139	3778	1110
RR-APN	VPAI2S	P	TE	CAZ	DGSF	NGSF	RD-GSF	JNSN

ἡμῖν	ἐστιν	ὅτι	πανταχοῦ	ἀντιλέγεται.	[23] Ταξάμενοι	δὲ	αὐτῷ
a nosotros	es	que	en todas partes	se habla en contra.	habiendo establecido$_2$	Y$_1$	a él
2254	2076	3754	3837	483	5021	1161	846
RP1DP	VPAI3S	CSC	B	VPPI3S	VAMP-PNM	CLT	RP3DSM

ἡμέραν	ἧκον	πρὸς	αὐτὸν	εἰς	τὴν	ξενίαν	πλείονες,	οἷς	ἐξετίθετο
un día	vinieron$_2$	a$_3$	él$_4$	a$_5$	el$_6$	alojamiento,$_7$	muchos$_1$	a los cuales	exponía
2250	2240	4314	846	1519	3588	3578	4119	3739	1620
NASF	VIAI3P	P	RP3ASM	P	DASF	NASF	JNPMC	RR-DPM	VIMI3S

διαμαρτυρόμενος	τὴν	βασιλείαν	τοῦ	θεοῦ	πείθων	τε	αὐτοὺς	περὶ
testificando solemnemente	el	reino	de --	Dios,	persuadiendo$_2$	y$_1$	a ellos	acerca de
1263	3588	932	3588	2316	3982	5037	846	4012
VPUP-SNM	DASF	NASF	DGSM	NGSM	VPAP-SNM	CLN	RP3APM	P

τοῦ	Ἰησοῦ	ἀπό	τε	τοῦ	νόμου	Μωϋσέως	καὶ	τῶν	προφητῶν
de --	Jesús	por$_2$	tanto$_1$	la	ley	de Moisés	como	(por) los	profetas,
3588	2424	575	5037	3588	3551	3475	2532	3588	4396
DGSM	NGSM	P	CLK	DGSM	NGSM	NGSM	CLK, CLN	DGPM	NGPM

ἀπὸ	πρωῒ	ἕως	ἑσπέρας.	[24] καὶ	οἱ	μὲν	ἐπείθοντο	τοῖς
desde	(la) mañana	hasta	(la) tarde.	Y	unos	--	eran persuadidos	(respecto) a las cosas
575	4404	2193	2073	2532	3588	3303	3982	3588
P	B	P, C	NGSF	CLN	DNPM	TK, C	VIPI3P	DDPN

λεγομένοις	οἱ	δὲ	ἠπίστουν,	[25] ἀσύμφωνοι	δὲ	ὄντες	πρὸς
siendo dichas,	otros$_2$	pero$_1$	no creían;	en desacuerdo$_3$	y$_1$	estando$_2$	--
3004	3588	1161	569	800	1161	5607	4314
VPPP-PDN	DNPM	CLK, CLC	VIAI3P	JNPM	CLN	VPAP-PNM	P

NVI

me vi obligado a apelar
al emperador, pero no
porque tuviera alguna
acusación que presentar
contra mi nación. [20] Por
este motivo he pedido
verlos y hablar con uste-
des. Precisamente por la
esperanza de Israel estoy
encadenado.
[21] —Nosotros no
hemos recibido ninguna
carta de Judea que tenga
que ver contigo —le
contestaron ellos—, ni
ha llegado ninguno de
los hermanos de allá con
malos informes o que
haya hablado mal de ti.
[22] Pero queremos oír tu
punto de vista, porque
lo único que sabemos
es que en todas partes
se habla en contra de
esa secta.
[23] Señalaron un día
para reunirse con Pablo,
y acudieron en mayor
número a la casa donde
estaba alojado. Desde la
mañana hasta la tarde
estuvo explicándoles y
testificándoles acerca
del reino de Dios y
tratando de conven-
cerlos respecto a Jesús,
partiendo de la ley de
Moisés y de los profetas.
[24] Unos se convencieron
por lo que él decía, pero
otros se negaron a creer.
[25] No pudieron ponerse

RVR

de acuerdo entre sí, comenzaron a marcharse, después que Pablo les dijo esta última palabra: Bien habló el Espíritu Santo por medio del profeta Isaías a nuestros padres,
26 diciendo:
Ve a este pueblo, y diles:
De oído oiréis, y no entenderéis;
Y viendo veréis, y no percibiréis;
27 Porque el corazón de este pueblo se ha embotado,
Y con los oídos oyeron endurecidamente,
Y sus ojos han cerrado,
Para que no vean con los ojos, Y oigan con los oídos,
Y comprendan con el corazón,
Y se conviertan,
Y yo les sane.
28 Sabed, pues, que a los gentiles ha sido enviada esta salvación de Dios; y ellos oirán.
29 Y cuando hubo dicho esto, los judíos se fueron, teniendo gran discusión entre sí.
30 Y Pablo permaneció dos años enteros en una casa alquilada, y recibía a todos los que venían a él,
31 predicando el reino de Dios y enseñando acerca del Señor Jesucristo, con toda libertad y sin obstáculo alguno.

ἀλλήλους	ἀπελύοντο,	εἰπόντος	τοῦ	Παύλου	ῥῆμα	ἓν	ὅτι	Καλῶς
unos con otros	se despedían	habiendo dicho	--	Pablo	palabra:$_2$	una$_1$	que	bien
240	630	2036	3588	3972	4487	1520	3754	2573
RC-APM	*VIMI3P*	*VAAP-SGM*	*DGSM*	*NGSM*	*NASN*	*JASN*	*CSC*	*B*

τὸ	πνεῦμα	τὸ	ἅγιον	ἐλάλησεν	διὰ	Ἠσαΐου	τοῦ	προφήτου	πρὸς
el	Espíritu	--	Santo	habló	por medio de	Isaías	el	profeta	a
3588	4151	3588	40	2980	1223	2268	3588	4396	4314
DNSN	*NNSN*	*DNSN*	*JNSN*	*VAAI3S*	*P*	*NGSM*	*DGSM*	*NGSM*	*P*

τοὺς	πατέρας	ὑμῶν	26 λέγων·	Πορεύθητι	πρὸς	τὸν	λαὸν	τοῦτον
los	padres	de vosotros	diciendo:	Ve	a	el	pueblo	este
3588	3962	5216	3004	4198	4314	3588	2992	5126
DAPM	*NAPM*	*RP2GP*	*VPAP-SNM*	*VAPM2S*	*P*	*DASM*	*NASM*	*RD-ASM*

καὶ	εἰπόν·	Ἀκοῇ	ἀκούσετε	καὶ	οὐ	μὴ*	συνῆτε,	καὶ	βλέποντες
y	di:	Con el oído	oiréis	y	no	no	entenderíais	y	viendo
2532	3004	189	191	2532	3756	3361	4920	2532	991
CLN	*VAAM2S*	*NDSF*	*VFAI2P*	*CLC*	*BN, TN*	*BN, TN*	*VAAS2P*	*CLN*	*VPAP-PNM*

βλέψετε	καὶ	οὐ	μὴ*[1]	ἴδητε·	27 ἐπαχύνθη	γὰρ	ἡ	καρδία	τοῦ
veréis	y	no	no	miraraís;	fue engrosado,$_7$	porque$_1$	el$_2$	corazón$_3$	del$_4$
991	2532	3756	3361	1492	3975	1063	3588	2588	3588
VFAI2P	*CLC*	*BN, TN*	*BN, TN*	*VAAS2P*	*VAPI3S*	*CAZ*	*DNSF*	*NNSF*	*DGSM*

λαοῦ	τούτου,	καὶ	τοῖς	ὠσὶν	βαρέως	ἤκουσαν,	καὶ	τοὺς	ὀφθαλμοὺς
pueblo$_5$	este$_6$	y	con los	oídos	con dificultad	oyeron,	y	los	ojos
2992	5127	2532	3588	3775	917	191	2532	3588	3788
NGSM	*RD-GSM*	*CLN*	*DDPN*	*NDPN*	*B*	*VAAI3P*	*CLN*	*DAPM*	*NAPM*

αὐτῶν	ἐκάμμυσαν·	μήποτε	ἴδωσιν	τοῖς	ὀφθαλμοῖς	καὶ	τοῖς	ὠσὶν
de ellos	cerraron;	no fuera que	vieran	con los	ojos	y	con los	oídos
846	2576	3379	1492	3588	3788	2532	3588	3775
RP3GPM	*VAAI3P*	*CAP, TN*	*VAAS3P*	*DDPM*	*NDPM*	*CLN*	*DDPN*	*NDPN*

ἀκούσωσιν	καὶ	τῇ	καρδίᾳ	συνῶσιν	καὶ	ἐπιστρέψωσιν,	καὶ	ἰάσομαι
oyeran	y	con el	corazón	entendieran	y	se volvieran,	y	sanaré
191	2532	3588	2588	4920	2532	1994	2532	2390
VAAS3P	*CLN*	*DDSF*	*NDSF*	*VAAS3P*	*CLN*	*VAAS3P*	*CLN*	*VFMI1S*

αὐτούς.	28 γνωστὸν	οὖν	ἔστω	ὑμῖν	ὅτι	τοῖς	ἔθνεσιν	ἀπεστάλη	τοῦτο
a ellos.	Conocido	pues	sea	a vosotros	que	a los	gentiles	fue enviada	esta
846	1110	3767	2077	5213	3754	3588	1484	649	5124
RP3APM	*JNSN*	*CLI*	*VPAM3S*	*RP2DP*	*CSC*	*DDPN*	*NDPN*	*VAPI3S*	*RD-NSN*

τὸ	σωτήριον	τοῦ	θεοῦ·	αὐτοὶ	καὶ	⌈ἀκούσονται.	30 Ἐνέμεινεν	δὲ
--	salvación	de --	Dios;	ellos$_2$	y$_1$	oirán.	permaneció$_2$	Y$_1$
3588	4992	3588	2316	846	2532	191	1696	1161
DNSN	*JNSN*	*DGSM*	*NGSM*	*RP3NPMP*	*BE, TE*	*VFMI3P*	*VAAI3S*	*CLT*

διετίαν	ὅλην	ἐν	ἰδίῳ	μισθώματι,	καὶ	ἀπεδέχετο	πάντας	τοὺς
dos años	enteros	en	(la) propia	habitación alquilada	y	recibía	a todos	los que
1333	3650	1722	2398	3410	2532	588	3956	3588
NASF	*JASF*	*P*	*JDSN, JDSM*	*NDSN*	*CLN*	*VIUI3S*	*JAPM*	*DAPM*

εἰσπορευομένους	πρὸς	αὐτόν,	31 κηρύσσων	τὴν	βασιλείαν	τοῦ	θεοῦ
están yendo	a	él,	proclamando	el	reino	de --	Dios
1531	4314	846	2784	3588	932	3588	2316
VPUP-PAM	*P*	*RP3ASM*	*VPAP-SNM*	*DASF*	*NASF*	*DGSM*	*NGSM*

καὶ	διδάσκων	τὰ	περὶ	τοῦ	κυρίου	Ἰησοῦ	Χριστοῦ	μετὰ	πάσης
y	enseñando	las cosas	acerca de	el	Señor	Jesús	Cristo	con	toda
2532	1321	3588	4012	3588	2962	2424	5547	3326	3956
CLN	*VPAP-SNM*	*DAPN*	*P*	*DGSM*	*NGSM*	*NGSM*	*NGSM*	*P*	*JGSF*

παρρησίας	ἀκωλύτως.
franqueza	sin impedimentos.
3954	209
NGSF	*B*

NVI

de acuerdo entre sí, y comenzaron a irse cuando Pablo añadió esta última declaración: «Con razón el Espíritu Santo les habló a sus antepasados por medio del profeta Isaías diciendo:

26 »"Ve a este pueblo
y dile:
'Por mucho que oigan,
no entenderán;
por mucho que vean,
no percibirán'.
27 Porque el corazón
de este pueblo se ha
vuelto insensible;
se les han embotado
los oídos,
y se les han cerrado
los ojos.
De lo contrario, verían
con los ojos,
oirían con los oídos,
entenderían con el
corazón
y se convertirían, y yo
los sanaría".

28 »Por tanto, quiero que sepan que esta salvación de Dios se ha enviado a los gentiles, y ellos sí escucharán».
30 Durante dos años completos permaneció Pablo en la casa que tenía alquilada, y recibía a todos los que iban a verlo. 31 Y predicaba el reino de Dios y enseñaba acerca del Señor Jesucristo sin impedimento y sin temor alguno.

28:26*, 26*[1] O sea *de ninguna manera.* **28:28⌈** Manuscritos inferiores aumentaron [29] *Y habiendo dicho estas cosas, los judíos se fueron, teniendo una gran discusión entre sí.*

Epístola a los

ROMANOS

ΠΡΟΣ ΡΩΜΑΙΟΥΣ

RVR

Saludo

1 Pablo, siervo de
Jesucristo, llamado
a ser apóstol, apartado
para el evangelio de
Dios,
2 que él había prometido
antes por medio de sus
profetas en las santas
Escrituras,
3 acerca de su Hijo, nues-
tro Señor Jesucristo, na-
cido del linaje de David
según la carne,
4 que fue declarado Hijo
de Dios con poder, se-
gún el Espíritu de santi-
dad, por la resurrección
de entre los muertos,
5 y por medio del cual
hemos recibido la gracia
y el apostolado, para la
obediencia de la fe en
todas las naciones por
amor a su nombre;
6 entre las cuales estáis
también vosotros, llama-
dos a ser de Jesucristo;
7 a todos los que estáis en
Roma, amados de Dios,
llamados a ser santos:
Gracia y paz a vosotros,
de parte de Dios nuestro
Padre y del Señor
Jesucristo.

1 Παῦλος	δοῦλος	Χριστοῦ	Ἰησοῦ,	κλητὸς	ἀπόστολος,
Pablo,	siervo	de Cristo	Jesús,	llamado	apóstol
3972	1401	5547	2424	2822	652
NNSM	*NNSM*	*NGSM*	*NGSM*	*JNSM*	*NNSM*

ἀφωρισμένος	εἰς	εὐαγγέλιον	θεοῦ	2 ὃ	προεπηγγείλατο	διὰ
habiendo sido apartado	para	(el) evangelio	de Dios,	el cual	prometió de antemano	por medio de
873	1519	2098	2316	3739	4279	1223
VRPP-SNM	*P*	*NASN*	*NGSM*	*RR-ASN*	*VAMI3S*	*P*

τῶν	προφητῶν	αὐτοῦ	ἐν	γραφαῖς	ἁγίαις	3 περὶ	τοῦ	υἱοῦ	αὐτοῦ,
los	profetas	de él	en	(las) escrituras	santas,	acerca de	el	Hijo	de él
3588	4396	846	1722	1124	40	4012	3588	5207	846
DGPM	*NGPM*	*RP3GSM*	*P*	*NDPF*	*JDPF*	*P*	*DGSM*	*NGSM*	*RP3GSM*

τοῦ	γενομένου	ἐκ	σπέρματος	Δαυὶδ	κατὰ	σάρκα,	4 τοῦ
el que	llegó a ser	de	(la) simiente	de David	según	(la) carne,	el que
3588	1096	1537	4690	1138	2596	4561	3588
DGSM	*VAMP-SGM*	*P*	*NGSN*	*NGSM, XP*	*P*	*NASF*	*DGSM*

ὁρισθέντος	υἱοῦ	θεοῦ	ἐν	δυνάμει	κατὰ	πνεῦμα	ἁγιωσύνης	ἐξ
fue designado	Hijo	de Dios	en	poder	conforme a	(el) Espíritu	de santidad	por
3724	5207	2316	1722	1411	2596	4151	42	1537
VAPP-SGM	*NGSM*	*NGSM*	*P*	*NDSF*	*P*	*NASN*	*NGSF*	*P*

ἀναστάσεως	νεκρῶν,	Ἰησοῦ	Χριστοῦ	τοῦ	κυρίου	ἡμῶν,	5 δι'
(la) resurrección	de (los) muertos,	Jesús	Cristo	el	Señor	de nosotros,	por medio de
386	3498	2424	5547	3588	2962	2257	1223
NGSF	*JGPM*	*NGSM*	*NGSM*	*DGSM*	*NGSM*	*RP1GP*	*P*

οὗ	ἐλάβομεν	χάριν	καὶ	ἀποστολὴν	εἰς	ὑπακοὴν	πίστεως	ἐν
del cual	recibimos	(la) gracia	y	(el) apostolado	para	obediencia	de (la) fe	entre
3739	2983	5485	2532	651	1519	5218	4102	1722
RR-GSM	*VAAI1P*	*NASF*	*CLN*	*NASF*	*P*	*NASF*	*NGSF*	*P*

πᾶσιν	τοῖς	ἔθνεσιν	ὑπὲρ	τοῦ	ὀνόματος	αὐτοῦ,	6 ἐν	οἷς	ἐστε
todos	los	gentiles	por	el	nombre	de él,	entre	los cuales	estáis$_{3}$
3956	3588	1484	5228	3588	3686	846	1722	3739	2075
JDPN	*DDPN*	*NDPN*	*P*	*DGSN*	*NGSN*	*RP3GSM*	*P*	*RR-DPN*	*VPAI2P*

καὶ	ὑμεῖς	κλητοὶ	Ἰησοῦ	Χριστοῦ,	7 πᾶσιν	τοῖς	οὖσιν	ἐν
también$_{2}$	vosotros,$_{1}$	llamados	de Jesús,	Cristo	a todos	los que	están	en
2532	5210	2822	2424	5547	3956	3588	5607	1722
BE, TE	*RP2NP*	*JNPM*	*NGSM*	*NGSM*	*JDPM*	*DDPM*	*VPAP-PDM*	*P*

Ῥώμῃ	ἀγαπητοῖς	θεοῦ,	κλητοῖς	ἁγίοις·	χάρις	ὑμῖν	καὶ	εἰρήνη	ἀπὸ
Roma,	amados	de Dios,	llamados	santos:	gracia	a vosotros	y	paz	de
4516	27	2316	2822	40	5485	5213	2532	1515	575
NDSF	*JDPM*	*NGSM*	*JDPM*	*JDPM*	*NNSF*	*RP2DP*	*CLN*	*NNSF*	*P*

θεοῦ	πατρὸς	ἡμῶν	καὶ	κυρίου	Ἰησοῦ	Χριστοῦ.	8 Πρῶτον	μὲν
Dios	Padre	de nosotros	y	de(l) Señor	Jesús.	Cristo	Primeramente,	en verdad,
2316	3962	2257	2532	2962	2424	5547	4412	3303
NGSM	*NGSM*	*RP1GP*	*CLN*	*NGSM*	*NGSM*	*NGSM*	*B, J*	*TE, C*

NVI

1 Pablo, siervo
de Cristo Jesús,
llamado a ser apóstol,
apartado para anunciar
el evangelio de Dios,
2 que por medio de sus
profetas ya había pro-
metido en las sagradas
Escrituras. 3 Este evan-
gelio habla de su Hijo,
que según la naturaleza
humana era descen-
diente de David, 4 pero
que según el Espíritu de
santidad fue designado
con poder Hijo de Dios
por la resurrección. Él es
Jesucristo nuestro Señor.
5 Por medio de él, y en
honor a su nombre, reci-
bimos el don apostólico
para persuadir a todas
las naciones que obedez-
can a la fe. 6 Entre ellas
están incluidos también
ustedes, a quienes
Jesucristo ha llamado.
7 Les escribo a todos
ustedes, los amados
de Dios que están en
Roma, que han sido
llamados a ser santos.

Que Dios nues-
tro Padre y el Señor
Jesucristo les concedan
gracia y paz.

RVR

Deseo de Pablo de visitar Roma

8 Primeramente doy gra-
cias a mi Dios mediante
Jesucristo con respecto
a todos vosotros, de que
se habla de vuestra fe
por todo el mundo.
9 Porque me es testigo
Dios, a quien sirvo en
mi espíritu en el evan-
gelio de su Hijo, de que
sin cesar hago siempre
mención de vosotros en
mis oraciones,
10 rogando que ahora
tenga al fin, por la
voluntad de Dios, un
próspero viaje para ir a
vosotros.
11 Porque anhelo veros,
para comunicaros algún
don espiritual, a fin de
que seáis consolidados;
12 esto es, para ser mu-
tuamente confortados
cada uno por la fe del
otro, no sólo la vuestra,
sino también la mía.
13 Pero no quiero,
hermanos, que ignoréis
que muchas veces me he
propuesto ir a vosotros
(pero hasta ahora he
sido estorbado), para
tener también entre
vosotros algún fruto,
como entre los demás
gentiles.
14 Me debo a griegos y a
no griegos, a sabios y a
no sabios.
15 Así que, en cuanto

εὐχαριστῶ	τῷ	θεῷ	μου	διὰ	Ἰησοῦ	Χριστοῦ	περὶ	πάντων	ὑμῶν,
doy gracias	al	Dios	de mí	por medio de	Jesús	Cristo	por	todos	vosotros,
2168	3588	2316	3450	1223	2424	5547	4012	3956	5216
VPAI1S	*DDSM*	*NDSM*	*RP1GS*	*P*	*NGSM*	*NGSM*	*P*	*JGPM*	*RP2GP*

ὅτι	ἡ	πίστις	ὑμῶν	καταγγέλλεται	ἐν	ὅλῳ	τῷ	κόσμῳ.	9 μάρτυς
porque	la	fe	de vosotros	es anunciada	en	todo	el	mundo.	testigo$_{17}$
3754	3588	4102	5216	2605	1722	3650	3588	2889	3144
CSC, CAZ	*DNSF*	*NNSF*	*RP2GP*	*VPPI3S*	*P*	*JDSM*	*DDSM*	*NDSM*	*NNSM*

γάρ	μού	ἐστιν	ὁ	θεός,	ᾧ	λατρεύω	ἐν	τῷ	πνεύματί	μου	ἐν
Porque$_{1}$	de mí$_{18}$	es$_{16}$	--$_{2}$	Dios,$_{3}$	a quien$_{4}$	doy culto$_{5}$	en$_{6}$	el$_{7}$	espíritu$_{8}$	de mí,$_{9}$	en$_{10}$
1063	3450	2076	3588	2316	3739	3000	1722	3588	4151	3450	1722
CLX	*RP1GS*	*VPAI3S*	*DNSM*	*NNSM*	*RR-DSM*	*VPAI1S*	*P*	*DDSN*	*NDSN*	*RP1GS*	*P*

τῷ	εὐαγγελίῳ	τοῦ	υἱοῦ	αὐτοῦ,	ὡς	ἀδιαλείπτως	μνείαν	ὑμῶν
el$_{11}$	evangelio$_{12}$	del$_{13}$	Hijo$_{14}$	de él,$_{15}$	de como$_{19}$	sin cesar$_{20}$	mención$_{22}$	de vosotros,$_{23}$
3588	2098	3588	5207	846	5613	89	3417	5216
DDSN	*NDSN*	*DGSM*	*NGSM*	*RP3GSM*	*CSC*	*B*	*NASF*	*RP2GP*

ποιοῦμαι	10 πάντοτε	ἐπὶ	τῶν	προσευχῶν	μου,	δεόμενος	εἴ	πως
hago$_{21}$	siempre$_{2}$	en$_{3}$	las$_{4}$	oraciones$_{5}$	de mí,$_{6}$	implorando$_{1}$	si	de algún modo
4160	3842	1909	3588	4335	3450	1189	1487	4458
VPMI1S	*B*	*P*	*DGPF*	*NGPF*	*RP1GS*	*VPUP-SNM*	*CAC*	*BX, TX*

ἤδη	ποτὲ	εὐοδωθήσομαι	ἐν	τῷ	θελήματι	τοῦ	θεοῦ	ἐλθεῖν	πρὸς
ya$_{2}$	por fin$_{1}$	se me haga un próspero viaje,	en$_{4}$	la$_{5}$	voluntad$_{6}$	de --$_{7}$	Dios.$_{8}$	para ir$_{1}$	a$_{2}$
2235	4218	2137	1722	3588	2307	3588	2316	2064	4314
B	*BX, TX*	*VFPI1S*	*P*	*DDSN*	*NDSN*	*DGSM*	*NGSM*	*VAAN*	*P*

ὑμᾶς.	11 ἐπιποθῶ	γὰρ	ἰδεῖν	ὑμᾶς,	ἵνα	τι	μεταδῶ	χάρισμα
vosotros$_{3}$	anhelo$_{2}$	Porque$_{1}$	ver	a vosotros,	para$_{1}$	algún$_{3}$	impartir$_{2}$	don$_{4}$
5209	1971	1063	1492	5209	2443	5100	3330	5486
RP2AP	*VPAI1S*	*CAZ*	*VAAN*	*RP2AP*	*CAP*	*JASN, RX-ASN*	*VAAS1S*	*NASN*

ὑμῖν	πνευματικὸν	εἰς	τὸ	στηριχθῆναι	ὑμᾶς,	12 τοῦτο	δέ	ἐστιν
a vosotros$_{6}$	espiritual$_{5}$	para$_{6}$	--$_{8}$	ser consolidados,$_{9}$	vosotros$_{7}$	esto$_{2}$	y$_{1}$	es
5213	4152	1519	3588	4741	5209	5124	1161	2076
RP2DP	*JASN*	*P*	*DASN*	*VAPN*	*RP2AP*	*RD-NSN*	*CLN*	*VPAI3S*

συμπαρακληθῆναι	ἐν	ὑμῖν	διὰ	τῆς	ἐν	ἀλλήλοις	πίστεως
para ser animados juntamente	con	vosotros	por medio de	la	en$_{3}$	unos a otros$_{4}$	fe$_{1}$
4837	1722	5213	1223	3588	1722	240	4102
VAPN	*P*	*RP2DP*	*P*	*DGSF*	*P*	*RC-DPM*	*NGSF*

ὑμῶν	τε	καὶ	ἐμοῦ.*	13 οὐ	θέλω	δὲ	ὑμᾶς	ἀγνοεῖν,	ἀδελφοί,
vosotros$_{2}$	tanto	y	mí.	no$_{2}$	quiero$_{3}$	Mas$_{1}$	(que) vosotros	ignorar,	hermanos,
5216	5037	2532	1700	3756	2309	1161	5209	50	80
RP2GP	*CLK*	*CLK, CLN*	*RP1GS*	*BNTN*	*VPAI1S*	*CLN*	*RP2AP*	*VPAN*	*NVPM*

ὅτι	πολλάκις	προεθέμην	ἐλθεῖν	πρὸς	ὑμᾶς,	καὶ	ἐκωλύθην	ἄχρι	τοῦ
que	muchas veces	me propuse	ir	a	vosotros,	y	fui impedido	hasta	el
3754	4178	4388	2064	4314	5209	2532	2967	891	3588
CSC	*B*	*VAMI1S*	*VAAN*	*P*	*RP2AP*	*CLC*	*VAPI1S*	*P*	*DGSM*

δεῦρο,	ἵνα	τινὰ	καρπὸν	σχῶ	καὶ	ἐν	ὑμῖν	καθὼς
tiempo presente,	para que$_{1}$	algún$_{3}$	fruto$_{4}$	tuviera$_{2}$	también	entre	vosotros,	como
1204	2443	5100	2590	2192	2532	1722	5213	2531
B	*CAP*	*JASM, RX-ASM*	*NASM*	*VAAS1S*	*BE, TE*	*P*	*RP2DP*	*CAM*

καὶ	ἐν	τοῖς	λοιποῖς	ἔθνεσιν.	14 Ἕλλησίν	τε	καὶ	βαρβάροις,
también	entre	los	otros	gentiles.	a griegos$_{4}$	Tanto$_{3}$	también$_{5}$	a bárbaros,$_{6}$
2532	1722	3588	3062	1484	1672	5037	2532	915
BE, TE	*P*	*DDPN*	*JDPN*	*NDPN*	*NDPM*	*CLK*	*CLK, CLN*	*JDPM*

σοφοῖς	τε	καὶ	ἀνοήτοις	ὀφειλέτης	εἰμί·	15 οὕτως	τὸ	κατ’	ἐμὲ
a sabios$_{8}$	tanto$_{7}$	también$_{9}$	a ignorantes;$_{10}$	deudor$_{2}$	Soy$_{1}$	así,	--	según	mí
4680	5037	2532	453	3781	1510	3779	3588	2596	1691
JDPM	*CLK*	*CLK, CLN*	*JDPM*	*NNSM*	*VPAI1S*	*B*	*DNSN*	*P*	*RP1AS*

NVI

Pablo anhela visitar Roma

8 En primer lugar,
doy gracias a mi Dios
por medio de Jesucristo
por todos ustedes, pues
en el mundo entero
se habla bien de su fe.
9 Dios, a quien sirvo de
corazón predicando el
evangelio de su Hijo,
me es testigo de que
los recuerdo a ustedes
sin cesar. 10 Siempre
pido en mis oraciones
que, si es la voluntad de
Dios, por fin se me abra
ahora el camino para ir a
visitarlos.
11 Tengo muchos
deseos de verlos para im-
partirles algún don espi-
ritual que los fortalezca;
12 mejor dicho, para
que unos a otros nos
animemos con la fe que
compartimos. 13 Quiero
que sepan, hermanos,
que aunque hasta ahora
no he podido visitarlos,
muchas veces me he
propuesto hacerlo, para
recoger algún fruto
entre ustedes, tal como
lo he recogido entre las
otras naciones.
14 Estoy en deu-
da con todos, sean
cultos o incultos,
instruidos o ignorantes.
15 De allí mi gran anhelo

1:12* O sea *la mutua confianza que nos tenemos unos a otros.*

RVR

a mí, estoy ansioso de
anunciaros el evangelio
también a vosotros que
estáis en Roma.

El poder del evangelio

16 Porque no me aver-
güenzo del evangelio,
porque es poder de
Dios para salvación a
todo aquel que cree; al
judío primeramente, y
también al griego.
17 Porque en el evange-
lio la justicia de Dios se
revela por fe y para fe,
como está escrito: Mas
el justo por la fe vivirá.

La culpa del hombre

18 Porque la ira de Dios
se revela desde el cielo
contra toda impiedad
e injusticia de los hom-
bres que detienen con
injusticia la verdad;
19 porque lo que de Dios
se conoce es manifiesto
entre ellos, pues Dios se
lo manifestó.
20 Porque las cosas in-
visibles de él, su eterno
poder y divinidad, se ha-
cen claramente visibles
desde la creación del
mundo, siendo enten-
didas por medio de las
cosas hechas, de modo
que no tienen excusa.
21 Pues habiendo cono-
cido a Dios, no le glori-
ficaron como a Dios, ni
le dieron gracias, sino
que se hicieron vanos
en sus pensamientos,
y su necio corazón fue
entenebrecido.

πρόθυμον	καὶ	ὑμῖν	τοῖς	ἐν	Ῥώμῃ	εὐαγγελίσασθαι.
(estoy) ansioso	también$_2$	a vosotros$_3$	los que están$_4$	en$_5$	Roma.$_6$	para anunciar (la) buena noticia$_1$
4289	2532	5213	3588	1722	4516	2097
JNSN	BE, TE	RP2DP	DDPM	P	NDSF	VAMN

16 Οὐ	γὰρ	ἐπαισχύνομαι	τὸ	εὐαγγέλιον,	δύναμις	γὰρ	θεοῦ
no$_2$	Porque$_1$	me avergüenzo de$_3$	el	evangelio,	poder$_3$	porque$_1$	de Dios$_4$
3756	1063	1870	3588	2098	1411	1063	2316
BN,TN	CLX	VPUI1S	DASN	NASN	NNSF	CAZ	NGSM

ἐστιν	εἰς	σωτηρίαν	παντὶ	τῷ	πιστεύοντι,	Ἰουδαίῳ	τε	πρῶτον
es$_2$	para	salvación	a todo	el que	cree,	a(l) judío$_3$	tanto$_2$	primero$_1$
2076	1519	4991	3956	3588	4100	2453	5037	4412
VPAI3S	P	NASF	JDSM	DDSM	VPAP-SDM	JDSM	CLK	B, J

καὶ	Ἕλληνι·	17 δικαιοσύνη	γὰρ	θεοῦ	ἐν	αὐτῷ	ἀποκαλύπτεται
y también	a(l) griego.	(la) justicia$_2$	Porque$_1$	de Dios$_3$	en$_5$	él$_6$	es revelada,$_4$
2532	1672	1343	1063	2316	1722	846	601
CLK, CLN	NDSM	NNSF	CAZ	NGSM	P	RP3DSN	VPPI3S

ἐκ	πίστεως	εἰς	πίστιν,	καθὼς	γέγραπται·	Ὁ	δὲ	δίκαιος	ἐκ
de	fe	en	fe,	como	ha sido escrito:	el$_2$	Mas$_1$	justo$_3$	de (por)$_5$
1537	4102	1519	4102	2531	1125	3588	1161	1342	1537
P	NGSF	P	NASF	CAM	VRPI3S	DNSM	CLN	JNSM	P

πίστεως	ζήσεται.	18 Ἀποκαλύπτεται	γὰρ	ὀργὴ	θεοῦ	ἀπ’	οὐρανοῦ
(la) fe.$_6$	vivirá$_4$	es revelada$_4$	Porque$_1$	(la) ira$_2$	de Dios$_3$	desde	(el) cielo
4102	2198	601	1063	3709	2316	575	3772
NGSF	VFMI3S	VPPI3S	CLX	NNSF	NGSM	P	NGSM

ἐπὶ	πᾶσαν	ἀσέβειαν	καὶ	ἀδικίαν	ἀνθρώπων	τῶν	τὴν	ἀλήθειαν
sobre	toda	impiedad	e	injusticia	de (los) seres humanos,	los$_1$	la$_3$	verdad$_4$
1909	3956	763	2532	93	444	3588	3588	225
P	JASF	NASF	CLN	NASF	NGPM	DGPM	DASF	NASF

ἐν	ἀδικίᾳ	κατεχόντων,	19 διότι	τὸ	γνωστὸν	τοῦ	θεοῦ	φανερόν
con$_5$	injusticia,$_6$	que retienen$_2$	por lo cual	lo	conocido	de --	Dios	manifiesto$_2$
1722	93	2722	1360	3588	1110	3588	2316	5318
P	NDSF	VPAP-PGM	CAZ	DNSN	JNSN	DGSM	NGSM	JNSN

ἐστιν	ἐν	αὐτοῖς,	ὁ	θεὸς	γὰρ	αὐτοῖς	ἐφανέρωσεν.	20 τὰ	γὰρ
es$_1$	entre$_3$	ellos;$_4$	--$_6$	Dios$_7$	porque$_5$	a ellos.$_9$	(se) manifestó$_8$	las cosas$_5$	Porque$_1$
2076	1722	846	3588	2316	1063	846	5319	3588	1063
VPAI3S	P	RP3DPM	DNSM	NNSM	CAZ	RP3DPM	VAAI3S	DNPN	CAZ

ἀόρατα	αὐτοῦ	ἀπὸ	κτίσεως	κόσμου	τοῖς	ποιήμασιν	νοούμενα
invisibles$_6$	de él$_7$	desde$_2$	(la) creación$_3$	de(l) mundo$_4$	por las$_{16}$	cosas hechas$_{17}$	siendo entendidas,$_{18}$
517	846	575	2937	2889	3588	4161	3539
JNPN	RP3GSM	P	NGSF	NGSM	DDPN	NDPN	VPPP-PNN

καθορᾶται,	ἥ	τε	ἀΐδιος	αὐτοῦ	δύναμις	καὶ	θειότης,	εἰς
son percibidas claramente$_{15}$	el$_9$	tanto$_8$	eterno$_{10}$	de él$_{12}$	poder$_{11}$	y$_{13}$	(la) divinidad,$_{14}$	para$_{19}$
2529	3588	5037	126	846	1411	2532	2305	1519
VPPI3S	DNSF	CLK	JNSF, JNSM	RP3GSM	NNSF	CLK	NNSF	P

τὸ	εἶναι	αὐτοὺς	ἀναπολογήτους,	21 διότι	γνόντες	τὸν	θεὸν	οὐχ
--$_{20}$	ser$_{21}$	ellos$_{22}$	sin excusa,$_{23}$	porque	habiendo conocido	a --	a Dios,	no$_1$
3588	1511	846	379	1360	1097	3588	2316	3756
DASN	VPAN	RP3APM	JAPM	CAZ	VAAP-PNM	DASM	NASM	BN, TN

ὡς	θεὸν	ἐδόξασαν	ἢ	ηὐχαρίστησαν,	ἀλλὰ	ἐματαιώθησαν	ἐν
como$_4$	a Dios,$_5$	glorificaron$_2$	ni$_3$	dieron gracias$_4$	sino	se hicieron vanos	en
5613	2316	1392	2228	2168	235	3154	1722
P, CAM	NASM	VAAI3P	CLD	VAAI3P	CLC	VAPI3P	P

τοῖς	διαλογισμοῖς	αὐτῶν	καὶ	ἐσκοτίσθη	ἡ	ἀσύνετος	αὐτῶν
los	razonamientos	de ellos,	y$_1$	fue entenebrecido.$_6$	el$_2$	sin entendimiento$_4$	de ellos$_5$
3588	1261	846	2532	4654	3588	801	846
DDPM	NDPM	RP3GPM	CLN	VAPI3S	DNSF	JNSF	RP3GPM

NVI

de predicarles el evan-
gelio también a ustedes
que están en Roma.
16 A la verdad, no me
avergüenzo del evan-
gelio, pues es poder de
Dios para la salvación de
todos los que creen: de
los judíos primeramen-
te, pero también de los
gentiles. 17 De hecho, en
el evangelio se revela la
justicia que proviene de
Dios, la cual es por fe de
principio a fin, tal como
está escrito: «El justo
vivirá por la fe».

La ira de Dios contra la humanidad

18 Ciertamente, la
ira de Dios viene reve-
lándose desde el cielo
contra toda impiedad e
injusticia de los seres hu-
manos, que con su mal-
dad obstruyen la verdad.
19 Me explico: lo que se
puede conocer acerca
de Dios es evidente para
ellos, pues él mismo se
lo ha revelado. 20 Porque
desde la creación del
mundo las cualidades
invisibles de Dios, es
decir, su eterno poder y
su naturaleza divina, se
perciben claramente a
través de lo que él creó,
de modo que nadie
tiene excusa. 21 A pesar
de haber conocido a
Dios, no lo glorificaron
como a Dios ni le dieron
gracias, sino que se extra-
viaron en sus inútiles
razonamientos, y se les

RVR

22 Profesando ser sabios,
se hicieron necios,
23 y cambiaron la gloria
del Dios incorruptible
en semejanza de imagen
de hombre corruptible,
de aves, de cuadrúpedos
y de reptiles.
24 Por lo cual también
Dios los entregó a la
inmundicia, en las
concupiscencias de sus
corazones, de modo que
deshonraron entre sí sus
propios cuerpos,
25 ya que cambiaron
la verdad de Dios por
la mentira, adorando
y dando culto a las
criaturas en lugar de
al Creador, el cual es
bendito por los siglos.
Amén.
26 Por esto Dios los
entregó a pasiones ver-
gonzosas; pues aun sus
mujeres cambiaron el
uso natural por el que es
contra naturaleza,
27 y de igual modo tam-
bién los hombres, de-
jando el uso natural de
la mujer, se encendieron
en sus deseos lascivos,
los unos hacia los otros,
cometiendo hechos
vergonzosos hombres
con hombres, y reci-
biendo en sí mismos la
retribución debida a su
extravío.
28 Y como ellos no

καρδία·	22 φάσκοντες	εἶναι	σοφοὶ	ἐμωράνθησαν,	23 καὶ	ἤλλαξαν
corazón$_3$	Afirmando	ser	sabios	se convirtieron en insensatos,	y	cambiaron
2588	5335	1511	4680	3471	2532	236
NNSF	*VPAP-PNM*	*VPAN*	*JNPM*	*VAPI3P*	*CLN*	*VAAI3P*

τὴν	δόξαν	τοῦ	ἀφθάρτου	θεοῦ	ἐν	ὁμοιώματι	εἰκόνος	φθαρτοῦ
la	gloria	de--$_1$	incorruptible$_3$	Dios$_2$	en	semejanza	de una imagen	corruptible
3588	1391	3588	862	2316	1722	3667	1504	5349
DASF	*NASF*	*DGSM*	*JGSM*	*NGSM*	*P*	*NDSN*	*NGSF*	*JGSM*

ἀνθρώπου	καὶ	πετεινῶν	καὶ	τετραπόδων	καὶ	ἑρπετῶν.	24 Διὸ
de ser humano	y	de aves	y	de cuadrúpedos	y	de reptiles;	por lo cual$_1$
444	2532	4071	2532	5074	2532	2062	1352
NGSM	*CLN*	*NGPN, JGPN*	*CLN*	*JGPN*	*CLN*	*NGPN*	*CLI*

παρέδωκεν	αὐτοὺς	ὁ	θεὸς	ἐν	ταῖς	ἐπιθυμίαις	τῶν	καρδιῶν	αὐτῶν
entregó$_4$	a ellos$_5$	--$_2$	Dios$_3$	en	los	deseos malos	de los	corazones	de ellos
3860	846	3588	2316	1722	3588	1939	3588	2588	846
VAAI3S	*RP3APM*	*DNSM*	*NNSM*	*P*	*DDPF*	*NDPF*	*DGPF*	*NGPF*	*RP3GPM*

εἰς	ἀκαθαρσίαν	τοῦ	ἀτιμάζεσθαι	τὰ	σώματα	αὐτῶν	ἐν	αὐτοῖς,
para	(la) impureza,	-- (para)$_1$	ser deshonrardos$_5$	los$_2$	cuerpos$_3$	de ellos$_4$	entre	ellos.
1519	167	3588	818	3588	4983	846	1722	846
P	*NASF*	*DGSN, DGSM*	*VPUN*	*DAPN*	*NAPN*	*RP3GPM*	*P*	*RP3DPM*

25 οἵτινες	μετήλλαξαν	τὴν	ἀλήθειαν	τοῦ	θεοῦ	ἐν	τῷ	ψεύδει,	καὶ
Los cuales	cambiaron	la	verdad	de--	Dios	con	la	mentira,	y
3748	3337	3588	225	3588	2316	1722	3588	5579	2532
RR-NPM	*VAAI3P*	*DASF*	*NASF*	*DGSM*	*NGSM*	*P*	*DDSN*	*NDSN*	*CLN*

ἐσεβάσθησαν	καὶ	ἐλάτρευσαν	τῇ	κτίσει	παρὰ	τὸν	κτίσαντα,	ὅς
veneraron	y	dieron culto	a la	creación	a parte de	lo que	creó,	quien
4573	2532	3000	3588	2937	3844	3588	2936	3739
VAPI3P, VAMI3P	*CLN*	*VAAI3P*	*DDSF*	*NDSF*	*P*	*DASM*	*VAAP-SAM*	*RR-NSM*

ἐστιν	εὐλογητὸς	εἰς	τοὺς	αἰῶνας·	ἀμήν.	26 Διὰ	τοῦτο	παρέδωκεν
es	bendito	por	los	siglos,	amén.	Por	esto,	entregó$_3$
2076	2128	1519	3588	165	281	1223	5124	3860
VPAI3S	*JNSM*	*P*	*DAPM*	*NAPM*	*I, XF*	*P*	*RD-ASN*	*VAAI3S*

αὐτοὺς	ὁ	θεὸς	εἰς	πάθη	ἀτιμίας·	αἵ	τε	γὰρ	θήλειαι	αὐτῶν
a ellos$_4$	--$_1$	Dios$_2$	a	pasiones	de deshonra;	las$_3$	tanto$_2$	porque$_1$	hembras	de ellos
846	3588	2316	1519	3806	819	3588	5037	1063	2338	846
RP3APM	*DNSM*	*NNSM*	*P*	*NAPN*	*NGSF*	*DNPF, RR-NPF*	*CLK*	*CLX*	*JNPF*	*RP3GPM*

μετήλλαξαν	τὴν	φυσικὴν	χρῆσιν	εἰς	τὴν	παρὰ	φύσιν,	27 ὁμοίως
cambiaron	la$_1$	natural$_3$	relación$_2$	para	la	de parte de	(la) naturaleza,	igualmente$_2$
3337	3588	5446	5540	1519	3588	3844	5449	3668
VAAI3P	*DASF*	*JASF*	*NASF*	*P*	*DASF*	*P*	*NASF*	*B*

τε	καὶ	οἱ	ἄρσενες	ἀφέντες	τὴν	φυσικὴν	χρῆσιν	τῆς	θηλείας
e$_1$	también$_3$	los	varones	habiendo dejado	la$_1$	natural$_3$	relación$_2$	de la	hembra,
5037	2532	3588	730	863	3588	5446	5540	3588	2338
CLK, CLN	*BE, TE*	*DNPM*	*NNPM, JNPM*	*VAAP-PNM*	*DASF*	*JASF*	*NASF*	*DGSF*	*JGSF*

ἐξεκαύθησαν	ἐν	τῇ	ὀρέξει	αὐτῶν	εἰς	ἀλλήλους,	ἄρσενες	ἐν
se encendieron	en	el	deseo	de ellos,	hacia	unos a otros,	varones	con
1572	1722	3588	3715	846	1519	240	730	1722
VAPI3P	*P*	*DDSF*	*NDSF*	*RP3GPM*	*P*	*RC-APM*	*NNPM, JNPM*	*P*

ἄρσεσιν	τὴν	ἀσχημοσύνην	κατεργαζόμενοι	καὶ	τὴν	ἀντιμισθίαν	ἣν
varones	el$_2$	hecho vergonzoso$_3$	obrando$_1$	y$_4$	la$_8$	retribución$_9$	la que$_{10}$
730	3588	808	2716	2532	3588	489	3739
NDPM, JDPM	*DASF*	*NASF*	*VPUP-PNM*	*CLN*	*DASF*	*NASF*	*RR-ASF*

ἔδει	τῆς	πλάνης	αὐτῶν	ἐν	ἑαυτοῖς	ἀπολαμβάνοντες.	28 Καὶ
era necesaria$_{11}$	del$_{12}$	error$_{13}$	de ellos.$_{15}$	en$_6$	sí mismos$_7$	recibiendo$_5$	Y
1163	3588	4106	846	1722	1438	618	2532
VIAI3S	*DGSF*	*NGSF*	*RP3GPM*	*P*	*RF3DPM*	*VPAP-PNM*	*CLN*

NVI

oscureció su insensato
corazón. 22 Aunque
afirmaban ser sabios,
se volvieron necios 23 y
cambiaron la gloria del
Dios inmortal por imá-
genes que eran réplicas
del hombre mortal, de
las aves, de los cuadrúpe-
dos y de los reptiles.
24 Por eso Dios los en-
tregó a los malos deseos
de sus corazones, que
conducen a la impureza
sexual, de modo que
degradaron sus cuerpos
los unos con los otros.
25 Cambiaron la verdad
de Dios por la mentira,
adorando y sirviendo a
los seres creados antes
que al Creador, quien
es bendito por siempre.
Amén.
26 Por tanto, Dios
los entregó a pasiones
vergonzosas. En efecto,
las mujeres cambiaron
las relaciones naturales
por las que van contra la
naturaleza. 27 Así mismo
los hombres dejaron las
relaciones naturales con
la mujer y se encen-
dieron en pasiones
lujuriosas los unos con
los otros. Hombres con
hombres cometieron
actos indecentes, y en
sí mismos recibieron el
castigo que merecía su
perversión.
28 Además, como

RVR

tuvieron a bien el
reconocer a Dios, Dios
los entregó a una mente
reprobada, para hacer
cosas impropias,
29 estando atestados
de toda injusticia, for-
nicación, perversidad,
avaricia, maldad; llenos
de envidia, homicidio,
contienda, engaño y
malignidad;
30 murmuradores, de-
tractores, aborrecedores
de Dios, insolentes,
orgullosos, jactanciosos,
inventores de maldades,
desobedientes a los
padres,
31 necios, desleales, sin
afecto natural, implaca-
bles, despiadados;
32 quienes, a pesar de
conocer el veredicto
de Dios, que los que
practican tales cosas
son dignos de muerte,
no sólo las hacen, sino
que también se com-
placen con los que las
practican.

El justo juicio de Dios

2 Por lo cual eres
inexcusable, oh
hombre, quienquiera
que seas tú que juzgas;
pues en lo que juzgas
al otro, te condenas a
ti mismo; porque tú
que juzgas practicas lo
mismo.
2 Mas sabemos que el
juicio de Dios contra los
que practican tales cosas
es según verdad.
3 ¿Y te figuras, oh hom-
bre, tú que juzgas a los

καθὼς	οὐκ	ἐδοκίμασαν	τὸν	θεὸν	ἔχειν	ἐν	ἐπιγνώσει,	παρέδωκεν
como	no	aprobaron	a --$_4$	Dios$_5$	tener$_1$	en$_2$	conocimiento pleno,$_3$	entregó$_8$
2531	3756	1381	3588	2316	2192	1722	1922	3860
CAM	*BN, TN*	*VAAI3P*	*DASM*	*NASM*	*VPAN*	*P*	*NDSF*	*VAAI3S*

αὐτοὺς	ὁ	θεὸς	εἰς	ἀδόκιμον	νοῦν,	ποιεῖν	τὰ	μὴ	καθήκοντα,
a ellos$_9$	--$_6$	Dios$_7$	a$_{10}$	reprobada,$_{12}$	una mente$_{11}$	para hacer	las cosas	(que) no	son convenientes,
846	3588	2316	1519	96	3563	4160	3588	3361	2520
RP3APM	*DNSM*	*NNSM*	*P*	*JASM*	*NASM*	*VPAN*	*DAPN*	*BN, TN*	*VPAP-PAN*

29 πεπληρωμένους	πάσῃ	⌈ἀδικίᾳ	πονηρίᾳ	πλεονεξίᾳ	κακίᾳ,	μεστοὺς
habiendo estado llenos de	toda	injusticia,	maldad,	avaricia,	malicia,	llenos
4137	3956	93	4189	4124	2549	3324
VRPP-PAM	*JDSF*	*NDSF*	*NDSF*	*NDSF*	*NDSF*	*JAPM*

φθόνου	φόνου	ἔριδος	δόλου	κακοηθείας,	ψιθυριστάς,	30 καταλάλους,
de envidias,	homicidio.	contienda,	engaño,	perversidad,	chismosos,	calumniadores,
5355	5408	2054	1388	2550	5588	2637
NGSM	*NGSM*	*NGSF*	*NGSM*	*NGSF*	*NAPM*	*JAPM*

θεοστυγεῖς,	ὑβριστάς,	ὑπερηφάνους,	ἀλαζόνας,	ἐφευρετὰς
que aborrecen a Dios,	insolentes,	arrogantes,	jactanciosos,	inventores
2319	5197	5244	213	2182
JAPM	*NAPM*	*JAPM*	*NAPM*	*NAPM*

κακῶν,	γονεῦσιν	ἀπειθεῖς,	31 ἀσυνέτους,	ἀσυνθέτους,	ἀστόργους,
de males,	a (los) padres,$_2$	desobedientes$_1$	necios,	desleales,	sin afecto natural,
2556	1118	545	801	802	794
JGPN	*NDPM*	*JAPM*	*JAPM*	*JAPM*	*JAPM*

ἀνελεήμονας·	32 οἵτινες	τὸ	δικαίωμα	τοῦ	θεοῦ	ἐπιγνόντες,	ὅτι	οἱ
despiadado;	los cuales$_1$	el$_3$	decreto$_4$	de --$_5$	Dios,$_6$	habiendo conocido$_2$	que	los$_1$
415	3748	3588	1345	3588	2316	1921	3754	3588
JAPM	*RR-NPM*	*DASN*	*NASN*	*DGSM*	*NGSM*	*VAAP-PNM*	*CSC*	*DNPM*

τὰ	τοιαῦτα	πράσσοντες	ἄξιοι	θανάτου	εἰσίν,	οὐ	μόνον	αὐτὰ
las (cosas)$_3$	tales$_4$	que practican$_2$	dignos$_6$	de muerte,$_7$	son$_5$	no$_8$	sólo$_9$	a ellas,$_{11}$
3588	5108	4238	514	2288	1526	3756	3440	846
DAPN	*RD-APN*	*VPAP-PNM*	*JNPM*	*NGSM*	*VPAI3P*	*CLK, TN, B*	*B, J*	*RP3APN*

ποιοῦσιν	ἀλλὰ	καὶ	συνευδοκοῦσιν	τοῖς	πράσσουσιν.
hacen$_{10}$	sino	también	dan plena aprobación	a los que	practican.
4160	235	2532	4909	3588	4238
VPAI3P	*CLK, CLC*	*BE, TE*	*VPAI3P*	*DDPM*	*VPAP-PDM*

2 Διὸ	ἀναπολόγητος	εἶ,	ὦ	ἄνθρωπε	πᾶς	ὁ	κρίνων·
Por lo cual,	sin excusa,$_2$	eres$_1$	¡oh	humano,	todo	el que	juzga!
1352	379	1488	5599	444	3956	3588	2919
CLI	*JNSM*	*VPAI2S*	*I*	*NVSM*	*JNSM*	*DNSM*	*VPAP-SNM*

ἐν	ᾧ	γὰρ	κρίνεις	τὸν	ἕτερον,	σεαυτὸν	κατακρίνεις,	τὰ	γὰρ
en$_2$	lo que$_3$	Porque$_1$	juzgas$_4$	al$_5$	otro,$_6$	a ti mismo$_8$	te condenas;$_7$	las$_{13}$	porque$_9$
1722	3739	1063	2919	3588	2087	4572	2632	3588	1063
P	*RR-DSN*	*CAZ*	*VPAI2S*	*DASM*	*JASM*	*RF2ASM*	*VPAI2S*	*DAPN*	*CAZ*

αὐτὰ	πράσσεις	ὁ	κρίνων·	2 οἴδαμεν	δὲ	ὅτι	τὸ	κρίμα	τοῦ
mismas (cosas).$_{14}$	practicas$_{12}$	el que$_{10}$	juzga,$_{11}$	sabemos$_2$	Y$_1$	que	el	juicio	de --
846	4238	3588	2919	1492	1161	3754	3588	2917	3588
RP3APN, JAPN	*VPAI2S*	*DNSM*	*VPAP-SNM*	*VRAI1P*	*CLN*	*CSC*	*DNSN*	*NNSN*	*DGSM*

θεοῦ	ἐστιν	κατὰ	ἀλήθειαν	ἐπὶ	τοὺς	τὰ	τοιαῦτα	πράσσοντας.
Dios	es	conforme a	(la) verdad	contra	los	--	tales cosas,$_2$	que practican$_1$
2316	2076	2596	225	1909	3588	3588	5108	4238
NGSM	*VPAI3S*	*P*	*NASF*	*P*	*DAPM*	*DAPN*	*RD-APN*	*VPAP-PAM*

3 λογίζῃ	δὲ	τοῦτο,	ὦ	ἄνθρωπε	ὁ	κρίνων	τοὺς	τὰ	τοιαῦτα
piensas$_2$	¿Y$_1$	esto,	oh	hombre,	el que	juzga	a los (que)$_1$	--$_3$	tales cosas,$_4$
3049	1161	5124	5599	444	3588	2919	3588	3588	5108
VPUI2S	*CLC*	*RD-ASN*	*I*	*NVSM*	*DNSM*	*VPAP-SNM*	*DAPM*	*DAPN*	*RD-APN*

NVI

estimaron que no valía la
pena tomar en cuenta el
conocimiento de Dios,
él a su vez los entregó a
la depravación mental,
para que hicieran lo que
no debían hacer. 29 Se
han llenado de toda
clase de maldad, perver-
sidad, avaricia y depra-
vación. Están repletos
de envidia, homicidios,
disensiones, engaño y
malicia. Son chismo-
sos, 30 calumniadores,
enemigos de Dios,
insolentes, soberbios y
arrogantes; se ingenian
maldades; se rebelan
contra sus padres; 31 son
insensatos, desleales,
insensibles, despiada-
dos. 32 Saben bien que,
según el justo decreto de
Dios, quienes practican
tales cosas merecen la
muerte; sin embargo, no
solo siguen practicán-
dolas, sino que incluso
aprueban a quienes las
practican.

El justo juicio de Dios

2 Por tanto, no tienes
excusa tú, quien-
quiera que seas, cuando
juzgas a los demás,
pues al juzgar a otros te
condenas a ti mismo, ya
que practicas las mismas
cosas. 2 Ahora bien,
sabemos que el juicio
de Dios contra los que
practican tales cosas
se basa en la verdad.
3 ¿Piensas entonces que
vas a escapar del juicio

1:29⌈ Manuscritos inferiores aumentaron *fornicación.*

RVR

que tal hacen, y haces lo
mismo, que tú escaparás
del juicio de Dios?
4 ¿O menosprecias las
riquezas de su benigni-
dad, paciencia y longani-
midad, ignorando que
su benignidad te guía al
arrepentimiento?
5 Pero por tu dureza y
por tu corazón no arre-
pentido, atesoras para ti
mismo ira para el día de
la ira y de la revelación
del justo juicio de Dios,
6 el cual pagará a cada
uno conforme a sus
obras:
7 vida eterna a los que,
perseverando en hacer
bien, buscan gloria y
honra e inmortalidad,
8 pero ira y enojo a los
que son contenciosos y
no obedecen a la verdad,
sino que obedecen a la
injusticia.
9 Tribulación y angustia
sobre todo ser humano
que obra el mal, el judío
primeramente y tam-
bién el griego,
10 pero gloria y honra y
paz a todo el que obra el
bien, al judío prime-
ramente y también al
griego;
11 porque ante Dios
no hay acepción de
personas.

πράσσοντας	καὶ	ποιῶν	αὐτά,	ὅτι	σὺ	ἐκφεύξῃ	τὸ	κρίμα	τοῦ
practican$_2$	y	está haciendo	las,	que	tú	escaparás	el	juicio	de --
4238	2532	4160	846	3754	4771	1628	3588	2917	3588
VPAP-PAM	*CLN*	*VPAP-SNM*	*RP3APN*	*CSC*	*RP2NS*	*VFMI2S*	*DASN*	*NASN*	*DGSM*

θεοῦ;	4 ἢ	τοῦ	πλούτου	τῆς	χρηστότητος	αὐτοῦ	καὶ	τῆς	ἀνοχῆς	καὶ
Dios?	¿O$_1$	de la$_3$	riqueza$_4$	de la$_5$	benignidad$_6$	de él,$_7$	y$_8$	de la$_9$	tolerancia$_{10}$	y$_{11}$
2316	2228	3588	4149	3588	5544	846	2532	3588	463	2532
NGSM	*CLD*	*DGSM*	*NGSM*	*DGSF*	*NGSF*	*RP3GSM*	*CLN*	*DGSF*	*NGSF*	*CLN*

τῆς	μακροθυμίας	καταφρονεῖς,	ἀγνοῶν	ὅτι	τὸ	χρηστὸν	τοῦ	θεοῦ
de la$_{12}$	paciencia,$_{13}$	tienes desprecio$_2$	ignorando	que	la	benignidad	de --	Dios
3588	3115	2706	50	3754	3588	5543	3588	2316
DGSF	*NGSF*	*VPAI2S*	*VPAP-SNM*	*CSC*	*DNSN*	*JNSN*	*DGSM*	*NGSM*

εἰς	μετάνοιάν	σε	ἄγει;	5 κατὰ	δὲ	τὴν	σκληρότητά	σου	καὶ
a$_3$	arrepentimiento?$_4$	a ti$_2$	lleva$_1$	conforme a$_2$	Mas$_1$	la	dureza	de ti	y$_1$
1519	3341	4571	71	2596	1161	3588	4643	4675	2532
P	*NASF*	*RP2AS*	*VPAI3S*	*P*	*CLC*	*DASF*	*NASF*	*RP2GS*	*CLN*

ἀμετανόητον	καρδίαν	θησαυρίζεις	σεαυτῷ	ὀργὴν	ἐν	ἡμέρᾳ	ὀργῆς
no arrepentido,$_3$	a un corazón$_2$	atesoras	para ti mismo	ira	en	(el) día	de (la) ira
279	2588	2343	4572	3709	1722	2250	3709
JASF	*NASF*	*VPAI2S*	*RF2DSM*	*NASF*	*P*	*NDSF*	*NGSF*

καὶ	ἀποκαλύψεως	δικαιοκρισίας	τοῦ	θεοῦ,	6 ὃς	ἀποδώσει	ἑκάστῳ
y	de (la) revelación	del juicio justo	de --	Dios,	el cual	pagará	a cada uno
2532	602	1341	3588	2316	3739	591	1538
CLN	*NGSF*	*NGSF*	*DGSM*	*NGSM*	*RR-NSM*	*VFAI3S*	*JDSM*

κατὰ	τὰ	ἔργα	αὐτοῦ·	7 τοῖς	μὲν	καθ’	ὑπομονὴν	ἔργου
conforme a	las	obras	de él;	a los que$_2$	por un lado,$_1$	por$_4$	(la) perseverancia$_5$	de (la) obra$_6$
2596	3588	2041	846	3588	3303	2596	5281	2041
P	*DAPN*	*NAPN*	*RP3GSM*	*DDPM*	*TK, C*	*P*	*NASF*	*NGSN*

ἀγαθοῦ	δόξαν	καὶ	τιμὴν	καὶ	ἀφθαρσίαν	ζητοῦσιν	ζωὴν	αἰώνιον·
buena$_7$	gloria$_8$	y$_9$	honra$_{10}$	e$_{11}$	inmortalidad:$_{12}$	buscan,$_3$	vida$_{13}$	eterna;$_{14}$
18	1391	2532	5092	2532	861	2212	2222	166
JGSN	*NASF*	*CLN*	*NASF*	*CLN*	*NASF*	*VPAP-PDM*	*NASF*	*JASF*

8 τοῖς	δὲ	ἐξ	ἐριθείας	καὶ	ἀπειθοῦσι	τῇ	ἀληθείᾳ	πειθομένοις
a los que$_2$	mas$_1$	por$_3$	egoísmo$_4$	y$_5$	los que desobedecen$_6$	la$_7$	verdad,$_8$	confiando$_{10}$
3588	1161	1537	2052	2532	544	3588	225	3982
DDPM	*CLK, CLC*	*P*	*NGSF*	*CLN*	*VPAP-PDM*	*DDSF*	*NDSF*	*VPMP-PDM*

δὲ	τῇ	ἀδικίᾳ	ὀργὴ	καὶ	θυμός,	9 θλῖψις	καὶ	στενοχωρία,	ἐπὶ
pero$_9$	en la$_{11}$	injusticia:$_{12}$	ira$_{13}$	y$_{14}$	enojo.$_{15}$	Tribulación	y	angustia	sobre
1161	3588	93	3709	2532	2372	2347	2532	4730	1909
CLC	*DDSF*	*NDSF*	*NNSF*	*CLN*	*NNSM*	*NNSF*	*CLN*	*NNSF*	*P*

πᾶσαν	ψυχὴν	ἀνθρώπου	τοῦ	κατεργαζομένου	τὸ	κακόν,	Ἰουδαίου
toda	vida	de ser humano,	el que	está obrando	lo	malo,	(al) judío$_2$
3956	5590	444	3588	2716	3588	2556	2453
JASF	*NASF*	*NGSM*	*DGSM*	*VPUP-SGM*	*DASN*	*JASN*	*JGSM*

τε	πρῶτον	καὶ	Ἕλληνος·	10 δόξα	δὲ	καὶ	τιμὴ	καὶ	εἰρήνη	παντὶ
tanto$_1$	primero$_3$	y también	(al) griego;	gloria$_2$	Y$_1$	y	honra	y	paz	a todo
5037	4412	2532	1672	1391	1161	2532	5092	2532	1515	3956
CLK	*B, J*	*CLK, CLN*	*NGSM*	*NNSF*	*CLC*	*CLN*	*NNSF*	*CLN*	*NNSF*	*JDSM*

τῷ	ἐργαζομένῳ	τὸ	ἀγαθόν,	Ἰουδαίῳ	τε	πρῶτον	καὶ	Ἕλληνι·
el que	realiza	el	bien,	a(l) judío$_2$	tanto$_1$	primero$_3$	y también	a(l) griego.
3588	2038	3588	18	2453	5037	4412	2532	1672
DDSM	*VPUP-SDM*	*DASN*	*JASN*	*JDSM*	*CLK*	*B, J*	*CLK, CLN*	*NDSM*

11 οὐ	γάρ	ἔστιν	προσωπολημψία	παρὰ	τῷ	θεῷ.
no$_2$	porque$_1$	hay	favoritismo	delante de	--	Dios.
3756	1063	2076	4382	3844	3588	2316
BNTN	*CAZ*	*VPAI3S*	*NNSF*	*P*	*DDSM*	*NDSM*

NVI

de Dios, tú que juzgas a
otros y sin embargo ha-
ces lo mismo que ellos?
4 ¿No ves que desprecias
las riquezas de la bondad
de Dios, de su tolerancia
y de su paciencia, al
no reconocer que su
bondad quiere llevarte al
arrepentimiento?
5 Pero por tu obstina-
ción y por tu corazón
empedernido sigues
acumulando castigo
contra ti mismo para
el día de la ira, cuando
Dios revelará su justo
juicio. 6 Porque Dios
«pagará a cada uno
según lo que merezcan
sus obras». 7 Él dará
vida eterna a los que,
perseverando en las
buenas obras, buscan
gloria, honor e inmor-
talidad. 8 Pero los que
por egoísmo rechazan la
verdad para aferrarse a la
maldad recibirán el gran
castigo de Dios. 9 Habrá
sufrimiento y angustia
para todos los que hacen
el mal, los judíos prime-
ramente, y también los
gentiles; 10 pero gloria,
honor y paz para todos
los que hacen el bien, los
judíos primeramente,
y también los gentiles.
11 Porque con Dios no
hay favoritismos.

RVR

12 Porque todos los que
han pecado sin ley, sin
ley también perecerán;
y todos los que han
pecado bajo la ley, por la
ley serán juzgados
13 (porque no son los
oidores de la ley los
justos ante Dios, sino
los cumplidores de la ley
serán justificados.
14 Porque cuando
los gentiles que no
tienen ley, hacen por
naturaleza lo que es de
la ley, éstos, aunque no
tengan ley, son ley para
sí mismos,
15 los cuales muestran
la obra de la ley escrita
en sus corazones,
dando testimonio su
conciencia, y acusándo-
les o defendiéndoles sus
razonamientos),
16 en el día en que Dios
juzgará por Jesucristo
los secretos de los hom-
bres, conforme a mi
evangelio.

Los judíos y la ley

17 Mira que tú tienes el
sobrenombre de judío,
y te apoyas en la ley, y te
glorías en Dios,
18 y conoces su volun-
tad, e instruido por la
ley apruebas lo mejor,
19 y estás confiado en

12 Ὅσοι	γὰρ	ἀνόμως	ἥμαρτον,	ἀνόμως	καὶ	ἀπολοῦνται·	καὶ
cuantos$_{2}$	Porque$_{1}$	sin ley,$_{4}$	pecaron$_{3}$	sin ley;$_{7}$	también$_{5}$	perecerán$_{6}$	y$_{8}$
3745	1063	460	264	460	2532	622	2532
RK-NPM	*CLX*	*B*	*VAAI3P*	*B*	*BE, TE*	*VFMI3P*	*CLN*

ὅσοι	ἐν	νόμῳ	ἥμαρτον,	διὰ	νόμου	κριθήσονται·	13 οὐ	γὰρ
cuantos$_{9}$	en$_{11}$	(la) ley,$_{12}$	pecaron$_{10}$	por medio de	(la) ley	serán juzgados;	no (son)$_{2}$	porque$_{1}$
3745	1722	3551	264	1223	3551	2919	3756	1063
RK-NPM	*P*	*NDSM*	*VAAI3P*	*P*	*NGSM*	*VFPI3P*	*BN, TN*	*CAZ*

οἱ	ἀκροαταὶ	νόμου	δίκαιοι	παρὰ	τῷ	θεῷ,	ἀλλ’	οἱ	ποιηταὶ	νόμου
los	oidores	de (la) ley	justos	ante	--	Dios,	sino	los	hacedores	de (la) ley
3588	202	3551	1342	3844	3588	2316	235	3588	4163	3551
DNPM	*NNPM*	*NGSM*	*JNPM*	*P*	*DDSM*	*NDSM*	*CLC*	*DNPM*	*NNPM*	*NGSM*

δικαιωθήσονται.	14 ὅταν	γὰρ	ἔθνη	τὰ	μὴ	νόμον	ἔχοντα
serán justificados.	cuando$_{2}$	Porque$_{1}$	(los) gentiles,$_{3}$	los que$_{4}$	no$_{5}$	ley,$_{7}$	tienen$_{6}$
1344	3752	1063	1484	3588	3361	3551	2192
VFPI3P	*CAT*	*CLX*	*NNPN*	*DNPN*	*BN, TN*	*NASM*	*VPAP-PNN*

φύσει	τὰ	τοῦ	νόμου	ποιῶσιν,	οὗτοι	νόμον	μὴ	ἔχοντες
por naturaleza$_{9}$	las (cosas)$_{10}$	de la$_{11}$	ley,$_{12}$	hagan (hacen)$_{8}$	estos$_{12}$	ley$_{15}$	no$_{13}$	teniendo$_{14}$
5449	3588	3588	3551	4160	3778	3551	3361	2192
NDSF	*DAPN*	*DGSM*	*NGSM*	*VPAS3P*	*RD-NPM*	*NASM*	*BN, TN*	*VPAP-PNM*

ἑαυτοῖς	εἰσιν	νόμος·	15 οἵτινες	ἐνδείκνυνται	τὸ	ἔργον	τοῦ	νόμου
para sí mismos;$_{18}$	son$_{16}$	ley$_{17}$	los cuales	muestran	la	obra	de la	ley
1438	1526	3551	3748	1731	3588	2041	3588	3551
RF3DPM	*VPAI3P*	*NNSM*	*RR-NPM*	*VPMI3P*	*DASN*	*NASN*	*DGSM*	*NGSM*

γραπτὸν	ἐν	ταῖς	καρδίαις	αὐτῶν,	συμμαρτυρούσης	αὐτῶν	τῆς
escrita	en	los	corazones	de ellos,	testificando a favor	de ellos$_{3}$	la$_{1}$
1123	1722	3588	2588	846	4828	846	3588
JASN	*P*	*DDPF*	*NDPF*	*RP3GPM*	*VPAP-SGF*	*RP3GPM*	*DGSF*

συνειδήσεως	καὶ	μεταξὺ	ἀλλήλων	τῶν	λογισμῶν	κατηγορούντων	ἢ
conciencia$_{2}$	y$_{4}$	entre$_{7}$	unos a otros$_{8}$	los$_{5}$	pensamientos$_{6}$	acusando	o
4893	2532	3342	240	3588	3053	2723	2228
NGSF	*CLN*	*P, B*	*RC-GPM*	*DGPM*	*NGPM*	*VPAP-PGM*	*CLD*

καὶ	ἀπολογουμένων,	16 ἐν	ἡμέρᾳ	ὅτε	κρίνει	ὁ	θεὸς	τὰ
también	defendiéndose,	en	(el) día	cuando$_{1}$	juzgará$_{4}$	--$_{2}$	Dios$_{3}$	las cosas
2532	626	1722	2250	3753	2919	3588	2316	3588
CLA, B	*VPUP-PGM*	*P*	*NDSF*	*CAT*	*VFAI3S, VPAI3S*	*DNSM*	*NNSM*	*DAPN*

κρυπτὰ	τῶν	ἀνθρώπων	κατὰ	τὸ	εὐαγγέλιόν	μου	διὰ	Χριστοῦ
secretas	de los	seres humanos,	según	el	evangelio	de mí,	por medio de	Cristo
2927	3588	444	2596	3588	2098	3450	1223	5547
JAPN	*DGPM*	*NGPM*	*P*	*DASN*	*NASN*	*RP1GS*	*P*	*NGSM*

Ἰησοῦ.
Jesús.
2424
NGSM

17 Εἰ	δὲ	σὺ	Ἰουδαῖος	ἐπονομάζῃ	καὶ	ἐπαναπαύῃ	νόμῳ	καὶ
si$_{2}$	Pero$_{1}$	tú,$_{3}$	judío$_{5}$	te llamas a ti mismo$_{4}$	y	te apoyas	en (la) ley	y
1487	1161	4771	2453	2028	2532	1879	3551	2532
CAC	*CLN*	*RP2NS*	*JNSM*	*VPPI2S*	*CLN*	*VPUI2S*	*NDSM*	*CLN*

καυχᾶσαι	ἐν	θεῷ	18 καὶ	γινώσκεις	τὸ	θέλημα	καὶ	δοκιμάζεις
te jactas	en	Dios,	y	conoces	la	voluntad,	y	apruebas
2744	1722	2316	2532	1097	3588	2307	2532	1381
VPUI2S	*P*	*NDSM*	*CLN*	*VPAI2S*	*DASN*	*NASN*	*CLN*	*VPAI2S*

τὰ	διαφέροντα	κατηχούμενος	ἐκ	τοῦ	νόμου,	19 πέποιθάς	τε
las cosas que	son superiores,	siendo instruido	de	la	ley,	has persuadido$_{2}$	y$_{1}$
3588	1308	2727	1537	3588	3551	3982	5037
DAPN	*VPAP-PAN*	*VPPP-SNM*	*P*	*DGSM*	*NGSM*	*VRAI2S*	*CLN*

NVI

12 Todos los que han
pecado sin conocer la
ley también perecerán
sin la ley; y todos los que
han pecado conociendo
la ley por la ley serán
juzgados. 13 Porque Dios
no considera justos a los
que oyen la ley, sino a los
que la cumplen. 14 De
hecho, cuando los genti-
les, que no tienen la ley,
cumplen por naturaleza
lo que la ley exige, ellos
son ley para sí mismos,
aunque no tengan la
ley. 15 Estos muestran
que llevan escrito en
el corazón lo que la ley
exige, como lo atestigua
su conciencia, pues sus
propios pensamientos
algunas veces los acusan
y otras veces los excusan.
16 Así sucederá el día
en que, por medio de
Jesucristo, Dios juzgará
los secretos de toda per-
sona, como lo declara
mi evangelio.

Los judíos y la ley

17 Ahora bien, tú
que llevas el nombre
de judío; que dependes
de la ley y te jactas de tu
relación con Dios; 18 que
conoces su voluntad y
sabes discernir lo que
es mejor porque eres
instruido por la ley;
19 que estás convencido

RVR

que eres guía de los cie-
gos, luz de los que están
en tinieblas,
20 instructor de ig-
norantes, maestro de
niños, que tienes en la
ley la quintaesencia del
conocimiento y de la
verdad.
21 Tú, pues, que enseñas
a otro, ¿no te enseñas
a ti mismo? Tú que
predicas: No hurtar,
¿hurtas?
22 Tú que dices: No
adulterar, ¿adulteras?
Tú que abominas de
los ídolos, ¿cometes
sacrilegio?
23 Tú que te jactas de la
ley, ¿con infracción de la
ley deshonras a Dios?
24 Porque como está es-
crito, el nombre de Dios
es blasfemado entre los
gentiles por causa de
vosotros.
25 Pues en verdad la
circuncisión aprovecha,
si practicas la ley; pero si
eres transgresor de la ley,
tu circuncisión viene a
ser incircuncisión.
26 Si, pues, el incircunci-
so guarda las ordenan-
zas de la ley, ¿no será
contada su incircunci-
sión como circuncisión?
27 Y el que físicamente
es incircunciso, pero
cumple perfectamente
la ley, te juzgará a ti, que
con la letra de la ley y
con la circuncisión eres
transgresor de la ley.
28 Pues no es judío el

σεαυτὸν ὁδηγὸν εἶναι τυφλῶν, φῶς τῶν ἐν σκότει, 20 παιδευτὴν
a ti mismo$_3$ guía$_5$ ser$_4$ de ciegos, luz de los (que están) en oscuridad, instructor
4572 3595 1511 5185 5457 3588 1722 4655 3810
RF2ASM NASM VPAN JGPM NASN DGPM P NDSN NASM, NASF

ἀφρόνων, διδάσκαλον νηπίων, ἔχοντα τὴν μόρφωσιν τῆς γνώσεως καὶ
de necios, maestro de niños, teniendo la esencia del conocimiento y
878 1320 3516 2192 3588 3446 3588 1108 2532
JGPM NASM JGPM VPAP-SAM DASF NASF DGSF NGSF CLN

τῆς ἀληθείας ἐν τῷ νόμῳ— 21 ὁ οὖν διδάσκων ἕτερον σεαυτὸν
de la verdad en la ley; el$_2$ así que$_1$ que enseñas$_3$ a otro,$_4$ a ti mismo?$_7$
3588 225 1722 3588 3551 3588 3767 1321 2087 4572
DGSF NGSF P DDSM NDSM DNSM CLI VPAP-SNM JASM RF2ASM

οὐ διδάσκεις; ὁ κηρύσσων μὴ κλέπτειν κλέπτεις; 22 ὁ
¿no$_5$ enseñas$_6$ El que proclama no robar, ¿robas? El que
3756 1321 3588 2784 3361 2813 2813 3588
BN, TN VPAI2S DNSM VPAP-SNM BN, TN VPAN VPAI2S DNSM

λέγων μὴ μοιχεύειν μοιχεύεις; ὁ βδελυσσόμενος τὰ εἴδωλα
dice: no adulterar, ¿adulteras? El que aborrece a los ídolos,
3004 3361 3431 3431 3588 948 3588 1497
VPAP-SNM BN, TN VPAN VPAI2S DNSM VPUP-SNM DAPN NAPN

ἱεροσυλεῖς; 23 ὃς ἐν νόμῳ καυχᾶσαι, διὰ τῆς παραβάσεως τοῦ
¿saqueas templos? El que en$_2$ (la) ley$_3$ te jactas,$_1$ por medio de$_7$ de la$_8$ transgresión$_9$ de la$_{10}$
2416 3739 1722 3551 2744 1223 3588 3847 3588
VPAI2S RR-NSM P NDSM VPUI2S P DGSF NGSF DGSM

νόμου τὸν θεὸν ἀτιμάζεις; 24 τὸ γὰρ ὄνομα τοῦ θεοῦ δι᾽ ὑμᾶς
ley?$_{11}$ a --$_5$ Dios$_6$ ¿deshonras$_4$ el$_4$ Porque$_1$ nombre$_5$ de --$_6$ Dios$_7$ por causa de$_{12}$ vosotros$_{13}$
3551 3588 2316 818 3588 1063 3686 3588 2316 1223 5209
NGSM DASM NASM VPAI2S DNSN CLX NNSN DGSM NGSM P RP2AP

βλασφημεῖται ἐν τοῖς ἔθνεσιν, καθὼς γέγραπται.
es blasfemado$_8$ entre$_9$ los$_{10}$ gentiles.$_{11}$ como$_2$ ha sido escrito:$_3$
987 1722 3588 1484 2531 1125
VPPI3S P DDPN NDPN CAM VRPI3S

25 Περιτομὴ μὲν γὰρ ὠφελεῖ ἐὰν νόμον πράσσῃς· ἐὰν δὲ
(la) circuncisión$_3$ ciertamente,$_2$ Porque$_1$ aprovecha$_4$ si$_5$ (la) ley;$_7$ practicas$_6$ si$_9$ pero$_8$
4061 3303 1063 5623 1437 3551 4238 1437 1161
NNSF TK, C CLX VPAI3S CAC NASM VPAS2S CAC CLC

παραβάτης νόμου ᾖς, ἡ περιτομή σου ἀκροβυστία γέγονεν.
transgresor$_{11}$ de (la) ley,$_{12}$ eres$_{10}$ la circuncisión de ti incircuncisión.$_2$ ha llegado a ser$_1$
3848 3551 1510 3588 4061 4675 203 1096
NNSM NGSM VPAS2S DNSF NNSF RP2GS NNSF VRAI3S

26 ἐὰν οὖν ἡ ἀκροβυστία τὰ δικαιώματα τοῦ νόμου φυλάσσῃ,
si$_2$ Así que,$_1$ la$_3$ incircuncisión$_4$ los$_6$ mandatos$_7$ de la$_8$ ley,$_9$ guarda$_5$
1437 3767 3588 203 3588 1345 3588 3551 5442
CAC CLI DNSF NNSF DAPN NAPN DGSM NGSM VPAS3S

οὐχ ἡ ἀκροβυστία αὐτοῦ εἰς περιτομὴν λογισθήσεται; 27 καὶ κρινεῖ
¿no$_{10}$ la$_{12}$ incircuncisión$_{13}$ de él$_{14}$ por$_{15}$ circuncisión?$_{16}$ será considerada$_{11}$ y$_1$ juzgará$_8$
3756 3588 203 846 1519 4061 3049 2532 2919
TN, TI DNSF NNSF RP3GSM P NASF VFPI3S CLN VFAI3S

ἡ ἐκ φύσεως ἀκροβυστία τὸν νόμον τελοῦσα σὲ τὸν διὰ
la$_2$ por$_4$ naturaleza$_5$ incircuncisión$_3$ la$_7$ ley$_8$ cumpliendo$_6$ a ti,$_9$ el$_{10}$ por medio de$_{13}$
3588 1537 5449 203 3588 3551 5055 4571 3588 1223
DNSF P NGSF NNSF DASM NASM VPAP-SNF RP2AS DASM P

γράμματος καὶ περιτομῆς παραβάτην νόμου. 28 οὐ γὰρ ὁ ἐν
(la) letra$_{14}$ y$_{15}$ (la) circuncisión.$_{16}$ transgresor$_{11}$ de (la) ley$_{12}$ no$_5$ Porque$_1$ el (que)$_2$ en$_6$
1121 2532 4061 3848 3551 3756 1063 3588 1722
NGSN CLN NGSF NASM NGSM BN,TN CAZ DNSM P

NVI

de ser guía de los ciegos
y luz de los que están en
la oscuridad, 20 instruc-
tor de los ignorantes,
maestro de los sencillos,
pues tienes en la ley la
esencia misma del cono-
cimiento y de la verdad;
21 en fin, tú que enseñas a
otros, ¿no te enseñas a ti
mismo? Tú que predicas
contra el robo, ¿robas?
22 Tú que dices que no se
debe cometer adulterio,
¿adulteras? Tú que abo-
rreces a los ídolos, ¿robas
de sus templos? 23 Tú
que te jactas de la ley,
¿deshonras a Dios que-
brantando la ley? 24 Así
está escrito: «Por causa
de ustedes se blasfema el
nombre de Dios entre
los gentiles».
25 La circuncisión
tiene valor si observas la
ley; pero, si la quebran-
tas, vienes a ser como
un incircunciso. 26 Por
lo tanto, si los gentiles
cumplen los requisitos
de la ley, ¿no se les consi-
derará como si estuvie-
ran circuncidados? 27 El
que no está físicamente
circuncidado, pero
obedece la ley, te conde-
nará a ti que, a pesar de
tener el mandamiento
escrito y la circuncisión,
quebrantas la ley.
28 Lo exterior no hace

RVR

que lo es exteriormente,
ni es circuncisión la que
se hace exteriormente
en la carne;
29 sino que es judío el
que lo es en lo interior,
y la circuncisión es la
del corazón, en espíritu,
no en letra; la alabanza
del cual no viene de los
hombres, sino de Dios.
3 ¿Qué ventaja tiene,
pues, el judío?,
¿o de qué aprovecha la
circuncisión?
2 Mucho, en todas
maneras. Primero,
ciertamente, que les ha
sido confiada la palabra
de Dios.
3 ¿Pues qué? Si algunos
de ellos han sido incré-
dulos, ¿acaso su incredu-
lidad habrá hecho nula
la fidelidad de Dios?
4 ¡De ninguna manera!
Antes bien, sea hallado
Dios veraz, y todo hom-
bre mentiroso; como
está escrito:

> Para que seas justifica-
> do en tus palabras,
> Y venzas cuando seas
> juzgado.

5 Y si nuestra injusticia
hace resaltar la justicia
de Dios, ¿qué diremos?
¿Acaso es injusto Dios
que da castigo? (Hablo
como hombre.)
6 ¡En ninguna manera!
De otro modo, ¿cómo
juzgaría Dios al
mundo?
7 Pero si por mi mentira

τῷ φανερῷ Ἰουδαῖός ἐστιν, οὐδὲ ἡ ἐν τῷ φανερῷ ἐν σαρκὶ
lo$_{7}$ evidente,$_{8}$ judío$_{3}$ es$_{4}$ ni$_{9}$ la$_{10}$ en$_{12}$ lo$_{13}$ evidente$_{14}$ en$_{15}$ (la) carne;$_{16}$
3588 5318 2453 2076 3761 3588 1722 3588 5318 1722 4561
DDSN JDSN JNSM VPAI3S CLD, TN DNSF P DDSN JDSN P NDSF

περιτομή· 29 ἀλλ' ὁ ἐν τῷ κρυπτῷ Ἰουδαῖος, καὶ περιτομὴ
circuncisión$_{11}$ sino$_{1}$ el$_{2}$ en$_{4}$ lo$_{5}$ secreto,$_{6}$ judío (es)$_{3}$ y (la) circuncisión
4061 235 3588 1722 3588 2927 2453 2532 4061
NNSF CLC DNSM P DDSN JDSN JNSM CLN NNSF

καρδίας ἐν πνεύματι οὐ γράμματι, οὗ ὁ ἔπαινος οὐκ ἐξ
de(l) corazón (es) en (el) espíritu, no en letra, del cual la alabanza no (viene) de
2588 1722 4151 3756 1121 3739 3588 1868 3756 1537
NGSF P NDSN BN, TN NDSN RR-GSM DNSM NNSM BN, TN P

ἀνθρώπων ἀλλ' ἐκ τοῦ θεοῦ.
seres humanos sino de -- Dios.
444 235 1537 3588 2316
NGPM CLC P DGSM NGSM

3 Τί οὖν τὸ περισσὸν τοῦ Ἰουδαίου, ἢ τίς ἡ ὠφέλεια
¿cuál (es)$_{2}$ Así que,$_{1}$ la ventaja del judío? ¿O cuál (es) el beneficio
5101 3767 3588 4053 3588 2453 2228 5101 3588 5622
RI-NSN CLI DNSN J, B DGSM JGSM CLD RI-NSF DNSF NNSF

τῆς περιτομῆς; 2 πολὺ κατὰ πάντα τρόπον. πρῶτον μὲν γὰρ ὅτι
de la circuncisión? Mucho en toda manera. Primero, en verdad$_{2}$ porque$_{1}$ que
3588 4061 4183 2596 3956 5158 4412 3303 1063 3754
DGSF NGSF JNSN P JASM NASM B, J TE CAZ CAZ

ἐπιστεύθησαν τὰ λόγια τοῦ θεοῦ. 3 τί γάρ; εἰ ἠπίστησάν τινες,
les fueron confiados las palabras de -- Dios. ¿qué$_{2}$ Porque,$_{1}$ si$_{3}$ no creyeron?$_{5}$ algunos$_{4}$
4100 3588 3051 3588 2316 5101 1063 1487 569 5100
VAPI3P DAPN NAPN DGSM NGSM RI-NSN TI, C CAC VAAI3P RX-NPM

μὴ ἡ ἀπιστία αὐτῶν τὴν πίστιν τοῦ θεοῦ καταργήσει; 4 μὴ
¿Acaso la incredulidad de ellos la$_{2}$ fidelidad$_{3}$ de --$_{4}$ Dios?$_{5}$ anulará$_{1}$ ¡No
3361 3588 570 846 3588 4102 3588 2316 2673 3361
TN, TI DNSF NNSF RP3GPM DASF NASF DGSM NGSM VFAI3S BN, TN

γένοιτο· γινέσθω δὲ ὁ θεὸς ἀληθής, πᾶς δὲ ἄνθρωπος ψεύστης,
sea así! sea$_{4}$ Pero$_{1}$ --$_{2}$ Dios$_{3}$ veraz,$_{5}$ todo$_{7}$ y$_{6}$ ser humano$_{8}$ mentiroso;$_{9}$
1096 1096 1161 3588 2316 227 3956 1161 444 5583
VAMO3S VPUM3S CLC DNSM NNSM JNSM JNSM CLC NNSM NNSM

καθὼς γέγραπται· Ὅπως ἂν δικαιωθῇς ἐν τοῖς λόγοις σου καὶ
como ha sido escrito: a fin de que -- fueras justificado en las palabras de ti, y
2531 1125 3704 302 1344 1722 3588 3056 4675 2532
CAM VRPI3S CAP TC VAPS2S P DDPM NDPM RP2GS CLN

νικήσεις ἐν τῷ κρίνεσθαί σε. 5 εἰ δὲ ἡ ἀδικία ἡμῶν
vencerás en el ser juzgado tú. si$_{2}$ Y$_{1}$ la injusticia de nosotros
3528 1722 3588 2919 4571 1487 1161 3588 93 2257
VFAI2S P DDSN, DDSM VPPN RP2AS CAC CLC DNSF NNSF RP1GP

θεοῦ δικαιοσύνην συνίστησιν, τί ἐροῦμεν; μὴ ἄδικος ὁ θεὸς
de Dios,$_{3}$ (la) justicia$_{2}$ resalta$_{1}$ ¿qué diremos? ¿Acaso (es) injusto -- Dios,
2316 1343 4921 5101 2046 3361 94 3588 2316
NGSM NASF VPAI3S RI-ASN VFAI1P TN, TI JNSM DNSM NNSM

ὁ ἐπιφέρων τὴν ὀργήν; κατὰ ἄνθρωπον λέγω. 6 μὴ γένοιτο·
el que expresa la ira? como$_{2}$ a un ser humano.$_{3}$ Hablo$_{1}$ ¡No sea así!
3588 2018 3588 3709 2596 444 3004 3361 1096
DNSM VPAP-SNM DASF NASF P NASM VPAI1S BN, TN VAMO3S

ἐπεὶ πῶς κρινεῖ ὁ θεὸς τὸν κόσμον; 7 εἰ δὲ ἡ ἀλήθεια
De otro modo, ¿cómo juzgará -- Dios al mundo? si$_{2}$ Mas$_{1}$ la$_{7}$ verdad$_{8}$
1893 4459 2919 3588 2316 3588 2889 1487 1161 3588 225
CAZ BI VFAI3S, VPAI3S DNSM NNSM DASM NASM CAC CLC DNSF NNSF

NVI

a nadie judío, ni consiste
la circuncisión en una
señal en el cuerpo. 29 El
verdadero judío lo es
interiormente; y la
circuncisión es la del
corazón, la que realiza el
Espíritu, no el manda-
miento escrito. Al que es
judío así, lo alaba Dios y
no la gente.

Fidelidad de Dios

3 Entonces, ¿qué se
gana con ser judío,
o qué valor tiene la
circuncisión? 2 Mucho,
desde cualquier punto
de vista. En primer
lugar, a los judíos se les
confiaron las palabras
mismas de Dios.
3 Pero entonces, si
a algunos les faltó la
fe, ¿acaso su falta de fe
anula la fidelidad de
Dios? 4 ¡De ninguna
manera! Dios es siempre
veraz, aunque el hombre
sea mentiroso. Así está
escrito:

> «Por eso, eres justo en
> tu sentencia,
> y triunfarás cuando te
> juzguen».

5 Pero, si nuestra
injusticia pone de relieve
la justicia de Dios, ¿qué
diremos? ¿Que Dios
es injusto al descargar
sobre nosotros su ira?
(Hablo en términos hu-
manos). 6 ¡De ninguna
manera! Si así fuera,
¿cómo podría Dios juz-
gar al mundo? 7 Alguien

RVR

la verdad de Dios abundó para su gloria, ¿por qué aún soy juzgado como pecador?
8 ¿Y por qué no decir (como se nos calumnia, y como algunos, cuya condenación es justa, afirman que nosotros decimos): Hagamos males para que vengan bienes?

Todos hemos pecado

9 ¿Qué, pues? ¿Somos nosotros mejores que ellos? En ninguna manera; pues ya hemos acusado a judíos y a gentiles, que todos están bajo pecado.
10 Como está escrito:
No hay justo, ni aun uno;
11 No hay quien entienda,
No hay quien busque a Dios.
12 Todos se desviaron, a una se hicieron inútiles;
No hay quien haga lo bueno, no hay ni siquiera uno.
13 Sepulcro abierto es su garganta;
Con su lengua urdieron engaños.
Veneno de áspides hay debajo de sus labios;
14 Su boca está llena de maldición y de amargura.
15 Sus pies son veloces

τοῦ	θεοῦ	ἐν	τῷ	ἐμῷ	ψεύσματι	ἐπερίσσευσεν	εἰς	τὴν	δόξαν
de--$_9$	Dios$_{10}$	en$_3$	la$_4$	mía$_6$	mentira$_5$	abundó$_6$	para	la	gloria
3588	2316	1722	3588	1699	5582	4052	1519	3588	1391
DGSM	*NGSM*	*P*	*DDSN*	*JDSN, RS1DSN*	*NDSN*	*VAAI3S*	*P*	*DASF*	*NASF*

αὐτοῦ,	τί	ἔτι	κἀγὼ	ὡς	ἁμαρτωλὸς	κρίνομαι,	8 καὶ	μὴ
de él,	¿por qué$_1$	todavía$_3$	también yo$_2$	como$_5$	pecador?$_6$	soy juzgado$_4$	¿Y	no
846	5101	2089	2504	5613	268	2919	2532	3361
RP3GSM	*RI-ASN*	*B*	*RP1NS, TE*	*P, CAM*	*JNSM*	*VPPI1S*	*CLN*	*BN, TN*

καθὼς	βλασφημούμεθα	καὶ	καθώς	φασίν	τινες	ἡμᾶς	λέγειν	ὅτι
como	somos calumniados	y	como	afirman$_2$	algunos$_1$	nosotros	decir	que:
2531	987	2532	2531	5346	5100	2248	3004	3754
CAM	*VPPI1P*	*CLN*	*CAM*	*VPAI3P*	*RX-NPM*	*RP1AP*	*VPAN*	*CSC*

Ποιήσωμεν	τὰ	κακὰ	ἵνα	ἔλθῃ	τὰ	ἀγαθά;	ὧν	τὸ	κρίμα
Hagamos	las cosas	malas	para que	venga	los	bienes?	De los cuales	la	condenación
4160	3588	2556	2443	2064	3588	18	3739	3588	2917
VAAS1P	*DAPN*	*JAPN*	*CAP*	*VAAS3S*	*DNPN*	*JNPN*	*RR-GPM*	*DNSN*	*NNSN*

ἔνδικόν	ἐστιν.
justa.$_2$	es$_1$
1738	2076
JNSN	*VPAI3S*

9 Τί	οὖν;	προεχόμεθα;	οὐ	πάντως,	προῃτιασάμεθα	γὰρ
qué?$_2$	¿Entonces$_1$	¿Somos superiores?	No	ciertamente;	ya hemos acusado anteriormente$_2$	porque$_1$
5101	3767	4284	3756	3843	4256	1063
RI-NSN	*CLI*	*VPUI1P*	*BN, TN*	*B*	*VAMI1P*	*CAZ*

Ἰουδαίους	τε	καὶ	Ἕλληνας	πάντας	ὑφ᾽	ἁμαρτίαν	εἶναι,	10 καθὼς
a (los) judíos$_4$	tanto$_3$	también$_5$	a (los) griegos$_6$	todos$_8$	bajo$_9$	pecado,$_{10}$	estar$_7$	como
2453	5037	2532	1672	3956	5259	266	1511	2531
JAPM	*CLK*	*CLK, CLN*	*NAPM*	*JAPM*	*P*	*NASF*	*VPAN*	*CAM*

γέγραπται	ὅτι	Οὐκ	ἔστιν	δίκαιος	οὐδὲ	εἷς,	11 οὐκ	ἔστιν	ὁ
ha sido escrito	que:	No	es (hay)	justo	ni	uno,	no	es (hay)	el que entiende,
1125	3754	3756	2076	1342	3761	1520	3756	2076	3588
VRPI3S	*CSC*	*BN, TN*	*VPAI3S*	*JNSM*	*BN, TN*	*JNSM*	*BN,TN*	*VPAI3S*	*DNSM*

συνίων,	οὐκ	ἔστιν	ὁ	ἐκζητῶν	τὸν	θεόν.	12 πάντες	ἐξέκλιναν,
	no	es (hay)	el que busca		a--	Dios,	todos	se apartaron,
4920	3756	2076	3588	1567	3588	2316	3956	1578
VPAP-SNM	*BN, TN*	*VPAI3S*	*DNSM*	*VPAP-SNM*	*DASM*	*NASM*	*JNPM*	*VAAI3P*

ἅμα	ἠχρεώθησαν·	οὐκ	ἔστιν	ποιῶν	χρηστότητα,	οὐκ	ἔστιν
al mismo tiempo	se hicieron inútiles;	no	es (hay)	el que hace	bondad,	no	es (hay)
260	889	3756	2076	4160	5544	3756	2076
B	*VAPI3P*	*BN, TN*	*VPAI3S*	*VPAP-SNM*	*NASF*	*BN, TN*	*VPAI3S*

ἕως	ἑνός.	13 τάφος	ἀνεῳγμένος	ὁ	λάρυγξ	αὐτῶν,	ταῖς
ni siquiera	uno.	(es) un sepulcro$_4$	que está abierto,$_5$	La$_1$	garganta$_2$	de ellos$_3$	con las$_7$
2193	1520	5028	455	3588	2995	846	3588
P, C	*JGSM*	*NNSM*	*VRPP-SNM*	*DNSM*	*NNSM*	*RP3GPM*	*DDPF*

γλώσσαις	αὐτῶν	ἐδολιοῦσαν,	ἰὸς	ἀσπίδων	ὑπὸ	τὰ	χείλη	αὐτῶν,
lenguas$_8$	de ellos,$_9$	engañaron$_6$	veneno	de serpientes	(hay) bajo	los	labios	de ellos;
1100	846	1387	2447	785	5259	3588	5491	846
NDPF	*RP3GPM*	*VIAI3P*	*NNSM*	*NGPF*	*P*	*DAPN*	*NAPN*	*RP3GPM*

14 ὧν	τὸ	στόμα	ἀρᾶς	καὶ	πικρίας	γέμει·	15 ὀξεῖς	οἱ	πόδες
cuya	--	boca	de maldición$_2$	y$_3$	de amargura;$_4$	está llena$_1$	(son) veloces$_4$	los$_1$	pies$_2$
3739	3588	4750	685	2532	4088	1073	3691	3588	4228
RR-GPM	*DNSN*	*NNSN*	*NGSF*	*CLN*	*NGSF*	*VPAI3S*	*JNPM*	*DNPM*	*NNPM*

NVI

podría objetar: «Si mi mentira destaca la verdad de Dios y así aumenta su gloria, ¿por qué todavía se me juzga como pecador?
8 ¿Por qué no decir: Hagamos lo malo para que venga lo bueno?» Así nos calumnian algunos, asegurando que eso es lo que enseñamos. ¡Pero bien merecida se tienen la condenación!

No hay un solo justo

9 ¿A qué conclusión llegamos? ¿Acaso los judíos somos mejores? ¡De ninguna manera! Ya hemos demostrado que tanto los judíos como los gentiles están bajo el pecado.
10 Así está escrito:

«No hay un solo justo, ni siquiera uno;
11 no hay nadie que entienda,
nadie que busque a Dios.
12 Todos se han descarriado,
a una se han corrompido.
No hay nadie que haga lo bueno;
¡no hay uno solo!»
13 «Su garganta es un sepulcro abierto;
con su lengua profieren engaños».
«¡Veneno de víbora hay en sus labios!»
14 «Llena está su boca de maldiciones y de amargura».
15 «Veloces son sus

RVR

para derramar
sangre;
16 Quebranto y des-
ventura hay en sus
caminos;
17 Y no conocieron
camino de paz.
18 No hay temor de
Dios delante de
sus ojos.
19 Pero sabemos que
todo lo que la ley dice,
lo dice para los que
están bajo la ley, para
que toda boca se cierre
y todo el mundo quede
bajo el juicio de Dios;
20 ya que por las obras
de la ley ningún ser
humano será justificado
delante de él; porque
por medio de la ley es
el conocimiento del
pecado.

La justificación por la fe

21 Pero ahora, aparte de
la ley, se ha manifestado
la justicia de Dios, tes-
tificada por la ley y por
los profetas;
22 la justicia de Dios
por medio de la fe en
Jesucristo, para todos los
que creen en él. Porque
no hay diferencia;
23 por cuanto todos
pecaron, y están desti-
tuidos de la gloria de
Dios,
24 siendo justificados
gratuitamente por su
gracia, mediante la
redención que es en
Cristo Jesús,
25 a quien Dios puso

αὐτῶν	ἐκχέαι	αἷμα,	16 σύντριμμα	καὶ	ταλαιπωρία	ἐν	ταῖς	ὁδοῖς
de ellos$_3$	para derramar	sangre,	destrucción	y	miseria	(hay) en	los	caminos
846	1632	129	4938	2532	5004	1722	3588	3598
RP3GPM	VAAN	NASN	NNSN	CLN	NNSF	P	DDPF	NDPF

αὐτῶν,	17 καὶ	ὁδὸν	εἰρήνης	οὐκ	ἔγνωσαν.	18 οὐκ	ἔστιν	φόβος	θεοῦ
de ellos,	y$_1$	camino$_4$	de paz.$_5$	no$_2$	conocieron$_3$	No$_3$	es (hay)$_4$	Temor$_1$	de Dios$_2$
846	2532	3598	1515	3756	1097	3756	2076	5401	2316
RP3GPM	CLN	NASF	NGSF	BN, TN	VAAI3P	BNTN	VPAI3S	NNSM	NGSM

ἀπέναντι	τῶν	ὀφθαλμῶν	αὐτῶν.
delante de	los	ojos	de ellos.
561	3588	3788	846
P, B	DGPM	NGPM	RP3GPM

19 Οἴδαμεν	δὲ	ὅτι	ὅσα	ὁ	νόμος	λέγει	τοῖς	ἐν	τῷ
sabemos$_2$	Mas$_1$	que	cuantas cosas	la	ley	dice,	a los (que están)	en	la
1492	1161	3754	3745	3588	3551	3004	3588	1722	3588
VRAI1P	CLN	CSC	RK-APN	DNSM	NNSM	VPAI3S	DDPM	P	DDSM

νόμῳ	λαλεῖ,	ἵνα	πᾶν	στόμα	φραγῇ	καὶ	ὑπόδικος	γένηται	πᾶς	ὁ
ley	habla,	para que	toda	boca	sea cerrada	y$_1$	responsable$_6$	sea hecha$_5$	todo$_2$	el$_3$
3551	2980	2443	3956	4750	5420	2532	5267	1096	3956	3588
NDSM	VPAI3S	CAP, CAR	JNSN	NNSN	VAPS3S	CLN	JNSM	VAMS3S	JNSM	DNSM

κόσμος	τῷ	θεῷ·	20 διότι	ἐξ	ἔργων	νόμου	οὐ	δικαιωθήσεται	πᾶσα
mundo$_4$	para --	Dios;	porque	por	(las) obras	de (la) ley	no$_3$	será justificada$_4$	toda$_1$
2889	3588	2316	1360	1537	2041	3551	3756	1344	3956
NNSM	DDSM	NDSM	CAZ	P	NGPN	NGSM	BN, TN	VFPI3S	JNSF

σὰρξ	ἐνώπιον	αὐτοῦ,	διὰ	γὰρ	νόμου	ἐπίγνωσις	ἁμαρτίας.
carne$_2$	delante de$_5$	él;$_6$	por medio de$_8$	porque$_7$	(la) ley	(es el) conocimiento	de(l) pecado.
4561	1799	846	1223	1063	3551	1922	266
NNSF	P, B	RP3GSM	P	CAZ	NGSM	NNSF	NGSF

21 Νυνὶ	δὲ	χωρὶς	νόμου	δικαιοσύνη	θεοῦ	πεφανέρωται,
ahora,$_2$	Mas$_1$	aparte de	(la) ley	(la) justicia	de Dios	ha sido manifestada,
3570	1161	5565	3551	1343	2316	5319
B	CLC	P, B	NGSM	NNSF	NGSM	VRPI3S

μαρτυρουμένη	ὑπὸ	τοῦ	νόμου	καὶ	τῶν	προφητῶν,	22 δικαιοσύνη
siendo testificada	por	la	Ley	y	los	Profetas:	(la) justicia$_2$
3140	5259	3588	3551	2532	3588	4396	1343
VPPP-SNF	P	DGSM	NGSM	CLN	DGPM	NGPM	NNSF

δὲ	θεοῦ	διὰ	πίστεως	Ἰησοῦ	Χριστοῦ,	εἰς	πάντας	τοὺς
mas$_1$	de Dios	por medio de	(la) fe	de Jesús	Cristo,	para	todos	los que
1161	2316	1223	4102	2424	5547	1519	3956	3588
CLN	NGSM	P	NGSF	NGSM	NGSM	P	JAPM	DAPM

πιστεύοντας,	οὐ	γάρ	ἐστιν	διαστολή.	23 πάντες	γὰρ	ἥμαρτον	καὶ
creen,	no$_2$	porque$_1$	es (hay)$_3$	diferencia,	todos$_2$	porque$_1$	pecaron	y
4100	3756	1063	2076	1293	3956	1063	264	2532
VPAP-PAM	BN, TN	CAZ	VPAI3S	NNSF	JNPM	CAZ	VAAI3P	CLN

ὑστεροῦνται	τῆς	δόξης	τοῦ	θεοῦ,	24 δικαιούμενοι	δωρεὰν	τῇ	αὐτοῦ
no alcanzan	la	gloria	de --	Dios,	siendo justificado	gratuitamente	por la$_1$	de él,$_3$
5302	3588	1391	3588	2316	1344	1432	3588	846
VPPI3P	DGSF	NGSF	DGSM	NGSM	VPPP-PNM	B	DDSF	RP3GSM

χάριτι	διὰ	τῆς	ἀπολυτρώσεως	τῆς	ἐν	Χριστῷ	Ἰησοῦ·	25 ὃν
gracia$_2$	por medio de	la	redención	la (que es)	en	Cristo	Jesús;	a quien$_1$
5485	1223	3588	629	3588	1722	5547	2424	3739
NDSF	P	DGSF	NGSF	DGSF	P	NDSM	NDSM	RR-ASM

NVI

pies para ir a derra-
mar sangre;
16 dejan ruina y miseria
en sus caminos,
17 y no conocen la sen-
da de la paz».
18 «No hay temor de
Dios delante de sus
ojos».

19 Ahora bien, sabe-
mos que todo lo que
dice la ley, lo dice a quie-
nes están sujetos a ella,
para que todo el mundo
se calle la boca y quede
convicto delante de
Dios. 20 Por tanto, nadie
será justificado en pre-
sencia de Dios por hacer
las obras que exige la ley;
más bien, mediante la
ley cobramos conciencia
del pecado.

La justicia mediante la fe

21 Pero ahora, sin la
mediación de la ley, se ha
manifestado la justicia
de Dios, de la que dan
testimonio la ley y los
profetas. 22 Esta justicia
de Dios llega, mediante
la fe en Jesucristo, a to-
dos los que creen. De he-
cho, no hay distinción,
23 pues todos han peca-
do y están privados de
la gloria de Dios, 24 pero
por su gracia son justi-
ficados gratuitamente
mediante la redención
que Cristo Jesús efec-
tuó. 25 Dios lo ofreció

RVR

como propiciación por
medio de la fe en su
sangre, para mostrar su
justicia, a causa de haber
pasado por alto, en su
paciencia, los pecados
cometidos anterior-
mente,
26 con la mira de mos-
trar en este tiempo su
justicia, a fin de que
él sea el justo, y el que
justifica al que es de la fe
de Jesús.
27 ¿Dónde, pues, está
la jactancia? Queda
excluida. ¿Por cuál ley?
¿Por la de las obras? No,
sino por la ley de la fe.
28 Concluimos, pues,
que el hombre es justifi-
cado por fe sin las obras
de la ley.
29 ¿O es Dios solamente
Dios de los judíos? ¿No
es también Dios de los
gentiles? Ciertamente,
también de los gentiles.
30 Porque ciertamente
hay un solo Dios, el cual
justificará por la fe a los
de la circuncisión, y por
medio de la fe a los de la
incircuncisión.
31 ¿Luego invalidamos la
ley por medio de la fe?
¡En ninguna manera!,
sino que afianzamos
la ley.

Abraham, justificado por la fe

4 ¿Qué, pues,
diremos que halló
Abraham, nuestro padre
según la carne?
2 Porque si Abraham fue
justificado por las obras,

προέθετο	ὁ	θεὸς	ἱλαστήριον	διὰ	πίστεως	ἐν	τῷ	αὐτοῦ
expuso$_4$	--$_2$	Dios$_3$	como propiciatorio,	por medio de	(la) fe,	por	la$_1$	de él,$_3$
4388	3588	2316	2435	1223	4102	1722	3588	846
VAMI3S	*DNSM*	*NNSM*	*NASN, JASN*	*P*	*NGSF*	*P*	*DDSN*	*RP3GSM*

αἵματι	εἰς	ἔνδειξιν	τῆς	δικαιοσύνης	αὐτοῦ	διὰ	τὴν	πάρεσιν	τῶν
sangre$_2$	para	demostración	de la	justicia	de él,	a causa de	el	pasar por alto	los$_1$
129	1519	1732	3588	1343	846	1223	3588	3929	3588
NDSN	*P*	*NASF*	*DGSF*	*NGSF*	*RP3GSM*	*P*	*DASF*	*NASF*	*DGPN*

προγεγονότων	ἁμαρτημάτων	26 ἐν	τῇ	ἀνοχῇ	τοῦ	θεοῦ,	πρὸς	τὴν
que han sucedido antes$_3$	pecados$_2$	en	la	paciencia	de --	Dios,	para	la
4266	265	1722	3588	463	3588	2316	4314	3588
VRAP-PGN	*NGPN*	*P*	*DDSF*	*NDSF*	*DGSM*	*NGSM*	*P*	*DASF*

ἔνδειξιν	τῆς	δικαιοσύνης	αὐτοῦ	ἐν	τῷ	νῦν	καιρῷ,	εἰς	τὸ	εἶναι
demostración	de la	justicia	de él	en	el	presente,$_2$	tiempo$_1$	para	--	ser$_2$
1732	3588	1343	846	1722	3588	3568	2540	1519	3588	1511
NASF	*DGSF*	*NGSF*	*RP3GSM*	*P*	*DDSM*	*B*	*NDSM*	*P*	*DASN*	*VPAN*

αὐτὸν	δίκαιον	καὶ	δικαιοῦντα	τὸν	ἐκ	πίστεως	Ἰησοῦ.
él$_1$	justo	y	el que justifica	al (que es)	de	(la) fe	de Jesús.
846	1342	2532	1344	3588	1537	4102	2424
RP3ASM	*JASM*	*CLN*	*VPAP-SAM*	*DASM*	*P*	*NGSF*	*NGSM*

27 Ποῦ	οὖν	ἡ	καύχησις;	ἐξεκλείσθη.	διὰ	ποίου
¿dónde (está)$_2$	Así que,$_1$	la	jactancia?	Ha sido excluida.	¿Por medio de	cuál
4226	3767	3588	2746	1576	1223	4169
BI	*CLI*	*DNSF*	*NNSF*	*VAPI3S*	*P*	*JGSM, RI-GSM*

νόμου;	τῶν	ἔργων;	οὐχί,	ἀλλὰ	διὰ	νόμου	πίστεως.	28 λογιζόμεθα
ley?	¿De las	obras?	¡No!,	sino	por medio de	(la) ley	de (la) fe.	sostenemos
3551	3588	2041	3780	235	1223	3551	4102	3049
NGSM	*DGPN*	*NGPN*	*BN, TN*	*CLC*	*P*	*NGSM*	*NGSF*	*VPUI1P*

γὰρ	δικαιοῦσθαι	πίστει	ἄνθρωπον	χωρὶς	ἔργων	νόμου.	29 ἢ
Porque	ser justificado$_1$	por fe$_3$	(el) ser humano$_2$	sin	(las) obras	de (la) ley.	¿O$_1$
1063	1344	4102	444	5565	2041	3551	2228
CAZ	*VPPN*	*NDSF*	*NASM*	*P, B*	*NGPN*	*NGSM*	*CLD*

Ἰουδαίων	ὁ	θεὸς	μόνον;	οὐχὶ	καὶ	ἐθνῶν;	ναὶ	καὶ	ἐθνῶν,
de (los) judíos?$_5$	--$_2$	Dios$_3$	(es) solo$_4$	¿No (es)	también	de (los) gentiles?	Sí,	también	de (los) gentiles.
2453	3588	2316	3440	3780	2532	1484	3483	2532	1484
JGPM	*DNSM*	*NNSM*	*B, J*	*TN, TI*	*BE, TE*	*NGPN*	*T*	*BE, TE*	*NGPN*

30 εἴπερ	εἷς	ὁ	θεός,	ὃς	δικαιώσει	περιτομὴν	ἐκ	πίστεως
Puesto que	(es) uno,$_3$	--$_1$	Dios$_2$	el cual	justificará	a (la) circuncisión	de (por)	(la) fe,
1512	1520	3588	2316	3739	1344	4061	1537	4102
CAC	*JNSM*	*DNSM*	*NNSM*	*RR-NSM*	*VFAI3S*	*NASF*	*P*	*NGSF*

καὶ	ἀκροβυστίαν	διὰ	τῆς	πίστεως.	31 νόμον	οὖν	καταργοῦμεν
y	a (la) incircuncisión	por medio de	la	fe.	(la) ley$_3$	Así que,$_1$	¿anulamos$_2$
2532	203	1223	3588	4102	3551	3767	2673
CLN	*NASF*	*P*	*DGSF*	*NGSF*	*NASM*	*CLI*	*VPAI1P*

διὰ	τῆς	πίστεως;	μὴ	γένοιτο,	ἀλλὰ	νόμον	ἱστάνομεν.
por medio de	la	fe?	¡No	sea así!	Sino$_1$	(la) ley.$_3$	confirmamos$_2$
1223	3588	4102	3361	1096	235	3551	2476
P	*DGSF*	*NGSF*	*BN, TN*	*VAMO3S*	*CLC*	*NASM*	*VPAI1P*

4 Τί	οὖν	ἐροῦμεν	εὑρηκέναι	Ἀβραὰμ	τὸν	προπάτορα
¿qué$_2$	Entonces,$_1$	diremos	haber hallado?$_6$	Abraham$_1$	el$_2$	antepasado$_3$
5101	3767	2046	2147	11	3588	3962
RI-ASN	*CLI*	*VFAI1P*	*VRAN*	*NASM, XP*	*DASM*	*NASM*

ἡμῶν	κατὰ	σάρκα;	2 εἰ	γὰρ	Ἀβραὰμ	ἐξ	ἔργων	ἐδικαιώθη,
de nosotros$_4$	según$_5$	(la) carne$_6$	si$_2$	Porque$_1$	Abraham$_3$	por$_5$	(las) obras,$_6$	fue justificado,$_4$
2257	2596	4561	1487	1063	11	1537	2041	1344
RP1GP	*P*	*NASF*	*CAC*	*CLX*	*NNSM, XP*	*P*	*NGPN*	*VAPI3S*

NVI

como un sacrificio de
expiación que se recibe
por la fe en su sangre,
para así demostrar su
justicia. Anteriormente,
en su paciencia, Dios
había pasado por alto
los pecados; 26 pero en
el tiempo presente ha
ofrecido a Jesucristo
para manifestar su justi-
cia. De este modo Dios
es justo y, a la vez, el que
justifica a los que tienen
fe en Jesús.
27 ¿Dónde, pues, está
la jactancia? Queda
excluida. ¿Por cuál
principio? ¿Por el de la
observancia de la ley?
No, sino por el de la fe.
28 Porque sostenemos
que todos somos justifi-
cados por la fe, y no por
las obras que la ley exige.
29 ¿Es acaso Dios solo
Dios de los judíos? ¿No
lo es también de los gen-
tiles? Sí, también es Dios
de los gentiles, 30 pues
no hay más que un solo
Dios. Él justificará por la
fe a los que están circun-
cidados y, mediante esa
misma fe, a los que no lo
están. 31 ¿Quiere decir
que anulamos la ley
con la fe? ¡De ninguna
manera! Más bien, con-
firmamos la ley.

Abraham, justificado por la fe

4 Entonces, ¿qué
diremos en el caso
de nuestro antepasado
Abraham? 2 En realidad,
si Abraham hubiera sido

RVR

tiene de qué jactarse,
pero no para con Dios.
3 Porque ¿qué dice
la Escritura? Creyó
Abraham a Dios, y le fue
contado por justicia.
4 Pero al que obra, no
se le cuenta el salario
como gracia, sino como
deuda;
5 mas al que no obra,
sino que cree en aquel
que justifica al impío,
su fe le es contada por
justicia.
6 Como también David
habla de la bienaven-
turanza del hombre a
quien Dios atribuye
justicia sin obras,
7 diciendo:
Bienaventurados
aquellos cuyas ini-
quidades han sido
perdonadas,
Y cuyos pecados han
sido cubiertos.
8 Dichoso el varón a
quien el Señor no
imputará ningún
pecado.
9 ¿Es, pues, esta bien-
aventuranza solamente
para los de la circunci-
sión, o también para los
de la incircuncisión?
Porque decimos que a
Abraham le fue contada
la fe por justicia.
10 ¿Cómo, pues, le fue
contada? ¿Estando en
la circuncisión, o en la
incircuncisión? No en la
circuncisión, sino en la
incircuncisión.

ἔχει	καύχημα·	ἀλλ’	οὐ	πρὸς	θεόν,	3 τί	γὰρ	ἡ	γραφὴ
tiene	jactancia,	pero	no	en relación a	Dios.	¿qué$_2$	Porque$_1$	la$_4$	Escritura?$_5$
2192	2745	235	3756	4314	2316	5101	1063	3588	1124
VPAI3S	*NASN*	*CLC*	*BN, TN*	*P*	*NASM*	*RI-ASN*	*TI, C*	*DNSF*	*NNSF*

λέγει;	Ἐπίστευσεν	δὲ	Ἀβραὰμ	τῷ	θεῷ	καὶ	ἐλογίσθη	αὐτῷ	εἰς
dice$_3$	creyó$_8$	Mas$_6$	Abraham$_7$	a --	Dios	y	fue contado	a él	para
3004	4100	1161	11	3588	2316	2532	3049	846	1519
VPAI3S	*VAAI3S*	*CLN*	*NNSM, XP*	*DDSM*	*NDSM*	*CLN*	*VAPI3S*	*RP3DSM*	*P*

δικαιοσύνην.	4 τῷ	δὲ	ἐργαζομένῳ	ὁ	μισθὸς	οὐ	λογίζεται	κατὰ
justicia.	al que$_2$	Mas$_1$	trabaja,	el	salario	no	es contado	como
1343	3588	1161	2038	3588	3408	3756	3049	2596
NASF	*DDSM*	*CLN*	*VPUP-SDM*	*DNSM*	*NNSM*	*BN, TN*	*VPUI3S*	*P*

χάριν	ἀλλὰ	κατὰ	ὀφείλημα·	5 τῷ	δὲ	μὴ	ἐργαζομένῳ,	πιστεύοντι
gracia,	sino	como	deuda	al que$_2$	Mas$_1$	no$_3$	trabaja,$_4$	está creyendo$_6$
5485	235	2596	3783	3588	1161	3361	2038	4100
NASF	*CLC*	*P*	*NASN*	*DDSM*	*CLC*	*BN, TN*	*VPUP-SDM*	*VPAP-SDM*

δὲ	ἐπὶ	τὸν	δικαιοῦντα	τὸν	ἀσεβῆ,	λογίζεται	ἡ	πίστις	αὐτοῦ
pero$_5$	en	el que	justifica	al	impío,	es contado$_4$	la$_1$	fe$_2$	de él$_3$
1161	1909	3588	1344	3588	765	3049	3588	4102	846
CLC	*P*	*DASM*	*VPAP-SAM*	*DASM*	*JASM*	*VPUI3S*	*DNSF*	*NNSF*	*RP3GSM*

εἰς	δικαιοσύνην,	6 καθάπερ	καὶ	Δαυὶδ	λέγει	τὸν	μακαρισμὸν
para	justicia,	tal como	también	David	dice	la	bienaventuranza
1519	1343	2509	2532	1138	3004	3588	3108
P	*NASF*	*CAM*	*BE, TE*	*NNSM, XP*	*VPAI3S*	*DASM*	*NASM*

τοῦ	ἀνθρώπου	ᾧ	ὁ	θεὸς	λογίζεται	δικαιοσύνην	χωρὶς
de la	persona	a quien	--	Dios	atribuye	justicia	sin
3588	444	3739	3588	2316	3049	1343	5565
DGSM	*NGSM*	*RR-DSM*	*DNSM*	*NNSM*	*VPUI3S*	*NASF*	*P, B*

ἔργων·	7 Μακάριοι	ὧν	ἀφέθησαν	αἱ	ἀνομίαι	καὶ	ὧν
obras:	Bienaventurados (son)	de quienes	fueron perdonadas$_3$	las$_1$	iniquidades$_2$	y$_4$	de los que$_5$
2041	3107	3739	863	3588	458	2532	3739
NGPN	*JNPM*	*RR-GPM*	*VAPI3P*	*DNPF*	*NNPF*	*CLN*	*RR-GPM*

ἐπεκαλύφθησαν	αἱ	ἁμαρτίαι,	8 μακάριος	ἀνὴρ	οὗ	οὐ	μὴ*
fueron cubiertos;$_8$	los$_6$	pecados$_7$	Dichoso	(el) hombre	de quien	no$_2$	no$_3$
1943	3588	266	3107	435	3756	3756	3361
VAPI3P	*DNPF*	*NNPF*	*JNSM*	*NNSM*	*RR-GSM*	*BN, TN*	*BN, TN*

λογίσηται	κύριος	ἁμαρτίαν.
contará$_4$	(el) Señor$_1$	(el) pecado.$_5$
3049	2962	266
VAMS3S	*NNSM*	*NASF*

9 Ὁ	μακαρισμὸς	οὖν	οὗτος	ἐπὶ	τὴν	περιτομὴν	ἢ	καὶ	ἐπὶ
--$_3$	bienaventuranza$_4$	(Es) pues$_1$	esta$_2$	sobre	la	circuncisión	o	también	sobre
3588	3108	3767	3778	1909	3588	4061	2228	2532	1909
DNSM	*NNSM*	*CLI*	*RD-NSM*	*P*	*DASF*	*NASF*	*CLD*	*BE, TE*	*P*

τὴν	ἀκροβυστίαν;	λέγομεν	γάρ·	Ἐλογίσθη	τῷ	Ἀβραὰμ	ἡ	πίστις
la	incircuncisión?	decimos:$_2$	Porque$_1$	fue contado$_5$	a --$_6$	Abraham$_7$	la$_3$	fe$_4$
3588	203	3004	1063	3049	3588	11	3588	4102
DASF	*NASF*	*VPAI1P*	*CLX*	*VAPI3S*	*DDSM*	*NDSM, XP*	*DNSF*	*NNSF*

εἰς	δικαιοσύνην.	10 πῶς	οὖν	ἐλογίσθη;	ἐν	περιτομῇ	ὄντι	ἢ
para	justicia.	¿cómo	Así que,	fue contado?	en$_2$	(la) circuncisión$_3$	¿Estando$_1$	o
1519	1343	4459	3767	3049	1722	4061	5607	2228
P	*NASF*	*BI*	*CLI*	*VAPI3S*	*P*	*NDSF*	*VPAP-SDM*	*CLD*

ἐν	ἀκροβυστίᾳ;	οὐκ	ἐν	περιτομῇ	ἀλλ’	ἐν	ἀκροβυστίᾳ·
en	incircuncisión?	No	en	(la) circuncisión,	sino	en	(la) incircuncisión;
1722	203	3756	1722	4061	235	1722	203
P	*NDSF*	*CLK, TN, B*	*P*	*NDSF*	*CLK, CLC*	*P*	*NDSF*

NVI

justificado por las obras,
habría tenido de qué
jactarse, pero no delante
de Dios. 3 Pues ¿qué dice
la Escritura? «Le creyó
Abraham a Dios, y esto
se le tomó en cuenta
como justicia».
4 Ahora bien, cuando
alguien trabaja, no se
le toma en cuenta el
salario como un favor,
sino como una deuda.
5 Sin embargo, al que
no trabaja, sino que
cree en el que justifica
al malvado, se le toma
en cuenta la fe como
justicia. 6 David dice lo
mismo cuando habla de
la dicha de aquel a quien
Dios le atribuye justicia
sin la mediación de las
obras:

7 «¡Dichosos aquellos
a quienes se les
perdonan las
transgresiones
y se les cubren los
pecados!
8 ¡Dichoso aquel
cuyo pecado el Señor
no tomará en
cuenta!»

9 ¿Acaso se ha
reservado esta dicha
solo para los que están
circuncidados? ¿Acaso
no es también para los
gentiles? Hemos dicho
que a Abraham se le
tomó en cuenta la fe
como justicia. 10 ¿Bajo
qué circunstancias
sucedió esto? ¿Fue
antes o después de ser

4:8* O sea *de ninguna manera.*

RVR

11 Y recibió la circunci-
sión como señal, como
sello de la justicia de la
fe que tuvo estando aún
incircunciso; para que
fuese padre de todos los
creyentes no circun-
cidados, a fin de que
también a ellos les fuese
imputada la justicia;
12 y padre de la circun-
cisión, para los que
no solamente son de
la circuncisión, sino
que también siguen
las pisadas de la fe que
tuvo nuestro padre
Abraham antes de ser
circuncidado.

La promesa, cumplida mediante la fe

13 Porque la promesa a
Abraham o a su descen-
dencia, de que él sería el
heredero del mundo, no
fue hecha por medio de
la ley, sino por medio de
la justicia de la fe.
14 Porque si los que son
de la ley son los herede-
ros, vana resulta la fe, y
anulada la promesa.
15 Pues la ley produce
ira; pero donde no
hay ley, tampoco hay
transgresión.
16 Por eso es por fe, para
que sea por gracia, a

11 καὶ	σημεῖον	ἔλαβεν	περιτομῆς,	σφραγῖδα	τῆς	δικαιοσύνης	τῆς
y$_{1}$	(la) señal$_{3}$	recibió$_{2}$	de (la) circuncisión,	sello	de la	justicia	de la
2532	4592	2983	4061	4973	3588	1343	3588
CLN	*NASN*	*VAAI3S*	*NGSF*	*NASF*	*DGSF*	*NGSF*	*DGSF*

πίστεως	τῆς	ἐν	τῇ	ἀκροβυστίᾳ,	εἰς	τὸ	εἶναι	αὐτὸν	πατέρα
fe	de la	en	la	incircuncisión	para	--	ser	él	el padre
4102	3588	1722	3588	203	1519	3588	1511	846	3962
NGSF	*DGSF*	*P*	*DDSF*	*NDSF*	*P*	*DASN*	*VPAN*	*RP3ASM*	*NASM*

πάντων	τῶν	πιστευόντων	δι'	ἀκροβυστίας,	εἰς	τὸ
de todos	los que	creen	por medio de	(la) incircuncisión,	para$_{1}$	--$_{4}$
3956	3588	4100	1223	203	1519	3588
JGPM	*DGPM*	*VPAP-PGM*	*P*	*NGSF*	*P*	*DASN*

λογισθῆναι	αὐτοῖς	τὴν	δικαιοσύνην,	12 καὶ	πατέρα	περιτομῆς
ser contada$_{5}$	a ellos,$_{6}$	la$_{2}$	justicia$_{3}$	y	padre	de (la) circuncisión,
3049	846	3588	1343	2532	3962	4061
VAPN	*RP3DPM*	*DASF*	*NASF*	*CLN*	*NASM*	*NGSF*

τοῖς	οὐκ	ἐκ	περιτομῆς	μόνον	ἀλλὰ	καὶ	τοῖς	στοιχοῦσιν
a los (que)	no$_{1}$	de$_{3}$	(la) circuncisión,$_{4}$	solo$_{2}$	sino	también	para los que	andan
3588	3756	1537	4061	3440	235	2532	3588	4748
DDPM	*CLK, TN, B*	*P*	*NGSF*	*B, J*	*CLK, CLC*	*BE, TE*	*DDPM*	*VPAP-PDM*

τοῖς	ἴχνεσιν	τῆς	ἐν	ἀκροβυστίᾳ	πίστεως	τοῦ	πατρὸς	ἡμῶν
en los	pasos	de la$_{1}$	en$_{7}$	(la) incircuncisión.$_{8}$	fe$_{2}$	del$_{3}$	padre$_{4}$	de nosotros,$_{5}$
3588	2487	3588	1722	203	4102	3588	3962	2257
DDPN	*NDPN*	*DGSF*	*P*	*NDSF*	*NGSF*	*DGSM*	*NGSM*	*RP1GP*

Ἀβραάμ.
Abraham.$_{6}$
11
NGSM, XP

13 Οὐ	γὰρ	διὰ	νόμου	ἡ	ἐπαγγελία	τῷ	Ἀβραὰμ	ἢ
no$_{15}$	Porque$_{1}$	por medio de$_{16}$	(la) ley,$_{16}$	la$_{2}$	promesa$_{3}$	para --$_{4}$	Abraham$_{5}$	o$_{6}$
3756	1063	1223	3551	3588	1860	3588	11	2228
BN,TN	*CAZ*	*P*	*NGSM*	*DNSF*	*NNSF*	*DDSM*	*NDSM, XP*	*CLD*

τῷ	σπέρματι	αὐτοῦ,	τὸ	κληρονόμον	αὐτὸν	εἶναι	κόσμου,	ἀλλὰ
la$_{7}$	simiente$_{8}$	de él,$_{9}$	el$_{12}$	heredero$_{13}$	él$_{10}$	ser$_{11}$	de(l) mundo$_{14}$	sino
3588	4690	846	3588	2818	846	1511	2889	235
DDSN	*NDSN*	*RP3GSM*	*DNSN*	*NASM*	*RP3ASM*	*VPAN*	*NGSM*	*CLC*

διὰ	δικαιοσύνης	πίστεως.	14 εἰ	γὰρ	οἱ	ἐκ	νόμου	κληρονόμοι,
por medio de	(la) justicia	de (la) fe.	si$_{2}$	Porque$_{1}$	los$_{3}$	de	(la) ley	(son) herederos,
1223	1343	4102	1487	1063	3588	1537	3551	2818
P	*NGSF*	*NGSF*	*CAC*	*CAZ*	*DNPM*	*P*	*NGSM*	*NNPM*

κεκένωται	ἡ	πίστις	καὶ	κατήργηται	ἡ	ἐπαγγελία.	15 ὁ	γὰρ
ha sido vaciada,$_{3}$	la$_{1}$	fe$_{2}$	y$_{4}$	ha sido anulada;$_{7}$	la$_{5}$	promesa$_{6}$	la$_{2}$	porque$_{1}$
2758	3588	4102	2532	2673	3588	1860	3588	1063
VRPI3S	*DNSF*	*NNSF*	*CLN*	*VRPI3S*	*DNSF*	*NNSF*	*DNSM*	*CAZ*

νόμος	ὀργὴν	κατεργάζεται,	οὗ	δὲ	οὐκ	ἔστιν	νόμος,	οὐδὲ
ley$_{3}$	ira,$_{5}$	produce$_{4}$	donde$_{7}$	mas$_{6}$	no	es (hay)	ley	tampoco (hay)
3551	3709	2716	3757	1161	3756	2076	3551	3761
NNSM	*NASF*	*VPUI3S*	*B, C*	*CLC*	*BN, TN*	*VPAI3S*	*NNSM*	*BN*

παράβασις.
transgresión.
3847
NNSF

16 Διὰ	τοῦτο	ἐκ	πίστεως,	ἵνα	κατὰ	χάριν,	εἰς	τὸ	εἶναι
Por	esto (es)	de (por)	fe,	para que (sea)	según	(la) gracia,	para$_{1}$	--$_{4}$	ser$_{5}$
1223	5124	1537	4102	2443	2596	5485	1519	3588	1511
P	*RD-ASN*	*P*	*NGSF*	*CAP*	*P*	*NASF*	*P*	*DASN*	*VPAN*

NVI

circuncidado? ¡Antes,
y no después! 11 Es más,
cuando todavía no
estaba circuncidado,
recibió la señal de la cir-
cuncisión como sello de
la justicia que se le había
tomado en cuenta por la
fe. Por tanto, Abraham
es padre de todos los
que creen, aunque no
hayan sido circuncida-
dos, y a estos se les toma
en cuenta su fe como
justicia. 12 Y también es
padre de aquellos que,
además de haber sido
circuncidados, siguen
las huellas de nuestro
padre Abraham, quien
creyó cuando todavía
era incircunciso.
13 En efecto, no fue
mediante la ley como
Abraham y su descen-
dencia recibieron la
promesa de que él sería
heredero del mundo,
sino mediante la fe, la
cual se le tomó en cuenta
como justicia. 14 Porque,
si los que viven por la
ley fueran los herederos,
entonces la fe no tendría
ya ningún valor y la
promesa no serviría de
nada. 15 La ley, en efecto,
acarrea castigo. Pero
donde no hay ley, tam-
poco hay transgresión.
16 Por eso la promesa
viene por la fe, a fin de
que por la gracia quede

RVR

fin de que la promesa
sea firme para toda
su descendencia; no
solamente para la que es
de la ley, sino también
para la que es de la fe de
Abraham, el cual es pa-
dre de todos nosotros
17 (como está escrito:
Te he puesto por padre
de muchas gentes)
delante de Dios, a quien
creyó, el cual da vida a
los muertos, y llama las
cosas que no son, como
si fuesen.
18 Él creyó en esperanza
contra esperanza, para
llegar a ser padre de mu-
chas gentes, conforme a
lo que se le había dicho:
Así será tu descen-
dencia.
19 Y no se debilitó en
la fe al considerar su
cuerpo, que estaba ya
como muerto (siendo
de casi cien años), o la
esterilidad de la matriz
de Sara.
20 Tampoco vaciló, por
incredulidad, ante la
promesa de Dios, sino
que se fortaleció en fe,
dando gloria a Dios,
21 plenamente conven-
cido de que era también
poderoso para hacer lo
que había prometido;
22 por lo cual también
le fue contada su fe por
justicia.
23 Y no solamente con

βεβαίαν	τὴν	ἐπαγγελίαν	παντὶ	τῷ	σπέρματι,	οὐ	τῷ
firme$_{6}$	la$_{2}$	promesa$_{3}$	a toda	la	descendencia,	no	para la que (es)
949	3588	1860	3956	3588	4690	3756	3588
JASF	*DASF*	*NASF*	*JDSN*	*DDSN*	*NDSN*	*CLK, TN, B*	*DDSN*

ἐκ	τοῦ	νόμου	μόνον	ἀλλὰ	καὶ	τῷ	ἐκ	πίστεως	Ἀβραάμ
de	la	ley	solo,	sino	también	para la que (es)	de	(la) fe	de Abraham,
1537	3588	3551	3440	235	2532	3588	1537	4102	11
P	*DGSM*	*NGSM*	*B, J*	*CLK, CLC*	*BE, TE*	*DDSN*	*P*	*NGSF*	*NGSM, XP*

(ὅς	ἐστιν	πατὴρ	πάντων	ἡμῶν,	17 καθὼς	γέγραπται	ὅτι	Πατέρα
quien	es	padre	de todos	nosotros.	como	ha sido escrito	que:	padre$_{3}$
3739	2076	3962	3956	2257	2531	1125	3754	3962
RR-NSM	*VPAI3S*	*NNSM*	*JGPM*	*RP1GP*	*CAM*	*VRPI3S*	*CSC*	*NASM*

πολλῶν	ἐθνῶν	τέθεικά	σε),	κατέναντι	οὗ	ἐπίστευσεν	θεοῦ	τοῦ
de muchas$_{4}$	naciones,$_{5}$	he puesto$_{1}$	a ti$_{2}$	delante de$_{6}$	del cual$_{18}$	creyó;$_{19}$	Dios,$_{7}$	el que$_{7}$
4183	1484	5087	4571	2713	3739	4100	2316	3588
JGPN	*NGPN*	*VRAI1S*	*RP2AS*	*P, B*	*RR-GSM*	*VAAI3S*	*NGSM*	*DGSM*

ζῳοποιοῦντος	τοὺς	νεκροὺς	καὶ	καλοῦντος	τὰ	μὴ	ὄντα	ὡς
da vida$_{8}$	a los$_{9}$	muertos$_{10}$	y$_{11}$	llama$_{12}$	las cosas$_{13}$	no$_{14}$	que son$_{15}$	como$_{16}$
2227	3588	3498	2532	2564	3588	3361	5607	5613
VPAP-SGM	*DAPM*	*JAPM*	*CLN*	*VPAP-SGM*	*DAPN*	*BN, TN*	*VPAP-PAN*	*CAM, B*

ὄντα·	18 ὃς	παρ᾽	ἐλπίδα	ἐπ᾽	ἐλπίδι	ἐπίστευσεν	εἰς	τὸ	γενέσθαι
que son,$_{17}$	el cual,$_{1}$	en$_{3}$	esperanza$_{4}$	contra$_{5}$	esperanza,$_{6}$	creyó$_{2}$	para$_{6}$	--$_{8}$	llegar a ser$_{9}$
5607	3739	3844	1680	1909	1680	4100	1519	3588	1096
VPAP-PAN	*RR-NSM*	*P*	*NASF*	*P*	*NDSF*	*VAAI3S*	*P*	*DASN*	*VAMN*

αὐτὸν	πατέρα	πολλῶν	ἐθνῶν	κατὰ	τὸ	εἰρημένον·	Οὕτως	ἔσται
él$_{7}$	padre	de muchas	naciones,	conforme a	lo que	había sido dicho:	Así	será
846	3962	4183	1484	2596	3588	2046	3779	2071
RP3ASM	*NASM*	*JGPN*	*NGPN*	*P*	*DASN*	*VRPP-SAN*	*B*	*VFMI3S*

τὸ	σπέρμα	σου·	19 καὶ	μὴ	ἀσθενήσας	τῇ	πίστει	κατενόησεν
la	descendencia	de ti.	Y	no	habiéndose debilitado	en la	fe,	consideró
3588	4690	4675	2532	3361	770	3588	4102	2657
DNSN	*NNSN*	*RP2GS*	*CLN*	*BN, TN*	*VAAP-SNM*	*DDSF*	*NDSF*	*VAAI3S*

τὸ	ἑαυτοῦ	σῶμα	νενεκρωμένον,	ἑκατονταετής	που	ὑπάρχων,
el$_{1}$	de sí mismo$_{3}$	cuerpo$_{2}$	que ha muerto,$_{4}$	de cien años,$_{7}$	como$_{6}$	siendo$_{5}$
3588	1438	4983	3499	1541	4225	5225
DASN	*RF3GSM*	*NASN*	*VRPP-SAN*	*JNSM*	*BX, TX*	*VPAP-SNM*

καὶ	τὴν	νέκρωσιν	τῆς	μήτρας	Σάρρας,	20 εἰς	δὲ	τὴν	ἐπαγγελίαν
y	la	muerte	de la	matriz	de Sara;	hacia$_{6}$	mas$_{1}$	la$_{7}$	promesa$_{8}$
2532	3588	3500	3588	3388	4564	1519	1161	3588	1860
CLN	*DASF*	*NASF*	*DGSF*	*NGSF*	*NGSF*	*P*	*CLC*	*DASF*	*NASF*

τοῦ	θεοῦ	οὐ	διεκρίθη	τῇ	ἀπιστίᾳ	ἀλλὰ	ἐνεδυναμώθη	τῇ
de--$_{9}$	Dios,$_{10}$	no$_{2}$	vaciló$_{3}$	con--$_{4}$	incredulidad$_{5}$	sino	fue dado poder	en la
3588	2316	3756	1252	3588	570	235	1743	3588
DGSM	*NGSM*	*CLK, TN, B*	*VAPI3S*	*DDSF*	*NDSF*	*CLK, CLC*	*VAPI3S*	*DDSF*

πίστει,	δοὺς	δόξαν	τῷ	θεῷ	21 καὶ	πληροφορηθεὶς	ὅτι
fe,	habiendo dado	gloria	a--	Dios,	y	habiendo sido plenamente convencido	que
4102	1325	1391	3588	2316	2532	4135	3754
NDSF	*VAAP-SNM*	*NASF*	*DDSM*	*NDSM*	*CLN*	*VAPP-SNM*	*CSC*

ὃ	ἐπήγγελται	δυνατός	ἐστιν	καὶ	ποιῆσαι.	22 διὸ	ἐλογίσθη
lo que	él ha prometido	poderoso$_{3}$	es$_{1}$	también$_{2}$	para hacer.	Por lo cual,	fue contado
3739	1861	1415	2076	2532	4160	1352	3049
RR-ASN	*VRUI3S*	*JNSM*	*VPAI3S*	*BE, TE*	*VAAN*	*CLI*	*VAPI3S*

αὐτῷ	εἰς	δικαιοσύνην.	23 Οὐκ	ἐγράφη	δὲ	δι᾽	αὐτὸν	μόνον	ὅτι
a él	para	justicia.	no$_{2}$	fue escrito$_{3}$	Mas$_{1}$	a causa de	él	sólo	que
846	1519	1343	3756	1125	1161	1223	846	3440	3754
RP3DSM	*P*	*NASF*	*CLK,TN,B*	*VAPI3S*	*CLN*	*P*	*RP3ASM*	*B, J*	*CSC*

NVI

garantizada para toda
la descendencia de
Abraham; esta promesa
no es solo para los que
son de la ley, sino para
los que son también de
la fe de Abraham, quien
es el padre que tenemos
en común 17 delante
de Dios, tal como está
escrito: «Te he confir-
mado como padre de
muchas naciones». Así
que Abraham creyó en
el Dios que da vida a los
muertos y que llama las
cosas que no son como
si ya existieran.
18 Contra toda
esperanza, Abraham
creyó y esperó, y de este
modo llegó a ser padre
de muchas naciones, tal
como se le había dicho:
«¡Así de numerosa será
tu descendencia!» 19 Su
fe no flaqueó, aunque
reconocía que su cuerpo
estaba como muerto,
pues ya tenía unos cien
años, y que también es-
taba muerta la matriz de
Sara. 20 Ante la promesa
de Dios no vaciló como
un incrédulo, sino que
se reafirmó en su fe y dio
gloria a Dios, 21 plena-
mente convencido de
que Dios tenía poder
para cumplir lo que
había prometido. 22 Por
eso se le tomó en cuenta
su fe como justicia.
23 Y esto de que «se

RVR

respecto a él se escribió
que le fue contada,
24 sino también con
respecto a nosotros
a quienes va a ser
imputada, esto es, a los
que creemos en el que
levantó de los muertos a
Jesús, nuestro Señor,
25 el cual fue entregado
por nuestras transgre-
siones, y resucitado para
nuestra justificación.

Resultados de la justificación

5 Justificados, pues,
por la fe, tenemos
paz para con Dios por
medio de nuestro Señor
Jesucristo;
2 por medio del cual he-
mos obtenido también
entrada por la fe a esta
gracia en la cual estamos
firmes, y nos gloriamos
en la esperanza de la
gloria de Dios.
3 Y no sólo esto, sino que
también nos gloriamos
en las tribulaciones,
sabiendo que la tribula-
ción produce paciencia;
4 y la paciencia, carácter
probado; y el carácter
probado, esperanza;
5 y la esperanza no
avergüenza; porque el
amor de Dios ha sido
derramado en nuestros
corazones por medio del
Espíritu Santo que nos
fue dado.
6 Porque Cristo, cuando
aún éramos débiles, a su

ἐλογίσθη	αὐτῷ,	24 ἀλλὰ	καὶ	δι’	ἡμᾶς	οἷς	μέλλει	λογίζεσθαι,
fue contado	a él,	sino	también	a causa de	nosotros,	a quienes	está a punto de	ser contado,
3049	846	235	2532	1223	2248	3739	3195	3049
VAPI3S	*RP3DSM*	*CLK,CLC*	*BE, TE*	*P*	*RP1AP*	*RR-DPM*	*VPAI3S*	*VPPN*

τοῖς	πιστεύουσιν	ἐπὶ	τὸν	ἐγείραντα	Ἰησοῦν	τὸν	κύριον	ἡμῶν
a los que	creen	en	el que	levantó	a Jesús,	el	Señor	de nosotros,
3588	4100	1909	3588	1453	2424	3588	2962	2257
DDPM	*VPAP-PDM*	*P*	*DASM*	*VAAP-SAM*	*NASM*	*DASM*	*NASM*	*RP1GP*

ἐκ	νεκρῶν,	25 ὃς	παρεδόθη	διὰ	τὰ	παραπτώματα	ἡμῶν	καὶ
de	(los) muertos,	el cual	fue entregado	a causa de	las	transgresiones	de nosotros	y
1537	3498	3739	3860	1223	3588	3900	2257	2532
P	*JGPM*	*RR-NSM*	*VAPI3S*	*P*	*DAPN*	*NAPN*	*RP1GP*	*CLN*

ἠγέρθη	διὰ	τὴν	δικαίωσιν	ἡμῶν.
fue levantado	a causa de	la	justificación	de nosotros.
1453	1223	3588	1347	2257
VAPI3S	*P*	*DASF*	*NASF*	*RP1GP*

5 Δικαιωθέντες	οὖν	ἐκ	πίστεως	εἰρήνην	⸢ἔχομεν	πρὸς	τὸν
habiendo sido justificados$_2$	Así que,$_1$	de (por)$_3$	fe$_4$	paz$_6$	tenemos$_5$	para con	--
1344	3767	1537	4102	1515	2192	4314	3588
VAPP-PNM	*CLI*	*P*	*NGSF*	*NASF*	*VPAI1P*	*P*	*DASM*

θεὸν	διὰ	τοῦ	κυρίου	ἡμῶν	Ἰησοῦ	Χριστοῦ,	2 δι’	οὗ
Dios	por medio de	el	Señor	de nosotros,	Jesús	Cristo,	por medio de	quien
2316	1223	3588	2962	2257	2424	5547	1223	3739
NASM	*P*	*DGSM*	*NGSM*	*RP1GP*	*NGSM*	*NGSM*	*P*	*RR-GSM*

καὶ	τὴν	προσαγωγὴν	ἐσχήκαμεν	τῇ	πίστει	εἰς	τὴν	χάριν	ταύτην
también	el$_2$	acceso,$_3$	hemos tenido$_1$	por la	fe,	a	--	gracia,$_2$	esta$_1$
2532	3588	4318	2192	3588	4102	1519	3588	5485	3778
BE, TE	*DASF*	*NASF*	*VRAI1P*	*DDSF*	*NDSF*	*P*	*DASF*	*NASF*	*RD-ASF*

ἐν	ᾗ	ἑστήκαμεν,	καὶ	καυχώμεθα	ἐπ’	ἐλπίδι	τῆς	δόξης	τοῦ
en	la que	hemos estado firmes,	y	gloriamos	en	(la) esperanza	de la	gloria	de --
1722	3739	2476	2532	2744	1909	1680	3588	1391	3588
P	*RR-DSF*	*VRAI1P*	*CLN*	*VPUI1P*	*P*	*NDSF*	*DGSF*	*NGSF*	*DGSM*

θεοῦ·	3 οὐ	μόνον	δέ,	ἀλλὰ	καὶ	καυχώμεθα	ἐν	ταῖς	θλίψεσιν,
Dios.	no$_2$	solo (esto),$_3$	Y$_1$	sino	también	nos gloriamos	en	las	aflicciones,
2316	3756	3440	1161	235	2532	2744	1722	3588	2347
NGSM	*CLK, TN, B*	*B, J*	*CLN*	*CLK, CLC*	*BE, TE*	*VPUI1P*	*P*	*DDPF*	*NDPF*

εἰδότες	ὅτι	ἡ	θλῖψις	ὑπομονὴν	κατεργάζεται,	4 ἡ	δὲ	ὑπομονὴ
sabiendo	que	la	aflicción	perseverancia,$_2$	produce$_1$	la$_2$	y$_1$	perseverancia,$_3$
1492	3754	3588	2347	5281	2716	3588	1161	5281
VRAP-PNM	*CSC*	*DNSF*	*NNSF*	*NASF*	*VPUI3S*	*DNSF*	*CLN*	*NNSF*

δοκιμήν,	ἡ	δὲ	δοκιμὴ	ἐλπίδα.	5 ἡ	δὲ	ἐλπὶς	οὐ
carácter aprobado,$_4$	el$_6$	y$_5$	carácter aprobado,$_7$	esperanza;	la$_2$	y$_1$	esperanza	no
1382	3588	1161	1382	1680	3588	1161	1680	3756
NASF	*DNSF*	*CLN*	*NNSF*	*NASF*	*DNSF*	*CLN*	*NNSF*	*BN, TN*

καταισχύνει·	ὅτι	ἡ	ἀγάπη	τοῦ	θεοῦ	ἐκκέχυται	ἐν	ταῖς	καρδίαις
avergüenza,	porque	el	amor	de --	Dios	ha sido derramado	en	los	corazones
2617	3754	3588	26	3588	2316	1632	1722	3588	2588
VPAI3S	*CAZ*	*DNSF*	*NNSF*	*DGSM*	*NGSM*	*VRPI3S*	*P*	*DDPF*	*NDPF*

ἡμῶν	διὰ	πνεύματος	ἁγίου	τοῦ	δοθέντος	ἡμῖν.
de nosotros	por medio de	(el) Espíritu	Santo,	el que	ha sido dado	a nosotros.
2257	1223	4151	40	3588	1325	2254
RP1GP	*P*	*NGSN*	*JGSN*	*DGSN*	*VAPP-SGN*	*RP1DP*

6 Ἔτι	γὰρ	Χριστὸς	ὄντων	ἡμῶν	ἀσθενῶν	ἔτι	κατὰ
además$_2$	Porque$_1$	Cristo$_9$	siendo$_3$	nosotros$_4$	débiles,$_6$	aún$_5$	según$_7$
2089	1063	5547	5607	2257	772	2089	2596
B	*CAZ*	*NNSM*	*VPAP-PGM*	*RP1GP*	*JGPM*	*B*	*P*

NVI

le tomó en cuenta»
no se escribió solo
para Abraham, 24 sino
también para nosotros.
Dios tomará en cuenta
nuestra fe como justi-
cia, pues creemos en
aquel que levantó de
entre los muertos a Jesús
nuestro Señor. 25 Él fue
entregado a la muerte
por nuestros pecados,
y resucitó para nuestra
justificación.

Paz y alegría

5 En consecuencia,
ya que hemos sido
justificados mediante
la fe, tenemos paz con
Dios por medio de nues-
tro Señor Jesucristo.
2 También por medio de
él, y mediante la fe, tene-
mos acceso a esta gracia
en la cual nos mantene-
mos firmes. Así que nos
regocijamos en la espe-
ranza de alcanzar la glo-
ria de Dios. 3 Y no solo
en esto, sino también en
nuestros sufrimientos,
porque sabemos que el
sufrimiento produce
perseverancia; 4 la
perseverancia, entereza
de carácter; la entereza
de carácter, esperanza.
5 Y esta esperanza no nos
defrauda, porque Dios
ha derramado su amor
en nuestro corazón por
el Espíritu Santo que
nos ha dado.
6 A la verdad, como
éramos incapaces de

5:1⸢ Manuscritos inferiores tienen *tengamos*.

RVR

tiempo murió por los impíos.
7 Pues apenas morirá alguien por un justo; con todo, pudiera ser que alguno se atreviera a morir por un hombre de bien.
8 Mas Dios muestra su amor para con nosotros, en que siendo aún pecadores, Cristo murió por nosotros.
9 Así que, mucho más, habiendo sido ya justificados en su sangre, seremos salvos de la ira por medio de él.
10 Porque si siendo enemigos, fuimos reconciliados con Dios por la muerte de su Hijo, mucho más, habiendo sido reconciliados, seremos salvos por su vida.
11 Y no sólo esto, sino que también nos gloriamos en Dios por medio de nuestro Señor Jesucristo, por quien hemos recibido ahora la reconciliación.

Adán y Cristo, comparados

12 Por tanto, así como el pecado entró en el mundo por medio de un hombre, y por medio del pecado la muerte, así también la muerte alcanzó a todos

καιρὸν	ὑπὲρ	ἀσεβῶν	ἀπέθανεν.	7 μόλις	γὰρ	ὑπὲρ	δικαίου
(el) tiempo oportuno$_{8}$	por$_{11}$	(los) impíos.$_{12}$	murió$_{10}$	apenas$_{2}$	Porque$_{1}$	por$_{5}$	un justo,$_{6}$
2540	5228	765	599	3433	1063	5228	1342
NASM	*P*	*JGPM*	*VAAI3S*	*B*	*CLX*	*P*	*JGSM*

τις	ἀποθανεῖται·	ὑπὲρ	γὰρ	τοῦ	ἀγαθοῦ	τάχα	τις	καὶ	τολμᾷ
alguien$_{3}$	morirá$_{4}$	por$_{10}$	porque$_{7}$	el$_{11}$	bueno;$_{12}$	tal vez$_{8}$	alguien$_{9}$	también	se atreve
5100	599	5228	1063	3588	18	5029	5100	2532	5111
RX-NSM	*VFMI3S*	*P*	*CLX*	*DGSM*	*JGSM*	*B*	*RX-NSM*	*CLA, B*	*VPAI3S*

ἀποθανεῖν·	8 συνίστησιν	δὲ	τὴν	ἑαυτοῦ	ἀγάπην	εἰς	ἡμᾶς	ὁ	θεὸς
a morir;	muestra$_{4}$	pero$_{1}$	el$_{5}$	de él mismo$_{7}$	amor$_{6}$	hacia$_{8}$	nosotros,$_{9}$	--$_{2}$	Dios$_{3}$
599	4921	1161	3588	1438	26	1519	2248	3588	2316
VAAN	*VPAI3S*	*CLC*	*DASF*	*RF3GSM*	*NASF*	*P*	*RP1AP*	*DNSM*	*NNSM*

ὅτι	ἔτι	ἁμαρτωλῶν	ὄντων	ἡμῶν	Χριστὸς	ὑπὲρ	ἡμῶν	ἀπέθανεν.
que$_{10}$	aún$_{13}$	pecadores,$_{14}$	siendo$_{12}$	nosotros$_{11}$	Cristo$_{15}$	por$_{17}$	nosotros.$_{18}$	murió$_{16}$
3754	2089	268	5607	2257	5547	5228	2257	599
CSC	*B*	*JGPM*	*VPAP-PGM*	*RP1GP*	*NNSM*	*P*	*RP1GP*	*VAAI3S*

9 πολλῷ	οὖν	μᾶλλον	δικαιωθέντες	νῦν	ἐν	τῷ	αἵματι	αὐτοῦ
mucho$_{2}$	Así que,$_{1}$	más$_{3}$	habiendo sido justificados$_{5}$	ahora$_{4}$	por	la	sangre	de él,
4183	3767	3123	1344	3568	1722	3588	129	846
JDSN, JDSM	*CLI*	*B*	*VAPP-PNM*	*B*	*P*	*DDSN*	*NDSN*	*RP3GSM*

σωθησόμεθα	δι᾽	αὐτοῦ	ἀπὸ	τῆς	ὀργῆς.	10 εἰ	γὰρ	ἐχθροὶ
seremos salvados	por medio de	él	de	la	ira.	si$_{2}$	Porque$_{1}$	enemigos$_{4}$
4982	1223	846	575	3588	3709	1487	1063	2190
VFPI1P	*P*	*RP3GSM*	*P*	*DGSF*	*NGSF*	*CAC*	*CAZ*	*JNPM*

ὄντες	κατηλλάγημεν	τῷ	θεῷ	διὰ	τοῦ	θανάτου	τοῦ	υἱοῦ
siendo$_{3}$	fuimos reconciliados	con --	Dios	por medio de	la	muerte	del	Hijo
5607	2644	3588	2316	1223	3588	2288	3588	5207
VPAP-PNM	*VAPI1P*	*DDSM*	*NDSM*	*P*	*DGSM*	*NGSM*	*DGSM*	*NGSM*

αὐτοῦ,	πολλῷ	μᾶλλον	καταλλαγέντες	σωθησόμεθα	ἐν	τῇ	ζωῇ
de él,	mucho	más	habiendo sido reconciliados	seremos salvados	por	la	vida
846	4183	3123	2644	4982	1722	3588	2222
RP3GSM	*JDSN, JDSM*	*B*	*VAPP-PNM*	*VFPI1P*	*P*	*DDSF*	*NDSF*

αὐτοῦ·	11 οὐ	μόνον	δέ,	ἀλλὰ	καὶ	καυχώμενοι	ἐν	τῷ	θεῷ
de él.	no$_{2}$	solo (esto),$_{3}$	Y$_{1}$	sino	también	gloriándonos	en	--	Dios
846	3756	3440	1161	235	2532	2744	1722	3588	2316
RP3GSM	*CLK, TN, B*	*B, J*	*CLN*	*CLK, CLC*	*BE, TE*	*VPUP-PNM*	*P*	*DDSM*	*NDSM*

διὰ	τοῦ	κυρίου	ἡμῶν	Ἰησοῦ	Χριστοῦ,	δι᾽	οὗ	νῦν	τὴν
por medio de	el	Señor	de nosotros,	Jesús	Cristo,	por medio de	quien	ahora$_{1}$	la$_{3}$
1223	3588	2962	2257	2424	5547	1223	3739	3568	3588
P	*DGSM*	*NGSM*	*RP1GP*	*NGSM*	*NGSM*	*P*	*RR-GSM*	*B*	*DASF*

καταλλαγὴν	ἐλάβομεν.
reconciliación.$_{4}$	recibimos$_{2}$
2643	2983
NASF	*VAAI1P*

12 Διὰ	τοῦτο	ὥσπερ	δι᾽	ἑνὸς	ἀνθρώπου	ἡ	ἁμαρτία	εἰς
Por	esto,	tal como	por medio de$_{7}$	un solo$_{8}$	ser humano,$_{9}$	el$_{1}$	pecado$_{2}$	a$_{4}$
1223	5124	5618	1223	1520	444	3588	266	1519
P	*RD-ASN*	*CAM*	*P*	*JGSM*	*NGSM*	*DNSF*	*NNSF*	*P*

τὸν	κόσμον	εἰσῆλθεν	καὶ	διὰ	τῆς	ἁμαρτίας	ὁ	θάνατος,
el$_{5}$	mundo$_{6}$	entró$_{3}$	también$_{10}$	por medio de$_{13}$	el$_{14}$	pecado,$_{15}$	la$_{11}$	muerte$_{12}$
3588	2889	1525	2532	1223	3588	266	3588	2288
DASM	*NASM*	*VAAI3S*	*CLN*	*P*	*DGSF*	*NGSF*	*DNSM*	*NNSM*

καὶ	οὕτως	εἰς	πάντας	ἀνθρώπους	ὁ	θάνατος	διῆλθεν	ἐφ᾽
y$_{16}$	así$_{17}$	a$_{21}$	todos$_{22}$	(los) seres humanos,$_{23}$	la$_{18}$	muerte$_{19}$	pasó$_{20}$	sobre
2532	3779	1519	3956	444	3588	2288	1330	1909
CLN, B	*B*	*P*	*JAPM*	*NAPM*	*DNSM*	*NNSM*	*VAAI3S*	*P*

NVI

salvarnos, en el tiempo señalado Cristo murió por los malvados.
7 Difícilmente habrá quien muera por un justo, aunque tal vez haya quien se atreva a morir por una persona buena.
8 Pero Dios demuestra su amor por nosotros en esto: en que cuando todavía éramos pecadores, Cristo murió por nosotros.
9 Y ahora que hemos sido justificados por su sangre, ¡con cuánta más razón, por medio de él, seremos salvados del castigo de Dios!
10 Porque si, cuando éramos enemigos de Dios, fuimos reconciliados con él mediante la muerte de su Hijo, ¡con cuánta más razón, habiendo sido reconciliados, seremos salvados por su vida!
11 Y no solo esto, sino que también nos regocijamos en Dios por nuestro Señor Jesucristo, pues gracias a él ya hemos recibido la reconciliación.

De Adán, la muerte; de Cristo, la vida

12 Por medio de un solo hombre el pecado entró en el mundo, y por medio del pecado entró la muerte; fue así como la muerte pasó a toda

RVR

los hombres, por cuanto
todos pecaron.
13 Pues antes de la ley,
había pecado en el
mundo; pero el pecado
no se imputa donde no
hay ley.
14 No obstante, reinó
la muerte desde Adán
hasta Moisés, aun en
los que no pecaron a la
manera de la transgre-
sión de Adán, el cual
es figura del que había
de venir.
15 Pero con el don no
sucede como con la
transgresión; porque
si por la transgresión
de aquel uno murieron
los muchos, abunda-
ron mucho más para
los muchos la gracia y
el don de Dios por la
gracia de un hombre,
Jesucristo.
16 Y con el don no
sucede como en el caso
de aquel uno que pecó;
porque ciertamente el
juicio surgió de un solo
pecado resultando en
condenación, pero el
don surgió de muchas
transgresiones resultan-
do en justificación.
17 Pues si por la trans-
gresión de uno solo,
por ese uno reinó la
muerte, mucho más
reinarán en vida por
uno solo, Jesucristo, los
que reciben la abun-
dancia de la gracia y

ᾧ πάντες ἥμαρτον— 13 ἄχρι γὰρ νόμου ἁμαρτία ἦν ἐν
lo que | todos | pecaron; | hasta$_2$ | porque$_1$ | (la) ley,$_3$ | pecado | estaba (había) | en
3739 3956 264 891 1063 3551 266 2258 1722
RR-DSN JNPM VAAI3P P CLX NGSM NNSF VIAI3S P

κόσμῳ, ἁμαρτία δὲ οὐκ ἐλλογεῖται μὴ ὄντος νόμου, 14 ἀλλὰ
(el) mundo, | (el) pecado$_2$ | mas$_1$ | no | se toma en cuenta | no | siendo (habiendo) | ley, | pero$_1$
2889 266 1161 3756 1677 3361 5607 3551 235
NDSM NNSF CLC BN, TN VPPI3S BN, TN VPAP-SGM NGSM CLC

ἐβασίλευσεν ὁ θάνατος ἀπὸ Ἀδὰμ μέχρι Μωϋσέως καὶ ἐπὶ τοὺς
reinó$_4$ | la$_2$ | muerte$_3$ | desde | Adán | hasta | Moisés, | también | sobre | los (que)
936 3588 2288 575 76 3360 3475 2532 1909 3588
VAAI3S DNSM NNSM P NGSM, XP P, B NGSM CLA, B P DAPM

μὴ ἁμαρτήσαντας ἐπὶ τῷ ὁμοιώματι τῆς παραβάσεως Ἀδάμ,
no | habiendo pecado | en | la | semejanza | de la | transgresión | de Adán;
3361 264 1909 3588 3667 3588 3847 76
BN, TN VAAP-PAM P DDSN NDSN DGSF NGSF NGSM, XP

ὅς ἐστιν τύπος τοῦ μέλλοντος.
quien | es | figura | el que | está a punto de venir.
3739 2076 5179 3588 3195
RR-NSM VPAI3S NNSM DGSM VPAP-SGM

15 Ἀλλʼ οὐχ ὡς τὸ παράπτωμα, οὕτως καὶ τὸ χάρισμα· εἰ
Pero$_1$ | no (es)$_5$ | como$_6$ | la$_7$ | transgresión,$_8$ | así | también$_2$ | el$_3$ | don$_4$ | si$_{10}$
235 3756 5613 3588 3900 3779 2532 3588 5486 1487
CLC BN, TN CAM DNSN NNSN B BE, TE DNSN NNSN CAC

γὰρ τῷ τοῦ ἑνὸς παραπτώματι οἱ πολλοὶ ἀπέθανον, πολλῷ
porque$_9$ | por la$_{14}$ | de --$_{16}$ | uno,$_{17}$ | transgresión$_{15}$ | los$_{11}$ | muchos$_{12}$ | murieron$_{13}$ | mucho
1063 3588 3588 1520 3900 3588 4183 599 4183
CLX DDSN DGSM JGSM NDSN DNPM JNPM VAAI3P JDSN, JDSM

μᾶλλον ἡ χάρις τοῦ θεοῦ καὶ ἡ δωρεὰ ἐν χάριτι τῇ τοῦ ἑνὸς
más | la | gracia | de -- | Dios | y | la | dádiva | por$_1$ | gracia$_3$ | la$_2$ | de -- | un solo
3123 3588 5485 3588 2316 2532 3588 1431 1722 5485 3588 3588 1520
B DNSF NNSF DGSM NGSM CLN DNSF NNSF P NDSF DDSF DGSM JGSM

ἀνθρώπου Ἰησοῦ Χριστοῦ εἰς τοὺς πολλοὺς ἐπερίσσευσεν. 16 καὶ
ser humano, | Jesús | Cristo, | para$_2$ | --$_3$ | muchos$_4$ | abundó$_1$ | Y$_1$
444 2424 5547 1519 3588 4183 4052 2532
NGSM NGSM NGSM P DAPM JAPM VAAI3S CLN

οὐχ ὡς διʼ ἑνὸς ἁμαρτήσαντος τὸ δώρημα· τὸ μὲν
no (es)$_4$ | como$_5$ | por medio de$_6$ | uno$_7$ | que pecó,$_8$ | la$_2$ | dádiva$_3$ | el$_{11}$ | por un lado,$_{10}$
3756 5613 1223 1520 264 3588 1434 3588 3303
BN, TN CAM, P P JGSM VAAP-SGM DNSN NNSN DNSN TK, C

γὰρ κρίμα ἐξ ἑνὸς εἰς κατάκριμα, τὸ δὲ
porque$_9$ | (el) juicio$_{12}$ | de (se originó de) | una (transgresión) | para | condenación, | el$_2$ | mas, por otro lado,$_1$
1063 2917 1537 1520 1519 2631 3588 1161
CLX NNSN P JGSN, JGSM P NASN DNSN CLK, CLC

χάρισμα ἐκ πολλῶν παραπτωμάτων εἰς δικαίωμα. 17 εἰ
(el) don$_3$ | (viene) de (por) | muchas | transgresiones | para | justificación. | si$_2$
5486 1537 4183 3900 1519 1345 1487
NNSN P JGPN NGPN P NASN CAC

γὰρ τῷ τοῦ ἑνὸς παραπτώματι ὁ θάνατος ἐβασίλευσεν διὰ
Porque$_1$ | por la$_3$ | de --$_5$ | uno,$_6$ | transgresión$_4$ | la | muerte | reinó | por medio de
1063 3588 3588 1520 3900 3588 2288 936 1223
CAZ DDSN DGSM JGSM NDSN DNSM NNSM VAAI3S P

τοῦ ἑνός, πολλῷ μᾶλλον οἱ τὴν περισσείαν τῆς χάριτος καὶ
el | uno, | mucho | más | los (que están)$_1$ | la$_3$ | abundancia$_4$ | de la$_5$ | gracia$_6$ | y$_7$
3588 1520 4183 3123 3588 3588 4050 3588 5485 2532
DGSM JGSM JDSN, JDSM B DNPM DASF NASF DGSF NGSF CLN

NVI

la humanidad, porque
todos pecaron. 13 Antes
de promulgarse la ley,
ya existía el pecado en
el mundo. Es cierto que
el pecado no se toma
en cuenta cuando no
hay ley; 14 sin embar-
go, desde Adán hasta
Moisés la muerte reinó,
incluso sobre los que no
pecaron quebrantando
un mandato, como lo
hizo Adán, quien es fi-
gura de aquel que había
de venir.
15 Pero la transgre-
sión de Adán no puede
compararse con la gracia
de Dios. Pues, si por
la transgresión de un
solo hombre murieron
todos, ¡cuánto más el
don que vino por la
gracia de un solo hom-
bre, Jesucristo, abundó
para todos! 16 Tampoco
se puede comparar la
dádiva de Dios con las
consecuencias del pe-
cado de Adán. El juicio
que lleva a la condena-
ción fue resultado de
un solo pecado, pero
la dádiva que lleva a la
justificación tiene que
ver con una multitud de
transgresiones. 17 Pues,
si por la transgresión de
un solo hombre reinó
la muerte, con mayor
razón los que reciben en
abundancia la gracia y

RVR

del don de la justicia.
18 Así pues, como por
la transgresión de uno
vino la condenación a
todos los hombres, de
la misma manera por
la justicia de uno vino
a todos los hombres la
justificación de vida.
19 Porque así como por
la desobediencia de un
hombre, los muchos
fueron constituidos
pecadores, así también
por la obediencia de
uno, los muchos serán
constituidos justos.
20 Pero la ley se introdujo para que el pecado
abundase; mas donde el
pecado abundó, sobreabundó la gracia;
21 para que así como
el pecado reinó en la
muerte, así también
la gracia reine por
medio de la justicia para
vida eterna mediante
Jesucristo, nuestro
Señor.

Muertos al pecado, vivos en Cristo

6 ¿Qué, pues,
diremos?
¿Permanezcamos en
el pecado para que la
gracia abunde?

τῆς	δωρεᾶς	τῆς	δικαιοσύνης	λαμβάνοντες	ἐν	ζωῇ	βασιλεύσουσιν
de la$_{8}$	dádiva$_{9}$	de la$_{10}$	justicia$_{11}$	recibiendo$_{2}$	en$_{13}$	vida$_{14}$	reinarán$_{12}$
3588	1431	3588	1343	2983	1722	2222	936
DGSF	*NGSF*	*DGSF*	*NGSF*	*VPAP-PNM*	*P*	*NDSF*	*VFAI3P*

διὰ	τοῦ	ἑνὸς	Ἰησοῦ	Χριστοῦ.
por medio de	el	uno,	Jesús	Cristo.
1223	3588	1520	2424	5547
P	*DGSM*	*JGSM*	*NGSM*	*NGSM*

18 Ἄρα	οὖν	ὡς	δι’	ἑνὸς	παραπτώματος	εἰς	πάντας
entonces,$_{2}$	Así que$_{1}$	como	por medio de	una	transgresión	a	a todos
686	3767	5613	1223	1520	3900	1519	3956
CLI	*CLT*	*CAM*	*P*	*JGSM*	*NGSN*	*P*	*JAPM*

ἀνθρώπους	εἰς	κατάκριμα,	οὕτως	καὶ	δι’	ἑνὸς	δικαιώματος
(los) seres humanos	(vino) para	condenación,	así	también	por medio de	un	acto de justicia
444	1519	2631	3779	2532	1223	1520	1345
NAPM	*P*	*NASN*	*B*	*BE, TE*	*P*	*JGSM*	*NGSN*

εἰς	πάντας	ἀνθρώπους	εἰς	δικαίωσιν	ζωῆς·	19 ὥσπερ	γὰρ
(vino) para	todos	(los) seres humanos	para	justificación	de vida.	así como$_{2}$	Porque$_{1}$
1519	3956	444	1519	1347	2222	5618	1063
P	*JAPM*	*NAPM*	*P*	*NASF*	*NGSF*	*CAM*	*CLX*

διὰ	τῆς	παρακοῆς	τοῦ	ἑνὸς	ἀνθρώπου	ἁμαρτωλοὶ	κατεστάθησαν
por medio de	la	desobediencia	de --	un	ser humano	pecadores,$_{4}$	fueron constituidos$_{3}$
1223	3588	3876	3588	1520	444	268	2525
P	*DGSF*	*NGSF*	*DGSM*	*JGSM*	*NGSM*	*JNPM*	*VAPI3P*

οἱ	πολλοί,	οὕτως	καὶ	διὰ	τῆς	ὑπακοῆς	τοῦ	ἑνὸς	δίκαιοι
los$_{1}$	muchos$_{2}$	así	también	por medio de	la	obediencia	de --	uno,	justos.$_{4}$
3588	4183	3779	2532	1223	3588	5218	3588	1520	1342
DNPM	*JNPM*	*B*	*BE, TE*	*P*	*DGSF*	*NGSF*	*DGSM*	*JGSM*	*JNPM*

καταστα θήσονται	οἱ	πολλοί.	20 νόμος	δὲ	παρεισῆλθεν	ἵνα
serán constituidos$_{3}$	los$_{1}$	muchos$_{2}$	(la) ley$_{2}$	Mas$_{1}$	se introdujo$_{3}$	para que$_{4}$
2525	3588	4183	3551	1161	3922	2443
VFPI3P	*DNPM*	*JNPM*	*NNSM*	*CLN*	*VAAI3S*	*CAP*

πλεονάσῃ	τὸ	παράπτωμα·	οὗ	δὲ	ἐπλεόνασεν	ἡ	ἁμαρτία,
abundara,$_{7}$	la$_{5}$	transgresión$_{6}$	donde$_{9}$	mas$_{8}$	abundó,$_{12}$	el$_{10}$	pecado$_{11}$
4121	3588	3900	3757	1161	4121	3588	266
VAAS3S	*DNSN*	*NNSN*	*B, C*	*CLC*	*VAAI3S*	*DNSF*	*NNSF*

ὑπερεπερίσσευσεν	ἡ	χάρις,	21 ἵνα	ὥσπερ	ἐβασίλευσεν	ἡ
sobreabundó,$_{14}$	la$_{12}$	gracia$_{13}$	para que	así como	reinó$_{3}$	el$_{1}$
5248	3588	5485	2443	5618	936	3588
VAAI3S	*DNSF*	*NNSF*	*CAP*	*CAM*	*VAAI3S*	*DNSF*

ἁμαρτία	ἐν	τῷ	θανάτῳ,	οὕτως	καὶ	ἡ	χάρις	βασιλεύσῃ	διὰ
pecado$_{2}$	en	la	muerte,	así	también	el	gracia	reine	por medio de
266	1722	3588	2288	3779	2532	3588	5485	936	1223
NNSF	*P*	*DDSM*	*NDSM*	*B*	*BE, TE*	*DNSF*	*NNSF*	*VAAS3S*	*P*

δικαιοσύνης	εἰς	ζωὴν	αἰώνιον	διὰ	Ἰησοῦ	Χριστοῦ	τοῦ	κυρίου
(la) justicia	para	vida	eterna	por medio de	Jesucristo,		el	Señor
1343	1519	2222	166	1223	2424	5547	3588	2962
NGSF	*P*	*NASF*	*JASF*	*P*	*NGSM*	*NGSM*	*DGSM*	*NGSM*

ἡμῶν.
de nosotros.
2257
RP1GP

6 Τί	οὖν	ἐροῦμεν;	ἐπιμένωμεν	τῇ	ἁμαρτίᾳ,	ἵνα	ἡ	χάρις
¿qué$_{2}$	Así que,$_{1}$	diremos?$_{3}$	¿Permanezcamos	en el	pecado	para que	la	gracia
5101	3767	2046	1961	3588	266	2443	3588	5485
RI-ASN	*CLI*	*VFAI1P*	*VPAS1P*	*DDSF*	*NDSF*	*CAP*	*DNSF*	*NNSF*

NVI

el don de la justicia reinarán en vida por medio
de un solo hombre,
Jesucristo.
18 Por tanto, así como
una sola transgresión
causó la condenación de
todos, también un solo
acto de justicia produjo
la justificación que da
vida a todos. 19 Porque
así como por la desobediencia de uno solo muchos fueron constituidos pecadores, también
por la obediencia de
uno solo muchos serán
constituidos justos.
20 En lo que atañe
a la ley, esta intervino
para que aumentara
la transgresión. Pero,
allí donde abundó el
pecado, sobreabundó la
gracia, 21 a fin de que, así
como reinó el pecado en
la muerte, reine también
la gracia que nos trae justificación y vida eterna
por medio de Jesucristo
nuestro Señor.

Muertos al pecado, vivos en Cristo

6 ¿Qué concluiremos? ¿Vamos a persistir en el pecado para
que la gracia abunde?

RVR

2 ¡En ninguna manera!
Los que hemos muerto
al pecado, ¿cómo vivire-
mos aún en él?
3 ¿O ignoráis que todos
los que hemos sido bau-
tizados en Cristo Jesús,
hemos sido bautizados
en su muerte?
4 Fuimos, pues, sepulta-
dos juntamente con él
para muerte por medio
del bautismo, a fin de
que como Cristo resuci-
tó de los muertos por la
gloria del Padre, así tam-
bién nosotros andemos
en novedad de vida.
5 Porque si fuimos plan-
tados juntamente con
él en la semejanza de
su muerte, así también
lo seremos en la de su
resurrección;
6 conocedores de esto,
que nuestro viejo
hombre fue crucifica-
do juntamente con él,
para que el cuerpo del
pecado sea reducido a
la impotencia, a fin de
que no sirvamos más al
pecado.
7 Porque el que ha
muerto, ha sido justifi-
cado del pecado.
8 Y si hemos muerto
con Cristo, creemos
que también viviremos
con él;
9 sabiendo que Cristo,
habiendo resucitado
de los muertos, ya no
muere; la muerte ya no
se enseñorea más de él.
10 Porque en cuanto a
lo que murió, al pecado

πλεονάσῃ;	2 μὴ	γένοιτο·	οἵτινες	ἀπεθάνομεν	τῇ	ἁμαρτίᾳ,	πῶς	ἔτι
abunde?	¡No	sea así!	Los que	morimos	al	pecado,	¿cómo$_1$	todavía$_3$
4121	3361	1096	3748	599	3588	266	4459	2089
VAAS3S	*BN, TN*	*VAMO3S*	*RR-NPM*	*VAAI1P*	*DDSF*	*NDSF*	*BI*	*B*

ζήσομεν	ἐν	αὐτῇ;	3 ἢ	ἀγνοεῖτε	ὅτι	ὅσοι	ἐβαπτίσθημεν	εἰς	Χριστὸν
viviremos$_2$	en	él?	¿O	ignoráis	que	cuantos	fuimos bautizados	en	Cristo
2198	1722	846	2228	50	3754	3745	907	1519	5547
VFAI1P	*P*	*RP3DSF*	*CLD*	*VPAI2P*	*CSC*	*RK-NPM*	*VAPI1P*	*P*	*NASM*

Ἰησοῦν	εἰς	τὸν	θάνατον	αὐτοῦ	ἐβαπτίσθημεν;	4 συνετάφημεν
Jesús,	en$_2$	la$_3$	muerte$_4$	de él?$_5$	fuimos bautizados$_1$	fuimos sepultados juntamente con$_2$
2424	1519	3588	2288	846	907	4916
NASM	*P*	*DASM*	*NASM*	*RP3GSM*	*VAPI1P*	*VAPI1P*

οὖν	αὐτῷ	διὰ	τοῦ	βαπτίσματος	εἰς	τὸν	θάνατον,	ἵνα	ὥσπερ
Así que,$_1$	él	por medio de	el	bautismo	en	la	muerte,	para que	tal como
3767	846	1223	3588	908	1519	3588	2288	2443	5618
CLI	*RP3DSM*	*P*	*DGSN*	*NGSN*	*P*	*DASM*	*NASM*	*CAP*	*CAM*

ἠγέρθη	Χριστὸς	ἐκ	νεκρῶν	διὰ	τῆς	δόξης	τοῦ	πατρός,	οὕτως
fue levantado	Cristo	de	(los) muertos	por medio de	la	gloria	del	Padre,	así
1453	5547	1537	3498	1223	3588	1391	3588	3962	3779
VAPI3S	*NNSM*	*P*	*JGPM*	*P*	*DGSF*	*NGSF*	*DGSM*	*NGSM*	*B*

καὶ	ἡμεῖς	ἐν	καινότητι	ζωῆς	περιπατήσωμεν.
también	nosotros	en$_2$	novedad$_3$	de vida.$_4$	anduviéramos$_1$
2532	2249	1722	2538	2222	4043
BE, TE	*RP1NP*	*P*	*NDSF*	*NGSF*	*VAAS1P*

5 Εἰ	γὰρ	σύμφυτοι	γεγόναμεν	τῷ	ὁμοιώματι	τοῦ	θανάτου	αὐτοῦ,
si$_2$	Porque$_1$	identificados$_4$	hemos sido$_3$	en la	semejanza	de la	muerte	de él,
1487	1063	4854	1096	3588	3667	3588	2288	846
CAC	*CAZ*	*JNPM*	*VRAI1P*	*DDSN*	*NDSN*	*DGSM*	*NGSM*	*RP3GSM*

ἀλλὰ	καὶ	τῆς	ἀναστάσεως	ἐσόμεθα·	6 τοῦτο	γινώσκοντες	ὅτι	ὁ
pero$_1$	también$_2$	de la$_4$	resurrección;$_5$	seremos$_3$	esto:$_2$	sabiendo$_1$	que	el
235	2532	3588	386	2071	5124	1097	3754	3588
CLM	*BE, TE*	*DGSF*	*NGSF*	*VFMI1P*	*RD-ASN*	*VPAP-PNM*	*CSC*	*DNSM*

παλαιὸς	ἡμῶν	ἄνθρωπος	συνεσταυρώθη,	ἵνα	καταργηθῇ	τὸ
viejo$_1$	de nosotros$_3$	ser humano$_2$	fue crucificado con (él),	para que$_1$	sea anulado,$_6$	el$_2$
3820	2257	444	4957	2443	2673	3588
JNSM	*RP1GP*	*NNSM*	*VAPI3S*	*CAP*	*VAPS3S*	*DNSN*

σῶμα	τῆς	ἁμαρτίας,	τοῦ	μηκέτι	δουλεύειν	ἡμᾶς	τῇ	ἁμαρτίᾳ,
cuerpo$_3$	del$_4$	pecado$_5$	--$_8$	ya no$_9$	para servir$_{10}$	nosotros$_7$	al	pecado.
4983	3588	266	3588	3371	1398	2248	3588	266
NNSN	*DGSF*	*NGSF*	*DGSN, DGSM*	*BN*	*VPAN*	*RP1AP*	*DDSF*	*NDSF*

7 ὁ	γὰρ	ἀποθανὼν	δεδικαίωται	ἀπὸ	τῆς	ἁμαρτίας.	8 εἰ	δὲ
el que$_2$	Porque$_1$	habiendo muerto,$_3$	ha sido liberado	de	el	pecado.	si$_2$	Y$_1$
3588	1063	599	1344	575	3588	266	1487	1161
DNSM	*CAZ*	*VAAP-SNM*	*VRPI3S*	*P*	*DGSF*	*NGSF*	*CAC*	*CLN*

ἀπεθάνομεν	σὺν	Χριστῷ,	πιστεύομεν	ὅτι	καὶ	συζήσομεν	αὐτῷ·
morimos	con	Cristo,	creemos	que	también	viviremos con	él,
599	4862	5547	4100	3754	2532	4800	846
VAAI1P	*P*	*NDSM*	*VPAI1P*	*CSC*	*BE, TE*	*VFAI1P*	*RP3DSM*

9 εἰδότες	ὅτι	Χριστὸς	ἐγερθεὶς	ἐκ	νεκρῶν	οὐκέτι	ἀποθνήσκει,
sabiendo	que	Cristo	habiendo sido levantado	de	(los) muertos	ya no	muere,
1492	3754	5547	1453	1537	3498	3765	599
VRAP-PNM	*CSC*	*NNSM*	*VAPP-SNM*	*P*	*JGPM*	*BN*	*VPAI3S*

θάνατος	αὐτοῦ	οὐκέτι	κυριεύει·	10 ὃ	γὰρ	ἀπέθανεν,	τῇ	ἁμαρτίᾳ
(la) muerte$_1$	de él.$_4$	ya no$_2$	se enseñorea$_3$	lo que$_2$	Porque$_1$	murió,$_3$	al$_5$	pecado$_6$
2288	846	3765	2961	3739	1063	599	3588	266
NNSM	*RP3GSM*	*BN*	*VPAI3S*	*RR-ASN*	*CAZ*	*VAAI3S*	*DDSF*	*NDSF*

NVI

2 ¡De ninguna manera!
Nosotros, que hemos
muerto al pecado,
¿cómo podemos seguir
viviendo en él?
3 ¿Acaso
no saben ustedes que to-
dos los que fuimos bau-
tizados para unirnos con
Cristo Jesús en realidad
fuimos bautizados para
participar en su muerte?
4 Por tanto, mediante
el bautismo fuimos
sepultados con él en su
muerte, a fin de que, así
como Cristo resucitó
por el poder del Padre,
también nosotros lleve-
mos una vida nueva.
5 En efecto, si hemos
estado unidos con él
en su muerte, sin duda
también estaremos
unidos con él en su resu-
rrección.
6 Sabemos que
nuestra vieja naturaleza
fue crucificada con él
para que nuestro cuerpo
pecaminoso perdiera su
poder, de modo que ya
no siguiéramos siendo
esclavos del pecado;
7 porque el que muere
queda liberado del
pecado.
8 Ahora bien, si he-
mos muerto con Cristo,
confiamos que también
viviremos con él.
9 Pues
sabemos que Cristo, por
haber sido levantado de
entre los muertos, ya no
puede volver a morir;
la muerte ya no tiene
dominio sobre él.
10 En
cuanto a su muerte,
murió al pecado una

NVR

murió una vez por to-
das; mas en cuanto a lo
que vive, para Dios vive.
11 Así también vosotros
consideraos muertos al
pecado, pero vivos para
Dios en Cristo Jesús,
Señor nuestro.
12 No reine, pues, el pe-
cado en vuestro cuerpo
mortal, de modo que
lo obedezcáis en sus
concupiscencias;
13 ni tampoco presentéis
vuestros miembros al
pecado como instru-
mentos de iniquidad,
sino presentaos vosotros
mismos a Dios como
vivos de entre los
muertos, y vuestros
miembros a Dios
como instrumentos de
justicia.
14 Porque el pecado
no se enseñoreará de
vosotros; pues no estáis
bajo la ley, sino bajo la
gracia.

Siervos de la justicia, y no del pecado

15 ¿Qué, pues?
¿Pecaremos, porque
no estamos bajo la ley,
sino bajo la gracia? ¡En
ninguna manera!
16 ¿No sabéis que si
os sometéis a alguien
como esclavos para obe-
decerle, sois esclavos de
aquel a quien obedecéis,
ya sea del pecado para
muerte, ya sea de la obe-
diencia para justicia?
17 Pero gracias a Dios

ἀπέθανεν	ἐφάπαξ·	ὃ	δὲ	ζῇ,	ζῇ	τῷ	θεῷ.	11 οὕτως	καὶ
murió$_4$	una vez para siempre;$_7$	lo que$_9$	pero$_8$	vive,$_{10}$	vive	para --	Dios.	Así	también
599	2178	3739	1161	2198	2198	3588	2316	3779	2532
VAAI3S	*B*	*RR-ASN*	*CLC*	*VPAI3S*	*VPAI3S*	*DDSM*	*NDSM*	*B*	*BE, TE*

ὑμεῖς	λογίζεσθε	ἑαυτοὺς	εἶναι	νεκροὺς	μὲν	τῇ	ἁμαρτίᾳ
vosotros	considerad	a vosotros mismos	estar	muertos,	ciertamente,	para el	pecado,
5210	3049	1438	1511	3498	3303	3588	266
RP2NP	*VPUM2P*	*RF2APM*	*VPAN*	*JAPM*	*TK, C*	*DDSF*	*NDSF*

ζῶντας	δὲ	τῷ	θεῷ	ἐν	Χριστῷ	⸀Ἰησοῦ.
viviendo$_2$	pero$_1$	para --	Dios	en	Cristo	Jesús.
2198	1161	3588	2316	1722	5547	2424
VPAP-PAM	*CLK, CLC*	*DDSM*	*NDSM*	*P*	*NDSM*	*NDSM*

12 Μὴ	οὖν	βασιλευέτω	ἡ	ἁμαρτία	ἐν	τῷ	θνητῷ	ὑμῶν
no$_4$	Así que,$_1$	reine$_5$	el$_2$	pecado$_3$	en$_6$	el$_7$	mortal$_9$	de vosotros,$_{10}$
3361	3767	936	3588	266	1722	3588	2349	5216
BN, TN	*CLI*	*VPAM3S*	*DNSF*	*NNSF*	*P*	*DDSN*	*JDSN*	*RP2GP*

σώματι	εἰς	τὸ	ὑπακούειν	ταῖς	ἐπιθυμίαις	αὐτοῦ,	13 μηδὲ	παριστάνετε
cuerpo$_8$	para	--	obedecer	los	deseos malos	de él,	ni$_1$	presentéis$_5$
4983	1519	3588	5219	3588	1939	846	3366	3936
NDSN	*P*	*DASN*	*VPAN*	*DDPF*	*NDPF*	*RP3GSN*	*TN,CLD*	*VPAM2P*

τὰ	μέλη	ὑμῶν	ὅπλα	ἀδικίας	τῇ	ἁμαρτίᾳ,	ἀλλὰ
los$_2$	miembros$_3$	de vosotros$_4$	(como) instrumentos	de injusticia	para el	pecado,	sino
3588	3196	5216	3696	93	3588	266	235
DAPN	*NAPN*	*RP2GP*	*NAPN*	*NGSF*	*DDSF*	*NDSF*	*CLC*

παραστήσατε	ἑαυτοὺς	τῷ	θεῷ	ὡσεὶ	ἐκ	νεκρῶν	ζῶντας	καὶ
presentad	a vosotros mismos	a --	Dios	como$_1$	de entre$_3$	(los) muertos$_4$	viviendo$_2$	y
3936	1438	3588	2316	5616	1537	3498	2198	2532
VAAM2P	*RF2APM*	*DDSM*	*NDSM*	*CAM*	*P*	*JGPM*	*VPAP-PAM*	*CLN*

τὰ	μέλη	ὑμῶν	ὅπλα	δικαιοσύνης	τῷ	θεῷ.	14 ἁμαρτία
los	miembros	de vosotros	(como) instrumentos	de justicia	para --	Dios,	(el) pecado$_2$
3588	3196	5216	3696	1343	3588	2316	266
DAPN	*NAPN*	*RP2GP*	*NAPN*	*NGSF*	*DDSM*	*NDSM*	*NNSF*

γὰρ	ὑμῶν	οὐ	κυριεύσει,	οὐ	γάρ	ἐστε	ὑπὸ	νόμον	ἀλλὰ	ὑπὸ
porque$_1$	de vosotros$_3$	no$_4$	se enseñoreará,$_5$	no	porque	estáis	bajo	(la) ley,	sino	bajo
1063	5216	3756	2961	3756	1063	2075	5259	3551	235	5259
CAZ	*RP2GP*	*BN, TN*	*VFAI3S*	*BN, TN*	*CAZ*	*VPAI2P*	*P*	*NASM*	*CLC*	*P*

χάριν.
(la) gracia.
5485
NASF

15 Τί	οὖν;	ἁμαρτήσωμεν	ὅτι	οὐκ	ἐσμὲν	ὑπὸ	νόμον	ἀλλὰ	ὑπὸ
qué?$_2$	¿Entonces$_1$	¿Pecaremos	porque	no	estamos	bajo	ley	sino	bajo
5101	3767	264	3754	3756	2070	5259	3551	235	5259
RI-NSN	*CLI*	*VAAS1P*	*CAZ*	*BN, TN*	*VPAI1P*	*P*	*NASM*	*CLC*	*P*

χάριν;	μὴ	γένοιτο·	16 οὐκ	οἴδατε	ὅτι	ᾧ	παριστάνετε	ἑαυτοὺς
(la) gracia?	¡No	sea así!	¿No	sabéis	que	al que	presentáis	a vosotros mismos
5485	3361	1096	3756	1492	3754	3739	3936	1438
NASF	*BN, TN*	*VAMO3S*	*BN,TN*	*VRAI2P*	*CSC*	*RR-DSM*	*VPAI2P*	*RF2APM*

δούλους	εἰς	ὑπακοήν,	δοῦλοί	ἐστε	ᾧ	ὑπακούετε,	ἤτοι	ἁμαρτίας
(como) esclavos	para	obediencia,	esclavos$_2$	sois$_1$	a quien	obedecéis,	ya sea	de(l) pecado
1401	1519	5218	1401	2075	3739	5219	2273	266
NAPM	*P*	*NASF*	*NNPM*	*VPAI2P*	*RR-DSM*	*VPAI2P*	*CLK*	*NGSF*

εἰς	θάνατον	ἢ	ὑπακοῆς	εἰς	δικαιοσύνην;	17 χάρις	δὲ	τῷ
para	muerte	o	de (la) obediencia	para	justicia?	gracias$_2$	Mas$_1$	a --
1519	2288	2228	5218	1519	1343	5485	1161	3588
P	*NASM*	*CLK, CLD*	*NGSF*	*P*	*NASF*	*NNSF*	*CLC*	*DDSM*

NVI

vez y para siempre; en
cuanto a su vida, vive
para Dios.
11 De la misma ma-
nera, también ustedes
considérense muertos
al pecado, pero vivos
para Dios en Cristo
Jesús. 12 Por lo tanto, no
permitan ustedes que el
pecado reine en su cuer-
po mortal, ni obedezcan
a sus malos deseos. 13 No
ofrezcan los miembros
de su cuerpo al pecado
como instrumentos de
injusticia; al contrario,
ofrézcanse más bien a
Dios como quienes han
vuelto de la muerte a la
vida, presentando los
miembros de su cuerpo
como instrumentos de
justicia. 14 Así el pecado
no tendrá dominio
sobre ustedes, porque ya
no están bajo la ley, sino
bajo la gracia.

Esclavos de la justicia

15 Entonces, ¿qué?
¿Vamos a pecar porque
no estamos ya bajo la
ley, sino bajo la gracia?
¡De ninguna manera!
16 ¿Acaso no saben
ustedes que, cuando se
entregan a alguien para
obedecerlo, son esclavos
de aquel a quien obede-
cen? Claro que lo son,
ya sea del pecado que
lleva a la muerte, o de la
obediencia que lleva a la
justicia. 17 Pero gracias a

6:11⸀ Manuscritos inferiores aumentaron *el Señor de nosotros.*

RVR

que, aunque erais escla-
vos del pecado, habéis
obedecido de corazón
a aquella forma de doc-
trina a la cual fuisteis
entregados;
[18] y libertados del peca-
do, vinisteis a ser siervos
de la justicia.
[19] Hablo en términos
humanos, por vuestra
humana debilidad; que
así como para iniquidad
presentasteis vues-
tros miembros como
siervos a la inmundicia
y a la iniquidad, así
ahora para santificación
presentad vuestros
miembros como siervos
a la justicia.
[20] Porque cuando erais
esclavos del pecado,
erais libres respecto a la
justicia.
[21] ¿Qué fruto teníais en-
tonces en aquellas cosas
de las cuales ahora os
avergonzáis? Porque el
fin de ellas es muerte.
[22] Mas ahora que habéis
sido libertados del peca-
do y hechos siervos de
Dios, tenéis por vuestro
fruto la santificación, y
como fin, la vida eterna.
[23] Porque la paga del
pecado es muerte, mas
la dádiva de Dios es vida
eterna en Cristo Jesús
Señor nuestro.

θεῷ	ὅτι	ἦτε	δοῦλοι	τῆς	ἁμαρτίας	ὑπηκούσατε	δὲ	ἐκ	καρδίας	εἰς
Dios	que	erais	esclavos	del	pecado,	obedecisteis$_2$	mas$_1$	de$_3$	corazón$_4$	a$_7$
2316	3754	2258	1401	3588	266	5219	1161	1537	2588	1519
NDSM	*CSC*	*VIAI2P*	*NNPM*	*DGSF*	*NGSF*	*VAAI2P*	*CLC*	*P*	*NGSF*	*P*

ὃν	παρεδόθητε	τύπον	διδαχῆς,	[18] ἐλευθερωθέντες	δὲ	ἀπὸ	τῆς
la que$_8$	fuisteis entregados,$_9$	a (la) forma$_5$	de doctrina$_6$	habiendo sido liberados$_2$	y$_1$	de	el
3739	3860	5179	1322	1659	1161	575	3588
RR-ASM	*VAPI2P*	*NASM*	*NGSF*	*VAPP-PNM*	*CLN*	*P*	*DGSF*

ἁμαρτίας	ἐδουλώθητε	τῇ	δικαιοσύνῃ.	[19] ἀνθρώπινον	λέγω	διὰ	τὴν
pecado,	fuisteis esclavizados	para la	justicia.	humanamente,$_2$	Hablo$_1$	a causa de	la
266	1402	3588	1343	442	3004	1223	3588
NGSF	*VAPI2P*	*DDSF*	*NDSF*	*JASN*	*VPAI1S*	*P*	*DASF*

ἀσθένειαν	τῆς	σαρκὸς	ὑμῶν.	ὥσπερ	γὰρ	παρεστήσατε	τὰ	μέλη
debilidad	de la	carne	de vosotros.	tal como$_2$	Porque$_1$	presentasteis$_3$	los	miembros
769	3588	4561	5216	5618	1063	3936	3588	3196
NASF	*DGSF*	*NGSF*	*RP2GP*	*CAM*	*CLX*	*VAAI2P*	*DAPN*	*NAPN*

ὑμῶν	δοῦλα	τῇ	ἀκαθαρσίᾳ	καὶ	τῇ	ἀνομίᾳ	εἰς	τὴν	ἀνομίαν,
de vosotros	(como) esclavos	a la	impureza	y	a la	injusticia	para	la	injusticia,
5216	1401	3588	167	2532	3588	458	1519	3588	458
RP2GP	*JAPN*	*DDSF*	*NDSF*	*CLN*	*DDSF*	*NDSF*	*P*	*DASF*	*NASF*

οὕτως	νῦν	παραστήσατε	τὰ	μέλη	ὑμῶν	δοῦλα	τῇ	δικαιοσύνῃ
así	ahora	presentad	los	miembros	de vosotros	(como) esclavos	para la	justicia
3779	3568	3936	3588	3196	5216	1401	3588	1343
B	*B*	*VAAM2P*	*DAPN*	*NAPN*	*RP2GP*	*JAPN*	*DDSF*	*NDSF*

εἰς	ἁγιασμόν.
para	santificación.
1519	38
P	*NASM*

[20] Ὅτε	γὰρ	δοῦλοι	ἦτε	τῆς	ἁμαρτίας,	ἐλεύθεροι	ἦτε	τῇ
cuando$_2$	Porque$_1$	esclavos$_4$	erais$_3$	del$_5$	pecado,$_6$	libres$_8$	erais$_7$	para la
3753	1063	1401	2258	3588	266	1658	2258	3588
CAT	*CAZ*	*NNPM*	*VIAI2P*	*DGSF*	*NGSF*	*JNPM*	*VIAI2P*	*DDSF*

δικαιοσύνῃ.	[21] τίνα	οὖν	καρπὸν	εἴχετε	τότε	ἐφ᾽	οἷς
justicia.	¿qué$_2$	Así que,$_1$	fruto	teníais	entonces?	Sobre	los cuales
1343	5101	3767	2590	2192	5119	1909	3739
NDSF	*JASM,RI-ASM*	*CLI*	*NASM*	*VIAI2P*	*B*	*P*	*RR-DPN*

νῦν	ἐπαισχύνεσθε;	τὸ	γὰρ	τέλος	ἐκείνων	θάνατος.	[22] νυνὶ	δέ,
ahora	os avergonzáis;	el$_2$	porque$_1$	fin	de aquellos	(es) muerte.	ahora$_2$	Pero$_1$
3568	1870	3588	1063	5056	1565	2288	3570	1161
B	*VPUI2P*	*DNSN*	*CAZ*	*NNSN*	*RD-GPN*	*NNSM*	*B*	*CLC*

ἐλευθερωθέντες	ἀπὸ	τῆς	ἁμαρτίας	δουλωθέντες	δὲ	τῷ	θεῷ,
habiendo sido liberados	de	el	pecado,	habiendo sido esclavizados$_2$	y$_1$	para--	Dios,
1659	575	3588	266	1402	1161	3588	2316
VAPP-PNM	*P*	*DGSF*	*NGSF*	*VAPP-PNM*	*CLN*	*DDSM*	*NDSM*

ἔχετε	τὸν	καρπὸν	ὑμῶν	εἰς	ἁγιασμόν,	τὸ	δὲ	τέλος	ζωὴν	αἰώνιον.
tenéis	el	fruto	de vosotros	para	santificación,	el	y	final (es)	vida	eterna.
2192	3588	2590	5216	1519	38	3588	1161	5056	2222	166
VPAI2P	*DASM*	*NASM*	*RP2GP*	*P*	*NASM*	*DNSN*	*CLN*	*NNSN*	*NASF*	*JASF*

[23] τὰ	γὰρ	ὀψώνια	τῆς	ἁμαρτίας	θάνατος,	τὸ	δὲ	χάρισμα	τοῦ	θεοῦ
la$_2$	Porque$_1$	paga$_3$	del	pecado	(es) muerte,	el$_2$	mas$_1$	don	de--	Dios
3588	1063	3800	3588	266	2288	3588	1161	5486	3588	2316
DNPN	*CLI*	*NNPN*	*DGSF*	*NGSF*	*NNSM*	*DNSN*	*CLC*	*NNSN*	*DGSM*	*NGSM*

ζωὴ	αἰώνιος	ἐν	Χριστῷ	Ἰησοῦ	τῷ	κυρίῳ	ἡμῶν.
(es) vida	eterna	en	Cristo	Jesús	el	Señor	de nosotros.
2222	166	1722	5547	2424	3588	2962	2257
NNSF	*JNSF*	*P*	*NDSM*	*NDSM*	*DDSM*	*NDSM*	*RP1GP*

NVI

Dios que, aunque antes
eran esclavos del pecado,
ya se han sometido de
corazón a la enseñanza
que les fue transmitida.
[18] En efecto, habiendo
sido liberados del peca-
do, ahora son ustedes
esclavos de la justicia.
[19] Hablo en términos
humanos, por las limita-
ciones de su naturaleza
humana. Antes ofrecían
ustedes los miembros de
su cuerpo para servir a la
impureza, que lleva más
y más a la maldad; ofréz-
canlos ahora para servir
a la justicia que lleva a
la santidad. [20] Cuando
ustedes eran esclavos
del pecado, estaban
libres del dominio de la
justicia. [21] ¿Qué fruto
cosechaban entonces?
¡Cosas que ahora los
avergüenzan y que
conducen a la muerte!
[22] Pero ahora que han
sido liberados del
pecado y se han puesto
al servicio de Dios,
cosechan la santidad
que conduce a la vida
eterna. [23] Porque la paga
del pecado es muerte,
mientras que la dádiva
de Dios es vida eterna
en Cristo Jesús, nuestro
Señor.

RVR

Analogía tomada del matrimonio

7 ¿Acaso ignoráis,
hermanos (pues
hablo a los que conocen
la ley), que la ley se
enseñorea del hombre
entretanto que éste vive?
2 Porque la mujer casada
está sujeta por la ley al
marido mientras éste
vive; pero si el marido
muere, ella queda libre
de la ley del marido.
3 Así que, si en vida del
marido se une a otro
varón, será llamada adúl-
tera; pero si su marido
muere, es libre de esa ley,
de tal manera que si se
une a otro marido, no
será adúltera.
4 Así que, hermanos
míos, también vosotros
habéis muerto a la ley
mediante el cuerpo de
Cristo, para que seáis de
otro, del que resucitó
de los muertos, a fin de
que llevemos fruto para
Dios.
5 Porque mientras está-
bamos en la carne, las
pasiones pecaminosas
despertadas por la ley,
actuaban en nuestros
miembros llevando
fruto para muerte.
6 Pero ahora estamos li-
bres de la ley, por haber
muerto para aquella en
que estábamos sujetos,
de modo que sirvamos
bajo el régimen nuevo

7 Ἢ	ἀγνοεῖτε,	ἀδελφοί,	γινώσκουσιν	γὰρ	νόμον	λαλῶ,	ὅτι
¿O	ignoráis,	hermanos,	a los que conocen$_3$	porque$_1$	(la) ley,$_4$	hablo$_2$	que
2228	50	80	1097	1063	3551	2980	3754
CLD	VPAI2P	NVPM	VPAP-PDM	CAZ	NASM	VPAI1S	CSC

ὁ	νόμος	κυριεύει	τοῦ	ἀνθρώπου	ἐφ’	ὅσον	χρόνον	ζῇ;	2 ἡ	γὰρ
la	ley	se enseñorea	del	ser humano	por	cuanto	tiempo	vive?	la$_2$	Porque$_1$
3588	3551	2961	3588	444	1909	3745	5550	2198	3588	1063
DNSM	NNSM	VPAI3S	DGSM	NGSM	P	RK-ASM	NASM	VPAI3S	DNSF	CLX

ὕπανδρος	γυνὴ	τῷ	ζῶντι	ἀνδρὶ	δέδεται	νόμῳ·	ἐὰν	δὲ	ἀποθάνῃ
casada$_4$	mujer$_3$	al que$_8$	vive$_9$	esposo$_7$	ha sido atada$_5$	por (la) ley;$_6$	si$_{11}$	mas$_{10}$	muere,$_{14}$
5220	1135	3588	2198	435	1210	3551	1437	1161	599
JNSF	NNSF	DDSM	VPAP-SDM	NDSM	VRPI3S	NDSM	CAC	CLC	VAAS3S

ὁ	ἀνήρ,	κατήργηται	ἀπὸ	τοῦ	νόμου	τοῦ	ἀνδρός.	3 ἄρα	οὖν
el$_{12}$	esposo$_{13}$	ha sido desligada	de	la	ley	del	esposo.	entonces,$_2$	Así que$_1$
3588	435	2673	575	3588	3551	3588	435	686	3767
DNSM	NNSM	VRPI3S	P	DGSM	NGSM	DGSM	NGSM	CLI	CLN

ζῶντος	τοῦ	ἀνδρὸς	μοιχαλὶς	χρηματίσει	ἐὰν	γένηται	ἀνδρὶ	ἑτέρῳ·	ἐὰν
viviendo$_9$	el$_{10}$	esposo,$_{11}$	adúltera$_3$	será llamada$_4$	si$_5$	llegara a ser$_6$	esposo$_8$	para otro$_7$	si$_{13}$
2198	3588	435	3428	5537	1437	1096	435	2087	1437
VPAP-SGM	DGSM	NGSM	NNSF, JNSF	VFAI3S	CAC	VAMS3S	NDSM	JDSM	CAC

δὲ	ἀποθάνῃ	ὁ	ἀνήρ,	ἐλευθέρα	ἐστὶν	ἀπὸ	τοῦ	νόμου,	τοῦ	μὴ
mas$_{12}$	muere$_{16}$	el$_{14}$	esposo$_{15}$	libre$_{18}$	es$_{17}$	de	la	ley	--	no$_2$
1161	599	3588	435	1658	2076	575	3588	3551	3588	3361
CLC	VAAS3S	DNSM	NNSM	JNSF	VPAI3S	P	DGSM	NGSM	DGSN, DGSM	BN, TN

εἶναι	αὐτὴν	μοιχαλίδα	γενομένην	ἀνδρὶ	ἑτέρῳ.
ser (es)$_3$	ella$_1$	adúltera$_4$	llegando a ser$_5$	esposo.$_7$	para otro$_6$
1511	846	3428	1096	435	2087
VPAN	RP3ASF	NASF, JASF	VAMP-SAF	NDSM	JDSM

4 Ὥστε,	ἀδελφοί	μου,	καὶ	ὑμεῖς	ἐθανατώθητε	τῷ	νόμῳ	διὰ
Así que,	hermanos	de mí,	también	vosotros	fuisteis muertos	a la	ley	por medio de
5620	80	3450	2532	5210	2289	3588	3551	1223
CLI	NVPM	RP1GS	BE, TE	RP2NP	VAPI2P	DDSM	NDSM	P

τοῦ	σώματος	τοῦ	Χριστοῦ,	εἰς	τὸ	γενέσθαι	ὑμᾶς	ἑτέρῳ,	τῷ	ἐκ
el	cuerpo	de --	Cristo,	para$_1$	--$_3$	llegar a ser$_4$	vosotros$_2$	para otro,$_5$	el que$_6$	de$_8$
3588	4983	3588	5547	1519	3588	1096	5209	2087	3588	1537
DGSN	NGSN	DGSM	NGSM	P	DASN	VAMN	RP2AP	JDSM	DDSM	P

νεκρῶν	ἐγερθέντι	ἵνα	καρποφορήσωμεν	τῷ	θεῷ.	5 ὅτε	γὰρ
(los) muertos,$_9$	fue levantado$_7$	para que	llevemos fruto	para --	Dios.	cuando$_2$	Porque$_1$
3498	1453	2443	2592	3588	2316	3753	1063
JGPM	VAPP-SDM	CAP	VAAS1P	DDSM	NDSM	CAT	CAZ

ἦμεν	ἐν	τῇ	σαρκί,	τὰ	παθήματα	τῶν	ἁμαρτιῶν	τὰ	διὰ
estábamos	en	la	carne,	las	pasiones	de los	pecados,	las que (son)	por medio de
1510	1722	3588	4561	3588	3804	3588	266	3588	1223
VIAI1P	P	DDSF	NDSF	DNPN	NNPN	DGPF	NGPF	DNPN	P

τοῦ	νόμου	ἐνηργεῖτο	ἐν	τοῖς	μέλεσιν	ἡμῶν	εἰς	τὸ	καρποφορῆσαι
la	ley,	actuaban	en	los	miembros	de nosotros	para	--	llevar fruto
3588	3551	1754	1722	3588	3196	2257	1519	3588	2592
DGSM	NGSM	VIMI3S	P	DDPN	NDPN	RP1GP	P	DASN	VAAN

τῷ	θανάτῳ.	6 νυνὶ	δὲ	κατηργήθημεν	ἀπὸ	τοῦ	νόμου,	ἀποθανόντες
para --	muerte;	ahora$_2$	mas$_1$	fuimos desligados	de	la	ley,	habiendo muerto
3588	2288	3570	1161	2673	575	3588	3551	599
DDSM	NDSM	B	CLC	VAPI1P	P	DGSM	NGSM	VAAP-PNM

ἐν	ᾧ	κατειχόμεθα,	ὥστε	δουλεύειν	ἡμᾶς	ἐν	καινότητι
en	lo que	éramos retenidos,	de modo que$_1$	servir (sirvamos)$_3$	nosotros$_2$	en	novedad
1722	3739	2722	5620	1398	2248	1722	2538
P	RR-DSM	VIPI1P	CAR	VPAN	RP1AP	P	NDSF

NVI

Analogía tomada del matrimonio

7 Hermanos, les ha-
blo como a quienes
conocen la ley. ¿Acaso
no saben que uno está
sujeto a la ley solamente
en vida? 2 Por ejemplo, la
casada está ligada por ley
a su esposo solo mien-
tras este vive; pero, si su
esposo muere, ella queda
libre de la ley que la unía
a su esposo. 3 Por eso, si
se casa con otro hombre
mientras su esposo vive,
se le considera adúltera.
Pero, si muere su esposo,
ella queda libre de esa
ley, y no es adúltera
aunque se case con otro
hombre.
4 Así mismo, herma-
nos míos, ustedes mu-
rieron a la ley mediante
el cuerpo crucificado de
Cristo, a fin de pertene-
cer al que fue levantado
de entre los muertos. De
este modo daremos fru-
to para Dios. 5 Porque,
cuando nuestra natu-
raleza pecaminosa aún
nos dominaba, las malas
pasiones que la ley nos
despertaba actuaban en
los miembros de nuestro
cuerpo, y dábamos
fruto para muerte. 6 Pero
ahora, al morir a lo que
nos tenía subyugados,
hemos quedado libres
de la ley, a fin de servir a
Dios con el nuevo poder

RVR

del Espíritu y no bajo el
régimen viejo de la letra.

El pecado que está en mí

7 ¿Qué diremos, pues?
¿Es la ley pecado? ¡En
ninguna manera! Pero
yo no conocí el pecado
sino por la ley; porque
tampoco habría sabido
lo que es la concu-
piscencia, si la ley no
dijera: No codiciarás.
8 Mas el pecado, toman-
do ocasión por medio
del mandamiento, pro-
dujo en mí toda clase de
concupiscencia; porque
sin la ley el pecado está
muerto.
9 Y yo vivía en un
tiempo sin la ley; pero
venido el mandamien-
to, el pecado revivió y
yo morí.
10 Y hallé que el mismo
mandamiento que era
para vida, a mí me resul-
tó para muerte;
11 porque el pecado, to-
mando ocasión por me-
dio del mandamiento,
me engañó, y mediante
él me mató.
12 De manera que la ley
a la verdad es santa, y el
mandamiento santo,
justo y bueno.
13 ¿Luego lo que es bue-
no, vino a ser muerte
para mí? ¡En ninguna
manera!, sino que el
pecado, para mostrarse
pecado, produjo en mí

πνεύματος	καὶ	οὐ	παλαιότητι	γράμματος.
de espíritu,	y	no	en (el) desuso	de (la) letra
4151	2532	3756	3821	1121
NGSN	CLN	BN, TN	NDSF	NGSN

7 Τί	οὖν	ἐροῦμεν;	ὁ	νόμος	ἁμαρτία;	μὴ	γένοιτο·	ἀλλὰ
¿qué$_2$	Así que,$_1$	diremos?	¿(Es) la	ley	pecado?	¡No	sea así!	Pero
5101	3767	2046	3588	3551	266	3361	1096	235
RI-ASN	CLI	VFAI1P	DNSM	NNSM	NNSF	BN, TN	VAMO3S	CLM

τὴν	ἁμαρτίαν	οὐκ	ἔγνων	εἰ	μὴ*	διὰ	νόμου,	τήν	τε	γὰρ
el$_3$	pecado$_4$	no$_1$	conocí$_2$	si	no	por medio de	(la) ley;	la$_5$	tanto$_2$	porque$_1$
3588	266	3756	1097	1487	3361	1223	3551	3588	5037	1063
DASF	NASF	BN, TN	VAAI1S	CAC	BN, TN	P	NGSM	DASF	CLA	CAZ

ἐπιθυμίαν	οὐκ	ᾔδειν	εἰ	μὴ*1	ὁ	νόμος	ἔλεγεν·	Οὐκ
codicia,$_6$	no$_3$	hubiera conocido$_4$	si	no	la	ley	decía:	No
1939	3756	1492	1487	3361	3588	3551	3004	3756
NASF	BN, TN	VLAI1S	CAC	BN, TN	DNSM	NNSM	VIAI3S	BN, TN

ἐπιθυμήσεις·	8 ἀφορμὴν	δὲ	λαβοῦσα	ἡ	ἁμαρτία	διὰ	τῆς
cidiciarás;	ocasión$_5$	mas$_1$	habiendo tomado$_4$	el$_2$	pecado$_3$	por medio de	el
1937	874	1161	2983	3588	266	1223	3588
VFAI2S	NASF	CLN	VAAP-SNF	DNSF	NNSF	P	DGSF

ἐντολῆς	κατειργάσατο	ἐν	ἐμοὶ	πᾶσαν	ἐπιθυμίαν,	χωρὶς	γὰρ	νόμου
mandamiento	produjo	en	mí	toda (clase de)	codicia;	sin$_4$	porque$_1$	(la) ley.$_5$
1785	2716	1722	1698	3956	1939	5565	1063	3551
NGSF	VAMI3S	P	RP1DS	JASF	NASF	P, B	CAZ	NGSM

ἁμαρτία	νεκρά.	9 ἐγὼ	δὲ	ἔζων	χωρὶς	νόμου	ποτέ·	ἐλθούσης
(el) pecado$_2$	(está) muerto$_3$	yo$_2$	Y$_1$	vivía$_3$	sin$_5$	ley;$_6$	en otro tiempo$_4$	habiendo venido,$_{10}$
266	3498	1473	1161	2198	5565	3551	4218	2064
NNSF	JNSF	RP1NS	CLN	VIAI1S	P, B	NGSM	BX, TX	VAAP-SGF

δὲ	τῆς	ἐντολῆς	ἡ	ἁμαρτία	ἀνέζησεν,	10 ἐγὼ	δὲ	ἀπέθανον,	καὶ
mas$_7$	el$_8$	mandamiento$_9$	el	pecado	revivió,	yo$_2$	y$_1$	morí,$_3$	y$_4$
1161	3588	1785	3588	266	326	1473	1161	599	2532
CLC	DGSF	NGSF	DNSF	NNSF	VAAI3S	RP1NS	CLN	VAAI1S	CLN

εὑρέθη	μοι	ἡ	ἐντολὴ	ἡ	εἰς	ζωὴν	αὕτη	εἰς	θάνατον·
fue hallado$_{11}$	para mí$_{12}$	--$_6$	mandamiento$_7$	el (que era)$_8$	para$_9$	vida,$_{10}$	este$_5$	para$_{13}$	muerte;$_{15}$
2147	3427	3588	1785	3588	1519	2222	3778	1519	2288
VAPI3S	RP1DS	DNSF	NNSF	DNSF	P	NASF	RD-NSF	P	NASM

11 ἡ	γὰρ	ἁμαρτία	ἀφορμὴν	λαβοῦσα	διὰ	τῆς	ἐντολῆς
el$_2$	porque$_1$	pecado,$_3$	ocasión$_5$	habiendo tomado$_4$	por medio de	el	mandamiento,
3588	1063	266	874	2983	1223	3588	1785
DNSF	CAZ	NNSF	NASF	VAAP-SNF	P	DGSF	NGSF

ἐξηπάτησέν	με	καὶ	δι’	αὐτῆς	ἀπέκτεινεν.	12 ὥστε	ὁ
engañó	a mí	y	por medio de	de él	(me) mató.	De modo que,	la$_2$
1818	3165	2532	1223	846	615	5620	3588
VAAI3S	RP1AS	CLN	P	RP3GSF	VAAI3S	CLI	DNSM

μὲν	νόμος	ἅγιος,	καὶ	ἡ	ἐντολὴ	ἁγία	καὶ	δικαία	καὶ	ἀγαθή.
ciertamente,$_1$	ley$_3$	(es) santa	y	el	mandamiento	(es) santo	y	justo	y	bueno.
3303	3551	40	2532	3588	1785	40	2532	1342	2532	18
TE, C	NNSM	JNSM	CLN	DNSF	NNSF	JNSF	CLN	JNSF	CLN	JNSF

13 Τὸ	οὖν	ἀγαθὸν	ἐμοὶ	ἐγένετο	θάνατος;	μὴ	γένοιτο·	ἀλλὰ
¿lo$_2$	Así que,$_1$	bueno$_3$	para mí?$_6$	llegó a ser$_4$	muerte$_5$	¡No	sea así!	Sino
3588	3767	18	1698	1096	2288	3361	1096	235
DNSN	CLI	JNSN	RP1DS	VAMI3S	NNSM	BN, TN	VAMO3S	CLC

ἡ	ἁμαρτία,	ἵνα	φανῇ	ἁμαρτία	διὰ	τοῦ	ἀγαθοῦ	μοι
el	pecado,	para que	apareciera	(como) pecado,	por medio de$_4$	lo$_5$	bueno,$_6$	en mí$_3$
3588	266	2443	5316	266	1223	3588	18	3427
DNSF	NNSF	CAP	VAPS3S	NNSF	P	DGSN	JGSN	RP1DS

NVI

que nos da el Espíritu,
y no por medio del
antiguo mandamiento
escrito.

Conflicto con el pecado

7 ¿Qué concluiremos?
¿Que la ley es pecado?
¡De ninguna manera!
Sin embargo, si no fuera
por la ley, no me habría
dado cuenta de lo que es
el pecado. Por ejemplo,
nunca habría sabido yo
lo que es codiciar si la
ley no hubiera dicho:
«No codicies». 8 Pero el
pecado, aprovechando
la oportunidad que le
proporcionó el manda-
miento, despertó en mí
toda clase de codicia.
Porque aparte de la ley
el pecado está muerto.
9 En otro tiempo yo
tenía vida aparte de la
ley; pero, cuando vino
el mandamiento, cobró
vida el pecado y yo morí.
10 Se me hizo evidente
que el mismo manda-
miento que debía haber-
me dado vida me llevó
a la muerte; 11 porque
el pecado se aprovechó
del mandamiento, me
engañó, y por medio de
él me mató.
12 Concluimos, pues,
que la ley es santa, y
que el mandamiento
es santo, justo y bueno.
13 Pero entonces, ¿lo que
es bueno se convirtió
en muerte para mí? ¡De
ninguna manera! Más
bien fue el pecado lo

7:7*,*1 O sea *de ninguna manera.*

RVR

la muerte por medio de
lo que es bueno, a fin de
que por el mandamien-
to el pecado llegase al
extremo de la pecami-
nosidad.
14 Porque sabemos que
la ley es espiritual; mas
yo soy carnal, vendido al
poder del pecado.
15 Porque no compren-
do mi proceder; pues
no pongo por obra lo
que quiero, sino que lo
que aborrezco, eso es lo
que hago.
16 Y si lo que no quiero,
eso es lo que hago, estoy
de acuerdo con la ley, de
que es buena.
17 De manera que ya
no soy yo quien obra
aquello, sino el pecado
que mora en mí.
18 Porque yo sé que en
mí, esto es, en mi carne,
no mora el bien; porque
el querer el bien lo ten-
go a mi alcance, pero no
el hacerlo.
19 Porque no hago el
bien que quiero, sino
el mal que no quiero,
eso es lo que pongo por
obra.
20 Y si lo que no quiero,
eso es lo que hago, ya no
lo obro yo, sino el peca-
do que mora en mí.
21 Encuentro, pues, esta
ley: Que, querien-
do yo hacer el bien,

κατεργαζομένη θάνατον· ἵνα γένηται καθ᾽ ὑπερβολὴν ἁμαρτωλὸς ἡ
produciendo$_{1}$ muerte$_{2}$ para$_{7}$ llegue a ser$_{10}$ en$_{12}$ exceso$_{13}$ pecador$_{11}$ el$_{8}$
2716 2288 2443 1096 2596 5236 268 3588
VPUP-SNF NASM CAP VAMS3S P NASF JNSF DNSF

ἁμαρτία διὰ τῆς ἐντολῆς.
pecado$_{9}$ por medio de el mandamiento.
266 1223 3588 1785
NNSF P DGSF NGSF

14 Οἴδαμεν γὰρ ὅτι ὁ νόμος πνευματικός ἐστιν· ἐγὼ δὲ
sabemos$_{2}$ Porque$_{1}$ que$_{3}$ la$_{4}$ ley$_{5}$ espiritual;$_{7}$ es$_{6}$ yo$_{9}$ pero$_{8}$
1492 1063 3754 3588 3551 4152 2076 1473 1161
VRAI1P CLX CSC DNSM NNSM JNSM VPAI3S RP1NS CLC

σάρκινός εἰμι, πεπραμένος ὑπὸ τὴν ἁμαρτίαν. 15 ὃ γὰρ
carnal,$_{11}$ soy$_{10}$ habiendo sido vendido bajo el pecado. lo que$_{2}$ Porque$_{1}$
4560 1510 4097 5259 3588 266 3739 1063
JNSM VPAI1S VRPP-SNM P DASF NASF RR-ASN CAZ

κατεργάζομαι οὐ γινώσκω· οὐ γὰρ ὃ θέλω τοῦτο πράσσω,
hago no conozco; no$_{3}$ porque$_{1}$ lo que$_{2}$ quiero,$_{4}$ esto practico,
2716 3756 1097 3756 1063 3739 2309 5124 4238
VPUI1S BN, TN VPAI1S BN, TN CAZ RR-ASN VPAI1S RD-ASN VPAI1S

ἀλλ᾽ ὃ μισῶ τοῦτο ποιῶ. 16 εἰ δὲ ὃ οὐ θέλω τοῦτο ποιῶ,
pero lo que odio esto hago. si$_{2}$ Mas$_{1}$ lo que no quiero, esto hago,
235 3739 3404 5124 4160 1487 1161 3739 3756 2309 5124 4160
CLC RR-ASN VPAI1S RD-ASN VPAI1S CAC CLN RR-ASN BN, TN VPAI1S RD-ASN VPAI1S

σύμφημι τῷ νόμῳ ὅτι καλός. 17 νυνὶ δὲ οὐκέτι ἐγὼ κατεργάζομαι
estoy de acuerdo con la ley que (es) buena. ahora,$_{2}$ Mas$_{1}$ ya no$_{4}$ yo$_{3}$ hago
4852 3588 3551 3754 2570 3570 1161 3765 1473 2716
VPAI1S DDSM NDSM CSC JNSM B CLC BN RP1NS VPUI1S

αὐτὸ ἀλλὰ ἡ οἰκοῦσα ἐν ἐμοὶ ἁμαρτία. 18 οἶδα γὰρ ὅτι οὐκ
ello, sino$_{1}$ el$_{2}$ que habita$_{4}$ en$_{5}$ mí.$_{6}$ pecado$_{3}$ sé$_{2}$ Porque$_{1}$ que$_{3}$ no$_{5}$
846 235 3588 3611 1722 1698 266 1492 1063 3754 3756
RP3ASN CLC DNSF VPAP-SNF P RP1DS NNSF VRAI1S CAZ CSC BN, TN

οἰκεῖ ἐν ἐμοί, τοῦτ᾽ ἔστιν ἐν τῇ σαρκί μου, ἀγαθόν· τὸ γὰρ
mora$_{6}$ en$_{7}$ mí,$_{8}$ esto$_{9}$ es,$_{10}$ en$_{11}$ la$_{12}$ carne$_{13}$ de mí,$_{14}$ (el) bien$_{4}$ el$_{16}$ porque$_{15}$
3611 1722 1698 5124 2076 1722 3588 4561 3450 18 3588 1063
VPAI3S P RP1DS RD-NSN VPAI3S P DDSF NDSF RP1GS JNSN, JASN DNSN CAZ

θέλειν παράκειταί μοι, τὸ δὲ κατεργάζεσθαι τὸ καλὸν οὔ·
querer$_{17}$ está presente$_{18}$ en mí,$_{19}$ el$_{21}$ mas$_{20}$ hacer lo bueno, no;
2309 3873 3427 3588 1161 2716 3588 2570 3756
VPAN VPUI3S RP1DS DNSN, DASN CLC VPUN DASN JASN BN, TN

19 οὐ γὰρ ὃ θέλω ποιῶ ἀγαθόν, ἀλλὰ ὃ οὐ θέλω κακὸν
no$_{5}$ porque$_{1}$ lo que$_{3}$ quiero$_{4}$ hago,$_{6}$ (el) bien$_{2}$ sino$_{7}$ lo que$_{9}$ no$_{10}$ quiero$_{11}$ (el) mal$_{8}$
3756 1063 3739 2309 4160 18 235 3739 3756 2309 2556
BN,TN CAZ RR-ASN VPAI1S VPAI1S JASN CLC RR-ASN BN, TN VPAI1S JASN

τοῦτο πράσσω. 20 εἰ δὲ ὃ οὐ θέλω τοῦτο ποιῶ, οὐκέτι ἐγὼ
esto practico, si$_{2}$ y$_{1}$ lo que no quiero esto hago, ya no$_{2}$ yo$_{1}$
5124 4238 1487 1161 3739 3756 2309 5124 4160 3765 1473
RD-ASN VPAI1S CAC CLN RR-ASN BN, TN VPAI1S RD-ASN VPAI1S BN RP1NS

κατεργάζομαι αὐτὸ ἀλλὰ ἡ οἰκοῦσα ἐν ἐμοὶ ἁμαρτία.
hago,$_{4}$ lo$_{3}$ sino$_{5}$ el$_{6}$ que habita$_{8}$ en$_{9}$ mí.$_{10}$ pecado$_{7}$
2716 846 235 3588 3611 1722 1698 266
VPUI1S RP3ASN CLC DNSF VPAP-SNF P RP1DS NNSF

21 Εὑρίσκω ἄρα τὸν νόμον τῷ θέλοντι ἐμοὶ ποιεῖν τὸ καλὸν
hallo$_{2}$ Entonces,$_{1}$ la ley: el que quiere yo hacer lo bueno,
2147 686 3588 3551 3588 2309 1698 4160 3588 2570
VPAI1S CLI DASM NASM DDSM VPAP-SDM RP1DS VPAN DASN JASN

NVI

que, valiéndose de lo
bueno, me produjo la
muerte; ocurrió así para
que el pecado se mani-
festara claramente, o sea,
para que mediante el
mandamiento se demos-
trara lo extremadamente
malo que es el pecado.
14 Sabemos, en efecto,
que la ley es espiritual.
Pero yo soy meramen-
te humano, y estoy
vendido como esclavo al
pecado. 15 No entiendo
lo que me pasa, pues
no hago lo que quiero,
sino lo que aborrezco.
16 Ahora bien, si hago
lo que no quiero, estoy
de acuerdo en que la ley
es buena; 17 pero, en ese
caso, ya no soy yo quien
lo lleva a cabo, sino el
pecado que habita en
mí. 18 Yo sé que en mí, es
decir, en mi naturale-
za pecaminosa, nada
bueno habita. Aunque
deseo hacer lo bueno,
no soy capaz de hacerlo.
19 De hecho, no hago el
bien que quiero, sino el
mal que no quiero. 20 Y,
si hago lo que no quiero,
ya no soy yo quien lo
hace, sino el pecado que
habita en mí.
21 Así que descubro
esta ley: que, cuando
quiero hacer el bien,

RVR

el mal está presente
en mí.
22 Porque según el hom-
bre interior, me deleito
en la ley de Dios;
23 pero veo otra ley en
mis miembros, que hace
guerra contra la ley de
mi mente, y que me
lleva cautivo a la ley del
pecado que está en mis
miembros.
24 ¡Miserable hombre
de mí!; ¿quién me
libertará de este cuerpo
de muerte?
25 Gracias doy a Dios,
por medio de Jesucristo
nuestro Señor. Así que,
yo mismo con la mente
sirvo a la ley de Dios,
mas con la carne a la ley
del pecado.

Viviendo en el Espíritu

8 Ahora, pues, nin-
guna condenación
hay para los que están
en Cristo Jesús, los
que no están andando
conforme a la carne, sino
conforme al Espíritu.
2 Porque la ley del
Espíritu de vida en
Cristo Jesús me ha libra-
do de la ley del pecado y
de la muerte.
3 Porque lo que era
imposible para la ley,
por cuanto era débil a
causa de la carne, Dios,
enviando a su propio

ὅτι	ἐμοὶ	τὸ	κακὸν	παράκειται·	22 συνήδομαι	γὰρ	τῷ	νόμῳ	τοῦ
que$_1$	en mí,$_5$	el$_2$	mal$_3$	está presente$_4$	me deleito$_2$	porque$_1$	en la	ley	de --
3754	1698	3588	2556	3873	4913	1063	3588	3551	3588
CSC	*RP1DS*	*DNSN*	*JNSN*	*VPUI3S*	*VPUI1S*	*CAZ*	*DDSM*	*NDSM*	*DGSM*

θεοῦ	κατὰ	τὸν	ἔσω	ἄνθρωπον,	23 βλέπω	δὲ	ἕτερον	νόμον	ἐν
Dios	según	el	interior,$_2$	ser humano$_1$	veo$_2$	mas$_1$	otra	ley	en
2316	2596	3588	2080	444	991	1161	2087	3551	1722
NGSM	*P*	*DASM*	*B*	*NASM*	*VPAI1S*	*CLC*	*JASM*	*NASM*	*P*

τοῖς	μέλεσίν	μου	ἀντιστρατευόμενον	τῷ	νόμῳ	τοῦ	νοός	μου	καὶ
los	miembros	de mí	que está en combate contra	la	ley	de la	mente	de mí,	y
3588	3196	3450	497	3588	3551	3588	3563	3450	2532
DDPN	*NDPN*	*RP1GS*	*VPUP-SAM*	*DDSM*	*NDSM*	*DGSM*	*NGSM*	*RP1GS*	*CLN*

αἰχμαλωτίζοντά	με	ἐν	τῷ	νόμῳ	τῆς	ἁμαρτίας	τῷ	ὄντι	ἐν
que lleva cautivo	a mí	con	la	ley	del	pecado,	la que	está	en
163	3165	1722	3588	3551	3588	266	3588	5607	1722
VPAP-SAM	*RP1AS*	*P*	*DDSM*	*NDSM*	*DGSF*	*NGSF*	*DDSM*	*VPAP-SDM*	*P*

τοῖς	μέλεσίν	μου.	24 ταλαίπωρος	ἐγὼ	ἄνθρωπος·	τίς	με	ῥύσεται
los	miembros	de mí.	¡Miserable	yo,	soy un ser humano!	¿Quién$_1$	a mí$_3$	libertará$_2$
3588	3196	3450	5005	1473	444	5101	3165	4506
DDPN	*NDPN*	*RP1GS*	*JNSM*	*RP1NS*	*NNSM*	*RI-NSM*	*RP1AS*	*VFMI3S*

ἐκ	τοῦ	σώματος	τοῦ	θανάτου	τούτου;
de$_4$	--$_6$	cuerpo$_7$	de --$_8$	muerte?$_9$	este$_5$
1537	3588	4983	3588	2288	5127
P	*DGSN*	*NGSN*	*DGSM*	*NGSM*	*RD-GSM*

25 χάρις	τῷ	θεῷ	διὰ	Ἰησοῦ	Χριστοῦ	τοῦ	κυρίου	ἡμῶν.
Gracia(s)	a --	Dios	por medio de	Jesús	Cristo	el	Señor	de nosotros.
5485	3588	2316	1223	2424	5547	3588	2962	2257
NNSF	*DDSM*	*NDSM*	*P*	*NGSM*	*NGSM*	*DGSM*	*NGSM*	*RP1GP*

Ἄρα	οὖν	αὐτὸς	ἐγὼ	τῷ	μὲν	νοῒ	δουλεύω	νόμῳ	θεοῦ,	τῇ
entonces,$_2$	Así que$_1$	mismo$_4$	yo$_3$	con la$_6$	por un lado,$_5$	mente	sirvo	a (la) ley	de Dios,	con la$_2$
686	3767	846	1473	3588	3303	3563	1398	3551	2316	3588
CLI	*CLN*	*RP3NSMP*	*RP1NS*	*DDSM*	*TK, C*	*NDSM*	*VPAI1S*	*NDSM*	*NGSM*	*DDSF*

δὲ	σαρκὶ	νόμῳ	ἁμαρτίας.
mas, por otro lado,$_1$	carne$_3$	a (la) ley	de(l) pecado.
1161	4561	3551	266
CLK, CLC	*NDSF*	*NDSM*	*NGSF*

8 Οὐδὲν	ἄρα	νῦν	κατάκριμα	τοῖς	ἐν	Χριστῷ
ninguna$_3$	Entonces$_1$	ahora,$_2$	condenación	(hay) para los (que están)	en	Cristo
3762	686	3568	2631	3588	1722	5547
JNSN	*CLI*	*B*	*NNSN*	*DDPM*	*P*	*NDSM*

⌈Ἰησοῦ·	2 ὁ	γὰρ	νόμος	τοῦ	πνεύματος	τῆς	ζωῆς	ἐν	Χριστῷ
Jesús.	la$_2$	Porque$_1$	ley	del	Espíritu	de --	vida	en	Cristo
2424	3588	1063	3551	3588	4151	3588	2222	1722	5547
NDSM	*DNSM*	*CAZ*	*NNSM*	*DGSN*	*NGSN*	*DGSF*	*NGSF*	*P*	*NDSM*

Ἰησοῦ	ἠλευθέρωσέν	σε	ἀπὸ	τοῦ	νόμου	τῆς	ἁμαρτίας	καὶ	τοῦ
Jesús	libró	a ti	de	la	ley	del	pecado	y	de la
2424	1659	4571	575	3588	3551	3588	266	2532	3588
NDSM	*VAAI3S*	*RP2AS*	*P*	*DGSM*	*NGSM*	*DGSF*	*NGSF*	*CLN*	*DGSM*

θανάτου.	3 τὸ	γὰρ	ἀδύνατον	τοῦ	νόμου,	ἐν	ᾧ	ἠσθένει	διὰ
muerte.	lo$_2$	Porque$_1$	imposible$_3$	de la	ley,	en	lo que	era débil	por medio de
2288	3588	1063	102	3588	3551	1722	3739	770	1223
NGSM	*DNSN*	*CAZ*	*JNSN*	*DGSM*	*NGSM*	*P*	*RR-DSN*	*VIAI3S*	*P*

τῆς	σαρκός,	ὁ	θεὸς	τὸν	ἑαυτοῦ	υἱὸν	πέμψας	ἐν	ὁμοιώματι
de la	carne,	--$_1$	Dios$_2$	al$_4$	de sí mismo$_6$	Hijo$_5$	habiendo enviado$_3$	en	semejanza
3588	4561	3588	2316	3588	1438	5207	3992	1722	3667
DGSF	*NGSF*	*DNSM*	*NNSM*	*DASM*	*RF3GSM*	*NASM*	*VAAP-SNM*	*P*	*NDSN*

NVI

me acompaña el mal.
22 Porque en lo íntimo
de mi ser me deleito en
la ley de Dios; 23 pero
me doy cuenta de que
en los miembros de mi
cuerpo hay otra ley, que
es la ley del pecado. Esta
ley lucha contra la ley
de mi mente, y me tiene
cautivo. 24 ¡Soy un pobre
miserable! ¿Quién me
librará de este cuerpo
mortal? 25 ¡Gracias a
Dios por medio de
Jesucristo nuestro
Señor!
En conclusión, con
la mente yo mismo me
someto a la ley de Dios,
pero mi naturaleza
pecaminosa está sujeta a
la ley del pecado.

Vida mediante el Espíritu

8 Por lo tanto, ya no
hay ninguna con-
denación para los que
están unidos a Cristo
Jesús, 2 pues por medio
de él la ley del Espíritu
de vida me ha liberado
de la ley del pecado y de
la muerte. 3 En efecto, la
ley no pudo liberarnos
porque la naturaleza
pecaminosa anuló su
poder; por eso Dios
envió a su propio Hijo
en condición semejante
a nuestra condición de

8:1⌈ Manuscritos inferiores aumentaron *los que andan conforme a la carne sino conforme al Espíritu.*

NVN

Hijo en semejanza de
carne de pecado y en lo
concerniente al pecado,
condenó al pecado en
la carne;
⁴ para que la justicia de
la ley se cumpliese en
nosotros, los que no
andamos conforme a la
carne, sino conforme al
Espíritu.
⁵ Porque los que son
conforme a la carne,
ponen su mente en las
cosas de la carne; pero
los que son conforme al
Espíritu, en las cosas del
Espíritu.
⁶ Porque la mentalidad
de la carne es muerte,
pero la mentalidad del
Espíritu es vida y paz.
⁷ Por cuanto la men-
talidad de la carne es
enemistad contra Dios;
porque no se somete a
la ley de Dios, ya que ni
siquiera puede;
⁸ y los que viven según
la carne no pueden
agradar a Dios.
⁹ Mas vosotros no vivís
según la carne, sino
según el Espíritu, si es
que el Espíritu de Dios
mora en vosotros. Y
si alguno no tiene el
Espíritu de Cristo, el tal
no es de él.
¹⁰ Pero si Cristo está en
vosotros, el cuerpo en
verdad está muerto a
causa del pecado, mas el
espíritu vive a causa de
la justicia.
¹¹ Y si el Espíritu de
aquel que levantó de los
muertos a Jesús habita

σαρκὸς	ἁμαρτίας	καὶ	περὶ	ἁμαρτίας	κατέκρινε	τὴν	ἁμαρτίαν	ἐν
de carne	de pecado	y	acerca de	(el) pecado,	condenó	al	pecado	en
4561	266	2532	4012	266	2632	3588	266	1722
NGSF	NGSF	CLN	P	NGSF	VAAI3S	DASF	NASF	P

τῇ	σαρκί,	⁴ἵνα	τὸ	δικαίωμα	τοῦ	νόμου	πληρωθῇ	ἐν	ἡμῖν
la	carne,	para que	la	ordenanza	de la	ley	se cumpliera	en	nosotros,
3588	4561	2443	3588	1345	3588	3551	4137	1722	2254
DDSF	NDSF	CAP	DNSN, DASN	NNSN, NASN	DGSM	NGSM	VAPS3S	P	RP1DP

τοῖς	μὴ	κατὰ	σάρκα	περιπατοῦσιν	ἀλλὰ	κατὰ	πνεῦμα·	⁵οἱ	γὰρ
los que$_1$	no$_3$	según$_5$	(la) carne,$_6$	andamos$_4$	sino	según	(el) Espíritu.	los que$_2$	Porque$_1$
3588	3361	2596	4561	4043	235	2596	4151	3588	1063
DDPM	BN, TN	P	NASF	VPAP-PDM	CLC	P	NASN	DNPM	CLX

κατὰ	σάρκα	ὄντες	τὰ	τῆς	σαρκὸς	φρονοῦσιν,	οἱ	δὲ	κατὰ
según$_4$	(la) carne,$_5$	son$_3$	las (cosas)$_7$	de la$_8$	carne,$_9$	piensan$_6$	los (que)$_{11}$	pero$_{10}$	según$_{12}$
2596	4561	5607	3588	3588	4561	5426	3588	1161	2596
P	NASF	VPAP-PNM	DAPN	DGSF	NGSF	VPAI3P	DNPM	CLC	P

πνεῦμα	τὰ	τοῦ	πνεύματος.	⁶τὸ	γὰρ	φρόνημα	τῆς	σαρκὸς
(el) Espíritu,$_{13}$	las cosas	del	Espíritu.	la$_2$	Porque$_1$	manera de pensar	de la	carne
4151	3588	3588	4151	3588	1063	5427	3588	4561
NASN	DAPN	DGSN	NGSN	DNSN	CLX	NNSN	DGSF	NGSF

θάνατος,	τὸ	δὲ	φρόνημα	τοῦ	πνεύματος	ζωὴ	καὶ	εἰρήνη·	⁷διότι
(es) muerte,	la$_2$	mas$_1$	manera de pensar	del	Espíritu	(es) vida	y	paz.	Por lo cual,
2288	3588	1161	5427	3588	4151	2222	2532	1515	1360
NNSM	DNSN	CLC	NNSN	DGSN	NGSN	NNSF	CLN	NNSF	CAZ

τὸ	φρόνημα	τῆς	σαρκὸς	ἔχθρα	εἰς	θεόν,	τῷ	γὰρ	νόμῳ	τοῦ
la	manera de pensar	de la	carne	(es) enemistad	hacia	Dios;	a la$_2$	porque$_1$	ley	de --
3588	5427	3588	4561	2189	1519	2316	3588	1063	3551	3588
DNSN	NNSN	DGSF	NGSF	NNSF	P	NASM	DDSM	CAZ	NDSM	DGSM

θεοῦ	οὐχ	ὑποτάσσεται,	οὐδὲ	γὰρ	δύναται·	⁸οἱ	δὲ	ἐν	σαρκὶ
Dios	no	se sujeta,	tampoco$_2$	porque$_1$	puede;	los que$_2$	y$_1$	en$_4$	(la) carne$_5$
2316	3756	5293	3761	1063	1410	3588	1161	1722	4561
NGSM	BN, TN	VPPI3S	BN	CAZ	VPUI3S	DNPM	CLN	P	NDSF

ὄντες	θεῷ	ἀρέσαι	οὐ	δύνανται.
están$_3$	a Dios.$_9$	agradar$_8$	no$_6$	pueden$_7$
5607	2316	700	3756	1410
VPAP-PNM	NDSM	VAAN	BN, TN	VPUI3P

⁹Ὑμεῖς	δὲ	οὐκ	ἐστὲ	ἐν	σαρκὶ	ἀλλὰ	ἐν	πνεύματι,	εἴπερ
vosotros$_2$	Mas$_1$	no	estáis	en	(la) carne,	sino	en	(el) Espíritu,	puesto que
5210	1161	3756	2075	1722	4561	235	1722	4151	1512
RP2NP	CLC	BN, TN	VPAI2P	P	NDSF	CLC	P	NDSN	CAC

πνεῦμα	θεοῦ	οἰκεῖ	ἐν	ὑμῖν.	εἰ	δέ	τις	πνεῦμα	Χριστοῦ	οὐκ	ἔχει,
(el) Espíritu	Dios	habita	en	vosotros.	si$_2$	mas$_1$	alguno$_3$	(el) Espíritu$_6$	de Cristo,$_7$	no$_4$	tiene$_5$
4151	2316	3611	1722	5213	1487	1161	5100	4151	5547	3756	2192
NNSN	NGSM	VPAI3S	P	RP2DP	CAC	CLC	RX-NSM	NASN	NGSM	BN, TN	VPAI3S

οὗτος	οὐκ	ἔστιν	αὐτοῦ.	¹⁰εἰ	δὲ	Χριστὸς	ἐν	ὑμῖν,	τὸ	μὲν
este	no	es	de él.	si$_2$	Mas$_1$	Cristo	(está) en	vosotros,	el$_2$	por un lado,$_1$
3778	3756	2076	846	1487	1161	5547	1722	5213	3588	3303
RD-NSM	BN, TN	VPAI3S	RP3GSM	CAC	CLC	NNSM	P	RP2DP	DNSN	TK, C

σῶμα	νεκρὸν	διὰ	ἁμαρτίαν,	τὸ	δὲ	πνεῦμα	ζωὴ	διὰ
cuerpo	(está) muerto	a causa de	(el) pecado,	el$_2$	por otro lado,$_1$	espíritu	(es) vida	a causa de
4983	3498	1223	266	3588	1161	4151	2222	1223
NNSN	JNSN	P	NASF	DNSN	CLK, CLC	NNSN	NNSF	P

δικαιοσύνην.	¹¹εἰ	δὲ	τὸ	πνεῦμα	τοῦ	ἐγείραντος	τὸν	Ἰησοῦν
(la) justicia.	si$_2$	Y$_1$	el	Espíritu,	el que	levantó	a --	Jesús
1343	1487	1161	3588	4151	3588	1453	3588	2424
NASF	CAC	CLN	DNSN	NNSN	DGSM	VAAP-SGM	DASM	NASM

NVI

pecadores, para que se
ofreciera en sacrificio
por el pecado. Así con-
denó Dios al pecado en
la naturaleza humana,
⁴ a fin de que las justas
demandas de la ley se
cumplieran en nosotros,
que no vivimos según la
naturaleza pecaminosa,
sino según el Espíritu.
⁵ Los que viven
conforme a la naturaleza
pecaminosa fijan la
mente en los deseos
de tal naturaleza; en
cambio, los que viven
conforme al Espíritu
fijan la mente en los
deseos del Espíritu. ⁶ La
mentalidad pecaminosa
es muerte, mientras que
la mentalidad que pro-
viene del Espíritu es vida
y paz. ⁷ La mentalidad
pecaminosa es enemiga
de Dios, pues no se
somete a la ley de Dios,
ni es capaz de hacerlo.
⁸ Los que viven según la
naturaleza pecaminosa
no pueden agradar a
Dios.
⁹ Sin embargo, uste-
des no viven según la
naturaleza pecaminosa,
sino según el Espíritu,
si es que el Espíritu de
Dios vive en ustedes.
Y, si alguno no tiene el
Espíritu de Cristo, no
es de Cristo. ¹⁰ Pero, si
Cristo está en ustedes,
el cuerpo está muerto a
causa del pecado, pero
el Espíritu que está en
ustedes es vida a causa
de la justicia. ¹¹ Y, si

RVR

en vosotros, el que le-
vantó de los muertos a
Cristo Jesús vivificará
también vuestros cuer-
pos mortales por medio
de su Espíritu que
habita en vosotros.
12 Así que, hermanos,
somos deudores, no a la
carne, para que vivamos
conforme a la carne;
13 porque si vivís con-
forme a la carne, vais
a morir; mas si por el
Espíritu hacéis morir
las obras de la carne,
viviréis.
14 Porque todos los
que son guiados por el
Espíritu de Dios, éstos
son hijos de Dios.
15 Pues no habéis
recibido espíritu de
servidumbre para recaer
en el temor, sino que ha-
béis recibido espíritu de
adopción como hijos,
por el cual clamamos:
¡Abbá, Padre!
16 El Espíritu mismo da
juntamente testimonio
a nuestro espíritu, de
que somos hijos de
Dios.
17 Y si hijos, también
herederos; herederos
de Dios y coherederos
con Cristo, si es que
padecemos juntamente
con él, para que junta-
mente con él seamos
glorificados.

ἐκ	νεκρῶν	οἰκεῖ	ἐν	ὑμῖν,	ὁ	ἐγείρας	ἐκ	νεκρῶν	Χριστὸν
de	(los) muertos,	habita	en	vosotros,	el que levantó		de	(los) muertos	a Cristo
1537	3498	3611	1722	5213	3588	1453	1537	3498	5547
P	*JGPM*	*VPAI3S*	*P*	*RP2DP*	*DNSM*	*VAAP-SNM*	*P*	*JGPM*	*NASM*

Ἰησοῦν	ζῳοποιήσει	καὶ	τὰ	θνητὰ	σώματα	ὑμῶν	διὰ	τὸ
Jesús	vivificará	también	los$_1$	mortales$_3$	cuerpos$_2$	de vosotros$_4$	por medio de$_5$	el que$_8$
2424	2227	2532	3588	2349	4983	5216	1223	3588
NASM	*VFAI3S*	*BE, TE*	*DAPN*	*JAPN*	*NAPN*	*RP2GP*	*P*	*DASN*

ἐνοικοῦν	αὐτοῦ	πνεῦμα	ἐν	ὑμῖν.
habita$_9$	de él$_7$	(el) Espíritu$_6$	en$_{10}$	vosotros.$_{11}$
1774	846	4151	1722	5213
VPAP-SAN	*RP3GSM*	*NASN*	*P*	*RP2DP*

12 Ἄρα	οὖν,	ἀδελφοί,	ὀφειλέται	ἐσμέν,	οὐ	τῇ	σαρκὶ	τοῦ
entonces,$_2$	Así que$_1$	hermanos,	deudores,$_2$	somos$_1$	no	a la	carne,	--$_1$
686	3767	80	3781	2070	3756	3588	4561	3588
CLI	*CLT*	*NVPM*	*NNPM*	*VPAI1P*	*BN, TN*	*DDSF*	*NDSF*	*DGSN, DGSM*

κατὰ	σάρκα	ζῆν,	13 εἰ	γὰρ	κατὰ	σάρκα	ζῆτε	μέλλετε
conforme a$_3$	(la) carne.$_4$	para vivir$_2$	si$_2$	Porque$_1$	conforme a$_4$	(la) carne,$_5$	vivís$_3$	estáis a punto de
2596	4561	2198	1487	1063	2596	4561	2198	3195
P	*NASF*	*VPAN*	*CAC*	*CAZ*	*P*	*NASF*	*VPAI2P*	*VPAI2P*

ἀποθνῄσκειν,	εἰ	δὲ	πνεύματι	τὰς	πράξεις	τοῦ	σώματος	θανατοῦτε,
morir;	si$_2$	mas$_1$	por (el) Espíritu$_4$	las$_5$	prácticas$_6$	del$_7$	cuerpo,$_8$	hacéis morir$_3$
599	1487	1161	4151	3588	4234	3588	4983	2289
VPAN	*CAC*	*CLC*	*NDSN*	*DAPF*	*NAPF*	*DGSN*	*NGSN*	*VPAI2P*

ζήσεσθε.	14 ὅσοι	γὰρ	πνεύματι	θεοῦ	ἄγονται,	οὗτοι	υἱοί	εἰσιν
viviréis.$_9$	cuantos$_2$	Porque$_1$	por (el) Espíritu$_4$	de Dios,$_5$	son guiados$_3$	estos$_6$	hijos$_8$	son$_7$
2198	3745	1063	4151	2316	71	3778	5207	1526
VFMI2P	*RK-NPM*	*CAZ*	*NDSN*	*NGSM*	*VPPI3P*	*RD-NPM*	*NNPM*	*VPAI3P*

θεοῦ.	15 οὐ	γὰρ	ἐλάβετε	πνεῦμα	δουλείας	πάλιν	εἰς	φόβον,	ἀλλὰ
de Dios.$_9$	no$_2$	Porque$_1$	recibisteis	espíritu	de esclavitud	otra vez$_2$	para$_1$	temor,	sino
2316	3756	1063	2983	4151	1397	3825	1519	5401	235
NGSM	*CLK,TN,B*	*CAZ*	*VAAI2P*	*NASN*	*NGSF*	*B*	*P*	*NASM*	*CLK, CLC*

ἐλάβετε	πνεῦμα	υἱοθεσίας	ἐν	ᾧ	κράζομεν·	Αββα	ὁ
recibisteis	(el) Espíritu	de adopción como hijos	por	el cual	clamamos:	¡Abba,	--
2983	4151	5206	1722	3739	2896	5	3588
VAAI2P	*NASN*	*NGSF*	*P*	*RR-DSN*	*VPAI1P*	*NVSM, XP*	*DNSM*

πατήρ·	16 αὐτὸ	τὸ	πνεῦμα	συμμαρτυρεῖ	τῷ	πνεύματι	ἡμῶν	ὅτι
Padre!	mismo$_3$	El$_1$	Espíritu$_2$	confirma	al	espíritu	de nosotros	que
3962	846	3588	4151	4828	3588	4151	2257	3754
NNSM	*RP3NSNP*	*DNSN*	*NNSN*	*VPAI3S*	*DDSN*	*NDSN*	*RP1GP*	*CSC*

ἐσμὲν	τέκνα	θεοῦ.
somos	hijos	de Dios.
2070	5043	2316
VPAI1P	*NNPN*	*NGSM*

17 εἰ	δὲ	τέκνα,	καὶ	κληρονόμοι·	κληρονόμοι	μὲν	θεοῦ,
si$_2$	Y$_1$	hijos	también	herederos;	herederos$_2$	por un lado,$_1$	de Dios,$_3$
1487	1161	5043	2532	2818	2818	3303	2316
CAC	*CLN*	*NNPN*	*BE, TE*	*NNPM*	*NNPM*	*TK, C*	*NGSM*

συγκληρονόμοι	δὲ	Χριστοῦ,	εἴπερ	συμπάσχομεν	ἵνα
coherederos$_5$	por otro lado,$_4$	de Cristo,	puesto que	padecemos juntamente con (él),	para que
4789	1161	5547	1512	4841	2443
JNPM	*CLK, CLN*	*NGSM*	*CAC*	*VPAI1P*	*CAP*

καὶ	συνδοξασθῶμεν.
también	fuéramos glorificados con (él).
2532	4888
BE, TE	*VAPS1P*

NVI

el Espíritu de aquel
que levantó a Jesús de
entre los muertos vive en
ustedes, el mismo que
levantó a Cristo de entre
los muertos también
dará vida a sus cuerpos
mortales por medio de
su Espíritu, que vive en
ustedes.
12 Por tanto, her-
manos, tenemos una
obligación, pero no es
la de vivir conforme a la
naturaleza pecaminosa.
13 Porque, si ustedes
viven conforme a ella,
morirán; pero, si por
medio del Espíritu
dan muerte a los malos
hábitos del cuerpo,
vivirán. 14 Porque todos
los que son guiados
por el Espíritu de Dios
son hijos de Dios. 15 Y
ustedes no recibieron un
espíritu que de nuevo los
esclavice al miedo, sino
el Espíritu que los adop-
ta como hijos y les per-
mite clamar: «*¡Abba!*
¡Padre!» 16 El Espíritu
mismo le asegura a
nuestro espíritu que so-
mos hijos de Dios. 17 Y,
si somos hijos, somos
herederos; herederos de
Dios y coherederos con
Cristo, pues, si ahora
sufrimos con él, también
tendremos parte con él
en su gloria.

RVR

18 Pues considero
que las aflicciones del
tiempo presente no
son comparables con
la gloria venidera que
ha de manifestarse en
nosotros.
19 Porque el anhelo ar-
diente de la creación es
el aguardar la revelación
de los hijos de Dios.
20 Porque la creación fue
sometida a vanidad, no
por su propia voluntad,
sino por causa del que la
sometió, en esperanza
21 de que también la
creación misma será
liberada de la servidum-
bre de la corrupción, a la
gloriosa libertad de los
hijos de Dios.
22 Porque sabemos que
toda la creación gime
a una, y a una está con
dolores de parto hasta
ahora;
23 y no sólo esto, sino
que también nosotros
mismos, que tene-
mos las primicias del
Espíritu, nosotros tam-
bién gemimos dentro
de nosotros mismos,
esperando la adopción,
la redención de nuestro
cuerpo.
24 Porque en esperanza
fuimos salvos; pero la
esperanza que se ve, no
es esperanza; porque lo
que alguien ve, ¿a qué
esperarlo?
25 Pero si esperamos
lo que no vemos, me-
diante la paciencia lo
aguardamos.

---

18 Λογίζομαι γὰρ ὅτι οὐκ ἄξια τὰ παθήματα τοῦ νῦν
considero$_2$ Porque$_1$ que$_3$ no$_9$ (son) dignos$_{10}$ los$_4$ sufrimientos$_5$ del$_6$ presente$_8$
3049 1063 3754 3756 514 3588 3804 3588 3568
VPUI1S CLX CSC BN, TN JNPN DNPN NNPN DGSM B

καιροῦ πρὸς τὴν μέλλουσαν δόξαν ἀποκαλυφθῆναι εἰς ἡμᾶς. 19 ἡ
tiempo$_7$ con$_{11}$ la$_{12}$ que está a punto de$_{14}$ gloria$_{13}$ ser revelada para nosotros. el$_2$
2540 4314 3588 3195 1391 601 1519 2248 3588
NGSM P DASF VPAP-SAF NASF VAPN P RP1AP DNSF

γὰρ ἀποκαραδοκία τῆς κτίσεως τὴν ἀποκάλυψιν τῶν υἱῶν τοῦ
Porque$_1$ anhelo intenso$_3$ de la$_4$ creación$_5$ la$_7$ revelación$_8$ de los$_9$ hijos de$_{10}$ --$_{11}$
1063 603 3588 2937 3588 602 3588 5207 3588
CAZ NNSF DGSF NGSF DASF NASF DGPM NGPM DGSM

θεοῦ ἀπεκδέχεται. 20 τῇ γὰρ ματαιότητι ἡ κτίσις ὑπετάγη, οὐχ
Dios.$_{12}$ espera ansiosamente$_6$ a--$_5$ Porque$_1$ vanidad,$_6$ la$_2$ creación$_3$ fue sometida$_4$ no
2316 553 3588 1063 3153 3588 2937 5293 3756
NGSM VPUI3S DDSF CAZ NDSF DNSF NNSF VAPI3S CLK, TN, B

ἑκοῦσα ἀλλὰ διὰ τὸν ὑποτάξαντα, ἐφ᾽ ἐλπίδι 21 ὅτι καὶ
voluntariamente, sino a causa de el que (la) sometió, en esperanza, que$_1$ también$_2$
1635 235 1223 3588 5293 1909 1680 3754 2532
JNSF CLK, CLC P DASM VAAP-SAM P NDSF CSC BE, TE

αὐτὴ ἡ κτίσις ἐλευθερωθήσεται ἀπὸ τῆς δουλείας τῆς φθορᾶς εἰς
misma$_5$ la$_3$ creación$_4$ será liberada de la esclavitud de la corrupción hacia
846 3588 2937 1659 575 3588 1397 3588 5356 1519
RP3NSFP DNSF NNSF VFPI3S P DGSF NGSF DGSF NGSF P

τὴν ἐλευθερίαν τῆς δόξης τῶν τέκνων τοῦ θεοῦ. 22 οἴδαμεν γὰρ ὅτι
la libertad de la gloria de los hijos de -- Dios. sabemos$_2$ Porque$_1$ que
3588 1657 3588 1391 3588 5043 3588 2316 1492 1063 3754
DASF NASF DGSF NGSF DGPN NGPN DGSM NGSM VRAI1P CLX CSC

πᾶσα ἡ κτίσις συστενάζει καὶ συνωδίνει ἄχρι τοῦ νῦν·
toda la creación gime a una, y a una sufre dolores de parto hasta el presente;
3956 3588 2937 4959 2532 4944 891 3588 3568
JNSF DNSF NNSF VPAI3S CLN VPAI3S P DGSM B

23 οὐ μόνον δέ, ἀλλὰ καὶ αὐτοὶ τὴν ἀπαρχὴν τοῦ
no$_2$ sólo (esto),$_3$ y$_1$ sino$_4$ también$_5$ nosotros mismos$_6$ la$_8$ primicia$_9$ del$_{10}$
3756 3440 1161 235 2532 846 3588 536 3588
CLK,TN,B B, J CLN CLK, CLC BE, TE RP3NPMP DASF NASF DGSN

πνεύματος ἔχοντες ἡμεῖς καὶ αὐτοὶ ἐν ἑαυτοῖς στενάζομεν,
Espíritu,$_{11}$ teniendo$_7$ nosotros$_{13}$ también$_{12}$ mismos$_{14}$ en$_{16}$ nosotros mismos,$_{17}$ gemimos$_{15}$
4151 2192 2249 2532 846 1722 1438 4727
NGSN VPAP-PNM RP1NP CLA, B RP3NPMP P RF1DPM VPAI1P

υἱοθεσίαν ἀπεκδεχόμενοι τὴν ἀπολύτρωσιν τοῦ σώματος
(la) adopción como hijos,$_{19}$ esperando ansiosamente$_{18}$ la redención del cuerpo
5206 553 3588 629 3588 4983
NASF VPUP-PNM DASF NASF DGSN NGSN

ἡμῶν. 24 τῇ γὰρ ἐλπίδι ἐσώθημεν· ἐλπὶς δὲ βλεπομένη οὐκ
de nosotros. en--$_3$ Porque$_1$ esperanza,$_4$ fuimos salvados$_2$ (la) esperanza$_6$ mas$_5$ que se ve$_7$ no$_8$
2257 3588 1063 1680 4982 1680 1161 991 3756
RP1GP DDSF CAZ NDSF VAPI1P NNSF CLN VPPP-SNF BN, TN

ἔστιν ἐλπίς, ὃ γὰρ βλέπει τίς ἐλπίζει; 25 εἰ δὲ ὃ οὐ
es$_9$ esperanza,$_{10}$ lo que$_{12}$ porque$_{11}$ ve, ¿quién espera? si$_2$ Mas$_1$ lo que$_4$ no$_5$
2076 1680 3739 1063 991 5100 1679 1487 1161 3739 3756
VPAI3S NNSF RR-ASN CAZ VPAI3S RI-NSM VPAI3S CAC CLC RR-ASN BN, TN

βλέπομεν ἐλπίζομεν, δι᾽ ὑπομονῆς ἀπεκδεχόμεθα.
vemos,$_6$ esperamos$_3$ por medio de$_8$ (la) perseverancia$_9$ esperamos ansiosamente$_7$
991 1679 1223 5281 553
VPAI1P VPAI1P P NGSF VPUI1P

NVI

La gloria futura

18 De hecho, conside-
ro que en nada se com-
paran los sufrimientos
actuales con la gloria que
habrá de revelarse en
nosotros. 19 La creación
aguarda con ansiedad la
revelación de los hijos
de Dios, 20 porque fue
sometida a la frustra-
ción. Esto no sucedió
por su propia voluntad,
sino por la del que así
lo dispuso. Pero queda
la firme esperanza 21 de
que la creación misma
ha de ser liberada de la
corrupción que la escla-
viza, para así alcanzar la
gloriosa libertad de los
hijos de Dios.
22 Sabemos que toda
la creación todavía gime
a una, como si tuviera
dolores de parto. 23 Y no
solo ella, sino también
nosotros mismos, que
tenemos las primicias
del Espíritu, gemimos
interiormente, mientras
aguardamos nuestra
adopción como hijos,
es decir, la redención
de nuestro cuerpo.
24 Porque en esa esperan-
za fuimos salvados. Pero
la esperanza que se ve ya
no es esperanza. ¿Quién
espera lo que ya tiene?
25 Pero, si esperamos lo
que todavía no tenemos,
en la espera mostramos
nuestra constancia.

RVR

[26] Y de igual manera,
también el Espíritu nos
ayuda en nuestra debili-
dad; pues qué hemos de
pedir como conviene,
no lo sabemos, pero el
Espíritu mismo inter-
cede por nosotros con
gemidos indecibles.
[27] Y el que escudriña los
corazones sabe cuál es la
mentalidad del Espíritu,
porque conforme a la
voluntad de Dios inter-
cede por los santos.

Más que vencedores

[28] Y sabemos que todas
las cosas cooperan para
bien de los que aman
a Dios, de los que son
llamados conforme a su
propósito.
[29] Porque a los que de
antemano conoció,
también los predes-
tinó a ser modelados
conforme a la imagen
de su Hijo, para que él
sea el primogénito entre
muchos hermanos.
[30] Y a los que predes-
tinó, a éstos también
llamó; y a los que llamó,
a éstos también justifi-
có; y a los que justificó, a
éstos también glorificó.
[31] ¿Qué, pues, diremos
a esto? Si Dios está por

26 Ὡσαύτως	δὲ	καὶ	τὸ	πνεῦμα	συναντιλαμβάνεται	τῇ
asimismo$_2$	Y$_1$	también	el	Espíritu	ayuda	la
5615	1161	2532	3588	4151	4878	3588
B	*CLN*	*BE, TE*	*DNSN*	*NNSN*	*VPUI3S*	*DDSF*

ἀσθενείᾳ	ἡμῶν·	τὸ	γὰρ	τί	προσευξώμεθα	καθὸ	δεῖ
debilidad	de nosotros,	--	porque$_1$	qué$_6$	oramos,$_7$	como$_4$	es necesario$_5$
769	2257	3588	1063	5101	4336	2526	1163
NDSF	*RP1GP*	*DASN*	*CAZ*	*RI-ASN*	*VAMS1P*	*CAM*	*VPAI3S*

οὐκ	οἴδαμεν,	ἀλλὰ	αὐτὸ	τὸ	πνεῦμα	⌜ὑπερεντυγχάνει	στεναγμοῖς
no$_2$	sabemos$_3$	pero$_8$	mismo$_{11}$	el$_9$	Espíritu$_{10}$	intercede	con gemidos
3756	1492	235	846	3588	4151	5241	4726
BN, TN	*VRAI1P*	*CLC*	*RP3NSNP*	*DNSN*	*NNSN*	*VPAI3S*	*NDPM*

ἀλαλήτοις,	27 ὁ	δὲ	ἐραυνῶν	τὰς	καρδίας	οἶδεν	τί	τὸ
inexpresables;	el que$_2$	mas$_1$	escudriña$_3$	los	corazones	sabe	cuál (es)	la
215	3588	1161	2045	3588	2588	1492	5101	3588
JDPM	*DNSM*	*CLN*	*VPAP-SNM*	*DAPF*	*NAPF*	*VRAI3S*	*RI-NSN*	*DNSN*

φρόνημα	τοῦ	πνεύματος,	ὅτι	κατὰ	θεὸν	ἐντυγχάνει	ὑπὲρ
manera de pensar	del	Espíritu,	porque$_1$	conforme a$_5$	Dios.$_6$	intercede$_2$	por$_3$
5427	3588	4151	3754	2596	2316	1793	5228
NNSN	*DGSN*	*NGSN*	*CAZ*	*P*	*NASM*	*VPAI3S*	*P*

ἁγίων.
(los) santos$_4$
40
JGPM

28 Οἴδαμεν	δὲ	ὅτι	τοῖς	ἀγαπῶσι	τὸν	θεὸν	πάντα
sabemos$_2$	Mas$_1$	que$_3$	a los que$_8$	aman$_9$	a --$_{10}$	Dios,$_{11}$	todas las cosas$_4$
1492	1161	3754	3588	25	3588	2316	3956
VRAI1P	*CLN*	*CSC*	*DDPM*	*VPAP-PDM*	*DASM*	*NASM*	*JAPN*

⌜συνεργεῖ	εἰς	ἀγαθόν,	τοῖς	κατὰ	πρόθεσιν	κλητοῖς	οὖσιν.
trabaja(n) juntamente$_5$	para$_6$	bien$_7$	a los que$_{12}$	conforme a$_{14}$	(su) propósito$_{15}$	llamados.$_{16}$	son$_{13}$
4903	1519	18	3588	2596	4286	2822	5607
VPAI3S	*P*	*JASN*	*DDPM*	*P*	*NASF*	*JDPM*	*VPAP-PDM*

29 ὅτι	οὓς	προέγνω,	καὶ	προώρισεν	συμμόρφους	τῆς
Porque	a los que	conoció de antemano,	también	predestinó	(a ser) de forma similar	de la
3754	3739	4267	2532	4309	4832	3588
CAZ	*RR-APM*	*VAAI3S*	*BE, TE*	*VAAI3S*	*JAPM*	*DGSF*

εἰκόνος	τοῦ	υἱοῦ	αὐτοῦ,	εἰς	τὸ	εἶναι	αὐτὸν	πρωτότοκον	ἐν	πολλοῖς
imagen	del	Hijo	de él,	para$_1$	--$_3$	ser$_4$	él$_2$	primogénito	entre	muchos
1504	3588	5207	846	1519	3588	1511	846	4416	1722	4183
NGSF	*DGSM*	*NGSM*	*RP3GSM*	*P*	*DASN*	*VPAN*	*RP3ASM*	*JASM*	*P*	*JDPM*

ἀδελφοῖς·	30 οὓς	δὲ	προώρισεν,	τούτους	καὶ	ἐκάλεσεν·	καὶ	οὓς
hermanos.	a los que$_2$	Y$_1$	predestinó,	a estos	también	llamó;	y	a los que
80	3739	1161	4309	5128	2532	2564	2532	3739
NDPM	*RR-APM*	*CLN*	*VAAI3S*	*RD-APM*	*BE, TE*	*VAAI3S*	*CLN*	*RR-APM*

ἐκάλεσεν,	τούτους	καὶ	ἐδικαίωσεν·	οὓς	δὲ	ἐδικαίωσεν,	τούτους
llamó,	a estos	también	justificó,	a los que$_2$	y$_1$	justificó,	a estos
2564	5128	2532	1344	3739	1161	1344	5128
VAAI3S	*RD-APM*	*BE, TE*	*VAAI3S*	*RR-APM*	*CLN*	*VAAI3S*	*RD-APM*

καὶ	ἐδόξασεν.
también	glorificó.
2532	1392
BE, TE	*VAAI3S*

31 Τί	οὖν	ἐροῦμεν	πρὸς	ταῦτα;	εἰ	ὁ	θεὸς	ὑπὲρ	ἡμῶν,
¿qué$_2$	Entonces,$_1$	diremos	frente	a estas cosas?	Si	--	Dios	(está) en favor de	nosotros,
5101	3767	2046	4314	5023	1487	3588	2316	5228	2257
RI-ASN	*CLI*	*VFAI1P*	*P*	*RD-APN*	*CAC*	*DNSM*	*NNSM*	*P*	*RP1GP*

NVI

[26] Así mismo, en nues-
tra debilidad el Espíritu
acude a ayudarnos. No
sabemos qué pedir,
pero el Espíritu mismo
intercede por nosotros
con gemidos que no
pueden expresarse con
palabras. [27] Y Dios, que
examina los corazones,
sabe cuál es la intención
del Espíritu, porque el
Espíritu intercede por
los creyentes conforme a
la voluntad de Dios.

Más que vencedores

[28] Ahora bien, sabe-
mos que Dios dispone
todas las cosas para el
bien de quienes lo aman,
los que han sido llama-
dos de acuerdo con su
propósito. [29] Porque a
los que Dios conoció
de antemano, también
los predestinó a ser
transformados según la
imagen de su Hijo, para
que él sea el primo-
génito entre muchos
hermanos. [30] A los que
predestinó, también los
llamó; a los que llamó,
también los justificó; y
a los que justificó, tam-
bién los glorificó.
[31] ¿Qué diremos
frente a esto? Si Dios
está de nuestra parte,

8:26⌜ Manuscritos inferiores aumentaron *por nosotros*. **8:28**⌜ Manuscritos importantes tienen *Dios*.

RVR

nosotros, ¿quién contra
nosotros?
32 El que no eximió ni a
su propio Hijo, sino que
lo entregó por todos
nosotros, ¿cómo no nos
dará también con él
todas las cosas?
33 ¿Quién acusará a los
escogidos de Dios?
Dios es el que justifica.
34 ¿Quién es el que
condena? Cristo es el
que murió; más aún, el
que también resucitó,
el que además está a la
diestra de Dios, el que
también intercede por
nosotros.
35 ¿Quién nos separará
del amor de Cristo?
¿Tribulación, o angus-
tia, o persecución, o
hambre, o desnudez, o
peligro, o espada?
36 Como está escrito:
Por tu causa somos
muertos todo el
día;
Somos considerados
como ovejas de
matadero.
37 Pero en todas estas
cosas somos más que
vencedores por medio
de aquel que nos amó.
38 Porque estoy per-
suadido de que ni la
muerte, ni la vida, ni
ángeles, ni principados,
ni potestades, ni lo pre-
sente, ni lo por venir,
39 ni lo alto, ni lo pro-
fundo, ni ninguna otra
cosa creada nos podrá

τίς	καθ'	ἡμῶν;	32 ὅς	γε	τοῦ	ἰδίου	υἱοῦ	οὐκ	ἐφείσατο,
¿quién	(está) contra	nosotros?	el que$_2$	Ciertamente$_1$	al$_5$	propio$_6$	Hijo,$_7$	no$_3$	escatimó$_4$
5101	2596	2257	3739	1065	3588	2398	5207	3756	5339
RI-NSM	P	RP1GP	RR-NSM	TE	DGSM	JGSM	NGSM	BN, TN	VAMI3S

ἀλλὰ	ὑπὲρ	ἡμῶν	πάντων	παρέδωκεν	αὐτόν,	πῶς	οὐχὶ	καὶ
sino$_8$	en favor de$_{11}$	nosotros,$_{13}$	todos$_{12}$	entregó$_9$	a él$_{10}$	¿cómo	no	también
235	5228	2257	3956	3860	846	4459	3780	2532
CLC	P	RP1GP	JGPM	VAAI3S	RP3ASM	BI	BN, TN	BE, TE

σὺν	αὐτῷ	τὰ	πάντα	ἡμῖν	χαρίσεται;	33 τίς	ἐγκαλέσει	κατὰ
con	él	las (cosas)?$_4$	todas$_3$	a nosotros$_2$	dará$_1$	¿Quién	presentará cargos	contra
4862	846	3588	3956	2254	5483	5101	1458	2596
P	RP3DSM	DAPN	JAPN	RP1DP	VFMI3S	RI-NSM	VFAI3S	P

ἐκλεκτῶν	θεοῦ;	θεὸς	ὁ	δικαιῶν·	34 τίς	ὁ	κατακρινῶν;
(los) elegidos	de Dios?	Dios	(es) el que	justifica.	¿Quién	(es) el que	condena?
1588	2316	2316	3588	1344	5101	3588	2632
JGPM	NGSM	NNSM	DNSM	VPAP-SNM	RI-NSM	DNSM	VPAP-SNM, VFAP-SNM

Χριστὸς	ὁ	ἀποθανών,	μᾶλλον	δὲ	ἐγερθείς,	ὅς	καί
Cristo	(es) el que	murió,	más$_2$	y$_1$	el que fue resucitado,	el cual	también
5547	3588	599	3123	1161	1453	3739	2532
NNSM	DNSM	VAAP-SNM	B	CLC	VAPP-SNM	RR-NSM	BE, TE

ἐστιν	ἐν	δεξιᾷ	τοῦ	θεοῦ,	ὃς	καὶ	ἐντυγχάνει	ὑπὲρ	ἡμῶν·
está	en	(la) derecha	de --	Dios,	el cual	también	intercede	en favor de	nosotros.
2076	1722	1188	3588	2316	3739	2532	1793	5228	2257
VPAI3S	P	JDSF	DGSM	NGSM	RR-NSM	BE, TE	VPAI3S	P	RP1GP

35 τίς	ἡμᾶς	χωρίσει	ἀπὸ	τῆς	ἀγάπης	τοῦ	Χριστοῦ;	θλῖψις	ἢ
¿Quién	a nosotros$_2$	separará$_1$	de	el	amor	de --	Cristo?	¿Tribulación	o
5101	2248	5563	575	3588	26	3588	5547	2347	2228
RI-NSM	RP1AP	VFAI3S	P	DGSF	NGSF	DGSM	NGSM	NNSF	CLD

στενοχωρία	ἢ	διωγμὸς	ἢ	λιμὸς	ἢ	γυμνότης	ἢ	κίνδυνος	ἢ
angustia	o	persecución	o	hambre	o	desnudez	o	peligro	o
4730	2228	1375	2228	3042	2228	1132	2228	2794	2228
NNSF	CLD	NNSM	CLD	NNSM	CLD	NNSF	CLD	NNSM	CLD

μάχαιρα;	36 καθὼς	γέγραπται	ὅτι	Ἕνεκεν	σοῦ	θανατούμεθα	ὅλην	τὴν
espada?	Como	ha sido escrito	que:	Por causa de	ti	somos matados	todo	el
3162	2531	1125	3754	1752	4675	2289	3650	3588
NNSF	CAM	VRPI3S	CSC	P, B	RP2GS	VPPI1P	JASF	DASF

ἡμέραν,	ἐλογίσθημεν	ὡς	πρόβατα	σφαγῆς.	37 ἀλλ'	ἐν	τούτοις	πᾶσιν
día,	fuimos considerados	como	ovejas	de matadero.	Pero	en	estas (cosas)$_2$	todas$_1$
2250	3049	5613	4263	4967	235	1722	5125	3956
NASF	VAPI1P	P, CAM	NNPN	NGSF	CLC	P	RD-DPN	JDPN

ὑπερνικῶμεν	διὰ	τοῦ	ἀγαπήσαντος	ἡμᾶς.	38 πέπεισμαι	γὰρ
ser más que vencedores	por medio de	el que	amó	a nosotros.	he sido convencido$_2$	Porque$_1$
5245	1223	3588	25	2248	3982	1063
VPAI1P	P	DGSM	VAAP-SGM	RP1AP	VRPI1S	CAZ

ὅτι	οὔτε	θάνατος	οὔτε	ζωὴ	οὔτε	ἄγγελοι	οὔτε	ἀρχαὶ	οὔτε
que	ni	(la) muerte,	ni	(la) vida,	ni	ángeles,	ni	principados,	ni
3754	3777	2288	3777	2222	3777	32	3777	746	3777
CSC	CLK, TN	NNSM	CLK, TN	NNSF	CLK, TN	NNPM	CLK, TN	NNPF	CLK, TN

ἐνεστῶτα	οὔτε	μέλλοντα	οὔτε	δυνάμεις	39 οὔτε	ὕψωμα
lo que está presente,	ni	lo que está a punto de venir,	ni	poderes,	ni	lo alto,
1764	3777	3195	3777	1411	3777	5313
VRAP-PNN	CLK, TN	VPAP-PNN	CLK, TN	NNPF	CLK,TN	NNSN

οὔτε	βάθος	οὔτε	τις	κτίσις	ἑτέρα	δυνήσεται	ἡμᾶς	χωρίσαι
ni	lo profundo,	ni	alguna	criatura$_2$	otra$_1$	podrá$_3$	a nosotros$_5$	separar$_4$
3777	899	3777	5100	2937	2087	1410	2248	5563
CLK, TN	NNSN	CLK, TN	JNSF, RX-NSF	NNSF	JNSF	VFMI3S	RP1AP	VAAN

NVI

¿quién puede estar en
contra nuestra? 32 El
que no escatimó ni a su
propio Hijo, sino que lo
entregó por todos noso-
tros, ¿cómo no habrá de
darnos generosamente,
junto con él, todas
las cosas? 33 ¿Quién
acusará a los que Dios
ha escogido? Dios es el
que justifica. 34 ¿Quién
condenará? Cristo Jesús
es el que murió, e incluso
resucitó, y está a la dere-
cha de Dios e intercede
por nosotros. 35 ¿Quién
nos apartará del amor de
Cristo? ¿La tribula-
ción, o la angustia, la
persecución, el hambre,
la indigencia, el peligro,
o la violencia? 36 Así está
escrito:

«Por tu causa siempre
nos llevan a la
muerte;
¡nos tratan como
a ovejas para el
matadero!»

37 Sin embargo, en todo
esto somos más que
vencedores por medio
de aquel que nos amó.
38 Pues estoy convencido
de que ni la muerte ni la
vida, ni los ángeles ni los
demonios, ni lo presente
ni lo por venir, ni los
poderes, 39 ni lo alto ni
lo profundo, ni cosa al-
guna en toda la creación
podrá apartarnos del

RVR

separar del amor de
Dios, que es en Cristo
Jesús nuestro Señor.

La elección de Israel

9 Verdad digo en
Cristo, no miento,
y mi conciencia da
testimonio conmigo en
el Espíritu Santo,
2 de que tengo gran
tristeza y continuo dolor
en mi corazón.
3 Porque desearía yo
mismo ser anatema,
separado de Cristo, por
amor a mis hermanos,
los que son mis parientes
según la carne;
4 que son israelitas, de los
cuales son la adopción,
la gloria, el pacto, la pro-
mulgación de la ley, el
culto y las promesas;
5 de quienes son los pa-
triarcas, y de los cuales,
según la carne, procede
Cristo, el cual es Dios
sobre todas las cosas,
bendito por los siglos.
Amén.
6 No es que la palabra
de Dios haya fallado;
porque no todos los que
descienden de Israel son
israelitas,
7 ni por ser descendien-
tes de Abraham, son
todos hijos; sino que:

ἀπὸ	τῆς	ἀγάπης	τοῦ	θεοῦ	τῆς	ἐν	Χριστῷ	Ἰησοῦ	τῷ	κυρίῳ
de	el	amor	de--	Dios	el (que es)	en	Cristo	Jesús,	el	Señor
575	3588	26	3588	2316	3588	1722	5547	2424	3588	2962
P	*DGSF*	*NGSF*	*DGSM*	*NGSM*	*DGSF*	*P*	*NDSM*	*NDSM*	*DDSM*	*NDSM*

ἡμῶν.
de nosotros.
2257
RP1GP

9 Ἀλήθειαν	λέγω	ἐν	Χριστῷ,	οὐ	ψεύδομαι,	συμμαρτυρούσης
(la) verdad$_2$	Digo$_1$	en	Cristo,	no	miento,	testificando a favor$_4$
225	3004	1722	5547	3756	5574	4828
NASF	*VPAI1S*	*P*	*NDSM*	*BN, TN*	*VPUI1S*	*VPAP-SGF*

μοι	τῆς	συνειδήσεώς	μου	ἐν	πνεύματι	ἁγίῳ,	2 ὅτι	λύπη	μοί
a mí$_5$	la$_1$	conciencia$_2$	de mí$_3$	en	(el) Espíritu	Santo,	porque$_1$	tristeza$_4$	en mí,$_5$
3427	3588	4893	3450	1722	4151	40	3754	3077	3427
RP1DS	*DGSF*	*NGSF*	*RP1GS*	*P*	*NDSN*	*JDSN*	*CSC*	*NNSF*	*RP1DS*

ἐστιν	μεγάλη	καὶ	ἀδιάλειπτος	ὀδύνη	τῇ	καρδίᾳ	μου·	3 ηὐχόμην	γὰρ
es (hay)$_2$	gran$_3$	y	continuo	dolor	en el	corazón	de mí;	deseaba$_4$	porque$_1$
2076	3173	2532	88	3601	3588	2588	3450	2172	1063
VPAI3S	*JNSF*	*CLN*	*JNSF*	*NNSF*	*DDSF*	*NDSF*	*RP1GS*	*VIUI1S*	*CAZ*

ἀνάθεμα	εἶναι	αὐτὸς	ἐγὼ	ἀπὸ	τοῦ	Χριστοῦ	ὑπὲρ	τῶν	ἀδελφῶν
anatema$_6$	ser$_5$	mismo$_3$	yo$_2$	de	--	Cristo	en favor de	los	hermanos
331	1511	846	1473	575	3588	5547	5228	3588	80
NNSN	*VPAN*	*RP3NSMP*	*RP1NS*	*P*	*DGSM*	*NGSM*	*P*	*DGPM*	*NGPM*

μου	τῶν	συγγενῶν	μου	κατὰ	σάρκα,	4 οἵτινές	εἰσιν	Ἰσραηλῖται,
de mí,	los	parientes	de mí	según	(la) carne,	quienes	son	israelitas,
3450	3588	4773	3450	2596	4561	3748	1526	2475
RP1GS	*DGPM*	*JGPM*	*RP1GS*	*P*	*NASF*	*RR-NPM*	*VPAI3P*	*NNPM*

ὧν	ἡ	υἱοθεσία	καὶ	ἡ	δόξα	καὶ	αἱ	διαθῆκαι	καὶ	ἡ
de las cuales	(son) la	adopción como hijos	y	la	gloria	y	los	pactos	y	la
3739	3588	5206	2532	3588	1391	2532	3588	1242	2532	3588
RR-GPM	*DNSF*	*NNSF*	*CLN*	*DNSF*	*NNSF*	*CLN*	*DNPF*	*NNPF*	*CLN*	*DNSF*

νομοθεσία	καὶ	ἡ	λατρεία	καὶ	αἱ	ἐπαγγελίαι,	5 ὧν	οἱ
promulgación de la ley	y	el	culto	y	las	promesas,	de quienes (son)	los
3548	2532	3588	2999	2532	3588	1860	3739	3588
NNSF	*CLN*	*DNSF*	*NNSF*	*CLN*	*DNPF*	*NNPF*	*RR-GPM*	*DNPM*

πατέρες,	καὶ	ἐξ	ὧν	ὁ	χριστὸς	τὸ	κατὰ	σάρκα,	ὁ
padres	y$_1$	proviene$_3$	de quienes$_2$	el	Cristo	--	según	(la) carne,	el que es$_1$
3962	2532	1537	3739	3588	5547	3588	2596	4561	3588
NNPM	*CLN*	*P*	*RR-GPM*	*DNSM*	*NNSM*	*DNSN*	*P*	*NASF*	*DNSM*

ὢν	ἐπὶ	πάντων,	θεὸς	εὐλογητὸς	εἰς	τοὺς	αἰῶνας·	ἀμήν.
$_2$	sobre$_4$	todas (las cosas),$_5$	Dios$_3$	bendito	por	los	siglos,	amén.
5607	1909	3956	2316	2128	1519	3588	165	281
VPAP-SNM	*P*	*JGPN*	*NNSM*	*JNSM*	*P*	*DAPM*	*NAPM*	*I, XF*

6 Οὐχ	οἷον	δὲ	ὅτι	ἐκπέπτωκεν	ὁ	λόγος	τοῦ	θεοῦ.	οὐ
no$_2$	(es) como$_3$	Y$_1$	que$_4$	haya fallado,$_9$	la$_5$	palabra$_6$	de --$_7$	Dios$_8$	no$_{11}$
3756	3634	1161	3754	1601	3588	3056	3588	2316	3756
BN, TN	*RK-NSN*	*CLN*	*CSC*	*VRAI3S*	*DNSM*	*NNSM*	*DGSM*	*NGSM*	*BN, TN*

γὰρ	πάντες	οἱ	ἐξ	Ἰσραήλ,	οὗτοι	Ἰσραήλ·	7 οὐδ’	ὅτι
porque$_{10}$	todos	los (que)	provienen de	Israel,	estos (son de)	Israel;	ni$_1$	que$_2$
1063	3956	3588	1537	2474	3778	2474	3761	3754
CAZ	*JNPM*	*DNPM*	*P*	*NGSM, XP*	*RD-NPM*	*NNSM, XP*	*CLD, TN*	*CSC*

εἰσὶν	σπέρμα	Ἀβραάμ,	πάντες	τέκνα,	ἀλλ’·	Ἐν	Ἰσαὰκ	κληθήσεται
son$_5$	descendencia$_6$	de Abraham,$_7$	todos$_3$	(son) hijos,$_4$	sino:	en$_4$	Isaac.$_5$	será llamada$_1$
1526	4690	11	3956	5043	235	1722	2464	2564
VPAI3P	*NNSN*	*NGSM, XP*	*JNPM*	*NNPN*	*CLC*	*P*	*NDSM, XP*	*VFPI3S*

NVI

amor que Dios nos ha
manifestado en Cristo
Jesús nuestro Señor.

La elección soberana de Dios

9 Digo la verdad en
Cristo; no miento.
Mi conciencia me lo
confirma en el Espíritu
Santo. 2 Me invade
una gran tristeza y me
embarga un continuo
dolor. 3 Desearía yo
mismo ser maldecido y
separado de Cristo por
el bien de mis hermanos,
los de mi propia raza,
4 el pueblo de Israel. De
ellos son la adopción
como hijos, la gloria
divina, los pactos, la ley,
el privilegio de adorar a
Dios y el de contar con
sus promesas. 5 De ellos
son los patriarcas, y de
ellos, según la naturaleza
humana, nació Cristo,
quien es Dios sobre
todas las cosas. ¡Alabado
sea por siempre! Amén.
6 Ahora bien, no
digamos que la Palabra
de Dios ha fracasa-
do. Lo que sucede es
que no todos los que
descienden de Israel son
Israel. 7 Tampoco por
ser descendientes de
Abraham son todos hi-
jos suyos. Al contrario:
«Tu descendencia se

RVR

En Isaac te será llamada
descendencia.
8 Esto es: no son hijos de
Dios los que son hijos
según la carne, sino que
son los hijos según la
promesa los que son
contados como descen-
dientes.
9 Porque la palabra de
la promesa es esta: Por
este tiempo vendré, y
Sara tendrá un hijo.
10 Y no sólo esto, sino
también Rebeca cuando
concibió de uno, de
Isaac nuestro padre
11 (pues no habían aún
nacido, ni habían obra-
do aún ni bien ni mal,
para que el propósito de
Dios conforme a la elec-
ción permaneciese, no
en virtud de obras, sino
de Aquel que llama),
12 se le dijo: El mayor
servirá al menor.
13 Como está escrito: A
Jacob amé, mas a Esaú
aborrecí.
14 ¿Qué, pues, diremos?
¿Acaso hay injusticia
en Dios? ¡En ninguna
manera!
15 Pues a Moisés dice:
Tendré misericordia del
que yo tenga misericor-
dia, y me compadeceré
del que yo me compa-
dezca.
16 Así que no depende
del que quiere, ni del
que corre, sino de Dios

σοὶ	σπέρμα.	8 τουτ'	ἔστιν,	οὐ	τὰ	τέκνα	τῆς	σαρκὸς	ταῦτα
a ti$_2$	descendencia$_3$	Esto	es,	no	los	hijos	de la	carne	estos (son)
4671	4690	5124	2076	3756	3588	5043	3588	4561	5023
RP2DS	NNSN	RD-NSN	VPAI3S	CLK, TN, B	DNPN	NNPN	DGSF	NGSF	RD-NPN

τέκνα	τοῦ	θεοῦ,	ἀλλὰ	τὰ	τέκνα	τῆς	ἐπαγγελίας	λογίζεται	εἰς
hijos	de --	Dios,	sino	los	hijos	de la	promesa	es (son) considerado(s)	por
5043	3588	2316	235	3588	5043	3588	1860	3049	1519
NNPN	DGSM	NGSM	CLK, CLC	DNPN	NNPN	DGSF	NGSF	VPUI3S	P

σπέρμα·	9 ἐπαγγελίας	γὰρ	ὁ	λόγος	οὗτος·	Κατὰ	τὸν	καιρὸν	τοῦτον
descendencia.	de (la) promesa$_4$	porque$_1$	la$_2$	palabra$_3$	(es) esta:$_5$	Según	--	tiempo,$_2$	este$_1$
4690	1860	1063	3588	3056	3778	2596	3588	2540	5126
NASN	NGSF	CAZ	DNSM	NNSM	RD-NSM	P	DASM	NASM	RD-ASM

ἐλεύσομαι	καὶ	ἔσται	τῇ	Σάρρᾳ	υἱός.	10 οὐ	μόνον	δέ,	ἀλλὰ
vendré	y	estará (habrá)	para --	Sara	un hijo.	no$_2$	solo (esto),$_3$	Y$_1$	sino
2064	2532	2071	3588	4564	5207	3756	3440	1161	235
VFMI1S	CLN	VFMI3S	DDSF	NDSF	NNSM	CLK,TN,B	B, J	CLN	CLK, CLC

καὶ	Ῥεβέκκα	ἐξ	ἑνὸς	κοίτην	ἔχουσα,*	Ἰσαὰκ	τοῦ	πατρὸς	ἡμῶν·
también	Rebeca	de$_3$	uno$_4$	cama$_2$	teniendo$_1$	de Isaac,	el	padre	de nosotros;
2532	4479	1537	1520	2845	2192	2464	3588	3962	2257
BE, TE	NNSF	P	JGSM	NASF	VPAP-SNF	NGSM, XP	DGSM	NGSM	RP1GP

11 μήπω	γὰρ	γεννηθέντων	μηδὲ	πραξάντων	τι	ἀγαθὸν
todavía no$_2$	porque$_1$	habiendo nacido,$_3$	ni	habiendo hecho	algo	bueno
3380	1063	1080	3366	4238	5100	18
BN	CAZ	VAPP-PGM	TN, CLD	VAAP-PGM	RX-ASN, JASN	JASN

ἢ	φαῦλον,	ἵνα	ἡ	κατ'	ἐκλογὴν	πρόθεσις	τοῦ	θεοῦ	μένῃ,
o	malo,	para que$_1$	el$_3$	según$_7$	(la) elección,$_8$	propósito$_4$	de --$_5$	Dios$_6$	permaneciera$_2$
2228	5337	2443	3588	2596	1589	4286	3588	2316	3306
CLD	JASN	CAP	DNSF	P	NASF	NNSF	DGSM	NGSM	VPAS3S

12 οὐκ	ἐξ	ἔργων	ἀλλ'	ἐκ	τοῦ	καλοῦντος,	ἐρρέθη	αὐτῇ	ὅτι	Ὁ
no	por	obras,	sino	por	el que	llama,	fue dicho	a ella	que:	el
3756	1537	2041	235	1537	3588	2564	4482	846	3754	3588
CLK,TN,B	P	NGPN	CLK, CLC	P	DGSM	VPAP-SGM	VAPI3S	RP3DSF	CSC	DNSM

μείζων	δουλεύσει	τῷ	ἐλάσσονι·	13 καθὼς	γέγραπται·	Τὸν	Ἰακὼβ
mayor	servirá	al	menor;	como	ha sido escrito:	A --	Jacob
3187	1398	3588	1640	2531	1125	3588	2384
JNSMC	VFAI3S	DDSM	JDSM	CAM	VRPI3S	DASM	NASM, XP

ἠγάπησα,	τὸν	δὲ	Ἠσαῦ	ἐμίσησα.
amé,	a --$_2$	y$_1$	Esaú	aborrecí.
25	3588	1161	2269	3404
VAAI1S	DASM	CLC	NASM, XP	VAAI1S

14 Τί	οὖν	ἐροῦμεν;	μὴ	ἀδικία	παρὰ	τῷ	θεῷ;	μὴ
¿Qué$_1$	entonces?$_3$	diremos,$_2$	¿Acaso (hay)	injusticia	delante de	--	Dios?	¡No
5101	3767	2046	3361	93	3844	3588	2316	3361
RI-ASN	CLI	VFAI1P	TI, TN	NNSF	P	DDSM	NDSM	BN, TN

γένοιτο·	15 τῷ	Μωϋσεῖ	γὰρ	λέγει·	Ἐλεήσω	ὃν	ἂν
sea así!	--$_2$	a Moisés$_3$	Porque$_1$	dice:	Tendré misericordia	(de) quien	--
1096	3588	3475	1063	3004	1653	3739	302
VAMO3S	DDSM	NDSM	CAZ	VPAI3S	VFAI1S	RR-ASM	TC

ἐλεῶ,	καὶ	οἰκτιρήσω	ὃν	ἂν	οἰκτίρω.	16 ἄρα	οὖν
tuviera misericordia,	y	tendré compasión (de)	quien	--	tuviera compasión.	entonces,	Así que
1653	2532	3627	3739	302	3627	686	3767
VPAS1S	CLN	VFAI1S	RR-ASM	TC	VPAS1S	CLI	CLI

οὐ	τοῦ	θέλοντος	οὐδὲ	τοῦ	τρέχοντος	ἀλλὰ	τοῦ	ἐλεῶντος
no (es)	el que	quiere,	ni	el que	corre,	sino	del que$_2$	tiene misericordia.$_3$
3756	3588	2309	3761	3588	5143	235	3588	1653
CLK, TN, B	DGSM	VPAP-SGM	CLD, TN	DGSM	VPAP-SGM	CLK, CLC	DGSM	VPAP-SGM

NVI

establecerá por medio
de Isaac». 8 En otras pa-
labras, los hijos de Dios
no son los descendientes
naturales; más bien, se
considera descendencia
de Abraham a los hijos
de la promesa. 9 Y la pro-
mesa es esta: «Dentro
de un año vendré, y para
entonces Sara tendrá un
hijo».
10 No solo eso.
También sucedió que
los hijos de Rebeca
tuvieron un mismo
padre, que fue nuestro
antepasado Isaac. 11 Sin
embargo, antes de que
los mellizos nacieran, o
hicieran algo bueno o
malo, y para confir-
mar el propósito de la
elección divina, 12 no en
base a las obras, sino al
llamado de Dios, se le dijo
a ella: «El mayor servirá
al menor». 13 Y así está
escrito: «Amé a Jacob,
pero aborrecí a Esaú».
14 ¿Qué concluire-
mos? ¿Acaso es Dios
injusto? ¡De ninguna
manera! 15 Es un hecho
que a Moisés le dice:

«Tendré clemencia
de quien yo quiera
tenerla,
y seré compasivo con
quien yo quiera
serlo».

16 Por lo tanto, la elec-
ción no depende del
deseo ni del esfuerzo
humano, sino de la
misericordia de Dios.

9:10* O sea *concibiendo un hijo.*

RVR

que tiene compasión.
17 Porque la Escritura
dice a Faraón: Para esto
mismo te he levantado,
para mostrar en ti mi
poder, y para que mi
nombre sea anunciado
por toda la tierra.
18 De manera que de
quien quiere, tiene com-
pasión, y al que quiere
endurecer, endurece.
19 Entonces me dirás:
¿Por qué, pues, lanza
reproches?; porque
¿quién ha resistido a su
designio?
20 En todo caso, oh
hombre, ¿quién eres tú,
para que alterques con
Dios? ¿Acaso dirá el
vaso de barro al que lo
formó: Por qué me has
hecho así?
21 ¿O no tiene potestad
el alfarero sobre el barro,
para hacer de la misma
masa un vaso para uso
honroso y otro para uso
despreciable?
22 ¿Y qué, si Dios, que-
riendo mostrar su ira y
hacer notorio su poder,
soportó con mucha
paciencia los vasos de
ira preparados para
destrucción,
23 y para hacer notorias
las riquezas de su gloria,
las mostró para con los
vasos de misericordia
que él preparó de ante-
mano para gloria,

θεοῦ.	17 λέγει	γὰρ	ἡ	γραφὴ	τῷ	Φαραὼ	ὅτι	Εἰς	αὐτὸ	τοῦτο
de Dios$_1$	dice$_4$	Porque$_1$	la$_2$	Escritura$_3$	al	Faraón	que:	para$_1$	mismo$_3$	esto$_2$
2316	3004	1063	3588	1124	3588	5328	3754	1519	846	5124
NGSM	*VPAI3S*	*CAZ*	*DNSF*	*NNSF*	*DDSM*	*NDSM, XP*	*CSC*	*P*	*RP3ASN, JASN*	*RD-ASN*

ἐξήγειρά	σε	ὅπως	ἐνδείξωμαι	ἐν	σοὶ	τὴν	δύναμίν	μου,	καὶ
levanté$_4$	a ti:$_5$	a fin de que	muestre	en	ti	el	poder	de mí,	y
1825	4571	3704	1731	1722	4671	3588	1411	3450	2532
VAAI1S	*RP2AS*	*CAP*	*VAMS1S*	*P*	*RP2DS*	*DASF*	*NASF*	*RP1GS*	*CLN*

ὅπως	διαγγελῇ	τὸ	ὄνομά	μου	ἐν	πάσῃ	τῇ	γῇ.	18 ἄρα	οὖν
a fin de que$_1$	sea anunciado$_5$	el$_2$	nombre$_3$	de mí$_4$	en	toda	la	tierra.	entonces,$_2$	Así que$_1$
3704	1229	3588	3686	3450	1722	3956	3588	1093	686	3767
CAP	*VAPS3S*	*DNSN*	*NNSN*	*RP1GS*	*P*	*JDSF*	*DDSF*	*NDSF*	*CLI*	*CLI*

ὃν	θέλει	ἐλεεῖ,	ὃν	δὲ	θέλει	σκληρύνει.
al que$_4$	quiere$_5$	tiene misericordia,$_3$	al que$_8$	y$_6$	quiere.$_9$	endurece$_7$
3739	2309	1653	3739	1161	2309	4645
RR-ASM	*VPAI3S*	*VPAI3S*	*RR-ASM*	*CLC*	*VPAI3S*	*VPAI3S*

19 Ἐρεῖς	μοι	οὖν·	Τί	οὖν	ἔτι	μέμφεται;	τῷ	γὰρ	βουλήματι
dirás$_2$	a mí:$_3$	Así que,$_1$	¿por qué$_5$	así que$_4$	aún?$_7$	culpa$_6$	la$_{11}$	Porque,$_8$	voluntad$_{12}$
2046	3427	3767	5101	3767	2089	3201	3588	1063	1013
VFAI2S	*RP1DS*	*CLI*	*RI-ASN*	*CLI*	*B*	*VPUI3S*	*DDSN*	*CAZ*	*NDSN*

αὐτοῦ	τίς	ἀνθέστηκεν;	20 ὦ	ἄνθρωπε,	μενοῦνγε	σὺ	τίς	εἶ
de él?$_{13}$	¿quién$_9$	ha resistido$_{10}$	¡oh$_2$	hombre!$_3$	Antes bien,$_1$	tú$_6$	¿quién$_4$	eres$_5$
846	5101	436	5599	444	3304	4771	5101	1488
RP3GSM	*RI-NSM*	*VRAI3S*	*I*	*NVSM*	*TE*	*RP2NS*	*RI-NSM*	*VPAI2S*

ὁ	ἀνταποκρινόμενος	τῷ	θεῷ;	μὴ	ἐρεῖ	τὸ	πλάσμα	τῷ
el que	altercas	con --	Dios?	¿Acaso	dirá	el	objeto modelado	al que
3588	470	3588	2316	3361	2046	3588	4110	3588
DNSM	*VPUP-SNM*	*DDSM*	*NDSM*	*TN, TI*	*VFAI3S*	*DNSN*	*NNSN*	*DDSM*

πλάσαντι	Τί	με	ἐποίησας	οὕτως;	21 ἢ	οὐκ	ἔχει	ἐξουσίαν	ὁ
lo modeló:	por qué$_2$	a mí?$_5$	hiciste$_3$	así$_4$	¿O	no	tiene	autoridad	el
4111	5101	3165	4160	3779	2228	3756	2192	1849	3588
VAAP-SDM	*RI-ASN*	*RP1AS*	*VAAI2S*	*B*	*CLD*	*TN, TI*	*VPAI3S*	*NASF*	*DNSM*

κεραμεὺς	τοῦ	πηλοῦ	ἐκ	τοῦ	αὐτοῦ	φυράματος	ποιῆσαι
alfarero	del (sobre el)	barro	de	la	misma	masa	para hacer,
2763	3588	4081	1537	3588	846	5445	4160
NNSM	*DGSM*	*NGSM*	*P*	*DGSN*	*RP3GSNA, JGSN*	*NGSN*	*VAAN*

ὃ	μὲν	εἰς	τιμὴν	σκεῦος	ὃ	δὲ	εἰς	ἀτιμίαν;
lo que (es)$_2$	por un lado,$_1$	para$_4$	honra,$_5$	un objeto$_3$	lo que (es)$_7$	por otro lado,$_6$	para$_8$	deshonra?$_9$
3739	3303	1519	5092	4632	3739	1161	1519	819
RR-ASN	*TK, C*	*P*	*NASF*	*NASN*	*RR-ASN*	*CLK, CLC*	*P*	*NASF*

22 εἰ	δὲ	θέλων	ὁ	θεὸς	ἐνδείξασθαι	τὴν	ὀργὴν	καὶ	γνωρίσαι
¿si$_2$	Mas$_1$	queriendo$_3$	--$_4$	Dios$_5$	mostrar	la	ira	y	dar a conocer
1487	1161	2309	3588	2316	1731	3588	3709	2532	1107
CAC	*CLN*	*VPAP-SNM*	*DNSM*	*NNSM*	*VAMN*	*DASF*	*NASF*	*CLN*	*VAAN*

τὸ	δυνατὸν	αὐτοῦ	ἤνεγκεν	ἐν	πολλῇ	μακροθυμίᾳ	σκεύη	ὀργῆς
lo	poderoso	de él,	soportó	con	mucha	paciencia	(los) objetos	de (la) ira
3588	1415	846	5342	1722	4183	3115	4632	3709
DASN	*JASN*	*RP3GSM*	*VAAI3S*	*P*	*JDSF*	*NDSF*	*NAPN*	*NGSF*

κατηρτισμένα	εἰς	ἀπώλειαν,	23 καὶ	ἵνα	γνωρίσῃ	τὸν	πλοῦτον	τῆς
que han sido preparados	para	destrucción,	y	para que	diera a conocer	la	riqueza	de la
2675	1519	684	2532	2443	1107	3588	4149	3588
VRPP-PAN	*P*	*NASF*	*CLN*	*CAP*	*VAAS3S*	*DASM*	*NASM*	*DGSF*

δόξης	αὐτοῦ	ἐπὶ	σκεύη	ἐλέους,	ἃ	προητοίμασεν	εἰς	δόξαν,
gloria	de él	sobre	(los) objetos	de misericordia,	los que	preparó de antemano	para	gloria,
1391	846	1909	4632	1656	3739	4282	1519	1391
NGSF	*RP3GSM*	*P*	*NAPN*	*NGSN*	*RR-APN*	*VAAI3S*	*P*	*NASF*

NVI

17 Porque la Escritura le
dice al faraón: «Te he
levantado precisamente
para mostrar en ti mi
poder, y para que mi
nombre sea proclama-
do por toda la tierra».
18 Así que Dios tiene
misericordia de quien
él quiere tenerla, y en-
durece a quien él quiere
endurecer.
19 Pero tú me dirás:
«Entonces, ¿por qué
todavía nos echa la culpa
Dios? ¿Quién puede
oponerse a su volun-
tad?» 20 Respondo:
¿Quién eres tú para
pedirle cuentas a Dios?
«¿Acaso le dirá la olla de
barro al que la modeló:
"¿Por qué me hiciste
así?"» 21 ¿No tiene
derecho el alfarero de
hacer del mismo barro
unas vasijas para usos
especiales y otras para
fines ordinarios?
22 ¿Y qué si Dios,
queriendo mostrar su ira
y dar a conocer su poder,
soportó con mucha
paciencia a los que eran
objeto de su castigo y
estaban destinados a la
destrucción? 23 ¿Qué si
lo hizo para dar a cono-
cer sus gloriosas riquezas
a los que eran objeto
de su misericordia, y a
quienes de antemano
preparó para esa gloria?

NVR

24 a los cuales también
ha llamado, esto es, a
nosotros, no sólo de los
judíos, sino también de
los gentiles?
25 Como también en
Oseas dice:
Llamaré pueblo mío
al que no era mi
pueblo,
Y a la no amada,
amada.
26 Y en el lugar donde
se les dijo:
Vosotros no sois pue-
blo mío,
Allí serán llamados
hijos del Dios
viviente.
27 También Isaías clama
tocante a Israel: Aunque
sea el número de los
hijos de Israel como la
arena del mar, tan sólo
el remanente será salvo;
28 porque el Señor ejecu-
tará su sentencia sobre
la tierra cabalmente y
con brevedad.
29 Y como predijo Isaías:
Si el Señor de los
ejércitos no nos
hubiera dejado
descendencia,
Habríamos venido a
ser como Sodoma,
y seríamos seme-
jantes a Gomorra.

24 οὓς	καὶ	ἐκάλεσεν	ἡμᾶς	οὐ	μόνον	ἐξ	Ἰουδαίων	ἀλλὰ
a los que	también	llamó,	a nosotros,	no	sólo	de entre	(los) judíos,	sino
3739	2532	2564	2248	3756	3440	1537	2453	235
RR-APM	CLA, B	VAAI3S	RP1AP	CLK, TN, B	B, J	P	JGPM	CLK, CLC

καὶ	ἐξ	ἐθνῶν;—	25 ὡς	καὶ	ἐν	τῷ	Ὡσηὲ	λέγει·	Καλέσω	τὸν
también	de entre	(los) gentiles?	Como	también	en	--	Oseas	dice:	Llamaré	al (que)
2532	1537	1484	5613	2532	1722	3588	5617	3004	2564	3588
BE, TE	P	NGPN	CAM	BE, TE	P	DDSM	NDSM, XP	VPAI3S	VFAI1S	DASM

οὐ	λαόν	μου	λαόν	μου	καὶ	τὴν	οὐκ	ἠγαπημένην	ἠγαπημένην·
no (es)	pueblo	de mí,	pueblo	de mí,	y	a la (que)	no	ha sido amada,	que ha sido amada.
3756	2992	3450	2992	3450	2532	3588	3756	25	25
BN, TN	NASM	RP1GS	NASM	RP1GS	CLN	DASF	BN, TN	VRPP-SAF	VRPP-SAF

26 καὶ	ἔσται	ἐν	τῷ	τόπῳ	οὗ	ἐρρέθη	αὐτοῖς·	Οὐ	λαός	μου
Y	será (sucederá)	en	el	lugar	donde	fue dicho	a ellos:	no (sois)$_2$	pueblo$_3$	de mí,$_4$
2532	2071	1722	3588	5117	3757	4482	846	3756	2992	3450
CLN	VFMI3S	P	DDSM	NDSM	B	VAPI3S	RP3DPM	BN, TN	NNSM	RP1GS

ὑμεῖς,	ἐκεῖ	κληθήσονται	υἱοὶ	θεοῦ	ζῶντος.
vosotros$_1$	allí	serán llamados	hijos	(del) Dios	viviente.
5210	1563	2564	5207	2316	2198
RP2NP	BP	VFPI3P	NNPM	NGSM	VPAP-SGM

27 Ἠσαΐας	δὲ	κράζει	ὑπὲρ	τοῦ	Ἰσραήλ·	Ἐὰν	ᾖ	ὁ	ἀριθμὸς
Isaías$_2$	Mas$_1$	clama	sobre	--	Israel:	Si$_1$	fuere$_7$	el$_2$	número$_3$
2268	1161	2896	5228	3588	2474	1437	5600	3588	706
NNSM	CLN	VPAI3S	P	DGSM	NGSM, XP	CAC	VPAS3S	DNSM	NNSM

τῶν	υἱῶν	Ἰσραὴλ	ὡς	ἡ	ἄμμος	τῆς	θαλάσσης,	τὸ	ὑπόλειμμα
de los$_4$	hijos de$_5$	Israel$_6$	como	la	arena	del	mar,	el	remanente
3588	5207	2474	5613	3588	285	3588	2281	3588	2640
DGPM	NGPM	NGSM, XP	P, CAM	DNSF	NNSF	DGSF	NGSF	DNSN	NNSN

σωθήσεται·	28 λόγον	γὰρ	συντελῶν	καὶ	⸀συντέμνων	ποιήσει
será salvo.	(su) palabra$_8$	Porque$_1$	cumpliendo$_7$	y$_9$	realizando sin demora.$_{10}$	hará$_3$
4982	3056	1063	4931	2532	4932	4160
VFPI3S	NASM	CLX	VPAP-SNM	CLN	VPAP-SNM	VFAI3S

κύριος	ἐπὶ	τῆς	γῆς.	29 καὶ	καθὼς	προείρηκεν	Ἠσαΐας·	Εἰ	μὴ	κύριος
(el) Señor$_2$	sobre$_4$	la$_5$	tierra$_6$	Y$_1$	como$_2$	dijo de antemano:$_4$	Isaías$_3$	Si$_5$	no$_8$	(el) Señor$_6$
2962	1909	3588	1093	2532	2531	4280	2268	1487	3361	2962
NNSM	P	DGSF	NGSF	CLN	CAM	VRAI3S	NNSM	CAC	BN, TN	NNSM

Σαβαὼθ	ἐγκατέλιπεν	ἡμῖν	σπέρμα,	ὡς	Σόδομα	ἂν	ἐγενήθημεν
de los ejércitos$_7$	hubiera dejado	a nosotros	descendencia,	como$_3$	Sodoma,$_4$	--$_1$	habríamos llegado a ser$_2$
4519	1459	2254	4690	5613	4670	302	1096
NGPM, XF	VAAI3S	RP1DP	NASN	P, CAM	NNPN	TC	VAPI1P

καὶ	ὡς	Γόμορρα	ἂν	ὡμοιώθημεν.
y$_5$	como$_7$	Gomorra.$_8$	--$_6$	seríamos semejantes$_7$
2532	5613	1116	302	3666
CLN	P, CAM	NNSF	TC	VAPI1P

NVI

24 Esos somos nosotros,
a quienes Dios llamó no
solo de entre los judíos,
sino también de entre
los gentiles. 25 Así lo dice
Dios en el libro de Oseas:

«Llamaré "mi pueblo"
a los que no son mi
pueblo;
y llamaré "mi amada"
a la que no es mi
amada»,
26 «Y sucederá que
en el mismo lugar
donde se les dijo:
"Ustedes no son mi
pueblo",
serán llamados
"hijos del Dios
viviente"».

27 Isaías, por su parte,
proclama respecto de
Israel:

«Aunque los israelitas
sean tan numerosos
como la arena del mar,
solo el remanente será
salvo;
28 porque plenamente
y sin demora
el Señor cumplirá
su sentencia en la
tierra».

29 Así había dicho
Isaías:

«Si el Señor
Todopoderoso
no nos hubiera deja-
do descendientes,
seríamos ya como
Sodoma,
nos pareceríamos a
Gomorra».

9:28⸀ Manuscritos inferiores aumentaron *en justicia.*

RVR

Razón del tropiezo de Israel

30 ¿Qué, pues, diremos?
Que los gentiles, que no
iban tras la justicia, han
alcanzado la justicia,
es decir, la justicia que
proviene de la fe;
31 mas Israel, que iba tras
una ley de justicia, no la
alcanzó.
32 ¿Por qué? Porque
iban tras ella no por fe,
sino como por obras de
la ley. Tropezaron en la
piedra de tropiezo,
33 como está escrito:

He aquí que pongo
en Sión piedra de
tropiezo y roca de
caída;
Y el que crea en él, no
será avergonzado.

10 Hermanos,
ciertamente el
anhelo de mi corazón,
y mi oración a Dios por
Israel, es para salvación.
2 Porque yo les doy tes-
timonio de que tienen
celo de Dios, pero no
según el perfecto cono-
cimiento.
3 Porque ignorando
la justicia de Dios, y
procurando establecer
la suya propia, no se han
sometido a la justicia
de Dios;
4 porque Cristo es el fin
de la ley, para justicia a
todo aquel que cree.

30 Τί	οὖν	ἐροῦμεν;	ὅτι	ἔθνη	τὰ	μὴ	διώκοντα
¿qué$_{2}$	Así que,$_{1}$	diremos?$_{3}$	Que	(los) gentiles,	los (que)	no	persiguen
5101	3767	2046	3754	1484	3588	3361	1377
RI-ASN	*CLI*	*VFAI1P*	*CSC*	*NNPN*	*DNPN*	*BN, TN*	*VPAP-PNN*

δικαιοσύνην	κατέλαβεν	δικαιοσύνην,	δικαιοσύνην	δὲ	τὴν	ἐκ
(la) justicia,	alcanzaron	justicia,	(la) justicia$_{2}$	mas$_{1}$	la (que es)	por
1343	2638	1343	1343	1161	3588	1537
NASF	*VAAI3S*	*NASF*	*NASF*	*CLA*	*DASF*	*P*

πίστεως.	31 Ἰσραὴλ	δὲ	διώκων	νόμον	δικαιοσύνης	εἰς	⸀νόμον
fe;	Israel,$_{2}$	mas$_{1}$	persiguiendo	una ley	de justicia,	a (esa)$_{3}$	ley.$_{4}$
4102	2474	1161	1377	3551	1343	1519	3551
NGSF	*NNSM, XP*	*CLC*	*VPAP-SNM*	*NASM*	*NGSF*	*P*	*NASM*

οὐκ	ἔφθασεν.	32 διὰ	τί;	ὅτι	οὐκ	ἐκ	πίστεως	ἀλλ’	ὡς
no$_{1}$	llegó$_{2}$	¿Por	qué?	Porque	no	por	fe,	sino	como
3756	5348	1223	5101	3754	3756	1537	4102	235	5613
BN, TN	*VAAI3S*	*P*	*RI-ASN*	*CAZ*	*CLK, TN, B*	*P*	*NGSF*	*CLK, CLC*	*CAM*

ἐξ	⸀ἔργων·	προσέκοψαν	τῷ	λίθῳ	τοῦ	προσκόμματος,	33 καθὼς
por	obras.	Tropezaron	en la	piedra	de --	tropiezo,	como
1537	2041	4350	3588	3037	3588	4348	2531
P	*NGPN*	*VAAI3P*	*DDSM*	*NDSM*	*DGSN*	*NGSN*	*CAM*

γέγραπται·	Ἰδοὺ	τίθημι	ἐν	Σιὼν	λίθον	προσκόμματος	καὶ	πέτραν
ha sido escrito:	He aquí	pongo	en	Sión	una piedra	de tropiezo	y	roca
1125	2400	5087	1722	4622	3037	4348	2532	4073
VRPI3S	*I, VAAM2S*	*VPAI1S*	*P*	*NDSF, XP*	*NASM*	*NGSN*	*CLN*	*NASF*

σκανδάλου,	καὶ	ὁ	πιστεύων	ἐπ’	αὐτῷ	οὐ	καταισχυνθήσεται.
de escándalo,	y	el que	cree	en	él	no	será avergonzado.
4625	2532	3588	4100	1909	846	3756	2617
NGSN	*CLN*	*DNSM*	*VPAP-SNM*	*P*	*RP3DSM*	*BN, TN*	*VFPI3S*

10 Ἀδελφοί,	ἡ	μὲν	εὐδοκία	τῆς	ἐμῆς	καρδίας	καὶ
Hermanos,	el$_{2}$	ciertamente$_{1}$	agrado$_{3}$	del$_{4}$	de mí$_{6}$	corazón$_{5}$	y
80	3588	3303	2107	3588	1699	2588	2532
NVPM	*DNSF*	*TE, C*	*NNSF*	*DGSF*	*JGSF, RS1GSF*	*NGSF*	*CLN*

ἡ	δέησις	πρὸς	τὸν	θεὸν	ὑπὲρ	⸀αὐτῶν	εἰς	σωτηρίαν.	2 μαρτυρῶ
la	oración	a	--	Dios	por	ellos	(es) para	salvación.	testifico$_{2}$
3588	1162	4314	3588	2316	5228	846	1519	4991	3140
DNSF	*NNSF*	*P*	*DASM*	*NASM*	*P*	*RP3GPM*	*P*	*NASF*	*VPAI1S*

γὰρ	αὐτοῖς	ὅτι	ζῆλον	θεοῦ	ἔχουσιν·	ἀλλ’	οὐ	κατ’	ἐπίγνωσιν,
Porque$_{1}$	a ellos$_{3}$	que$_{4}$	celo$_{6}$	Dios,$_{7}$	tienen$_{5}$	pero	no	según	(el) conocimiento pleno;
1063	846	3754	2205	2316	2192	235	3756	2596	1922
CAZ	*RP3DPM*	*CSC*	*NASM*	*NGSM*	*VPAI3P*	*CLC*	*BN, TN*	*P*	*NASF*

3 ἀγνοοῦντες	γὰρ	τὴν	τοῦ	θεοῦ	δικαιοσύνην,	καὶ	τὴν	ἰδίαν	ζητοῦντες
ignorando$_{2}$	porque$_{1}$	la$_{3}$	de --$_{5}$	Dios,$_{6}$	justicia$_{4}$	y$_{7}$	la$_{10}$	propia,$_{11}$	buscando$_{8}$
50	1063	3588	3588	2316	1343	2532	3588	2398	2212
VPAP-PNM	*CAZ*	*DASF*	*DGSM*	*NGSM*	*NASF*	*CLN*	*DASF*	*JASF*	*VPAP-PNM*

στῆσαι,	τῇ	δικαιοσύνῃ	τοῦ	θεοῦ	οὐχ	ὑπετάγησαν·	4 τέλος	γὰρ
establecer$_{9}$	a la$_{14}$	justicia$_{15}$	de --$_{16}$	Dios.$_{17}$	no$_{12}$	se sometieron$_{13}$	(es el) fin$_{3}$	porque$_{1}$
2476	3588	1343	3588	2316	3756	5293	5056	1063
VAAN	*DDSF*	*NDSF*	*DGSM*	*NGSM*	*BN, TN*	*VAPI3P*	*NNSN*	*CLX*

νόμου	Χριστὸς	εἰς	δικαιοσύνην	παντὶ	τῷ	πιστεύοντι.
de (la) ley,$_{4}$	Cristo$_{2}$	para	justicia	a todo	el que	cree.
3551	5547	1519	1343	3956	3588	4100
NGSM	*NNSM*	*P*	*NASF*	*JDSM*	*DDSM*	*VPAP-SDM*

NVI

Incredulidad de Israel

30 ¿Qué conclui-
remos? Pues que los
gentiles, que no busca-
ban la justicia, la han
alcanzado. Me refiero a
la justicia que es por la fe.
31 En cambio Israel, que
iba en busca de una ley
que le diera justicia, no
ha alcanzado esa justicia.
32 ¿Por qué no? Porque
no la buscaron mediante
la fe, sino mediante las
obras, como si fuera po-
sible alcanzarla así. Por
eso tropezaron con la
«piedra de tropiezo»,
33 como está escrito:

«Miren que pongo en
Sión una piedra de
tropiezo
y una roca que hace
caer;
pero el que confíe
en él no será
defraudado».

10 Hermanos, el
deseo de mi
corazón, y mi oración a
Dios por los israelitas,
es que lleguen a ser
salvos. 2 Puedo declarar
en favor de ellos que
muestran celo por Dios,
pero su celo no se basa
en el conocimiento. 3 No
conociendo la justicia
que proviene de Dios, y
procurando establecer
la suya propia, no se
sometieron a la justicia
de Dios. 4 De hecho,
Cristo es el fin de la ley,
para que todo el que cree
reciba la justicia.

9:31⸀ Manuscritos inferiores aumentaron *de justicia.* **9:32**⸀ Manuscritos inferiores aumentaron *de (la) ley.* **10:1**⸀ Manuscritos inferiores tienen *es por Israel.*

RVR

5 Porque Moisés describe así la justicia que es por la ley: El hombre que haga estas cosas, vivirá por ellas.

6 Pero la justicia que procede de la fe dice así: No digas en tu corazón: ¿Quién subirá al cielo? (esto es, para hacer bajar a Cristo);

7 o, ¿quién descenderá al abismo? (esto es, para hacer subir a Cristo de entre los muertos).

8 Mas ¿qué dice? Cerca de ti está la palabra, en tu boca y en tu corazón. Esto es, la palabra de fe que predicamos:

9 que si confiesas con tu boca que Jesús es el Señor, y crees en tu corazón que Dios le levantó de los muertos, serás salvo.

10 Porque con el corazón se cree para justicia, y con la boca se confiesa para salvación.

11 Pues la Escritura dice: Todo aquel que cree en él, no será avergonzado.

12 Porque no hay diferencia entre judío y griego, pues uno mismo es el Señor de todos, que es rico para con todos

5 Μωϋσῆς	γὰρ	γράφει	ὅτι	τὴν	δικαιοσύνην	τὴν	ἐκ	τοῦ	νόμου
Moisés$_2$	Porque$_1$	escribe$_3$	que:	la	justicia	la (que es)	por	la	ley
3475	1063	1125	3754	3588	1343	3588	1537	3588	3551
NNSM	*CLX*	*VPAI3S*	*CSC*	*DASF*	*NASF*	*DASF*	*P*	*DGSM*	*NGSM*

ὁ	ποιήσας	ἄνθρωπος	ζήσεται	ἐν	αὐτῇ.	6 ἡ	δὲ	ἐκ
el que$_2$	habiendo hecho (hace)$_3$	ser humano$_1$	vivirá	por	ella.	la$_2$	Mas$_1$	por$_4$
3588	4160	444	2198	1722	846	3588	1161	1537
DNSM	*VAAP-SNM*	*NNSM*	*VFMI3S*	*P*	*RP3DSF*	*DNSF*	*CLC*	*P*

πίστεως	δικαιοσύνη	οὕτως	λέγει·	Μὴ	εἴπῃς	ἐν	τῇ	καρδίᾳ	σου·
(la) fe$_5$	justicia$_3$	así:$_7$	dice$_6$	No	digas	en	el	corazón	de ti:
4102	1343	3779	3004	3361	2036	1722	3588	2588	4675
NGSF	*NNSF*	*B*	*VPAI3S*	*BN, TN*	*VAAS2S*	*P*	*DDSF*	*NDSF*	*RP2GS*

Τίς	ἀναβήσεται	εἰς	τὸν	οὐρανόν;	τοῦτ᾽	ἔστιν	Χριστὸν	καταγαγεῖν·
¿Quién	subirá	hacia	el	cielo?	Esto	es	a Cristo;$_2$	para hacer descender$_1$
5101	305	1519	3588	3772	5124	2076	5547	2609
RI-NSM	*VFMI3S*	*P*	*DASM*	*NASM*	*RD-NSN*	*VPAI3S*	*NASM*	*VAAN*

7 ἤ·	Τίς	καταβήσεται	εἰς	τὴν	ἄβυσσον;	τοῦτ᾽	ἔστιν	Χριστὸν	ἐκ
o,	¿quién	descenderá	hacia	el	abismo?	Esto$_1$	es$_2$	a Cristo$_4$	de entre$_5$
2228	5101	2597	1519	3588	12	5124	2076	5547	1537
CLD	*RI-NSM*	*VFMI3S*	*P*	*DASF*	*NASF*	*RD-NSN*	*VPAI3S*	*NASM*	*P*

νεκρῶν	ἀναγαγεῖν.	8 ἀλλὰ	τί	λέγει;	Ἐγγύς	σου	τὸ	ῥῆμά	ἐστιν,
(los) muertos.$_6$	para hacer subir$_3$	Pero,	¿qué	dice?	cerca$_4$	de ti.$_5$	La$_1$	palabra$_2$	está$_3$
3498	321	235	5101	3004	1451	4675	3588	4487	2076
JGPM	*VAAN*	*CLC*	*RI-ASN*	*VPAI3S*	*P, B*	*RP2GS*	*DNSN*	*NNSN*	*VPAI3S*

ἐν	τῷ	στόματί	σου	καὶ	ἐν	τῇ	καρδίᾳ	σου,	τοῦτ᾽	ἔστιν	τὸ
en	la	boca	de ti	y	en	el	corazón	de ti;	esto	es	la
1722	3588	4750	4675	2532	1722	3588	2588	4675	5124	2076	3588
P	*DDSN*	*NDSN*	*RP2GS*	*CLN*	*P*	*DDSF*	*NDSF*	*RP2GS*	*RD-NSN*	*VPAI3S*	*DNSN*

ῥῆμα	τῆς	πίστεως	ὃ	κηρύσσομεν.	9 ὅτι	ἐὰν	ὁμολογήσῃς	ἐν	τῷ
palabra	de la	fe	la que	proclamamos.	Que	si	confesaras	con	la
4487	3588	4102	3739	2784	3754	1437	3670	1722	3588
NNSN	*DGSF*	*NGSF*	*RR-ASN*	*VPAI1P*	*CSC*	*CAC*	*VAAS2S*	*P*	*DDSN*

στόματί	σου	κύριον	Ἰησοῦν,	καὶ	πιστεύσῃς	ἐν	τῇ	καρδίᾳ	σου
boca	de ti	(como) Señor,$_2$	a Jesús$_1$	y	creyeras	en	el	corazón	de ti
4750	4675	2962	2424	2532	4100	1722	3588	2588	4675
NDSN	*RP2GS*	*NASM*	*NASM*	*CLN*	*VAAS2S*	*P*	*DDSF*	*NDSF*	*RP2GS*

ὅτι	ὁ	θεὸς	αὐτὸν	ἤγειρεν	ἐκ	νεκρῶν,	σωθήσῃ·	10 καρδίᾳ	γὰρ
que	--	Dios	a él	levantó	de entre	(los) muertos,	serás salvo;	con (el) corazón$_2$	porque$_1$
3754	3588	2316	846	1453	1537	3498	4982	2588	1063
CSC	*DNSM*	*NNSM*	*RP3ASM*	*VAAI3S*	*P*	*JGPM*	*VFPI2S*	*NDSF*	*CAZ*

πιστεύεται	εἰς	δικαιοσύνην,	στόματι	δὲ	ὁμολογεῖται	εἰς	σωτηρίαν·
se cree	para	justicia,	con (la) boca$_2$	mas$_1$	se confiesa	para	salvación.
4100	1519	1343	4750	1161	3670	1519	4991
VPPI3S	*P*	*NASF*	*NDSN*	*CLN*	*VPPI3S*	*P*	*NASF*

11 λέγει	γὰρ	ἡ	γραφή·	Πᾶς	ὁ	πιστεύων	ἐπ᾽	αὐτῷ	οὐ
dice:$_4$	Porque$_1$	la$_2$	Escritura$_3$	Todo	el que	cree	en	él,	no
3004	1063	3588	1124	3956	3588	4100	1909	846	3756
VPAI3S	*CAZ*	*DNSF*	*NNSF*	*JNSM*	*DNSM*	*VPAP-SNM*	*P*	*RP3DSM*	*BN, TN*

καταισχυνθήσεται.	12 οὐ	γάρ	ἐστιν	διαστολὴ	Ἰουδαίου	τε	καὶ
será avergonzado.	no$_2$	Porque$_1$	es (hay)	diferencia	de judío	tanto	también
2617	3756	1063	2076	1293	2453	5037	2532
VFPI3S	*BN,TN*	*CAZ*	*VPAI3S*	*NNSF*	*JGSM*	*CLK*	*CLK, CLN*

Ἕλληνος,	ὁ	γὰρ	αὐτὸς	κύριος	πάντων,	πλουτῶν	εἰς	πάντας
de griego,	el$_2$	porque$_1$	mismo$_3$	Señor	de todos	es rico	para	todos
1672	3588	1063	846	2962	3956	4147	1519	3956
NGSM	*DNSM*	*CAZ*	*RP3NSMA, JNSM*	*NNSM*	*JGPM*	*VPAP-SNM*	*P*	*JAPM*

NVI

5 Así describe Moisés
la justicia que se basa en
la ley: «Quien practi-
que estas cosas vivirá por
ellas». 6 Pero la justicia
que se basa en la fe afir-
ma: «No digas en tu
corazón: "¿Quién subirá
al cielo?" (es decir, para
hacer bajar a Cristo),
7 o "¿Quién bajará al
abismo?"» (es decir,
para hacer subir a Cristo
de entre los muertos).
8 ¿Qué afirma entonces?
«La palabra está cerca
de ti; la tienes en la boca
y en el corazón». Esta
es la palabra de fe que
predicamos: 9 que, si
confiesas con tu boca
que Jesús es el Señor y
crees en tu corazón que
Dios lo levantó de entre
los muertos, serás salvo.
10 Porque con el corazón
se cree para ser justifica-
do, pero con la boca se
confiesa para ser salvo.
11 Así dice la Escritura:
«Todo el que confíe
en él no será jamás
defraudado». 12 No hay
diferencia entre judíos y
gentiles, pues el mismo
Señor es Señor de todos
y bendice abundan-
temente a cuantos lo

RVR

los que le invocan;
13 porque todo aquel
que invocare el nombre
del Señor, será salvo.
14 ¿Cómo, pues, invo-
carán a aquel en el cual
no han creído? ¿Y cómo
creerán en aquel de
quien no han oído? ¿Y
cómo oirán sin haber
quien les predique?
15 ¿Y cómo predicarán
si no han sido enviados?
Como está escrito:
¡Cuán hermosos son los
pies de los que anuncian
la paz, de los que anun-
cian buenas nuevas!
16 Mas no todos obe-
decieron al evangelio;
pues Isaías dice: Señor,
¿quién ha creído a nues-
tro anuncio?
17 Así que la fe viene del
oír; y el oír, por medio
de la palabra de Dios.
18 Pero digo: ¿Acaso
no han oído? ¡Sí, por
cierto!

Por toda la tierra ha
salido la voz de
ellos,
Y sus palabras hasta
los confines de la
tierra.

19 Y además digo: ¿No
ha conocido esto Israel?
Primero, Moisés dice:

Yo os provocaré a celos
con un pueblo que
no es pueblo;
Con un pueblo insen
sato os provocaré
a ira.

20 E Isaías dice
resueltamente:

τοὺς	ἐπικαλουμένους	αὐτόν·	13 Πᾶς	γὰρ	ὃς	ἂν	ἐπικαλέσηται	τὸ
los que	invocan	a él;	todo$_2$	porque$_1$	el que	--	invocare	el
3588	1941	846	3956	1063	3739	302	1941	3588
DAPM	*VPMP-PAM*	*RP3ASM*	*JNSM*	*CAZ*	*RR-NSM*	*TC*	*VAMS3S*	*DASN*

ὄνομα	κυρίου	σωθήσεται.
nombre	de(l) Señor	será salvo.
3686	2962	4982
NASN	*NGSM*	*VFPI3S*

14 Πῶς	οὖν	ἐπικαλέσωνται	εἰς	ὃν	οὐκ	ἐπίστευσαν;	πῶς
¿Cómo,	pues,	invocaran (invocarán)	a	al que	no	creyeron?	cómo$_2$
4459	3767	1941	1519	3739	3756	4100	4459
BI	*CLI*	*VAMS3P, VAMI3P*	*P*	*RR-ASM*	*BN, TN*	*VAAI3P*	*BI*

δὲ	πιστεύσωσιν	οὗ	οὐκ	ἤκουσαν;	πῶς	δὲ	ἀκούσωσιν	χωρὶς
¿Y$_1$	creyeran (creerán)	del que	no	oyeron?	cómo$_2$	¿Y$_1$	oyeran (oirán)	sin
1161	4100	3739	3756	191	4459	1161	191	5565
CLN	*VAAS3P*	*RR-GSM*	*BN, TN*	*VAAI3P*	*BI*	*CLN*	*VAAS3P*	*P, B*

κηρύσσοντος;	15 πῶς	δὲ	κηρύξωσιν	ἐὰν	μὴ	ἀποσταλῶσιν;
el que proclama?	cómo	¿Y	proclamaran (proclamarán)	si	no	fueran enviados?
2784	4459	1161	2784	1437	3361	649
VPAP-SGM	*BI*	*CLN*	*VAAS3P*	*CAC*	*BN, TN*	*VAPS3P*

καθὼς	γέγραπται·	Ὡς	ὡραῖοι	οἱ	πόδες	τῶν	⌈εὐαγγελιζομένων
Como	ha sido escrito:	Cuán	hermosos	los	pies	de los que	anuncian
2531	1125	5613	5611	3588	4228	3588	2097
CAM	*VRPI3S*	*CAM, B*	*JNPM*	*DNPM*	*NNPM*	*DGPM*	*VPMP-PGM*

τὰ	ἀγαθά.	16 ἀλλ᾽	οὐ	πάντες	ὑπήκουσαν	τῷ	εὐαγγελίῳ·	Ἠσαΐας
las	buenas cosas.	Pero	no	todos	obedecieron	al	evangelio,	Isaías$_2$
3588	18	235	3756	3956	5219	3588	2098	2268
DAPN	*JAPN*	*CLC*	*BN, TN*	*JNPM*	*VAAI3P*	*DDSN*	*NDSN*	*NNSM*

γὰρ	λέγει·	Κύριε,	τίς	ἐπίστευσεν	τῇ	ἀκοῇ	ἡμῶν;	17 ἄρα	ἡ
porque$_1$	dice:	Señor,	¿quién	creyó	el	anuncio	de nosotros?	Por tanto,	la
1063	3004	2962	5101	4100	3588	189	2257	686	3588
CAZ	*VPAI3S*	*NVSM*	*RI-NSM*	*VAAI3S*	*DDSF*	*NDSF*	*RP1GP*	*CLI*	*DNSF*

πίστις	ἐξ	ἀκοῆς,	ἡ	δὲ	ἀκοὴ	διὰ	ῥήματος	⌈Χριστοῦ.
fe	(viene) de	el oír,	el$_2$	y$_1$	oír,	por medio de	(la) palabra	de Cristo.
4102	1537	189	3588	1161	189	1223	4487	5547
NNSF	*P*	*NGSF*	*DNSF*	*CLN*	*NNSF*	*P*	*NGSN*	*NGSM*

18 Ἀλλὰ	λέγω,	μὴ	οὐκ	ἤκουσαν;	μενοῦνγε·	Εἰς	πᾶσαν	τὴν	γῆν
Pero	digo:	¿acaso	no	oyeron?	Antes bien,$_1$	hasta$_6$	toda$_7$	la$_8$	tierra,$_9$
235	3004	3361	3756	191	3304	1519	3956	3588	1093
CLC	*VPAI1S*	*TN, TI*	*BN, TN*	*VAAI3P*	*TE*	*P*	*JASF*	*DASF*	*NASF*

ἐξῆλθεν	ὁ	φθόγγος	αὐτῶν,	καὶ	εἰς	τὰ	πέρατα	τῆς	οἰκουμένης
salió$_5$	la$_2$	voz$_3$	de ellos$_4$	y$_{10}$	hasta$_{14}$	los$_{15}$	confines$_{16}$	de la$_{17}$	tierra habitada.$_{18}$
1831	3588	5353	846	2532	1519	3588	4009	3588	3625
VAAI3S	*DNSM*	*NNSM*	*RP3GPM*	*CLN*	*P*	*DAPN*	*NAPN*	*DGSF*	*NGSF*

τὰ	ῥήματα	αὐτῶν.	19 ἀλλὰ	λέγω,	μὴ	Ἰσραὴλ	οὐκ	ἔγνω;	πρῶτος
las$_{11}$	palabras$_{12}$	de ellos.$_{13}$	Pero	digo:	¿Acaso	Israel	no	conoció?	Primero
3588	4487	846	235	3004	3361	2474	3756	1097	4413
DNPN	*NNPN*	*RP3GPM*	*CLC*	*VPAI1S*	*TN, TI*	*NNSM, XP*	*BN, TN*	*VAAI3S*	*JNSM*

Μωϋσῆς	λέγει·	Ἐγὼ	παραζηλώσω	ὑμᾶς	ἐπ᾽	οὐκ	ἔθνει,*	ἐπ᾽	ἔθνει
Moisés	dice:	Yo	provocaré celos	a vosotros	con	no (es)	pueblo,	con$_3$	un pueblo$_4$
3475	3004	1473	3863	5209	1909	3756	1484	1909	1484
NNSM	*VPAI3S*	*RP1NS*	*VFAI1S*	*RP2AP*	*P*	*BN, TN*	*NDSN*	*P*	*NDSN*

ἀσυνέτῳ	παροργιῶ	ὑμᾶς.	20 Ἠσαΐας	δὲ	ἀποτολμᾷ	καὶ	λέγει·
sin entendimiento.$_5$	haré enojar$_1$	a vosotros$_2$	Isaías$_2$	E$_1$	se atreve	y	dice:
801	3949	5209	2268	1161	662	2532	3004
JDSN	*VFAI1S*	*RP2AP*	*NNSM*	*CLN*	*VPAI3S*	*CLN*	*VPAI3S*

NVI

invocan, 13 porque «todo
el que invoque el nombre
del Señor será salvo».
14 Ahora bien, ¿cómo
invocarán a aquel en
quien no han creído? ¿Y
cómo creerán en aquel
de quien no han oído?
¿Y cómo oirán si no hay
quien les predique? 15 ¿Y
quién predicará sin ser
enviado? Así está escri-
to: «¡Qué hermoso es
recibir al mensajero que
trae buenas nuevas!»
16 Sin embargo, no
todos los israelitas acep-
taron las buenas nuevas.
Isaías dice: «Señor,
¿quién ha creído a nues-
tro mensaje?» 17 Así
que la fe viene como
resultado de oír el men-
saje, y el mensaje que
se oye es la palabra de
Cristo. 18 Pero pregunto:
¿Acaso no oyeron?
¡Claro que sí!

«Por toda la tierra se
difundió su voz,
¡sus palabras llegan
hasta los confines
del mundo!»

19 Pero insisto: ¿Acaso no
entendió Israel? En pri-
mer lugar, Moisés dice:

«Yo haré que ustedes
sientan envidia
de los que no son
nación;
voy a irritarlos con
una nación
insensata».

20 Luego Isaías se atreve
a decir:

10:15⌈ Manuscritos inferiores aumentaron *(la) paz de los que anuncian.* **10:17**⌈ Manuscritos inferiores tienen *de Dios.* **10:19*** O sea *con quienes no son pueblo.*

RVR

Fui hallado por
los que no me
buscaban;
Me manifesté a los que
no preguntaban
por mí.
21 Pero acerca de Israel
dice: Todo el día extendí
mis manos hacia un
pueblo desobediente y
contradictor.

El remanente de Israel

11 Digo, pues:
¿Acaso ha
desechado Dios a su
pueblo? ¡En ninguna
manera! Porque
también yo soy israelita,
de la descendencia de
Abraham, de la tribu de
Benjamín.
2 Dios no ha desechado
a su pueblo, al cual
conoció de antemano.
¿O no sabéis qué dice de
Elías la Escritura, cómo
invoca a Dios contra
Israel, diciendo:
3 Señor, han dado muerte
a tus profetas, y han
derribado tus altares; y
sólo yo he quedado, y
procuran matarme?
4 Pero ¿qué le dice la
respuesta divina? Me
he reservado siete mil
hombres, que no han
doblado la rodilla ante
Baal.
5 Pues bien, del mismo
modo, también en este
tiempo ha quedado un

Εὑρέθην	ἐν	τοῖς	ἐμὲ	μὴ	ζητοῦσιν,	ἐμφανὴς	ἐγενόμην	τοῖς	ἐμὲ
Fui hallado	por	los que	a mí	no	buscan,	manifiesto$_2$	fui hecho$_1$	a los (que)$_3$	a mí.$_7$
2147	1722	3588	1691	3361	2212	1717	1096	3588	1691
VAPI1S	*P*	*DDPM*	*RP1AS*	*BN, TN*	*VPAP-PDM*	*JNSM*	*VAMI1S*	*DDPM*	*RP1AS*

μὴ	ἐπερωτῶσιν.	21 πρὸς	δὲ	τὸν	Ἰσραὴλ	λέγει·	Ὅλην	τὴν	ἡμέραν
no$_4$	habían preguntado$_5$	en relación a$_2$	Mas$_1$	--	Israel	dice:	Todo	el	día
3361	1905	4314	1161	3588	2474	3004	3650	3588	2250
BN, TN	*VPAP-PDM*	*P*	*CLC*	*DASM*	*NASM, XP*	*VPAI3S*	*JASF*	*DASF*	*NASF*

ἐξεπέτασα	τὰς	χεῖράς	μου	πρὸς	λαὸν	ἀπειθοῦντα	καὶ	ἀντιλέγοντα.
extendí	las	manos	de mí	hacia	un pueblo	que desobedece	y	que contradice.
1600	3588	5495	3450	4314	2992	544	2532	483
VAAI1S	*DAPF*	*NAPF*	*RP1GS*	*P*	*NASM*	*VPAP-SAM*	*CLN*	*VPAP-SAM*

11 Λέγω	οὖν,	μὴ	ἀπώσατο	ὁ	θεὸς	τὸν	λαὸν	αὐτοῦ;	μὴ
digo:$_2$	Así que,$_1$	¿Acaso$_3$	desechó$_6$	--$_4$	Dios$_5$	al$_7$	pueblo$_8$	de él?$_9$	¡No
3004	3767	3361	683	3588	2316	3588	2992	846	3361
VPAI1S	*CLI*	*TN, TI*	*VAMI3S*	*DNSM*	*NNSM*	*DASM*	*NASM*	*RP3GSM*	*BN, TN*

γένοιτο·	καὶ	γὰρ	ἐγὼ	Ἰσραηλίτης	εἰμί,	ἐκ	σπέρματος	Ἀβραάμ,
sea así!	también$_2$	Porque$_1$	yo$_3$	israelita,$_5$	soy$_4$	de	(la) simiente	de Abraham,
1096	2532	1063	1473	2475	1510	1537	4690	11
VAMO3S	*BE, TE*	*CAZ*	*RP1NS*	*NNSM*	*VPAI1S*	*P*	*NGSN*	*NGSM, XP*

φυλῆς	Βενιαμίν.	2 οὐκ	ἀπώσατο	ὁ	θεὸς	τὸν	λαὸν	αὐτοῦ	ὃν
de (la) tribu	de Benjamín.	no$_3$	desechó$_4$	--$_1$	Dios$_2$	al	pueblo	de él,	al que
5443	958	3756	683	3588	2316	3588	2992	846	3739
NGSF	*NGSM, XP*	*BN, TN*	*VAMI3S*	*DNSM*	*NNSM*	*DASM*	*NASM*	*RP3GSM*	*RR-ASM*

προέγνω.	ἢ	οὐκ	οἴδατε	ἐν	Ἠλίᾳ*	τί	λέγει	ἡ	γραφή,	ὡς
conoció de antemano,	¿O	no	sabéis	en	Elías	¿qué	dice$_3$	la$_1$	Escritura$_2$	como
4267	2228	3756	1492	1722	2243	5101	3004	3588	1124	5613
VAAI3S	*CLD*	*BN, TN*	*VRAI2P*	*P*	*NDSM*	*RI-ASN*	*VPAI3S*	*DNSF*	*NNSF*	*CSC*

ἐντυγχάνει	τῷ	θεῷ	κατὰ	τοῦ	Ἰσραήλ;	3 Κύριε,	τοὺς	προφήτας	σου
intercede	a --	Dios	contra	--	Israel?	Señor,	a los$_2$	profetas$_3$	de ti,$_4$
1793	3588	2316	2596	3588	2474	2962	3588	4396	4675
VPAI3S	*DDSM*	*NDSM*	*P*	*DGSM*	*NGSM, XP*	*NVSM*	*DAPM*	*NAPM*	*RP2GS*

ἀπέκτειναν,	τὰ	θυσιαστήριά	σου	κατέσκαψαν,	κἀγὼ	ὑπελείφθην
mataron$_1$	los$_6$	altares$_7$	de ti,$_8$	destrozaron$_5$	y yo	quedé
615	3588	2379	4675	2679	2504	5275
VAAI3P	*DAPN*	*NAPN*	*RP2GS*	*VAAI3P*	*RP1NS, CLN*	*VAPI1S*

μόνος,	καὶ	ζητοῦσιν	τὴν	ψυχήν	μου.	4 ἀλλὰ	τί	λέγει	αὐτῷ	ὁ
solo,	y	buscan	la	vida	de mí.	Pero,	¿qué$_3$	dice$_4$	a él?$_5$	la$_1$
3441	2532	2212	3588	5590	3450	235	5101	3004	846	3588
JNSM	*CLN*	*VPAI3P*	*DASF*	*NASF*	*RP1GS*	*CLC*	*RI-ASN*	*VPAI3S*	*RP3DSM*	*DNSM*

χρηματισμός;	Κατέλιπον	ἐμαυτῷ	ἑπτακισχιλίους	ἄνδρας,	οἵτινες
respuesta divina$_2$	He reservado	para mí mismo	siete mil	varones,	los cuales
5538	2641	1683	2035	435	3748
NNSM	*VAAI1S*	*RF1DSM*	*JAPM*	*NAPM*	*RR-NPM*

οὐκ	ἔκαμψαν	γόνυ	τῇ	Βάαλ.	5 οὕτως	οὖν	καὶ	ἐν	τῷ	νῦν	καιρῷ
no	doblaron	rodilla	a --	Baal.	Así	pues,	también	en	el	presente	tiempo
3756	2578	1119	3588	896	3779	3767	2532	1722	3588	3568	2540
BN, TN	*VAAI3P*	*NASN*	*DDSF*	*NGSM, XP*	*B*	*CLI*	*BE, TE*	*P*	*DDSM*	*B*	*NDSM*

NVI

«Dejé que me hallaran
los que no me
buscaban;
me di a conocer a los
que no preguntaban
por mí».

21 En cambio, respecto
de Israel, dice:

«Todo el día extendí
mis manos
hacia un pueblo
desobediente y
rebelde».

El remanente de Israel

11 Por lo tanto,
pregunto:
¿Acaso rechazó Dios a
su pueblo? ¡De ninguna
manera! Yo mismo soy
israelita, descendiente
de Abraham, de la tribu
de Benjamín. 2 Dios no
rechazó a su pueblo,
al que de antemano
conoció. ¿No saben lo
que relata la Escritura en
cuanto a Elías? Acusó a
Israel delante de Dios:
3 «Señor, han matado
a tus profetas y han
derribado tus altares.
Yo soy el único que ha
quedado con vida, ¡y
ahora quieren matarme
a mí también!» 4 ¿Y qué
le contestó la voz divina?
«He apartado para mí
siete mil hombres, los
que no se han arrodillado
ante Baal».
5 Así también hay en la
actualidad un

11:2* O sea *en lo relacionado a Elías.*

RVR

remanente conforme a
la elección de la gracia.
6 Y si por gracia, ya no es
a base de obras; de otra
manera, la gracia ya no
es gracia. Y si por obras,
ya no es gracia; de otra
manera, la obra ya no
es obra.
7 ¿Qué, pues? Lo que
buscaba Israel, no lo
ha alcanzado; pero
los escogidos sí lo han
alcanzado, y los demás
fueron endurecidos;
8 como está escrito:
Dios les dio espíritu de
sopor, ojos con que no
vean y oídos con que
no oigan, hasta el día
de hoy.
9 Y David dice:
Conviértase su mesa
en trampa y en red,
En tropezadero y en
retribución;
10 Sean oscurecidos
sus ojos para que
no vean,
Y agóbieles la espalda
para siempre.

La salvación de los gentiles

11 Digo, entonces:
¿Acaso han tropezado
los de Israel para quedar
caídos? ¡En ninguna
manera! Pero con su
caída vino la salvación a
los gentiles, para provo-
carles a celos.
12 Y si su caída es la
riqueza del mundo, y su
fracaso la riqueza de los
gentiles, ¿cuánto más su

λεῖμμα	κατ’	ἐκλογὴν	χάριτος	γέγονεν·	6 εἰ	δὲ	χάριτι,
un remanente$_1$	conforme a$_3$	(la) elección$_4$	de (la) gracia;$_5$	ha llegado a ser$_2$	si$_2$	y$_1$	(es) por gracia,
3005	2596	1589	5485	1096	1487	1161	5485
NNSN	*P*	*NASF*	*NGSF*	*VRAI3S*	*CAC*	*CLN*	*NDSF*

οὐκέτι	ἐξ	ἔργων,	ἐπεὶ	ἡ	χάρις	οὐκέτι	γίνεται	χάρις.
ya no	(es) por	obras,	puesto que	la	gracia	ya no	llega a ser	gracia.
3765	1537	2041	1893	3588	5485	3765	1096	5485
BN	*P*	*NGPN*	*CAZ*	*DNSF*	*NNSF*	*BN*	*VPUI3S*	*NNSF*

7 τί	οὖν;	ὃ	ἐπιζητεῖ	Ἰσραήλ,	τοῦτο	οὐκ	ἐπέτυχεν,	ἡ	δὲ
¿Qué	pues?	Lo que	busca,$_2$	Israel$_1$	esto	no	consiguió;	la	y
5101	3767	3739	1934	2474	5124	3756	2013	3588	1161
RI-NSN	*CLI*	*RR-ASN*	*VPAI3S*	*NNSM, XP*	*RD-ASN*	*BN, TN*	*VAAI3S*	*DNSF*	*CLC*

ἐκλογὴ	ἐπέτυχεν·	οἱ	δὲ	λοιποὶ	ἐπωρώθησαν,	8 καθὼς	γέγραπται·
elección	consiguió;	los$_2$	y$_1$	demás	fueron endurecidos,	como	ha sido escrito:
1589	2013	3588	1161	3062	4456	2531	1125
NNSF	*VAAI3S*	*DNPM*	*CLC*	*JNPM*	*VAPI3P*	*CAM*	*VRPI3S*

Ἔδωκεν	αὐτοῖς	ὁ	θεὸς	πνεῦμα	κατανύξεως,	ὀφθαλμοὺς	τοῦ
dio$_3$	a ellos$_4$	--$_1$	Dios$_2$	un espíritu	de estupor,	ojos	--
1325	846	3588	2316	4151	2659	3788	3588
VAAI3S	*RP3DPM*	*DNSM*	*NNSM*	*NASN*	*NGSF*	*NAPM*	*DGSN, DGSM*

μὴ	βλέπειν	καὶ	ὦτα	τοῦ	μὴ	ἀκούειν,	ἕως	τῆς	σήμερον
no	para ver,	y	oídos	--	no	para oír,	hasta	el$_1$	hoy.$_3$
3361	991	2532	3775	3588	3361	191	2193	3588	4594
BN, TN	*VPAN*	*CLN*	*NAPN*	*DGSN, DGSM*	*BN, TN*	*VPAN*	*P, C*	*DGSF*	*B*

ἡμέρας.	9 καὶ	Δαυὶδ	λέγει·	Γενηθήτω	ἡ	τράπεζα	αὐτῶν	εἰς
día$_2$	Y	David	dice:	llegue a ser (conviértase)$_4$	la$_1$	mesa$_2$	de ellos$_3$	en
2250	2532	1138	3004	1096	3588	5132	846	1519
NGSF	*CLN*	*NNSM, XP*	*VPAI3S*	*VAPM3S*	*DNSF*	*NNSF*	*RP3GPM*	*P*

παγίδα	καὶ	εἰς	θήραν	καὶ	εἰς	σκάνδαλον	καὶ	εἰς	ἀνταπόδομα
lazo	y	en	trampa,	también	en	tropiezo	y	en	retribución
3803	2532	1519	2339	2532	1519	4625	2532	1519	468
NASF	*CLN*	*P*	*NASF*	*CLN*	*P*	*NASN*	*CLN*	*P*	*NASN*

αὐτοῖς,	10 σκοτισθήτωσαν	οἱ	ὀφθαλμοὶ	αὐτῶν	τοῦ	μὴ	βλέπειν,
para ellos.	sean oscurecidos$_4$	Los$_1$	ojos$_2$	de ellos$_3$	-- (para)	no	ver,
846	4654	3588	3788	846	3588	3361	991
RP3DPM	*VAPM3P*	*DNPM*	*NNPM*	*RP3GPM*	*DGSN, DGSM*	*BN, TN*	*VPAN*

καὶ	τὸν	νῶτον	αὐτῶν	διὰ	παντὸς*	σύγκαμψον.
y$_1$	la$_3$	espalda$_4$	de ellos$_5$	por$_6$	todo.$_7$	dobla$_2$
2532	3588	3577	846	1223	3956	4781
CLN	*DASM*	*NASM*	*RP3GPM*	*P*	*JGSM*	*VAAM2S*

11 Λέγω	οὖν,	μὴ	ἔπταισαν	ἵνα	πέσωσιν;	μὴ	γένοιτο.
digo:$_2$	Así que,$_1$	¿Acaso	tropezaron	para que	cayeran?	¡No	sea así!
3004	3767	3361	4417	2443	4098	3361	1096
VPAI1S	*CLI*	*TN, TI*	*VAAI3P*	*CAP, CAR*	*VAAS3P*	*BN, TN*	*VAMO3S*

ἀλλὰ	τῷ	αὐτῶν	παραπτώματι	ἡ	σωτηρία	τοῖς	ἔθνεσιν,	εἰς	τὸ
Pero$_1$	por la$_6$	de ellos,$_8$	transgresión$_7$	la$_2$	salvación (vino)$_3$	a los$_4$	gentiles$_5$	para	--
235	3588	846	3900	3588	4991	3588	1484	1519	3588
CLC	*DDSN*	*RP3GPM*	*NDSN*	*DNSF*	*NNSF*	*DDPN*	*NDPN*	*P*	*DASN*

παραζηλῶσαι	αὐτούς.	12 εἰ	δὲ	τὸ	παράπτωμα	αὐτῶν	πλοῦτος
provocar celos	a ellos.	si$_2$	Mas$_1$	la$_3$	transgresión$_4$	de ellos	(es) riqueza
3863	846	1487	1161	3588	3900	846	4149
VAAN	*RP3APM*	*CAC*	*CLN*	*DNSN*	*NNSN*	*RP3GPM*	*NNSN*

κόσμου	καὶ	τὸ	ἥττημα	αὐτῶν	πλοῦτος	ἐθνῶν,	πόσῳ	μᾶλλον
de(l) mundo,	y	el	fracaso	de ellos	(es) riqueza	de (los) gentiles,	¡cuánto	más
2889	2532	3588	2275	846	4149	1484	4214	3123
NGSM	*CLN*	*DNSN*	*NNSN*	*RP3GPM*	*NNSN*	*NGPN*	*RI-DSN*	*B*

NVI

remanente escogido por
gracia. 6 Y, si es por gra-
cia, ya no es por obras;
porque en tal caso la gra-
cia ya no sería gracia.
7 ¿Qué concluire-
mos? Pues que Israel
no consiguió lo que
tanto deseaba, pero sí lo
consiguieron los elegi-
dos. Los demás fueron
endurecidos, 8 como está
escrito:

«Dios les dio un espí-
ritu insensible,
ojos con los que no
pueden ver
y oídos con los que no
pueden oír,
hasta el día de hoy».

9 Y David dice:

«Que sus banquetes
se les conviertan en
red y en trampa,
en tropezadero y en
castigo.
10 Que se les nublen los
ojos para que no
vean,
y se encorven sus espal-
das para siempre».

Ramas injertadas

11 Ahora pregunto:
¿Acaso tropezaron para
no volver a levantarse?
¡De ninguna manera!
Más bien, gracias a su
transgresión ha venido
la salvación a los gentiles,
para que Israel sienta
celos. 12 Pero, si su trans-
gresión ha enriquecido
al mundo, es decir, si su
fracaso ha enriquecido a

11:10* O sea *para siempre.*

RVR

plena restauración?
13 Porque a vosotros
os digo, gentiles: Por
cuanto yo soy apóstol
de los gentiles, honro mi
ministerio,
14 por si en alguna ma-
nera pueda provocar a
celos a los de mi sangre,
y hacer salvos a algunos
de ellos.
15 Porque si su exclusión
es la reconciliación del
mundo, ¿qué será su
admisión, sino vida de
entre los muertos?
16 Si las primicias son
santas, también lo es la
masa restante; y si la raíz
es santa, también lo son
las ramas.
17 Pero si algunas de las
ramas fueron desgaja-
das, y tú, siendo olivo
silvestre, has sido injer-
tado entre ellas, y has
sido hecho participante
con ellas de la raíz y de
la rica savia del olivo,
18 no te jactes contra las
ramas; y si te jactas, sabe
que no sustentas tú a la
raíz, sino la raíz a ti.
19 Dirás entonces: Las
ramas fueron desgajadas
para que yo fuese
injertado.
20 Bien; por su incredu-
lidad fueron desgajadas,
pero tú por la fe estás en

τὸ	πλήρωμα	αὐτῶν.
la	plenitud	de ellos!
3588	4138	846
DNSN	*NNSN*	*RP3GPM*

13 Ὑμῖν	δὲ	λέγω	τοῖς	ἔθνεσιν.	ἐφ᾽	ὅσον	μὲν	οὖν	εἰμι	ἐγὼ
a vosotros,$_3$	Mas$_1$	digo$_2$	a los	gentiles.	por$_2$	cuanto$_3$	en verdad$_4$	Así que,$_1$	soy$_6$	yo$_5$
5213	1161	3004	3588	1484	1909	3745	3303	3767	1510	1473
RP2DP	*CLC*	*VPAI1S*	*DDPN*	*NDPN*	*P*	*RK-ASN*	*TE*	*CLI*	*VPAI1S*	*RP1NS*

ἐθνῶν	ἀπόστολος,	τὴν	διακονίαν	μου	δοξάζω,	14 εἴ	πως
de (los) gentiles,$_8$	apóstol$_7$	el$_{10}$	ministerio$_{11}$	de mí,$_{12}$	glorifico$_9$	si	de algún modo
1484	652	3588	1248	3450	1392	1487	4459
NGPN	*NNSM*	*DASF*	*NASF*	*RP1GS*	*VPAI1S*	*CAC,T*	*TX, BX*

παραζηλώσω	μου	τὴν	σάρκα	καὶ	σώσω	τινὰς	ἐξ	αὐτῶν.	15 εἰ	γὰρ
provocare a celos	de mí,$_3$	a la$_1$	carne$_2$	y	salvara	a algunos	de	de ellos.	si$_2$	Porque$_1$
3863	3450	3588	4561	2532	4982	5100	1537	846	1487	1063
VAAS1S	*RP1GS*	*DASF*	*NASF*	*CLN*	*VAAS1S*	*RX-APM*	*P*	*RP3GPM*	*CAC*	*CAZ*

ἡ	ἀποβολὴ	αὐτῶν	καταλλαγὴ	κόσμου,	τίς	ἡ	πρόσλημψις
el	rechazo	de ellos	(es la) reconciliación	de(l) mundo,	¿qué (será)	la	admisión,
3588	580	846	2643	2889	5101	3588	4356
DNSF	*NNSF*	*RP3GPM*	*NNSF*	*NGSM*	*RI-NSF*	*DNSF*	*NNSF*

εἰ	μὴ	ζωὴ	ἐκ	νεκρῶν;	16 εἰ	δὲ	ἡ	ἀπαρχὴ	ἁγία,	καὶ	τὸ
si	no	vida	de entre	(los) muertos?	si	Y	la	primicia	(es) santa,	también	la
1487	3361	2222	1537	3498	1487	1161	3588	536	40	2532	3588
CAC	*BN, TN*	*NNSF*	*P*	*JGPM*	*CAC*	*CLN*	*DNSF*	*NNSF*	*JNSF*	*BE, TE*	*DNSN*

φύραμα·	καὶ	εἰ	ἡ	ῥίζα	ἁγία,	καὶ	οἱ	κλάδοι.
masa;	y	si	la	raíz	(es) santa,	también	las	ramas.
5445	2532	1487	3588	4491	40	2532	3588	2798
NNSN	*CLN*	*CAC*	*DNSF*	*NNSF*	*JNSF*	*BE, TE*	*DNPM*	*NNPM*

17 Εἰ	δέ	τινες	τῶν	κλάδων	ἐξεκλάσθησαν,	σὺ	δὲ	ἀγριέλαιος
si$_2$	Mas$_1$	algunas	de las	ramas	fueron desgajadas,	tú,$_2$	y$_1$	olivo silvestre
1487	1161	5100	3588	2798	1575	4771	1161	65
CAC	*CLN*	*RX-NPM*	*DGPM*	*NGPM*	*VAPI3P*	*RP2NS*	*CLN*	*NNSF*

ὢν	ἐνεκεντρίσθης	ἐν	αὐτοῖς	καὶ	συγκοινωνὸς	τῆς	ῥίζης	τῆς
siendo	fuiste injertado	entre	a ellas,	y	copartícipe$_2$	de la$_3$	raíz,$_4$	de la$_5$
5607	1461	1722	846	2532	4791	3588	4491	3588
VPAP-SNM	*VAPI2S*	*P*	*RP3DPM*	*CLN*	*JNSM, NNSM*	*DGSF*	*NGSF*	*DGSF*

πιότητος	τῆς	ἐλαίας	ἐγένου,	18 μὴ	κατακαυχῶ	τῶν	κλάδων·	εἰ
savia$_6$	del$_7$	olivo,$_8$	llegaste a ser$_1$	no	te jactes contra	las	ramas,	si$_2$
4096	3588	1636	1096	3361	2620	3588	2798	1487
NGSF	*DGSF*	*NGSF*	*VAMI2S*	*BN,TN*	*VPUM2S*	*DGPM*	*NGPM*	*CAC*

δὲ	κατακαυχᾶσαι,	οὐ	σὺ	τὴν	ῥίζαν	βαστάζεις	ἀλλὰ	ἡ	ῥίζα
mas$_1$	te jactas,$_3$	no$_2$	tú$_1$	a la$_4$	raíz,$_5$	sustentas$_3$	sino	la	raíz
1161	2620	3756	4771	3588	4491	941	235	3588	4491
CLC	*VPUI2S*	*CLK, TN, B*	*RP2NS*	*DASF*	*NASF*	*VPAI2S*	*CLK, CLC*	*DNSF*	*NNSF*

σέ.	19 ἐρεῖς	οὖν·	Ἐξεκλάσθησαν	κλάδοι	ἵνα	ἐγὼ	ἐγκεντρισθῶ.
a ti.	dirás:$_2$	Así que,$_1$	fueron desgajadas,$_4$	(las) ramas$_3$	para que	yo	fuera injertado.
4571	2046	3767	1575	2798	2443	1473	1461
RP2AS	*VFAI2S*	*CLI*	*VAPI3P*	*NNPM*	*CAP*	*RP1NS*	*VAPS1S*

20 καλῶς·	τῇ	ἀπιστίᾳ	ἐξεκλάσθησαν,	σὺ	δὲ	τῇ	πίστει	ἕστηκας.
Bien,	por la$_2$	incredulidad$_3$	fueron desgajadas,$_1$	tú$_5$	y$_4$	por la	fe	estás firme.
2573	3588	570	1575	4771	1161	3588	4102	2476
B	*DDSF*	*NDSF*	*VAPI3P*	*RP2NS*	*CLC*	*DDSF*	*NDSF*	*VRAI2S*

NVI

los gentiles, ¡cuánto ma-
yor será la riqueza que
su plena restauración
producirá!
13 Me dirijo ahora
a ustedes, los gentiles.
Como apóstol que
soy de ustedes, le hago
honor a mi ministerio,
14 pues quisiera ver si de
algún modo despierto
los celos de mi propio
pueblo, para así salvar a
algunos de ellos. 15 Pues,
si el haberlos rechazado
dio como resultado la
reconciliación entre
Dios y el mundo, ¿no
será su restitución una
vuelta a la vida? 16 Si se
consagra la parte de la
masa que se ofrece como
primicias, también se
consagra toda la masa; si
la raíz es santa, también
lo son las ramas.
17 Ahora bien, es ver-
dad que algunas de las
ramas han sido desgaja-
das, y que tú, siendo de
olivo silvestre, has sido
injertado entre las otras
ramas. Ahora participas
de la savia nutritiva de la
raíz del olivo. 18 Sin em-
bargo, no te vayas a creer
mejor que las ramas ori-
ginales. Y, si te jactas de
ello, ten en cuenta que
no eres tú quien nutre a
la raíz, sino que es la raíz
la que te nutre a ti. 19 Tal
vez dirás: «Desgajaron
unas ramas para que
yo fuera injertado».
20 De acuerdo. Pero ellas
fueron desgajadas por su
falta de fe, y tú por la fe

RVR

pie. No te ensoberbez-
cas, sino teme.
21 Porque si Dios no
perdonó a las ramas
naturales, a ti tampoco
te eximirá.
22 Mira, pues, la benig-
nidad y la severidad
de Dios; la severidad
ciertamente para con
los que cayeron, pero la
benignidad para con-
tigo, si permaneces en
esa benignidad; pues de
otra manera, tú también
serás cortado.
23 Y aun ellos, si no per-
manecen en incredu-
lidad, serán injertados,
pues poderoso es Dios
para volverlos a injertar.
24 Porque si tú fuiste
cortado del que por
naturaleza es olivo sil-
vestre, y contra natura-
leza fuiste injertado en
el buen olivo, ¿cuánto
más éstos, que son las
ramas naturales, serán
injertados en su propio
olivo?

La salvación de Israel al final de los tiempos

25 Porque no quiero,
hermanos, que ignoréis
este misterio, para
que no os tengáis por
sensatos en vuestra
propia opinión: que
ha acontecido a Israel
endurecimiento en
parte, hasta que haya
entrado la plenitud de
los gentiles;
26 y así todo Israel será
salvo, como está escrito:

μὴ ὑψηλὰ φρόνει, ἀλλὰ φοβοῦ· 21 εἰ γὰρ ὁ θεὸς τῶν κατὰ
No₁ altivamente,₃ pienses₂ sino teme; si₂ porque₁ --₃ Dios₄ a las₇ según₉
3361 5308 5426 235 5399 1487 1063 3588 2316 3588 2596
BN, TN JAPN VPAM2S CLC VPUM2S CAC CAZ DNSM NNSM DGPM P

φύσιν κλάδων οὐκ ἐφείσατο, οὐδὲ σοῦ φείσεται. 22 ἴδε
(la) naturaleza,₁₀ ramas₈ no₅ perdonó₆ tampoco de (a) ti perdonará. mira₂
5449 2798 3756 5339 3761 4675 5316 1492
NASF NGPM BN, TN VAMI3S BN RP2GS VFMI3S VAAM2S,I

οὖν χρηστότητα καὶ ἀποτομίαν θεοῦ· ἐπὶ μὲν τοὺς πεσόντας
Así que,₁ (la) bondad y severidad de Dios: sobre₃ ciertamente,₁ a los que₄ han caído,₅
3767 5544 2532 663 2316 1909 3303 3588 4098
CLI NASF CLN NASF NGSM P TK, C DAPM VAAP-PAM

ἀποτομία, ἐπὶ δὲ σὲ χρηστότης θεοῦ, ἐὰν ἐπιμένῃς τῇ
severidad₂ sobre₉ y₆ ti₁₀ bondad₇ de Dios₈ si permanecieres en la
663 1909 1161 4571 5544 2316 1437 1961 3588
NNSF P CLK, CLC RP2AS NNSF NGSM CAC VPAS2S DDSF

χρηστότητι, ἐπεὶ καὶ σὺ ἐκκοπήσῃ. 23 κἀκεῖνοι δέ, ἐὰν μὴ
bondad; de otro modo, también tú serás cortado. también ellos,₂ y₁ si no
5544 1893 2532 4771 1581 2548 1161 1437 3361
NDSF CAZ BE, TE RP2NS VFPI2S RD-NPM, TE CLN CAC BN, TN

ἐπιμένωσι τῇ ἀπιστίᾳ, ἐγκεντρισθήσονται· δυνατὸς γάρ ἐστιν ὁ
permanecen en la incredulidad, serán injertados; poderoso₅ porque₁ es₄ --₂
1961 3588 570 1461 1415 1063 2076 3588
VPAS3P DDSF NDSF VFPI3P JNSM CAZ VPAI3S DNSM

θεὸς πάλιν ἐγκεντρίσαι αὐτούς. 24 εἰ γὰρ σὺ ἐκ τῆς κατὰ
Dios₃ otra vez.₈ para injertar₆ a ellos₇ si₂ Porque₁ tú₃ de₅ el (que es)₆ según₇
2316 3825 1461 846 1487 1063 4771 1537 3588 2596
NNSM B VAAN RP3APM CAC CAZ RP2NS P DGSF P

φύσιν ἐξεκόπης ἀγριελαίου καὶ παρὰ φύσιν ἐνεκεντρίσθης
(la) naturaleza₈ fuiste cortado₄ olivo silvestre,₉ y contra (la) naturaleza fuiste injertado
5449 1581 65 2532 3844 5449 1461
NASF VAPI2S NGSF CLN P NASF VAPI2S

εἰς καλλιέλαιον, πόσῳ μᾶλλον οὗτοι οἱ κατὰ φύσιν
en una planta de olivo cultivada, ¡cuánto más estos, los (que son) según (la) naturaleza,
1519 2565 4214 3123 3778 3588 2596 5449
P NASF RI-DSN B RD-NPM DNPM P NASF

ἐγκεντρισθήσονται τῇ ἰδίᾳ ἐλαίᾳ.
serán injertados en el propio olivo!
1461 3588 2398 1636
VFPI3P DDSF JDSF NDSF

25 Οὐ γὰρ θέλω ὑμᾶς ἀγνοεῖν, ἀδελφοί, τὸ μυστήριον τοῦτο,
no₂ Porque₁ quiero vosotros ignorar, hermanos, --₂ misterio₃ este₁
3756 1063 2309 5209 50 80 3588 3466 5124
BN,TN CLX VPAI1S RP2AP VPAN NVPM DASN NASN RD-ASN

ἵνα μὴ ἦτε ἑαυτοῖς φρόνιμοι, ὅτι πώρωσις ἀπὸ
para que no seáis, para vosotros mismos, sensatos: que₁ un endurecimiento₂ de (en)₄
2443 3361 5600 1438 5429 3754 4457 575
CAP BN, TN VPAS2P RF2DPM JNPM CSC NNSF P

μέρους τῷ Ἰσραὴλ γέγονεν ἄχρι οὗ τὸ πλήρωμα τῶν ἐθνῶν
partes₅ a--₆ Israel,₇ ha sucedido₃ hasta que la plenitud de los gentiles
3313 3588 2474 1096 891 3739 3588 4138 3588 1484
NGSN DDSM NDSM, XP VRAI3S P RR-GSM DNSN NNSN DGPN NGPN

εἰσέλθῃ, 26 καὶ οὕτως πᾶς Ἰσραὴλ σωθήσεται· καθὼς γέγραπται·
entrara (entre). y así todo Israel será salvo, como ha sido escrito:
1525 2532 3779 3956 2474 4982 2531 1125
VAAS3S CLN B JNSM NNSM, XP VFPI3S CAM VRPI3S

NVI

te mantienes firme. Así
que no seas arrogante,
sino temeroso; 21 por-
que, si Dios no tuvo mi-
ramientos con las ramas
originales, tampoco los
tendrá contigo.
22 Por tanto, considera
la bondad y la severidad
de Dios: severidad hacia
los que cayeron y bon-
dad hacia ti. Pero, si no
te mantienes en su bon-
dad, tú también serás
desgajado. 23 Y, si ellos
dejan de ser incrédulos,
serán injertados, porque
Dios tiene poder para
injertarlos de nuevo.
24 Después de todo, si
tú fuiste cortado de un
olivo silvestre, al que por
naturaleza pertenecías, y
contra tu condición na-
tural fuiste injertado en
un olivo cultivado, ¡con
cuánta mayor facilidad
las ramas naturales de
ese olivo serán injertadas
de nuevo en él!

Todo Israel será salvo

25 Hermanos, quiero
que entiendan este
misterio para que no se
vuelvan presuntuosos.
Parte de Israel se ha
endurecido, y así perma-
necerá hasta que haya
entrado la totalidad de
los gentiles. 26 De esta
manera todo Israel será
salvo, como está escrito:

RVR

Vendrá de Sión el
Libertador,
Que apartará de Jacob
la impiedad.
27 Y éste será mi pacto
con ellos,
Cuando yo quite sus
pecados.
28 Por lo que atañe al
evangelio, son enemigos
por causa de vosotros;
pero en cuanto a la elec-
ción, son amados por
causa de los padres.
29 Porque los dones y el
llamamiento de Dios
son irrevocables.
30 Pues como vosotros
también en otro tiempo
erais desobedientes a
Dios, pero ahora habéis
alcanzado misericordia
por la desobediencia
de ellos,
31 así también éstos
ahora han sido des-
obedientes, para que
por la misericordia
concedida a vosotros,
ellos también alcancen
misericordia.
32 Porque Dios encerró
a todos en desobedien-
cia, para tener miseri-
cordia de todos.
33 ¡Oh profundidad
de las riquezas de la
sabiduría y del conoci-
miento de Dios! ¡Cuán
inescrutables son sus
juicios, e insondables
sus caminos!

Ἥξει	ἐκ	Σιὼν	ὁ	ῥυόμενος,	ἀποστρέψει	ἀσεβείας	ἀπὸ	Ἰακώβ.
vendrá	de	Sión	el que	libera,	apartará	(la) impiedad	de	Jacob.
2240	1537	4622	3588	4506	654	763	575	2384
VFAI3S	*P*	*NGSF, XP*	*DNSM*	*VPUP-SNM*	*VFAI3S*	*NAPF*	*P*	*NGSM, XP*

27 καὶ	αὕτη	αὐτοῖς	ἡ	παρ'	ἐμοῦ	διαθήκη,	ὅταν	ἀφέλωμαι
Y$_1$	este (será)$_2$	para ellos,$_7$	el$_3$	de parte de$_5$	mí$_6$	pacto$_4$	cuando	quite
2532	3778	846	3588	3844	1700	1242	3752	851
CLN	*RD-NSF*	*RP3DPM*	*DNSF*	*P*	*RP1GS*	*NNSF*	*CAT*	*VAMS1S*

τὰς	ἁμαρτίας	αὐτῶν.	28 κατὰ	μὲν	τὸ	εὐαγγέλιον	ἐχθροὶ
los	pecados	de ellos.	conforme a$_2$	Ciertamente,$_1$	al	evangelio,	(son) enemigos
3588	266	846	2596	3303	3588	2098	2190
DAPF	*NAPF*	*RP3GPM*	*P*	*TK, C*	*DASN*	*NASN*	*JNPM*

δι'	ὑμᾶς,	κατὰ	δὲ	τὴν	ἐκλογὴν	ἀγαπητοὶ	διὰ	τοὺς
a causa de	vosotros,	conforme a	mas	la	elección	(son) amados	a causa de	los
1223	5209	2596	1161	3588	1589	27	1223	3588
P	*RP2AP*	*P*	*CLK, CLC*	*DASF*	*NASF*	*JNPM*	*P*	*DAPM*

πατέρας.	29 ἀμεταμέλητα*	γὰρ	τὰ	χαρίσματα	καὶ	ἡ	κλῆσις
padres;	no arrepentidos$_2$	porque$_1$	los	dones	y	el	llamado
3962	278	1063	3588	5486	2532	3588	2821
NAPM	*JNPN*	*CAZ*	*DNPN*	*NNPN*	*CLN*	*DNSF*	*NNSF*

τοῦ	θεοῦ.	30 ὥσπερ	γὰρ	ὑμεῖς	ποτε	ἠπειθήσατε	τῷ	θεῷ,
de --	Dios.	así como$_2$	Porque$_1$	vosotros	en otro tiempo	fuisteis desobedientes	a --	Dios,
3588	2316	5618	1063	5210	4218	544	3588	2316
DGSM	*NGSM*	*CAM*	*CLX*	*RP2NP*	*BX, TX*	*VAAI2P*	*DDSM*	*NDSM*

νῦν	δὲ	ἠλεήθητε	τῇ	τούτων	ἀπειθείᾳ,	31 οὕτως	καὶ	οὗτοι
ahora$_2$	mas$_1$	obtuvisteis misericordia$_3$	por la$_4$	de estos,$_6$	desobediencia$_5$	así	también	estos
3568	1161	1653	3588	5130	543	3779	2532	3778
B	*CLC*	*VAPI2P*	*DDSF*	*RD-GPM*	*NDSF*	*B*	*BE, TE*	*RD-NPM*

νῦν	ἠπείθησαν	τῷ	ὑμετέρῳ	ἐλέει	ἵνα	καὶ	αὐτοὶ	νῦν
ahora	desobedecieron	por la	para vosotos$_2$	misericordia,$_1$	para que	también	ellos	ahora
3568	544	3588	5212	1656	2443	2532	846	3568
B	*VAAI3P*	*DDSN*	*JDSN, RS2DPM*	*NDSN*	*CAP*	*BE, TE*	*RP3NPM*	*B*

ἐλεηθῶσιν·	32 συνέκλεισεν	γὰρ	ὁ	θεὸς	τοὺς	πάντας	εἰς	ἀπείθειαν
tengan misericordia.	encerró$_4$	Porque$_1$	--$_2$	Dios$_3$	a --	todos	en	desobediencia,
1653	4788	1063	3588	2316	3588	3956	1519	543
VAPS3P	*VAAI3S*	*CLX*	*DNSM*	*NNSM*	*DAPM*	*JAPM*	*P*	*NASF*

ἵνα	τοὺς	πάντας	ἐλεήσῃ.
para que$_1$	a --$_3$	todos.$_4$	tuviera misericordia.$_2$
2443	3588	3956	1653
CAP	*DAPM*	*JAPM*	*VAAS3S*

33 Ὦ	βάθος	πλούτου	καὶ	σοφίας	καὶ	γνώσεως	θεοῦ·	ὡς
¡Oh	profundidad	de (la) riqueza	y	de (la) sabiduría	y	de(l) conocimiento	Dios!	¡Cuán
5599	899	4149	2532	4678	2532	1108	2316	5613
I, T	*NNSN*	*NGSM*	*CLN*	*NGSF*	*CLN*	*NGSF*	*NGSM*	*CAM*

ἀνεξεραύνητα	τὰ	κρίματα	αὐτοῦ	καὶ	ἀνεξιχνίαστοι	αἱ	ὁδοὶ	αὐτοῦ.
inescrutables (son)	los	juicios	de él	y	imposibles de entender	los	caminos	de él!
419	3588	2917	846	2532	421	3588	3598	846
JNPN	*DNPN*	*NNPN*	*RP3GSM*	*CLN*	*JNPF*	*DNPF*	*NNPF*	*RP3GSM*

NVI

«El redentor vendrá
de Sión
y apartará de Jacob la
impiedad.
27 Y este será mi pacto
con ellos
cuando perdone sus
pecados».

28 Con respecto al
evangelio, los israelitas
son enemigos de Dios
para bien de ustedes;
pero, si tomamos en
cuenta la elección, son
amados de Dios por
causa de los patriarcas,
29 porque las dádivas de
Dios son irrevocables,
como lo es también
su llamamiento. 30 De
hecho, en otro tiempo
ustedes fueron desobe-
dientes a Dios; pero
ahora, por la desobe-
diencia de los israelitas,
han sido objeto de su
misericordia. 31 Así
mismo, estos que han
desobedecido recibirán
misericordia ahora,
como resultado de la mi-
sericordia de Dios hacia
ustedes. 32 En fin, Dios
ha sujetado a todos a la
desobediencia, con el
fin de tener misericordia
de todos.

Doxología

33 ¡Qué profundas son
las riquezas
de la sabiduría y del
conocimiento de
Dios!
¡Qué indescifrables sus
juicios
e impenetrables sus

11:29* O sea *(son) irrevocables.*

RVR

34 Porque ¿quién pene-
tró en el pensamiento
del Señor? ¿O quién fue
su consejero?
35 ¿O quién le dio a él
primero, para que le
fuese recompensado?
36 Porque de él, y por él,
y para él, son todas las
cosas. A él sea la gloria
por los siglos. Amén.

Actitud consecuente del cristiano

12 Así que, herma-
nos, os exhorto
por las misericordias de
Dios, a que presentéis
vuestros cuerpos como
sacrificio vivo, santo,
agradable a Dios, que
es vuestro servicio de
adoración espiritual.
2 No os adaptéis a las
formas de este mundo,
sino transformaos por
medio de la renovación
de vuestra mente, para
que comprobéis cuál es
la voluntad de Dios: lo
bueno, lo que le agrada,
y lo perfecto.
3 Digo, pues, por la gra-
cia que me ha sido dada,
a cada cual que está
entre vosotros, que no
tenga más alto concepto
de sí que el que debe
tener, sino que piense
de sí con cordura,
conforme a la medida
de fe que Dios repartió
a cada uno.
4 Porque así como en
un solo cuerpo tenemos

34 Τίς	γὰρ	ἔγνω	νοῦν	κυρίου;	ἢ	τίς	σύμβουλος	αὐτοῦ	ἐγένετο;
¿quién$_2$	Porque,$_1$	conoció	(la) mente	de(l) Señor?	¿O	quién	consejero$_2$	de él?$_3$	llegó a ser$_1$
5101	1063	1097	3563	2962	2228	5101	4825	846	1096
RX-NSM	*CLX*	*VAAI3S*	*NASM*	*NGSM*	*CLD*	*RX-NSM*	*NNSM*	*RP3GSM*	*VAMI3S*

35 ἢ	τίς	προέδωκεν	αὐτῷ,	καὶ	ἀνταποδοθήσεται	αὐτῷ;	36 ὅτι	ἐξ
¿O	quién	dio de antemano	a él	y	será recompensado	a él?	Porque	de
2228	5101	4272	846	2532	467	846	3754	1537
CLD	*RX-NSM*	*VAAI3S*	*RP3DSM*	*CLN*	*VFPI3S*	*RP3DSM*	*CAZ*	*P*

αὐτοῦ	καὶ	δι᾽	αὐτοῦ	καὶ	εἰς	αὐτὸν	τὰ	πάντα·	αὐτῷ	ἡ
él	y	por medio de	él	y	para	él	las cosas$_2$	(son) todas;$_1$	(sea) a él$_5$	la$_3$
846	2532	1223	846	2532	1519	846	3588	3956	846	3588
RP3GSM	*CLN*	*P*	*RP3GSM*	*CLN*	*P*	*RP3ASM*	*DNPN*	*JNPN*	*RP3DSM*	*DNSF*

δόξα	εἰς	τοὺς	αἰῶνας,	ἀμήν.
gloria$_4$	por	los	siglos;	amén.
1391	1519	3588	165	281
NNSF	*P*	*DAPM*	*NAPM*	*I, XF*

12 Παρακαλῶ	οὖν	ὑμᾶς,	ἀδελφοί,	διὰ	τῶν	οἰκτιρμῶν
exhorto$_2$	Así que,$_1$	a vosotros,	hermanos,	por	las	misericordias
3870	3767	5209	80	1223	3588	3628
VPAI1S	*CLI*	*RP2AP*	*NVPM*	*P*	*DGPM*	*NGPM*

τοῦ	θεοῦ	παραστῆσαι	τὰ	σώματα	ὑμῶν	θυσίαν	ζῶσαν	ἁγίαν
de --	Dios,	presentar	los	cuerpos	de vosotros,	un sacrificio	que vive,	santo
3588	2316	3936	3588	4983	5216	2378	2198	40
DGSM	*NGSM*	*VAAN*	*DAPN*	*NAPN*	*RP2GP*	*NASF*	*VPAP-SAF*	*JASF*

εὐάρεστον	τῷ	θεῷ,	τὴν	λογικὴν	λατρείαν	ὑμῶν·	2 καὶ	μὴ
agradable	para --	Dios,	el$_1$	racional$_3$	servicio$_2$	de vosotros;	y	no
2101	3588	2316	3588	3050	2999	5216	2532	3361
JASF	*DDSM*	*NDSM*	*DASF*	*JASF*	*NASF*	*RP2GP*	*CLN*	*BN, TN*

συσχηματίζεσθε	τῷ	αἰῶνι	τούτῳ,	ἀλλὰ	μεταμορφοῦσθε	τῇ
amoldéis	a --$_1$	edad,$_3$	esta$_2$	sino	transformaos	por la
4964	3588	165	5129	235	3339	3588
VPUM2P	*DDSM*	*NDSM*	*RD-DSM*	*CLC*	*VPPM2P*	*DDSF*

ἀνακαινώσει	τοῦ	νοός,	εἰς	τὸ	δοκιμάζειν	ὑμᾶς	τί	τὸ	θέλημα
renovación	de la	mente,	para$_1$	--$_3$	comprobar$_4$	vosotros$_2$	cuál	(es) la	voluntad
342	3588	3563	1519	3588	1381	5209	5101	3588	2307
NDSF	*DGSM*	*NGSM*	*P*	*DASN*	*VPAN*	*RP2AP*	*RI-NSN*	*DNSN*	*NNSN*

τοῦ	θεοῦ,	τὸ	ἀγαθὸν	καὶ	εὐάρεστον	καὶ	τέλειον.
de --	Dios,	--	buena	y	agradable	y	perfecta.
3588	2316	3588	18	2532	2101	2532	5046
DGSM	*NGSM*	*DNSN*	*JNSN*	*CLN*	*JNSN*	*CLN*	*JNSN*

3 Λέγω	γὰρ	διὰ	τῆς	χάριτος	τῆς	δοθείσης	μοι	παντὶ	τῷ
digo$_8$	Porque$_1$	por$_2$	la$_3$	gracia$_4$	la que$_5$	fue dada$_6$	a mí$_7$	a todo	el que
3004	1063	1223	3588	5485	3588	1325	3427	3956	3588
VPAI1S	*CLX*	*P*	*DGSF*	*NGSF*	*DGSF*	*VAPP-SGF*	*RP1DS*	*JDSM*	*DDSM*

ὄντι	ἐν	ὑμῖν	μὴ	ὑπερφρονεῖν	παρ᾽	ὃ	δεῖ
está	entre	vosotros,	no	tenga un alto concepto de sí mismo	más que	el que	es necesario
5607	1722	5213	3361	5252	3844	3739	1163
VPAP-SDM	*P*	*RP2DP*	*BN, TN*	*VPAN*	*P*	*RR-ASN*	*VPAI3S*

φρονεῖν,	ἀλλὰ	φρονεῖν	εἰς	τὸ	σωφρονεῖν,	ἑκάστῳ	ὡς	ὁ
pensar,	sino	pensar	en relación con	el	ser sensato,	a cada uno,$_7$	como$_1$	$_2$
5426	235	5426	1519	3588	4993	1538	5613	3588
VPAN	*CLC*	*VPAN*	*P*	*DASN*	*VPAN*	*JDSM*	*CAM*	*DNSM*

θεὸς	ἐμέρισεν	μέτρον	πίστεως.	4 καθάπερ	γὰρ	ἐν	ἑνὶ	σώματι
Dios$_3$	repartió$_4$	(según la) medida$_5$	de (la) fe$_6$	así como$_2$	Porque$_1$	en$_3$	un$_4$	cuerpo$_5$
2316	3307	3358	4102	2509	1063	1722	1520	4983
NNSM	*VAAI3S*	*NASN*	*NGSF*	*CAM*	*CAZ*	*P*	*JDSN*	*NDSN*

NVI

caminos!
34 «¿Quién ha cono-
cido la mente del
Señor,
o quién ha sido su
consejero?»
35 «¿Quién le ha dado
primero a Dios,
para que luego Dios le
pague?»
36 Porque todas las co-
sas proceden de él,
y existen por él y
para él.
¡A él sea la gloria por
siempre! Amén.

Sacrificios vivos

12 Por lo tanto,
hermanos,
tomando en cuenta la
misericordia de Dios,
les ruego que cada uno
de ustedes, en adoración
espiritual, ofrezca su
cuerpo como sacrificio
vivo, santo y agradable
a Dios. 2 No se amolden
al mundo actual, sino
sean transformados
mediante la renovación
de su mente. Así podrán
comprobar cuál es la vo-
luntad de Dios, buena,
agradable y perfecta.
3 Por la gracia que se
me ha dado, les digo a
todos ustedes: Nadie
tenga un concepto de sí
más alto que el que debe
tener, sino más bien
piense de sí mismo con
moderación, según la
medida de fe que Dios
le haya dado. 4 Pues,
así como cada uno de
nosotros tiene un solo

RVR

muchos miembros,
pero no todos los
miembros tienen la
misma función,
5 así también noso-
tros, siendo muchos,
somos un solo cuerpo
en Cristo, mas siendo
cada uno por su parte
miembros los unos de
los otros.
6 Y teniendo diferentes
dones, según la gracia
que nos es dada, si es el
de profecía, úsese con-
forme a la proporción
de la fe;
7 o si de servicio, en
servir; o el que enseña,
en la enseñanza;
8 el que exhorta, en la
exhortación; el que
reparte, con sencillez; el
que preside, con solici-
tud; el que hace miseri-
cordia, con alegría.
9 El amor sea sin fin-
gimiento. Aborreced
lo malo, adheríos a lo
bueno.
10 Amaos entrañable-
mente los unos a los
otros con amor frater-
nal; en cuanto a honor,
dando la preferencia los
unos a los otros.
11 En lo que requiere di-
ligencia, no perezosos;
fervientes en espíritu,
sirviendo al Señor;
12 gozosos en la espe-
ranza; sufridos en la
tribulación; constantes
en la oración;
13 compartiendo las
necesidades de los
santos; practicando la
hospitalidad.

πολλὰ μέλη ἔχομεν, τὰ δὲ μέλη πάντα οὐ τὴν αὐτὴν
muchos$_{7}$ miembros,$_{8}$ tenemos$_{6}$ los$_{11}$ pero$_{9}$ miembros$_{12}$ todos$_{10}$ no$_{13}$ la$_{15}$ misma$_{16}$
4183 3196 2192 3588 1161 3196 3956 3756 3588 846
JAPN NAPN VPAI1P DNPN CLN NNPN JNPN BN, TN DASF RP3ASF, JASF

ἔχει πρᾶξιν, 5 οὕτως οἱ πολλοὶ ἓν σῶμά ἐσμεν ἐν Χριστῷ, τὸ
tiene(n)$_{14}$ función,$_{17}$ así los muchos un$_{2}$ cuerpo$_{3}$ somos$_{1}$ en Cristo, --$_{2}$
2192 4234 3779 3588 4183 1520 4983 2070 1722 5547 3588
VPAI3S NASF B DNPM JNPM JNSN NNSN VPAI1P P NDSM DNSN

δὲ καθ' εἷς ἀλλήλων μέλη. 6 ἔχοντες δὲ χαρίσματα κατὰ τὴν
y$_{1}$ cada uno unos de otros.$_{2}$ miembros$_{1}$ teniendo$_{2}$ Y$_{1}$ dones$_{4}$ según$_{5}$ la$_{6}$
1161 2596 1520 240 3196 2192 1161 5486 2596 3588
CLN P JNSM RC-GPM NNPN VPAP-PNM CLN NAPN P DASF

χάριν τὴν δοθεῖσαν ἡμῖν διάφορα, εἴτε προφητείαν κατὰ τὴν
gracia$_{7}$ la que$_{8}$ fue dada$_{9}$ a nosotros,$_{10}$ diferentes$_{3}$ sea profecía según la
5485 3588 1325 2254 1313 1535 4394 2596 3588
NASF DASF VAPP-SAF RP1DP JAPN CLK, CAC NASF P DASF

ἀναλογίαν τῆς πίστεως, 7 εἴτε διακονίαν ἐν τῇ διακονίᾳ, εἴτε
proporción de la fe; sea servicio en el servicio, sea
356 3588 4102 1535 1248 1722 3588 1248 1535
NASF DGSF NGSF CLK, CAC NASF P DDSF NDSF CLK, CAC

ὁ διδάσκων ἐν τῇ διδασκαλίᾳ, 8 εἴτε ὁ παρακαλῶν ἐν τῇ
el que enseña, en la enseñanza; sea el que exhorta, en la
3588 1321 1722 3588 1319 1535 3588 3870 1722 3588
DNSM VPAP-SNM P DDSF NDSF CLK, CAC DNSM VPAP-SNM P DDSF

παρακλήσει, ὁ μεταδιδοὺς ἐν ἁπλότητι, ὁ προϊστάμενος ἐν
exhortación; el que comparte, con sencillez; el que dirige, con
3874 3588 3330 1722 572 3588 4291 1722
NDSF DNSM VPAP-SNM P NDSF DNSM VPMP-SNM P

σπουδῇ, ὁ ἐλεῶν ἐν ἱλαρότητι.
esfuerzo; el que tiene misericordia, con alegría.
4710 3588 1653 1722 2432
NDSF DNSM VPAP-SNM P NDSF

9 Ἡ ἀγάπη ἀνυπόκριτος. ἀποστυγοῦντες τὸ πονηρόν,
El amor (sea) sin fingimiento; aborreciendo lo malo,
3588, 5600 26 505 655 3588 4190
DNSF NNSF JNSF VPAP-PNM DASN JASN

κολλώμενοι τῷ ἀγαθῷ. 10 τῇ φιλαδελφίᾳ εἰς ἀλλήλους φιλόστοργοι,
unidos a lo bueno; con --$_{4}$ amor fraternal,$_{5}$ hacia$_{2}$ unos a otros$_{3}$ afectuosos$_{1}$
2853 3588 18 3588 5360 1519 240 5387
VPPP-PNM DDSN JDSN DDSF NDSF P RC-APM JNPM

τῇ τιμῇ ἀλλήλους προηγούμενοι, 11 τῇ σπουδῇ μὴ ὀκνηροί, τῷ
en el honor, unos a otros;$_{2}$ dando preferencia$_{1}$ en la diligencia, no perezosos; en el$_{2}$
3588 5092 240 4285 3588 4710 3361 3636 3588
DDSF NDSF RC-APM VPUP-PNM DDSF NDSF BN, TN JNPM DDSN

πνεύματι ζέοντες, τῷ κυρίῳ δουλεύοντες, 12 τῇ ἐλπίδι χαίροντες,
espíritu;$_{3}$ siendo fervorosos$_{1}$ al$_{5}$ Señor;$_{6}$ sirviendo$_{4}$ en la$_{2}$ esperanza;$_{3}$ regocijándose$_{1}$
4151 2204 3588 2962 1398 3588 1680 5463
NDSN VPAP-PNM DDSM NDSM VPAP-PNM DDSF NDSF VPAP-PNM

τῇ θλίψει ὑπομένοντες, τῇ προσευχῇ προσκαρτεροῦντες, 13 ταῖς
en la$_{5}$ tribulación;$_{6}$ perseverando$_{4}$ en la$_{8}$ oración;$_{9}$ persistiendo$_{7}$ en las$_{2}$
3588 2347 5278 3588 4335 4342 3588
DDSF NDSF VPAP-PNM DDSF NDSF VPAP-PNM DDPF

χρείαις τῶν ἁγίων κοινωνοῦντες, τὴν φιλοξενίαν διώκοντες.
necesidades$_{3}$ de los$_{4}$ santos,$_{5}$ compartiendo$_{1}$ la$_{7}$ hospitalidad.$_{8}$ siguiendo$_{6}$
5532 3588 40 2841 3588 5381 1377
NDPF DGPM JGPM VPAP-PNM DASF NASF VPAP-PNM

NVI

cuerpo con muchos
miembros, y no todos
estos miembros desem-
peñan la misma función,
5 también nosotros,
siendo muchos, forma-
mos un solo cuerpo en
Cristo, y cada miembro
está unido a todos los
demás. 6 Tenemos dones
diferentes, según la gra-
cia que se nos ha dado.
Si el don de alguien es el
de profecía, que lo use
en proporción con su
fe; 7 si es el de prestar un
servicio, que lo preste; si
es el de enseñar, que en-
señe; 8 si es el de animar
a otros, que los anime;
si es el de socorrer a los
necesitados, que dé con
generosidad; si es el de
dirigir, que dirija con es-
mero; si es el de mostrar
compasión, que lo haga
con alegría.

El amor

9 El amor debe ser
sincero. Aborrezcan el
mal; aférrense al bien.
10 Ámense los unos
a los otros con amor
fraternal, respetándose y
honrándose mutua-
mente. 11 Nunca dejen
de ser diligentes; antes
bien, sirvan al Señor
con el fervor que da el
Espíritu. 12 Alégrense en
la esperanza, muestren
paciencia en el sufri-
miento, perseveren en
la oración. 13 Ayuden
a los hermanos nece-
sitados. Practiquen
la hospitalidad.

RVR

14 Bendecid a los que os
persiguen; bendecid, y
no maldigáis.
15 Gozaos con los que
se gozan; llorad con los
que lloran.
16 Tened unanimidad
de sentimientos entre
vosotros; no con altivez
de sentimientos, sino
condescendiendo con
los humildes. No seáis
sabios en vuestra propia
opinión.
17 No paguéis a nadie
mal por mal; procurad
lo bueno delante de
todos los hombres.
18 Si es posible, en cuan-
to dependa de vosotros,
estad en paz con todos
los hombres.
19 No os venguéis voso-
tros mismos, amados,
sino dejad lugar a la ira
de Dios; porque escrito
está: Mía es la venganza,
yo pagaré, dice el Señor.
20 Así que, si tu enemigo
tiene hambre, dale de
comer; si tiene sed, dale
de beber; pues haciendo
esto, amontonarás sobre
su cabeza carbones
encendidos.
21 No seas vencido por
el mal, sino vence con el
bien el mal.
13 Sométase
toda persona
a las autoridades
superiores; porque
no hay autoridad sino
de parte de Dios, y
las que hay, por Dios

14 εὐλογεῖτε	τοὺς	διώκοντας,	εὐλογεῖτε	καὶ	μὴ	καταρᾶσθε.
Bendecid	a los que	persiguen,	bendecid	y	no	maldigáis.
2127	3588	1377	2127	2532	3361	2672
VPAM2P	*DAPM*	*VPAP-PAM*	*VPAM2P*	*CLN*	*BN, TN*	*VPUM2P*

15 χαίρειν	μετὰ	χαιρόντων,	κλαίειν	μετὰ	κλαιόντων.	16 τὸ	αὐτὸ
Regocijarse	con	los que se regocijan,	llorar	con	los que lloran.	lo$_2$	mismo$_3$
5463	3326	5463	2799	3326	2799	3588	846
VPAN	*P*	*VPAP-PGM*	*VPAN*	*P*	*VPAP-PGM*	*DASN*	*RP3ASN, JASN*

εἰς	ἀλλήλους	φρονοῦντες,	μὴ	τὰ	ὑψηλὰ	φρονοῦντες	ἀλλὰ	τοῖς
para$_4$	unos a otros,$_5$	Pensando$_1$	no$_6$	las cosas$_8$	altivamente,$_9$	pensando$_7$	sino$_{10}$	con los
1519	240	5426	3361	3588	5308	5426	235	3588
P	*RC-APM*	*VPAP-PNM*	*BN, TN*	*DAPN*	*JAPN*	*VPAP-PNM*	*CLC*	*DDPM*

ταπεινοῖς	συναπαγόμενοι.	μὴ	γίνεσθε	φρόνιμοι	παρ'	ἑαυτοῖς.
humildes.	asociándoos$_{11}$	No	os hagáis	sabios	de parte de	vosotros mismos;
5011	4879	3361	1096	5429	3844	1438
JDPM	*VPPP-PNM, VPMP-PNM*	*BN, TN*	*VPUM2P*	*JNPM*	*P*	*RF2DPM*

17 μηδενὶ	κακὸν	ἀντὶ	κακοῦ	ἀποδιδόντες·	προνοούμενοι	καλὰ
a nadie$_2$	mal$_3$	por$_4$	mal,$_5$	devolviendo$_1$	procurando	las cosas buenas
3367	2556	473	2556	591	4306	2570
JDSM	*JASN*	*P*	*JGSN*	*VPAP-PNM*	*VPMP-PNM*	*JAPN*

ἐνώπιον	πάντων	ἀνθρώπων·	18 εἰ	δυνατόν,	τὸ	ἐξ	ὑμῶν	μετὰ
delante de	todos	(los) seres humanos;	si	(es) posible,	lo	de	vosotros,	con$_2$
1799	3956	444	1487	1415	3588	1537	5216	3326
P, B	*JGPM*	*NGPM*	*CAC*	*JNSN*	*DASN, DNSN*	*P*	*RP2GP*	*P*

πάντων	ἀνθρώπων	εἰρηνεύοντες·	19 μὴ	ἑαυτοὺς	ἐκδικοῦντες,
todos$_3$	(los) seres humanos;$_4$	estando en paz$_1$	no$_1$	a vosotros mismos,$_3$	vengándoos$_2$
3956	444	1514	3361	1438	1556
JGPM	*NGPM*	*VPAP-PNM*	*BN,TN*	*RF2APM*	*VPAP-PNM*

ἀγαπητοί,	ἀλλὰ	δότε	τόπον	τῇ	ὀργῇ,	γέγραπται	γάρ·	Ἐμοὶ
amados,	sino	dad	lugar	a la	ira;	ha sido escrito:$_2$	porque$_1$	Para mí (es)
27	235	1325	5117	3588	3709	1125	1063	1698
JVPM	*CLC*	*VAAM2P*	*NASM*	*DDSF*	*NDSF*	*VRPI3S*	*CAZ*	*RP1DS*

ἐκδίκησις,	ἐγὼ	ἀνταποδώσω,	λέγει	κύριος.	20 ἀλλὰ	ἐὰν	πεινᾷ
(la) venganza;	yo	restituiré,	dice	(el) Señor.	Sino,	si$_1$	tiene hambre,$_5$
1557	1473	467	3004	2962	235	1437	3983
NNSF	*RP1NS*	*VFAI1S*	*VPAI3S*	*NNSM*	*CLC*	*CAC*	*VPAS3S*

ὁ	ἐχθρός	σου,	ψώμιζε	αὐτόν·	ἐὰν	διψᾷ,	πότιζε	αὐτόν·	τοῦτο	γὰρ
el$_2$	enemigo$_3$	de ti$_4$	da de comer	a él;	si	tiene sed,	da de beber	a él;	esto$_3$	porque$_1$
3588	2190	4675	5595	846	1437	1372	4222	846	5124	1063
DNSM	*JNSM*	*RP2GS*	*VPAM2S*	*RP3ASM*	*CAC*	*VPAS3S*	*VPAM2S*	*RP3ASM*	*RD-ASN*	*CAZ*

ποιῶν	ἄνθρακας	πυρὸς	σωρεύσεις	ἐπὶ	τὴν	κεφαλὴν	αὐτοῦ.	21 μὴ
haciendo$_2$	carbón$_5$	de fuego$_6$	amontonarás$_4$	sobre	la	cabeza	de él.	No
4160	440	4442	4987	1909	3588	2776	846	3361
VPAP-SNM	*NAPM*	*NGSN*	*VFAI2S*	*P*	*DASF*	*NASF*	*RP3GSM*	*BN,TN*

νικῶ	ὑπὸ	τοῦ	κακοῦ,	ἀλλὰ	νίκα	ἐν	τῷ	ἀγαθῷ	τὸ	κακόν.
sea vencido	por	el	mal,	sino	vence$_1$	con$_4$	lo$_5$	bueno.$_6$	el$_2$	mal$_3$
3528	5259	3588	2556	235	3528	1722	3588	18	3588	2556
VPPM2S	*P*	*DGSN*	*JGSN*	*CLC*	*VPAM2S*	*P*	*DDSN*	*JDSN*	*DASN*	*JASN*

13 Πᾶσα	ψυχὴ	ἐξουσίαις	ὑπερεχούσαις	ὑποτασσέσθω,	οὐ
Toda	persona	a (las) autoridades$_2$	superiores,$_3$	sométase$_1$	no$_5$
3956	5590	1849	5242	5293	3756
JNSF	*NNSF*	*NDPF*	*VPAP-PDF*	*VPPM3S, VPMM3S*	*BN, TN*

γὰρ	ἔστιν	ἐξουσία	εἰ	μὴ	ὑπὸ	θεοῦ,	αἱ	δὲ	οὖσαι	ὑπὸ	θεοῦ
porque$_4$	es (hay)$_6$	autoridad	si	no	bajo de	Dios,	las$_2$	mas$_1$	que son (hay)$_3$	bajo de$_6$	Dios.$_7$
1063	2076	1849	1487	3361	5259	2316	3588	1161	5607	5259	2316
CAZ	*VPAI3S*	*NNSF*	*CAC*	*BN, TN*	*P*	*NGSM*	*DNPF*	*CLN*	*VPAP-PNF*	*P*	*NGSM*

NVI

14 Bendigan a quienes
los persigan; bendi-
gan y no maldigan.
15 Alégrense con los que
están alegres; lloren con
los que lloran. 16 Vivan
en armonía los unos
con los otros. No sean
arrogantes, sino háganse
solidarios con los hu-
mildes. No se crean los
únicos que saben.
17 No paguen a nadie
mal por mal. Procuren
hacer lo bueno delante
de todos. 18 Si es posible,
y en cuanto dependa de
ustedes, vivan en paz
con todos. 19 No tomen
venganza, hermanos
míos, sino dejen el casti-
go en las manos de Dios,
porque está escrito:
«Mía es la venganza; yo
pagaré», dice el Señor.
20 Antes bien,

«Si tu enemigo tiene
hambre, dale de
comer;
si tiene sed, dale de
beber.
Actuando así, harás
que se avergüence
de su conducta».

21 No te dejes vencer por
el mal; al contrario, ven-
ce el mal con el bien.

El respeto a las autoridades

13 Todos deben
someterse a las
autoridades públicas,
pues no hay autori-
dad que Dios no haya
dispuesto, así que las

NVN

han sido establecidas.
2 De modo que quien se
opone a la autoridad, a
lo establecido por Dios
resiste; y los que resisten,
acarrean condenación
para sí mismos.
3 Porque los magistrados
no están para infun-
dir temor al que hace
el bien, sino al malo.
¿Quieres, pues, no temer
a la autoridad? Haz lo
bueno, y tendrás alaban-
za de ella;
4 porque es un servidor
de Dios para tu bien.
Pero si haces lo malo,
teme; porque no en
vano lleva la espada,
pues es servidor de Dios,
vengador para castigar al
que practica lo malo.
5 Por lo cual es necesario
estarle sometidos, no
solamente por razón del
castigo, sino también
por causa de la con-
ciencia.
6 Pues por esto pagáis
también los tributos,
porque son funciona-
rios de Dios, dedicados
continuamente a esto
mismo.
7 Pagad a todos lo que
debéis: al que tributo,
tributo; al que impues-
to, impuesto; al que
respeto, respeto; al que
honor, honor.

τεταγμέναι	εἰσίν.	2 ὥστε	ὁ	ἀντιτασσόμενος	τῇ	ἐξουσίᾳ	τῇ
han sido establecidas$_5$	están$_4$	De modo que,	el que	resiste	a la	autoridad,	al$_2$
5021	1526	5620	3588	498	3588	1849	3588
VRPP-PNF	*VPAI3P*	*CLI*	*DNSM*	*VPMP-SNM*	*DDSF*	*NDSF*	*DDSF*

τοῦ	θεοῦ	διαταγῇ	ἀνθέστηκεν,	οἱ	δὲ	ἀνθεστηκότες	ἑαυτοῖς
de --$_4$	Dios,$_5$	decreto$_3$	ha resistido$_1$	los (que)$_7$	mas$_6$	han resistido,$_8$	para sí mismos
3588	2316	1296	436	3588	1161	436	1438
DGSM	*NGSM*	*NDSF*	*VRAI3S*	*DNPM*	*CLN*	*VRAP-PNM*	*RF3DPM*

κρίμα	λήμψονται.	3 οἱ	γὰρ	ἄρχοντες	οὐκ	εἰσὶν	φόβος	τῷ
condenación.$_2$	recibirán$_1$	los$_2$	Porque$_1$	gobernantes$_3$	no	son	(un) miedo	para la
2917	2983	3588	1063	758	3756	1526	5401	3588
NASN	*VFMI3P*	*DNPM*	*CAZ*	*NNPM*	*BN, TN*	*VPAI3P*	*NNSM*	*DDSN*

ἀγαθῷ	ἔργῳ	ἀλλὰ	τῷ	κακῷ.	θέλεις	δὲ	μὴ	φοβεῖσθαι	τὴν
buena	obra,	sino	para la	mala.	¿quieres$_2$	Mas$_1$	no	temer	a la
18	2041	235	3588	2556	2309	1161	3361	5399	3588
JDSN	*NDSN*	*CLC*	*DDSN*	*JDSN*	*VPAI2S*	*CLN*	*BN, TN*	*VPUN*	*DASF*

ἐξουσίαν;	τὸ	ἀγαθὸν	ποίει,	καὶ	ἕξεις	ἔπαινον	ἐξ	αὐτῆς·	4 θεοῦ	γὰρ
autoridad?	lo$_2$	bueno,$_3$	Haz$_1$	y	tendrás	alabanza	de	ella;	de Dios$_4$	porque$_1$
1849	3588	18	4160	2532	2192	1868	1537	846	2316	1063
NASF	*DASN*	*JASN*	*VPAM2S*	*CLN*	*VFAI2S*	*NASM*	*P*	*RP3GSF*	*NGSM*	*CAZ*

διάκονός	ἐστιν	σοὶ	εἰς	τὸ	ἀγαθόν.	ἐὰν	δὲ	τὸ	κακὸν	ποιῇς,	φοβοῦ·
servidor$_3$	es$_2$	para ti	para	el	bien.	si$_2$	Mas$_1$	lo$_4$	malo,$_5$	haces$_3$	teme;
1249	2076	4671	1519	3588	18	1437	1161	3588	2556	4160	5399
NNSM	*VPAI3S*	*RP2DS*	*P*	*DASN*	*JASN*	*CAC*	*CLC*	*DASN*	*JASN*	*VPAS2S*	*VPUM2S*

οὐ	γὰρ	εἰκῇ	τὴν	μάχαιραν	φορεῖ·	θεοῦ	γὰρ	διάκονός	ἐστιν,
no$_2$	porque$_1$	sin razón,$_6$	la$_4$	espada$_5$	lleva$_3$	de Dios,$_{10}$	porque$_7$	servidor$_9$	es$_8$
3756	1063	1500	3588	3162	5409	2316	1063	1249	2076
BN, TN	*CAZ*	*B*	*DASF*	*NASF*	*VPAI3S*	*NGSM*	*CLX*	*NNSM*	*VPAI3S*

ἔκδικος	εἰς	ὀργὴν	τῷ	τὸ	κακὸν	πράσσοντι.	5 διὸ	ἀνάγκη
castigador$_{11}$	para$_{12}$	ira$_{13}$	al que$_{14}$	lo$_{16}$	malo.$_{17}$	practica$_{15}$	Por lo cual,	(es) necesario
1558	1519	3709	3588	3588	2556	4238	1352	318
JNSM	*P*	*NASF*	*DDSM*	*DASN*	*JASN*	*VPAP-SDM*	*CLI*	*NNSF*

ὑποτάσσεσθαι,	οὐ	μόνον	διὰ	τὴν	ὀργὴν	ἀλλὰ	καὶ	διὰ
someterse	no	sólo	por causa de	la	ira,	sino	también	a causa de
5293	3756	3440	1223	3588	3709	235	2532	1223
VPPN, VPMN	*CLK, TN, B*	*B, J*	*P*	*DASF*	*NASF*	*CLK, CLC*	*BE, TE*	*P*

τὴν	συνείδησιν,	6 διὰ	τοῦτο	γὰρ	καὶ	φόρους	τελεῖτε,	λειτουργοὶ
la	conciencia.	por$_2$	esto$_3$	Porque$_1$	también$_5$	tributos,$_6$	pagáis$_4$	siervos$_9$
3588	4893	1223	5124	1063	2532	5411	5055	3011
DASF	*NASF*	*P*	*RD-ASN*	*CLX*	*BE, TE*	*NAPM*	*VPAI2P*	*NNPM*

γὰρ	θεοῦ	εἰσιν	εἰς	αὐτὸ	τοῦτο	προσκαρτεροῦντες.	7 ἀπόδοτε
porque$_7$	de Dios,$_{10}$	son$_8$	para$_{11}$	mismo$_{13}$	esto$_{12}$	están dedicándose.$_{14}$	Pagad
1063	2316	1526	1519	846	5124	4342	591
CAZ	*NGSM*	*VPAI3P*	*P*	*RP3ASN, JASN*	*RD-ASN*	*VPAP-PNM*	*VAAM2P*

πᾶσι	τὰς	ὀφειλάς,	τῷ	τὸν	φόρον	τὸν	φόρον,	τῷ	τὸ	τέλος	τὸ
a todos	las	deudas;	al que	--	tributo,	--	tributo,	al que	--	impuesto,	--
3956	3588	3782	3588	3588	5411	3588	5411	3588	3588	5056	3588
JDPM	*DAPF*	*NAPF*	*DDSM*	*DASM*	*NASM*	*DASM*	*NASM*	*DDSM*	*DASN*	*NASN*	*DASN*

τέλος,	τῷ	τὸν	φόβον	τὸν	φόβον,	τῷ	τὴν	τιμὴν	τὴν	τιμήν.
impuesto;	al que	--	temor,	--	temor,	al que	--	honra,	--	honra.
5056	3588	3588	5401	3588	5401	3588	3588	5092	3588	5092
NASN	*DDSM*	*DASM*	*NASM*	*DASM*	*NASM*	*DDSM*	*DASF*	*NASF*	*DASF*	*NASF*

NVI

que existen fueron
establecidas por él. 2 Por
lo tanto, todo el que se
opone a la autoridad
se rebela contra lo que
Dios ha instituido. Los
que así proceden recibi-
rán castigo. 3 Porque los
gobernantes no están
para infundir terror a los
que hacen lo bueno, sino
a los que hacen lo malo.
¿Quieres librarte del
miedo a la autoridad?
Haz lo bueno, y tendrás
su aprobación, 4 pues
está al servicio de Dios
para tu bien. Pero, si
haces lo malo, entonces
debes tener miedo. No
en vano lleva la espada,
pues está al servicio
de Dios para impartir
justicia y castigar al
malhechor. 5 Así que es
necesario someterse a las
autoridades no solo para
evitar el castigo, sino
también por razones de
conciencia.
6 Por eso mismo pa-
gan ustedes impuestos,
pues las autoridades
están al servicio de Dios,
dedicadas precisamente
a gobernar. 7 Paguen
a cada uno lo que le
corresponda: si deben
impuestos, paguen los
impuestos; si deben con-
tribuciones, paguen las
contribuciones; al que
deban respeto, mués-
trenle respeto; al que
deban honor, ríndanle
honor.

RVR

8 No debáis a nadie
nada, sino el amaros
unos a otros; porque el
que ama al prójimo, ha
cumplido la ley.
9 Porque lo de: No
adulterarás, no matarás,
no hurtarás, no dirás
falso testimonio, no
codiciarás, y cualquier
otro mandamiento, en
esta máxima se resume:
Amarás a tu prójimo
como a ti mismo.
10 El amor no hace mal
al prójimo; así que la
plenitud de la ley es el
amor.
11 Y esto, dándoos
cuenta del momento
actual, que es ya hora
de levantarnos del
sueño; porque ahora la
salvación está más cerca
de nosotros que cuando
creímos.
12 La noche está avan-
zada, y se acerca el día.
Desechemos, pues, las
obras de las tinieblas, y
vistámonos las armas
de la luz.
13 Andemos como de
día, honestamente; no
en orgías y borracheras,
no en lujurias y lascivias,
no en contiendas y
envidia,
14 sino vestíos del
Señor Jesucristo, y
no hagáis caso de la
carne para satisfacer sus
concupiscencias.

8 Μηδενὶ	μηδὲν	ὀφείλετε,	εἰ	μὴ	τὸ	ἀλλήλους	ἀγαπᾶν·	ὁ
a nadie,$_3$	Nada$_1$	debéis$_2$	si	no	el$_1$	unos a otros,$_3$	amar$_2$	el que$_5$
3367	3367	3784	1487	3361	3588	240	25	3588
JDSM	*JASN*	*VPAM2P*	*CAC*	*BN, TN*	*DASN*	*RC-APM*	*VPAN*	*DNSM*

γὰρ	ἀγαπῶν	τὸν	ἕτερον	νόμον	πεπλήρωκεν.	9 τὸ	γάρ·	Οὐ
porque$_4$	ama$_6$	al$_7$	otro,$_8$	(la) ley.$_{10}$	ha cumplido$_9$	lo (de):$_2$	Porque$_1$	No
1063	25	3588	2087	3551	4137	3588	1063	3756
CAZ	*VPAP-SNM*	*DASM*	*JASM*	*NASM*	*VRAI3S*	*DNSN*	*CAZ*	*BN, TN*

μοιχεύσεις,	Οὐ	φονεύσεις,	Οὐ	κλέψεις,	Οὐκ	ἐπιθυμήσεις,	καὶ
cometerás adulterio;	no	cometerás homicidio,	no	robarás,	no	codiciarás,	y
3431	3756	5407	3756	2813	3756	1937	2532
VFAI2S	*BN, TN*	*VFAI2S*	*BN, TN*	*VFAI2S*	*BN, TN*	*VFAI2S*	*CLN*

εἴ	τις	ἑτέρα	ἐντολή,	ἐν	τῷ	λόγῳ	τούτῳ	ἀνακεφαλαιοῦται,
si	(hay) algún	otro	mandamiento,	en$_2$	--$_4$	palabra,$_5$	esta$_3$	se resume$_1$
1487	5100	2087	1785	1722	3588	3056	5129	346
CAC	*JNSF, RX-NSF*	*JNSF*	*NNSF*	*P*	*DDSM*	*NDSM*	*RD-DSM*	*VPPI3S*

ἐν	τῷ·	Ἀγαπήσεις	τὸν	πλησίον	σου	ὡς	σεαυτόν.	10 ἡ	ἀγάπη	τῷ
en	lo (de):	Amarás	al	prójimo	de ti	como	a ti mismo.	El$_1$	amor$_2$	al$_6$
1722	3588	25	3588	4139	4675	5613	4572	3588	26	3588
P	*DDSM*	*VFAI2S*	*DASM*	*B*	*RP2GS*	*CAM*	*RF2ASM*	*DNSF*	*NNSF*	*DDSM*

πλησίον	κακὸν	οὐκ	ἐργάζεται·	πλήρωμα	οὖν	νόμου	ἡ	ἀγάπη.
prójimo;$_7$	mal$_5$	no$_3$	produce$_4$	(es el) cumplimiento$_{11}$	pues,$_8$	de (la) ley.$_{12}$	el$_9$	amor$_{10}$
4139	2556	3756	2038	4138	3767	3551	3588	26
B	*JASN*	*BN, TN*	*VPUI3S*	*NNSN*	*CLI*	*NGSM*	*DNSF*	*NNSF*

11 Καὶ	τοῦτο	εἰδότες	τὸν	καιρόν,	ὅτι	ὥρα	ἤδη	ὑμᾶς	ἐξ
Y	esto,	conociendo	el	tiempo,	que$_1$	(es) hora$_3$	ya$_2$	(para) vosotros$_4$	de(l)$_6$
2532	5124	1492	3588	2540	3754	5610	2235	5209	1537
CLN	*RD-NSN*	*VRAP-PNM*	*DASM*	*NASM*	*CSC*	*NNSF*	*B*	*RP2AP*	*P*

ὕπνου	ἐγερθῆναι,	νῦν	γὰρ	ἐγγύτερον	ἡμῶν	ἡ	σωτηρία	ἢ
sueño,$_7$	de ser levantados$_5$	ahora$_9$	porque$_8$	(más) cerca$_{12}$	(está) de nosotros$_{13}$	la$_{10}$	salvación$_{11}$	que
5258	1453	3568	1063	1452	2257	3588	4991	2228
NGSM	*VAPN*	*B*	*CAZ*	*B*	*RP1GP*	*DNSF*	*NNSF*	*CAM*

ὅτε	ἐπιστεύσαμεν.	12 ἡ	νὺξ	προέκοψεν,	ἡ	δὲ	ἡμέρα	ἤγγικεν.
cuando	creímos.	La	noche	avanzó,	el$_2$	mas$_1$	día$_3$	se ha acercado.$_4$
3753	4100	3588	3571	4298	3588	1161	2250	1448
CAT	*VAAI1P*	*DNSF*	*NNSF*	*VAAI3S*	*DNSF*	*CLN*	*NNSF*	*VRAI3S*

ἀποβαλώμεθα	οὖν	τὰ	ἔργα	τοῦ	σκότους,	ἐνδυσώμεθα	δὲ	τὰ
desechemos$_6$	Así que,$_5$	las	obras	de la	oscuridad,	vistámonos$_2$	mas$_1$	(de) las
577	3767	3588	2041	3588	4655	1746	1161	3588
VAMS1P	*CLI*	*DAPN*	*NAPN*	*DGSN*	*NGSN*	*VAMS1P*	*CLN*	*DAPN*

ὅπλα	τοῦ	φωτός.	13 ὡς	ἐν	ἡμέρᾳ	εὐσχημόνως	περιπατήσωμεν,	μὴ
armas	de la	luz.	como$_3$	en$_4$	(el) día,$_5$	con dignidad$_2$	andemos$_1$	no
3696	3588	5457	5613	1722	2250	2156	4043	3361
NAPN	*DGSN*	*NGSN*	*CAM*	*P*	*NDSF*	*B*	*VAAS1P*	*BN, TN*

κώμοις	καὶ	μέθαις,	μὴ	κοίταις*	καὶ	ἀσελγείαις,	μὴ	ἔριδι	καὶ
en parrandas	y	borracheras,	no	en camas	y	libertinajes,	no	en contiendas	y
2970	2532	3178	3361	2845	2532	766	3361	2054	2532
NDPM	*CLN*	*NDPF*	*BN, TN*	*NDPF*	*CLN*	*NDPF*	*BN, TN*	*NDSF*	*CLN*

ζήλῳ,	14 ἀλλὰ	ἐνδύσασθε	τὸν	κύριον	Ἰησοῦν	Χριστόν,	καὶ	τῆς	σαρκὸς
celos,	sino	vestíos	del	Señor	Jesús	Cristo,	y$_1$	de la$_7$	carne.$_8$
2205	235	1746	3588	2962	2424	5547	2532	3588	4561
NDSM	*CLC*	*VAMM2P*	*DASM*	*NASM*	*NASM*	*NASM*	*CLN*	*DGSF*	*NGSF*

πρόνοιαν	μὴ	ποιεῖσθε	εἰς	ἐπιθυμίας.
provisión$_4$	no$_2$	hagáis$_3$	para$_5$	deseos malos$_6$
4307	3361	4160	1519	1939
NASF	*BN, TN*	*VPMM2P*	*P*	*NAPF*

NVI

La responsabilidad hacia los demás

8 No tengan deudas
pendientes con nadie,
a no ser la de amarse
unos a otros. De hecho,
quien ama al prójimo ha
cumplido la ley. 9 Porque
los mandamientos que
dicen: «No cometas
adulterio», «No
mates», «No robes»,
«No codicies», y todos
los demás mandamien-
tos, se resumen en este
precepto: «Ama a
tu prójimo como a ti
mismo». 10 El amor no
perjudica al prójimo. Así
que el amor es el cumpli-
miento de la ley.
11 Hagan todo esto
estando conscientes del
tiempo en que vivimos.
Ya es hora de que
despierten del sueño,
pues nuestra salvación
está ahora más cerca que
cuando inicialmente
creímos. 12 La noche
está muy avanzada y ya
se acerca el día. Por eso,
dejemos a un lado las
obras de la oscuridad y
pongámonos la armadu-
ra de la luz. 13 Vivamos
decentemente, como
a la luz del día, no en
orgías y borracheras, ni
en inmoralidad sexual y
libertinaje, ni en disen-
siones y envidias. 14 Más
bien, revístanse ustedes
del Señor Jesucristo, y
no se preocupen por
satisfacer los deseos de la
naturaleza pecaminosa.

13:13* O sea *en inmoralidades sexuales.*

RVR

Los débiles en la fe

14 Recibid al débil
en la fe, pero
no para contender sobre
opiniones.
2 Porque uno cree que se
puede comer de todo;
otro, que es débil, come
legumbres.
3 El que come, no
menosprecie al que
no come, y el que no
come, no juzgue al que
come; porque Dios le ha
recibido.
4 ¿Quién eres tú para
juzgar al criado ajeno?
Para su propio señor está
en pie, o cae; pero estará
firme, porque poderoso
es el Señor para soste-
nerle en pie.
5 Uno hace diferencia
entre día y día; otro
juzga iguales todos los
días. Que cada uno esté
plenamente convencido
en su propia mente.
6 El que hace caso
del día, lo hace para
el Señor; y el que no
hace caso del día, para
el Señor no lo hace.
El que come, para el
Señor come, porque da
gracias a Dios; y el que
no come, para el Señor
no come, y da gracias
a Dios.
7 Porque ninguno de
nosotros vive para sí, y
ninguno muere para sí.
8 Pues si vivimos, para
el Señor vivimos; y si

14

Τὸν	δὲ	ἀσθενοῦντα	τῇ	πίστει	προσλαμβάνεσθε,	μὴ	εἰς
al$_3$	Y$_1$	que es débil$_4$	en la$_5$	fe,$_6$	recibid$_2$	no	para
3588	1161	770	3588	4102	4355	3361	1519
DASM	*CLT*	*VPAP-SAM*	*DDSF*	*NDSF*	*VPMM2P*	*BN, TN*	*P*

διακρίσεις	διαλογισμῶν.	2 ὃς	μὲν	πιστεύει	φαγεῖν	πάντα,
discusiones	de opiniones.	el que$_2$	En verdad,$_1$	cree (poder)	comer	todas las cosas,
1253	1261	3739	3303	4100	5315	3956
NAPF	*NGPM*	*RR-NSM*	*TK, C*	*VPAI3S*	*VAAN*	*JAPN*

ὁ	δὲ	ἀσθενῶν	λάχανα	ἐσθίει.	3 ὁ	ἐσθίων	τὸν	μὴ
el que$_2$	mas$_1$	es débil$_3$	verduras.$_5$	come$_4$	El que	come,	al que$_3$	no$_4$
3588	1161	770	3001	2068	3588	2068	3588	3361
DNSM	*CLK, CLC*	*VPAP-SNM*	*NAPN*	*VPAI3S*	*DNSM*	*VPAP-SNM*	*DASM*	*BN, TN*

ἐσθίοντα	μὴ	ἐξουθενείτω,	ὁ	δὲ	μὴ	ἐσθίων	τὸν	ἐσθίοντα
come,$_5$	no$_1$	menosprecie$_2$	el que$_7$	mas$_6$	no$_8$	come,$_9$	al que$_{12}$	come,$_{13}$
2068	3361	1848	3588	1161	3361	2068	3588	2068
VPAP-SAM	*BN, TN*	*VPAM3S*	*DNSM*	*CLN*	*BN, TN*	*VPAP-SNM*	*DASM*	*VPAP-SAM*

μὴ	κρινέτω,	ὁ	θεὸς	γὰρ	αὐτὸν	προσελάβετο.	4 σὺ	τίς	εἶ
no$_{10}$	juzgue$_{11}$	--$_{15}$	Dios$_{16}$	porque$_{14}$	a él.$_{18}$	recibió$_{17}$	tú$_3$	¿quién$_1$	eres$_2$
3361	2919	3588	2316	1063	846	4355	4771	5101	1488
BN, TN	*VPAM3S*	*DNSM*	*NNSM*	*CAZ*	*RP3ASM*	*VAMI3S*	*RP2NS*	*RI-NSM*	*VPAI2S*

ὁ	κρίνων	ἀλλότριον	οἰκέτην;	τῷ	ἰδίῳ	κυρίῳ	στήκει	ἢ	πίπτει·
el que$_4$	juzgas$_5$	a(l) ajeno?$_7$	criado$_6$	Para el	propio	señor	está en pie,	o	cae;
3588	2919	245	3610	3588	2398	2962	4739	2228	4098
DNSM	*VPAP-SNM*	*JASM*	*NASM*	*DDSM*	*JDSM*	*NDSM*	*VPAI3S*	*CLD*	*VPAI3S*

σταθήσεται	δέ,	δυνατεῖ	γὰρ	ὁ	κύριος	στῆσαι	αὐτόν.
estará en pie,$_2$	mas$_1$	es poderoso$_6$	porque$_3$	el$_4$	Señor$_5$	para sostener	a él.
2476	1161	1414	1063	3588	2962	2476	846
VFPI3S	*CLN*	*VPAI3S*	*CAZ*	*DNSM*	*NNSM*	*VAAN*	*RP3ASM*

5 Ὃς	μὲν	κρίνει	ἡμέραν	παρ᾽	ἡμέραν,*	ὃς	δὲ	κρίνει
el que$_2$	Ciertamente,$_1$	juzga	día	con	día,	el que$_2$	mas$_1$	juzga
3739	3303	2919	2250	3844	2250	3739	1161	2919
RR-NSM	*TK, C*	*VPAI3S*	*NASF*	*P*	*NASF*	*RR-NSM*	*CLK, CLC*	*VPAI3S*

πᾶσαν	ἡμέραν·*¹	ἕκαστος	ἐν	τῷ	ἰδίῳ	νοῒ	πληροφορείσθω·	6 ὁ
todo	día,	cada uno$_1$	en$_3$	la$_4$	propia$_5$	mente.$_6$	está plenamente convencido$_2$	el que
3956	2250	1538	1722	3588	2398	3563	4135	3588
JASF	*NASF*	*JNSM*	*P*	*DDSM*	*JDSM*	*NDSM*	*VPPM3S*	*DNSM*

φρονῶν	τὴν	ἡμέραν	κυρίῳ	⸀φρονεῖ.	καὶ	ὁ	ἐσθίων	κυρίῳ
tiene en cuenta	el	día,	para (el) Señor,$_2$	tiene en cuenta$_1$	y	el que	come,	para (el) Señor$_2$
5426	3588	2250	2962	5426	2532	3588	2068	2962
VPAP-SNM	*DASF*	*NASF*	*NDSM*	*VPAI3S*	*CLN*	*DNSM*	*VPAP-SNM*	*NDSM*

ἐσθίει,	εὐχαριστεῖ	γὰρ	τῷ	θεῷ·	καὶ	ὁ	μὴ	ἐσθίων	κυρίῳ	οὐκ
come,$_1$	agradece$_4$	porque$_3$	a --	Dios;	y	el que	no	come,	para (el) Señor$_3$	no$_1$
2068	2168	1063	3588	2316	2532	3588	3361	2068	2962	3756
VPAI3S	*VPAI3S*	*CAZ*	*DDSM*	*NDSM*	*CLN*	*DNSM*	*BN, TN*	*VPAP-SNM*	*NDSM*	*BN, TN*

ἐσθίει,	καὶ	εὐχαριστεῖ	τῷ	θεῷ.
come,$_2$	y	agradece	a --	Dios.
2068	2532	2168	3588	2316
VPAI3S	*CLN*	*VPAI3S*	*DDSM*	*NDSM*

7 Οὐδεὶς	γὰρ	ἡμῶν	ἑαυτῷ	ζῇ,	καὶ	οὐδεὶς	ἑαυτῷ	ἀποθνήσκει·
ninguno$_2$	Porque$_1$	de nosotros$_3$	para sí$_5$	vive,$_4$	y$_6$	ninguno$_7$	para sí;$_9$	muere$_8$
3762	1063	2257	1438	2198	2532	3762	1438	599
JNSM	*CAZ*	*RP1GP*	*RF3DSM*	*VPAI3S*	*CLN*	*JNSM*	*RF3DSM*	*VPAI3S*

8 ἐάν	τε	γὰρ	ζῶμεν,	τῷ	κυρίῳ	ζῶμεν,	ἐάν	τε
si$_3$	ya sea (que)$_2$	porque$_1$	vivamos,	para el	Señor	vivimos,	si$_2$	ya sea (que)$_1$
1437	5037	1063	2198	3588	2962	2198	1437	5037
CAC	*CLK*	*CAZ*	*VPAS1P*	*DDSM*	*NDSM*	*VPAI1P*	*CAC*	*CLK, CLN*

NVI

Los débiles y los fuertes

14 Reciban al que
es débil en la fe,
pero no para entrar en
discusiones. 2 A algunos
su fe les permite comer
de todo, pero hay quie-
nes son débiles en la fe,
y solo comen verduras.
3 El que come de todo
no debe menospreciar al
que no come ciertas co-
sas, y el que no come de
todo no debe condenar
al que lo hace, pues Dios
lo ha aceptado. 4 ¿Quién
eres tú para juzgar al
siervo de otro? Que se
mantenga en pie, o que
caiga, es asunto de su
propio señor. Y se man-
tendrá en pie, porque el
Señor tiene poder para
sostenerlo.
5 Hay quien considera
que un día tiene más
importancia que otro,
pero hay quien conside-
ra iguales todos los días.
Cada uno debe estar
firme en sus propias
opiniones. 6 El que le da
importancia especial a
cierto día, lo hace para
el Señor. El que come
de todo, come para el
Señor, y lo demuestra
dándole gracias a Dios;
y el que no come, para el
Señor se abstiene, y tam-
bién da gracias a Dios.
7 Porque ninguno de no-
sotros vive para sí mis-
mo, ni tampoco muere
para sí. 8 Si vivimos, para
el Señor vivimos; y, si

14:5* O sea *hace diferencia entre día y día.* **14:5*¹** O sea *juzga igual todos los días.* **14:6⸀** Manuscritos inferiores aumentaron *y el que no tiene en cuenta el día, para el Señor no lo tiene en cuenta.*

RVR

morimos, para el Señor
morimos. Así pues, ya
sea que vivamos, o que
muramos, del Señor
somos.
9 Porque Cristo para
esto murió y resucitó,
y volvió a vivir, para
ser Señor, así de los
muertos como de los
que viven.
10 Pero tú, ¿por qué
juzgas a tu hermano?
O tú también, ¿por
qué menosprecias a tu
hermano? Porque todos
compareceremos ante el
tribunal de Cristo.
11 Porque escrito está:
Vivo yo, dice el Señor,
que ante mí se do-
blará toda rodilla,
Y toda lengua confesa-
rá a Dios.
12 De manera que cada
uno de nosotros dará a
Dios cuenta de sí.
13 Así que, ya no nos
juzguemos más los unos
a los otros, sino más
bien decidid no poner
tropiezo u ocasión de
caer al hermano.
14 Yo sé, y estoy persua-
dido en el Señor Jesús,
de que nada es inmundo
en sí mismo; mas para
el que piensa que algo es
inmundo, para él lo es.
15 Pero si por causa de la
comida tu hermano es
contristado, ya no andas

ἀποθνῄσκωμεν,	τῷ	κυρίῳ	ἀποθνῄσκομεν.	ἐάν	τε	οὖν	ζῶμεν
muramos,$_{3}$	para el	Señor	morimos.	si	ya sea (que)$_{2}$	Así que,$_{1}$	vivamos,$_{3}$
599	3588	2962	599	1437	5037	3767	2198
VPAS1P	*DDSM*	*NDSM*	*VPAI1P*	*CAC*	*CLK*	*CLI*	*VPAS1P*

ἐάν	τε	ἀποθνῄσκωμεν,	τοῦ	κυρίου	ἐσμέν.	9 εἰς	τοῦτο	γὰρ
si$_{5}$	ya sea (que)$_{4}$	muramos,$_{6}$	del$_{8}$	Señor.$_{9}$	somos$_{7}$	para$_{6}$	esto:$_{7}$	Porque$_{1}$
1437	5037	599	3588	2962	2070	1519	5124	1063
CAC	*CLK, CLN*	*VPAS1P*	*DGSM*	*NGSM*	*VPAI1P*	*P*	*RD-ASN*	*CAZ*

Χριστὸς	ἀπέθανεν	καὶ	ἔζησεν	ἵνα	καὶ	νεκρῶν	καὶ	ζώντων
Cristo$_{2}$	murió$_{3}$	y$_{4}$	vivió$_{5}$	para$_{8}$	también$_{10}$	de muertos$_{11}$	y también$_{12}$	de los que viven.$_{13}$
5547	599	2532	2198	2443	2532	3498	2532	2198
NNSM	*VAAI3S*	*CLN*	*VAAI3S*	*CAP*	*CLK*	*JGPM*	*CLK, CLN*	*VPAP-PGM*

κυριεύσῃ.
enseñorear$_{9}$
2961
VAAS3S

10 Σὺ	δὲ	τί	κρίνεις	τὸν	ἀδελφόν	σου;	ἢ	καὶ	σὺ	τί
tú,$_{3}$	Mas$_{1}$	¿por qué$_{2}$	juzgas	al	hermano	de ti?	O	también,	tú$_{2}$	¿por qué$_{1}$
4771	1161	5101	2919	3588	80	4675	2228	2532	4771	5101
RP2NS	*CLN*	*RI-ASN*	*VPAI2S*	*DASM*	*NASM*	*RP2GS*	*CLD*	*BE, TE*	*RP2NS*	*RI-ASN*

ἐξουθενεῖς	τὸν	ἀδελφόν	σου;	πάντες	γὰρ	παραστησόμεθα	τῷ
desprecias	al	hermano	de ti?	todos$_{2}$	Porque$_{1}$	nos presentaremos	al
1848	3588	80	4675	3956	1063	3936	3588
VPAI2S	*DASM*	*NASM*	*RP2GS*	*JNPM*	*CAZ*	*VFMI1P*	*DDSN*

βήματι	τοῦ	[Γ]θεοῦ,	11 γέγραπται	γάρ·	Ζῶ	ἐγώ,	λέγει	κύριος,	ὅτι
tribunal	de --	Dios.	ha sido escrito:$_{2}$	Porque$_{1}$	vivo,$_{4}$	yo$_{3}$	dice,$_{6}$	(el) Señor$_{5}$	que
968	3588	2316	1125	1063	2198	1473	3004	2962	3754
NDSN	*DGSM*	*NGSM*	*VRPI3S*	*CAZ*	*VPAI1S*	*RP1NS*	*VPAI3S*	*NNSM*	*CSC*

ἐμοὶ	κάμψει	πᾶν	γόνυ,	καὶ	πᾶσα	γλῶσσα	ἐξομολογήσεται	τῷ	θεῷ.
ante mí	se doblará	toda	rodilla,	y	toda	lengua	confesará abiertamente	a --	Dios.
1698	2578	3956	1119	2532	3956	1100	1843	3588	2316
RP1DS	*VFAI3S*	*JNSN*	*NNSN*	*CLN*	*JNSF*	*NNSF*	*VFMI3S*	*DDSM*	*NDSM*

12 ἄρα	ἕκαστος	ἡμῶν	περὶ	ἑαυτοῦ	λόγον	δώσει.
Entonces,	cada uno$_{1}$	de nosotros$_{2}$	acerca de$_{5}$	sí mismo$_{6}$	cuenta$_{4}$	dará$_{3}$
686	1538	2257	4012	1438	3056	1325
CLI	*JNSM*	*RP1GP*	*P*	*RF3GSM*	*NASM*	*VFAI3S*

13 Μηκέτι	οὖν	ἀλλήλους	κρίνωμεν·	ἀλλὰ	τοῦτο	κρίνατε	μᾶλλον,
ya no$_{2}$	Así que,$_{1}$	unos a otros;$_{4}$	juzguemos$_{3}$	sino$_{5}$	esto:$_{8}$	juzgad$_{6}$	más bien$_{7}$
3371	3767	240	2919	235	5124	2919	3123
BN	*CLI*	*RC-APM*	*VPAS1P*	*CLC*	*RD-ASN*	*VAAM2P*	*B*

τὸ	μὴ	τιθέναι	πρόσκομμα	τῷ	ἀδελφῷ	ἢ	σκάνδαλον.	14 οἶδα
--	no	poner	tropiezo	al$_{3}$	hermano.$_{4}$	o$_{1}$	escándalo$_{2}$	Sé
3588	3361	5087	4348	3588	80	2228	4625	1492
DASN	*BN, TN*	*VPAN*	*NASN*	*DDSM*	*NDSM*	*CLD*	*NASN*	*VRAI1S*

καὶ	πέπεισμαι	ἐν	κυρίῳ	Ἰησοῦ	ὅτι	οὐδὲν	κοινὸν	δι’	ἑαυτοῦ·
y	he sido convencido	en	(el) Señor	Jesús	que	nada	(es) inmundo	por	sí mismo;
2532	3982	1722	2962	2424	3754	3762	2839	1223	1438
CLN	*VRPI1S*	*P*	*NDSM*	*NDSM*	*CSC*	*JNSN*	*JNSN*	*P*	*RF3GSN*

εἰ	μὴ	τῷ	λογιζομένῳ	τι	κοινὸν	εἶναι,	ἐκείνῳ	κοινόν.
si	no	para el que	considera que	alguna (cosa);$_{3}$	inmunda$_{2}$	ser$_{1}$	para aquel	(es) inmunda.
1487	3361	3588	3049	5100	2839	1511	1565	2839
CAC	*BN, TN*	*DDSM*	*VPUP-SDM*	*RX-ASN*	*JASN*	*VPAN*	*RD-DSM*	*JNSN*

15 εἰ	γὰρ	διὰ	βρῶμα	ὁ	ἀδελφός	σου	λυπεῖται,	οὐκέτι	κατὰ
si$_{2}$	Porque$_{1}$	a causa de	(la) comida	el	hermano	de ti	es entristecido,	ya no$_{1}$	conforme a$_{3}$
1487	1063	1223	1033	3588	80	4675	3076	3765	2596
CAC	*CLX*	*P*	*NASN*	*DNSM*	*NNSM*	*RP2GS*	*VPPI3S*	*BN*	*P*

NVI

morimos, para el Señor
morimos. Así pues, sea
que vivamos o que mu-
ramos, del Señor somos.
9 Para esto mismo murió
Cristo y volvió a vivir,
para ser Señor tanto
de los que han muerto
como de los que aún
viven. 10 Tú, entonces,
¿por qué juzgas a tu her-
mano? O tú, ¿por qué lo
menosprecias? ¡Todos
tendremos que compa-
recer ante el tribunal de
Dios! 11 Está escrito:

«Tan cierto como que
yo vivo —dice el
Señor—,
ante mí se doblará
toda rodilla
y toda lengua confesa-
rá a Dios».

12 Así que cada uno de
nosotros tendrá que dar
cuentas de sí a Dios.
13 Por tanto, dejemos
de juzgarnos unos
a otros. Más bien,
propónganse no poner
tropiezos ni obstáculos
al hermano. 14 Yo, de mi
parte, estoy plenamente
convencido en el Señor
Jesús de que no hay nada
impuro en sí mismo.
Si algo es impuro, lo es
solamente para quien así
lo considera. 15 Ahora
bien, si tu hermano
se angustia por causa
de lo que comes, ya
no te comportas con

14:10[Γ] Manuscritos inferiores tienen *de Cristo*.

RVR

conforme al amor. No
arruines con tu comida
a aquel por quien Cristo
murió.
16 No sea, pues, vitupe-
rado vuestro bien;
17 porque el reino de
Dios no es comida ni
bebida, sino justicia,
paz y gozo en el Espíritu
Santo.
18 Porque el que en esto
sirve a Cristo, agrada a
Dios, y es aprobado por
los hombres.
19 Así que, sigamos lo
que contribuye a la paz
y a la mutua edificación.
20 No destruyas la obra
de Dios por causa de la
comida. En realidad,
todas las cosas son lim-
pias; pero es malo que el
hombre haga tropezar a
otros con lo que come.
21 Bueno es no comer
carne, ni beber vino, ni
nada en que tu hermano
tropiece, o se escandali-
ce, o se debilite.
22 ¿Tienes tú fe? Tenla
para contigo delante de
Dios. Dichoso el que no
se condena a sí mismo
en lo que aprueba.
23 Pero el que duda, se
hace culpable, si come,
porque no lo hace por
fe; y todo lo que no pro-
viene de fe, es pecado.

ἀγάπην	περιπατεῖς.	μὴ	τῷ	βρώματί	σου	ἐκεῖνον	ἀπόλλυε	ὑπὲρ
a(l) amor.$_4$	andas$_2$	No$_5$	por la$_7$	comida$_8$	de ti$_9$	a aquel$_{10}$	destruyas$_6$	por
26	4043	3361	3588	1033	4675	1565	622	5228
NASF	*VPAI2S*	*BN, TN*	*DDSN*	*NDSN*	*RP2GS*	*RD-ASM*	*VPAM2S*	*P*

οὗ	Χριστὸς	ἀπέθανεν.	16 μὴ	βλασφημείσθω	οὖν	ὑμῶν	τὸ
quien	Cristo	murió	no$_4$	sea calumniado.$_5$	Así que$_1$	de vosotros$_3$	el$_1$
3739	5547	599	3361	987	3767	5216	3588
RR-GSM	*NNSM*	*VAAI3S*	*BN,TN*	*VPPM3S*	*CLI*	*RP2GP*	*DNSN, DASN*

ἀγαθόν.	17 οὐ	γάρ	ἐστιν	ἡ	βασιλεία	τοῦ	θεοῦ	βρῶσις	καὶ	πόσις,
bien$_2$	no$_6$	Porque$_1$	es$_7$	el$_2$	reino$_3$	de--$_4$	Dios$_5$	comida	y	bebida,
18	3756	1063	2076	3588	932	3588	2316	1035	2532	4213
JNSN, JASN	*BN,TN*	*CAZ*	*VPAI3S*	*DNSF*	*NNSF*	*DGSM*	*NGSM*	*NNSF*	*CLN*	*NNSF*

ἀλλὰ	δικαιοσύνη	καὶ	εἰρήνη	καὶ	χαρὰ	ἐν	πνεύματι	ἁγίῳ·	18 ὁ	γὰρ
sino	justicia	y	paz	y	gozo	en	(el) Espíritu	Santo.	el que$_2$	Porque$_1$
235	1343	2532	1515	2532	5479	1722	4151	40	3588	1063
CLC	*NNSF*	*CLN*	*NNSF*	*CLN*	*NNSF*	*P*	*NDSN*	*JDSN*	*DNSM*	*CAZ*

ἐν	τούτῳ	δουλεύων	τῷ	Χριστῷ	εὐάρεστος	τῷ	θεῷ	καὶ	δόκιμος
en$_4$	esto$_5$	sirve$_3$	al	Cristo,	aceptable (es)	a--	Dios	y	aprobado
1722	5129	1398	3588	5547	2101	3588	2316	2532	1384
P	*RD-DSM*	*VPAP-SNM*	*DDSM*	*NDSM*	*JNSM*	*DDSM*	*NDSM*	*CLN*	*JNSM*

τοῖς	ἀνθρώποις.	19 ἄρα	οὖν	τὰ	τῆς	εἰρήνης	διώκωμεν	καὶ	τὰ
por los	seres humanos.	pues,$_2$	Así que$_1$	las cosas)$_4$	de la$_5$	paz,$_6$	sigamos$_3$	y	las cosas
3588	444	686	3767	3588	3588	1515	1377	2532	3588
DDPM	*NDPM*	*CLI*	*CLI*	*DAPN*	*DGSF*	*NGSF*	*VPAS1P*	*CLN*	*DAPN*

τῆς	οἰκοδομῆς	τῆς	εἰς	ἀλλήλους.	20 μὴ	ἕνεκεν	βρώματος	κατάλυε	τὸ
de la	edificación	de la	hacia	unos a otros.	No$_1$	por causa$_7$	de (la) comida.$_8$	destruyas$_2$	la$_3$
3588	3619	3588	1519	240	3361	1752	1033	2647	3588
DGSF	*NGSF*	*DGSF*	*P*	*RC-APM*	*BN,TN*	*P, B*	*NGSN*	*VPAM2S*	*DASN*

ἔργον	τοῦ	θεοῦ.	πάντα	μὲν	καθαρά,	ἀλλὰ	κακὸν	τῷ	ἀνθρώπῳ
obra$_4$	de--$_5$	Dios$_6$	todas las cosas	en verdad	(son) limpias,	pero	(es) malo	para el	ser humano
2041	3588	2316	3956	3303	2513	235	2556	3588	444
NASN	*DGSM*	*NGSM*	*JNPN*	*TE, C*	*JNPN*	*CLC*	*JNSN*	*DDSM*	*NDSM*

τῷ	διὰ	προσκόμματος	ἐσθίοντι.	21 καλὸν	τὸ	μὴ	φαγεῖν
el (que)$_1$	por medio de$_3$	un tropiezo.$_4$	come$_2$	(Es) bueno	el	no	comer
3588	1223	4348	2068	2570	3588	3361	5315
DDSM	*P*	*NGSN*	*VPAP-SDM*	*JNSN*	*DNSN*	*BN, TN*	*VAAN*

κρέα	μηδὲ	πιεῖν	οἶνον	μηδὲ	ἐν	ᾧ	ὁ	ἀδελφός	σου	προσκόπτει
carne,	ni	beber	vino,	ni	en	lo que	el	hermano	de ti	tropieza
2907	3366	4095	3631	3366	1722	3739	3588	80	4675	4350
NAPN	*TN, CLD*	*VAAN*	*NASM*	*TN, CLD*	*P*	*RR-DSN*	*DNSM*	*NNSM*	*RP2GS*	*VPAI3S*

⸂ἢ	σκανδαλίζεται	ἢ	ἀσθενεῖ⸃.	22 σὺ	πίστιν	ἣν	ἔχεις	κατὰ
o	se escandaliza	o	es débil.	tú$_3$	(La) fe$_1$	la que$_2$	tienes,$_4$	conforme a$_6$
2228	4624	2228	770	4771	4102	3739	2192	2596
T	*VPPI3S*	*T*	*VPAI3S*	*RP2NS*	*NASF*	*RR-ASF*	*VPAI2S*	*P*

σεαυτὸν	ἔχε	ἐνώπιον	τοῦ	θεοῦ.	μακάριος	ὁ	μὴ	κρίνων	ἑαυτὸν
ti mismo$_7$	ten$_5$	delante de	--	Dios.	Dichoso	el que	no	se condena	a sí mismo
4572	2192	1799	3588	2316	3107	3588	3361	2919	1438
RF2ASM	*VPAM2S*	*P, B*	*DGSM*	*NGSM*	*JNSM*	*DNSM*	*BN, TN*	*VPAP-SNM*	*RF3ASM*

ἐν	ᾧ	δοκιμάζει·	23 ὁ	δὲ	διακρινόμενος	ἐὰν	φάγῃ	κατακέκριται,
en	lo que	aprueba;	el que$_2$	mas$_1$	duda$_3$	si$_5$	comiera,$_6$	ha sido condenado$_4$
1722	3739	1381	3588	1161	1252	1437	5315	2632
P	*RR-DSN*	*VPAI3S*	*DNSM*	*CLC*	*VPMP-SNM*	*CAC*	*VAAS3S*	*VRPI3S*

ὅτι	οὐκ	ἐκ	πίστεως·	πᾶν	δὲ	ὃ	οὐκ	ἐκ	πίστεως	ἁμαρτία	ἐστίν.
porque	no (es)	por	fe;	todo$_2$	mas$_1$	lo que	no (es)	por	fe	pecado.$_2$	es$_1$
3754	3756	1537	4102	3956	1161	3739	3756	1537	4102	266	2076
CAZ	*BN, TN*	*P*	*NGSF*	*JNSN*	*CLN*	*RR-NSN*	*BN, TN*	*P*	*NGSF*	*NNSF*	*VPAI3S*

NVI

amor. No destruyas,
por causa de la comida,
al hermano por quien
Cristo murió. 16 En una
palabra, no den lugar a
que se hable mal del bien
que ustedes practican,
17 porque el reino de
Dios no es cuestión de
comidas o bebidas, sino
de justicia, paz y alegría
en el Espíritu Santo. 18 El
que de esta manera sirve
a Cristo agrada a Dios
y es aprobado por sus
semejantes.
19 Por lo tanto,
esforcémonos por
promover todo lo que
conduzca a la paz y a
la mutua edificación.
20 No destruyas la obra
de Dios por causa de la
comida. Todo alimento
es puro; lo malo es hacer
tropezar a otros por lo
que uno come. 21 Más
vale no comer carne
ni beber vino, ni hacer
nada que haga caer a tu
hermano.
22 Así que la con-
vicción que tengas tú
al respecto, mantenla
como algo entre Dios
y tú. Dichoso aquel a
quien su conciencia
no lo acusa por lo que
hace. 23 Pero el que tiene
dudas en cuanto a lo
que come se condena;
porque no lo hace por
convicción. Y todo lo
que no se hace por con-
vicción es pecado.

14:21⸂⸃ Manuscritos inferiores no tienen *o se escandaliza o es débil.*

RVR

15 Así que, los que
somos fuertes
debemos soportar las
flaquezas de los débiles,
y no agradarnos a noso-
tros mismos.
2 Cada uno de nosotros
agrade a su prójimo para
lo que es bueno con mi-
ras a su edificación.
3 Porque ni aun Cristo se
agradó a sí mismo; antes
bien, como está escrito:
Los vituperios de los que
te vituperaban, cayeron
sobre mí.
4 Porque las cosas que se
escribieron en el pasado,
para nuestra enseñanza
se escribieron, a fin de
que por medio de la
paciencia y de la conso-
lación de las Escrituras,
tengamos esperanza.
5 Y el Dios de la pacien-
cia y de la consolación
os dé entre vosotros
un mismo sentir según
Cristo Jesús,
6 para que unánimes, a
una voz, glorifiquéis al
Dios y Padre de nuestro
Señor Jesucristo.

El evangelio a los gentiles

7 Por tanto, acogeos los
unos a los otros, como
también Cristo nos
acogió, para gloria de
Dios.
8 Pues os digo, que
Cristo Jesús se puso
al servicio de los de
la circuncisión para
mostrar la verdad de
Dios, para confirmar las

15

Ὀφείλομεν	δὲ	ἡμεῖς	οἱ	δυνατοὶ	τὰ	ἀσθενήματα	τῶν
debemos$_{5}$	Y$_{1}$	nosotros$_{2}$	los$_{3}$	fuertes$_{4}$	las$_{7}$	debilidades$_{8}$	de los$_{9}$
3784	1161	2249	3588	1415	3588	771	3588
VPAI1P	*CLN*	*RP1NP*	*DNPM*	*JNPM*	*DAPN*	*NAPN*	*DGPM*

ἀδυνάτων	βαστάζειν,	καὶ	μὴ	ἑαυτοῖς	ἀρέσκειν.	2 ἕκαστος
no fuertes,$_{10}$	sobrellevar$_{6}$	y$_{11}$	no$_{12}$	a nosotros mismos.$_{14}$	agradar$_{13}$	Cada uno$_{1}$
102	941	2532	3361	1438	700	1538
JGPM	*VPAN*	*CLN*	*BN, TN*	*RF1DPM*	*VPAN*	*JNSM*

ἡμῶν	τῷ	πλησίον	ἀρεσκέτω	εἰς	τὸ	ἀγαθὸν	πρὸς	οἰκοδομήν·
de nosotros$_{2}$	al$_{4}$	prójimo$_{5}$	agrade$_{3}$	para	lo	bueno	en relación a	edificación;
2257	3588	4139	700	1519	3588	18	4314	3619
RP1GP	*DDSM*	*B*	*VPAM3S*	*P*	*DASN*	*JASN*	*P*	*NASF*

3 καὶ	γὰρ	ὁ	Χριστὸς	οὐχ	ἑαυτῷ	ἤρεσεν·	ἀλλὰ	καθὼς
también$_{2}$	porque$_{1}$	--$_{3}$	Cristo$_{4}$	no$_{5}$	a sí mismo,$_{7}$	agradó$_{6}$	sino	como
2532	1063	3588	5547	3756	1438	700	235	2531
CLA, B	*CAZ*	*DNSM*	*NNSM*	*BN, TN*	*RF3DSM*	*VAAI3S*	*CLC*	*CAM*

γέγραπται·	Οἱ	ὀνειδισμοὶ	τῶν	ὀνειδιζόντων	σε	ἐπέπεσαν	ἐπ'	ἐμέ.
ha sido escrito:	Los	insultos	de los	que insultan	a ti	cayeron	sobre	mí.
1125	3588	3680	3588	3679	4571	1968	1909	1691
VRPI3S	*DNPM*	*NNPM*	*DGPM*	*VPAP-PGM*	*RP2AS*	*VAAI3P*	*P*	*RP1AS*

4 ὅσα	γὰρ	προεγράφη,	εἰς	τὴν	ἡμετέραν	διδασκαλίαν	ἐγράφη,
cuanto$_{2}$	Porque$_{1}$	fue escrito con antelación,$_{3}$	para$_{5}$	la$_{6}$	nuestra$_{8}$	enseñanza$_{7}$	fue escrito,$_{4}$
3745	1063	4270	1519	3588	2251	1319	1125
RK-NPN	*CLX*	*VAPI3S*	*P*	*DASF*	*JASF, RS1APF*	*NASF*	*VAPI3S*

ἵνα	διὰ	τῆς	ὑπομονῆς	καὶ	διὰ	τῆς	παρακλήσεως	τῶν
para que	por medio de	la	perseverancia	y	por medio de	de la	consolación	de las
2443	1223	3588	5281	2532	1223	3588	3874	3588
CAP	*P*	*DGSF*	*NGSF*	*CLN*	*P*	*DGSF*	*NGSF*	*DGPF*

γραφῶν	τὴν	ἐλπίδα	ἔχωμεν.	5 ὁ	δὲ	θεὸς	τῆς	ὑπομονῆς	καὶ	τῆς
Escrituras	la$_{2}$	esperanza.$_{3}$	tengamos$_{1}$	el$_{2}$	Mas$_{1}$	Dios	de la	perseverancia	y	de la
1124	3588	1680	2192	3588	1161	2316	3588	5281	2532	3588
NGPF	*DASF*	*NASF*	*VPAS1P*	*DNSM*	*CLN*	*NNSM*	*DGSF*	*NGSF*	*CLN*	*DGSF*

παρακλήσεως	δῴη	ὑμῖν	τὸ	αὐτὸ	φρονεῖν	ἐν	ἀλλήλοις	κατὰ
consolación	dé	a vosotros	el	mismo	pensar	entre	unos a otros,	según
3874	1325	5213	3588	846	5426	1722	240	2596
NGSF	*VAAO3S*	*RP2DP*	*DASN*	*RP3ASNA, JASN*	*VPAN*	*P*	*RC-DPM*	*P*

Χριστὸν	Ἰησοῦν,	6 ἵνα	ὁμοθυμαδὸν	ἐν	ἑνὶ	στόματι	δοξάζητε
Cristo	Jesús,	para que,	unánimes,	con$_{2}$	una$_{3}$	boca$_{4}$	glorifiquéis$_{1}$
5547	2424	2443	3661	1722	1520	4750	1392
NASM	*NASM*	*CAP*	*B*	*P*	*JDSN*	*NDSN*	*VPAS2P*

τὸν	θεὸν	καὶ	πατέρα	τοῦ	κυρίου	ἡμῶν	Ἰησοῦ	Χριστοῦ.	7 Διὸ
a --	Dios	y	Padre	del	Señor	nosotros	Jesús	Cristo.	Por lo cual,
3588	2316	2532	3962	3588	2962	2257	2424	5547	1352
DASM	*NASM*	*CLN*	*NASM*	*DGSM*	*NGSM*	*RP1GP*	*NGSM*	*NGSM*	*CLI*

προσλαμβάνεσθε	ἀλλήλους,	καθὼς	καὶ	ὁ	Χριστὸς	προσελάβετο
aceptaos	unos a otros	como	también	--	Cristo	aceptó
4355	240	2531	2532	3588	5547	4355
VPMM2P	*RC-APM*	*CAM*	*BE, TE*	*DNSM*	*NNSM*	*VAMI3S*

ὑμᾶς,	εἰς	δόξαν	τοῦ	θεοῦ.	8 λέγω	γὰρ	Χριστὸν	διάκονον
a vosotros,	para	(la) gloria	de --	Dios.	digo$_{2}$	Porque$_{1}$	Cristo$_{3}$	servidor$_{5}$
5209	1519	1391	3588	2316	3004	1063	5547	1249
RP2AP	*P*	*NASF*	*DGSM*	*NGSM*	*VPAI1S*	*CLX*	*NASM*	*NASM*

γεγενῆσθαι	περιτομῆς	ὑπὲρ	ἀληθείας	θεοῦ,	εἰς	τὸ	βεβαιῶσαι
ha llegado a ser$_{4}$	de (la) circuncisión$_{6}$	en favor de	(la) verdad	de Dios,	para	--	confirmar
1096	4061	5228	225	2316	1519	3588	950
VRPN	*NGSF*	*P*	*NGSF*	*NGSM*	*P*	*DASN*	*VAAN*

NVI

15 Los fuertes en
la fe debemos
apoyar a los débiles,
en vez de hacer lo que
nos agrada.
2 Cada uno
debe agradar al prójimo
para su bien, con el fin
de edificarlo.
3 Porque
ni siquiera Cristo se
agradó a sí mismo, sino
que, como está escrito:
«Sobre mí han recaído
los insultos de tus de-
tractores».
4 De hecho,
todo lo que se escribió
en el pasado se escribió
para enseñarnos, a fin
de que, alentados por las
Escrituras, perseveremos
en mantener nuestra
esperanza.
5 Que el Dios que
infunde aliento y per-
severancia les conceda
vivir juntos en armonía,
conforme al ejemplo de
Cristo Jesús,
6 para que
con un solo corazón y a
una sola voz glorifiquen
al Dios y Padre de nues-
tro Señor Jesucristo.
7 Por tanto, acéptense
mutuamente, así como
Cristo los aceptó a uste-
des para gloria de Dios.
8 Les digo que Cristo
se hizo servidor de los
judíos para demostrar
la fidelidad de Dios,
a fin de confirmar las

RVR

promesas hechas a los
padres,
9 y para que los gentiles
glorifiquen a Dios por
su misericordia, como
está escrito:
Por tanto, te confesaré
entre los gentiles,
Y cantaré a tu nombre.
10 Y otra vez dice:
Alegraos, gentiles, con
su pueblo.
11 Y otra vez:
Alabad al Señor todos
los gentiles,
Y ensalzadlo todos los
pueblos.
12 Y otra vez dice Isaías:
Vendrá la raíz de Isay,
Y el que se levantará a
regir a los gentiles;
Los gentiles esperarán
en él.
13 Y el Dios de la espe-
ranza os llene de todo
gozo y paz en el creer,
para que abundéis en la
esperanza por el poder
del Espíritu Santo.
14 Pero estoy con-
vencido de vosotros,
hermanos míos, de que
vosotros mismos estáis

τὰς ἐπαγγελίας τῶν πατέρων, 9 τὰ δὲ ἔθνη ὑπὲρ ἐλέους
las promesas de los padres, los$_2$ mas$_1$ gentiles$_3$ por (la) misericordia
3588 1860 3588 3962 3588 1161 1484 5228 1656
DAPF NAPF DGPM NGPM DAPN, DNPN CLN NAPN, NNPN P NGSN

δοξάσαι τὸν θεόν· καθὼς γέγραπται· Διὰ τοῦτο ἐξομολογήσομαί
glorificar a-- Dios, como ha sido escrito: Por esto, confesaré
1392 3588 2316 2531 1125 1223 5124 1843
VAAN DASM NASM CAM VRPI3S P RD-ASN VFMI1S

σοι ἐν ἔθνεσι, καὶ τῷ ὀνόματί σου ψαλῶ. 10 καὶ πάλιν
a ti entre (los) gentiles, y$_1$ al$_3$ nombre$_4$ de ti.$_5$ cantaré alabanzas$_2$ Y otra vez
4671 1722 1484 2532 3588 3686 4675 5567 2532 3825
RP2DS P NDPN CLN DDSN NDSN RP2GS VFAI1S CLN B

λέγει· Εὐφράνθητε, ἔθνη, μετὰ τοῦ λαοῦ αὐτοῦ. 11 καὶ πάλιν· Αἰνεῖτε,
dice: Alegraos, gentiles, con el pueblo de él. Y otra vez: Alabad$_1$
3004 2165 1484 3326 3588 2992 846 2532 3825 134
VPAI3S VAPM2P NVPN P DGSM NGSM RP3GSM CLN B VPAM2P

πάντα τὰ ἔθνη, τὸν κύριον, καὶ ἐπαινεσάτωσαν αὐτὸν
todos$_4$ los$_5$ gentiles,$_6$ al$_2$ Señor$_3$ y$_7$ ensalcen$_{11}$ a él.$_{12}$
3956 3588 1484 3588 2962 2532 1867 846
JVPN, JNPN DVPN, DNPN NVPN, NNPN DASM NASM CLN VAAM3P RP3ASM

πάντες οἱ λαοί. 12 καὶ πάλιν Ἠσαΐας λέγει· Ἔσται ἡ ῥίζα τοῦ
todos$_8$ los$_9$ pueblos$_{10}$ Y otra vez Isaías dice: estará:$_5$ La$_1$ raíz$_2$ de--$_3$
3956 3588 2992 2532 3825 2268 3004 2071 3588 4491 3588
JNPM DNPM NNPM CLN B NNSM VPAI3S VFMI3S DNSF NNSF DGSM

Ἰεσσαί, καὶ ὁ ἀνιστάμενος ἄρχειν ἐθνῶν· ἐπ' αὐτῷ ἔθνη
Isaí$_4$ y el que se levanta para guiar gentiles, en$_3$ él.$_4$ (los) gentiles$_1$
2421 2532 3588 450 757 1484 1909 846 1484
NGSM, XP CLN, B DNSM VPMP-SNM VPAN NGPN P RP3DSM NNPN

ἐλπιοῦσιν. 13 ὁ δὲ θεὸς τῆς ἐλπίδος πληρώσαι ὑμᾶς πάσης χαρᾶς
esperarán$_2$ el$_2$ Mas$_1$ Dios de la esperanza llene a vosotros de todo gozo
1679 3588 1161 2316 3588 1680 4137 5209 3956 5479
VFAI3P DNSM CLN NNSM DGSF NGSF VAAO3S RP2AP JGSF NGSF

καὶ εἰρήνης ἐν τῷ πιστεύειν, εἰς τὸ περισσεύειν ὑμᾶς ἐν
y de paz en el creer, para -- abundar$_2$ vosotros$_1$ en
2532 1515 1722 3588 4100 1519 3588 4052 5209 1722
CLN NGSF P DDSN, DDSM VPAN P DASN VPAN RP2AP P

τῇ ἐλπίδι ἐν δυνάμει πνεύματος ἁγίου. 14 Πέπεισμαι δέ, ἀδελφοί
la esperanza por (el) poder del Espíritu Santo. he sido convencido,$_5$ Y$_1$ hermanos$_6$
3588 1680 1722 1411 4151 40 3982 1161 80
DDSF NDSF P NDSF NGSN JGSN VRPI1S CLN NVPM

μου, καὶ αὐτὸς ἐγὼ περὶ ὑμῶν, ὅτι καὶ αὐτοὶ μεστοί
de mí,$_7$ también$_2$ mismo$_4$ yo$_3$ acerca de de vosotros, que también vosotros mismos llenos$_2$
3450 2532 846 1473 4012 5216 3754 2532 846 3324
RP1GS BE, TE RP3NSMP RP1NS P RP2GP CSC BE, TE RP3NPMP JNPM

NVI

promesas hechas a los
patriarcas, 9 y para que
los gentiles glorifiquen a
Dios por su compasión,
como está escrito:

«Por eso te alabaré
entre las naciones;
cantaré salmos a tu
nombre».

10 En otro pasaje dice:

«Alégrense, naciones,
con el pueblo de
Dios».

11 Y en otra parte:

«¡Alaben al Señor,
naciones todas!
¡Pueblos todos, cán-
tenle alabanzas!»

12 A su vez, Isaías afirma:

«Brotará la raíz de Isaí,
el que se levantará
para gobernar a las
naciones;
en él los pueblos
pondrán su
esperanza».

13 Que el Dios de la es-
peranza los llene de toda
alegría y paz a ustedes
que creen en él, para que
rebosen de esperanza
por el poder del Espíritu
Santo.

Pablo, ministro de los gentiles

14 Por mi parte,
hermanos míos, estoy
seguro de que ustedes
mismos rebosan de

RVR

llenos de bondad, llenos
de todo conocimiento,
y capacitados también
para amonestaros los
unos a los otros.
[15] Mas os he escrito,
hermanos, en parte con
atrevimiento, como
para reavivar vuestros
recuerdos, por la gracia
que de Dios me es dada
[16] para ser ministro de
Jesucristo a los gentiles,
administrando el
evangelio de Dios, para
que los gentiles le sean
ofrenda agradable, san-
tificada por el Espíritu
Santo.
[17] Tengo, pues, de qué
gloriarme en Cristo
Jesús en lo que a Dios se
refiere.
[18] Porque no me atre-
veré a hablar sino de lo
que Cristo ha hecho
por medio de mí para
la obediencia de los
gentiles, con la palabra y
con las obras,
[19] con potencia de
señales y prodigios, en
el poder del Espíritu
de Dios; de manera
que desde Jerusalén,
y por los alrededores
hasta Ilírico, todo lo he
llenado del evangelio de
Cristo.
[20] Y de esta manera me
esforcé por predicar el
evangelio, no donde el
nombre de Cristo ya hu-
biese sido pronunciado,
para no edificar sobre
fundamento ajeno,
[21] sino, como está
escrito:

ἔστε	ἀγαθωσύνης,	πεπληρωμένοι	πάσης	γνώσεως,	δυνάμενοι	καὶ
estáis$_1$	de bondad,	habiendo sido llenados	de todo	conocimiento,	capacitados$_2$	también$_1$
2075	19	4137	3956	1108	1410	2532
VPAI2P	*NGSF*	*VRPP-PNM*	*JGSF*	*NGSF*	*VPUP-PNM*	*CLN, B*

ἀλλήλους	νουθετεῖν.	[15] τολμηρότερον	δὲ	ἔγραψα	⸀ὑμῖν	ἀπὸ
unos a otros.$_4$	para amonestar$_3$	osadamente$_4$	Pero$_1$	escribí$_2$	a vosotros$_3$	de
240	3560	5112	1161	1125	5213	575
RC-APM	*VPAN*	*B*	*CLC*	*VAAI1S*	*RP2DP*	*P*

μέρους,	ὡς	ἐπαναμιμνήσκων	ὑμᾶς,	διὰ	τὴν	χάριν	τὴν	δοθεῖσάν	μοι
parte,	como	recordando	a vosotros	por	la	gracia	la que	fue dada	a mí
3313	5613	1878	5209	1223	3588	5485	3588	1325	3427
NGSN	*CAM*	*VPAP-SNM*	*RP2AP*	*P*	*DASF*	*NASF*	*DASF*	*VAPP-SAF*	*RP1DS*

ὑπὸ	τοῦ	θεοῦ	[16] εἰς	τὸ	εἶναί	με	λειτουργὸν	Χριστοῦ	Ἰησοῦ	εἰς
por	--	Dios,	para$_1$	--$_3$	ser$_4$	yo$_2$	ministro	de Cristo	Jesús	para
5259	3588	2316	1519	3588	1511	3165	3011	5547	2424	1519
P	*DGSM*	*NGSM*	*P*	*DASN*	*VPAN*	*RP1AS*	*NASM*	*NGSM*	*NGSM*	*P*

τὰ	ἔθνη,	ἱερουργοῦντα	τὸ	εὐαγγέλιον	τοῦ	θεοῦ,	ἵνα	γένηται
los	gentiles,	ministrando	el	evangelio	de --	Dios,	para que$_1$	llegue a ser$_6$
3588	1484	2418	3588	2098	3588	2316	2443	1096
DAPN	*NAPN*	*VPAP-SAM*	*DASN*	*NASN*	*DGSM*	*NGSM*	*CAP*	*VAMS3S*

ἡ	προσφορὰ	τῶν	ἐθνῶν	εὐπρόσδεκτος,	ἡγιασμένη	ἐν	πνεύματι
la$_2$	ofrenda$_3$	de los$_4$	gentiles$_5$	aceptable,$_7$	santificada	en	(el) Espíritu
3588	4376	3588	1484	2144	37	1722	4151
DNSF	*NNSF*	*DGPN*	*NGPN*	*JNSF*	*VRPP-SNF*	*P*	*NDSN*

ἁγίῳ.	[17] ἔχω	οὖν	τὴν	καύχησιν	ἐν	Χριστῷ	Ἰησοῦ	τὰ
Santo.	tengo$_2$	Así que,$_1$	el	orgullo	en	Cristo	Jesús	(en) las cosas
40	2192	3767	3588	2746	1722	5547	2424	3588
JDSN	*VPAI1S*	*CLI*	*DASF*	*NASF*	*P*	*NDSM*	*NDSM*	*DAPN*

πρὸς	τὸν	θεόν·	[18] οὐ	γὰρ	τολμήσω	τι	λαλεῖν	ὧν
en relación a	--	Dios;	no$_2$	porque$_1$	me atreveré$_3$	algo$_5$	a hablar$_4$	de las cosas que
4314	3588	2316	3756	1063	5111	5100	2980	3739
P	*DASM*	*NASM*	*BN,TN*	*CLX*	*VFAI1S*	*RX-ASN*	*VPAN*	*RR-GPN*

οὐ	κατειργάσατο	Χριστὸς	δι’	ἐμοῦ	εἰς	ὑπακοὴν	ἐθνῶν,
no	produjo	Cristo	por medio de	mí	para	(la) obediencia	de (los) gentiles,
3756	2716	5547	1223	1700	1519	5218	1484
BN, TN	*VAMI3S*	*NNSM*	*P*	*RP1GS*	*P*	*NASF*	*NGPN*

λόγῳ	καὶ	ἔργῳ,	[19] ἐν	δυνάμει	σημείων	καὶ	τεράτων,	ἐν	δυνάμει
por palabra	y	(por) obra,	con	poder	de señales	y	prodigios,	con	(el) poder
3056	2532	2041	1722	1411	4592	2532	5059	1722	1411
NDSM	*CLN*	*NDSN*	*P*	*NDSF*	*NGPN*	*CLN*	*NGPN*	*P*	*NDSF*

πνεύματος·	ὥστε	με	ἀπὸ	Ἰερουσαλὴμ	καὶ	κύκλῳ	μέχρι	τοῦ
del Espíritu;	de modo que,	yo$_8$	desde$_1$	Jerusalén$_2$	y$_3$	alrededor$_4$	hasta$_5$	el$_6$
4151	5620	3165	575	2419	2532	2945	3360	3588
NGSN	*CAR*	*RP1AS*	*P*	*NGSF, XP*	*CLN*	*BP, NDSM*	*P, B*	*DGSN*

Ἰλλυρικοῦ	πεπληρωκέναι	τὸ	εὐαγγέλιον	τοῦ	Χριστοῦ,	[20] οὕτως
Ilírico$_7$	haber completado (de predicar)	el	evangelio	de --	Cristo.	así$_2$
2437	4137	3588	2098	3588	5547	3779
NGSN	*VRAN*	*DASN*	*NASN*	*DGSM*	*NGSM*	*B*

δὲ	φιλοτιμούμενον	εὐαγγελίζεσθαι	οὐχ	ὅπου	ὠνομάσθη
Y$_1$	habiendo esforzado	para anunciar (la) buena noticia	no$_3$	donde$_1$	fue nombrado,$_4$
1161	5389	2097	3756	3699	3687
CLN	*VPUP-SAM*	*VPMN*	*BN, TN*	*CAL*	*VAPI3S*

Χριστός,	ἵνα	μὴ	ἐπ’	ἀλλότριον	θεμέλιον	οἰκοδομῶ,	[21] ἀλλὰ
Cristo$_2$	para que$_5$	no$_6$	sobre$_8$	ajeno,$_{10}$	fundamento$_9$	edifique$_7$	sino
5547	2443	3361	1909	245	2310	3618	235
NNSM	*CAP*	*BN, TN*	*P*	*JASM*	*NASM*	*VPAS1S*	*CLC*

NVI

bondad, abundan
en conocimiento y
están capacitados para
instruirse unos a otros.
[15] Sin embargo, les he
escrito con mucha
franqueza sobre algunos
asuntos, como para
refrescarles la memoria.
Me he atrevido a hacerlo
por causa de la gracia
que Dios me dio [16] para
ser ministro de Cristo
Jesús a los gentiles. Yo
tengo el deber sacerdotal
de proclamar el evange-
lio de Dios, a fin de que
los gentiles lleguen a ser
una ofrenda aceptable a
Dios, santificada por el
Espíritu Santo.
[17] Por tanto, mi
servicio a Dios es para
mí motivo de orgullo en
Cristo Jesús. [18] No me
atreveré a hablar de nada
sino de lo que Cristo
ha hecho por medio de
mí para que los gentiles
lleguen a obedecer a
Dios. Lo ha hecho con
palabras y obras, [19] me-
diante poderosas señales
y milagros, por el poder
del Espíritu de Dios. Así
que, habiendo comenza-
do en Jerusalén, he com-
pletado la proclamación
del evangelio de Cristo
por todas partes, hasta
la región de Iliria. [20] En
efecto, mi propósito ha
sido predicar el evange-
lio donde Cristo no sea
conocido, para no edi-
ficar sobre fundamento
ajeno. [21] Más bien, como
está escrito:

15:15⸀ Manuscritos inferiores aumentaron *hermanos*.

RVR

Aquellos a quienes
nunca les fue anunciado acerca de él,
verán;
Y los que nunca
han oído de él,
entenderán.

Deseo de Pablo de visitar Roma

22 Y por esta causa me
he visto impedido
muchas veces de ir a
vosotros.
23 Pero ahora, no
teniendo ya más campo
en estas regiones, y
deseando desde hace
muchos años ir a
vosotros,
24 cuando vaya a España,
iré a vosotros; porque
espero veros al pasar,
y ser encaminado allá
por vosotros, una vez
que haya disfrutado de
vuestra compañía por
un poco.
25 Mas ahora voy a
Jerusalén para el servicio
de los santos.
26 Porque Macedonia y
Acaya tuvieron a bien
hacer una colecta para
los pobres que hay entre
los santos que están en
Jerusalén.
27 Pues les pareció bien,
y son deudores a ellos;
porque si los gentiles
han sido hechos partícipantes de sus bienes
espirituales, deben también ellos servirles con
sus bienes temporales.
28 Así que, cuando haya
concluido esto, y les

καθὼς	γέγραπται·	Οἷς	οὐκ	ἀνηγγέλη	περὶ	αὐτοῦ	ὄψονται,	καὶ
como	ha sido escrito:	a los que$_2$	no$_3$	fue anunciado$_4$	acerca de$_5$	él,$_6$	Verán$_1$	y
2531	1125	3739	3756	312	4012	846	3700	2532
CAM	VRPI3S	RR-DPM	BN, TN	VAPI3S	P	RP3GSM	VFMI3P	CLN

οἳ	οὐκ	ἀκηκόασιν	συνήσουσιν.	22 Διὸ	καὶ	ἐνεκοπτόμην
los que	no	habían oído	entenderán.	Por lo cual,	también	era impedido
3739	3756	191	4920	1352	2532	1465
RR-NPM	BN, TN	VRAI3P	VFAI3P	CLI	BE, TE	VIPI1S

τὰ	πολλὰ	τοῦ	ἐλθεῖν	πρὸς	ὑμᾶς·	23 νυνὶ	δὲ	μηκέτι	τόπον
--	muchas (veces)	el	ir	a	vosotros.	ahora,$_2$	Mas$_1$	ya no$_3$	lugar$_5$
3588	4183	3588	2064	4314	5209	3570	1161	3371	5117
DAPN	JAPN	DGSN, DGSM	VAAN	P	RP2AP	B	CLC	BN	NASM

ἔχων	ἐν	τοῖς	κλίμασι	τούτοις,	ἐπιποθίαν	δὲ	ἔχων	τοῦ
teniendo$_4$	en$_6$	--$_8$	regiones,$_9$	estas$_7$	deseo profundo$_{12}$	y$_{10}$	teniendo$_{11}$	de --
2192	1722	3588	2824	5125	1974	1161	2192	3588
VPAP-SNM	P	DDPN	NDPN	RD-DPN	NASF	CLN	VPAP-SNM	DGSN, DGSM

ἐλθεῖν	πρὸς	ὑμᾶς	ἀπὸ	ἱκανῶν	ἐτῶν,	24 ὡς	ἂν	πορεύωμαι	εἰς
ir	a	vosotros	desde	considerables	años,	cuando	--	vaya	hacia
2064	4314	5209	575	2425	2094	5613	302	4198	1519
VAAN	P	RP2AP	P	JGPM	NGPN	CAT	TC	VPUS1S	P

τὴν	⸀Σπανίαν,	ἐλπίζω	γὰρ	διαπορευόμενος	θεάσασθαι	ὑμᾶς	καὶ
--	España,	espero$_3$	porque$_1$	pasando$_2$	mirar	a vosotros,	y$_1$
3588	4681	1679	1063	1279	2300	5209	2532
DASF	NASF	VPAI1S	CAZ	VPUP-SNM	VAMN	RP2AP	CLN

ὑφ᾽	ὑμῶν	προπεμφθῆναι	ἐκεῖ	ἐὰν	ὑμῶν	πρῶτον	ἀπὸ	μέρους
por$_4$	vosotros$_5$	ser encaminado$_2$	allá,$_3$	si$_6$	de vosotros$_9$	primero$_7$	de (en)$_{10}$	parte,$_{11}$
5259	5216	4311	1563	1437	5216	4412	575	3313
P	RP2GP	VAPN	BP	CAC	RP2GP	B, J	P	NGSN

ἐμπλησθῶ—	25 νυνὶ	δὲ	πορεύομαι	εἰς	Ἰερουσαλὴμ	διακονῶν	τοῖς
puedo disfrutar$_8$	ahora$_2$	Mas$_1$	voy	a	Jerusalén	para ministrar	a los
1705	3570	1161	4198	1519	2419	1247	3588
VAPS1S	B	CLC	VPUI1S	P	NASF, XP	VPAP-SNM	DDPM

ἁγίοις.	26 εὐδόκησαν	γὰρ	Μακεδονία	καὶ	Ἀχαΐα	κοινωνίαν*	τινὰ
santos.	decidieron$_5$	Porque$_1$	Macedonia$_2$	y$_3$	Acaya$_4$	comunión$_8$	alguna$_7$
40	2106	1063	3109	2532	882	2842	5100
JDPM	VAAI3P	CAZ	NNSF	CLN	NNSF	NASF	JASF, RX-ASF

ποιήσασθαι	εἰς	τοὺς	πτωχοὺς	τῶν	ἁγίων	τῶν	ἐν	Ἰερουσαλήμ.
hacer$_6$	para	los	pobres	de los	santos	los que (están)	en	Jerusalén;
4160	1519	3588	4434	3588	40	3588	1722	2419
VAMN	P	DAPM	JAPM	DGPM	JGPM	DGPM	P	NDSF, XP

27 εὐδόκησαν	γάρ,	καὶ	ὀφειλέται	εἰσὶν	αὐτῶν·	εἰ	γὰρ	τοῖς
decidieron,$_2$	pues$_1$	y$_3$	deudores$_5$	son$_4$	de ellos;$_6$	si$_8$	porque$_7$	en las (cosas)$_{12}$
2106	1063	2532	3781	1526	846	1487	1063	3588
VAAI3P	CAZ	CLN	NNPM	VPAI3P	RP3GPM	CAC	CAZ	DDPN

πνευματικοῖς	αὐτῶν	ἐκοινώνησαν	τὰ	ἔθνη,	ὀφείλουσιν	καὶ	ἐν
espirituales$_{13}$	de ellos,$_{14}$	participaron$_{11}$	los$_9$	gentiles$_{10}$	deben$_{15}$	también$_{16}$	en$_{19}$
4152	846	2841	3588	1484	3784	2532	1722
JDPN	RP3GPM	VAAI3P	DNPN	NNPN	VPAI3P	BE, TE	P

τοῖς	σαρκικοῖς	λειτουργῆσαι	αὐτοῖς.	28 τοῦτο	οὖν	ἐπιτελέσας,	καὶ
las$_{20}$	materiales.$_{21}$	ministrar$_{17}$	a ellos$_{18}$	esto$_3$	Así que,$_1$	habiendo completado$_2$	y$_4$
3588	4559	3008	846	5124	3767	2005	2532
DDPN	JDPN	VAAN	RP3DPM	RD-ASN	CLI	VAAP-SNM, VAAP-SNF	CLN

NVI

«Los que nunca
habían recibido
noticia de él lo
verán;
y entenderán los que
no habían oído
hablar de él».

22 Este trabajo es lo que
muchas veces me ha impedido ir a visitarlos.

Pablo piensa visitar Roma

23 Pero ahora que ya
no me queda un lugar
dónde trabajar en estas
regiones, y como desde
hace muchos años anhelo verlos, 24 tengo planes
de visitarlos cuando
vaya rumbo a España.
Espero que, después de
que haya disfrutado de
la compañía de ustedes
por algún tiempo, me
ayuden a continuar el
viaje. 25 Por ahora, voy
a Jerusalén para llevar
ayuda a los hermanos,
26 ya que Macedonia y
Acaya tuvieron a bien
hacer una colecta para
los hermanos pobres de
Jerusalén. 27 Lo hicieron
de buena voluntad,
aunque en realidad era
su obligación hacerlo.
Porque, si los gentiles
han participado de las
bendiciones espirituales
de los judíos, están en
deuda con ellos para
servirles con las bendiciones materiales. 28 Así
que, una vez que yo haya

15:24⸀ Manuscritos inferiores aumentaron *iré a vosotros.* **15:26*** O sea *una contribución.*

RVR

haya entregado este fru-
to, pasaré entre vosotros
rumbo a España.
29 Y sé que cuando
vaya a vosotros, llegaré
con abundancia de la
bendición del evangelio
de Cristo.
30 Pero os ruego, herma-
nos, por nuestro Señor
Jesucristo y por el amor
del Espíritu, que ayudéis
con vuestras oraciones a
Dios por mí,
31 para que sea librado
de los desobedientes
que están en Judea, y
que la ofrenda de mi
servicio a los santos en
Jerusalén sea acepta;
32 para que llegue a
vosotros con gozo por
la voluntad de Dios, y
que encuentre algún
descanso juntamente
con vosotros.
33 Y el Dios de paz sea
con todos vosotros.
Amén.

Saludos y recomendaciones personales

16 Os recomiendo
a nuestra her-
mana Febe, la cual está
al servicio de la iglesia en
Cencrea;
2 que la recibáis en el
Señor, como es digno
de los santos, y que la
ayudéis en cualquier
cosa en que necesite de
vosotros; porque ella ha

σφραγισάμενος	αὐτοῖς	τὸν	καρπὸν	τοῦτον,	ἀπελεύσομαι	δι'
habiendo sellado$_5$	a ellos,$_9$	--$_7$	fruto$_8$	este$_6$	iré	por medio de
4972	846	3588	2590	5126	565	1223
VAMP-SNM	*RP3DPM*	*DASM*	*NASM*	*RD-ASM*	*VFMI1S*	*P*

ὑμῶν	εἰς	Σπανίαν·	29 οἶδα	δὲ	ὅτι	ἐρχόμενος	πρὸς	ὑμᾶς	ἐν
de vosotros	hacia	España,	sé$_2$	y$_1$	que	llegando	a	vosotros,	con$_2$
5216	1519	4681	1492	1161	3754	2064	4314	5209	1722
RP2GP	*P*	*NASF*	*VRAI1S*	*CLN*	*CSC*	*VPUP-SNM*	*P*	*RP2AP*	*P*

πληρώματι	⌈εὐλογίας	Χριστοῦ	ἐλεύσομαι.	30 Παρακαλῶ	δὲ	ὑμᾶς,
(la) plenitud$_3$	de (la) bendición$_4$	de Cristo,$_5$	iré$_1$	ruego$_2$	mas$_1$	a vosotros,
4138	2129	5547	2064	3870	1161	5209
NDSN	*NGSF*	*NGSM*	*VFMI1S*	*VPAI1S*	*CLN*	*RP2AP*

ἀδελφοί,	διὰ	τοῦ	κυρίου	ἡμῶν	Ἰησοῦ	Χριστοῦ	καὶ	διὰ
hermanos,	por medio de	el	Señor	de nosotros,	Jesús,	Cristo	y	por medio de
80	1223	3588	2962	2257	2424	5547	2532	1223
NVPM	*P*	*DGSM*	*NGSM*	*RP1GP*	*NGSM*	*NGSM*	*CLN*	*P*

τῆς	ἀγάπης	τοῦ	πνεύματος	συναγωνίσασθαί	μοι	ἐν	ταῖς	προσευχαῖς
el	amor	del	Espíritu	luchar juntamente con	mí	en	las	oraciones
3588	26	3588	4151	4865	3427	1722	3588	4335
DGSF	*NGSF*	*DGSN*	*NGSN*	*VAMN*	*RP1DS*	*P*	*DDPF*	*NDPF*

ὑπὲρ	ἐμοῦ	πρὸς	τὸν	θεόν,	31 ἵνα	ῥυσθῶ	ἀπὸ	τῶν	ἀπειθούντων
por	mí	ante	--	Dios,	para que	sea librado	de	los	que desobedecen
5228	1700	4314	3588	2316	2443	4506	575	3588	544
P	*RP1GS*	*P*	*DASM*	*NASM*	*CSC*	*VAPS1S*	*P*	*DGPM*	*VPAP-PGM*

ἐν	τῇ	Ἰουδαίᾳ	καὶ	ἡ	διακονία	μου	ἡ	εἰς	Ἰερουσαλὴμ
(que están) en	--	Judea,	y	el	servicio	de mí	el (que es)	para	Jerusalén
1722	3588	2449	2532	3588	1248	3450	3588	1519	2419
P	*DDSF*	*NDSF*	*CLN*	*DNSF*	*NNSF*	*RP1GS*	*DNSF*	*P*	*NASF, XP*

εὐπρόσδεκτος	τοῖς	ἁγίοις	γένηται,	32 ἵνα	ἐν	χαρᾷ	ἐλθὼν	πρὸς
aceptable$_2$	a los$_3$	santos,$_4$	llegue a ser$_1$	para que$_1$	con$_5$	gozo$_6$	habiendo llegado$_2$	a$_3$
2144	3588	40	1096	2443	1722	5479	2064	4314
JNSF	*DDPM*	*JDPM*	*VAMS3S*	*CAP*	*P*	*NDSF*	*VAAP-SNM*	*P*

ὑμᾶς	διὰ	θελήματος	θεοῦ	συναναπαύσωμαι	ὑμῖν.	33 ὁ	δὲ	θεὸς
vosotros$_4$	por medio de	(la) voluntad	Dios	descanse con	vosotros.	el$_2$	Mas$_1$	Dios
5209	1223	2307	2316	4875	5213	3588	1161	2316
RP2AP	*P*	*NGSN*	*NGSM*	*VAMS1S*	*RP2DP*	*DNSM*	*CLN*	*NNSM*

τῆς	εἰρήνης	μετὰ	πάντων	ὑμῶν·	ἀμήν.
de --	paz	(sea) con	todos	vosotros;	amén.
3588	1515	3326	3956	5216	281
DGSF	*NGSF*	*P*	*JGPM*	*RP2GP*	*XF, T*

16 Συνίστημι	δὲ	ὑμῖν	Φοίβην	τὴν	ἀδελφὴν	ἡμῶν,	οὖσαν
recomiendo$_2$	Y$_1$	a vosotros,$_7$	a Febe,$_3$	la$_4$	hermana$_5$	de nosotros$_6$	que es
4921	1161	5213	5402	3588	79	2257	5607
VPAI1S	*CLN*	*RP2DP*	*NASF*	*DASF*	*NASF*	*RP1GP*	*VPAP-SAF*

καὶ	διάκονον	τῆς	ἐκκλησίας	τῆς	ἐν	Κεγχρεαῖς,	2 ἵνα	αὐτὴν
también	diácono	de la	iglesia,	de la (que está)	en	Cencrea;	para que$_1$	a ella$_3$
2532	1249	3588	1577	3588	1722	2747	2443	846
CLN, B	*NASF*	*DGSF*	*NGSF*	*DGSF*	*P*	*NDPF*	*CAP*	*RP3ASF*

προσδέξησθε	ἐν	κυρίῳ	ἀξίως	τῶν	ἁγίων,	καὶ	παραστῆτε	αὐτῇ
recibáis$_2$	en	(el) Señor	como es digno	de los	santos,	y	ayudéis	a ella
4327	1722	2962	516	3588	40	2532	3936	846
VAMS2P	*P*	*NDSM*	*B*	*DGPM*	*JGPM*	*CLN*	*VAAS2P*	*RP3DSF*

ἐν	ᾧ	ἂν	ὑμῶν	χρῄζῃ	πράγματι,	καὶ	γὰρ	αὐτὴ	προστάτις
en	lo que	--	de vosotros$_3$	necesite$_2$	asunto;$_1$	también$_5$	porque$_4$	ella$_6$	protectora$_8$
1722	3739	302	5216	5535	4229	2532	1063	846	4368
P	*RR-DSN*	*TC*	*RP2GP*	*VPAS3S*	*NDSN*	*BE, TE*	*CAZ*	*RP3NSFP*	*NNSF*

NVI

cumplido esta tarea y
entregado en sus manos
este fruto, saldré para
España y de paso los visi-
taré a ustedes. 29 Sé que,
cuando los visite, iré con
la abundante bendición
de Cristo.
30 Les ruego, herma-
nos, por nuestro Señor
Jesucristo y por el amor
del Espíritu, que se unan
conmigo en esta lucha y
que oren a Dios por mí.
31 Pídanle que me libre
de caer en manos de los
incrédulos que están en
Judea, y que los herma-
nos de Jerusalén reciban
bien la ayuda que les
llevo. 32 De este modo,
por la voluntad de Dios,
llegaré a ustedes con ale-
gría y podré descansar
entre ustedes por algún
tiempo. 33 El Dios de paz
sea con todos ustedes.
Amén.

Saludos personales

16 Les recomien-
do a nuestra
hermana Febe, diaconisa
de la iglesia de Cencreas.
2 Les pido que la reciban
dignamente en el Señor,
como conviene hacerlo
entre hermanos en la fe;
préstenle toda la ayuda
que necesite, porque ella

15:29⌈ Manuscritos inferiores aumentaron *del evangelio de*.

RVR

ayudado a muchos, y a
mí mismo.
3 Saludad a Priscila y a
Aquila, mis colaborado-
res en Cristo Jesús,
4 que expusieron su vida
por mí; a los cuales no
sólo yo doy gracias, sino
también todas las igle-
sias de los gentiles.
5 Saludad también a
la iglesia de su casa.
Saludad a Epéneto,
amado mío, que es el
primer fruto de Acaya
para Cristo.
6 Saludad a María, la
cual ha trabajado mu-
cho por vosotros.
7 Saludad a Andrónico
y a Junias, mis parientes
y mis compañeros de
prisiones, los cuales son
insignes entre los após-
toles, y que también
fueron antes de mí en
Cristo.
8 Saludad a Amplias,
amado mío en el Señor.
9 Saludad a Urbano,
nuestro colaborador
en Cristo Jesús, y a
Estaquis, amado mío.
10 Saludad a Apeles,
aprobado en Cristo.

πολλῶν ἐγενήθη καὶ ἐμοῦ αὐτοῦ.
de muchos,$_9$ llegó a ser$_7$ y de mí mismo.
4183 1096 2532 1700 846
JGPM VAPI3S CLN RP1GS RP3GSMP

3 Ἀσπάσασθε Πρίσκαν καὶ Ἀκύλαν τοὺς συνεργούς μου ἐν
Saludad a Prisca y a Aquila, los colaboradores de mí en
782 4251 2532 207 3588 4904 3450 1722
VAMM2P NASF CLN NASM DAPM JAPM RP1GS P

Χριστῷ Ἰησοῦ, 4 οἵτινες ὑπὲρ τῆς ψυχῆς μου τὸν ἑαυτῶν τράχηλον
Cristo Jesús, los cuales por$_5$ la$_6$ vida$_7$ de mí,$_8$ el$_2$ de ellos mismos$_4$ cuello$_3$
5547 2424 3748 5228 3588 5590 3450 3588 1438 5137
NDSM NDSM RR-NPM P DGSF NGSF RP1GS DASM RF3GPM NASM

ὑπέθηκαν, οἷς οὐκ ἐγὼ μόνος εὐχαριστῶ ἀλλὰ καὶ πᾶσαι
arriesgaron$_1$ a los que$_9$ no$_{10}$ yo$_{12}$ sólo$_{11}$ agradezco,$_{13}$ sino también todas
5294 3739 3756 1473 3441 2168 235 2532 3956
VAAI3P RR-DPM CLK, TN, B RP1NS JNSM VPAI1S CLK, CLC BE, TE JNPF

αἱ ἐκκλησίαι τῶν ἐθνῶν, 5 καὶ τὴν κατ᾽ οἶκον αὐτῶν ἐκκλησίαν.
las iglesias de los gentiles, también$_1$ a la$_2$ según$_4$ (la) casa$_5$ de ellos.$_6$ iglesia$_3$
3588 1577 3588 1484 2532 3588 2596 3624 846 1577
DNPF NNPF DGPN NGPN CLN DASF P NASM RP3GPM NASF

ἀσπάσασθε Ἐπαίνετον τὸν ἀγαπητόν μου, ὅς ἐστιν ἀπαρχὴ τῆς
Saludad a Epeneto, el amado de mí, quien es primicia de --
782 1866 3588 27 3450 3739 2076 536 3588
VAMM2P NASM DASM JASM RP1GS RR-NSM VPAI3S NNSF DGSF

⌜Ἀσίας εἰς Χριστόν. 6 ἀσπάσασθε Μαριάμ, ἥτις πολλὰ ἐκοπίασεν
Asia para Cristo. Saludad a María, la que muchas(o)$_2$ trabajó$_1$
773 1519 5547 782 3137 3748 4183 2872
NGSF P NASM VAMM2P NASF RR-NSF JAPN VAAI3S

εἰς ὑμᾶς. 7 ἀσπάσασθε Ἀνδρόνικον καὶ Ἰουνίαν τοὺς συγγενεῖς μου
para vosotros. Saludad a Andrónico y a Junias, los parientes de mí
1519 5209 782 408 2532 2458 3588 4773 3450
P RP2AP VAMM2P NASM CLN NASF DAPM JAPM RP1GS

καὶ συναιχμαλώτους μου, οἵτινές εἰσιν ἐπίσημοι ἐν τοῖς ἀποστόλοις,
y compañeros de cárcel de mí, quienes son destacados entre los apóstoles,
2532 4869 3450 3748 1526 1978 1722 3588 652
CLN JAPM, NAPM RP1GS RR-NPM VPAI3P JNPM P DDPM NDPM

οἳ καὶ πρὸ ἐμοῦ γέγοναν ἐν Χριστῷ. 8 ἀσπάσασθε
los cuales$_1$ también$_3$ antes de$_4$ mí$_5$ han llegado a ser$_2$ en Cristo. Saludad
3739 2532 4253 1700 1096 1722 5547 782
RR-NPM BE, TE P RP1GS VRAI3P P NDSM VAMM2P

Ἀμπλιᾶτον τὸν ἀγαπητόν μου ἐν κυρίῳ. 9 ἀσπάσασθε Οὐρβανὸν
a Amplias, el amado de mí en (el) Señor. Saludad a Urbano,
291 3588 27 3450 1722 2962 782 3773
NASM DASM JASM RP1GS P NDSM VAMM2P NASM

τὸν συνεργὸν ἡμῶν ἐν Χριστῷ καὶ Στάχυν τὸν ἀγαπητόν μου.
el colaborador de nosotros en Cristo, y Estaquis, el amado de mí.
3588 4904 2257 1722 5547 2532 4720 3588 27 3450
DASM JASM RP1GP P NDSM CLN NASM DASM JASM RP1GS

10 ἀσπάσασθε Ἀπελλῆν τὸν δόκιμον ἐν Χριστῷ. ἀσπάσασθε τοὺς ἐκ
Saludad a Apeles, el aprobado en Cristo. Saludad a los de
782 559 3588 1384 1722 5547 782 3588 1537
VAMM2P NASM DASM JASM P NDSM VAMM2P DAPM P

NVI

ha ayudado a muchas
personas, entre las que
me cuento yo.
3 Saluden a Priscila y a
Aquila, mis compa-
ñeros de trabajo en
Cristo Jesús. 4 Por
salvarme la vida,
ellos arriesgaron
la suya. Tanto
yo como todas
las iglesias de los
gentiles les estamos
agradecidos.
5 Saluden igualmente
a la iglesia que se
reúne en la casa de
ellos.
Saluden a mi querido
hermano Epeneto,
el primer conver-
tido a Cristo en la
provincia de Asia.
6 Saluden a María, que
tanto ha trabajado
por ustedes.
7 Saluden a Andrónico
y a Junías, mis
parientes y com-
pañeros de cárcel,
destacados entre los
apóstoles y conver-
tidos a Cristo antes
que yo.
8 Saluden a Amplias,
mi querido herma-
no en el Señor.
9 Saluden a Urbano,
nuestro compa-
ñero de trabajo
en Cristo, y a mi
querido hermano
Estaquis.
10 Saluden a Apeles,
que ha dado tantas
pruebas de su fe en
Cristo.

16:5⌜ Manuscritos inferiores tienen *Acaya*.

RVR

Saludad a los de la casa
de Aristóbulo.
11 Saludad a Herodión,
mi pariente.
Saludad a los de la casa
de Narciso, los cuales
son del Señor.
12 Saludad a Trifena y a
Trifosa, las cuales traba-
jan en el Señor. Saludad
a la amada Pérsida, la
cual ha trabajado mu-
cho en el Señor.
13 Saludad a Rufo, esco-
gido en el Señor, y a su
madre y mía.
14 Saludad a Asíncrito,
a Flegonte, a Hermes, a
Patrobas, a Hermas y a
los hermanos que están
con ellos.
15 Saludad a Filólogo,
a Julia, a Nereo y a su
hermana, a Olimpas y
a todos los santos que
están con ellos.
16 Saludaos los unos a
los otros con un beso
santo. Os saludan todas
las iglesias de Cristo.
17 Y os ruego, hermanos,
que os fijéis en los que
causan divisiones y tro-
piezos que desdicen de
la doctrina que vosotros
habéis aprendido, y que

τῶν*	Ἀριστοβούλου.	11 ἀσπάσασθε	Ἡρῳδίωνα	τὸν	συγγενῆ	μου.
los	Aristóbulo.	Saludad	a Herodión,	el	pariente	de mí.
3588	711	782	2267	3588	4773	3450
DGPM	*NGSM*	*VAMM2P*	*NASM*	*DASM*	*JASM*	*RP1GS*

ἀσπάσασθε	τοὺς	ἐκ	τῶν*	Ναρκίσσου	τοὺς	ὄντας	ἐν	κυρίῳ.
Saludad	a los	de	los	Narciso,	los que están		en	(el) Señor.
782	3588	1537	3588	3488	3588	5607	1722	2962
VAMM2P	*DAPM*	*P*	*DGPM*	*NGSM*	*DAPM*	*VPAP-PAM*	*P*	*NDSM*

12 ἀσπάσασθε	Τρύφαιναν	καὶ	Τρυφῶσαν	τὰς	κοπιώσας	ἐν	κυρίῳ.
Saludad	a Trifena	y	a Trifosa,	las que	trabajan	en	(el) Señor.
782	5170	2532	5173	3588	2872	1722	2962
VAMM2P	*NASF*	*CLN*	*NASF*	*DAPF*	*VPAP-PAF*	*P*	*NDSM*

ἀσπάσασθε	Περσίδα	τὴν	ἀγαπητήν,	ἥτις	πολλὰ	ἐκοπίασεν	ἐν
Saludad	a Pérsida,	la	amada,	la cual	muchas veces	trabajó	en
782	4069	3588	27	3748	4183	2872	1722
VAMM2P	*NASF*	*DASF*	*JASF*	*RR-NSF*	*JAPN*	*VAAI3S*	*P*

κυρίῳ.	13 ἀσπάσασθε	Ῥοῦφον	τὸν	ἐκλεκτὸν	ἐν	κυρίῳ	καὶ	τὴν	μητέρα
(el) Señor.	Saludad	a Rufo,	el	escogido	en	(el) Señor,	y	a la	madre
2962	782	4504	3588	1588	1722	2962	2532	3588	3384
NDSM	*VAMM2P*	*NASM*	*DASM*	*JASM*	*P*	*NDSM*	*CLN*	*DASF*	*NASF*

αὐτοῦ	καὶ	ἐμοῦ.	14 ἀσπάσασθε	Ἀσύγκριτον,	Φλέγοντα,	Ἑρμῆν,
de él,	y	de mí.	Saludad	a Asíncrito,	a Flegonte,	a Hermes,
846	2532	1700	782	799	5393	2060
RP3GSM	*CLN*	*RP1GS*	*VAMM2P*	*NASM*	*NASM*	*NASM*

Πατροβᾶν,	Ἑρμᾶν	καὶ	τοὺς	σὺν	αὐτοῖς	ἀδελφούς.	15 ἀσπάσασθε
a Patrobas,	a Hermas	y	a los	con$_2$	ellos.$_3$	hermanos (que están)$_1$	Saludad
3969	2057	2532	3588	4862	846	80	782
NASM	*NASM*	*CLN*	*DAPM*	*P*	*RP3DPM*	*NAPM*	*VAMM2P*

Φιλόλογον	καὶ	Ἰουλίαν,	Νηρέα	καὶ	τὴν	ἀδελφὴν	αὐτοῦ,	καὶ	Ὀλυμπᾶν
a Filólogo	y	a Julia,	a Nereo	y	a la	hermana	de él,	y	a Olimpas
5378	2532	2456	3517	2532	3588	79	846	2532	3652
NASM	*CLN*	*NASF*	*NASM*	*CLN*	*DASF*	*NASF*	*RP3GSM*	*CLN*	*NASM*

καὶ	τοὺς	σὺν	αὐτοῖς	πάντας	ἁγίους.	16 Ἀσπάσασθε	ἀλλήλους
y$_1$	los (que están)$_4$	con$_5$	ellos.$_6$	a todos$_2$	(los) santos$_3$	Saludad	unos a otros
2532	3588	4862	846	3956	40	782	240
CLN	*DAPM*	*P*	*RP3DPM*	*JAPM*	*JAPM*	*VAMM2P*	*RC-APM*

ἐν	φιλήματι	ἁγίῳ.	Ἀσπάζονται	ὑμᾶς	αἱ	ἐκκλησίαι	πᾶσαι	τοῦ
con	beso	santo.	saludan$_6$	a vosotros.$_7$	las$_2$	iglesias$_3$	Todas$_1$	de --$_4$
1722	5370	40	782	5209	3588	1577	3956	3588
P	*NDSN*	*JDSN*	*VPUI3P*	*RP2AP*	*DNPF*	*NNPF*	*JNPF*	*DGSM*

Χριστοῦ.
Cristo$_5$
5547
NGSM

17 Παρακαλῶ	δὲ	ὑμᾶς,	ἀδελφοί,	σκοπεῖν	τοὺς	τὰς	διχοστασίας
ruego$_2$	Mas$_1$	a vosotros,	hermanos,	poner atención	a los que$_1$	las$_3$	divisiones$_4$
3870	1161	5209	80	4648	3588	3588	1370
VPAI1S	*CLN*	*RP2AP*	*NVPM*	*VPAN*	*DAPM*	*DAPF*	*NAPF*

καὶ	τὰ	σκάνδαλα	παρὰ	τὴν	διδαχὴν	ἣν	ὑμεῖς	ἐμάθετε	ποιοῦντας,
y$_5$	los$_6$	tropiezos$_7$	fuera de$_8$	la$_9$	enseñanza$_{10}$	la que$_{11}$	vosotros$_{12}$	aprendisteis,$_{13}$	producen$_2$
2532	3588	4625	3844	3588	1322	3739	5210	3129	4160
CLN	*DAPN*	*NAPN*	*P*	*DASF*	*NASF*	*RR-ASF*	*RP2NP*	*VAAI2P*	*VPAP-PAM*

NVI

Saluden a los de
la familia de
Aristóbulo.
11 Saluden a Herodión,
mi pariente.
Saluden a los de la
familia de Narciso,
fieles en el Señor.
12 Saluden a Trifena y a
Trifosa, las cuales se
esfuerzan trabajan-
do por el Señor.
Saluden a mi querida
hermana Pérsida,
que ha trabajado
muchísimo en el
Señor.
13 Saluden a Rufo, dis-
tinguido creyente,
y a su madre, que
ha sido también
como una madre
para mí.
14 Saluden a Asíncrito,
a Flegonte,
a Hermes, a
Patrobas, a Hermas
y a los hermanos
que están con ellos.
15 Saluden a Filólogo,
a Julia, a Nereo y
a su hermana, a
Olimpas y a todos
los hermanos que
están con ellos.
16 Salúdense unos a
otros con un beso
santo.
Todas las iglesias de
Cristo les mandan
saludos.

17 Les ruego, herma-
nos, que se cuiden de los
que causan divisiones
y dificultades, y van en
contra de lo que a uste-
des se les ha enseñado.

16:10*, 11* O sea *la casa de.*

RVR

os apartéis de ellos.
18 Porque tales personas
son esclavas, no de nues-
tro Señor Jesucristo,
sino de sus propios
vientres, y con suaves
palabras y lisonjas enga-
ñan los corazones de los
ingenuos.
19 Porque vuestra obe-
diencia ha venido a ser
bien conocida de todos,
por lo cual me gozo de
vosotros; pero quiero
que seáis sabios para el
bien, e inocentes para
el mal.
20 Y el Dios de paz
aplastará en breve a
Satanás bajo vuestros
pies. La gracia de nues-
tro Señor Jesucristo sea
con vosotros.
21 Os saludan Timoteo
mi colaborador, y
Lucio, Jasón y Sosípater,
mis parientes.
22 Yo Tercio, que he es-
crito la carta, os saludo
en el Señor.
23 Os saluda Gayo,
hospedador mío y de
toda la iglesia. Os saluda
Erasto, tesorero de la
ciudad, y el hermano
Cuarto.

καὶ	ἐκκλίνετε	ἀπ'	αὐτῶν.	18 οἱ	γὰρ	τοιοῦτοι	τῷ	κυρίῳ	⸀ἡμῶν
y	apartaos	de	de ellos.	los$_2$	Porque$_1$	tales$_3$	al$_6$	Señor$_7$	de nosotros,$_8$
2532	1578	575	846	3588	1063	5108	3588	2962	2257
CLN	*VPAM2P*	*P*	*RP3GPM*	*DNPM*	*CAZ*	*RD-NPM*	*DDSM*	*NDSM*	*RP1GP*

Χριστῷ	οὐ	δουλεύουσιν	ἀλλὰ	τῇ	ἑαυτῶν	κοιλίᾳ,	καὶ	διὰ
Cristo,$_9$	no$_4$	sirven$_5$	sino$_{10}$	al$_{11}$	de ellos mismos,$_{13}$	vientre$_{12}$	y	por medio de
5547	3756	1398	235	3588	1438	2836	2532	1223
NDSM	*BN, TN*	*VPAI3P*	*CLC*	*DDSF*	*RF3GPM*	*NDSF*	*CLN*	*P*

τῆς	χρηστολογίας	καὶ	εὐλογίας	ἐξαπατῶσι	τὰς	καρδίας	τῶν	ἀκάκων.
el	lenguaje atractivo	y	alabanzas	engañan	los	corazones	de los	sin malicia.
3588	5542	2532	2129	1818	3588	2588	3588	172
DGSF	*NGSF*	*CLN*	*NGSF*	*VPAI3P*	*DAPF*	*NAPF*	*DGPM*	*JGPM*

19 ἡ	γὰρ	ὑμῶν	ὑπακοὴ	εἰς	πάντας	ἀφίκετο·	ἐφ'	ὑμῖν
la$_2$	Porque$_1$	de vosotros$_4$	obediencia$_3$	de$_6$	todos;$_7$	ha llegado al conocimiento$_5$	en$_{10}$	vosotros,$_{11}$
3588	1063	5216	5218	1519	3956	864	1909	5213
DNSF	*CLX*	*RP2GP*	*NNSF*	*P*	*JAPM*	*VAMI3S*	*P*	*RP2DP*

οὖν	χαίρω,	θέλω	δὲ	ὑμᾶς	σοφοὺς	εἶναι	εἰς	τὸ	ἀγαθόν,
así que,$_8$	me alegro$_9$	quiero$_{13}$	y$_{12}$	(que) vosotros$_{14}$	sabios$_{16}$	ser (seáis)$_{15}$	para	lo	bueno,
3767	5463	2309	1161	5209	4680	1511	1519	3588	18
CLI	*VPAI1S*	*VPAI1S*	*CLC*	*RP2AP*	*JAPM*	*VPAN*	*P*	*DASN*	*JASN*

ἀκεραίους	δὲ	εἰς	τὸ	κακόν.	20 ὁ	δὲ	θεὸς	τῆς	εἰρήνης	συντρίψει
puros$_2$	y$_1$	para	lo	malo.	el$_4$	Y$_1$	Dios$_5$	de--$_6$	paz$_7$	aplastará$_8$
185	1161	1519	3588	2556	3588	1161	2316	3588	1515	4937
JAPM	*CLC*	*P*	*DASN*	*JASN*	*DNSM*	*CLN*	*NNSM*	*DGSF*	*NGSF*	*VFAI3S*

τὸν	Σατανᾶν	ὑπὸ	τοὺς	πόδας	ὑμῶν	ἐν	τάχει.	ἡ	χάρις	τοῦ
a--$_9$	Satanás$_{10}$	bajo$_{11}$	los$_{12}$	pies$_{13}$	de vosotros.$_{14}$	en$_2$	breve$_3$	La	gracia	del
3588	4567	5259	3588	4228	5216	1722	5034	3588	5485	3588
DASM	*NASM*	*P*	*DAPM*	*NAPM*	*RP2GP*	*P*	*NDSN*	*DNSF*	*NNSF*	*DGSM*

κυρίου	ἡμῶν	Ἰησοῦ	Χριστοῦ	μεθ'	ὑμῶν.
Señor	de nosotros,	Jesús,	Cristo	(sea) con	vosotros.
2962	2257	2424	5547	3326	5216
NGSM	*RP1GP*	*NGSM*	*NGSM*	*P*	*RP2GP*

21 Ἀσπάζεται	ὑμᾶς	Τιμόθεος	ὁ	συνεργός	μου,	καὶ	Λούκιος
saluda$_5$	a vosotros,$_6$	Timoteo$_1$	el$_2$	colaborador$_3$	de mí$_4$	y	Lucio
782	5209	5095	3588	4904	3450	2532	3066
VPUI3S	*RP2AP*	*NNSM*	*DNSM*	*JNSM*	*RP1GS*	*CLN*	*NNSM*

καὶ	Ἰάσων	καὶ	Σωσίπατρος	οἱ	συγγενεῖς	μου.	22 ἀσπάζομαι	ὑμᾶς
y	Jasón	y	Sosípater	los	parientes	de mí.	saludo$_7$	a vosotros$_8$
2532	2394	2532	4989	3588	4773	3450	782	5209
CLN	*NNSM*	*CLN*	*NNSM*	*DNPM*	*JNPM*	*RP1GS*	*VPUI1S*	*RP2AP*

ἐγὼ	Τέρτιος	ὁ	γράψας	τὴν	ἐπιστολὴν	ἐν	κυρίῳ.	23 ἀσπάζεται
Yo$_1$	Tercio,$_2$	el que$_3$	escribió$_4$	la$_5$	carta,$_6$	en	(el) Señor.	saluda$_9$
1473	5060	3588	1125	3588	1992	1722	2962	782
RP1NS	*NNSM*	*DNSM*	*VAAP-SNM*	*DASF*	*NASF*	*P*	*NDSM*	*VPUI3S*

ὑμᾶς	Γάϊος	ὁ	ξένος	μου	καὶ	ὅλης	τῆς	ἐκκλησίας.	ἀσπάζεται
a vosotros.$_{10}$	Gayo,$_1$	el$_2$	hospedador$_3$	de mí$_4$	y$_5$	de toda$_6$	la$_7$	iglesia$_8$	saluda$_{16}$
5209	1050	3588	3581	3450	2532	3650	3588	1577	782
RP2AP	*NNSM*	*DNSM*	*JNSM*	*RP1GS*	*CLN*	*JGSF*	*DGSF*	*NGSF*	*VPUI3S*

ὑμᾶς	Ἔραστος	ὁ	οἰκονόμος	τῆς	πόλεως	καὶ	Κούαρτος	ὁ
a vosotros,$_{17}$	Erasto$_{11}$	el$_{12}$	tesorero$_{13}$	de la$_{14}$	ciudad$_{15}$	y$_{18}$	Cuarto.$_{21}$	el$_{19}$
5209	2037	3588	3623	3588	4172	2532	2890	3588
RP2AP	*NNSM*	*DNSM*	*NNSM*	*DGSF*	*NGSF*	*CLN*	*NNSM*	*DNSM*

ἀδελφός.
hermano$_{20}$
80
NNSM

NVI

Apártense de ellos.
18 Tales individuos no
sirven a Cristo nuestro
Señor, sino a sus propios
deseos. Con palabras
suaves y lisonjeras enga-
ñan a los ingenuos. 19 Es
cierto que ustedes viven
en obediencia, lo que es
bien conocido de todos
y me alegra mucho; pero
quiero que sean sagaces
para el bien e inocentes
para el mal.
20 Muy pronto el
Dios de paz aplastará a
Satanás bajo los pies de
ustedes.
Que la gracia de
nuestro Señor Jesús sea
con ustedes.
21 Saludos de parte de
Timoteo, mi compa-
ñero de trabajo, como
también de Lucio,
Jasón y Sosípater, mis
parientes.
22 Yo, Tercio, que
escribo esta carta, los
saludo en el Señor.
23 Saludos de parte
de Gayo, de cuya hospi-
talidad disfrutamos yo
y toda la iglesia de este
lugar.
También les mandan
saludos Erasto, que es
el tesorero de la ciudad,
y nuestro hermano
Cuarto.

16:5⸀ Manuscritos inferiores aumentaron *Jesús*.

RVR

24 La gracia de nuestro Señor Jesucristo sea con todos vosotros. Amén.

Doxología final

25 Y al que puede consolidaros según mi evangelio y la predicación de Jesucristo, según la revelación del misterio que ha sido mantenido en silencio desde tiempos eternos,
26 pero que ha sido manifestado ahora, y que mediante las Escrituras de los profetas, según el mandamiento del Dios eterno, se ha dado a conocer a todas las gentes para obediencia de la fe,
27 al único Dios sabio, sea gloria mediante Jesucristo para siempre. Amén.

24 ⸀Ἡ χάρις τοῦ κυρίου ἡμῶν Ἰησοῦ Χριστοῦ μετὰ πάντων ὑμῶν.⸃ ⸀Ἀμήν.

Ἡ	χάρις	τοῦ	κυρίου	ἡμῶν	Ἰησοῦ	Χριστοῦ	μετὰ	πάντων
La	gracia	del	Señor	de nosotros,	Jesucristo,		(sea) con	todos
3588	5485	3588	2962	2257	2424	5547	3326	3956
DNSF	*NNSF*	*DGSM*	*NGSM*	*RP1GP*	*NGSM*	*NGSM*	*P*	*JGPM*

ὑμῶν.⸃	⸀Ἀμήν.
vosotros.	Amén.
5216	281
RP2GP	*XF*

NVI

25-26 El Dios eterno ocultó su misterio durante largos siglos, pero ahora lo ha revelado por medio de los escritos proféticos, según su propio mandato, para que todas las naciones obedezcan a la fe. ¡Al que puede fortalecerlos a ustedes conforme a mi evangelio y a la predicación acerca de Jesucristo,
27 al único sabio Dios, sea la gloria para siempre por medio de Jesucristo! Amén.

16:24⸀⸃ Manuscritos importantes no tienen *el versículo 24.* **16:24⸀** Manuscritos importantes tienen *[25] Y al que puede hacerles firmes, según el evangelio y la predicación de Jesucristo, y según la revelación del misterio que se ha mantenido oculto desde tiempos eternos, [26] pero que ahora ha sido manifestado también por las Escrituras de los prfetas según el mandamiento del Dios eterno, para obediencia de la fe a todas las naciones, se ha dado a conocer, [27] al único sabio Dios por medio de Jesucristo sea la gloria parala eternidad, amén.*

Primera Epístola a los

CORINTIOS

ΠΡΟΣ ΚΟΡΙΝΘΙΟΥΣ Α

RVR

Saludo

1 Pablo, llamado
a ser apóstol
de Jesucristo por la
voluntad de Dios, y el
hermano Sóstenes,
2 a la iglesia de Dios que
está en Corinto, a los
santificados en Cristo
Jesús, llamados a ser san-
tos con todos los que en
cualquier lugar invocan
el nombre de nuestro
Señor Jesucristo, Señor
de ellos y nuestro:
3 Gracia y paz a vosotros,
de parte de Dios nuestro
Padre y del Señor
Jesucristo.

Acción de gracias por dones espirituales

4 Doy gracias a mi Dios
continuamente por
vosotros, por la gracia
de Dios que os fue dada
en Cristo Jesús;
5 porque en todas las co-
sas fuisteis enriquecidos
en él, en toda palabra y
en todo conocimiento;
6 en la medida en que
el testimonio acerca de
Cristo ha sido consoli-
dado en vosotros,
7 de tal manera que nada
os falta en ningún don a
los que esperáis anhelan-
tes la revelación de nues-
tro Señor Jesucristo;
8 el cual también os

---

1 Παῦλος κλητὸς ἀπόστολος Χριστοῦ Ἰησοῦ διὰ θελήματος
Pablo, llamado apóstol de Cristo Jesús por voluntad
3972 2822 652 5547 2424 1223 2307
NNSM JNSM NNSM NGSM NGSM P NGSN

θεοῦ καὶ Σωσθένης ὁ ἀδελφὸς 2 τῇ ἐκκλησίᾳ τοῦ θεοῦ,
de Dios, y Sóstenes el hermano, a la iglesia de -- Dios,
2316 2532 4988 3588 80 3588 1577 3588 2316
NGSM CLN NNSM DNSM NNSM DDSF NDSF DGSM NGSM

ἡγιασμένοις ἐν Χριστῷ Ἰησοῦ, τῇ οὔσῃ ἐν Κορίνθῳ,
a los que han sido santificados en Cristo Jesús, a la que está en Corinto,
37 1722 5547 2424 3588 5607 1722 2882
VRPP-PDM P NDSM NDSM DDSF VPAP-SDF P NDSF

κλητοῖς ἁγίοις, σὺν πᾶσιν τοῖς ἐπικαλουμένοις τὸ ὄνομα τοῦ κυρίου
llamados santos con todos los que invocan el nombre del Señor
2822 40 4862 3956 3588 1941 3588 3686 3588 2962
JDPM JDPM P JDPM DDPM VPMP-PDM DASN NASN DGSM NGSM

ἡμῶν Ἰησοῦ Χριστοῦ ἐν παντὶ τόπῳ αὐτῶν καὶ ἡμῶν· 3 χάρις
de nosotros, Jesús Cristo, en todo lugar, de ellos y de nosotros. Gracia
2257 2424 5547 1722 3956 5117 846 2532 2257 5485
RP1GP NGSM NGSM P JDSM NDSM RP3GPM CLN RP1GP NNSF

ὑμῖν καὶ εἰρήνη ἀπὸ θεοῦ πατρὸς ἡμῶν καὶ κυρίου Ἰησοῦ Χριστοῦ.
a vosotros y paz de Dios Padre de nosotros y de(l) Señor Jesús Cristo.
5213 2532 1515 575 2316 3962 2257 2532 2962 2424 5547
RP2DP CLN NNSF P NGSM NGSM RP1GP CLN NGSM NGSM NGSM

4 Εὐχαριστῶ τῷ θεῷ μου πάντοτε περὶ ὑμῶν ἐπὶ τῇ
Doy gracias a -- Dios de mí siempre acerca de de vosotros, por la
2168 3588 2316 3450 3842 4012 5216 1909 3588
VPAI1S DDSM NDSM RP1GS B P RP2GP P DDSF

χάριτι τοῦ θεοῦ τῇ δοθείσῃ ὑμῖν ἐν Χριστῷ Ἰησοῦ, 5 ὅτι ἐν
gracia de -- Dios la que fue dada a vosotros en Cristo Jesús; porque en
5485 3588 2316 3588 1325 5213 1722 5547 2424 3754 1722
NDSF DGSM NGSM DDSF VAPP-SDF RP2DP P NDSM NDSM CSC P

παντὶ ἐπλουτίσθητε ἐν αὐτῷ, ἐν παντὶ λόγῳ καὶ πάσῃ γνώσει,
todo fuisteis enriquecidos en él, en toda palabra y todo conocimiento;
3956 4148 1722 846 1722 3956 3056 2532 3956 1108
JDSN VAPI2P P RP3DSM P JDSM NDSM CLN JDSF NDSF

6 καθὼς τὸ μαρτύριον τοῦ Χριστοῦ ἐβεβαιώθη ἐν ὑμῖν, 7 ὥστε
conforme el testimonio de -- Cristo fue consolidado en vosotros, de modo que
2531 3588 3142 3588 5547 950 1722 5213 5620
CAM DNSN NNSN DGSM NGSM VAPI3S P RP2DP CAR

ὑμᾶς μὴ ὑστερεῖσθαι ἐν μηδενὶ χαρίσματι, ἀπεκδεχομένους τὴν
vosotros no carecer en ningún don, esperando la
5209 3361 5302 1722 3367 5486 553 3588
RP2AP BN, TN VPPN P JDSN NDSN VPUP-PAM DASF

ἀποκάλυψιν τοῦ κυρίου ἡμῶν Ἰησοῦ Χριστοῦ· 8 ὃς καὶ
revelación del Señor de nosotros, Jesús Cristo; el cual también
602 3588 2962 2257 2424 5547 3739 2532
NASF DGSM NGSM RP1GP NGSM NGSM RR-NSM BE, TE

NVI

1 Pablo, llamado por
la voluntad de Dios
a ser apóstol de Cristo
Jesús, y nuestro herma-
no Sóstenes,

2 a la iglesia de Dios
que está en Corinto,
a los que han sido
santificados en Cristo
Jesús y llamados a ser su
santo pueblo, junto con
todos los que en todas
partes invocan el nom-
bre de nuestro Señor
Jesucristo, Señor de ellos
y de nosotros:

3 Que Dios nuestro
Padre y el Señor
Jesucristo les concedan
gracia y paz.

Acción de gracias

4 Siempre doy gracias
a Dios por ustedes, pues
él, en Cristo Jesús, les ha
dado su gracia. 5 Unidos
a Cristo ustedes se han
llenado de toda riqueza,
tanto en palabra como
en conocimiento. 6 Así
se ha confirmado en
ustedes nuestro testimo-
nio acerca de Cristo, 7 de
modo que no les falta
ningún don espiritual
mientras esperan con
ansias que se manifieste
nuestro Señor Jesucristo.
8 Él los mantendrá

RVR

afianzará hasta el fin,
para que seáis irrepren-
sibles en el día de nues-
tro Señor Jesucristo.
9 Fiel es Dios, por el
cual fuisteis llamados
a la comunión con su
Hijo Jesucristo nuestro
Señor.

Exhortación a la unidad

10 Os exhorto, herma-
nos, por el nombre
de nuestro Señor
Jesucristo, a que habléis
todos una misma cosa,
y que no haya entre
vosotros divisiones, sino
que estéis perfectamen-
te unidos en una misma
mente y en un mismo
parecer.
11 Porque he sido
informado acerca de
vosotros, hermanos
míos, por los de Cloé,
que hay entre vosotros
contiendas.
12 Me refiero a que cada
uno de vosotros dice:
Yo soy de Pablo; y yo de
Apolos; y yo de Cefas; y
yo de Cristo.
13 ¿Acaso está dividido
Cristo? ¿Fue crucifica-
do Pablo por vosotros?
¿O fuisteis bautizados
en el nombre de Pablo?
14 Doy gracias a Dios de
que a ninguno de voso-
tros he bautizado, sino a
Crispo y a Gayo,
15 para que nadie diga
que fuisteis bautizados
en mi nombre.
16 También bauticé a la

βεβαιώσει	ὑμᾶς	ἕως	τέλους	ἀνεγκλήτους	ἐν	τῇ	ἡμέρᾳ	τοῦ	κυρίου
confirmará	a vosotros	hasta	(el) fin	irreprensibles	en	el	día	del	Señor
950	5209	2193	5056	410	1722	3588	2250	3588	2962
VFAI3S	*RP2AP*	*P, C*	*NGSN*	*JAPM*	*P*	*DDSF*	*NDSF*	*DGSM*	*NGSM*

ἡμῶν	Ἰησοῦ	Χριστοῦ.	9 πιστὸς	ὁ	θεὸς	δι'	οὗ	ἐκλήθητε	εἰς
de nosotros,	Jesucristo.		(es) fiel,$_3$	--$_1$	Dios$_2$	por	quien	fuisteis llamados	a
2257	2424	5547	4103	3588	2316	1223	3739	2564	1519
RP1GP	*NGSM*	*NGSM*	*JNSM*	*DNSM*	*NNSM*	*P*	*RR-GSM*	*VAPI2P*	*P*

κοινωνίαν	τοῦ	υἱοῦ	αὐτοῦ	Ἰησοῦ	Χριστοῦ	τοῦ	κυρίου	ἡμῶν.
comunión	del	Hijo	de él,	Jesucristo		el	Señor	de nosotros.
2842	3588	5207	846	2424	5547	3588	2962	2257
NASF	*DGSM*	*NGSM*	*RP3GSM*	*NGSM*	*NGSM*	*DGSM*	*NGSM*	*RP1GP*

10 Παρακαλῶ	δὲ	ὑμᾶς,	ἀδελφοί,	διὰ	τοῦ	ὀνόματος	τοῦ	κυρίου
exhorto$_2$	Mas$_1$	a vosotros,$_3$	hermanos,	por	el	nombre	del	Señor
3870	1161	5209	80	1223	3588	3686	3588	2962
VPAI1S	*CLT*	*RP2AP*	*NVPM*	*P*	*DGSN*	*NGSN*	*DGSM*	*NGSM*

ἡμῶν	Ἰησοῦ	Χριστοῦ	ἵνα	τὸ	αὐτὸ	λέγητε	πάντες,	καὶ	μὴ
de nosotros,	Jesucristo,		que$_1$	lo$_4$	mismo,$_5$	digáis$_3$	todos$_2$	y	no
2257	2424	5547	2443	3588	846	3004	3956	2532	3361
RP1GP	*NGSM*	*NGSM*	*CSC*	*DASN*	*RP3ASN, JASN*	*VPAS2P*	*JNPM*	*CLN*	*BN, TN*

ᾖ	ἐν	ὑμῖν	σχίσματα,	ἦτε	δὲ	κατηρτισμένοι	ἐν	τῷ
sea (haya)	entre$_2$	vosotros,$_3$	divisiones$_1$	que estéis$_5$	mas$_4$	arreglados (unidos)	en	la
5600	1722	5213	4978	5600	1161	2675	1722	3588
VPAS3S	*P*	*RP2DP*	*NNPN*	*VPAS2P*	*CLC*	*VRPP-PNM*	*P*	*DDSM*

αὐτῷ	νοῒ	καὶ	ἐν	τῇ	αὐτῇ	γνώμῃ.	11 ἐδηλώθη	γάρ	μοι
misma	mente	y	en	el	mismo	propósito.	fue informado$_2$	Porque$_1$	a mí
846	3563	2532	1722	3588	846	1106	1213	1063	3427
RP3DSMA, JDSM	*NDSM*	*CLN*	*P*	*DDSF*	*RP3DSFA, JDSF*	*NDSF*	*VAPI3S*	*CAZ*	*RP1DS*

περὶ	ὑμῶν,	ἀδελφοί	μου,	ὑπὸ	τῶν	Χλόης	ὅτι	ἔριδες	ἐν	ὑμῖν
acerca de	vosotros,	hermanos	de mí,	por	los	de Cloé	que$_1$	contiendas.$_5$	entre$_2$	vosotros$_3$
4012	5216	80	3450	5259	3588	5514	3754	2054	1722	5213
P	*RP2GP*	*NVPM*	*RP1GS*	*P*	*DGPM*	*NGSF*	*CSC*	*NNPF*	*P*	*RP2DP*

εἰσιν.	12 λέγω	δὲ	τοῦτο	ὅτι	ἕκαστος	ὑμῶν	λέγει·	Ἐγὼ	μέν
son (hay)$_4$	digo$_2$	Y$_1$	esto:$_3$	que	cada uno	de vosotros	dice:	Yo,	ciertamente,
1526	3004	1161	5124	3754	1538	5216	3004	1473	3303
VPAI3P	*VPAI1S*	*CLN*	*RD-ASN*	*CSC*	*JNSM*	*RP2GP*	*VPAI3S*	*RP1NS*	*TK, C*

εἰμι	Παύλου,	Ἐγὼ	δὲ	Ἀπολλῶ,	Ἐγὼ	δὲ	Κηφᾶ,	Ἐγὼ	δὲ
soy	de Pablo.	yo$_2$	Y$_1$	de Apolos.$_3$	yo$_5$	Y$_4$	de Cefas.$_6$	yo$_8$	Y$_7$
1510	3972	1473	1161	625	1473	1161	2786	1473	1161
VPAI1S	*NGSM*	*RP1NS*	*CLK, CLC*	*NGSM*	*RP1NS*	*CLK, CLC*	*NGSM*	*RP1NS*	*CLK, CLC*

Χριστοῦ.	13 μεμέρισται	ὁ	Χριστός;	μὴ	Παῦλος	ἐσταυρώθη	ὑπὲρ
de Cristo.$_9$	ha sido dividido?$_3$	¿--$_1$	Cristo$_2$	¿Acaso	Pablo	fue crucificado	por
5547	3307	3588	5547	3361	3972	4717	5228
NGSM	*VRPI3S*	*DNSM*	*NNSM*	*TI, TN*	*NNSM*	*VAPI3S*	*P*

ὑμῶν,	ἢ	εἰς	τὸ	ὄνομα	Παύλου	ἐβαπτίσθητε;	14 εὐχαριστῶ	ὅτι
vosotros?	¿O$_1$	en$_3$	el$_4$	nombre$_5$	de Pablo?$_6$	fuisteis bautizados$_2$	Doy gracias	que
5216	2228	1519	3588	3686	3972	907	2168	3754
RP2GP	*CLD*	*P*	*DASN*	*NASN*	*NGSM*	*VAPI2P*	*VPAI1S*	*CSC*

οὐδένα	ὑμῶν	ἐβάπτισα	εἰ	μὴ	Κρίσπον	καὶ	Γάϊον,	15 ἵνα	μή
a nadie$_2$	de vosotros$_3$	bauticé,$_1$	si	no	a Crispo	y	a Gayo;	para que	no
3762	5216	907	1487	3361	2921	2532	1050	2443	3361
JASM	*RP2GP*	*VAAI1S*	*CAC*	*BN, TN*	*NASM*	*CLN*	*NASM*	*CAR*	*BN, TN*

τις	εἴπῃ	ὅτι	εἰς	τὸ	ἐμὸν	ὄνομα	ἐβαπτίσθητε·	16 ἐβάπτισα
alguien	dijera	que$_1$	en$_3$	--$_4$	mi$_5$	nombre.$_6$	fuisteis bautizados$_2$	bauticé$_2$
5100	2036	3754	1519	3588	1699	3686	907	907
RX-NSM	*VAAS3S*	*CSC*	*P*	*DASN*	*JASN, RS1ASN*	*NASN*	*VAPI2P*	*VAAI1S*

NVI

firmes hasta el fin, para
que sean irreprochables
en el día de nuestro
Señor Jesucristo. 9 Fiel
es Dios, quien los ha lla-
mado a tener comunión
con su Hijo Jesucristo,
nuestro Señor.

Divisiones en la iglesia

10 Les suplico, her-
manos, en el nombre de
nuestro Señor Jesucristo,
que todos vivan en
armonía y que no haya
divisiones entre ustedes,
sino que se mantengan
unidos en un mismo
pensar y en un mismo
propósito. 11 Digo esto,
hermanos míos, porque
algunos de la familia de
Cloé me han informado
que hay rivalidades entre
ustedes. 12 Me refiero
a que unos dicen: «Yo
sigo a Pablo»; otros afir-
man: «Yo, a Apolos»;
otros: «Yo, a Cefas»; y
otros: «Yo, a Cristo».
13 ¡Cómo! ¿Está
dividido Cristo? ¿Acaso
Pablo fue crucificado
por ustedes? ¿O es que
fueron bautizados en
el nombre de Pablo?
14 Gracias a Dios que no
bauticé a ninguno de us-
tedes, excepto a Crispo
y a Gayo, 15 de modo
que nadie puede decir
que fue bautizado en mi
nombre. 16 Bueno, tam-
bién bauticé a la familia

NVR

familia de Estéfanas;
por lo demás, no sé si he
bautizado a algún otro.
17 Pues no me envió
Cristo a bautizar, sino
a predicar el evangelio;
no con sabiduría de
palabras, para que no
se desvirtúe la cruz de
Cristo.

Cristo, poder y sabiduría de Dios

18 Porque el mensaje de
la cruz es locura para los
que se están perdiendo;
pero para nosotros que
somos salvos, es poder
de Dios.
19 Pues está escrito:

Destruiré la sabiduría
de los sabios,
Y desecharé el entendimiento de los
entendidos.

20 ¿Dónde está el sabio?
¿Dónde está el letrado?
¿Dónde está el discutidor de este mundo?
¿No ha convertido Dios
la sabiduría del mundo
en necedad?
21 Pues ya que en la
sabiduría de Dios, el
mundo no conoció
a Dios mediante la
sabiduría, agradó a Dios
salvar a los creyentes
mediante la locura de la
predicación.
22 Puesto que los judíos
piden señales, y los griegos buscan sabiduría;
23 pero nosotros
predicamos a Cristo

Δὲ	καὶ	τὸν	Στεφανᾶ	οἶκον·	λοιπὸν	οὐκ	οἶδα	εἴ	τινα
Mas$_1$	también$_3$	a la$_4$	de Estéfanes;$_6$	casa$_5$	por lo demás,	no	sé	si	a alguno$_2$
1161	2532	3588	4734	3624	3063	3756	1492	1487	5100
CLN	*BE, TE*	*DASM*	*NGSM*	*NASM*	*JASN*	*BN, TN*	*VRAI1S*	*TI*	*JASM, RX-ASM*

ἄλλον	ἐβάπτισα.	17 οὐ	γὰρ	ἀπέστειλέν	με	Χριστὸς	βαπτίζειν	ἀλλὰ
otro.$_3$	bauticé$_1$	no$_2$	Porque$_1$	envió$_3$	a mí$_4$	Cristo$_5$	a bautizar,	sino
243	907	3756	1063	649	3165	5547	907	235
JASM	*VAAI1S*	*BN,TN*	*CAZ*	*VAAI3S*	*RP1AS*	*NNSM*	*VPAN*	*CLC*

εὐαγγελίζεσθαι,	οὐκ	ἐν	σοφίᾳ	λόγου,	ἵνα	μὴ	κενωθῇ	ὁ
a evangelizar,	no	con	de sabiduría,$_2$	palabra$_1$	para que$_3$	no$_8$	sea vaciada.$_9$	la$_4$
2097	3756	1722	4678	3056	2443	3361	2758	3588
VPMN	*BN, TN*	*P*	*NDSF*	*NGSM*	*CAR*	*BN, TN*	*VAPS3S*	*DNSM*

σταυρὸς	τοῦ	Χριστοῦ.
cruz$_5$	de --$_6$	Cristo.$_7$
4716	3588	5547
NNSM	*DGSM*	*NGSM*

18 Ὁ	λόγος	γὰρ	ὁ	τοῦ	σταυροῦ	τοῖς	μὲν	ἀπολλυμένοις
la$_2$	palabra$_3$	Porque$_1$	la	de la	cruz	a los (que)$_2$	ciertamente,$_1$	se pierden$_4$
3588	3056	1063	3588	3588	4716	3588	3303	622
DNSM	*NNSM*	*CLX*	*DNSM*	*DGSM*	*NGSM*	*DDPM*	*TK, C*	*VPUP-PDM*

μωρία	ἐστίν,	τοῖς	δὲ	σῳζομένοις	ἡμῖν	δύναμις	θεοῦ
insensatez,$_6$	es$_5$	a los (que)$_8$	mas$_7$	se salvan,$_9$	para nosotros$_{10}$	poder$_{12}$	de Dios.$_{13}$
3472	2076	3588	1161	4982	2254	1411	2316
NNSF	*VPAI3S*	*DDPM*	*CLK, CLC*	*VPPP-PDM*	*RP1DP*	*NNSF*	*NGSM*

ἐστιν.	19 γέγραπται	γάρ·	Ἀπολῶ	τὴν	σοφίαν	τῶν	σοφῶν,	καὶ	τὴν
es$_{11}$	ha sido escrito:$_2$	Porque$_1$	Destruiré	la	sabiduría	de los	sabios,	y$_1$	el$_3$
2076	1125	1063	622	3588	4678	3588	4680	2532	3588
VPAI3S	*VRPI3S*	*CAZ*	*VFAI1S*	*DASF*	*NASF*	*DGPM*	*JGPM*	*CLN*	*DASF*

σύνεσιν	τῶν	συνετῶν	ἀθετήσω.	20 ποῦ	σοφός;	ποῦ
entendimiento$_4$	de los$_5$	entendidos.$_6$	desecharé$_2$	¿Dónde (está)	(el) sabio?	¿Dónde (está)
4907	3588	4908	114	4226	4680	4226
NASF	*DGPM*	*JGPM*	*VFAI1S*	*BI*	*JNSM*	*BI*

γραμματεύς;	ποῦ	συζητητὴς	τοῦ	αἰῶνος	τούτου;	οὐχὶ
(el) escriba?	¿Dónde (está)	(el) disputador	de --$_1$	siglo?$_3$	este$_2$	no$_6$
1122	4226	4804	3588	165	5127	3780
NNSM	*BI*	*NNSM*	*DGSM*	*NGSM*	*RD-GSM*	*TN, TI*

ἐμώρανεν	ὁ	θεὸς	τὴν	σοφίαν	τοῦ	κόσμου;	21 ἐπειδὴ	γὰρ	ἐν
convirtió en insensatez$_7$	¿--$_4$	Dios$_5$	la$_8$	sabiduría$_9$	del$_{10}$	mundo?$_{11}$	ya que,$_2$	Porque$_1$	en
3471	3588	2316	3588	4678	3588	2889	1894	1063	1722
VAAI3S	*DNSM*	*NNSM*	*DASF*	*NASF*	*DGSM*	*NGSM*	*CAZ*	*CLX*	*P*

τῇ	σοφίᾳ	τοῦ	θεοῦ	οὐκ	ἔγνω	ὁ	κόσμος	διὰ	τῆς	σοφίας
la	sabiduría	de --	Dios,	no$_6$	conoció$_7$	el$_1$	mundo$_2$	por medio de$_3$	de la$_4$	sabiduría$_5$
3588	4678	3588	2316	3756	1097	3588	2889	1223	3588	4678
DDSF	*NDSF*	*DGSM*	*NGSM*	*BN, TN*	*VAAI3S*	*DNSM*	*NNSM*	*P*	*DGSF*	*NGSF*

τὸν	θεόν,	εὐδόκησεν	ὁ	θεὸς	διὰ	τῆς	μωρίας	τοῦ	κηρύγματος
a --$_8$	Dios,$_9$	tuvo a bien$_{12}$	--$_{10}$	Dios$_{11}$	por medio de$_{16}$	de la$_{17}$	insensatez$_{18}$	de la$_{19}$	proclamación.$_{20}$
3588	2316	2106	3588	2316	1223	3588	3472	3588	2782
DASM	*NASM*	*VAAI3S*	*DNSM*	*NNSM*	*P*	*DGSF*	*NGSF*	*DGSN*	*NGSN*

σῶσαι	τοὺς	πιστεύοντας.	22 ἐπειδὴ	καὶ	Ἰουδαῖοι	σημεῖα	αἰτοῦσιν
salvar$_{13}$	a los que$_{14}$	creen$_{15}$	Puesto que	también	(los) judíos$_1$	señales$_3$	están pidiendo,$_2$
4982	3588	4100	1894	2532	2453	4592	154
VAAN	*DAPM*	*VPAP-PAM*	*CAZ*	*CLK*	*JNPM*	*NAPN*	*VPAI3P*

καὶ	Ἕλληνες	σοφίαν	ζητοῦσιν·	23 ἡμεῖς	δὲ	κηρύσσομεν	Χριστὸν
y$_4$	(los) griegos$_5$	sabiduría,$_7$	buscan$_6$	nosotros$_2$	pero$_1$	proclamamos	a Cristo
2532	1672	4678	2212	2249	1161	2784	5547
CLK, CLN	*NNPM*	*NASF*	*VPAI3P*	*RP1NP*	*CLC*	*VPAI1P*	*NASM*

NVI

de Estéfanas; fuera de
estos, no recuerdo haber
bautizado a ningún
otro. 17 Pues Cristo no
me envió a bautizar, sino
a predicar el evangelio,
y eso sin discursos de
sabiduría humana, para
que la cruz de Cristo no
perdiera su eficacia.

Cristo, sabiduría y poder de Dios

18 Me explico: El
mensaje de la cruz es
una locura para los que
se pierden; en cambio,
para los que se salvan, es
decir, para nosotros, este
mensaje es el poder de
Dios. 19 Pues está escrito:

«Destruiré la sabiduría de los sabios;
frustraré la inteligencia de los
inteligentes».

20 ¿Dónde está el
sabio? ¿Dónde el
erudito? ¿Dónde el
filósofo de esta época?
¿No ha convertido Dios
en locura la sabiduría
de este mundo? 21 Ya
que Dios, en su sabio
designio, dispuso que el
mundo no lo conociera
mediante la sabiduría
humana, tuvo a bien salvar, mediante la locura
de la predicación, a los
que creen. 22 Los judíos
piden señales milagrosas
y los gentiles buscan sabiduría, 23 mientras que
nosotros predicamos
a Cristo crucificado.

RVR

crucificado, para los
judíos ciertamente
tropezadero, y para los
gentiles locura;
24 mas para aquellos que
son llamados, así judíos
como griegos, Cristo es
poder de Dios, y sabidu-
ría de Dios.
25 Porque lo insensato
de Dios es más sabio
que los hombres, y lo
débil de Dios es más
fuerte que los hombres.
26 Pues mirad, herma-
nos, vuestro llamamien-
to, que no sois muchos
sabios según la carne, ni
muchos poderosos, ni
muchos nobles;
27 sino que escogió Dios
lo necio del mundo,
para avergonzar a los
sabios; y escogió Dios lo
débil del mundo, para
avergonzar a lo fuerte;
28 y lo vil del mundo y lo
menospreciado escogió
Dios, y lo que no es,
para anular lo que es,
29 a fin de que nadie se
jacte en su presencia.
30 Mas por obra suya
estáis vosotros en Cristo
Jesús, el cual nos ha sido
hecho de parte de Dios
sabiduría, justificación,

ἐσταυρωμένον,	Ἰουδαίοις	μὲν	σκάνδαλον	ἔθνεσιν	δὲ
que ha sido crucificado,	para (los) judíos	ciertamente	escándalo,	para (los) gentiles$_2$	mas$_1$
4717	2453	3303	4625	1484	1161
VRPP-SAM	JDPM	TK, C	NASN	NDPN	CLK, CLC

μωρίαν,	24 αὐτοῖς	δὲ	τοῖς	κλητοῖς,	Ἰουδαίοις	τε	καὶ	Ἕλλησιν,
insensatez;$_3$	para ellos$_2$	mas$_1$	los$_3$	llamados,$_4$	judíos$_6$	tanto$_5$	también$_7$	griegos,$_8$
3472	846	1161	3588	2822	2453	5037	2532	1672
NASF	RP3DPM	CLC	DDPM	JDPM	JDPM	CLK	CLK, CLN	NDPM

Χριστὸν	θεοῦ	δύναμιν	καὶ	θεοῦ	σοφίαν.	25 ὅτι	τὸ	μωρὸν	τοῦ
Cristo (es)$_9$	de Dios$_{11}$	poder$_{10}$	y$_{12}$	de Dios.$_{14}$	sabiduría$_{13}$	Porque	lo	insensato	de --
5547	2316	1411	2532	2316	4678	3754	3588	3474	3588
NASM	NGSM	NASF	CLN	NGSM	NASF	CAZ	DNSN	JNSN	DGSM

θεοῦ	σοφώτερον	τῶν	ἀνθρώπων	ἐστίν,	καὶ	τὸ	ἀσθενὲς	τοῦ	θεοῦ
Dios	más sabia$_2$	(que la) de los$_3$	seres humanos,$_4$	es$_1$	y	lo	débil	de --	Dios
2316	4680	3588	444	2076	2532	3588	772	3588	2316
NGSM	JNSNC	DGPM	NGPM	VPAI3S	CLN	DNSN	JNSN	DGSM	NGSM

ἰσχυρότερον	τῶν	ἀνθρώπων.
(es) más fuerte	(que lo) de los	seres humanos.
2478	3588	444
JNSNC	DGPM	NGPM

26 Βλέπετε	γὰρ	τὴν	κλῆσιν	ὑμῶν,	ἀδελφοί,	ὅτι	οὐ	πολλοὶ
mirad$_2$	Porque,$_1$	el	llamamiento	de vosotros,	hermanos,	que	no (sois)	muchos
991	1063	3588	2821	5216	80	3754	3756	4183
VPAI2P	CLX	DASF	NASF	RP2GP	NVPM	CSC	BN, TN	JNPM

σοφοὶ	κατὰ	σάρκα,	οὐ	πολλοὶ	δυνατοί,	οὐ	πολλοὶ	εὐγενεῖς·
sabios	según	(la) carne,	no (sois)	muchos	poderosos,	no (sois)	muchos	nobles.
4680	2596	4561	3756	4183	1415	3756	4183	2104
JNPM	P	NASF	BN, TN	JNPM	JNPM	BN, TN	JNPM	JNPM

27 ἀλλὰ	τὰ	μωρὰ	τοῦ	κόσμου	ἐξελέξατο	ὁ	θεός,	ἵνα
Sino$_1$	las cosas$_5$	insensatas$_6$	del$_7$	mundo,$_8$	escogió$_4$	--$_2$	Dios$_3$	para que
235	3588	3474	3588	2889	1586	3588	2316	2443
CLC	DAPN	JAPN	DGSM	NGSM	VAMI3S	DNSM	NNSM	CAP

καταισχύνῃ	τοὺς	σοφούς,	καὶ	τὰ	ἀσθενῆ	τοῦ	κόσμου	ἐξελέξατο
avergüence	a los	sabios,	y$_1$	las cosas$_5$	débiles$_6$	del$_7$	mundo,$_8$	escogió$_4$
2617	3588	4680	2532	3588	772	3588	2889	1586
VPAS3S	DAPM	JAPM	CLN	DAPN	JAPN	DGSM	NGSM	VAMI3S

ὁ	θεός,	ἵνα	καταισχύνῃ	τὰ	ἰσχυρά,	28 καὶ	τὰ	ἀγενῆ	τοῦ
--$_2$	Dios$_3$	para que	avergüence	las cosas	fuertes;	y$_1$	las cosas$_5$	inferiores$_6$	del$_7$
3588	2316	2443	2617	3588	2478	2532	3588	36	3588
DNSM	NNSM	CAP	VPAS3S	DAPN	JAPN	CLN	DAPN	JAPN	DGSM

κόσμου	καὶ	τὰ	ἐξουθενημένα	ἐξελέξατο	ὁ	θεός,	τὰ
mundo$_8$	y$_9$	las cosas$_{10}$	que han sido despreciadas,$_{11}$	escogió$_4$	--$_2$	Dios$_3$	las cosas$_{12}$
2889	2532	3588	1848	1586	3588	2316	3588
NGSM	CLN	DAPN	VRPP-PAN	VAMI3S	DNSM	NNSM	DAPN

μὴ	ὄντα,	ἵνα	τὰ	ὄντα	καταργήσῃ,	29 ὅπως	μὴ
(que) no$_{13}$	son$_{14}$	para que$_{15}$	las cosas$_{17}$	que son.$_{18}$	anule$_{16}$	A fin de que	no
3361	5607	2443	3588	5607	2673	3704	3361
BN, TN	VPAP-PAN	CAP	DAPN	VPAP-PAN	VAAS3S	CAP	BN, TN

καυχήσηται	πᾶσα	σὰρξ	ἐνώπιον	τοῦ	θεοῦ.	30 ἐξ	αὐτοῦ	δὲ	ὑμεῖς
se jacte	toda	carne	delante de	--	Dios.	de$_2$	él$_3$	Mas$_1$	vosotros
2744	3956	4561	1799	3588	2316	1537	846	1161	5210
VAMS3S	JNSF	NNSF	P, B	DGSM	NGSM	P	RP3GSM	CLN	RP2NP

ἐστε	ἐν	Χριστῷ	Ἰησοῦ,	ὃς	ἐγενήθη	σοφία	ἡμῖν	ἀπὸ	θεοῦ,
sois	en	Cristo	Jesús,	el cual$_1$	se hizo$_5$	sabiduría$_2$	para nosotros,$_6$	de$_3$	Dios,$_4$
2075	1722	5547	2424	3739	1096	4678	2254	575	2316
VPAI2P	P	NDSM	NDSM	RR-NSM	VAPI3S	NNSF	RP1DP	P	NGSM

NVI

Este mensaje es motivo
de tropiezo para los ju-
díos, y es locura para los
gentiles, 24 pero para los
que Dios ha llamado, lo
mismo judíos que gen-
tiles, Cristo es el poder
de Dios y la sabiduría de
Dios. 25 Pues la locura
de Dios es más sabia que
la sabiduría humana, y
la debilidad de Dios es
más fuerte que la fuerza
humana.
26 Hermanos,
consideren su propio
llamamiento: No
muchos de ustedes son
sabios, según criterios
meramente humanos;
ni son muchos los pode-
rosos ni muchos los de
noble cuna. 27 Pero Dios
escogió lo insensato del
mundo para avergonzar
a los sabios, y escogió
lo débil del mundo
para avergonzar a los
poderosos. 28 También
escogió Dios lo más bajo
y despreciado, y lo que
no es nada, para anular
lo que es, 29 a fin de que
en su presencia nadie
pueda jactarse. 30 Pero
gracias a él ustedes están
unidos a Cristo Jesús,
a quien Dios ha hecho
nuestra sabiduría —es

RVR

santificación y reden-
ción;
31 para que, tal como
está escrito: El que se
gloría, gloríese en el
Señor.

Predicando a Cristo crucificado

2 Y yo, hermanos,
cuando fui a voso-
tros, no fui anuncián-
doos el testimonio de
Dios con excelencia de
palabras o de sabiduría.
2 Pues resolví no saber
entre vosotros cosa
alguna sino a Jesucristo,
y a éste crucificado.
3 Y yo me presenté ante
vosotros con debilidad,
y con temor y mucho
temblor;
4 y ni mi palabra ni mi
predicación fue con
palabras persuasivas de
humana sabiduría, sino
con demostración del
Espíritu y de poder,
5 para que vuestra fe no
esté fundada en la sabi-
duría de los hombres,
sino en el poder de Dios.

La revelación por el Espíritu de Dios

6 Sin embargo, habla-
mos sabiduría entre
los que han alcanzado
madurez; y sabiduría,
no de este mundo, ni
de los príncipes de este
mundo, que van desapa-
reciendo,
7 sino que hablamos
sabiduría de Dios en
misterio, la sabiduría
oculta, la cual Dios

δικαιοσύνη	τε	καὶ	ἁγιασμὸς	καὶ	ἀπολύτρωσις,	31 ἵνα	καθὼς
justicia$_{8}$	ya sea$_{7}$	y	santificación	y	redención;	para que	como
1343	5037	2532	38	2532	629	2443	2531
NNSF	CLK	CLK, CLN	NNSM	CLK, CLN	NNSF	CAR	CAM

γέγραπται·	Ὁ	καυχώμενος	ἐν	κυρίῳ	καυχάσθω.
ha sido escrito:	El que	se gloría,	en$_{2}$	Señor.$_{3}$	gloríese$_{1}$
1125	3588	2744	1722	2962	2744
VRPI3S	DNSM	VPUP-SNM	P	NDSM	VPUM3S

2 Κἀγὼ	ἐλθὼν	πρὸς	ὑμᾶς,	ἀδελφοί,	ἦλθον	οὐ	καθ’	ὑπεροχὴν
Y yo,	cuando fui	a	vosotros,	hermanos,	fui$_{8}$	no$_{7}$	según$_{9}$	superioridad$_{10}$
2504	2064	4314	5209	80	2064	3756	2596	5247
RP1NS, CLN	VAAP-SNM	P	RP2AP	NVPM	VAAI1S	BN, TN	P	NASF

λόγου	ἢ	σοφίας	καταγγέλλων	ὑμῖν	τὸ	μαρτύριον	τοῦ	θεοῦ.
de palabra$_{11}$	o$_{12}$	de sabiduría,$_{13}$	al anunciar$_{1}$	a vosotros$_{2}$	el$_{3}$	testimonio$_{4}$	de --$_{5}$	Dios,$_{6}$
3056	2228	4678	2605	5213	3588	3142	3588	2316
NGSM	CLD	NGSF	VPAP-SNM	RP2DP	DASN	NASN	DGSM	NGSM

2 οὐ	γὰρ	ἔκρινά	τι	εἰδέναι	ἐν	ὑμῖν	εἰ	μὴ	Ἰησοῦν	Χριστὸν
no$_{3}$	porque$_{1}$	decidí$_{2}$	algo$_{5}$	saber$_{4}$	entre	vosotros,	si	no	a Jesús	Cristo,
3756	1063	2919	5100	1492	1722	5213	1487	3361	2424	5547
BN, TN	CAZ	VAAI1S	RX-ASN	VRAN	P	RP2DP	CAC	BN, TN	NASM	NASM

καὶ	τοῦτον	ἐσταυρωμένον·	3 κἀγὼ	ἐν	ἀσθενείᾳ	καὶ	ἐν	φόβῳ	καὶ
y	a este	que ha sido crucificado.	Y yo$_{1}$	con$_{5}$	debilidad$_{6}$	y$_{7}$	con$_{8}$	temor$_{9}$	y$_{10}$
2532	5126	4717	2504	1722	769	2532	1722	5401	2532
CLN	RD-ASM	VRPP-SAM	RP1NS, CLN	P	NDSF	CLN	P	NDSM	CLN

ἐν	τρόμῳ	πολλῷ	ἐγενόμην	πρὸς	ὑμᾶς,	4 καὶ	ὁ	λόγος	μου	καὶ	τὸ
con$_{11}$	temblor;$_{13}$	mucho$_{12}$	llegué a estar$_{2}$	con$_{3}$	vosotros$_{4}$	y	la	palabra	de mí	y	la
1722	5156	4183	1096	4314	5209	2532	3588	3056	3450	2532	3588
P	NDSM	JDSM	VAMI1S	P	RP2AP	CLN	DNSM	NNSM	RP1GS	CLN	DNSN

κήρυγμά	μου	οὐκ	ἐν	πειθοῖ	σοφίας	ἀλλ’	ἐν	ἀποδείξει
proclamación	de mí	no (fueron)	con	poder persuasivo	de sabiduría,	sino	con	demostración
2782	3450	3756	1722	3982	4678	235	1722	585
NNSN	RP1GS	CLK, TN, B	P	NDSF	NGSF	CLK, CLC	P	NDSF

πνεύματος	καὶ	δυνάμεως,	5 ἵνα	ἡ	πίστις	ὑμῶν	μὴ	ᾖ	ἐν
de(l) Espíritu	y	de poder,	para que	la	fe	de vosotros	no	esté	en
4151	2532	1411	2443	3588	4102	5216	3361	5600	1722
NGSN	CLN	NGSF	CAP	DNSF	NNSF	RP2GP	BN, TN	VPAS3S	P

σοφίᾳ	ἀνθρώπων	ἀλλ’	ἐν	δυνάμει	θεοῦ.
sabiduría	de seres humanos,	sino	en	poder	de Dios.
4678	444	235	1722	1411	2316
NDSF	NGPM	CLC	P	NDSF	NGSM

6 Σοφίαν	δὲ	λαλοῦμεν	ἐν	τοῖς	τελείοις,	σοφίαν	δὲ	οὐ	τοῦ
sabiduría$_{3}$	Mas$_{1}$	hablamos$_{2}$	entre	los	maduros;	sabiduría$_{2}$	mas$_{1}$	no$_{3}$	de --$_{4}$
4678	1161	2980	1722	3588	5046	4678	1161	3756	3588
NASF	CLC	VPAI1P	P	DDPM	JDPM	NASF	CLC	BN, TN	DGSM

αἰῶνος	τούτου	οὐδὲ	τῶν	ἀρχόντων	τοῦ	αἰῶνος	τούτου	τῶν
siglo,$_{6}$	este$_{5}$	ni$_{7}$	de los$_{8}$	gobernantes$_{9}$	de --$_{10}$	siglo,$_{12}$	este$_{11}$	los que
165	5127	3761	3588	758	3588	165	5127	3588
NGSM	RD-GSM	CLD, TN	DGPM	NGPM	DGSM	NGSM	RD-GSM	DGPM

καταργουμένων·	7 ἀλλὰ	λαλοῦμεν	θεοῦ	σοφίαν	ἐν	μυστηρίῳ,
están desapareciendo;	sino	hablamos	de Dios$_{2}$	sabiduría$_{1}$	en	misterio,
2673	235	2980	2316	4678	1722	3466
VPPP-PGM	CLC	VPAI1P	NGSM	NASF	P	NDSN

τὴν	ἀποκεκρυμμένην,	ἣν	προώρισεν	ὁ	θεὸς	πρὸ	τῶν	αἰώνων
la que	ha estado escondida,	la que	predestinó$_{3}$	--$_{1}$	Dios$_{2}$	antes de	los	siglos,
3588	613	3739	4309	3588	2316	4253	3588	165
DASF	VRPP-SAF	RR-ASF	VAAI3S	DNSM	NNSM	P	DGPM	NGPM

NVI

decir, nuestra justifi-
cación, santificación y
redención— 31 para que,
como está escrito: «Si
alguien ha de gloriar-
se, que se glorie en el
Señor».
2 Yo mismo, herma-
nos, cuando fui a
anunciarles el testimo-
nio de Dios, no lo hice
con gran elocuencia y
sabiduría. 2 Me propuse
más bien, estando entre
ustedes, no saber de
cosa alguna, excepto
de Jesucristo, y de este
crucificado. 3 Es más, me
presenté ante ustedes
con tanta debilidad que
temblaba de miedo.
4 No les hablé ni les
prediqué con palabras
sabias y elocuentes, sino
con demostración del
poder del Espíritu, 5 para
que la fe de ustedes no
dependiera de la sabi-
duría humana, sino del
poder de Dios.

Sabiduría procedente del Espíritu

6 En cambio, habla-
mos con sabiduría entre
los que han alcanzado
madurez, pero no con
la sabiduría de este
mundo ni con la de sus
gobernantes, los cuales
terminarán en nada.
7 Más bien, expone-
mos el misterio de la
sabiduría de Dios, una
sabiduría que ha estado
escondida y que Dios
había destinado para

RVR

predestinó antes de
los siglos para nuestra
gloria,
8 la que ninguno de los
príncipes de este mun-
do conoció; porque si la
hubieran conocido, no
habrían crucificado al
Señor de la gloria.
9 Antes bien, como está
escrito:
Cosas que el ojo no
vio, ni el oído oyó,
Ni han subido al cora-
zón del hombre,
Son las que Dios ha
preparado para los
que le aman.
10 Pero Dios nos las
reveló a nosotros por
medio del Espíritu;
porque el Espíritu todo
lo escudriña, aun las
profundidades de Dios.
11 Porque ¿quién de los
hombres sabe las cosas
del hombre, sino el
espíritu del hombre que
está en él? Así tampoco
nadie conoce las cosas
de Dios, sino el Espíritu
de Dios.
12 Y nosotros no hemos
recibido el espíritu del
mundo, sino el Espíritu
que proviene de Dios,
para que sepamos lo que
Dios nos ha otorgado
gratuitamente,
13 lo cual también ha-
blamos, no con palabras
enseñadas por sabiduría
humana, sino con las
que enseña el Espíritu,
acomodando lo

εἰς	δόξαν	ἡμῶν·	8 ἣν	οὐδεὶς	τῶν	ἀρχόντων	τοῦ	αἰῶνος	τούτου
para	gloria	de nosotros,	la que	ninguno	de los	gobernantes	de--$_1$	siglo$_3$	este$_2$
1519	1391	2257	3739	3762	3588	758	3588	165	5127
P	*NASF*	*RP1GP*	*RR-ASF*	*JNSM*	*DGPM*	*NGPM*	*DGSM*	*NGSM*	*RD-GSM*

ἔγνωκεν,	εἰ	γὰρ	ἔγνωσαν,	οὐκ	ἂν	τὸν	κύριον	τῆς	δόξης
ha conocido;	si$_2$	porque$_1$	(la) conocieron,$_3$	no$_4$	--$_5$	al$_7$	Señor$_8$	de la$_9$	gloria.$_{10}$
1097	1487	1063	1097	3756	302	3588	2962	3588	1391
VRAI3S	*CAC*	*CAZ*	*VAAI3P*	*BN, TN*	*TC*	*DASM*	*NASM*	*DGSF*	*NGSF*

ἐσταύρωσαν·	9 ἀλλὰ	καθὼς	γέγραπται·	Ἃ	ὀφθαλμὸς	οὐκ	εἶδεν
crucificaron$_6$	Pero	como	ha sido escrito:	Las cosas que	ojo	no	vio
4717	235	2531	1125	3739	3788	3756	1492
VAAI3P	*CLC*	*CAM*	*VRPI3S*	*RR-APN*	*NNSM*	*BN*	*VAAI3S*

καὶ	οὖς	οὐκ	ἤκουσεν	καὶ	ἐπὶ	καρδίαν	ἀνθρώπου	οὐκ	ἀνέβη,
y	oído	no	oyó	y$_1$	sobre$_4$	corazón$_5$	de ser humano,$_6$	no$_2$	subió$_3$
2532	3775	3756	191	2532	1909	2588	444	3756	305
CLN	*NNSN*	*BN, TN*	*VAAI3S*	*CLN*	*P*	*NASF*	*NGSM*	*BN, TN*	*VAAI3S*

ὅσα	ἡτοίμασεν	ὁ	θεὸς	τοῖς	ἀγαπῶσιν	αὐτόν.	10 ἡμῖν	γὰρ
tales$_8$	preparó$_{11}$	--$_9$	Dios$_{10}$	a los que	aman	a él.	a nosotros$_5$	Porque$_1$
3745	2090	3588	2316	3588	25	846	2254	1063
RK-APN	*VAAI3S*	*DNSM*	*NNSM*	*DDPM*	*VPAP-PDM*	*RP3ASM*	*RP1DP*	*C*

ἀπεκάλυψεν	ὁ	θεὸς	διὰ	τοῦ	πνεύματος,	τὸ	γὰρ	πνεῦμα
reveló$_4$	--$_2$	Dios$_3$	por medio de	el	Espíritu;	el$_2$	porque$_1$	Espíritu$_3$
601	3588	2316	1223	3588	4151	3588	1063	4151
VAAI3S	*DNSM*	*NNSM*	*P*	*DGSN*	*NGSN*	*DNSN*	*CLX*	*NNSN*

πάντα	ἐραυνᾷ,	καὶ	τὰ	βάθη	τοῦ	θεοῦ.	11 τίς	γὰρ	οἶδεν
todas las cosas,$_5$	escudriña$_4$	también	las	profundidades	de --	Dios.	¿quién$_2$	Porque$_1$	sabe$_4$
3956	2045	2532	3588	899	3588	2316	5101	1063	1492
JAPN	*VPAI3S*	*CLA, B*	*DAPN*	*NAPN*	*DGSM*	*NGSM*	*RI-NSM*	*CAZ*	*VRAI3S*

ἀνθρώπων	τὰ	τοῦ	ἀνθρώπου	εἰ	μὴ	τὸ	πνεῦμα	τοῦ
de (los) seres humanos$_3$	las cosas$_5$	del	ser humano,	si	no	el	Espíritu	del
444	3588	3588	444	1487	3361	3588	4151	3588
NGPM	*DAPN*	*DGSM*	*NGSM*	*CAC*	*BN, TN*	*DNSN*	*NNSN*	*DGSM*

ἀνθρώπου	τὸ	ἐν	αὐτῷ;	οὕτως	καὶ	τὰ	τοῦ	θεοῦ	οὐδεὶς
ser humano	el (que está)	en	él?	Así	también	las cosas$_3$	de--$_4$	Dios,$_5$	nadie$_1$
444	3588	1722	846	3779	2532	3588	3588	2316	3762
NGSM	*DNSN*	*P*	*RP3DSM*	*B*	*BE, TE*	*DAPN*	*DGSM*	*NGSM*	*JNSM*

ἔγνωκεν	εἰ	μὴ	τὸ	πνεῦμα	τοῦ	θεοῦ.	12 ἡμεῖς	δὲ	οὐ	τὸ
ha conocido$_2$	si	no	el	Espíritu	de --	Dios.	nosotros$_2$	Mas$_1$	no$_3$	el$_5$
1097	1487	3361	3588	4151	3588	2316	2249	1161	3756	3588
VRAI3S	*CAC*	*BN, TN*	*DNSN*	*NNSN*	*DGSM*	*NGSM*	*RP1NP*	*CLN*	*CLK, TN, B*	*DASN*

πνεῦμα	τοῦ	κόσμου	ἐλάβομεν	ἀλλὰ	τὸ	πνεῦμα	τὸ	ἐκ	τοῦ
espíritu$_6$	del$_7$	mundo,$_8$	recibimos$_4$	sino	el	Espíritu,	el (que viene)	de	--
4151	3588	2889	2983	235	3588	4151	3588	1537	3588
NASN	*DGSM*	*NGSM*	*VAAI1P*	*CLK, CLC*	*DASN*	*NASN*	*DASN*	*P*	*DGSM*

θεοῦ,	ἵνα	εἰδῶμεν	τὰ	ὑπὸ	τοῦ	θεοῦ	χαρισθέντα	ἡμῖν·
Dios,	para que	sepamos	las cosas que	por$_3$	--$_4$	Dios,$_5$	fueron dadas gratuitamente$_1$	a nosotros$_2$
2316	2443	1492	3588	5259	3588	2316	5483	2254
NGSM	*CAP*	*VRAS1P*	*DAPN*	*P*	*DGSM*	*NGSM*	*VAPP-PAN*	*RP1DP*

13 ἃ	καὶ	λαλοῦμεν	οὐκ	ἐν	διδακτοῖς	ἀνθρωπίνης	σοφίας
las cosas que	también	hablamos,	no$_1$	con$_2$	enseñadas$_4$	de humana$_5$	sabiduría,$_6$
3739	2532	2980	3756	1722	1318	442	4678
RR-APN	*BE, TE*	*VPAI1P*	*CLK, TN, B*	*P*	*JDPM*	*JGSF*	*NGSF*

λόγοις,	ἀλλʼ	ἐν	διδακτοῖς	⸀πνεύματος,	πνευματικοῖς	πνευματικὰ
palabras$_3$	sino	con	(las) enseñadas	de(l) Espíritu,	con espirituales$_2$	a espirituales.$_3$
3056	235	1722	1318	4151	4152	4152
NDPM	*CLK, CLC*	*P*	*JDPM*	*NGSN*	*JDPN*	*JAPN*

NVI

nuestra gloria desde la
eternidad. 8 Ninguno
de los gobernantes de
este mundo la entendió,
porque de haberla
entendido no habrían
crucificado al Señor de
la gloria. 9 Sin embargo,
como está escrito:

«Ningún ojo ha visto,
ningún oído ha
escuchado,
ninguna mente huma-
na ha concebido
lo que Dios ha prepa-
rado para quienes
lo aman».

10 Ahora bien, Dios
nos ha revelado esto por
medio de su Espíritu,
pues el Espíritu lo
examina todo, hasta las
profundidades de Dios.
11 En efecto, ¿quién
conoce los pensamien-
tos del ser humano
sino su propio espíritu
que está en él? Así
mismo, nadie conoce los
pensamientos de Dios
sino el Espíritu de Dios.
12 Nosotros no hemos
recibido el espíritu del
mundo, sino el Espíritu
que procede de Dios,
para que entendamos lo
que por su gracia él nos
ha concedido. 13 Esto es
precisamente de lo que
hablamos, no con las
palabras que enseña la
sabiduría humana, sino
con las que enseña el
Espíritu, de modo que
expresamos verdades
espirituales en términos

RVR

espiritual a lo espiritual.
14 Pero el hombre na-
tural no capta las cosas
que son del Espíritu de
Dios, porque para él son
locura, y no las puede
conocer, porque se han
de discernir espiritual-
mente.
15 En cambio el espi-
ritual discierne todas
las cosas; pero él no es
enjuiciado por nadie.
16 Porque ¿quién
conoció la mente del
Señor, para que pueda
instruirle? Mas nosotros
tenemos la mente de
Cristo.

Colaboradores de Dios

3 Y yo, hermanos,
no pude hablaros
como a espirituales, sino
como a carnales, como a
niños en Cristo.
2 Os di a beber leche, y
no alimento sólido; por-
que aún no erais capaces,
ni sois capaces todavía,
3 porque aún sois
carnales; pues habiendo
entre vosotros celos,
contiendas y disensio-
nes, ¿no sois carnales, y
andáis según el modo
humano?
4 Porque diciendo el
uno: Yo ciertamente soy
de Pablo; y el otro: Yo
soy de Apolos, ¿no sois
carnales?

συγκρίνοντες.
comparando$_1$
4793
VPAP-PNM

14 Ψυχικὸς	δὲ	ἄνθρωπος	οὐ	δέχεται	τὰ	τοῦ	πνεύματος
natural$_3$	Mas$_1$	(el) ser humano$_2$	no	recibe	las cosas	del	Espíritu
5591	1161	444	3756	1209	3588	3588	4151
JNSM	*CLC*	*NNSM*	*BN, TN*	*VPUI3S*	*DAPN*	*DGSN*	*NGSN*

τοῦ	θεοῦ,	μωρία	γὰρ	αὐτῷ	ἐστίν,	καὶ	οὐ	δύναται	γνῶναι,	ὅτι
de --	Dios,	insensatez,$_4$	porque$_1$	para él$_2$	es (son)$_3$	y	no	puede	conocer,	porque$_1$
3588	2316	3472	1063	846	2076	2532	3756	1410	1097	3754
DGSM	*NGSM*	*NNSF*	*CAZ*	*RP3DSM*	*VPAI3S*	*CLN*	*BN, TN*	*VPUI3S*	*VAAN*	*CAZ*

πνευματικῶς	ἀνακρίνεται.	15 ὁ	δὲ	πνευματικὸς	ἀνακρίνει	τὰ
espiritualmente.$_3$	se disciernen$_2$	él$_2$	Mas$_1$	espiritual$_3$	discierne$_4$	las cosas,$_6$
4153	350	3588	1161	4152	350	3588
B	*VPPI3S*	*DNSM*	*CLC*	*JNSM*	*VPAI3S*	*DAPN*

πάντα,	αὐτὸς	δὲ	ὑπ'	οὐδενὸς	ἀνακρίνεται.	16 τίς	γὰρ	ἔγνω	νοῦν
todas$_5$	él$_8$	mas$_7$	por$_{10}$	nadie.$_{11}$	es juzgado.$_9$	¿quién$_2$	Porque$_1$	conoció	(la) mente
3956	846	1161	5259	3762	350	5101	1063	1097	3563
JAPN	*RP3NSMP*	*CLC*	*P*	*JGSM*	*VPPI3S*	*RI-NSM*	*CAZ*	*VAAI3S*	*NASM*

κυρίου,	ὅς	συμβιβάσει	αὐτόν;	ἡμεῖς	δὲ	νοῦν	Χριστοῦ	ἔχομεν.
del Señor,	el cual	instruirá	a él?	nosotros$_2$	Mas$_1$	(la) mente$_4$	de Cristo.$_5$	tenemos$_3$
2962	3739	4822	846	2249	1161	3563	5547	2192
NGSM	*RR-NSM*	*VFAI3S*	*RP3ASM*	*RP1NP*	*CLC*	*NASM*	*NGSM*	*VPAI1P*

3 Κἀγώ,	ἀδελφοί,	οὐκ	ἠδυνήθην	λαλῆσαι	ὑμῖν	ὡς
Y yo,	hermanos,	no	pude	hablar	a vosotros	como
2504	80	3756	1410	2980	5213	5613
RP1NS, CLN	*NVPM*	*CLK, TN, B*	*VAPI1S*	*VAAN*	*RP2DP*	*P, CAM*

πνευματικοῖς	ἀλλ'	ὡς	σαρκίνοις,	ὡς	νηπίοις	ἐν	Χριστῷ.
a espirituales,	sino	como	carnales,	como	niños pequeños	en	Cristo.
4152	235	5613	4560	5613	3516	1722	5547
JDPM	*CLK, CLC*	*P, CAM*	*JDPM*	*P, CAM*	*JDPM*	*P*	*NDSM*

2 γάλα	ὑμᾶς	ἐπότισα,	οὐ	βρῶμα,	οὔπω	γὰρ	ἐδύνασθε.	ἀλλ'
leche,$_3$	a vosotros$_2$	Di a beber$_1$	no	alimento sólido;	todavía no$_2$	porque$_1$	erais capaces,$_3$	pero$_4$
1051	5209	4222	3756	1033	3768	1063	1410	235
NASN	*RP2AP*	*VAAI1S*	*BN, TN*	*NASN*	*BN*	*CAZ*	*VIUI2P*	*CLC*

οὐδὲ	ἔτι	νῦν	δύνασθε,	3 ἔτι	γὰρ	σαρκικοί	ἐστε.	ὅπου	γὰρ
ni$_7$	todavía$_6$	ahora$_5$	sois capaces,$_8$	aún$_2$	porque$_1$	carnales,$_3$	sois$_4$	mientras que (haya)$_6$	porque$_5$
3761	2089	3568	1410	2089	1063	4559	2075	3699	1063
BN, TN	*B*	*B*	*VPUI2P*	*B*	*CAZ*	*JNPM*	*VPAI2P*	*CAL*	*CAZ*

ἐν	ὑμῖν	ζῆλος	καὶ	⸀ἔρις,	οὐχὶ	σαρκικοί	ἐστε	καὶ	κατὰ	ἄνθρωπον
entre$_7$	vosotros$_8$	celo	y	contienda,	¿No$_1$	carnales$_3$	sois$_2$	y$_4$	según$_6$	un ser humano?$_7$
1722	5213	2205	2532	2054	3780	4559	2075	2532	2596	444
P	*RP2DP*	*NNSM*	*CLN*	*NNSF*	*TN, TI*	*JNPM*	*VPAI2P*	*CLN*	*P*	*NASM*

περιπατεῖτε;	4 ὅταν	γὰρ	λέγῃ	τις·	Ἐγὼ	μέν	εἰμι	Παύλου,	ἕτερος
andáis$_5$	cuando$_2$	Porque$_1$	diga:$_4$	alguien$_3$	Yo	ciertamente	soy	de Pablo,	otro:$_2$
4043	3752	1063	3004	5100	1473	3303	1510	3972	2087
VPAI2P	*CAT*	*CLX*	*VPAS3S*	*RX-NSM*	*RP1NS*	*TK, C*	*VPAI1S*	*NGSM*	*JNSM*

δέ·	Ἐγὼ	Ἀπολλῶ,	⸂οὐκ	ἄνθρωποι⸃	ἐστε;*
y$_1$	Yo	de Apolos,	¿no	seres humanos?	sois
1161	1473	625	3756	444	2075
CLK, CLC	*RP1NS*	*NGSM*	*TN, TI*	*NNPM*	*VPAI2P*

NVI

espirituales. 14 El que
no tiene el Espíritu no
acepta lo que procede
del Espíritu de Dios,
pues para él es locura.
No puede entenderlo,
porque hay que discer-
nirlo espiritualmente.
15 En cambio, el que es
espiritual lo juzga todo,
aunque él mismo no está
sujeto al juicio de nadie,
porque

16 «¿quién ha cono-
cido la mente del
Señor
para que pueda
instruirlo?»

Nosotros, por nuestra
parte, tenemos la mente
de Cristo.

Sobre las divisiones en la iglesia

3 Yo, hermanos, no
pude dirigirme a
ustedes como a espiri-
tuales, sino como a in-
maduros, apenas niños
en Cristo. 2 Les di leche
porque no podían asi-
milar alimento sólido, ni
pueden todavía, 3 pues
aún son inmaduros.
Mientras haya entre us-
tedes celos y contiendas,
¿no serán inmaduros?
¿Acaso no se están
comportando según
criterios meramente
humanos? 4 Cuando
uno afirma: «Yo sigo a
Pablo», y otro: «Yo sigo
a Apolos», ¿no es por-
que están actuando con
criterios humanos?

3:3⸀ Manuscritos inferiores aumentaron *disensiones.* **3:4**⸂⸃ Manuscritos inferiores tienen *¿no sois carnales?* **3:4*** O sea *simples seres humanos.*

RVR

5 ¿Qué, pues, es Pablo,
y qué es Apolos?
Servidores por medio
de los cuales habéis creí-
do; y eso según lo que
a cada uno concedió el
Señor.
6 Yo planté, Apolos
regó; pero el crecimien-
to lo ha dado Dios;
7 de modo que ni el que
planta es algo, ni el que
riega, sino Dios, que da
el crecimiento.
8 Y el que planta y el que
riega son una misma
cosa; aunque cada
uno recibirá su propia
recompensa conforme a
su propia labor.
9 Porque nosotros
somos colaboradores de
Dios, y vosotros sois la-
branza de Dios, edificio
de Dios.
10 Conforme a la gracia
de Dios que me ha sido
dada, yo como perito
arquitecto puse el fun-
damento, y otro edifica
encima; pero cada uno
mire cómo sobreedifica.
11 Porque nadie puede
poner otro fundamento
que el que está puesto, el
cual es Jesucristo.
12 Y si alguien edifica
sobre este fundamento
oro, plata, piedras pre-
ciosas, madera, heno,
paja,
13 la obra de cada uno se
hará manifiesta; porque
el día la declarará,
pues por el fuego será
revelada; y el fuego

5 Τί οὖν ἐστιν Ἀπολλῶς; τί δέ ἐστιν Παῦλος; διάκονοι
¿qué$_{2}$ Así que,$_{1}$ es Apolos? ¿qué$_{4}$ y,$_{3}$ es Pablo? Servidores
5101 3767 2076 625 5101 1161 2076 3972 1249
RI-NSN CLI VPAI3S NNSM RI-NSN CLN VPAI3S NNSM NNPM

δι' ὧν ἐπιστεύσατε, καὶ ἑκάστῳ ὡς ὁ κύριος ἔδωκεν.
por medio de quienes creísteis, y a cada uno como el Señor dio.
1223 3739 4100 2532 1538 5613 3588 2962 1325
P RR-GPM VAAI2P CLN, B JDSM CAM DNSM NNSM VAAI3S

6 ἐγὼ ἐφύτευσα, Ἀπολλῶς ἐπότισεν, ἀλλὰ ὁ θεὸς ηὔξανεν·
Yo planté, Apolos regó; pero -- Dios daba el crecimiento.
1473 5452 625 4222 235 3588 2316 837
RP1NS VAAI1S NNSM VAAI3S CLC DNSM NNSM VIAI3S

7 ὥστε οὔτε ὁ φυτεύων ἐστίν τι οὔτε ὁ ποτίζων, ἀλλ'
Así que, ni ni el que planta es algo, ni el que riega, sino
5620 3777 3588 5452 2076 5100 3777 3588 4222 235
CLI CLK, TN DNSM VPAP-SNM VPAI3S RX-NSN CLK, CLD DNSM VPAP-SNM CLC

ὁ αὐξάνων θεός. 8 ὁ φυτεύων δὲ καὶ ὁ ποτίζων ἕν
el que da el crecimiento, Dios. el que$_{2}$ planta$_{3}$ Y$_{1}$ y el que riega una cosa,$_{2}$
3588 837 2316 3588 5452 1161 2532 3588 4222 1520
DNSM VPAP-SNM NNSM DNSM VPAP-SNM CLN CLN DNSM VPAP-SNM JNSN

εἰσιν, ἕκαστος δὲ τὸν ἴδιον μισθὸν λήμψεται κατὰ τὸν ἴδιον κόπον,
son$_{1}$ cada uno$_{4}$ mas$_{3}$ la$_{6}$ propia$_{7}$ recompensa,$_{8}$ recibirá$_{5}$ según el propio trabajo.
1526 1538 1161 3588 2398 3408 2983 2596 3588 2398 2873
VPAI3P JNSM CLN DASM JASM NASM VFMI3S P DASM JASM NASM

9 θεοῦ γάρ ἐσμεν συνεργοί· θεοῦ γεώργιον, θεοῦ οἰκοδομή ἐστε.
de Dios;$_{4}$ Porque$_{1}$ somos$_{2}$ colaboradores$_{3}$ de Dios;$_{7}$ terreno cultivado$_{6}$ de Dios.$_{9}$ edificación$_{8}$ sois$_{5}$
2316 1063 2070 4904 2316 1091 2316 3619 2075
NGSM CLX VPAI1P JNPM NGSM NNSN NGSM NNSF VPAI2P

10 Κατὰ τὴν χάριν τοῦ θεοῦ τὴν δοθεῖσάν μοι ὡς σοφὸς
Según la gracia de -- Dios la que fue dada a mí, como sabio
2596 3588 5485 3588 2316 3588 1325 3427 5613 4680
P DASF NASF DGSM NGSM DASF VAPP-SAF RP1DS P, CAM JNSM

ἀρχιτέκτων θεμέλιον ἔθηκα, ἄλλος δὲ ἐποικοδομεῖ. ἕκαστος δὲ
arquitecto fundamento,$_{2}$ puse$_{1}$ otro$_{4}$ y$_{3}$ edifica encima,$_{5}$ cada uno y
753 2310 5087 243 1161 2026 1538 1161
NNSM NASM VAAI1S JNSM CLN VPAI3S JNSM CLN

βλεπέτω πῶς ἐποικοδομεῖ· 11 θεμέλιον γὰρ ἄλλον οὐδεὶς δύναται
mire cómo edifica encima. fundamento$_{6}$ Porque$_{1}$ otro$_{5}$ nadie$_{2}$ puede$_{3}$
991 4459 2026 2310 1063 243 3762 1410
VPAM3S B VPAI3S NASM CAZ JASM JNSM VPUI3S

θεῖναι παρὰ τὸν κείμενον, ὅς ἐστιν Ἰησοῦς Χριστός· 12 εἰ δέ
poner$_{4}$ al lado de el que está puesto, el cual es Jesús Cristo. si$_{2}$ Mas$_{1}$
5087 3844 3588 2749 3739 2076 2424 5547 1487 1161
VAAN P DASM VPUP-SAM RR-NSM VPAI3S NNSM NNSM CAC CLN

τις ἐποικοδομεῖ ἐπὶ τὸν θεμέλιον χρυσόν, ἄργυρον, λίθους τιμίους,
alguien edifica encima sobre el fundamento oro, plata, piedras preciosas,
5100 2026 1909 3588 2310 5557 696 3037 5093
RX-NSM VPAI3S P DASM NASM NASM NASM NAPM JAPM

ξύλα, χόρτον, καλάμην, 13 ἑκάστου τὸ ἔργον φανερὸν γενήσεται,
madera, heno, paja, de cada uno$_{3}$ la$_{1}$ obra$_{2}$ manifiesta,$_{5}$ llegará a ser$_{4}$
3586 5528 2562 1538 3588 2041 5318 1096
NAPN NASM NASF JGSM DNSN NNSN JNSN VFMI3S

ἡ γὰρ ἡμέρα δηλώσει. ὅτι ἐν πυρὶ ἀποκαλύπτεται, καὶ
el$_{7}$ porque$_{6}$ día$_{8}$ dará a conocer,$_{9}$ porque$_{10}$ con$_{12}$ fuego,$_{13}$ es revelada$_{11}$ y$_{14}$
3588 1063 2250 1213 3754 1722 4442 601 2532
DNSF CAZ NNSF VFAI3S CAZ P NDSN VPPI3S CLN

NVI

5 Después de todo,
¿qué es Apolos? ¿Y qué
es Pablo? Nada más que
servidores por medio
de los cuales ustedes
llegaron a creer, según
lo que el Señor le asignó
a cada uno. 6 Yo sembré,
Apolos regó, pero Dios
ha dado el crecimiento.
7 Así que no cuenta ni
el que siembra ni el que
riega, sino solo Dios,
quien es el que hace
crecer. 8 El que siembra y
el que riega están al mis-
mo nivel, aunque cada
uno será recompensado
según su propio trabajo.
9 En efecto, nosotros
somos colaboradores
al servicio de Dios; y
ustedes son el campo de
cultivo de Dios, son el
edificio de Dios.
10 Según la gracia que
Dios me ha dado, yo,
como maestro construc-
tor, eché los cimientos,
y otro construye sobre
ellos. Pero cada uno
tenga cuidado de cómo
construye, 11 porque
nadie puede poner un
fundamento diferente
del que ya está puesto,
que es Jesucristo. 12 Si
alguien construye sobre
este fundamento, ya sea
con oro, plata y piedras
preciosas, o con madera,
heno y paja, 13 su obra se
mostrará tal cual es, pues
el día del juicio la dejará
al descubierto. El fuego

RVR

mismo probará la
calidad de la obra de
cada uno.
14 Si permanece la
obra de alguno que
sobreedificó, recibirá
recompensa.
15 Si la obra de alguno se
quema, él sufrirá pérdi-
da, si bien él mismo será
salvo, aunque así como
a través del fuego.
16 ¿No sabéis que sois
santuario de Dios, y
que el Espíritu de Dios
mora en vosotros?
17 Si alguno destruye el
santuario de Dios, Dios
le destruirá a él; porque
el santuario de Dios,
el cual sois vosotros, es
sagrado.
18 Nadie se engañe a sí
mismo; si alguno entre
vosotros se cree sabio
según este mundo, há-
gase ignorante para que
llegue a ser sabio.
19 Porque la sabiduría de
este mundo es insensa-
tez para con Dios; pues
escrito está: Él atrapa a
los sabios en la astucia
de ellos.
20 Y otra vez: El Señor
conoce los razonamien-
tos de los sabios, que
son vanos.
21 Así que, ninguno se
jacte en los hombres;
porque todo es vuestro:
22 sea Pablo, sea Apolos,
sea Cefas, sea el mundo,

ἑκάστου	τὸ	ἔργον	ὁποῖόν	ἐστιν	τὸ	πῦρ	αὐτὸ	δοκιμάσει.	14 εἴ
de cada uno$_{21}$	la$_{19}$	obra$_{20}$	de qué clase$_{22}$	es.$_{23}$	el$_{15}$	fuego$_{16}$	a ella$_{17}$	probará$_{18}$	Si$_{1}$
1538	3588	2041	3697	2076	3588	4442	846	1381	1487
JGSM	*DNSN*	*NNSN*	*JNSN, R--NSN*	*VPAI3S*	*DNSN*	*NNSN*	*RP3NSN*	*VFAI3S*	*CAC*

τινος	τὸ	ἔργον	μενεῖ	ὃ	ἐποικοδόμησεν,	μισθὸν	λήμψεται.
de alguien$_{4}$	la$_{2}$	obra$_{3}$	permanecerá$_{7}$	la que$_{5}$	edificó encima$_{6}$	recompensa.$_{9}$	recibirá$_{8}$
5100	3588	2041	3306	3739	2026	3408	2983
RX-GSM	*DNSN*	*NNSN*	*VFAI3S, VPAI3S*	*RR-ASN*	*VAAI3S*	*NASM*	*VFMI3S*

15 εἴ	τινος	τὸ	ἔργον	κατακαήσεται,	ζημιωθήσεται,	αὐτὸς	δὲ
Si$_{1}$	de alguien$_{4}$	la$_{2}$	obra$_{3}$	será quemada,$_{5}$	sufrirá pérdida;$_{6}$	él$_{8}$	mas$_{7}$
1487	5100	3588	2041	2618	2210	846	1161
CAC	*RX-GSM*	*DNSN*	*NNSN*	*VFPI3S*	*VFPI3S*	*RP3NSMP*	*CLC*

σωθήσεται,	οὕτως	δὲ	ὡς	διὰ	πυρός.
será salvo,$_{8}$	así$_{10}$	pero$_{9}$	como	por medio de	fuego.
4982	3779	1161	5613	1223	4442
VFPI3S	*B*	*CLC*	*CAM*	*P*	*NGSN*

16 Οὐκ	οἴδατε	ὅτι	ναὸς	θεοῦ	ἐστε	καὶ	τὸ	πνεῦμα	τοῦ	θεοῦ	οἰκεῖ
¿No	sabéis	que	templo$_{2}$	de Dios,$_{3}$	sois$_{1}$	y	el	Espíritu	de --	Dios	habita
3756	1492	3754	3485	2316	2075	2532	3588	4151	3588	2316	3611
BN, TN	*VRAI2P*	*CSC*	*NNSM*	*NGSM*	*VPAI2P*	*CLN*	*DNSN*	*NNSN*	*DGSM*	*NGSM*	*VPAI3S*

ἐν	ὑμῖν;	17 εἴ	τις	τὸν	ναὸν	τοῦ	θεοῦ	φθείρει,	φθερεῖ	τοῦτον	ὁ
en	vosotros.	Si	alguien	el$_{2}$	templo$_{3}$	de --$_{4}$	Dios,$_{5}$	destruye$_{1}$	destruirá$_{8}$	a este,$_{9}$	--$_{6}$
1722	5213	1487	5100	3588	3485	3588	2316	5351	5351	5126	3588
P	*RP2DP*	*CAC*	*RX-NSM*	*DASM*	*NASM*	*DGSM*	*NGSM*	*VPAI3S*	*VFAI3S*	*RD-ASM*	*DNSM*

θεός·	ὁ	γὰρ	ναὸς	τοῦ	θεοῦ	ἅγιός	ἐστιν,	οἵτινές	ἐστε	ὑμεῖς.
Dios$_{7}$	el$_{11}$	porque$_{10}$	templo$_{12}$	--$_{13}$	de Dios$_{14}$	santo,$_{16}$	es$_{15}$	el cual	sois	vosotros.
2316	3588	1063	3485	3588	2316	40	2076	3748	2075	5210
NNSM	*DNSM*	*CAZ*	*NNSM*	*DGSM*	*NGSM*	*JNSM*	*VPAI3S*	*RR-NPM*	*VPAI2P*	*RP2NP*

18 Μηδεὶς	ἑαυτὸν	ἐξαπατάτω·	εἴ	τις	δοκεῖ	σοφὸς	εἶναι	ἐν
Nadie	a sí mismo;$_{2}$	se engañe$_{1}$	si	alguien	piensa	sabio$_{2}$	ser$_{1}$	entre
3367	1438	1818	1487	5100	1380	4680	1511	1722
JNSM	*RF3ASM*	*VPAM3S*	*CAC*	*RX-NSM*	*VPAI3S*	*JNSM*	*VPAN*	*P*

ὑμῖν	ἐν	τῷ	αἰῶνι	τούτῳ,	μωρὸς	γενέσθω,	ἵνα	γένηται	σοφός,
vosotros	en	--$_{2}$	edad,$_{3}$	esta$_{1}$	necio$_{5}$	hágase$_{4}$	para que	llegue a ser	sabio.
5213	1722	3588	165	5129	3474	1096	2443	1096	4680
RP2DP	*P*	*DDSM*	*NDSM*	*RD-DSM*	*JNSM*	*VAMM3S*	*CAP*	*VAMS3S*	*JNSM*

19 ἡ	γὰρ	σοφία	τοῦ	κόσμου	τούτου	μωρία	παρὰ	τῷ	θεῷ	ἐστιν.
la$_{2}$	Porque$_{1}$	sabiduría$_{3}$	de --$_{4}$	mundo$_{6}$	este$_{5}$	necedad$_{8}$	ante$_{9}$	--$_{10}$	Dios,$_{11}$	es$_{7}$
3588	1063	4678	3588	2889	5127	3472	3844	3588	2316	2076
DNSF	*CAZ*	*NNSF*	*DGSM*	*NGSM*	*RD-GSM*	*NNSF*	*P*	*DDSM*	*NDSM*	*VPAI3S*

γέγραπται	γάρ·	Ὁ	δρασσόμενος	τοὺς	σοφοὺς	ἐν	τῇ	πανουργίᾳ
ha sido escrito:$_{13}$	porque$_{12}$	El (es)quien	atrapa	a los	sabios	en	la	astucia
1125	1063	3588	1405	3588	4680	1722	3588	3834
VRPI3S	*CAZ*	*DNSM*	*VPUP-SNM*	*DAPM*	*JAPM*	*P*	*DDSF*	*NDSF*

αὐτῶν·	20 καὶ	πάλιν·	Κύριος	γινώσκει	τοὺς	διαλογισμοὺς	τῶν	σοφῶν
de ellos.	Y	otra vez:	(El) Señor	conoce	los	pensamientos	de los	sabios,
846	2532	3825	2962	1097	3588	1261	3588	4680
RP3GPM	*CLN*	*B*	*NNSM*	*VPAI3S*	*DAPM*	*NAPM*	*DGPM*	*JGPM*

ὅτι	εἰσὶν	μάταιοι.	21 ὥστε	μηδεὶς	καυχάσθω	ἐν	ἀνθρώποις·	πάντα
que	son	vanos.	Así que,	nadie	se glorie	en	seres humanos,	todas las cosas$_{2}$
3754	1526	3152	5620	3367	2744	1722	444	3956
CSC	*VPAI3P*	*JNPM*	*CLI*	*JNSM*	*VPUM3S*	*P*	*NDPM*	*JNPN*

γὰρ	ὑμῶν	ἐστιν,	22 εἴτε	Παῦλος	εἴτε	Ἀπολλῶς	εἴτε	Κηφᾶς
porque$_{1}$	de vosotros:$_{4}$	es (son)$_{3}$	sea	Pablo,	sea	Apolos,	sea	Cefas,
1063	5216	2076	1535	3972	1535	625	1535	2786
CAZ	*RP2GP*	*VPAI3S*	*CLK,CAC*	*NNSM*	*CLK, CAC*	*NNSM*	*CLK, CAC*	*NNSM*

NVI

la dará a conocer, y pon-
drá a prueba la calidad
del trabajo de cada uno.
14 Si lo que alguien ha
construido permanece,
recibirá su recompensa,
15 pero, si su obra es con-
sumida por las llamas,
él sufrirá pérdida. Será
salvo, pero como quien
pasa por el fuego.
16 ¿No saben que
ustedes son templo de
Dios y que el Espíritu de
Dios habita en ustedes?
17 Si alguno destruye el
templo de Dios, él mis-
mo será destruido por
Dios; porque el templo
de Dios es sagrado, y
ustedes son ese templo.
18 Que nadie se
engañe. Si alguno de
ustedes se cree sabio
según las normas de esta
época, hágase ignorante
para así llegar a ser sabio.
19 Porque a los ojos de
Dios la sabiduría de este
mundo es locura. Como
está escrito: «Él atrapa
a los sabios en su propia
astucia»; 20 y también
dice: «El Señor conoce
los pensamientos de
los sabios y sabe que
son absurdos». 21 Por
lo tanto, ¡que nadie
base su orgullo en el
hombre! Al fin y al cabo,
todo es de ustedes, 22 ya
sea Pablo, o Apolos, o
Cefas, o el universo, o

RVR

sea la vida, sea la muerte,
sea lo presente, sea
lo por venir, todo es
vuestro,
23 y vosotros de Cristo, y
Cristo de Dios.

El ministerio apostólico

4 Que todo hombre
nos considere
como servidores de
Cristo, y administra-
dores de los misterios
de Dios.
2 Ahora bien, se requiere
de los administradores,
que cada uno sea hallado
fiel.
3 Yo en muy poco tengo
el ser enjuiciado por
vosotros, o por tribunal
humano; y ni aun yo me
juzgo a mí mismo.
4 Porque aunque de nada
tengo mala concien-
cia, no por eso quedo
absuelto; pues el que me
enjuicia es el Señor.
5 Así que, no juzguéis
nada antes de tiempo,
hasta que venga el Señor,
el cual sacará a la luz
también lo oculto de las
tinieblas, y manifestará
las intenciones de los co-
razones; y entonces cada
uno recibirá su alabanza
de parte de Dios.
6 Pero esto, hermanos,
lo he presentado como
ejemplo en mí y en

εἴτε	κόσμος	εἴτε	ζωὴ	εἴτε	θάνατος	εἴτε	ἐνεστῶτα	εἴτε
sea	(el) mundo,	sea	(la) vida,	sea	(la) muerte,	sea	lo que está presente,	sea
1535	2889	1535	2222	1535	2288	1535	1764	1535
CLK, CAC	*NNSM*	*CLK, CAC*	*NNSF*	*CLK, CAC*	*NNSM*	*CLK, CAC*	*VRAP-PNN*	*CLK, CAC*

μέλλοντα,	πάντα	ὑμῶν,	23 ὑμεῖς	δὲ	Χριστοῦ,	Χριστὸς
lo que está a punto de venir,	todas las cosas	(son) de vosotros,	vosotros$_2$	mas$_1$	de Cristo,$_3$	Cristo$_5$
3195	3956	5216	5210	1161	5547	5547
VPAP-PNN	*JNPN*	*RP2GP*	*RP2NP*	*CLN*	*NGSM*	*NNSM*

δὲ	θεοῦ.
y$_4$	de Dios.$_6$
1161	2316
CLN	*NGSM*

4 Οὕτως	ἡμᾶς	λογιζέσθω	ἄνθρωπος	ὡς	ὑπηρέτας	Χριστοῦ
Así,$_1$	a nosotros$_4$	considere$_3$	(toda) persona$_2$	como	servidores	de Cristo
3779	2248	3049	444	5613	5257	5547
B	*RP1AP*	*VPUM3S*	*NNSM*	*CAM*	*NAPM*	*NGSM*

καὶ	οἰκονόμους	μυστηρίων	θεοῦ.	2 ὧδε	λοιπὸν	ζητεῖται	ἐν	τοῖς
y	administradores	de (los) misterios	de Dios.	Aquí,	por lo demás,	se busca	entre	los
2532	3623	3466	2316	5602	3063	2212	1722	3588
CLN	*NAPM*	*NGPN*	*NGSM*	*B*	*JASN*	*VPPI3S*	*P*	*DDPM*

οἰκονόμοις	ἵνα	πιστός	τις	εὑρεθῇ.	3 ἐμοὶ	δὲ	εἰς	ἐλάχιστόν	ἐστιν,
administradores	que	fiel.$_3$	alguno$_1$	sea hallado$_2$	para mí$_2$	Pero$_1$	en$_4$	lo mínimo,$_5$	es$_3$
3623	2443	4103	5100	2147	1698	1161	1519	1646	2076
NDPM	*CSC*	*JNSM*	*RX-NSM*	*VAPS3S*	*RP1DS*	*CLN*	*P*	*JASN*	*VPAI3S*

ἵνα	ὑφ’	ὑμῶν	ἀνακριθῶ	ἢ	ὑπὸ	ἀνθρωπίνης	ἡμέρας.*	ἀλλ’	οὐδὲ
que	por	vosotros	sea juzgado	o	por	un humano	día,	pero	ni
2443	5259	5216	350	2228	5259	442	2250	235	3761
CSC	*P*	*RP2GP*	*VAPS1S*	*CLD*	*P*	*JGSF*	*NGSF*	*CLC*	*BN, TN*

ἐμαυτὸν	ἀνακρίνω·	4 οὐδὲν	γὰρ	ἐμαυτῷ	σύνοιδα,	ἀλλ’	οὐκ
a mí mismo	me juzgo,	(de) nada$_3$	porque$_1$	contra mí mismo,$_4$	estoy consciente$_2$	pero$_5$	no$_6$
1683	350	3762	1063	1683	4894	235	3756
RF1ASM	*VPAI1S*	*JASN*	*CAZ*	*RF1DSM*	*VRAI1S*	*CLC*	*BN, TN*

ἐν	τούτῳ	δεδικαίωμαι,	ὁ	δὲ	ἀνακρίνων	με	κύριός	ἐστιν.	5 ὥστε
en$_8$	esto;$_9$	he sido justificado$_7$	el que$_{11}$	mas$_{10}$	juzga$_{12}$	a mí$_{13}$	(el) Señor.$_{15}$	es$_{14}$	Así que,
1722	5129	1344	3588	1161	350	3165	2962	2076	5620
P	*RD-DSN*	*VRPI1S*	*DNSM*	*CLC*	*VPAP-SNM*	*RP1AS*	*NNSM*	*VPAI3S*	*CLI*

μὴ	πρὸ	καιροῦ	τι	κρίνετε,	ἕως	ἂν	ἔλθῃ	ὁ	κύριος,	ὃς
no$_1$	antes de$_4$	tiempo,$_5$	algo$_3$	juzguéis$_2$	hasta que$_6$	--$_9$	viniera,$_{10}$	el$_7$	Señor$_8$	quien
3361	4253	2540	5100	2919	2193	302	2064	3588	2962	3739
BN, TN	*P*	*NGSM*	*RX-ASN*	*VPAM2P*	*CAT*	*TC*	*VAAS3S*	*DNSM*	*NNSM*	*RR-NSM*

καὶ	φωτίσει	τὰ	κρυπτὰ	τοῦ	σκότους	καὶ	φανερώσει	τὰς
también	iluminará	las cosas	ocultas	de la	oscuridad	y	manifestará	los
2532	5461	3588	2927	3588	4655	2532	5319	3588
CLK	*VFAI3S*	*DAPN*	*JAPN*	*DGSN*	*NGSN*	*CLK, CLN*	*VFAI3S*	*DAPF*

βουλὰς	τῶν	καρδιῶν,	καὶ	τότε	ὁ	ἔπαινος	γενήσεται	ἑκάστῳ	ἀπὸ
propósitos	de los	corazones:	y	entonces	la	alabanza	llegará a ser	a cada uno	de parte de
1012	3588	2588	2532	5119	3588	1868	1096	1538	575
NAPF	*DGPF*	*NGPF*	*CLN*	*B*	*DNSM*	*NNSM*	*VFMI3S*	*JDSM*	*P*

τοῦ	θεοῦ.
--	Dios.
3588	2316
DGSM	*NGSM*

6 Ταῦτα	δέ,	ἀδελφοί,	μετεσχημάτισα	εἰς	ἐμαυτὸν	καὶ
estas cosas,$_3$	Y$_1$	hermanos,$_4$	he aplicado figurativamente$_2$	a	mí mismo,	y
5023	1161	80	3345	1519	1683	2532
RD-APN	*CLN*	*NVPM*	*VAAI1S*	*P*	*RF1ASM*	*CLN*

NVI

la vida, o la muerte, o lo
presente o lo por venir;
todo es de ustedes, 23 y
ustedes son de Cristo, y
Cristo es de Dios.

Apóstoles de Cristo

4 Que todos nos
consideren
servidores de Cristo, en-
cargados de administrar
los misterios de Dios.
2 Ahora bien, a los que
reciben un encargo se les
exige que demuestren
ser dignos de confian-
za. 3 Por mi parte, muy
poco me preocupa que
me juzguen ustedes
o cualquier tribunal
humano; es más, ni
siquiera me juzgo a
mí mismo. 4 Porque
aunque la conciencia
no me remuerde, no
por eso quedo absuelto;
el que me juzga es el
Señor. 5 Por lo tanto, no
juzguen nada antes de
tiempo; esperen hasta
que venga el Señor. Él
sacará a la luz lo que está
oculto en la oscuridad y
pondrá al descubierto
las intenciones de cada
corazón. Entonces
cada uno recibirá de
Dios la alabanza que le
corresponda.
6 Hermanos, todo
esto lo he aplicado a

4:3* O sea *tribunal humano.*

RVR

Apolos por amor de
vosotros, a fin de que de
nosotros aprendáis lo de
no propasarse de lo que
está escrito, para que
ni uno solo de vosotros
se apasione el uno en
contra del otro.
7 Porque ¿quién te
distingue?, ¿o qué tienes
que no hayas recibido?
Y si lo recibiste, ¿por
qué te glorías como si
no lo hubieras recibido?
8 Ya estáis saciados, ya
estáis ricos, sin nosotros
reináis. ¡Y ojalá reinaseis,
para que nosotros rei-
násemos también junta-
mente con vosotros!
9 Porque según pienso,
Dios nos ha asignado a
nosotros los apóstoles
los últimos lugares,
como a sentenciados
a muerte; pues hemos
llegado a ser espectáculo
al mundo, a los ángeles y
a los hombres.
10 Nosotros somos
insensatos por amor de
Cristo, mas vosotros
prudentes en Cristo;
nosotros débiles, mas
vosotros fuertes; voso-
tros honorables, mas
nosotros despreciados.
11 Hasta el momento
presente padecemos
hambre, tenemos sed,
andamos mal vestidos,
somos abofeteados, y no
tenemos morada fija.
12 Nos fatigamos tra-
bajando con nuestras
propias manos; nos

Ἀπολλῶν	δι'	ὑμᾶς,	ἵνα	ἐν	ἡμῖν	μάθητε	τό·	Μὴ	ὑπὲρ
a Apolos	por causa de	de vosotros,	para que	en	nosotros	aprendierais	el	no (ir)	más que
625	1223	5209	2443	1722	2254	3129	3588	3361	5228
NASM	*P*	*RP2AP*	*CAP*	*P*	*RP1DP*	*VAAS2P*	*DASN*	*BN, TN*	*P*

ἃ	γέγραπται,	ἵνα	μὴ	εἷς	ὑπὲρ	τοῦ	ἑνὸς	φυσιοῦσθε
las cosas que	ha(n) sido escrita(s),	para que	no	uno	en favor de$_2$	el$_3$	uno (otro),$_4$	os infléis$_1$
3739	1125	2443	3361	1520	5228	3588	1520	5448
RR-NPN	*VRPI3S*	*CAP*	*BN, TN*	*JNSM*	*P*	*DGSM*	*JGSM*	*VPPS2P*

κατὰ	τοῦ	ἑτέρου.	7 τίς	γάρ	σε	διακρίνει;	τί	δὲ	ἔχεις	ὃ	οὐκ
contra	el	otro.	¿quién$_2$	Porque$_1$	a ti?$_4$	distingue$_3$	¿qué$_6$	Y$_5$	tienes	lo que	no
2596	3588	2087	5101	1063	4571	1252	5101	1161	2192	3739	3756
P	*DGSM*	*JGSM*	*RI-NSM*	*CAZ*	*RP2AS*	*VPAI3S*	*RI-ASN*	*CLN*	*VPAI2S*	*RR-ASN*	*BN, TN*

ἔλαβες;	εἰ	δὲ	καὶ	ἔλαβες,	τί	καυχᾶσαι	ὡς	μὴ	λαβών;
recibistes?	si$_2$	Mas$_1$	también	recibistes,	¿por qué	te jactas	como	no	habiendo recibido?
2983	1487	1161	2532	2983	5101	2744	5613	3361	2983
VAAI2S	*CAC*	*CLN*	*CLA, B*	*VAAI2S*	*RI-ASN*	*VPUI2S*	*CAM*	*BN, TN*	*VAAP-SNM*

8 Ἤδη	κεκορεσμένοι	ἐστέ,	ἤδη	ἐπλουτήσατε,	χωρὶς	ἡμῶν
Ya$_1$	saciados,$_3$	estáis$_2$	ya	os enriquecisteis,	sin	nosotros
2235	2880	2075	2235	4147	5565	2257
B	*VRPP-PNM*	*VPAI2P*	*B*	*VAAI2P*	*P, B*	*RP1GP*

ἐβασιλεύσατε·	καὶ	ὄφελόν	γε	ἐβασιλεύσατε,	ἵνα	καὶ	ἡμεῖς
reianasteis;	y	¡ojalá	realmente	reianasteis,	para que$_1$	también$_3$	nosotros$_2$
936	2532	3785	1065	936	2443	2532	2249
VAAI2P	*CLN*	*I, T*	*TE*	*VAAI2P*	*CAP*	*BE, TE*	*RP1NP*

ὑμῖν	συμβασιλεύσωμεν.	9 δοκῶ	γάρ,	ὁ	θεὸς	ἡμᾶς	τοὺς
con vosotros!$_5$	reináramos juntamente$_4$	pienso,$_2$	Porque$_1$	el$_3$	Dios$_4$	a nosotros$_6$	los$_7$
5213	4821	1380	1063	3588	2316	2248	3588
RP2DP	*VAAS1P*	*VPAI1S*	*CAZ*	*DNSM*	*NNSM*	*RP1AP*	*DAPM*

ἀποστόλους	ἐσχάτους	ἀπέδειξεν	ὡς	ἐπιθανατίους,	ὅτι	θέατρον
apóstoles$_8$	últimos,$_9$	exhibió$_5$	como	sentenciados a muerte,	porque	espectáculo$_2$
652	2078	584	5613	1935	3754	2302
NAPM	*JAPM*	*VAAI3S*	*P, CAM*	*JAPM*	*CAZ*	*NNSN*

ἐγενήθημεν	τῷ	κόσμῳ	καὶ	ἀγγέλοις	καὶ	ἀνθρώποις.	10 ἡμεῖς	μωροὶ
hemos llegado a ser$_1$	para el	mundo	y	para ángeles	y	para seres humanos.	Nosotros	necios
1096	3588	2889	2532	32	2532	444	2249	3474
VAPI1P	*DDSM*	*NDSM*	*CLN*	*NDPM*	*CLN*	*NDPM*	*RP1NP*	*JNPM*

διὰ	Χριστόν,	ὑμεῖς	δὲ	φρόνιμοι	ἐν	Χριστῷ·	ἡμεῖς	ἀσθενεῖς,	ὑμεῖς
por	Cristo,	vosotros$_2$	mas$_1$	prudentes	en	Cristo;	nosotros	débiles,	vosotros$_2$
1223	5547	5210	1161	5429	1722	5547	2249	772	5210
P	*NASM*	*RP2NP*	*CLC*	*JNPM*	*P*	*NDSM*	*RP1NP*	*JNPM*	*RP2NP*

δὲ	ἰσχυροί·	ὑμεῖς	ἔνδοξοι,	ἡμεῖς	δὲ	ἄτιμοι.	11 ἄχρι	τῆς	ἄρτι	ὥρας
mas$_1$	fuertes;	vosotros	gloriosos,	nosotros$_2$	mas$_1$	sin honra.	Hasta	la	presente	hora
1161	2478	5210	1741	2249	1161	820	891	3588	737	5610
CLC	*JNPM*	*RP2NP*	*JNPM*	*RP1NP*	*CLC*	*JNPM*	*P*	*DGSF*	*B*	*NGSF*

καὶ	πεινῶμεν	καὶ	διψῶμεν	καὶ	γυμνιτεύομεν	καὶ	κολαφιζόμεθα
también	tenemos hambre	y	tenemos sed,	y	vestimos harapos,	y	somos abofeteados,
2532	3983	2532	1372	2532	1130	2532	2852
CLK	*VPAI1P*	*CLK, CLN*	*VPAI1P, VPAS1P*	*CLN*	*VPAI1P*	*CLN*	*VPPI1P*

καὶ	ἀστατοῦμεν	12 καὶ	κοπιῶμεν	ἐργαζόμενοι	ταῖς	ἰδίαις	χερσίν·
y	no tenemos morada fija;	y	nos fatigamos	trabajando	con las	propias	manos;
2532	790	2532	2872	2038	3588	2398	5495
CLN	*VPAI1P*	*CLN*	*VPAI1P*	*VPUP-PNM*	*DDPF*	*JDPF*	*NDPF*

NVI

Apolos y a mí mismo
para beneficio de
ustedes, con el fin de que
aprendan de nosotros
aquello de «no ir más
allá de lo que está escri-
to». Así ninguno de us-
tedes podrá engreírse de
haber favorecido al uno
en perjuicio del otro.
7 ¿Quién te distingue de
los demás? ¿Qué tienes
que no hayas recibido?
Y, si lo recibiste, ¿por
qué presumes como si
no te lo hubieran dado?
8 ¡Ya tienen todo lo
que desean! ¡Ya se han
enriquecido! ¡Han lle-
gado a ser reyes, y eso sin
nosotros! ¡Ojalá fueran
de veras reyes para que
también nosotros reiná-
ramos con ustedes! 9 Por
lo que veo, a nosotros
los apóstoles Dios nos
ha hecho desfilar en el
último lugar, como a los
sentenciados a muerte.
Hemos llegado a ser un
espectáculo para todo el
universo, tanto para los
ángeles como para los
hombres. 10 ¡Por causa
de Cristo, nosotros
somos los ignorantes;
ustedes, en Cristo, son
los inteligentes! ¡Los
débiles somos nosotros;
los fuertes son ustedes!
¡A ustedes se les estima;
a nosotros se nos des-
precia! 11 Hasta el mo-
mento pasamos hambre,
tenemos sed, nos falta
ropa, se nos maltrata,
no tenemos dónde vivir.
12 Con estas manos nos

RVR

maldicen, y bendeci-
mos; padecemos perse-
cución, y la soportamos.
13 Nos difaman, y
exhortamos; hemos
venido a ser hasta ahora
como la escoria del
mundo, el desecho de
todos.
14 No escribo esto para
avergonzaros, sino para
amonestaros como a
hijos míos amados.
15 Porque aunque
tengáis diez mil ayos
en Cristo, no tenéis
muchos padres; pues
en Cristo Jesús yo os
engendré por medio del
evangelio.
16 Por tanto, os exhorto
a que me imitéis.
17 Por esto mismo os he
enviado a Timoteo, que
es mi hijo amado y fiel
en el Señor, el cual os re-
cordará mi proceder en
Cristo, de la manera que
enseño en todas partes y
en todas las iglesias.
18 Mas algunos están
envanecidos, como si
yo nunca hubiese de ir a
vosotros.
19 Pero iré pronto a
vosotros, si el Señor
quiere, y conoceré, no
las palabras, sino el
poder de los que andan
envanecidos.
20 Porque el reino de
Dios no consiste en

λοιδορούμενοι εὐλογοῦμεν, διωκόμενοι ἀνεχόμεθα, 13 δυσφημούμενοι
siendo insultados, bendecimos, siendo perseguidos, soportamos; siendo difamados,
3058 2127 1377 430 987
VPPP-PNM VPAI1P VPPP-PNM VPUI1P VPPP-PNM

παρακαλοῦμεν· ὡς περικαθάρματα τοῦ κόσμου ἐγενήθημεν,
consolamos; como$_4$ basura$_5$ del$_6$ mundo$_7$ hemos llegado a ser,$_3$
3870 5613 4027 3588 2889 1096
VPAI1P CAM NNPN DGSM NGSM VAPI1P

πάντων περίψημα ἕως ἄρτι.
de todos.$_9$ desperdicio$_8$ hasta$_1$ ahora$_2$
3956 4067 2193 737
JGPN NNSN P, C B

14 Οὐκ ἐντρέπων ὑμᾶς γράφω ταῦτα, ἀλλ' ὡς τέκνα μου
No$_1$ avergonzando$_4$ a vosotros,$_5$ escribo$_2$ estas cosas$_3$ sino$_6$ como$_8$ hijos$_9$ de mí.$_{10}$
3756 1788 5209 1125 5023 235 5613 5043 3450
BN, TN VPAP-SNM RP2AP VPAI1S RD-APN CLC CAM NAPN, NNPN RP1GS

ἀγαπητὰ νουθετῶν· 15 ἐὰν γὰρ μυρίους παιδαγωγοὺς ἔχητε ἐν
amados$_9$ amonestando$_7$ si$_2$ Porque$_1$ diez mil$_3$ tutores$_4$ tengáis (tenéis) en
27 3560 1437 1063 3463 3807 2192 1722
JAPN, JNPN VPAP-SNM CAC CAZ JAPM NAPM VPAS2P P

Χριστῷ, ἀλλ' οὐ πολλοὺς πατέρας, ἐν γὰρ Χριστῷ Ἰησοῦ διὰ τοῦ
Cristo, pero no a muchos padres; en$_2$ porque$_1$ Cristo$_3$ Jesús$_4$ por$_8$ el$_9$
5547 235 3756 4183 3962 1722 1063 5547 2424 1223 3588
NDSM CLC BN, TN JAPM NAPM P CLX NDSM NDSM P DGSN

εὐαγγελίου ἐγὼ ὑμᾶς ἐγέννησα. 16 παρακαλῶ οὖν ὑμᾶς, μιμηταί
evangelio.$_{10}$ yo$_5$ a vosotros$_7$ engendré$_6$ ruego$_2$ Así que,$_1$ a vosotros,$_3$ imitadores$_5$
2098 1473 5209 1080 3870 3767 5209 3402
NGSN RP1NS RP2AP VAAI1S VPAI1S CLI RP2AP NNPM

μου γίνεσθε. 17 διὰ τοῦτο ἔπεμψα ὑμῖν Τιμόθεον, ὅς ἐστίν μου
de mí.$_6$ llegad a ser$_4$ Por esto envié a vosotros a Timoteo, quien es mi
3450 1096 1223 5124 3992 5213 5095 3739 2076 3450
RP1GS VPUM2P P RD-ASN VAAI1S RP2DP NASM RR-NSM VPAI3S RP1GS

τέκνον ἀγαπητὸν καὶ πιστὸν ἐν κυρίῳ, ὅς ὑμᾶς ἀναμνήσει
hijo amado y fiel en (el) Señor, el cual$_1$ a vosotros$_3$ recordará$_2$
5043 27 2532 4103 1722 2962 3739 5209 363
NNSN JNSN, JASN CLN JNSN, JASN P NDSM RR-NSM RP2AP VFAI3S

τὰς ὁδούς μου τὰς ἐν Χριστῷ Ἰησοῦ, καθὼς πανταχοῦ ἐν πάσῃ
los$_4$ caminos$_5$ de mí$_6$ los$_7$ en$_8$ Cristo$_9$ Jesús,$_{10}$ como$_{11}$ en todas partes,$_{13}$ en$_{14}$ toda$_{15}$
3588 3598 3450 3588 1722 5547 2424 2531 3837 1722 3956
DAPF NAPF RP1GS DAPF P NDSM NDSM CAM B P JDSF

ἐκκλησίᾳ διδάσκω. 18 ὡς μὴ ἐρχομένου δέ μου πρὸς ὑμᾶς
iglesia.$_{16}$ enseño$_{12}$ como$_4$ no$_6$ viniendo$_7$ Y$_1$ yo$_5$ a$_8$ vosotros.$_9$
1577 1321 5613 3361 2064 1161 3450 4314 5209
NDSF VPAI1S CAM BN, TN VPUP-SGM CLN RP1GS P RP2AP

ἐφυσιώθησάν τινες. 19 ἐλεύσομαι δὲ ταχέως πρὸς ὑμᾶς, ἐὰν ὁ
se inflaron$_3$ algunos$_2$ iré$_2$ Pero$_1$ pronto,$_5$ a$_3$ vosotros$_4$ si el
5448 5100 2064 1161 5030 4314 5209 1437 3588
VAPI3P RX-NPM VFMI1S CLC B P RP2AP CAC DNSM

κύριος θελήσῃ, καὶ γνώσομαι οὐ τὸν λόγον τῶν πεφυσιωμένων
Señor quiere, y conoceré no la palabra de los que se han inflado,
2962 2309 2532 1097 3756 3588 3056 3588 5448
NNSM VAAS3S CLN VFMI1S CLK, TN, B DASM NASM DGPM VRPP-PGM

ἀλλὰ τὴν δύναμιν, 20 οὐ γὰρ ἐν λόγῳ ἡ βασιλεία τοῦ θεοῦ
sino el poder. no (consiste)$_6$ Porque$_1$ en$_7$ palabra,$_8$ el$_2$ reino$_3$ de--$_4$ Dios$_5$
235 3588 1411 3756 1063 1722 3056 3588 932 3588 2316
CLK, CLC DASF NASF CLK, TN, B CAZ P NDSM DNSF NNSF DGSM NGSM

NVI

matamos trabajando. Si
nos maldicen, bendeci-
mos; si nos persiguen,
lo soportamos; 13 si nos
calumnian, los tratamos
con gentileza. Se nos
considera la escoria de
la tierra, la basura del
mundo, y así hasta el día
de hoy.
14 No les escribo esto
para avergonzarlos,
sino para amonestar-
los, como a hijos míos
amados. 15 De hecho,
aunque tuvieran ustedes
miles de tutores en
Cristo, padres sí que no
tienen muchos, porque
mediante el evangelio yo
fui el padre que los en-
gendró en Cristo Jesús.
16 Por tanto, les ruego
que sigan mi ejemplo.
17 Con este propósito
les envié a Timoteo, mi
amado y fiel hijo en el
Señor. Él les recordará
mi manera de compor-
tarme en Cristo Jesús,
como enseño por todas
partes y en todas las
iglesias.
18 Ahora bien, algu-
nos de ustedes se han
vuelto presuntuosos,
pensando que no iré a
verlos. 19 Lo cierto es
que, si Dios quiere, iré a
visitarlos muy pronto,
y ya veremos no solo
cómo hablan, sino cuán-
to poder tienen esos
presumidos. 20 Porque
el reino de Dios no es
cuestión de palabras,

RVR

palabras, sino en poder.
21 ¿Qué queréis? ¿Iré
a vosotros con vara, o
con amor y espíritu de
mansedumbre?

Inmoralidad en la iglesia

5 Se oye como cosa
cierta que hay entre
vosotros fornicación, y
tal fornicación cual ni
aun se sabe que exista
entre los gentiles; tanto
que alguno tiene la
mujer de su padre.
2 Y vosotros estáis enva-
necidos. ¿No deberíais
más bien haber hecho
duelo, para que fuese
quitado de en medio de
vosotros el que cometió
tal acción?
3 Ciertamente yo, como
ausente en cuerpo, pero
presente en espíritu, ya
como presente he juzga-
do al que ha cometido
tal acción.
4 En el nombre de nues-
tro Señor Jesucristo,
reunidos vosotros y
mi espíritu, con el
poder de nuestro Señor
Jesucristo,
5 el tal sea entregado a
Satanás para destruc-
ción de la carne, a fin de
que el espíritu sea salvo
en el día del Señor Jesús.

ἀλλ᾽ ἐν δυνάμει. 21 τί θέλετε; ἐν ῥάβδῳ ἔλθω πρὸς ὑμᾶς, ἢ
sino en poder. ¿Qué queréis? con$_4$ vara$_5$ ¿Que vaya$_1$ a$_2$ vosotros$_3$ o
235 1722 1411 5101 2309 1722 4464 2064 4314 5209 2228
CLK, CLC P NDSF RI-ASN VPAI2P P NDSF VAAS1S P RP2AP CLD

ἐν ἀγάπῃ πνεύματί τε πραΰτητος;
con amor, espíritu$_2$ tanto (con)$_1$ de mansedumbre?$_3$
1722 26 4151 5037 4240
P NDSF NDSN CLN NGSF

5 Ὅλως ἀκούεται ἐν ὑμῖν πορνεία, καὶ τοιαύτη
en realidad,$_2$ Se oye$_1$ entre$_4$ vosotros,$_5$ (hay) inmoralidad sexual$_3$ y tal
3654 191 1722 5213 4202 2532 5108
B VPPI3S P RP2DP NNSF CLN JNSF, RD-NSF

πορνεία ἥτις οὐδὲ ἐν τοῖς ⸀ἔθνεσιν, ὥστε γυναῖκά τινα τοῦ
inmoralidad sexual, la que ni entre los gentiles; de modo que (la) esposa$_3$ alguno$_1$ del$_4$
4202 3748 3761 1722 3588 1484 5620 1135 5100 3588
NNSF RR-NSF BN, TN P DDPN NDPN CAR NASF RX-ASM DGSM

πατρὸς ἔχειν. 2 καὶ ὑμεῖς πεφυσιωμένοι ἐστέ, καὶ οὐχὶ μᾶλλον
padre.$_5$ tener (tiene)$_2$ Y vosotros inflados de orgullo,$_2$ estáis$_1$ y$_3$ no$_5$ ¿más bien$_4$
3962 2192 2532 5210 5448 2075 2532 3780 3123
NGSM VPAN CLN RP2NP VRPP-PNM VPAI2P CLN BN, TN B

ἐπενθήσατε, ἵνα ἀρθῇ ἐκ μέσου ὑμῶν ὁ τὸ ἔργον τοῦτο
lamentasteis, para que sea quitado de en medio de vosotros el que$_1$ --$_4$ obra?$_5$ esta$_3$
3996 2443 142 1537 3319 5216 3588 3588 2041 5124
VAAI2P CAP VAPS3S P JGSN RP2GP DNSM DASN NASN RD-ASN

ποιήσας;
hizo$_2$
4160
VAAP-SNM

3 Ἐγὼ μὲν γάρ, ἀπὼν τῷ σώματι παρὼν δὲ
yo,$_9$ ciertamente,$_{10}$ Porque$_1$ estando ausente$_2$ en el$_3$ cuerpo,$_4$ estando presente$_6$ mas$_5$
1473 3303 1063 548 3588 4983 3918 1161
RP1NS TK, C CLX VPAP-SNM DDSN NDSN VPAP-SNM CLK, CLC

τῷ πνεύματι, ἤδη κέκρικα ὡς παρὼν τὸν οὕτως τοῦτο
en el$_7$ espíritu,$_8$ ya$_{11}$ he juzgado,$_{12}$ como$_{13}$ estando presente,$_{14}$ al que$_{15}$ así.$_{18}$ esto$_{17}$
3588 4151 2235 2919 5613 3918 3588 3779 5124
DDSN NDSN B VRAI1S CAM VPAP-SNM DASM B RD-ASN

κατεργασάμενον 4 ἐν τῷ ὀνόματι τοῦ κυρίου ἡμῶν Ἰησοῦ,
hizo$_{16}$ En el nombre del Señor de nosotros, Jesús,
2716 1722 3588 3686 3588 2962 2257 2424
VAMP-SAM P DDSN NDSN DGSM NGSM RP1GP NGSM

συναχθέντων ὑμῶν καὶ τοῦ ἐμοῦ πνεύματος σὺν τῇ δυνάμει τοῦ
habiendo reunido$_2$ vosotros$_1$ y$_3$ el$_4$ de mí,$_6$ espíritu$_5$ con el poder del
4863 5216 2532 3588 1700 4151 4862 3588 1411 3588
VAPP-PGM RP2GP CLN DGSN JGSN, RP1GS NGSN P DDSF NDSF DGSM

κυρίου ἡμῶν Ἰησοῦ, 5 παραδοῦναι τὸν τοιοῦτον τῷ Σατανᾷ εἰς
Señor de nosotros, Jesús, entregar al tal a -- Satanás para
2962 2257 2424 3860 3588 5108 3588 4567 1519
NGSM RP1GP NGSM VAAN DASM RD-ASM DDSM NDSM P

ὄλεθρον τῆς σαρκός, ἵνα τὸ πνεῦμα σωθῇ ἐν τῇ ἡμέρᾳ τοῦ
destrucción de la carne, para que el espíritu sea salvado en el día del
3639 3588 4561 2443 3588 4151 4982 1722 3588 2250 3588
NASM DGSF NGSF CAP DNSN NNSN VAPS3S P DDSF NDSF DGSM

⸀κυρίου.
Señor.
2962
NGSM

NVI

sino de poder. 21 ¿Qué
prefieren? ¿Que vaya
a verlos con un látigo,
o con amor y espíritu
apacible?

¡Expulsen al hermano inmoral!

5 Es ya del dominio
público que hay
entre ustedes un caso de
inmoralidad sexual que
ni siquiera entre los pa-
ganos se tolera, a saber,
que uno de ustedes tiene
por mujer a la esposa
de su padre. 2 ¡Y de esto
se sienten orgullosos!
¿No debieran, más
bien, haber lamentado
lo sucedido y expulsa-
do de entre ustedes al
que hizo tal cosa? 3 Yo,
por mi parte, aunque
no estoy físicamente
entre ustedes, sí estoy
presente en espíritu, y
ya he juzgado, como si
estuviera presente, al que
cometió este pecado.
4 Cuando se reúnan en
el nombre de nuestro
Señor Jesús, y con su
poder yo los acompañe
en espíritu, 5 entreguen
a este hombre a Satanás
para destrucción de su
naturaleza pecaminosa a
fin de que su espíritu sea
salvo en el día del Señor.

5:1⸀ Manuscritos inferiores aumentaron *se nombra.* **5:5**⸀ Manuscritos inferiores aumentaron *Jesús.*

RVR

[6] No es buena vuestra
jactancia. ¿No sabéis
que un poco de levadu-
ra hace fermentar toda
la masa?
[7] Purificaos, pues, de
la vieja levadura, para
que seáis nueva masa,
sin levadura como sois;
porque nuestra pascua,
que es Cristo, ya fue sa-
crificada por nosotros.
[8] Así que celebremos
la fiesta, no con la
vieja levadura, ni con la
levadura de malicia y de
maldad, sino con panes
sin levadura, de sinceri-
dad y de verdad.
[9] Os escribí por carta,
que no os juntéis con los
fornicarios;
[10] no en general con los
fornicarios de este mun-
do, o con los avaros, o
con los ladrones, o con
los idólatras; pues en tal
caso os sería necesario
salir del mundo.
[11] Más bien os escribí
que no os juntéis con
ninguno que, llamándo-
se hermano, sea fornica-
rio, o avaro, o idólatra,
o maldiciente, o borra-
cho, o ladrón; con el tal
ni aun comáis.
[12] Porque ¿qué me va a
mí en juzgar a los que
están fuera? ¿No juzgáis
vosotros a los que están
dentro?
[13] Porque a los que están
fuera, Dios los juzgará.

[6] Οὐ καλὸν τὸ καύχημα ὑμῶν. οὐκ οἴδατε ὅτι μικρὰ ζύμη
no$_4$ (es) buena,$_5$ La$_1$ jactancia$_2$ de vosotros$_3$ ¿no sabéis que un poco de levadura
3756 2570 3588 2745 5216 3756 1492 3754 3398 2219
BN, TN JNSN DNSN NNSN RP2GP BN, TN VRAI2P CSC JNSF NNSF

ὅλον τὸ φύραμα ζυμοῖ; [7] ἐκκαθάρατε τὴν παλαιὰν ζύμην, ἵνα ἦτε
toda$_2$ la$_3$ masa?$_4$ leuda$_1$ Limpiad la vieja levadura, para que seáis
3650 3588 5445 2220 1571 3588 3820 2219 2443 2258
JASN DASN NASN VPAI3S VAAM2P DASF JASF NASF CAP VPAS2P

νέον φύραμα, καθώς ἐστε ἄζυμοι. καὶ γὰρ τὸ πάσχα ⸀ἡμῶν
nueva masa, como sois sin levadura; también$_2$ porque$_1$ la$_4$ Pascua$_5$ de nosotros,$_6$
3501 5445 2531 2075 106 2532 1063 3588 3957 2257
JNSN NNSN CAM VPAI2P JNPM BE, TE CAZ DNSN NNSN, XF RP1GP

ἐτύθη Χριστός. [8] ὥστε ἑορτάζωμεν, μὴ ἐν ζύμῃ παλαιᾷ μηδὲ
fue sacrificada.$_7$ Cristo,$_3$ Así que, celebremos la fiesta, no con levadura vieja, ni
2380 5547 5620 1858 3361 1722 2219 3820 3366
VAPI3S NNSM CLI VPAS1P BN, TN P NDSF JDSF TN, CLD

ἐν ζύμῃ κακίας καὶ πονηρίας, ἀλλ᾽ ἐν ἀζύμοις εἰλικρινείας καὶ
con levadura de malicia y de maldad, sino con pan sin levadura de sinceridad y
1722 2219 2549 2532 4189 235 1722 106 1505 2532
P NDSF NGSF CLN NGSF CLC P JDPN NGSF CLN

ἀληθείας.
verdad.
225
NGSF

[9] Ἔγραψα ὑμῖν ἐν τῇ ἐπιστολῇ μὴ συναναμίγνυσθαι
Escribí a vosotros en la carta no juntarse con
1125 5213 1722 3588 1992 3361 4874
VAAI1S RP2DP P DDSF NDSF BN, TN VPMN

πόρνοις, [10] οὐ πάντως τοῖς πόρνοις τοῦ κόσμου τούτου ἢ
inmorales sexuales; no en absoluto con los inmorales sexuales de --$_1$ mundo,$_3$ este$_2$ o
4205 3756 3843 3588 4205 3588 2889 5127 2228
NDPM CLK,TN,B B DDPM NDPM DGSM NGSM RD-GSM CLD

τοῖς πλεονέκταις καὶ ἅρπαξιν ἢ εἰδωλολάτραις, ἐπεὶ ὠφείλετε
los avaros y estafadores o idólatras; de otro modo,$_1$ deberíais$_3$
3588 4123 2532 727 2228 1496 1893 3784
DDPM NDPM CLN JDPM CLD NDPM CAZ VIAI2P

ἄρα ἐκ τοῦ κόσμου ἐξελθεῖν. [11] νῦν δὲ ἔγραψα ὑμῖν μὴ
entonces,$_2$ de$_5$ el$_6$ mundo.$_7$ salir$_4$ ahora$_2$ Mas$_1$ escribí a vosotros no
686 1537 3588 2889 1831 3568 1161 1125 5213 3361
CLI P DGSM NGSM VAAN B CLK, CLC VAAI1S RP2DP BN, TN

συναναμίγνυσθαι ἐάν τις ἀδελφὸς ὀνομαζόμενος ᾖ πόρνος
juntarse con si$_4$ alguno$_1$ hermano$_3$ llamándose$_2$ fuere inmoral sexual
4874 1437 5100 80 3687 2228, 1510 4205
VPMN CAC RX-NSM NNSM VPPP-SNM VPAS3S NNSM

ἢ πλεονέκτης ἢ εἰδωλολάτρης ἢ λοίδορος ἢ μέθυσος ἢ
o avaro o idólatra o calumniador o borracho o
2228 4123 2228 1496 2228 3060 2228 3183 2228
CLD NNSM CLD NNSM CLD JNSM, NNSM CLD NNSM CLD

ἅρπαξ, τῷ τοιούτῳ μηδὲ συνεσθίειν. [12] τί γάρ μοι τοὺς ἔξω
estafador; con el tal ni aún comer juntos. ¿qué$_2$ Porque$_1$ a mí$_3$ a los$_5$ de afuera?$_6$
727 3588 5108 3366 4906 5101 1063 3427 3588 1854
JNSM DDSM RD-DSM BN, TN VPAN RI-NSN CAZ RP1DS DAPM B

κρίνειν; οὐχὶ τοὺς ἔσω ὑμεῖς κρίνετε, [13] τοὺς δὲ ἔξω ὁ θεὸς
juzgar$_4$ no$_8$ a los$_{10}$ de adentro?$_{11}$ ¿vosotros$_7$ juzgáis$_9$ a los$_5$ Mas$_1$ de afuera.$_6$ --$_2$ Dios$_3$
2919 3780 3588 2080 5210 2919 3588 1161 1854 3588 2316
VPAN TN, TI DAPM B RP2NP VPAI2P DAPM CLC B DNSM NNSM

NVI

[6] Hacen mal en jactar-
se. ¿No se dan cuenta de
que un poco de levadura
hace fermentar toda la
masa? [7] Deshánganse de
la vieja levadura para
que sean masa nueva,
panes sin levadura,
como lo son en realidad.
Porque Cristo, nuestro
Cordero pascual, ya ha
sido sacrificado. [8] Así
que celebremos nuestra
Pascua no con la vieja
levadura, que es la mali-
cia y la perversidad, sino
con pan sin levadura,
que es la sinceridad y la
verdad.
[9] Por carta ya les he di-
cho que no se relacionen
con personas inmorales.
[10] Por supuesto, no me
refería a la gente inmoral
de este mundo, ni a los
avaros, estafadores o
idólatras. En tal caso,
tendrían ustedes que
salirse de este mundo.
[11] Pero en esta carta
quiero aclararles que no
deben relacionarse con
nadie que, llamándose
hermano, sea inmo-
ral o avaro, idólatra,
calumniador, borracho
o estafador. Con tal per-
sona ni siquiera deben
juntarse para comer.
[12] ¿Acaso me toca
a mí juzgar a los de
afuera? ¿No son ustedes
los que deben juzgar a
los de adentro? [13] Dios
juzgará a los de afuera.

5:7⸀ Manuscritos inferiores aumentaron *por nosotros.*

RVR

Quitad, pues, a ese per-
verso de entre vosotros.

Litigios delante de los incrédulos

6 ¿Se atreve alguno
de vosotros,
cuando tiene un asunto
contra otro, a ir a juicio
delante de los injustos, y
no delante de los santos?
2 ¿O no sabéis que los
santos han de juzgar al
mundo? Y si el mundo
ha de ser juzgado por vo-
sotros, ¿sois indignos de
juzgar los casos menos
importantes?
3 ¿No sabéis que
hemos de juzgar a los
ángeles? ¿Cuánto más
las cosas de esta vida?
4 Si, pues, tenéis juicios
sobre cosas de esta vida,
poned para juzgar a
los que son de menor
estima en la iglesia.
5 Para avergonzaros lo
digo. ¿Pues qué, no hay
entre vosotros sabio, ni
aun uno, que pueda juz-
gar entre sus hermanos,
6 sino que el hermano
con el hermano pleitea
en juicio, y esto ante los
incrédulos?
7 De todos modos, ya
es una falta en vosotros
que tengáis pleitos entre
vosotros mismos. ¿Por
qué no sufrís más bien
el agravio? ¿Por qué no
sufrís más bien el ser
defraudados?
8 Pero vosotros cometéis
el agravio, y defraudáis,
y esto a los hermanos.

κρίνει;	ἐξάρατε	τὸν	πονηρὸν	ἐξ	ὑμῶν	αὐτῶν.
juzga$_4$	Expulsad	al	malvado	de entre	vosotros	mismos.
2919	1808	3588	4190	1537	5216	846
VPAI3S, VFAI3S	*VAAM2P*	*DASM*	*JASM*	*P*	*RP2GP*	*RP3GPM*

6 Τολμᾷ	τις	ὑμῶν	πρᾶγμα	ἔχων	πρὸς	τὸν	ἕτερον
se atreve$_8$	¿Alguno$_1$	de vosotros,$_2$	un asunto$_4$	teniendo$_3$	contra$_5$	el$_6$	otro$_7$
5111	5100	5216	4229	2192	4314	3588	2087
VPAI3S	*RX-NSM*	*RP2GP*	*NASN*	*VPAP-SNM*	*P*	*DASM*	*JASM*

κρίνεσθαι	ἐπὶ	τῶν	ἀδίκων,	καὶ	οὐχὶ	ἐπὶ	τῶν	ἁγίων;	2 ἢ	οὐκ	οἴδατε
ser juzgado	ante	los	injustos,	y	no	ante	los	santos?	¿O	no	sabéis
2919	1909	3588	94	2532	3780	1909	3588	40	2228	3756	1492
VPPN	*P*	*DGPM*	*JGPM*	*C*	*T, B*	*P*	*DGPM*	*JGPM*	*CLD*	*BN, TN*	*VRAI2P*

ὅτι	οἱ	ἅγιοι	τὸν	κόσμον	κρινοῦσιν;	καὶ	εἰ	ἐν	ὑμῖν	κρίνεται
que	los	santos	al$_2$	mundo?$_3$	juzgarán$_1$	Y$_4$	si$_5$	por$_9$	vosotros,$_{10}$	es juzgado$_8$
3754	3588	40	3588	2889	2919	2532	1487	1722	5213	2919
CSC	*DNPM*	*JNPM*	*DASM*	*NASM*	*VFAI3P*	*CLN*	*CAC*	*P*	*RP2DP*	*VPPI3S*

ὁ	κόσμος,	ἀνάξιοί	ἐστε	κριτηρίων	ἐλαχίστων;	3 οὐκ	οἴδατε
el$_6$	mundo$_7$	indignos$_{12}$	¿sois$_{11}$	de juicios$_{13}$	menos importantes?$_{14}$	¿No	sabéis
3588	2889	370	2075	2922	1646	3756	1492
DNSM	*NNSM*	*JNPM*	*VPAI2P*	*NGPN*	*JGPN*	*BN, TN*	*VRAI2P*

ὅτι	ἀγγέλους	κρινοῦμεν,	μήτιγε	βιωτικά;	4 βιωτικὰ
que	a (los) ángeles?$_2$	juzgaremos$_1$	¿Cuánto más	(asuntos) de la vida diaria?	(asuntos) de la vida diaria,$_6$
3754	32	2919	3385, 1065	982	982
CSC	*NAPM*	*VFAI1P*	*TI, TN*	*JAPN*	*JAPN*

μὲν	οὖν	κριτήρια	ἐὰν	ἔχητε,	τοὺς	ἐξουθενημένους	ἐν	τῇ
en verdad$_2$	Así que,$_1$	juicios$_5$	si$_3$	tengáis (tenéis)$_4$	a los que$_9$	nada han representado$_{10}$	en$_{11}$	la$_{12}$
3303	3767	2922	1437	2192	3588	1848	1722	3588
TE	*CLI*	*NAPN*	*CAC*	*VPAS2P*	*DAPM*	*VRPP-PAM*	*P*	*DDSF*

ἐκκλησίᾳ,	τούτους	καθίζετε;	5 πρὸς	ἐντροπὴν	ὑμῖν	λέγω.
iglesia?$_{13}$	a estos$_8$	¿sentáis como jueces$_7$	para$_2$	vergüenza$_3$	para vosotros:$_4$	Digo$_1$
1577	5128	2523	4314	1791	5213	3004
NDSF	*RD-APM*	*VPAI2P*	*P*	*NASF*	*RP2DP*	*VPAI1S*

οὕτως	οὐκ	ἔνι	ἐν	ὑμῖν	οὐδεὶς	σοφὸς	ὃς	δυνήσεται	διακρῖναι
Así,$_5$	¿no$_6$	hay$_7$	entre$_{10}$	vosotros,$_{11}$	ningún$_8$	sabio$_9$	el que	podrá	juzgar
3779	3756	1762	1722	5213	3762	4680	3739	1410	1252
B	*TN, TI*	*VPAI3S*	*P*	*RP2DP*	*JNSM*	*JNSM*	*RR-NSM*	*VFMI3S*	*VAAN*

ἀνὰ	μέσον	τοῦ	ἀδελφοῦ	αὐτοῦ,	6 ἀλλὰ	ἀδελφὸς	μετὰ	ἀδελφοῦ
en	medio	del	hermano	de él,	sino	hermano	con	hermano
303	3319	3588	80	846	235	80	3326	80
P	*JASN*	*DGSM*	*NGSM*	*RP3GSM*	*CLC*	*NNSM*	*P*	*NGSM*

κρίνεται,	καὶ	τοῦτο	ἐπὶ	ἀπίστων;	7 ἤδη	μὲν	οὖν	ὅλως
disputa,	y	esto	ante	incrédulos?	ya$_2$	en verdad,$_3$	Así que$_1$	completamente$_4$
2919	2532	5124	1909	571	2235	3303	3767	3654
VPPI3S	*CLN*	*RD-NSN*	*P*	*JGPM*	*B*	*TE, C*	*CLI*	*B*

ἥττημα	ὑμῖν	ἐστιν	ὅτι	κρίματα	ἔχετε	μεθ’	ἑαυτῶν·	διὰ	τί
un fracaso$_6$	para vosotros$_7$	es$_5$	que$_8$	juicios$_{10}$	tenéis$_9$	con	vosotros mismos.	¿Por	qué
2275	5213	2076	3754	2917	2192	3326	1438	1223	5101
NNSN	*RP2DP*	*VPAI3S*	*CSC*	*NAPN*	*VPAI2P*	*P*	*RF2GPM*	*P*	*RI-ASN*

οὐχὶ	μᾶλλον	ἀδικεῖσθε;	διὰ	τί	οὐχὶ	μᾶλλον	ἀποστερεῖσθε;	8 ἀλλὰ
no	mejor	sufrís agravio?	¿Por	qué	no	mejor	sois defraudados?	Pero
3780	3123	91	1223	5101	3780	3123	650	235
BN, TN	*B*	*VPPI2P*	*P*	*RI-ASN*	*BN, TN*	*B*	*VPPI2P*	*CLC*

ὑμεῖς	ἀδικεῖτε	καὶ	ἀποστερεῖτε,	καὶ	τοῦτο	ἀδελφούς.
vosotros	cometéis injusticia	y	defraudáis,	y	esto	a hermanos.
5210	91	2532	650	2532	5124	80
RP2NP	*VPAI2P*	*CLN*	*VPAI2P*	*CLN*	*RD-ASN*	*NAPM*

NVI

«Expulsen al malvado
de entre ustedes».

Pleitos entre creyentes

6 Si alguno de uste-
des tiene un pleito
con otro, ¿cómo se atre-
ve a presentar demanda
ante los inconversos,
en vez de acudir a los
creyentes? 2 ¿Acaso no
saben que los creyentes
juzgarán al mundo? Y, si
ustedes han de juzgar al
mundo, ¿cómo no van
a ser capaces de juzgar
casos insignificantes?
3 ¿No saben que aun a los
ángeles los juzgaremos?
¡Cuánto más los asuntos
de esta vida! 4 Por tanto,
si tienen pleitos sobre
tales asuntos, ¿cómo es
que nombran como jue-
ces a los que no cuentan
para nada ante la iglesia?
5 Digo esto para que les
dé vergüenza. ¿Acaso no
hay entre ustedes nadie
lo bastante sabio como
para juzgar un pleito
entre creyentes? 6 Al
contrario, un hermano
demanda a otro, ¡y esto
ante los incrédulos!
7 En realidad, ya es
una grave falla el solo he-
cho de que haya pleitos
entre ustedes. ¿No sería
mejor soportar la injus-
ticia? ¿No sería mejor
dejar que los defrauden?
8 Lejos de eso, son uste-
des los que defraudan y
cometen injusticias, ¡y
conste que se trata de sus
hermanos!

RVR

9 ¿O no sabéis que los injustos no heredarán el reino de Dios? No os dejéis engañar; ni los fornicarios, ni los idólatras, ni los adúlteros, ni los afeminados, ni los homosexuales,
10 ni los ladrones, ni los avaros, ni los borrachos, ni los maldicientes, ni los estafadores, heredarán el reino de Dios.
11 Y esto erais algunos; mas ya habéis sido lavados, ya habéis sido santificados, ya habéis sido justificados en el nombre del Señor Jesús, y por el Espíritu de nuestro Dios.

El cuerpo, templo del Espíritu

12 Todas las cosas me son lícitas, mas no todas son provechosas; todas las cosas me son lícitas, mas yo no me dejaré dominar de ninguna.
13 Los alimentos son para el vientre, y el vientre para los alimentos; pero tanto al uno como a los otros los inutilizará Dios. Pero el cuerpo no es para la fornicación, sino para el Señor, y el Señor para el cuerpo.
14 Y Dios, que levantó al Señor, también a nosotros nos levantará

9 "Η	οὐκ	οἴδατε	ὅτι	ἄδικοι	θεοῦ	βασιλείαν	οὐ
¿O	no	sabéis	que	(los) injustos	de Dios?$_4$	(el) reino$_3$	no$_1$
2228	3756	1492	3754	94	2316	932	3756
CLD	BN, TN	VRAI2P	CSC	JNPM	NGSM	NASF	BN, TN

κληρονομήσουσιν;	μὴ	πλανᾶσθε·	οὔτε	πόρνοι
heredarán$_2$	No	seáis engañados,	ni	inmorales sexuales,
2816	3361	4105	3777	4205
VFAI3P	BN, TN	VPPM2P	CLK, TN	NNPM

οὔτε	εἰδωλολάτραι	οὔτε	μοιχοὶ	οὔτε	μαλακοὶ	οὔτε
ni	idólatras,	ni	adúlteros,	ni	afeminados,	ni
3777	1496	3777	3432	3777	3120	3777
CLK, CLD	NNPM	CLK, CLD	NNPM	CLK, CLD	JNPM	CLK, CLD

ἀρσενοκοῖται	10 οὔτε	κλέπται	οὔτε	πλεονέκται,
los varones que se acuestan con varones,	ni	ladrones,	ni	avaros,
733	3777	2812	3777	4123
NNPM	CLK,CLD	NNPM	CLK, CLD	NNPM

οὐ	μέθυσοι,	οὐ	λοίδοροι,	οὐχ	ἅρπαγες	βασιλείαν	θεοῦ
no	borrachos,	no	calumniadores,	no	estafadores,	(el) reino$_2$	de Dios.$_3$
3756	3183	3756	3060	3756	727	932	2316
CLK, CLD, B	NNPM	TN, BN	JNPM, NNPM	CLK, CLD, B	JNPM	NASF	NGSM

κληρονομήσουσιν.	11 καὶ	ταῦτά	τινες	ἦτε·	ἀλλὰ	ἀπελούσασθε,	ἀλλὰ
heredarán$_1$	Y$_1$	estas cosas,$_4$	algunos$_2$	erais$_3$	pero	fuisteis lavados,	pero
2816	2532	5023	5100	2258	235	628	235
VFAI3P	CLN	RD-NPN	RX-NPM	VIAI2P	CLC	VAMI2P	CLC

ἡγιάσθητε,	ἀλλὰ	ἐδικαιώθητε	ἐν	τῷ	ὀνόματι	τοῦ	κυρίου	Ἰησοῦ
fuisteis santificados,	pero	fuisteis justificados	en	el	nombre	del	Señor	Jesús
37	235	1344	1722	3588	3686	3588	2962	2424
VAPI2P	CLC	VAPI2P	P	DDSN	NDSN	DGSM	NGSM	NGSM

καὶ	ἐν	τῷ	πνεύματι	τοῦ	θεοῦ	ἡμῶν.
y	en	el	Espíritu	del	Dios	de nosotros.
2532	1722	3588	4151	3588	2316	2257
CLN	P	DDSN	NDSN	DGSM	NGSM	RP1GP

12 Πάντα	μοι	ἔξεστιν·	ἀλλ᾽	οὐ	πάντα	συμφέρει.	πάντα
Todas las cosas$_1$	a mí$_3$	es (son) lícitas,$_2$	pero	no	todas las cosas	conviene(n),	todas las cosas$_1$
3956	3427	1832	235	3756	3956	4851	3956
JNPN	RP1DS	VPAI3S	CLC	BN, TN	JNPN	VPAI3S	JNPN

μοι	ἔξεστιν·	ἀλλ᾽	οὐκ	ἐγὼ	ἐξουσιασθήσομαι	ὑπό	τινος.	13 τὰ
a mí$_3$	es (son) lícitas,$_2$	pero$_4$	no$_6$	yo$_5$	seré dominado	por	alguna.	Los
3427	1832	235	3756	1473	1850	5259	5100	3588
RP1DS	VPAI3S	CLC	BN, TN	RP1NS	VFPI1S	P	RX-GSN	DNPN

βρώματα	τῇ	κοιλίᾳ,	καὶ	ἡ	κοιλία	τοῖς	βρώμασιν·	ὁ	δὲ	θεὸς
alimentos	para el	vientre,	y	el	vientre	para los	alimentos.	--$_2$	Mas$_1$	Dios$_3$
1033	3588	2836	2532	3588	2836	3588	1033	3588	1161	2316
NNPN	DDSF	NDSF	CLN	DNSF	NNSF	DDPN	NDPN	DNSM	CLN	NNSM

καὶ	ταύτην	καὶ	ταῦτα	καταργήσει.	τὸ	δὲ	σῶμα	οὐ
también$_5$	a esta$_6$	y$_7$	a estas.$_8$	inutilizará$_4$	el$_{10}$	Y$_9$	cuerpo$_{11}$	no (es)
2532	3778	2532	5023	2673	3588	1161	4983	3756
CLK	RD-ASF	CLK, CLN	RD-APN	VFAI3S	DNSN	CLC	NNSN	BN, TN

τῇ	πορνείᾳ	ἀλλὰ	τῷ	κυρίῳ,	καὶ	ὁ	κύριος	τῷ	σώματι·
para la	inmoralidad sexual,	sino	para el	Señor,	y	el	(el) Señor	para el	cuerpo.
3588	4202	235	3588	2962	2532	3588	2962	3588	4983
DDSF	NDSF	CLC	DDSM	NDSM	CLN	DNSM	NNSM	DDSN	NDSN

14 ὁ	δὲ	θεὸς	καὶ	τὸν	κύριον	ἤγειρεν	καὶ	ἡμᾶς	ἐξεγερεῖ
--$_2$	Mas$_1$	Dios$_3$	también$_4$	al$_6$	Señor,$_7$	resucitó$_5$	y	a nosotros	resucitará
3588	1161	2316	2532	3588	2962	1453	2532	2248	1825
DNSM	CLN	NNSM	CLK	DASM	NASM	VAAI3S	CLK, CLN	RP1AP	VFAI3S

NVI

9 ¿No saben que los malvados no heredarán el reino de Dios? ¡No se dejen engañar! Ni los fornicarios, ni los idólatras, ni los adúlteros, ni los sodomitas, ni los pervertidos sexuales,
10 ni los ladrones, ni los avaros, ni los borrachos, ni los calumniadores, ni los estafadores heredarán el reino de Dios.
11 Y eso eran algunos de ustedes. Pero ya han sido lavados, ya han sido santificados, ya han sido justificados en el nombre del Señor Jesucristo y por el Espíritu de nuestro Dios.

La inmoralidad sexual

12 «Todo me está permitido», pero no todo es para mi bien. «Todo me está permitido», pero no dejaré que nada me domine.
13 «Los alimentos son para el estómago y el estómago para los alimentos»; así es, y Dios los destruirá a ambos. Pero el cuerpo no es para la inmoralidad sexual, sino para el Señor, y el Señor para el cuerpo.
14 Con su poder Dios resucitó al Señor, y nos resucitará también

RVR

mediante su poder.
15 ¿No sabéis que vues-
tros cuerpos son miem-
bros de Cristo? ¿Quitaré,
pues, los miembros de
Cristo y los haré miem-
bros de una ramera? ¡De
ningún modo!
16 ¿O no sabéis que el
que se une con una ra-
mera, es un solo cuerpo
con ella? Porque dice:
Los dos vendrán a ser
una sola carne.
17 Pero el que se une al
Señor, es un solo espíritu
con él.
18 Huid de la fornica-
ción. Cualquier otro
pecado que el hombre
cometa, está fuera del
cuerpo; mas el que
fornica, peca contra su
propio cuerpo.
19 ¿O no sabéis que vues-
tro cuerpo es santuario
del Espíritu Santo, el
cual está en vosotros, el
cual tenéis de Dios, y
que no sois vuestros?
20 Porque habéis sido
comprados por precio;
glorificad, pues, a Dios
en vuestro cuerpo y
en vuestro espíritu, los
cuales son de Dios.

Consejos sobre el matrimonio

7 En cuanto a las
cosas de que me
escribisteis, bien le está al
hombre no tocar mujer;
2 pero a causa de las
fornicaciones, cada uno
tenga su propia mujer, y
cada una tenga su propio
marido.

διὰ	τῆς	δυνάμεως	αὐτοῦ.	15 οὐκ	οἴδατε	ὅτι	τὰ	σώματα	ὑμῶν
por	el	poder	de él.	¡No	sabéis	que	los	cuerpos	de vosotros
1223	3588	1411	846	3756	1492	3754	3588	4983	5216
P	DGSF	NGSF	RP3GSM	BN, TN	VRAI2P	CSC	DNPN	NNPN	RP2GP

μέλη	Χριστοῦ	ἐστιν;	ἄρας	οὖν	τὰ	μέλη	τοῦ	Χριστοῦ
miembros$_2$	de Cristo?$_3$	es (son)$_1$	habiendo tomado$_5$	Así que,$_4$	los	miembros	de --	Cristo,
3196	5547	2076	142	3767	3588	3196	3588	5547
NNPN	NGSM	VPAI3S	VAAP-SNM	CLI	DAPN	NAPN	DGSM	NGSM

ποιήσω	πόρνης	μέλη;	μὴ	γένοιτο.	16 ἢ	οὐκ	οἴδατε	ὅτι	ὁ
¿haré$_1$	de una prostituta?$_3$	miembros$_2$	¡No	sea así!	¿O	no	sabéis	que	el que
4160	4204	3196	3361	1096	2228	3756	1492	3754	3588
VAAS1S	NGSF	NAPN	BN, TN	VAMO3S	CLD	BN, TN	VRAI2P	CSC	DNSM

κολλώμενος	τῇ	πόρνῃ	ἕν	σῶμά	ἐστιν;	Ἔσονται	γάρ,	φησίν,	οἱ	δύο
se une	con la	prostituta	un$_2$	cuerpo$_3$	es$_1$	serán$_8$	Porque$_4$	dice:$_5$	los$_6$	dos$_7$
2853	3588	4204	1520	4983	2076	2071	1063	5346	3588	1417
VPPP-SNM	DDSF	NDSF	JNSN	NNSN	VPAI3S	VFMI3P	CAZ	VPAI3S	DNPM	XN, J

εἰς	σάρκα	μίαν.	17 ὁ	δὲ	κολλώμενος	τῷ	κυρίῳ	ἓν	πνεῦμά	ἐστιν.
en$_9$	carne.$_{11}$	una$_{10}$	el que$_2$	Mas$_1$	se une	con el	Señor,	un$_2$	espíritu.$_3$	es$_1$
1519	4561	1520	3588	1161	2853	3588	2962	1520	4151	2076
P	NASF	JASF	DNSM	CLC	VPPP-SNM	DDSM	NDSM	JNSN	NNSN	VPAI3S

18 φεύγετε	τὴν	πορνείαν·	πᾶν	ἁμάρτημα	ὃ	ἐὰν	ποιήσῃ	ἄνθρωπος
Huid	(de) la	inmoralidad sexual.	Todo	pecado	el que	si$_2$	hiciera,$_3$	un ser humano$_1$
5343	3588	4202	3956	265	3739	1437	4160	444
VPAM2P	DASF	NASF	JNSN	NNSN	RR-ASN	TC	VAAS3S	NNSM

ἐκτὸς	τοῦ	σώματός	ἐστιν,	ὁ	δὲ	πορνεύων	εἰς	τὸ	ἴδιον
fuera de$_5$	el$_6$	cuerpo,$_7$	está$_4$	el que$_9$	mas$_8$	comete inmoralidad sexual,$_{10}$	hacia$_{12}$	el$_{13}$	propio$_{14}$
1622	3588	4983	2076	3588	1161	4203	1519	3588	2398
P, B	DGSN	NGSN	VPAI3S	DNSM	CLC	VPAP-SNM	P	DASN	JASN

σῶμα	ἁμαρτάνει.	19 ἢ	οὐκ	οἴδατε	ὅτι	τὸ	σῶμα	ὑμῶν	ναὸς	τοῦ
cuerpo.$_{15}$	peca$_{11}$	¿O	no	sabéis	que	el$_1$	cuerpo$_2$	de vosotros$_3$	templo$_5$	del$_6$
4983	264	2228	3756	1492	3754	3588	4983	5216	3485	3588
NASN	VPAI3S	CLD	BN, TN	VRAI2P	CSC	DNSN	NNSN	RP2GP	NNSM	DGSN

ἐν	ὑμῖν	ἁγίου	πνεύματός	ἐστιν,	οὗ	ἔχετε	ἀπὸ	θεοῦ;	καὶ	οὐκ
(que está) en$_9$	vosotros,$_{10}$	Santo$_7$	Espíritu$_8$	es$_4$	el cual	tenéis	de	Dios,	y	no
1722	5213	40	4151	2076	3739	2192	575	2316	2532	3756
P	RP2DP	JGSN	NGSN	VPAI3S	RR-GSN	VPAI2P	P	NGSM	CLN	BN, TN

ἐστὲ	ἑαυτῶν,	20 ἠγοράσθητε	γὰρ	τιμῆς·	δοξάσατε	δὴ	τὸν
sois	de vosotros mismos.	fuisteis comprados$_2$	Porque$_1$	(con) un precio.$_3$	glorificad$_5$	Entonces,$_4$	a --
2075	1438	59	1063	5092	1392	1211	3588
VPAI2P	RF2GPM	VAPI2P	CAZ	NGSF	VAAM2P	TE	DASM

θεὸν	ἐν	τῷ	σώματι	⸀ὑμῶν.
Dios	en	el	cuerpo	de vosotros.
2316	1722	3588	4983	5216
NASM	P	DDSN	NDSN	RP2GP

7 Περὶ	δὲ	ὧν	ἐγράψατε,	καλὸν	ἀνθρώπῳ	γυναικὸς
acerca de$_2$	Mas$_1$	de las cosas que	escribisteis,	bueno (es)	para (el) hombre	mujer;$_3$
4012	1161	3739	1125	2570	444	1135
P	CLT	RR-GPN	VAAI2P	JNSN	NDSM	NGSF

μὴ	ἅπτεσθαι·	2 διὰ	δὲ	τὰς	πορνείας	ἕκαστος	τὴν
no$_1$	tocar$_2$	a causa de$_2$	mas$_1$	las$_3$	inmoralidades sexuales,$_4$	cada uno$_5$	la$_7$
3361	680	1223	1161	3588	4202	1538	3588
BN, TN	VPMN	P	CLC	DAPF	NAPF	JNSM	DASF

ἑαυτοῦ	γυναῖκα	ἐχέτω,	καὶ	ἑκάστη	τὸν	ἴδιον	ἄνδρα	ἐχέτω.	3 τῇ
de sí mismo,$_9$	esposa$_8$	tenga$_6$	y$_{10}$	cada una$_{11}$	el$_{13}$	propio$_{14}$	esposo.$_{15}$	tenga$_{12}$	a la$_6$
1438	1135	2192	2532	1538	3588	2398	435	2192	3588
RF3GSM	NASF	VPAM3S	CLN	JNSF	DASM	JASM	NASM	VPAM3S	DDSF

NVI

a nosotros. 15 ¿No saben
que sus cuerpos son
miembros de Cristo
mismo? ¿Tomaré acaso
los miembros de Cristo
para unirlos con una
prostituta? ¡Jamás!
16 ¿No saben que el que
se une a una prostituta se
hace un solo cuerpo con
ella? Pues la Escritura
dice: «Los dos llegarán
a ser un solo cuerpo».
17 Pero el que se une al
Señor se hace uno con él
en espíritu.
18 Huyan de la inmo-
ralidad sexual. Todos los
demás pecados que una
persona comete quedan
fuera de su cuerpo; pero
el que comete inmora-
lidades sexuales peca
contra su propio cuerpo.
19 ¿Acaso no saben que
su cuerpo es templo del
Espíritu Santo, quien
está en ustedes y al que
han recibido de parte
de Dios? Ustedes no
son sus propios dueños;
20 fueron comprados
por un precio. Por tanto,
honren con su cuerpo
a Dios.

Consejos matrimoniales

7 Paso ahora a los
asuntos que me
plantearon por escrito:
«Es mejor no tener
relaciones sexuales».
2 Pero, en vista de
tanta inmoralidad, cada
hombre debe tener su
propia esposa, y cada
mujer su propio esposo.

6:20⸀ Manuscritos inferiores aumentaron *y el espíritu de vosotros los cuales son de Dios.*

RVR

3 El marido cumpla con
la mujer el deber conyu-
gal, y asimismo la mujer
con el marido.
4 La mujer no tiene
potestad sobre su propio
cuerpo, sino el marido;
ni tampoco tiene el
marido potestad sobre
su propio cuerpo, sino
la mujer.
5 No os privéis el uno
del otro, a no ser por
algún tiempo de común
acuerdo, para ocuparos
sosegadamente en la
oración; y volved a
juntaros en uno, para
que no os tiente Satanás
a causa de vuestra incon-
tinencia.
6 Mas esto lo digo por
vía de concesión, no por
mandamiento.
7 Quisiera más bien que
todos los hombres es-
tuviesen como yo; pero
cada uno tiene su propio
don de Dios, uno de un
modo, y otro de otro.
8 Digo, pues, a los sol-
teros y a las viudas, que
les iría bien el quedarse
como yo;
9 pero si no tienen don
de continencia, cásense,
pues mejor es casarse
que estarse quemando.
10 Pero a los que están
unidos en matrimonio,
mando, no yo, sino el

γυναικὶ ὁ ἀνὴρ τὴν ὀφειλὴν ἀποδιδότω, ὁμοίως δὲ καὶ ἡ
esposa,$_{7}$ El$_{1}$ esposo$_{2}$ el$_{4}$ deber conyugal$_{5}$ entregue$_{3}$ igualmente$_{9}$ e$_{8}$ también la
1135 3588 435 3588 3782 591 3668 1161 2532 3588
NDSF DNSM NNSM DASF NASF VPAM3S B CLN BE, TE DNSF

γυνὴ τῷ ἀνδρί. 4 ἡ γυνὴ τοῦ ἰδίου σώματος οὐκ ἐξουσιάζει ἀλλὰ
esposa al esposo. La$_{1}$ esposa$_{2}$ del$_{5}$ propia$_{6}$ cuerpo,$_{7}$ no$_{3}$ tiene potestad$_{4}$ sino
1135 3588 435 3588 1135 3588 2398 4983 3756 1850 235
NNSF DDSM NDSM DNSF NNSF DGSN JGSN NGSN BN, TN VPAI3S CLC

ὁ ἀνήρ· ὁμοίως δὲ καὶ ὁ ἀνὴρ τοῦ ἰδίου σώματος οὐκ
el esposo, igualmente$_{2}$ e$_{1}$ también$_{3}$ el$_{4}$ esposo$_{5}$ del$_{8}$ propia$_{9}$ cuerpo,$_{10}$ no$_{6}$
3588 435 3668 1161 2532 3588 435 3588 2398 4983 3756
DNSM NNSM B CLN BE, TE DNSM NNSM DGSN JGSN NGSN BN, TN

ἐξουσιάζει ἀλλὰ ἡ γυνή. 5 μὴ ἀποστερεῖτε ἀλλήλους, εἰ μήτι
tiene potestad$_{7}$ sino la esposa. No privéis unos a otros, si acaso
1850 235 3588 1135 3361 650 240 1487 3385
VPAI3S CLC DNSF NNSF BN, TN VPAM2P RC-APM CAC TN, TI

ἂν ἐκ συμφώνου πρὸς καιρὸν ἵνα σχολάσητε τῇ προσευχῇ
-- de mutuo consentimiento por un tiempo para dedicar tiempo a la oración,
302 1537 4859 4314 2540 2443 4980 3588 4335
TC P JGSN P NASM CAP VAAS2P DDSF NDSF

καὶ πάλιν ἐπὶ τὸ αὐτὸ ἦτε, ἵνα μὴ πειράζῃ ὑμᾶς
y$_{1}$ de nuevo$_{2}$ en$_{4}$ lo$_{5}$ mismo,$_{6}$ estéis$_{3}$ para que$_{7}$ no$_{10}$ tiente$_{11}$ a vosotros$_{12}$
2532 3825 1909 3588 846 2258 2443 3361 3985 5209
CLN B P DASN RP3ASN, JASN VPAS2P CAP BN, TN VPAS3S RP2AP

ὁ Σατανᾶς διὰ τὴν ἀκρασίαν ὑμῶν. 6 τοῦτο δὲ λέγω κατὰ
--$_{8}$ Satanás$_{9}$ a causa de la incontinencia de vosotros. esto$_{3}$ Mas$_{1}$ digo$_{2}$ según
3588 4567 1223 3588 192 5216 5124 1161 3004 2596
DNSM NNSM P DASF NASF RP2GP RD-ASN CLC VPAI1S P

συγγνώμην, οὐ κατ᾽ ἐπιταγήν. 7 θέλω δὲ πάντας ἀνθρώπους εἶναι
una concesión, no según un mandato: quiero$_{2}$ Mas$_{1}$ a todos (los) seres humanos ser
4774 3756 2596 2003 2309 1161 3956 444 1511
NASF BN, TN P NASF VPAI1S CLC JAPM NAPM VPAN

ὡς καὶ ἐμαυτόν· ἀλλὰ ἕκαστος ἴδιον ἔχει χάρισμα ἐκ θεοῦ,
como también a mí mismo, pero cada uno$_{1}$ un propio$_{3}$ tiene$_{2}$ un don$_{4}$ de$_{5}$ Dios,$_{6}$
5613 2532 1683 235 1538 2398 2192 5486 1537 2316
P, CAM BE, TE RF1ASM CLC JNSM JASN VPAI3S NASN P NGSM

ὁ μὲν οὕτως, ὁ δὲ οὕτως.
el ciertamente así, el mas así.
3588 3303 3779 3588 1161 3779
DNSM TK, C B DNSM CLK, CLC B

8 Λέγω δὲ τοῖς ἀγάμοις καὶ ταῖς χήραις, καλὸν αὐτοῖς ἐὰν
digo$_{2}$ Mas$_{1}$ a los solteros y a las viudas: (es) bueno a ellos si
3004 1161 3588 22 2532 3588 5503 2570 846 1437
VPAI1S CLN DDPM NDPM CLN DDPF NDPF, JDPF JNSN RP3DPM CAC

μείνωσιν ὡς κἀγώ· 9 εἰ δὲ οὐκ ἐγκρατεύονται, γαμησάτωσαν,
permanecen como también yo. si$_{2}$ pero$_{1}$ no$_{3}$ tienen continencia, que se casen;
3306 5613 2504 1487 1161 3756 1467 1060
VAAS3P P, CAM RP1NS, TE CAC CLC BN, TN VPUI3P VAAM3P

κρεῖττον γάρ ἐστιν γαμῆσαι ἢ πυροῦσθαι.
mejor$_{3}$ porque$_{1}$ es$_{2}$ casar(se) que quemar(se).
2909 1063 2076 1060 2228 4448
JNSN CAZ VPAI3S VAAN CAM VPPN

10 Τοῖς δὲ γεγαμηκόσιν παραγγέλλω, οὐκ ἐγὼ ἀλλὰ ὁ
a los que$_{2}$ Mas$_{1}$ se han casado,$_{3}$ ordeno,$_{6}$ no$_{5}$ yo$_{4}$ sino el
3588 1161 1060 3853 3756 1473 235 3588
DDPM CLN VRAP-PDM VPAI1S CLK, TN, B RP1NS CLK, CLC DNSM

NVI

3 El hombre debe
cumplir su deber con-
yugal con su esposa, e
igualmente la mujer con
su esposo. 4 La mujer ya
no tiene derecho sobre
su propio cuerpo, sino
su esposo. Tampoco el
hombre tiene derecho
sobre su propio cuerpo,
sino su esposa. 5 No
se nieguen el uno al
otro, a no ser de común
acuerdo, y solo por un
tiempo, para dedi-
carse a la oración. No
tarden en volver a unirse
nuevamente; de lo
contrario, pueden caer
en tentación de Satanás,
por falta de dominio
propio. 6 Ahora bien,
esto lo digo como una
concesión y no como
una orden. 7 En realidad,
preferiría que todos
fueran como yo. No
obstante, cada uno tiene
de Dios su propio don:
este posee uno; aquel,
otro.
8 A los solteros y a las
viudas les digo que sería
mejor que se quedaran
como yo. 9 Pero, si no
pueden dominarse,
que se casen, porque es
preferible casarse que
quemarse de pasión.
10 A los casados les
doy la siguiente orden
(no yo, sino el Señor):

RVR

Señor: Que la mujer no
se separe del marido;
11 y si se separa, quédese
sin casar, o reconcíliese
con su marido; y que el
marido no abandone a
su mujer.
12 Y a los demás yo digo,
no el Señor: Si algún
hermano tiene mujer
que no sea creyente, y
ella consiente en vivir
con él, no la abandone.
13 Y si una mujer tiene
marido que no sea
creyente, y él consiente
en vivir con ella, no lo
abandone.
14 Porque el marido
incrédulo es santificado
en la mujer, y la mujer
incrédula en el marido;
pues de otra manera
vuestros hijos serían in-
mundos, mientras que
ahora son santos.
15 Pero si el incrédulo
se separa, que se separe;
pues no está el hermano
o la hermana sujeto a
servidumbre en seme-
jante caso, sino que a
paz nos llamó Dios.
16 Porque ¿qué sabes tú,
oh mujer, si harás salvo
a tu marido? ¿O qué
sabes tú, oh marido, si
harás salva a tu mujer?

κύριος, γυναῖκα ἀπὸ ἀνδρὸς μὴ χωρισθῆναι— 11 ἐὰν δὲ καὶ
Señor, la esposa$_3$ de(l)$_4$ esposo;$_5$ no$_1$ se separe$_2$ si$_2$ mas$_1$ también$_3$
2962 1135 575 435 3361 5563 1437 1161 2532
NNSM NASF P NGSM BN, TN VAPN CAC CLC CLA, B

χωρισθῇ, μενέτω ἄγαμος ἢ τῷ ἀνδρὶ καταλλαγήτω— καὶ ἄνδρα
se separara,$_4$ permanezca sin casarse o con el$_2$ esposo;$_3$ reconcíliese$_1$ y al esposo,
5563 3306 22 2228 3588 435 2644 2532 435
VAPS3S, VAPI3S VPAM3S NNSF CLD DDSM NDSM VAPM3S CLN NASM

γυναῖκα μὴ ἀφιέναι.
a la esposa.$_3$ no$_1$ deje$_2$
1135 3361 863
NASF BN, TN VPAN

12 Τοῖς δὲ λοιποῖς λέγω ἐγώ, οὐχ ὁ κύριος· εἴ τις
a los$_2$ Y$_1$ demás,$_3$ digo, yo no el Señor: si algún
3588 1161 3062 3004 1473 3756 3588 2962 1487 5100
DDPM CLN JDPM VPAI1S RP1NS BN, TN DNSM NNSM CAC JNSM, RX-NSM

ἀδελφὸς γυναῖκα ἔχει ἄπιστον, καὶ αὕτη συνευδοκεῖ οἰκεῖν μετ᾽
hermano una esposa$_2$ tiene$_1$ no creyente, y esta consiente vivir con
80 1135 2192 571 2532 846 4909 3611 3326
NNSM NASF VPAI3S JASF CLN RD-NSF VPAI3S VPAN P

αὐτοῦ, μὴ ἀφιέτω αὐτήν· 13 καὶ γυνὴ εἴ τις ἔχει ἄνδρα
él, no abandone a ella. Y mujer si alguna tiene un esposo
846 3361 863 846 2532 1135 1487 5100 2192 435
RP3GSM BN, TN VPAM3S RP3ASF CLN NNSF CAC JNSF, RX-NSF VPAI3S NASM

ἄπιστον, καὶ οὗτος συνευδοκεῖ οἰκεῖν μετ᾽ αὐτῆς, μὴ ἀφιέτω τὸν
no creyente, y este consiente vivir con ella, no abandone al
571 2532 3778 4909 3611 3326 846 3361 863 3588
JASM CLN RD-NSM VPAI3S VPAN P RP3GSF BN, TN VPAM3S DASM

ἄνδρα. 14 ἡγίασται γὰρ ὁ ἀνὴρ ὁ ἄπιστος ἐν τῇ γυναικί,
esposo. ha sido santificado$_6$ Porque$_1$ el$_2$ esposo$_3$ --$_4$ no creyente$_5$ en la esposa,
435 37 1063 3588 435 3588 571 1722 3588 1135
NASM VRPI3S CAZ DNSM NNSM DNSM JNSM P DDSF NDSF

καὶ ἡγίασται ἡ γυνὴ ἡ ἄπιστος ἐν τῷ ⸀ἀδελφῷ· ἐπεὶ
y$_1$ ha sido santificada$_6$ la$_2$ esposa$_3$ --$_4$ no creyente$_5$ en el hermano, de otro modo,
2532 37 3588 1135 3588 571 1722 3588 80 1893
CLN VRPI3S DNSF NNSF DNSF JNSF P DDSM NDSM CAZ

ἄρα τὰ τέκνα ὑμῶν ἀκάθαρτά ἐστιν, νῦν δὲ ἅγιά ἐστιν.
entonces, los$_1$ hijos$_2$ de vosotros$_3$ inmundos,$_5$ es (son)$_4$ ahora$_7$ mas$_6$ santos.$_9$ es (son)$_8$
686 3588 5043 5216 169 2076 3568 1161 40 2076
CLI DNPN NNPN RP2GP JNPN VPAI3S B CLC JNPN VPAI3S

15 εἰ δὲ ὁ ἄπιστος χωρίζεται, χωριζέσθω· οὐ δεδούλωται ὁ
si$_2$ Mas$_1$ el incrédulo se separa, sepárese. no$_6$ ha sido esclavizado$_7$ El$_1$
1487 1161 3588 571 5563 5563 3756 1402 3588
CAC CLC DNSM JNSM VPMI3S VPPM3S BN, TN VRPI3S DNSM

ἀδελφὸς ἢ ἡ ἀδελφὴ ἐν τοῖς τοιούτοις, ἐν δὲ εἰρήνῃ κέκληκεν
hermano$_2$ o$_3$ la$_4$ hermana$_5$ en los tales (casos), en$_6$ mas$_1$ paz.$_7$ ha llamado$_4$
80 2228 3588 79 1722 3588 5108 1722 1161 1515 2564
NNSM CLD DNSF NNSF P DDPN RD-DPN P CLC NDSF VRAI3S

ἡμᾶς ὁ θεός. 16 τί γὰρ οἶδας, γύναι, εἰ τὸν ἄνδρα σώσεις; ἢ
a nosotros$_5$ --$_2$ Dios$_3$ ¿qué$_2$ Porque$_1$ sabes, esposa si al esposo salvarás? ¿O
2248 3588 2316 5101 1063 1492 1135 1487 3588 435 4982 2228
RP1AP DNSM NNSM RI-ASN CAZ VRAI2S NVSF TI DASM NASM VFAI2S CLD

τί οἶδας, ἄνερ, εἰ τὴν γυναῖκα σώσεις;
¿qué sabes, esposo, si a la esposa salvarás?
5101 1492 435 1487 3588 1135 4982
RI-ASN VRAI2S NVSM TI DASF NASF VFAI2S

NVI

que la mujer no se
separe de su esposo.
11 Sin embargo, si se
separa, que no se vuelva
a casar; de lo contrario,
que se reconcilie con su
esposo. Así mismo, que
el hombre no se divorcie
de su esposa.
12 A los demás les digo
yo (no es mandamiento
del Señor): Si algún her-
mano tiene una esposa
que no es creyente, y ella
consiente en vivir con
él, que no se divorcie de
ella. 13 Y, si una mujer
tiene un esposo que
no es creyente, y él
consiente en vivir con
ella, que no se divorcie
de él. 14 Porque el esposo
no creyente ha sido
santificado por la unión
con su esposa, y la esposa
no creyente ha sido san-
tificada por la unión con
su esposo creyente. Si así
no fuera, sus hijos serían
impuros, mientras que,
de hecho, son santos.
15 Sin embargo, si el
cónyuge no creyente
decide separarse, no
se lo impidan. En
tales circunstancias, el
cónyuge creyente queda
sin obligación; Dios nos
ha llamado a vivir en
paz. 16 ¿Cómo sabes tú,
mujer, si acaso salvarás a
tu esposo? ¿O cómo sa-
bes tú, hombre, si acaso
salvarás a tu esposa?

7:14⸀ Manuscritos inferiores tienen *esposo*.

RVR

17 Fuera de esto, cada
cual se comporte como
el Señor le repartió, y
como Dios llamó a cada
uno; y así lo ordeno en
todas las iglesias.
18 ¿Fue llamado alguno
siendo circunciso?
Quédese circunciso.
¿Fue llamado alguno
siendo incircunciso? No
se circuncide.
19 La circuncisión es
nada, y la incircuncisión
es nada; lo que importa
es la observancia de los
mandamientos de Dios.
20 Cada uno se quede
en el estado en que fue
llamado.
21 ¿Fuiste llamado
siendo esclavo? No te dé
cuidado; pero también,
si puedes hacerte libre,
procúralo más.
22 Porque el que en
el Señor fue llamado
siendo esclavo, es liberto
del Señor; asimismo el
que fue llamado siendo
libre, es esclavo de
Cristo.
23 Por precio fuisteis
comprados; no os
hagáis esclavos de los
hombres.
24 Cada uno, hermanos,
en el estado en que fue
llamado, así permanezca
para con Dios.
25 En cuanto a las vírge-
nes, no tengo precepto

17 Εἰ	μὴ	ἑκάστῳ	ὡς	ἐμέρισεν	ὁ	κύριος,	ἕκαστον	ὡς
Si	no	a cada uno	como	repartió,$_{3}$	el$_{1}$	Señor$_{2}$	a cada uno,$_{8}$	como$_{4}$
1487	3361	1538	5613	3307	3588	2962	1538	5613
CAC	*BN, TN*	*JDSM*	*CAM*	*VAAI3S*	*DNSM*	*NNSM*	*JASM*	*CAM*

κέκληκεν	ὁ	θεός,	οὕτως	περιπατείτω·	καὶ	οὕτως	ἐν	ταῖς
ha llamado$_{7}$	--$_{5}$	Dios$_{6}$	así	camine,	y	así	en$_{2}$	las$_{4}$
2564	3588	2316	3779	4043	2532	3779	1722	3588
VRAI3S	*DNSM*	*NNSM*	*B*	*VPAM3S*	*CLN*	*B*	*P*	*DDPF*

ἐκκλησίαις	πάσαις	διατάσσομαι.	18 περιτετμημένος	τις	ἐκλήθη;
iglesias.$_{5}$	todas$_{3}$	ordeno$_{1}$	que ha sido circuncidado?$_{3}$	alguno$_{2}$	¿Fue llamado$_{1}$
1577	3956	1299	4059	5100	2564
NDPF	*JDPF*	*VPMI1S*	*VRPP-SNM*	*RX-NSM*	*VAPI3S*

μὴ	ἐπισπάσθω·	ἐν	ἀκροβυστίᾳ	κέκληταί	τις;	μὴ
No	esconda la marca de la circuncisión.	en$_{3}$	incircuncisión?$_{4}$	¿ha sido llamado$_{1}$	alguno$_{2}$	No
3361	1986	1722	203	2564	5100	3361
BN, TN	*VPUM3S*	*P*	*NDSF*	*VRPI3S*	*RX-NSM*	*BN, TN*

περιτεμνέσθω.	19 ἡ	περιτομὴ	οὐδέν	ἐστιν,	καὶ	ἡ	ἀκροβυστία	οὐδέν
se circuncide.	La	circuncisión	nada	es,	y	la	incircuncisión	nada
4059	3588	4061	3762	2076	2532	3588	203	3762
VPPM3S	*DNSF*	*NNSF*	*JNSN*	*VPAI3S*	*CLN*	*DNSF*	*NNSF*	*JNSN*

ἐστιν,	ἀλλὰ	τήρησις	ἐντολῶν	θεοῦ.	20 ἕκαστος	ἐν	τῇ	κλήσει
es,	sino	(la) guarda	(de los) mandamientos	de Dios.	Cada uno	en	el	llamado
2076	235	5084	1785	2316	1538	1722	3588	2821
VPAI3S	*CLC*	*NNSF*	*NGPF*	*NGSM*	*JNSM*	*P*	*DDSF*	*NDSF*

ᾗ	ἐκλήθη	ἐν	ταύτῃ	μενέτω.
en el que	fue llamado,	en$_{2}$	este.$_{3}$	permanezca$_{1}$
3739	2564	1722	3778	3306
RR-DSF	*VAPI3S*	*P*	*RD-DSF*	*VPAM3S*

21 Δοῦλος	ἐκλήθης;	μή	σοι	μελέτω·	ἀλλ’	εἰ	καὶ	δύνασαι
¿Esclavo	fuiste llamado?	No$_{1}$	a ti,$_{3}$	importe$_{2}$	pero$_{4}$	si$_{5}$	también$_{6}$	puedes$_{7}$
1401	2564	3361	4671	3199	235	1487	2532	1410
NNSM	*VAPI2S*	*BN, TN*	*RP2DS*	*VPAM3S*	*CLC*	*CAC*	*BE, TE*	*VPUI2S*

ἐλεύθερος	γενέσθαι,	μᾶλλον	χρῆσαι.	22 ὁ	γὰρ	ἐν	κυρίῳ	κληθεὶς
libre,$_{9}$	llegar a ser$_{8}$	más	aprovéchate.	el que$_{2}$	porque$_{1}$	en$_{5}$	(el) Señor,$_{6}$	ha sido llamado$_{3}$
1658	1096	3123	5530	3588	1063	1722	2962	2564
JNSM	*VAMN*	*B*	*VAMM2S*	*DNSM*	*CAZ*	*P*	*NDSM*	*VAPP-SNM*

δοῦλος	ἀπελεύθερος	κυρίου	ἐστίν·	ὁμοίως	ὁ	ἐλεύθερος	κληθεὶς
esclavo$_{4}$	liberto$_{7}$	del Señor;$_{9}$	es$_{8}$	igualmente,$_{10}$	el que$_{11}$	libre,$_{13}$	ha sido llamado$_{12}$
1401	558	2962	2076	3668	3588	1658	2564
NNSM	*NNSM, JNSM*	*NGSM*	*VPAI3S*	*B*	*DNSM*	*JNSM*	*VAPP-SNM*

δοῦλός	ἐστιν	Χριστοῦ.	23 τιμῆς	ἠγοράσθητε·	μὴ	γίνεσθε	δοῦλοι
esclavo	es	de Cristo.	(Por) precio	fuisteis comprados,	no	os hagáis	siervos
1401	2076	5547	5092	59	3361	1096	1401
NNSM	*VPAI3S*	*NGSM*	*NGSF*	*VAPI2P*	*BN, TN*	*VPUM2P*	*NNPM*

ἀνθρώπων.	24 ἕκαστος	ἐν	ᾧ	ἐκλήθη,	ἀδελφοί,	ἐν	τούτῳ	μενέτω
de seres humanos.	cada uno	en	el que	fue llamado,	hermanos,	en	esto	permanezca
444	1538	1722	3739	2564	80	1722	5129	3306
NGPM	*JNSM*	*P*	*RR-DSN*	*VAPI3S*	*NVPM*	*P*	*RD-DSN*	*VPAM3S*

παρὰ	θεῷ.
ante	Dios.
3844	2316
P	*NDSM*

25 Περὶ	δὲ	τῶν	παρθένων	ἐπιταγὴν	κυρίου	οὐκ	ἔχω,
acerca de$_{2}$	Mas$_{1}$	las$_{3}$	vírgenes,$_{4}$	mandato$_{7}$	del Señor,$_{8}$	no$_{5}$	tengo$_{6}$
4012	1161	3588	3933	2003	2962	3756	2192
P	*CLT*	*DGPF*	*NGPF*	*NASF*	*NGSM*	*CLK, TN, B*	*VPAI1S*

NVI

17 En cualquier caso,
cada uno debe vivir
conforme a la condición
que el Señor le asignó y
a la cual Dios lo ha lla-
mado. Esta es la norma
que establezco en todas
las iglesias. 18 ¿Fue lla-
mado alguno estando ya
circuncidado? Que no
disimule su condición.
¿Fue llamado alguno
sin estar circuncidado?
Que no se circuncide.
19 Para nada cuenta estar
o no estar circuncida-
do; lo que importa es
cumplir los mandatos
de Dios. 20 Que cada
uno permanezca en la
condición en que estaba
cuando Dios lo llamó.
21 ¿Eras esclavo cuando
fuiste llamado? No te
preocupes, aunque, si
tienes la oportunidad
de conseguir tu libertad,
aprovéchala. 22 Porque el
que era esclavo cuando
el Señor lo llamó es un
liberto del Señor; del
mismo modo, el que
era libre cuando fue
llamado es un esclavo
de Cristo. 23 Ustedes
fueron comprados por
un precio; no se vuelvan
esclavos de nadie.
24 Hermanos, cada uno
permanezca ante Dios
en la condición en que
estaba cuando Dios lo
llamó.
25 En cuanto a las
personas solteras, no
tengo ningún mandato

RVR

del Señor; mas doy mi
parecer, como quien ha
alcanzado misericordia
del Señor para ser fiel.
26 Tengo, pues, esto
por bueno a causa del
agobio inminente; que
le irá bien al hombre en
quedarse como está.
27 ¿Estás ligado a mujer?
No procures soltarte.
¿Estás libre de mujer?
No procures casarte.
28 Mas también si te
casas, no pecas; y si la
doncella se casa, no
peca; pero los tales
tendrán aflicción de la
carne, y yo os la quiero
evitar.
29 Pero esto digo, her-
manos: que el tiempo
es limitado; resta, pues,
que los que tienen
esposa sean como si no
la tuviesen;
30 y los que lloran, como
si no llorasen; y los que
se alegran, como si no
se alegrasen; y los que
compran, como si no
poseyesen;
31 y los que disfrutan de
este mundo, como si no
lo disfrutasen; porque
la apariencia de este
mundo se pasa.
32 Deseo, pues, que
estéis sin congoja.
El soltero se preo-
cupa por las cosas

γνώμην	δὲ	δίδωμι	ὡς	ἠλεημένος	ὑπὸ	κυρίου	πιστὸς
una opinión,$_{11}$	mas$_{9}$	doy$_{10}$	como	habiendo obtenido misericordia	de	(el) Señor	fiel.$_{2}$
1106	1161	1325	5613	1653	5259	2962	4103
NASF	*CLK, CLC*	*VPAI1S*	*CAM, B*	*VRPP-SNM*	*P*	*NGSM*	*JNSM*

εἶναι.	26 νομίζω	οὖν	τοῦτο	καλὸν	ὑπάρχειν	διὰ	τὴν	ἐνεστῶσαν
para ser$_{1}$	pienso$_{2}$	Así que,$_{1}$	esto$_{3}$	bueno$_{5}$	ser$_{4}$	a causa de$_{6}$	la$_{7}$	presente:$_{9}$
1511	3543	3767	5124	2570	5225	1223	3588	1764
VPAN	*VPAI1S*	*CLI*	*RD-ASN*	*JASN*	*VPAN*	*P*	*DASF*	*VRAP-SAF*

ἀνάγκην,	ὅτι	καλὸν	ἀνθρώπῳ	τὸ	οὕτως	εἶναι.	27 δέδεσαι
dificultad$_{8}$	que	bueno	(es) para (el) ser humano	el$_{1}$	así.$_{3}$	estar$_{2}$	¿(Estás) atado
318	3754	2570	444	3588	3779	1511	1210
NASF	*CSC*	*JNSN*	*NDSM*	*DNSN*	*B*	*VPAN*	*VRPI2S*

γυναικί;	μὴ	ζήτει	λύσιν·	λέλυσαι	ἀπὸ	γυναικός;	μὴ
a una esposa?	No	busques	una separación.	¿(Estás) desamarrado	de	una esposa?	No
1135	3361	2212	3080	3089	575	1135	3361
NDSF	*BN, TN*	*VPAM2S*	*NASF*	*VRPI2S*	*P*	*NGSF*	*BN, TN*

ζήτει	γυναῖκα.	28 ἐὰν	δὲ	καὶ	γαμήσῃς,	οὐχ	ἥμαρτες.	καὶ	ἐὰν
busques	una esposa.	si$_{2}$	Mas$_{1}$	también,	te casaste,	no	pecaste.	Y	si
2212	1135	1437	1161	2532	1060	3756	264	2532	1437
VPAM2S	*NASF*	*CAC*	*CLC*	*CLA, B*	*VAAS2S*	*BN, TN*	*VAAI2S*	*CLN*	*CAC*

γήμῃ	ἡ	παρθένος,	οὐχ	ἥμαρτεν.	θλῖψιν	δὲ	τῇ	σαρκὶ	ἕξουσιν
se casa,$_{3}$	la$_{1}$	virgen$_{2}$	no	pecó;	aflicción$_{5}$	mas$_{1}$	en la$_{6}$	carne,$_{7}$	tendrán$_{4}$
1060	3588	3933	3756	264	2347	1161	3588	4561	2192
VAAS3S	*DNSF*	*NNSF*	*BN, TN*	*VAAI3S*	*NASF*	*CLC*	*DDSF*	*NDSF*	*VFAI3P*

οἱ	τοιοῦτοι,	ἐγὼ	δὲ	ὑμῶν	φείδομαι.	29 τοῦτο	δέ	φημι,	ἀδελφοί,
los$_{2}$	tales$_{3}$	yo$_{9}$	y$_{8}$	a vosotros.$_{11}$	(deseo) evitar$_{10}$	esto,$_{2}$	Mas$_{1}$	digo	hermanos:
3588	5108	1473	1161	5216	5339	5124	1161	5346	80
DNPM	*RD-NPM*	*RP1NS*	*CLN*	*RP2GP*	*VPUI1S*	*RD-ASN*	*CLN*	*VPAI1S*	*NVPM*

ὁ	καιρὸς	συνεσταλμένος	ἐστίν·	τὸ	λοιπὸν	ἵνα	καὶ	οἱ
El	tiempo	acortado,$_{2}$	está$_{1}$	--	por lo demás,	que	también	los que
3588	2540	4958	2076	3588	3063	2443	2532	3588
DNSM	*NNSM*	*VRPP-SNM*	*VPAI3S*	*DASN, DNSN*	*JASN, JNSN*	*CAR*	*CLK, B*	*DNPM*

ἔχοντες	γυναῖκας	ὡς	μὴ	ἔχοντες	ὦσιν,	30 καὶ	οἱ	κλαίοντες	ὡς
tienen	esposas (esposa),	como$_{2}$	no$_{3}$	teniendo;$_{4}$	estén$_{1}$	y	los que	lloran,	como
2192	1135	5613	3361	2192	5600	2532	3588	2799	5613
VPAP-PNM	*NAPF*	*CAM*	*BN, TN*	*VPAP-PNM*	*VPAS3P*	*CLK,CLN*	*DNPM*	*VPAP-PNM*	*CAM*

μὴ	κλαίοντες,	καὶ	οἱ	χαίροντες	ὡς	μὴ	χαίροντες,	καὶ
no	llorando;	y	los que	se regocijan,	como	no	regocijándose;	y
3361	2799	2532	3588	5463	5613	3361	5463	2532
BN, TN	*VPAP-PNM*	*CLK, CLN*	*DNPM*	*VPAP-PNM*	*CAM*	*BN, TN*	*VPAP-PNM*	*CLK, CLN*

οἱ	ἀγοράζοντες	ὡς	μὴ	κατέχοντες,	31 καὶ	οἱ	χρώμενοι	τὸν
los que	compran,	como	no	poseyendo;	y	los que	aprovechan	el
3588	59	5613	3361	2722	2532	3588	5530	3588
DNPM	*VPAP-PNM*	*CAM*	*BN, TN*	*VPAP-PNM*	*CLK,CLN*	*DNPM*	*VPUP-PNM*	*DASM*

κόσμον	ὡς	μὴ	καταχρώμενοι·	παράγει	γὰρ	τὸ	σχῆμα	τοῦ
mundo,	como	no	aprovechando completamente,	pasa.$_{7}$	porque$_{1}$	la$_{2}$	apariencia$_{3}$	de --$_{4}$
2889	5613	3361	2710	3855	1063	3588	4976	3588
NASM	*CAM*	*BN, TN*	*VPUP-PNM*	*VPAI3S*	*CAZ*	*DNSN*	*NNSN*	*DGSM*

κόσμου	τούτου.
mundo$_{6}$	este$_{5}$
2889	5127
NGSM	*RD-GSM*

32 Θέλω	δὲ	ὑμᾶς	ἀμερίμνους	εἶναι.	ὁ	ἄγαμος	μεριμνᾷ	τὰ
quiero$_{2}$	Mas$_{1}$	a vosotros$_{3}$	sin preocupaciones.$_{5}$	estar$_{4}$	El	soltero	se preocupa	las cosas
2309	1161	5209	275	1511	3588	22	3309	3588
VPAI1S	*CLN*	*RP2AP*	*JAPM*	*VPAN*	*DNSM*	*NNSM*	*VPAI3S*	*DAPN*

NVI

del Señor, pero doy mi
opinión como quien por
la misericordia del Señor
es digno de confianza.
26 Pienso que, a causa de
la crisis actual, es bueno
que cada persona se que-
de como está. 27 ¿Estás
casado? No procures
divorciarte. ¿Estás solte-
ro? No busques esposa.
28 Pero, si te casas, no
pecas; y, si una joven se
casa, tampoco comete
pecado. Sin embargo,
los que se casan tendrán
que pasar por muchos
aprietos, y yo quiero
evitárselos.
29 Lo que quiero decir,
hermanos, es que nos
queda poco tiempo. De
aquí en adelante los que
tienen esposa deben
vivir como si no la tu-
vieran; 30 los que lloran,
como si no lloraran; los
que se alegran, como si
no se alegraran; los que
compran algo, como si
no lo poseyeran; 31 los
que disfrutan de las co-
sas de este mundo, como
si no disfrutaran de ellas;
porque este mundo, en
su forma actual, está por
desaparecer.
32 Yo preferiría que
estuvieran libres de pre-
ocupaciones. El soltero
se preocupa de las cosas
del Señor y de cómo

RVR

del Señor, de cómo
agradar al Señor;
33 pero el casado se
preocupa por las cosas
del mundo, de cómo
agradar a su mujer, y
está dividido.
34 Hay asimismo dife-
rencia entre la casada y
la doncella. La doncella
se preocupa por las
cosas del Señor, para
ser santa así en cuerpo
como en espíritu; pero
la casada se preocupa
por las cosas del mundo,
de cómo agradar a su
marido.
35 Esto lo digo para
vuestro provecho; no
para tenderos lazo, sino
para lo honesto y para
lo que facilita sin dis-
tracciones vuestro trato
asiduo con el Señor.
36 Pero si alguno piensa
que no se comporta
decentemente con su
hija doncella, si es de
edad madura, y así debe
hacerse, haga lo que
quiera, no peca; que se
casen.
37 Pero el que está firme
en su corazón, sin tener
necesidad, sino que
es dueño de su propia
voluntad, y ha resuelto
en su corazón guardar
a su hija doncella, hace
bien.
38 De manera que el
que la da en casamiento

τοῦ	κυρίου,	πῶς	⸀ἀρέσῃ	τῷ	κυρίῳ·	33 ὁ	δὲ	γαμήσας	μεριμνᾷ	τὰ
del	Señor,	cómo	agrada	al	Señor;	el	mas	casado	se preocupa	las cosas
3588	2962	4459	700	3588	2962	3588	1161	1060	3309	3588
DGSM	*NGSM*	*B*	*VAAS3S*	*DDSM*	*NDSM*	*DNSM*	*CLC*	*VAAP-SNM*	*VPAI3S*	*DAPN*

τοῦ	κόσμου,	πῶς	⸀ἀρέσῃ	τῇ	γυναικί,	34 καὶ	μεμέρισται.	καὶ	ἡ	γυνὴ
del	mundo,	cómo	agrada	a la	esposa,	y	ha sido dividido.	Y	la	mujer
3588	2889	4459	700	3588	1135	2532	3307	2532	3588	1135
DGSM	*NGSM*	*B*	*VAAS3S*	*DDSF*	*NDSF*	*CLN*	*VRPI3S*	*CLK*	*DNSF*	*NNSF*

ἡ	ἄγαμος	καὶ	ἡ	παρθένος	μεριμνᾷ	τὰ	τοῦ	κυρίου,	ἵνα
--	soltera,	y	la	virgen,	se preocupa	las cosas	del	Señor,	para que
3588	22	2532	3588	3933	3309	3588	3588	2962	2443
DNSF	*NNSF*	*CLK, CLN*	*DNSF*	*NNSF*	*VPAI3S*	*DAPN*	*DGSM*	*NGSM*	*CSC*

ᾖ	ἁγία	καὶ	τῷ	σώματι	καὶ	τῷ	πνεύματι·	ἡ
sea	dedicada	también	con el	cuerpo	y	con el	espíritu,	la$_2$
5600	40	2532	3588	4983	2532	3588	4151	3588
VPAS3S	*JNSF*	*CLK*	*DDSN, DDSM*	*NDSN*	*CLK, CLN*	*DDSN, DDSM*	*NDSN*	*DNSF*

δὲ	γαμήσασα	μεριμνᾷ	τὰ	τοῦ	κόσμου,	πῶς	ἀρέσῃ	τῷ	ἀνδρί.
mas$_1$	casada	se preocupa	las cosas	del	mundo,	cómo	agrada	al	esposo.
1161	1060	3309	3588	3588	2889	4459	700	3588	435
CLC	*VAAP-SNF*	*VPAI3S*	*DAPN*	*DGSM*	*NGSM*	*B*	*VAAS3S*	*DDSM*	*NDSM*

35 τοῦτο	δὲ	πρὸς	τὸ	ὑμῶν	αὐτῶν	σύμφορον	λέγω,	οὐχ	ἵνα
esto$_3$	Mas$_1$	por$_4$	el$_5$	de vosotros$_7$	mismos,$_8$	beneficio$_6$	digo$_2$	no$_9$	para$_{10}$
5124	1161	4314	3588	5216	846	4851	3004	3756	2443
RD-ASN	*CLN*	*P*	*DASN*	*RP2GP*	*RP3GPM*	*JASN*	*VPAI1S*	*CLK, TN, B*	*CAP*

βρόχον	ὑμῖν	ἐπιβάλω,	ἀλλὰ	πρὸς	τὸ	εὔσχημον	καὶ	εὐπάρεδρον
restricción,$_{13}$	a vosotros$_{12}$	poner sobre$_{11}$	sino	por	lo	honesto	y	dedicación,
1029	5213	1911	235	4314	3588	2158	2532	2145
NASM	*RP2DP*	*VAAS1S*	*CLK, CLC*	*P*	*DASN*	*JASN*	*CLN*	*JASN*

τῷ	κυρίῳ	ἀπερισπάστως.
para el$_2$	Señor.$_3$	sin distracción$_1$
3588	2962	563
DDSM	*NDSM*	*B*

36 Εἰ	δέ	τις	ἀσχημονεῖν	ἐπὶ	τὴν	παρθένον	αὐτοῦ	νομίζει	ἐὰν
si$_2$	Mas$_1$	alguno$_3$	no obrar correctamente$_5$	con$_6$	la$_7$	virgen$_8$	de él,$_9$	supone$_4$	si
1487	1161	5100	807	1909	3588	3933	846	3543	1437
CAC	*CLN*	*RX-NSM*	*VPAN*	*P*	*DASF*	*NASF*	*RP3GSM*	*VPAI3S*	*CAC*

ᾖ	ὑπέρακμος,	καὶ	οὕτως	ὀφείλει	γίνεσθαι,	ὃ	θέλει	ποιείτω·
está	pasada la flor de la juventud	y$_1$	así,$_4$	debe$_2$	suceder$_3$	el que$_6$	quiere$_7$	haga,$_5$
5600	5230	2532	3779	3784	1096	3739	2309	4160
VPAS3S	*JNSF, JNSM*	*CLN*	*B*	*VPAI3S*	*VPUN*	*RR-ASN*	*VPAI3S*	*VPAM3S*

οὐχ	ἁμαρτάνει·	γαμείτωσαν.	37 ὃς	δὲ	ἕστηκεν	ἐν	τῇ	καρδίᾳ
no	peca.	cásense.	el que$_2$	Mas$_1$	ha estado$_3$	en$_5$	el$_6$	corazón$_7$
3756	264	1060	3739	1161	2476	1722	3588	2588
BN, TN	*VPAI3S*	*VPAM3P*	*RR-NSM*	*CLC*	*VRAI3S, VIAI3S*	*P*	*DDSF*	*NDSF*

αὐτοῦ	ἑδραῖος	μὴ	ἔχων	ἀνάγκην,	ἐξουσίαν	δὲ	ἔχει	περὶ	τοῦ
de él,$_8$	firme$_4$	no	teniendo	necesidad,	autoridad$_3$	mas$_1$	tiene$_2$	acerca de	la
846	1476	3361	2192	318	1849	1161	2192	4012	3588
RP3GSM	*JNSM*	*BN, TN*	*VPAP-SNM*	*NASF*	*NASF*	*CLC*	*VPAI3S*	*P*	*DGSN*

ἰδίου	θελήματος,	καὶ	τοῦτο	κέκρικεν	ἐν	τῇ	ἰδίᾳ	καρδίᾳ,	τηρεῖν	τὴν
propia	voluntad,	y$_1$	esto$_3$	ha decidido$_2$	en	el	propio	corazón	guardar	la$_1$
2398	2307	2532	5124	2919	1722	3588	2398	2588	5083	3588
JGSN	*NGSN*	*CLN*	*RD-ASN*	*VRAI3S*	*P*	*DDSF*	*JDSF*	*NDSF*	*VPAN*	*DASF*

ἑαυτοῦ	παρθένον,	καλῶς	ποιήσει·	38 ὥστε	καὶ	ὁ	γαμίζων
de sí mismo,$_3$	virgen$_2$	bien	hará.	De modo que,	también	el que	se casa
1438	3933	2573	4160	5620	2532	3588	1061
RF3GSM	*NASF*	*B*	*VFAI3S*	*CLI*	*CLK*	*DNSM*	*VPAP-SNM*

NVI

agradarlo. 33 Pero el ca-
sado se preocupa de las
cosas de este mundo y de
cómo agradar a su espo-
sa; 34 sus intereses están
divididos. La mujer no
casada, lo mismo que la
joven soltera, se preocu-
pa de las cosas del Señor;
se afana por consagrarse
al Señor tanto en cuerpo
como en espíritu. Pero la
casada se preocupa de las
cosas de este mundo y de
cómo agradar a su espo-
so. 35 Les digo esto por
su propio bien, no para
ponerles restricciones,
sino para que vivan con
decoro y plenamente
dedicados al Señor.
36 Si alguno piensa
que no está tratando a
su prometida como es
debido, y ella ha llegado
ya a su madurez, por lo
cual él se siente obligado
a casarse, que lo haga.
Con eso no peca; que
se casen. 37 Pero el que
se mantiene firme en
su propósito, y no está
dominado por sus im-
pulsos, sino que domina
su propia voluntad, y ha
resuelto no casarse con
su prometida, también
hace bien. 38 De modo
que el que se casa con
su prometida hace bien,

RVR

hace bien, y el que no la
da en casamiento hace
mejor.
39 La mujer está ligada
por la ley mientras su
marido vive; pero si su
marido muere, es libre
para casarse con quien
quiera, con tal que sea
en el Señor.
40 Pero a mi juicio, será
más dichosa si se queda
así; y pienso que tam-
bién yo tengo el Espíritu
de Dios.

Lo sacrificado a los ídolos

8 En cuanto a lo
sacrificado a los
ídolos, sabemos que
todos tenemos conoci-
miento. El conocimien-
to envanece, pero el
amor edifica.
2 Y si alguno se imagina
que sabe algo, aún no ha
aprendido nada como se
debe conocer.
3 Pero si alguno ama a
Dios, ha sido conocido
por él.
4 Acerca, pues, de las
viandas que se sacrifican
a los ídolos, sabemos
que un ídolo nada es en
el mundo, y que no hay
más que un Dios.
5 Pues aunque haya
algunos que se llamen
dioses, sea en el cielo,
o en la tierra (como
hay muchos dioses y
muchos señores),
6 para nosotros, sin em-
bargo, sólo hay un Dios,

τὴν	παρθένον	ἑαυτοῦ	καλῶς	ποιεῖ,	καὶ	ὁ	μὴ	γαμίζων
a la	virgen	de sí mismo,	bien	hace;	y	el que	no	se casa,
3588	3933	1438	2573	4160	2532	3588	3361	1061
DASF	*NASF*	*RF3GSM*	*B*	*VPAI3S*	*CLK, CLN*	*DNSM*	*BN, TN*	*VPAP-SNM*

κρεῖσσον	ποιήσει.
mejor.	hará
2908	4160
JASN	*VFAI3S*

39 Γυνὴ	⸀δέδεται	ἐφ’	ὅσον	χρόνον	ζῇ	ὁ	ἀνὴρ	αὐτῆς·	ἐὰν	δὲ
(La) esposa	ha sido ligada	por	cuanto	tiempo	vive	el	esposo	de ella,	si$_{2}$	mas$_{1}$
1135	1210	1909	3745	5550	2198	3588	435	846	1437	1161
NNSF	*VRPI3S*	*P*	*RK-ASM*	*NASM*	*VPAI3S*	*DNSM*	*NNSM*	*RP3GSF*	*CAC*	*CLC*

κοιμηθῇ	ὁ	ἀνήρ,	ἐλευθέρα	ἐστὶν	ᾧ	θέλει	γαμηθῆναι,	μόνον
durmiera,$_{5}$	el$_{3}$	esposo$_{4}$	libre$_{7}$	es$_{6}$	con quien$_{9}$	quiera,$_{10}$	casarse$_{8}$	sólo
2837	3588	435	1658	2076	3739	2309	1060	3440
VAPS3S	*DNSM*	*NNSM*	*JNSF*	*VPAI3S*	*RR-DSM*	*VPAI3S*	*VAPN*	*B, J*

ἐν	κυρίῳ·	40 μακαριωτέρα	δέ	ἐστιν	ἐὰν	οὕτως	μείνῃ,	κατὰ	τὴν
en	(el) Señor.	bienaventurada$_{3}$	Mas$_{1}$	es$_{2}$	si	así	permaneciera,	según	la$_{1}$
1722	2962	3107	1161	2076	1437	3779	3306	2596	3588
P	*NDSM*	*JNSFC*	*CLC*	*VPAI3S*	*CAC*	*B*	*VAAS3S*	*P*	*DASF*

ἐμὴν	γνώμην,	δοκῶ	δὲ	κἀγὼ	πνεῦμα	θεοῦ	ἔχειν.
mía,$_{3}$	opinión$_{2}$	pienso$_{5}$	mas$_{4}$	también yo$_{6}$	(el) Espíritu$_{8}$	de Dios.$_{8}$	tener$_{7}$
1699	1106	1380	1161	2504	4151	2316	2192
JASF, RS1ASF	*NASF*	*VPAI1S*	*CLN*	*RP1NS, TE*	*NASN*	*NGSM*	*VPAN*

8 Περὶ	δὲ	τῶν	εἰδωλοθύτων,	οἴδαμεν	ὅτι	πάντες	γνῶσιν
acerca de$_{2}$	Mas$_{1}$	los	sacrificios a los ídolos,	sabemos	que	todos	conocimiento.$_{2}$
4012	1161	3588	1494	1492	3754	3956	1108
P	*CLT*	*DGPN*	*JGPN*	*VRAI1P*	*CSC*	*JNPM*	*NASF*

ἔχομεν.	ἡ	γνῶσις	φυσιοῖ,	ἡ	δὲ	ἀγάπη	οἰκοδομεῖ.	2 εἴ	τις
tenemos$_{1}$	El	conocimiento	enorgullece,	el	mas	amor	edifica.	Si	alguno
2192	3588	1108	5448	3588	1161	26	3618	1487	5100
VPAI1P	*DNSF*	*NNSF*	*VPAI3S*	*DNSF*	*CLC*	*NNSF*	*VPAI3S*	*CAC*	*RX-NSM*

δοκεῖ	ἐγνωκέναι	τι,	οὔπω	ἔγνω	καθὼς	δεῖ	γνῶναι·	3 εἰ	δέ
piensa	haber conocido	algo,	todavía no	conoció	como	es necesario	conocer.	si$_{2}$	Mas$_{1}$
1380	1097	5100	3768	1097	2531	1163	1097	1487	1161
VPAI3S	*VRAN*	*RX-ASN*	*BN*	*VAAI3S*	*CAM*	*VPAI3S*	*VAAN*	*CAC*	*CLC*

τις	ἀγαπᾷ	τὸν	θεόν,	οὗτος	ἔγνωσται	ὑπ’	αὐτοῦ.
alguno	ama	a --	Dios,	este	ha sido conocido	por	él.
5100	25	3588	2316	3778	1097	5259	846
RX-NSM	*VPAI3S*	*DASM*	*NASM*	*RD-NSM*	*VRPI3S*	*P*	*RP3GSM*

4 Περὶ	τῆς	βρώσεως	οὖν	τῶν	εἰδωλοθύτων	οἴδαμεν	ὅτι	οὐδὲν
acerca de$_{2}$	de la$_{3}$	comida$_{4}$	Así que,$_{1}$	de los	sacrificios a los ídolos,	sabemos	que	nada (es)
4012	3588	1035	3767	3588	1494	1492	3754	3762
P	*DGSF*	*NGSF*	*CLI*	*DGPN*	*JGPN*	*VRAI1P*	*CSC*	*JNSN*

εἴδωλον	ἐν	κόσμῳ,	καὶ	ὅτι	οὐδεὶς	θεὸς	εἰ	μὴ	εἷς.	5 καὶ	γὰρ
un ídolo	en	(el) mundo,	y	que	ninguno (es)	Dios	si	no	uno.	también$_{2}$	Porque$_{1}$
1497	1722	2889	2532	3754	3762	2316	1487	3361	1520	2532	1063
NNSN	*P*	*NDSM*	*CLN*	*CSC*	*JNSM*	*NNSM*	*CAC*	*BN, TN*	*JNSM*	*CLA, B*	*CAZ*

εἴπερ	εἰσὶν	λεγόμενοι	θεοὶ	εἴτε	ἐν	οὐρανῷ	εἴτε	ἐπὶ	γῆς,
puesto que	son (hay)	llamados	dioses,	sea	en	(el) cielo,	sea	sobre	(la) tierra,
1512	1526	3004	2316	1535	1722	3772	1535	1909	1093
CAC	*VPAI3P*	*VPPP-PNM*	*NNPM*	*CLK, CAC*	*P*	*NDSM*	*CLK, CAC*	*P*	*NGSF*

ὥσπερ	εἰσὶν	θεοὶ	πολλοὶ	καὶ	κύριοι	πολλοί,	6 ἀλλ’	ἡμῖν	εἷς	θεὸς
tal como	son (hay)	dioses,$_{2}$	muchos$_{1}$	y$_{3}$	señores;$_{5}$	muchos$_{4}$	pero	para nosotros	(hay) un	Dios,
5618	1526	2316	4183	2532	2962	4183	235	2254	1520	2316
CAM	*VPAI3P*	*NNPM*	*JNPM*	*CLN*	*NNPM*	*JNPM*	*CLC*	*RP1DP*	*JNSM*	*NNSM*

NVI

pero el que no se casa
hace mejor.
39 La mujer está ligada
a su esposo mientras él
vive; pero, si el esposo
muere, ella queda libre
para casarse con quien
quiera, con tal de que
sea en el Señor. 40 En mi
opinión, ella será más
feliz si no se casa; y creo
que yo también tengo el
Espíritu de Dios.

Lo sacrificado a los ídolos

8 En cuanto a lo
sacrificado a los
ídolos, es cierto que
todos tenemos conoci-
miento. El conocimien-
to envanece, mientras
que el amor edifica. 2 El
que cree que sabe algo,
todavía no sabe como
debiera saber. 3 Pero el
que ama a Dios es cono-
cido por él.
4 De modo que, en
cuanto a comer lo sacri-
ficado a los ídolos, sa-
bemos que un ídolo no
es absolutamente nada,
y que hay un solo Dios.
5 Pues, aunque haya los
así llamados dioses, ya
sea en el cielo o en la
tierra (y por cierto que
hay muchos «dioses»
y muchos «señores»),
6 para nosotros no hay
más que un solo Dios,

7:39⸀ Manuscritos inferiores aumentaron *por la ley*.

RVR

el Padre, del cual pro-
ceden todas las cosas,
y nosotros somos para
él; y un solo Señor,
Jesucristo, por medio
del cual son todas las
cosas, y nosotros por
medio de él.
7 Pero no en todos
hay este conocimien-
to; porque algunos,
habituados hasta aquí a
los ídolos, comen como
sacrificado a ídolos, y
su conciencia, siendo
débil, se contamina.
8 Si bien la comida no
nos hace más aceptos
ante Dios; pues ni
porque comamos,
seremos más, ni porque
no comamos, seremos
menos.
9 Pero mirad que esta li-
bertad vuestra no venga
a ser tropezadero para
los débiles.
10 Porque si alguno
te ve a ti, que tienes
conocimiento, sentado
a la mesa en un lugar de
ídolos, la conciencia de
aquel que es débil, ¿no
será estimulada a comer
de lo sacrificado a los
ídolos?
11 Y por el conocimien-
to tuyo, se arruina el
hermano débil por
quien Cristo murió.
12 De esta manera, pues,
pecando contra los
hermanos e hiriendo su

ὁ	πατήρ,	ἐξ	οὗ	τὰ	πάντα	καὶ	ἡμεῖς	εἰς	αὐτόν,
el	Padre,	de	quien (proceden)	las (cosas)$_2$	todas$_1$	y	nosotros (somos)	para	él;
3588	3962	1537	3739	3588	3956	2532	2249	1519	846
DNSM	NNSM	P	RR-GSM	DNPN	JNPN	CLN	RP1NP	P	RP3ASM

καὶ	εἷς	κύριος	Ἰησοῦς	Χριστός,	δι’	οὗ	τὰ	πάντα	καὶ
y	un	Señor	Jesús	Cristo	por medio de	quien (son)	las cosas$_2$	todas$_1$	y
2532	1520	2962	2424	5547	1223	3739	3588	3956	2532
CLN	JNSM	NNSM	NNSM	NNSM	P	RR-GSM	DNPN	JNPN	CLN

ἡμεῖς	δι’	αὐτοῦ.
nosotros	por medio de	él.
2249	1223	846
RP1NP	P	RP3GSM

7 Ἀλλ’	οὐκ	ἐν	πᾶσιν	ἡ	γνῶσις·	τινὲς	δὲ	τῇ	συνηθείᾳ	ἕως
Pero$_1$	no (está)$_4$	en$_5$	todos,$_6$	el$_2$	conocimiento$_3$	algunos$_8$	mas$_7$	por la	costumbre	hasta
235	3756	1722	3956	3588	1108	5100	1161	3588	4914	2193
CLC	BN, TN	P	JDPM	DNSF	NNSF	RX-NPM	CLC	DDSF	NDSF	P, C

ἄρτι	τοῦ	εἰδώλου	ὡς	εἰδωλόθυτον	ἐσθίουσιν,	καὶ	ἡ	συνείδησις
ahora	del	ídolo,	como$_2$	sacrificio a los ídolos,$_3$	comen$_1$	y$_4$	la$_5$	conciencia$_6$
737	3588	1497	5613	1494	2068	2532	3588	4893
B	DGSN	NGSN	CAM	JASN, JNSN	VPAI3P	CLN	DNSF	NNSF

αὐτῶν	ἀσθενὴς	οὖσα	μολύνεται.	8 βρῶμα	δὲ	ἡμᾶς	οὐ
de ellos,$_7$	débil,$_9$	siendo$_8$	es contaminada.	(la) comida$_2$	Mas$_1$	a nosotros	no
846	772	5607	3435	1033	1161	2248	3756
RP3GPM	JNSF	VPAP-SNF	VPPI3S	NNSN	CLC	RP1AP	BN, TN

παραστήσει	τῷ	θεῷ·	οὔτε	γὰρ	ἐὰν	φάγωμεν,	περισσεύομεν,	οὔτε
nos presentará ante	--	Dios;	ni	porque	si	comiéramos	tenemos más,	ni
3936	3588	2316	3777	1063	1437	5315	4052	3777
VFAI3S	DDSM	NDSM	CLK, TN	C	CAC	VAAS1P	VPAI1P	CLK, CLD

ἐὰν	μὴ	φάγωμεν,	ὑστερούμεθα.	9 βλέπετε	δὲ	μή	πως	ἡ
si	no	comiéramos	estamos en necesidad	mirad$_2$	Mas,$_1$	no$_3$	de algún modo$_4$	--$_6$
1437	3361	5315	5302	991	1161	3361	4458	3588
CAC	BN, TN	VAAS1P	VPPI1P	VPAM2P	CLC	TN, C	TX, BX	DNSF

ἐξουσία	ὑμῶν	αὕτη	πρόσκομμα	γένηται	τοῖς	ἀσθενέσιν.	10 ἐὰν	γάρ
autoridad$_7$	de vosotros$_8$	esta$_5$	estorbo$_{10}$	llegue a ser$_9$	a los	débiles.	si$_2$	Porque$_1$
1849	5216	3778	4348	1096	3588	772	1437	1063
NNSF	RP2GP	RD-NSF	NNSN	VAMS3S	DDPM	JDPM	CAC	CAZ

τις	ἴδῃ	σὲ	τὸν	ἔχοντα	γνῶσιν	ἐν	εἰδωλείῳ	κατακείμενον,
alguien	viera	a ti,	al que	tiene	conocimiento,	en$_2$	un lugar de ídolos,$_3$	reclinado a la mesa$_1$
5100	1492	4571	3588	2192	1108	1722	1493	2621
RX-NSM	VAAS3S	RP2AS	DASM	VPAP-SAM	NASF	P	NDSN	VPUP-SAM

οὐχὶ	ἡ	συνείδησις	αὐτοῦ	ἀσθενοῦς	ὄντος	οἰκοδομηθήσεται	εἰς
¿no$_4$	la$_5$	conciencia$_6$	de él,$_7$	débil,$_9$	siendo$_8$	será estimulada$_{10}$	para$_{11}$
3780	3588	4893	846	772	5607	3618	1519
TN, TI	DNSF	NNSF	RP3GSM	JGSM	VPAP-SGM	VFPI3S	P

τὸ	τὰ	εἰδωλόθυτα	ἐσθίειν;	11 ἀπόλλυται	γὰρ	ὁ	ἀσθενῶν	ἐν
--$_{12}$	los$_{14}$	sacrificios a los ídolos?$_{15}$	comer$_{13}$	se arruina$_{10}$	Porque$_1$	el que$_2$	es débil,$_3$	por$_{11}$
3588	3588	1494	2068	622	1063	3588	770	1722
DASN	DAPN	JAPN	VPAN	VPPI3S	CLX	DNSM	VPAP-SNM	P

τῇ	σῇ	γνώσει,	ὁ	ἀδελφὸς	δι’	ὃν	Χριστὸς	ἀπέθανεν.
--$_{12}$	tu$_{13}$	conocimiento.$_{14}$	el$_4$	hermano$_5$	por$_6$	quien$_7$	Cristo$_8$	murió$_9$
3588	4674	1108	3588	80	1223	3739	5547	599
DDSF	JDSF, RS2DSF	NDSF	DNSM	NNSM	P	RR-ASM	NNSM	VAAI3S

12 οὕτως	δὲ	ἁμαρτάνοντες	εἰς	τοὺς	ἀδελφοὺς	καὶ	τύπτοντες	αὐτῶν
así,$_2$	Mas$_1$	pecando	contra	los	hermanos	e	hiriendo	de ellos$_3$
3779	1161	264	1519	3588	80	2532	5180	846
B	CLN	VPAP-PNM	P	DAPM	NAPM	CLN	VPAP-PNM	RP3GPM

NVI

el Padre, de quien todo
procede y para el cual
vivimos; y no hay más
que un solo Señor, es de-
cir, Jesucristo, por quien
todo existe y por medio
del cual vivimos.
7 Pero no todos tienen
conocimiento de esto.
Algunos siguen tan
acostumbrados a los ído-
los que, cuando comen
carne a sabiendas de que
ha sido sacrificada a un
ídolo, su conciencia se
contamina por ser débil.
8 Pero lo que comemos
no nos acerca a Dios;
no somos mejores por
comer ni peores por no
comer.
9 Sin embargo,
tengan cuidado de
que su libertad no se
convierta en motivo de
tropiezo para los débiles.
10 Porque, si alguien
de conciencia débil te
ve a ti, que tienes este
conocimiento, comer en
el templo de un ídolo,
¿no se sentirá animado
a comer lo que ha sido
sacrificado a los ídolos?
11 Entonces ese hermano
débil, por quien Cristo
murió, se perderá a causa
de tu conocimiento.
12 Al pecar así contra
los hermanos, hiriendo

RVR

débil conciencia, pecáis
contra Cristo.
13 Por lo cual, si la comi-
da le es a mi hermano
ocasión de caer, no
comeré carne jamás,
para no poner tropiezo
a mi hermano.

Pablo defiende su apostolado

9 ¿No soy apóstol?
¿No soy libre? ¿No
he visto a Jesús el Señor
nuestro? ¿No sois voso-
tros mi obra en el Señor?
2 Si para otros no soy
apóstol, para vosotros
ciertamente lo soy;
porque vosotros sois el
sello de mi apostolado
en el Señor.
3 Contra los que me
piden cuentas, esta es mi
defensa:
4 ¿Acaso no tenemos de-
recho a comer y beber?
5 ¿No tenemos derecho
a traer con nosotros una
hermana, mujer, como
también los demás
apóstoles, y los herma-
nos del Señor, y Cefas?
6 ¿O sólo yo y Bernabé
no tenemos derecho a
no trabajar?
7 ¿Quién fue jamás
soldado a sus propias
expensas? ¿Quién
planta viña y no come
de su fruto? ¿O quién
apacienta un rebaño y

τὴν	συνείδησιν	ἀσθενοῦσαν	εἰς	Χριστὸν	ἁμαρτάνετε.	13 διόπερ	εἰ
la$_1$	conciencia$_2$	que es débil,$_4$	contra$_6$	Cristo.$_7$	pecáis$_5$	Por lo tanto,	si
3588	4893	770	1519	5547	264	1355	1487
DASF	NASF	VPAP-SAF	P	NASM	VPAI2P	CLI	CAC

βρῶμα	σκανδαλίζει	τὸν	ἀδελφόν	μου,	οὐ	μὴ	φάγω	κρέα	εἰς
una comida	ofende	al	hermano	de mí,	no	no	comiera (comeré)	carne	por
1033	4624	3588	80	3450	3756	3361	5315	2907	1519
NNSN	VPAI3S	DASM	NASM	RP1GS	BN, TN	BN, TN	VAAS1S	NAPN	P

τὸν	αἰῶνα,	ἵνα	μὴ	τὸν	ἀδελφόν	μου	σκανδαλίσω.
--	siempre,	para que$_1$	no$_5$	el$_2$	hermano$_3$	de mí$_4$	se ofenda.$_6$
3588	165	2443	3361	3588	80	3450	4624
DASM	NASM	CAP	BN, TN	DASM	NASM	RP1GS	VAAS1S

9 Οὐκ	εἰμὶ	ἐλεύθερος;	οὐκ	εἰμὶ	ἀπόστολος;	οὐχὶ	Ἰησοῦν	τὸν
¿No	soy	libre?	¿No	soy	apóstol?	¿No$_1$	a Jesús$_3$	el$_4$
3756	1510	1658	3756	1510	652	3780	2424	3588
TN, TI	VPAI1S	JNSM	TN, TI	VPAI1S	NNSM	TN, TI	NASM	DASM

κύριον	ἡμῶν	ἑόρακα;	οὐ	τὸ	ἔργον	μου	ὑμεῖς	ἐστε	ἐν	κυρίῳ;
Señor$_5$	de nosotros?$_6$	he visto$_2$	¿No$_7$	la$_9$	obra$_{10}$	de mí$_{11}$	vosotros$_{12}$	sois$_8$	en$_{13}$	(el) Señor?$_{14}$
2962	2257	3708	3756	3588	2041	3450	5210	2075	1722	2962
NASM	RP1GP	VRAI1S	TN, TI	DNSN	NNSN	RP1GS	RP2NP	VPAI2P	P	NDSM

2 εἰ	ἄλλοις	οὐκ	εἰμὶ	ἀπόστολος,	ἀλλά	γε	ὑμῖν	εἰμι,
Si	para otros	no	soy	apóstol,	pero	ciertamente	para vosotros,$_2$	soy$_1$
1487	243	3756	1510	652	235	1065	5213	1510
CAC	JDPM	CLK, TN, B	VPAI1S	NNSM	CLK, CLC	TE	RP2DP	VPAI1S

ἡ	γὰρ	σφραγίς	μου	τῆς	ἀποστολῆς	ὑμεῖς	ἐστε	ἐν	κυρίῳ.
el$_6$	porque$_3$	sello$_7$	de mi$_8$	--$_9$	apostolado$_{10}$	vosotros$_4$	sois$_5$	en$_{11}$	(el) Señor.$_{12}$
3588	1063	4973	3450	3588	651	5210	2075	1722	2962
DNSF	CAZ	NNSF	RP1GS	DGSF	NGSF	RP2NP	VPAI2P	P	NDSM

3 Ἡ	ἐμὴ	ἀπολογία	τοῖς	ἐμὲ	ἀνακρίνουσίν	ἐστιν
La$_1$	mía$_3$	defensa$_2$	para los que$_6$	a mí$_7$	examinan.$_8$	es$_4$
3588	1699	627	3588	1691	350	2076
DNSF	JNSF, RS1NSF	NNSF	DDPM	RP1AS	VPAP-PDM	VPAI3S

αὕτη.	4 μὴ	οὐκ	ἔχομεν	ἐξουσίαν	φαγεῖν	καὶ	πεῖν;	5 μὴ	οὐκ
esta$_5$	¿Acaso	no	tenemos	derecho	para comer	y	beber?	¿Acaso	no
3778	3361	3756	2192	1849	5315	2532	4095	3361	3756
RD-NSF	TN, TI	BN, TN	VPAI1P	NASF	VAAN	CLN	VAAN	TN, TI	BN, TN

ἔχομεν	ἐξουσίαν	ἀδελφὴν	γυναῖκα	περιάγειν,	ὡς	καὶ	οἱ	λοιποὶ
tenemos	derecho	una hermana$_2$	(como) esposa$_3$	de llevar$_1$	como	también	los	demás
2192	1849	79	1135	4013	5613	2532	3588	3062
VPAI1P	NASF	NASF	NASF	VPAN	CAM	CLA, B	DNPM	JNPM

ἀπόστολοι	καὶ	οἱ	ἀδελφοὶ	τοῦ	κυρίου	καὶ	Κηφᾶς;	6 ἢ	μόνος
apóstoles	y	los	hermanos	del	Señor	y	Cefas?	¿O	sólo
652	2532	3588	80	3588	2962	2532	2786	2228	3441
NNPM	CLN	DNPM	NNPM	DGSM	NGSM	CLN	NNSM	CLD	JNSM

ἐγὼ	καὶ	Βαρναβᾶς	οὐκ	ἔχομεν	ἐξουσίαν	μὴ	ἐργάζεσθαι;	7 τίς
yo	y	Bernabé	no	tenemos	derecho	para no	trabajar?	¿Quién$_1$
1473	2532	921	3756	2192	1849	3361	2038	5101
RP1NS	CLN	NNSM	BN, TN	VPAI1P	NASF	BN, TN	VPUN	RI-NSM

στρατεύεται	ἰδίοις	ὀψωνίοις	ποτέ;	τίς	φυτεύει	ἀμπελῶνα	καὶ	τὸν
sirve como soldado$_3$	propios?$_5$	con salarios$_4$	jamás$_2$	¿Quién	planta	una viña	y	el$_3$
4754	2398	3800	4218	5101	5452	290	2532	3588
VPMI3S	JDPN, JDPM	NDPN	BX, TX	RI-NSM	VPAI3S	NASM	CLN	DASM

καρπὸν	αὐτοῦ	οὐκ	ἐσθίει;	τίς	ποιμαίνει	ποίμνην	καὶ	ἐκ	τοῦ
fruto$_4$	de ella?$_5$	no$_1$	come$_2$	¿Quién	pastorea	un rebaño	y$_1$	de$_4$	la$_5$
2590	846	3756	2068	5101	4165	4167	2532	1537	3588
NASM	RP3GSM	BN, TN	VPAI3S	RI-NSM	VPAI3S	NASF	CLN	P	DGSN, DGSM

NVI

su débil conciencia,
pecan ustedes contra
Cristo. 13 Por lo tanto,
si mi comida ocasiona
la caída de mi hermano,
no comeré carne jamás,
para no hacerlo caer en
pecado.

Los derechos de un apóstol

9 ¿No soy libre? ¿No
soy apóstol? ¿No
he visto a Jesús nuestro
Señor? ¿No son ustedes
el fruto de mi trabajo
en el Señor? 2 Aunque
otros no me reconozcan
como apóstol, ¡para
ustedes sí lo soy! Porque
ustedes mismos son el
sello de mi apostolado
en el Señor.
3 Esta es mi defensa
contra los que me
critican: 4 ¿Acaso no
tenemos derecho a
comer y a beber? 5 ¿No
tenemos derecho a
viajar acompañados por
una esposa creyente,
como hacen los demás
apóstoles y Cefas y los
hermanos del Señor?
6 ¿O es que solo Bernabé
y yo estamos obligados
a ganarnos la vida con
otros trabajos?
7 ¿Qué soldado
presta servicio militar
pagándose sus propios
gastos? ¿Qué agricultor
planta un viñedo y no
come de sus uvas? ¿Qué
pastor cuida un rebaño y

RVR

no toma de la leche del
rebaño?
8 ¿Digo esto sólo como
hombre, o no dice esto
también la ley?
9 Porque en la ley de
Moisés está escrito: No
pondrás bozal al buey
que trilla. ¿Acaso tiene
Dios especial cuidado
de los bueyes?
10 ¿O lo dice enteramen-
te por nosotros? Pues
por nosotros se escribió;
porque con esperanza
debe arar el que ara, y el
que trilla, con esperanza
de recibir del fruto.
11 Si nosotros sembra-
mos entre vosotros lo
espiritual, ¿será mucho
que cosechemos de
vosotros lo material?
12 Si otros participan
de este derecho sobre
vosotros, ¿cuánto más
nosotros? Pero no
hemos usado de este
derecho, sino que lo so-
portamos todo, por no
poner ningún obstáculo
al evangelio de Cristo.
13 ¿No sabéis que los
que trabajan en las cosas
sagradas, comen del
templo, y que los que
sirven al altar, partici-
pan del altar?
14 Así también ordenó
el Señor a los que

γάλακτος	τῆς	ποίμνης	οὐκ	ἐσθίει;
leche$_{6}$	del$_{7}$	rebaño?$_{8}$	no$_{2}$	come$_{3}$
1051	3588	4167	3756	2068
NGSN	*DGSF*	*NGSF*	*BN, TN*	*VPAI3S*

8 Μὴ	κατὰ	ἄνθρωπον	ταῦτα	λαλῶ	ἢ	καὶ	ὁ	νόμος
¿Acaso$_{1}$	conforme a$_{4}$	un ser humano?$_{5}$	estas cosas$_{3}$	hablo$_{2}$	¿O$_{6}$	también$_{11}$	la$_{7}$	ley$_{8}$
3361	2596	444	5023	2980	2228	2532	3588	3551
TN, TI	*P*	*NASM*	*RD-APN*	*VPAI1S*	*CLD*	*BE, TE*	*DNSM*	*NNSM*

ταῦτα	οὐ	λέγει;	9 ἐν	γὰρ	τῷ	Μωϋσέως	νόμῳ	γέγραπται·	Οὐ
estas (cosas)?$_{12}$	no$_{9}$	dice$_{10}$	en$_{2}$	Porque$_{1}$	la$_{3}$	de Moisés$_{5}$	ley$_{4}$	ha sido escrito:$_{6}$	No
5023	3756	3004	1722	1063	3588	3475	3551	1125	3756
RD-APN	*BN, TN*	*VPAI3S*	*P*	*CAZ*	*DDSM*	*NGSM*	*NDSM*	*VRPI3S*	*BN, TN*

κημώσεις	βοῦν	ἀλοῶντα.	μὴ	τῶν	βοῶν	μέλει	τῷ	θεῷ,	10 ἢ
pondrás bozal	a(l) buey	que trilla;	¿acaso$_{1}$	los$_{5}$	bueyes?$_{6}$	preocupa$_{2}$	a--$_{3}$	Dios$_{4}$	¿O$_{1}$
5392	1016	248	3361	3588	1016	3199	3588	2316	2228
VFAI2S	*NASM*	*VPAP-SAM*	*TN, TI*	*DGPM*	*NGPM*	*VPAI3S*	*DDSM*	*NDSM*	*CLD*

δι᾽	ἡμᾶς	πάντως	λέγει;	δι᾽	ἡμᾶς	γὰρ	ἐγράφη,	ὅτι
por causa de$_{4}$	nosotros?$_{5}$	ciertamente$_{2}$	dice$_{3}$	por causa de$_{8}$	nosotros,$_{9}$	Porque$_{6}$	fue escrito$_{7}$	porque$_{10}$
1223	2248	3843	3004	1223	2248	1063	1125	3754
P	*RP1AP*	*B*	*VPAI3S*	*P*	*RP1AP*	*CLX*	*VAPI3S*	*CAZ*

ὀφείλει	ἐπ᾽	ἐλπίδι	ὁ	ἀροτριῶν	ἀροτριᾶν,	καὶ	ὁ	ἀλοῶν	ἐπ᾽
debe$_{13}$	con$_{15}$	esperanza;$_{16}$	el que$_{11}$	ara,$_{12}$	arar$_{14}$	y	el que	trilla	con
3784	1909	1680	3588	722	722	2532	3588	248	1909
VPAI3S	*P*	*NDSF*	*DNSM*	*VPAP-SNM*	*VPAN*	*CLN*	*DNSM*	*VPAP-SNM*	*P*

ἐλπίδι	τοῦ	μετέχειν.	11 εἰ	ἡμεῖς	ὑμῖν	τὰ	πνευματικὰ
esperanza	de --	participar.	Si$_{1}$	nosotros$_{2}$	(entre) vosotros$_{4}$	las cosas$_{5}$	espirituales,$_{6}$
1680	3588	3348	1487	2249	5213	3588	4152
NDSF	*DGSN, DGSM*	*VPAN*	*CAC*	*RP1NP*	*RP2DP*	*DAPN*	*JAPN*

ἐσπείραμεν,	μέγα	εἰ	ἡμεῖς	ὑμῶν	τὰ	σαρκικὰ	θερίσομεν;
sembramos$_{3}$	¿(será) una gran cosa	si$_{1}$	nosotros$_{2}$	de vosotros$_{4}$	las cosas$_{5}$	materiales?$_{6}$	cosecharemos$_{3}$
4687	3173	1487	2249	5216	3588	4559	2325
VAAI1P	*JNSN*	*CAC*	*RP1NP*	*RP2GP*	*DAPN*	*JAPN*	*VFAI1P*

12 εἰ	ἄλλοι	τῆς	ὑμῶν	ἐξουσίας	μετέχουσιν,	οὐ	μᾶλλον	ἡμεῖς;
Si$_{1}$	otros$_{2}$	del$_{4}$	de vosotros,$_{6}$	derecho$_{5}$	participan$_{3}$	¿no$_{7}$	mayormente?$_{9}$	nosotros$_{8}$
1487	243	3588	5216	1849	3348	3756	3123	2249
CAC	*JNPM*	*DGSF*	*RP2GP*	*NGSF*	*VPAI3P*	*TN, TI*	*B*	*RP1NP*

Ἀλλ᾽	οὐκ	ἐχρησάμεθα	τῇ	ἐξουσίᾳ	ταύτῃ,	ἀλλὰ	πάντα
Pero	no	hicimos uso	del	derecho,$_{2}$	este$_{1}$	sino	todas las cosas
235	3756	5530	3588	1849	3778	235	3956
CLC	*BN, TN*	*VAMI1P*	*DDSF*	*NDSF*	*RD-DSF*	*CLC*	*JAPN*

στέγομεν	ἵνα	μή	τινα	ἐγκοπὴν	δῶμεν	τῷ	εὐαγγελίῳ	τοῦ
soportamos,	para que$_{1}$	no$_{2}$	algún$_{4}$	obstáculo$_{5}$	demos$_{3}$	para el	evangelio	de --
4722	2443	3361	5100	1464	1325	3588	2098	3588
VPAI1P	*CAP*	*BN, TN*	*JASF, RX-ASF*	*NASF*	*VAAS1P*	*DDSN*	*NDSN*	*DGSM*

Χριστοῦ.	13 οὐκ	οἴδατε	ὅτι	οἱ	τὰ	ἱερὰ	ἐργαζόμενοι	τὰ
Cristo.	¿No	sabéis	que	los que$_{1}$	(en) las cosas$_{3}$	sagradas,$_{4}$	trabajan$_{2}$	las cosas$_{6}$
5547	3756	1492	3754	3588	3588	2413	2038	3588
NGSM	*BN,TN*	*VRAI2P*	*CSC*	*DNPM*	*DAPN*	*JAPN*	*VPUP-PNM*	*DAPN*

ἐκ	τοῦ	ἱεροῦ	ἐσθίουσιν,	οἱ	τῷ	θυσιαστηρίῳ	παρεδρεύοντες
de$_{7}$	el$_{8}$	templo,$_{9}$	comen$_{5}$	los que$_{10}$	al$_{12}$	altar,$_{13}$	sirven$_{11}$
1537	3588	2411	2068	3588	3588	2379	4332
P	*DGSN*	*NGSN, JGSN*	*VPAI3P*	*DNPM*	*DDSN*	*NDSN*	*VPAP-PNM*

τῷ	θυσιαστηρίῳ	συμμερίζονται;	14 οὕτως	καὶ	ὁ	κύριος	διέταξεν
(d)el$_{15}$	altar?$_{16}$	participan$_{14}$	Así	también,	el	Señor	ordenó
3588	2379	4829	3779	2532	3588	2962	1299
DDSN	*NDSN*	*VPUI3P*	*B*	*BE, TE*	*DNSM*	*NNSM*	*VAAI3S*

NVI

no toma de la leche que
ordeña?
8 No piensen
que digo esto solamente
desde un punto de vista
humano. ¿No lo dice
también la ley?
9 Porque
en la ley de Moisés está
escrito: «No le pongas
bozal al buey mientras
esté trillando». ¿Acaso
se preocupa Dios por los
bueyes,
10 o lo dice más
bien por nosotros? Por
supuesto que lo dice por
nosotros, porque, cuan-
do el labrador ara y el
segador trilla, deben ha-
cerlo con la esperanza de
participar de la cosecha.
11 Si hemos sembrado
semilla espiritual entre
ustedes, ¿será mucho
pedir que cosechemos
de ustedes lo mate-
rial?
12 Si otros tienen
derecho a este sustento
de parte de ustedes, ¿no
lo tendremos aún más
nosotros?

Sin embargo, no
ejercimos este derecho,
sino que lo soportamos
todo con tal de no crear
obstáculo al evangelio
de Cristo.
13 ¿No saben
que los que sirven en el
templo reciben su ali-
mento del templo, y que
los que atienden el altar
participan de lo que se
ofrece en el altar?
14 Así
también el Señor ha

RVR

anuncian el evangelio,
que vivan del evangelio.
15 Pero yo de nada de
esto me he aprovecha-
do, ni tampoco he escri-
to esto para que se haga
así conmigo; porque
prefiero morir, antes
que nadie me prive de
esta gloria.
16 Pues si anuncio el
evangelio, no tengo por
qué gloriarme; porque
me siento constreñido a
hacerlo; y ¡ay de mí si no
anuncio el evangelio!
17 Por lo cual, si lo hago
de buen grado, tendré
recompensa; pero si de
mala gana, es una ma-
yordomía la que me ha
sido encomendada.
18 ¿Cuál, pues, es mi
galardón? Que pre-
dicando el evangelio,
presente gratuitamente
el evangelio de Cristo,
para no hacer pleno
uso de mi derecho en el
evangelio.
19 Por lo cual, siendo
libre de todos, me he
hecho siervo de todos
para ganar al mayor
número.
20 Me he hecho a los
judíos como judío, para
ganar a los judíos; a los
que están bajo la ley
(aunque yo no esté bajo
la ley), como si estuviese

τοῖς	τὸ	εὐαγγέλιον	καταγγέλλουσιν	ἐκ	τοῦ	εὐαγγελίου	ζῆν.
a los que$_1$	el$_3$	evangelio,$_4$	anuncian$_2$	de$_6$	el$_7$	evangelio.$_8$	vivir$_5$
3588	3588	2098	2605	1537	3588	2098	2198
DDPM	*DASN*	*NASN*	*VPAP-PDM*	*P*	*DGSN*	*NGSN*	*VPAN*

15 Ἐγὼ	δὲ	οὐ	κέχρημαι	οὐδενὶ	τούτων.	οὐκ	ἔγραψα	δὲ	ταῦτα
yo$_2$	Mas$_1$	no	he hecho uso	nada	de estas cosas.	no$_2$	escribí$_3$	Mas$_1$	estas cosas$_4$
1473	1161	3756	5530	3762	5130	3756	1125	1161	5023
RP1NS	*CLC*	*BN, TN*	*VRUI1S*	*JDSN*	*RD-GPN*	*BN, TN*	*VAAI1S*	*CLN*	*RD-APN*

ἵνα	οὕτως	γένηται	ἐν	ἐμοί,	καλὸν	γάρ	μοι	μᾶλλον	ἀποθανεῖν
para que$_5$	así$_7$	suceda$_6$	en$_8$	mí;$_9$	bueno$_{11}$	porque$_{10}$	para mí$_{12}$	(es) mejor	morir
2443	3779	1096	1722	1698	2570	1063	3427	3123	599
CAP	*B*	*VAMS3S*	*P*	*RP1DS*	*JNSN*	*CAZ*	*RP1DS*	*B*	*VAAN*

ἤ—	τὸ	καύχημά	μου	οὐδεὶς	κενώσει.	16 ἐὰν	γὰρ	εὐαγγελίζωμαι,
que	la$_3$	gloria$_4$	de mí.$_5$	ninguno$_1$	quitará$_2$	si$_2$	Porque$_1$	anuncio el evangelio,
2228	3588	2745	3450	3762	2758	1437	1063	2097
CAM	*DASN*	*NASN*	*RP1GS*	*JNSM*	*VFAI3S*	*CAC*	*CLX*	*VPMS1S*

οὐκ	ἔστιν	μοι	καύχημα,	ἀνάγκη	γάρ	μοι	ἐπίκειται·	οὐαὶ
no	es	para mí	gloria;	necesidad$_2$	porque$_1$	para mí,$_4$	está impuesta$_3$	un ay$_6$
3756	2076	3427	2745	318	1063	3427	1945	3759
BN, TN	*VPAI3S*	*RP1DS*	*NNSN*	*NNSF*	*CAZ*	*RP1DS*	*VPUI3S*	*I, T*

γάρ	μοί	ἐστιν	ἐὰν	μὴ	εὐαγγελίσωμαι.	17 εἰ	γὰρ	ἑκὼν
porque,$_5$	para mí,$_8$	es$_7$	si	no	anuncio el evangelio.	si$_2$	Porque$_1$	voluntariamente,$_5$
1063	3427	2076	1437	3361	2097	1487	1063	1635
CAZ	*RP1DS*	*VPAI3S*	*CAC*	*BN, TN*	*VAMS1S*	*CAC*	*CLX*	*JNSM*

τοῦτο	πράσσω,	μισθὸν	ἔχω·	εἰ	δὲ	ἄκων,	οἰκονομίαν
esto$_4$	practico$_3$	recompensa,$_7$	tengo$_8$	si$_{10}$	mas$_9$	de mala voluntad,$_{11}$	una administración.$_{13}$
5124	4238	3408	2192	1487	1161	210	3622
RD-ASN	*VPAI1S*	*NASM*	*VPAI1S*	*CAC*	*CLC*	*JNSM*	*NASF*

πεπίστευμαι.	18 τίς	οὖν	μού	ἐστιν	ὁ	μισθός;	ἵνα	εὐαγγελιζόμενος
me ha sido confiada$_{12}$	¿cuál	Así que,	de mí?$_4$	es$_1$	la$_2$	recompensa$_3$	Que	anunciando el evangelio,
4100	5101	3767	3450	2076	3588	3408	2443	2097
VRPI1S	*RINSM*	*CLI*	*RP1GS*	*VPAI3S*	*DNSM*	*NNSM*	*CSC*	*VPMP-SNM*

ἀδάπανον	θήσω	τὸ	⌜εὐαγγέλιον,	εἰς	τὸ	μὴ	καταχρήσασθαι	τῇ
gratuitamente,$_4$	ponga$_1$	el$_2$	evangelio$_3$	para$_5$	--$_7$	no$_6$	aprovechar$_8$	el
77	5087	3588	2098	1519	3588	3361	2710	3588
JASN	*VAAS1S*	*DASN*	*NASN*	*P*	*DASN*	*BN, TN*	*VAMN*	*DDSF*

ἐξουσίᾳ	μου	ἐν	τῷ	εὐαγγελίῳ.
derecho	de mí	en	el	evangelio.
1849	3450	1722	3588	2098
NDSF	*RP1GS*	*P*	*DDSN*	*NDSN*

19 Ἐλεύθερος	γὰρ	ὢν	ἐκ	πάντων	πᾶσιν	ἐμαυτὸν	ἐδούλωσα,
libre$_3$	Porque$_1$	siendo$_2$	de$_4$	todos,$_5$	a todos,$_8$	yo mismo$_7$	me esclavicé$_6$
1658	1063	5607	1537	3956	3956	1683	1402
JNSM	*CAZ*	*VPAP-SNM*	*P*	*JGPM*	*JDPM*	*RF1ASM*	*VAAI1S*

ἵνα	τοὺς	πλείονας	κερδήσω·	20 καὶ	ἐγενόμην	τοῖς	Ἰουδαίοις	ὡς
para que$_9$	a los$_{11}$	más.$_{12}$	gane$_{10}$	Y$_1$	llegué a ser$_2$	a los$_5$	judíos,$_6$	como$_3$
2443	3588	4119	2770	2532	1096	3588	2453	5613
CAP	*DAPM*	*JAPMC*	*VAAS1S*	*CLN*	*VAMI1S*	*DDPM*	*JDPM*	*P, CAM*

Ἰουδαῖος,	ἵνα	Ἰουδαίους	κερδήσω·	τοῖς	ὑπὸ	νόμον	ὡς	ὑπὸ
judío$_4$	para que$_7$	a (los) judíos;$_9$	gane$_8$	a los (que están)	bajo	(la) ley,	como	bajo
2453	2443	2453	2770	3588	5259	3551	5613	5259
JNSM	*CAP*	*JAPM*	*VAAS1S*	*DDPM*	*P*	*NASM*	*P, CAM*	*P*

νόμον,	μὴ	ὢν	αὐτὸς	ὑπὸ	νόμον,	ἵνα	τοὺς	ὑπὸ	νόμον
(la) ley,	no$_2$	estando$_3$	(yo) mismo$_1$	bajo$_4$	(la) ley,$_5$	para que$_6$	a los (que están)$_8$	bajo$_9$	(la) ley.$_{10}$
3551	3361	5607	846	5259	3551	2443	3588	5259	3551
NASM	*BN, TN*	*VPAP-SNM*	*RP3NSMP*	*P*	*NASM*	*CAP*	*DAPM*	*P*	*NASM*

NVI

ordenado que quienes
predican el evangelio
vivan de este ministerio.
15 Pero no me he
aprovechado de ningu-
no de estos derechos, ni
escribo de esta manera
porque quiera recla-
marlos. Prefiero morir a
que alguien me prive de
este motivo de orgullo.
16 Sin embargo, cuando
predico el evangelio, no
tengo de qué enorgu-
llecerme, ya que estoy
bajo la obligación de
hacerlo. ¡Ay de mí si no
predico el evangelio!
17 En efecto, si lo hiciera
por mi propia voluntad,
tendría recompensa;
pero, si lo hago por
obligación, no hago más
que cumplir la tarea que
se me ha encomendado.
18 ¿Cuál es, entonces, mi
recompensa? Pues que
al predicar el evange-
lio pueda presentarlo
gratuitamente, sin hacer
valer mi derecho.
19 Aunque soy libre
respecto a todos, de
todos me he hecho
esclavo para ganar a
tantos como sea posible.
20 Entre los judíos me
volví judío, a fin de
ganarlos a ellos. Entre
los que viven bajo la ley
me volví como los que
están sometidos a ella
(aunque yo mismo no
vivo bajo la ley), a fin de

9:18⌜ Manuscritos inferiores aumentaron *de Cristo*.

RVR

bajo la ley, para ganar a
los que están bajo la ley;
21 a los que están sin ley,
como si yo estuviera sin
ley (no estando yo sin
ley de Dios, sino dentro
de la ley de Cristo), para
ganar a los que están
sin ley.
22 Me he hecho como
débil a los débiles, para
ganar a los débiles; a
todos me he hecho
todo, para que de todos
modos salve a algunos.
23 Y esto lo hago por
causa del evangelio, para
hacerme copartícipe
de él.
24 ¿No sabéis que los
que corren en el estadio,
todos ciertamente
corren, pero uno solo se
lleva el premio? Corred
de tal manera que lo
obtengáis.
25 Todo aquel que
lucha, en todo ejercita el
dominio propio; ellos,
en verdad, para recibir
una corona corrupti-
ble, pero nosotros, una
incorruptible.
26 Así que, yo de esta
manera corro, no como
a la ventura; de esta ma-
nera golpeo, no como
quien golpea al aire,
27 sino que trato severa-
mente a mi cuerpo, y lo
pongo en servidumbre,
no sea que habiendo
proclamado a otros,
yo mismo venga a ser
reprobado.

κερδήσω·	21 τοῖς	ἀνόμοις	ὡς	ἄνομος,	μὴ	ὢν	ἄνομος	θεοῦ
gane$_7$	a los	sin ley,	como	sin ley,	no	estando	sin ley	de Dios,
2770	3588	459	5613	459	3361	5607	459	2316
VAAS1S	DDPM	JDPM	P, CAM	JNSM	BN, TN	VPAP-SNM	JNSM	NGSM

ἀλλ’	ἔννομος	Χριστοῦ,	ἵνα	κερδάνω	τοὺς	ἀνόμους·	22 ἐγενόμην
sino	dentro de la ley	de Cristo,	para que	gane	a los	sin ley.	me hice$_3$
235	1772	5547	2443	2770	3588	459	1096
CLC	JNSM	NGSM	CAP	VAAS1S	DAPM	JAPM	VAMI1S

τοῖς	ἀσθενέσιν	ἀσθενής,	ἵνα	τοὺς	ἀσθενεῖς	κερδήσω·	τοῖς	πᾶσιν
A los$_1$	débiles$_2$	débil,$_4$	para que$_5$	a los$_7$	débiles,$_8$	gane$_6$	a --$_{11}$	todos,$_{12}$
3588	772	772	2443	3588	772	2770	3588	3956
DDPM	JDPM	JNSM	CAP	DAPM	JAPM	VAAS1S	DDPM	JDPM

γέγονα	πάντα,	ἵνα	πάντως	τινὰς	σώσω.	23 πάντα	δὲ	ποιῶ
me he hecho$_9$	todo$_{10}$	para que$_{13}$	ciertamente$_{14}$	a algunos.$_{16}$	salve$_{15}$	todas las cosas$_3$	Mas$_1$	hago$_2$
1096	3956	2443	3843	5100	4982	3956	1161	4160
VRAI1S	JNPN	CAP	B	RX-APM	VAAS1S	JAPN	CLN	VPAI1S

διὰ	τὸ	εὐαγγέλιον,	ἵνα	συγκοινωνὸς	αὐτοῦ	γένωμαι.
por causa de	el	evangelio,	para que$_1$	copartícipe$_3$	de él.$_4$	llegue a ser$_2$
1223	3588	2098	2443	4791	846	1096
P	DASN	NASN	CAP	JNSM, NNSM	RP3GSN	VAMS1S

24 Οὐκ	οἴδατε	ὅτι	οἱ	ἐν	σταδίῳ	τρέχοντες	πάντες	μὲν
¿No	sabéis	que	los que$_1$	en$_3$	(el) estadio$_4$	corren$_2$	todos$_6$	ciertamente,$_5$
3756	1492	3754	3588	1722	4712	5143	3956	3303
BN, TN	VRAI2P	CSC	DNPM	P	NDSN	VPAP-PNM	JNPM	TK, C

τρέχουσιν,	εἷς	δὲ	λαμβάνει	τὸ	βραβεῖον;	οὕτως	τρέχετε	ἵνα
corren,$_7$	uno$_9$	pero$_8$	recibe	el	premio?	Así	corred	para que
5143	1520	1161	2983	3588	1017	3779	5143	2443
VPAI3P	JNSM	CLK, CLC	VPAI3S	DASN	NASN	B	VPAM2P	CAP

καταλάβητε.	25 πᾶς	δὲ	ὁ	ἀγωνιζόμενος	πάντα	ἐγκρατεύεται,
(lo) alcancéis.	todo$_2$	Mas$_1$	el que$_3$	lucha,$_4$	todas las cosas;$_6$	domina$_5$
2638	3956	1161	3588	75	3956	1467
VAAS2P	JNSM	CLN	DNSM	VPUP-SNM	JAPN	VPUI3S

ἐκεῖνοι	μὲν	οὖν	ἵνα	φθαρτὸν	στέφανον	λάβωσιν,	ἡμεῖς
aquellos$_8$	ciertamente$_9$	así que,$_7$	para que$_{10}$	corruptible,$_{13}$	una corona$_{12}$	recibieran$_{11}$	nosotros$_{15}$
1565	3303	3767	2443	5349	4735	2983	2249
RD-NPM	TK, C	CLI	CAP	JASM	NASM	VAAS3P	RP1NP

δὲ	ἄφθαρτον.	26 ἐγὼ	τοίνυν	οὕτως	τρέχω	ὡς	οὐκ	ἀδήλως,
mas$_{14}$	una incorruptible.$_{16}$	yo$_2$	Por consiguiente,$_1$	así$_4$	corro$_3$	como$_6$	no$_5$	sin rumbo;$_7$
1161	862	1473	5106	3779	5143	5613	3756	84
CLK, CLC	JASM	RP1NS	CLI	B	VPAI1S	CAM	BN, TN	B

οὕτως	πυκτεύω	ὡς	οὐκ	ἀέρα	δέρων·	27 ἀλλὰ	ὑπωπιάζω	μου	τὸ
así	boxeo	como$_2$	no$_1$	(el) aire,	golpeando$_3$	sino	trato severamente	de mí,$_3$	el$_1$
3779	4438	5613	3756	109	1194	235	5299	3450	3588
B	VPAI1S	CAM	BN, TN	NASM	VPAP-SNM	CLC	VPAI1S	RP1GS	DASN

σῶμα	καὶ	δουλαγωγῶ,	μή	πως	ἄλλοις	κηρύξας
cuerpo$_2$	y	(lo) someto a esclavitud,	no (sea que)$_1$	de algún modo$_2$	a otros$_4$	habiendo proclamado$_3$
4983	2532	1396	3361	4458	243	2784
NASN	CLN	VPAI1S	CAP	TX, BX	JDPM	VAAP-SNM

αὐτὸς	ἀδόκιμος	γένωμαι.
(yo) mismo$_5$	no aprobado.$_7$	llegue a ser$_6$
846	96	1096
RP3NSMP	JNSM	VAMS1S

NVI

ganar a estos. 21 Entre los
que no tienen la ley me
volví como los que están
sin ley (aunque no estoy
libre de la ley de Dios,
sino comprometido con
la ley de Cristo), a fin de
ganar a los que están sin
ley. 22 Entre los débiles
me hice débil, a fin de
ganar a los débiles. Me
hice todo para todos, a
fin de salvar a algunos
por todos los medios
posibles. 23 Todo esto lo
hago por causa del evan-
gelio, para participar de
sus frutos.
24 ¿No saben que en
una carrera todos los
corredores compiten,
pero solo uno obtiene
el premio? Corran,
pues, de tal modo que lo
obtengan. 25 Todos los
deportistas se entrenan
con mucha disciplina.
Ellos lo hacen para ob-
tener un premio que se
echa a perder; nosotros,
en cambio, por uno que
dura para siempre. 26 Así
que yo no corro como
quien no tiene meta;
no lucho como quien
da golpes al aire. 27 Más
bien, golpeo mi cuerpo
y lo domino, no sea que,
después de haber predi-
cado a otros, yo mismo
quede descalificado.

NVR

Exhortaciones contra la idolatría

10 Porque no quiero, hermanos, que ignoréis que nuestros padres estuvieron todos bajo la nube, y todos pasaron por el mar;
2 y todos, siguiendo a Moisés, fueron bautizados en la nube y en el mar,
3 y todos comieron el mismo alimento espiritual,
4 y todos bebieron la misma bebida espiritual; porque bebían de la roca espiritual que los seguía, y la roca era Cristo.
5 Pero de los más de ellos no se agradó Dios, pues quedaron tendidos en el desierto.
6 Mas estas cosas sucedieron como ejemplos para nosotros, para que no codiciemos cosas malas, como ellos codiciaron.
7 Ni seáis idólatras, como algunos de ellos, según está escrito: Se sentó el pueblo a comer y a beber, y se levantó a divertirse.
8 Ni forniquemos, como algunos de ellos fornicaron, y cayeron en un día

10

Οὐ	θέλω	γὰρ	ὑμᾶς	ἀγνοεῖν,	ἀδελφοί,	ὅτι	οἱ
no$_2$	quiero$_3$	Porque$_1$	(que) vosotros	ignorar,	hermanos,	que	los$_1$
3756	2309	1063	5209	50	80	3754	3588
BN, TN	VPAI1S	CAZ	RP2AP	VPAN	NVPM	CSC	DNPM

πατέρες	ἡμῶν	πάντες	ὑπὸ	τὴν	νεφέλην	ἦσαν	καὶ	πάντες
padres$_2$	de nosotros$_3$	todos$_5$	bajo$_6$	la$_7$	nube,$_8$	estaban$_4$	y$_9$	todos$_{10}$
3962	2257	3956	5259	3588	3507	2258	2532	3956
NNPM	RP1GP	JNPM	P	DASF	NASF	VIAI3P	CLN	JNPM

διὰ	τῆς	θαλάσσης	διῆλθον,	²καὶ	πάντες	εἰς	τὸν	Μωϋσῆν
por$_{12}$	el$_{13}$	mar;$_{14}$	pasaron$_{11}$	y	todos	en	--	Moisés
1223	3588	2281	1330	2532	3956	1519	3588	3475
P	DGSF	NGSF	VAAI3P, VAAI3S	CLN	JNPM	P	DASM	NASM

ἐβαπτίσαντο	ἐν	τῇ	νεφέλῃ	καὶ	ἐν	τῇ	θαλάσσῃ,	³καὶ	πάντες
fueron bautizados	en	la	nube	y	en	el	mar,	y$_1$	todos$_2$
907	1722	3588	3507	2532	1722	3588	2281	2532	3956
VAMI3P	P	DDSF	NDSF	CLN	P	DDSF	NDSF	CLN	JNPM

τὸ	αὐτὸ	πνευματικὸν	βρῶμα	ἔφαγον	⁴καὶ	πάντες	τὸ
el$_4$	mismo$_5$	espiritual,$_7$	alimento$_6$	comieron$_3$	y$_1$	todos$_2$	la$_4$
3588	846	4152	1033	5315	2532	3956	3588
DASN	RP3ASNA, JASN	JASN	NASN	VAAI3P	CLN	JNPM	DASN

αὐτὸ	πνευματικὸν	ἔπιον	πόμα,	ἔπινον	γὰρ	ἐκ	πνευματικῆς
misma$_5$	espiritual,$_7$	bebieron$_3$	bebida$_6$	bebían$_9$	porque$_8$	de$_{10}$	espiritual$_{12}$
846	4152	4095	4188	4095	1063	1537	4152
RP3ASNA, JASN	JASN	VAAI3P	NASN	VIAI3P	CAZ	P	JGSF

ἀκολουθούσης	πέτρας,	ἡ	πέτρα	δὲ	ἦν	ὁ	Χριστός.	⁵ἀλλ᾽	οὐκ
que seguía (a ellos),$_{13}$	una roca$_{11}$	la$_{15}$	roca$_{16}$	mas$_{14}$	era	--	Cristo.	Pero$_1$	no$_4$
190	4073	3588	4073	1161	2258	3588	5547	235	3756
VPAP-SGF	NGSF	DNSF	NNSF	CLN	VIAI3S	DNSM	NNSM	CLC	BN, TN

ἐν	τοῖς	πλείοσιν	αὐτῶν	ηὐδόκησεν	ὁ	θεός,	κατεστρώθησαν	γὰρ
en$_6$	los$_7$	muchos$_8$	de ellos,$_9$	se complació$_5$	--$_2$	Dios$_3$	fueron tendidos$_{11}$	porque$_{10}$
1722	3588	4119	846	2106	3588	2316	2693	1063
P	DDPM	JDPMC	RP3GPM	VAAI3S	DNSM	NNSM	VAPI3P	CAZ

ἐν	τῇ	ἐρήμῳ.
en	el	desierto.
1722	3588	2048
P	DDSF	JDSF

⁶Ταῦτα	δὲ	τύποι	ἡμῶν	ἐγενήθησαν,	εἰς	τὸ	μὴ	εἶναι
estas cosas$_2$	Mas$_1$	ejemplos$_4$	de nosotros$_5$	se hicieron$_3$	para$_6$	--$_8$	no$_7$	ser$_9$
5023	1161	5179	2257	1096	1519	3588	3361	1511
RD-NPN	CLN	NNPM	RP1GP	VAPI3P	P	DASN	BN, TN	VPAN

ἡμᾶς	ἐπιθυμητὰς	κακῶν,	καθὼς	κἀκεῖνοι	ἐπεθύμησαν.	⁷μηδὲ
nosotros$_1$	codiciosos	de cosas malas,	como	también ellos	codiciaron.	Tampoco
2248	1938	2556	2531	2548	1937	3366
RP1AP	NAPM	JGPN	CAM	RD-NPM, TE	VAAI3P	TN, C

εἰδωλολάτραι	γίνεσθε,	καθώς	τινες	αὐτῶν·	ὥσπερ	γέγραπται·
idólatras,$_2$	os hagáis$_1$	como	algunos	de ellos,	tal como	ha sido escrito:
1496	1096	2531	5100	846	5618	1125
NNPM	VPUM2P	P, CAM	RX-NPM	RP3GPM	CAM	VRPI3S

Ἐκάθισεν	ὁ	λαὸς	φαγεῖν	καὶ	πεῖν,	καὶ	ἀνέστησαν	παίζειν.	⁸μηδὲ
se sentó$_3$	El$_1$	pueblo$_2$	a comer	y	beber	y	se levantaron	para divertirse.	Ni
2523	3588	2992	5315	2532	4095	2532	450	3815	3366
VAAI3S	DNSM	NNSM	VAAN	CLN	VAAN	CLN	VAAI3P	VPAN	CLD, TN

πορνεύωμεν,	καθὼς	τινες	αὐτῶν	ἐπόρνευσαν,	καὶ
cometamos inmoralidad sexual,	como	algunos	de ellos	cometieron inmoralidad sexual	y
4203	2531	5100	846	4203	2532
VPAS1P	CAM	RX-NPM	RP3GPM	VAAI3P	CLN

NVI

Advertencias basadas en la historia de Israel

10 No quiero que desconozcan, hermanos, que nuestros antepasados estuvieron todos bajo la nube y que todos atravesaron el
mar. 2 Todos ellos fueron bautizados en la nube y en el mar para unirse a
Moisés. 3 Todos también comieron el mismo alimento espiritual 4 y tomaron la misma bebida espiritual, pues bebían de la roca espiritual que los acompañaba, y la
roca era Cristo. 5 Sin embargo, la mayoría de ellos no agradaron a Dios, y sus cuerpos quedaron tendidos en el desierto.

6 Todo eso sucedió para servirnos de ejemplo, a fin de que no nos apasionemos por lo malo, como lo hicieron
ellos. 7 No sean idólatras, como lo fueron algunos de ellos, según está escrito: «Se sentó el pueblo a comer y a beber, y se entregó al desenfreno».
8 No cometamos inmoralidad sexual, como algunos lo hicieron, por

RVR

veintitrés mil.
9 Ni provoquemos al
Señor, como también
algunos de ellos le
provocaron, y perecie-
ron mordidos por las
serpientes.
10 Ni murmuréis,
como algunos de
ellos murmuraron, y
perecieron víctimas del
Exterminador.
11 Y estas cosas les
acontecieron como
ejemplo, y fueron escri-
tas para amonestarnos a
nosotros, a quienes han
alcanzado los fines de
los siglos.
12 Así que, el que piensa
estar firme, mire que
no caiga.
13 No os ha sobrevenido
ninguna tentación que
no sea humana; pero fiel
es Dios, que no permi-
tirá que seáis tentados
más de lo que podéis
resistir, sino que provee-
rá también juntamente
con la tentación la vía de
escape, para que podáis
soportar.
14 Por tanto, amados
míos, huid de la ido-
latría.
15 Como a sensatos os
hablo; juzgad vosotros
lo que digo.
16 La copa de bendi-
ción que bendecimos,
¿no es comunión en
la sangre de Cristo? El
pan que partimos,
¿no es comunión en el

ἔπεσαν	μιᾷ	ἡμέρᾳ	εἴκοσι	τρεῖς	χιλιάδες.	9 μηδὲ	ἐκπειράζωμεν
cayeron	en un	día	veinte	tres	mil.	Ni	pongáis a prueba
4098	1520	2250	1501	5140	5505	3366	1598
VAAI3P	JDSF	NDSF	JNPF, JNPM	JNPF, JNPM	JNPF, NNPF	CLD, TN	VPAS1P

τὸν	Χριστόν,	καθώς	τινες	αὐτῶν	ἐπείρασαν,	καὶ	ὑπὸ	τῶν	ὄφεων
a --	Cristo,	como	algunos	de ellos	probaron,	y$_1$	por$_3$	las$_4$	serpientes.$_5$
3588	5547	2531	5100	846	3985	2532	5259	3588	3789
DASM	NASM	CAM	RX-NPM	RP3GPM	VAAI3P	CLN	P	DGPM	NGPM

ἀπώλλυντο.	10 μηδὲ	γογγύζετε,	καθάπερ	τινὲς	αὐτῶν	ἐγόγγυσαν,
perecían$_2$	Tampoco	murmuréis,	tal como	algunos	de ellos	murmuraron,
622	3366	1111	2509	5100	846	1111
VIPI3P, VIMI3P	CLD, TN	VPAM2P	CAM	RX-NPM	RP3GPM	VAAI3P

καὶ	ἀπώλοντο	ὑπὸ	τοῦ	ὀλοθρευτοῦ.	11 ταῦτα	δὲ	τυπικῶς
y	perecieron	por	el	destructor.	estas cosas$_2$	Mas$_1$	como un ejemplo,$_5$
2532	622	5259	3588	3644	5023	1161	5179
CLN	VAMI3P	P	DGSM	NGSM	RD-NPN	CLN	B

συνέβαινεν	ἐκείνοις,	ἐγράφη	δὲ	πρὸς	νουθεσίαν	ἡμῶν,	εἰς
sucedían$_3$	a aquellos$_4$	fue escrito$_7$	mas$_6$	para$_8$	advertencia$_9$	de nosotros,$_{10}$	para$_{11}$
4819	1565	1125	1161	4314	3559	2257	1519
VIAI3S	RD-DPM	VAPI3S	CLN	P	NASF	RP1GP	P

οὓς	τὰ	τέλη	τῶν	αἰώνων	κατήντηκεν.	12 ὥστε	ὁ	δοκῶν
quienes$_{12}$	los$_{14}$	finales$_{15}$	de los$_{16}$	siglos.$_{17}$	han alcanzado$_{13}$	De modo que,	el que	piensa
3739	3588	5056	3588	165	2658	5620	3588	1380
RR-APM	DNPN	NNPN	DGPM	NGPM	VRAI3S	CLI	DNSM	VPAP-SNM

ἑστάναι	βλεπέτω	μὴ	πέσῃ,	13 πειρασμὸς	ὑμᾶς	οὐκ	εἴληφεν	εἰ
estar firme,	mire	no	cayera (caiga)	Una prueba$_1$	a vosotros,$_4$	no$_2$	ha tomado$_3$	si$_5$
2476	991	3361	4098	3986	5209	3756	2983	1487
VRAN	VPAM3S	CSC, TN	VAAS3S	NNSM	RP2AP	BN, TN	VRAI3S	CAC

μὴ	ἀνθρώπινος·	πιστὸς	δὲ	ὁ	θεός,	ὅς	οὐκ	ἐάσει	ὑμᾶς
no$_6$	humana,$_7$	(es) fiel,$_{11}$	mas$_8$	--$_9$	Dios$_{10}$	quien	no	permitirá	a vosotros
3361	442	4103	1161	3588	2316	3739	3756	1439	5209
BN, TN	JNSM	JNSM	CLN	DNSM	NNSM	RR-NSM	CLK, TN, B	VFAI3S	RP2AP

πειρασθῆναι	ὑπὲρ	ὃ	δύνασθε,	ἀλλὰ	ποιήσει	σὺν	τῷ	πειρασμῷ
ser probados	sobre	lo que	podéis,	sino	hará	con	la	prueba
3985	5228	3739	1410	235	4160	4862	3588	3986
VAPN	P	RR-ASN	VPUI2P	CLK, CLC	VFAI3S	P	DDSM	NDSM

καὶ	τὴν	ἔκβασιν	τοῦ	δύνασθαι	ὑπενεγκεῖν.
también	la	salida	-- (para)	poder	soportar.
2532	3588	1545	3588	1410	5297
BE, TE	DASF	NASF	DGSN, DGSM	VPUN	VAAN

14 Διόπερ,	ἀγαπητοί	μου,	φεύγετε	ἀπὸ	τῆς	εἰδωλολατρίας.	15 ὡς
Por lo tanto,	amados	de mí,	huid	de	la	idolatría.	como$_2$
1355	27	3450	5343	575	3588	1495	5613
CLI	JVPM	RP1GS	VPAM2P	P	DGSF	NGSF	CAM

φρονίμοις	λέγω·	κρίνατε	ὑμεῖς	ὅ	φημι.	16 τὸ	ποτήριον	τῆς
a sabios,$_3$	Hablo$_1$	juzgad$_5$	vosotros$_4$	lo que	digo.	La	copa	de --
5429	3004	2919	5210	3739	5346	3588	4221	3588
JDPM	VPAI1S	VAAM2P	RP2NP	RR-ASN	VPAI1S	DNSN	NNSN	DGSF

εὐλογίας	ὃ	εὐλογοῦμεν,	οὐχὶ	κοινωνία	ἐστὶν	τοῦ	αἵματος	τοῦ
bendición	la que	bendecimos,	¿no$_1$	(la) comunión$_3$	es$_2$	de la	sangre	de
2129	3739	2127	3780	2842	2076	3588	129	3588
NGSF	RR-ASN	VPAI1P	BN, TN	NNSF	VPAI3S	DGSN	NGSN	DGSM

Χριστοῦ;	τὸν	ἄρτον	ὃν	κλῶμεν,	οὐχὶ	κοινωνία	τοῦ	σώματος
de Cristo?	El	pan	el que	partimos,	¿no$_1$	(la) comunión$_3$	del$_4$	cuerpo$_5$
5547	3588	740	3739	2806	3780	2842	3588	4983
NGSM	DASM	NASM	RR-ASM	VPAI1P	BN, TN	NNSF	DGSN	NGSN

NVI

lo que en un solo día pe-
recieron veintitrés mil.
9 Tampoco pongamos a
prueba al Señor, como
lo hicieron algunos y
murieron víctimas de las
serpientes. 10 Ni murmu-
ren contra Dios, como
lo hicieron algunos y
sucumbieron a manos
del ángel destructor.
11 Todo eso les
sucedió para servir de
ejemplo, y quedó escrito
para advertencia nues-
tra, pues a nosotros nos
ha llegado el fin de los
tiempos. 12 Por lo tanto,
si alguien piensa que está
firme, tenga cuidado
de no caer. 13 Ustedes
no han sufrido ninguna
tentación que no sea co-
mún al género humano.
Pero Dios es fiel, y no
permitirá que ustedes
sean tentados más allá de
lo que puedan aguantar.
Más bien, cuando llegue
la tentación, él les dará
también una salida a fin
de que puedan resistir.

Las fiestas idólatras y la Cena del Señor

14 Por tanto, mis que-
ridos hermanos, huyan
de la idolatría. 15 Me di-
rijo a personas sensatas;
juzguen ustedes mismos
lo que digo. 16 Esa copa
de bendición por la
cual damos gracias, ¿no
significa que entramos
en comunión con la
sangre de Cristo? Ese
pan que partimos, ¿no
significa que entramos

NVP

cuerpo de Cristo?
17 Puesto que es uno
solo el pan, nosotros,
con ser muchos, somos
un solo cuerpo; pues to-
dos participamos de ese
pan, que es uno solo.
18 Mirad a Israel según
la carne; los que comen
de los sacrificios, ¿no
están en comunión con
el altar?
19 ¿Qué digo, pues?
¿Que el ídolo es algo,
o que sea algo lo que se
sacrifica a los ídolos?
20 Más bien digo que lo
que los gentiles sacrifi-
can, lo sacrifican a los
demonios, y no a Dios;
y no quiero que voso-
tros tengáis comunión
con los demonios.
21 No podéis beber la
copa del Señor, y la copa
de los demonios; no
podéis participar de la
mesa del Señor, y de la
mesa de los demonios.
22 ¿O provocaremos a
celos al Señor? ¿Somos
acaso más fuertes
que él?

La libertad del cristiano

23 Todo me es lícito,
pero no todo conviene;
todo me es lícito, pero
no todo edifica.
24 Ninguno busque su
propio interés, sino el
del otro.
25 De todo lo que se
vende en la carnicería,

τοῦ	Χριστοῦ	ἐστιν;	17 ὅτι	εἷς	ἄρτος,	ἓν	σῶμα	οἱ	πολλοί
de--$_{6}$	Cristo?$_{7}$	es$_{2}$	Porque	(es) un solo	pan,	un$_{4}$	cuerpo;$_{5}$	los$_{1}$	muchos$_{2}$
3588	5547	2076	3754	1520	740	1520	4983	3588	4183
DGSM	*NGSM*	*VPAI3S*	*CAZ*	*JNSM*	*NNSM*	*JNSN*	*NNSN*	*DNPM*	*JNPM*

ἐσμεν,	οἱ	γὰρ	πάντες	ἐκ	τοῦ	ἑνὸς	ἄρτου	μετέχομεν.	18 βλέπετε
somos$_{3}$	--$_{7}$	porque$_{6}$	todos$_{8}$	de$_{10}$	el$_{11}$	un solo$_{12}$	pan.$_{13}$	participamos$_{9}$	Mirad
2070	3588	1063	3956	1537	3588	1520	740	3348	991
VPAI1P	*DNPM*	*CAZ*	*JNPM*	*P*	*DGSM*	*JGSM*	*NGSM*	*VPAI1P*	*VPAM2P*

τὸν	Ἰσραὴλ	κατὰ	σάρκα·	οὐχ	οἱ	ἐσθίοντες	τὰς	θυσίας	κοινωνοὶ
al	Israel	según	(la) carne;	¿no$_{1}$	los que$_{3}$	comen$_{4}$	los$_{5}$	sacrificios$_{6}$	participantes$_{7}$
3588	2474	2596	4561	3756	3588	2068	3588	2378	2844
DASM	*NASM, XP*	*P*	*NASF*	*TN, TI*	*DNPM*	*VPAP-PNM*	*DAPF*	*NAPF*	*JNPM, NNPM*

τοῦ	θυσιαστηρίου	εἰσίν;	19 τί	οὖν	φημι;	ὅτι	εἰδωλόθυτόν	τί
del$_{8}$	altar?$_{9}$	son$_{2}$	¿qué$_{2}$	Así que,$_{1}$	digo?	Que	(el) sacrificio a los ídolos	¿qué
3588	2379	1526	5101	3767	5346	3754	1494	5100
DGSN	*NGSN*	*VPAI3P*	*RI-ASN*	*CLI*	*VPAI1S*	*CSC*	*JNSN*	*RX-NSN*

ἐστιν,	ἢ	ὅτι	εἴδωλόν	τί	ἐστιν;	20 ἀλλ᾽	ὅτι	ἃ	θύουσιν,
es?	O	que	un ídolo	¿qué	es?	Pero,	que	las cosas que	sacrifican,
2076	2228	3754	1497	5100	2076	235	3754	3739	2380
VPAI3S	*CLD*	*CSC*	*NNSN*	*RX-NSN*	*VPAI3S*	*CLC*	*CSC*	*RR-APN*	*VPAI3P*

δαιμονίοις	καὶ	οὐ	θεῷ	θύουσιν,	οὐ	θέλω	δὲ	ὑμᾶς	κοινωνοὺς
a demonios$_{2}$	y$_{3}$	no$_{4}$	a Dios,$_{5}$	sacrifican$_{1}$	no$_{7}$	quiero$_{8}$	mas$_{6}$	(que) vosotros$_{9}$	partícipes$_{11}$
1140	2532	3756	2316	2380	3756	2309	1161	5209	2844
NDPN	*CLN*	*BN, TN*	*NDSM*	*VPAI3P*	*BN, TN*	*VPAI1S*	*CLN*	*RP2AP*	*JAPM, NAPM*

τῶν	δαιμονίων	γίνεσθαι.	21 οὐ	δύνασθε	ποτήριον	κυρίου	πίνειν
de los$_{12}$	demonios;$_{13}$	llegar a ser$_{10}$	No$_{1}$	podéis$_{2}$	(la) copa$_{4}$	de(l) Señor$_{5}$	beber$_{3}$
3588	1140	1096	3756	1410	4221	2962	4095
DGPN	*NGPN*	*VPUN*	*BN,TN*	*VPUI2P*	*NASN*	*NGSM*	*VPAN*

καὶ	ποτήριον	δαιμονίων·	οὐ	δύνασθε	τραπέζης	κυρίου	μετέχειν
y	(la) copa	de (los) demonios;	no$_{1}$	podéis$_{2}$	de (la) mesa$_{4}$	de(l) Señor$_{5}$	participar$_{3}$
2532	4221	1140	3756	1410	5132	2962	3348
CLN	*NASN*	*NGPN*	*BN, TN*	*VPUI2P*	*NGSF*	*NGSM*	*VPAN*

καὶ	τραπέζης	δαιμονίων.	22 ἢ	παραζηλοῦμεν	τὸν	κύριον;	μὴ
y	de (la) mesa	de (los) demonios.	¿O	provocamos celos	al	Señor?	¿Acaso$_{1}$
2532	5132	1140	2228	3863	3588	2962	3361
CLN	*NGSF*	*NGPN*	*CLD*	*VPAI1P*	*DASM*	*NASM*	*TN, TI*

ἰσχυρότεροι	αὐτοῦ	ἐσμεν;
más fuertes$_{3}$	(que) él?$_{4}$	somos$_{2}$
2478	846	2070
JNPMC	*RP3GSM*	*VPAI1P*

23 Πάντα	ἔξεστιν·	ἀλλ᾽	οὐ	πάντα	συμφέρει.	πάντα
Todas las cosas	es (son) lícitas,	pero	no	todas las cosas	conviene;	todas las cosas
3956	1832	235	3756	3956	4851	3956
JNPN	*VPAI3S*	*CLC*	*BN, TN*	*JNPN*	*VPAI3S*	*JNPN*

ἔξεστιν·	ἀλλ᾽	οὐ	πάντα	οἰκοδομεῖ.	24 μηδεὶς	τὸ	ἑαυτοῦ	ζητείτω
es (son) lícitas,	pero	no	todas las cosas	edifica(n).	Nadie$_{1}$	lo$_{3}$	de sí mismo,$_{4}$	busque$_{2}$
1832	235	3756	3956	3618	3367	3588	1438	2212
VPAI3S	*CLC*	*BN, TN*	*JNPN*	*VPAI3S*	*JNSM*	*DASN*	*RF3GSM*	*VPAM3S*

ἀλλὰ	τὸ	τοῦ	ἑτέρου.	25 πᾶν	τὸ	ἐν	μακέλλῳ	πωλούμενον	ἐσθίετε
sino	lo	del	otro.	todo$_{2}$	lo que$_{3}$	en$_{5}$	(la) carnicería,$_{6}$	se vende$_{4}$	Comed$_{1}$
235	3588	3588	2087	3956	3588	1722	3111	4453	2068
CLC	*DASN*	*DGSM*	*JGSM*	*JASN*	*DASN*	*P*	*NDSN*	*VPPP-SAN*	*VPAM2P*

NVI

en comunión con el
cuerpo de Cristo? 17 Hay
un solo pan del cual
todos participamos;
por eso, aunque somos
muchos, formamos un
solo cuerpo.
18 Consideren al pue-
blo de Israel como tal:
¿No entran en comu-
nión con el altar los que
comen de lo sacrificado?
19 ¿Qué quiero decir
con esta comparación?
¿Que el sacrificio que
los gentiles ofrecen a los
ídolos sea algo, o que el
ídolo mismo sea algo?
20 No, sino que cuando
ellos ofrecen sacrifi-
cios, lo hacen para los
demonios, no para Dios,
y no quiero que ustedes
entren en comunión
con los demonios. 21 No
pueden beber de la copa
del Señor y también de
la copa de los demonios;
no pueden participar
de la mesa del Señor
y también de la mesa
de los demonios. 22 ¿O
vamos a provocar a celos
al Señor? ¿Somos acaso
más fuertes que él?

La libertad del creyente

23 «Todo está per-
mitido», pero no todo
es provechoso. «Todo
está permitido», pero
no todo es constructivo.
24 Que nadie busque sus
propios intereses, sino
los del prójimo.
25 Coman de todo
lo que se vende en la

RVR

comed, sin más averi-
guaciones por motivos
de conciencia;
26 porque del Señor es la
tierra y su plenitud.
27 Si algún incrédulo os
invita, y queréis ir, de
todo lo que se os ponga
delante comed, sin más
averiguaciones por mo-
tivos de conciencia.
28 Mas si alguien os dice:
Esto fue sacrificado a
los ídolos; no lo comáis,
por causa de aquel
que lo declaró, y por
motivos de conciencia
(porque del Señor es la
tierra y su plenitud);
29 la conciencia, digo, no
la tuya, sino la del otro.
Pues ¿cómo se ha de
juzgar mi libertad por la
conciencia de otro?
30 Y si yo con agradeci-
miento participo, ¿por
qué he de ser censurado
por aquello de que doy
gracias?
31 Así pues, ya sea que
comáis, que bebáis, o
que hagáis cualquier
otra cosa, hacedlo todo
para la gloria de Dios.
32 No seáis tropiezo ni a
judíos, ni a gentiles, ni a
la iglesia de Dios;
33 como también yo en
todas las cosas agrado a
todos, no procurando
mi propio beneficio,
sino el de los demás,
para que sean salvos.

μηδὲν	ἀνακρίνοντες	διὰ	τὴν	συνείδησιν,	26 τοῦ	κυρίου	γὰρ
nada	preguntando,	por causa de	la	conciencia.	(son) del$_8$	Señor.$_9$	Porque$_1$
3367	350	1223	3588	4893	3588	2962	1063
JASN	*VPAP-PNM*	*P*	*DASF*	*NASF*	*DGSM*	*NGSM*	*CAZ*

ἡ	γῆ	καὶ	τὸ	πλήρωμα	αὐτῆς.	27 εἴ	τις	καλεῖ	ὑμᾶς	τῶν
la$_2$	tierra$_3$	y$_4$	la$_5$	plenitud$_6$	de ella$_7$	Si$_1$	alguien$_2$	llama$_5$	a vosotros,$_6$	de los$_3$
3588	1093	2532	3588	4138	846	1487	5100	2564	5209	3588
DNSF	*NNSF*	*CLN*	*DNSN*	*NNSN*	*RP3GSF*	*CAC*	*RX-NSM*	*VPAI3S*	*RP2AP*	*DGPM*

ἀπίστων	καὶ	θέλετε	πορεύεσθαι,	πᾶν	τὸ	παρατιθέμενον	ὑμῖν
incrédulos$_4$	y	queréis	ir,	todo$_2$	lo que$_3$	sea presentado$_4$	a vosotros,$_5$
571	2532	2309	4198	3956	3588	3908	5213
JGPM	*CLN*	*VPAI2P*	*VPUN*	*JASN*	*DASN*	*VPPP-SAN*	*RP2DP*

ἐσθίετε	μηδὲν	ἀνακρίνοντες	διὰ	τὴν	συνείδησιν·	28 ἐὰν	δέ	τις
comed$_1$	nada	preguntando,	por causa de	la	conciencia.	si$_2$	Pero$_1$	alguno$_3$
2068	3367	350	1223	3588	4893	1437	1161	5100
VPAM2P	*JASN*	*VPAP-PNM*	*P*	*DASF*	*NASF*	*CAC*	*CLC*	*RX-NSM*

ὑμῖν	εἴπῃ·	Τοῦτο	⸀ἱερόθυτόν	ἐστιν,	μὴ	ἐσθίετε	δι'
a vosotros:$_5$	dijera$_4$	Esto$_6$	sacrificado a una deidad,$_8$	es$_7$	no	comáis,	por causa de
5213	2036	5124	1494	2076	3361	2068	1223
RP2DP	*VAAS3S*	*RD-NSN*	*JNSN*	*VPAI3S*	*BN, TN*	*VPAM2P*	*P*

ἐκεῖνον	τὸν	μηνύσαντα	καὶ	τὴν	⸀¹συνείδησιν·	29 συνείδησιν	δὲ	λέγω
aquel	--que	indicó	y	la	conciencia.	(la) conciencia$_4$	Mas,$_1$	digo$_3$
1565	3588	3377	2532	3588	4893	4893	1161	3004
RD-ASM	*DASM*	*VAAP-SAM*	*CLN*	*DASF*	*NASF*	*NASF*	*CLC*	*VPAI1S*

οὐχὶ	τὴν	ἑαυτοῦ	ἀλλὰ	τὴν	τοῦ	ἑτέρου·	ἱνατί	γὰρ	ἡ	ἐλευθερία	μου
no$_2$	la$_5$	de ti mismo,$_6$	sino	la	del	otro.	¿por qué$_2$	Pues,$_1$	la	libertad	de mí
3780	3588	1438	235	3588	3588	2087	2444	1063	3588	1657	3450
BN, TN	*DASF*	*RF3GSM*	*CLC*	*DASF*	*DGSM*	*JGSM*	*BI*	*CAZ*	*DNSF*	*NNSF*	*RP1GS*

κρίνεται	ὑπὸ	ἄλλης	συνειδήσεως;	30 εἰ	ἐγὼ	χάριτι	μετέχω,	τί
es juzgada	por	otra	conciencia?	Si	yo	con gratitud,$_2$	participo$_1$	¿por qué
2919	5259	243	4893	1487	1473	5485	3348	5101
VPPI3S	*P*	*JGSF*	*NGSF*	*CAC*	*RP1NS*	*NDSF*	*VPAI1S*	*RI-ASN*

βλασφημοῦμαι	ὑπὲρ	οὗ	ἐγὼ	εὐχαριστῶ;
soy calumniado	por	lo que	yo	agradezco?
987	5228	3739	1473	2168
VPPI1S	*P*	*RR-GSN*	*RP1NS*	*VPAI1S*

31 Εἴτε	οὖν	ἐσθίετε	εἴτε	πίνετε	εἴτε	τι	ποιεῖτε,	πάντα
sea (que)$_2$	Así que,$_1$	coméis,$_3$	sea (que)	bebéis,	sea (que)	algo	hacéis,	todas las cosas$_2$
1535	3767	2068	1535	4095	1535	5100	4160	3956
CLK,CAC	*CLI*	*VPAI2P*	*CLK, CAC*	*VPAI2P*	*CLK, CAC*	*RX-ASN*	*VPAI2P*	*JAPN*

εἰς	δόξαν	θεοῦ	ποιεῖτε.	32 ἀπρόσκοποι	καὶ	Ἰουδαίοις	γίνεσθε
para$_3$	(la) gloria$_4$	de Dios.$_5$	haced$_1$	sin ofensa$_2$	también$_3$	a judíos,$_4$	Estad$_1$
1519	1391	2316	4160	677	2532	2453	1096
P	*NASF*	*NGSM*	*VPAM2P*	*JNPM*	*CLK*	*JDPM*	*VPUM2P*

καὶ	Ἕλλησιν	καὶ	τῇ	ἐκκλησίᾳ	τοῦ	θεοῦ,	33 καθὼς	κἀγὼ
y	griegos,	y	la	iglesia	de --	Dios,	como	también yo
2532	1672	2532	3588	1577	3588	2316	2531	2504
CLK, CLN	*NDPM*	*CLK, CLN*	*DDSF*	*NDSF*	*DGSM*	*NGSM*	*CAM*	*RP1NS, TE*

πάντα	πᾶσιν	ἀρέσκω,	μὴ	ζητῶν	τὸ	ἐμαυτοῦ	σύμφορον	ἀλλὰ
a todos$_2$	en todo,$_3$	agrado$_1$	no	buscando	el$_1$	de mí mismo,$_3$	beneficio$_2$	sino
3956	3956	700	3361	2212	3588	1683	4851	235
JAPN	*JDPM, JDPN*	*VPAI1S*	*BN, TN*	*VPAP-SNM*	*DASN*	*RF1GSM*	*JASN*	*CLC*

τὸ	τῶν	πολλῶν,	ἵνα	σωθῶσιν.
el	de los	muchos,	para que	sean salvos.
3588	3588	4183	2443	4982
DASN	*DGPM*	*JGPM*	*CAP*	*VAPS3P*

NVI

carnicería, sin preguntar
nada por motivos de
conciencia, 26 porque
«del Señor es la tierra
y todo cuanto hay en
ella».
27 Si algún incrédu-
lo los invita a comer,
y ustedes aceptan la
invitación, coman de
todo lo que les sirvan
sin preguntar nada por
motivos de conciencia.
28 Ahora bien, si alguien
les dice: «Esto ha sido
ofrecido en sacrificio a
los ídolos», entonces no
lo coman, por conside-
ración al que se lo men-
cionó, y por motivos de
conciencia. 29 Me refiero
a la conciencia del otro,
no a la de ustedes. ¿Por
qué se ha de juzgar mi
libertad de acuerdo con
la conciencia ajena? 30 Si
con gratitud participo
de la comida, ¿me van
a condenar por comer
algo por lo cual doy
gracias a Dios?
31 En conclusión, ya
sea que coman o beban
o hagan cualquier otra
cosa, háganlo todo para
la gloria de Dios. 32 No
hagan tropezar a nadie,
ni a judíos, ni a gentiles
ni a la iglesia de Dios.
33 Hagan como yo, que
procuro agradar a todos
en todo. No busco mis
propios intereses, sino
los de los demás, para
que sean salvos.

10:28⸀ Manuscritos inferiores tienen *sacrificdo a un ídolo.* **10:28⸀¹** Manuscritos inferiores aumentaron *porque la tierra y su plenitud es del Señor.*

NVR

11 Sed imitadores
de mí, así como
yo de Cristo.

La mujer en la iglesia

2 Os alabo, hermanos,
porque en todo os acor-
dáis de mí, y retenéis las
instrucciones tal como
os las entregué.
3 Pero quiero que sepáis
que Cristo es la cabeza
de todo varón, y el
varón es la cabeza de la
mujer, y Dios la cabeza
de Cristo.
4 Todo varón que ora o
profetiza con la cabeza
cubierta, afrenta a su
cabeza.
5 Pero toda mujer que
ora o profetiza con la
cabeza descubierta,
afrenta a su cabeza; por-
que se hace enteramente
igual que la que se ha
rapado.
6 Porque si la mujer no
se cubre, que se corte
también el cabello; y
si le es vergonzoso a la
mujer cortarse el cabello
o raparse, que se cubra.
7 Porque el varón no
debe cubrirse la cabeza,
pues él es imagen y
gloria de Dios; pues
la mujer es gloria del
varón.
8 Porque el varón no
procede de la mujer,
sino la mujer del varón,

---

11 μιμηταί μου γίνεσθε, καθὼς κἀγὼ Χριστοῦ.
imitadores$_{2}$ de mí$_{3}$ Llegad a ser$_{1}$ como también yo de Cristo.
3402 3450 1096 2531 2504 5547
NNPM RP1GS VPUM2P CAM RP1NS, TE NGSM

2 Ἐπαινῶ δὲ ὑμᾶς ὅτι πάντα μου μέμνησθε καὶ καθὼς
alabo$_{2}$ Mas$_{1}$ a vosotros$_{3}$ porque$_{4}$ todas las cosas$_{6}$ de mí$_{7}$ habéis recordado$_{5}$ y$_{8}$ como$_{9}$
1867 1161 5209 3754 3956 3450 3415 2532 2531
VPAI1S CLT RP2AP CAZ JAPN RP1GS VRMI2P, VRPI2P CLN CAM

παρέδωκα ὑμῖν τὰς παραδόσεις κατέχετε. 3 θέλω δὲ ὑμᾶς
(que) entregué$_{13}$ a vosotros.$_{14}$ las$_{11}$ tradiciones$_{12}$ retenéis$_{10}$ quiero$_{2}$ Mas$_{1}$ vosotros
3860 5213 3588 3862 2722 2309 1161 5209
VAAI1S RP2DP DAPF NAPF VPAI2P VPAI1S CLC RP2AP

εἰδέναι ὅτι παντὸς ἀνδρὸς ἡ κεφαλὴ ὁ Χριστός ἐστιν, κεφαλὴ
saber (sepáis) que de todo$_{6}$ varón,$_{7}$ la$_{4}$ cabeza$_{5}$ --$_{1}$ Cristo$_{2}$ es$_{3}$ (es) cabeza$_{11}$
1492 3754 3956 435 3588 2776 3588 5547 2076 2776
VRAN CSC JGSM NGSM DNSF NNSF DNSM NNSM VPAI3S NNSF

δὲ γυναικὸς ὁ ἀνήρ, κεφαλὴ δὲ τοῦ Χριστοῦ ὁ θεός. 4 πᾶς
mas$_{8}$ de (la) mujer,$_{12}$ el$_{9}$ varón$_{10}$ (es) cabeza$_{16}$ mas$_{13}$ de --$_{17}$ Cristo.$_{19}$ --$_{14}$ Dios$_{15}$ Todo
1161 1135 3588 435 2776 1161 3588 5547 3588 2316 3956
CLN NGSF DNSM NNSM NNSF CLN DGSM NGSM DNSM NNSM JNSM

ἀνὴρ προσευχόμενος ἢ προφητεύων κατὰ κεφαλῆς ἔχων
varón que está orando o profetizando sobre$_{2}$ (la) cabeza$_{3}$ teniendo (algo)$_{1}$
435 4336 2228 4395 2596 2776 2192
NNSM VPUP-SNM CLD VPAP-SNM P NGSF VPAP-SNM

καταισχύνει τὴν κεφαλὴν αὐτοῦ. 5 πᾶσα δὲ γυνὴ προσευχομένη ἢ
avergüenza la cabeza de él. toda$_{2}$ Mas$_{1}$ mujer que está orando o
2617 3588 2776 846 3956 1161 1135 4336 2228
VPAI3S DASF NASF RP3GSM JNSF CLC NNSF VPUP-SNF CLD

προφητεύουσα ἀκατακαλύπτῳ τῇ κεφαλῇ καταισχύνει τὴν κεφαλὴν
profetizando descubierta la cabeza avergüenza a la cabeza
4395 177 3588 2776 2617 3588 2776
VPAP-SNF JDSF DDSF NDSF VPAI3S DASF NASF

αὐτῆς, ἓν γάρ ἐστιν καὶ τὸ αὐτὸ τῇ ἐξυρημένῃ. 6 εἰ
de ella, una cosa$_{3}$ porque$_{1}$ es$_{2}$ y lo mismo con la que ha sido rapada. si$_{2}$
846 1520 1063 2076 2532 3588 846 3588 3587 1487
RP3GSF JNSN CLX VPAI3S CLN, B DNSN RP3NSNA DDSF VRPP-SDF CAC

γὰρ οὐ κατακαλύπτεται γυνή, καὶ κειράσθω· εἰ δὲ αἰσχρὸν
Porque$_{1}$ no$_{4}$ se cubre,$_{5}$ (la) mujer$_{3}$ también que se trasquile, si$_{2}$ mas$_{1}$ (es) vergonzoso
1063 3756 2619 1135 2532 2751 1487 1161 150
CAZ BN, TN VPPI3S NNSF BE, TE VAMM3S CAC CLC JNSN

γυναικὶ τὸ κείρασθαι ἢ ξυρᾶσθαι, κατακαλυπτέσθω. 7 ἀνὴρ
a una mujer el trasquilarse o raparse, que se cubra (el) varón$_{3}$
1135 3588 2751 2228 3587 2619 435
NDSF DNSN VAMN CLD VPPN VPPM3S NNSM

μὲν γὰρ οὐκ ὀφείλει κατακαλύπτεσθαι τὴν κεφαλήν, εἰκὼν καὶ
en verdad,$_{2}$ Porque$_{1}$ no debe cubrirse la cabeza, imagen$_{2}$ y$_{3}$
3303 1063 3756 3784 2619 3588 2776 1504 2532
TK, C CAZ BN, TN VPAI3S VPMN, VPPN DASF NASF NNSF CLN

δόξα θεοῦ ὑπάρχων· ἡ γυνὴ δὲ δόξα ἀνδρός ἐστιν. 8 οὐ
gloria$_{4}$ Dios,$_{5}$ siendo$_{1}$ la$_{7}$ mujer$_{8}$ mas$_{6}$ gloria$_{10}$ del varón.$_{11}$ es$_{9}$ no$_{2}$
1391 2316 5225 3588 1135 1161 1391 435 2076 3756
NNSF NGSM VAP-SNM DNSF NNSF CLK, CLC NNSF NGSM VPAI3S CLK, TN, B

γάρ ἐστιν ἀνὴρ ἐκ γυναικός, ἀλλὰ γυνὴ ἐξ ἀνδρός·
Porque$_{1}$ es (el) varón proviene de (la) mujer, sino (la) mujer proviene de (el) varón.
1063 2076 435 1537 1135 235 1135 1537 435
CAZ VPAI3S NNSM P NGSF CLK NNSF P NGSM

NVI

11 Imítenme a mí,
como yo imito
a Cristo.

Decoro en el culto

2 Los elogio porque se
acuerdan de mí en todo
y retienen las ense-
ñanzas, tal como se las
transmití.
3 Ahora bien, quiero
que entiendan que
Cristo es cabeza de todo
hombre, mientras que el
hombre es cabeza de la
mujer y Dios es cabeza
de Cristo. 4 Todo hom-
bre que ora o profetiza
con la cabeza cubierta
deshonra al que es su ca-
beza. 5 En cambio, toda
mujer que ora o profeti-
za con la cabeza descu-
bierta deshonra al que
es su cabeza; es como
si estuviera rasurada.
6 Si la mujer no se cubre
la cabeza, que se corte
también el cabello; pero,
si es vergonzoso para la
mujer tener el pelo corto
o la cabeza rasurada, que
se la cubra. 7 El hombre
no debe cubrirse la
cabeza, ya que él es
imagen y gloria de Dios,
mientras que la mujer es
gloria del hombre. 8 De
hecho, el hombre no
procede de la mujer, sino
la mujer del hombre;

RVR

9 y tampoco el varón fue
creado por causa de la
mujer, sino la mujer por
causa del varón.
10 Por tanto, la mujer
debe tener señal de
autoridad sobre su
cabeza, por causa de los
ángeles.
11 Sin embargo, en el
Señor, ni el varón es
aparte de la mujer, ni la
mujer aparte del varón;
12 porque así como
la mujer procede del
varón, también el varón
nace mediante la mujer;
pero todo procede de
Dios.
13 Juzgad entre vosotros
mismos: ¿Es propio que
la mujer ore a Dios sin
cubrirse la cabeza?
14 La naturaleza misma
¿no os enseña que al
varón le es deshonroso
dejarse crecer el cabello?
15 Por el contrario, a la
mujer dejarse crecer el
cabello le es honroso;
porque en lugar de velo
le es dado el cabello.
16 Con todo eso, si
alguno es amigo de dis-
cusiones, nosotros no
tenemos tal costumbre,
ni las iglesias de Dios.

Abusos en la Cena del Señor

17 Pero al daros las ins-
trucciones que siguen,
no os alabo; porque no
os congregáis para lo
mejor, sino para lo peor.
18 Pues en primer lugar,

9 καὶ	γὰρ	οὐκ	ἐκτίσθη	ἀνὴρ	διὰ	τὴν	γυναῖκα,	ἀλλὰ	γυνὴ
también$_2$	Porque$_1$	no	fue creado	(el) varón	por causa de	la	mujer,	sino	(la) mujer
2532	1063	3756	2936	435	1223	3588	1135	235	1135
BE, TE	*CAZ*	*CLK, TN, B*	*VAPI3S*	*NNSM*	*P*	*DASF*	*NASF*	*CLK, CLC*	*NNSF*

διὰ	τὸν	ἄνδρα.	10 διὰ	τοῦτο	ὀφείλει	ἡ	γυνὴ	ἐξουσίαν	ἔχειν	ἐπὶ
por causa de	el	varón.	Por	esto,	debe$_3$	la$_1$	mujer$_2$	autoridad$_5$	tener$_4$	sobre
1223	3588	435	1223	5124	3784	3588	1135	1849	2192	1909
P	*DASM*	*NASM*	*P*	*RD-ASN*	*VPAI3S*	*DNSF*	*NNSF*	*NASF*	*VPAN*	*P*

τῆς	κεφαλῆς	διὰ	τοὺς	ἀγγέλους.	11 πλὴν	οὔτε	γυνὴ	χωρὶς
la	cabeza	por causa de	los	ángeles.	No obstante,	ni	(la) mujer	sin
3588	2776	1223	3588	32	4133	3777	1135	5565
DGSF	*NGSF*	*P*	*DAPM*	*NAPM*	*CLC*	*CLK, TN*	*NNSF*	*P, B*

ἀνδρὸς	οὔτε	ἀνὴρ	χωρὶς	γυναικὸς	ἐν	κυρίῳ·	12 ὥσπερ	γὰρ	ἡ
(el) varón,	ni	(el) varón	sin	(la) mujer,	en	(el) Señor;	así como$_2$	porque$_1$	la
435	3777	435	5565	1135	1722	2962	5618	1063	3588
NGSM	*CLK, CLD*	*NNSM*	*P, B*	*NGSF*	*P*	*NDSM*	*CAM*	*CAZ*	*DNSF*

γυνὴ	ἐκ	τοῦ	ἀνδρός,	οὕτως	καὶ	ὁ	ἀνὴρ	διὰ	τῆς	γυναικός·
mujer	de	el	varón,	así	también	el	varón	por medio de	la	mujer;
1135	1537	3588	435	3779	2532	3588	435	1223	3588	1135
NNSF	*P*	*DGSM*	*NGSM*	*B*	*BE, TE*	*DNSM*	*NNSM*	*P*	*DGSF*	*NGSF*

τὰ	δὲ	πάντα	ἐκ	τοῦ	θεοῦ.	13 ἐν	ὑμῖν	αὐτοῖς	κρίνατε·
las cosas$_3$	mas$_1$	todas$_2$	provienen de	--	Dios.	entre$_2$	vosotros$_3$	mismos:$_4$	juzgad$_1$
3588	1161	3956	1537	3588	2316	1722	5213	846	2919
DNPN	*CLN*	*JNPN*	*P*	*DGSM*	*NGSM*	*P*	*RP2DP*	*RP3DPMP*	*VAAM2P*

πρέπον	ἐστὶν	γυναῖκα	ἀκατακάλυπτον	τῷ	θεῷ	προσεύχεσθαι;
conveniente$_6$	¿es$_5$	a (la) mujer$_7$	descubierta?$_{11}$	a --$_9$	Dios$_{10}$	orar$_8$
4241	2076	1135	177	3588	2316	4336
VPAP-SNN	*VPAI3S*	*NASF*	*JASF*	*DDSM*	*NDSM*	*VPUN*

14 οὐδὲ	ἡ	φύσις	αὐτὴ	διδάσκει	ὑμᾶς	ὅτι	ἀνὴρ	μὲν	ἐὰν
¿Ni	la	naturaleza	misma	enseña	a vosotros	que	(el) varón,	ciertamente,	si
3761	2228	5449	846	1321	5209	3754	435	3303	1437
BN, TN	*DNSF*	*NNSF*	*RP3NSFP*	*VPAI3S*	*RP2AP*	*CSC*	*NNSM*	*TK, C*	*CAC*

κομᾷ,	ἀτιμία	αὐτῷ	ἐστιν,	15 γυνὴ	δὲ	ἐὰν	κομᾷ,	δόξα
usa cabello largo,	deshonra$_2$	para él;$_3$	es$_1$	(la) mujer$_3$	mas,$_1$	si$_2$	usa cabello largo,$_4$	gloria$_6$
2863	819	846	2076	1135	1161	1437	2863	1391
VPAS3S	*NNSF*	*RP3DSM*	*VPAI3S*	*NNSF*	*CLK, CLC*	*CAC*	*VPAS3S*	*NNSF*

αὐτῇ	ἐστιν;	ὅτι	ἡ	κόμη	ἀντὶ	περιβολαίου	δέδοται.	16 εἰ	δέ
a ella?$_7$	es$_5$	Porque$_8$	el$_9$	cabello$_{10}$	en lugar de$_{12}$	(el) velo.$_{13}$	ha sido dado$_{11}$	si$_2$	Mas,$_1$
846	2076	3754	3588	2864	473	4018	1325	1487	1161
RP3DSF	*VPAI3S*	*CAZ*	*DNSF*	*NNSF*	*P*	*NGSN*	*VRPI3S*	*CAC*	*CLN*

τις	δοκεῖ	φιλόνεικος	εἶναι,	ἡμεῖς	τοιαύτην	συνήθειαν	οὐκ	ἔχομεν,
alguien$_3$	piensa$_4$	contencioso,$_6$	ser$_5$	nosotros$_7$	tal$_{10}$	costumbre,$_{11}$	no$_8$	tenemos$_9$
5100	1380	5380	1511	2249	5108	4914	3756	2192
RX-NSM	*VPAI3S*	*JNSM*	*VPAN*	*RP1NP*	*RD-ASF*	*NASF*	*BN, TN*	*VPAI1P*

οὐδὲ	αἱ	ἐκκλησίαι	τοῦ	θεοῦ.
ni	las	iglesias	de --	Dios.
3761	3588	1577	3588	2316
TN, CLD	*DNPF*	*NNPF*	*DGSM*	*NGSM*

17 Τοῦτο	δὲ	παραγγέλλων	οὐκ	ἐπαινῶ	ὅτι	οὐκ	εἰς	τὸ
esto,$_3$	Mas$_1$	disponiendo$_2$	no	(os) alabo,	porque$_1$	no$_2$	para$_4$	lo$_5$
5124	1161	3853	3756	1867	3754	3756	1519	3588
RD-ASN	*CLT*	*VPAP-SNM*	*BN, TN*	*VPAI1S*	*CAZ*	*CLK, TN, B*	*P*	*DASN*

κρεῖσσον	ἀλλὰ	εἰς	τὸ	ἧσσον	συνέρχεσθε.	18 πρῶτον	μὲν
mejor,$_6$	sino$_7$	para$_8$	lo$_9$	peor.$_{10}$	os reunís$_3$	en primer lugar,$_3$	ciertamente$_2$
2908	235	1519	3588	2276	4905	4412	3303
JASN	*CLK, CLC*	*P*	*DASN*	*JASNC*	*VPUI2P*	*B, J*	*TE, C*

NVI

9 ni tampoco fue creado
el hombre a causa de la
mujer, sino la mujer a
causa del hombre. 10 Por
esta razón, y a causa de
los ángeles, la mujer
tiene autoridad sobre su
cabeza.
11 Sin embargo, en el
Señor, ni la mujer existe
aparte del hombre ni
el hombre aparte de
la mujer. 12 Porque así
como la mujer procede
del hombre, también
el hombre nace de la
mujer; pero todo provie-
ne de Dios. 13 Juzguen
ustedes mismos: ¿Es
apropiado que la mujer
ore a Dios sin cubrirse
la cabeza? 14 ¿No les
enseña el mismo orden
natural de las cosas que
es una vergüenza para el
hombre dejarse crecer
el cabello, 15 mientras
que es una gloria para la
mujer llevar cabello lar-
go? Es que a ella se le ha
dado su cabellera como
velo. 16 Si alguien insiste
en discutir este asunto,
tenga en cuenta que no-
sotros no tenemos otra
costumbre, ni tampoco
las iglesias de Dios.

La Cena del Señor

17 Al darles las
siguientes instrucciones,
no puedo elogiarlos, ya
que sus reuniones traen
más perjuicio que bene-
ficio. 18 En primer lugar,

RVR

cuando os reunís como
iglesia, oigo que hay en-
tre vosotros divisiones;
y en parte lo creo.
19 Porque es preciso que
entre vosotros haya dife-
rentes bandos, para que
se hagan manifiestos
entre vosotros los que
son aprobados.
20 Cuando, pues, os
reunís vosotros, eso no
es comer la cena del
Señor.
21 Porque al comer, cada
uno se adelanta a tomar
su propia cena; y el uno
tiene hambre, y el otro
se embriaga.
22 ¿Pues acaso no tenéis
casas en que comáis y
bebáis? ¿O menospre-
ciáis la iglesia de Dios,
y avergonzáis a los que
no tienen nada? ¿Qué
os diré? ¿Os alabaré? En
esto no os alabo.

Institución de la Cena del Señor

23 Porque yo recibí de
parte del Señor lo que
también os he enseña-
do: Que el Señor Jesús,
la noche que fue entre-
gado, tomó pan;
24 y después de dar
gracias, lo partió, y dijo:
Tomad, comed; esto
es mi cuerpo que por
vosotros es partido;
haced esto en memoria
de mí.

γὰρ	συνερχομένων	ὑμῶν	ἐν	ἐκκλησίᾳ	ἀκούω	σχίσματα	ἐν	ὑμῖν
Porque,$_1$	reuniéndoos	vosotros	en	asamblea,	oigo$_1$	divisiones$_3$	entre$_4$	vosotros,$_5$
1063	4905	5216	1722	1577	191	4978	1722	5213
CAZ	*VPUP-PGM*	*RP2GP*	*P*	*NDSF*	*VPAI1S*	*NAPN*	*P*	*RP2DP*

ὑπάρχειν,	καὶ	μέρος	τι	πιστεύω.	19 δεῖ	γὰρ	καὶ	αἱρέσεις
existir$_2$	y$_6$	en parte$_8$	alguna.$_9$	(lo) creo$_7$	es necesario$_3$	Porque$_1$	también$_2$	partidos$_5$
5225	2532	3313	5100	4100	1163	1063	2532	139
VPAN	*CLN*	*NASN*	*JASN, RX-ASN*	*VPAI1S*	*VPAI3S*	*CAZ*	*BE, TE*	*NAPF, NNPF*

ἐν	ὑμῖν	εἶναι,	ἵνα	καὶ	οἱ	δόκιμοι	φανεροὶ	γένωνται	ἐν
entre$_6$	vosotros,$_7$	ser (existir)$_4$	para que$_8$	también$_9$	los$_{10}$	aprobados$_{11}$	evidentes$_{13}$	lleguen a ser$_{12}$	entre
1722	5213	1511	2443	2532	3588	1384	5318	1096	1722
P	*RP2DP*	*VPAN*	*CAP*	*BE, TE*	*DNPM*	*JNPM*	*JNPM*	*VAMS3P*	*P*

ὑμῖν.	20 συνερχομένων	οὖν	ὑμῶν	ἐπὶ	τὸ	αὐτὸ*	οὐκ	ἔστιν
vosotros.	cuando os reunís$_3$	Así que,$_1$	vosotros$_2$	sobre$_4$	lo$_5$	mismo,$_6$	no	es
5213	4905	3767	5216	1909	3588	846	3756	2076
RP2DP	*VPUP-PGM*	*CLI*	*RP2GP*	*P*	*DASN*	*RP3ASN, JASN*	*BN, TN*	*VPAI3S*

κυριακὸν	δεῖπνον	φαγεῖν,	21 ἕκαστος	γὰρ	τὸ	ἴδιον	δεῖπνον
que pertenece al Señor,	(la) Cena	para comer	cada uno$_2$	porque$_1$	la$_7$	propia$_8$	cena,$_9$
2960	1173	5315	1538	1063	3588	2398	1173
JASN	*NASN*	*VAAN*	*JNSM*	*CAZ*	*DASN*	*JASN, JASM*	*NASN*

προλαμβάνει	ἐν	τῷ	φαγεῖν,	καὶ	ὃς	μὲν	πεινᾷ,
se adelanta$_3$	en$_4$	--$_5$	comer$_6$	y$_{10}$	el que$_{12}$	ciertamente$_{11}$	tiene hambre,$_{13}$
4301	1722	3588	5315	2532	3739	3303	3983
VPAI3S	*P*	*DDSN, DDSM*	*VAAN*	*CLN*	*RR-NSM*	*TK, C*	*VPAI3S*

ὃς	δὲ	μεθύει.	22 μὴ	γὰρ	οἰκίας	οὐκ	ἔχετε	εἰς	τὸ	ἐσθίειν	καὶ
el que$_{15}$	y$_{14}$	está ebrio.$_{16}$	¿acaso$_2$	Pues,$_1$	casas$_5$	no$_3$	tenéis$_4$	para	--	comer	y
3739	1161	3184	3361	1063	3614	3756	2192	1519	3588	2068	2532
RR-NSM	*CLK, CLC*	*VPAI3S*	*TN, TI*	*TI, C*	*NAPF*	*BN, TN*	*VPAI2P*	*P*	*DASN*	*VPAN*	*CLN*

πίνειν;	ἢ	τῆς	ἐκκλησίας	τοῦ	θεοῦ	καταφρονεῖτε,	καὶ	καταισχύνετε
beber?	¿O$_1$	de la$_3$	asamblea$_4$	de--$_5$	Dios,$_6$	tenéis menosprecio$_2$	y	avergonzáis
4095	2228	3588	1577	3588	2316	2706	2532	2617
VPAN	*CLD*	*DGSF*	*NGSF*	*DGSM*	*NGSM*	*VPAI2P*	*CLN*	*VPAI2P*

τοὺς	μὴ	ἔχοντας;	τί	εἴπω	ὑμῖν;	ἐπαινέσω	ὑμᾶς;	ἐν	τούτῳ
a los que	no	tienen?	¿Qué	dijera (digo)	a vosotros?	¿Alabo	a vosotros?	En	esto
3588	3361	2192	5101	2036	5213	1867	5209	1722	5129
DAPM	*BN, TN*	*VPAP-PAM*	*RI-ASN*	*VAAS1S*	*RP2DP*	*VAAS1S*	*RP2AP*	*P*	*RD-DSN*

οὐκ	ἐπαινῶ.
no	(os) alabo.
3756	1867
BN, TN	*VPAI1S*

23 Ἐγὼ	γὰρ	παρέλαβον	ἀπὸ	τοῦ	κυρίου,	ὃ	καὶ	παρέδωκα
yo$_2$	Porque$_1$	recibí	de	el	Señor	lo que	también	entregué
1473	1063	3880	575	3588	2962	3739	2532	3860
RP1NS	*CLX*	*VAAI1S*	*P*	*DGSM*	*NGSM*	*RR-ASN*	*BE, TE*	*VAAI1S*

ὑμῖν,	ὅτι	ὁ	κύριος	Ἰησοῦς	ἐν	τῇ	νυκτὶ	ᾗ	παρεδίδετο	ἔλαβεν
a vosotros:	que	el	Señor	Jesús	en	la	noche	en la que	era entregado,	tomó
5213	3754	3588	2962	2424	1722	3588	3571	3739	3860	2983
RP2DP	*CSC*	*DNSM*	*NNSM*	*NNSM*	*P*	*DDSF*	*NDSF*	*RR-DSF*	*VIPI3S*	*VAAI3S*

ἄρτον	24 καὶ	εὐχαριστήσας	ἔκλασεν	καὶ	[Γ]εἶπεν·	Τοῦτό	μού	ἐστιν	τὸ
pan	y,	habiendo dado gracias	(lo) partió	y	dijo:	Esto$_1$	de mí$_5$	es$_2$	el$_3$
740	2532	2168	2806	2532	2036	5124	3450	2076	3588
NASM	*CLN*	*VAAP-SNM*	*VAAI3S*	*CLN*	*VAAI3S*	*RD-NSN*	*RP1GS*	*VPAI3S*	*DNSN*

σῶμα	τὸ	ὑπὲρ	[Γ1]ὑμῶν·	τοῦτο	ποιεῖτε	εἰς	τὴν	ἐμὴν	ἀνάμνησιν.
cuerpo$_4$	--	por	de vosotros,	esto$_2$	haced$_1$	para$_3$	la$_4$	mía;$_6$	conmemoración$_5$
4983	3588	5228	5216	5124	4160	1519	3588	1699	364
NNSN	*DNSN*	*P*	*RP2GP*	*RD-ASN*	*VPAM2P*	*P*	*DASF*	*JASF, RS1ASF*	*NASF*

NVI

oigo decir que cuando se
reúnen como iglesia hay
divisiones entre ustedes,
y hasta cierto punto
lo creo. 19 Sin duda,
tiene que haber grupos
sectarios entre ustedes,
para que se demuestre
quiénes cuentan con
la aprobación de Dios.
20 De hecho, cuando
se reúnen, ya no es
para comer la Cena del
Señor, 21 porque cada
uno se adelanta a comer
su propia cena, de ma-
nera que unos se quedan
con hambre mientras
otros se emborrachan.
22 ¿Acaso no tienen casas
donde comer y beber?
¿O es que menospre-
cian a la iglesia de Dios
y quieren avergonzar a
los que no tienen nada?
¿Qué les diré? ¿Voy a
elogiarlos por esto?
¡Claro que no!
23 Yo recibí del Señor
lo mismo que les trans-
mití a ustedes: Que el
Señor Jesús, la noche
en que fue traicionado,
tomó pan, 24 y, después
de dar gracias, lo partió
y dijo: «Este pan es mi
cuerpo, que por ustedes
entrego; hagan esto
en memoria de mí».

11:20* O sea *os reunís.* **11:24[Γ]** Manuscritos inferiores aumentaron *Tomad, comed.* **11:24[Γ1]** Manuscritos inferiores aumentaron *es partido.*

RVR

25 Asimismo tomó tam-
bién la copa, después de
haber cenado, diciendo:
Esta copa es el nuevo
pacto en mi sangre;
haced esto todas las
veces que la bebáis, en
memoria de mí.
26 Porque todas las veces
que comáis este pan,
y bebáis esta copa, la
muerte del Señor estáis
proclamando hasta que
él venga.

Tomando la Cena indignamente

27 De manera que cual-
quiera que coma este
pan o beba esta copa del
Señor indignamente,
será culpable del cuerpo
y de la sangre del Señor.
28 Por tanto, examínese
cada uno a sí mismo, y
coma entonces del pan,
y beba de la copa.
29 Porque el que come y
bebe indignamente, sin
discernir el cuerpo del
Señor, come y bebe su
propio juicio.
30 Por lo cual hay mu-
chos enfermos y debili-
tados entre vosotros, y
bastantes duermen.
31 Si, pues, nos exami-
násemos a nosotros
mismos, no seríamos
juzgados;
32 mas al ser juzgados,
somos corregidos por
el Señor, para que no

25 ὡσαύτως	καὶ	τὸ	ποτήριον	μετὰ	τὸ	δειπνῆσαι,	λέγων·
asimismo	también	la	copa	después de	--	cenar,	diciendo:
5615	2532	3588	4221	3326	3588	1172	3004
B	*BE, TE*	*DASN, DNSN*	*NASN, NNSN*	*P*	*DASN*	*VAAN*	*VPAP-SNM*

Τοῦτο	τὸ	ποτήριον	ἡ	καινὴ	διαθήκη	ἐστὶν	ἐν	τῷ	ἐμῷ
Esta	--	copa	el$_{2}$	nuevo$_{3}$	pacto$_{4}$	es$_{1}$	en	--	mi
5124	3588	4221	3588	2537	1242	2076	1722	3588	1699
RD-NSN	*DNSN*	*NNSN*	*DNSF*	*JNSF*	*NNSF*	*VPAI3S*	*P*	*DDSN*	*JDSN, RS1DSN*

αἵματι·	τοῦτο	ποιεῖτε,	ὁσάκις	ἐὰν	πίνητε,	εἰς	τὴν	ἐμὴν
sangre;	esto$_{2}$	haced$_{1}$	cuantas veces$_{3}$	si$_{4}$	bebéis,$_{5}$	para$_{6}$	la$_{7}$	mía;$_{9}$
129	5124	4160	3740	1437	4095	1519	3588	1699
NDSN	*RD-ASN*	*VPAM2P*	*B, C*	*TC*	*VPAS2P*	*P*	*DASF*	*JASF, RS1ASF*

ἀνάμνησιν.	26 ὁσάκις	γὰρ	ἐὰν	ἐσθίητε	τὸν	ἄρτον	τοῦτον	καὶ	τὸ
conmemoración$_{8}$	cuantas veces$_{2}$	Porque$_{1}$	si$_{3}$	comáis$_{4}$	--$_{6}$	pan$_{7}$	este$_{5}$	y$_{8}$	la$_{10}$
364	3740	1063	1437	2068	3588	740	5126	2532	3588
NASF	*B, C*	*CAZ*	*TC*	*VPAS2P*	*DASM*	*NASM*	*RD-ASM*	*CLN*	*DASN*

ποτήριον	πίνητε,	τὸν	θάνατον	τοῦ	κυρίου	καταγγέλλετε,	ἄχρι	οὗ
copa,$_{11}$	bebáis$_{9}$	la	muerte	del	Señor	anunciáis	hasta	que
4221	4095	3588	2288	3588	2962	2605	891	3739
NASN	*VPAS2P*	*DASM*	*NASM*	*DGSM*	*NGSM*	*VPAI2P*	*P*	*RR-GSM*

ἔλθῃ.
venga.
2064
VAAS3S

27 Ὥστε	ὃς	ἂν	ἐσθίῃ	τὸν	ἄρτον	ἢ	πίνῃ	τὸ	ποτήριον	τοῦ
De modo que,	el que	--	coma	el	pan	o	beba	la	copa	del
5620	3739	302	2068	3588	740	2228	4095	3588	4221	3588
CLI	*RR-NSM*	*TC*	*VPAS3S*	*DASM*	*NASM*	*CLD*	*VPAS3S*	*DASN*	*NASN*	*DGSM*

κυρίου	ἀναξίως,	ἔνοχος	ἔσται	τοῦ	σώματος	καὶ	τοῦ	αἵματος
Señor	indignamente,	culpable	será	del	cuerpo	y	de la	sangre
2962	371	1777	2071	3588	4983	2532	3588	129
NGSM	*B*	*JNSM*	*VFMI3S*	*DGSN, DGSM*	*NGSN*	*CLN*	*DGSN*	*NGSN*

τοῦ	κυρίου.	28 δοκιμαζέτω	δὲ	ἄνθρωπος	ἑαυτόν,	καὶ	οὕτως
del	Señor.	pruébese$_{3}$	Mas$_{1}$	un ser humano$_{2}$	a sí mismo,$_{4}$	y$_{5}$	así$_{6}$
3588	2962	1381	1161	444	1438	2532	3779
DGSM, DGSN	*NGSM*	*VPAM3S*	*CLC*	*NNSM*	*RF3ASM*	*CLN*	*B*

ἐκ	τοῦ	ἄρτου	ἐσθιέτω	καὶ	ἐκ	τοῦ	ποτηρίου	πινέτω·	29 ὁ	γὰρ
de$_{8}$	el$_{9}$	pan,$_{10}$	coma$_{7}$	y$_{11}$	de$_{13}$	la$_{14}$	copa;$_{15}$	beba$_{12}$	el que$_{2}$	porque$_{1}$
1537	3588	740	2068	2532	1537	3588	4221	4095	3588	1063
P	*DGSM*	*NGSM*	*VPAM3S*	*CLN*	*P*	*DGSN*	*NGSN*	*VPAM3S*	*DNSM*	*CAZ*

ἐσθίων	καὶ	⸀πίνων	κρίμα	ἑαυτῷ	ἐσθίει	καὶ	πίνει	μὴ	διακρίνων
come$_{3}$	y$_{4}$	bebe,$_{5}$	juicio$_{13}$	para sí mismo.$_{14}$	come$_{10}$	y$_{11}$	bebe$_{12}$	no$_{6}$	discerniendo$_{7}$
2068	2532	4095	2917	1438	2068	2532	4095	3361	1252
VPAP-SNM	*CLN*	*VPAP-SNM*	*NASN*	*RF3DSM*	*VPAI3S*	*CLN*	*VPAI3S*	*BN, TN*	*VPAP-SNM*

τὸ	⸀¹σῶμα.	30 διὰ	τοῦτο	ἐν	ὑμῖν	πολλοὶ	ἀσθενεῖς	καὶ	ἄρρωστοι
el$_{8}$	cuerpo,$_{9}$	por$_{1}$	esto,$_{2}$	entre$_{7}$	vosotros,$_{8}$	muchos$_{3}$	(están) débiles$_{4}$	y$_{5}$	enfermos$_{6}$
3588	4983	1223	5124	1722	5213	4183	772	2532	732
DASN	*NASN*	*P*	*RD-ASN*	*P*	*RP2DP*	*JNPM*	*JNPM*	*CLN*	*JNPM*

καὶ	κοιμῶνται	ἱκανοί.	31 εἰ	δὲ	ἑαυτοὺς	διεκρίνομεν,	οὐκ	ἂν
y$_{9}$	duermen.$_{11}$	bastantes$_{10}$	si$_{2}$	Mas$_{1}$	a nosotros mismos,$_{4}$	evaluamos$_{3}$	no	--
2532	2837	2425	1487	1161	1438	1252	3756	302
CLN	*VPPI3P*	*JNPM*	*CAC*	*CLC*	*RF1APM*	*VIAI1P*	*BN, TN*	*TC*

ἐκρινόμεθα·	32 κρινόμενοι	δὲ	ὑπὸ	κυρίου	παιδευόμεθα,	ἵνα	μὴ
seríamos juzgados;	siendo juzgados,$_{2}$	mas$_{1}$	por$_{4}$	(el) Señor,$_{5}$	somos disciplinados$_{3}$	para que$_{6}$	no$_{7}$
2919	2919	1161	5259	2962	3811	2443	3361
VIPI1P	*VPPP-PNM*	*CLC*	*P*	*NGSM*	*VPPI1P*	*CAP*	*BN, TN*

NVI

25 De la misma manera,
después de cenar, tomó
la copa y dijo: «Esta
copa es el nuevo pacto
en mi sangre; hagan
esto, cada vez que beban
de ella, en memoria de
mí». 26 Porque cada
vez que comen este pan
y beben de esta copa,
proclaman la muerte
del Señor hasta que él
venga.
27 Por lo tanto,
cualquiera que coma el
pan o beba de la copa
del Señor de manera
indigna será culpable de
pecar contra el cuerpo y
la sangre del Señor. 28 Así
que cada uno debe exa-
minarse a sí mismo antes
de comer el pan y beber
de la copa. 29 Porque
el que come y bebe sin
discernir el cuerpo come
y bebe su propia conde-
na. 30 Por eso hay entre
ustedes muchos débiles
y enfermos, e incluso
varios han muerto. 31 Si
nos examináramos a
nosotros mismos, no se
nos juzgaría; 32 pero, si
nos juzga el Señor, nos
disciplina para que no

11:29⸀ Manuscritos inferiores aumentaron *indignamente*. **11:29**⸀¹ Manuscritos inferiores aumentaron *del Señor*.

RVR

seamos condenados con
el mundo.
33 Así que, hermanos
míos, cuando os reunís
a comer, esperaos unos
a otros.
34 Si alguno tiene hambre,
coma en su casa,
para que no os reunáis
para juicio. Las demás
cosas las pondré en
orden cuando vaya.

Diversidad de dones espirituales

12 En cuanto
a los dones
espirituales, no quiero,
hermanos, que estéis en
la ignorancia.
2 Sabéis que cuando erais
gentiles se os extraviaba
llevándoos, como se
os llevaba, a los ídolos
mudos.
3 Por tanto, os hago saber
que nadie que hable
por el Espíritu de Dios
dice: Jesús es maldito. Y
nadie puede decir: Jesús
es el Señor, sino por el
Espíritu Santo.
4 Ahora bien, hay diversidad
de dones, pero el
Espíritu es el mismo.
5 Y hay diversidad de
ministerios, pero el
Señor es el mismo.
6 Y hay diversidad de
actividades, pero Dios,
que efectúa todas las
cosas en todos, es el
mismo.
7 Pero a cada uno le es
dada la manifestación
del Espíritu para provecho
común.
8 Porque a uno es dada

σὺν	τῷ	κόσμῳ	κατακριθῶμεν.
con$_{9}$	el$_{10}$	mundo.$_{11}$	seamos condenados.$_{8}$
4862	3588	2889	2632
P	DDSM	NDSM	VAPS1P

33 Ὥστε,	ἀδελφοί	μου,	συνερχόμενοι	εἰς	τὸ	φαγεῖν	ἀλλήλους
Así que,	hermanos	de mí,	reuniéndoos	para	--	comer,	unos a otros.$_{2}$
5620	80	3450	4905	1519	3588	5315	240
CLI	NVPM	RP1GS	VPUP-PNM	P	DASN	VAAN	RC-APM

ἐκδέχεσθε.	34 εἴ	τις	πεινᾷ,	ἐν	οἴκῳ	ἐσθιέτω,	ἵνα	μὴ	εἰς
aguardad$_{1}$	Si	alguien	tiene hambre,	en$_{2}$	(la) casa,$_{3}$	coma$_{1}$	para que$_{4}$	no$_{5}$	para$_{7}$
1551	1487	5100	3983	1722	3624	2068	2443	3361	1519
VPUM2P	CAC	RX-NSM	VPAI3S	P	NDSM	VPAM3S	CAP	BN, TN	P

κρίμα	συνέρχησθε.	Τὰ	δὲ	λοιπὰ	ὡς	ἂν	ἔλθω	διατάξομαι.
juicio.$_{8}$	os reunáis$_{6}$	las cosas$_{10}$	Mas$_{9}$	restantes,$_{11}$	cuando$_{13}$	--$_{14}$	vaya.$_{15}$	ordenaré$_{12}$
2917	4905	3588	1161	3062	5613	302	2064	1299
NASN	VPUS2P	DAPN	CLN	JAPN	CAT	TC	VAAS1S	VFMI1S

12 Περὶ	δὲ	τῶν	πνευματικῶν,	ἀδελφοί,	οὐ	θέλω	ὑμᾶς
acerca de$_{2}$	Mas$_{1}$	de los	asuntos espirituales,	hermanos,	no	quiero	vosotros
4012	1161	3588	4152	80	3756	2309	5209
P	CLT	DGPN	JGPN	NVPM	BN, TN	VPAI1S	RP2AP

ἀγνοεῖν.	2 οἴδατε	ὅτι	ὅτε	ἔθνη	ἦτε	πρὸς	τὰ	εἴδωλα	τὰ	ἄφωνα
ignorar.	Sabéis	que	cuando	paganos,$_{2}$	erais$_{1}$	hacia$_{7}$	los$_{8}$	ídolos$_{9}$	--$_{10}$	sin voz.$_{11}$
50	1492	3754	3753	1484	2258	4314	3588	1497	3588	880
VPAN	VRAI2P	CSC	CAT	NNPN	VIAI2P	P	DAPN	NAPN	DAPN	JAPN

ὡς	ἂν	ἤγεσθε	ἀπαγόμενοι.	3 διὸ	γνωρίζω	ὑμῖν	ὅτι	οὐδεὶς	ἐν
como$_{5}$	--$_{3}$	erais conducidos$_{4}$	siendo desviados$_{6}$	Por lo cual,	hago saber	a vosotros	que$_{1}$	nadie$_{2}$	en$_{5}$
5613	302	71	520	1352	1107	5213	3754	3762	1722
CAM	TC	VIPI2P	VPPP-PNM	CLI	VPAI1S	RP2DP	CSC	JNSM	P

πνεύματι	θεοῦ	λαλῶν	λέγει·	Ἀνάθεμα	Ἰησοῦς,	καὶ	οὐδεὶς	δύναται
(el) Espíritu$_{6}$	de Dios,$_{7}$	hablando$_{4}$	dice,$_{3}$	(es) maldición,$_{9}$	Jesús$_{8}$	y	nadie	puede
4151	2316	2980	3004	331	2424	2532	3762	1410
NDSN	NGSM	VPAP-SNM	VPAI3S	NNSN	NNSM	CLN	JNSM	VPUI3S

εἰπεῖν·	Κύριος	Ἰησοῦς	εἰ	μὴ	ἐν	πνεύματι	ἁγίῳ.
decir	Señor	Jesús,	si	no	en	(el) Espíritu	Santo.
2036	2962	2424	1487	3361	1722	4151	40
VAAN	NNSM	NNSM	CAC	BN, TN	P	NDSN	JDSN

4 Διαιρέσεις	δὲ	χαρισμάτων	εἰσίν,	τὸ	δὲ	αὐτὸ	πνεῦμα·
diversidad$_{3}$	Mas$_{1}$	de dones,$_{4}$	son (hay)$_{2}$	el$_{6}$	pero$_{5}$	(es el) mismo;$_{8}$	(el) Espíritu$_{7}$
1243	1161	5486	1526	3588	1161	846	4151
NNPF	CLN	NGPN	VPAI3P	DNSN	CLC	RP3NSNA, RP3ASNA	NNSN

5 καὶ	διαιρέσεις	διακονιῶν	εἰσιν,	καὶ	ὁ	αὐτὸς	κύριος·	6 καὶ
y$_{1}$	diversidad$_{3}$	de ministerios,$_{4}$	son (hay)$_{2}$	y$_{5}$	el$_{6}$	(es el) mismo;$_{8}$	Señor$_{7}$	y$_{1}$
2532	1243	1248	1526	2532	3588	846	2962	2532
CLN	NNPF	NGPF	VPAI3P	CLC	DNSM	RP3NSMA, JNSM	NNSM	CLN

διαιρέσεις	ἐνεργημάτων	εἰσίν,	ὁ	δὲ	αὐτὸς	θεός,	ὁ
diversidad$_{3}$	de actividades,$_{4}$	son (hay)$_{2}$	el$_{6}$	pero$_{5}$	(es el) mismo.$_{13}$	Dios,$_{7}$	el que realiza$_{8}$
1243	1755	1526	3588	1161	846	2316	3588
NNPF	NGPN	VPAI3P	DNSM	CLC	RP3NSMA, JNSM	NNSM	DNSM

ἐνεργῶν	τὰ	πάντα	ἐν	πᾶσιν.	7 ἑκάστῳ	δὲ	δίδοται	ἡ	φανέρωσις
$_{9}$	las cosas$_{11}$	todas$_{10}$	en$_{12}$	todos,$_{12}$	a cada uno$_{7}$	Mas$_{1}$	es dado$_{6}$	la$_{2}$	manifestación$_{3}$
1754	3588	3956	1722	3956	1538	1161	1325	3588	5321
VPAP-SNM	DAPN	JAPN	P	JDPN	JDSM	CLN	VPPI3S	DNSF	NNSF

τοῦ	πνεύματος	πρὸς	τὸ	συμφέρον.	8 ᾧ	μὲν	γὰρ	διὰ
del$_{4}$	Espíritu$_{5}$	para$_{8}$	lo$_{9}$	provechoso.$_{10}$	al que$_{3}$	ciertamente,$_{2}$	Porque$_{1}$	por medio de$_{7}$
3588	4151	4314	3588	4851	3739	3303	1063	1223
DGSN	NGSN	P	DASN	VPAP-SAN	RR-DSM	TK, C	CLX	P

NVI

seamos condenados con
el mundo.
33 Así que, hermanos
míos, cuando se reúnan
para comer, espérense
unos a otros. 34 Si alguno
tiene hambre, que coma
en su casa, para que las
reuniones de ustedes
no resulten dignas de
condenación.
Los demás asuntos
los arreglaré cuando los
visite.

Los dones espirituales

12 En cuanto a los
dones espirituales,
hermanos, quiero
que entiendan bien este
asunto. 2 Ustedes saben
que cuando eran paganos
se dejaban arrastrar
hacia los ídolos mudos.
3 Por eso les advierto que
nadie que esté hablando
por el Espíritu de Dios
puede maldecir a Jesús;
ni nadie puede decir:
«Jesús es el Señor» sino
por el Espíritu Santo.
4 Ahora bien, hay
diversos dones, pero un
mismo Espíritu. 5 Hay
diversas maneras de
servir, pero un mismo
Señor. 6 Hay diversas
funciones, pero es un
mismo Dios el que hace
todas las cosas en todos.
7 A cada uno se le da
una manifestación especial
del Espíritu para
el bien de los demás. 8 A
unos Dios les da por

RVR

por medio del Espíritu
palabra de sabiduría; a
otro, palabra de conoci-
miento según el mismo
Espíritu;
9 a otro, fe, en el mismo
Espíritu; y a otro, dones
de sanidades, en el mis-
mo Espíritu.
10 A otro, el efectuar mi-
lagros; a otro, profecía;
a otro, discernimiento
de espíritus; a otro,
diversos géneros de
lenguas; y a otro, inter-
pretación de lenguas.
11 Pero todas estas
cosas las efectúa uno
y el mismo Espíritu,
repartiendo a cada uno
en particular según su
voluntad.
12 Porque así como el
cuerpo es uno, y tiene
muchos miembros, pero
todos los miembros del
cuerpo, siendo muchos,
son un solo cuerpo, así
también Cristo.
13 Porque por un solo
Espíritu fuimos todos
bautizados para formar
un solo cuerpo, sean
judíos o griegos, sean es-
clavos o libres; y a todos
se nos dio a beber de un
mismo Espíritu.
14 Porque, además, el
cuerpo no es un solo
miembro, sino muchos.
15 Si dijese el pie: Porque
no soy mano, no soy
del cuerpo, ¿por eso no
sería del cuerpo?
16 Y si dijese la oreja:

τοῦ	πνεύματος	δίδοται	λόγος	σοφίας,	ἄλλῳ	δὲ	λόγος	γνώσεως
el$_{8}$	Espíritu,$_{9}$	es dado$_{4}$	palabra$_{5}$	de sabiduría,$_{6}$	a otro,$_{11}$	mas$_{10}$	palabra	de conocimiento,
3588	4151	1325	3056	4678	243	1161	3056	1108
DGSN	*NGSN*	*VPPI3S*	*NNSM*	*NGSF*	*JDSM*	*CLK, CLC*	*NNSM*	*NGSF*

κατὰ	τὸ	αὐτὸ	πνεῦμα,	9 ἑτέρῳ	πίστις	ἐν	τῷ	αὐτῷ
según	el	mismo	Espíritu;	a otro,	fe	por	el	mismo
2596	3588	846	4151	2087	4102	1722	3588	846
P	*DASN*	*RP3ASNA, JASN*	*NASN*	*JDSM*	*NNSF*	*P*	*DDSN*	*RP3DSNA, JDSN*

πνεύματι,	ἄλλῳ	χαρίσματα	ἰαμάτων	ἐν	τῷ	ἑνὶ	πνεύματι,	10 ἄλλῳ
Espíritu;	a otro,	dones	de sanidades,	por	el	único	Espíritu;	a otro,
4151	243	5486	2386	1722	3588	1520	4151	243
NDSN	*JDSM*	*NNPN*	*NGPN*	*P*	*DDSN*	*JDSN*	*NDSN*	*JDSM*

ἐνεργήματα	δυνάμεων,	ἄλλῳ	προφητεία,	ἄλλῳ	διακρίσεις	πνευμάτων,
actividades	de milagros;	a otro,	profecía;	a otro,	discernimiento	de espíritus;
1755	1411	243	4394	243	1253	4151
NNPN	*NGPF*	*JDSM*	*NNSF*	*JDSM*	*NNPF*	*NGPN*

ἑτέρῳ	γένη	γλωσσῶν,	11 πάντα	δὲ	ταῦτα	ἐνεργεῖ	τὸ	ἓν	καὶ	τὸ
a otro,	géneros	de lenguas;	todas$_{2}$	Pero$_{1}$	estas cosas$_{3}$	produce	el	único	y	el
2087	1085	1100	3956	1161	5023	1754	3588	1520	2532	3588
JDSM	*NNPN*	*NGPF*	*JAPN*	*CLN*	*RD-APN*	*VPAI3S*	*DNSN*	*JNSN*	*CLN*	*DNSN*

αὐτὸ	πνεῦμα,	διαιροῦν	ἰδίᾳ	ἑκάστῳ	καθὼς	βούλεται.
mismo	Espíritu,	repartiendo	en particular	a cada uno	como	quiere.
846	4151	1244	2398	1538	2531	1014
RP3NSNA, JNSN	*NNSN*	*VPAP-SNN*	*JDSF*	*JDSM*	*CAM*	*VPUI3S*

12 Καθάπερ	γὰρ	τὸ	σῶμα	ἕν	ἐστιν	καὶ	μέλη	πολλὰ	ἔχει,
tal como$_{2}$	Porque$_{1}$	el$_{3}$	cuerpo$_{4}$	uno,$_{6}$	es$_{5}$	también$_{7}$	miembros,$_{10}$	muchos$_{9}$	tiene$_{8}$
2509	1063	3588	4983	1520	2076	2532	3196	4183	2192
CAM	*CLX*	*DNSN*	*NNSN*	*JNSN*	*VPAI3S*	*CLN*	*NAPN*	*JAPN*	*VPAI3S*

πάντα	δὲ	τὰ	μέλη	τοῦ	σώματος	πολλὰ	ὄντα	ἕν	ἐστιν	σῶμα,
todos$_{12}$	mas$_{11}$	los	miembros	del	cuerpo,	muchos,$_{2}$	siendo$_{1}$	un$_{4}$	es (son)$_{3}$	cuerpo;
3956	1161	3588	3196	3588	4983	4183	5607	1520	2076	4983
JNPN	*CLC*	*DNPN*	*NNPN*	*DGSN*	*NGSN*	*JNPN*	*VPAP-PNN*	*JNSN*	*VPAI3S*	*NNSN*

οὕτως	καὶ	ὁ	Χριστός·	13 καὶ	γὰρ	ἐν	ἑνὶ	πνεύματι	ἡμεῖς
así	también	el	Cristo.	también$_{2}$	Porque$_{1}$	en	un	Espíritu	nosotros$_{2}$
3779	2532	3588	5547	2532	1063	1722	1520	4151	2249
B	*BE, TE*	*DNSM*	*NNSM*	*BE, TE*	*CAZ*	*P*	*JDSN*	*NDSN*	*RP1NP*

πάντες	εἰς	ἓν	σῶμα	ἐβαπτίσθημεν,	εἴτε	Ἰουδαῖοι	εἴτε	Ἕλληνες,
todos$_{1}$	hacia$_{4}$	un$_{5}$	cuerpo,$_{6}$	fuimos bautizados$_{3}$	sea	judíos,	sea	griegos,
3956	1519	1520	4983	907	1535	2453	1535	1672
JNPM	*P*	*JASN*	*NASN*	*VAPI1P*	*CLK, CAC*	*JNPM*	*CLK, CAC*	*NNPM*

εἴτε	δοῦλοι	εἴτε	ἐλεύθεροι,	καὶ	πάντες	ἓν	πνεῦμα	ἐποτίσθημεν.
sea	esclavos,	sea	libres,	y	todos$_{1}$	un$_{3}$	Espíritu.$_{4}$	se nos dio para beber$_{2}$
1535	1401	1535	1658	2532	3956	1520	4151	4222
CLK, CAC	*NNPM*	*CLK, CAC*	*JNPM*	*CLN*	*JNPM*	*JASN*	*NASN*	*VAPI1P*

14 Καὶ	γὰρ	τὸ	σῶμα	οὐκ	ἔστιν	ἓν	μέλος	ἀλλὰ	πολλά.
también	Porque	el	cuerpo	no	es	un (solo)	miembro,	sino	muchos.
2532	1063	3588	4983	3756	2076	1520	3196	235	4183
CLA, B	*CLX*	*DNSN*	*NNSN*	*CLK, TN, B*	*VPAI3S*	*JNSN*	*NNSN*	*CLK, CLC*	*JNPN*

15 ἐὰν	εἴπῃ	ὁ	πούς·	Ὅτι	οὐκ	εἰμὶ	χείρ,	οὐκ	εἰμὶ	ἐκ	τοῦ
Si$_{1}$	dijera:$_{4}$	el$_{2}$	pie$_{3}$	Porque	no	soy	mano,	no	soy	de	el
1437	2036	3588	4228	3754	3756	1510	5495	3756	1510	1537	3588
CAC	*VAAS3S*	*DNSM*	*NNSM*	*CAZ*	*BN, TN*	*VPAI1S*	*NNSF*	*BN, TN*	*VPAI1S*	*P*	*DGSN*

σώματος,	οὐ	παρὰ	τοῦτο	οὐκ	ἔστιν	ἐκ	τοῦ	σώματος;	16 καὶ	ἐὰν
cuerpo;	¿acaso	por	esto	no	es	de	el	cuerpo?	Y	si
4983	3756	3844	5124	3756	2076	1537	3588	4983	2532	1437
NGSN	*BN, TN*	*P*	*RD-ASN*	*BN, TN*	*VPAI3S*	*P*	*DGSN*	*NGSN*	*CLN*	*CAC*

NVI

el Espíritu palabra de
sabiduría; a otros, por el
mismo Espíritu, palabra
de conocimiento; 9 a
otros, fe por medio
del mismo Espíritu; a
otros, y por ese mismo
Espíritu, dones para sa-
nar enfermos; 10 a otros,
poderes milagrosos; a
otros, profecía; a otros,
el discernir espíritus; a
otros, el hablar en di-
versas lenguas; y a otros,
el interpretar lenguas.
11 Todo esto lo hace un
mismo y único Espíritu,
quien reparte a cada uno
según él lo determina.

Un cuerpo con muchos miembros

12 De hecho, aunque
el cuerpo es uno solo,
tiene muchos miem-
bros, y todos los miem-
bros, no obstante ser
muchos, forman un solo
cuerpo. Así sucede con
Cristo. 13 Todos fuimos
bautizados por un solo
Espíritu para constituir
un solo cuerpo —ya
seamos judíos o gentiles,
esclavos o libres—, y a
todos se nos dio a beber
de un mismo Espíritu.
14 Ahora bien, el
cuerpo no consta de
un solo miembro, sino
de muchos. 15 Si el pie
dijera: «Como no soy
mano, no soy del cuer-
po», no por eso dejaría
de ser parte del cuerpo.
16 Y, si la oreja dijera:

RVR

Porque no soy ojo, no
soy del cuerpo, ¿por eso
no sería del cuerpo?
17 Si todo el cuerpo
fuese ojo, ¿dónde estaría
el oído? Si todo fuese
oído, ¿dónde estaría el
olfato?
18 Pero el hecho es que
Dios ha colocado los
miembros cada uno de
ellos en el cuerpo, como
él quiso.
19 Porque si todos
fueran un solo miem-
bro, ¿dónde estaría el
cuerpo?
20 Ahora bien, los
miembros son muchos,
pero el cuerpo es uno
solo.
21 Ni el ojo puede decir
a la mano: No te necesi-
to, ni tampoco la cabeza
a los pies: No tengo
necesidad de vosotros.
22 Antes bien, los miem-
bros del cuerpo que pa-
recen más débiles, son
los más necesarios;
23 y a aquellos del
cuerpo que nos parecen
menos honrosos, a éstos
vestimos con más hon-
ra; y los que en nosotros
son menos decorosos, se
tratan con más decoro.
24 Porque los que en
nosotros son más deco-
rosos, no tienen necesi-
dad; pero Dios dispuso
el cuerpo, dando más
abundante honor al que
le faltaba,

εἴπῃ τὸ οὖς· Ὅτι οὐκ εἰμὶ ὀφθαλμός, οὐκ εἰμὶ ἐκ τοῦ σώματος,
dijera la oreja: Porque no soy ojo, no soy de el cuerpo;
2036 3588 3775 3754 3756 1510 3788 3756 1510 1537 3588 4983
VAAS3S DNSN NNSN CAZ BN, TN VPAI1S NNSM BN, TN VPAI1S P DGSN NGSN

οὐ παρὰ τοῦτο οὐκ ἔστιν ἐκ τοῦ σώματος· 17 εἰ ὅλον τὸ σῶμα
¿acaso por esto no es de el cuerpo? Si todo el cuerpo
3756 3844 5124 3756 2076 1537 3588 4983 1487 3650 3588 4983
BN, TN P RD-ASN BN, TN VPAI3S P DGSN NGSN CAC JNSN DNSN NNSN

ὀφθαλμός, ποῦ ἡ ἀκοή; εἰ ὅλον ἀκοή, ποῦ ἡ ὄσφρησις;
(fuera) ojo, ¿dónde (estaría) el oído? si todo (fuera) oído, ¿dónde (estaría) el olfato?
3788 4226 3588 189 1487 3650 189 4226 3588 3750
NNSM BI DNSF NNSF CAC JNSN NNSF BI DNSF NNSF

18 νυνὶ δὲ ὁ θεὸς ἔθετο τὰ μέλη, ἓν ἕκαστον αὐτῶν, ἐν
ahora$_{2}$ Mas$_{1}$ -- Dios puso los miembros uno cada uno de ellos en
3570 1161 3588 2316 5087 3588 3196 1520 1538 846 1722
B CLC DNSM NNSM VAMI3S DAPN NAPN JASN, JNSN JASN, JNSN RP3GPN P

τῷ σώματι καθὼς ἠθέλησεν. 19 εἰ δὲ ἦν τὰ πάντα ἓν
el cuerpo como quiso. si$_{2}$ Mas$_{1}$ era (fueran)$_{5}$ --$_{3}$ todos$_{4}$ un
3588 4983 2531 2309 1487 1161 2258 3588 3956 1520
DDSN NDSN CAM VAAI3S CAC CLN VIAI3S DNPN JNPN JNSN

μέλος, ποῦ τὸ σῶμα; 20 νῦν δὲ πολλὰ μὲν μέλη, ἓν
miembro, ¿dónde (estaría) el cuerpo? ahora,$_{2}$ Mas$_{1}$ (hay) muchos$_{4}$ ciertamente,$_{3}$ miembros,$_{5}$ un
3196 4226 3588 4983 3568 1161 4183 3303 3196 1520
NNSN BI DNSN NNSN B CLC JNPN TK, C NNPN JNSN

δὲ σῶμα. 21 οὐ δύναται δὲ ὁ ὀφθαλμὸς εἰπεῖν τῇ χειρί·
pero cuerpo. no$_{4}$ puede$_{5}$ Mas$_{1}$ el$_{2}$ ojo$_{3}$ decir a la mano:
1161 4983 3756 1410 1161 3588 3788 2036 3588 5495
CLK, CLC NNSN BN,TN VPUI3S CLN DNSM NNSM VAAN DDSF NDSF

Χρείαν σου οὐκ ἔχω, ἢ πάλιν ἡ κεφαλὴ τοῖς ποσίν· Χρείαν
necesidad$_{3}$ de ti,$_{4}$ No$_{1}$ tengo$_{2}$ o de nuevo, la cabeza a los pies: necesidad$_{3}$
5532 4675 3756 2192 2228 3825 3588 2776 3588 4228 5532
NASF RP2GS BN, TN VPAI1S CLD B DNSF NNSF DDPM NDPM NASF

ὑμῶν οὐκ ἔχω· 22 ἀλλὰ πολλῷ μᾶλλον τὰ δοκοῦντα μέλη
de vosotros;$_{4}$ No$_{1}$ tengo$_{2}$ sino mucho más, los que$_{4}$ parecen$_{5}$ (los) miembros$_{1}$
5216 3756 2192 235 4183 3123 3588 1380 3196
RP2GP BN, TN VPAI1S CLC JDSN B DNPN VPAP-PNN NNPN

τοῦ σώματος ἀσθενέστερα ὑπάρχειν ἀναγκαῖά ἐστιν, 23 καὶ ἃ
del$_{2}$ cuerpo,$_{3}$ débiles,$_{7}$ ser$_{6}$ necesarios;$_{9}$ es (son)$_{8}$ y$_{1}$ los que$_{4}$
3588 4983 772 5225 316 2076 2532 3739
DGSN NGSN JNPNC VPAN JNPN VPAI3S CLN RR-APN

δοκοῦμεν ἀτιμότερα εἶναι τοῦ σώματος, τούτοις τιμὴν περισσοτέραν
parecen$_{5}$ sin honra,$_{7}$ ser$_{6}$ del$_{2}$ cuerpo,$_{3}$ a estos$_{8}$ honor,$_{11}$ mayor$_{10}$
1380 820 1511 3588 4983 5125 5092 4053
VPAI1P JAPNC VPAN DGSN NGSN RD-DPN NASF JASFC

περιτίθεμεν, καὶ τὰ ἀσχήμονα ἡμῶν εὐσχημοσύνην περισσοτέραν
rodeamos$_{9}$ y los no decorosos de nosotros, decoro.$_{3}$ mayor$_{2}$
4060 2532 3588 809 2257 2157 4053
VPAI1P CLN DNPN JNPN RP1GP NASF JASFC

ἔχει, 24 τὰ δὲ εὐσχήμονα ἡμῶν οὐ χρείαν ἔχει. ἀλλὰ ὁ
tiene(n)$_{1}$ los$_{2}$ Mas$_{1}$ decorosos de nosotros no necesidad,$_{2}$ tiene(n)$_{1}$ pero --
2192 3588 1161 2158 2257 3756 5532 2192 235 3588
VPAI3S DNPN CLC JNPN RP1GP BN, TN NASF VPAI3S CLC DNSM

θεὸς συνεκέρασεν τὸ σῶμα, τῷ ὑστεροῦντι περισσοτέραν
Dios mezcló juntamente el cuerpo, al que$_{4}$ carece;$_{5}$ más$_{2}$
2316 4786 3588 4983 3588 5302 4053
NNSM VAAI3S DASN NASN DDSN, DDSM VPAP-SDN JASFC

NVI

«Como no soy ojo, no
soy del cuerpo», no por
eso dejaría de ser parte
del cuerpo. 17 Si todo el
cuerpo fuera ojo, ¿qué
sería del oído? Si todo
el cuerpo fuera oído,
¿qué sería del olfato?
18 En realidad, Dios
colocó cada miembro
del cuerpo como mejor
le pareció. 19 Si todos
ellos fueran un solo
miembro, ¿qué sería del
cuerpo? 20 Lo cierto es
que hay muchos miem-
bros, pero el cuerpo es
uno solo.
21 El ojo no puede de-
cirle a la mano: «No te
necesito». Ni puede la
cabeza decirles a los pies:
«No los necesito». 22 Al
contrario, los miembros
del cuerpo que parecen
más débiles son indis-
pensables, 23 y a los que
nos parecen menos hon-
rosos los tratamos con
honra especial. Y se les
trata con especial mo-
destia a los miembros
que nos parecen menos
presentables, 24 mientras
que los más presenta-
bles no requieren trato
especial. Así Dios ha
dispuesto los miembros
de nuestro cuerpo,
dando mayor honra a
los que menos tenían,

RVR

25 para que no haya des-
avenencia en el cuerpo,
sino que los miembros
todos se preocupen los
unos por los otros.
26 De manera que si un
miembro padece, todos
los miembros se duelen
con él, y si un miembro
recibe honra, todos
los miembros se gozan
con él.
27 Ahora bien, vosotros
sois el cuerpo de Cristo,
y miembros cada uno
por su parte.
28 Y a unos puso Dios en
la iglesia, primeramen-
te apóstoles, después
profetas, lo tercero
maestros, luego poderes
milagrosos, después
dones de sanidades,
ayudas, dotes de gobier-
no, diversos géneros de
lenguas.
29 ¿Acaso son todos
apóstoles?; ¿acaso son
todos profetas?; ¿acaso
son todos maestros?;
¿acaso hacen todos
milagros?;
30 ¿acaso tienen todos
dones de sanidad?;
¿acaso hablan todos en
lenguas?; ¿acaso inter-
pretan todos?
31 Desead, pues,
celosamente los dones
mejores. Y yo os voy a
mostrar todavía un ca-
mino por excelencia.

La excelencia del amor

13 Si yo hablara
lenguas hu-
manas y angélicas, pero

δοὺς	τιμήν,	25 ἵνα	μὴ	ᾖ	σχίσμα	ἐν	τῷ	σώματι,	ἀλλὰ
habiendo dado$_1$	honor,$_3$	para que	no	sea (haya)	división	en	el	cuerpo,	sino$_1$
1325	5092	2443	3361	5600	4978	1722	3588	4983	235
VAAP-SNM	*NASF*	*CAP*	*BN, TN*	*VPAS3S*	*NNSN*	*P*	*DDSN*	*NDSN*	*CLC*

τὸ	αὐτὸ	ὑπὲρ	ἀλλήλων	μεριμνῶσι	τὰ	μέλη.	26 καὶ	εἴτε
los$_5$	mismo$_6$	a favor de$_7$	unos a otros.$_8$	se preocupen$_4$	los$_2$	miembros$_3$	Y$_1$	sea (que)$_2$
3588	846	5228	240	3309	3588	3196	2532	1535
DASN	*RP3ASN, JASN*	*P*	*RC-GPN*	*VPAS3P*	*DNPN*	*NNPN*	*CLN*	*CLK, CAC*

πάσχει	ἓν	μέλος,	συμπάσχει	πάντα	τὰ	μέλη·	εἴτε	δοξάζεται
padece,$_5$	un$_3$	miembro$_4$	padece(n) juntamente,$_9$	todos$_6$	los$_7$	miembros$_8$	sea (que)$_{10}$	es glorificado,$_{12}$
3958	1520	3196	4841	3956	3588	3196	1535	1392
VPAI3S	*JNSN*	*NNSN*	*VPAI3S*	*JNPN*	*DNPN*	*NNPN*	*CLK, CAC*	*VPPI3S*

μέλος,	συγχαίρει	πάντα	τὰ	μέλη.
un miembro$_{11}$	se alegra(n) junto.$_{16}$	todos$_{13}$	los$_{14}$	miembros$_{15}$
3196	4796	3956	3588	3196
NNSN	*VPAI3S, VPAI2S*	*JNPN*	*DNPN*	*NNPN*

27 Ὑμεῖς	δέ	ἐστε	σῶμα	Χριστοῦ	καὶ	μέλη	ἐκ	μέρους.*	28 καὶ
vosotros$_2$	Mas$_1$	sois	(el) cuerpo	de Cristo,	y	miembros	de	parte.	Y
5210	1161	2075	4983	5547	2532	3196	1537	3313	2532
RP2NP	*CLT*	*VPAI2P*	*NNSN*	*NGSM*	*CLN*	*NNPN*	*P*	*NGSN*	*CLN*

οὓς	μὲν	ἔθετο	ὁ	θεὸς	ἐν	τῇ	ἐκκλησίᾳ	πρῶτον	ἀποστόλους,
a los que	en verdad	puso$_3$	--$_1$	Dios$_2$	en	la	iglesia,	primero	apóstoles;
3739	3303	5087	3588	2316	1722	3588	1577	4412	652
RR-APM	*TE*	*VAMI3S*	*DNSM*	*NNSM*	*P*	*DDSF*	*NDSF*	*B, J*	*NAPM*

δεύτερον	προφήτας,	τρίτον	διδασκάλους,	ἔπειτα	δυνάμεις,	ἔπειτα
segundo	profetas;	tercero	maestros;	luego	milagros;	luego
1208	4396	5154	1320	1899	1411	1899
B, J	*NAPM*	*B, J*	*NAPM*	*B*	*NAPF*	*B*

χαρίσματα	ἰαμάτων,	ἀντιλήμψεις,	κυβερνήσεις,	γένη
dones	de sanidades,	capacidades para ayudar,	capacidades de dirigir y administrar,	géneros
5486	2386	484	2941	1085
NAPN	*NGPN*	*NAPF*	*NAPF*	*NAPN*

γλωσσῶν.	29 μὴ	πάντες	ἀπόστολοι;	μὴ	πάντες	προφῆται;	μὴ
de lenguas,	¿Acaso	(son) todos	apóstoles?	¿Acaso	(son) todos	profetas?	¿Acaso
1100	3361	3956	652	3361	3956	4396	3361
NGPF	*TN, TI*	*JNPM*	*NNPM*	*TN, TI*	*JNPM*	*NNPM*	*TN, TI*

πάντες	διδάσκαλοι;	μὴ	πάντες	δυνάμεις;	30 μὴ	πάντες	χαρίσματα
(son) todos	maestros?	¿Acaso	todos	(hacen) milagros?	¿Acaso	todos	dones$_2$
3956	1320	3361	3956	1411	3361	3956	5486
JNPM	*NNPM*	*TN, TI*	*JNPM*	*NNPF*	*TN, TI*	*JNPM*	*NAPN, NNPN*

ἔχουσιν	ἰαμάτων;	μὴ	πάντες	γλώσσαις	λαλοῦσιν;	μὴ	πάντες
tienen$_1$	de sanidades?	¿Acaso	todos	lenguas?$_2$	hablan$_1$	¿Acaso	todos
2192	2386	3361	3956	1100	2980	3361	3956
VPAI3P	*NGPN*	*TN, TI*	*JNPM*	*NDPF*	*VPAI3P*	*TN, TI*	*JNPM*

διερμηνεύουσιν;	31 ζηλοῦτε	δὲ	τὰ	χαρίσματα	τὰ	μείζονα.	καὶ	ἔτι
interpretan?	buscad$_2$	Mas$_1$	los	dones	--	mayores,	y$_1$	todavía$_2$
1329	2206	1161	3588	5486	3588	3173	2532	2089
VPAI3P	*VPAM2P*	*CLC*	*DAPN*	*NAPN*	*DAPN*	*JAPNC*	*CLN*	*B*

καθ’	ὑπερβολὴν	ὁδὸν	ὑμῖν	δείκνυμι.
según$_6$	(la) excelencia$_7$	un camino$_5$	a vosotros$_4$	muestro$_3$
2596	5236	3598	5213	1166
P	*NASF*	*NASF*	*RP2DP*	*VPAI1S*

13 Ἐὰν	ταῖς	γλώσσαις	τῶν	ἀνθρώπων	λαλῶ	καὶ	τῶν	ἀγγέλων,
Si$_1$	en las$_3$	lenguas$_4$	de los$_5$	seres humanos$_6$	hablo$_2$	y	de los	ángeles,
1437	3588	1100	3588	444	2980	2532	3588	32
CAC	*DDPF*	*NDPF*	*DGPM*	*NGPM*	*VPAS1S*	*CLN*	*DGPM*	*NGPM*

NVI

25 a fin de que no haya
división en el cuerpo,
sino que sus miembros
se preocupen por igual
unos por otros. 26 Si uno
de los miembros sufre,
los demás comparten su
sufrimiento; y, si uno de
ellos recibe honor, los
demás se alegran con él.
27 Ahora bien, ustedes
son el cuerpo de Cristo,
y cada uno es miembro
de ese cuerpo. 28 En la
iglesia Dios ha puesto,
en primer lugar, após-
toles; en segundo lugar,
profetas; en tercer lugar,
maestros; luego los que
hacen milagros; después
los que tienen dones
para sanar enfermos, los
que ayudan a otros, los
que administran y los
que hablan en diversas
lenguas. 29 ¿Son todos
apóstoles? ¿Son todos
profetas? ¿Son todos
maestros? ¿Hacen todos
milagros? 30 ¿Tienen
todos dones para sanar
enfermos? ¿Hablan to-
dos en lenguas? ¿Acaso
interpretan todos?
31 Ustedes, por su parte,
ambicionen los mejores
dones.

El amor

Ahora les voy a
mostrar un camino más
excelente.

13 Si hablo en len-
guas humanas
y angelicales, pero no

12:27* O sea *individualmente.*

RVR

no tengo amor, vengo
a ser como bronce que
resuena, o címbalo que
retiñe.
2 Y si tuviese profecía,
y entendiese todos los
misterios y toda ciencia,
y si tuviese tanta fe como
para trasladar montañas,
pero no tengo amor,
nada soy.
3 Y si repartiese todos
mis bienes para dar de
comer a los pobres, y
si entregase mi cuerpo
para ser quemado, pero
no tengo amor, de nada
me sirve.
4 El amor es paciente,
es servicial; el amor no
tiene envidia, el amor
no es jactancioso, no se
engríe;
5 no hace nada indeco-
roso, no busca su propio
interés, no se irrita, no
toma en cuenta el mal;
6 no se goza de la injus-
ticia, mas se goza de la
verdad.
7 Todo lo excusa, todo
lo cree, todo lo espera,
todo lo soporta.
8 El amor no caduca
jamás; pero las profecías
caerán en desuso, y
cesarán las lenguas, y el
conocimiento actual
quedará fuera de uso.
9 Porque en parte
conocemos, y en parte

ἀγάπην	δὲ	μὴ	ἔχω,	γέγονα	χαλκὸς	ἠχῶν	ἢ	κύμβαλον
amor,$_4$	mas$_1$	no$_2$	tengo$_3$	he llegado a ser	bronce	haciendo ruido	o	címbalo
26	1161	3361	2192	1096	5475	2278	2228	2950
NASF	*CLC*	*BN, TN*	*VPAS1S*	*VRAI1S*	*NNSM*	*VPAP-SNM*	*CLD*	*NNSN*

ἀλαλάζον.	2 καὶ	ἐὰν	ἔχω	προφητείαν	καὶ	εἰδῶ	τὰ	μυστήρια	πάντα
que retiñe.	Y	si	tuviera	profecía,	y	supiera	los$_2$	misterios$_3$	todos$_1$
214	2532	1437	2192	4394	2532	1492	3588	3466	3956
VPAP-SNN	*CLN*	*CAC*	*VPAS1S*	*NASF*	*CLN*	*VRAS1S*	*DAPN*	*NAPN*	*JAPN*

καὶ	πᾶσαν	τὴν	γνῶσιν,	καὶ	ἐὰν	ἔχω	πᾶσαν	τὴν	πίστιν	ὥστε
y	toda	el	conocimiento,	y	si	tuviera	toda	la	fe,	de modo que
2532	3956	3588	1108	2532	1437	2192	3956	3588	4102	5620
CLN	*JASF*	*DASF*	*NASF*	*CLN*	*CAC*	*VPAS1S*	*JASF*	*DASF*	*NASF*	*CAR*

ὄρη	μεθιστάναι,	ἀγάπην	δὲ	μὴ	ἔχω,	οὐθέν	εἰμι.	3 καὶ	ἐὰν
montes,$_2$	trasladar$_1$	amor,$_6$	mas$_3$	no$_4$	tengo$_5$	nada.$_8$	soy$_7$	Y	si
3735	3179	26	1161	3361	2192	3762	1510	2532	1437
NAPN	*VPAN*	*NASF*	*CLC*	*BN, TN*	*VPAS1S*	*JNSN*	*VPAI1S*	*CLN*	*CAC*

ψωμίσω	πάντα	τὰ	ὑπάρχοντά	μου,	καὶ	ἐὰν	παραδῶ	τὸ	σῶμά
repartiera	todas	las	posesiones	de mí,	y	si	entregara	el	cuerpo
5595	3956	3588	5224	3450	2532	1437	3860	3588	4983
VAAS1S	*JAPN*	*DAPN*	*VPAP-PAN*	*RP1GS*	*CLN*	*CAC*	*VAAS1S*	*DASN*	*NASN*

μου,	ἵνα	καυθήσομαι,	ἀγάπην	δὲ	μὴ	ἔχω,	οὐδὲν	ὠφελοῦμαι.
de mí	para	ser quemado,	amor,$_4$	pero$_1$	no$_2$	tengo$_3$	(de) nada	aprovecho.
3450	2443	2545	26	1161	3361	2192	3762	5623
RP1GS	*CAP*	*VFPI1S*	*NASF*	*CLC*	*BN, TN*	*VPAS1S*	*JASN*	*VPPI1S*

4 Ἡ	ἀγάπη	μακροθυμεῖ,	χρηστεύεται	ἡ	ἀγάπη,	οὐ	ζηλοῖ	ἡ
El	amor	tiene paciencia;	es bondadoso,$_3$	el$_1$	amor$_2$	no	es envidioso;	el
3588	26	3114	5541	3588	26	3756	2206	3588
DNSF	*NNSF*	*VPAI3S*	*VPUI3S*	*DNSF*	*NNSF*	*BN, TN*	*VPAI3S*	*DNSF*

ἀγάπη,	οὐ	περπερεύεται,	οὐ	φυσιοῦται,	5 οὐκ	ἀσχημονεῖ,	οὐ
amor	no	se envanece,	no	se enorgullece;	no	obra incorrectamente,	no
26	3756	4068	3756	5448	3756	807	3756
NNSF	*BN, TN*	*VPUI3S*	*BN, TN*	*VPPI3S*	*BN, TN*	*VPAI3S*	*BN, TN*

ζητεῖ	τὰ	ἑαυτῆς,	οὐ	παροξύνεται,	οὐ	λογίζεται	τὸ	κακόν,
busca	las cosas	de sí mismo,	no	se irrita,	no	tiene en cuenta	el	mal,
2212	3588	1438	3756	3947	3756	3049	3588	2556
VPAI3S	*DAPN*	*RF3GSF*	*BN, TN*	*VPPI3S*	*BN, TN*	*VPUI3S*	*DASN*	*JASN*

6 οὐ	χαίρει	ἐπὶ	τῇ	ἀδικίᾳ,	συγχαίρει	δὲ	τῇ	ἀληθείᾳ·	7 πάντα
no	se alegra	en	la	injusticia,	se alegra$_2$	mas$_1$	con la	verdad;	todas las cosas,$_2$
3756	5463	1909	3588	93	4796	1161	3588	225	3956
BN, TN	*VPAI3S*	*P*	*DDSF*	*NDSF*	*VPAI3S, VPAI2S*	*CLC*	*DDSF*	*NDSF*	*JAPN*

στέγει,	πάντα	πιστεύει,	πάντα	ἐλπίζει,	πάντα	ὑπομένει.
tolera$_1$	todas las cosas,$_4$	cree$_3$	todas las cosas,$_6$	espera$_5$	todas las cosas.$_8$	soporta$_7$
4722	3956	4100	3956	1679	3956	5278
VPAI3S	*JAPN*	*VPAI3S*	*JAPN*	*VPAI3S*	*JAPN*	*VPAI3S*

8 Ἡ	ἀγάπη	οὐδέποτε	πίπτει.*	εἴτε	δὲ	προφητεῖαι,
El	amor	nunca	cae;	sea (que)$_2$	mas$_1$	(las) profecías
3588	26	3763	4098	1535	1161	4394
DNSF	*NNSF*	*BN*	*VPAI3S*	*CLK, CAC*	*CLC*	*NNPF*

καταργηθήσονται·	εἴτε	γλῶσσαι,	παύσονται·	εἴτε	γνῶσις,
serán abolidas,	sea (que)	(las) lenguas	cesarán,	sea (que)	(el) conocimiento
2673	1535	1100	3973	1535	1108
VFPI3P	*CLK, CAC*	*NNPF*	*VFMI3P*	*CLK, CAC*	*NNSF*

καταργηθήσεται.	9 ἐκ	μέρους	γὰρ	γινώσκομεν	καὶ	ἐκ	μέρους
será(n) abolido.	en$_2$	parte$_3$	porque$_1$	conocemos$_4$	y	en	parte
2673	1537	3313	1063	1097	2532	1537	3313
VFPI3S	*P*	*NGSN*	*CAZ*	*VPAI1P*	*CLN*	*P*	*NGSN*

NVI

tengo amor, no soy más
que un metal que resue-
na o un platillo que hace
ruido. 2 Si tengo el don
de profecía y entiendo
todos los misterios y po-
seo todo conocimiento,
y si tengo una fe que lo-
gra trasladar montañas,
pero me falta el amor,
no soy nada. 3 Si reparto
entre los pobres todo lo
que poseo, y si entrego
mi cuerpo para que lo
consuman las llamas,
pero no tengo amor,
nada gano con eso.
4 El amor es paciente,
es bondadoso. El amor
no es envidioso ni
jactancioso ni orgulloso.
5 No se comporta con
rudeza, no es egoísta, no
se enoja fácilmente, no
guarda rencor. 6 El amor
no se deleita en la mal-
dad, sino que se regocija
con la verdad. 7 Todo lo
disculpa, todo lo cree,
todo lo espera, todo lo
soporta.
8 El amor jamás se
extingue, mientras
que el don de profecía
cesará, el de lenguas será
silenciado y el de conoci-
miento desaparecerá.
9 Porque conocemos
y profetizamos de

12:8* O sea *termina*.

RVR

profetizamos;
10 mas cuando venga lo
perfecto, entonces lo
que es en parte quedará
fuera de uso.
11 Cuando yo era niño,
hablaba como niño,
pensaba como niño,
razonaba como niño;
mas cuando me hice
hombre, dejé a un lado
lo que era de niño.
12 Pues ahora vemos
mediante espejo,
borrosamente; mas
entonces veremos cara a
cara. Ahora conozco en
parte; pero entonces co-
noceré tan cabalmente
como soy conocido.
13 Y ahora, permanecen
la fe, la esperanza y el
amor, estos tres; pero
el mayor de ellos es el
amor.

Más sobre los dones espirituales

14 Procurad
alcanzar el
amor; y desead con celo
los dones espirituales,
especialmente que
profeticéis.
2 Porque el que habla en
lenguas, no habla a los
hombres, sino a Dios;
pues nadie le entiende,
sino que en espíritu
habla misterios.
3 Pero el que profetiza,
habla a los hombres para
edificación, exhortación
y consolación.
4 El que habla en len-
guas, a sí mismo se edifi-
ca; pero el que profetiza,
edifica a la iglesia.

προφητεύομεν·	10 ὅταν	δὲ	ἔλθῃ	τὸ	τέλειον,	τὸ	ἐκ	μέρους
profetizamos,	cuando	mas	venga	lo	perfecto,	lo (que es)	en	parte
4395	3752	1161	2064	3588	5046	3588	1537	3313
VPAI1P	*CAT*	*CLC*	*VAAS3S*	*DNSN, DASN*	*JNSN, JASN*	*DNSN*	*P*	*NGSN*

καταργηθήσεται.	11 ὅτε	ἤμην	νήπιος,	ἐλάλουν	ὡς	νήπιος,	ἐφρόνουν
será abolido.	Cuando	(yo) era	niño,	hablaba	como	niño,	pensaba
2673	3753	2252	3516	2980	5613	3516	5426
VFPI3S	*CAT*	*VIMI1S*	*JNSM*	*VIAI1S*	*P, CAM*	*JNSM*	*VIAI1S*

ὡς	νήπιος,	ἐλογιζόμην	ὡς	νήπιος·	ὅτε	γέγονα	ἀνήρ,	κατήργηκα
como	niño,	razonaba	como	niño,	cuando	me he hecho	hombre,	he abolido
5613	3516	3049	5613	3516	3753	1096	435	2673
P, CAM	*JNSM*	*VIUI1S*	*P, CAM*	*JNSM*	*CAT*	*VRAI1S*	*NNSM*	*VRAI1S*

τὰ	τοῦ	νηπίου.	12 βλέπομεν	γὰρ	ἄρτι	δι᾽	ἐσόπτρου	ἐν
las (cosas)	de --	niño.	vemos$_{3}$	Porque$_{1}$	ahora$_{2}$	por medio de	(un) espejo,	en
3588	3588	3516	991	1063	737	1223	2072	1722
DAPN	*DGSM*	*JGSM*	*VPAI1P*	*CLX*	*B*	*P*	*NGSN*	*P*

αἰνίγματι,	τότε	δὲ	πρόσωπον	πρὸς	πρόσωπον·	ἄρτι	γινώσκω	ἐκ
enigma;	entonces$_{2}$	mas$_{1}$	cara	a	cara;	ahora	conozco	en
135	5119	1161	4383	4314	4383	737	1097	1537
NDSN	*B*	*CLC*	*NASN*	*P*	*NASN*	*B*	*VPAI1S*	*P*

μέρους,	τότε	δὲ	ἐπιγνώσομαι	καθὼς	καὶ	ἐπεγνώσθην.	13 νυνὶ
parte,	entonces$_{2}$	mas$_{1}$	conoceré plenamente,	como	también	fui conocido plenamente.	ahora$_{2}$
3313	5119	1161	1921	2531	2532	1921	3570
NGSN	*B*	*CLC*	*VFMI1S*	*CAM*	*CLA, B*	*VAPI1S*	*B*

δὲ	μένει	πίστις,	ἐλπίς,	ἀγάπη·	τὰ	τρία	ταῦτα,	μείζων	δὲ
Mas$_{1}$	permanece(n)$_{6}$	(la) fe,$_{7}$	(la) esperanza,$_{8}$	amor,$_{9}$	--$_{4}$	tres (cosas)$_{5}$	estas$_{3}$	(la) mayor$_{13}$	mas$_{10}$
1161	3306	4102	1680	26	3588	5140	5023	3187	1161
CLN	*VPAI3S*	*NNSF*	*NNSF*	*NNSF*	*DNPN*	*JNPN*	*RD-NPN*	*JNSFC*	*CLC*

τούτων	ἡ	ἀγάπη.
de estas (cosas).$_{14}$	el$_{11}$	amor (es)$_{12}$
5130	3588	26
RD-GPN	*DNSF*	*NNSF*

14 Διώκετε	τὴν	ἀγάπην,	ζηλοῦτε	δὲ	τὰ	πνευματικά,
Perseguid	el	amor,	buscad$_{2}$	mas$_{1}$	los$_{3}$	(asuntos) espirituales,$_{4}$
1377	3588	26	2206	1161	3588	4152
VPAM2P	*DASF*	*NASF*	*VPAM2P*	*CLN*	*DAPN*	*JAPN*

μᾶλλον	δὲ	ἵνα	προφητεύητε.	2 ὁ	γὰρ	λαλῶν	γλώσσῃ	οὐκ
más$_{6}$	pero$_{5}$	que	profeticéis.	el que$_{2}$	Porque$_{1}$	habla$_{3}$	en una lengua,$_{4}$	no$_{5}$
3123	1161	2443	4395	3588	1063	2980	1100	3756
B	*CLC*	*CSC*	*VPAS2P*	*DNSM*	*CAZ*	*VPAP-SNM*	*NDSF*	*CLK, TN, B*

ἀνθρώποις	λαλεῖ	ἀλλὰ	θεῷ,	οὐδεὶς	γὰρ	ἀκούει,	πνεύματι	δὲ
a seres humanos,$_{7}$	habla$_{6}$	sino$_{8}$	a Dios;$_{9}$	nadie$_{11}$	porque$_{10}$	oye,$_{12}$	en espíritu$_{14}$	mas$_{13}$
444	2980	235	2316	3762	1063	191	4151	1161
NDPM	*VPAI3S*	*CLK, CLC*	*NDSM*	*JNSM*	*CAZ*	*VPAI3S*	*NDSN*	*CLC*

λαλεῖ	μυστήρια·	3 ὁ	δὲ	προφητεύων	ἀνθρώποις	λαλεῖ
habla	misterios;	el que$_{2}$	mas$_{1}$	profetiza$_{4}$	para (los) seres humanos,$_{5}$	habla$_{3}$
2980	3466	3588	1161	4395	444	2980
VPAI3S	*NAPN*	*DNSM*	*CLC*	*VPAP-SNM*	*NDPM*	*VPAI3S*

οἰκοδομὴν	καὶ	παράκλησιν	καὶ	παραμυθίαν.	4 ὁ	λαλῶν	γλώσσῃ
edificación	y	exhortación	y	consolación.	el que	habla	en una lengua,
3619	2532	3874	2532	3889	3588	2980	1100
NASF	*CLN*	*NASF*	*CLN*	*NASF*	*DNSM*	*VPAP-SNM*	*NDSF*

ἑαυτὸν	οἰκοδομεῖ·	ὁ	δὲ	προφητεύων	ἐκκλησίαν	οἰκοδομεῖ.
a sí mismo;$_{2}$	edifica$_{1}$	el que$_{4}$	mas$_{3}$	profetiza$_{5}$	a (la) iglesia.$_{7}$	edifica$_{6}$
1438	3618	3588	1161	4395	1577	3618
RF3ASM	*VPAI3S*	*DNSM*	*CLC*	*VPAP-SNM*	*NASF*	*VPAI3S*

NVI

manera imperfecta;
10 pero cuando llegue lo
perfecto, lo imperfecto
desaparecerá. 11 Cuando
yo era niño, hablaba
como niño, pensaba
como niño, razonaba
como niño; cuando
llegué a ser adulto, dejé
atrás las cosas de niño.
12 Ahora vemos de ma-
nera indirecta y velada,
como en un espejo; pero
entonces veremos cara a
cara. Ahora conozco de
manera imperfecta, pero
entonces conoceré tal y
como soy conocido.
13 Ahora, pues,
permanecen estas tres
virtudes: la fe, la espe-
ranza y el amor. Pero la
más excelente de ellas es
el amor.

El don de lenguas y el de profecía

14 Empéñense en
seguir el amor
y ambicionen los dones
espirituales, sobre todo
el de profecía. 2 Porque
el que habla en lenguas
no habla a los demás,
sino a Dios. En realidad,
nadie le entiende lo
que dice, pues habla
misterios por el Espíritu.
3 En cambio, el que
profetiza habla a los
demás para edificarlos,
animarlos y consolarlos.
4 El que habla en lenguas
se edifica a sí mismo;
en cambio, el que pro-
fetiza edifica a la iglesia.

RVR

5 Así que, querría que
todos vosotros hablaseis
en lenguas, pero más que
profetizaseis; porque el
que profetiza es superior
al que habla en lenguas,
a no ser que las inter-
prete para que la iglesia
reciba edificación.
6 Así pues, hermanos,
si yo voy a vosotros
hablando en lenguas,
¿de qué provecho os
seré, si no os hablo
con revelación, o con
ciencia, o con profecía,
o con enseñanza?
7 Ciertamente las cosas
inanimadas que produ-
cen sonidos, como la
flauta o la cítara, si no
dan distinción de notas,
¿cómo se sabrá lo que se
toca con la flauta o con
la cítara?
8 Y si la trompeta da un
sonido confuso, ¿quién
se preparará para la
batalla?
9 Así también vosotros,
si por la lengua no dais
palabra bien comprensi-
ble, ¿cómo se entenderá
lo que decís? Porque
hablaréis al aire.
10 Tantas clases de len-
guas hay, seguramente,
en el mundo, y ninguna

5 θέλω	δὲ	πάντας	ὑμᾶς	λαλεῖν	γλώσσαις,	μᾶλλον	δὲ	ἵνα
deseo$_2$	Mas$_1$	todos$_3$	vosotros$_4$	hablar$_5$	en lenguas,$_6$	más$_8$	pero$_7$	que$_9$
2309	1161	3956	5209	2980	1100	3123	1161	2443
VPAI1S	*CLT*	*JAPM*	*RP2AP*	*VPAN*	*NDPF*	*B*	*CLC*	*CSC*

προφητεύητε·	μείζων	δὲ	ὁ	προφητεύων	ἢ	ὁ	λαλῶν
profeticéis;$_{10}$	mayor (es)$_{12}$	y$_{11}$	el que	profetiza	que	el que	habla
4395	3187	1161	3588	4395	2228	3588	2980
VPAS2P	*JNSMC*	*CLN*	*DNSM*	*VPAP-SNM*	*P, CAM*	*DNSM*	*VPAP-SNM*

γλώσσαις,	ἐκτὸς	εἰ	μὴ	διερμηνεύῃ,	ἵνα	ἡ	ἐκκλησία
en lenguas,	excepto	sino		interprete,	para que	la$_1$	iglesia$_2$
1100	1622	1487	3361	1329	2443	3588	1577
NDPF	*B*	*CAC*	*BN, TN*	*VPAS3S*	*CAP*	*DNSF*	*NNSF*

οἰκοδομὴν	λάβῃ.
edificación.$_4$	reciba$_3$
3619	2983
NASF	*VAAS3S*

6 Νῦν	δέ,	ἀδελφοί,	ἐὰν	ἔλθω	πρὸς	ὑμᾶς	γλώσσαις	λαλῶν,	τί
ahora,$_2$	Y$_1$	hermanos,	si	fuera (yo)	a	vosotros	en lenguas,$_2$	hablando$_1$	¿qué$_3$
3568	1161	80	1437	2064	4314	5209	1100	2980	5101
B	*CLT*	*NVPM*	*CAC*	*VAAS1S*	*P*	*RP2AP*	*NDPF*	*VPAP-SNM*	*RI-ASN*

ὑμᾶς	ὠφελήσω,	ἐὰν	μὴ	ὑμῖν	λαλήσω	ἢ	ἐν	ἀποκαλύψει
a vosotros,$_5$	aprovecharía (yo)$_4$	si	no	a vosotros	hablara	o	con	revelación
5209	5623	1437	3361	5213	2980	2228	1722	602
RP2AP	*VFAI1S*	*CAC*	*BN, TN*	*RP2DP*	*VAAS1S*	*CLK*	*P*	*NDSF*

ἢ	ἐν	γνώσει	ἢ	ἐν	προφητείᾳ	ἢ	ἐν	διδαχῇ;
o	con	conocimiento	o	con	profecía	o	con	enseñanza?
2228	1722	1108	2228	1722	4394	2228	1722	1322
CLK, CLD	*P*	*NDSF*	*CLK, CLD*	*P*	*NDSF*	*CLK, CLD*	*P*	*NDSF*

7 ὅμως	τὰ	ἄψυχα	φωνὴν	διδόντα,	εἴτε	αὐλὸς	εἴτε	κιθάρα,
No obstante,	las cosas	inanimadas	sonido,$_2$	dan$_1$	sea	flauta	sea	cítara,
3676	3588	895	5456	1325	1535	836	1535	2788
B	*DNPN*	*JNPN*	*NASF*	*VPAP-PNN*	*CLK, CAC*	*NNSM*	*CLK, CAC*	*NNSF*

ἐὰν	διαστολὴν	τοῖς	φθόγγοις	μὴ	δῷ,	πῶς	γνωσθήσεται	τὸ
si$_1$	distinción$_4$	con los$_5$	sonidos,$_6$	no$_2$	da(n)$_3$	¿cómo	será conocido	lo que
1437	1293	3588	5353	3361	1325	4459	1097	3588
CAC	*NASF*	*DDPM*	*NDPM*	*BN, TN*	*VAAS3S*	*BI*	*VFPI3S*	*DNSN*

αὐλούμενον	ἢ	τὸ	κιθαριζόμενον;	8 καὶ	γὰρ	ἐὰν	ἄδηλον	φωνὴν
es tocado con flauta	o	lo que	es tocado con cíatara?	y$_2$	Porque$_1$	si$_3$	confuso,$_8$	sonido$_7$
832	2228	3588	2789	2532	1063	1437	82	5456
VPPP-SNN	*CLD*	*DNSN*	*VPPP-SNN*	*BE, TE*	*CLX*	*CAC*	*JASF*	*NASF*

σάλπιγξ	δῷ,	τίς	παρασκευάσεται	εἰς	πόλεμον;	9 οὕτως	καὶ
una trompeta$_5$	diera$_6$	¿quién	se preparará	para	(la) guerra?	Así	también
4536	1325	5101	3903	1519	4171	3779	2532
NNSF	*VAAS3S*	*RI-NSM*	*VFMI3S*	*P*	*NASM*	*B*	*BE, TE*

ὑμεῖς	διὰ	τῆς	γλώσσης	ἐὰν	μὴ	εὔσημον	λόγον	δῶτε,	πῶς
vosotros	por medio de	la	lengua	si	no	comprensible,$_3$	palabra$_2$	dais$_1$	¿cómo
5210	1223	3588	1100	1437	3361	2154	3056	1325	4459
RP2NP	*P*	*DGSF*	*NGSF*	*CAC*	*BN, TN*	*JASM*	*NASM*	*VAAS2P*	*BI*

γνωσθήσεται	τὸ	λαλούμενον;	ἔσεσθε	γὰρ	εἰς	ἀέρα	λαλοῦντες.
será conocido	lo que	habla?	estaréis$_2$	Porque$_1$	hacia$_4$	(el) aire.$_5$	hablando$_3$
1097	3588	2980	2071	1063	1519	109	2980
VFPI3S	*DNSN*	*VPPP-SNN*	*VFMI2P*	*CAZ*	*P*	*NASM*	*VPAP-PNM*

10 τοσαῦτα	εἰ	τύχοι*	γένη	φωνῶν	εἰσιν	ἐν	κόσμῳ,	καὶ	οὐδὲν
Tantas	si$_3$	alcanzó$_4$	clases$_1$	de voces$_2$	son (hay)	en	(el) mundo,	y	ninguna
5118	1487	5177	1085	5456	1526	1722	2889	2532	3762
JNPN,RD-NPN	*CAC*	*VAAO3S*	*NNPN*	*NGPF, NGPM*	*VPAI3P*	*P*	*NDSM*	*CLN*	*JNSN*

NVI

5 Yo quisiera que todos
ustedes hablaran en
lenguas, pero mucho
más que profetiza-
ran. El que profetiza
aventaja al que habla en
lenguas, a menos que
este también interprete,
para que la iglesia reciba
edificación.
6 Hermanos, si ahora
fuera a visitarlos y les
hablara en lenguas, ¿de
qué les serviría, a menos
que les presentara
alguna revelación,
conocimiento, profecía
o enseñanza? 7 Aun en el
caso de los instrumentos
musicales, tales como la
flauta o el arpa, ¿cómo se
reconocerá lo que tocan
si no dan distintamente
sus sonidos? 8 Y, si la
trompeta no da un to-
que claro, ¿quién se va a
preparar para la batalla?
9 Así sucede con ustedes.
A menos que su lengua
pronuncie palabras
comprensibles, ¿cómo se
sabrá lo que dicen? Será
como si hablaran al aire.
10 ¡Quién sabe cuántos
idiomas hay en el mun-
do, y ninguno carece

14:10* O sea *probablemente.*

RVR

de ellas carece de signi-
ficado.
11 Pero si yo ignoro el
valor de las palabras,
seré como extranjero
para el que habla, y el
que habla será como
extranjero para mí.
12 Así también vosotros;
pues que anheláis dones
espirituales, procurad
abundar en ellos para
edificación de la iglesia.
13 Por lo cual, el que
habla en lenguas, pida
en oración poder inter-
pretarlas.
14 Porque si oro en
lenguas, mi espíritu ora,
pero mi entendimiento
queda sin fruto.
15 ¿Qué, pues? Oraré
con el espíritu, pero
oraré también con el
entendimiento; cantaré
con el espíritu, pero
cantaré también con el
entendimiento.
16 Porque si bendices
sólo con el espíritu,
el que ocupa lugar de
oyente sencillo, ¿cómo
dirá el Amén a tu
acción de gracias?; pues
no sabe lo que estás
diciendo.
17 Porque tú, a la verdad,
das gracias bien; pero el
otro no es edificado.
18 Doy gracias a Dios de
que hablo en lenguas
más que todos vosotros;
19 pero en la iglesia
prefiero hablar cinco
palabras con mi enten-
dimiento, para instruir

ἄφωνον·	11 ἐὰν	οὖν	μὴ	εἰδῶ	τὴν	δύναμιν	τῆς	φωνῆς,	ἔσομαι
sin sentido,	si$_2$	así que,$_1$	no	sé	el	significado	de la	voz,	seré$_2$
880	1437	3767	3361	1492	3588	1411	3588	5456	2071
JNSN	CAC	CLI	BN, TN	VRAS1S	DASF	NASF	DGSF	NGSF	VFMI1S

τῷ	λαλοῦντι	βάρβαρος	καὶ	ὁ	λαλῶν	ἐν	ἐμοὶ	βάρβαρος.
para el que$_3$	habla,$_4$	extranjero$_1$	y$_5$	el que$_6$	habla$_7$	con$_9$	mí$_{10}$	extranjero$_8$
3588	2980	915	2532	3588	2980	1722	1698	915
DDSM	VPAP-SDM	JNSM	CLN	DNSM	VPAP-SNM	P	RP1DS	JNSM

12 οὕτως	καὶ	ὑμεῖς,	ἐπεὶ	ζηλωταί	ἐστε	πνευμάτων,	πρὸς	τὴν
Así	también	vosotros,	puesto que	personas diligentes$_2$	sois$_1$	de cosas espirituales,$_3$	para$_7$	la$_8$
3779	2532	5210	1893	2207	2075	4151	4314	3588
B	BE, TE	RP2NP	CAZ	NNPM	VPAI2P	NGPN	P	DASF

οἰκοδομὴν	τῆς	ἐκκλησίας	ζητεῖτε	ἵνα	περισσεύητε.
edificación$_9$	de la$_{10}$	iglesia.$_{11}$	buscad$_4$	que$_5$	abundéis$_6$
3619	3588	1577	2212	2443	4052
NASF	DGSF	NGSF	VPAM2P	CSC	VPAS2P

13 Διὸ	ὁ	λαλῶν	γλώσσῃ	προσευχέσθω	ἵνα	διερμηνεύῃ.
Por lo cual,	el que	habla	en una lengua,	ore	para que	interprete.
1352	3588	2980	1100	4336	2443	1329
CLI	DNSM	VPAP-SNM	NDSF	VPUM3S	CSC	VPAS3S

14 ἐὰν	γὰρ	προσεύχωμαι	γλώσσῃ,	τὸ	πνεῦμά	μου	προσεύχεται,	ὁ
si$_2$	Porque$_1$	oro	en una lengua,	el	espíritu	de mí	ora,	la$_2$
1437	1063	4336	1100	3588	4151	3450	4336	3588
CAC	CAZ	VPUS1S	NDSF	DNSN	NNSN	RP1GS	VPUI3S	DNSM

δὲ	νοῦς	μου	ἄκαρπός	ἐστιν.	15 τί	οὖν	ἐστιν;	προσεύξομαι	τῷ
mas$_1$	mente$_3$	de mí$_4$	sin fruto.$_6$	está$_5$	¿qué$_2$	Entonces,$_1$	es (hay)?	Oraré	con el
1161	3563	3450	175	2076	5101	3767	2076	4336	3588
CLC	NNSM	RP1GS	JNSM	VPAI3S	RI-NSN	CLI	VPAI3S	VFMI1S	DDSN

πνεύματι,	προσεύξομαι	δὲ	καὶ	τῷ	νοΐ·	ψαλῶ	τῷ	πνεύματι,
espíritu,	oraré$_2$	pero$_1$	--	con la	mente;	cantaré alabanzas	con el	espíritu,
4151	4336	1161	2532	3588	3563	5567	3588	4151
NDSN	VFMI1S	CLC	BE, TE	DDSM	NDSM	VFAI1S	DDSN	NDSN

ψαλῶ	δὲ	καὶ	τῷ	νοΐ·	16 ἐπεὶ	ἐὰν	εὐλογῇς	πνεύματι,	ὁ
cantaré alabanzas$_2$	pero$_1$	también	con la	mente.	Puesto que,	si	bendices	con (el) espíritu,	el que$_1$
5567	1161	2532	3588	3563	1893	1437	2127	4151	3588
VFAI1S	CLC	BE, TE	DDSM	NDSM	CAZ	CAC	VPAS2S	NDSN	DNSM

ἀναπληρῶν	τὸν	τόπον	τοῦ	ἰδιώτου	πῶς	ἐρεῖ	τὸ	Ἀμήν	ἐπὶ	τῇ
ocupa$_2$	el$_3$	lugar$_4$	del$_5$	no instruido$_6$	¿cómo$_1$	dirá$_7$	el$_8$	amén$_9$	sobre$_{10}$	la$_{11}$
378	3588	5117	3588	2399	4459	2046	3588	281	1909	3588
VPAP-SNM	DASM	NASM	DGSM	NGSM	BI	VFAI3S	DASN	XF, T	P	DDSF

σῇ	εὐχαριστίᾳ;	ἐπειδὴ	τί	λέγεις	οὐκ	οἶδεν·	17 σὺ	μὲν
de ti$_{13}$	acción de gracias,$_{12}$	puesto que$_{14}$	qué$_{17}$	dices?$_{18}$	no$_{15}$	sabe$_{16}$	tú,$_2$	ciertamente,$_3$
4674	2169	1894	5101	3004	3756	1492	4771	3303
JDSF, RS2DSF	NDSF	CAZ	RI-ASN	VPAI2S	BN, TN	VRAI3S	RP2NS	TK, C

γὰρ	καλῶς	εὐχαριστεῖς,	ἀλλ᾽	ὁ	ἕτερος	οὐκ	οἰκοδομεῖται.
Porque$_1$	bien;$_5$	das gracias$_4$	pero	el	otro	no	es edificado.
1063	2573	2168	235	3588	2087	3756	3618
CLX	B	VPAI2S	CLK, CLC	DNSM	JNSM	BN, TN	VPPI3S

18 εὐχαριστῶ	τῷ	θεῷ,	πάντων	ὑμῶν	μᾶλλον	γλώσσαις	λαλῶ·
Doy gracias	a --	Dios (que)	(que) todos$_4$	vosotros;$_5$	más$_3$	en lenguas$_2$	hablo$_1$
2168	3588	2316	3956	5216	3123	1100	2980
VPAI1S	DDSM	NDSM	JGPM	RP2GP	B	NDPF	VPAI1S

19 ἀλλὰ	ἐν	ἐκκλησίᾳ	θέλω	πέντε	λόγους	τῷ	νοΐ	μου	λαλῆσαι,	ἵνα
pero	en	(la) iglesia	quiero$_1$	cinco$_3$	palabras$_4$	con la$_5$	mente$_6$	de mí,$_7$	hablar$_2$	para$_8$
235	1722	1577	2309	4002	3056	3588	3563	3450	2980	2443
CLC	P	NDSF	VPAI1S	XN, J	NAPM	DDSM	NDSM	RP1GS	VAAN	CAP

NVI

de sentido! 11 Pero, si
no capto el sentido de
lo que alguien dice, seré
como un extranjero para
el que me habla, y él lo
será para mí. 12 Por eso
ustedes, ya que tanto
ambicionan dones espi-
rituales, procuren que
estos abunden para la
edificación de la iglesia.
13 Por esta razón, el
que habla en lenguas
pida en oración el don
de interpretar lo que
diga. 14 Porque, si yo oro
en lenguas, mi espíritu
ora, pero mi entendi-
miento no se beneficia
en nada. 15 ¿Qué debo
hacer entonces? Pues
orar con el espíritu, pero
también con el enten-
dimiento; cantar con el
espíritu, pero también
con el entendimiento.
16 De otra manera, si
alabas a Dios con el espí-
ritu, ¿cómo puede quien
no es instruido decir
«amén» a tu acción de
gracias, puesto que no
entiende lo que dices?
17 En ese caso tu acción
de gracias es admirable,
pero no edifica al otro.
18 Doy gracias a Dios
porque hablo en lenguas
más que todos ustedes.
19 Sin embargo, en la
iglesia prefiero emplear
cinco palabras compren-
sibles y que me sirvan

RVR

también a otros, que
diez mil palabras en
lenguas.
20 Hermanos, no seáis
niños en el modo de
pensar, sino sed niños
en la malicia, pero
maduros en el modo de
pensar.
21 En la ley está escrito:
En otras lenguas y con
otros labios hablaré a
este pueblo; y ni aun así
me escucharán, dice el
Señor.
22 Así que, las lenguas
son por señal, no a los
creyentes, sino a los in-
crédulos; pero la profe-
cía, no a los incrédulos,
sino a los creyentes.
23 Si, pues, toda la iglesia
se reúne en un solo
lugar, y todos hablan
en lenguas, y entran in-
doctos o incrédulos, ¿no
dirán que estáis locos?
24 Pero si todos profe-
tizan, y entra algún in-
crédulo o indocto, por
todos es convencido,
por todos es juzgado;
25 lo secreto de su cora-
zón se hace manifiesto;
y así, postrándose sobre
el rostro, adorará a Dios,
declarando que Dios
está realmente entre
vosotros.

καὶ ἄλλους κατηχήσω, ἢ μυρίους λόγους ἐν γλώσσῃ.
también$_{10}$ a otros,$_{11}$ instruir$_{9}$ que diez mil palabras en una lengua.
2532 243 2727 2228 3463 3056 1722 1100
BE, TE JAPM VAAS1S CAM JAPM NAPM P NDSF

20 Ἀδελφοί, μὴ παιδία γίνεσθε ταῖς φρεσίν, ἀλλὰ τῇ κακίᾳ
Hermanos, no$_{1}$ niñitos$_{3}$ os hagáis$_{2}$ en los pensamientos, sino en la$_{2}$ malicia,$_{3}$
80 3361 3813 1096 3588 5424 235 3588 2549
NVPM BN, TN NNPN VPUM2P DDPF NDPF CLC DDSF NDSF

νηπιάζετε, ταῖς δὲ φρεσὶν τέλειοι γίνεσθε. 21 ἐν τῷ νόμῳ
pórtense como un niño$_{1}$ en los$_{7}$ mas$_{4}$ pensamientos.$_{8}$ maduros$_{6}$ llegad a ser$_{5}$ en la ley
3515 3588 1161 5424 5046 1096 1722 3588 3551
VPAM2P DDPF CLC NDPF JNPM VPUM2P P DDSM NDSM

γέγραπται ὅτι Ἐν ἑτερογλώσσοις καὶ ἐν χείλεσιν ἑτέρων λαλήσω
ha sido escrito: Que en lengua extraña y con labios de otros hablaré
1125 3754 1722 2084 2532 1722 5491 2087 2980
VRPI3S CSC P JDPM CLN P NDPN JGPM VFAI1S

τῷ λαῷ τούτῳ, καὶ οὐδ᾽ οὕτως εἰσακούσονταί μου, λέγει κύριος.
a --$_{1}$ pueblo,$_{3}$ este$_{2}$ y ni así escucharán de mí, dice (el) Señor.
3588 2992 5129 2532 3761 3779 1522 3450 3004 2962
DDSM NDSM RD-DSM CLC BN, TN B VFMI3P RP1GS VPAI3S NNSM

22 ὥστε αἱ γλῶσσαι εἰς σημεῖόν εἰσιν οὐ τοῖς πιστεύουσιν ἀλλὰ
Así que, las lenguas para$_{4}$ señal$_{3}$ son$_{2}$ no$_{1}$ los que creen, sino
5620 3588 1100 1519 4592 1526 3756 3588 4100 235
CLI DNPF NNPF P NASN VPAI3P CLK DDPM VPAP-PDM CLK, CLC

τοῖς ἀπίστοις, ἡ δὲ προφητεία οὐ τοῖς ἀπίστοις ἀλλὰ
para los no creyentes; la$_{2}$ mas$_{1}$ profecía$_{3}$ no (es) para los no creyentes, sino
3588 571 3588 1161 4394 3756 3588 571 235
DDPM JDPM DNSF CLC NNSF CLK, TN, B DDPM JDPM CLK, CLC

τοῖς πιστεύουσιν. 23 ἐὰν οὖν συνέλθῃ ἡ ἐκκλησία ὅλη ἐπὶ τὸ
para los que creen. si$_{2}$ Así que,$_{1}$ se reúne$_{6}$ la$_{3}$ iglesia$_{4}$ toda$_{5}$ sobre$_{7}$ lo$_{8}$
3588 4100 1437 3767 4905 3588 1577 3650 1909 3588
DDPM VPAP-PDM CAC CLI VAAS3S DNSF NNSF JNSF P DASN

αὐτὸ* καὶ πάντες λαλῶσιν γλώσσαις, εἰσέλθωσιν δὲ ἰδιῶται ἢ
mismo,$_{9}$ y todos hablan lenguas, entran$_{2}$ y$_{1}$ no instruidos o
846 2532 3956 2980 1100 1525 1161 2399 2228
RP3ASN, JASN CLN JNPM VPAS3P NDPF VAAS3P CLN NNPM CLD

ἄπιστοι, οὐκ ἐροῦσιν ὅτι μαίνεσθε; 24 ἐὰν δὲ πάντες προφητεύωσιν,
no creyentes, ¿no dirán que estáis locos? si$_{2}$ Mas$_{1}$ todos$_{3}$ profetizaran,$_{4}$
571 3756 2046 3754 3105 1437 1161 3956 4395
JNPM TN, TI VFAI3P CSC VPUI2P CAC CLC JNPM VPAS3P

εἰσέλθῃ δέ τις ἄπιστος ἢ ἰδιώτης, ἐλέγχεται ὑπὸ πάντων,
entrara,$_{10}$ mas$_{5}$ algún$_{6}$ no creyente$_{7}$ o$_{8}$ no instruido$_{9}$ será convencido por todos,
1525 1161 5100 571 2228 2399 1651 5259 3956
VAAS3S CLN JNSM, RX-NSM JNSM CLD NNSM VPPI3S P JGPM

ἀνακρίνεται ὑπὸ πάντων, 25 τὰ κρυπτὰ τῆς καρδίας αὐτοῦ φανερὰ
es juzgado por todos, las cosas ocultas del corazón de él evidentes,$_{2}$
350 5259 3956 3588 2927 3588 2588 846 5318
VPPI3S P JGPM DNPN JNPN DGSF NGSF RP3GSM JNPN

γίνεται, καὶ οὕτως πεσὼν ἐπὶ πρόσωπον προσκυνήσει τῷ θεῷ,
llega(n) a ser$_{1}$ y así, habiendo caído sobre (el) rostro, adorará a -- Dios,
1096 2532 3779 4098 1909 4383 4352 3588 2316
VPUI3S CLN B VAAP-SNM P NASN VFAI3S DDSM NDSM

ἀπαγγέλλων ὅτι Ὄντως ὁ θεὸς ἐν ὑμῖν ἐστιν.
reconociendo que realmente -- Dios entre$_{2}$ vosotros.$_{3}$ está$_{1}$
518 3754 3689 3588 2316 1722 5213 2076
VPAP-SNM CSC B DNSM NNSM P RP2DP VPAI3S

NVI

para instruir a los demás
que diez mil palabras en
lenguas.
20 Hermanos, no sean
niños en su modo de
pensar. Sean niños en
cuanto a la malicia, pero
adultos en su modo de
pensar. 21 En la ley está
escrito:

«Por medio de gente
de lengua extraña
y por boca de
extranjeros
hablaré a este pueblo,
pero ni aun así me
escucharán», dice
el Señor.

22 De modo que el ha-
blar en lenguas es una se-
ñal no para los creyentes,
sino para los incrédulos;
en cambio, la profecía
no es señal para los
incrédulos, sino para los
creyentes. 23 Así que, si
toda la iglesia se reúne y
todos hablan en lenguas,
y entran algunos que no
entienden o no creen,
¿no dirán que ustedes
están locos? 24 Pero, si
uno que no cree o uno
que no entiende entra
cuando todos están pro-
fetizando, se sentirá re-
prendido y juzgado por
todos, 25 y los secretos de
su corazón quedarán al
descubierto. Así que se
postrará ante Dios y lo
adorará, exclamando:
«¡Realmente Dios está
entre ustedes!»

14:23* O sea *en el mismo lugar.*

RVR

26 ¿Qué, pues, herma-
nos? Cuando os reunís,
cada uno de vosotros
tiene salmo, tiene
enseñanza, tiene lengua,
tiene revelación, tiene
interpretación. Hágase
todo para edificación.
27 Si habla alguno en
lenguas, que lo hagan
dos, o a lo más tres,
y por turno; y uno
interprete.
28 Y si no hay intérprete,
calle en la iglesia, y hable
para sí mismo y para
Dios.
29 Asimismo, los profe-
tas hablen dos o tres, y
los demás disciernan.
30 Y si algo le es revelado
a otro que esté sentado,
calle el primero.
31 Porque podéis pro-
fetizar todos uno por
uno, para que todos
aprendan, y todos sean
exhortados.
32 Y los espíritus de los
profetas estén someti-
dos a los profetas;
33 pues Dios no es Dios
de confusión, sino de
paz. Como en todas las
iglesias de los santos,
34 vuestras mujeres
callen en las congrega-
ciones; porque no les es
permitido hablar, sino
que estén sometidas,

---

26 Τί οὖν ἐστιν, ἀδελφοί; ὅταν συνέρχησθε, ἕκαστος
¿qué$_2$ Entonces,$_1$ es (hay), hermanos? Cuando os reunáis, cada uno
5101 3767 2076 80 3752 4905 1538
RI-NSN CLI VPAI3S NVPM CAT VPUS2P JNSM

ψαλμὸν ἔχει, διδαχὴν ἔχει, ἀποκάλυψιν ἔχει, γλῶσσαν
un canto de alabanza,$_2$ tiene$_1$ una enseñanza,$_4$ tiene$_3$ una revelación,$_6$ tiene$_5$ una lengua,$_8$
5568 2192 1322 2192 602 2192 1100
NASM VPAI3S NASF VPAI3S NASF VPAI3S NASF

ἔχει, ἑρμηνείαν ἔχει· πάντα πρὸς οἰκοδομὴν γινέσθω.
tiene$_7$ una interpretación;$_{10}$ tiene$_9$ todas las cosas$_{11}$ para$_{13}$ edificación.$_{14}$ llegue(n) a ser$_{12}$
2192 2058 2192 3956 4314 3619 1096
VPAI3S NASF VPAI3S JNPN P NASF VPUM3S

27 εἴτε γλώσσῃ τις λαλεῖ, κατὰ δύο ἢ τὸ πλεῖστον τρεῖς,
Si$_1$ en una lengua,$_4$ alguno$_2$ habla$_3$ según dos o lo más tres,
1535 1100 5100 2980 2596 1417 2228 3588 4118 5140
CAC NDSF RX-NSM VPAI3S P XN, J CLD DASN JASN JAPM, JNPM

καὶ ἀνὰ μέρος, καὶ εἷς διερμηνευέτω· 28 ἐὰν δὲ μὴ ᾖ
y en parte, y uno interprete; si$_2$ y$_1$ no fuere (hubiere)
2532 303 3313 2532 1520 1329 1437 1161 3361 5600
CLN P NASN CLN JNSM VPAM3S CAC CLC BN, TN VPAS3S

διερμηνευτής, σιγάτω ἐν ἐκκλησίᾳ, ἑαυτῷ δὲ λαλείτω καὶ
un intérprete, calle en (la) iglesia para sí mismo$_3$ mas$_1$ hable$_2$ y
1328 4601 1722 1577 1438 1161 2980 2532
NNSM VPAM3S P NDSF RF3DSM CLN VPAM3S CLN

τῷ θεῷ. 29 προφῆται δὲ δύο ἢ τρεῖς λαλείτωσαν, καὶ οἱ ἄλλοι
para -- Dios. (los) profetas$_2$ Mas$_1$ dos$_4$ o$_5$ tres,$_6$ hablen$_3$ y los otros
3588 2316 4396 1161 1417 2228 5140 2980 2532 3588 243
DDSM NDSM NNPM CLN XN, J CLD JNPM VPAM3P CLN DNPM JNPM

διακρινέτωσαν· 30 ἐὰν δὲ ἄλλῳ ἀποκαλυφθῇ καθημένῳ, ὁ πρῶτος
juzguen. si$_2$ Mas$_1$ a otro,$_4$ es revelado$_3$ estando sentado, el primero
1252 1437 1161 243 601 2521 3588 4413
VPAM3P CAC CLN JDSM VAPS3S VPUP-SDM DNSM JNSM

σιγάτω. 31 δύνασθε γὰρ καθ᾽ ἕνα πάντες προφητεύειν, ἵνα πάντες
calle. podéis$_3$ Porque$_1$ según$_5$ uno,$_6$ todos$_2$ profetizar$_4$ para que todos
4601 1410 1063 2596 1520 3956 4395 2443 3956
VPAM3S VPUI2P CAZ P JASM JNPM VPAN CAP JNPM

μανθάνωσιν καὶ πάντες παρακαλῶνται 32 (καὶ πνεύματα προφητῶν
aprendan y todos sean exhortados. También (los) espíritus de (los) profetas
3129 2532 3956 3870 2532 4151 4396
VPAS3P CLN JNPM VPPS3P CLN NNPN NGPM

προφήταις ὑποτάσσεται, 33 οὐ γάρ ἐστιν ἀκαταστασίας ὁ θεὸς
a (los) profetas,$_2$ está(n) sujetos$_1$ no$_4$ porque$_1$ es$_5$ de desorden,$_6$ --$_2$ Dios$_3$
4396 5293 3756 1063 2076 181 3588 2316
NDPM VPPI3S CLK,TN,B CAZ VPAI3S NGSF DNSM NNSM

ἀλλὰ εἰρήνης), ὡς ἐν πάσαις ταῖς ἐκκλησίαις τῶν ἁγίων.
sino de paz, como en todas las iglesias de los santos,
235 1515 5613 1722 3956 3588 1577 3588 40
CLK, CLC NGSF CAM P JDPF DDPF NDPF DGPM JGPM

⸀34 Αἱ ⸂γυναῖκες ἐν ταῖς ἐκκλησίαις σιγάτωσαν, οὐ γὰρ
Las mujeres en$_2$ las$_3$ iglesias,$_4$ callen$_1$ no$_6$ porque$_5$
3588 1135 1722 3588 1577 4601 3756 1063
DNPF NNPF P DDPF NDPF VPAM3P CLK, TN, B CAZ

ἐπιτρέπεται αὐταῖς λαλεῖν· ἀλλὰ ὑποτασσέσθωσαν, καθὼς καὶ
es permitido a ellas hablar, sino estén sujetas, como$_1$ también$_4$
2010 846 2980 235 5293 2531 2532
VPPI3S RP3DPF VPAN CLK, CLC VPPM3P CAM BE, TE

NVI

Orden en los cultos

26 ¿Qué concluimos,
hermanos? Que, cuan-
do se reúnan, cada uno
puede tener un himno,
una enseñanza, una
revelación, un mensaje
en lenguas, o una inter-
pretación. Todo esto
debe hacerse para la edi-
ficación de la iglesia. 27 Si
se habla en lenguas, que
hablen dos —o cuando
mucho tres—, cada uno
por turno; y que alguien
interprete. 28 Si no hay
intérprete, que guarden
silencio en la iglesia y
cada uno hable para sí
mismo y para Dios.
29 En cuanto a los
profetas, que hablen dos
o tres, y que los demás
examinen con cuidado
lo dicho. 30 Si alguien
que está sentado recibe
una revelación, el que
esté hablando ceda la
palabra. 31 Así todos
pueden profetizar por
turno, para que todos
reciban instrucción y
aliento. 32 El don de pro-
fecía está bajo el control
de los profetas, 33 porque
Dios no es un Dios de
desorden, sino de paz.
Como es costumbre
en las congregaciones de
los creyentes, 34 guarden
las mujeres silencio en la
iglesia, pues no les está
permitido hablar. Que
estén sumisas, como lo

14:34⸀ Manuscritos importantes tienen los vv. 34 y 35 luego del v. 40. **14:34⸂** Manuscritos inferiores aumentaron *vuestras*.

RVR

como también la ley lo dice.

35 Y si quieren aprender algo, pregunten en casa a sus maridos; porque es indecoroso para las mujeres el hablar en la congregación.

36 ¿Acaso ha procedido de vosotros la palabra de Dios, o ha llegado sólo a vosotros?

37 Si alguno se cree profeta, o espiritual, reconozca que lo que os escribo son mandamientos del Señor.

38 Pero si alguno lo ignora, que lo ignore.

39 Así que, hermanos, anhelad el profetizar, y no impidáis el hablar en lenguas;

40 pero hágase todo decentemente y con orden.

Cristo, garantía de la resurrección

15 Además, os voy a exponer, hermanos, el evangelio que os he predicado, el cual también recibisteis, en el cual también estáis firmes;

2 por el cual asimismo, si retenéis la palabra que os he predicado, sois salvos, si no creísteis en vano.

ὁ	νόμος	λέγει.	35 εἰ	δέ	τι	μαθεῖν	θέλουσιν,	ἐν	οἴκῳ	τοὺς
la$_2$	ley$_3$	dice.$_5$	si$_2$	Mas$_1$	algo,$_5$	aprender$_4$	desean$_3$	en$_{10}$	casa,$_{11}$	a los$_7$
3588	3551	3004	1487	1161	5100	3129	2309	1722	3624	3588
DNSM	*NNSM*	*VPAI3S*	*CAC*	*CLN*	*RX-ASN*	*VAAN*	*VPAI3P*	*P*	*NDSM*	*DAPM*

ἰδίους	ἄνδρας	ἐπερωτάτωσαν,	αἰσχρὸν	γάρ	ἐστιν	γυναικὶ	λαλεῖν
propios$_8$	esposos$_9$	pregunten$_6$	vergonzoso$_2$	porque$_1$	es	para una esposa	hablar
2398	435	1905	150	1063	2076	1135	2980
JAPM	*NAPM*	*VPAM3P*	*JNSN*	*CAZ*	*VPAI3S*	*NDSF*	*VPAN*

ἐν	ἐκκλησίᾳ.	36 ἢ	ἀφ'	ὑμῶν	ὁ	λόγος	τοῦ	θεοῦ	ἐξῆλθεν,	ἢ	εἰς
en	(la) iglesia.	¿O$_1$	de$_7$	vosotros,$_8$	la$_2$	palabra$_3$	de --$_4$	Dios$_5$	salió$_6$	o$_9$	para$_{12}$
1722	1577	2228	575	5216	3588	3056	3588	2316	1831	2228	1519
P	*NDSF*	*CLD*	*P*	*RP2GP*	*DNSM*	*NNSM*	*DGSM*	*NGSM*	*VAAI3S*	*CLD*	*P*

ὑμᾶς	μόνους	κατήντησεν;
vosotros?$_{13}$	sólo$_{11}$	llegó$_{10}$
5209	3441	2658
RP2AP	*JAPM*	*VAAI3S*

37 Εἴ	τις	δοκεῖ	προφήτης	εἶναι	ἢ	πνευματικός,	ἐπιγινωσκέτω
Si	alguno	piensa	profeta$_2$	ser$_1$	o	espiritual,	reconozca
1487	5100	1380	4396	1511	2228	4152	1921
CAC	*RX-NSM*	*VPAI3S*	*NNSM*	*VPAN*	*CLD*	*JNSM*	*VPAM3S*

ἃ	γράφω	ὑμῖν	ὅτι	κυρίου	ἐστίν·	38 εἰ	δέ	τις	ἀγνοεῖ,
las cosas que$_2$	escribo$_3$	a vosotros,$_4$	que$_1$	de(l) Señor;$_6$	es (son)$_5$	si	pero	alguien	ignora,
3739	1125	5213	3754	2962	2076	1487	1161	5100	50
RR-APN	*VPAI1S*	*RP2DP*	*CSC*	*NGSM*	*VPAI3S*	*CAC*	*CLN*	*RX-NSM*	*VPAI3S*

ἀγνοεῖται.	39 ὥστε,	ἀδελφοί	μου,	ζηλοῦτε	τὸ	προφητεύειν,	καὶ
es ignorado.	De modo que,	hermanos	de mí,	buscad	el	profetizar	y$_1$
50	5620	80	3450	2206	3588	4395	2532
VPPI3S	*CLI*	*NVPM*	*RP1GS*	*VPAM2P*	*DASN*	*VPAN*	*CLN*

τὸ	λαλεῖν	μὴ	κωλύετε	γλώσσαις·	40 πάντα	δὲ	εὐσχημόνως	καὶ
el$_2$	hablar$_3$	no$_5$	impidáis;$_6$	en lenguas$_4$	todas las cosas$_2$	mas$_1$	con dignidad$_4$	y$_5$
3588	2980	3361	2967	1100	3956	1161	2156	2532
DASN	*VPAN*	*BN, TN*	*VPAM2P*	*NDPF*	*JNPN*	*CLC*	*B*	*CLN*

κατὰ	τάξιν	⸀γινέσθω.
conforme a$_6$	orden.$_7$	llegue(n) a ser$_3$
2596	5010	1096
P	*NASF*	*VPUM3S*

15 Γνωρίζω	δὲ	ὑμῖν,	ἀδελφοί,	τὸ	εὐαγγέλιον	ὃ
doy a conocer$_2$	Y$_1$	a vosotros,	hermanos,	el	evangelio	el que
1107	1161	5213	80	3588	2098	3739
VPAI1S	*CLT*	*RP2DP*	*NVPM*	*DASN*	*NASN*	*RR-ASN*

εὐηγγελισάμην	ὑμῖν,	ὃ	καὶ	παρελάβετε,	ἐν	ᾧ	καὶ
anuncié	a vosotros,	el que	también	recibisteis,	en	el que	también
2097	5213	3739	2532	3880	1722	3739	2532
VAMI1S	*RP2DP*	*RR-ASN*	*BE, TE*	*VAAI2P*	*P*	*RR-DSN*	*BE, TE*

ἑστήκατε,	2 δι'	οὗ	καὶ	σῴζεσθε,	τίνι	λόγῳ
habéis estado firmes,	por medio de	el cual	también	sois salvos,	tal cual$_3$	(la) palabra$_4$
2476	1223	3739	2532	4982	5100	3056
VRAI2P	*P*	*RR-GSN*	*BE, TE*	*VPPI2P*	*JDSM, RI-DSM*	*NDSM*

εὐηγγελισάμην	ὑμῖν,	εἰ	κατέχετε,	ἐκτὸς	εἰ	μὴ	εἰκῇ
anuncié$_5$	a vosotros,$_6$	si$_1$	retenéis$_2$	excepto$_7$	si$_8$	no$_9$	en vano.$_{11}$
2097	5213	1487	2722	1622	1487	3361	1500
VAMI1S	*RP2DP*	*CAC*	*VPAI2P*	*B*	*CAC*	*BN, TN*	*B*

ἐπιστεύσατε.
creísteis$_{10}$
4100
VAAI2P

NVI

establece la ley. 35 Si quie-
ren saber algo, que se lo
pregunten en casa a sus
esposos; porque no está
bien visto que una mujer
hable en la iglesia.
36 ¿Acaso la palabra
de Dios procedió de
ustedes? ¿O son ustedes
los únicos que la han
recibido? 37 Si alguno se
cree profeta o espiritual,
reconozca que esto que
les escribo es mandato
del Señor. 38 Si no lo
reconoce, tampoco él
será reconocido.
39 Así que, hermanos
míos, ambicionen el
don de profetizar, y no
prohíban que se hable
en lenguas. 40 Pero todo
debe hacerse de una
manera apropiada y con
orden.

La resurrección de Cristo

15 Ahora, her-
manos, quiero
recordarles el evangelio
que les prediqué, el
mismo que recibieron y
en el cual se mantienen
firmes. 2 Mediante este
evangelio son salvos, si
se aferran a la palabra
que les prediqué. De
otro modo, habrán
creído en vano.

14:40⸀ Manuscritos importantes tienen los vv. 34 y 35 luego del v. 40.

RVR

3 Porque en primer
lugar os transmití lo que
asimismo recibí: Que
Cristo murió por nues-
tros pecados, conforme
a las Escrituras;
4 y que fue sepultado,
y que resucitó al tercer
día conforme a las
Escrituras;
5 y que se apareció a
Cefas, y después a los
doce.
6 Después se apareció
a más de quinientos
hermanos a la vez, de los
cuales la mayoría viven
aún, pero algunos ya se
durmieron.
7 Después se apareció a
Jacobo; después a todos
los apóstoles;
8 y al último de todos,
como a un abortivo, se
me apareció a mí.
9 Porque yo soy el más
pequeño de los após-
toles, que no soy digno
de ser llamado apóstol,
porque perseguí a la
iglesia de Dios.
10 Pero por la gracia de
Dios, soy lo que soy; y
su gracia para conmigo
no ha resultado estéril,
sino que he trabajado
más que todos ellos;
pero no yo, sino la gra-
cia de Dios conmigo.
11 Porque, o sea yo o
sean ellos, así predica-
mos, y así habéis creído.

3 Παρέδωκα	γὰρ	ὑμῖν	ἐν	πρώτοις,	ὃ	καὶ	παρέλαβον,
entregué$_2$	Porque$_1$	a vosotros	entre	(las) primeras cosas,	lo que	también	recibí,
3860	1063	5213	1722	4413	3739	2532	3880
VAAI1S	CLX	RP2DP	P	JDPN, JDPM	RR-ASN	BE, TE	VAAI1S

ὅτι	Χριστὸς	ἀπέθανεν	ὑπὲρ	τῶν	ἁμαρτιῶν	ἡμῶν	κατὰ	τὰς
que	Cristo	murió	por	los	pecados	de nosotros,	conforme a	las
3754	5547	599	5228	3588	266	2257	2596	3588
CSC	NNSM	VAAI3S	P	DGPF	NGPF	RP1GP	P	DAPF

γραφάς,	4 καὶ	ὅτι	ἐτάφη,	καὶ	ὅτι	ἐγήγερται	τῇ	ἡμέρᾳ	τῇ	τρίτῃ
Escrituras,	y	que	fue sepultado	y	que	ha sido resucitado	al	día	--	tercero,
1124	2532	3754	2290	2532	3754	1453	3588	2250	3588	5154
NAPF	CLN	CSC	VAPI3S	CLN	CSC	VRPI3S	DDSF	NDSF	DDSF	JDSF

κατὰ	τὰς	γραφάς,	5 καὶ	ὅτι	ὤφθη	Κηφᾷ,	εἶτα	τοῖς	δώδεκα·
conforme a	las	Escrituras,	y	que	fue visto	por Cefas,	después de	los	doce.
2596	3588	1124	2532	3754	3700	2786	1534	3588	1427
P	DAPF	NAPF	CLN	CSC	VAPI3S	NDSM	B	DDPM	XN, J

6 ἔπειτα	ὤφθη	ἐπάνω	πεντακοσίοις	ἀδελφοῖς	ἐφάπαξ,	ἐξ	ὧν	οἱ
Después	fue visto	por más de	quinientos	hermanos	de una vez,	de$_3$	los que$_4$	los$_1$
1899	3700	1883	4001	80	2178	1537	3739	3588
B	VAPI3S	B	JDPM	NDPM	B	P	RR-GPM	DNPM

πλείονες	μένουσιν	ἕως	ἄρτι,	τινὲς	δὲ	ἐκοιμήθησαν·	7 ἔπειτα	ὤφθη
más$_2$	permanecen	hasta	ahora,	algunos$_2$	mas$_1$	se durmieron.$_3$	Después	fue visto
4119	3306	2193	737	5100	1161	2837	1899	3700
JNPMC	VPAI3P	P, C	B	RX-NPM	CLC	VAPI3P	B	VAPI3S

Ἰακώβῳ,	εἶτα	τοῖς	ἀποστόλοις	πᾶσιν·	8 ἔσχατον	δὲ	πάντων	ὡσπερεὶ
por Santiago;	después,	los$_2$	apóstoles;$_3$	por todos$_1$	último$_2$	y$_1$	de todos,	como
2385	1534	3588	652	3956	2078	1161	3956	5619
NDSM	B	DDPM	NDPM	JDPM	JASN, JASM	CLN	JGPN, JGPM	B, P

τῷ	ἐκτρώματι	ὤφθη	κἀμοί.	9 ἐγὼ	γάρ	εἰμι	ὁ	ἐλάχιστος
al	fruto abortivo,	fue visto	también por mí.	yo$_2$	Porque$_1$	soy	el	menos importante
3588	1626	3700	2504	1473	1063	1510	3588	1646
DDSN	NDSN	VAPI3S	RP1DS, TE	RP1NS	CAZ	VPAI1S	DNSM	JNSM

τῶν	ἀποστόλων,	ὃς	οὐκ	εἰμὶ	ἱκανὸς	καλεῖσθαι	ἀπόστολος,	διότι
de los	apóstoles,	el cual	no	soy	digno	para ser llamado	apóstol,	porque
3588	652	3739	3756	1510	2425	2564	652	1360
DGPM	NGPM	RR-NSM	BN, TN	VPAI1S	JNSM	VPPN	NNSM	CAZ

ἐδίωξα	τὴν	ἐκκλησίαν	τοῦ	θεοῦ·	10 χάριτι	δὲ	θεοῦ	εἰμι	ὅ
perseguí	a la	iglesia	de --	Dios.	por (la) gracia$_2$	Mas$_1$	Dios	soy	lo que
1377	3588	1577	3588	2316	5485	1161	2316	1510	3739
VAAI1S	DASF	NASF	DGSM	NGSM	NDSF	CLC	NGSM	VPAI1S	RR-NSN

εἰμι,	καὶ	ἡ	χάρις	αὐτοῦ	ἡ	εἰς	ἐμὲ	οὐ	κενὴ	ἐγενήθη,	ἀλλὰ
soy,	y	la	gracia	de él	la	para	conmigo	no	vana,$_2$	fue hecha$_1$	sino$_3$
1510	2532	3588	5485	846	3588	1519	1691	3756	2756	1096	235
VPAI1S	CLN	DNSF	NNSF	RP3GSM	DNSF	P	RP1AS	CLK, TN, B	JNSF	VAPI3S	CLK, CLC

περισσότερον	αὐτῶν	πάντων	ἐκοπίασα,	οὐκ	ἐγὼ	δὲ	ἀλλὰ	ἡ
más abundante$_5$	ellos,$_7$	(que) todos$_6$	trabajé$_4$	no$_9$	yo,$_{10}$	pero$_8$	sino	la
4053	846	3956	2872	3756	1473	1161	235	3588
JASNC, JASMC	RP3GPM	JGPM	VAAI1S	CLK, TN, B	RP1NS	CLC	CLK, CLC	DNSF

χάρις	τοῦ	θεοῦ	ἡ	σὺν	ἐμοί.	11 εἴτε	οὖν	ἐγὼ	εἴτε	ἐκεῖνοι,
gracia	de --	Dios	--	conmigo.		ya sea$_2$	Así que,$_1$	yo,	ya sea	aquellos,
5485	3588	2316	3588	4862	1698	1535	3767	1473	1535	1565
NNSF	DGSM	NGSM	DNSF	P	RP1DS	CLK,CAC	CLI	RP1NS	CLK, CAC	RD-NPM

οὕτως	κηρύσσομεν	καὶ	οὕτως	ἐπιστεύσατε.
así	proclamamos	y	así	creísteis.
3779	2784	2532	3779	4100
B	VPAI1P	CLN	B	VAAI2P

NVI

3 Porque ante todo
les transmití a ustedes
lo que yo mismo recibí:
que Cristo murió por
nuestros pecados según
las Escrituras, 4 que fue
sepultado, que resucitó
al tercer día según las
Escrituras, 5 y que se
apareció a Cefas, y luego
a los doce. 6 Después
se apareció a más de
quinientos hermanos
a la vez, la mayoría de
los cuales vive todavía,
aunque algunos han
muerto. 7 Luego se apa-
reció a Jacobo, más tarde
a todos los apóstoles, 8 y,
por último, como a uno
nacido fuera de tiempo,
se me apareció también
a mí.
9 Admito que yo soy
el más insignificante
de los apóstoles y que
ni siquiera merezco ser
llamado apóstol, porque
perseguí a la iglesia
de Dios. 10 Pero por la
gracia de Dios soy lo que
soy, y la gracia que él me
concedió no fue infruc-
tuosa. Al contrario, he
trabajado con más tesón
que todos ellos, aunque
no yo, sino la gracia de
Dios que está conmigo.
11 En fin, ya sea que se
trate de mí o de ellos,
esto es lo que predica-
mos, y esto es lo que
ustedes han creído.

RVR

12 Pero si se predica de
Cristo que resucitó de
los muertos, ¿cómo
dicen algunos entre
vosotros que no hay re-
surrección de muertos?
13 Porque si no hay
resurrección de muer-
tos, tampoco Cristo
resucitó.
14 Y si Cristo no resu-
citó, vana es entonces
nuestra predicación,
vana es también vuestra
fe.
15 Y somos hallados
falsos testigos de Dios;
porque hemos testifi-
cado en contra de Dios
que él resucitó a Cristo,
al cual no resucitó, si en
verdad los muertos no
resucitan.
16 Porque si los muertos
no resucitan, tampoco
Cristo resucitó;
17 y si Cristo no resucitó,
vuestra fe es vana;
aún estáis en vuestros
pecados.
18 Entonces también
los que durmieron en
Cristo, han perecido.
19 Si solamente en esta
vida tenemos puesta
nuestra esperanza en
Cristo, somos los más
dignos de lástima de
todos los hombres.
20 Ahora bien, Cristo ha
resucitado de los muer-
tos; primicias de los que

12 Εἰ	δὲ	Χριστὸς	κηρύσσεται	ὅτι	ἐκ	νεκρῶν	ἐγήγερται,
si$_2$	Pero$_1$	Cristo	es predicado	que	de$_2$	(los) muertos,$_3$	ha sido resucitado$_1$
1487	1161	5547	2784	3754	1537	3498	1453
CAC	*CLT*	*NNSM*	*VPPI3S*	*CSC*	*P*	*JGPM*	*VRPI3S*

πῶς	λέγουσιν	ἐν	ὑμῖν	τινες	ὅτι	ἀνάστασις	νεκρῶν	οὐκ
¿cómo$_4$	dicen$_8$	entre$_6$	vosotros$_7$	algunos$_5$	que$_9$	(la) resurrección$_{12}$	de (los) muertos?$_{13}$	no$_{10}$
4459	3004	1722	5213	5100	3754	386	3498	3756
BI	*VPAI3P*	*P*	*RP2DP*	*RX-NPM*	*CSC*	*NNSF*	*JGPM*	*BN, TN*

ἔστιν;	13 εἰ	δὲ	ἀνάστασις	νεκρῶν	οὐκ	ἔστιν,	οὐδὲ	Χριστὸς
es (existe)$_{11}$	si$_2$	Mas$_1$	(la) resurrección	de (los) muertos	no	es (existe),	tampoco	Cristo
2076	1487	1161	386	3498	3756	2076	3761	5547
VPAI3S	*CAC*	*CLC*	*NNSF*	*JGPM*	*BN, TN*	*VPAI3S*	*BN, TN*	*NNSM*

ἐγήγερται·	14 εἰ	δὲ	Χριστὸς	οὐκ	ἐγήγερται,	κενὸν	ἄρα	τὸ
ha sido resucitado;	si$_2$	y$_1$	Cristo	no	ha sido resucitado,	(es) vana,$_5$	entonces,$_1$	la$_2$
1453	1487	1161	5547	3756	1453	2756	686	3588
VRPI3S	*CAC*	*CLN*	*NNSM*	*BN, TN*	*VRPI3S*	*JNSN*	*CLI*	*DNSN*

κήρυγμα	ἡμῶν,	κενὴ	καὶ	ἡ	πίστις	ὑμῶν,	15 εὑρισκόμεθα
proclamación$_3$	de nosotros$_4$	es vana;	también$_5$	la$_6$	fe$_7$	de vosotros;$_8$	somos hallados$_3$
2782	2257	2756	2532	3588	4102	5216	2147
NNSN	*RP1GP*	*JNSF*	*BE, TE*	*DNSF*	*NNSF*	*RP2GP*	*VPPI1P*

δὲ	καὶ	ψευδομάρτυρες	τοῦ	θεοῦ,	ὅτι	ἐμαρτυρήσαμεν	κατὰ
y$_1$	también$_2$	falsos testigos	de --	Dios,	porque	testificamos	contra
1161	2532	5575	3588	2316	3754	3140	2596
CLN	*CLA, B*	*NNPM*	*DGSM*	*NGSM*	*CAZ*	*VAAI1P*	*P*

τοῦ	θεοῦ	ὅτι	ἤγειρεν	τὸν	Χριστόν,	ὃν	οὐκ	ἤγειρεν	εἴπερ	ἄρα
--	Dios,	porque	resucitó	al	Cristo,	al cual	no	resucitó,	si,	entonces,
3588	2316	3754	1453	3588	5547	3739	3756	1453	1512	686
DGSM	*NGSM*	*CSC*	*VAAI3S*	*DASM*	*NASM*	*RR-ASM*	*BN, TN*	*VAAI3S*	*CAC*	*CLI*

νεκροὶ	οὐκ	ἐγείρονται.	16 εἰ	γὰρ	νεκροὶ	οὐκ	ἐγείρονται,	οὐδὲ
(los) muertos	no	son resucitados.	si	Porque	(los) muertos	no	son resucitados,	tampoco
3498	3756	1453	1487	1063	3498	3756	1453	3761
JNPM	*BN, TN*	*VPPI3P*	*CAC*	*CAZ*	*JNPM*	*BN, TN*	*VPPI3P*	*BN, TN*

Χριστὸς	ἐγήγερται·	17 εἰ	δὲ	Χριστὸς	οὐκ	ἐγήγερται,	ματαία
Cristo	ha sido resucitado.	si$_2$	Y$_1$	Cristo	no	ha sido resucitado,	(es) inútil;$_4$
5547	1453	1487	1161	5547	3756	1453	3152
NNSM	*VRPI3S*	*CAC*	*CLN*	*NNSM*	*BN, TN*	*VRPI3S*	*JNSF*

ἡ	πίστις	ὑμῶν,	ἔτι	ἐστὲ	ἐν	ταῖς	ἁμαρτίαις	ὑμῶν.	18 ἄρα
la$_1$	fe$_2$	de vosotros$_3$	todavía	estáis	en	los	pecados	de vosotros.	Entonces
3588	4102	5216	2089	2075	1722	3588	266	5216	686
DNSF	*NNSF*	*RP2GP*	*B*	*VPAI2P*	*P*	*DDPF*	*NDPF*	*RP2GP*	*CLI*

καὶ	οἱ	κοιμηθέντες	ἐν	Χριστῷ	ἀπώλοντο.	19 εἰ	ἐν	τῇ	ζωῇ
también	los que	han dormido	en	Cristo	perecieron.	Si$_1$	en$_7$	--$_9$	vida,$_{10}$
2532	3588	2837	1722	5547	622	1487	1722	3588	2222
BE, TE	*DNPM*	*VAPP-PNM*	*P*	*NDSM*	*VAMI3P*	*CAC*	*P*	*DDSF*	*NDSF*

ταύτῃ	ἐν	Χριστῷ	ἠλπικότες	ἐσμὲν	μόνον,	ἐλεεινότεροι	πάντων
esta$_7$	en$_5$	Cristo$_6$	habiendo esperado$_4$	estamos$_3$	solamente$_2$	más dignos de lástima$_{12}$	de todos$_{13}$
3778	1722	5547	1679	2070	3440	1652	3956
RD-DSF	*P*	*NDSM*	*VRAP-PNM*	*VPAI1P*	*B, J*	*JNPMC*	*JGPM*

ἀνθρώπων	ἐσμέν.
(los) seres humanos.$_{14}$	somos$_{11}$
444	2070
NGPM	*VPAI1P*

20 Νυνὶ	δὲ	Χριστὸς	ἐγήγερται	ἐκ	νεκρῶν,	ἀπαρχὴ	τῶν
ahora,$_2$	Pero$_1$	Cristo	ha sido resucitado	de	(los) muertos,	primicia	de los que
3570	1161	5547	1453	1537	3498	536	3588
B	*CLC*	*NNSM*	*VRPI3S*	*P*	*JGPM*	*NNSF*	*DGPM*

NVI

La resurrección de los muertos

12 Ahora bien, si se
predica que Cristo ha
sido levantado de entre
los muertos, ¿cómo
dicen algunos de ustedes
que no hay resurrec-
ción? 13 Si no hay resu-
rrección, entonces ni
siquiera Cristo ha resuci-
tado. 14 Y, si Cristo no ha
resucitado, nuestra pre-
dicación no sirve para
nada, como tampoco
la fe de ustedes. 15 Aún
más, resultaríamos falsos
testigos de Dios por ha-
ber testificado que Dios
resucitó a Cristo, lo cual
no habría sucedido si en
verdad los muertos no
resucitan. 16 Porque, si
los muertos no resuci-
tan, tampoco Cristo ha
resucitado. 17 Y, si Cristo
no ha resucitado, la fe
de ustedes es ilusoria
y todavía están en sus
pecados. 18 En este caso,
también están perdidos
los que murieron en
Cristo. 19 Si la esperanza
que tenemos en Cristo
fuera solo para esta
vida, seríamos los más
desdichados de todos los
mortales.
20 Lo cierto es que
Cristo ha sido levantado
de entre los muertos,
como primicias de los

RVR

durmieron es hecho.
21 Porque ya que la
muerte entró por un
hombre, también por
un hombre la resurrec-
ción de los muertos.
22 Porque así como en
Adán todos mueren,
también en Cristo to-
dos serán vivificados.
23 Pero cada uno en su
debido orden: Cristo,
las primicias; después,
los que son de Cristo, en
su venida.
24 Después el fin, cuan-
do entregue el reino al
Dios y Padre, cuando
haya suprimido todo
principado, toda autori-
dad y potencia.
25 Porque es preciso
que él reine hasta que
haya puesto a todos sus
enemigos debajo de
sus pies.
26 Y el último enemigo
que será suprimido es la
muerte.
27 Porque todas las cosas
las sometió debajo de
sus pies. Y cuando dice
que todas las cosas han
sido sometidas a él,
claramente se exceptúa
aquel que sometió a él
todas las cosas.
28 Y cuando todas las
cosas le estén sometidas,
entonces también el
Hijo mismo se someterá
al que le sometió a él
todas las cosas, para que
Dios sea todo en todos.

ᴦκεκοιμημένων.	21 ἐπειδὴ	γὰρ	δι’	ἀνθρώπου	θάνατος,	καὶ
han dormido.	puesto que$_2$	Porque$_1$	por medio de	un ser humano	(vino la) muerte,	también
2837	1894	1063	1223	444	2288	2532
VRPP-PGM	*CAZ*	*CLX*	*P*	*NGSM*	*NNSM*	*BE, TE*

δι’	ἀνθρώπου	ἀνάστασις	νεκρῶν·	22 ὥσπερ	γὰρ	ἐν	τῷ
por medio de	un ser humano	(la) resurrección	de (los) muertos.	así como$_2$	Porque$_1$	en$_5$	--$_6$
1223	444	386	3498	5618	1063	1722	3588
P	*NGSM*	*NNSF*	*JGPM*	*CAM*	*CLX*	*P*	*DDSM*

Ἀδὰμ	πάντες	ἀποθνῄσκουσιν,	οὕτως	καὶ	ἐν	τῷ	Χριστῷ	πάντες
Adán,$_7$	todos$_3$	mueren$_4$	así$_8$	también$_9$	en$_{12}$	--$_{13}$	Cristo.$_{14}$	todos$_{10}$
76	3956	599	3779	2532	1722	3588	5547	3956
NDSM, XP	*JNPM*	*VPAI3P*	*B*	*BE, TE*	*P*	*DDSM*	*NDSM*	*JNPM*

ζῳοποιηθήσονται.	23 ἕκαστος	δὲ	ἐν	τῷ	ἰδίῳ	τάγματι·	ἀπαρχὴ
serán vivificados$_{11}$	cada uno$_2$	Mas$_1$	en	el	propio	orden:	(La) primicia
2227	1538	1161	1722	3588	2398	5001	536
VFPI3P	*JNSM*	*CLC*	*P*	*DDSN*	*JDSN, JDSM*	*NDSN*	*NNSF*

Χριστός,	ἔπειτα	οἱ	τοῦ	Χριστοῦ	ἐν	τῇ	παρουσίᾳ	αὐτοῦ·	24 εἶτα
Cristo,	luego,	los	de --	Cristo	en	la	venida	de él,	después,
5547	1899	3588	3588	5547	1722	3588	3952	846	1534
NNSM	*B*	*DNPM*	*DGSM*	*NGSM*	*P*	*DDSF*	*NDSF*	*RP3GSM*	*B*

τὸ	τέλος,	ὅταν	παραδιδῷ	τὴν	βασιλείαν	τῷ	θεῷ	καὶ	πατρί,	ὅταν
el	final,	cuando	entregue	el	reino	al	Dios	y	Padre,	cuando
3588	5056	3752	3860	3588	932	3588	2316	2532	3962	3752
DNSN	*NNSN*	*CAT, B*	*VPAS3S*	*DASF*	*NASF*	*DDSM*	*NDSM*	*CLN, B*	*NDSM*	*CAT, B*

καταργήσῃ	πᾶσαν	ἀρχὴν	καὶ	πᾶσαν	ἐξουσίαν	καὶ	δύναμιν,	25 δεῖ
suprima	todo	principado	y	toda	autoridad	y	poder.	es necesario$_2$
2673	3956	746	2532	3956	1849	2532	1411	1163
VAAS3S	*JASF*	*NASF*	*CLN*	*JASF*	*NASF*	*CLN*	*NASF*	*VPAI3S*

γὰρ	αὐτὸν	βασιλεύειν	ἄχρι	οὗ	θῇ	πάντας	τοὺς	ἐχθροὺς	ὑπὸ	τοὺς
Porque$_1$	él	reinar	hasta	que	ponga	a todos	los	enemigos	bajo	los
1063	846	936	891	3739	5087	3956	3588	2190	5259	3588
CAZ	*RP3ASM*	*VPAN*	*P*	*RR-GSM*	*VAAS3S*	*JAPM*	*DAPM*	*JAPM*	*P*	*DAPM*

πόδας	αὐτοῦ.	26 ἔσχατος	ἐχθρὸς	καταργεῖται	ὁ	θάνατος,	27 πάντα
pies	de él.	(es el) último$_3$	enemigo$_4$	(que) es abolido.$_5$	La$_1$	muerte$_2$	todas las cosas$_3$
4228	846	2078	2190	2673	3588	2288	3956
NAPM	*RP3GSM*	*JNSM*	*JNSM*	*VPPI3S*	*DNSM*	*NNSM*	*JAPN*

γὰρ	ὑπέταξεν	ὑπὸ	τοὺς	πόδας	αὐτοῦ.	ὅταν	δὲ	εἴπῃ	ὅτι	πάντα
Porque$_1$	sometió$_2$	bajo	los	pies	de él,	cuando$_2$	mas$_1$	dijera	que	todas las cosas
1063	5293	5259	3588	4228	846	3752	1161	2036	3754	3956
CAZ	*VAAI3S*	*P*	*DAPM*	*NAPM*	*RP3GSM*	*CAT*	*CLN*	*VAAS3S*	*CSC*	*JNPN*

ὑποτέτακται,	δῆλον	ὅτι	ἐκτὸς	τοῦ	ὑποτάξαντος	αὐτῷ	τὰ
ha(n) sido sometido(as),	(es) evidente	que	excepto	el que	sometió	a él	las cosas.$_2$
5293	1212	3754	1622	3588	5293	846	3588
VRPI3S	*JNSN*	*CSC*	*P, B*	*DGSM*	*VAAP-SGM*	*RP3DSM*	*DAPN*

πάντα.	28 ὅταν	δὲ	ὑποταγῇ	αὐτῷ	τὰ	πάντα,	τότε	αὐτὸς	ὁ
todas$_1$	cuando$_2$	Y$_1$	sometió$_3$	a él$_4$	las cosas,$_6$	todas$_5$	entonces	el mismo	--
3956	3752	1161	5293	846	3588	3956	5119	846	3588
JAPN	*CAT*	*CLN*	*VAPS3S*	*RP3DSM*	*DNPN, DAPN*	*JNPN, JAPN*	*B*	*RP3NSMP*	*DNSM*

υἱὸς	ὑποταγήσεται	τῷ	ὑποτάξαντι	αὐτῷ	τὰ	πάντα,	ἵνα	ᾖ
Hijo	se someterá	al que	sometió	a él	las cosas,$_2$	todas$_1$	para que$_3$	sea$_6$
5207	5293	3588	5293	846	3588	3956	2443	5600
NNSM	*VFPI3S*	*DDSM*	*VAAP-SDM*	*RP3DSM*	*DAPN*	*JAPN*	*CAP*	*VPAS3S*

ὁ	θεὸς	πάντα	ἐν	πᾶσιν.
--$_4$	Dios$_5$	todas las cosas	en	todos.
3588	2316	3956	1722	3956
DNSM	*NNSM*	*JNPN*	*P*	*JDPN*

NVI

que murieron. 21 De
hecho, ya que la muerte
vino por medio de un
hombre, también por
medio de un hombre
viene la resurrección de
los muertos. 22 Pues así
como en Adán todos
mueren, también en
Cristo todos volverán a
vivir, 23 pero cada uno en
su debido orden: Cristo,
las primicias; después,
cuando él venga, los
que le pertenecen.
24 Entonces vendrá el
fin, cuando él entregue
el reino a Dios el Padre,
luego de destruir todo
dominio, autoridad y
poder. 25 Porque es ne-
cesario que Cristo reine
hasta poner a todos sus
enemigos debajo de sus
pies. 26 El último enemi-
go que será destruido es
la muerte, 27 pues Dios
«ha sometido todo a su
dominio». Al decir que
«todo» ha quedado so-
metido a su dominio, es
claro que no se incluye a
Dios mismo, quien todo
lo sometió a Cristo.
28 Y, cuando todo le sea
sometido, entonces el
Hijo mismo se someterá
a aquel que le sometió
todo, para que Dios sea
todo en todos.

15:20ᴦ Manuscritos inferiores aumentaron *fue hecho.*

RVR

[29] De otro modo, ¿qué
harán los que se bauti-
zan por los muertos, si
en ninguna manera los
muertos resucitan? ¿Por
qué, pues, se bautizan
por los muertos?
[30] ¿Y por qué nosotros
peligramos en todo
momento?
[31] Os aseguro, herma-
nos, por la gloria que de
vosotros tengo en nues-
tro Señor Jesucristo, que
cada día muero.
[32] Si como hombre
batallé en Éfeso contra
fieras, ¿de qué me apro-
vecha? Si los muertos
no resucitan, comamos
y bebamos, porque
mañana moriremos.
[33] No os dejéis engañar;
las malas compañías
corrompen las buenas
costumbres.
[34] Guardad la debida
sobriedad, y no sigáis
pecando; porque algu-
nos desconocen a Dios;
para vergüenza vuestra
lo digo.
[35] Pero dirá alguno:
¿Cómo resucitarán los
muertos? ¿Con qué cla-
se de cuerpo vendrán?
[36] Insensato, lo que tú
siembras no se vivifica,
si no muere antes.
[37] Y lo que siembras
no es el cuerpo que ha

29 Ἐπεὶ	τί	ποιήσουσιν	οἱ	βαπτιζόμενοι	ὑπὲρ	τῶν	νεκρῶν;
De otro modo,	¿qué	harán	los que	son bautizados	en favor de	los	muertos?
1893	5101	4160	3588	907	5228	3588	3498
CAZ	*RI-ASN*	*VFAI3P*	*DNPM*	*VPPP-PNM*	*P*	*DGPM*	*JGPM*

εἰ	ὅλως	νεκροὶ	οὐκ	ἐγείρονται,	τί	καὶ	βαπτίζονται	ὑπὲρ
Si	en realidad	(los) muertos	no	son resucitados,	¿por qué	también	son bautizados	por
1487	3654	3498	3756	1453	5101	2532	907	5228
CAC	*B*	*JNPM*	*BN, TN*	*VPPI3P*	*RI-ASN*	*BE, TE*	*VPPI3P*	*P*

⌜αὐτῶν;	30 τί	καὶ	ἡμεῖς	κινδυνεύομεν	πᾶσαν	ὥραν;	31 καθ’	ἡμέραν
ellos?	por qué$_{2}$	¿y$_{1}$	nosotros	estamos en peligro	a toda	hora?	cada$_{2}$	día,$_{3}$
846	5101	2532	2249	2793	3956	5610	2596	2250
RP3GPM	*RI-ASN*	*BE, TE*	*RP1NP*	*VPAI1P*	*JASF*	*NASF*	*P*	*NASF*

ἀποθνῄσκω,	νὴ	τὴν	ὑμετέραν	καύχησιν,	ἣν	ἔχω	ἐν	Χριστῷ
Muero$_{1}$	por$_{4}$	las$_{5}$	vuestra,$_{7}$	jactancia$_{6}$	la que	tengo	en	Cristo
599	3513	3588	5212	2746	3739	2192	1722	5547
VPAI1S	*BE, TE*	*DASF*	*JASF, RS2APF*	*NASF*	*RR-ASF*	*VPAI1S*	*P*	*NDSM*

Ἰησοῦ	τῷ	κυρίῳ	ἡμῶν.	32 εἰ	κατὰ	ἄνθρωπον	ἐθηριομάχησα
Jesús,	el	Señor	de nosotros.	Si	conforme a	a un hombre	combatí contra fieras
2424	3588	2962	2257	1487	2596	444	2341
NDSM	*DDSM*	*NDSM*	*RP1GP*	*CAC*	*P*	*NASM*	*VAAI1S*

ἐν	Ἐφέσῳ,	τί	μοι	τὸ	ὄφελος;	εἰ	νεκροὶ	οὐκ	ἐγείρονται,
en	Éfeso,	¿cuál$_{1}$	para mí,$_{4}$	(fue) el$_{2}$	provecho$_{3}$	si	(los) muertos	no	son resucitados?
1722	2181	5101	3427	3588	3786	1487	3498	3756	1453
P	*NDSF*	*RI-NSN*	*RP1DS*	*DNSN*	*NNSN*	*CAC*	*JNPM*	*BN, TN*	*VPPI3P*

Φάγωμεν	καὶ	πίωμεν,	αὔριον	γὰρ	ἀποθνῄσκομεν.	33 μὴ	πλανᾶσθε·
Comamos	y	bebamos,	mañana$_{2}$	porque$_{1}$	morimos.	No	seáis engañados:
5315	2532	4095	839	1063	599	3361	4105
VAAS1P	*CLN*	*VAAS1P*	*B*	*CAZ*	*VPAI1P*	*BN,TN*	*VPPM2P*

φθείρουσιν	ἤθη	χρηστὰ	ὁμιλίαι	κακαί.	34 ἐκνήψατε	δικαίως
corrompen$_{3}$	costumbres.$_{5}$	buenas$_{4}$	compañías$_{2}$	malas$_{1}$	Recobrad la sensatez	justamente,
5351	2239	5543	3657	2556	1594	1346
VPAI3P	*NAPN*	*JAPN*	*NNPF*	*JNPF*	*VAAM2P*	*B*

καὶ	μὴ	ἁμαρτάνετε,	ἀγνωσίαν	γὰρ	θεοῦ	τινες	ἔχουσιν·	πρὸς
y	no	pequéis;	(la) falta de conocimiento$_{4}$	porque$_{1}$	Dios.$_{5}$	algunos$_{2}$	tienen$_{3}$	para$_{7}$
2532	3361	264	56	1063	2316	5100	2192	4314
CLN	*BN, TN*	*VPAM2P*	*NASF*	*CAZ*	*NGSM*	*RX-NPM*	*VPAI3P*	*P*

ἐντροπὴν	ὑμῖν	λαλῶ.
vergüenza$_{8}$	(de) vosotros$_{7}$	Hablo$_{6}$
1791	5213	2980
NASF	*RP2DP*	*VPAI1S*

35 Ἀλλὰ	ἐρεῖ	τις·	Πῶς	ἐγείρονται	οἱ	νεκροί,	ποίῳ	δὲ
Pero	dirá	alguno:	¿Cómo$_{1}$	son resucitados?$_{4}$	los$_{2}$	muertos$_{3}$	con qué clase de$_{6}$	¿Y$_{5}$
235	2046	5100	4459	1453	3588	3498	4169	1161
CLC	*VFAI3S*	*RX-NSM*	*BI*	*VPPI3P*	*DNPM*	*JNPM*	*JDSN, RI-DSN*	*CLN*

σώματι	ἔρχονται;	36 ἄφρων,	σὺ	ὃ	σπείρεις,	οὐ	ζῳοποιεῖται	ἐὰν
(de) cuerpo$_{7}$	vienen?$_{8}$	Necio,	tú$_{2}$	lo que$_{1}$	siembras	no	es vivificado	si
4983	2064	878	4771	3739	4687	3756	2227	1437
NDSN	*VPUI3P*	*JVSM*	*RP2NS*	*RR-ASN*	*VPAI2S*	*BN, TN*	*VPPI3S*	*CAC*

μὴ	ἀποθάνῃ·	37 καὶ	ὃ	σπείρεις,	οὐ	τὸ	σῶμα	τὸ	γενησόμενον
no	muere;	y	lo que	siembras,	no$_{1}$	el$_{3}$	cuerpo$_{4}$	el que$_{5}$	llegará a ser$_{6}$
3361	599	2532	3739	4687	3756	3588	4983	3588	1096
BN, TN	*VAAS3S*	*CLN*	*RR-ASN*	*VPAI2S*	*BN, TN*	*DASN*	*NASN*	*DASN*	*VFMP-SAN*

NVI

[29] Si no hay resu-
rrección, ¿qué sacan
los que se bautizan
por los muertos? Si en
definitiva los muertos
no resucitan, ¿por qué se
bautizan por ellos? [30] Y
nosotros, ¿por qué nos
exponemos al peligro a
todas horas? [31] Que cada
día muero, hermanos,
es tan cierto como el
orgullo que siento por
ustedes en Cristo Jesús
nuestro Señor. [32] ¿Qué
he ganado si, solo por
motivos humanos, en
Éfeso luché contra las
fieras? Si los muertos no
resucitan,

«comamos y
bebamos,
que mañana
moriremos».

[33] No se dejen engañar:
«Las malas compa-
ñías corrompen las
buenas costumbres».
[34] Vuelvan a su sano
juicio, como conviene,
y dejen de pecar. En
efecto, hay algunos de
ustedes que no tienen
conocimiento de Dios;
para vergüenza de uste-
des lo digo.

El cuerpo resucitado

[35] Tal vez alguien
pregunte: «¿Cómo
resucitarán los muertos?
¿Con qué clase de cuer-
po vendrán?» [36] ¡Qué
tontería! Lo que tú
siembras no cobra vida a
menos que muera. [37] No

14:29⌜ Manuscritos inferiores tienen *(los) muertos.*

RVR

de salir, sino el grano
desnudo, ya sea de trigo
o de otra cosa;
38 pero Dios le da un
cuerpo como él quiso, y
a cada semilla su propio
cuerpo.
39 No toda carne es la
misma carne, sino que
una carne es la de los
hombres, otra carne la
de las bestias, otra la de
los peces, y otra la de
las aves.
40 Y hay cuerpos
celestiales, y cuerpos
terrenales; pero uno es
el resplandor de los ce-
lestiales, y otro diferente
el de los terrenales.
41 Uno es el resplandor
del sol, otro el resplan-
dor de la luna, y otro el
resplandor de las estre-
llas, pues una estrella se
diferencia de otra en el
resplandor.
42 Así también es la
resurrección de los
muertos. Se siembra en
corrupción, resucitará
en incorrupción.
43 Se siembra en desho-
nor, resucitará en gloria;
se siembra en debilidad,
resucitará en poder.
44 Se siembra cuerpo
natural, resucitará cuer-
po espiritual. Hay un
cuerpo natural, y hay un
cuerpo espiritual.
45 Así también está escri-
to: Fue hecho el primer

σπείρεις	ἀλλὰ	γυμνὸν	κόκκον	εἰ	τύχοι	σίτου	ἤ	τινος	τῶν
siembras,$_2$	sino$_7$	desnudo,$_9$	un grano$_8$	si	probablemente	de trigo	o	alguno	de los
4687	235	1131	2848	1487	5177	4621	2228	5100	3588
VPAI2S	*CLC*	*JASM*	*NASM*	*CAC*	*VAAO3S*	*NGSM*	*CLD*	*RX-GSM*	*DGPM*

λοιπῶν·	38 ὁ	δὲ	θεὸς	δίδωσιν	αὐτῷ	σῶμα	καθὼς	ἠθέλησεν,
restantes (granos);	--$_2$	mas$_1$	Dios$_3$	da	a él	un cuerpo	como	quiso,
3062	3588	1161	2316	1325	846	4983	2531	2309
JGPM	*DNSM*	*CLC*	*NNSM*	*VPAI3S*	*RP3DSM*	*NASN*	*CAM*	*VAAI3S*

καὶ	ἑκάστῳ	τῶν	σπερμάτων	ἴδιον	σῶμα.	39 οὐ	πᾶσα	σὰρξ	ἡ
y	a cada una	de las	semillas	(su) propio	cuerpo.	No	toda	carne	(es) la
2532	1538	3588	4690	2398	4983	3756	3956	4561	3588
CLN	*JDSN*	*DGPN*	*NGPN*	*JASN*	*NASN*	*CLK,TN,B*	*JNSF*	*NNSF*	*DNSF*

αὐτὴ	σάρξ,	ἀλλὰ	ἄλλη	μὲν	ἀνθρώπων,	ἄλλη	δὲ	σάρξ
misma	carne,	sino	otra,	ciertamente,	de seres humanos;	otra,$_2$	y$_1$	carne
846	4561	235	243	3303	444	243	1161	4561
RP3NSFA, JNSF	*NNSF*	*CLK, CLC*	*JNSF*	*TK, C*	*NGPM*	*JNSF*	*CLK, CLC*	*NNSF*

κτηνῶν,	ἄλλη	δὲ	σὰρξ	πτηνῶν,	ἄλλη	δὲ	ἰχθύων.	40 καὶ
de bestias de carga;	otra,$_2$	y$_1$	carne	de aves;	otra,$_2$	y$_1$	de peces.	Y
2934	243	1161	4561	4421	243	1161	2486	2532
NGPN	*JNSF*	*CLK, CLC*	*NNSF*	*JGPN*	*JNSF*	*CLK, CLC*	*NGPM*	*CLK*

σώματα	ἐπουράνια,	καὶ	σώματα	ἐπίγεια·	ἀλλὰ	ἑτέρα	μὲν	ἡ
(hay) cuerpos	celestiales	y	cuerpos	terrenales;	pero	otro,	ciertamente,	(es) la$_1$
4983	2032	2532	4983	1919	235	2087	3303	3588
NNPN	*JNPN*	*CLK, CLN*	*NNPN*	*JNPN*	*CLC*	*JNSF*	*TK, C*	*DNSF*

τῶν	ἐπουρανίων	δόξα,	ἑτέρα	δὲ	ἡ	τῶν	ἐπιγείων.	41 ἄλλη	δόξα
de los$_3$	celestiales$_4$	gloria$_2$	otra$_6$	mas$_5$	la	de los	terrenales;	otra (es)	(la) gloria
3588	2032	1391	2087	1161	3588	3588	1919	243	1391
DGPN	*JGPN*	*NNSF*	*JNSF*	*CLK, CLC*	*DNSF*	*DGPN*	*JGPN*	*JNSF*	*NNSF*

ἡλίου,	καὶ	ἄλλη	δόξα	σελήνης,	καὶ	ἄλλη	δόξα	ἀστέρων,	ἀστὴρ
de(l) sol;	y	otra (es)	(la) gloria	de (la) luna,	y	otra (es)	(la) gloria	de (las) estrellas;	una estrella$_2$
2246	2532	243	1391	4582	2532	243	1391	792	792
NGSM	*CLN*	*JNSF*	*NNSF*	*NGSF*	*CLN*	*JNSF*	*NNSF*	*NGPM*	*NNSM*

γὰρ	ἀστέρος	διαφέρει	ἐν	δόξῃ.
porque$_1$	de (otra) estrella.$_6$	difiere$_3$	en$_4$	gloria$_5$
1063	792	1308	1722	1391
CAZ	*NGSM*	*VPAI3S*	*P*	*NDSF*

42 Οὕτως	καὶ	ἡ	ἀνάστασις	τῶν	νεκρῶν.	σπείρεται	ἐν	φθορᾷ,
Así	también,	la	resurrección	de los	muertos:	se siembra	en	corrupción,
3779	2532	3588	386	3588	3498	4687	1722	5356
B	*BE, TE*	*DNSF*	*NNSF*	*DGPM*	*JGPM*	*VPPI3S*	*P*	*NDSF*

ἐγείρεται	ἐν	ἀφθαρσίᾳ·	43 σπείρεται	ἐν	ἀτιμίᾳ,	ἐγείρεται	ἐν	δόξῃ·
es resucitado	en	incorrupción;	se siembra	en	deshonor,	es resucitado	en	gloria;
1453	1722	861	4687	1722	819	1453	1722	1391
VPPI3S	*P*	*NDSF*	*VPPI3S*	*P*	*NDSF*	*VPPI3S*	*P*	*NDSF*

σπείρεται	ἐν	ἀσθενείᾳ,	ἐγείρεται	ἐν	δυνάμει·	44 σπείρεται	σῶμα
se siembra	en	debilidad,	es resucitado	en	poder;	se siembra	un cuerpo
4687	1722	769	1453	1722	1411	4687	4983
VPPI3S	*P*	*NDSF*	*VPPI3S*	*P*	*NDSF*	*VPPI3S*	*NNSN*

ψυχικόν,	ἐγείρεται	σῶμα	πνευματικόν.	Εἰ	ἔστιν	σῶμα	ψυχικόν,
natural,	es resucitado	un cuerpo	espiritual.	Si	es (hay)	un cuerpo	natural,
5591	1453	4983	4152	1487	2076	4983	5591
JNSN	*VPPI3S*	*NNSN*	*JNSN*	*CAC*	*VPAI3S*	*NNSN*	*JNSN*

⌜ἔστιν	καὶ⌝	πνευματικόν.	45 οὕτως	καὶ	γέγραπται·	Ἐγένετο	ὁ
es (hay)	también	un espiritual.	Así	también	ha sido escrito:	fue hecho$_5$	El$_1$
2076	2532	4152	3779	2532	1125	1096	3588
VPAI3S	*BE, TE*	*JNSN*	*B*	*BE, TE*	*VRPI3S*	*VAMI3S*	*DNSM*

NVI

plantas el cuerpo que
luego ha de nacer, sino
que siembras una simple
semilla de trigo o de otro
grano. 38 Pero Dios le
da el cuerpo que quiso
darle, y a cada clase de
semilla le da un cuerpo
propio. 39 No todos los
cuerpos son iguales:
hay cuerpos humanos;
también los hay de ani-
males terrestres, de aves
y de peces. 40 Así mismo
hay cuerpos celestes y
cuerpos terrestres; pero
el esplendor de los cuer-
pos celestes es uno, y el
de los cuerpos terrestres
es otro. 41 Uno es el
esplendor del sol, otro el
de la luna y otro el de las
estrellas. Cada estrella
tiene su propio brillo.
42 Así sucederá tam-
bién con la resurrec-
ción de los muertos.
Lo que se siembra en
corrupción resucita en
incorrupción; 43 lo que
se siembra en oprobio
resucita en gloria; lo que
se siembra en debilidad
resucita en poder; 44 se
siembra un cuerpo na-
tural, resucita un cuerpo
espiritual.
Si hay un cuerpo
natural, también hay
un cuerpo espiritual.
45 Así está escrito: «El
primer hombre, Adán,
se convirtió en un ser

15:44⌜⌝ Manuscritos inferiores tienen *también hay un cuerpo.*

RVR

hombre Adán alma vi-
viente; el postrer Adán,
espíritu vivificante.
46 Mas no es primero
lo espiritual, sino lo
natural; después, lo
espiritual.
47 El primer hombre,
sacado de la tierra, es
terrenal; el segundo
hombre, que es el Señor,
es del cielo.
48 Cual el terrenal, tales
también los terrenales;
y cual el celestial, tales
también los celestiales.
49 Y así como hemos
llevado la imagen del
terrenal, llevaremos
también la imagen del
celestial.
50 Pero esto digo, her-
manos: que la carne y la
sangre no pueden here-
dar el reino de Dios, ni
la corrupción hereda la
incorrupción.
51 He aquí, os digo un
misterio: No todos dor-
miremos; pero todos
seremos transformados,
52 en un instante, en un
abrir y cerrar de ojos, a la
final trompeta; porque
se tocará la trompeta,
y los muertos serán
resucitados incorrupti-
bles, y nosotros seremos
transformados.
53 Porque es menester
que esto corruptible sea
vestido de incorrupción,

πρῶτος	ἄνθρωπος	Ἀδὰμ	εἰς	ψυχὴν	ζῶσαν·	ὁ	ἔσχατος	Ἀδὰμ	εἰς
primer$_2$	ser humano,$_3$	Adán,$_4$	--	un ser	que vive;	el	último	Adán,	--
4413	444	76	1519	5590	2198	3588	2078	76	1519
JNSM	NNSM	NNSM, XP	P	NASF	VPAP-SAF	DNSM	JNSM	NNSM, XP	P

πνεῦμα	ζῳοποιοῦν.	46 ἀλλ’	οὐ	πρῶτον	τὸ	πνευματικὸν	ἀλλὰ
espíritu	vivificante.	Pero	no (es)	primero	el	espiritual,	sino
4151	2227	235	3756	4412	3588	4152	235
NASN	VPAP-SAN	CLC	CLK, TN, B	B, J	DNSN	JNSN	CLK, CLC

τὸ	ψυχικόν,	ἔπειτα	τὸ	πνευματικόν.	47 ὁ	πρῶτος	ἄνθρωπος	ἐκ
el	natural;	luego	el	espiritual.	El	primer	ser humano	procede de
3588	5591	1899	3588	4152	3588	4413	444	1537
DNSN	JNSN	B	DNSN	JNSN	DNSM	JNSM	NNSM	P

γῆς	χοϊκός,	ὁ	δεύτερος	⌜ἄνθρωπος	ἐξ	οὐρανοῦ.	48 οἷος
(la) tierra,	(es) terrenal;	el	segundo	ser humano	procede de	(el) cielo.	Tal como (es)
1093	5517	3588	1208	444	1537	3772	3634
NGSF	JNSM	DNSM	JNSM	NNSM	P	NGSM	RK-NSM

ὁ	χοϊκός,	τοιοῦτοι	καὶ	οἱ	χοϊκοί,	καὶ	οἷος	ὁ	ἐπουράνιος,
el	terrenal,	tales (son)	también	los	terrenales;	y	tal como (es)	el	celestial,
3588	5517	5108	2532	3588	5517	2532	3634	3588	2032
DNSM	JNSM	RD-NPM	BE, TE	DNPM	JNPM	CLN	RK-NSM	DNSM	JNSM

τοιοῦτοι	καὶ	οἱ	ἐπουράνιοι·	49 καὶ	καθὼς	ἐφορέσαμεν	τὴν	εἰκόνα
tales (son)	también	los	celestiales;	y	como	llevamos	la	imagen
5108	2532	3588	2032	2532	2531	5409	3588	1504
RD-NPM	BE, TE	DNPM	JNPM	CLN	CAM	VAAI1P	DASF	NASF

τοῦ	χοϊκοῦ,	φορέσομεν	καὶ	τὴν	εἰκόνα	τοῦ	ἐπουρανίου.
del	terrenal,	llevamos	también	la	imagen	del	celestial.
3588	5517	5409	2532	3588	1504	3588	2032
DGSM	JGSM	VFAI1P	BE, TE	DASF	NASF	DGSM	JGSM

50 Τοῦτο	δέ	φημι,	ἀδελφοί,	ὅτι	σὰρξ	καὶ	αἷμα	βασιλείαν	θεοῦ
esto$_2$	Mas$_1$	digo,$_3$	hermanos,	que:	carne	y	sangre	(el) reino$_4$	de Dios;$_5$
5124	1161	5346	80	3754	4561	2532	129	932	2316
RD-ASN	CLT	VPAI1S	NVPM	CSC	NNSF	CLN	NNSN	NASF	NGSM

κληρονομῆσαι	οὐ	δύναται,	οὐδὲ	ἡ	φθορὰ	τὴν	ἀφθαρσίαν
heredar$_3$	no$_1$	puede(n)$_2$	ni	la	corrupción	la$_2$	incorrupción.$_3$
2816	3756	1410	3761	3588	5356	3588	861
VAAN	BN, TN	VPUI3S	TN, CLD	DNSF	NNSF	DASF	NASF

κληρονομεῖ.	51 ἰδοὺ	μυστήριον	ὑμῖν	λέγω·	πάντες	οὐ
hereda$_1$	He aquí,	un misterio,$_3$	a vosotros$_2$	digo$_1$	todos$_5$	No$_4$
2816	2400	3466	5213	3004	3956	3756
VPAI3S	I,VAAM2S	NASN	RP2DP	VPAI1S	JNPM	CLK, TN, B

κοιμηθησόμεθα	πάντες	δὲ	ἀλλαγησόμεθα,	52 ἐν	ἀτόμῳ,	ἐν
dormiremos,$_6$	todos$_8$	mas$_7$	seremos transformados,$_8$	en	un instante,	en
2837	3956	1161	236	1722	823	1722
VFPI1P	JNPM	CLK, CLC	VFPI1P	P	JDSN	P

ῥιπῇ	ὀφθαλμοῦ,	ἐν	τῇ	ἐσχάτῃ	σάλπιγγι·	σαλπίσει	γάρ,
un parpadeo	de ojo,	en	la	última	trompeta;	tocará la trompeta,$_2$	porque$_1$
4493	3788	1722	3588	2078	4536	4537	1063
NDSF	NGSM	P	DDSF	JDSF	NDSF	VFAI3S	CLX

καὶ	οἱ	νεκροὶ	ἐγερθήσονται	ἄφθαρτοι,	καὶ	ἡμεῖς	ἀλλαγησόμεθα.
y	los	muertos	resucitarán	incorruptibles,	y	nosotros	seremos transformados.
2532	3588	3498	1453	862	2532	2249	236
CLN	DNPM	JNPM	VFPI3P	JNPM	CLN	RP1NP	VFPI1P

53 δεῖ	γὰρ	τὸ	φθαρτὸν	τοῦτο	ἐνδύσασθαι	ἀφθαρσίαν
es necesario$_2$	Porque$_1$	--$_4$	corruptible$_5$	esto$_3$	sea vestido	(de) incorrupción,
1163	1063	3588	5349	5124	1746	861
VPAI3S	CAZ	DASN, DNSN	JASN, JNSN	RD-NSN	VAMN	NASF

NVI

viviente»; el último
Adán, en el Espíritu
que da vida. 46 No vino
primero lo espiritual,
sino lo natural, y
después lo espiritual.
47 El primer hombre era
del polvo de la tierra; el
segundo hombre, del
cielo. 48 Como es aquel
hombre terrenal, así son
también los de la tierra;
y como es el celestial, así
son también los del cie-
lo. 49 Y, así como hemos
llevado la imagen de
aquel hombre terrenal,
llevaremos también la
imagen del celestial.
50 Les declaro,
hermanos, que el
cuerpo mortal no puede
heredar el reino de Dios,
ni lo corruptible puede
heredar lo incorrupti-
ble. 51 Fíjense bien en el
misterio que les voy a re-
velar: No todos morire-
mos, pero todos seremos
transformados, 52 en un
instante, en un abrir y
cerrar de ojos, al toque
final de la trompeta.
Pues sonará la trompeta
y los muertos resucita-
rán con un cuerpo in-
corruptible, y nosotros
seremos transformados.
53 Porque lo corruptible
tiene que revestirse de
lo incorruptible, y lo

15:47⌜ Manuscritos inferiores aumentaron *(que es) el Señor.*

RVR

y esto mortal sea vestido
de inmortalidad.
54 Y cuando esto co-
rruptible se haya vestido
de incorrupción, y esto
mortal se haya vestido
de inmortalidad,
entonces se cumplirá la
palabra que está escrita:
Sorbida es la muerte
con victoria.
55 ¿Dónde está, oh
muerte, tu victoria?
¿Dónde está, oh sepul-
cro, tu aguijón?
56 El aguijón de la
muerte es el pecado, y el
poder del pecado, la ley.
57 Pero gracias sean
dadas a Dios, que
nos da la victoria por
medio de nuestro Señor
Jesucristo.
58 Así que, hermanos
míos amados, sed firmes
y constantes, abundan-
do en la obra del Señor
siempre, sabiendo que
vuestro trabajo en el
Señor no es en vano.

La ofrenda para los santos

16 En cuanto a la
colecta para los
santos, haced vosotros
también de la manera
que ordené a las iglesias
de Galacia.
2 Cada primer día de la
semana, cada uno de
vosotros ponga aparte

καὶ	τὸ	θνητὸν	τοῦτο	ἐνδύσασθαι	ἀθανασίαν.	54 ὅταν	δὲ
y$_1$	--$_3$	mortal$_4$	esto$_2$	sea vestido	(de) inmortalidad.	cuando$_2$	Mas$_1$
2532	3588	2349	5124	1746	110	3752	1161
CLN	*DASN, DNSN*	*JASN, JNSN*	*RD-NSN*	*VAMN*	*NASF*	*CAT*	*CLN*

τὸ	φθαρτὸν	τοῦτο	ἐνδύσηται	ἀφθαρσίαν	καὶ	τὸ	θνητὸν	τοῦτο
--$_4$	corruptible$_5$	esto$_3$	se vista	(de) incorrupción,	y$_1$	--$_3$	mortal$_4$	esto$_2$
3588	5349	5124	1746	861	2532	3588	2349	5124
DNSN	*JNSN*	*RD-NSN*	*VAMS3S*	*NASF*	*CLN*	*DNSN*	*JNSN*	*RD-NSN*

ἐνδύσηται	ἀθανασίαν,	τότε	γενήσεται	ὁ	λόγος	ὁ	γεγραμμένος·
se vista	(de) inmortalidad,	entonces$_1$	sucederá:$_6$	la$_2$	palabra$_3$	--$_4$	(que) ha sido escrita:$_5$
1746	110	5119	1096	3588	3056	3588	1125
VAMS3S	*NASF*	*B*	*VFMI3S*	*DNSM*	*NNSM*	*DNSM*	*VRPP-SNM*

Κατεπόθη	ὁ	θάνατος	εἰς	νῖκος.	55 ποῦ	σου,	θάνατε,	τὸ
fue devorada$_9$	la$_7$	muerte$_8$	para	victoria.	¿Dónde (está),$_1$	de ti?$_5$	(oh) muerte,$_2$	la$_3$
2666	3588	2288	1519	3534	4226	4675	2288	3588
VAPI3S	*DNSM*	*NNSM*	*P*	*NASN*	*BI*	*RP2GS*	*NVSM*	*DNSN*

νῖκος;	ποῦ	σου,	θάνατε,	τὸ	κέντρον;	56 τὸ	δὲ	κέντρον	τοῦ
victoria$_4$	¿Dónde (está),$_6$	de ti?$_{11}$	(oh) muerte,$_7$	el$_8$	aguijón$_9$	el$_2$	Mas$_1$	aguijón	de la
3534	4226	4675	2288	3588	2759	3588	1161	2759	3588
NNSN	*BI*	*RP2GS*	*NVSM*	*DNSN*	*NNSN*	*DNSN*	*CLN*	*NNSN*	*DGSM*

θανάτου	ἡ	ἁμαρτία,	ἡ	δὲ	δύναμις	τῆς	ἁμαρτίας	ὁ	νόμος·
muerte (es)	el	pecado,	el$_2$	mas$_1$	poder	del	pecado,	la	ley.
2288	3588	266	3588	1161	1411	3588	266	3588	3551
NGSM	*DNSF*	*NNSF*	*DNSF*	*CLN*	*NNSF*	*DGSF*	*NGSF*	*DNSM*	*NNSM*

57 τῷ	δὲ	θεῷ	χάρις	τῷ	διδόντι	ἡμῖν	τὸ	νῖκος	διὰ	τοῦ
a --$_3$	Mas$_1$	Dios,$_4$	gracia(s)$_2$	el que	da	a nosotros	la	victoria	por medio de	el
3588	1161	2316	5485	3588	1325	2254	3588	3534	1223	3588
DDSM	*CLC*	*NDSM*	*NNSF*	*DDSM*	*VPAP-SDM*	*RP1DP*	*DASN*	*NASN*	*P*	*DGSM*

κυρίου	ἡμῶν	Ἰησοῦ	Χριστοῦ.
Señor	de nosotros,	Jesús	Cristo.
2962	2257	2424	5547
NGSM	*RP1GP*	*NGSM*	*NGSM*

58 Ὥστε,	ἀδελφοί	μου	ἀγαπητοί,	ἑδραῖοι	γίνεσθε,	ἀμετακίνητοι,
De modo que,	hermanos	de mí,	amados,	firmes,$_2$	llegad a estar$_1$	inconmovibles,$_3$
5620	80	3450	27	1476	1096	277
CLI	*NVPM*	*RP1GS*	*JVPM*	*JNPM*	*VPUM2P*	*JNPM*

περισσεύοντες	ἐν	τῷ	ἔργῳ	τοῦ	κυρίου	πάντοτε,	εἰδότες	ὅτι	ὁ
abundando$_4$	en$_6$	la$_7$	obra$_8$	del$_9$	Señor,$_{10}$	siempre$_5$	sabiendo	que	el
4052	1722	3588	2041	3588	2962	3842	1492	3754	3588
VPAP-PNM	*P*	*DDSN*	*NDSN*	*DGSM*	*NGSM*	*B*	*VRAP-PNM*	*CSC*	*DNSM*

κόπος	ὑμῶν	οὐκ	ἔστιν	κενὸς	ἐν	κυρίῳ.
trabajo	de vosotros	no	es	vano	en	(el) Señor.
2873	5216	3756	2076	2756	1722	2962
NNSM	*RP2GP*	*BN, TN*	*VPAI3S*	*JNSM*	*P*	*NDSM*

16 Περὶ	δὲ	τῆς	λογείας	τῆς	εἰς	τοὺς	ἁγίους,	ὥσπερ	διέταξα
acerca de$_2$	Mas$_1$	la	colecta	--	para	los	santos,	tal como	ordené
4012	1161	3588	3048	3588	1519	3588	40	5618	1299
P	*CLT*	*DGSF*	*NGSF*	*DGSF*	*P*	*DAPM*	*JAPM*	*CAM*	*VAAI1S*

ταῖς	ἐκκλησίαις	τῆς	Γαλατίας,	οὕτως	καὶ	ὑμεῖς	ποιήσατε.	2 κατὰ
a las	iglesias	de --	Galacia,	así:$_4$	también$_3$	vosotros$_1$	haced$_2$	cada
3588	1577	3588	1053	3779	2532	5210	4160	2596
DDPF	*NDPF*	*DGSF*	*NGSF*	*B*	*BE, TE*	*RP2NP*	*VAAM2P*	*P*

μίαν	σαββάτου*	ἕκαστος	ὑμῶν	παρ’	ἑαυτῷ	τιθέτω	θησαυρίζων
primer	de un sábado,	cada uno	de vosotros	junto a$_2$	sí mismo,$_3$	ponga$_1$	ahorrando
1520	4521	1538	5216	3844	1438	5087	2343
JASF	*NGSN*	*JNSM*	*RP2GP*	*P*	*RF3DSM*	*VPAM3S*	*VPAP-SNM*

NVI

mortal, de inmortali-
dad. 54 Cuando lo co-
rruptible se revista de lo
incorruptible, y lo mor-
tal, de inmortalidad,
entonces se cumplirá
lo que está escrito: «La
muerte ha sido devorada
por la victoria».

55 «¿Dónde está, oh
muerte, tu victoria?
¿Dónde está, oh muer-
te, tu aguijón?»

56 El aguijón de la muer-
te es el pecado, y el po-
der del pecado es la ley.
57 ¡Pero gracias a Dios,
que nos da la victoria
por medio de nuestro
Señor Jesucristo!
58 Por lo tanto, mis
queridos hermanos,
manténganse firmes e
inconmovibles, progre-
sando siempre en la obra
del Señor, conscientes
de que su trabajo en el
Señor no es en vano.

La colecta para el pueblo de Dios

16 En cuanto a la
colecta para
los creyentes, sigan las
instrucciones que di a
las iglesias de Galacia.
2 El primer día de la
semana, cada uno de
ustedes aparte y guarde

16:2* O sea *día de la semana.*

RVR

algo, según haya prospe-
rado, guardándolo, para
que cuando yo llegue
no se hagan entonces
colectas.
3 Y cuando yo llegue,
enviaré con cartas a
quienes vosotros hayáis
designado, para que
lleven vuestro donativo
a Jerusalén.
4 Y si vale la pena que
yo también vaya, irán
conmigo.

Proyectos de Pablo

5 Iré a vosotros,
cuando haya pasado
por Macedonia, pues
tengo que pasar por
Macedonia.
6 Y podrá ser que me
quede con vosotros, o
aun pase el invierno,
para que vosotros me
encaminéis adonde
haya de ir.
7 Porque no quiero ve-
ros ahora de paso, pues
espero permanecer con
vosotros algún tiempo,
si el Señor lo permite.
8 Pero me quedaré en
Éfeso hasta Pentecostés;
9 porque se me ha abier-
to una puerta grande y
eficaz, y son muchos los
adversarios.
10 Y si llega Timoteo,
mirad que esté con
vosotros sin temor,
porque él trabaja en la
obra del Señor como yo
también.
11 Por tanto, nadie
le menosprecie, sino
encaminadle en paz,

ὅ	τι	ἐὰν	εὐοδῶται,	ἵνα	μὴ	ὅταν	ἔλθω	τότε	λογεῖαι
lo que	algo	si	prosperara,	para que$_{1}$	no$_{5}$	cuando$_{2}$	vaya,$_{3}$	entonces,$_{4}$	colectas.$_{7}$
3739	5100	1437	2137	2443	3361	3752	2064	5119	3048
RR-ASN	RX-ASN	TC	VPPS3S	CAP	BN, TN	CAT	VAAS1S	B	NNPF

γίνωνται.	3 ὅταν	δὲ	παραγένωμαι,	οὓς	ἐὰν	δοκιμάσητε	δι'
sucedan$_{6}$	cuando$_{2}$	Mas$_{1}$	(yo) vaya,	a quienes	si	aprobáis	por medio de
1096	3752	1161	3854	3739	1437	1381	1223
VPUS3P	CAT	CLN	VAMS1S	RR-APM	TC	VAAS2P	P

ἐπιστολῶν,	τούτους	πέμψω	ἀπενεγκεῖν	τὴν	χάριν	ὑμῶν	εἰς
cartas,	a estos$_{2}$	enviaré$_{1}$	para llevar	la	gracia	de vosotros	para
1992	5128	3992	667	3588	5485	5216	1519
NGPF	RD-APM	VFAI1S	VAAN	DASF	NASF	RP2GP	P

Ἰερουσαλήμ·	4 ἐὰν	δὲ	ἄξιον	ᾖ	τοῦ	κἀμὲ	πορεύεσθαι,
Jerusalén.	si$_{2}$	Mas$_{1}$	apropiado$_{4}$	fuere$_{3}$	--$_{5}$	también yo,$_{7}$	ir$_{6}$
2419	1437	1161	514	5600	3588	2504	4198
NASF, XP	CAC	CLN	JNSN	VPAS3S	DGSN, DGSM	RP1AS, TE	VPUN

σὺν	ἐμοὶ	πορεύσονται.	5 Ἐλεύσομαι	δὲ	πρὸς	ὑμᾶς	ὅταν
conmigo.$_{2}$	$_{3}$	irán$_{1}$	iré$_{2}$	Mas$_{1}$	a	vosotros	cuando
4862	1698	4198	2064	1161	4314	5209	3752
P	RP1DS	VFMI3P	VFMI1S	CLN	P	RP2AP	CAT

Μακεδονίαν	διέλθω,	Μακεδονίαν	γὰρ	διέρχομαι,	6 πρὸς	ὑμᾶς
Macedonia,$_{2}$	pase por$_{1}$	Macedonia,$_{5}$	porque$_{3}$	paso por$_{4}$	con$_{4}$	vosotros,$_{5}$
3109	1330	3109	1063	1330	4314	5209
NASF	VAAS1S	NASF	CAZ	VPUI1S	P	RP2AP

δὲ	τυχὸν	παραμενῶ	ἢ	καὶ	παραχειμάσω,	ἵνα	ὑμεῖς	με
mas$_{1}$	probablemente$_{2}$	permaneceré$_{3}$	o	también	pasaré el invierno,	para que	vosotros	a mí
1161	5177	3887	2228	2532	3914	2443	5210	3165
CLN	VAAP-SAN	VFAI1S	CLD	CLA, B	VFAI1S	CAP	RP2NP	RP1AS

προπέμψητε	οὗ	ἐὰν	πορεύωμαι.	7 οὐ	θέλω	γὰρ	ὑμᾶς	ἄρτι
encaminéis	donde	--	vaya.	no$_{2}$	quiero$_{3}$	Porque$_{1}$	a vosotros$_{5}$	ahora$_{6}$
4311	3757	1437	4198	3756	2309	1063	5209	737
VAAS2P	B, C	TC	VPUS1S	BN, TN	VPAI1S	CLX	RP2AP	B

ἐν	παρόδῳ	ἰδεῖν,	ἐλπίζω	γὰρ	χρόνον	τινὰ	ἐπιμεῖναι	πρὸς
--$_{7}$	de paso,$_{8}$	ver$_{4}$	espero$_{10}$	porque$_{9}$	tiempo$_{13}$	algún$_{12}$	permanecer$_{11}$	con
1722	3938	1492	1679	1063	5550	5100	1961	4314
P	NDSF	VAAN	VPAI1S	CAZ	NASM	JASM, RX-ASM	VAAN	P

ὑμᾶς,	ἐὰν	ὁ	κύριος	ἐπιτρέψῃ.	8 ἐπιμενῶ	δὲ	ἐν	Ἐφέσῳ	ἕως	τῆς
vosotros,	si	el	Señor	permitiera.	permaneceré$_{2}$	Pero$_{1}$	en	Éfeso	hasta	el
5209	1437	3588	2962	2010	1961	1161	1722	2181	2193	3588
RP2AP	CAC	DNSM	NNSM	VAAS3S	VFAI1S	CLC	P	NDSF	P, C	DGSF

πεντηκοστῆς·	9 θύρα	γάρ	μοι	ἀνέῳγεν	μεγάλη	καὶ	ἐνεργής,
Pentecostés;	una puerta$_{2}$	porque$_{1}$	para mí,$_{7}$	se ha abierto$_{6}$	grande$_{3}$	y$_{4}$	eficaz$_{5}$
4005	2374	1063	3427	455	3173	2532	1756
NGSF	NNSF	CAZ	RP1DS	VRAI3S	JNSF	CLN	JNSF

καὶ	ἀντικείμενοι	πολλοί.	10 Ἐὰν	δὲ	ἔλθῃ	Τιμόθεος,	βλέπετε	ἵνα
y$_{8}$	se están oponiendo.$_{10}$	muchos$_{9}$	si$_{2}$	Mas$_{1}$	llega$_{4}$	Timoteo,$_{3}$	mirad$_{5}$	que$_{6}$
2532	480	4183	1437	1161	2064	5095	991	2443
CLN	VPUP-PNM	JNPM	CAC	CLT	VAAS3S	NNSM	VPAM2P	CSC

ἀφόβως	γένηται	πρὸς	ὑμᾶς,	τὸ	γὰρ	ἔργον	κυρίου	ἐργάζεται
sin temor,$_{10}$	llegue a estar$_{7}$	con$_{8}$	a vosotros$_{9}$	la$_{13}$	porque$_{11}$	obra$_{14}$	del Señor,$_{15}$	trabaja$_{12}$
870	1096	4314	5209	3588	1063	2041	2962	2038
B	VAMS3S	P	RP2AP	DASN	CAZ	NASN	NGSM	VPUI3S

ὡς	κἀγώ·	11 μή	τις	οὖν	αὐτὸν	ἐξουθενήσῃ.	προπέμψατε
como$_{16}$	también yo.$_{17}$	no$_{2}$	alguien$_{3}$	Así que,$_{1}$	a él.$_{5}$	desprecie$_{4}$	encaminad$_{7}$
5613	2504	3361	5100	3767	846	1848	4311
P, CAM	RP1NS, TE	BN,TN	RX-NSM	CLI	RP3ASM	VAAS3S	VAAM2P

NVI

algún dinero conforme
a sus ingresos, para que
no se tengan que hacer
colectas cuando yo vaya.
3 Luego, cuando llegue,
daré cartas de presen-
tación a los que ustedes
hayan aprobado y los
enviaré a Jerusalén con
los donativos que hayan
recogido. 4 Si conviene
que yo también vaya,
iremos juntos.

Encargos personales

5 Después de pasar
por Macedonia, pues
tengo que atravesar
esa región, iré a verlos.
6 Es posible que me
quede con ustedes algún
tiempo, y tal vez pase
allí el invierno, para que
me ayuden a seguir el
viaje a dondequiera que
vaya. 7 Esta vez no quiero
verlos solo de paso; más
bien, espero permane-
cer algún tiempo con
ustedes, si el Señor así
lo permite. 8 Pero me
quedaré en Éfeso hasta
Pentecostés, 9 porque se
me ha presentado una
gran oportunidad para
un trabajo eficaz, a pesar
de que hay muchos en
mi contra.
10 Si llega Timoteo,
procuren que se sienta
cómodo entre ustedes,
porque él trabaja como
yo en la obra del Señor.
11 Por tanto, que nadie lo
menosprecie. Ayúdenlo
a seguir su viaje en paz

RVR

para que venga a mí,
porque le espero con los
hermanos.
12 Acerca del hermano
Apolos, mucho le rogué
que fuese a vosotros
con los hermanos, mas
de ninguna manera
tuvo voluntad de ir por
ahora; pero irá cuando
tenga oportunidad.

Saludos finales

13 Velad, estad firmes en
la fe; portaos varonil-
mente, y sed fuertes.
14 Todas vuestras cosas
sean hechas con amor.
15 Hermanos, ya
sabéis que la familia
de Estéfanas es las pri-
micias de Acaya, y que
ellos se han puesto al
servicio de los santos.
16 Os ruego que os so-
metáis a personas como
ellos, y a todos los que
colaboran y trabajan
con afán.
17 Me alegro de la pre-
sencia de Estéfanas, de
Fortunato y de Acaico,
pues ellos han suplido
vuestra ausencia.
18 Porque han tranqui-
lizado mi espíritu y el
vuestro; reconoced,
pues, a tales personas.
19 Las iglesias de Asia
os saludan. Aquila y
Priscila, con la iglesia

δὲ	αὐτὸν	ἐν	εἰρήνῃ,	ἵνα	ἔλθῃ	πρός	με,	ἐκδέχομαι	γὰρ	αὐτὸν
mas$_6$	a él$_8$	en	paz,	para que	venga	a	a mí,	espero$_2$	porque$_1$	a él.$_6$
1161	846	1722	1515	2443	2064	4314	3165	1551	1063	846
CLC	RP3ASM	P	NDSF	CAP	VAAS3S	P	RP1AS	VPUI1S	CAZ	RP3ASM

μετὰ	τῶν	ἀδελφῶν.	12 Περὶ	δὲ	Ἀπολλῶ	τοῦ	ἀδελφοῦ,	πολλὰ
con$_3$	los$_4$	hermanos$_5$	acerca de$_2$	Mas$_1$	Apolos,$_3$	el	hermano,	muchas cosas
3326	3588	80	4012	1161	625	3588	80	4183
P	DGPM	NGPM	P	CLT	NGSM	DGSM	NGSM	JAPN

παρεκάλεσα	αὐτὸν	ἵνα	ἔλθῃ	πρὸς	ὑμᾶς	μετὰ	τῶν	ἀδελφῶν·	καὶ
exhorté	él	para que	vaya	a	vosotros	con	los	hermanos;	y
3870	846	2443	2064	4314	5209	3326	3588	80	2532
VAAI1S	RP3ASM	CSC	VAAS3S	P	RP2AP	P	DGPM	NGPM	CLN

πάντως	οὐκ	ἦν	θέλημα	ἵνα	νῦν	ἔλθῃ,	ἐλεύσεται	δὲ	ὅταν
totalmente$_3$	no$_1$	era$_2$	(su) voluntad$_4$	que$_5$	ahora,$_7$	vaya$_6$	irá$_9$	mas$_8$	cuando
3843	3756	2258	2307	2443	3568	2064	2064	1161	3752
B	CLK, TN, B	VIAI3S	NNSN	CSC	B	VAAS3S	VFMI3S	CLK, CLC	CAT

εὐκαιρήσῃ.	13 Γρηγορεῖτε,	στήκετε	ἐν	τῇ	πίστει,	ἀνδρίζεσθε,
tenga oportunidad.	Velad,	estad firmes	en	la	fe,	sed valientes,
2119	1127	4739	1722	3588	4102	407
VAAS3S	VPAM2P	VPAM2P	P	DDSF	NDSF	VPUM2P

κραταιοῦσθε.	14 πάντα	ὑμῶν	ἐν	ἀγάπῃ	γινέσθω.	15 Παρακαλῶ
sed fuertes	Todas las cosas	de vosotros	con$_2$	amor.$_3$	sea(n) hechas$_1$	ruego$_2$
2901	3956	5216	1722	26	1096	3870
VPPM2P	JNPN	RP2GP	P	NDSF	VPUM3S	VPAI1S

δὲ	ὑμᾶς,	ἀδελφοί·	οἴδατε	τὴν	οἰκίαν	Στεφανᾶ,	ὅτι	ἐστὶν	ἀπαρχὴ
Y$_1$	a vosotros,	hermanos,	sabéis (que)	la	casa	de Estéfanes,	que	es	primicia
1161	5209	80	1492	3588	3614	4734	3754	2076	536
CLT	RP2AP	NVPM	VRAI2P	DASF	NASF	NGSM	CSC	VPAI3S	NNSF

τῆς	Ἀχαΐας	καὶ	εἰς	διακονίαν	τοῖς	ἁγίοις	ἔταξαν	ἑαυτούς·	16 ἵνα
de --	Acaya,	y	para$_3$	(el) servicio$_4$	para los$_5$	santos,$_6$	han puesto$_1$	a sí mismos$_2$	para que
3588	882	2532	1519	1248	3588	40	5021	1438	2443
DGSF	NGSF	CLN	P	NASF	DDPM	JDPM	VAAI3P	RF3APM	CSC

καὶ	ὑμεῖς	ὑποτάσσησθε	τοῖς	τοιούτοις	καὶ	παντὶ	τῷ	συνεργοῦντι
también	vosotros	os sometáis	a los	tales	y	a todo	el que	colabore
2532	5210	5293	3588	5108	2532	3956	3588	4903
BE, TE	RP2NP	VPPS2P	DDPM	RD-DPM	CLN	JDSM	DDSM	VPAP-SDM

καὶ	κοπιῶντι.	17 χαίρω	δὲ	ἐπὶ	τῇ	παρουσίᾳ	Στεφανᾶ	καὶ
y	el que trabaje arduamente.	me alegro$_2$	Y$_1$	por	la	venida	de Estéfanes	y
2532	2872	5463	1161	1909	3588	3952	4734	2532
CLN	VPAP-SDM	VPAI1S	CLN	P	DDSF	NDSF	NGSM	CLN

Φορτουνάτου	καὶ	Ἀχαϊκοῦ,	ὅτι	τὸ	ὑμέτερον	ὑστέρημα	οὗτοι
de Fortunato	y	de Acaico,	porque$_1$	la$_4$	vuestra;$_6$	ausencia$_5$	estos$_2$
5415	2532	883	3754	3588	5212	5303	3778
NGSM	CLN	NGSM	CAZ	DASN	JASN, RS2APN	NASN	RD-NPM

ἀνεπλήρωσαν,	18 ἀνέπαυσαν	γὰρ	τὸ	ἐμὸν	πνεῦμα	καὶ	τὸ
suplieron$_3$	refrescaron$_2$	porque$_1$	el$_3$	mío$_5$	espíritu$_4$	y	el
378	373	1063	3588	1699	4151	2532	3588
VAAI3P	VAAI3P	CAZ	DASN	JASN, RS1ASN	NASN	CLN	DASN

ὑμῶν.	ἐπιγινώσκετε	οὖν	τοὺς	τοιούτους.	19 Ἀσπάζονται	ὑμᾶς
de vosotros.	reconoced$_2$	Así que,$_1$	a los	tales.	saludan$_5$	a vosotros.$_6$
5216	1921	3767	3588	5108	782	5209
RP2GP	VPAM2P	CLI	DAPM	RD-APM	VPUI3P	RP2AP

αἱ	ἐκκλησίαι	τῆς	Ἀσίας.	ἀσπάζεται	ὑμᾶς	ἐν	κυρίῳ	πολλὰ
Las$_1$	iglesias$_2$	de --$_3$	Asia$_4$	saluda(n)$_{10}$	a vosotros$_{11}$	en$_{12}$	(el) Señor$_{13}$	muchas (veces),$_{14}$
3588	1577	3588	773	782	5209	1722	2962	4183
DNPF	NNPF	DGSF	NGSF	VPUI3S	RP2AP	P	NDSM	JAPN

NVI

para que pueda volver a
reunirse conmigo, pues
estoy esperándolo junto
con los hermanos.
12 En cuanto a nuestro
hermano Apolos, le
rogué encarecidamente
que en compañía de
otros hermanos les
hiciera una visita. No
quiso de ninguna mane-
ra ir ahora, pero lo hará
cuando se le presente la
oportunidad.
13 Manténganse aler-
ta; permanezcan firmes
en la fe; sean valientes y
fuertes. 14 Hagan todo
con amor.
15 Bien saben que
los de la familia de
Estéfanas fueron los
primeros convertidos
de Acaya, y que se han
dedicado a servir a los
creyentes. Les recomien-
do, hermanos, 16 que se
pongan a disposición
de aquellos y de todo
el que colabore en este
arduo trabajo. 17 Me
alegré cuando llegaron
Estéfanas, Fortunato y
Acaico, porque ellos han
suplido lo que ustedes
no podían darme, 18 ya
que han tranquilizado
mi espíritu y también el
de ustedes. Tales perso-
nas merecen que se les
exprese reconocimiento.

Saludos finales

19 Las iglesias de la
provincia de Asia les
mandan saludos. Aquila
y Priscila los saludan

RVR

que está en su casa, os
envían muchos saludos
en el Señor.
20 Os saludan todos los
hermanos. Saludaos
los unos a los otros con
beso santo.
21 Yo, Pablo, os escribo
esta salutación de mi
propia mano.
22 Si alguno no ama
al Señor Jesucristo,
sea anatema. El Señor
viene.
23 La gracia del Señor
Jesucristo esté con
vosotros.
24 Mi amor en Cristo
Jesús esté con todos
vosotros. Amén.

Ἀκύλας	καὶ	Πρίσκα	σὺν	τῇ	κατ’	οἶκον	αὐτῶν	ἐκκλησίᾳ.
Aquila$_{7}$	y$_{8}$	Prisca$_{9}$	con$_{15}$	la$_{16}$	en$_{18}$	(la) casa$_{19}$	de ellos.$_{20}$	iglesia$_{17}$
207	2532	4251	4862	3588	2596	3624	846	1577
NNSM	*CLN*	*NNSF*	*P*	*DDSF*	*P*	*NASM*	*RP3GPM*	*NDSF*

20 ἀσπάζονται	ὑμᾶς	οἱ	ἀδελφοὶ	πάντες.	ἀσπάσασθε	ἀλλήλους	ἐν
saludan$_{4}$	a vosotros.$_{5}$	los$_{2}$	hermanos$_{3}$	Todos$_{1}$	Saludad	unos a otros	con
782	5209	3588	80	3956	782	240	1722
VPUI3P	*RP2AP*	*DNPM*	*NNPM*	*JNPM*	*VAMM2P*	*RC-APM*	*P*

φιλήματι	ἁγίῳ.	21 Ὁ	ἀσπασμὸς	τῇ	ἐμῇ	χειρὶ	Παύλου.	22 εἴ
beso	santo.	El	saludo	con la	mía,$_{2}$	mano$_{1}$	de Pablo.	Si
5370	40	3588	783	3588	1699	5495	3972	1487
NDSN	*JDSN*	*DNSM*	*NNSM*	*DDSF*	*JDSF, RS1DSF*	*NDSF*	*NGSM*	*CAC*

τις	οὐ	φιλεῖ	τὸν	⸀κύριον,	ἤτω	ἀνάθεμα.	Μαράνα	θά.
alguno	no	ama	al	Señor,	sea	anatema.	Señor,	ven.
5100	3756	5368	3588	2962	2277	331	3134	3134
RX-NSM	*BN, TN*	*VPAI3S*	*DASM*	*NASM*	*VPAM3S*	*NNSN*	*NVSM, XF*	*VAAM2S, XF*

23 ἡ	χάρις	τοῦ	κυρίου	⸀Ἰησοῦ	μεθ’	ὑμῶν.	24 ἡ	ἀγάπη	μου	μετὰ
La	gracia	del	Señor	Jesús	(sea) con	vosotros.	El	amor	de mí	(sea) con
3588	5485	3588	2962	2424	3326	5216	3588	26	3450	3326
DNSF	*NNSF*	*DGSM*	*NGSM*	*NGSM*	*P*	*RP2GP*	*DNSF*	*NNSF*	*RP1GS*	*P*

πάντων	ὑμῶν	ἐν	Χριστῷ	⸀Ἰησοῦ.
todos	vosotros	en	Cristo	Jesús.
3956	5216	1722	5547	2424
JGPM	*RP2GP*	*P*	*NDSM*	*NDSM*

NVI

cordialmente en el
Señor, como también la
iglesia que se reúne en la
casa de ellos. 20 Todos los
hermanos les mandan
saludos. Salúdense unos
a otros con un beso
santo.
21 Yo, Pablo, escribo
este saludo de mi puño
y letra.
22 Si alguno no ama al
Señor, quede bajo mal-
dición. ¡*Marana ta*!
23 Que la gracia del
Señor Jesús sea con
ustedes.
24 Los amo a todos
ustedes en Cristo Jesús.
Amén.

16:22⸀ Manuscritos inferiores aumentaron *Jesús Cristo.* **16:23**⸀ Manuscritos inferiores aumentaron *Cristo.* **16:24**⸀ Manuscritos inferiores aumentaron *Amén.*

Segunda Epístola a los

CORINTIOS

ΠΡΟΣ ΚΟΡΙΝΘΙΟΥΣ Β

RVR

Saludo

1 Pablo, apóstol de
Jesucristo por la
voluntad de Dios, y el
hermano Timoteo, a la
iglesia de Dios que está
en Corinto, con todos
los santos que están en
toda Acaya:
2 Gracia y paz a vosotros,
de parte de Dios nuestro
Padre y del Señor
Jesucristo.

El Dios de toda consolación

3 Bendito sea el Dios y
Padre de nuestro Señor
Jesucristo, Padre de
misericordias y Dios de
toda consolación,
4 el cual nos consue-
la en todas nuestras
tribulaciones, para que
nosotros podamos
consolar a los que están
en cualquier tribula-
ción, por medio de la
consolación con que
nosotros mismos somos
consolados por Dios.
5 Porque de la manera
que abundan en noso-
tros los padecimientos
de Cristo, así abunda
también por medio de
Cristo nuestra conso-
lación.
6 Ahora bien, si somos
atribulados, es para
vuestra consolación y

1 Παῦλος	ἀπόστολος	Χριστοῦ	Ἰησοῦ	διὰ	θελήματος	θεοῦ
Pablo,	apóstol	de Cristo	Jesús	por medio de	(la) voluntad	de Dios,
3972	652	5547	2424	1223	2307	2316
NNSM	*NNSM*	*NGSM*	*NGSM*	*P*	*NGSN*	*NGSM*

καὶ	Τιμόθεος	ὁ	ἀδελφὸς	τῇ	ἐκκλησίᾳ	τοῦ	θεοῦ	τῇ	οὔσῃ	ἐν
y	Timoteo,$_3$	el$_1$	hermano$_2$	a la	iglesia	de --	Dios	la que	está	en
2532	5095	3588	80	3588	1577	3588	2316	3588	5607	1722
CLN	*NNSM*	*DNSM*	*NNSM*	*DDSF*	*NDSF*	*DGSM*	*NGSM*	*DDSF*	*VPAP-SDF*	*P*

Κορίνθῳ,	σὺν	τοῖς	ἁγίοις	πᾶσιν	τοῖς	οὖσιν	ἐν	ὅλῃ	τῇ	Ἀχαΐᾳ·
Corinto,	con$_1$	los$_3$	santos$_4$	todos$_2$	los que	están	en	toda	--	Acaya:
2882	4862	3588	40	3956	3588	5607	1722	3650	3588	882
NDSF	*P*	*DDPM*	*JDPM*	*JDPM*	*DDPM*	*VPAP-PDM*	*P*	*JDSF*	*DDSF*	*NDSF*

2 χάρις	ὑμῖν	καὶ	εἰρήνη	ἀπὸ	θεοῦ	πατρὸς	ἡμῶν	καὶ	κυρίου	Ἰησοῦ
Gracia	a vosotros	y	paz	de	Dios	Padre	de nosotros	y	de(l) Señor	Jesús
5485	5213	2532	1515	575	2316	3962	2257	2532	2962	2424
NNSF	*RP2DP*	*CLN*	*NNSF*	*P*	*NGSM*	*NGSM*	*RP1GP*	*CLN*	*NGSM*	*NGSM*

Χριστοῦ.	3 Εὐλογητὸς	ὁ	θεὸς	καὶ	πατὴρ	τοῦ	κυρίου	ἡμῶν	Ἰησοῦ
Cristo	Bendito (sea)	el	Dios	y	Padre	del	Señor	de nosotros,	Jesús
5547	2128	3588	2316	2532	3962	3588	2962	2257	2424
NGSM	*JNSM*	*DNSM*	*NNSM*	*CLN*	*NNSM*	*DGSM*	*NGSM*	*RP1GP*	*NGSM*

Χριστοῦ,	ὁ	πατὴρ	τῶν	οἰκτιρμῶν	καὶ	θεὸς	πάσης	παρακλήσεως,
Cristo	el	Padre	de las	compasiones	y	Dios	de toda	consolación,
5547	3588	3962	3588	3628	2532	2316	3956	3874
NGSM	*DNSM*	*NNSM*	*DGPM*	*NGPM*	*CLN*	*NNSM*	*JGSF*	*NGSF*

4 ὁ	παρακαλῶν	ἡμᾶς	ἐπὶ	πάσῃ	τῇ	θλίψει	ἡμῶν,	εἰς	τὸ
el que	consuela	a nosotros	en	toda	la	aflicción	de nosotros,	para$_1$	--$_3$
3588	3870	2248	1909	3956	3588	2347	2257	1519	3588
DNSM	*VPAP-SNM*	*RP1AP*	*P*	*JDSF*	*DDSF*	*NDSF*	*RP1GP*	*P*	*DASN*

δύνασθαι	ἡμᾶς	παρακαλεῖν	τοὺς	ἐν	πάσῃ	θλίψει	διὰ
poder$_4$	nosotros$_2$	consolar	a los (que están)	en	toda	aflicción	por medio de
1410	2248	3870	3588	1722	3956	2347	1223
VPUN	*RP1AP*	*VPAN*	*DAPM*	*P*	*JDSF*	*NDSF*	*P*

τῆς	παρακλήσεως	ἧς	παρακαλούμεθα	αὐτοὶ	ὑπὸ	τοῦ	θεοῦ.
de la	consolación	la que	somos consolados$_2$	nosotros mismos$_1$	por	--	Dios.
3588	3874	3739	3870	846	5259	3588	2316
DGSF	*NGSF*	*RR-GSF*	*VPPI1P*	*RP3NPMP*	*P*	*DGSM*	*NGSM*

5 ὅτι	καθὼς	περισσεύει	τὰ	παθήματα	τοῦ	Χριστοῦ	εἰς	ἡμᾶς,
Porque	así como$_1$	abunda(n)$_8$	los$_2$	padecimientos$_3$	de --$_4$	Cristo$_5$	en$_6$	nosotros,$_7$
3754	2531	4052	3588	3804	3588	5547	1519	2248
CAZ	*CAM*	*VPAI3S*	*DNPN*	*NNPN*	*DGSM*	*NGSM*	*P*	*RP1AP*

οὕτως	διὰ	τοῦ	Χριστοῦ	περισσεύει	καὶ	ἡ	παράκλησις
así,	por medio de	--	Cristo,	abunda(n).$_5$	también$_1$	la$_2$	consolación$_3$
3779	1223	3588	5547	4052	2532	3588	3874
B	*P*	*DGSM*	*NGSM*	*VPAI3S*	*BE, TE*	*DNSF*	*NNSF*

ἡμῶν.	6 εἴτε	δὲ	θλιβόμεθα,	ὑπὲρ	τῆς	ὑμῶν	παρακλήσεως	καὶ
de nosotros$_4$	si$_2$	Mas$_1$	somos afligidos,	(es) por	la	de vosotros,$_4$	consolación$_1$	y$_2$
2257	1535	1161	2346	5228	3588	5216	3874	2532
RP1GP	*CLK, CAC*	*CLN*	*VPPI1P*	*P*	*DGSF*	*RP2GP*	*NGSF*	*CLN*

NVI

1 Pablo, apóstol de
Cristo Jesús por
la voluntad de Dios,
y Timoteo nuestro
hermano,

a la iglesia de Dios
que está en Corinto y a
todos los santos en toda
la región de Acaya:

2 Que Dios nuestro
padre y el Señor
Jesucristo les concedan
gracia y paz.

El Dios de toda consolación

3 Alabado sea el Dios
y Padre de nuestro
Señor Jesucristo, Padre
misericordioso y Dios
de toda consolación,
4 quien nos consuela en
todas nuestras tribula-
ciones para que, con el
mismo consuelo que de
Dios hemos recibido,
también nosotros po-
damos consolar a todos
los que sufren.
5 Pues,
así como participamos
abundantemente en
los sufrimientos de
Cristo, así también por
medio de él tenemos
abundante consuelo.
6 Si sufrimos, es para que
ustedes tengan consuelo
y salvación; y, si somos

RVR

salvación; o si somos
consolados, es para
vuestra consolación y
salvación, la cual se va
efectuando al soportar
los mismos padeci-
mientos que nosotros
también padecemos.
7 Y nuestra esperanza
respecto de vosotros es
firme, pues sabemos que
así como sois compañe-
ros en los sufrimientos,
también lo sois en la
consolación.
8 Porque, hermanos, no
queremos que ignoréis
acerca de nuestra
tribulación que nos
sobrevino en Asia; pues
fuimos abrumados so-
bremanera por encima
de nuestras fuerzas,
de tal modo que aun
perdimos la esperanza
de conservar la vida.
9 Pero hemos tenido
en nosotros mismos
sentencia de muerte,
para que no estuvié-
semos confiados en
nosotros mismos, sino
en Dios que resucita a
los muertos;
10 el cual nos libró, y
nos libra, y en quien
esperamos que aún
nos librará, de tan gran
muerte;
11 cooperando también
vosotros a favor nuestro
con la oración, para que
por muchas personas
sean dadas gracias a
favor nuestro por el don
concedido a nosotros
por medio de muchos.

σωτηρίας·	εἴτε	παρακαλούμεθα,	ὑπὲρ	τῆς	ὑμῶν	παρακλήσεως
salvación$_3$	si	somos consolados,	(es) por	la$_1$	vosotros,$_3$	consolación$_2$
4991	1535	3870	5228	3588	5216	3874
NGSF	*CLK, CAC*	*VPPI1P*	*P*	*DGSF*	*RP2GP*	*NGSF*

τῆς	ἐνεργουμένης	ἐν	ὑπομονῇ	τῶν	αὐτῶν	παθημάτων	ὧν
la que	actúa	en	(la) perseverancia	de los	mismos	padecimientos	los que
3588	1754	1722	5281	3588	846	3804	3739
DGSF	*VPMP-SGF*	*P*	*NDSF*	*DGPN*	*RP3GPNA, JGPN*	*NGPN*	*RR-GPN*

καὶ	ἡμεῖς	πάσχομεν,	7 καὶ	ἡ	ἐλπὶς	ἡμῶν	βεβαία	ὑπὲρ	ὑμῶν·
también	nosotros	padecemos,	y	la	esperanza	de nosotros	(es) firme,$_3$	en favor de$_1$	vosotros$_2$
2532	2249	3958	2532	3588	1680	2257	949	5228	5216
BE, TE	*RP1NP*	*VPAI1P*	*CLN*	*DNSF*	*NNSF*	*RP1GP*	*JNSF*	*P*	*RP2GP*

εἰδότες	ὅτι	ὡς	κοινωνοί	ἐστε	τῶν	παθημάτων,	οὕτως	καὶ	τῆς
sabiendo	que	como	partícipes$_2$	sois$_1$	de los	padecimientos,	así	también	de la
1492	3754	5613	2844	2075	3588	3804	3779	2532	3588
VRAP-PNM	*CSC*	*CAM*	*JNPM, NNPM*	*VPAI2P*	*DGPN*	*NGPN*	*B*	*BE, TE*	*DGSF*

παρακλήσεως.	8 Οὐ	γὰρ	θέλομεν	ὑμᾶς	ἀγνοεῖν,	ἀδελφοί,	ὑπὲρ
consolación.	no$_2$	Porque$_1$	queremos	vosotros	ignorar,	hermanos,	acerca de
3874	3756	1063	2309	5209	50	80	5228
NGSF	*BN, TN*	*CLX*	*VPAI1P*	*RP2AP*	*VPAN*	*NVPM*	*P*

τῆς	θλίψεως	ἡμῶν	τῆς	γενομένης	ἐν	τῇ	Ἀσίᾳ,	ὅτι	καθ'
de la	aflicción	de nosotros,	la que	sucedió	en	--	Asia,	que	en$_2$
3588	2347	2257	3588	1096	1722	3588	773	3754	2596
DGSF	*NGSF*	*RP1GP*	*DGSF*	*VAMP-SGF*	*P*	*DDSF*	*NDSF*	*CSC*	*P*

ὑπερβολὴν	ὑπὲρ	δύναμιν	ἐβαρήθημεν,	ὥστε	ἐξαπορηθῆναι
exceso$_3$	más allá de$_4$	poder,$_5$	fuimos abrumados$_1$	de modo que$_6$	desesperar$_9$
5236	5228	1411	916	5620	1820
NASF	*P*	*NASF*	*VAPI1P*	*CAR*	*VAPN*

ἡμᾶς	καὶ	τοῦ	ζῆν·*	9 ἀλλὰ	αὐτοὶ	ἐν	ἑαυτοῖς	τὸ
nosotros$_8$	también$_7$	el$_{10}$	vivir;$_{11}$	pero$_1$	nosotros mismos$_2$	en$_8$	nosotros mismos,$_9$	la$_4$
2248	2532	3588	2198	235	846	1722	1438	3588
RP1AP	*CLA, B*	*DGSN, DGSM*	*VPAN*	*CLC*	*RP3NPM*	*P*	*RF1DPM*	*DASN*

ἀπόκριμα	τοῦ	θανάτου	ἐσχήκαμεν,	ἵνα	μὴ	πεποιθότες	ὦμεν
sentencia$_5$	de --$_6$	muerte$_7$	hemos tenido$_3$	para que	no	confiando$_2$	estemos$_1$
610	3588	2288	2192	2443	3361	3982	5600
NASN	*DGSM*	*NGSM*	*VRAI1P*	*CAP*	*BN, TN*	*VRAP-PNM*	*VPAS1P*

ἐφ'	ἑαυτοῖς	ἀλλ'	ἐπὶ	τῷ	θεῷ	τῷ	ἐγείροντι	τοὺς	νεκρούς·
en	nosotros mismos,	sino	en	--	Dios	el que	resucita	a los	muertos;
1909	1438	235	1909	3588	2316	3588	1453	3588	3498
P	*RF1DPM*	*CLC*	*P*	*DDSM*	*NDSM*	*DDSM*	*VPAP-SDM*	*DAPM*	*JAPM*

10 ὃς	ἐκ	τηλικούτου	θανάτου	ἐρρύσατο	ἡμᾶς	καὶ	ῥύσεται,	εἰς
el cual$_1$	de$_4$	tan grande$_5$	muerte,$_6$	libró$_2$	a nosotros$_3$	y	librará,	en
3739	1537	5082	2288	4506	2248	2532	4506	1519
RR-NSM	*P*	*JGSM, RD-GSM*	*NGSM*	*VAUI3S*	*RP1AP*	*CLN*	*VFMI3S*	*P*

ὃν	ἠλπίκαμεν	ὅτι	καὶ	ἔτι	ῥύσεται,	11 συνυπουργούντων	καὶ
quien	hemos esperado	que	también	aún	librará,	cooperando$_3$	también$_2$
3739	1679	3754	2532	2089	4506	4943	2532
RR-ASM	*VRAI1P*	*CSC*	*BE, TE*	*B*	*VFMI3S*	*VPAP-PGM*	*BE, TE*

ὑμῶν	ὑπὲρ	ἡμῶν	τῇ	δεήσει,	ἵνα	ἐκ	πολλῶν	προσώπων
vosotros$_1$	en favor de	de nosotros	con la	petición	para que	de (por)$_4$	muchas$_5$	personas$_6$
5216	5228	2257	3588	1162	2443	1537	4183	4383
RP2GP	*P*	*RP1GP*	*DDSF*	*NDSF*	*CAP*	*P*	*JGPN*	*NGPN*

τὸ	εἰς	ἡμᾶς	χάρισμα	διὰ	πολλῶν	εὐχαριστηθῇ	ὑπὲρ
el$_7$	para$_9$	nosotros$_{10}$	(el) don$_8$	por medio de$_{11}$	muchos.$_{12}$	gracias sean dadas$_1$	por$_2$
3588	1519	2248	5486	1223	4183	2168	5228
DNSN	*P*	*RP1AP*	*NNSN*	*P*	*JGPN*	*VAPS3S*	*P*

NVI

consolados, es para
que ustedes tengan el
consuelo que los ayude
a soportar con paciencia
los mismos sufri-
mientos que nosotros
padecemos. 7 Firme es la
esperanza que tenemos
en cuanto a ustedes,
porque sabemos que,
así como participan de
nuestros sufrimientos,
así también participan
de nuestro consuelo.
8 Hermanos, no que-
remos que desconoz-
can las aflicciones que
sufrimos en la provincia
de Asia. Estábamos
tan agobiados bajo
tanta presión que hasta
perdimos la esperan-
za de salir con vida:
9 nos sentíamos como
sentenciados a muerte.
Pero eso sucedió para
que no confiáramos en
nosotros mismos, sino
en Dios, que resucita a
los muertos. 10 Él nos
libró y nos librará de tal
peligro de muerte. En él
tenemos puesta nuestra
esperanza, y él seguirá
librándonos. 11 Mientras
tanto, ustedes nos
ayudan orando por
nosotros. Así muchos
darán gracias a Dios por
nosotros a causa del don
que se nos ha concedido
en respuesta a tantas
oraciones.

1:8* O sea *fuimos presionados más allá de nuestras fuerzas.*

RVR

Sinceridad de Pablo y demora de su visita a Corinto

[12] Porque nuestra gloria
es esta: el testimonio
de nuestra conciencia,
que con sencillez y sin-
ceridad de Dios, no con
sabiduría carnal, sino
con la gracia de Dios,
nos hemos conducido
en el mundo, y mucho
más ante vosotros.
[13] Porque no os escri-
bimos otras cosas sino
las que leéis, o también
entendéis; y espero que
hasta el fin las enten-
deréis;
[14] como también nos
habéis entendido
en parte, que somos
vuestra gloria, así como
también vosotros la
nuestra en el día del
Señor Jesús.
[15] Y con esta confianza
me proponía ir primero
a vosotros, para que
tuvieseis una segunda
gracia,
[16] y visitaros de paso
para Macedonia, y
desde Macedonia venir
otra vez a vosotros, y ser
encaminado por voso-
tros hacia Judea.
[17] Así que, al propo-
nerme esto, ¿usé quizá
de ligereza? ¿O lo que
me propongo hacer,
lo propongo según la
carne, para que haya en
mí Sí y No?

ἡμῶν.	¹²Ἡ	γὰρ	καύχησις	ἡμῶν	αὕτη	ἐστίν,	τὸ	μαρτύριον
nosotros$_{3}$	la$_{2}$	Porque$_{1}$	jactancia$_{3}$	de nosotros$_{4}$	esta:$_{6}$	es$_{5}$	el	testimonio
2257	3588	1063	2746	2257	3778	2076	3588	3142
RP1GP	*DNSF*	*CLX*	*NNSF*	*RP1GP*	*RD-NSF*	*VPAI3S*	*DNSN*	*NNSN*

τῆς	συνειδήσεως	ἡμῶν,	ὅτι	ἐν	⸀ἁγιότητι	καὶ	εἰλικρινείᾳ
de la	conciencia	de nosotros,	porque$_{1}$	en$_{12}$	santidad$_{13}$	y$_{14}$	sinceridad$_{15}$
3588	4893	2257	3754	1722	41	2532	1505
DGSF	*NGSF*	*RP1GP*	*CSC*	*P*	*NDSF*	*CLN*	*NDSF*

τοῦ	θεοῦ,	οὐκ	ἐν	σοφίᾳ	σαρκικῇ	ἀλλ’	ἐν	χάριτι	θεοῦ,
de --$_{16}$	Dios,$_{17}$	no$_{18}$	con$_{19}$	sabiduría$_{20}$	carnal,$_{21}$	sino$_{22}$	con$_{23}$	gracia$_{24}$	de Dios.$_{25}$
3588	2316	3756	1722	4678	4559	235	1722	5485	2316
DGSM	*NGSM*	*CLK, TN, B*	*P*	*NDSF*	*JDSF*	*CLK, CLC*	*P*	*NDSF*	*NGSM*

ἀνεστράφημεν	ἐν	τῷ	κόσμῳ,	περισσοτέρως	δὲ	πρὸς	ὑμᾶς·	¹³οὐ
nos comportamos$_{4}$	en$_{5}$	el$_{6}$	mundo,$_{7}$	mucho más$_{9}$	y$_{8}$	ante$_{10}$	vosotros$_{11}$	no$_{2}$
390	1722	3588	2889	4056	1161	4314	5209	3756
VAPI1P	*P*	*DDSM*	*NDSM*	*B*	*CLN*	*P*	*RP2AP*	*BN,TN*

γὰρ	ἄλλα	γράφομεν	ὑμῖν	ἀλλ’	ἢ	ἃ	ἀναγινώσκετε
Porque$_{1}$	otras cosas,$_{5}$	escribimos$_{3}$	a vosotros$_{4}$	sino	que	las cosas que	leéis
1063	243	1125	5213	235	2228	3739	314
CLX	*JAPN*	*VPAI1P*	*RP2DP*	*CLC*	*CAM*	*RR-APN*	*VPAI2P*

ἢ	καὶ	ἐπιγινώσκετε,	ἐλπίζω	δὲ	ὅτι	ἕως	τέλους	ἐπιγνώσεσθε,
o	también	entendéis,	espero$_{2}$	mas$_{1}$	que	hasta	(el) final	entenderéis
2228	2532	1921	1679	1161	3754	2193	5056	1921
CLD	*BE, TE*	*VPAI2P*	*VPAI1S*	*CLN*	*CSC*	*P, C*	*NGSN*	*VFMI2P*

¹⁴καθὼς	καὶ	ἐπέγνωτε	ἡμᾶς	ἀπὸ	μέρους,	ὅτι	καύχημα	ὑμῶν
como	también	entendisteis	a nosotros	de (en)	parte,	que$_{1}$	jactancia$_{3}$	de vosotros,$_{4}$
2531	2532	1921	2248	575	3313	3754	2745	5216
CAM	*BE, TE*	*VAAI2P*	*RP1AP*	*P*	*NGSN*	*CSC*	*NNSN*	*RP2GP*

ἐσμεν	καθάπερ	καὶ	ὑμεῖς	ἡμῶν	ἐν	τῇ	ἡμέρᾳ	τοῦ	κυρίου	ἡμῶν
somos$_{2}$	tal como	también	vosotros	de nosotros	en	el	día	del	Señor	de nosotros,
2070	2509	2532	5210	2257	1722	3588	2250	3588	2962	2257
VPAI1P	*CAM*	*BE, TE*	*RP2NP*	*RP1GP*	*P*	*DDSF*	*NDSF*	*DGSM*	*NGSM*	*RP1GP*

Ἰησοῦ.	¹⁵Καὶ	ταύτῃ	τῇ	πεποιθήσει	ἐβουλόμην	πρότερον	πρὸς	ὑμᾶς
Jesús.	Y	con esta	--	confianza	quería	antes$_{2}$	a$_{3}$	vosotros,$_{4}$
2424	2532	3778	3588	4006	1014	4386	4314	5209
NGSM	*CLN*	*RD-DSF*	*DDSF*	*NDSF*	*VIUI1S*	*B, J*	*P*	*RP2AP*

ἐλθεῖν,	ἵνα	δευτέραν	χάριν	σχῆτε,	¹⁶καὶ	δι’	ὑμῶν	διελθεῖν	εἰς
ir$_{1}$	para que$_{5}$	una segunda$_{7}$	gracia,$_{8}$	tuvierais$_{6}$	y	por medio de	vosotros	pasar	hacia
2064	2443	1208	5485	2192	2532	1223	5216	1330	1519
VAAN	*CAP*	*JASF*	*NASF*	*VAAS2P*	*CLN*	*P*	*RP2GP*	*VAAN*	*P*

Μακεδονίαν,	καὶ	πάλιν	ἀπὸ	Μακεδονίας	ἐλθεῖν	πρὸς	ὑμᾶς	καὶ	ὑφ’
Macedonia,	y	de nuevo$_{4}$	desde$_{5}$	Macedonia,$_{6}$	ir$_{1}$	a$_{2}$	vosotros$_{3}$	y$_{7}$	por$_{12}$
3109	2532	3825	575	3109	2064	4314	5209	2532	5259
NASF	*CLN*	*B*	*P*	*NGSF*	*VAAN*	*P*	*RP2AP*	*CLN*	*P*

ὑμῶν	προπεμφθῆναι	εἰς	τὴν	Ἰουδαίαν.	¹⁷τοῦτο	οὖν	βουλόμενος
vosotros.$_{13}$	ser encaminado$_{8}$	hacia$_{9}$	--$_{10}$	Judea$_{11}$	esto,$_{3}$	Así que,$_{1}$	determinando$_{2}$
5216	4311	1519	3588	2449	5124	3767	1014
RP2GP	*VAPN*	*P*	*DASF*	*NASF*	*RD-ASN*	*CLI*	*VPUP-SNM*

μήτι	ἄρα	τῇ	ἐλαφρίᾳ	ἐχρησάμην;	ἢ	ἃ	βουλεύομαι	κατὰ
¿acaso,$_{4}$	entonces,$_{5}$	con --$_{7}$	ligereza?$_{8}$	actué$_{6}$	¿O$_{9}$	las cosas que$_{11}$	determino$_{12}$	según$_{13}$
3385	687	3588	1644	5530	2228	3739	1011	2596
TN, TI	*CLI*	*DDSF*	*NDSF*	*VAMI1S*	*CLD*	*RR-APN*	*VPUI1S*	*P*

σάρκα	βουλεύομαι,	ἵνα	ᾖ	παρ’	ἐμοὶ	τὸ	Ναὶ	ναὶ	καὶ	τὸ	Οὒ
(la) carne,$_{14}$	determino$_{10}$	para que	sea (haya)	junto a	mí	el	Sí,	sí,	y	el	No,
4561	1011	2443	5600	3844	1698	3588	3483	3483	2532	3588	3756
NASF	*VPUI1S*	*CAR*	*VPAS3S*	*P*	*RP1DS*	*DNSN*	*T*	*T*	*CLN*	*DNSN*	*TN*

NVI

Pablo cambia de planes

[12] Para nosotros, el
motivo de satisfacción
es el testimonio de
nuestra conciencia: Nos
hemos comportado en
el mundo, y especial-
mente entre ustedes, con
la santidad y sinceridad
que vienen de Dios.
Nuestra conducta no se
ha ajustado a la sabiduría
humana, sino a la gracia
de Dios. [13] No estamos
escribiéndoles nada
que no puedan leer ni
entender. Espero que
comprenderán del todo,
[14] así como ya nos han
comprendido en parte,
que pueden sentirse
orgullosos de nosotros
como también nosotros
nos sentiremos orgullo-
sos de ustedes en el día
del Señor Jesús.
[15] Confiando en
esto, quise visitarlos
primero a ustedes para
que recibieran una
doble bendición; [16] es
decir, visitarlos de paso a
Macedonia, y verlos otra
vez a mi regreso de allá.
Así podrían ayudarme
a seguir el viaje a Judea.
[17] Al proponerme esto,
¿acaso lo hice a la ligera?
¿O es que hago mis
planes según criterios
meramente humanos,
de manera que diga
«sí, sí» y «no, no» al
mismo tiempo?

1:12⸀ Manuscritos importantes tienen *sencillez.*

RVR

[18] Pero Dios es testigo
fiel de que nuestra
palabra a vosotros no es
Sí y No.
[19] Porque el Hijo de
Dios, Jesucristo, que
entre vosotros ha sido
predicado por nosotros,
por mí, Silvano y
Timoteo, no ha sido Sí
y No; sino que ha sido
Sí en él;
[20] porque todas las pro-
mesas de Dios son en
él Sí, y en él Amén, por
medio de nosotros, para
la gloria de Dios.
[21] Y el que nos consolida
con vosotros en Cristo,
y el que nos ungió, es
Dios,
[22] el cual también nos ha
sellado, y nos ha dado
las arras del Espíritu en
nuestros corazones.
[23] Mas yo invoco a
Dios por testigo sobre
mi alma, que por ser
indulgente con vosotros
no he ido todavía a
Corinto.
[24] No es que preten-
damos dominar sobre
vuestra fe, sino que
estamos contribuyendo
a vuestro gozo; porque
por la fe estáis firmes.
2 Esto es, pues, lo
que decidí en mi
interior: no ir otra vez a

οὔ;	[18]πιστὸς	δὲ	ὁ	θεὸς	ὅτι	ὁ	λόγος	ἡμῶν	ὁ	πρὸς	ὑμᾶς
no?	(es) fiel,$_{4}$	Mas$_{1}$	--$_{2}$	Dios$_{3}$	que	la	palabra	de nosotros,	la	para con	vosotros
3756	4103	1161	3588	2316	3754	3588	3056	2257	3588	4314	5209
TN	*JNSM*	*CLC*	*DNSM*	*NNSM*	*CSC*	*DNSM*	*NNSM*	*RP1GP*	*DNSM*	*P*	*RP2AP*

οὐκ	ἔστιν	Ναὶ	καὶ	Οὔ.	[19]ὁ	τοῦ	θεοῦ	γὰρ	υἱὸς	Ἰησοῦς	Χριστὸς
no	es	Sí	y	No.	el$_{2}$	de --$_{4}$	Dios,$_{5}$	Porque$_{1}$	Hijo$_{3}$	Jesús$_{6}$	Cristo.$_{7}$
3756	2076	3483	2532	3756	3588	3588	2316	1063	5207	2424	5547
BN, TN	*VPAI3S*	*T*	*CLN*	*TN*	*DNSM*	*DGSM*	*NGSM*	*CAZ*	*NNSM*	*NNSM*	*NNSM*

ὁ	ἐν	ὑμῖν	δι᾽	ἡμῶν	κηρυχθείς,	δι᾽	ἐμοῦ	καὶ
el que$_{8}$	entre$_{10}$	vosotros$_{11}$	por medio de$_{12}$	de nosotros,$_{13}$	ha sido proclamado$_{9}$	por medio de	mí	y
3588	1722	5213	1223	2257	2784	1223	1700	2532
DNSM	*P*	*RP2DP*	*P*	*RP1GP*	*VAPP-SNM*	*P*	*RP1GS*	*CLN*

Σιλουανοῦ	καὶ	Τιμοθέου,	οὐκ	ἐγένετο	Ναὶ	καὶ	Οὔ,	ἀλλὰ	Ναὶ	ἐν
Silvano	y	Timoteo,	no	llegó a ser	Sí	y	No,	sino$_{1}$	Sí$_{3}$	en$_{4}$
4610	2532	5095	3756	1096	3483	2532	3756	235	3483	1722
NGSM	*CLN*	*NGSM*	*CLK, TN, B*	*VAMI3S*	*T*	*CLN*	*TN*	*CLK, CLC*	*T*	*P*

αὐτῷ	γέγονεν·	[20]ὅσαι	γὰρ	ἐπαγγελίαι	θεοῦ,	ἐν	αὐτῷ	τὸ
él.$_{5}$	ha llegado a ser$_{2}$	cuantas$_{2}$	Porque$_{1}$	promesas	de Dios (hay)	en	él (son)	el
846	1096	3745	1063	1860	2316	1722	846	3588
RP3DSM	*VRAI3S*	*JNPF,RK-NPF*	*CAZ*	*NNPF*	*NGSM*	*P*	*RP3DSM*	*DNSN*

Ναί·	διὸ	καὶ	⌜δι᾽	αὐτοῦ⌝	τὸ	Ἀμὴν	τῷ	θεῷ	πρὸς	δόξαν
Sí,	por lo cual,	también	por medio de	él	el	amén	a --	Dios,	para	gloria
3483	1352	2532	1223	846	3588	281	3588	2316	4314	1391
T	*CLI*	*BE, TE*	*P*	*RP3GSM*	*DNSN*	*XF, T*	*DDSM*	*NDSM*	*P*	*NASF*

δι᾽	ἡμῶν.	[21]ὁ	δὲ	βεβαιῶν	ἡμᾶς	σὺν	ὑμῖν	εἰς	Χριστὸν
por medio de	nosotros.	el que$_{2}$	Mas$_{1}$	confirma$_{3}$	a nosotros	con	vosotros	en	Cristo
1223	2257	3588	1161	950	2248	4862	5213	1519	5547
P	*RP1GP*	*DNSM*	*CLN*	*VAPP-SNM*	*RP1AP*	*P*	*RP2DP*	*P*	*NASM*

καὶ	χρίσας	ἡμᾶς	θεός,	[22]ὁ	καὶ	σφραγισάμενος	ἡμᾶς	καὶ
y	ungió	a nosotros,	(es) Dios,	el que	también	habiendo sellado	a nosotros	y
2532	5548	2248	2316	3588	2532	4972	2248	2532
CLN	*VAAP-SNM*	*RP1AP*	*NNSM*	*DNSM*	*BE, TE*	*VAMP-SNM*	*RP1AP*	*CLN*

δοὺς	τὸν	ἀρραβῶνα	τοῦ	πνεύματος	ἐν	ταῖς	καρδίαις	ἡμῶν.
habiendo dado	la	garantía	del	Espíritu	en	los	corazones	de nosotros.
1325	3588	728	3588	4151	1722	3588	2588	2257
VAAP-SNM	*DASM*	*NASM*	*DGSN*	*NGSN*	*P*	*DDPF*	*NDPF*	*RP1GP*

[23]Ἐγὼ	δὲ	μάρτυρα	τὸν	θεὸν	ἐπικαλοῦμαι	ἐπὶ	τὴν	ἐμὴν	ψυχήν,
yo$_{2}$	Mas$_{1}$	(como) testigo$_{4}$	a --$_{5}$	Dios$_{6}$	invoco$_{3}$	sobre	--	mi	vida,
1473	1161	3144	3588	2316	1941	1909	3588	1699	5590
RP1NS	*CLC*	*NASM*	*DASM*	*NASM*	*VPMI1S*	*P*	*DASF*	*JASF, RS1ASF*	*NASF*

ὅτι	φειδόμενος	ὑμῶν	οὐκέτι	ἦλθον	εἰς	Κόρινθον.	[24]οὐχ	ὅτι
que	teniendo consideración	de vosotros	ya no	fui	a	Corinto.	no$_{2}$	Porque$_{1}$
3754	5339	5216	3765	2064	1519	2882	3756	3754
CSC	*VPUP-SNM*	*RP2GP*	*BN*	*VAAI1S*	*P*	*NASF*	*CLK,TN,B*	*CSC*

κυριεύομεν	ὑμῶν	τῆς	πίστεως,	ἀλλὰ	συνεργοί	ἐσμεν	τῆς	χαρᾶς
nos enseñoreamos	de vosotros,$_{3}$	de la$_{1}$	fe$_{2}$	pero$_{4}$	colaboradores$_{6}$	somos$_{5}$	del	gozo
2961	5216	3588	4102	235	4904	2070	3588	5479
VPAI1P	*RP2GP*	*DGSF*	*NGSF*	*CLK, CLC*	*JNPM*	*VPAI1P*	*DGSF*	*NGSF*

ὑμῶν,	τῇ	γὰρ	πίστει	ἑστήκατε.
de vosotros,	en la$_{3}$	porque$_{1}$	fe.$_{4}$	habéis estado firmes$_{2}$
5216	3588	1063	4102	2476
RP2GP	*DDSF*	*CAZ*	*NDSF*	*VRAI2P*

2 ἔκρινα	γὰρ	ἐμαυτῷ	τοῦτο,	τὸ	μὴ	πάλιν	ἐν	λύπῃ
decidí$_{2}$	Porque$_{1}$	para mí mismo:$_{4}$	esto$_{3}$	--$_{6}$	no$_{5}$	de nuevo$_{10}$	con$_{11}$	tristeza.$_{12}$
2919	1063	1683	5124	3588	3361	3825	1722	3077
VAAI1S	*CAZ*	*RF1DSM*	*RD-ASN*	*DASN*	*BN, TN*	*B*	*P*	*NDSF*

NVI

[18] Pero, tan cierto
como que Dios es fiel, el
mensaje que les hemos
dirigido no es «sí» y
«no». [19] Porque el Hijo
de Dios, Jesucristo, a
quien Silvano, Timoteo
y yo predicamos entre
ustedes, no fue «sí»
y «no»; en él siempre
ha sido «sí». [20] Todas
las promesas que ha
hecho Dios son «sí»
en Cristo. Así que
por medio de Cristo
respondemos «amén»
para la gloria de Dios.
[21] Dios es el que nos
mantiene firmes en
Cristo, tanto a nosotros
como a ustedes. Él nos
ungió, [22] nos selló como
propiedad suya y puso
su Espíritu en nuestro
corazón como garantía
de sus promesas.
[23] ¡Por mi vida!
Pongo a Dios por
testigo de que todavía
no he ido a Corinto
solo por consideración
a ustedes. [24] No es que
intentemos imponerles
la fe, sino que deseamos
contribuir a la alegría de
ustedes, pues por la fe se
mantienen firmes.
2 En efecto, decidí
no hacerles otra
visita que les causara

1:20⌜⌝ Manuscritos inferiores tienen *en él.*

RVR

vosotros con tristeza.
2 Porque si yo os con-
tristo, ¿quién será luego
el que me alegre, sino el
que está entristecido a
causa de mí?
3 Y os escribí esto mis-
mo, para que cuando
llegue no tenga tristeza
de parte de aquellos que
deberían alegrarme;
confiando en todos
vosotros que mi gozo es
el de todos vosotros.
4 Porque por la mucha
tribulación y angustia
del corazón os escribí
con muchas lágrimas,
no para que fueseis con-
tristados, sino para que
conocieseis el amor tan
grande que os tengo.

Pablo perdona al ofensor

5 Pero si alguno me ha
causado tristeza, no me
la ha causado a mí solo,
sino en cierto modo
(por no exagerar) a
todos vosotros.
6 Le basta a tal persona
esta reprensión hecha
por la mayoría;
7 así que, al contrario,
vosotros más bien
debéis perdonarle y
consolarle, para que
no sea consumido de
demasiada tristeza.
8 Por lo cual os ruego
que reafirméis vuestro
amor hacia él.
9 Porque también para
este fin os escribí, para

πρὸς	ὑμᾶς	ἐλθεῖν.	2 εἰ	γὰρ	ἐγὼ	λυπῶ	ὑμᾶς,	καὶ	τίς	ὁ
a$_{8}$	vosotros$_{9}$	ir$_{7}$	si$_{2}$	Porque$_{1}$	yo	entristezco	a vosotros,	entonces,	¿quién (es)	el que
4314	5209	2064	1487	1063	1473	3076	5209	2532	5101	3588
P	*RP2AP*	*VAAN*	*CAC*	*CAZ*	*RP1NS*	*VPAI1S*	*RP2AP*	*CLN, B*	*RI-NSM*	*DNSM*

εὐφραίνων	με	εἰ	μὴ	ὁ	λυπούμενος	ἐξ	ἐμοῦ;	3 καὶ
alegre	a mí,	si	no	el que	ha sido entristecido	por causa de	mí?	Y
2165	3165	1487	3361	3588	3076	1537	1700	2532
VPAP-SNM	*RP1AS*	*CAC*	*BN, TN*	*DNSM*	*VPPP-SNM*	*P*	*RP1GS*	*CLN*

ἔγραψα	τοῦτο	αὐτὸ	ἵνα	μὴ	ἐλθὼν	λύπην	σχῶ	ἀφ’
escribí	esto	mismo	para que	no$_{2}$	al ir,$_{1}$	tristeza$_{4}$	tuviera$_{3}$	de parte de
1125	5124	846	2443	3361	2064	3077	2192	575
VAAI1S	*RD-ASN*	*RP3ASN, JASN*	*CAP*	*BN, TN*	*VAAP-SNM*	*NASF*	*VAAS1S*	*P*

ὧν	ἔδει	με	χαίρειν,	πεποιθὼς	ἐπὶ	πάντας	ὑμᾶς	ὅτι	ἡ
los que	era necesario	a mí,$_{2}$	alegrar$_{1}$	habiendo confiado	en	todos	vosotros	que	el
3739	1163	3165	5463	3982	1909	3956	5209	3754	3588
RR-GPM	*VIAI3S*	*RP1AS*	*VPAN*	*VRAP-SNM*	*P*	*JAPM*	*RP2AP*	*CSC*	*DNSF*

ἐμὴ	χαρὰ	πάντων	ὑμῶν	ἐστιν.	4 ἐκ	γὰρ	πολλῆς	θλίψεως	καὶ
mío$_{2}$	gozo$_{1}$	de todos$_{4}$	vosotros.$_{5}$	es$_{3}$	de$_{2}$	Porque$_{1}$	mucha	aflicción	y
1699	5479	3956	5216	2076	1537	1063	4183	2347	2532
JNSF, RS1NSF	*NNSF*	*JGPM*	*RP2GP*	*VPAI3S*	*P*	*CLX*	*JGSF*	*NGSF*	*CLN*

συνοχῆς	καρδίας	ἔγραψα	ὑμῖν	διὰ	πολλῶν	δακρύων,	οὐχ
angustia	de corazón	escribí	a vosotros	a través de	muchas	lágrimas,	no
4928	2588	1125	5213	1223	4183	1144	3756
NGSF	*NGSF*	*VAAI1S*	*RP2DP*	*P*	*JGPN*	*NGPN*	*CLK, TN, B*

ἵνα	λυπηθῆτε,	ἀλλὰ	τὴν	ἀγάπην	ἵνα	γνῶτε	ἣν	ἔχω
para que	fuerais entristecidos,	sino$_{1}$	el$_{4}$	amor$_{5}$	para que$_{2}$	conocierais$_{3}$	el que	tengo
2443	3076	235	3588	26	2443	1097	3739	2192
CAP	*VAPS2P*	*CLK, CLC*	*DASF*	*NASF*	*CAP*	*VAAS2P*	*RR-ASF*	*VPAI1S*

περισσοτέρως	εἰς	ὑμᾶς.
especialmente	para	vosotros.
4056	1519	5209
B	*P*	*RP2AP*

5 Εἰ	δέ	τις	λελύπηκεν,	οὐκ	ἐμὲ	λελύπηκεν,	ἀλλὰ	ἀπὸ
si$_{2}$	Mas$_{1}$	alguien	ha entristecido,	no	a mí,$_{2}$	ha entristecido$_{1}$	sino	de (en)
1487	1161	5100	3076	3756	1691	3076	235	575
CAC	*CLN*	*RX-NSM*	*VRAI3S*	*CLK, TN, B*	*RP1AS*	*VRAI3S*	*CLK, CLC*	*P*

μέρους	ἵνα	μὴ	ἐπιβαρῶ	πάντας	ὑμᾶς.	6 ἱκανὸν	τῷ	τοιούτῳ
parte,	para que	no	sobrecargue	a todos	vosotros.	(es) bastante$_{8}$	para el$_{9}$	tal;$_{10}$
3313	2443	3361	1912	3956	5209	2425	3588	5108
NGSN	*CAP*	*BN, TN*	*VPAS1S*	*JAPM*	*RP2AP*	*JNSN*	*DDSM*	*RD-DSM*

ἡ	ἐπιτιμία	αὕτη	ἡ	ὑπὸ	τῶν	πλειόνων,	7 ὥστε	τοὐναντίον
--$_{2}$	castigo$_{3}$	este$_{1}$	--$_{4}$	por$_{5}$	los$_{6}$	muchos$_{7}$	de modo que,	por el contrario,
3588	2009	3778	3588	5259	3588	4119	5620	5121
DNSF	*NNSF*	*RD-NSF*	*DNSF*	*P*	*DGPM*	*JGPMC*	*CAR*	*B, DASN*

μᾶλλον	ὑμᾶς	χαρίσασθαι	καὶ	παρακαλέσαι,	μή	πως
más bien,$_{2}$	vosotros$_{1}$	perdonar$_{3}$	y$_{4}$	animar,$_{5}$	no (sea que)$_{6}$	de algún modo$_{7}$
3123	5209	5483	2532	3870	3361	4458
B	*RP2AP*	*VAMN*	*CLN*	*VAAN*	*TN, CAP*	*TX, BX*

τῇ	περισσοτέρᾳ	λύπῃ	καταποθῇ	ὁ	τοιοῦτος.	8 διὸ
por la$_{11}$	abundante$_{12}$	tristeza.$_{13}$	sea consumido completamente$_{10}$	el$_{8}$	tal$_{9}$	Por lo cual,
3588	4053	3077	2666	3588	5108	1352
DDSF	*JDSFC*	*NDSF*	*VAPS3S*	*DNSM*	*RD-NSM*	*CLI*

παρακαλῶ	ὑμᾶς	κυρῶσαι	εἰς	αὐτὸν	ἀγάπην.	9 εἰς	τοῦτο	γὰρ	καὶ
ruego	a vosotros	confirmar$_{1}$	para$_{3}$	él;$_{4}$	(el) amor$_{2}$	para$_{2}$	esto$_{3}$	porque$_{1}$	también
3870	5209	2964	1519	846	26	1519	5124	1063	2532
VPAI1S	*RP2AP*	*VAAN*	*P*	*RP3ASM*	*NASF*	*P*	*RD-ASN*	*CAZ*	*BE, TE*

NVI

tristeza. 2 Porque, si yo
los entristezco, ¿quién
me brindará alegría
sino aquel a quien yo
haya entristecido? 3 Les
escribí como lo hice para
que, al llegar yo, los que
debían alegrarme no me
causaran tristeza. Estaba
confiado de que todos
ustedes harían suya mi
alegría. 4 Les escribí con
gran tristeza y angustia
de corazón, y con
muchas lágrimas, no
para entristecerlos, sino
para darles a conocer la
profundidad del amor
que les tengo.

Perdón para el pecador

5 Si alguno ha causado
tristeza, no me la ha
causado solo a mí; hasta
cierto punto —y lo digo
para no exagerar— se la
ha causado a todos uste-
des. 6 Para él es suficiente
el castigo que le impuso
la mayoría. 7 Más bien
debieran perdonarlo
y consolarlo para que
no sea consumido por
la excesiva tristeza.
8 Por eso les ruego que
reafirmen su amor hacia
él. 9 Con este propósito

NVN

tener la prueba de si
vosotros sois obedientes
en todo.
10 Y al que vosotros
perdonáis algo, yo tam-
bién; porque también
yo lo que he perdonado,
si algo he perdonado,
por vosotros lo he
hecho en presencia de
Cristo,
11 para que Satanás no
gane ventaja alguna
sobre nosotros; pues
no ignoramos sus
maquinaciones.

Ansiedad de Pablo en Tróade

12 Cuando llegué a
Tróade para predicar
el evangelio de Cristo,
aunque se me abrió
puerta en el Señor,
13 no tuve reposo en mi
espíritu, por no haber
hallado a mi hermano
Tito, sino que, despi-
diéndome de ellos, partí
para Macedonia.

Triunfantes en Cristo

14 Pero gracias a Dios,
quien siempre nos lleva
en triunfo en Cristo
Jesús, y por medio de
nosotros manifiesta en
todo lugar el olor de su
conocimiento.
15 Porque para Dios
somos grato olor de
Cristo entre los que se
salvan, y entre los que se
pierden;
16 para los unos,
olor de muerte para
muerte; para los otros,
olor de vida para

ἔγραψα	ἵνα	γνῶ	τὴν	δοκιμὴν	ὑμῶν,	εἰ	εἰς	πάντα
escribí,	para que	(yo) conozca	el	carácter aprobado	de vosotros,	si$_1$	en$_4$	todas las cosas.$_5$
1125	2443	1097	3588	1382	5216	1487	1519	3956
VAAI1S	*CAP*	*VAAS1S*	*DASF*	*NASF*	*RP2GP*	*TI, C*	*P*	*JAPN*

ὑπήκοοί	ἐστε.	10 ᾧ	δέ	τι	χαρίζεσθε,	κἀγώ·	καὶ	γὰρ	ἐγὼ
obedientes$_3$	sois$_2$	a quien$_2$	Mas$_1$	algo,$_4$	perdonáis$_3$	también yo,$_5$	también$_7$	porque$_6$	yo$_9$
5255	2075	3739	1161	5100	5483	2504	2532	1063	1473
JNPM	*VPAI2P*	*RR-DSM*	*CLN*	*RX-ASN*	*VPUI2P*	*RP1NS, TE*	*BE, TE*	*CAZ*	*RP1NS*

ὃ	κεχάρισμαι,	εἴ	τι	κεχάρισμαι,	δι᾽	ὑμᾶς	ἐν	προσώπῳ
lo que$_8$	he perdonado,	si	algo	he perdonado,	por causa de	vosotros	en	presencia
3739	5483	1487	5100	5483	1223	5209	1722	4383
RR-ASN	*VRUI1S*	*CAC*	*RX-ASN*	*VRUI1S*	*P*	*RP2AP*	*P*	*NDSN*

Χριστοῦ,	11 ἵνα	μὴ	πλεονεκτηθῶμεν	ὑπὸ	τοῦ	Σατανᾶ,	οὐ	γὰρ
de Cristo,	para que	no	seamos aprovechados	por	--	Satanás;	no$_2$	porque$_1$
5547	2443	3361	4122	5259	3588	4567	3756	1063
NGSM	*CAP*	*BN, TN*	*VAPS1P*	*P*	*DGSM*	*NGSM*	*BN, TN*	*CAZ*

αὐτοῦ	τὰ	νοήματα	ἀγνοοῦμεν.
de él.$_6$	las$_4$	intenciones$_5$	ignoramos$_3$
846	3588	3540	50
RP3GSM	*DAPN*	*NAPN*	*VPAI1P*

12 Ἐλθὼν	δὲ	εἰς	τὴν	Τρῳάδα	εἰς	τὸ	εὐαγγέλιον	τοῦ	Χριστοῦ
habiendo ido$_2$	Mas$_1$	a	--	Troas	para	el	evangelio	de --	Cristo,
2064	1161	1519	3588	5174	1519	3588	2098	3588	5547
VAAP-SNM	*CLT*	*P*	*DASF*	*NASF*	*P*	*DASN*	*NASN*	*DGSM*	*NGSM*

καὶ	θύρας	μοι	ἀνεῳγμένης	ἐν	κυρίῳ,	13 οὐκ	ἔσχηκα	ἄνεσιν
y$_1$	(una) puerta$_3$	para mí$_4$	habiendo sido abierta$_2$	en	(el) Señor,	no	he tenido	reposo
2532	2374	3427	455	1722	2962	3756	2192	425
CLN	*NGSF*	*RP1DS*	*VRPP-SGF*	*P*	*NDSM*	*CLK,TN,B*	*VRAI1S*	*NASF*

τῷ	πνεύματί	μου	τῷ	μὴ	εὑρεῖν	με	Τίτον	τὸν	ἀδελφόν	μου,
en el	espíritu	de mí,	por --	no	hallar	yo	a Tito,	el	hermano	de mí,
3588	4151	3450	3588	3361	2147	3165	5103	3588	80	3450
DDSN	*NDSN*	*RP1GS*	*DDSN, DDSM*	*BN, TN*	*VAAN*	*RP1AS*	*NASM*	*DASM*	*NASM*	*RP1GS*

ἀλλὰ	ἀποταξάμενος	αὐτοῖς	ἐξῆλθον	εἰς	Μακεδονίαν.
sino	habiéndome despedido	(de) ellos	salí	para	Macedonia,
235	657	846	1831	1519	3109
CLK, CLC	*VAMP-SNM*	*RP3DPM*	*VAAI1S*	*P*	*NASF*

14 Τῷ	δὲ	θεῷ	χάρις	τῷ	πάντοτε	θριαμβεύοντι	ἡμᾶς	ἐν	τῷ
a --$_3$	mas$_1$	Dios$_4$	gracia(s),$_2$	quien$_5$	siempre$_8$	haciendo triunfar$_6$	a nosotros$_7$	en	--
3588	1161	2316	5485	3588	3842	2358	2248	1722	3588
DDSM	*CLT, CLC*	*NDSM*	*NNSF*	*DDSM*	*B*	*VPAP-SDM*	*RP1AP*	*P*	*DDSM*

Χριστῷ	καὶ	τὴν	ὀσμὴν	τῆς	γνώσεως	αὐτοῦ	φανεροῦντι	δι᾽
Cristo,	y$_1$	el$_3$	olor$_4$	del$_5$	conocimiento$_6$	de él$_7$	habiendo manifestado$_2$	por medio de
5547	2532	3588	3744	3588	1108	846	5319	1223
NDSM	*CLN*	*DASF*	*NASF*	*DGSF*	*NGSF*	*RP3GSM*	*VPAP-SDM*	*P*

ἡμῶν	ἐν	παντὶ	τόπῳ·	15 ὅτι	Χριστοῦ	εὐωδία	ἐσμὲν	τῷ	θεῷ	ἐν
nosotros	en	todo	lugar;	porque$_1$	de Cristo$_4$	fragancia$_3$	somos$_2$	para --	Dios	entre
2257	1722	3956	5117	3754	5547	2175	2070	3588	2316	1722
RP1GP	*P*	*JDSM*	*NDSM*	*CAZ*	*NGSM*	*NNSF*	*VPAI1P*	*DDSM*	*NDSM*	*P*

τοῖς	σῳζομένοις	καὶ	ἐν	τοῖς	ἀπολλυμένοις,	16 οἷς	μὲν
los que	son salvos,	y	entre	los que	se pierden;	a los que (unos)	ciertamente,
3588	4982	2532	1722	3588	622	3739	3303
DDPM	*VPPP-PDM*	*CLN*	*P*	*DDPM*	*VPUP-PDM*	*RR-DPM*	*TK, C*

ὀσμὴ	ἐκ	θανάτου	εἰς	θάνατον,	οἷς	δὲ	ὀσμὴ	ἐκ	ζωῆς
olor	de	muerte	para	muerte,	a los que (otros)	mas	olor	de	vida
3744	1537	2288	1519	2288	3739	1161	3744	1537	2222
NNSF	*P*	*NGSM*	*P*	*NASM*	*RR-DPM*	*CLK, CLC*	*NNSF*	*P*	*NGSF*

NVI

les escribí: para ver si
pasan la prueba de la
completa obediencia.
10 A quien ustedes
perdonen, yo también
lo perdono. De hecho, si
había algo que perdonar,
lo he perdonado por
consideración a ustedes
en presencia de Cristo,
11 para que Satanás no se
aproveche de nosotros,
pues no ignoramos sus
artimañas.

Ministros del nuevo pacto

12 Ahora bien, cuando
llegué a Troas para
predicar el evangelio de
Cristo, descubrí que el
Señor me había abierto
las puertas. 13 Aun así,
me sentí intranquilo por
no haber encontrado
allí a mi hermano Tito,
por lo cual me despedí
de ellos y me fui a
Macedonia.
14 Sin embargo,
gracias a Dios que en
Cristo siempre nos lleva
triunfantes y, por medio
de nosotros, esparce por
todas partes la fragancia
de su conocimiento.
15 Porque para Dios
nosotros somos el aroma
de Cristo entre los que
se salvan y entre los que
se pierden. 16 Para estos
somos olor de muerte
que los lleva a la muerte;
para aquellos, olor de
vida que los lleva a la

RVR

vida. Y para estas cosas,
¿quién está capacitado?
17 Pues no somos como
la mayoría que trafican
con la palabra de Dios,
sino que con sinceri-
dad, como de parte de
Dios, y delante de Dios,
hablamos en Cristo.

Ministros del nuevo pacto

3 ¿Comenzamos
otra vez a reco-
mendarnos a nosotros
mismos? ¿O tenemos
necesidad, como
algunos, de cartas de
recomendación para
vosotros, o de parte de
vosotros?
2 Vosotros sois nuestra
carta, escrita en nuestros
corazones, conocida
y leída por todos los
hombres;
3 siendo manifiesto
que sois carta de Cristo
expedida por nosotros,
escrita no con tinta, sino
con el Espíritu del Dios
vivo; no en tablas de
piedra, sino en tablas de
carne del corazón.
4 Y tal confianza tene-
mos mediante Cristo
para con Dios;
5 no que seamos com-
petentes por nosotros
mismos para pensar
algo como de nosotros
mismos, sino que
nuestra competencia
proviene de Dios,

εἰς ζωήν. καὶ πρὸς ταῦτα τίς ἱκανός; 17 οὐ γάρ ἐσμεν
para vida. Y$_1$ para$_4$ estas (cosas)?$_5$ ¿quién$_2$ (es) competente$_3$ no$_2$ Porque$_1$ somos$_3$
1519 2222 2532 4314 5023 5101 2425 3756 1063 2070
P NASF CLN P RD-APN RI-NSM JNSM CLK,TN,B CLX VPAI1P

ὡς οἱ πολλοὶ καπηλεύοντες τὸν λόγον τοῦ θεοῦ, ἀλλ' ὡς
como -- muchos que negocian por lucro la palabra de -- Dios, sino como
5613 3588 4183 2585 3588 3056 3588 2316 235 5613
CAM DNPM JNPM VPAP-PNM DASM NASM DGSM NGSM CLK, CLC CAM

ἐξ εἰλικρινείας, ἀλλ' ὡς ἐκ θεοῦ κατέναντι θεοῦ ἐν Χριστῷ
de sinceridad, sino como de Dios, delante de$_2$ Dios$_3$ en$_4$ Cristo.$_5$
1537 1505 235 5613 1537 2316 2713 2316 1722 5547
P NGSF CLK, CLC CAM P NGSM P, B NGSM P NDSM

λαλοῦμεν.
hablamos$_1$
2980
VPAI1P

3 Ἀρχόμεθα πάλιν ἑαυτοὺς συνιστάνειν; ἢ μὴ χρῄζομεν
¿Comenzamos de nuevo$_3$ a nosotros mismos$_2$ a recomendar?$_1$ ¿O$_4$ acaso$_5$ necesitamos,$_8$
756 3825 1438 4921 2228 3361 5535
VPMI1P B RF1APM VPAN CLD TN, TI VPAI1P

ὥς τινες συστατικῶν ἐπιστολῶν πρὸς ὑμᾶς ἢ ἐξ ὑμῶν;
como$_6$ algunos,$_7$ de recomendación$_{10}$ cartas$_9$ para vosotros o de vosotros?
5613 5100 4956 1992 4314 5209 2228 1537 5216
P, CAM RX-NPM JGPF, JGPM NGPF P RP2AP CLD P RP2GP

2 ἡ ἐπιστολὴ ἡμῶν ὑμεῖς ἐστε, ἐγγεγραμμένη ἐν ταῖς καρδίαις
La carta de nosotros vosotros,$_2$ sois$_1$ que ha sido inscrita en los corazones
3588 1992 2257 5210 2075 1449 1722 3588 2588
DNSF NNSF RP1GP RP2NP VPAI2P VRPP-SNF P DDPF NDPF

ἡμῶν, γινωσκομένη καὶ ἀναγινωσκομένη ὑπὸ πάντων ἀνθρώπων·
de nosotros que ha sido conocida y leída por todas (las) personas,
2257 1097 2532 314 5259 3956 444
RP1GP VPPP-SNF CLN VPPP-SNF P JGPM NGPM

3 φανερούμενοι ὅτι ἐστὲ ἐπιστολὴ Χριστοῦ διακονηθεῖσα ὑφ' ἡμῶν,
siendo manifestados que sois carta de Cristo ministrada por nosotros,
5319 3754 2075 1992 5547 1247 5259 2257
VPPP-PNM CSC VPAI2P NNSF NGSM VAPP-SNF P RP1GP

ἐγγεγραμμένη οὐ μέλανι ἀλλὰ πνεύματι θεοῦ ζῶντος, οὐκ
que ha sido inscrita no con tinta, sino (con el) Espíritu de(l) Dios viviente, no
1449 3756 3188 235 4151 2316 2198 3756
VRPP-SNF CLK, TN, B JDSN CLK, CLC NDSN NGSM VPAP-SGM CLK, TN, B

ἐν πλαξὶν λιθίναις ἀλλ' ἐν πλαξὶν καρδίαις σαρκίναις.
en tablas hecha de piedra, sino en tablas (que son) corazones de carne.
1722 4109 3035 235 1722 4109 2588 4560
P NDPF JDPF CLK, CLC P NDPF NDPF JDPF

4 Πεποίθησιν δὲ τοιαύτην ἔχομεν διὰ τοῦ Χριστοῦ πρὸς
confianza$_4$ Y$_1$ tal$_3$ tenemos$_2$ por medio de -- Cristo para con
4006 1161 5108 2192 1223 3588 5547 4314
NASF CLN RD-ASF VPAI1P P DGSM NGSM P

τὸν θεόν. 5 οὐχ ὅτι ἀφ' ἑαυτῶν ἱκανοί ἐσμεν λογίσασθαί
-- Dios. No$_1$ que$_2$ de$_5$ nosotros mismos$_6$ competentes$_4$ somos$_3$ para pensar
3588 2316 3756 3754 575 1438 2425 2070 3049
DASM NASM CLK, TN, B CSC P RF1GPM JNPM VPAI1P VAMN

τι ὡς ἐξ αὐτῶν, ἀλλ' ἡ ἱκανότης ἡμῶν ἐκ τοῦ θεοῦ,
algo como de nosotros mismos, sino la competencia de nosotros viene de -- Dios,
5100 5613 1537 1438 235 3588 2426 2257 1537 3588 2316
RX-ASN CAM P RF1GPM CLK DNSF NNSF RP1GP P DGSM NGSM

NVI

vida. ¿Y quién es com-
petente para semejante
tarea? 17 A diferencia de
muchos, nosotros no so-
mos de los que trafican
con la palabra de Dios.
Más bien, hablamos
con sinceridad delante
de él en Cristo, como
enviados de Dios que
somos.
3 ¿Acaso comenza-
mos otra vez a re-
comendarnos a nosotros
mismos? ¿O acaso tene-
mos que presentarles o
pedirles a ustedes cartas
de recomendación,
como hacen algunos?
2 Ustedes mismos son
nuestra carta, escrita en
nuestro corazón, cono-
cida y leída por todos.
3 Es evidente que ustedes
son una carta de Cristo,
expedida por nosotros,
escrita no con tinta, sino
con el Espíritu del Dios
viviente; no en tablas de
piedra, sino en tablas de
carne, en los corazones.
4 Esta es la confianza
que delante de Dios
tenemos por medio
de Cristo. 5 No es que
nos consideremos
competentes en noso-
tros mismos. Nuestra
capacidad viene de Dios.

RVR

6 el cual asimismo nos
capacitó como minis-
tros de un nuevo pacto,
no de la letra, sino del
espíritu; porque la letra
mata, pero el espíritu
vivifica.
7 Y si el ministerio de
muerte grabado con
letras en piedras fue
con gloria, tanto que
los hijos de Israel no
pudieron fijar la vista
en el rostro de Moisés a
causa de la gloria de su
rostro, la cual había de
perecer,
8 ¿cómo no será más
bien con gloria el minis-
terio del espíritu?
9 Porque si el ministerio
de condenación fue
con gloria, mucho más
abundará en gloria el
ministerio de justifi-
cación.
10 Porque aun lo que fue
glorioso, no es glorioso
en este respecto, en
comparación con la
gloria más eminente.
11 Porque si lo que es
pasajero tuvo gloria,
mucho más glorioso
será lo que permanece.
12 Así que, teniendo tal
esperanza, usamos de
mucha franqueza;
13 y no como Moisés,
que ponía un velo sobre
su propio rostro, para
que los hijos de Israel

6 ὅς	καὶ	ἱκάνωσεν	ἡμᾶς	διακόνους	καινῆς	διαθήκης,	οὐ
el cual	también	hizo competentes$_1$	a nosotros$_3$	ministros$_2$	de un nuevo	pacto,	no
3739	2532	2427	2248	1249	2537	1242	3756
RR-NSM	*BE, TE*	*VAAI3S*	*RP1AP*	*NAPM*	*JGSF*	*NGSF*	*CLK, TN, B*

γράμματος	ἀλλὰ	πνεύματος,	τὸ	γὰρ	γράμμα	ἀποκτέννει,	τὸ	δὲ
de (la) letra,	sino	de(l) Espíritu;	la$_2$	porque$_1$	letra$_3$	mata,$_4$	el$_6$	pero$_5$
1121	235	4151	3588	1063	1121	615	3588	1161
NGSN	*CLK, CLC*	*NGSN*	*DNSN*	*CAZ*	*NNSN*	*VPAI3S*	*DNSN*	*CLC*

πνεῦμα	ζῳοποιεῖ.	7 Εἰ	δὲ	ἡ	διακονία	τοῦ	θανάτου	ἐν	γράμμασιν
Espíritu	vivifica.	si$_2$	Y$_1$	el	ministerio	de --	muerte	con	letras
4151	2227	1487	1161	3588	1248	3588	2288	1722	1121
NNSN	*VPAI3S*	*CAC*	*CLT*	*DNSF*	*NNSF*	*DGSM*	*NGSM*	*P*	*NDPN*

ἐντετυπωμένη	λίθοις	ἐγενήθη	ἐν	δόξῃ,	ὥστε	μὴ	δύνασθαι
que ha sido grabado	en piedras	llegó a ser	con	gloria,	de modo que$_1$	no$_5$	poder$_6$
1795	3037	1096	1722	1391	5620	3361	1410
VRPP-SNF	*NDPM*	*VAPI3S*	*P*	*NDSF*	*CAR*	*BN, TN*	*VPUN*

ἀτενίσαι	τοὺς	υἱοὺς	Ἰσραὴλ	εἰς	τὸ	πρόσωπον	Μωϋσέως	διὰ
fijar la mirada$_7$	a los$_2$	hijos$_3$	de Israel$_4$	en	el	rostro	de Moisés	a causa de
816	3588	5207	2474	1519	3588	4383	3475	1223
VAAN	*DAPM*	*NAPM*	*NGSM, XP*	*P*	*DASN*	*NASN*	*NGSM*	*P*

τὴν	δόξαν	τοῦ	προσώπου	αὐτοῦ	τὴν	καταργουμένην,	8 πῶς	οὐχὶ
la	gloria	del	rostro	de él,	la que	desaparece,	¿cómo$_1$	no$_6$
3588	1391	3588	4383	846	3588	2673	4459	3780
DASF	*NASF*	*DGSN*	*NGSN*	*RP3GSM*	*DASF*	*VPPP-SAF*	*BI*	*BN, TN*

μᾶλλον	ἡ	διακονία	τοῦ	πνεύματος	ἔσται	ἐν	δόξῃ;	9 εἰ	γὰρ	τῇ
más$_8$	el$_2$	ministerio$_3$	del$_4$	Espíritu$_5$	será$_7$	en$_9$	gloria?$_{10}$	si$_2$	Porque$_1$	en el$_4$
3123	3588	1248	3588	4151	2071	1722	1391	1487	1063	3588
B	*DNSF*	*NNSF*	*DGSN*	*NGSN*	*VFMI3S*	*P*	*NDSF*	*CAC*	*CAZ*	*DDSF*

διακονίᾳ	τῆς	κατακρίσεως	δόξα,	πολλῷ	μᾶλλον	περισσεύει	ἡ
ministerio$_5$	de la$_6$	condenación,$_7$	(hay) gloria$_3$	mucho$_8$	más$_9$	abunda$_{14}$	el$_{10}$
1248	3588	2633	1391	4183	3123	4052	3588
NDSF, NNSF	*DGSF*	*NGSF*	*NNSF*	*JDSN, JDSM*	*B*	*VPAI3S*	*DNSF*

διακονία	τῆς	δικαιοσύνης	δόξῃ.	10 καὶ	γὰρ	οὐ	δεδόξασται
ministerio$_{11}$	de la$_{12}$	justicia$_{13}$	en gloria.$_{15}$	también$_2$	Porque$_1$	no$_5$	ha sido glorificado$_6$
1248	3588	1343	1391	2532	1063	3756	1392
NNSF	*DGSF*	*NGSF*	*NDSF*	*BE, TE*	*CLX*	*BN, TN*	*VRPI3S*

τὸ	δεδοξασμένον	ἐν	τούτῳ	τῷ	μέρει	εἵνεκεν	τῆς	ὑπερβαλλούσης
lo que$_3$	ha sido glorificado$_4$	en	este	--	respecto	a causa	que lo$_2$	sobrepasa.$_3$
3588	1392	1722	5129	3588	3313	1752	3588	5235
DNSN	*VRPP-SNN*	*P*	*RD-DSN*	*DDSN*	*NDSN*	*P, B*	*DGSF*	*VPAP-SGF*

δόξης.	11 εἰ	γὰρ	τὸ	καταργούμενον	διὰ	δόξης,	πολλῷ
de (la) gloria$_1$	si$_2$	Porque$_1$	lo que	tenía que desaparecer (fue)	por medio de	(la) gloria,	mucho
1391	1487	1063	3588	2673	1223	1391	4183
NGSF	*CAC*	*CAZ*	*DNSN*	*VPPP-SNN*	*P*	*NGSF*	*JDSN, JDSM*

μᾶλλον	τὸ	μένον	ἐν	δόξῃ.	12 Ἔχοντες	οὖν	τοιαύτην	ἐλπίδα
más	lo que	permanece	(es) en	gloria	teniendo$_2$	Así que,$_1$	tal$_3$	esperanza,$_4$
3123	3588	3306	1722	1391	2192	3767	5108	1680
B	*DNSN*	*VPAP-SNN*	*P*	*NDSF*	*VPAP-PNM*	*CLI*	*JASF, RD-ASF*	*NASF*

πολλῇ	παρρησίᾳ	χρώμεθα,	13 καὶ	οὐ	καθάπερ	Μωϋσῆς	ἐτίθει
mucha$_6$	confianza,$_7$	hacemos uso$_5$	y	no	tal como	Moisés	ponía
4183	3954	5530	2532	3756	2509	3475	5087
JDSF	*NDSF*	*VPUI1P*	*CLN*	*BN, TN*	*CAM*	*NNSM*	*VIAI3S*

κάλυμμα	ἐπὶ	τὸ	πρόσωπον	αὐτοῦ,	πρὸς	τὸ	μὴ	ἀτενίσαι	τοὺς
un velo	sobre	el	rostro	de él,	para que$_1$	--$_6$	no$_5$	fijar la mirada$_7$	los$_2$
2571	1909	3588	4383	846	4314	3588	3361	816	3588
NASN	*P*	*DASN*	*NASN*	*RP3GSM*	*P*	*DASN*	*BN, TN*	*VAAN*	*DAPM*

NVI

6 Él nos ha capacitado
para ser servidores de un
nuevo pacto, no el de la
letra, sino el del Espíritu;
porque la letra mata,
pero el Espíritu da vida.

La gloria del nuevo pacto

7 El ministerio que
causaba muerte, el que
estaba grabado con
letras en piedra, fue tan
glorioso que los israelitas
no podían mirar la cara
de Moisés debido a la
gloria que se reflejaba
en su rostro, la cual ya
se estaba extinguiendo.
8 Pues bien, si aquel
ministerio fue así, ¿no
será todavía más glo-
rioso el ministerio del
Espíritu? 9 Si es glorioso
el ministerio que trae
condenación, ¡cuánto
más glorioso será el
ministerio que trae la
justicia! 10 En efecto, lo
que fue glorioso ya no lo
es, si se le compara con
esta excelsa gloria. 11 Y,
si vino con gloria lo que
ya se estaba extinguien-
do, ¡cuánto mayor
será la gloria de lo que
permanece!
12 Así que, como
tenemos tal espe-
ranza, actuamos con
plena confianza. 13 No
hacemos como Moisés,
quien se ponía un velo
sobre el rostro para que
los israelitas no vieran el

RVR

no fijaran la vista en el
fin de aquello que era
pasajero.
14 Pero sus pensamien-
tos se embotaron; por-
que hasta el día de hoy,
cuando leen el antiguo
pacto, les queda el mis-
mo velo no descubierto,
el cual desaparece en
Cristo.
15 Pero hasta el día de
hoy, cuando se lee a
Moisés, el velo está
puesto sobre el corazón
de ellos.
16 Mas siempre que
alguno se convierte al
Señor, el velo se quita.
17 Ahora bien, el Señor
es el Espíritu; y donde
está el Espíritu del
Señor, allí hay libertad.
18 Y todos nosotros, mi-
rando a cara descubierta
como en un espejo la
gloria del Señor, vamos
siendo transformados
de gloria en gloria a la
misma imagen, como
por la acción del Señor,
del Espíritu.
4 Por esto, teniendo
nosotros este
ministerio según la
misericordia que hemos
recibido, no desma-
yamos.
2 Antes bien, renun-
ciamos a los subterfu-
gios vergonzosos, no
andando con astucia, ni

υἱοὺς	Ἰσραὴλ	εἰς	τὸ	τέλος	τοῦ	καταργουμένου.	14 ἀλλὰ	ἐπωρώθη
hijos$_3$	de Israel$_4$	en	el	final	de lo que	desaparece.	Pero$_1$	se embot(aron),$_5$
5207	2474	1519	3588	5056	3588	2673	235	4456
NAPM	*NGSM, XP*	*P*	*DASN*	*NASN*	*DGSN*	*VPPP-SGN*	*CLC*	*VAPI3S*

τὰ	νοήματα	αὐτῶν.	ἄχρι	γὰρ	τῆς	σήμερον	ἡμέρας	τὸ	αὐτὸ
los$_2$	pensamientos$_3$	de ellos$_4$	hasta$_6$	porque$_5$	el$_7$	hoy,$_9$	día$_8$	el	mismo
3588	3540	846	891	1063	3588	4594	2250	3588	846
DNPN	*NNPN*	*RP3GPM*	*P*	*CLX*	*DGSF*	*B*	*NGSF*	*DNSN*	*RP3NSNA, JNSN*

κάλυμμα	ἐπὶ	τῇ	ἀναγνώσει	τῆς	παλαιᾶς	διαθήκης	μένει	μὴ
velo	sobre$_2$	la$_3$	lectura$_4$	del$_5$	antiguo$_6$	pacto,$_7$	permanece$_1$	no
2571	1909	3588	320	3588	3820	1242	3306	3361
NNSN	*P*	*DDSF*	*NDSF*	*DGSF*	*JGSF*	*NGSF*	*VPAI3S*	*BN, TN*

ἀνακαλυπτόμενον,	ὅτι	ἐν	Χριστῷ	καταργεῖται,	15 ἀλλ’	ἕως	σήμερον
siendo descubierto	que	en$_2$	Cristo.$_3$	es abolido$_1$	Pero	hasta	hoy
343	3754	1722	5547	2673	235	2193	4594
VPPP-SNN	*CAZ*	*P*	*NDSM*	*VPPI3S*	*CLC*	*P, C*	*B*

ἡνίκα	ἂν	ἀναγινώσκηται	Μωϋσῆς	κάλυμμα	ἐπὶ	τὴν	καρδίαν	αὐτῶν
cuando	--	es leído$_2$	Moisés,$_1$	un velo$_3$	sobre$_5$	el$_6$	corazón$_7$	de ellos;$_8$
2259	302	314	3475	2571	1909	3588	2588	846
CAT	*TC*	*VPPS3S*	*NNSM*	*NNSN*	*P*	*DASF*	*NASF*	*RP3GPM*

κεῖται·	16 ἡνίκα	δὲ	ἐὰν	ἐπιστρέψῃ	πρὸς	κύριον,	περιαιρεῖται	τὸ
está puesto$_4$	cuando	pero	si	se convierte	a	(el) Señor,	es retirado.$_3$	el$_1$
2749	2259	1161	1437	1994	4314	2962	4014	3588
VPUI3S	*CAT*	*CLC*	*TC*	*VAAS3S*	*P*	*NASM*	*VPPI3S*	*DNSN*

κάλυμμα.	17 ὁ	δὲ	κύριος	τὸ	πνεῦμά	ἐστιν·	οὗ	δὲ	τὸ
velo$_2$	el$_2$	y$_1$	Señor$_3$	el$_5$	Espíritu,$_6$	es$_4$	donde (está)$_8$	y$_7$	el
2571	3588	1161	2962	3588	4151	2076	3757	1161	3588
NNSN	*DNSM*	*CLN*	*NNSM*	*DNSN*	*NNSN*	*VPAI3S*	*B, C*	*CLN*	*DNSN*

πνεῦμα	⌈κυρίου,	ἐλευθερία.	18 ἡμεῖς	δὲ	πάντες	ἀνακεκαλυμμένῳ
Espíritu	del Señor,	(hay) libertad.	nosotros,$_3$	Pero$_1$	todos$_2$	que ha sido descubierto$_5$
4151	2962	1657	2249	1161	3956	343
NNSN	*NGSM*	*NNSF*	*RP1NP*	*CLN*	*JNPM*	*VRPP-SDN*

προσώπῳ	τὴν	δόξαν	κυρίου	κατοπτριζόμενοι	τὴν	αὐτὴν
con rostro$_4$	la$_7$	gloria$_8$	de(l) Señor,$_9$	contemplando como por un espejo$_6$	(en) la$_{11}$	misma$_{12}$
4383	3588	1391	2962	2734	3588	846
NDSN	*DASF*	*NASF*	*NGSM*	*VPMP-PNM*	*DASF*	*RP3ASFA, JASF*

εἰκόνα	μεταμορφούμεθα	ἀπὸ	δόξης	εἰς	δόξαν,	καθάπερ	ἀπὸ	κυρίου
imagen$_{13}$	vamos siendo transformados$_{10}$	de	gloria	en	gloria,	así como	de	del Señor.$_2$
1504	3339	575	1391	1519	1391	2509	575	2962
NASF	*VPPI1P*	*P*	*NGSF*	*P*	*NASF*	*CAM, B*	*P*	*NGSM*

πνεύματος.
(el) Espíritu$_1$
4151
NGSN

4

Διὰ	τοῦτο,	ἔχοντες	τὴν	διακονίαν	ταύτην	καθὼς
Por	esto,	teniendo	--$_2$	ministerio,$_3$	este$_1$	según
1223	5124	2192	3588	1248	3778	2531
P	*RD-ASN*	*VPAP-PNM*	*DASF*	*NASF*	*RD-ASF*	*CAM*

ἠλεήθημεν,	οὐκ	ἐγκακοῦμεν,	2 ἀλλὰ	ἀπειπάμεθα	τὰ
la misericordia que nos otorgó,	no	desmayamos,	sino (que)	renunciamos	a las cosas
1653	3756	1573	235	550	3588
VAPI1P	*CLK, TN, B*	*VPAI1P*	*CLK, CLC*	*VAMI1P*	*DAPN*

κρυπτὰ	τῆς	αἰσχύνης,	μὴ	περιπατοῦντες	ἐν	πανουργίᾳ	μηδὲ
ocultas	de la	vergüenza,	no	andando	en	astucia	ni
2927	3588	152	3361	4043	1722	3834	3366
JAPN	*DGSF*	*NGSF*	*BN, TN*	*VPAP-PNM*	*P*	*NDSF*	*CLD, TN*

NVI

fin del resplandor que
se iba extinguiendo.
14 Sin embargo, la mente
de ellos se embotó, de
modo que hasta el día
de hoy tienen puesto
el mismo velo al leer el
antiguo pacto. El velo
no les ha sido quitado,
porque solo se quita en
Cristo. 15 Hasta el día de
hoy, siempre que leen
a Moisés, un velo les
cubre el corazón. 16 Pero,
cada vez que alguien se
vuelve al Señor, el velo
es quitado. 17 Ahora
bien, el Señor es el
Espíritu; y, donde está
el Espíritu del Señor,
allí hay libertad. 18 Así,
todos nosotros, que con
el rostro descubierto
reflejamos como en
un espejo la gloria del
Señor, somos transfor-
mados a su semejanza
con más y más gloria por
la acción del Señor, que
es el Espíritu.

Tesoros en vasijas de barro

4 Por esto, ya que
por la misericordia
de Dios tenemos este
ministerio, no nos des-
animamos. 2 Más bien,
hemos renunciado a
todo lo vergonzoso que
se hace a escondidas; no
actuamos con engaño ni

3:17⌈ Manuscritos inferiores aumentaron *allí*.

RVR

adulterando la palabra
de Dios, sino por la ma-
nifestación de la verdad
recomendándonos a no-
sotros mismos ante toda
conciencia humana, en
la presencia de Dios.
3 Pero si nuestro evange-
lio está aún encubierto,
entre los que se pierden
está encubierto;
4 en los cuales el dios
de este mundo cegó los
pensamientos de los in-
crédulos, para que no les
resplandezca la ilumina-
ción del evangelio de la
gloria de Cristo, el cual
es la imagen de Dios.
5 Porque no nos predica-
mos a nosotros mismos,
sino a Jesucristo como
Señor, y a nosotros
como siervos vuestros
por amor de Jesús.
6 Porque Dios, que man-
dó que de las tinieblas
resplandeciese la luz,
es el que resplandeció
en nuestros corazones,
para iluminación del
conocimiento de la
gloria de Dios en la faz
de Jesucristo.

Viviendo por la fe

7 Pero tenemos este te-
soro en vasos de arcilla,
para que la excelencia
del poder sea de Dios,
y no procedente de

δολοῦντες	τὸν	λόγον	τοῦ	θεοῦ,	ἀλλὰ	τῇ	φανερώσει	τῆς	ἀληθείας
adulterando	la	palabra	de --	Dios,	sino	por la	manifestación	de la	verdad
1389	3588	3056	3588	2316	235	3588	5321	3588	225
VPAP-PNM	*DASM*	*NASM*	*DGSM*	*NGSM*	*CLC*	*DDSF*	*NDSF*	*DGSF*	*NGSF*

συνιστάνοντες	ἑαυτοὺς	πρὸς	πᾶσαν	συνείδησιν	ἀνθρώπων
recomendando	a nosotros mismos	ante	toda	conciencia	de (los) seres humanos
4921	1438	4314	3956	4893	444
VPAP-PNM	*RF1APM*	*P*	*JASF*	*NASF*	*NGPM*

ἐνώπιον	τοῦ	θεοῦ.	3εἰ	δὲ	καὶ	ἔστιν	κεκαλυμμένον	τὸ
delante de	de --	Dios.	si$_2$	Mas$_1$	también$_3$	está$_7$	encubierto,$_8$	el$_4$
1799	3588	2316	1487	1161	2532	2076	2572	3588
P, B	*DGSM*	*NGSM*	*CAC*	*CLN*	*CLA, B*	*VPAI3S*	*VRPP-SNN*	*DNSN*

εὐαγγέλιον	ἡμῶν,	ἐν	τοῖς	ἀπολλυμένοις	ἐστὶν	κεκαλυμμένον,
evangelio$_5$	de nosotros$_6$	entre$_{11}$	los que$_{12}$	se pierden,$_{13}$	está$_9$	encubierto$_{10}$
2098	2257	1722	3588	622	2076	2572
NNSN	*RP1GP*	*P*	*DDPM*	*VPUP-PDM*	*VPAI3S*	*VRPP-SNN*

4ἐν	οἷς	ὁ	θεὸς	τοῦ	αἰῶνος	τούτου	ἐτύφλωσεν	τὰ	νοήματα
en	los que	el	dios	de --	edad$_2$	esta$_1$	cegó	las	mentes
1722	3739	3588	2316	3588	165	5127	5186	3588	3540
P	*RR-DPM*	*DNSM*	*NNSM*	*DGSM*	*NGSM*	*RD-GSM*	*VAAI3S*	*DAPN*	*NAPN*

τῶν	ἀπίστων	εἰς	τὸ	μὴ	αὐγάσαι	τὸν	φωτισμὸν	τοῦ	εὐαγγελίου
de los	incrédulos,	para$_1$	--$_3$	no$_2$	ver$_4$	la	verdad	del	evangelio
3588	571	1519	3588	3361	826	3588	5462	3588	2098
DGPM	*JGPM*	*P*	*DASN*	*BN, TN*	*VAAN*	*DASM*	*NASM*	*DGSN*	*NGSN*

τῆς	δόξης	τοῦ	Χριστοῦ,	ὅς	ἐστιν	εἰκὼν	τοῦ	θεοῦ.	5οὐ	γὰρ
de la	gloria	de --	Cristo,	quien	es	imagen	de --	Dios.	no$_2$	Porque$_1$
3588	1391	3588	5547	3739	2076	1504	3588	2316	3756	1063
DGSF	*NGSF*	*DGSM*	*NGSM*	*RR-NSM*	*VPAI3S*	*NNSF*	*DGSM*	*NGSM*	*CLK, TN, B*	*CLX*

ἑαυτοὺς	κηρύσσομεν	ἀλλὰ	Χριστὸν	Ἰησοῦν	κύριον,	ἑαυτοὺς
a nosotros mismos,$_4$	proclamamos$_3$	sino	a Cristo	Jesús	(el) Señor,	a nosotros mismos$_2$
1438	2784	235	5547	2424	2962	1438
RF1APM	*VPAI1P*	*CLK, CLC*	*NASM*	*NASM*	*NASM*	*RF1APM*

δὲ	δούλους	ὑμῶν	διὰ	Ἰησοῦν.	6ὅτι	ὁ	θεὸς	ὁ	εἰπών·
y$_1$	(como) siervos$_3$	de vosotros	por causa de	Jesús.	Porque	el	Dios	el que	dijo:
1161	1401	5216	1223	2424	3754	3588	2316	3588	2036
CLN	*NAPM*	*RP2GP*	*P*	*NASM*	*CAZ*	*DNSM*	*NNSM*	*DNSM*	*VAAP-SNM*

Ἐκ	σκότους	φῶς	λάμψει,	ὃς	ἔλαμψεν	ἐν	ταῖς	καρδίαις
de$_3$	(la) oscuridad,$_4$	Luz$_1$	brillará$_2$	quien	brilló	en	los	corazones
1537	4655	5457	2989	3739	2989	1722	3588	2588
P	*NGSN*	*NNSN, NASN*	*VFAI3S*	*RR-NSM*	*VAAI3S*	*P*	*DDPF*	*NDPF*

ἡμῶν	πρὸς	φωτισμὸν	τῆς	γνώσεως	τῆς	δόξης	τοῦ	θεοῦ	ἐν
de nosotros	para	iluminación	del	conocimiento	de la	gloria	de --	Dios	en
2257	4314	5462	3588	1108	3588	1391	3588	2316	1722
RP1GP	*P*	*NASM*	*DGSF*	*NGSF*	*DGSF*	*NGSF*	*DGSM*	*NGSM*	*P*

προσώπῳ	⸀Χριστοῦ.
(el) rostro	de Cristo.
4383	5547
NDSN	*NGSM*

7Ἔχομεν	δὲ	τὸν	θησαυρὸν	τοῦτον	ἐν	ὀστρακίνοις	σκεύεσιν,
tenemos$_2$	Mas$_1$	--$_4$	tesoro$_5$	este$_3$	en$_6$	de barro,$_8$	vasos$_7$
2192	1161	3588	2344	5126	1722	3749	4632
VPAI1P	*CLC*	*DASM*	*NASM*	*RD-ASM*	*P*	*JDPN*	*NDPN*

ἵνα	ἡ	ὑπερβολὴ	τῆς	δυνάμεως	ᾖ	τοῦ	θεοῦ	καὶ	μὴ	ἐξ
para que	la	excelencia	del	poder	sea	de --	Dios	y	no	de
2443	3588	5236	3588	1411	5600	3588	2316	2532	3361	1537
CAP	*DNSF*	*NNSF*	*DGSF*	*NGSF*	*VPAS3S*	*DGSM*	*NGSM*	*CLN*	*BN*	*P*

NVI

torcemos la palabra
de Dios. Al contra-
rio, mediante la clara
exposición de la verdad,
nos recomendamos
a toda conciencia
humana en la presencia
de Dios. 3 Pero, si
nuestro evangelio está
encubierto, lo está para
los que se pierden. 4 El
dios de este mundo ha
cegado la mente de estos
incrédulos, para que no
vean la luz del glorioso
evangelio de Cristo,
el cual es la imagen de
Dios. 5 No nos predica-
mos a nosotros mismos,
sino a Jesucristo como
Señor; nosotros no so-
mos más que servidores
de ustedes por causa de
Jesús. 6 Porque Dios,
que ordenó que la luz
resplandeciera en las
tinieblas, hizo brillar su
luz en nuestro corazón
para que conociéramos
la gloria de Dios que
resplandece en el rostro
de Cristo.
7 Pero tenemos este
tesoro en vasijas de barro
para que se vea que tan
sublime poder viene de

4:6⸀ Manuscritos inferiores aumentaron *Jesús.*

RVR

nosotros;
8 que estamos atribu-
lados en todo, mas no
estrechados; en apuros,
mas no desesperados;
9 perseguidos, mas no
desamparados; derriba-
dos, pero no destruidos;
10 llevando en el cuerpo
siempre por todas par-
tes la muerte de Jesús,
para que también la vida
de Jesús se manifieste en
nuestros cuerpos.
11 Porque nosotros
que vivimos, siempre
estamos entregados a
muerte por causa de
Jesús, para que también
la vida de Jesús se mani-
fieste en nuestra carne
mortal.
12 De manera que
la muerte actúa en
nosotros, y en vosotros
la vida.
13 Pero teniendo el
mismo espíritu de fe,
conforme a lo que está
escrito: Creí, por lo cual
hablé, nosotros también
creemos, por lo cual
también hablamos,
14 sabiendo que el que
resucitó al Señor Jesús,
a nosotros también nos
resucitará con Jesús, y
nos presentará junta-
mente con vosotros.
15 Porque todo lo
padecemos por amor
a vosotros, para que la
gracia que se va exten-
diendo a través de más y
más personas, haga que
sobreabunde la acción
de gracias para gloria
de Dios.

ἡμῶν·	8 ἐν	παντὶ	θλιβόμενοι	ἀλλʼ	οὐ	στενοχωρούμενοι,
de nosotros;	en$_2$	todo,$_3$	(estamos) siendo atribulados$_1$	pero	no	angustiados;
2257	1722	3956	2346	235	3756	4729
RP1GP	*P*	*JDSN, JDSM*	*VPPP-PNM*	*CLC*	*BN, TN*	*VPPP-PNM*

ἀπορούμενοι	ἀλλʼ	οὐκ	ἐξαπορούμενοι,	9 διωκόμενοι	ἀλλʼ	οὐκ
estando confundidos,	pero	no	estando desesperados;	siendo perseguidos,	pero	no
639	235	3756	1820	1377	235	3756
VPMP-PNM	*CLC*	*BN, TN*	*VPUP-PNM*	*VPPP-PNM*	*CLC*	*BN, TN*

ἐγκαταλειπόμενοι,	καταβαλλόμενοι	ἀλλʼ	οὐκ	ἀπολλύμενοι,	10 πάντοτε
siendo desamparados;	siendo derribados,	pero	no	siendo destruidos;	siempre$_2$
1459	2598	235	3756	622	3842
VPPP-PNM	*VPPP-PNM*	*CLC*	*BN, TN*	*VPUP-PNM*	*B*

τὴν	νέκρωσιν	τοῦ	Ἰησοῦ	ἐν	τῷ	σώματι	περιφέροντες,	ἵνα	καὶ
la$_3$	muerte$_4$	de --$_5$	Jesús$_6$	en$_7$	el$_8$	cuerpo,$_9$	llevando$_1$	para que$_{10}$	también$_{11}$
3588	3500	3588	2424	1722	3588	4983	4064	2443	2532
DASF	*NASF*	*DGSM*	*NGSM*	*P*	*DDSN*	*NDSN*	*VPAP-PNM*	*CAP*	*BE, TE*

ἡ	ζωὴ	τοῦ	Ἰησοῦ	ἐν	τῷ	σώματι	ἡμῶν	φανερωθῇ.	11 ἀεὶ	γὰρ
la$_{12}$	vida$_{13}$	de --$_{14}$	Jesús$_{15}$	en$_{17}$	el$_{18}$	cuerpo$_{19}$	de nosotros.$_{20}$	sea manifestada$_{16}$	siempre$_5$	Porque$_1$
3588	2222	3588	2424	1722	3588	4983	2257	5319	104	1063
DNSF	*NNSF*	*DGSM*	*NGSM*	*P*	*DDSN*	*NDSN*	*RP1GP*	*VAPS3S*	*B*	*CLX*

ἡμεῖς	οἱ	ζῶντες	εἰς	θάνατον	παραδιδόμεθα	διὰ	Ἰησοῦν,	ἵνα
nosotros,$_2$	los que$_3$	vivimos,$_4$	para$_7$	muerte,$_8$	somos entregados$_6$	por causa de	Jesús,	para que
2249	3588	2198	1519	2288	3860	1223	2424	2443
RP1NP	*DNPM*	*VPAP-PNM*	*P*	*NASM*	*VPPI1P*	*P*	*NASM*	*CAP*

καὶ	ἡ	ζωὴ	τοῦ	Ἰησοῦ	φανερωθῇ	ἐν	τῇ	θνητῇ	σαρκὶ	ἡμῶν.
también	la	vida	de --	Jesús	sea manifestada	en	la$_1$	mortal$_3$	carne$_2$	de nosotros.$_4$
2532	3588	2222	3588	2424	5319	1722	3588	2349	4561	2257
BE, TE	*DNSF*	*NNSF*	*DGSM*	*NGSM*	*VAPS3S*	*P*	*DDSF*	*JDSF*	*NDSF*	*RP1GP*

12 ὥστε	ὁ	θάνατος	ἐν	ἡμῖν	ἐνεργεῖται,	ἡ	δὲ	ζωὴ	ἐν	ὑμῖν.
De modo que,	la	muerte	en$_2$	nosotros,$_3$	actúa$_1$	la$_5$	mas$_4$	vida$_6$	en$_7$	vosotros.$_8$
5620	3588	2288	1722	2254	1754	3588	1161	2222	1722	5213
CLI	*DNSM*	*NNSM*	*P*	*RP1DP*	*VPMI3S*	*DNSF*	*CLC*	*NNSF*	*P*	*RP2DP*

13 Ἔχοντες	δὲ	τὸ	αὐτὸ	πνεῦμα	τῆς	πίστεως,	κατὰ	τὸ
teniendo$_2$	Mas$_1$	el	mismo	espíritu	de --	fe,	conforme a	lo que
2192	1161	3588	846	4151	3588	4102	2596	3588
VPAP-PNM	*CLN, CLT*	*DASN*	*RP3ASNA, JASN*	*NASN*	*DGSF*	*NGSF*	*P*	*DASN*

γεγραμμένον·	Ἐπίστευσα,	διὸ	ἐλάλησα,	καὶ	ἡμεῖς	πιστεύομεν,
ha sido escrito:	Creí,	por lo cual	hablé,	también	nosotros	creemos,
1125	4100	1352	2980	2532	2249	4100
VRPP-SAN	*VAAI1S*	*CLI*	*VAAI1S*	*BE, TE*	*RP1NP*	*VPAI1P*

διὸ	καὶ	λαλοῦμεν,	14 εἰδότες	ὅτι	ὁ	ἐγείρας	τὸν	Ἰησοῦν	καὶ
por lo cual	también	hablamos,	sabiendo	que	el que	resucitó	a --	Jesús,	también$_1$
1352	2532	2980	1492	3754	3588	1453	3588	2424	2532
CLI	*BE, TE*	*VPAI1P*	*VRAP-PNM*	*CSC*	*DNSM*	*VAAP-SNM*	*DASM*	*NASM*	*CLN, B*

ἡμᾶς	σὺν	Ἰησοῦ	ἐγερεῖ	καὶ	παραστήσει	σὺν	ὑμῖν.	15 τὰ	γὰρ
a nosotros$_3$	con$_4$	Jesús,$_5$	resucitará$_2$	y	nos presentará	con	vosotros.	las cosas$_3$	Porque$_1$
2248	4862	2424	1453	2532	3936	4862	5213	3588	1063
RP1AP	*P*	*NDSM*	*VFAI3S*	*CLN*	*VFAI3S*	*P*	*RP2DP*	*DNPN*	*CLX*

πάντα	διʼ	ὑμᾶς,	ἵνα	ἡ	χάρις	πλεονάσασα	διὰ	τῶν
todas (son)$_2$	por causa de	vosotros,	para que	la$_2$	gracia$_3$	habiendo abundado$_1$	por medio de	--
3956	1223	5209	2443	3588	5485	4121	1223	3588
JNPN	*P*	*RP2AP*	*CAP*	*DNSF*	*NNSF*	*VAAP-SNF*	*P*	*DGPM, DGPN*

πλειόνων	τὴν	εὐχαριστίαν	περισσεύσῃ	εἰς	τὴν	δόξαν	τοῦ	θεοῦ.
muchos,	la	acción de gracias	sobreabunde	para	la	gloria	de --	Dios.
4119	3588	2169	4052	1519	3588	1391	3588	2316
JGPMC, JGPNC	*DASF*	*NASF*	*VAAS3S*	*P*	*DASF*	*NASF*	*DGSM*	*NGSM*

NVI

Dios y no de nosotros.
8 Nos vemos atribula-
dos en todo, pero no
abatidos; perplejos,
pero no desesperados;
9 perseguidos, pero no
abandonados; derriba-
dos, pero no destruidos.
10 Dondequiera que
vamos, siempre lleva-
mos en nuestro cuerpo
la muerte de Jesús, para
que también su vida se
manifieste en nuestro
cuerpo. 11 Pues a noso-
tros, los que vivimos,
siempre se nos entrega
a la muerte por causa de
Jesús, para que también
su vida se manifieste en
nuestro cuerpo mortal.
12 Así que la muerte
actúa en nosotros, y en
ustedes la vida.
13 Escrito está: «Creí,
y por eso hablé». Con
ese mismo espíritu de
fe también nosotros
creemos, y por eso ha-
blamos. 14 Pues sabemos
que aquel que resucitó al
Señor Jesús nos resuci-
tará también a nosotros
con él y nos llevará junto
con ustedes a su presen-
cia. 15 Todo esto es por
el bien de ustedes, para
que la gracia que está
alcanzando a más y más
personas haga abundar
la acción de gracias para
la gloria de Dios.

RVR

16 Por lo cual, no
desmayamos; sino que,
aunque este nuestro
hombre exterior va
decayendo, el interior,
no obstante, se renueva
de día en día.
17 Porque esta leve tribu-
lación momentánea nos
produce, en una medida
que sobrepasa toda
medida, un eterno peso
de gloria;
18 no poniendo noso-
tros la mira en las cosas
que se ven, sino en las
que no se ven; pues las
cosas que se ven son
temporales, pero las que
no se ven son eternas.
5 Porque sabemos
que si nuestra
morada terrestre, este
tabernáculo, se deshace,
tenemos de Dios un edi-
ficio, una casa no hecha
con manos, eterna, en
los cielos.
2 Porque también ge-
mimos en esta morada,
deseando ser revestidos
de aquella nuestra habi-
tación celestial;
3 si es que somos
hallados vestidos, y no
desnudos.
4 Porque asimismo los
que estamos en este ta-
bernáculo gemimos con
pesadumbre, por cuanto
no queremos ser desnu-
dados, sino revestidos,

16 Διὸ	οὐκ	ἐγκακοῦμεν,	ἀλλ’	εἰ	καὶ	ὁ	ἔξω
Por lo cual,	no	desmayamos,	sino (que),	siendo que	también	el$_{1}$	exterior$_{3}$
1352	3756	1573	235	1487	2532	3588	1854
CLI	*CLK, TN, B*	*VPAI1P*	*CLK, CLC*	*CAC*	*CAN, B*	*DNSM*	*B*

ἡμῶν	ἄνθρωπος	διαφθείρεται,	ἀλλ’	ὁ	ἔσω	ἡμῶν	ἀνακαινοῦται
de nosotros$_{4}$	hombre$_{2}$	se desgasta,$_{5}$	pero	el	interior	de nosotros	se renueva
2257	444	1311	235	3588	2080	2257	341
RP1GP	*NNSM*	*VPPI3S*	*CLC*	*DNSM*	*B*	*RP1GP*	*VPPI3S*

ἡμέρᾳ	καὶ	ἡμέρᾳ.	17 τὸ	γὰρ	παραυτίκα	ἐλαφρὸν	τῆς	θλίψεως
día	y	día.	lo$_{2}$	Porque$_{1}$	momentánea,$_{7}$	ligero$_{3}$	de la$_{4}$	aflicción$_{5}$
2250	2532	2250	3588	1063	3910	1645	3588	2347
NDSF	*CLN*	*NDSF*	*DNSN*	*CLX*	*B*	*JNSN*	*DGSF*	*NGSF*

ἡμῶν	καθ’	ὑπερβολὴν	εἰς	ὑπερβολὴν*	αἰώνιον	βάρος	δόξης
de nosotros,$_{6}$	con$_{10}$	exceso$_{11}$	hasta$_{12}$	(el) exceso,$_{13}$	un eterno$_{14}$	peso$_{15}$	de gloria;$_{16}$
2257	2596	5236	1519	5236	166	922	1391
RP1GP	*P*	*NASF*	*P*	*NASF*	*JASN*	*NASN*	*NGSF*

κατεργάζεται	ἡμῖν,	18 μὴ	σκοπούντων	ἡμῶν	τὰ	βλεπόμενα
produce$_{8}$	en nosotros,$_{9}$	no$_{2}$	poniendo atención$_{3}$	nosotros$_{1}$	las cosas que	se ven,
2716	2254	3361	4648	2257	3588	991
VPUI3S	*RP1DP*	*BN,TN*	*VPAP-PGM*	*RP1GP*	*DAPN*	*VPPP-PAN*

ἀλλὰ	τὰ	μὴ	βλεπόμενα,	τὰ	γὰρ	βλεπόμενα
sino	(en) las cosas que	no	se ven,	las cosas que$_{2}$	porque$_{1}$	se ven,$_{3}$
235	3588	3361	991	3588	1063	991
CLC	*DAPN*	*BN, TN*	*VPPP-PAN*	*DNPN*	*CAZ*	*VPPP-PNN*

πρόσκαιρα,	τὰ	δὲ	μὴ	βλεπόμενα	αἰώνια.
(son) temporales,	las cosas que$_{2}$	mas$_{1}$	no	se ven	(son) eternas.
4340	3588	1161	3361	991	166
JNPN	*DNPN*	*CLC*	*BN, TN*	*VPPP-PNN*	*JNPN*

5 Οἴδαμεν	γὰρ	ὅτι	ἐὰν	ἡ	ἐπίγειος	ἡμῶν	οἰκία	τοῦ
sabemos$_{2}$	Porque$_{1}$	que$_{3}$	si$_{4}$	la$_{5}$	terrenal$_{7}$	de nosotros,$_{8}$	casa$_{6}$	de la
1492	1063	3754	1437	3588	1919	2257	3614	3588
VRAI1P	*CLX*	*CSC*	*CAC*	*DNSF*	*JNSF*	*RP1GP*	*NNSF*	*DGSN*

σκήνους	καταλυθῇ,	οἰκοδομὴν	ἐκ	θεοῦ	ἔχομεν	οἰκίαν
tienda de campaña	fuera destruida,	un edificio$_{2}$	de$_{3}$	Dios,$_{4}$	tenemos$_{1}$	una casa
4636	2647	3619	1537	2316	2192	3614
NGSN	*VAPS3S*	*NASF*	*P*	*NGSM*	*VPAI1P*	*NASF*

ἀχειροποίητον	αἰώνιον	ἐν	τοῖς	οὐρανοῖς.	2 καὶ	γὰρ	ἐν
no hecha por mano,	eterna	en	los	cielos.	también$_{2}$	Porque$_{1}$	en
886	166	1722	3588	3772	2532	1063	1722
JASF	*JASF*	*P*	*DDPM*	*NDPM*	*BE, TE*	*CLX*	*P*

τούτῳ	στενάζομεν,	τὸ	οἰκητήριον	ἡμῶν	τὸ	ἐξ	οὐρανοῦ
esta (tienda de campaña)	gemimos,	(de) la$_{3}$	morada$_{4}$	de nosotros,$_{5}$	la$_{6}$	de(l)$_{7}$	cielo,$_{8}$
5129	4727	3588	3613	2257	3588	1537	3772
RD-DSN	*VPAI1P*	*DASN*	*NASN*	*RP1GP*	*DASN*	*P*	*NGSM*

ἐπενδύσασθαι	ἐπιποθοῦντες,	3 εἴ	γε	καὶ	ἐνδυσάμενοι	οὐ
ser revestidos$_{2}$	anhelando$_{1}$	si	realmente	también	habiéndonos puesto,	no$_{1}$
1902	1971	1487	1065	2532	1746	3756
VAMN	*VPAP-PNM*	*CAC*	*TE*	*BE, TE*	*VAMP-PNM*	*BN, TN*

γυμνοὶ	εὑρεθησόμεθα.	4 καὶ	γὰρ	οἱ	ὄντες	ἐν	τῷ	σκήνει
desnudos,$_{3}$	seremos hallados$_{2}$	también$_{2}$	Porque$_{1}$	los que	estamos	en	la	tienda de campaña,
1131	2147	2532	1063	3588	5607	1722	3588	4636
JNPM	*VFPI1P*	*BE, TE*	*CLX*	*DNPM*	*VPAP-PNM*	*P*	*DDSN*	*NDSN*

στενάζομεν	βαρούμενοι	ἐφ’	ᾧ	οὐ	θέλομεν	ἐκδύσασθαι	ἀλλ’
gemimos	siendo agobiados	por	lo que	no	queremos	ser desvestidos,	sino
4727	916	1909	3739	3756	2309	1562	235
VPAI1P	*VPPP-PNM*	*P*	*RR-DSN*	*CLK, TN, B*	*VPAI1P*	*VAMN*	*CLK, CLC*

NVI

16 Por tanto, no nos
desanimamos. Al con-
trario, aunque por fuera
nos vamos desgastando,
por dentro nos vamos
renovando día tras día.
17 Pues los sufrimientos
ligeros y efímeros que
ahora padecemos pro-
ducen una gloria eterna
que vale muchísimo más
que todo sufrimiento.
18 Así que no nos fijamos
en lo visible, sino en lo
invisible, ya que lo que se
ve es pasajero, mientras
que lo que no se ve es
eterno.

Nuestra morada celestial

5 De hecho, sabemos
que, si esta tienda
de campaña en que vivi-
mos se deshace, tenemos
de Dios un edificio, una
casa eterna en el cielo, no
construida por manos
humanas. 2 Mientras
tanto suspiramos,
anhelando ser revestidos
de nuestra morada ce-
lestial, 3 porque cuando
seamos revestidos, no
se nos hallará desnudos.
4 Realmente, vivimos en
esta tienda de campaña,
suspirando y agobia-
dos, pues no deseamos
ser desvestidos, sino

4:17* O sea *con valor insuperable.*

RVR

para que lo mortal sea
absorbido por la vida.
5 Mas el que nos dispuso
para esto mismo es Dios,
quien nos ha dado las
arras del Espíritu.
6 Así que vivimos siem-
pre animados, y sabien-
do que entretanto que
habitamos en el cuerpo,
estamos ausentes del
Señor
7 (porque por fe anda-
mos, no por vista);
8 pero cobramos ánimo,
y preferimos estar
ausentes del cuerpo, y
habitar en la presencia
del Señor.
9 Por lo cual también
anhelamos, o ausentes
o presentes, serle agra-
dables.
10 Porque todos noso-
tros debemos compa-
recer ante el tribunal de
Cristo, para que cada
uno recoja según lo que
haya hecho mientras
estaba en el cuerpo, sea
bueno o sea malo.

El ministerio de la reconciliación

11 Conociendo, pues, el
temor del Señor, persua-
dimos a los hombres;
pero a Dios le es mani-
fiesto lo que somos; y es-
pero que también lo sea
a vuestras conciencias.

ἐπενδύσασθαι,	ἵνα	καταποθῇ	τὸ	θνητὸν	ὑπὸ	τῆς	ζωῆς.
ser revestidos,	para que	sea consumido completamente	lo	mortal	por	la	vida.
1902	2443	2666	3588	2349	5259	3588	2222
VAMN	*CAP*	*VAPS3S*	*DNSN*	*JNSN*	*P*	*DGSF*	*NGSF*

5 ὁ	δὲ	κατεργασάμενος	ἡμᾶς	εἰς	αὐτὸ	τοῦτο	θεός,	ὁ
el que$_2$	Mas$_1$	habiendo hecho	a nosotros	a	mismo$_2$	esto$_1$	(es) Dios,	el que
3588	1161	2716	2248	1519	846	5124	2316	3588
DNSM	*CLN*	*VAMP-SNM*	*RP1AP*	*P*	*RP3ASN, JASN*	*RD-ASN*	*NNSM*	*DNSM*

δοὺς	ἡμῖν	τὸν	ἀρραβῶνα	τοῦ	πνεύματος.
habiendo dado	a nosotros	la	garantía	del	Espíritu.
1325	2254	3588	728	3588	4151
VAAP-SNM	*RP1DP*	*DASM*	*NASM*	*DGSN*	*NGSN*

6 Θαρροῦντες	οὖν	πάντοτε	καὶ	εἰδότες	ὅτι	ἐνδημοῦντες
estando de buen ánimo$_2$	Así que,$_1$	siempre,	y	sabiendo	que	residiendo
2292	3767	3842	2532	1492	3754	1736
VPAP-PNM	*CLI*	*B*	*CLN*	*VRAP-PNM*	*CSC*	*VPAP-PNM*

ἐν	τῷ	σώματι	ἐκδημοῦμεν	ἀπὸ	τοῦ	κυρίου,	7 διὰ	πίστεως
en	el	cuerpo,	estamos ausentes	de	el	Señor;	por medio de$_3$	(la) fe,$_4$
1722	3588	4983	1553	575	3588	2962	1223	4102
P	*DDSN*	*NDSN*	*VPAI1P*	*P*	*DGSM*	*NGSM*	*P*	*NGSF*

γὰρ	περιπατοῦμεν,	οὐ	διὰ	εἴδους—	8 θαρροῦμεν	δὲ	καὶ
porque$_1$	andamos$_2$	no	por medio de	vista;	tenemos buen ánimo$_2$	mas$_1$	y
1063	4043	3756	1223	1491	2292	1161	2532
CLX	*VPAI1P*	*BN, TN*	*P*	*NGSN*	*VPAI1P*	*CLN*	*CLN*

εὐδοκοῦμεν	μᾶλλον	ἐκδημῆσαι	ἐκ	τοῦ	σώματος	καὶ	ἐνδημῆσαι
preferimos	más	estar ausentes	de	el	cuerpo	y	residir
2106	3123	1553	1537	3588	4983	2532	1736
VPAI1P	*B*	*VAAN*	*P*	*DGSN*	*NGSN*	*CLN*	*VAAN*

πρὸς	τὸν	κύριον·	9 διὸ	καὶ	φιλοτιμούμεθα,	εἴτε	ἐνδημοῦντες
junto a	el	Señor.	Por lo cual,	también	procuremos,	ya sea	residiendo,
4314	3588	2962	1352	2532	5389	1535	1736
P	*DASM*	*NASM*	*CLI*	*BE, TE*	*VPUI1P*	*CLK, CAC*	*VPAP-PNM*

εἴτε	ἐκδημοῦντες,	εὐάρεστοι	αὐτῷ	εἶναι.	10 τοὺς	γὰρ	πάντας	ἡμᾶς
ya sea	estando ausentes,	agradables$_2$	a él.$_3$	ser$_1$	--$_3$	Porque$_1$	a todos$_5$	nosotros$_6$
1535	1553	2101	846	1511	3588	1063	3956	2248
CLK, CAC	*VPAP-PNM*	*JNPM*	*RP3DSM*	*VPAN*	*DAPM*	*CAZ*	*JAPM*	*RP1AP*

φανερωθῆναι	δεῖ	ἔμπροσθεν	τοῦ	βήματος	τοῦ	Χριστοῦ,	ἵνα
manifestar$_4$	es necesario$_2$	delante de	el	tribunal	de --	Cristo,	para que
5319	1163	1715	3588	968	3588	5547	2443
VAPN	*VPAI3S*	*P*	*DGSN*	*NGSN*	*DGSM*	*NGSM*	*CAP*

κομίσηται	ἕκαστος	τὰ	διὰ	τοῦ	σώματος	πρὸς	ἃ
reciba$_2$	cada uno$_1$	las cosas	por medio de	el	cuerpo,	de acuerdo con	las cosas que
2865	1538	3588	1223	3588	4983	4314	3739
VAMS3S	*JNSM*	*DAPN*	*P*	*DGSN*	*NGSN*	*P*	*RR-APN*

ἔπραξεν,	εἴτε	ἀγαθὸν	εἴτε	φαῦλον.
hizo,	ya sea	bueno,	ya sea	malo.
4238	1535	18	1535	5337
VAAI3S	*CLK, CAC*	*JASN*	*CLK, CAC*	*JASN*

11 Εἰδότες	οὖν	τὸν	φόβον	τοῦ	κυρίου	ἀνθρώπους	πείθομεν,
conociendo$_2$	Así que,$_1$	el	temor	del	Señor,	a (los) seres humanos,$_2$	persuadimos$_1$
1492	3767	3588	5401	3588	2962	444	3982
VRAP-PNM	*CLI*	*DASM*	*NASM*	*DGSM*	*NGSM*	*NAPM*	*VPAI1P*

θεῷ	δὲ	πεφανερώμεθα·	ἐλπίζω	δὲ	καὶ	ἐν	ταῖς	συνειδήσεσιν
a Dios,$_5$	mas$_3$	hemos sido hechos manifiestos$_4$	espero$_7$	mas$_6$	también$_9$	en$_{10}$	las$_{11}$	conciencias$_{12}$
2316	1161	5319	1679	1161	2532	1722	3588	4893
NDSM	*CLC*	*VRPI1P*	*VPAI1S*	*CLN*	*BE, TE*	*P*	*DDPF*	*NDPF*

NVI

revestidos, para que lo
mortal sea absorbido
por la vida. 5 Es Dios
quien nos ha hecho para
este fin y nos ha dado su
Espíritu como garantía
de sus promesas.
6 Por eso mantenemos
siempre la confianza,
aunque sabemos que
mientras vivamos en este
cuerpo estaremos aleja-
dos del Señor. 7 Vivimos
por fe, no por vista. 8 Así
que nos mantenemos
confiados, y preferiría-
mos ausentarnos de este
cuerpo y vivir junto al
Señor. 9 Por eso nos em-
peñamos en agradarle,
ya sea que vivamos en
nuestro cuerpo o que
lo hayamos dejado.
10 Porque es necesario
que todos comparezca-
mos ante el tribunal de
Cristo, para que cada
uno reciba lo que le
corresponda, según lo
bueno o malo que haya
hecho mientras vivió en
el cuerpo.

El ministerio de la reconciliación

11 Por tanto, como
sabemos lo que es temer
al Señor, tratamos
de persuadir a todos,
aunque para Dios es
evidente lo que somos,
y espero que también lo
sea para la conciencia de

RVR

12 No nos recomenda-
mos, pues, otra vez a
vosotros, sino os damos
pretexto para gloriaros
de nosotros, para que
tengáis con qué respon-
der a los que se glorían
en las apariencias y no
en el corazón.
13 Porque si estamos
locos, es para Dios; y si
somos cuerdos, es para
vosotros.
14 Porque el amor de
Cristo nos apremia,
habiendo llegado a esta
conclusión: que si uno
murió por todos, luego
todos murieron;
15 y por todos murió,
para que los que viven,
ya no vivan para sí, sino
para aquel que murió y
resucitó por ellos.
16 De manera que noso-
tros de aquí en adelante
a nadie conocemos
según la carne; y aun
si a Cristo conocimos
según la carne, ya no lo
conocemos así.
17 De modo que si
alguno está en Cristo,
nueva criatura es; las
cosas viejas pasaron; he
aquí, todas son hechas
nuevas.
18 Y todo proviene de
Dios, quien nos recon-
cilió consigo mismo por
medio de Cristo, y nos

ὑμῶν	πεφανερῶσθαι.	12 οὐ	πάλιν	ἑαυτοὺς	συνιστάνομεν
de vosotros.$_{13}$	manifestar$_8$	No$_1$	de nuevo$_3$	a nosotros mismos$_4$	recomendamos$_2$
5216	5319	3756	3825	1438	4921
RP2GP	*VRPN*	*CLK,TN,B*	*B*	*RF1APM*	*VPAI1P*

ὑμῖν,	ἀλλὰ	ἀφορμὴν	διδόντες	ὑμῖν	καυχήματος	ὑπὲρ	ἡμῶν,
a vosotros,$_5$	sino$_6$	ocasión$_8$	dando$_7$	a vosotros	de jactancia	en favor de	de nosotros,
5213	235	874	1325	5213	2745	5228	2257
RP2DP	*CLK, CLC*	*NASF*	*VPAP-PNM*	*RP2DP*	*NGSN*	*P*	*RP1GP*

ἵνα	ἔχητε	πρὸς	τοὺς	ἐν	προσώπῳ	καυχωμένους	καὶ
para que	tengáis (una respuesta)	para	los que	en	apariencia	se jactan	y
2443	2192	4314	3588	1722	4383	2744	2532
CAP	*VPAS2P*	*P*	*DAPM*	*P*	*NDSN*	*VPUP-PAM*	*CLN*

μὴ	ἐν	καρδίᾳ.	13 εἴτε	γὰρ	ἐξέστημεν,	θεῷ·	εἴτε
no	en	(el) corazón.	ya sea (que)$_2$	Porque$_1$	estemos fuera de nosotros,	(es) para Dios;	ya sea (que)
3361	1722	2588	1535	1063	1839	2316	1535
BN, TN	*P*	*NDSF*	*CLK, CAC*	*CLX*	*VAAI1P*	*NDSM*	*CLK, CAC*

σωφρονοῦμεν,	ὑμῖν.	14 ἡ	γὰρ	ἀγάπη	τοῦ	Χριστοῦ	συνέχει
estemos en sano juicio,	(es) para vosotros.	el$_2$	Porque$_1$	amor	de --	Cristo	apremia
4993	5213	3588	1063	26	3588	5547	4912
VPAI1P	*RP2DP*	*DNSF*	*CAZ*	*NNSF*	*DGSM*	*NGSM*	*VPAI3S*

ἡμᾶς,	κρίναντας	τοῦτο	ὅτι	εἷς	ὑπὲρ	πάντων	ἀπέθανεν·	ἄρα	οἱ
nosotros,	juzgando	esto:	que	uno$_1$	en favor de$_3$	todos,$_4$	murió$_2$	entonces,	--
2248	2919	5124	3754	1520	5228	3956	599	686	3588
RP1AP	*VAAP-PAM*	*RD-ASN*	*CSC*	*JNSM*	*P*	*JGPM*	*VAAI3S*	*CLI*	*DNPM*

πάντες	ἀπέθανον·	15 καὶ	ὑπὲρ	πάντων	ἀπέθανεν	ἵνα	οἱ	ζῶντες
todos	murieron;	y	en favor de	todos	murió,	para que	los que	viven,
3956	599	2532	5228	3956	599	2443	3588	2198
JNPM	*VAAI3P*	*CLN*	*P*	*JGPM*	*VAAI3S*	*CAP*	*DNPM*	*VPAP-PNM*

μηκέτι	ἑαυτοῖς	ζῶσιν	ἀλλὰ	τῷ	ὑπὲρ	αὐτῶν	ἀποθανόντι
ya no$_1$	para sí mismos,$_3$	vivan$_2$	sino$_4$	para el que$_5$	en favor de$_9$	ellos.$_{10}$	habiendo muerto (murió)$_6$
3371	1438	2198	235	3588	5228	846	599
BN	*RF3DPM*	*VPAS3P*	*CLC*	*DDSM*	*P*	*RP3GPM*	*VAAP-SDM*

καὶ	ἐγερθέντι.
y$_7$	habiendo sido resucitado (resucitó)$_8$
2532	1453
CLN	*VAPP-SDM*

16 Ὥστε	ἡμεῖς	ἀπὸ	τοῦ	νῦν	οὐδένα	οἴδαμεν	κατὰ	σάρκα·	εἰ
De modo que,	nosotros$_4$	desde$_1$	--$_2$	ahora$_3$	a nadie	conocemos	según	(la) carne;	si$_2$
5620	2249	575	3588	3568	3762	1492	2596	4561	1487
CLI	*RP1NP*	*P*	*DGSM*	*B*	*JASM*	*VRAI1P*	*P*	*NASF*	*CAC*

καὶ	ἐγνώκαμεν	κατὰ	σάρκα	Χριστόν,	ἀλλὰ	νῦν	οὐκέτι	γινώσκομεν.
y$_1$	hemos conocido$_3$	según	(la) carne	a Cristo,	pero	ahora	ya no	(e) conocemos(así).
2532	1097	2596	4561	5547	235	3568	3765	1097
CAN, B	*VRAI1P*	*P*	*NASF*	*NASM*	*CLC*	*B*	*BN*	*VPAI1P*

17 ὥστε	εἴ	τις	ἐν	Χριστῷ,	καινὴ	κτίσις·	τὰ	ἀρχαῖα
De modo que,	si	alguien	(está) en	Cristo,	(es) nueva	creación;	las cosas	antiguas
5620	1487	5100	1722	5547	2537	2937	3588	744
CLI	*CAC*	*RX-NSM*	*P*	*NDSM*	*JNSF*	*NNSF*	*DNPN*	*JNPN*

παρῆλθεν,	ἰδοὺ	γέγονεν	⸀καινά·	18 τὰ	δὲ	πάντα	ἐκ
pasaron,	he aquí	ha(n) llegado a ser	nuevas.	las cosas$_3$	Y$_1$	todas$_2$	proceden de$_4$
3928	2400	1096	2537	3588	1161	3956	1537
VAAI3S	*I, VAAM2S*	*VRAI3S*	*JNPN*	*DNPN*	*CLN*	*JNPN*	*P*

τοῦ	θεοῦ	τοῦ	καταλλάξαντος	ἡμᾶς	ἑαυτῷ	διὰ	Χριστοῦ
--	Dios,	--	habiendo reconciliado	a nosotros	consigo mismo	por medio de	Cristo,
3588	2316	3588	2644	2248	1438	1223	5547
DGSM	*NGSM*	*DGSM*	*VAAP-SGM*	*RP1AP*	*RF3DSM*	*P*	*NGSM*

NVI

ustedes. 12 No buscamos
el recomendarnos
otra vez a ustedes, sino
que les damos una
oportunidad de sentirse
orgullosos de nosotros,
para que tengan con qué
responder a los que se
dejan llevar por las apa-
riencias y no por lo que
hay dentro del corazón.
13 Si estamos locos, es
por Dios; y, si estamos
cuerdos, es por ustedes.
14 El amor de Cristo nos
obliga, porque estamos
convencidos de que
uno murió por todos, y
por consiguiente todos
murieron. 15 Y él murió
por todos, para que los
que viven ya no vivan
para sí, sino para el que
murió por ellos y fue
resucitado.
16 Así que de ahora en
adelante no conside-
ramos a nadie según
criterios meramente
humanos. Aunque antes
conocimos a Cristo de
esta manera, ya no lo
conocemos así. 17 Por
lo tanto, si alguno está
en Cristo, es una nueva
creación. ¡Lo viejo ha
pasado, ha llegado ya lo
nuevo! 18 Todo esto pro-
viene de Dios, quien por
medio de Cristo nos re-
concilió consigo mismo

5:17⸀ Manuscritos inferiores aumentaron *todas*.

RVR

dio el ministerio de la
reconciliación;
19 a saber, que Dios
estaba en Cristo re-
conciliando consigo al
mundo, no tomándoles
en cuenta a los hombres
sus transgresiones, y nos
encargó a nosotros la
palabra de la reconci-
liación.
20 Así que, somos
embajadores en nombre
de Cristo, como si Dios
exhortase por medio de
nosotros; os rogamos
en nombre de Cristo:
Reconciliaos con Dios.
21 Al que no conoció
pecado, por nosotros
lo hizo pecado, para
que nosotros fuésemos
hechos justicia de Dios
en él.

6 Así, pues, nosotros,
como colaborado-
res suyos, os exhorta-
mos también a que no
recibáis en vano la gracia
de Dios.
2 Porque dice:
En tiempo favorable
te he escuchado,
Y en día de salvación
te he socorrido.
He aquí ahora el
tiempo favorable;
he aquí ahora el día
de salvación.
3 No damos a nadie
ninguna ocasión de
tropiezo, para que
nuestro ministerio no
sea desacreditado;
4 antes bien, nos reco-
mendamos en todo a
nosotros mismos como
ministros de Dios, en

καὶ	δόντος	ἡμῖν	τὴν	διακονίαν	τῆς	καταλλαγῆς,	19 ὡς	ὅτι	θεὸς
y	habiendo dado	a nosotros	el	ministerio	de la	reconciliación,	como	que:	Dios
2532	1325	2254	3588	1248	3588	2643	5613	3754	2316
CLN	*VAAP-SGM*	*RP1DP*	*DASF*	*NASF*	*DGSF*	*NGSF*	*CAM*	*CSC*	*NNSM*

ἦν	ἐν	Χριστῷ	κόσμον	καταλλάσσων	ἑαυτῷ,	μὴ	λογιζόμενος
estaba	en	Cristo	(al) mundo$_{2}$	reconciliando$_{1}$	consigo mismo,	no	teniendo en cuenta
2258	1722	5547	2889	2644	1438	3361	3049
VIAI3S	*P*	*NDSM*	*NASM*	*VPAP-SNM*	*RF3DSM*	*BN, TN*	*VPUP-SNM*

αὐτοῖς	τὰ	παραπτώματα	αὐτῶν,	καὶ	θέμενος	ἐν	ἡμῖν	τὸν	λόγον
a ellos	las	transgresiones	de ellos,	y	poniendo	en	nosotros	la	palabra
846	3588	3900	846	2532	5087	1722	2254	3588	3056
RP3DPM	*DAPN*	*NAPN*	*RP3GPM*	*CLN*	*VAMP-SNM*	*P*	*RP1DP*	*DASM*	*NASM*

τῆς	καταλλαγῆς.	20 ὑπὲρ	Χριστοῦ	οὖν	πρεσβεύομεν	ὡς	τοῦ
de la	reconciliación.	en favor de$_{3}$	Cristo,$_{4}$	Así que,$_{1}$	somos embajadores$_{2}$	como (si)	--
3588	2643	5228	5547	3767	4243	5613	3588
DGSF	*NGSF*	*P*	*NGSM*	*CLI*	*VPAI1P*	*CAM*	*DGSM*

θεοῦ	παρακαλοῦντος	δι'	ἡμῶν·	δεόμεθα	ὑπὲρ	Χριστοῦ,
Dios	exhortando	por medio de	de nosotros;	rogamos	en favor de	Cristo,
2316	3870	1223	2257	1189	5228	5547
NGSM	*VPAP-SGM*	*P*	*RP1GP*	*VPUI1P*	*P*	*NGSM*

καταλλάγητε	τῷ	θεῷ.	21 τὸν	μὴ	γνόντα	ἁμαρτίαν	ὑπὲρ
sed reconciliados	con --	Dios.	Al que	no	habiendo conocido	pecado,	en favor de$_{3}$
2644	3588	2316	3588	3361	1097	266	5228
VAPM2P	*DDSM*	*NDSM*	*DASM*	*BN, TN*	*VAAP-SAM*	*NASF*	*P*

ἡμῶν	ἁμαρτίαν	ἐποίησεν,	ἵνα	ἡμεῖς	γενώμεθα	δικαιοσύνη	θεοῦ	ἐν
nosotros,$_{4}$	pecado$_{2}$	(lo) hizo$_{1}$	para que	nosotros	llegáramos a ser	justicia	de Dios	en
2257	266	4160	2443	2249	1096	1343	2316	1722
RP1GP	*NASF*	*VAAI3S*	*CAP*	*RP1NP*	*VAMS1P*	*NNSF*	*NGSM*	*P*

αὐτῷ.
él.
846
RP3DSM

6

Συνεργοῦντες	δὲ	καὶ	παρακαλοῦμεν	μὴ	εἰς	κενὸν	τὴν
siendo colaboradores$_{2}$	Y$_{1}$	también$_{3}$	exhortamos$_{4}$	no$_{6}$	en$_{8}$	vano$_{9}$	la$_{10}$
4903	1161	2532	3870	3361	1519	2756	3588
VPAP-PNM	*CLN*	*BE, TE*	*VPAI1P*	*BN, TN*	*P*	*JASN*	*DASF*

χάριν	τοῦ	θεοῦ	δέξασθαι	ὑμᾶς·	2 λέγει	γάρ·	Καιρῷ	δεκτῷ	ἐπήκουσά
gracia$_{11}$	de --$_{13}$	Dios;$_{14}$	recibir$_{7}$	a vosotros$_{5}$	dice:$_{2}$	porque$_{1}$	En tiempo	aceptable	escuché
5485	3588	2316	1209	5209	3004	1063	2540	1184	1873
NASF	*DGSM*	*NGSM*	*VAMN*	*RP2AP*	*VPAI3S*	*CAZ*	*NDSM*	*JDSM*	*VAAI1S*

σου	καὶ	ἐν	ἡμέρᾳ	σωτηρίας	ἐβοήθησά	σοι·	ἰδοὺ	νῦν	καιρὸς
de ti,	y	en	día	de salvación	ayudé	a ti;	he aquí$_{2}$	ahora$_{1}$	(es) tiempo
4675	2532	1722	2250	4991	997	4671	2400	3568	2540
RP2GS	*CLN*	*P*	*NDSF*	*NGSF*	*VAAI1S*	*RP2DS*	*I, VAAM2S*	*B*	*NNSM*

εὐπρόσδεκτος,	ἰδοὺ	νῦν	ἡμέρα	σωτηρίας·	3 μηδεμίαν	ἐν	μηδενὶ
aceptable,	he aquí$_{2}$	ahora$_{1}$	(es) día	de salvación;	ninguna$_{2}$	en$_{4}$	nada,$_{5}$
2144	2400	3568	2250	4991	3367	1722	3367
JNSM	*I, VAAM2S*	*B*	*NNSF*	*NGSF*	*JASF*	*P*	*JDSN*

διδόντες	προσκοπήν,	ἵνα	μὴ	μωμηθῇ	ἡ	διακονία,	4 ἀλλ'	ἐν
dando$_{1}$	causa de tropiezo$_{3}$	para que$_{6}$	no$_{9}$	sea reprochado,$_{10}$	el$_{7}$	ministerio$_{8}$	sino$_{1}$	en$_{7}$
1325	4349	2443	3361	3469	3588	1248	235	1722
VPAP-PNM	*NASF*	*CAP*	*BN, TN*	*VAPS3S*	*DNSF*	*NNSF*	*CLC*	*P*

παντὶ	συνιστάνοντες	ἑαυτοὺς	ὡς	θεοῦ	διάκονοι·	ἐν	ὑπομονῇ
todo,$_{8}$	recomendando$_{2}$	a nosotros mismos$_{3}$	como$_{4}$	de Dios$_{6}$	ministros$_{5}$	en$_{9}$	perseverancia,$_{11}$
3956	4921	1438	5613	2316	1249	1722	5281
JDSN	*VPAP-PNM*	*RF1APM*	*CAM, B*	*NGSM*	*NNPM*	*P*	*NDSF*

NVI

y nos dio el ministerio
de la reconciliación:
19 esto es, que en Cristo,
Dios estaba reconcilian-
do al mundo consigo
mismo, no tomándole
en cuenta sus pecados
y encargándonos a
nosotros el mensaje de
la reconciliación. 20 Así
que somos embajadores
de Cristo, como si Dios
los exhortara a ustedes
por medio de nosotros:
«En nombre de Cristo
les rogamos que se
reconcilien con Dios».
21 Al que no cometió
pecado alguno, por
nosotros Dios lo trató
como pecador, para que
en él recibiéramos la
justicia de Dios.

6 Nosotros, colabo-
radores de Dios,
les rogamos que no re-
ciban su gracia en vano.
2 Porque él dice:

«En el momento pro-
picio te escuché,
y en el día de salvación
te ayudé».

Les digo que este es el
momento propicio de
Dios; ¡hoy es el día de
salvación!

Privaciones de Pablo

3 Por nuestra parte,
a nadie damos motivo
alguno de tropiezo, para
que no se desacredi-
te nuestro servicio.
4 Más bien, en todo y
con mucha pacien-
cia nos acreditamos

RVR

mucha paciencia, en
tribulaciones, en necesi-
dades, en estrecheces;
5 en azotes, en cárceles,
en tumultos, en tra-
bajos, en desvelos, en
ayunos;
6 en pureza, en cono-
cimiento, en longani-
midad, en benignidad,
en el Espíritu Santo, en
amor sincero,
7 en palabra de verdad,
en poder de Dios, con
armas de justicia para la
mano derecha y para la
izquierda;
8 a través de gloria y de
deshonor, de calumnia
y de buena fama; como
engañadores, pero
veraces;
9 como desconocidos,
pero bien conocidos;
como moribundos, mas
he aquí que vivimos;
como castigados, mas
no entregados a la
muerte;
10 como entristecidos,
mas siempre gozosos;
como menesterosos,
mas enriqueciendo
a muchos; como no
teniendo nada, mas
poseyéndolo todo.
11 Nuestra boca se ha
abierto a vosotros, oh
corintios; nuestro cora-
zón se ha ensanchado.
12 No estáis estrechos
en nosotros, pero sí sois
estrechos en vuestras
propias entrañas.

πολλῇ,	ἐν	θλίψεσιν,	ἐν	ἀνάγκαις,	ἐν	στενοχωρίαις,	5 ἐν	πληγαῖς,
mucha$_{10}$	en	aflicciones,	en	necesidades,	en	angustias,	en	azotes,
4183	1722	2347	1722	318	1722	4730	1722	4127
JDSF	P	NDPF	P	NDPF	P	NDPF	P	NDPF

ἐν	φυλακαῖς,	ἐν	ἀκαταστασίαις,	ἐν	κόποις,	ἐν	ἀγρυπνίαις,
en	cárceles,	en	tumultos,	en	trabajos duros,	en	desvelos,
1722	5438	1722	181	1722	2873	1722	70
P	NDPF	P	NDPF	P	NDPM	P	NDPF

ἐν	νηστείαις,	6 ἐν	ἁγνότητι,	ἐν	γνώσει,	ἐν	μακροθυμίᾳ,	ἐν
en	ayunos,	en	pureza,	en	conocimiento,	en	paciencia,	en
1722	3521	1722	54	1722	1108	1722	3115	1722
P	NDPF	P	NDSF	P	NDSF	P	NDSF	P

χρηστότητι,	ἐν	πνεύματι	ἁγίῳ,	ἐν	ἀγάπῃ	ἀνυποκρίτῳ,	7 ἐν	λόγῳ
bondad,	en	(el) Espíritu	Santo,	en	amor	sin hipocresía,	en	palabra
5544	1722	4151	40	1722	26	505	1722	3056
NDSF	P	NDSN	JDSN	P	NDSF	JDSF	P	NDSM

ἀληθείας,	ἐν	δυνάμει	θεοῦ·	διὰ	τῶν	ὅπλων	τῆς	δικαιοσύνης
de verdad,	en	poder	de Dios;	por medio de	las	armas	de la	justicia,
225	1722	1411	2316	1223	3588	3696	3588	1343
NGSF	P	NDSF	NGSM	P	DGPN	NGPN	DGSF	NGSF

τῶν	δεξιῶν	καὶ	ἀριστερῶν*,	8 διὰ	δόξης	καὶ	ἀτιμίας,
de la(s)	derecha(s)	y	de (las) izquierda(s),	por medio de	gloria	y	de deshonra,
3588	1188	2532	710	1223	1391	2532	819
DGPN, DGPM	JGPN, JGPM	CLN	JGPN, JGPM	P	NGSF	CLN	NGSF

διὰ	δυσφημίας	καὶ	εὐφημίας·	ὡς	πλάνοι	καὶ	ἀληθεῖς,	9 ὡς
por medio de	calumnia	y	buena fama,	como	engañadores	y	veraces;	como
1223	1426	2532	2162	5613	4108	2532	227	5613
P	NGSF	CLN	NGSF	CAM	JNPM	CLC	JNPM	CAM

ἀγνοούμενοι	καὶ	ἐπιγινωσκόμενοι,	ὡς	ἀποθνῄσκοντες	καὶ	ἰδοὺ
siendo desconocidos	y	siendo conocidos;	como	muriendo	y	he aquí
50	2532	1921	5613	599	2532	2400
VPPP-PNM	CLC	VPPP-PNM	CAM	VPAP-PNM	CLC	I, VAAM2S

ζῶμεν,	ὡς	παιδευόμενοι	καὶ	μὴ	θανατούμενοι,	10 ὡς	λυπούμενοι
vivamos;	como	castigados	y	no	dados a muerte;	como	entristecidos,
2198	5613	3811	2532	3361	2289	5613	3076
VPAI1P	CAM	VPPP-PNM	CLC	BN, TN	VPPP-PNM	CAM	VPPP-PNM

ἀεὶ	δὲ	χαίροντες,	ὡς	πτωχοὶ	πολλοὺς	δὲ	πλουτίζοντες,	ὡς	μηδὲν
siempre$_2$	mas$_1$	regocijándose;	como	pobres,	a muchos$_2$	mas$_1$	enriqueciendo;	como	nada$_2$
104	1161	5463	5613	4434	4183	1161	4148	5613	3367
B	CLC	VPAP-PNM	CAM	JNPM	JAPM	CLC	VPAP-PNM	CAM	JASN

ἔχοντες	καὶ	πάντα	κατέχοντες.
teniendo$_1$	y	todas las cosas,	poseyendo
2192	2532	3956	2722
VPAP-PNM	CLC	JAPN	VPAP-PNM

11 Τὸ	στόμα	ἡμῶν	ἀνέῳγεν	πρὸς	ὑμᾶς,	Κορίνθιοι,	ἡ
La	boca	de nosotros	se ha abierto	a	vosotros,	corintios,	el
3588	4750	2257	455	4314	5209	2881	3588
DNSN	NNSN	RP1GP	VRAI3S	P	RP2AP	JVPM, NVPM	DNSF

καρδία	ἡμῶν	πεπλάτυνται·	12 οὐ	στενοχωρεῖσθε	ἐν	ἡμῖν,
corazón	de nosotros	ha sido ensanchado;	no	estáis limitados	en	nosotros,
2588	2257	4115	3756	4729	1722	2254
NNSF	RP1GP	VRPI3S	CLK,TN,B	VPPI2P	P	RP1DP

στενοχωρεῖσθε	δὲ	ἐν	τοῖς	σπλάγχνοις	ὑμῶν·	13 τὴν	δὲ
estáis limitados$_2$	mas$_1$	en	las	entrañas	de vosotros;	la$_2$	mas$_1$
4729	1161	1722	3588	4698	5216	3588	1161
VPPI2P	CLK, CLC	P	DDPN	NDPN	RP2GP	DASF	CLN

NVI

como servidores de
Dios: en sufrimientos,
privaciones y angustias;
5 en azotes, cárceles y
tumultos; en trabajos
pesados, desvelos y
hambre. 6 Servimos con
pureza, conocimiento,
constancia y bondad;
en el Espíritu Santo y
en amor sincero; 7 con
palabras de verdad y
con el poder de Dios;
con armas de justicia,
tanto ofensivas como
defensivas; 8 por honra
y por deshonra, por
mala y por buena fama;
veraces, pero tenidos por
engañadores; 9 conoci-
dos, pero tenidos por
desconocidos; como
moribundos, pero aún
con vida; golpeados,
pero no muertos; 10 apa-
rentemente tristes, pero
siempre alegres; pobres
en apariencia, pero en-
riqueciendo a muchos;
como si no tuviéramos
nada, pero poseyéndolo
todo.
11 Hermanos corin-
tios, les hemos hablado
con toda franqueza; les
hemos abierto de par
en par nuestro corazón.
12 Nunca les hemos
negado nuestro afecto,
pero ustedes sí nos
niegan el suyo. 13 Para

6:7* O sea *de la mano derecha y la de la mano izquierda (de ataque y defensa).*

RVR

13 Pues, para corresponder del mismo modo (como a hijos hablo), ensanchaos también vosotros.

Templos del Dios viviente

14 No os unáis en yugo desigual con los incrédulos; porque ¿qué asociación tiene la justicia con la injusticia? ¿Y qué comunión la luz con las tinieblas?
15 ¿Y qué armonía Cristo con Belial? ¿O qué parte el creyente con el incrédulo?
16 ¿Y qué concordia entre el santuario de Dios y los ídolos? Porque vosotros sois el santuario del Dios viviente, como Dios dijo:

Habitaré y andaré
entre ellos,
Y seré su Dios,
Y ellos serán mi
pueblo.
17 Por lo cual,
Salid de en medio de
ellos, y apartaos,
dice el Señor,
Y no toquéis lo
inmundo; Y yo os
acogeré,
18 Y seré para vosotros
por Padre,
Y vosotros me
seréis por hijos e
hijas, dice el Señor
Todopoderoso.

7 Así que, amados, puesto que tenemos estas promesas, limpiémonos de toda

αὐτὴν	ἀντιμισθίαν,	ὡς	τέκνοις	λέγω,	πλατύνθητε	καὶ	ὑμεῖς.
misma$_3$	retribución,$_4$	como$_6$	hijos,$_7$	hablo$_5$	sed ensanchados	también	vosotros.
846	489	5613	5043	3004	4115	2532	5210
RP3ASFA, JASF	NASF	CAM	NDPN	VPAI1S	VAPM2P	BE, TE	RP2NP

14 Μὴ	γίνεσθε	ἑτεροζυγοῦντες	ἀπίστοις·	τίς	γὰρ	μετοχὴ
No	lleguéis a ser	uniendo en yugo desigual	con no creyentes;	¿qué$_2$	porque$_1$	participación (tiene)
3361	1096	2086	571	5101	1063	3352
BN, TN	VPUM2P	VPAP-PNM	JDPM	RI-NSF	CAZ	NNSF

δικαιοσύνῃ	καὶ	ἀνομίᾳ,	ἢ	τίς	κοινωνία	φωτὶ	πρὸς	σκότος;
(la) justicia	y	(la) inequidad?	¿O	qué	comunión (tiene)	(la) luz	con	(la) oscuridad?
1343	2532	458	2228	5101	2842	5457	4314	4655
NDSF	CLN	NDSF	CLD	RI-NSF	NNSF	NDSN	P	NASN

15 τίς	δὲ	συμφώνησις	Χριστοῦ	πρὸς	Βελιάρ,	ἢ	τίς	μερὶς	πιστῷ
qué$_2$	¿Y$_1$	acuerdo	de Cristo	con	Belial?	¿O	qué	parte	(el) creyente
5101	1161	4857	5547	4314	955	2228	5101	3310	4103
RI-NSF	CLN	NNSF	NGSM	P	NASM, XP	CLD	RI-NSF	NNSF	JDSM

μετὰ	ἀπίστου;	16 τίς	δὲ	συγκατάθεσις	ναῷ	θεοῦ	μετὰ
con	(el) no creyente?	qué$_2$	¿Y$_1$	acuerdo	entre (el) templo	Dios	con
3326	571	5101	1161	4783	3485	2316	3326
P	JGSM	RI-NSF	CLN	NNSF	NDSM	NGSM	P

εἰδώλων;	ἡμεῖς	γὰρ	ναὸς	θεοῦ	ἐσμεν	ζῶντος·	καθὼς	εἶπεν	ὁ	θεὸς
(los) ídolos?	nosotros$_2$	Porque$_1$	templo$_4$	de Dios$_5$	somos$_3$	viviente,$_6$	como$_7$	dijo$_{10}$	--$_8$	Dios$_9$
1497	2249	1063	3485	2316	2070	2198	2531	2036	3588	2316
NGPN	RP1NP	CLX	NNSM	NGSM	VPAI1P	VPAP-SGM	CAM	VAAI3S	DNSM	NNSM

ὅτι	Ἐνοικήσω	ἐν	αὐτοῖς	καὶ	ἐμπεριπατήσω,	καὶ	ἔσομαι	αὐτῶν	θεός,
que:	Habitaré	entre	ellos	y	andaré en medio de (ellos),	y	seré	de ellos$_2$	Dios$_1$
3754	1774	1722	846	2532	1704	2532	2071	846	2316
CSC	VFAI1S	P	RP3DPM	CLN	VFAI1S	CLN	VFMI1S	RP3GPM	NNSM

καὶ	αὐτοὶ	ἔσονταί	μου	λαός.	17 διὸ	ἐξέλθατε	ἐκ	μέσου	αὐτῶν,
y	ellos	serán	mi	pueblo.	Por lo cual,	salid	de	en medio	de ellos
2532	846	2071	3450	2992	1352	1831	1537	3319	846
CLN	RP3NPM	VFMI3P	RP1GS	NNSM	CLI	VAAM2P	P	JGSN	RP3GPM

καὶ	ἀφορίσθητε,	λέγει	κύριος,	καὶ	ἀκαθάρτου	μὴ	ἅπτεσθε·	κἀγὼ
y	separaos,	dice	(el) Señor,	y$_1$	(cosa) inmunda;$_4$	no$_2$	toquéis$_3$	y yo
2532	873	3004	2962	2532	169	3361	680	2504
CLN	VAPM2P	VPAI3S	NNSM	CLN	JGSN	BN, TN	VPMM2P	RP1NS, CLN

εἰσδέξομαι	ὑμᾶς·	18 καὶ	ἔσομαι	ὑμῖν	εἰς	πατέρα,	καὶ	ὑμεῖς	ἔσεσθέ
recibiré	a vosotros,	y	seré	a vosotros	por	Padre	y	vosotros	seréis
1523	5209	2532	2071	5213	1519	3962	2532	5210	2071
VFMI1S	RP2AP	CLN	VFMI1S	RP2DP	P	NASM	CLN	RP2NP	VFMI2P

μοι	εἰς	υἱοὺς	καὶ	θυγατέρας,	λέγει	κύριος	παντοκράτωρ.
a mí	por	hijos	e	hijas,	dice	(el) Señor	Todopoderoso.
3427	1519	5207	2532	2364	3004	2962	3841
RP1DS	P	NAPM	CLN	NAPF	VPAI3S	NNSM	NNSM

7 ταύτας	οὖν	ἔχοντες	τὰς	ἐπαγγελίας,	ἀγαπητοί,	καθαρίσωμεν
estas$_3$	Así que,$_1$	teniendo$_2$	--$_4$	promesas,$_5$	amados,	limpiemos
3778	3767	2192	3588	1860	27	2511
RD-APF	CLI	VPAP-PNM	DAPF	NAPF	JVPM	VAAS1P

NVI

corresponder del mismo modo —les hablo como si fueran mis hijos—, ¡abran también su corazón de par en par!

No formen yunta con los incrédulos

14 No formen yunta con los incrédulos. ¿Qué tienen en común la justicia y la maldad? ¿O qué comunión puede tener la luz con la oscuridad?
15 ¿Qué armonía tiene Cristo con el diablo? ¿Qué tiene en común un creyente con un
incrédulo? 16 ¿En qué concuerdan el templo de Dios y los ídolos? Porque nosotros somos templo del Dios viviente. Como él ha dicho: «Viviré con ellos y caminaré entre ellos. Yo seré su Dios, y ellos serán mi pueblo». Por tanto, el Señor añade:

17 «Salgan de en medio de ellos
y apártense.
No toquen nada
impuro,
y yo los recibiré».
18 «Yo seré un padre
para ustedes,
y ustedes serán mis
hijos y mis hijas,
dice el Señor
Todopoderoso».

7 Como tenemos estas promesas, queridos hermanos, purifiquémonos de todo

RVR

contaminación de carne
y de espíritu, perfeccio-
nando la santidad en el
temor de Dios.

Regocijo de Pablo al arrepentirse los corintios

2 Admitidnos: a nadie
hemos agraviado, a
nadie hemos corrom-
pido, a nadie hemos
explotado.
3 No lo digo para
condenaros; pues ya he
dicho antes que estáis
en nuestro corazón,
para morir juntos y para
vivir juntos.
4 Mucha franqueza ten-
go con vosotros; mucho
me glorío con respecto
de vosotros; lleno estoy
de consolación; sobrea-
bundo de gozo en todas
nuestras tribulaciones.
5 Porque aun cuando
llegamos a Macedonia,
ningún reposo tuvo
nuestro cuerpo, sino
que en todo fuimos
atribulados; de fuera,
conflictos; de dentro,
temores.
6 Pero Dios, que con-
suela a los abatidos, nos
consoló con la visita
de Tito;
7 y no sólo con su visita,
sino también con la
consolación con que él
había sido consolado en
cuanto a vosotros, ha-
ciéndonos saber vuestra
añoranza, vuestro pesar,

ἑαυτοὺς	ἀπὸ	παντὸς	μολυσμοῦ	σαρκὸς	καὶ	πνεύματος,
a nosotros mismos	de	toda	contaminación	de carne	y	de espíritu,
1438	575	3956	3436	4561	2532	4151
RF1APM	P	JGSM	NGSM	NGSF	CLN	NGSN

ἐπιτελοῦντες	ἁγιωσύνην	ἐν	φόβῳ	θεοῦ.
perfeccionando	(la) santidad	en	(el) temor	de Dios.
2005	42	1722	5401	2316
VPAP-PNM	NASF	P	NDSM	NGSM

2 Χωρήσατε	ἡμᾶς·	οὐδένα	ἠδικήσαμεν,	οὐδένα	ἐφθείραμεν,	οὐδένα
Haced lugar	a nosotros;	a nadie	hicimos daño,	a nadie	corrompimos,	a nadie
5562	2248	3762	91	3762	5351	3762
VAAM2P	RP1AP	JASM	VAAI1P	JASM	VAAI1P	JASM

ἐπλεονεκτήσαμεν.	3 πρὸς	κατάκρισιν	οὐ	λέγω,	προείρηκα	γὰρ	ὅτι
engañamos.	para$_3$	condenación,$_4$	No$_1$	digo$_2$	he dicho$_6$	porque$_5$	que$_7$
4122	4314	2633	3756	3004	4280	1063	3754
VAAI1P	P	NASF	BN, TN	VPAI1S	VRAI1S	CAZ	CSC

ἐν	ταῖς	καρδίαις	ἡμῶν	ἐστε	εἰς	τὸ	συναποθανεῖν	καὶ	συζῆν.
en$_9$	los$_{10}$	corazones$_{11}$	de nosotros$_{12}$	estáis$_8$	para	--	morir juntos	y	vivir juntos.
1722	3588	2588	2257	2075	1519	3588	4880	2532	4800
P	DDPF	NDPF	RP1GP	VPAI2P	P	DASN	VAAN	CLN	VPAN

4 πολλή	μοι	παρρησία	πρὸς	ὑμᾶς,	πολλή	μοι	καύχησις	ὑπὲρ	ὑμῶν·
Mucha	para mí	(es la) franqueza	para	vosotros,	mucha	para mí	(es la) jactancia	por	vosotros;
4183	3427	3954	4314	5209	4183	3427	2746	5228	5216
JNSF	RP1DS	NNSF	P	RP2AP	JNSF	RP1DS	NNSF	P	RP2GP

πεπλήρωμαι	τῇ	παρακλήσει,	ὑπερπερισσεύομαι	τῇ	χαρᾷ	ἐπὶ
he sido llenado	con --	consolación,	sobreabundo	con --	gozo	en
4137	3588	3874	5248	3588	5479	1909
VRPI1S	DDSF	NDSF	VPPI1S, VPMI1S	DDSF	NDSF	P

πάσῃ	τῇ	θλίψει	ἡμῶν.
toda	la	aflicción	de nosotros.
3956	3588	2347	2257
JDSF	DDSF	NDSF	RP1GP

5 Καὶ	γὰρ	ἐλθόντων	ἡμῶν	εἰς	Μακεδονίαν	οὐδεμίαν	ἔσχηκεν
también$_2$	Porque$_1$	al ir	nosotros	hacia	Macedonia,	ningún$_5$	ha tenido$_4$
2532	1063	2064	2257	1519	3109	3762	2192
CLA, B	CLX	VAAP-PGM	RP1GP	P	NASF	JASF	VRAI3S

ἄνεσιν	ἡ	σὰρξ	ἡμῶν,	ἀλλ’	ἐν	παντὶ	θλιβόμενοι—	ἔξωθεν	μάχαι,
reposo,$_6$	la$_1$	carne$_2$	de nosotros$_3$	sino$_7$	en$_9$	todo$_{10}$	siendo afligidos$_8$	de afuera,$_{12}$	luchas$_{11}$
425	3588	4561	2257	235	1722	3956	2346	1855	3163
NASF	DNSF	NNSF	RP1GP	CLC	P	JDSN	VPPP-PNM	B	NNPF

ἔσωθεν	φόβοι—	6 ἀλλ’	ὁ	παρακαλῶν	τοὺς	ταπεινοὺς	παρεκάλεσεν
de adentro	temores.	Pero,$_1$	el que$_4$	consuela$_5$	a los$_6$	desanimados,$_7$	consoló$_8$
2081	5401	235	3588	3870	3588	5011	3870
B	NNPM	CLC	DNSM	VPAP-SNM	DAPM	JAPM	VAAI3S

ἡμᾶς	ὁ	θεὸς	ἐν	τῇ	παρουσίᾳ	Τίτου·	7 οὐ	μόνον	δὲ	ἐν	τῇ
a nosotros$_9$	--$_2$	Dios$_3$	con	la	venida	de Tito.	no$_2$	solo$_3$	Mas$_1$	con	la
2248	3588	2316	1722	3588	3952	5103	3756	3440	1161	1722	3588
RP1AP	DNSM	NNSM	P	DDSF	NDSF	NGSM	CLK, TN, B	B, J	CLN	P	DDSF

παρουσίᾳ	αὐτοῦ,	ἀλλὰ	καὶ	ἐν	τῇ	παρακλήσει	ᾗ	παρεκλήθη
venida	de él,	sino	también	con	la	consolación	con la que	fue consolado
3952	846	235	2532	1722	3588	3874	3739	3870
NDSF	RP3GSM	CLK, CLC	BE, TE	P	DDSF	NDSF	RR-DSF	VAPI3S

ἐφ’	ὑμῖν,	ἀναγγέλλων	ἡμῖν	τὴν	ὑμῶν	ἐπιπόθησιν,	τὸν	ὑμῶν
sobre	vosotros,	informando	a nosotros	el$_1$	de vosotros,$_3$	deseo profundo$_2$	la$_4$	de vosotros,$_6$
1909	5213	312	2254	3588	5216	1972	3588	5216
P	RP2DP	VPAP-SNM	RP1DP	DASF	RP2GP	NASF	DASM	RP2GP

NVI

lo que contamina el
cuerpo y el espíritu, para
completar en el temor
de Dios la obra de nues-
tra santificación.

La alegría de Pablo

2 Hagan lugar para
nosotros en su corazón.
A nadie hemos agra-
viado, a nadie hemos
corrompido, a nadie
hemos explotado.
3 No
digo esto para condenar-
los; ya les he dicho que
tienen un lugar tan am-
plio en nuestro corazón
que con ustedes viviría-
mos o moriríamos.
4 Les
tengo mucha confian-
za y me siento muy
orgulloso de ustedes.
Estoy muy animado; en
medio de todas nuestras
aflicciones se desborda
mi alegría.
5 Cuando llegamos
a Macedonia, nuestro
cuerpo no tuvo ningún
descanso, sino que nos
vimos acosados por
todas partes; conflictos
por fuera, temores por
dentro.
6 Pero Dios, que
consuela a los abatidos,
nos consoló con la
llegada de Tito,
7 y no
solo con su llegada, sino
también con el consuelo
que él había recibido de
ustedes. Él nos habló del
anhelo, de la profunda

RVR

vuestro celo por mí, de manera que me regocijé aún más.
8 Porque aunque os contristé con la carta, no me pesa, aunque entonces me pesó; porque veo que aquella carta, aunque por algún tiempo, os contristó.
9 Ahora me gozo, no porque hayáis sido contristados, sino porque fuisteis contristados para arrepentimiento; porque habéis sido contristados según Dios, para que ningún perjuicio padecieseis por nuestra parte.
10 Porque la tristeza que es según Dios produce un arrepentimiento para salvación, del que no hay que tener pesar; pero la tristeza del mundo produce muerte.
11 Porque he aquí, esto mismo de que hayáis sido contristados según Dios, ¡qué gran diligencia produjo en vosotros, y qué disculpas, qué indignación, qué temor, qué ardiente afecto, qué celo, y qué vindicación! En todo os habéis mostrado inocentes en el asunto.
12 Así que, aunque os escribí, no fue por causa del que cometió el agravio, ni por causa del que lo padeció, sino para que se os hiciese manifiesta nuestra solicitud que tenemos por vosotros delante

ὀδυρμόν,	τὸν	ὑμῶν	ζῆλον	ὑπὲρ	ἐμοῦ,	ὥστε	με	μᾶλλον	χαρῆναι.
tristeza$_5$	el$_7$	de vosotros$_9$	celo$_8$	por	mí,	de modo que	yo$_1$	más.$_3$	alegrarse$_2$
3602	3588	5216	2205	5228	1700	5620	3165	3123	5463
NASM	*DASM*	*RP2GP*	*NASM*	*P*	*RP1GS*	*CAR*	*RP1AS*	*B*	*VAPN*

8 ὅτι	εἰ	καὶ	ἐλύπησα	ὑμᾶς	ἐν	τῇ	ἐπιστολῇ,	οὐ	μεταμέλομαι·
Porque	si$_2$	también$_1$	entristecí	a vosotros	con	la	carta,	no	siento pesar;
3754	1487	2532	3076	5209	1722	3588	1992	3756	3338
CLX	*CAC*	*CAN, B*	*VAAI1S*	*RP2AP*	*P*	*DDSF*	*NDSF*	*BN, TN*	*VPUI1S*

εἰ	καὶ	μετεμελόμην	(βλέπω	ὅτι	ἡ	ἐπιστολὴ	ἐκείνη	εἰ	καὶ
si$_2$	también$_1$	sentía pesar,	veo	que	la	carta	aquella	si$_2$	también$_1$
1487	2532	3338	991	3754	3588	1992	1565	1487	2532
CAC	*CAN, B*	*VIUI1S*	*VPAI1S*	*CSC*	*DNSF*	*NNSF*	*RD-NSF*	*CAC*	*CAN, B*

πρὸς	ὥραν*	ἐλύπησεν	ὑμᾶς),	9 νῦν	χαίρω,	οὐχ	ὅτι	ἐλυπήθητε,
por$_5$	una hora,$_6$	entristeció$_3$	a vosotros$_4$	ahora	me alegro,	no$_2$	porque$_1$	fuisteis entristecidos,
4314	5610	3076	5209	3568	5463	3756	3754	3076
P	*NASF*	*VAAI3S*	*RP2AP*	*B*	*VPAI1S*	*CLK, TN, B*	*CAZ*	*VAPI2P*

ἀλλ’	ὅτι	ἐλυπήθητε	εἰς	μετάνοιαν,	ἐλυπήθητε	γὰρ	κατὰ
sino	porque	fuisteis entristecidos	para	arrepentimiento;	fuisteis entristecidos$_2$	porque$_1$	según
235	3754	3076	1519	3341	3076	1063	2596
CLK, CLC	*CAZ*	*VAPI2P*	*P*	*NASF*	*VAPI2P*	*CLX*	*P*

θεόν,	ἵνα	ἐν	μηδενὶ	ζημιωθῆτε	ἐξ	ἡμῶν.	10 ἡ	γὰρ	κατὰ	θεὸν
Dios,	para que	en	nada	sufráis daño	de	nosotros.	la$_2$	Porque$_1$	según$_4$	Dios,$_5$
2316	2443	1722	3367	2210	1537	2257	3588	1063	2596	2316
NASM	*CAR*	*P*	*JDSN*	*VAPS2P*	*P*	*RP1GP*	*DNSF*	*CLX*	*P*	*NASM*

λύπη	μετάνοιαν	εἰς	σωτηρίαν	ἀμεταμέλητον	ἐργάζεται·	ἡ	δὲ	τοῦ
tristeza$_3$	arrepentimiento$_7$	para$_8$	salvación$_9$	que no causa pesar,$_{10}$	produce$_6$	la$_{12}$	mas$_{11}$	del$_{14}$
3077	3341	1519	4991	278	2038	3588	1161	3588
NNSF	*NASF*	*P*	*NASF*	*JASF*	*VPUI3S*	*DNSF*	*CLC*	*DGSM*

κόσμου	λύπη	θάνατον	κατεργάζεται.	11 ἰδοὺ	γὰρ	αὐτὸ	τοῦτο
mundo$_{15}$	tristeza$_{13}$	muerte.$_{17}$	produce$_{16}$	he aquí,$_2$	Porque$_1$	mismo$_4$	esto$_3$
2889	3077	2288	2716	2400	1063	846	5124
NGSM	*NNSF*	*NASM*	*VPUI3S*	*I,VAAM2S*	*CLX*	*RP3NSN, JNSN*	*RD-NSN*

τὸ	κατὰ	θεὸν	λυπηθῆναι	πόσην	κατειργάσατο	ὑμῖν	σπουδήν,
el$_5$	según$_7$	Dios$_8$	entristecerse$_6$	cuánto$_9$	produjo$_{11}$	a vosotros,$_{12}$	esfuerzo$_{10}$
3588	2596	2316	3076	4214	2716	5213	4710
DNSN	*P*	*NASM*	*VAPN*	*JASF, RI-ASF*	*VAMI3S*	*RP2DP*	*NASF*

ἀλλὰ	ἀπολογίαν,	ἀλλὰ	ἀγανάκτησιν,	ἀλλὰ	φόβον,	ἀλλὰ	ἐπιπόθησιν,
sino	defensa,	sino	indignación,	sino	temor,	sino	deseo profundo,
235	627	235	24	235	5401	235	1972
CLN	*NASF*	*CLN*	*NASF*	*CLN*	*NASM*	*CLN*	*NASF*

ἀλλὰ	ζῆλον,	ἀλλὰ	ἐκδίκησιν·	ἐν	παντὶ	συνεστήσατε	ἑαυτοὺς
sino	celo,	sino	retribución.	En	todo	demostrasteis	a vosotros mismos
235	2205	235	1557	1722	3956	4921	1438
CLN	*NASM*	*CLN*	*NASF*	*P*	*JDSN*	*VAAI2P*	*RF2APM*

ἁγνοὺς	εἶναι	τῷ	πράγματι.	12 ἄρα	εἰ	καὶ	ἔγραψα	ὑμῖν,	οὐχ
puros$_2$	ser$_1$	en el	asunto.	Entonces,	si$_2$	también$_1$	escribí	a vosotros,	no (fue)
53	1511	3588	4229	686	1487	2532	1125	5213	3756
JAPM	*VPAN*	*DDSN*	*NDSN*	*CLI*	*CAC*	*CAN, B*	*VAAI1S*	*RP2DP*	*CLK, TN, B*

ἕνεκεν	τοῦ	ἀδικήσαντος,	οὐδὲ	ἕνεκεν	τοῦ	ἀδικηθέντος,	ἀλλ’
por causa de	el que	hizo daño,	ni	por causa de	el que	recibió el daño,	sino
1752	3588	91	3761	1752	3588	91	235
P, B	*DGSM*	*VAAP-SGM*	*TN, CLD*	*P, B*	*DGSM*	*VAPP-SGM*	*CLK, CLC*

ἕνεκεν	τοῦ	φανερωθῆναι	τὴν	σπουδὴν	ὑμῶν	τὴν	ὑπὲρ	ἡμῶν
por causa de	--$_7$	ser manifestada$_8$	la$_1$	diligencia$_2$	de vosotros,$_3$	--$_4$	a favor de$_5$	nosotros,$_6$
1752	3588	5319	3588	4710	5216	3588	5228	2257
P, B	*DGSN, DGSM*	*VAPN*	*DASF*	*NASF*	*RP2GP*	*DASF*	*P*	*RP1GP*

NVI

tristeza y de la honda preocupación que ustedes tienen por mí, lo cual me llenó de alegría.
8 Si bien los entristecí con mi carta, no me pesa. Es verdad que antes me pesó, porque me di cuenta de que por un tiempo mi carta los había entristecido.
9 Sin embargo, ahora me alegro, no porque se hayan entristecido, sino porque su tristeza los llevó al arrepentimiento. Ustedes se entristecieron tal como Dios lo quiere, de modo que nosotros de ninguna manera los hemos perjudicado.
10 La tristeza que proviene de Dios produce el arrepentimiento que lleva a la salvación, de la cual no hay que arrepentirse, mientras que la tristeza del mundo produce la muerte.
11 Fíjense lo que ha producido en ustedes esta tristeza que proviene de Dios: ¡qué empeño, qué afán por disculparse, qué indignación, qué temor, qué anhelo, qué preocupación, qué disposición para ver que se haga justicia! En todo han demostrado su inocencia en este asunto.
12 Así que, a pesar de que les escribí, no fue por causa del ofensor ni del ofendido, sino más bien para que delante de Dios se dieran cuenta por ustedes mismos de

7:8* O sea *por un tiempo.*

RVR

de Dios.
[13] Por esto hemos sido
consolados en vuestra
consolación; pero
mucho más nos hemos
regocijado por el gozo
de Tito, que haya sido
tranquilizado su espíri-
tu por todos vosotros.
[14] Pues si de algo me he
gloriado con él respecto
de vosotros, no he sido
avergonzado, sino que
así como os hemos
hablado todo con ver-
dad, también nuestro
gloriarnos ante Tito
resultó verdad.
[15] Y su cariño para con
vosotros es aún más
abundante, al recordar
la obediencia de todos
vosotros, de cómo lo
recibisteis con temor y
temblor.
[16] Me gozo de que en
todo tengo confianza en
vosotros.

Generosidad de los macedonios

8 Asimismo, herma-
nos, os hacemos
saber la gracia de Dios
que se ha dado a la iglesia
de Macedonia;
[2] que en medio de una
gran prueba de tribu-
lación, la abundancia
de su gozo y su extrema
pobreza abundaron
en riquezas de su

πρὸς	ὑμᾶς	ἐνώπιον	τοῦ	θεοῦ.	[13] διὰ	τοῦτο	παρακεκλήμεθα.
a	vosotros	delante de	--	Dios.	Por	esto	hemos sido consolados.
4314	5209	1799	3588	2316	1223	5124	3870
P	*RP2AP*	*P, B*	*DGSM*	*NGSM*	*P*	*RD-ASN*	*VRPI1P*

Ἐπὶ	δὲ	τῇ	παρακλήσει	ἡμῶν	περισσοτέρως	μᾶλλον
en adición$_2$	Mas$_1$	a la	consolación	de nosotros,	mucho más$_2$	abundantemente$_3$
1909	1161	3588	3874	2257	4056	3123
P	*CLN*	*DDSF*	*NDSF*	*RP1GP*	*B*	*B*

ἐχάρημεν	ἐπὶ	τῇ	χαρᾷ	Τίτου,	ὅτι	ἀναπέπαυται	τὸ	πνεῦμα
nos alegramos$_1$	por	el	gozo	de Tito,	porque$_1$	ha sido refrescado$_5$	el$_2$	espíritu$_3$
5463	1909	3588	5479	5103	3754	373	3588	4151
VAPI1P	*P*	*DDSF*	*NDSF*	*NGSM*	*CAZ*	*VRPI3S*	*DNSN*	*NNSN*

αὐτοῦ	ἀπὸ	πάντων	ὑμῶν·	[14] ὅτι	εἴ	τι	αὐτῷ	ὑπὲρ	ὑμῶν
de él$_4$	de parte de	todos	vosotros	Porque$_1$	si$_2$	(de) algo$_4$	con él$_5$	por$_6$	vosotros,$_7$
846	575	3956	5216	3754	1487	5100	846	5228	5216
RP3GSM	*P*	*JGPM*	*RP2GP*	*CLX*	*CAC*	*RX-ASN*	*RP3DSM*	*P*	*RP2GP*

κεκαύχημαι,	οὐ	κατῃσχύνθην,	ἀλλ'	ὡς	πάντα	ἐν
me he jactado$_3$	no	fui avergonzado,	sino (que)$_1$	como$_2$	todas las cosas$_4$	en$_6$
2744	3756	2617	235	5613	3956	1722
VRUI1S	*CLK, TN, B*	*VAPI1S*	*CLK, CLC*	*CAM*	*JAPN*	*P*

ἀληθείᾳ	ἐλαλήσαμεν	ὑμῖν,	οὕτως	καὶ	ἡ	καύχησις	ἡμῶν	ἡ
verdad,$_7$	hablamos$_3$	a vosotros$_5$	así$_8$	también$_9$	la$_{10}$	jactancia$_{11}$	de nosotros$_{13}$	la$_{17}$
225	2980	5213	3779	2532	3588	2746	2257	3588
NDSF	*VAAI1P*	*RP2DP*	*B*	*BE, TE*	*DNSF*	*NNSF*	*RP1GP*	*DNSF*

ἐπὶ	Τίτου	ἀλήθεια	ἐγενήθη.	[15] καὶ	τὰ	σπλάγχνα	αὐτοῦ	περισσοτέρως
ante$_{14}$	Tito$_{15}$	verdad.$_{18}$	llegó a ser$_{16}$	Y$_1$	las$_2$	entrañas$_3$	de él$_4$	abundantemente$_8$
1909	5103	225	1096	2532	3588	4698	846	4056
P	*NGSM*	*NNSF*	*VAPI3S*	*CLN*	*DNPN*	*NNPN*	*RP3GSM*	*B*

εἰς	ὑμᾶς	ἐστιν	ἀναμιμνῃσκομένου	τὴν	πάντων	ὑμῶν	ὑπακοήν,
hacia$_5$	vosotros$_6$	es (son)$_7$	recordando$_9$	la$_{10}$	de todos$_{12}$	vosotros,$_{13}$	obediencia$_{11}$
1519	5209	2076	363	3588	3956	5216	5218
P	*RP2AP*	*VPAI3S*	*VPPP-SGM, VPMP-SGM*	*DASF*	*JGPM*	*RP2GP*	*NASF*

ὡς	μετὰ	φόβου	καὶ	τρόμου	ἐδέξασθε	αὐτόν.	[16] χαίρω	ὅτι	ἐν
de como$_{14}$	con$_{17}$	temor$_{18}$	y$_{18}$	temblor.$_{20}$	recibisteis$_{15}$	a él$_{16}$	Me alegro	que	en
5613	3326	5401	2532	5156	1209	846	5463	3754	1722
CSC	*P*	*NGSM*	*CLN*	*NGSM*	*VAMI2P*	*RP3ASM*	*VPAI1S*	*CSC, CAZ*	*P*

παντὶ	θαρρῶ	ἐν	ὑμῖν.
todo	tengo confianza	en	vosotros.
3956	2292	1722	5213
JDSN	*VPAI1S*	*P*	*RP2DP*

8 Γνωρίζομεν	δὲ	ὑμῖν,	ἀδελφοί,	τὴν	χάριν	τοῦ	θεοῦ	τὴν
hacemos saber$_2$	Mas$_1$	a vosotros,	hermanos,	la	gracia	de --	Dios,	la que ha sido dada
1107	1161	5213	80	3588	5485	3588	2316	3588
VPAI1P	*CLT*	*RP2DP*	*NVPM*	*DASF*	*NASF*	*DGSM*	*NGSM*	*DASF*

δεδομένην	ἐν	ταῖς	ἐκκλησίαις	τῆς	Μακεδονίας,	[2] ὅτι	ἐν	πολλῇ
	en	las	iglesias	de --	Macedonia,	que	en	mucha
1325	1722	3588	1577	3588	3109	3754	1722	4183
VRPP-SAF	*P*	*DDPF*	*NDPF*	*DGSF*	*NGSF*	*CSC*	*P*	*JDSF*

δοκιμῇ	θλίψεως	ἡ	περισσεία	τῆς	χαρᾶς	αὐτῶν	καὶ	ἡ	κατὰ
prueba	de aflicción	la	abundancia	del	gozo	de ellos	y	la	según
1382	2347	3588	4050	3588	5479	846	2532	3588	2596
NDSF	*NGSF*	*DNSF*	*NNSF*	*DGSF*	*NGSF*	*RP3GPM*	*CLN*	*DNSF*	*P*

βάθους	πτωχεία	αὐτῶν	ἐπερίσσευσεν	εἰς	τὸ	πλοῦτος	τῆς
profundidad	pobreza	de ellos	abundó	para	la	riqueza	de la
899	4432	846	4052	1519	3588	4149	3588
NGSN	*NNSF*	*RP3GPM*	*VAAI3S*	*P*	*DASN*	*NASN*	*DGSF*

NVI

cuánto interés tienen en
nosotros. [13] Todo esto
nos reanima.
Además del consuelo
que hemos recibido, nos
alegró muchísimo el ver
lo feliz que estaba Tito
debido a que todos uste-
des fortalecieron su espí-
ritu. [14] Ya le había dicho
que me sentía orgulloso
de ustedes, y no me han
hecho quedar mal. Al
contrario, así como todo
lo que les dijimos es ver-
dad, también resultaron
ciertos los elogios que
hice de ustedes delante
de Tito. [15] Y él les tiene
aún más cariño al recor-
dar que todos ustedes
fueron obedientes y lo
recibieron con temor y
temblor. [16] Me alegro de
que puedo confiar ple-
namente en ustedes.

Estímulo a la generosidad

8 Ahora, hermanos,
queremos que se
enteren de la gracia que
Dios les ha dado a las
iglesias de Macedonia.
[2] En medio de las
pruebas más difíciles,
su desbordante alegría
y su extrema pobreza
abundaron en rica

RVR

generosidad.
3 Pues doy testimonio de
que espontáneamente
han dado conforme a
sus posibilidades, y aun
más allá de sus posibi-
lidades,
4 pidiéndonos con
muchos ruegos que
les concediésemos el
privilegio de participar
en este servicio para los
santos.
5 Y no como lo esperába-
mos, sino que se dieron
a sí mismos primera-
mente al Señor, y luego a
nosotros por la voluntad
de Dios;
6 de manera que ex-
hortamos a Tito para
que tal como comenzó
antes, asimismo acabase
también entre vosotros
esta obra de gracia.
7 Por tanto, así como
abundáis en todo,
en fe, en palabra, en
conocimiento, en toda
diligencia, y en vuestro
amor para con nosotros,
abundad también en
esta gracia.
8 No digo esto como un
precepto, sino para po-
ner a prueba, por medio
de la diligencia de otros,
también la autenticidad
de vuestro amor.
9 Porque ya conocéis la
gracia de nuestro Señor
Jesucristo, que por
amor a vosotros se hizo
pobre, siendo rico, para
que vosotros fueseis
enriquecidos con su
pobreza.
10 Y en esto doy mi

ἁπλότητος	αὐτῶν·	3 ὅτι	κατὰ	δύναμιν,	μαρτυρῶ,	καὶ	παρὰ
generosidad	de ellos;	que$_{2}$	según$_{3}$	(su) posibilidad$_{4}$	testifico$_{1}$	y	más allá de
572	846	3754	2596	1411	3140	2532	3844
NGSF	*RP3GPM*	*CSC*	*P*	*NASF*	*VPAI1S*	*CLN*	*P*

δύναμιν,	αὐθαίρετοι	4 μετὰ	πολλῆς	παρακλήσεως	δεόμενοι	ἡμῶν,
(su) posibilidad,	espontáneamente	con$_{3}$	mucho$_{4}$	ruego$_{5}$	pidiendo$_{1}$	de nosotros$_{2}$
1411	830	3326	4183	3874	1189	2257
NASF	*JNPM*	*P*	*JGSF*	*NGSF*	*VPUP-PNM*	*RP1GP*

τὴν	χάριν	καὶ	τὴν	κοινωνίαν	τῆς	διακονίας	τῆς	εἰς	τοὺς	ἁγίους—
la	gracia	y	la	comunión	del	ministerio	--	hacia	los	santos,
3588	5485	2532	3588	2842	3588	1248	3588	1519	3588	40
DASF	*NASF*	*CLN*	*DASF*	*NASF*	*DGSF*	*NGSF*	*DGSF*	*P*	*DAPM*	*JAPM*

5 καὶ	οὐ	καθὼς	ἠλπίσαμεν	ἀλλ'	ἑαυτοὺς	ἔδωκαν	πρῶτον	τῷ
y	no	como	esperamos,	sino	a sí mismos$_{2}$	se dieron$_{1}$	primero	al
2532	3756	2531	1679	235	1438	1325	4412	3588
CLN	*CLK, TN, B*	*CAM*	*VAAI1P*	*CLK, CLC*	*RF3APM*	*VAAI3P*	*B, J*	*DDSM*

κυρίῳ	καὶ	ἡμῖν	διὰ	θελήματος	θεοῦ,	6 εἰς	τὸ	παρακαλέσαι
Señor	y	a nosotros	por medio de	(la) voluntad	de Dios,	para	--	alentar$_{2}$
2962	2532	2254	1223	2307	2316	1519	3588	3870
NDSM	*CLN*	*RP1DP*	*P*	*NGSN*	*NGSM*	*P*	*DASN*	*VAAN*

ἡμᾶς	Τίτον	ἵνα	καθὼς	προενήρξατο	οὕτως	καὶ	ἐπιτελέσῃ	εἰς	ὑμᾶς
nosotros$_{1}$	a Tito	que,	conforme	comenzó antes,	así	también	completara	en	vosotros
2248	5103	2443	2531	4278	3779	2532	2005	1519	5209
RP1AP	*NASM*	*CSC*	*CAM*	*VAMI3S*	*B*	*BE, TE*	*VAAS3S*	*P*	*RP2AP*

καὶ	τὴν	χάριν	ταύτην·	7 ἀλλ'	ὥσπερ	ἐν	παντὶ	περισσεύετε,	πίστει
también	--$_{2}$	gracia.$_{3}$	esta$_{1}$	Pero,	así como	en	todo	abundáis,	en fe
2532	3588	5485	3778	235	5618	1722	3956	4052	4102
BE, TE	*DASF*	*NASF*	*RD-ASF*	*CLC*	*CAM*	*P*	*JDSN*	*VPAI2P*	*NDSF*

καὶ	λόγῳ	καὶ	γνώσει	καὶ	πάσῃ	σπουδῇ	καὶ	τῇ	ἐξ	ἡμῶν	ἐν
y	en palabra	y	en conocimiento	y	toda	diligencia	y	en el$_{1}$	de$_{3}$	nosotros$_{4}$	en$_{5}$
2532	3056	2532	1108	2532	3956	4710	2532	3588	1537	2257	1722
CLN	*NDSM*	*CLN*	*NDSF*	*CLN*	*JDSF*	*NDSF*	*CLN*	*DDSF*	*P*	*RP1GP*	*P*

ὑμῖν	ἀγάπῃ,	ἵνα	καὶ	ἐν	ταύτῃ	τῇ	χάριτι	περισσεύητε.
vosotros,$_{6}$	amor$_{2}$	para que$_{7}$	también$_{9}$	en$_{10}$	esta$_{11}$	--$_{12}$	gracia.$_{13}$	abundéis$_{8}$
5213	26	2443	2532	1722	3778	3588	5485	4052
RP2DP	*NDSF*	*CSC*	*BE, TE*	*P*	*RD-DSF*	*DDSF*	*NDSF*	*VPAS2P*

8 Οὐ	κατ'	ἐπιταγὴν	λέγω	ἀλλὰ	διὰ	τῆς	ἑτέρων
No$_{1}$	conforme a$_{3}$	mandato,$_{4}$	digo$_{2}$	sino$_{5}$	por medio de$_{13}$	la$_{14}$	de otros;$_{16}$
3756	2596	2003	3004	235	1223	3588	2087
CLK, TN, B	*P*	*NASF*	*VPAI1S*	*CLK, CLC*	*P*	*DGSF*	*JGPM*

σπουδῆς	καὶ	τὸ	τῆς	ὑμετέρας	ἀγάπης	γνήσιον	δοκιμάζων·
diligencia$_{15}$	también$_{7}$	la$_{8}$	del$_{10}$	vuestro$_{12}$	amor$_{11}$	sinceridad$_{9}$	probando$_{6}$
4710	2532	3588	3588	5212	26	1103	1381
NGSF	*BE, TE*	*DASN*	*DGSF*	*JGSF, RS2GPF*	*NGSF*	*JASN*	*VPAP-SNM*

9 γινώσκετε	γὰρ	τὴν	χάριν	τοῦ	κυρίου	ἡμῶν	Ἰησοῦ	Χριστοῦ,
conocéis$_{2}$	porque$_{1}$	la	gracia	del	Señor	de nosotros,	Jesús	Cristo
1097	1063	3588	5485	3588	2962	2257	2424	5547
VPAI2P	*CAZ*	*DASF*	*NASF*	*DGSM*	*NGSM*	*RP1GP*	*NGSM*	*NGSM*

ὅτι	δι'	ὑμᾶς	ἐπτώχευσεν	πλούσιος	ὤν,	ἵνα	ὑμεῖς	τῇ
que,$_{1}$	por causa de$_{5}$	vosotros$_{6}$	(se) empobreció$_{4}$	rico$_{3}$	siendo$_{2}$	para que$_{7}$	vosotros$_{8}$	con la$_{10}$
3754	1223	5209	4433	4145	5607	2443	5210	3588
CSC	*P*	*RP2AP*	*VAAI3S*	*JNSM*	*VPAP-SNM*	*CAP*	*RP2NP*	*DDSF*

ἐκείνου	πτωχείᾳ	πλουτήσητε.	10 καὶ	γνώμην	ἐν	τούτῳ	δίδωμι·	τοῦτο
de aquel.$_{12}$	pobreza$_{11}$	fuerais ricos$_{9}$	Y$_{1}$	(mi) opinión,$_{5}$	en$_{2}$	esto$_{3}$	doy$_{4}$	esto$_{7}$
1565	4432	4147	2532	1106	1722	5129	1325	5124
RD-GSM	*NDSF*	*VAAS2P*	*CLN*	*NASF*	*P*	*RD-DSN*	*VPAI1S*	*RD-NSN*

NVI

generosidad. 3 Soy testi-
go de que dieron espon-
táneamente tanto como
podían, y aún más de lo
que podían, 4 rogán-
donos con insistencia
que les concediéramos
el privilegio de tomar
parte en esta ayuda para
los santos. 5 Incluso
hicieron más de lo que
esperábamos, ya que se
entregaron a sí mismos,
primeramente al Señor
y después a nosotros,
conforme a la voluntad
de Dios. 6 De modo
que rogamos a Tito que
llevara a feliz término
esta obra de gracia entre
ustedes, puesto que ya
la había comenzado.
7 Pero ustedes, así como
sobresalen en todo —en
fe, en palabras, en cono-
cimiento, en dedicación
y en su amor hacia
nosotros—, procuren
también sobresalir en
esta gracia de dar.
8 No es que esté
dándoles órdenes, sino
que quiero probar la
sinceridad de su amor
en comparación con
la dedicación de los
demás. 9 Ya conocen la
gracia de nuestro Señor
Jesucristo, que, aunque
era rico, por causa de
ustedes se hizo pobre,
para que mediante su
pobreza ustedes llegaran
a ser ricos.
10 Aquí va mi consejo

NVN

opinión; porque esto os
conviene a vosotros, que
comenzasteis antes, no
sólo a hacerlo, sino tam-
bién a quererlo, desde el
año pasado.
[11] Ahora, pues, acabad
también de hacerlo,
para que como estuvis-
teis prontos a quererlo,
así también lo estéis en
cumplirlo conforme a lo
que tengáis.
[12] Porque si la voluntad
está ya pronta, será
acepta según lo que uno
tiene, no según lo que
no tiene.
[13] Porque no digo esto
para que haya para otros
holgura, y para vosotros
estrechez,
[14] sino para que en este
tiempo, con igualdad,
la abundancia vuestra
supla la escasez de ellos,
para que también la
abundancia de ellos su-
pla la necesidad vuestra,
para que haya igualdad,
[15] como está escrito: El
que recogió mucho, no
sobreabundó, y el que
poco, no escaseó.
[16] Pero gracias a Dios
que puso en el corazón
de Tito la misma dili-
gencia por vosotros.
[17] Pues no sólo recibió la
exhortación, sino que,
poniendo en ello aún
más diligencia, partió
por su propia voluntad

γὰρ	ὑμῖν	συμφέρει,	οἵτινες	οὐ	μόνον	τὸ	ποιῆσαι	ἀλλὰ	καὶ
porque$_6$	a vosotros,$_9$	conviene$_8$	quienes	no$_4$	sólo$_5$	el$_6$	hacer,$_7$	sino$_8$	también$_9$
1063	5213	4851	3748	3756	3440	3588	4160	235	2532
CAZ	RP2DP	VPAI3S	RR-NPM	CLK, TN, B	B, J	DASN	VAAN	CLK, CLC	BE, TE

τὸ	θέλειν	προενήρξασθε	ἀπὸ	πέρυσι·	[11] νυνὶ	δὲ	καὶ	τὸ	ποιῆσαι
el$_{10}$	querer,$_{11}$	comenzasteis antes$_1$	desde$_2$	hace un año$_3$	ahora$_2$	mas$_1$	también$_3$	el$_5$	hacer,$_6$
3588	2309	4278	575	4070	3570	1161	2532	3588	4160
DASN	VPAN	VAMI2P	P	B	B	CLC	BE, TE	DASN	VAAN

ἐπιτελέσατε,	ὅπως	καθάπερ	ἡ	προθυμία	τοῦ	θέλειν	οὕτως
llevad a cabo$_4$	a fin de que	tal como (hubo)	la	disposición	de --	querer,	así
2005	3704	2509	3588	4288	3588	2309	3779
VAAM2P	CAP	CAM	DNSF	NNSF	DGSN, DGSM	VPAN	B

καὶ	τὸ	ἐπιτελέσαι	ἐκ	τοῦ	ἔχειν.*	[12] εἰ	γὰρ	ἡ	προθυμία
también	el	llevar a cabo	de	lo	tener.	si$_2$	Porque$_1$	la	disposición
2532	3588	2005	1537	3588	2192	1487	1063	3588	4288
BE, TE	DNSN	VAAN	P	DGSN, DGSM	VPAN	CAC	CLX	DNSF	NNSF

πρόκειται,	καθὸ	ἐὰν	ἔχῃ	εὐπρόσδεκτος,	οὐ	καθὸ	οὐκ	ἔχει.
está presente,	de acuerdo$_2$	si$_3$	tenga,$_4$	(es) aceptable$_1$	no	de acuerdo	no	tiene.
4295	2526	1437	2192	2144	3756	2526	3756	2192
VPUI3S	CAM	TC	VPAS3S	JNSF, JNSM	BN, TN	CAM	BN, TN	VPAI3S

[13] οὐ	γὰρ	ἵνα	ἄλλοις	ἄνεσις,	ὑμῖν	θλῖψις·	ἀλλ'	ἐξ
no$_2$	Porque$_1$	para que	para otros	(haya) holgura,	para vosotros	aflicción,	sino	de (que haya)
3756	1063	2443	243	425	5213	2347	235	1537
CLK,TN,B	CLX	CAP	JDPM	NNSF	RP2DP	NNSF	CLK, CLC	P

ἰσότητος	[14] ἐν	τῷ	νῦν	καιρῷ	τὸ	ὑμῶν	περίσσευμα	εἰς	τὸ
equidad;	en	el	presente	tiempo,	la$_1$	de vosotros$_3$	abundancia$_2$	(sea) para$_4$	las$_5$
2471	1722	3588	3568	2540	3588	5216	4051	1519	3588
NGSF	P	DDSM	B	NDSM	DNSN	RP2GP	NNSN	P	DASN

ἐκείνων	ὑστέρημα,	ἵνα	καὶ	τὸ	ἐκείνων	περίσσευμα	γένηται	εἰς
de aquellos,$_7$	escasez$_6$	para que	también	la$_1$	de aquellos$_3$	abundancia$_2$	llegue a ser	para
1565	5303	2443	2532	3588	1565	4051	1096	1519
RD-GPM	NASN	CAP	BE, TE	DNSN	RD-GPM	NNSN	VAMS3S	P

τὸ	ὑμῶν	ὑστέρημα,	ὅπως	γένηται	ἰσότης·	[15] καθὼς	γέγραπται·
la$_1$	de vosotros,$_3$	escasez$_2$	a fin de que	haya	equidad,	como	ha sido escrito:
3588	5216	5303	3704	1096	2471	2531	1125
DASN	RP2GP	NASN	CAP	VAMS3S	NNSF	CAM	VRPI3S

Ὁ	τὸ	πολὺ	οὐκ	ἐπλεόνασεν,	καὶ	ὁ	τὸ	ὀλίγον	οὐκ
El (que)	(recogió) lo	mucho	no	tuvo en abundancia,	y	el (que)	lo	poco	no
3588	3588	4183	3756	4121	2532	3588	3588	3641	3756
DNSM	DASN	JASN	BN, TN	VAAI3S	CLN	DNSM	DASN	JASN	BN, TN

ἠλαττόνησεν.
tuvo muy poco.
1641
VAAI3S

[16] Χάρις	δὲ	τῷ	θεῷ	τῷ	διδόντι	τὴν	αὐτὴν	σπουδὴν	ὑπὲρ
gracia(s)$_2$	Mas$_1$	a --	Dios	el que	dio	las$_5$	misma$_6$	diligencia$_7$	a favor de$_8$
5485	1161	3588	2316	3588	1325	3588	846	4710	5228
NNSF	CLT	DDSM	NDSM	DDSM	VAAP-SDM	DASF	RP3ASFA, JASF	NASF	P

ὑμῶν	ἐν	τῇ	καρδίᾳ	Τίτου,	[17] ὅτι	τὴν	μὲν	παράκλησιν
vosotros,$_9$	en$_1$	el$_2$	corazón$_3$	de Tito,$_4$	porque$_1$	el$_4$	ciertamente,$_2$	ruego,$_5$
5216	1722	3588	2588	5103	3754	3588	3303	3874
RP2GP	P	DDSF	NDSF	NGSM	CAZ	DASF	TK, C	NASF

ἐδέξατο,	σπουδαιότερος	δὲ	ὑπάρχων	αὐθαίρετος	ἐξῆλθεν	πρὸς
acogió$_3$	diligente,$_3$	y$_1$	siendo$_2$	espontáneamente	fue	a
1209	4705	1161	5225	830	1831	4314
VAMI3S	JNSMC	CLK, CLC	VPAP-SNM	JNSM	VAAI3S	P

NVI

sobre lo que les conviene
en este asunto: El año
pasado ustedes fueron
los primeros no solo en
dar, sino también en
querer hacerlo. [11] Lleven
ahora a feliz término la
obra, para que, según sus
posibilidades, cumplan
con lo que de buena
gana propusieron.
[12] Porque, si uno lo hace
de buena voluntad, lo
que da es bien recibido
según lo que tiene, y no
según lo que no tiene.
[13] No se trata de que
otros encuentren alivio
mientras que ustedes su-
fren escasez; es más bien
cuestión de igualdad.
[14] En las circunstancias
actuales la abundancia
de ustedes suplirá lo que
ellos necesitan, para que
a su vez la abundancia de
ellos supla lo que ustedes
necesitan. Así habrá
igualdad, [15] como está
escrito: «Ni al que re-
cogió mucho le sobraba,
ni al que recogió poco le
faltaba».

Tito enviado a Corinto

[16] Gracias a Dios que
puso en el corazón de
Tito la misma preocu-
pación que yo tengo por
ustedes. [17] De hecho,
cuando accedió a nues-
tra petición de ir a verlos,
lo hizo con mucho en-
tusiasmo y por su propia

8:11* O sea *según lo que tengáis.*

RVR

para ir a vosotros.
18 Y enviamos juntamente con él al hermano cuya alabanza en el evangelio se oye por todas las iglesias;
19 y no sólo esto, sino que también fue designado por las iglesias como compañero de nuestra peregrinación en esta colecta, que es administrada por nosotros para gloria del Señor mismo, y para demostrar vuestra buena voluntad;
20 evitando que nadie nos desacredite en cuanto a esta ofrenda abundante que administramos,
21 procurando hacer las cosas honradamente, no sólo delante del Señor, sino también delante de los hombres.
22 Enviamos también con ellos a nuestro hermano, cuya diligencia hemos comprobado repetidas veces en muchas cosas, y ahora mucho más diligente por la mucha confianza que tiene en vosotros.
23 En cuanto a Tito, es mi compañero y colaborador para con vosotros; y en cuanto a nuestros hermanos, son enviados de las iglesias, y gloria de Cristo.
24 Mostrad, pues, para con ellos ante las iglesias la prueba de vuestro amor, y de nuestro

ὑμᾶς.	18 συνεπέμψαμεν	δὲ	μετ’	αὐτοῦ	τὸν	ἀδελφὸν	οὗ	ὁ
vosotros.	enviamos juntamente$_2$	Y$_1$	con	él	al	hermano	de quien	la
5209	4842	1161	3326	846	3588	80	3739	3588
RP2AP	*VAAI1P*	*CLN*	*P*	*RP3GSM*	*DASM*	*NASM*	*RR-GSM*	*DNSM*

ἔπαινος	ἐν	τῷ	εὐαγγελίῳ	διὰ	πασῶν	τῶν	ἐκκλησιῶν—	19 οὐ
alabanza	en	el	evangelio	(se oye) por	todas	las	iglesias,	no$_2$
1868	1722	3588	2098	1223	3956	3588	1577	3756
NNSM	*P*	*DDSN*	*NDSN*	*P*	*JGPF*	*DGPF*	*NGPF*	*CLK,TN,B*

μόνον	δὲ	ἀλλὰ	καὶ	χειροτονηθεὶς*	ὑπὸ	τῶν	ἐκκλησιῶν
sólo (esto),$_3$	y$_1$	sino	también	fue escogido	por	las	iglesias
3440	1161	235	2532	5500	5259	3588	1577
B, J	*CLN*	*CLK, CLC*	*BE, TE*	*VAPP-SNM*	*P*	*DGPF*	*NGPF*

συνέκδημος	ἡμῶν	σὺν	τῇ	χάριτι	ταύτῃ	τῇ
(como) compañero de viaje	de nosotros	con	--$_2$	gracia,$_3$	esta$_1$	la que es
4898	2257	4862	3588	5485	3778	3588
NNSM	*RP1GP*	*P*	*DDSF*	*NDSF*	*RD-DSF*	*DDSF*

διακονουμένῃ	ὑφ’	ἡμῶν	πρὸς	τὴν	αὐτοῦ	τοῦ	κυρίου	δόξαν	καὶ
ministrada	por	nosotros	para$_1$	la$_2$	de él$_4$	--$_5$	Señor$_6$	gloria$_3$	y
1247	5259	2257	4314	3588	846	3588	2962	1391	2532
VPPP-SDF	*P*	*RP1GP*	*P*	*DASF*	*RP3GSMP*	*DGSM*	*NGSM*	*NASF*	*CLN*

προθυμίαν	ἡμῶν—	20 στελλόμενοι	τοῦτο	μή	τις	ἡμᾶς
(la) disposición	de nosotros.	evitando	esto:	No$_1$	alguno$_2$	a nosotros$_4$
4288	2257	4724	5124	3361	5100	2248
NASF	*RP1GP*	*VPMP-PNM*	*RD-ASN*	*TN, CSC*	*RX-NSM*	*RP1AP*

μωμήσηται	ἐν	τῇ	ἁδρότητι	ταύτῃ	τῇ	διακονουμένῃ	ὑφ’	ἡμῶν,
censure$_3$	en$_5$	--$_7$	abundancia$_8$	esta$_6$	la que	es ministrada	por	nosotros;
3469	1722	3588	100	3778	3588	1247	5259	2257
VAMS3S	*P*	*DDSF*	*NDSF*	*RD-DSF*	*DDSF*	*VPPP-SDF*	*P*	*RP1GP*

21 προνοοῦμεν	γὰρ	καλὰ	οὐ	μόνον	ἐνώπιον	κυρίου	ἀλλὰ
atendemos$_2$	porque$_1$	(las cosas) buenas	no	solo	delante de	(el) Señor,	sino
4306	1063	2570	3756	3440	1799	2962	235
VPAI1P	*CAZ*	*JAPN*	*CLK, TN, B*	*B, J*	*P, B*	*NGSM*	*CLK, CLC*

καὶ	ἐνώπιον	ἀνθρώπων.	22 συνεπέμψαμεν	δὲ	αὐτοῖς	τὸν	ἀδελφὸν
también	delante de	(los) seres humanos.	enviamos con$_2$	Y$_1$	ellos	al	hermano
2532	1799	444	4842	1161	846	3588	80
BE, TE	*P, B*	*NGPM*	*VAAI1P*	*CLN*	*RP3DPM*	*DASM*	*NASM*

ἡμῶν	ὃν	ἐδοκιμάσαμεν	ἐν	πολλοῖς	πολλάκις	σπουδαῖον	ὄντα,
de nosotros,	al cual	probamos	en	muchas cosas	muchas veces,	diligente,$_2$	siendo$_1$
2257	3739	1381	1722	4183	4178	4705	5607
RP1GP	*RR-ASM*	*VAAI1P*	*P*	*JDPN*	*B*	*JASM*	*VPAP-SAM*

νυνὶ	δὲ	πολὺ	σπουδαιότερον	πεποιθήσει	πολλῇ	τῇ	εἰς	ὑμᾶς.
ahora$_4$	mas$_3$	mucho	más diligente	confianza$_2$	por (la) mucha$_1$	--	hacia	vosotros.
3570	1161	4183	4706	4006	4183	3588	1519	5209
B	*CLN*	*JASN*	*B, J*	*NDSF*	*JDSF*	*DDSF*	*P*	*RP2AP*

23 εἴτε	ὑπὲρ	Τίτου,	κοινωνὸς	ἐμὸς	καὶ	εἰς	ὑμᾶς	συνεργός·
Si ya sea	en favor de	Tito,	compañero	mío	y$_1$	para$_3$	vosotros,$_4$	colaborador$_2$
1535	5228	5103	2844	1699	2532	1519	5209	4904
CLK,CAC	*P*	*NGSM*	*NNSM*	*JNSM, RS1NSM*	*CLN*	*P*	*RP2AP*	*JNSM*

εἴτε	ἀδελφοὶ	ἡμῶν,	ἀπόστολοι	ἐκκλησιῶν,	δόξα	Χριστοῦ.	24 τὴν
si ya sea	(los) hermanos	de nosotros,	(son) apóstoles	de (las) iglesias,	gloria	de Cristo.	la$_5$
1535	80	2257	652	1577	1391	5547	3588
CLK, CAC	*NNPM*	*RP1GP*	*NNPM*	*NGPF*	*NNSF*	*NGSM*	*DASF*

οὖν	ἔνδειξιν	τῆς	ἀγάπης	ὑμῶν	καὶ	ἡμῶν	καυχήσεως	ὑπὲρ
Así que,$_1$	demostración$_6$	del$_7$	amor$_8$	de vosotros$_9$	y$_{10}$	de nosotros$_{12}$	de (la) jactancia$_{11}$	por$_{13}$
3767	1732	3588	26	5216	2532	2257	2746	5228
CLI	*NASF*	*DGSF*	*NGSF*	*RP2GP*	*CLN*	*RP1GP*	*NGSF*	*P*

NVI

voluntad.
18 Junto con él les enviamos al hermano que se ha ganado el reconocimiento de todas las iglesias por los servicios prestados al evangelio.
19 Además, las iglesias lo escogieron para que nos acompañe cuando llevemos la ofrenda, la cual administramos para honrar al Señor y demostrar nuestro ardiente deseo de servir.
20 Queremos evitar cualquier crítica sobre la forma en que administramos este generoso donativo;
21 porque procuramos hacer lo correcto, no solo delante del Señor, sino también delante de los demás.
22 Con ellos les enviamos a nuestro hermano que nos ha demostrado con frecuencia y de muchas maneras que es diligente, y ahora lo es aún más por la gran confianza que tiene en ustedes.
23 En cuanto a Tito, es mi compañero y colaborador entre ustedes; y en cuanto a los otros hermanos, son enviados de las iglesias, son una honra para Cristo.
24 Por tanto, den a estos hombres una prueba de su amor y muéstrenles por qué nos sentimos orgullosos de

8:19* O sea *nombrado a mano extendida.*

RVR

gloriarnos respecto de
vosotros.
9 Porque acerca de
este servicio a los
santos, es superfluo que
yo os escriba;
2 pues conozco vuestra
buena voluntad, de la
cual yo me glorío entre
los de Macedonia, que
Acaya está preparada
desde el año pasado; y
vuestro celo ha estimula-
do a la mayoría.
3 Pero he enviado a los
hermanos, para que
nuestra jactancia acerca
de vosotros no se desva-
nezca en este particular;
para que como decía,
estéis preparados;
4 no sea que si vienen
conmigo algunos
macedonios, y os hallan
desprevenidos, nos
avergoncemos nosotros,
por no decir vosotros,
de esta nuestra firme
confianza.
5 Por tanto, tuve por
necesario exhortar a los
hermanos que fuesen
primero a vosotros y
preparasen primero
vuestra generosidad an-
tes prometida, para que
esté lista como ofrenda
generosa, y no como
tacañería.
6 Pero esto digo: El
que siembra escasa-
mente, también segará

ὑμῶν εἰς αὐτοὺς ἐνδεικνύμενοι εἰς πρόσωπον τῶν ἐκκλησιῶν.
vosotros$_{14}$ a$_3$ ellos$_4$ mostrando$_2$ en presencia de las iglesias.
5216 1519 846 1731 1519 4383 3588 1577
RP2GP P RP3APM VPMP-PNM P NASN DGPF NGPF

9 Περὶ μὲν γὰρ τῆς διακονίας τῆς εἰς τοὺς ἁγίους
acerca de$_9$ ciertamente,$_2$ porque$_1$ el$_{10}$ ministerio$_{11}$ --$_{12}$ para$_{13}$ los$_{14}$ santos;$_{15}$
4012 3303 1063 3588 1248 3588 1519 3588 40
P TK, C CLX DGSF NGSF DGSF P DAPM JAPM

περισσόν μοί ἐστιν τὸ γράφειν ὑμῖν, 2 οἶδα γὰρ τὴν προθυμίαν
por demás$_5$ para mí$_4$ es$_3$ el$_6$ escribir$_7$ a vosotros$_8$ sé$_2$ porque$_1$ la disposición
4053 3427 2076 3588 1125 5213 1492 1063 3588 4288
B, J RP1DS VPAI3S DNSN VPAN RP2DP VRAI1S CAZ DASF NASF

ὑμῶν ἣν ὑπὲρ ὑμῶν καυχῶμαι Μακεδόσιν ὅτι Ἀχαΐα
de vosotros, la que$_1$ por$_4$ vosotros,$_5$ me jacto$_2$ ante los macedonios$_3$ porque Acaya
5216 3739 5228 5216 2744 3110 3754 882
RP2GP RR-ASF P RP2GP VPUI1S NDPM CSC NNSF

παρεσκεύασται ἀπὸ πέρυσι, καὶ τὸ ὑμῶν ζῆλος ἠρέθισε τοὺς
se ha preparado desde hace un año, y$_1$ el$_2$ de vosotros$_4$ celo$_3$ estimuló a los
3903 575 4070 2532 3588 5216 2205 2042 3588
VRPI3S P B CLN DNSN RP2GP NNSN VAAI3S DAPM

πλείονας. 3 ἔπεμψα δὲ τοὺς ἀδελφούς, ἵνα μὴ τὸ καύχημα
más. envié$_2$ Mas$_1$ a los hermanos, para que no$_7$ la$_1$ jactancia$_2$
4119 3992 1161 3588 80 2443 3361 3588 2745
JAPMC VAAI1S CLK, CLC DAPM NAPM CAP BN, TN DNSN NNSN

ἡμῶν τὸ ὑπὲρ ὑμῶν κενωθῇ ἐν τῷ μέρει τούτῳ, ἵνα
de nosotros$_3$ --$_4$ por$_5$ vosotros$_6$ sea vaciada$_8$ en$_9$ --$_{11}$ caso,$_{12}$ este$_{10}$ para que
2257 3588 5228 5216 2758 1722 3588 3313 5129 2443
RP1GP DNSN P RP2GP VAPS3S P DDSN NDSN RD-DSN CAP

καθὼς ἔλεγον παρεσκευασμένοι ἦτε, 4 μή πως ἐὰν ἔλθωσιν
como decía, preparados estéis no de algún modo si vinieran
2531 3004 3903 5600 3361 4458 1437 2064
CAM VIAI1S VRPP-PNM VPAS2P TN, CAP TX, BX CAC VAAS3P

σὺν ἐμοὶ] Μακεδόνες καὶ εὕρωσιν ὑμᾶς ἀπαρασκευάστους
con mi algunos macedonios y encontraran a vosotros no preparados,
4862 1698 3110 2532 2147 5209 532
P RP1DS NNPM CLN VAAS3P RP2AP JAPM

καταισχυνθῶμεν ἡμεῖς, ἵνα μὴ λέγωμεν ὑμεῖς, ἐν τῇ ὑποστάσει
seamos avergonzados nosotros, para que no digamos vosotros, en$_1$ --$_3$ confianza.$_4$
2617 2249 2443 3361 3004 5210 1722 3588 5287
VAPS1P RP1NP CAP BN, TN VPAS1P RP2NP P DDSF NDSF

ταύτῃ. 5 ἀναγκαῖον οὖν ἡγησάμην παρακαλέσαι τοὺς ἀδελφοὺς ἵνα
esta$_2$ necesario$_3$ Así que,$_1$ consideré$_2$ alentar a los hermanos que
3778 316 3767 2233 3870 3588 80 2443
RD-DSF JASN CLI VAMI1S VAAN DAPM NAPM CSC

προέλθωσιν εἰς ὑμᾶς καὶ προκαταρτίσωσι τὴν προεπηγγελμένην
se adelantaran a vosotros y prepararan la que$_3$ habían prometido$_4$
4281 1519 5209 2532 4294 3588 4279
VAAS3P P RP2AP CLN VAAS3P DASF VRUP-SAF

εὐλογίαν ὑμῶν, ταύτην ἑτοίμην εἶναι οὕτως ὡς εὐλογίαν καὶ
(la) bendición$_1$ de vosotros,$_2$ esta$_6$ preparada$_8$ estar$_7$ así$_5$ como bendición y
2129 5216 3778 2092 1511 3779 5613 2129 2532
NASF RP2GP RD-ASF JASF VPAN B P, CAM NASF CLN

μὴ ὡς πλεονεξίαν. 6 Τοῦτο δέ, ὁ σπείρων φειδομένως
no como avaricia. esto (digo):$_2$ Y$_1$ el que siembra escasamente,
3361 5613 4124 5124 1161 3588 4687 5340
BN, TN P, CAM NASF RD-ASN CLN DNSM VPAP-SNM B

NVI

ustedes, para testimonio
ante las iglesias.
9 No hace falta que
les escriba acerca
de esta ayuda para los
santos, 2 porque conozco
la buena disposición que
ustedes tienen. Esto lo he
comentado con orgullo
entre los macedonios,
diciéndoles que desde el
año pasado ustedes los de
Acaya estaban preparados
para dar. El entusiasmo
de ustedes ha servido de
estímulo a la mayoría de
ellos. 3 Con todo, les envío
a estos hermanos para que
en este asunto no resulte
vano nuestro orgullo por
ustedes, sino que estén
preparados, como ya he
dicho que lo estarían, 4 no
sea que algunos macedo-
nios vayan conmigo y los
encuentren despreveni-
dos. En ese caso nosotros
—por no decir nada de
ustedes— nos avergonza-
ríamos por haber estado
tan seguros. 5 Así que
me pareció necesario
rogar a estos hermanos
que se adelantaran a
visitarlos y completaran
los preparativos para esa
generosa colecta que
ustedes habían prome-
tido. Entonces estará
lista como una ofrenda
generosa, y no como una
tacañería.

Sembrar con generosidad

6 Recuerden esto: El
que siembra escasa-
mente, escasamente

RVR

escasamente, y el que
siembra generosamente,
también segará genero-
samente.
7 Cada uno dé como
propuso en su corazón:
no con tristeza, ni por
necesidad, porque Dios
ama al dador alegre.
8 Y poderoso es Dios
para hacer que abunde
en vosotros toda gracia,
a fin de que, teniendo
siempre en todas las
cosas todo lo suficiente,
abundéis para toda
buena obra;
9 como está escrito:
Esparció, dio a los
pobres;
Su justicia permanece
para siempre.
10 Y el que suministra
semilla al que siembra,
y pan al que come,
proveerá y multiplicará
vuestra sementera, y
aumentará los frutos de
vuestra justicia,
11 para que estéis enri-
quecidos en todo para
toda liberalidad, la cual
produce por medio
de nosotros acción de
gracias a Dios.
12 Porque la ministra-
ción de este servicio
no solamente suple lo
que falta a los santos,
sino que también
sobreabunda a través
de muchas acciones de
gracias a Dios;
13 pues por la prueba

φειδομένως	καὶ	θερίσει,	καὶ	ὁ	σπείρων	ἐπ’	εὐλογίαις	ἐπ’
escasamente,$_{3}$	también$_{2}$	cosechará$_{1}$	y	el que	siembra	con	bendiciones,	con$_{3}$
5340	2532	2325	2532	3588	4687	1909	2129	1909
B	*BE, TE*	*VFAI3S*	*CLN*	*DNSM*	*VPAP-SNM*	*P*	*NDPF*	*P*

εὐλογίαις	καὶ	θερίσει.	7 ἕκαστος	καθὼς	προῄρηται	τῇ	καρδίᾳ,
bendiciones.$_{4}$	también$_{2}$	cosechará$_{1}$	Cada uno	como	ha propuesto	en el	corazón,
2129	2532	2325	1538	2531	4255	3588	2588
NDPF	*BE, TE*	*VFAI3S*	*JNSM*	*CAM*	*VRMI3S*	*DDSF*	*NDSF*

μὴ	ἐκ	λύπης	ἢ	ἐξ	ἀνάγκης·	ἱλαρὸν	γὰρ	δότην	ἀγαπᾷ	ὁ
no	de	tristeza	o	de	necesidad,	alegre.$_{6}$	porque$_{1}$	al dador$_{5}$	ama$_{4}$	--$_{2}$
3361	1537	3077	2228	1537	318	2431	1063	1395	25	3588
BN, TN	*P*	*NGSF*	*CLD*	*P*	*NGSF*	*JASM*	*CAZ*	*NASM*	*VPAI3S*	*DNSM*

θεός.	8 δυνατεῖ	δὲ	ὁ	θεὸς	πᾶσαν	χάριν	περισσεῦσαι	εἰς	ὑμᾶς,
Dios$_{3}$	es poderoso$_{4}$	Y$_{1}$	--$_{2}$	Dios$_{3}$	toda$_{8}$	gracia,$_{9}$	para hacer abundar$_{5}$	en$_{6}$	vosotros$_{7}$
2316	1414	1161	3588	2316	3956	5485	4052	1519	5209
NNSM	*VPAI3S*	*CLN*	*DNSM*	*NNSM*	*JASF*	*NASF*	*VAAN*	*P*	*RP2AP*

ἵνα	ἐν	παντὶ	πάντοτε	πᾶσαν	αὐτάρκειαν	ἔχοντες	περισσεύητε
para que$_{10}$	en$_{12}$	todo$_{13}$	siempre$_{14}$	todo$_{15}$	lo necesario,$_{16}$	teniendo$_{11}$	abundéis
2443	1722	3956	3842	3956	841	2192	4052
CAP	*P*	*JDSN*	*B*	*JASF*	*NASF*	*VPAP-PNM*	*VPAS2P*

εἰς	πᾶν	ἔργον	ἀγαθόν·	9 (καθὼς	γέγραπται·	Ἐσκόρπισεν,	ἔδωκεν
para	toda	obra	buena;	como	ha sido escrito:	Repartió,	dio
1519	3956	2041	18	2531	1125	4650	1325
P	*JASN*	*NASN*	*JASN*	*CAM*	*VRPI3S*	*VAAI3S*	*VAAI3S*

τοῖς	πένησιν,	ἡ	δικαιοσύνη	αὐτοῦ	μένει	εἰς	τὸν	αἰῶνα.	10 ὁ
a los	pobres,	la	justicia	él	permanece	para	la	eternidad.	el que$_{2}$
3588	3993	3588	1343	846	3306	1519	3588	165	3588
DDPM	*NDPM, JDPM*	*DNSF*	*NNSF*	*RP3GSM*	*VPAI3S*	*P*	*DASM*	*NASM*	*DNSM*

δὲ	ἐπιχορηγῶν	σπόρον	τῷ	σπείροντι	καὶ	ἄρτον	εἰς	βρῶσιν
Y$_{1}$	suministra$_{3}$	semilla	al que	siembra,	también$_{1}$	pan$_{3}$	para$_{4}$	alimento,$_{5}$
1161	2023	4703	3588	4687	2532	740	1519	1035
CLN	*VPAP-SNM*	*NASM*	*DDSM*	*VPAP-SDM*	*CLN*	*NASM*	*P*	*NASF*

χορηγήσει	καὶ	πληθυνεῖ	τὸν	σπόρον	ὑμῶν	καὶ	αὐξήσει	τὰ
proveerá$_{2}$	y	multiplicará	la	semilla	de vosotros	y	aumentará	los
5524	2532	4129	3588	4703	5216	2532	837	3588
VFAI3S	*CLN*	*VFAI3S*	*DASM*	*NASM*	*RP2GP*	*CLN*	*VFAI3S*	*DAPN*

γενήματα	τῆς	δικαιοσύνης	ὑμῶν·)	11 ἐν	παντὶ	πλουτιζόμενοι	εἰς
frutos	de la	justicia	de vosotros;	en$_{2}$	todo$_{3}$	siendo enriquecidos$_{1}$	para
1081	3588	1343	5216	1722	3956	4148	1519
NAPN	*DGSF*	*NGSF*	*RP2GP*	*P*	*JDSN*	*VPPP-PNM*	*P*

πᾶσαν	ἁπλότητα,	ἥτις	κατεργάζεται	δι’	ἡμῶν	εὐχαριστίαν	τῷ
toda	generosidad,	la cual	produce	por medio de	nosotros	acción de gracias	a --
3956	572	3748	2716	1223	2257	2169	3588
JASF	*NASF*	*RR-NSF*	*VPUI3S*	*P*	*RP1GP*	*NASF*	*DDSM*

θεῷ—	12 ὅτι	ἡ	διακονία	τῆς	λειτουργίας	ταύτης	οὐ	μόνον
Dios;	porque	el	ministerio	de --$_{1}$	servicio$_{3}$	este$_{2}$	no$_{5}$	sólo$_{6}$
2316	3754	3588	1248	3588	3009	3778	3756	3440
NDSM	*CAZ*	*DNSF*	*NNSF*	*DGSF*	*NGSF*	*RD-GSF*	*CLK, TN, B*	*B, J*

ἐστὶν	προσαναπληροῦσα	τὰ	ὑστερήματα	τῶν	ἁγίων,	ἀλλὰ	καὶ
está$_{4}$	proveyendo plenamente	las	necesidades	de los	santos,	sino	también
2076	4322	3588	5303	3588	40	235	2532
VPAI3S	*VPAP-SNF*	*DAPN*	*NAPN*	*DGPM*	*JGPM*	*CLK, CLC*	*BE, TE*

περισσεύουσα	διὰ	πολλῶν	εὐχαριστιῶν	τῷ	θεῷ—	13 διὰ	τῆς
abundando	por medio de	muchos	acción de gracias	a --	Dios;	por medio de	la
4052	1223	4183	2169	3588	2316	1223	3588
VPAP-SNF	*P*	*JGPF*	*NGPF*	*DDSM*	*NDSM*	*P*	*DGSF*

NVI

cosechará, y el que
siembra en abundancia,
en abundancia cose-
chará. 7 Cada uno debe
dar según lo que haya
decidido en su corazón,
no de mala gana ni por
obligación, porque
Dios ama al que da con
alegría. 8 Y Dios puede
hacer que toda gracia
abunde para ustedes, de
manera que siempre, en
toda circunstancia, ten-
gan todo lo necesario, y
toda buena obra abunde
en ustedes. 9 Como está
escrito:

«Repartió sus bienes
entre los pobres;
su justicia permanece
para siempre».

10 El que le suple semilla
al que siembra también
le suplirá pan para que
coma, aumentará los
cultivos y hará que
ustedes produzcan una
abundante cosecha de
justicia. 11 Ustedes serán
enriquecidos en todo
sentido para que en toda
ocasión puedan ser ge-
nerosos, y para que por
medio de nosotros la
generosidad de ustedes
resulte en acciones de
gracias a Dios.
12 Esta ayuda que es
un servicio sagrado no
solo suple las necesida-
des de los santos, sino
que también redunda
en abundantes acciones
de gracias a Dios. 13 En
efecto, al recibir esta

RVR

dada con esta ministra-
ción, glorifican a Dios
por la sumisión que
profesáis al evangelio
de Cristo, y por la
sinceridad de vuestra
comunión con ellos y
con todos;
[14] asimismo con la
oración de ellos por
vosotros, mostrando su
anhelo por vosotros a
causa de la sobreabun-
dante gracia de Dios en
vosotros.
[15] ¡Gracias a Dios por su
don inefable!

Pablo defiende su ministerio

10 Yo mismo,
Pablo, os ruego
por la mansedumbre y
clemencia de Cristo, yo
que estando presente
ciertamente soy tan
poca cosa entre vosotros,
mas ausente soy tan atre-
vido para con vosotros;
[2] ruego, pues, que
cuando esté presente,
no tenga que usar de
aquella osadía con que
me propongo proceder
resueltamente contra
algunos que nos consi-
deran como si anduvié-
semos según la carne.
[3] Pues aunque andamos
en la carne, no milita-
mos según la carne;
[4] porque las armas
de nuestra milicia
no son carnales, sino
poderosas en Dios

δοκιμῆς	τῆς	διακονίας	ταύτης	δοξάζοντες	τὸν	θεὸν	ἐπὶ	τῇ	ὑποταγῇ
prueba	de --$_{1}$	ministerio$_{3}$	este$_{2}$	glorificando	a --	Dios	por	la	obediencia
1382	3588	1248	3778	1392	3588	2316	1909	3588	5292
NGSF	*DGSF*	*NGSF*	*RD-GSF*	*VPAP-PNM*	*DASM*	*NASM*	*P*	*DDSF*	*NDSF*

τῆς	ὁμολογίας	ὑμῶν	εἰς	τὸ	εὐαγγέλιον	τοῦ	Χριστοῦ	καὶ	ἁπλότητι
de la	confesión	de vosotros	hacia	el	evangelio	de --	Cristo	y	(la) generosidad
3588	3671	5216	1519	3588	2098	3588	5547	2532	572
DGSF	*NGSF*	*RP2GP*	*P*	*DASN*	*NASN*	*DGSM*	*NGSM*	*CLN*	*NDSF*

τῆς	κοινωνίας	εἰς	αὐτοὺς	καὶ	εἰς	πάντας,	[14] καὶ	αὐτῶν	δεήσει
de la	comunión	para	ellos	y	para	todos,	y$_{1}$	de ellos$_{5}$	con (la) petición$_{4}$
3588	2842	1519	846	2532	1519	3956	2532	846	1162
DGSF	*NGSF*	*P*	*RP3APM*	*CLN*	*P*	*JAPM*	*CLN*	*RP3GPM*	*NDSF*

ὑπὲρ	ὑμῶν	ἐπιποθούντων	ὑμᾶς	διὰ	τὴν	ὑπερβάλλουσαν
en favor de$_{6}$	vosotros,$_{7}$	anhelando$_{2}$	a vosotros$_{3}$	a causa de$_{8}$	la$_{9}$	que está sobreabundando$_{13}$
5228	5216	1971	5209	1223	3588	5235
P	*RP2GP*	*VPAP-PGM*	*RP2AP*	*P*	*DASF*	*VPAP-SAF*

χάριν	τοῦ	θεοῦ	ἐφ᾽	ὑμῖν.	[15] χάρις	τῷ	θεῷ	ἐπὶ	τῇ	ἀνεκδιηγήτῳ
gracia$_{10}$	de --$_{11}$	Dios$_{12}$	sobre$_{14}$	vosotros.$_{15}$	Gracia(s)	a --	Dios	por	el	indescriptible
5485	3588	2316	1909	5213	5485	3588	2316	1909	3588	411
NASF	*DGSM*	*NGSM*	*P*	*RP2DP*	*NNSF*	*DDSM*	*NDSM*	*P*	*DDSF*	*JDSF*

αὐτοῦ	δωρεᾷ.
de él.$_{2}$	don$_{1}$
846	1431
RP3GSM	*NDSF*

10

Αὐτὸς	δὲ	ἐγὼ	Παῦλος	παρακαλῶ	ὑμᾶς	διὰ	τῆς
mismo,$_{3}$	Mas$_{1}$	yo$_{2}$	Pablo,	ruego	a vosotros	por medio de	la
846	1161	1473	3972	3870	5209	1223	3588
RP3NSMP	*CLT*	*RP1NS*	*NNSM*	*VPAI1S*	*RP2AP*	*P*	*DGSF*

πραΰτητος	καὶ	ἐπιεικείας	τοῦ	Χριστοῦ,	ὃς	κατὰ	πρόσωπον
mansedumbre	y	clemencia	de --	Cristo,	(yo) quien	en	presencia
4240	2532	1932	3588	5547	3739	2596	4383
NGSF	*CLN*	*NGSF*	*DGSM*	*NGSM*	*RR-NSM*	*P*	*NASN*

μὲν	ταπεινὸς	ἐν	ὑμῖν,	ἀπὼν	δὲ	θαρρῶ	εἰς	ὑμᾶς·
en verdad	(soy) humilde	entre	vosotros,	estando ausente$_{2}$	pero$_{1}$	soy atrevido	para con	vosotros;
3303	5011	1722	5213	548	1161	2292	1519	5209
TK, C	*JNSM*	*P*	*RP2DP*	*VPAP-SNM*	*CLK, CLC*	*VPAI1S*	*P*	*RP2AP*

[2] δέομαι	δὲ	τὸ	μὴ	παρὼν	θαρρῆσαι	τῇ	πεποιθήσει	ᾗ
pido,$_{2}$	y$_{1}$	--$_{5}$	no$_{4}$	estando presente,$_{3}$	ser atrevido$_{6}$	con la	confianza	con la que
1189	1161	3588	3361	3918	2292	3588	4006	3739
VPUI1S	*CLN*	*DASN*	*BN, TN*	*VPAP-SNM*	*VAAN*	*DDSF*	*NDSF*	*RR-DSF*

λογίζομαι	τολμῆσαι	ἐπί	τινας	τοὺς	λογιζομένους	ἡμᾶς
pienso	atrever(me)	sobre	algunos,	los que	consideran	a nosotros
3049	5111	1909	5100	3588	3049	2248
VPUI1S	*VAAN*	*P*	*JAPM, RX-APM*	*DAPM*	*VPUP-PAM*	*RP1AP*

ὡς	κατὰ	σάρκα	περιπατοῦντας.	[3] ἐν	σαρκὶ	γὰρ	περιπατοῦντες
como	según$_{2}$	(la) carne.$_{3}$	andando$_{1}$	en$_{3}$	(la) carne,$_{4}$	Porque$_{1}$	aunque andando$_{2}$
5613	2596	4561	4043	1722	4561	1063	4043
CAM	*P*	*NASF*	*VPAP-PAM*	*P*	*NDSF*	*CLX*	*VPAP-PNM*

οὐ	κατὰ	σάρκα	στρατευόμεθα—	[4] τὰ	γὰρ	ὅπλα	τῆς	στρατείας
no$_{1}$	según$_{3}$	(la) carne,$_{4}$	militamos$_{2}$	las$_{2}$	porque$_{1}$	armas$_{3}$	del	combate
3756	2596	4561	4754	3588	1063	3696	3588	4752
BN, TN	*P*	*NASF*	*VPMI1P*	*DNPN*	*CAZ*	*NNPN*	*DGSF*	*NGSF*

ἡμῶν	οὐ	σαρκικὰ	ἀλλὰ	δυνατὰ	τῷ	θεῷ	πρὸς	καθαίρεσιν
de nosotros	no (son)	carnales,	sino	poderosas	en (el)	Dios	para	destrucción
2257	3756	4559	235	1415	3588	2316	4314	2506
RP1GP	*CLK, TN, B*	*JNPN*	*CLK, CLC*	*JNPN*	*DDSM*	*NDSM*	*P*	*NASF*

NVI

demostración de servi-
cio, ellos alabarán a Dios
por la obediencia con
que ustedes acompañan
la confesión del evan-
gelio de Cristo, y por
su generosa solidaridad
con ellos y con todos.
[14] Además, en las oracio-
nes de ellos por ustedes,
expresarán el afecto que
les tienen por la sobrea-
bundante gracia que
ustedes han recibido de
Dios. [15] ¡Gracias a Dios
por su don inefable!

Pablo defiende su ministerio

10 Por la ternura
y la bondad de
Cristo, yo, Pablo, apelo a
ustedes personalmente;
yo mismo que, según
dicen, soy tímido cuan-
do me encuentro cara a
cara con ustedes, pero
atrevido cuando estoy
lejos. [2] Les ruego que
cuando vaya no tenga
que ser tan atrevido
como me he propuesto
ser con algunos que opi-
nan que vivimos según
criterios meramente
humanos, [3] pues aunque
vivimos en el mundo, no
libramos batallas como
lo hace el mundo. [4] Las
armas con que luchamos
no son del mundo, sino
que tienen el poder
divino para derribar

ὀχυρωμάτων—	λογισμοὺς	καθαιροῦντες	5 καὶ	πᾶν	ὕψωμα
de fortalezas,	razonamientos$_2$	destruyendo$_1$	y	toda	altivez
3794	3053	2507	2532	3956	5313
NGPN	*NAPM*	*VPAP-PNM*	*CLN*	*JASN*	*NASN*

ἐπαιρόμενον	κατὰ	τῆς	γνώσεως	τοῦ	θεοῦ,	καὶ	αἰχμαλωτίζοντες	πᾶν
que se levanta	contra	el	conocimiento	de --	Dios,	y	llevando cautivo	todo
1869	2596	3588	1108	3588	2316	2532	163	3956
VPMP-SAN	*P*	*DGSF*	*NGSF*	*DGSM*	*NGSM*	*CLN*	*VPAP-PNM*	*JASN*

νόημα	εἰς	τὴν	ὑπακοὴν	τοῦ	Χριστοῦ,	6 καὶ	ἐν	ἑτοίμῳ	ἔχοντες*
pensamiento	hacia	la	obediencia	de --	Cristo,	y	en	dispuesto	teniendo
3540	1519	3588	5218	3588	5547	2532	1722	2092	2192
NASN	*P*	*DASF*	*NASF*	*DGSM*	*NGSM*	*CLN*	*P*	*JDSN*	*VPAP-PNM*

ἐκδικῆσαι	πᾶσαν	παρακοήν,	ὅταν	πληρωθῇ	ὑμῶν	ἡ	ὑπακοή.
para castigar	toda	desobediencia,	cuando$_1$	se complete.$_5$	de vosotros$_4$	la$_2$	obediencia$_3$
1556	3956	3876	3752	4137	5216	3588	5218
VAAN	*JASF*	*NASF*	*CAT*	*VAPS3S*	*RP2GP*	*DNSF*	*NNSF*

7 Τὰ	κατὰ	πρόσωπον	βλέπετε.	εἴ	τις	πέποιθεν	ἑαυτῷ
las cosas$_2$	según$_3$	(la) apariencia.$_4$	Miráis$_1$	Si	alguno	ha persuadido	a sí mismo
3588	2596	4383	991	1487	5100	3982	1438
DAPN	*P*	*NASN*	*VPAI2P*	*CAC*	*RX-NSM*	*VRAI3S*	*RF3DSM*

Χριστοῦ	εἶναι,	τοῦτο	λογιζέσθω	πάλιν	ἐφ’	ἑαυτοῦ	ὅτι	καθὼς	αὐτὸς
de Cristo,$_2$	ser$_1$	esto$_4$	considere$_3$	de nuevo:$_7$	sobre$_5$	sí mismo$_6$	que	como	él (es)
5547	1511	5124	3049	3825	1909	1438	3754	2531	846
NGSM	*VPAN*	*RD-ASN*	*VPUM3S*	*B*	*P*	*RF3GSM*	*CSC*	*CAM*	*RP3NSMP*

Χριστοῦ	οὕτως	καὶ	ἡμεῖς.	8 ἐάν	τε	γὰρ	περισσότερόν	τι
de Cristo,	así	también	nosotros.	si$_2$	aun$_3$	Porque$_1$	más abundantemente$_6$	algo$_5$
5547	3779	2532	2249	1437	5037	1063	4053	5100
NGSM	*B*	*BE, TE*	*RP1NP*	*CAC*	*CLA*	*CLX*	*JASNC*	*JASN, RX-ASN*

καυχήσωμαι	περὶ	τῆς	ἐξουσίας	ἡμῶν,	ἧς	ἔδωκεν	ὁ	κύριος
me gloriara$_4$	acerca de	la	autoridad	de nosotros,	la cual$_1$	dio$_4$	el$_2$	Señor$_3$
2744	4012	3588	1849	2257	3739	1325	3588	2962
VAMS1S	*P*	*DGSF*	*NGSF*	*RP1GP*	*RR-GSF*	*VAAI3S*	*DNSM*	*NNSM*

εἰς	οἰκοδομὴν	καὶ	οὐκ	εἰς	καθαίρεσιν	ὑμῶν,	οὐκ	αἰσχυνθήσομαι,
para	edificación	y	no	para	destrucción	de vosotros,	no	seré avergonzado,
1519	3619	2532	3756	1519	2506	5216	3756	153
P	*NASF*	*CLN*	*BN, TN*	*P*	*NASF*	*RP2GP*	*BN, TN*	*VFPI1S*

9 ἵνα	μὴ	δόξω	ὡς	ἂν	ἐκφοβεῖν	ὑμᾶς	διὰ	τῶν	ἐπιστολῶν·
para que	no	parezca	como	--	aterrorizar	a vosotros	por medio de	las	cartas.
2443	3361	1380	5613	302	1629	5209	1223	3588	1992
CSC	*BN, TN*	*VAAS1S*	*CAM*	*TC*	*VPAN*	*RP2AP*	*P*	*DGPF*	*NGPF*

10 ὅτι	Αἱ	ἐπιστολαὶ	μέν,	φησίν,	βαρεῖαι	καὶ	ἰσχυραί,	ἡ
Porque,$_1$	las$_4$	cartas$_5$	ciertamente$_2$	dice(n):$_3$	(son) pesadas	y	fuertes,	la$_2$
3754	3588	1992	3303	5346	926	2532	2478	3588
CAZ	*DNPF*	*NNPF*	*TK, C*	*VPAI3S*	*JNPF*	*CLN*	*JNPF*	*DNSF*

δὲ	παρουσία	τοῦ	σώματος	ἀσθενὴς	καὶ	ὁ	λόγος	ἐξουθενημένος.
mas$_1$	presencia$_3$	del	cuerpo (es)	débil,	y	la	palabra	despreciable.
1161	3952	3588	4983	772	2532	3588	3056	1848
CLK, CLC	*NNSF*	*DGSN*	*NGSN*	*JNSF*	*CLN*	*DNSM*	*NNSM*	*VRPP-SNM*

11 τοῦτο	λογιζέσθω	ὁ	τοιοῦτος,	ὅτι	οἷοί	ἐσμεν	τῷ	λόγῳ	δι’
esto$_2$	Considere$_1$	el	tal:	que	cuales	somos	en la	palabra	por medio de
5124	3049	3588	5108	3754	3634	2070	3588	3056	1223
RD-ASN	*VPUM3S*	*DNSM*	*RD-NSM*	*CSC*	*RK-NPM*	*VPAI1P*	*DDSM*	*NDSM*	*P*

ἐπιστολῶν	ἀπόντες,	τοιοῦτοι	καὶ	παρόντες	τῷ	ἔργῳ.
cartas	estando ausentes,	tales (somos)	también	estando presentes.$_3$	(en) --$_1$	obra$_2$
1992	548	5108	2532	3918	3588	2041
NGPF	*VPAP-PNM*	*RD-NPM*	*BE, TE*	*VPAP-PNM*	*DDSN*	*NDSN*

RVR

para la destrucción de
fortalezas,
5 derribando argumentos y toda altivez que
se levanta contra el
conocimiento de Dios,
y llevando cautivo todo
pensamiento a la obediencia a Cristo,
6 y estando prontos para
castigar toda desobediencia, cuando vuestra
obediencia sea perfecta.
7 Miráis las cosas según
la apariencia. Si alguno
está persuadido en sí
mismo que es de Cristo,
piense esto también por
sí mismo, que como él
es de Cristo, así también
nosotros somos de
Cristo.
8 Porque aunque me
gloríe algo más todavía
de nuestra autoridad,
la cual el Señor nos dio
para edificación y no
para vuestra destrucción, no me avergonzaré;
9 para que no parezca
como que os quiero
amedrentar mediante
mis cartas.
10 Porque a la verdad,
dicen, las cartas son
duras y fuertes; mas
la presencia corporal,
débil, y la palabra, menospreciable.
11 Esto tenga en cuenta
tal persona, que cuales
somos en la palabra por
cartas, estando ausentes,
tales somos también
en hechos, estando
presentes.

NVI

fortalezas. 5 Destruimos
argumentos y toda altivez que se levanta contra
el conocimiento de
Dios, y llevamos cautivo
todo pensamiento para
que se someta a Cristo.
6 Y estamos dispuestos
a castigar cualquier acto
de desobediencia una
vez que yo pueda contar
con la completa obediencia de ustedes.
7 Fíjense en lo que está
a la vista. Si alguno está
convencido de ser de
Cristo, considere esto de
nuevo: nosotros somos
tan de Cristo como él.
8 No me avergonzaré
de jactarme de nuestra
autoridad más de la
cuenta, autoridad que el
Señor nos ha dado para
la edificación y no para
la destrucción de ustedes. 9 No quiero dar la
impresión de que trato
de asustarlos con mis
cartas, 10 pues algunos
dicen: «Sus cartas son
duras y fuertes, pero él
en persona no impresiona a nadie, y como
orador es un fracaso».
11 Tales personas deben
darse cuenta de que lo
que somos por escrito
estando ausentes lo seremos con hechos estando
presentes.

10:6* O sea *estando dispuesto.*

RVR

12 Porque no nos
atrevemos a contarnos
ni a compararnos con
algunos que se alaban
a sí mismos; pero ellos,
midiéndose a sí mismos
por sí mismos, y com-
parándose consigo mis-
mos, no son sensatos.
13 Pero nosotros no nos
gloriaremos desmedida-
mente, sino conforme a
la regla que Dios nos ha
dado por medida, para
llegar también hasta
vosotros.
14 Porque no nos hemos
extralimitado, como
si no llegásemos hasta
vosotros, pues fuimos
los primeros en llegar
hasta vosotros con el
evangelio de Cristo.
15 No nos gloriamos
desmedidamente en
trabajos ajenos, sino
que esperamos que
conforme crezca vuestra
fe, seremos muy engran-
decidos entre vosotros,
conforme a nuestra
norma;
16 y que anunciaremos el
evangelio en los lugares
más allá de vosotros,
sin entrar en la esfera
de otro para gloriarnos
en lo que ya estaba
preparado.
17 Mas el que se gloría,
gloríese en el Señor;
18 porque no es apro-
bado el que se alaba a
sí mismo, sino aquel a

12 Οὐ	γὰρ	τολμῶμεν	ἐγκρῖναι	ἢ	συγκρῖναι	ἑαυτούς	τισιν
no$_2$	Porque$_1$	nos atrevemos	a equiparar	o	comparar	a nosotros mismos	con algunos
3756	1063	5111	1469	2228	4793	1438	5100
CLK,TN,B	CLX	VPAI1P	VAAN	CLD	VAAN	RF1APM	RX-DPM

τῶν	ἑαυτοὺς	συνιστανόντων·	ἀλλὰ	αὐτοὶ	ἐν	ἑαυτοῖς	ἑαυτοὺς
de los que$_1$	a sí mismos,$_3$	se recomiendan$_2$	pero$_4$	ellos$_5$	por$_8$	sí mismos$_9$	a sí mismos$_7$
3588	1438	4921	235	846	1722	1438	1438
DGPM	RF3APM	VPAP-PGM	CLK, CLC	RP3NPMP	P	RF3DPM	RF3APM

μετροῦντες	καὶ	συγκρίνοντες	ἑαυτοὺς	ἑαυτοῖς	οὐ	συνιᾶσιν.
midiendo$_6$	y	comparando	a sí mismos	consigo mismos.	no	entienden
3354	2532	4793	1438	1438	3756	4920
VPAP-PNM	CLN	VPAP-PNM	RF3APM	RF3DPM	BN, TN	VPAI3P

13 ἡμεῖς	δὲ	οὐκ	εἰς	τὰ	ἄμετρα*	καυχησόμεθα,	ἀλλὰ	κατὰ
nosotros$_2$	Pero$_1$	no$_3$	para	las cosas	inmensas,	nos gloriaremos$_4$	sino	según
2249	1161	3756	1519	3588	280	2744	235	2596
RP1NP	CLC	CLK, TN, B	P	DAPN	JAPN	VFMI1P	CLK, CLC	P

τὸ	μέτρον	τοῦ	κανόνος	οὗ	ἐμέρισεν	ἡμῖν	ὁ	θεὸς	μέτρου,
la	medida	de la	norma	la que	asignó$_3$	a nosotros$_4$	--$_1$	Dios$_2$	(como) medida,$_5$
3588	3358	3588	2583	3739	3307	2254	3588	2316	3358
DASN	NASN	DGSM	NGSM	RR-GSM	VAAI3S	RP1DP	DNSM	NNSM	NGSN

ἐφικέσθαι	ἄχρι	καὶ	ὑμῶν—	14 οὐ	γὰρ	ὡς	μὴ	ἐφικνούμενοι
para llegar$_6$	hasta$_8$	también$_7$	vosotros.$_9$	no$_2$	Porque$_1$	como$_5$	no$_6$	llegando$_7$
2185	891	2532	5216	3756	1063	5613	3361	2185
VAMN	P	CLA, B	RP2GP	BN,TN	CLX	CAM	BN, TN	VPUP-PNM

εἰς	ὑμᾶς	ὑπερεκτείνομεν	ἑαυτούς,	ἄχρι	γὰρ	καὶ	ὑμῶν
a$_8$	vosotros,$_9$	extralimitamos$_3$	a nosotros mismos$_4$	hasta$_{13}$	porque$_{10}$	también$_{12}$	vosotros$_{14}$
1519	5209	5239	1438	891	1063	2532	5216
P	RP2AP	VPAI1P	RF1APM	P	CAZ	CLA, B	RP2GP

ἐφθάσαμεν	ἐν	τῷ	εὐαγγελίῳ	τοῦ	Χριστοῦ—	15 οὐκ	εἰς	τὰ
llegamos$_{11}$	con	el	evangelio	de --	Cristo,	no$_1$	para$_3$	las cosas$_4$
5348	1722	3588	2098	3588	5547	3756	1519	3588
VAAI1P	P	DDSN	NDSN	DGSM	NGSM	CLK,TN,B	P	DAPN

ἄμετρα*	καυχώμενοι	ἐν	ἀλλοτρίοις	κόποις,	ἐλπίδα	δὲ	ἔχοντες
inmensas,$_5$	gloriándonos$_2$	en$_6$	ajenos,$_8$	trabajos$_7$	esperanza$_{11}$	mas$_9$	teniendo$_{10}$
280	2744	1722	245	2873	1680	1161	2192
JAPN	VPUP-PNM	P	JDPM	NDPM	NASF	CLK, CLC	VAPP-PNM

αὐξανομένης	τῆς	πίστεως	ὑμῶν	ἐν	ὑμῖν	μεγαλυνθῆναι	κατὰ
al ir creciendo	la	fe	de vosotros,	entre$_4$	vosotros$_5$	engrandecer$_1$	conforme a$_6$
837	3588	4102	5216	1722	5213	3170	2596
VPPP-SGF	DGSF	NGSF	RP2GP	P	RP2DP	VAPN	P

τὸν	κανόνα	ἡμῶν	εἰς	περισσείαν,	16 εἰς	τὰ	ὑπερέκεινα	ὑμῶν
la$_7$	norma$_8$	de nosotros,$_9$	en$_2$	abundancia$_3$	para$_1$	a las$_3$	(regiones) más allá$_4$	de vosotros,$_5$
3588	2583	2257	1519	4050	1519	3588	5238	5216
DASM	NASM	RP1GP	P	NASF	P	DAPN	P, B	RP2GP

εὐαγγελίσασθαι,	οὐκ	ἐν	ἀλλοτρίῳ	κανόνι	εἰς	τὰ	ἕτοιμα
anunciar la buena noticia$_2$	no$_6$	en$_{10}$	ajena.$_{12}$	área$_{11}$	en$_7$	las cosas$_8$	preparadas$_9$
2097	3756	1722	245	2583	1519	3588	2092
VAMN	BN, TN	P	JDSM	NDSM	P	DAPN	JAPN

καυχήσασθαι.	17 Ὁ	δὲ	καυχώμενος	ἐν	κυρίῳ	καυχάσθω·	18 οὐ
gloriarse$_7$	el que$_2$	Mas$_1$	se gloría,$_3$	en$_5$	(el) Señor;$_6$	gloríese$_4$	no$_2$
2744	3588	1161	2744	1722	2962	2744	3756
VAMN	DNSM	CLC	VPUP-SNM	P	NDSM	VPUM3S	CLK,TN,B

γὰρ	ὁ	ἑαυτὸν	συνιστάνων,	ἐκεῖνός	ἐστιν	δόκιμος,	ἀλλὰ	ὃν
porque$_1$	el que$_3$	a sí mismo,$_5$	se recomienda$_4$	aquel	es	aprobado,	sino	a quien
1063	3588	1438	4921	1565	2076	1384	235	3739
CAZ	DNSM	RF3ASM	VPAP-SNM	RD-NSM	VPAI3S	JNSM	CLK, CLC	RR-ASM

NVI

12 No nos atrevemos
a igualarnos ni a compa-
rarnos con algunos que
tanto se recomiendan a
sí mismos. Al medirse
con su propia medida
y compararse unos con
otros, no saben lo que
hacen. 13 Nosotros, por
nuestra parte, no vamos
a jactarnos más de lo
debido. Nos limita-
remos al campo que
Dios nos ha asignado
según su medida, en la
cual también ustedes
están incluidos. 14 Si no
hubiéramos estado antes
entre ustedes, se podría
alegar que estamos
rebasando estos límites,
cuando lo cierto es que
fuimos los primeros en
llevarles el evangelio
de Cristo. 15 No nos
jactamos desmedida-
mente a costa del trabajo
que otros han hecho. Al
contrario, esperamos
que, según vaya cre-
ciendo la fe de ustedes,
también nuestro campo
de acción entre ustedes
se amplíe grandemente,
16 para poder predicar el
evangelio más allá de sus
regiones, sin tener que
jactarnos del trabajo ya
hecho por otros. 17 Más
bien, «Si alguien ha de
gloriarse, que se gloríe
en el Señor». 18 Porque
no es aprobado el que se
recomienda a sí mismo,
sino aquel a quien

10:13*, 15* O sea *desmedidamente.*

RVR

quien Dios alaba.
11 ¡Ojalá me
toleraseis un
poco de insensatez! Sí,
toleradme.
2 Porque os celo con
celo de Dios; pues os he
desposado con un solo
esposo, para presentaros
como una virgen pura
a Cristo.
3 Pero temo que como
la serpiente con su
astucia engañó a Eva,
vuestros pensamientos
sean de alguna manera
extraviados de la sincera
fidelidad a Cristo.
4 Porque si viene alguno
predicando a otro Jesús
que el que os hemos
predicado, o si recibís
otro espíritu que el que
habéis recibido, u otro
evangelio que el que
habéis aceptado, bien lo
toleráis,
5 y pienso que en nada
he sido inferior a los más
eminentes apóstoles.
6 Pues aunque sea tosco
en la palabra, no lo soy
en el conocimiento; en
todo y por todo os lo
hemos demostrado.
7 ¿Pequé yo humillándome a mí mismo, para
que vosotros fueseis
enaltecidos, por cuanto

ὁ κύριος συνίστησιν.
el Señor recomienda.
3588 2962 4921
DNSM NNSM VPAI3S

11 Ὄφελον ἀνείχεσθέ μου μικρόν τι ἀφροσύνης·
¡Ojalá aguantabais (aguantarais) a mí un poco alguna insensatez!
3785 430 3450 3397 5100 877
I, T VIUI2P RP1GS JASN RX-ASN NGSF

ἀλλὰ καὶ ἀνέχεσθέ μου. 2 ζηλῶ γὰρ ὑμᾶς θεοῦ ζήλῳ, ἡρμοσάμην
Pero también aguantáis a mí. celo$_2$ Porque$_1$ a vosotros$_3$ Dios,$_5$ con celo$_4$ desposé$_2$
235 2532 430 3450 2206 1063 5209 2316 2205 718
CLC BE, TE VPUI2P RP1GS VPAI1S CLX RP2AP NGSM NDSM VAMI1S

γὰρ ὑμᾶς ἑνὶ ἀνδρὶ παρθένον ἁγνὴν παραστῆσαι τῷ Χριστῷ·
porque$_1$ a vosotros$_3$ con un esposo (como) virgen$_2$ pura$_3$ para presentar(os)$_1$ a --$_4$ Cristo.$_5$
1063 5209 1520 435 3933 53 3936 3588 5547
CAZ RP2AP JDSM NDSM NASF JASF VAAN DDSM NDSM

3 φοβοῦμαι δὲ μή πως, ὡς ὁ ὄφις ἐξηπάτησεν Εὕαν
temo$_2$ Pero$_1$ no (sea que) de algún modo, como la serpiente engañó a Eva,
5399 1161 3361 4458 5613 3588 3789 1818 2096
VPUI1S CLC CSC TX, BX CAM DNSM NNSM VAAI3S NASF

ἐν τῇ πανουργίᾳ αὐτοῦ, φθαρῇ τὰ νοήματα ὑμῶν ἀπὸ
con la astucia de ella, fueran corrompidos$_4$ los$_1$ pensamientos$_2$ de vosotros$_3$ de
1722 3588 3834 846 5351 3588 3540 5216 575
P DDSF NDSF RP3GSM VAPS3S DNPN NNPN RP2GP P

τῆς ἁπλότητος καὶ τῆς ἁγνότητος τῆς εἰς τὸν Χριστόν. 4 εἰ
la sencillez y de la pureza de la para con -- Cristo. si$_2$
3588 572 2532 3588 54 3588 1519 3588 5547 1487
DGSF NGSF CLN DGSF NGSF DGSF P DASM NASM CAC

μὲν γὰρ ὁ ἐρχόμενος ἄλλον Ἰησοῦν κηρύσσει ὃν οὐκ
en verdad$_3$ Porque$_1$ el que$_4$ viene$_5$ a otro$_7$ Jesús$_8$ proclama$_6$ al que no
3303 1063 3588 2064 243 2424 2784 3739 3756
TE, C CAZ DNSM VPUP-SNM JASM NASM VPAI3S RR-ASM BN, TN

ἐκηρύξαμεν, ἢ πνεῦμα ἕτερον λαμβάνετε ὃ οὐκ ἐλάβετε, ἢ
proclamamos, o$_1$ un espíritu$_3$ diferente,$_4$ recibís$_2$ el cual no recibisteis, u$_1$
2784 2228 4151 2087 2983 3739 3756 2983 2228
VAAI1P CLD NASN JASN VPAI2P RR-ASN BN, TN VAAI2P CLD

εὐαγγέλιον ἕτερον ὃ οὐκ ἐδέξασθε, καλῶς ἀνέχεσθε. 5 λογίζομαι
evangelio,$_3$ otro$_2$ el cual no acogisteis, bien (lo) soportáis. considero$_2$
2098 2087 3739 3756 1209 2573 430 3049
NASN JASN RR-ASN BN, TN VAMI2P B VPUI2P VPUI1S

γὰρ μηδὲν ὑστερηκέναι τῶν ὑπερλίαν ἀποστόλων· 6 εἰ δὲ
Porque$_1$ (que en) nada ser inferior de los$_1$ prominentes.$_3$ apóstoles$_2$ si$_2$ Y$_1$
1063 3367 5302 3588 5228, 3029 652 1487 1161
CAZ JASN VRAN DGPM B, B NGPM CAC CLN

καὶ ἰδιώτης τῷ λόγῳ, ἀλλ᾽ οὐ τῇ γνώσει, ἀλλ᾽ ἐν παντὶ
también$_3$ (soy) torpe en la palabra, pero no en el conocimiento, sino en todo
2532 2399 3588 3056 235 3756 3588 1108 235 1722 3956
CAN, B NNSM DDSM NDSM CLC BN, TN DDSF NDSF CLC P JDSN

φανερώσαντες ἐν πᾶσιν εἰς ὑμᾶς. 7 Ἢ ἁμαρτίαν ἐποίησα
habiendo manifestado en$_3$ todas las cosas.$_4$ a$_1$ vosotros$_2$ ¿O$_1$ pecado$_3$ hice$_2$
5319 1722 3956 1519 5209 2228 266 4160
VAAP-PNM P JDPN P RP2AP CLD NASF VAAI1S

ἐμαυτὸν ταπεινῶν ἵνα ὑμεῖς ὑψωθῆτε, ὅτι δωρεὰν τὸ τοῦ
a mí mismo$_5$ humillando$_4$ para que vosotros fuerais exaltados, porque$_1$ de balde?$_8$ el$_3$ de --$_5$
1683 5013 2443 5210 5312 3754 1432 3588 3588
RF1ASM VPAP-SNM CAP RP2NP VAPS2P CAZ B DASN DGSM

NVI

recomienda el Señor.

Pablo y los falsos apóstoles

11 ¡Ojalá me
aguanten unas
cuantas tonterías! ¡Sí,
aguántenmelas! 2 El celo
que siento por ustedes
proviene de Dios, pues
los tengo prometidos a
un solo esposo, que es
Cristo, para presentárselos como una virgen
pura. 3 Pero me temo
que, así como la serpiente con su astucia engañó
a Eva, los pensamientos
de ustedes sean desviados de un compromiso
puro y sincero con
Cristo. 4 Si alguien llega
a ustedes predicando a
un Jesús diferente del
que les hemos predicado
nosotros, o si reciben un
espíritu o un evangelio
diferentes de los que
ya recibieron, a ese lo
aguantan con facilidad.
5 Pero considero que
en nada soy inferior a
esos «superapóstoles».
6 Quizás yo sea un mal
orador, pero tengo
conocimiento. Esto se
lo hemos demostrado
a ustedes de una y mil
maneras.
7 ¿Es que cometí un
pecado al humillarme
yo para enaltecerlos a
ustedes, predicándoles

RVR

os he predicado el evan-
gelio de Dios de balde?
8 He despojado a otras
iglesias, recibiendo
salario para serviros a
vosotros.
9 Y cuando estaba
entre vosotros y tuve
necesidad, a ninguno
fui carga, pues lo que me
faltaba, lo suplieron los
hermanos que vinieron
de Macedonia, y en todo
me guardé y me guarda-
ré de seros gravoso.
10 Por la verdad de
Cristo que está en mí,
que no se me quitará
esta mi gloria en las
regiones de Acaya.
11 ¿Por qué? ¿Porque no
os amo? Dios lo sabe.
12 Mas lo que hago, lo
seguiré haciendo, para
privar de pretexto a
aquellos que desean
un pretexto para ser
considerados iguales a
nosotros en aquello en
que se glorían.
13 Porque los tales son
falsos apóstoles, obreros
fraudulentos, que se
disfrazan de apóstoles
de Cristo.
14 Y no es de extra-
ñar, porque el mismo
Satanás se disfraza de
ángel de luz.
15 Así que, no es mucho
el que también sus
ministros se disfracen
como ministros de

θεοῦ	εὐαγγέλιον	εὐηγγελισάμην	ὑμῖν;	8 ἄλλας	ἐκκλησίας	ἐσύλησα
Dios$_{6}$	evangelio$_{4}$	anuncié$_{2}$	a vosotros$_{7}$	a otras$_{2}$	iglesias$_{3}$	Robé$_{1}$
2316	2098	2097	5213	243	1577	4813
NGSM	*NASN*	*VAMI1S*	*RP2DP*	*JAPF*	*NAPF*	*VAAI1S*

λαβὼν	ὀψώνιον	πρὸς	τὴν	ὑμῶν	διακονίαν,	9 καὶ	παρὼν
habiendo recibido	salario	para$_{1}$	el$_{2}$	de vosotros.$_{4}$	ministerio$_{3}$	y	estando presente
2983	3800	4314	3588	5216	1248	2532	3918
VAAP-SNM	*NASN*	*P*	*DASF*	*RP2GP*	*NASF*	*CLN*	*VPAP-SNM*

πρὸς	ὑμᾶς	καὶ	ὑστερηθεὶς	οὐ	κατενάρκησα	οὐθενός·	τὸ
junto a	vosotros	y	habiendo estado en necesidad	no	fui una carga	a nadie;	la$_{8}$
4314	5209	2532	5302	3756	2655	3762	3588
P	*RP2AP*	*CLN*	*VAPP-SNM*	*BN, TN*	*VAAI1S*	*JGSM*	*DASN*

γὰρ	ὑστέρημά	μου	προσανεπλήρωσαν	οἱ	ἀδελφοὶ	ἐλθόντες
porque$_{1}$	necesidad$_{9}$	de mí,$_{10}$	proveyeron$_{7}$	los$_{2}$	hermanos$_{3}$	habiendo venido$_{4}$
1063	5303	3450	4322	3588	80	2064
CAZ	*NASN*	*RP1GS*	*VAAI3P*	*DNPM*	*NNPM*	*VAAP-PNM*

ἀπὸ	Μακεδονίας·	καὶ	ἐν	παντὶ	ἀβαρῆ	ἐμαυτὸν	ὑμῖν	ἐτήρησα
de$_{5}$	Macedonia$_{6}$	y$_{11}$	en$_{12}$	todo$_{13}$	ser carga$_{17}$	a mí mismo$_{18}$	para vosotros.$_{18}$	guardé$_{14}$
575	3109	2532	1722	3956	4	1683	5213	5083
P	*NGSF*	*CLN*	*P*	*JDSN*	*JASM*	*RF1ASM*	*RP2DP*	*VAAI1S*

καὶ	τηρήσω.	10 ἔστιν	ἀλήθεια	Χριστοῦ	ἐν	ἐμοὶ	ὅτι	ἡ	καύχησις
y$_{15}$	guardaré$_{16}$	está$_{3}$	(La) verdad$_{1}$	de Cristo$_{2}$	en$_{4}$	mí,$_{5}$	que$_{6}$	--$_{8}$	jactancia$_{9}$
2532	5083	2076	225	5547	1722	1698	3754	3588	2746
CLN	*VFAI1S*	*VPAI3S*	*NNSF*	*NGSM*	*P*	*RP1DS*	*CSC*	*DNSF*	*NNSF*

αὕτη	οὐ	φραγήσεται	εἰς	ἐμὲ	ἐν	τοῖς	κλίμασι	τῆς	Ἀχαΐας.	11 διὰ
esta$_{7}$	no	será silenciado	para	mí	en	las	regiones	de --	Acaya.	¿Por
3778	3756	5420	1519	1691	1722	3588	2824	3588	882	1223
RD-NSF	*BN, TN*	*VFPI3S*	*P*	*RP1AS*	*P*	*DDPN*	*NDPN*	*DGSF*	*NGSF*	*P*

τί;	ὅτι	οὐκ	ἀγαπῶ	ὑμᾶς;	ὁ	θεὸς	οἶδεν.	12 Ὃ	δὲ	ποιῶ
qué?	¿Porque	no	amo	a vosotros?	--	Dios	(lo) sabe.	lo que$_{2}$	Mas$_{1}$	hago,
5101	3754	3756	25	5209	3588	2316	1492	3739	1161	4160
RI-ASN	*CAZ*	*BN, TN*	*VPAI1S*	*RP2AP*	*DNSM*	*NNSM*	*VRAI3S*	*RR-ASN*	*CLC*	*VPAI1S*

καὶ	ποιήσω,	ἵνα	ἐκκόψω	τὴν	ἀφορμὴν	τῶν	θελόντων	ἀφορμήν,
también	(lo) haré,	para	cortar	el	pretexto	de los	que desean	un pretexto,
2532	4160	2443	1581	3588	874	3588	2309	874
BE, TE	*VFAI1S*	*CAP*	*VAAS1S*	*DASF*	*NASF*	*DGPM*	*VPAP-PGM*	*NASF*

ἵνα	ἐν	ᾧ	καυχῶνται	εὑρεθῶσιν	καθὼς	καὶ	ἡμεῖς.	13 οἱ	γὰρ
para$_{1}$	en$_{6}$	lo que$_{7}$	se jactan,$_{8}$	sean hallados$_{2}$	como$_{3}$	también$_{4}$	nosotros$_{5}$	los$_{2}$	Porque$_{1}$
2443	1722	3739	2744	2147	2531	2532	2249	3588	1063
CSC	*P*	*RR-DSN*	*VPUI3P*	*VAPS3P*	*CAM*	*BE, TE*	*RP1NP*	*DNPM*	*CLX*

τοιοῦτοι	ψευδαπόστολοι,	ἐργάται	δόλιοι,	μετασχηματιζόμενοι
tales$_{3}$	(son) falsos apóstoles,	obreros	fraudulentos,	transformándose
5108	5570	2040	1386	3345
RD-NPM	*NNPM*	*NNPM*	*JNPM*	*VPMP-PNM*

εἰς	ἀποστόλους	Χριστοῦ·	14 καὶ	οὐ	θαῦμα,	αὐτὸς	γὰρ	ὁ
en	apóstoles	de Cristo.	Y	no	(es) cosa extraña;	el mismo$_{2}$	porque$_{1}$	--$_{3}$
1519	652	5547	2532	3756	2295	846	1063	3588
P	*NAPM*	*NGSM*	*CLN*	*BN, TN*	*NNSN*	*RP3NSMP*	*CAZ*	*DNSM*

Σατανᾶς	μετασχηματίζεται	εἰς	ἄγγελον	φωτός·	15 οὐ	μέγα
Satanás$_{4}$	se transforma	en	un ángel	de luz.	no$_{2}$	(es algo) grande$_{3}$
4567	3345	1519	32	5457	3756	3173
NNSM	*VPMI3S*	*P*	*NASM*	*NGSN*	*BN,TN*	*JNSN*

οὖν	εἰ	καὶ	οἱ	διάκονοι	αὐτοῦ	μετασχηματίζονται	ὡς
Así que,$_{1}$	si	también	los	ministros	de él	se transforman	como
3767	1487	2532	3588	1249	846	3345	5613
CLI	*CAC*	*BE, TE*	*DNPM*	*NNPM*	*RP3GSM*	*VPMI3P, VPPI3P*	*P, CAM*

NVI

el evangelio de Dios
gratuitamente? 8 De
hecho, despojé a otras
iglesias al recibir de ellas
ayuda para servirles a
ustedes. 9 Cuando estuve
entre ustedes y necesité
algo, no fui una carga
para nadie, ya que los
hermanos que llegaron
de Macedonia suplieron
mis necesidades. He
evitado serles una carga
en cualquier sentido, y
seguiré evitándolo. 10 Es
tan cierto que la verdad
de Cristo está en mí
como lo es que nadie en
las regiones de Acaya
podrá privarme de este
motivo de orgullo.
11 ¿Por qué? ¿Porque
no los amo? ¡Dios sabe
que sí! 12 Pero seguiré
haciendo lo que hago,
a fin de quitar todo
pretexto a aquellos que,
buscando una oportuni-
dad para hacerse iguales
a nosotros, se jactan de
lo que hacen.
13 Tales individuos
son falsos apóstoles,
obreros estafadores, que
se disfrazan de apóstoles
de Cristo. 14 Y no es de
extrañar, ya que Satanás
mismo se disfraza de
ángel de luz. 15 Por eso
no es de sorprenderse
que sus servidores se
disfracen de servidores

RVR

justicia; cuyo fin será
conforme a sus obras.

Las credenciales de un apóstol

16 Otra vez digo: Que
nadie me tenga por
insensato; o de otra
manera, recibidme
como a loco, para que
yo también me glorie
un poquito.
17 Lo que hablo, no lo
hablo según el Señor,
sino como en locura,
con esta confianza de
gloriarme.
18 Puesto que muchos se
glorían según la carne,
también yo me gloriaré;
19 porque de buena
gana toleráis a los
necios, siendo vosotros
cuerdos.
20 Pues toleráis si alguno
os esclaviza, si alguno os
devora, si alguno toma
lo vuestro, si alguno se
enaltece, si alguno os da
de bofetadas.
21 Para vergüenza
nuestra lo digo, para eso
fuimos demasiado débi-
les. Pero en lo que otro
tenga osadía (hablo con
insensatez), también yo
tengo osadía.
22 ¿Son hebreos?
Yo también. ¿Son
israelitas? Yo también.
¿Son descendientes de
Abraham? También yo.
23 ¿Son ministros de
Cristo? (Hablo como
si hubiera perdido el
juicio.) Yo más; en tra-
bajos, más abundante;
en azotes, sin número;

διάκονοι	δικαιοσύνης,	ὧν	τὸ	τέλος	ἔσται	κατὰ	τὰ	ἔργα	αὐτῶν.
ministros	de justicia;	cuyo	--	fin	será	conforme a	las	obras	de ellos.
1249	1343	3739	3588	5056	2071	2596	3588	2041	846
NNPM	*NGSF*	*RR-GPM*	*DNSN*	*NNSN*	*VFMI3S*	*P*	*DAPN*	*NAPN*	*RP3GPM*

16 Πάλιν	λέγω,	μή	τίς	με	δόξῃ	ἄφρονα	εἶναι—	εἰ	δὲ	μή
De nuevo	digo:	no	alguien	a mí$_{2}$	piense$_{1}$	insensato;$_{4}$	ser$_{3}$	si$_{6}$	mas$_{5}$	no,$_{8}$
3825	3004	3361	5100	3165	1380	878	1511	1487	1161	3361
B	*VPAI1S*	*BN, TN*	*RX-NSM*	*RP1AS*	*VAAS3S*	*JASM*	*VPAN*	*CAC*	*CLC*	*BN, TN*

γε,	κἂν	ὡς	ἄφρονα	δέξασθέ	με,	ἵνα	κἀγὼ	μικρόν
realmente$_{7}$	aun$_{9}$	como$_{12}$	a insensato,$_{13}$	acoged$_{10}$	a mí$_{11}$	para que$_{14}$	también yo$_{16}$	un poco$_{17}$
1065	2579	5613	878	1209	3165	2443	2504	3397
BE, TE	*CLA, CAC*	*CAM*	*JASM*	*VAMM2P*	*RP1AS*	*CAP*	*RP1NS, TE*	*JASN*

τι	καυχήσωμαι·	17 ὃ	λαλῶ	οὐ	κατὰ	κύριον	λαλῶ,	ἀλλ’
algo.$_{18}$	me jactare$_{15}$	Lo que	hablo,	no$_{1}$	según$_{3}$	(el) Señor,$_{4}$	hablo$_{2}$	sino
5100	2744	3739	2980	3756	2596	2962	2980	235
RX-ASN	*VAMS1S*	*RR-ASN*	*VPAI1S*	*CLK, TN, B*	*P*	*NASM*	*VPAI1S*	*CLK, CLC*

ὡς	ἐν	ἀφροσύνῃ,	ἐν	ταύτῃ	τῇ	ὑποστάσει	τῆς	καυχήσεως.
como	con	insensatez,	con	esta	--	confianza	de la	jactancia.
5613	1722	877	1722	3778	3588	5287	3588	2746
CAM	*P*	*NDSF*	*P*	*RD-DSF*	*DDSF*	*NDSF*	*DGSF*	*NGSF*

18 ἐπεὶ	πολλοὶ	καυχῶνται	κατὰ	σάρκα,	κἀγὼ	καυχήσομαι.
Puesto que	muchos	se jactan	según	(la) carne,	también yo	me jactaré.
1893	4183	2744	2596	4561	2504	2744
CAZ	*JNPM*	*VPUI3P*	*P*	*NASF*	*RP1NS, TE*	*VFMI1S*

19 ἡδέως	γὰρ	ἀνέχεσθε	τῶν	ἀφρόνων	φρόνιμοι	ὄντες·	20 ἀνέχεσθε
gustosamente$_{5}$	Porque$_{1}$	soportáis$_{4}$	a los$_{6}$	insensatos;$_{7}$	prudentes$_{3}$	siendo$_{2}$	soportáis$_{2}$
2234	1063	430	3588	878	5429	5607	430
B	*CAZ*	*VPUI2P*	*DGPM*	*JGPM*	*JNPM*	*VPAP-PNM*	*VPUI2P*

γὰρ	εἴ	τις	ὑμᾶς	καταδουλοῖ,	εἴ	τις	κατεσθίει,	εἴ	τις
porque$_{1}$	si	alguien	a vosotros	esclaviza,	si	alguien	devora (a vosotros),	si	alguien
1063	1487	5100	5209	2615	1487	5100	2719	1487	5100
CLX	*CAC*	*RX-NSM*	*RP2AP*	*VPAI3S*	*CAC*	*RX-NSM*	*VPAI3S*	*CAC*	*RX-NSM*

λαμβάνει,	εἴ	τις	ἐπαίρεται,	εἴ	τις	εἰς	πρόσωπον	ὑμᾶς
toma (de vosotros),	si	alguien	se enaltece,	si$_{1}$	alguien$_{2}$	en$_{4}$	(el) rostro$_{5}$	a vosotros.$_{6}$
2983	1487	5100	1869	1487	5100	1519	4383	5209
VPAI3S	*CAC*	*RX-NSM*	*VPMI3S*	*CAC*	*RX-NSM*	*P*	*NASN*	*RP2AP*

δέρει.	21 κατὰ	ἀτιμίαν	λέγω,	ὡς	ὅτι	ἡμεῖς	ἠσθενήκαμεν·	ἐν	ᾧ
golpea$_{3}$	conforme a$_{2}$	deshonor,$_{3}$	Hablo$_{1}$	como	que	nosotros	hemos sido débiles;	en$_{2}$	lo que$_{3}$
1194	2596	819	3004	5613	3754	2249	770	1722	3739
VPAI3S	*P*	*NASF*	*VPAI1S*	*CAM*	*CSC*	*RP1NP*	*VRAI1P*	*P*	*RR-DSN*

δ’	ἄν	τις	τολμᾷ,	ἐν	ἀφροσύνῃ	λέγω,	τολμῶ	κἀγώ.	22 Ἑβραῖοί
pero$_{1}$	--$_{4}$	alguien$_{5}$	se atreve,$_{6}$	con$_{8}$	insensatez,$_{9}$	hablo$_{7}$	me atrevo.$_{11}$	también yo$_{10}$	hebreos?$_{2}$
1161	302	5100	5111	1722	877	3004	5111	2504	1445
CLC	*TC*	*RX-NSM*	*VPAS3S*	*P*	*NDSF*	*VPAI1S*	*VPAI1S*	*RP1NS, TE*	*JNPM, NNPM*

εἰσιν;	κἀγώ.	Ἰσραηλῖταί	εἰσιν;	κἀγώ.	σπέρμα	Ἀβραάμ	εἰσιν;
¿Son$_{1}$	También yo.$_{3}$	israelitas?$_{5}$	¿Son$_{4}$	También yo.$_{6}$	descendencia$_{8}$	de Abraham?$_{9}$	¿Son$_{7}$
1526	2504	2475	1526	2504	4690	11	1526
VPAI3P	*RP1NS, TE*	*NNPM*	*VPAI3P*	*RP1NS, TE*	*NNSN*	*NGSM, XP*	*VPAI3P*

κἀγώ.	23 διάκονοι	Χριστοῦ	εἰσιν;	παραφρονῶν	λαλῶ,	ὑπὲρ
También yo.$_{10}$	ministros$_{2}$	de Cristo?$_{3}$	¿Son$_{1}$	como perdiendo el juicio,$_{5}$	Hablo$_{4}$	más allá:$_{7}$
2504	1249	5547	1526	3912	2980	5228
RP1NS, TE	*NNPM*	*NGSM*	*VPAI3P*	*VPAP-SNM*	*VPAI1S*	*P, B*

ἐγώ·	ἐν	κόποις	περισσοτέρως,	ἐν	φυλακαῖς	περισσοτέρως,	ἐν
yo$_{6}$	en	trabajos,	mucho más;	en	cárceles,	mucho más;	en
1473	1722	2873	4056	1722	5438	4056	1722
RP1NS	*P*	*NDPM*	*B*	*P*	*NDPF*	*B*	*P*

NVI

de la justicia. Su fin co-
rresponderá con lo que
merecen sus acciones.

Los sufrimientos de Pablo

16 Lo repito: Que
nadie me tenga por
insensato. Pero, aun
cuando así me consi-
deren, de todos modos
recíbanme, para poder
jactarme un poco. 17 Al
jactarme tan confiada-
mente, no hablo como
quisiera el Señor, sino
con insensatez. 18 Ya que
muchos se ufanan como
lo hace el mundo, yo
también lo haré. 19 Por
ser tan sensatos, ustedes
de buena gana aguan-
tan a los insensatos.
20 Aguantan incluso a
cualquiera que los escla-
viza, o los explota, o se
aprovecha de ustedes, o
se comporta con altane-
ría, o les da de bofetadas.
21 ¡Para vergüenza mía,
confieso que hemos sido
demasiado débiles!
Si alguien se atreve
a dárselas de algo,
también yo me atrevo a
hacerlo; lo digo como
un insensato. 22 ¿Son
ellos hebreos? Pues yo
también. ¿Son israelitas?
También yo lo soy.
¿Son descendientes de
Abraham? Yo también.
23 ¿Son servidores de
Cristo? ¡Qué locura!
Yo lo soy más que ellos.
He trabajado más
arduamente, he sido
encarcelado más veces,

RVR

en cárceles, mucho más;
en peligros de muerte,
muchas veces.
24 De los judíos, cinco
veces he recibido cua-
renta azotes menos uno.
25 Tres veces he sido azo-
tado con varas; una vez,
apedreado; tres veces
he padecido naufragio;
una noche y un día he
estado como náufrago
en alta mar;
26 en viajes, muchas
veces; en peligros de
ríos, peligros de ladro-
nes, peligros de los de
mi nación, peligros de
los gentiles, peligros en
la ciudad, peligros en
despoblado, peligros en
el mar, peligros entre
falsos hermanos;
27 en trabajo y fatiga, en
muchas noches pasadas
en vela, en hambre y
sed, en muchos ayunos,
en frío y en desnudez;
28 y además de otras
cosas, lo que sobre mí
se agolpa cada día, la
preocupación por todas
las iglesias.
29 ¿Quién enferma, y yo
no enfermo? ¿A quién
se le hace tropezar, y yo
no me indigno?
30 Si es necesario gloriar-
se, me gloriaré en lo que
es de mi debilidad.
31 El Dios y Padre
de nuestro Señor
Jesucristo, quien es ben-
dito por los siglos, sabe
que no miento.
32 En Damasco, el
etnarca del rey Aretas

πληγαῖς	ὑπερβαλλόντως,	ἐν	θανάτοις	πολλάκις.	24 ὑπὸ	Ἰουδαίων
azotes,	muchísimo más;	en	muerte,	muchas veces.	de$_3$	(los) judíos$_4$
4127	5234	1722	2288	4178	5259	2453
NDPF	*B*	*P*	*NDPM*	*B*	*P*	*JGPM*

πεντάκις	τεσσεράκοντα	παρὰ	μίαν	ἔλαβον,	25 τρὶς	ἐραβδίσθην,
Cinco veces$_1$	cuarenta$_5$	menos$_6$	un (azote);$_7$	recibí$_2$	tres veces	fui azotado con varas;
3999	5062	3844	1520	2983	5151	4463
B	*XN, J*	*P*	*JASF*	*VAAI1S*	*B*	*VAPI1S*

ἅπαξ	ἐλιθάσθην,	τρὶς	ἐναυάγησα,	νυχθήμερον	ἐν	τῷ	βυθῷ
una vez	fui apedreado;	tres veces	naufragué;	una noche y un día$_1$	en$_3$	el$_4$	mar abierto;$_5$
530	3034	5151	3489	3574	1722	3588	1037
B	*VAPI1S*	*B*	*VAAI1S*	*NASN*	*P*	*DDSM*	*NDSM*

πεποίηκα.	26 ὁδοιπορίαις	πολλάκις,	κινδύνοις	ποταμῶν,	κινδύνοις
he hecho$_2$	en viajes,	muchas veces;	en peligros	de ríos,	en peligros
4160	3597	4178	2794	4215	2794
VRAI1S	*NDPF*	*B*	*NDPM*	*NGPM*	*NDPM*

λῃστῶν,	κινδύνοις	ἐκ	γένους,	κινδύνοις	ἐξ	ἐθνῶν,	κινδύνοις
de asaltantes,	en peligros	de	(los) de mi nación,	en peligros	de	(los) gentiles,	en peligros
3027	2794	1537	1085	2794	1537	1484	2794
NGPM	*NDPM*	*P*	*NGSN*	*NDPM*	*P*	*NGPN*	*NDPM*

ἐν	πόλει,	κινδύνοις	ἐν	ἐρημίᾳ,	κινδύνοις	ἐν	θαλάσσῃ,	κινδύνοις
en	(la) ciudad,	en peligros	en	(el) desierto,	en peligros	en	(el) mar,	en peligros
1722	4172	2794	1722	2047	2794	1722	2281	2794
P	*NDSF*	*NDPM*	*P*	*NDSF*	*NDPM*	*P*	*NDSF*	*NDPM*

ἐν	ψευδαδέλφοις,	27 κόπῳ	καὶ	μόχθῳ,	ἐν	ἀγρυπνίαις	πολλάκις,
entre	falsos hermanos;	en trabajo duro	y	fatiga,	en$_2$	desvelos,$_3$	muchas veces$_1$
1722	5569	2873	2532	3449	1722	70	4178
P	*NDPM*	*NDSM*	*CLN*	*NDSM*	*P*	*NDPF*	*B*

ἐν	λιμῷ	καὶ	δίψει,	ἐν	νηστείαις	πολλάκις,	ἐν	ψύχει	καὶ	γυμνότητι·
en	hambre	y	sed,	en$_2$	ayunos,$_3$	muchas veces$_1$	en	frío	y	desnudez;
1722	3042	2532	1373	1722	3521	4178	1722	5592	2532	1132
P	*NDSM*	*CLN*	*NDSN*	*P*	*NDPF*	*B*	*P*	*NDSN*	*CLN*	*NDSF*

28 χωρὶς	τῶν	παρεκτὸς	ἡ	ἐπίστασίς	μοι	ἡ	καθ'	ἡμέραν,	ἡ
aparte de	las cosas	exteriores,	la	presión	para mí,	la	de cada	día,	el
5565	3588	3924	3588	1999	3427	3588	2596	2250	3588
P, B	*DGPN*	*B*	*DNSF*	*NNSF*	*RP1DS*	*DNSF*	*P*	*NASF*	*DNSF*

μέριμνα	πασῶν	τῶν	ἐκκλησιῶν.	29 τίς	ἀσθενεῖ,	καὶ	οὐκ	ἀσθενῶ;
preocupación	de todas	las	iglesias.	¿Quién	está enfermo,	y	no	estoy enfermo?
3308	3956	3588	1577	5101	770	2532	3756	770
NNSF	*JGPF*	*DGPF*	*NGPF*	*RI-NSM*	*VPAI3S*	*CLN*	*BN, TN*	*VPAI1S*

τίς	σκανδαλίζεται	καὶ	οὐκ	ἐγὼ	πυροῦμαι;	30 Εἰ	καυχᾶσθαι
¿Quién	se ofende	y$_1$	no$_3$	yo$_2$	me consumo?$_4$	Si$_1$	jactarse,$_3$
5101	4624	2532	3756	1473	4448	1487	2744
RI-NSM	*VPPI3S*	*CLN*	*BN, TN*	*RP1NS*	*VPPI1S*	*CAC*	*VPUN*

δεῖ,	τὰ	τῆς	ἀσθενείας	μου	καυχήσομαι.	31 ὁ	θεὸς	καὶ
es necesario$_2$	las cosas$_5$	de la$_6$	debilidad$_7$	de mí,$_8$	me jactaré (acerca de).$_4$	El	Dios	y
1163	3588	3588	769	3450	2744	3588	2316	2532
VPAI3S	*DAPN*	*DGSF*	*NGSF*	*RP1GS*	*VFMI1S*	*DNSM*	*NNSM*	*CLN*

πατὴρ	τοῦ	κυρίου	⸀Ἰησοῦ	οἶδεν,	ὁ	ὢν	εὐλογητὸς	εἰς	τοὺς
Padre	del	Señor	Jesús,	sabe$_7$	el que$_1$	es$_2$	bendito$_3$	por$_4$	los$_5$
3962	3588	2962	2424	1492	3588	5607	2128	1519	3588
NNSM	*DGSM*	*NGSM*	*NGSM*	*VRAI3S*	*DNSM*	*VPAP-SNM*	*JNSM*	*P*	*DAPM*

αἰῶνας,	ὅτι	οὐ	ψεύδομαι.	32 ἐν	Δαμασκῷ	ὁ	ἐθνάρχης	Ἁρέτα	τοῦ
siglos,$_6$	que$_8$	no$_9$	miento.$_{10}$	En	Damasco,	el	etnarca	Aretas$_3$	del$_1$
165	3754	3756	5574	1722	1154	3588	1481	702	3588
NAPM	*CSC*	*BN, TN*	*VPUI1S*	*P*	*NDSF*	*DNSM*	*NNSM*	*NGSM*	*DGSM*

NVI

he recibido los azotes
más severos, he estado
en peligro de muerte
repetidas veces. 24 Cinco
veces recibí de los judíos
los treinta y nueve
azotes. 25 Tres veces me
golpearon con varas,
una vez me apedrearon,
tres veces naufragué, y
pasé un día y una noche
como náufrago en alta
mar. 26 Mi vida ha sido
un continuo ir y venir
de un sitio a otro; en
peligros de ríos, peligros
de bandidos, peligros de
parte de mis compatrio-
tas, peligros a manos de
los gentiles, peligros en
la ciudad, peligros en el
campo, peligros en el
mar y peligros de parte
de falsos hermanos.
27 He pasado muchos
trabajos y fatigas, y
muchas veces me he
quedado sin dormir; he
sufrido hambre y sed,
y muchas veces me he
quedado en ayunas; he
sufrido frío y desnudez.
28 Y, como si fuera poco,
cada día pesa sobre mí la
preocupación por todas
las iglesias. 29 ¿Cuando
alguien se siente débil, no
comparto yo su debili-
dad? ¿Y, cuando a alguien
se le hace tropezar, no
ardo yo de indignación?
30 Si me veo obligado
a jactarme, me jactaré
de mi debilidad. 31 El
Dios y Padre del Señor
Jesús (¡sea por siempre
alabado!) sabe que no
miento. 32 En Damasco,

11:31⸀ Manuscritos inferiores aumentaron *Cristo*.

RVR

guardaba la ciudad de
los damascenos para
prenderme;
33 y fui descolgado en
una espuerta por una
abertura hecha en la
muralla, y escapé de sus
manos.

El aguijón en la carne

12 Ciertamente
no me conviene
gloriarme; pero vendré a
las visiones y revelacio-
nes del Señor.
2 Sé de un hombre en
Cristo, que hace catorce
años (si en el cuerpo, no
lo sé; si fuera del cuerpo,
no lo sé; Dios lo sabe)
fue arrebatado hasta el
tercer cielo.
3 Y sé que el tal hombre
(si en el cuerpo, o fuera
del cuerpo, no lo sé;
Dios lo sabe),
4 fue arrebatado al
paraíso, y oyó palabras
inefables que no le es
permitido al hombre
expresar.
5 De tal hombre me
gloriaré; pero de mí
mismo en nada me
gloriaré, a no ser en mis
debilidades.
6 Sin embargo, si
quisiera gloriarme, no
sería insensato, porque
diría la verdad; pero me
abstengo de ello, para
que nadie se forme de

βασιλέως	ἐφρούρει	τὴν	πόλιν	Δαμασκηνῶν	πιάσαι	με,	33 καὶ	διὰ
rey$_2$	vigilaba	la	ciudad	de los damascenos	para arrestar	a mí,	y$_1$	por$_3$
935	5432	3588	4172	1153	4084	3165	2532	1223
NGSM	*VIAI3S*	*DASF*	*NASF*	*JGPM*	*VAAN*	*RP1AS*	*CLC*	*P*

θυρίδος	ἐν	σαργάνῃ	ἐχαλάσθην	διὰ	τοῦ	τείχους	καὶ	ἐξέφυγον
una ventana$_4$	en$_8$	un canasto,$_9$	fui descolgado$_2$	a través de$_5$	el$_6$	muro$_7$	y	escapé
2376	1722	4553	5465	1223	3588	5038	2532	1628
NGSF	*P*	*NDSF*	*VAPI1S*	*P*	*DGSN*	*NGSN*	*CLN*	*VAAI1S*

τὰς	χεῖρας	αὐτοῦ.
(de) las	manos	de él.
3588	5495	846
DAPF	*NAPF*	*RP3GSM*

12 Καυχᾶσθαι	δεῖ·	οὐ	συμφέρον	μέν,	ἐλεύσομαι
jactarse,$_2$	Es necesario$_1$	no$_4$	(es) provechoso,$_5$	ciertamente,$_3$	vendré$_7$
2744	1163	3756	4851	3303	2064
VPUN	*VPAI3S*	*BN, TN*	*VPAP-SNN, VPAP-SAN*	*TK, C*	*VFMI1S*

δὲ	εἰς	ὀπτασίας	καὶ	ἀποκαλύψεις	κυρίου.	2 οἶδα	ἄνθρωπον	ἐν
pero$_6$	a	(las) visiones	y	revelaciones	de(l) Señor.	Sé	(de) un hombre	en
1161	1519	3701	2532	602	2962	1492	444	1722
CLK, CLC	*P*	*NAPF*	*CLN*	*NAPF*	*NGSM*	*VRAI1S*	*NASM*	*P*

Χριστῷ	πρὸ	ἐτῶν	δεκατεσσάρων—	εἴτε	ἐν	σώματι	οὐκ	οἶδα,
Cristo	antes de	años,$_2$	catorce$_1$	si	en	(el) cuerpo,	no	sé;
5547	4253	2094	1180	1535	1722	4983	3756	1492
NDSM	*P*	*NGPN*	*JGPN*	*CLK, CAC*	*P*	*NDSN*	*BN, TN*	*VRAI1S*

εἴτε	ἐκτὸς	τοῦ	σώματος	οὐκ	οἶδα,	ὁ	θεὸς	οἶδεν—	ἁρπαγέντα
si	fuera de	el	cuerpo,	no	sé,	--	Dios	(lo) sabe,	que fue arrebatado
1535	1622	3588	4983	3756	1492	3588	2316	1492	726
CLK, CAC	*P, B*	*DGSN*	*NGSN*	*BN, TN*	*VRAI1S*	*DNSM*	*NNSM*	*VRAI3S*	*VAPP-SAM*

τὸν	τοιοῦτον	ἕως	τρίτου	οὐρανοῦ.	3 καὶ	οἶδα	τὸν	τοιοῦτον
el	tal	hasta	(el) tercer	cielo.	Y	sé	(que) el	tal
3588	5108	2193	5154	3772	2532	1492	3588	5108
DASM	*RD-ASM*	*P, C*	*JGSM*	*NGSM*	*CLN*	*VRAI1S*	*DASM*	*JASM, RD-ASM*

ἄνθρωπον—	εἴτε	ἐν	σώματι	εἴτε	χωρὶς	τοῦ	σώματος	οὐκ
hombre,	si	en	(el) cuerpo,	si	sin	el	cuerpo,	no
444	1535	1722	4983	1535	5565	3588	4983	3756
NASM	*CLK, CAC*	*P*	*NDSN*	*CLK, CAC*	*P, B*	*DGSN*	*NGSN*	*BN, TN*

οἶδα,	ὁ	θεὸς	οἶδεν—	4 ὅτι	ἡρπάγη	εἰς	τὸν	παράδεισον	καὶ
sé;	--	Dios	(lo) sabe,	que	fue arrebatado	hacia	el	paraíso	y
1492	3588	2316	1492	3754	726	1519	3588	3857	2532
VRAI1S	*DNSM*	*NNSM*	*VRAI3S*	*CSC*	*VAPI3S*	*P*	*DASM*	*NASM*	*CLN*

ἤκουσεν	ἄρρητα	ῥήματα	ἃ	οὐκ	ἐξὸν	ἀνθρώπῳ	λαλῆσαι.
oyó	inefables,$_2$	palabras$_1$	las que	no	siendo permitido	(al) ser humano	hablar.
191	731	4487	3739	3756	1832	444	2980
VAAI3S	*JAPN*	*NAPN*	*RR-APN*	*BN, TN*	*VPAP-SNN*	*NDSM*	*VAAN*

5 ὑπὲρ	τοῦ	τοιούτου	καυχήσομαι,	ὑπὲρ	δὲ	ἐμαυτοῦ	οὐ	καυχήσομαι
Por	el	tal	me jactaré,	por$_2$	mas$_1$	mí mismo	no	me jactaré,
5228	3588	5108	2744	5228	1161	1683	3756	2744
P	*DGSM*	*RD-GSM*	*VFMI1S*	*P*	*CLC*	*RF1GSM*	*BN, TN*	*VFMI1S*

εἰ	μὴ	ἐν	ταῖς	ἀσθενείαις.	6 ἐὰν	γὰρ	θελήσω	καυχήσασθαι,	οὐκ
si	no	en	las	debilidades.	si$_2$	Porque$_1$	quisiera	jactarme,	no
1487	3361	1722	3588	769	1437	1063	2309	2744	3756
CAC	*BN, TN*	*P*	*DDPF*	*NDPF*	*CAC*	*CLX*	*VAAS1S*	*VAMN*	*BN, TN*

ἔσομαι	ἄφρων,	ἀλήθειαν	γὰρ	ἐρῶ·	φείδομαι	δέ,	μή	τις	εἰς	ἐμὲ
seré	insensato,	(la) verdad;$_3$	porque$_1$	diré$_2$	me abstengo,$_5$	mas$_4$	no$_6$	alguien$_7$	a$_9$	mí$_{10}$
2071	878	225	1063	2046	5339	1161	3361	5100	1519	1691
VFMI1S	*JNSM*	*NASF*	*CAZ*	*VFAI1S*	*VPUI1S*	*CLC*	*TN*	*RX-NSM*	*P*	*RP1AS*

NVI

el gobernador bajo el
rey Aretas mandó que
se vigilara la ciudad de
los damascenos con
el fin de arrestarme;
33 pero me bajaron en
un canasto por una
ventana de la muralla, y
así escapé de las manos
del gobernador.

Visión y debilidad de Pablo

12 Me veo obliga-
do a jactarme,
aunque nada se gane con
ello. Paso a referirme a
las visiones y revelacio-
nes del Señor. 2 Conozco
a un seguidor de Cristo
que hace catorce años
fue llevado al tercer cielo
(no sé si en el cuerpo o
fuera del cuerpo; Dios
lo sabe). 3 Y sé que este
hombre (no sé si en
el cuerpo o aparte del
cuerpo; Dios lo sabe)
4 fue llevado al paraíso y
escuchó cosas indecibles
que a los humanos no
se nos permite expresar.
5 De tal hombre podría
hacer alarde, pero de
mí no haré alarde sino
de mis debilidades.
6 Sin embargo, no sería
insensato si decidiera
jactarme, porque estaría
diciendo la verdad. Pero
no lo hago, para que
nadie suponga que soy

RVR

mí una idea superior a
lo que en mí ve, u oye
de mí.
7 Y para que por la gran-
deza de las revelaciones
no me exaltase desme-
didamente, me fue dada
una espina en mi carne,
un mensajero de Satanás
que me abofetee, para
que no me enaltezca
sobremanera;
8 respecto a lo cual tres
veces he rogado al Señor,
que lo quite de mí.
9 Y me ha dicho: Bástate
mi gracia; porque mi
poder se perfecciona en
la debilidad. Por tanto,
de muy buena gana me
gloriaré más bien en mis
debilidades, para que
habite en mí el poder de
Cristo.
10 Por lo cual, por amor
a Cristo me complazco
en las debilidades, en
afrentas, en necesida-
des, en persecuciones,
en estrecheces; porque
cuando soy débil, enton-
ces soy fuerte.
11 Me he hecho un
necio al gloriarme;
vosotros me obligasteis
a ello, pues yo debía ser
alabado por vosotros;
porque en nada he sido
inferior a aquellos gran-
des apóstoles, aunque
nada soy.
12 Con todo, las señales
de apóstol han sido
efectuadas entre voso-
tros en toda paciencia,

λογίσηται	ὑπὲρ	ὃ	βλέπει	με	ἢ	ἀκούει	τι	ἐξ	ἐμοῦ,	7 καὶ
considere$_{8}$	más allá de	lo que	ve	(en) mí	u	oye	algo	de	mí	y
3049	5228	3739	991	3165	2228	191	5100	1537	1700	2532
VAMS3S	*P*	*RR-ASN*	*VPAI3S*	*RP1AS*	*CLD*	*VPAI3S*	*RX-ASN*	*P*	*RP1GS*	*CLN, B*

τῇ	ὑπερβολῇ	τῶν	ἀποκαλύψεων.	διὸ	ἵνα	μὴ	ὑπεραίρωμαι,
por lo	extraordinario	de las	revelaciones.	Por lo cual,	para que	no	sea exaltado,
3588	5236	3588	602	1352	2443	3361	5229
DDSF	*NDSF*	*DGPF*	*NGPF*	*CLI*	*CAP*	*BN, TN*	*VPPS1S*

ἐδόθη	μοι	σκόλοψ	τῇ	σαρκί,	ἄγγελος	Σατανᾶ,	ἵνα	με	κολαφίζῃ,
fue dado	a mí	una espina	en la	carne,	un mensajero	de Satanás	que$_{1}$	a mí,$_{3}$	abofetee$_{2}$
1325	3427	4647	3588	4561	32	4567	2443	3165	2852
VAPI3S	*RP1DS*	*NNSM*	*DDSF*	*NDSF*	*NNSM*	*NGSM*	*CAP*	*RP1AS*	*VPAS3S*

ἵνα	μὴ	ὑπεραίρωμαι.	8 ὑπὲρ	τούτου	τρὶς	τὸν	κύριον	παρεκάλεσα
para que	no	sea exaltado,	por	esto,	tres veces$_{1}$	al$_{3}$	Señor$_{4}$	rogué$_{2}$
2443	3361	5229	5228	5127	5151	3588	2962	3870
CAP	*BN, TN*	*VPPS1S*	*P*	*RD-GSM*	*B*	*DASM*	*NASM*	*VAAI1S*

ἵνα	ἀποστῇ	ἀπ’	ἐμοῦ·	9 καὶ	εἴρηκέν	μοι·	Ἀρκεῖ	σοι	ἡ	χάρις	μου·
que	se aparte	de	mí;	y	ha dicho	a mí:	es suficiente$_{4}$	para ti;$_{5}$	la$_{1}$	gracia$_{2}$	de mí$_{3}$
2443	868	575	1700	2532	2046	3427	714	4671	3588	5485	3450
CSC	*VAAS3S*	*P*	*RP1GS*	*CLC*	*VRAI3S*	*RP1DS*	*VPAI3S*	*RP2DS*	*DNSF*	*NNSF*	*RP1GS*

ἡ	γὰρ	⌜δύναμις	ἐν	ἀσθενείᾳ	τελεῖται.	ἥδιστα	οὖν	μᾶλλον
el$_{7}$	porque$_{6}$	poder$_{8}$	en$_{10}$	(la) debilidad.$_{11}$	se perfecciona$_{9}$	gustosamente$_{11}$	Entonces,$_{10}$	más
3588	1063	1411	1722	769	5055	2236	3767	3123
DNSF	*CAZ*	*NNSF*	*P*	*NDSF*	*VPPI3S*	*BS, J*	*CLI*	*B*

καυχήσομαι	ἐν	ταῖς	ἀσθενείαις	μου,	ἵνα	ἐπισκηνώσῃ	ἐπ’	ἐμὲ	ἡ
me jactaré	en	las	debilidades	de mí,	para que$_{1}$	resida$_{6}$	en$_{7}$	mí.$_{8}$	el$_{2}$
2744	1722	3588	769	3450	2443	1981	1909	1691	3588
VFMI1S	*P*	*DDPF*	*NDPF*	*RP1GS*	*CAP*	*VAAS3S*	*P*	*RP1AS*	*DNSF*

δύναμις	τοῦ	Χριστοῦ.	10 διὸ	εὐδοκῶ	ἐν	ἀσθενείαις,	ἐν	ὕβρεσιν,
poder$_{3}$	de--$_{4}$	Cristo$_{5}$	Por lo cual	me complazco	en	(las) debilidades,	en	maltratos,
1411	3588	5547	1352	2106	1722	769	1722	5196
NNSF	*DGSM*	*NGSM*	*CLI*	*VPAI1S*	*P*	*NDPF*	*P*	*NDPF*

ἐν	ἀνάγκαις,	ἐν	διωγμοῖς	καὶ	στενοχωρίαις,	ὑπὲρ	Χριστοῦ·	ὅταν
en	necesidades,	en	persecuciones	y	angustias	por	Cristo;	cuando$_{2}$
1722	318	1722	1375	2532	4730	5228	5547	3752
P	*NDPF*	*P*	*NDPM*	*CLN*	*NDPF*	*P*	*NGSM*	*CAT*

γὰρ	ἀσθενῶ,	τότε	δυνατός	εἰμι.
porque$_{1}$	soy débil,$_{3}$	entonces$_{4}$	fuerte,$_{6}$	soy$_{5}$
1063	770	5119	1415	1510
CAZ	*VPAS1S*	*B*	*JNSM*	*VPAI1S*

11 Γέγονα	⌜ἄφρων·	ὑμεῖς	με	ἠναγκάσατε·	ἐγὼ	γὰρ	ὤφειλον
Me he hecho	insensato;	vosotros$_{1}$	a mí$_{3}$	obligasteis.$_{2}$	yo$_{5}$	Porque$_{4}$	debía$_{6}$
1096	878	5210	3165	315	1473	1063	3784
VRAI1S	*JNSM*	*RP2NP*	*RP1AS*	*VAAI2P*	*RP1NS*	*CAZ*	*VIAI1S*

ὑφ’	ὑμῶν	συνίστασθαι.	οὐδὲν	γὰρ	ὑστέρησα	τῶν	ὑπερλίαν
por$_{8}$	vosotros,$_{9}$	ser recomendado$_{7}$	(en) nada$_{11}$	porque$_{10}$	fui inferior	a los	prominentes,$_{2}$
5259	5216	4921	3762	1063	5302	3588	5228, 3029
P	*RP2GP*	*VPPN*	*JASN*	*CAZ*	*VAAI1S*	*DGPM*	*B, B*

ἀποστόλων,	εἰ	καὶ	οὐδέν	εἰμι·	12 τὰ	μὲν	σημεῖα	τοῦ
apóstoles$_{1}$	si$_{3}$	también$_{4}$	nada.$_{6}$	soy$_{5}$	las$_{2}$	Ciertamente$_{1}$	señales	del
652	1487	2532	3762	1510	3588	3303	4592	3588
NGPM	*CAC*	*CAN, B*	*JNSN*	*VPAI1S*	*DNPN*	*TE*	*NNPN*	*DGSM*

ἀποστόλου	κατειργάσθη	ἐν	ὑμῖν	ἐν	πάσῃ	ὑπομονῇ,	σημείοις	τε
apóstol	fueron hechas	entre	vosotros	con	toda	perseverancia,	con señales$_{2}$	ya sea$_{1}$
652	2716	1722	5213	1722	3956	5281	4592	5037
NGSM	*VAPI3S*	*P*	*RP2DP*	*P*	*JDSF*	*NDSF*	*NDPN*	*CLK*

NVI

más de lo que aparento o
de lo que digo.
7 Para evitar que me
volviera presumido por
estas sublimes revela-
ciones, una espina me
fue clavada en el cuerpo,
es decir, un mensajero
de Satanás, para que
me atormentara. 8 Tres
veces le rogué al Señor
que me la quitara; 9 pero
él me dijo: «Te basta
con mi gracia, pues mi
poder se perfecciona
en la debilidad». Por
lo tanto, gustosamente
haré más bien alarde de
mis debilidades, para
que permanezca sobre
mí el poder de Cristo.
10 Por eso me regocijo
en debilidades, insultos,
privaciones, persecucio-
nes y dificultades que
sufro por Cristo; por-
que, cuando soy débil,
entonces soy fuerte.

Preocupación de Pablo por los corintios

11 Me he portado
como un insensato, pero
ustedes me han obligado
a ello. Ustedes debían
haberme elogiado, pues
de ningún modo soy in-
ferior a los «superapós-
toles», aunque yo no
soy nada. 12 Las marcas
distintivas de un após-
tol, tales como señales,

12:9⌜ Manuscritos inferiores aumentaron *de mí.* **12:11**⌜ Manuscritos inferiores aumentaron *gloriándo(me).*

RVR

por señales, prodigios y milagros.
[13] Porque ¿en qué habéis sido inferiores a las otras iglesias, sino en que yo mismo no os he sido carga? ¡Perdonadme este agravio!

Pablo anuncia su tercera visita

[14] He aquí, por tercera vez estoy preparado para ir a vosotros; y no os seré gravoso, porque no busco lo vuestro, sino a vosotros, pues no están obligados los hijos a atesorar para los padres, sino los padres para los hijos.
[15] Y yo con el mayor placer gastaré lo mío, y aun yo mismo me desgastaré del todo por amor de vuestras almas, aunque amándoos más, sea amado menos.
[16] Pero admitiendo esto, que yo no os he sido carga; no obstante, como soy astuto, os prendí por engaño.
[17] ¿Acaso os he explotado por medio de alguno de los que he enviado a vosotros?
[18] Rogué a Tito, y envié con él al hermano. ¿Os explotó acaso Tito? ¿No hemos procedido con el mismo espíritu y en las mismas pisadas?

καὶ	τέρασιν	καὶ	δυνάμεσιν.	[13] τί	γάρ	ἐστιν	ὅ
y	con prodigios	y	con poderes (sobrenaturales).	¿qué$_2$	Porque,$_1$	es	lo que
2532	5059	2532	1411	5101	1063	2076	3739
CLK, CLN	NDPN	CLK, CLN	NDPF	RI-NSN	CLX	VPAI3S	RR-ASN

ἡσσώθητε	ὑπὲρ	τὰς	λοιπὰς	ἐκκλησίας,	εἰ	μὴ	ὅτι	αὐτὸς	ἐγὼ	οὐ
fuisteis inferior	sobre	las	demás	iglesias,	si	no	que$_1$	mismo$_3$	yo$_2$	no
2274	5228	3588	3062	1577	1487	3361	3754	846	1473	3756
VAPI2P	P	DAPF	JAPF	NAPF	CAC	BN, TN	CSC	RP3NSMP	RP1NS	BN, TN

κατενάρκησα	ὑμῶν;	χαρίσασθέ	μοι	τὴν	ἀδικίαν	ταύτην.
fui una carga	a vosotros?	¡Perdonad	a mí	--$_2$	injusticia!$_3$	esta$_1$
2655	5216	5483	3427	3588	93	3778
VAAI1S	RP2GP	VAMM2P	RP1DS	DASF	NASF	RD-ASF

[14] Ἰδοὺ	τρίτον	τοῦτο	ἑτοίμως	ἔχω*	ἐλθεῖν	πρὸς	ὑμᾶς,
He aquí,	(la) tercera vez (que)$_2$	esta (es)$_1$	preparado$_4$	tengo$_3$	para ir	a	vosotros,
2400	5154	5124	2093	2192	2064	4314	5209
I,VAAM2S	JASN	RD-ASN	B	VPAI1S	VAAN	P	RP2AP

καὶ	οὐ	καταναρκήσω·	οὐ	γὰρ	ζητῶ	τὰ	ὑμῶν	ἀλλὰ
y	no	seré una carga;	no$_2$	porque$_1$	busco$_3$	las cosas	de vosotros,	sino
2532	3756	2655	3756	1063	2212	3588	5216	235
CLN	BN, TN	VFAI1S	CLK, TN, B	CAZ	VPAI1S	DAPN	RP2GP	CLK, CLC

ὑμᾶς,	οὐ	γὰρ	ὀφείλει	τὰ	τέκνα	τοῖς	γονεῦσιν	θησαυρίζειν,
a vosotros.	no$_2$	Porque$_1$	debe(n)$_3$	los$_5$	hijos$_6$	para los$_7$	padres,$_8$	atesorar$_4$
5209	3756	1063	3784	3588	5043	3588	1118	2343
RP2AP	CLK, TN, B	CLX	VPAI3S	DNPN	NNPN	DDPM	NDPM	VPAN

ἀλλὰ	οἱ	γονεῖς	τοῖς	τέκνοις.	[15] ἐγὼ	δὲ	ἥδιστα	δαπανήσω	καὶ
sino	los	padres	para los	hijos.	yo$_2$	Pero$_1$	gustosamente$_6$	gastaré$_3$	y$_4$
235	3588	1118	3588	5043	1473	1161	2236	1159	2532
CLK, CLC	DNPM	NNPM	DDPN	NDPN	RP1NS	CLC	BS, J	VFAI1S	CLN

ἐκδαπανηθήσομαι	ὑπὲρ	τῶν	ψυχῶν	ὑμῶν.	εἰ	περισσοτέρως	ὑμᾶς
me gastaré$_5$	por	las	vidas	de vosotros.	Si$_1$	abundantemente,$_4$	a vosotros$_3$
1550	5228	3588	5590	5216	1487	4056	5209
VFPI1S	P	DGPF	NGPF	RP2GP	CAC	B	RP2AP

ἀγαπῶν,	ἧσσον	ἀγαπῶμαι;	[16] ἔστω	δέ,	ἐγὼ	οὐ	κατεβάρησα
amando$_2$	menos?$_6$	¿soy amado$_5$	¡sea (así)!	Pero,	Yo	no	fui una carga para
25	2276	25	2077	1161	1473	3756	2599
VPAP-SNM	JASNC	VPPI1S	VPAM3S	CLC	RP1NS	CLK, TN, B	VAAI1S

ὑμᾶς·	ἀλλὰ	ὑπάρχων	πανοῦργος	δόλῳ	ὑμᾶς	ἔλαβον.	[17] μή
vosotros;	sino,	siendo	astuto,	con engaño.$_3$	a vosotros$_2$	atrapé$_1$	¿Acaso$_1$
5209	235	5225	3835	1388	5209	2983	3361
RP2AP	CLK, CLC	VPAP-SNM	NNSM, JNSM	NDSM	RP2AP	VAAI1S	TN, TI

τινα	ὧν	ἀπέσταλκα	πρὸς	ὑμᾶς,	δι'	αὐτοῦ	ἐπλεονέκτησα
alguno$_6$	de los que$_7$	he enviado$_8$	a$_9$	vosotros?$_{10}$	por medio de$_4$	él$_5$	me aproveché$_2$
5100	3739	649	4314	5209	1223	846	4122
RX-ASM	RR-GPM	VRAI1S	P	RP2AP	P	RP3GSM	VAAI1S

ὑμᾶς;	[18] παρεκάλεσα	Τίτον	καὶ	συναπέστειλα	τὸν	ἀδελφόν·
(de) vosotros$_3$	Rogué	a Tito	y	envié con (él)	al	hermano;
5209	3870	5103	2532	4882	3588	80
RP2AP	VAAI1S	NASM	CLN	VAAI1S	DASM	NASM

μήτι	ἐπλεονέκτησεν	ὑμᾶς	Τίτος;	οὐ	τῷ	αὐτῷ	πνεύματι
¿acaso$_1$	se aprovechó$_3$	(de) vosotros?$_4$	Tito$_2$	¿No$_5$	con el$_7$	mismo$_8$	espíritu?$_9$
3385	4122	5209	5103	3756	3588	846	4151
TN, TI	VAAI3S	RP2AP	NNSM	TN, TI	DDSN	RP3DSNA, JDSN	NDSN

περιεπατήσαμεν;	οὐ	τοῖς	αὐτοῖς	ἴχνεσιν;
anduvimos$_6$	¿No	con las	mismas	pisadas?
4043	3756	3588	846	2487
VAAI1P	TN, TI	DDPN	RP3DPNA, JDPN	NDPN

NVI

prodigios y milagros, se dieron constantemente entre ustedes. [13] ¿En qué fueron ustedes inferiores a las demás iglesias? Pues solo en que yo mismo nunca les fui una carga. ¡Perdónenme si los ofendo!

[14] Miren que por tercera vez estoy listo para visitarlos, y no les seré una carga, pues no me interesa lo que ustedes tienen, sino lo que ustedes son. Después de todo, no son los hijos los que deben ahorrar para los padres, sino los padres para los hijos. [15] Así que de buena gana gastaré todo lo que tengo, y hasta yo mismo me desgastaré del todo por ustedes. Si los amo hasta el extremo, ¿me amarán menos? [16] En todo caso, no les he sido una carga. ¿Es que, como soy tan astuto, les tendí una trampa para estafarlos? [17] ¿Acaso los exploté por medio de alguno de mis enviados? [18] Le rogué a Tito que fuera a verlos y con él envié al hermano. ¿Acaso se aprovechó Tito de ustedes? ¿No procedimos los dos con el mismo espíritu y seguimos el mismo camino?

12:14* O sea *estoy.*

RVR

19 ¿Pensáis aún que nos
estamos disculpando
con vosotros? Delante
de Dios, en Cristo
hablamos; y todo, muy
amados, para vuestra
edificación.
20 Pues me temo que
cuando llegue, no os
halle tales como quiero,
y yo sea hallado por vo-
sotros cual no queréis;
que haya entre vosotros
contiendas, envidias,
enojos, rivalidades,
maledicencias, murmu-
raciones, arrogancias,
desórdenes;
21 que cuando os visite
de nuevo, me humille
Dios entre vosotros, y
quizá tenga que lamen-
tarme por muchos de
los que antes han peca-
do, y no se han arrepen-
tido de la inmundicia
y fornicación y lascivia
que han cometido.

13 Esta es la terce-
ra vez que voy
a vosotros. Por boca de
dos o de tres testigos se
decidirá todo asunto.
2 He dicho antes, y ahora
digo otra vez como si es-
tuviera presente, y ahora
ausente lo digo también
a los que antes pecaron,
y a todos los demás, que
si voy otra vez, no seré
indulgente;
3 puesto que buscáis una
prueba de que habla

19 Πάλαι	δοκεῖτε	ὅτι	ὑμῖν	ἀπολογούμεθα;	κατέναντι
hace tiempo$_2$	Pensáis$_1$	que$_3$	(ante) vosotros,$_5$	nos defendemos$_4$	delante de
3819	1380	3754	5213	626	2713
B	*VPAI2P*	*CSC*	*RP2DP*	*VPUI1P*	*P, B*

θεοῦ	ἐν	Χριστῷ	λαλοῦμεν.	τὰ	δὲ	πάντα,	ἀγαπητοί,	ὑπὲρ
Dios,	en	Cristo	hablamos;	las cosas,$_3$	y$_1$	todas$_2$	amados,	a favor de$_1$
2316	1722	5547	2980	3588	1161	3956	27	5228
NGSM	*P*	*NDSM*	*VPAI1P*	*DNPN*	*CLC*	*JNPN*	*JVPM*	*P*

τῆς	ὑμῶν	οἰκοδομῆς,	20 φοβοῦμαι	γὰρ	μή	πως	ἐλθὼν
de la$_2$	de vosotros.$_4$	edificación$_3$	me temo$_2$	Porque$_1$	no	de algún modo	habiendo ido
3588	5216	3619	5399	1063	3361	4458	2064
DGSF	*RP2GP*	*NGSF*	*VPUI1S*	*CAZ*	*CSC, T*	*TX, BX*	*VAAP-SNM*

οὐχ	οἵους	θέλω	εὕρω	ὑμᾶς,	κἀγὼ	εὑρεθῶ	ὑμῖν	οἷον	οὐ
no$_1$	tal como$_4$	quiero,$_5$	halle$_2$	a vosotros$_3$	y yo	sea hallado	por vosotros	tal como	no
3756	3634	2309	2147	5209	2504	2147	5213	3634	3756
BN, TN	*RK-APN*	*VPAI1S*	*VAAS1S*	*RP2AP*	*RP1NS, CLN*	*VAPS1S*	*RP2DP*	*RK-ASM*	*BN, TN*

θέλετε,	μή	πως	ἔρις,	ζῆλος,	θυμοί,	ἐριθεῖαι,	καταλαλιαί,
queréis;	no	de algún modo	(haya) discordia,	envidia,	enojos,	rivalidades,	calumnias,
2309	3361	4458	2054	2205	2372	2052	2636
VPAI2P	*CSC, T*	*TX, BX*	*NNSF*	*NNSM*	*NNPM*	*NNPF*	*NNPF*

ψιθυρισμοί,	φυσιώσεις,	ἀκαταστασίαι·	21 μὴ	πάλιν	ἐλθόντος	μου
murmuraciones,	arrogancia,	desórdenes;	no$_1$	de nuevo,$_4$	habiendo ido$_3$	yo$_2$
5587	5450	181	3361	3825	2064	3450
NNPM	*NNPF*	*NNPF*	*CSC*	*B*	*VAAP-SGM*	*RP1GS*

ταπεινώσῃ	με	ὁ	θεός	μου	πρὸς	ὑμᾶς,	καὶ	πενθήσω	πολλοὺς	τῶν
humille$_8$	a mí$_9$	el$_5$	Dios$_6$	de mí$_7$	ante	vosotros,	y	me lamente	por muchos	los que
5013	3165	3588	2316	3450	4314	5209	2532	3996	4183	3588
VAAS3S	*RP1AS*	*DNSM*	*NNSM*	*RP1GS*	*P*	*RP2AP*	*CLN*	*VAAS1S, VFAI1S*	*JAPM*	*DGPM*

προημαρτηκότων	καὶ	μὴ	μετανοησάντων	ἐπὶ	τῇ	ἀκαθαρσίᾳ	καὶ
han pecado antes	y	no	habiéndose arrepentido	por	la	impureza	e
4258	2532	3361	3340	1909	3588	167	2532
VRAP-PGM	*CLN*	*BN, TN*	*VAAP-PGM*	*P*	*DDSF*	*NDSF*	*CLN*

πορνείᾳ	καὶ	ἀσελγείᾳ	ᾗ	ἔπραξαν.
inmoralidad sexual	y	libertinaje	la que	practicaron.
4202	2532	766	3739	4238
NDSF	*CLN*	*NDSF*	*RR-DSF*	*VAAI3P*

13 Τρίτον	τοῦτο	ἔρχομαι	πρὸς	ὑμᾶς·	ἐπὶ	στόματος
(es la) tercera vez (que)$_2$	Esta$_1$	voy	a	vosotros.	Por	boca
5154	5124	2064	4314	5209	1909	4750
JASN	*RD-ASN*	*VPUI1S*	*P*	*RP2AP*	*P*	*NGSN*

δύο	μαρτύρων	καὶ	τριῶν	σταθήσεται	πᾶν	ῥῆμα.	2 προείρηκα	καὶ
(de) dos	testigos$_3$	o$_1$	tres$_2$	será firme	todo	asunto.	He dicho antes	también$_8$
1417	3144	2532	5140	2476	3956	4487	4280	2532
XN, J	*NGPM*	*CLD*	*JGPM*	*VFPI3S*	*JNSN*	*NNSN*	*VRAI1S*	*CLN*

προλέγω	ὡς	παρὼν	τὸ	δεύτερον	καὶ	ἀπὼν	νῦν,
digo de antemano$_9$	como$_1$	estando presente$_2$	la$_3$	segunda vez$_4$	y$_5$	estando ausente$_6$	ahora$_7$
4302	5613	3918	3588	1208	2532	548	3568
VPAI1S	*CAM*	*VPAP-SNM*	*DASN, DNSN*	*B, J*	*CLN*	*VPAP-SNM*	*B*

τοῖς	προημαρτηκόσιν	καὶ	τοῖς	λοιποῖς	πᾶσιν,	ὅτι	ἐὰν	ἔλθω	εἰς
a los que	han pecado previamente	y$_1$	los$_3$	demás,$_4$	a todos$_2$	que	si	vengo	--
3588	4258	2532	3588	3062	3956	3754	1437	2064	1519
DDPM	*VRAP-PDM*	*CLN*	*DDPM*	*JDPM*	*JDPM*	*CSC*	*CAC*	*VAAS1S*	*P*

τὸ	πάλιν	οὐ	φείσομαι,	3 ἐπεὶ	δοκιμὴν	ζητεῖτε	τοῦ	ἐν	ἐμοὶ
--	de nuevo,	no	seré indulgente,	puesto que$_1$	una prueba$_3$	buscáis$_2$	del que$_4$	en$_6$	mí,$_7$
3588	3825	3756	5339	1893	1382	2212	3588	1722	1698
DASN	*B*	*BN, TN*	*VFMI1S*	*CAZ*	*NASF*	*VPAI2P*	*DGSM*	*P*	*RP1DS*

NVI

19 ¿Todo este tiempo
han venido pensando
que nos estábamos
justificando ante uste-
des? ¡Más bien, hemos
estado hablando delante
de Dios en Cristo!
Todo lo que hacemos,
queridos hermanos, es
para su edificación. 20 En
realidad, me temo que
cuando vaya a verlos
no los encuentre como
quisiera, ni ustedes me
encuentren a mí como
quisieran. Temo que
haya peleas, celos, arre-
batos de ira, rivalidades,
calumnias, chismes,
insultos y alborotos.
21 Temo que, al volver a
visitarlos, mi Dios me
humille delante de uste-
des, y que yo tenga que
llorar por muchos que
han pecado desde hace
algún tiempo, pero no se
han arrepentido de la im-
pureza, de la inmoralidad
sexual y de los vicios a
que se han entregado.

Advertencias finales

13 Esta será la
tercera vez que
los visito. «Todo asunto
se resolverá mediante
el testimonio de dos o
tres testigos». 2 Cuando
estuve con ustedes por
segunda vez les advertí, y
ahora que estoy ausente
se lo repito: Cuando
vuelva a verlos, no seré
indulgente con los que
antes pecaron ni con
ningún otro, 3 ya que
están exigiendo una

RVR

Cristo en mí, el cual
no es débil para con
vosotros, sino que es
poderoso en vosotros.
4 Porque aunque fue
crucificado en debili-
dad, vive por el poder
de Dios. Pues también
nosotros somos débiles
en él, pero viviremos con
él por el poder de Dios
para con vosotros.
5 Examinaos a vosotros
mismos para ver si
estáis en la fe; probaos
a vosotros mismos. ¿O
no os conocéis bien
a vosotros mismos,
que Jesucristo está en
vosotros? A menos que
estéis reprobados.
6 Mas espero que cono-
ceréis que nosotros no
estamos reprobados.
7 Y oramos a Dios que
no hagáis ninguna
cosa mala; no para que
nosotros aparezcamos
aprobados, sino para
que vosotros hagáis lo
bueno, aunque nosotros
aparezcamos como
reprobados.
8 Porque nada podemos
contra la verdad, sino a
favor de la verdad.
9 Pues nos gozamos de
que seamos nosotros
débiles, y que vosotros
estéis fuertes; y aun
oramos por vuestro
perfeccionamiento.
10 Por esto os escribo
estas cosas estando
ausente, para no usar
de severidad cuando
esté presente, conforme

λαλοῦντος	Χριστοῦ·	ὅς	εἰς	ὑμᾶς	οὐκ	ἀσθενεῖ	ἀλλὰ
habla$_5$	Cristo;$_8$	quien$_9$	para con$_{12}$	vosotros,$_{13}$	no$_{10}$	es débil$_{11}$	sino
2980	5547	3739	1519	5209	3756	770	235
VPAP-SGM	*NGSM*	*RR-NSM*	*P*	*RP2AP*	*CLK, TN, B*	*VPAI3S*	*CLK, CLC*

δυνατεῖ	ἐν	ὑμῖν,	4 καὶ	γὰρ	ἐσταυρώθη	ἐξ	ἀσθενείας,	ἀλλὰ	ζῇ
es poderoso	en	vosotros.	también$_2$	Porque$_1$	fue crucificado	de (en)	debilidad,	pero	vive
1414	1722	5213	2532	1063	4717	1537	769	235	2198
VPAI3S	*P*	*RP2DP*	*BE, TE*	*CLX*	*VAPI3S*	*P*	*NGSF*	*CLC*	*VPAI3S*

ἐκ	δυνάμεως	θεοῦ.	καὶ	γὰρ	ἡμεῖς	ἀσθενοῦμεν	ἐν	αὐτῷ,	ἀλλὰ
de (en)	(el) poder	de Dios.	también$_3$	Porque$_1$	nosotros$_2$	somos débiles	en	él,	pero
1537	1411	2316	2532	1063	2249	770	1722	846	235
P	*NGSF*	*NGSM*	*BE, TE*	*CLX*	*RP1NP*	*VPAI1P*	*P*	*RP3DSM*	*CLC*

ζήσομεν	σὺν	αὐτῷ	ἐκ	δυνάμεως	θεοῦ	εἰς	ὑμᾶς.
viviremos	con	él	por	(el) poder	de Dios	para con	vosotros
2198	4862	846	1537	1411	2316	1519	5209
VFAI1P	*P*	*RP3DSM*	*P*	*NGSF*	*NGSM*	*P*	*RP2AP*

5 Ἑαυτοὺς	πειράζετε	εἰ	ἐστὲ	ἐν	τῇ	πίστει,	ἑαυτοὺς
a vosotros mismos$_2$	Examinaos$_1$	si	estáis	en	la	fe,	a vosotros mismos;$_2$
1438	3985	1487	2075	1722	3588	4102	1438
RF2APM	*VPAM2P*	*TI*	*VPAI2P*	*P*	*DDSF*	*NDSF*	*RF2APM*

δοκιμάζετε·	ἢ	οὐκ	ἐπιγινώσκετε	ἑαυτοὺς	ὅτι	Ἰησοῦς	Χριστὸς
probaos$_1$	¿o	no	reconocéis	a vosotros mismos	que	Jesús	Cristo
1381	2228	3756	1921	1438	3754	2424	5547
VPAM2P	*CLD*	*BN, TN*	*VPAI2P*	*RF2APM*	*CSC*	*NNSM*	*NNSM*

ἐν	ὑμῖν;	εἰ	μήτι	ἀδόκιμοί	ἐστε.	6 ἐλπίζω	δὲ	ὅτι	γνώσεσθε
(está) en	vosotros,	si	acaso	descalificados.$_2$	estáis$_1$	espero$_2$	Mas$_1$	que	conoceréis
1722	5213	1487	3385	96	2075	1679	1161	3754	1097
P	*RP2DP*	*CAC*	*TN, TI*	*JNPM*	*VPAI2P*	*VPAI1S*	*CLN*	*CSC*	*VFMI2P*

ὅτι	ἡμεῖς	οὐκ	ἐσμὲν	ἀδόκιμοι.	7 εὐχόμεθα	δὲ	πρὸς	τὸν	θεὸν	μὴ
que	nosotros	no	estamos	descalificados.	oramos$_2$	Y$_1$	a	--	Dios	no
3754	2249	3756	2070	96	2172	1161	4314	3588	2316	3361
CSC	*RP1NP*	*BN, TN*	*VPAI1P*	*JNPM*	*VPUI1P*	*CLC*	*P*	*DASM*	*NASM*	*BN, TN*

ποιῆσαι	ὑμᾶς	κακὸν	μηδέν,	οὐχ	ἵνα	ἡμεῖς	δόκιμοι	φανῶμεν,
para hacer	vosotros,$_3$	mal$_2$	ningún$_1$	no	para que	nosotros	aprobados,$_2$	aparezcamos$_1$
4160	5209	2556	3367	3756	2443	2249	1384	5316
VAAN	*RP2AP*	*JASN*	*JASN*	*CLK, TN, B*	*CAP*	*RP1NP*	*JNPM*	*VAPS1P*

ἀλλ'	ἵνα	ὑμεῖς	τὸ	καλὸν	ποιῆτε,	ἡμεῖς	δὲ	ὡς	ἀδόκιμοι	ὦμεν.
sino	para que	vosotros	lo$_2$	bueno,$_3$	hagáis$_1$	nosotros$_5$	y$_4$	como$_7$	descalificados.$_8$	seamos$_6$
235	2443	5210	3588	2570	4160	2249	1161	5613	96	5600
CLK, CLC	*CAP*	*RP2NP*	*DASN*	*JASN*	*VPAS2P*	*RP1NP*	*CAN*	*P, CAM*	*JNPM*	*VPAS1P*

8 οὐ	γὰρ	δυνάμεθά	τι	κατὰ	τῆς	ἀληθείας,	ἀλλὰ	ὑπὲρ	τῆς
no$_2$	Porque$_1$	podemos (hacer)$_3$	algo$_4$	contra	la	verdad,	sino	en favor de	la
3756	1063	1410	5100	2596	3588	225	235	5228	3588
CLK, TN, B	*CAZ*	*VPUI1P*	*RX-ASN*	*P*	*DGSF*	*NGSF*	*CLK, CLC*	*P*	*DGSF*

ἀληθείας.	9 χαίρομεν	γὰρ	ὅταν	ἡμεῖς	ἀσθενῶμεν,	ὑμεῖς	δὲ	δυνατοὶ
verdad.	nos alegramos$_2$	Porque$_1$	cuando	nosotros	somos débiles,	vosotros$_2$	mas$_1$	poderosos;$_4$
225	5463	1063	3752	2249	770	5210	1161	1415
NGSF	*VPAI1P*	*CLX*	*CAT*	*RP1NP*	*VPAS1P*	*RP2NP*	*CLC*	*JNPM*

ἦτε·	τοῦτο	καὶ	εὐχόμεθα,	τὴν	ὑμῶν	κατάρτισιν.	10 διὰ	τοῦτο
sois$_3$	esto$_6$	también$_5$	oramos:$_7$	la$_8$	de vosotros.$_{10}$	perfección$_9$	Por	esto,
5600	5124	2532	2172	3588	5216	2676	1223	5124
VPAS2P	*RD-ASN*	*BE, TE*	*VPUI1P*	*DASF*	*RP2GP*	*NASF*	*P*	*RD-ASN*

ταῦτα	ἀπὼν	γράφω,	ἵνα	παρὼν	μὴ	ἀποτόμως	χρήσωμαι
estas cosas$_2$	estando ausente,$_3$	escribo$_1$	para que	estando presente	no	severamente$_2$	actúe$_1$
5023	548	1125	2443	3918	3361	664	5530
RD-APN	*VPAP-SNM*	*VPAI1S*	*CAP*	*VPAP-SNM*	*BN, TN*	*B*	*VAMS1S*

NVI

prueba de que Cristo
habla por medio de mí.
Él no se muestra débil
en su trato con ustedes,
sino que ejerce su poder
entre ustedes. 4 Es cierto
que fue crucificado en
debilidad, pero ahora
vive por el poder de
Dios. De igual manera,
nosotros participamos
de su debilidad, pero
por el poder de Dios
viviremos con Cristo
para ustedes.
5 Examínense para
ver si están en la fe;
pruébense a sí mismos.
¿No se dan cuenta de
que Cristo Jesús está en
ustedes? ¡A menos que
fracasen en la prueba!
6 Espero que reconozcan
que nosotros no hemos
fracasado. 7 Pedimos a
Dios que no hagan nada
malo, no para demostrar
mi éxito, sino para que
hagan lo bueno, aunque
parezca que nosotros
hemos fracasado. 8 Pues
nada podemos hacer
contra la verdad, sino a
favor de la verdad. 9 De
hecho, nos alegramos
cuando nosotros
somos débiles y ustedes
fuertes; y oramos a Dios
para que los restaure
plenamente. 10 Por eso
les escribo todo esto en
mi ausencia, para que
cuando vaya no tenga
que ser severo en el uso

NVR

a la autoridad que el Señor me ha dado para edificación, y no para destrucción.

Saludos y doxología final

11 Por lo demás, hermanos, tened gozo, perfeccionaos, animaos, sed de un mismo sentir, y vivid en paz; y el Dios de paz y de amor estará con vosotros.
12 Saludaos unos a otros con beso santo. Todos los santos os saludan.
13 La gracia del Señor Jesucristo, el amor de Dios, y la comunión del Espíritu Santo sean con todos vosotros. Amén.

κατὰ	τὴν	ἐξουσίαν	ἣν	ὁ	κύριος	ἔδωκέν	μοι,	εἰς	οἰκοδομὴν	καὶ
según	la	autoridad	la que	el	Señor	dio	a mí,	para	edificación	y
2596	3588	1849	3739	3588	2962	1325	3427	1519	3619	2532
P	*DASF*	*NASF*	*RR-ASF*	*DNSM*	*NNSM*	*VAAI3S*	*RP1DS*	*P*	*NASF*	*CLN*

οὐκ	εἰς	καθαίρεσιν.
no	para	destrucción.
3756	1519	2506
BN, TN	*P*	*NASF*

11 Λοιπόν,	ἀδελφοί,	χαίρετε,	καταρτίζεσθε,	παρακαλεῖσθε,	τὸ
Por lo demás,	hermanos,	alegraos,	sed perfeccionados,	consolaos,	lo$_2$
3063	80	5463	2675	3870	3588
JASN	*NVPM*	*VPAM2P*	*VPPM2P*	*VPPM2P*	*DASN*

αὐτὸ	φρονεῖτε,	εἰρηνεύετε,	καὶ	ὁ	θεὸς	τῆς	ἀγάπης	καὶ
mismo,$_3$	pensad$_1$	vivid en paz,	y	el	Dios	de --	amor	y
846	5426	1514	2532	3588	2316	3588	26	2532
RP3ASN, JASN	*VPAM2P*	*VPAM2P*	*CLN*	*DNSM*	*NNSM*	*DGSF*	*NGSF*	*CLN*

εἰρήνης	ἔσται	μεθ’	ὑμῶν.	12 ἀσπάσασθε	ἀλλήλους	ἐν	ἁγίῳ	φιλήματι.
paz	estará	con	vosotros.	Saludad	unos a otros	con	santo.$_2$	beso$_1$
1515	2071	3326	5216	782	240	1722	40	5370
NGSF	*VFMI3S*	*P*	*RP2GP*	*VAMM2P*	*RC-APM*	*P*	*JDSN*	*NDSN*

ἀσπάζονται	ὑμᾶς	οἱ	ἅγιοι	πάντες.	13 ἡ	χάρις	τοῦ	κυρίου	Ἰησοῦ
saludan$_6$	a vosotros.$_7$	los$_4$	santos$_5$	Todos$_3$	La	gracia	del	Señor	Jesús
782	5209	3588	40	3956	3588	5485	3588	2962	2424
VPUI3P	*RP2AP*	*DNPM*	*JNPM*	*JNPM*	*DNSF*	*NNSF*	*DGSM*	*NGSM*	*NGSM*

Χριστοῦ	καὶ	ἡ	ἀγάπη	τοῦ	θεοῦ	καὶ	ἡ	κοινωνία	τοῦ	ἁγίου
Cristo	y	el	amor	de --	Dios	y	la	comunión	del	Santo$_2$
5547	2532	3588	26	3588	2316	2532	3588	2842	3588	40
NGSM	*CLN*	*DNSF*	*NNSF*	*DGSM*	*NGSM*	*CLN*	*DNSF*	*NNSF*	*DGSN*	*JGSN*

πνεύματος	μετὰ	πάντων	⸀ὑμῶν.
Espíritu$_1$	(sea) con	todos	vosotros.
4151	3326	3956	5216
NGSN	*P*	*JGPM*	*RP2GP*

NVI

de mi autoridad, la cual el Señor me ha dado para edificación y no para destrucción.

Saludos finales

11 En fin, hermanos, alégrense, busquen su restauración, hagan caso de mi exhortación, sean de un mismo sentir, vivan en paz. Y el Dios de amor y de paz estará con ustedes.
12 Salúdense unos a otros con un beso santo.
13 Todos los santos les mandan saludos.
14 Que la gracia del Señor Jesucristo, el amor de Dios y la comunión del Espíritu Santo sean con todos ustedes.

13:13⸀ Manuscritos inferiores aumentaron *Amén*.

Epístola a los

GÁLATAS

ΠΡΟΣ ΓΑΛΑΤΑΣ

RVR

Saludo

1 Pablo, apóstol
(no de parte de
hombres ni por medio
de hombre, sino por
Jesucristo y por medio
de Dios el Padre que lo
resucitó de los muertos),
2 y todos los hermanos
que están conmigo, a las
iglesias de Galacia:
3 Gracia y paz sean a vo-
sotros, de parte de Dios
el Padre y de nuestro
Señor Jesucristo,
4 el cual se dio a sí mismo
por nuestros pecados
para librarnos del
presente siglo malo, con-
forme a la voluntad de
nuestro Dios y Padre,
5 a quien sea la gloria por
los siglos de los siglos.
Amén.

No hay otro evangelio

6 Estoy asombrado de
que tan pronto estéis
desertando del que os
llamó por la gracia de
Cristo, para seguir un
evangelio diferente.
7 No que haya otro, sino
que hay algunos que
os perturban y quieren
pervertir el evangelio de
Cristo.
8 Mas si aun nosotros,

1 Παῦλος	ἀπόστολος,	οὐκ	ἀπ'	ἀνθρώπων	οὐδὲ	δι'
Pablo,	apóstol,	no	de	seres humanos	ni	por medio de
3972	652	3756	575	444	3761	1223
NNSM	*NNSM*	*BN, TN*	*P*	*NGPM*	*CLD, TN*	*P*

ἀνθρώπου	ἀλλὰ	διὰ	Ἰησοῦ	Χριστοῦ	καὶ	θεοῦ	πατρὸς	τοῦ
un ser humano,	sino	por medio de	Jesús	Cristo	y	Dios	Padre,	el que
444	235	1223	2424	5547	2532	2316	3962	3588
NGSM	*CLC*	*P*	*NGSM*	*NGSM*	*CLN*	*NGSM*	*NGSM*	*DGSM*

ἐγείραντος	αὐτὸν	ἐκ	νεκρῶν,	2 καὶ	οἱ	σὺν	ἐμοὶ	πάντες	ἀδελφοί,
levantó	a él	de	(los) muertos,	y$_1$	los$_3$	con$_5$	mí$_6$	todos$_2$	hermanos,$_4$
1453	846	1537	3498	2532	3588	4862	1698	3956	80
VAAP-SGM	*RP3ASM*	*P*	*JGPM*	*CLN*	*DNPM*	*P*	*RP1DS*	*JNPM*	*NNPM*

ταῖς	ἐκκλησίαις	τῆς	Γαλατίας·	3 χάρις	ὑμῖν	καὶ	εἰρήνη	ἀπὸ	θεοῦ
a las	iglesias	de --	Galacia,	gracia	a vosotros	y	paz	de parte de	Dios
3588	1577	3588	1053	5485	5213	2532	1515	575	2316
DDPF	*NDPF*	*DGSF*	*NGSF*	*NNSF*	*RP2DP*	*CLN*	*NNSF*	*P*	*NGSM*

πατρὸς	καὶ	κυρίου	ἡμῶν	Ἰησοῦ	Χριστοῦ,	4 τοῦ	δόντος	ἑαυτὸν
Padre	y	Señor	de nosotros,	Jesús	Cristo,	el	que se dio	a sí mismo
3962	2532	2962	2257	2424	5547	3588	1325	1438
NGSM	*CLN*	*NGSM*	*RP1GP*	*NGSM*	*NGSM*	*DGSM*	*VAAP-SGM*	*RF3ASM*

ὑπὲρ	τῶν	ἁμαρτιῶν	ἡμῶν	ὅπως	ἐξέληται	ἡμᾶς	ἐκ	τοῦ	αἰῶνος
en favor de	los	pecados	de nosotros,	a fin de que	liberara	a nosotros	de	la	edad$_1$
5228	3588	266	2257	3704	1807	2248	1537	3588	165
P	*DGPF*	*NGPF*	*RP1GP*	*CAP*	*VAMS3S*	*RP1AP*	*P*	*DGSM*	*NGSM*

τοῦ	ἐνεστῶτος	πονηροῦ	κατὰ	τὸ	θέλημα	τοῦ	θεοῦ	καὶ	πατρὸς
la que$_3$	está presente,$_4$	mala$_2$	conforme a	la	voluntad	de --	Dios	y	Padre
3588	1764	4190	2596	3588	2307	3588	2316	2532	3962
DGSM	*VRAP-SGM*	*JGSM*	*P*	*DASN*	*NASN*	*DGSM*	*NGSM*	*CLN*	*NGSM*

ἡμῶν,	5 ᾧ	ἡ	δόξα	εἰς	τοὺς	αἰῶνας	τῶν	αἰώνων·	ἀμήν.
de nosotros,	a quien (sea)	la	gloria	por	los	siglos	de los	siglos,	amén.
2257	3739	3588	1391	1519	3588	165	3588	165	281
RP1GP	*RR-DSM*	*DNSF*	*NNSF*	*P*	*DAPM*	*NAPM*	*DGPM*	*NGPM*	*I, XF*

6 Θαυμάζω	ὅτι	οὕτως	ταχέως	μετατίθεσθε	ἀπὸ	τοῦ	καλέσαντος
Estoy maravillado	que	así$_2$	pronto$_3$	os alejasteis$_1$	de	el que	llamó
2296	3754	3779	5030	3346	575	3588	2564
VPAI1S	*CSC*	*B*	*B*	*VPUI2P*	*P*	*DGSM*	*VAAP-SGM*

ὑμᾶς	ἐν	χάριτι	Χριστοῦ	εἰς	ἕτερον	εὐαγγέλιον,	7 ὃ	οὐκ
a vosotros	por	gracia	de Cristo,	hacia	diferente,$_2$	un evangelio$_1$	el cual$_2$	no$_1$
5209	1722	5485	5547	1519	2087	2098	3739	3756
RP2AP	*P*	*NDSF*	*NGSM*	*P*	*JASN*	*NASN*	*RR-NSN*	*BN, TN*

ἔστιν	ἄλλο·	εἰ	μή	τινές	εἰσιν	οἱ	ταράσσοντες	ὑμᾶς	καὶ
es$_3$	otro;$_4$	si$_5$	no$_6$	algunos$_8$	son (hay)$_7$	los que	perturban	a vosotros	también
2076	243	1487	3361	5100	1526	3588	5015	5209	2532
VPAI3S	*JNSN*	*CAC*	*BN, TN*	*RX-NPM*	*VPAI3P*	*DNPM*	*VPAP-PNM*	*RP2AP*	*CLN*

θέλοντες	μεταστρέψαι	τὸ	εὐαγγέλιον	τοῦ	Χριστοῦ.	8 ἀλλὰ	καὶ
queriendo	cambiar	el	evangelio	de --	Cristo.	Pero	también
2309	3344	3588	2098	3588	5547	235	2532
VPAP-PNM	*VAAN*	*DASN*	*NASN*	*DGSM*	*NGSM*	*CLC*	*CLA, B*

NVI

1 Pablo, apóstol, no
por investidura ni
mediación humanas,
sino por Jesucristo y
por Dios Padre, que
lo levantó de entre los
muertos; 2 y todos los
hermanos que están
conmigo,

a las iglesias de
Galacia:

3 Que Dios nuestro
Padre y el Señor
Jesucristo les concedan
gracia y paz. 4 Jesucristo
dio su vida por nuestros
pecados para rescatarnos
de este mundo malvado,
según la voluntad de
nuestro Dios y Padre, 5 a
quien sea la gloria por
los siglos de los siglos.
Amén.

No hay otro evangelio

6 Me asombra que tan
pronto estén dejando
ustedes a quien los llamó
por la gracia de Cristo,
para pasarse a otro evan-
gelio. 7 No es que haya
otro evangelio, sino que
ciertos individuos están
sembrando confusión
entre ustedes y quieren
tergiversar el evangelio
de Cristo. 8 Pero, aun si

NVN

o un ángel del cielo, os
anuncia otro evangelio
diferente del que os
hemos anunciado, sea
anatema.
9 Como antes hemos
dicho, también ahora lo
repito: Si alguno os pre-
dica diferente evangelio
del que habéis recibido,
sea anatema.
10 Pues, ¿busco ahora el
favor de los hombres, o
el de Dios? ¿O trato de
agradar a los hombres?
Pues si todavía agradara
a los hombres, no sería
siervo de Cristo.

El ministerio de Pablo

11 Mas os hago saber,
hermanos, que el evan-
gelio anunciado por mí,
no es según hombre;
12 pues yo ni lo recibí ni
lo aprendí de ningún
hombre, sino por reve-
lación de Jesucristo.
13 Porque ya habéis oído
acerca de mi conducta
en otro tiempo en el
judaísmo, que perseguía
sobremanera a la iglesia
de Dios, y la devastaba;
14 y en el judaísmo
aventajaba a muchos de
mis contemporáneos
en mi nación, siendo
mucho más celoso de

ἐὰν	ἡμεῖς	ἢ	ἄγγελος	ἐξ	οὐρανοῦ	εὐαγγελίζηται	ὑμῖν	παρ’
si	nosotros	o	un ángel	de(l)	cielo	anunciara una buena noticia	a vosotros	junto
1437	2249	2228	32	1537	3772	2097	5213	3844
TC, C	*RP1NP*	*CLD*	*NNSM*	*P*	*NGSM*	*VPMS3S*	*RP2DP*	*P*

ὃ	εὐηγγελισάμεθα	ὑμῖν,	ἀνάθεμα	ἔστω.	9 ὡς	προειρήκαμεν,
al que	anunciamos (la) buena noticia	a vosotros,	anatema.$_2$	sea$_1$	Como	hemos dicho antes,
3739	2097	5213	331	2077	5613	4280
RR-ASN	*VAMI1P*	*RP2DP*	*NNSN*	*VPAM3S*	*CAM*	*VRAI1P*

καὶ	ἄρτι	πάλιν	λέγω,	εἴ	τις	ὑμᾶς	εὐαγγελίζεται	παρ’	ὃ
también	ahora	de nuevo:$_2$	digo$_1$	si	alguien	a vosotros	anuncia una buena noticia	junto	a la que
2532	737	3825	3004	1487	5100	5209	2097	3844	3739
CLN, B	*B*	*B*	*VPAI1S*	*CAC*	*RX-NSM*	*RP2AP*	*VPMI3S*	*P*	*RR-ASN*

παρελάβετε,	ἀνάθεμα	ἔστω.
recibisteis,	anatema.$_2$	sea$_1$
3880	331	2077
VAAI2P	*NNSN*	*VPAM3S*

10 Ἄρτι	γὰρ	ἀνθρώπους	πείθω	ἢ	τὸν	θεόν;	ἢ	ζητῶ	ἀνθρώποις
¿ahora$_2$	Porque$_1$	a seres humanos$_4$	persuado$_3$	o	a --	Dios?	¿O$_1$	busco$_2$	a seres humanos?$_4$
737	1063	444	3982	2228	3588	2316	2228	2212	444
B	*CLX*	*NAPM*	*VPAI1S*	*CLD*	*DASM*	*NASM*	*CLD*	*VPAI1S*	*NDPM*

ἀρέσκειν;	εἰ	ἔτι	ἀνθρώποις	ἤρεσκον,	Χριστοῦ	δοῦλος	οὐκ	ἂν	ἤμην.
agradar$_3$	Si	aún	a seres humanos,$_2$	agradaba$_1$	de Cristo.$_7$	siervo$_6$	no$_3$	--$_4$	era$_5$
700	1487	2089	444	700	5547	1401	3756	302	2252
VPAN	*CAC*	*B*	*NDPM*	*VIAI1S*	*NGSM*	*NNSM*	*BN, TN*	*TC*	*VIMI1S*

11 Γνωρίζω	γὰρ	ὑμῖν,	ἀδελφοί,	τὸ	εὐαγγέλιον	τὸ	εὐαγγελισθὲν
hago saber$_2$	Porque$_1$	a vosotros,	hermanos,	el	evangelio	el que	ha sido anunciado
1107	1063	5213	80	3588	2098	3588	2097
VPAI1S	*CLX*	*RP2DP*	*NVPM*	*DASN*	*NASN*	*DASN*	*VAPP-SAN*

ὑπ’	ἐμοῦ	ὅτι	οὐκ	ἔστιν	κατὰ	ἄνθρωπον·	12 οὐδὲ	γὰρ	ἐγὼ	παρὰ
por	mí	que	no	es	según	ser humano,	ni$_2$	porque$_1$	yo$_3$	de parte de$_8$
5259	1700	3754	3756	2076	2596	444	3761	1063	1473	3844
P	*RP1GS*	*CSC*	*BN, TN*	*VPAI3S*	*P*	*NASM*	*CLK,TN,B*	*CAZ*	*RP1NS*	*P*

ἀνθρώπου	παρέλαβον	αὐτό,	οὔτε	ἐδιδάχθην,	ἀλλὰ	δι’
ser humano,$_9$	recibí$_4$	a él$_5$	ni$_6$	me fue enseñado,$_7$	sino	por medio de
444	3880	846	3777	1321	235	1223
NGSM	*VAAI1S*	*RP3ASN*	*CLK, CLD*	*VAPI1S*	*CLC*	*P*

ἀποκαλύψεως	Ἰησοῦ	Χριστοῦ.
revelación	de Jesús	Cristo
602	2424	5547
NGSF	*NGSM*	*NGSM*

13 Ἠκούσατε	γὰρ	τὴν	ἐμὴν	ἀναστροφήν	ποτε	ἐν	τῷ
oísteis$_2$	Porque$_1$	el$_3$	mío$_5$	comportamiento$_4$	en otro tiempo	en	el
191	1063	3588	1699	391	4218	1722	3588
VAAI2P	*CLX*	*DASF*	*JASF, RS1ASF*	*NASF*	*BX, TX*	*P*	*DDSM*

Ἰουδαϊσμῷ,	ὅτι	καθ’	ὑπερβολὴν*	ἐδίωκον	τὴν	ἐκκλησίαν	τοῦ	θεοῦ
judaísmo,	que	según	extraordinario	perseguía	a la	iglesia	de --	Dios,
2454	3754	2596	5236	1377	3588	1577	3588	2316
NDSM	*CSC*	*P*	*NASF*	*VIAI1S*	*DASF*	*NASF*	*DGSM*	*NGSM*

καὶ	ἐπόρθουν	αὐτήν,	14 καὶ	προέκοπτον	ἐν	τῷ	Ἰουδαϊσμῷ	ὑπὲρ
y	desbastaba	a ella,	y	progresaba	en	el	judaísmo	más que
2532	4199	846	2532	4298	1722	3588	2454	5228
CLN	*VIAI1S*	*RP3ASF*	*CLN*	*VIAI1S*	*P*	*DDSM*	*NDSM*	*P*

πολλοὺς	συνηλικιώτας	ἐν	τῷ	γένει	μου,	περισσοτέρως	ζηλωτὴς
muchos	contemporáneos	en	la	raza	de mí,	mucho más$_2$	celoso$_3$
4183	4915	1722	3588	1085	3450	4056	2207
JAPM	*NAPM*	*P*	*DDSN*	*NDSN*	*RP1GS*	*B*	*NNSM*

NVI

alguno de nosotros o
un ángel del cielo les pre-
dicara un evangelio dis-
tinto del que les hemos
predicado, ¡que caiga
bajo maldición! 9 Como
ya lo hemos dicho, aho-
ra lo repito: si alguien
les anda predicando un
evangelio distinto del
que recibieron, ¡que
caiga bajo maldición!
10 ¿Qué busco con
esto: ganarme la apro-
bación humana o la de
Dios? ¿Piensan que
procuro agradar a los
demás? Si yo buscara
agradar a otros, no sería
siervo de Cristo.

Pablo, llamado por Dios

11 Quiero que sepan,
hermanos, que el evan-
gelio que yo predico no
es invención humana.
12 No lo recibí ni lo
aprendí de ningún ser
humano, sino que me
llegó por revelación de
Jesucristo.
13 Ustedes ya están en-
terados de mi conducta
cuando pertenecía al
judaísmo, de la furia
con que perseguía a la
iglesia de Dios, tratando
de destruirla. 14 En la
práctica del judaísmo,
yo aventajaba a muchos
de mis contemporáneos
en mi celo exagerado

1:13* O sea *excesivamente*.

RVR

las tradiciones de mis
padres.
15 Pero cuando Dios,
que me había separado
desde el vientre de mi
madre, y me llamó por
su gracia, tuvo a bien
16 revelar a su Hijo en
mí, para que yo le pre-
dicase entre los gentiles,
no consulté en seguida
con carne y sangre,
17 ni subí a Jerusalén a
presentarme a los que
eran apóstoles antes
que yo; sino que fui a
Arabia, y volví de nuevo
a Damasco.
18 Después, pasados tres
años, subí a Jerusalén
para visitar a Pedro, y
permanecí con él quin-
ce días;
19 pero no vi a ningún
otro de los apóstoles,
sino a Jacobo el herma-
no del Señor.
20 En esto que os escri-
bo, os aseguro delante
de Dios que no miento.
21 Después fui a las
regiones de Siria y de
Cilicia,
22 y no me conocían
personalmente las igle-
sias de Judea, que eran
en Cristo;
23 solamente oían decir:

ὑπάρχων	τῶν	πατρικῶν	μου	παραδόσεων.	15 ὅτε	δὲ	⸀εὐδόκησεν
siendo$_1$	de las$_4$	paternas$_6$	de mí,$_7$	tradiciones$_5$	cuando$_2$	Pero$_1$	tuvo a bien$_{16}$
5225	3588	3967	3450	3862	3753	1161	2106
VPAP-SNM	*DGPF, DGPM*	*JGPF, JGPM*	*RP1GS*	*NGPF*	*CAT*	*CLC*	*VAAI3S*

ὃ	ἀφορίσας	με	ἐκ	κοιλίας	μητρός	μου	καὶ	καλέσας
el que$_3$	separó$_4$	a mí$_5$	desde$_6$	(el) vientre$_7$	de (la) madre$_8$	de mí,$_9$	y$_{10}$	habiéndo(me) llamado$_{11}$
3588	873	3165	1537	2836	3384	3450	2532	2564
DNSM	*VAAP-SNM*	*RP1AS*	*P*	*NGSF*	*NGSF*	*RP1GS*	*CLN*	*VAAP-SNM*

διὰ	τῆς	χάριτος	αὐτοῦ	16 ἀποκαλύψαι	τὸν	υἱὸν	αὐτοῦ	ἐν	ἐμοὶ
por medio de$_{12}$	la$_{13}$	gracia$_{14}$	de él,$_{15}$	revelar	al	hijo	de él	en	mí,
1223	3588	5485	846	601	3588	5207	846	1722	1698
P	*DGSF*	*NGSF*	*RP3GSM*	*VAAN*	*DASM*	*NASM*	*RP3GSM*	*P*	*RP1DS*

ἵνα	εὐαγγελίζωμαι	αὐτὸν	ἐν	τοῖς	ἔθνεσιν,	εὐθέως	οὐ
para que	anuncie (la) buena noticia	a él	entre	los	gentiles,	inmediatamente$_3$	no$_1$
2443	2097	846	1722	3588	1484	2112	3756
CAP	*VPMS1S*	*RP3ASM*	*P*	*DDPN*	*NDPN*	*B*	*CLK, TN, B*

προσανεθέμην	σαρκὶ	καὶ	αἵματι,	17 οὐδὲ	ἀνῆλθον	εἰς	Ἱεροσόλυμα
consulté$_2$	con carne	y	sangre,	ni	subí	a	Jerusalén
4323	4561	2532	129	3761	424	1519	2414
VAMI1S	*NDSF*	*CLN*	*NDSN*	*BN, TN*	*VAAI1S*	*P*	*NASF*

πρὸς	τοὺς	πρὸ	ἐμοῦ	ἀποστόλους,	ἀλλὰ	ἀπῆλθον	εἰς	Ἀραβίαν,	καὶ
a	los$_1$	antes de$_3$	mí,$_4$	apóstoles$_2$	sino	fui	a	Arabia	y
4314	3588	4253	1700	652	235	565	1519	688	2532
P	*DAPM*	*P*	*RP1GS*	*NAPM*	*CLK, CLC*	*VAAI1S*	*P*	*NASF*	*CLN*

πάλιν	ὑπέστρεψα	εἰς	Δαμασκόν.
de nuevo$_2$	regresé$_1$	a	Damasco.
3825	5290	1519	1154
B	*VAAI1S*	*P*	*NASF*

18 Ἔπειτα	μετὰ	ἔτη	τρία	ἀνῆλθον	εἰς	Ἱεροσόλυμα	ἱστορῆσαι
Luego,	después de	años$_2$	tres$_1$	subí	a	Jerusalén	para visitar
1899	3326	2094	5140	424	1519	2414	2477
B	*P*	*NAPN*	*JAPN*	*VAAI1S*	*P*	*NASF*	*VAAN*

⸀Κηφᾶν	καὶ	ἐπέμεινα	πρὸς	αὐτὸν	ἡμέρας	δεκαπέντε·	19 ἕτερον	δὲ
a Cefas	y	permanecí	con	él	días;$_2$	quince$_1$	a otro$_4$	mas$_1$
2786	2532	1961	4314	846	2250	1178	2087	1161
NASM	*CLN*	*VAAI1S*	*P*	*RP3ASM*	*NAPF*	*XN, J*	*JASM*	*CLC*

τῶν	ἀποστόλων	οὐκ	εἶδον,	εἰ	μὴ	Ἰάκωβον	τὸν	ἀδελφὸν	τοῦ
de los$_5$	apóstoles,$_6$	no$_2$	vi$_3$	si	no	a Jacob,	el	hermano	del
3588	652	3756	1492	1487	3361	2385	3588	80	3588
DGPM	*NGPM*	*BN, TN*	*VAAI1S*	*CAC*	*BN, TN*	*NASM*	*DASM*	*NASM*	*DGSM*

κυρίου.	20 ἃ	δὲ	γράφω	ὑμῖν,	ἰδοὺ	ἐνώπιον	τοῦ	θεοῦ	ὅτι
Señor.	las cosas que$_2$	Mas$_1$	escribo	a vosotros,	he aquí,	delante de	--	Dios	que
2962	3739	1161	1125	5213	2400	1799	3588	2316	3754
NGSM	*RR-APN*	*CLN*	*VPAI1S*	*RP2DP*	*I, VAAM2S*	*P, B*	*DGSM*	*NGSM*	*CSC*

οὐ	ψεύδομαι.	21 ἔπειτα	ἦλθον	εἰς	τὰ	κλίματα	τῆς	Συρίας	καὶ	τῆς
no	miento.	Después	fui	a	las	regiones	de --	Siria	y	de --
3756	5574	1899	2064	1519	3588	2824	3588	4947	2532	3588
BN, TN	*VPUI1S*	*B*	*VAAI1S*	*P*	*DAPN*	*NAPN*	*DGSF*	*NGSF*	*CLN*	*DGSF*

Κιλικίας.	22 ἤμην	δὲ	ἀγνοούμενος	τῷ	προσώπῳ	ταῖς	ἐκκλησίαις
Cilicia.	era$_2$	Y$_1$	desconocido	(de) --	rostro	a las	iglesias
2791	2252	1161	50	3588	4383	3588	1577
NGSF	*VIMI1S*	*CLN*	*VPPP-SNM*	*DDSN*	*NDSN*	*DDPF*	*NDPF*

τῆς	Ἰουδαίας	ταῖς	ἐν	Χριστῷ,	23 μόνον	δὲ	ἀκούοντες	ἦσαν
de --	Judea,	las (que están)	en	Cristo.	sólo$_3$	Pero$_1$	oyendo$_4$	estaban$_2$
3588	2449	3588	1722	5547	3440	1161	191	2258
DGSF	*NGSF*	*DDPF*	*P*	*NDSM*	*B, J*	*CLN*	*VPAP-PNM*	*VIAI3P*

NVI

por las tradiciones de
mis antepasados. 15 Sin
embargo, Dios me había
apartado desde el vientre
de mi madre y me llamó
por su gracia. Y, cuando
él tuvo a bien 16 revelar-
me a su Hijo para que
yo lo predicara entre los
gentiles, no consulté con
nadie. 17 Tampoco subí
a Jerusalén para ver a los
que eran apóstoles antes
que yo, sino que fui de
inmediato a Arabia, de
donde luego regresé a
Damasco.
18 Después de tres
años, subí a Jerusalén
para visitar a Pedro, y
me quedé con él quince
días. 19 No vi a ningún
otro de los apóstoles;
solo vi a Jacobo, el
hermano del Señor.
20 Dios me es testigo que
en esto que les escribo
no miento. 21 Más tarde
fui a las regiones de
Siria y Cilicia. 22 Pero
en Judea las iglesias de
Cristo no me conocían
personalmente. 23 Solo
habían oído decir: «El

1:15⸀ Manuscritos superiores tienen *Dios*. **1:18**⸀ Manuscritos inferiores tienen *Pedro*.

RVR

Aquel que en otro
tiempo nos perseguía,
ahora predica la fe que
en otro tiempo trataba
de destruir.
24 Y glorificaban a Dios
por mí.
2 Después, pasados
catorce años, subí
otra vez a Jerusalén con
Bernabé, llevando tam-
bién conmigo a Tito.
2 Pero subí según una
revelación, y les expuse
el evangelio que predico
entre los gentiles, pero
lo hice en privado a los
que figuraban como
dirigentes, no sea que
yo esté corriendo o haya
corrido en vano.
3 Mas ni aun Tito, que
estaba conmigo, con
todo y ser griego, fue
obligado a circunci-
darse.
4 Y fue por causa de los
falsos hermanos infil-
trados solapadamente,
que habían entrado para
espiar nuestra libertad
que tenemos en Cristo
Jesús, a fin de reducirnos
a esclavitud,
5 a los cuales ni por un
momento accedimos a
someternos, para que
la verdad del evangelio
sea salvaguardada para
vosotros.
6 Pero de parte de los que
parecían ser algo (lo que
eran entonces nada me
importa; Dios no hace
acepción de personas),

ὅτι	Ὁ	διώκων	ἡμᾶς	ποτε	νῦν	εὐαγγελίζεται	τὴν	πίστιν	ἥν
que:	el que	persigue	a nosotros	en otro tiempo,	ahora	anuncia	la	fe	la que
3754	3588	1377	2248	4218	3568	2097	3588	4102	3739
CSC	*DNSM*	*VPAP-SNM*	*RP1AP*	*BX, TX*	*B*	*VPMI3S*	*DASF*	*NASF*	*RR-ASF*

ποτε	ἐπόρθει,	24 καὶ	ἐδόξαζον	ἐν	ἐμοὶ	τὸν	θεόν.
en otro tiempo	desbastaba,	y$_1$	glorificaban$_2$	en$_5$	mí.$_6$	a --$_3$	Dios$_4$
4218	4199	2532	1392	1722	1698	3588	2316
BX, TX	*VIAI3S*	*CLN*	*VIAI3P*	*P*	*RP1DS*	*DASM*	*NASM*

2

Ἔπειτα	διὰ	δεκατεσσάρων	ἐτῶν	πάλιν	ἀνέβην	εἰς
Luego,	después de	catorce	años,	de nuevo	subí	a
1899	1223	1180	2094	3825	305	1519
B	*P*	*JGPN*	*NGPN*	*B*	*VAAI1S*	*P*

Ἱεροσόλυμα	μετὰ	Βαρναβᾶ	συμπαραλαβὼν	καὶ	Τίτον·	2 ἀνέβην
Jerusalén	con	Bernabé,	llevando con(migo)	también	a Tito.	subí
2414	3326	921	4838	2532	5103	305
NASF	*P*	*NGSM*	*VAAP-SNM*	*BE, TE*	*NASM*	*VAAI1S*

δὲ	κατὰ	ἀποκάλυψιν·	καὶ	ἀνεθέμην	αὐτοῖς	τὸ	εὐαγγέλιον	ὅ
Y	conforme a	una revelación:	y	presenté	a ellos	el	evangelio	el que
1161	2596	602	2532	394	846	3588	2098	3739
CLN	*P*	*NASF*	*CLN*	*VAMI1S*	*RP3DPM*	*DASN*	*NASN*	*RR-ASN*

κηρύσσω	ἐν	τοῖς	ἔθνεσιν,	κατ᾽	ἰδίαν	δὲ	τοῖς	δοκοῦσιν,	μή
proclamo	entre	los	gentiles;	en$_2$	privado$_3$	pero$_1$	a los	los que parecen algo,	no (sea que)
2784	1722	3588	1484	2596	2398	1161	3588	1380	3361
VPAI1S	*P*	*DDPN*	*NDPN*	*P*	*JASF*	*CLC*	*DDPM*	*VPAP-PDM*	*CAP, B*

πως	εἰς	κενὸν	τρέχω	ἢ	ἔδραμον.	3 ἀλλ᾽	οὐδὲ	Τίτος	ὁ
de algún modo	en$_4$	vano.$_5$	corro$_1$	o$_2$	corrí$_3$	Pero	ni	Tito,	el
4458	1519	2756	5143	2228	5143	235	3761	5103	3588
TX, BX	*P*	*JASN, JASM*	*VPAS1S*	*CLD*	*VAAI1S*	*CLC*	*BN, TN*	*NNSM*	*DNSM*

σὺν	ἐμοί,	Ἕλλην	ὤν,	ἠναγκάσθη	περιτμηθῆναι·	4 διὰ
(estaba) con	mí,	griego,$_2$	siendo$_1$	fue obligado	a ser circuncidado;	a causa de$_2$
4862	1698	1672	5607	315	4059	1223
P	*RP1DS*	*NNSM*	*VPAP-SNM*	*VAPI3S*	*VAPN*	*P*

δὲ	τοὺς	παρεισάκτους	ψευδαδέλφους,	οἵτινες	παρεισῆλθον
pero$_1$	los$_3$	infiltrados solapadamente,$_5$	falsos hermanos$_4$	quienes	se infiltraron
1161	3588	3920	5569	3748	3922
CLC	*DAPM*	*JAPM*	*NAPM*	*RR-NPM*	*VAAI3P*

κατασκοπῆσαι	τὴν	ἐλευθερίαν	ἡμῶν	ἣν	ἔχομεν	ἐν	Χριστῷ
para espiar	la	libertad	de nosotros,	la que	tenemos	en	Cristo
2684	3588	1657	2257	3739	2192	1722	5547
VAAN	*DASF*	*NASF*	*RP1GP*	*RR-ASF*	*VPAI1P*	*P*	*NDSM*

Ἰησοῦ,	ἵνα	ἡμᾶς	καταδουλώσουσιν—	5 οἷς	οὐδὲ	πρὸς	ὥραν
Jesús,	para que	a nosotros	esclavizarán;	a los cuales	ni	por	una hora
2424	2443	2248	2615	3739	3761	4314	5610
NDSM	*CAP*	*RP1AP*	*VFAI3P*	*RR-DPM*	*BN, TN*	*P*	*NASF*

εἴξαμεν	τῇ	ὑποταγῇ,	ἵνα	ἡ	ἀλήθεια	τοῦ	εὐαγγελίου	διαμείνῃ
nos rendimos	en --	sumisión,	para que	la	verdad	del	evangelio	permanezca
1502	3588	5292	2443	3588	225	3588	2098	1265
VAAI1P	*DDSF*	*NDSF*	*CAP*	*DNSF*	*NNSF*	*DGSN*	*NGSN*	*VAAS3S*

πρὸς	ὑμᾶς.	6 ἀπὸ	δὲ	τῶν	δοκούντων	εἶναί	τι—	ὁποῖοί
con	vosotros.	de parte de$_2$	Pero$_1$	los que	parecen	ser	algo,	de qué clase
4314	5209	575	1161	3588	1380	1511	5100	3697
P	*RP2AP*	*P*	*CLN*	*DGPM*	*VPAP-PGM*	*VPAN*	*RX-NSN*	*JNPM, R--NPM*

ποτε	ἦσαν	οὐδέν	μοι	διαφέρει·	πρόσωπον	θεὸς	ἀνθρώπου	οὐ
en otro tiempo	eran,	nada	a mí,$_2$	importa$_1$	(el) rostro$_6$	Dios$_3$	de ser humano,$_7$	no$_4$
4218	2258	3762	3427	1308	4383	2316	444	3756
BX, TX	*VIAI3P*	*JASN, JNSN*	*RP1DS*	*VPAI3S*	*NASN*	*NNSM*	*NGSM*	*BN, TN*

NVI

que antes nos perseguía
ahora predica la fe que
procuraba destruir».
24 Y por causa mía glori-
ficaban a Dios.

Los apóstoles aceptan a Pablo

2 Catorce años des-
pués subí de nuevo
a Jerusalén, esta vez
con Bernabé, llevando
también a Tito. 2 Fui
en obediencia a una
revelación, y me reuní
en privado con los que
eran reconocidos como
dirigentes, y les expliqué
el evangelio que predico
entre los gentiles, para
que todo mi esfuerzo no
fuera en vano. 3 Ahora
bien, ni siquiera Tito,
que me acompañaba,
fue obligado a circunci-
darse, aunque era griego.
4 El problema era que
algunos falsos hermanos
se habían infiltrado
entre nosotros para
coartar la libertad que
tenemos en Cristo Jesús
a fin de esclavizarnos.
5 Ni por un momento
accedimos a someternos
a ellos, pues queríamos
que se preservara entre
ustedes la integridad del
evangelio.
6 En cuanto a los que
eran reconocidos como
personas importantes
—aunque no me intere-
sa lo que fueran, porque
Dios no juzga por las

RVR

a mí, pues, los que figu-
raban nada nuevo me
dieron;
7 sino que, por el contra-
rio, como vieron que me
había sido confiado el
evangelio de la incircun-
cisión, como a Pedro el
de la circuncisión
8 (pues el que actuó en
Pedro para el apostolado
de la circuncisión, actuó
también en mí para con
los gentiles),
9 y reconociendo la
gracia que me había
sido dada, Jacobo,
Cefas y Juan, que eran
considerados como co-
lumnas, nos dieron a mí
y a Bernabé la diestra en
señal de compañerismo,
para que nosotros fuése-
mos a los gentiles, y ellos
a los de la circuncisión.
10 Solamente nos pidie-
ron que nos acordáse-
mos de los pobres; lo
cual yo también procuré
hacerlo con diligencia.

Pablo reprende a Pedro en Antioquía

11 Pero cuando Pedro
vino a Antioquía, le re-
sistí cara a cara, porque
se había hecho digno de
reprensión.
12 Pues antes que vinie-
sen algunos de parte de
Jacobo, comía con los
gentiles; pero después
que vinieron, se retraía
y se separaba, porque
tenía miedo de los de la
circuncisión.
13 Y de su simulación

λαμβάνει—	ἐμοὶ	γὰρ	οἱ	δοκοῦντες	οὐδὲν	προσανέθεντο,	7 ἀλλὰ
recibe$_5$	a mí$_9$	porque$_8$	los que	parecen	nada	añadieron,	sino,
2983	1698	1063	3588	1380	3762	4323	235
VPAI3S	*RP1DS*	*CAZ*	*DNPM*	*VPAP-PNM*	*JASN*	*VAMI3P*	*CLC*

τοὐναντίον	ἰδόντες	ὅτι	πεπίστευμαι	τὸ	εὐαγγέλιον	τῆς	ἀκροβυστίας
por el contrario,	viendo	que	me ha sido confiado	el	evangelio	de la	incircuncisión,
5121	1492	3754	4100	3588	2098	3588	203
B, DASN	*VAAP-PNM*	*CSC*	*VRPI1S*	*DASN*	*NASN*	*DGSF*	*NGSF*

καθὼς	Πέτρος	τῆς	περιτομῆς,	8 ὁ	γὰρ	ἐνεργήσας	Πέτρῳ	εἰς
como	Pedro	de la	circuncisión,	el que$_2$	porque$_1$	habiendo actuado$_3$	en Pedro	para
2531	4074	3588	4061	3588	1063	1754	4074	1519
CAM	*NNSM*	*DGSF*	*NGSF*	*DNSM*	*CLX*	*VAAP-SNM*	*NDSM*	*P*

ἀποστολὴν	τῆς	περιτομῆς	ἐνήργησεν	καὶ	ἐμοὶ	εἰς	τὰ	ἔθνη,	9 καὶ
(el) apostolado	de la	circuncisión,	actuó	también	en mí	para	los	gentiles,	y
651	3588	4061	1754	2532	1698	1519	3588	1484	2532
NASF	*DGSF*	*NGSF*	*VAAI3S*	*BE, TE*	*RP1DS*	*P*	*DAPN*	*NAPN*	*CLN*

γνόντες	τὴν	χάριν	τὴν	δοθεῖσάν	μοι,	Ἰάκωβος	καὶ	Κηφᾶς	καὶ
habiendo conocido	la	gracia	la que	fue dada	a mí,	Jacob	y	Cefas	y
1097	3588	5485	3588	1325	3427	2385	2532	2786	2532
VAAP-PNM	*DASF*	*NASF*	*DASF*	*VAPP-SAF*	*RP1DS*	*NNSM*	*CLN*	*NNSM*	*CLN*

Ἰωάννης,	οἱ	δοκοῦντες	στῦλοι	εἶναι,	δεξιὰς	ἔδωκαν	ἐμοὶ	καὶ
Juan,	los que	parecían	columnas,$_2$	ser$_1$	(las manos) derechas$_3$	dieron$_5$	a mí$_6$	y$_7$
2491	3588	1380	4769	1511	1188	1325	1698	2532
NNSM	*DNPM*	*VPAP-PNM*	*NNPM*	*VPAN*	*JAPF*	*VAAI3P*	*RP1DS*	*CLN*

Βαρναβᾷ	κοινωνίας,	ἵνα	ἡμεῖς	εἰς	τὰ	ἔθνη,	αὐτοὶ	δὲ	εἰς
a Bernabé,$_8$	de comunión$_4$	para que	nosotros	hacia (fuéramos)	los	gentiles,	ellos$_2$	pero$_1$	a
921	2842	2443	2249	1519	3588	1484	846	1161	1519
NDSM	*NGSF*	*CAP*	*RP1NP*	*P*	*DAPN*	*NAPN*	*RP3NPMP*	*CLN*	*P*

τὴν	περιτομήν.	10 μόνον	τῶν	πτωχῶν	ἵνα	μνημονεύωμεν,	ὃ	καὶ
la	circuncisión.	sólo$_3$	de los$_4$	pobres,$_5$	para que$_1$	recordáramos$_2$	lo que	también
3588	4061	3440	3588	4434	2443	3421	3739	2532
DASF	*NASF*	*B, J*	*DGPM*	*JGPM*	*CSC*	*VPAS1P*	*RR-ASN*	*BE, TE*

ἐσπούδασα	αὐτὸ	τοῦτο	ποιῆσαι.	11 Ὅτε	δὲ	ἦλθεν	⸀Κηφᾶς	εἰς
me esmeré	mismo.$_3$	esto$_2$	hacer$_1$	cuando$_2$	Pero$_1$	fue$_4$	Cefas$_3$	a$_5$
4704	846	5124	4160	3753	1161	2064	2786	1519
VAAI1S	*RP3ASN, JASN*	*RD-ASN*	*VAAN*	*CAT*	*CLC, CLT*	*VAAI3S*	*NNSM*	*P*

Ἀντιόχειαν,	κατὰ	πρόσωπον	αὐτῷ	ἀντέστην,	ὅτι	κατεγνωσμένος
Antioquía,$_6$	en$_9$	(el) rostro.$_{10}$	a él$_8$	resistí$_7$	porque$_{11}$	condenado.$_{12}$
490	2596	4383	846	436	3754	2607
NASF	*P*	*NASN*	*RP3DSM*	*VAAI1S*	*CAZ*	*VRPP-SNM*

ἦν.	12 πρὸ	τοῦ	γὰρ	ἐλθεῖν	τινας	ἀπὸ	Ἰακώβου	μετὰ	τῶν
era$_{13}$	antes de$_5$	--$_6$	Porque$_1$	venir,$_7$	algunos$_2$	de parte de$_3$	Jacob$_4$	con$_9$	los$_{10}$
2258	4253	3588	1063	2064	5100	575	2385	3326	3588
VIAI3S	*P*	*DGSN, DGSM*	*CAZ*	*VAAN*	*RX-APM*	*P*	*NGSM*	*P*	*DGPN*

ἐθνῶν	συνήσθιεν·	ὅτε	δὲ	ἦλθον,	ὑπέστελλεν	καὶ	ἀφώριζεν	ἑαυτόν,
gentiles,$_{11}$	comían juntos$_8$	cuando$_{13}$	pero$_{12}$	vinieron,	se retraía	y	separaba	a sí mismo,
1484	4906	3753	1161	2064	5288	2532	873	1438
NGPN	*VIAI3S*	*CAT*	*CLC*	*VAAI3P*	*VIAI3S*	*CLN*	*VIAI3S*	*RF3ASM*

φοβούμενος	τοὺς	ἐκ	περιτομῆς.	13 καὶ	συνυπεκρίθησαν	αὐτῷ
temiendo	a los	de	(la) circuncisión;	y$_1$	participaron en el fingimiento$_6$	con él,$_7$
5399	3588	1537	4061	2532	4942	846
VPUP-SNM	*DAPM*	*P*	*NGSF*	*CLN*	*VAPI3P*	*RP3DSM*

NVI

apariencias—, esos tales
no me impusieron nada
nuevo. 7 Al contrario, re-
conocieron que a mí se
me había encomendado
predicar el evangelio a
los gentiles, de la misma
manera que se le había
encomendado a Pedro
predicarlo a los judíos.
8 El mismo Dios que
facultó a Pedro como
apóstol de los judíos me
facultó también a mí
como apóstol de los gen-
tiles. 9 En efecto, Jacobo,
Pedro y Juan, que eran
considerados columnas,
al reconocer la gracia
que yo había recibido,
nos dieron la mano a
Bernabé y a mí en señal
de compañerismo, de
modo que nosotros
fuéramos a los gentiles y
ellos a los judíos. 10 Solo
nos pidieron que nos
acordáramos de los
pobres, y eso es precisa-
mente lo que he venido
haciendo con esmero.

Pablo se opone a Pedro

11 Pues bien, cuando
Pedro fue a Antioquía,
le eché en cara su
comportamiento
condenable. 12 Antes
que llegaran algunos de
parte de Jacobo, Pedro
solía comer con los
gentiles. Pero, cuando
aquellos llegaron,
comenzó a retraerse y a
separarse de los gentiles
por temor a los partida-
rios de la circuncisión.

2:11⸀ Manuscritos inferiores tienen *Pedro*.

RVR

participaron también
los demás judíos, de
tal manera que aun
Bernabé fue también
arrastrado por la hipo-
cresía de ellos.
14 Pero cuando vi que
no andaban rectamente
conforme a la verdad
del evangelio, dije a
Pedro delante de todos:
Si tú, siendo judío, vives
como los gentiles y no
como judío, ¿cómo
obligas a los gentiles a
judaizar?
15 Nosotros, judíos
de nacimiento, y no
pecadores de entre los
gentiles,
16 sabiendo que el hom-
bre no es justificado a
base de las obras de la
ley, sino por medio de
la fe de Jesucristo, no-
sotros también hemos
creído en Cristo Jesús,
para ser justificados a
base de la fe de Cristo y
no de las obras de la ley,
por cuanto nadie será
justificado a base de las
obras de la ley.
17 Y si buscando ser jus-
tificados en Cristo, tam-
bién nosotros hemos
sido hallados pecadores,
¿es por eso Cristo mi-
nistro de pecado? ¡En
ninguna manera!
18 Porque si vuelvo a
edificar las mismas cosas
que destruí, me consti-
tuyo transgresor.
19 Porque por medio
de la ley yo he muerto
para la ley, a fin de vivir

καὶ	οἱ	λοιποὶ	Ἰουδαῖοι,	ὥστε	καὶ	Βαρναβᾶς	συναπήχθη
también$_2$	los$_3$	demás$_4$	judíos$_5$	de tal modo que	también	Bernabé	fue arrastrado$_1$
2532	3588	3062	2453	5620	2532	921	4879
CLN, B	DNPM	JNPM	JNPM	CAR	CLA, B	NNSM	VAPI3S

αὐτῶν	τῇ	ὑποκρίσει.	14 ἀλλ’	ὅτε	εἶδον	ὅτι	οὐκ	ὀρθοποδοῦσιν
de ellos.$_4$	a la$_2$	hipocresía$_3$	Pero	cuando	vi	que	no	andan rectamente
846	3588	5272	235	3753	1492	3754	3756	3716
RP3GPM	DDSF	NDSF	CLC	CAT	VAAI1S	CSC	BN, TN	VPAI3P

πρὸς	τὴν	ἀλήθειαν	τοῦ	εὐαγγελίου,	εἶπον	τῷ	⌜Κηφᾷ	ἔμπροσθεν
en relación a	a la	verdad	del	evangelio,	dije	a --	Cefas	delante de
4314	3588	225	3588	2098	2036	3588	2786	1715
P	DASF	NASF	DGSN	NGSN	VAAI1S	DDSM	NDSM	P

πάντων·	Εἰ	σὺ	Ἰουδαῖος	ὑπάρχων	ἐθνικῶς	καὶ	οὐκ	Ἰουδαϊκῶς
todos:	Si	tú,	judío$_2$	siendo$_1$	como un gentil$_4$	y$_5$	no$_6$	como un judío,$_7$
3956	1487	4771	2453	5225	1483	2532	3780	2452
JGPM	CAC	RP2NS	JNSM	VPAP-SNM	B	CLN	BN, TN	B

ζῇς,	πῶς	τὰ	ἔθνη	ἀναγκάζεις	Ἰουδαΐζειν;	15 Ἡμεῖς	φύσει
vives$_3$	¿cómo$_8$	a los$_{10}$	gentiles$_{11}$	obligas$_9$	a judaizar?$_{12}$	Nosotros,$_1$	por naturaleza,$_3$
2198	4459	3588	1484	315	2450	2249	5449
VPAI2S	BI	DAPN	NAPN	VPAI2S	VPAN	RP1NP	NDSF

Ἰουδαῖοι	καὶ	οὐκ	ἐξ	ἐθνῶν	ἁμαρτωλοί,	16 εἰδότες	δὲ	ὅτι	οὐ
judíos$_2$	y$_4$	no$_5$	de entre$_7$	(los) gentiles,$_8$	pecadores$_6$	sabiendo$_2$	mas$_1$	que$_3$	no$_5$
2453	2532	3756	1537	1484	268	1492	1161	3754	3756
JNPM	CLN	BN, TN	P	NGPN	JNPM	VRAP-PNM	CLC	CSC	BN, TN

δικαιοῦται	ἄνθρωπος	ἐξ	ἔργων	νόμου	ἐὰν	μὴ	διὰ	πίστεως
es justificado$_6$	un ser humano$_4$	por	obras	de (la) ley,	si	no	por medio de	(la) fe
1344	444	1537	2041	3551	1437	3361	1223	4102
VPPI3S	NNSM	P	NGPN	NGSM	CAC	BN, TN	P	NGSF

Ἰησοῦ	Χριστοῦ,	καὶ	ἡμεῖς	εἰς	Χριστὸν	Ἰησοῦν	ἐπιστεύσαμεν,	ἵνα
de Jesús	Cristo	también	nosotros$_1$	en$_3$	Cristo$_4$	Jesús,$_5$	creímos$_2$	para que
2424	5547	2532	2249	1519	5547	2424	4100	2443
NGSM	NGSM	CLN, B	RP1NP	P	NASM	NASM	VAAI1P	CAP

δικαιωθῶμεν	ἐκ	πίστεως	Χριστοῦ	καὶ	οὐκ	ἐξ	ἔργων	νόμου,	ὅτι
fuéramos justificados	por	(la) fe	de Cristo	y	no	por	obras	de (la) ley,	porque
1344	1537	4102	5547	2532	3756	1537	2041	3551	3754
VAPS1P	P	NGSF	NGSM	CLN	BN, TN	P	NGPN	NGSM	CAZ

ἐξ	ἔργων	νόμου	οὐ	δικαιωθήσεται	πᾶσα	σάρξ.	17 εἰ	δὲ	ζητοῦντες
por	(las) obras	de (la) ley	no$_3$	será justificado.$_4$	toda$_1$	carne$_2$	si$_2$	pero$_1$	buscando
1537	2041	3551	3756	1344	3956	4561	1487	1161	2212
P	NGPN	NGSM	BN, TN	VFPI3S	JNSF	NNSF	CAC	CLC	VPAP-PNM

δικαιωθῆναι	ἐν	Χριστῷ	εὑρέθημεν	καὶ	αὐτοὶ	ἁμαρτωλοί,
ser justificados	en	Cristo,	fuimos hallados$_3$	también$_2$	nosotros mismos$_1$	pecadores,
1344	1722	5547	2147	2532	846	268
VAPN	P	NDSM	VAPI1P	BE, TE	RP3NPMP	JNPM

ἄρα	Χριστὸς	ἁμαρτίας	διάκονος;	μὴ	γένοιτο·	18 εἰ	γὰρ	ἃ
¿(es) entonces$_1$	Cristo$_2$	de pecado?$_4$	ministro$_3$	¡No	sea así!	si$_2$	Porque$_1$	las que$_6$
687	5547	266	1249	3361	1096	1487	1063	3739
TI, BI	NNSM	NGSF	NNSM	BN, TN	VAMO3S	CAC	CLX	RR-APN

κατέλυσα	ταῦτα	πάλιν	οἰκοδομῶ,	παραβάτην	ἐμαυτὸν	συνιστάνω.
destruí,$_7$	estas cosas$_5$	de nuevo$_4$	edifico$_3$	transgresor.$_{10}$	a mí mismo$_9$	me constituyo$_8$
2647	5023	3825	3618	3848	1683	4921
VAAI1S	RD-APN	B	VPAI1S	NASM	RF1ASM	VPAI1S

19 ἐγὼ	γὰρ	διὰ	νόμου	νόμῳ	ἀπέθανον	ἵνα	θεῷ	ζήσω·
yo$_4$	Porque$_1$	por medio de$_2$	(la) ley$_3$	a (la) ley,$_6$	morí$_5$	para que$_7$	para Dios.$_9$	viva$_8$
1473	1063	1223	3551	3551	599	2443	2316	2198
RP1NS	CAZ	P	NGSM	NDSM	VAAI1S	CAP	NDSM	VAAS1S

NVI

13 Entonces los demás
judíos se unieron a
Pedro en su hipocresía, y
hasta el mismo Bernabé
se dejó arrastrar por esa
conducta hipócrita.
14 Cuando vi que no
actuaban rectamente,
como corresponde a la
integridad del evangelio,
le dije a Pedro delante
de todos: «Si tú, que
eres judío, vives como
si no lo fueras, ¿por qué
obligas a los gentiles a
practicar el judaísmo?
15 »Nosotros somos
judíos de nacimiento y
no "pecadores paganos".
16 Sin embargo, al
reconocer que nadie es
justificado por las obras
que demanda la ley, sino
por la fe en Jesucristo,
también nosotros
hemos puesto nuestra fe
en Cristo Jesús, para ser
justificados por la fe en
él y no por las obras de
la ley; porque por estas
nadie será justificado.
17 »Ahora bien,
cuando buscamos ser
justificados por Cristo,
se hace evidente que
nosotros mismos somos
pecadores. ¿Quiere esto
decir que Cristo está al
servicio del pecado? ¡De
ninguna manera! 18 Si
uno vuelve a edificar lo
que antes había destrui-
do, se hace transgresor.
19 Yo, por mi parte, me-
diante la ley he muerto
a la ley, a fin de vivir para

2:14⌜ Manuscritos inferiores tienen *Pedro*.

RVR

para Dios.
20 Con Cristo estoy
juntamente crucificado,
y ya no vivo yo, sino
que Cristo vive en mí;
y lo que ahora vivo en
la carne, lo vivo en la fe
del Hijo de Dios, el cual
me amó y se entregó a sí
mismo por mí.
21 No desecho la gracia
de Dios; pues si por me-
dio de la ley se obtuviese
la justicia, entonces
Cristo murió en vano.

La fe y la vida cristiana

3 ¡Oh gálatas
insensatos!, ¿quién
os fascinó para no
obedecer a la verdad,
a vosotros ante cuyos
ojos Jesucristo fue ya
presentado claramente
entre vosotros como
crucificado?
2 Esto solo quiero
averiguar de vosotros:
¿Recibisteis el Espíritu
por las obras de la ley, o
por el oír con fe?
3 ¿Tan necios sois?
¿Habiendo comenzado
por el Espíritu, ahora vais
a terminar por la carne?
4 ¿Tantas cosas habéis
padecido en vano?, si
es que realmente fue
en vano.
5 Aquel, pues, que os
suministra el Espíritu,
y realiza milagros entre
vosotros, ¿lo hace por las
obras de la ley, o por el
oír con fe?

Χριστῷ	συνεσταύρωμαι·	20 ζῶ	δὲ	οὐκέτι	ἐγώ,	ζῇ	δὲ	ἐν	ἐμοί
Cristo;$_{11}$	He sido crucificado con$_{10}$	vivo,$_{4}$	y$_{1}$	ya no$_{3}$	yo$_{2}$	vive$_{7}$	pero$_{5}$	en$_{8}$	mí,$_{9}$
5547	4957	2198	1161	3765	1473	2198	1161	1722	1698
NDSM	*VRPI1S*	*VPAI1S*	*CLN*	*BN*	*RP1NS*	*VPAI3S*	*CLC*	*P*	*RP1DS*

Χριστός·	ὅ	δὲ	νῦν	ζῶ	ἐν	σαρκί,	ἐν	πίστει	ζῶ	τῇ	τοῦ	υἱοῦ
Cristo$_{6}$	lo que$_{11}$	y$_{10}$	ahora	vivo	en	(la) carne,	en$_{2}$	(la) fe$_{3}$	vivo$_{1}$	la	del	Hijo
5547	3739	1161	3568	2198	1722	4561	1722	4102	2198	3588	3588	5207
NNSM	*RR-ASN*	*CLN*	*B*	*VPAI1S*	*P*	*NDSF*	*P*	*NDSF*	*VPAI1S*	*DDSF*	*DGSM*	*NGSM*

τοῦ	θεοῦ	τοῦ	ἀγαπήσαντός	με	καὶ	παραδόντος	ἑαυτὸν	ὑπὲρ
de --	Dios,	el que	habiendo amado	a mí,	también	se ha entregado	a sí mismo	en favor de
3588	2316	3588	25	3165	2532	3860	1438	5228
DGSM	*NGSM*	*DGSM*	*VAAP-SGM*	*RP1AS*	*CLN*	*VAAP-SGM*	*RF3ASM*	*P*

ἐμοῦ.	21 οὐκ	ἀθετῶ	τὴν	χάριν	τοῦ	θεοῦ·	εἰ	γὰρ	διὰ	νόμου
mí.	no	rechazo	la	gracia	de --	Dios,	si$_{2}$	porque$_{1}$	por medio de$_{4}$	(la) ley,$_{5}$
1700	3756	114	3588	5485	3588	2316	1487	1063	1223	3551
RP1GS	*BN,TN*	*VPAI1S*	*DASF*	*NASF*	*DGSM*	*NGSM*	*CAC*	*CAZ*	*P*	*NGSM*

δικαιοσύνη,	ἄρα	Χριστὸς	δωρεὰν	ἀπέθανεν.
(fuera la) justicia$_{3}$	entonces,	Cristo$_{1}$	de balde.$_{3}$	murió$_{2}$
1343	686	5547	1432	599
NNSF	*CLI, B*	*NNSM*	*B*	*VAAI3S*

3 Ὦ	ἀνόητοι	Γαλάται,	τίς	ὑμᾶς	⸀ἐβάσκανεν,	οἷς	κατ’
¡Oh$_{1}$	insensatos!$_{3}$	gálatas$_{2}$	¿Quién$_{4}$	a vosotros$_{6}$	hechizó$_{5}$	a los que	ante
5599	453	1052	5101	5209	940	3739	2596
I	*JVPM*	*NVPM*	*RI-NSM*	*RP2AP*	*VAAI3S*	*RR-DPM*	*P*

ὀφθαλμοὺς	Ἰησοῦς	Χριστὸς	⸀1προεγράφη	ἐσταυρωμένος;	2 τοῦτο
(los) ojos	Jesús	Cristo	fue presentado claramente	(como) crucificado?	esto$_{4}$
3788	2424	5547	4270	4717	5124
NAPM	*NNSM*	*NNSM*	*VAPI3S*	*VRPP-SNM*	*RD-ASN*

μόνον	θέλω	μαθεῖν	ἀφ’	ὑμῶν,	ἐξ	ἔργων	νόμου	τὸ	πνεῦμα	ἐλάβετε
solo$_{2}$	Quiero$_{1}$	aprender$_{3}$	de$_{5}$	vosotros:$_{6}$	por$_{10}$	obras$_{11}$	de (la) ley,$_{12}$	al$_{8}$	Espíritu$_{9}$	¿recibisteis$_{7}$
3440	2309	3129	575	5216	1537	2041	3551	3588	4151	2983
B, J	*VPAI1S*	*VAAN*	*P*	*RP2GP*	*P*	*NGPN*	*NGSM*	*DASN*	*NASN*	*VAAI2P*

ἢ	ἐξ	ἀκοῆς	πίστεως;	3 οὕτως	ἀνόητοί	ἐστε;	ἐναρξάμενοι	πνεύματι
o	por	el oír	de fe?	así (de)$_{2}$	insensatos?$_{3}$	¿Sois$_{1}$	¿Habiendo comenzado	en (el) Espíritu,
2228	1537	189	4102	3779	453	2075	1728	4151
CLD	*P*	*NGSF*	*NGSF*	*B*	*JNPM*	*VPAI2P*	*VAMP-PNM*	*NDSN*

νῦν	σαρκὶ	ἐπιτελεῖσθε;	4 τοσαῦτα	ἐπάθετε	εἰκῇ;	εἴ	γε
ahora	por (la)carne?$_{2}$	os perfeccionáis?$_{1}$	tantas cosas$_{2}$	¿Padecisteis$_{1}$	en vano?$_{3}$	si$_{5}$	ciertamente$_{6}$
3568	4561	2005	5118	3958	1500	1487	1065
B	*NDSF*	*VPUI2P*	*RD-APN*	*VAAI2P*	*B*	*CAC*	*BE, TE*

καὶ	εἰκῇ.	5 ὁ	οὖν	ἐπιχορηγῶν	ὑμῖν	τὸ	πνεῦμα	καὶ
Y$_{4}$	(fue) en vano.	el que$_{2}$	Así que$_{1}$	suministra$_{3}$	a vosotros	el	Espíritu,	también
2532	1500	3588	3767	2023	5213	3588	4151	2532
BE, TE	*B*	*DNSM*	*CLI*	*VPAP-SNM*	*RP2DP*	*DASN*	*NASN*	*CLN*

ἐνεργῶν	δυνάμεις	ἐν	ὑμῖν	ἐξ	ἔργων	νόμου	ἢ	ἐξ	ἀκοῆς
efectúa	milagros	en	vosotros,	¿(lo hace) por	obras	de (la) ley	o	por	el oír
1754	1411	1722	5213	1537	2041	3551	2228	1537	189
VPAP-SNM	*NAPF*	*P*	*RP2DP*	*P*	*NGPN*	*NGSM*	*CLD*	*P*	*NGSF*

πίστεως;	6 καθὼς	Ἀβραὰμ	ἐπίστευσεν	τῷ	θεῷ,	καὶ	ἐλογίσθη	αὐτῷ
de (la) fe?	Así como	Abraham	creyó	a --	Dios,	y	fue contado	a él
4102	2531	11	4100	3588	2316	2532	3049	846
NGSF	*CAM*	*NNSM, XP*	*VAAI3S*	*DDSM*	*NDSM*	*CLN*	*VAPI3S*	*RP3DSM*

NVI

Dios. 20 He sido crucifi-
cado con Cristo, y ya no
vivo yo, sino que Cristo
vive en mí. Lo que ahora
vivo en el cuerpo, lo vivo
por la fe en el Hijo de
Dios, quien me amó y
dio su vida por mí. 21 No
desecho la gracia de
Dios. Si la justicia se ob-
tuviera mediante la ley,
Cristo habría muerto en
vano».

La fe o la observancia de la ley

3 ¡Gálatas torpes!
¿Quién los ha
hechizado a ustedes,
ante quienes Jesucristo
crucificado ha sido
presentado tan clara-
mente? 2 Solo quiero
que me respondan a
esto: ¿Recibieron el
Espíritu por las obras
que demanda la ley, o
por la fe con que acep-
taron el mensaje? 3 ¿Tan
torpes son? Después de
haber comenzado con
el Espíritu, ¿pretenden
ahora perfeccionarse
con esfuerzos humanos?
4 ¿Tanto sufrir, para
nada? ¡Si es que de veras
fue para nada! 5 Al darles
Dios su Espíritu y hacer
milagros entre ustedes,
¿lo hace por las obras
que demanda la ley o
por la fe con que han
aceptado el mensaje?
6 Así fue con Abraham:
«Le creyó a Dios, y esto

3:1⸀ Manuscritos inferiores aumentaron *para no obedecer la verdad.* **3:1**⸀1 Manuscritos inferiores aumentaron *entre vosotros.*

RVR

El pacto de Dios con Abraham

6 Tal como Abraham
creyó a Dios, y le fue
contado por justicia.
7 Sabed, por tanto, que
los que son de fe, éstos
son hijos de Abraham.
8 Y la Escritura, previen-
do que Dios había de
justificar por la fe a los
gentiles, dio de ante-
mano la buena nueva a
Abraham, diciendo: En
ti serán benditas todas
las naciones.
9 De modo que los que
viven por la fe son ben-
decidos con el creyente
Abraham.
10 Porque todos los que
dependen de las obras
de la ley están bajo mal-
dición, pues escrito está:
Maldito todo aquel
que no permanezca en
todas las cosas escritas
en el libro de la ley, para
hacerlas.
11 Y que por la ley
ninguno se justifica para
con Dios, es evidente,
porque: El justo por la
fe vivirá;
12 y la ley no procede
de la fe, sino que dice:
El que haga estas cosas
vivirá por ellas.
13 Cristo nos redimió
de la maldición de la
ley, habiéndose hecho
maldición por nosotros
(porque está escrito:
Maldito todo el que es
colgado en un madero),
14 para que en Cristo
Jesús la bendición de
Abraham alcanzase

εἰς δικαιοσύνην. 7 Γινώσκετε ἄρα ὅτι οἱ ἐκ πίστεως, οὗτοι
para justicia. conoced$_2$ Entonces,$_1$ que los de (la) fe estos
1519 1343 1097 686 3754 3588 1537 4102 3778
P NASF VPAI2P, VPAM2P CLI CSC DNPM P NGSF RD-NPM

υἱοί εἰσιν Ἀβραάμ. 8 προϊδοῦσα δὲ ἡ γραφὴ ὅτι ἐκ πίστεως
hijos$_2$ son$_1$ de Abraham.$_3$ previendo$_4$ Y$_1$ la$_2$ Escritura$_3$ que$_5$ por$_{12}$ fe,$_{13}$
5207 1526 11 4275 1161 3588 1124 3754 1537 4102
NNPM VPAI3P NGSM, XP VAAP-SNF CLN DNSF NNSF CSC P NGSF

δικαιοῖ τὰ ἔθνη ὁ θεὸς προευηγγελίσατο τῷ Ἀβραὰμ ὅτι
justifica$_9$ a los$_{10}$ gentiles$_{11}$ --$_6$ Dios$_7$ anunció de antemano la buena nueva a -- Abraham que:
1344 3588 1484 3588 2316 4283 3588 11 3754
VPAI3S DAPN NAPN DNSM NNSM VAMI3S DDSM NDSM, XP CSC

Ἐνευλογηθήσονται ἐν σοὶ πάντα τὰ ἔθνη. 9 ὥστε οἱ
serán bendecidas.$_6$ en$_1$ ti$_2$ todas$_3$ las$_4$ naciones$_5$ De modo que, los que (son)
1757 1722 4671 3956 3588 1484 5620 3588
VFPI3P P RP2DS JNPN DNPN NNPN CLI DNPM

ἐκ πίστεως εὐλογοῦνται σὺν τῷ πιστῷ Ἀβραάμ. 10 Ὅσοι γὰρ
de (la) fe son bendecidos con$_1$ el$_3$ fiel.$_4$ Abraham$_2$ cuantos$_2$ Porque$_1$
1537 4102 2127 4862 3588 4103 11 3745 1063
P NGSF VPPI3P P DDSM JDSM NDSM, XP RK-NPM CLX

ἐξ ἔργων νόμου εἰσὶν ὑπὸ κατάραν εἰσίν, γέγραπται γὰρ ὅτι
de$_4$ (las) obras$_5$ de (la) ley,$_6$ son$_3$ bajo$_8$ maldición,$_9$ están$_7$ ha sido escrito$_{11}$ porque$_{10}$ que:
1537 2041 3551 1526 5259 2671 1526 1125 1063 3754
P NGPN NGSM VPAI3P P NASF VPAI3P VRPI3S CAZ CSC

Ἐπικατάρατος πᾶς ὃς οὐκ ἐμμένει πᾶσιν τοῖς γεγραμμένοις
Maldito todo el que no permanece en todas las cosas que han sido escritas
1944 3956 3739 3756 1696 3956 3588 1125
JNSM JNSM RR-NSM BN, TN VPAI3S JDPN DDPN VRPP-PDN

ἐν τῷ βιβλίῳ τοῦ νόμου τοῦ ποιῆσαι αὐτά. 11 ὅτι δὲ ἐν
en el rollo de la ley -- para hacer a ellas que$_3$ Y$_1$ por$_4$
1722 3588 975 3588 3551 3588 4160 846 3754 1161 1722
P DDSN NDSN DGSM NGSM DGSN, DGSM VAAN RP3APN CSC CLN P

νόμῳ οὐδεὶς δικαιοῦται παρὰ τῷ θεῷ δῆλον, ὅτι Ὁ δίκαιος
(la) ley$_5$ nadie$_6$ es justificado$_7$ para con$_8$ --$_9$ Dios,$_{10}$ (es) evidente$_2$ porque el justo
3551 3762 1344 3844 3588 2316 1212 3754 3588 1342
NDSM JNSM VPPI3S P DDSM NDSM JNSN CAZ DNSM JNSM

ἐκ πίστεως ζήσεται, 12 ὁ δὲ νόμος οὐκ ἔστιν ἐκ πίστεως,
por$_2$ (la) fe;$_3$ vivirá$_1$ la$_2$ pero$_1$ ley$_3$ no es por (la) fe,
1537 4102 2198 3588 1161 3551 3756 2076 1537 4102
P NGSF VFMI3S DNSM CLC NNSM CLK, TN, B VPAI3S P NGSF

ἀλλ᾽ Ὁ ποιήσας αὐτὰ ζήσεται ἐν αὐτοῖς. 13 Χριστὸς ἡμᾶς
sino el que habiendo hecho a ellas vivirá por ellas. Cristo$_1$ a nosotros$_3$
235 3588 4160 846 2198 1722 846 5547 2248
CLK, CLC DNSM VAAP-SNM RP3APN VFMI3S P RP3DPN NNSM RP1AP

ἐξηγόρασεν ἐκ τῆς κατάρας τοῦ νόμου γενόμενος ὑπὲρ ἡμῶν
redimió$_2$ de la maldición de la ley, habiendo llegado a ser en favor de$_2$ nosotros,$_3$
1805 1537 3588 2671 3588 3551 1096 5228 2257
VAAI3S P DGSF NGSF DGSM NGSM VAMP-SNM P RP1GP

κατάρα, ὅτι γέγραπται· Ἐπικατάρατος πᾶς ὁ κρεμάμενος ἐπὶ
maldición$_1$ porque ha sido escrito: Maldito todo el que es colgado en
2671 3754 1125 1944 3956 3588 2910 1909
NNSF CAZ VRPI3S JNSM JNSM DNSM VPMP-SNM P

ξύλου, 14 ἵνα εἰς τὰ ἔθνη ἡ εὐλογία τοῦ Ἀβραὰμ γένηται
un madero, para que$_1$ a$_7$ los$_8$ gentiles$_9$ la$_2$ bendición$_3$ de --$_4$ Abraham$_5$ llegara a ser$_6$
3586 2443 1519 3588 1484 3588 2129 3588 11 1096
NGSN CAP P DAPN NAPN DNSF NNSF DGSM NGSM, XP VAMS3S

NVI

se le tomó en cuenta
como justicia».
7 Por lo tanto, sepan
que los descendientes de
Abraham son aquellos
que viven por la fe. 8 En
efecto, la Escritura,
habiendo previsto
que Dios justificaría
por la fe a las naciones,
anunció de antemano el
evangelio a Abraham:
«Por medio de ti serán
bendecidas todas las
naciones». 9 Así que los
que viven por la fe son
bendecidos junto con
Abraham, el hombre
de fe.
10 Todos los que
viven por las obras que
demanda la ley están
bajo maldición, porque
está escrito: «Maldito
sea quien no practique
fielmente todo lo que
está escrito en el libro de
la ley». 11 Ahora bien,
es evidente que por la
ley nadie es justificado
delante de Dios, porque
«el justo vivirá por la
fe». 12 La ley no se basa
en la fe; por el contrario,
«quien practique estas
cosas vivirá por ellas».
13 Cristo nos rescató de
la maldición de la ley
al hacerse maldición
por nosotros, pues
está escrito: «Maldito
todo el que es colgado
de un madero». 14 Así
sucedió, para que, por
medio de Cristo Jesús,
la bendición prometida
a Abraham llegara a las

RVR

a los gentiles, a fin de
que por medio de la fe
recibiésemos la promesa
del Espíritu.
15 Hermanos, hablo en
términos humanos: Un
pacto, aunque sea de
hombre, una vez ratifi-
cado, nadie lo invalida,
ni le añade.
16 Ahora bien, a
Abraham fueron hechas
las promesas, y a su
simiente. No dice: Y a
las simientes, como refi-
riéndose a muchos, sino
a uno: Y a tu simiente,
la cual es Cristo.
17 Esto, pues, digo: El
pacto previamente
ratificado por Dios
para con Cristo, la ley
que vino cuatrocientos
treinta años después,
no lo abroga como para
invalidar la promesa.
18 Porque si la herencia
es a base de la ley, ya no
depende de la promesa;
pero Dios la otorgó a
Abraham mediante la
promesa.

El propósito de la ley

19 Entonces, ¿para qué
sirve la ley? Fue añadida
a causa de las transgre-
siones, hasta que viniese
la simiente a quien
estaba destinada la pro-
mesa; y fue promulgada
por medio de ángeles en
mano de un mediador.

ἐν	Χριστῷ	Ἰησοῦ,	ἵνα	τὴν	ἐπαγγελίαν	τοῦ	πνεύματος	λάβωμεν
en	Cristo	Jesús,	para que$_{1}$	la$_{3}$	promesa$_{4}$	del$_{5}$	Espíritu$_{6}$	recibiéramos$_{2}$
1722	5547	2424	2443	3588	1860	3588	4151	2983
P	*NDSM*	*NDSM*	*CAP*	*DASF*	*NASF*	*DGSN*	*NGSN*	*VAAS1P*

διὰ	τῆς	πίστεως.	15 Ἀδελφοί,	κατὰ	ἄνθρωπον
por medio de	la	fe.	Hermanos,	conforme a (la perspectiva de)$_{2}$	(el) ser humano$_{3}$
1223	3588	4102	80	2596	444
P	*DGSF*	*NGSF*	*NVPM*	*P*	*NASM*

λέγω·	ὅμως	ἀνθρώπου	κεκυρωμένην	διαθήκην	οὐδεὶς	ἀθετεῖ	ἢ
hablo$_{1}$	Aunque$_{4}$	(sea) de ser humano,$_{7}$	habiendo sido ratificado$_{5}$	un pacto$_{6}$	nadie	rechaza	o
3004	3676	444	2964	1242	3762	114	2228
VPAI1S	*B*	*NGSM*	*VRPP-SAF*	*NASF*	*JNSM*	*VPAI3S*	*CLD*

ἐπιδιατάσσεται.	16 τῷ	δὲ	Ἀβραὰμ	ἐρρέθησαν	αἱ	ἐπαγγελίαι	καὶ
añade.	a--$_{5}$	Mas$_{1}$	Abraham$_{6}$	fueron dichas$_{4}$	las$_{2}$	promesas$_{3}$	y$_{7}$
1928	3588	1161	11	4482	3588	1860	2532
VPUI3S	*DDSM*	*CLN*	*NDSM, XP*	*VAPI3P*	*DNPF*	*NNPF*	*CLN*

τῷ	σπέρματι	αὐτοῦ·	οὐ	λέγει·	Καὶ	τοῖς	σπέρμασιν,	ὡς	ἐπὶ
a la$_{8}$	simiente$_{9}$	de él.$_{10}$	No	dice:	Y	a las	simientes,	como	respecto de
3588	4690	846	3756	3004	2532	3588	4690	5613	1909
DDSN	*NDSN*	*RP3GSM*	*BN, TN*	*VPAI3S*	*CLN*	*DDPN*	*NDPN*	*CAM*	*P*

πολλῶν,	ἀλλʼ	ὡς	ἐφʼ	ἑνός·	Καὶ	τῷ	σπέρματί	σου,	ὅς	ἐστιν
muchas,	sino	como	respecto de	una:	Y	a la	simiente	de ti,	la cual	es
4183	235	5613	1909	1520	2532	3588	4690	4675	3739	2076
JGPN	*CLC*	*CAM*	*P*	*JGSN*	*CLN*	*DDSN*	*NDSN*	*RP2GS*	*RR-NSM*	*VPAI3S*

Χριστός.	17 τοῦτο	δὲ	λέγω·	διαθήκην	προκεκυρωμένην	ὑπὸ	τοῦ
Cristo.	esto:$_{3}$	Y$_{1}$	digo$_{2}$	(el) pacto$_{14}$	previamente ratificado$_{15}$	por$_{16}$	--$_{17}$
5547	5124	1161	3004	1242	4300	5259	3588
NNSM	*RD-ASN*	*CLN*	*VPAI1S*	*NASF*	*VRPP-SAF*	*P*	*DGSM*

⸀θεοῦ	ὁ	μετὰ	τετρακόσια	καὶ	τριάκοντα	ἔτη	γεγονὼς	νόμος
Dios,$_{18}$	La$_{4}$	después de$_{7}$	cuatrocientos$_{8}$	y$_{9}$	treinta$_{10}$	años$_{11}$	ha llegado a ser$_{6}$	ley,$_{5}$
2316	3588	3326	5071	2532	5144	2094	1096	3551
NGSM	*DNSM*	*P*	*JAPN*	*CLN*	*XN, J*	*NAPN*	*VRAP-SNM*	*NNSM*

οὐκ	ἀκυροῖ,	εἰς	τὸ	καταργῆσαι	τὴν	ἐπαγγελίαν.	18 εἰ	γὰρ	ἐκ
no$_{12}$	anula,$_{13}$	para	--	abolir	la	promesa.	si$_{2}$	Porque$_{1}$	(es) por$_{5}$
3756	208	1519	3588	2673	3588	1860	1487	1063	1537
BN, TN	*VPAI3S*	*P*	*DASN*	*VAAN*	*DASF*	*NASF*	*CAC*	*CAZ*	*P*

νόμου	ἡ	κληρονομία,	οὐκέτι	ἐξ	ἐπαγγελίας·	τῷ	δὲ	Ἀβραὰμ
(la) ley,$_{6}$	la$_{3}$	herencia$_{4}$	ya no	(es) por	promesa;	a--$_{5}$	pero$_{1}$	Abraham$_{6}$
3551	3588	2817	3765	1537	1860	3588	1161	11
NGSM	*DNSF*	*NNSF*	*BN*	*P*	*NGSF*	*DDSM*	*CLC*	*NDSM, XP*

διʼ	ἐπαγγελίας	κεχάρισται	ὁ	θεός.	19 Τί	οὖν	ὁ	νόμος;
por medio de$_{7}$	(la) promesa.$_{8}$	la ha otorgado$_{4}$	--$_{2}$	Dios$_{3}$	¿Por qué,	entonces,	la	ley?
1223	1860	5483	3588	2316	5101	3767	3588	3551
P	*NGSF*	*VRUI3S*	*DNSM*	*NNSM*	*RI-NSN*	*CLI*	*DNSM*	*NNSM*

τῶν	παραβάσεων	χάριν	προσετέθη,	ἄχρις	οὗ	ἔλθῃ	τὸ	σπέρμα
de las$_{3}$	transgresiones$_{4}$	a causa de$_{2}$	Fue añadida$_{1}$	hasta$_{5}$	que$_{6}$	viniera,$_{9}$	la$_{7}$	simiente$_{8}$
3588	3847	5484	4369	891	3739	2064	3588	4690
DGPF	*NGPF*	*P, B*	*VAPI3S*	*P*	*RR-GSN*	*VAAS3S*	*DNSN*	*NNSN*

ᾧ	ἐπήγγελται,	διαταγεὶς	διʼ	ἀγγέλων	ἐν	χειρὶ	μεσίτου·
a quien	ha sido prometida,	ha sido promulgada	por medio de	ángeles	por	mano	de un mediador.
3739	1861	1299	1223	32	1722	5495	3316
RR-DSN	*VRUI3S*	*VAPP-SNM*	*P*	*NGPM*	*P*	*NDSF*	*NGSM*

NVI

naciones, y para que
por la fe recibiéramos
el Espíritu según la
promesa.

La ley y la promesa

15 Hermanos, voy a
ponerles un ejemplo:
aun en el caso de un pac-
to humano, nadie puede
anularlo ni añadirle
nada una vez que ha
sido ratificado. 16 Ahora
bien, las promesas se le
hicieron a Abraham y
a su descendencia. La
Escritura no dice: «y
a los descendientes»,
como refiriéndose a
muchos, sino: «y a tu
descendencia», dando
a entender uno solo,
que es Cristo. 17 Lo que
quiero decir es esto: La
ley, que vino cuatrocien-
tos treinta años después,
no anula el pacto que
Dios había ratificado
previamente; de haber
sido así, quedaría sin
efecto la promesa. 18 Si
la herencia se basa en la
ley, ya no se basa en la
promesa; pero Dios se la
concedió gratuitamente
a Abraham mediante
una promesa.
19 Entonces, ¿cuál era
el propósito de la ley?
Fue añadida por causa
de las transgresiones
hasta que viniera la
descendencia a la cual
se hizo la promesa.
La ley se promul-
gó por medio de
ángeles, por conduc-
to de un mediador.

3:17⸀ Manuscritos inferiores aumentaron *para con Cristo.*

RVR

20 Y el mediador no lo es
de uno solo; pero Dios
es uno.
21 ¿Luego la ley es
contraria a las promesas
de Dios? ¡En ninguna
manera! Porque si se
hubiese dado una ley
que pudiera vivificar,
la justicia dependería
realmente de la ley.
22 Mas la Escritura
lo encerró todo bajo
pecado, para que la
promesa fuese dada a los
creyentes a base de la fe
en Jesucristo.
23 Pero antes que viniese
la fe, estábamos confina-
dos bajo la ley, encerra-
dos para aquella fe que
iba a ser revelada.
24 De manera que la ley
ha sido nuestro ayo ha-
cia Cristo, a fin de que
fuésemos justificados
por la fe.
25 Pero venida la fe, ya
no estamos bajo ayo,
26 pues todos sois hijos
de Dios mediante la fe
en Cristo Jesús;
27 porque todos los que
habéis sido bautizados
en Cristo, os habéis
revestido de Cristo.
28 Ya no hay judío ni
griego; no hay esclavo
ni libre; no hay varón
ni mujer; porque todos
vosotros sois uno en
Cristo Jesús.

20 ὁ δὲ μεσίτης ἑνὸς οὐκ ἔστιν, ὁ δὲ θεὸς εἷς ἐστιν. 21 Ὁ
el$_{2}$ Y$_{1}$ (el) mediador$_{3}$ de uno,$_{6}$ no$_{4}$ es$_{5}$ --$_{8}$ mas$_{7}$ Dios$_{9}$ uno.$_{11}$ es$_{10}$ ¿(es) la
3588 1161 3316 1520 3756 2076 3588 1161 2316 1520 2076 3588
DNSM CLC NNSM JGSM BN, TN VPAI3S DNSM CLC NNSM JNSM VPAI3S DNSM

οὖν νόμος κατὰ τῶν ἐπαγγελιῶν τοῦ θεοῦ; μὴ γένοιτο· εἰ
Entonces, ley contra las promesas de -- Dios? ¡No sea así! si$_{2}$
3767 3551 2596 3588 1860 3588 2316 3361 1096 1487
CLI NNSM P DGPF NGPF DGSM NGSM BN, TN VAMO3S CAC

γὰρ ἐδόθη νόμος ὁ δυνάμενος ζῳοποιῆσαι, ὄντως ἐκ νόμου ἂν
Porque$_{1}$ fue dada,$_{4}$ una ley$_{3}$ la que puede vivificar, realmente por$_{5}$ (la) ley;$_{6}$ --$_{3}$
1063 1325 3551 3588 1410 2227 3689 1537 3551 302
CAZ VAPI3S NNSM DNSM VPUP-SNM VAAN B P NGSM TC

ἦν ἡ δικαιοσύνη. 22 ἀλλὰ συνέκλεισεν ἡ γραφὴ τὰ πάντα
sería$_{4}$ la$_{1}$ justicia$_{2}$ Pero$_{1}$ encerró$_{4}$ la$_{2}$ Escritura$_{3}$ las cosas todas
2258 3588 1343 235 4788 3588 1124 3588 3956
VIAI3S DNSF NNSF CLC VAAI3S DNSF NNSF DAPN JAPN

ὑπὸ ἁμαρτίαν ἵνα ἡ ἐπαγγελία ἐκ πίστεως Ἰησοῦ Χριστοῦ
bajo pecado, para que$_{1}$ la$_{2}$ promesa$_{3}$ por$_{7}$ (la) fe$_{8}$ de Jesús$_{9}$ Cristo$_{10}$
5259 266 2443 3588 1860 1537 4102 2424 5547
P NASF CAP DNSF NNSF P NGSF NGSM NGSM

δοθῇ τοῖς πιστεύουσιν. 23 Πρὸ τοῦ δὲ ἐλθεῖν τὴν πίστιν
fue dada$_{4}$ a los que$_{5}$ creen$_{6}$ antes de$_{2}$ --$_{5}$ Pero$_{1}$ venir,$_{6}$ la$_{3}$ fe$_{4}$
1325 3588 4100 4253 3588 1161 2064 3588 4102
VAPS3S DDPM VPAP-PDM P DGSN, DGSM CLN VAAN DASF NASF

ὑπὸ νόμον ἐφρουρούμεθα συγκλειόμενοι εἰς τὴν μέλλουσαν πίστιν
bajo$_{8}$ (la) ley,$_{9}$ éramos custodiados$_{7}$ estando encerrados para$_{1}$ la$_{2}$ que está a punto de$_{4}$ fe$_{3}$
5259 3551 5432 4788 1519 3588 3195 4102
P NASM VIPI1P VPPP-PNM P DASF VPAP-SAF NASF

ἀποκαλυφθῆναι. 24 ὥστε ὁ νόμος παιδαγωγὸς ἡμῶν γέγονεν
ser revelada.$_{5}$ De modo que, la$_{1}$ ley$_{2}$ guía$_{4}$ de nosotros$_{5}$ ha llegado a ser$_{3}$
601 5620 3588 3551 3807 2257 1096
VAPN CLI DNSM NNSM NNSM RP1GP VRAI3S

εἰς Χριστόν, ἵνα ἐκ πίστεως δικαιωθῶμεν· 25 ἐλθούσης δὲ τῆς
hacia Cristo, para que por (la) fe fuéramos justificados; habiendo venido$_{2}$ pero$_{1}$ la
1519 5547 2443 1537 4102 1344 2064 1161 3588
P NASM CAP P NGSF VAPS1P VAAP-SGF CLC DGSF

πίστεως οὐκέτι ὑπὸ παιδαγωγόν ἐσμεν. 26 πάντες γὰρ υἱοὶ θεοῦ
fe, ya no$_{1}$ bajo$_{3}$ guía.$_{4}$ estamos$_{2}$ todos$_{2}$ Porque$_{1}$ hijos$_{4}$ de Dios,$_{5}$
4102 3765 5259 3807 2070 3956 1063 5207 2316
NGSF BN P NASM VPAI1P JNPM CAZ NNPM NGSM

ἐστε διὰ τῆς πίστεως ἐν Χριστῷ Ἰησοῦ. 27 ὅσοι γὰρ εἰς
sois$_{3}$ por medio de la fe en Cristo Jesús; cuantos$_{2}$ porque$_{1}$ en$_{4}$
2075 1223 3588 4102 1722 5547 2424 3745 1063 1519
VPAI2P P DGSF NGSF P NDSM NDSM JNPM,RK-NPM CAZ P

Χριστὸν ἐβαπτίσθητε, Χριστὸν ἐνεδύσασθε· 28 οὐκ ἔνι Ἰουδαῖος
Cristo,$_{5}$ fuisteis bautizados$_{3}$ (de) Cristo.$_{7}$ fuisteis revestidos$_{6}$ No hay judío
5547 907 5547 1746 3756 1762 2453
NASM VAPI2P NASM VAMI2P CLK,TN,B VPAI3S JNSM

οὐδὲ Ἕλλην, οὐκ ἔνι δοῦλος οὐδὲ ἐλεύθερος, οὐκ ἔνι
ni griego, no hay esclavo ni libre, no hay
3761 1672 3756 1762 1401 3761 1658 3756 1762
CLK, TN NNSM CLK, TN, B VPAI3S NNSM CLK, TN JNSM CLK, TN, B VPAI3S

ἄρσεν καὶ θῆλυ· πάντες γὰρ ὑμεῖς εἷς ἐστε ἐν Χριστῷ Ἰησοῦ.
varón y hembra, todos$_{4}$ porque$_{1}$ vosotros$_{2}$ uno$_{5}$ sois$_{3}$ en Cristo Jesús
730 2532 2338 3956 1063 5210 1520 2075 1722 5547 2424
NNSN, JNSN CLK, CLD JNSN JNPM CAZ RP2NP JNSM VPAI2P P NDSM NDSM

NVI

20 Ahora bien, no hace
falta mediador si hay
una sola parte, y sin em-
bargo Dios es uno solo.
21 Si esto es así, ¿estará
la ley en contra de las
promesas de Dios? ¡De
ninguna manera! Si se
hubiera promulgado
una ley capaz de dar
vida, entonces sí que la
justicia se basaría en la
ley. 22 Pero la Escritura
declara que todo el
mundo es prisionero del
pecado, para que me-
diante la fe en Jesucristo
lo prometido se les con-
ceda a los que creen.
23 Antes de venir esta
fe, la ley nos tenía presos,
encerrados hasta que la
fe se revelara. 24 Así que
la ley vino a ser nuestro
guía encargado de
conducirnos a Cristo,
para que fuéramos justi-
ficados por la fe. 25 Pero,
ahora que ha llegado la
fe, ya no estamos sujetos
al guía.

Hijos de Dios

26 Todos ustedes son
hijos de Dios mediante
la fe en Cristo Jesús,
27 porque todos los
que han sido bautiza-
dos en Cristo se han
revestido de Cristo.
28 Ya no hay judío ni
griego, esclavo ni libre,
hombre ni mujer, sino
que todos ustedes son
uno solo en Cristo Jesús.

RVR

29 Y si vosotros sois
de Cristo, entonces
sois descendencia de
Abraham, y herederos
según la promesa.

4 Pero también digo:
Entretanto que
el heredero es niño, en
nada difiere del esclavo,
aunque es señor de
todo;
2 sino que está bajo tu-
tores y administradores
hasta el tiempo señalado
por el padre.
3 Así también nosotros,
cuando éramos niños,
estábamos en esclavitud
bajo los rudimentos del
mundo.
4 Pero cuando vino la
plenitud del tiempo,
Dios envió a su Hijo,
nacido de mujer, nacido
bajo la ley,
5 para que redimiese a los
que estaban bajo la ley, a
fin de que recibiésemos
la adopción de hijos.
6 Y por cuanto sois hijos,
Dios envió a vuestros
corazones el Espíritu de
su Hijo, el cual clama:
¡Abbá, Padre!
7 Así que ya no eres
esclavo, sino hijo; y si
hijo, también heredero
de Dios por medio de
Cristo.

Exhortación contra el volver a la esclavitud

8 Pero en otro tiempo,
no conociendo a Dios,
servíais a los que por

29 εἰ	δὲ	ὑμεῖς	Χριστοῦ,	ἄρα	τοῦ	Ἀβραὰμ	σπέρμα	ἐστέ,	κατ’
si$_2$	Y$_1$	vosotros (sois)	de Cristo,	entonces,	de --$_3$	Abraham,$_4$	simiente$_2$	sois$_1$	conforme a$_6$
1487	1161	5210	5547	686	3588	11	4690	2075	2596
CAC	*CLN*	*RP2NP*	*NGSM*	*CLI, T*	*DGSM*	*NGSM, XP*	*NNSN*	*VPAI2P*	*P*

ἐπαγγελίαν	κληρονόμοι.
(la) promesa.$_7$	herederos$_5$
1860	2818
NASF	*NNPM*

4 Λέγω	δέ,	ἐφ’	ὅσον	χρόνον*	ὁ	κληρονόμος	νήπιός
digo:$_2$	Mas$_1$	por	cuanto	tiempo	el$_1$	heredero$_2$	niño pequeño,$_4$
3004	1161	1909	3745	5550	3588	2818	3516
VPAI1S	*CLN*	*P*	*JASM, RK-ASM*	*NASM*	*DNSM*	*NNSM*	*JNSM*

ἐστιν,	οὐδὲν	διαφέρει	δούλου	κύριος	πάντων	ὤν,	2 ἀλλὰ	ὑπὸ
es$_3$	nada	difiere	de un esclavo,	señor$_2$	de todas las cosas$_3$	siendo$_1$	sino$_1$	bajo$_3$
2076	3762	1308	1401	2962	3956	5607	235	5259
VPAI3S	*JASN*	*VPAI3S*	*NGSM*	*NNSM*	*JGPN, JGPM*	*VPAP-SNM*	*CLC*	*P*

ἐπιτρόπους	ἐστὶ	καὶ	οἰκονόμους	ἄχρι	τῆς	προθεσμίας	τοῦ	πατρός.
tutores$_4$	está$_2$	y	administradores	hasta	el	plazo prefijado	de --	padre.
2012	2076	2532	3623	891	3588	4287	3588	3962
NAPM	*VPAI3S*	*CLN*	*NAPM*	*P*	*DGSF*	*NGSF*	*DGSM*	*NGSM*

3 οὕτως	καὶ	ἡμεῖς,	ὅτε	ἦμεν	νήπιοι,	ὑπὸ	τὰ	στοιχεῖα	τοῦ
Así	también	nosotros,	cuando	éramos	niños pequeños,	bajo$_3$	los$_4$	elementos$_5$	del$_6$
3779	2532	2249	3753	1510	3516	5259	3588	4747	3588
B	*BE, TE*	*RP1NP*	*CAT*	*VIAI1P*	*JNPM*	*P*	*DAPN*	*NAPN*	*DGSM*

κόσμου	ἤμεθα	δεδουλωμένοι·	4 ὅτε	δὲ	ἦλθεν	τὸ	πλήρωμα	τοῦ
mundo;$_7$	estábamos$_1$	esclavizados$_2$	cuando$_2$	pero$_1$	vino,$_7$	la$_3$	plenitud$_4$	del$_5$
2889	1510	1402	3753	1161	2064	3588	4138	3588
NGSM	*VIMI1P*	*VRPP-PNM*	*CAT*	*CLC*	*VAAI3S*	*DNSN*	*NNSN*	*DGSM*

χρόνου,	ἐξαπέστειλεν	ὁ	θεὸς	τὸν	υἱὸν	αὐτοῦ,	γενόμενον	ἐκ
tiempo$_6$	envió$_{10}$	--$_8$	Dios$_9$	al$_{11}$	Hijo$_{12}$	de él,$_{13}$	habiendo llegado a ser	de
5550	1821	3588	2316	3588	5207	846	1096	1537
NGSM	*VAAI3S*	*DNSM*	*NNSM*	*DASM*	*NASM*	*RP3GSM*	*VAMP-SAM*	*P*

γυναικός,	γενόμενον	ὑπὸ	νόμον,	5 ἵνα	τοὺς	ὑπὸ	νόμον
mujer,	habiendo llegado a ser	bajo	(la) ley,	para que$_1$	a los que (estaban)$_3$	bajo$_4$	(la) ley,$_5$
1135	1096	5259	3551	2443	3588	5259	3551
NGSF	*VAMP-SAM*	*P*	*NASM*	*CAP*	*DAPM*	*P*	*NASM*

ἐξαγοράσῃ,	ἵνα	τὴν	υἱοθεσίαν	ἀπολάβωμεν.	6 ὅτι	δέ	ἐστε
redimiera$_2$	para que$_6$	la$_8$	adopción como hijos.$_9$	recibiéramos$_7$	porque$_2$	Y$_1$	sois$_3$
1805	2443	3588	5206	618	3754	1161	2075
VAAS3S	*CAP*	*DASF*	*NASF*	*VAAS1P*	*CAZ*	*CLN*	*VPAI2P*

υἱοί,	ἐξαπέστειλεν	ὁ	θεὸς	τὸ	πνεῦμα	τοῦ	υἱοῦ	αὐτοῦ	εἰς	τὰς
hijos,$_4$	envió$_7$	--$_5$	Dios$_6$	al	Espíritu	del	Hijo	de él	a	los
5207	1821	3588	2316	3588	4151	3588	5207	846	1519	3588
NNPM	*VAAI3S*	*DNSM*	*NNSM*	*DASN*	*NASN*	*DGSM*	*NGSM*	*RP3GSM*	*P*	*DAPF*

καρδίας	ἡμῶν,	κρᾶζον·	Αββα	ὁ	πατήρ.	7 ὥστε	οὐκέτι	εἶ
corazones	de nosotros,	clamando:	¡Abba!	(--	Padre).	De modo que	ya no	eres
2588	2257	2896	5	3588	3962	5620	3765	1488
NAPF	*RP1GP*	*VPAP-SAN*	*NVSM, XP*	*DNSM*	*NNSM*	*CLI*	*BN*	*VPAI2S*

δοῦλος	ἀλλὰ	υἱός·	εἰ	δὲ	υἱός,	καὶ	κληρονόμος	⌜διὰ	θεοῦ⌝.
esclavo	sino	hijo;	si$_2$	y$_1$	hijo	también	heredero	por medio de	Dios.
1401	235	5207	1487	1161	5207	2532	2818	1223	2316
NNSM	*CLK*	*NNSM*	*CAC*	*CLN*	*NNSM*	*BE, TE*	*NNSM*	*P*	*NGSM*

8 Ἀλλὰ	τότε	μὲν	οὐκ	εἰδότες	θεὸν	ἐδουλεύσατε	τοῖς
Pero	entonces,	ciertamente,	no	conociendo	a Dios	servisteis como esclavos	a los
235	5119	3303	3756	1492	2316	1398	3588
CLC	*B*	*TK, C*	*BN, TN*	*VRAP-PNM*	*NASM*	*VAAI2P*	*DDPM*

NVI

29 Y, si ustedes pertene-
cen a Cristo, son la des-
cendencia de Abraham
y herederos según la
promesa.

4 En otras palabras,
mientras el here-
dero es menor de edad,
en nada se diferencia
de un esclavo, a pesar
de ser dueño de todo.
2 Al contrario, está bajo
el cuidado de tutores y
administradores hasta
la fecha fijada por su
padre. 3 Así también no-
sotros, cuando éramos
menores, estábamos
esclavizados por los
principios de este mun-
do. 4 Pero, cuando se
cumplió el plazo, Dios
envió a su Hijo, nacido
de una mujer, nacido
bajo la ley, 5 para rescatar
a los que estaban bajo la
ley, a fin de que fuéra-
mos adoptados como
hijos. 6 Ustedes ya son
hijos. Dios ha enviado
a nuestros corazones
el Espíritu de su Hijo,
que clama: «¡Ab*ba!*
¡Padre!» 7 Así que ya no
eres esclavo, sino hijo;
y, como eres hijo, Dios
te ha hecho también
heredero.

Preocupación de Pablo por los gálatas

8 Antes, cuando no
conocían a Dios, ustedes
eran esclavos de los

4:1* O sea *mientras.*

4:7⌜⌝ Manuscritos inferiores tienen *de Dios por medio de Cristo.*

RVR

naturaleza no son
dioses;
9 mas ahora, conocien-
do a Dios, o más bien,
siendo conocidos por
Dios, ¿cómo es que
os volvéis de nuevo a
los débiles y pobres
rudimentos, a los cuales
os queréis volver a escla-
vizar de nuevo?
10 Seguís observando
los días, los meses, las
estaciones y los años.
11 Me temo de vosotros,
que haya trabajado en
vano con vosotros.
12 Os ruego, hermanos,
que os hagáis como yo,
porque yo también me
hice como vosotros.
Ningún agravio me
habéis hecho.
13 Pero bien sabéis que a
causa de una enfer-
medad del cuerpo os
anuncié el evangelio la
primera vez;
14 y no me despreciasteis
ni desechasteis por la
prueba que sufría en
mi cuerpo, sino que me
recibisteis como a un
ángel de Dios, como a
Cristo Jesús.
15 ¿Dónde, pues, está
aquel sentimiento de fe-
licidad que experimen-
tabais? Porque os doy
testimonio de que, de
ser posible, os hubierais
sacado vuestros propios
ojos para dármelos.
16 ¿Me he hecho, pues,
vuestro enemigo, por
deciros la verdad?
17 Tienen celo por voso-
tros, pero no para bien,

φύσει	μὴ	οὖσι	θεοῖς·	9 νῦν	δὲ	γνόντες	θεόν,	μᾶλλον
por naturaleza$_{3}$	no$_{1}$	que son$_{2}$	dioses;$_{4}$	ahora,$_{2}$	y$_{1}$	habiendo conocido	a Dios,	más bien$_{2}$
5449	3361	5607	2316	3568	1161	1097	2316	3123
NDSF	BN, TN	VPAP-PDM	NDPM	B	CLK, CLC	VAAP-PNM	NASM	B

δὲ	γνωσθέντες	ὑπὸ	θεοῦ,	πῶς	ἐπιστρέφετε	πάλιν	ἐπὶ	τὰ	ἀσθενῆ
pero$_{1}$	habiendo sido conocidos$_{3}$	por	Dios,	¿cómo	volvéis	de nuevo	a	los	débiles
1161	1097	5259	2316	4459	1994	3825	1909	3588	772
CLC	VAPP-PNM	P	NGSM	BI	VPAI2P	B	P	DAPN	JAPN

καὶ	πτωχὰ	στοιχεῖα,	οἷς	πάλιν	ἄνωθεν	δουλεύειν	θέλετε;	10 ἡμέρας
y	pobres	elementos,	a los que$_{1}$	otra vez$_{3}$	de nuevo$_{4}$	servir?$_{5}$	queréis$_{2}$	días$_{2}$
2532	4434	4747	3739	3825	509	1398	2309	2250
CLN	JAPN	NAPN	RR-DPN	B	B	VPAN	VPAI2P	NAPF

παρατηρεῖσθε	καὶ	μῆνας	καὶ	καιροὺς	καὶ	ἐνιαυτούς.	11 φοβοῦμαι
Observáis$_{1}$	y	meses	y	tiempos	y	años.	Temo
3906	2532	3376	2532	2540	2532	1763	5399
VPMI2P	CLN	NAPM	CLN	NAPM	CLN	NAPM	VPUI1S

ὑμᾶς	μή	πως	εἰκῇ	κεκοπίακα	εἰς	ὑμᾶς.
(por) vosotros,	no	de algún modo	en vano.$_{4}$	haya trabajado$_{1}$	por$_{2}$	vosotros$_{3}$
5209	3361	4458	1500	2872	1519	5209
RP2AP	CSC, B	TX, BX	B	VRAI1S	P	RP2AP

12 Γίνεσθε	ὡς	ἐγώ,	ὅτι	κἀγὼ	ὡς	ὑμεῖς,	ἀδελφοί,	δέομαι
llegad a ser$_{4}$	como$_{5}$	yo,$_{6}$	porque$_{7}$	también yo (soy)$_{8}$	como$_{9}$	vosotros;$_{10}$	hermanos,$_{3}$	Pido$_{1}$
1096	5613	1473	3754	2504	5613	5210	80	1189
VPUM2P	CAM	RP1NS	CAZ	RP1NS, TE	CAM	RP2NP	NVPM	VPUI1S

ὑμῶν.	οὐδέν	με	ἠδικήσατε·	13 οἴδατε	δὲ	ὅτι	δι'	ἀσθένειαν	τῆς
a vosotros,$_{2}$	(en) nada;$_{13}$	a mí$_{12}$	Hicisteis daño$_{11}$	sabéis$_{2}$	pero$_{1}$	que	a causa de	una enfermedad	de la
5216	3762	3165	91	1492	1161	3754	1223	769	3588
RP2GP	JASN	RP1AS	VAAI2P	VRAI2P	CLC	CSC	P	NASF	DGSF

σαρκὸς	εὐηγγελισάμην	ὑμῖν	τὸ	πρότερον,	14 καὶ	τὸν	πειρασμὸν
carne	anuncié el evangelio	a vosotros	la	primera vez,	y$_{1}$	la$_{6}$	prueba$_{7}$
4561	2097	5213	3588	4386	2532	3588	3986
NGSF	VAMI1S	RP2DP	DASN	B, J	CLN	DASM	NASM

ὑμῶν	ἐν	τῇ	σαρκί	μου	οὐκ	ἐξουθενήσατε	οὐδὲ	ἐξεπτύσατε,
para vosotros$_{8}$	en$_{9}$	la$_{10}$	carne$_{11}$	de mí,$_{12}$	no$_{2}$	despreciasteis$_{3}$	ni$_{4}$	rechazasteis,$_{5}$
5216	1722	3588	4561	3450	3756	1848	3761	1609
RP2GP	P	DDSF	NDSF	RP1GS	CLK, TN, B	VAAI2P	TN, CLD	VAAI2P

ἀλλὰ	ὡς	ἄγγελον	θεοῦ	ἐδέξασθέ	με,	ὡς	Χριστὸν	Ἰησοῦν.
sino	como	a un ángel	de Dios	recibisteis	a mí,	como	a Cristo	Jesús.
235	5613	32	2316	1209	3165	5613	5547	2424
CLK, CLC	CAM	NASM	NGSM	VAMI2P	RP1AS	CAM	NASM	NASM

15 ποῦ	οὖν	ὁ	μακαρισμὸς	ὑμῶν;	μαρτυρῶ	γὰρ	ὑμῖν	ὅτι
¿dónde (está)$_{2}$	Así que,$_{1}$	el	gozo	de vosotros?	testifico$_{2}$	Porque$_{1}$	a vosotros$_{3}$	que
4226	3767	3588	3108	5216	3140	1063	5213	3754
BI	CLI	DNSM	NNSM	RP2GP	VPAI1S	CAZ	RP2DP	CSC

εἰ	δυνατὸν	τοὺς	ὀφθαλμοὺς	ὑμῶν	ἐξορύξαντες	ἐδώκατέ	μοι.
si (fuera)	posible,	los$_{2}$	ojos$_{3}$	de vosotros$_{4}$	habiendo sacado$_{1}$	disteis$_{5}$	a mí.$_{6}$
1487	1415	3588	3788	5216	1846	1325	3427
CAC	JNSN	DAPM	NAPM	RP2GP	VAAP-PNM	VAAI2P	RP1DS

16 ὥστε	ἐχθρὸς	ὑμῶν	γέγονα	ἀληθεύων	ὑμῖν;	17 ζηλοῦσιν
De modo que,$_{1}$	enemigo$_{3}$	de vosotros$_{4}$	¿he llegado a ser$_{2}$	diciendo la verdad$_{5}$	a vosotros?$_{6}$	Tienen celo
5620	2190	5216	1096	226	5213	2206
CLI	JNSM	RP2GP	VRAI1S	VPAP-SNM	RP2DP	VPAI3P

ὑμᾶς	οὐ	καλῶς,	ἀλλὰ	ἐκκλεῖσαι	ὑμᾶς	θέλουσιν,	ἵνα
(por) vosotros,	no	(para) bien,	sino$_{1}$	excluir$_{3}$	a vosotros,$_{4}$	quieren$_{2}$	para que$_{5}$
5209	3756	2573	235	1576	5209	2309	2443
RP2AP	CLK, TN, B	B	CLK, CLC	VAAN	RP2AP	VPAI3P	CAP

NVI

que en realidad no son
dioses.
9 Pero, ahora que
conocen a Dios —o más
bien que Dios los cono-
ce a ustedes—, ¿cómo
es que quieren regresar a
esos principios inefica-
ces y sin valor? ¿Quieren
volver a ser esclavos de
ellos?
10 ¡Ustedes siguen
guardando los días de
fiesta, meses, estaciones
y años!
11 Temo por
ustedes, que tal vez me
haya estado esforzando
en vano.
12 Hermanos, yo me
he identificado con
ustedes. Les suplico que
ahora se identifiquen
conmigo. No es que me
hayan ofendido en algo.
13 Como bien saben, la
primera vez que les pre-
diqué el evangelio fue
debido a una enferme-
dad,
14 y, aunque esta fue
una prueba para ustedes,
no me trataron con
desprecio ni desdén. Al
contrario, me recibieron
como a un ángel de
Dios, como si se tratara
de Cristo Jesús.
15 Pues
bien, ¿qué pasó con todo
ese entusiasmo? Me
consta que, de haberles
sido posible, se habrían
sacado los ojos para
dármelos.
16 ¡Y ahora
resulta que por decirles
la verdad me he vuelto
su enemigo!
17 Esos que muestran
mucho interés por
ganárselos a ustedes no
abrigan buenas inten-
ciones. Lo que quieren

RVR

sino que quieren apartaros de nosotros para que vosotros tengáis celo por ellos.
18 Bueno es mostrar celo en lo bueno siempre, y no solamente cuando estoy presente con vosotros.
19 Hijitos míos, por quienes vuelvo a sufrir dolores de parto, hasta que Cristo sea formado en vosotros.
20 Querría estar junto a vosotros ahora mismo y cambiar de tono, pues estoy perplejo en cuanto a vosotros.

Alegoría de Sara y Agar

21 Decidme, los que queréis estar bajo la ley: ¿no oís la ley?
22 Porque está escrito que Abraham tuvo dos hijos; uno de la esclava, y otro de la libre.
23 Pero el de la esclava nació según la carne; mas el de la libre, por medio de la promesa.
24 Las cuales son expresiones alegóricas, pues estas mujeres representan dos pactos; el uno proviene del monte Sinay, el cual engendra hijos para esclavitud; éste es Agar.
25 Porque Agar es el monte Sinay en Arabia, y corresponde a la Jerusalén actual, pues ésta, junto con sus hijos,

αὐτοὺς	ζηλοῦτε.	18 καλὸν	δὲ	ζηλοῦσθαι	ἐν	καλῷ	πάντοτε,	καὶ	μὴ
(por) ellos.$_7$	tengáis celo$_6$	bueno (es)$_2$	Y$_1$	tener celo	en	(lo) bueno	siempre,	y	no
846	2206	2570	1161	2206	1722	2570	3842	2532	3361
RP3APM	*VPAS2P*	*JNSN*	*CLC*	*VPPN*	*P*	*JDSN*	*B*	*CLN*	*BN, TN*

μόνον	ἐν	τῷ	παρεῖναί	με	πρὸς	ὑμᾶς,	19 τέκνα	μου,	οὓς
sólo	en	el	estar presente	yo	con	vosotros,	hijos	de mí,	(por) los que$_1$
3440	1722	3588	3918	3165	4314	5209	5043	3450	3739
B, J	*P*	*DDSN, DDSM*	*VPAN*	*RP1AS*	*P*	*RP2AP*	*NVPN*	*RP1GS*	*RR-APM*

πάλιν	ὠδίνω	μέχρις	οὗ	μορφωθῇ	Χριστὸς	ἐν	ὑμῖν·
de nuevo$_3$	siento dolores de parto$_2$	hasta$_4$	que$_5$	sea formado$_7$	Cristo$_6$	en$_8$	vosotros;$_9$
3825	5605	3360	3739	3445	5547	1722	5213
B	*VPAI1S*	*P, B*	*RR-GSN*	*VAPS3S*	*NNSM*	*P*	*RP2DP*

20 ἤθελον	δὲ	παρεῖναι	πρὸς	ὑμᾶς	ἄρτι,	καὶ	ἀλλάξαι	τὴν	φωνήν	μου,
quería$_2$	y$_1$	estar presente	con	vosotros	ahora	y	cambiar	la	voz	de mí,
2309	1161	3918	4314	5209	737	2532	236	3588	5456	3450
VIAI1S	*CLC*	*VPAN*	*P*	*RP2AP*	*B*	*CLN*	*VAAN*	*DASF*	*NASF*	*RP1GS*

ὅτι	ἀποροῦμαι	ἐν	ὑμῖν.
porque	estoy confundido	acerca de	vosotros.
3754	639	1722	5213
CAZ	*VPMI1S*	*P*	*RP2DP*

21 Λέγετέ	μοι,	οἱ	ὑπὸ	νόμον	θέλοντες	εἶναι,	τὸν	νόμον	οὐκ
Decid	a mí,	los que$_1$	bajo$_4$	(la) ley:$_5$	queréis$_2$	estar$_3$	la$_8$	ley?$_9$	¿No$_6$
3004	3427	3588	5259	3551	2309	1511	3588	3551	3756
VPAM2P	*RP1DS*	*DNPM*	*P*	*NASM*	*VPAP-PNM*	*VPAN*	*DASM*	*NASM*	*BN, TN*

ἀκούετε;	22 γέγραπται	γὰρ	ὅτι	Ἀβραὰμ	δύο	υἱοὺς	ἔσχεν,	ἕνα	ἐκ	τῆς
oís$_7$	ha sido escrito$_2$	Porque$_1$	que$_3$	Abraham$_4$	dos$_6$	hijos:$_7$	tuvo$_5$	uno	de	la
191	1125	1063	3754	11	1417	5207	2192	1520	1537	3588
VPAI2P	*VRPI3S*	*CAZ*	*CSC*	*NNSM, XP*	*XN, J*	*NAPM*	*VAAI3S*	*JASM*	*P*	*DGSF*

παιδίσκης	καὶ	ἕνα	ἐκ	τῆς	ἐλευθέρας·	23 ἀλλ’	ὁ	μὲν	ἐκ	τῆς
criada,	y	uno	de	la	libre.	pero$_1$	el$_3$	en verdad,$_2$	de	la
3814	2532	1520	1537	3588	1658	235	3588	3303	1537	3588
NGSF	*CLN*	*JASM*	*P*	*DGSF*	*JGSF*	*CLC*	*DNSM*	*TK, C*	*P*	*DGSF*

παιδίσκης	κατὰ	σάρκα	γεγέννηται,	ὁ	δὲ	ἐκ	τῆς	ἐλευθέρας
criada,	según$_2$	(la) carne;$_3$	ha nacido$_1$	el$_5$	pero$_4$	de$_6$	la	libre
3814	2596	4561	1080	3588	1161	1537	3588	1658
NGSF	*P*	*NASF*	*VRPI3S*	*DNSM*	*CLK, CLC*	*P*	*DGSF*	*JGSF*

δι’	ἐπαγγελίας.	24 ἅτινά	ἐστιν	ἀλληγορούμενα·	αὗται	γάρ
por medio de	(la) promesa.	tales cosas	es (son)	hablando como alegorías;	estas (mujeres)$_2$	porque$_1$
1223	1860	3748	2076	238	3778	1063
P	*NGSF*	*RR-NPN*	*VPAI3S*	*VPPP-PNN*	*RD-NPF*	*CLX*

εἰσιν	δύο	διαθῆκαι,	μία	μὲν	ἀπὸ	ὄρους	Σινᾶ,	εἰς	δουλείαν
son$_3$	dos	pactos;	uno,	ciertamente,	de(l)	monte	Sinaí,	para$_2$	esclavitud,$_3$
1526	1417	1242	1520	3303	575	3735	4614	1519	1397
VPAI3P	*XN, J*	*NNPF*	*JNSF*	*TK, C*	*P*	*NGSN*	*NGSN, XP*	*P*	*NASF*

γεννῶσα,	ἥτις	ἐστὶν	Ἁγάρ,	25 τὸ	δὲ	Ἁγὰρ	Σινᾶ	ὄρος	ἐστὶν	ἐν	τῇ
engendrando$_1$	la cual	es	Agar.	el$_4$	Y$_1$	Agar$_2$	Sinaí$_6$	monte$_5$	es$_3$	en	--
1080	3748	2076	28	3588	1161	28	4614	3735	2076	1722	3588
VPAP-SNF	*RR-NSF*	*VPAI3S*	*NNSF, XP*	*DNSN*	*CLN*	*NNSF, XP*	*NNSN, XP*	*NNSN*	*VPAI3S*	*P*	*DDSF*

Ἀραβίᾳ,	συστοιχεῖ	δὲ	τῇ	νῦν	Ἰερουσαλήμ,	δουλεύει	γὰρ	μετὰ
Arabia	corresponde a$_2$	y$_1$	a la$_3$	actual$_4$	Jerusalén,$_5$	está esclavizada$_7$	porque$_6$	con
688	4960	1161	3588	3568	2419	1398	1063	3326
NDSF	*VPAI3S*	*CLN*	*DDSF*	*B*	*NDSF, XP*	*VPAI3S*	*CAZ*	*P*

NVI

es alejarlos de nosotros
para que ustedes se
entreguen a ellos. 18 Está
bien mostrar interés,
con tal de que ese interés
sea bien intencionado
y constante, y que no se
manifieste solo cuando
yo estoy con ustedes.
19 Queridos hijos, por
quienes vuelvo a sufrir
dolores de parto hasta
que Cristo sea formado
en ustedes, 20 ¡cómo
quisiera estar ahora con
ustedes y hablarles de
otra manera, porque lo
que están haciendo me
tiene perplejo!

Agar y Sara

21 Díganme ustedes,
los que quieren estar
bajo la ley: ¿por qué no
le prestan atención a lo
que la ley misma dice?
22 ¿Acaso no está escrito
que Abraham tuvo dos
hijos, uno de la esclava
y otro de la libre? 23 El
de la esclava nació por
decisión humana, pero
el de la libre nació en
cumplimiento de una
promesa.
24 Ese relato puede
interpretarse en sentido
figurado: estas mujeres
representan dos pactos.
Uno, que es Agar,
procede del monte Sinaí
y tiene hijos que nacen
para ser esclavos. 25 Agar
representa el monte
Sinaí en Arabia, y corresponde a la actual ciudad
de Jerusalén, porque
junto con sus hijos vive

RVA

está en esclavitud.
26 Mas la Jerusalén de
arriba, la cual es madre
de todos nosotros, es
libre.
27 Porque está escrito:
Regocíjate, oh estéril, tú
que no das a luz;
Prorrumpe en júbilo y
clama, tú que no tienes
dolores de parto;
Porque más son los
hijos de la desolada, que
de la que tiene marido.
28 Así que, hermanos,
nosotros, conforme a
Isaac, somos hijos de la
promesa.
29 Pero así como enton-
ces el que había nacido
según la carne perseguía
al que había nacido
según el Espíritu, así
también ahora.
30 Mas ¿qué dice la
Escritura? Echa fuera
a la esclava y a su hijo,
porque no heredará el
hijo de la esclava con el
hijo de la libre.
31 De manera, herma-
nos, que no somos hijos
de la esclava, sino de
la libre.

La libertad cristiana

5 Estad, pues, firmes en la libertad con que Cristo nos hizo libres, y no estéis otra vez sujetos al yugo de esclavitud.

τῶν τέκνων αὐτῆς. 26 ἡ δὲ ἄνω Ἰερουσαλὴμ ἐλευθέρα ἐστίν,
los hijos de ella. la$_{2}$ Pero$_{1}$ de arriba,$_{4}$ Jerusalén$_{3}$ libre,$_{6}$ es$_{5}$
3588 5043 846 3588 1161 507 2419 1658 2076
DGPN NGPN RP3GSF DNSF CLK, CLC BP NNSF, XP JNSF VPAI3S

ἥτις ἐστὶν μήτηρ ἡμῶν. 27 γέγραπται γάρ· Εὐφράνθητι, στεῖρα
la cual es madre de nosotros; ha sido escrito:$_{2}$ Porque$_{1}$ Alégrate, estéril,
3748 2076 3384 2257 1125 1063 2165 4723
RR-NSF VPAI3S NNSF RP1GP VRPI3S CAZ VAPM2S NVSF, JVSF

ἡ οὐ τίκτουσα, ῥῆξον καὶ βόησον, ἡ οὐκ ὠδίνουσα·
la (que) no (está) dando a luz; irrumpe y grita, la (que) no (está) teniendo dolores de parto;
3588 3756 5088 4486 2532 994 3588 3756 5605
DNSF BN, TN VPAP-SNF VAAM2S CLN VAAM2S DNSF BN, TN VPAP-SNF

ὅτι πολλὰ τὰ τέκνα τῆς ἐρήμου μᾶλλον ἢ τῆς ἐχούσης τὸν
porque muchos los hijos de la solitaria, más que de la que tiene el
3754 4183 3588 5043 3588 2048 3123 2228 3588 2192 3588
CAZ JNPN DNPN NNPN DGSF JGSF B CAM, B DGSF VPAP-SGF DASM

ἄνδρα. 28 ὑμεῖς δέ, ἀδελφοί, κατὰ Ἰσαὰκ ἐπαγγελίας τέκνα ἐστέ.
esposo. vosotros,$_{2}$ Mas$_{1}$ hermanos,$_{3}$ conforme a$_{7}$ Isaac.$_{8}$ de la promesa$_{6}$ hijos$_{5}$ sois$_{4}$
435 5210 1161 80 2596 2464 1860 5043 2075
NASM RP2NP CLC NVPM P NASM, XP NGSF NNPN VPAI2P

29 ἀλλ’ ὥσπερ τότε ὁ κατὰ σάρκα γεννηθεὶς ἐδίωκε τὸν κατὰ
Pero, tal como entonces, el que$_{1}$ según$_{3}$ (la) carne$_{4}$ habiendo nacido$_{2}$ perseguía al (que es) según
235 5618 5119 3588 2596 4561 1080 1377 3588 2596
CLC CAM B DNSM P NASF VAPP-SNM VIAI3S DASM P

πνεῦμα, οὕτως καὶ νῦν. 30 ἀλλὰ τί λέγει ἡ γραφή; Ἔκβαλε τὴν
(el) Espíritu, así también ahora. Pero, qué$_{3}$ dice?$_{4}$ ¿la$_{1}$ Escritura?$_{2}$ Echa fuera a la
4151 3779 2532 3568 235 5101 3004 3588 1124 1544 3588
NASN B BE, TE B CLC RI-ASN VPAI3S DNSF NNSF VAAM2S DASF

παιδίσκην καὶ τὸν υἱὸν αὐτῆς, οὐ γὰρ μὴ κληρονομήσει ὁ
criada y al hijo de ella; no$_{2}$ porque$_{1}$ no$_{3}$ heredará$_{8}$ el$_{4}$
3814 2532 3588 5207 846 3756 1063 3361 2816 3588
NASF CLN DASM NASM RP3GSF BN, TN CAZ BN, TN VFAI3S DNSM

υἱὸς τῆς παιδίσκης μετὰ τοῦ υἱοῦ τῆς ἐλευθέρας. 31 διό, ἀδελφοί,
hijo$_{5}$ de la$_{6}$ criada,$_{7}$ con el hijo de la libre. Por lo cual, hermanos,
5207 3588 3814 3326 3588 5207 3588 1658 1352 80
NNSM DGSF NGSF P DGSM NGSM DGSF JGSF CLI NVPM

οὐκ ἐσμὲν παιδίσκης τέκνα ἀλλὰ τῆς ἐλευθέρας.
no$_{1}$ somos$_{2}$ de (la) criada,$_{4}$ hijos$_{3}$ sino de la libre.
3756 2070 3814 5043 235 3588 1658
CLK, TN, B VPAI1P NGSF NNPN CLK, CLC DGSF JGSF

5 τῇ ἐλευθερίᾳ ἡμᾶς Χριστὸς ἠλευθέρωσεν· στήκετε οὖν καὶ
para la$_{4}$ libertad;$_{5}$ a nosotros$_{3}$ Cristo$_{1}$ libertó$_{2}$ estad firmes$_{7}$ así que,$_{6}$ y$_{8}$
3588 1657 2248 5547 1659 4739 3767 2532
DDSF NDSF RP1AP NNSM VAAI3S VPAM2P CLI CLN

μὴ πάλιν ζυγῷ δουλείας ἐνέχεσθε.
no$_{9}$ de nuevo$_{11}$ (al) yugo$_{12}$ de (la) esclavitud.$_{13}$ estéis sujetos$_{10}$
3361 3825 2218 1397 1758
BN, TN B NDSM NGSF VPPM2P

NVI

en esclavitud. 26 Pero
la Jerusalén celestial es
libre, y esa es nuestra
madre. 27 Porque está
escrito:

«Tú, mujer estéril que
nunca has dado
a luz,
¡grita de alegría!
Tú, que nunca tuviste
dolores de parto,
¡prorrumpe en gritos
de júbilo!
Porque más hijos que
la casada
tendrá la
desamparada».

28 Ustedes, hermanos,
al igual que Isaac, son
hijos por la promesa.
29 Y así como en aquel
tiempo el hijo nacido
por decisión humana
persiguió al hijo nacido
por el Espíritu, así
también sucede ahora.
30 Pero ¿qué dice la
Escritura? «¡Echa de
aquí a la esclava y a su
hijo! El hijo de la esclava
jamás tendrá parte en
la herencia con el hijo
de la libre». 31 Así que,
hermanos, no somos
hijos de la esclava, sino
de la libre.

Libertad en Cristo

5 Cristo nos libertó para que vivamos en libertad. Por lo tanto, manténganse firmes y no se sometan nuevamente al yugo de esclavitud.

RVR

[2] Mirad, yo Pablo os
digo que si os circunci-
dáis, de nada os aprove-
chará Cristo.
[3] Y otra vez testifico a
todo hombre que se
haya circuncidado, que
está obligado a practicar
toda la ley.
[4] De Cristo os desligas-
teis, los que por la ley os
justificáis; de la gracia
habéis caído.
[5] Pues nosotros por el
Espíritu aguardamos a
base de la fe la esperanza
de la justicia;
[6] porque en Cristo
Jesús ni la circuncisión
tiene ningún valor, ni la
incircuncisión, sino la
fe que actúa mediante
el amor.
[7] Corríais bien; ¿quién
os impidió obedecer a la
verdad?
[8] Esta persuasión no
procede de aquel que
os llama.
[9] Un poco de levadura
hace fermentar toda la
masa.
[10] Yo confío respecto
de vosotros en el Señor,
que no pensaréis de otro
modo; mas el que os
perturba cargará con la
sentencia, quienquiera
que sea.
[11] Y yo, hermanos, si aún
predico la circuncisión,
¿por qué padezco perse-
cución todavía? En tal
caso ha sido abolido el

[2]Ἴδε	ἐγὼ	Παῦλος	λέγω	ὑμῖν	ὅτι	ἐὰν	περιτέμνησθε	Χριστὸς
Mira,	yo	Pablo	digo	a vosotros	que	si	circuncidáis,	Cristo$_1$
1492	1473	3972	3004	5213	3754	1437	4059	5547
I, VAAM2S	*RP1NS*	*NNSM*	*VPAI1S*	*RP2DP*	*CSC*	*CAC*	*VPPS2P*	*NNSM*

ὑμᾶς	οὐδὲν	ὠφελήσει.	[3]μαρτύρομαι	δὲ	πάλιν	παντὶ	ἀνθρώπῳ
a vosotros.$_4$	nada$_2$	aprovechará$_3$	testifico$_3$	Mas$_1$	de nuevo$_2$	a todo	ser humano
5209	3762	5623	3143	1161	3825	3956	444
RP2AP	*JASN*	*VFAI3S*	*VPUI1S*	*CLN*	*B*	*JDSM*	*NDSM*

περιτεμνομένῳ	ὅτι	ὀφειλέτης	ἐστὶν	ὅλον	τὸν	νόμον	ποιῆσαι.
que se circuncida	que	deudor$_2$	es$_1$	toda$_4$	la$_5$	ley.$_6$	a hacer$_3$
4059	3754	3781	2076	3650	3588	3551	4160
VPPP-SDM	*CSC*	*NNSM*	*VPAI3S*	*JASM*	*DASM*	*NASM*	*VAAN*

[4]κατηργήθητε	ἀπὸ	Χριστοῦ	οἵτινες	ἐν	νόμῳ	δικαιοῦσθε,	τῆς	χάριτος
fuisteis desligados$_5$	de$_6$	Cristo;$_7$	Los que$_1$	en$_3$	(la) ley$_4$	sois justificados,$_2$	de la	gracia
2673	575	5547	3748	1722	3551	1344	3588	5485
VAPI2P	*P*	*NGSM*	*RR-NPM*	*P*	*NDSM*	*VPPI2P*	*DGSF*	*NGSF*

ἐξεπέσατε.	[5]ἡμεῖς	γὰρ	πνεύματι	ἐκ	πίστεως	ἐλπίδα	δικαιοσύνης
caísteis.	nosotros,$_2$	Porque$_1$	por (el) Espíritu,$_3$	por$_4$	fe,$_5$	(la) esperanza$_7$	de (la) justicia.$_8$
1601	2249	1063	4151	1537	4102	1680	1343
VAAI2P	*RP1NP*	*CLX*	*NDSN*	*P*	*NGSF*	*NASF*	*NGSF*

ἀπεκδεχόμεθα.	[6]ἐν	γὰρ	Χριστῷ	Ἰησοῦ	οὔτε	περιτομή
aguardamos$_6$	en$_2$	Porque$_1$	Cristo	Jesús	ni	(la) circuncisión
553	1722	1063	5547	2424	3777	4061
VPUI1P	*P*	*CAZ*	*NDSM*	*NDSM*	*CLK, TN, B*	*NNSF*

τι	ἰσχύει	οὔτε	ἀκροβυστία,	ἀλλὰ	πίστις	δι᾽	ἀγάπης
algo,$_2$	tiene fuerza$_1$	ni	(la) incircuncisión,	sino$_1$	(la) fe$_2$	por medio de$_4$	(el) amor.$_5$
5100	2480	3777	203	235	4102	1223	26
RX-ASN	*VPAI3S*	*CLK, TN*	*NNSF*	*CLC*	*NNSF*	*P*	*NGSF*

ἐνεργουμένη.
obrando$_3$
1754
VPMP-SNF

[7]Ἐτρέχετε	καλῶς·	τίς	ὑμᾶς	ἐνέκοψεν	τῇ	ἀληθείᾳ	μὴ
Corríais	bien;	¿quién	a vosotros$_2$	estorbó$_1$	por la$_5$	verdad?$_6$	(para) no$_3$
5143	2573	5101	5209	1465	3588	225	3361
VIAI2P	*B*	*RI-NSM*	*RP2AP*	*VAAI3S*	*DDSF*	*NDSF*	*BN, TN*

πείθεσθαι;	[8]ἡ	πεισμονὴ	οὐκ	ἐκ	τοῦ	καλοῦντος	ὑμᾶς.
ser persuadidos$_4$	la	persuasión	no	procede de	el que llama		a vosotros.
3982	3588	3988	3756	1537	3588	2564	5209
VPPN	*DNSF*	*NNSF*	*BN, TN*	*P*	*DGSM*	*VPAP-SGM*	*RP2AP*

[9]μικρὰ	ζύμη	ὅλον	τὸ	φύραμα	ζυμοῖ.	[10]ἐγὼ	πέποιθα	εἰς	ὑμᾶς
Un poco de$_1$	levadura$_2$	toda$_4$	la$_5$	masa.$_6$	leuda$_3$	Yo	he confiado	en relación a	a vosotros
3398	2219	3650	3588	5445	2220	1473	3982	1519	5209
JNSF	*NNSF*	*JASN*	*DASN*	*NASN*	*VPAI3S*	*RP1NS*	*VRAI1S*	*P*	*RP2AP*

ἐν	κυρίῳ	ὅτι	οὐδὲν	ἄλλο	φρονήσετε·	ὁ	δὲ	ταράσσων	ὑμᾶς
en	(el) Señor	que	ninguna	otra cosa	pensaréis;	el$_2$	mas$_1$	que perturba$_3$	a vosotros
1722	2962	3754	3762	243	5426	3588	1161	5015	5209
P	*NDSM*	*CSC*	*JASN*	*JASN*	*VFAI2P*	*DNSM*	*CLC*	*VPAP-SNM*	*RP2AP*

βαστάσει	τὸ	κρίμα,	ὅστις	ἐὰν	ᾖ.	[11]ἐγὼ	δέ,	ἀδελφοί,	εἰ
llevará	la	condenación,	el cual	si	sea.	yo$_4$	Mas,$_1$	hermanos,$_2$	si$_3$
941	3588	2917	3748	1437	5600	1473	1161	80	1487
VFAI3S	*DASN*	*NASN*	*RR-NSM*	*TC*	*VPAS3S*	*RP1NS*	*CLC*	*NVPM*	*CAC*

περιτομὴν	ἔτι	κηρύσσω,	τί	ἔτι	διώκομαι;	ἄρα	κατήργηται
(la) circuncisión,	todavía$_5$	proclamo$_6$	¿por qué	todavía	soy perseguido?	Entonces,	ha sido anulado.$_5$
4061	2089	2784	5101	2089	1377	686	2673
NASF	*B*	*VPAI1S*	*RI-ASN*	*B*	*VPPI1S*	*CLI*	*VRPI3S*

NVI

[2] Escuchen bien: yo,
Pablo, les digo que, si
se hacen circuncidar,
Cristo no les servirá
de nada. [3] De nuevo
declaro que todo el que
se hace circuncidar está
obligado a practicar
toda la ley. [4] Aquellos
de entre ustedes que
tratan de ser justificados
por la ley han roto con
Cristo; han caído de la
gracia. [5] Nosotros, en
cambio, por obra del
Espíritu y mediante la fe,
aguardamos con ansias
la justicia que es nuestra
esperanza. [6] En Cristo
Jesús de nada vale estar o
no estar circuncidados;
lo que vale es la fe que ac-
túa mediante el amor.
[7] Ustedes estaban co-
rriendo bien. ¿Quién los
estorbó para que dejaran
de obedecer a la verdad?
[8] Tal instigación no pue-
de venir de Dios, que es
quien los ha llamado.
[9] «Un poco de
levadura fermenta toda
la masa». [10] Yo por mi
parte confío en el Señor
que ustedes no pensarán
de otra manera. El que
los está perturbando
será castigado, sea quien
sea. [11] Hermanos, si es
verdad que yo todavía
predico la circuncisión,
¿por qué se me sigue
persiguiendo? Si tal
fuera mi predicación, la

RVR

escándalo de la cruz.
12 ¡Ojalá se mutilasen los
que os perturban!
13 Porque vosotros, her-
manos, fuisteis llamados
a libertad; solamente
que no uséis la libertad
como pretexto para la
carne, sino servíos por
medio del amor los
unos a los otros.
14 Porque toda la ley
en esta sola palabra
se cumple: Amarás a
tu prójimo como a ti
mismo.
15 Pero si os mordéis y
os devoráis unos a otros,
mirad no sea que os des-
truyáis unos a otros.

Las obras de la carne y el fruto del Espíritu

16 Digo, pues: Andad
en el Espíritu, y no
satisfagáis los deseos de
la carne.
17 Porque el deseo de la
carne es contra el espí-
ritu, y el del espíritu es
contra la carne; y éstos
se oponen entre sí, para
que no hagáis lo que
querríais.
18 Pero si sois guiados
por el Espíritu, no estáis
bajo la ley.
19 Ahora bien, las
obras de la carne son
evidentes, las cuales son:
adulterio, fornicación,
inmundicia, lascivia,

τὸ	σκάνδαλον	τοῦ	σταυροῦ.	12 ὄφελον	καὶ	ἀποκόψονται	οἱ
el$_1$	escándalo$_2$	de la$_3$	cruz$_4$	¡Ojalá$_1$	también$_5$	se amputaran!$_6$	los que$_2$
3588	4625	3588	4716	3785	2532	609	3588
DNSN	*NNSN*	*DGSM*	*NGSM*	*I*	*CLN, B*	*VFMI3P*	*DNPM*

ἀναστατοῦντες	ὑμᾶς.
perturban$_3$	a vosotros$_4$
387	5209
VPAP-PNM	*RP2AP*

13 Ὑμεῖς	γὰρ	ἐπ’	ἐλευθερίᾳ	ἐκλήθητε,	ἀδελφοί·	μόνον	μὴ
vosotros$_2$	Porque$_1$	a$_4$	libertad,$_5$	fuisteis llamados$_3$	hermanos;	sólo	no (uséis)
5210	1063	1909	1657	2564	80	3440	3361
RP2NP	*CLX*	*P*	*NDSF*	*VAPI2P*	*NVPM*	*B, J*	*BN, TN*

τὴν	ἐλευθερίαν	εἰς	ἀφορμὴν	τῇ	σαρκί,	ἀλλὰ	διὰ	τῆς	ἀγάπης
la	libertad	para	pretexto	para la	carne,	sino$_1$	por medio de$_4$	el$_5$	amor.$_6$
3588	1657	1519	874	3588	4561	235	1223	3588	26
DASF	*NASF*	*P*	*NASF*	*DDSF*	*NDSF*	*CLC*	*P*	*DGSF*	*NGSF*

δουλεύετε	ἀλλήλοις·	14 ὁ	γὰρ	πᾶς	νόμος	ἐν	ἑνὶ	λόγῳ	πεπλήρωται,
servís$_2$	unos a otros,$_3$	la$_3$	Porque$_1$	toda$_2$	ley$_4$	en$_6$	una$_7$	palabra:$_8$	se ha cumplido,$_5$
1398	240	3588	1063	3956	3551	1722	1520	3056	4137
VPAM2P	*RC-DPM*	*DNSM*	*CAZ*	*JNSM*	*NNSM*	*P*	*JDSM*	*NDSM*	*VRPI3S*

ἐν	τῷ·	Ἀγαπήσεις	τὸν	πλησίον	σου	ὡς	σεαυτόν.	15 εἰ	δὲ
en	la (esta):	Amarás	al	prójimo	de ti	como	a ti mismo.	si$_2$	Pero$_1$
1722	3588	25	3588	4139	4675	5613	4572	1487	1161
P	*DDSM*	*VFAI2S*	*DASM*	*B*	*RP2GS*	*CAM*	*RF2ASM*	*CAC*	*CLC*

ἀλλήλους	δάκνετε	καὶ	κατεσθίετε,	βλέπετε	μὴ	ὑπ’	ἀλλήλων
unos a otros,$_6$	mordéis$_3$	y$_4$	devoráis$_5$	mirad$_7$	no$_9$	por$_{11}$	unos a otros.$_{12}$
240	1143	2532	2719	991	3361	5259	240
RC-APM	*VPAI2P*	*CLN*	*VPAI2P*	*VPAM2P*	*TN, CSC, BN*	*P*	*RC-GPM*

ἀναλωθῆτε.
seáis destruidos$_{10}$
355
VAPS2P

16 Λέγω	δέ,	πνεύματι	περιπατεῖτε	καὶ	ἐπιθυμίαν	σαρκὸς	οὐ
digo:$_2$	Mas$_1$	en (el) Espíritu$_4$	andad$_3$	y$_5$	(el) deseo$_9$	de (la) carne.$_{10}$	no$_6$
3004	1161	4151	4043	2532	1939	4561	3756
VPAI1S	*CLC*	*NDSN*	*VPAM2P*	*CLN*	*NASF*	*NGSF*	*BN, TN*

μὴ*	τελέσητε.	17 ἡ	γὰρ	σὰρξ	ἐπιθυμεῖ	κατὰ	τοῦ	πνεύματος,	τὸ
no$_7$	llevéis a cabo$_8$	la$_2$	Porque$_1$	carne$_3$	desea	contra	el	Espíritu,	el
3361	5055	3588	1063	4561	1937	2596	3588	4151	3588
BN, TN	*VAAS2P*	*DNSF*	*CAZ*	*NNSF*	*VPAI3S*	*P*	*DGSN*	*NGSN*	*DNSN*

δὲ	πνεῦμα	κατὰ	τῆς	σαρκός,	ταῦτα	γὰρ	ἀλλήλοις	ἀντίκειται,
y	Espíritu	contra	la	carne,	estos$_2$	porque$_1$	unos a otros,$_4$	se opone(n)$_3$
1161	4151	2596	3588	4561	5023	1063	240	480
CLN	*NNSN*	*P*	*DGSF*	*NGSF*	*RD-NPN*	*CLX*	*RC-DPN*	*VPUI3S*

ἵνα	μὴ	ἃ	ἐὰν	θέλητε	ταῦτα	ποιῆτε.	18 εἰ	δὲ
para que$_5$	no$_{10}$	las cosas que$_6$	si$_7$	querríais,$_8$	estas$_9$	hagáis.$_{11}$	si$_2$	Pero$_1$
2443	3361	3739	1437	2309	5023	4160	1487	1161
CAR	*TN, BN*	*RR-APN*	*TC*	*VPAS2P*	*RD-APN*	*VPAS2P*	*CAC*	*CLC*

πνεύματι	ἄγεσθε,	οὐκ	ἐστὲ	ὑπὸ	νόμον.	19 φανερὰ	δέ	ἐστιν	τὰ
por (el) Espíritu,$_4$	sois guiados$_3$	no	estáis	bajo	(la) ley.	evidentes	Y	es (son)	las
4151	71	3756	2075	5259	3551	5318	1161	2076	3588
NDSN	*VPPI2P*	*BN, TN*	*VPAI2P*	*P*	*NASM*	*JNPN*	*CLN*	*VPAI3S*	*DNPN*

ἔργα	τῆς	σαρκός,	ἅτινά	⸀ἐστιν	πορνεία,	ἀκαθαρσία,	ἀσέλγεια,
obras	de la	carne,	las cuales	es (son):	inmoralidad sexual,	inmundicia,	libertinaje,
2041	3588	4561	3748	2076	4202	167	766
NNPN	*DGSF*	*NGSF*	*RR-NPN*	*VPAI3S*	*NNSF*	*NNSF*	*NNSF*

NVI

cruz no ofendería tanto.
12 ¡Ojalá que esos insti-
gadores acabaran por
mutilarse del todo!
13 Les hablo así, her-
manos, porque ustedes
han sido llamados a ser
libres; pero no se valgan
de esa libertad para dar
rienda suelta a sus pasio-
nes. Más bien sírvanse
unos a otros con amor.
14 En efecto, toda la ley
se resume en un solo
mandamiento: «Ama
a tu prójimo como a
ti mismo». 15 Pero, si
siguen mordiéndose y
devorándose, tengan
cuidado, no sea que
acaben por destruirse
unos a otros.

La vida por el Espíritu

16 Así que les digo:
Vivan por el Espíritu, y
no seguirán los deseos
de la naturaleza peca-
minosa. 17 Porque esta
desea lo que es contrario
al Espíritu, y el Espíritu
desea lo que es contrario
a ella. Los dos se oponen
entre sí, de modo que
ustedes no pueden hacer
lo que quieren. 18 Pero,
si los guía el Espíritu, no
están bajo la ley.
19 Las obras de la
naturaleza pecami-
nosa se conocen bien:
inmoralidad sexual,
impureza y libertinaje;

5:16* O sea *de ninguna manera.* **5:19⸀** Manuscritos inferiores aumentaron *adulterio.*

RVR

[20] idolatría, hechicería,
enemistades, pleitos,
celos, explosiones de ira,
contiendas, divisiones,
sectarismos,
[21] envidias, homicidios,
borracheras, orgías, y
cosas semejantes a éstas;
acerca de las cuales os
amonesto, como ya os
lo he hecho antes, que
los que practican tales
cosas no heredarán el
reino de Dios.
[22] Mas el fruto del
Espíritu es amor, gozo,
paz, paciencia, benigni-
dad, bondad, fidelidad,
[23] mansedumbre, domi-
nio propio; contra tales
cosas no hay ley.
[24] Y los que son de
Cristo han crucificado
la carne con sus pasio-
nes y deseos.
[25] Si vivimos por el
Espíritu, avancemos
también por el Espíritu.
[26] No nos hagamos
vanagloriosos, provo-
cándonos unos a otros,
envidiándonos unos
a otros.

6 Hermanos, si algu-
no es sorprendido
en alguna falta, vosotros,
los que sois espirituales,
restauradle con espíritu
de mansedumbre, con-
siderándote a ti mismo,
no sea que tú también
seas tentado.
[2] Sobrellevad los
unos las cargas de los
otros, y cumplid así la

---

[20] εἰδωλολατρία, φαρμακεία, ἔχθραι, ἔρις, ζῆλος, θυμοί, ἐριθεῖαι,
idolatría, hechicería, enemistades, discordia, celo, enojos, rivalidades,
1495 5331 2189 2054 2205 2372 2052
NNSF NNSF NNPF NNSF NNSM NNPM NNPF

διχοστασίαι, αἱρέσεις, [21] ⸀φθόνοι, μέθαι, κῶμοι, καὶ τὰ ὅμοια
divisiones, sectarismos, envidias, borracheras, orgías y las cosas semejantes
1370 139 5355 3178 2970 2532 3588 3664
NNPF NNPF NNPM NNPF NNPM CLN DNPN JNPN

τούτοις, ἃ προλέγω ὑμῖν καθὼς προεῖπον ὅτι οἱ τὰ
a estas, (de) las que amonesto de antemano a vosotros, como dije antes, que₁ los₂ --₄
5125 3739 4302 5213 2531 4277 3754 3588 3588
RD-DPN RR-APN VPAI1S RP2DP CAM VAAI1S CSC DNPM DAPN

τοιαῦτα πράσσοντες βασιλείαν θεοῦ οὐ κληρονομήσουσιν.
tales (cosas),₅ que practican₃ (el) reino₈ de Dios.₉ no₆ heredarán₇
5108 4238 932 2316 3756 2816
RD-APN VPAP-PNM NASF NGSM BN, TN VFAI3P

[22] Ὁ δὲ καρπὸς τοῦ πνεύματός ἐστιν ἀγάπη, χαρά, εἰρήνη,
el₂ Pero₁ fruto del Espíritu es: amor, gozo, paz,
3588 1161 2590 3588 4151 2076 26 5479 1515
DNSM CLC NNSM DGSN NGSN VPAI3S NNSF NNSF NNSF

μακροθυμία, χρηστότης, ἀγαθωσύνη, πίστις, [23] πραΰτης, ἐγκράτεια·
paciencia, bondad, generosidad, fe, mansedumbre, dominio propio,
3115 5544 19 4102 4240 1466
NNSF NNSF NNSF NNSF NNSF NNSF

κατὰ τῶν τοιούτων οὐκ ἔστιν νόμος. [24] οἱ δὲ τοῦ ⸀Χριστοῦ
contra las tales, no está (hay) ley. los que (son)₂ Y₁ de -- Cristo
2596 3588 5108 3756 2076 3551 3588 1161 3588 5547
P DGPN RD-GPN BN, TN VPAI3S NNSM DNPM CLN DGSM NGSM

τὴν σάρκα ἐσταύρωσαν σὺν τοῖς παθήμασιν καὶ ταῖς ἐπιθυμίαις.
la₂ carne₃ crucificaron₁ con las pasiones y los deseos.
3588 4561 4717 4862 3588 3804 2532 3588 1939
DASF NASF VAAI3P P DDPN NDPN CLN DDPF NDPF

[25] εἰ ζῶμεν πνεύματι, πνεύματι καὶ στοιχῶμεν. [26] μὴ γινώμεθα
Si vivimos por (el) Espíritu, por (el) Espíritu.₃ también₁ andemos₂ No lleguemos a ser
1487 2198 4151 4151 2532 4748 3361 1096
CAC VPAI1P NDSN NDSN BE, TE VPAS1P BN, TN VPUS1P

κενόδοξοι, ἀλλήλους προκαλούμενοι, ἀλλήλοις φθονοῦντες.
vanagloriosos, unos a otros,₂ provocando₁ unos a otros.₄ envidiando₃
2755 240 4292 240 5354
JNPM RC-APM VPMP-PNM RC-DPM VPAP-PNM

6 Ἀδελφοί, ἐὰν καὶ προλημφθῇ ἄνθρωπος ἔν τινι
Hermanos, si₂ también₁ es sorprendida₄ una persona₃ en alguna
80 1437 2532 4301 444 1722 5100
NVPM CAC BE, TE VAPS3S NNSM P JDSN, RX-DSN

παραπτώματι, ὑμεῖς οἱ πνευματικοὶ καταρτίζετε τὸν τοιοῦτον
falta, vosotros los espirituales restaurad al tal
3900 5210 3588 4152 2675 3588 5108
NDSN RP2NP DNPM JNPM VPAM2P DASM RD-ASM

ἐν πνεύματι πραΰτητος, σκοπῶν σεαυτόν, μὴ καὶ σὺ
con espíritu de mansedumbre, poniendo atención a ti mismo, no (sea que) también₂ tú₁
1722 4151 4240 4648 4572 3361 2532 4771
P NDSN NGSF VPAP-SNM RF2ASM TN, CAP, BN BE, TE RP2NS

πειρασθῇς. [2] ἀλλήλων τὰ βάρη βαστάζετε, καὶ οὕτως ἀναπληρώσετε
seas probado. unos a otros₄ las₂ cargas₃ Llevad₁ y así cumpliréis
3985 240 3588 922 941 2532 3779 378
VAPS2S RC-GPM DAPN NAPN VPAM2P CLN B VFAI2P

NVI

[20] idolatría y bruje-
ría; odio, discordia,
celos, arrebatos de ira,
rivalidades, disensiones,
sectarismos [21] y envidia;
borracheras, orgías, y
otras cosas parecidas.
Les advierto ahora,
como antes lo hice, que
los que practican tales
cosas no heredarán el
reino de Dios.
[22] En cambio, el fruto
del Espíritu es amor,
alegría, paz, paciencia,
amabilidad, bondad,
fidelidad, [23] humildad
y dominio propio. No
hay ley que condene
estas cosas. [24] Los que
son de Cristo Jesús han
crucificado la naturaleza
pecaminosa, con sus
pasiones y deseos. [25] Si
el Espíritu nos da vida,
andemos guiados por el
Espíritu. [26] No dejemos
que la vanidad nos lleve
a irritarnos y a envidiar-
nos unos a otros.

La ayuda mutua

6 Hermanos, si
alguien es sorpren-
dido en pecado, ustedes
que son espirituales
deben restaurarlo con
una actitud humilde.
Pero cuídese cada uno,
porque también puede
ser tentado. [2] Ayúdense
unos a otros a llevar sus
cargas, y así cumplirán la

5:21⸀ Manuscritos inferiores aumentaron *homicidios.* **5:24**⸀ Manuscritos importantes tienen *Jesús.*

RVR

ley de Cristo.
3 Porque el que se cree
ser algo, no siendo nada,
se engaña a sí mismo.
4 Así que, cada uno so-
meta a prueba su propia
obra, y entonces tendrá
motivo de gloriarse sólo
respecto de sí mismo, y
no con respecto al otro;
5 porque cada uno lleva-
rá su propia carga.
6 El que está siendo
instruido en la palabra,
haga partícipe de toda
cosa buena al que lo
instruye.
7 No os dejéis engañar;
de Dios nadie se mofa;
pues todo lo que el
hombre siembre, eso
también segará.
8 Porque el que siembra
para su carne, de
la carne cosechará
corrupción; mas el que
siembra para el espíritu,
del espíritu cosechará
vida eterna.
9 No nos cansemos,
pues, de hacer el bien;
porque a su tiempo
cosecharemos, si no
desfallecemos.
10 Así que, según tenga-
mos oportunidad, ha-
gamos el bien a todos, y
mayormente a nuestros
familiares en la fe.

Pablo se gloría en la cruz de Cristo

11 Mirad con qué letras
tan grandes os escribo
de mi propia mano.

τὸν	νόμον	τοῦ	Χριστοῦ.	3 εἰ	γὰρ	δοκεῖ	τις	εἶναί	τι	μηδὲν
la	ley	de --	Cristo.	si$_2$	Porque$_1$	piensa$_4$	alguien$_3$	ser	algo,	nada,$_2$
3588	3551	3588	5547	1487	1063	1380	5100	1511	5100	3367
DASM	*NASM*	*DGSM*	*NGSM*	*CAC*	*CAZ*	*VPAI3S*	*RX-NSM*	*VPAN*	*RX-NSN*	*JNSN*

ὤν,	φρεναπατᾷ	ἑαυτόν·	4 τὸ	δὲ	ἔργον	ἑαυτοῦ	δοκιμαζέτω
siendo$_1$	se engaña	a sí mismo.	la$_4$	Y$_1$	obra$_5$	de sí mismo,$_6$	pruebe$_3$
5607	5422	1438	3588	1161	2041	1438	1381
VPAP-SNM	*VPAI3S*	*RF3ASM*	*DASN*	*CLC*	*NASN*	*RF3GSM*	*VPAM3S*

ἕκαστος,	καὶ	τότε	εἰς	ἑαυτὸν	μόνον	τὸ	καύχημα	ἕξει	καὶ	οὐκ
cada uno$_2$	y$_7$	entonces$_8$	para$_{12}$	sí mismo$_{13}$	sólo,$_{14}$	el$_{10}$	orgullo$_{11}$	tendrá$_9$	y	no
1538	2532	5119	1519	1438	3441	3588	2745	2192	2532	3756
JNSM	*CLN*	*B*	*P*	*RF3ASM*	*B, J*	*DASN*	*NASN*	*VFAI3S*	*CLN*	*BN, TN*

εἰς	τὸν	ἕτερον,	5 ἕκαστος	γὰρ	τὸ	ἴδιον	φορτίον	βαστάσει.
para	el	otro;	cada uno$_2$	porque$_1$	la$_4$	propia.$_6$	carga$_5$	llevará$_3$
1519	3588	2087	1538	1063	3588	2398	5413	941
P	*DASM*	*JASM*	*JNSM*	*CAZ*	*DASN*	*JASN, JASM*	*NASN*	*VFAI3S*

6 Κοινωνείτω	δὲ	ὁ	κατηχούμενος	τὸν	λόγον	τῷ
comparta$_6$	y$_1$	el que$_2$	es instruido$_3$	(en) la$_4$	palabra$_5$	con el que$_{10}$
2841	1161	3588	2727	3588	3056	3588
VPAM3S	*CLN*	*DNSM*	*VPPP-SNM*	*DASM*	*NASM*	*DDSM*

κατηχοῦντι	ἐν	πᾶσιν	ἀγαθοῖς.	7 μὴ	πλανᾶσθε,	θεὸς	οὐ
instruye.$_{11}$	en$_7$	todas las cosas$_8$	buenas$_9$	No	seáis engañados,	Dios	no
2727	1722	3956	18	3361	4105	2316	3756
VPAP-SDM	*P*	*JDPN*	*JDPN*	*BN, TN*	*VPPM2P*	*NNSM*	*BN, TN*

μυκτηρίζεται·	ὃ	γὰρ	ἐὰν	σπείρῃ	ἄνθρωπος,	τοῦτο	καὶ	θερίσει·
es burlado.	lo que$_2$	Porque$_1$	si$_3$	sembrara,$_5$	una persona$_4$	esto	también	cosechará;
3456	3739	1063	1437	4687	444	5124	2532	2325
VPPI3S	*RR-ASN*	*CAZ*	*TC*	*VPAS3S*	*NNSM*	*RD-ASN*	*BE, TE*	*VFAI3S*

8 ὅτι	ὁ	σπείρων	εἰς	τὴν	σάρκα	ἑαυτοῦ	ἐκ	τῆς	σαρκὸς	θερίσει
porque	el que	siembra	para	la	carne	de él mismo,	de$_3$	la$_4$	carne$_5$	cosechará$_1$
3754	3588	4687	1519	3588	4561	1438	1537	3588	4561	2325
CLX	*DNSM*	*VPAP-SNM*	*P*	*DASF*	*NASF*	*RF3GSM*	*P*	*DGSF*	*NGSF*	*VFAI3S*

φθοράν,	ὁ	δὲ	σπείρων	εἰς	τὸ	πνεῦμα	ἐκ	τοῦ	πνεύματος	θερίσει
corrupción,$_2$	el$_7$	pero$_6$	que siembra$_8$	para	el	Espíritu,	de$_4$	el$_5$	Espíritu.$_6$	cosechará$_1$
5356	3588	1161	4687	1519	3588	4151	1537	3588	4151	2325
NASF	*DNSM*	*CLC*	*VPAP-SNM*	*P*	*DASN*	*NASN*	*P*	*DGSN*	*NGSN*	*VFAI3S*

ζωὴν	αἰώνιον.	9 τὸ	δὲ	καλὸν	ποιοῦντες	μὴ	ἐγκακῶμεν,
vida$_2$	eterna$_3$	lo$_5$	Y$_1$	bueno,$_6$	haciendo$_4$	no$_2$	desmayemos$_3$
2222	166	3588	1161	2570	4160	3361	1573
NASF	*JASF*	*DASN, DNSN*	*CLN*	*JASN*	*VPAP-PNM*	*BN, TN*	*VPAS1P*

καιρῷ	γὰρ	ἰδίῳ	θερίσομεν	μὴ	ἐκλυόμενοι.	10 ἄρα	οὖν
tiempo oportuno$_9$	porque$_7$	(al) propio$_8$	cosecharemos	no	desanimándo(nos).	entonces,$_2$	Así que,$_1$
2540	1063	2398	2325	3361	1590	686	3767
NDSM	*CAZ*	*JDSM*	*VFAI1P*	*BN, TN*	*VPPP-PNM*	*CLI*	*CLI*

ὡς	καιρὸν	ἔχομεν,	ἐργαζώμεθα	τὸ	ἀγαθὸν	πρὸς	πάντας,
como$_3$	tiempo oportuno,$_5$	tenemos$_4$	realicemos	lo	bueno	para	todos,
5613	2540	2192	2038	3588	18	4314	3956
CAT	*NASM*	*VPAI1P*	*VPUS1P*	*DASN*	*JASN*	*P*	*JAPM*

μάλιστα	δὲ	πρὸς	τοὺς	οἰκείους	τῆς	πίστεως.
mayormente$_2$	pero$_1$	a	los	miembros de la familia	de la	fe.
3122	1161	4314	3588	3609	3588	4102
BS	*CLC*	*P*	*DAPM*	*JAPM*	*DGSF*	*NGSF*

11 Ἴδετε	πηλίκοις	ὑμῖν	γράμμασιν	ἔγραψα	τῇ	ἐμῇ	χειρί.
Ved	con cuán grandes	a vosotros$_3$	letras$_1$	escribí$_2$	--	con mi	mano.
1492	4080	5213	1121	1125	3588	1699	5495
VAAM2P	*JDPN*	*RP2DP*	*NDPN*	*VAAI1S*	*DDSF*	*JDSF, RS1DSF*	*NDSF*

NVI

ley de Cristo. 3 Si alguien
cree ser algo, cuando
en realidad no es nada,
se engaña a sí mismo.
4 Cada cual examine su
propia conducta; y, si
tiene algo de qué presu-
mir, que no se compare
con nadie. 5 Que cada
uno cargue con su pro-
pia responsabilidad.
6 El que recibe ins-
trucción en la palabra
de Dios comparta todo
lo bueno con quien le
enseña.
7 No se engañen: de
Dios nadie se burla.
Cada uno cosecha lo
que siembra. 8 El que
siembra para agradar a
su naturaleza peca-
minosa, de esa misma
naturaleza cosechará
destrucción; el que
siembra para agradar al
Espíritu, del Espíritu co-
sechará vida eterna. 9 No
nos cansemos de hacer el
bien, porque a su debido
tiempo cosecharemos
si no nos damos por
vencidos. 10 Por lo tanto,
siempre que tengamos la
oportunidad, hagamos
bien a todos, y en espe-
cial a los de la familia
de la fe.

No la circuncisión, sino una nueva creación

11 Miren que les escri-
bo de mi puño y letra, ¡y
con letras bien grandes!

RVR

12 Todos los que quieren
ser bien vistos en la
carne, éstos os fuerzan
a que os circuncidéis,
solamente para no
padecer ellos persecu-
ción a causa de la cruz
de Cristo.
13 Porque ni aun los mis-
mos que se circuncidan
guardan la ley; pero
quieren que vosotros os
circuncidéis, para glo-
riarse en vuestra carne.
14 Pero jamás acontezca
que yo me gloríe, sino
en la cruz de nuestro
Señor Jesucristo, por
la cual el mundo está
crucificado para mí, y
yo para el mundo.
15 Porque en Cristo
Jesús ni la circuncisión
es nada, ni la incircun-
cisión, sino la nueva
criatura.
16 Y a todos los que
anden conforme a esta
regla, paz y misericordia
sean sobre ellos, y sobre
el Israel de Dios.
17 De aquí en adelante
nadie me cause moles-
tias; porque yo traigo en
mi cuerpo las marcas del
Señor Jesús.

Bendición final

18 Hermanos, la gracia
de nuestro Señor
Jesucristo sea con vues-
tro espíritu. Amén.

12 ὅσοι	θέλουσιν	εὐπροσωπῆσαι	ἐν	σαρκί,	οὗτοι	ἀναγκάζουσιν
Cuantos	desean	causar buena impresión	en	(la) carne,	estos	obligan
3745	2309	2146	1722	4561	3778	315
RK-NPM	*VPAI3P*	*VAAN*	*P*	*NDSF*	*RD-NPM*	*VPAI3P*

ὑμᾶς	περιτέμνεσθαι,	μόνον	ἵνα	τῷ	σταυρῷ	τοῦ	Χριστοῦ	μὴ
a vosotros	circuncidar,	sólo	para que$_{1}$	por la$_{4}$	cruz$_{5}$	de --$_{6}$	Cristo.$_{7}$	no$_{2}$
5209	4059	3440	2443	3588	4716	3588	5547	3361
RP2AP	*VPPN*	*B, J*	*CAP*	*DDSM*	*NDSM*	*DGSM*	*NGSM*	*BN, TN*

διώκωνται·	13 οὐδὲ	γὰρ	οἱ	περιτεμνόμενοι	αὐτοὶ	νόμον
sean perseguidos$_{3}$	ni siquiera$_{2}$	Porque$_{1}$	los que$_{3}$	se circuncidan$_{4}$	ellos mismos$_{6}$	(la) ley,$_{7}$
1377	3761	1063	3588	4059	846	3551
VPPS3P	*BN, TN*	*CAZ*	*DNPM*	*VPPP-PNM*	*RP3NPMP*	*NASM*

φυλάσσουσιν,	ἀλλὰ	θέλουσιν	ὑμᾶς	περιτέμνεσθαι	ἵνα	ἐν	τῇ
guardan$_{5}$	sino	quieren	a vosotros	circuncidar	para$_{1}$	en$_{3}$	la$_{4}$
5442	235	2309	5209	4059	2443	1722	3588
VPAI3P	*CLC*	*VPAI3P*	*RP2AP*	*VPPN*	*CAP*	*P*	*DDSF*

ὑμετέρᾳ	σαρκὶ	καυχήσωνται.	14 ἐμοὶ	δὲ	μὴ	γένοιτο	καυχᾶσθαι
vuestra.$_{6}$	carne$_{5}$	jactarse$_{2}$	a mí,$_{5}$	Pero$_{1}$	no$_{2}$	suceda$_{3}$	jactar$_{4}$
5212	4561	2744	1698	1161	3361	1096	2744
JDSF, RS2DPF	*NDSF*	*VAMS3P*	*RP1DS*	*CLC*	*BN, TN*	*VAMO3S*	*VPUN*

εἰ	μὴ	ἐν	τῷ	σταυρῷ	τοῦ	κυρίου	ἡμῶν	Ἰησοῦ	Χριστοῦ,
si	no	en	la	cruz	del	Señor	de nosotros,	Jesús	Cristo
1487	3361	1722	3588	4716	3588	2962	2257	2424	5547
CAC	*BN, TN*	*P*	*DDSM*	*NDSM*	*DGSM*	*NGSM*	*RP1GP*	*NGSM*	*NGSM*

δι’	οὗ	ἐμοὶ	κόσμος	ἐσταύρωται	κἀγὼ	κόσμῳ.	15 ⸂οὔτε
por medio de	la que	a mí,$_{3}$	(el) mundo$_{1}$	fue crucificado$_{2}$	y yo	al mundo.	ni$_{2}$
1223	3739	1698	2889	4717	2504	2889	3777
P	*RR-GSM*	*RP1DS*	*NNSM*	*VRPI3S*	*RP1NS, CLN*	*NDSM*	*CLK,TN,B*

γὰρ⸃	περιτομή	τί	ἐστιν	οὔτε	ἀκροβυστία,	ἀλλὰ	καινὴ	κτίσις.
Porque$_{1}$	(la) circuncisión$_{4}$	algo,$_{5}$	es$_{3}$	ni	(la) incircuncisión,	sino	(la) nueva	creación.
1063	4061	5100	2076	3777	203	235	2537	2937
CAZ	*NNSF*	*RX-NSN*	*VPAI3S*	*CLK, TN*	*NNSF*	*CLC*	*JNSF*	*NNSF*

16 καὶ	ὅσοι	τῷ	κανόνι	τούτῳ	στοιχήσουσιν,	εἰρήνη	ἐπ’	αὐτοὺς	καὶ
Y	cuantos	--$_{3}$	norma,$_{4}$	con esta$_{2}$	andarán$_{1}$	paz$_{5}$	sobre$_{8}$	ellos,$_{9}$	y$_{6}$
2532	3745	3588	2583	5129	4748	1515	1909	846	2532
CLN	*RK-NPM*	*DDSM*	*NDSM*	*RD-DSM*	*VFAI3P*	*NNSF*	*P*	*RP3APM*	*CLN*

ἔλεος,	καὶ	ἐπὶ	τὸν	Ἰσραὴλ	τοῦ	θεοῦ.
misericordia$_{7}$	y	sobre	el	Israel	de --	Dios.
1656	2532	1909	3588	2474	3588	2316
NNSN, NNSM	*CLN*	*P*	*DASM*	*NASM, XP*	*DGSM*	*NGSM*

17 Τοῦ	λοιποῦ	κόπους	μοι	μηδεὶς	παρεχέτω,	ἐγὼ	γὰρ	τὰ
--$_{2}$	Lo que queda,$_{1}$	molestias$_{5}$	a mí,$_{6}$	nadie$_{3}$	cause$_{4}$	yo$_{8}$	porque$_{7}$	las$_{10}$
3588	3064	2873	3427	3367	3930	1473	1063	3588
DGSN	*JGSN*	*NAPM*	*RP1DS*	*JNSM*	*VPAM3S*	*RP1NS*	*CAZ*	*DAPN*

στίγματα	⸀τοῦ	Ἰησοῦ	ἐν	τῷ	σώματί	μου	βαστάζω.
marcas$_{11}$	de --$_{12}$	Jesús$_{13}$	en$_{14}$	el$_{15}$	cuerpo$_{16}$	de mí.$_{17}$	llevo$_{9}$
4742	3588	2424	1722	3588	4983	3450	941
NAPN	*DGSM*	*NGSM*	*P*	*DDSN*	*NDSN*	*RP1GS*	*VPAI1S*

18 Ἡ	χάρις	τοῦ	κυρίου	ἡμῶν	Ἰησοῦ	Χριστοῦ	μετὰ	τοῦ
la$_{2}$	gracia$_{3}$	del$_{4}$	Señor$_{5}$	de nosotros,$_{6}$	Jesús$_{7}$	Cristo$_{8}$	(sea) con$_{9}$	el$_{10}$
3588	5485	3588	2962	2257	2424	5547	3326	3588
DNSF	*NNSF*	*DGSM*	*NGSM*	*RP1GP*	*NGSM*	*NGSM*	*P*	*DGSN*

πνεύματος	ὑμῶν,	ἀδελφοί·	ἀμήν.
espíritu$_{11}$	de vosotros,$_{12}$	Hermanos,$_{1}$	Amén.
4151	5216	80	281
NGSN	*RP2GP*	*NVPM*	*I, XF*

NVI

12 Los que tratan de
obligarlos a ustedes a
circuncidarse lo hacen
únicamente para dar
una buena impresión y
evitar ser perseguidos
por causa de la cruz de
Cristo. 13 Ni siquiera
esos que están circunci-
dados obedecen la ley;
lo que pasa es que quie-
ren obligarlos a ustedes a
circuncidarse para luego
jactarse de la señal que
ustedes llevarían en el
cuerpo. 14 En cuanto a
mí, jamás se me ocurra
jactarme de otra cosa
sino de la cruz de nues-
tro Señor Jesucristo, por
quien el mundo ha sido
crucificado para mí, y yo
para el mundo. 15 Para
nada cuenta estar o no
estar circuncidados; lo
que importa es ser parte
de una nueva creación.
16 Paz y misericordia des-
ciendan sobre todos los
que siguen esta norma, y
sobre el Israel de Dios.
17 Por lo demás, que
nadie me cause más pro-
blemas, porque yo llevo
en el cuerpo las cicatrices
de Jesús.
18 Hermanos, que la
gracia de nuestro Señor
Jesucristo sea con el
espíritu de cada uno de
ustedes. Amén.

6:15⸂⸃ Manuscritos inferiores tienen *Porque en Cristo Jesús ni.* **6:17**⸀ Manuscritos inferiores aumentaron *Señor.*

Epístola a los

EFESIOS

ΠΡΟΣ ΕΦΕΣΙΟΥΣ

RVR

Saludo

1 Pablo, apóstol de
Jesucristo por la
voluntad de Dios, a los
santos y fieles en Cristo
Jesús que están en Éfeso:
2 Gracia y paz a vosotros,
de parte de Dios nuestro
Padre y del Señor
Jesucristo.

Bendiciones espirituales en Cristo

3 Bendito sea el Dios y
Padre de nuestro Señor
Jesucristo, que nos ben-
dijo con toda bendición
espiritual en los lugares
celestiales en Cristo,
4 según nos escogió en
él antes de la fundación
del mundo, para que
fuésemos santos y sin
mancha delante de él
en amor,
5 habiéndonos predesti-
nado para ser adoptados
como hijos suyos por
medio de Jesucristo,
conforme al beneplácito
de su voluntad,
6 para alabanza de la
gloria de su gracia, de la
que nos ha colmado en
el Amado,
7 en quien tenemos

1

Παῦλος	ἀπόστολος	Χριστοῦ	Ἰησοῦ	διὰ	θελήματος	θεοῦ	τοῖς
Pablo,	apóstol	de Cristo	Jesús	por	voluntad	de Dios,	a los
3972	652	5547	2424	1223	2307	2316	3588
NNSM	*NNSM*	*NGSM*	*NGSM*	*P*	*NGSN*	*NGSM*	*DDPM*

ἁγίοις	τοῖς	οὖσιν	⸀ἐν	Ἐφέσῳ⸁	καὶ	πιστοῖς	ἐν	Χριστῷ	Ἰησοῦ·
santos	--	que están	en	Éfeso	y	fieles	en	Cristo	Jesús:
40	3588	5607	1722	2181	2532	4103	1722	5547	2424
JDPM	*DDPM*	*VPAP-PDM*	*P*	*NDSF*	*CLN*	*JDPM*	*P*	*NDSM*	*NDSM*

2 χάρις	ὑμῖν	καὶ	εἰρήνη	ἀπὸ	θεοῦ	πατρὸς	ἡμῶν	καὶ	κυρίου	Ἰησοῦ
gracia	a vosotros	y	paz	de	Dios	Padre	de nosotros	y	de(l) Señor	Jesucristo.
5485	5213	2532	1515	575	2316	3962	2257	2532	2962	2424
NNSF	*RP2DP*	*CLN*	*NNSF*	*P*	*NGSM*	*NGSM*	*RP1GP*	*CLN*	*NGSM*	*NGSM*

Χριστοῦ.
5547
NGSM

3 Εὐλογητὸς	ὁ	θεὸς	καὶ	πατὴρ	τοῦ	κυρίου	ἡμῶν	Ἰησοῦ
Bendito	--	Dios	y	Padre	del	Señor	de nosotros	Jesús
2128	3588	2316	2532	3962	3588	2962	2257	2424
JNSM	*DNSM*	*NNSM*	*CLN*	*NNSM*	*DGSM*	*NGSM*	*RP1GP*	*NGSM*

Χριστοῦ,	ὁ	εὐλογήσας	ἡμᾶς	ἐν	πάσῃ	εὐλογίᾳ	πνευματικῇ
Cristo,	el que	bendijo	a nosotros	con	toda	bendición	espiritual
5547	3588	2127	2248	1722	3956	2129	4152
NGSM	*DNSM*	*VAAP-SNM*	*RP1AP*	*P*	*JDSF*	*NDSF*	*JDSF*

ἐν	τοῖς	ἐπουρανίοις	ἐν	Χριστῷ,	4 καθὼς	ἐξελέξατο	ἡμᾶς
en	los	(lugares) celestiales	en	Cristo,	según	escogió	a nosotros
1722	3588	2032	1722	5547	2531	1586	2248
P	*DDPN*	*JDPN*	*P*	*NDSM*	*CAZ*	*VAMI3S*	*RP1AP*

ἐν	αὐτῷ	πρὸ	καταβολῆς	κόσμου,	εἶναι	ἡμᾶς	ἁγίους	καὶ
en	él	antes de	(la) fundación	de(l) mundo,	para ser	nosotros	santos	y
1722	846	4253	2602	2889	1511	2248	40	2532
P	*RP3DSM*	*P*	*NGSF*	*NGSM*	*VPAN*	*RP1AP*	*JAPM*	*CLN*

ἀμώμους	κατενώπιον	αὐτοῦ	ἐν	ἀγάπῃ,	5 προορίσας	ἡμᾶς
sin mancha	delante de	él	en	amor,	habiendo predestinado	a nosotros
299	2714	846	1722	26	4309	2248
JAPM	*P*	*RP3GSM*	*P*	*NDSF*	*VAAP-SNM*	*RP1AP*

εἰς	υἱοθεσίαν	διὰ	Ἰησοῦ	Χριστοῦ	εἰς	αὐτόν,	κατὰ	τὴν
para	(la) adopción como hijos	por medio de	Jesús	Cristo	para	él,	conforme a	el
1519	5206	1223	2424	5547	1519	846	2596	3588
P	*NASF*	*P*	*NGSM*	*NGSM*	*P*	*RP3ASM*	*P*	*DASF*

εὐδοκίαν	τοῦ	θελήματος	αὐτοῦ,	6 εἰς	ἔπαινον	δόξης	τῆς	χάριτος
agrado	de la	voluntad	de él,	para	alabanza	de (la) gloria	de la	gracia
2107	3588	2307	846	1519	1868	1391	3588	5485
NASF	*DGSN*	*NGSN*	*RP3GSM*	*P*	*NASM*	*NGSF*	*DGSF*	*NGSF*

αὐτοῦ	ἧς	ἐχαρίτωσεν	ἡμᾶς	ἐν	τῷ	ἠγαπημένῳ,	7 ἐν	ᾧ
de él,	la que	colmó de gracia	a nosotros	en	el	Amado,	en	quien
846	3739	5487	2248	1722	3588	25	1722	3739
RP3GSM	*RR-GSF*	*VAAI3S*	*RP1AP*	*P*	*DDSM*	*VRPP-SDM*	*P*	*RR-DSM*

NVI

1 Pablo, apóstol de
Cristo Jesús por la
voluntad de Dios,

a los santos y fieles en
Cristo Jesús que están
en Éfeso:

2 Que Dios nuestro
Padre y el Señor
Jesucristo les concedan
gracia y paz.

Bendiciones espirituales en Cristo

3 Alabado sea Dios,
Padre de nuestro Señor
Jesucristo, que nos ha
bendecido en las regio-
nes celestiales con toda
bendición espiritual
en Cristo. 4 Dios nos
escogió en él antes de
la creación del mundo,
para que seamos santos
y sin mancha delante de
él. En amor 5 nos predes-
tinó para ser adoptados
como hijos suyos por
medio de Jesucristo,
según el buen propósito
de su voluntad, 6 para
alabanza de su gloriosa
gracia, que nos concedió
en su Amado. 7 En él

1:1⸀ Manuscritos importantes no tienen *en Éfeso*.

RVR

redención por medio
de su sangre, el perdón
de pecados según las
riquezas de su gracia,
8 que hizo sobreabundar
para con nosotros en
toda sabiduría e inteli-
gencia,
9 dándonos a conocer el
misterio de su voluntad,
según su beneplácito, el
cual se había propuesto
en sí mismo,
10 con miras a restaurar
todas las cosas en Cristo
en la dispensación del
cumplimiento de los
tiempos, tanto las que
están en los cielos, como
las que están en la tierra,
11 en unión con él, en
quien también hemos
tenido suerte, habiendo
sido predestinados
conforme al propósito
del que efectúa todas las
cosas según el designio
de su voluntad,
12 a fin de que seamos
para alabanza de su
gloria, nosotros los que
ya antes esperábamos en
Cristo.
13 En él también voso-
tros, habiendo oído la
palabra de verdad, el
evangelio de vuestra
salvación, y habiendo
creído, fuisteis sellados
también en él con el
Espíritu Santo de la
promesa,
14 el cual es las arras de

ἔχομεν	τὴν	ἀπολύτρωσιν	διὰ	τοῦ	αἵματος	αὐτοῦ,	τὴν	ἄφεσιν
tenemos	la	redención	por medio de	la	sangre	de él,	el	perdón
2192	3588	629	1223	3588	129	846	3588	859
VPAI1P	DASF	NASF	P	DGSN	NGSN	RP3GSM	DASF	NASF

τῶν	παραπτωμάτων,	κατὰ	τὸ	πλοῦτος	τῆς	χάριτος	αὐτοῦ	8 ἧς
de los	pecados,	conforme a	la	riqueza	de la	gracia	de él,	la que
3588	3900	2596	3588	4149	3588	5485	846	3739
DGPN	NGPN	P	DASN	NASN	DGSF	NGSF	RP3GSM	RR-GSF

ἐπερίσσευσεν	εἰς	ἡμᾶς	ἐν	πάσῃ	σοφίᾳ	καὶ	φρονήσει	9 γνωρίσας
hizo sobreabundar	hacia	nosotros	en	toda	sabiduría	y	sensatez,	habiendo dado a conocer
4052	1519	2248	1722	3956	4678	2532	5428	1107
VAAI3S	P	RP1AP	P	JDSF	NDSF	CLN	NDSF	VAAP-SNM

ἡμῖν	τὸ	μυστήριον	τοῦ	θελήματος	αὐτοῦ,	κατὰ	τὴν	εὐδοκίαν
a nosotros	el	misterio	de la	voluntad	de él,	conforme a	el	agrado
2254	3588	3466	3588	2307	846	2596	3588	2107
RP1DP	DASN	NASN	DGSN	NGSN	RP3GSM	P	DASF	NASF

αὐτοῦ	ἣν	προέθετο	ἐν	αὐτῷ	10 εἰς	οἰκονομίαν	τοῦ	πληρώματος
de él,	la que	se propuso	en	él,	para	(la) administración	de la	plenitud
846	3739	4388	1722	846	1519	3622	3588	4138
RP3GSM	RR-ASF	VAMI3S	P	RP3DSM	P	NASF	DGSN	NGSN

τῶν	καιρῶν,	ἀνακεφαλαιώσασθαι	τὰ	πάντα	ἐν	τῷ	Χριστῷ,
de los	tiempos,	recapitular	las cosas$_2$	todas$_1$	en	--	Cristo,
3588	2540	346	3588	3956	1722	3588	5547
DGPM	NGPM	VAMN	DAPN	JAPN	P	DDSM	NDSM

τὰ	ἐπὶ	τοῖς	οὐρανοῖς	καὶ	τὰ	ἐπὶ	τῆς	γῆς·	ἐν	αὐτῷ,
las (que están)	en	los	cielos,	y	las (que están)	sobre	la	tierra;	en	él,
3588	1909	3588	3772	2532	3588	1909	3588	1093	1722	846
DAPN	P	DDPM	NDPM	CLN	DAPN	P	DGSF	NGSF	P	RP3DSM

11 ἐν	ᾧ	καὶ	ἐκληρώθημεν	προορισθέντες	κατὰ
en	quien	también	fuimos elegidos como herencia	habiendo sido predestinados	conforme a
1722	3739	2532	2820	4309	2596
P	RR-DSM	BE, TE	VAPI1P	VAPP-PNM	P

πρόθεσιν	τοῦ	τὰ	πάντα	ἐνεργοῦντος	κατὰ	τὴν	βουλὴν
(al) propósito	del que$_1$	las cosas$_4$	todas$_3$	obra$_2$	conforme a	al	propósito
4286	3588	3588	3956	1754	2596	3588	1012
NASF	DGSM	DAPN	JAPN	VPAP-SGM	P	DASF	NASF

τοῦ	θελήματος	αὐτοῦ,	12 εἰς	τὸ	εἶναι	ἡμᾶς	εἰς	ἔπαινον	δόξης
de la	voluntad	de él,	para$_1$	--$_3$	ser$_4$	nosotros$_2$	para	alabanza	de (la) gloria
3588	2307	846	1519	3588	1511	2248	1519	1868	1391
DGSN	NGSN	RP3GSM	P	DASN	VPAN	RP1AP	P	NASM	NGSF

αὐτοῦ	τοὺς	προηλπικότας	ἐν	τῷ	Χριστῷ·	13 ἐν	ᾧ	καὶ	ὑμεῖς
de él,	los que	previamente hemos esperado	en	--	Cristo,	en	quien	también	vosotros
846	3588	4276	1722	3588	5547	1722	3739	2532	5210
RP3GSM	DAPM	VRAP-PAM	P	DDSM	NDSM	P	RR-DSM	BE, TE	RP2NP

ἀκούσαντες	τὸν	λόγον	τῆς	ἀληθείας,	τὸ	εὐαγγέλιον	τῆς	σωτηρίας
habiendo oído	la	palabra	de la	verdad,	el	evangelio	de la	salvación
191	3588	3056	3588	225	3588	2098	3588	4991
VAAP-PNM	DASM	NASM	DGSF	NGSF	DASN	NASN	DGSF	NGSF

ὑμῶν,	ἐν	ᾧ	καὶ	πιστεύσαντες	ἐσφραγίσθητε	τῷ	πνεύματι	τῆς
de vosotros,	en	quien	también	habiendo creído	fuisteis sellados	con el$_1$	Espíritu$_2$	de la$_5$
5216	1722	3739	2532	4100	4972	3588	4151	3588
RP2GP	P	RR-DSM	BE, TE	VAAP-PNM	VAPI2P	DDSN	NDSN	DGSF

ἐπαγγελίας	τῷ	ἁγίῳ,	14 ὅ	ἐστιν	ἀρραβὼν	τῆς	κληρονομίας	ἡμῶν,
promesa,$_6$	--$_3$	Santo$_4$	el que	es	garantía	de la	herencia	de nosotros,
1860	3588	40	3739	2076	728	3588	2817	2257
NGSF	DDSN	JDSN	RR-NSN	VPAI3S	NNSM	DGSF	NGSF	RP1GP

NVI

tenemos la redención
mediante su sangre,
el perdón de nuestros
pecados, conforme a
las riquezas de la gracia
8 que Dios nos dio en
abundancia con toda
sabiduría y entendi-
miento. 9 Él nos hizo
conocer el misterio de
su voluntad conforme al
buen propósito que de
antemano estableció en
Cristo, 10 para llevarlo
a cabo cuando se cum-
pliera el tiempo, esto
es, reunir en él todas las
cosas, tanto las del cielo
como las de la tierra.
11 En Cristo también
fuimos hechos herede-
ros, pues fuimos predes-
tinados según el plan
de aquel que hace todas
las cosas conforme al
designio de su voluntad,
12 a fin de que nosotros,
que ya hemos puesto
nuestra esperanza en
Cristo, seamos para
alabanza de su gloria.
13 En él también ustedes,
cuando oyeron el
mensaje de la verdad, el
evangelio que les trajo la
salvación, y lo creyeron,
fueron marcados con el
sello que es el Espíritu
Santo prometido.
14 Este garantiza nuestra

RVR

nuestra herencia con
miras a la redención de
la posesión adquirida,
para alabanza de su
gloria.

Pablo ora por los efesios

15 Por esta causa
también yo, habiendo
oído de vuestra fe en el
Señor Jesús, y de vuestro
amor para con todos los
santos,
16 no ceso de dar gracias
por vosotros, haciendo
memoria de vosotros en
mis oraciones,
17 para que el Dios
de nuestro Señor
Jesucristo, el Padre de
gloria, os dé espíritu de
sabiduría y de revela-
ción en el conocimiento
pleno de él,
18 alumbrando los ojos
de vuestro entendi-
miento, para que sepáis
cuál es la esperanza a
que él os ha llamado, y
cuáles las riquezas de la
gloria de su herencia en
los santos,
19 y cuál la supereminen-
te grandeza de su poder
para con nosotros los
que creemos, conforme
a la eficacia de su fuerza,
20 la cual ejerció en
Cristo, resucitándole de
los muertos y sentán-
dole a su diestra en los
lugares celestiales,
21 por encima de todo

εἰς	ἀπολύτρωσιν	τῆς	περιποιήσεως,	εἰς	ἔπαινον	τῆς	δόξης	αὐτοῦ.
para	(la) redención	de la	posesión,	para	alabanza	de la	gloria	de él.
1519	629	3588	4047	1519	1868	3588	1391	846
P	*NASF*	*DGSF*	*NGSF*	*P*	*NASM*	*DGSF*	*NGSF*	*RP3GSM*

15 Διὰ	τοῦτο	κἀγώ,	ἀκούσας	τὴν	καθ’	ὑμᾶς	πίστιν	ἐν
Por	esto,	también yo,	habiendo oído$_1$	la$_2$	conforme a$_4$	vosotros$_5$	fe$_3$	en
1223	5124	2504	191	3588	2596	5209	4102	1722
P	*RD-ASN*	*RP1NS, TE*	*VAAP-SNM*	*DASF*	*P*	*RP2AP*	*NASF*	*P*

τῷ	κυρίῳ	Ἰησοῦ	καὶ	τὴν	ἀγάπην	τὴν	εἰς	πάντας	τοὺς	ἁγίους,
el	Señor	Jesús	y	el	amor	el	hacia	todos	los	santos,
3588	2962	2424	2532	3588	26	3588	1519	3956	3588	40
DDSM	*NDSM*	*NDSM*	*CLN*	*DASF*	*NASF*	*DASF*	*P*	*JAPM*	*DAPM*	*JAPM*

16 οὐ	παύομαι	εὐχαριστῶν	ὑπὲρ	ὑμῶν	μνείαν	ποιούμενος	ἐπὶ
no	cesamos	dando gracias	por	vosotros,	mención$_2$	haciendo$_1$	en
3756	3973	2168	5228	5216	3417	4160	1909
BNTN	*VPMI1S*	*VPAP-SNM*	*P*	*RP2GP*	*NASF*	*VPMP-SNM*	*P*

τῶν	προσευχῶν	μου,	17 ἵνα	ὁ	θεὸς	τοῦ	κυρίου	ἡμῶν	Ἰησοῦ
las	oraciones	de mí,	para que	el	Dios	del	Señor	de nosotros,	Jesús
3588	4335	3450	2443	3588	2316	3588	2962	2257	2424
DGPF	*NGPF*	*RP1GS*	*CSC*	*DNSM*	*NNSM*	*DGSM*	*NGSM*	*RP1GP*	*NGSM*

Χριστοῦ,	ὁ	πατὴρ	τῆς	δόξης,	δῴη	ὑμῖν	πνεῦμα	σοφίας
Cristo,	el	Padre	de la	gloria,	dé	a vosotros	espíritu	de sabiduría
5547	3588	3962	3588	1391	1325	5213	4151	4678
NGSM	*DNSM*	*NNSM*	*DGSF*	*NGSF*	*VAAS3S, VAAO3S*	*RP2DP*	*NASN*	*NGSF*

καὶ	ἀποκαλύψεως	ἐν	ἐπιγνώσει	αὐτοῦ,	18 πεφωτισμένους	τοὺς
y	revelación	en	(el) conocimiento pleno	de él,	habiendo iluminado	los
2532	602	1722	1922	846	5461	3588
CLN	*NGSF*	*P*	*NDSF*	*RP3GSM*	*VRPP-PAM*	*DAPM*

ὀφθαλμοὺς	τῆς	καρδίας	ὑμῶν	εἰς	τὸ	εἰδέναι	ὑμᾶς	τίς	ἐστιν
ojos	del	corazón	de vosotros,	para	--	saber	vosotros	cuál	es
3788	3588	2588	5216	1519	3588	1492	5209	5101	2076
NAPM	*DGSF*	*NGSF*	*RP2GP*	*P*	*DASN*	*VRAN*	*RP2AP*	*RI-NSF*	*VPAI3S*

ἡ	ἐλπὶς	τῆς	κλήσεως	αὐτοῦ,	τίς	ὁ	πλοῦτος	τῆς	δόξης	τῆς
la	esperanza	del	llamamiento	de él,	cuál	la	riqueza	de la	gloria	de la
3588	1680	3588	2821	846	5101	3588	4149	3588	1391	3588
DNSF	*NNSF*	*DGSF*	*NGSF*	*RP3GSM*	*RI-NSM*	*DNSM*	*NNSM*	*DGSF*	*NGSF*	*DGSF*

κληρονομίας	αὐτοῦ	ἐν	τοῖς	ἁγίοις,	19 καὶ	τί	τὸ	ὑπερβάλλον
herencia	de él	entre	los	santos,	y	cuál	la$_1$	que sobrepasa$_3$
2817	846	1722	3588	40	2532	5101	3588	5235
NGSF	*RP3GSM*	*P*	*DDPM*	*JDPM*	*CLN*	*RI-NSN*	*DNSN*	*VPAP-SNN*

μέγεθος	τῆς	δυνάμεως	αὐτοῦ	εἰς	ἡμᾶς	τοὺς	πιστεύοντας	κατὰ
grandeza$_2$	el	poder	de él	hacia	nosotros	los que,	creemos	conforme a
3174	3588	1411	846	1519	2248	3588	4100	2596
NNSN	*DGSF*	*NGSF*	*RP3GSM*	*P*	*RP1AP*	*DAPM*	*VPAP-PAM*	*P*

τὴν	ἐνέργειαν	τοῦ	κράτους	τῆς	ἰσχύος	αὐτοῦ	20 ἣν	ἐνήργηκεν	ἐν
a la	fuerza	del	poder	de la	fuerza	de él,	la que	obró	en
3588	1753	3588	2904	3588	2479	846	3739	1754	1722
DASF	*NASF*	*DGSN*	*NGSN*	*DGSF*	*NGSF*	*RP3GSM*	*RR-ASF*	*VRAI3S*	*P*

τῷ	Χριστῷ	ἐγείρας	αὐτὸν	ἐκ	νεκρῶν,	καὶ	I καθίσας	ἐν	δεξιᾷ
--	Cristo	al levantar	a él	de (los)	muertos	y	habiendo(lo) sentado	en	derecha
3588	5547	1453	846	1537	3498	2532	2523	1722	1188
DDSM	*NDSM*	*VAAP-SNM*	*RP3ASM*	*P*	*JGPM*	*CLN*	*VAAP-SNM*	*P*	*JDSF*

αὐτοῦ	ἐν	τοῖς	ἐπουρανίοις	21 ὑπεράνω	πάσης	ἀρχῆς	καὶ	ἐξουσίας
de él	en	los	(lugares) celestiales	por encima	de todo	principado	y	autoridad
846	1722	3588	2032	5231	3956	746	2532	1849
RP3GSM	*P*	*DDPN*	*JDPN*	*P, B*	*JGSF*	*NGSF*	*CLN*	*NGSF*

NVI

herencia hasta que
llegue la redención final
del pueblo adquirido
por Dios, para alabanza
de su gloria.

Acción de gracias e intercesión

15 Por eso yo, por mi
parte, desde que me
enteré de la fe que tienen
en el Señor Jesús y del
amor que demuestran
por todos los santos,
16 no he dejado de dar
gracias por ustedes
al recordarlos en mis
oraciones. 17 Pido que
el Dios de nuestro
Señor Jesucristo, el
Padre glorioso, les dé
el Espíritu de sabiduría
y de revelación, para
que lo conozcan mejor.
18 Pido también que les
sean iluminados los ojos
del corazón para que
sepan a qué esperanza él
los ha llamado, cuál es
la riqueza de su gloriosa
herencia entre los san-
tos, 19 y cuán incompa-
rable es la grandeza de su
poder a favor de los que
creemos. Ese poder es la
fuerza grandiosa y eficaz
20 que Dios ejerció en
Cristo cuando lo resuci-
tó de entre los muertos y
lo sentó a su derecha en
las regiones celestiales,
21 muy por encima de

RVR

principado, autoridad,
poder y señorío, y de
todo nombre que se
nombra, no sólo en este
siglo, sino también en el
venidero;
22 y sometió todas las
cosas bajo sus pies, y lo
dio por cabeza sobre to-
das las cosas a la iglesia,
23 la cual es su cuerpo, la
plenitud de Aquel que
todo lo llena en todo.

Salvos por gracia

2 Y él os dio vida a
vosotros, cuando
estabais muertos por
vuestros delitos y
pecados,
2 en los cuales andu-
visteis en otro tiempo,
siguiendo la corriente de
este mundo, conforme
al príncipe de la potes-
tad del aire, el espíritu
que ahora actúa en los
hijos de desobediencia,
3 entre los cuales tam-
bién todos nosotros
nos movíamos en otro
tiempo al impulso de
los deseos de nuestra
carne, satisfaciendo las
tendencias de la carne y
de los pensamientos, y
éramos por naturaleza
hijos de ira, lo mismo
que los demás.
4 Pero Dios, que es rico
en misericordia, por su

καὶ	δυνάμεως	καὶ	κυριότητος	καὶ	παντὸς	ὀνόματος	ὀνομαζομένου
y	poder	y	señorío	y	de todo	nombre	que es nombrado
2532	1411	2532	2963	2532	3956	3686	3687
CLN	*NGSF*	*CLN*	*NGSF*	*CLN*	*JGSN*	*NGSN*	*VPPP-SGN*

οὐ	μόνον	ἐν	τῷ	αἰῶνι	τούτῳ	ἀλλὰ	καὶ	ἐν	τῷ
no	solo	en	la	edad	esta,	sino	también	en	la que viene;
3756	3440	1722	3588	165	5129	235	2532	1722	3588
CLK, TN, B	*B, J*	*P*	*DDSM*	*NDSM*	*RD-DSM*	*CLK, CLC*	*BE, TE*	*P*	*DDSM*

μέλλοντι.	22 καὶ	πάντα	ὑπέταξεν	ὑπὸ	τοὺς	πόδας	αὐτοῦ,	καὶ
	y	todas las cosas$_2$	sometió$_1$	bajo	los	pies	de él,	y
3195	2532	3956	5293	5259	3588	4228	846	2532
VPAP-SDM	*CLN*	*JAPN*	*VAAI3S*	*P*	*DAPM*	*NAPM*	*RP3GSM*	*CLN*

αὐτὸν	ἔδωκεν	κεφαλὴν	ὑπὲρ	πάντα	τῇ	ἐκκλησίᾳ,	23 ἥτις	ἐστὶν
a él	dio	(como) cabeza	sobre	todas las cosas	a la	iglesia,	la que	es
846	1325	2776	5228	3956	3588	1577	3748	2076
RP3ASM	*VAAI3S*	*NASF*	*P*	*JAPN*	*DDSF*	*NDSF*	*RR-NSF*	*VPAI3S*

τὸ	σῶμα	αὐτοῦ,	τὸ	πλήρωμα	τοῦ	τὰ	πάντα	ἐν	πᾶσιν
el	cuerpo	de él,	la$_1$	plenitud$_2$	del que$_3$	las cosas$_6$	todas$_5$	en$_7$	todo.$_8$
3588	4983	846	3588	4138	3588	3588	3956	1722	3956
DNSN	*NNSN*	*RP3GSM*	*DNSN*	*NNSN*	*DGSM, DGSN*	*DAPN*	*JAPN*	*P*	*JDPN*

πληρουμένου.
llena$_4$
4137
VPMP-SGM

2

Καὶ	ὑμᾶς	ὄντας	νεκροὺς	τοῖς	παραπτώμασιν	καὶ	ταῖς
Y	a vosotros	estando	muertos	en las	transgresiones	y	en los
2532	5209	5607	3498	3588	3900	2532	3588
CLN	*RP2AP*	*VPAP-PAM*	*JAPM*	*DDPN*	*NDPN*	*CLN*	*DDPF*

ἁμαρτίαις	ὑμῶν,	2 ἐν	αἷς	ποτε	περιεπατήσατε	κατὰ	τὸν
pecados	de vosotros,	en	los que	en otro tiempo	anduvisteis	conforme a	el
266	5216	1722	3739	4218	4043	2596	3588
NDPF	*RP2GP*	*P*	*RR-DPF*	*BX, TX*	*VAAI2P*	*P*	*DASM*

αἰῶνα	τοῦ	κόσμου	τούτου,	κατὰ	τὸν	ἄρχοντα	τῆς	ἐξουσίας	τοῦ
curso	del	mundo	este,	conforme a	el	gobernante	de la	autoridad	del
165	3588	2889	5127	2596	3588	758	3588	1849	3588
NASM	*DGSM*	*NGSM*	*RD-GSM*	*P*	*DASM*	*NASM*	*DGSF*	*NGSF*	*DGSM*

ἀέρος,	τοῦ	πνεύματος	τοῦ	νῦν	ἐνεργοῦντος	ἐν	τοῖς	υἱοῖς	τῆς
aire,	del	espíritu	el que	ahora	actúa	en	los	hijos	de--
109	3588	4151	3588	3568	1754	1722	3588	5207	3588
NGSM	*DGSN*	*NGSN*	*DGSN*	*B*	*VPAP-SGN*	*P*	*DDPM*	*NDPM*	*DGSF*

ἀπειθείας.	3 ἐν	οἷς	καὶ	ἡμεῖς	πάντες	ἀνεστράφημέν	ποτε
desobediencia;	entre	los que	también	nosotros$_2$	todos$_1$	nos comportamos	en otro tiempo
543	1722	3739	2532	2249	3956	390	4218
NGSF	*P*	*RR-DPM*	*BE, TE*	*RP1NP*	*JNPM*	*VAPI1P*	*BX, TX*

ἐν	ταῖς	ἐπιθυμίαις	τῆς	σαρκὸς	ἡμῶν,	ποιοῦντες	τὰ	θελήματα	τῆς
con	los	deseos	de la	carne	de nosotros,	haciendo	los	deseos	de la
1722	3588	1939	3588	4561	2257	4160	3588	2307	3588
P	*DDPF*	*NDPF*	*DGSF*	*NGSF*	*RP1GP*	*VPAP-PNM*	*DAPN*	*NAPN*	*DGSF*

σαρκὸς	καὶ	τῶν	διανοιῶν,	καὶ	ἤμεθα	τέκνα	φύσει	ὀργῆς	ὡς	καὶ
carne	y	de los	pensamientos,	y	éramos	hijos,	por naturaleza,	de ira,	como	también
4561	2532	3588	1271	2532	1510	5043	5449	3709	5613	2532
NGSF	*CLN*	*DGPF*	*NGPF*	*CLN*	*VIMI1P*	*NNPN*	*NDSF*	*NGSF*	*CAM*	*BE, TE*

οἱ	λοιποί.	4 ὁ	δὲ	θεὸς	πλούσιος	ὢν	ἐν	ἐλέει,	διὰ	τὴν
los	demás;	--	pero	Dios,	rico$_2$	siendo$_1$	en	misericordia	a causa de	el
3588	3062	3588	1161	2316	4145	5607	1722	1656	1223	3588
DNPM	*JNPM*	*DNSM*	*CLC*	*NNSM*	*JNSM*	*VPAP-SNM*	*P*	*NDSN*	*P*	*DASF*

NVI

todo gobierno y autori-
dad, poder y dominio, y
de cualquier otro nom-
bre que se invoque, no
solo en este mundo, sino
también en el venidero.
22 Dios sometió todas
las cosas al dominio de
Cristo, y lo dio como
cabeza de todo a la
iglesia. 23 Esta, que es su
cuerpo, es la plenitud de
aquel que lo llena todo
por completo.

La vida en Cristo

2 En otro tiempo
ustedes estaban
muertos en sus transgre-
siones y pecados, 2 en los
cuales andaban confor-
me a los poderes de este
mundo. Se conducían
según el que gobierna
las tinieblas, según el
espíritu que ahora ejerce
su poder en los que vi-
ven en la desobediencia.
3 En ese tiempo también
todos nosotros vivíamos
como ellos, impulsados
por nuestros deseos
pecaminosos, siguiendo
nuestra propia voluntad
y nuestros propósi-
tos. Como los demás,
éramos por naturaleza
objeto de la ira de Dios.
4 Pero Dios, que es
rico en misericordia,

RVR

gran amor con que nos
amó,
5 aun estando nosotros
muertos por nuestros
delitos, nos dio vida
juntamente con Cristo
(por gracia habéis sido
salvados),
6 y juntamente con él
nos resucitó, y asimismo
nos hizo sentar en los
lugares celestiales con
Cristo Jesús,
7 para mostrar en los
siglos venideros las so-
breabundantes riquezas
de su gracia en su benig-
nidad para con nosotros
en Cristo Jesús.
8 Porque por gracia
habéis sido salvados por
medio de la fe; y esto no
proviene de vosotros,
pues es don de Dios;
9 no a base de obras, para
que nadie se gloríe.
10 Porque somos he-
chura suya, creados en
Cristo Jesús para buenas
obras, las cuales Dios
preparó de antemano
para que anduviésemos
en ellas.

Reconciliación por la cruz de Cristo

11 Por tanto, acordaos
de que en otro tiempo
vosotros, los gentiles en
cuanto a la carne, los
que sois llamados incir-
cuncisión por la llamada
circuncisión hecha con
mano en la carne,
12 en aquel tiempo
estabais sin Cristo,

πολλὴν	ἀγάπην	αὐτοῦ	ἣν	ἠγάπησεν	ἡμᾶς,	5 καὶ	ὄντας	ἡμᾶς
gran	amor	de él,	el que	amó	a nosotros,	y	estando	nosotros
4183	26	846	3739	25	2248	2532	5607	2248
JASF	*NASF*	*RP3GSM*	*RR-ASF*	*VAAI3S*	*RP1AP*	*CLA, B*	*VPAP-PAM*	*RP1AP*

νεκροὺς	τοῖς	παραπτώμασιν	συνεζωοποίησεν	τῷ	Χριστῷ—	χάριτί
muertos	en las	transgresiones,	dio vida junto con	--	Cristo,	por gracia
3498	3588	3900	4806	3588	5547	5485
JAPM	*DDPN*	*NDPN*	*VAAI3S*	*DDSM*	*NDSM*	*NDSF*

ἐστε	σεσῳσμένοι—	6 καὶ	συνήγειρεν	καὶ	συνεκάθισεν
sois	salvados,	y	(nos) resucitó junto con	y	(nos) sentó con él
2075	4982	2532	4891	2532	4776
VPAI2P	*VRPP-PNM*	*CLN*	*VAAI3S*	*CLN*	*VAAI3S*

ἐν	τοῖς	ἐπουρανίοις	ἐν	Χριστῷ	Ἰησοῦ,	7 ἵνα	ἐνδείξηται	ἐν	τοῖς
en	los	(lugares) celestiales	en	Cristo	Jesús,	para que	mostrara	en	las
1722	3588	2032	1722	5547	2424	2443	1731	1722	3588
P	*DDPN*	*JDPN*	*P*	*NDSM*	*NDSM*	*CAP*	*VAMS3S*	*P*	*DDPM*

αἰῶσιν	τοῖς	ἐπερχομένοις	τὸ	ὑπερβάλλον	πλοῦτος	τῆς	χάριτος
eras	las que	están viniendo	la	extraordinaria	riqueza	de la	gracia
165	3588	1904	3588	5235	4149	3588	5485
NDPM	*DDPM*	*VPUP-PDM*	*DASN*	*VPAP-SAN*	*NASN*	*DGSF*	*NGSF*

αὐτοῦ	ἐν	χρηστότητι	ἐφ'	ἡμᾶς	ἐν	Χριστῷ	Ἰησοῦ.	8 τῇ	γὰρ
de él	en	bondad	sobre	nosotros	en	Cristo	Jesús.	por la$_2$	Porque$_1$
846	1722	5544	1909	2248	1722	5547	2424	3588	1063
RP3GSM	*P*	*NDSF*	*P*	*RP1AP*	*P*	*NDSM*	*NDSM*	*DDSF*	*CLX*

χάριτί	ἐστε	σεσῳσμένοι	διὰ	πίστεως·	καὶ	τοῦτο	οὐκ	ἐξ
gracia$_3$	sois	salvados	por medio de	(la) fe,	y	esto	no	proviene de
5485	2075	4982	1223	4102	2532	5124	3756	1537
NDSF	*VPAI2P*	*VRPP-PNM*	*P*	*NGSF*	*CLN*	*RD-NSN*	*BN, TN*	*P*

ὑμῶν,	θεοῦ	τὸ	δῶρον·	9 οὐκ	ἐξ	ἔργων,	ἵνα	μή	τις*
vosotros,	de Dios;$_3$	(es) el$_1$	don$_2$	no	proviene de	obras,	para que	no	alguien
5216	2316	3588	1435	3756	1537	2041	2443	3361	5100
RP2GP	*NGSM*	*DNSN*	*NNSN*	*BN, TN*	*P*	*NGPN*	*CAP*	*BN, TN*	*RX-NSM*

καυχήσηται.	10 αὐτοῦ	γάρ	ἐσμεν	ποίημα,	κτισθέντες	ἐν	Χριστῷ
se jacte.	de él,$_4$	Porque$_1$	somos$_2$	hechura$_3$	habiendo sido creados	en	Cristo
2744	846	1063	2070	4161	2936	1722	5547
VAMS3S	*RP3GSM*	*CAZ*	*VPAI1P*	*NNSN*	*VAPP-PNM*	*P*	*NDSM*

Ἰησοῦ	ἐπὶ*	ἔργοις	ἀγαθοῖς	οἷς	προητοίμασεν	ὁ	θεὸς	ἵνα	ἐν
Jesús	sobre	obras	buenas,	las que$_1$	preparó de antemano$_4$	--$_2$	Dios$_3$	para que$_5$	en$_7$
2424	1909	2041	18	3739	4282	3588	2316	2443	1722
NDSM	*P*	*NDPN*	*JDPN*	*RR-DPN*	*VAAI3S*	*DNSM*	*NNSM*	*CAP*	*P*

αὐτοῖς	περιπατήσωμεν.
ellas.$_8$	anduviéramos$_6$
846	4043
RP3DPN	*VAAS1P*

11 Διὸ	μνημονεύετε	ὅτι	ποτὲ	ὑμεῖς	τὰ	ἔθνη	ἐν	σαρκί,
Por lo cual,	recordad	que	en otro tiempo	vosotros,	los	gentiles	en	(la) carne,
1352	3421	3754	4218	5210	3588	1484	1722	4561
CLI	*VPAM2P*	*CSC*	*BX, TX*	*RP2NP*	*DNPN*	*NNPN*	*P*	*NDSF*

οἱ	λεγόμενοι	ἀκροβυστία	ὑπὸ	τῆς	λεγομένης	περιτομῆς	ἐν
los que son	llamados	incircuncisión	por	la	llamada	circuncisión	en$_2$
3588	3004	203	5259	3588	3004	4061	1722
DNPM	*VPPP-PNM*	*NNSF*	*P*	*DGSF*	*VPPP-SGF*	*NGSF*	*P*

σαρκὶ	χειροποιήτου,	12 ὅτι	ἦτε	τῷ	καιρῷ	ἐκείνῳ	χωρὶς
(la) carne,$_3$	hecha a mano$_1$	porque	estabais	en el	tiempo$_2$	aquel$_1$	aparte de
4561	5499	3754	2258	3588	2540	1565	5565
NDSF	*JGSF*	*CSC*	*VIAI2P*	*DDSM*	*NDSM*	*RD-DSM*	*P, B*

NVI

por su gran amor por
nosotros, 5 nos dio vida
con Cristo, aun cuando
estábamos muertos en
pecados. ¡Por gracia us-
tedes han sido salvados!
6 Y en unión con Cristo
Jesús, Dios nos resucitó
y nos hizo sentar con
él en las regiones celes-
tiales, 7 para mostrar en
los tiempos venideros la
incomparable riqueza
de su gracia, que por su
bondad derramó sobre
nosotros en Cristo Jesús.
8 Porque por gracia us-
tedes han sido salvados
mediante la fe; esto no
procede de ustedes, sino
que es el regalo de Dios,
9 no por obras, para que
nadie se jacte. 10 Porque
somos hechura de Dios,
creados en Cristo Jesús
para buenas obras, las
cuales Dios dispuso
de antemano a fin de
que las pongamos en
práctica.

Unidad en Cristo

11 Por lo tanto, recuer-
den ustedes los gentiles
de nacimiento —los que
son llamados «incircun-
cisos» por aquellos que
se llaman «de la circun-
cisión», la cual se hace
en el cuerpo por mano
humana—, 12 recuerden
que en ese entonces

2:9* O sea *ninguno*.   **2:10*** O sea *para*.

RVR

excluidos de la ciuda-
danía de Israel y extran-
jeros en cuanto a los
pactos de la promesa,
sin esperanza y sin Dios
en el mundo.
13 Pero ahora en Cristo
Jesús, vosotros que en
otro tiempo estabais
lejos, habéis sido hechos
cercanos por la sangre
de Cristo.
14 Porque él es nuestra
paz, que de ambos pue-
blos hizo uno, derriban-
do la pared intermedia
de separación,
15 aboliendo en su carne
la enemistad, la ley de
los mandamientos ex-
presados en ordenanzas,
para crear en sí mismo
de los dos un solo y nue-
vo hombre, haciendo
la paz,
16 y mediante la cruz
reconciliar con Dios
a ambos en un solo
cuerpo, matando en ella
la enemistad.
17 Y vino y anunció las
buenas nuevas de paz
a vosotros que estabais
lejos, y a los que estaban
cerca;
18 porque por medio de
él los unos y los otros
tenemos acceso por
un mismo Espíritu al
Padre.
19 Así que ya no
sois extranjeros ni

Χριστοῦ, ἀπηλλοτριωμένοι τῆς πολιτείας τοῦ Ἰσραὴλ καὶ ξένοι
Cristo, excluidos de la ciudadanía de -- Israel y extranjeros
5547 526 3588 4174 3588 2474 2532 3581
NGSM VRPP-PNM DGSF NGSF DGSM NGSM, XP CLN JNPM

τῶν διαθηκῶν τῆς ἐπαγγελίας, ἐλπίδα μὴ ἔχοντες καὶ ἄθεοι ἐν
de los pactos de la promesa, esperanza$_3$ no$_1$ teniendo$_2$ y sin Dios en
3588 1242 3588 1860 1680 3361 2192 2532 112 1722
DGPF NGPF DGSF NGSF NASF BN, TN VPAP-PNM CLN JNPM P

τῷ κόσμῳ. 13 νυνὶ δὲ ἐν Χριστῷ Ἰησοῦ ὑμεῖς οἵ ποτε
el mundo. ahora$_2$ Pero$_1$ en$_3$ Cristo Jesús, vosotros los que en otro tiempo
3588 2889 3570 1161 1722 5547 2424 5210 3588 4218
DDSM NDSM B CLC P NDSM NDSM RP2NP DNPM, RR-NPM BX, TX

ὄντες μακρὰν ἐγενήθητε ἐγγὺς ἐν τῷ αἵματι τοῦ Χριστοῦ.
estando lejos, fuisteis hechos cercanos en la sangre de -- Cristo.
5607 3112 1096 1451 1722 3588 129 3588 5547
VPAP-PNM B, J VAPI2P B P DDSN NDSN DGSM NGSM

14 αὐτὸς γάρ ἐστιν ἡ εἰρήνη ἡμῶν, ὁ ποιήσας τὰ ἀμφότερα
él$_2$ Porque$_1$ es$_3$ la paz de nosotros, el que hizo a los dos
846 1063 2076 3588 1515 2257 3588 4160 3588 297
RP3NSMP CLX VPAI3S DNSF NNSF RP1GP DNSM VAAP-SNM DAPN JAPN

ἓν καὶ τὸ μεσότοιχον τοῦ φραγμοῦ λύσας, τὴν ἔχθραν
uno, y$_1$ la$_3$ pared divisoria$_4$ de la$_5$ cerca,$_6$ habiendo derribado$_2$ la enemistad,
1520 2532 3588 3320 3588 5418 3089 3588 2189
JASN CLN DASN NASN DGSM NGSM VAAP-SNM DASF NASF

ἐν τῇ σαρκὶ αὐτοῦ, 15 τὸν νόμον τῶν ἐντολῶν ἐν δόγμασιν
en la carne de él, la$_2$ ley$_3$ de los$_4$ mandamientos$_5$ en$_6$ decretos,$_7$
1722 3588 4561 846 3588 3551 3588 1785 1722 1378
P DDSF NDSF RP3GSM DASM NASM DGPF NGPF P NDPN

καταργήσας, ἵνα τοὺς δύο κτίσῃ ἐν αὐτῷ εἰς ἕνα καινὸν
habiendo abolido$_1$ para que$_8$ a los$_{10}$ dos$_{11}$ crear$_9$ en él a un nuevo
2673 2443 3588 1417 2936 1722 846 1519 1520 2537
VAAP-SNM CAP DAPM XN, J VAAS3S P RP3DSM P JASM JASM

ἄνθρωπον ποιῶν εἰρήνην, 16 καὶ ἀποκαταλλάξῃ τοὺς ἀμφοτέρους
ser humano, haciendo (la) paz, y reconcilió a los dos
444 4160 1515 2532 604 3588 297
NASM VPAP-SNM NASF CLN VAAS3S DAPM JAPM

ἐν ἑνὶ σώματι τῷ θεῷ διὰ τοῦ σταυροῦ ἀποκτείνας τὴν
en un cuerpo con -- Dios por medio de la cruz, matando$_1$ la$_4$
1722 1520 4983 3588 2316 1223 3588 4716 615 3588
P JDSN NDSN DDSM NDSM P DGSM NGSM VAAP-SNM DASF

ἔχθραν ἐν αὐτῷ· 17 καὶ ἐλθὼν εὐηγγελίσατο εἰρήνην ὑμῖν
enemistad;$_5$ en$_2$ él$_3$ y habiendo venido anunció (la) paz a vosotros,
2189 1722 846 2532 2064 2097 1515 5213
NASF P RP3DSM CLN VAAP-SNM VAMI3S NASF RP2DP

τοῖς μακρὰν καὶ ⸀εἰρήνην τοῖς ἐγγύς· 18 ὅτι δι’
a los que (estabais) lejos, y paz a los que (estaban)cerca; porque por medio de
3588 3112 2532 1515 3588 1451 3754 1223
DDPM J, B CLN NASF DDPM B CAR P

αὐτοῦ ἔχομεν τὴν προσαγωγὴν οἱ ἀμφότεροι ἐν ἑνὶ πνεύματι
él tenemos$_3$ el$_4$ acceso$_5$ --$_1$ ambos$_2$ en un Espíritu
846 2192 3588 4318 3588 297 1722 1520 4151
RP3GSM VPAI1P DASF NASF DNPM JNPM P JDSN NDSN

πρὸς τὸν πατέρα. 19 ἄρα οὖν οὐκέτι ἐστὲ ξένοι καὶ πάροικοι,
a el Padre. pues,$_2$ Ahora$_1$ ya no sois extranjeros y extraños,
4314 3588 3962 686 3767 3765 2075 3581 2532 3941
P DASM NASM CLI CLI BN VPAI2P JNPM CLN JNPM

NVI

ustedes estaban separa-
dos de Cristo, excluidos
de la ciudadanía de Israel
y ajenos a los pactos de la
promesa, sin esperanza
y sin Dios en el mundo.
13 Pero ahora en Cristo
Jesús, a ustedes que antes
estaban lejos, Dios los
ha acercado mediante la
sangre de Cristo.
14 Porque Cristo
es nuestra paz: de los
dos pueblos ha hecho
uno solo, derribando
mediante su sacrificio
el muro de enemistad
que nos separaba, 15 pues
anuló la ley con sus man-
damientos y requisitos.
Esto lo hizo para crear
en sí mismo de los dos
pueblos una nueva hu-
manidad al hacer la paz,
16 para reconciliar con
Dios a ambos en un solo
cuerpo mediante la cruz,
por la que dio muerte a
la enemistad. 17 Él vino y
proclamó paz a ustedes
que estaban lejos y paz
a los que estaban cerca.
18 Pues por medio de él
tenemos acceso al Padre
por un mismo Espíritu.
19 Por lo tanto, uste-
des ya no son extraños
ni extranjeros, sino

2:17⸀ Manuscritos inferiores suprimieron *paz*.

RVR

advenedizos, sino
conciudadanos de los
santos, y miembros de la
familia de Dios,
20 sobreedificados sobre
el fundamento de los
apóstoles y profetas,
siendo la principal
piedra del ángulo
Jesucristo mismo,
21 en quien todo el
edificio, bien ajustado,
va creciendo para ser un
santuario sagrado en el
Señor;
22 en quien también vo-
sotros sois juntamente
edificados para morada
de Dios en el Espíritu.

Pablo, predicador a los gentiles

3 Por esta causa yo,
Pablo, prisionero
de Cristo Jesús por voso-
tros los gentiles;
2 si es que habéis oído de
la administración de la
gracia de Dios que me
fue concedida para con
vosotros;
3 que por revelación me
fue dado a conocer el
misterio, como antes lo
he escrito brevemente,
4 leyendo lo cual podéis
daros cuenta del cono-
cimiento profundo que
yo tengo en el misterio
de Cristo,
5 misterio que en otras
generaciones no fue
dado a conocer a los
hijos de los hombres,
como ahora ha sido
revelado a sus santos
apóstoles y profetas por

ἀλλὰ	ἐστὲ	συμπολῖται	τῶν	ἁγίων	καὶ	οἰκεῖοι	τοῦ	θεοῦ,
sino	sois	conciudadanos	de los	santos	y	miembros de la familia	de--	Dios,
235	2075	4847	3588	40	2532	3609	3588	2316
CLC	VPAI2P	NNPM	DGPM	JGPM	CLN	JNPM	DGSM	NGSM

20 ἐποικοδομηθέντες	ἐπὶ	τῷ	θεμελίῳ	τῶν	ἀποστόλων	καὶ	προφητῶν,
sobredificados	sobre	el	cimiento	de los	apóstoles	y	profetas,
2026	1909	3588	2310	3588	652	2532	4396
VAPP-PNM	P	DDSM	NDSM	DGPM	NGPM	CLN	NGPM

ὄντος	ἀκρογωνιαίου	αὐτοῦ	Χριστοῦ	Ἰησοῦ,	21 ἐν	ᾧ	πᾶσα
siendo	(la) piedra angular	el mismo	Cristo	Jesús,	en	quien	todo
5607	204	846	5547	2424	1722	3739	3956
VPAP-SGM	JGSM	RP3GSMP	NGSM	NGSM	P	RR-DSM	JNSF

οἰκοδομὴ	συναρμολογουμένη	αὔξει	εἰς	ναὸν	ἅγιον	ἐν	κυρίῳ,
edificio	siendo bien ensamblado	crece	para (ser)	santuario	santo	en	(el) Señor,
3619	4883	837	1519	3485	40	1722	2962
NNSF	VPPP-SNF	VPAI3S	P	NASM	JASM	P	NDSM

22 ἐν	ᾧ	καὶ	ὑμεῖς	συνοικοδομεῖσθε	εἰς	κατοικητήριον	τοῦ	θεοῦ
en	quien	también	vosotros	sois juntamente edificados	para	morada	de--	Dios
1722	3739	2532	5210	4925	1519	2732	3588	2316
P	RR-DSM	BE, TE	RP2NP	VPPI2P	P	NASN	DGSM	NGSM

ἐν	πνεύματι.
en	(el) Espíritu.
1722	4151
P	NDSN

3 Τούτου	χάριν	ἐγὼ	Παῦλος	ὁ	δέσμιος	τοῦ	Χριστοῦ
esto,$_2$	A causa de$_1$	yo	Pablo,	el	prisionero	de--	Cristo
5127	5484	1473	3972	3588	1198	3588	5547
RD-GSN	P, B	RP1NS	NNSM	DNSM	NNSM	DGSM	NGSM

Ἰησοῦ	ὑπὲρ	ὑμῶν	τῶν	ἐθνῶν—	2 εἴ	γε	ἠκούσατε	τὴν
Jesús	en favor de	vosotros	los	gentiles,	si	ciertamente	oísteis	(de) la
2424	5228	5216	3588	1484	1487	1065	191	3588
NGSM	P	RP2GP	DGPN	NGPN	CAC	TE	VAAI2P	DASF

οἰκονομίαν	τῆς	χάριτος	τοῦ	θεοῦ	τῆς	δοθείσης	μοι	εἰς	ὑμᾶς·
administración	de la	gracia	de--	Dios,	la que	ha sido dada	a mí	para	vosotros,
3622	3588	5485	3588	2316	3588	1325	3427	1519	5209
NASF	DGSF	NGSF	DGSM	NGSM	DGSF	VAPP-SGF	RP1DS	P	RP2AP

3 κατὰ	ἀποκάλυψιν	ἐγνωρίσθη	μοι	τὸ	μυστήριον,	καθὼς
según	revelación,	que fue dado a conocer$_3$	a mí,$_4$	el$_1$	misterio$_2$	como
2596	602	1107	3427	3588	3466	2531
P	NASF	VAPI3S	RP1DS	DNSN, DASN	NNSN, NASN	CAM

προέγραψα	ἐν	ὀλίγῳ,	4 πρὸς	ὅ*	δύνασθε	ἀναγινώσκοντες
escribí antes	en	poco,	para	lo que	podéis,	leyendo,
4270	1722	3641	4314	3739	1410	314
VAAI1S	P	JDSM	P	RR-ASN	VPUI2P	VAPP-PNM

νοῆσαι	τὴν	σύνεσίν	μου	ἐν	τῷ	μυστηρίῳ	τοῦ	Χριστοῦ,	5 ὃ
comprender	el	entendimiento	de mí	en	el	misterio	de--	Cristo,	el que
3539	3588	4907	3450	1722	3588	3466	3588	5547	3739
VAAN	DASF	NASF	RP1GS	P	DDSN	NDSN	DGSM	NGSM	RR-NSN

ἑτέραις	γενεαῖς	οὐκ	ἐγνωρίσθη	τοῖς	υἱοῖς	τῶν	ἀνθρώπων	ὡς
en otras	generaciones	no	fue dado a conocer	a los	hijos	de los	seres humanos	como
2087	1074	3756	1107	3588	5207	3588	444	5613
JDPF	NDPF	BN, TN	VAPI3S	DDPM	NDPM	DGPM	NGPM	CAM

νῦν	ἀπεκαλύφθη	τοῖς	ἁγίοις	ἀποστόλοις	αὐτοῦ	καὶ	προφήταις	ἐν
ahora	fue revelado	a los	santos	apóstoles	de él	y	profetas	por
3568	601	3588	40	652	846	2532	4396	1722
B	VAPI3S	DDPM	JDPM	NDPM	RP3GSM	CLN	NDPM	P

NVI

conciudadanos de los
santos y miembros
de la familia de Dios,
20 edificados sobre el
fundamento de los
apóstoles y los profetas,
siendo Cristo Jesús
mismo la piedra angular.
21 En él todo el edificio,
bien armado, se va
levantando para llegar a
ser un templo santo en el
Señor. 22 En él también
ustedes son edificados
juntamente para ser
morada de Dios por su
Espíritu.

Pablo y el misterio de Cristo

3 Por esta razón yo,
Pablo, prisionero de
Cristo Jesús por el bien
de ustedes los gentiles,
me arrodillo en oración.
2 Sin duda se han entera-
do del plan de la gracia
de Dios que él me enco-
mendó para ustedes, 3 es
decir, el misterio que me
dio a conocer por revela-
ción, como ya les escribí
brevemente. 4 Al leer
esto, podrán darse cuen-
ta de que comprendo el
misterio de Cristo. 5 Ese
misterio, que en otras
generaciones no se les
dio a conocer a los seres
humanos, ahora se les ha
revelado por el Espíritu
a los santos apóstoles

3:4* O sea *en relación a lo cual.*

RVR

el Espíritu:
6 que los gentiles son
coherederos y miembros
del mismo cuerpo, y
copartícipes de la pro-
mesa en Cristo Jesús por
medio del evangelio,
7 del cual yo fui hecho
ministro conforme al
don de la gracia de Dios
que me ha sido dado
según la actuación de
su poder.
8 A mí, que soy menos
que el más pequeño de
todos los santos, me
fue dada esta gracia de
anunciar entre los gen-
tiles el evangelio de las
inescrutables riquezas
de Cristo,
9 y de aclarar a todos
cuál sea la adminis-
tración del misterio
escondido desde los
siglos en Dios, que creó
todas las cosas;
10 para que la multi-
forme sabiduría de
Dios sea ahora dada a
conocer por medio de
la iglesia a los principa-
dos y potestades en los
lugares celestiales,
11 conforme al propó-
sito eterno que llevó
a cabo en Cristo Jesús
nuestro Señor,
12 en quien tenemos libre
acceso con confianza
por medio de la fe en él;
13 por lo cual pido que

πνεύματι,	6 εἶναι	τὰ	ἔθνη	συγκληρονόμα	καὶ	σύσσωμα
(el) Espíritu,	ser (que son)	los	gentiles	coherederos	y	comiembros del cuerpo
4151	1511	3588	1484	4789	2532	4954
NDSN	*VPAN*	*DAPN*	*NAPN*	*JAPN*	*CLN*	*JAPN*

καὶ	συμμέτοχα	τῆς	ἐπαγγελίας	ἐν	Χριστῷ	Ἰησοῦ	διὰ	τοῦ
y	copartícipes	de la	promesa	en	Cristo	Jesús	por medio de	el
2532	4830	3588	1860	1722	5547	2424	1223	3588
CLN	*JAPN*	*DGSF*	*NGSF*	*P*	*NDSM*	*NDSM*	*P*	*DGSN*

εὐαγγελίου,	7 οὗ	ἐγενήθην	διάκονος	κατὰ	τὴν	δωρεὰν	τῆς	χάριτος
evangelio,	del que	fui hecho	ministro	según	el	don	de la	gracia
2098	3739	1096	1249	2596	3588	1431	3588	5485
NGSN	*RR-GSN*	*VAPI1S*	*NNSM*	*P*	*DASF*	*NASF, B*	*DGSF*	*NGSF*

τοῦ	θεοῦ	τῆς	δοθείσης	μοι	κατὰ	τὴν	ἐνέργειαν	τῆς	δυνάμεως
de --	Dios,	la que	fue dada	a mí	conforme a	la	actividad	del	poder
3588	2316	3588	1325	3427	2596	3588	1753	3588	1411
DGSM	*NGSM*	*DGSF*	*VAPP-SGF*	*RP1DS*	*P*	*DASF*	*NASF*	*DGSF*	*NGSF*

αὐτοῦ—	8 ἐμοὶ	τῷ	ἐλαχιστοτέρῳ	πάντων	ἁγίων	ἐδόθη	ἡ	χάρις
de él.	a mí,$_5$	el$_6$	menos importante$_7$	de todos$_8$	(los) santos$_9$	fue dada$_4$	--$_2$	gracia$_3$
846	1698	3588	1647	3956	40	1325	3588	5485
RP3GSM	*RP1DS*	*DDSM*	*JDSMC*	*JGPM*	*JGPM*	*VAPI3S*	*DNSF*	*NNSF*

αὕτη—	⸀τοῖς	ἔθνεσιν	εὐαγγελίσασθαι	τὸ	ἀνεξιχνίαστον	πλοῦτος
Esta$_1$	a los$_{11}$	gentiles$_{12}$	para anunciar$_{10}$	la$_{13}$	imposible de entender,$_{17}$	riqueza$_{14}$
3778	3588	1484	2097	3588	421	4149
RD-NSF	*DDPN*	*NDPN*	*VAMN*	*DASN*	*JASN, JASM*	*NASN*

τοῦ	Χριστοῦ,	9 καὶ	φωτίσαι	πάντας	τίς	ἡ	οἰκονομία	τοῦ
de --$_{15}$	Cristo$_{16}$	y	esclarecer	a todos	cuál (es)	el	plan	del
3588	5547	2532	5461	3956	5101	3588	3622	3588
DGSM	*NGSM*	*CLN*	*VAAN*	*JAPM*	*RI-NSM*	*DNSF*	*NNSF*	*DGSN*

μυστηρίου	τοῦ	ἀποκεκρυμμένου	ἀπὸ	τῶν	αἰώνων	ἐν	τῷ
misterio	el que	ha sido escondido	desde	los	siglos	en	--
3466	3588	613	575	3588	165	1722	3588
NGSN	*DGSN*	*VRPP-SGN*	*P*	*DGPM*	*NGPM*	*P*	*DDSM*

θεῷ	τῷ	τὰ	πάντα	⸀κτίσαντι,	10 ἵνα	γνωρισθῇ	νῦν	ταῖς
Dios,	el que$_1$	las cosas,$_4$	todas,$_3$	creó$_2$	para que$_1$	fuera dado a conocer$_7$	ahora$_8$	a los$_9$
2316	3588	3588	3956	2936	2443	1107	3568	3588
NDSM	*DDSM*	*DAPN*	*JAPN*	*VAAP-SDM*	*CAP*	*VAPS3S*	*B*	*DDPF*

ἀρχαῖς	καὶ	ταῖς	ἐξουσίαις	ἐν	τοῖς	ἐπουρανίοις	διὰ	τῆς
principados$_{10}$	y$_{11}$	a las$_{12}$	autoridades$_{13}$	en$_{14}$	los$_{15}$	(lugares) celestiales$_{16}$	por medio de$_{17}$	la$_{18}$
746	2532	3588	1849	1722	3588	2032	1223	3588
NDPF	*CLN*	*DDPF*	*NDPF*	*P*	*DDPN*	*JDPN*	*P*	*DGSF*

ἐκκλησίας	ἡ	πολυποίκιλος	σοφία	τοῦ	θεοῦ,	11 κατὰ	πρόθεσιν
iglesia,$_{19}$	la$_2$	multiforme$_3$	sabiduría$_4$	de --$_5$	Dios$_6$	conforme	(al) propósito
1577	3588	4182	4678	3588	2316	2596	4286
NGSF	*DNSF*	*JNSF, JNSM*	*NNSF*	*DGSM*	*NGSM*	*P*	*NASF*

τῶν	αἰώνων	ἣν	ἐποίησεν	ἐν	τῷ	Χριστῷ	Ἰησοῦ	τῷ	κυρίῳ
de los	siglos,	el que	hizo	en	--	Cristo	Jesús	el	Señor
3588	165	3739	4160	1722	3588	5547	2424	3588	2962
DGPM	*NGPM*	*RR-ASF*	*VAAI3S*	*P*	*DDSM*	*NDSM*	*NDSM*	*DDSM*	*NDSM*

ἡμῶν,	12 ἐν	ᾧ	ἔχομεν	τὴν	παρρησίαν	καὶ	προσαγωγὴν
de nosotros,	en	quien	tenemos	la	confianza	y	(el) acceso
2257	1722	3739	2192	3588	3954	2532	4318
RP1GP	*P*	*RR-DSM*	*VPAI1P*	*DASF*	*NASF*	*CLN*	*NASF*

ἐν	πεποιθήσει	διὰ	τῆς	πίστεως	αὐτοῦ.	13 διὸ	αἰτοῦμαι	μὴ
con	confianza	por medio de	la	fe	de él.	Por lo cual,	pido	no
1722	4006	1223	3588	4102	846	1352	154	3361
P	*NDSF*	*P*	*DGSF*	*NGSF*	*RP3GSM*	*CLI*	*VPMI1S*	*BN, TN*

NVI

y profetas de Dios; 6 es
decir, que los gentiles
son, junto con Israel,
beneficiarios de la mis-
ma herencia, miembros
de un mismo cuerpo y
participantes igual-
mente de la promesa en
Cristo Jesús mediante el
evangelio.
7 De este evangelio
llegué a ser servidor. Este
fue el regalo que Dios
me dio por su gracia,
conforme a su poder
eficaz. 8 Aunque soy el
más insignificante de
todos los santos, recibí
esta gracia de predicar a
las naciones las incalcu-
lables riquezas de Cristo,
9 y de hacer entender a
todos la realización del
plan de Dios, el misterio
que desde los tiempos
eternos se mantuvo
oculto en Dios, creador
de todas las cosas. 10 El
fin de todo esto es que
la sabiduría de Dios, en
toda su diversidad, se
dé a conocer ahora, por
medio de la iglesia, a los
poderes y autoridades en
las regiones celestiales,
11 conforme a su eterno
propósito realizado en
Cristo Jesús nuestro
Señor. 12 En él, mediante
la fe, disfrutamos de
libertad y confianza
para acercarnos a Dios.
13 Así que les pido que

3:8⸀ Manuscritos inferiores tienen *en los.* **3:9⸀** Manuscritos inferiores añadieron *por medio de Jesucristo.*

RVR

no desmayéis a causa de mis tribulaciones por vosotros, las cuales son vuestra gloria.

La unidad en el Espíritu

14 Por esta causa doblo mis rodillas ante el Padre de nuestro Señor Jesucristo,

15 de quien toma nombre toda parentela en los cielos y en la tierra,

16 para que os dé, conforme a las riquezas de su gloria, el ser vigorizados con poder en el hombre interior por medio de su Espíritu;

17 para que habite Cristo por medio de la fe en vuestros corazones, a fin de que, arraigados y cimentados en amor,

18 seáis plenamente capaces de comprender con todos los santos cuál sea la anchura, la longitud, la profundidad y la altura,

19 y de conocer el amor de Cristo, que sobrepasa a todo conocimiento, para que seáis llenados hasta toda la plenitud de Dios.

20 Y a Aquel que es poderoso para hacer todas las cosas mucho más abundantemente de lo que pedimos o

ἐγκακεῖν	ἐν	ταῖς	θλίψεσίν	μου	ὑπὲρ	ὑμῶν,	ἥτις	ἐστὶν	δόξα
desanimar(os)	en	las	aflicciones	de mí	en favor de	vosotros,	la que	es	(la) gloria
1573	1722	3588	2347	3450	5228	5216	3748	2076	1391
VPAN	*P*	*DDPF*	*NDPF*	*RP1GS*	*P*	*RP2GP*	*RR-NSF*	*VPAI3S*	*NNSF*

ὑμῶν.
de vosotros.
5216
RP2GP

14 Τούτου	χάριν	κάμπτω	τὰ	γόνατά	μου	πρὸς	τὸν	⸀πατέρα,
esto,$_2$	A causa de$_1$	doblo	las	rodillas	de mí	ante	el	Padre,
5127	5484	2578	3588	1119	3450	4314	3588	3962
RD-GSN	*P, B*	*VPAI1S*	*DAPN*	*NAPN*	*RP1GS*	*P*	*DASM*	*NASM*

15 ἐξ	οὗ	πᾶσα	πατριὰ	ἐν	οὐρανοῖς	καὶ	ἐπὶ	γῆς	ὀνομάζεται,
de	quien	toda$_1$	familia$_2$	en$_4$	(los) cielos$_5$	y$_6$	sobre$_7$	(la) tierra,$_8$	es nombrada$_3$
1537	3739	3956	3965	1722	3772	2532	1909	1093	3687
P	*RR-GSM*	*JNSF*	*NNSF*	*P*	*NDPM*	*CLN*	*P*	*NGSF*	*VPPI3S*

16 ἵνα	δῷ	ὑμῖν	κατὰ	τὸ	πλοῦτος	τῆς	δόξης	αὐτοῦ
para que	diera	a vosotros	conforme a	la	riqueza	de la	gloria	de él,
2443	1325	5213	2596	3588	4149	3588	1391	846
CSC	*VAAS3S*	*RP2DP*	*P*	*DASN*	*NASN*	*DGSF*	*NGSF*	*RP3GSM*

δυνάμει	κραταιωθῆναι	διὰ	τοῦ	πνεύματος	αὐτοῦ	εἰς	τὸν	ἔσω
con poder$_2$	ser fortalecidos$_1$	por medio	del	Espíritu	de él	en	el$_1$	interior,$_3$
1411	2901	1223	3588	4151	846	1519	3588	2080
NDSF	*VAPN*	*P*	*DGSN*	*NGSN*	*RP3GSM*	*P*	*DASM*	*B*

ἄνθρωπον,	17 κατοικῆσαι	τὸν	Χριστὸν	διὰ	τῆς	πίστεως	ἐν
ser humano$_2$	para habitar$_3$	--$_1$	Cristo$_2$	por medio$_8$	de la$_9$	fe$_{10}$	en$_4$
444	2730	3588	5547	1223	3588	4102	1722
NASM	*VAAN*	*DASM*	*NASM*	*P*	*DGSF*	*NGSF*	*P*

ταῖς	καρδίαις	ὑμῶν	ἐν	ἀγάπῃ·	ἐρριζωμένοι	καὶ	τεθεμελιωμένοι,
los$_5$	corazones$_6$	de vosotros$_7$	en	amor,	arraigados	y	fundamentados,
3588	2588	5216	1722	26	4492	2532	2311
DDPF	*NDPF*	*RP2GP*	*P*	*NDSF*	*VRPP-PNM*	*CLN*	*VRPP-PNM*

18 ἵνα	ἐξισχύσητε	καταλαβέσθαι	σὺν	πᾶσιν	τοῖς	ἁγίοις
a fin de que	seáis completamente capaces	de comprender	con	todos	los	santos
2443	1840	2638	4862	3956	3588	40
CAP	*VAAS2P*	*VAMN*	*P*	*JDPM*	*DDPM*	*JDPM*

τί	τὸ	πλάτος	καὶ	μῆκος	καὶ	ὕψος	καὶ	βάθος,	19 γνῶναί	τε
cuál (es)	la	anchura	y	longitud	y	(la) altura	y	(la) profundidad,	conocer$_2$	y$_1$
5101	3588	4114	2532	3372	2532	5311	2532	899	1097	5037
RI-NSN	*DNSN*	*NNSN*	*CLN*	*NNSN*	*CLN*	*NNSN*	*CLN*	*NNSN*	*VAAN*	*CLN*

τὴν	ὑπερβάλλουσαν	τῆς	γνώσεως	ἀγάπην	τοῦ	Χριστοῦ,	ἵνα
el que$_6$	sobrepasa$_7$	el$_8$	conocimiento,$_9$	(el) amor$_3$	de --$_4$	Cristo$_5$	para que
3588	5235	3588	1108	26	3588	5547	2443
DASF	*VPAP-SAF*	*DGSF*	*NGSF*	*NASF*	*DGSM*	*NGSM*	*CAP*

πληρωθῆτε	εἰς	πᾶν	τὸ	πλήρωμα	τοῦ	θεοῦ.
fuerais llenos	hasta	toda	la	plenitud	de --	Dios.
4137	1519	3956	3588	4138	3588	2316
VAPS2P	*P*	*JASN*	*DASN*	*NASN*	*DGSM*	*NGSM*

20 Τῷ	δὲ	δυναμένῳ	ὑπὲρ	πάντα	ποιῆσαι	ὑπερεκπερισσοῦ
al$_2$	Y$_1$	que tiene poder$_3$	sobre	todas las cosas	para hacer	mucho más allá de
3588	1161	1410	5228	3956	4160	5228, 4057
DDSM	*CLT, CLC*	*VPUP-SDM*	*P*	*JAPN*	*VAAN*	*B, B*

ὧν	αἰτούμεθα	ἢ	νοοῦμεν	κατὰ	τὴν	δύναμιν	τὴν	ἐνεργουμένην
de lo que	pedimos	o	entendemos	conforme a	al	poder	el que	actúa
3739	154	2228	3539	2596	3588	1411	3588	1754
RR-GPN	*VPMI1P*	*CLD*	*VPAI1P*	*P*	*DASF*	*NASF*	*DASF*	*VPMP-SAF*

NVI

no se desanimen a causa de lo que sufro por ustedes, ya que estos sufrimientos míos son para ustedes un honor.

Oración por los efesios

14 Por esta razón me
arrodillo delante del
Padre, 15 de quien recibe
nombre toda familia
en el cielo y en la tierra.
16 Le pido que, por
medio del Espíritu y con
el poder que procede de
sus gloriosas riquezas,
los fortalezca a ustedes
en lo íntimo de su ser,
17 para que por fe Cristo
habite en sus corazones.
Y pido que, arraigados
y cimentados en amor,
18 puedan comprender,
junto con todos los
santos, cuán ancho y
largo, alto y profundo
es el amor de Cristo;
19 en fin, que conozcan
ese amor que sobrepasa
nuestro conocimiento,
para que sean llenos de
la plenitud de Dios.
20 Al que puede hacer
muchísimo más que
todo lo que podamos
imaginarnos o pedir, por

3:14⸀ Manuscritos inferiores aumentaron *de nuestro Señor Jesucristo.*

RVR

pensamos, según el
poder que actúa en
nosotros,
21 a él sea gloria en la
iglesia y en Cristo Jesús
por todas las edades,
por los siglos de los
siglos. Amén.

La unidad del Espíritu

4 Yo pues, preso en el
Señor, os exhorto
a que andéis como es
digno de la vocación con
que fuisteis llamados,
2 con toda humildad y
mansedumbre, sopor-
tándoos con paciencia
los unos a los otros en
amor,
3 solícitos en guardar la
unidad del Espíritu en el
vínculo de la paz.
4 Hay un solo cuerpo,
y un solo Espíritu,
como también fuisteis
llamados en una misma
esperanza de vuestra
vocación;
5 un Señor, una fe, un
bautismo,
6 un Dios y Padre de
todos, el cual está sobre
todos, por todos, y en
todos.
7 Pero a cada uno de no-
sotros fue dada la gracia
conforme a la medida
del don de Cristo.
8 Por lo cual dice:
Subiendo a lo alto, lle-
vó cautiva la cautividad,

ἐν	ἡμῖν,	21 αὐτῷ	ἡ	δόξα	ἐν	τῇ	ἐκκλησίᾳ	καὶ	ἐν	Χριστῷ
en	nosotros,	(sea) a él$_3$	la$_1$	gloria$_2$	en	la	iglesia	y	en	Cristo
1722	2254	846	3588	1391	1722	3588	1577	2532	1722	5547
P	RP1DP	RP3DSM	DNSF	NNSF	P	DDSF	NDSF	CLN	P	NDSM

Ἰησοῦ	εἰς	πάσας	τὰς	γενεὰς	τοῦ	αἰῶνος	τῶν	αἰώνων·	ἀμήν.
Jesús	por	todas	las	generaciones	del	siglo	de los	siglos;	amén.
2424	1519	3956	3588	1074	3588	165	3588	165	281
NDSM	P	JAPF	DAPF	NAPF	DGSM	NGSM	DGPM	NGPM	I, XF

4 Παρακαλῶ	οὖν	ὑμᾶς	ἐγὼ	ὁ	δέσμιος	ἐν	κυρίῳ
exhorto$_7$	Así que,$_1$	a vosotros$_8$	yo$_2$	el$_3$	prisionero$_4$	en$_5$	(el) Señor$_6$
3870	3767	5209	1473	3588	1198	1722	2962
VPAI1S	CLI	RP2AP	RP1NS	DNSM	NNSM	P	NDSM

ἀξίως	περιπατῆσαι	τῆς	κλήσεως	ἧς	ἐκλήθητε,	2 μετὰ	πάσης
como es digno$_{10}$	para andar$_9$	del	llamamiento	al que	fuisteis llamados,	con	toda
516	4043	3588	2821	3739	2564	3326	3956
B	VAAN	DGSF	NGSF	RR-GSF	VAPI2P	P	JGSF

ταπεινοφροσύνης	καὶ	πραΰτητος,	μετὰ	μακροθυμίας,	ἀνεχόμενοι
humildad	y	mansedumbre,	con	paciencia,	soportándoos
5012	2532	4240	3326	3115	430
NGSF	CLN	NGSF	P	NGSF	VPUP-PNM

ἀλλήλων	ἐν	ἀγάπῃ,	3 σπουδάζοντες	τηρεῖν	τὴν	ἑνότητα	τοῦ
unos a otros	en	amor,	haciendo todo lo posible	para guardar	la	unidad	del
240	1722	26	4704	5083	3588	1775	3588
RC-GPM	P	NDSF	VPAP-PNM	VPAN	DASF	NASF	DGSN

πνεύματος	ἐν	τῷ	συνδέσμῳ	τῆς	εἰρήνης·	4 ἓν	σῶμα	καὶ	ἓν
Espíritu	en	el	vínculo	de la	paz;	un	cuerpo	y	un
4151	1722	3588	4886	3588	1515	1520	4983	2532	1520
NGSN	P	DDSM	NDSM	DGSF	NGSF	JNSN	NNSN	CLN	JNSN

πνεῦμα,	καθὼς	καὶ	ἐκλήθητε	ἐν	μιᾷ	ἐλπίδι	τῆς	κλήσεως	ὑμῶν·
Espíritu,	como	también	fuisteis llamados	en	una	esperanza	del	llamamiento	de vosotros;
4151	2531	2532	2564	1722	1520	1680	3588	2821	5216
NNSN	CAM	BE, TE	VAPI2P	P	JDSF	NDSF	DGSF	NGSF	RP2GP

5 εἷς	κύριος,	μία	πίστις,	ἓν	βάπτισμα·	6 εἷς	θεὸς	καὶ
un	Señor,	una	fe,	un	bautismo;	un	Dios	y
1520	2962	1520	4102	1520	908	1520	2316	2532
JNSM	NNSM	JNSF	NNSF	JNSN	NNSN	JNSM	NNSM	CLN

πατὴρ	πάντων,	ὁ	ἐπὶ	πάντων	καὶ	διὰ	πάντων	καὶ	ἐν
Padre	de todos,	el (que es)	sobre	todos	y	por medio de	todos	y	en
3962	3956	3588	1909	3956	2532	1223	3956	2532	1722
NNSM	JGPM	DNSM	P	JGPM	CLN	P	JGPM	CLN	P

πᾶσιν.
todos.
3956
JDPM

7 Ἑνὶ	δὲ	ἑκάστῳ	ἡμῶν	ἐδόθη	ἡ	χάρις	κατὰ	τὸ	μέτρον
uno$_6$	Pero$_1$	a cada$_5$	de nosotros$_7$	fue dada$_4$	la$_2$	gracia$_3$	según	la	medida
1520	1161	1538	2257	1325	3588	5485	2596	3588	3358
JDSM	CLC	JDSM	RP1GP	VAPI3S	DNSF	NNSF	P	DASN	NASN

τῆς	δωρεᾶς	τοῦ	Χριστοῦ.	8 διὸ	λέγει·	Ἀναβὰς	εἰς	ὕψος
de la	dádiva	de --	Cristo.	Por lo cual,	dice:	Habiendo subido	hacia	(lo) alto,
3588	1431	3588	5547	1352	3004	305	1519	5311
DGSF	NGSF	DGSM	NGSM	CLI	VPAI3S	VAAP-SNM	P	NASN

ᾐχμαλώτευσεν	αἰχμαλωσίαν,	ἔδωκεν	δόματα	τοῖς	ἀνθρώποις.
llevó cautiva	(la) cautividad,	dio	dones	a los	seres humanos.
162	161	1325	1390	3588	444
VAAI3S	NASF	VAAI3S	NAPN	DDPM	NDPM

NVI

el poder que obra efi-
cazmente en nosotros,
21 ¡a él sea la gloria en la
iglesia y en Cristo Jesús
por todas las generacio-
nes, por los siglos de los
siglos! Amén.

Unidad en el cuerpo de Cristo

4 Por eso yo, que
estoy preso por
la causa del Señor, les
ruego que vivan de una
manera digna del llama-
miento que han recibi-
do, 2 siempre humildes
y amables, pacientes, to-
lerantes unos con otros
en amor. 3 Esfuércense
por mantener la unidad
del Espíritu mediante el
vínculo de la paz. 4 Hay
un solo cuerpo y un solo
Espíritu, así como tam-
bién fueron llamados a
una sola esperanza; 5 un
solo Señor, una sola fe,
un solo bautismo; 6 un
solo Dios y Padre de to-
dos, que está sobre todos
y por medio de todos y
en todos.
7 Pero a cada uno de
nosotros se nos ha dado
gracia en la medida en
que Cristo ha repartido
los dones. 8 Por esto
dice:

«Cuando ascendió a
lo alto,
se llevó consigo a los
cautivos

RVR

Y dio dones a los
hombres.
9 Y eso de que subió,
¿qué es, sino que tam-
bién había descendido
primero a las partes más
bajas de la tierra?
10 El que descendió, es
el mismo que también
subió por encima de
todos los cielos para
llenarlo todo.
11 Y él mismo dio: unos,
los apóstoles; otros,
los profetas; otros, los
evangelistas; y otros, los
pastores y maestros,
12 a fin de equipar com-
pletamente a los santos
para la obra del minis-
terio, para la edificación
del cuerpo de Cristo,
13 hasta que todos
lleguemos a la unidad
de la fe y del pleno co-
nocimiento del Hijo de
Dios, a la condición de
un hombre maduro, a la
medida de la edad de la
plenitud de Cristo;
14 para que ya no seamos
niños, zarandeados por
las olas y llevados a la
deriva por todo viento
de doctrina, por estra-
tagema de hombres que
para engañar emplean
con astucia las artima-
ñas del error,
15 sino que aferrándo-
nos a la verdad en amor,
crezcamos en todo hacia
aquel que es la cabeza,
esto es, Cristo,
16 de quien todo el

9 τὸ	δὲ	Ἀνέβη	τί	ἐστιν	εἰ	μὴ	ὅτι	καὶ	⌜κατέβη	εἰς	τὰ
lo que$_2$	Y$_1$	subió,	¿qué	es,	si	no	que	también	descendió	hacia	las$_1$
3588	1161	305	5101	2076	1487	3361	3754	2532	2597	1519	3588
DNSN	*CLN*	*VAAI3S*	*RI-NSN*	*VPAI3S*	*CAC*	*BN, TN*	*CSC*	*BE, TE*	*VAAI3S*	*P*	*DAPN*

κατώτερα	μέρη	τῆς	γῆς;	10 ὁ	καταβὰς	αὐτός	ἐστιν	καὶ	ὁ
más bajas$_3$	partes$_2$	de la	tierra?	El que,	descendió	él	es	también	el que
2737	3313	3588	1093	3588	2597	846	2076	2532	3588
JAPNC	*NAPN*	*DGSF*	*NGSF*	*DNSM*	*VAAP-SNM*	*RP3NSMP*	*VPAI3S*	*BE, TE*	*DNSM*

ἀναβὰς	ὑπεράνω	πάντων	τῶν	οὐρανῶν,	ἵνα	πληρώσῃ	τὰ
subió	muy por encima	de todos	los	cielos,	para que	llenara	las cosas.$_2$
305	5231	3956	3588	3772	2443	4137	3588
VAAP-SNM	*P, B*	*JGPM*	*DGPM*	*NGPM*	*CAP*	*VAAS3S*	*DAPN*

πάντα.	11 καὶ	αὐτὸς	ἔδωκεν	τοὺς	μὲν	ἀποστόλους,	τοὺς	δὲ
todas$_1$	Y	él	dio	los$_2$	en verdad$_1$	apóstoles;$_3$	los$_5$	y$_4$
3956	2532	846	1325	3588	3303	652	3588	1161
JAPN	*CLN*	*RP3NSMP*	*VAAI3S*	*DAPM*	*TK, C*	*NAPM*	*DAPM*	*CLK, CLC*

προφήτας,	τοὺς	δὲ	εὐαγγελιστάς,	τοὺς	δὲ	ποιμένας	καὶ
profetas;$_6$	los$_8$	y$_7$	evangelistas;$_9$	los$_{11}$	y$_{10}$	pastores	y
4396	3588	1161	2099	3588	1161	4166	2532
NAPM	*DAPM*	*CLK, CLC*	*NAPM*	*DAPM*	*CLK, CLC*	*NAPM*	*CLN*

διδασκάλους,	12 πρὸς	τὸν	καταρτισμὸν	τῶν	ἁγίων	εἰς	ἔργον
maestros,	para	el	equipamiento	de los	santos	para	(la) obra
1320	4314	3588	2677	3588	40	1519	2041
NAPM	*P*	*DASM*	*NASM*	*DGPM*	*JGPM*	*P*	*NASN*

διακονίας,	εἰς	οἰκοδομὴν	τοῦ	σώματος	τοῦ	Χριστοῦ,	13 μέχρι
de(l) ministerio,	para	edificación	del	cuerpo	de --	Cristo,	hasta que$_1$
1248	1519	3619	3588	4983	3588	5547	3360
NGSF	*P*	*NASF*	*DGSN*	*NGSN*	*DGSM*	*NGSM*	*CAT*

καταντήσωμεν	οἱ	πάντες	εἰς	τὴν	ἑνότητα	τῆς	πίστεως	καὶ	τῆς
alcancemos$_4$	--$_2$	todos$_3$	a	la	unidad	de la	fe	y	del
2658	3588	3956	1519	3588	1775	3588	4102	2532	3588
VAAS1P	*DNPM*	*JNPM*	*P*	*DASF*	*NASF*	*DGSF*	*NGSF*	*CLN*	*DGSF*

ἐπιγνώσεως	τοῦ	υἱοῦ	τοῦ	θεοῦ,	εἰς	ἄνδρα	τέλειον,	εἰς	μέτρον
conocimiento pleno	del	Hijo	de --	Dios,	a	un varón	perfecto,	a	(la) medida
1922	3588	5207	3588	2316	1519	435	5046	1519	3358
NGSF	*DGSM*	*NGSM*	*DGSM*	*NGSM*	*P*	*NASM*	*JASM*	*P*	*NASN*

ἡλικίας	τοῦ	πληρώματος	τοῦ	Χριστοῦ,	14 ἵνα	μηκέτι	ὦμεν
de (la) estatura	de la	plenitud	de --	Cristo,	para que	ya no	seamos
2244	3588	4138	3588	5547	2443	3371	5600
NGSF	*DGSN*	*NGSN*	*DGSM*	*NGSM*	*CAP*	*BN*	*VPAS1P*

νήπιοι,	κλυδωνιζόμενοι	καὶ	περιφερόμενοι	παντὶ	ἀνέμῳ	τῆς
niños pequeños,	siendo sacudidos por las olas	y	siendo zarandeados	por todo	viento	de --
3516	2831	2532	4064	3956	417	3588
JNPM	*VPUP-PNM*	*CLN*	*VPPP-PNM*	*JDSM*	*NDSM*	*DGSF*

διδασκαλίας	ἐν	τῇ	κυβείᾳ	τῶν	ἀνθρώπων	ἐν	πανουργίᾳ	πρὸς	τὴν
enseñanza	por	la	astucia	de los	seres humanos,	con	astucia	hacia	el
1319	1722	3588	2940	3588	444	1722	3834	4314	3588
NGSF	*P*	*DDSF*	*NDSF*	*DGPM*	*NGPM*	*P*	*NDSF*	*P*	*DASF*

μεθοδείαν	τῆς	πλάνης,	15 ἀληθεύοντες	δὲ	ἐν	ἀγάπῃ	αὐξήσωμεν	εἰς
engaño	del	error;	diciendo la verdad$_2$	pero$_1$	en	amor,	crezcamos	hacia
3180	3588	4106	226	1161	1722	26	837	1519
NASF	*DGSF*	*NGSF*	*VPAP-PNM*	*CLC*	*P*	*NDSF*	*VAAS1P*	*P*

αὐτὸν	τὰ	πάντα,	ὅς	ἐστιν	ἡ	κεφαλή,	Χριστός,	16 ἐξ	οὗ
él	las cosas,$_2$	en todas$_1$	el cual	es	la	cabeza,	Cristo,	de	quien
846	3588	3956	3739	2076	3588	2776	5547	1537	3739
RP3ASM	*DAPN*	*JAPN*	*RR-NSM*	*VPAI3S*	*DNSF*	*NNSF*	*NNSM*	*P*	*RR-GSM*

NVI

y dio dones a los
hombres».
9 (¿Qué quiere decir eso
de que «ascendió»,
sino que también
descendió a las partes
bajas, o sea, a la tierra?
10 El que descendió es el
mismo que ascendió por
encima de todos los cie-
los, para llenarlo todo).
11 Él mismo constituyó a
unos, apóstoles; a otros,
profetas; a otros, evange-
listas; y a otros, pastores
y maestros, 12 a fin de
capacitar al pueblo de
Dios para la obra de
servicio, para edificar el
cuerpo de Cristo. 13 De
este modo, todos llega-
remos a la unidad de la
fe y del conocimiento
del Hijo de Dios, a una
humanidad perfecta que
se conforme a la plena
estatura de Cristo.
14 Así ya no seremos
niños, zarandeados por
las olas y llevados de
aquí para allá por todo
viento de enseñanza
y por la astucia y los
artificios de quienes
emplean artimañas
engañosas. 15 Más bien,
al vivir la verdad con
amor, creceremos hasta
ser en todo como aquel
que es la cabeza, es decir,
Cristo. 16 Por su acción

4:9⌜ Manuscritos inferiores aumentaron *primero*.

RVR

cuerpo, bien ajustado
y trabado entre sí por
todas las junturas que
se ayudan mutuamente,
según la actividad ade-
cuada de cada miembro,
recibe su crecimiento
para ir edificándose en
amor.

Nueva vida en Cristo

17 Esto, pues, digo y
requiero en el Señor:
que ya no andéis como
los demás gentiles, que
andan en la vanidad de
su mente,
18 teniendo el entendi-
miento entenebrecido,
excluidos de la vida de
Dios por la ignorancia
que hay en ellos, por la
dureza de su corazón;
19 los cuales, después
que perdieron toda sen-
sibilidad, se entregaron
a la lascivia para come-
ter con avidez toda clase
de impureza.
20 Mas vosotros no
habéis aprendido así a
Cristo,
21 si en verdad habéis
oído de él, y habéis sido
enseñados en él, confor-
me a la verdad que está
en Jesús,
22 a que, en cuanto a
la pasada manera de
vivir, os despojéis del
viejo hombre, que está
viciado conforme a los
deseos engañosos,

πᾶν	τὸ	σῶμα	συναρμολογούμενον	καὶ	συμβιβαζόμενον	διὰ
todo	el	cuerpo	siendo bien coordinado	y	siendo unido	por medio de
3956	3588	4983	4883	2532	4822	1223
JNSN	*DNSN*	*NNSN*	*VPPP-SNN*	*CLN*	*VPPP-SNN*	*P*

πάσης	ἁφῆς	τῆς	ἐπιχορηγίας	κατ’	ἐνέργειαν	ἐν	μέτρῳ
de toda	coyuntura	del	suministro,	conforme a	(la) actividad	en	(la) medida
3956	860	3588	2024	2596	1753	1722	3358
JGSF	*NGSF*	*DGSF*	*NGSF*	*P*	*NASF*	*P*	*NDSN*

ἑνὸς	ἑκάστου	μέρους	τὴν	αὔξησιν	τοῦ	σώματος	ποιεῖται	εἰς
de una$_2$	cada$_1$	parte,$_3$	el	crecimiento	del	cuerpo	hace para sí mismo	para
1520	1538	3313	3588	838	3588	4983	4160	1519
JGSN, JGSM	*JGSN, JGSM*	*NGSN*	*DASF*	*NASF*	*DGSN*	*NGSN*	*VPMI3S*	*P*

οἰκοδομὴν	ἑαυτοῦ	ἐν	ἀγάπῃ.
edificación	de sí mismo	en	amor
3619	1438	1722	26
NASF	*RF3GSN*	*P*	*NDSF*

17 Τοῦτο	οὖν	λέγω	καὶ	μαρτύρομαι	ἐν	κυρίῳ,	μηκέτι	ὑμᾶς
esto$_2$	Así que,$_1$	digo$_3$	y	testifico	en	(el) Señor,	ya no	vosotros
5124	3767	3004	2532	3143	1722	2962	3371	5209
RD-ASN	*CLI*	*VPAI1S*	*CLN*	*VPUI1S*	*P*	*NDSM*	*BN*	*RP2AP*

περιπατεῖν	καθὼς	καὶ	τὰ	ἔθνη	περιπατεῖ	ἐν	ματαιότητι	τοῦ
(deben) andar	como	también	los	gentiles	anda (n)	en	(la) vanidad	de la
4043	2531	2532	3588	1484	4043	1722	3153	3588
VPAN	*CAM*	*BE, TE*	*DNPN*	*NNPN*	*VPAI3S*	*P*	*NDSF*	*DGSM*

νοὸς	αὐτῶν,	18 ἐσκοτωμένοι	τῇ	διανοίᾳ	ὄντες,	ἀπηλλοτριωμένοι
mente	de ellos,	siendo oscurecidos	el	pensamiento,	estando	separados
3563	846	4656	3588	1271	5607	526
NGSM	*RP3GPN*	*VRPP-PNM*	*DDSF*	*NDSF*	*VPAP-PNM*	*VRPP-PNM*

τῆς	ζωῆς	τοῦ	θεοῦ,	διὰ	τὴν	ἄγνοιαν	τὴν	οὖσαν	ἐν	αὐτοῖς,	διὰ
de la	vida	de --	Dios,	a causa de	la	ignorancia	la	que hay	en	ellos,	a causa de
3588	2222	3588	2316	1223	3588	52	3588	5607	1722	846	1223
DGSF	*NGSF*	*DGSM*	*NGSM*	*P*	*DASF*	*NASF*	*DASF*	*VPAP-SAF*	*P*	*RP3DPM*	*P*

τὴν	πώρωσιν	τῆς	καρδίας	αὐτῶν,	19 οἵτινες	ἀπηλγηκότες	ἑαυτοὺς
la	dureza	del	corazón	de ellos,	los cuales,	habiendo perdido la sensibilidad,	a sí mismos$_2$
3588	4457	3588	2588	846	3748	524	1438
DASF	*NASF*	*DGSF*	*NGSF*	*RP3GPM*	*RR-NPM*	*VRAP-PNM*	*RF3APM*

παρέδωκαν	τῇ	ἀσελγείᾳ	εἰς	ἐργασίαν	ἀκαθαρσίας	πάσης	ἐν
entregaron$_1$	al	libertinaje	para	práctica$_2$	de impureza$_3$	toda$_1$	con
3860	3588	766	1519	2039	167	3956	1722
VAAI3P	*DDSF*	*NDSF*	*P*	*NASF*	*NGSF*	*JGSF*	*P*

πλεονεξίᾳ.	20 ὑμεῖς	δὲ	οὐχ	οὕτως	ἐμάθετε	τὸν	Χριστόν,	21 εἴ	γε
codicia.	vosotros$_2$	Mas$_1$	no$_4$	así$_3$	aprendisteis	--	a Cristo,	si	realmente
4124	5210	1161	3756	3779	3129	3588	5547	1487	1065
NDSF	*RP2NP*	*CLC*	*BN, TN*	*B*	*VAAI2P*	*DASM*	*NASM*	*CAC*	*TE*

αὐτὸν	ἠκούσατε	καὶ	ἐν	αὐτῷ	ἐδιδάχθητε,	καθώς	ἐστιν	ἀλήθεια	ἐν
a él$_2$	oísteis$_1$	y	en	él	fuisteis enseñados,	así como	está	(la) verdad	en
846	191	2532	1722	846	1321	2531	2076	225	1722
RP3ASM	*VAAI2P*	*CLN*	*P*	*RP3DSM*	*VAPI2P*	*CAM*	*VPAI3S*	*NNSF*	*P*

τῷ	Ἰησοῦ,	22 ἀποθέσθαι	ὑμᾶς	κατὰ	τὴν	προτέραν	ἀναστροφὴν
--	Jesús,	a despojar(os)	a vosotros	conforme a	al	anterior	comportamiento
3588	2424	659	5209	2596	3588	4387	391
DDSM	*NDSM*	*VAMN*	*RP2AP*	*P*	*DASF*	*JASF*	*NASF*

τὸν	παλαιὸν	ἄνθρωπον	τὸν	φθειρόμενον	κατὰ	τὰς
al	viejo	ser humano	el que	se corrompe	conforme a	los
3588	3820	444	3588	5351	2596	3588
DASM	*JASM*	*NASM*	*DASM*	*VPPP-SAM*	*P*	*DAPF*

NVI

todo el cuerpo crece y se
edifica en amor, sosteni-
do y ajustado por todos
los ligamentos, según la
actividad propia de cada
miembro.

Vivan como hijos de luz

17 Así que les digo
esto y les insisto en el
Señor: no vivan más con
pensamientos frívolos
como los paganos. 18 A
causa de la ignorancia
que los domina y por la
dureza de su corazón,
estos tienen oscurecido
el entendimiento y
están alejados de la vida
que proviene de Dios.
19 Han perdido toda
vergüenza, se han entre-
gado a la inmoralidad, y
no se sacian de cometer
toda clase de actos
indecentes.
20 No fue esta la ense-
ñanza que ustedes reci-
bieron acerca de Cristo,
21 si de veras se les habló
y enseñó de Jesús según
la verdad que está en él.
22 Con respecto a la vida
que antes llevaban, se
les enseñó que debían
quitarse el ropaje de la
vieja naturaleza, la cual
está corrompida por
los deseos engañosos;

RVR

23 os renovéis en el espí-
ritu de vuestra mente,
24 y os vistáis del nuevo
hombre, creado a
semejanza de Dios en la
justicia y santidad de la
verdad.
25 Por lo cual, desechan-
do la mentira, hablad
verdad cada uno con su
prójimo; porque somos
miembros los unos de
los otros.
26 Airaos, pero no pe-
quéis; no se ponga el sol
sobre vuestro enojo,
27 ni deis lugar al diablo.
28 El que hurtaba, ya
no hurte más, sino que
trabaje, haciendo con
sus manos lo que es bue-
no, para que tenga qué
compartir con el que
padece necesidad.
29 Ninguna palabra
corrompida salga de
vuestra boca, sino la que
sea buena para edifica-
ción según la necesidad,
a fin de dar gracia a los
oyentes.
30 Y no contristéis al
Espíritu Santo de Dios,
con el cual fuisteis
sellados para el día de la
redención.
31 Quítense de vosotros
toda amargura, enojo,
ira, gritería y maledicen-
cia, y toda malicia.

ἐπιθυμίας	τῆς	ἀπάτης,	23 ἀνανεοῦσθαι	δὲ	τῷ	πνεύματι	τοῦ	νοὸς
deseos (malos)	del	engaño,	ser renovados$_2$	mas$_1$	en el	espíritu	de la	mente
1939	3588	539	365	1161	3588	4151	3588	3563
NAPF	*DGSF*	*NGSF*	*VPPN*	*CLC*	*DDSN*	*NDSN*	*DGSM*	*NGSM*

ὑμῶν,	24 καὶ	ἐνδύσασθαι	τὸν	καινὸν	ἄνθρωπον	τὸν	κατὰ	θεὸν
de vosotros	y	vestirse	el	nuevo	ser humano,	el$_1$	según$_3$	Dios$_4$
5216	2532	1746	3588	2537	444	3588	2596	2316
RP2GP	*CLN*	*VAMN*	*DASM*	*JASM*	*NASM*	*DASM*	*P*	*NASM*

κτισθέντα	ἐν	δικαιοσύνῃ	καὶ	ὁσιότητι	τῆς	ἀληθείας.
que fue creado$_2$	en	justicia	y	santidad	de la	verdad.
2936	1722	1343	2532	3742	3588	225
VAPP-SAM	*P*	*NDSF*	*CLN*	*NDSF*	*DGSF*	*NGSF*

25 Διὸ	ἀποθέμενοι	τὸ	ψεῦδος	λαλεῖτε	ἀλήθειαν	ἕκαστος	μετὰ
Por lo cual,	desechando	la	mentira,	hablad	(la) verdad	cada uno	con
1352	659	3588	5579	2980	225	1538	3326
CLI	*VAMP-PNM*	*DASN*	*NASN*	*VPAM2P*	*NASF*	*JNSM*	*P*

τοῦ	πλησίον	αὐτοῦ,	ὅτι	ἐσμὲν	ἀλλήλων	μέλη.	26 ὀργίζεσθε	καὶ
el	prójimo	de él,	porque	somos	unos a otros.$_2$	miembros$_1$	Enojaos	y
3588	4139	846	3754	2070	240	3196	3710	2532
DGSM	*B*	*RP3GSM*	*CAZ*	*VPAI1P*	*RC-GPM*	*NNPN*	*VPPM2P*	*CLN*

μὴ	ἁμαρτάνετε·	ὁ	ἥλιος	μὴ	ἐπιδυέτω	ἐπὶ	παροργισμῷ
no	pequéis;	el	sol	no	se ponga	sobre	(el) enojo
3361	264	3588	2246	3361	1931	1909	3950
BN, TN	*VPAM2P*	*DNSM*	*NNSM*	*BN, TN*	*VPAM3S*	*P*	*NDSM*

ὑμῶν,	27 μηδὲ	δίδοτε	τόπον	τῷ	διαβόλῳ.	28 ὁ	κλέπτων	μηκέτι
de vosotros,	ni	deis	lugar	al	diablo.	El que,	roba	ya no
5216	3366	1325	5117	3588	1228	3588	2813	3371
RP2GP	*BN, TN*	*VPAM2P*	*NASM*	*DDSM*	*JDSM*	*DNSM*	*VPAP-SNM*	*BN*

κλεπτέτω,	μᾶλλον	δὲ	κοπιάτω	ἐργαζόμενος	ταῖς	ἰδίαις	χερσὶν	τὸ
robe,	más bien$_2$	sino$_1$	trabaje	obrando	con las	propias	manos	lo
2813	3123	1161	2872	2038	3588	2398	5495	3588
VPAM3S	*B*	*CLC*	*VPAM3S*	*VPUP-SNM*	*DDPF*	*JDPF*	*NDPF*	*DASN*

ἀγαθόν,	ἵνα	ἔχῃ	μεταδιδόναι	τῷ	χρείαν	ἔχοντι.	29 πᾶς	λόγος
bueno,	para que	tenga	compartir	al$_1$	necesidad.$_3$	que tiene$_2$	Toda$_1$	palabra$_2$
18	2443	2192	3330	3588	5532	2192	3956	3056
JASN	*CAP*	*VPAS3S*	*VPAN*	*DDSM*	*NASF*	*VPAP-SDM*	*JNSM*	*NNSM*

σαπρὸς	ἐκ	τοῦ	στόματος	ὑμῶν	μὴ	ἐκπορευέσθω,	ἀλλὰ	εἴ
mala$_3$	de$_6$	la$_7$	boca$_8$	de vosotros,$_9$	no$_4$	salga$_5$	sino	si
4550	1537	3588	4750	5216	3361	1607	235	1487
JNSM	*P*	*DGSN*	*NGSN*	*RP2GP*	*BN, TN*	*VPUM3S*	*CLC*	*CAC*

τις	ἀγαθὸς	πρὸς	οἰκοδομὴν	τῆς	χρείας,*	ἵνα	δῷ	χάριν
algo	(es) bueno	para	edificación	de la	necesidad,	para que	dé	gracia
5100	18	4314	3619	3588	5532	2443	1325	5485
RX-NSM	*JNSM*	*P*	*NASF*	*DGSF*	*NGSF*	*CAP*	*VAAS3S*	*NASF*

τοῖς	ἀκούουσιν.	30 καὶ	μὴ	λυπεῖτε	τὸ	πνεῦμα	τὸ	ἅγιον	τοῦ	θεοῦ,
a los	que oyen.	Y	no	entristezcáis	al	Espíritu	--	Santo	de --	Dios,
3588	191	2532	3361	3076	3588	4151	3588	40	3588	2316
DDPM	*VPAP-PDM*	*CLN*	*BN, TN*	*VPAM2P*	*DASN*	*NASN*	*DASN*	*JASN*	*DGSM*	*NGSM*

ἐν	ᾧ	ἐσφραγίσθητε	εἰς	ἡμέραν	ἀπολυτρώσεως.	31 πᾶσα	πικρία
en	quien	fuisteis sellados	hasta	(el) día	de (la) redención.	Toda	amargura
1722	3739	4972	1519	2250	629	3956	4088
P	*RR-DSN*	*VAPI2P*	*P*	*NASF*	*NGSF*	*JNSF*	*NNSF*

καὶ	θυμὸς	καὶ	ὀργὴ	καὶ	κραυγὴ	καὶ	βλασφημία	ἀρθήτω	ἀφ᾽	ὑμῶν
y	enojo	e	ira	y	gritería	y	calumnia	sea quitado	de	vosotros
2532	2372	2532	3709	2532	2906	2532	988	142	575	5216
CLN	*NNSM*	*CLN*	*NNSF*	*CLN*	*NNSF*	*CLN*	*NNSF*	*VAPM3S*	*P*	*RP2GP*

NVI

23 ser renovados en la
actitud de su mente;
24 y ponerse el ropaje
de la nueva naturaleza,
creada a imagen de Dios,
en verdadera justicia y
santidad.
25 Por lo tanto, de-
jando la mentira, hable
cada uno a su prójimo
con la verdad, porque
todos somos miembros
de un mismo cuerpo.
26 «Si se enojan, no
pequen». No permitan
que el enojo les dure has-
ta la puesta del sol, 27 ni
den cabida al diablo.
28 El que robaba, que
no robe más, sino que
trabaje honradamente
con las manos para tener
qué compartir con los
necesitados.
29 Eviten toda con-
versación obscena. Por
el contrario, que sus
palabras contribuyan a
la necesaria edificación
y sean de bendición
para quienes escu-
chan. 30 No agravien al
Espíritu Santo de Dios,
con el cual fueron sella-
dos para el día de la re-
dención. 31 Abandonen
toda amargura, ira y
enojo, gritos y calum-
nias, y toda forma de

4:29* O sea *para la necesaria edificación.*

RVR

32 Antes bien, sed benignos unos con otros, misericordiosos, perdonándoos unos a otros, como también Dios os perdonó a vosotros en Cristo.

Viviendo como hijos de luz

5 Sed, pues, imitadores de Dios como hijos amados.
2 Y andad en amor, como también Cristo nos amó, y se entregó a sí mismo por nosotros a Dios como ofrenda y sacrificio de olor fragante.
3 Pero la fornicación y toda inmundicia, o avaricia, ni aun se nombre entre vosotros, como conviene a santos;
4 ni obscenidades, ni necedades, ni truhanerías inconvenientes, sino antes bien, acciones de gracias.
5 Porque tened bien entendido, que ningún fornicario, o inmundo, o avaro, que es idólatra, tiene herencia en el reino de Cristo y de Dios.
6 Nadie os engañe con palabras vanas, porque a causa de estas cosas

σὺν	πάσῃ	κακίᾳ.	32 γίνεσθε	εἰς	ἀλλήλους	χρηστοί,	εὔσπλαγχνοι,
con	toda	malicia.	Sed	--	unos con otros,$_2$	misericordiosos$_1$	compasivos,
4862	3956	2549	1096	1519	240	5543	2155
P	*JDSF*	*NDSF*	*VPUM2P*	*P*	*RC-APM*	*JNPM*	*JNPM*

χαριζόμενοι	ἑαυτοῖς	καθὼς	καὶ	ὁ	θεὸς	ἐν	Χριστῷ	ἐχαρίσατο
perdonándoos	unos a otros,	como	también	--	Dios	en	Cristo	perdonó
5483	1438	2531	2532	3588	2316	1722	5547	5483
VPUP-PNM	*RF2DPM*	*CAM*	*BE, TE*	*DNSM*	*NNSM*	*P*	*NDSM*	*VAMI3S*

ᶠ ὑμῖν.
a vosotros.
5213
RP2DP

5 γίνεσθε	οὖν	μιμηταὶ	τοῦ	θεοῦ,	ὡς	τέκνα	ἀγαπητά,	2 καὶ
sed$_2$	Así que$_1$	imitadores$_3$	de --	Dios,	como	hijos	amados,	y
1096	3767	3402	3588	2316	5613	5043	27	2532
VPUM2P	*CLI*	*NNPM*	*DGSM*	*NGSM*	*CAM*	*NNPN*	*JNPN*	*CLN*

περιπατεῖτε	ἐν	ἀγάπῃ,	καθὼς	καὶ	ὁ	Χριστὸς	ἠγάπησεν	ἡμᾶς
andad	en	amor,	como	también	--	Cristo	amó	a nosotros
4043	1722	26	2531	2532	3588	5547	25	2248
VPAM2P	*P*	*NDSF*	*CAM*	*BE, TE*	*DNSM*	*NNSM*	*VAAI3S*	*RP1AP*

καὶ	παρέδωκεν	ἑαυτὸν	ὑπὲρ	ἡμῶν	προσφορὰν	καὶ	θυσίαν	τῷ
y	se entregó	a sí mismo	por	nosotros	(como) ofrenda	y	sacrificio	a --
2532	3860	1438	5228	2257	4376	2532	2378	3588
CLN	*VAAI3S*	*RF3ASM*	*P*	*RP1GP*	*NASF*	*CLN*	*NASF*	*DDSM*

θεῷ	εἰς	ὀσμὴν	εὐωδίας.
Dios	para	olor	de fragancia.
2316	1519	3744	2175
NDSM	*P*	*NASF*	*NGSF*

3 Πορνεία	δὲ	καὶ	ἀκαθαρσία	πᾶσα	ἢ	πλεονεξία	μηδὲ
inmoralidad sexual$_2$	Pero$_1$	e$_3$	impureza$_5$	toda$_4$	o	codicia	ni
4202	1161	2532	167	3956	2228	4124	3366
NNSF	*CLC*	*CLN*	*NNSF*	*JNSF*	*CLD*	*NNSF*	*BN, TN*

ὀνομαζέσθω	ἐν	ὑμῖν,	καθὼς	πρέπει	ἁγίοις,	4 καὶ	αἰσχρότης	καὶ
sea nombrada	entre	vosotros,	como	conviene	a santos;	y	obscenidad	y
3687	1722	5213	2531	4241	40	2532	151	2532
VPPM3S	*P*	*RP2DP*	*CAM*	*VPAI3S*	*JDPM*	*CLN*	*NNSF*	*CLN*

μωρολογία	ἢ	εὐτραπελία,	ἃ	οὐκ	ἀνῆκεν,	ἀλλὰ	μᾶλλον
palabras necias	o	conversación vulgar,	las cosas (que)	no	convenía,	sino	más bien
3473	2228	2160	3739	3756	433	235	3123
NNSF	*CLD*	*NNSF*	*RR-NPN*	*BN, TN*	*VIAI3S*	*CLC*	*B*

εὐχαριστία.	5 τοῦτο	γὰρ	ἴστε	γινώσκοντες	ὅτι	πᾶς	πόρνος
acción de gracias.	esto$_2$	Porque$_1$	sabéis$_3$	conociendo	que	toda	persona inmoral sexual
2169	5124	1063	1492	1097	3754	3956	4205
NNSF	*RD-ASN*	*CAZ*	*VRAM2P*	*VPAP-PNM*	*CSC*	*JNSM*	*NNSM*

ἢ	ἀκάθαρτος	ἢ	πλεονέκτης,	ὅ	ἐστιν	εἰδωλολάτρης,	οὐκ	ἔχει
o	inmunda	o	avara,	lo que	es	un idólatra,	no	tiene
2228	169	2228	4123	3739	2076	1496	3756	2192
CLD	*JNSM*	*CLD*	*NNSM*	*RR-NSN*	*VPAI3S*	*NNSM*	*BN, TN*	*VPAI3S*

κληρονομίαν	ἐν	τῇ	βασιλείᾳ	τοῦ	Χριστοῦ	καὶ	θεοῦ.
herencia	en	el	reino	de --	Cristo	y	de Dios.
2817	1722	3588	932	3588	5547	2532	2316
NASF	*P*	*DDSF*	*NDSF*	*DGSM*	*NGSM*	*CLN*	*NGSM*

6 Μηδεὶς	ὑμᾶς	ἀπατάτω	κενοῖς	λόγοις,	διὰ	ταῦτα	γὰρ
Nadie	a vosotros$_2$	engañe$_1$	con vacías;$_4$	palabras$_3$	a causa de$_6$	estas cosas$_7$	porque$_5$
3367	5209	538	2756	3056	1223	5023	1063
JNSM	*RP2AP*	*VPAM3S*	*JDPM*	*NDPM*	*P*	*RD-APN*	*CAZ*

NVI

malicia. 32 Más bien,
sean bondadosos y compasivos unos con otros, y perdónense mutuamente, así como Dios los perdonó a ustedes en Cristo.

5 Por tanto, imiten a Dios, como hijos muy amados,
2 y lleven una vida de amor, así como Cristo nos amó y se entregó por nosotros como ofrenda y sacrificio fragante para Dios.
3 Entre ustedes ni siquiera debe mencionarse la inmoralidad sexual, ni ninguna clase de impureza o de avaricia, porque eso no es propio del pueblo santo de
Dios. 4 Tampoco debe haber palabras indecentes, conversaciones necias ni chistes groseros, todo lo cual está fuera de lugar; haya más bien
acción de gracias. 5 Porque pueden estar seguros de que nadie que sea avaro (es decir, idólatra), inmoral o impuro tendrá herencia en el reino de Cristo y de Dios.
6 Que nadie los engañe con argumentaciones vanas, porque por esto

4:32ᶠ Manuscritos inferiores tienen *a nosotros.*

RVR

viene la ira de Dios
sobre los hijos de des-
obediencia.
7 No seáis, pues, partíci-
pes con ellos.
8 Porque en otro tiempo
erais tinieblas, mas aho-
ra sois luz en el Señor;
andad como hijos de luz
9 (porque el fruto del
Espíritu es en toda bon-
dad, justicia y verdad),
10 comprobando qué es
lo agradable al Señor.
11 Y no participéis en las
obras infructuosas de
las tinieblas, sino más
bien redargüidlas,
12 porque es vergonzoso
aun el mencionar lo que
ellos hacen en secreto.
13 Mas todas las cosas
redargüidas por la luz,
son hechas manifiestas;
porque la luz es lo que
manifiesta todo.
14 Por lo cual dice:
Despiértate, tú que
duermes,
Y levántate de los
muertos,
Y te alumbrará Cristo.
15 Mirad, pues, con
diligencia cómo andéis,
no como imprudentes,
sino como sabios,
16 aprovechando bien el
tiempo, porque los días
son malos.
17 Por tanto, no seáis
insensatos, sino

ἔρχεται	ἡ	ὀργὴ	τοῦ	θεοῦ	ἐπὶ	τοὺς	υἱοὺς	τῆς	ἀπειθείας.	7 μὴ
viene$_{12}$	la$_{8}$	ira$_{9}$	de--$_{10}$	Dios$_{11}$	sobre	los	hijos	de--	desobediencia.	no$_{2}$
2064	3588	3709	3588	2316	1909	3588	5207	3588	543	3361
VPUI3S	*DNSF*	*NNSF*	*DGSM*	*NGSM*	*P*	*DAPM*	*NAPM*	*DGSF*	*NGSF*	*BN, TN*

οὖν	γίνεσθε	συμμέτοχοι	αὐτῶν·	8 ἦτε	γάρ	ποτε	σκότος,
Así que$_{1}$	seáis$_{3}$	copartícipes	de ellos;	erais$_{2}$	porque$_{1}$	en otro tiempo$_{3}$	oscuridad,$_{4}$
3767	1096	4830	846	2258	1063	4218	4655
CLI	*VPUM2P*	*JNPM*	*RP3GPM*	*VIAI2P*	*CAZ*	*BX, TX*	*NNSN*

νῦν	δὲ	φῶς	ἐν	κυρίῳ·	ὡς	τέκνα	φωτὸς	περιπατεῖτε,	9 ὁ
ahora$_{6}$	pero$_{5}$	(sois) luz	en	(el) Señor;	como$_{2}$	hijos$_{3}$	de luz;$_{4}$	andad$_{1}$	el$_{2}$
3568	1161	5457	1722	2962	5613	5043	5457	4043	3588
B	*CLC*	*NNSN*	*P*	*NDSM*	*CAM*	*NNPN*	*NGSN*	*VPAM2P*	*DNSM*

γὰρ	καρπὸς	τοῦ	⌐φωτὸς	ἐν	πάσῃ	ἀγαθωσύνῃ	καὶ	δικαιοσύνῃ
porque$_{1}$	fruto	de la	luz	(es) en	toda	bondad	y	justicia
1063	2590	3588	5457	1722	3956	19	2532	1343
CLX	*NNSM*	*DGSN*	*NGSN*	*P*	*JDSF*	*NDSF*	*CLN*	*NDSF*

καὶ	ἀληθείᾳ,	10 δοκιμάζοντες	τί	ἐστιν	εὐάρεστον	τῷ	κυρίῳ·	11 καὶ
y	verdad,	comprobando	qué	es	agradable	al	Señor,	y
2532	225	1381	5101	2076	2101	3588	2962	2532
CLN	*NDSF*	*VPAP-PNM*	*RI-NSN*	*VPAI3S*	*JNSN*	*DDSM*	*NDSM*	*CLN*

μὴ	συγκοινωνεῖτε	τοῖς	ἔργοις	τοῖς	ἀκάρποις	τοῦ	σκότους,	μᾶλλον
no	compartáis	las	obras	--	infructuosas	de la	oscuridad,	más bien$_{2}$
3361	4790	3588	2041	3588	175	3588	4655	3123
BN, TN	*VPAM2P*	*DDPN*	*NDPN*	*DDPN*	*JDPN*	*DGSN*	*NGSN*	*B*

δὲ	καὶ	ἐλέγχετε,	12 τὰ	γὰρ	κρυφῇ	γινόμενα	ὑπ'	αὐτῶν
sino$_{1}$	también	poned(las) de manifiesto,	las cosas$_{2}$	porque$_{1}$	en oculto$_{5}$	hechas$_{3}$	por$_{4}$	ellos,$_{5}$
1161	2532	1651	3588	1063	2931	1096	5259	846
CLC	*CLA, B*	*VPAM2P*	*DAPN,DNPN*	*CAZ*	*B*	*VPUP-PAN*	*P*	*RP3GPM*

αἰσχρόν	ἐστιν	καὶ	λέγειν·	13 τὰ	δὲ	πάντα	ἐλεγχόμενα	ὑπὸ
vergonzoso$_{7}$	es$_{6}$	incluso	decir(las);	las cosas$_{3}$	pero$_{1}$	todas$_{2}$	que son manifestadas	por
150	2076	2532	3004	3588	1161	3956	1651	5259
JNSN	*VPAI3S*	*CLA, B*	*VPAN*	*DNPN,DAPN*	*CLC*	*JNPN, JAPN*	*VPPP-PNN*	*P*

τοῦ	φωτὸς	φανεροῦται,	14 πᾶν	γὰρ	τὸ	φανερούμενον	φῶς	ἐστιν.
la	luz	es (son) dada(s) a conocer;	todo$_{2}$	porque$_{1}$	lo que$_{3}$	es manifestado$_{4}$	luz.$_{6}$	es$_{5}$
3588	5457	5319	3956	1063	3588	5319	5457	2076
DGSN	*NGSN*	*VPPI3S*	*JNSN*	*CLX*	*DNSN*	*VPPP-SNN*	*NNSN*	*VPAI3S*

διὸ	λέγει·	Ἔγειρε,	ὁ	καθεύδων,	καὶ	ἀνάστα	ἐκ	τῶν	νεκρῶν,
Por lo cual	dice:	despiértate,$_{3}$	el que,$_{1}$	duerme$_{2}$	y	levántate	de	los	muertos,
1352	3004	1453	3588	2518	2532	450	1537	3588	3498
CLI	*VPAI3S*	*VPAM2S*	*DNSM*	*VPAP-SNM*	*CLN*	*VAAM2S*	*P*	*DGPM*	*JGPM*

καὶ	ἐπιφαύσει	σοι	ὁ	Χριστός.
y$_{1}$	alumbrará$_{4}$	a ti.$_{5}$	--$_{2}$	Cristo$_{3}$
2532	2017	4671	3588	5547
CLN	*VFAI3S*	*RP2DS*	*DNSM*	*NNSM*

15 Βλέπετε	οὖν	ἀκριβῶς	πῶς	περιπατεῖτε,	μὴ	ὡς	ἄσοφοι
mirad$_{2}$	Así que,$_{1}$	cuidadosamente$_{3}$	cómo	andáis,	no	como	necios,
991	3767	199	4459	4043	3361	5613	781
VPAM2P	*CLI*	*B*	*B*	*VPAI2P*	*BN, TN*	*CAM*	*JNPM*

ἀλλ'	ὡς	σοφοί,	16 ἐξαγοραζόμενοι	τὸν	καιρόν,	ὅτι	αἱ	ἡμέραι
sino	como	sabios,	aprovechando	el	momento oportuno,	porque	los	días
235	5613	4680	1805	3588	2540	3754	3588	2250
CLC	*CAM*	*JNPM*	*VPMP-PNM*	*DASM*	*NASM*	*CAZ*	*DNPF*	*NNPF*

πονηραί	εἰσιν.	17 διὰ	τοῦτο	μὴ	γίνεσθε	ἄφρονες,	ἀλλὰ	συνίετε
malos.$_{2}$	son$_{1}$	Por	esto,	no	os hagáis	necios,	sino	entended
4190	1526	1223	5124	3361	1096	878	235	4920
JNPF	*VPAI3P*	*P*	*RD-ASN*	*BN, TN*	*VPUM2P*	*JNPM*	*CLC*	*VPAM2P*

NVI

viene el castigo de Dios
sobre los que viven en la
desobediencia. 7 Así que
no se hagan cómplices
de ellos.
8 Porque ustedes
antes eran oscuridad,
pero ahora son luz en el
Señor. Vivan como hijos
de luz 9 (el fruto de la luz
consiste en toda bon-
dad, justicia y verdad)
10 y comprueben lo que
agrada al Señor. 11 No
tengan nada que ver con
las obras infructuosas
de la oscuridad, sino
más bien denúncienlas,
12 porque da vergüenza
aun mencionar lo que
los desobedientes hacen
en secreto. 13 Pero todo
lo que la luz pone al
descubierto se hace
visible, 14 porque la luz es
lo que hace que todo sea
visible. Por eso se dice:

«Despiértate, tú que
duermes,
levántate de entre los
muertos,
y te alumbrará
Cristo».

15 Así que ten-
gan cuidado de su
manera de vivir. No
vivan como necios,
sino como sabios,
16 aprovechando al
máximo cada momento
oportuno, porque los
días son malos. 17 Por
tanto, no sean insen-
satos, sino entiendan

5:9⌐ Manuscritos inferiores tienen *Espíritu*.

RVR

comprendiendo bien
cuál es la voluntad del
Señor.
18 Y no os embriaguéis
con vino, en lo cual hay
libertinaje; antes bien,
sed llenos del Espíritu,
19 hablando entre
vosotros con salmos,
con himnos y cánticos
espirituales, cantando y
salmodiando al Señor
en vuestros corazones;
20 dando siempre
gracias por todo al Dios
y Padre, en el nom-
bre de nuestro Señor
Jesucristo,
21 sometiéndoos unos
a otros en el temor de
Dios.

Deberes familiares

22 Las casadas estén
sometidas a sus propios
maridos, como al Señor;
23 porque el marido es
cabeza de la mujer, así
como Cristo es cabeza
de la iglesia, la cual es
su cuerpo, y él es su
Salvador.
24 Así que, como la
iglesia está sometida a
Cristo, así también las
casadas lo estén a sus
maridos en todo.
25 Maridos, amad a
vuestras mujeres, así
como Cristo amó a la
iglesia, y se entregó a sí
mismo por ella,
26 para santificarla,

τί	τὸ	θέλημα	τοῦ	κυρίου.	18 καὶ	μὴ	μεθύσκεσθε	οἴνῳ,	ἐν
cuál (es)	la	voluntad	del	Señor.	Y	no	os embriaguéis	con vino,	con
5101	3588	2307	3588	2962	2532	3361	3182	3631	1722
RI-NSN	*DNSN*	*NNSN*	*DGSM*	*NGSM*	*CLN*	*BN, TN*	*VPPM2P*	*NDSM*	*P*

ᾧ	ἐστιν	ἀσωτία,	ἀλλὰ	πληροῦσθε	ἐν	πνεύματι,	19 λαλοῦντες
el que	es (hay)	insensatez,	sino	sed llenos	en	(el) Espíritu,	hablando
3739	2076	810	235	4137	1722	4151	2980
RR-DSM	*VPAI3S*	*NNSF*	*CLC*	*VPPM2P*	*P*	*NDSN*	*VPAP-PNM*

ἑαυτοῖς	ψαλμοῖς	καὶ	ὕμνοις	καὶ	ᾠδαῖς	πνευματικαῖς,	ᾄδοντες
a vosotros mismos	con salmos	e	himnos	y	canciones	espirituales,	cantando
1438	5568	2532	5215	2532	5603	4152	103
RF2DPM	*NDPM*	*CLN*	*NDPM*	*CLN*	*NDPF*	*JDPF*	*VPAP-PNM*

καὶ	ψάλλοντες	τῇ	καρδίᾳ	ὑμῶν	τῷ	κυρίῳ,	20 εὐχαριστοῦντες
y	alabando	en el	corazón	de vosotros	al	Señor,	dando gracias
2532	5567	3588	2588	5216	3588	2962	2168
CLN	*VPAP-PNM*	*DDSF*	*NDSF*	*RP2GP*	*DDSM*	*NDSM*	*VPAP-PNM*

πάντοτε	ὑπὲρ	πάντων	ἐν	ὀνόματι	τοῦ	κυρίου	ἡμῶν	Ἰησοῦ
siempre	por	todas las cosas	en	(el) nombre	del	Señor	de nosotros,	Jesús
3842	5228	3956	1722	3686	3588	2962	2257	2424
B	*P*	*JGPN*	*P*	*NDSN*	*DGSM*	*NGSM*	*RP1GP*	*NGSM*

Χριστοῦ	τῷ	θεῷ	καὶ	πατρί,	21 ὑποτασσόμενοι	ἀλλήλοις	ἐν	φόβῳ
Cristo	a	Dios	y	Padre,	sometiendo	unos a otros	en	(el) temor
5547	3588	2316	2532	3962	5293	240	1722	5401
NGSM	*DDSM*	*NDSM*	*CLN*	*NDSM*	*VPPP-PNM*	*RC-DPM*	*P*	*NDSM*

Χριστοῦ.
de Cristo:
5547
NGSM

22 Αἱ	γυναῖκες	τοῖς	ἰδίοις	⸀ἀνδράσιν	ὡς	τῷ	κυρίῳ,	23 ὅτι	ἀνήρ
Las	esposas,	a los	propios	esposos,	como	al	Señor,	porque	(el) esposo
3588	1135	3588	2398	435	5613	3588	2962	3754	435
DNPF	*NNPF*	*DDPM*	*JDPM*	*NDPM*	*CAM*	*DDSM*	*NDSM*	*CAZ*	*NNSM*

ἐστιν	κεφαλὴ	τῆς	γυναικὸς	ὡς	καὶ	ὁ	Χριστὸς	κεφαλὴ	τῆς
es	cabeza	de la	esposa	como	también	--	Cristo	(es) cabeza	de la
2076	2776	3588	1135	5613	2532	3588	5547	2776	3588
VPAI3S	*NNSF*	*DGSF*	*NGSF*	*CAM*	*BE, TE*	*DNSM*	*NNSM*	*NNSF*	*DGSF*

ἐκκλησίας,	αὐτὸς	σωτὴρ	τοῦ	σώματος.	24 ἀλλὰ	ὡς	ἡ	ἐκκλησία
iglesia	él (es)	Salvador	del	cuerpo;	pero	como	la	iglesia
1577	846	4990	3588	4983	235	5613	3588	1577
NGSF	*RP3NSMP*	*NNSM*	*DGSN*	*NGSN*	*CLC*	*CAM*	*DNSF*	*NNSF*

ὑποτάσσεται	τῷ	Χριστῷ,	οὕτως	καὶ	αἱ	γυναῖκες	τοῖς	ἀνδράσιν
está sometida	a --	Cristo,	así	también	las	esposas	a los	esposos
5293	3588	5547	3779	2532	3588	1135	3588	435
VPPI3S	*DDSM*	*NDSM*	*B*	*BE, TE*	*DNPF*	*NNPF*	*DDPM*	*NDPM*

ἐν	παντί.
en	todo.
1722	3956
P	*JDSN*

25 Οἱ	ἄνδρες,	ἀγαπᾶτε	τὰς	γυναῖκας,	καθὼς	καὶ	ὁ	Χριστὸς
Los	esposos,	amad	a las	esposas,	como	también	--	Cristo
3588	435	25	3588	1135	2531	2532	3588	5547
DNPM	*NNPM*	*VPAM2P*	*DAPF*	*NAPF*	*CAM*	*BE, TE*	*DNSM*	*NNSM*

ἠγάπησεν	τὴν	ἐκκλησίαν	καὶ	ἑαυτὸν	παρέδωκεν	ὑπὲρ	αὐτῆς,	26 ἵνα
amó	a la	iglesia	y$_1$	a sí mismo$_3$	entregó$_2$	en favor de	de ella,	para que
25	3588	1577	2532	1438	3860	5228	846	2443
VAAI3S	*DASF*	*NASF*	*CLN*	*RF3ASM*	*VAAI3S*	*P*	*RP3GSF*	*CAP*

NVI

cuál es la voluntad del
Señor. 18 No se embo-
rrachen con vino, que
lleva al desenfreno. Al
contrario, sean llenos del
Espíritu. 19 Anímense
unos a otros con salmos,
himnos y canciones
espirituales. Canten
y alaben al Señor con
el corazón, 20 dando
siempre gracias a Dios
el Padre por todo, en
el nombre de nuestro
Señor Jesucristo.

Deberes conyugales

21 Sométanse unos
a otros, por reverencia
a Cristo. 22 Esposas,
sométanse a sus propios
esposos como al Señor.
23 Porque el esposo es
cabeza de su esposa, así
como Cristo es cabeza y
salvador de la iglesia, la
cual es su cuerpo. 24 Así
como la iglesia se somete
a Cristo, también las
esposas deben someterse
a sus esposos en todo.
25 Esposos, amen a sus
esposas, así como Cristo
amó a la iglesia y se
entregó por ella 26 para

5:22⸀ Manuscritos inferiores añadieron *someteos.*

RVR

habiéndola purificado
con el lavamiento del
agua por la palabra,
27 a fin de presentarla él
a sí mismo como una
iglesia gloriosa, que no
tenga mancha ni arruga
ni cosa semejante,
sino que sea santa y sin
mancha.
28 Así también los
maridos deben amar a
sus mujeres como a sus
mismos cuerpos. El que
ama a su mujer, se ama a
sí mismo.
29 Porque nadie
aborreció jamás a su
propia carne, sino que
la sustenta y la trata con
cariño, como también
Cristo a la iglesia,
30 porque somos miem-
bros de su cuerpo, de su
carne y de sus huesos.
31 Por esto dejará el
hombre a su padre y a
su madre, y se unirá a su
mujer, y los dos vendrán
a ser una sola carne.
32 Grande es este mis-
terio; mas yo digo esto
respecto de Cristo y de
la iglesia.
33 Por lo demás, cada
uno de vosotros ame
también a su mujer
como a sí mismo; y
la mujer respete a su
marido.

αὐτὴν ἁγιάσῃ καθαρίσας τῷ λουτρῷ τοῦ ὕδατος ἐν ῥήματι,
a ella₂ santificara₁ habiéndola purificado con el lavamiento del agua por (la) palabra,
846 37 2511 3588 3067 3588 5204 1722 4487
RP3ASF VAAS3S VAAP-SNM DDSN NDSN DGSN NGSN P NDSN

27 ἵνα παραστήσῃ ⸀αὐτὸς ἑαυτῷ ἔνδοξον τὴν ἐκκλησίαν, μὴ
para que₁ presentara₃ él₂ a sí mismo₄ gloriosa a la iglesia, no
2443 3936 846 1438 1741 3588 1577 3361
CAP VAAS3S RP3NSMP RF3DSM JASF DASF NASF BN, TN

ἔχουσαν σπίλον ἢ ῥυτίδα ἤ τι τῶν τοιούτων, ἀλλ' ἵνα ᾖ
teniendo mancha o arruga o algo de las tales, sino para que sea
2192 4696 2228 4512 2228 5100 3588 5108 235 2443 5600
VPAP-SAF NASM CLD NASF CLD RX-ASN DGPN RD-GPN CLC CAP VPAS3S

ἁγία καὶ ἄμωμος. 28 οὕτως ὀφείλουσιν καὶ οἱ ἄνδρες ἀγαπᾶν τὰς
santa e intachable. Así deben₄ también₁ los₂ esposos₃ amar₅ a las₆
40 2532 299 3779 3784 2532 3588 435 25 3588
JNSF CLN JNSF B VPAI3P BE, TE DNPM NNPM VPAN DAPF

ἑαυτῶν γυναῖκας ὡς τὰ ἑαυτῶν σώματα· ὁ ἀγαπῶν τὴν
de sí mismos₈ esposas₇ como₉ a los₁₀ de sí mismos.₁₂ cuerpos₁₁ El que₁₃ ama₁₄ a la₁₅
1438 1135 5613 3588 1438 4983 3588 25 3588
RF3GPM NAPF CAM DAPN RF3GPM NAPN DNSM VPAP-SNM DASF

ἑαυτοῦ γυναῖκα ἑαυτὸν ἀγαπᾷ, 29 οὐδεὶς γάρ ποτε τὴν ἑαυτοῦ
de sí mismo,₁₇ esposa₁₆ a sí mismo (se) ama; nadie₂ porque₁ jamás₃ a la₅ de sí mismo,₇
1438 1135 1438 25 3762 1063 4218 3588 1438
RF3GSM NASF RF3ASM VPAI3S JNSM CLX BX, TX DASF RF3GSM

σάρκα ἐμίσησεν, ἀλλὰ ἐκτρέφει καὶ θάλπει αὐτήν, καθὼς καὶ ὁ
carne₆ odió₄ sino (la) alimenta y (la) cuida a ella como también --
4561 3404 235 1625 2532 2282 846 2531 2532 3588
NASF VAAI3S CLC VPAI3S CLN VPAI3S RP3ASF CAM BE, TE DNSM

Χριστὸς τὴν ἐκκλησίαν, 30 ὅτι μέλη ἐσμὲν τοῦ σώματος αὐτοῦ.
Cristo a la iglesia, porque miembros₁ somos₁ del cuerpo de él.
5547 3588 1577 3754 3196 2070 3588 4983 846
NNSM DASF NASF CAZ NNPN VPAI1P DGSN NGSN RP3GSM

31 ἀντὶ τούτου καταλείψει ἄνθρωπος τὸν πατέρα καὶ τὴν μητέρα
Por esto, dejará (el) hombre al padre y a la madre
473 5127 2641 444 3588 3962 2532 3588 3384
P RD-GSN VFAI3S NNSM DASM NASM CLN DASF NASF

καὶ προσκολληθήσεται τῇ γυναικὶ αὐτοῦ, καὶ ἔσονται οἱ δύο
y se unirá a la esposa de él, y₁ serán₄ los₂ dos₃
2532 4347 3588 1135 846 2532 2071 3588 1417
CLN VFPI3S DDSF NDSF RP3GSM CLN VFMI3P DNPM XN, J

εἰς σάρκα μίαν. 32 τὸ μυστήριον τοῦτο μέγα ἐστίν, ἐγὼ δὲ λέγω
--₅ carne.₇ una₆ --₂ misterio₃ este₁ grande,₅ es₄ yo₇ pero₆ digo₈
1519 4561 1520 3588 3466 5124 3173 2076 1473 1161 3004
P NASF JASF DNSN NNSN RD-NSN JNSN VPAI3S RP1NS CLC VPAI1S

εἰς Χριστὸν καὶ εἰς τὴν ἐκκλησίαν. 33 πλὴν καὶ ὑμεῖς
en referencia a Cristo y en referencia a la iglesia. No obstante, también₁ vosotros₂
1519 5547 2532 1519 3588 1577 4133 2532 5210
P NASM CLN P DASF NASF CLC BE, TE RP2NP

οἱ καθ' ἕνα ἕκαστος* τὴν ἑαυτοῦ γυναῖκα οὕτως ἀγαπάτω ὡς
los₄ según₅ uno₆ cada uno₃ a la₉ de sí mismo₁₁ esposa₁₀ así₇ ame₈ como
3588 2596 1520 1538 3588 1438 1135 3779 25 5613
DNPM P JASM JNSM DASF RF3GSM NASF B VPAM3S CAM

ἑαυτόν, ἡ δὲ γυνὴ ἵνα φοβῆται τὸν ἄνδρα.
a sí mismo la₂ y₁ esposa₃ que respete al esposo.
1438 3588 1161 1135 2443 5399 3588 435
RF3ASM DNSF CLN NNSF CSC VPUS3S DASM NASM

NVI

hacerla santa. Él la puri-
ficó, lavándola con agua
mediante la palabra,
27 para presentársela a sí
mismo como una iglesia
radiante, sin mancha
ni arruga ni ninguna
otra imperfección, sino
santa e intachable. 28 Así
mismo el esposo debe
amar a su esposa como
a su propio cuerpo. El
que ama a su esposa se
ama a sí mismo, 29 pues
nadie ha odiado jamás
a su propio cuerpo; al
contrario, lo alimenta
y lo cuida, así como
Cristo hace con la
iglesia, 30 porque somos
miembros de su cuerpo.
31 «Por eso dejará el
hombre a su padre y a
su madre, y se unirá a su
esposa, y los dos llegarán
a ser un solo cuerpo».
32 Esto es un misterio
profundo; yo me refiero
a Cristo y a la iglesia.
33 En todo caso, cada
uno de ustedes ame tam-
bién a su esposa como a
sí mismo, y que la esposa
respete a su esposo.

5:27⸀ Manuscritos inferiores tienen *a ella*. **5:33*** O sea *cada uno, de uno en uno.*

RVR

6 Hijos, obedeced en
el Señor a vuestros
padres, porque esto es
justo.
2 Honra a tu padre y a tu
madre, que es el primer
mandamiento con
promesa;
3 para que te vaya bien, y
seas de larga vida sobre
la tierra.
4 Y vosotros, padres, no
provoquéis a ira a vues-
tros hijos, sino criadlos
en disciplina y amones-
tación del Señor.
5 Siervos, obedeced a
vuestros amos terrenales
con temor y temblor,
con sencillez de vuestro
corazón, como a Cristo;
6 no para ser vistos,
como los que quieren
agradar a los hombres,
sino como siervos de
Cristo, haciendo de
corazón la voluntad de
Dios;
7 sirviendo de buena vo-
luntad, como al Señor y
no a los hombres,
8 sabiendo que el bien
que cada uno haga, ése
volverá a recibir del
Señor, sea siervo o sea
libre.
9 Y vosotros, amos, ha-
ced con ellos lo mismo,
dejando las amenazas,

6 Τὰ	τέκνα,	ὑπακούετε	τοῖς	γονεῦσιν	ὑμῶν	ἐν	κυρίῳ,
Los	hijos	obedeced	a los	padres	de vosotros	en	(el) Señor;
3588	5043	5219	3588	1118	5216	1722	2962
DNPN	NNPN	VPAM2P	DDPM	NDPM	RP2GP	P	NDSM

τοῦτο	γάρ	ἐστιν	δίκαιον·	2 τίμα	τὸν	πατέρα	σου	καὶ	τὴν	μητέρα,
esto$_{2}$	porque$_{1}$	es$_{3}$	justo.$_{4}$	Honra	al	padre	de ti	y	a la	madre,
5124	1063	2076	1342	5091	3588	3962	4675	2532	3588	3384
RD-NSN	CAZ	VPAI3S	JNSN	VPAM2S	DASM	NASM	RP2GS	CLN	DASF	NASF

ἥτις	ἐστὶν	ἐντολὴ	πρώτη	ἐν	ἐπαγγελίᾳ,	3 ἵνα	εὖ	σοι	γένηται
el que$_{1}$	es$_{2}$	mandamiento$_{4}$	(el) primer$_{3}$	con	promesa,	para que	bien$_{2}$	a ti,$_{3}$	suceda$_{1}$
3748	2076	1785	4413	1722	1860	2443	2095	4671	1096
RR-NSF	VPAI3S	NNSF	JNSF	P	NDSF	CAP	B	RP2DS	VAMS3S

καὶ	ἔσῃ	μακροχρόνιος	ἐπὶ	τῆς	γῆς.
y	seas	de larga vida	sobre	la	tierra.
2532	2071	3118	1909	3588	1093
CLN	VFMI2S	JNSM	P	DGSF	NGSF

4 Καὶ	οἱ	πατέρες,	μὴ	παροργίζετε	τὰ	τέκνα	ὑμῶν,	ἀλλὰ
Y	los	padres,	no	hagáis enojar	a los	hijos	de vosotros,	sino
2532	3588	3962	3361	3949	3588	5043	5216	235
CLN	DNPM	NNPM	BN, TN	VPAM2P	DAPN	NAPN	RP2GP	CLC

ἐκτρέφετε	αὐτὰ	ἐν	παιδείᾳ	καὶ	νουθεσίᾳ	κυρίου.
criad	a ellos	en	educación	y	amonestación	de(l) Señor
1625	846	1722	3809	2532	3559	2962
VPAM2P	RP3APN	P	NDSF	CLN	NDSF	NGSM

5 Οἱ	δοῦλοι,	ὑπακούετε	τοῖς	κατὰ	σάρκα	κυρίοις	μετὰ
Los	siervos,	obedeced	a los (que son)	según$_{2}$	(la) carne$_{3}$	amos,$_{1}$	con
3588	1401	5219	3588	2596	4561	2962	3326
DNPM	NNPM	VPAM2P	DDPM	P	NASF	NDPM	P

φόβου	καὶ	τρόμου	ἐν	ἁπλότητι	τῆς	καρδίας	ὑμῶν	ὡς	τῷ
temor	y	temblor	con	sencillez	del	corazón	de vosotros,	como	a--
5401	2532	5156	1722	572	3588	2588	5216	5613	3588
NGSM	CLN	NGSM	P	NDSF	DGSF	NGSF	RP2GP	CAM	DDSM

Χριστῷ,	6 μὴ	κατ'	ὀφθαλμοδουλίαν*	ὡς	ἀνθρωπάρεσκοι	ἀλλ'
Cristo,	no	conforme a	servicio al ojo,	como	agradando a hombres,	sino
5547	3361	2596	3787	5613	441	235
NDSM	BN, TN	P	NASF	CAM	JNPM	CLC

ὡς	δοῦλοι	Χριστοῦ	ποιοῦντες	τὸ	θέλημα	τοῦ	θεοῦ,	ἐκ	ψυχῆς
como	siervos	de Cristo,	haciendo	la	voluntad	de--	Dios	desde	(el) ser interior,
5613	1401	5547	4160	3588	2307	3588	2316	1537	5590
CAM	NNPM	NGSM	VPAP-PNM	DASN	NASN	DGSM	NGSM	P	NGSF

7 μετ'	εὐνοίας	δουλεύοντες,	ὡς	τῷ	κυρίῳ	καὶ	οὐκ	ἀνθρώποις,
con$_{2}$	buena voluntad,$_{3}$	sirviendo$_{1}$	como	al	Señor	y	no	a seres humanos,
3326	2133	1398	5613	3588	2962	2532	3756	444
P	NGSF	VPAP-PNM	CAM	DDSM	NDSM	CLN	BN, TN	NDPM

8 εἰδότες	ὅτι	ἕκαστος,	ὃ	ἂν	ποιήσῃ	ἀγαθόν,	τοῦτο	κομίσεται
sabiendo	que	cada uno	lo que	--	hiciera	bueno,	esto	recibirá
1492	3754	1538	3739	302	4160	18	5124	2865
VRAP-PNM	CSC	JNSM	RR-ASN	TC	VAAS3S	JASN	RD-ASN	VFMI3S

παρὰ	κυρίου,	εἴτε	δοῦλος	εἴτε	ἐλεύθερος.
de parte de	de(l) Señor,	sea	esclavo	sea	libre.
3844	2962	1535	1401	1535	1658
P	NGSM	CLK, CAC	NNSM	CLK, CAC	JNSM

9 Καὶ	οἱ	κύριοι,	τὰ	αὐτὰ	ποιεῖτε	πρὸς	αὐτούς,	ἀνιέντες	τὴν
Y	los	amos,	las$_{4}$	mismas cosas,$_{5}$	haced$_{1}$	para$_{2}$	ellos$_{3}$	dejando	la
2532	3588	2962	3588	846	4160	4314	846	447	3588
CLN	DNPM	NNPM	DAPN	RP3APN, JAPN	VPAM2P	P	RP3APM	VPAP-PNM	DASF

NVI

Deberes filiales

6 Hijos, obedezcan
en el Señor a sus
padres, porque esto es
justo. 2 «Honra a tu pa-
dre y a tu madre —que
es el primer manda-
miento con promesa—
3 para que te vaya bien
y disfrutes de una larga
vida en la tierra».
4 Y ustedes, padres, no
hagan enojar a sus hijos,
sino críenlos según la
disciplina e instrucción
del Señor.

Deberes de los esclavos y de sus amos

5 Esclavos, obedezcan
a sus amos terrenales
con respeto y temor, y
con integridad de cora-
zón, como a Cristo. 6 No
lo hagan solo cuando los
estén mirando, como
los que quieren ganarse
el favor humano, sino
como esclavos de Cristo,
haciendo de todo
corazón la voluntad
de Dios. 7 Sirvan de
buena gana, como quien
sirve al Señor y no a los
hombres, 8 sabiendo que
el Señor recompensará a
cada uno por el bien que
haya hecho, sea esclavo o
sea libre.
9 Y ustedes, amos,
correspondan a esta
actitud de sus esclavos,
dejando de amenazarlos.

6:6* O sea *solo cuando lo están mirando.*

RVR

sabiendo que el Señor
de ellos y vuestro está
en los cielos, y que para
él no hay acepción de
personas.

La armadura de Dios

10 Por lo demás, herma-
nos míos, robusteceos
en el Señor, y en el vigor
de su fuerza.
11 Vestíos de toda la
armadura de Dios, para
que podáis estar firmes
contra las artimañas del
diablo.
12 Porque no tenemos
lucha contra sangre
y carne, sino contra
principados, contra
potestades, contra los
dominadores de este
mundo de tinieblas,
contra huestes espiritua-
les de maldad en las
regiones celestes.
13 Por tanto, tomad toda
la armadura de Dios,
para que podáis resistir
en el día malo, y habien-
do cumplido todo, estar
firmes.
14 Estad, pues, firmes,
ceñidos vuestros lomos
con la verdad, y vestidos
con la coraza de la
justicia,
15 y calzados los pies con
el apresto del evangelio

ἀπειλήν,	εἰδότες	ὅτι	καὶ	αὐτῶν	καὶ	ὑμῶν	ὁ	κύριός
amenaza,	sabiendo	que$_1$	y (tanto es)$_7$	de ellos$_8$	y (como)$_9$	de vosotros,$_{10}$	el$_2$	Señor$_3$
547	1492	3754	2532	846	2532	5216	3588	2962
NASF	*VRAP-PNM*	*CSC*	*CLK*	*RP3GPM*	*CLK, CLN*	*RP2GP*	*DNSM*	*NNSM*

ἐστιν	ἐν	οὐρανοῖς,	καὶ	προσωπολημψία	οὐκ	ἔστιν	παρ’
(que)está$_4$	en$_5$	cielos,$_6$	y	favoritismo.	no	es (hay)	de parte de
2076	1722	3772	2532	4382	3756	2076	3844
VPAI3S	*P*	*NDPM*	*CLN*	*NNSF*	*BN, TN*	*VPAI3S*	*P*

αὐτῷ.
él.
846
RP3DSM

10 Τοῦ	λοιποῦ	ἐνδυναμοῦσθε	ἐν	κυρίῳ	καὶ	ἐν	τῷ	κράτει
Lo,	demás	fortaleceos	en	(el) Señor	y	en	el	poder
3588	3064	1743	1722	2962	2532	1722	3588	2904
DGSN	*JGSN*	*VPPM2P*	*P*	*NDSM*	*CLN*	*P*	*DDSN*	*NDSN*

τῆς	ἰσχύος	αὐτοῦ.	11 ἐνδύσασθε	τὴν	πανοπλίαν	τοῦ	θεοῦ	πρὸς	τὸ
de la	fuerza	de él.	Vestíos	la	armadura	de --	Dios	para	--
3588	2479	846	1746	3588	3833	3588	2316	4314	3588
DGSF	*NGSF*	*RP3GSM*	*VAMM2P*	*DASF*	*NASF*	*DGSM*	*NGSM*	*P*	*DASN*

δύνασθαι	ὑμᾶς	στῆναι	πρὸς	τὰς	μεθοδείας	τοῦ	διαβόλου·	12 ὅτι
poder	vosotros	estar firmes	frente	a los	engaños	del	diablo;	porque
1410	5209	2476	4314	3588	3180	3588	1228	3754
VPUN	*RP2AP*	*VAAN*	*P*	*DAPF*	*NAPF*	*DGSM*	*JGSM*	*CAZ*

οὐκ	ἔστιν	ἡμῖν	ἡ	πάλη	πρὸς	αἷμα	καὶ	σάρκα,	ἀλλὰ	πρὸς
no	es	para nosotros	la	lucha	contra	sangre	y	carne,	sino	contra
3756	2076	2254	3588	3823	4314	129	2532	4561	235	4314
CLK, TN, B	*VPAI3S*	*RP1DP*	*DNSF*	*NNSF*	*P*	*NASN*	*CLN*	*NASF*	*CLK, CLC*	*P*

τὰς	ἀρχάς,	πρὸς	τὰς	ἐξουσίας,	πρὸς	τοὺς	κοσμοκράτορας	τοῦ
los	principados,	contra	las	potestades,	contra	los	los que gobiernan el mundo	de --$_1$
3588	746	4314	3588	1849	4314	3588	2888	3588
DAPF	*NAPF*	*P*	*DAPF*	*NAPF*	*P*	*DAPM*	*NAPM*	*DGSN*

⸀σκότους	τούτου,	πρὸς	τὰ	πνευματικὰ	τῆς	πονηρίας	ἐν	τοῖς
oscuridad,$_3$	esta$_2$	contra	las	(fuerzas) espirituales	de la	maldad	en	los
4655	5127	4314	3588	4152	3588	4189	1722	3588
NGSN	*RD-GSN*	*P*	*DAPN*	*JAPN*	*DGSF*	*NGSF*	*P*	*DDPN*

ἐπουρανίοις.	13 διὰ	τοῦτο	ἀναλάβετε	τὴν	πανοπλίαν	τοῦ	θεοῦ,	ἵνα
(lugares) celestiales.	Por	esto,	tomad	la	armadura	de --	Dios,	para que
2032	1223	5124	353	3588	3833	3588	2316	2443
JDPN	*P*	*RD-ASN*	*VAAM2P*	*DASF*	*NASF*	*DGSM*	*NGSM*	*CAP*

δυνηθῆτε	ἀντιστῆναι	ἐν	τῇ	ἡμέρᾳ	τῇ	πονηρᾷ	καὶ	ἅπαντα
podáis	resistir	en	el	día	--	malo,	y$_1$	todas las cosas$_3$
1410	436	1722	3588	2250	3588	4190	2532	537
VAPS2P, VAMS2P	*VAAN*	*P*	*DDSF*	*NDSF*	*DDSF*	*JDSF*	*CLN*	*JAPN*

κατεργασάμενοι	στῆναι.	14 στῆτε	οὖν	περιζωσάμενοι	τὴν	ὀσφὺν
habiendo hecho$_2$	estar firmes.$_4$	estad firmes$_2$	Así que,$_1$	habiéndoos ceñido	la	cintura
2716	2476	2476	3767	4024	3588	3751
VAMP-PNM	*VAAN*	*VAAM2P*	*CLI*	*VAMP-PNM*	*DASF*	*NASF*

ὑμῶν	ἐν	ἀληθείᾳ,	καὶ	ἐνδυσάμενοι	τὸν	θώρακα	τῆς	δικαιοσύνης,
de vosotros	con	(la) verdad,	y	habiéndoos vestido	la	coraza	de la	justicia,
5216	1722	225	2532	1746	3588	2382	3588	1343
RP2GP	*P*	*NDSF*	*CLN*	*VAMP-PNM*	*DASM*	*NASM*	*DGSF*	*NGSF*

15 καὶ	ὑποδησάμενοι	τοὺς	πόδας	ἐν	ἑτοιμασίᾳ	τοῦ	εὐαγγελίου	τῆς
y	habiéndoos calzado	los	pies	con	disposición	del	evangelio	de la
2532	5265	3588	4228	1722	2091	3588	2098	3588
CLN	*VAMP-PNM*	*DAPM*	*NAPM*	*P*	*NDSF*	*DGSN*	*NGSN*	*DGSF*

NVI

Recuerden que tanto
ellos como ustedes tie-
nen un mismo Amo en
el cielo, y que con él no
hay favoritismos.

La armadura de Dios

10 Por último,
fortalézcanse con el
gran poder del Señor.
11 Pónganse toda la
armadura de Dios
para que puedan hacer
frente a las artimañas del
diablo. 12 Porque nuestra
lucha no es contra seres
humanos, sino contra
poderes, contra autori-
dades, contra potestades
que dominan este mun-
do de tinieblas, contra
fuerzas espirituales
malignas en las regiones
celestiales. 13 Por lo
tanto, pónganse toda
la armadura de Dios,
para que cuando llegue
el día malo puedan
resistir hasta el fin con
firmeza. 14 Manténganse
firmes, ceñidos con el
cinturón de la verdad,
protegidos por la coraza
de justicia, 15 y calzados
con la disposición de
proclamar el evangelio

6:12⸀ Manuscritos inferiores añadieron *de este siglo*.

RVR

de la paz.
16 Sobre todo, embra-
zando el escudo de la fe,
con que podáis apagar
todos los dardos encen-
didos del maligno.
17 Y tomad el yelmo de
la salvación, y la espada
del Espíritu, que es la
palabra de Dios;
18 orando en todo
tiempo con toda depre-
cación y súplica en el
Espíritu, y velando en
ello con toda perse-
verancia y súplica por
todos los santos;
19 y por mí, a fin de que
al abrir mi boca me sea
dada palabra para dar a
conocer con denuedo el
misterio del evangelio,
20 por el cual soy emba-
jador en cadenas; que
con denuedo hable de
él, como debo hablar.

Saludos finales

21 Para que también
vosotros sepáis mis
asuntos, y lo que
hago, todo os lo
hará saber Tíquico,
el hermano amado
y fiel ministro en el
Señor,
22 el cual envié a voso-
tros para esto mismo,
para que sepáis lo
tocante a nosotros, y
que consuele vuestros

εἰρήνης,	16 ᴦἐν	πᾶσιν	ἀναλαβόντες	τὸν	θυρεὸν	τῆς	πίστεως,	ἐν
paz,	en	todas las cosas	habiendo tomando	el	escudo	de la	fe,	con$_{1}$
1515	1722	3956	353	3588	2375	3588	4102	1722
NGSF	P	JDPN	VAAP-PNM	DASM	NASM	DGSF	NGSF	P

ᾧ	δυνήσεσθε	πάντα	τὰ	βέλη	τοῦ	πονηροῦ	πεπυρωμένα
el que$_{2}$	podréis$_{3}$	todas$_{5}$	las$_{6}$	flechas$_{7}$	del$_{8}$	maligno$_{9}$	que han sido encendidas;$_{10}$
3739	1410	3956	3588	956	3588	4190	4448
RR-DSM	VFMI2P	JAPN	DAPN	NAPN	DGSM	JGSM	VRPP-PAN

σβέσαι·	17 καὶ	τὴν	περικεφαλαίαν	τοῦ	σωτηρίου	δέξασθε,	καὶ
extinguir$_{4}$	y	el$_{2}$	casco$_{3}$	de la$_{4}$	salvación$_{5}$	recibid,$_{1}$	y
4570	2532	3588	4030	3588	4992	1209	2532
VAAN	CLN	DASF	NASF	DGSN	JGSN	VAMM2P	CLN

τὴν	μάχαιραν	τοῦ	πνεύματος,	ὅ	ἐστιν	ῥῆμα	θεοῦ,	18 διὰ
la	espada	del	Espíritu,	lo que	es	palabra	de Dios,	por medio de
3588	3162	3588	4151	3739	2076	4487	2316	1223
DASF	NASF	DGSN	NGSN	RR-NSN	VPAI3S	NNSN	NGSM	P

πάσης	προσευχῆς	καὶ	δεήσεως,	προσευχόμενοι	ἐν	παντὶ	καιρῷ	ἐν
toda	oración	y	petición,	orando	en	todo	tiempo	en
3956	4335	2532	1162	4336	1722	3956	2540	1722
JGSF	NGSF	CLN	NGSF	VPUP-PNM	P	JDSM	NDSM	P

πνεύματι,	καὶ	εἰς	αὐτὸ	ἀγρυπνοῦντες	ἐν	πάσῃ	προσκαρτερήσει
(el) Espíritu	y	para	ello	velando	en	toda	persistencia
4151	2532	1519	846	69	1722	3956	4343
NDSN	CLN	P	RP3ASN	VPAP-PNM	P	JDSF	NDSF

καὶ	δεήσει	περὶ	πάντων	τῶν	ἁγίων,	19 καὶ	ὑπὲρ	ἐμοῦ,	ἵνα
y	petición	acerca de	todos	los	santos,	y	en favor de	mí,	para que
2532	1162	4012	3956	3588	40	2532	5228	1700	2443
CLN	NDSF	P	JGPM	DGPM	JGPM	CLN	P	RP1GS	CSC

μοι	δοθῇ	λόγος	ἐν	ἀνοίξει	τοῦ	στόματός	μου,*	ἐν	παρρησίᾳ
a mí$_{2}$	sea dada$_{1}$	palabra	en	abrir	de la	boca	de mí,	con$_{2}$	confianza$_{3}$
3427	1325	3056	1722	457	3588	4750	3450	1722	3954
RP1DS	VAPS3S	NNSM	P	NDSF	DGSN	NGSN	RP1GS	P	NDSF

γνωρίσαι	τὸ	μυστήριον	τοῦ	εὐαγγελίου	20 ὑπὲρ	οὗ	πρεσβεύω
para dar a conocer$_{1}$	el	misterio	del	evangelio,	por	el cual,	soy embajador
1107	3588	3466	3588	2098	5228	3739	4243
VAAN	DASN	NASN	DGSN	NGSN	P	RR-GSN	VPAI1S

ἐν	ἁλύσει,	ἵνα	ἐν	αὐτῷ	παρρησιάσωμαι	ὡς	δεῖ	με	λαλῆσαι.
en	cadena(s)	para que	en	él	hable con valentía	como	es necesario	a mí	hablar.
1722	254	2443	1722	846	3955	5613	1163	3165	2980
P	NDSF	CSC	P	RP3DSN	VAMS1S	CAM	VPAI3S	RP1AS	VAAN

21 Ἵνα	δὲ	εἰδῆτε	καὶ	ὑμεῖς	τὰ	κατ’	ἐμέ,	τί	πράσσω,
para que$_{2}$	Y$_{1}$	sepáis$_{5}$	también$_{3}$	vosotros$_{4}$	las cosas	en relación	a mí	qué	hago,
2443	1161	1492	2532	5210	3588	2596	1691	5101	4238
CAP	CLT	VRAS2P	BE, TE	RP2NP	DAPN	P	RP1AS	RI-ASN	VPAI1S

πάντα	γνωρίσει	ὑμῖν	Τυχικὸς	ὁ	ἀγαπητὸς	ἀδελφὸς
todas las cosas	dará a conocer$_{11}$	a vosotros,$_{12}$	Tíquico,$_{1}$	el$_{2}$	amado$_{3}$	hermano$_{4}$
3956	1107	5213	5190	3588	27	80
JAPN	VFAI3S	RP2DP	NNSM	DNSM	JNSM	NNSM

καὶ	πιστὸς	διάκονος	ἐν	κυρίῳ,	22 ὃν	ἔπεμψα	πρὸς	ὑμᾶς	εἰς
y$_{5}$	fiel$_{6}$	ministro$_{7}$	en$_{8}$	(el) Señor,$_{9}$	al que	envié	hacia	vosotros	para
2532	4103	1249	1722	2962	3739	3992	4314	5209	1519
CLN	JNSM	NNSM	P	NDSM	RR-ASM	VAAI1S	P	RP2AP	P

αὐτὸ	τοῦτο	ἵνα	γνῶτε	τὰ	περὶ	ἡμῶν	καὶ	παρακαλέσῃ	τὰς
mismo,$_{2}$	esto$_{1}$	para que	conozcáis	las cosas	acerca de	nosotros,	y	aliente	los
846	5124	2443	1097	3588	4012	2257	2532	3870	3588
RP3ASN, JASN	RD-ASN	CAP	VAAS2P	DAPN	P	RP1GP	CLN	VAAS3S	DAPF

NVI

de la paz. 16 Además de
todo esto, tomen el es-
cudo de la fe, con el cual
pueden apagar todas las
flechas encendidas del
maligno. 17 Tomen el
casco de la salvación y la
espada del Espíritu, que
es la palabra de Dios.
18 Oren en el Espíritu
en todo momento, con
peticiones y ruegos.
Manténganse alerta y
perseveren en oración
por todos los santos.
19 Oren también por
mí para que, cuando
hable, Dios me dé las pa-
labras para dar a conocer
con valor el misterio del
evangelio, 20 por el cual
soy embajador en cade-
nas. Oren para que lo
proclame valerosamen-
te, como debo hacerlo.

Saludos finales

21 Nuestro querido
hermano Tíquico, fiel
servidor en el Señor, les
contará todo, para que
también ustedes sepan
cómo me va y qué estoy
haciendo. 22 Lo envío a
ustedes precisamente
para que sepan cómo es-
tamos y para que cobren
ánimo.

6:16ᴦ Manuscritos inferiores tienen *sobre.* **6:19*** O sea *cuando abra mi boca.*

RVR

corazones.
23 Paz sea a los herma-
nos, y amor con fe, de
parte de Dios Padre y
del Señor Jesucristo.
24 La gracia sea con
todos los que aman a
nuestro Señor Jesucristo
con amor inalterable.
Amén.

καρδίας	ὑμῶν.
corazones	de vosotros.
2588	5216
NAPF	*RP2GP*

23 Εἰρήνη	τοῖς	ἀδελφοῖς	καὶ	ἀγάπη	μετὰ	πίστεως	ἀπὸ	θεοῦ
Paz	a los	hermanos	y	amor	con	fe	de parte de	Dios
1515	3588	80	2532	26	3326	4102	575	2316
NNSF	*DDPM*	*NDPM*	*CLN*	*NNSF*	*P*	*NGSF*	*P*	*NGSM*

πατρὸς	καὶ	κυρίου	Ἰησοῦ	Χριστοῦ.	24 ἡ	χάρις	μετὰ	πάντων	τῶν
Padre	y	(del) Señor	Jesús.	Cristo	La	gracia (sea)	con	todos	los
3962	2532	2962	2424	5547	3588	5485	3326	3956	3588
NGSM	*CLN*	*NGSM*	*NGSM*	*NGSM*	*DNSF*	*NNSF*	*P*	*JGPM*	*DGPM*

ἀγαπώντων	τὸν	κύριον	ἡμῶν	Ἰησοῦν	Χριστὸν	ἐν	⸀ἀφθαρσίᾳ.
que aman	al	Señor	de nosotros,	Jesús	Cristo	con	incorruptibilidad.
25	3588	2962	2257	2424	5547	1722	861
VPAP-PGM	*DASM*	*NASM*	*RP1GP*	*NASM*	*NASM*	*P*	*NDSF*

NVI

23 Que Dios el Padre
y el Señor Jesucristo les
concedan paz, amor y
fe a los hermanos.
24 La
gracia sea con todos
los que aman a nuestro
Señor Jesucristo con
amor imperecedero.

6:24⸀ Manuscritos inferiores añadieron *Amén*.

Epístola a los

FILIPENSES

ΠΡΟΣ ΦΙΛΙΠΠΗΣΙΟΥΣ

RVR

Saludo

1 Pablo y Timoteo,
siervos de
Jesucristo, a todos los
santos en Cristo Jesús
que están en Filipos, con
los obispos y diáconos:
2 Gracia y paz a vosotros,
de parte de Dios nuestro
Padre y del Señor
Jesucristo.

Pablo ora por los creyentes

3 Doy gracias a mi Dios
siempre que me acuerdo
de vosotros,
4 rogando siempre en
todas mis oraciones
con gozo por todos
vosotros,
5 por vuestra comunión
en el evangelio, desde el
primer día hasta ahora;
6 estando persuadido
de esto, que el que
comenzó en vosotros la
buena obra, la perfec-
cionará hasta el día de
Jesucristo;
7 como me es justo
sentir esto de todos
vosotros, por cuanto os
tengo en el corazón; y
en mis prisiones, y en la
defensa y consolidación

1

1 Παῦλος	καὶ	Τιμόθεος	δοῦλοι	Χριστοῦ	Ἰησοῦ	πᾶσιν	τοῖς	ἁγίοις
Pablo	y	Timoteo	siervos	de Cristo	Jesús,	a todos	los	santos
3972	2532	5095	1401	5547	2424	3956	3588	40
NNSM	*CLN*	*NNSM*	*NNPM*	*NGSM*	*NGSM*	*JDPM*	*DDPM*	*JDPM*

ἐν	Χριστῷ	Ἰησοῦ	τοῖς	οὖσιν	ἐν	Φιλίπποις	σὺν	ἐπισκόποις
en	Cristo	Jesús,	los que	están	en	Filipos	con	(los) obispos
1722	5547	2424	3588	5607	1722	5375	4862	1985
P	*NDSM*	*NDSM*	*DDPM*	*VPAP-PDM*	*P*	*NDPM*	*P*	*NDPM*

καὶ	διακόνοις·	2 χάρις	ὑμῖν	καὶ	εἰρήνη	ἀπὸ	θεοῦ	πατρὸς	ἡμῶν	καὶ
y	diáconos:	gracia	a vosotros	y	paz	de	Dios	Padre	de nosotros	y
2532	1249	5485	5213	2532	1515	575	2316	3962	2257	2532
CLN	*NDPM*	*NNSF*	*RP2DP*	*CLN*	*NNSF*	*P*	*NGSM*	*NGSM*	*RP1GP*	*CLN*

κυρίου	Ἰησοῦ	Χριστοῦ.
de(l) Señor	Jesucristo.	
2962	2424	5547
NGSM	*NGSM*	*NGSM*

3 Εὐχαριστῶ	τῷ	θεῷ	μου	ἐπὶ	πάσῃ	τῇ	μνείᾳ	ὑμῶν	4 πάντοτε
Doy gracias	al	Dios	de mí	en	todo	--	recuerdo	de vosotros,	siempre
2168	3588	2316	3450	1909	3956	3588	3417	5216	3842
VPAI1S	*DDSM*	*NDSM*	*RP1GS*	*P*	*JDSF*	*DDSF*	*NDSF*	*RP2GP*	*B*

ἐν	πάσῃ	δεήσει	μου	ὑπὲρ	πάντων	ὑμῶν,	μετὰ	χαρᾶς	τὴν	δέησιν
en	toda	petición	de mí	en favor de	todos	vosotros	con$_4$	gozo,$_5$	la$_2$	petición$_3$
1722	3956	1162	3450	5228	3956	5216	3326	5479	3588	1162
P	*JDSF*	*NDSF*	*RP1GS*	*P*	*JGPM*	*RP2GP*	*P*	*NGSF*	*DASF*	*NASF*

ποιούμενος,	5 ἐπὶ	τῇ	κοινωνίᾳ	ὑμῶν	εἰς	τὸ	εὐαγγέλιον	ἀπὸ	τῆς
haciendo$_1$	sobre	la	comunión	de vosotros	en	el	evangelio	desde	el
4160	1909	3588	2842	5216	1519	3588	2098	575	3588
VPMP-SNM	*P*	*DDSF*	*NDSF*	*RP2GP*	*P*	*DASN*	*NASN*	*P*	*DGSF*

πρώτης	ἡμέρας	ἄχρι	τοῦ	νῦν,	6 πεποιθὼς	αὐτὸ	τοῦτο	ὅτι
primer	día	hasta	--	ahora,	estando persuadido	mismo$_2$	por esto$_1$	que
4413	2250	891	3588	3568	3982	846	5124	3754
JGSF	*NGSF*	*P*	*DGSM*	*B*	*VRAP-SNM*	*RP3ASN, JASN*	*RD-ASN*	*CSC*

ὁ	ἐναρξάμενος	ἐν	ὑμῖν	ἔργον	ἀγαθὸν	ἐπιτελέσει	ἄχρι	ἡμέρας
el que	comenzó	en	vosotros	una obra	buena,	(la) completará	hasta	(el) día
3588	1728	1722	5213	2041	18	2005	891	2250
DNSM	*VAMP-SNM*	*P*	*RP2DP*	*NASN*	*JASN*	*VFAI3S*	*P*	*NGSF*

Χριστοῦ	Ἰησοῦ·	7 καθώς	ἐστιν	δίκαιον	ἐμοὶ	τοῦτο	φρονεῖν	ὑπὲρ
de Cristo	Jesús;	como	es	justo	a mí	esto$_2$	pensar$_1$	en favor de
5547	2424	2531	2076	1342	1698	5124	5426	5228
NGSM	*NGSM*	*CAM*	*VPAI3S*	*JNSN*	*RP1DS*	*RD-ASN*	*VPAN*	*P*

πάντων	ὑμῶν,	διὰ	τὸ	ἔχειν	με	ἐν	τῇ	καρδίᾳ	ὑμᾶς,	ἔν
todos	vosotros,	por causa de$_1$	--$_2$	tener$_4$	yo$_3$	en$_6$	el$_7$	corazón$_8$	a vosotros,$_5$	en$_{10}$
3956	5216	1223	3588	2192	3165	1722	3588	2588	5209	1722
JGPM	*RP2GP*	*P*	*DASN*	*VPAN*	*RP1AS*	*P*	*DDSF*	*NDSF*	*RP2AP*	*P*

τε	τοῖς	δεσμοῖς	μου	καὶ	ἐν	τῇ	ἀπολογίᾳ	καὶ	βεβαιώσει
tanto$_9$	las$_{11}$	cadenas$_{12}$	de mí$_{13}$	y	en	la	defensa	y	confirmación
5037	3588	1199	3450	2532	1722	3588	627	2532	951
CLK	*DDPM*	*NDPM*	*RP1GS*	*CLK, CLN*	*P*	*DDSF*	*NDSF*	*CLN*	*NDSF*

NVI

1 Pablo y Timoteo,
siervos de Cristo
Jesús,

a todos los santos en
Cristo Jesús que están
en Filipos, junto con los
obispos y diáconos:

2 Que Dios nuestro
Padre y el Señor
Jesucristo les concedan
gracia y paz.

Acción de gracias e intercesión

3 Doy gracias a mi
Dios cada vez que me
acuerdo de ustedes. 4 En
todas mis oraciones por
todos ustedes, siempre
oro con alegría, 5 porque
han participado en
el evangelio desde el
primer día hasta ahora.
6 Estoy convencido de
esto: el que comenzó tan
buena obra en ustedes la
irá perfeccionando hasta
el día de Cristo Jesús.
7 Es justo que yo piense
así de todos ustedes
porque los llevo en el
corazón; pues, ya sea
que me encuentre preso
o defendiendo y con
firmando el evangelio,

RVR

del evangelio, todos vo-
sotros sois participantes
conmigo de la gracia.
8 Porque Dios me es
testigo de cómo os
añoro a todos vosotros
con el entrañable amor
de Jesucristo.
9 Y esto pido en oración,
que vuestro amor abun-
de aún más y más en
conocimiento perfecto
y en todo discerni-
miento,
10 para que sepáis aquila-
tar las cosas más impor-
tantes, a fin de que seáis
sinceros e irreprensibles
para el día de Cristo,
11 llenos de frutos de jus-
ticia que son por medio
de Jesucristo, para gloria
y alabanza de Dios.

Para mí el vivir es Cristo

12 Quiero que sepáis,
hermanos, que las cosas
que me han sucedido
han redundado más
bien para el progreso del
evangelio,
13 de tal manera que mis
prisiones por la causa
de Cristo se han hecho
notorias en todo el
pretorio, y a todos los
demás.
14 Y la mayoría de los
hermanos, alentados en
el Señor por mis cade-
nas, se atreven mucho
más a hablar la palabra
sin temor.

τοῦ	εὐαγγελίου	συγκοινωνούς	μου	τῆς	χάριτος	πάντας	ὑμᾶς	ὄντας·
del	evangelio	copartícipes$_4$	de mí,$_7$	de la$_6$	gracia$_5$	a todos$_1$	vosotros$_2$	siendo$_3$
3588	2098	4791	3450	3588	5485	3956	5209	5607
DGSN	*NGSN*	*JAPM, NAPM*	*RP1GS*	*DGSF*	*NGSF*	*JAPM*	*RP2AP*	*VPAP-PAM*

8 μάρτυς	γάρ	μου	ὁ	θεός,	ὡς	ἐπιποθῶ	πάντας	ὑμᾶς	ἐν
testigo$_4$	Porque$_1$	de mí,$_5$	--$_2$	Dios (es)$_3$	cómo	añoro	a todos	vosotros	en
3144	1063	3450	3588	2316	5613	1971	3956	5209	1722
NNSM	*CLX*	*RP1GS*	*DNSM*	*NNSM*	*CSC, B*	*VPAI1S*	*JAPM*	*RP2AP*	*P*

σπλάγχνοις*	Χριστοῦ	Ἰησοῦ.	9 καὶ	τοῦτο	προσεύχομαι	ἵνα	ἡ	ἀγάπη
entrañas	de Cristo	Jesús.	Y	esto	oro:	que	el	amor
4698	5547	2424	2532	5124	4336	2443	3588	26
NDPN	*NGSM*	*NGSM*	*CLN*	*RD-ASN*	*VPUI1S*	*CSC*	*DNSF*	*NNSF*

ὑμῶν	ἔτι	μᾶλλον	καὶ	μᾶλλον	περισσεύῃ	ἐν	ἐπιγνώσει	καὶ	πάσῃ
de vosotros	aún	más$_2$	y$_3$	más$_4$	abunde$_1$	en	conocimiento pleno	y	todo
5216	2089	3123	2532	3123	4052	1722	1922	2532	3956
RP2GP	*B*	*B*	*CLN*	*B*	*VPAS3S*	*P*	*NDSF*	*CLN*	*JDSF*

αἰσθήσει,	10 εἰς	τὸ	δοκιμάζειν	ὑμᾶς	τὰ	διαφέροντα,	ἵνα	ἦτε
discernimiento,	para	--	comprobar	vosotros	las cosas	siendo diferentes,	para que	seáis
144	1519	3588	1381	5209	3588	1308	2443	5600
NDSF	*P*	*DASN*	*VPAN*	*RP2AP*	*DAPN*	*VPAP-PAN*	*CAP*	*VPAS2P*

εἰλικρινεῖς	καὶ	ἀπρόσκοποι	εἰς	ἡμέραν	Χριστοῦ,	11 πεπληρωμένοι
sinceros	e	irreprochables	hasta	el día	de Cristo,	habiendo estado llenos de
1506	2532	677	1519	2250	5547	4137
JNPM	*CLN*	*JNPM*	*P*	*NASF*	*NGSM*	*VRPP-PNM*

⸀καρπὸν	δικαιοσύνης	τὸν⸃	διὰ	Ἰησοῦ	Χριστοῦ	εἰς	δόξαν	καὶ
fruto	de justicia,	el (que es)	por medio de	Jesús,	Cristo	para	gloria	y
2590	1343	3588	1223	2424	5547	1519	1391	2532
NASM	*NGSF*	*DASM*	*P*	*NGSM*	*NGSM*	*P*	*NASF*	*CLN*

ἔπαινον	θεοῦ.
alabanza	de Dios.
1868	2316
NASM	*NGSM*

12 Γινώσκειν*	δὲ	ὑμᾶς	βούλομαι,	ἀδελφοί,	ὅτι	τὰ	κατ’
conocer,$_4$	Y$_1$	vosotros$_3$	quiero (que)$_2$	hermanos,	que	las cosas	en relación
1097	1161	5209	1014	80	3754	3588	2596
VPAN	*CLT*	*RP2AP*	*VPUI1S*	*NVPM*	*CSC*	*DNPN*	*P*

ἐμὲ	μᾶλλον	εἰς	προκοπὴν	τοῦ	εὐαγγελίου	ἐλήλυθεν,	13 ὥστε
a mí,	más$_2$	para$_3$	progreso$_4$	del$_5$	evangelio$_6$	ha(n) llegado$_1$	de modo que$_1$
1691	3123	1519	4297	3588	2098	2064	5620
RP1AS	*B*	*P*	*NASF*	*DGSN*	*NGSN*	*VRAI3S*	*CAR*

τοὺς	δεσμούς	μου	φανεροὺς	ἐν	Χριστῷ	γενέσθαι	ἐν	ὅλῳ	τῷ
las$_2$	cadenas$_3$	de mí$_4$	evidentes$_7$	en$_5$	Cristo$_6$	han llegado a ser$_6$	en	todo	el
3588	1199	3450	5318	1722	5547	1096	1722	3650	3588
DAPM	*NAPM*	*RP1GS*	*JAPM*	*P*	*NDSM*	*VAMN*	*P*	*JDSN*	*DDSN*

πραιτωρίῳ	καὶ	τοῖς	λοιποῖς	πᾶσιν,	14 καὶ	τοὺς	πλείονας	τῶν	ἀδελφῶν
pretorio	y	los$_2$	demás,$_3$	en todos$_1$	y	los	más	de los	hermanos,
4232	2532	3588	3062	3956	2532	3588	4119	3588	80
NDSN	*CLN*	*DDPM*	*JDPM*	*JDPM*	*CLN*	*DAPM*	*JAPMC*	*DGPM*	*NGPM*

ἐν	κυρίῳ	πεποιθότας	τοῖς	δεσμοῖς	μου	περισσοτέρως	τολμᾶν
en$_2$	(el) Señor$_3$	han confiado$_1$	por las$_4$	cadenas$_5$	de mí$_6$	mucho más$_8$	atreverse$_7$
1722	2962	3982	3588	1199	3450	4056	5111
P	*NDSM*	*VRAP-PAM*	*DDPM*	*NDPM*	*RP1GS*	*B*	*VPAN*

ἀφόβως	τὸν	⸀λόγον	λαλεῖν.
sin temor$_{10}$	la$_{11}$	palabra.$_{12}$	a hablar$_9$
870	3588	3056	2980
B	*DASM*	*NASM*	*VPAN*

NVI

todos ustedes participan
conmigo de la gracia que
Dios me ha dado. 8 Dios
es testigo de cuánto
los quiero a todos con
el entrañable amor de
Cristo Jesús.
9 Esto es lo que pido
en oración: que el amor
de ustedes abunde cada
vez más en conocimien-
to y en buen juicio,
10 para que disciernan lo
que es mejor, y sean pu-
ros e irreprochables para
el día de Cristo, 11 llenos
del fruto de justicia que
se produce por medio
de Jesucristo, para gloria
y alabanza de Dios.

El vivir es Cristo

12 Hermanos, quiero
que sepan que, en
realidad, lo que me ha
pasado ha contribuido
al avance del evangelio.
13 Es más, se ha hecho
evidente a toda la guar-
dia del palacio y a todos
los demás que estoy en-
cadenado por causa de
Cristo. 14 Gracias a mis
cadenas, ahora más que
nunca la mayoría de los
hermanos, confiados en
el Señor, se han atrevido
a anunciar sin temor la
palabra de Dios.

1:8* O sea *en amor entrañable.* **1:11⸀⸃** Manuscritos inferiores tienen *frutos de justicia los que son.* **1:12*** O sea *conozcáis.*
1:14⸀ Manuscritos importantes tienen *de Dios.*

RVR

15 Algunos, a la verdad,
predican a Cristo por
envidia y rivalidad;
pero otros, de buena
voluntad.
16 Los unos anuncian a
Cristo por rivalidad, no
sinceramente, pensando
añadir aflicción a mis
prisiones;
17 pero los otros, por
amor, sabiendo que
estoy puesto para la
defensa del evangelio.
18 ¿Qué, pues? Que
no obstante, de todas
maneras, o por pretexto
o por verdad, Cristo es
anunciado; y en esto me
gozo, y me gozaré aún.
19 Porque sé que por
vuestra oración y la
suministración del
Espíritu de Jesucristo,
esto resultará en mi
liberación,
20 conforme a mi anhelo
y esperanza de que en
nada seré avergonzado;
antes bien con toda
confianza, como siem-
pre, ahora también será
magnificado Cristo en
mi cuerpo, o por vida o
por muerte.
21 Porque para mí el
vivir es Cristo, y el morir
es ganancia.
22 Mas si el vivir en la
carne resulta para mí en

15 Τινὲς	μὲν	καὶ	διὰ	φθόνον	καὶ	ἔριν,	τινὲς	δὲ
algunos$_2$	En verdad,$_1$	también	a causa de	envidia	y	rivalidad,	algunos$_3$	pero$_1$
5100	3303	2532	1223	5355	2532	2054	5100	1161
RX-NPM	*TK, C*	*CLA, B*	*P*	*NASM*	*CLN*	*NASF*	*RX-NPM*	*CLK, CLC*

καὶ	δι’	εὐδοκίαν	τὸν	Χριστὸν	κηρύσσουσιν·	16 οἱ	μὲν
también$_2$	a causa de$_7$	buena voluntad;$_8$	a--$_5$	Cristo$_6$	proclaman$_4$	los (unos)	en verdad,
2532	1223	2107	3588	5547	2784	3588	3303
BE, TE	*P*	*NASF*	*DASM*	*NASM*	*VPAI3P*	*DNPM*	*TK, C*

ἐξ	ἀγάπης,	εἰδότες	ὅτι	εἰς	ἀπολογίαν	τοῦ	εὐαγγελίου	κεῖμαι,
por	amor,	sabiendo	que	para$_2$	defensa$_3$	del$_4$	evangelio,$_5$	estoy puesto$_1$
1537	26	1492	3754	1519	627	3588	2098	2749
P	*NGSF*	*VRAP-PNM*	*CSC*	*P*	*NASF*	*DGSN*	*NGSN*	*VPUI1S*

17 οἱ	δὲ	ἐξ	ἐριθείας	τὸν	Χριστὸν	καταγγέλλουσιν,	οὐχ
los (otros)	mas	por$_4$	rivalidad,$_5$	a--$_2$	Cristo$_3$	anuncian$_1$	no
3588	1161	1537	2052	3588	5547	2605	3756
DNPM	*CLK, CLC*	*P*	*NGSF*	*DASM*	*NASM*	*VPAI3P*	*BN, TN*

ἁγνῶς,	οἰόμενοι	θλῖψιν	ἐγείρειν	τοῖς	δεσμοῖς	μου.	18 τί	γάρ;
sinceramente,	pensando (que)	aflicción$_2$	levantan$_1$	a las	cadenas	de mí.	¿Qué	pues?
55	3633	2347	1453	3588	1199	3450	5101	1063
B	*VPUP-PNM*	*NASF*	*VPAN*	*DDPM*	*NDPM*	*RP1GS*	*RI-NSN*	*TI, C*

πλὴν	ὅτι	παντὶ	τρόπῳ,	εἴτε	προφάσει	εἴτε	ἀληθείᾳ,	Χριστὸς
No obstante,	que	de toda	manera,	sea	por fingimiento	sea	por verdad,	Cristo
4133	3754	3956	5158	1535	4392	1535	225	5547
CLC	*CSC*	*JDSM*	*NDSM*	*CLK, CAC*	*NDSF*	*CLK, CAC*	*NDSF*	*NNSM*

καταγγέλλεται,	καὶ	ἐν	τούτῳ	χαίρω·	ἀλλὰ	καὶ	χαρήσομαι,	19 οἶδα
es anunciado,	y	en	esto	me alegro;	aún	también	me alegraré;	sé$_2$
2605	2532	1722	5129	5463	235	2532	5463	1492
VPPI3S	*CLN*	*P*	*RD-DSN*	*VPAI1S*	*TE, C*	*CLN, B*	*VFPI1S*	*VRAI1S*

γὰρ	ὅτι	τοῦτό	μοι	ἀποβήσεται	εἰς	σωτηρίαν	διὰ	τῆς	ὑμῶν
porque$_1$	que	esto	a mí	resultará	para	liberación	por medio de	la$_1$	de vosotros$_3$
1063	3754	5124	3427	576	1519	4991	1223	3588	5216
CAZ	*CSC*	*RD-NSN*	*RP1DS*	*VFMI3S*	*P*	*NASF*	*P*	*DGSF*	*RP2GP*

δεήσεως	καὶ	ἐπιχορηγίας	τοῦ	πνεύματος	Ἰησοῦ	Χριστοῦ,	20 κατὰ
petición$_2$	y	provisión	del	Espíritu	de Jesús	Cristo,	conforme a$_5$
1162	2532	2024	3588	4151	2424	5547	2596
NGSF	*CLN*	*NGSF*	*DGSN*	*NGSN*	*NGSM*	*NGSM*	*P*

τὴν	ἀποκαραδοκίαν	καὶ	ἐλπίδα	μου	ὅτι	ἐν	οὐδενὶ	αἰσχυνθήσομαι,
al$_6$	anhelo intenso$_7$	y$_8$	esperanza$_9$	de mí$_{10}$	que$_1$	en$_2$	nada$_3$	seré avergonzado,$_4$
3588	603	2532	1680	3450	3754	1722	3762	153
DASF	*NASF*	*CLN*	*NASF*	*RP1GS*	*CSC*	*P*	*JDSN*	*VFPI1S*

ἀλλ’	ἐν	πάσῃ	παρρησίᾳ	ὡς	πάντοτε	καὶ	νῦν	μεγαλυνθήσεται
sino	con	toda	confianza,	como$_3$	siempre$_4$	también$_2$	ahora$_1$	será engrandecido$_6$
235	1722	3956	3954	5613	3842	2532	3568	3170
CLC	*P*	*JDSF*	*NDSF*	*CAM*	*B*	*BE, TE*	*B*	*VFPI3S*

Χριστὸς	ἐν	τῷ	σώματί	μου,	εἴτε	διὰ	ζωῆς	εἴτε	διὰ
Cristo$_5$	en	el	cuerpo	de mí,	sea	por medio de	vida,	sea	por medio de
5547	1722	3588	4983	3450	1535	1223	2222	1535	1223
NNSM	*P*	*DDSN*	*NDSN*	*RP1GS*	*CLK, CAC*	*P*	*NGSF*	*CLK, CAC*	*P*

θανάτου.	21 ἐμοὶ	γὰρ	τὸ	ζῆν	Χριστὸς	καὶ	τὸ	ἀποθανεῖν
muerte.	para mí$_2$	Porque$_1$	el$_3$	vivir (es)	Cristo	y	el	morir (es)
2288	1698	1063	3588	2198	5547	2532	3588	599
NGSM	*RP1DS*	*CAZ*	*DNSN*	*VPAN*	*NNSM*	*CLN*	*DNSN*	*VAAN*

κέρδος.	22 εἰ	δὲ	τὸ	ζῆν	ἐν	σαρκί,	τοῦτό	μοι	καρπὸς
ganancia.	si$_2$	Pero$_1$	el	vivir	en	(la) carne,	esto$_1$	para mí,$_4$	(es) fruto$_2$
2771	1487	1161	3588	2198	1722	4561	5124	3427	2590
NNSN	*CAC*	*CLC*	*DNSN*	*VPAN*	*P*	*NDSF*	*RD-NSN*	*RP1DS*	*NNSM*

NVI

15 Es cierto que algu-
nos predican a Cristo
por envidia y rivalidad,
pero otros lo hacen con
buenas intenciones.
16 Estos últimos lo hacen
por amor, pues saben
que he sido puesto para
la defensa del evangelio.
17 Aquellos predican a
Cristo por ambición
personal y no por moti-
vos puros, creyendo que
así van a aumentar las
angustias que sufro en
mi prisión.
18 ¿Qué importa?
Al fin y al cabo, y sea
como sea, con motivos
falsos o con sinceridad,
se predica a Cristo.
Por eso me alegro; es
más, seguiré alegrán-
dome 19 porque sé que,
gracias a las oraciones
de ustedes y a la ayuda
que me da el Espíritu de
Jesucristo, todo esto re-
sultará en mi liberación.
20 Mi ardiente anhelo y
esperanza es que en nada
seré avergonzado, sino
que con toda libertad, ya
sea que yo viva o muera,
ahora como siempre,
Cristo será exaltado en
mi cuerpo. 21 Porque
para mí el vivir es Cristo
y el morir es ganancia.
22 Ahora bien, si seguir
viviendo en este mundo

RVR

beneficio de la obra, no
sé entonces qué escoger.
23 Porque de ambos la-
dos me siento apremia-
do, teniendo deseo de
partir y estar con Cristo,
lo cual es muchísimo
mejor;
24 pero quedar en la car-
ne es más necesario por
causa de vosotros.
25 Y confiado en esto, sé
que quedaré y permane-
ceré con todos vosotros,
para vuestro provecho y
gozo de la fe,
26 para que abunde
vuestra gloria de mí
en Cristo Jesús por mi
presencia otra vez entre
vosotros.
27 Solamente que os
comportéis como es
digno del evangelio de
Cristo, para que, o sea
que vaya a veros, o que
esté ausente, oiga de vo-
sotros que estáis firmes
en un mismo espíritu,
combatiendo unánimes
por la fe del evangelio,
28 y en nada intimidados
por los que se oponen,
lo cual para ellos
ciertamente es indicio
de perdición, mas para
vosotros de salvación; y
esto viene de Dios.
29 Porque a vosotros se

ἔργου—	καὶ	τί	αἱρήσομαι	οὐ	γνωρίζω.	23 συνέχομαι	δὲ
de trabajo$_3$	entonces,$_5$	qué$_8$	escogeré.$_9$	no$_6$	sé$_7$	estoy apremiado$_2$	Entonces$_1$
2041	2532	5101	138	3756	1107	4912	1161
NGSN	*CLN*	*RI-ASN*	*VFMI1S*	*BN, TN*	*VPAI1S*	*VPPI1S*	*CLN*

ἐκ	τῶν	δύο,	τὴν	ἐπιθυμίαν	ἔχων	εἰς	τὸ	ἀναλῦσαι	καὶ	σὺν
desde$_3$	los$_4$	dos (lados),$_5$	el$_8$	deseo$_7$	teniendo$_6$	de$_9$	--$_{10}$	partir$_{12}$	y$_{13}$	con$_{15}$
1537	3588	1417	3588	1939	2192	1519	3588	360	2532	4862
P	*DGPN*	*XN, J*	*DASF*	*NASF*	*VPAP-SNM*	*P*	*DASN*	*VAAN*	*CLN*	*P*

Χριστῷ	εἶναι,	πολλῷ	γὰρ	μᾶλλον	κρεῖσσον,	24 τὸ	δὲ	ἐπιμένειν
Cristo,$_{16}$	estar$_{14}$	(es) mucho$_{18}$	porque$_{17}$	más$_{19}$	mejor;$_{20}$	el$_2$	pero$_1$	quedar$_3$
5547	1511	4183	1063	3123	2908	3588	1161	1961
NDSM	*VPAN*	*JDSN*	*CAZ*	*B*	*JNSN*	*DNSN*	*CLC*	*VPAN*

ἐν	τῇ	σαρκὶ	ἀναγκαιότερον	δι'	ὑμᾶς.	25 καὶ	τοῦτο	πεποιθὼς
en	la	carne	(es) necesario	a causa de	vosotros.	Y	esto	persuadido,
1722	3588	4561	316	1223	5209	2532	5124	3982
P	*DDSF*	*NDSF*	*JNSNC*	*P*	*RP2AP*	*CLN*	*RD-ASN*	*VRAP-SNM*

οἶδα	ὅτι	μενῶ	καὶ	παραμενῶ	πᾶσιν	ὑμῖν	εἰς	τὴν	ὑμῶν	προκοπὴν
sé	que	quedaré	y	continuaré	con todos	vosotros	para	el$_1$	de vosotros$_3$	progreso$_2$
1492	3754	3306	2532	3887	3956	5213	1519	3588	5216	4297
VRAI1S	*CSC*	*VFAI1S*	*CLN*	*VFAI1S*	*JDPM*	*RP2DP*	*P*	*DASF*	*RP2GP*	*NASF*

καὶ	χαρὰν	τῆς	πίστεως,	26 ἵνα	τὸ	καύχημα	ὑμῶν	περισσεύῃ	ἐν
y	gozo	de la	fe,	para que	el	orgullo	de vosotros	abunde	en
2532	5479	3588	4102	2443	3588	2745	5216	4052	1722
CLN	*NASF*	*DGSF*	*NGSF*	*CAP*	*DNSN*	*NNSN*	*RP2GP*	*VPAS3S*	*P*

Χριστῷ	Ἰησοῦ	ἐν	ἐμοὶ	διὰ	τῆς	ἐμῆς	παρουσίας	πάλιν	πρὸς
Cristo	Jesús	en	mí	por medio de	la$_1$	de mí$_3$	presencia$_2$	de nuevo	ante
5547	2424	1722	1698	1223	3588	1699	3952	3825	4314
NDSM	*NDSM*	*P*	*RP1DS*	*P*	*DGSF*	*JGSF, RS1GSF*	*NGSF*	*B*	*P*

ὑμᾶς.
vosotros.
5209
RP2AP

27 Μόνον	ἀξίως	τοῦ	εὐαγγελίου	τοῦ	Χριστοῦ	πολιτεύεσθε,
Solo$_1$	como es digno$_3$	del$_4$	evangelio$_5$	de --$_6$	Cristo,$_7$	comportaos$_2$
3440	516	3588	2098	3588	5547	4176
B, J	*B*	*DGSN*	*NGSN*	*DGSM*	*NGSM*	*VPUM2P*

ἵνα	εἴτε	ἐλθὼν	καὶ	ἰδὼν	ὑμᾶς	εἴτε	ἀπὼν	ἀκούω
para que,	ya sea	habiendo venido	y	habiendo visto	a vosotros,	ya sea	estando ausente,	oiga
2443	1535	2064	2532	1492	5209	1535	548	191
CAP	*CLK, CAC*	*VAAP-SNM*	*CLN*	*VAAP-SNM*	*RP2AP*	*CLK, CAC*	*VPAP-SNM*	*VPAS1S*

τὰ	περὶ	ὑμῶν,	ὅτι	στήκετε	ἐν	ἑνὶ	πνεύματι,	μιᾷ	ψυχῇ
las cosas	acerca de	vosotros.	que	estáis firmes	en	un solo	espíritu,	con un solo	ser interior
3588	4012	5216	3754	4739	1722	1520	4151	1520	5590
DAPN	*P*	*RP2GP*	*CSC*	*VPAI2P*	*P*	*JDSN*	*NDSN*	*JDSF*	*NDSF*

συναθλοῦντες	τῇ	πίστει	τοῦ	εὐαγγελίου,	28 καὶ	μὴ	πτυρόμενοι
luchando juntos	por la	fe	del	evangelio,	y	no	intimidados
4866	3588	4102	3588	2098	2532	3361	4426
VPAP-PNM	*DDSF*	*NDSF*	*DGSN*	*NGSN*	*CLN*	*BN, TN*	*VPPP-PNM*

ἐν	μηδενὶ	ὑπὸ	τῶν	ἀντικειμένων	(ἥτις	ἐστὶν	αὐτοῖς	ἔνδειξις
en	nada	por	los que	se oponen,	lo que	es	para ellos	prueba
1722	3367	5259	3588	480	3748	2076	846	1732
P	*JDSN*	*P*	*DGPM*	*VPUP-PGM*	*RR-NSF*	*VPAI3S*	*RP3DPM*	*NNSF*

ἀπωλείας,	ὑμῶν	δὲ	σωτηρίας,	καὶ	τοῦτο	ἀπὸ	θεοῦ,	29 ὅτι
de perdición,	de vosotros$_2$	pero$_1$	de salvación,	y	esto (es)	de parte de	Dios;	porque
684	5216	1161	4991	2532	5124	575	2316	3754
NGSF	*RP2GP*	*CLC*	*NGSF*	*CLN*	*RD-NSN*	*P*	*NGSM*	*CAZ*

NVI

representa para mí un
trabajo fructífero, ¿qué
escogeré? ¡No lo sé!
23 Me siento presionado
por dos posibilidades:
deseo partir y estar con
Cristo, que es muchísi-
mo mejor, 24 pero por
el bien de ustedes es
preferible que yo perma-
nezca en este mundo.
25 Convencido de esto,
sé que permaneceré y
continuaré con todos
ustedes para contribuir
a su jubiloso avance en
la fe. 26 Así, cuando yo
vuelva, su satisfacción en
Cristo Jesús abundará
por causa mía.
27 Pase lo que pase,
compórtense de una
manera digna del evan-
gelio de Cristo. De este
modo, ya sea que vaya a
verlos o que, estando au-
sente, solo tenga noticias
de ustedes, sabré que
siguen firmes en un mis-
mo propósito, luchando
unánimes por la fe del
evangelio 28 y sin temor
alguno a sus adversarios,
lo cual es para ellos señal
de destrucción. Para
ustedes, en cambio, es
señal de salvación, y
esto proviene de Dios.
29 Porque a ustedes se

RVR

os ha concedido la gra-
cia, por amor de Cristo,
no sólo de que creáis en
él, sino también de que
padezcáis por él,
30 sosteniendo el mismo
combate que habéis
visto en mí, y ahora oís
que hay en mí.

Humillación y exaltación de Cristo

2 Por tanto, si hay
alguna exhortación
en Cristo, si algún con-
suelo de amor, si alguna
comunión del Espíritu,
si algún afecto entraña-
ble y compasivo,
2 completad mi gozo,
siendo de un mismo
sentir, teniendo el
mismo amor, unánimes,
sintiendo una misma
cosa.
3 Nada hagáis por riva-
lidad o por vanagloria;
antes bien en humildad,
estimando cada uno a
los demás como superio-
res a sí mismo;
4 no poniendo la mira
cada uno en lo suyo
propio, sino cada cual
también en lo de los
otros.
5 Haya, pues, entre
vosotros los mismos
sentimientos que hubo
también en Cristo Jesús,
6 el cual, siendo en forma
de Dios, no consideró
el ser igual a Dios como
cosa a que aferrarse,
7 sino que se despojó a sí

ὑμῖν	ἐχαρίσθη	τὸ	ὑπὲρ	Χριστοῦ,	οὐ	μόνον	τὸ	εἰς
a vosotros	fue dada la gracia	--	en pro de	Cristo,	no$_{1}$	solo$_{2}$	--$_{3}$	en$_{5}$
5213	5483	3588	5228	5547	3756	3440	3588	1519
RP2DP	*VAPI3S*	*DNSN, DASN*	*P*	*NGSM*	*CLK, TN, B*	*B*	*DNSN, DASN*	*P*

αὐτὸν	πιστεύειν	ἀλλὰ	καὶ	τὸ	ὑπὲρ	αὐτοῦ	πάσχειν),	30 τὸν
él,$_{6}$	creer$_{4}$	sino$_{7}$	también$_{8}$	--$_{9}$	por$_{11}$	él,$_{12}$	padecer$_{10}$	la$_{2}$
846	4100	235	2532	3588	5228	846	3958	3588
RP3ASM	*VPAN*	*CLK, CLC*	*BE, TE*	*DNSN, DASN*	*P*	*RP3GSM*	*VPAN*	*DASM*

αὐτὸν	ἀγῶνα	ἔχοντες	οἷον	εἴδετε	ἐν	ἐμοὶ	καὶ	νῦν	ἀκούετε
misma$_{3}$	lucha,$_{4}$	teniendo$_{1}$	tal como	visteis	en	mí	y	ahora	oís
846	73	2192	3634	3708	1722	1698	2532	3568	191
RP3ASMA, JASM	*NASM*	*VPAP-PNM*	*RK-ASM*	*VAAI2P*	*P*	*RP1DS*	*CLN*	*B*	*VPAI2P*

ἐν	ἐμοί.
(que hay) en	mí.
1722	1698
P	*RP1DS*

2 Εἴ	τις	οὖν	παράκλησις	ἐν	Χριστῷ,	εἴ	τι
si$_{2}$	algún$_{3}$	Así que,$_{1}$	ánimo	(hay) en	Cristo,	si	algún
1487	5100	3767	3874	1722	5547	1487	5100
CAC	*JNSF, RX-NSF*	*CLI*	*NNSF*	*P*	*NDSM*	*CAC*	*JNSN, RX-NSN*

παραμύθιον	ἀγάπης,	εἴ	τις	κοινωνία	πνεύματος,	εἴ	τις
consuelo	de amor,	si	alguna	comunión	del Espíritu,	si	algún
3890	26	1487	5100	2842	4151	1487	5100
NNSN	*NGSF*	*CAC*	*JNSF, RX-NSF*	*NNSF*	*NGSN*	*CAC*	*JNSM, RX-NSM*

σπλάγχνα	καὶ	οἰκτιρμοί,	2 πληρώσατέ	μου	τὴν	χαρὰν	ἵνα	τὸ
afecto entrañable	y	compasiones,	completad$_{1}$	de mí,$_{4}$	el$_{2}$	gozo$_{3}$	que	lo
4698	2532	3628	4137	3450	3588	5479	2443	3588
NNPN	*CLN*	*NNPM*	*VAAM2P*	*RP1GS*	*DASF*	*NASF*	*CSC*	*DASN*

αὐτὸ	φρονῆτε,	τὴν	αὐτὴν	ἀγάπην	ἔχοντες,	σύμψυχοι,
mismo	penséis,	el$_{2}$	mismo$_{3}$	amor,$_{4}$	teniendo$_{1}$	estando unidos como uno solo,
846	5426	3588	846	26	2192	4861
RP3ASNA, JASN	*VPAS2P*	*DASF*	*RP3ASFA, JASF*	*NASF*	*VPAP-PNM*	*JNPM*

τὸ	ἓν	φρονοῦντες,*	3 μηδὲν	κατ᾽	ἐριθείαν	μηδὲ	κατὰ
lo$_{2}$	uno$_{3}$	pensando$_{1}$	nada (haciendo)	por	rivalidad	ni	por
3588	1520	5426	3367	2596	2052	3366	2596
DASN	*JASN*	*VPAP-PNM*	*JASN*	*P*	*NASF*	*TN, CLD*	*P*

κενοδοξίαν,	ἀλλὰ	τῇ	ταπεινοφροσύνῃ	ἀλλήλους	ἡγούμενοι
arrogancia,	sino	en --	humildad	unos a otros$_{2}$	considerando$_{1}$
2754	235	3588	5012	240	2233
NASF	*CLC*	*DDSF*	*NDSF*	*RC-APM*	*VPUP-PNM*

ὑπερέχοντας	ἑαυτῶν,	4 μὴ	τὰ	ἑαυτῶν	ἕκαστοι	σκοποῦντες,
siendo superiores$_{3}$	a sí mismos,$_{4}$	no$_{2}$	(en) las cosas$_{4}$	de sí mismos,$_{5}$	cada uno$_{1}$	poniendo atención$_{3}$
5242	1438	3361	3588	1438	1538	4648
VPAP-PAM	*RF2GPM*	*BN, TN*	*DAPN*	*RF2GPM*	*JNPM*	*VPAP-PNM*

ἀλλὰ	καὶ	τὰ	ἑτέρων	ἕκαστοι.	5 τοῦτο	φρονεῖτε	ἐν	ὑμῖν	ὅ
sino$_{6}$	también$_{8}$	las$_{9}$	de otros.$_{10}$	cada uno$_{7}$	Esto	pensad	entre	vosotros	lo que
235	2532	3588	2087	1538	5124	5426	1722	5213	3739
CLC	*BE, TE*	*DAPN*	*JGPM*	*JNPM*	*RD-ASN*	*VPAM2P*	*P*	*RP2DP*	*RR-NSN*

καὶ	ἐν	Χριστῷ	Ἰησοῦ,	6 ὃς	ἐν	μορφῇ	θεοῦ	ὑπάρχων
también (hubo)	en	Cristo	Jesús,	el cual$_{1}$	en$_{3}$	forma$_{4}$	de Dios$_{5}$	existiendo$_{2}$
2532	1722	5547	2424	3739	1722	3444	2316	5225
BE, TE	*P*	*NDSM*	*NDSM*	*RR-NSM*	*P*	*NDSF*	*NGSM*	*VPAP-SNM*

οὐχ	ἁρπαγμὸν	ἡγήσατο	τὸ	εἶναι	ἴσα	θεῷ,	7 ἀλλὰ	ἑαυτὸν
no$_{6}$	algo a que aferrarse,$_{12}$	consideró$_{7}$	el$_{8}$	ser$_{9}$	iguales$_{10}$	a Dios$_{11}$	sino	a sí mismo$_{2}$
3756	725	2233	3588	1511	2470	2316	235	1438
CLK, TN, B	*NASM*	*VAMI3S*	*DASN*	*VPAN*	*JAPN, JNPN*	*NDSM*	*CLK, CLC*	*RF3ASM*

NVI

les ha concedido no
solo creer en Cristo,
sino también sufrir por
él, 30 pues sostienen la
misma lucha que antes
me vieron sostener, y
que ahora saben que
sigo sosteniendo.

Humillación y exaltación de Cristo

2 Por tanto, si sienten
algún estímulo en
su unión con Cristo,
algún consuelo en su
amor, algún compa-
ñerismo en el Espíritu,
algún afecto entrañable,
2 llénenme de alegría
teniendo un mismo
parecer, un mismo
amor, unidos en alma y
pensamiento. 3 No ha-
gan nada por egoísmo o
vanidad; más bien, con
humildad consideren a
los demás como supe-
riores a ustedes mismos.
4 Cada uno debe velar
no solo por sus propios
intereses, sino también
por los intereses de los
demás.
5 La actitud de ustedes
debe ser como la de
Cristo Jesús,

6 quien, siendo por
naturaleza Dios,
no consideró el ser
igual a Dios como
algo a qué aferrarse.
7 Por el contrario,

2:2* O sea *pensando la misma cosa.*

RVR

mismo, tomando forma
de siervo, hecho seme-
jante a los hombres;
8 y hallado en su porte
exterior como hombre,
se humilló a sí mismo, al
hacerse obediente hasta
la muerte, y muerte de
cruz.
9 Por lo cual Dios
también le exaltó hasta
lo sumo, y le otorgó el
nombre que es sobre
todo nombre,
10 para que en el nombre
de Jesús se doble toda
rodilla de los que están
en los cielos, en la tierra,
y debajo de la tierra;
11 y toda lengua con-
fiese que Jesucristo es
SEÑOR, para gloria de
Dios Padre.

Luminares en el mundo

12 Así que, amados míos,
tal como siempre habéis
obedecido, no como en
mi presencia solamente,
sino mucho más ahora
en mi ausencia, procu-
rad vuestra salvación
con temor y temblor,
13 porque Dios es el que
en vosotros opera tanto
el querer como el hacer,
por su buena voluntad.
14 Haced todo sin
murmuraciones ni
discusiones,
15 para que seáis

ἐκένωσεν	μορφὴν	δούλου	λαβών,	ἐν	ὁμοιώματι	ἀνθρώπων
se despojó$_1$	forma$_4$	de esclavo,$_5$	habiendo tomando$_3$	en$_7$	semejanza$_8$	de seres humanos;$_9$
2758	3444	1401	2983	1722	3667	444
VAAI3S	*NASF*	*NGSM*	*VAAP-SNM*	*P*	*NDSN*	*NGPM*

γενόμενος·	καὶ	σχήματι	εὑρεθεὶς	ὡς	ἄνθρωπος	8 ἐταπείνωσεν
habiéndose hecho$_6$	y$_{10}$	en apariencia,$_{13}$	habiéndose hallado$_{11}$	como$_{12}$	un ser humano$_{14}$	se humilló
1096	2532	4976	2147	5613	444	5013
VAMP-SNM	*CLN*	*NDSN*	*VAPP-SNM*	*CAM*	*NNSM*	*VAAI3S*

ἑαυτὸν	γενόμενος	ὑπήκοος	μέχρι	θανάτου,	θανάτου	δὲ	σταυροῦ·
a sí mismo,	habiéndose hecho	obediente	hasta	(la)muerte	muerte$_2$	y$_1$	de cruz.$_3$
1438	1096	5255	3360	2288	2288	1161	4716
RF3ASM	*VAMP-SNM*	*JNSM*	*P, B*	*NGSM*	*NGSM*	*CLA*	*NGSM*

9 διὸ	καὶ	ὁ	θεὸς	αὐτὸν	ὑπερύψωσεν,	καὶ	ἐχαρίσατο	αὐτῷ	τὸ
Por lo cual,	también	--	Dios	a él$_2$	exaltó hasta lo sumo$_1$	y$_3$	otorgó$_4$	a él,$_{11}$	el$_5$
1352	2532	3588	2316	846	5251	2532	5483	846	3588
CLI	*BE, TE*	*DNSM*	*NNSM*	*RP3ASM*	*VAAI3S*	*CLN*	*VAMI3S*	*RP3DSM*	*DASN*

ὄνομα	τὸ	ὑπὲρ	πᾶν	ὄνομα,	10 ἵνα	ἐν	τῷ	ὀνόματι	Ἰησοῦ	πᾶν
nombre$_6$	el (que está)$_7$	sobre$_8$	todo$_9$	nombre$_{10}$	para que	en	el	nombre	de Jesús	toda
3686	3588	5228	3956	3686	2443	1722	3588	3686	2424	3956
NASN	*DASN*	*P*	*JASN*	*NASN*	*CAP*	*P*	*DDSN*	*NDSN*	*NGSM*	*JNSN*

γόνυ	κάμψῃ	ἐπουρανίων	καὶ	ἐπιγείων	καὶ	καταχθονίων,	11 καὶ	πᾶσα
rodilla	se doble,	de (seres) celestiales	y	de terrenales	y	de debajo de la tierra,	y	toda
1119	2578	2032	2532	1919	2532	2709	2532	3956
NNSN	*VAAS3S*	*JGPM*	*CLN*	*JGPM, JGPN*	*CLN*	*JGPM*	*CLN*	*JNSF*

γλῶσσα	ἐξομολογήσηται	ὅτι	κύριος	Ἰησοῦς	Χριστὸς	εἰς	δόξαν	θεοῦ
lengua	confiese	que$_1$	(es) Señor$_4$	Jesús$_2$	Cristo$_3$	para	gloria	de Dios
1100	1843	3754	2962	2424	5547	1519	1391	2316
NNSF	*VAMS3S*	*CSC*	*NNSM*	*NNSM*	*NNSM*	*P*	*NASF*	*NGSM*

πατρός.
Padre.
3962
NGSM

12 Ὥστε,	ἀγαπητοί	μου,	καθὼς	πάντοτε	ὑπηκούσατε,	μὴ	ὡς
De tal modo,	amados	de mí,	como	siempre	obedecisteis,	no$_1$	como$_2$
5620	27	3450	2531	3842	5219	3361	5613
CLI	*JVPM*	*RP1GS*	*CAM*	*B*	*VAAI2P*	*BN, TN*	*CAM*

ἐν	τῇ	παρουσίᾳ	μου	μόνον	ἀλλὰ	νῦν	πολλῷ	μᾶλλον	ἐν	τῇ
en$_4$	la$_5$	presencia$_6$	de mí,$_7$	solo$_3$	sino	ahora	mucho	más	en	la
1722	3588	3952	3450	3440	235	3568	4183	3123	1722	3588
P	*DDSF*	*NDSF*	*RP1GS*	*B, J*	*CLC*	*B*	*JDSN*	*B*	*P*	*DDSF*

ἀπουσίᾳ	μου,	μετὰ	φόβου	καὶ	τρόμου	τὴν	ἑαυτῶν	σωτηρίαν
ausencia	de mí,	con$_5$	temor$_6$	y$_7$	temblor;$_8$	la$_2$	de vosotros mismos$_4$	salvación$_3$
666	3450	3326	5401	2532	5156	3588	1438	4991
NDSF	*RP1GS*	*P*	*NGSM*	*CLN*	*NGSM*	*DASF*	*RF2GPM*	*NASF*

κατεργάζεσθε,	13 θεὸς	γάρ	ἐστιν	ὁ	ἐνεργῶν	ἐν	ὑμῖν	καὶ	τὸ
trabajad$_1$	Dios$_2$	porque$_1$	es	el que	actúa	en	vosotros	también	el
2716	2316	1063	2076	3588	1754	1722	5213	2532	3588
VPUM2P	*NNSM*	*CAZ*	*VPAI3S*	*DNSM*	*VPAP-SNM*	*P*	*RP2DP*	*CLK*	*DASN*

θέλειν	καὶ	τὸ	ἐνεργεῖν	ὑπὲρ	τῆς	εὐδοκίας.
querer	y	el	actuar	por	la	buena voluntad
2309	2532	3588	1754	5228	3588	2107
VPAN	*CLK, CLN*	*DASN*	*VPAN*	*P*	*DGSF*	*NGSF*

14 Πάντα	ποιεῖτε	χωρὶς	γογγυσμῶν	καὶ	διαλογισμῶν,	15 ἵνα
todas las cosas$_2$	Haced$_1$	sin	quejas	y	discusiones,	para que
3956	4160	5565	1112	2532	1261	2443
JAPN	*VPAM2P*	*P, B*	*NGPM*	*CLN*	*NGPM*	*CAP*

NVI

se rebajó
voluntariamente,
tomando la naturaleza
de siervo
y haciéndose seme-
jante a los seres
humanos.
8 Y, al manifestarse
como hombre,
se humilló a sí mismo
y se hizo obediente
hasta la muerte,
¡y muerte de cruz!
9 Por eso Dios lo exaltó
hasta lo sumo
y le otorgó el nombre
que está sobre todo
nombre,
10 para que ante el
nombre de Jesús
se doble toda rodilla
en el cielo y en la tierra
y debajo de la tierra,
11 y toda lengua confie-
se que Jesucristo es
el Señor,
para gloria de Dios
Padre.

Testimonio de luz

12 Así que, mis
queridos hermanos,
como han obedecido
siempre —no solo
en mi presencia, sino
mucho más ahora en mi
ausencia— lleven a cabo
su salvación con temor
y temblor, 13 pues Dios
es quien produce en
ustedes tanto el querer
como el hacer para que
se cumpla su buena
voluntad.
14 Háganlo todo
sin quejas ni contien-
das, 15 para que sean

RVR

irreprensibles y senci-
llos, hijos de Dios sin
mancha en medio de
una generación tortuosa
y perversa, en medio
de la cual resplandecéis
como luminares en el
mundo;
16 manteniendo en alto
la palabra de vida, para
que en el día de Cristo
yo pueda gloriarme de
que no he corrido en
vano, ni he trabajado
en vano.
17 Y aunque sea derra-
mado en libación sobre
el sacrificio y servicio
de vuestra fe, me gozo
y regocijo con todos
vosotros.
18 Y asimismo gozaos
y regocijaos también
vosotros conmigo.

Timoteo y Epafrodito

19 Espero en el Señor
Jesús enviaros pronto
a Timoteo, para que
yo también me sienta
animado al saber de
vuestro estado;
20 pues a ninguno tengo
del mismo estado de
ánimo, y que tan since-
ramente se interese por
vosotros.
21 Porque todos buscan
lo suyo propio, no lo
que es de Cristo Jesús.
22 Pero ya conocéis sus
bien probadas cualida-
des, que como hijo a pa-
dre ha servido conmigo
en el evangelio.

γένησθε	ἄμεμπτοι	καὶ	ἀκέραιοι,	τέκνα	θεοῦ	ἄμωμα	μέσον
lleguéis a ser	irreprochables	y	puros,	hijos	de Dios	intachables	en medio de
1096	273	2532	185	5043	2316	299	3319
VAMS2P	*JNPM*	*CLN*	*JNPM*	*NNPN*	*NGSM*	*JNPN*	*JASN*

γενεᾶς	σκολιᾶς	καὶ	διεστραμμένης,	ἐν	οἷς	φαίνεσθε	ὡς
una generación	torcida	y	pervertida,	entre	los que	brilláis	como
1074	4646	2532	1294	1722	3739	5316	5613
NGSF	*JGSF*	*CLN*	*VRPP-SGF*	*P*	*RR-DPM*	*VPPI2P*	*CAM*

φωστῆρες	ἐν	κόσμῳ	16 λόγον	ζωῆς	ἐπέχοντες,	εἰς	καύχημα
estrellas	en	(el) mundo,	(la) palabra$_2$	de vida$_3$	manteniendo en alto$_1$	para	orgullo
5458	1722	2889	3056	2222	1907	1519	2745
NNPM	*P*	*NDSM*	*NASM*	*NGSF*	*VPAP-PNM*	*P*	*NASN*

ἐμοὶ	εἰς	ἡμέραν	Χριστοῦ,	ὅτι	οὐκ	εἰς	κενὸν	ἔδραμον	οὐδὲ
para mí	en	(el) día	de Cristo,	que$_1$	no$_2$	en$_4$	vano$_5$	corrí$_3$	ni$_6$
1698	1519	2250	5547	3754	3756	1519	2756	5143	3761
RP1DS	*P*	*NASF*	*NGSM*	*CAZ*	*BN, TN*	*P*	*JASN*	*VAAI1S*	*TN, CLD*

εἰς	κενὸν	ἐκοπίασα.	17 ἀλλὰ	εἰ	καὶ	σπένδομαι	ἐπὶ	τῇ
en$_8$	vano.$_9$	trabajé$_7$	Pero	si	también	soy derramado en libación	sobre	el
1519	2756	2872	235	1487	2532	4689	1909	3588
P	*JASN*	*VAAI1S*	*CLC*	*CAC*	*CAN, B*	*VPPI1S*	*P*	*DDSF*

θυσίᾳ	καὶ	λειτουργίᾳ	τῆς	πίστεως	ὑμῶν,	χαίρω	καὶ	συγχαίρω
sacrificio	y	servicio	de la	fe	de vosotros,	me alegro	y	me alegro junto con
2378	2532	3009	3588	4102	5216	5463	2532	4796
NDSF	*CLN*	*NDSF*	*DGSF*	*NGSF*	*RP2GP*	*VPAI1S*	*CLN*	*VPAI1S*

πᾶσιν	ὑμῖν·	18 τὸ	δὲ	αὐτὸ	καὶ	ὑμεῖς	χαίρετε	καὶ	συγχαίρετέ
todos	vosotros;	lo$_2$	y$_1$	mismo	también	vosotros	alegraos	y	alegraos junto con
3956	5213	3588	1161	846	2532	5210	5463	2532	4796
JDPM	*RP2DP*	*DASN*	*CLN*	*RP3ASN, JASN*	*BE, TE*	*RP2NP*	*VPAM2P*	*CLN*	*VPAM2P*

μοι.
mí.
3427
RP1DS

19 Ἐλπίζω	δὲ	ἐν	κυρίῳ	Ἰησοῦ	Τιμόθεον	ταχέως	πέμψαι
espero$_2$	Y$_1$	en	(el) Señor	Jesús	a Timoteo,$_4$	pronto$_3$	enviar$_1$
1679	1161	1722	2962	2424	5095	5030	3992
VPAI1S	*CLC, CLT*	*P*	*NDSM*	*NDSM*	*NASM*	*B*	*VAAN*

ὑμῖν,	ἵνα	κἀγὼ	εὐψυχῶ	γνοὺς	τὰ	περὶ	ὑμῶν.	20 οὐδένα
a vosotros$_2$	para que	también yo	me anime	habiendo sabido	las cosas	acerca de	vosotros.	a nadie$_2$
5213	2443	2504	2174	1097	3588	4012	5216	3762
RP2DP	*CAP*	*RP1NS, TE*	*VPAS1S*	*VAAP-SNM*	*DAPN*	*P*	*RP2GP*	*JASM*

γὰρ	ἔχω	ἰσόψυχον	ὅστις	γνησίως	τὰ	περὶ	ὑμῶν
Porque$_1$	tengo	del mismo ánimo,	el cual$_1$	genuinamente$_3$	las cosas$_5$	acerca de$_4$	de vosotros;$_6$
1063	2192	2473	3748	1104	3588	4012	5216
CAZ	*VPAI1S*	*JASM*	*RR-NSM*	*B*	*DAPN*	*P*	*RP2GP*

μεριμνήσει,	21 οἱ	πάντες	γὰρ	τὰ	ἑαυτῶν	ζητοῦσιν,	οὐ	τὰ
se interesará$_2$	--$_2$	todos$_3$	porque$_1$	las cosas$_5$	de sí mismos,$_6$	buscan$_4$	no	las
3309	3588	3956	1063	3588	1438	2212	3756	3588
VFAI3S	*DNPM*	*JNPM*	*CAZ*	*DAPN*	*RF3GPM*	*VPAI3P*	*BN, TN*	*DAPN*

Ἰησοῦ	Χριστοῦ.	22 τὴν	δὲ	δοκιμὴν	αὐτοῦ	γινώσκετε,	ὅτι	ὡς
de Jesús.	Cristo	el$_3$	Pero$_1$	carácter aprobado$_4$	de él,$_5$	conocéis$_2$	que$_6$	como$_7$
2424	5547	3588	1161	1382	846	1097	3754	5613
NGSM	*NGSM*	*DASF*	*CLC*	*NASF*	*RP3GSM*	*VPAI2P*	*CSC*	*CAM*

πατρὶ	τέκνον	σὺν	ἐμοὶ	ἐδούλευσεν	εἰς	τὸ	εὐαγγέλιον.
a un padre$_8$	un hijo$_7$	con$_{10}$	mí$_{11}$	sirvió$_9$	en	el	evangelio.
3962	5043	4862	1698	1398	1519	3588	2098
NDSM	*NNSN*	*P*	*RP1DS*	*VAAI3S*	*P*	*DASN*	*NASN*

NVI

intachables y puros,
hijos de Dios sin
culpa en medio de una
generación torcida y de-
pravada. En ella ustedes
brillan como estrellas en
el firmamento, 16 mante-
niendo en alto la palabra
de vida. Así en el día de
Cristo me sentiré satisfe-
cho de no haber corrido
ni trabajado en vano.
17 Y aunque mi vida
fuera derramada sobre el
sacrificio y servicio que
proceden de su fe, me
alegro y comparto con
todos ustedes mi alegría.
18 Así también ustedes,
alégrense y compartan
su alegría conmigo.

Dos colaboradores ejemplares

19 Espero en el Señor
Jesús enviarles pronto
a Timoteo, para que
también yo cobre
ánimo al recibir noticias
de ustedes. 20 Nadie
como él se preocupa de
veras por el bienestar de
ustedes, 21 pues todos
los demás buscan sus
propios intereses y no
los de Jesucristo. 22 Pero
ustedes conocen bien la
entereza de carácter de
Timoteo, que ha servido
conmigo en la obra del
evangelio, como un
hijo junto a su padre.

NVN

23 Así que a éste espero
enviaros, tan pronto vea
cómo van mis asuntos;
24 y confío en el Señor
que yo también iré
pronto a vosotros.
25 Mas tuve por
necesario enviaros a
Epafrodito, mi herma-
no y colaborador y com-
pañero de milicia, el
cual es también enviado
vuestro y servidor para
mis necesidades;
26 porque él tenía gran
deseo de veros a todos
vosotros, y gravemente
se angustió porque
habíais oído que había
enfermado.
27 Pues en verdad estuvo
enfermo, al borde de la
muerte; pero Dios tuvo
misericordia de él, y no
solamente de él, sino
también de mí, para que
yo no tuviese tristeza
sobre tristeza.
28 Así que le envío con
mayor solicitud, para
que al verle de nuevo,
os gocéis, y yo esté con
menos tristeza.
29 Recibidle, pues, en el
Señor, con todo gozo,
y tened en alta estima a
los que son como él;
30 porque por la obra
de Cristo estuvo
próximo a la muerte,
arriesgando su vida para

23 τοῦτον	μὲν	οὖν	ἐλπίζω	πέμψαι	ὡς	ἂν	ἀφίδω	τὰ	περὶ
a este$_5$	en verdad$_2$	Así que,$_1$	espero$_3$	enviar$_4$	como$_7$	--$_8$	vea claro$_9$	las cosas$_{10}$	acerca de$_{11}$
5126	3303	3767	1679	3992	5613	302	872	3588	4012
RD-ASM	*TK, C*	*CLI*	*VPAI1S*	*VAAN*	*CAT*	*TC*	*VAAS1S*	*DAPN*	*P*

ἐμὲ	ἐξαυτῆς·	24 πέποιθα	δὲ	ἐν	κυρίῳ	ὅτι	καὶ	αὐτὸς	ταχέως
mí;$_{13}$	inmediatamente,$_6$	he confiado$_2$	mas$_1$	en	el Señor	que	también	él$_1$	pronto.$_3$
1691	1824	3982	1161	1722	2962	3754	2532	846	5030
RP1AS	*B*	*VRAI1S*	*CLK, CLN*	*P*	*NDSM*	*CSC*	*BE, TE*	*RP3NSMP*	*B*

ἐλεύσομαι.
vendrá$_2$
2064
VFMI1S

25 Ἀναγκαῖον	δὲ	ἡγησάμην	Ἐπαφρόδιτον	τὸν	ἀδελφὸν	καὶ
necesario$_3$	Pero$_1$	consideré$_2$	a Epafrodito,$_7$	el$_8$	hermano$_9$	y$_{10}$
316	1161	2233	1891	3588	80	2532
JASN	*CLC*	*VAMI1S*	*NASM*	*DASM*	*NASM*	*CLN*

συνεργὸν	καὶ	συστρατιώτην	μου,	ὑμῶν	δὲ	ἀπόστολον	καὶ
colaborador$_{11}$	y$_{12}$	compañero en la lucha$_{13}$	de mí,$_{14}$	de vosotros$_{17}$	mas$_{15}$	apóstol$_{16}$	y$_{18}$
4904	2532	4961	3450	5216	1161	652	2532
JASM	*CLN*	*NASM*	*RP1GS*	*RP2GP*	*CLC*	*NASM*	*CLN*

λειτουργὸν	τῆς	χρείας	μου,	πέμψαι	πρὸς	ὑμᾶς,	26 ἐπειδὴ	ἐπιποθῶν
ministro$_{19}$	de la$_{20}$	necesidad$_{21}$	de mí,$_{22}$	enviar$_4$	a$_5$	vosotros$_6$	Ya que$_1$	añorando$_3$
3011	3588	5532	3450	3992	4314	5209	1894	1971
NASM	*DGSF*	*NGSF*	*RP1GS*	*VAAN*	*P*	*RP2AP*	*CAZ*	*VPAP-SNM*

ἦν	πάντας	ὑμᾶς,	καὶ	ἀδημονῶν	διότι	ἠκούσατε	ὅτι	ἠσθένησεν.
estaba$_2$	a todos$_4$	vosotros,$_5$	y	estando afligido	porque	oísteis	que	estuvo enfermo.
2258	3956	5209	2532	85	1360	191	3754	770
VIAI3S	*JAPM*	*RP2AP*	*CLN*	*VPAP-SNM*	*CAZ*	*VAAI2P*	*CSC*	*VAAI3S*

27 καὶ	γὰρ	ἠσθένησεν	παραπλήσιον	θανάτῳ·	ἀλλὰ	ὁ
también$_2$	porque$_1$	estuvo enfermo	al borde	para muerte;	pero	--
2532	1063	770	3897	2288	235	3588
BE, TE	*CLX*	*VAAI3S*	*B, J*	*NDSM*	*CLC*	*DNSM*

θεὸς	ἠλέησεν	αὐτόν,	οὐκ	αὐτὸν	δὲ	μόνον	ἀλλὰ	καὶ	ἐμέ,
Dios	tuvo misericordia	de él,	no$_2$	a él,$_4$	y$_1$	solo$_3$	sino	también	a mí,
2316	1653	846	3756	846	1161	3441	235	2532	1691
NNSM	*VAAI3S*	*RP3ASM*	*CLK, TN, B*	*RP3ASM*	*CLN*	*B, J*	*CLK, CLC*	*BE, TE*	*RP1AS*

ἵνα	μὴ	λύπην	ἐπὶ	λύπην	σχῶ.	28 σπουδαιοτέρως	οὖν	ἔπεμψα
para que$_1$	no$_2$	tristeza$_4$	sobre$_5$	tristeza.$_6$	tuviera$_3$	con ansia$_2$	Así que,$_1$	envié
2443	3361	3077	1909	3077	2192	4708	3767	3992
CAP	*BN, TN*	*NASF*	*P*	*NASF*	*VAAS1S*	*B*	*CLI*	*VAAI1S*

αὐτὸν	ἵνα	ἰδόντες	αὐτὸν	πάλιν	χαρῆτε	κἀγὼ	ἀλυπότερος	ὦ.
a él,	para que	al ver	a él	de nuevo,	os alegréis,	y yo$_1$	menos triste.$_3$	esté$_2$
846	2443	1492	846	3825	5463	2504	253	5600
RP3ASM	*CAP*	*VAAP-PNM*	*RP3ASM*	*B*	*VAPS2P*	*RP1NS, CLN*	*JNSMC*	*VPAS1S*

29 προσδέχεσθε	οὖν	αὐτὸν	ἐν	κυρίῳ	μετὰ	πάσης	χαρᾶς,	καὶ
acoged$_2$	Así que$_1$	a él$_3$	en	(el) Señor	con	todo	gozo,	y$_1$
4327	3767	846	1722	2962	3326	3956	5479	2532
VPUM2P	*CLI*	*RP3ASM*	*P*	*NDSM*	*P*	*JGSF*	*NGSF*	*CLN*

τοὺς	τοιούτους	ἐντίμους	ἔχετε,	30 ὅτι	διὰ	τὸ	ἔργον	Χριστοῦ
a los$_4$	tales,$_5$	alta estima$_3$	tened$_2$	porque	por causa de	la	obra	de Cristo
3588	5108	1784	2192	3754	1223	3588	2041	5547
DAPM	*RD-APM*	*JAPM*	*VPAM2P*	*CAZ*	*P*	*DASN*	*NASN*	*NGSM*

μέχρι	θανάτου	ἤγγισεν,	παραβολευσάμενος	τῇ	ψυχῇ	ἵνα
hasta$_1$	de muerte,$_3$	estuvo cercano$_2$	habiendo arriesgado	la	vida,	para que$_1$
3360	2288	1448	3851	3588	5590	2443
P, B	*NGSM*	*VAAI3S*	*VAMP-SNM*	*DDSF*	*NDSF*	*CAP*

NVI

23 Así que espero enviár-
selo tan pronto como se
aclaren mis asuntos. 24 Y
confío en el Señor que
yo mismo iré pronto.
25 Ahora bien,
creo que es necesario
enviarles de vuelta a
Epafrodito, mi her-
mano, colaborador y
compañero de lucha, a
quien ustedes han envia-
do para atenderme en
mis necesidades. 26 Él los
extraña mucho a todos
y está afligido porque
ustedes se enteraron
de que estaba enfermo.
27 En efecto, estuvo
enfermo y al borde de
la muerte; pero Dios se
compadeció de él, y no
solo de él, sino también
de mí, para no añadir
tristeza a mi tristeza.
28 Así que lo envío
urgentemente para
que, al verlo de nuevo,
ustedes se alegren y yo
esté menos preocupa-
do. 29 Recíbanlo en el
Señor con toda alegría
y honren a los que son
como él, 30 porque
estuvo a punto de morir
por la obra de Cristo,
arriesgando la vida

RVR

suplir lo que faltaba en
vuestro servicio para
conmigo.

Prosigo al blanco

3 Por lo demás,
hermanos, gozaos
en el Señor. A mí no me
es molesto el escribiros
las mismas cosas, y para
vosotros es salvaguardia.
2 Guardaos de los
perros, guardaos de los
malos obreros, guardaos
de los mutiladores del
cuerpo.
3 Porque nosotros so-
mos la circuncisión, los
que en espíritu servimos
a Dios y nos gloriamos
en Cristo Jesús, no
teniendo confianza en
la carne.
4 Aunque yo tengo tam-
bién de qué confiar en la
carne. Si alguno piensa
que tiene de qué confiar
en la carne, yo más:
5 circuncidado al octavo
día, del linaje de Israel,
de la tribu de Benjamín,
hebreo de hebreos; en
cuanto a la ley, fariseo;
6 en cuanto a celo, per-
seguidor de la iglesia; en
cuanto a la justicia que
es en la ley, irreprensible.

ἀναπληρώσῃ	τὸ	ὑμῶν	ὑστέρημα	τῆς	πρός	με	λειτουργίας.
completara$_2$	la$_3$	de vosotros$_7$	ausencia$_4$	del$_5$	hacia$_8$	mí.$_9$	servicio$_6$
378	3588	5216	5303	3588	4314	3165	3009
VAAS3S	*DASN*	*RP2GP*	*NASN*	*DGSF*	*P*	*RP1AS*	*NGSF*

3 Τὸ	λοιπόν,*	ἀδελφοί	μου,	χαίρετε	ἐν	κυρίῳ.	τὰ
Lo	demás,	hermanos	de mí,	alegraos	en	(el) Señor.	las$_3$
3588	3063	80	3450	5463	1722	2962	3588
DASN, DNSN	*JASN, JNSN*	*NVPM*	*RP1GS*	*VPAM2P*	*P*	*NDSM*	*DAPN*

αὐτὰ	γράφειν	ὑμῖν	ἐμοὶ	μὲν	οὐκ	ὀκνηρόν,	ὑμῖν
mismas cosas$_4$	escribir$_2$	a vosotros$_5$	para mí$_6$	En verdad$_1$	no$_7$	es molesto,$_8$	a vosotros$_{10}$
846	1125	5213	1698	3303	3756	3636	5213
RP3APN, JAPN	*VPAN*	*RP2DP*	*RP1DS*	*TK, C*	*BN, TN*	*JNSN*	*RP2DP*

δὲ	ἀσφαλές.
y$_9$	(es) seguro.$_{11}$
1161	804
CLK, CLC	*JNSN*

2 Βλέπετε*	τοὺς	κύνας,	βλέπετε*1	τοὺς	κακοὺς	ἐργάτας,
Ved	a los	perros,	ved	a los	malos	obreros,
991	3588	2965	991	3588	2556	2040
VPAM2P	*DAPM*	*NAPM*	*VPAM2P*	*DAPM*	*JAPM*	*NAPM*

βλέπετε	τὴν	κατατομήν.*2	3 ἡμεῖς	γάρ	ἐσμεν	ἡ	περιτομή,
ved	la	mutilación.	nosotros$_2$	Porque$_1$	somos	la	circuncisión,
991	3588	2699	2249	1063	2070	3588	4061
VPAM2P	*DASF*	*NASF*	*RP1NP*	*CAZ*	*VPAI1P*	*DNSF*	*NNSF*

οἱ	πνεύματι	θεοῦ	λατρεύοντες	καὶ	καυχώμενοι	ἐν	Χριστῷ
los que estamos$_1$	por (el) Espíritu$_3$	de Dios$_4$	dando culto$_2$	y	enorgulleciéndonos	en	Cristo
3588	4151	2316	3000	2532	2744	1722	5547
DNPM	*NDSN*	*NGSM*	*VPAP-PNM*	*CLN*	*VPUP-PNM*	*P*	*NDSM*

Ἰησοῦ	καὶ	οὐκ	ἐν	σαρκὶ	πεποιθότες,	4 καίπερ	ἐγὼ	ἔχων*
Jesús	y$_1$	no$_2$	en$_4$	(la) carne,$_5$	confiando$_3$	aunque	yo	teniendo
2424	2532	3756	1722	4561	3982	2539	1473	2192
NDSM	*CLN*	*BN, TN*	*P*	*NDSF*	*VRAP-PNM*	*CAN*	*RP1NS*	*VPAP-SNM*

πεποίθησιν	καὶ	ἐν	σαρκί.
confianza	también	en	(la) carne.
4006	2532	1722	4561
NASF	*BE, TE*	*P*	*NDSF*

Εἴ	τις	δοκεῖ	ἄλλος	πεποιθέναι	ἐν	σαρκί,	ἐγὼ	μᾶλλον·
Si$_1$	algún$_2$	piensa$_4$	otro$_3$	confiar	en	(la) carne,	yo	más;
1487	5100	1380	243	3982	1722	4561	1473	3123
CAC	*RX-NSM*	*VPAI3S*	*JNSM*	*VRAN*	*P*	*NDSF*	*RP1NS*	*B*

5 περιτομῇ	ὀκταήμερος,	ἐκ	γένους	Ἰσραήλ,	φυλῆς	Βενιαμίν,
con circuncisión	de ocho días;	de(l)	linaje	de Israel;	de (la) tribu	de Benjamín;
4061	3637	1537	1085	2474	5443	958
NDSF	*JNSM*	*P*	*NGSN*	*NGSM, XP*	*NGSF*	*NGSM, XP*

Ἑβραῖος	ἐξ	Ἑβραίων,	κατὰ	νόμον	Φαρισαῖος,	6 κατὰ	ζῆλος
hebreo	de	hebreos;	en relación a	(la) ley,	fariseo;	en relación a	celo,
1445	1537	1445	2596	3551	5330	2596	2205
JNSM, NNSM	*P*	*JGPM, NGPM*	*P*	*NASM*	*NNSM*	*P*	*NASN*

διώκων	τὴν	ἐκκλησίαν,	κατὰ	δικαιοσύνην	τὴν	ἐν	νόμῳ
persiguiendo	a la	iglesia;	en relación a	(la) justicia,	la	(que es)en	(la) ley,
1377	3588	1577	2596	1343	3588	1722	3551
VPAP-SNM	*DASF*	*NASF*	*P*	*NASF*	*DASF*	*P*	*NDSM*

γενόμενος	ἄμεμπτος.
habiendo llegado a ser	intachable.
1096	273
VAMP-SNM	*JNSM*

NVI

para suplir el servicio
que ustedes no podían
prestarme.

Plena confianza en Cristo

3 Por lo demás,
hermanos míos,
alégrense en el Señor.
Para mí no es molestia
volver a escribirles lo
mismo, y a ustedes les da
seguridad.
2 Cuídense de esos
perros, cuídense de
esos que hacen el mal,
cuídense de esos que
mutilan el cuerpo.
3 Porque la circuncisión
somos nosotros, los que
por medio del Espíritu
de Dios adoramos, nos
enorgullecemos en
Cristo Jesús y no pone-
mos nuestra confianza
en esfuerzos humanos.
4 Yo mismo tengo moti-
vos para tal confianza. Si
cualquier otro cree tener
motivos para confiar en
esfuerzos humanos, yo
más: 5 circuncidado al
octavo día, del pueblo
de Israel, de la tribu de
Benjamín, hebreo de
pura cepa; en cuanto a
la interpretación de la
ley, fariseo; 6 en cuanto
al celo, perseguidor de
la iglesia; en cuanto a la
justicia que la ley exige,
intachable.

3:1* O sea *por lo demás.* **3:2*, 2*1** O sea *Cuídense de.* **3:2*2** O sea *Cuídense de los que mutilan el cuerpo.* **3:3*** O sea *puedo tener.*

RVR

7 Pero cuantas cosas
eran para mí ganancia,
las he estimado como
pérdida por amor de
Cristo.
8 Y ciertamente, aun
estimo todas las cosas
como pérdida por la
excelencia del conoci-
miento de Cristo Jesús,
mi Señor, por amor del
cual lo he perdido todo,
y lo tengo por basura,
para ganar a Cristo,
9 y ser hallado en él, no
teniendo mi propia
justicia, que es a base de
la ley, sino la que es por
medio de la fe de Cristo,
la justicia que procede
de Dios sobre la base
de la fe;
10 a fin de conocerle, y el
poder de su resurrec-
ción, y la participación
de sus padecimientos,
llegando a ser semejante
a él en su muerte,
11 por si de algún modo
consigo llegar a la
resurrección de entre los
muertos.
12 No que lo haya
alcanzado ya, ni que
ya haya conseguido la
perfección total; sino
que prosigo, por ver
si logro darle alcance,
puesto que yo también
fui alcanzado por Cristo
Jesús.
13 Hermanos, yo
mismo no considero
haberlo ya alcanzado;

7 Ἀλλὰ	ἅτινα	ἦν	μοι	κέρδη,	ταῦτα	ἥγημαι	διὰ	τὸν
Pero	las cuales	era(n)	para mí	ganancias,	estas	he estimado	por causa de$_2$	--$_3$
235	3748	2258	3427	2771	5023	2233	1223	3588
CLC	*RR-NPN*	*VIAI3S*	*RP1DS*	*NNPN*	*RD-APN*	*VRUI1S*	*P*	*DASM*

Χριστὸν	ζημίαν.	8 ἀλλὰ	μενοῦνγε	καὶ	ἡγοῦμαι	πάντα
Cristo.$_4$	pérdida$_1$	Pero	aún más	también	considero	todas (estas) cosas
5547	2209	235	3304	2532	2233	3956
NASM	*NASF*	*CLC*	*TE*	*BE, TE*	*VPUI1S*	*JAPN*

ζημίαν	εἶναι	διὰ	τὸ	ὑπερέχον	τῆς	γνώσεως	Χριστοῦ	Ἰησοῦ	τοῦ
pérdida$_2$	ser$_1$	a causa de	lo	excelente	del	conocimiento	de Cristo	Jesús	el
2209	1511	1223	3588	5242	3588	1108	5547	2424	3588
NASF	*VPAN*	*P*	*DASN*	*VPAP-SAN*	*DGSF*	*NGSF*	*NGSM*	*NGSM*	*DGSM*

κυρίου	μου	δι'	ὃν	τὰ	πάντα	ἐζημιώθην,	καὶ	ἡγοῦμαι
Señor	de mí,	a causa de	el que	las cosas$_2$	todas$_3$	perdí,$_1$	y	considero
2962	3450	1223	3739	3588	3956	2210	2532	2233
NGSM	*RP1GS*	*P*	*RR-ASM*	*DAPN*	*JAPN*	*VAPI1S*	*CLN*	*VPUI1S*

σκύβαλα	ἵνα	Χριστὸν	κερδήσω	9 καὶ	εὑρεθῶ	ἐν	αὐτῷ,	μὴ	ἔχων
basura	para$_1$	a Cristo$_3$	ganar$_2$	y	ser hallado	en	él,	no	teniendo
4657	2443	5547	2770	2532	2147	1722	846	3361	2192
NAPN	*CAP*	*NASM*	*VAAS1S*	*CLN*	*VAPS1S*	*P*	*RP3DSM*	*BN, TN*	*VPAP-SNM*

ἐμὴν	δικαιοσύνην	τὴν	ἐκ	νόμου	ἀλλὰ	τὴν	διὰ
mi	justicia,	la	de	(la) ley,	sino	la (que es)	por medio de
1699	1343	3588	1537	3551	235	3588	1223
JASF, RS1ASF	*NASF*	*DASF*	*P*	*NGSM*	*CLC*	*DASF*	*P*

πίστεως	Χριστοῦ,	τὴν	ἐκ	θεοῦ	δικαιοσύνην	ἐπὶ	τῇ	πίστει,
de (la) fe	de Cristo,	la$_1$	de$_3$	Dios$_4$	justicia$_2$	en	la	fe,
4102	5547	3588	1537	2316	1343	1909	3588	4102
NGSF	*NGSM*	*DASF*	*P*	*NGSM*	*NASF*	*P*	*DDSF*	*NDSF*

10 τοῦ	γνῶναι	αὐτὸν	καὶ	τὴν	δύναμιν	τῆς	ἀναστάσεως	αὐτοῦ
del	conocer	a él	y	el	poder	de la	resurrección	de él,
3588	1097	846	2532	3588	1411	3588	386	846
DGSN,DGSM	*VAAN*	*RP3ASM*	*CLN*	*DASF*	*NASF*	*DGSF*	*NGSF*	*RP3GSM*

καὶ	κοινωνίαν	παθημάτων	αὐτοῦ,	συμμορφιζόμενος	τῷ	θανάτῳ
y	comunión	de (los) sufrimientos	de él,	siendo hecho conforme	a la	muerte
2532	2842	3804	846	4833	3588	2288
CLN	*NASF*	*NGPN*	*RP3GSM*	*VPPP-SNM*	*DDSM*	*NDSM*

αὐτοῦ,	11 εἴ	πως	καταντήσω	εἰς	τὴν	ἐξανάστασιν	τὴν	ἐκ
de él,	si	de algún modo	llegara	a	la	resurrección	la	de entre
846	1487	4459	2658	1519	3588	1815	3588	1537
RP3GSM	*CAC,T*	*TK, BK*	*VAAS1S*	*P*	*DASF*	*NASF*	*DASF*	*P*

νεκρῶν.
(los) muertos.
3498
JGPM

12 Οὐχ	ὅτι	ἤδη	ἔλαβον	ἢ	ἤδη	τετελείωμαι,	διώκω
No	que	ya	(lo) obtuve	o (que)	ya	he sido perfeccionado,	prosigo$_2$
3756	3754	2235	2983	2228	2235	5048	1377
CLK,TN,B	*CSC*	*B*	*VAAI1S*	*CLD*	*B*	*VRPI1S*	*VPAI1S*

δὲ	εἰ	καὶ	καταλάβω,	ἐφ'	ᾧ	καὶ	κατελήμφθην	ὑπὸ
pero$_1$	si	también	alcanzo,	por	quien	también	fui alcanzado	por
1161	1487	2532	2638	1909	3739	2532	2638	5259
CLK, CLC	*CAC, T*	*BE, TE*	*VAAS1S*	*P*	*RR-DSN*	*BE, TE*	*VAPI1S*	*P*

Χριστοῦ.	13 ἀδελφοί,	ἐγὼ	ἐμαυτὸν	οὐ	λογίζομαι	κατειληφέναι·
Cristo.	Hermanos,	yo	mismo	no	considero	haber(lo) alcanzado;
5547	80	1473	1683	3756	3049	2638
NGSM	*NVPM*	*RP1NS*	*RF1ASM*	*CLK, TN, B*	*VPUI1S*	*VRAN*

NVI

7 Sin embargo, todo
aquello que para mí era
ganancia, ahora lo consi-
dero pérdida por causa
de Cristo. 8 Es más, todo
lo considero pérdida por
razón del incompara-
ble valor de conocer a
Cristo Jesús, mi Señor.
Por él lo he perdido
todo, y lo tengo por
estiércol, a fin de ganar a
Cristo 9 y encontrarme
unido a él. No quiero mi
propia justicia que pro-
cede de la ley, sino la que
se obtiene mediante la fe
en Cristo, la justicia que
procede de Dios, basada
en la fe. 10 Lo he perdido
todo a fin de conocer a
Cristo, experimentar el
poder que se manifestó
en su resurrección, parti-
cipar en sus sufrimientos
y llegar a ser semejante
a él en su muerte. 11 Así
espero alcanzar la
resurrección de entre los
muertos.

Ciudadanos del cielo

12 No es que ya lo
haya conseguido todo, o
que ya sea perfecto. Sin
embargo, sigo adelante
esperando alcanzar
aquello para lo cual
Cristo Jesús me alcanzó
a mí. 13 Hermanos, no
pienso que yo mismo
lo haya logrado ya.

RVR

pero una cosa hago:
olvidando lo que queda
atrás, y extendiéndome
a lo que está delante,
14 prosigo hacia la
meta, para conseguir
el premio del supremo
llamamiento de Dios en
Cristo Jesús.
15 Así que, todos los que
somos perfectos, esto
mismo sintamos; y si en
algo sentís de un modo
diferente, también esto
os lo revelará Dios.
16 Sin embargo, en
aquello a que hayamos
llegado, sigamos una
misma regla, sintamos
una misma cosa.
17 Hermanos, sed imita-
dores de mí, y fijaos en
los que así se conducen
según el modelo que
tenéis en nosotros.
18 Porque por ahí andan
muchos, de los cuales os
dije muchas veces, y aun
ahora lo digo llorando,
que son enemigos de la
cruz de Cristo;
19 el fin de los cuales será
perdición, cuyo dios es
el vientre, y cuya gloria
está en su vergüenza;
que sólo piensan en lo
terrenal.
20 Mas nuestra ciuda-
danía está en los cielos,
de donde también
esperamos al Salvador,
al Señor Jesucristo;
21 el cual transfigurará

ἓν δέ, τὰ μὲν ὀπίσω ἐπιλανθανόμενος τοῖς δὲ
una cosa$_3$ pero$_1$ las cosas$_5$ en verdad$_4$ de atrás,$_6$ olvidando$_2$ a las de$_9$ y$_7$
1520 1161 3588 3303 3694 1950 3588 1161
JASN, JNSN CLK, CLC DAPN TK, C BP VPUP-SNM DDPN CLK, CLC

ἔμπροσθεν ἐπεκτεινόμενος, 14 κατὰ σκοπὸν διώκω εἰς τὸ βραβεῖον
delante,$_{10}$ extendiendo$_8$ hacia$_2$ (la)meta$_3$ prosigo,$_1$ hacia el premio
1715 1901 2596 4649 1377 1519 3588 1017
BP VPUP-SNM P NASM VPAI1S P DASN NASN

τῆς ἄνω κλήσεως τοῦ θεοῦ ἐν Χριστῷ Ἰησοῦ. 15 ὅσοι οὖν
del$_1$ de arriba,$_3$ llamamiento$_2$ de -- Dios en Cristo Jesús. todos los$_2$ Así que,$_1$
3588 507 2821 3588 2316 1722 5547 2424 3745 3767
DGSF BP NGSF DGSM NGSM P NDSM NDSM RK-NPM CLI

τέλειοι, τοῦτο φρονῶμεν· καὶ εἴ τι ἑτέρως φρονεῖτε, καὶ
perfectos$_3$ esto pensamos; y si algo de manera diferente pensáis, también
5046 5124 5426 2532 1487 5100 2088 5426 2532
JNPM RD-ASN VPAS1P CLN CAC RX-ASN B VPAI2P BE, TE

τοῦτο ὁ θεὸς ὑμῖν ἀποκαλύψει· 16 πλὴν εἰς ὃ ἐφθάσαμεν,
esto --$_1$ Dios$_2$ a vosotros.$_4$ revelará$_3$ No obstante, a lo que llegamos,
5124 3588 2316 5213 601 4133 1519 3739 5348
RD-ASN DNSM NNSM RP2DP VFAI3S CLC P RR-ASN VAAI1P

τῷ αὐτῷ στοιχεῖν.
en lo mismo (hay que)andar.
3588 846 4748
DDSN, DDSM RP3DSN, JDSN VPAN

17 Συμμιμηταί μου γίνεσθε, ἀδελφοί, καὶ σκοπεῖτε τοὺς οὕτω
imitadores$_3$ de mí,$_4$ llegad a ser$_2$ Hermanos,$_1$ y poned atención a los$_1$ así$_3$
4831 3450 1096 80 2532 4648 3588 3779
NNPM RP1GS VPUM2P NVPM CLN VPAM2P DAPM CLK, B

περιπατοῦντας καθὼς ἔχετε τύπον ἡμᾶς· 18 πολλοὶ γὰρ περιπατοῦσιν
que están andando$_2$ como tenéis modelo a nosotros. muchos$_2$ Porque$_1$ andan,$_3$
4043 2531 2192 5179 2248 4183 1063 4043
VPAP-PAM CLK, CAM VPAI2P NASM RP1AP JNPM CAZ VPAI3P

οὓς πολλάκις ἔλεγον ὑμῖν, νῦν δὲ καὶ κλαίων λέγω, τοὺς
a los cuales$_4$ a menudo$_7$ decía$_5$ vosotros,$_6$ ahora$_9$ pero$_8$ también$_{11}$ llorando,$_{12}$ digo$_{10}$ (como) los
3739 4178 3004 5213 3568 1161 2532 2799 3004 3588
RR-APM B VIAI1S RP2DP B CLC CLA, B VPAP-SNM VPAI1S DAPM

ἐχθροὺς τοῦ σταυροῦ τοῦ Χριστοῦ, 19 ὧν τὸ τέλος ἀπώλεια,
enemigos de la cruz de -- Cristo, cuyo -- final (es) destrucción,
2190 3588 4716 3588 5547 3739 3588 5056 684
JAPM DGSM NGSM DGSM NGSM RR-GPM DNSN NNSN NNSF

ὧν ὁ θεὸς ἡ κοιλία καὶ ἡ δόξα ἐν τῇ αἰσχύνῃ
cuyo -- dios (es) el vientre, y la gloria (está)en la vergüenza
3739 3588 2316 3588 2836 2532 3588 1391 1722 3588 152
RR-GPM DNSM NNSM DNSF NNSF CLN DNSF NNSF P DDSF NDSF

αὐτῶν, οἱ τὰ ἐπίγεια φρονοῦντες. 20 ἡμῶν γὰρ τὸ
de ellos, los$_1$ (en) las cosas$_3$ terrenales.$_4$ que piensan$_2$ de nosotros$_4$ Porque$_1$ el$_2$
846 3588 3588 1919 5426 2257 1063 3588
RP3GPM DNPM DAPN JAPN VPAP-PNM RP1GP CAZ DNSN

πολίτευμα ἐν οὐρανοῖς ὑπάρχει, ἐξ οὗ καὶ σωτῆρα
lugar de ciudadanía$_3$ en$_6$ (los) cielos,$_7$ está$_5$ de quien también al Salvador$_2$
4175 1722 3772 5225 1537 3739, 3757 2532 4990
NNSN P NDPM VPAI3S P RR-GSM BE, TE NASM

ἀπεκδεχόμεθα κύριον Ἰησοῦν Χριστόν, 21 ὃς μετασχηματίσει
esperamos ansiosamente,$_1$ (el) Señor Jesús. Cristo el cual transformará
553 2962 2424 5547 3739 3345
VPUI1P NASM NASM NASM RR-NSM VFAI3S

NVI

Más bien, una cosa
hago: olvidando lo que
queda atrás y esforzán-
dome por alcanzar lo
que está delante, 14 sigo
avanzando hacia la meta
para ganar el premio que
Dios ofrece mediante su
llamamiento celestial en
Cristo Jesús.
15 Así que, ¡escuchen
los perfectos! Todos
debemos tener este
modo de pensar. Y, si en
algo piensan de forma
diferente, Dios les hará
ver esto también. 16 En
todo caso, vivamos de
acuerdo con lo que ya
hemos alcanzado.
17 Hermanos, sigan
todos mi ejemplo, y
fíjense en los que se
comportan conforme al
modelo que les hemos
dado. 18 Como les he
dicho a menudo, y ahora
lo repito hasta con lá-
grimas, muchos se com-
portan como enemigos
de la cruz de Cristo. 19 Su
destino es la destruc-
ción, adoran al dios de
sus propios deseos y se
enorgullecen de lo que
es su vergüenza. Solo
piensan en lo terrenal.
20 En cambio, nosotros
somos ciudadanos del
cielo, de donde anhela-
mos recibir al Salvador,
el Señor Jesucristo.
21 Él transformará

NVR

el cuerpo de nuestro estado de humillación, conformándolo al cuerpo de la gloria suya, en virtud del poder que tiene también para someter a sí mismo todas las cosas.

Regocijo y paz en el Señor

4 Así que, hermanos míos amados y deseados, gozo y corona mía, estad así firmes en el Señor, amados.
2 Ruego a Evodia y ruego a Síntique, que sean de un mismo sentir en el Señor.
3 Asimismo te ruego también a ti, compañero fiel, que ayudes a éstas que combatieron juntamente conmigo en el evangelio, con Clemente también y los demás colaboradores míos, cuyos nombres están en el libro de la vida.
4 Regocijaos en el Señor siempre. Otra vez digo: ¡Regocijaos!
5 Vuestra mesura sea conocida de todos los hombres. El Señor está cerca.
6 Por nada os inquietéis, sino que sean presentadas vuestras peticiones delante de Dios mediante oración y ruego con acción de gracias.

τὸ	σῶμα	τῆς	ταπεινώσεως	ἡμῶν	σύμμορφον	τῷ	σώματι	τῆς
el	cuerpo	de la	humillación	de nosotros,	de forma similar	al	cuerpo	de la
3588	4983	3588	5014	2257	4832	3588	4983	3588
DASN	NASN	DGSF	NGSF	RP1GP	JASN	DDSN	NDSN	DGSF

δόξης	αὐτοῦ	κατὰ	τὴν	ἐνέργειαν	τοῦ	δύνασθαι	αὐτὸν	καὶ
gloria	de él,	conforme a	la	actividad	del	poder,	él	también
1391	846	2596	3588	1753	3588	1410	846	2532
NGSF	RP3GSM	P	DASF	NASF	DGSN, DGSM	VPUN	RP3ASM	CLA, B

ὑποτάξαι	αὐτῷ	τὰ	πάντα.
someter	a él mismo	las cosas.$_2$	todas$_1$
5293	846	3588	3956
VAAN	RP3DSM	DAPN	JAPN

4 ὥστε,	ἀδελφοί	μου	ἀγαπητοὶ	καὶ	ἐπιπόθητοι,	χαρὰ	καὶ
Así que,	hermanos	de mí,	amados	y	añorados,	gozo	y
5620	80	3450	27	2532	1973	5479	2532
CLI	NVPM	RP1GS	JNPM	CLN	JNPM	NNSF	CLN

στέφανός	μου,	οὕτως	στήκετε	ἐν	κυρίῳ,	ἀγαπητοί.
corona	de mí,	así	estad firmes	en	(el) Señor,	amados.
4735	3450	3779	4739	1722	2962	27
NNSM	RP1GS	B	VPAM2P	P	NDSM	JVPM

2 Εὐοδίαν	παρακαλῶ	καὶ	Συντύχην	παρακαλῶ	τὸ	αὐτὸ
a Evodia,$_2$	Exhorto$_1$	y$_3$	a Síntique,$_5$	exhorto$_4$	lo$_7$	mismo$_8$
2136	3870	2532	4941	3870	3588	846
NASF	VPAI1S	CLN	NASF	VPAI1S	DASN	RP3ASN, JASN

φρονεῖν	ἐν	κυρίῳ.	3 ναὶ	ἐρωτῶ	καὶ	σέ,	γνήσιε	σύζυγε,
pensar$_6$	en$_9$	(el) Señor.$_{10}$	Sí,	ruego	también	a ti	genuino	compañero de trabajo,
5426	1722	2962	3483	2065	2532	4571	1103	4805
VPAN	P	NDSM	I, TE	VPAI1S	BE, TE	RP2AS	JVSM	JVSM

συλλαμβάνου	αὐταῖς,	αἵτινες	ἐν	τῷ	εὐαγγελίῳ	συνήθλησάν	μοι
ayuda	a ellas,	las que	en$_3$	el$_4$	evangelio$_5$	lucharon junto$_1$	a mí,$_2$
4815	846	3748	1722	3588	2098	4866	3427
VPMM2S	RP3DPF	RR-NPF	P	DDSN	NDSN	VAAI3P	RP1DS

μετὰ	καὶ	Κλήμεντος	καὶ	τῶν	λοιπῶν	συνεργῶν	μου,	ὧν	τὰ
con$_7$	también$_6$	Clemente$_8$	y	los	demás	colaboradores	de mí,	cuyos	--
3326	2532	2815	2532	3588	3062	4904	3450	3739	3588
P	TE, C	NGSM	CLN	DGPM	JGPM	JGPM	RP1GS	RR-GPM	DNPN

ὀνόματα	ἐν	βίβλῳ	ζωῆς.
nombres (están)	en	(el) libro	de (la) vida.
3686	1722	976	2222
NNPN	P	NDSF	NGSF

4 Χαίρετε	ἐν	κυρίῳ	πάντοτε·	πάλιν	ἐρῶ,	χαίρετε.	5 τὸ	ἐπιεικὲς
Alegraos	en	(el) Señor	siempre;	de nuevo	diré:	alegraos.	Lo	amable
5463	1722	2962	3842	3825	2046	5463	3588	1933
VPAM2P	P	NDSM	B	B	VFAI1S	VPAM2P	DNSN	JNSN

ὑμῶν	γνωσθήτω	πᾶσιν	ἀνθρώποις.	ὁ	κύριος	ἐγγύς.	6 μηδὲν
de vosotros	sea conocido	a todos	los seres humanos.	El	Señor	(está) cerca.	(Por) nada
5216	1097	3956	444	3588	2962	1451	3367
RP2GP	VAPM3S	JDPM	NDPM	DNSM	NNSM	B	JASN

μεριμνᾶτε,	ἀλλ'	ἐν	παντὶ	τῇ	προσευχῇ	καὶ	τῇ	δεήσει	μετ'
estéis ansiosos,	sino	en$_8$	todo$_9$	con --$_{10}$	oración$_{11}$	y$_{12}$	--$_{13}$	súplica$_{14}$	con$_{15}$
3309	235	1722	3956	3588	4335	2532	3588	1162	3326
VPAM2P	CLC	P	JDSN	DDSF	NDSF	CLN	DDSF	NDSF	P

εὐχαριστίας	τὰ	αἰτήματα	ὑμῶν	γνωριζέσθω	πρὸς	τὸν	θεόν.
acción de gracias,.$_{16}$	las$_1$	peticiones$_2$	de vosotros$_3$	sean dadas a conocer$_4$	a$_5$	--$_6$	Dios,$_7$
2169	3588	155	5216	1107	4314	3588	2316
NGSF	DNPN, DAPN	NNPN, NAPN	RP2GP	VPPM3S	P	DASM	NASM

NVI

nuestro cuerpo miserable para que sea como su cuerpo glorioso, mediante el poder con que somete a sí mismo todas las cosas.

4 Por lo tanto, queridos hermanos míos, a quienes amo y extraño mucho, ustedes que son mi alegría y mi corona, manténganse así firmes en el Señor.

Exhortaciones

2 Ruego a Evodia y también a Síntique que se pongan de acuerdo en el Señor. 3 Y a ti, mi fiel compañero, te pido que ayudes a estas mujeres que han luchado a mi lado en la obra del evangelio, junto con Clemente y los demás colaboradores míos, cuyos nombres están en el libro de la vida.

4 Alégrense siempre en el Señor. Insisto: ¡Alégrense! 5 Que su amabilidad sea evidente a todos. El Señor está cerca. 6 No se inquieten por nada; más bien, en toda ocasión, con oración y ruego, presenten sus peticiones a Dios y denle gracias.

RVR

7 Y la paz de Dios, que
sobrepasa a todo en-
tendimiento, guardará
vuestros corazones y
vuestros pensamientos
en Cristo Jesús.

El secreto de la paz mental

8 Por lo demás, her-
manos, todo lo que
es verdadero, todo lo
respetable, todo lo justo,
todo lo puro, todo lo
amable, todo lo que es
de buena reputación;
si hay virtud alguna, si
algo digno de alabanza,
en esto pensad.
9 Lo que aprendisteis y
recibisteis y oísteis y vis-
teis en mí, ponedlo por
obra; y el Dios de la paz
estará con vosotros.

Actitud de Pablo hacia las cosas materiales

10 En gran manera me
gocé en el Señor de que
ya al fin habéis reaviva-
do vuestro cuidado de
mí; de lo cual también
estabais solícitos, pero
os faltaba la oportu-
nidad.
11 No lo digo porque
tenga escasez, pues he
aprendido a contentar-
me, cualquiera que sea
mi situación.
12 Sé vivir en escasez, y
sé vivir en abundancia;
en todo y por todo he
aprendido el secreto,

7καὶ	ἡ	εἰρήνη	τοῦ	θεοῦ	ἡ	ὑπερέχουσα	πάντα	νοῦν
Y	la	paz	de --	Dios,	la que	sobrepasa	todo	entendimiento,
2532	3588	1515	3588	2316	3588	5242	3956	3563
CLN	*DNSF*	*NNSF*	*DGSM*	*NGSM*	*DNSF*	*VPAP-SNF*	*JASM*	*NASM*

φρουρήσει	τὰς	καρδίας	ὑμῶν	καὶ	τὰ	νοήματα	ὑμῶν	ἐν	Χριστῷ
guardará	los	corazones	de vosotros	y	los	pensamientos	de vosotros	en	Cristo
5432	3588	2588	5216	2532	3588	3540	5216	1722	5547
VFAI3S	*DAPF*	*NAPF*	*RP2GP*	*CLN*	*DAPN*	*NAPN*	*RP2GP*	*P*	*NDSM*

Ἰησοῦ.
Jesús.
2424
NDSM

8Τὸ	λοιπόν,	ἀδελφοί,	ὅσα	ἐστὶν	ἀληθῆ,	ὅσα
Lo	demás,	hermanos,	cuantas cosas	es (son)	verdaderas	cuantas
3588	3063	80	3745	2076	227	3745
DASN, DNSN	*JASN, JNSN*	*NVPM*	*RK-NPN*	*VPAI3S*	*JNPN*	*RK-NPN*

σεμνά,	ὅσα	δίκαια,	ὅσα	ἁγνά,	ὅσα	προσφιλῆ,	ὅσα
honorables,	cuantas	justas,	cuantas	puras,	cuantas	amables,	cuantas
4586	3745	1342	3745	53	3745	4375	3745
JNPN	*RK-NPN*	*JNPN*	*RK-NPN*	*JNPN*	*RK-NPN*	*JNPN*	*RK-NPN*

εὔφημα,	εἴ	τις	ἀρετὴ	καὶ	εἴ	τις	ἔπαινος,	ταῦτα
de buena reputación;	si	alguna	virtud	y	si	alguna	alabanza,	estas cosas$_2$
2163	1487	5100	703	2532	1487	5100	1868	5023
JNPN	*CAC*	*RX-NSF*	*NNSF*	*CLN*	*CAC*	*RX-NSM*	*NNSM*	*RD-APN*

λογίζεσθε·	9ἃ	καὶ	ἐμάθετε	καὶ	παρελάβετε	καὶ	ἠκούσατε
considerad;$_1$	las que	también	aprendisteis	y	recibisteis	y	oísteis
3049	3739	2532	3129	2532	3880	2532	191
VPUM2P	*RR-APN*	*CLK*	*VAAI2P*	*CLK, CLN*	*VAAI2P*	*CLK, CLN*	*VAAI2P*

καὶ	εἴδετε	ἐν	ἐμοί,	ταῦτα	πράσσετε·	καὶ	ὁ	θεὸς	τῆς	εἰρήνης
y	visteis	en	mí,	estas cosas$_2$	practicad;$_1$	y	el	Dios	de --	paz
2532	1492	1722	1698	5023	4238	2532	3588	2316	3588	1515
CLK, CLN	*VAAI2P*	*P*	*RP1DS*	*RD-APN*	*VPAM2P, VPAI2P*	*CLN*	*DNSM*	*NNSM*	*DGSF*	*NGSF*

ἔσται	μεθ'	ὑμῶν.
estará	con	vosotros.
2071	3326	5216
VFMI3S	*P*	*RP2GP*

10Ἐχάρην	δὲ	ἐν	κυρίῳ	μεγάλως	ὅτι	ἤδη	ποτὲ	ἀνεθάλετε
me alegré$_2$	Pero$_1$	en	(el) Señor	grandemente	porque	ya	por fin	reavivasteis
5463	1161	1722	2962	3171	3754	2235	4218	330
VAPI1S	*CLT*	*P*	*NDSM*	*B*	*CAZ*	*B*	*BX, TX*	*VAAI2P*

τὸ	ὑπὲρ	ἐμοῦ	φρονεῖν,	ἐφ'	ᾧ	καὶ	ἐφρονεῖτε	ἠκαιρεῖσθε
el$_1$	en favor de$_3$	mí;$_4$	pensar$_2$	sobre	lo que	también	pensabais,	no teníais oportunidad.$_2$
3588	5228	1700	5426	1909	3739	2532	5426	170
DASN	*P*	*RP1GS*	*VPAN*	*P*	*RR-DSN*	*BE, TE*	*VIAI2P*	*VIUI2P*

δέ.	11οὐχ	ὅτι	καθ'	ὑστέρησιν	λέγω,*	ἐγὼ	γὰρ	ἔμαθον	ἐν
pero$_1$	No	que	según	necesidad	digo,	yo$_2$	porque$_1$	aprendí	en
1161	3756	3754	2596	5304	3004	1473	1063	3129	1722
CLC	*BN, TN*	*CSC*	*P*	*NASF*	*VPAI1S*	*RP1NS*	*CAZ*	*VAAI1S*	*P*

οἷς	εἰμι	αὐτάρκης	εἶναι.	12οἶδα	καὶ	ταπεινοῦσθαι,	οἶδα
las (circunstancias) que	estoy,	satisfecho.$_2$	a estar$_1$	Sé	también	estar en pobreza,	sé
3739	1510	842	1511	1492	2532	5013	1492
RR-DPN	*VPAI1S*	*JNSM*	*VPAN*	*VRAI1S*	*CLK, B*	*VPPN*	*VRAI1S*

καὶ	περισσεύειν·	ἐν	παντὶ	καὶ	ἐν	πᾶσιν	μεμύημαι,	καὶ
también	tener abundancia;	en	todo	y	en	todas las cosas	he sido instruido,	y
2532	4052	1722	3956	2532	1722	3956	3453	2532
CLK, CLN, B	*VPAN*	*P*	*JDSN, JDSM*	*CLN*	*P*	*JDPN, JDPM*	*VRPI1S*	*CLK*

NVI

7 Y la paz de Dios,
que sobrepasa todo
entendimiento, cuidará
sus corazones y sus
pensamientos en Cristo
Jesús.
8 Por último, herma-
nos, consideren bien
todo lo verdadero, todo
lo respetable, todo lo
justo, todo lo puro, todo
lo amable, todo lo digno
de admiración, en fin,
todo lo que sea exce-
lente o merezca elogio.
9 Pongan en práctica lo
que de mí han aprendi-
do, recibido y oído, y lo
que han visto en mí, y el
Dios de paz estará con
ustedes.

Gratitud por la ayuda recibida

10 Me alegro muchí-
simo en el Señor de que
al fin hayan vuelto a
interesarse en mí. Claro
está que tenían interés,
solo que no habían
tenido la oportunidad
de demostrarlo. 11 No
digo esto porque esté
necesitado, pues he
aprendido a estar
satisfecho en cualquier
situación en que me
encuentre. 12 Sé lo que es
vivir en la pobreza, y lo
que es vivir en la abun-
dancia. He aprendido a

4:11* O sea *No lo digo porque.*

RVR

lo mismo de estar
saciado que de tener
hambre, lo mismo de
tener abundancia que
de padecer necesidad.
13 Todo lo puedo en
Cristo que me fortalece.
14 Sin embargo, bien
hicisteis en participar
conmigo en mi tribu-
lación.
15 Y sabéis también
vosotros, oh filipen-
ses, que al principio
de la predicación del
evangelio, cuando partí
de Macedonia, ninguna
iglesia participó con-
migo en razón de dar
y recibir, sino vosotros
solos;
16 pues aun a Tesalónica
me enviasteis una y otra
vez para mis necesi-
dades.
17 No es que busque
dádivas, sino que busco
fruto que abunde en
vuestra cuenta.
18 Pero todo lo he recibi-
do, y tengo abundancia;
estoy lleno, habiendo
recibido de Epafrodito
lo que enviasteis; olor
fragante, sacrificio acep-
to, agradable a Dios.
19 Y mi Dios proveerá
a todas vuestras nece-
sidades conforme a sus
riquezas en gloria en
Cristo Jesús.
20 A nuestro Dios y
Padre sea la gloria
por los siglos de los

χορτάζεσθαι καὶ πεινᾶν, καὶ περισσεύειν καὶ ὑστερεῖσθαι·
estar saciado y tener hambre y tener abundancia y estar en necesidad.
5526 2532 3983 2532 4052 2532 5302
VPPN CLK, CLN VPAN CLK VPAN CLK, CLN VPPN

13 πάντα ἰσχύω ἐν τῷ ἐνδυναμοῦντί ⸀με. 14 πλὴν καλῶς
todas las cosas$_2$ Puedo$_1$ en el que fortalece a mí. No obstante, bien$_2$
3956 2480 1722 3588 1743 3165 4133 2573
JAPN VPAI1S P DDSM VPAP-SDM RP1AS CLC B

ἐποιήσατε συγκοινωνήσαντές μου τῇ θλίψει.
hicisteis$_1$ habiendo participado$_3$ de mí.$_6$ la$_4$ aflicción$_5$
4160 4790 3450 3588 2347
VAAI2P VAAP-PNM RP1GS DDSF NDSF

15 Οἴδατε δὲ καὶ ὑμεῖς, Φιλιππήσιοι, ὅτι ἐν ἀρχῇ τοῦ
sabéis$_2$ Y$_1$ también vosotros, filipenses, que en (el) principio del
1492 1161 2532 5210 5374 3754 1722 746 3588
VRAI2P CLN BE, TE RP2NP NVPM CSC P NDSF DGSN

εὐαγγελίου, ὅτε ἐξῆλθον ἀπὸ Μακεδονίας, οὐδεμία μοι ἐκκλησία
evangelio, cuando salí de Macedonia, ninguna$_1$ conmigo$_4$ iglesia$_2$
2098 3753 1831 575 3109 3762 3427 1577
NGSN CAT VAAI1S P NGSF JNSF RP1DS NNSF

ἐκοινώνησεν εἰς λόγον δόσεως καὶ λήμψεως εἰ μὴ ὑμεῖς
compartió$_3$ en (el) asunto de dar y recibir, si no vosotros,
2841 1519 3056 1394 2532 3028 1487 3361 5210
VAAI3S P NASM NGSF CLN NGSF CAC BN, TN RP2NP

μόνοι, 16 ὅτι καὶ ἐν Θεσσαλονίκῃ καὶ ἅπαξ καὶ δὶς εἰς
solo Porque también en Tesalónica, también una vez y dos veces para$_3$
3441 3754 2532 1722 2332 2532 530 2532 1364 1519
JNPM CAZ CLA, B P NDSF CLK B CLK, CLN B P

τὴν χρείαν μοι ἐπέμψατε. 17 οὐχ ὅτι ἐπιζητῶ τὸ δόμα, ἀλλὰ
la$_4$ necesidad.$_5$ a mí$_2$ enviasteis$_1$ no$_2$ Porque$_1$ busco$_3$ la dádiva, sino
3588 5532 3427 3992 3756 3754 1934 3588 1390 235
DASF NASF RP1DS VAAI2P CLK,TN,B CSC VPAI1S DASN NASN CLK, CLC

ἐπιζητῶ τὸν καρπὸν τὸν πλεονάζοντα εἰς λόγον ὑμῶν.
busco el fruto el que crezca para (el) asunto de vosotros.
1934 3588 2590 3588 4121 1519 3056 5216
VPAI1S DASM NASM DASM VPAP-SAM P NASM RP2GP

18 ἀπέχω δὲ πάντα καὶ περισσεύω· πεπλήρωμαι δεξάμενος παρὰ
recibo$_2$ Y$_1$ todo$_3$ y tengo abundancia; he sido llenado al recibir de parte de
568 1161 3956 2532 4052 4137 1209 3844
VPAI1S CLN JAPN CLN VPAI1S VRPI1S VAMP-SNM P

Ἐπαφροδίτου τὰ παρ᾽ ὑμῶν,* ὀσμὴν εὐωδίας, θυσίαν δεκτήν,
Epafrodito las de parte de vosotros, olor de fragancia, sacrificio aceptable,
1891 3588 3844 5216 3744 2175 2378 1184
NGSM DAPN P RP2GP NASF NGSF NASF JASF

εὐάρεστον τῷ θεῷ. 19 ὁ δὲ θεός μου πληρώσει πᾶσαν χρείαν
agradable para -- Dios. el$_2$ Y$_1$ Dios$_3$ de mí llenará toda necesidad
2101 3588 2316 3588 1161 2316 3450 4137 3956 5532
JASF DDSM NDSM DNSM CLN NNSM RP1GS VFAI3S JASF NASF

ὑμῶν κατὰ τὸ πλοῦτος αὐτοῦ ἐν δόξῃ ἐν Χριστῷ Ἰησοῦ.
de vosotros conforme a la riqueza de él en gloria en Cristo Jesús.
5216 2596 3588 4149 846 1722 1391 1722 5547 2424
RP2GP P DASN NASN RP3GSM P NDSF P NDSM NDSM

20 τῷ δὲ θεῷ καὶ πατρὶ ἡμῶν ἡ δόξα εἰς τοὺς αἰῶνας τῶν
al$_2$ Y$_1$ Dios$_3$ y Padre de nosotros (sea) la gloria por los siglos de los
3588 1161 2316 2532 3962 2257 3588 1391 1519 3588 165 3588
DDSM CLN NDSM CLN NDSM RP1GP DNSF NNSF P DAPM NAPM DGPM

NVI

vivir en todas y cada una
de las circunstancias,
tanto a quedar saciado
como a pasar hambre,
a tener de sobra como a
sufrir escasez. 13 Todo lo
puedo en Cristo que me
fortalece.
14 Sin embargo, han
hecho bien en participar
conmigo en mi angustia.
15 Y ustedes mismos, fi-
lipenses, saben que en el
principio de la obra del
evangelio, cuando salí
de Macedonia, ninguna
iglesia participó con-
migo en mis ingresos y
gastos, excepto ustedes.
16 Incluso a Tesalónica
me enviaron ayuda una
y otra vez para suplir mis
necesidades. 17 No digo
esto porque esté tratan-
do de conseguir más
ofrendas, sino que trato
de aumentar el crédito a
su cuenta. 18 Ya he recibi-
do todo lo que necesito
y aún más; tengo hasta
de sobra ahora que he
recibido de Epafrodito
lo que me enviaron. Es
una ofrenda fragante, un
sacrificio que Dios acep-
ta con agrado. 19 Así que
mi Dios les proveerá de
todo lo que necesiten,
conforme a las gloriosas
riquezas que tiene en
Cristo Jesús.
20 A nuestro Dios
y Padre sea la gloria
por los siglos de los

4:13⸀ Manuscritos inferiores aumentaron *Cristo*. **4:18*** O sea *las cosas que vosotros enviasteis.*

RVR

siglos. Amén.

Saludos finales

21 Saludad a todos los
santos en Cristo Jesús.
Los hermanos que están
conmigo os saludan.
22 Todos los santos os
saludan, y especialmen-
te los de la casa de César.
23 La gracia de nuestro
Señor Jesucristo sea con
todos vosotros. Amén.

αἰώνων·	ἀμήν.
siglos;	amén.
165	281
NGPM	*I, XF*

21 Ἀσπάσασθε	πάντα	ἅγιον	ἐν	Χριστῷ	Ἰησοῦ.	ἀσπάζονται
Saludad	a todos	(los) santo(s)	en	Cristo	Jesús.	saludan$_5$
782	3956	40	1722	5547	2424	782
VAMM2P	*JASM*	*JASM*	*P*	*NDSM*	*NDSM*	*VPUI3P*

ὑμᾶς	οἱ	σὺν	ἐμοὶ	ἀδελφοί.	22 ἀσπάζονται	ὑμᾶς	πάντες
a vosotros.$_6$	Los$_1$	(que están) con$_3$	mí$_4$	hermanos$_2$	saludan$_4$	a vosotros.$_5$	todos$_1$
5209	3588	4862	1698	80	782	5209	3956
RP2AP	*DNPM*	*P*	*RP1DS*	*NNPM*	*VPUI3P*	*RP2AP*	*JNPM*

οἱ	ἅγιοι,	μάλιστα	δὲ	οἱ	ἐκ	τῆς	Καίσαρος	οἰκίας.	23 ἡ	χάρις
los$_2$	santos$_3$	especialmente$_7$	y$_6$	los$_8$	de$_9$	la$_{10}$	del César.$_{12}$	casa$_{11}$	La	gracia
3588	40	3122	1161	3588	1537	3588	2541	3614	3588	5485
DNPM	*JNPM*	*BS*	*CLN*	*DNPM*	*P*	*DGSF*	*NGSM*	*NGSF*	*DNSF*	*NNSF*

τοῦ	κυρίου	Ἰησοῦ	Χριστοῦ	μετὰ	⸂τοῦ	πνεύματος⸃	⸀ὑμῶν.
del	Señor	Jesucristo		(sea) con	el	espíritu	de vosotros.
3588	2962	2424	5547	3326	3588	4151	5216
DGSM	*NGSM*	*NGSM*	*NGSM*	*P*	*DGSN, DGSM*	*NGSN*	*RP2GP*

NVI

siglos. Amén.

Saludos finales

21 Saluden a todos los
santos en Cristo Jesús.
Los hermanos que están
conmigo les mandan
saludos. 22 Saludos de
parte de todos los san-
tos, especialmente los de
la casa del emperador.
23 Que la gracia del
Señor Jesucristo sea con
su espíritu. Amén.

4:23⸂⸃ Manuscritos de menor valor dicen *todos*. **4:23⸀** Manuscritos de menor valor aumentaron *Amén*.

Epístola a los

COLOSENSES

ΠΡΟΣ ΚΟΛΟΣΣΑΕΙΣ

RVR

Saludo

1 Pablo, apóstol
de Jesucristo por
voluntad de Dios, y el
hermano Timoteo,
2 a los santos y fieles
hermanos en Cristo que
están en Colosas: Gracia
y paz sean a vosotros, de
parte de Dios nuestro
Padre y del Señor
Jesucristo.

Pablo pide que Dios les conceda sabiduría espiritual

3 Damos gracias al Dios
y Padre de nuestro
Señor Jesucristo,
orando siempre por
vosotros,
4 habiendo oído de
vuestra fe en Cristo
Jesús, y del amor que
tenéis hacia todos los
santos,
5 a causa de la esperanza
que os está reservada
en los cielos, de la cual
ya oísteis antes por la
palabra verdadera del
evangelio,
6 el cual ha llegado
hasta vosotros, así como
a todo el mundo, y
está llevando fruto y
creciendo también en
vosotros, desde el día
que lo oísteis y com-
prendisteis la gracia de

1

Παῦλος	ἀπόστολος	Χριστοῦ	Ἰησοῦ	διὰ	θελήματος	θεοῦ	καὶ
Pablo,	apóstol	de Cristo	Jesús	mediante	voluntad	de Dios,	y$_1$
3972	652	5547	2424	1223	2307	2316	2532
NNSM	*NNSM*	*NGSM*	*NGSM*	*P*	*NGSN*	*NGSM*	*CLN*

Τιμόθεος	ὁ	ἀδελφὸς	2 τοῖς	ἐν	Κολοσσαῖς	ἁγίοις	καὶ	πιστοῖς
Timoteo$_4$	el$_2$	hermano$_3$	a los$_1$	(que están)en$_8$	Colosas:$_9$	santos$_2$	y$_3$	fieles$_4$
5095	3588	80	3588	1722	2857	40	2532	4103
NNSM	*DNSM*	*NNSM*	*DDPM*	*P*	*NDPF*	*JDPM*	*CLN*	*JDPM*

ἀδελφοῖς	ἐν	Χριστῷ·	χάρις	ὑμῖν	καὶ	εἰρήνη	ἀπὸ	θεοῦ	πατρὸς
hermanos$_5$	en$_6$	Cristo$_7$	gracia	a vosotros	y	paz	de parte de	Dios	Padre$_2$
80	1722	5547	5485	5213	2532	1515	575	2316	3962
NDPM	*P*	*NDSM*	*NNSF*	*RP2DP*	*CLN*	*NNSF*	*P*	*NGSM*	*NGSM*

ἡμῶν.
nuestro$_1$
2257
RP1GP

3 Εὐχαριστοῦμεν	τῷ	θεῷ	πατρὶ	τοῦ	κυρίου	ἡμῶν	Ἰησοῦ
Agradecemos$_1$	a --$_3$	Dios,$_4$	Padre$_5$	de --$_6$	Señor$_8$	nuestro$_7$	Jesús,$_9$
2168	3588	2316	3962	3588	2962	2257	2424
VPAI1P	*DDSM*	*NDSM*	*NDSM*	*DGSM*	*NGSM*	*RP1GP*	*NGSM*

Χριστοῦ	πάντοτε	περὶ	ὑμῶν	προσευχόμενοι,	4 ἀκούσαντες	τὴν
Cristo$_{10}$	siempre$_{12}$	acerca de$_{13}$	vosotros,$_{14}$	orando$_{11}$	habiendo oído de	la
5547	3842	4012	5216	4336	191	3588
NGSM	*B*	*P*	*RP2GP*	*VPUP-PNM*	*VAAP-PNM*	*DASF*

πίστιν	ὑμῶν	ἐν	Χριστῷ	Ἰησοῦ	καὶ	τὴν	ἀγάπην	ἣν	ἔχετε	εἰς
fe	vuestra	en	Cristo	Jesús	y	el	amor	el que	tenéis	hacia
4102	5216	1722	5547	2424	2532	3588	26	3739	2192	1519
NASF	*RP2GP*	*P*	*NDSM*	*NDSM*	*CLN*	*DASF*	*NASF*	*RR-ASF*	*VPAI2P*	*P*

πάντας	τοὺς	ἁγίους	5 διὰ	τὴν	ἐλπίδα	τὴν	ἀποκειμένην	ὑμῖν
todos	los	santos,	a causa de	la	esperanza,	la que	está reservada	para vosotros
3956	3588	40	1223	3588	1680	3588	606	5213
JAPM	*DAPM*	*JAPM*	*P*	*DASF*	*NASF*	*DASF*	*VPUP-SAF*	*RP2DP*

ἐν	τοῖς	οὐρανοῖς,	ἣν	προηκούσατε	ἐν	τῷ	λόγῳ	τῆς	ἀληθείας
en	los	cielos,	la que	oísteis con anticipación	en	la	palabra	de la	verdad
1722	3588	3772	3739	4257	1722	3588	3056	3588	225
P	*DDPM*	*NDPM*	*RR-ASF*	*VAAI2P*	*P*	*DDSM*	*NDSM*	*DGSF*	*NGSF*

τοῦ	εὐαγγελίου	6 τοῦ	παρόντος	εἰς	ὑμᾶς,	καθὼς	καὶ	ἐν
del	evangelio,	el que	ha llegado	a	vosotros,	como$_1$	también$_2$	en$_7$
3588	2098	3588	3918	1519	5209	2531	2532	1722
DGSN	*NGSN*	*DGSN*	*VPAP-SGN*	*P*	*RP2AP*	*CAM*	*BE, TE*	*P*

παντὶ	τῷ	κόσμῳ	ἐστὶν	καρποφορούμενον	καὶ	αὐξανόμενον	καθὼς
todo$_8$	el$_9$	mundo,$_{10}$	está$_3$	dando fruto$_4$	y$_5$	creciendo$_6$	como
3956	3588	2889	2076	2592	2532	837	2531
JDSM	*DDSM*	*NDSM*	*VPAI3S*	*VPMP-SNN*	*CLN*	*VPPP-SNN*	*CAM*

καὶ	ἐν	ὑμῖν,	ἀφ᾽	ἧς	ἡμέρας	καὶ	ἐπέγνωτε	τὴν	χάριν	τοῦ
también	entre	vosotros	desde	el que$_2$	día$_1$	y	conocisteis	la	gracia	de --
2532	1722	5213	575	3739	2250	2532	1921	3588	5485	3588
BE, TE	*P*	*RP2DP*	*P*	*RR-GSF*	*NGSF*	*CLN*	*VAAI2P*	*DASF*	*NASF, B*	*DGSM*

NVI

1 Pablo, apóstol de
Cristo Jesús por la
voluntad de Dios, y el
hermano Timoteo,

2 a los santos y fieles
hermanos en Cristo que
están en Colosas:

Que Dios nuestro
Padre les conceda gracia
y paz.

Acción de gracias e intercesión

3 Siempre que oramos
por ustedes, damos
gracias a Dios, el Padre
de nuestro Señor
Jesucristo, 4 pues hemos
recibido noticias de
su fe en Cristo Jesús y
del amor que tienen
por todos los santos 5 a
causa de la esperanza
reservada para ustedes
en el cielo. De esta
esperanza ya han sabido
por la palabra de verdad,
que es el evangelio 6 que
ha llegado hasta ustedes.
Este evangelio está
dando fruto y creciendo
en todo el mundo, como
también ha sucedido
entre ustedes desde el
día en que supieron de
la gracia de Dios y la

RVR

Dios en verdad,
7 como lo habéis apren-
dido de Epafras, nuestro
consiervo amado, que
es un fiel ministro de
Cristo en nuestro lugar,
8 quien también nos ha
informado de vuestro
amor en el Espíritu.
9 Por lo cual también
nosotros, desde el
día que lo oímos, no
cesamos de orar por
vosotros, y de pedir
que seáis llenos del
cabal conocimiento
de su voluntad en toda
sabiduría e inteligencia
espiritual,
10 para que andéis como
es digno del Señor,
agradándole en todo,
llevando fruto en toda
buena obra, y creciendo
en el pleno conocimien-
to de Dios;
11 fortalecidos con todo
poder, conforme a la
potencia de su gloria,
para toda paciencia y
longanimidad;
12 con gozo dando
gracias al Padre que nos
hizo aptos para partici-
par de la herencia de los
santos en luz;
13 el cual nos ha librado
de la potestad de las
tinieblas, y trasladado al

θεοῦ	ἐν	ἀληθείᾳ·	7 καθὼς	ἐμάθετε	ἀπὸ	Ἐπαφρᾶ	τοῦ	ἀγαπητοῦ
Dios	en	verdad;	como	aprendisteis	de parte de	Epafras	el	amado
2316	1722	225	2531	3129	575	1889	3588	27
NGSM	*P*	*NDSF*	*CAM*	*VAAI2P*	*P*	*NGSM*	*DGSM*	*JGSM*

συνδούλου	ἡμῶν,	ὅς	ἐστιν	πιστὸς	ὑπὲρ	ἡμῶν	διάκονος	τοῦ
consiervo	nuestro,	quien	es	fiel	en favor de$_4$	nosotros,$_5$	servidor$_1$	de --$_2$
4889	2257	3739	2076	4103	5228	2257	1249	3588
NGSM	*RP1GP*	*RR-NSM*	*VPAI3S*	*JNSM*	*P*	*RP1GP*	*NNSM*	*DGSM*

Χριστοῦ,	8 ὁ	καὶ	δηλώσας	ἡμῖν	τὴν	ὑμῶν	ἀγάπην	ἐν
Cristo$_3$	el que	también	informó	a nosotros	el$_1$	de vosotros$_3$	amor$_2$	en
5547	3588	2532	1213	2254	3588	5216	26	1722
NGSM	*DNSM*	*BE, TE*	*VAAP-SNM*	*RP1DP*	*DASF*	*RP2GP*	*NASF*	*P*

πνεύματι.
(el)Espíritu.
4151
NDSN

9 Διὰ	τοῦτο	καὶ	ἡμεῖς,	ἀφ'	ἧς	ἡμέρας	ἠκούσαμεν,	οὐ
A causa de	esto,	también	nosotros	desde	el que$_2$	(el)día$_1$	oímos,	no
1223	5124	2532	2249	575	3739	2250	191	3756
P	*RD-NSN*	*BE, TE*	*RP1NP*	*P*	*RR-GSF*	*NGSF*	*VAAI1P*	*BN, TN*

παυόμεθα	ὑπὲρ	ὑμῶν	προσευχόμενοι	καὶ	αἰτούμενοι	ἵνα
cesamos	en favor de$_2$	vosotros,$_3$	de estar orando$_1$	y	pidiendo	para que
3973	5228	5216	4336	2532	154	2443
VPMI1P	*P*	*RP2GP*	*VPUP-PNM*	*CLN*	*VPMP-PNM*	*CSC*

πληρωθῆτε	τὴν	ἐπίγνωσιν	τοῦ	θελήματος	αὐτοῦ	ἐν	πάσῃ	σοφίᾳ
seáis llenados	del	conocimiento	de la	voluntad	de él,	en	toda	sabiduría
4137	3588	1922	3588	2307	846	1722	3956	4678
VAPS2P	*DASF*	*NASF*	*DGSN*	*NGSN*	*RP3GSM*	*P*	*JDSF*	*NDSF*

καὶ	συνέσει	πνευματικῇ,	10 περιπατῆσαι	ἀξίως	τοῦ	κυρίου	εἰς
e	inteligencia	espiritual,	para andar	dignamente	del	Señor	para
2532	4907	4152	4043	516	3588	2962	1519
CLN	*NDSF*	*JDSF*	*VAAN*	*B*	*DGSM*	*NGSM*	*P*

πᾶσαν	ἀρεσκείαν	ἐν	παντὶ	ἔργῳ	ἀγαθῷ	καρποφοροῦντες	καὶ
todo	agrado	en	toda	obra	buena,	llevando fruto	y
3956	699	1722	3956	2041	18	2592	2532
JASF	*NASF*	*P*	*JDSN*	*NDSN*	*JDSN*	*VPAP-PNM*	*CLN*

αὐξανόμενοι	τῇ	ἐπιγνώσει	τοῦ	θεοῦ,	11 ἐν	πάσῃ	δυνάμει
creciendo	en el	conocimiento pleno	de --	Dios,	con$_2$	todo$_3$	poder$_4$
837	3588	1922	3588	2316	1722	3956	1411
VPPP-PNM	*DDSF*	*NDSF*	*DGSM*	*NGSM*	*P*	*JDSF*	*NDSF*

δυναμούμενοι	κατὰ	τὸ	κράτος	τῆς	δόξης	αὐτοῦ	εἰς	πᾶσαν
siendo fortalecidos$_1$	conforme a	la	potencia	de la	gloria	de él,	para	toda
1412	2596	3588	2904	3588	1391	846	1519	3956
VPPP-PNM	*P*	*DASN*	*NASN*	*DGSF*	*NGSF*	*RP3GSM*	*P*	*JASF*

ὑπομονὴν	καὶ	μακροθυμίαν	μετὰ	χαρᾶς,	12 εὐχαριστοῦντες	τῷ	πατρὶ
perseverancia	y	paciencia,	con	gozo	dando gracias	al	Padre,
5281	2532	3115	3326	5479	2168	3588	3962
NASF	*CLN*	*NASF*	*P*	*NGSF*	*VPAP-PNM*	*DDSM*	*NDSM*

τῷ	ἱκανώσαντι	⸀ὑμᾶς	εἰς	τὴν	μερίδα	τοῦ	κλήρου	τῶν	ἁγίων	ἐν
el	que hizo aptos	a vosotros	para	la	parte	de la	herencia	de los	santos	en
3588	2427	5209	1519	3588	3310	3588	2819	3588	40	1722
DDSM	*VAAP-SDM*	*RP2AP*	*P*	*DASF*	*NASF*	*DGSM*	*NGSM*	*DGPM*	*JGPM*	*P*

τῷ	φωτί,	13 ὅς	ἐρρύσατο	ἡμᾶς	ἐκ	τῆς	ἐξουσίας	τοῦ	σκότους
la	luz;	el cual	rescató	a nosotros	de adentro de	la	autoridad	de la	oscuridad,
3588	5457	3739	4506	2248	1537	3588	1849	3588	4655
DDSN	*NDSN*	*RR-NSM*	*VAUI3S*	*RP1AP*	*P*	*DGSF*	*NGSF*	*DGSN*	*NGSN*

NVI

comprendieron plena-
mente. 7 Así lo aprendie-
ron de Epafras, nuestro
querido colaborador y
fiel servidor de Cristo
para el bien de ustedes.
8 Fue él quien nos contó
del amor que tienen en
el Espíritu.
9 Por eso, desde el día
en que lo supimos, no
hemos dejado de orar
por ustedes. Pedimos
que Dios les haga
conocer plenamente
su voluntad con toda
sabiduría y comprensión
espiritual, 10 para que
vivan de manera digna
del Señor, agradándole
en todo. Esto implica
dar fruto en toda buena
obra, crecer en el cono-
cimiento de Dios 11 y
ser fortalecidos en todo
sentido con su glorioso
poder. Así perseverarán
con paciencia en toda
situación, 12 dando gra-
cias con alegría al Padre.
Él los ha facultado para
participar de la herencia
de los santos en el reino
de la luz. 13 Él nos libró
del dominio de la oscu-
ridad y nos trasladó al

1:12⸀ Manuscritos importantes tienen *a nosotros*.

RVR

reino de su amado Hijo,
14 en quien tenemos
redención por medio de
su sangre, el perdón de
pecados.

La supremacía de Cristo

15 El cual es la imagen
del Dios invisible, el
primogénito de toda
creación.
16 Porque por él fueron
creadas todas las cosas,
las que hay en los cielos
y las que hay en la tierra,
las visibles y las invisi-
bles; sean tronos, sean
dominios, sean princi-
pados, sean potestades;
todo fue creado por
medio de él y para él.
17 Y él es antes de todas
las cosas, y todas las
cosas tienen consisten-
cia en él;
18 y él es la cabeza del
cuerpo que es la iglesia,
y él es el principio, el
primogénito de entre
los muertos, para que en
todo tenga la preemi-
nencia;
19 por cuanto tuvo a
bien el Padre que en él
habitase toda plenitud,
20 y por medio de él
reconciliar consigo
todas las cosas, así las
que están en la tierra
como las que están en
los cielos, haciendo la
paz mediante la sangre
de su cruz.

καὶ μετέστησεν εἰς τὴν βασιλείαν τοῦ υἱοῦ τῆς ἀγάπης αὐτοῦ,
y | nos trasladó | hacia | al | reino | del | Hijo | del | amor | de él,
2532 3179 1519 3588 932 3588 5207 3588 26 846
CLN VAAI3S P DASF NASF DGSM NGSM DGSF NGSF RP3GSM

14 ἐν ᾧ ἔχομεν τὴν ἀπολύτρωσιν, τὴν ἄφεσιν τῶν ἁμαρτιῶν·
en | quien | tenemos | la | redención, | el | perdón | de los | pecados;
1722 3739 2192 3588 629 3588 859 3588 266
P RR-DSM VPAI1P DASF NASF DASF NASF DGPF NGPF

15 ὅς ἐστιν εἰκὼν τοῦ θεοῦ τοῦ ἀοράτου, πρωτότοκος πάσης
el cual | es | imagen | del | Dios | -- | invisible, | primogénito | de toda
3739 2076 1504 3588 2316 3588 517 4416 3956
RR-NSM VPAI3S NNSF DGSM NGSM DGSM JGSM JNSM JGSF

κτίσεως, 16 ὅτι ἐν αὐτῷ ἐκτίσθη τὰ πάντα ἐν τοῖς οὐρανοῖς
creación, | porque$_{1}$ | en$_{12}$ | él,$_{13}$ | fueron creadas,$_{11}$ | las cosas$_{3}$ | todas$_{2}$ | en$_{4}$ | los$_{5}$ | cielos$_{6}$
2937 3754 1722 846 2936 3588 3956 1722 3588 3772
NGSF CAZ P RP3DSM VAPI3S DNPN JNPN P DDPM NDPM

καὶ ἐπὶ τῆς γῆς, τὰ ὁρατὰ καὶ τὰ ἀόρατα, εἴτε θρόνοι εἴτε
y$_{7}$ | sobre$_{8}$ | la$_{9}$ | tierra$_{10}$ | las | visibles | y | las | invisibles, | sean | tronos, | sean
2532 1909 3588 1093 3588 3707 2532 3588 517 1535 2362 1535
CLN P DGSF NGSF DNPN JNPN CLN DNPN JNPN CLK NNPM CLK, CLD

κυριότητες εἴτε ἀρχαὶ εἴτε ἐξουσίαι· τὰ πάντα δι’
señoríos, | sean | principados, | sean | autoridades; | las cosas$_{2}$ | todas$_{1}$ | por medio de$_{4}$
2963 1535 746 1535 1849 3588 3956 1223
NNPF CLK, CLD NNPF CLK, CLD NNPF DNPN JNPN P

αὐτοῦ καὶ εἰς αὐτὸν ἔκτισται· 17 καὶ αὐτός ἐστιν πρὸ πάντων
él$_{5}$ | y$_{6}$ | para$_{7}$ | él;$_{8}$ | han sido creadas$_{3}$ | y | él | es | antes de | todas las cosas
846 2532 1519 846 2936 2532 846 2076 4253 3956
RP3GSM CLN P RP3ASM VRPI3S CLN RP3NSMP VPAI3S P JGPN, JGPM

καὶ τὰ πάντα ἐν αὐτῷ συνέστηκεν, 18 καὶ αὐτός ἐστιν
y$_{1}$ | las cosas$_{3}$ | todas$_{2}$ | en | él | han subsistido, | y | él | es
2532 3588 3956 1722 846 4921 2532 846 2076
CLN DNPN JNPN P RP3DSM VRAI3S CLN RP3NSMP VPAI3S

ἡ κεφαλὴ τοῦ σώματος τῆς ἐκκλησίας· ὅς ἐστιν ἀρχή,
la | cabeza | del | cuerpo, | de la | iglesia; | el cual | es | (el)principio,
3588 2776 3588 4983 3588 1577 3739 2076 746
DNSF NNSF DGSN NGSN DGSF NGSF RR-NSM VPAI3S NNSF

πρωτότοκος ἐκ τῶν νεκρῶν, ἵνα γένηται ἐν πᾶσιν αὐτὸς
primogénito | de entre | los | muertos, | para que$_{1}$ | llegue a ser$_{3}$ | en$_{5}$ | todo,$_{6}$ | él mismo$_{2}$
4416 1537 3588 3498 2443 1096 1722 3956 846
JNSM P DGPM JGPM CAP VAMS3S P JDPN RP3NSMP

πρωτεύων, 19 ὅτι ἐν αὐτῷ εὐδόκησεν πᾶν τὸ
el que ocupa el primer lugar$_{4}$ | porque | en$_{3}$ | él$_{4}$ | tuvo a bien$_{1}$ | toda$_{5}$ | la$_{6}$
4409 3754 1722 846 2106 3956 3588
VPAP-SNM CAZ P RP3DSM VAAI3S JASN, JNSN DASN, DNSN

πλήρωμα κατοικῆσαι 20 καὶ δι’ αὐτοῦ ἀποκαταλλάξαι τὰ
plenitud,$_{7}$ | habitar$_{2}$ | y | por medio de | él | reconciliar | las cosas$_{2}$
4138 2730 2532 1223 846 604 3588
NASN, NNSN VAAN CLN P RP3GSM VAAN DAPN

πάντα εἰς αὐτόν, εἰρηνοποιήσας διὰ τοῦ αἵματος τοῦ σταυροῦ
todas$_{1}$ | para | él, | haciendo la paz | por medio de | la | sangre | de la | cruz
3956 1519 846 1517 1223 3588 129 3588 4716
JAPN P RP3ASM VAAP-SNM P DGSN NGSN DGSM NGSM

αὐτοῦ, δι’ αὐτοῦ εἴτε τὰ ἐπὶ τῆς γῆς εἴτε τὰ ἐν
de él, | por medio de | él, | sean | las cosas | sobre | la | tierra, | sean | las cosas | en
846 1223 846 1535 3588 1909 3588 1093 1535 3588 1722
RP3GSM P RP3GSM CLK DAPN P DGSF NGSF CLK, CLD DAPN P

NVI

reino de su amado Hijo,
14 en quien tenemos
redención, el perdón de
pecados.

La supremacía de Cristo

15 Él es la imagen del
Dios invisible,
el primogénito de toda
creación,
16 porque por medio
de él fueron creadas
todas las cosas
en el cielo y en la tierra,
visibles e invisibles,
sean tronos, poderes,
principados o
autoridades:
todo ha sido creado
por medio de él y
para él.
17 Él es anterior a todas
las cosas,
que por medio de él
forman un todo
coherente.
18 Él es la cabeza del
cuerpo,
que es la iglesia.
Él es el principio,
el primogénito de la
resurrección,
para ser en todo el
primero.
19 Porque a Dios le
agradó habitar
en él con toda su
plenitud
20 y, por medio de él,
reconciliar consigo
todas las cosas,
tanto las que están en
la tierra como las que
están en el cielo,
haciendo la paz me-
diante la sangre que
derramó en la cruz.

RVR

21 Y a vosotros también,
que erais en otro tiempo
extraños y enemigos en
vuestra mente, haciendo
malas obras, ahora os ha
reconciliado
22 en su cuerpo de carne,
por medio de la muerte,
para presentaros santos
y sin mancha e irrepren-
sibles delante de él;
23 si en verdad permane-
céis fundados y firmes
en la fe, y sin moveros
de la esperanza del evan-
gelio que habéis oído, el
cual ha sido proclamado
en toda la creación que
está debajo del cielo; del
cual yo, Pablo, fui hecho
ministro.

Ministerio de Pablo a los gentiles

24 Ahora me gozo en
mis padecimientos por
vosotros, y completo en
mi carne lo que falta de
las aflicciones de Cristo
por su cuerpo, que es la
iglesia;
25 de la cual fui hecho
ministro, según la admi-
nistración de Dios que
me fue dada para con
vosotros, para anunciar
cumplidamente la pala-
bra de Dios,
26 el misterio que había
estado oculto desde los
siglos y generaciones

τοῖς	οὐρανοῖς·	21 καὶ	ὑμᾶς	ποτε	ὄντας	ἀπηλλοτριωμένους	καὶ
los	cielos.	Y	a vosotros	en otro tiempo$_2$	siendo$_1$	extraños	y
3588	3772	2532	5209	4218	5607	526	2532
DDPM	*NDPM*	*CLN*	*RP2AP*	*BX, TX*	*VPAP-PAM*	*VRPP-PAM*	*CLN*

ἐχθροὺς	τῇ	διανοίᾳ	ἐν	τοῖς	ἔργοις	τοῖς	πονηροῖς—	22 νυνὶ	δὲ
enemigos	en el	modo de pensar	por	las	obras	--	malas,	ahora$_2$	pero$_1$
2190	3588	1271	1722	3588	2041	3588	4190	3570	1161
JAPM	*DDSF*	*NDSF*	*P*	*DDPN*	*NDPN*	*DDPN*	*JDPN*	*BK, B*	*CLC*

ἀποκατηλλάγητε	ἐν	τῷ	σώματι	τῆς	σαρκὸς*	αὐτοῦ	διὰ	τοῦ
habéis sido reconciliados	en	el	cuerpo	de la	carne	de él	por medio de	la
604	1722	3588	4983	3588	4561	846	1223	3588
VAPI2P	*P*	*DDSN*	*NDSN*	*DGSF*	*NGSF*	*RP3GSM*	*P*	*DGSM*

θανάτου—	παραστῆσαι	ὑμᾶς	ἁγίους	καὶ	ἀμώμους	καὶ	ἀνεγκλήτους
muerte,	para presentar	a vosotros	santos	e	intachables	e	irreprensibles
2288	3936	5209	40	2532	299	2532	410
NGSM	*VAAN*	*RP2AP*	*JAPM*	*CLN*	*JAPM*	*CLN*	*JAPM*

κατενώπιον	αὐτοῦ,	23 εἴ	γε	ἐπιμένετε	τῇ	πίστει	τεθεμελιωμένοι
delante de	él,	si	realmente	permanecéis	en la	fe	fundamentados
2714	846	1487	1065	1961	3588	4102	2311
P	*RP3GSM*	*CAC*	*TE*	*VPAI2P*	*DDSF*	*NDSF*	*VRPP-PNM*

καὶ	ἑδραῖοι	καὶ	μὴ	μετακινούμενοι	ἀπὸ	τῆς	ἐλπίδος	τοῦ	εὐαγγελίου
y	firmes,	y	no	siendo movidos	de	la	esperanza	del	evangelio
2532	1476	2532	3361	3334	575	3588	1680	3588	2098
CLN	*JNPM*	*CLN*	*BN, TN*	*VPPP-PNM*	*P*	*DGSF*	*NGSF*	*DGSN*	*NGSN*

οὗ	ἠκούσατε,	τοῦ	κηρυχθέντος	ἐν	πάσῃ	κτίσει	τῇ	ὑπὸ	τὸν
el que	oísteis,	que	fue proclamado	en	toda	la creación	--	bajo de	el
3739	191	3588	2784	1722	3956	2937	3588	5259	3588
RR-GSM	*VAAI2P*	*DGSN*	*VAPP-SGN*	*P*	*JDSF*	*NDSF*	*DDSF*	*P*	*DASM*

οὐρανόν,	οὗ	ἐγενόμην	ἐγὼ	Παῦλος	διάκονος.
cielo,	del que	fui hecho$_3$	yo,$_1$	Pablo,$_2$	ministro.$_4$
3772	3739	1096	1473	3972	1249
NASM	*RR-GSM*	*VAMI1S*	*RP1NS*	*NNSM*	*NNSM*

24 Νῦν	χαίρω	ἐν	τοῖς	παθήμασιν	ὑπὲρ	ὑμῶν,	καὶ	ἀνταναπληρῶ
Ahora	me alegro	en	los	sufrimientos	en favor de	vosotros,	y$_1$	estoy completando$_2$
3568	5463	1722	3588	3804	5228	5216	2532	466
B	*VPAI1S*	*P*	*DDPN*	*NDPN*	*P*	*RP2GP*	*CLN*	*VPAI1S*

τὰ	ὑστερήματα	τῶν	θλίψεων	τοῦ	Χριστοῦ	ἐν	τῇ	σαρκί
las cosas$_7$	que faltan$_8$	de los$_9$	sufrimientos$_{10}$	de --$_{11}$	Cristo,$_{12}$	en$_3$	la$_4$	carne$_5$
3588	5303	3588	2347	3588	5547	1722	3588	4561
DAPN	*NAPN*	*DGPF*	*NGPF*	*DGSM*	*NGSM*	*P*	*DDSF*	*NDSF*

μου	ὑπὲρ	τοῦ	σώματος	αὐτοῦ,	ὅ	ἐστιν	ἡ	ἐκκλησία,	25 ἧς
de mí$_6$	en favor de	el	cuerpo	de él,	el que	es	la	iglesia,	de la que
3450	5228	3588	4983	846	3739	2076	3588	1577	3739
RP1GS	*P*	*DGSN*	*NGSN*	*RP3GSM*	*RR-NSN*	*VPAI3S*	*DNSF*	*NNSF*	*RR-GSF*

ἐγενόμην	ἐγὼ	διάκονος	κατὰ	τὴν	οἰκονομίαν	τοῦ	θεοῦ	τὴν
fui hecho$_2$	yo$_1$	ministro,	conforme a	la	administración	de --	Dios,	la que
1096	1473	1249	2596	3588	3622	3588	2316	3588
VAMI1S	*RP1NS*	*NNSM*	*P*	*DASF*	*NASF*	*DGSM*	*NGSM*	*DASF*

δοθεῖσάν	μοι	εἰς	ὑμᾶς	πληρῶσαι*	τὸν	λόγον	τοῦ	θεοῦ,
fue dada	a mí	para	vosotros,	para completar	la	palabra	de --	Dios,
1325	3427	1519	5209	4137	3588	3056	3588	2316
VAPP-SAF	*RP1DS*	*P*	*RP2AP*	*VAAN*	*DASM*	*NASM*	*DGSM*	*NGSM*

26 τὸ	μυστήριον	τὸ	ἀποκεκρυμμένον	ἀπὸ	τῶν	αἰώνων	καὶ
el	misterio	el que	ha estado oculto	desde	los	siglos	y
3588	3466	3588	613	575	3588	165	2532
DASN	*NASN*	*DASN*	*VRPP-SAN*	*P*	*DGPM*	*NGPM*	*CLN*

NVI

21 En otro tiempo
ustedes, por su actitud
y sus malas acciones,
estaban alejados de Dios
y eran sus enemigos.
22 Pero ahora Dios, a fin
de presentarlos santos,
intachables e irreprocha-
bles delante de él, los ha
reconciliado en el cuer-
po mortal de Cristo me-
diante su muerte, 23 con
tal de que se mantengan
firmes en la fe, bien ci-
mentados y estables, sin
abandonar la esperanza
que ofrece el evangelio.
Este es el evangelio que
ustedes oyeron y que
ha sido proclamado en
toda la creación debajo
del cielo, y del que yo,
Pablo, he llegado a ser
servidor.

Trabajo de Pablo por la iglesia

24 Ahora me alegro
en medio de mis sufri-
mientos por ustedes, y
voy completando en mí
mismo lo que falta de
las aflicciones de Cristo,
en favor de su cuerpo,
que es la iglesia. 25 De
esta llegué a ser servidor
según el plan que Dios
me encomendó para
ustedes: el dar cumpli-
miento a la palabra de
Dios, 26 anunciando el
misterio que se ha man-
tenido oculto por siglos
y generaciones, pero que

1:22* O sea *el cuerpo físico.* **1:25*** O sea *para anunciar completamente el mensaje de la palabra de Dios.*

RVR

pasadas, pero que ahora
ha sido manifestado a
sus santos,
27 a quienes Dios quiso
dar a conocer cuáles
son las riquezas de la
gloria de este misterio
entre los gentiles; que
es Cristo en vosotros, la
esperanza de la gloria,
28 a quien nosotros
anunciamos, amonestando a todo hombre,
y enseñando a todo
hombre en toda sabiduría, a fin de presentar
perfecto en Cristo Jesús
a todo hombre;
29 para lo cual también
trabajo, luchando según
la potencia de él, la cual
actúa poderosamente
en mí.
2 Porque quiero que
sepáis qué lucha
tan dura sostengo por
vosotros, y por los que
están en Laodicea, y
por todos los que nunca
me han visto personalmente;
2 para que sean consolados sus corazones,
unidos en amor, hasta alcanzar todas las riquezas
de una plena seguridad
de comprensión, a fin de
conocer bien el misterio
de Dios el Padre, y de
Cristo,
3 en quien están escondidos todos los tesoros
de la sabiduría y del
conocimiento.

ἀπὸ	τῶν	γενεῶν,—	νῦν	δὲ	ἐφανερώθη	τοῖς	ἁγίοις	αὐτοῦ,	27 οἷς
desde	las	generaciones,	ahora$_2$	pero$_1$	fue manifestado	a los	santos	de él,	a quienes
575	3588	1074	3568	1161	5319	3588	40	846	3739
P	*DGPF*	*NGPF*	*B*	*CLC*	*VAPI3S*	*DDPM*	*JDPM*	*RP3GSM*	*RR-DPM*

ἠθέλησεν	ὁ	θεὸς	γνωρίσαι	τί	τὸ	πλοῦτος	τῆς	δόξης	τοῦ
quiso$_3$	--$_1$	Dios$_2$	hacer saber$_4$	cuál (es)	la	riqueza	de la	gloria	de --$_1$
2309	3588	2316	1107	5101	3588	4149	3588	1391	3588
VAAI3S	*DNSM*	*NNSM*	*VAAN*	*RI-ASN*	*DNSN*	*NNSN, NNSM*	*DGSF*	*NGSF*	*DGSN*

μυστηρίου	τούτου	ἐν	τοῖς	ἔθνεσιν,	ὅ	ἐστιν	Χριστὸς	ἐν	ὑμῖν,	ἡ
misterio$_3$	este$_2$	entre	los	gentiles,	el cual	es	Cristo	en	vosotros,	la
3466	5127	1722	3588	1484	3588	2076	5547	1722	5213	3588
NGSN	*RD-GSN*	*P*	*DDPN*	*NDPN*	*RR-NSN*	*VPAI3S*	*NNSM*	*P*	*RP2DP*	*DNSF*

ἐλπὶς	τῆς	δόξης·	28 ὃν	ἡμεῖς	καταγγέλλομεν	νουθετοῦντες	πάντα
esperanza	de la	gloria;	a quien	nosotros	anunciamos,	amonestando	a todo
1680	3588	1391	3739	2249	2605	3560	3956
NNSF	*DGSF*	*NGSF*	*RR-ASM*	*RP1NP*	*VPAI1P*	*VPAP-PNM*	*JASM*

ἄνθρωπον	καὶ	διδάσκοντες	πάντα	ἄνθρωπον	ἐν	πάσῃ	σοφίᾳ,	ἵνα
ser humano	y	enseñando	a todo	ser humano	en	toda	sabiduría,	para
444	2532	1321	3956	444	1722	3956	4678	2443
NASM	*CLN*	*VPAP-PNM*	*JASM*	*NASM*	*P*	*JDSF*	*NDSF*	*CAP*

παραστήσωμεν	πάντα	ἄνθρωπον	τέλειον	ἐν	⸀Χριστῷ·	29 εἰς	ὃ
que presentáramos	a todo	ser humano	perfecto	en	Cristo;	para	lo que
3936	3956	444	5046	1722	5547	1519	3739
VAAS1P	*JASM*	*NASM*	*JASM*	*P*	*NDSM*	*P*	*RR-ASN*

καὶ	κοπιῶ	ἀγωνιζόμενος	κατὰ	τὴν	ἐνέργειαν	αὐτοῦ	τὴν
también	trabajo arduamente,	luchando	conforme a	a la	fuerza	de él	la que
2532	2872	75	2596	3588	1753	846	3588
BE, TE	*VPAI1S*	*VPUP-SNM*	*P*	*DASF*	*NASF*	*RP3GSM*	*DASF*

ἐνεργουμένην	ἐν	ἐμοὶ	ἐν	δυνάμει.
actúa	en	mí	con	poder.
1754	1722	1698	1722	1411
VPMP-SAF	*P*	*RP1DS*	*P*	*NDSF*

2 Θέλω	γὰρ	ὑμᾶς	εἰδέναι	ἡλίκον	ἀγῶνα	ἔχω	ὑπὲρ	ὑμῶν
quiero$_2$	Porque$_1$	(que) vosotros	sepáis	cuán gran	lucha	tengo	en favor de	vosotros
2309	1063	5209	1492	2245	73	2192	5228	5216
VPAI1S	*CLX*	*RP2AP*	*VRAN*	*JASM*	*NASM*	*VPAI1S*	*P*	*RP2GP*

καὶ	τῶν	ἐν	Λαοδικείᾳ	καὶ	ὅσοι	οὐχ	ἑόρακαν	τὸ	πρόσωπόν
y	de los (que están)	en	Laodicea	y	cuantos	no	han visto	la	cara
2532	3588	1722	2993	2532	3745	3756	3708	3588	4383
CLN	*DGPM*	*P*	*NDSF*	*CLN*	*RK-NPM*	*BN, TN*	*VRAI3P*	*DASN*	*NASN*

μου	ἐν	σαρκί,*	2 ἵνα	παρακληθῶσιν	αἱ	καρδίαι	αὐτῶν,
de mí	en	carne,	para que	fueran animados,$_4$	los$_1$	corazones$_2$	de ellos$_3$
3450	1722	4561	2443	3870	3588	2588	846
RP1GS	*P*	*NDSF*	*CAP*	*VAPS3P*	*DNPF*	*NNPF*	*RP3GPM*

συμβιβασθέντες	ἐν	ἀγάπῃ	καὶ	εἰς	πᾶν	πλοῦτος	τῆς	πληροφορίας
que han sido unidos	en	amor,	y	para	toda	riqueza	de la	certeza total
4822	1722	26	2532	1519	3956	4149	3588	4136
VAPP-PNM	*P*	*NDSF*	*CLN*	*P*	*JASN*	*NASN*	*DGSF*	*NGSF*

τῆς	συνέσεως,	εἰς	ἐπίγνωσιν	τοῦ	μυστηρίου	τοῦ	⸀θεοῦ,	Χριστοῦ,
del	entendimiento,	para	conocimiento pleno	del	misterio	de --	Dios,	de Cristo,
3588	4907	1519	1922	3588	3466	3588	2316	5547
DGSF	*NGSF*	*P*	*NASF*	*DGSN*	*NGSN*	*DGSM*	*NGSM*	*NGSM*

3 ἐν	ᾧ	εἰσιν	πάντες	οἱ	θησαυροὶ	τῆς	σοφίας	καὶ	γνώσεως
en	quien	están$_8$	todos$_1$	los$_2$	tesoros$_3$	de la$_4$	sabiduría$_5$	y$_6$	conocimiento$_7$
1722	3739	1526	3956	3588	2344	3588	4678	2532	1108
P	*RR-DSM*	*VPAI3P*	*JNPM*	*DNPM*	*NNPM*	*DGSF*	*NGSF*	*CLN*	*NGSF*

NVI

ahora se ha manifestado a sus santos. 27 A
estos Dios se propuso
dar a conocer cuál es
la gloriosa riqueza de
este misterio entre las
naciones, que es Cristo
en ustedes, la esperanza
de gloria.
28 A este Cristo proclamamos, aconsejando
y enseñando con toda
sabiduría a todos los
seres humanos, para
presentarlos a todos
perfectos en él. 29 Con
este fin trabajo y lucho
fortalecido por el poder
de Cristo que obra
en mí.
2 Quiero que sepan
qué gran lucha
sostengo por el bien
de ustedes y de los que
están en Laodicea, y
de tantos que no me
conocen personalmente. 2 Quiero que lo sepan
para que cobren ánimo,
permanezcan unidos
por amor, y tengan toda
la riqueza que proviene
de la convicción y del
entendimiento. Así
conocerán el misterio
de Dios, es decir, a
Cristo, 3 en quien están
escondidos todos los
tesoros de la sabiduría
y del conocimiento.

1:28⸀ Manuscritos inferiores aumentaron *Jesús*. **2:1*** O sea *físicamente*. **2:2**⸀ Manuscritos inferiores aumentaron *y Padre*.

RVR

4 Y esto lo digo para que
nadie os seduzca con ra-
zonamientos capciosos.
5 Porque aunque estoy
ausente en cuerpo, no
obstante en espíritu
estoy con vosotros,
gozándome y mirando
vuestro buen orden y la
firmeza de vuestra fe en
Cristo.
6 Por tanto, de la manera
que recibisteis al Señor
Jesucristo, andad así
en él,
7 arraigados y sobreedi-
ficados en él, y consoli-
dados en la fe, así como
fuisteis enseñados,
abundando en acciones
de gracias.

Plenitud de vida en Cristo

8 Mirad que no haya na-
die que os esté llevando
cautivos por medio de
filosofías y huecas suti-
lezas, según la tradición
de los hombres, con-
forme a los principios
elementales del mundo,
y no según Cristo.
9 Porque en él habita
corporalmente toda la
plenitud de la Deidad,
10 y vosotros estáis
completos en él, que es
la cabeza de todo princi-
pado y potestad.
11 En él también fuisteis

ἀπόκρυφοι.	4 τοῦτο	λέγω	ἵνα	μηδεὶς	ὑμᾶς	παραλογίζηται	ἐν
escondidos.$_{9}$	Esto	digo	para que	nadie	a vosotros$_{2}$	engañe$_{1}$	con
614	5124	3004	2443	3367	5209	3884	1722
JNPM	*RD-NSN*	*VPAI1S*	*CAP*	*JNSM*	*RP2AP*	*VPUS3S*	*P*

πιθανολογίᾳ.	5 εἰ	γὰρ	καὶ	τῇ	σαρκὶ	ἄπειμι,	ἀλλὰ	τῷ
palabras persuasivas pero falsas.	si$_{3}$	Porque$_{1}$	también$_{2}$	en la$_{5}$	carne,$_{6}$	estoy ausente$_{4}$	pero$_{7}$	en el$_{11}$
4086	1487	1063	2532	3588	4561	548	235	3588
NDSF	*CAC*	*CAZ*	*BE, TE*	*DDSF*	*NDSF*	*VPAI1S*	*CLC*	*DDSN*

πνεύματι	σὺν	ὑμῖν	εἰμι,	χαίρων	καὶ	βλέπων	ὑμῶν	τὴν	τάξιν	καὶ
espíritu,$_{12}$	con$_{9}$	vosotros$_{10}$	estoy$_{8}$	gozándome	y	viendo	de vosotros	el	orden,	y
4151	4862	5213	1510	5463	2532	991	5216	3588	5010	2532
NDSN	*P*	*RP2DP*	*VPAI1S*	*VPAP-SNM*	*CLN*	*VPAP-SNM*	*RP2GP*	*DASF*	*NASF*	*CLN*

τὸ	στερέωμα	τῆς	εἰς	Χριστὸν	πίστεως	ὑμῶν.
la	solidez	de la$_{1}$	en$_{4}$	Cristo.$_{5}$	fe$_{2}$	vuestra$_{3}$
3588	4733	3588	1519	5547	4102	5216
DASN	*NASN*	*DGSF*	*P*	*NASM*	*NGSF*	*RP2GP*

6 Ὡς	οὖν	παρελάβετε	τὸν	Χριστὸν	Ἰησοῦν	τὸν	κύριον,	ἐν
como$_{2}$	Así que,$_{1}$	recibisteis	a --	Cristo	Jesús	el	Señor,	en$_{2}$
5613	3767	3880	3588	5547	2424	3588	2962	1722
CAM	*CLI*	*VAAI2P*	*DASM*	*NASM*	*NASM*	*DASM*	*NASM*	*P*

αὐτῷ	περιπατεῖτε,	7 ἐρριζωμένοι	καὶ	ἐποικοδομούμενοι	ἐν	αὐτῷ
él,$_{3}$	andad$_{1}$	arraigados	y	sobreedificados	en	él
846	4043	4492	2532	2026	1722	846
RP3DSM	*VPAM2P*	*VRPP-PNM*	*CLN*	*VPPP-PNM*	*P*	*RP3DSM*

καὶ	βεβαιούμενοι	τῇ	πίστει	καθὼς	ἐδιδάχθητε,	περισσεύοντες	ἐν
y	consolidados	en la	fe,	como	fuisteis enseñados,	abundando	en
2532	950	3588	4102	2531	1321	4052	1722
CLN	*VPPP-PNM*	*DDSF*	*NDSF*	*CAM*	*VAPI2P*	*VPAP-PNM*	*P*

εὐχαριστίᾳ.
acción de gracias.
2169
NDSF

8 Βλέπετε	μή	τις	ὑμᾶς	ἔσται	ὁ	συλαγωγῶν	διὰ
Ved,	no$_{1}$	alguien$_{2}$	a vosotros$_{6}$	haya$_{3}$	el que$_{4}$	esté cautivando$_{5}$	por medio de
991	3361	5100	5209	2071	3588	4812	1223
VPAM2P	*TN*	*RX-NSM*	*RP2AP*	*VFMI3S*	*DNSM*	*VPAP-SNM*	*P*

τῆς	φιλοσοφίας	καὶ	κενῆς	ἀπάτης	κατὰ	τὴν	παράδοσιν
la	filosofía	y	vacío,$_{2}$	engaño$_{1}$	conforme a	la	tradición
3588	5385	2532	2756	539	2596	3588	3862
DGSF	*NGSF*	*CLN*	*JGSF*	*NGSF*	*P*	*DASF*	*NASF*

τῶν	ἀνθρώπων,	κατὰ	τὰ	στοιχεῖα	τοῦ	κόσμου	καὶ	οὐ	κατὰ
de los	seres humanos,	conforme a	los	elementos	del	mundo	y	no	conforme a
3588	444	2596	3588	4747	3588	2889	2532	3756	2596
DGPM	*NGPM*	*P*	*DAPN*	*NAPN*	*DGSM*	*NGSM*	*CLC*	*BN, TN*	*P*

Χριστόν·	9 ὅτι	ἐν	αὐτῷ	κατοικεῖ	πᾶν	τὸ	πλήρωμα	τῆς	θεότητος
Cristo.	Porque$_{1}$	en$_{2}$	él$_{3}$	habita$_{4}$	toda$_{6}$	la$_{7}$	plenitud$_{8}$	de la$_{9}$	Deidad,$_{10}$
5547	3754	1722	846	2730	3956	3588	4138	3588	2320
NASM	*CAZ*	*P*	*RP3DSM*	*VPAI3S*	*JNSN*	*DNSN*	*NNSN*	*DGSF*	*NGSF*

σωματικῶς,	10 καὶ	ἐστὲ	ἐν	αὐτῷ	πεπληρωμένοι,	ὅς	ἐστιν	ἡ
corporalmente$_{5}$	y	estáis	en	él	completos,	el cual	es	la
4985	2532	2075	1722	846	4137	3739	2076	3588
B	*CLN*	*VPAI2P*	*P*	*RP3DSM*	*VRPP-PNM*	*RR-NSM*	*VPAI3S*	*DNSF*

κεφαλὴ	πάσης	ἀρχῆς	καὶ	ἐξουσίας,	11 ἐν	ᾧ	καὶ	περιετμήθητε
cabeza	de todo	principado	y	autoridad,	en	quien	también	fuisteis circuncidados
2776	3956	746	2532	1849	1722	3739	2532	4059
NNSF	*JGSF*	*NGSF*	*CLN*	*NGSF*	*P*	*RR-DSM*	*BE, TE*	*VAPI2P*

NVI

4 Les digo esto para que
nadie los engañe con
argumentos capcio-
sos. 5 Aunque estoy
físicamente ausente, los
acompaño en espíritu, y
me alegro al ver su buen
orden y la firmeza de su
fe en Cristo.

Libertad en Cristo

6 Por eso, de la manera
que recibieron a Cristo
Jesús como Señor, vivan
ahora en él, 7 arraigados
y edificados en él, con-
firmados en la fe como
se les enseñó, y llenos de
gratitud.
8 Cuídense de que
nadie los cautive con la
vana y engañosa filosofía
que sigue tradiciones
humanas, la que está de
acuerdo con los princi-
pios de este mundo y no
conforme a Cristo.
9 Toda la plenitud
de la divinidad habita
en forma corporal en
Cristo; 10 y en él, que es
la cabeza de todo poder
y autoridad, ustedes han
recibido esa plenitud.
11 Además, en él fueron

RVR

circuncidados con
circuncisión no hecha
a mano, al echar de
vosotros el cuerpo pe-
caminoso carnal, en la
circuncisión de Cristo;
12 habiendo sido sepul-
tados con él en el bau-
tismo, en el cual fuisteis
también resucitados
con él, mediante la fe en
la fuerza activa de Dios
que le levantó de los
muertos.
13 Y a vosotros, estando
muertos en pecados y
en la incircuncisión de
vuestra carne, os dio
vida juntamente con él,
tras habernos concedi-
do el perdón de todos
los delitos,
14 cancelando el
documento de deuda
en contra nuestra, que
consistía en ordenanzas,
y que nos era adverso,
quitándolo de en medio
y clavándolo en la cruz,
15 y despojando a los
principados y a las po-
testades, los exhibió pú-
blicamente, triunfando
sobre ellos en la cruz.
16 Por tanto, nadie os
juzgue en comida o en
bebida, o en cuanto
a días de fiesta, luna
nueva o sábados,
17 todo lo cual es sombra
de lo que ha de venir;
pero el cuerpo es de
Cristo.
18 Nadie os prive de

περιτομῇ	ἀχειροποιήτῳ	ἐν	τῇ	ἀπεκδύσει	τοῦ	σώματος	τῆς	σαρκός,
con circuncisión	no hecha por mano,	en	el	despojo	del	cuerpo	de la	carne,
4061	886	1722	3588	555	3588	4983	3588	4561
NDSF	*JDSF*	*P*	*DDSF*	*NDSF*	*DGSN*	*NGSN*	*DGSF*	*NGSF*

ἐν	τῇ	περιτομῇ	τοῦ	Χριστοῦ,	12 συνταφέντες	αὐτῷ
en	la	circuncisión	de --	Cristo,	habiendo sido sepultados juntamente con	él
1722	3588	4061	3588	5547	4916	846
P	*DDSF*	*NDSF*	*DGSM*	*NGSM*	*VAPP-PNM*	*RP3DSM*

ἐν	τῷ	βαπτισμῷ,	ἐν	ᾧ	καὶ	συνηγέρθητε	διὰ	τῆς
en	el	bautismo,	en	quien	también	fuisteis resucitados	por medio de	la
1722	3588	909	1722	3739	2532	4891	1223	3588
P	*DDSM, DDSN*	*NDSM*	*P*	*RR-DSM*	*BE, TE*	*VAPI2P*	*P*	*DGSF*

πίστεως	τῆς	ἐνεργείας	τοῦ	θεοῦ	τοῦ	ἐγείραντος	αὐτὸν	ἐκ
fe	de la	actividad	de --	Dios,	el que	levantó	a él	de entre
4102	3588	1753	3588	2316	3588	1453	846	1537
NGSF	*DGSF*	*NGSF*	*DGSM*	*NGSM*	*DGSM*	*VAAP-SGM*	*RP3ASM*	*P*

νεκρῶν·	13 καὶ	ὑμᾶς	νεκροὺς	ὄντας	ἐν	τοῖς	παραπτώμασιν	καὶ
muertos;	y$_1$	a vosotros,$_2$	muertos$_4$	estando$_3$	en	las	transgresiones	y
3498	2532	5209	3498	5607	1722	3588	3900	2532
JGPM	*CLN*	*RP2AP*	*JAPM*	*VPAP-PAM*	*P*	*DDPN*	*NDPN*	*CLN*

τῇ	ἀκροβυστίᾳ	τῆς	σαρκὸς	ὑμῶν,	συνεζωοποίησεν	ὑμᾶς	σὺν
en la	incircuncisión	de la	carne	de vosotros,	dio vida junto	a vosotros	con
3588	203	3588	4561	5216	4806	5209	4862
DDSF	*NDSF*	*DGSF*	*NGSF*	*RP2GP*	*VAAI3S*	*RP2AP*	*P*

αὐτῷ·	χαρισάμενος	ἡμῖν	πάντα	τὰ	παραπτώματα,	14 ἐξαλείψας
él,	perdonando	a nosotros	todos	los	transgresiones;	habiendo anulado$_1$
846	5483	2254	3956	3588	3900	1813
RP3DSM	*VAMP-SNM*	*RP1DP*	*JAPN*	*DAPN*	*NAPN*	*VAAP-SNM*

τὸ	καθ'	ἡμῶν	χειρόγραφον	τοῖς	δόγμασιν	ὃ	ἦν	ὑπεναντίον
el$_2$	contra$_6$	nosotros,$_7$	pagaré$_3$	con los$_4$	decretos$_5$	lo que	era	hostil
3588	2596	2257	5498	3588	1378	3739	2258	5227
DASN	*P*	*RP1GP*	*NASN*	*DDPN*	*NDPN*	*RR-NSN*	*VIAI3S*	*JNSN*

ἡμῖν,	καὶ	αὐτὸ	ἦρκεν	ἐκ	τοῦ	μέσου	προσηλώσας	αὐτὸ	τῷ
para nosotros,	y	lo	ha quitado	de	el	medio,	habiendo clavando	a este	en la
2254	2532	846	142	1537	3588	3319	4338	846	3588
RP1DP	*CLN*	*RP3ASN*	*VRAI3S*	*P*	*DGSN*	*JGSN*	*VAAP-SNM*	*RP3ASN*	*DDSM*

σταυρῷ·	15 ἀπεκδυσάμενος	τὰς	ἀρχὰς	καὶ	τὰς	ἐξουσίας	ἐδειγμάτισεν
cruz;	habiendo despojando	a los	poderes	y	a las	potestades,	humilló
4716	554	3588	746	2532	3588	1849	1165
NDSM	*VAMP-SNM*	*DAPF*	*NAPF*	*CLN*	*DAPF*	*NAPF*	*VAAI3S*

ἐν	παρρησίᾳ,	θριαμβεύσας	αὐτοὺς	ἐν	αὐτῷ.*
en	público,	habiendo triunfando sobre	ellos	en	ella.
1722	3954	2358	846	1722	846
P	*NDSF*	*VAAP-SNM*	*RP3APM*	*P*	*RP3DSM*

16 Μὴ	οὖν	τις	ὑμᾶς	κρινέτω	ἐν	βρώσει	ἢ	ἐν	πόσει	ἢ
no$_2$	Así que$_1$	alguien$_3$	a vosotros$_5$	juzgue$_4$	en	comida	o	en	bebida	o
3361	3767	5100	5209	2919	1722	1035	2228	1722	4213	2228
BN, TN	*CLI*	*RX-NSM*	*RP2AP*	*VPAM3S*	*P*	*NDSF*	*CLD*	*P*	*NDSF*	*CLD*

ἐν	μέρει	ἑορτῆς	ἢ	νουμηνίας	ἢ	σαββάτων,	17 ἅ	ἐστιν	σκιὰ
con	respecto a	fiesta	o	luna nueva	o	sábados,	las que	es (son)	sombra
1722	3313	1859	2228	3561	2228	4521	3739	2076	4639
P	*NDSN*	*NGSF*	*CLD*	*NGSF*	*CLD*	*NGPN*	*RR-NPN*	*VPAI3S*	*NNSF*

τῶν	μελλόντων,	τὸ	δὲ	σῶμα	τοῦ	Χριστοῦ.	18 μηδεὶς
de las cosas que,	vienen	el$_2$	pero$_1$	cuerpo$_3$	(es) de --	Cristo.	Nadie$_1$
3588	3195	3588	1161	4983	3588	5547	3367
DGPN	*VPAP-PGN*	*DNSN*	*CLC*	*NNSN*	*DGSM*	*NGSM*	*JNSM*

NVI

circuncidados, no por
mano humana, sino
con la circuncisión que
consiste en despojarse
del cuerpo pecamino-
so. Esta circuncisión
la efectuó Cristo.
12 Ustedes la recibieron
al ser sepultados con él
en el bautismo. En él
también fueron resuci-
tados mediante la fe en
el poder de Dios, quien
lo resucitó de entre los
muertos.
13 Antes de recibir esa
circuncisión, ustedes
estaban muertos en sus
pecados. Sin embargo,
Dios nos dio vida en
unión con Cristo, al
perdonarnos todos los
pecados 14 y anular la
deuda que teníamos
pendiente por los
requisitos de la ley. Él
anuló esa deuda que nos
era adversa, clavándola
en la cruz. 15 Desarmó
a los poderes y a las
potestades, y por medio
de Cristo los humilló en
público al exhibirlos en
su desfile triunfal.
16 Así que nadie los
juzgue a ustedes por lo
que comen o beben,
o con respecto a días
de fiesta religiosa, de
luna nueva o de reposo.
17 Todo esto es una som-
bra de las cosas que están
por venir; la realidad se
halla en Cristo. 18 No

2:15* O sea *la cruz.*

RVR

vuestro premio, afectan-
do humildad y culto a
los ángeles, entreme-
tiéndose en lo que no
ha visto, vanamente
hinchado por su propia
mente carnal,
19 y no asiéndose de la
Cabeza, en virtud de
quien todo el cuerpo,
nutrido y bien trabado
por las junturas y liga-
mentos, crece con el cre-
cimiento que da Dios.
20 Pues si habéis muerto
con Cristo a los prin-
cipios elementales del
mundo, ¿por qué, como
si vivieseis en el mundo,
os sometéis a preceptos
21 tales como: No
toques, ni gustes, ni
manejes
22 (en conformidad a
mandamientos y ense-
ñanzas de hombres),
cosas que están todas
destinadas a destruirse
con el uso?
23 Tales cosas tienen,
a la verdad, cierta
reputación de sabiduría
en culto voluntario, en
humildad y en duro
trato del cuerpo; pero
no tienen valor alguno
contra los apetitos de
la carne.
3 Si, pues, habéis
resucitado con
Cristo, buscad las cosas

ὑμᾶς	καταβραβευέτω	θέλων	ἐν	ταπεινοφροσύνῃ	καὶ	θρησκείᾳ
a vosotros$_3$	quite el premio$_2$	queriendo hacerlo	en	humildad	y	culto
5209	2603	2309	1722	5012	2532	2356
RP2AP	*VPAM3S*	*VPAP-SNM*	*P*	*NDSF*	*CLN*	*NDSF*

τῶν	ἀγγέλων,	ἃ	ἑόρακεν	ἐμβατεύων,	εἰκῇ	φυσιούμενος
de los	ángeles,	cosas que$_2$	ha visto$_3$	entrometiéndose en$_1$	en vano,$_5$	hinchándose$_4$
3588	32	3739	3708	1687	1500	5448
DGPM	*NGPM*	*RR-APN*	*VRAI3S*	*VPAP-SNM*	*B*	*VPPP-SNM*

ὑπὸ	τοῦ	νοὸς	τῆς	σαρκὸς	αὐτοῦ,	19 καὶ	οὐ	κρατῶν	τὴν	κεφαλήν,
por	la	mente	de la	carne	de él.	y	no	sujetándose	a la	cabeza
5259	3588	3563	3588	4561	846	2532	3756	2902	3588	2776
P	*DGSM*	*NGSM*	*DGSF*	*NGSF*	*RP3GSM*	*CLN*	*BN, TN*	*VPAP-SNM*	*DASF*	*NASF*

ἐξ	οὗ	πᾶν	τὸ	σῶμα	διὰ	τῶν	ἁφῶν	καὶ	συνδέσμων
desde	la que	todo$_1$	el$_2$	cuerpo$_3$	por medio de$_7$	las$_8$	coyunturas$_9$	y$_{10}$	ligamentos$_{11}$
1537	3739	3956	3588	4983	1223	3588	860	2532	4886
P	*RR-GSM*	*JNSN*	*DNSN*	*NNSN*	*P*	*DGPF*	*NGPF*	*CLN*	*NGPM*

ἐπιχορηγούμενον	καὶ	συμβιβαζόμενον	αὔξει	τὴν	αὔξησιν	τοῦ
siendo suministrado$_4$	y$_5$	siendo unido$_6$	crece$_{12}$	(con) el	crecimiento	de --
2023	2532	4822	837	3588	838	3588
VPPP-SNN	*CLN*	*VPPP-SNN*	*VPAI3S*	*DASF*	*NASF*	*DGSM*

θεοῦ.
Dios.
2316
NGSM

20 Εἰ	ἀπεθάνετε	σὺν	Χριστῷ	ἀπὸ	τῶν	στοιχείων	τοῦ	κόσμου,
Si	moristeis	con	Cristo	desde (a)	los	elementos	del	mundo,
1487	599	4862	5547	575	3588	4747	3588	2889
CAC	*VAAI2P*	*P*	*NDSM*	*P*	*DGPN*	*NGPN*	*DGSM*	*NGSM*

τί	ὡς	ζῶντες	ἐν	κόσμῳ	δογματίζεσθε·	21 Μὴ	ἅψῃ	μηδὲ
¿por qué$_1$	como$_3$	viviendo$_4$	en$_5$	(el)mundo:$_6$	os sometéis a reglamentos$_2$	no	agarres,	ni
5101	5613	2198	1722	2889	1379	3361	680	3366
RI-ASN	*CAM*	*VPAP-PNM*	*P*	*NDSM*	*VPPI2P*	*BN,TN*	*VAMS2S*	*TN, CLD*

γεύσῃ	μηδὲ	θίγῃς,	22 ἅ	ἐστιν	πάντα	εἰς	φθορὰν	τῇ
gustes	ni	toques;	las cosas que$_2$	es (son)$_3$	todas$_1$	para	destrucción	con el
1089	3366	2345	3739	2076	3956	1519	5356	3588
VAMS2S	*TN, CLD*	*VAAS2S*	*RR-NPN*	*VPAI3S*	*JNPN*	*P*	*NASF*	*DDSF*

ἀποχρήσει,	κατὰ	τὰ	ἐντάλματα	καὶ	διδασκαλίας	τῶν	ἀνθρώπων;
uso,	conforme a	a los	mandatos	y	enseñanzas	de los	seres humanos?
671	2596	3588	1778	2532	1319	3588	444
NDSF	*P*	*DAPN*	*NAPN*	*CLN*	*NAPF*	*DGPM*	*NGPM*

23 ἅτινά	ἐστιν	λόγον	μὲν	ἔχοντα	σοφίας	ἐν	ἐθελοθρησκίᾳ	καὶ
tales cosas$_1$	es (son)$_2$	palabra$_5$	en verdad$_4$	que tienen$_3$	de sabiduría$_6$	en$_7$	culto autoimpuesto$_8$	y
3748	2076	3056	3303	2192	4678	1722	1479	2532
RR-NPN	*VPAI3S*	*NASM*	*TE, TK*	*VPAP-PNN*	*NGSF*	*P*	*NDSF*	*CLN*

ταπεινοφροσύνῃ	καὶ	ἀφειδίᾳ	σώματος,	οὐκ	ἐν	τιμῇ	τινι	πρὸς
humildad	y	trato severo	del cuerpo,	no	en	valor	alguno	contra
5012	2532	857	4983	3756	1722	5092	5100	4314
NDSF	*CLN*	*NDSF*	*NGSN*	*BN, TN*	*P*	*NDSF*	*JDSF, RX-DSF*	*P*

πλησμονὴν	τῆς	σαρκός.
la satisfacción	de la	carne.
4140	3588	4561
NASF	*DGSF*	*NGSF*

3 Εἰ	οὖν	συνηγέρθητε	τῷ	Χριστῷ,	τὰ	ἄνω	ζητεῖτε,
si$_2$	Así que,$_1$	fuisteis resucitados con	--	Cristo,	las cosas$_2$	de arriba,$_3$	buscad$_1$
1487	3767	4891	3588	5547	3588	507	2212
CAC	*CLI*	*VAPI2P*	*DDSM*	*NDSM*	*DAPN*	*BP*	*VPAM2P*

NVI

dejen que les prive de
esta realidad ninguno
de esos que se ufanan
en fingir humildad y
adoración de ángeles.
Los tales hacen alarde
de lo que no han visto;
y, envanecidos por su
razonamiento humano,
19 no se mantienen
firmemente unidos a la
Cabeza. Por la acción
de esta, todo el cuerpo,
sostenido y ajustado
mediante las articula-
ciones y ligamentos, va
creciendo como Dios
quiere.
20 Si con Cristo
ustedes ya han muerto
a los principios de este
mundo, ¿por qué, como
si todavía pertenecieran
al mundo, se someten a
preceptos tales como:
21 «No tomes en tus
manos, no pruebes, no
toques»? 22 Estos pre-
ceptos, basados en reglas
y enseñanzas humanas,
se refieren a cosas que
van a desaparecer con el
uso. 23 Tienen sin duda
apariencia de sabiduría,
con su afectada piedad,
falsa humildad y severo
trato del cuerpo, pero de
nada sirven frente a los
apetitos de la naturaleza
pecaminosa.

Normas para una vida santa

3 Ya que han resu-
citado con Cristo,
busquen las cosas de

nvn

de arriba, donde está
Cristo sentado a la dies-
tra de Dios.
²Poned la mira en las
cosas de arriba, no en las
de la tierra.
³Porque habéis muerto,
y vuestra vida está
escondida con Cristo
en Dios.
⁴Cuando Cristo, vuestra
vida, se manifieste, en-
tonces vosotros también
seréis manifestados con
él en gloria.

La vida antigua y la nueva

⁵Haced morir, pues, en
vuestros miembros lo
terrenal: fornicación,
impureza, pasiones
desordenadas, malos
deseos y la avaricia, que
es idolatría;
⁶a causa de las cuales
cosas viene la ira de
Dios sobre los hijos de
desobediencia,
⁷en las cuales también
vosotros anduvisteis
en otro tiempo cuando
vivíais en ellas.
⁸Pero ahora desechad
también vosotros todas
estas cosas: ira, enojo,
malicia, blasfemia,
palabras deshonestas de
vuestra boca.
⁹No mintáis los unos
a los otros, habién-
doos despojado del
viejo hombre con sus
prácticas,
¹⁰y revestido del nuevo,

οὗ	ὁ	Χριστός	ἐστιν	ἐν	δεξιᾷ	τοῦ	θεοῦ	καθήμενος·	²τὰ
donde	--1	Cristo2	está3	en5	(la)derecha6	de--7	Dios;8	sentado4	las cosas2
3757	3588	5547	2076	1722	1188	3588	2316	2521	3588
BP	DNSM	NNSM	VPAI3S	P	JDSF	DGSM	NGSM	VPUP-SNM	DAPN

ἄνω	φρονεῖτε,	μὴ	τὰ	ἐπὶ	τῆς	γῆς,	³ἀπεθάνετε	γάρ,	καὶ
de arriba,3	pensad1	no	las cosas	sobre	la	tierra.	moristeis,2	Porque1	y
507	5426	3361	3588	1909	3588	1093	599	1063	2532
BP	VPAM2P	BN, TN	DAPN	P	DGSF	NGSF	VAAI2P	CAZ	CLN

ἡ	ζωὴ	ὑμῶν	κέκρυπται	σὺν	τῷ	Χριστῷ	ἐν	τῷ	θεῷ·	⁴ὅταν	ὁ
la	vida	vuestra	ha sido escondida	con	--	Cristo	en	--	Dios;	cuando1	--2
3588	2222	5216	2928	4862	3588	5547	1722	3588	2316	3752	3588
DNSF	NNSF	RP2GP	VRPI3S	P	DDSM	NDSM	P	DDSM	NDSM	CAT	DNSM

Χριστὸς	φανερωθῇ,	ἡ	ζωὴ	ὑμῶν,	τότε	καὶ	ὑμεῖς	σὺν	αὐτῷ
Cristo,3	sea manifestado,7	la4	vida5	de vosotros,6	entonces	también	vosotros	con	él
5547	5319	3588	2222	5216	5119	2532	5210	4862	846
NNSM	VAPS3S	DNSF	NNSF	RP2GP	B	BE, TE	RP2NP	P	RP3DSM

φανερωθήσεσθε	ἐν	δόξῃ.
seréis manifestados	en	gloria.
5319	1722	1391
VFPI2P	P	NDSF

⁵Νεκρώσατε	οὖν	τὰ	μέλη	τὰ	ἐπὶ	τῆς	γῆς,*	πορνείαν,
haced morir2	Así que,1	los	miembros	los	sobre	la	tierra,	inmoralidad sexual,
3499	3767	3588	3196	3588	1909	3588	1093	4202
VAAM2P	CLI	DAPN	NAPN	DAPN	P	DGSF	NGSF	NASF

ἀκαθαρσίαν,	πάθος,	ἐπιθυμίαν	κακήν,	καὶ	τὴν	πλεονεξίαν
impureza,	pasión desordenada,	deseo	malo	y	la	codicia,
167	3806	1939	2556	2532	3588	4124
NASF	NASN	NASF	JASF	CLN	DASF	NASF

ἥτις	ἐστὶν	εἰδωλολατρία,	⁶δι'	ἃ	ἔρχεται	ἡ	ὀργὴ	τοῦ	θεοῦ
la que	es	idolatría,	a causa de	las que	viene5	la1	ira2	de--3	Dios4
3748	2076	1495	1223	3739	2064	3588	3709	3588	2316
RR-NSF	VPAI3S	NNSF	P	RR-APN	VPUI3S	DNSF	NNSF	DGSM	NGSM

ἐπὶ	τοὺς	υἱοὺς	τῆς	ἀπειθείας.	⁷ἐν	οἷς	καὶ	ὑμεῖς	περιεπατήσατέ
sobre	los	hijos	de la	desobediencia;	en	las que	también	vosotros	anduvisteis
1909	3588	5207	3588	543	1722	3739	2532	5210	4043
P	DAPM	NAPM	DGSF	NGSF	P	RR-DPM	BE, TE	RP2NP	VAAI2P

ποτε	ὅτε	ἐζῆτε	ἐν	τούτοις·	⁸νυνὶ	δὲ	ἀπόθεσθε	καὶ
en otro tiempo,	cuando	vivíais	en	estas cosas;	ahora2	pero1	desechad	también
4218	3753	2198	1722	5125	3570	1161	659	2532
BX, TX	CAT	VIAI2P	P	RD-DPM	BK	CLC	VAMM2P	BE, TE

ὑμεῖς	τὰ	πάντα,	ὀργήν,	θυμόν,	κακίαν,	βλασφημίαν,
vosotros	las cosas:2	todas,1	ira,	enojo,	malicia,	calumnia,
5210	3588	3956	3709	2372	2549	988
RP2NP	DAPN	JAPN	NASF	NASM	NASF	NASF

αἰσχρολογίαν	ἐκ	τοῦ	στόματος	ὑμῶν·	⁹μὴ	ψεύδεσθε	εἰς
lenguaje obsceno	de	la	boca	vuestra;	no	mintáis	a
148	1537	3588	4750	5216	3361	5574	1519
NASF	P	DGSN	NGSN	RP2GP	BN, TN	VPMM2P	P

ἀλλήλους·	ἀπεκδυσάμενοι	τὸν	παλαιὸν	ἄνθρωπον	σὺν
los unos a los otos,	habiendo despojado	al	viejo	ser humano	con
240	554	3588	3820	444	4862
RC-APM	VAMP-PNM	DASM	JASM	NASM	P

ταῖς	πράξεσιν	αὐτοῦ,	¹⁰καὶ	ἐνδυσάμενοι	τὸν	νέον	τὸν
las	prácticas	de él,	y	habiéndoos vestido	el	nuevo,	el que
3588	4234	846	2532	1746	3588	3501	3588
DDPF	NDPF	RP3GSM	CLN	VAMP-PNM	DASM	JASM	DASM

NVI

arriba, donde está Cristo
sentado a la derecha de
Dios. ²Concentren su
atención en las cosas de
arriba, no en las de la
tierra, ³pues ustedes han
muerto y su vida está
escondida con Cristo en
Dios. ⁴Cuando Cristo,
que es la vida de ustedes,
se manifieste, entonces
también ustedes serán
manifestados con él en
gloria.
⁵Por tanto, hagan
morir todo lo que es
propio de la naturaleza
terrenal: inmoralidad
sexual, impureza, bajas
pasiones, malos deseos
y avaricia, la cual es
idolatría. ⁶Por estas
cosas viene el castigo
de Dios. ⁷Ustedes las
practicaron en otro
tiempo, cuando vivían
en ellas. ⁸Pero ahora
abandonen también
todo esto: enojo, ira,
malicia, calumnia y len-
guaje obsceno. ⁹Dejen
de mentirse unos a
otros, ahora que se han
quitado el ropaje de la
vieja naturaleza con sus
vicios, ¹⁰y se han puesto
el de la nueva naturaleza,

3:5* O sea *lo que es de naturaleza terrenal.*

RVR

el cual conforme a la
imagen del que lo creó
se va renovando hasta el
conocimiento pleno,
11 donde no hay ya
distinción entre griego
y judío, circuncisión e
incircuncisión, bárbaro
y escita, siervo y libre,
sino que Cristo es todo,
y en todos.
12 Vestíos, pues, como
escogidos de Dios,
santos y amados, de
entrañable misericordia,
de benignidad, de hu-
mildad, de mansedum-
bre, de longanimidad;
13 soportándoos unos a
otros, y perdonándoos
unos a otros si alguno
tiene queja contra
otro. De la manera que
Cristo os perdonó,
así también hacedlo
vosotros.
14 Y sobre todas estas
cosas vestíos de amor,
que es el vínculo de la
perfección.
15 Y la paz de Dios
gobierne en vuestros
corazones, a la que asi-
mismo fuisteis llamados
en un solo cuerpo; y sed
agradecidos.
16 La palabra de Cristo
habite ricamente en
vosotros, enseñándoos y
amonestándoos unos a
otros en toda sabiduría,
cantando con gracia
en vuestros corazones
al Señor con salmos,
himnos y cánticos espi-
rituales.

ἀνακαινούμενον	εἰς	ἐπίγνωσιν	κατ᾽	εἰκόνα	τοῦ
es renovado	para	conocimiento pleno	conforme a	la imagen	del que
341	1519	1922	2596	1504	3588
VPPP-SAM	P	NASF	P	NASF	DGSM

κτίσαντος	αὐτόν,	11 ὅπου	οὐκ	ἔνι	Ἕλλην	καὶ	Ἰουδαῖος,	περιτομὴ
creó	a él,	donde	no	hay	griego	y	judío,	circuncisión
2936	846	3699	3756	1762	1672	2532	2453	4061
VAAP-SGM	RP3ASM	CAL	BN, TN	VPAI3S	NNSM	CLN	JNSM	NNSF

καὶ	ἀκροβυστία,	βάρβαρος,	Σκύθης,	δοῦλος,	ἐλεύθερος,	ἀλλὰ	τὰ
e	incircuncisión,	bárbaro,	escita,	esclavo,	libre,	sino$_1$	las cosas,$_4$
2532	203	915	4658	1401	1658	235	3588
CLN	NNSF	JNSM	NNSM	NNSM	JNSM	CLC	DNPN

πάντα	καὶ	ἐν	πᾶσιν	Χριστός.
todas$_3$	también$_5$	en$_6$	todos.$_7$	Cristo (es)$_2$
3956	2532	1722	3956	5547
JNPN	CLN	P	JDPN	NNSM

12 Ἐνδύσασθε	οὖν	ὡς	ἐκλεκτοὶ	τοῦ	θεοῦ,	ἅγιοι	καὶ	ἠγαπημένοι,
vestíos$_2$	Así que,$_1$	como	elegidos	de --	Dios,	santos	y	amados,
1746	3767	5613	1588	3588	2316	40	2532	25
VAMM2P	CLI	CAM, B	JNPM	DGSM	NGSM	JNPM	CLN	VRPP-PNM

σπλάγχνα	οἰκτιρμοῦ,	χρηστότητα,	ταπεινοφροσύνην,	πραΰτητα,
entrañable,$_2$	de compasión$_1$	bondad,	humildad,	amabilidad,
4698	3628	5544	5012	4240
NAPN	NGSM	NASF	NASF	NASF

μακροθυμίαν,	13 ἀνεχόμενοι	ἀλλήλων	καὶ	χαριζόμενοι	ἑαυτοῖς
paciencia,	soportándoos	unos a otros	y	perdonándoos	a vosotros mismos,
3115	430	240	2532	5483	1438
NASF	VPUP-PNM	RC-GPN	CLN	VPUP-PNM	RF2DPM

ἐάν	τις	πρός	τινα	ἔχῃ	μομφήν·	καθὼς	καὶ	ὁ	κύριος
si$_1$	alguien$_2$	contra$_5$	alguien;$_6$	tiene$_3$	queja$_4$	como	también	el	Señor
1437	5100	4314	5100	2192	3437	2531	2532	3588	2962
CAC	RX-NSM	P	RX-ASM	VPAS3S	NASF	CAM	BE, TE	DNSM	NNSM

ἐχαρίσατο	ὑμῖν	οὕτως	καὶ	ὑμεῖς·	14 ἐπὶ	πᾶσιν	δὲ	τούτοις	τὴν
perdonó	a vosotros,	así	también	vosotros;	sobre$_2$	todas$_3$	mas$_1$	estas cosas,$_4$	el
5483	5213	3779	2532	5210	1909	3956	1161	5125	3588
VAMI3S	RP2DP	B	BE, TE	RP2NP	P	JDPN	CLN	RD-DPN	DASF

ἀγάπην,	ὅ	ἐστιν	σύνδεσμος	τῆς	τελειότητος.	15 καὶ	ἡ	εἰρήνη
amor,	el que	es	(el) vínculo	de la	perfección.	Y	la	paz
26	3739	2076	4886	3588	5047	2532	3588	1515
NASF	RR-NSN	VPAI3S	NNSM	DGSF	NGSF	CLN	DNSF	NNSF

τοῦ	Χριστοῦ	βραβευέτω	ἐν	ταῖς	καρδίαις	ὑμῶν,	εἰς	ἣν	καὶ
de --	Cristo	dirija	en	los	corazones	de vosotros,	para	la que	también
3588	5547	1018	1722	3588	2588	5216	1519	3739	2532
DGSM	NGSM	VPAM3S	P	DDPF	NDPF	RP2GP	P	RR-ASF	BE, TE

ἐκλήθητε	ἐν	ἑνὶ	σώματι·	καὶ	εὐχάριστοι	γίνεσθε.	16 ὁ	λόγος	τοῦ
fuisteis llamados	en	un	cuerpo;	y$_1$	agradecidos.$_3$	sed$_2$	La	palabra	de --
2564	1722	1520	4983	2532	2170	1096	3588	3056	3588
VAPI2P	P	JDSN	NDSN	CLN	JNPM	VPUM2P	DNSM	NNSM	DGSM

Χριστοῦ	ἐνοικείτω	ἐν	ὑμῖν	πλουσίως	ἐν	πάσῃ	σοφίᾳ·	διδάσκοντες
Cristo	habite	en	vosotros	en abundancia,	con$_5$	toda$_6$	sabiduría;$_7$	enseñando$_1$
5547	1774	1722	5213	4146	1722	3956	4678	1321
NGSM	VPAM3S	P	RP2DP	B	P	JDSF	NDSF	VPAP-PNM

καὶ	νουθετοῦντες	ἑαυτοὺς	ψαλμοῖς,	ὕμνοις,	ᾠδαῖς	πνευματικαῖς
y$_2$	amonestando$_3$	a vosotros mismos$_4$	con salmos,$_{13}$	himnos,$_{14}$	canciones$_{15}$	espirituales$_{16}$
2532	3560	1438	5568	5215	5603	4152
CLN	VPAP-PNM	RF3APM	NDPM	NDPM	NDPF	JDPF

NVI

que se va renovando en
conocimiento a imagen
de su Creador. 11 En esta
nueva naturaleza no hay
griego ni judío, circunci-
so ni incircunciso, culto
ni inculto, esclavo ni
libre, sino que Cristo es
todo y está en todos.
12 Por lo tanto, como
escogidos de Dios, san-
tos y amados, revístanse
de afecto entrañable y
de bondad, humildad,
amabilidad y pacien-
cia, 13 de modo que se
toleren unos a otros y
se perdonen si alguno
tiene queja contra otro.
Así como el Señor los
perdonó, perdonen
también ustedes. 14 Por
encima de todo, vístanse
de amor, que es el víncu-
lo perfecto.
15 Que gobierne en
sus corazones la paz de
Cristo, a la cual fueron
llamados en un solo
cuerpo. Y sean agra-
decidos. 16 Que habite
en ustedes la palabra
de Cristo con toda su
riqueza: instrúyanse y
aconséjense unos a otros
con toda sabiduría;
canten salmos, himnos
y canciones espirituales
a Dios, con gratitud de

RVR

17 Y todo lo que hagáis,
de palabra o de obra,
hacedlo todo en el
nombre del Señor Jesús,
dando gracias a Dios
Padre por medio de él.

Relaciones sociales del cristiano

18 Esposas, estad someti-
das a vuestros maridos,
como conviene en el
Señor.
19 Maridos, amad a
vuestras mujeres, y no
seáis ásperos con ellas.
20 Hijos, obedeced a
vuestros padres en todo,
porque esto agrada al
Señor.
21 Padres, no exasperéis
a vuestros hijos, para
que no se desalienten.
22 Siervos, obedeced en
todo a vuestros amos
terrenales, no sirviendo
al ojo, como los que sólo
quieren agradar a los
hombres, sino con cora-
zón sincero, temiendo
a Dios.
23 Y todo lo que hagáis,
hacedlo de corazón,
como para el Señor y no
para los hombres;
24 sabiendo que del

ἐν	χάριτι,	ᾄδοντες	ἐν	ταῖς	καρδίαις	ὑμῶν	τῷ	⸀θεῷ.	17 καὶ
con$_{17}$	gracia$_{18}$	cantando$_{8}$	en$_{9}$	los$_{10}$	corazones$_{11}$	de vosotros$_{12}$	para --$_{19}$	Dios;$_{20}$	y
1722	5485	103	1722	3588	2588	5216	3588	2316	2532
P	NDSF	VPAP-PNM	P	DDPF	NDPF	RP2GP	DDSM	NDSM	CLN

πᾶν	ὅ	τι	ἐὰν*	ποιῆτε	ἐν	λόγῳ	ἢ	ἐν	ἔργῳ,	πάντα
todo	lo que	algo	si	hagáis,	en	palabra	o	en	obra,	(haced) todas las cosas$_{2}$
3956	3739	5100	1437	4160	1722	3056	2228	1722	2041	3956
JASN	RR-ASN	RX-ASN	TC	VPAS2P	P	NDSM	CLD	P	NDSN	JAPN

ἐν	ὀνόματι	κυρίου	Ἰησοῦ,	εὐχαριστοῦντες	τῷ	θεῷ	πατρὶ	δι'
en$_{3}$	nombre$_{4}$	del Señor	Jesús	dando gracias	a --	Dios	Padre	por medio de
1722	3686	2962	2424	2168	3588	2316	3962	1223
P	NDSN	NGSM	NGSM	VPAP-PNM	DDSM	NDSM	NDSM	P

αὐτοῦ.
él.
846
RP3GSM

18 Αἱ	γυναῖκες,	ὑποτάσσεσθε	τοῖς	ἀνδράσιν,	ὡς	ἀνῆκεν
Las	esposas	sujetaos	a los	esposos	como	convenía
3588	1135	5293	3588	435	5613	433
DVPF,DNPF	NVPF, NNPF	VPMM2P	DDPM	NDPM	CAM	VIAI3S

ἐν	κυρίῳ.	19 οἱ	ἄνδρες,	ἀγαπᾶτε	τὰς	γυναῖκας	καὶ	μὴ
en	(el) Señor	Los	esposos,	amad	a las	esposas,	y	no
1722	2962	3588	435	25	3588	1135	2532	3361
P	NDSM	DVPM,DNPM	NVPM, NNPM	VPAM2P	DAPF	NAPF	CLN	BN, TN

πικραίνεσθε	πρὸς	αὐτάς.
seáis amargos	con	ellas.
4087	4314	846
VPPM2P	P	RP3APF

20 Τὰ	τέκνα,	ὑπακούετε	τοῖς	γονεῦσιν	κατὰ	πάντα,
Los	hijos,	obedeced	a los	padres	en	todas las cosas,
3588	5043	5219	3588	1118	2596	3956
DVPN,DNPN	NVPN, NNPN	VPAM2P	DDPM	NDPM	P	JAPN

τοῦτο	γὰρ	εὐάρεστόν	ἐστιν	ἐν	κυρίῳ.	21 οἱ	πατέρες,
esto$_{2}$	porque$_{1}$	agradable$_{4}$	es$_{3}$	en$_{5}$	(el) Señor.$_{6}$	Los	padres,
5124	1063	2101	2076	1722	2962	3588	3962
RD-NSN	CAZ	JNSN	VPAI3S	P	NDSM	DVPM,DNPM	NVPM, NNPM

μὴ	ἐρεθίζετε	τὰ	τέκνα	ὑμῶν,	ἵνα	μὴ	ἀθυμῶσιν.	22 οἱ
no	irritéis	a los	hijos	de vosotros,	para que	no	se desanimen.	Los
3361	2042	3588	5043	5216	2443	3361	120	3588
BN, TN	VPAM2P	DAPN	NAPN	RP2GP	CAP	BN, TN	VPAS3P	DVPM,DNPM

δοῦλοι,	ὑπακούετε	κατὰ	πάντα	τοῖς	κατὰ	σάρκα	κυρίοις,*
siervos,	obedeced	en	todas las cosas	a los	conforme a$_{2}$	carne,$_{3}$	amos$_{1}$
1401	5219	2596	3956	3588	2596	4561	2962
NVPM, NNPM	VPAM2P	P	JAPN	DDPM	P	NASF	NDPM

μὴ	ἐν	ὀφθαλμοδουλίαις,*¹	ὡς	ἀνθρωπάρεσκοι,	ἀλλ'	ἐν	ἁπλότητι
no	en	servicio al ojo	como	agradando a hombres,	sino	en	sencillez
3361	1722	3787	5613	441	235	1722	572
BN, TN	P	NDPF	CAM	JNPM	CLC	P	NDSF

καρδίας,	φοβούμενοι	τὸν	⸀κύριον.	23 ὃ	ἐὰν	ποιῆτε,*	ἐκ	ψυχῆς*¹
de corazón,	temiendo	al	Señor.	Lo que	si	hagáis,	de$_{2}$	alma,$_{3}$
2588	5399	3588	2962	3739	1437	4160	1537	5590
NGSF	VPUP-PNM	DASM	NASM	RR-ASN	TC	VPAS2P	P	NGSF

ἐργάζεσθε,	ὡς	τῷ	κυρίῳ	καὶ	οὐκ	ἀνθρώποις,	24 εἰδότες	ὅτι
realícenlo$_{1}$	como	para el	Señor	y	no	para los seres humanos,	sabiendo	que
2038	5613	3588	2962	2532	3756	444	1492	3754
VPUM2P	CAM, B	DDSM	NDSM	CLN	BN, TN	NDPM	VRAP-PNM	CSC

NVI

corazón. 17 Y todo lo
que hagan, de palabra o
de obra, háganlo en el
nombre del Señor Jesús,
dando gracias a Dios el
Padre por medio de él.

Normas para la familia cristiana

18 Esposas, sométanse
a sus esposos, como
conviene en el Señor.
19 Esposos, amen a sus
esposas y no sean duros
con ellas.
20 Hijos, obedezcan
a sus padres en todo,
porque esto agrada al
Señor.
21 Padres, no exaspe-
ren a sus hijos, no sea
que se desanimen.
22 Esclavos, obe-
dezcan en todo a sus
amos terrenales, no
solo cuando ellos los
estén mirando, como
si ustedes quisieran ga-
narse el favor humano,
sino con integridad de
corazón y por respeto
al Señor. 23 Hagan lo
que hagan, trabajen de
buena gana, como para
el Señor y no como para
nadie en este mundo,
24 conscientes de que el

3:16⸀ Manuscritos inferiores tienen *Señor.* 3:17* O sea *cualquier cosa.* 3:22* O sea *amos humanos.* 3:22*¹ O sea *cuando os vean.*
3:22⸀ Manuscritos inferiores tienen *Dios.* 3:23* O sea *Cuánto hagáis.* 3:23*¹ O sea *de corazón.*

RVR

Señor recibiréis la
recompensa de la heren-
cia, porque a Cristo el
Señor servís.
25 Mas el que hace injus-
ticia, recibirá en pago
la injusticia que haga,
que no hay acepción de
personas.
4 Amos, haced
lo que es justo y
equitativo con vuestros
siervos, sabiendo que
también vosotros tenéis
un Amo en los cielos.
2 Perseverad en la
oración, velando en ella
con acción de gracias;
3 orando también al
mismo tiempo por no-
sotros, para que el Señor
nos abra puerta para la
palabra, a fin de dar a
conocer el misterio de
Cristo, por el cual tam-
bién estoy preso,
4 para que lo manifieste
con la claridad con que
debo hablarlo.
5 Andad sabiamente
para con los de afuera,
redimiendo el tiempo.
6 Sea vuestra palabra
siempre con gracia,
sazonada con sal, para
que sepáis cómo debéis
responder a cada uno.

Saludos finales

7 Todo lo que a mí
se refiere, os lo hará
saber Tíquico, el amado

ἀπὸ	κυρίου	ἀπολήμψεσθε	τὴν	ἀνταπόδοσιν	τῆς	κληρονομίας·
de parte de	(el) Señor	recibiréis	la	recompensa	de la	herencia.
575	2962	618	3588	469	3588	2817
P	*NGSM*	*VFMI2P*	*DASF*	*NASF*	*DGSF*	*NGSF*

τῷ	κυρίῳ	Χριστῷ	δουλεύετε·	25 ὁ	γὰρ	ἀδικῶν	κομίσεται
al$_2$	Señor$_3$	Cristo;$_4$	Servís$_1$	el$_2$	porque$_1$	que hace injusticia,$_3$	recibirá
3588	2962	5547	1398	3588	1063	91	2865
DDSM	*NDSM*	*NDSM*	*VPAM2P, VPAI2P*	*DNSM*	*CAZ*	*VPAP-SNM*	*VFMI3S*

ὃ	ἠδίκησεν,	καὶ	οὐκ	ἔστιν	προσωπολημψία.
lo que	hizo injusto	y	no	es (hay)	favoritismo.
3739	91	2532	3756	2076	4382
RR-ASN	*VAAI3S*	*CLN*	*BN, TN*	*VPAI3S*	*NNSF*

4 οἱ	κύριοι,	τὸ	δίκαιον	καὶ	τὴν	ἰσότητα	τοῖς	δούλοις
Los$_1$	amos,$_2$	lo$_6$	justo$_7$	y$_8$	lo$_9$	equitativo,$_{10}$	a los$_4$	siervos$_5$
3588	2962	3588	1342	2532	3588	2471	3588	1401
DVPM, DNPM	*NVPM, NNPM*	*DASN*	*JASN*	*CLN*	*DASF*	*NASF*	*DDPM*	*NDPM*

παρέχεσθε,	εἰδότες	ὅτι	καὶ	ὑμεῖς	ἔχετε	κύριον	ἐν	οὐρανῷ.
suministrad$_3$	sabiendo	que	también	vosotros	tenéis	un Señor	en	(el) cielo.
3930	1492	3754	2532	5210	2192	2962	1722	3772
VPMM2P	*VRAP-PNM*	*CSC*	*BE, TE*	*RP2NP*	*VPAI2P*	*NASM*	*P*	*NDSM*

2 Τῇ	προσευχῇ	προσκαρτερεῖτε,	γρηγοροῦντες	ἐν	αὐτῇ	ἐν
en la$_2$	oración,$_3$	Perseverad$_1$	velando	en	ella	con
3588	4335	4342	1127	1722	846	1722
DDSF	*NDSF*	*VPAM2P*	*VPAP-PNM*	*P*	*RP3DSF*	*P*

εὐχαριστίᾳ,	3 προσευχόμενοι	ἅμα	καὶ	περὶ	ἡμῶν,	ἵνα	ὁ
acción de gracias,	orando	al mismo tiempo	también	acerca de	nosotros,	para que	--
2169	4336	260	2532	4012	2257	2443	3588
NDSF	*VPUP-PNM*	*B*	*BE, TE*	*P*	*RP1GP*	*CSC*	*DNSM*

θεὸς	ἀνοίξῃ	ἡμῖν	θύραν	τοῦ	λόγου,	λαλῆσαι	τὸ	μυστήριον	τοῦ
Dios	abra	a nosotros	una puerta	de la	palabra,	para hablar	el	misterio	de --
2316	455	2254	2374	3588	3056	2980	3588	3466	3588
NNSM	*VAAS3S*	*RP1DP*	*NASF*	*DGSM*	*NGSM*	*VAAN*	*DASN*	*NASN*	*DGSM*

Χριστοῦ,	δι’	ὃ	καὶ	δέδεμαι,	4 ἵνα	φανερώσω	αὐτὸ	ὡς
Cristo,	a causa de	lo que	también	he sido encarcelado,	para que	manifieste	a él	como
5547	1223	3739	2532	1210	2443	5319	846	5613
NGSM	*P*	*RR-ASN*	*BE, TE*	*VRPI1S*	*CAP, CSC*	*VAAS1S*	*RP3ASN*	*CAM*

δεῖ	με	λαλῆσαι.
es necesario	a mí	hablar.
1163	3165	2980
VPAI3S	*RP1AS*	*VAAN*

5 Ἐν	σοφίᾳ	περιπατεῖτε	πρὸς	τοὺς	ἔξω,	τὸν	καιρὸν
en$_2$	sabiduría$_3$	Andad$_1$	en relación a$_4$	los$_5$	(de) afuera,$_6$	el$_8$	tiempo señalado.$_9$
1722	4678	4043	4314	3588	1854	3588	2540
P	*NDSF*	*VPAM2P*	*P*	*DAPM*	*BP*	*DASM*	*NASM*

ἐξαγοραζόμενοι.	6 ὁ	λόγος	ὑμῶν	πάντοτε	ἐν	χάριτι,	ἅλατι
redimiendo$_7$	La	palabra	de vosotros	(sea) siempre	con	gracia,	con sal,$_2$
1805	3588	3056	5216	3842	1722	5485	217
VPMP-PNM	*DNSM*	*NNSM*	*RP2GP*	*B*	*P*	*NDSF*	*NDSN*

ἠρτυμένος,	εἰδέναι	πῶς	δεῖ	ὑμᾶς	ἑνὶ	ἑκάστῳ	ἀποκρίνεσθαι.
(sea) sazonada$_1$	para saber$_3$	cómo$_7$	es necesario$_8$	a vosotros.$_9$	uno$_6$	cada$_5$	responder$_4$
741	1492	4459	1163	5209	1520	1538	611
VRPP-SNM	*VRAN*	*B*	*VPAI3S*	*RP2AP*	*JDSM*	*JDSM*	*VPUN*

7 Τὰ	κατ’	ἐμὲ	πάντα	γνωρίσει	ὑμῖν	Τυχικὸς	ὁ
lo$_{15}$	conforme a$_{16}$	a mí,$_{17}$	todas las cosas$_{14}$	hará saber$_{12}$	a vosotros$_{13}$	Tíquico,$_1$	el$_2$
3588	2596	1691	3956	1107	5213	5190	3588
DAPN	*P*	*RP1AS*	*JAPN*	*VFAI3S*	*RP2DP*	*NNSM*	*DNSM*

NVI

Señor los recompensará
con la herencia. Ustedes
sirven a Cristo el Señor.
25 El que hace el mal
pagará por su propia
maldad, y en esto no hay
favoritismo.
4 Amos, proporcio-
nen a sus esclavos lo
que es justo y equitati-
vo, conscientes de que
ustedes también tienen
un Amo en el cielo.

Instrucciones adicionales

2 Dedíquense a la
oración: perseveren en
ella con agradecimiento
3 y, al mismo tiempo,
intercedan por nosotros
a fin de que Dios nos
abra las puertas para
proclamar la palabra, el
misterio de Cristo por el
cual estoy preso. 4 Oren
para que yo lo anuncie
con claridad, como debo
hacerlo. 5 Compórtense
sabiamente con los que
no creen en Cristo,
aprovechando al
máximo cada momento
oportuno. 6 Que su con-
versación sea siempre
amena y de buen gusto.
Así sabrán cómo res-
ponder a cada uno.

Saludos finales

7 Nuestro querido
hermano Tíquico, fiel

NVR

hermano y fiel ministro
y consiervo en el Señor,
8 a quien he enviado a
vosotros para esto mis-
mo, para que conozca lo
que a vosotros se refiere,
y conforte vuestros
corazones,
9 con Onésimo, el
amado y fiel hermano,
que es uno de vosotros.
Todo lo que acá pasa, os
lo harán saber.
10 Aristarco, mi com-
pañero de prisiones, os
saluda, y Marcos el pri-
mo de Bernabé, acerca
del cual habéis recibido
instrucciones; si va a
vosotros, recibidle;
11 y Jesús, llamado Justo;
que son los únicos de
la circuncisión que
colaboran conmigo
en el reino de Dios, y
han sido para mí un
consuelo.
12 Os saluda Epafras, el
cual es uno de vosotros,
siervo de Cristo, siem-
pre esforzándose inten-
samente por vosotros en
sus oraciones, para que
estéis firmes, perfectos
y completos en todo lo
que Dios quiere.
13 Porque de él doy testi-
monio de que tiene gran
solicitud por vosotros,

ἀγαπητὸς ἀδελφὸς καὶ πιστὸς διάκονος καὶ σύνδουλος ἐν κυρίῳ,
amado₃ hermano₄ y₅ fiel₆ servidor₇ y₈ consiervo₉ en₁₀ Señor,₁₁
27 80 2532 4103 1249 2532 4889 1722 2962
JNSM NNSM CLN JNSM NNSM CLN NNSM P NDSM

8 ὃν ἔπεμψα πρὸς ὑμᾶς εἰς αὐτὸ τοῦτο ἵνα γνῶτε τὰ
a quien envié a vosotros para mismo,₂ esto₁ para que conozcáis las cosas
3739 3992 4314 5209 1519 846 5124 2443 1097 3588
RR-ASM VAAI1S P RP2AP P RP3ASN,JASN RD-ASN CSC VAAS2P DAPN

περὶ ἡμῶν καὶ παρακαλέσῃ τὰς καρδίας ὑμῶν, 9 σὺν Ὀνησίμῳ τῷ
acerca de nosotros, y aliente los corazones de vosotros; con Onésimo, el
4012 2257 2532 3870 3588 2588 5216 4862 3682 3588
P RP1GP CLN VAAS3S DAPF NAPF RP2GP P NDSM DDSM

πιστῷ καὶ ἀγαπητῷ ἀδελφῷ, ὅς ἐστιν ἐξ ὑμῶν· πάντα ὑμῖν
fiel y amado hermano, el cual es de vosotros, todas las cosas₂ a vosotros.₅
4103 2532 27 80 3739 2076 1537 5216 3956 5213
JDSM CLN JDSM NDSM RR-NSM VPAI3S P RP2GP JAPN RP2DP

γνωρίσουσιν τὰ ὧδε.
hará saber₁ las cosas₃ de aquí₄
1107 3588 5602
VFAI3P DAPN BP

10 Ἀσπάζεται ὑμᾶς Ἀρίσταρχος ὁ συναιχμάλωτός μου, καὶ
saluda₅ a vosotros;₆ Aristarco,₁ el₂ compañero de prisión₃ de mí,₄ y
782 5209 708 3588 4869 3450 2532
VPUI3S RP2AP NNSM DNSM JNSM, NNSM RP1GS CLN

Μᾶρκος ὁ ἀνεψιὸς Βαρναβᾶ (περὶ οὗ ἐλάβετε ἐντολάς,
Marcos, el primo de Bernabé (acerca de del que recibisteis instrucciones;
3138 3588 431 921 4012 3739 2983 1785
NNSM DNSM NNSM NGSM P RR-GSM VAAI2P NAPF

ἐὰν ἔλθῃ πρὸς ὑμᾶς δέξασθε αὐτόν), 11 καὶ Ἰησοῦς ὁ λεγόμενος
si viene a vosotros recibid a él); y Jesús, el llamado
1437 2064 4314 5209 1209 846 2532 2424 3588 3004
CAC VAAS3S P RP2AP VAMM2P RP3ASM CLN NNSM DNSM VPPP-SNM

Ἰοῦστος, οἱ ὄντες ἐκ περιτομῆς, οὗτοι μόνοι συνεργοὶ
Justo, los que son₉ ₁₀ de₁₁ (la) circuncisión,₁₂ estos (son los)₁ únicos₂ colaboradores₃
2459 3588 5607 1537 4061 3778 3441 4904
NNSM DNPM VPAP-PNM P NGSF RD-NPM JNPM JNPM

εἰς τὴν βασιλείαν τοῦ θεοῦ, οἵτινες ἐγενήθησάν μοι παρηγορία.
para₄ el₅ reino₆ de--₇ Dios,₈ los cuales llegaron a ser para mí,₂ consuelo₁
1519 3588 932 3588 2316 3748 1096 3427 3931
P DASF NASF DGSM NGSM RR-NPM VAPI3P RP1DS NNSF

12 ἀσπάζεται ὑμᾶς Ἐπαφρᾶς ὁ ἐξ ὑμῶν, δοῦλος Χριστοῦ,
saluda₂₄ a vosotros;₂₇ Epafras,₁ el₂ de₃ vosotros,₄ siervo₅ de Cristo,₆
782 5209 1889 3588 1537 5216 1401 5547
VPUI3S RP2AP NNSM DNSM P RP2GP NNSM NGSM

πάντοτε ἀγωνιζόμενος ὑπὲρ ὑμῶν ἐν ταῖς προσευχαῖς, ἵνα
siempre₇ luchando₈ en favor de₉ de vosotros₁₀ en₁₁ las₁₂ oraciones,₁₃ para que₁₄
3842 75 5228 5216 1722 3588 4335 2443
B VPUP-SNM P RP2GP P DDPF NDPF CSC

σταθῆτε τέλειοι καὶ πεπληροφορημένοι ἐν παντὶ θελήματι τοῦ θεοῦ.
estéis firmes₁₅ perfectos₁₆ y₁₇ completamente asegurados₁₈ en₁₉ toda₂₀ voluntad₂₁ de--₂₂ Dios₂₃
2476 5046 2532 4135 1722 3956 2307 3588 2316
VAPS2P JNPM CLN VRPP-PNM P JDSN NDSN DGSM NGSM

13 μαρτυρῶ γὰρ αὐτῷ ὅτι ἔχει πολὺν πόνον ὑπὲρ ὑμῶν καὶ
testifico₂ porque₁ de él, que tiene mucha preocupación en favor de vosotros y
3140 1063 846 3754 2192 4183 4192 5228 5216 2532
VPAI1S CAZ RP3DSM CSC VPAI3S JASM NASM P RP2GP CLN

NVI

servidor y colaborador
en el Señor, les contará
en detalle cómo me
va. 8 Lo envío a ustedes
precisamente para que
tengan noticias de noso-
tros, y así cobren ánimo.
9 Va con Onésimo, que-
rido y fiel hermano, que
es uno de ustedes. Ellos
los pondrán al tanto de
todo lo que sucede aquí.
10 Aristarco, mi
compañero de cárcel,
les manda saludos,
como también Marcos,
el primo de Bernabé.
En cuanto a Marcos,
ustedes ya han recibido
instrucciones; si va a vi-
sitarlos, recíbanlo bien.
11 También los saluda
Jesús, llamado el Justo.
Estos son los únicos
judíos que colaboran
conmigo en pro del
reino de Dios, y me han
sido de mucho consuelo.
12 Les manda saludos
Epafras, que es uno de
ustedes. Este siervo de
Cristo Jesús está siempre
luchando en oración
por ustedes, para que,
plenamente conven-
cidos, se mantengan
firmes, cumpliendo en
todo la voluntad de
Dios. 13 A mí me consta
que él se preocupa mu-
cho por ustedes y por los

RVR

y por los que están en
Laodicea, y los que
están en Hierápolis.
14 Os saluda Lucas,
el médico amado, y
Demas.
15 Saludad a los her-
manos que están en
Laodicea, y a Ninfas y
a la iglesia que está en
su casa.
16 Cuando esta carta
haya sido leída entre vo-
sotros, haced que tam-
bién se lea en la iglesia
de los laodicenses, y que
la de Laodicea la leáis
también vosotros.
17 Decid a Arquipo:
Considera el minis-
terio que recibiste en
el Señor, para que lo
cumplas.
18 La salutación es de
mi propia mano, de
Pablo. Acordaos de mis
prisiones. La gracia sea
con vosotros. Amén.

τῶν	ἐν	Λαοδικείᾳ	καὶ	τῶν	ἐν	Ἱεραπόλει.	14 ἀσπάζεται
de los (que están)	en	Laodicea	y	de los (que están)	en	Hierápolis.	saluda$_6$
3588	1722	2993	2532	3588	1722	2404	782
DGPM	*P*	*NDSF*	*CLN*	*DGPM*	*P*	*NDSF*	*VPUI3S*

ὑμᾶς	Λουκᾶς	ὁ	ἰατρὸς	ὁ	ἀγαπητὸς	καὶ	Δημᾶς.	15 ἀσπάσασθε
a vosotros,$_7$	Lucas,$_1$	el$_2$	médico$_3$	--$_4$	amado,$_5$	también	Demas.	Saludad$_1$
5209	3065	3588	2395	3588	27	2532	1214	782
RP2AP	*NNSM*	*DNSM*	*NNSM*	*DNSM*	*JNSM*	*CLN*	*NNSM*	*VAMM2P*

τοὺς	ἐν	Λαοδικείᾳ	ἀδελφοὺς	καὶ	Νύμφαν	καὶ	τὴν	κατ’	οἶκον
a los$_2$	en$_4$	Laodicea,$_5$	hermanos$_3$	y$_6$	a Ninfas$_7$	y$_8$	a la$_9$	en$_{11}$	la casa$_{12}$
3588	1722	2993	80	2532	3564	2532	3588	2596	3624
DAPM	*P*	*NDSF*	*NAPM*	*CLN*	*NASM*	*CLN*	*DASF*	*P*	*NASM*

αὐτῆς	ἐκκλησίαν.	16 καὶ	ὅταν	ἀναγνωσθῇ	παρ’	ὑμῖν	ἡ	ἐπιστολή,
de él.$_{13}$	iglesia$_{10}$	Y	cuando	sea leída$_3$	ante$_4$	vosotros,$_5$	la$_1$	carta$_2$
846	1577	2532	3752	314	3844	5213	3588	1992
RP3GSF	*NASF*	*CLN*	*CAT*	*VAPS3S*	*P*	*RP2DP*	*DNSF*	*NNSF*

ποιήσατε	ἵνα	καὶ	ἐν	τῇ	Λαοδικέων	ἐκκλησίᾳ	ἀναγνωσθῇ,
haced	que	también	en	la$_1$	de (los) laodicenses$_3$	iglesia$_2$	sea leída,$_4$
4160	2443	2532	1722	3588	2994	1577	314
VAAM2P	*CSC*	*BE, TE*	*P*	*DDSF*	*NGPM*	*NDSF*	*VAPS3S*

καὶ	τὴν	ἐκ	Λαοδικείας	ἵνα	καὶ	ὑμεῖς	ἀναγνῶτε.	17 καὶ	εἴπατε
y$_5$	la$_{10}$	de$_{11}$	Laodicea.$_{12}$	que$_6$	también$_7$	vosotros$_8$	leáis$_9$	También	decid
2532	3588	1537	2993	2443	2532	5210	314	2532	2036
CLN	*DASF*	*P*	*NGSF*	*CSC*	*BE, TE*	*RP2NP*	*VAAS2P*	*CLN*	*VAAM2P*

Ἀρχίππῳ·	Βλέπε	τὴν	διακονίαν	ἣν	παρέλαβες	ἐν	κυρίῳ,	ἵνα
a Arquipo:	fíjate	(en) el	ministerio	-- que	recibiste	en	(el) Señor,	para que
751	991	3588	1248	3739	3880	1722	2962	2443
NDSM	*VPAM2S*	*DASF*	*NASF*	*RR-ASF*	*VAAI2S*	*P*	*NDSM*	*CAP*

αὐτὴν	πληροῖς.
lo	cumplas.
846	4137
RP3ASF	*VPAS2S*

18 Ὁ	ἀσπασμὸς	τῇ	ἐμῇ	χειρὶ	Παύλου.	μνημονεύετέ	μου
El	saludo	con la	mía,$_2$	mano$_1$	de Pablo.$_3$	Acordaos$_4$	de mí.$_7$
3588	783	3588	1699	5495	3972	3421	3450
DNSM	*NNSM*	*DDSF*	*JDSF, RS1DSF*	*NDSF*	*NGSM*	*VPAM2P*	*RP1GS*

τῶν	δεσμῶν.	ἡ	χάρις	μεθ’	⸀ὑμῶν.
de las$_5$	cadenas$_6$	La	gracia (sea)	con	vosotros.
3588	1199	3588	5485	3326	5216
DGPM	*NGPM*	*DNSF*	*NNSF*	*P*	*RP2GP*

NVI

que están en Laodicea
y en Hierápolis. 14 Los
saludan Lucas, el
querido médico, y
Demas. 15 Saluden a los
hermanos que están
en Laodicea, como
también a Ninfas y a la
iglesia que se reúne en
su casa.
16 Una vez que se les
haya leído a ustedes esta
carta, que se lea también
en la iglesia de Laodicea,
y ustedes lean la carta
dirigida a esa iglesia.
17 Díganle a Arquipo
que se ocupe de la tarea
que recibió en el Señor, y
que la lleve a cabo.
18 Yo, Pablo, escribo
este saludo de mi puño y
letra. Recuerden que es-
toy preso. Que la gracia
sea con ustedes.

4:18⸀ Manuscritos inferiores aumentaron *Amén*.

Primera Epístola a los

TESALONICENSES

ΠΡΟΣ ΘΕΣΣΑΛΟΝΙΚΕΙΣ Α

RVR

Saludo

1 Pablo, Silvano y
Timoteo, a la iglesia
de los tesalonicenses en
Dios Padre y en el Señor
Jesucristo: Gracia y paz
sean a vosotros, de parte
de Dios nuestro Padre y
del Señor Jesucristo.

Fe y ejemplo de los tesalonicenses

2 Damos siempre gracias
a Dios por todos voso-
tros, haciendo memoria
de vosotros en nuestras
oraciones,
3 acordándonos sin
cesar delante del Dios y
Padre nuestro de la obra
de vuestra fe, del trabajo
de vuestro amor y de
vuestra constancia en
la esperanza en nuestro
Señor Jesucristo,
4 sabiendo, hermanos
amados de Dios, vuestra
elección;
5 pues nuestro evangelio
no llegó a vosotros sola-
mente en palabras, sino
también en poder, en el
Espíritu Santo y en ple-
na certidumbre, como
bien sabéis qué clase de
personas fuimos entre
vosotros por amor a
vosotros.
6 Y vosotros vinisteis
a ser imitadores de
nosotros y del Señor,

1 Παῦλος	καὶ	Σιλουανὸς	καὶ	Τιμόθεος	τῇ	ἐκκλησίᾳ
Pablo	y	Silvano	y	Timoteo	a la	iglesia
3972	2532	4610	2532	5095	3588	1577
NNSM	*CLN*	*NNSM*	*CLN*	*NNSM*	*DDSF*	*NDSF*

Θεσσαλονικέων	ἐν	θεῷ	πατρὶ	καὶ	κυρίῳ	Ἰησοῦ	Χριστῷ·	χάρις	ὑμῖν
de (los) tesalonicenses	en	Dios	Padre	y	Señor	Jesús	Cristo:	gracia	a vosotros
2331	1722	2316	3962	2532	2962	2424	5547	5485	5213
NGPM	*P*	*NDSM*	*NDSM*	*CLN*	*NDSM*	*NDSM*	*NDSM*	*NNSF*	*RP2DP*

καὶ	⸀εἰρήνη.
y	paz.
2532	1515
CLN	*NNSF*

2 Εὐχαριστοῦμεν	τῷ	θεῷ	πάντοτε	περὶ	πάντων	ὑμῶν	μνείαν
Agradecemos	a --	Dios	siempre	acerca de	todos	vosotros,	mención$_2$
2168	3588	2316	3842	4012	3956	5216	3417
VPAI1P	*DDSM*	*NDSM*	*B*	*P*	*JGPM*	*RP2GP*	*NASF*

ποιούμενοι	ἐπὶ	τῶν	προσευχῶν	ἡμῶν,	ἀδιαλείπτως	3 μνημονεύοντες
haciendo$_1$	en$_4$	las$_5$	oraciones$_6$	de nosotros,$_7$	sin cesar$_3$	recordando
4160	1909	3588	4335	2257	89	3421
VPMP-PNM	*P*	*DGPF*	*NGPF*	*RP1GP*	*B*	*VPAP-PNM*

ὑμῶν	τοῦ	ἔργου	τῆς	πίστεως	καὶ	τοῦ	κόπου	τῆς	ἀγάπης	καὶ	τῆς
de vosotros	la	obra	de la	fe	y	del	trabajo	del	amor	y	de la
5216	3588	2041	3588	4102	2532	3588	2873	3588	26	2532	3588
RP2GP	*DGSN*	*NGSN*	*DGSF*	*NGSF*	*CLN*	*DGSM*	*NGSM*	*DGSF*	*NGSF*	*CLN*	*DGSF*

ὑπομονῆς	τῆς	ἐλπίδος	τοῦ	κυρίου	ἡμῶν	Ἰησοῦ	Χριστοῦ	ἔμπροσθεν
perseverancia	de la	esperanza	del	Señor	de nosotros	Jesús	Cristo	delante de
5281	3588	1680	3588	2962	2257	2424	5547	1715
NGSF	*DGSF*	*NGSF*	*DGSM*	*NGSM*	*RP1GP*	*NGSM*	*NGSM*	*P, BP*

τοῦ	θεοῦ	καὶ	πατρὸς	ἡμῶν,	4 εἰδότες,	ἀδελφοὶ	ἠγαπημένοι	ὑπὸ	θεοῦ,
--	Dios	y	Padre	de nosotros,	sabiendo,	hermanos	amados	por	Dios,
3588	2316	2532	3962	2257	1492	80	25	5259	2316
DGSM	*NGSM*	*CLN*	*NGSM*	*RP1GP*	*VRAP-PNM*	*NVPM*	*VRPP-PNM*	*P*	*NGSM*

τὴν	ἐκλογὴν	ὑμῶν,	5 ὅτι	τὸ	εὐαγγέλιον	ἡμῶν	οὐκ	ἐγενήθη	εἰς
la	elección	de vosotros,	que	el	evangelio	de nosotros	no	llegó	a
3588	1589	5216	3754	3588	2098	2257	3756	1096	1519
DASF	*NASF*	*RP2GP*	*CAZ*	*DNSN*	*NNSN*	*RP1GP*	*CLK, TN, B*	*VAPI3S*	*P*

ὑμᾶς	ἐν	λόγῳ	μόνον	ἀλλὰ	καὶ	ἐν	δυνάμει	καὶ	ἐν	πνεύματι
vosotros	en$_1$	palabra,$_3$	solo$_2$	sino	también	en	poder	y	en	(el) Espíritu
5209	1722	3056	3440	235	2532	1722	1411	2532	1722	4151
RP2AP	*P*	*NDSM*	*B, J*	*CLK, CLC*	*BE, TE*	*P*	*NDSF*	*CLN*	*P*	*NDSN*

ἁγίῳ	καὶ	πληροφορίᾳ	πολλῇ,	καθὼς	οἴδατε	οἷοι*	ἐγενήθημεν
Santo	y	certidumbre,$_2$	mucha$_1$	como	sabéis	qué clase	llegamos a ser
40	2532	4136	4183	2531	1492	3634	1096
JDSN	*CLN*	*NDSF*	*JDSF*	*CAM*	*VRAI2P*	*RK-NPM*	*VAPI1P*

ἐν	ὑμῖν	δι’	ὑμᾶς·	6 καὶ	ὑμεῖς	μιμηταὶ	ἡμῶν	ἐγενήθητε	καὶ
entre	vosotros,	por causa de	vosotros.	Y	vosotros	imitadores	de nosotros	llegasteis a ser	y
1722	5213	1223	5209	2532	5210	3402	2257	1096	2532
P	*RP2DP*	*P*	*RP2AP*	*CLN*	*RP2NP*	*NNPM*	*RP1GP*	*VAPI2P*	*CLN*

NVI

1 Pablo, Silvano y
Timoteo,

a la iglesia de los
tesalonicenses que está
en Dios el Padre y en el
Señor Jesucristo:

Gracia y paz a ustedes.

Acción de gracias por los tesalonicenses

2 Siempre damos
gracias a Dios por todos
ustedes cuando los men-
cionamos en nuestras
oraciones. 3 Los recor-
damos constantemente
delante de nuestro Dios
y Padre a causa de la
obra realizada por su fe,
el trabajo motivado por
su amor, y la constancia
sostenida por su espe-
ranza en nuestro Señor
Jesucristo.
4 Hermanos amados
de Dios, sabemos que
él los ha escogido, 5 por-
que nuestro evangelio
les llegó no solo con
palabras, sino también
con poder, es decir, con
el Espíritu Santo y con
profunda convicción.
Como bien saben, estu-
vimos entre ustedes bus-
cando su bien. 6 Ustedes
se hicieron imitadores
nuestros y del Señor

1:1⸀ Manuscritos inferiores aumentaron *de parte de Dios nuestro Padre y del Señor Jesucristo.* **1:5*** O sea *qué clase de personas.*

RVR

recibiendo la palabra
en medio de gran tri-
bulación, con gozo del
Espíritu Santo,
7 de tal manera que ha-
béis llegado a ser un mo-
delo para todos los de
Macedonia y de Acaya
que son creyentes.
8 Porque partiendo
de vosotros ha sido
divulgada la palabra
del Señor, no sólo en
Macedonia y Acaya,
sino que también en
todo lugar vuestra fe
para con Dios se ha ex-
tendido, de modo que
nosotros no tenemos
necesidad de hablar
nada;
9 porque ellos mismos
cuentan de nosotros
la manera en que nos
recibisteis, y cómo os
convertisteis a Dios
abandonando los ído-
los, para servir al Dios
vivo y verdadero,
10 y esperar de los cielos
a su Hijo, al cual resu-
citó de los muertos, a
Jesús, quien nos libra de
la ira venidera.

Ministerio de Pablo en Tesalónica

2 Porque vosotros
mismos sabéis,
hermanos, que nuestra
visita a vosotros no
resultó vana;
2 pues habiendo antes
padecido y sido ultra-
jados en Filipos, como
sabéis, tuvimos denuedo
en nuestro Dios para

τοῦ	κυρίου,	δεξάμενοι	τὸν	λόγον	ἐν	θλίψει	πολλῇ	μετὰ	χαρᾶς
del	Señor,	acogiendo	la	palabra	en	aflicción$_2$	mucha$_1$	con	gozo
3588	2962	1209	3588	3056	1722	2347	4183	3326	5479
DGSM	NGSM	VAMP-PNM	DASM	NASM	P	NDSF	JDSF	P	NGSF

πνεύματος	ἁγίου,	7 ὥστε	γενέσθαι	ὑμᾶς	τύπον	πᾶσιν	τοῖς
del Espíritu	Santo,	de tal modo que	llegar a ser$_2$	vosotros$_1$	ejemplo	a todos	los que
4151	40	5620	1096	5209	5179	3956	3588
NGSN	JGSN	CAR	VAMN	RP2AP	NASM	JDPM	DDPM

πιστεύουσιν	ἐν	τῇ	Μακεδονίᾳ	καὶ	ἐν	τῇ	Ἀχαΐᾳ.	8 ἀφ'	ὑμῶν	γὰρ
creen	en	--	Macedonia	y	en	--	Acaya.	desde$_2$	vosotros$_3$	Porque$_1$
4100	1722	3588	3109	2532	1722	3588	882	575	5216	1063
VPAP-PDM	P	DDSF	NDSF	CLN	P	DDSF	NDSF	P	RP2GP	CLX

ἐξήχηται	ὁ	λόγος	τοῦ	κυρίου	οὐ	μόνον	ἐν	τῇ	Μακεδονίᾳ
ha resonado,$_8$	la$_4$	palabra$_5$	del$_6$	Señor$_7$	no	solo	en	--	Macedonia
1837	3588	3056	3588	2962	3756	3440	1722	3588	3109
VRPI3S	DNSM	NNSM	DGSM	NGSM	CLK, TN, B	B, J	P	DDSF	NDSF

καὶ	Ἀχαΐᾳ,	ἀλλ'	ἐν	παντὶ	τόπῳ	ἡ	πίστις	ὑμῶν	ἡ	πρὸς
y	Acaya,	sino$_1$	en$_{10}$	todo$_{11}$	lugar,$_{12}$	la$_2$	fe$_3$	de vosotros,$_4$	la$_5$	para con$_6$
2532	882	235	1722	3956	5117	3588	4102	5216	3588	4314
CLN	NDSF	CLK, CLC	P	JDSM	NDSM	DNSF	NNSF	RP2GP	DNSF	P

τὸν	θεὸν	ἐξελήλυθεν,	ὥστε	μὴ	χρείαν	ἔχειν	ἡμᾶς	λαλεῖν
--$_7$	Dios,$_8$	se ha extendido$_9$	de tal modo que$_{13}$	no$_{15}$	necesidad$_{17}$	tener$_{16}$	nosotros$_{14}$	hablar
3588	2316	1831	5620	3361	5532	2192	2248	2980
DASM	NASM	VRAI3S	CAR	BN, TN	NASF	VPAN	RP1AP	VPAN

τι·	9 αὐτοὶ	γὰρ	περὶ	ἡμῶν	ἀπαγγέλλουσιν	ὁποίαν	εἴσοδον*
algo;	ellos mismos$_2$	porque$_1$	acerca de	nosotros	cuentan	qué clase de	entrada
5100	846	1063	4012	2257	518	3697	1529
RX-ASN	RP3NPMP	CAZ	P	RP1GP	VPAI3P	JASF	NASF

ἔσχομεν	πρὸς	ὑμᾶς,	καὶ	πῶς	ἐπεστρέψατε	πρὸς	τὸν	θεὸν	ἀπὸ	τῶν
tuvimos	ante	vosotros,	y	cómo	os volvisteis	a	--	Dios	desde	los
2192	4314	5209	2532	4459	1994	4314	3588	2316	575	3588
VAAI1P	P	RP2AP	CLN	B	VAAI2P	P	DASM	NASM	P	DGPN

εἰδώλων	δουλεύειν	θεῷ	ζῶντι	καὶ	ἀληθινῷ,	10 καὶ	ἀναμένειν	τὸν
ídolos	para servir	a Dios	que está viviendo	y	verdadero,	y	esperar	al
1497	1398	2316	2198	2532	228	2532	362	3588
NGPN	VPAN	NDSM	VPAP-SDM	CLN	JDSM	CLN	VPAN	DASM

υἱὸν	αὐτοῦ	ἐκ	τῶν	οὐρανῶν,	ὃν	ἤγειρεν	ἐκ	τῶν	νεκρῶν,	Ἰησοῦν
Hijo	de él	de	los	cielos,	al que	levantó	de entre	los	muertos,	a Jesús
5207	846	1537	3588	3772	3739	1453	1537	3588	3498	2424
NASM	RP3GSM	P	DGPM	NGPM	RR-ASM	VAAI3S	P	DGPM	JGPM	NASM

τὸν	ῥυόμενον	ἡμᾶς	ἐκ	τῆς	ὀργῆς	τῆς	ἐρχομένης.
el que libra		a nosotros	de	la	ira	la que viene.	
3588	4506	2248	1537	3588	3709	3588	2064
DASM	VPUP-SAM	RP1AP	P	DGSF	NGSF	DGSF	VPUP-SGF

2

Αὐτοὶ	γὰρ	οἴδατε,	ἀδελφοί,	τὴν	εἴσοδον	ἡμῶν	τὴν	πρὸς
vosotros mismos$_2$	Porque$_1$	sabéis,$_3$	hermanos,	la	aceptación	de nosotros	la	a
846	1063	1492	80	3588	1529	2257	3588	4314
RP3NPMP	CLX	VRAI2P	NVPM	DASF	NASF	RP1GP	DASF	P

ὑμᾶς	ὅτι	οὐ	κενὴ	γέγονεν,	2 ἀλλὰ	προπαθόντες	καὶ	ὑβρισθέντες
vosotros	que$_1$	no$_2$	vana,$_4$	ha sido$_3$	sino	habiendo ya padecido	y	habiendo sido maltratados,
5209	3754	3756	2756	1096	235	4310	2532	5195
RP2AP	CSC	BN, TN	JNSF	VRAI3S	CLC	VAAP-PNM	CLN	VAPP-PNM

καθὼς	οἴδατε	ἐν	Φιλίπποις	ἐπαρρησιασάμεθα	ἐν	τῷ	θεῷ	ἡμῶν
como$_3$	sabéis,$_4$	en$_1$	Filipos,$_2$	tuvimos valentía	en	--	Dios	de nosotros
2531	1492	1722	5375	3955	1722	3588	2316	2257
CAM	VRAI2P	P	NDPM	VAMI1P	P	DDSM	NDSM	RP1GP

NVI

cuando, a pesar de
mucho sufrimiento, re-
cibieron el mensaje con
la alegría que infunde el
Espíritu Santo. 7 De esta
manera se constituye-
ron en ejemplo para
todos los creyentes de
Macedonia y de Acaya.
8 Partiendo de ustedes,
el mensaje del Señor
se ha proclamado no
solo en Macedonia y
en Acaya, sino en todo
lugar; a tal punto se ha
divulgado su fe en Dios
que ya no es necesario
que nosotros digamos
nada. 9 Ellos mismos
cuentan de lo bien que
ustedes nos recibieron, y
de cómo se convirtieron
a Dios dejando los ído-
los para servir al Dios
vivo y verdadero, 10 y
esperar del cielo a Jesús,
su Hijo a quien resucitó,
que nos libra del castigo
venidero.

Ministerio de Pablo en Tesalónica

2 Hermanos, bien
saben que nuestra
visita a ustedes no fue
un fracaso. 2 Y saben
también que, a pesar de
las aflicciones e insultos
que antes sufrimos
en Filipos, cobramos
confianza en nuestro
Dios y nos atrevimos a

1:9* O sea *aceptación.*

RVR

anunciaros el evangelio
de Dios en medio de
gran oposición.
3 Porque nuestra exhor-
tación no procedió de
error ni de impureza, ni
fue por engaño,
4 sino que según fuimos
aprobados por Dios
para que se nos confiase
el evangelio, así habla-
mos; no como para
agradar a los hombres,
sino a Dios, que prueba
nuestros corazones.
5 Porque nunca usamos
de palabras lisonjeras,
como sabéis, ni de
pretexto para lucrarnos;
Dios es testigo;
6 ni buscamos gloria
de los hombres; ni de
vosotros, ni de otros,
aunque podíamos seros
carga como apóstoles de
Cristo;
7 sino que fuimos
amables entre vosotros,
como la nodriza que
cuida con ternura a sus
propios hijos.
8 Tan grande es nuestro
afecto por vosotros, que
hubiéramos querido
entregaros no sólo el
evangelio de Dios,
sino también nuestras
propias vidas; porque
habéis llegado a sernos
muy queridos.
9 Porque os acordáis,
hermanos, de nuestro
trabajo y fatiga; cómo

λαλῆσαι	πρὸς	ὑμᾶς	τὸ	εὐαγγέλιον	τοῦ	θεοῦ	ἐν	πολλῷ	ἀγῶνι.
para hablar	a	vosotros	el	evangelio	de --	Dios	en	mucha	lucha.
2980	4314	5209	3588	2098	3588	2316	1722	4183	73
VAAN	*P*	*RP2AP*	*DASN*	*NASN*	*DGSM*	*NGSM*	*P*	*JDSM*	*NDSM*

3 ἡ	γὰρ	παράκλησις	ἡμῶν	οὐκ	ἐκ	πλάνης	οὐδὲ	ἐξ
la$_2$	Porque$_1$	exhortación$_3$	de nosotros	no	procede de	error	ni	de
3588	1063	3874	2257	3756	1537	4106	3761	1537
DNSF	*CAZ*	*NNSF*	*RP1GP*	*CLK, TN, B*	*P*	*NGSF*	*TN, CLD*	*P*

ἀκαθαρσίας	οὐδὲ	ἐν	δόλῳ,	4 ἀλλὰ	καθὼς	δεδοκιμάσμεθα	ὑπὸ
impureza	ni	con	engaño,	sino	como	hemos sido aprobados	por
167	3761	1722	1388	235	2531	1381	5259
NGSF	*TN, CLD*	*P*	*NDSM*	*CLK, CLC*	*CAM*	*VRPI1P*	*P*

τοῦ	θεοῦ	πιστευθῆναι	τὸ	εὐαγγέλιον	οὕτως	λαλοῦμεν,	οὐχ	ὡς
--	Dios,	para sernos confiado	el	evangelio,	así	hablamos,	no	como
3588	2316	4100	3588	2098	3779	2980	3756	5613
DGSM	*NGSM*	*VAPN*	*DASN*	*NASN*	*B*	*VPAI1P*	*CLK, TN, B*	*CAM*

ἀνθρώποις	ἀρέσκοντες	ἀλλὰ	θεῷ	τῷ	δοκιμάζοντι	τὰς	καρδίας
a seres humanos,$_2$	agradando$_1$	sino	a Dios	el que	prueba	los	corazones
444	700	235	2316	3588	1381	3588	2588
NDPM	*VPAP-PNM*	*CLK, CLC*	*NDSM*	*DDSM*	*VPAP-SDM*	*DAPF*	*NAPF*

ἡμῶν.	5 οὔτε	γάρ	ποτε	ἐν	λόγῳ	κολακείας	ἐγενήθημεν,
de nosotros.	ni$_3$	Porque$_1$	nunca$_2$	en	palabra	lisonjera	llegamos a ser,
2257	3777	1063	4218	1722	3056	2850	1096
RP1GP	*CLK, TN, B*	*CLX*	*BX, TX*	*P*	*NDSM*	*NGSF*	*VAPI1P*

καθὼς	οἴδατε,	οὔτε	ἐν	προφάσει	πλεονεξίας,	θεὸς	μάρτυς,
como	sabéis,	ni	con	pretexto	de avaricia,	Dios	(es) testigo,
2531	1492	3777	1722	4392	4124	2316	3144
CAM	*VRAI2P*	*CLK, TN*	*P*	*NDSF*	*NGSF*	*NNSM*	*NNSM*

6 οὔτε	ζητοῦντες	ἐξ	ἀνθρώπων	δόξαν,	οὔτε	ἀφ’	ὑμῶν	οὔτε	ἀπ’
ni$_1$	buscando$_2$	de$_4$	seres humanos,$_5$	gloria$_3$	ni	de	vosotros	ni	de
3777	2212	1537	444	1391	3777	575	5216	3777	575
CLK, TN	*VPAP-PNM*	*P*	*NGPM*	*NASF*	*CLK, TN*	*P*	*RP2GP*	*CLK, TN*	*P*

ἄλλων,	7 δυνάμενοι	ἐν	βάρει	εἶναι	ὡς	Χριστοῦ	ἀπόστολοι·	ἀλλὰ
otros,	pudiendo	con	carga	ser	como$_1$	de Cristo,$_3$	apóstoles$_2$	sino
243	1410	1722	922	1511	5613	5547	652	235
JGPM	*VPUP-PNM*	*P*	*NDSN*	*VPAN*	*CAM*	*NGSM*	*NNPM*	*CLC*

ἐγενήθημεν	ἤπιοι*	ἐν	μέσῳ	ὑμῶν,	ὡς	ἐὰν	τροφὸς	θάλπῃ	τὰ
fuimos	niños pequeños	en	medio	de vosotros,	como	si	una nodriza	cuidara$_1$	a los$_2$
1096	3516	1722	3319	5216	5613	1437	5162	2282	3588
VAPI1P	*JNPM*	*P*	*JDSN*	*RP2GP*	*CAM*	*TC, C*	*NNSF*	*VPAS3S*	*DAPN*

ἑαυτῆς	τέκνα·	8 οὕτως	ὁμειρόμενοι	ὑμῶν	εὐδοκοῦμεν	μεταδοῦναι
de sí misma.$_4$	hijos$_3$	Así,	teniendo gran afecto	de vosotros,	nos complacíamos en	impartir
1438	5043	3779	2442	5216	2106	3330
RF3GSF	*NAPN*	*B*	*VPUP-PNM*	*RP2GP*	*VIAI1P*	*VAAN*

ὑμῖν	οὐ	μόνον	τὸ	εὐαγγέλιον	τοῦ	θεοῦ	ἀλλὰ	καὶ	τὰς
a vosotros	no	solo	el	evangelio	de --	Dios,	sino$_1$	también$_2$	las$_3$
5213	3756	3440	3588	2098	3588	2316	235	2532	3588
RP2DP	*CLK, TN, B*	*B, J*	*DASN*	*NASN*	*DGSM*	*NGSM*	*CLK, CLC*	*BE, TE*	*DAPF*

ἑαυτῶν	ψυχάς,	διότι	ἀγαπητοὶ	ἡμῖν	ἐγενήθητε.
de nosotros mismos,$_5$	vidas$_4$	porque	amados	para nosotros.$_2$	llegasteis a ser$_1$
1438	5590	1360	27	2254	1096
RF1GPM	*NAPF*	*CAZ*	*JNPM*	*RP1DP*	*VAPI2P*

9 Μνημονεύετε	γάρ,	ἀδελφοί,	τὸν	κόπον	ἡμῶν	καὶ	τὸν	μόχθον·
recordáis,$_2$	Porque$_1$	hermanos,	el	trabajo	de nosotros	y	la	fatiga;
3421	1063	80	3588	2873	2257	2532	3588	3449
VPAI2P	*CLX*	*NVPM*	*DASM*	*NASM*	*RP1GP*	*CLN*	*DASM*	*NASM*

NVI

comunicarles el evan-
gelio en medio de una
gran lucha. 3 Nuestra
exhortación no se
origina en el error ni en
malas intenciones, ni
procura engañar a nadie.
4 Al contrario, habla-
mos como hombres a
quienes Dios aprobó y
les confió el evangelio:
no tratamos de agradar
a la gente, sino a Dios,
que examina nuestro
corazón. 5 Como saben,
nunca hemos recurrido
a las adulaciones ni a las
excusas para obtener
dinero; Dios es testigo.
6 Tampoco hemos
buscado honores de na-
die; ni de ustedes ni de
otros. 7 Aunque como
apóstoles de Cristo
hubiéramos podido ser
exigentes con ustedes,
los tratamos con
delicadeza. Como una
madre que amamanta
y cuida a sus hijos, 8 así
nosotros, por el cariño
que les tenemos, nos
deleitamos en compar-
tir con ustedes no solo
el evangelio de Dios,
sino también nuestra
vida. ¡Tanto llegamos a
quererlos! 9 Recordarán,
hermanos, nuestros
esfuerzos y fa-tigas para

2:7* O sea *amables.*

RVR

trabajando de noche
y de día, para no ser
gravosos a ninguno de
vosotros, os predicamos
el evangelio de Dios.
10 Vosotros sois testigos,
y Dios también, de cuán
santa, justa e irreprensi-
blemente nos compor-
tamos con vosotros los
creyentes;
11 así como también
sabéis de qué modo,
como el padre a sus
hijos, exhortábamos y
consolábamos a cada
uno de vosotros,
12 y os encargábamos
que anduvieseis como
es digno de Dios, que os
llamó a su reino y gloria.
13 Por lo cual también
nosotros sin cesar
damos gracias a Dios, de
que cuando recibisteis
la palabra de Dios que
oísteis de nosotros, la
recibisteis no como
palabra de hombres,
sino según es en verdad,
la palabra de Dios, la
cual actúa en vosotros
los creyentes.
14 Porque vosotros,
hermanos, vinisteis a ser
imitadores de las iglesias
de Dios en Cristo Jesús
que están en Judea;

νυκτὸς	καὶ	ἡμέρας	ἐργαζόμενοι	πρὸς	τὸ	μὴ	ἐπιβαρῆσαί	τινα
de noche$_2$	y$_3$	de día$_4$	trabajando$_1$	para	--	no	ser una carga	a alguno
3571	2532	2250	2038	4314	3588	3361	1912	5100
NGSF	CLN	NGSF	VPUP-PNM	P	DASN	BN, TN	VAAN	RX-ASM

ὑμῶν	ἐκηρύξαμεν	εἰς	ὑμᾶς	τὸ	εὐαγγέλιον	τοῦ	θεοῦ.	10 ὑμεῖς
de vosotros,	proclamamos	a	vosotros	el	evangelio	de --	Dios.	Vosotros
5216	2784	1519	5209	3588	2098	3588	2316	5210
RP2GP	VAAI1P	P	RP2AP	DASN	NASN	DGS	NGSM	RP2NP

μάρτυρες	καὶ	ὁ	θεός,	ὡς	ὁσίως	καὶ	δικαίως	καὶ	ἀμέμπτως
sois testigos,	también	--	Dios,	como$_1$	santamente$_3$	y$_4$	justamente$_5$	e$_6$	irreprensiblemente$_7$
3144	2532	3588	2316	5613	3743	2532	1346	2532	274
NNPM	CLN	DNSM	NNSM	CSC, B	B	CLN	B	CLN	B

ὑμῖν	τοῖς	πιστεύουσιν	ἐγενήθημεν,	11 καθάπερ	οἴδατε
con vosotros$_8$	los,$_9$	creyentes$_{10}$	llegamos a ser$_2$	tal como	sabéis
5213	3588	4100	1096	2509	1492
RP2DP	DDPM	VPAP-PDM	VAPI1P	B, C	VRAI2P

ὡς	ἕνα	ἕκαστον*	ὑμῶν	ὡς	πατὴρ	τέκνα	ἑαυτοῦ
como	a uno	cada uno	de vosotros,	como	un padre	a hijos	de sí mismo,
5613	1520	1538	5216	5613	3962	5043	1438
CSC	JASM	JASM	RP2GP	CAM	NNSM	NAPN	RF3GSM

12 παρακαλοῦντες	ὑμᾶς	καὶ	παραμυθούμενοι	καὶ	μαρτυρόμενοι,	εἰς
exhortando	a vosotros	y	animando	y	testificando	para
3870	5209	2532	3888	2532	3143	1519
VPAP-PNM	RP2AP	CLN	VPUP-PNM	CLN	VPUP-PNM	P

τὸ	περιπατεῖν	ὑμᾶς*	ἀξίως	τοῦ	θεοῦ	τοῦ	καλοῦντος	ὑμᾶς	εἰς
--	andar	vosotros	dignamente	de --	Dios,	el que	llama	a vosotros	hacia$_1$
3588	4043	5209	516	3588	2316	3588	2564	5209	1519
DASN	VPAN	RP2AP	B	DGSM	NGSM	DGSM	VPAP-SGM	RP2AP	P

τὴν	ἑαυτοῦ	βασιλείαν	καὶ	δόξαν.
el$_2$	de sí mismo.$_6$	reino$_3$	y$_4$	(la) gloria$_5$
3588	1438	932	2532	1391
DASF	RF3GSM	NASF	CLN	NASF

13 Καὶ	διὰ	τοῦτο	καὶ	ἡμεῖς	εὐχαριστοῦμεν	τῷ	θεῷ	ἀδιαλείπτως,
Y	por	esto,	también	nosotros	agradecemos	a --	Dios	sin cesar,
2532	1223	5124	2532	2249	2168	3588	2316	89
CLN	P	RD-ASN	BE, TE	RP1NP	VPAI1P	DDSM	NDSM	B

ὅτι	παραλαβόντες	λόγον	ἀκοῆς	παρ᾽	ἡμῶν	τοῦ	θεοῦ
porque$_1$	habiendo recibido$_2$	(la) palabra$_3$	por el oír,$_8$	de parte de$_6$	nosotros$_7$	de --$_4$	Dios$_5$
3754	3880	3056	189	3844	2257	3588	2316
CSC	VAAP-PNM	NASM	NGSF	P	RP1GP	DGSM	NGSM

ἐδέξασθε	οὐ	λόγον	ἀνθρώπων	ἀλλὰ	καθὼς	ἀληθῶς	ἐστὶν
recibisteis$_{10}$	no$_9$	palabra	de seres humanos,	sino	como	verdaderamente	es,
1209	3756	3056	444	235	2531	230	2076
VAMI2P	CLK, TN, B	NASM	NGPM	CLK, CLC	CAM	B	VPAI3S

λόγον	θεοῦ,	ὃς	καὶ	ἐνεργεῖται	ἐν	ὑμῖν	τοῖς	πιστεύουσιν.
palabra	de Dios,	la que	también	actúa	en	vosotros	los que	creen.
3056	2316	3739	2532	1754	1722	5213	3588	4100
NASM	NGSM	RR-NSM	BE, TE	VPMI3S	P	RP2DP	DDPM	VPAP-PDM

14 ὑμεῖς	γὰρ	μιμηταὶ	ἐγενήθητε,	ἀδελφοί,	τῶν	ἐκκλησιῶν	τοῦ
vosotros$_2$	Porque$_1$	imitadores,$_4$	fuisteis hechos$_3$	hermanos,	de las	iglesias	de --
5210	1063	3402	1096	80	3588	1577	3588
RP2NP	CLX	NNPM	VAPI2P	NVPM	DGPF	NGPF	DGSM

θεοῦ	τῶν	οὐσῶν	ἐν	τῇ	Ἰουδαίᾳ	ἐν	Χριστῷ	Ἰησοῦ,	ὅτι	τὰ
Dios	las que están		en	--	Judea	en	Cristo	Jesús,	porque	las
2316	3588	5607	1722	3588	2449	1722	5547	2424	3754	3588
NGSM	DGPF	VPAP-PGF	P	DDSF	NDSF	P	NDSM	NDSM	CAZ	DAPN

NVI

proclamarles el evan-
gelio de Dios, y cómo
trabajamos día y noche
para no serles una carga.
10 Dios y ustedes
me son testigos de que
nos comportamos con
ustedes los creyentes en
una forma santa, justa e
irreprochable. 11 Saben
también que a cada uno
de ustedes lo hemos
tratado como trata un
padre a sus propios hijos.
12 Los hemos animado,
consolado y exhortado a
llevar una vida digna de
Dios, que los llama a su
reino y a su gloria.
13 Así que no dejamos
de dar gracias a Dios,
porque al oír ustedes
la palabra de Dios
que les predicamos, la
aceptaron no como
palabra humana, sino
como lo que realmente
es, palabra de Dios, la
cual actúa en ustedes
los creyentes. 14 Ustedes,
hermanos, siguieron el
ejemplo de las iglesias de
Dios en Cristo Jesús que
están en Judea, ya que

2:11* O sea *a cada uno.* **2:12*** O sea *que vosotros andéis.*

RVR

pues habéis padecido de
manos de los de vuestra
propia nación las
mismas cosas que ellas
padecieron de manos de
los judíos,
15 los cuales mataron
al Señor Jesús y a sus
propios profetas, y a no-
sotros nos expulsaron;
y no agradan a Dios, y
se oponen a todos los
hombres,
16 impidiéndonos
hablar a los gentiles para
que éstos sean salvos; así
colman ellos siempre la
medida de sus pecados,
pues vino sobre ellos la
ira hasta el extremo.

Ausencia de Pablo

17 Pero nosotros, her-
manos, separados de
vosotros por un poco de
tiempo, de vista pero no
de corazón, tanto más
procuramos con mucho
deseo ver vuestro rostro;
18 por lo cual quisimos
ir a vosotros, yo, Pablo,
ciertamente una y otra
vez; pero Satanás nos
estorbó.
19 Porque ¿cuál es nues-
tra esperanza, o gozo,
o corona de que me
gloríe? ¿No lo sois voso-
tros, delante de nuestro
Señor Jesucristo, en su
venida?

αὐτὰ	ἐπάθετε	καὶ	ὑμεῖς	ὑπὸ	τῶν	ἰδίων	συμφυλετῶν	καθὼς	καὶ
mismas cosas	padecisteis	también	vosotros	por	los	propios	compatriotas,	como	también
846	3958	2532	5210	5259	3588	2398	4853	2531	2532
RP3APN, JAPN	*VAAI2P*	*BE, TE*	*RP2NP*	*P*	*DGPM*	*JGPM*	*NGPM*	*CAM*	*BE, TE*

αὐτοὶ	ὑπὸ	τῶν	Ἰουδαίων	15 τῶν	καὶ	τὸν	κύριον	ἀποκτεινάντων
ellos	por	las	judíos,	los que$_1$	también$_2$	al$_4$	Señor$_5$	habiendo matado$_3$
846	5259	3588	2453	3588	2532	3588	2962	615
RP3NPMP	*P*	*DGPM*	*JGPM*	*DGPM*	*CLK*	*DASM*	*NASM*	*VAAP-PGM*

Ἰησοῦν	καὶ	⌜τοὺς	προφήτας	καὶ	ἡμᾶς	ἐκδιωξάντων,	καὶ	θεῷ
Jesús$_6$	y	a los	profetas	y$_1$	a nosotros,$_3$	habiendo expulsado$_2$	y$_4$	a Dios$_7$
2424	2532	3588	4396	2532	2248	1559	2532	2316
NASM	*CLK, CLN*	*DAPM*	*NAPM*	*CLN*	*RP1AP*	*VAAP-PGM*	*CLN*	*NDSM*

μὴ	ἀρεσκόντων,	καὶ	πᾶσιν	ἀνθρώποις	ἐναντίων,	16 κωλυόντων
no$_5$	agradando$_6$	y$_8$	a todos$_{10}$	seres humanos,$_{11}$	contrarios$_9$	impidiendo$_1$
3361	700	2532	3956	444	1727	2967
BN, TN	*VPAP-PGM*	*CLN*	*JDPM*	*NDPM*	*JGPM*	*VPAP-PGM*

ἡμᾶς	τοῖς	ἔθνεσιν	λαλῆσαι	ἵνα	σωθῶσιν,	εἰς	τὸ	ἀναπληρῶσαι
a nosotros$_2$	a los$_4$	gentiles,$_5$	hablar$_3$	para que	sean salvos,	para	--	colmar$_1$
2248	3588	1484	2980	2443	4982	1519	3588	378
RP1AP	*DDPN*	*NDPN*	*VAAN*	*CAP*	*VAPS3P*	*P*	*DASN*	*VAAN*

αὐτῶν	τὰς	ἁμαρτίας	πάντοτε.	ἔφθασεν	δὲ	ἐπ’	αὐτοὺς	ἡ	ὀργὴ
de ellos.$_5$	los$_3$	pecados$_4$	siempre$_2$	vino$_7$	Mas$_6$	sobre	ellos	la	ira
846	3588	266	3842	5348	1161	1909	846	3588	3709
RP3GPM	*DAPF*	*NAPF*	*B*	*VAAI3S*	*CLC*	*P*	*RP3APM*	*DNSF*	*NNSF*

εἰς	τέλος.
hasta	(el) extremo.
1519	5056
P	*NASN*

17 Ἡμεῖς	δέ,	ἀδελφοί,	ἀπορφανισθέντες	ἀφ’	ὑμῶν	πρὸς	καιρὸν
nosotros,$_2$	Mas$_1$	hermanos,	habiendo quedado huérfanos	de	vosotros	por	tiempo
2249	1161	80	642	575	5216	4314	2540
RP1NP	*CLC*	*NVPM*	*VAPP-PNM*	*P*	*RP2GP*	*P*	*NASM*

ὥρας,	προσώπῳ	οὐ	καρδίᾳ*,	περισσοτέρως	ἐσπουδάσαμεν	τὸ
de una hora,	por rostro	no	por corazón	mucho más$_2$	procuramos$_1$	el$_4$
5610	4383	3756	2588	4056	4704	3588
NGSF	*NDSN*	*BN, TN*	*NDSF*	*B*	*VAAI1P*	*DASN*

πρόσωπον	ὑμῶν	ἰδεῖν	ἐν	πολλῇ	ἐπιθυμίᾳ.	18 διότι	ἠθελήσαμεν
rostro$_5$	de vosotros$_6$	ver,$_3$	con	mucho	deseo.	Por lo cual	quisimos
4383	5216	1492	1722	4183	1939	1360	2309
NASN	*RP2GP*	*VAAN*	*P*	*JDSF*	*NDSF*	*CAZ*	*VAAI1P*

ἐλθεῖν	πρὸς	ὑμᾶς,	ἐγὼ	μὲν	Παῦλος	καὶ	ἅπαξ	καὶ	δίς*,	καὶ
venir	a	vosotros,	yo	ciertamente,	Pablo,	y	una vez	y	dos veces,	y$_1$
2064	4314	5209	1473	3303	3972	2532	530	2532	1364	2532
VAAN	*P*	*RP2AP*	*RP1NS*	*TE*	*NNSM*	*CLK*	*B*	*CLK, CLN*	*B*	*CLC*

ἐνέκοψεν	ἡμᾶς	ὁ	Σατανᾶς.	19 τίς	γὰρ	ἡμῶν	ἐλπὶς
estorbó$_4$	a nosotros.$_5$	--$_2$	Satanás$_3$	¿cuál$_2$	porque$_1$	de nosotros,$_4$	(es la) esperanza$_3$
1465	2248	3588	4567	5101	1063	2257	1680
VAAI3S	*RP1AP*	*DNSM*	*NNSM*	*RI-NSF*	*CAZ*	*RP1GP*	*NNSF*

ἢ	χαρὰ	ἢ	στέφανος	καυχήσεως—	ἢ	οὐχὶ	καὶ	ὑμεῖς—
o	gozo	o	corona	de orgullo?	o	¿No (son)	también	vosotros
2228	5479	2228	4735	2746	2228	3780	2532	5210
CLD	*NNSF*	*CLD*	*NNSM*	*NGSF*	*CLD*	*TN, TI*	*CLA, B*	*RP2NP*

ἔμπροσθεν	τοῦ	κυρίου	ἡμῶν	Ἰησοῦ	ἐν	τῇ	αὐτοῦ	παρουσίᾳ;
delante	del	Señor	de nosotros,	Jesús	en	la	de él?$_2$	venida$_1$
1715	3588	2962	2257	2424	1722	3588	846	3952
P, BP	*DGSM*	*NGSM*	*RP1GP*	*NGSM*	*P*	*DDSF*	*RP3GSM*	*NDSF*

NVI

sufrieron a manos de sus
compatriotas lo mismo
que sufrieron aquellas
iglesias a manos de los
judíos. 15 Estos mataron
al Señor Jesús y a los pro-
fetas, y a nosotros nos
expulsaron. No agradan
a Dios y son hostiles a
todos, 16 pues procuran
impedir que predique-
mos a los gentiles para
que sean salvos. Así en
todo lo que hacen llegan
al colmo de su pecado.
Pero el castigo de Dios
vendrá sobre ellos con
toda severidad.

Pablo anhela ver a los tesalonicenses

17 Nosotros, her-
manos, luego de estar
separados de ustedes
por algún tiempo, en
lo físico, pero no en lo
espiritual, con ferviente
anhelo hicimos todo lo
humanamente posible
por ir a verlos. 18 Sí,
deseábamos visitar-
los —yo mismo, Pablo,
más de una vez intenté
ir—, pero Satanás
nos lo impidió. 19 En
resumidas cuentas, ¿cuál
es nuestra esperanza,
alegría o motivo de or-
gullo delante de nuestro
Señor Jesús para cuando
él venga? ¿Quién
más sino ustedes?

2:15⌜ Manuscritos inferiores aumentaron *propios.* **2:17*** O sea *separados de vosotros por poco tiempo, de presencia pero no de corazón.* **2:18*** O sea *y más de una vez.*

20 ὑμεῖς	γάρ	ἐστε	ἡ	δόξα	ἡμῶν	καὶ	ἡ	χαρά.
vosotros$_2$	Porque$_1$	sois$_3$	la	gloria	de nosotros.$_4$	y$_1$	el$_2$	gozo$_3$
5210	1063	2075	3588	1391	2257	2532	3588	5479
RP2NP	*CLX*	*VPAI2P*	*DNSF*	*NNSF*	*RP1GP*	*CLN*	*DNSF*	*NNSF*

3 Διὸ	μηκέτι	στέγοντες	εὐδοκήσαμεν	καταλειφθῆναι	ἐν
Por lo cual,	ya no	soportando,	preferimos	ser dejados$_1$	en$_3$
1352	3371	4722	2106	2641	1722
CLI	*BN*	*VPAP-PNM*	*VAAI1P*	*VAPN*	*P*

Ἀθήναις	μόνοι,	2 καὶ	ἐπέμψαμεν	Τιμόθεον,	τὸν	ἀδελφὸν	ἡμῶν	καὶ
Atenas,$_4$	solos$_2$	y	enviamos	a Timoteo,	el	hermano	de nosotros	y
116	3441	2532	3992	5095	3588	80	2257	2532
NDPF	*JNPM*	*CLN*	*VAAI1P*	*NASM*	*DASM*	*NASM*	*RP1GP*	*CLN*

⸀συνεργὸν	τοῦ	θεοῦ	ἐν	τῷ	εὐαγγελίῳ	τοῦ	Χριστοῦ,	εἰς	τὸ
colaborador	de --	Dios	en	el	evangelio	de --	Cristo,	para	--
4904	3588	2316	1722	3588	2098	3588	5547	1519	3588
JASM	*DGSM*	*NGSM*	*P*	*DDSN*	*NDSN*	*DGSM*	*NGSM*	*P*	*DASN*

στηρίξαι	ὑμᾶς	καὶ	παρακαλέσαι	ὑπὲρ	τῆς	πίστεως	ὑμῶν	3 τὸ
fortalecer$_1$	a vosotros$_4$	y$_2$	alentar$_3$	acerca de	la	fe	de vosotros,	--$_2$
4741	5209	2532	3870	5228	3588	4102	5216	3588
VAAN	*RP2AP*	*CLN*	*VAAN*	*P*	*DGSF*	*NGSF*	*RP2GP*	*DASN*

μηδένα	σαίνεσθαι*	ἐν	ταῖς	θλίψεσιν	ταύταις.	αὐτοὶ	γὰρ
nadie$_1$	inquietar$_3$	por$_4$	--$_6$	aflicciones.$_7$	estas$_5$	vosotros mismos$_9$	Porque$_8$
3367	4525	1722	3588	2347	3778	846	1063
JASM	*VPPN*	*P*	*DDPF*	*NDPF*	*RD-DPF*	*RP3NPMP*	*CAZ*

οἴδατε	ὅτι	εἰς	τοῦτο	κείμεθα·	4 καὶ	γὰρ	ὅτε	πρὸς	ὑμᾶς
sabéis	porque	para	esto	estamos puestos;	también$_2$	porque$_1$	cuando$_3$	con$_5$	vosotros$_6$
1492	3754	1519	5124	2749	2532	1063	3753	4314	5209
VRAI2P	*CSC*	*P*	*RD-ASN*	*VPUI1P*	*BE, TE*	*CAZ*	*CAT*	*P*	*RP2AP*

ἤμεν,	προελέγομεν	ὑμῖν	ὅτι	μέλλομεν	θλίβεσθαι,	καθὼς	καὶ
estábamos,$_4$	predecíamos	a vosotros	que	estamos a punto de	padecer aflicciones,	como	también
1510	4302	5213	3754	3195	2346	2531	2532
VIAI1P	*VIAI1P*	*RP2DP*	*CSC*	*VPAI1P*	*VPPN*	*CAM*	*BE, TE*

ἐγένετο	καὶ	οἴδατε.	5 διὰ	τοῦτο	κἀγὼ	μηκέτι	στέγων	ἔπεμψα	εἰς	τὸ
sucedió	y	sabéis.	Por	esto,	también yo	ya no	soportando,	envié	para	--
1096	2532	1492	1223	5124	2504	3371	4722	3992	1519	3588
VAMI3S	*CLN*	*VRAI2P*	*P*	*RD-ASN*	*RP1NS, TE*	*BN*	*VPAP-SNM*	*VAAI1S*	*P*	*DASN*

γνῶναι	τὴν	πίστιν	ὑμῶν,	μή	πως	ἐπείρασεν	ὑμᾶς	ὁ
conocer	la	fe	de vosotros,	no$_1$	de algún modo$_2$	tentó$_5$	a vosotros$_6$	el que está$_3$
1097	3588	4102	5216	3361	4458	3985	5209	3588
VAAN	*DASF*	*NASF*	*RP2GP*	*CSC, TN*	*TX, BX*	*VAAI3S, VIAI3S*	*RP2AP*	*DNSM*

πειράζων	καὶ	εἰς	κενὸν	γένηται	ὁ	κόπος	ἡμῶν.
tentando$_4$	y$_7$	en$_{12}$	vano.$_{13}$	llegue a ser$_{11}$	el$_8$	trabajo$_9$	de nosotros$_{10}$
3985	2532	1519	2756	1096	3588	2873	2257
VPAP-SNM	*CLN*	*P*	*JASN*	*VAMS3S*	*DNSM*	*NNSM*	*RP1GP*

6 Ἄρτι	δὲ	ἐλθόντος	Τιμοθέου	πρὸς	ἡμᾶς	ἀφ᾽	ὑμῶν	καὶ
ahora,$_2$	Pero$_1$	habiendo venido$_2$	Timoteo$_1$	a	nosotros	desde	vosotros	y
737	1161	2064	5095	4314	2248	575	5216	2532
B	*CLC*	*VAAP-SGM*	*NGSM*	*P*	*RP1AP*	*P*	*RP2GP*	*CLN*

εὐαγγελισαμένου	ἡμῖν	τὴν	πίστιν	καὶ	τὴν	ἀγάπην	ὑμῶν,	καὶ
habiendo anunciado buenas noticias	a nosotros	(de) la	fe	y	el	amor	de vosotros,	y
2097	2254	3588	4102	2532	3588	26	5216	2532
VAMP-SGM	*RP1DP*	*DASF*	*NASF*	*CLN*	*DASF*	*NASF*	*RP2GP*	*CLN*

ὅτι	ἔχετε	μνείαν	ἡμῶν	ἀγαθὴν	πάντοτε	ἐπιποθοῦντες	ἡμᾶς
que	tenéis$_1$	recuerdo$_4$	de nosotros,$_5$	buen$_3$	siempre$_2$	deseando con vehemencia$_6$	a nosotros$_8$
3754	2192	3417	2257	18	3842	1971	2248
CSC	*VPAI2P*	*NASF*	*RP1GP*	*JASF*	*B*	*VPAP-PNM*	*RP1AP*

RVR

20 Porque vosotros sois
nuestra gloria y gozo.
3 Por lo cual, no
pudiendo soportarlo más, tuvimos a
bien quedarnos solos en
Atenas,
2 y enviamos a Timoteo
nuestro hermano,
servidor de Dios y colaborador nuestro en el
evangelio de Cristo, para
afianzaros y exhortaros
respecto a vuestra fe,
3 a fin de que nadie
se inquiete por estas
tribulaciones; porque
vosotros mismos sabéis
que para esto estamos
puestos.
4 Porque también
cuando estábamos con
vosotros, os predecíamos que íbamos a pasar
tribulaciones, como ha
acontecido y sabéis.
5 Por lo cual también yo,
no pudiendo soportar
más, envié para informarme de vuestra fe, no
sea que os hubiese tentado el tentador, y que
nuestro trabajo resultase
en vano.
6 Pero ahora que
Timoteo ha vuelto de
vosotros a nosotros, y
nos ha traído buenas
noticias de vuestra fe y
amor, y que siempre nos
recordáis con cariño,
deseando vernos, como

NVI

20 Sí, ustedes son nuestro orgullo y alegría.
3 Por tanto, cuando
ya no pudimos
soportarlo más, pensamos que era mejor quedarnos solos en Atenas.
2 Así que les enviamos
a Timoteo, hermano
nuestro y colaborador
de Dios en el evangelio
de Cristo, con el fin de
afianzarlos y animarlos
en la fe 3 para que nadie
fuera perturbado por
estos sufrimientos.
Ustedes mismos saben
que se nos destinó para
esto, 4 pues cuando estábamos con ustedes les
advertimos que íbamos
a padecer sufrimientos.
Y así sucedió. 5 Por eso,
cuando ya no pude
soportarlo más, mandé
a Timoteo a indagar
acerca de su fe, no fuera
que el tentador los hubiera inducido a hacer
lo malo y que nuestro
trabajo hubiera sido
en vano.

El informe alentador de Timoteo

6 Ahora Timoteo
acaba de volver de
Tesalónica con buenas
noticias de la fe y del
amor de ustedes. Nos
dice que conservan
gratos recuerdos de
nosotros y que tienen
muchas ganas de vernos,

3:2⸀ Manuscritos importantes dicen *ministro*. 3:3* O sea *para que nadie se inquiete*.

RVR

también nosotros a
vosotros,
7 por ello, hermanos, en
medio de toda nuestra
necesidad y aflicción
fuimos consolados
respecto a vosotros por
medio de vuestra fe;
8 porque ahora vivimos,
si vosotros estáis firmes
en el Señor.
9 Pues ¿qué acción de
gracias podemos dar
a Dios por vosotros, a
cambio de todo el gozo
con que nos gozamos a
causa de vosotros delan-
te de nuestro Dios,
10 orando de noche y de
día con gran insisten-
cia, para que veamos
vuestro rostro, y com-
pletemos lo que falte a
vuestra fe?
11 Mas el mismo Dios y
Padre nuestro, y nuestro
Señor Jesucristo, dirijan
nuestro camino a
vosotros.
12 Y el Señor os haga
crecer y abundar en
amor unos para con
otros y para con todos,
como también lo hace-
mos nosotros para con
vosotros,
13 para afianzar vuestros
corazones, irrepren-
sibles en santidad
delante de nuestro
Dios y Padre, en la
venida de nuestro
Señor Jesucristo

ἰδεῖν	καθάπερ	καὶ	ἡμεῖς	ὑμᾶς,	7 διὰ	τοῦτο	παρεκλήθημεν,	ἀδελφοί,
ver$_7$	tal como	también	nosotros	a vosotros,	por	esto	fuimos animados,	hermanos,
1492	2509	2532	2249	5209	1223	5124	3870	80
VAAN	CAM	BE, TE	RP1NP	RP2AP	P	RD-ASN	VAPI1P	NVPM

ἐφ'	ὑμῖν	ἐπὶ	πάσῃ	τῇ	ἀνάγκῃ	καὶ	θλίψει	ἡμῶν	διὰ	τῆς
por	vosotros	en	toda	--	necesidad	y	aflicción	de nosotros	por medio de	la$_1$
1909	5213	1909	3956	3588	318	2532	2347	2257	1223	3588
P	RP2DP	P	JDSF	DDSF	NDSF	CLN	NDSF	RP1GP	P	DGSF

ὑμῶν	πίστεως,	8 ὅτι	νῦν	ζῶμεν	ἐὰν	ὑμεῖς	στήκετε	ἐν	κυρίῳ.
de vosotros,$_3$	fe$_2$	porque	ahora	vivimos	si	vosotros	estáis firmes	en	(el) Señor.
5216	4102	3754	3568	2198	1437	5210	4739	1722	2962
RP2GP	NGSF	CAZ	B	VPAI1P	CAC	RP2NP	VPAI2P	P	NDSM

9 τίνα	γὰρ	εὐχαριστίαν	δυνάμεθα	τῷ	θεῷ	ἀνταποδοῦναι	περὶ
¿qué$_2$	Porque,$_1$	acción de gracias$_3$	podemos$_4$	a --$_6$	Dios$_7$	devolver$_5$	acerca de
5101	1063	2169	1410	3588	2316	467	4012
JASF, RI-ASF	CLI	NASF	VPUI1P	DDSM	NDSM	VAAN	P

ὑμῶν	ἐπὶ	πάσῃ	τῇ	χαρᾷ	ᾗ	χαίρομεν	δι'	ὑμᾶς	ἔμπροσθεν
vosotros	por	todo	el	gozo	con el que	nos alegramos	a causa de	vosotros	delante de
5216	1909	3956	3588	5479	3739	5463	1223	5209	1715
RP2GP	P	JDSF	DDSF	NDSF	RR-DSF	VPAI1P	P	RP2AP	P, BP

τοῦ	θεοῦ	ἡμῶν,	10 νυκτὸς	καὶ	ἡμέρας	ὑπερεκπερισσοῦ	δεόμενοι	εἰς
el	Dios	de nosotros,	de noche	y	de día	sobreabundantemente$_2$	pidiendo$_1$	para$_3$
3588	2316	2257	3571	2532	2250	5228, 4057	1189	1519
DGSM	NGSM	RP1GP	NGSF	CLN	NGSF	B, B	VPUP-PNM	P

τὸ	ἰδεῖν	ὑμῶν	τὸ	πρόσωπον	καὶ	καταρτίσαι	τὰ	ὑστερήματα	τῆς
--$_4$	ver$_5$	de vosotros$_8$	el$_6$	rostro$_7$	y	completar	las	deficiencias	de la
3588	1492	5216	3588	4383	2532	2675	3588	5303	3588
DASN	VAAN	RP2GP	DASN	NASN	CLN	VAAN	DAPN	NAPN	DGSF

πίστεως	ὑμῶν;
fe	de vosotros?
4102	5216
NGSF	RP2GP

11 Αὐτὸς	δὲ	ὁ	θεὸς	καὶ	πατὴρ	ἡμῶν	καὶ	ὁ	κύριος	ἡμῶν
él mismo$_2$	Y$_1$	--	Dios	y	Padre	de nosotros	y	el	Señor	de nosotros
846	1161	3588	2316	2532	3962	2257	2532	3588	2962	2257
RP3NSMP	CLT	DNSM	NNSM	CLN	NNSM	RP1GP	CLN	DNSM	NNSM	RP1GP

⌜Ἰησοῦς	κατευθύναι	τὴν	ὁδὸν	ἡμῶν	πρὸς	ὑμᾶς·	12 ὑμᾶς	δὲ	ὁ
Jesús	dirija	el	camino	de nosotros	hacia	vosotros;	a vosotros$_4$	y$_1$	el$_2$
2424	2720	3588	3598	2257	4314	5209	5209	1161	3588
NNSM	VAAO3S	DASF	NASF	RP1GP	P	RP2AP	RP2AP	CLN	DNSM

κύριος	πλεονάσαι	καὶ	περισσεύσαι	τῇ	ἀγάπῃ	εἰς	ἀλλήλους	καὶ	εἰς
Señor$_3$	haga crecer	y	abundar	el	amor	hacia	unos a otros	y	hacia
2962	4121	2532	4052	3588	26	1519	240	2532	1519
NNSM	VAAO3S	CLN	VAAO3S	DDSF	NDSF	P	RC-APM	CLN	P

πάντας,	καθάπερ	καὶ	ἡμεῖς	εἰς	ὑμᾶς,	13 εἰς	τὸ	στηρίξαι	ὑμῶν
todos,	tal como	también	nosotros	hacia	vosotros,	para	--	afianzar	de vosotros,$_3$
3956	2509	2532	2249	1519	5209	1519	3588	4741	5216
JAPM	CAM	BE, TE	RP1NP	P	RP2AP	P	DASN	VAAN	RP2GP

τὰς	καρδίας	ἀμέμπτους	ἐν	ἁγιωσύνῃ	ἔμπροσθεν	τοῦ	θεοῦ	καὶ
los$_1$	corazones$_2$	intachables	en	santidad	delante de	--	Dios	y
3588	2588	273	1722	42	1715	3588	2316	2532
DAPF	NAPF	JAPF	P	NDSF	P, BP	DGSM	NGSM	CLN

πατρὸς	ἡμῶν	ἐν	τῇ	παρουσίᾳ	τοῦ	κυρίου	ἡμῶν	⌜Ἰησοῦ	μετὰ
Padre	de nosotros	en	la	venida	del	Señor	de nosotros,	Jesús,	con
3962	2257	1722	3588	3952	3588	2962	2257	2424	3326
NGSM	RP1GP	P	DDSF	NDSF	DGSM	NGSM	RP1GP	NGSM	P

NVI

tanto como nosotros
a ustedes. 7 Por eso,
hermanos, en medio de
todas nuestras angustias
y sufrimientos ustedes
nos han dado ánimo
por su fe. 8 ¡Ahora sí que
vivimos al saber que
están firmes en el Señor!
9 ¿Cómo podemos agra-
decer bastante a nuestro
Dios por ustedes y por
toda la alegría que nos
han proporcionado
delante de él? 10 Día y
noche le suplicamos que
nos permita verlos de
nuevo para suplir lo que
le falta a su fe.
11 Que el Dios y
Padre nuestro, y nuestro
Señor Jesús, nos prepa-
ren el camino para ir a
verlos. 12 Que el Señor
los haga crecer para que
se amen más y más unos
a otros, y a todos, tal
como nosotros los ama-
mos a ustedes. 13 Que los
fortalezca interiormen-
te para que, cuando
nuestro Señor Jesús ven-
ga con todos sus santos,
la santidad de ustedes
sea intachable delante

3:11⌜ Manuscritos inferiores aumentaron *Cristo*. **3:13**⌜ Manuscritos inferiores aumentaron *Cristo*.

RVR

con todos sus santos.

Viviendo para agradar a Dios

4 Por lo demás,
hermanos, os ro-
gamos y exhortamos en
el Señor Jesús, que de la
manera que aprendisteis
de nosotros cómo os
conviene conduciros y
agradar a Dios, así abun-
déis más y más.
2 Porque ya sabéis qué
instrucciones os dimos
por medio del Señor
Jesús;
3 porque ésta es la vo-
luntad de Dios: vuestra
santificación; que os
apartéis de fornicación;
4 que cada uno de voso-
tros sepa cómo poseer su
propio vaso en santidad
y honor;
5 no en pasión de con-
cupiscencia, como los
gentiles que no conocen
a Dios;
6 que ninguno agravie ni
defraude en este asunto
a su hermano; porque
el Señor es vengador de
todo esto, como ya os
hemos dicho antes y tes-
tificado solemnemente.
7 Pues no nos ha llamado
Dios a inmundicia, sino
a santificación.
8 Así que, el que desecha

πάντων	τῶν	ἁγίων	^Γ^αὐτοῦ.
todos	los	santos	de él.
3956	3588	40	846
JGPM	*DGPM*	*JGPM*	*RP3GSM*

4 Λοιπὸν	οὖν,	ἀδελφοί,	ἐρωτῶμεν	ὑμᾶς	καὶ	παρακαλοῦμεν
por lo demás,	Así que,	hermanos,	pedimos	a vosotros	y	exhortamos
3063	3767	80	2065	5209	2532	3870
JASN, JNSN	*CLI*	*NVPM*	*VPAI1P*	*RP2AP*	*CLN*	*VPAI1P*

ἐν	κυρίῳ	Ἰησοῦ,	ἵνα	καθὼς	παρελάβετε	παρ’	ἡμῶν	τὸ
en	(el) Señor	Jesús,	que	como	recibisteis	de parte de	nosotros	--$_2$
1722	2962	2424	2443	2531	3880	3844	2257	3588
P	*NDSM*	*NDSM*	*CSC*	*CAM*	*VAAI2P*	*P*	*RP1GP*	*DASN, DNSN*

πῶς	δεῖ	ὑμᾶς	περιπατεῖν	καὶ	ἀρέσκειν	θεῷ,	καθὼς	καὶ
cómo$_1$	es necesario$_3$	a vosotros	andar	y	agradar	a Dios,	como	también
4459	1163	5209	4043	2532	700	2316	2531	2532
B	*VPAI3S*	*RP2AP*	*VPAN*	*CLN*	*VPAN*	*NDSM*	*CAM*	*BE, TE*

περιπατεῖτε,	ἵνα	περισσεύητε	μᾶλλον.	2 οἴδατε	γὰρ	τίνας
andáis,	que	abundéis	más.	sabéis$_2$	Porque$_1$	qué
4043	2443	4052	3123	1492	1063	5101
VPAI2P	*CSC*	*VPAS2P*	*B*	*VRAI2P*	*CAZ*	*JAPF, RI-APF*

παραγγελίας	ἐδώκαμεν	ὑμῖν	διὰ	τοῦ	κυρίου	Ἰησοῦ.	3 τοῦτο	γάρ
instrucciones	dimos	a vosotros	por medio de	del	Señor	Jesús.	esta$_2$	Porque$_1$
3852	1325	5213	1223	3588	2962	2424	5124	1063
NAPF	*VAAI1P*	*RP2DP*	*P*	*DGSM*	*NGSM*	*NGSM*	*RD-NSN*	*CLX*

ἐστιν	θέλημα	τοῦ	θεοῦ,	ὁ	ἁγιασμὸς	ὑμῶν,	ἀπέχεσθαι	ὑμᾶς
es$_3$	(la) voluntad	--	Dios:	la	santificación	de vosotros,	abstenerse	vosotros
2076	2307	3588	2316	3588	38	5216	567	5209
VPAI3S	*NNSN*	*DGSM*	*NGSM*	*DNSM*	*NNSM*	*RP2GP*	*VPMN*	*RP2AP*

ἀπὸ	τῆς	πορνείας,	4 εἰδέναι	ἕκαστον	ὑμῶν	τὸ	ἑαυτοῦ	σκεῦος
de	la	inmoralidad sexual,	saber$_2$	cada uno$_1$	de vosotros$_3$	el$_5$	de sí mismo$_7$	cuerpo$_6$
575	3588	4202	1492	1538	5216	3588	1438	4632
P	*DGSF*	*NGSF*	*VRAN*	*JASM*	*RP2GP*	*DASN*	*RF3GSM*	*NASN*

κτᾶσθαι	ἐν	ἁγιασμῷ	καὶ	τιμῇ,	5 μὴ	ἐν	πάθει	ἐπιθυμίας	καθάπερ
poseer$_4$	en	santificación	y	honor,	no	en	pasión	de deseos malos,	tal como
2932	1722	38	2532	5092	3361	1722	3806	1939	2509
VPUN	*P*	*NDSM*	*CLN*	*NDSF*	*BN, TN*	*P*	*NDSN*	*NGSF*	*CAM*

καὶ	τὰ	ἔθνη	τὰ	μὴ	εἰδότα	τὸν	θεόν,	6 τὸ	μὴ	ὑπερβαίνειν
también	los	gentiles,	los que	no	conocen	--	Dios,	--	no	sobrepasar
2532	3588	1484	3588	3361	1492	3588	2316	3588	3361	5233
BE, TE	*DNPN*	*NNPN*	*DNPN*	*BN, TN*	*VRAP-PNN*	*DASM*	*NASM*	*DASN*	*BN, TN*	*VPAN*

καὶ	πλεονεκτεῖν	ἐν	τῷ	πράγματι	τὸν	ἀδελφὸν	αὐτοῦ,	διότι
y	engañar	en$_4$	el$_5$	asunto,$_6$	al$_1$	hermano$_2$	de él,$_3$	porque$_7$
2532	4122	1722	3588	4229	3588	80	846	1360
CLN	*VPAN*	*P*	*DDSN*	*NDSN*	*DASM*	*NASM*	*RP3GSM*	*CAZ*

ἔκδικος	κύριος	περὶ	πάντων	τούτων,	καθὼς	καὶ	προείπαμεν
(el) castigador$_9$	(el) Señor$_8$	acerca de	todas	estas cosas,	como	también	dijimos antes
1558	2962	4012	3956	5130	2531	2532	4277
JNSM	*NNSM*	*P*	*JGPN, JGPM*	*RD-GPM*	*CAM*	*BE, TE*	*VAAI1P*

ὑμῖν	καὶ	διεμαρτυράμεθα.	7 οὐ	γὰρ	ἐκάλεσεν	ἡμᾶς	ὁ
a vosotros	y	testificamos solemnemente.	no$_4$	Porque$_1$	llamó$_5$	a nosotros$_6$	--$_2$
5213	2532	1263	3756	1063	2564	2248	3588
RP2DP	*CLN*	*VAMI1P*	*CLK, TN, B*	*CAZ*	*VAAI3S*	*RP1AP*	*DNSM*

θεὸς	ἐπὶ	ἀκαθαρσίᾳ	ἀλλ’	ἐν	ἁγιασμῷ.	8 τοιγαροῦν	ὁ	ἀθετῶν
Dios$_3$	a	impureza,	sino	en	santificación.	Por tanto,	el que rechaza,	
2316	1909	167	235	1722	38	5105	3588	114
NNSM	*P*	*NDSF*	*CLK, CLC*	*P*	*NDSM*	*CLI*	*DNSM*	*VPAP-SNM*

NVI

de nuestro Dios y Padre.

La vida que agrada a Dios

4 Por lo demás,
hermanos, les pe-
dimos encarecidamente
en el nombre del Señor
Jesús que sigan progre-
sando en el modo de
vivir que agrada a Dios,
tal como lo aprendieron
de nosotros. De hecho,
ya lo están practicando.
2 Ustedes saben cuáles
son las instrucciones
que les dimos de parte
del Señor Jesús.
3 La voluntad de Dios
es que sean santificados;
que se aparten de la in-
moralidad sexual; 4 que
cada uno aprenda a con-
trolar su propio cuerpo
de una manera santa y
honrosa, 5 sin dejarse lle-
var por los malos deseos
como hacen los paganos,
que no conocen a Dios;
6 y que nadie perjudi-
que a su hermano ni se
aproveche de él en este
asunto. El Señor castiga
todo esto, como ya les
hemos dicho y adverti-
do. 7 Dios no nos llamó
a la impureza, sino a la
santidad; 8 por tanto,
el que rechaza estas

3:13^Γ^ Manuscritos inferiores aumentaron *Amén*.

RVR

esto, no desecha a
hombre, sino a Dios,
que también nos dio su
Espíritu Santo.
9 Pero acerca del amor
fraternal no tenéis
necesidad de que os
escriba, porque vosotros
mismos habéis aprendi-
do de Dios que os améis
unos a otros;
10 y también lo hacéis así
con todos los hermanos
que están por toda
Macedonia. Pero os
rogamos, hermanos,
que abundéis en ello
más y más;
11 y que os esforcéis
afanosamente por tener
tranquilidad, y ocupa-
ros en vuestros propios
asuntos, y trabajar con
vuestras manos de la
manera que os hemos
mandado,
12 a fin de que os con-
duzcáis honradamente
para con los de afuera,
y no tengáis necesidad
de nada.

La venida del Señor

13 Y no queremos,
hermanos, que ignoréis
acerca de los que duer-
men, para que no os
entristezcáis como los
demás que no tienen
esperanza.
14 Porque si creemos
que Jesús murió y resu-
citó, así también traerá
Dios con Jesús a los

οὐκ	ἄνθρωπον	ἀθετεῖ	ἀλλὰ	τὸν	θεὸν	τὸν	καὶ	διδόντα	τὸ
no	a un ser humano$_2$	rechaza,$_1$	sino	a --	Dios,	el que$_1$	también$_3$	da$_2$	el$_4$
3756	444	114	235	3588	2316	3588	2532	1325	3588
CLK, TN, B	*NASM*	*VPAI3S*	*CLK, CLC*	*DASM*	*NASM*	*DASM*	*BE, TE*	*VPAP-SAM*	*DASN*

πνεῦμα	αὐτοῦ	τὸ	ἅγιον	εἰς	ὑμᾶς.
Espíritu$_5$	de él$_8$	--$_6$	Santo$_7$	a	vosotros.
4151	846	3588	40	1519	5209
NASN	*RP3GSM*	*DASN*	*JASN*	*P*	*RP2AP*

9 Περὶ	δὲ	τῆς	φιλαδελφίας	οὐ	χρείαν	ἔχετε	γράφειν	ὑμῖν,
acerca de$_2$	Y$_1$	el	amor fraternal	no$_1$	necesidad$_3$	tenéis$_2$	escribir	a vosotros;
4012	1161	3588	5360	3756	5532	2192	1125	5213
P	*CLT*	*DGSF*	*NGSF*	*CLK, TN, B*	*NASF*	*VPAI2P*	*VPAN*	*RP2DP*

αὐτοὶ	γὰρ	ὑμεῖς	θεοδίδακτοί	ἐστε	εἰς	τὸ	ἀγαπᾶν	ἀλλήλους·
mismos$_3$	porque$_1$	vosotros$_2$	enseñados por Dios$_5$	sois$_4$	a	--	amar	unos a otros;
846	1063	5210	2312	2075	1519	3588	25	240
RP3NPMP	*CAZ*	*RP2NP*	*JNPM*	*VPAI2P*	*P*	*DASN*	*VPAN*	*RC-APM*

10 καὶ	γὰρ	ποιεῖτε	αὐτὸ	εἰς	πάντας	τοὺς	ἀδελφοὺς	τοὺς
también$_2$	porque$_1$	hacéis	lo	para	todos	los	hermanos	a los (que están)
2532	1063	4160	846	1519	3956	3588	80	3588
BE, TE	*CAZ*	*VPAI2P*	*RP3ASN*	*P*	*JAPM*	*DAPM*	*NAPM*	*DAPM*

ἐν	ὅλῃ	τῇ	Μακεδονίᾳ.	παρακαλοῦμεν	δὲ	ὑμᾶς,	ἀδελφοί,
en	toda	--	Macedonia.	exhortamos$_2$	Pero$_1$	a vosotros,$_3$	hermanos,$_4$
1722	3650	3588	3109	3870	1161	5209	80
P	*JDSF*	*DDSF*	*NDSF*	*VPAI1P*	*CLK, CLC*	*RP2AP*	*NVPM*

περισσεύειν	μᾶλλον,	11 καὶ	φιλοτιμεῖσθαι	ἡσυχάζειν	καὶ
abundar	más,	y	poner la ambición	para llevar una vida tranquila	y
4052	3123	2532	5389	2270	2532
VPAN	*B*	*CLN*	*VPUN*	*VPAN*	*CLN*

πράσσειν	τὰ	ἴδια	καὶ	ἐργάζεσθαι	ταῖς	χερσὶν	ὑμῶν,	καθὼς
practicar	las cosas	propias	y	trabajar	con las	manos	de vosotros,	como
4238	3588	2398	2532	2038	3588	5495	5216	2531
VPAN	*DAPN*	*JAPN*	*CLN*	*VPUN*	*DDPF*	*NDPF*	*RP2GP*	*CAM*

ὑμῖν	παρηγγείλαμεν,	12 ἵνα	περιπατῆτε	εὐσχημόνως	πρὸς	τοὺς
a vosotros,$_2$	mandamos$_1$	para que	andéis	con dignidad	para con	los
5213	3853	2443	4043	2156	4314	3588
RP2DP	*VAAI1P*	*CAP*	*VPAS2P*	*B*	*P*	*DAPM*

ἔξω	καὶ	μηδενὸς	χρείαν	ἔχητε.
de afuera	y$_1$	de nada$_2$	necesidad.$_4$	tengáis$_3$
1854	2532	3367	5532	2192
B	*CLN*	*JGSN*	*NASF*	*VPAS2P*

13 Οὐ	θέλομεν	δὲ	ὑμᾶς	ἀγνοεῖν,	ἀδελφοί,	περὶ	τῶν
no$_2$	queremos$_3$	Y$_1$	(que) vosotros	ignorar,	hermanos,	acerca de	los que
3756	2309	1161	5209	50	80	4012	3588
BNTN	*VPAI1P*	*CLT*	*RP2AP*	*VPAN*	*NVPM*	*P*	*DGPM*

κοιμωμένων,	ἵνα	μὴ	λυπῆσθε	καθὼς	καὶ	οἱ	λοιποὶ	οἱ
duermen,	para que	no	os entristezcáis	como	también	los	demás	los que
2837	2443	3361	3076	2531	2532	3588	3062	3588
VPPP-PGM	*CAP*	*BN, TN*	*VPPS2P*	*CAM*	*BE, TE*	*DNPM*	*JNPM*	*DNPM*

μὴ	ἔχοντες	ἐλπίδα.	14 εἰ	γὰρ	πιστεύομεν	ὅτι	Ἰησοῦς	ἀπέθανεν
no	tienen	esperanza.	si$_2$	Porque$_1$	creemos	que	Jesús	murió
3361	2192	1680	1487	1063	4100	3754	2424	599
BN, TN	*VPAP-PNM*	*NASF*	*CAC*	*CAZ*	*VPAI1P*	*CSC*	*NNSM*	*VAAI3S*

καὶ	ἀνέστη,	οὕτως	καὶ	ὁ	θεὸς	τοὺς	κοιμηθέντας	διὰ	τοῦ
y	resucitó,	así	también	--$_1$	Dios$_2$	a los que$_6$	durmieron$_7$	por medio de$_8$	--$_9$
2532	450	3779	2532	3588	2316	3588	2837	1223	3588
CLN	*VAAI3S*	*B*	*CLA, B*	*DNSM*	*NNSM*	*DAPM*	*VAPP-PAM*	*P*	*DGSM*

NVI

instrucciones no recha-
za a un hombre, sino a
Dios, quien les da a uste-
des su Espíritu Santo.
9 En cuanto al amor
fraternal, no necesitan
que les escribamos,
porque Dios mismo les
ha enseñado a amarse
unos a otros. 10 En
efecto, ustedes aman a
todos los hermanos que
viven en Macedonia.
No obstante, hermanos,
les animamos a amarse
aún más, 11 a procurar
vivir en paz con todos, a
ocuparse de sus propias
responsabilidades y a
trabajar con sus propias
manos. Así les he
mandado, 12 para que
por su modo de vivir se
ganen el respeto de los
que no son creyentes, y
no tengan que depender
de nadie.

La venida del Señor

13 Hermanos, no
queremos que ignoren
lo que va a pasar con los
que ya han muerto, para
que no se entristezcan
como esos otros que
no tienen esperanza.
14 ¿Acaso no creemos
que Jesús murió y
resucitó? Así también
Dios resucitará con
Jesús a los que han

RVR

que durmieron en él.
15 Por lo cual os decimos
esto por palabra del
Señor: que nosotros los
que vivamos, los que
hayamos quedado hasta
la venida del Señor, no
precederemos a los que
durmieron.
16 Porque el Señor mis-
mo con voz de mando,
con voz de arcángel, y
con trompeta de Dios,
descenderá del cielo; y
los muertos en Cristo
resucitarán primero.
17 Luego nosotros los
que vivamos, los que
hayamos quedado,
seremos arrebatados
juntamente con ellos
en las nubes para salir al
encuentro del Señor en
el aire, y así estaremos
siempre con el Señor.
18 Por tanto, alentaos
los unos a los otros con
estas palabras.
5 Pero acerca de los
tiempos y de las
sazones, no tenéis nece-
sidad, hermanos, de que
yo os escriba.
2 Porque vosotros
mismos sabéis perfec-
tamente que el día del
Señor vendrá del mismo
modo que un ladrón en
la noche.
3 Cuando estén dicien-
do: Paz y seguridad,
entonces vendrá sobre

'Ἰησοῦ	ἄξει	σὺν	αὐτῷ.	15 τοῦτο	γὰρ	ὑμῖν	λέγομεν	ἐν	λόγῳ	κυρίου,
Jesús.$_{10}$	traerá$_{3}$	con$_{4}$	él$_{5}$	esto$_{2}$	Porque$_{1}$	a vosotros$_{4}$	decimos$_{3}$	en	palabra	de (l) Señor:
2424	71	4862	846	5124	1063	5213	3004	1722	3056	2962
NGSM	*VFAI3S*	*P*	*RP3DSM*	*RD-ASN*	*CLX*	*RP2DP*	*VPAI1P*	*P*	*NDSM*	*NGSM*

ὅτι	ἡμεῖς	οἱ	ζῶντες	οἱ	περιλειπόμενοι	εἰς	τὴν	παρουσίαν
que	nosotros	los que	viven,	los que	quedan atrás	para	la	venida
3754	2249	3588	2198	3588	4035	1519	3588	3952
CSC	*RP1NP*	*DNPM*	*VPAP-PNM*	*DNPM*	*VPPP-PNM*	*P*	*DASF*	*NASF*

τοῦ	κυρίου	οὐ	μὴ*	φθάσωμεν	τοὺς	κοιμηθέντας·	16 ὅτι	αὐτὸς
del	Señor	no	no	precederemos	a los que;	durmieron	porque	mismo$_{2}$
3588	2962	3756	3361	5348	3588	2837	3754	846
DGSM	*NGSM*	*BN, TN*	*BN, TN*	*VAAS1P*	*DAPM*	*VAPP-PAM*	*CLX*	*RP3NSMP*

ὁ	κύριος	ἐν	κελεύσματι,	ἐν	φωνῇ	ἀρχαγγέλου	καὶ	ἐν	σάλπιγγι
el$_{1}$	Señor$_{3}$	con	voz de mando,	con	voz	arcángel	y	con	trompeta
3588	2962	1722	2752	1722	5456	743	2532	1722	4536
DNSM	*NNSM*	*P*	*NDSN*	*P*	*NDSF*	*NGSM*	*CLN*	*P*	*NDSF*

θεοῦ,	καταβήσεται	ἀπ'	οὐρανοῦ,	καὶ	οἱ	νεκροὶ	ἐν	Χριστῷ
de Dios,	descenderá	de (l)	cielo,	y	los	muertos	en	Cristo
2316	2597	575	3772	2532	3588	3498	1722	5547
NGSM	*VFMI3S*	*P*	*NGSM*	*CLN*	*DNPM*	*JNPM*	*P*	*NDSM*

ἀναστήσονται	πρῶτον,	17 ἔπειτα	ἡμεῖς	οἱ	ζῶντες	οἱ
resucitarán	primero,	luego	nosotros	los que,	viven	los que,
450	4412	1899	2249	3588	2198	3588
VFMI3P	*B, J*	*B*	*RP1NP*	*DNPM*	*VPAP-PNM*	*DNPM*

περιλειπόμενοι	ἅμα	σὺν	αὐτοῖς	ἁρπαγησόμεθα	ἐν	νεφέλαις
quedan atrás	juntamente	con	ellos	seremos arrebatados	en	(las) nubes
4035	260	4862	846	726	1722	3507
VPPP-PNM	*B*	*P*	*RP3DPM*	*VFPI1P*	*P*	*NDPF*

εἰς	ἀπάντησιν	τοῦ	κυρίου	εἰς	ἀέρα·	καὶ	οὕτως	πάντοτε	σὺν
para	(el) encuentro	del	Señor	en	(el) aire;	y	así$_{1}$	siempre$_{3}$	con$_{4}$
1519	529	3588	2962	1519	109	2532	3779	3842	4862
P	*NASF*	*DGSM*	*NGSM*	*P*	*NASM*	*CLN*	*B*	*B*	*P*

κυρίῳ	ἐσόμεθα.	18 ὥστε	παρακαλεῖτε	ἀλλήλους	ἐν	τοῖς	λόγοις
(el) Señor.$_{5}$	estaremos$_{2}$	De modo que,	alentaos	unos a otros	con$_{1}$	--$_{3}$	palabras.$_{4}$
2962	2071	5620	3870	240	1722	3588	3056
NDSM	*VFMI1P*	*CLI*	*VPAM2P*	*RC-APM*	*P*	*DDPM*	*NDPM*

τούτοις.
estas$_{2}$
5125
RD-DPM

5 Περὶ	δὲ	τῶν	χρόνων	καὶ	τῶν	καιρῶν,	ἀδελφοί,	οὐ	χρείαν
acerca de$_{2}$	Pero$_{1}$	de los	tiempos	y	de las	ocasiones,	hermanos,	no$_{1}$	necesidad$_{3}$
4012	1161	3588	5550	2532	3588	2540	80	3756	5532
P	*CLT*	*DGPM*	*NGPM*	*CLN*	*DGPM*	*NGPM*	*NVPM*	*BN, TN*	*NASF*

ἔχετε	ὑμῖν	γράφεσθαι,	2 αὐτοὶ	γὰρ	ἀκριβῶς	οἴδατε
tenéis$_{2}$	a vosotros;$_{5}$	escribir$_{4}$	vosotros mismos$_{2}$	porque$_{1}$	con precisión	sabéis
2192	5213	1125	846	1063	199	1492
VPAI2P	*RP2DP*	*VPPN*	*RP3NPMP*	*CAZ*	*B*	*VRAI2P*

ὅτι	ἡμέρα	κυρίου	ὡς	κλέπτης	ἐν	νυκτὶ	οὕτως	ἔρχεται.
que	(el) día$_{1}$	(del) Señor$_{2}$	como$_{5}$	ladrón$_{6}$	en$_{7}$	(la) noche.$_{8}$	así$_{4}$	viene$_{3}$
3754	2250	2962	5613	2812	1722	3571	3779	2064
CSC	*NNSF*	*NGSM*	*CAM*	*NNSM*	*P*	*NDSF*	*B*	*VPUI3S*

3 ὅταν	λέγωσιν·	Εἰρήνη	καὶ	ἀσφάλεια,	τότε	αἰφνίδιος	αὐτοῖς
cuando	digan:	Paz	y	seguridad,	entonces$_{1}$	inmediata$_{2}$	a ellos,$_{5}$
3752	3004	1515	2532	803	5119	160	846
CAT	*VPAS3P*	*NNSF*	*CLN*	*NNSF*	*B*	*JNSM*	*RP3DPM*

NVI

muerto en unión con él.
15 Conforme a lo dicho
por el Señor, afirmamos
que nosotros, los que es-
temos vivos y hayamos
quedado hasta la venida
del Señor, de ninguna
manera nos adelanta-
remos a los que hayan
muerto. 16 El Señor
mismo descenderá del
cielo con voz de mando,
con voz de arcángel y
con trompeta de Dios, y
los muertos en Cristo
resucitarán primero.
17 Luego los que estemos
vivos, los que hayamos
quedado, seremos
arrebatados junto con
ellos en las nubes para
encontrarnos con el
Señor en el aire. Y así
estaremos con el Señor
para siempre. 18 Por lo
tanto, anímense unos a
otros con estas palabras.
5 Ahora bien, her-
manos, ustedes no
necesitan que se les es-
criba acerca de tiempos
y fechas, 2 porque ya sa-
ben que el día del Señor
llegará como ladrón
en la noche. 3 Cuando
estén diciendo: «Paz y
seguridad», vendrá de

4:15* O sea *de ninguna manera.*

RVR

ellos destrucción repen-
tina, como los dolores
a la mujer encinta, y no
escaparán de ningún
modo.
4 Mas vosotros, her-
manos, no estáis en
tinieblas, para que aquel
día os sorprenda como
un ladrón.
5 Porque todos vosotros
sois hijos de la luz e hijos
del día; no somos de la
noche ni de las tinieblas.
6 Por tanto, no durma-
mos como los demás,
sino velemos y seamos
sobrios.
7 Pues los que duermen,
de noche duermen, y
los que se embriagan, de
noche se embriagan.
8 Pero nosotros, que
somos del día, seamos
sobrios, habiéndonos
vestido con la coraza
de fe y amor, y con la
esperanza de salvación
como yelmo.
9 Porque no nos ha pues-
to Dios para ira, sino
para alcanzar salvación
por medio de nuestro
Señor Jesucristo,
10 quien murió por
nosotros para que, ya
sea que velemos, o que
durmamos, vivamos
juntamente con él.
11 Por lo cual, animaos
unos a otros, y edificaos
unos a otros, así como
lo hacéis.

ἐφίσταται	ὄλεθρος	ὥσπερ	ἡ	ὠδὶν	τῇ	ἐν	γαστρὶ	ἐχούσῃ*,
se presenta$_4$	destrucción$_3$	tal como	el	dolor de parto	a la que$_1$	en$_3$	vientre,$_4$	tiene$_2$
2186	3639	5618	3588	5604	3588	1722	1064	2192
VPMI3S	*NNSM*	*CAM*	*DNSF*	*NNSF*	*DDSF*	*P*	*NDSF*	*VPAP-SDF*

καὶ	οὐ	μὴ*1	ἐκφύγωσιν.	4 ὑμεῖς	δέ,	ἀδελφοί,	οὐκ	ἐστὲ	ἐν
y	no	no	han escapado.	vosotros,$_2$	Pero$_1$	hermanos,	no	estáis	en
2532	3756	3361	1628	5210	1161	80	3756	2075	1722
CLN	*BN, TN*	*BN, TN*	*VAAS3P*	*RP2NP*	*CLC*	*NVPM*	*BN, TN*	*VPAI2P*	*P*

σκότει,	ἵνα	ἡ	ἡμέρα	ὑμᾶς	ὡς	κλέπτης	καταλάβῃ,	5 πάντες
oscuridad,	para que$_1$	el$_2$	día$_3$	a vosotros;$_7$	como$_5$	ladrón$_6$	sorprenda$_4$	todos$_2$
4655	2443	3588	2250	5209	5613	2812	2638	3956
NDSN	*CAR*	*DNSF*	*NNSF*	*RP2AP*	*CAM*	*NNSM*	*VAAS3S*	*JNPM*

γὰρ	ὑμεῖς	υἱοὶ	φωτός	ἐστε	καὶ	υἱοὶ	ἡμέρας.	οὐκ	ἐσμὲν	νυκτὸς
porque$_1$	vosotros$_3$	hijos$_5$	de (la) luz$_6$	sois$_4$	e	hijos	de (l) día.	No	somos	de (la) noche
1063	5210	5207	5457	2075	2532	5207	2250	3756	2070	3571
CAZ	*RP2NP*	*NNPM*	*NGSN*	*VPAI2P*	*CLN*	*NNPM*	*NGSF*	*BN, TN*	*VPAI1P*	*NGSF*

οὐδὲ	σκότους·	6 ἄρα	οὖν	μὴ	καθεύδωμεν	ὡς	οἱ	λοιποί,
ni	de (la) oscuridad;	pues,$_2$	ahora$_1$	no	durmamos	como	los	demás,
3761	4655	686	3767	3361	2518	5613	3588	3062
TN, CLD	*NGSN*	*CLI*	*CLI*	*BN, TN*	*VPAS1P*	*CAM*	*DNPM*	*JNPM*

ἀλλὰ	γρηγορῶμεν	καὶ	νήφωμεν.	7 οἱ	γὰρ	καθεύδοντες	νυκτὸς
sino	velemos	y	seamos sobrios.	los que$_2$	Porque$_1$	duermen,$_3$	de noche
235	1127	2532	3525	3588	1063	2518	3571
CLC	*VPAS1P*	*CLN*	*VPAS1P*	*DNPM*	*CLX*	*VPAP-PNM*	*NGSF*

καθεύδουσιν,	καὶ	οἱ	μεθυσκόμενοι	νυκτὸς	μεθύουσιν·	8 ἡμεῖς
duermen;	y	los que,	se embriagan	de noche	están ebrios;	nosotros,$_2$
2518	2532	3588	3182	3571	3184	2249
VPAI3P	*CLN*	*DNPM*	*VPPP-PNM*	*NGSF*	*VPAI3P*	*RP1NP*

δὲ	ἡμέρας	ὄντες	νήφωμεν,	ἐνδυσάμενοι	θώρακα	πίστεως
pero$_1$	de (l) día,$_4$	siendo$_3$	seamos sobrios,	habiéndonos puesto	(la) coraza	de (la) fe
1161	2250	5607	3525	1746	2382	4102
CLC	*NGSF*	*VPAP-PNM*	*VPAS1P*	*VAMP-PNM*	*NASM*	*NGSF*

καὶ	ἀγάπης	καὶ	περικεφαλαίαν	ἐλπίδα	σωτηρίας·	9 ὅτι
y	de (l) amor	y	(el) casco	(de la) esperanza	de salvación;	porque$_1$
2532	26	2532	4030	1680	4991	3754
CLN	*NGSF*	*CLN*	*NASF*	*NASF*	*NGSF*	*CAZ*

οὐκ	ἔθετο	ἡμᾶς	ὁ	θεὸς	εἰς	ὀργὴν	ἀλλὰ	εἰς	περιποίησιν
no$_4$	puso$_5$	a nosotros$_6$	--$_2$	Dios$_3$	para$_7$	ira,$_8$	sino	para	obtención
3756	5087	2248	3588	2316	1519	3709	235	1519	4047
CLK, TN, B	*VAMI3S*	*RP1AP*	*DNSM*	*NNSM*	*P*	*NASF*	*CLK, CLC*	*P*	*NASF*

σωτηρίας	διὰ	τοῦ	κυρίου	ἡμῶν	Ἰησοῦ	Χριστοῦ,	10 τοῦ
de salvación	por medio de	el	Señor	de nosotros,	Jesús	Cristo,	el que
4991	1223	3588	2962	2257	2424	5547	3588
NGSF	*P*	*DGSM*	*NGSM*	*RP1GP*	*NGSM*	*NGSM*	*DGSM*

ἀποθανόντος	περὶ	ἡμῶν	ἵνα	εἴτε	γρηγορῶμεν	εἴτε
murió	por	nosotros,	para que	sea (que)	velemos	sea (que)
599	4012	2257	2443	1535	1127	1535
VAAP-SGM	*P*	*RP1GP*	*CAP*	*CLK, CAC*	*VPAS1P*	*CLK, CAC*

καθεύδωμεν	ἅμα	σὺν	αὐτῷ	ζήσωμεν.	11 διὸ	παρακαλεῖτε
durmamos,	juntamente$_2$	con$_3$	él.$_4$	vivamos$_1$	Por lo cual,	alentaos
2518	260	4862	846	2198	1352	3870
VPAS1P	*B*	*P*	*RP3DSM*	*VAAS1P*	*CLI*	*VPAM2P*

ἀλλήλους	καὶ	οἰκοδομεῖτε	εἷς	τὸν	ἕνα*,	καθὼς	καὶ	ποιεῖτε.
unos a otros	y	edificaos	uno	al	uno,	como	también	hacéis.
240	2532	3618	1520	3588	1520	2531	2532	4160
RC-APM	*CLN*	*VPAM2P*	*JNSM*	*DASM*	*JASM*	*CAM*	*BE, TE*	*VPAI2P*

NVI

improviso sobre ellos
la destrucción, como le
llegan a la mujer encinta
los dolores de parto.
De ninguna manera
podrán escapar.
4 Ustedes, en cambio,
hermanos, no están en
la oscuridad para que
ese día los sorpren-
da como un ladrón.
5 Todos ustedes son
hijos de la luz y del día.
No somos de la noche
ni de la oscuridad. 6 No
debemos, pues, dor-
mirnos como los demás,
sino mantenernos alerta
y en nuestro sano juicio.
7 Los que duermen, de
noche duermen, y los
que se emborrachan, de
noche se emborrachan.
8 Nosotros que somos
del día, por el contrario,
estemos siempre en
nuestro sano juicio,
protegidos por la coraza
de la fe y del amor, y por
el casco de la esperanza
de salvación; 9 pues Dios
no nos destinó a sufrir el
castigo, sino a recibir la
salvación por medio de
nuestro Señor Jesucristo.
10 Él murió por nosotros
para que, en la vida o
en la muerte, vivamos
junto con él. 11 Por eso,
anímense y edifíquense
unos a otros, tal como lo
vienen haciendo.

5:3* O sea *a la que está embarazada.* **5:3*1** O sea *de ninguna manera.* **5:11*** O sea *uno al otro.*

RVR

Pablo exhorta a los creyentes

12 Os rogamos, hermanos, que reconozcáis a los que trabajan entre vosotros, y os presiden en el Señor, y os amonestan;
13 y que los tengáis en mucha estima con amor por causa de su obra. Tened paz entre vosotros.
14 También os rogamos, hermanos, que amonestéis a los ociosos, que alentéis a los de poco ánimo, que sostengáis a los débiles, que seáis pacientes para con todos.
15 Mirad que ninguno devuelva a otro mal por mal; antes seguid siempre lo bueno unos para con otros, y para con todos.
16 Estad siempre gozosos.
17 Orad sin cesar.
18 Dad gracias en todo, porque ésta es la voluntad de Dios para con vosotros en Cristo Jesús.
19 No apaguéis el Espíritu.
20 No menospreciéis las profecías.
21 Examinadlo todo; retened lo bueno.
22 Absteneos de toda especie de mal.
23 Y el mismo Dios de paz os santifique por

---

12 Ἐρωτῶμεν δὲ ὑμᾶς, ἀδελφοί, εἰδέναι τοὺς κοπιῶντας
pedimos$_2$ | Y$_1$ | a vosotros, | hermanos, | reconozcáis | a los que | trabajan
2065 | 1161 | 5209 | 80 | 1492 | 3588 | 2872
VPAI1P | CLT | RP2AP | NVPM | VRAN | DAPM | VPAP-PAM

ἐν ὑμῖν καὶ προϊσταμένους ὑμῶν ἐν κυρίῳ καὶ νουθετοῦντας
entre | vosotros | y | están al frente | de vosotros | en | (el) Señor | y | amonestando
1722 | 5213 | 2532 | 4291 | 5216 | 1722 | 2962 | 2532 | 3560
P | RP2DP | CLN | VPMP-PAM | RP2GP | P | NDSM | CLN | VPAP-PAM

ὑμᾶς, 13 καὶ ἡγεῖσθαι αὐτοὺς ὑπερεκπερισσοῦ ἐν ἀγάπῃ διὰ τὸ
a vosotros, | y | estimar | a ellos | sobreabundantemente | en | amor | a causa de | la
5209 | 2532 | 2233 | 846 | 5228, 4057 | 1722 | 26 | 1223 | 3588
RP2AP | CLN | VPUN | RP3APM | B, B | P | NDSF | P | DASN

ἔργον αὐτῶν. εἰρηνεύετε ἐν ἑαυτοῖς. 14 παρακαλοῦμεν δὲ ὑμᾶς,
obra | de ellos. | Vivid en paz | entre | vosotros mismos. | exhortamos$_2$ | Y$_1$ | a vosotros,
2041 | 846 | 1514 | 1722 | 1438 | 3870 | 1161 | 5209
NASN | RP3GPM | VPAM2P | P | RF2DPM | VPAI1P | CLN | RP2AP

ἀδελφοί, νουθετεῖτε τοὺς ἀτάκτους, παραμυθεῖσθε τοὺς ὀλιγοψύχους,
hermanos, | amonestad | a los | desordenados, | animad | a los | desanimados,
80 | 3560 | 3588 | 813 | 3888 | 3588 | 3642
NVPM | VPAM2P | DAPM | JAPM | VPUM2P | DAPM | JAPM

ἀντέχεσθε τῶν ἀσθενῶν, μακροθυμεῖτε πρὸς πάντας. 15 ὁρᾶτε μή
sostened | los | débiles, | sed pacientes | con | todos. | Mirad | nadie
472 | 3588 | 772 | 3114 | 4314 | 3956 | 3708 | 3361
VPUM2P | DGPM | JGPM | VPAM2P | P | JAPM | VPAM2P | CSC, TN, B

τις κακὸν ἀντὶ κακοῦ τινι ἀποδῷ, ἀλλὰ πάντοτε τὸ ἀγαθὸν
alguno | mal | por | malo | a alguno,$_2$ | devuelva$_1$ | sino | siempre | lo | bueno
5100 | 2556 | 473 | 2556 | 5100 | 591 | 235 | 3842 | 3588 | 18
RX-NSM | JASN | P | JGSN | RX-DSM | VAAS3S | CLC | B | DASN | JASN

διώκετε εἰς ἀλλήλους καὶ εἰς πάντας. 16 πάντοτε χαίρετε,
seguid | para | unos a otros | y | para | todos. | siempre.$_2$ | Alegraos$_1$
1377 | 1519 | 240 | 2532 | 1519 | 3956 | 3842 | 5463
VPAM2P | P | RC-APM | CLK, CLN | P | JAPM | B | VPAM2P

17 ἀδιαλείπτως προσεύχεσθε, 18 ἐν παντὶ εὐχαριστεῖτε· τοῦτο
sin cesar.$_2$ | Orad$_1$ | en$_2$ | todo;$_3$ | Dad gracias$_1$ | esta (es)$_5$
89 | 4336 | 1722 | 3956 | 2168 | 5124
B | VPUM2P | P | JDSN | VPAM2P | RD-NSN

γὰρ θέλημα θεοῦ ἐν Χριστῷ Ἰησοῦ εἰς ὑμᾶς. 19 τὸ πνεῦμα
porque$_4$ | (la) voluntad | de Dios | en | Cristo | Jesús | para | vosotros. | al$_3$ | Espíritu.$_4$
1063 | 2307 | 2316 | 1722 | 5547 | 2424 | 1519 | 5209 | 3588 | 4151
CAZ | NNSN | NGSM | P | NDSM | NDSM | P | RP2AP | DASN | NASN

μὴ σβέννυτε, 20 προφητείας μὴ ἐξουθενεῖτε· 21 πάντα δὲ
No$_1$ | apaguéis$_2$ | (las) profecías;$_3$ | No$_1$ | despreciéis$_2$ | todas las cosas$_3$ | y$_1$
3361 | 4570 | 4394 | 3361 | 1848 | 3956 | 1161
BN, TN | VPAM2P | NAPF | BN, TN | VPAM2P | JAPN | CLC

δοκιμάζετε, τὸ καλὸν κατέχετε, 22 ἀπὸ παντὸς εἴδους πονηροῦ
examinad,$_2$ | lo$_5$ | bueno;$_6$ | retened$_4$ | de$_2$ | toda$_3$ | forma$_4$ | de mal.$_5$
1381 | 3588 | 2570 | 2722 | 575 | 3956 | 1491 | 4190
VPAM2P | DASN | JASN | VPAM2P | P | JGSN | NGSN | JGSN

ἀπέχεσθε.
absteneos$_1$
567
VPMM2P

23 Αὐτὸς δὲ ὁ θεὸς τῆς εἰρήνης ἁγιάσαι ὑμᾶς ὁλοτελεῖς,
el mismo$_2$ | Y$_1$ | --$_3$ | Dios$_4$ | de -- | paz | santifique | a vosotros | completamente,
846 | 1161 | 3588 | 2316 | 3588 | 1515 | 37 | 5209 | 3651
RP3NSMP | CLT | DNSM | NNSM | DGSF | NGSF | VAAO3S | RP2AP | JAPM

NVI

Instrucciones finales

12 Hermanos, les pedimos que sean considerados con los que trabajan arduamente entre ustedes, y los guían y amonestan en el Señor. 13 Ténganlos en alta estima, y ámenlos por el trabajo que hacen. Vivan en paz unos con otros. 14 Hermanos, también les rogamos que amonesten a los holgazanes, estimulen a los desanimados, ayuden a los débiles y sean pacientes con todos.
15 Asegúrense de que nadie pague mal por mal; más bien, esfuércense siempre por hacer el bien, no solo entre ustedes, sino a todos.
16 Estén siempre alegres, 17 oren sin cesar, 18 den gracias a Dios en toda situación, porque esta es su voluntad para ustedes en Cristo Jesús.
19 No apaguen el Espíritu, 20 no desprecien las profecías, 21 sométanlo todo a prueba, aférrense a lo bueno, 22 eviten toda clase de mal.
23 Que Dios mismo, el Dios de paz, los santifique por completo,

RVR

completo; y todo vuestro ser, espíritu, alma y cuerpo, sea guardado irreprensible para la venida de nuestro Señor Jesucristo.
24 Fiel es el que os llama, el cual también lo hará.

Saludos y bendición final

25 Hermanos, orad por nosotros.
26 Saludad a todos los hermanos con beso santo.
27 Os conjuro por el Señor, que esta carta se lea a todos los santos hermanos.
28 La gracia de nuestro Señor Jesucristo sea con vosotros. Amén.

καὶ	ὁλόκληρον	ὑμῶν	τὸ	πνεῦμα	καὶ	ἡ	ψυχὴ	καὶ	τὸ	σῶμα
e	íntegro	de vosotros	el	espíritu	y	el	alma	y	el	cuerpo
2532	3648	5216	3588	4151	2532	3588	5590	2532	3588	4983
CLN	*JNSN*	*RP2GP*	*DNSN*	*NNSN*	*CLN*	*DNSF*	*NNSF*	*CLN*	*DNSN*	*NNSN*

ἀμέμπτως	ἐν	τῇ	παρουσίᾳ	τοῦ	κυρίου	ἡμῶν	Ἰησοῦ	Χριστοῦ
irreprensiblemente$_3$	en$_4$	la$_5$	venida$_6$	del$_7$	Señor$_8$	de nosotros$_9$	Jesús$_{10}$	Cristo.$_{11}$
274	1722	3588	3952	3588	2962	2257	2424	5547
B	*P*	*DDSF*	*NDSF*	*DGSM*	*NGSM*	*RP1GP*	*NGSM*	*NGSM*

τηρηθείη.	24 πιστὸς	ὁ	καλῶν	ὑμᾶς,	ὃς	καὶ	ποιήσει.
sea guardado$_2$	Fiel (es)	el que	llama	a vosotros,	el que	también	hará.
5083	4103	3588	2564	5209	3739	2532	4160
VAPO3S	*JNSM*	*DNSM*	*VPAP-SNM*	*RP2AP*	*RR-NSM*	*BE, TE*	*VFAI3S*

25 Ἀδελφοί,	προσεύχεσθε	περὶ	ἡμῶν.	26 ἀσπάσασθε	τοὺς	ἀδελφοὺς
Hermanos,	orad	por	nosotros.	Saludad$_1$	los$_3$	hermanos$_4$
80	4336	4012	2257	782	3588	80
NVPM	*VPUM2P*	*P*	*RP1GP*	*VAMM2P*	*DAPM*	*NAPM*

πάντας	ἐν	φιλήματι	ἁγίῳ.	27 ἐνορκίζω	ὑμᾶς	τὸν	κύριον
a todos$_2$	con	beso	santo.	Encargo solemnemente	a vosotros	(por) el	Señor
3956	1722	5370	40	3726	5209	3588	2962
JAPM	*P*	*NDSN*	*JDSN*	*VPAI1S*	*RP2AP*	*DASM*	*NASM*

ἀναγνωσθῆναι	τὴν	ἐπιστολὴν	πᾶσιν	τοῖς	ἀδελφοῖς.	28 ἡ	χάρις	τοῦ
leer	la	carta	a todos	los	hermanos.	La	gracia	del
314	3588	1992	3956	3588	80	3588	5485	3588
VAPN	*DASF*	*NASF*	*JDPM*	*DDPM*	*NDPM*	*DNSF*	*NNSF*	*DGSM*

κυρίου	ἡμῶν	Ἰησοῦ	Χριστοῦ	μεθ’	⸀ὑμῶν.
Señor	de nosotros	Jesús	Cristo (sea)	con	vosotros.
2962	2257	2424	5547	3326	5216
NGSM	*RP1GP*	*NGSM*	*NGSM*	*P*	*RP2GP*

NVI

y conserve todo su ser —espíritu, alma y cuerpo— irreprochable para la venida de nuestro Señor Jesucristo.
24 El que los llama es fiel, y así lo hará.
25 Hermanos, oren también por nosotros.
26 Saluden a todos los hermanos con un beso santo.
27 Les encargo delante del Señor que lean esta carta a todos los hermanos.
28 Que la gracia de nuestro Señor Jesucristo sea con ustedes.

5:28⸀ Manuscritos inferiores aumentaron *Amén*.

Segunda Epístola a los
TESALONICENSES
ΠΡΟΣ ΘΕΣΣΑΛΟΝΙΚΕΙΣ Β

RVR

Saludo

1 Pablo, Silvano y
Timoteo, a la iglesia
de los tesalonicenses en
Dios nuestro Padre y en
el Señor Jesucristo:
2 Gracia y paz a vosotros,
de parte de Dios nuestro
Padre y del Señor
Jesucristo.

Dios juzgará a los pecadores en la venida de Cristo

3 Debemos siempre dar
gracias a Dios por voso-
tros, hermanos, como es
digno, por cuanto vues-
tra fe va creciendo, y el
amor de todos y cada
uno de vosotros abunda
para con los demás;
4 tanto, que nosotros
mismos nos gloriamos
de vosotros en las igle-
sias de Dios, por vuestra
paciencia y fe en todas
vuestras persecuciones
y tribulaciones que
soportáis.
5 Esto es demostración
del justo juicio de Dios,
para que seáis tenidos
por dignos del reino de
Dios, por el cual asimis-
mo padecéis.
6 Porque es justo delante

1

Παῦλος	καὶ	Σιλουανὸς	καὶ	Τιμόθεος	τῇ	ἐκκλησίᾳ
Pablo	y	Silvano	y	Timoteo	a la	iglesia
3972	2532	4610	2532	5095	3588	1577
NNSM	*CLN*	*NNSM*	*CLN*	*NNSM*	*DDSF*	*NDSF*

Θεσσαλονικέων	ἐν	θεῷ	πατρὶ	ἡμῶν	καὶ	κυρίῳ	Ἰησοῦ
de (los) tesalonicenses	en	Dios	Padre	de nosotros	y	en (el) Señor	Jesús
2331	1722	2316	3962	2257	2532	2962	2424
NGPM	*P*	*NDSM*	*NDSM*	*RP1GP*	*CLN*	*NDSM*	*NDSM*

Χριστῷ·	2 χάρις	ὑμῖν	καὶ	εἰρήνη	ἀπὸ	θεοῦ	πατρὸς	καὶ	κυρίου
Cristo,	gracia	a vosotros	y	paz	de	Dios	Padre	y	de (l) Señor
5547	5485	5213	2532	1515	575	2316	3962	2532	2962
NDSM	*NNSF*	*RP2DP*	*CLN*	*NNSF*	*P*	*NGSM*	*NGSM*	*CLN*	*NGSM*

Ἰησοῦ	Χριστοῦ.
Jesús	Cristo.
2424	5547
NGSM	*NGSM*

3 Εὐχαριστεῖν	ὀφείλομεν	τῷ	θεῷ	πάντοτε	περὶ	ὑμῶν,	ἀδελφοί,
agradecer$_2$	Debemos$_1$	a --	Dios	siempre	acerca de	vosotros,	hermanos,
2168	3784	3588	2316	3842	4012	5216	80
VPAN	*VPAI1P*	*DDSM*	*NDSM*	*B*	*P*	*RP2GP*	*NVPM*

καθὼς	ἄξιόν	ἐστιν,	ὅτι	ὑπεραυξάνει	ἡ	πίστις	ὑμῶν	καὶ
como	digno,$_2$	es$_1$	porque$_3$	creceextraordinariamente$_7$	la$_4$	fe$_5$	de vosotros$_6$	y$_8$
2531	514	2076	3754	5232	3588	4102	5216	2532
CAM	*JNSN*	*VPAI3S*	*CAZ, CSC*	*VPAI3S*	*DNSF*	*NNSF*	*RP2GP*	*CLN*

πλεονάζει	ἡ	ἀγάπη	ἑνὸς	ἑκάστου	πάντων	ὑμῶν	εἰς	ἀλλήλους,
aumenta$_{15}$	el$_9$	amor$_{10}$	de uno$_{12}$	cada$_{11}$	de todos$_{13}$	vosotros$_{14}$	hacia$_{16}$	unos a otros,$_{17}$
4121	3588	26	1520	1538	3956	5216	1519	240
VPAI3S	*DNSF*	*NNSF*	*JGSM*	*JGSM*	*JGPM*	*RP2GP*	*P*	*RC-APM*

4 ὥστε	αὐτοὺς	ἡμᾶς	ἐν	ὑμῖν	ἐγκαυχᾶσθαι*	ἐν	ταῖς
de tal modo que	mismos$_2$	nosotros$_1$	en$_4$	vosotros$_5$	jactar$_3$	en	las
5620	846	2248	1722	5213	2744	1722	3588
CAR	*RP3APMP*	*RP1AP*	*P*	*RP2DP*	*VPUN*	*P*	*DDPF*

ἐκκλησίαις	τοῦ	θεοῦ	ὑπὲρ	τῆς	ὑπομονῆς	ὑμῶν	καὶ	πίστεως
iglesias	de --	Dios	por	la	perseverancia	de vosotros	y	(la) fe,
1577	3588	2316	5228	3588	5281	5216	2532	4102
NDPF	*DGSM*	*NGSM*	*P*	*DGSF*	*NGSF*	*RP2GP*	*CLN*	*NGSF*

ἐν	πᾶσιν	τοῖς	διωγμοῖς	ὑμῶν	καὶ	ταῖς	θλίψεσιν	αἷς	ἀνέχεσθε,
en	todas	las	persecuciones	de vosotros	y	en las	aflicciones	las que	soportáis,
1722	3956	3588	1375	5216	2532	3588	2347	3739	430
P	*JDPM*	*DDPM*	*NDPM*	*RP2GP*	*CLN*	*DDPF*	*NDPF*	*RR-DPF*	*VPUI2P*

5 ἔνδειγμα	τῆς	δικαίας	κρίσεως	τοῦ	θεοῦ,	εἰς	τὸ	καταξιωθῆναι	ὑμᾶς
señal	del	justo	juicio	de --	Dios,	para	--	ser tenidos por dignos	vosotros
1730	3588	1342	2920	3588	2316	1519	3588	2661	5209
NNSN	*DGSF*	*JGSF*	*NGSF*	*DGSM*	*NGSM*	*P*	*DASN*	*VAPN*	*RP2AP*

τῆς	βασιλείας	τοῦ	θεοῦ,	ὑπὲρ	ἧς	καὶ	πάσχετε,	6 εἴπερ	δίκαιον
del	reino	de --	Dios,	por	el que	también	padecéis,	puesto que	(es) justo
3588	932	3588	2316	5228	3739	2532	3958	1512	1342
DGSF	*NGSF*	*DGSM*	*NGSM*	*P*	*RR-GSF*	*BE, TE*	*VPAI2P*	*CAC*	*JNSN*

NVI

1 Pablo, Silvano y
Timoteo,

a la iglesia de los tesa-
lonicenses, unida a Dios
nuestro Padre y al Señor
Jesucristo:

2 Que Dios el Padre
y el Señor Jesucristo les
concedan gracia y paz.

Acción de gracias y oración

3 Hermanos, siempre
debemos dar gracias a
Dios por ustedes, como
es justo, porque su fe se
acrecienta cada vez más,
y en cada uno de ustedes
sigue abundando el
amor hacia los otros.
4 Así que nos sentimos
orgullosos de ustedes
ante las iglesias de Dios
por la perseverancia
y la fe que muestran
al soportar toda clase
de persecuciones y
sufrimientos. 5 Todo
esto prueba que el juicio
de Dios es justo, y por
tanto él los considera
dignos de su reino, por
el cual están sufriendo.
6 Dios, que es justo,

1:4* O sea *nos jactamos.*

NVN

de Dios pagar con
tribulación a los que os
atribulan,
7 y a vosotros que sois
atribulados, daros repo-
so con nosotros, cuando
sea revelado el Señor
Jesús desde el cielo con
los ángeles de su poder,
8 en llama de fuego,
para dar retribución a
los que no conocieron
a Dios, ni obedecen al
evangelio de nuestro
Señor Jesucristo;
9 los cuales sufrirán pena
de eterna perdición,
excluidos de la presencia
del Señor y de la gloria
de su potencia,
10 cuando venga para
ser glorificado en aquel
día en sus santos y ser
admirado en todos los
que creyeron (por cuan-
to nuestro testimonio
ha sido creído entre
vosotros).
11 A este fin asimismo
oramos siempre por
vosotros, para que
nuestro Dios os tenga
por dignos de su llama-
miento, y cumpla todo
propósito de bondad y
toda obra de fe con su
poder,
12 para que el nombre de
nuestro Señor Jesucristo
sea glorificado en vo-
sotros, y vosotros en él,

παρὰ	θεῷ	ἀνταποδοῦναι	τοῖς	θλίβουσιν	ὑμᾶς	θλῖψιν
delante de	Dios	devolver$_1$	a los que$_3$	afligen$_4$	a vosotros,$_5$	con aflicción$_2$
3844	2316	467	3588	2346	5209	2347
P	*NDSM*	*VAAN*	*DDPM*	*VPAP-PDM*	*RP2AP*	*NASF*

7 καὶ	ὑμῖν	τοῖς	θλιβομένοις	ἄνεσιν	μεθ'	ἡμῶν	ἐν	τῇ
y	a vosotros,	los que	son afligidos	reposo	con	nosotros	en	la
2532	5213	3588	2346	425	3326	2257	1722	3588
CLN	*RP2DP*	*DDPM*	*VPPP-PDM*	*NASF*	*P*	*RP1GP*	*P*	*DDSF*

ἀποκαλύψει	τοῦ	κυρίου	Ἰησοῦ	ἀπ'	οὐρανοῦ	μετ'	ἀγγέλων
revelación	del	Señor	Jesús	desde	(el) cielo	con	ángeles
602	3588	2962	2424	575	3772	3326	32
NDSF	*DGSM*	*NGSM*	*NGSM*	*P*	*NGSM*	*P*	*NGPM*

δυνάμεως	αὐτοῦ	8 ἐν	φλογὶ	πυρός,	διδόντος	ἐκδίκησιν	τοῖς
de poder	de él,	en	llama	de fuego,	dando	retribución	a los que
1411	846	1722	5395	4442	1325	1557	3588
NGSF	*RP3GSM*	*P*	*NDSM*	*NGSN*	*VPAP-SGM*	*NASF*	*DDPM*

μὴ	εἰδόσι	θεὸν	καὶ	τοῖς	μὴ	ὑπακούουσιν	τῷ	εὐαγγελίῳ	τοῦ
no	conocen	a Dios	y	a los que	no	obedecen	el	evangelio	del
3361	1492	2316	2532	3588	3361	5219	3588	2098	3588
BN, TN	*VRAP-PDM*	*NASM*	*CLN*	*DDPM*	*BN, TN*	*VPAP-PDM*	*DDSN*	*NDSN*	*DGSM*

κυρίου	ἡμῶν	Ἰησοῦ,	9 οἵτινες	δίκην	τίσουσιν	ὄλεθρον	αἰώνιον
Señor	de nosotros	Jesús,	los cuales$_1$	castigo$_3$	pagarán$_2$	una destrucción	eterna
2962	2257	2424	3748	1349	5099	3639	166
NGSM	*RP1GP*	*NGSM*	*RR-NPM*	*NASF*	*VFAI3P*	*NASM*	*JASM*

ἀπὸ	προσώπου*	τοῦ	κυρίου	καὶ	ἀπὸ	τῆς	δόξης	τῆς	ἰσχύος	αὐτοῦ,
de	rostro	del	Señor	y	de	la	gloria	de la	fuerza	de él,
575	4383	3588	2962	2532	575	3588	1391	3588	2479	846
P	*NGSN*	*DGSM*	*NGSM*	*CLN*	*P*	*DGSF*	*NGSF*	*DGSF*	*NGSF*	*RP3GSM*

10 ὅταν	ἔλθῃ	ἐνδοξασθῆναι	ἐν	τοῖς	ἁγίοις	αὐτοῦ	καὶ	θαυμασθῆναι
cuando$_1$	venga$_2$	para ser glorificado$_3$	en$_8$	los$_9$	santos$_{10}$	de él,$_{11}$	y$_{12}$	ser admirado$_{13}$
3752	2064	1740	1722	3588	40	846	2532	2296
CAT	*VAAS3S*	*VAPN*	*P*	*DDPM*	*JDPM*	*RP3GSM*	*CLN*	*VAPN*

ἐν	πᾶσιν	τοῖς	πιστεύσασιν,	ὅτι	ἐπιστεύθη	τὸ	μαρτύριον
entre$_{14}$	todos$_{15}$	los que,$_{16}$	creyeron$_{17}$	porque$_{18}$	fue creído$_{19}$	el$_{20}$	testimonio$_{21}$
1722	3956	3588	4100	3754	4100	3588	3142
P	*JDPM*	*DDPM*	*VAAP-PDM*	*CAZ*	*VAPI3S*	*DNSN*	*NNSN*

ἡμῶν	ἐφ'	ὑμᾶς,	ἐν	τῇ	ἡμέρᾳ	ἐκείνῃ.	11 εἰς	ὃ	καὶ
de nosotros$_{22}$	sobre$_{23}$	vosotros.$_{24}$	en$_4$	el$_5$	día$_6$	aquel.$_7$	Para	lo que	también
2257	1909	5209	1722	3588	2250	1565	1519	3739	2532
RP1GP	*P*	*RP2AP*	*P*	*DDSF*	*NDSF*	*RD-DSF*	*P*	*RR-ASN*	*BE, TE*

προσευχόμεθα	πάντοτε	περὶ	ὑμῶν,	ἵνα	ὑμᾶς	ἀξιώσῃ
oramos	siempre	acerca de	de vosotros,	para que$_1$	a vosotros$_8$	considere dignos$_5$
4336	3842	4012	5216	2443	5209	515
VPUI1P	*B*	*P*	*RP2GP*	*CSC*	*RP2AP*	*VAAS3S*

τῆς	κλήσεως	ὁ	θεὸς	ἡμῶν	καὶ	πληρώσῃ	πᾶσαν	εὐδοκίαν
del$_6$	llamamiento$_7$	el$_2$	Dios$_3$	de nosotros$_4$	y	cumpla	toda	buena voluntad
3588	2821	3588	2316	2257	2532	4137	3956	2107
DGSF	*NGSF*	*DNSM*	*NNSM*	*RP1GP*	*CLN*	*VAAS3S*	*JASF*	*NASF*

ἀγαθωσύνης	καὶ	ἔργον	πίστεως	ἐν	δυνάμει,	12 ὅπως	ἐνδοξασθῇ
de bondad	y	obra	de fe	en	poder;	a fin de que$_1$	sea glorificado$_8$
19	2532	2041	4102	1722	1411	3704	1740
NGSF	*CLN*	*NASN*	*NGSF*	*P*	*NDSF*	*CAP*	*VAPS3S*

τὸ	ὄνομα	τοῦ	κυρίου	ἡμῶν	Ἰησοῦ	ἐν	ὑμῖν,	καὶ	ὑμεῖς	ἐν	αὐτῷ,
el$_2$	nombre$_3$	del$_4$	Señor$_5$	de nosotros$_6$	Jesús$_7$	en	vosotros,	y	vosotros	en	él,
3588	3686	3588	2962	2257	2424	1722	5213	2532	5210	1722	846
DNSN	*NNSN*	*DGSM*	*NGSM*	*RP1GP*	*NGSM*	*P*	*RP2DP*	*CLN*	*RP2NP*	*P*	*RP3DSM*

NVI

pagará con sufrimiento
a quienes los hacen
sufrir a ustedes. 7 Y a
ustedes que sufren, les
dará descanso, lo mismo
que a nosotros. Esto
sucederá cuando el
Señor Jesús se manifies-
te desde el cielo entre
llamas de fuego, con
sus poderosos ángeles,
8 para castigar a los que
no reconocen a Dios ni
obedecen el evangelio
de nuestro Señor Jesús.
9 Ellos sufrirán el castigo
de la destrucción eterna,
lejos de la presencia del
Señor y de la majestad
de su poder, 10 el día en
que venga para ser glo-
rificado por medio de
sus santos y admirado
por todos los que hayan
creído, entre los cuales
están ustedes porque
creyeron el testimonio
que les dimos.
11 Por eso oramos
constantemente por
ustedes, para que nues-
tro Dios los considere
dignos del llamamiento
que les ha hecho, y por
su poder perfeccione
toda disposición al bien
y toda obra que realicen
por la fe. 12 Oramos así,
de modo que el nombre
de nuestro Señor Jesús
sea glorificado por me-
dio de ustedes, y ustedes
por él, conforme a la

1:9* O sea *de la presencia.*

RVR

por la gracia de nuestro Dios y Señor Jesucristo.

Manifestación del hombre de pecado

2 Pero con respecto
a la venida de nuestro Señor Jesucristo, y
nuestra reunión con él,
os rogamos, hermanos,
2 que no os dejéis mover
fácilmente de vuestro
modo de pensar, ni os
alarméis, ni por espíritu,
ni por palabra, ni por
carta como si fuera
nuestra, en el sentido de
que el día del Señor ha
llegado.
3 Nadie os engañe en
ninguna manera; porque no vendrá sin que
antes venga la apostasía,
y sea revelado el hombre
de pecado, el hijo de
perdición,
4 el cual se opone y se
exalta sobre todo lo que
se llama Dios o es objeto
de culto; tanto que se
sienta en el santuario
de Dios como Dios,
haciéndose pasar por
Dios.
5 ¿No os acordáis que
cuando yo estaba
todavía con vosotros, os
decía esto?
6 Y ahora vosotros sabéis
lo que lo detiene, a fin de
que a su debido tiempo
sea revelado.
7 Porque ya está en
acción el misterio de

κατὰ τὴν χάριν τοῦ θεοῦ ἡμῶν καὶ κυρίου Ἰησοῦ Χριστοῦ.
según la gracia del Dios de nosotros y de (l) Señor Jesús Cristo.
2596 3588 5485 3588 2316 2257 2532 2962 2424 5547
P DASF NASF DGSM NGSM RP1GP CLN NGSM NGSM NGSM

2 Ἐρωτῶμεν δὲ ὑμᾶς, ἀδελφοί, ὑπὲρ τῆς παρουσίας τοῦ
pedimos$_2$ Mas$_1$ a vosotros,$_3$ hermanos, acerca de la presencia del
2065 1161 5209 80 5228 3588 3952 3588
VPAI1P CLT RP2AP NVPM P DGSF NGSF DGSM

κυρίου ἡμῶν Ἰησοῦ Χριστοῦ καὶ ἡμῶν ἐπισυναγωγῆς ἐπ' αὐτόν,
Señor de nosotros Jesús Cristo y de nosotros$_2$ de (la) reunión$_1$ con él,
2962 2257 2424 5547 2532 2257 1997 1909 846
NGSM RP1GP NGSM NGSM CLN RP1GP NGSF P RP3ASM

2 εἰς τὸ μὴ ταχέως σαλευθῆναι ὑμᾶς ἀπὸ τοῦ νοός* μηδὲ
para$_1$ --$_4$ no$_3$ rápidamente$_6$ ser sacudidos$_5$ vosotros$_2$ de la mente, ni
1519 3588 3361 5030 4531 5209 575 3588 3563 3366
P DASN BN, TN B VAPN RP2AP P DGSM NGSM TN, CLD

θροεῖσθαι μήτε διὰ πνεύματος μήτε διὰ λόγου μήτε δι'
ser alarmados, ni por medio de un espíritu, ni por medio de palabra, ni por medio de
2360 3383 1223 4151 3383 1223 3056 3383 1223
VPPN CLK, TN P NGSN CLK, TN P NGSM CLK, TN P

ἐπιστολῆς ὡς δι' ἡμῶν*¹, ὡς ὅτι ἐνέστηκεν ἡ ἡμέρα τοῦ
una carta como por medio de nosotros, como$_1$ que$_2$ está presente.$_7$ el$_3$ día$_4$ del$_5$
1992 5613 1223 2257 5613 3754 1764 3588 2250 3588
NGSF CAM, B P RP1GP CAM CSC VRAI3S DNSF NNSF DGSM

κυρίου. 3 μή τις ὑμᾶς ἐξαπατήσῃ κατὰ μηδένα τρόπον· ὅτι
Señor$_6$ No alguien a vosotros engañe conforme a ninguna manera; porque$_1$
2962 3361 5100 5209 1818 2596 3367 5158 3754
NGSM BN, TN RX-NSM RP2AP VAAS3S P JASM NASM CAZ

ἐὰν μὴ ἔλθῃ ἡ ἀποστασία πρῶτον καὶ ἀποκαλυφθῇ ὁ ἄνθρωπος
si$_2$ no$_5$ viene$_6$ la$_3$ apostasía$_4$ primero,$_7$ y$_8$ se revela,$_{17}$ el$_9$ ser humano$_{10}$
1437 3361 2064 3588 646 4412 2532 601 3588 444
CAC BN, TN VAAS3S DNSF NNSF B, J CLN VAPS3S DNSM NNSM

τῆς ⸀ἀνομίας, ὁ υἱὸς τῆς ἀπωλείας, 4 ὁ ἀντικείμενος καὶ
de la$_{11}$ iniquidad,$_{12}$ el$_{13}$ hijo$_{14}$ de la$_{15}$ perdición$_{16}$ el que se opone y
3588 458 3588 5207 3588 684 3588 480 2532
DGSF NGSF DNSM NNSM DGSF NGSF DNSM VPUP-SNM CLN

ὑπεραιρόμενος ἐπὶ πάντα λεγόμενον θεὸν ἢ σέβασμα,
exalta sobre todo lo que se llama Dios u objeto de adoración,
5229 1909 3956 3004 2316 2228 4574
VPMP-SNM, VPPP-SNM P JASM, JAPN VPPP-SAM, VPPP-SAN NASM CLD NASN

ὥστε αὐτὸν εἰς τὸν ναὸν τοῦ ⸀θεοῦ καθίσαι ἀποδεικνύντα
de tal modo que$_1$ él$_2$ en$_4$ el$_5$ santuario$_6$ de --$_7$ Dios,$_8$ sentarse$_3$ mostrando
5620 846 1519 3588 3485 3588 2316 2523 584
CAR RP3ASM P DASM NASM DGSM NGSM VAAN VPAP-SAM

ἑαυτὸν ὅτι ἔστιν θεός. 5 οὐ μνημονεύετε ὅτι ἔτι ὢν πρὸς ὑμᾶς
a sí mismo que es Dios. ¿No$_1$ recordáis$_2$ que$_4$ todavía$_3$ estando$_5$ con$_6$ vosotros$_7$
1438 3754 2076 2316 3756 3421 3754 2089 5607 4314 5209
RF3ASM CSC VPAI3S NNSM BN, TN VPAI2P CSC B VPAP-SNM P RP2AP

ταῦτα ἔλεγον ὑμῖν; 6 καὶ νῦν τὸ κατέχον οἴδατε, εἰς τὸ
estas cosas$_9$ decía$_8$ a vosotros?$_{10}$ Y$_1$ ahora$_2$ lo que,$_4$ detiene$_5$ sabéis$_3$ para --
5023 3004 5213 2532 3568 3588 2722 1492 1519 3588
RD-APN VIAI1S RP2DP CLN B DASN VPAP-SAN VRAI2P P DASN

ἀποκαλυφθῆναι αὐτὸν ἐν τῷ ἑαυτοῦ καιρῷ· 7 τὸ γὰρ μυστήριον
ser revelado él en el de sí mismo.$_2$ momento$_1$ el$_2$ Porque$_1$ misterio$_3$
601 846 1722 3588 1438 2540 3588 1063 3466
VAPN RP3ASM P DDSM RF3GSM NDSM DNSN CAZ NNSN

NVI

gracia de nuestro Dios y del Señor Jesucristo.

Manifestación y juicio del malvado

2 Ahora bien, hermanos, en cuanto a la
venida de nuestro Señor
Jesucristo y a nuestra
reunión con él, les pedimos que
2 no pierdan
la cabeza ni se alarmen
por ciertas profecías, ni
por mensajes orales o
escritos supuestamente
nuestros, que digan:
«¡Ya llegó el día del
Señor!»
3 No se dejen
engañar de ninguna
manera, porque primero tiene que llegar la
rebelión contra Dios y
manifestarse el hombre
de maldad, el destructor
por naturaleza.
4 Este se
opone y se levanta contra todo lo que lleva el
nombre de Dios o es objeto de adoración, hasta
el punto de adueñarse
del templo de Dios y
pretender ser Dios.
5 ¿No recuerdan que
ya les hablaba de esto
cuando estaba con ustedes?
6 Bien saben que
hay algo que detiene a
este hombre, a fin de
que él se manifieste a
su debido tiempo.
7 Es
cierto que el misterio de

2:2* O sea *del modo de pensar.* **2:2*¹** O sea *como si fuera escrita por nosotros.* **2:3⸀** Manuscritos inferiores tienen *de pecado.* **2:4⸀** Manuscritos inferiores tienen *como Dios.*

RVR

la iniquidad; sólo que
hay quien al presente lo
detiene, hasta que él a su
vez desaparezca de en
medio.
[8] Y entonces será revela-
do aquel inicuo, a quien
el Señor matará con el
espíritu de su boca, y lo
reducirá a la impotencia
con la manifestación de
su venida;
[9] inicuo cuyo adveni-
miento es por la actua-
ción de Satanás, con
todo poder y señales y
prodigios mentirosos,
[10] y con todo engaño de
iniquidad para los que se
pierden, por cuanto no
recibieron el amor de la
verdad para ser salvos.
[11] Por esto Dios les envía
un espíritu engaño-
so, para que crean la
mentira,
[12] a fin de que sean con-
denados todos los que
no creyeron a la verdad,
sino que se complacie-
ron en la injusticia.

Escogidos para salvación

[13] Pero nosotros debe-
mos dar siempre gracias
a Dios respecto a voso-
tros, hermanos amados
por el Señor, de que
Dios os haya escogido
desde el principio para
salvación, mediante
la santificación por el
Espíritu y la fe en la
verdad,

ἤδη	ἐνεργεῖται	τῆς	ἀνομίας·	μόνον	ὁ	κατέχων	ἄρτι	ἕως
ya$_{6}$	actúa;$_{7}$	de la$_{4}$	iniquidad$_{5}$	sólo$_{8}$	(hay) el que$_{10}$	lo detiene$_{11}$	ahora$_{9}$	hasta que$_{12}$
2235	1754	3588	458	3440	3588	2722	737	2193
B	*VPMI3S*	*DGSF*	*NGSF*	*B, J*	*DNSM*	*VPAP-SNM*	*B*	*CAT*

ἐκ	μέσου	γένηται.	[8] καὶ	τότε	ἀποκαλυφθήσεται	ὁ	ἄνομος,
de$_{14}$	en medio.$_{15}$	llegue a ser$_{13}$	Y	entonces	será revelado,$_{3}$	el$_{1}$	inicuo$_{2}$
1537	3319	1096	2532	5119	601	3588	459
P	*JGSN*	*VAMS3S*	*CLN*	*B*	*VFPI3S*	*DNSM*	*JNSM*

ὃν	ὁ	κύριος	⸀Ἰησοῦς	ἀνελεῖ	τῷ	πνεύματι	τοῦ	στόματος	αὐτοῦ
a quien	el	Señor	Jesús	matará	con el	Espíritu	de la	boca	de él
3739	3588	2962	2424	337	3588	4151	3588	4750	846
RR-ASM	*DNSM*	*NNSM*	*NNSM*	*VFAI3S*	*DDSN*	*NDSN*	*DGSN*	*NGSN*	*RP3GSM*

καὶ	καταργήσει	τῇ	ἐπιφανείᾳ	τῆς	παρουσίας	αὐτοῦ,	[9] οὗ	ἐστιν
y	anulará	con la	aparición	de la	presencia	de él,	del que$_{3}$	es$_{4}$
2532	2673	3588	2015	3588	3952	846	3739	2076
CLN	*VFAI3S*	*DDSF*	*NDSF*	*DGSF*	*NGSF*	*RP3GSM*	*RR-GSM*	*VPAI3S*

ἡ	παρουσία	κατ’	ἐνέργειαν	τοῦ	Σατανᾶ	ἐν	πάσῃ	δυνάμει
la$_{1}$	presencia$_{2}$	conforme a	(la) fuerza	de --	Satanás	en	todo	poder
3588	3952	2596	1753	3588	4567	1722	3956	1411
DNSF	*NNSF*	*P*	*NASF*	*DGSM*	*NGSM*	*P*	*JDSF*	*NDSF*

καὶ	σημείοις	καὶ	τέρασιν	ψεύδους	[10] καὶ	ἐν	πάσῃ	ἀπάτῃ	ἀδικίας
y	señales	y	prodigios	de mentira,	y	con	todo	engaño	de injusticia
2532	4592	2532	5059	5579	2532	1722	3956	539	93
CLN	*NDPN*	*CLN*	*NDPN*	*NGSN*	*CLN*	*P*	*JDSF*	*NDSF*	*NGSF*

τοῖς	ἀπολλυμένοις,	ἀνθ’	ὧν	τὴν	ἀγάπην	τῆς	ἀληθείας	οὐκ
para los que	se pierden,	en lugar de	los que	el$_{3}$	amor$_{4}$	de la$_{5}$	verdad$_{6}$	no$_{1}$
3588	622	473	3739	3588	26	3588	225	3756
DDPM	*VPUP-PDM*	*P*	*RR-GPM*	*DASF*	*NASF*	*DGSF*	*NGSF*	*BN, TN*

ἐδέξαντο	εἰς	τὸ	σωθῆναι	αὐτούς·	[11] καὶ	διὰ	τοῦτο	πέμπει	αὐτοῖς
recibieron$_{2}$	para$_{7}$	--$_{8}$	ser salvados$_{9}$	ellos.$_{10}$	Y	por	esto	envía$_{3}$	a ellos$_{4}$
1209	1519	3588	4982	846	2532	1223	5124	3992	846
VAMI3P	*P*	*DASN*	*VAPN*	*RP3APM*	*CLN*	*P*	*RD-ASN*	*VPAI3S*	*RP3DPM*

ὁ	θεὸς	ἐνέργειαν	πλάνης	εἰς	τὸ	πιστεῦσαι	αὐτοὺς	τῷ	ψεύδει,
--$_{1}$	Dios$_{2}$	una fuerza	de engaño	para$_{1}$	--$_{3}$	creer$_{4}$	ellos$_{2}$	a la	mentira,
3588	2316	1753	4106	1519	3588	4100	846	3588	5579
DNSM	*NNSM*	*NASF*	*NGSF*	*P*	*DASN*	*VAAN*	*RP3APM*	*DDSN*	*NDSN*

[12] ἵνα	κριθῶσιν	πάντες	οἱ	μὴ	πιστεύσαντες	τῇ	ἀληθείᾳ	ἀλλὰ
para que	sean juzgados	todos	los que	no	creyeron	en la	verdad,	sino
2443	2919	3956	3588	3361	4100	3588	225	235
CAP	*VAPS3P*	*JNPM*	*DNPM*	*BN, TN*	*VAAP-PNM*	*DDSF*	*NDSF*	*CLC*

εὐδοκήσαντες	τῇ	ἀδικίᾳ.
se complacieron	en la	injusticia.
2106	3588	93
VAAP-PNM	*DDSF*	*NDSF*

[13] Ἡμεῖς	δὲ	ὀφείλομεν	εὐχαριστεῖν	τῷ	θεῷ	πάντοτε	περὶ
nosotros$_{2}$	Pero$_{1}$	debemos	agradecer	a --	Dios	siempre	acerca de
2249	1161	3784	2168	3588	2316	3842	4012
RP1NP	*CLC*	*VPAI1P*	*VPAN*	*DDSM*	*NDSM*	*B*	*P*

ὑμῶν,	ἀδελφοὶ	ἠγαπημένοι	ὑπὸ	κυρίου,	ὅτι	εἵλατο	ὑμᾶς	ὁ
vosotros,	hermanos	amados	por	(el) Señor	porque$_{1}$	escogió$_{4}$	a vosotros$_{5}$	--$_{2}$
5216	80	25	5259	2962	3754	138	5209	3588
RP2GP	*NVPM*	*VRPP-PNM*	*P*	*NGSM*	*CAZ*	*VAMI3S*	*RP2AP*	*DNSM*

θεὸς	⸀ἀπαρχὴν	εἰς	σωτηρίαν	ἐν	ἁγιασμῷ	πνεύματος	καὶ	πίστει
Dios$_{3}$	como primicia	para	salvación	en	santificación	de (l) Espíritu	y	fe
2316	536	1519	4991	1722	38	4151	2532	4102
NNSM	*NASF*	*P*	*NASF*	*P*	*NDSM*	*NGSN*	*CLN*	*NDSF*

NVI

la maldad ya está ejer-
ciendo su poder; pero
falta que sea quitado de
en medio el que ahora
lo detiene. [8] Entonces
se manifestará aquel
malvado, a quien el
Señor Jesús derrocará
con el soplo de su
boca y destruirá con el
esplendor de su venida.
[9] El malvado vendrá, por
obra de Satanás, con
toda clase de milagros,
señales y prodigios fal-
sos. [10] Con toda perver-
sidad engañará a los que
se pierden por haberse
negado a amar la verdad
y así ser salvos. [11] Por eso
Dios permite que, por el
poder del engaño, crean
en la mentira. [12] Así
serán condenados todos
los que no creyeron en
la verdad, sino que se
deleitaron en el mal.

Exhortación a la perseverancia

[13] Nosotros, en cam-
bio, siempre debemos
dar gracias a Dios por
ustedes, hermanos ama-
dos por el Señor, porque
desde el principio
Dios los escogió para
ser salvos, mediante
la obra santificadora
del Espíritu y la fe que
tienen en la verdad.

2:8⸀ Manuscritos inferiores suprimieron *Jesús.* **2:13**⸀ Manuscritos importantes dicen *desde el principio.*

RVR

14 a lo cual os llamó
mediante nuestro evan-
gelio, para alcanzar la
gloria de nuestro Señor
Jesucristo.
15 Así que, hermanos,
estad firmes, y retened
las enseñanzas que os
han sido impartidas,
ya sea de palabra, o por
carta nuestra.
16 Y el mismo Jesucristo
Señor nuestro, y Dios
nuestro Padre, el cual
nos amó y nos dio con-
solación eterna y buena
esperanza por gracia,
17 conforte vuestros
corazones, y los afiance
en toda buena palabra
y obra.

Petición de oración

3 Por lo demás,
hermanos, orad
por nosotros, para que la
palabra del Señor corra y
sea glorificada, así como
lo fue entre vosotros,
2 y para que seamos li-
brados de hombres per-
versos y malos; porque la
fe no es de todos.
3 Pero fiel es el Señor,
que os afianzará y guar-
dará del mal.
4 Y tenemos confianza
respecto a vosotros en
el Señor, en que hacéis

ἀληθείας,	14 εἰς	ὃ	ἐκάλεσεν	ὑμᾶς	διὰ	τοῦ	εὐαγγελίου
de (la) verdad,	para	lo que	llamó	a vosotros	por medio de	el	evangelio
225	1519	3739	2564	5209	1223	3588	2098
NGSF	*P*	*RR-ASN*	*VAAI3S*	*RP2AP*	*P*	*DGSN*	*NGSN*

ἡμῶν,	εἰς	περιποίησιν	δόξης	τοῦ	κυρίου	ἡμῶν	Ἰησοῦ	Χριστοῦ.
de nosotros,	para	obtención	de (la) gloria	del	Señor	de nosotros,	Jesús.	Cristo
2257	1519	4047	1391	3588	2962	2257	2424	5547
RP1GP	*P*	*NASF*	*NGSF*	*DGSM*	*NGSM*	*RP1GP*	*NGSM*	*NGSM*

15 ἄρα	οὖν,	ἀδελφοί,	στήκετε,	καὶ	κρατεῖτε	τὰς	παραδόσεις	ἃς
pues,$_2$	Ahora$_1$	hermanos,	estad firmes	y	retened	las	tradiciones	con las que
686	3767	80	4739	2532	2902	3588	3862	3739
CLI	*CLI*	*NVPM*	*VPAM2P*	*CLN*	*VPAM2P*	*DAPF*	*NAPF*	*RR-APF*

ἐδιδάχθητε	εἴτε	διὰ	λόγου	εἴτε	δι᾽	ἐπιστολῆς	ἡμῶν.
fuisteis enseñados	sea	por medio de	palabra	sea	por medio de	una carta	de nosotros.
1321	1535	1223	3056	1535	1223	1992	2257
VAPI2P	*CLK, CAC*	*P*	*NGSM*	*CLK, CAC*	*P*	*NGSF*	*RP1GP*

16 Αὐτὸς	δὲ	ὁ	κύριος	ἡμῶν	Ἰησοῦς	Χριστὸς	καὶ	θεὸς	ὁ
el mismo$_2$	Y$_1$	--	Señor	de nosotros	Jesús	Cristo		Dios	el
846	1161	3588	2962	2257	2424	5547	2532	2316	3588
RP3NSMP	*CLT*	*DNSM*	*NNSM*	*RP1GP*	*NNSM*	*NNSM*	*CLN*	*NNSM*	*DNSM*

πατὴρ	ἡμῶν,	ὁ	ἀγαπήσας	ἡμᾶς	καὶ	δοὺς	παράκλησιν
Padre	de nosotros,	el que	amó	a nosotros	y	dio	consuelo
3962	2257	3588	25	2248	2532	1325	3874
NNSM	*RP1GP*	*DNSM*	*VAAP-SNM*	*RP1AP*	*CLN*	*VAAP-SNM*	*NASF*

αἰωνίαν	καὶ	ἐλπίδα	ἀγαθὴν	ἐν	χάριτι,	17 παρακαλέσαι	ὑμῶν	τὰς
eterno	y	esperanza	buena	por	gracia,	aliente$_1$	de vosotros$_4$	los$_2$
166	2532	1680	18	1722	5485	3870	5216	3588
JASF	*CLN*	*NASF*	*JASF*	*P*	*NDSF*	*VAAO3S*	*RP2GP*	*DAPF*

καρδίας	καὶ	στηρίξαι	ἐν	παντὶ	ἔργῳ	καὶ	λόγῳ	ἀγαθῷ.
corazones$_3$	y	fortalezca	en	toda	obra	y	palabra	buena.
2588	2532	4741	1722	3956	2041	2532	3056	18
NAPF	*CLN*	*VAAO3S*	*P*	*JDSN, JDSM*	*NDSN*	*CLN*	*NDSM*	*JDSN*

3 Τὸ	λοιπὸν	προσεύχεσθε,	ἀδελφοί,	περὶ	ἡμῶν,	ἵνα
--	Por lo demás,$_1$	orad$_3$	hermanos,$_2$	acerca de	nosotros	para que
3588	3063	4336	80	4012	2257	2443
DASN, DNSN	*JASN, JNSN*	*VPUM2P*	*NVPM*	*P*	*RP1GP*	*CSC*

ὁ	λόγος	τοῦ	κυρίου	τρέχῃ	καὶ	δοξάζηται	καθὼς	καὶ	πρὸς	ὑμᾶς,
la	palabra	del	Señor	corra	y	sea glorificada,	como	también	con	vosotros.
3588	3056	3588	2962	5143	2532	1392	2531	2532	4314	5209
DNSM	*NNSM*	*DGSM*	*NGSM*	*VPAS3S*	*CLN*	*VPPS3S*	*CAM*	*BE, TE*	*P*	*RP2AP*

2 καὶ	ἵνα	ῥυσθῶμεν	ἀπὸ	τῶν	ἀτόπων	καὶ	πονηρῶν	ἀνθρώπων,
y	para que	seamos liberados	de$_1$	las$_2$	perversas$_4$	y$_5$	malvadas,$_6$	personas$_3$
2532	2443	4506	575	3588	824	2532	4190	444
CLN	*CSC*	*VAPS1P*	*P*	*DGPM*	*JGPM*	*CLN*	*JGPM*	*NGPM*

οὐ	γὰρ	πάντων	ἡ	πίστις.	3 πιστὸς	δέ	ἐστιν	ὁ	κύριος,	ὃς
no$_{10}$	porque$_7$	(es) de todos.$_{11}$	la$_8$	fe$_9$	fiel$_5$	Pero$_1$	es$_4$	el$_2$	Señor,$_3$	el que
3756	1063	3956	3588	4102	4103	1161	2076	3588	2962	3739
BN, TN	*CAZ*	*JGPM*	*DNSF*	*NNSF*	*JNSM*	*CLC*	*VPAI3S*	*DNSM*	*NNSM*	*RR-NSM*

στηρίξει	ὑμᾶς	καὶ	φυλάξει	ἀπὸ	τοῦ	πονηροῦ.	4 πεποίθαμεν	δὲ	ἐν
fortalecerá	a vosotros	y	guardará	de	el	maligno.	confiamos$_2$	Y$_1$	en
4741	5209	2532	5442	575	3588	4190	3982	1161	1722
VFAI3S	*RP2AP*	*CLN*	*VFAI3S*	*P*	*DGSM*	*JGSM*	*VRAI1P*	*CLN*	*P*

κυρίῳ	ἐφ᾽	ὑμᾶς,	ὅτι	ἃ	παραγγέλλομεν	καὶ	ποιεῖτε
(el) Señor	respecto	a vosotros,	porque$_1$	las cosas que$_6$	mandamos.$_7$	también$_2$	hacéis$_3$
2962	1909	5209	3754	3739	3853	2532	4160
NDSM	*P*	*RP2AP*	*CSC*	*RR-APN*	*VPAI1P*	*CLK*	*VPAI2P*

NVI

14 Para esto Dios los
llamó por nuestro
evangelio, a fin de
que tengan parte en la
gloria de nuestro Señor
Jesucristo. 15 Así que,
hermanos, sigan firmes
y manténganse fieles a
las enseñanzas que, oral-
mente o por carta, les
hemos transmitido.
16 Que nuestro Señor
Jesucristo mismo y Dios
nuestro Padre, que nos
amó y por su gracia nos
dio consuelo eterno y
una buena esperanza,
17 los anime y les forta-
lezca el corazón, para
que tanto en palabra
como en obra hagan
todo lo que sea bueno.

Oración por la difusión del evangelio

3 Por último, her-
manos, oren por
nosotros para que el
mensaje del Señor se
difunda rápidamen-
te y se le reciba con
honor, tal como sucedió
entre ustedes. 2 Oren
además para que seamos
librados de personas
perversas y malvadas,
porque no todos tienen
fe. 3 Pero el Señor es fiel,
y él los fortalecerá y los
protegerá del maligno.
4 Confiamos en el Señor
de que ustedes cumplen
y seguirán cumpliendo

RVR

y haréis lo que os orde-
namos.
5 Y el Señor encamine
vuestros corazones al
amor de Dios, y a la
paciencia de Cristo.

El deber de trabajar

6 Pero os ordenamos,
hermanos, en el nombre
de nuestro Señor
Jesucristo, que os apar-
téis de todo hermano
que ande desordenada-
mente, y no según la en-
señanza que recibisteis
de nosotros.
7 Porque vosotros
mismos sabéis de qué
manera debéis imitar-
nos; pues nosotros no
anduvimos desordena-
damente entre vosotros,
8 ni comimos de balde el
pan de nadie, sino que
trabajamos con afán y
fatiga día y noche, para
no ser gravosos a ningu-
no de vosotros;
9 no porque no tenga-
mos derecho, sino por
daros nosotros mismos
un ejemplo para que
nos imitéis.
10 Porque también
cuando estábamos con
vosotros, os ordenába-
mos esto: Si alguno no
quiere trabajar, tampo-
co coma.
11 Porque oímos que al-
gunos de entre vosotros
andan desordenada-
mente, no trabajando

καὶ	ποιήσετε.	5 ὁ	δὲ	κύριος	κατευθύναι	ὑμῶν	τὰς	καρδίας
y$_4$	haréis$_5$	el$_2$	Y$_1$	Señor$_3$	dirija$_4$	de vosotros$_7$	los$_5$	corazones$_6$
2532	4160	3588	1161	2962	2720	5216	3588	2588
CLK, CLN	*VFAI2P*	*DNSM*	*CLN*	*NNSM*	*VAAO3S*	*RP2GP*	*DAPF*	*NAPF*

εἰς	τὴν	ἀγάπην	τοῦ	θεοῦ	καὶ	εἰς	τὴν	ὑπομονὴν	τοῦ	Χριστοῦ.
hacia	el	amor	de --	Dios	y	hacia	la	perseverancia	de --	Cristo.
1519	3588	26	3588	2316	2532	1519	3588	5281	3588	5547
P	*DASF*	*NASF*	*DGSM*	*NGSM*	*CLN*	*P*	*DASF*	*NASF*	*DGSM*	*NGSM*

6 Παραγγέλλομεν	δὲ	ὑμῖν,	ἀδελφοί,	ἐν	ὀνόματι	τοῦ	κυρίου
mandamos$_2$	Pero$_1$	a vosotros,	hermanos,	en	(el) nombre	del	Señor
3853	1161	5213	80	1722	3686	3588	2962
VPAI1P	*CLT*	*RP2DP*	*NVPM*	*P*	*NDSN*	*DGSM*	*NGSM*

ἡμῶν	Ἰησοῦ	Χριστοῦ	στέλλεσθαι	ὑμᾶς	ἀπὸ	παντὸς	ἀδελφοῦ
de nosotros	Jesús	Cristo,	apartarse$_2$	vosotros$_1$	de	todo	hermano
2257	2424	5547	4724	5209	575	3956	80
RP1GP	*NGSM*	*NGSM*	*VPMN*	*RP2AP*	*P*	*JGSM*	*NGSM*

ἀτάκτως	περιπατοῦντος	καὶ	μὴ	κατὰ	τὴν	παράδοσιν	ἣν
desordenadamente$_2$	que está andando$_1$	y	no	según	la	tradición	la que
814	4043	2532	3361	2596	3588	3862	3739
B	*VPAP-SGM*	*CLN*	*BN, TN*	*P*	*DASF*	*NASF*	*RR-ASF*

παρελάβοσαν	παρ᾽	ἡμῶν.	7 αὐτοὶ	γὰρ	οἴδατε	πῶς	δεῖ
recibieron	de parte de	nosotros.	vosotros mismos$_2$	Porque$_1$	sabéis	cómo	es necesario
3880	3844	2257	846	1063	1492	4459	1163
VAAI3P	*P*	*RP1GP*	*RP3NPMP*	*CAZ*	*VRAI2P*	*B*	*VPAI3S*

μιμεῖσθαι	ἡμᾶς,	ὅτι	οὐκ	ἠτακτήσαμεν	ἐν	ὑμῖν	8 οὐδὲ
imitar	a nosotros,	porque	no	vivimos desordenadamente	entre	vosotros,	ni$_1$
3401	2248	3754	3756	812	1722	5213	3761
VPUN	*RP1AP*	*CAZ*	*CLK, TN, B*	*VAAI1P*	*P*	*RP2DP*	*TN, CLD*

δωρεὰν	ἄρτον	ἐφάγομεν	παρά	τινος,	ἀλλ᾽	ἐν	κόπῳ	καὶ	μόχθῳ
de balde$_4$	pan$_3$	comimos$_2$	de parte de$_5$	alguien,$_6$	sino	con	trabajo duro	y	fatiga,
1432	740	5315	3844	5100	235	1722	2873	2532	3449
B	*NASM*	*VAAI1P*	*P*	*RX-GSM*	*CLK, CLC*	*P*	*NDSM*	*CLN*	*NDSM*

νυκτὸς	καὶ	ἡμέρας	ἐργαζόμενοι	πρὸς	τὸ	μὴ	ἐπιβαρῆσαί	τινα
de noche	y	de día,	trabajando	para	--$_2$	no$_1$	ser una carga$_3$	a alguno
3571	2532	2250	2038	4314	3588	3361	1912	5100
NGSF	*CLN*	*NGSF*	*VPUP-PNM*	*P*	*DASN*	*BN, TN*	*VAAN*	*RX-ASM*

ὑμῶν·	9 οὐχ	ὅτι	οὐκ	ἔχομεν	ἐξουσίαν,	ἀλλ᾽	ἵνα	ἑαυτοὺς
de vosotros;	no	que	no	tenemos	derecho,	sino$_1$	para que$_2$	a nosotros mismos$_6$
5216	3756	3754	3756	2192	1849	235	2443	1438
RP2GP	*CLK, TN, B*	*CAZ*	*CLK, TN, B*	*VPAI1P*	*NASF*	*CLK, CLC*	*CAP*	*RF3APM*

τύπον	δῶμεν	ὑμῖν	εἰς	τὸ	μιμεῖσθαι	ἡμᾶς.	10 καὶ	γὰρ
como ejemplo$_5$	diéramos$_3$	a vosotros$_4$	para	--	imitar	a nosotros.	también$_2$	Porque$_1$
5179	1325	5213	1519	3588	3401	2248	2532	1063
NASM	*VAAS1P*	*RP2DP*	*P*	*DASN*	*VPUN*	*RP1AP*	*CLA, B*	*CLX*

ὅτε	ἦμεν	πρὸς	ὑμᾶς,	τοῦτο	παρηγγέλλομεν	ὑμῖν,	ὅτι	εἴ	τις
cuando$_3$	estábamos	con	vosotros,	esto	ordenábamos	a vosotros,	porque	si	alguien
3753	1510	4314	5209	5124	3853	5213	3754	1487	5100
CAT	*VIAI1P*	*P*	*RP2AP*	*RD-ASN*	*VIAI1P*	*RP2DP*	*CSC*	*CAC*	*RX-NSM*

οὐ	θέλει	ἐργάζεσθαι	μηδὲ	ἐσθιέτω.	11 ἀκούομεν	γάρ	τινας
no	quiere	trabajar	tampoco	coma.	oímos$_2$	Porque$_1$	(que) algunos$_3$
3756	2309	2038	3366	2068	191	1063	5100
BN, TN	*VPAI3S*	*VPUN*	*BN, TN*	*VPAM3S*	*VPAI1P*	*CAZ*	*RX-APM*

περιπατοῦντας	ἐν	ὑμῖν	ἀτάκτως,	μηδὲν	ἐργαζομένους
están andando$_6$	entre$_4$	vosotros$_5$	desordenadamente,$_7$	nada$_9$	trabajando,$_8$
4043	1722	5213	814	3367	2038
VPAP-PAM	*P*	*RP2DP*	*B*	*JASN*	*VPUP-PAM*

NVI

lo que les hemos ense-
ñado. 5 Que el Señor
los lleve a amar como
Dios ama, y a perseverar
como Cristo perseveró.

Exhortación al trabajo

6 Hermanos, en
el nombre del Señor
Jesucristo les ordena-
mos que se aparten
de todo hermano que
esté viviendo como
un vago y no según las
enseñanzas recibidas de
nosotros. 7 Ustedes mis-
mos saben cómo deben
seguir nuestro ejemplo.
Nosotros no vivimos
como ociosos entre uste-
des, 8 ni comimos el pan
de nadie sin pagarlo. Al
contrario, día y noche
trabajamos arduamente
y sin descanso para no
ser una carga a ninguno
de ustedes. 9 Y lo hici-
mos así no porque no
tuviéramos derecho a tal
ayuda, sino para darles
buen ejemplo. 10 Porque,
incluso cuando está-
bamos con ustedes, les
ordenamos: «El que
no quiera trabajar, que
tampoco coma».
11 Nos hemos entera-
do de que entre ustedes
hay algunos que andan
de vagos, sin trabajar

RVR

en nada, sino entreme-
tiéndose en lo ajeno.
12 A los tales mandamos
y exhortamos por nues-
tro Señor Jesucristo, que
trabajando sosegada-
mente, coman su propio
pan.
13 Y vosotros, hermanos,
no os canséis de hacer
el bien.
14 Y si alguno no obe-
dece a lo que decimos
por medio de esta carta,
a ése señaladlo, y no os
juntéis con él, para que
se sienta avergonzado.
15 Mas no lo tengáis por
enemigo, sino amones-
tadle como a hermano.

Saludo y bendición final

16 Y el mismo Señor de
paz os dé siempre paz
en toda circunstancia.
El Señor sea con todos
vosotros.
17 La salutación es de mi
propia mano, de Pablo,
que es la señal distintiva
en toda carta mía; así
escribo.
18 La gracia de nuestro
Señor Jesucristo sea con
todos vosotros. Amén.

ἀλλὰ	περιεργαζομένους.	12 τοῖς	δὲ	τοιούτοις	παραγγέλλομεν	καὶ
sino	siendo entrometidos.	a los$_5$	y$_1$	tales$_6$	mandamos$_2$	y$_3$
235	4020	3588	1161	5108	3853	2532
CLC	*VPUP-PAM*	*DDPM*	*CLN*	*RD-DPM*	*VPAI1P*	*CLN*

παρακαλοῦμεν	⸀ἐν	κυρίῳ	Ἰησοῦ	Χριστῷ⸆	ἵνα	μετὰ	ἡσυχίας
exhortamos$_4$	en	(el) Señor	Jesús	Cristo	que$_1$	con$_3$	tranquilidad$_4$
3870	1722	2962	2424	5547	2443	3326	2271
VPAI1P	*P*	*NDSM*	*NDSM, NGSM*	*NDSM*	*CSC*	*P*	*NGSF*

ἐργαζόμενοι	τὸν	ἑαυτῶν	ἄρτον	ἐσθίωσιν.	13 ὑμεῖς	δέ,	ἀδελφοί,
trabajando$_2$	el$_5$	de sí mismos.$_7$	pan$_6$	coman$_5$	vosotros,$_2$	Y$_1$	hermanos,
2038	3588	1438	740	2068	5210	1161	80
VPUP-PNM	*DASM*	*RF3GPM*	*NASM*	*VPAS3P*	*RP2NP*	*CLC*	*NVPM*

μὴ	ἐγκακήσητε	καλοποιοῦντες.
no	os desaniméis	haciendo el bien.
3361	1573	2569
BN, TN	*VAAS2P*	*VPAP-PNM*

14 Εἰ	δέ	τις	οὐχ	ὑπακούει	τῷ	λόγῳ	ἡμῶν	διὰ	τῆς
si$_2$	Y$_1$	alguien$_3$	no$_4$	obedece$_5$	la	palabra	de nosotros	por medio de	la
1487	1161	5100	3756	5219	3588	3056	2257	1223	3588
CAC	*CLN*	*RX-NSM*	*BN, TN*	*VPAI3S*	*DDSM*	*NDSM*	*RP1GP*	*P*	*DGSF*

ἐπιστολῆς,	τοῦτον	σημειοῦσθε,	μὴ	συναναμίγνυσθαι	αὐτῷ,	ἵνα
carta	a este$_2$	señalad$_1$	no	juntándose con	él,	para que
1992	5126	4593	3361	4874	846	2443
NGSF	*RD-ASM*	*VPMM2P*	*BN, TN*	*VPMN*	*RP3DSM*	*CAP*

ἐντραπῇ·	15 καὶ	μὴ	ὡς	ἐχθρὸν	ἡγεῖσθε,	ἀλλὰ	νουθετεῖτε	ὡς
sea avergonzado;	y	no	como$_2$	enemigo,$_3$	consideréis$_1$	sino	amonestad	como
1788	2532	3361	5613	2190	2233	235	3560	5613
VAPS3S	*CLC*	*BN, TN*	*CAM*	*JASM*	*VPUM2P*	*CLC*	*VPAM2P*	*CAM*

ἀδελφόν.
a hermano.
80
NASM

16 Αὐτὸς	δὲ	ὁ	κύριος	τῆς	εἰρήνης	δῴη	ὑμῖν	τὴν	εἰρήνην
mismo$_3$	Y$_1$	el$_2$	Señor$_4$	de la	paz	dé	a vosotros	la	paz
846	1161	3588	2962	3588	1515	1325	5213	3588	1515
RP3NSMP	*CLT*	*DNSM*	*NNSM*	*DGSF*	*NGSF*	*VAAO3S*	*RP2DP*	*DASF*	*NASF*

διὰ	παντὸς	ἐν	παντὶ	τρόπῳ.	ὁ	κύριος	μετὰ	πάντων	ὑμῶν.
a través de	todo	en	toda	manera.	El	Señor	esté con	todos	vosotros.
1223	3956	1722	3956	5158	3588	2962	3326	3956	5216
P	*JGSM*	*P*	*JDSM*	*NDSM*	*DNSM*	*NNSM*	*P*	*JGPM*	*RP2GP*

17 Ὁ	ἀσπασμὸς	τῇ	ἐμῇ	χειρὶ	Παύλου,	ὅ	ἐστιν	σημεῖον
El	saludo	con la$_1$	mía,$_3$	mano$_2$	de Pablo,	lo que	es	una señal
3588	783	3588	1699	5495	3972	3739	2076	4592
DNSM	*NNSM*	*DDSF*	*JDSF, RS1DSF*	*NDSF*	*NGSM*	*RR-NSN*	*VPAI3S*	*NNSN*

ἐν	πάσῃ	ἐπιστολῇ·	οὕτως	γράφω.	18 ἡ	χάρις	τοῦ	κυρίου	ἡμῶν
en	toda	carta;	así	escribo.	La	gracia	del	Señor	de nosotros
1722	3956	1992	3779	1125	3588	5485	3588	2962	2257
P	*JDSF*	*NDSF*	*B*	*VPAI1S*	*DNSF*	*NNSF*	*DGSM*	*NGSM*	*RP1GP*

Ἰησοῦ	Χριστοῦ	μετὰ	πάντων	⸀ὑμῶν.
Jesús	Cristo	(sea) con	todos	vosotros.
2424	5547	3326	3956	5216
NGSM	*NGSM*	*P*	*JGPM*	*RP2GP*

NVI

en nada, y que solo se
meten en lo que no les
importa. 12 A tales per-
sonas les ordenamos y
exhortamos en el Señor
Jesucristo que tranqui-
lamente se pongan a
trabajar para ganarse
la vida. 13 Ustedes, her-
manos, no se cansen de
hacer el bien.
14 Si alguno no
obedece las instruccio-
nes que les damos en
esta carta, denúncienlo
públicamente y no se
relacionen con él, para
que se avergüence. 15 Sin
embargo, no lo tengan
por enemigo, sino
amonéstenlo como a
hermano.

Saludos finales

16 Que el Señor de
paz les conceda su paz
siempre y en todas las
circunstancias. El Señor
sea con todos ustedes.
17 Yo, Pablo, escribo
este saludo de mi puño
y letra. Esta es la señal
distintiva de todas mis
cartas; así escribo yo.
18 Que la gracia de
nuestro Señor Jesucristo
sea con todos ustedes.

3:12⸀⸆ Manuscritos importantes tienen *por nuestro Señor Jesucristo.* **3:18**⸀ Manuscritos inferiores aumentaron *Amén.*

Primera Epístola a

TIMOTEO

ΠΡΟΣ ΤΙΜΟΘΕΟΝ Α

RVR

Saludo

1 Pablo, apóstol
de Jesucristo por
mandato de Dios
nuestro Salvador, y del
Señor Jesucristo nuestra
esperanza,
[2] a Timoteo, verdadero
hijo en la fe: Gracia,
misericordia y paz, de
Dios nuestro Padre y
de Cristo Jesús nuestro
Señor.

Advertencia contra doctrinas falsas

[3] Como te rogué que
te quedases en Éfeso,
cuando me puse en ca-
mino para Macedonia,
para que mandases a
algunos que no enseñen
diferente doctrina,
[4] ni presten atención a
fábulas y genealogías
interminables, que
acarrean disputas más
bien que edificación de
Dios que es por fe, así te
encargo ahora.
[5] El objetivo de este
mandamiento es el
amor nacido de corazón
limpio, y de buena
conciencia, y de fe no
fingida,
[6] de las cuales cosas des-
viándose algunos, han
venido a caer en una
vana palabrería,

1 Παῦλος	ἀπόστολος	Χριστοῦ	Ἰησοῦ	κατ’	ἐπιταγὴν	θεοῦ
Pablo,	apóstol	de Cristo	Jesús,	conforme a	al mandato	de Dios
3972	652	5547	2424	2596	2003	2316
NNSM	*NNSM*	*NGSM*	*NGSM*	*P*	*NASF*	*NGSM*

σωτῆρος	ἡμῶν	καὶ	⸂Χριστοῦ	Ἰησοῦ⸃	τῆς	ἐλπίδος	ἡμῶν	[2] Τιμοθέῳ
Salvador	de nosotros,	y	de Cristo	Jesús	la	esperanza	de nosotros,	a Timoteo,
4990	2257	2532	5547	2424	3588	1680	2257	5095
NGSM	*RP1GP*	*CLN*	*NGSM*	*NGSM*	*DGSF*	*NGSF*	*RP1GP*	*NDSM*

γνησίῳ	τέκνῳ	ἐν	πίστει·	χάρις,	ἔλεος,	εἰρήνη	ἀπὸ	θεοῦ
genuino	hijo	en	(la) fe:	gracia,	misericordia,	paz	de parte de	Dios
1103	5043	1722	4102	5485	1656	1515	575	2316
JDSN	*NDSN*	*P*	*NDSF*	*NNSF*	*NNSN, NNSM*	*NNSF*	*P*	*NGSM*

πατρὸς	καὶ	Χριστοῦ	Ἰησοῦ	τοῦ	κυρίου	ἡμῶν.
Padre	y	de Cristo	Jesús	el	Señor	de nosotros.
3962	2532	5547	2424	3588	2962	2257
NGSM	*CLN*	*NGSM*	*NGSM*	*DGSM*	*NGSM*	*RP1GP*

[3] Καθὼς	παρεκάλεσά	σε	προσμεῖναι	ἐν	Ἐφέσῳ,	πορευόμενος*
Como	rogué	a ti	permanecer	en	Éfeso,	yendo
2531	3870	4571	4357	1722	2181	4198
CAM	*VAAI1S*	*RP2AS*	*VAAN*	*P*	*NDSF*	*VPUP-SNM*

εἰς	Μακεδονίαν,	ἵνα	παραγγείλῃς	τισὶν	μὴ	ἑτεροδιδασκαλεῖν
hacia	Macedonia,	para que	ordenaras	a algunos	no	enseñar una doctrina diferente,
1519	3109	2443	3853	5100	3361	2085
P	*NASF*	*CAP*	*VAAS2S*	*RX-DPM*	*BN, TN*	*VPAN*

[4] μηδὲ	προσέχειν	μύθοις	καὶ	γενεαλογίαις	ἀπεράντοις,	αἵτινες
ni	prestar atención a	leyendas	y	genealogías	interminables,	las que$_1$
3366	4337	3454	2532	1076	562	3748
TN, CLD	*VPAN*	*NDPM*	*CLN*	*NDPF*	*JDPF*	*RR-NPF*

ἐκζητήσεις	παρέχουσι	μᾶλλον	ἢ	οἰκονομίαν	θεοῦ	τὴν	ἐν
especulaciones$_3$	promueven$_2$	más	que	(el) plan	de Dios,	el (que es)	en
2214	3930	3123	2228	3622	2316	3588	1722
NAPF	*VPAI3P*	*B*	*CAM*	*NASF*	*NGSM*	*DASF*	*P*

πίστει—	[5] τὸ	δὲ	τέλος	τῆς	παραγγελίας	ἐστὶν	ἀγάπη	ἐκ
fe;	la$_2$	y$_1$	finalidad$_3$	del	mandato	es	(el) amor	(que) procede de
4102	3588	1161	5056	3588	3852	2076	26	1537
NDSF	*DNSN*	*CLN*	*NNSN*	*DGSF*	*NGSF*	*VPAI3S*	*NNSF*	*P*

καθαρᾶς	καρδίας	καὶ	συνειδήσεως	ἀγαθῆς	καὶ	πίστεως	ἀνυποκρίτου,
puro$_2$	un corazón$_1$	y	conciencia$_4$	de buena$_3$	y	de fe	no fingida,
2513	2588	2532	4893	18	2532	4102	505
JGSF	*NGSF*	*CLN*	*NGSF*	*JGSF*	*CLN*	*NGSF*	*JGSF*

[6] ὧν	τινες	ἀστοχήσαντες	ἐξετράπησαν	εἰς	ματαιολογίαν,
de las cuales	algunos,	habiendo errado el blanco,	se desviaron	hacia	una palabrería vana,
3739	5100	795	1624	1519	3150
RR-GPF	*RX-NPM*	*VAAP-PNM*	*VAPI3P*	*P*	*NASF*

NVI

1 Pablo, apóstol de
Cristo Jesús por
mandato de Dios nues-
tro Salvador y de Cristo
Jesús nuestra esperanza,

[2] a Timoteo, mi ver-
dadero hijo en la fe:

Que Dios el Padre
y Cristo Jesús nuestro
Señor te concedan gra-
cia, misericordia y paz.

Advertencia contra los falsos maestros de la ley

[3] Al partir para
Macedonia, te encargué
que permanecieras en
Éfeso y les ordenaras
a algunos supuestos
maestros que dejen de
enseñar doctrinas falsas
[4] y de prestar atención
a leyendas y genea-
logías interminables.
Esas cosas provocan
controversias en vez de
llevar adelante la obra
de Dios que es por la fe.
[5] Debes hacerlo así para
que el amor brote de un
corazón limpio, de una
buena conciencia y de
una fe sincera. [6] Algunos
se han desviado de
esa línea de conducta
y se han enredado en
discusiones inútiles.

1:1⸂⸃ Manuscritos inferiores tienen *del Señor Jesucristo.* **1:3*** O sea *que vayas.*

RVR

7 queriendo ser doctores
de la ley, sin enten-
der ni lo que hablan
ni lo que afirman
categóricamente.
8 Pero sabemos que la
ley es buena, si uno la
usa legítimamente;
9 conociendo esto, que
la ley no fue puesta para
el justo, sino para los
transgresores e insu-
misos, para los impíos
y pecadores, para los
irreverentes y profanos,
para los parricidas y
matricidas, para los
homicidas,
10 para los fornicarios,
para los sodomitas, para
los secuestradores, para
los mentirosos y per-
juros, y para cualquier
otra cosa que se oponga
a la sana enseñanza,
11 según el glorioso
evangelio del Dios
bendito, que me ha sido
encomendado.

El ministerio de Pablo

12 Doy gracias al que
me revistió de poder,
a Cristo Jesús nuestro
Señor, porque me tuvo
por fiel, poniéndome en
el ministerio,
13 habiendo yo sido an-
tes blasfemo, persegui-
dor e injuriador; mas fui
recibido a misericordia
porque lo hice por igno-
rancia, en incredulidad;
14 y la gracia de nuestro
Señor fue más abun-
dante con la fe y el amor

7 θέλοντες	εἶναι	νομοδιδάσκαλοι,	μὴ	νοοῦντες	μήτε	ἃ
queriendo	ser	maestros de la ley,	no	entendiendo	ni	las cosas que
2309	1511	3547	3361	3539	3383	3739
VPAP-PNM	*VPAN*	*NNPM*	*BN, TN*	*VPAP-PNM*	*CLK, TN*	*RR-APN*

λέγουσιν	μήτε	περὶ	τίνων	διαβεβαιοῦνται.
dicen,	ni	acerca de	qué	hacen afirmaciones categóricas.
3004	3383	4012	5101	1226
VPAI3P	*CLK, TN*	*P*	*RI-GPN*	*VPUI3P*

8 Οἴδαμεν	δὲ	ὅτι	καλὸς	ὁ	νόμος	ἐάν	τις	αὐτῷ	νομίμως
sabemos$_2$	Pero$_1$	que$_3$	(es) buena,$_6$	la$_4$	ley$_5$	si$_7$	alguien$_8$	ella$_{10}$	legalmente,$_{11}$
1492	1161	3754	2570	3588	3551	1437	5100	846	3545
VRAI1P	*CLC*	*CSC*	*JNSM*	*DNSM*	*NNSM*	*CAC*	*RX-NSM*	*RP3DSM*	*B*

χρῆται,	9 εἰδὼς	τοῦτο,	ὅτι	δικαίῳ	νόμος	οὐ	κεῖται,	ἀνόμοις
hace uso de$_9$	sabiendo	esto,	que	para (el) justo$_4$	(la) ley$_1$	no$_2$	está puesta$_3$	para inicuos$_2$
5530	1492	5124	3754	1342	3551	3756	2749	459
VPUS3S	*VRAP-SNM*	*RD-ASN*	*CSC*	*JDSM*	*NNSM*	*CLK, TN, B*	*VPUI3S*	*JDPM*

δὲ	καὶ	ἀνυποτάκτοις,	ἀσεβέσι	καὶ	ἁμαρτωλοῖς,	ἀνοσίοις	καὶ
sino	y	desobedientes,	para impíos	y	para pecadores	para irreverentes	y
1161	2532	506	765	2532	268	462	2532
CLK, CLC	*CLN*	*JDPM*	*JDPM*	*CLN*	*JDPM*	*JDPM*	*CLN*

βεβήλοις,	πατρολῴαις	καὶ	μητρολῴαις,	ἀνδροφόνοις,	10 πόρνοις,
para profanos,	para parricidas	y	para matricidas,	para homicidas,	inmorales sexuales,
952	3964	2532	3389	409	4205
JDPM	*NDPM*	*CLN*	*NDPM*	*NDPM*	*NDPM*

ἀρσενοκοίταις,	ἀνδραποδισταῖς,	ψεύσταις,	ἐπιόρκοις,	καὶ	εἴ
varones que se acuestan con varones,	secuestradores,	mentirosos,	perjuros,	y	si
733	405	5583	1965	2532	1487
NDPM	*NDPM*	*NDPM*	*JDPM*	*CLN*	*CAC*

τι	ἕτερον	τῇ	ὑγιαινούσῃ	διδασκαλίᾳ	ἀντίκειται,	11 κατὰ	τὸ
una	otra cosa	a la$_2$	sana$_3$	enseñanza,$_4$	se opone$_1$	conforme a	el
5100	2087	3588	5198	1319	480	2596	3588
RX-NSN	*JNSN*	*DDSF*	*VPAP-SDF*	*NDSF*	*VPUI3S*	*P*	*DASN*

εὐαγγέλιον	τῆς	δόξης	τοῦ	μακαρίου	θεοῦ,	ὃ	ἐπιστεύθην	ἐγώ.
evangelio	de la	gloria	del	bienaventurado	Dios,	al que$_1$	fui confiado.$_3$	yo$_2$
2098	3588	1391	3588	3107	2316	3739	4100	1473
NASN	*DGSF*	*NGSF*	*DGSM*	*JGSM*	*NGSM*	*RR-ASN*	*VAPI1S*	*RP1NS*

12 Χάριν	ἔχω	τῷ	ἐνδυναμώσαντί	με	Χριστῷ	Ἰησοῦ	τῷ
gratitud$_2$	Tengo$_1$	al que	da fuerzas	a mí,	a Cristo	Jesús	el
5485	2192	3588	1743	3165	5547	2424	3588
NASF	*VPAI1S*	*DDSM*	*VAAP-SDM*	*RP1AS*	*NDSM*	*NDSM*	*DDSM*

κυρίῳ	ἡμῶν,	ὅτι	πιστόν	με	ἡγήσατο	θέμενος	εἰς	διακονίαν,
Señor	de nosotros,	que	fiel$_2$	a mí$_3$	consideró$_1$	poniéndome	para	(el) ministerio,
2962	2257	3754	4103	3165	2233	5087	1519	1248
NDSM	*RP1GP*	*CAZ*	*JASM*	*RP1AS*	*VAMI3S*	*VAMP-SNM*	*P*	*NASF*

13 τὸ	πρότερον	ὄντα	βλάσφημον	καὶ	διώκτην	καὶ
--$_1$	antes$_3$	siendo$_2$	blasfemo	y	perseguidor	e
3588	4386	5607	989	2532	1376	2532
DASN, DNSN	*B, J*	*VPAP-SAM*	*JASM*	*CLN*	*NASM*	*CLN*

ὑβριστήν·	ἀλλὰ	ἠλεήθην,	ὅτι	ἀγνοῶν	ἐποίησα	ἐν	ἀπιστίᾳ,
injuriador;	pero	me fue dada misericordia	porque	ignorando	(lo) hice	en	incredulidad.
5197	235	1653	3754	50	4160	1722	570
NASM	*CLC*	*VAPI1S*	*CAZ*	*VPAP-SNM*	*VAAI1S*	*P*	*NDSF*

14 ὑπερεπλεόνασεν	δὲ	ἡ	χάρις	τοῦ	κυρίου	ἡμῶν	μετὰ	πίστεως
sobreabundó$_7$	pero$_1$	la$_2$	gracia$_3$	del$_4$	Señor$_5$	de nosotros$_6$	con	fe
5250	1161	3588	5485	3588	2962	2257	3326	4102
VAAI3S	*CLN*	*DNSF*	*NNSF*	*DGSM*	*NGSM*	*RP1GP*	*P*	*NGSF*

NVI

7 Pretenden ser maestros
de la ley, pero en realidad
no saben de qué hablan
ni entienden lo que con
tanta seguridad afirman.
8 Ahora bien, sabe-
mos que la ley es buena,
si se aplica como es
debido. 9 Tengamos
en cuenta que la ley no
se ha instituido para
los justos, sino para
los desobedientes y
rebeldes, para los impíos
y pecadores, para los
irreverentes y profanos.
La ley es para los que
maltratan a sus propios
padres, para los asesinos,
10 para los adúlteros y los
homosexuales, para los
traficantes de esclavos,
los embusteros y los que
juran en falso. En fin, la
ley es para todo lo que
está en contra de la sana
doctrina 11 enseñada por
el glorioso evangelio
que el Dios bendito me
ha confiado.

La gracia que el Señor dio a Pablo

12 Doy gracias al que
me fortalece, Cristo
Jesús nuestro Señor,
pues me consideró
digno de confianza al
ponerme a su servicio.
13 Anteriormente, yo
era un blasfemo, un
perseguidor y un
insolente, pero Dios
tuvo misericordia de
mí porque yo era un
incrédulo y actuaba con
ignorancia. 14 Pero la
gracia de nuestro Señor

RVR

que es en Cristo Jesús.
15 Es palabra fiel y digna
de toda aceptación:
que Cristo Jesús vino al
mundo para salvar a los
pecadores, de los cuales
yo soy el primero.
16 Pero por esto fui
recibido a misericordia,
para que Jesucristo mos-
trase en mí el primero
toda su paciencia, para
ejemplo de los que ha-
brían de creer en él para
vida eterna.
17 Por tanto, al Rey de
los siglos, inmortal,
invisible, al único y
sabio Dios, sea honor y
gloria por los siglos de
los siglos. Amén.
18 Este mandamiento,
hijo Timoteo, te encar-
go, para que conforme
a las profecías que se
hicieron antes en cuan-
to a ti, pelees por ellas la
buena batalla,
19 manteniendo la fe
y buena conciencia,
desechando la cual
naufragaron en cuanto
a la fe algunos,
20 entre los que están
Himeneo y Alejandro,
a quienes entregué a
Satanás para que apren-
dan a no blasfemar.

καὶ	ἀγάπης	τῆς	ἐν	Χριστῷ	Ἰησοῦ.	15 πιστὸς	ὁ	λόγος	καὶ
y	amor	(que hay)	en	Cristo	Jesús.	(es) fiel$_3$	La$_1$	palabra$_2$	y$_3$
2532	26	3588	1722	5547	2424	4103	3588	3056	2532
CLN	*NGSF*	*DGSF*	*P*	*NDSM*	*NDSM*	*JNSM*	*DNSM*	*NNSM*	*CLN*

πάσης	ἀποδοχῆς	ἄξιος,	ὅτι	Χριστὸς	Ἰησοῦς	ἦλθεν	εἰς	τὸν	κόσμον
de toda$_5$	aceptación,$_6$	digna$_4$	porque	Cristo	Jesús	vino	a	el	mundo
3956	594	514	3754	5547	2424	2064	1519	3588	2889
JGSF	*NGSF*	*JNSM*	*CSC*	*NNSM*	*NNSM*	*VAAI3S*	*P*	*DASM*	*NASM*

ἁμαρτωλοὺς	σῶσαι·	ὧν	πρῶτός	εἰμι	ἐγώ,	16 ἀλλὰ	διὰ	τοῦτο
pecadores,$_2$	para salvar$_1$	de los que$_3$	(el) primero;$_6$	soy$_5$	yo$_4$	pero	por	esto
268	4982	3739	4413	1510	1473	235	1223	5124
JAPM	*VAAN*	*RR-GPM*	*JNSM*	*VPAI1S*	*RP1NS*	*CLC*	*P*	*RD-ASN*

ἠλεήθην,	ἵνα	ἐν	ἐμοὶ	πρώτῳ	ἐνδείξηται	Χριστὸς	Ἰησοῦς	τὴν
me fue dada misericordia,	para que	en	mí	primero	mostrara$_3$	Cristo$_1$	Jesús$_2$	--
1653	2443	1722	1698	4413	1731	5547	2424	3588
VAPI1S	*CAP*	*P*	*RP1DS*	*JDSM*	*VAMS3S*	*NNSM*	*NNSM*	*DASF*

ἅπασαν	μακροθυμίαν,	πρὸς	ὑποτύπωσιν	τῶν	μελλόντων	πιστεύειν
toda	paciencia,	para	modelo	de los que	están a punto de	de creer
537	3115	4314	5296	3588	3195	4100
JASF	*NASF*	*P*	*NASF*	*DGPM*	*VPAP-PGM*	*VPAN*

ἐπ'	αὐτῷ	εἰς	ζωὴν	αἰώνιον.	17 τῷ	δὲ	βασιλεῖ	τῶν	αἰώνων,	ἀφθάρτῳ,
en	él	para	vida	eterna.	al$_2$	Mas$_1$	Rey	de los	siglos,	inmortal,
1909	846	1519	2222	166	3588	1161	935	3588	165	862
P	*RP3DSM*	*P*	*NASF*	*JASF*	*DDSM*	*CLT*	*NDSM*	*DGPM*	*NGPM*	*JDSM*

ἀοράτῳ,	ᴦμόνῳ	θεῷ,	τιμὴ	καὶ	δόξα	εἰς	τοὺς	αἰῶνας	τῶν	αἰώνων·
invisible,	al único	Dios,	(sea) honor	y	gloria	por	los	siglos	de los	siglos,
517	3441	2316	5092	2532	1391	1519	3588	165	3588	165
JDSM	*JDSM*	*NDSM*	*NNSF*	*CLN*	*NNSF*	*P*	*DAPM*	*NAPM*	*DGPM*	*NGPM*

ἀμήν.
amén.
281
I, XF

18 Ταύτην	τὴν	παραγγελίαν	παρατίθεμαί	σοι,	τέκνον	Τιμόθεε,
este$_3$	--$_4$	mandato,$_5$	Encomiendo$_1$	a ti$_2$	hijo	Timoteo,
3778	3588	3852	3908	4671	5043	5095
RD-ASF	*DASF*	*NASF*	*VPMI1S*	*RP2DS*	*NVSN*	*NVSM*

κατὰ	τὰς	προαγούσας	ἐπὶ	σὲ	προφητείας*,	ἵνα
conforme a$_1$	las que$_3$	vienen antes$_4$	sobre$_5$	ti,$_6$	profecías$_2$	para que
2596	3588	4254	1909	4571	4394	2443
P	*DAPF*	*VPAP-PAF*	*P*	*RP2AS*	*NAPF*	*CAP*

στρατεύῃ	ἐν	αὐταῖς	τὴν	καλὴν	στρατείαν,	19 ἔχων	πίστιν	καὶ
combatas	con	ellas	la	buena	lucha,	teniendo	fe	y
4754	1722	846	3588	2570	4752	2192	4102	2532
VPMS2S	*P*	*RP3DPF*	*DASF*	*JASF*	*NASF*	*VPAP-SNM*	*NASF*	*CLN*

ἀγαθὴν	συνείδησιν,	ἥν	τινες	ἀπωσάμενοι	περὶ	τὴν	πίστιν
buena	conciencia,	la que	algunos	desechando,	en cuanto a$_2$	la$_3$	fe;$_4$
18	4893	3739	5100	683	4012	3588	4102
JASF	*NASF*	*RR-ASF*	*RX-NPM*	*VAMP-PNM*	*P*	*DASF*	*NASF*

ἐναυάγησαν·	20 ὧν	ἐστιν	Ὑμέναιος	καὶ	Ἀλέξανδρος,	οὓς
naufragaron$_1$	de los que	es	Himeneo	y	Alejandro,	a quienes
3489	3739	2076	5211	2532	223	3739
VAAI3P	*RR-GPM*	*VPAI3S*	*NNSM*	*CLN*	*NNSM*	*RR-APM*

παρέδωκα	τῷ	Σατανᾷ	ἵνα	παιδευθῶσι	μὴ	βλασφημεῖν.
entregué	a --	Satanás,	para que	sean enseñados	no	para blasfemar.
3860	3588	4567	2443	3811	3361	987
VAAI1S	*DDSM*	*NDSM*	*CAP*	*VAPS3P*	*BN, TN*	*VPAN*

NVI

se derramó sobre mí
con abundancia, junto
con la fe y el amor que
hay en Cristo Jesús.
15 Este mensaje es
digno de crédito y
merece ser aceptado por
todos: que Cristo Jesús
vino al mundo a salvar
a los pecadores, de los
cuales yo soy el primero.
16 Pero precisamente
por eso Dios fue miseri-
cordioso conmigo, a fin
de que en mí, el peor de
los pecadores, pudiera
Cristo Jesús mostrar su
infinita bondad. Así
llego a servir de ejemplo
para los que, creyendo
en él, recibirán la vida
eterna. 17 Por tanto, al
Rey eterno, inmortal,
invisible, al único Dios,
sea honor y gloria por
los siglos de los siglos.
Amén.
18 Timoteo, hijo
mío, te doy este encargo
porque tengo en cuenta
las profecías que antes
se hicieron acerca de
ti. Deseo que, apoyado
en ellas, pelees la buena
batalla 19 y mantengas la
fe y una buena concien-
cia. Por no hacerle caso
a su conciencia, algunos
han naufragado en la
fe. 20 Entre ellos están
Himeneo y Alejandro, a
quienes he entregado a
Satanás para que apren-
dan a no blasfemar.

1:17ᴦ Manuscritos inferiores aumentaron *sabio*. **1:18*** O sea *conforme a las profecías que se hicieron antes sobre ti.*

RVR

Instrucciones sobre la oración

2 Exhorto, pues, ante
todo, a que se ha-
gan rogativas, oraciones,
peticiones y acciones
de gracias, por todos los
hombres;
2 por los reyes y por
todos los que están en
eminencia, para que
podamos vivir una vida
tranquila y apacible con
toda piedad y dignidad.
3 Porque esto es bueno
y agradable delante de
Dios nuestro Salvador,
4 el cual quiere que todos
los hombres sean salvos
y vengan al conocimien-
to de la verdad.
5 Porque hay un solo
Dios, y un solo media-
dor entre Dios y los
hombres, Jesucristo
hombre,
6 el cual se dio a sí mismo
en rescate por todos, de
lo cual se dio testimonio
a su debido tiempo.
7 Para lo cual yo fui
puesto como predicador
y apóstol (digo verdad
en Cristo, no miento),
y maestro de los gentiles
en fe y verdad.
8 Quiero, pues, que
los hombres oren en
todo lugar, levantando
manos santas, sin ira ni
contienda.

2 Παρακαλῶ	οὖν	πρῶτον	πάντων	ποιεῖσθαι	δεήσεις,
exhorto$_2$	Así que,$_1$	primero	de todos,	hacer	peticiones,
3870	3767	4412	3956	4160	1162
VPAI1S	*CLI*	*B, J*	*JGPN*	*VPPN*	*NAPF*

προσευχάς,	ἐντεύξεις,	εὐχαριστίας,	ὑπὲρ	πάντων	ἀνθρώπων,
oraciones,	intercesiones,	acción de gracias,	en favor de	todos	(los) seres humanos,
4335	1783	2169	5228	3956	444
NAPF	*NAPF*	*NAPF*	*P*	*JGPM*	*NGPM*

2 ὑπὲρ	βασιλέων	καὶ	πάντων	τῶν	ἐν	ὑπεροχῇ	ὄντων,	ἵνα
en favor de	reyes	y	de todos	los que$_1$	en$_3$	alta posición,$_4$	están$_2$	para que$_5$
5228	935	2532	3956	3588	1722	5247	5607	2443
P	*NGPM*	*CLN*	*JGPM*	*DGPM*	*P*	*NDSF*	*VPAP-PGM*	*CAP*

ἤρεμον	καὶ	ἡσύχιον	βίον	διάγωμεν	ἐν	πάσῃ	εὐσεβείᾳ	καὶ
tranquila$_8$	y$_9$	sosegada$_{10}$	una vida$_7$	llevemos$_6$	en	toda	piedad	y
2263	2532	2272	979	1236	1722	3956	2150	2532
JASM	*CLN*	*JASM*	*NASM*	*VPAS1P*	*P*	*JDSF*	*NDSF*	*CLN*

σεμνότητι.	3 ⸢τοῦτο	καλὸν	καὶ	ἀπόδεκτον	ἐνώπιον	τοῦ	σωτῆρος
respetabilidad.	Esto	(es) bueno	y	aceptable	delante de$_1$	el$_3$	Salvador$_4$
4587	5124	2570	2532	587	1799	3588	4990
NDSF	*RD-NSN*	*JNSN*	*CLN*	*JNSN*	*P, B*	*DGSM*	*NGSM*

ἡμῶν	θεοῦ,	4 ὃς	πάντας	ἀνθρώπους	θέλει	σωθῆναι	καὶ	εἰς
de nosotros,$_5$	Dios$_2$	el que$_1$	que todos$_3$	(los) seres humanos$_4$	quiere$_2$	ser salvados$_5$	y$_6$	a$_8$
2257	2316	3739	3956	444	2309	4982	2532	1519
RP1GP	*NGSM*	*RR-NSM*	*JAPM*	*NAPM*	*VPAI3S*	*VAPN*	*CLN*	*P*

ἐπίγνωσιν	ἀληθείας	ἐλθεῖν.	5 εἷς	γὰρ	θεός,	εἷς	καὶ	μεσίτης
conocimiento pleno$_9$	de verdad.$_{10}$	venir$_7$	(hay) un$_2$	Porque$_1$	Dios$_3$	un$_5$	y$_4$	mediador
1922	225	2064	1520	1063	2316	1520	2532	3316
NASF	*NGSF*	*VAAN*	*JNSM*	*CAZ*	*NNSM*	*JNSM*	*CLN, B*	*NNSM*

θεοῦ	καὶ	ἀνθρώπων	ἄνθρωπος	Χριστὸς	Ἰησοῦς,	6 ὁ	δοὺς
de Dios	y	de (los) seres humanos,	hombre,$_3$	Cristo$_1$	Jesús$_2$	el que	dio
2316	2532	444	444	5547	2424	3588	1325
NGSM	*CLN*	*NGPM*	*NNSM*	*NNSM*	*NNSM*	*DNSM*	*VAAP-SNM*

ἑαυτὸν	ἀντίλυτρον	ὑπὲρ	πάντων,	τὸ	μαρτύριον	καιροῖς
a sí mismo	en rescate	en favor de	todos,	el	testimonio	en tiempos;
1438	487	5228	3956	3588	3142	2540
RF3ASM	*NASN*	*P*	*JGPM*	*DNSN, DASN*	*NNSN, NASN*	*NDPM*

ἰδίοις·	7 εἰς	ὃ	ἐτέθην	ἐγὼ	κῆρυξ	καὶ	ἀπόστολος—	ἀλήθειαν
propios	para	lo que	fui puesto$_2$	yo$_1$	heraldo$_3$	y	apóstol,	verdad$_2$
2398	1519	3739	5087	1473	2783	2532	652	225
JDPM	*P*	*RR-ASN*	*VAPI1S*	*RP1NS*	*NNSM*	*CLN*	*NNSM*	*NASF*

⸢λέγω,	οὐ	ψεύδομαι—	διδάσκαλος	ἐθνῶν	ἐν	πίστει	καὶ
digo$_1$	no	miento,	maestro	de (los) gentiles	en	fe	y
3004	3756	5574	1320	1484	1722	4102	2532
VPAI1S	*BN, TN*	*VPUI1S*	*NNSM*	*NGPN*	*P*	*NDSF*	*CLN*

ἀληθείᾳ.
verdad.
225
NDSF

8 Βούλομαι	οὖν	προσεύχεσθαι	τοὺς	ἄνδρας	ἐν	παντὶ	τόπῳ,
quiero$_2$	Así que,$_1$	orar$_8$	los$_3$	varones$_4$	en$_5$	todo$_6$	lugar$_7$
1014	3767	4336	3588	435	1722	3956	5117
VPUI1S	*CLI*	*VPUN*	*DAPM*	*NAPM*	*P*	*JDSM*	*NDSM*

ἐπαίροντας	ὁσίους	χεῖρας	χωρὶς	ὀργῆς	καὶ	διαλογισμοῦ.
levantando	santas$_2$	manos$_1$	sin	ira	y	discusión.
1869	3741	5495	5565	3709	2532	1261
VPAP-PAM	*JAPF, JAPM*	*NAPF*	*P, B*	*NGSF*	*CLN*	*NGSM*

NVI

Instrucciones sobre la adoración

2 Así que recomien-
do, ante todo, que
se hagan plegarias, ora-
ciones, súplicas y accio-
nes de gracias por todos,
2 especialmente por los
gobernantes y por todas
las autoridades, para
que tengamos paz y
tranquilidad, y llevemos
una vida piadosa y digna.
3 Esto es bueno y agra-
dable a Dios nuestro
Salvador, 4 pues él quiere
que todos sean salvos
y lleguen a conocer la
verdad. 5 Porque hay
un solo Dios y un solo
mediador entre Dios y
los hombres, Jesucristo
hombre, 6 quien dio su
vida como rescate por
todos. Este testimonio
Dios lo ha dado a su
debido tiempo, 7 y
para proclamarlo me
nombró heraldo y
apóstol. Digo la verdad
y no miento: Dios me
hizo maestro de los
gentiles para enseñarles
la verdadera fe.
8 Quiero, pues, que
en todas partes los hom-
bres oren, levantando
las manos al cielo con
pureza de corazón, sin
enojos ni contiendas.

2:3⸢ Manuscritos inferiores aumentaron *Porque*. **2:7**⸢ Manuscritos inferiores aumentaron *en Cristo*.

RVR

9 Asimismo que las mu-
jeres se atavíen con ropa
decorosa, con pudor y
modestia; no con pei-
nado ostentoso, ni oro,
ni perlas, ni vestidos
costosos,
10 sino con buenas
obras, como corres-
ponde a mujeres que
profesan piedad.
11 La mujer aprenda
en silencio, con toda
sumisión.
12 Porque no permito
a la mujer enseñar, ni
ejercer dominio sobre
el hombre, sino estar en
silencio.
13 Porque Adán fue
formado primero, des-
pués Eva;
14 y Adán no fue enga-
ñado, sino que la mujer,
siendo engañada, incu-
rrió en transgresión.
15 Pero se salvará
engendrando hijos, si
permanece en fe, amor
y santificación, con
modestia.

Requisitos de los obispos

3 Es palabra fiel:
Si alguno anhela
obispado, buena obra
desea.
2 Es, pues, necesario que
el obispo sea irreprensi-
ble, marido de una sola
mujer, sobrio, prudente,
ordenado, hospedador,
apto para enseñar;
3 no dado al vino, no
pendenciero, no codi-
cioso de ganancias des-
honestas, sino amable,

9 ὡσαύτως	καὶ	γυναῖκας	ἐν	καταστολῇ	κοσμίῳ	μετὰ	αἰδοῦς	καὶ
Asimismo	también	mujeres	con$_3$	ropa$_4$	decorosa$_5$	con$_6$	modestia$_7$	y$_8$
5615	2532	1135	1722	2689	2887	3326	127	2532
B	BE, TE	NAPF	P	NDSF	JDSF	P	NGSF	CLN

σωφροσύνης	κοσμεῖν	ἑαυτάς,	μὴ	ἐν	πλέγμασιν	καὶ	χρυσίῳ	ἢ
sensatez,$_9$	adornen$_1$	a sí mismas$_2$	no	con	peinado ostentoso	y	con oro	o
4997	2885	1438	3361	1722	4117	2532	5553	2228
NGSF	VPAN	RF3APF	BN, TN	P	NDPN	CLN	NDSN	CLD

μαργαρίταις	ἢ	ἱματισμῷ	πολυτελεῖ,	10 ἀλλ᾽	ὃ	πρέπει	γυναιξὶν
perlas	o	vestido	costoso,	sino$_1$	lo que$_5$	conviene$_6$	a mujeres$_7$
3135	2228	2441	4185	235	3739	4241	1135
NDPM	CLD	NDSM	JDSM	CLC	RR-NSN	VPAI3S	NDPF

ἐπαγγελλομέναις	θεοσέβειαν,	δι᾽	ἔργων	ἀγαθῶν.	11 γυνὴ	ἐν
que profesen$_8$	reverencia a Dios.$_9$	por medio de$_2$	obras$_3$	buenas,$_4$	(La) mujer	en$_2$
1861	2317	1223	2041	18	1135	1722
VPUP-PDF	NASF	P	NGPN	JGPN	NNSF	P

ἡσυχίᾳ	μανθανέτω	ἐν	πάσῃ	ὑποταγῇ·	12 διδάσκειν	δὲ	γυναικὶ
tranquilidad$_3$	aprenda$_1$	en	toda	sumisión;	enseñar$_5$	y$_1$	a (la) mujer$_4$
2271	3129	1722	3956	5292	1321	1161	1135
NDSF	VPAM3S	P	JDSF	NDSF	VPAN	CLN	NDSF

οὐκ	ἐπιτρέπω,	οὐδὲ	αὐθεντεῖν	ἀνδρός,	ἀλλ᾽	εἶναι	ἐν	ἡσυχίᾳ.
no$_2$	permito$_3$	ni	dar órdenes	a varón	sino	estar	en	tranquilidad.
3756	2010	3761	831	435	235	1511	1722	2271
CLK, TN, B	VPAI1S	TN, CLD	VPAN	NGSM	CLK, CLC	VPAN	P	NDSF

13 Ἀδὰμ	γὰρ	πρῶτος	ἐπλάσθη,	εἶτα	Εὕα·	14 καὶ	Ἀδὰμ	οὐκ
Adán$_2$	Porque$_1$	primero,$_4$	fue formado$_3$	después	Eva.	Y	Adán	no
76	1063	4413	4111	1534	2096	2532	76	3756
NNSM,XP	CAZ	JNSM	VAPI3S	B	NNSF	CLN	NNSM, XP	CLK, TN, B

ἠπατήθη,	ἡ	δὲ	γυνὴ	ἐξαπατηθεῖσα	ἐν	παραβάσει	γέγονεν.
fue engañado,	la$_2$	sino$_1$	mujer$_3$	siendo engañada	en$_2$	trasgresión.$_3$	ha llegado a estar$_1$
538	3588	1161	1135	1818	1722	3847	1096
VAPI3S	DNSF	CLK, CLC	NNSF	VAPP-SNF, VAAP-SNF	P	NDSF	VRAI3S

15 σωθήσεται	δὲ	διὰ	τῆς	τεκνογονίας,	ἐὰν	μείνωσιν	ἐν	πίστει
será salvada$_2$	Mas$_1$	por medio de	--	tener hijos,	si	permanecen	en	fe
4982	1161	1223	3588	5042	1437	3306	1722	4102
VFPI3S	CLC	P	DGSF	NGSF	CAC	VAAS3P	P	NDSF

καὶ	ἀγάπῃ	καὶ	ἁγιασμῷ	μετὰ	σωφροσύνης.
y	amor	y	santificación	con	sensatez.
2532	26	2532	38	3326	4997
CLN	NDSF	CLN	NDSM	P	NGSF

3 Πιστὸς	ὁ	λόγος·	εἴ	τις	ἐπισκοπῆς	ὀρέγεται,	καλοῦ
(es) fiel:$_3$	La$_1$	palabra$_2$	si$_4$	alguien$_5$	cargo de supervisor$_7$	anhela$_6$	buena$_9$
4103	3588	3056	1487	5100	1984	3713	2570
JNSM	DNSM	NNSM	CAC	RX-NSM	NGSF	VPMI3S	JGSN

ἔργου	ἐπιθυμεῖ.	2 δεῖ	οὖν	τὸν	ἐπίσκοπον	ἀνεπίλημπτον	εἶναι,
obra.$_{10}$	desea$_8$	es necesario$_4$	Así que,$_1$	el$_2$	supervisor$_3$	irreprochable$_6$	ser$_5$
2041	1937	1163	3767	3588	1985	423	1511
NGSN	VPAI3S	VPAI3S	CLI	DASM	NASM	JASM	VPAN

μιᾶς	γυναικὸς	ἄνδρα,	νηφάλιον,	σώφρονα,	κόσμιον,	φιλόξενον,
de una$_8$	esposa,$_9$	esposo$_7$	sobrio,	sensato,	respetable,	hospedador,
1520	1135	435	3524	4998	2887	5382
JGSF	NGSF	NASM	NASM, JASM	JASM	JASM	JASM

διδακτικόν,	3 μὴ	πάροινον,	μὴ	πλήκτην,	ἀλλὰ	ἐπιεικῆ,	ἄμαχον,
apto para enseñar,	no	dado al vino,	no	pendenciero,	sino	amable,	apacible,
1317	3361	3943	3361	4131	235	1933	269
JASM	BN, TN	JASM	BN, TN	NASM	CLC	JASM	JASM

NVI

9 En cuanto a las mu-
jeres, quiero que ellas se
vistan decorosamente,
con modestia y recato,
sin peinados ostentosos,
ni oro, ni perlas ni vesti-
dos costosos. 10 Que se
adornen más bien con
buenas obras, como co-
rresponde a mujeres que
profesan servir a Dios.
11 La mujer debe
aprender con serenidad,
con toda sumisión.
12 No permito que la
mujer enseñe al hombre
y ejerza autoridad sobre
él; debe mantenerse
ecuánime. 13 Porque
primero fue formado
Adán, y Eva después.
14 Además, no fue Adán
el engañado, sino la
mujer; y ella, una vez
engañada, incurrió en
pecado. 15 Pero la mujer
se salvará siendo madre
y permaneciendo con
sensatez en la fe, el amor
y la santidad.

Obispos y diáconos

3 Se dice, y es verdad,
que, si alguno
desea ser obispo, a noble
función aspira. 2 Así
que el obispo debe ser
intachable, esposo de
una sola mujer, modera-
do, sensato, respetable,
hospitalario, capaz de
enseñar; 3 no debe ser
borracho ni pendencie-
ro, ni amigo del dinero,
sino amable y apacible.

RVR

apacible, no avaro;
[4] que gobierne bien su
casa, que tenga a sus
hijos en sumisión con
toda dignidad
[5] (pues el que no sabe
gobernar su propia casa,
¿cómo cuidará de la
iglesia de Dios?);
[6] no un neófito, no sea
que envaneciéndose
caiga en la condenación
del diablo.
[7] Y debe tener buen
testimonio de los de
afuera, para que no caiga
en descrédito y en lazo
del diablo.

Requisitos de los diáconos

[8] Los diáconos asimis-
mo deben ser personas
respetables, sin doblez
de palabra, no dados
a mucho vino, no co-
diciosos de ganancias
deshonestas;
[9] que guarden el miste-
rio de la fe con limpia
conciencia.
[10] Y éstos también sean
sometidos a prueba
primero, y entonces
ejerzan el diaconado, si
son irreprensibles.
[11] Las mujeres asimismo
sean dignas, no calum-
niadoras, sino sobrias,
fieles en todo.
[12] Los diáconos sean
maridos de una sola
mujer, y que gobiernen
bien sus hijos y sus casas.
[13] Porque los que han

ἀφιλάργυρον,	[4]τοῦ	ἰδίου	οἴκου	καλῶς	προϊστάμενον,	τέκνα
que ame el dinero,	la$_3$	propia$_4$	casa,$_5$	bien$_2$	dirigiendo$_1$	a (los) hijos$_7$
866	3588	2398	3624	2573	4291	5043
JASM	*DGSM*	*JGSM*	*NGSM*	*B*	*VPMP-SAM*	*NAPN*

ἔχοντα	ἐν	ὑποταγῇ	μετὰ	πάσης	σεμνότητος·	[5](εἰ	δέ	τις
teniendo$_6$	en	sumisión	con	toda	respetabilidad,	si$_2$	mas$_1$	alguien$_3$
2192	1722	5292	3326	3956	4587	1487	1161	5100
VPAP-SAM	*P*	*NDSF*	*P*	*JGSF*	*NGSF*	*CAC*	*CLN*	*RX-NSM*

τοῦ	ἰδίου	οἴκου	προστῆναι	οὐκ	οἶδεν,	πῶς	ἐκκλησίας	θεοῦ
la$_7$	propia$_8$	casa,$_9$	dirigir$_6$	no$_4$	sabe$_5$	¿cómo$_{10}$	de (la) iglesia$_{12}$	de Dios?$_{13}$
3588	2398	3624	4291	3756	1492	4459	1577	2316
DGSM	*JGSM*	*NGSM*	*VAAN*	*BN, TN*	*VRAI3S*	*BI*	*NGSF*	*NGSM*

ἐπιμελήσεται;)	[6]μὴ	νεόφυτον,	ἵνα	μὴ	τυφωθεὶς	εἰς
cuidará$_{11}$	no	un neófito,	para que	no	habiéndose llenado de orgullo	en$_2$
1959	3361	3504	2443	3361	5187	1519
VFMI3S	*BN, TN*	*JASM*	*CAP*	*BN, TN*	*VAPP-SNM*	*P*

κρίμα	ἐμπέσῃ	τοῦ	διαβόλου.	[7]δεῖ	δὲ	καὶ	μαρτυρίαν	καλὴν
condenación$_3$	caiga$_1$	del	diablo.	es necesario$_3$	Y$_1$	también$_2$	testimonio$_6$	buen$_5$
2917	1706	3588	1228	1163	1161	2532	3141	2570
NASN	*VAAS3S*	*DGSM*	*JGSM*	*VPAI3S*	*CLN*	*BE, TE*	*NASF*	*JASF*

ἔχειν	ἀπὸ	τῶν	ἔξωθεν,	ἵνα	μὴ	εἰς	ὀνειδισμὸν	ἐμπέσῃ	καὶ	παγίδα
tener$_4$	de	los	de afuera,	para que	no	en$_2$	descrédito$_3$	caiga$_1$	y	trampa
2192	575	3588	1855	2443	3361	1519	3680	1706	2532	3803
VPAN	*P*	*DGPM*	*B*	*CAP*	*BN, TN*	*P*	*NASM*	*VAAS3S*	*CLN*	*NASF*

τοῦ	διαβόλου.
del	diablo.
3588	1228
DGSM	*JGSM*

[8]Διακόνους	ὡσαύτως	σεμνούς,	μὴ	διλόγους,	μὴ	οἴνῳ	πολλῷ
(los) diáconos:$_2$	Asimismo$_1$	respetables,	no	de doble palabra,	no$_1$	vino,$_4$	a mucho$_3$
1249	5615	4586	3361	1351	3361	3631	4183
NAPM	*B*	*JAPM*	*BN, TN*	*JAPM*	*BN, TN*	*NDSM*	*JDSM*

προσέχοντας,	μὴ	αἰσχροκερδεῖς,	[9]ἔχοντας	τὸ	μυστήριον	τῆς
adicto$_2$	no	ávido de ganancias deshonestas,	teniendo	el	misterio	de la
4337	3361	146	2192	3588	3466	3588
VPAP-PAM	*BN, TN*	*JAPM*	*VPAP-PAM*	*DASN*	*NASN*	*DGSF*

πίστεως	ἐν	καθαρᾷ	συνειδήσει.	[10]καὶ	οὗτοι	δὲ	δοκιμαζέσθωσαν
fe	con	limpia	conciencia.	también$_3$	estos$_2$	Mas$_1$	sean probados
4102	1722	2513	4893	2532	3778	1161	1381
NGSF	*P*	*JDSF*	*NDSF*	*BE, TE*	*RD-NPM*	*CLN*	*VPPM3P*

πρῶτον,	εἶτα	διακονείτωσαν	ἀνέγκλητοι	ὄντες.	[11]γυναῖκας
primero,	después	ministren	intachables.$_2$	siendo$_1$	(las) mujeres:$_2$
4412	1534	1247	410	5607	1135
B, J	*B*	*VPAM3P*	*JNPM*	*VPAP-PNM*	*NAPF*

ὡσαύτως	σεμνάς,	μὴ	διαβόλους,	νηφαλίους,	πιστὰς	ἐν
Asimismo$_1$	respetables,	no	calumniadoras,	sobrias,	fieles	en
5615	4586	3361	1228	3524	4103	1722
B	*JAPF*	*BN, TN*	*JAPF*	*JAPF, JAPM*	*JAPF*	*P*

πᾶσιν.	[12]διάκονοι	ἔστωσαν	μιᾶς	γυναικὸς	ἄνδρες,	τέκνων
todas las cosas.	(Los) diáconos	sean	de una$_2$	esposa,$_3$	esposos$_1$	(a los) hijos$_6$
3956	1249	2077	1520	1135	435	5043
JDPN	*NNPM*	*VPAM3P*	*JGSF*	*NGSF*	*NNPM*	*NGPN*

καλῶς	προϊστάμενοι	καὶ	τῶν	ἰδίων	οἴκων·	[13]οἱ	γὰρ	καλῶς
bien$_5$	dirigiendo$_4$	y	a las	propias	casas.	los que$_2$	Porque$_1$	bien,$_4$
2573	4291	2532	3588	2398	3624	3588	1063	2573
B	*VPMP-PNM*	*CLN*	*DGPM*	*JGPM*	*NGPM*	*DNPM*	*CAZ*	*B*

NVI

[4] Debe gobernar bien su
casa y hacer que sus hijos
le obedezcan con el de-
bido respeto; [5] porque el
que no sabe gobernar su
propia familia, ¿cómo
podrá cuidar de la igle-
sia de Dios? [6] No debe
ser un recién convertido,
no sea que se vuelva
presuntuoso y caiga en
la misma condenación
en que cayó el diablo.
[7] Se requiere además
que hablen bien de él
los que no pertenecen
a la iglesia, para que no
caiga en descrédito y en
la trampa del diablo.
[8] Los diáconos,
igualmente, deben ser
honorables, sinceros,
no amigos del mucho
vino ni codiciosos de las
ganancias mal habidas.
[9] Deben guardar, con
una conciencia limpia,
las grandes verdades de
la fe. [10] Que primero
sean puestos a prueba, y
después, si no hay nada
que reprocharles, que
sirvan como diáconos.
[11] Así mismo, las
esposas de los diáconos
deben ser honorables,
no calumniadoras, sino
moderadas y dignas de
toda confianza.
[12] El diácono debe
ser esposo de una sola
mujer y gobernar bien a
sus hijos y su propia casa.
[13] Los que ejercen bien

RVR

ejercido bien el diaco-
nado, obtienen para sí
una posición honrosa, y
mucha confianza en la
fe que es en Cristo Jesús.

El misterio de la piedad

14 Esto te escribo, aun-
que tengo la esperanza
de ir pronto a verte,
15 para que si tardo,
sepas cómo debes
conducirte en la casa de
Dios, que es la iglesia del
Dios viviente, columna
y baluarte de la verdad.
16 E indiscutiblemente,
grande es el misterio de
la piedad:

Dios fue manifestado
en carne,
Justificado en el
Espíritu,
Visto de los ángeles,
Predicado a los
gentiles,
Creído en el mundo,
Recibido arriba en
gloria.

Los falsos doctores

4 Pero el Espíritu
dice claramente
que en los últimos tiem-
pos algunos apostatarán
de la fe, escuchando a
espíritus engañadores y a
doctrinas de demonios,
2 que con hipocresía
hablarán mentira,
teniendo cauterizada la
conciencia,
3 prohibirán casarse, y
mandarán abstenerse
de alimentos que Dios
creó para que con acción

Interlineal

Διακονήσαντες	βαθμὸν	ἑαυτοῖς	καλὸν	περιποιοῦνται	καὶ	πολλὴν
ministraron$_3$	dignidad$_7$	para sí mismos$_8$	buena$_6$	obtienen$_5$	y	mucha
1247	898	1438	2570	4046	2532	4183
VAAP-PNM	NASM	RF3DPM	JASM	VPMI3P	CLN	JASF

παρρησίαν	ἐν	πίστει	τῇ	ἐν	Χριστῷ	Ἰησοῦ.
confianza	en	(la) fe,	la (que es)	en	Cristo	Jesús.
3954	1722	4102	3588	1722	5547	2424
NASF	P	NDSF	DDSF	P	NDSM	NDSM

14 Ταῦτά	σοι	γράφω,	ἐλπίζων	ἐλθεῖν	πρὸς	σὲ	ἐν	τάχει,
estas cosas$_2$	a ti,$_3$	Escribo$_1$	esperando	ir	a	ti	en	breve;
5023	4671	1125	1679	2064	4314	4571	1722	5034
RD-APN	RP2DS	VPAI1S	VPAP-SNM	VAAN	P	RP2AS	P	NDSN

15 ἐὰν	δὲ	βραδύνω,	ἵνα	εἰδῇς	πῶς	δεῖ	ἐν	οἴκῳ*	θεοῦ
si$_2$	mas$_1$	me retraso,	para que	sepas	cómo	es necesario	en$_2$	(la) casa$_3$	de Dios,$_4$
1437	1161	1019	2443	1492	4459	1163	1722	3624	2316
CAC	CLC	VPAS1S	CAP	VRAS2S	B	VPAI3S	P	NDSM	NGSM

ἀναστρέφεσθαι,	ἥτις	ἐστὶν	ἐκκλησία	θεοῦ	ζῶντος,	στῦλος	καὶ
comportarse$_1$	la que	es	iglesia	de (l) Dios	viviente,	columna	y
390	3748	2076	1577	2316	2198	4769	2532
VPPN	RR-NSF	VPAI3S	NNSF	NGSM	VPAP-SGM	NNSM	CLN

ἑδραίωμα	τῆς	ἀληθείας.	16 καὶ	ὁμολογουμένως	μέγα	ἐστὶν	τὸ	τῆς
baluarte	de la	verdad.	Y,	sin lugar a dudas,	grande:$_6$	es$_5$	el$_1$	de la$_3$
1477	3588	225	2532	3672	3173	2076	3588	3588
NNSN	DGSF	NGSF	CLN	B	JNSN	VPAI3S	DNSN	DGSF

εὐσεβείας	μυστήριον·	⸀Ὃς	ἐφανερώθη	ἐν	σαρκί,	ἐδικαιώθη	ἐν
piedad$_4$	misterio$_2$	quien	fue manifestado	en	carne,	fue justificado	en
2150	3466	3739	5319	1722	4561	1344	1722
NGSF	NNSN	RR-NSM	VAPI3S	P	NDSF	VAPI3S	P

πνεύματι,	ὤφθη	ἀγγέλοις,	ἐκηρύχθη	ἐν	ἔθνεσιν,	ἐπιστεύθη	ἐν
(el) Espíritu,	fue visto	por ángeles,	fue proclamado	entre	(los) gentiles,	fue creído	en
4151	3700	32	2784	1722	1484	4100	1722
NDSN	VAPI3S	NDPM	VAPI3S	P	NDPN	VAPI3S	P

κόσμῳ,	ἀνελήμφθη	ἐν	δόξῃ.
(el) mundo,	fue recibido	en	gloria.
2889	353	1722	1391
NDSM	VAPI3S	P	NDSF

4 Τὸ	δὲ	πνεῦμα	ῥητῶς	λέγει	ὅτι	ἐν	ὑστέροις	καιροῖς
el$_2$	Mas$_1$	Espíritu	expresamente	dice	que	en	postreros	tiempos
3588	1161	4151	4490	3004	3754	1722	5306	2540
DNSN	CLT	NNSN	B	VPAI3S	CSC	P	JDPM	NDPM

ἀποστήσονταί	τινες	τῆς	πίστεως,	προσέχοντες	πνεύμασι
se apartarán$_2$	algunos$_1$	de la	fe,	prestando atención	a espíritus
868	5100	3588	4102	4337	4151
VFMI3P	RX-NPM	DGSF	NGSF	VPAP-PNM	NDPN

πλάνοις	καὶ	διδασκαλίαις	δαιμονίων	2 ἐν	ὑποκρίσει	ψευδολόγων,
engañadores	y	a enseñanzas	de demonios,	por	hipocresía	de los mentirosos,
4108	2532	1319	1140	1722	5272	5573
JDPN	CLN	NDPF	NGPN	P	NDSF	JGPM

κεκαυστηριασμένων	τὴν	ἰδίαν	συνείδησιν,	3 κωλυόντων	γαμεῖν,
que han sido cauterizados	la	propia	conciencia,	prohibiendo	casarse,
2743	3588	2398	4893	2967	1060
VRPP-PGM	DASF	JASF	NASF	VPAP-PGM	VPAN

ἀπέχεσθαι	βρωμάτων	ἃ	ὁ	θεὸς	ἔκτισεν	εἰς	μετάλημψιν
abstenerse	de alimentos,	las cosas que	--	Dios	creó	para	recibimiento
567	1033	3739	3588	2316	2936	1519	3336
VPMN	NGPN	RR-APN	DNSM	NNSM	VAAI3S	P	NASF

NVI

el diaconado se ganan
un lugar de honor y
adquieren mayor con-
fianza para hablar de su
fe en Cristo Jesús.
14 Aunque espero ir
pronto a verte, escribo
estas instrucciones para
que, 15 si me retraso,
sepas cómo hay que por-
tarse en la casa de Dios,
que es la iglesia del Dios
viviente, columna y fun-
damento de la verdad.
16 No hay duda de que
es grande el misterio de
nuestra fe:

Él se manifestó como
hombre;
fue vindicado por
el Espíritu,
visto por los ángeles,
proclamado entre las
naciones,
creído en el mundo,
recibido en la gloria.

Instrucciones a Timoteo

4 El Espíritu dice
claramente que,
en los últimos tiempos,
algunos abandona-
rán la fe para seguir a
inspiraciones engañosas
y doctrinas diabólicas.
2 Tales enseñanzas pro-
vienen de embusteros
hipócritas, que tienen la
conciencia encallecida.
3 Prohíben el matri-
monio y no permiten
comer ciertos alimentos
que Dios ha creado para

3:15* O sea *familia*. **3:16⸀** Manuscritos inferiores tienen *Dios*.

RVR

de gracias participasen de ellos los creyentes y los que han conocido la verdad.
4 Porque todo lo que Dios creó es bueno, y nada es de desecharse, si se toma con acción de gracias;
5 porque es santificado mediante la palabra de Dios y la oración.

Un buen ministro de Jesucristo

6 Si sugieres esto a los hermanos, serás buen ministro de Jesucristo, nutriéndote con las palabras de la fe y de la buena doctrina que has seguido.
7 Desecha las fábulas profanas y propias de viejas. Ejercítate para la piedad;
8 porque el ejercicio corporal para poco es provechoso, pero la piedad para todo aprovecha, pues tiene promesa de esta vida presente, y de la venidera.
9 Palabra fiel es ésta, y digna de total aceptación.
10 Pues por esto mismo trabajamos y sufrimos oprobios, porque hemos puesto nuestra esperanza en el Dios viviente, que es el Salvador de todos los hombres, especialmente de los que creen.

μετὰ	εὐχαριστίας	τοῖς	πιστοῖς	καὶ	ἐπεγνωκόσι	τὴν	ἀλήθειαν.
con	acción de gracias	para los	fieles	y	los que han conocido plenamente	la	verdad.
3326	2169	3588	4103	2532	1921	3588	225
P	*NGSF*	*DDPM*	*JDPM*	*CLN*	*VRAP-PDM*	*DASF*	*NASF*

4 ὅτι	πᾶν	κτίσμα	θεοῦ	καλόν,	καὶ	οὐδὲν	ἀπόβλητον	μετὰ
Porque	toda	criatura	de Dios	(es) buena,	y	nada	(es) rechazable,	con$_2$
3754	3956	2938	2316	2570	2532	3762	579	3326
CAZ	*JNSN*	*NNSN*	*NGSM*	*JNSN*	*CLN*	*JNSN*	*JNSN*	*P*

εὐχαριστίας	λαμβανόμενον,	5 ἁγιάζεται	γὰρ	διὰ	λόγου	θεοῦ
acción de gracias;$_3$	tomando$_1$	es santificado$_2$	porque$_1$	por medio de	(la) palabra	de Dios
2169	2983	37	1063	1223	3056	2316
NGSF	*VPPP-SNN*	*VPPI3S*	*CAZ*	*P*	*NGSM*	*NGSM*

καὶ	ἐντεύξεως.
y	(la) oración.
2532	1783
CLN	*NGSF*

6 Ταῦτα	ὑποτιθέμενος	τοῖς	ἀδελφοῖς	καλὸς	ἔσῃ	διάκονος
estas cosas$_2$	Indicando$_1$	a los	hermanos,	buen$_2$	serás$_1$	ministro$_3$
5023	5294	3588	80	2570	2071	1249
RD-APN	*VPMP-SNM*	*DDPM*	*NDPM*	*JNSM*	*VFMI2S*	*NNSM*

Χριστοῦ	Ἰησοῦ,	ἐντρεφόμενος	τοῖς	λόγοις	τῆς	πίστεως	καὶ	τῆς
de Cristo	Jesús,	siendo nutrido	por las	palabras	de la	fe	y	de la
5547	2424	1789	3588	3056	3588	4102	2532	3588
NGSM	*NGSM*	*VPPP-SNM*	*DDPM*	*NDPM*	*DGSF*	*NGSF*	*CLN*	*DGSF*

καλῆς	διδασκαλίας	ᾗ	παρηκολούθηκας,	7 τοὺς	δὲ	βεβήλους	καὶ
buena	enseñanza	la que	has seguido;	las$_3$	pero$_1$	vulgares$_4$	y$_5$
2570	1319	3739	3877	3588	1161	952	2532
JGSF	*NGSF*	*RR-DSF*	*VRAI2S*	*DAPM*	*CLC*	*JAPM*	*CLN*

γραώδεις	μύθους	παραιτοῦ.	γύμναζε	δὲ	σεαυτὸν	πρὸς	εὐσέβειαν·
de viejas,$_7$	leyendas$_6$	evita$_2$	ejercita$_9$	pero$_8$	a ti mismo$_{10}$	para	(la) piedad.
1126	3454	3868	1128	1161	4572	4314	2150
JAPM	*NAPM*	*VPUM2S*	*VPAM2S*	*CLC*	*RF2ASM*	*P*	*NASF*

8 ἡ	γὰρ	σωματικὴ	γυμνασία	πρὸς	ὀλίγον	ἐστὶν	ὠφέλιμος,	ἡ
el$_2$	Porque$_1$	corporal$_4$	ejercicio$_3$	para	poco	es	provechoso;	la$_2$
3588	1063	4984	1129	4314	3641	2076	5624	3588
DNSF	*CAZ*	*JNSF*	*NNSF*	*P*	*JASM*	*VPAI3S*	*JNSF, JNSM*	*DNSF*

δὲ	εὐσέβεια	πρὸς	πάντα	ὠφέλιμός	ἐστιν,	ἐπαγγελίαν	ἔχουσα
pero$_1$	piedad$_3$	para$_4$	todas las cosas$_5$	provechosa,$_7$	es$_6$	promesa$_9$	teniendo$_8$
1161	2150	4314	3956	5624	2076	1860	2192
CLC	*NNSF*	*P*	*JAPN*	*JNSF, JNSM*	*VPAI3S*	*NASF*	*VPAP-SNF*

ζωῆς	τῆς	νῦν	καὶ	τῆς	μελλούσης.	9 πιστὸς	ὁ	λόγος	καὶ	πάσης
de vida,$_{10}$	de la de	ahora	y	de la	venidera.	(es) fiel$_3$	La$_1$	palabra$_2$	y$_4$	de toda$_6$
2222	3588	3568	2532	3588	3195	4103	3588	3056	2532	3956
NGSF	*DGSF*	*B*	*CLN*	*DGSF*	*VPAP-SGF*	*JNSM*	*DNSM*	*NNSM*	*CLN*	*JGSF*

ἀποδοχῆς	ἄξιος,	10 εἰς	τοῦτο	γὰρ	κοπιῶμεν	καὶ	ὀνειδιζόμεθα,	ὅτι
aceptación,$_7$	digna$_5$	para$_5$	esto,$_6$	porque$_1$	trabajamos$_2$	y$_3$	somos reprochados$_4$	porque
594	514	1519	5124	1063	2872	2532	3679	3754
NGSF	*JNSM*	*P*	*RD-ASN*	*CAZ*	*VPAI1P*	*CLN*	*VPPI1P*	*CAZ*

ἠλπίκαμεν	ἐπὶ	θεῷ	ζῶντι,	ὅς	ἐστιν	σωτὴρ	πάντων	ἀνθρώπων,
hemos esperado	en	(el) Dios	viviente,	quien	es	Salvador	de todos	(los) seres humanos,
1679	1909	2316	2198	3739	2076	4990	3956	444
VRAI1P	*P*	*NDSM*	*VPAP-SDM*	*RR-NSM*	*VPAI3S*	*NNSM*	*JGPM*	*NGPM*

μάλιστα	πιστῶν.
especialmente	de (los) fieles.
3122	4103
BS	*JGPM*

NVI

que los creyentes, conocedores de la verdad, los coman con acción de
gracias. 4 Todo lo que Dios ha creado es bueno, y nada es despreciable si se recibe con acción de
gracias, 5 porque la palabra de Dios y la oración lo santifican.
6 Si enseñas estas cosas a los hermanos, serás un buen servidor de Cristo Jesús, nutrido con las verdades de la fe y de la buena enseñanza que paso a paso has
seguido. 7 Rechaza las leyendas profanas y otros mitos semejantes. Más bien, ejercítate en
la piedad, 8 pues aunque el ejercicio físico trae algún provecho, la piedad es útil para todo, ya que incluye una promesa no solo para la vida presente, sino también para la
venidera. 9 Este mensaje es digno de crédito y merece ser aceptado
por todos. 10 En efecto, si trabajamos y nos esforzamos es porque hemos puesto nuestra esperanza en el Dios viviente, que es el Salvador de todos, especialmente de los que creen.

RVR

11 Esto manda y enseña.
12 Que nadie menosprecie tu juventud, sino sé
ejemplo de los creyentes
en palabra, conducta,
amor, espíritu, fe y
pureza.
13 Entretanto que voy,
ocúpate en la lectura,
la exhortación y la
enseñanza.
14 No descuides el don
que hay en ti, que te fue
dado mediante profecía
con la imposición de las
manos del presbiterio.
15 Ocúpate en estas cosas; permanece en ellas,
para que tu aprovechamiento sea manifiesto
a todos.
16 Ten cuidado de ti mismo y de la enseñanza;
persiste en ello, pues haciendo esto, te salvarás
a ti mismo y a los que te
escuchen.

Deberes hacia los demás

5 No reprendas
al anciano, sino
exhórtale como a padre;
a los más jóvenes, como
a hermanos;
2 a las ancianas, como a
madres; a las jovencitas,
como a hermanas, con
toda pureza.
3 Honra a las viudas que
en verdad lo son.
4 Pero si alguna viuda

11 Παράγγελλε	ταῦτα	καὶ	δίδασκε.	12 μηδείς	σου	τῆς	νεότητος
Ordena	estas cosas	y	enseña.	Nadie$_1$	de ti,$_5$	la$_3$	juventud$_4$
3853	5023	2532	1321	3367	4675	3588	3503
VPAM2S	*RD-APN*	*CLN*	*VPAM2S*	*JNSM*	*RP2GS*	*DGSF*	*NGSF*

καταφρονείτω,	ἀλλὰ	τύπος	γίνου	τῶν	πιστῶν	ἐν	λόγῳ,	ἐν
menosprecie$_2$	sino$_6$	modelo$_8$	sé$_7$	de los	fieles	en	palabra,	en
2706	235	5179	1096	3588	4103	1722	3056	1722
VPAM3S	*CLC*	*NNSM*	*VPUM2S*	*DGPM*	*JGPM*	*P*	*NDSM*	*P*

ἀναστροφῇ,	ἐν	ἀγάπῃ,	ἐν	πίστει,	ἐν	ἁγνείᾳ.	13 ἕως	ἔρχομαι
comportamiento,	en	amor,	en	fe,	en	pureza.	Hasta que	vaya,
391	1722	26	1722	4102	1722	47	2193	2064
NDSF	*P*	*NDSF*	*P*	*NDSF*	*P*	*NDSF*	*CAT*	*VPUI1S*

πρόσεχε	τῇ	ἀναγνώσει,	τῇ	παρακλήσει,	τῇ	διδασκαλίᾳ.	14 μὴ
presta atención	a la	lectura,	a la	exhortación,	a la	enseñanza.	No
4337	3588	320	3588	3874	3588	1319	3361
VPAM2S	*DDSF*	*NDSF*	*DDSF*	*NDSF*	*DDSF*	*NDSF*	*BN,TN*

ἀμέλει	τοῦ	ἐν	σοὶ	χαρίσματος,	ὃ	ἐδόθη	σοι	διὰ
descuides	el	(que hay)en$_2$	ti,$_3$	don$_1$	el que	fue dado	a ti	por medio de
272	3588	1722	4671	5486	3739	1325	4671	1223
VPAM2S	*DGSN*	*P*	*RP2DS*	*NGSN*	*RR-NSN*	*VAPI3S*	*RP2DS*	*P*

προφητείας	μετὰ	ἐπιθέσεως	τῶν	χειρῶν	τοῦ	πρεσβυτερίου.	15 ταῦτα
profecía	con	imposición	de las	manos	del	consejo de ancianos.	estas cosas$_2$
4394	3326	1936	3588	5495	3588	4244	5023
NGSF	*P*	*NGSF*	*DGPF*	*NGPF*	*DGSN*	*NGSN*	*RD-APN*

μελέτα,	ἐν	τούτοις	ἴσθι,	ἵνα	σου	ἡ	προκοπὴ	φανερὰ	ᾖ
Practica,$_1$	en$_4$	estas$_5$	está,$_3$	para que$_6$	de ti$_9$	el$_7$	progreso$_8$	evidente$_{11}$	sea$_{10}$
3191	1722	5125	2468	2443	4675	3588	4297	5318	5600
VPAM2S	*P*	*RD-DPN*	*VPAM2S*	*CAP*	*RP2GS*	*DNSF*	*NNSF*	*JNSF*	*VPAS3S*

πᾶσιν.	16 ἔπεχε	σεαυτῷ	καὶ	τῇ	διδασκαλίᾳ·	ἐπίμενε	αὐτοῖς·
en todos.$_{12}$	Ten cuidado	(de) ti mismo	y	(de) la	enseñanza,	permanece	en ellas;
3956	1907	4572	2532	3588	1319	1961	846
JDPM	*VPAM2S*	*RF2DSM*	*CLN*	*DDSF*	*NDSF*	*VPAM2S*	*RP3DPN, RP3DPM*

τοῦτο	γὰρ	ποιῶν	καὶ	σεαυτὸν	σώσεις	καὶ	τοὺς	ἀκούοντάς
esto$_3$	porque$_1$	haciendo$_2$	también$_5$	a ti mismo$_6$	salvarás$_4$	y	a los que	oyen
5124	1063	4160	2532	4572	4982	2532	3588	191
RD-ASN	*CAZ*	*VPAP-SNM*	*CLK*	*RF2ASM*	*VFAI2S*	*CLK, CLN*	*DAPM*	*VPAP-PAM*

σου.
de ti.
4675
RP2GS

5 Πρεσβυτέρῳ	μὴ	ἐπιπλήξῃς,	ἀλλὰ	παρακάλει	ὡς	πατέρα,
al anciano,$_3$	No$_1$	reprendas$_2$	sino	exhorta	como	a padre,
4245	3361	1969	235	3870	5613	3962
JDSM	*BN, TN*	*VAAS2S*	*CLC*	*VPAM2S*	*P, CAM*	*NASM*

νεωτέρους	ὡς	ἀδελφούς,	2 πρεσβυτέρας	ὡς	μητέρας,	νεωτέρας
a (los) jóvenes	como	a hermanos,	a (las) ancianas	como	madres.	a (las) jóvenes
3501	5613	80	4245	5613	3384	3501
JAPMC	*P, CAM*	*NAPM*	*JAPF*	*P, CAM*	*NAPF*	*JAPFC*

ὡς	ἀδελφὰς	ἐν	πάσῃ	ἁγνείᾳ.
como	a hermanas	con	toda	pureza.
5613	79	1722	3956	47
P, CAM	*NAPF*	*P*	*JDSF*	*NDSF*

3 Χήρας	τίμα	τὰς	ὄντως	χήρας.	4 εἰ	δέ	τις	χήρα
a (las) viudas,$_2$	Honra$_1$	a las	realmente	viudas.	si$_2$	Pero$_1$	alguna$_3$	viuda$_4$
5503	5091	3588	3689	5503	1487	1161	5100	5503
NAPF, JAPF	*VPAM2S*	*DAPF*	*B*	*NAPF, JAPF*	*CAC*	*CLC*	*JNSF, RX-NSF*	*NNSF, JNSF*

NVI

11 Encarga y enseña
estas cosas. 12 Que nadie
te menosprecie por ser
joven. Al contrario, que
los creyentes vean en ti
un ejemplo a seguir en
la manera de hablar, en
la conducta, y en amor,
fe y pureza. 13 En tanto
que llego, dedícate a la
lectura pública de las
Escrituras, y a enseñar y
animar a los hermanos.
14 Ejercita el don que
recibiste mediante
profecía, cuando los
ancianos te impusieron
las manos.
15 Sé diligente en
estos asuntos; entrégate
de lleno a ellos, de modo
que todos puedan ver
que estás progresando. 16 Ten cuidado de
tu conducta y de tu
enseñanza. Persevera en
todo ello, porque así te
salvarás a ti mismo y a
los que te escuchen.

Cómo tratar a viudas, ancianos y esclavos

5 No reprendas con
dureza al anciano,
sino aconséjalo como si
fuera tu padre. Trata a
los jóvenes como a hermanos; 2 a las ancianas,
como a madres; a las jóvenes, como a hermanas,
con toda pureza.
3 Reconoce debidamente a las viudas
que de veras están
desamparadas. 4 Pero, si
una viuda tiene hijos o

RVR

tiene hijos, o nietos,
aprendan éstos primero
a ser piadosos para con
su propia familia, y a re-
compensar a sus padres;
porque esto es lo bueno
y agradable delante de
Dios.
5 Mas la que en verdad
es viuda y ha queda-
do sola, ha puesto su
esperanza en Dios, y
persevera en súplicas y
oraciones noche y día.
6 Pero la que se entrega
a los placeres, viviendo
está muerta.
7 Manda también estas
cosas, para que sean
irreprensibles;
8 porque si alguno no
provee para los suyos, y
especialmente para los
de su casa, ha negado
la fe, y es peor que un
incrédulo.
9 Sea puesta en la lista
sólo la viuda no menor
de sesenta años, que
haya sido esposa de un
solo marido,
10 que tenga testimonio
de buenas obras; si ha
criado hijos; si ha prac-
ticado la hospitalidad; si
ha lavado los pies de los
santos; si ha socorrido a
los afligidos; si ha estado
dedicada a toda buena
obra.
11 Pero no admitas viu-
das más jóvenes; porque
cuando, impulsadas por
sus deseos, se rebelan
contra Cristo, quieren
casarse,
12 incurriendo así en
condenación, por haber

τέκνα	ἢ	ἔκγονα	ἔχει,	μανθανέτωσαν	πρῶτον	τὸν	ἴδιον	οἶκον
hijos$_{6}$	o$_{7}$	nietos,$_{8}$	tiene$_{5}$	que aprendan$_{9}$	primero$_{14}$	con la$_{11}$	propia$_{12}$	casa$_{13}$
5043	2228	1549	2192	3129	4412	3588	2398	3624
NAPN	*CLD*	*JAPN*	*VPAI3S*	*VPAM3P*	*B*	*DASM*	*JASM*	*NASM*

εὐσεβεῖν	καὶ	ἀμοιβὰς	ἀποδιδόναι	τοῖς	προγόνοις,	τοῦτο
a practicar la piedad$_{10}$	y$_{15}$	con compensaciones$_{17}$	recompensar$_{16}$	a los$_{18}$	progenitores;$_{19}$	esto$_{21}$
2151	2532	287	591	3588	4269	5124
VPAN	*CLN*	*NAPF*	*VPAN*	*DDPM*	*NDPM, JDPM*	*RD-NSN*

γάρ	ἐστιν	ἀπόδεκτον	ἐνώπιον	τοῦ	θεοῦ.	5 ἡ	δὲ	ὄντως	χήρα
porque$_{20}$	es	aceptable	delante de	de --	Dios.	la$_{2}$	Mas$_{1}$	realmente	viuda
1063	2076	587	1799	3588	2316	3588	1161	3689	5503
CAZ	*VPAI3S*	*JNSN*	*P, B*	*DGSM*	*NGSM*	*DNSF*	*CLC*	*B*	*NNSF, JNSF*

καὶ	μεμονωμένη	ἤλπικεν	ἐπὶ	θεὸν	καὶ	προσμένει	ταῖς	δεήσεσιν
y	que ha sido dejada sola,	la que ha esperado	en	Dios	y	permanece	en las	peticiones
2532	3443	1679	1909	2316	2532	4357	3588	1162
CLN	*VRPP-SNF*	*VRAI3S*	*P*	*NASM*	*CLN*	*VPAI3S*	*DDPF*	*NDPF*

καὶ	ταῖς	προσευχαῖς	νυκτὸς	καὶ	ἡμέρας·	6 ἡ	δὲ	σπαταλῶσα
y	en las	oraciones	de noche	y	de día;	la que$_{2}$	mas$_{1}$	se entrega a placeres$_{3}$
2532	3588	4335	3571	2532	2250	3588	1161	4684
CLN	*DDPF*	*NDPF*	*NGSF*	*CLN*	*NGSF*	*DNSF*	*CLC*	*VPAP-SNF*

ζῶσα	τέθνηκεν.	7 καὶ	ταῦτα	παράγγελλε,	ἵνα	ἀνεπίλημπτοι
viviendo.$_{5}$	ha muerto$_{4}$	También$_{1}$	estas cosas$_{3}$	ordena$_{2}$	para que$_{4}$	irreprensibles.$_{6}$
2198	2348	2532	5023	3853	2443	423
VPAP-SNF	*VRAI3S*	*CLN, B*	*RD-APN*	*VPAM2S*	*CAP*	*JNPM*

ὦσιν·	8 εἰ	δέ	τις	τῶν	ἰδίων	καὶ	μάλιστα	οἰκείων	οὐ
sean$_{5}$	si$_{2}$	Mas$_{1}$	alguien$_{3}$	a los$_{6}$	propios$_{7}$	y$_{8}$	especialmente$_{9}$	a los miembros de la familia$_{9}$	no$_{4}$
5600	1487	1161	5100	3588	2398	2532	3122	3609	3756
VPAS3P	*CAC*	*CLC*	*RX-NSM*	*DGPM*	*JGPM*	*CLN*	*BS*	*JGPM*	*BN, TN*

προνοεῖ,	τὴν	πίστιν	ἤρνηται	καὶ	ἔστιν	ἀπίστου	χείρων.
provee,$_{5}$	la$_{11}$	fe,$_{12}$	ha negado$_{10}$	y$_{13}$	es$_{14}$	un incrédulo.$_{16}$	peor que$_{15}$
4306	3588	4102	720	2532	2076	571	5501
VPAI3S	*DASF*	*NASF*	*VRMI3S*	*CLN*	*VPAI3S*	*JGSM*	*JNSMC*

9 Χήρα	καταλεγέσθω	μὴ	ἔλαττον	ἐτῶν	ἑξήκοντα	γεγονυῖα,
Una viuda	sea puesta en una lista	no	menor de	años,$_{2}$	sesenta$_{1}$	que haya llegado a ser$_{3}$
5503	2639	3361	1640	2094	1835	1096
NNSF, JNSF	*VPPM3S*	*BN, TN*	*JNSN*	*NGPN*	*XN, J*	*VRAP-SNF*

ἑνὸς	ἀνδρὸς	γυνή,	10 ἐν	ἔργοις	καλοῖς	μαρτυρουμένη,	εἰ
de un$_{5}$	esposo,$_{6}$	esposa$_{4}$	en$_{2}$	obras:$_{4}$	buenas$_{3}$	dando testimonio$_{1}$	si
1520	435	1135	1722	2041	2570	3140	1487
JGSM	*NGSM*	*NNSF*	*P*	*NDPN*	*JDPN*	*VPPP-SNF*	*CAC*

ἐτεκνοτρόφησεν,	εἰ	ἐξενοδόχησεν,	εἰ	ἁγίων	πόδας	ἔνιψεν,
crió hijos,	si	practicó hospitalidad,	si$_{1}$	de (los) santos,$_{4}$	(los) pies$_{3}$	lavó$_{2}$
5044	1487	3580	1487	40	4228	3538
VAAI3S	*CAC*	*VAAI3S*	*CAC*	*JGPM*	*NAPM*	*VAAI3S*

εἰ	θλιβομένοις	ἐπήρκεσεν,	εἰ	παντὶ	ἔργῳ	ἀγαθῷ	ἐπηκολούθησεν.
si$_{5}$	a afligidos,$_{7}$	socorrió$_{6}$	si$_{8}$	a toda$_{10}$	obra$_{11}$	buena.$_{12}$	se dedicó$_{9}$
1487	2346	1884	1487	3956	2041	18	1872
CAC	*VPPP-PDM*	*VAAI3S*	*CAC*	*JDSN*	*NDSN*	*JDSN*	*VAAI3S*

11 νεωτέρας	δὲ	χήρας	παραιτοῦ·	ὅταν	γὰρ	καταστρηνιάσωσιν
jóvenes,$_{4}$	Pero$_{1}$	a las viudas$_{3}$	rehúsa$_{2}$	cuando$_{6}$	porque$_{5}$	fueran arrastradas por el deseo contra
3501	1161	5503	3868	3752	1063	2691
JAPFC	*CLC*	*NAPF, JAPF*	*VPUM2S*	*CAT*	*CAZ*	*VAAS3P*

τοῦ	Χριστοῦ,	γαμεῖν	θέλουσιν,	12 ἔχουσαι	κρίμα	ὅτι	τὴν	πρώτην
--	Cristo,	casarse,$_{2}$	desean$_{1}$	teniendo	juicio,	porque$_{1}$	la$_{3}$	primera$_{4}$
3588	5547	1060	2309	2192	2917	3754	3588	4413
DGSM	*NGSM*	*VPAN*	*VPAI3P*	*VPAP-PNF*	*NASN*	*CAZ*	*DASF*	*JASF*

NVI

nietos, que estos apren-
dan primero a cumplir
sus obligaciones con su
propia familia y corres-
pondan así a sus padres
y abuelos, porque eso
agrada a Dios. 5 La viuda
desamparada, como
ha quedado sola, pone
su esperanza en Dios
y persevera noche y
día en sus oraciones y
súplicas. 6 En cambio, la
viuda que se entrega al
placer ya está muerta
en vida. 7 Encárgales
estas cosas para que sean
intachables. 8 El que no
provee para los suyos, y
sobre todo para los de su
propia casa, ha negado
la fe y es peor que un
incrédulo.
9 En la lista de las
viudas debe figurar
únicamente la que tenga
más de sesenta años, que
haya sido fiel a su esposo,
10 y que sea reconocida
por sus buenas obras,
tales como criar hijos,
practicar la hospitali-
dad, lavar los pies de los
creyentes, ayudar a los
que sufren y aprovechar
toda oportunidad para
hacer el bien.
11 No incluyas en esa
lista a las viudas más
jóvenes, porque cuando
sus pasiones las alejan de
Cristo, les da por casarse.
12 Así resultan culpables
de faltar a su primer

NVR

dejado a un lado su
promesa anterior.
[13]Y al mismo tiempo
aprenden a ser ociosas,
andando de casa en
casa; y no solamente
ociosas, sino también
chismosas y entremeti-
das, hablando lo que no
deben.
[14]Quiero, pues, que las
viudas jóvenes se casen,
críen hijos, gobiernen
su casa; que no den al
adversario ningún pre-
texto para hablar mal.
[15]Porque ya algunas se
han apartado en pos de
Satanás.
[16]Si algún creyente o
alguna creyente tiene
viudas, que las manten-
ga, y no sea gravada la
iglesia, a fin de que haya
lo suficiente para las que
en verdad son viudas.
[17]Los ancianos que
gobiernan bien, sean
tenidos por dignos de
doble honor, principal-
mente los que trabajan
en predicar y enseñar.
[18]Pues la Escritura
dice: No pondrás bozal
al buey que trilla; y:
Digno es el obrero de su
salario.
[19]Contra un anciano
no admitas acusación a
no ser sobre la base de
dos o tres testigos.
[20]A los que persisten
en pecar, repréndelos
delante de todos, para

πίστιν*	ἠθέτησαν·	[13]ἅμα	δὲ	καὶ	ἀργαὶ	μανθάνουσιν,
fe,$_5$	rechazaron$_2$	juntamente$_2$	y$_1$	también$_3$	ociosas$_5$	aprenden a ser$_4$
4102	114	260	1161	2532	692	3129
NASF	VAAI3P	B	CLN	BE, TE	JNPF	VPAI3P

περιερχόμεναι	τὰς	οἰκίας*,	οὐ	μόνον	δὲ	ἀργαὶ	ἀλλὰ	καὶ
vagando	las	casas,	no$_2$	solo$_3$	pero$_1$	ociosas$_4$	sino	también
4022	3588	3614	3756	3440	1161	692	235	2532
VPUP-PNF	DAPF	NAPF	CLK, TN, B	B, J	CLC	JNPF	CLK, CLC	BE, TE

φλύαροι	καὶ	περίεργοι,	λαλοῦσαι	τὰ	μὴ	δέοντα.	[14]βούλομαι
chismosas	y	entrometidas,	hablando	las cosas	no	son debidas.	deseo$_2$
5397	2532	4021	2980	3588	3361	1163	1014
JNPF	CLN	JNPF, JNPM	VPAP-PNF	DAPN	BN, TN	VPAP-PAN	VPUI1S

οὖν	νεωτέρας	γαμεῖν,	τεκνογονεῖν,	οἰκοδεσποτεῖν,	μηδεμίαν
Así que$_1$	a las jóvenes	casarse	tener hijos	gobernar una casa,	ningún$_2$
3767	3501	1060	5041	3616	3367
CLI	JAPFC	VPAN	VPAN	VPAN	JASF

ἀφορμὴν	διδόναι	τῷ	ἀντικειμένῳ	λοιδορίας	χάριν*.	[15]ἤδη	γάρ
pretexto$_3$	dar$_1$	al que$_4$	se opone$_5$	crítica;$_7$	a causa de$_6$	ya$_2$	porque$_1$
874	1325	3588	480	3059	5484	2235	1063
NASF	VPAN	DDSM	VPUP-SDM	NGSF	P, B	B	CAZ

τινες	ἐξετράπησαν	ὀπίσω	τοῦ	Σατανᾶ.	[16]εἴ	⌜τις	πιστὴ	ἔχει
algunas	se desviaron	detrás de	--	Satanás.	Si	alguna	creyente	tiene
5100	1624	3694	3588	4567	1487	5100	4103	2192
RX-NPF	VAPI3P	P, B	DGSM	NGSM	CAC	JNSF, RX-NSF	JNSF	VPAI3S

χήρας,	ἐπαρκείτω	αὐταῖς,	καὶ	μὴ	βαρείσθω	ἡ	ἐκκλησία,	ἵνα
viudas,	socorra	a ellas	y	no$_3$	sea sobrecargada$_4$	la$_1$	iglesia$_2$	para que$_5$
5503	1884	846	2532	3361	916	2228	1577	2443
NAPF, JAPF	VPAM3S	RP3DPF	CLN	BN, TN	VPPM3S	DNSF	NNSF	CAP

ταῖς	ὄντως	χήραις	ἐπαρκέσῃ.
a las$_7$	realmente$_8$	viudas.$_9$	socorra$_6$
3588	3689	5503	1884
DDPF	B	NDPF, JDPF	VAAS3S

[17]Οἱ	καλῶς	προεστῶτες	πρεσβύτεροι	διπλῆς	τιμῆς	ἀξιούσθωσαν,
Los$_1$	bien,$_4$	habiendo dirigido$_3$	ancianos$_2$	doble$_6$	honor,$_7$	sean tenidos por dignos$_5$
3588	2573	4291	4245	1362	5092	515
DNPM	B	VRAP-PNM	JNPM	JGSF	NGSF	VPPM3P

μάλιστα	οἱ	κοπιῶντες	ἐν	λόγῳ	καὶ	διδασκαλίᾳ.	[18]λέγει
especialmente	los que	trabajan	en	(la) palabra	y	(la) enseñanza.	dice:$_4$
3122	3588	2872	1722	3056	2532	1319	3004
BS	DNPM	VPAP-PNM	P	NDSM	CLN	NDSF	VPAI3S

γὰρ	ἡ	γραφή·	Βοῦν	ἀλοῶντα	οὐ	φιμώσεις,	καί·	Ἄξιος
Porque$_1$	la$_2$	Escritura$_3$	a buey$_7$	que trilla;$_8$	No$_5$	pondrás bozal$_6$	y:$_9$	(es) digno$_{12}$
1063	3588	1124	1016	248	3756	5392	2532	514
CAZ	DNSF	NNSF	NASM	VPAP-SAM	BN, TN	VFAI2S	CLN	JNSM

ὁ	ἐργάτης	τοῦ	μισθοῦ	αὐτοῦ.	[19]κατὰ	πρεσβυτέρου
El$_{10}$	obrero$_{11}$	de la	recompensa	de él.	contra$_4$	un anciano$_5$
3588	2040	3588	3408	846	2596	4245
DNSM	NNSM	DGSM	NGSM	RP3GSM	P	JGSM

κατηγορίαν	μὴ	παραδέχου,	ἐκτὸς	εἰ	μὴ	ἐπὶ	δύο	ἢ	τριῶν
acusación$_3$	no$_1$	recibas,$_2$	excepto	si	no	ante	dos	o	tres
2724	3361	3858	1622	1487	3361	1909	1417	2228	5140
NASF	BN, TN	VPUM2S	B	CAC	BN, TN	P	XN, J	CLD	JGPM

μαρτύρων.	[20]τοὺς	ἁμαρτάνοντας	ἐνώπιον	πάντων	ἔλεγχε,	ἵνα
testigos	a los que$_2$	pecan$_3$	delante de$_4$	todos,$_5$	reprende$_1$	para que
3144	3588	264	1799	3956	1651	2443
NGPM	DAPM	VPAP-PAM	P, B	JGPM	VPAM2S	CAP

NVI

compromiso. [13]Además
se acostumbran a estar
ociosas y andar de casa
en casa. Y no solo se
vuelven holgazanas,
sino también chismosas
y entrometidas, hablan-
do de lo que no deben.
[14]Por eso exhorto a las
viudas jóvenes a que se
casen y tengan hijos, y a
que lleven bien su hogar
y no den lugar a las
críticas del enemigo. [15]Y
es que algunas ya se han
descarriado para seguir
a Satanás.
[16]Si alguna creyente
tiene viudas en su fami-
lia, debe ayudarlas para
que no sean una carga
a la iglesia; así la iglesia
podrá atender a las viu-
das desamparadas.
[17]Los ancianos
que dirigen bien los
asuntos de la iglesia son
dignos de doble honor,
especialmente los que
dedican sus esfuerzos
a la predicación y a la
enseñanza. [18]Pues la
Escritura dice: «No le
pongas bozal al buey
mientras esté trillando»,
y «El trabajador merece
que se le pague su sala-
rio». [19]No admitas nin-
guna acusación contra
un anciano, a no ser que
esté respaldada por dos
o tres testigos. [20]A los
que pecan, repréndelos
en público para que

5:12* O sea *el primer compromiso.* **5:13*** O sea *yendo de casa en casa.* **5:14*** O sea *no dando al adversario pretexto a causa de la crítica.*
5:16⌜ Manuscritos inferiores aumentaron *algún creyente o.*

RVR

que los demás tengan
temor.
21 Te conjuro delante
de Dios y del Señor
Jesucristo, y de sus
ángeles escogidos, que
guardes estas cosas sin
prejuicios, no haciendo
nada con parcialidad.
22 No impongas con
ligereza las manos a
ninguno, ni participes
en pecados ajenos.
Consérvate puro.
23 Ya no bebas agua,
sino usa de un poco
de vino por causa de
tu estómago y de tus fre-
cuentes enfermedades.
24 Los pecados de algu-
nos hombres se hacen
patentes antes que ellos
vengan a juicio, mas a
otros se les descubren
después.
25 Asimismo se hacen
manifiestas las buenas
obras; y las que son de
otra manera, no pueden
permanecer ocultas.
6 Todos los que están
bajo el yugo como
esclavos, tengan a sus
propios amos por dig-
nos de todo honor, para
que no sea blasfemado
el nombre de Dios y la
doctrina.
2 Y los que tienen amos
creyentes, no los tengan

καὶ	οἱ	λοιποὶ	φόβον	ἔχωσιν.	21 διαμαρτύρομαι	ἐνώπιον	τοῦ	θεοῦ
también	los	demás	miedo.$_2$	tengan$_1$	Testifico solemnemente	delante de	--	Dios
2532	3588	3062	5401	2192	1263	1799	3588	2316
BE, TE	*DNPM*	*JNPM*	*NASM*	*VPAS3P*	*VPUI1S*	*P, B*	*DGSM*	*NGSM*

καὶ	Χριστοῦ	Ἰησοῦ	καὶ	τῶν	ἐκλεκτῶν	ἀγγέλων,	ἵνα	ταῦτα
y	Cristo	Jesús	y	de los	escogidos,$_2$	ángeles$_1$	para que	estas cosas$_2$
2532	5547	2424	2532	3588	1588	32	2443	5023
CLN	*NGSM*	*NGSM*	*CLN*	*DGPM*	*JGPM*	*NGPM*	*CSC*	*RD-APN*

φυλάξῃς	χωρὶς	προκρίματος,	μηδὲν	ποιῶν	κατὰ	πρόσκλισιν.
guardes$_1$	sin$_3$	prejuicio,$_4$	nada$_6$	haciendo$_5$	conforme a	parcialidad.
5442	5565	4299	3367	4160	2596	4346
VAAS2S	*P, B*	*NGSN*	*JASN*	*VPAP-SNM*	*P*	*NASF*

22 χεῖρας	ταχέως	μηδενὶ	ἐπιτίθει,	μηδὲ	κοινώνει	ἁμαρτίαις	ἀλλοτρίαις·
manos$_2$	a la ligera,$_4$	a nadie$_3$	impongas$_1$	ni	compartas	pecados	ajenos;
5495	5030	3367	2007	3366	2841	266	245
NAPF	*B*	*JDSM*	*VPAM2S*	*TN, CLD*	*VPAM2S*	*NDPF*	*JDPF*

σεαυτὸν	ἁγνὸν	τήρει.
a ti mismo$_2$	puro.$_3$	consérvate$_1$
4572	53	5083
RF2ASM	*JASM*	*VPAM2S*

23 μηκέτι	ὑδροπότει,	ἀλλὰ	οἴνῳ	ὀλίγῳ	χρῶ	διὰ	τὸν	στόμαχον
Ya no	bebas agua,	sino	vino,$_3$	poco$_2$	usa$_1$	a causa de	el	estómago
3371	5202	235	3631	3641	5530	1223	3588	4751
BN	*VPAM2S*	*CLC*	*NDSM*	*JDSM*	*VPUM2S*	*P*	*DASM*	*NASM*

καὶ	τὰς	πυκνάς	σου	ἀσθενείας.
y	las$_1$	frecuentes$_3$	de ti.$_4$	enfermedades$_2$
2532	3588	4437	4675	769
CLN	*DAPF*	*JAPF*	*RP2GS*	*NAPF*

24 Τινῶν	ἀνθρώπων	αἱ	ἁμαρτίαι	πρόδηλοί	εἰσιν,	προάγουσαι
de algunos$_3$	seres humanos$_4$	Los$_1$	pecados$_2$	notorios de antemano,$_6$	son$_5$	yendo delante
5100	444	3588	266	4271	1526	4254
JGPM,RX-GPM	*NGPM*	*DNPF*	*NNPF*	*JNPF*	*VPAI3P*	*VPAP-PNF*

εἰς	κρίσιν,	τισὶν	δὲ	καὶ	ἐπακολουθοῦσιν·	25 ὡσαύτως	καὶ	τὰ
a	juicio,	a algunos$_2$	pero$_1$	también$_3$	siguen después;$_4$	Asimismo	también	las
1519	2920	5100	1161	2532	1872	5615	2532	3588
P	*NASF*	*RX-DPM*	*CLC*	*BE, TE*	*VPAI3P*	*B*	*BE, TE*	*DNPN*

ἔργα	τὰ	καλὰ	πρόδηλα,	καὶ	τὰ	ἄλλως	ἔχοντα	κρυβῆναι
obras	--	buenas	(son) evidentes	y	las que$_1$	de otra manera$_3$	tienen$_2$	ser escondidas.$_6$
2041	3588	2570	4271	2532	3588	247	2192	2928
NNPN	*DNPN*	*JNPN*	*JNPN*	*CLN*	*DNPN*	*B*	*VPAP-PNN*	*VAPN*

οὐ	δύνανται.
no$_4$	pueden$_5$
3756	1410
BN, TN	*VPUI3P*

6 Ὅσοι	εἰσὶν	ὑπὸ	ζυγὸν	δοῦλοι,	τοὺς	ἰδίους	δεσπότας	πάσης
Cuantos$_1$	están$_3$	bajo$_4$	yugo,$_5$	siervos$_2$	a los$_7$	propios$_8$	amos$_9$	de todo$_{11}$
3745	1526	5259	2218	1401	3588	2398	1203	3956
RK-NPM	*VPAI3P*	*P*	*NASM*	*NNPM*	*DAPM*	*JAPM*	*NAPM*	*JGSF*

τιμῆς	ἀξίους	ἡγείσθωσαν,	ἵνα	μὴ	τὸ	ὄνομα	τοῦ	θεοῦ
honor,$_{12}$	dignos$_{10}$	consideren$_6$	para que$_{13}$	no$_{21}$	el$_{14}$	nombre$_{15}$	de --$_{16}$	Dios$_{17}$
5092	514	2233	2443	3361	3588	3686	3588	2316
NGSF	*JAPM*	*VPUM3P*	*CAP*	*BN, TN*	*DNSN*	*NNSN*	*DGSM*	*NGSM*

καὶ	ἡ	διδασκαλία	βλασφημῆται.	2 οἱ	δὲ	πιστοὺς	ἔχοντες
y$_{18}$	la$_{19}$	doctrina$_{20}$	sea(n) blasfemado(s).$_{22}$	los que$_2$	Y$_1$	creyentes,$_5$	tienen$_3$
2532	3588	1319	987	3588	1161	4103	2192
CLN	*DNSF*	*NNSF*	*VPPS3S*	*DNPM*	*CLC*	*JAPM*	*VPAP-PNM*

NVI

sirva de escarmiento.
21 Te insto delante
de Dios, de Cristo
Jesús y de los santos
ángeles a que sigas estas
instrucciones sin dejarte
llevar de prejuicios ni
favoritismos.
22 No te apresures a
imponerle las manos a
nadie, no sea que te ha-
gas cómplice de pecados
ajenos. Consérvate puro.
23 No sigas bebiendo
solo agua; toma tam-
bién un poco de vino a
causa de tu mal de estó-
mago y tus frecuentes
enfermedades.
24 Los pecados de
algunos son evidentes
aun antes de ser inves-
tigados, mientras que
los pecados de otros
se descubren después.
25 De igual manera son
evidentes las buenas
obras y, aunque estén
ocultas, tarde o tempra-
no se manifestarán.
6 Todos los que aún
son esclavos deben
reconocer que sus amos
merecen todo respeto;
así evitarán que se hable
mal del nombre de Dios
y de nuestra enseñanza.
2 Los que tienen amos
creyentes no deben

RVR

en menos por ser her-
manos, sino sírvanles
mejor, por cuanto son
creyentes y amados los
que se benefician de
su buen servicio. Esto
enseña y exhorta.

Contra la vanidad y la avaricia

3 Si alguno enseña otra
cosa, y no se conforma
a las sanas palabras,
las de nuestro Señor
Jesucristo, y a la doctri-
na que es conforme a la
piedad,
4 está envanecido, nada
entiende, y delira acerca
de cuestiones y contien-
das de palabras, de las
cuales nacen envidias,
pleitos, blasfemias,
malas sospechas,
5 y constantes rencillas
de hombres corruptos
de entendimiento y
privados de la verdad,
que suponen que la
piedad es una fuente de
ganancia; apártate de
los tales.
6 Pero gran fuente de
ganancia es la piedad
acompañada de conten-
tamiento;
7 porque nada hemos
traído a este mundo, y
sin duda nada podre-
mos sacar.
8 Así que, teniendo sus-
tento y abrigo, estemos
contentos con esto.
9 Porque los que quieren

δεσπότας	μὴ	καταφρονείτωσαν,	ὅτι	ἀδελφοί	εἰσιν·	ἀλλὰ	μᾶλλον
amos$_4$	no	(los) menosprecien	porque	hermanos,$_2$	son$_1$	sino	más bien
1203	3361	2706	3754	80	1526	235	3123
NAPM	*BN, TN*	*VPAM3P*	*CAZ*	*NNPM*	*VPAI3P*	*CLC*	*B*

δουλευέτωσαν,	ὅτι	πιστοί	εἰσιν	καὶ	ἀγαπητοὶ	οἱ	τῆς	εὐεργεσίας
sírvan(les),	porque	creyentes$_6$	son$_5$	y$_7$	amados.$_8$	los que$_1$	del$_3$	buen servicio$_4$
1398	3754	4103	1526	2532	27	3588	3588	2108
VPAM3P	*CAZ*	*JNPM, JNPF*	*VPAI3P*	*CLN*	*JNPM*	*DNPM*	*DGSF*	*NGSF*

ἀντιλαμβανόμενοι.
se benefician$_2$
482
VPUP-PNM

Ταῦτα	δίδασκε	καὶ	παρακάλει.	3 εἴ	τις	ἑτεροδιδασκαλεῖ
Estas cosas	enseña	y	exhorta.	Si	alguien	enseña doctrina diferente
5023	1321	2532	3870	1487	5100	2085
RD-APN	*VPAM2S*	*CLN*	*VPAM2S*	*CAC*	*RX-NSM*	*VPAI3S*

καὶ	μὴ	προσέρχεται	ὑγιαίνουσι	λόγοις,	τοῖς	τοῦ	κυρίου
y	no	está de acuerdo con	las que son sanas,$_2$	palabras$_1$	las	del	Señor
2532	3361	4334	5198	3056	3588	3588	2962
CLN	*BN, TN*	*VPUI3S*	*VPAP-PDM*	*NDPM*	*DDPM*	*DGSM*	*NGSM*

ἡμῶν	Ἰησοῦ	Χριστοῦ,	καὶ	τῇ	κατ’	εὐσέβειαν	διδασκαλίᾳ,
de nosotros	Jesús	Cristo,	y$_1$	la$_2$	conforme a$_4$	(la) piedad,$_5$	enseñanza$_3$
2257	2424	5547	2532	3588	2596	2150	1319
RP1GP	*NGSM*	*NGSM*	*CLN*	*DDSF*	*P*	*NASF*	*NDSF*

4 τετύφωται,	μηδὲν	ἐπιστάμενος,	ἀλλὰ	νοσῶν	περὶ	ζητήσεις
se ha envanecido,	nada,$_2$	entendiendo$_1$	sino	estando enfermo	acerca de	discusiones
5187	3367	1987	235	3552	4012	2214
VRPI3S	*JASN*	*VPUP-SNM*	*CLC*	*VPAP-SNM*	*P*	*NAPF*

καὶ	λογομαχίας,	ἐξ	ὧν	γίνεται	φθόνος,	ἔρις,	βλασφημίαι,
y	contiendas sobre palabras	de	las que	llega a ser	envidia,	discordia,	calumnias,
2532	3055	1537	3739	1096	5355	2054	988
CLN	*NAPF*	*P*	*RR-GPF*	*VPUI3S*	*NNSM*	*NNSF*	*NNPF*

ὑπόνοιαι	πονηραί,	5 διαπαρατριβαὶ	διεφθαρμένων	ἀνθρώπων	τὸν
sospechas	malvadas,	contiendas continuas$_1$	corrompiendo$_3$	de personas$_2$	el$_4$
5283	4190	3859	1311	444	3588
NNPF	*JNPF*	*NNPF*	*VRPP-PGM*	*NGPM*	*DASM*

νοῦν	καὶ	ἀπεστερημένων	τῆς	ἀληθείας,	νομιζόντων	πορισμὸν
entendimiento$_5$	y	privadas	de la	verdad,	pensando que$_1$	medio de ganancia.$_5$
3563	2532	650	3588	225	3543	4200
NASM	*CLN*	*VRPP-PGM*	*DGSF*	*NGSF*	*VPAP-PGM*	*NASM*

εἶναι	τὴν	⌜ εὐσέβειαν.	6 ἔστιν	δὲ	πορισμὸς	μέγας	ἡ	εὐσέβεια
ser (es)$_4$	la$_2$	piedad$_3$	es$_4$	Mas$_1$	medio de ganancia$_6$	gran$_5$	la$_2$	piedad$_3$
1511	3588	2150	2076	1161	4200	3173	3588	2150
VPAN	*DASF*	*NASF*	*VPAI3S*	*CLC*	*NNSM*	*JNSM*	*DNSF*	*NNSF*

μετὰ	αὐταρκείας·	7 οὐδὲν	γὰρ	εἰσηνέγκαμεν	εἰς	τὸν	κόσμον,	ὅτι
con	contentamiento;	nada$_2$	porque$_1$	trajimos$_3$	a	el	mundo,	porque$_1$
3326	841	3762	1063	1533	1519	3588	2889	3754
P	*NGSF*	*JASN*	*CAZ*	*VAAI1P*	*P*	*DASM*	*NASM*	*CSC*

οὐδὲ	ἐξενεγκεῖν	τι	δυνάμεθα·	8 ἔχοντες	δὲ	διατροφὰς	καὶ
tampoco$_2$	sacar$_4$	algo,$_5$	podemos$_3$	teniendo$_2$	y$_1$	alimentos	y
3761	1627	5100	1410	2192	1161	1305	2532
BN, TN	*VAAN*	*RX-ASN*	*VPUI1P*	*VPAP-PNM*	*CLC*	*NAPF*	*CLN*

σκεπάσματα,	τούτοις	ἀρκεσθησόμεθα.	9 οἱ	δὲ	βουλόμενοι
vestimenta,	con estas cosas.$_2$	estaremos satisfechos$_1$	los que$_2$	Mas$_1$	quieren$_3$
4629	5125	714	3588	1161	1014
NAPN	*RD-DPN*	*VFPI1P*	*DNPM*	*CLC*	*VPUP-PNM*

NVI

faltarles al respeto por
ser hermanos. Al con-
trario, deben servirles
todavía mejor, porque
los que se benefician de
sus servicios son creyen-
tes y hermanos queridos.
Esto es lo que debes
enseñar y recomendar.

El amor al dinero

3 Si alguien enseña
falsas doctrinas,
apartándose de la sana
enseñanza de nuestro
Señor Jesucristo y de la
doctrina que se ciñe a la
verdadera religión, 4 es
un obstinado que nada
entiende. Ese tal padece
del afán enfermizo de
provocar discusiones in-
útiles que generan envi-
dias, discordias, insultos,
suspicacias 5 y altercados
entre personas de mente
depravada, carentes
de la verdad. Este es de
los que piensan que la
religión es un medio de
obtener ganancias. 6 Es
cierto que con la verda-
dera religión se obtienen
grandes ganancias, pero
solo si uno está satis-
fecho con lo que tiene.
7 Porque nada trajimos
a este mundo, y nada
podemos llevarnos. 8 Así
que, si tenemos ropa y
comida, contentémo-
nos con eso. 9 Los que
quieren enriquecerse

6:5⌜ Manuscritos inferiores aumentaron *apártate de los tales.*

RVR

enriquecerse caen en
tentación y lazo, y en
muchas codicias necias
y dañosas, que hunden
a los hombres en ruina y
perdición;
10 porque raíz de
todos los males es el
amor al dinero, el cual
codiciando algunos, se
extraviaron de la fe, y se
traspasaron a sí mismos
con muchos dolores.

La buena batalla de la fe

11 Mas tú, oh hombre
de Dios, huye de estas
cosas, y sigue la justicia,
la piedad, la fe, el amor,
la paciencia, la manse-
dumbre.
12 Pelea la buena batalla
de la fe, echa mano de la
vida eterna, a la cual asi-
mismo fuiste llamado, y
de la que hiciste buena
profesión delante de
muchos testigos.
13 Te mando delante
de Dios, que da vida
a todas las cosas, y de
Jesucristo, que dio
testimonio de la buena
profesión delante de
Poncio Pilato,
14 que guardes el man-
damiento sin mácula
ni reprensión, hasta la
aparición de nuestro
Señor Jesucristo,
15 la cual a su debido
tiempo mostrará el

πλουτεῖν	ἐμπίπτουσιν	εἰς	πειρασμὸν	καὶ	παγίδα	καὶ	ἐπιθυμίας	πολλὰς
ser ricos	caen	en	tentación	y	trampa	y	codicias,$_5$	muchas$_1$
4147	1706	1519	3986	2532	3803	2532	1939	4183
VPAN	*VPAI3P*	*P*	*NASM*	*CLN*	*NASF*	*CLN*	*NAPF*	*JAPF*

ἀνοήτους	καὶ	βλαβεράς,	αἵτινες	βυθίζουσι	τοὺς	ἀνθρώπους	εἰς	ὄλεθρον
necias$_2$	y$_3$	dañinas$_4$	las que	hunden	a los	seres humanos	en	ruina
453	2532	983	3748	1036	3588	444	1519	3639
JAPF	*CLN*	*JAPF*	*RR-NPF*	*VPAI3P*	*DAPM*	*NAPM*	*P*	*NASM*

καὶ	ἀπώλειαν·	10 ῥίζα	γὰρ	πάντων	τῶν	κακῶν	ἐστιν	ἡ	φιλαργυρία,
y	destrucción;	raíz$_2$	porque$_1$	de todos	los	males	es	el	amor al dinero,
2532	684	4491	1063	3956	3588	2556	2076	3588	5365
CLN	*NASF*	*NNSF*	*CAZ*	*JGPN*	*DGPN*	*JGPN*	*VPAI3S*	*DNSF*	*NNSF*

ἧς	τινες	ὀρεγόμενοι	ἀπεπλανήθησαν	ἀπὸ	τῆς	πίστεως	καὶ	ἑαυτοὺς
el cual	algunos	anhelando	se extraviaron	de	la	fe	y	a sí mismos
3739	5100	3713	635	575	3588	4102	2532	1438
RR-GSF	*RX-NPM*	*VPMP-PNM*	*VAPI3P*	*P*	*DGSF*	*NGSF*	*CLN*	*RF3APM*

περιέπειραν	ὀδύναις	πολλαῖς.
se traspasaron	con dolores	muchos.
4044	3601	4183
VAAI3P	*NDPF*	*JDPF*

11 Σὺ	δέ,	ὦ	ἄνθρωπε	θεοῦ,	ταῦτα	φεῦγε·	δίωκε	δὲ
tú,$_2$	Pero$_1$	¡oh	hombre	de Dios!	estas cosas,$_2$	huye$_1$	sigue$_4$	pero$_3$
4771	1161	5599	444	2316	5023	5343	1377	1161
RP2NS	*CLC*	*I*	*NVSM*	*NGSM*	*RD-APN*	*VPAM2S*	*VPAM2S*	*CLC*

δικαιοσύνην,	εὐσέβειαν,	πίστιν,	ἀγάπην,	ὑπομονήν,	πραϋπαθίαν.
(la) justicia,	(la) piedad,	(la) fe	(el) amor,	(la) perseverancia,	(la) mansedumbre.
1343	2150	4102	26	5281	4236
NASF	*NASF*	*NASF*	*NASF*	*NASF*	*NASF*

12 ἀγωνίζου	τὸν	καλὸν	ἀγῶνα	τῆς	πίστεως,	ἐπιλαβοῦ	τῆς	αἰωνίου
Pelea	la	buena	batalla	de la	fe,	sujétate	de la	eterna,$_2$
75	3588	2570	73	3588	4102	1949	3588	166
VPUM2S	*DASM*	*JASM*	*NASM*	*DGSF*	*NGSF*	*VAMM2S*	*DGSF*	*JGSF*

ζωῆς,	εἰς	ἣν	ἐκλήθης	καὶ	ὡμολόγησας	τὴν	καλὴν	ὁμολογίαν
vida$_1$	a	la que	fuiste llamado	y	confesaste	la	buena	confesión
2222	1519	3739	2564	2532	3670	3588	2570	3671
NGSF	*P*	*RR-ASF*	*VAPI2S*	*CLN*	*VAAI2S*	*DASF*	*JASF*	*NASF*

ἐνώπιον	πολλῶν	μαρτύρων.	13 παραγγέλλω	σοι	ἐνώπιον	τοῦ
delante de	muchos	testigos.	Ordeno	a ti	delante de	de --
1799	4183	3144	3853	4671	1799	3588
P, B	*JGPM*	*NGPM*	*VPAI1S*	*RP2DS*	*P, B*	*DGSM*

θεοῦ	τοῦ	ζῳογονοῦντος	τὰ	πάντα	καὶ	Χριστοῦ	Ἰησοῦ	τοῦ
Dios,	el que	da vida	a las	todas las cosas,	y	de Cristo	Jesús,	el que
2316	3588	2225	3588	3956	2532	5547	2424	3588
NGSM	*DGSM*	*VPAP-SGM*	*DAPN*	*JAPN*	*CLN*	*NGSM*	*NGSM*	*DGSM*

μαρτυρήσαντος	ἐπὶ	Ποντίου	Πιλάτου	τὴν	καλὴν	ὁμολογίαν,
testificó	ante$_4$	Poncio$_5$	Pilato,$_6$	la$_1$	buena$_2$	confesión$_3$
3140	1909	4194	4091	3588	2570	3671
VAAP-SGM	*P*	*NGSM*	*NGSM*	*DASF*	*JASF*	*NASF*

14 τηρῆσαί	σε	τὴν	ἐντολὴν	ἄσπιλον	ἀνεπίλημπτον	μέχρι	τῆς
guarda$_2$	tú$_1$	el	mandamiento	sin tacha,	irreprochable,	hasta	la
5083	4571	3588	1785	784	423	3360	3588
VAAN	*RP2AS*	*DASF*	*NASF*	*JASF*	*JASF*	*P, B*	*DGSF*

ἐπιφανείας	τοῦ	κυρίου	ἡμῶν	Ἰησοῦ	Χριστοῦ,	15 ἣν	καιροῖς	ἰδίοις*
aparición	del	Señor	de nosotros,	Jesús	Cristo,	la que	en tiempos	propios
2015	3588	2962	2257	2424	5547	3739	2540	2398
NGSF	*DGSM*	*NGSM*	*RP1GP*	*NGSM*	*NGSM*	*RR-ASF*	*NDPM*	*JDPM*

NVI

caen en la tentación
y se vuelven esclavos
de sus muchos deseos.
Estos afanes insensatos
y dañinos hunden a la
gente en la ruina y en la
destrucción. 10 Porque el
amor al dinero es la raíz
de toda clase de males.
Por codiciarlo, algunos
se han desviado de la fe y
se han causado muchísi-
mos sinsabores.

Encargo de Pablo a Timoteo

11 Tú, en cambio,
hombre de Dios, huye
de todo eso, y esmérate
en seguir la justicia, la
piedad, la fe, el amor, la
constancia y la humil-
dad. 12 Pelea la buena
batalla de la fe; haz tuya
la vida eterna, a la que
fuiste llamado y por
la cual hiciste aquella
admirable declaración
de fe delante de muchos
testigos. 13 Teniendo a
Dios por testigo, el cual
da vida a todas las cosas,
y a Cristo Jesús, que dio
su admirable testimo-
nio delante de Poncio
Pilato, te encargo 14 que
guardes este mandato
sin mancha ni reproche
hasta la venida de nues-
tro Señor Jesucristo, 15 la
cual Dios a su debido

6:15* O sea *en su propio tiempo.*

RVR

bienaventurado y único
Soberano, Rey de reyes,
y Señor de los que
gobiernan,
16 el único que posee
inmortalidad, que
habita en luz inaccesi-
ble; a quien ninguno
de los hombres ha visto
ni puede ver, al cual sea
la honra y el dominio
sempiterno. Amén.
17 A los ricos de este si-
glo manda que no sean
altivos, ni pongan la
esperanza en la incerti-
dumbre de las riquezas,
sino en el Dios vivo, que
nos ofrece todas las co-
sas en abundancia para
que las disfrutemos.
18 Que hagan el bien,
que sean ricos en buenas
obras, dadivosos, pron-
tos a compartir;
19 atesorando para sí
buen fundamento para
lo por venir, que echen
mano de la que real-
mente es vida eterna.

Encargo final de Pablo a Timoteo

20 Oh Timoteo, guarda
lo que se te ha enco-
mendado, evitando las
profanas pláticas sobre
cosas vanas, y los argu-
mentos de la falsamente
llamada ciencia,
21 la cual profesando al-
gunos, se desviaron de la
fe. La gracia sea contigo.
Amén.

δείξει	ὁ	μακάριος	καὶ	μόνος	δυνάστης,	ὁ	βασιλεὺς	τῶν
mostrará,	el$_1$	dichoso$_2$	y$_3$	único$_4$	Soberano,$_5$	el	Rey	de los que
1166	3588	3107	2532	3441	1413	3588	935	3588
VFAI3S	*DNSM*	*JNSM*	*CLN*	*JNSM*	*NNSM*	*DNSM*	*NNSM*	*DGPM*

βασιλευόντων	καὶ	κύριος	τῶν	κυριευόντων,	16 ὁ	μόνος	ἔχων
reinan	y	Señor	de los que señorean,		el	único	que tiene
936	2532	2962	3588	2961	3588	3441	2192
VPAP-PGM	*CLN*	*NNSM*	*DGPM*	*VPAP-PGM*	*DNSM*	*JNSM*	*VPAP-SNM*

ἀθανασίαν,	φῶς	οἰκῶν	ἀπρόσιτον,	ὃν	εἶδεν	οὐδεὶς	ἀνθρώπων
inmortalidad,	luz$_2$	el que habita (en)$_1$	inaccesible,$_3$	al que$_4$	vio,$_7$	ninguno$_5$	de (los) seres humanos$_6$
110	5457	3611	676	3739	1492	3762	444
NASF	*NASN*	*VPAP-SNM*	*JASN*	*RR-ASM*	*VAAI3S*	*JNSM*	*NGPM*

οὐδὲ	ἰδεῖν	δύναται·	ᾧ	τιμὴ	καὶ	κράτος	αἰώνιον·	ἀμήν.
ni$_8$	ver;$_{10}$	puede$_9$	a quien	(sea) honor	y	dominio	eterno,	amén.
3761	1492	1410	3739	5092	2532	2904	166	281
TN, CLD	*VAAN*	*VPUI3S*	*RR-DSM*	*NNSF*	*CLN*	*NNSN*	*JNSN*	*I, XF*

17 Τοῖς	πλουσίοις	ἐν	τῷ	νῦν	αἰῶνι	παράγγελλε	μὴ
a los$_2$	ricos$_3$	en$_4$	la$_5$	presente$_6$	edad$_7$	Ordena$_1$	no
3588	4145	1722	3588	3568	165	3853	3361
DDPM	*JDPM*	*P*	*DDSM*	*B*	*NDSM*	*VPAM2S*	*BN, TN*

ὑψηλοφρονεῖν	μηδὲ	ἠλπικέναι	ἐπὶ	πλούτου	ἀδηλότητι,	ἀλλ’
sean altivos,	ni	haber puesto la esperanza	en	(la) riqueza,$_2$	incertidumbre$_1$	sino
5309	3366	1679	1909	4149	83	235
VPAN	*TN, CLD*	*VRAN*	*P*	*NGSM*	*NDSF*	*CLC*

ἐπὶ	⸀θεῷ	τῷ	παρέχοντι	ἡμῖν	πάντα	πλουσίως	εἰς	ἀπόλαυσιν,
en	Dios,	el que	ofrece	a nosotros	todas las cosas	ricamente	para	provecho,
1909	2316	3588	3930	2254	3956	4146	1519	619
P	*NDSM*	*DDSM*	*VPAP-SDM*	*RP1DP*	*JAPN*	*B*	*P*	*NASF*

18 ἀγαθοεργεῖν,	πλουτεῖν	ἐν	ἔργοις	καλοῖς,	εὐμεταδότους	εἶναι,
hacer el bien;	ser ricos	en	obras	buenas,	generosos,$_2$	ser$_1$
14	4147	1722	2041	2570	2130	1511
VPAN	*VPAN*	*P*	*NDPN*	*JDPN*	*JAPM*	*VPAN*

κοινωνικούς,	19 ἀποθησαυρίζοντας	ἑαυτοῖς	θεμέλιον	καλὸν	εἰς	τὸ
saber compartir,	atesorando	para sí mismos	un fundamento	bueno	para	lo
2843	597	1438	2310	2570	1519	3588
JAPM	*VPAP-PAM*	*RF3DPM*	*NASM*	*JASM*	*P*	*DASN*

μέλλον,	ἵνα	ἐπιλάβωνται	τῆς	⸀ὄντως	ζωῆς.
que está a punto de venir,	para que	se sujeten	de la$_1$	verdadera.$_3$	vida$_2$
3195	2443	1949	3588	3689	2222
VPAP-SAN	*CAP*	*VAMS3P*	*DGSF*	*B*	*NGSF*

20 Ὦ	Τιμόθεε,	τὴν	παραθήκην	φύλαξον,	ἐκτρεπόμενος
¡Oh	Timoteo!,	lo$_2$	que se (te) ha encomendado,$_3$	guarda$_1$	apartándo(te de)
5599	5095	3588	3866	5442	1624
I	*NVSM*	*DASF*	*NASF*	*VAAM2S*	*VPMP-SNM*

τὰς	βεβήλους	κενοφωνίας	καὶ	ἀντιθέσεις	τῆς	ψευδωνύμου
las	vulgares	palabrerías sin sentido	y	(las) contradicciones	de la (que)	lleva un nombre falso
3588	952	2757	2532	477	3588	5581
DAPF	*JAPF*	*NAPF*	*CLN*	*NAPF*	*DGSF*	*JGSF*

γνώσεως,	21 ἥν	τινες	ἐπαγγελλόμενοι	περὶ	τὴν	πίστιν	ἠστόχησαν.
de conocimiento,	la que	algunos	profesando	acerca de$_2$	la$_3$	fe.$_4$	se desviaron$_1$
1108	3739	5100	1861	4012	3588	4102	795
NGSF	*RR-ASF*	*RX-NPM*	*VPUP-PNM*	*P*	*DASF*	*NASF*	*VAAI3P*

Ἡ	χάρις	⸀μεθ’	ὑμῶν⸁.
La	gracia (sea)	con	vosotros.
3588	5485	3326	5216
DNSF	*NNSF*	*P*	*RP2GP*

NVI

tiempo hará que se
cumpla.

Al único y bendito
Soberano,
Rey de reyes y Señor
de señores,
16 al único inmortal,
que vive en luz
inaccesible,
a quien nadie ha visto
ni puede ver,
a él sea el honor y el
poder eternamente.
Amén.

17 A los ricos de este
mundo, mándales que
no sean arrogantes ni
pongan su esperanza
en las riquezas, que son
tan inseguras, sino en
Dios, que nos provee
de todo en abundancia
para que lo disfrute-
mos. 18 Mándales que
hagan el bien, que sean
ricos en buenas obras, y
generosos, dispuestos
a compartir lo que
tienen. 19 De este modo
atesorarán para sí un
seguro caudal para el
futuro y obtendrán la
vida verdadera.
20 Timoteo, ¡cuida
bien lo que se te ha con-
fiado! Evita las discusio-
nes profanas e inútiles,
y los argumentos de la
falsa ciencia. 21 Algunos,
por abrazarla, se han
desviado de la fe.
Que la gracia sea con
ustedes.

6:17⸀ Manuscritos inferiores aumentaron *vivo.* **6:19**⸀ Manuscritos inferiores tienen *eterna.* **6:21**⸀⸁ Manuscritos inferiores tienen *contigo. Amén.*

Segunda Epístola a

TIMOTEO

ΠΡΟΣ ΤΙΜΟΘΕΟΝ Β

RVR

Saludo

1 Pablo, apóstol de
Jesucristo por la
voluntad de Dios, según
la promesa de la vida que
es en Cristo Jesús,
2 a Timoteo, amado
hijo: Gracia, mise-
ricordia y paz, de
parte de Dios Padre y de
Jesucristo nuestro Señor.

Fidelidad y dinamismo

3 Doy gracias a Dios,
al cual sirvo desde mis
mayores con limpia
conciencia, de que sin
cesar me acuerdo de ti
en mis oraciones noche
y día;
4 deseando verte, al
acordarme de tus
lágrimas, para llenarme
de gozo;
5 trayendo a la memoria
la fe no fingida que
hay en ti, la cual habitó
primero en tu abuela
Loida, y en tu madre
Eunice, y estoy seguro
que en ti también.
6 Por lo cual te recuerdo
que avives el fuego del
don de Dios que está
en ti por la imposición

Texto interlineal

1	Παῦλος	ἀπόστολος	Χριστοῦ	Ἰησοῦ	διὰ	θελήματος	θεοῦ
	Pablo,	apóstol	de Cristo	Jesús	por medio de	(la) voluntad	de Dios
	3972	652	5547	2424	1223	2307	2316
	NNSM	*NNSM*	*NGSM*	*NGSM*	*P*	*NGSN*	*NGSM*

κατ'	ἐπαγγελίαν	ζωῆς	τῆς	ἐν	Χριστῷ	Ἰησοῦ	2 Τιμοθέῳ	ἀγαπητῷ
según	(la) promesa	de vida	la que (es)	en	Cristo	Jesús,	a Timoteo,	amado
2596	1860	2222	3588	1722	5547	2424	5095	27
P	*NASF*	*NGSF*	*DGSF*	*P*	*NDSM*	*NDSM*	*NDSM*	*JDSN, JDSM*

τέκνῳ·	χάρις,	ἔλεος,	εἰρήνη	ἀπὸ	θεοῦ	πατρὸς	καὶ	Χριστοῦ	Ἰησοῦ
hijo:	gracia,	misericordia,	paz	de parte de	Dios	Padre	y	de Cristo	Jesús
5043	5485	1656	1515	575	2316	3962	2532	5547	2424
NDSN	*NNSF*	*NNSN, NNSM*	*NNSF*	*P*	*NGSM*	*NGSM*	*CLN*	*NGSM*	*NGSM*

τοῦ	κυρίου	ἡμῶν.
el	Señor	de nosotros.
3588	2962	2257
DGSM	*NGSM*	*RP1GP*

3 Χάριν	ἔχω	τῷ	θεῷ,	ᾧ	λατρεύω	ἀπὸ	προγόνων	ἐν	καθαρᾷ
gratitud$_2$	Tengo$_1$	a --	Dios,	a quien	doy culto$_1$	desde$_5$	(mis) antepasados,$_6$	con$_2$	limpia$_3$
5485	2192	3588	2316	3739	3000	575	4269	1722	2513
NASF	*VPAI1S*	*DDSM*	*NDSM*	*RR-DSM*	*VPAI1S*	*P*	*NGPM, JGPM*	*P*	*JDSF*

συνειδήσει,	ὡς	ἀδιάλειπτον	ἔχω	τὴν	περὶ	σοῦ	μνείαν	ἐν	ταῖς
conciencia$_4$	como$_7$	continuamente$_{13}$	tengo$_8$	--$_9$	acerca de$_{11}$	ti$_{12}$	recuerdo$_{10}$	en	las
4893	5613	88	2192	3588	4012	4675	3417	1722	3588
NDSF	*CAT*	*JASF*	*VPAI1S*	*DASF*	*P*	*RP2GS*	*NASF*	*P*	*DDPF*

δεήσεσίν	μου,	νυκτὸς	καὶ	ἡμέρας	4 ἐπιποθῶν	σε	ἰδεῖν,	μεμνημένος
oraciones	de mí	de noche	y	de día,	añorando	a ti,$_2$	ver$_1$	habiendo recordado$_3$
1162	3450	3571	2532	2250	1971	4571	1492	3415
NDPF	*RP1GS*	*NGSF*	*CLN*	*NGSF*	*VPAP-SNM*	*RP2AS*	*VAAN*	*VRPP-SNM*

σου	τῶν	δακρύων,	ἵνα	χαρᾶς	πληρωθῶ	5 ὑπόμνησιν	λαβὼν
de ti,$_6$	las$_4$	lágrimas$_5$	para que	de gozo,$_2$	(yo) sea llenado$_1$	(el) recuerdo$_2$	habiendo obtenido$_1$
4675	3588	1144	2443	5479	4137	5280	2983
RP2GS	*DGPN*	*NGPN*	*CAP*	*NGSF*	*VAPS1S*	*NASF*	*VAAP-SNM*

τῆς	ἐν	σοὶ	ἀνυποκρίτου	πίστεως,	ἥτις	ἐνῴκησεν	πρῶτον	ἐν	τῇ
de la$_3$	en$_6$	ti,$_7$	no fingida$_5$	fe$_4$	la que	habitó	primero	en	la
3588	1722	4671	505	4102	3748	1774	4412	1722	3588
DGSF	*P*	*RP2DS*	*JGSF*	*NGSF*	*RR-NSF*	*VAAI3S*	*B, J*	*P*	*DDSF*

μάμμῃ	σου	Λωΐδι	καὶ	τῇ	μητρί	σου	Εὐνίκῃ,	πέπεισμαι	δὲ	ὅτι
abuela	de ti,	Loida,	y	en la	madre	de ti,	Eunice,	he sido convencido$_2$	y$_1$	que
3125	4675	3090	2532	3588	3384	4675	2131	3982	1161	3754
NDSF	*RP2GS*	*NDSF, NDSM*	*CLN*	*DDSF*	*NDSF*	*RP2GS*	*NDSF*	*VRPI1S*	*CLN*	*CSC*

καὶ	ἐν	σοί.	6 δι'	ἣν	αἰτίαν*	ἀναμιμνήσκω	σε	ἀναζωπυρεῖν
también	en	ti.	Por	la que	motivo,	recuerdo	a ti	reactivar el fuego
2532	1722	4671	1223	3739	156	363	4571	329
BE, TE	*P*	*RP2DS*	*P*	*RR-ASF*	*NASF*	*VPAI1S*	*RP2AS*	*VPAN*

τὸ	χάρισμα	τοῦ	θεοῦ,	ὅ	ἐστιν	ἐν	σοὶ	διὰ	τῆς	ἐπιθέσεως
el	don	de --	Dios,	el que	hay	en	ti	por medio de	la	imposición
3588	5486	3588	2316	3739	2076	1722	4671	1223	3588	1936
DASN	*NASN*	*DGSM*	*NGSM*	*RR-NSN*	*VPAI3S*	*P*	*RP2DS*	*P*	*DGSF*	*NGSF*

NVI

1 Pablo, apóstol de
Cristo Jesús por la
voluntad de Dios, según
la promesa de vida que
tenemos en Cristo Jesús,

2 a mi querido hijo
Timoteo:

Que Dios el Padre
y Cristo Jesús nuestro
Señor te concedan gra-
cia, misericordia y paz.

Exhortación a la fidelidad

3 Al recordarte de
día y de noche en mis
oraciones, siempre
doy gracias a Dios, a
quien sirvo con una
conciencia limpia como
lo hicieron mis antepa-
sados. 4 Y, al acordarme
de tus lágrimas, anhelo
verte para llenarme
de alegría. 5 Traigo a la
memoria tu fe sincera,
la cual animó primero
a tu abuela Loida y a tu
madre Eunice, y ahora
te anima a ti. De eso
estoy convencido. 6 Por
eso te recomiendo que
avives la llama del don
de Dios que recibiste
cuando te impuse las

1:6* O sea *Por tal motivo.*

RVR

de mis manos.
7 Porque no nos ha dado
Dios espíritu de cobar-
día, sino de poder, de
amor y de cordura.
8 Por tanto, no te
avergüences de dar
testimonio de nuestro
Señor, ni de mí, preso
suyo, sino participa
de las aflicciones por
el evangelio según el
poder de Dios,
9 quien nos salvó y llamó
con llamamiento santo,
no conforme a nuestras
obras, sino según el
propósito suyo y la
gracia que nos fue dada
en Cristo Jesús antes de
los tiempos eternos,
10 pero que ahora
ha sido manifestada
mediante la aparición
de nuestro Salvador
Jesucristo, el cual abolió
la muerte y sacó a luz
la vida y la inmorta-
lidad por medio del
evangelio,
11 para el cual yo fui
puesto como predica-
dor, apóstol y maestro
de los gentiles.
12 Por lo cual asimismo
padezco esto; pero no
me avergüenzo, porque
yo sé a quién he creído,
y estoy seguro de que es
poderoso para guardar

τῶν χειρῶν μου· 7 οὐ γὰρ ἔδωκεν ἡμῖν ὁ θεὸς πνεῦμα
de las manos de mí. no$_4$ Porque$_1$ dio$_5$ a nosotros$_6$ --$_2$ Dios$_3$ espíritu
3588 5495 3450 3756 1063 1325 2254 3588 2316 4151
DGPF NGPF RP1GS CLK, TN, B CAZ VAAI3S RP1DP DNSM NNSM NASN

δειλίας, ἀλλὰ δυνάμεως καὶ ἀγάπης καὶ σωφρονισμοῦ.
de cobardía, sino de poder y de amor y de cordura.
1167 235 1411 2532 26 2532 4995
NGSF CLK, CLC NGSF CLN NGSF CLN NGSM

8 Μὴ οὖν ἐπαισχυνθῇς τὸ μαρτύριον τοῦ κυρίου ἡμῶν
no$_2$ Así que,$_1$ te avergüences de$_3$ el testimonio del Señor de nosotros
3361 3767 1870 3588 3142 3588 2962 2257
BN, TN CLI VAPS2S DASN NASN DGSM NGSM RP1GP

μηδὲ ἐμὲ τὸν δέσμιον αὐτοῦ, ἀλλὰ συγκακοπάθησον τῷ
ni de mí, el prisionero de él, sino comparte el sufrimiento por el
3366 1691 3588 1198 846 235 4777 3588
TN, CLD RP1AS DASM NASM RP3GSM CLC VAAM2S DDSN

εὐαγγελίῳ κατὰ δύναμιν θεοῦ, 9 τοῦ σώσαντος ἡμᾶς καὶ
evangelio conforme a(l) poder de Dios, el que habiendo salvado a nosotros y
2098 2596 1411 2316 3588 4982 2248 2532
NDSN P NASF NGSM DGSM VAAP-SGM RP1AP CLN

καλέσαντος κλήσει ἁγίᾳ, οὐ κατὰ τὰ ἔργα ἡμῶν ἀλλὰ
habiendo llamado con llamado santo, no conforme a las obras de nosotros, sino
2564 2821 40 3756 2596 3588 2041 2257 235
VAAP-SGM NDSF JDSF CLK, TN, B P DAPN NAPN RP1GP CLK, CLC

κατὰ ἰδίαν πρόθεσιν καὶ χάριν, τὴν δοθεῖσαν ἡμῖν ἐν
conforme a(l) propio propósito y (la) gracia la que fue dada a nosotros en
2596 2398 4286 2532 5485 3588 1325 2254 1722
P JASF NASF CLN NASF DASF VAPP-SAF RP1DP P

Χριστῷ Ἰησοῦ πρὸ χρόνων αἰωνίων, 10 φανερωθεῖσαν δὲ νῦν
Cristo Jesús antes de (los) tiempos eternos, habiendo sido manifestada$_3$ mas$_1$ ahora$_2$
5547 2424 4253 5550 166 5319 1161 3568
NDSM NDSM P NGPM JGPM VAPP-SAF CLC B

διὰ τῆς ἐπιφανείας τοῦ σωτῆρος ἡμῶν Ἰησοῦ Χριστοῦ,
por medio de la aparición del Salvador de nosotros, Jesús Cristo,
1223 3588 2015 3588 4990 2257 2424 5547
P DGSF NGSF DGSM NGSM RP1GP NGSM NGSM

καταργήσαντος μὲν τὸν θάνατον φωτίσαντος δὲ ζωὴν καὶ
habiendo abolido ciertamente, la muerte, habiendo sacado a luz$_2$ mas$_1$ (la) vida y
2673 3303 3588 2288 5461 1161 2222 2532
VAAP-SGM TK, C DASM NASM VAAP-SGM CLK, CLC NASF CLN

ἀφθαρσίαν διὰ τοῦ εὐαγγελίου, 11 εἰς ὃ ἐτέθην ἐγὼ κῆρυξ
(la) inmortalidad por medio de del evangelio, para el que fui puesto$_2$ yo$_1$ heraldo$_3$
861 1223 3588 2098 1519 3739 5087 1473 2783
NASF P DGSN NGSN P RR-ASN VAPI1S RP1NS NNSM

καὶ ἀπόστολος καὶ ⸀ διδάσκαλος. 12 δι’ ἣν αἰτίαν καὶ ταῦτα
y apóstol y maestro. Por la que causa también estas cosas,$_2$
2532 652 2532 1320 1223 3739 156 2532 5023
CLN NNSM CLN NNSM P RR-ASF NASF BE, TE RD-APN

πάσχω, ἀλλ’ οὐκ ἐπαισχύνομαι, οἶδα γὰρ ᾧ πεπίστευκα, καὶ
sufro$_1$ pero no me avergüenzo, sé$_2$ porque$_1$ a quien he creído, y
3958 235 3756 1870 1492 1063 3739 4100 2532
VPAI1S CLC BN, TN VPUI1S VRAI1S CAZ RR-DSM VRAI1S CLN

πέπεισμαι ὅτι δυνατός ἐστιν τὴν παραθήκην μου φυλάξαι εἰς
he sido convencido que poderoso$_2$ es$_1$ lo$_4$ que se ha encomendado$_5$ a mí$_6$ para guardar$_3$ hasta
3982 3754 1415 2076 3588 3866 3450 5442 1519
VRPI1S CSC JNSM VPAI3S DASF NASF RP1GS VAAN P

NVI

manos. 7 Pues Dios no
nos ha dado un espíritu
de timidez, sino de
poder, de amor y de
dominio propio.
8 Así que no te
avergüences de dar
testimonio de nuestro
Señor, ni tampoco de
mí, que por su causa soy
prisionero. Al contrario,
tú también, con el poder
de Dios, debes soportar
sufrimientos por el
evangelio. 9 Pues Dios
nos salvó y nos llamó a
una vida santa, no por
nuestras propias obras,
sino por su propia
determinación y gracia.
Nos concedió este favor
en Cristo Jesús antes del
comienzo del tiempo;
10 y ahora lo ha revelado
con la venida de nuestro
Salvador Cristo Jesús,
quien destruyó la muer-
te y sacó a la luz la vida
incorruptible mediante
el evangelio. 11 De este
evangelio he sido yo de-
signado heraldo, apóstol
y maestro. 12 Por ese
motivo padezco estos
sufrimientos. Pero no
me avergüenzo, porque
sé en quién he creído, y
estoy seguro de que tie-
ne poder para guardar

1:11⸀ Manuscritos importantes aumentaron *de los gentiles.*

RVR

mi depósito para aquel
día.
13 Retén el modelo de
las sanas palabras que de
mí oíste, en la fe y amor
que es en Cristo Jesús.
14 Guarda el buen
depósito mediante el
Espíritu Santo que habi-
ta en nosotros.
15 Ya sabes esto, que me
abandonaron todos los
que están en Asia, de
los cuales son Figelo y
Hermógenes.
16 Tenga el Señor
misericordia de la casa
de Onesíforo, porque
muchas veces me con-
fortó, y no se avergonzó
de mis cadenas,
17 sino que cuando
estuvo en Roma, me
buscó solícitamente y
me halló.
18 Concédale el Señor
que halle misericordia
cerca del Señor en aquel
día. Y tú sabes muy bien
los servicios que prestó
en Éfeso.

El buen soldado de Jesucristo

2 Tú, pues, hijo mío,
revístete de poder
en la gracia que es en
Cristo Jesús.
2 Y lo que has oído de mí
ante muchos testigos,
eso encarga a hombres

ἐκείνην	τὴν	ἡμέραν.	13 ὑποτύπωσιν	ἔχε*	ὑγιαινόντων	λόγων
aquel	--	día.	(el) modelo$_2$	Ten$_1$	que son sanas,$_4$	(de las)palabras$_3$
1565	3588	2250	5296	2192	5198	3056
RD-ASF	*DASF*	*NASF*	*NASF*	*VPAM2S*	*VPAP-PGM*	*NGPM*

ὧν	παρ'	ἐμοῦ	ἤκουσας	ἐν	πίστει	καὶ	ἀγάπῃ	τῇ	ἐν	Χριστῷ
las que$_5$	de parte de$_7$	mí$_8$	oíste$_6$	en	(la) fe	y	(el) amor	--	en	Cristo
3739	3844	1700	191	1722	4102	2532	26	3588	1722	5547
RR-GPM	*P*	*RP1GS*	*VAAI2S*	*P*	*NDSF*	*CLN*	*NDSF*	*DDSF*	*P*	*NDSM*

Ἰησοῦ.	14 τὴν	καλὴν	παραθήκην	φύλαξον	διὰ	πνεύματος	ἁγίου
Jesús;	el$_2$	buen$_3$	depósito$_4$	guarda$_1$	por medio de(l)	Espíritu	Santo
2424	3588	2570	3866	5442	1223	4151	40
NDSM	*DASF*	*JASF*	*NASF*	*VAAM2S*	*P*	*NGSN*	*JGSN*

τοῦ	ἐνοικοῦντος	ἐν	ἡμῖν.
el que	habita	en	nosotros.
3588	1774	1722	2254
DGSN	*VPAP-SGN*	*P*	*RP1DP*

15 Οἶδας	τοῦτο	ὅτι	ἀπεστράφησάν	με	πάντες	οἱ	ἐν	τῇ
Sabes	esto,	que	se apartaron	de mí	todos	los (que están)	en	--
1492	5124	3754	654	3165	3956	3588	1722	3588
VRAI2S	*RD-ASN*	*CSC*	*VAPI3P*	*RP1AS*	*JNPM*	*DNPM*	*P*	*DDSF*

Ἀσίᾳ,	ὧν	ἐστιν	Φύγελος	καὶ	Ἑρμογένης.	16 δῴη	ἔλεος	ὁ
Asia,	de los que	es (son)	Figelo	y	Hermógenes.	dé$_3$	misericordia$_4$	El$_1$
773	3739	2076	5436	2532	2061	1325	1656	3588
NDSF	*RR-GPM*	*VPAI3S*	*NNSM*	*CLN*	*NNSM*	*VAAO3S*	*NASN*	*DNSM*

κύριος	τῷ	Ὀνησιφόρου	οἴκῳ,	ὅτι	πολλάκις	με	ἀνέψυξεν,	καὶ	τὴν
Señor$_2$	a la$_5$	de Onesíforo$_7$	casa$_6$	que$_8$	a menudo$_{10}$	a mí$_{11}$	reanimó$_9$	y$_{12}$	la$_{15}$
2962	3588	3683	3624	3754	4178	3165	404	2532	3588
NNSM	*DDSM*	*NGSM*	*NDSM*	*CAZ*	*B*	*RP1AS*	*VAAI3S*	*CLN*	*DASF*

ἅλυσίν	μου	οὐκ	ἐπαισχύνθη·	17 ἀλλὰ	γενόμενος	ἐν	Ῥώμῃ
cadena$_{16}$	de mí,$_{17}$	no$_{13}$	se avergonzó de$_{14}$	sino	cuando llegó a estar	en	Roma,
254	3450	3756	1870	235	1096	1722	4516
NASF	*RP1GS*	*CLK, TN, B*	*VAPI3S*	*CLK,CLC*	*VAMP-SNM*	*P*	*NDSF*

σπουδαίως	ἐζήτησέν	με	καὶ	εὗρεν—	18 δῴη	αὐτῷ	ὁ	κύριος
con ansias	buscó	a mí	y	(me) halló;	dé$_3$	a él$_4$	el$_1$	Señor$_2$
4709	2212	3165	2532	2147	1325	846	3588	2962
B	*VAAI3S*	*RP1AS*	*CLN*	*VAAI3S*	*VAAO3S*	*RP3DSM*	*DNSM*	*NNSM*

εὑρεῖν	ἔλεος	παρὰ	κυρίου	ἐν	ἐκείνῃ	τῇ	ἡμέρᾳ—	καὶ	ὅσα
hallar	misericordia	de parte de	de(l) Señor	en	aquel	--	día;	y	cuantas cosas
2147	1656	3844	2962	1722	1565	3588	2250	2532	3745
VAAN	*NASN*	*P*	*NGSM*	*P*	*RD-DSF*	*DDSF*	*NDSF*	*CLN*	*RK-APN*

ἐν	Ἐφέσῳ	διηκόνησεν,	βέλτιον	σὺ	γινώσκεις.
en$_2$	Éfeso$_3$	ministró,$_1$	mejor.$_6$	tú$_4$	conoces$_5$
1722	2181	1247	957	4771	1097
P	*NDSF*	*VAAI3S*	*B, J*	*RP2NS*	*VPAI2S*

2 Σὺ	οὖν,	τέκνον	μου,	ἐνδυναμοῦ	ἐν	τῇ	χάριτι	τῇ	ἐν
tú$_4$	Así que,$_1$	hijo$_2$	de mí,$_3$	revístete de poer$_5$	con	la	gracia	la (que es)	en
4771	3767	5043	3450	1743	1722	3588	5485	3588	1722
RP2NS	*CLI*	*NVSN*	*RP1GS*	*VPPM2S*	*P*	*DDSF*	*NDSF*	*DDSF*	*P*

Χριστῷ	Ἰησοῦ,	2 καὶ	ἃ	ἤκουσας	παρ'	ἐμοῦ	διὰ	πολλῶν
Cristo	Jesús,	y	las cosas que	oíste	de parte de	mí	por medio de	muchos
5547	2424	2532	3739	191	3844	1700	1223	4183
NDSM	*NDSM*	*CLN*	*RR-APN*	*VAAI2S*	*P*	*RP1GS*	*P*	*JGPM*

μαρτύρων,	ταῦτα	παράθου	πιστοῖς	ἀνθρώποις,	οἵτινες	ἱκανοὶ
testigos,	estas cosas	encomienda	fieles$_2$	a personas$_1$	las que$_3$	idóneos$_5$
3144	5023	3908	4103	444	3748	2425
NGPM	*RD-APN*	*VAMM2S, VAMI2S*	*JDPM*	*NDPM*	*RR-NPM*	*JNPM*

NVI

hasta aquel día lo que le
he confiado.
13 Con fe y amor en
Cristo Jesús, sigue el
ejemplo de la sana doc-
trina que de mí apren-
diste. 14 Con el poder del
Espíritu Santo que vive
en nosotros, cuida la
preciosa enseñanza que
se te ha confiado.
15 Ya sabes que todos
los de la provincia de
Asia me han abando-
nado, incluso Figelo y
Hermógenes.
16 Que el Señor le
conceda misericordia a
la familia de Onesíforo,
porque muchas veces
me dio ánimo y no
se avergonzó de mis
cadenas. 17 Al contrario,
cuando estuvo en Roma
me buscó sin descanso
hasta encontrarme.
18 Que el Señor le con-
ceda hallar misericordia
divina en aquel día. Tú
conoces muy bien los
muchos servicios que
me prestó en Éfeso.
2 Así que tú, hijo
mío, fortalécete
por la gracia que tene-
mos en Cristo Jesús. 2 Lo
que me has oído decir
en presencia de muchos
testigos, encomiéndalo
a creyentes dignos de

1:13* O sea *retén*.

RVR

fieles que serán idóneos
para enseñar también
a otros.
3 Tú, pues, sufre pe-
nalidades como buen
soldado de Jesucristo.
4 Ninguno que está
alistado como soldado
se enreda en los negocios
de la vida, a fin de agra-
dar a aquel que lo tomó
por soldado.
5 Y también el que
lucha como atleta, no es
coronado si no lucha de
acuerdo con las normas.
6 El labrador que se
esfuerza, debe ser el
primero en participar de
los frutos.
7 Considera lo que digo,
y el Señor te dé entendi-
miento en todo.
8 Acuérdate de
Jesucristo, del linaje de
David, resucitado de los
muertos conforme a mi
evangelio,
9 en el cual sufro pena-
lidades, hasta prisiones
como un malhechor;
mas la palabra de Dios
no está presa.
10 Por tanto, todo lo
soporto por amor a
los escogidos, para que
también ellos obtengan
la salvación que es en
Cristo Jesús con gloria
eterna.
11 Palabra fiel es esta:
Que si somos muertos
con él, también vivire-
mos con él;
12 Si sufrimos, también
reinaremos con él;

ἔσονται καὶ ἑτέρους διδάξαι. 3 συγκακοπάθησον ὡς καλὸς
serán$_4$ y también$_6$ a otros.$_8$ enseñar$_7$ Comparte el sufrimiento como buen
2071 2532 2087 1321 4777 5613 2570
VFMI3P BE, TE JAPM VAAN VAAM2S P, CAM JNSM

στρατιώτης Χριστοῦ Ἰησοῦ. 4 οὐδεὶς στρατευόμενος ἐμπλέκεται ταῖς
soldado de Cristo Jesús. Ninguno sirviendo como soldado se enreda en los$_1$
4757 5547 2424 3762 4754 1707 3588
NNSM NGSM NGSM JNSM VPMP-SNM VPPI3S DDPF

τοῦ βίου πραγματείαις, ἵνα τῷ στρατολογήσαντι ἀρέσῃ· 5 ἐὰν
de la$_3$ vida,$_4$ asuntos$_2$ para que$_5$ al que$_7$ alistó.$_8$ agrada$_6$ si$_2$
3588 979 4230 2443 3588 4758 700 1437
DGSM NGSM NDPF CAP DDSM VAAP-SDM VAAS3S CAC

δὲ καὶ ἀθλῇ τις, οὐ στεφανοῦται ἐὰν μὴ νομίμως
Y$_1$ también$_4$ participa en una competencia$_5$ alguien$_3$ no es coronado si no legalmente.$_2$
1161 2532 118 5100 3756 4737 1437 3361 3545
CLN BE, TE VPAS3S RX-NSM BN, TN VPPI3S CAC BN, TN B

ἀθλήσῃ· 6 τὸν κοπιῶντα γεωργὸν δεῖ πρῶτον τῶν
participa en una competencia$_1$ que$_2$ trabaje (con esfuerzo)$_4$ (al) labrador$_3$ Es necesario$_1$ primero$_5$ de los$_7$
118 3588 2872 1092 1163 4412 3588
VAAS3S DASM VPAP-SAM NASM VPAI3S B, J DGPM

καρπῶν μεταλαμβάνειν. 7 νόει ὃ λέγω· δώσει γάρ σοι ὁ
frutos.$_8$ para participar en$_6$ Considera lo que digo; dará$_4$ porque$_1$ a ti$_5$ el$_2$
2590 3335 3539 3588 3004 1325 1063 4671 3588
NGPM VPAN VPAM2S RR-ASN VPAI1S VFAI3S CAZ RP2DS DNSM

κύριος σύνεσιν ἐν πᾶσιν.
Señor$_3$ entendimiento en todo.
2962 4907 1722 3956
NNSM NASF P JDPN

8 Μνημόνευε Ἰησοῦν Χριστὸν ἐγηγερμένον ἐκ νεκρῶν, ἐκ
Acuérdate de Jesús Cristo que fue resucitado de (los) muertos, de
3421 2424 5547 1453 1537 3498 1537
VPAM2S NASM NASM VRPP-SAM P JGPM P

σπέρματος Δαυίδ, κατὰ τὸ εὐαγγέλιόν μου· 9 ἐν ᾧ κακοπαθῶ
(la) simiente de David según el evangelio de mí; en el cual sufro
4690 1138 2596 3588 2098 3450 1722 3739 2553
NGSN NGSM, XP P DASN NASN RP1GS P RR-DSN VPAI1S

μέχρι δεσμῶν ὡς κακοῦργος. ἀλλὰ ὁ λόγος τοῦ θεοῦ οὐ
hasta prisiones como un malhechor, pero la palabra de -- Dios no
3360 1199 5613 2557 235 3588 3056 3588 2316 3756
P, B NGPM CAM JNSM CLC DNSM NNSM DGSM NGSM BN, TN

δέδεται· 10 διὰ τοῦτο πάντα ὑπομένω διὰ τοὺς ἐκλεκτούς,
está atada. Por esto todas las cosas$_2$ soporto$_1$ por causa de los escogidos,
1210 1223 5124 3956 5278 1223 3588 1588
VRPI3S P RD-ASN JAPN VPAI1S P DAPM JAPM

ἵνα καὶ αὐτοὶ σωτηρίας τύχωσιν τῆς ἐν Χριστῷ Ἰησοῦ
para que también ellos salvación.$_2$ experimente,$_1$ la que (es) en Cristo Jesús
2443 2532 846 4991 5177 3588 1722 5547 2424
CAP BE, TE RP3NPMP NGSF VAAS3P DGSF P NDSM NDSM

μετὰ δόξης αἰωνίου. 11 πιστὸς ὁ λόγος· εἰ γὰρ συναπεθάνομεν,
con gloria eterna. (es) fiel:$_3$ La$_1$ palabra$_2$ si$_5$ porque$_4$ morimos juntamente con (él)
3326 1391 166 4103 3588 3056 1487 1063 4880
P NGSF JGSF JNSM DNSM NNSM CAC CLX VAAI1P

καὶ συζήσομεν· 12 εἰ ὑπομένομεν, καὶ συμβασιλεύσομεν· εἰ
también viviremos con (él); si perseveramos, también reinaremos juntamente con (él); si
2532 4800 1487 5278 2532 4821 1487
BE, TE VFAI1P CAC VPAI1P BE, TE VFAI1P CAC

NVI

confianza, que a su
vez estén capacitados
para enseñar a otros.
3 Comparte nuestros
sufrimientos, como
buen soldado de Cristo
Jesús. 4 Ningún soldado
que quiera agradar a
su superior se enreda
en cuestiones civiles.
5 Así mismo, el atleta
no recibe la corona de
vencedor si no compite
según el reglamento. 6 El
labrador que trabaja
duro tiene derecho a
recibir primero parte de
la cosecha. 7 Reflexiona
en lo que te digo, y el
Señor te dará una mayor
comprensión de todo
esto.
8 No dejes de recordar
a Jesucristo, descendien-
te de David, levantado
de entre los muertos.
Este es mi evangelio,
9 por el que sufro al ex-
tremo de llevar cadenas
como un criminal. Pero
la palabra de Dios no
está encadenada. 10 Así
que todo lo soporto por
el bien de los elegidos,
para que también ellos
alcancen la gloriosa y
eterna salvación que te-
nemos en Cristo Jesús.
11 Este mensaje es
digno de crédito:

Si morimos con él,
también viviremos
con él;
12 si resistimos,
también reinaremos
con él.

RVR

Si le negamos, él también nos negará.
13 Si somos infieles, él permanece fiel;
No puede negarse a sí mismo.

El obrero aprobado

14 Recuérdales esto, conjurándoles delante del Señor a que no contiendan sobre palabras, lo cual para nada aprovecha, sino que es para perdición de los oyentes.
15 Procura con diligencia presentarte a Dios aprobado, como obrero que no tiene de qué avergonzarse, que traza rectamente la palabra de verdad.
16 Mas evita profanas y vanas palabrerías, porque conducirán más y más a la impiedad.
17 Y su palabra se extenderá como gangrena; de los cuales son Himeneo y Fileto,
18 que se desviaron de la verdad, diciendo que la resurrección ya se efectuó, y trastornan la fe de algunos.
19 Sin embargo, el fundamento de Dios está firme, teniendo este sello: El Señor conoce a los que son suyos; y: Apártese de iniquidad todo aquel que invoca el nombre de Cristo.

ἀρνησόμεθα,	κἀκεῖνος	ἀρνήσεται	ἡμᾶς·	13 εἰ	ἀπιστοῦμεν,	ἐκεῖνος
(lo) negamos,	también aquel (él)	negará	a nosotros;	si	somos infieles,	aquel$_1$
720	2548	720	2248	1487	569	1565
VFMI1P	RD-NSM, TE	VFMI3S	RP1AP	CAC	VPAI1P	RD-NSM

πιστὸς	μένει·	ἀρνήσασθαι	ἑαυτὸν	οὐ	δύναται.
fiel,$_3$	permanece$_2$	negarse$_6$	a sí mismo.$_7$	no$_4$	puede$_5$
4103	3306	720	1438	3756	1410
JNSM	VPAI3S	VAMN	RF3ASM	BN, TN	VPUI3S

14 Ταῦτα	ὑπομίμνῃσκε,	διαμαρτυρόμενος	ἐνώπιον	τοῦ	κυρίου,
estas cosas,$_2$	Recuerda(les)$_1$	testificando solemnemente	delante de	del	Señor,
5023	5279	1263	1799	3588	2962
RD-APN	VPAM2S	VPUP-SNM	P, B	DGSM	NGSM

μὴ	λογομαχεῖν,	ἐπ'	οὐδὲν	χρήσιμον,	ἐπὶ	καταστροφῇ
no	discutir sobre el significado de las palabras,	en	nada	(es) provechoso,	(lleva) a	(la) destrucción
3361	3054	1909	3762	5539	1909	2692
BN, TN	VPAN	P	JASN	JASN	P	NDSF

τῶν	ἀκουόντων.	15 σπούδασον	σεαυτὸν	δόκιμον	παραστῆσαι	τῷ
de los	que oyen.	Esmérate	a ti mismo	aprobado$_2$	presentar(te)$_1$	a --
3588	191	4704	4572	1384	3936	3588
DGPM	VPAP-PGM	VAAM2S	RF2ASM	JASM	VAAN	DDSM

θεῷ,	ἐργάτην	ἀνεπαίσχυντον,	ὀρθοτομοῦντα*	τὸν	λόγον	τῆς
Dios,	(como) obrero	que no tiene de qué avergonzarse,	que traza bien	la	palabra	de la
2316	2040	422	3718	3588	3056	3588
NDSM	NASM	JASM	VPAP-SAM	DASM	NASM	DGSF

ἀληθείας.	16 τὰς	δὲ	βεβήλους	κενοφωνίας	περιΐστασο·	ἐπὶ	πλεῖον*
verdad.	las$_3$	Pero$_1$	vulgares,$_5$	palabrerías sin sentido$_4$	evita$_2$	a$_8$	más$_9$
225	3588	1161	952	2757	4026	1909	4119
NGSF	DAPF	CLC	JAPF	NAPF	VPMM2S	P	JASNC

γὰρ	προκόψουσιν	ἀσεβείας,	17 καὶ	ὁ	λόγος	αὐτῶν	ὡς	γάγγραινα
porque$_6$	crecen$_7$	de impiedad,$_{10}$	Y	la	palabra	de ellos	como$_3$	gangrena;$_4$
1063	4298	763	2532	3588	3056	846	5613	1044
CAZ	VFAI3P	NGSF	CLN	DNSM	NNSM	RP3GPM	P, CAM	NNSF

νομὴν	ἕξει*.	ὧν	ἐστιν	Ὑμέναιος	καὶ	Φίλητος,	18 οἵτινες	περὶ
extensión$_1$	tendrá$_2$	de las cuales	es (son)	Himeneo	y	Fileto,	los que$_1$	acerca de$_3$
3542	2192	3739	2076	5211	2532	5372	3748	4012
NASF	VFAI3S	RR-GPM	VPAI3S	NNSM	CLN	NNSM	RR-NPM	P

τὴν	ἀλήθειαν	ἠστόχησαν,	λέγοντες	ἀνάστασιν	ἤδη	γεγονέναι,	καὶ
la$_4$	verdad,$_5$	se desviaron$_2$	diciendo (que)	(la) resurrección	ya	ha sucedido,	y
3588	225	795	3004	386	2235	1096	2532
DASF	NASF	VAAI3P	VPAP-PNM	NASF	B	VRAN	CLN

ἀνατρέπουσιν	τήν	τινων	πίστιν.	19 ὁ	μέντοι	στερεὸς	θεμέλιος
trastornan	la$_1$	de algunos.$_3$	fe$_2$	el$_2$	Sin embargo,$_1$	firme,	fundamento
396	3588	5100	4102	3588	3305	4731	2310
VPAI3P	DASF	RX-GPM	NASF	DNSM	CLC	JNSM	NNSM

τοῦ	θεοῦ	ἕστηκεν,	ἔχων	τὴν	σφραγῖδα	ταύτην·	Ἔγνω	κύριος	τοὺς
de --	Dios	está de pie	teniendo	el	sello:$_2$	este$_1$	conoció$_2$	(El) Señor$_1$	a los
3588	2316	2476	2192	3588	4973	3778	1097	2962	3588
DGSM	NGSM	VRAI3S, VIAI3S	VPAP-SNM	DASF	NASF	RD-ASF	VAAI3S	NNSM	DAPM

ὄντας	αὐτοῦ,	καί·	Ἀποστήτω	ἀπὸ	ἀδικίας	πᾶς	ὁ	ὀνομάζων	τὸ
que son	de él,	y,	apártese$_7$	de$_8$	injusticia.$_9$	Todo$_1$	el que$_2$	nombra$_3$	el$_4$
5607	846	2532	868	575	93	3956	3588	3687	3588
VPAP-PAM	RP3GSM	CLN	VAAM3S	P	NGSF	JNSM	DNSM	VPAP-SNM	DASN

ὄνομα	κυρίου.
nombre$_5$	de(l) Señor$_6$
3686	2962
NASN	NGSM

NVI

Si lo negamos,
también él nos negará;
13 si somos infieles,
él sigue siendo fiel,
ya que no puede negarse a sí mismo.

Un obrero aprobado por Dios

14 No dejes de recordarles esto. Adviérteles delante de Dios que eviten las discusiones inútiles, pues no sirven nada más que para destruir a los oyentes.
15 Esfuérzate por presentarte a Dios aprobado, como obrero que no tiene de qué avergonzarse y que interpreta rectamente la palabra de
verdad. 16 Evita las palabrerías profanas, porque los que se dan a ellas se alejan cada vez más de la vida piadosa,
17 y sus enseñanzas se extienden como gangrena. Entre ellos están Himeneo y Fileto,
18 que se han desviado de la verdad. Andan diciendo que la resurrección ya tuvo lugar, y así trastornan la
fe de algunos. 19 A pesar de todo, el fundamento de Dios es sólido y se mantiene firme, pues está sellado con esta inscripción: «El Señor conoce a los suyos», y esta otra: «Que se aparte de la maldad todo el que invoca el nombre del Señor».

2:15* O sea *que interpreta bien.* **2:16*** O sea *más y más.* **2:17*** O sea *se extenderá.*

RVR

20 Pero en una casa
grande, no solamente
hay utensilios de oro y
de plata, sino también
de madera y de barro;
y unos son para usos
honrosos, y otros para
usos viles.
21 Así que, si alguno se
limpia de estas cosas,
será utensilio para hon-
ra, santificado, útil para
el Dueño, y dispuesto
para toda buena obra.
22 Huye también de las
pasiones juveniles, y
sigue la justicia, la fe, el
amor y la paz, con los
que de corazón limpio
invocan al Señor.
23 Pero desecha las
discusiones necias e
insensatas, sabiendo que
engendran altercados.
24 Porque el siervo del
Señor no debe ser pen-
denciero, sino amable
para con todos, apto
para enseñar, sufrido;
25 que con mansedum-
bre corrija a los que se
oponen, por si quizá
Dios les conceda el
arrepentimiento que
conduce al pleno cono-
cimiento de la verdad,
26 y vuelvan al buen sen-
tido, escapando del lazo
del diablo, que los tiene
cautivos, para hacer su
voluntad.

Carácter y conducta de los hombres en los últimos días

3 Y debes saber esto:
que en los últimos

20 Ἐν	μεγάλῃ	δὲ	οἰκίᾳ	οὐκ	ἔστιν	μόνον	σκεύη	χρυσᾶ	καὶ
en$_2$	grande$_4$	Mas$_1$	una casa$_3$	no	está (hay)	solo	objetos	de oro	y
1722	3173	1161	3614	3756	2076	3440	4632	5552	2532
P	*JDSF*	*CLN*	*NDSF*	*CLK, TN, B*	*VPAI3S*	*B, J*	*NNPN*	*JNPN*	*CLN*

ἀργυρᾶ	ἀλλὰ	καὶ	ξύλινα	καὶ	ὀστράκινα,	καὶ	ἃ	μὲν	εἰς
de plata,	sino	también	de madera	y	de barro,	y	los que (son)	ciertamente	para
693	235	2532	3585	2532	3749	2532	3739	3303	1519
JNPN	*CLC*	*BE, TE*	*JNPN*	*CLN*	*JNPN*	*CLN*	*RR-NPN*	*TK, C*	*P*

τιμὴν	ἃ	δὲ	εἰς	ἀτιμίαν·	21 ἐὰν	οὖν	τις	ἐκκαθάρῃ	ἑαυτὸν
honor,	los que (hay)$_2$	pero$_1$	para	deshonra;	si$_2$	así que$_1$	alguien	limpia	a sí mismo
5092	3739	1161	1519	819	1437	3767	5100	1571	1438
NASF	*RR-NPN*	*CLK, CLC*	*P*	*NASF*	*CAC*	*CLI*	*RX-NSM*	*VAAS3S*	*RF3ASM*

ἀπὸ	τούτων,	ἔσται	σκεῦος	εἰς	τιμήν,	ἡγιασμένον,	εὔχρηστον	τῷ
de	estas cosas,	será	objeto	para	honra,	se ha santificado,	útil	para el
575	5130	2071	4632	1519	5092	37	2173	3588
P	*RD-GPN*	*VFMI3S*	*NNSN*	*P*	*NASF*	*VRPP-SNN*	*JNSN*	*DDSM*

δεσπότῃ,	εἰς	πᾶν	ἔργον	ἀγαθὸν	ἡτοιμασμένον.	22 τὰς	δὲ	νεωτερικὰς
dueño,	para$_2$	toda$_3$	obra$_4$	buena.$_5$	que ha sido preparado$_1$	a las$_3$	Mas$_1$	juveniles,$_5$
1203	1519	3956	2041	18	2090	3588	1161	3512
NDSM	*P*	*JASN*	*NASN*	*JASN*	*VRPP-SNN*	*DAPF*	*CLN*	*JAPF*

ἐπιθυμίας	φεῦγε,	δίωκε	δὲ	δικαιοσύνην,	πίστιν,	ἀγάπην,	εἰρήνην	μετὰ
pasiones$_4$	huye$_2$	sigue$_7$	pero$_6$	(la) justicia,	(la) fe,	(el) amor,	(la) paz	con
1939	5343	1377	1161	1343	4102	26	1515	3326
NAPF	*VPAM2S*	*VPAM2S*	*CLC*	*NASF*	*NASF*	*NASF*	*NASF*	*P*

τῶν	ἐπικαλουμένων	τὸν	κύριον	ἐκ	καθαρᾶς	καρδίας.	23 τὰς	δὲ
los que	invocan	al	Señor	de	limpio.$_2$	corazón$_1$	las$_3$	Pero$_1$
3588	1941	3588	2962	1537	2513	2588	3588	1161
DGPM	*VPMP-PGM*	*DASM*	*NASM*	*P*	*JGSF*	*NGSF*	*DAPF*	*CLC*

μωρὰς	καὶ	ἀπαιδεύτους	ζητήσεις	παραιτοῦ,	εἰδὼς	ὅτι	γεννῶσι
necias$_5$	e$_6$	insensatas,$_7$	discusiones$_4$	evita$_2$	habiendo sabido	que	engendran
3474	2532	521	2214	3868	1492	3754	1080
JAPF	*CLN*	*JAPF*	*NAPF*	*VPUM2S*	*VRAP-SNM*	*CSC*	*VPAI3P*

μάχας·	24 δοῦλον	δὲ	κυρίου	οὐ	δεῖ	μάχεσθαι,	ἀλλὰ	ἤπιον	εἶναι
altercados;	un siervo$_2$	y$_1$	del Señor	no	debe	reñir,	sino	amable$_2$	ser$_1$
3163	1401	1161	2962	3756	1163	3164	235	2261	1511
NAPF	*NASM*	*CLN*	*NGSM*	*CLK, TN, B*	*VPAI3S*	*VPUN*	*CLK, CLC*	*JASM*	*VPAN*

πρὸς	πάντας,	διδακτικόν,	ἀνεξίκακον,	25 ἐν	πραΰτητι	παιδεύοντα
para	todos,	apto para enseñar,	tolerante,	con$_4$	mansedumbre,$_5$	enseñando$_1$
4314	3956	1317	420	1722	4240	3811
P	*JAPM*	*JASM*	*JASM*	*P*	*NDSF*	*VPAP-SAM*

τοὺς	ἀντιδιατιθεμένους,	μήποτε	δώῃ	αὐτοῖς	ὁ	θεὸς	μετάνοιαν
a los$_2$	que se oponen$_3$	quizás$_4$	dé$_7$	a ellos$_8$	--$_5$	Dios$_6$	arrepentimiento.
3588	475	3379	1325	846	3588	2316	3341
DAPM	*VPMP-PAM*	*TI, TN*	*VAAS3S, VAAO3S*	*RP3DPM*	*DNSM*	*NNSM*	*NASF*

εἰς	ἐπίγνωσιν	ἀληθείας,	26 καὶ	ἀνανήψωσιν	ἐκ	τῆς	τοῦ
para	conocimiento pleno	de (la) verdad,	y	recuperen el sentido (y se escapen)	de$_1$	la$_2$	del$_4$
1519	1922	225	2532	366	1537	3588	3588
P	*NASF*	*NGSF*	*CLN*	*VAAS3P*	*P*	*DGSF*	*DGSM*

διαβόλου	παγίδος,	ἐζωγρημένοι	ὑπ’	αὐτοῦ	εἰς	τὸ	ἐκείνου	θέλημα.
diablo,$_5$	trampa$_3$	habiendo sido capturados	por	él,	para	la$_1$	de aquel.$_3$	voluntad$_2$
1228	3803	2221	5259	846	1519	3588	1565	2307
JGSM	*NGSF*	*VRPP-PNM*	*P*	*RP3GSM*	*P*	*DASN*	*RD-GSM*	*NASN*

3 Τοῦτο	δὲ	γίνωσκε	ὅτι	ἐν	ἐσχάταις	ἡμέραις	ἐνστήσονται
esto:$_3$	Y$_1$	conoce$_2$	que	en	(los) últimos	días	serán inminentes
5124	1161	1097	3754	1722	2078	2250	1764
RD-ASN	*CLC*	*VPAM2S*	*CSC*	*P*	*JDPF*	*NDPF*	*VFMI3P*

NVI

20 En una casa grande
no solo hay vasos de oro
y de plata, sino también
de madera y de barro,
unos para los usos más
nobles y otros para los
usos más bajos. 21 Si
alguien se mantiene
limpio, llegará a ser un
vaso noble, santifica-
do, útil para el Señor y
preparado para toda
obra buena.
22 Huye de las malas
pasiones de la juventud,
y esmérate en seguir la
justicia, la fe, el amor y
la paz, junto con los que
invocan al Señor con un
corazón limpio. 23 No
tengas nada que ver con
discusiones necias y sin
sentido, pues ya sabes
que terminan en pleitos.
24 Y un siervo del Señor
no debe andar pelean-
do; más bien, debe ser
amable con todos, capaz
de enseñar y no pro-
penso a irritarse. 25 Así,
humildemente, debe
corregir a los adversarios,
con la esperanza de
que Dios les conceda el
arrepentimiento para
conocer la verdad, 26 de
modo que se despierten
y escapen de la trampa
en que el diablo los tiene
cautivos, sumisos a su
voluntad.

La impiedad en los últimos días

3 Ahora bien, ten en
cuenta que en los
últimos días vendrán

RVR

días vendrán tiempos
difíciles.
2 Porque habrá hombres
amadores de sí mismos,
avaros, vanagloriosos,
soberbios, blasfemos,
desobedientes a los pa-
dres, ingratos, impíos,
3 sin afecto natural,
implacables, calumnia-
dores, intemperantes,
crueles, aborrecedores
de lo bueno,
4 traidores, impetuosos,
infatuados, amadores de
los deleites más bien que
de Dios,
5 que tendrán apariencia
de piedad, pero negarán
la eficacia de ella; a éstos
también evita.
6 Porque de éstos son
los que se meten en las
casas y llevan cautivas
a mujercillas cargadas
de pecados, arrastradas
por diversas concupis-
cencias.
7 Siempre están apren-
diendo, y nunca pueden
llegar al conocimiento
pleno de la verdad.
8 Y de la manera
que Janés y Jambrés
resistieron a Moisés, así
también éstos resisten
a la verdad; hombres
corruptos de entendi-
miento, descalificados
en cuanto a la fe.
9 Mas no irán más
adelante; porque su in-
sensatez será manifiesta
a todos, como también
lo fue la de aquéllos.

καιροὶ	χαλεποί·	2 ἔσονται	γὰρ	οἱ	ἄνθρωποι	φίλαυτοι,
tiempos	difíciles;	serán$_4$	porque$_1$	los$_2$	seres humanos$_3$	amadores de sí mismos,
2540	5467	2071	1063	3588	444	5367
NNPM	*JNPM*	*VFMI3P*	*CAZ*	*DNPM*	*NNPM*	*JNPM*

φιλάργυροι,	ἀλαζόνες,	ὑπερήφανοι,	βλάσφημοι,	γονεῦσιν	ἀπειθεῖς,
amigos del dinero,	personas arrogantes,	orgullosos,	blasfemos,	a (los) padres,$_2$	desobedientes$_1$
5366	213	5244	989	1118	545
JNPM	*NNPM*	*JNPM*	*JNPM*	*NDPM*	*JNPM*

ἀχάριστοι,	ἀνόσιοι,	3 ἄστοργοι,	ἄσπονδοι,	διάβολοι,	ἀκρατεῖς,
ingratos,	malvados,	sin afecto natural,	irreconciliables,	calumniadores,	faltos de autocontrol,
884	462	794	786	1228	193
JNPM	*JNPM*	*JNPM*	*JNPM*	*JNPM*	*JNPM*

ἀνήμεροι,	ἀφιλάγαθοι,	4 προδόται,	προπετεῖς,	τετυφωμένοι,
crueles,	aborrecedores del bien,	traidores,	imprudentes,	envanecidos,
434	865	4273	4312	5187
JNPM	*JNPM*	*NNPM*	*JNPM*	*VRPP-PNM*

φιλήδονοι	μᾶλλον	ἢ	φιλόθεοι,	5 ἔχοντες	μόρφωσιν	εὐσεβείας	τὴν
amigos de los placeres	más	que	amigos de Dios,	teniendo	apariencia	de piedad,	el$_3$
5369	3123	2228	5377	2192	3446	2150	3588
JNPM	*B*	*P, CAM*	*JNPM*	*VPAP-PNM*	*NASF*	*NGSF*	*DASF*

δὲ	δύναμιν	αὐτῆς	ἠρνημένοι·	καὶ	τούτους	ἀποτρέπου.	6 ἐκ	τούτων
mas$_1$	poder$_4$	de ella;$_5$	negando$_2$	y$_6$	a estos.$_8$	evita$_7$	de$_2$	estos$_3$
1161	1411	846	720	2532	5128	665	1537	5130
CLC	*NASF*	*RP3GSF*	*VRUP-PNM*	*CLN, B*	*RD-APM*	*VPMM2S*	*P*	*RD-GPM*

γάρ	εἰσιν	οἱ	ἐνδύνοντες	εἰς	τὰς	οἰκίας	καὶ	αἰχμαλωτίζοντες
porque$_1$	son	los que	entran a escondidas	hacia	las	casas	y	llevando cautivas
1063	1526	3588	1744	1519	3588	3614	2532	163
CAZ	*VPAI3P*	*DNPM*	*VPAP-PNM*	*P*	*DAPF*	*NAPF*	*CLN*	*VPAP-PNM*

γυναικάρια	σεσωρευμένα	ἁμαρτίαις,	ἀγόμενα	ἐπιθυμίαις	ποικίλαις,
a mujeres débiles,	que se han cargado de	pecados,	llevando	deseos malos	diversos,
1133	4987	266	71	1939	4164
NAPN	*VRPP-PAN*	*NDPF*	*VPPP-PAN*	*NDPF*	*JDPF*

7 πάντοτε	μανθάνοντα	καὶ	μηδέποτε	εἰς	ἐπίγνωσιν	ἀληθείας
siempre	aprendiendo	y	nunca$_1$	a$_4$	(el) conocimiento pleno$_5$	de (la) verdad.$_6$
3842	3129	2532	3368	1519	1922	225
B	*VPAP-PAN*	*CLN*	*BN*	*P*	*NASF*	*NGSF*

ἐλθεῖν	δυνάμενα.	8 ὃν	τρόπον	δὲ*	Ἰάννης	καὶ	Ἰαμβρῆς	ἀντέστησαν
llegar$_3$	pudiendo$_2$	la que$_2$	manera$_3$	Y$_1$	de Janes	y	Jambres	se opusieron
2064	1410	3739	5158	1161	2389	2532	2387	436
VAAN	*VPUP-PAN*	*RR-ASM*	*NASM*	*CLN*	*NNSM*	*CLN*	*NNSM*	*VAAI3P*

Μωϋσεῖ,	οὕτως	καὶ	οὗτοι	ἀνθίστανται	τῇ	ἀληθείᾳ,	ἄνθρωποι
a Moisés,	así	también	estos	oponiéndose	a la	verdad,	seres humanos
3475	3779	2532	3778	436	3588	225	444
NDSM	*B*	*BE, TE*	*RD-NPM*	*VPMI3P*	*DDSF*	*NDSF*	*NNPM*

κατεφθαρμένοι	τὸν	νοῦν,	ἀδόκιμοι	περὶ	τὴν	πίστιν.	9 ἀλλ'
que han pervertido	el	entendimiento,	no aprobados	en cuanto a	la	fe.	Pero
2704	3588	3563	96	4012	3588	4102	235
VRPP-PNM	*DASM*	*NASM*	*JNPM*	*P*	*DASF*	*NASF*	*CLC*

οὐ	προκόψουσιν	ἐπὶ	πλεῖον,	ἡ	γὰρ	ἄνοια	αὐτῶν	ἔκδηλος	ἔσται
no	avanzarán	a	más;	la$_2$	porque$_1$	insensatez$_3$	de ellos$_4$	notoria$_6$	será$_5$
3756	4298	1909	4119	3588	1063	454	846	1552	2071
BN, TN	*VFAI3P*	*P*	*JASNC*	*DNSF*	*CAZ*	*NNSF*	*RP3GPM*	*JNSF, JNSM*	*VFMI3S*

πᾶσιν,	ὡς	καὶ	ἡ	ἐκείνων	ἐγένετο.
a todos,$_7$	como	también	la$_2$	de aquellos.$_3$	fue$_1$
3956	5613	2532	3588	1565	1096
JDPM	*CAM*	*BE, TE*	*DNSF*	*RD-GPM*	*VAMI3S*

NVI

tiempos difíciles. 2 La
gente estará llena de
egoísmo y avaricia;
serán jactanciosos, arro-
gantes, blasfemos, des-
obedientes a los padres,
ingratos, impíos, 3 insen-
sibles, implacables, ca-
lumniadores, libertinos,
despiadados, enemigos
de todo lo bueno, 4 trai-
cioneros, impetuosos,
vanidosos y más amigos
del placer que de Dios.
5 Aparentarán ser pia-
dosos, pero su conducta
desmentirá el poder
de la piedad. ¡Con esa
gente ni te metas!
6 Así son los que van
de casa en casa cauti-
vando a mujeres débiles
cargadas de pecados,
que se dejan llevar de
toda clase de pasiones.
7 Ellas siempre están
aprendiendo, pero nun-
ca logran conocer la ver-
dad. 8 Del mismo modo
que Janes y Jambres
se opusieron a Moisés,
también esa gente se
opone a la verdad. Son
personas de mente de-
pravada, reprobadas en
la fe. 9 Pero no llegarán
muy lejos, porque todo
el mundo se dará cuenta
de su insensatez, como
pasó con aquellos dos.

3:8* O sea *Y, a la manera.*

RVR

10 Pero tú has seguido
mi enseñanza, con-
ducta, propósito, fe,
longanimidad, amor,
paciencia,
11 persecuciones, pade-
cimientos, como los que
me sobrevinieron en
Antioquía, en Iconio,
en Listra. ¡Qué persecu-
ciones sufrí, y de todas
me libró el Señor!
12 Y en verdad todos los
que quieren vivir piado-
samente en Cristo Jesús,
padecerán persecución;
13 pero los hombres ma-
los e impostores irán de
mal en peor, engañando
y siendo engañados.
14 Pero tú persiste en lo
que has aprendido y de
lo que te persuadiste,
sabiendo de quién lo
has aprendido;
15 y que desde la infancia
sabes las Sagradas
Escrituras, las cuales te
pueden hacer sabio para
salvación por medio de
la fe que es en Cristo
Jesús.
16 Toda Escritura es
inspirada por Dios, y
útil para enseñar, para
redargüir, para corregir,
para instruir en justicia,
17 a fin de que el hombre
de Dios sea enteramente
apto, bien pertrechado

10 Σὺ	δὲ	παρηκολούθησάς	μου	τῇ	διδασκαλίᾳ,	τῇ	ἀγωγῇ,
tú$_2$	Pero$_1$	has seguido de cerca$_3$	mía,$_6$	--$_4$	enseñanza$_5$	la	conducta,
4771	1161	3877	3450	3588	1319	3588	72
RP2NS	CLC, CLT	VAAI2S	RP1GS	DDSF	NDSF	DDSF	NDSF

τῇ	προθέσει,	τῇ	πίστει,	τῇ	μακροθυμίᾳ,	τῇ	ἀγάπῃ,	τῇ
el	propósito,	la	fe,	la	paciencia,	el	amor,	la
3588	4286	3588	4102	3588	3115	3588	26	3588
DDSF	NDSF	DDSF	NDSF	DDSF	NDSF	DDSF	NDSF	DDSF

ὑπομονῇ,	11 τοῖς	διωγμοῖς,	τοῖς	παθήμασιν,	οἷά	μοι	ἐγένετο	ἐν
perseverancia,	las	persecuciones,	los	sufrimientos,	tal como	a mí	sucedió	en
5281	3588	1375	3588	3804	3634	3427	1096	1722
NDSF	DDPM	NDPM	DDPN	NDPN	RR-NPN	RP1DS	VAMI3S	P

Ἀντιοχείᾳ,	ἐν	Ἰκονίῳ,	ἐν	Λύστροις,	οἵους	διωγμοὺς	ὑπήνεγκα·
Antioquía,	en	Iconio,	en	Listra;	como$_1$	persecuciones,$_3$	soporté$_2$
490	1722	2430	1722	3082	3634	1375	5297
NDSF	P	NDSN	P	NDPN	JAPM, RK-APM	NAPM	VAAI1S

καὶ	ἐκ	πάντων	με	ἐρρύσατο	ὁ	κύριος.	12 καὶ	πάντες	δὲ
y$_4$	de$_8$	todas$_9$	a mí.$_{10}$	(me) libró$_7$	el$_5$	Señor$_6$	también$_2$	todos$_3$	Y$_1$
2532	1537	3956	3165	4506	3588	2962	2532	3956	1161
CLN	P	JGPM	RP1AS	VAUI3S	DNSM	NNSM	BE, TE	JNPM	CLN

οἱ	θέλοντες	ζῆν	εὐσεβῶς	ἐν	Χριστῷ	Ἰησοῦ	διωχθήσονται.
los que$_4$	quieren$_5$	vivir	piadosamente	en	Cristo	Jesús,	serán perseguidos.
3588	2309	2198	2153	1722	5547	2424	1377
DNPM	VPAP-PNM	VPAN	B	P	NDSM	NDSM	VFPI3P

13 πονηροὶ	δὲ	ἄνθρωποι	καὶ	γόητες	προκόψουσιν	ἐπὶ	τὸ	χεῖρον,
malvados$_3$	Pero$_1$	seres humanos$_2$	e$_4$	impostores$_5$	avanzarán	a	lo	peor,
4190	1161	444	2532	1114	4298	1909	3588	5501
JNPM	CLC	NNPM	CLN	NNPM	VFAI3P	P	DASN	JASN

πλανῶντες	καὶ	πλανώμενοι.	14 σὺ	δὲ	μένε	ἐν	οἷς	ἔμαθες
engañando	y	siendo engañados.	tú$_2$	Pero$_1$	permanece$_3$	en	las cosas que	aprendiste
4105	2532	4105	4771	1161	3306	1722	3739	3129
VPAP-PNM	CLN	VPPP-PNM	RP2NS	CLC	VPAM2S	P	RR-DPN	VAAI2S

καὶ	ἐπιστώθης,	εἰδὼς	παρὰ	τίνων	ἔμαθες,	15 καὶ	ὅτι	ἀπὸ
y	fuiste persuadido,	sabiendo	de parte de	de quiénes	aprendiste,	también	que	desde
2532	4104	1492	3844	5101	3129	2532	3754	575
CLN	VAPI2S	VRAP-SNM	P	RI-GPM	VAAI2S	CLN	CSC	P

βρέφους	ἱερὰ	γράμματα	οἶδας,	τὰ	δυνάμενά	σε	σοφίσαι
niño	(las) Sagradas$_2$	Escrituras,$_3$	sabes$_1$	las que	pueden	a ti$_2$	darte sabiduría$_1$
1025	2413	1121	1492	3588	1410	4571	4679
NGSN	JAPN	NAPN	VRAI2S	DAPN	VPUP-PAN	RP2AS	VAAN

εἰς	σωτηρίαν	διὰ	πίστεως	τῆς	ἐν	Χριστῷ	Ἰησοῦ.	16 πᾶσα
para	salvación	por medio de	(la) fe	la (que es)	en	Cristo	Jesús.	Toda
1519	4991	1223	4102	3588	1722	5547	2424	3956
P	NASF	P	NGSF	DGSF	P	NDSM	NDSM	JNSF

γραφὴ	θεόπνευστος	καὶ	ὠφέλιμος	πρὸς	διδασκαλίαν,	πρὸς
Escritura	(es) inspirada	y	útil	para	enseñanza,	para
1124	2315	2532	5624	4314	1319	4314
NNSF	JNSF	CLN	JNSF, JNSM	P	NASF	P

ἐλεγμόν,	πρὸς	ἐπανόρθωσιν,	πρὸς	παιδείαν	τὴν	ἐν	δικαιοσύνῃ,
reproche,	para	corrección,	para	instrucción,	la (que es)	en	justicia,
1650	4314	1882	4314	3809	3588	1722	1343
NASM	P	NASF	P	NASF	DASF	P	NDSF

17 ἵνα	ἄρτιος	ᾖ	ὁ	τοῦ	θεοῦ	ἄνθρωπος,	πρὸς	πᾶν	ἔργον
para que$_1$	apto,$_7$	sea$_6$	el$_2$	de --$_4$	Dios$_5$	hombre$_3$	para$_9$	toda$_{10}$	obra$_{11}$
2443	739	5600	3588	3588	2316	444	4314	3956	2041
CAP	JNSM	VPAS3S	DNSM	DGSM	NGSM	NNSM	P	JASN	NASN

NVI

Encargo de Pablo a Timoteo

10 Tú, en cambio, has
seguido paso a paso mis
enseñanzas, mi manera
de vivir, mi propósito,
mi fe, mi paciencia, mi
amor, mi constancia,
11 mis persecuciones
y mis sufrimientos.
Estás enterado de lo
que sufrí en Antioquía,
Iconio y Listra, y de
las persecuciones que
soporté. Y de todas ellas
me libró el Señor. 12 Así
mismo serán perse-
guidos todos los que
quieran llevar una vida
piadosa en Cristo Jesús,
13 mientras que esos
malvados embaucado-
res irán de mal en peor,
engañando y siendo
engañados. 14 Pero tú
permanece firme en lo
que has aprendido y de
lo cual estás convencido,
pues sabes de quiénes
lo aprendiste. 15 Desde
tu niñez conoces las
Sagradas Escrituras, que
pueden darte la sabi-
duría necesaria para la
salvación mediante la fe
en Cristo Jesús. 16 Toda
la Escritura es inspirada
por Dios y útil para
enseñar, para reprender,
para corregir y para
instruir en la justicia, 17 a
fin de que el siervo de
Dios esté enteramente
capacitado para toda

RVR

para toda buena obra.

Predica la palabra

4 Te encargo
solemnemente
delante de Dios y del
Señor Jesucristo, que va
a juzgar a los vivos y a los
muertos por su manifes-
tación y por su reino,
2 que prediques la pala-
bra; que instes a tiempo
y fuera de tiempo; redar-
guye, reprende, exhorta
con toda paciencia y
enseñanza.
3 Porque vendrá tiempo
cuando no sufrirán la
sana doctrina, sino que
teniendo comezón de
oír, acumularán para sí
maestros conforme a
sus propias concupis-
cencias,
4 y apartarán de la verdad
el oído y se volverán a las
fábulas.
5 Pero tú sé sobrio
en todo, soporta las
aflicciones, haz obra de
evangelista, cumple tu
ministerio.
6 Porque yo ya estoy
siendo derramado, y el
tiempo de mi partida es
inminente.
7 He peleado la buena
batalla, he acabado la

ἀγαθὸν	ἐξηρτισμένος.
buena.$_{12}$	habiendo sido equipado$_{8}$
18	1822
JASN	*VRPP-SNM*

4 Διαμαρτύρομαι	ἐνώπιον	τοῦ	θεοῦ	καὶ	Χριστοῦ	Ἰησοῦ,
Testifico solemnemente	delante de	--	Dios	y	de Cristo	Jesús,
1263	1799	3588	2316	2532	5547	2424
VPUI1S	*P, B*	*DGSM*	*NGSM*	*CLN*	*NGSM*	*NGSM*

τοῦ	μέλλοντος	κρίνειν	ζῶντας	καὶ	νεκρούς,	καὶ	τὴν	ἐπιφάνειαν
el que	está a punto	para juzgar	a los que viven	y	a (los) muertos	y	(por) la	aparición
3588	3195	2919	2198	2532	3498	2532	3588	2015
DGSM	*VPAP-SGM*	*VPAN*	*VPAP-PAM*	*CLN*	*JAPM*	*CLN*	*DASF*	*NASF*

αὐτοῦ	καὶ	τὴν	βασιλείαν	αὐτοῦ·	2 κήρυξον	τὸν	λόγον,	ἐπίστηθι
de él	y	el	reino	de él:	Proclama	la	palabra,	está dispuesto
846	2532	3588	932	846	2784	3588	3056	2186
RP3GSM	*CLN*	*DASF*	*NASF*	*RP3GSM*	*VAAM2S*	*DASM*	*NASM*	*VAAM2S*

εὐκαίρως	ἀκαίρως,	ἔλεγξον,	ἐπιτίμησον,	παρακάλεσον,
a tiempo favorable	a tiempo desfavorable,	redarguye,	reprende,	exhorta
2122	171	1651	2008	3870
B	*B*	*VAAM2S*	*VAAM2S*	*VAAM2S*

ἐν	πάσῃ	μακροθυμίᾳ	καὶ	διδαχῇ.	3 ἔσται	γὰρ	καιρὸς	ὅτε	τῆς
con	toda	paciencia	y	enseñanza.	habrá$_{2}$	Porque$_{1}$	un tiempo$_{3}$	cuando$_{4}$	la$_{7}$
1722	3956	3115	2532	1322	2071	1063	2540	3753	3588
P	*JDSF*	*NDSF*	*CLN*	*NDSF*	*VFMI3S*	*CAZ*	*NNSM*	*CAT*	*DGSF*

ὑγιαινούσης	διδασκαλίας	οὐκ	ἀνέξονται,	ἀλλὰ	κατὰ	τὰς	ἰδίας
que es sana$_{8}$	enseñanza,$_{9}$	no$_{5}$	aguantarán$_{6}$	sino	conforme a	a las	propias
5198	1319	3756	430	235	2596	3588	2398
VPAP-SGF	*NGSF*	*CLK, TN, B*	*VFMI3P*	*CLK, CLC*	*P*	*DAPF*	*JAPF*

ἐπιθυμίας	ἑαυτοῖς	ἐπισωρεύσουσιν	διδασκάλους	κνηθόμενοι	τὴν
pasiones,	para sí mismos,$_{6}$	amontonarán$_{4}$	maestros$_{5}$	sintiendo comezón$_{1}$	(en) el$_{2}$
1939	1438	2002	1320	2833	3588
NAPF	*RF3DPM*	*VFAI3P*	*NAPM*	*VPPP-PNM*	*DASF*

ἀκοήν*,	4 καὶ	ἀπὸ	μὲν	τῆς	ἀληθείας	τὴν	ἀκοὴν	ἀποστρέψουσιν,
oído$_{3}$	y$_{1}$	de$_{6}$	ciertamente,$_{2}$	la$_{7}$	verdad,$_{8}$	el$_{4}$	oído$_{5}$	volverán al otro lado$_{3}$
189	2532	575	3303	3588	225	3588	189	654
NASF	*CLN*	*P*	*TK, C*	*DGSF*	*NGSF*	*DASF*	*NASF*	*VFAI3P*

ἐπὶ	δὲ	τοὺς	μύθους	ἐκτραπήσονται.	5 σὺ	δὲ	νῆφε	ἐν	πᾶσιν,
a$_{11}$	y$_{9}$	las$_{12}$	leyendas.$_{13}$	se desviarán$_{10}$	tú$_{2}$	Pero$_{1}$	sé sobrio	en	todo,
1909	1161	3588	3454	1624	4771	1161	3525	1722	3956
P	*CLK, CLC*	*DAPM*	*NAPM*	*VFPI3P*	*RP2NS*	*CLC*	*VPAM2S*	*P*	*JDPN*

κακοπάθησον,	ἔργον	ποίησον	εὐαγγελιστοῦ,	τὴν	διακονίαν	σου
soporta (los) sufrimientos,	obra$_{2}$	haz$_{1}$	de evangelista,$_{3}$	el$_{5}$	ministerio$_{6}$	de ti.$_{7}$
2553	2041	4160	2099	3588	1248	4675
VAAM2S	*NASN*	*VAAM2S*	*NGSM*	*DASF*	*NASF*	*RP2GS*

πληροφόρησον.
cumple$_{4}$
4135
VAAM2S

6 Ἐγὼ	γὰρ	ἤδη	σπένδομαι,	καὶ	ὁ	καιρὸς	τῆς	ἀναλύσεώς
yo$_{3}$	Porque$_{1}$	ya$_{2}$	soy derramado en libación,$_{4}$	y	el	tiempo	de la	partida
1473	1063	2235	4689	2532	3588	2540	3588	359
RP1NS	*CAZ*	*B*	*VPPI1S*	*CLN*	*DNSM*	*NNSM*	*DGSF*	*NGSF*

μου	ἐφέστηκεν.	7 τὸν	καλὸν	ἀγῶνα	ἠγώνισμαι,	τὸν	δρόμον
de mí	es inminente.	la$_{2}$	buena$_{3}$	batalla,$_{4}$	He peleado$_{1}$	la$_{6}$	carrera,$_{7}$
3450	2186	3588	2570	73	75	3588	1408
RP1GS	*VRAI3S*	*DASM*	*JASM*	*NASM*	*VRUI1S*	*DASM*	*NASM*

NVI

buena obra.
4 En presencia de
Dios y de Cristo
Jesús, que ha de venir en
su reino y que juzgará a
los vivos y a los muertos,
te doy este solemne
encargo: 2 Predica la
Palabra; persiste en ha-
cerlo, sea o no sea opor-
tuno; corrige, reprende
y anima con mucha
paciencia, sin dejar de
enseñar. 3 Porque llegará
el tiempo en que no van
a tolerar la sana doctrina,
sino que, llevados de sus
propios deseos, se rodea-
rán de maestros que les
digan las novelerías que
quieren oír. 4 Dejarán
de escuchar la verdad y
se volverán a los mitos.
5 Tú, por el contrario, sé
prudente en todas las
circunstancias, soporta
los sufrimientos, dedí-
cate a la evangelización;
cumple con los deberes
de tu ministerio.
6 Yo, por mi parte,
ya estoy a punto de ser
ofrecido como un sacri-
ficio, y el tiempo de mi
partida ha llegado. 7 He
peleado la buena batalla,

4:3* O sea *sintiendo curiosidad.*

RVR

carrera, he guardado
la fe.
8 Por lo demás, me está
guardada la corona de
justicia, la cual me dará
el Señor, el juez justo,
en aquel día; y no sólo
a mí, sino también a
todos los que aman su
venida.

Encargos personales

9 Procura venir pronto
a verme,
10 porque Demas me ha
desamparado, amando
este mundo, y se ha ido
a Tesalónica. Crescente
fue a Galacia, y Tito a
Dalmacia.
11 Sólo Lucas está con-
migo. Toma a Marcos y
tráele contigo, porque
me es útil para el mi-
nisterio.
12 A Tíquico lo envié
a Éfeso.
13 Trae, cuando vengas,
el capote que dejé
en Tróade en casa de
Carpo, y los libros,
especialmente los perga-
minos.
14 Alejandro el calderero
me ha causado muchos
males; el Señor le retri-
buirá conforme a sus
hechos.
15 Guárdate tú también
de él, pues en gran
manera se ha opuesto a

τετέλεκα,	τὴν	πίστιν	τετήρηκα.	8 λοιπὸν	ἀπόκειταί	μοι	ὁ	τῆς
he completado$_5$	la	fe,$_9$	he guardado$_8$	por lo demás,	está reservada$_5$	para mí,$_6$	la$_1$	de la$_3$
5055	3588	4102	5083	3063	606	3427	3588	3588
VRAI1S	*DASF*	*NASF*	*VRAI1S*	*JASN*	*VPUI3S*	*RP1DS*	*DNSM*	*DGSF*

δικαιοσύνης	στέφανος,	ὃν	ἀποδώσει	μοι	ὁ	κύριος	ἐν	ἐκείνῃ
justicia$_4$	corona$_2$	la que$_7$	me dará$_{13}$	a mí$_{14}$	el$_8$	Señor,$_9$	en$_{15}$	aquel$_{16}$
1343	4735	3739	591	3427	3588	2962	1722	1565
NGSF	*NNSM*	*RR-ASM*	*VFAI3S*	*RP1DS*	*DNSM*	*NNSM*	*P*	*RD-DSF*

τῇ	ἡμέρᾳ,	ὁ	δίκαιος	κριτής,	οὐ	μόνον	δὲ	ἐμοὶ	ἀλλὰ	καὶ
--$_{17}$	día;$_{18}$	el$_{10}$	justo,$_{12}$	juez$_{11}$	no$_{14}$	solo$_{15}$	y$_{13}$	a mí,	sino	también
3588	2250	3588	1342	2923	3756	3440	1161	1698	235	2532
DDSF	*NDSF*	*DNSM*	*JNSM*	*NNSM*	*CLK, TN, B*	*B, J*	*CLN*	*RP1DS*	*CLK, CLC*	*BE, TE*

πᾶσιν	τοῖς	ἠγαπηκόσι	τὴν	ἐπιφάνειαν	αὐτοῦ.
a todos	los que	han amado	la	aparición	de él.
3956	3588	25	3588	2015	846
JDPM	*DDPM*	*VRAP-PDM*	*DASF*	*NASF*	*RP3GSM*

9 Σπούδασον	ἐλθεῖν	πρός	με	ταχέως.	10 Δημᾶς	γάρ	με
Procura	venir	a	mí	pronto,	Demas$_2$	porque$_1$	a mí,$_4$
4704	2064	4314	3165	5030	1214	1063	3165
VAAM2S	*VAAN*	*P*	*RP1AS*	*B*	*NNSM*	*CAZ*	*RP1AS*

ἐγκατέλιπεν	ἀγαπήσας	τὸν	νῦν	αἰῶνα,	καὶ	ἐπορεύθη	εἰς
desamparó$_3$	habiendo amado	la	presente	era	y	se fue	a
1459	25	3588	3568	165	2532	4198	1519
VAAI3S	*VAAP-SNM*	*DASM*	*J, B*	*NASM*	*CLN*	*VAPI3S*	*P*

Θεσσαλονίκην,	Κρήσκης	εἰς	Γαλατίαν,	Τίτος	εἰς	Δαλματίαν.
Tesalónica,	Crescente	a	Galacia,	Tito	a	Dalmacia.
2332	2913	1519	1053	5103	1519	1149
NASF	*NNSM*	*P*	*NASF*	*NNSM*	*P*	*NASF*

11 Λουκᾶς	ἐστιν	μόνος	μετ'	ἐμοῦ.	Μᾶρκον	ἀναλαβὼν	ἄγε
Lucas	es	(el) único	(que está) con	mi	a Marcos$_2$	habiendo tomado$_1$	trae(le)$_3$
3065	2076	3441	3326	1700	3138	353	71
NNSM	*VPAI3S*	*JNSM*	*P*	*RP1GS*	*NASM*	*VAAP-SNM*	*VPAM2S*

μετὰ	σεαυτοῦ,	ἔστιν	γάρ	μοι	εὔχρηστος	εἰς	διακονίαν,	12 Τυχικὸν
contigo	ti mismo;	es$_3$	porque$_1$	a mí$_2$	útil	para	(el) ministerio,	a Tíquico$_2$
3326	4572	2076	1063	3427	2173	1519	1248	5190
P	*RF2GSM*	*VPAI3S*	*CAZ*	*RP1DS*	*JNSM*	*P*	*NASF*	*NASM*

δὲ	ἀπέστειλα	εἰς	Ἔφεσον.	13 τὸν	φαιλόνην,	ὃν	ἀπέλιπον	ἐν
y$_1$	envié$_3$	a	Éfeso.	la$_3$	capa$_4$	la que$_5$	dejé$_6$	en$_7$
1161	649	1519	2181	3588	5341	3739	620	1722
CLN	*VAAI1S*	*P*	*NASF*	*DASM*	*NASM*	*RR-ASM*	*VAAI1S*	*P*

Τρῳάδι	παρὰ	Κάρπῳ,	ἐρχόμενος	φέρε,	καὶ	τὰ	βιβλία,	μάλιστα
Troas$_8$	con$_9$	Carpo,$_{10}$	viniendo$_1$	trae$_2$	y	los	rollos,	especialmente
5174	3844	2591	2064	5342	2532	3588	975	3122
NDSF	*P*	*NDSM*	*VPUP-SNM*	*VPAM2S*	*CLN*	*DAPN*	*NAPN*	*BS*

τὰς	μεμβράνας.	14 Ἀλέξανδρος	ὁ	χαλκεὺς	πολλά	μοι	κακὰ
los	pergaminos.	Alejandro	el	calderero	muchos	a mí$_2$	males$_1$
3588	3200	223	3588	5471	4183	3427	2556
DAPF	*NAPF*	*NNSM*	*DNSM*	*NNSM*	*JAPN*	*RP1DS*	*JAPN*

ἐνεδείξατο*—	ἀποδώσει	αὐτῷ	ὁ	κύριος	κατὰ	τὰ	ἔργα
mostró;	retribuirá$_3$	a él$_4$	el$_1$	Señor$_2$	conforme a	a las	obras
1731	591	846	3588	2962	2596	3588	2041
VAMI3S	*VFAI3S*	*RP3DSM*	*DNSM*	*NNSM*	*P*	*DAPN*	*NAPN*

αὐτοῦ—	15 ὃν	καὶ	σὺ	φυλάσσου,	λίαν	γὰρ	ἀντέστη	τοῖς
de él;	(del) que	también	tú	cuídate;	muchísimo$_3$	porque$_1$	resistió$_2$	a las$_4$
846	3739	2532	4771	5442	3029	1063	436	3588
RP3GSM	*RR-ASM*	*BE, TE*	*RP2NS*	*VPMM2S*	*B*	*CAZ*	*VAAI3S*	*DDPM*

NVI

he terminado la carrera,
me he mantenido en
la fe. 8 Por lo demás me
espera la corona de jus-
ticia que el Señor, el juez
justo, me otorgará en
aquel día; y no solo a mí,
sino también a todos
los que con amor hayan
esperado su venida.

Instrucciones personales

9 Haz todo lo posible
por venir a verme
cuanto antes, 10 pues
Demas, por amor a este
mundo, me ha aban-
donado y se ha ido a
Tesalónica. Crescente se
ha ido a Galacia y Tito a
Dalmacia. 11 Solo Lucas
está conmigo. Recoge a
Marcos y tráelo contigo,
porque me es de ayuda
en mi ministerio. 12 A
Tíquico lo mandé a
Éfeso. 13 Cuando vengas,
trae la capa que dejé
en Troas, en casa de
Carpo; trae también los
libros, especialmente los
pergaminos.
14 Alejandro el herre-
ro me ha hecho mucho
daño. El Señor le dará su
merecido. 15 Tú también
cuídate de él, porque
se opuso tenazmente a

4:14* O sea *causó.*

RVR

nuestras palabras.
16 En mi primera defen-
sa ninguno estuvo a mi
lado, sino que todos me
desampararon; no les
sea tomado en cuenta.
17 Pero el Señor estuvo
a mi lado, y me revistió
de poder, para que por
medio de mí fuese cum-
plida la predicación, y
que todos los gentiles la
oyesen. Y fui librado de
la boca del león.
18 Y el Señor me librará
de toda obra mala, y
me preservará para su
reino celestial. A él sea
la gloria por los siglos de
los siglos. Amén.

Saludos y bendición final

19 Saluda a Prisca y a
Aquila, y a la casa de
Onesíforo.
20 Erasto se quedó en
Corinto, y a Trófimo lo
dejé en Mileto enfermo.
21 Procura venir antes
del invierno. Eubulo te
saluda, y Pudente, Lino,
Claudia y todos los
hermanos.
22 El Señor Jesucristo
esté con tu espíritu. La
gracia sea con vosotros.
Amén.

ἡμετέροις	λόγοις.
nuestras.$_{6}$	palabras$_{5}$
2251	3056
JDPM, RS1DPM	*NDPM*

16 Ἐν	τῇ	πρώτῃ	μου	ἀπολογίᾳ	οὐδείς	μοι	παρεγένετο,	ἀλλὰ
En	la	primera	de mí,$_{2}$	defensa$_{1}$	nadie$_{3}$	a mí,$_{5}$	acudió$_{4}$	sino$_{6}$
1722	3588	4413	3450	627	3762	3427	3854	235
P	*DDSF*	*JDSF*	*RP1GS*	*NDSF*	*JNSM*	*RP1DS*	*VAMI3S*	*CLC*

πάντες	με	ἐγκατέλιπον—	μὴ	αὐτοῖς	λογισθείη—	17 ὁ	δὲ	κύριός
todos$_{7}$	a mí;$_{9}$	desampararon$_{8}$	no$_{10}$	a ellos;$_{12}$	tenga en cuenta$_{11}$	el$_{2}$	pero$_{1}$	Señor$_{3}$
3956	3165	1459	3361	846	3049	3588	1161	2962
JNPM	*RP1AS*	*VAAI3P*	*BN, TN*	*RP3DPM*	*VAPO3S*	*DNSM*	*CLC*	*NNSM*

μοι	παρέστη	καὶ	ἐνεδυνάμωσέν	με,	ἵνα	δι’	ἐμοῦ	τὸ
a mí$_{5}$	estuvo presente junto$_{4}$	y	dio fuerzas	a mí,	para que$_{1}$	por medio de$_{5}$	mí,$_{6}$	la$_{3}$
3427	3936	2532	1743	3165	2443	1223	1700	3588
RP1DS	*VAAI3S*	*CLN*	*VAAI3S*	*RP1AS*	*CAP*	*P*	*RP1GS*	*DNSN*

κήρυγμα	πληροφορηθῇ	καὶ	ἀκούσωσιν	πάντα	τὰ	ἔθνη,
proclamación$_{4}$	fuera llevada a término completamente$_{2}$	y	oyeran,$_{4}$	todos$_{1}$	los$_{2}$	gentiles$_{3}$
2782	4135	2532	191	3956	3588	1484
NNSN	*VAPS3S*	*CLN*	*VAAS3P*	*JNPN*	*DNPN*	*NNPN*

καὶ	ἐρρύσθην	ἐκ	στόματος	λέοντος.	18 ῥύσεταί	με	ὁ	κύριος
y	fui liberado	de	(la) boca	de(l) león.	librará$_{3}$	a mí$_{4}$	El$_{1}$	Señor$_{2}$
2532	4506	1537	4750	3023	4506	3165	3588	2962
CLN	*VAPI1S*	*P*	*NGSN*	*NGSM*	*VFMI3S*	*RP1AS*	*DNSM*	*NNSM*

ἀπὸ	παντὸς	ἔργου	πονηροῦ	καὶ	σώσει	εἰς	τὴν	βασιλείαν	αὐτοῦ	τὴν
de	toda	obra	mala	y	(me) salvará	para	el	reino	de él,	el
575	3956	2041	4190	2532	4982	1519	3588	932	846	3588
P	*JGSN*	*NGSN*	*JGSN*	*CLN*	*VFAI3S*	*P*	*DASF*	*NASF*	*RP3GSM*	*DASF*

ἐπουράνιον·	ᾧ	ἡ	δόξα	εἰς	τοὺς	αἰῶνας	τῶν	αἰώνων,	ἀμήν.
celestial;	a quien	la	gloria (sea)	por	los	siglos	de los	siglos,	amén.
2032	3739	3588	1391	1519	3588	165	3588	165	281
JASF	*RR-DSM*	*DNSF*	*NNSF*	*P*	*DAPM*	*NAPM*	*DGPM*	*NGPM*	*I, XF*

19 Ἄσπασαι	Πρίσκαν	καὶ	Ἀκύλαν	καὶ	τὸν	Ὀνησιφόρου	οἶκον.
Saluda	a Prisca	y	a Aquila,	y$_{1}$	a la$_{2}$	de Onesíforo.$_{4}$	casa$_{3}$
782	4251	2532	207	2532	3588	3683	3624
VAMM2S	*NASF*	*CLN*	*NASM*	*CLN*	*DASM*	*NGSM*	*NASM*

20 Ἔραστος	ἔμεινεν	ἐν	Κορίνθῳ,	Τρόφιμον	δὲ	ἀπέλιπον	ἐν	Μιλήτῳ
Erasto	permaneció	en	Corinto,	a Trófimo$_{3}$	y$_{1}$	dejé$_{2}$	en$_{5}$	Mileto.$_{6}$
2037	3306	1722	2882	5161	1161	620	1722	3399
NNSM	*VAAI3S*	*P*	*NDSF*	*NASM*	*CLC*	*VAAI1S*	*P*	*NDSF*

ἀσθενοῦντα.	21 Σπούδασον	πρὸ	χειμῶνος	ἐλθεῖν.	Ἀσπάζεταί	σε
estando enfermo$_{4}$	Procura$_{1}$	antes de$_{3}$	(el) invierno.$_{4}$	venir$_{2}$	saluda(n)$_{16}$	a ti.$_{17}$
770	4704	4253	5494	2064	782	4571
VPAP-SAM	*VAAM2S*	*P*	*NGSM*	*VAAN*	*VPUI3S*	*RP2AS*

Εὔβουλος	καὶ	Πούδης	καὶ	Λίνος	καὶ	Κλαυδία	καὶ	οἱ	ἀδελφοὶ
Eubulo$_{5}$	y$_{6}$	Pudente$_{7}$	y$_{8}$	Lino$_{9}$	y$_{10}$	Claudia$_{11}$	y$_{12}$	los$_{14}$	hermanos$_{15}$
2103	2532	4227	2532	3044	2532	2803	2532	3588	80
NNSM	*CLN*	*NNSM*	*CLN*	*NNSM*	*CLN*	*NNSF*	*CLN*	*DNPM*	*NNPM*

πάντες.
a todos$_{13}$
3956
JNPM

22 Ὁ	⸀κύριος	μετὰ	τοῦ	πνεύματός	σου.	ἡ	χάρις	μεθ’	⸀1ὑμῶν.
El	Señor	(esté) con	el	espíritu	de ti.	La	gracia	(sea) con	vosotros.
3588	2962	3326	3588	4151	4675	3588	5485	3326	5216
DNSM	*NNSM*	*P*	*DGSN*	*NGSN*	*RP2GS*	*DNSF*	*NNSF*	*P*	*RP2GP*

NVI

nuestro mensaje.
16 En mi primera
defensa, nadie me
respaldó, sino que todos
me abandonaron. Que
no les sea tomado en
cuenta. 17 Pero el Señor
estuvo a mi lado y me
dio fuerzas para que por
medio de mí se llevara
a cabo la predicación
del mensaje y lo oyeran
todos los paganos. Y
fui librado de la boca
del león. 18 El Señor me
librará de todo mal y
me preservará para su
reino celestial. A él sea
la gloria por los siglos de
los siglos. Amén.

Saludos finales

19 Saludos a Priscila
y a Aquila, y a la familia
de Onesíforo. 20 Erasto
se quedó en Corinto; a
Trófimo lo dejé enfermo
en Mileto. 21 Haz todo
lo posible por venir
antes del invierno. Te
mandan saludos Eubulo,
Pudente, Lino, Claudia
y todos los hermanos.
22 El Señor esté con tu
espíritu. Que la gracia
sea con ustedes.

4:22⸀ Manuscritos inferiores aumentaron *Jesucristo*. **4:22**⸀1 Manuscritos inferiores aumentaron *Amén*.

Epístola a

TITO

ΠΡΟΣ ΤΙΤΟΝ

RVR

Saludo

1 Pablo, siervo de
Dios y apóstol de
Jesucristo, conforme a
la fe de los escogidos de
Dios y el conocimiento
pleno de la verdad que es
según la piedad,
2 a base de la esperanza
en la vida eterna, la cual
Dios, que no miente,
prometió desde antes de
los tiempos eternos,
3 y a su debido tiempo
manifestó su palabra
por la predicación que
me fue encomendada
conforme al mandato de
Dios nuestro Salvador,
4 a Tito, verdadero hijo
según la fe común:
Gracia, misericordia y
paz, de parte de Dios
Padre y del Señor
Jesucristo nuestro
Salvador.

Requisitos de ancianos y obispos

5 Por esta causa te dejé
en Creta, para que
acabases de poner en
orden lo que faltaba, y
constituyeses ancianos
en cada ciudad, como
yo te ordené;
6 el que sea irreprensi-
ble, marido de una sola
mujer, y tenga hijos
creyentes, que no estén
acusados de disolución

1

Παῦλος	δοῦλος	θεοῦ,	ἀπόστολος	δὲ	Ἰησοῦ	Χριστοῦ
Pablo,	siervo	de Dios,	apóstol$_2$	y$_1$	de Jesús	Cristo,
3972	1401	2316	652	1161	2424	5547
NNSM	*NNSM*	*NGSM*	*NNSM*	*CLN*	*NGSM*	*NGSM*

κατὰ	πίστιν	ἐκλεκτῶν	θεοῦ	καὶ	ἐπίγνωσιν	ἀληθείας	τῆς
conforme a	(la) fe	de (los) escogidos	de Dios	y	(el) conocimiento pleno	de (la) verdad,	de la (que es)
2596	4102	1588	2316	2532	1922	225	3588
P	*NASF*	*JGPM*	*NGSM*	*CLN*	*NASF*	*NGSF*	*DGSF*

κατ'	εὐσέβειαν	2 ἐπ'	ἐλπίδι	ζωῆς	αἰωνίου,	ἣν	ἐπηγγείλατο	ὁ
según	(la) piedad,	sobre	(la) esperanza	de (la) vida	eterna,	la que$_1$	prometió$_5$	--$_2$
2596	2150	1909	1680	2222	166	3739	1861	3588
P	*NASF*	*P*	*NDSF*	*NGSF*	*JGSF*	*RR-ASF*	*VAMI3S*	*DNSM*

ἀψευδὴς	θεὸς	πρὸ	χρόνων	αἰωνίων	3 ἐφανέρωσεν	δὲ	καιροῖς
que no miente$_4$	Dios$_3$	antes de	(los) tiempos	eternos,	manifestó$_4$	pero$_1$	en (los) tiempos$_2$
893	2316	4253	5550	166	5319	1161	2540
JNSM	*NNSM*	*P*	*NGPM*	*JGPM*	*VAAI3S*	*CLC*	*NDPM*

ἰδίοις,	τὸν	λόγον	αὐτοῦ	ἐν	κηρύγματι	ὃ	ἐπιστεύθην	ἐγὼ
propios$_3$	la	palabra	de él	en	(la) proclamación	a la que$_1$	fui confiado$_3$	yo$_2$
2398	3588	3056	846	1722	2782	3739	4100	1473
JDPM	*DASM*	*NASM*	*RP3GSM*	*P*	*NDSN*	*RR-NSN*	*VAPI1S*	*RP1NS*

κατ'	ἐπιταγὴν	τοῦ	σωτῆρος	ἡμῶν	θεοῦ,	4 Τίτῳ	γνησίῳ	τέκνῳ
conforme a	(al) mandato	del	Salvador	de nosotros,	Dios,	a Tito	verdadero	hijo
2596	2003	3588	4990	2257	2316	5103	1103	5043
P	*NASF*	*DGSM*	*NGSM*	*RP1GP*	*NGSM*	*NDSM*	*JDSN*	*NDSN*

κατὰ	κοινὴν	πίστιν·	χάρις	⸀καὶ	εἰρήνη	ἀπὸ	θεοῦ	πατρὸς	καὶ	Χριστοῦ
según	común:$_2$	(la) fe$_1$	gracia	y	paz	de	Dios	Padre	y	de Cristo
2596	2839	4102	5485	2532	1515	575	2316	3962	2532	5547
P	*JASF*	*NASF*	*NNSF*	*CLN*	*NNSF*	*P*	*NGSM*	*NGSM*	*CLN*	*NGSM*

Ἰησοῦ	τοῦ	σωτῆρος	ἡμῶν.
Jesús	el	Salvador	de nosotros.
2424	3588	4990	2257
NGSM	*DGSM*	*NGSM*	*RP1GP*

5 Τούτου	χάριν	ἀπέλιπόν	σε	ἐν	Κρήτῃ	ἵνα	τὰ
esto$_2$	A causa de$_1$	dejé	a ti	en	Creta,	para que$_1$	las cosas que$_3$
5127	5484	620	4571	1722	2914	2443	3588
RD-GSN	*P, B*	*VAAI1S*	*RP2AS*	*P*	*NDSF*	*CAP*	*DAPN*

λείποντα	ἐπιδιορθώσῃ,	καὶ	καταστήσῃς	κατὰ	πόλιν	πρεσβυτέρους,
faltan,$_4$	acabaras de poner en orden$_2$	y	constituyeras	en cada$_2$	ciudad$_3$	ancianos$_1$
3007	1930	2532	2525	2596	4172	4245
VPAP-PAN	*VAMS2S*	*CLN*	*VAAS2S*	*P*	*NASF*	*JAPM*

ὡς	ἐγώ	σοι	διεταξάμην,	6 εἴ	τίς	ἐστιν	ἀνέγκλητος,	μιᾶς
como$_4$	yo$_5$	a ti,$_7$	ordené$_6$	si	alguien	es	irreprensible,	de una$_2$
5613	1473	4671	1299	1487	5100	2076	410	1520
CAM	*RP1NS*	*RP2DS*	*VAMI1S*	*CAC*	*RX-NSM*	*VPAI3S*	*JNSM*	*JGSF*

γυναικὸς	ἀνήρ,	τέκνα	ἔχων	πιστά,	μὴ	ἐν	κατηγορίᾳ	ἀσωτίας
esposa$_3$	esposo$_1$	hijos$_5$	teniendo$_4$	fieles,$_6$	no	con	acusación	de libertinaje
1135	435	5043	2192	4103	3361	1722	2724	810
NGSF	*NNSM*	*NAPN*	*VPAP-SNM*	*JAPN*	*BN, TN*	*P*	*NDSF*	*NGSF*

NVI

1 Pablo, siervo de
Dios y apóstol
de Jesucristo, llamado
para que, mediante
la fe, los elegidos de
Dios lleguen a conocer
la verdadera religión.
2 Nuestra esperanza es
la vida eterna, la cual
Dios, que no miente, ya
había prometido antes
de la creación. 3 Ahora, a
su debido tiempo, él ha
cumplido esta promesa
mediante la predicación
que se me ha confiado
por orden de Dios nues-
tro Salvador.

4 A Tito, mi verda-
dero hijo en esta fe que
compartimos:

Que Dios el Padre
y Cristo Jesús nuestro
Salvador te concedan
gracia y paz.

Tarea de Tito en Creta

5 Te dejé en Creta
para que pusieras en or-
den lo que quedaba por
hacer y en cada pueblo
nombraras ancianos
de la iglesia, de acuerdo
con las instrucciones
que te di. 6 El anciano
debe ser intachable,
esposo de una sola
mujer; sus hijos deben
ser creyentes, libres de

1:4⸀ Manuscritos inferiores aumentaron *misericordia.*

RVR

ni de rebeldía.
7 Porque el obispo debe
ser irreprensible, como
administrador de Dios;
no arrogante, no ira-
cundo, no dado al vino,
no pendenciero, no
codicioso de ganancias
deshonestas,
8 sino hospedador,
amante de lo bueno,
sensato, justo, santo,
dueño de sí mismo,
9 retenedor de la palabra
fiel tal como ha sido
enseñada, para que
también pueda exhortar
con sana doctrina y
redargüir a los que
contradicen.
10 Porque hay aún mu-
chos rebeldes, habladó-
res de vanidades y enga-
ñadores, especialmente
los de la circuncisión,
11 a los cuales es preciso
tapar la boca; que
trastornan casas enteras,
enseñando por ganancia
deshonesta lo que no
deben.
12 Uno de ellos, su pro-
pio profeta, dijo: Los
cretenses son siempre
mentirosos, malas bes-
tias, glotones, ociosos.
13 Este testimonio es
verdadero; por lo cual,
repréndelos duramente,
para que sean sanos
en la fe,

ἢ	ἀνυπότακτα.	7 δεῖ	γὰρ	τὸν	ἐπίσκοπον	ἀνέγκλητον	εἶναι
o	rebelde.	es necesario$_2$	porque$_1$	al$_3$	supervisor$_4$	irreprensible$_6$	ser$_5$
2228	506	1163	1063	3588	1985	410	1511
CLD	*JAPN*	*VPAI3S*	*CLX*	*DASM*	*NASM*	*JASM*	*VPAN*

ὡς	θεοῦ	οἰκονόμον,	μὴ	αὐθάδη,	μὴ	ὀργίλον,	μὴ	πάροινον,
como$_7$	de Dios,$_9$	administrador$_8$	no	arrogante,	no	iracundo,	no	dado al vino,
5613	2316	3623	3361	829	3361	3711	3361	3943
P, CAM	*NGSM*	*NASM*	*BN, TN*	*JASM*	*BN, TN*	*JASM*	*BN, TN*	*JASM*

μὴ	πλήκτην,	μὴ	αἰσχροκερδῆ,	8 ἀλλὰ	φιλόξενον,	φιλάγαθον,
no	pendenciero,	no	codicioso de ganancias deshonestas,	sino	hospedador,	amante del bien,
3361	4131	3361	146	235	5382	5358
BN, TN	*NASM*	*BN, TN*	*JASM*	*CLC*	*JASM*	*JASM*

σώφρονα,	δίκαιον,	ὅσιον,	ἐγκρατῆ,	9 ἀντεχόμενον	τοῦ	κατὰ
sensato,	justo,	santo,	dueño de sí mismo,	reteniendo$_1$	la$_2$	conforme a$_5$
4998	1342	3741	1468	472	3588	2596
JASM	*JASM*	*JASM*	*JASM*	*VPUP-SAM*	*DGSM*	*P*

τὴν	διδαχὴν	πιστοῦ	λόγου,	ἵνα	δυνατὸς	ᾖ	καὶ	παρακαλεῖν
la$_6$	enseñanza$_7$	fiel$_4$	palabra$_3$	para que$_8$	capaz$_{10}$	sea$_9$	también	para exhortar
3588	1322	4103	3056	2443	1415	5600	2532	3870
DASF	*NASF*	*JGSM*	*NGSM*	*CAP*	*JNSM*	*VPAS3S*	*CLK*	*VPAN*

ἐν	τῇ	διδασκαλίᾳ	τῇ	ὑγιαινούσῃ	καὶ	τοὺς	ἀντιλέγοντας
con	la	enseñanza	la sana		y también$_1$	a los que$_3$	se oponen.$_4$
1722	3588	1319	3588	5198	2532	3588	483
P	*DDSF*	*NDSF*	*DDSF*	*VPAP-SDF*	*CLK, CLN*	*DAPM*	*VPAP-PAM*

ἐλέγχειν.
reprender$_2$
1651
VPAN

10 Εἰσὶν	γὰρ	πολλοὶ	καὶ	ἀνυπότακτοι,	ματαιολόγοι	καὶ
son (hay)$_2$	Porque$_1$	muchos	y	rebeldes,	palabreros	y
1526	1063	4183	2532	506	3151	2532
VPAI3P	*CLX*	*JNPM*	*BE, TE*	*JNPM*	*JNPM*	*CLN*

φρεναπάται,	μάλιστα	οἱ	ἐκ	τῆς	περιτομῆς,	11 οὓς	δεῖ
engañadores,	especialmente	los	de	la	circuncisión,	a los cuales	es necesario
5423	3122	3588	1537	3588	4061	3739	1163
NNPM	*BS*	*DNPM*	*P*	*DGSF*	*NGSF*	*RR-APM*	*VPAI3S*

ἐπιστομίζειν,	οἵτινες	ὅλους	οἴκους	ἀνατρέπουσιν	διδάσκοντες
tapar la boca,	los cuales$_1$	enteras$_4$	casas$_3$	trastornan$_2$	enseñando
1993	3748	3650	3624	396	1321
VPAN	*RR-NPM*	*JAPM*	*NAPM*	*VPAI3P*	*VPAP-PNM*

ἃ	μὴ	δεῖ	αἰσχροῦ	κέρδους	χάριν.	12 εἶπέν	τις	ἐξ
las cosas que	no	es (son) necesaria(s).	vergonzosa$_3$	ganancia$_2$	a causa de$_1$	dijo:$_7$	Alguno$_1$	de$_2$
3739	3361	1163	150	2771	5484	2036	5100	1537
RR-APN	*BN, TN*	*VPAI3S*	*JGSN*	*NGSN*	*P, B*	*VAAI3S*	*RX-NSM*	*P*

αὐτῶν,	ἴδιος	αὐτῶν	προφήτης,	Κρῆτες	ἀεὶ	ψεῦσται,	κακὰ
ellos,$_3$	propio$_5$	de ellos$_6$	profeta$_4$	(Los) cretenses (son)	siempre	mentirosos,	malas
846	2398	846	4396	2912	104	5583	2556
RP3GPM	*JNSM*	*RP3GPM*	*NNSM*	*NNPM*	*B*	*NNPM*	*JNPN*

θηρία,	γαστέρες	ἀργαί*.	13 ἡ	μαρτυρία	αὕτη	ἐστὶν	ἀληθής.
bestias,	vientres	ociosos.	--$_2$	testimonio$_3$	Este$_1$	es	verdadero.
2342	1064	692	3588	3141	3778	2076	227
NNPN	*NNPF*	*JNPF*	*DNSF*	*NNSF*	*RD-NSF*	*VPAI3S*	*JNSF*

δι’	ἣν	αἰτίαν	ἔλεγχε	αὐτοὺς	ἀποτόμως,	ἵνα	ὑγιαίνωσιν	ἐν
Por	la cual	causa,	reprende	a ellos	severamente,	para que	sean sanos	en
1223	3739	156	1651	846	664	2443	5198	1722
P	*RR-ASF*	*NASF*	*VPAM2S*	*RP3APM*	*B*	*CAP*	*VPAS3P*	*P*

NVI

sospecha de libertinaje
o de desobediencia. 7 El
obispo tiene a su cargo
la obra de Dios, y por
lo tanto debe ser inta-
chable: no arrogante, ni
iracundo, ni borracho,
ni violento, ni codicioso
de ganancias mal habi-
das. 8 Al contrario, debe
ser hospitalario, amigo
del bien, sensato, justo,
santo y disciplinado.
9 Debe apegarse a la
palabra fiel, según la
enseñanza que recibió,
de modo que también
pueda exhortar a otros
con la sana doctrina
y refutar a los que se
opongan.
10 Y es que hay
muchos rebeldes, char-
latanes y engañadores,
especialmente los parti-
darios de la circuncisión.
11 A esos hay que tapar-
les la boca, ya que están
arruinando familias
enteras al enseñar lo que
no se debe; y lo hacen
para obtener ganancias
mal habidas. 12 Fue
precisamente uno de sus
propios profetas el que
dijo: «Los cretenses
son siempre mentirosos,
malas bestias, glotones
perezosos». 13 ¡Y es la
verdad! Por eso, repren-
delos con severidad a fin
de que sean sanos en la

1:12* O sea *glotones ociosos.*

RVR

14 no atendiendo a fábulas judaicas, ni a mandamientos de hombres que se apartan de la verdad.

15 Todas las cosas son puras para los puros, mas para los contaminados e incrédulos nada es puro; pues hasta su mente y su conciencia están contaminadas.

16 Profesan conocer a Dios, pero con los hechos lo niegan, siendo abominables y desobedientes, descalificados en cuanto a toda buena obra.

Enseñanza de la sana doctrina

2 Pero tú habla lo que está de acuerdo con la sana doctrina.

2 Que los ancianos sean sobrios, serios, sensatos, sanos en la fe, en el amor, en la paciencia.

3 Las ancianas asimismo sean reverentes en su porte; no calumniadoras, no esclavas del mucho vino, maestras del bien;

4 para que enseñen a las mujeres jóvenes a ser amantes de sus maridos y de sus hijos,

5 a ser sensatas, castas, cuidadosas de su casa, buenas, sujetas a sus maridos, para que la palabra de Dios no sea blasfemada.

τῇ	πίστει,	14 μὴ	προσέχοντες	Ἰουδαϊκοῖς	μύθοις	καὶ	ἐντολαῖς
la	fe,	no	prestando atención a	judías$_2$	leyendas$_1$	y	mandamientos
3588	4102	3361	4337	2451	3454	2532	1785
DDSF	NDSF	BNTN	VPAP-PNM	JDPM	NDPM	CLN	NDPF

ἀνθρώπων	ἀποστρεφομένων	τὴν	ἀλήθειαν.	15 πάντα	καθαρὰ	τοῖς
de seres humanos,	volviendo al otro lado	la	verdad.	todas las cosas	(son) limpias	para los
444	654	3588	225	3956	2513	3588
NGPM	VPMP-PGM	DASF	NASF	JNPN	JNPN	DDPM

καθαροῖς·	τοῖς	δὲ	μεμιαμμένοις	καὶ	ἀπίστοις	οὐδὲν	καθαρόν,	ἀλλὰ
limpios;	para los$_2$	mas$_1$	contaminados$_3$	e	incrédulos	nada (es)	limpio,	sino
2513	3588	1161	3392	2532	571	3762	2513	235
JDPM	DDPM	CLC	VRPP-PDM	CLN	JDPM	JNSN	JNSN	CLC

μεμίανται	αὐτῶν	καὶ	ὁ	νοῦς	καὶ	ἡ	συνείδησις.	16 θεὸν
ha sido contaminado$_7$	de ellos.$_8$	también$_1$	la$_2$	mente$_3$	y también$_4$	la$_5$	conciencia$_6$	a Dios,$_3$
3392	846	2532	3588	3563	2532	3588	4893	2316
VRPI3S	RP3GPM	CLK	DNSM	NNSM	CLK, CLN	DNSF	NNSF	NASM

ὁμολογοῦσιν	εἰδέναι,	τοῖς	δὲ	ἔργοις	ἀρνοῦνται,	βδελυκτοὶ	ὄντες
profesan$_1$	conocer$_2$	con las$_5$	mas$_4$	obras$_6$	(le) niegan,$_7$	detestables$_9$	siendo$_8$
3670	1492	3588	1161	2041	720	947	5607
VPAI3P	VRAN	DDPN	CLC	NDPN	VPUI3P	JNPM	VPAP-PNM

καὶ	ἀπειθεῖς	καὶ	πρὸς	πᾶν	ἔργον	ἀγαθὸν	ἀδόκιμοι.
y	desobedientes	y$_1$	para$_3$	toda$_4$	obra$_5$	buena.$_6$	no aprobados$_2$
2532	545	2532	4314	3956	2041	18	96
CLN	JNPM	CLN	P	JASN	NASN	JASN	JNPM

2 Σὺ	δὲ	λάλει	ἃ	πρέπει	τῇ	ὑγιαινούσῃ	διδασκαλίᾳ.
tú$_2$	Mas$_1$	habla	las cosas que	conviene	a la que	es sana	enseñanza.
4771	1161	2980	3739	4241	3588	5198	1319
RP2NS	CLC	VPAM2S	RR-APN	VPAI3S	DDSF	VPAP-SDF	NDSF

2 πρεσβύτας	νηφαλίους	εἶναι,	σεμνούς,	σώφρονας,	ὑγιαίνοντας	τῇ
A los ancianos	sobrios,$_2$	ser$_1$	respetables,	sensatos,	siendo sanos	en la
4246	3524	1511	4586	4998	5198	3588
NAPM	JAPM	VPAN	JAPM	JAPM	VPAP-PAM	DDSF

πίστει,	τῇ	ἀγάπῃ,	τῇ	ὑπομονῇ.
fe,	en el	amor,	en la	perseverancia.
4102	3588	26	3588	5281
NDSF	DDSF	NDSF	DDSF	NDSF

3 Πρεσβύτιδας	ὡσαύτως	ἐν	καταστήματι	ἱεροπρεπεῖς,	μὴ
a (las) ancianas (que sean)	Asimismo	en$_2$	conducta,$_3$	reverentes$_1$	no
4247	5615	1722	2688	2412	3361
NAPF	B	P	NDSN	JAPF	BN, TN

διαβόλους	μηδὲ	οἴνῳ	πολλῷ	δεδουλωμένας,	καλοδιδασκάλους,	4 ἵνα
calumniadoras,	ni$_1$	vino,$_4$	a mucho$_3$	esclavizadas$_2$	maestras del bien,	para que
1228	3361	3631	4183	1402	2567	2443
JAPF	BN, TN	NDSM	JDSM	VRPP-PAF	JAPF	CAP

σωφρονίζωσι	τὰς	νέας	φιλάνδρους	εἶναι,	φιλοτέκνους,	5 σώφρονας,
instruyan	a las	jóvenes	amante de su espso,$_2$	a ser$_1$	amante de sus hijos,	sensatas,
4994	3588	3501	5362	1511	5388	4998
VPAS3P	DAPF	JAPF	JAPF, NAPF	VPAN	JAPF	JAPF

ἁγνάς,	οἰκουργούς,	ἀγαθάς,	ὑποτασσομένας	τοῖς	ἰδίοις	ἀνδράσιν,
puras,	amas de casa,	bondadosas,	siendo sujetas	a los$_1$	propios,$_3$	esposos$_2$
53	3626	18	5293	3588	2398	435
JAPF	JAPF	JAPF	VPPP-PAF	DDPM	JDPM	NDPM

ἵνα	μὴ	ὁ	λόγος	τοῦ	θεοῦ	βλασφημῆται.
para que$_4$	no$_9$	la$_5$	palabra$_6$	de --$_7$	Dios$_8$	sea blasfemada.$_{10}$
2443	3361	3588	3056	3588	2316	987
CAP	BN, TN	DNSM	NNSM	DGSM	NGSM	VPPS3S

NVI

fe 14 y no hagan caso de
leyendas judías ni de lo
que exigen esos que re-
chazan la verdad. 15 Para
los puros todo es puro,
pero para los corruptos
e incrédulos no hay
nada puro. Al contrario,
tienen corrompidas la
mente y la conciencia.
16 Profesan conocer
a Dios, pero con sus
acciones lo niegan; son
abominables, desobe-
dientes e incapaces de
hacer nada bueno.

Lo que se debe enseñar

2 Tú, en cambio,
predica lo que está
de acuerdo con la sana
doctrina. 2 A los ancia-
nos, enséñales que sean
moderados, respetables,
sensatos, e íntegros en
la fe, en el amor y en la
constancia.
3 A las ancianas,
enséñales que sean
reverentes en su conduc-
ta, y no calumniadoras
ni adictas al mucho
vino. Deben enseñar
lo bueno 4 y aconsejar
a las jóvenes a amar a
sus esposos y a sus hijos,
5 a ser sensatas y puras,
cuidadosas del hogar,
bondadosas y sumisas
a sus esposos, para que
no se hable mal de la
palabra de Dios.

RVR

6 Exhorta asimismo a
los jóvenes a que sean
sensatos;
7 presentándote tú en
todo como modelo
de buenas obras; en la
enseñanza mostrando
integridad, seriedad,
8 palabra sana e irrepro-
chable, de modo que el
adversario se avergüen-
ce, al no tener nada malo
que decir de vosotros.
9 Exhorta a los siervos
a que se sometan a sus
amos en todo, a que les
complazcan sin con-
tradecir,
10 no sustrayéndoles,
sino mostrándose fieles
en todo, para que en
todo adornen la doc-
trina de Dios nuestro
Salvador.
11 Porque la gracia de
Dios se ha manifestado
para ofrecer salvación a
todos los hombres,
12 enseñándonos que,
renunciando a la
impiedad y a los deseos
mundanos, vivamos en
este siglo sobria, justa y
piadosamente,
13 aguardando la espe-
ranza bienaventurada y
la manifestación glorio-
sa de nuestro gran Dios
y Salvador Jesucristo,
14 quien se dio a sí
mismo por nosotros

6 Τοὺς	νεωτέρους	ὡσαύτως	παρακάλει	σωφρονεῖν·	7 περὶ	πάντα
a los$_3$	jóvenes$_4$	Asimismo$_1$	exhorta$_2$	a ser sensatos.$_5$	acerca de	todas las cosas
3588	3501	5615	3870	4993	4012	3956
DAPM	*JAPMC*	*B*	*VPAM2S*	*VPAN*	*P*	*JAPN*

σεαυτὸν	παρεχόμενος	τύπον	καλῶν	ἔργων,	ἐν	τῇ	διδασκαλίᾳ
a ti mismo$_2$	presentando$_1$	(como) ejemplo	de buenas	obras,	en	la	enseñanza
4572	3930	5179	2570	2041	1722	3588	1319
RF2ASM	*VPMP-SNM*	*NASM*	*JGPN*	*NGPN*	*P*	*DDSF*	*NDSF*

ἀφθορίαν,	σεμνότητα,	8 λόγον	ὑγιῆ	ἀκατάγνωστον,	ἵνα	ὁ	ἐξ
integridad,	seriedad,	palabra	sana,	irreprensible,	para que	el	de(l)
90	4587	3056	5199	176	2443	3588	1537
NASF	*NASF*	*NASM*	*JASM*	*JASM*	*CAP*	*DNSM*	*P*

ἐναντίας	ἐντραπῇ	μηδὲν	ἔχων	λέγειν	περὶ	ἡμῶν	φαῦλον.
lado opuesto	sea avergonzado,	nada$_2$	teniendo$_1$	que decir$_4$	acerca de$_5$	nosotros.$_6$	malo$_3$
1727	1788	3367	2192	3004	4012	2257	5337
JGSF	*VAPS3S*	*JASN*	*VPAP-SNM*	*VPAN*	*P*	*RP1GP*	*JASN*

9 Δούλους	ἰδίοις	δεσπόταις	ὑποτάσσεσθαι	ἐν	πᾶσιν,
Esclavos$_1$	a (sus) propios$_3$	amos$_4$	someterse$_2$	en	todas las cosas,
1401	2398	1203	5293	1722	3956
NAPM	*JDPM*	*NDPM*	*VPPN, VPMN*	*P*	*JDPN*

εὐαρέστους	εἶναι,	μὴ	ἀντιλέγοντας,	10 μὴ	νοσφιζομένους,	ἀλλὰ
agradables,$_2$	ser$_1$	no	contradiciendo,	no	hurtando,	sino$_1$
2101	1511	3361	483	3361	3557	235
JAPM	*VPAN*	*BN, TN*	*VPAP-PAM*	*BN,TN*	*VPMP-PAM*	*CLC*

πᾶσαν	πίστιν	ἐνδεικνυμένους	ἀγαθήν,	ἵνα	τὴν	διδασκαλίαν	τὴν
toda$_3$	fidelidad$_4$	mostrando$_2$	buena,$_5$	para que	la	enseñanza	la$_1$
3956	4102	1731	18	2443	3588	1319	3588
JASF	*NASF*	*VPMP-PAM*	*JASF*	*CAP*	*DASF*	*NASF*	*DASF*

τοῦ	σωτῆρος	ἡμῶν	θεοῦ	κοσμῶσιν	ἐν	πᾶσιν.
del$_2$	Salvador$_4$	de nosotros,$_5$	Dios$_3$	adornen	en	todo.
3588	4990	2257	2316	2885	1722	3956
DGSM	*NGSM*	*RP1GP*	*NGSM*	*VPAS3P*	*P*	*JDPN*

11 Ἐπεφάνη	γὰρ	ἡ	χάρις	τοῦ	θεοῦ	σωτήριος	πᾶσιν
fue manifestada$_7$	Porque$_1$	la$_2$	gracia$_3$	de --$_5$	Dios$_6$	salvadora$_4$	a todos
2014	1063	3588	5485	3588	2316	4992	3956
VAPI3S	*CLX*	*DNSF*	*NNSF*	*DGSM*	*NGSM*	*JNSF, JNSM*	*JDPM*

ἀνθρώποις	12 παιδεύουσα	ἡμᾶς,	ἵνα	ἀρνησάμενοι	τὴν	ἀσέβειαν
(los) seres humanos,	enseñando	a nosotros,	para que	renunciando	a la	impiedad
444	3811	2248	2443	720	3588	763
NDPM	*VPAP-SNF*	*RP1AP*	*CSC*	*VAMP-PNM*	*DASF*	*NASF*

καὶ	τὰς	κοσμικὰς	ἐπιθυμίας	σωφρόνως	καὶ	δικαίως	καὶ	εὐσεβῶς
y	las	mundanas,$_2$	pasiones$_1$	sensatamente	y	justamente	y	piadosamente
2532	3588	2886	1939	4996	2532	1346	2532	2153
CLN	*DAPF*	*JAPF*	*NAPF*	*B*	*CLN*	*B*	*CLN*	*B*

ζήσωμεν	ἐν	τῷ	νῦν	αἰῶνι,	13 προσδεχόμενοι	τὴν	μακαρίαν
vivamos	en	la	presente,$_2$	edad$_1$	aguardando	la	bienaventurada
2198	1722	3588	3568	165	4327	3588	3107
VAAS1P	*P*	*DDSM*	*J, B*	*NDSM*	*VPUP-PNM*	*DASF*	*JASF*

ἐλπίδα	καὶ	ἐπιφάνειαν	τῆς	δόξης	τοῦ	μεγάλου	θεοῦ	καὶ	σωτῆρος
esperanza	y	(la) aparición	de la	gloria	del	gran	Dios	y	Salvador
1680	2532	2015	3588	1391	3588	3173	2316	2532	4990
NASF	*CLN*	*NASF*	*DGSF*	*NGSF*	*DGSM*	*JGSM*	*NGSM*	*CLN*	*NGSM*

ἡμῶν	Ἰησοῦ	Χριστοῦ,	14 ὃς	ἔδωκεν	ἑαυτὸν	ὑπὲρ	ἡμῶν	ἵνα
de nosotros,	Jesús	Cristo,	quien	(se) dio	a sí mismo	en favor de	nosotros,	para que
2257	2424	5547	3739	1325	1438	5228	2257	2443
RP1GP	*NGSM*	*NGSM*	*RR-NSM*	*VAAI3S*	*RF3ASM*	*P*	*RP1GP*	*CAP*

NVI

6 A los jóvenes, ex-
hórtalos a ser sensatos.
7 Con tus buenas obras,
dales tú mismo ejemplo
en todo. Cuando
enseñes, hazlo con
integridad y seriedad,
8 y con un mensaje sano
e intachable. Así se
avergonzará cualquiera
que se oponga, pues no
podrá decir nada malo
de nosotros.
9 Enseña a los esclavos
a someterse en todo a
sus amos, a procurar
agradarles y a no ser res-
pondones. 10 No deben
robarles, sino demostrar
que son dignos de toda
confianza, para que en
todo hagan honor a
la enseñanza de Dios
nuestro Salvador.
11 En verdad, Dios ha
manifestado a toda la
humanidad su gracia, la
cual trae salvación 12 y
nos enseña a rechazar la
impiedad y las pasiones
mundanas. Así podre-
mos vivir en este mundo
con justicia, piedad
y dominio propio,
13 mientras aguardamos
la bendita esperanza, es
decir, la gloriosa venida
de nuestro gran Dios y
Salvador Jesucristo. 14 Él
se entregó por nosotros

RVR

para redimirnos de toda
iniquidad y purificar
para sí un pueblo de su
propiedad, celoso de
buenas obras.
15 Esto habla, y exhorta
y reprende con toda
autoridad. Nadie te
menosprecie.

La conducta cristiana

3 Recuérdales que
se sometan a los
gobernantes y a las auto-
ridades, que obedezcan,
que estén preparados
para toda buena obra.
2 Que a nadie difamen,
que no sean penden-
cieros, sino amables,
mostrando toda manse-
dumbre para con todos
los hombres.
3 Porque nosotros
también éramos en otro
tiempo insensatos, des-
obedientes, extraviados,
esclavos de concupiscen-
cias y deleites diversos,
viviendo en malicia y
envidia, aborrecibles, y
aborreciéndonos unos
a otros.
4 Pero cuando se mani-
festó la benignidad de
Dios nuestro Salvador,
y su amor para con los
hombres,
5 nos salvó, no en virtud
de obras de justicia que
nosotros hubiéramos
hecho, sino confor-
me a su misericordia,
mediante el lavamiento
de la regeneración y

λυτρώσηται	ἡμᾶς	ἀπὸ	πάσης	ἀνομίας	καὶ	καθαρίσῃ	ἑαυτῷ	λαὸν
redimiera	a nosotros	de	toda	iniquidad	y	limpiara	para sí mismo	un pueblo
3084	2248	575	3956	458	2532	2511	1438	2992
VAMS3S	*RP1AP*	*P*	*JGSF*	*NGSF*	*CLN*	*VAAS3S*	*RF3DSM*	*NASM*

περιούσιον,	ζηλωτὴν	καλῶν	ἔργων.
elegido solo para sí,	celoso	de buenas	obras.
4041	2207	2570	2041
JASM	*NASM*	*JGPN*	*NGPN*

15 Ταῦτα	λάλει	καὶ	παρακάλει	καὶ	ἔλεγχε	μετὰ	πάσης	ἐπιταγῆς·
estas cosas$_{2}$	Habla$_{1}$	y	exhorta	y	reprende	con	toda	autoridad;
5023	2980	2532	3870	2532	1651	3326	3956	2003
RD-APN	*VPAM2S*	*CLN*	*VPAM2S*	*CLN*	*VPAM2S*	*P*	*JGSF*	*NGSF*

μηδείς	σου	περιφρονείτω.
nadie$_{1}$	a ti.$_{3}$	menosprecie$_{2}$
3367	4675	4065
JNSM	*RP2GS*	*VPAM3S*

3 Ὑπομίμνῃσκε	αὐτοὺς	ἀρχαῖς	ἐξουσίαις	ὑποτάσσεσθαι
Recuerda	a ellos	a (los) gobernantes,$_{2}$	a (las) autoridades$_{3}$	someterse,$_{1}$
5279	846	746	1849	5293
VPAM2S	*RP3APM*	*NDPF*	*NDPF*	*VPPN, VPMN*

πειθαρχεῖν,	πρὸς	πᾶν	ἔργον	ἀγαθὸν	ἑτοίμους	εἶναι,	2 μηδένα
obedecer$_{4}$	para$_{7}$	toda$_{8}$	obra$_{9}$	buena,$_{10}$	preparados$_{6}$	estar$_{5}$	a nadie$_{2}$
3980	4314	3956	2041	18	2092	1511	3367
VPAN	*P*	*JASN*	*NASN*	*JASN*	*JAPM*	*VPAN*	*JASM*

βλασφημεῖν,	ἀμάχους	εἶναι,	ἐπιεικεῖς,	πᾶσαν	ἐνδεικνυμένους
blasfemar,$_{1}$	no pendencieros,$_{4}$	ser$_{3}$	indulgentes,$_{5}$	toda$_{7}$	mostrando$_{6}$
987	269	1511	1933	3956	1731
VPAN	*JAPM*	*VPAN*	*JAPM*	*JASF*	*VPMP-PAM*

πραΰτητα	πρὸς	πάντας	ἀνθρώπους.	3 ἦμεν	γάρ	ποτε	καὶ
amabilidad$_{8}$	para	todos	(los) seres humanos.	éramos$_{5}$	Porque$_{1}$	en otro tiempo$_{4}$	también$_{2}$
4240	4314	3956	444	1510	1063	4218	2532
NASF	*P*	*JAPM*	*NAPM*	*VIAI1P*	*CLX*	*BX, TX*	*BE, TE*

ἡμεῖς	ἀνόητοι,	ἀπειθεῖς,	πλανώμενοι,	δουλεύοντες	ἐπιθυμίαις
nosotros$_{3}$	necios	desobedientes,	siendo extraviados,	sirviendo	a deseos malos
2249	453	545	4105	1398	1939
RP1NP	*JNPM*	*JNPM*	*VPPP-PNM*	*VPAP-PNM*	*NDPF*

καὶ	ἡδοναῖς	ποικίλαις,	ἐν	κακίᾳ	καὶ	φθόνῳ	διάγοντες,	στυγητοί,
y	placeres	diversos,	en$_{2}$	malicia$_{3}$	y$_{4}$	envidia,$_{5}$	viviendo$_{1}$	aborrecibles,
2532	2237	4164	1722	2549	2532	5355	1236	4767
CLN	*NDPF*	*JDPF*	*P*	*NDSF*	*CLN*	*NDSM*	*VPAP-PNM*	*JNPM*

μισοῦντες	ἀλλήλους.	4 ὅτε	δὲ	ἡ	χρηστότης	καὶ	ἡ
odiando	unos a otros.	cuando$_{2}$	Pero$_{1}$	la	bondad	y	el
3404	240	3753	1161	3588	5544	2532	3588
VPAP-PNM	*RC-APM*	*CAT*	*CLC*	*DNSF*	*NNSF*	*CLN*	*DNSF*

φιλανθρωπία	ἐπεφάνη	τοῦ	σωτῆρος	ἡμῶν	θεοῦ,	5 οὐκ	ἐξ	ἔργων
amor a los seres humanos	se manifestó$_{5}$	del$_{1}$	Salvador$_{3}$	de nosotros$_{4}$	Dios,$_{2}$	no$_{3}$	por$_{4}$	obras$_{5}$
5363	2014	3588	4990	2257	2316	3756	1537	2041
NNSF	*VAPI3S*	*DGSM*	*NGSM*	*RP1GP*	*NGSM*	*BN, TN*	*P*	*NGPN*

τῶν	ἐν	δικαιοσύνῃ	ἃ	ἐποιήσαμεν	ἡμεῖς	ἀλλὰ	κατὰ	τὸ
--$_{6}$	en$_{7}$	justicia$_{8}$	las que$_{9}$	hubiéramos hecho,$_{11}$	nosotros$_{10}$	sino$_{12}$	conforme a$_{13}$	a la$_{14}$
3588	1722	1343	3739	4160	2249	235	2596	3588
DGPN	*P*	*NDSF*	*RR-APN*	*VAAI1P*	*RP1NP*	*CLC*	*P*	*DASN*

αὐτοῦ	ἔλεος	ἔσωσεν	ἡμᾶς	διὰ	λουτροῦ	παλιγγενεσίας	καὶ
de él,$_{16}$	misericordia$_{15}$	salvó$_{1}$	a nosotros$_{2}$	por medio de	(el) lavamiento	de (la) regeneración	y
846	1656	4982	2248	1223	3067	3824	2532
RP3GSM	*NASN*	*VAAI3S*	*RP1AP*	*P*	*NGSN*	*NGSF*	*CLN*

NVI

para rescatarnos de toda
maldad y purificar para
sí un pueblo elegido, de-
dicado a hacer el bien.
15 Esto es lo que
debes enseñar. Exhorta
y reprende con toda
autoridad. Que nadie te
menosprecie.

La conducta del creyente

3 Recuérdales a
todos que deben
mostrarse obedientes y
sumisos ante los gober-
nantes y las autoridades.
Siempre deben estar
dispuestos a hacer lo
bueno: 2 a no hablar mal
de nadie, sino a buscar
la paz y ser respetuosos,
demostrando plena
humildad en su trato
con todo el mundo.
3 En otro tiempo tam-
bién nosotros éramos
necios y desobedientes.
Estábamos descarriados
y éramos esclavos de
todo género de pasiones
y placeres. Vivíamos en
la malicia y en la envidia.
Éramos detestables y
nos odiábamos unos
a otros. 4 Pero, cuando
se manifestaron la
bondad y el amor de
Dios nuestro Salvador,
5 él nos salvó, no por
nuestras propias obras
de justicia, sino por su
misericordia. Nos salvó
mediante el lavamiento
de la regeneración y

RVR

la renovación por el
Espíritu Santo,
6 a quien derramó sobre
nosotros abundan-
temente por medio
de Jesucristo nuestro
Salvador,
7 para que justificados
por su gracia, viniése-
mos a ser herederos
conforme a la esperanza
de la vida eterna.
8 Palabra fiel es ésta, y en
estas cosas quiero que
insistas con firmeza,
para que los que han
creído a Dios, procuren
ocuparse en buenas
obras. Estas cosas son
buenas y útiles a los
hombres.
9 Pero evita las con-
troversias necias, y
genealogías, contiendas
y disputas acerca de
la ley; porque son sin
provecho y vanas.
10 Al hombre que cause
divisiones, después de
una y otra amonesta-
ción deséchalo,
11 sabiendo que el tal se
ha pervertido, y peca,
habiéndose condenado
a sí mismo.

Encargos personales

12 Cuando envíe a ti a
Artemas o a Tíquico,
apresúrate a venir a mí
en Nicópolis, porque
he determinado pasar el
invierno allí.

ἀνακαινώσεως	πνεύματος	ἁγίου,	6 οὗ	ἐξέχεεν	ἐφ᾽	ἡμᾶς	πλουσίως
(la) renovación	de(l) Espíritu	Santo,	el cual	derramó	sobre	nosotros	en abundancia,
342	4151	40	3739	1632	1909	2248	4146
NGSF	NGSN	JGSN	RR-GSM	VAAI3S	P	RP1AP	B

διὰ	Ἰησοῦ	Χριστοῦ	τοῦ	σωτῆρος	ἡμῶν,	7 ἵνα	δικαιωθέντες
por medio de	Jesús	Cristo,	el	Salvador	de nosotros,	para que	habiendo sido justificados
1223	2424	5547	3588	4990	2257	2443	1344
P	NGSM	NGSM	DGSM	NGSM	RP1GP	CAP	VAPP-PNM

τῇ	ἐκείνου	χάριτι	κληρονόμοι	γενηθῶμεν	κατ᾽	ἐλπίδα	ζωῆς
por la$_1$	de aquel,$_3$	gracia$_2$	herederos$_5$	llegamos a ser$_4$	conforme a	(la) esperanza	de (la) vida
3588	1565	5485	2818	1096	2596	1680	2222
DDSF	RD-GSM	NDSF	NNPM	VAPS1P	P	NASF	NGSF

αἰωνίου.
eterna.
166
JGSF

8 Πιστὸς	ὁ	λόγος,	καὶ	περὶ	τούτων	βούλομαί	σε
(es) fiel,$_3$	La$_1$	palabra$_2$	y$_4$	acerca de$_8$	estas cosas$_9$	deseo$_5$	a ti,$_7$
4103	3588	3056	2532	4012	5130	1014	4571
JNSM	DNSM	NNSM	CLN	P	RD-GPM	VPUI1S	RP2AS

διαβεβαιοῦσθαι,	ἵνα	φροντίζωσιν	καλῶν	ἔργων	προΐστασθαι
afirmar con insistencia$_6$	para que$_{10}$	se interesen$_{14}$	buenas$_{16}$	obras.$_{17}$	de practicar$_{15}$
1226	2443	5431	2570	2041	4291
VPUN	CAP	VPAS3P	JGPN	NGPN	VPMN

οἱ	πεπιστευκότες	θεῷ.	ταῦτά	ἐστιν	καλὰ	καὶ	ὠφέλιμα	τοῖς
los que$_{11}$	han creído$_{12}$	en Dios$_{13}$	Estas cosas	es (son)	buenas	y	provechosas	para los
3588	4100	2316	5023	2076	2570	2532	5624	3588
DNPM	VRAP-PNM	NDSM	RD-NPN	VPAI3S	JNPN	CLN	JNPN	DDPM

ἀνθρώποις·	9 μωρὰς	δὲ	ζητήσεις	καὶ	γενεαλογίας	καὶ	ἔρεις	καὶ
seres humanos;	necios;$_{11}$	pero$_1$	discusiones$_3$	y$_4$	genealogías$_5$	y$_6$	contiendas$_7$	y$_8$
444	3474	1161	2214	2532	1076	2532	2054	2532
NDPM	JAPF	CLC	NAPF	CLN	NAPF	CLN	NAPF	CLN

μάχας	νομικὰς	περιΐστασο,	εἰσὶν	γὰρ	ἀνωφελεῖς	καὶ	μάταιοι.
altercados$_9$	acerca de (la) ley$_{10}$	evita$_2$	son$_{13}$	porque$_{12}$	sin provecho	y	vanos
3163	3544	4026	1526	1063	512	2532	3152
NAPF	JAPF	VPMM2S	VPAI3P	CAZ	JNPF	CLN	JNPF, JNPM

10 αἱρετικὸν	ἄνθρωπον	μετὰ	μίαν	καὶ	δευτέραν	νουθεσίαν
que causa divisiones,$_3$	a (la) persona$_2$	después de$_4$	una$_5$	y$_6$	segunda$_7$	amonestación,$_8$
141	444	3326	1520	2532	1208	3559
JASM	NASM	P	JASF	CLN	JASF	NASF

παραιτοῦ,	11 εἰδὼς	ὅτι	ἐξέστραπται	ὁ	τοιοῦτος	καὶ	ἁμαρτάνει,
evita$_1$	sabiendo	que	se ha pervertido$_3$	el$_1$	tal$_2$	y	peca,
3868	1492	3754	1612	3588	5108	2532	264
VPUM2S	VRAP-SNM	CSC	VRPI3S	DNSM	RD-NSM	CLN	VPAI3S

ὢν	αὐτοκατάκριτος.
siendo	condenado por sí mismo.
5607	843
VPAP-SNM	JNSM

12 Ὅταν	πέμψω	Ἀρτεμᾶν	πρὸς	σὲ	ἢ	Τυχικόν,	σπούδασον
Cuando	envíe	a Artemas	a$_3$	ti$_4$	o$_1$	a Tíquico,$_2$	procura
3752	3992	734	4314	4571	2228	5190	4704
CAT	VAAS1S, VFAI1S	NASM	P	RP2AS	CLD	NASM	VAAM2S

ἐλθεῖν	πρός	με	εἰς	Νικόπολιν,	ἐκεῖ	γὰρ	κέκρικα	παραχειμάσαι.
venir	a	mí	en	Nicópolis,	allí$_2$	porque$_1$	he decidido	pasar el invierno.
2064	4314	3165	1519	3533	1563	1063	2919	3914
VAAN	P	RP1AS	P	NASF	BP	CAZ	VRAI1S	VAAN

NVI

de la renovación por
el Espíritu Santo, 6 el
cual fue derramado
abundantemente sobre
nosotros por medio
de Jesucristo nuestro
Salvador. 7 Así lo hizo
para que, justificados
por su gracia, llegára-
mos a ser herederos que
abrigan la esperanza de
recibir la vida eterna.
8 Este mensaje es digno
de confianza, y quiero
que lo recalques, para
que los que han creído
en Dios se empeñen
en hacer buenas obras.
Esto es excelente y pro-
vechoso para todos.
9 Evita las necias con-
troversias y genealogías,
las discusiones y peleas
sobre la ley, porque ca-
recen de provecho y de
sentido. 10 Al que cause
divisiones, amonéstalo
dos veces, y después
evítalo. 11 Puedes
estar seguro de que tal
individuo se condena
a sí mismo por ser un
perverso pecador.

Instrucciones personales y saludos finales

12 Tan pronto como
te haya enviado a
Artemas o a Tíquico,
haz todo lo posible por
ir a Nicópolis a verme,
pues he decidido
pasar allí el invierno.

RVR

13 A Zenas, el experto en la ley, y a Apolos, provéelos de todo lo necesario para el viaje, de modo que nada les falte.

14 Y aprendan también los nuestros a ocuparse en buenas obras, atendiendo las necesidades urgentes, para que no sean sin fruto.

Saludos y bendición final

15 Todos los que están conmigo te saludan. Saluda a los que nos aman en la fe. La gracia sea con todos vosotros. Amén.

13 Ζηνᾶν	τὸν	νομικὸν	καὶ	Ἀπολλῶν	σπουδαίως	πρόπεμψον,
a Zenas,$_{3}$	el$_{4}$	maestro de la ley,$_{5}$	y$_{6}$	a Apolos,$_{7}$	Diligentemente$_{1}$	provée(les) para el viaje$_{2}$
2211	3588	3544	2532	625	4709	4311
NASM	*DASM*	*JASM*	*CLN*	*NASM*	*B*	*VAAM2S*

ἵνα	μηδὲν	αὐτοῖς	λείπῃ.	14 μανθανέτωσαν	δὲ	καὶ	οἱ
para que$_{8}$	nada$_{9}$	a ellos.$_{11}$	falte$_{10}$	aprendan$_{5}$	Y$_{1}$	también$_{2}$	los$_{3}$
2443	3367	846	3007	3129	1161	2532	3588
CAP	*JNSN, JASN*	*RP3DPM*	*VPAS3S*	*VPAM3P*	*CLN*	*BE, TE*	*DNPM*

ἡμέτεροι	καλῶν	ἔργων	προΐστασθαι	εἰς	τὰς	ἀναγκαίας	χρείας,
nuestros$_{4}$	buenas$_{7}$	obras$_{8}$	a ocuparse en$_{6}$	para$_{9}$	las$_{10}$	urgentes,$_{12}$	necesidades$_{11}$
2251	2570	2041	4291	1519	3588	316	5532
RS1NPM, JNPM	*JGPN*	*NGPN*	*VPMN*	*P*	*DAPF*	*JAPF*	*NAPF*

ἵνα	μὴ	ὦσιν	ἄκαρποι.
para que	no	sean	sin fruto.
2443	3361	5600	175
CAP	*BN, TN*	*VPAS3P*	*JNPM*

15 Ἀσπάζονταί	σε	οἱ	μετ’	ἐμοῦ	πάντες.	ἄσπασαι	τοὺς
saludan$_{5}$	a ti.$_{6}$	los (que)$_{2}$	(están) con$_{3}$	mí$_{4}$	Todos$_{1}$	Saluda	a los que
782	4571	3588	3326	1700	3956	782	3588
VPUI3P	*RP2AS*	*DNPM*	*P*	*RP1GS*	*JNPM*	*VAMM2S*	*DAPM*

φιλοῦντας	ἡμᾶς	ἐν	πίστει.	ἡ	χάρις	μετὰ	πάντων	⸀ὑμῶν.
aman	a nosotros	en	(la) fe.	La	gracia (sea)	con	todos	vosotros.
5368	2248	1722	4102	3588	5485	3326	3956	5216
VPAP-PAM	*RP1AP*	*P*	*NDSF*	*DNSF*	*NNSF*	*P*	*JGPM*	*RP2GP*

NVI

13 Ayuda en todo lo que puedas al abogado Zenas y a Apolos, de modo que no les falte nada para su viaje.

14 Que aprendan los nuestros a empeñarse en hacer buenas obras, a fin de que atiendan a lo que es realmente necesario y no lleven una vida inútil.

15 Saludos de parte de todos los que me acompañan. Saludos a los que nos aman en la fe.

Que la gracia sea con todos ustedes.

3:15⸀ Manuscritos inferiores aumentaron *Amén.*

Epístola a

FILEMÓN

ΠΡΟΣ ΦΙΛΗΜΟΝΑ

RVR

Saludo

1 Pablo, prisionero de
Jesucristo, y el hermano
Timoteo, a Filemón,
el amado hermano y
colaborador nuestro,
2 y a la amada hermana
Apia, y a Arquipo
nuestro compañero
de milicia, y a la iglesia
que está en tu casa:
3 Gracia y paz a
vosotros, de parte de
Dios nuestro Padre y
del Señor Jesucristo.

Reconocimiento del amor y la fe de Filemón

4 Doy gracias a mi Dios
siempre, haciendo
memoria de ti en mis
oraciones,
5 porque oigo del amor
y de la fe que tienes
hacia el Señor Jesús,
y para con todos los
santos;
6 para que la participa-
ción de tu fe sea eficaz
en el pleno conoci-
miento de todo el bien
que hay en vosotros en
orden a Cristo Jesús.
7 Pues tenemos gran
gozo y consolación en
tu amor, porque por
medio de ti, oh herma-
no, han sido conforta-
dos los corazones de los
santos.

1 Παῦλος	δέσμιος	Χριστοῦ	Ἰησοῦ	καὶ	Τιμόθεος	ὁ	ἀδελφὸς
Pablo,	prisionero	de Cristo	Jesús,	y	Timoteo	el	hermano,
3972	1198	5547	2424	2532	5095	3588	80
NNSM	*NNSM*	*NGSM*	*NGSM*	*CLN*	*NNSM*	*DNSM*	*NNSM*

Φιλήμονι	τῷ	ἀγαπητῷ	καὶ	συνεργῷ	ἡμῶν	2 καὶ	Ἀπφίᾳ	τῇ	⸀ἀδελφῇ
a Filemón	el	amado	y	colaborador	de nosotros	y	a Apia	la	hermana
5371	3588	27	2532	4904	2257	2532	682	3588	79
NDSM	*DDSM*	*JDSM*	*CLN*	*JDSM*	*RP1GP*	*CLN*	*NDSF*	*DDSF*	*NDSF*

καὶ	Ἀρχίππῳ	τῷ	συστρατιώτῃ	ἡμῶν	καὶ	τῇ	κατ᾽	οἶκόν	σου
y	a Arquipo	el	compañero de lucha	de nosotros	y$_1$	a la$_2$	(que está) en$_4$	(la) casa$_5$	de ti.$_6$
2532	751	3588	4961	2257	2532	3588	2596	3624	4675
CLN	*NDSM*	*DDSM*	*NDSM*	*RP1GP*	*CLN*	*DDSF*	*P*	*NASM*	*RP2GS*

ἐκκλησίᾳ·	3 χάρις	ὑμῖν	καὶ	εἰρήνη	ἀπὸ	θεοῦ	πατρὸς	ἡμῶν	καὶ
iglesia$_3$	Gracia	a vosotros	y	paz	de	Dios	Padre	de nosotros,	y
1577	5485	5213	2532	1515	575	2316	3962	2257	2532
NDSF	*NNSF*	*RP2DP*	*CLN*	*NNSF*	*P*	*NGSM*	*NGSM*	*RP1GP*	*CLN*

κυρίου	Ἰησοῦ	Χριστοῦ.
de(l) Señor	Jesús	Cristo.
2962	2424	5547
NGSM	*NGSM*	*NGSM*

4 Εὐχαριστῶ	τῷ	θεῷ	μου	πάντοτε	μνείαν	σου	ποιούμενος	ἐπὶ
Doy gracias	al	Dios	de mí	siempre,	mención$_2$	de ti$_3$	haciendo$_1$	en
2168	3588	2316	3450	3842	3417	4675	4160	1909
VPAI1S	*DDSM*	*NDSM*	*RP1GS*	*B*	*NASF*	*RP2GS*	*VPMP-SNM*	*P*

τῶν	προσευχῶν	μου	5 ἀκούων	σου	τὴν	ἀγάπην	καὶ	τὴν	πίστιν	ἣν
las	oraciones	de mí,	oyendo	de ti	el	amor	y	la	fe	la que
3588	4335	3450	191	4675	3588	26	2532	3588	4102	3739
DGPF	*NGPF*	*RP1GS*	*VPAP-SNM*	*RP2GS*	*DASF*	*NASF*	*CLN*	*DASF*	*NASF*	*RR-ASF*

ἔχεις	πρὸς	τὸν	κύριον	Ἰησοῦν	καὶ	εἰς	πάντας	τοὺς	ἁγίους	6 ὅπως	ἡ
tienes	hacia	el	Señor	Jesús	y	hacia	todos	los	santos,	a fin de que	la
2192	4314	3588	2962	2424	2532	1519	3956	3588	40	3704	3588
VPAI2S	*P*	*DASM*	*NASM*	*NASM*	*CLN*	*P*	*JAPM*	*DAPM*	*JAPM*	*CAP*	*DNSF*

κοινωνία	τῆς	πίστεώς	σου	ἐνεργὴς	γένηται	ἐν	ἐπιγνώσει	παντὸς
comunión	de la	fe	de ti	eficaz$_2$	llegue a ser$_1$	en	(el) conocimiento pleno	de todo
2842	3588	4102	4675	1756	1096	1722	1922	3956
NNSF	*DGSF*	*NGSF*	*RP2GS*	*JNSF*	*VAMS3S*	*P*	*NDSF*	*JGSN*

ἀγαθοῦ	τοῦ	ἐν	ἡμῖν	εἰς	⸀Χριστόν·	7 χαρὰν	γὰρ	⸂πολλὴν
bien$_2$	el$_1$	en	nosotros,	en referencia a	Cristo.	gozo$_4$	porque$_1$	mucho$_3$
18	3588	1722	2254	1519	5547	5479	1063	4183
JGSN	*DGSN*	*P*	*RP1DP*	*P*	*NASM*	*NASF*	*CLX*	*JASF*

ἔσχον⸃	καὶ	παράκλησιν	ἐπὶ	τῇ	ἀγάπῃ	σου,	ὅτι	τὰ	σπλάγχνα	τῶν
tuve$_2$	y	consolación	en	el	amor	de ti,	porque	las	entrañas	de los
2192	2532	3874	1909	3588	26	4675	3754	3588	4698	3588
VAAI1S	*CLN*	*NASF*	*P*	*DDSF*	*NDSF*	*RP2GS*	*CAZ*	*DNPN*	*NNPN*	*DGPM*

ἁγίων	ἀναπέπαυται	διὰ	σοῦ,	ἀδελφέ.
santos	han sido refrescadas	por medio de	de ti,	hermano.
40	373	1223	4675	80
JGPM	*VRPI3S*	*P*	*RP2GS*	*NVSM*

NVI

1 Pablo, prisionero
de Cristo Jesús, y el
hermano Timoteo,

a ti, querido Filemón,
compañero de trabajo,
2 a la hermana Apia,
a Arquipo nuestro
compañero de lucha, y
a la iglesia que se reúne
en tu casa:

3 Que Dios nuestro
Padre y el Señor
Jesucristo les concedan
gracia y paz.

Acción de gracias y petición

4 Siempre doy
gracias a mi Dios al
recordarte en mis ora-
ciones, 5 porque tengo
noticias de tu amor y
tu fidelidad hacia el
Señor Jesús y hacia
todos los creyentes.
6 Pido a Dios que el
compañerismo que
brota de tu fe sea eficaz
para la causa de Cristo
mediante el recono-
cimiento de todo lo
bueno que compar-
timos. 7 Hermano, tu
amor me ha alegrado
y animado mucho
porque has reconfor-
tado el corazón de los
santos.

2⸀ Manuscritos inferiores aumentaron *amada*. 6⸀ Manuscritos inferiores aumentaron *Jesús*. 7⸂⸃ Manuscritos inferiores dicen *tenemos mucho*.

RVR

Intercesión a favor de Onésimo

8Por lo cual, aunque
tengo mucha libertad
en Cristo para mandar-
te lo que conviene,
9más bien te ruego por
amor, siendo como
soy, Pablo ya anciano, y
ahora, además, prisio-
nero de Jesucristo;
10te ruego en favor de
mi hijo Onésimo, a
quien engendré en mis
prisiones,
11el cual en otro tiempo
te fue inútil, pero ahora
a ti y a mí nos es útil,
12el cual vuelvo a
enviarte; tú, pues,
recíbele como si fuera
mi propio corazón.
13Yo querría retenerle
a mi lado, para que en
lugar tuyo me sirviese
en mis prisiones por el
evangelio;
14pero nada quise hacer
sin tu consentimiento,
para que tu buena
acción no fuese como
por obligación, sino
por libre voluntad.
15Porque quizá para
esto se apartó de ti por
algún tiempo, para
que le recibieses para
siempre;
16no ya como esclavo,
sino como más que
esclavo, como hermano
amado, especialmente
para mí, pero cuánto
más para ti, tanto en
la carne como en el
Señor.

8 Διό,	πολλὴν	ἐν	Χριστῷ	παρρησίαν	ἔχων	ἐπιτάσσειν	σοι	τὸ
Por lo cual,$_1$	mucha$_3$	en$_5$	Cristo$_6$	franqueza$_4$	teniendo$_2$	para mandar	a ti	lo que,
1352	4183	1722	5547	3954	2192	2004	4671	3588
CLI	*JASF*	*P*	*NDSM*	*NASF*	*VPAP-SNM*	*VPAN*	*RP2DS*	*DASN*

ἀνῆκον,	9 διὰ	τὴν	ἀγάπην	μᾶλλον	παρακαλῶ,	τοιοῦτος	ὢν
es conveniente	a causa de$_3$	el$_4$	amor:$_5$	más bien$_1$	(te) ruego$_2$	tal$_7$	siendo$_6$
433	1223	3588	26	3123	3870	5108	5607
VPAP-SAN	*P*	*DASF*	*NASF*	*B*	*VPAI1S*	*RD-NSM*	*VPAP-SNM*

ὡς	Παῦλος	πρεσβύτης	νυνὶ	δὲ	καὶ	δέσμιος	Χριστοῦ	Ἰησοῦ
como (soy),$_8$	Pablo,	un anciano,	ahora$_2$	mas$_1$	también$_3$	prisionero	de Cristo	Jesús.
5613	3972	4246	3570	1161	2532	1198	5547	2424
P, CAM	*NNSM*	*NNSM*	*B*	*CLC*	*BE, TE*	*NNSM*	*NGSM*	*NGSM*

10 παρακαλῶ	σε	περὶ	τοῦ	ἐμοῦ	τέκνου,	ὃν	ἐγέννησα	ἐν
Ruego	a ti	acerca de	el$_1$	de mí,$_3$	hijo$_2$	a quien	engendré	en
3870	4571	4012	3588	1700	5043	3739	1080	1722
VPAI1S	*RP2AS*	*P*	*DGSN, DGSM*	*JGSN, RP1GS*	*NGSN*	*RR-ASM*	*VAAI1S*	*P*

τοῖς	⌜δεσμοῖς	Ὀνήσιμον*,	11 τόν	ποτέ	σοι	ἄχρηστον	νυνὶ	δὲ	σοὶ
las	prisiones,	Onésimo,	el$_3$	en otro tiempo$_1$	para ti$_2$	inútil,$_4$	ahora$_6$	pero$_5$	para ti$_8$
3588	1199	3682	3588	4218	4671	890	3570	1161	4671
DDPM	*NDPM*	*NASM*	*DASM*	*BX, TX*	*RP2DS*	*JASM*	*BK*	*CLC*	*RP2DS*

καὶ	ἐμοὶ	εὔχρηστον,	12 ὃν	ἀνέπεμψά	σοι	αὐτόν,	τοῦτ᾽	ἔστιν
y$_9$	para mí,$_{10}$	útil$_7$	al que	envié de regreso	a ti,	a él,	esto	es,
2532	1698	2173	3739	375	4671	846	5124	2076
CLK, CLN	*RP1DS*	*JASM*	*RR-ASM*	*VAAI1S*	*RP2DS*	*RP3ASM*	*RD-NSN*	*VPAI3S*

τὰ	ἐμὰ	σπλάγχνα·	13 ὃν	ἐγὼ	ἐβουλόμην	πρὸς	ἐμαυτὸν
las	mías	entrañas	a quien$_1$	yo$_2$	quería$_3$	con$_5$	mí mismo,$_6$
3588	1699	4698	3739	1473	1014	4314	1683
DNPN	*JNPN, RS1NPN*	*NNPN*	*RR-ASM*	*RP1NS*	*VIUI1S*	*P*	*RF1ASM*

κατέχειν,	ἵνα	ὑπὲρ	σοῦ	μοι	διακονῇ	ἐν	τοῖς	δεσμοῖς	τοῦ
retener$_4$	para que$_7$	en lugar de$_{10}$	ti$_{11}$	a mí$_9$	ministrara$_8$	en	las	prisiones	del
2722	2443	5228	4675	3427	1247	1722	3588	1199	3588
VPAN	*CAP*	*P*	*RP2GS*	*RP1DS*	*VPAS3S*	*P*	*DDPM*	*NDPM*	*DGSN*

εὐαγγελίου,	14 χωρὶς	δὲ	τῆς	σῆς	γνώμης	οὐδὲν	ἠθέλησα
evangelio,	aparte de$_2$	pero$_1$	el$_3$	de ti$_5$	consentimiento$_4$	nada,$_8$	quise$_6$
2098	5565	1161	3588	4674	1106	3762	2309
NGSN	*P, B*	*CLC*	*DGSF*	*JGSF, RS2GSF*	*NGSF*	*JASN*	*VAAI1S*

ποιῆσαι,	ἵνα	μὴ	ὡς	κατὰ	ἀνάγκην	τὸ	ἀγαθόν	σου	ᾖ
hacer$_7$	para que$_1$	no$_6$	como$_7$	conforme a$_8$	obligación,$_9$	el$_2$	bien$_3$	de ti$_4$	sea$_5$
4160	2443	3361	5613	2596	318	3588	18	4675	5600
VAAN	*CAP*	*BN, TN*	*CAM, B*	*P*	*NASF*	*DNSN*	*JNSN*	*RP2GS*	*VPAS3S*

ἀλλὰ	κατὰ	ἑκούσιον·	15 τάχα	γὰρ	διὰ	τοῦτο	ἐχωρίσθη	πρὸς	ὥραν
sino	como	voluntariamente,	tal vez$_2$	porque$_1$	por	esto	se ausentó	por	una hora,
235	2596	1595	5029	1063	1223	5124	5563	4314	5610
CLC	*P*	*JASN*	*B*	*CLX*	*P*	*RD-ASN*	*VAPI3S*	*P*	*NASF*

ἵνα	αἰώνιον	αὐτὸν	ἀπέχῃς,	16 οὐκέτι	ὡς	δοῦλον	ἀλλὰ	ὑπὲρ
para que$_1$	siempre,$_4$	a él$_3$	recibas$_2$	ya no	como	esclavo,	sino	por encima de
2443	166	846	568	3765	5613	1401	235	5228
CAP	*JASM*	*RP3ASM*	*VPAS2S*	*BN*	*P, CAM*	*NASM*	*CLC*	*P*

δοῦλον,	ἀδελφὸν	ἀγαπητόν,	μάλιστα	ἐμοί,	πόσῳ	δὲ	μᾶλλον	σοὶ
esclavo,	(como) hermano	amado,	especialmente	para mí,	cuánto	y	más	para ti,
1401	80	27	3122	1698	4214	1161	3123	4671
NASM	*NASM*	*JASM*	*BS*	*RP1DS*	*RI-DSN*	*CLC*	*B*	*RP2DS*

καὶ	ἐν	σαρκὶ	καὶ	ἐν	κυρίῳ.
también	en	(la) carne	y	en	(el) Señor.
2532	1722	4561	2532	1722	2962
CLK	*P*	*NDSF*	*CLK, CLN*	*P*	*NDSM*

NVI

Intercesión de Pablo por Onésimo

8Por eso, aunque
en Cristo tengo la
franqueza suficiente
para ordenarte lo que
debes hacer, 9prefiero
rogártelo en nombre
del amor. Yo, Pablo,
ya anciano y ahora,
además, prisionero
de Cristo Jesús, 10te
suplico por mi hijo
Onésimo, quien llegó
a ser hijo mío mientras
yo estaba preso. 11En
otro tiempo te era
inútil, pero ahora nos
es útil tanto a ti como
a mí.
12Te lo envío de
vuelta, y con él va
mi propio corazón.
13Yo hubiera querido
retenerlo para que me
sirviera en tu lugar
mientras estoy preso
por causa del evangelio.
14Sin embargo, no he
querido hacer nada
sin tu consentimiento,
para que tu favor no
sea por obligación,
sino espontáneo. 15Tal
vez por eso Onésimo
se alejó de ti por algún
tiempo, para que ahora
lo recibas para siempre,
16ya no como a esclavo,
sino como algo mejor:
como a un hermano
querido, muy especial
para mí, pero mucho
más para ti, como
persona y como herma-
no en el Señor.

10⌜ Manuscritos inferiores aumentaron *mis*. **10*** *Onésimo* significa *útil*.

RVR

17Así que, si me tienes
por compañero, recíbe-
le como a mí mismo.
18Y si en algo te perju-
dicó, o te debe, ponlo a
mi cuenta.
19Yo, Pablo, lo escribo
de mi mano, yo lo
pagaré; por no decirte
que aun tú mismo te
me debes a mí.
20Sí, hermano, hazme
este favor en el Señor;
conforta mi corazón en
el Señor.
21Te he escrito confia-
do en tu obediencia,
sabiendo que harás aun
más de lo que te digo.

Recomendaciones y saludos

22Y al mismo tiempo,
prepárame alojamien-
to; porque espero que
por medio de vuestras
oraciones os seré
concedido.
23Te saludan Epafras,
mi compañero de
prisiones en Cristo
Jesús,
24Marcos, Aristarco,
Demas y Lucas, mis
colaboradores.
25La gracia de nuestro
Señor Jesucristo sea
con vuestro espíritu.
Amén.

17 Εἰ	οὖν	με	ἔχεις	κοινωνόν,	προσλαβοῦ	αὐτὸν	ὡς	ἐμέ.	18 εἰ
si$_{2}$	Así que$_{1}$	a mí$_{4}$	tienes$_{3}$	(por) compañero,	recibe	a él	como	a mí.	si$_{2}$
1487	3767	3165	2192	2844	4355	846	5613	1691	1487
CAC	*CLI*	*RP1AS*	*VPAI2S*	*JASM, NASM*	*VAMM2S*	*RP3ASM*	*CAM*	*RP1AS*	*CAC*

δέ	τι	ἠδίκησέν	σε	ἢ	ὀφείλει	τοῦτο	ἐμοὶ	ἐλλόγα·	19 ἐγὼ
Y$_{1}$	algo$_{3}$	perjudicó$_{4}$	a ti	o	(te) debe,	esto$_{2}$	a mí;$_{3}$	carga en la cuenta$_{1}$	Yo,
1161	5100	91	4571	2228	3784	5124	1698	1677	1473
CLN	*RX-ASN*	*VAAI3S*	*RP2AS*	*CLD*	*VPAI3S*	*RD-ASN*	*RP1DS*	*VPAM2S*	*RP1NS*

Παῦλος	ἔγραψα	τῇ	ἐμῇ	χειρί,	ἐγὼ	ἀποτίσω·	ἵνα	μὴ	λέγω
Pablo,	escribí	con la	mía:$_{2}$	mano$_{1}$	yo	pagaré;	para que	no	diga
3972	1125	3588	1699	5495	1473	661	2443	3361	3004
NNSM	*VAAI1S*	*DDSF*	*JDSF, RS1DSF*	*NDSF*	*RP1NS*	*VFAI1S*	*CAP*	*BN, TN*	*VPAS1S*

σοι	ὅτι	καὶ	σεαυτόν	μοι	προσοφείλεις.	20 ναί,	ἀδελφέ,	ἐγώ
a ti	que$_{1}$	también$_{3}$	a ti mismo$_{4}$	a mí.$_{5}$	eres deudor$_{2}$	Sí,	hermano,	yo$_{1}$
4671	3754	2532	4572	3427	4359	3483	80	1473
RP2DS	*CSC*	*BE, TE*	*RF2ASM*	*RP1DS*	*VPAI2S*	*I, TE*	*NVSM*	*RP1NS*

σου	ὀναίμην	ἐν	κυρίῳ·	ἀνάπαυσόν	μου	τὰ	σπλάγχνα	ἐν
de ti$_{3}$	pueda recibir provecho$_{2}$	en	(el) Señor;	refresca	de mí$_{3}$	las$_{1}$	entrañas$_{2}$	en
4675	3685	1722	2962	373	3450	3588	4698	1722
RP2GS	*VAMO1S*	*P*	*NDSM*	*VAAM2S*	*RP1GS*	*DAPN*	*NAPN*	*P*

⸀Χριστῷ.	21 πεποιθὼς	τῇ	ὑπακοῇ	σου	ἔγραψά	σοι,	εἰδὼς	ὅτι	καὶ
Cristo.	Confiado	en la	obediencia	de ti,	escribí	a ti,	sabiendo	que$_{1}$	también$_{2}$
5547	3982	3588	5218	4675	1125	4671	1492	3754	2532
NDSM	*VRAP-SNM*	*DDSF*	*NDSF*	*RP2GS*	*VAAI1S*	*RP2DS*	*VRAP-SNM*	*CSC*	*BE, TE*

ὑπὲρ	ἃ	λέγω	ποιήσεις.	22 ἅμα	δὲ	καὶ	ἑτοίμαζέ
por encima de$_{4}$	las cosas que$_{5}$	digo.$_{6}$	harás$_{3}$	al mismo tiempo$_{2}$	Y$_{1}$	también$_{3}$	prepara$_{4}$
5228	3739	3004	4160	260	1161	2532	2090
P	*RR-APN*	*VPAI1S*	*VFAI2S*	*B*	*CLN*	*BE, TE*	*VPAM2S*

μοι	ξενίαν,	ἐλπίζω	γὰρ	ὅτι	διὰ	τῶν	προσευχῶν	ὑμῶν
para mí;$_{6}$	alojamiento$_{5}$	espero$_{8}$	porque$_{7}$	que	por medio de	las	oraciones	de vosotros
3427	3578	1679	1063	3754	1223	3588	4335	5216
RP1DS	*NASF*	*VPAI1S*	*CAZ*	*CSC*	*P*	*DGPF*	*NGPF*	*RP2GP*

χαρισθήσομαι	ὑμῖν.
seré otorgado	a vosotros.
5483	5213
VFPI1S	*RP2DP*

23 Ἀσπάζεταί	σε	Ἐπαφρᾶς	ὁ	συναιχμάλωτός	μου	ἐν	Χριστῷ
saluda,$_{9}$	te$_{8}$	Epafras,$_{1}$	el$_{2}$	compañero de prisión$_{3}$	de mí,$_{4}$	en$_{5}$	Cristo$_{6}$
782	4571	1889	3588	4869	3450	1722	5547
VPUI3S	*RP2AS*	*NNSM*	*DNSM*	*JNSM, NNSM*	*RP1GS*	*P*	*NDSM*

Ἰησοῦ,	24 Μᾶρκος,	Ἀρίσταρχος,	Δημᾶς,	Λουκᾶς,	οἱ	συνεργοί	μου.
Jesús$_{7}$	(también) Marcos,	Aristarco,	Demas,	Lucas	los	colaboradores	de mí.
2424	3138	708	1214	3065	3588	4904	3450
NDSM	*NNSM*	*NNSM*	*NNSM*	*NNSM*	*DNPM*	*JNPM*	*RP1GS*

25 Ἡ	χάρις	τοῦ	κυρίου	Ἰησοῦ	Χριστοῦ	μετὰ	τοῦ	πνεύματος
La	gracia	del	Señor	Jesucristo		(sea) con	el	espíritu
3588	5485	3588	2962	2424	5547	3326	3588	4151
DNSF	*NNSF*	*DGSM*	*NGSM*	*NGSM*	*NGSM*	*P*	*DGSN*	*NGSN*

⸀ὑμῶν.
de vosotros.
5216
RP2GP

NVI

17De modo que,
si me tienes por
compañero, recíbelo
como a mí mismo. 18Si
te ha perjudicado o te
debe algo, cárgalo a
mi cuenta. 19Yo, Pablo,
lo escribo de mi puño
y letra: te lo pagaré;
por no decirte que tú
mismo me debes lo
que eres. 20Sí, hermano,
¡que reciba yo de ti
algún beneficio en el
Señor! Reconforta mi
corazón en Cristo. 21Te
escribo confiado en tu
obediencia, seguro de
que harás aún más de
lo que te pido.
22Además de eso,
prepárame alojamien-
to, porque espero que
Dios les conceda el
tenerme otra vez con
ustedes en respuesta a
sus oraciones.
23Te mandan
saludos Epafras, mi
compañero de cárcel
en Cristo Jesús, 24y
también Marcos,
Aristarco, Demas y
Lucas, mis compañe-
ros de trabajo.
25Que la gracia del
Señor Jesucristo sea
con su espíritu.

20⸀ Manuscritos inferiores tienen *el Señor*. **25**⸀ Manuscritos inferiores aumentaron *Amén*.

Epístola a los

HEBREOS

ΠΡΟΣ ΕΒΡΑΙΟΥΣ

RVR

Cristo, plenitud de la revelación

1 Dios, habiendo hablado muchas veces y de muchas maneras en otro tiempo a los padres por los profetas,
2 en estos últimos días nos ha hablado en el Hijo, a quien designó heredero de todo, por medio del cual hizo también el universo;
3 el cual, siendo el resplandor de su gloria, y la fiel representación de su ser real, y el que sostiene todas las cosas con la palabra de su poder, habiendo efectuado la purificación de nuestros pecados por medio de sí mismo, se sentó a la diestra de la Majestad en las alturas,
4 hecho tanto superior a los ángeles, cuanto heredó más excelente nombre que ellos.

El Hijo, superior a los ángeles

5 Porque ¿a cuál de los ángeles dijo Dios jamás:

Mi Hijo eres tú,
Yo te he engendrado hoy,

y otra vez:

Yo seré a él Padre,
Y él me será a mí hijo?

6 Y otra vez,

1 Πολυμερῶς	καὶ	πολυτρόπως	πάλαι	ὁ	θεὸς	λαλήσας
en muchos fragmentos$_{5}$	y$_{6}$	de muchas maneras$_{7}$	hace tiempo$_{4}$	--$_{1}$	Dios$_{2}$	habiendo hablado$_{3}$
4181	2532	4187	3819	3588	2316	2980
B	*CLN*	*B*	*B*	*DNSM*	*NNSM*	*VAAP-SNM*

τοῖς	πατράσιν	ἐν	τοῖς	προφήταις	2 ἐπ’	ἐσχάτου	τῶν	ἡμερῶν	τούτων
a los	padres	por	los	profetas,	en$_{1}$	final$_{3}$	de los$_{4}$	días,$_{5}$	estos$_{2}$
3588	3962	1722	3588	4396	1909	2078	3588	2250	5130
DDPM	*NDPM*	*P*	*DDPM*	*NDPM*	*P*	*JGSN, JGSM*	*DGPF*	*NGPF*	*RD-GPF*

ἐλάλησεν	ἡμῖν	ἐν	υἱῷ,	ὃν	ἔθηκεν	κληρονόμον	πάντων,
habló	a nosotros	por	(el) Hijo,	al que	puso	(como) heredero	de todas las cosas,
2980	2254	1722	5207	3739	5087	2818	3956
VAAI3S	*RP1DP*	*P*	*NDSM*	*RR-ASM*	*VAAI3S*	*NASM*	*JGPN*

δι’	οὗ	καὶ	ἐποίησεν	τοὺς	αἰῶνας·	3 ὃς	ὢν	ἀπαύγασμα
por medio de	el cual	también	hizo	los	siglos;	quien	siendo	(el) resplandor
1223	3739	2532	4160	3588	165	3739	5607	541
P	*RR-GSM*	*BE, TE*	*VAAI3S*	*DAPM*	*NAPM*	*RR-NSM*	*VPAP-SNM*	*NNSN*

τῆς	δόξης	καὶ	χαρακτὴρ	τῆς	ὑποστάσεως	αὐτοῦ,	φέρων	τε
de la	gloria	y	(la) representación exacta	de la	sustancia	de él,	que sustenta	y
3588	1391	2532	5481	3588	5287	846	5342	5037
DGSF	*NGSF*	*CLN*	*NNSM*	*DGSF*	*NGSF*	*RP3GSM*	*VPAP-SNM*	*CLN*

τὰ	πάντα	τῷ	ῥήματι	τῆς	δυνάμεως,	δι’	αὐτοῦ	καθαρισμὸν
las cosas$_{2}$	todas$_{1}$	con la	palabra	del	poder	por medio de	él,	(la) purificación$_{2}$
3588	3956	3588	4487	3588	1411	1223	846	2512
DAPN	*JAPN*	*DDSN*	*NDSN*	*DGSF*	*NGSF*	*P*	*RP3GSM*	*NASM*

τῶν	ἁμαρτιῶν	ποιησάμενος	ἐκάθισεν	ἐν	δεξιᾷ	τῆς	μεγαλωσύνης
de los$_{3}$	pecados,$_{4}$	habiendo hecho$_{1}$	se sentó	a	(la) derecha	de la	Majestad
3588	266	4160	2523	1722	1188	3588	3172
DGPF	*NGPF*	*VAMP-SNM*	*VAAI3S*	*P*	*JDSF*	*DGSF*	*NGSF*

ἐν	ὑψηλοῖς,	4 τοσούτῳ	κρείττων	γενόμενος	τῶν	ἀγγέλων	ὅσῳ
en	(las) alturas,	tanto$_{7}$	mejor$_{3}$	habiendo llegado a ser$_{1}$	de los	ángeles,	cuanto$_{2}$
1722	5308	5118	2909	1096	3588	32	3745
P	*JDPM, JDPN*	*RD-DSM*	*JNSM*	*VAMP-SNM*	*DGPM*	*NGPM*	*RK-DSN*

διαφορώτερον	παρ’	αὐτοὺς	κεκληρονόμηκεν	ὄνομα.
más excelente$_{3}$	que$_{5}$	ellos.$_{6}$	ha heredado$_{1}$	nombre$_{4}$
1313	3844	846	2816	3686
JASNC	*P*	*RP3APM*	*VRAI3S*	*NASN*

5 Τίνι	γὰρ	εἶπέν	ποτε	τῶν	ἀγγέλων·	Υἱός	μου	εἶ	σύ,
¿a quién$_{2}$	Porque$_{1}$	dijo:$_{6}$	en otro tiempo$_{5}$	de los$_{3}$	ángeles$_{4}$	hijo$_{9}$	de mí,$_{10}$	eres$_{8}$	tú$_{7}$
5101	1063	2036	4218	3588	32	5207	3450	1488	4771
RI-DSM	*CAZ*	*VAAI3S*	*BK, TK*	*DGPM*	*NGPM*	*NNSM*	*RP1GS*	*VPAI2S*	*RP2NS*

ἐγὼ	σήμερον	γεγέννηκά	σε,	καὶ	πάλιν·	Ἐγὼ	ἔσομαι	αὐτῷ	εἰς
yo$_{12}$	hoy$_{11}$	he engendrado$_{13}$	a ti?$_{14}$	¿Y	otra vez:	Yo	seré	a él	por
1473	4594	1080	4571	2532	3825	1473	2071	846	1519
RP1NS	*B*	*VRAI1S*	*RP2AS*	*CLN*	*B*	*RP1NS*	*VFMI1S*	*RP3DSM*	*P*

πατέρα,	καὶ	αὐτὸς	ἔσται	μοι	εἰς	υἱόν;	6 ὅταν	δὲ	πάλιν	εἰσαγάγῃ
padre	y	él	será	a mí	por	hijo?	cuando$_{2}$	Y$_{1}$	otra vez$_{3}$	introduce
3962	2532	846	2071	3427	1519	5207	3752	1161	3825	1521
NASM	*CLN*	*RP3NSMP*	*VFMI3S*	*RP1DS*	*P*	*NASM*	*CAT*	*CLN*	*B*	*VAAS3S*

NVI

El Hijo, superior a los ángeles

1 Dios, que muchas veces y de varias maneras habló a nuestros antepasados en otras épocas por medio de los profetas,
2 en estos días finales nos ha hablado por medio de su Hijo. A este lo designó heredero de todo, y por medio de él hizo el universo.
3 El Hijo es el resplandor de la gloria de Dios, la fiel imagen de lo que él es, y el que sostiene todas las cosas con su palabra poderosa. Después de llevar a cabo la purificación de los pecados, se sentó a la derecha de la Majestad en las alturas.
4 Así llegó a ser superior a los ángeles en la misma medida en que el nombre que ha heredado supera en excelencia al de ellos.
5 Porque, ¿a cuál de los ángeles dijo Dios jamás:

«Tú eres mi hijo;
hoy mismo te he engendrado»;

y en otro pasaje:

«Yo seré su padre,
y él será mi hijo»?

RVR

cuando introduce al
Primogénito en el mun-
do, dice:
Adórenle todos los
ángeles de Dios.
7 Ciertamente de los
ángeles dice:
El que hace a sus ánge-
les espíritus,
Y a sus ministros llama
de fuego.
8 Mas del Hijo dice:
Tu trono, oh Dios, por
el siglo del siglo;
Cetro de equidad es el
cetro de tu reino.
9 Has amado la justi-
cia, y aborrecido la
maldad,
Por lo cual te ungió
Dios, el Dios tuyo,
Con óleo de alegría
más que a tus
compañeros.
10 Y:
Tú, oh Señor, en el
principio pusiste
los fundamentos
de la tierra,
Y los cielos son obra
de tus manos.
11 Ellos perece-
rán, mas tú
permaneces;
Y todos ellos se enve-
jecerán como una
vestidura,
12 Y como un manto
los enrollarás, y

τὸν	πρωτότοκον	εἰς	τὴν	οἰκουμένην,	λέγει·	Καὶ	προσκυνησάτωσαν
al	Primogénito	en	la	tierra habitada,	dice:	Y$_1$	adoren$_5$
3588	4416	1519	3588	3625	3004	2532	4352
DASM	*JASM*	*P*	*DASF*	*NASF*	*VPAI3S*	*CLN*	*VAAM3P*

αὐτῷ	πάντες	ἄγγελοι	θεοῦ.	7 καὶ	πρὸς	μὲν	τοὺς	ἀγγέλους	λέγει·
a él$_6$	todos$_2$	(los) ángeles$_3$	de Dios$_4$	Y	en relación a	ciertamente	los	ángeles	dice:
846	3956	32	2316	2532	4314	3303	3588	32	3004
RP3DSM	*JNPM*	*NNPM*	*NGSM*	*CLN*	*P*	*TK, C*	*DAPM*	*NAPM*	*VPAI3S*

Ὁ	ποιῶν	τοὺς	ἀγγέλους	αὐτοῦ	πνεύματα,	καὶ	τοὺς	λειτουργοὺς
El que	hace	a los	ángeles	de él	espíritus,	y	a los	ministros
3588	4160	3588	32	846	4151	2532	3588	3011
DNSM	*VPAP-SNM*	*DAPM*	*NAPM*	*RP3GSM*	*NAPN*	*CLN*	*DAPM*	*NAPM*

αὐτοῦ	πυρὸς	φλόγα·	8 πρὸς	δὲ	τὸν	υἱόν·	Ὁ	θρόνος	σου	ὁ
de él	de fuego.$_2$	llama$_1$	en relación a$_2$	Mas$_1$	al	Hijo:	El	trono	de ti,	--
846	4442	5395	4314	1161	3588	5207	3588	2362	4675	3588
RP3GSM	*NGSN*	*NASF*	*P*	*CLK, CLC*	*DASM*	*NASM*	*DNSM*	*NNSM*	*RP2GS*	*DNSM*

θεὸς	εἰς	τὸν	αἰῶνα	τοῦ	αἰῶνος,	καὶ	ἡ	ῥάβδος	τῆς	εὐθύτητος
Dios,	por	el	siglo	del	siglo,	y	la	vara	de la	rectitud
2316	1519	3588	165	3588	165	2532	3588	4464	3588	2118
NNSM	*P*	*DASM*	*NASM*	*DGSM*	*NGSM*	*CLN*	*DNSF*	*NNSF*	*DGSF*	*NGSF*

ῥάβδος	τῆς	βασιλείας	σου.	9 ἠγάπησας	δικαιοσύνην	καὶ	ἐμίσησας
(es la) vara	del	reino	de ti.	Amaste	(la) justicia	y	odiaste
4464	3588	932	4675	25	1343	2532	3404
NNSF	*DGSF*	*NGSF*	*RP2GS*	*VAAI2S*	*NASF*	*CLN*	*VAAI2S*

ἀνομίαν·	διὰ	τοῦτο	ἔχρισέν	σε	ὁ	θεός,	ὁ	θεός	σου,	ἔλαιον
(la) iniquidad:	por	esto	ungió$_6$	a ti$_7$	--$_1$	Dios,$_2$	--$_3$	Dios$_4$	de ti,$_5$	(con) aceite
458	1223	5124	5548	4571	3588	2316	3588	2316	4675	1637
NASF	*P*	*RD-ASN*	*VAAI3S*	*RP2AS*	*DNSM*	*NNSM*	*DNSM*	*NNSM*	*RP2GS*	*NASN*

ἀγαλλιάσεως	παρὰ	τοὺς	μετόχους	σου.	10 καί·	Σὺ	κατ’	ἀρχάς,
de alegría	de parte de	los	compañeros	de ti.	Y:	Tú,	en (los)$_2$	principios$_3$
20	3844	3588	3353	4675	2532	4771	2596	746
NGSF	*P*	*DAPM*	*JAPM*	*RP2GS*	*CLN*	*RP2NS*	*P*	*NAPF*

κύριε,	τὴν	γῆν	ἐθεμελίωσας,	καὶ	ἔργα	τῶν	χειρῶν	σού	εἰσιν	οἱ
Señor,$_1$	a la$_5$	tierra,$_6$	pusiste fundamento$_4$	y$_7$	obras$_{11}$	de las$_{12}$	manos$_{13}$	de ti$_{14}$;	son$_{10}$	los$_8$
2962	3588	1093	2311	2532	2041	3588	5495	4675	1526	3588
NVSM	*DASF*	*NASF*	*VAAI2S*	*CLN*	*NNPN*	*DGPF*	*NGPF*	*RP2GS*	*VPAI3P*	*DNPM*

οὐρανοί·	11 αὐτοὶ	ἀπολοῦνται,	σὺ	δὲ	διαμένεις·	καὶ	πάντες	ὡς
cielos$_9$	ellos	perecerán,	tú$_2$	pero$_1$	permaneces;$_3$	y$_4$	todos$_5$	como$_7$
3772	846	622	4771	1161	1265	2532	3956	5613
NNPM	*RP3NPMP*	*VFMI3P*	*RP2NS*	*CLC*	*VPAI2S*	*CLN*	*JNPM*	*CAM*

ἱμάτιον	παλαιωθήσονται,	12 καὶ	ὡσεὶ	περιβόλαιον	ἑλίξεις	αὐτούς,	ὡς
un vestido,$_8$	envejecerán$_6$	y	como	un manto	enrollarás	a ellos,	como$_2$
2440	3822	2532	5616	4018	1667	846	5613
NNSN	*VFPI3P*	*CLN*	*CAM*	*NASN, NNSN*	*VFAI2S*	*RP3APM*	*CAM*

NVI

6 Además, al introducir
a su Primogénito en el
mundo, Dios dice:

«Que lo adoren
todos los ángeles de
Dios».

7 En cuanto a los ángeles
dice:

«Él hace de los vientos
sus ángeles,
y de las llamas de fuego
sus servidores».

8 Pero con respecto al
Hijo dice:

«Tu trono, oh Dios,
permanece por los
siglos de los siglos,
y el cetro de tu reino es
un cetro de justicia.
9 Has amado la justicia
y odiado la maldad;
por eso Dios, tu Dios,
te ha ungido con
aceite de alegría,
exaltándote por
encima de tus
compañeros».

10 También dice:

«En el principio, oh
Señor, tú afirmaste
la tierra,
y los cielos son la obra
de tus manos.
11 Ellos perecerán, pero
tú permaneces para
siempre.
Todos ellos se des-
gastarán como un
vestido.
12 Los doblarás como
un manto,

RVR

serán cambiados;
Pero tú eres el mismo,
Y tus años no se
acabarán.
13 Y, ¿a cuál de los ánge-
les dijo Dios jamás:
Siéntate a mi diestra,
Hasta que ponga a tus
enemigos por es-
trado de tus pies?
14 ¿No son todos
espíritus ministradores,
enviados para servicio
a favor de los que van a
heredar la salvación?

Una salvación tan grande

2 Por tanto, debemos
prestar mucha
mayor atención a las
cosas que hemos oído,
no sea que marchemos a
la deriva.
2 Porque si la palabra
dicha por medio de
ángeles fue firme, y toda
transgresión y desobe-
diencia recibió justa
retribución,
3 ¿cómo escaparemos
nosotros, si descui-
damos una salvación
tan grande? La cual,
habiendo comenzado
a ser anunciada por
medio del Señor, nos fue
confirmada por los que
oyeron,
4 testificando Dios jun-
tamente con ellos, tanto
con señales como con
prodigios y diversos mi-
lagros y dones distribui-
dos por el Espíritu Santo

ἱμάτιον	καὶ	ἀλλαγήσονται·	σὺ	δὲ	ὁ	αὐτὸς	εἶ,	καὶ	τὰ
un vestido$_3$	también$_1$	serán cambiados;$_4$	tú$_6$	mas$_5$	el$_8$	mismo,$_9$	eres$_7$	y	los
2440	2532	236	4771	1161	3588	846	1488	2532	3588
NASN	BE, TE	VFPI3P	RP2NS	CLC	DNSM	RP3NSM, JNSM	VPAI2S	CLN	DNPN

ἔτη	σου	οὐκ	ἐκλείψουσιν.	13 πρὸς	τίνα	δὲ	τῶν	ἀγγέλων	εἴρηκέν
años	de ti	no	terminarán.	¿en relación a$_2$	a cuál$_3$	Mas,$_1$	de los$_4$	ángeles$_5$	ha dicho:$_7$
2094	4675	3756	1587	4314	5101	1161	3588	32	2046
NNPN	RP2GS	BN, TN	VFAI3P	P	RI-ASM	CLN	DGPM	NGPM	VRAI3S

ποτε·	Κάθου	ἐκ	δεξιῶν	μου	ἕως	ἂν	θῶ	τοὺς	ἐχθρούς	σου
en otro tiempo$_6$	Siéntate	a	(la) derecha	de mí	hasta que	--	pusiera	a los	enemigos	de ti
4218	2521	1537	1188	3450	2193	302	5087	3588	2190	4675
BX, TX	VPUM2S	P	JGPN, JGPM	RP1GS	CAT	TC	VAAS1S	DAPM	JAPM	RP2GS

ὑποπόδιον	τῶν	ποδῶν	σου;	14 οὐχὶ	πάντες	εἰσὶν	λειτουργικὰ	πνεύματα
(por) estrado	de los	pies	de ti?	¿No	todos$_2$	son$_1$	ministradores$_4$	espíritus$_3$
5286	3588	4228	4675	3780	3956	1526	3010	4151
NASN	DGPM	NGPM	RP2GS	TN, TI	JNPM	VPAI3P	JNPN	NNPN

εἰς	διακονίαν	ἀποστελλόμενα	διὰ	τοὺς	μέλλοντας	κληρονομεῖν
para$_5$	servicio$_6$	que han sido enviados$_4$	a causa de	los que	están a punto de	heredar
1519	1248	649	1223	3588	3195	2816
P	NASF	VPPP-PNN	P	DAPM	VPAP-PAM	VPAN

σωτηρίαν;
(la) salvación.
4991
NASF

2 Διὰ	τοῦτο	δεῖ	περισσοτέρως	προσέχειν	ἡμᾶς	τοῖς
Por	esto	es necesario	mucho más	prestar atención a$_2$	nosotros$_1$	a las cosas que
1223	5124	1163	4056	4337	2248	3588
P	RD-ASN	VPAI3S	B	VPAN	RP1AP	DDPN

ἀκουσθεῖσιν,	μήποτε	παραρυῶμεν.	2 εἰ	γὰρ	ὁ	δι’	ἀγγέλων
han sido oídas,	no sea que	vayamos a la deriva	si$_2$	Porque$_1$	la$_3$	por medio de$_6$	ángeles$_7$
191	3379	3901	1487	1063	3588	1223	32
VAPP-PDN	CAP, TN	VAPS1P	CAC	CAZ	DNSM	P	NGPM

λαληθεὶς	λόγος	ἐγένετο	βέβαιος,	καὶ	πᾶσα	παράβασις	καὶ
ha sido hablada$_5$	palabra$_4$	llegó a ser	firme,	y	toda	transgresión	y
2980	3056	1096	949	2532	3956	3847	2532
VAPP-SNM	NNSM	VAMI3S	JNSM	CLN	JNSF	NNSF	CLN

παρακοὴ	ἔλαβεν	ἔνδικον	μισθαποδοσίαν,	3 πῶς	ἡμεῖς	ἐκφευξόμεθα
desobediencia	recibió	justa	retribución,	¿cómo	nosotros	escaparemos
3876	2983	1738	3405	4459	2249	1628
NNSF	VAAI3S	JASF	NASF	BI	RP1NP	VFMI1P

τηλικαύτης	ἀμελήσαντες	σωτηρίας,	ἥτις,	ἀρχὴν	λαβοῦσα
tan grande?$_3$	habiendo descuidado$_1$	una salvación$_2$	la cual,$_4$	un principio$_6$	habiendo recibido$_5$
5082	272	4991	3748	746	2983
JGSF, RD-GSF	VAAP-PNM	NGSF	RR-NSF	NASF	VAAP-SNF

λαλεῖσθαι	διὰ	τοῦ	κυρίου,	ὑπὸ	τῶν	ἀκουσάντων	εἰς	ἡμᾶς
de ser hablada	por medio de	el	Señor,	por$_4$	los que$_5$	oyeron,$_6$	hasta$_2$	nosotros$_3$
2980	1223	3588	2962	5259	3588	191	1519	2248
VPPN	P	DGSM	NGSM	P	DGPM	VAAP-PGM	P	RP1AP

ἐβεβαιώθη,	4 συνεπιμαρτυροῦντος	τοῦ	θεοῦ	σημείοις	τε	καὶ
fue confirmada$_1$	testificando juntamente	--	Dios	con señales$_2$	tanto$_1$	también
950	4901	3588	2316	4592	5037	2532
VAPI3S	VPAP-SGM	DGSM	NGSM	NDPN	CLK	CLK, CLN

τέρασιν	καὶ	ποικίλαις	δυνάμεσιν	καὶ	πνεύματος	ἁγίου	μερισμοῖς
prodigios	y	diversos	poderes	y	del Espíritu$_2$	Santo$_3$	con distribuciones$_1$
5059	2532	4164	1411	2532	4151	40	3311
NDPN	CLK	JDPF	NDPF	CLN	NGSN	JGSN	NDPM

NVI

y cambiarán como
ropa que se muda;
pero tú eres siempre el
mismo,
y tus años no tienen
fin».

13 ¿A cuál de los ángeles
dijo Dios jamás:

«Siéntate a mi
derecha,
hasta que ponga a tus
enemigos
por estrado de tus
pies»?

14 ¿No son todos los
ángeles espíritus dedi-
cados al servicio divino,
enviados para ayudar a
los que han de heredar la
salvación?

Advertencia a prestar atención

2 Por eso es necesario
que prestemos más
atención a lo que hemos
oído, no sea que perda-
mos el rumbo. 2 Porque,
si el mensaje anunciado
por los ángeles tuvo vali-
dez, y toda transgresión
y desobediencia recibió
su justo castigo, 3 ¿cómo
escaparemos nosotros
si descuidamos una sal-
vación tan grande? Esta
salvación fue anunciada
primeramente por el
Señor, y los que la oye-
ron nos la confirmaron.
4 A la vez, Dios ratificó
su testimonio acerca de
ella con señales, prodi-
gios, diversos milagros y
dones distribuidos por

RVR

según su voluntad.

El autor de la salvación

5 Porque no sometió a
los ángeles el mundo
venidero, acerca del cual
estamos hablando;
6 pero alguien testi-
ficó en cierto lugar,
diciendo:
¿Qué es el hombre,
para que te acuer-
des de él,
O el hijo del hombre,
para que te preocu-
pes de él?
7 Le hiciste un poco
menor que a los
ángeles,
Le coronaste de gloria
y de honra,
Y le constituiste sobre
las obras de tus
manos;
8 Todo lo sometiste
bajo sus pies.
Porque en cuanto le
sometió todas las cosas,
nada dejó que no esté
sometido a él; pero aho-
ra todavía no vemos que
todas las cosas le estén
sometidas.
9 Pero vemos a aquel
que fue hecho un poco
menor que los ángeles,
a Jesús, coronado de glo-
ria y de honra, a causa
del padecimiento de la
muerte, para que por
la gracia de Dios expe-
rimentase la muerte en
provecho de todos.
10 Porque era propio de
aquel por cuya causa
son todas las cosas, y
mediante el cual todas

κατὰ	τὴν	αὐτοῦ	θέλησιν;
según$_4$	la$_5$	de él.$_7$	voluntad$_6$
2596	3588	846	2308
P	*DASF*	*RP3GSM*	*NASF*

5 Οὐ	γὰρ	ἀγγέλοις	ὑπέταξεν	τὴν	οἰκουμένην	τὴν	μέλλουσαν,
no$_2$	Porque$_1$	a (los) ángeles$_4$	sometió$_3$	la	tierra habitada	la	que está a punto de venir,
3756	1063	32	5293	3588	3625	3588	3195
BN, TN	*CLX*	*NDPM*	*VAAI3S*	*DASF*	*NASF*	*DASF*	*VPAP-SAF*

περὶ	ἧς	λαλοῦμεν.	6 διεμαρτύρατο	δέ	πού	τις	λέγων·
acerca de	la que	hablamos	testificó solemnemente$_3$	Mas$_1$	en algún lugar$_4$	alguien$_2$	diciendo:
4012	3739	2980	1263	1161	4225	5100	3004
P	*RR-GSF*	*VPAI1P*	*VAMI3S*	*CLC*	*BX, TX*	*RX-NSM*	*VPAP-SNM*

Τί	ἐστιν	ἄνθρωπος	ὅτι	μιμνήσκῃ	αὐτοῦ,	ἢ	υἱὸς	ἀνθρώπου
¿Qué	es	(el) ser humano	que	recuerdas	de él,	o	(el) hijo	de(l) hombre,
5101	2076	444	3754	3403	846	2228	5207	444
RI-NSN	*VPAI3S*	*NNSM*	*CSC*	*VPUI2S*	*RP3GSM*	*CLD*	*NNSM*	*NGSM*

ὅτι	ἐπισκέπτῃ	αὐτόν;	7 ἠλάττωσας	αὐτὸν	βραχύ	τι	παρ'
que	visites	a él?	Hiciste menor$_1$	a él$_2$	por poco (tiempo)$_4$	algún$_3$	ante
3754	1980	846	1642	846	1024	5100	3844
CSC	*VPUI2S*	*RP3ASM*	*VAAI2S*	*RP3ASM*	*JASN, B*	*RX-ASN*	*P*

ἀγγέλους,	δόξῃ	καὶ	τιμῇ	ἐστεφάνωσας	⸀αὐτόν,	8 πάντα	ὑπέταξας
(los) ángeles,	con gloria$_3$	y$_4$	honor,$_5$	coronaste$_1$	a él$_2$	todas las cosas$_2$	sometiste$_1$
32	1391	2532	5092	4737	846	3956	5293
NAPM	*NDSF*	*CLN*	*NDSF*	*VAAI2S*	*RP3ASM*	*JAPN*	*VAAI2S*

ὑποκάτω	τῶν	ποδῶν	αὐτοῦ·	ἐν	τῷ	γὰρ	ὑποτάξαι	τὰ
debajo de	los	pies	de él.	en$_2$	el$_3$	Porque$_1$	someter$_4$	las cosas,$_6$
5270	3588	4228	846	1722	3588	1063	5293	3588
P, B	*DGPM*	*NGPM*	*RP3GSM*	*P*	*DDSN, DDSM*	*CLX*	*VAAN*	*DAPN*

πάντα	οὐδὲν	ἀφῆκεν	αὐτῷ	ἀνυπότακτον.	νῦν	δὲ	οὔπω	ὁρῶμεν
todas$_5$	nada$_7$	dejó$_8$	a él.$_{10}$	no sometido$_9$	ahora$_{12}$	Mas$_{11}$	todavía no$_{13}$	vemos$_{14}$
3956	3762	863	846	506	3568	1161	3768	3708
JAPN	*JASN*	*VAAI3S*	*RP3DSM*	*JASN*	*B*	*CLC*	*BN*	*VPAI1P*

αὐτῷ	τὰ	πάντα	ὑποτεταγμένα·	9 τὸν	δὲ	βραχύ	τι	παρ'
a él;$_{18}$	las cosas$_{16}$	todas$_{15}$	que han sido sometidas$_{17}$	--$_3$	pero$_1$	por poco (tiempo)$_6$	algún$_5$	ante$_8$
846	3588	3956	5293	3588	1161	1024	5100	3844
RP3DSM	*DAPN*	*JAPN*	*VRPP-PAN*	*DASM*	*CLC*	*JASN, B*	*RX-ASN*	*P*

ἀγγέλους	ἠλαττωμένον	βλέπομεν	Ἰησοῦν	διὰ	τὸ	πάθημα	τοῦ
(los) ángeles,$_9$	hecho menor$_7$	vemos$_2$	a Jesús$_4$	a causa de$_{14}$	el$_{15}$	padecimiento$_{16}$	de la$_{17}$
32	1642	991	2424	1223	3588	3804	3588
NAPM	*VRPP-SAM*	*VPAI1P*	*NASM*	*P*	*DASN*	*NASN*	*DGSM*

θανάτου	δόξῃ	καὶ	τιμῇ	ἐστεφανωμένον,	ὅπως	⸀χωρὶς	θεοῦ	ὑπὲρ
muerte,$_{18}$	con gloria$_{11}$	y$_{12}$	honor,$_{13}$	ha sido coronado$_{10}$	a fin de que$_{14}$	sin$_{15}$	Dios$_{16}$	por$_{19}$
2288	1391	2532	5092	4737	3704	5565	2316	5228
NGSM	*NDSF*	*CLN*	*NDSF*	*VRPP-SAM*	*CAP*	*P*	*NGSM*	*P*

παντὸς	γεύσηται	θανάτου.
todo (ser humano).$_{20}$	probará$_{17}$	(la) muerte$_{18}$
3956	1089	2288
JGSM	*VAMS3S*	*NGSM*

10 Ἔπρεπεν	γὰρ	αὐτῷ,	δι'	ὃν	τὰ	πάντα	καὶ	δι'
era apropiado$_2$	Porque$_1$	para él,	por causa de	quien (son)	las cosas,$_2$	todas$_1$	y	por medio de
4241	1063	846	1223	3739	3588	3956	2532	1223
VIAI3S	*CLX*	*RP3DSM*	*P*	*RR-ASM*	*DNPN*	*JNPN*	*CLN*	*P*

οὗ	τὰ	πάντα,	πολλοὺς	υἱοὺς	εἰς	δόξαν	ἀγαγόντα	τὸν
quien (son)	las cosas,$_2$	todas$_1$	a muchos$_4$	hijos$_5$	a$_6$	(la) gloria,$_7$	habiendo conducido$_3$	al$_9$
3739	3588	3956	4183	5207	1519	1391	71	3588
RR-GSM	*DNPN*	*JNPN*	*JAPM*	*NAPM*	*P*	*NASF*	*VAAP-SAM*	*DASM*

NVI

el Espíritu Santo según
su voluntad.

Jesús, hecho igual a sus hermanos

5 Dios no puso bajo el
dominio de los ángeles
el mundo venidero del
que estamos hablando.
6 Como alguien ha ates-
tiguado en algún lugar:

«¿Qué es el hombre,
para que en él
pienses?
¿Qué es el ser humano,
para que lo tomes
en cuenta?
7 Lo hiciste un poco
menor que los
ángeles,
y lo coronaste de gloria
y de honra;
8 ¡todo lo sometiste a
su dominio!»

Si Dios puso bajo él
todas las cosas, entonces
no hay nada que no le
esté sujeto. Ahora bien,
es cierto que todavía no
vemos que todo le esté
sujeto. 9 Sin embargo,
vemos a Jesús, que fue
hecho un poco inferior a
los ángeles, coronado de
gloria y honra por haber
padecido la muerte. Así,
por la gracia de Dios,
la muerte que él sufrió
resulta en beneficio de
todos.
10 En efecto, a fin de
llevar a muchos hijos a
la gloria, convenía que
Dios, para quien y por
medio de quien todo

2:7⸀ Manuscritos importantes tienen *y lo pusiste a él sobre la obra de las manos de él.* **2:9**⸀ Manuscritos importantes tienen *por la gracia.*

RVR

las cosas subsisten, que
en su designio de ir
llevando muchos hijos a
la gloria, perfeccionase
por medio de padeci-
mientos al autor de la
salvación de ellos.
11 Porque el que
santifica y los que son
santificados, de uno son
todos; por lo cual no se
avergüenza de llamarlos
hermanos,
12 diciendo:
Anunciaré a mis her-
manos tu nombre,
En medio de la
congregación te
cantaré himnos.
13 Y otra vez:
Yo estaré confiado
en él.
Y de nuevo:
He aquí, yo y los hijos
que Dios me dio.
14 Así que, por cuanto
los hijos han tenido en
común una carne y una
sangre, él también par-
ticipó igualmente de lo
mismo, para, por medio
de la muerte, destruir
el poder al que tenía el
imperio de la muerte,
esto es, al diablo,
15 y librar a todos los
que por el temor de la
muerte estaban durante
toda la vida sujetos a
servidumbre.
16 Porque ciertamente
no viene en auxilio
de los ángeles, sino
que viene en auxilio
de la descendencia de
Abraham.
17 Por lo cual debía ser

ἀρχηγὸν	τῆς	σωτηρίας	αὐτῶν	διὰ	παθημάτων	τελειῶσαι.	11 ὅ
autor$_{10}$	de la$_{11}$	salvación$_{12}$	de ellos,$_{13}$	por medio de$_{14}$	de padecimientos.$_{15}$	perfeccionar$_{8}$	el que$_{3}$
747	3588	4991	846	1223	3804	5048	3588
NASM	*DGSF*	*NGSF*	*RP3GPM*	*P*	*NGPN*	*VAAN*	*DNSM*

τε	γὰρ	ἁγιάζων	καὶ	οἱ	ἁγιαζόμενοι	ἐξ	ἑνὸς	πάντες·
tanto$_{2}$	Porque$_{1}$	santifica$_{4}$	y	los que	son santificados	(proceden) de$_{2}$	uno;$_{3}$	todos$_{1}$
5037	1063	37	2532	3588	37	1537	1520	3956
CLK	*CAZ*	*VPAP-SNM*	*CLK, CLN*	*DNPM*	*VPPP-PNM*	*P*	*JGSM*	*JNPM*

δι᾽	ἣν	αἰτίαν	οὐκ	ἐπαισχύνεται	ἀδελφοὺς	αὐτοὺς	καλεῖν,	12 λέγων·
por	la	causa	no	se avergüenza de$_{1}$	hermanos,$_{4}$	a ellos$_{3}$	llamar$_{2}$	diciendo:
1223	3739	156	3756	1870	80	846	2564	3004
P	*RR-ASF*	*NASF*	*BN, TN*	*VPUI3S*	*NAPM*	*RP3APM*	*VPAN*	*VPAP-SNM*

Ἀπαγγελῶ	τὸ	ὄνομά	σου	τοῖς	ἀδελφοῖς	μου,	ἐν	μέσῳ	ἐκκλησίας
Anunciaré	el	nombre	de ti	a los	hermanos	de mí,	en	medio de	(la) asamblea
518	3588	3686	4675	3588	80	3450	1722	3319	1577
VFAI1S	*DASN*	*NASN*	*RP2GS*	*DDPM*	*NDPM*	*RP1GS*	*P*	*JDSN*	*NGSF*

ὑμνήσω	σε.	13 καὶ	πάλιν·	Ἐγὼ	ἔσομαι	πεποιθὼς	ἐπ᾽	αὐτῷ·	καὶ	πάλιν·
cantaré	a ti.	Y	otra vez:	Yo	estaré	confiado	en	él.	Y	otra vez:
5214	4571	2532	3825	1473	2071	3982	1909	846	2532	3825
VFAI1S	*RP2AS*	*CLN*	*B*	*RP1NS*	*VFMI1S*	*VRAP-SNM*	*P*	*RP3DSM*	*CLN*	*B*

Ἰδοὺ	ἐγὼ	καὶ	τὰ	παιδία	ἅ	μοι	ἔδωκεν	ὁ	θεός.
He aquí	yo	y	los	niños	los que	a mí.$_{4}$	dio$_{3}$	--$_{1}$	Dios$_{2}$
2400	1473	2532	3588	3813	3739	3427	1325	3588	2316
I, VAAM2S	*RP1NS*	*CLN*	*DNPN*	*NNPN*	*RR-APN*	*RP1DS*	*VAAI3S*	*DNSM*	*NNSM*

14 Ἐπεὶ	οὖν	τὰ	παιδία	κεκοινώνηκεν	αἵματος	καὶ	σαρκός,
puesto que$_{2}$	Entonces,$_{1}$	los	niños	han compartido	sangre	y	carne,
1893	3767	3588	3813	2841	129	2532	4561
CAZ	*CLI*	*DNPN*	*NNPN*	*VRAI3S*	*NGSN*	*CLN*	*NGSF*

καὶ	αὐτὸς	παραπλησίως	μετέσχεν	τῶν	αὐτῶν,	ἵνα	διὰ
también	él	igualmente	participó	de las	mismas cosas,	para que	por medio de
2532	846	3898	3348	3588	846	2443	1223
BE, TE	*RP3NSMP*	*B*	*VAAI3S*	*DGPN*	*RP3GPN, JGPN*	*CAP*	*P*

τοῦ	θανάτου	καταργήσῃ	τὸν	τὸ	κράτος	ἔχοντα	τοῦ	θανάτου,
la	muerte	inutilizó	al$_{1}$	el$_{3}$	dominio$_{4}$	que tiene$_{2}$	de la	muerte,
3588	2288	2673	3588	3588	2904	2192	3588	2288
DGSM	*NGSM*	*VAAS3S*	*DASM*	*DASN*	*NASN*	*VPAP-SAM*	*DGSM*	*NGSM*

τοῦτ᾽	ἔστι	τὸν	διάβολον,	15 καὶ	ἀπαλλάξῃ	τούτους,	ὅσοι
esto	es,	al	diablo,	y	librar	a estos,	tantos como
5124	2076	3588	1228	2532	525	5128	3745
RD-NSN	*VPAI3S*	*DASM*	*JASM*	*CLN*	*VAAS3S*	*RD-APM*	*RK-NPM*

φόβῳ	θανάτου	διὰ	παντὸς	τοῦ	ζῆν	ἔνοχοι	ἦσαν	δουλείας.
por miedo	de (la) muerte	por$_{4}$	todo$_{5}$	de --$_{6}$	vivir.$_{7}$	sometidos$_{2}$	estaban$_{1}$	a esclavitud$_{3}$
5401	2288	1223	3956	3588	2198	1777	2258	1397
NDSM	*NGSM*	*P*	*JGSM*	*DGSN, DGSM*	*VPAN*	*JNPM*	*VIAI3P*	*NGSF*

16 οὐ	γὰρ	δήπου	ἀγγέλων	ἐπιλαμβάνεται,	ἀλλὰ	σπέρματος
no$_{3}$	Porque$_{1}$	en verdad$_{2}$	de (los) ángeles,$_{5}$	viene en auxilio$_{4}$	sino$_{6}$	de (la) descendencia$_{8}$
3756	1063	1222	32	1949	235	4690
CLK, TN, B	*CLX*	*B, T*	*NGPM*	*VPUI3S*	*CLK, CLC*	*NGSN*

Ἀβραὰμ	ἐπιλαμβάνεται.	17 ὅθεν	ὤφειλεν	κατὰ	πάντα	τοῖς	ἀδελφοῖς
de Abraham.$_{9}$	viene en auxilio$_{7}$	Así que$_{1}$	debía$_{2}$	en$_{6}$	todo,$_{7}$	a los$_{4}$	hermanos$_{5}$
11	1949	3606	3784	2596	3956	3588	80
NGSM, XP	*VPUI3S*	*CLI*	*VIAI3S*	*P*	*JAPN*	*DDPM*	*NDPM*

NVI

existe, perfeccionara
mediante el sufrimiento
al autor de la salvación
de ellos. 11 Tanto el
que santifica como los
que son santificados
tienen un mismo origen,
por lo cual Jesús no se
avergüenza de llamarlos
hermanos, 12 cuando
dice:

«Proclamaré tu
nombre a mis
hermanos;
en medio de la congre-
gación te alabaré».

13 En otra parte dice:

«Yo confiaré en él».

Y añade:

«Aquí me tienen, con
los hijos que Dios
me ha dado».

14 Por tanto, ya que
ellos son de carne y
hueso, él también com-
partió esa naturaleza
humana para anular,
mediante la muerte, al
que tiene el dominio
de la muerte —es decir,
al diablo—, 15 y librar a
todos los que por temor
a la muerte estaban
sometidos a esclavitud
durante toda la vida.
16 Pues, ciertamente, no
vino en auxilio de los
ángeles, sino de los des-
cendientes de Abraham.
17 Por eso era preciso que
en todo se asemejara

RVR

en todo semejante a sus hermanos, para venir a ser misericordioso y fiel sumo sacerdote en lo que a Dios se refiere, para hacer propiciación por los pecados del pueblo.
18 Pues en cuanto él mismo fue probado mediante el sufrimiento, es poderoso para venir en auxilio de los que son tentados.

Jesús es superior a Moisés

3 Por tanto, hermanos santos, participantes del llamamiento celestial, considerad al apóstol y sumo sacerdote de nuestra profesión, Cristo Jesús;
2 el cual es fiel al que le designó, como también lo fue Moisés en toda la casa de Dios.
3 Porque de tanta mayor gloria que Moisés es estimado digno éste, cuanto tiene mayor honra que la casa el que la construyó.
4 Porque toda casa es construida por alguno; pero el que construyó todas las cosas es Dios.
5 Y Moisés a la verdad fue fiel en toda la casa de Dios, como un criado, para testimonio de lo que había de anunciarse después;
6 pero Cristo como hijo sobre su casa, cuya casa somos nosotros, si retenemos firme hasta el fin

ὁμοιωθῆναι,	ἵνα	ἐλεήμων	γένηται	καὶ	πιστὸς	ἀρχιερεὺς	τὰ
ser hecho semejante$_{3}$	para que$_{8}$	misericordioso$_{10}$	llegue a ser$_{9}$	y$_{11}$	fiel$_{13}$	sumo sacerdote$_{12}$	(en) las cosas
3666	2443	1655	1096	2532	4103	749	3588
VAPN	CAP	JNSM	VAMS3S	CLN	JNSM	NNSM	DAPN

πρὸς	τὸν	θεόν,	εἰς	τὸ	ἱλάσκεσθαι	τὰς	ἁμαρτίας	τοῦ	λαοῦ·
en relación a	--	Dios,	para	la	hacer propiciación por	los	pecados	del	pueblo.
4314	3588	2316	1519	3588	2433	3588	266	3588	2992
P	DASM	NASM	P	DASN	VPPN	DAPF	NAPF	DGSM	NGSM

18 ἐν	ᾧ	γὰρ	πέπονθεν	αὐτὸς	πειρασθείς,	δύναται	τοῖς
en$_{2}$	lo que$_{3}$	Porque$_{1}$	ha padecido$_{5}$	él$_{4}$	habiendo sido tentado,$_{6}$	puede$_{7}$	a los que$_{9}$
1722	3739	1063	3958	846	3985	1410	3588
P	RR-DSN	CLX	VRAI3S	RP3NSMP	VAPP-SNM	VPUI3S	DDPM

πειραζομένοις	βοηθῆσαι.
son tentados.$_{10}$	socorrer$_{8}$
3985	997
VPPP-PDM	VAAN

3 Ὅθεν,	ἀδελφοὶ	ἅγιοι,	κλήσεως	ἐπουρανίου	μέτοχοι,
Por tanto,	hermanos	santos,	de un llamamiento$_{2}$	celestial$_{3}$	partícipes$_{1}$
3606	80	40	2821	2032	3353
CLI	NVPM	JVPM	NGSF	JGSF	JNPM

κατανοήσατε	τὸν	ἀπόστολον	καὶ	ἀρχιερέα	τῆς	ὁμολογίας	ἡμῶν
considerad$_{4}$	el$_{6}$	apóstol$_{7}$	y$_{8}$	sumo sacerdote$_{9}$	de la$_{10}$	confesión$_{11}$	de nosotros,$_{12}$
2657	3588	652	2532	749	3588	3671	2257
VAAM2P	DASM	NASM	CLN	NASM	DGSF	NGSF	RP1GP

⸢Ἰησοῦν,	2 πιστὸν	ὄντα	τῷ	ποιήσαντι	αὐτὸν	ὡς	καὶ	Μωϋσῆς
a Jesús,$_{5}$	fiel$_{2}$	siendo$_{1}$	al que	hizo	a él,	como	también	Moisés
2424	4103	5607	3588	4160	846	5613	2532	3475
NASM	JASM	VPAP-SAM	DDSM	VAAP-SDM	RP3ASM	CAM	BE, TE	NNSM

⸢ἐν	τῷ	οἴκῳ	αὐτοῦ.	3 πλείονος	γὰρ	οὗτος	δόξης	παρὰ	Μωϋσῆν
en	la	casa	de él.	de más$_{4}$	Porque$_{1}$	este$_{2}$	gloria$_{5}$	que$_{6}$	Moisés,$_{7}$
1722	3588	3624	846	4119	1063	3778	1391	3844	3475
P	DDSM	NDSM	RP3GSM	JGSFC	CAZ	RD-NSM	NGSF	P	NASM

ἠξίωται	καθ᾽	ὅσον	πλείονα	τιμὴν	ἔχει	τοῦ	οἴκου	ὁ
ha sido considerado digno$_{3}$	por$_{8}$	cuanto$_{9}$	más$_{14}$	honor$_{15}$	tiene$_{13}$	(que) la$_{16}$	casa.$_{17}$	el que$_{10}$
515	2596	3745	4119	5092	2192	3588	3624	3588
VRPI3S	P	RK-ASM	JASFC	NASF	VPAI3S	DGSM	NGSM	DNSM

κατασκευάσας	αὐτόν·	4 πᾶς	γὰρ	οἶκος	κατασκευάζεται	ὑπό	τινος,
construyó$_{11}$	a ella$_{12}$	toda$_{2}$	Porque$_{1}$	casa	es construida	por	alguien,
2680	846	3956	1063	3624	2680	5259	5100
VAAP-SNM	RP3ASM	JNSM	CLX	NNSM	VPPI3S	P	RX-GSM

ὁ	δὲ	πάντα	κατασκευάσας	θεός.	5 καὶ	Μωϋσῆς	μὲν
el que$_{2}$	mas$_{1}$	todas las cosas$_{4}$	construye$_{3}$	(es) Dios.$_{5}$	Y	Moisés,	en verdad,
3588	1161	3956	2680	2316	2532	3475	3303
DNSM	CLC	JAPN	VAAP-SNM	NNSM	CLN	NNSM	TK, C

πιστὸς	ἐν	ὅλῳ	τῷ	οἴκῳ	αὐτοῦ	ὡς	θεράπων	εἰς	μαρτύριον
(fue) fiel	en	toda	la	casa	de él,	como	siervo	para	testimonio
4103	1722	3650	3588	3624	846	5613	2324	1519	3142
JNSM	P	JDSM	DDSM	NDSM	RP3GSM	P, CAM	NNSM	P	NASN

τῶν	λαληθησομένων,	6 Χριστὸς	δὲ	ὡς	υἱὸς	ἐπὶ	τὸν	οἶκον
de las cosas que	habrían de hablarse,	Cristo,$_{2}$	mas$_{1}$	como	un hijo	sobre	la	casa
3588	2980	5547	1161	5613	5207	1909	3588	3624
DGPN	VFPP-PGN	NNSM	CLK, CLC	P, CAM	NNSM	P	DASM	NASM

αὐτοῦ·	ὃς	οἶκός	ἐσμεν	ἡμεῖς,	ἐὰν	τὴν	παρρησίαν	καὶ	τὸ	καύχημα
de él;	la cual$_{1}$	casa$_{2}$	somos$_{4}$	nosotros,$_{3}$	si$_{5}$	la$_{7}$	confianza$_{8}$	y$_{9}$	la$_{10}$	jactancia$_{11}$
846	3739	3624	2070	2249	1437	3588	3954	2532	3588	2745
RP3GSM	RR-NSM	NNSM	VPAI1P	RP1NP	CAC	DASF	NASF	CLN	DASN	NASN

NVI

a sus hermanos, para ser un sumo sacerdote fiel y misericordioso al servicio de Dios, a fin de expiar los pecados del pueblo.
18 Por haber sufrido él mismo la tentación, puede socorrer a los que son tentados.

Jesús, superior a Moisés

3 Por lo tanto, hermanos, ustedes que han sido santificados y que tienen parte en el mismo llamamiento celestial, consideren a Jesús, apóstol y sumo sacerdote de la fe que profesamos.
2 Él fue fiel al que lo nombró, como lo fue también Moisés en toda la casa de Dios.
3 De hecho, Jesús ha sido estimado digno de mayor honor que Moisés, así como el constructor de una casa recibe mayor honor que la casa misma.
4 Porque toda casa tiene su constructor, pero el constructor de todo es Dios.
5 Moisés fue fiel como siervo en toda la casa de Dios, para dar testimonio de lo que Dios diría en el futuro.
6 Cristo, en cambio, es fiel como Hijo al frente de la casa de Dios. Y esa casa somos nosotros, con tal que mantengamos nuestra

3:1⸢ Manuscritos inferiores aumentaron *Cristo.* **3:2**⸢ Manuscritos inferiores aumentaron *toda.*

RVA

la confianza y la gloria de nuestra esperanza.

Aviso contra la incredulidad

7 Por lo cual, como dice el Espíritu Santo:
Si oís hoy su voz,
8 No endurezcáis vuestros corazones,
Como en la provocación, como en el día de la tentación en el desierto,
9 Donde me tentaron vuestros padres; me probaron,
Y vieron mis obras durante cuarenta años.
10 A causa de lo cual me disgusté contra aquella generación,
Y dije: Siempre andan extraviados en su corazón,
Y no han conocido mis caminos.
11 Tal como juré en mi ira:
No entrarán en mi reposo.
12 Mirad, hermanos, que no haya en ninguno de vosotros un corazón malo de incredulidad para apartarse del Dios vivo;
13 antes exhortaos los unos a los otros cada día, entretanto que dura este Hoy; para que ninguno de vosotros se endurezca por el engaño del pecado.
14 Porque hemos llegado a ser participantes de Cristo, con tal que

τῆς	ἐλπίδος	κατάσχωμεν.
de la$_{12}$	esperanza.$_{13}$	retenemos$_{6}$
3588	1680	2722
DGSF	*NGSF*	*VAAS1P*

7 Διό,	καθὼς	λέγει	τὸ	πνεῦμα	τὸ	ἅγιον·	Σήμερον	ἐὰν	τῆς
Por lo cual,	como$_{1}$	dice:$_{6}$	el$_{2}$	Espíritu$_{3}$	--$_{4}$	Santo$_{5}$	Hoy$_{7}$	si$_{8}$	la$_{10}$
1352	2531	3004	3588	4151	3588	40	4594	1437	3588
CLI	*CAM*	*VPAI3S*	*DNSN*	*NNSN*	*DNSN*	*JNSN*	*B*	*CAC*	*DGSF*

φωνῆς	αὐτοῦ	ἀκούσητε,	8 μὴ	σκληρύνητε	τὰς	καρδίας	ὑμῶν	ὡς
voz$_{11}$	de él,$_{12}$	oyerais$_{9}$	no	endurezcáis	los	corazones	de vosotros	como
5456	846	191	3361	4645	3588	2588	5216	5613
NGSF	*RP3GSM*	*VAAS2P*	*BN, TN*	*VPAS2P*	*DAPF*	*NAPF*	*RP2GP*	*CAM*

ἐν	τῷ	παραπικρασμῷ,	κατὰ	τὴν	ἡμέραν	τοῦ	πειρασμοῦ	ἐν	τῇ
en	la	rebelión,	en	el	día	de la	tentación	en	el
1722	3588	3894	2596	3588	2250	3588	3986	1722	3588
P	*DDSM*	*NDSM*	*P*	*DASF*	*NASF*	*DGSM*	*NGSM*	*P*	*DDSF*

ἐρήμῳ,	9 οὗ	ἐπείρασαν	οἱ	πατέρες	ὑμῶν	ἐν	δοκιμασίᾳ	καὶ
desierto,	donde$_{1}$	tentaron,$_{5}$	los$_{2}$	padres$_{3}$	de vosotros$_{4}$	en	prueba	y
2048	3757	3985	3588	3962	5216	1722	1381	2532
JDSF	*B*	*VAAI3P*	*DNPM*	*NNPM*	*RP2GP*	*P*	*NDSF*	*CLN*

εἶδον	τὰ	ἔργα	μου	10 τεσσεράκοντα	ἔτη·	διὸ	προσώχθισα	τῇ
vieron	las	obras	de mí	(por) cuarenta	años;	por lo cual,	estuve disgustado	con --$_{1}$
1492	3588	2041	3450	5062	2094	1352	4360	3588
VAAI3P	*DAPN*	*NAPN*	*RP1GS*	*XN, J*	*NAPN*	*CLI*	*VAAI1S*	*DDSF*

γενεᾷ	ταύτῃ	καὶ	εἶπον·	Ἀεὶ	πλανῶνται	τῇ	καρδίᾳ·	αὐτοὶ	δὲ
generación,$_{3}$	esta$_{2}$	y	dije:	Siempre	se extravían	en el	corazón;	ellos	mas
1074	3778	2532	2036	104	4105	3588	2588	846	1161
NDSF	*RD-DSF*	*CLN*	*VAAI1S*	*B*	*VPPI3P*	*DDSF*	*NDSF*	*RP3NPMP*	*CLC*

οὐκ	ἔγνωσαν	τὰς	ὁδούς	μου·	11 ὡς	ὤμοσα	ἐν	τῇ	ὀργῇ	μου·	Εἰ*
no	conocieron	los	caminos	de mí,	como	juré	en	la	ira	de mí:	¡Si
3756	1097	3588	3598	3450	5613	3660	1722	3588	3709	3450	1487
BN, TN	*VAAI3P*	*DAPF*	*NAPF*	*RP1GS*	*CAM*	*VAAI1S*	*P*	*DDSF*	*NDSF*	*RP1GS*	*CAC*

εἰσελεύσονται	εἰς	τὴν	κατάπαυσίν	μου.	12 βλέπετε,	ἀδελφοί,	μήποτε
entrarán	en	el	reposo	de mí!	Mirad,	hermanos,	no sea que
1525	1519	3588	2663	3450	991	80	3379
VFMI3P	*P*	*DASF*	*NASF*	*RP1GS*	*VPAM2P*	*NVPM*	*CSC, TN*

ἔσται	ἔν	τινι	ὑμῶν	καρδία	πονηρὰ	ἀπιστίας	ἐν	τῷ
estará (habrá)	en	alguno	de vosotros	un corazón	malo	de incredulidad,	en	el
2071	1722	5100	5216	2588	4190	570	1722	3588
VFMI3S	*P*	*RX-DSM*	*RP2GP*	*NNSF*	*JNSF*	*NGSF*	*P*	*DDSN, DDSM*

ἀποστῆναι	ἀπὸ	θεοῦ	ζῶντος,	13 ἀλλὰ	παρακαλεῖτε	ἑαυτοὺς	καθ’
apartarse	de(l)	Dios	viviente,	sino	alentaos	a vosotros mismos	según
868	575	2316	2198	235	3870	1438	2596
VAAN	*P*	*NGSM*	*VPAP-SGM*	*CLC*	*VPAM2P*	*RF2APM*	*P*

ἑκάστην	ἡμέραν,	ἄχρις	οὗ	τὸ	Σήμερον	καλεῖται,	ἵνα	μὴ
cada	día,	mientras	que	el$_{2}$	hoy,$_{3}$	es llamado$_{1}$	para que$_{4}$	no$_{8}$
1538	2250	891	3739	3588	4594	2564	2443	3361
JASF	*NASF*	*P*	*RR-GSN*	*DNSN, DASN*	*B*	*VPPI3S*	*CAP*	*BN, TN*

σκληρυνθῇ	τις	ἐξ	ὑμῶν	ἀπάτῃ	τῆς	ἁμαρτίας·	14 μέτοχοι	γὰρ
se endurezca$_{9}$	alguno$_{5}$	de$_{6}$	vosotros$_{7}$	por engaño	del	pecado;	partícipes$_{3}$	porque$_{1}$
4645	5100	1537	5216	539	3588	266	3353	1063
VAPS3S	*RX-NSM*	*P*	*RP2GP*	*NDSF*	*DGSF*	*NGSF*	*JNPM*	*CAZ*

τοῦ	Χριστοῦ	γεγόναμεν,	ἐάνπερ	τὴν	ἀρχὴν	τῆς	ὑποστάσεως	μέχρι
del$_{4}$	Cristo$_{5}$	hemos llegado a ser$_{2}$	si en verdad$_{6}$	el$_{8}$	principio$_{9}$	de la$_{10}$	seguridad$_{11}$	hasta$_{13}$
3588	5547	1096	1437	3588	746	3588	5287	3360
DGSM	*NGSM*	*VRAI1P*	*CAC*	*DASF*	*NASF*	*DGSF*	*NGSF*	*P, B*

NVI

confianza y la esperanza que nos enorgullece.

Advertencia contra la incredulidad

7 Por eso, como dice el Espíritu Santo:

«Si ustedes oyen hoy su voz,
8 no endurezcan el corazón
como sucedió en la rebelión,
en aquel día de prueba en el desierto.
9 Allí sus antepasados me tentaron y me pusieron a prueba,
a pesar de haber visto mis obras cuarenta años.
10 Por eso me enojé con aquella generación,
y dije: "Siempre se descarría su corazón,
y no han reconocido mis caminos".
11 Así que, en mi enojo, hice este juramento:
"Jamás entrarán en mi reposo"».

12 Cuídense, hermanos, de que ninguno de ustedes tenga un corazón pecaminoso e incrédulo que los haga apartarse del Dios vivo.
13 Más bien, mientras dure ese «hoy», anímense unos a otros cada día, para que ninguno de ustedes se endurezca por el engaño del pecado.
14 Hemos llegado a tener parte con Cristo,

3:11* O sea *Jamás*.

RVR

retengamos firme hasta
el fin el principio de
nuestra seguridad,
15 entretanto que se
dice:
Si oís hoy su voz,
No endurezcáis
vuestros corazones, como en la
provocación.
16 Porque ¿quiénes fueron los que, habiendo
oído, le provocaron?
¿No fueron todos los
que salieron de Egipto
por mano de Moisés?
17 ¿Y con quiénes estuvo
él disgustado durante
cuarenta años? ¿No fue
con los que pecaron,
cuyos cadáveres cayeron
en el desierto?
18 ¿Y a quiénes juró que
no entrarían en su reposo, sino a aquellos que
desobedecieron?
19 Y vemos que no pudieron entrar a causa de
su incredulidad.

4 Temamos, pues, no
sea que permaneciendo aún la promesa
de entrar en su reposo,
alguno de vosotros
parezca no haberlo
alcanzado.
2 Porque también a
nosotros se nos ha
anunciado la buena
nueva como a ellos; pero
la palabra que oyeron no
les aprovechó, por no ir

τέλους	βεβαίαν	κατάσχωμεν.	15 ἐν	τῷ	λέγεσθαι·	Σήμερον
(el) fin.$_{14}$	firme$_{12}$	retenemos$_{7}$	en	el	ser dicho:	Hoy,
5056	949	2722	1722	3588	3004	4594
NGSN	*JASF*	*VAAS1P*	*P*	*DDSN, DDSM*	*VPPN*	*B*

ἐὰν	τῆς	φωνῆς	αὐτοῦ	ἀκούσητε,	Μὴ	σκληρύνητε	τὰς	καρδίας
si$_{1}$	la$_{3}$	voz$_{4}$	de él,$_{5}$	oyerais$_{2}$	no	endurezcáis	los	corazones
1437	3588	5456	846	191	3361	4645	3588	2588
CAC	*DGSF*	*NGSF*	*RP3GSM*	*VAAS2P*	*BN, TN*	*VPAS2P*	*DAPF*	*NAPF*

ὑμῶν	ὡς	ἐν	τῷ	παραπικρασμῷ.	16 τίνες	γὰρ	ἀκούσαντες
de vosotros,	como	en	la	rebelión.	¿quiénes$_{2}$	Porque,$_{1}$	habiendo oído$_{3}$
5216	5613	1722	3588	3894	5100	1063	191
RP2GP	*CAM*	*P*	*DDSM*	*NDSM*	*RI-NPM*	*CLX*	*VAAP-PNM*

παρεπίκραναν;	ἀλλ᾽	οὐ	πάντες	οἱ	ἐξελθόντες	ἐξ	Αἰγύπτου
se rebelaron?$_{4}$	Pero,	¿no (fueron)	todos	los que	salieron	de	Egipto
3893	235	3756	3956	3588	1831	1537	125
VAAI3P	*CLC*	*TN, TI*	*JNPM*	*DNPM*	*VAAP-PNM*	*P*	*NGSF*

διὰ	Μωϋσέως;	17 τίσιν	δὲ	προσώχθισεν	τεσσεράκοντα	ἔτη;
por medio de	Moisés?	con quiénes	¿Y	se disgustó	(por) cuarenta	años?
1223	3475	5101	1161	4360	5062	2094
P	*NGSM*	*RI-DPM*	*CLN*	*VAAI3S*	*XN, J*	*NAPN*

οὐχὶ	τοῖς	ἁμαρτήσασιν,	ὧν	τὰ	κῶλα	ἔπεσεν	ἐν	τῇ	ἐρήμῳ;
¿No (fueron)	los que	pecaron,	cuyos	--	cadáveres	cayó (cayeron)	en	el	desierto?
3780	3588	264	3739	3588	2966	4098	1722	3588	2048
TN, TI	*DDPM*	*VAAP-PDM*	*RR-GPM*	*DNPN*	*NNPN*	*VAAI3S*	*P*	*DDSF*	*JDSF*

18 τίσιν	δὲ	ὤμοσεν	μὴ	εἰσελεύσεσθαι	εἰς	τὴν	κατάπαυσιν	αὐτοῦ
a quiénes$_{2}$	¿Y$_{1}$	juró	no	entrar	en	el	reposo	de él
5101	1161	3660	3361	1525	1519	3588	2663	846
RI-DPM	*CLN*	*VAAI3S*	*BN, TN*	*VFMN*	*P*	*DASF*	*NASF*	*RP3GSM*

εἰ	μὴ	τοῖς	ἀπειθήσασιν;	19 καὶ	βλέπομεν	ὅτι	οὐκ	ἠδυνήθησαν
si	no	a los que	desobedecieron?	Y	vemos	que	no	pudieron
1487	3361	3588	544	2532	991	3754	3756	1410
CAC	*BN, TN*	*DDPM*	*VAAP-PDM*	*CLN*	*VPAI1P*	*CSC*	*BN, TN*	*VAPI3P*

εἰσελθεῖν	δι᾽	ἀπιστίαν.
entrar	a causa de	(la) incredulidad.
1525	1223	570
VAAN	*P*	*NASF*

4 Φοβηθῶμεν	οὖν	μήποτε	καταλειπομένης	ἐπαγγελίας
temamos,$_{2}$	Así que,$_{1}$	no sea que	estando reservada	(la) promesa
5399	3767	3379	2641	1860
VAPS1P	*CLI*	*CSC, TN*	*VPPP-SGF*	*NGSF*

εἰσελθεῖν	εἰς	τὴν	κατάπαυσιν	αὐτοῦ	δοκῇ	τις	ἐξ	ὑμῶν
(de) entrar	en	el	reposo	de él,	parezca$_{4}$	alguno$_{1}$	de$_{2}$	vosotros$_{3}$
1525	1519	3588	2663	846	1380	5100	1537	5216
VAAN	*P*	*DASF*	*NASF*	*RP3GSM*	*VPAS3S*	*RX-NSM*	*P*	*RP2GP*

ὑστερηκέναι·	2 καὶ	γὰρ	ἐσμεν	εὐηγγελισμένοι*	καθάπερ
haber quedado rezagado.$_{5}$	también$_{2}$	Porque$_{1}$	somos	ha anunciado la buena noticia	tal como
5302	2532	1063	2070	2097	2509
VRAN	*BE, TE*	*CAZ*	*VPAI1P*	*VRPP-PNM*	*CAM*

κἀκεῖνοι,	ἀλλ᾽	οὐκ	ὠφέλησεν	ὁ	λόγος	τῆς	ἀκοῆς	ἐκείνους,	μὴ
también aquellos;	pero$_{1}$	no$_{6}$	aprovechó$_{7}$	la$_{2}$	palabra$_{3}$	del$_{4}$	anuncio$_{5}$	a aquellos$_{8}$	(por) no
2548	235	3756	5623	3588	3056	3588	189	1565	3361
RD-NPM, TE	*CLC*	*BN, TN*	*VAAI3S*	*DNSM*	*NNSM*	*DGSF*	*NGSF*	*RD-APM*	*BN, TN*

NVI

con tal que retengamos
firme hasta el fin la
confianza que tuvimos
al principio. 15 Como se
acaba de decir:

«Si ustedes oyen hoy
su voz,
no endurezcan el
corazón
como sucedió en la
rebelión».

16 Ahora bien,
¿quiénes fueron los que
oyeron y se rebelaron?
¿No fueron acaso
todos los que salieron
de Egipto guiados
por Moisés? 17 ¿Y con
quiénes se enojó Dios
durante cuarenta años?
¿No fue acaso con los
que pecaron, los cuales
cayeron muertos en el
desierto? 18 ¿Y a quiénes
juró Dios que jamás
entrarían en su reposo,
sino a los que desobedecieron? 19 Como podemos ver, no pudieron
entrar por causa de su
incredulidad.

Reposo del pueblo de Dios

4 Cuidémonos,
por tanto, no sea
que, aunque la promesa
de entrar en su reposo
sigue vigente, alguno
de ustedes parezca
quedarse atrás. 2 Porque
a nosotros, lo mismo
que a ellos, se nos ha
anunciado la buena
noticia; pero el mensaje
que escucharon no les

4:2* O sea *se nos ha anunciado la buena noticia.*

RVR

acompañada de fe en los
que la oyeron.
3 Pero los que hemos
creído entramos en el
reposo, tal como él ha
dicho:
Como juré en mi ira,
No entrarán en mi
reposo;
aunque las obras
suyas estaban acabadas
desde la fundación del
mundo.
4 Porque en cierto lugar
ha dicho así del séptimo
día: Y reposó Dios de
todas sus obras en el
séptimo día.
5 Y otra vez en este
pasaje: No entrarán en
mi reposo.
6 Por lo tanto, puesto
que falta que algunos
entren en él, y aquellos
a quienes primero se les
anunció la buena nueva
no entraron por causa
de su desobediencia,
7 otra vez fija un día:
Hoy, diciendo después
de tanto tiempo, por
medio de David, como
está predicho:
Si oís hoy su voz,
No endurezcáis vuestros corazones.
8 Porque si Josué les
hubiera dado el reposo,
no hablaría de otro día
después de esto.

συγκεκερασμένους	τῇ	πίστει	τοῖς	ἀκούσασιν.	3 εἰσερχόμεθα	γὰρ
haber sido mezclada	con la	fe	a los que	oyeron.	entramos$_4$	Porque$_1$
4786	3588	4102	3588	191	1525	1063
VRPP-PAM	*DDSF*	*NDSF*	*DDPM*	*VAAP-PDM*	*VPUI1P*	*CLX*

εἰς	κατάπαυσιν	οἱ	πιστεύσαντες,	καθὼς	εἴρηκεν·	Ὡς	ὤμοσα
en$_5$	(el) reposo,$_6$	los que$_2$	hemos creído$_3$	como	ha dicho:	Como	juré
1519	2663	3588	4100	2531	2046	5613	3660
P	*NASF*	*DNPM*	*VAAP-PNM*	*CAM*	*VRAI3S*	*CAR*	*VAAI1S*

ἐν	τῇ	ὀργῇ	μου,	Εἰ*	εἰσελεύσονται	εἰς	τὴν	κατάπαυσίν	μου,
en	la	ira	de mí:	Si	entrarán	en	el	reposo	de mí!
1722	3588	3709	3450	1487	1525	1519	3588	2663	3450
P	*DDSF*	*NDSF*	*RP1GS*	*CAC*	*VFMI3P*	*P*	*DASF*	*NASF*	*RP1GS*

καίτοι	τῶν	ἔργων	ἀπὸ	καταβολῆς	κόσμου	γενηθέντων,	4 εἴρηκεν
Aunque	las	obras	desde$_2$	(la) fundación$_3$	de(l) mundo.$_4$	habían llegado a ser$_1$	ha dicho$_2$
2543	3588	2041	575	2602	2889	1096	2046
CAN	*DGPN*	*NGPN*	*P*	*NGSF*	*NGSM*	*VAPP-PGN*	*VRAI3S*

γάρ	που	περὶ	τῆς	ἑβδόμης	οὕτως·	Καὶ	κατέπαυσεν	ὁ	θεὸς
Porque$_1$	en algún lugar	acerca de	del	séptimo (día)	así:	Y$_1$	reposó$_4$	--$_2$	Dios$_3$
1063	4225	4012	3588	1442	3779	2532	2664	3588	2316
CAZ	*BX, TX*	*P*	*DGSF*	*JGSF*	*B*	*CLN*	*VAAI3S*	*DNSM*	*NNSM*

ἐν	τῇ	ἡμέρᾳ	τῇ	ἑβδόμῃ	ἀπὸ	πάντων	τῶν	ἔργων	αὐτοῦ,	5 καὶ	ἐν
en$_5$	--$_8$	día$_9$	el$_6$	séptimo$_7$	de	todas	las	obras	de él.	Y$_1$	en$_3$
1722	3588	2250	3588	1442	575	3956	3588	2041	846	2532	1722
P	*DDSF*	*NDSF*	*DDSF*	*JDSF*	*P*	*JGPN*	*DGPN*	*NGPN*	*RP3GSM*	*CLN*	*P*

τούτῳ	πάλιν·	Εἰ*	εἰσελεύσονται	εἰς	τὴν	κατάπαυσίν	μου.	6 ἐπεὶ
este (lugar):$_4$	de nuevo$_2$	Si	entrarán	en	el	reposo	de mí!	puesto que
5129	3825	1487	1525	1519	3588	2663	3450	1893
RD-DSM	*B*	*CAC*	*VFMI3P*	*P*	*DASF*	*NASF*	*RP1GS*	*CAZ*

οὖν	ἀπολείπεται	τινὰς	εἰσελθεῖν	εἰς	αὐτήν,	καὶ	οἱ	πρότερον
Así que,	falta	a algunos	entrar	a	él,	y	los que$_1$	primero$_3$
3767	620	5100	1525	1519	846	2532	3588	4386
CLI	*VPPI3S*	*RX-APM*	*VAAN*	*P*	*RP3ASF*	*CLN*	*DNPM*	*B, J*

εὐαγγελισθέντες	οὐκ	εἰσῆλθον	δι’	ἀπείθειαν,	7 πάλιν
fueron anunciados la buena noticia$_2$	no	entraron	a causa de	(la) desobediencia,	de nuevo$_1$
2097	3756	1525	1223	543	3825
VAPP-PNM	*BN, TN*	*VAAI3P*	*P*	*NASF*	*B*

τινὰ	ὁρίζει	ἡμέραν,	Σήμερον,	ἐν	Δαυὶδ	λέγων	μετὰ	τοσοῦτον
cierto$_3$	determina$_2$	día:$_4$	Hoy$_5$	por$_7$	David,$_8$	hablando$_6$	después de	tanto
5100	3724	2250	4594	1722	1138	3004	3326	5118
JASF, RX-ASF	*VPAI3S*	*NASF*	*B*	*P*	*NDSM, XP*	*VPAP-SNM*	*P*	*JASM, RD-ASM*

χρόνον,	καθὼς	προείρηται,	Σήμερον	ἐὰν	τῆς	φωνῆς	αὐτοῦ	ἀκούσητε,
tiempo,	como	ha dicho antes:	Hoy,	si$_1$	la$_3$	voz$_4$	de él,$_5$	oyerais$_2$
5550	2531	4308	4594	1437	3588	5456	846	191
NASM	*CAM*	*VRPI3S*	*B*	*CAC*	*DGSF*	*NGSF*	*RP3GSM*	*VAAS2P*

μὴ	σκληρύνητε	τὰς	καρδίας	ὑμῶν·	8 εἰ	γὰρ	αὐτοὺς	Ἰησοῦς
no	endurezcáis	los	corazones	de vosotros.	si$_2$	Porque$_1$	a ellos,$_5$	Josué$_3$
3361	4645	3588	2588	5216	1487	1063	846	2424
BN, TN	*VPAS2P*	*DAPF*	*NAPF*	*RP2GP*	*CAC*	*CAZ*	*RP3APM*	*NNSM*

κατέπαυσεν,	οὐκ	ἂν	περὶ	ἄλλης	ἐλάλει	μετὰ	ταῦτα	ἡμέρας.
hubiera hecho reposar$_4$	no$_6$	--$_7$	acerca de$_9$	otro$_{10}$	hablaría$_8$	después de$_{12}$	estas (cosas).$_{13}$	día$_{11}$
2664	3756	302	4012	243	2980	3326	5023	2250
VAAI3S	*BN, TN*	*TC*	*P*	*JGSF*	*VIAI3S*	*P*	*RD-APN*	*NGSF*

NVI

sirvió de nada, porque
no se unieron en la fe a
los que habían prestado
atención a ese mensaje.
3 En tal reposo entramos
los que somos creyentes,
conforme Dios ha dicho:

«Así que, en mi
enojo, hice este
juramento:
"Jamás entrarán en mi
reposo"».

Es cierto que su trabajo
quedó terminado con
la creación del mundo,
4 pues en algún lugar se
ha dicho así del séptimo
día: «Y en el séptimo
día reposó Dios de todas
sus obras». 5 Y en el
pasaje citado también
dice: «Jamás entrarán
en mi reposo».
6 Sin embargo, todavía falta que algunos entren en ese reposo, y los
primeros a quienes se les
anunció la buena noticia
no entraron por causa de
su desobediencia. 7 Por
eso, Dios volvió a fijar
un día, que es «hoy»,
cuando mucho después
declaró por medio de
David lo que ya se ha
mencionado:

«Si ustedes oyen hoy
su voz,
no endurezcan el
corazón».

8 Si Josué les hubiera
dado el reposo, Dios
no habría hablado
posteriormente de otro

4:3*, 5* O sea *Jamás*.

RVR

9 Por tanto, queda un
reposo para el pueblo
de Dios.
10 Porque el que ha
entrado en su reposo,
también él mismo ha
reposado de sus obras,
como Dios de las suyas.
11 Procuremos, pues,
entrar en aquel reposo,
para que ninguno caiga,
imitando este ejemplo
de desobediencia.
12 Porque la palabra de
Dios es viva y eficaz, y
más cortante que toda
espada de dos filos; y
penetra hasta la división
del alma y del espíritu,
de las coyunturas y de
los tuétanos, y discierne
los pensamientos y las
intenciones del corazón.
13 Y no hay cosa creada
que esté oculta de su
vista; antes bien todas
las cosas están desnudas
y descubiertas a los ojos
de aquel a quien tene-
mos que dar cuenta.

Jesucristo el gran sumo sacerdote

14 Por tanto, teniendo
un gran sumo sacerdote
que pasó a través de
los cielos, Jesús el Hijo
de Dios, retengamos
nuestra profesión.
15 Porque no tenemos

9 ἄρα	ἀπολείπεται	σαββατισμὸς	τῷ	λαῷ	τοῦ	θεοῦ.	10 ὁ	γὰρ
Por tanto,	falta	un reposo sabático	para el	pueblo	de --	Dios.	el que$_2$	Porque$_1$
686	620	4520	3588	2992	3588	2316	3588	1063
CLI	*VPPI3S*	*NNSM*	*DDSM*	*NDSM*	*DGSM*	*NGSM*	*DNSM*	*CAZ*

εἰσελθὼν	εἰς	τὴν	κατάπαυσιν	αὐτοῦ	καὶ	αὐτὸς	κατέπαυσεν	ἀπὸ
habiendo entrado$_3$	en	el	reposo	de él,	también	él	reposó	de
1525	1519	3588	2663	846	2532	846	2664	575
VAAP-SNM	*P*	*DASF*	*NASF*	*RP3GSM*	*BE, TE*	*RP3NSMP*	*VAAI3S*	*P*

τῶν	ἔργων	αὐτοῦ	ὥσπερ	ἀπὸ	τῶν	ἰδίων	ὁ	θεός.	11 σπουδάσωμεν
las	obras	de él,	tal como$_1$	de$_4$	las$_5$	propias.$_6$	--$_2$	Dios$_3$	procuremos$_2$
3588	2041	846	5618	575	3588	2398	3588	2316	4704
DGPN	*NGPN*	*RP3GSM*	*CAM*	*P*	*DGPN*	*JGPN*	*DNSM*	*NNSM*	*VAAS1P*

οὖν	εἰσελθεῖν	εἰς	ἐκείνην	τὴν	κατάπαυσιν,	ἵνα	μή	ἐν	τῷ
Así que,$_1$	entrar	en	aquel	--	reposo,	para que$_1$	no$_2$	en$_4$	el$_5$
3767	1525	1519	1565	3588	2663	2443	3361	1722	3588
CLI	*VAAN*	*P*	*RD-ASF*	*DASF*	*NASF*	*CAP*	*BN, TN*	*P*	*DDSN*

αὐτῷ	τις	ὑποδείγματι	πέσῃ	τῆς	ἀπειθείας.
mismo$_6$	alguno$_3$	ejemplo$_7$	cayera (caiga)$_3$	de --	desobediencia.
846	5100	5262	4098	3588	543
RP3DSN, JDSN	*RX-NSM*	*NDSN*	*VAAS3S*	*DGSF*	*NGSF*

12 Ζῶν	γὰρ	ὁ	λόγος	τοῦ	θεοῦ	καὶ	ἐνεργὴς	καὶ	τομώτερος
(es) viva$_6$	Porque$_1$	la$_2$	palabra$_3$	de --$_4$	Dios$_5$	y	eficaz	y	más cortante
2198	1063	3588	3056	3588	2316	2532	1756	2532	5114
VPAP-SNM	*CAZ*	*DNSM*	*NNSM*	*DGSM*	*NGSM*	*CLN*	*JNSM*	*CLN*	*JNSMC*

ὑπὲρ	πᾶσαν	μάχαιραν	δίστομον	καὶ	διϊκνούμενος	ἄχρι	μερισμοῦ
más que	toda	espada	de doble filo	y	que penetra	hasta	(la) división
5228	3956	3162	1366	2532	1338	891	3311
P	*JASF*	*NASF*	*JASF*	*CLN*	*VPUP-SNM*	*P*	*NGSM*

ψυχῆς	καὶ	πνεύματος,	ἁρμῶν	τε	καὶ	μυελῶν,	καὶ
del ser	y	del espíritu,	(las) coyunturas$_2$	tanto$_1$	y	médula de los huesos,	y
5590	2532	4151	719	5037	2532	3452	2532
NGSF	*CLN*	*NGSN*	*NGPM*	*CLK*	*CLK, CLN*	*NGPM*	*CLN*

κριτικὸς	ἐνθυμήσεων	καὶ	ἐννοιῶν	καρδίας·	13 καὶ	οὐκ	ἔστιν
capaz de juzgar	(los) pensamientos	e	intenciones	de(l) corazón;	y	no$_2$	es (hay)$_3$
2924	1761	2532	1771	2588	2532	3756	2076
JNSM	*NGPF*	*CLN*	*NGPF*	*NGSF*	*CLN*	*CLK, TN, B*	*VPAI3S*

κτίσις	ἀφανὴς	ἐνώπιον	αὐτοῦ,	πάντα	δὲ	γυμνὰ	καὶ
criatura$_1$	oculta	delante de	él;	todas las cosas$_2$	mas$_1$	(están) desnudas	y
2937	852	1799	846	3956	1161	1131	2532
NNSF	*JNSF*	*P, B*	*RP3GSM*	*JNPN*	*CLK, CLC*	*JNPN*	*CLN*

τετραχηλισμένα	τοῖς	ὀφθαλμοῖς	αὐτοῦ,	πρὸς	ὃν	ἡμῖν	ὁ
han sido descubiertas	a los	ojos	de él,	a	quien	nosotros	la
5136	3588	3788	846	4314	3739	2254	3588
VRPP-PNN	*DDPM*	*NDPM*	*RP3GSM*	*P*	*RR-ASM*	*RP1DP*	*DNSM*

λόγος.
cuenta (daremos).
3056
NNSM

14 Ἔχοντες	οὖν	ἀρχιερέα	μέγαν	διεληλυθότα	τοὺς	οὐρανούς,
teniendo$_2$	Así que,$_1$	sumo sacerdote$_4$	un gran$_3$	que ha pasado	a los	cielos,
2192	3767	749	3173	1330	3588	3772
VPAP-PNM	*CLI*	*NASM*	*JASM*	*VRAP-SAM*	*DAPM*	*NAPM*

Ἰησοῦν	τὸν	υἱὸν	τοῦ	θεοῦ,	κρατῶμεν	τῆς	ὁμολογίας.	15 οὐ	γὰρ
Jesús,	el	Hijo	de --	Dios,	aferrémonos	de la	confesión.	no$_2$	Porque$_1$
2424	3588	5207	3588	2316	2902	3588	3671	3756	1063
NASM	*DASM*	*NASM*	*DGSM*	*NGSM*	*VPAS1P*	*DGSF*	*NGSF*	*CLK,TN,B*	*CLX*

NVI

día. 9 Por consiguien-
te, queda todavía un
reposo especial para
el pueblo de Dios;
10 porque el que entra
en el reposo de Dios
descansa también de sus
obras, así como Dios
descansó de las suyas.
11 Esforcémonos, pues,
por entrar en ese reposo,
para que nadie caiga al
seguir aquel ejemplo de
desobediencia.
12 Ciertamente,
la palabra de Dios es
viva y poderosa, y más
cortante que cualquier
espada de dos filos.
Penetra hasta lo más
profundo del alma y del
espíritu, hasta la médula
de los huesos, y juzga
los pensamientos y las
intenciones del corazón.
13 Ninguna cosa creada
escapa a la vista de Dios.
Todo está al descubierto,
expuesto a los ojos de
aquel a quien hemos de
rendir cuentas.

Jesús, el gran sumo sacerdote

14 Por lo tanto, ya
que en Jesús, el Hijo
de Dios, tenemos un
gran sumo sacerdote
que ha atravesado los
cielos, aferrémonos a
la fe que profesamos.
15 Porque no tenemos

RVR

un sumo sacerdote que
no pueda compadecerse
de nuestras debilidades,
sino uno que ha sido
tentado en todo según
nuestra semejanza, pero
sin pecado.
16 Acerquémonos, pues,
confiadamente al trono
de la gracia, para alcan-
zar misericordia y hallar
gracia para el oportuno
socorro.
5 Porque todo sumo
sacerdote tomado
de entre los hombres es
constituido a favor de
los hombres en lo que
a Dios se refiere, para
que presente ofrendas
y sacrificios por los
pecados;
2 pudiendo sentir
compasión a nivel de los
ignorantes y extraviados,
puesto que él también
está rodeado de debi-
lidad;
3 y por causa de ella debe
ofrecer por los pecados,
tanto por sí mismo
como también por el
pueblo.
4 Y nadie toma para
sí mismo este honor,
sino el que es llamado
por Dios, como lo fue
Aarón.
5 Así tampoco Cristo
se glorificó a sí mismo

ἔχομεν	ἀρχιερέα	μὴ	δυνάμενον	συμπαθῆσαι	ταῖς	ἀσθενείαις
tenemos$_3$	un sumo sacerdote	no	siendo capaz de	simpatizar	con las	debilidades
2192	749	3361	1410	4834	3588	769
VPAI1P	*NASM*	*BN, TN*	*VPUP-SAM*	*VAAN*	*DDPF*	*NDPF*

ἡμῶν,	πεπειρασμένον	δὲ	κατὰ	πάντα	καθ’	ὁμοιότητα
de nosotros,	ha sido probado$_2$	sino$_1$	en	todas las cosas	conforme a	semejanza,
2257	3985	1161	2596	3956	2596	3665
RP1GP	*VRPP-SAM*	*CLK, CLC*	*P*	*JAPN*	*P*	*NASF*

χωρὶς	ἁμαρτίας.	16 προσερχώμεθα	οὖν	μετὰ	παρρησίας	τῷ	θρόνῳ
excluido	(el) pecado.	acerquémonos$_2$	Así que,$_1$	con	confianza	al	trono
5565	266	4334	3767	3326	3954	3588	2362
P, B	*NGSF*	*VPUS1P*	*CLI*	*P*	*NGSF*	*DDSM*	*NDSM*

τῆς	χάριτος,	ἵνα	λάβωμεν	ἔλεος	καὶ	χάριν	εὕρωμεν	εἰς	εὔκαιρον
de la	gracia,	para que	recibiéramos	misericordia	y$_1$	gracia$_3$	halláramos$_2$	para	un oportuno
3588	5485	2443	2983	1656	2532	5485	2147	1519	2121
DGSF	*NGSF*	*CAP*	*VAAS1P*	*NASN*	*CLN*	*NASF*	*VAAS1P*	*P*	*JASF*

βοήθειαν.
socorro.
996
NASF

5 Πᾶς	γὰρ	ἀρχιερεὺς	ἐξ	ἀνθρώπων	λαμβανόμενος	ὑπὲρ
todo$_2$	Porque$_1$	sumo sacerdote$_3$	de entre$_5$	(las) personas,$_6$	siendo tomado$_4$	en favor de$_8$
3956	1063	749	1537	444	2983	5228
JNSM	*CLX*	*NNSM*	*P*	*NGPM*	*VPPP-SNM*	*P*

ἀνθρώπων	καθίσταται	τὰ	πρὸς	τὸν	θεόν,	ἵνα	προσφέρῃ
(las) personas$_9$	es constituido$_7$	(en) las cosas	en relación a	--	Dios,	para que	ofrezca
444	2525	3588	4314	3588	2316	2443	4374
NGPM	*VPPI3S*	*DAPN*	*P*	*DASM*	*NASM*	*CAP*	*VPAS3S*

δῶρά	τε	καὶ	θυσίας	ὑπὲρ	ἁμαρτιῶν,	2 μετριοπαθεῖν	δυνάμενος
dones$_2$	tanto$_1$	y	sacrificios	por	(los) pecados,	(de) ser indulgente$_2$	siendo capaz$_1$
1435	5037	2532	2378	5228	266	3356	1410
NAPN	*CLK*	*CLK, CLN*	*NAPF*	*P*	*NGPF*	*VPAN*	*VPUP-SNM*

τοῖς	ἀγνοοῦσι	καὶ	πλανωμένοις	ἐπεὶ	καὶ	αὐτὸς	περίκειται
con los que	ignoran	y	están extraviados,	puesto que	también	él	está atado
3588	50	2532	4105	1893	2532	846	4029
DDPM	*VPAP-PDM*	*CLN*	*VPPP-PDM*	*CAZ*	*BE, TE*	*RP3NSMP*	*VPUI3S*

ἀσθένειαν,	3 καὶ	δι’	αὐτὴν	ὀφείλει,	καθὼς	περὶ	τοῦ	λαοῦ,
a debilidad,	y	a causa de	ella,	debe$_1$	como$_3$	por$_4$	el$_5$	pueblo,$_6$
769	2532	1223	846	3784	2531	4012	3588	2992
NASF	*CLN*	*P*	*RP3ASF*	*VPAI3S*	*CAM*	*P*	*DGSM*	*NGSM*

οὕτως	καὶ	περὶ	αὑτοῦ	προσφέρειν	περὶ	ἁμαρτιῶν.	4 καὶ	οὐχ
así$_7$	también$_8$	por$_9$	él.$_{10}$	ofrecer$_2$	por$_3$	(los) pecados,$_4$	Y$_1$	no$_3$
3779	2532	4012	846	4374	4012	266	2532	3756
B	*BE, TE*	*P*	*RP3GSM*	*VPAN*	*P*	*NGPF*	*CLN*	*CLK, TN, B*

ἑαυτῷ	τις	λαμβάνει	τὴν	τιμήν,	ἀλλὰ	καλούμενος	ὑπὸ	τοῦ	θεοῦ,
para sí mismo$_5$	alguien$_2$	toma$_4$	el	honor,	sino	siendo llamado	por	--	Dios,
1438	5100	2983	3588	5092	235	2564	5259	3588	2316
RF3DSM	*RX-NSM*	*VPAI3S*	*DASF*	*NASF*	*CLK, CLC*	*VPPP-SNM*	*P*	*DGSM*	*NGSM*

καθώσπερ	καὶ	Ἀαρών.
tal como	también	Aarón.
2509	2532	2
CAM	*BE, TE*	*NNSM, XP*

5 Οὕτως	καὶ	ὁ	Χριστὸς	οὐχ	ἑαυτὸν	ἐδόξασεν	γενηθῆναι
Así	también	el	Cristo$_1$	no$_2$	a sí mismo$_4$	glorificó$_3$	para llegar a ser
3779	2532	3588	5547	3756	1438	1392	1096
B	*BE, TE*	*DNSM*	*NNSM*	*CLK, TN, B*	*RF3ASM*	*VAAI3S*	*VAPN*

NVI

un sumo sacerdote in-
capaz de compadecerse
de nuestras debilidades,
sino uno que ha sido
tentado en todo de la
misma manera que
nosotros, aunque sin pe-
cado. 16 Así que acerqué-
monos confiadamente
al trono de la gracia para
recibir misericordia y
hallar la gracia que nos
ayude en el momento
que más la necesitemos.
5 Todo sumo sacer-
dote es escogido
de entre los hombres.
Él mismo es nombrado
para representar a su
pueblo ante Dios, y ofre-
cer dones y sacrificios
por los pecados. 2 Puede
tratar con paciencia a los
ignorantes y extraviados,
ya que él mismo está
sujeto a las debilida-
des humanas. 3 Por tal
razón se ve obligado a
ofrecer sacrificios por
sus propios pecados,
como también por los
del pueblo.
4 Nadie ocupa ese
cargo por iniciativa
propia; más bien, lo
ocupa el que es llamado
por Dios, como sucedió
con Aarón. 5 Tampoco
Cristo se glorificó a
sí mismo haciéndose

RVR

haciéndose sumo sa-
cerdote, sino el que le
habló así:
Tú eres mi Hijo,
Yo te he engendrado
hoy.
6 Como también dice
en otro lugar:
Tú eres sacerdote para
siempre,
Según el orden de
Melquisedec.
7 Y Cristo, en los días
de su carne, habiendo
ofrecido ruegos y súpli-
cas con gran clamor y
lágrimas al que le podía
librar de la muerte,
fue oído a causa de su
piedad.
8 Y aunque era Hijo,
aprendió la obediencia
por lo que padeció;
9 y habiendo sido
perfeccionado, vino
a ser fuente de eterna
salvación para todos los
que le obedecen;
10 y fue proclamado
públicamente por Dios
como sumo sacerdo-
te según el orden de
Melquisedec.

Advertencia contra la apostasía

11 Acerca de lo cual
tenemos mucho que de-
cir, y difícil de explicar,
puesto que os habéis
hecho tardos para oír.
12 Porque debiendo ser
ya maestros, después de
tanto tiempo, otra vez
tenéis necesidad de que
se os enseñe cuáles son
los primeros rudimen-
tos de las palabras de

ἀρχιερέα,	ἀλλ'	ὁ	λαλήσας	πρὸς	αὐτόν·	Υἱός	μου	εἶ	σύ,
sumo sacerdote,	sino	el que	habló	a	él:	Hijo$_3$	de mí,$_4$	eres$_2$	Tú$_1$
749	235	3588	2980	4314	846	5207	3450	1488	4771
NASM	*CLK, CLC*	*DNSM*	*VAAP-SNM*	*P*	*RP3ASM*	*NNSM*	*RP1GS*	*VPAI2S*	*RP2NS*

ἐγὼ	σήμερον	γεγέννηκά	σε·	6 καθὼς	καὶ	ἐν	ἑτέρῳ	λέγει·	Σὺ
yo$_6$	hoy$_5$	he engendrado$_7$	a ti;$_8$	como	también	en	otro (lugar)	dice:	Tú (eres)
1473	4594	1080	4571	2531	2532	1722	2087	3004	4771
RP1NS	*B*	*VRAI1S*	*RP2AS*	*CAM*	*BE, TE*	*P*	*JDSM*	*VPAI3S*	*RP2NS*

ἱερεὺς	εἰς	τὸν	αἰῶνα	κατὰ	τὴν	τάξιν	Μελχισέδεκ,	7 ὃς	ἐν	ταῖς
sacerdote	para	la	eternidad	según	el	orden	Melquisedec.	Quien	en	los
2409	1519	3588	165	2596	3588	5010	3198	3739	1722	3588
NNSM	*P*	*DASM*	*NASM*	*P*	*DASF*	*NASF*	*NGSM, XP*	*RR-NSM*	*P*	*DDPF*

ἡμέραις	τῆς	σαρκὸς	αὐτοῦ	δεήσεις	τε	καὶ	ἱκετηρίας	πρὸς
días	de la	carne	de él,	ruegos$_3$	tanto$_2$	y$_4$	súplicas$_5$	a$_{11}$
2250	3588	4561	846	1162	5037	2532	2428	4314
NDPF	*DGSF*	*NGSF*	*RP3GSM*	*NAPF*	*CLK*	*CLK, CLN*	*NAPF*	*P*

τὸν	δυνάμενον	σῴζειν	αὐτὸν	ἐκ	θανάτου	μετὰ	κραυγῆς	ἰσχυρᾶς
el que$_{12}$	puede$_{13}$	salvar$_{14}$	a él$_{15}$	de	(la) muerte	con$_6$	clamor$_7$	fuerte$_8$
3588	1410	4982	846	1537	2288	3326	2906	2478
DASM	*VPUP-SAM*	*VPAN*	*RP3ASM*	*P*	*NGSM*	*P*	*NGSF*	*JGSF*

καὶ	δακρύων	προσενέγκας	καὶ	εἰσακουσθεὶς	ἀπὸ	τῆς	εὐλαβείας,
y$_9$	lágrimas$_{10}$	habiendo ofrecido$_1$	y	fue escuchado	por	la (su)	piedad,
2532	1144	4374	2532	1522	575	3588	2124
CLN	*NGPN*	*VAAP-SNM*	*CLN*	*VAPP-SNM*	*P*	*DGSF*	*NGSF*

8 καίπερ	ὢν	υἱός,	ἔμαθεν	ἀφ'	ὧν	ἔπαθεν	τὴν	ὑπακοήν,	9 καὶ
aunque	siendo	Hijo,	aprendió$_1$	de$_4$	las cosas que$_5$	padeció,$_6$	la$_2$	obediencia$_3$	y
2539	5607	5207	3129	575	3739	3958	3588	5218	2532
CAN	*VPAP-SNM*	*NNSM*	*VAAI3S*	*P*	*RR-GPN*	*VAAI3S*	*DASF*	*NASF*	*CLN*

τελειωθεὶς	ἐγένετο	πᾶσιν	τοῖς	ὑπακούουσιν	αὐτῷ	αἴτιος
habiendo sido perfeccionado	vino a ser$_1$	para todos$_5$	los que$_6$	obedecen$_7$	a él,$_8$	causante$_2$
5048	1096	3956	3588	5219	846	159
VAPP-SNM	*VAMI3S*	*JDPM*	*DDPM*	*VPAP-PDM*	*RP3DSM*	*JNSM*

σωτηρίας	αἰωνίου,	10 προσαγορευθεὶς	ὑπὸ	τοῦ	θεοῦ	ἀρχιερεὺς	κατὰ
de salvación$_3$	eterna$_4$	proclamado	por	--	Dios	sumo sacerdote	según
4991	166	4316	5259	3588	2316	749	2596
NGSF	*JGSF*	*VAPP-SNM*	*P*	*DGSM*	*NGSM*	*NNSM*	*P*

τὴν	τάξιν	Μελχισέδεκ.
la	orden	de Melquisedec.
3588	5010	3198
DASF	*NASF*	*NGSM, XP*

11 Περὶ	οὗ	πολὺς	ἡμῖν	ὁ	λόγος	καὶ	δυσερμήνευτος	λέγειν,
Acerca de	lo cual	mucho$_6$	a nosotros,$_7$	el$_1$	mensaje$_2$	y$_3$	difícil de explicar$_4$	decir$_5$
4012	3739	4183	2254	3588	3056	2532	1421	3004
P	*RR-GSM*	*JNSM*	*RP1DP*	*DNSM*	*NNSM*	*CLN*	*JNSM*	*VPAN*

ἐπεὶ	νωθροὶ	γεγόνατε	ταῖς	ἀκοαῖς.	12 καὶ	γὰρ	ὀφείλοντες
puesto que$_8$	lentos$_{10}$	os habéis hecho$_9$	para --	oír,	también$_2$	porque$_1$	debiendo
1893	3576	1096	3588	189	2532	1063	3784
CAZ	*JNPM*	*VRAI2P*	*DDPF*	*NDPF*	*CAN, B*	*CAZ*	*VPAP-PNM*

εἶναι	διδάσκαλοι	διὰ	τὸν	χρόνον,	πάλιν	χρείαν	ἔχετε	τοῦ
ser	maestros	a causa de	el	tiempo,	de nuevo$_2$	necesidad$_3$	tenéis$_1$	de --$_5$
1511	1320	1223	3588	5550	3825	5532	2192	3588
VPAN	*NNPM*	*P*	*DASM*	*NASM*	*B*	*NASF*	*VPAI2P*	*DGSN, DGSM*

διδάσκειν	ὑμᾶς	τινὰ	τὰ	στοιχεῖα	τῆς	ἀρχῆς	τῶν	λογίων
enseñar$_6$	a vosotros$_7$	alguien$_4$	los	fundamentos	del	principio	de los	dichos
1321	5209	5101	3588	4747	3588	746	3588	3051
VPAN	*RP2AP*	*RX-ASM*	*DAPN, DNPN*	*NAPN, NNPN*	*DGSF*	*NGSF*	*DGPN*	*NGPN*

NVI

sumo sacerdote, sino
que Dios le dijo:

«Tú eres mi hijo;
hoy mismo te he
engendrado».

6 Y en otro pasaje dice:

«Tú eres sacerdote
para siempre,
según el orden de
Melquisedec».

7 En los días de su vida
mortal, Jesús ofreció
oraciones y súplicas con
fuerte clamor y lágrimas
al que podía salvarlo de
la muerte, y fue escu-
chado por su reverente
sumisión. 8 Aunque
era Hijo, mediante el
sufrimiento aprendió a
obedecer; 9 y, consuma-
da su perfección, llegó
a ser autor de salvación
eterna para todos los
que le obedecen, 10 y
Dios lo nombró sumo
sacerdote según el orden
de Melquisedec.

Advertencia contra la apostasía

11 Sobre este tema te-
nemos mucho que decir
aunque es difícil expli-
carlo, porque a ustedes
lo que les entra por un
oído les sale por el otro.
12 En realidad, a estas
alturas ya deberían ser
maestros, y sin embargo
necesitan que alguien
vuelva a enseñarles las
verdades más elementa-
les de la palabra de Dios.

RVR

Dios; y habéis llegado
a tener necesidad de
leche, y no de alimento
sólido.
13 Pues todo aquel que
participa de la leche es
inexperto en la palabra
de justicia, porque es
un niño;
14 pero el alimento só-
lido es para los que han
alcanzado la madurez,
para los que, por razón
de la costumbre, tienen
los sentidos ejercitados
en el discernimiento del
bien y del mal.
6 Por lo cual,
dejando ya la
enseñanza primaria
acerca de Cristo, vaya-
mos adelante hacia la
madurez; no echando
otra vez el fundamento
del arrepentimiento de
obras muertas, de la fe
en Dios,
2 de la enseñanza de
lavamientos, de la
imposición de manos,
de la resurrección de
los muertos y del juicio
eterno.
3 Y esto haremos, si Dios
en verdad lo permite.
4 Porque es imposible
que los que una vez
fueron iluminados y
gustaron del don ce-
lestial, y fueron hechos
partícipes del Espíritu
Santo,
5 y asimismo degustaron
la buena palabra de Dios
y los poderes del siglo
venidero,
6 y recayeron, sean otra
vez renovados para

τοῦ	θεοῦ,	καὶ	γεγόνατε	χρείαν	ἔχοντες	γάλακτος,	οὐ	στερεᾶς
de --	Dios,	y	habéis llegado a estar	necesidad$_2$	teniendo$_1$	de leche,$_3$	no$_4$	sólido.$_6$
3588	2316	2532	1096	5532	2192	1051	3756	4731
DGSM	NGSM	CLN	VRAI2P	NASF	VPAP-PNM	NGSN	BN, TN	JGSF

τροφῆς.	13 πᾶς	γὰρ	ὁ	μετέχων	γάλακτος	ἄπειρος	λόγου
de alimento$_5$	todo$_2$	Porque$_1$	el que	participa	de leche	es inexperto	de (la) palabra
5160	3956	1063	3588	3348	1051	552	3056
NGSF	JNSM	CLX	DNSM	VPAP-SNM	NGSN	JNSM	NGSM

δικαιοσύνης,	νήπιος	γάρ	ἐστιν·	14 τελείων	δέ	ἐστιν	ἡ	στερεὰ
de justicia,	niño;$_3$	porque$_1$	es$_2$	de maduros,$_6$	mas$_1$	es$_5$	el$_2$	sólido$_4$
1343	3516	1063	2076	5046	1161	2076	3588	4731
NGSF	JNSM	CAZ	VPAI3S	JGPM	CLC	VPAI3S	DNSF	JNSF

τροφή,	τῶν	διὰ	τὴν	ἕξιν	τὰ	αἰσθητήρια	γεγυμνασμένα
alimento$_3$	de los (que)	a causa de	de la	práctica	las$_3$	facultades$_4$	que han sido ejercitadas$_2$
5160	3588	1223	3588	1838	3588	145	1128
NNSF	DGPM	P	DASF	NASF	DAPN	NAPN	VRPP-PAN

ἐχόντων	πρὸς	διάκρισιν	καλοῦ	τε	καὶ	κακοῦ.
teniendo$_1$	para	discernimiento	del bien	tanto	también	del mal.
2192	4314	1253	2570	5037	2532	2556
VPAP-PGM	P	NASF	JGSN	CLK	CLK, CLN	JGSN

6 Διὸ	ἀφέντες	τὸν	τῆς	ἀρχῆς	τοῦ	Χριστοῦ	λόγον	ἐπὶ
Por lo cual,	habiendo dejado	el$_1$	del$_3$	principio$_4$	de --$_5$	Cristo,$_6$	mensaje$_2$	hacia$_8$
1352	863	3588	3588	746	3588	5547	3056	1909
CLI	VAAP-PNM	DASM	DGSF	NGSF	DGSM	NGSM	NASM	P

τὴν	τελειότητα	φερώμεθα,	μὴ	πάλιν	θεμέλιον	καταβαλλόμενοι
la$_9$	perfección,$_{10}$	seamos llevados$_7$	no$_{11}$	de nuevo$_{13}$	(el) fundamento$_{14}$	echando$_{12}$
3588	5047	5342	3361	3825	2310	2598
DASF	NASF	VPPS1P	BN, TN	B	NASM	VPMP-PNM

μετανοίας	ἀπὸ	νεκρῶν	ἔργων,	καὶ	πίστεως	ἐπὶ	θεόν,	2 βαπτισμῶν
de(l) arrepentimiento	de	muertas$_2$	obras$_1$	y	de (la) fe	en	Dios,	de bautismos,$_2$
3341	575	3498	2041	2532	4102	1909	2316	909
NGSF	P	JGPN	NGPN	CLN	NGSF	P	NASM	NGPM

διδαχῆν	ἐπιθέσεώς	τε	χειρῶν,	ἀναστάσεώς	τε	νεκρῶν
de (la) enseñanza$_1$	de (la) imposición$_4$	ya sea$_3$	de manos,$_5$	de (la) resurrección$_7$	ya sea$_6$	(de los) muertos,$_8$
1322	1936	5037	5495	386	5037	3498
NGSF	NGSF	CLN	NGPF	NGSF	CLN	JGPM

καὶ	κρίματος	αἰωνίου.	3 καὶ	τοῦτο	ποιήσομεν	ἐάνπερ	ἐπιτρέπῃ	ὁ
y	(del) juicio	eterno.	Y	esto	haremos,	si en verdad	(lo) permite.$_3$	--$_1$
2532	2917	166	2532	5124	4160	1437	2010	3588
CLN	NGSN	JGSN	CLN	RD-ASN	VFAI1P	CAC	VPAS3S	DNSM

θεός.	4 Ἀδύνατον	γὰρ	τοὺς	ἅπαξ	φωτισθέντας	γευσαμένους
Dios$_2$	(es) imposible$_2$	Porque$_1$	a los que$_3$	una vez,$_5$	habiendo sido iluminados$_4$	habiendo gustado$_7$
2316	102	1063	3588	530	5461	1089
NNSM	JNSN	CAZ	DAPM	B	VAPP-PAM	VAMP-PAM

τε	τῆς	δωρεᾶς	τῆς	ἐπουρανίου	καὶ	μετόχους	γενηθέντας
y$_6$	del	don	--	celestial	y	partícipes$_2$	llegaron a ser$_1$
5037	3588	1431	3588	2032	2532	3353	1096
CLN	DGSF	NGSF	DGSF	JGSF	CLN	JAPM	VAPP-PAM

πνεύματος	ἁγίου	5 καὶ	καλὸν	γευσαμένους	θεοῦ	ῥῆμα	δυνάμεις
de(l) Espíritu	Santo	y$_1$	(la) buena$_3$	habiendo gustado$_2$	de Dios$_5$	palabra$_4$	(los) poderes$_7$
4151	40	2532	2570	1089	2316	4487	1411
NGSN	JGSN	CLN	JASN	VAMP-PAM	NGSM	NASN	NAPF

τε	μέλλοντος	αἰῶνος,	6 καὶ	παραπεσόντας,	πάλιν	ἀνακαινίζειν
y$_6$	que viene,$_9$	de (la) edad$_8$	y	habiendo recaído,	de nuevo	renovar(los)
5037	3195	165	2532	3895	3825	340
CLN	VPAP-SGM	NGSM	CLN	VAAP-PAM	B	VPAN

NVI

Dicho de otro modo,
necesitan leche en vez
de alimento sólido. 13 El
que solo se alimenta de
leche es inexperto en
el mensaje de justicia;
es como un niño de
pecho. 14 En cambio, el
alimento sólido es para
los adultos, para los que
tienen la capacidad de
distinguir entre lo bue-
no y lo malo, pues han
ejercitado su facultad de
percepción espiritual.
6 1 Por eso, dejando
a un lado las
enseñanzas elementales
acerca de Cristo, avan-
cemos hacia la madurez.
No volvamos a poner
los fundamentos, tales
como el arrepentimien-
to de las obras que
conducen a la muerte, la
fe en Dios, 2 la instruc-
ción sobre bautismos, la
imposición de manos,
la resurrección de los
muertos y el juicio eter-
no. 3 Así procederemos,
si Dios lo permite.
4-6 Es imposible que
renueven su arrepenti-
miento aquellos que han
sido una vez iluminados,
que han saboreado
el don celestial, que
han tenido parte en el
Espíritu Santo y que han
experimentado la buena
palabra de Dios y los po-
deres del mundo veni-
dero, y después de todo
esto se han apartado. Es
imposible, porque así
vuelven a crucificar, para
su propio mal, al Hijo de

RVR

arrepentimiento, cruci-
ficando de nuevo para
sí mismos al Hijo de
Dios y exponiéndole a la
pública ignominia.
7 Porque la tierra que
bebe la lluvia que mu-
chas veces viene sobre
ella, y produce hierba
provechosa a aquellos
por los cuales es labrada,
recibe bendición de
parte de Dios;
8 pero la que produce
espinos y abrojos es des-
echada, está próxima a
ser maldecida, y termina
por ser quemada.
9 Pero en cuanto a
vosotros, oh amados,
estamos persuadidos
de cosas mejores, y que
comportan salvación,
aun cuando hablemos
de esta manera.
10 Porque Dios no es
injusto para olvidarse
de vuestra obra y del
trabajo de amor que
habéis mostrado hacia
su nombre, habiendo
servido a los santos y
sirviéndoles aún.
11 Pero deseamos que
cada uno de vosotros
muestre la misma
solicitud hasta el fin,
para plena certeza de la
esperanza,
12 a fin de que no os ha-
gáis perezosos, sino imi-
tadores de aquellos que
por la fe y la paciencia
heredan las promesas.

εἰς	μετάνοιαν,	ἀνασταυροῦντας	ἑαυτοῖς	τὸν	υἱὸν	τοῦ	θεοῦ	καὶ
para	arrepentimiento	crucificando nuevamente	para sí mismos	al	Hijo	de --	Dios	y
1519	3341	388	1438	3588	5207	3588	2316	2532
P	*NASF*	*VPAP-PAM*	*RF3DPM*	*DASM*	*NASM*	*DGSM*	*NGSM*	*CLN*

παραδειγματίζοντας.	7 γῆ	γὰρ	ἡ	πιοῦσα	τὸν	ἐπ’	αὐτῆς
exponiéndo(le) a la burla pública.	(la) tierra$_2$	Porque$_1$	la que$_3$	habiendo bebido$_4$	la que$_6$	sobre$_8$	ella$_9$
3856	1093	1063	3588	4095	3588	1909	846
VPAP-PAM	*NNSF*	*CLX*	*DNSF*	*VAAP-SNF*	*DASM*	*P*	*RP3GSF*

ἐρχόμενον	πολλάκις	ὑετόν,	καὶ	τίκτουσα	βοτάνην	εὔθετον	ἐκείνοις
viene$_7$	muchas veces,$_{10}$	(la) lluvia$_5$	y	produce	vegetación	útil	para aquellos
2064	4178	5205	2532	5088	1008	2111	1565
VPUP-SAM	*B*	*NASM*	*CLN*	*VPAP-SNF*	*NASF*	*JASF*	*RD-DPM*

δι’	οὓς	καὶ	γεωργεῖται,	μεταλαμβάνει	εὐλογίας	ἀπὸ	τοῦ
a causa de	los cuales	también	es labrada,	recibe	bendición	de parte de	--
1223	3739	2532	1090	3335	2129	575	3588
P	*RR-APM*	*BE, TE*	*VPPI3S*	*VPAI3S*	*NGSF*	*P*	*DGSM*

θεοῦ·	8 ἐκφέρουσα	δὲ	ἀκάνθας	καὶ	τριβόλους	ἀδόκιμος	καὶ	κατάρας
Dios;	la que saca$_2$	mas$_1$	espinos	y	abrojos	(es) desechada	y	de maldición,$_2$
2316	1627	1161	173	2532	5146	96	2532	2671
NGSM	*VPAP-SNF*	*CLC*	*NAPF*	*CLN*	*NAPM*	*JNSF, JNSM*	*CLN*	*NGSF*

ἐγγύς,	ἧς	τὸ	τέλος	εἰς	καῦσιν.
(está) cerca$_1$	cuyo	--	fin	(es) para	quema.
1451	3739	3588	5056	1519	2740
P, B	*RR-GSF*	*DNSN*	*NNSN*	*P*	*NASF*

9 Πεπείσμεθα	δὲ	περὶ	ὑμῶν,	ἀγαπητοί,	τὰ	κρείσσονα
hemos sido persuadidos$_6$	Mas$_1$	acerca de$_7$	vosotros,$_8$	amados,$_9$	las cosas$_{11}$	mejores$_{12}$
3982	1161	4012	5216	27	3588	2908
VRPI1P	*CLC*	*P*	*RP2GP*	*JVPM*	*DAPN*	*JAPN*

καὶ	ἐχόμενα	σωτηρίας,*	εἰ	καὶ	οὕτως	λαλοῦμεν·	10 οὐ
también$_{10}$	que tienen	de salvación.	si$_2$	también$_1$	así$_3$	hablamos,$_4$	no$_4$
2532	2192	4991	1487	2532	3779	2980	3756
CLN	*VPMP-PAN, VPPP-PAN*	*NGSF*	*CAC*	*CAN, B*	*B*	*VPAI1P*	*BNTN*

γὰρ	ἄδικος	ὁ	θεὸς	ἐπιλαθέσθαι	τοῦ	ἔργου	ὑμῶν	καὶ	τῆς
Porque$_1$	(es) injusto$_5$	--$_2$	Dios$_3$	para olvidar	de la	obra	de vosotros	y	del
1063	94	3588	2316	1950	3588	2041	5216	2532	3588
CAZ	*JNSM*	*DNSM*	*NNSM*	*VAMN*	*DGSN*	*NGSN*	*RP2GP*	*CLN*	*DGSF*

ἀγάπης	ἧς	ἐνεδείξασθε	εἰς	τὸ	ὄνομα	αὐτοῦ,	διακονήσαντες	τοῖς
amor	el que	mostrasteis	hacia	el	nombre	de él,	habiendo servido	a los
26	3739	1731	1519	3588	3686	846	1247	3588
NGSF	*RR-GSF*	*VAMI2P*	*P*	*DASN*	*NASN*	*RP3GSM*	*VAAP-PNM*	*DDPM*

ἁγίοις	καὶ	διακονοῦντες.	11 ἐπιθυμοῦμεν	δὲ	ἕκαστον	ὑμῶν	τὴν
santos	y	ministrando (a ellos).	deseamos$_2$	Mas$_1$	a cada uno$_3$	de vosotros$_4$	la$_6$
40	2532	1247	1937	1161	1538	5216	3588
JDPM	*CLN*	*VPAP-PNM*	*VPAI1P*	*CLC*	*JASM*	*RP2GP*	*DASF*

αὐτὴν	ἐνδείκνυσθαι	σπουδὴν	πρὸς	τὴν	πληροφορίαν	τῆς	ἐλπίδος
misma$_7$	mostrar$_5$	diligencia	para	la	certeza total	de la	esperanza
846	1731	4710	4314	3588	4136	3588	1680
RP3ASFA, JASF	*VPMN*	*NASF*	*P*	*DASF*	*NASF*	*DGSF*	*NGSF*

ἄχρι	τέλους,	12 ἵνα	μὴ	νωθροὶ	γένησθε,	μιμηταὶ	δὲ	τῶν
hasta	(el) fin.	para que	no	indolentes,$_2$	lleguéis a ser$_1$	imitadores$_4$	pero$_3$	de los que$_5$
891	5056	2443	3361	3576	1096	3402	1161	3588
P	*NGSN*	*CAP*	*BN, TN*	*JNPM*	*VAMS2P*	*NNPM*	*CLC*	*DGPM*

διὰ	πίστεως	καὶ	μακροθυμίας	κληρονομούντων	τὰς	ἐπαγγελίας.
por medio de$_9$	(la) fe$_{10}$	y$_{11}$	(la) paciencia.$_{12}$	heredan$_6$	las$_7$	promesas$_8$
1223	4102	2532	3115	2816	3588	1860
P	*NGSF*	*CLN*	*NGSF*	*VPAP-PGM*	*DAPF*	*NAPF*

NVI

Dios, y lo exponen a la
vergüenza pública.
7 Cuando la tierra
bebe la lluvia que con
frecuencia cae sobre ella,
y produce una buena
cosecha para los que la
cultivan, recibe bendi-
ción de Dios. 8 En cam-
bio, cuando produce
espinos y cardos, no vale
nada; está a punto de ser
maldecida, y acabará por
ser quemada.
9 En cuanto a ustedes,
queridos hermanos,
aunque nos expresamos
así, estamos seguros de
que les espera lo mejor,
es decir, lo que atañe a
la salvación. 10 Porque
Dios no es injusto como
para olvidarse de las
obras y del amor que,
para su gloria, ustedes
han mostrado sirviendo
a los santos, como
lo siguen haciendo.
11 Deseamos, sin em-
bargo, que cada uno de
ustedes siga mostrando
ese mismo empeño
hasta la realización
final y completa de su
esperanza. 12 No sean
perezosos; más bien,
imiten a quienes por su
fe y paciencia heredan
las promesas.

6:9* O sea *que pertenecen a la salvación.*

RVR

13 Porque cuando
Dios hizo la promesa a
Abraham, no pudiendo
jurar por otro mayor,
juró por sí mismo,
14 diciendo: De cierto
te bendeciré con abun-
dancia y te multiplicaré
grandemente.
15 Y habiendo esperado
así con paciencia, alcan-
zó la promesa.
16 Porque los hombres
ciertamente juran por
uno mayor que ellos, y
para ellos el juramento
interpuesto para con-
firmación pone punto
final a toda disputa.
17 Por lo cual, queriendo
Dios mostrar más
abundantemente a los
herederos de la promesa
la inmutabilidad de
su designio, interpuso
juramento;
18 para que por medio
de dos cosas inmuta-
bles, en las cuales es
imposible que Dios
mienta, tengamos un
fuerte consuelo los que
nos hemos refugiado
para asirnos de la espe-
ranza puesta delante de
nosotros.
19 La cual tenemos
como segura y firme
ancla del alma, y que
penetra hasta dentro
del velo,
20 donde Jesús entró
por nosotros como
precursor, hecho sumo
sacerdote para siempre
según el orden de
Melquisedec.

13 Τῷ γὰρ Ἀβραὰμ ἐπαγγειλάμενος ὁ θεός, ἐπεὶ κατ' οὐδενὸς
a --$_5$ Porque$_1$ Abraham,$_6$ al hacer la promesa$_4$ --$_2$ Dios$_3$ puesto que por nadie
3588 1063 11 1861 3588 2316 1893 2596 3762
DDSM CLX NDSM, XP VAMP-SNM DNSM NNSM CAZ P JGSM

εἶχεν μείζονος ὀμόσαι, ὤμοσεν καθ' ἑαυτοῦ, 14 λέγων· Εἰ μὴν
tenía mayor para jurar, juró por sí mismo, diciendo: Si ciertamente
2192 3173 3660 3660 2596 1438 3004 1487 3375
VIAI3S JGSMC VAAN VAAI3S P RF3GSM VPAP-SNM TE, C TE

εὐλογῶν εὐλογήσω σε* καὶ πληθύνων πληθυνῶ σε.*¹ 15 καὶ οὕτως
bendiciendo bendeciré$_1$ a ti$_2$ y multiplicando multiplicaré a ti; y así
2127 2127 4571 2532 4129 4129 4571 2532 3779
VPAP-SNM VFAI1S RP2AS CLN VPAP-SNM VFAI1S RP2AS CLN B

μακροθυμήσας ἐπέτυχεν τῆς ἐπαγγελίας. 16 ἄνθρωποι γὰρ κατὰ
teniendo paciencia consiguió la promesa. (los) seres humanos$_2$ Porque$_1$ por$_4$
3114 2013 3588 1860 444 1063 2596
VAAP-SNM VAAI3S DGSF NGSF NNPM CLX P

τοῦ μείζονος ὀμνύουσιν, καὶ πάσης αὐτοῖς ἀντιλογίας πέρας εἰς
--$_5$ uno mayor,$_6$ juran$_3$ y$_7$ de toda$_{14}$ para ellos$_{10}$ controversia;$_{15}$ (es) término$_{13}$ para$_{11}$
3588 3173 3660 2532 3956 846 485 4009 1519
DGSM JGSMC VPAI3P CLN JGSF RP3DPM NGSF NNSN P

βεβαίωσιν ὁ ὅρκος· 17 ἐν ᾧ περισσότερον βουλόμενος ὁ
confirmación$_{12}$ el$_8$ juramento$_9$ en$_1$ lo que$_2$ más abundantemente$_7$ queriendo$_5$ --$_3$
951 3588 3727 1722 3739 4054 1014 3588
NASF DNSM NNSM P RR-DSN JASNC, JNSNC VPUP-SNM DNSM

θεὸς ἐπιδεῖξαι τοῖς κληρονόμοις τῆς ἐπαγγελίας τὸ ἀμετάθετον τῆς
Dios$_4$ mostrar$_6$ a los herederos de la promesa lo inmutable del
2316 1925 3588 2818 3588 1860 3588 276 3588
NNSM VAAN DDPM NDPM DGSF NGSF DASN JASN DGSF

βουλῆς αὐτοῦ ἐμεσίτευσεν ὅρκῳ, 18 ἵνα διὰ δύο πραγμάτων
plan de él, interpuso juramento, para que por medio de dos cosas
1012 846 3315 3727 2443 1223 1417 4229
NGSF RP3GSM VAAI3S NDSM CAP P XN, J NGPN

ἀμεταθέτων, ἐν οἷς ἀδύνατον ψεύσασθαι θεόν, ἰσχυρὰν
inmutables, en las que (es) imposible mentir,$_2$ (para) Dios$_1$ un fuerte$_6$
276 1722 3739 102 5574 2316 2478
JGPN P RR-DPN JNSN VAMN NASM JASF

παράκλησιν ἔχωμεν οἱ καταφυγόντες κρατῆσαι τῆς προκειμένης
consuelo$_7$ tengamos$_5$ los que$_3$ habiendo buscado refugio$_4$ para aferrar(nos)$_8$ de la$_9$ puesta delante;$_{11}$
3874 2192 3588 2703 2902 3588 4295
NASF VPAS1P DNPM VAAP-PNM VAAN DGSF VPUP-SGF

ἐλπίδος· 19 ἣν ὡς ἄγκυραν ἔχομεν τῆς ψυχῆς, ἀσφαλῆ τε καὶ
esperanza$_{10}$ la cual$_1$ como$_3$ ancla$_4$ tenemos$_2$ de la$_5$ vida,$_6$ segura$_8$ tanto$_7$ también
1680 3739 5613 45 2192 3588 5590 804 5037 2532
NGSF RR-ASF P, CAM NASF VPAI1P DGSF NGSF JASF CLK CLK, CLN

βεβαίαν καὶ εἰσερχομένην εἰς τὸ ἐσώτερον τοῦ καταπετάσματος,
firme y que entra hacia el interior del velo,
949 2532 1525 1519 3588 2082 3588 2665
JASF CLK, CLN VPUP-SAF P DASN JASN DGSN NGSN

20 ὅπου πρόδρομος ὑπὲρ ἡμῶν εἰσῆλθεν Ἰησοῦς, κατὰ τὴν τάξιν
donde$_1$ (como) precursor$_4$ por$_5$ nosotros,$_6$ entró$_3$ Jesús$_2$ según$_9$ el$_{10}$ orden$_{11}$
3699 4274 5228 2257 1525 2424 2596 3588 5010
CAL, B JNSM P RP1GP VAAI3S NNSM P DASF NASF

Μελχισέδεκ ἀρχιερεὺς γενόμενος εἰς τὸν αἰῶνα.
de Melquisedec,$_{12}$ sumo sacerdote$_8$ hecho$_7$ para la eternidad.
3198 749 1096 1519 3588 165
NGSM, XP NNSM VAMP-SNM P DASM NASM

NVI

La certeza de la promesa de Dios

13 Cuando Dios hizo
su promesa a Abraham,
como no tenía a nadie
superior por quien jurar,
juró por sí mismo, 14 y
dijo: «Te bendeciré en
gran manera y multipli-
caré tu descendencia».
15 Y así, después de
esperar con paciencia,
Abraham recibió lo que
se le había prometido.
16 Los seres humanos
juran por alguien supe-
rior a ellos mismos, y el
juramento, al confirmar
lo que se ha dicho, pone
punto final a toda dis-
cusión. 17 Por eso Dios,
queriendo demostrar
claramente a los herede-
ros de la promesa que su
propósito es inmutable,
la confirmó con un
juramento. 18 Lo hizo así
para que, mediante la
promesa y el juramento,
que son dos realidades
inmutables en las cuales
es imposible que Dios
mienta, tengamos un
estímulo poderoso los
que, buscando refugio,
nos aferramos a la espe-
ranza que está delante
de nosotros. 19 Tenemos
como firme y segura
ancla del alma una espe-
ranza que penetra hasta
detrás de la cortina del
santuario, 20 hasta donde
Jesús, el precursor, entró
por nosotros, llegando a
ser sumo sacerdote para
siempre, según el orden
de Melquisedec.

6:14* O sea *grandemente te bendeciré.* **6:14*¹** O sea *grandemente te multiplicaré.*

RVR

El sacerdocio de Melquisedec

7 Porque este Melquisedec, rey de Salem, sacerdote del Dios Altísimo, que salió al encuentro de Abraham cuando éste volvía de la derrota de los reyes, y le bendijo,
2 a quien asimismo dio Abraham los diezmos de todo; cuyo nombre significa primeramente Rey de justicia, y también Rey de Salem, esto es, Rey de paz;
3 sin padre, sin madre, sin genealogía; que ni tiene principio de días, ni fin de vida, sino hecho semejante al Hijo de Dios, permanece sacerdote a perpetuidad.
4 Considerad, pues, cuán grande era éste, a quien aun Abraham el patriarca dio diezmos de lo mejor del botín.
5 Y en verdad los que de entre los hijos de Leví reciben el sacerdocio, tienen mandamiento de tomar del pueblo los diezmos según la ley, es decir, de sus hermanos, aunque éstos también hayan salido de los lomos de Abraham.
6 Pero aquel cuya genealogía no es contada de entre ellos, tomó de Abraham los diezmos, y

7 Οὗτος	γὰρ	ὁ	Μελχισέδεκ,	βασιλεὺς	Σαλήμ,	ἱερεὺς	τοῦ
este$_2$	Porque$_1$	--	Melquisedec,	rey	de Salem,	sacerdote	de --
3778	1063	3588	3198	935	4532	2409	3588
RD-NSM	CLX	DNSM	NNSM, XP	NNSM	NGSF, XP	NNSM	DGSM

θεοῦ	τοῦ	ὑψίστου,	ὁ	συναντήσας	Ἀβραὰμ	ὑποστρέφοντι	ἀπὸ	τῆς
Dios	--	Altísimo,	el que	salió al encuentro de	Abraham	cuando regresaba	de	la
2316	3588	5310	3588	4876	11	5290	575	3588
NGSM	DGSM	JGSM	DNSM	VAAP-SNM	NDSM, XP	VPAP-SDM	P	DGSF

κοπῆς	τῶν	βασιλέων	καὶ	εὐλογήσας	αὐτόν,	2 ᾧ	καὶ	δεκάτην	ἀπὸ
derrota	de los	reyes,	y	bendijo	a él,	a quien	también	(el) diezmo$_3$	de$_4$
2871	3588	935	2532	2127	846	3739	2532	1181	575
NGSF	DGPM	NGPM	CLN	VAAP-SNM	RP3ASM	RR-DSM	BE, TE	JASF	P

πάντων	ἐμέρισεν	Ἀβραάμ,	πρῶτον	μὲν	ἑρμηνευόμενος	βασιλεὺς
todas las cosas,$_5$	repartió$_2$	Abraham$_1$	primero	ciertamente,	se trduce	rey
3956	3307	11	4412	3303	2059	935
JGPN	VAAI3S	NNSM, XP	B, J	TK, C	VPPP-SNM	NNSM

δικαιοσύνης	ἔπειτα	δὲ	καὶ	βασιλεὺς	Σαλήμ,	ὅ	ἐστιν
de justicia,	luego$_3$	pero$_1$	también$_2$	rey	de Salem,	el que	es
1343	1899	1161	2532	935	4532	3739	2076
NGSF	B	CLK, CLN	BE, TE	NNSM	NGSF, XP	RR-NSN	VPAI3S

βασιλεὺς	εἰρήνης,	3 ἀπάτωρ,	ἀμήτωρ,	ἀγενεαλόγητος,	μήτε	ἀρχὴν
rey	de paz,	sin padre,	sin madre,	sin genealogía,	ni	principio
935	1515	540	282	35	3383	746
NNSM	NGSF	JNSM	JNSM	JNSM	CLK, TN	NASF

ἡμερῶν	μήτε	ζωῆς	τέλος	ἔχων,	ἀφωμοιωμένος	δὲ	τῷ	υἱῷ	τοῦ
de días,	ni	de vida,$_3$	fin$_2$	teniendo$_1$	hecho semejante$_5$	mas$_4$	al	Hijo	de --
2250	3383	2222	5056	2192	871	1161	3588	5207	3588
NGPF	CLK, TN	NGSF	NASN	VPAP-SNM	VRPP-SNM	CLC	DDSM	NDSM	DGSM

θεοῦ,	μένει	ἱερεὺς	εἰς	τὸ	διηνεκές.
Dios,	permanece	sacerdote	para	--	perpetuidad.
2316	3306	2409	1519	3588	1336
NGSM	VPAI3S	NNSM	P	DASN	JASN

4 Θεωρεῖτε	δὲ	πηλίκος	οὗτος	ᾧ	δεκάτην	Ἀβραὰμ	ἔδωκεν
considerad$_2$	Mas$_1$	cuán grande	(es) este,	a quien	(el) diezmo	Abraham,$_1$	dio$_4$
2334	1161	4080	3778	3739	1181	11	1325
VPAM2P, VPAI2P	CLT	JNSM, R--NSM	RD-NSM	RR-DSM	JASF	NNSM, XP	VAAI3S

ἐκ	τῶν	ἀκροθινίων	ὁ	πατριάρχης.	5 καὶ	οἱ	μὲν	ἐκ	τῶν
de$_5$	los (lo)$_6$	mejor del botín.$_7$	el$_2$	patriarca,$_3$	Y$_1$	los$_3$	ciertamente,$_2$	de$_4$	los
1537	3588	205	3588	3966	2532	3588	3303	1537	3588
P	DGPN	NGPN	DNSM	NNSM	CLN	DNPM	TK, C	P	DGPM

υἱῶν	Λευὶ	τὴν	ἱερατείαν	λαμβάνοντες	ἐντολὴν	ἔχουσιν
hijos	Leví	el$_2$	sacerdocio$_3$	recibiendo$_1$	(el) mandamiento (de)$_5$	tienen$_4$
5207	3017	3588	2405	2983	1785	2192
NGPM	NGSM, XP	DASF	NASF	VPAP-PNM	NASF	VPAI3P

ἀποδεκατοῦν	τὸν	λαὸν	κατὰ	τὸν	νόμον,	τοῦτ᾽	ἔστιν	τοὺς	ἀδελφοὺς
recibir el diezmo	al	pueblo	según	la	ley,	esto	es	a los	hermanos
586	3588	2992	2596	3588	3551	5124	2076	3588	80
VPAN	DASM	NASM	P	DASM	NASM	RD-NSN	VPAI3S	DAPM	NAPM

αὐτῶν,	καίπερ	ἐξεληλυθότας	ἐκ	τῆς	ὀσφύος	Ἀβραάμ·	6 ὁ	δὲ
de ellos,	aunque	han salido	de	el (los)	lomo(s)	de Abraham;	el que$_2$	mas$_1$
846	2539	1831	1537	3588	3751	11	3588	1161
RP3GPM	CAN	VRAP-PAM	P	DGSF	NGSF	NGSM, XP	DNSM	CLK, CLC

μὴ	γενεαλογούμενος	ἐξ	αὐτῶν	δεδεκάτωκεν	Ἀβραάμ,	καὶ	τὸν
no	es contado en la genealogía	de	ellos	recibió los diezmos	de Abraham,	y$_1$	al que$_3$
3361	1075	1537	846	1183	11	2532	3588
BN, TN	VPPP-SNM	P	RP3GPM	VRAI3S	NASM, XP	CLN	DASM

NVI

El sacerdocio de Melquisedec

7 Este Melquisedec,
rey de Salén y sacer-
dote del Dios Altísimo,
salió al encuentro de
Abraham, que regresaba
de derrotar a los reyes, y
lo bendijo. 2 Abraham,
a su vez, le dio la décima
parte de todo. El nom-
bre Melquisedec signifi-
ca, en primer lugar, «rey
de justicia» y, además,
«rey de Salén», esto
es, «rey de paz». 3 No
tiene padre ni madre
ni genealogía; no tiene
comienzo ni fin, pero a
semejanza del Hijo de
Dios, permanece como
sacerdote para siempre.
4 Consideren la
grandeza de ese hombre,
a quien nada menos que
el patriarca Abraham
dio la décima parte del
botín. 5 Ahora bien, los
descendientes de Leví
que reciben el sacerdo-
cio tienen, por ley, el
mandato de cobrar los
diezmos del pueblo, es
decir, de sus hermanos,
aunque estos también
son descendientes de
Abraham. 6 En cambio,
Melquisedec, que no era
descendiente de Leví,
recibió los diezmos de
Abraham y bendijo al

RVR

bendijo al que tenía las
promesas.
7 Y sin discusión alguna,
el menor es bendecido
por el mayor.
8 Y aquí ciertamente
reciben los diezmos
hombres mortales; pero
allí, uno de quien se da
testimonio de que vive.
9 Y por decirlo así, por
medio de Abraham
pagó el diezmo también
Leví, que recibe los
diezmos;
10 porque aún estaba en
los lomos de su padre
cuando Melquisedec le
salió al encuentro.
11 Si, pues, la perfec-
ción fuera por medio
del sacerdocio levítico
(porque a base de él
recibió el pueblo la ley),
¿qué necesidad habría
aún de que se levantase
otro sacerdote diferente,
según el orden de
Melquisedec, y que no
fuese nombrado según
el orden de Aarón?
12 Porque cambiado el
sacerdocio, necesaria-
mente ocurre también
cambio de ley;
13 pues aquel de quien
se dice esto, es de otra
tribu, de la cual nadie
se dedicó a oficiar en
el altar.
14 Porque es manifies-
to que nuestro Señor
surgió de Judá, de cuya
tribu nada habló Moisés

ἔχοντα	τὰς	ἐπαγγελίας	εὐλόγηκεν.	7 χωρὶς	δὲ	πάσης	ἀντιλογίας	τὸ
tiene$_4$	las$_5$	promesas,$_6$	bendijo$_2$	fuera$_2$	Y$_1$	de toda	controversia,	el$_1$
2192	3588	1860	2127	5565	1161	3956	485	3588
VPAP-SAM	*DAPF*	*NAPF*	*VRAI3S*	*P, B*	*CLN*	*JGSF*	*NGSF*	*DNSN*

ἔλαττον	ὑπὸ	τοῦ	κρείττονος	εὐλογεῖται.	8 καὶ	ὧδε	μὲν	δεκάτας
menor$_2$	por$_4$	el$_5$	mayor.$_6$	es bendecido$_3$	Y	aquí	ciertamente	(los) diezmos,$_4$
1640	5259	3588	2909	2127	2532	5602	3303	1181
JNSN	*P*	*DGSM*	*JGSM*	*VPPI3S*	*CLN*	*B*	*TK, C*	*JAPF*

ἀποθνῄσκοντες	ἄνθρωποι	λαμβάνουσιν,	ἐκεῖ	δὲ	μαρτυρούμενος
que son mortales$_2$	seres humanos$_1$	reciben$_3$	allí,$_5$	mas$_4$	uno de quien se testifica
599	444	2983	1563	1161	3140
VPAP-PNM	*NNPM*	*VPAI3P*	*B*	*CLK, CLC*	*VPPP-SNM*

ὅτι	ζῇ.	9 καὶ	ὡς	ἔπος	εἰπεῖν,*	δι’	Ἀβραὰμ	καὶ	Λευὶ	ὁ
que	vive.	Y	como	una palabra	decir,	por medio de	Abraham	también$_1$	Leví,$_2$	el que$_3$
3754	2198	2532	5613	2031	2036	1223	11	2532	3017	3588
CSC	*VPAI3S*	*CLN*	*CAM*	*NASN*	*VAAN*	*P*	*NGSM, XP*	*CLA, B*	*NNSM, XP*	*DNSM*

δεκάτας	λαμβάνων	δεδεκάτωται,	10 ἔτι	γὰρ	ἐν	τῇ	ὀσφύϊ	τοῦ
(los) diezmos,$_5$	recibiendo (recibe)$_4$	diezmó;$_6$	aún$_3$	porque$_1$	en$_4$	el (los)$_5$	lomos$_6$	del$_7$
1181	2983	1183	2089	1063	1722	3588	3751	3588
JAPF	*VPAP-SNM*	*VRPI3S*	*B*	*CAZ*	*P*	*DDSF*	*NDSF*	*DGSM*

πατρὸς	ἦν	ὅτε	συνήντησεν	αὐτῷ	Μελχισέδεκ.
padre$_8$	estaba$_2$	cuando$_9$	salió al encuentro$_{11}$	de él.$_{12}$	Melquisedec$_{10}$
3962	2258	3753	4876	846	3198
NGSM	*VIAI3S*	*CAT*	*VAAI3S*	*RP3DSM*	*NNSM, XP*

11 Εἰ	μὲν	οὖν	τελείωσις	διὰ	τῆς	Λευιτικῆς	ἱερωσύνης
si,$_2$	ciertamente,$_3$	Así que,$_1$	(la) perfección$_4$	por medio de$_6$	el$_7$	levítico,$_9$	sacerdocio$_8$
1487	3303	3767	5050	1223	3588	3020	2420
CAC	*TE*	*CLI*	*NNSF*	*P*	*DGSF*	*JGSF*	*NGSF*

ἦν,	ὁ	λαὸς	γὰρ	ἐπ’	αὐτῆς	νενομοθέτηται,	τίς	ἔτι
era (fuera)$_5$	el$_{11}$	pueblo$_{12}$	porque$_{10}$	con base en$_{14}$	él,$_{15}$	ha recibido la ley$_{13}$	¿qué$_{14}$	aún (había)$_{16}$
2258	3588	2992	1063	1909	846	3549	5101	2089
VIAI3S	*DNSM*	*NNSM*	*CLX*	*P*	*RP3GSF*	*VRPI3S*	*RI-NSF*	*B*

χρεία	κατὰ	τὴν	τάξιν	Μελχισέδεκ	ἕτερον	ἀνίστασθαι	ἱερέα	καὶ
necesidad$_{15}$	según$_{19}$	el$_{20}$	orden$_{21}$	de Melquisedec,$_{22}$	otro$_{16}$	levantar$_{18}$	sacerdote$_{17}$	y$_{23}$
5532	2596	3588	5010	3198	2087	450	2409	2532
NNSF	*P*	*DASF*	*NASF*	*NGSM, XP*	*JASM*	*VPMN*	*NASM*	*CLN*

οὐ	κατὰ	τὴν	τάξιν	Ἀαρὼν	λέγεσθαι;	12 μετατιθεμένης	γὰρ	τῆς
no$_{24}$	según$_{26}$	el$_{27}$	orden$_{28}$	de Aarón?$_{29}$	ser llamado$_{25}$	siendo cambiado$_2$	Porque$_1$	de --
3756	2596	3588	5010	2	3004	3346	1063	3588
BN, TN	*P*	*DASF*	*NASF*	*NGSM, XP*	*VPPN*	*VPPP-SGF*	*CLX*	*DGSF*

ἱερωσύνης	ἐξ	ἀνάγκης	καὶ	νόμου	μετάθεσις	γίνεται.	13 ἐφ’	ὃν
sacerdocio,	por	necesidad	también	de (la) ley.$_3$	un cambio$_2$	sucede$_1$	sobre$_2$	el cual$_3$
2420	1537	318	2532	3551	3331	1096	1909	3739
NGSF	*P*	*NGSF*	*BE, TE*	*NGSM*	*NNSF*	*VPUI3S*	*P*	*RR-ASM*

γὰρ	λέγεται	ταῦτα	φυλῆς	ἑτέρας	μετέσχηκεν,	ἀφ’	ἧς	οὐδεὶς
Porque$_1$	se dice(n),$_5$	estas cosas$_4$	de tribu$_7$	diferente,$_8$	ha participado$_6$	de	la cual	nadie
1063	3004	5023	5443	2087	3348	575	3739	3762
CLX	*VPPI3S*	*RD-NPN*	*NGSF*	*JGSF*	*VRAI3S*	*P*	*RR-GSF*	*JNSM*

προσέσχηκεν	τῷ	θυσιαστηρίῳ.	14 πρόδηλον	γὰρ	ὅτι	ἐξ	Ἰούδα
ha atendido	al	altar.	(es) evidente$_2$	Porque$_1$	que$_3$	de$_8$	Judá,$_9$
4337	3588	2379	4271	1063	3754	1537	2448
VRAI3S	*DDSN*	*NDSN*	*JNSN*	*CLX*	*CSC*	*P*	*NGSM*

ἀνατέταλκεν	ὁ	κύριος	ἡμῶν,	εἰς	ἣν	φυλὴν	περὶ
ha salido$_7$	el$_4$	Señor$_5$	de nosotros$_6$	en referencia a$_{10}$	la cual$_{12}$	tribu$_{11}$	acerca de$_{16}$
393	3588	2962	2257	1519	3739	5443	4012
VRAI3S	*DNSM*	*NNSM*	*RP1GP*	*P*	*RR-ASF*	*NASF*	*P*

NVI

que tenía las promesas.
7 Es indiscutible que la
persona que bendice es
superior a la que recibe
la bendición. 8 En el
caso de los levitas, los
diezmos los reciben
hombres mortales; en
el otro caso, los recibe
Melquisedec, de quien
se da testimonio de que
vive. 9 Hasta podría
decirse que Leví, quien
ahora recibe los diez-
mos, los pagó por medio
de Abraham, 10 ya que
Leví estaba presente en
su antepasado Abraham
cuando Melquisedec le
salió al encuentro.

Jesús, semejante a Melquisedec

11 Si hubiera sido
posible alcanzar la
perfección mediante
el sacerdocio levítico
(pues bajo este se le dio
la ley al pueblo), ¿qué
necesidad había de que
más adelante surgiera
otro sacerdote, según el
orden de Melquisedec
y no según el de Aarón?
12 Porque cuando
cambia el sacerdocio,
también tiene que
cambiarse la ley. 13 En
efecto, Jesús, de quien
se dicen estas cosas, era
de otra tribu, de la cual
nadie se ha dedicado al
servicio del altar. 14 Es
evidente que nuestro
Señor procedía de la
tribu de Judá, respecto a
la cual nada dijo Moisés

7:9* O sea *por así decirlo.*

RVR

tocante a sacerdotes.
15 Y esto es aún más
manifiesto, si a seme-
janza de Melquisedec
se levanta un sacerdote
diferente,
16 que haya llegado a
serlo no conforme a la
ley de una prescripción
carnal, sino según el
poder de una vida indes-
tructible.
17 Pues está atestiguado:
Tú eres sacerdote para
siempre,
Según el orden de
Melquisedec.
18 Pues, por un lado,
queda abrogado el
mandamiento anterior
a causa de su debilidad e
inutilidad
19 (pues la ley no llevó
nada a la perfección),
y por otro lado, se
introduce una mejor
esperanza, mediante
la cual nos acercamos
a Dios.
20 Y por cuanto no fue
hecho sin juramento
21 (porque los otros
ciertamente fueron
hechos sacerdotes sin
juramento; pero éste,
con el juramento del
que le dijo:
Juró el Señor, y no se
arrepentirá:
Tú eres sacerdote para
siempre,
Según el orden de
Melquisedec),
22 tanto más ha llegado
a ser Jesús fiador de un
mejor pacto.

ἱερέων	οὐδὲν	Μωϋσῆς	ἐλάλησεν.
(los) sacerdotes.$_{17}$	nada$_{14}$	Moisés$_{13}$	habló$_{15}$
2409	3762	3475	2980
NGPM	*JASN*	*NNSM*	*VAAI3S*

15 Καὶ	περισσότερον	ἔτι	κατάδηλόν	ἐστιν,	εἰ	κατὰ	τὴν
Y$_{1}$	más abundante$_{4}$	aún$_{2}$	muy evidente,$_{5}$	es$_{3}$	si$_{6}$	conforme a$_{10}$	la$_{11}$
2532	4054	2089	2612	2076	1487	2596	3588
CLN	*JASNC, JNSNC*	*B*	*JNSN*	*VPAI3S*	*CAC*	*P*	*DASF*

ὁμοιότητα	Μελχισέδεκ	ἀνίσταται	ἱερεὺς	ἕτερος,	16 ὅς	οὐ
semejanza$_{12}$	de Melquisedec,$_{13}$	se levanta$_{9}$	un sacerdote$_{7}$	diferente$_{8}$	el cual$_{1}$	no$_{3}$
3665	3198	450	2409	2087	3739	3756
NASF	*NGSM, XP*	*VPMI3S*	*NNSM*	*JNSM*	*RR-NSM*	*CLK, TN, B*

κατὰ	νόμον	ἐντολῆς	σαρκίνης	γέγονεν	ἀλλὰ	κατὰ	δύναμιν
según$_{4}$	(la) ley$_{5}$	de un mandamiento$_{6}$	carnal,$_{7}$	ha llegado a ser$_{2}$	sino	según	(el) poder
2596	3551	1785	4560	1096	235	2596	1411
P	*NASM*	*NGSF*	*JGSF*	*VRAI3S*	*CLK, CLC*	*P*	*NASF*

ζωῆς	ἀκαταλύτου,	17 μαρτυρεῖται	γὰρ	ὅτι	Σὺ	ἱερεὺς	εἰς
de una vida	indestructible.	es testificado$_{2}$	Porque$_{1}$	que:	Tú	(eres) sacerdote	para
2222	179	3140	1063	3754	4771	2409	1519
NGSF	*JGSF*	*VPPI3S*	*CAZ*	*CSC*	*RP2NS*	*NNSM*	*P*

τὸν	αἰῶνα	κατὰ	τὴν	τάξιν	Μελχισέδεκ.	18 ἀθέτησις	μὲν	γὰρ
la	eternidad	según	el	orden	de Melquisedec.	(la) derogación$_{6}$	ciertamente,$_{2}$	Porque,$_{1}$
3588	165	2596	3588	5010	3198	115	3303	1063
DASM	*NASM*	*P*	*DASF*	*NASF*	*NGSM, XP*	*NNSF*	*TK, C*	*CLX*

γίνεται	προαγούσης	ἐντολῆς	διὰ	τὸ	αὐτῆς	ἀσθενὲς	καὶ
llega a haber$_{5}$	viniendo antes (anterior)$_{3}$	de un mandamiento$_{4}$	a causa de$_{7}$	la$_{8}$	de él,$_{12}$	debilidad$_{9}$	e$_{10}$
1096	4254	1785	1223	3588	846	772	2532
VPUI3S	*VPAP-SGF*	*NGSF*	*P*	*DASN*	*RP3GSF*	*JASN*	*CLN*

ἀνωφελές,	19 οὐδὲν	γὰρ	ἐτελείωσεν	ὁ	νόμος,	ἐπεισαγωγὴ	δὲ
inutilidad$_{11}$	nada$_{4}$	porque$_{1}$	ha perfeccionado,$_{5}$	la$_{2}$	ley$_{3}$	(la) introducción$_{7}$	mas$_{6}$
512	3762	1063	5048	3588	3551	1898	1161
JASN	*JASN*	*CLX*	*VAAI3S*	*DNSM*	*NNSM*	*NNSF*	*CLK, CLC*

κρείττονος	ἐλπίδος,	δι᾽	ἧς	ἐγγίζομεν	τῷ	θεῷ.
de una mejor	esperanza,	por medio de	la que	nos acercamos	a --	Dios.
2909	1680	1223	3739	1448	3588	2316
JGSF	*NGSF*	*P*	*RR-GSF*	*VPAI1P*	*DDSM*	*NDSM*

20 Καὶ	καθ᾽	ὅσον	οὐ	χωρὶς	ὁρκωμοσίας	(οἱ	μὲν	γὰρ
Y,	por	cuanto	no	(fue) sin	juramento,	los (que)$_{3}$	ciertamente,$_{2}$	porque,$_{1}$
2532	2596	3745	3756	5565	3728	3588	3303	1063
CLN	*P*	*RK-ASN*	*BN, TN*	*P, B*	*NGSF*	*DNPM*	*TK, C*	*CLX*

χωρὶς	ὁρκωμοσίας	εἰσὶν	ἱερεῖς	γεγονότες,*	21 ὁ	δὲ	μετὰ
sin$_{7}$	juramento,$_{8}$	son$_{4}$	sacerdotes$_{6}$	han llegado a ser$_{5}$	--$_{2}$	mas$_{1}$	con
5565	3728	1526	2049	1096	3588	1161	3326
P, B	*NGSF*	*VPAI3P*	*NNPM*	*VRAP-PNM*	*DNSM*	*CLK, CLC*	*P*

ὁρκωμοσίας	διὰ	τοῦ	λέγοντος	πρὸς	αὐτόν·	Ὤμοσεν	κύριος,	καὶ
juramento	por medio de	el que	dice	a	él:	juró,$_{2}$	(el) Señor$_{1}$	y
3728	1223	3588	3004	4314	846	3660	2962	2532
NGSF	*P*	*DGSM*	*VPAP-SGM*	*P*	*RP3ASM*	*VAAI3S*	*NNSM*	*CLN*

οὐ	μεταμεληθήσεται,	Σὺ	ἱερεὺς	εἰς	τὸν	⸀αἰῶνα),	22 κατὰ
no	se arrepentirá:	Tú	(eres) sacerdote	para	la	eternidad;	conforme a$_{4}$
3756	3338	4771	2409	1519	3588	165	2596
BN, TN	*VFPI3S*	*RP2NS*	*NNSM*	*P*	*DASM*	*NASM*	*P*

τοσοῦτο	κρείττονος	διαθήκης	γέγονεν	ἔγγυος	Ἰησοῦς.
tan$_{5}$	mejor$_{6}$	pacto,$_{7}$	ha llegado a ser$_{2}$	garantía$_{3}$	Jesús$_{1}$
5118	2909	1242	1096	1450	2424
RD-ASN	*JGSF*	*NGSF*	*VRAI3S*	*JNSM*	*NNSM*

NVI

con relación al sacerdo-
cio. 15 Y lo que hemos
dicho resulta aún más
evidente si, a semejanza
de Melquisedec, surge
otro sacerdote 16 que
ha llegado a serlo no
conforme a un requisito
legal respecto a linaje
humano, sino conforme
al poder de una vida
indestructible. 17 Pues de
él se da testimonio:

«Tú eres sacerdote
para siempre,
según el orden de
Melquisedec».

18 Por una parte, la ley
anterior queda anulada
por ser inútil e ineficaz,
19 ya que no perfeccionó
nada. Y, por la otra, se
introduce una esperanza
mejor, mediante la cual
nos acercamos a Dios.
20 ¡Y no fue sin jura-
mento! Los otros sacer-
dotes llegaron a serlo sin
juramento, 21 mientras
que este llegó a serlo con
el juramento de aquel
que le dijo:

«El Señor ha jurado,
y no cambiará de
parecer:
"Tú eres sacerdote para
siempre"».

22 Por tanto, Jesús ha lle-
gado a ser el que garanti-
za un pacto superior.

7:20* O sea *han llegado a ser sacerdotes.* **7:21⸀** Manuscritos inferiores aumentaron *según el orden de Melquisedec.*

RVR

23 Y, además, los otros
sacerdotes llegaron a ser
muchos, debido a que
la muerte les impedía
continuar;
24 mas éste, por cuanto
permanece para siem-
pre, tiene un sacerdocio
intransferible;
25 por lo cual puede
también salvar comple-
tamente a los que por
medio de él se acercan a
Dios, viviendo siempre
para interceder por
ellos.
26 Porque tal sumo
sacerdote nos convenía:
santo, inocente, sin
mancha, apartado de los
pecadores, y encumbra-
do por encima de los
cielos;
27 que no tiene
necesidad cada día,
como aquellos sumos
sacerdotes, de ofrecer
primero sacrificios por
sus propios pecados, y
luego por los del pue-
blo; porque esto lo hizo
una vez para siempre,
cuando se ofreció a sí
mismo.
28 Porque la ley consti-
tuye sumos sacerdotes a
débiles hombres; pero la
palabra del juramento,
posterior a la ley, al
Hijo, hecho perfecto
para siempre.

El nuevo sacerdocio y el nuevo santuario

8 Ahora bien, el
resumen de lo que
venimos diciendo es
que tenemos tal sumo

23 Καὶ	οἱ	μὲν	πλείονές	εἰσιν	γεγονότες*	ἱερεῖς	διὰ	τὸ
Y$_1$	los$_2$	ciertamente,$_4$	muchos,$_7$	son$_5$	han llegado a ser$_6$	sacerdotes,$_3$	a causa de	la
2532	3588	3303	4119	1526	1096	2409	1223	3588
CLN	*DNPM*	*TK, C*	*JNPMC*	*VPAI3P*	*VRAP-PNM*	*NNPM*	*P*	*DASN*

θανάτῳ	κωλύεσθαι	παραμένειν·	24 ὁ	δὲ	διὰ	τὸ	μένειν
muerte	ser impedidos	de permanecer.	--$_2$	Mas$_1$	a causa de	--	permanecer
2288	2967	3887	3588	1161	1223	3588	3306
NDSM	*VPPN*	*VPAN*	*DNSM*	*CLK, CLC*	*P*	*DASN*	*VPAN*

αὐτὸν	εἰς	τὸν	αἰῶνα	ἀπαράβατον	ἔχει	τὴν	ἱερωσύνην·	25 ὅθεν	καὶ
él	para	la	eternidad,	intransferible.$_4$	tiene$_1$	el$_2$	sacerdocio$_3$	Así que,	también
846	1519	3588	165	531	2192	3588	2420	3606	2532
RP3ASM	*P*	*DASM*	*NASM*	*JASF*	*VPAI3S*	*DASF*	*NASF*	*CLI*	*BE, TE*

σῴζειν	εἰς	τὸ	παντελὲς*	δύναται	τοὺς	προσερχομένους	δι’
salvar$_2$	hasta$_3$	lo$_4$	completo$_5$	puede$_1$	a los que	se acercan	por medio de
4982	1519	3588	3838	1410	3588	4334	1223
VPAN	*P*	*DASN*	*JASN*	*VPUI3S*	*DAPM*	*VPUP-PAM*	*P*

αὐτοῦ	τῷ	θεῷ,	πάντοτε	ζῶν	εἰς	τὸ	ἐντυγχάνειν	ὑπὲρ	αὐτῶν.
él	a --	Dios,	siempre$_2$	viviendo$_1$	para	--	interceder	por	ellos.
846	3588	2316	3842	2198	1519	3588	1793	5228	846
RP3GSM	*DDSM*	*NDSM*	*B*	*VPAP-SNM*	*P*	*DASN*	*VPAN*	*P*	*RP3GPM*

26 Τοιοῦτος	γὰρ	ἡμῖν	καὶ	ἔπρεπεν	ἀρχιερεύς,	ὅσιος,	ἄκακος,
tal$_4$	Porque$_1$	a nosotros:$_6$	también$_2$	convenía$_5$	un sumo sacerdote$_3$	santo,	inocente,
5108	1063	2254	2532	4241	749	3741	172
JNSM,RD-NSM	*CLX*	*RP1DP*	*BE, TE*	*VIAI3S*	*NNSM*	*JNSM*	*JNSM*

ἀμίαντος,	κεχωρισμένος	ἀπὸ	τῶν	ἁμαρτωλῶν,	καὶ	ὑψηλότερος	τῶν
incontaminado,	que ha sido separado	de	los	pecadores,	y$_1$	exaltado$_3$	(sobre) los$_4$
283	5563	575	3588	268	2532	5308	3588
JNSM	*VRPP-SNM*	*P*	*DGPM*	*JGPM*	*CLN*	*JNSMC*	*DGPM*

οὐρανῶν	γενόμενος·	27 ὃς	οὐκ	ἔχει	καθ’	ἡμέραν	ἀνάγκην,
cielos;$_5$	habiendo llegado a ser$_2$	el cual$_1$	no$_2$	tiene$_3$	cada$_5$	día,$_6$	necesidad$_4$
3772	1096	3739	3756	2192	2596	2250	318
NGPM	*VAMP-SNM*	*RR-NSM*	*BN, TN*	*VPAI3S*	*P*	*NASF*	*NASF*

ὥσπερ	οἱ	ἀρχιερεῖς,	πρότερον	ὑπὲρ	τῶν	ἰδίων	ἁμαρτιῶν	θυσίας
tal como	los	sumo sacerdotes,	primero$_1$	por$_4$	los$_5$	propios$_6$	pecados,$_7$	sacrificios$_3$
5618	3588	749	4386	5228	3588	2398	266	2378
P, CAM	*DNPM*	*NNPM*	*B, J*	*P*	*DGPF*	*JGPF, JGPM*	*NGPF*	*NAPF*

ἀναφέρειν,	ἔπειτα	τῶν	τοῦ	λαοῦ	(τοῦτο	γὰρ	ἐποίησεν	ἐφάπαξ
ofrecer$_2$	luego	(por) los	del	pueblo,	esto$_2$	porque$_1$	hizo$_3$	una vez para siempre;$_4$
399	1899	3588	3588	2992	5124	1063	4160	2178
VPAN	*B*	*DGPF*	*DGSM*	*NGSM*	*RD-ASN*	*CAZ*	*VAAI3S*	*B*

ἑαυτὸν	ἀνενέγκας)·	28 ὁ	νόμος	γὰρ	ἀνθρώπους	καθίστησιν
a sí mismo.$_6$	ofreciéndose$_5$	la$_2$	ley$_3$	Porque$_1$	a seres humanos$_6$	constituye$_4$
1438	399	3588	3551	1063	444	2525
RF3ASM	*VAAP-SNM*	*DNSM*	*NNSM*	*CLX*	*NAPM*	*VPAI3S*

ἀρχιερεῖς	ἔχοντας	ἀσθένειαν,	ὁ	λόγος	δὲ	τῆς	ὁρκωμοσίας	τῆς
sumo sacerdotes$_5$	que están teniendo	debilidad,	la$_2$	palabra$_3$	mas$_1$	del	juramento,	--
749	2192	769	3588	3056	1161	3588	3728	3588
NAPM	*VPAP-PAM*	*NASF*	*DNSM*	*NNSM*	*CLC*	*DGSF*	*NGSF*	*DGSF*

μετὰ	τὸν	νόμον	υἱόν,	εἰς	τὸν	αἰῶνα	τετελειωμένον.
después de	la	ley,	a(l) Hijo	para$_2$	la$_3$	eternidad.$_4$	ha sido hecho perfecto$_1$
3326	3588	3551	5207	1519	3588	165	5048
P	*DASM*	*NASM*	*NASM*	*P*	*DASM*	*NASM*	*VRPP-SAM*

8 Κεφάλαιον	δὲ	ἐπὶ	τοῖς	λεγομένοις,	τοιοῦτον	ἔχομεν
el punto principal$_2$	Mas$_1$	sobre$_3$	lo que$_4$	se está diciendo (es que)$_5$	tal$_7$	tenemos$_6$
2774	1161	1909	3588	3004	5108	2192
NNSN	*CLT*	*P*	*DDPN*	*VPPP-PDN*	*JASM, RD-ASM*	*VPAI1P*

NVI

23 Ahora bien, como
a aquellos sacerdotes
la muerte les impedía
seguir ejerciendo sus
funciones, ha habido
muchos de ellos; 24 pero,
como Jesús permanece
para siempre, su sacer-
docio es imperecedero.
25 Por eso también pue-
de salvar por completo
a los que por medio de
él se acercan a Dios, ya
que vive siempre para
interceder por ellos.
26 Nos convenía tener
un sumo sacerdote así:
santo, irreprochable,
puro, apartado de los pe-
cadores y exaltado sobre
los cielos. 27 A diferencia
de los otros sumos
sacerdotes, él no tiene
que ofrecer sacrificios
día tras día, primero por
sus propios pecados y
luego por los del pueblo;
porque él ofreció el
sacrificio una sola vez y
para siempre cuando se
ofreció a sí mismo. 28 De
hecho, la ley designa
como sumos sacerdotes
a hombres débiles; pero
el juramento, posterior
a la ley, designa al Hijo,
quien ha sido hecho per-
fecto para siempre.

El sumo sacerdote de un nuevo pacto

8 Ahora bien, el
punto principal de
lo que venimos diciendo
es que tenemos tal sumo

7:23* O sea *han llegado a ser.* **7:25*** O sea *para siempre.*

RVR

sacerdote, el cual se
sentó a la diestra del
trono de la Majestad en
los cielos;
2 ministro del santuario,
y del verdadero taberná-
culo que erigió el Señor,
y no el hombre.
3 Porque todo sumo sa-
cerdote está constituido
para presentar ofrendas
y sacrificios; por lo cual
es necesario que tam-
bién éste tenga algo que
ofrecer.
4 Así que, si estuviese so-
bre la tierra, ni siquiera
sería sacerdote, habien-
do aún sacerdotes que
presentan las ofrendas
según la ley;
5 los cuales sirven a lo
que es figura y sombra
de las cosas celestiales,
como le fue advertido
a Moisés cuando iba a
erigir el tabernáculo,
pues dice: Mira, haz
todas las cosas conforme
al modelo que se te ha
mostrado en el monte.
6 Pero ahora ha obte-
nido un ministerio
tanto mejor, cuanto es
mediador de un mejor
pacto, establecido sobre
mejores promesas.
7 Porque si aquel pri-
mero hubiera sido sin
defecto, no se hubiera
procurado lugar para el
segundo.
8 Porque reprendiéndo-
los dice:

ἀρχιερέα,	ὃς	ἐκάθισεν	ἐν	δεξιᾷ	τοῦ	θρόνου	τῆς	μεγαλωσύνης
un sumo sacerdote,$_{8}$	el que	se sentó	a	(la) derecha	del	trono	de la	Majestad
749	3739	2523	1722	1188	3588	2362	3588	3172
NASM	*RR-NSM*	*VAAI3S*	*P*	*JDSF*	*DGSM*	*NGSM*	*DGSF*	*NGSF*

ἐν	τοῖς	οὐρανοῖς,	²τῶν	ἁγίων	λειτουργὸς	καὶ	τῆς	σκηνῆς	τῆς
en	los	cielos,	de las cosas$_{2}$	santas$_{3}$	un ministro$_{1}$	y	del	tabernáculo	--
1722	3588	3772	3588	39	3011	2532	3588	4633	3588
P	*DDPM*	*NDPM*	*DGPN*	*JGPN*	*NNSM*	*CLN*	*DGSF*	*NGSF*	*DGSF*

ἀληθινῆς,	ἣν	ἔπηξεν	ὁ	κύριος,	οὐκ	ἄνθρωπος.	³πᾶς	γὰρ
verdadero,	el que$_{1}$	erigió,$_{4}$	el$_{2}$	Señor$_{3}$	no	un ser humano	todo$_{2}$	Porque$_{1}$
228	3739	4078	3588	2962	3756	444	3956	1063
JGSF	*RR-ASF*	*VAAI3S*	*DNSM*	*NNSM*	*BN, TN*	*NNSM*	*JNSM*	*CLX*

ἀρχιερεὺς	εἰς	τὸ	προσφέρειν	δῶρά	τε	καὶ	θυσίας	καθίσταται·
sumo sacerdote$_{3}$	para$_{5}$	--$_{6}$	ofrecer$_{7}$	dones$_{8}$	tanto$_{9}$	también$_{10}$	sacrificios;$_{11}$	es constituido$_{4}$
749	1519	3588	4374	1435	5037	2532	2378	2525
NNSM	*P*	*DASN*	*VPAN*	*NAPN*	*CLK*	*CLK, CLN*	*NAPF*	*VPPI3S*

ὅθεν	ἀναγκαῖον	ἔχειν	τι	καὶ	τοῦτον	ὃ	προσενέγκῃ.	⁴εἰ
por eso,$_{12}$	(es) necesario$_{13}$	tener$_{16}$	algo$_{17}$	también$_{14}$	este$_{15}$	lo que	ofreciera.	si$_{2}$
3606	316	2192	5100	2532	5126	3739	4374	1487
CLI	*JNSN*	*VPAN*	*RX-ASN*	*BE, TE*	*RD-ASM*	*RR-ASN*	*VAAS3S*	*CAC*

μὲν	οὖν	ἦν	ἐπὶ	γῆς,	οὐδ᾽	ἂν	ἦν	ἱερεύς,	⸀ὄντων
ciertamente$_{3}$	Así que,$_{1}$	estaba (estuviera)	sobre	(la) tierra,	ni	--	era (sería)	sacerdote,	siendo (habiendo)
3303	3767	2258	1909	1093	3761	302	2258	2409	5607
TE, C	*CLI*	*VIAI3S*	*P*	*NGSF*	*BN*	*TC*	*VIAI3S*	*NNSM*	*VPAP-PGM*

τῶν	προσφερόντων	κατὰ	νόμον	τὰ	δῶρα·	⁵(οἵτινες	ὑποδείγματι
los que	ofrecen	según$_{3}$	(la) ley;$_{4}$	las$_{1}$	ofrendas$_{2}$	los cuales$_{1}$	(como) figura$_{3}$
3588	4374	2596	3551	3588	1435	3748	5262
DGPM	*VPAP-PGM*	*P*	*NASM*	*DAPN*	*NAPN*	*RR-NPM*	*NDSN*

καὶ	σκιᾷ	λατρεύουσιν	τῶν	ἐπουρανίων,	καθὼς	κεχρημάτισται
y$_{4}$	sombra$_{5}$	dan culto$_{2}$	de las cosas	celestiales,	como	ha advertido$_{2}$
2532	4639	3000	3588	2032	2531	5537
CLN	*NDSF*	*VPAI3P*	*DGPN*	*JGPN*	*CAM*	*VRPI3S*

Μωϋσῆς	μέλλων	ἐπιτελεῖν	τὴν	σκηνήν,	Ὅρα	γάρ,	φησίν,	ποιήσεις
Moisés$_{1}$	estando a punto de	de erigir	el	tabernáculo;	mira,$_{3}$	porque$_{1}$	dice,$_{2}$	harás
3475	3195	2005	3588	4633	3708	1063	5346	4160
NNSM	*VPAP-SNM*	*VPAN*	*DASF*	*NASF*	*VPAM2S*	*CAZ*	*VPAI3S*	*VFAI2S*

πάντα	κατὰ	τὸν	τύπον	τὸν	δειχθέντα	σοι	ἐν	τῷ	ὄρει).	⁶νυνὶ
todas las cosas	según	el	modelo	el que	ha sido mostrado	a ti	en	el	monte;	ahora$_{2}$
3956	2596	3588	5179	3588	1166	4671	1722	3588	3735	3570
JAPN	*P*	*DASM*	*NASM*	*DASM*	*VAPP-SAM*	*RP2DS*	*P*	*DDSN*	*NDSN*	*B*

δὲ	διαφορωτέρας	τέτυχεν	λειτουργίας,	ὅσῳ	καὶ	κρείττονός	ἐστιν
mas$_{1}$	un más excelente$_{4}$	ha obtenido$_{3}$	servicio,$_{5}$	cuanto$_{6}$	también$_{8}$	de un mejor$_{10}$	es$_{7}$
1161	1313	5177	3009	3745	2532	2909	2076
CLC	*JGSFC*	*VRAI3S*	*NGSF*	*RK-DSN*	*BE, TE*	*JGSF*	*VPAI3S*

διαθήκης	μεσίτης,	ἥτις	ἐπὶ	κρείττοσιν	ἐπαγγελίαις	νενομοθέτηται.
pacto,$_{11}$	mediador$_{9}$	el cual$_{12}$	sobre$_{14}$	mejores$_{15}$	promesas.$_{16}$	ha sido establecido$_{13}$
1242	3316	3748	1909	2909	1860	3549
NGSF	*NNSM*	*RR-NSF*	*P*	*JDPF*	*NDPF*	*VRPI3S*

⁷Εἰ	γὰρ	ἡ	πρώτη	ἐκείνη	ἦν	ἄμεμπτος,	οὐκ	ἂν
si$_{2}$	Porque$_{1}$	--$_{4}$	primer$_{5}$	aquel$_{3}$	era (fuera)	sin defecto,	no$_{1}$	--$_{2}$
1487	1063	3588	4413	1565	2258	273	3756	302
CAC	*CLX*	*DNSF*	*JNSF*	*RD-NSF*	*VIAI3S*	*JNSF*	*BN, TN*	*TC*

δευτέρας	ἐζητεῖτο	τόπος.	⁸μεμφόμενος	γὰρ	αὐτοὺς	λέγει·
(para) un segundo.$_{5}$	se habría buscado$_{3}$	lugar$_{4}$	reprochando$_{2}$	Porque$_{1}$	a ellos	dice:
1208	2212	5117	3201	1063	846	3004
JGSF	*VIPI3S*	*NNSM*	*VPUP-SNM*	*CLX*	*RP3APM*	*VPAI3S*

NVI

sacerdote, aquel que se
sentó a la derecha del
trono de la Majestad en
el cielo, 2 el que sirve en
el santuario, es decir, en
el verdadero tabernáculo
levantado por el Señor
y no por ningún ser
humano.
3 A todo sumo sacer-
dote se le nombra para
presentar ofrendas y
sacrificios, por lo cual es
necesario que también
tenga algo que ofrecer.
4 Si Jesús estuviera en la
tierra, no sería sacerdote,
pues aquí ya hay sacer-
dotes que presentan las
ofrendas en conformi-
dad con la ley. 5 Estos
sacerdotes sirven en un
santuario que es copia y
sombra del que está en
el cielo, tal como se le
advirtió a Moisés cuan-
do estaba a punto de
construir el tabernáculo:
«Asegúrate de hacerlo
todo según el modelo
que se te ha mostrado
en la montaña». 6 Pero
el servicio sacerdotal
que Jesús ha recibido es
superior al de ellos, así
como el pacto del cual
es mediador es superior
al antiguo, puesto que
se basa en mejores
promesas.
7 Efectivamente, si ese
primer pacto hubiera
sido perfecto, no habría
lugar para un segundo
pacto. 8 Pero Dios,
reprochándoles sus
defectos, dijo:

8:4⸀ Manuscritos inferiores aumentaron *sacerdotes*.

RVR

Mirad que vienen días,
dice el Señor,
En que concertaré con
la casa de Israel y
la casa de Judá un
nuevo pacto;
9 No como el pacto
que hice con sus
padres
El día que los tomé
de la mano para
sacarlos de la tierra
de Egipto;
Porque ellos no per-
manecieron en mi
pacto,
Y yo me desentendí de
ellos, dice el Señor.
10 Porque este es el
pacto que haré con
la casa de Israel
Después de aquellos
días, dice el Señor:
Pondré mis leyes en la
mente de ellos,
Y las inscribiré sobre
su corazón;
Y seré a ellos por Dios,
Y ellos me serán a mí
por pueblo;
11 Y ninguno enseñará
más a su prójimo,
Ni ninguno a su her-
mano, diciendo:
Conoce al Señor;
Porque todos me
conocerán,
Desde el menor hasta
el mayor de ellos.
12 Porque seré propi-
cio a sus injusticias,
Y nunca más me
acordaré de sus
pecados y de sus
iniquidades.
13 Al decir: Nuevo pac-
to, ha dado por anticua-
do al primero; y lo que

Ἰδοὺ ἡμέραι ἔρχονται, λέγει κύριος, καὶ συντελέσω ἐπὶ τὸν οἶκον
He aquí días vienen, dice (el) Señor, y$_{1}$ estableceré$_{2}$ sobre$_{5}$ la$_{6}$ casa$_{7}$
2400 2250 2064 3004 2962 2532 4931 1909 3588 3624
I, VAAM2S NNPF VPUI3P VPAI3S NNSM CLN VFAI1S P DASM NASM

Ἰσραὴλ καὶ ἐπὶ τὸν οἶκον Ἰούδα διαθήκην καινήν, 9 οὐ κατὰ τὴν
de Israel$_{8}$ y$_{9}$ sobre$_{10}$ la$_{11}$ casa$_{12}$ de Judá;$_{13}$ un pacto$_{3}$ nuevo$_{4}$ no según el
2474 2532 1909 3588 3624 2448 1242 2537 3756 2596 3588
NGSM, XP CLN P DASM NASM NGSM NASF JASF BN, TN P DASF

διαθήκην ἣν ἐποίησα τοῖς πατράσιν αὐτῶν ἐν ἡμέρᾳ ἐπιλαβομένου
pacto el que hice con los padres de ellos en (el) día habiendo tomado
1242 3739 4160 3588 3962 846 1722 2250 1949
NASF RR-ASF VAAI1S DDPM NDPM RP3GPM P NDSF VAMP-SGM

μου τῆς χειρὸς αὐτῶν ἐξαγαγεῖν αὐτοὺς ἐκ γῆς Αἰγύπτου, ὅτι
yo de la mano de ellos para sacar a ellos de (la) tierra de Egipto, porque
3450 3588 5495 846 1806 846 1537 1093 125 3754
RP1GS DGSF NGSF RP3GPM VAAN RP3APM P NGSF NGSF CAZ

αὐτοὶ οὐκ ἐνέμειναν ἐν τῇ διαθήκῃ μου, κἀγὼ ἠμέλησα αὐτῶν,
ellos no permanecieron en el pacto de mí, y yo desatendí a ellos,
846 3756 1696 1722 3588 1242 3450 2504 272 846
RP3NPMP BN, TN VAAI3P P DDSF NDSF RP1GS RP1NS, CLN VAAI1S RP3GPM

λέγει κύριος. 10 ὅτι αὕτη ἡ διαθήκη ἣν διαθήσομαι τῷ οἴκῳ
dice (el) Señor. Porque este -- pacto, el que dispondré con la casa
3004 2962 3754 3778 3588 1242 3739 1303 3588 3624
VPAI3S NNSM CLX RD-NSF DNSF NNSF RR-ASF VFMI1S DDSM NDSM

Ἰσραὴλ μετὰ τὰς ἡμέρας ἐκείνας, λέγει κύριος, διδοὺς νόμους μου
de Israel después de los días aquellos, dice (el) Señor, dando leyes de mí
2474 3326 3588 2250 1565 3004 2962 1325 3551 3450
NGSM, XP P DAPF NAPF RD-APF VPAI3S NNSM VPAP-SNM NAPM RP1GS

εἰς τὴν διάνοιαν αὐτῶν, καὶ ἐπὶ καρδίας αὐτῶν ἐπιγράψω αὐτούς,
para la mente de ellos, y$_{1}$ sobre$_{4}$ (los) corazones de$_{5}$ de ellos,$_{6}$ escribiré$_{2}$ a ellos$_{3}$
1519 3588 1271 846 2532 1909 2588 846 1924 846
P DASF NASF RP3GPM CLN P NAPF RP3GPM VFAI1S RP3APM

καὶ ἔσομαι αὐτοῖς εἰς θεόν καὶ αὐτοὶ ἔσονταί μοι εἰς λαόν. 11 καὶ
y seré para ellos por Dios, y ellos serán a mí por pueblo. Y
2532 2071 846 1519 2316 2532 846 2071 3427 1519 2992 2532
CLN VFMI1S RP3DPM P NASM CLN RP3NPMP VFMI3P RP1DS P NASM CLN

οὐ μὴ* διδάξωσιν ἕκαστος τὸν πολίτην αὐτοῦ καὶ ἕκαστος τὸν
no no enseñarán cada uno al conciudadano de él, y cada uno al
3756 3361 1321 1538 3588 4177 846 2532 1538 3588
BN, TN BN, TN VAAS3P JNSM DASM NASM RP3GSM CLN JNSM DASM

ἀδελφὸν αὐτοῦ, λέγων· Γνῶθι τὸν κύριον, ὅτι πάντες εἰδήσουσίν με
hermano de él, diciendo: ¡Conoce al Señor! Porque todos sabrán de mí,
80 846 3004 1097 3588 2962 3754 3956 1492 3165
NASM RP3GSM VPAP-SNM VAAM2S DASM NASM CAZ JNPM VFAI3P RP1AS

ἀπὸ μικροῦ ἕως μεγάλου αὐτῶν. 12 ὅτι ἵλεως ἔσομαι ταῖς ἀδικίαις
desde (el) pequeño hasta (el) grande de ellos. Porque misericordioso seré con las injusticias
575 3398 2193 3173 846 3754 2436 2071 3588 93
P JGSM P, C JGSM RP3GPM CAZ JNSM VFMI1S DDPF NDPF

αὐτῶν, καὶ τῶν ἁμαρτιῶν ⸀αὐτῶν οὐ μὴ* μνησθῶ ἔτι.
de ellos, y$_{1}$ de los$_{5}$ pecados$_{6}$ de ellos,$_{7}$ no$_{2}$ no$_{3}$ recordara (recordaré)$_{4}$ todavía.$_{8}$
846 2532 3588 266 846 3756 3361 3415 2089
RP3GPM CLN DGPF NGPF RP3GPM BN, TN BN, TN VAPS1S B

13 ἐν τῷ λέγειν Καινὴν πεπαλαίωκεν τὴν πρώτην, τὸ δὲ
en (a) el decir nuevo, ha declarado anticuado al primero; lo que$_{2}$ y$_{1}$
1722 3588 3004 2537 3822 3588 4413 3588 1161
P DDSN, DDSM VPAN JASF VRAI3S DASF JASF DNSN CLN

NVI

«Vienen días —dice
el Señor—,
en que haré un nuevo
pacto
con la casa de Israel
y con la casa de Judá.
9 No será un pacto
como el que hice con
sus antepasados
el día en que los tomé
de la mano
y los saqué de Egipto,
ya que ellos no perma-
necieron fieles a mi
pacto,
y yo los abandoné
—dice el Señor—.
10 Este es el pacto que
después de aquel
tiempo
haré con la casa de
Israel —dice el
Señor—:
Pondré mis leyes en su
mente
y las escribiré en su
corazón.
Yo seré su Dios,
y ellos serán mi pueblo.
11 Ya no tendrá nadie
que enseñar a su
prójimo,
ni dirá nadie a su her-
mano: "¡Conoce al
Señor!",
porque todos, desde el
más pequeño hasta
el más grande,
me conocerán.
12 Yo les perdonaré sus
iniquidades,
y nunca más me
acordaré de sus
pecados».

13 Al llamar «nuevo»
a ese pacto, ha declarado
obsoleto al anterior; y lo

8:11*, 12* O sea *de ninguna manera*. **8:12⸀** Manuscritos inferiores aumentaron *y de sus iniquidades*.

RVR

se da por anticuado y se
envejece, está próximo a
desaparecer.

9 Ahora bien, aun el
primer pacto tenía
ordenanzas de culto y su
santuario terrenal.
2 Porque fue preparada
la parte anterior del
tabernáculo, en la que
estaban el candelabro,
la mesa y los panes de
la proposición; ésta se
llama el Lugar Santo.
3 Tras el segundo velo,
estaba la parte del taber-
náculo llamada el Lugar
Santísimo,
4 el cual tenía un incen-
sario de oro y el arca del
pacto cubierta de oro
por todas partes, en la
que estaba una urna
de oro que contenía el
maná, la vara de Aarón
que retoñó, y las tablas
del pacto;
5 y sobre ella los que-
rubines de gloria que
cubrían el propiciatorio;
de las cuales cosas no es
ahora el momento de
hablar en detalle.
6 Y así preparadas estas
cosas, en la primera
parte del tabernáculo
entran los sacerdotes
continuamente para
cumplir los oficios del
culto;

παλαιούμενον καὶ γηράσκον ἐγγὺς ἀφανισμοῦ.
es declarado anticuado$_3$ y es envejecido, (está) cerca de (la) desaparición.
3822 2532 1095 1451 854
VPPP-SNN CLN VPAP-SNN P, B NGSM

9 Εἶχε μὲν οὖν ἡ πρώτη δικαιώματα λατρείας τό
tenía$_5$ por un lado,$_2$ Así que,$_1$ el$_3$ primer$_4$ reglamentos$_6$ de culto,$_7$ el$_9$
2192 3303 3767 3588 4413 1345 2999 3588
VIAI3S TE CLI DNSF JNSF NAPN NGSF DASN, DNSN

τε ἅγιον κοσμικόν. 2 σκηνὴ γὰρ κατεσκευάσθη ἡ
tanto (como)$_8$ (lugar) santo$_{10}$ terrenal. un tabernáculo$_2$ Porque$_1$ fue preparado el
5037 39 2886 4633 1063 2680 3588
CLN JASN, JNSN JASN NNSF CLX VAPI3S DNSF

πρώτη ἐν ᾗ ἥ τε λυχνία καὶ ἡ τράπεζα καὶ
primero, en el que (estaba) el$_2$ tanto$_1$ candelabro$_3$ y la mesa y
4413 1722 3739 3588 5037 3087 2532 3588 5132 2532
JNSF P RR-DSF DNSF CLK NNSF CLK, CLN DNSF NNSF CLK, CLN

ἡ πρόθεσις τῶν ἄρτων, ἥτις λέγεται Ἅγια· 3 μετὰ δὲ
la proposición de los panes, el cual se llama (lugar) santo; después de$_2$ Y$_1$
3588 4286 3588 740 3748 3004 39 3326 1161
DNSF NNSF DGPM NGPM RR-NSF VPPI3S JNSF P CLN

τὸ δεύτερον καταπέτασμα σκηνὴ ἡ λεγομένη Ἅγια
el segundo velo un tabernáculo, el llamado (lugar) santo
3588 1208 2665 4633 3588 3004 39
DASN JASN NASN NNSF DNSF VPPP-SNF JNSF

Ἁγίων, 4 χρυσοῦν ἔχουσα θυμιατήριον καὶ τὴν κιβωτὸν τῆς διαθήκης
de santos, de oro$_3$ que tiene$_1$ un altar de incienso$_2$ y el arca del pacto
39 5552 2192 2369 2532 3588 2787 3588 1242
JGPN JASN VPAP-SNF NASN CLN DASF NASF DGSF NGSF

περικεκαλυμμένην πάντοθεν χρυσίῳ, ἐν ᾗ στάμνος χρυσῆ
que ha sido cubierta de todas partes con oro, en la que (había) una urna de oro
4028 3840 5553 1722 3739 4713 5552
VRPP-SAF B NDSN P RR-DSF JNSF, JNSM JNSF

ἔχουσα τὸ μάννα καὶ ἡ ῥάβδος Ἀαρὼν ἡ βλαστήσασα καὶ
que tiene el maná y la vara de Aarón, la que brotó hojas, y
2192 3588 3131 2532 3588 4464 2 3588 985 2532
VPAP-SNF DASN NASN, XF CLN DNSF NNSF NGSM, XP DNSF VAAP-SNF CLN

αἱ πλάκες τῆς διαθήκης, 5 ὑπεράνω δὲ αὐτῆς Χερουβὶν δόξης
las tablas del pacto, por encima de$_2$ y$_1$ ella querubines de gloria
3588 4109 3588 1242 5231 1161 846 5502 1391
DNPF NNPF DGSF NGSF P, B CLN RP3GSF NNPN, XP NGSF

κατασκιάζοντα τὸ ἱλαστήριον· περὶ ὧν οὐκ ἔστιν νῦν
que cubren el propiciatorio; acerca de de las cuales cosas no es (tiempo) ahora
2683 3588 2435 4012 3739 3756 2076 3568
VPAP-PNN DASN NASN, JASN P RR-GPN BN, TN VPAI3S B

λέγειν κατὰ μέρος.
de hablar en en detalle.
3004 2596 3313
VPAN P NASN

6 Τούτων δὲ οὕτως κατεσκευασμένων, εἰς μὲν τὴν πρώτην
estas cosas$_2$ mas$_1$ así,$_4$ habiendo sido preparadas$_3$ a$_9$ en verdad$_8$ el$_{10}$ primer$_{11}$
5130 1161 3779 2680 1519 3303 3588 4413
RD-GPN CLN B VRPP-PGN, VRPP-PGM P TK, C DASF JASF

σκηνὴν διὰ παντὸς εἰσίασιν οἱ ἱερεῖς τὰς λατρείας ἐπιτελοῦντες,
tabernáculo$_{12}$ por$_{13}$ todo$_{14}$ entran$_7$ los$_5$ sacerdotes$_6$ los$_{16}$ servicios,$_{17}$ completando$_{15}$
4633 1223 3956 1524 3588 2409 3588 2999 2005
NASF P JGSM, JGSN VPAI3P DNPM NNPM DAPF NAPF VPAP-PNM

NVI

que se vuelve obsoleto
y envejece ya está por
desaparecer.

El culto en el tabernáculo terrenal

9 Ahora bien, el
primer pacto tenía
sus normas para el culto,
y un santuario terrenal.
2 En efecto, se habilitó
un tabernáculo de tal
modo que en su primera
parte, llamada el Lugar
Santo, estaban el cande-
labro, la mesa y los panes
consagrados. 3 Tras la
segunda cortina estaba
la parte llamada el Lugar
Santísimo, 4 el cual tenía
el altar de oro para el
incienso y el arca del
pacto, toda recubierta
de oro. Dentro del arca
había una urna de oro
que contenía el maná, la
vara de Aarón que había
retoñado, y las tablas del
pacto. 5 Encima del arca
estaban los querubines
de la gloria, que cubrían
con su sombra el lugar
de la expiación. Pero
ahora no se puede ha-
blar de eso en detalle.
6 Así dispuestas todas
estas cosas, los sacerdo-
tes entran continuamen-
te en la primera parte
del tabernáculo para
celebrar el culto.

RVR

7 pero en la segunda par-
te, sólo el sumo sacer-
dote una vez al año, no
sin sangre, la cual ofrece
por sí mismo y por los
pecados de ignorancia
del pueblo;
8 dando el Espíritu
Santo a entender con
esto que aún no se había
manifestado el camino
al santuario, mientras
el primer tabernáculo
estuviese en pie.
9 Lo cual es un símbolo
para el tiempo presente,
según el cual se presen-
tan ofrendas y sacrificios
que no pueden hacer
perfecto, en cuanto a
la conciencia, al que
practica ese culto,
10 ya que consiste sólo
en comidas y bebidas,
en diversas abluciones,
y en prescripciones car-
nales, impuestas hasta
el tiempo de reformar
las cosas.
11 Pero estando ya
presente Cristo, como
sumo sacerdote de los
bienes venideros, entró
por otro más amplio y
más perfecto tabernácu-
lo, no hecho de manos,
es decir, no de esta
creación,
12 y no por medio de
la sangre de machos
cabríos ni de becerros,
sino por medio de su
propia sangre, entró
una vez para siempre en
el santuario, habien-
do obtenido eterna
redención.

7 εἰς	δὲ	τὴν	δευτέραν	ἅπαξ	τοῦ	ἐνιαυτοῦ	μόνος	ὁ	ἀρχιερεύς,
a$_{5}$	mas$_{1}$	la$_{6}$	segunda (parte),$_{7}$	una vez$_{8}$	al$_{9}$	año,$_{10}$	solo$_{2}$	el$_{3}$	sumo sacerdote$_{4}$
1519	1161	3588	1208	530	3588	1763	3441	3588	749
P	*CLK, CLC*	*DASF*	*JASF*	*B*	*DGSM*	*NGSM*	*JNSM*	*DNSM*	*NNSM*

οὐ	χωρὶς	αἵματος,	ὃ	προσφέρει	ὑπὲρ	ἑαυτοῦ	καὶ	τῶν	τοῦ	λαοῦ
no	sin	sangre,	la que	ofrece	por	sí mismo	y$_{1}$	los$_{2}$	del$_{4}$	pueblo,$_{5}$
3756	5565	129	3739	4374	5228	1438	2532	3588	3588	2992
BN, TN	*P, B*	*NGSN*	*RR-ASN*	*VPAI3S*	*P*	*RF3GSM*	*CLN*	*DGPN*	*DGSM*	*NGSM*

ἀγνοημάτων,	8 τοῦτο	δηλοῦντος	τοῦ	πνεύματος	τοῦ	ἁγίου,
pecados cometidos por ignorancia$_{3}$	(con) esto$_{7}$	mostrando$_{6}$	el	Espíritu	--	Santo
51	5124	1213	3588	4151	3588	40
NGPN	*RD-ASN*	*VPAP-SGN*	*DGSN*	*NGSN*	*DGSN*	*JGSN*

μήπω	πεφανερῶσθαι	τὴν	τῶν	ἁγίων	ὁδὸν*	ἔτι	τῆς	πρώτης
(que) todavía no	haber sido manifestado	el$_{1}$	de los$_{3}$	santos,$_{4}$	camino$_{2}$	todavía$_{5}$	el$_{8}$	primer$_{9}$
3380	5319	3588	3588	39	3598	2089	3588	4413
BN	*VRPN*	*DASF*	*DGPN*	*JGPN*	*NASF*	*B*	*DGSF*	*JGSF*

σκηνῆς	ἐχούσης	στάσιν,	9 ἥτις	παραβολὴ	εἰς	τὸν	καιρὸν	τὸν
tabernáculo,$_{10}$	teniendo (estando)$_{6}$	en pie$_{7}$	la cual	(es) símbolo	para	el	tiempo	el que
4633	2192	4714	3748	3850	1519	3588	2540	3588
NGSF	*VPAP-SGF*	*NASF*	*RR-NSF*	*NNSF*	*P*	*DASM*	*NASM*	*DASM*

ἐνεστηκότα,	καθ’	ἣν	δῶρά	τε	καὶ	θυσίαι	προσφέρονται	μὴ
está presente,	según	el cual	dones$_{2}$	tanto$_{1}$	también	sacrificios	son ofrecidos	no$_{1}$
1764	2596	3739	1435	5037	2532	2378	4374	3361
VRAP-SAM	*P*	*RR-ASF*	*NNPN*	*CLK*	*CLK, CLN*	*NNPF*	*VPPI3P*	*BN, TN*

δυνάμεναι	κατὰ	συνείδησιν	τελειῶσαι	τὸν	λατρεύοντα,	10 μόνον
pudiendo$_{2}$	conforme a$_{6}$	(la) conciencia,$_{7}$	perfeccionar$_{3}$	al que$_{4}$	da culto$_{5}$	solo
1410	2596	4893	5048	3588	3000	3440
VPUP-PNF	*P*	*NASF*	*VAAN*	*DASM*	*VPAP-SAM*	*B, J*

ἐπὶ	βρώμασιν	καὶ	πόμασιν	καὶ	διαφόροις	βαπτισμοῖς,	δικαιώματα
sobre	alimentos	y	bebidas	y	diversos	lavamientos,	reglamentos
1909	1033	2532	4188	2532	1313	909	1345
P	*NDPN*	*CLN*	*NDPN*	*CLN*	*JDPM*	*NDPM*	*NNPN*

σαρκὸς	μέχρι	καιροῦ	διορθώσεως	ἐπικείμενα.
de carne	hasta$_{2}$	el tiempo$_{3}$	de la renovación.$_{4}$	impuestos$_{1}$
4561	3360	2540	1357	1945
NGSF	*P, B*	*NGSM*	*NGSF*	*VPUP-PNN*

11 Χριστὸς	δὲ	παραγενόμενος	ἀρχιερεὺς	τῶν	γενομένων
Cristo$_{2}$	Mas$_{1}$	habiendo llegado	(como) sumo sacerdote	de los$_{1}$	habiendo estado$_{3}$
5547	1161	3854	749	3588	1096
NNSM	*CLC*	*VAMP-SNM*	*NNSM*	*DGPN*	*VAMP-PGN*

ἀγαθῶν	διὰ	τῆς	μείζονος	καὶ	τελειοτέρας	σκηνῆς	οὐ
bienes$_{2}$	por medio de	el	más grande	y	perfecto	tabernáculo,	no
18	1223	3588	3173	2532	5046	4633	3756
JGPN	*P*	*DGSF*	*JGSFC*	*CLN*	*JGSFC*	*NGSF*	*BN, TN*

χειροποιήτου,	τοῦτ’	ἔστιν	οὐ	ταύτης	τῆς	κτίσεως,	12 οὐδὲ	δι’
hecho a mano,	esto	es	no	de esta	--	creación,	ni	por medio de
5499	5124	2076	3756	3778	3588	2937	3761	1223
JGSF	*RD-NSN*	*VPAI3S*	*BN, TN*	*RD-GSF*	*DGSF*	*NGSF*	*BN, TN*	*P*

αἵματος	τράγων	καὶ	μόσχων	διὰ	δὲ	τοῦ	ἰδίου	αἵματος,
sangre	de machos cabríos	y	de terneros,	por medio de$_{2}$	mas$_{1}$	de la	propia	sangre,
129	5131	2532	3448	1223	1161	3588	2398	129
NGSN	*NGPM*	*CLN*	*NGPM*	*P*	*CLC*	*DGSN*	*JGSN, JGSM*	*NGSN*

εἰσῆλθεν	ἐφάπαξ	εἰς	τὰ	ἅγια,*	αἰωνίαν	λύτρωσιν	εὑράμενος.
entró	una vez para siempre	hacia	los	santos,	eterna$_{2}$	redención.$_{3}$	habiendo hallado$_{1}$
1525	2178	1519	3588	39	166	3085	2147
VAAI3S	*B*	*P*	*DAPN*	*JAPN*	*JASF*	*NASF*	*VAMP-SNM*

NVI

7 Pero en la segunda
parte entra únicamente
el sumo sacerdote, y solo
una vez al año, provisto
siempre de sangre que
ofrece por sí mismo
y por los pecados de
ignorancia cometidos
por el pueblo. 8 Con esto
el Espíritu Santo da a
entender que, mientras
siga en pie el primer
tabernáculo, aún no se
habrá revelado el cami-
no que conduce al Lugar
Santísimo. 9 Esto nos
ilustra hoy día que las
ofrendas y los sacrificios
que allí se ofrecen no
tienen poder alguno
para perfeccionar la
conciencia de los que
celebran ese culto. 10 No
se trata más que de reglas
externas relacionadas
con alimentos, bebidas
y diversas ceremonias de
purificación, válidas solo
hasta el tiempo señalado
para reformarlo todo.

La sangre de Cristo

11 Cristo, por el
contrario, al presentarse
como sumo sacerdote
de los bienes definitivos
en el tabernáculo más
excelente y perfecto,
no hecho por manos
humanas (es decir, que
no es de esta creación),
12 entró una sola vez y
para siempre en el Lugar
Santísimo. No lo hizo
con sangre de machos
cabríos y becerros, sino
con su propia sangre,
logrando así un rescate

9:8* O sea *que el camino al lugar santísimo no se había manifestado.* **9:12*** O sea *el lugar santísimo.*

RVR

13 Porque si la sangre
de los toros y de los
machos cabríos, y las
cenizas de la becerra
rociadas a los contami-
nados, santifican para la
purificación de la carne,
14 ¿cuánto más la
sangre de Cristo, el cual
mediante el Espíritu
eterno se ofreció a sí
mismo sin mancha a
Dios, purificará vuestras
conciencias de obras
muertas para que sirváis
al Dios vivo?
15 Y por eso es mediador
de un nuevo pacto,
para que interviniendo
muerte para redención
de las transgresiones
que había durante el pri-
mer pacto, los llamados
reciban la promesa de la
herencia eterna.
16 Porque donde hay
testamento, es necesario
que ocurra la muerte del
testador.
17 Porque un testamen-
to es firme en caso de
muerte; pues no tiene
vigencia entretanto que
el testador vive.
18 De donde ni aun el
primer pacto fue inau-
gurado sin sangre.
19 Porque habiendo
anunciado Moisés
todos los mandamien-
tos de la ley a todo el
pueblo, tomó la sangre

13 εἰ	γὰρ	τὸ	αἷμα	τράγων	καὶ	ταύρων	καὶ	σποδὸς	δαμάλεως
si$_2$	porque$_1$	la	sangre	de machos cabríos	y	de toros	y	ceniza	de una ternera
1487	1063	3588	129	5131	2532	5022	2532	4700	1151
CAC	CLX	DNSN	NNSN	NGPM	CLN	NGPM	CLN	NNSF	NGSF

ῥαντίζουσα	τοὺς	κεκοινωμένους	ἁγιάζει	πρὸς	τὴν	τῆς	σαρκὸς
cuando rocía	a los que	se han hecho impuros	santifica	para	la$_1$	de la$_3$	carne,$_4$
4472	3588	2840	37	4314	3588	3588	4561
VPAP-SNF	DAPM	VRPP-PAM	VPAI3S	P	DASF	DGSF	NGSF

καθαρότητα,	14 πόσῳ	μᾶλλον	τὸ	αἷμα	τοῦ	Χριστοῦ,	ὃς	διὰ
purificación$_2$	¡cuánto	más	la	sangre	de --	Cristo,	el que	por medio de
2514	4214	3123	3588	129	3588	5547	3739	1223
NASF	RI-DSN	B	DNSN	NNSN	DGSM	NGSM	RR-NSM	P

πνεύματος	αἰωνίου	ἑαυτὸν	προσήνεγκεν	ἄμωμον	τῷ	θεῷ,	καθαριεῖ
(el) Espíritu	eterno	a sí mismo$_2$	ofreció$_1$	intachable	a --	Dios,	purificará
4151	166	1438	4374	299	3588	2316	2511
NGSN	JGSN	RF3ASM	VAAI3S	JASM	DDSM	NDSM	VFAI3S

τὴν	συνείδησιν	ἡμῶν	ἀπὸ	νεκρῶν	ἔργων	εἰς	τὸ	λατρεύειν	θεῷ
la	conciencia	de nosotros	de	muertas$_2$	obras$_1$	para	--	servir	a(l) Dios
3588	4893	2257	575	3498	2041	1519	3588	3000	2316
DASF	NASF	RP1GP	P	JGPN	NGPN	P	DASN	VPAN	NDSM

ζῶντι.
que está viviendo!
2198
VPAP-SDM

15 Καὶ	διὰ	τοῦτο	διαθήκης	καινῆς	μεσίτης	ἐστίν,	ὅπως
Y	a causa de	esto,	de un pacto$_3$	nuevo,$_4$	mediador$_2$	es$_1$	a fin de que
2532	1223	5124	1242	2537	3316	2076	3704
CLN	P	RD-ASN	NGSF	JGSF	NNSM	VPAI3S	CAP

θανάτου	γενομένου	εἰς	ἀπολύτρωσιν	τῶν	ἐπὶ	τῇ	πρώτῃ	διαθήκῃ
una muerte$_2$	habiendo sucedido$_1$	para	redención	de las$_1$	en$_3$	el$_4$	primer$_5$	pacto,$_6$
2288	1096	1519	629	3588	1909	3588	4413	1242
NGSM	VAMP-SGM	P	NASF	DGPF	P	DDSF	JDSF	NDSF

παραβάσεων	τὴν	ἐπαγγελίαν	λάβωσιν	οἱ	κεκλημένοι	τῆς	αἰωνίου
transgresiones$_2$	la$_{10}$	promesa$_{11}$	reciban$_9$	los que$_7$	han sido llamados$_8$	de la$_{12}$	eterna.$_{14}$
3847	3588	1860	2983	3588	2564	3588	166
NGPF	DASF	NASF	VAAS3P	DNPM	VRPP-PNM	DGSF	JGSF

κληρονομίας.	16 ὅπου	γὰρ	διαθήκη,	θάνατον	ἀνάγκη	φέρεσθαι	τοῦ
herencia$_{13}$	donde$_2$	Porque$_1$	(hay) un pacto$_3$	(la) muerte$_6$	necesidad de$_4$	ser traída$_5$	del que
2817	3699	1063	1242	2288	318	5342	3588
NGSF	CAL, B	CLX	NNSF	NASM	NNSF	VPPN	DGSM

διαθεμένου·	17 διαθήκη	γὰρ	ἐπὶ	νεκροῖς	βεβαία,	ἐπεὶ	μήποτε
hizo un testamento;	un pacto$_2$	porque$_1$	sobre	muertos	(es) firme,	puesto que	nunca
1303	1242	1063	1909	3498	949	1893	3379
VAMP-SGM	NNSF	CAZ	P	JDPM	JNSF	CAZ	TN, BN

ἰσχύει	ὅτε	ζῇ	ὁ	διαθέμενος.	18 ὅθεν	οὐδὲ	ἡ	πρώτη
tiene fuerza	cuando	vive	el que	ha hecho un testamento.	Así que,	ni	el	primer
2480	3753	2198	3588	1303	3606	3761	3588	4413
VPAI3S	CAT	VPAI3S	DNSM	VAMP-SNM	CLI	BN, TN	DNSF	JNSF

χωρὶς	αἵματος	ἐγκεκαίνισται·	19 λαληθείσης	γὰρ	πάσης	ἐντολῆς
sin$_2$	sangre.$_3$	ha sido puesto en vigencia$_1$	habiendo sido dicho$_4$	Porque$_1$	todo$_2$	mandamiento$_3$
5565	129	1457	2980	1063	3956	1785
P, B	NGSN	VRPI3S	VAPP-SGF	CLX	JGSF	NGSF

κατὰ	τὸν	νόμον	ὑπὸ	Μωϋσέως	παντὶ	τῷ	λαῷ,	λαβὼν	τὸ
conforme a$_{10}$	a la$_{11}$	ley,$_{12}$	por$_5$	Moisés$_6$	a todo$_7$	el$_8$	pueblo,$_9$	habiendo tomando	la
2596	3588	3551	5259	3475	3956	3588	2992	2983	3588
P	DASM	NASM	P	NGSM	JDSM	DDSM	NDSM	VAAP-SNM	DASN

NVI

eterno. 13 La sangre de
machos cabríos y de
toros, y las cenizas de
una novilla rociadas
sobre personas impuras,
las santifican de modo
que quedan limpias por
fuera. 14 Si esto es así,
¡cuánto más la sangre de
Cristo, quien por medio
del Espíritu eterno se
ofreció sin mancha a
Dios, purificará nuestra
conciencia de las obras
que conducen a la muer-
te, a fin de que sirvamos
al Dios viviente!
15 Por eso Cristo es
mediador de un nuevo
pacto, para que los
llamados reciban la he-
rencia eterna prometida,
ahora que él ha muerto
para liberarlos de los
pecados cometidos bajo
el primer pacto.
16 En el caso de un
testamento, es necesario
constatar la muerte
del testador, 17 pues
un testamento solo
adquiere validez cuando
el testador muere, y no
entra en vigor mientras
vive. 18 De ahí que ni
siquiera el primer pacto
se haya establecido sin
sangre. 19 Después de
promulgar todos los
mandamientos de la ley
a todo el pueblo, Moisés
tomó la sangre de los

RVR

de los becerros y de los
machos cabríos, con
agua, lana escarlata e
hisopo, y roció el libro
mismo y también a
todo el pueblo,
20 diciendo: Ésta es la
sangre del pacto que
Dios ha ordenado para
vosotros.
21 Y de la misma manera
roció con la sangre
tanto el tabernáculo
como todos los vasos
del ministerio.
22 Y casi todo es purifi-
cado, según la ley, con
sangre; y sin derrama-
miento de sangre, no
hay perdón de pecados.

El sacrificio de Cristo quita el pecado

23 Fue, pues, necesario
que las figuras de las
cosas celestiales fuesen
purificadas así; pero las
cosas celestiales mismas,
con mejores sacrificios
que éstos.
24 Porque no entró
Cristo en un santuario
hecho de mano, figura
del verdadero, sino en
el cielo mismo para
presentarse ahora por
nosotros en la presencia
de Dios;
25 ni tampoco para
ofrecerse muchas veces,
como entra el sumo sa-
cerdote en el santuario
cada año con sangre
ajena;

αἷμα	τῶν	⌜μόσχων	μετὰ	ὕδατος	καὶ	ἐρίου	κοκκίνου	καὶ	ὑσσώπου
sangre	de los	terneros,	con	agua	y	lana	escarlata	e	hisopo$_{1}$
129	3588	3448	3326	5204	2532	2053	2847	2532	5301
NASN	*DGPM*	*NGPM*	*P*	*NGSN*	*CLN*	*NGSN*	*JGSN*	*CLN*	*NGSM*

αὐτό	τε	τὸ	βιβλίον	καὶ	πάντα	τὸν	λαὸν	ἐράντισεν,	20 λέγων·
mismo$_{6}$	y$_{3}$	al$_{4}$	rollo$_{5}$	y$_{7}$	a todo$_{8}$	el$_{9}$	pueblo,$_{10}$	roció$_{2}$	diciendo:
846	5037	3588	975	2532	3956	3588	2992	4472	3004
RP3ASNA	*CLK*	*DASN*	*NASN*	*CLK, CLN*	*JASM*	*DASM*	*NASM*	*VAAI3S*	*VPAP-SNM*

Τοῦτο	τὸ	αἷμα	τῆς	διαθήκης	ἧς	ἐνετείλατο	πρὸς	ὑμᾶς	ὁ	θεός·
Esto	(es) la	sangre	del	pacto,	el que$_{1}$	mandó$_{4}$	a$_{5}$	vosotros.$_{6}$	--$_{2}$	Dios$_{3}$
5124	3588	129	3588	1242	3739	1781	4314	5209	3588	2316
RD-NSN	*DNSN*	*NNSN*	*DGSF*	*NGSF*	*RR-GSF*	*VAMI3S*	*P*	*RP2AP*	*DNSM*	*NNSM*

21 καὶ	τὴν	σκηνὴν	δὲ	καὶ	πάντα	τὰ	σκεύη	τῆς	λειτουργίας
también$_{6}$	el$_{7}$	tabernáculo$_{8}$	Mas$_{1}$	también$_{9}$	todos$_{10}$	los$_{11}$	objetos$_{12}$	del$_{13}$	servicio.$_{14}$
2532	3588	4633	1161	2532	3956	3588	4632	3588	3009
CLK	*DASF*	*NASF*	*CLN*	*CLK, CLN*	*JAPN*	*DAPN*	*NAPN*	*DGSF*	*NGSF*

τῷ	αἵματι	ὁμοίως	ἐράντισεν.	22 καὶ	σχεδὸν	ἐν	αἵματι	πάντα
con la$_{4}$	sangre$_{5}$	igualmente$_{2}$	roció$_{3}$	Y$_{1}$	casi$_{2}$	con$_{5}$	sangre,$_{6}$	todas las cosas$_{3}$
3588	129	3668	4472	2532	4975	1722	129	3956
DDSN	*NDSN*	*B*	*VAAI3S*	*CLN*	*B*	*P*	*NDSN*	*JNPN*

καθαρίζεται	κατὰ	τὸν	νόμον,	καὶ	χωρὶς	αἱματεκχυσίας	οὐ	γίνεται
son purificadas$_{4}$	según	la	ley;	y	sin	derramamiento de sangre	no	llega a haber
2511	2596	3588	3551	2532	5565	130	3756	1096
VPPI3S	*P*	*DASM*	*NASM*	*CLN*	*P, B*	*NGSF*	*BN, TN*	*VPUI3S*

ἄφεσις.
perdón.
859
NNSF

23 Ἀνάγκη	οὖν	τὰ	μὲν	ὑποδείγματα	τῶν	ἐν	τοῖς
(hay) necesidad$_{2}$	Así que,$_{1}$	(que) las$_{4}$	ciertamente,$_{3}$	figuras$_{5}$	de las cosas	(que hay) en	los
318	3767	3588	3303	5262	3588	1722	3588
NNSF	*CLI*	*DAPN*	*TK, C*	*NAPN*	*DGPN*	*P*	*DDPM*

οὐρανοῖς	τούτοις	καθαρίζεσθαι,	αὐτὰ	δὲ	τὰ	ἐπουράνια
cielos	con estas cosas,$_{2}$	ser purificadas$_{1}$	(las) mismas cosas$_{6}$	mas$_{3}$	las$_{4}$	celestiales$_{5}$
3772	5125	2511	846	1161	3588	2032
NDPM	*RD-DPN*	*VPPN*	*RP3APNA*	*CLK, CLC*	*DAPN*	*JAPN*

κρείττοσι	θυσίαις	παρὰ	ταύτας.	24 οὐ	γὰρ	εἰς	χειροποίητα
con mejores	sacrificios	que	estas.	no$_{3}$	Porque$_{1}$	a$_{5}$	hecho a mano,$_{7}$
2909	2378	3844	3778	3756	1063	1519	5499
JDPF	*NDPF*	*P*	*RD-APF*	*CLK,TN,B*	*CLX*	*P*	*JAPN*

εἰσῆλθεν	ἅγια	Χριστός,	ἀντίτυπα	τῶν	ἀληθινῶν,	ἀλλ᾽	εἰς
entró$_{4}$	(lugar) santo$_{6}$	Cristo$_{2}$	representaciones	de los	verdaderos,	sino	a(l)
1525	39	5547	499	3588	228	235	1519
VAAI3S	*JAPN*	*NNSM*	*JAPN*	*DGPN*	*JGPN*	*CLK, CLC*	*P*

αὐτὸν	τὸν	οὐρανόν,	νῦν	ἐμφανισθῆναι	τῷ	προσώπῳ	τοῦ	θεοῦ	ὑπὲρ
mismo	--	cielo,	ahora	para comparecer	en la	presencia	de --	Dios	por
846	3588	3772	3568	1718	3588	4383	3588	2316	5228
RP3ASMP	*DASM*	*NASM*	*B*	*VAPN*	*DDSN*	*NDSN*	*DGSM*	*NGSM*	*P*

ἡμῶν·	25 οὐδ᾽	ἵνα	πολλάκις	προσφέρῃ	ἑαυτόν,	ὥσπερ	ὁ	ἀρχιερεὺς
nosotros;	ni	para	muchas veces,$_{3}$	ofrecerse$_{1}$	a sí mismo$_{2}$	tal como	el	sumo sacerdote
2257	3761	2443	4178	4374	1438	5618	3588	749
RP1GP	*BN,TN*	*CAP*	*B*	*VPAS3S*	*RF3ASM*	*CAM*	*DNSM*	*NNSM*

εἰσέρχεται	εἰς	τὰ	ἅγια*	κατ᾽	ἐνιαυτὸν	ἐν	αἵματι	ἀλλοτρίῳ,
entra	a	los	santos,	cada	año	con	sangre	ajena,
1525	1519	3588	39	2596	1763	1722	129	245
VPUI3S	*P*	*DAPN*	*JAPN*	*P*	*NASM*	*P*	*NDSN*	*JDSN*

NVI

becerros junto con agua,
lana escarlata y ramas de
hisopo, y roció el libro
de la ley y a todo el pue-
blo, 20 diciendo: «Esta
es la sangre del pacto
que Dios ha mandado
que ustedes cumplan».
21 De la misma manera
roció con la sangre el
tabernáculo y todos los
objetos que se usaban en
el culto. 22 De hecho, la
ley exige que casi todo
sea purificado con san-
gre, pues sin derrama-
miento de sangre no hay
perdón.
23 Así que era nece-
sario que las copias de
las realidades celestiales
fueran purificadas con
esos sacrificios, pero que
las realidades mismas
lo fueran con sacrificios
superiores a aquellos.
24 En efecto, Cristo no
entró en un santua-
rio hecho por manos
humanas, simple copia
del verdadero santuario,
sino en el cielo mismo,
para presentarse ahora
ante Dios en favor
nuestro. 25 Ni entró en
el cielo para ofrecerse
vez tras vez, como entra
el sumo sacerdote en el
Lugar Santísimo cada
año con sangre ajena.

9:19⌜ Manuscritos importantes tienen *y de los machos cabríos.* **9:25*** O sea *el lugar santísimo.*

RVR

26 de otra manera le
hubiera sido necesario
padecer muchas veces
desde la fundación del
mundo; pero ahora, en
la consumación de los
siglos, ha sido manifes-
tado una vez para siem-
pre por el sacrificio de sí
mismo para quitar de en
medio el pecado.
27 Y de la misma manera
que está reservado a los
hombres el morir una
sola vez, y después de
esto el juicio,
28 así también Cristo fue
ofrecido una sola vez
para llevar los pecados
de muchos; y aparecerá
por segunda vez, sin
relación con el pecado, a
los que le esperan ansio-
samente para salvación.
10 Porque la ley,
teniendo la
sombra de los bienes
venideros, no la repre-
sentación misma de las
cosas, nunca puede, por
los mismos sacrificios
que se ofrecen continua-
mente cada año, hacer
perfectos a los que se
acercan.
2 De otra manera cesa-
rían de ofrecerse, pues
los que tributan este cul-
to, limpios de una vez,
no tendrían ya ninguna
conciencia de pecado.
3 Pero en estos sacrificios
cada año se hace memo-
ria de los pecados;
4 porque la sangre de los

26 ἐπεὶ	ἔδει	αὐτὸν	πολλάκις	παθεῖν	ἀπὸ	καταβολῆς	κόσμου·
de otro modo,	era necesario	a él	muchas veces$_2$	padecer$_1$	desde	(la) fundación	de(l) mundo,
1893	1163	846	4178	3958	575	2602	2889
CAZ	*VIAI3S*	*RP3ASM*	*B*	*VAAN*	*P*	*NGSF*	*NGSM*

νυνὶ	δὲ	ἅπαξ	ἐπὶ	συντελείᾳ	τῶν	αἰώνων	εἰς	ἀθέτησιν	ἁμαρτίας
ahora$_2$	mas$_1$	una vez$_4$	en$_5$	(la) consumación$_6$	de los$_7$	siglos$_8$	para$_9$	anulación$_{10}$	de(l) pecado$_{11}$
3570	1161	530	1909	4930	3588	165	1519	115	266
B	*CLC*	*B*	*P*	*NDSF*	*DGPM*	*NGPM*	*P*	*NASF*	*NGSF*

διὰ	τῆς	θυσίας	αὐτοῦ	πεφανέρωται.	27 καὶ	καθ'	ὅσον	ἀπόκειται
por medio de$_{12}$	el$_{13}$	sacrificio$_{14}$	de él.$_{15}$	ha sido manifestado$_3$	Y	por	cuanto	está reservado
1223	3588	2378	846	5319	2532	2596	3745	606
P	*DGSF*	*NGSF*	*RP3GSM*	*VRPI3S*	*CLN*	*P*	*RK-ASN*	*VPUI3S*

τοῖς	ἀνθρώποις	ἅπαξ	ἀποθανεῖν,	μετὰ	δὲ	τοῦτο	κρίσις,	28 οὕτως
a los	seres humanos	una vez,$_2$	morir$_1$	después de	y	esto	(el) juicio	así
3588	444	530	599	3326	1161	5124	2920	3779
DDPM	*NDPM*	*B*	*VAAN*	*P*	*CLN*	*RD-ASN*	*NNSF*	*B*

καὶ	ὁ	Χριστός,	ἅπαξ	προσενεχθεὶς	εἰς	τὸ	πολλῶν	ἀνενεγκεῖν
también	el	Cristo	una vez$_2$	habiendo sido ofrecido$_1$	para$_3$	--$_4$	de muchos,$_7$	llevar sobre sí$_5$
2532	3588	5547	530	4374	1519	3588	4183	399
BE, TE	*DNSM*	*NNSM*	*B*	*VAPP-SNM*	*P*	*DASN*	*JGPM*	*VAAN*

ἁμαρτίας,	ἐκ	δευτέρου	χωρὶς	ἁμαρτίας	ὀφθήσεται	τοῖς	αὐτὸν
(los) pecados$_6$	por$_9$	segunda vez$_{10}$	sin$_{11}$	pecado$_{12}$	aparecerá$_8$	a los que	a él
266	1537	1208	5565	266	3700	3588	846
NAPF	*P*	*JGSM, JGSN*	*P, B*	*NGSF*	*VFPI3S*	*DDPM*	*RP3ASM*

ἀπεκδεχομένοις	εἰς	σωτηρίαν.
están aguardando	para	salvación.
553	1519	4991
VPUP-PDM	*P*	*NASF*

10 Σκιὰν	γὰρ	ἔχων	ὁ	νόμος	τῶν	μελλόντων	ἀγαθῶν,	οὐκ
sombra$_5$	Porque$_1$	teniendo$_4$	la$_2$	ley$_3$	de los$_7$	venideros,$_8$	bienes$_6$	no$_9$
4639	1063	2192	3588	3551	3588	3195	18	3756
NASF	*CAZ*	*VPAP-SNM*	*DNSM*	*NNSM*	*DGPN*	*VPAP-PGN*	*JGPN*	*BN, TN*

αὐτὴν	τὴν	εἰκόνα	τῶν	πραγμάτων,	κατ'	ἐνιαυτὸν	ταῖς	αὐταῖς
misma$_{11}$	la$_{10}$	imagen$_{12}$	de las$_{13}$	cosas,$_{14}$	cada$_{17}$	año$_{18}$	con los$_{19}$	mismos$_{20}$
846	3588	1504	3588	4229	2596	1763	3588	846
RP3ASFP	*DASF*	*NASF*	*DGPN*	*NGPN*	*P*	*NASM*	*DDPF*	*RP3DPFA, JDPF*

θυσίαις	ἃς	προσφέρουσιν	εἰς	τὸ	διηνεκὲς	οὐδέποτε	δύναται
sacrificios,$_{21}$	los que$_{22}$	ofrecen$_{23}$	para$_{24}$	--$_{25}$	continuamente$_{26}$	nunca$_{15}$	puede$_{16}$
2378	3739	4374	1519	3588	1336	3763	1410
NDPF	*RR-APF*	*VPAI3P*	*P*	*DASN*	*JASN*	*BN*	*VPUI3S*

τοὺς	προσερχομένους	τελειῶσαι·	2 ἐπεὶ	οὐκ	ἂν	ἐπαύσαντο
a los que$_{27}$	se acercan;$_{28}$	perfeccionar$_{25}$	de otro modo,	¿no	--	habría cesado
3588	4334	5048	1893	3756	302	3973
DAPM	*VPUP-PAM*	*VAAN*	*CAZ*	*TN, TI*	*TC*	*VAMI3P*

προσφερόμεναι,	διὰ	τὸ	μηδεμίαν	ἔχειν	ἔτι	συνείδησιν	ἁμαρτιῶν
de ser ofrecidos,	a causa de	--$_7$	ninguna$_6$	tener$_8$	ya$_5$	conciencia$_9$	de pecados?$_{10}$
4374	1223	3588	3367	2192	2089	4893	266
VPPP-PNF	*P*	*DASN*	*JASF*	*VPAN*	*B*	*NASF*	*NGPF*

τοὺς	λατρεύοντας	ἅπαξ	κεκαθαρισμένους;	3 ἀλλ'	ἐν	αὐταῖς
los que$_1$	rinden culto$_2$	una vez$_4$	habiendo sido purificados$_3$	Pero	en	ellas
3588	3000	530	2511	235	1722	846
DAPM	*VPAP-PAM*	*B*	*VRPP-PAM*	*CLC*	*P*	*RP3DPF*

ἀνάμνησις	ἁμαρτιῶν	κατ'	ἐνιαυτόν,	4 ἀδύνατον	γὰρ	αἷμα
(se hace) un recuerdo	de pecados	cada	año;	(es) imposible$_2$	porque$_1$	(que la) sangre
364	266	2596	1763	102	1063	129
NNSF	*NGPF*	*P*	*NASM*	*JNSN*	*CAZ*	*NASN, NNSN*

NVI

26 Si así fuera, Cristo
habría tenido que sufrir
muchas veces desde la
creación del mundo.
Al contrario, ahora, al
final de los tiempos, se
ha presentado una sola
vez y para siempre a fin
de acabar con el pecado
mediante el sacrificio
de sí mismo. 27 Y así
como está establecido
que los seres humanos
mueran una sola vez, y
después venga el juicio,
28 también Cristo fue
ofrecido en sacrificio
una sola vez para quitar
los pecados de muchos;
y aparecerá por segunda
vez, ya no para cargar con
pecado alguno, sino para
traer salvación a quienes
lo esperan.

El sacrificio de Cristo, ofrecido una vez y para siempre

10 La ley es solo
una sombra de
los bienes venideros, y
no la presencia misma de
estas realidades. Por eso
nunca puede, mediante
los mismos sacrificios
que se ofrecen sin cesar
año tras año, hacer per-
fectos a los que adoran.
2 De otra manera, ¿no
habrían dejado ya de
hacerse sacrificios? Pues
los que rinden culto, pu-
rificados de una vez por
todas, ya no se habrían
sentido culpables de pe-
cado. 3 Pero esos sacrifi-
cios son un recordatorio
anual de los pecados, 4 ya

RVR

toros y de los machos
cabríos no puede quitar
los pecados.
5 Por lo cual, entrando
en el mundo dice:
Sacrificio y ofrenda no
quisiste;
Pero me preparaste un
cuerpo.
6 En holocaustos y
expiaciones por
el pecado no te
complaciste.
7 Entonces dije: He
aquí que vengo, oh
Dios, para hacer tu
voluntad,
Como está escrito de
mí en el rollo del
libro.
8 Diciendo más arriba:
Sacrificio y ofrenda,
holocaustos y expiacio-
nes por el pecado no
quisiste, ni en ellos te
complaciste (las cuales
cosas se ofrecen según
la ley),
9 ha dicho luego: He
aquí que vengo, oh
Dios, para hacer tu
voluntad; quita lo pri-
mero, para establecer lo
segundo.
10 En la cual voluntad
hemos sido santificados
mediante la ofrenda
del cuerpo de Jesucristo
hecha una vez para
siempre.
11 Y en verdad todo
sacerdote está día tras
día ministrando y ofre-
ciendo muchas veces los

ταύρων καὶ τράγων ἀφαιρεῖν ἁμαρτίας. 5 διὸ εἰσερχόμενος
de toros y de machos cabríos quitar pecados. Por lo cual, entrando
5022 2532 5131 851 266 1352 1525
NGPM CLN NGPM VPAN NAPF CLI VPUP-SNM

εἰς τὸν κόσμον λέγει· Θυσίαν καὶ προσφορὰν οὐκ ἠθέλησας,
en el mundo dice: Sacrificio y ofrenda no quisiste;
1519 3588 2889 3004 2378 2532 4376 3756 2309
P DASM NASM VPAI3S NASF CLN NASF CLK, TN, B VAAI2S

σῶμα δὲ κατηρτίσω μοι· 6 ὁλοκαυτώματα καὶ περὶ ἁμαρτίας
un cuerpo$_3$ mas$_1$ preparaste$_2$ a mí;$_4$ holocaustos y por (el) pecado
4983 1161 2675 3427 3646 2532 4012 266
NASN CLK, CLC VAMI2S RP1DS NAPN CLN P NGSF

οὐκ εὐδόκησας. 7 τότε εἶπον· Ἰδοὺ ἥκω, ἐν κεφαλίδι βιβλίου
no fueron de tu agrado. Entonces dije: He aquí vengo, en la parte superior de un rollo
3756 2106 5119 2036 2400 2240 1722 2777 975
BN, TN VAAI2S B VAAI1S I, VAAM2S VPAI1S P NDSF NGSN

γέγραπται περὶ ἐμοῦ, τοῦ ποιῆσαι, ὁ θεός, τὸ θέλημά σου.
ha sido escrito acerca de mí, -- para hacer, -- Dios, la voluntad de ti.
1125 4012 1700 3588 4160 3588 2316 3588 2307 4675
VRPI3S P RP1GS DGSN, DGSM VAAN DNSM NNSM DASN NASN RP2GS

8 ἀνώτερον λέγων ὅτι Θυσίας καὶ προσφορὰς καὶ ὁλοκαυτώματα
más arriba$_2$ diciendo$_1$ que: Sacrificios y ofrendas y holocaustos
511 3004 3754 2378 2532 4376 2532 3646
JASN, B VPAP-SNM CSC NAPF CLN NAPF CLN NAPN

καὶ περὶ ἁμαρτίας οὐκ ἠθέλησας οὐδὲ εὐδόκησας, αἵτινες κατὰ
y acerca de (el) pecado no quisiste; ni fueron de tu agrado, los cuales conforme a$_2$
2532 4012 266 3756 2309 3761 2106 3748 2596
CLN P NGSF BN, TN VAAI2S TN, CLD VAAI2S RR-NPF P

νόμον προσφέρονται, 9 τότε εἴρηκεν· Ἰδοὺ ἥκω τοῦ ⸀ποιῆσαι
(la) ley,$_3$ son ofrecidos$_1$ entonces ha dicho: He aquí, vengo -- para hacer
3551 4374 5119 2046 2400 2240 3588 4160
NASM VPPI3P B VRAI3S I, VAAM2S VPAI1S DGSN, DGSM VAAN

τὸ θέλημά σου. ἀναιρεῖ τὸ πρῶτον ἵνα τὸ δεύτερον στήσῃ.
la voluntad de ti. (Él) quita lo primero, para que$_1$ lo$_3$ segundo;$_4$ estableciera$_2$
3588 2307 4675 337 3588 4413 2443 3588 1208 2476
DASN NASN RP2GS VPAI3S DASN B, J CAP DASN JASN VAAS3S

10 ἐν ᾧ θελήματι ἡγιασμένοι ἐσμὲν διὰ τῆς προσφορᾶς τοῦ
en la cual voluntad santificados$_2$ somos$_1$ por medio de la ofrenda del
1722 3739 2307 37 2070 1223 3588 4376 3588
P RR-DSN NDSN VRPP-PNM VPAI1P P DGSF NGSF DGSN

σώματος Ἰησοῦ Χριστοῦ ἐφάπαξ.
cuerpo de Jesús Cristo una vez para siempre.
4983 2424 5547 2178
NGSN NGSM NGSM B

11 Καὶ πᾶς μὲν ἱερεὺς ἕστηκεν καθ' ἡμέραν λειτουργῶν καὶ
Y$_1$ todo$_3$ ciertamente,$_2$ sacerdote ha estado cada día ministrando y$_1$
2532 3956 3303 2409 2476 2596 2250 3008 2532
CLN JNSM TK, C NNSM VRAI3S, VIAI3S P NASF VPAP-SNM CLN

τὰς αὐτὰς πολλάκις προσφέρων θυσίας, αἵτινες οὐδέποτε δύνανται
los$_3$ mismos$_4$ muchas veces,$_6$ ofreciendo$_2$ sacrificios$_5$ los cuales nunca pueden
3588 846 4178 4374 2378 3748 3763 1410
DAPF RP3APFA, JAPF B VPAP-SNM NAPF RR-NPF BN VPUI3P

NVI

que es imposible que la
sangre de los toros y de
los machos cabríos quite
los pecados.
5 Por eso, al entrar en
el mundo, Cristo dijo:

«A ti no te compla-
cen sacrificios ni
ofrendas;
en su lugar, me prepa-
raste un cuerpo;
6 no te agradaron ni
holocaustos
ni sacrificios por el
pecado.
7 Por eso dije: "Aquí
me tienes
—como el libro dice
de mí—.
He venido, oh
Dios, a hacer tu
voluntad"».

8 Primero dijo:
«Sacrificios y ofrendas,
holocaustos y expiacio-
nes no te complacen ni
fueron de tu agrado»
(a pesar de que la ley
exigía que se ofrecieran).
9 Luego añadió: «Aquí
me tienes: He venido
a hacer tu voluntad».
Así quitó lo prime-
ro para establecer lo
segundo. 10 Y en virtud
de esa voluntad somos
santificados mediante el
sacrificio del cuerpo de
Jesucristo, ofrecido una
vez y para siempre.
11 Todo sacerdote
celebra el culto día tras
día ofreciendo repetidas
veces los mismos sacrifi-
cios, que nunca pueden

10:9⸀ Manuscritos inferiores aumentaron *oh Dios.*

RVR

mismos sacrificios, que
nunca pueden quitar los
pecados;
12 pero Cristo, habiendo
ofrecido un solo sacrifi-
cio por los pecados, para
siempre se ha sentado a
la diestra de Dios,
13 esperando de ahí en
adelante hasta que sus
enemigos sean puestos
por estrado de sus pies;
14 porque con una sola
ofrenda ha hecho per-
fectos para siempre a los
que son santificados.
15 Y nos da testimonio
también el Espíritu
Santo; porque después
de haber dicho:
16 Este es el pacto que
haré con ellos
Después de aquellos
días, dice el Señor:
Pondré mis leyes en
sus corazones,
Y las inscribiré en sus
mentes,
17 añade:
Y nunca más me acor-
daré de sus pecados
e iniquidades.
18 Pues donde hay
perdón de estas cosas,
ya no hay ofrenda por el
pecado.
19 Así que, hermanos,
teniendo entera libertad
para entrar en el Lugar
Santo por la sangre de
Jesucristo,
20 por el camino nuevo
y vivo que él abrió para
nosotros a través del

περιελεῖν	ἁμαρτίας.	12 οὗτος	δὲ	μίαν	ὑπὲρ	ἁμαρτιῶν	προσενέγκας
quitar	(los) pecados;	este$_{2}$	mas$_{1}$	un$_{6}$	por$_{4}$	(los) pecados$_{5}$	habiendo ofrecido$_{3}$
4014	266	3778	1161	1520	5228	266	4374
VAAN	*NAPF*	*RD-NSM*	*CLK, CLC*	*JASF*	*P*	*NGPF*	*VAAP-SNM*

θυσίαν	εἰς	τὸ	διηνεκὲς	ἐκάθισεν	ἐν	δεξιᾷ	τοῦ	θεοῦ,	13 τὸ
sacrificio$_{7}$	a	--	perpetuidad,	se sentó	en	(la) derecha	de --	Dios,	lo
2378	1519	3588	1336	2523	1722	1188	3588	2316	3588
NASF	*P*	*DASN*	*JASN*	*VAAI3S*	*P*	*JDSF*	*DGSM*	*NGSM*	*DASN*

λοιπὸν	ἐκδεχόμενος	ἕως	τεθῶσιν	οἱ	ἐχθροὶ	αὐτοῦ	ὑποπόδιον
que queda	esperando	hasta que	sean puestos$_{4}$	los$_{1}$	enemigos$_{2}$	de él$_{3}$	(por) estrado
3063	1551	2193	5087	3588	2190	846	5286
JASN	*VPUP-SNM*	*CAT*	*VAPS3P*	*DNPM*	*JNPM*	*RP3GSM*	*NASN*

τῶν	ποδῶν	αὐτοῦ,	14 μιᾷ	γὰρ	προσφορᾷ	τετελείωκεν	εἰς	τὸ
de los	pies	de él.	con una sola$_{2}$	Porque$_{1}$	ofrenda	ha perfeccionado	a	--
3588	4228	846	1520	1063	4376	5048	1519	3588
DGPM	*NGPM*	*RP3GSM*	*JDSF*	*CLX*	*NDSF*	*VRAI3S*	*P*	*DASN*

διηνεκὲς	τοὺς	ἁγιαζομένους.	15 μαρτυρεῖ	δὲ	ἡμῖν	καὶ	τὸ
perpetuidad	a los que	van siendo santificados.	testifica$_{6}$	Y$_{1}$	a nosotros;$_{8}$	también$_{7}$	el$_{2}$
1336	3588	37	3140	1161	2254	2532	3588
JASN	*DAPM*	*VPPP-PAM*	*VPAI3S*	*CLN*	*RP1DP*	*BE, TE*	*DNSN*

πνεῦμα	τὸ	ἅγιον,	μετὰ	γὰρ	τὸ	εἰρηκέναι·	16 Αὕτη	ἡ	διαθήκη
Espíritu$_{3}$	--$_{4}$	Santo$_{5}$	después de$_{2}$	porque$_{1}$	--$_{3}$	haber dicho:	Este (es)	el	pacto
4151	3588	40	3326	1063	3588	4483	3778	3588	1242
NNSN	*DNSN*	*JNSN*	*P*	*CAZ*	*DASN*	*VRAN*	*RD-NSF*	*DNSF*	*NNSF*

ἣν	διαθήσομαι	πρὸς	αὐτοὺς	μετὰ	τὰς	ἡμέρας	ἐκείνας,	λέγει	κύριος,
el que	pactaré	con	ellos	después de	los	días	aquellos,	dice	(el) Señor:
3739	1303	4314	846	3326	3588	2250	1565	3004	2962
RR-ASF	*VFMI1S*	*P*	*RP3APM*	*P*	*DAPF*	*NAPF*	*RD-APF*	*VPAI3S*	*NNSM*

διδοὺς	νόμους	μου	ἐπὶ	καρδίας	αὐτῶν,	καὶ	ἐπὶ	τὴν	διάνοιαν
dando	leyes	de mí	en	(los) corazones de	ellos,	y$_{1}$	en$_{4}$	la$_{5}$	mente$_{6}$
1325	3551	3450	1909	2588	846	2532	1909	3588	1271
VPAP-SNM	*NAPM*	*RP1GS*	*P*	*NAPF*	*RP3GPM*	*CLN, B*	*P*	*DASF*	*NASF*

αὐτῶν	ἐπιγράψω	αὐτούς,	17 καὶ	τῶν	ἁμαρτιῶν	αὐτῶν	καὶ	τῶν
de ellos,$_{7}$	escribiré$_{2}$	a ellas$_{3}$	y$_{1}$	de los$_{6}$	pecados$_{7}$	de ellos$_{8}$	y$_{9}$	de las$_{10}$
846	1924	846	2532	3588	266	846	2532	3588
RP3GPM	*VFAI1S*	*RP3APM*	*CLN*	*DGPF*	*NGPF*	*RP3GPM*	*CLN*	*DGPF*

ἀνομιῶν	αὐτῶν	οὐ	μὴ*	μνησθήσομαι	ἔτι.	18 ὅπου	δὲ	ἄφεσις
iniquidades$_{11}$	de ellos.$_{12}$	no$_{2}$	no$_{3}$	recordaré$_{4}$	ya más$_{5}$	donde (hay)$_{2}$	Mas$_{1}$	perdón
458	846	3756	3361	3403	2089	3699	1161	859
NGPF	*RP3GPM*	*BN, TN*	*BN, TN*	*VFPI1S*	*B*	*CAL, B*	*CLN*	*NNSF*

τούτων,	οὐκέτι	προσφορὰ	περὶ	ἁμαρτίας.
de estos,	ya no (hay)	ofrenda	por	(el) pecado.
5130	3765	4376	4012	266
RD-GPF	*BN*	*NNSF*	*P*	*NGSF*

19 Ἔχοντες	οὖν,	ἀδελφοί,	παρρησίαν	εἰς	τὴν	εἴσοδον	τῶν
teniendo$_{3}$	Así que,$_{1}$	hermanos,$_{2}$	confianza	para	la	entrada	de los
2192	3767	80	3954	1519	3588	1529	3588
VPAP-PNM	*CLI*	*NVPM*	*NASF*	*P*	*DASF*	*NASF*	*DGPN*

ἁγίων*	ἐν	τῷ	αἵματι	Ἰησοῦ,	20 ἣν	ἐνεκαίνισεν	ἡμῖν	ὁδὸν
santos	por	la	sangre	de Jesús,	la cual	abrió	para nosotros	un camino
39	1722	3588	129	2424	3739	1457	2254	3598
JGPN	*P*	*DDSN*	*NDSN*	*NGSM*	*RR-ASF*	*VAAI3S*	*RP1DP*	*NASF*

πρόσφατον	καὶ	ζῶσαν	διὰ	τοῦ	καταπετάσματος,	τοῦτ᾽	ἔστιν
nuevo	y	que vive,	a través de	el	velo,	esto	es,
4372	2532	2198	1223	3588	2665	5124	2076
JASF	*CLN*	*VPAP-SAF*	*P*	*DGSN*	*NGSN*	*RD-NSN*	*VPAI3S*

NVI

quitar los pecados.
12 Pero este sacerdote,
después de ofrecer por
los pecados un solo
sacrificio para siempre,
se sentó a la derecha de
Dios, 13 en espera de que
sus enemigos sean pues-
tos por estrado de sus
pies. 14 Porque con un
solo sacrificio ha hecho
perfectos para siempre a
los que está santificando.
15 También el Espíritu
Santo nos da testimonio
de ello. Primero dice:

16 «Este es el pacto que
haré con ellos
después de aquel
tiempo —dice el
Señor—:
Pondré mis leyes en su
corazón,
y las escribiré en su
mente».

17 Después añade:

«Y nunca más me
acordaré de sus pe-
cados y maldades».

18 Y, cuando estos han
sido perdonados, ya no
hace falta otro sacrificio
por el pecado.

Llamada a la perseverancia

19 Así que, hermanos,
mediante la sangre de
Jesús, tenemos plena
libertad para entrar en el
Lugar Santísimo, 20 por
el camino nuevo y vivo
que él nos ha abierto a
través de la cortina, es

10:17* O sea *de ninguna manera.* **10:19*** O sea *el lugar santísimo.*

RVR

velo, esto es, de su carne,
21 y teniendo un gran
sacerdote sobre la casa
de Dios,
22 acerquémonos con
corazón sincero, en
plena certidumbre
de fe, teniendo los
corazones purificados
de mala conciencia, y
los cuerpos lavados con
agua pura.
23 Mantengamos firme,
sin fluctuar, la profesión
de nuestra esperanza,
porque fiel es el que
prometió.
24 Y considerémonos
unos a otros para esti-
mularnos al amor y a las
buenas obras;
25 no dejando de
congregarnos, como
algunos tienen por
costumbre, sino exhor-
tándonos; y tanto más,
cuanto que veis que
aquel día se acerca.

Advertencia al que continúa pecando deliberadamente

26 Porque si continua-
mos pecando volun-
tariamente después de
haber recibido el cono-
cimiento de la verdad, ya
no queda más sacrificio
por los pecados,
27 sino una horrenda ex-
pectación de juicio, y un
fuego airado, que está a
punto de consumir a los
adversarios.
28 El que viola la ley de
Moisés, por el testimonio
de dos o de tres testigos
muere sin compasión.

τῆς	σαρκὸς	αὐτοῦ,	21 καὶ	ἱερέα	μέγαν	ἐπὶ	τὸν	οἶκον	τοῦ
de la	carne	de él,	y	(teniendo) un sacerdote	grande	sobre	la	casa	de --
3588	4561	846	2532	2409	3173	1909	3588	3624	3588
DGSF	NGSF	RP3GSM	CLN	NASM	JASM	P	DASM	NASM	DGSM

θεοῦ,	22 προσερχώμεθα	μετὰ	ἀληθινῆς	καρδίας	ἐν	πληροφορίᾳ
Dios,	acerquémonos	con	genuino,$_2$	un corazón$_1$	en	seguridad plena
2316	4334	3326	228	2588	1722	4136
NGSM	VPUS1P	P	JGSF	NGSF	P	NDSF

πίστεως,	ῥεραντισμένοι	τὰς	καρδίας	ἀπὸ	συνειδήσεως	πονηρᾶς
de fe,	habiendo sido rociados	los	corazones	de	conciencia	malvada
4102	4472	3588	2588	575	4893	4190
NGSF	VRPP-PNM	DAPF	NAPF	P	NGSF	JGSF

καὶ	λελουσμένοι	τὸ	σῶμα	ὕδατι	καθαρῷ·	23 κατέχωμεν	τὴν
y	habiendo sido lavados	el	cuerpo	con agua	pura;	retengamos	la
2532	3068	3588	4983	5204	2513	2722	3588
CLN	VRPP-PNM	DASN	NASN	NDSN	JDSN	VPAS1P	DASF

ὁμολογίαν	τῆς	ἐλπίδος	ἀκλινῆ,	πιστὸς	γὰρ	ὁ	ἐπαγγειλάμενος·
confesión	de la	esperanza	firme,	(es) fiel,$_4$	porque$_1$	el que$_2$	prometió$_3$
3671	3588	1680	186	4103	1063	3588	1861
NASF	DGSF	NGSF	JASF	JNSM	CAZ	DNSM	VAMP-SNM

24 καὶ	κατανοῶμεν	ἀλλήλους	εἰς	παροξυσμὸν	ἀγάπης	καὶ	καλῶν
y	consideremos	unos a otros	para	estímulo	de(l) amor	y	de (las) buenas
2532	2657	240	1519	3948	26	2532	2570
CLN	VPAS1P	RC-APM	P	NASM	NGSF	CLN	JGPN

ἔργων,	25 μὴ	ἐγκαταλείποντες	τὴν	ἐπισυναγωγὴν	ἑαυτῶν,	καθὼς
obras,	no	abandonando	la	congregación	de vosotros mismos,	como
2041	3361	1459	3588	1997	1438	2531
NGPN	BNTN	VPAP-PNM	DASF	NASF	RF1GPM	CAM

ἔθος	τισίν,	ἀλλὰ	παρακαλοῦντες,	καὶ	τοσούτῳ	μᾶλλον	ὅσῳ
(es) costumbre	para algunos,	sino	exhortándoos,	y	tanto	más	cuanto
1485	5100	235	3870	2532	5118	3123	3745
NNSN	RX-DPM	CLC	VPAP-PNM	CLN, B	RD-DSN	B	RK-DSN

βλέπετε	ἐγγίζουσαν	τὴν	ἡμέραν.
veis	que se acerca	el	día.
991	1448	3588	2250
VPAI2P	VPAP-SAF	DASF	NASF

26 Ἑκουσίως	γὰρ	ἁμαρτανόντων	ἡμῶν	μετὰ	τὸ	λαβεῖν	τὴν
voluntariamente$_4$	Porque$_1$	pecando$_3$	nosotros$_2$	después de	--	recibir	el
1596	1063	264	2257	3326	3588	2983	3588
B	CAZ	VPAP-PGM	RP1GP	P	DASN	VAAN	DASF

ἐπίγνωσιν	τῆς	ἀληθείας,	οὐκέτι	περὶ	ἁμαρτιῶν	ἀπολείπεται	θυσία,
conocimiento pleno	de la	verdad,	ya no$_1$	por$_4$	(los) pecados,$_5$	queda$_2$	sacrificio$_3$
1922	3588	225	3765	4012	266	620	2378
NASF	DGSF	NGSF	BN	P	NGPF	VPPI3S	NNSF

27 φοβερὰ	δέ	τις	ἐκδοχὴ	κρίσεως	καὶ	πυρὸς	ζῆλος	ἐσθίειν
terrible$_4$	mas$_1$	una$_2$	expectación$_3$	de juicio$_5$	y	de fuego$_2$	celo$_1$	para devorar$_4$
5398	1161	5100	1561	2920	2532	4442	2205	2068
JNSF	CLC	JNSF, RX-NSF	NNSF	NGSF	CLN	NGSN	NNSM, NNSN	VPAN

μέλλοντος	τοὺς	ὑπεναντίους.	28 ἀθετήσας	τις	νόμον	Μωϋσέως
viniendo$_3$	a los	adversarios.	habiendo rechazado$_2$	alguien$_1$	(la) ley$_3$	de Moisés,$_4$
3195	3588	5227	114	5100	3551	3475
VPAP-SGN	DAPM	JAPM	VAAP-SNM	RX-NSM	NASM	NGSM

χωρὶς	οἰκτιρμῶν	ἐπὶ	δυσὶν	ἢ	τρισὶν	μάρτυσιν	ἀποθνῄσκει·
sin$_6$	compasiones,$_7$	con base en$_8$	dos$_9$	o$_{10}$	tres$_{11}$	testigos;$_{12}$	muere$_5$
5565	3628	1909	1417	2228	5140	3144	599
P, B	NGPM	P	JDPM	CLD	JDPM	NDPM	VPAI3S

NVI

decir, a través de su cuer-
po; 21 y tenemos además
un gran sacerdote al
frente de la familia de
Dios. 22 Acerquémonos,
pues, a Dios con cora-
zón sincero y con la ple-
na seguridad que da la
fe, interiormente purifi-
cados de una conciencia
culpable y exteriormen-
te lavados con agua
pura. 23 Mantengamos
firme la esperanza que
profesamos, porque fiel
es el que hizo la prome-
sa. 24 Preocupémonos
los unos por los otros,
a fin de estimularnos
al amor y a las buenas
obras. 25 No dejemos
de congregarnos, como
acostumbran hacerlo
algunos, sino animémo-
nos unos a otros, y con
mayor razón ahora que
vemos que aquel día se
acerca.
26 Si después de
recibir el conocimiento
de la verdad pecamos
obstinadamente, ya no
hay sacrificio por los
pecados. 27 Solo queda
una terrible expectativa
de juicio, el fuego ar-
diente que ha de devorar
a los enemigos de Dios.
28 Cualquiera que re-
chazaba la ley de Moisés
moría irremediable-
mente por el testimonio
de dos o tres testigos.

RVR

[29] ¿Cuánto mayor casti-
go pensáis que merecerá
el que haya hollado al
Hijo de Dios, y haya
tenido por inmunda
la sangre del pacto en
la cual fue santificado,
y haya ultrajado al
Espíritu de gracia?
[30] Pues conocemos al
que dijo: Mía es la ven-
ganza, yo daré el pago,
dice el Señor. Y otra
vez: El Señor juzgará a
su pueblo.
[31] ¡Horrenda cosa es
caer en manos del Dios
vivo!
[32] Pero traed a la memo-
ria los días pasados, en
los cuales, después de
haber sido iluminados,
sostuvisteis gran comba-
te de padecimientos;
[33] por una parte, siendo
expuestos públicamente
a ultrajes y aflicciones;
por otra, siendo compa-
ñeros de los que estaban
en una situación seme-
jante.
[34] Porque también os
compadecisteis de los
presos, y sufristeis con
gozo el despojo de vues-
tros bienes, sabiendo
que tenéis para vosotros
una mejor y perdurable
posesión en los cielos.
[35] No perdáis, pues,
vuestra confianza, que
tiene gran galardón,

[29] πόσῳ δοκεῖτε χείρονος ἀξιωθήσεται τιμωρίας ὁ τὸν υἱὸν τοῦ
¿Cuánto$_{1}$ pensáis$_{4}$ peor$_{2}$ será tenido por digno$_{5}$ castigo$_{3}$ el (que)$_{6}$ al$_{8}$ Hijo$_{9}$ de$_{10}$
4214 1380 5501 515 5098 3588 3588 5207 3588
RI-DSN VPAI2P JGSF VFPI3S NGSF DNSM DASM NASM DGSM

θεοῦ καταπατήσας, καὶ τὸ αἷμα τῆς διαθήκης κοινὸν ἡγησάμενος
Dios,$_{11}$ pisoteó$_{7}$ también$_{12}$ a la$_{13}$ sangre$_{14}$ del$_{15}$ pacto$_{16}$ común,$_{18}$ ha considerado$_{17}$
2316 2662 2532 3588 129 3588 1242 2839 2233
NGSM VAAP-SNM CLN DASN NASN DGSF NGSF JASN VAMP-SNM

ἐν ᾧ ἡγιάσθη, καὶ τὸ πνεῦμα τῆς χάριτος ἐνυβρίσας. [30] οἴδαμεν
en la cual fue santificado, y$_{1}$ al$_{3}$ Espíritu$_{4}$ de la$_{5}$ gracia?$_{6}$ ultrajó$_{2}$ conocemos$_{2}$
1722 3739 37 2532 3588 4151 3588 5485 1796 1492
P RR-DSN VAPI3S CLN DASN NASN DGSF NGSF VAAP-SNM VRAI1P

γὰρ τὸν εἰπόντα· Ἐμοὶ ἐκδίκησις, ἐγὼ ⌜ἀνταποδώσω· καὶ πάλιν·
Porque$_{1}$ al que dijo: Mía (es la) venganza, yo restituiré. Y otra vez:
1063 3588 2036 1698 1557 1473 467 2532 3825
CAZ DASM VAAP-SAM RP1DS NNSF RP1NS VFAI1S CLN B

Κρινεῖ κύριος τὸν λαὸν αὐτοῦ. [31] φοβερὸν τὸ ἐμπεσεῖν εἰς
juzgará$_{2}$ (El) Señor$_{1}$ al pueblo de él. ¡Terrible (es) el caer en
2919 2962 3588 2992 846 5398 3588 1706 1519
VFAI3S, VPAI3S NNSM DASM NASM RP3GSM JNSN DNSN VAAN P

χεῖρας θεοῦ ζῶντος.
(las) manos (del) Dios viviente!
5495 2316 2198
NAPF NGSM VPAP-SGM

[32] Ἀναμιμνῄσκεσθε δὲ τὰς πρότερον ἡμέρας, ἐν αἷς
recordad$_{2}$ Mas$_{1}$ los$_{3}$ anteriores,$_{5}$ días$_{4}$ en los que,
363 1161 3588 4386 2250 1722 3739
VPPM2P, VPMM2P CLC DAPF J, B NAPF P RR-DPF

φωτισθέντες πολλὴν ἄθλησιν ὑπεμείνατε παθημάτων, [33] τοῦτο
habiendo sido iluminados, gran$_{2}$ lucha$_{3}$ soportasteis$_{1}$ de padecimientos,$_{4}$ esto$_{1}$
5461 4183 119 5278 3804 5124
VAPP-PNM JASF NASF VAAI2P NGPN RD-ASN

μὲν ὀνειδισμοῖς τε καὶ θλίψεσιν θεατριζόμενοι, τοῦτο
ciertamente$_{2}$ a insultos$_{4}$ y$_{5}$ también$_{6}$ a aflicciones,$_{7}$ siendo expuestos públicamente$_{3}$ esto$_{9}$
3303 3680 5037 2532 2347 2301 5124
TK, C NDPM CLK CLK, CLN NDPF VPPP-PNM RD-ASN

δὲ κοινωνοὶ τῶν οὕτως ἀναστρεφομένων γενηθέντες·
mas$_{8}$ compañeros$_{11}$ de los que$_{12}$ así$_{13}$ siendo tratados.$_{14}$ habiendo llegando a ser$_{10}$
1161 2844 3588 3779 390 1096
CLK, CLC JNPM, NNPM DGPM B VPPP-PGM VAPP-PNM

[34] καὶ γὰρ τοῖς δεσμίοις συνεπαθήσατε, καὶ τὴν ἁρπαγὴν
también$_{2}$ Porque$_{1}$ con los$_{4}$ prisioneros,$_{5}$ compartisteis los sentimientos$_{3}$ y$_{6}$ el$_{10}$ despojo$_{11}$
2532 1063 3588 1198 4834 2532 3588 724
BE, TE CLX DDPM NDPM VAAI2P CLN DASF NASF

τῶν ὑπαρχόντων ὑμῶν μετὰ χαρᾶς προσεδέξασθε, γινώσκοντες
de los$_{12}$ bienes$_{13}$ de vosotros,$_{14}$ con$_{8}$ gozo$_{9}$ aceptasteis$_{7}$ sabiendo$_{15}$
3588 5224 5216 3326 5479 4327 1097
DGPN VPAP-PGN RP2GP P NGSF VAMI2P VPAP-PNM

ἔχειν ἑαυτοὺς κρείττονα ⌜ὕπαρξιν καὶ μένουσαν. [35] μὴ ἀποβάλητε
tener$_{17}$ vosotros mismos$_{16}$ una mejor$_{17}$ posesión.$_{20}$ y$_{18}$ permaneciendo$_{19}$ no$_{2}$ descartéis$_{3}$
2192 1438 2909 5223 2532 3306 3361 577
VPAN RF2APM JASF NASF CLN VPAP-SAF BN,TN VAAS2P

οὖν τὴν παρρησίαν ὑμῶν, ἥτις ἔχει μεγάλην μισθαποδοσίαν,
Así que,$_{1}$ la confianza de vosotros, la cual tiene gran recompensa.
3767 3588 3954 5216 3748 2192 3173 3405
CLI DASF NASF RP2GP RR-NSF VPAI3S JASF NASF

NVI

[29] ¿Cuánto mayor
castigo piensan ustedes
que merece el que ha
pisoteado al Hijo de
Dios, que ha profanado
la sangre del pacto por
la cual había sido santifi-
cado, y que ha insultado
al Espíritu de la gracia?
[30] Pues conocemos al
que dijo: «Mía es la
venganza; yo pagaré»;
y también: «El Señor
juzgará a su pueblo».
[31] ¡Terrible cosa es caer
en las manos del Dios
vivo!
[32] Recuerden aquellos
días pasados cuando
ustedes, después de
haber sido iluminados,
sostuvieron una dura
lucha y soportaron
mucho sufrimiento.
[33] Unas veces se vieron
expuestos públicamente
al insulto y a la persecu-
ción; otras veces se so-
lidarizaron con los que
eran tratados de igual
manera. [34] También se
compadecieron de los
encarcelados y, cuando
a ustedes les confiscaron
sus bienes, lo aceptaron
con alegría, conscien-
tes de que tenían un
patrimonio mejor y más
permanente.
[35] Así que no pierdan
la confianza, porque
esta será grandemen-
te recompensada.

10:30⌜ Manuscritos inferiores aumentaron *dice el Señor.* **10:34**⌜ Manuscritos inferiores aumentaron *en los cielos.*

RVR

36 porque tenéis necesi-
dad de paciencia, para
que habiendo hecho la
voluntad de Dios, ob-
tengáis la promesa.
37 Porque aún un
poquito,
Y el que ha de venir
vendrá, y no tardará.
38 Mas el justo vivirá
por fe;
Y si retrocede, mi alma
no se complace en él.
39 Pero nosotros no
somos de los que retro-
ceden para destrucción,
sino de los que tienen
fe para preservación
del alma.

Los héroes de la fe

11 Ahora bien, la
fe es la firme se-
guridad de las realidades
que se esperan, la prueba
convincente de lo que
no se ve.
2 Porque por ella alcan-
zaron buen testimonio
los antiguos.
3 Por la fe entendemos
que el universo fue
enteramente organizado
por la palabra de Dios,
de modo que lo que se
ve fue hecho de cosas no
visibles.
4 Por la fe, Abel ofreció
a Dios más excelente sa-
crificio que Caín, por lo
cual alcanzó testimonio
de que era justo, dando
Dios testimonio sobre
sus ofrendas; y muerto,

36 ὑπομονῆς	γὰρ	ἔχετε	χρείαν	ἵνα	τὸ	θέλημα	τοῦ	θεοῦ
de perseverancia,$_4$	Porque$_1$	tenéis$_2$	necesidad$_3$	para que$_5$	la$_7$	voluntad$_8$	de --$_9$	Dios,$_{10}$
5281	1063	2192	5532	2443	3588	2307	3588	2316
NGSF	CAZ	VPAI2P	NASF	CAP	DASN	NASN	DGSM	NGSM

ποιήσαντες	κομίσησθε	τὴν	ἐπαγγελίαν.	37 ἔτι	γὰρ	μικρὸν	ὅσον
habiendo hecho$_6$	obtengáis	la	promesa.	aún$_2$	Porque$_1$	un poco,	cuanto
4160	2865	3588	1860	2089	1063	3397	3745
VAAP-PNM	VAMS2P	DASF	NASF	B	CAZ	JASM, JASN	RK-ASN

ὅσον,*	ὁ	ἐρχόμενος	ἥξει	καὶ	οὐ	χρονίσει.	38 ὁ	δὲ	δίκαιός	μου
cuanto	el que	viene	vendrá	y	no	tardará;	el$_2$	Mas$_1$	justo$_3$	de mí
3745	3588	2064	2240	2532	3756	5549	3588	1161	1342	3450
RK-ASN	DNSM	VPUP-SNM	VFAI3S	CLN	BN, TN	VFAI3S	DNSM	CLC	JNSM	RP1GS

ἐκ	πίστεως	ζήσεται,	καὶ	ἐὰν	ὑποστείληται,	οὐκ	εὐδοκεῖ	ἡ	ψυχή
por	(la) fe	vivirá,	y	si	se vuelve atrás,	no$_4$	se complacerá$_5$	el$_1$	ser$_2$
1537	4102	2198	2532	1437	5288	3756	2106	3588	5590
P	NGSF	VFMI3S	CLN	CAC	VAMS3S	BN, TN	VPAI3S	DNSF	NNSF

μου	ἐν	αὐτῷ.	39 ἡμεῖς	δὲ	οὐκ	ἐσμὲν	ὑποστολῆς	εἰς	ἀπώλειαν,
de mí$_3$	en	él.	nosotros$_2$	Mas$_1$	no	somos	de retirada	para	destrucción,
3450	1722	846	2249	1161	3756	2070	5289	1519	684
RP1GS	P	RP3DSM	RP1NP	CLC	CLK, TN, B	VPAI1P	NGSF	P	NASF

ἀλλὰ	πίστεως	εἰς	περιποίησιν	ψυχῆς.
sino	de fe	para	conservación	de (la) vida.
235	4102	1519	4047	5590
CLK, CLC	NGSF	P	NASF	NGSF

11 Ἔστιν	δὲ	πίστις	ἐλπιζομένων	ὑπόστασις,
es$_3$	Mas$_1$	(la) fe$_2$	lo que se espera,$_5$	base segura$_4$
2076	1161	4102	1679	5287
VPAI3S	CLT	NNSF	VPPP-PGN, VPPP-PGM	NNSF

πραγμάτων	ἔλεγχος	οὐ	βλεπομένων.	2 ἐν	ταύτῃ	γὰρ
de realidades$_7$	prueba convincente$_6$	no	siendo vistas;	en$_2$	esta$_3$	porque$_1$
4229	1650	3756	991	1722	3778	1063
NGPN	NNSM	BN, TN	VPPP-PGN	P	RD-DSF	CLX

ἐμαρτυρήθησαν	οἱ	πρεσβύτεροι.	3 πίστει	νοοῦμεν
fueron objeto de buen testimonio.$_6$	los$_4$	mayores$_5$	Por fe	entendemos
3140	3588	4245	4102	3539
VAPI3P	DNPM	JNPM	NDSF	VPAI1P

κατηρτίσθαι	τοὺς	αἰῶνας	ῥήματι	θεοῦ,	εἰς	τὸ	μὴ	ἐκ
haber sido acondicionadas$_3$	las$_1$	edades$_2$	por (la) palabra	de Dios,	para que	lo que$_5$	no$_6$	de$_4$
2675	3588	165	4487	2316	1519	3588	3361	1537
VRPN	DAPM	NAPM	NDSN	NGSM	P	DASN	BN, TN	P

φαινομένων	τὸ	βλεπόμενον	γεγονέναι.
es visible.$_7$	lo$_1$	que se ve$_2$	haber sido hecho.$_3$
5316	3588	991	1096
VPUP-PGN	DASN	VPPP-SAN	VRAN

4 Πίστει	πλείονα	θυσίαν	Ἄβελ	παρὰ	Κάϊν	προσήνεγκεν	τῷ
Por fe	mucho$_5$	sacrificio$_6$	Abel$_1$	que$_7$	Caín,$_8$	ofreció$_2$	a --$_3$
4102	4119	2378	6	3844	2535	4374	3588
NDSF	JASFC	NASF	NNSM, XP	P	NASM, XP	VAAI3S	DDSM

θεῷ,	δι’	ἧς	ἐμαρτυρήθη	εἶναι	δίκαιος,	μαρτυροῦντος	ἐπὶ
Dios$_4$	por medio de	el cual	fue testificado	ser	justo,	dando testimonio$_3$	sobre$_4$
2316	1223	3739	3140	1511	1342	3140	1909
NDSM	P	RR-GSF	VAPI3S	VPAN	JNSM	VPAP-SGM	P

τοῖς	δώροις	αὐτοῦ	τοῦ	θεοῦ,	καὶ	δι’	αὐτῆς	ἀποθανὼν	ἔτι
los$_5$	dones$_6$	de él,$_7$	--$_1$	Dios$_2$	y	por medio de	ella	habiendo muerto.$_3$	aún$_1$
3588	1435	846	3588	2316	2532	1223	846	599	2089
DDPN	NDPN	RP3GSM	DGSM	NGSM	CLN	P	RP3GSF	VAAP-SNM	B

NVI

36 Ustedes necesitan
perseverar para que, des-
pués de haber cumplido
la voluntad de Dios,
reciban lo que él ha pro-
metido. 37 Pues dentro
de muy poco tiempo,

«el que ha de venir
vendrá, y no
tardará.
38 Pero mi justo vivirá
por la fe.
Y, si se vuelve atrás,
no será de mi
agrado».

39 Pero nosotros no
somos de los que se
vuelven atrás y acaban
por perderse, sino de los
que tienen fe y preservan
su vida.

Por la fe

11 Ahora bien, la
fe es la garantía
de lo que se espera, la
certeza de lo que no se
ve. 2 Gracias a ella fueron
aprobados los antiguos.
3 Por la fe entende-
mos que el universo fue
formado por la palabra
de Dios, de modo que lo
visible no provino de lo
que se ve.
4 Por la fe Abel ofreció
a Dios un sacrificio
más aceptable que el de
Caín, por lo cual recibió
testimonio de ser justo,
pues Dios aceptó su
ofrenda. Y por la fe
Abel, a pesar de estar

11:4* O sea *un mejor.*

RVR

aún habla por ella.
5 Por la fe, Enoc fue
trasladado para no
ver muerte, y no fue
hallado, porque lo tras-
ladó Dios; y antes que
fuese trasladado, tuvo
testimonio de haber
agradado a Dios.
6 Y sin fe es imposible
agradar a Dios; porque
es necesario que el que
se acerca a Dios crea
que le hay, y que es
galardonador de los que
le buscan.
7 Por la fe, Noé, cuando
fue advertido por Dios
acerca de cosas que aún
no se veían, con reveren-
cia preparó un arca para
salvación de su casa; y
por esa fe condenó al
mundo, y fue hecho
heredero de la justicia
que es según la fe.
8 Por la fe, Abraham,
siendo llamado, obe-
deció para salir al lugar
que había de recibir
como herencia; y salió
sin saber adónde iba.
9 Por la fe, habitó como
extranjero en la tierra
prometida como en
tierra ajena, morando
en tiendas con Isaac y
Jacob, coherederos de la
misma promesa;

λαλεῖ.	5 Πίστει	Ἑνὼχ	μετετέθη	τοῦ	μὴ	ἰδεῖν	θάνατον,	καὶ
habla$_2$	Por fe	Enoc	fue trasladado	--	para no	ver	muerte,	y
2980	4102	1802	3346	3588	3361	1492	2288	2532
VPAI3S	*NDSF*	*NNSM, XP*	*VAPI3S*	*DGSN, DGSM*	*BN, TN*	*VAAN*	*NASM*	*CLN*

οὐχ	ηὑρίσκετο	διότι	μετέθηκεν	αὐτὸν	ὁ	θεός·	πρὸ	γὰρ	τῆς
no	fue hallado,	porque$_1$	trasladó$_4$	a él.$_5$	--$_2$	Dios$_3$	antes de$_7$	Porque$_6$	el
3756	2147	1360	3346	846	3588	2316	4253	1063	3588
BN, TN	*VIPI3S*	*CAZ*	*VAAI3S*	*RP3ASM*	*DNSM*	*NNSM*	*P*	*CAZ*	*DGSF*

μεταθέσεως	μεμαρτύρηται	εὐαρεστηκέναι	τῷ	θεῷ,	6 χωρὶς	δὲ
traslado	ha obtenido testimonio	de haber agradado	a --	Dios;	sin$_2$	Mas$_1$
3331	3140	2100	3588	2316	5565	1161
NGSF	*VRPI3S*	*VRAN, VPAN*	*DDSM*	*NDSM*	*P, B*	*CLN*

πίστεως	ἀδύνατον	εὐαρεστῆσαι,	πιστεῦσαι	γὰρ	δεῖ	τὸν
fe	(es) imposible	agradar(le),	creer$_2$	porque$_1$	es necesario$_6$	el que$_2$
4102	102	2100	4100	1063	1163	3588
NGSF	*JNSN*	*VAAN*	*VAAN*	*CAZ*	*VPAI3S*	*DASM*

προσερχόμενον	τῷ	θεῷ	ὅτι	ἔστιν	καὶ	τοῖς	ἐκζητοῦσιν	αὐτὸν
se acerca$_3$	a --$_4$	Dios$_5$	que	es (existe)	y	a los que$_3$	buscan$_4$	a él.$_5$
4334	3588	2316	3754	2076	2532	3588	1567	846
VPUP-SAM	*DDSM*	*NDSM*	*CSC*	*VPAI3S*	*CLN*	*DDPM*	*VPAP-PDM*	*RP3ASM*

μισθαποδότης	γίνεται.	7 πίστει	χρηματισθεὶς	Νῶε	περὶ	τῶν
galardonador$_2$	llega a ser$_1$	Por fe$_1$	habiendo sido advertido$_3$	Noé$_2$	acerca de	de las cosas que
3406	1096	4102	5537	3575	4012	3588
NNSM	*VPUI3S*	*NDSF*	*VAPP-SNM*	*NNSM, XP*	*P*	*DGPN*

μηδέπω	βλεπομένων	εὐλαβηθεὶς	κατεσκεύασεν	κιβωτὸν	εἰς
todavía	siendo vistas	habiendo sido reverente	preparó	un arca	para
3369	991	2125	2680	2787	1519
BN	*VPPP-PGN*	*VAPP-SNM*	*VAAI3S*	*NASF*	*P*

σωτηρίαν	τοῦ	οἴκου	αὐτοῦ,	δι’	ἧς	κατέκρινεν	τὸν	κόσμον,
salvación	de la	casa	de él,	por medio de	la que	condenó	al	mundo,
4991	3588	3624	846	1223	3739	2632	3588	2889
NASF	*DGSM*	*NGSM*	*RP3GSM*	*P*	*RR-GSF*	*VAAI3S*	*DASM*	*NASM*

καὶ	τῆς	κατὰ	πίστιν	δικαιοσύνης	ἐγένετο	κληρονόμος.
y$_1$	de la$_4$	según$_6$	(la) fe.$_7$	justicia$_5$	llegó a ser$_2$	heredero$_3$
2532	3588	2596	4102	1343	1096	2818
CLN	*DGSF*	*P*	*NASF*	*NGSF*	*VAMI3S*	*NNSM*

8 Πίστει	καλούμενος	Ἀβραὰμ	ὑπήκουσεν	ἐξελθεῖν	εἰς	τόπον
Por fe,	siendo llamado$_2$	Abraham$_1$	obedeció	para salir	a	un lugar
4102	2564	11	5219	1831	1519	5117
NDSF	*VPPP-SNM*	*NNSM, XP*	*VAAI3S*	*VAAN*	*P*	*NASM*

ὃν	ἤμελλεν	λαμβάνειν	εἰς	κληρονομίαν,	καὶ	ἐξῆλθεν	μὴ
el que	estaba a punto de	recibir	por (como)	herencia,	y	salió	no
3739	3195	2983	1519	2817	2532	1831	3361
RR-ASM	*VIAI3S*	*VPAN*	*P*	*NASF*	*CLN*	*VAAI3S*	*BN, TN*

ἐπιστάμενος	ποῦ	ἔρχεται.	9 πίστει	παρῴκησεν	εἰς	γῆν	τῆς
entendiendo	dónde	iba.	Por fe	habitó como extranjero	en	(la) tierra	de la
1987	4226	2064	4102	3939	1519	1093	3588
VPUP-SNM	*BP*	*VPUI3S*	*NDSF*	*VAAI3S*	*P*	*NASF*	*DGSF*

ἐπαγγελίας	ὡς	ἀλλοτρίαν,	ἐν	σκηναῖς	κατοικήσας	μετὰ	Ἰσαὰκ
promesa	como	ajena	en$_2$	tiendas,$_3$	morando$_1$	con	Isaac
1860	5613	245	1722	4633	2730	3326	2464
NGSF	*P, CAM*	*JASF*	*P*	*NDPF*	*VAAP-SNM*	*P*	*NGSM, XP*

καὶ	Ἰακὼβ	τῶν	συγκληρονόμων	τῆς	ἐπαγγελίας	τῆς	αὐτῆς·
y	Jacob	los	coherederos	--$_3$	promesa;$_4$	de la$_1$	misma$_2$
2532	2384	3588	4789	3588	1860	3588	846
CLN	*NGSM, XP*	*DGPM*	*JGPM*	*DGSF*	*NGSF*	*DGSF*	*RP3GSFA, JGSF*

NVI

muerto, habla todavía.
5 Por la fe Enoc fue
sacado de este mundo
sin experimentar la
muerte; no fue hallado
porque Dios se lo llevó,
pero antes de ser llevado
recibió testimonio de
haber agradado a Dios.
6 En realidad, sin fe es
imposible agradar a
Dios, ya que cualquiera
que se acerca a Dios
tiene que creer que él
existe y que recompensa
a quienes lo buscan.
7 Por la fe Noé, adver-
tido sobre cosas que aún
no se veían, con temor
reverente construyó
un arca para salvar a su
familia. Por esa fe con-
denó al mundo y llegó a
ser heredero de la justicia
que viene por la fe.
8 Por la fe Abraham,
cuando fue llamado
para ir a un lugar que
más tarde recibiría como
herencia, obedeció y sa-
lió sin saber a dónde iba.
9 Por la fe se radicó como
extranjero en la tierra
prometida, y habitó
en tiendas de campa-
ña con Isaac y Jacob,
herederos también
de la misma promesa,

RVR

10 porque esperaba la
ciudad que tiene funda-
mentos, cuyo artífice y
constructor es Dios.
11 Por la fe, también la
misma Sara, siendo es-
téril, recibió poder para
concebir; y dio a luz aun
fuera del tiempo de la
edad, porque creyó que
era fiel quien lo había
prometido.
12 Por lo cual también,
de uno, y ése ya muerto
en cuanto a esto, salió
una descendencia como
las estrellas del cielo en
multitud, y como la are-
na innumerable que está
a la orilla del mar.
13 Conforme a la fe
murieron todos éstos
sin haber recibido lo
prometido, sino mirán-
dolo de lejos, y creyén-
dolo, y saludándolo, y
confesando que eran
extranjeros y peregrinos
sobre la tierra.
14 Porque los que esto
dicen, claramente dan
a entender que buscan
una patria;
15 pues si hubiesen
estado recordándose de
aquella de donde salie-
ron, ciertamente tenían
tiempo de volver.
16 Pero aspiran a una
mejor, esto es, celestial;
por lo cual Dios no se
avergüenza de llamarse

10 ἐξεδέχετο γὰρ τὴν τοὺς θεμελίους ἔχουσαν πόλιν, ἧς τεχνίτης
esperaba$_2$ porque$_1$ la$_3$ los$_6$ cimientos,$_7$ la que tiene$_5$ ciudad$_4$ de la que artesano
1551 1063 3588 3588 2310 2192 4172 3739 5079
VIUI3S CAZ DASF DAPM NAPM VPAP-SAF NASF RR-GSF NNSM

καὶ δημιουργὸς ὁ θεός. 11 πίστει καὶ ⌜αὐτῇ Σάρρᾳ⌝ δύναμιν εἰς
y constructor (es) -- Dios. Por fe, también (la) misma Sara poder$_2$ para$_3$
2532 1217 3588 2316 4102 2532 846 4564 1411 1519
CLN NNSM DNSM NNSM NDSF BE, TE RP3DSF NNSF NASF P

καταβολὴν σπέρματος ἔλαβεν καὶ παρὰ καιρὸν ἡλικίας, ἐπεὶ
(la) concepción$_4$ de simiente$_5$ recibió$_1$ también fuera de tiempo de (la) edad, puesto que
2602 4690 2983 2532 3844 2540 2244 1893
NASF NGSN VAAI3S CLA, B P NASM NGSF CAZ

πιστὸν ἡγήσατο τὸν ἐπαγγειλάμενον. 12 διὸ καὶ ἀφ' ἑνὸς
fiel consideró al que había prometido. Por lo cual$_1$ también$_2$ de$_3$ uno$_4$
4103 2233 3588 1861 1352 2532 575 1520
JASM VAMI3S DASM VAMP-SAM CLI CLA, B P JGSM

ἐγεννήθησαν, καὶ ταῦτα νενεκρωμένου, καθὼς τὰ ἄστρα τοῦ
nacieron,$_8$ y$_5$ (en) estas cosas$_6$ muerto,$_7$ como las estrellas del
1080 2532 5023 3499 2531 3588 798 3588
VAPI3P CLN, B RD-APN VRPP-SGM CAM DNPN NNPN DGSM

οὐρανοῦ τῷ πλήθει καὶ ὡς ἡ ἄμμος ἡ παρὰ τὸ χεῖλος τῆς
cielo en -- multitud, e$_1$ como$_4$ la$_5$ arena$_6$ la (que)$_7$ junto a$_8$ la$_9$ orilla$_{10}$ del$_{11}$
3772 3588 4128 2532 5613 3588 285 3588 3844 3588 5491 3588
NGSM DDSN NDSN CLN CAM DNSF NNSF DNSF P DASN NASN DGSF

θαλάσσης ἡ ἀναρίθμητος.
mar.$_{12}$ --$_2$ innumerable$_3$
2281 3588 382
NGSF DNSF JNSF

13 Κατὰ πίστιν ἀπέθανον οὗτοι πάντες, μὴ λαβόντες τὰς
conforme a$_4$ (la) fe,$_5$ murieron$_3$ Estos$_1$ todos$_2$ no habiendo recibido las
2596 4102 599 3778 3956 3361 2983 3588
P NASF VAAI3P RD-NPM JNPM BN, TN VAAP-PNM DAPF

ἐπαγγελίας, ἀλλὰ πόρρωθεν αὐτὰς ἰδόντες καὶ ἀσπασάμενοι,
promesas, sino$_1$ desde lejos,$_4$ a ellas$_3$ habiendo visto$_2$ y habiendo saludado
1860 235 4207 846 1492 2532 782
NAPF CLC B RP3APF VAAP-PNM CLN VAMP-PNM

καὶ ὁμολογήσαντες ὅτι ξένοι καὶ παρεπίδημοί εἰσιν ἐπὶ τῆς
y habiendo confesado que extranjeros$_2$ y$_3$ peregrinos$_4$ son$_1$ sobre la
2532 3670 3754 3581 2532 3927 1526 1909 3588
CLN VAAP-PNM CSC JNPM CLN JNPM VPAI3P P DGSF

γῆς. 14 οἱ γὰρ τοιαῦτα λέγοντες ἐμφανίζουσιν ὅτι πατρίδα
tierra. los que están$_2$ Porque$_1$ tales cosas,$_4$ diciendo$_3$ manifiestan$_5$ que$_6$ una patria,$_8$
1093 3588 1063 5108 3004 1718 3754 3968
NGSF DNPM CLX RD-APN VPAP-PNM VPAI3P CSC NASF

ἐπιζητοῦσιν. 15 καὶ εἰ μὲν ἐκείνης μνημονεύουσιν ἀφ' ἧς
buscan$_7$ y si ciertamente, de aquella,$_2$ se acordaran$_1$ de la que
1934 2532 1487 3303 1565 3421 575 3739
VPAI3P CLN CAC TK, C RD-GSF VPAI3P P RR-GSF

ἐξέβησαν, εἶχον ἂν καιρὸν ἀνακάμψαι· 16 νῦν δὲ κρείττονος
salieron tenían -- tiempo de regresar; ahora$_2$ mas$_1$ a una mejor,$_4$
1545 2192 302 2540 344 3568 1161 2909
VAAI3P VIAI3P TC NASM VAAN B CLK, CLC JGSF

ὀρέγονται, τοῦτ' ἔστιν ἐπουρανίου. διὸ οὐκ ἐπαισχύνεται αὐτοὺς
aspiran$_3$ esto es, una celestial. Por lo cual, no$_3$ se avergüenza de$_4$ ellos$_5$
3713 5124 2076 2032 1352 3756 1870 846
VPMI3P RD-NSN VPAI3S JGSF CLI BN, TN VPUI3S RP3APM

NVI

10 porque esperaba la
ciudad de cimientos só-
lidos, de la cual Dios es
arquitecto y constructor.
11 Por la fe Abraham,
a pesar de su avanzada
edad y de que Sara
misma era estéril, recibió
fuerza para tener hijos,
porque consideró fiel
al que le había hecho la
promesa. 12 Así que de
este solo hombre, ya en
decadencia, nacieron
descendientes nume-
rosos como las estrellas
del cielo e incontables
como la arena a la orilla
del mar.
13 Todos ellos vivieron
por la fe, y murieron
sin haber recibido las
cosas prometidas; más
bien, las reconocieron
a lo lejos, y confesaron
que eran extranjeros y
peregrinos en la tierra.
14 Al expresarse así,
claramente dieron a
entender que andaban
en busca de una patria.
15 Si hubieran estado
pensando en aquella
patria de donde habían
emigrado, habrían
tenido oportunidad de
regresar a ella. 16 Antes
bien, anhelaban una
patria mejor, es decir, la
celestial. Por lo tanto,
Dios no se avergonzó de

11:11⌜⌝ Manuscritos importantes tienen *(la) misma Sara, siendo estéril.*

RVR

Dios de ellos; porque
les ha preparado una
ciudad.
17 Por la fe, Abraham,
cuando fue probado,
ofreció a Isaac; y el
que había recibido las
promesas, ofrecía a su
unigénito,
18 habiéndosele dicho:
En Isaac te será llamada
descendencia;
19 considerando que
Dios es poderoso para
levantar aun de entre los
muertos, de donde, en
sentido figurado, tam-
bién le volvió a recibir.
20 Por la fe, bendijo Isaac
a Jacob y a Esaú respecto
a cosas venideras.
21 Por la fe, Jacob, al mo-
rir, bendijo a cada uno
de los hijos de José, y
adoró apoyado sobre el
extremo de su bordón.
22 Por la fe, José, al mo-
rir, mencionó la salida
de los hijos de Israel, y
dio órdenes acerca de
sus huesos.
23 Por la fe, Moisés,
cuando nació, fue es-
condido por sus padres
durante tres meses,
porque vieron que el
niño era hermoso, y
no temieron el decreto
del rey.
24 Por la fe, Moisés,
hecho ya grande, rehusó

ὁ	θεὸς	θεὸς	ἐπικαλεῖσθαι	αὐτῶν,	ἡτοίμασεν	γὰρ	αὐτοῖς	πόλιν.
--$_{1}$	Dios$_{2}$	Dios$_{8}$	de ser llamado$_{6}$	de ellos;$_{9}$	preparó$_{11}$	porque$_{10}$	para ellos.$_{13}$	una ciudad$_{12}$
3588	2316	2316	1941	846	2090	1063	846	4172
DNSM	*NNSM*	*NNSM*	*VPPN*	*RP3GPM*	*VAAI3S*	*CAZ*	*RP3DPM*	*NASF*

17 Πίστει	προσενήνοχεν	Ἀβραὰμ	τὸν	Ἰσαὰκ	πειραζόμενος,	καὶ
Por fe$_{1}$	ha ofrecido$_{4}$	Abraham$_{2}$	a--$_{5}$	Isaac,$_{6}$	siendo probado,$_{3}$	y$_{7}$
4102	4374	11	3588	2464	3985	2532
NDSF	*VRAI3S*	*NNSM, XP*	*DASM*	*NASM, XP*	*VPPP-SNM*	*CLN*

τὸν	μονογενῆ	προσέφερεν	ὁ	τὰς	ἐπαγγελίας	ἀναδεξάμενος,
al$_{9}$	unigénito,$_{10}$	ofrecía$_{8}$	el (que)$_{11}$	las$_{13}$	promesas,$_{14}$	había recibido$_{12}$
3588	3439	4374	3588	3588	1860	324
DASM	*JASM*	*VIAI3S*	*DNSM*	*DAPF*	*NAPF*	*VAMP-SNM*

18 πρὸς	ὃν	ἐλαλήθη	ὅτι	Ἐν	Ἰσαὰκ	κληθήσεταί	σοι	σπέρμα,
en relación a	al cual	les habían dicho	que:	En	Isaac	será llamada$_{2}$	a ti,$_{3}$	descendencia$_{1}$
4314	3739	2980	3754	1722	2464	2564	4671	4690
P	*RR-ASM*	*VAPI3S*	*CSC*	*P*	*NDSM, XP*	*VFPI3S*	*RP2DS*	*NNSN*

19 λογισάμενος	ὅτι	καὶ	ἐκ	νεκρῶν	ἐγείρειν	δυνατὸς	ὁ	θεός·
teniendo en cuenta	que	también$_{3}$	de$_{6}$	(los) muertos;$_{7}$	para levantar$_{5}$	(es) poderoso$_{4}$	--$_{1}$	Dios$_{2}$
3049	3754	2532	1537	3498	1453	1415	3588	2316
VAMP-SNM	*CSC*	*CLA, B*	*P*	*JGPM*	*VPAN*	*JNSM*	*DNSM*	*NNSM*

ὅθεν	αὐτὸν	καὶ	ἐν	παραβολῇ	ἐκομίσατο.	20 Πίστει	καὶ	περὶ
de donde$_{8}$	a él$_{10}$	también,$_{11}$	en$_{12}$	sentido figurado.$_{13}$	recibió$_{9}$	Por fe	también	acerca de$_{8}$
3606	846	2532	1722	3850	2865	4102	2532	4012
CLI	*RP3ASM*	*BE, TE*	*P*	*NDSF*	*VAMI3S*	*NDSF*	*CLA, B*	*P*

μελλόντων	εὐλόγησεν	Ἰσαὰκ	τὸν	Ἰακὼβ	καὶ	τὸν	Ἠσαῦ.	21 πίστει
cosas venideras.$_{9}$	bendijo$_{2}$	Isaac$_{1}$	a--$_{3}$	Jacob$_{4}$	y$_{5}$	a--$_{6}$	Esaú$_{7}$	Por fe
3195	2127	2464	3588	2384	2532	3588	2269	4102
VPAP-PGN	*VAAI3S*	*NNSM, XP*	*DASM*	*NASM, XP*	*CLN*	*DASM*	*NASM, XP*	*NDSF*

Ἰακὼβ	ἀποθνῄσκων	ἕκαστον	τῶν	υἱῶν	Ἰωσὴφ	εὐλόγησεν,	καὶ
Jacob	muriendo	a cada uno$_{2}$	de los$_{3}$	hijos de$_{4}$	José,$_{5}$	bendijo$_{1}$	y
2384	599	1538	3588	5207	2501	2127	2532
NNSM, XP	*VPAP-SNM*	*JASM*	*DGPM*	*NGPM*	*NGSM, XP*	*VAAI3S*	*CLN*

προσεκύνησεν	ἐπὶ	τὸ	ἄκρον	τῆς	ῥάβδου	αὐτοῦ.	22 πίστει	Ἰωσὴφ
adoró	sobre	el	extremo	del	bastón	de él.	Por fe	José,
4352	1909	3588	206	3588	4464	846	4102	2501
VAAI3S	*P*	*DASN*	*NASN*	*DGSF*	*NGSF*	*RP3GSM*	*NDSF*	*NNSM, XP*

τελευτῶν	περὶ	τῆς	ἐξόδου	τῶν	υἱῶν	Ἰσραὴλ	ἐμνημόνευσεν,	καὶ
al morir,	acerca de$_{2}$	la$_{3}$	salida$_{4}$	de los$_{5}$	hijos de$_{6}$	Israel,$_{7}$	se acordó$_{1}$	y$_{8}$
5053	4012	3588	1841	3588	5207	2474	3421	2532
VPAP-SNM	*P*	*DGSF*	*NGSF*	*DGPM*	*NGPM*	*NGSM, XP*	*VAAI3S*	*CLN*

περὶ	τῶν	ὀστέων	αὐτοῦ	ἐνετείλατο.
acerca de$_{10}$	los$_{11}$	huesos$_{12}$	de él.$_{13}$	mandó$_{9}$
4012	3588	3747	846	1781
P	*DGPN*	*NGPN*	*RP3GSM*	*VAMI3S*

23 Πίστει	Μωϋσῆς	γεννηθεὶς	ἐκρύβη	τρίμηνον	ὑπὸ	τῶν	πατέρων
Por fe	Moisés,	habiendo nacido	fue escondido	por tres meses	por	los	padres
4102	3475	1080	2928	5150	5259	3588	3962
NDSF	*NNSM*	*VAPP-SNM*	*VAPI3S*	*JASN*	*P*	*DGPM*	*NGPM*

αὐτοῦ,	διότι	εἶδον	ἀστεῖον	τὸ	παιδίον	καὶ	οὐκ	ἐφοβήθησαν	τὸ
de él,	porque$_{1}$	vieron$_{2}$	hermoso,$_{5}$	al$_{3}$	niño$_{4}$	y	no	temieron	el
846	1360	1492	791	3588	3813	2532	3756	5399	3588
RP3GSM	*CAZ*	*VAAI3P*	*JASN*	*DASN*	*NASN*	*CLN*	*BN, TN*	*VAPI3P*	*DASN*

διάταγμα	τοῦ	βασιλέως.	24 πίστει	Μωϋσῆς	μέγας	γενόμενος
decreto	del	rey.	Por fe	Moisés,	grande,$_{2}$	habiendo llegado a ser$_{1}$
1297	3588	935	4102	3475	3173	1096
NASN	*DGSM*	*NGSM*	*NDSF*	*NNSM*	*JNSM*	*VAMP-SNM*

NVI

ser llamado su Dios, y les
preparó una ciudad.
17 Por la fe Abraham,
que había recibido las
promesas, fue puesto
a prueba y ofreció a
Isaac, su hijo único,
18 a pesar de que Dios
le había dicho: «Tu
descendencia se esta-
blecerá por medio de
Isaac». 19 Consideraba
Abraham que Dios
tiene poder hasta para
resucitar a los muertos, y
así, en sentido figurado,
recobró a Isaac de entre
los muertos.
20 Por la fe Isaac
bendijo a Jacob y a Esaú,
previendo lo que les
esperaba en el futuro.
21 Por la fe Jacob,
cuando estaba a punto
de morir, bendijo a cada
uno de los hijos de José,
y adoró apoyándose en
la punta de su bastón.
22 Por la fe José, al fin
de su vida, se refirió a la
salida de los israelitas de
Egipto y dio instruccio-
nes acerca de sus restos
mortales.
23 Por la fe Moisés,
recién nacido, fue es-
condido por sus padres
durante tres meses,
porque vieron que era
un niño precioso, y no
tuvieron miedo del
edicto del rey.
24 Por la fe Moisés, ya
adulto, renunció a ser

RVR

llamarse hijo de la hija
de Faraón,
25 escogiendo antes ser
maltratado con el pue-
blo de Dios, que gozar
de los deleites tempora-
les del pecado,
26 teniendo por mayores
riquezas el vituperio de
Cristo que los tesoros
de los egipcios; porque
tenía puesta la mirada
en el galardón.
27 Por la fe abandonó
Egipto, no temiendo la
cólera del rey; porque se
mantuvo firme, como
viendo al Invisible.
28 Por la fe, celebró la
pascua y la aspersión
de la sangre, para que
el exterminador de los
primogénitos no los
tocase a ellos.
29 Por la fe, pasaron por
el Mar Rojo como por
tierra seca; e intentando
los egipcios hacer lo
mismo, fueron aho-
gados.
30 Por la fe, cayeron los
muros de Jericó después
de ser rodeados durante
siete días.
31 Por la fe, Rahab la
ramera no pereció
juntamente con los des-
obedientes, habiendo
recibido a los espías
en paz.
32 ¿Y qué más digo?
Porque el tiempo me
faltaría para contar

ἠρνήσατο	λέγεσθαι	υἱὸς	θυγατρὸς	Φαραώ,	25 μᾶλλον	ἑλόμενος
rehusó	ser llamado	hijo	de la hija	de faraón,	más bien	habiendo escogido
720	3004	5207	2364	5328	3123	138
VAMI3S	*VPPN*	*NNSM*	*NGSF*	*NGSM, XP*	*B*	*VAMP-SNM*

συγκακουχεῖσθαι	τῷ	λαῷ	τοῦ	θεοῦ	ἢ	πρόσκαιρον	ἔχειν	ἁμαρτίας
ser maltratado con	el	pueblo	de --	Dios,	que$_1$	temporal$_4$	tener$_2$	de(l) pecado,$_5$
4778	3588	2992	3588	2316	2228	4340	2192	266
VPUN	*DDSM*	*NDSM*	*DGSM*	*NGSM*	*CAM*	*JASF*	*VPAN*	*NGSF*

ἀπόλαυσιν,	26 μείζονα	πλοῦτον	ἡγησάμενος	τῶν	Αἰγύπτου
provecho$_3$	(por) mayor$_6$	riqueza$_7$	habiendo considerado$_1$	que los$_8$	de Egipto,$_{10}$
619	3173	4149	2233	3588	125
NASF	*JASMC*	*NASM*	*VAMP-SNM*	*DGPM*	*NGSF*

θησαυρῶν	τὸν	ὀνειδισμὸν	τοῦ	Χριστοῦ,	ἀπέβλεπεν	γὰρ	εἰς	τὴν
tesoros$_9$	el$_2$	descrédito$_3$	del$_4$	Cristo,$_5$	fijaba la atención $_{12}$	porque$_{11}$	en	el
2344	3588	3680	3588	5547	578	1063	1519	3588
NGPM	*DASM*	*NASM*	*DGSM*	*NGSM*	*VIAI3S*	*CAZ*	*P*	*DASF*

μισθαποδοσίαν.	27 πίστει	κατέλιπεν	Αἴγυπτον,	μὴ	φοβηθεὶς	τὸν
galardón.	Por fe	dejó	Egipto,	no	habiendo temido	el
3405	4102	2641	125	3361	5399	3588
NASF	*NDSF*	*VAAI3S*	*NASF*	*BN, TN*	*VAPP-SNM*	*DASM*

θυμὸν	τοῦ	βασιλέως,	τὸν	γὰρ	ἀόρατον	ὡς	ὁρῶν	ἐκαρτέρησεν.
enojo	del	rey,	al$_5$	porque$_1$	invisible.$_6$	como$_3$	viendo$_4$	perseveró$_2$
2372	3588	935	3588	1063	517	5613	3708	2594
NASM	*DGSM*	*NGSM*	*DASM*	*CAZ*	*JASM*	*CAM*	*VPAP-SNM*	*VAAI3S*

28 πίστει	πεποίηκεν	τὸ	πάσχα	καὶ	τὴν	πρόσχυσιν	τοῦ	αἵματος,	ἵνα
Por fe	ha hecho	la	Pascua	y	la	aspersión	de la	sangre,	para que$_1$
4102	4160	3588	3957	2532	3588	4378	3588	129	2443
NDSF	*VRAI3S*	*DASN*	*NASN, XF*	*CLN*	*DASF*	*NASF*	*DGSN*	*NGSN*	*CAP*

μὴ	ὁ	ὀλοθρεύων	τὰ	πρωτότοκα	θίγῃ	αὐτῶν.
no$_4$	el que$_2$	extermina$_3$	a los$_6$	primogénitos$_7$	tocara$_5$	de ellos.$_8$
3361	3588	3645	3588	4416	2345	846
BN, TN	*DNSM*	*VPAP-SNM*	*DAPN*	*JAPN*	*VAAS3S*	*RP3GPM*

29 Πίστει	διέβησαν	τὴν	Ἐρυθρὰν	Θάλασσαν	ὡς	διὰ	ξηρᾶς
Por fe	cruzaron	el	Rojo$_2$	mar$_1$	como$_3$	a través de$_4$	seca,$_6$
4102	1224	3588	2063	2281	5613	1223	3584
NDSF	*VAAI3P*	*DASF*	*JASF*	*NASF*	*CAM, B*	*P*	*JGSF, NGSF*

γῆς,	ἧς	πεῖραν	λαβόντες*	οἱ	Αἰγύπτιοι	κατεπόθησαν.	30 πίστει
tierra$_5$	de la que	prueba.$_{11}$	habiendo tomado$_{10}$	los$_7$	egipcios$_8$	fueron tragados$_9$	Por fe
1093	3739	3984	2983	3588	124	2666	4102
NGSF	*RR-GSF*	*NASF*	*VAAP-PNM*	*DNPM*	*JNPM*	*VAPI3P*	*NDSF*

τὰ	τείχη	Ἰεριχὼ	ἔπεσαν	κυκλωθέντα	ἐπὶ	ἑπτὰ	ἡμέρας.	31 πίστει
los	muros	de Jericó	cayeron	habiendo sido rodeados	por	siete	días.	Por fe
3588	5038	2410	4098	2944	1909	2033	2250	4102
DNPN	*NNPN*	*NGSF, XP*	*VAAI3P*	*VAPP-PNN*	*P*	*XN, J*	*NAPF*	*NDSF*

Ῥαὰβ	ἡ	πόρνη	οὐ	συναπώλετο	τοῖς	ἀπειθήσασιν,	δεξαμένη
Rahab,	la	ramera,	no	pereció junto con	los que	no creyeron,	habiendo recibido
4460	3588	4204	3756	4881	3588	544	1209
NNSF, XP	*DNSF*	*NNSF*	*BN, TN*	*VAMI3S*	*DDPM*	*VAAP-PDM*	*VAMP-SNF*

τοὺς	κατασκόπους	μετ᾽	εἰρήνης.
a los	espías	con	paz.
3588	2685	3326	1515
DAPM	*NAPM*	*P*	*NGSF*

32 Καὶ	τί	ἔτι	λέγω;	ἐπιλείψει	με	γὰρ	διηγούμενον	ὁ	χρόνος
¿Y	qué	más	digo?	faltará$_4$	a mí$_5$	Porque$_1$	narrando$_6$	el$_2$	tiempo$_3$
2532	5101	2089	3004	1952	3165	1063	1334	3588	5550
CLN	*RI-ASN*	*B*	*VPAS1S*	*VFAI3S*	*RP1AS*	*CAZ*	*VPUP-SAM*	*DNSM*	*NNSM*

NVI

llamado hijo de la hija
del faraón. 25 Prefirió ser
maltratado con el pue-
blo de Dios a disfrutar
de los efímeros placeres
del pecado. 26 Consideró
que el oprobio por causa
del Mesías era una ma-
yor riqueza que los te-
soros de Egipto, porque
tenía la mirada puesta
en la recompensa. 27 Por
la fe salió de Egipto sin
tenerle miedo a la ira
del rey, pues se mantuvo
firme como si estuviera
viendo al Invisible.
28 Por la fe celebró la
Pascua y el rociamiento
de la sangre, para que
el exterminador de los
primogénitos no tocara
a los de Israel.
29 Por la fe el pueblo
cruzó el Mar Rojo como
por tierra seca; pero,
cuando los egipcios
intentaron cruzarlo, se
ahogaron.
30 Por la fe cayeron las
murallas de Jericó, des-
pués de haber marchado
el pueblo siete días a su
alrededor.
31 Por la fe la prostitu-
ta Rajab no murió junto
con los desobedientes,
pues había recibido en
paz a los espías.
32 ¿Qué más voy
a decir? Me faltaría
tiempo para hablar de

11:29* O sea *habiendo hecho el intento.*

RVR

de Gedeón, de Barac,
de Sansón, de Jefté,
de David, así como
de Samuel y de los
profetas;
33 que mediante la fe
conquistaron reinos, hi-
cieron justicia, alcanza-
ron promesas, taparon
bocas de leones,
34 apagaron fuegos
impetuosos, escaparon
del filo de la espada, se
revistieron de poder,
siendo débiles, se hicie-
ron fuertes en batallas,
pusieron en fuga a
ejércitos extranjeros.
35 Las mujeres reci-
bieron sus muertos
mediante resurrección;
mas otros fueron tortu-
rados, no aceptando el
rescate, a fin de obtener
una mejor resurrección.
36 Otros experimenta-
ron vituperios y azotes,
y a más de esto prisiones
y cárceles.
37 Fueron apedreados,
aserrados, puestos a
prueba, muertos a filo
de espada; anduvieron
de acá para allá cubier-
tos con pieles de ovejas y
de cabras, menesterosos,
atribulados, maltra-
tados;
38 de los cuales el mundo
no era digno; errando
por los desiertos, por los
montes, por las cuevas
y por las cavernas de la
tierra.
39 Y todos éstos, aunque

περὶ	Γεδεών,	Βαράκ,	Σαμψών,	Ἰεφθάε,	Δαυίδ	τε	καὶ	Σαμουήλ
acerca de	Gedeón,	Barac,	Sansón,	Jefté,	David	tanto	también	de Samuel
4012	1066	913	4546	2422	1138	5037	2532	4545
P	*NGSM, XP*	*NGSM, XP*	*NGSM, XP*	*NGSM, XP*	*NGSM, XP*	*CLN*	*CLN*	*NGSM, XP*

καὶ	τῶν	προφητῶν,	33 οἳ	διὰ	πίστεως	κατηγωνίσαντο
y	de los	profetas,	los cuales	por medio de	(la) fe	conquistaron
2532	3588	4396	3739	1223	4102	2610
CLN	*DGPM*	*NGPM*	*RR-NPM*	*P*	*NGSF*	*VAMI3P*

βασιλείας,	εἰργάσαντο	δικαιοσύνην,	ἐπέτυχον	ἐπαγγελιῶν,	ἔφραξαν
reinos,	pusieron por obra	(la) justicia,	consiguieron	promesas,	taparon
932	2038	1343	2013	1860	5420
NAPF	*VAMI3P*	*NASF*	*VAAI3P, VAAI2P*	*NGPF*	*VAAI3P*

στόματα	λεόντων,	34 ἔσβεσαν	δύναμιν	πυρός,	ἔφυγον	στόματα
bocas	de leones,	extinguieron	(el) poder	de(l) fuego,	escaparon	(al) filo
4750	3023	4570	1411	4442	5343	4750
NAPN	*NGPM*	*VAAI3P*	*NASF*	*NGSN*	*VAAI3P*	*NAPN*

μαχαίρης,	ἐδυναμώθησαν	ἀπὸ	ἀσθενείας,	ἐγενήθησαν	ἰσχυροὶ	ἐν
de espada,	fueron fortalecidos	desde	(la) debilidad,	se hicieron	fuertes	en
3162	1412	575	769	1096	2478	1722
NGSF	*VAPI3P*	*P*	*NGSF*	*VAPI3P*	*JNPM*	*P*

πολέμῳ,	παρεμβολὰς	ἔκλιναν	ἀλλοτρίων·	35 ἔλαβον	γυναῖκες
(la) guerra,	a ejércitos$_2$	doblegaron$_1$	de enemigos extranjeros;$_3$	recibieron$_2$	mujeres$_1$
4171	3925	2827	245	2983	1135
NDSM	*NAPF*	*VAAI3P*	*JGPM*	*VAAI3P*	*NNPF*

ἐξ	ἀναστάσεως	τοὺς	νεκροὺς	αὐτῶν·	ἄλλοι	δὲ	ἐτυμπανίσθησαν,
por$_6$	(la) resurrección;$_7$	a los$_3$	muertos$_4$	de ellas$_5$	otros$_9$	mas$_8$	fueron torturados
1537	386	3588	3498	846	243	1161	5178
P	*NGSF*	*DAPM*	*JAPM*	*RP3GPF*	*JNPM*	*CLC*	*VAPI3P*

οὐ	προσδεξάμενοι	τὴν	ἀπολύτρωσιν,	ἵνα	κρείττονος	ἀναστάσεως
no	habiendo aceptado	la	liberación,	para$_1$	una mejor$_3$	resurrección;$_4$
3756	4327	3588	629	2443	2909	386
BN, TN	*VAMP-PNM*	*DASF*	*NASF*	*CAP*	*JGSF*	*NGSF*

τύχωσιν·	36 ἕτεροι	δὲ	ἐμπαιγμῶν	καὶ	μαστίγων	πεῖραν	ἔλαβον,
obtener$_2$	otros$_2$	mas$_1$	de burlas$_5$	y$_6$	azotes,$_7$	pruebas$_4$	recibieron$_3$
5177	2087	1161	1701	2532	3148	3984	2983
VAAS3P	*JNPM*	*CLC*	*NGPM*	*CLN*	*NGPF*	*NASF*	*VAAI3P*

ἔτι	δὲ	δεσμῶν	καὶ	φυλακῆς·	37 ἐλιθάσθησαν,	ἐπρίσθησαν,	ἐν
aún	y	de cadenas	y	cárcel;	fueron apedreados,	fueron aserrados,	en$_2$
2089	1161	1199	2532	5438	3034	4249	1722
B	*CLN*	*NGPM*	*CLN*	*NGSF*	*VAPI3P*	*VAPI3P*	*P*

φόνῳ	μαχαίρης	ἀπέθανον,	περιῆλθον	ἐν	μηλωταῖς,	ἐν
asesinato$_3$	de espada,$_4$	murieron$_1$	fueron de acá para allá	con	pieles de ovejas,	con
5408	3162	599	4022	1722	3374	1722
NDSM	*NGSF*	*VAAI3P*	*VAAI3P*	*P*	*NDPF*	*P*

αἰγείοις	δέρμασιν,	ὑστερούμενοι,	θλιβόμενοι,	κακουχούμενοι,
de cabra,$_2$	pieles$_1$	estando en necesidad,	siendo afligidos,	siendo maltratados,
122	1192	5302	2346	2558
JDPN	*NDPN*	*VPPP-PNM*	*VPPP-PNM*	*VPPP-PNM*

38 ὧν	οὐκ	ἦν	ἄξιος	ὁ	κόσμος	ἐπὶ	ἐρημίαις	πλανώμενοι
de los que	no$_3$	era$_4$	digno,$_5$	el$_1$	mundo$_2$	en$_7$	desiertos$_8$	deambulando$_6$
3739	3756	2258	514	3588	2889	1909	2047	4105
RR-GPM	*BN, TN*	*VIAI3S*	*JNSM*	*DNSM*	*NNSM*	*P*	*NDPF*	*VPPP-PNM*

καὶ	ὄρεσι	καὶ	σπηλαίοις	καὶ	ταῖς	ὀπαῖς	τῆς	γῆς·	39 καὶ	πάντες
y	montes	y	cuevas	y	en las	cavernas	de la	tierra.	Y	todos
2532	3735	2532	4693	2532	3588	3692	3588	1093	2532	3956
CLN	*NDPN*	*CLN*	*NDPN*	*CLN*	*DDPF*	*NDPF*	*DGSF*	*NGSF*	*CLN*	*JNPM*

NVI

Gedeón, Barac, Sansón,
Jefté, David, Samuel y
los profetas, 33 los cuales
por la fe conquistaron
reinos, hicieron justicia
y alcanzaron lo prome-
tido; cerraron bocas
de leones, 34 apagaron
la furia de las llamas
y escaparon del filo
de la espada; sacaron
fuerzas de flaqueza; se
mostraron valientes en
la guerra y pusieron en
fuga a ejércitos extran-
jeros. 35 Hubo mujeres
que por la resurrección
recobraron a sus muer-
tos. Otros, en cambio,
fueron muertos a golpes,
pues para alcanzar una
mejor resurrección no
aceptaron que los pusie-
ran en libertad. 36 Otros
sufrieron la prueba de
burlas y azotes, e incluso
de cadenas y cárceles.
37 Fueron apedreados,
aserrados por la mitad,
asesinados a filo de
espada. Anduvieron
fugitivos de aquí para
allá, cubiertos de pieles
de oveja y de cabra,
pasando necesidades,
afligidos y maltratados.
38 ¡El mundo no merecía
gente así! Anduvieron
sin rumbo por desiertos
y montañas, por cuevas
y cavernas.
39 Aunque todos

RVR

alcanzaron buen tes-
timonio mediante la
fe, no recibieron lo
prometido;
40 porque Dios había
provisto para nosotros
algo mejor, para que no
fuesen ellos perfec-
cionados aparte de
nosotros.

Puestos los ojos en Jesucristo

12 Por tanto, no-
sotros también,
teniendo en derredor
nuestro tan gran nube
de testigos, despojémo-
nos de todo peso y del
pecado que nos asedia, y
corramos con paciencia
la carrera que tenemos
por delante,
2 puestos los ojos
en Jesús, el autor y
consumador de la fe, el
cual por el gozo puesto
delante de él soportó la
cruz, menospreciando el
oprobio, y está sentado
a la diestra del trono de
Dios.
3 Considerad, pues, a
aquel que ha soporta-
do tal contradicción
de pecadores contra
sí mismo, para que no
desfallezcáis faltos de
ánimo.
4 Porque aún no habéis
resistido hasta derramar
sangre, combatiendo
contra el pecado;
5 y habéis ya olvidado la
exhortación que como

μαρτυρηθέντες	διὰ	τῆς	πίστεως	οὐκ	ἐκομίσαντο
habiendo obtenido (buen) testimonio	por medio de	la	fe,	no	recibieron
3140	1223	3588	4102	3756	2865
VAPP-PNM	P	DGSF	NGSF	BN, TN	VAMI3P

τὴν	ἐπαγγελίαν,	40 τοῦ	θεοῦ	περὶ	ἡμῶν	κρεῖττόν	τι
la	promesa,	--$_1$	Dios$_2$	con respecto a$_4$	nosotros$_5$	mejor,$_7$	algo$_6$
3588	1860	3588	2316	4012	2257	2909	5100
DASF	NASF	DGSM	NGSM	P	RP1GP	JASN	RX-ASN

προβλεψαμένου,	ἵνα	μὴ	χωρὶς	ἡμῶν	τελειωθῶσιν.
habiendo provisto$_3$	para que$_8$	no$_9$	sin$_{11}$	nosotros,$_{12}$	fueran perfeccionados$_{10}$
4265	2443	3361	5565	2257	5048
VAMP-SGM	CAP	BN, TN	P, B	RP1GP	VAPS3P

12 Τοιγαροῦν	καὶ	ἡμεῖς,	τοσοῦτον	ἔχοντες	περικείμενον
Por tanto,	también$_2$	nosotros$_1$	tan grande$_4$	teniendo$_3$	alrededor$_7$
5105	2532	2249	5118	2192	4029
CLI	BE, TE	RP1NP	JASN, RD-ASN	VPAP-PNM	VPUP-SAN

ἡμῖν	νέφος	μαρτύρων,	ὄγκον	ἀποθέμενοι	πάντα	καὶ	τὴν
a nosotros,$_8$	nube$_5$	de testigos$_6$	impedimento,$_{11}$	desechando$_9$	de todo$_{10}$	y$_{12}$	el$_{13}$
2254	3509	3144	3591	659	3956	2532	3588
RP1DP	NASN	NGPM	NASM	VAMP-PNM	JASM	CLN	DASF

εὐπερίστατον	ἁμαρτίαν,	δι᾽	ὑπομονῆς	τρέχωμεν	τὸν
que asedia,$_{15}$	pecado$_{14}$	por medio de$_{17}$	(la) perseverancia$_{18}$	corremos$_{16}$	la que$_{20}$
2139	266	1223	5281	5143	3588
JASF	NASF	P	NGSF	VPAS1P	DASM

προκείμενον	ἡμῖν	ἀγῶνα,	2 ἀφορῶντες	εἰς	τὸν	τῆς	πίστεως
está puesta$_{21}$	para nosotros.$_{22}$	(la) carrera$_{19}$	fijando la mirada	en	el$_2$	de la$_6$	fe,$_7$
4295	2254	73	872	1519	3588	3588	4102
VPUP-SAM	RP1DP	NASM	VPAP-PNM	P	DASM	DGSF	NGSF

ἀρχηγὸν	καὶ	τελειωτὴν	Ἰησοῦν,	ὃς	ἀντὶ	τῆς	προκειμένης	αὐτῷ
autor$_3$	y$_4$	consumador$_5$	Jesús$_1$	el cual,	por	el	teniendo puesta ante$_2$	él$_3$
747	2532	5051	2424	3739	473	3588	4295	846
NASM	CLN	NASM	NASM	RR-NSM	P	DGSF	VPUP-SGF	RP3DSM

χαρᾶς	ὑπέμεινεν	σταυρὸν	αἰσχύνης	καταφρονήσας,	ἐν	δεξιᾷ	τε
gozo$_1$	soportó$_4$	(la) cruz,$_5$	(la) vergüenza,$_7$	despreciando$_6$	en$_{10}$	(la) derecha$_{11}$	y$_8$
5479	5278	4716	152	2706	1722	1188	5037
NGSF	VAAI3S	NASM	NGSF	VAAP-SNM	P	JDSF	CLN

τοῦ	θρόνου	τοῦ	θεοῦ	κεκάθικεν.
del$_{12}$	trono$_{13}$	de --$_{14}$	Dios.$_{15}$	se ha sentado$_9$
3588	2362	3588	2316	2523
DGSM	NGSM	DGSM	NGSM	VRAI3S

3 Ἀναλογίσασθε	γὰρ	τὸν	τοιαύτην	ὑπομεμενηκότα	ὑπὸ	τῶν
considerad$_2$	Porque$_1$	al que$_3$	tal$_5$	ha soportado$_4$	por$_7$	los$_8$
357	1063	3588	5108	5278	5259	3588
VAMM2P	CAZ, CLI	DASM	JASF, RD-ASF	VRAP-SAM	P	DGPM

ἁμαρτωλῶν	εἰς	ἑαυτοὺς	ἀντιλογίαν,	ἵνα	μὴ	κάμητε	ταῖς	ψυχαῖς
pecadores$_9$	para$_{10}$	sí mismo,$_{11}$	contradicción$_6$	para que	no	os canséis	en las	vidas
268	1519	1438	485	2443	3361	2577	3588	5590
JGPM	P	RF3APM	NASF	CAP	BN, TN	VAAS2P	DDPF	NDPF

ὑμῶν	ἐκλυόμενοι.	4 οὔπω	μέχρις	αἵματος	ἀντικατέστητε	πρὸς
a vosotros,	desfalleciendo.	todavía no$_1$	hasta$_3$	(la) sangre$_4$	resististeis$_2$	contra$_6$
5216	1590	3768	3360	129	478	4314
RP2GP	VPPP-PNM	BN	P, B	NGSN	VAAI2P	P

τὴν	ἁμαρτίαν	ἀνταγωνιζόμενοι,	5 καὶ	ἐκλέλησθε	τῆς	παρακλήσεως,
el$_7$	pecado;$_8$	combatiendo$_5$	y	habéis olvidado	la	exhortación
3588	266	464	2532	1585	3588	3874
DASF	NASF	VPUP-PNM	CLN	VRMI2P, VRPI2P	DGSF	NGSF

NVI

obtuvieron un testimo-
nio favorable mediante
la fe, ninguno de ellos
vio el cumplimiento
de la promesa. 40 Esto
sucedió para que ellos
no llegaran a la meta sin
nosotros, pues Dios nos
había preparado algo
mejor.

Dios disciplina a sus hijos

12 Por tanto, tam-
bién nosotros,
que estamos rodeados
de una multitud tan
grande de testigos,
despojémonos del lastre
que nos estorba, en espe-
cial del pecado que nos
asedia, y corramos con
perseverancia la carrera
que tenemos por delan-
te. 2 Fijemos la mirada
en Jesús, el iniciador y
perfeccionador de nues-
tra fe, quien, por el gozo
que le esperaba, soportó
la cruz, menospreciando
la vergüenza que ella
significaba, y ahora está
sentado a la derecha del
trono de Dios. 3 Así,
pues, consideren a aquel
que perseveró frente
a tanta oposición por
parte de los pecadores,
para que no se cansen ni
pierdan el ánimo.
4 En la lucha que
ustedes libran contra el
pecado, todavía no han
tenido que resistir hasta
derramar su sangre. 5 Y
ya han olvidado por
completo las palabras de
aliento que como a hijos

RVR

a hijos se os dirige,
diciendo:
Hijo mío, no menosprecies la disciplina del Señor,
Ni desmayes cuando eres reprendido por él;
6 Porque el Señor al que ama, disciplina,
Y azota a todo el que recibe por hijo.
7 Si soportáis la discipli-
na, Dios os trata como a
hijos; porque ¿qué hijo
es aquel a quien el padre
no disciplina?
8 Pero si estáis sin disci-
plina, de la cual todos
han sido participantes,
entonces sois bastardos,
y no hijos.
9 Además, tuvimos a
nuestros padres terrena-
les que nos disciplina-
ban, y los respetábamos.
¿No nos someteremos
mucho mejor al Padre
de los espíritus, y vivi-
remos?
10 Pues aquéllos nos
disciplinaban por pocos
días como a ellos les pa-
recía, pero éste para lo
que nos es provechoso,
para que participemos
de su santidad.
11 Es verdad que nin-
guna disciplina parece
al presente ser causa de
gozo, sino de tristeza;
pero después da fruto
apacible de justicia a los
que han sido ejercitados
por medio de ella.

ἥτις	ὑμῖν	ὡς	υἱοῖς	διαλέγεται,	Υἱέ	μου,	μὴ	ὀλιγώρει	παιδείας
la que	a vosotros$_{2}$	como$_{3}$	hijos:$_{4}$	es dirigida$_{1}$	Hijo	de mí,	no	desprecies	(la) disciplina
3748	5213	5613	5207	1256	5207	3450	3361	3643	3809
RR-NSF	*RP2DP*	*CAM*	*NDPM*	*VPUI3S*	*NVSM*	*RP1GS*	*BN, TN*	*VPAM2S*	*NGSF*

κυρίου,	μηδὲ	ἐκλύου	ὑπ’	αὐτοῦ	ἐλεγχόμενος·	6 ὃν	γὰρ
de(l) Señor,	ni	te desanimes	por$_{2}$	él;$_{3}$	por haber sido reprendido$_{1}$	al que$_{5}$	porque$_{1}$
2962	3366	1590	5259	846	1651	3739	1063
NGSM	*TN, CLD*	*VPPM2S*	*P*	*RP3GSM*	*VPPP-SNM*	*RR-ASM*	*CAZ*

ἀγαπᾷ	κύριος	παιδεύει,	μαστιγοῖ	δὲ	πάντα	υἱὸν	ὃν	παραδέχεται.
ama,$_{6}$	(el) Señor$_{2}$	disciplina$_{4}$	castiga$_{9}$	mas$_{7}$	a todo	hijo	al que	recibe;
25	2962	3811	3146	1161	3956	5207	3739	3858
VPAI3S	*NNSM*	*VPAI3S*	*VPAI3S*	*CLN*	*JASM*	*NASM*	*RR-ASM*	*VPUI3S*

7 εἰς	παιδείαν	ὑπομένετε·	ὡς	υἱοῖς	ὑμῖν	προσφέρεται	ὁ	θεός·
en$_{2}$	disciplina,$_{3}$	soportáis	como$_{8}$	hijos,$_{9}$	a vosotros$_{7}$	trata$_{6}$	--$_{4}$	Dios$_{5}$
1519	3809	5278	5613	5207	5213	4374	3588	2316
P	*NASF*	*VPAI2P*	*CAM*	*NDPM*	*RP2DP*	*VPPI3S*	*DNSM*	*NNSM*

τίς	γὰρ	υἱὸς	ὃν	οὐ	παιδεύει	πατήρ;	8 εἰ	δὲ	χωρίς	ἐστε
¿qué$_{11}$	porque$_{10}$	hijo (hay)$_{12}$	al que$_{13}$	no$_{15}$	disciplina?$_{16}$	padre$_{14}$	si$_{2}$	Mas$_{1}$	sin$_{4}$	estáis$_{3}$
5101	1063	5207	3739	3756	3811	3962	1487	1161	5565	2075
RI-NSM	*CAZ*	*NNSM*	*RR-ASM*	*BN, TN*	*VPAI3S*	*NNSM*	*CAC*	*CLC*	*P, B*	*VPAI2P*

παιδείας	ἧς	μέτοχοι	γεγόνασι	πάντες,	ἄρα	νόθοι	καὶ	οὐχ
disciplina,$_{5}$	de la que$_{6}$	partícipes,$_{9}$	han llegado a ser$_{8}$	todos$_{7}$	entonces$_{10}$	ilegítimos$_{12}$	y$_{13}$	no$_{14}$
3809	3739	3353	1096	3956	686	3541	2532	3756
NGSF	*RR-GSF*	*JNPM*	*VRAI3P*	*JNPM*	*CLI, T*	*JNPM*	*CLN*	*BN, TN*

υἱοί	ἐστε.	9 εἶτα	τοὺς	μὲν	τῆς	σαρκὸς	ἡμῶν	πατέρας	εἴχομεν
hijos.$_{15}$	sois$_{11}$	además$_{1}$	a los$_{4}$	ciertamente,$_{2}$	de la$_{6}$	carne$_{7}$	de nosotros$_{8}$	padres$_{5}$	teníamos$_{3}$
5207	2075	1534	3588	3303	3588	4561	2257	3962	2192
NNPM	*VPAI2P*	*B*	*DAPM*	*TK, C*	*DGSF*	*NGSF*	*RP1GP*	*NAPM*	*VIAI1P*

παιδευτὰς	καὶ	ἐνετρεπόμεθα·	οὐ	πολὺ	μᾶλλον	ὑποταγησόμεθα
(como) disciplinadores,	y	respetábamos;	¿no	mucho	más	nos someternos
3810	2532	1788	3756	4183	3123	5293
NAPM	*CLN*	*VIPI1P, VIMI1P*	*BN, TN*	*JASN*	*B*	*VFPI1P*

τῷ	πατρὶ	τῶν	πνευμάτων	καὶ	ζήσομεν;	10 οἱ	μὲν	γὰρ	πρὸς
al	Padre	de los	espíritus	y	viviremos?	los (ellos)$_{3}$	ciertamente$_{2}$	Porque$_{1}$	para$_{5}$
3588	3962	3588	4151	2532	2198	3588	3303	1063	4314
DDSM	*NDSM*	*DGPN*	*NGPN*	*CLN*	*VFAI1P*	*DNPM*	*TK, C*	*CLX*	*P*

ὀλίγας	ἡμέρας	κατὰ	τὸ	δοκοῦν	αὐτοῖς	ἐπαίδευον,	ὁ	δὲ	ἐπὶ
pocos$_{6}$	días,$_{7}$	según$_{8}$	lo que$_{9}$	parecía$_{10}$	a ellos,$_{11}$	disciplinaban$_{4}$	--$_{13}$	mas$_{12}$	para
3641	2250	2596	3588	1380	846	3811	3588	1161	1909
JAPF	*NAPF*	*P*	*DASN*	*VPAP-SAN*	*RP3DPM*	*VIAI3P*	*DNSM*	*CLK, CLC*	*P*

τὸ	συμφέρον	εἰς	τὸ	μεταλαβεῖν	τῆς	ἁγιότητος	αὐτοῦ.	11 πᾶσα	δὲ
lo	provechoso,	para	--	participar	de la	santidad	de él.	toda$_{2}$	Mas$_{1}$
3588	4851	1519	3588	3335	3588	41	846	3956	1161
DASN	*VPAP-SAN*	*P*	*DASN*	*VAAN*	*DGSF*	*NGSF*	*RP3GSM*	*JNSF*	*CLN*

παιδεία	πρὸς	μὲν	τὸ	παρὸν	οὐ	δοκεῖ	χαρᾶς	εἶναι	ἀλλὰ
disciplina$_{3}$	para$_{8}$	ciertamente,$_{7}$	el$_{9}$	presente,$_{10}$	no$_{4}$	parece$_{5}$	de gozo$_{5}$	ser,$_{6}$	sino
3809	4314	3303	3588	3918	3756	1380	5479	1511	235
NNSF	*P*	*TK, C*	*DASN*	*VPAP-SAN*	*CLK, TN, B*	*VPAI3S*	*NGSF*	*VPAN*	*CLK, CLC*

λύπης,	ὕστερον	δὲ	καρπὸν	εἰρηνικὸν	τοῖς	δι’	αὐτῆς
de tristeza,	al último$_{2}$	mas$_{1}$	fruto$_{4}$	apacible$_{5}$	a los que$_{7}$	por medio de$_{9}$	ella.$_{10}$
3077	5305	1161	2590	1516	3588	1223	846
NGSF	*B, J*	*CLK, CLC*	*NASM*	*JASM, JASF*	*DDPM*	*P*	*RP3GSF*

γεγυμνασμένοις	ἀποδίδωσιν	δικαιοσύνης.
han sido ejercitados$_{8}$	devuelve$_{3}$	de justicia$_{6}$
1128	591	1343
VRPP-PDM	*VPAI3S*	*NGSF*

NVI

se les dirige:

«Hijo mío, no tomes a la ligera la disciplina del Señor
ni te desanimes cuando te reprenda,
6 porque el Señor disciplina a los que ama,
y azota a todo el que recibe como hijo».

7 Lo que soportan es
para su disciplina, pues
Dios los está tratando
como a hijos. ¿Qué hijo
hay a quien el padre
no disciplina? 8 Si a
ustedes se les deja sin
la disciplina que todos
reciben, entonces son
bastardos y no hijos
legítimos. 9 Después de
todo, aunque nuestros
padres humanos nos
disciplinaban, los res-
petábamos. ¿No hemos
de someternos, con
mayor razón, al Padre
de los espíritus, para que
vivamos? 10 En efecto,
nuestros padres nos dis-
ciplinaban por un breve
tiempo, como mejor les
parecía; pero Dios lo
hace para nuestro bien,
a fin de que participe-
mos de su santidad.
11 Ciertamente, ninguna
disciplina, en el momen-
to de recibirla, parece
agradable, sino más bien
penosa; sin embargo,
después produce una
cosecha de justicia y paz
para quienes han sido
entrenados por ella.

RVR

Los que rechazan la gracia de Dios

12 Por lo cual, levantad
las manos caídas y las
rodillas paralizadas;
13 y haced sendas
derechas para vuestros
pies, para que lo cojo no
se desvíe, sino que sea
sanado.
14 Seguid la paz con
todos, y la santidad,
sin la cual nadie verá al
Señor.
15 Mirad bien, no sea
que alguno se rezague
y no llegue a alcanzar
la gracia de Dios; que
brotando alguna raíz de
amargura, os estorbe,
y por ella muchos sean
contaminados;
16 no sea que haya algún
fornicario, o profano,
como Esaú, que por una
sola comida vendió su
primogenitura.
17 Porque ya sabéis que
aun después, deseando
heredar la bendición,
fue desechado, pues
no halló oportunidad
para el arrepentimiento,
aunque la procuró con
lágrimas.
18 Porque no os habéis
acercado al monte que
se podía palpar, y que
ardía en fuego, a la
oscuridad, a las tinieblas
y a la tempestad,
19 al sonido de la
trompeta, y a la

12 Διὸ	τὰς	παρειμένας	χεῖρας	καὶ	τὰ	παραλελυμένα
Por lo cual,$_1$	las$_3$	que han sido debilitadas$_5$	manos$_4$	y$_6$	las$_7$	que han sido paralizadas,$_9$
1352	3588	3935	5495	2532	3588	3886
CLI	DAPF	VRPP-PAF	NAPF	CLN	DAPN	VRPP-PAN

γόνατα	ἀνορθώσατε,	13 καὶ	τροχιὰς	ὀρθὰς	ποιεῖτε	τοῖς	ποσὶν	ὑμῶν,
rodillas$_8$	fortaleced$_2$	y$_1$	sendas$_3$	rectas$_4$	haced$_2$	para los	pies	de vosotros,
1119	461	2532	5163	3717	4160	3588	4228	5216
NAPN	VAAM2P	CLN	NAPF	JAPF	VPAM2P	DDPM	NDPM	RP2GP

ἵνα	μὴ	τὸ	χωλὸν	ἐκτραπῇ,	ἰαθῇ	δὲ	μᾶλλον.
para que$_1$	no$_4$	lo$_2$	cojo$_3$	se desvíe,$_5$	sea sanado.$_8$	y$_6$	más bien$_7$
2443	3361	3588	5560	1624	2390	1161	3123
CAP	BN, TN	DNSN	JNSN	VAPS3S	VAPS3S	CLC	B

14 Εἰρήνην	διώκετε	μετὰ	πάντων,	καὶ	τὸν	ἁγιασμόν,	οὗ	χωρὶς
(la) paz$_2$	Perseguid$_1$	con	todos,	y	la	santidad,	la cual$_2$	sin$_1$
1515	1377	3326	3956	2532	3588	38	3739	5565
NASF	VPAM2P	P	JGPM	CLN	DASM	NASM	RR-GSM	P, B

οὐδεὶς	ὄψεται	τὸν	κύριον,	15 ἐπισκοποῦντες	μή	τις	ὑστερῶν
nadie	verá	al	Señor,	vigilando que	no	alguien	estando en necesidad
3762	3700	3588	2962	1983	3361	5100	5302
JNSM	VFMI3S	DASM	NASM	VPAP-PNM	TN	RX-NSM	VPAP-SNM

ἀπὸ	τῆς	χάριτος	τοῦ	θεοῦ,	μή	τις	ῥίζα	πικρίας	ἄνω
de	la	gracia	de --	Dios,	no (sea que)	alguna$_3$	raíz$_4$	de amargura$_5$	(para) arriba$_2$
575	3588	5485	3588	2316	3361	5100	4491	4088	507
P	DGSF	NGSF	DGSM	NGSM	TN	JNSF, RX-NSF	NNSF	NGSF	B

φύουσα	ἐνοχλῇ	καὶ	δι'	αὐτῆς	μιανθῶσιν	πολλοί,
creciendo$_1$	perturbe,	y	por medio de	ella	fueran contaminados;$_2$	muchos$_1$
5453	1776	2532	1223	846	3392	4183
VPAP-SNF	VPAS3S	CLN	P	RP3GSF	VAPS3P	JNPM

16 μή	τις	πόρνος	ἢ	βέβηλος	ὡς	Ἠσαῦ,	ὃς	ἀντὶ
no (sea que haya)	algún	inmoral sexual	o	profano	como	Esaú,	quien	en lugar de
3361	5100	4205	2228	952	5613	2269	3739	473
TN, CSC	RX-NSM	NNSM	CLD	JNSM	P, CAM	NNSM, XP	RR-NSM	P

βρώσεως	μιᾶς	ἀπέδετο	τὰ	πρωτοτόκια	ἑαυτοῦ.	17 ἴστε
comida$_2$	una$_1$	entregó	los	derechos de hijo mayor	de él mismo.	sabéis$_2$
1035	1520	591	3588	4415	1438	2467
NGSF	JGSF	VAMI3S	DAPN	NAPN	RF3GSM	VRAI2P, VRAM2P

γὰρ	ὅτι	καὶ	μετέπειτα	θέλων	κληρονομῆσαι	τὴν	εὐλογίαν
Porque$_1$	que	también	después	queriendo	heredar	la	bendición
1063	3754	2532	3347	2309	2816	3588	2129
CAZ	CSC	CLA, B	B	VPAP-SNM	VAAN	DASF	NASF

ἀπεδοκιμάσθη,	μετανοίας	γὰρ	τόπον	οὐχ	εὗρεν,	καίπερ	μετὰ
fue rechazado,	de arrepentimiento,$_5$	porque$_1$	lugar$_4$	no$_2$	halló$_3$	aunque$_6$	con$_9$
593	3341	1063	5117	3756	2147	2539	3326
VAPI3S	NGSF	CAZ	NASM	BN, TN	VAAI3S	CAN	P

δακρύων	ἐκζητήσας	αὐτήν.
lágrimas.$_{10}$	buscó$_7$	a ella$_8$
1144	1567	846
NGPN	VAAP-SNM	RP3ASF

18 Οὐ	γὰρ	προσεληλύθατε	⸀ψηλαφωμένῳ*	καὶ	κεκαυμένῳ
no$_2$	Porque$_1$	os habéis acercado	siendo palpado	y	ardiendo
3756	1063	4334	5584	2532	2545
CLK,TN,B	CAZ	VRAI2P	VPPP-SDN	CLN	VRPP-SDN

πυρὶ	καὶ	γνόφῳ	καὶ	ζόφῳ	καὶ	θυέλλῃ	19 καὶ	σάλπιγγος
en fuego	y	a (la) oscuridad	y	a (las) tinieblas	y	a(la) tormenta	y	de trompeta$_2$
4442	2532	1105	2532	2217	2532	2366	2532	4536
NDSN	CLN	NDSM	CLN	NDSM	CLN	NDSF	CLN	NGSF

NVI

12 Por tanto, renueven
las fuerzas de sus manos
cansadas y de sus rodillas
debilitadas. 13 «Hagan
sendas derechas para sus
pies», para que la pierna
coja no se disloque, sino
que se sane.

Advertencia a los que rechazan a Dios

14 Busquen la paz
con todos, y la santidad,
sin la cual nadie verá al
Señor. 15 Asegúrense de
que nadie deje de alcan-
zar la gracia de Dios; de
que ninguna raíz amarga
brote y cause dificulta-
des y corrompa a mu-
chos; 16 y de que nadie
sea inmoral ni profano
como Esaú, quien por
un solo plato de comida
vendió sus derechos de
hijo mayor. 17 Después,
como ya saben, cuando
quiso heredar esa ben-
dición, fue rechazado:
No se le dio lugar para el
arrepentimiento, aun-
que con lágrimas buscó
la bendición.
18 Ustedes no se han
acercado a una montaña
que se pueda tocar o que
esté ardiendo en fuego;
ni a oscuridad, tinieblas
y tormenta; 19 ni a
sonido de trompeta, ni

12:18⸀ Manuscritos inferiores aumentaron *a un monte.* **12:18*** O sea *a (un monte) palpable.*

RVR

voz que hablaba, tal
que los que la oyeron
suplicaron que no se les
hablase más,
20 porque no podían
soportar lo que se orde-
naba: Si aun una bestia
toca el monte, será
apedreada, o traspasada
con dardo;
21 y tan terrible era el
espectáculo, que Moisés
dijo: Estoy espantado y
temblando;
22 sino que os habéis
acercado al monte de
Sión, a la ciudad del
Dios vivo, la Jerusalén
celestial, a la asamblea
festiva de miríadas de
ángeles,
23 a la congregación de
los primogénitos que
están inscritos en los
cielos, a Dios el Juez de
todos, a los espíritus
de los justos hechos
perfectos,
24 a Jesús el Mediador
del nuevo pacto, y a
la sangre rociada que
habla mejor que la de
Abel.
25 Mirad que no
desechéis al que habla.
Porque si no escaparon
aquellos que desecha-
ron al que los amones-
taba en la tierra, mucho
menos nosotros, si
desechamos al que amo-
nesta desde los cielos.
26 Cuya voz sacudió
entonces la tierra, pero
ahora ha prometido,
diciendo: Aún una vez,

ἤχῳ καὶ φωνῇ ῥημάτων, ἧς οἱ ἀκούσαντες παρῃτήσαντο μὴ
al sonido$_1$ y a (la) voz de palabras, la cual los que habiendo oído suplicaron no
2279 2532 5456 4487 3739 3588 191 3868 3361
NDSM CLN NDSF NGPN RR-GSF DNPM VAAP-PNM VAMI3P BN, TN

προστεθῆναι αὐτοῖς λόγον· 20 οὐκ ἔφερον γὰρ τὸ διαστελλόμενον·
añadir a ellos,$_2$ palabra$_1$ no$_2$ soportaban$_3$ porque$_1$ lo que$_4$ es mandado,$_5$
4369 846 3056 3756 5342 1063 3588 1291
VAPN RP3DPM NASM BNTN VIAI3P CAZ DASN VPPP-SAN

Κἂν θηρίον θίγῃ τοῦ ὄρους, λιθοβοληθήσεται· 21 καί, οὕτω
aun si una bestia tocara el monte, será apedreada. y$_1$ así tan$_5$
2579 2342 2345 3588 3735 3036 2532 3779
CAC, CLA, B NNSN VAAS3S DGSN NGSN VFPI3S CLN BE

φοβερὸν ἦν τὸ φανταζόμενον, Μωϋσῆς εἶπεν· Ἔκφοβός εἰμι καὶ
terrible,$_6$ era$_4$ lo que$_2$ se dejaba ver$_3$ (que) Moisés dijo: aterrado$_2$ Estoy$_1$ y
5398 2258 3588 5324 3475 2036 1630 1510 2532
JNSN VIAI3S DNSN VPPP-SNN NNSM VAAI3S JNSM VPAI1S CLN

ἔντρομος. 22 ἀλλὰ προσεληλύθατε Σιὼν ὄρει καὶ πόλει θεοῦ
tembloroso; sino os habéis acercado Sión a(l) monte y a (la) ciudad (del) Dios
1790 235 4334 4622 3735 2532 4172 2316
JNSM CLK,CLC VRAI2P NDSF, XP NDSN CLN NDSF NGSM

ζῶντος, Ἰερουσαλὴμ ἐπουρανίῳ, καὶ μυριάσιν ἀγγέλων, πανηγύρει
viviente, Jerusalén celestial y a miríadas de ángeles, a una celebración
2198 2419 2032 2532 3461 32 3831
VPAP-SGM NDSF, XP JDSF CLN JDPF, JDPM NGPM NDSF

23 καὶ ἐκκλησίᾳ πρωτοτόκων ἀπογεγραμμένων ἐν οὐρανοῖς, καὶ
y a (la) iglesia de primogénitos que han sido inscritos en (los) cielos, y
2532 1577 4416 583 1722 3772 2532
CLN NDSF JGPM VRPP-PGM P NDPM CLN

κριτῇ θεῷ πάντων, καὶ πνεύμασι δικαίων τετελειωμένων, 24 καὶ
juez$_2$ a Dios$_1$ de todos$_3$ y a (los) espíritus de (los) justos que han sido hechos perfectos, y$_1$
2923 2316 3956 2532 4151 1342 5048 2532
NDSM NDSM JGPM CLN NDPN JGPM VRPP-PGM CLN

διαθήκης νέας μεσίτῃ Ἰησοῦ, καὶ αἵματι ῥαντισμοῦ κρεῖττον
pacto,$_4$ de(l) nuevo$_3$ a(l) mediador$_2$ Jesús, y a (la) sangre de(l) rociamiento, mejor$_2$
1242 3501 3316 2424 2532 129 4473 2909
NGSF JGSF NDSM NDSM CLN NDSN NGSM JASN

λαλοῦντι παρὰ τὸν Ἄβελ.
hablando (que habla)$_1$ que (la de) -- Abel.
2980 3844 3588 6
VPAP-SDM P DASM NASM, XP

25 Βλέπετε μὴ παραιτήσησθε τὸν λαλοῦντα· εἰ γὰρ ἐκεῖνοι
Mirad, no rechacéis al que habla; si$_2$ porque$_1$ aquellos
991 3361 3868 3588 2980 1487 1063 1565
VPAM2P TN, CSC VAMS2P DASM VPAP-SAM CAC CAZ RD-NPM

οὐκ ἐξέφυγον ἐπὶ γῆς παραιτησάμενοι τὸν χρηματίζοντα, πολὺ
no escaparon, en$_4$ (la) tierra,$_5$ habiendo rechazado$_1$ al que$_2$ advierte$_3$ mucho
3756 1628 1909 1093 3868 3588 5537 4183
BN, TN VAAI3P P NGSF VAMP-PNM DASM VPAP-SAM JASN

μᾶλλον ἡμεῖς οἱ τὸν ἀπ' οὐρανῶν ἀποστρεφόμενοι· 26 οὗ
más nosotros los que$_1$ al (que advierte)$_3$ desde$_4$ cielos;$_5$ dan la espalda$_2$ cuya$_1$
3123 2249 3588 3588 575 3772 654 3739
B RP1NP DNPM DASM P NGPM VPMP-PNM RR-GSM

ἡ φωνὴ τὴν γῆν ἐσάλευσεν τότε, νῦν δὲ ἐπήγγελται λέγων· Ἔτι
--$_2$ voz$_3$ la$_5$ tierra$_6$ sacudió$_4$ entonces,$_7$ ahora$_9$ mas$_8$ ha prometido diciendo: Aún
3588 5456 3588 1093 4531 5119 3568 1161 1861 3004 2089
DNSF NNSF DASF NASF VAAI3S B B CLC VRUI3S VPAP-SNM B

NVI

a tal clamor de palabras
que quienes lo oyeron
suplicaron que no se les
hablara más, 20 porque
no podían soportar esta
orden: «¡Será apedrea-
do todo el que toque la
montaña, aunque sea un
animal!» 21 Tan terrible
era este espectáculo que
Moisés dijo: «Estoy
temblando de miedo».
22 Por el contrario,
ustedes se han acercado
al monte Sión, a la
Jerusalén celestial, la ciu-
dad del Dios viviente. Se
han acercado a millares
y millares de ángeles, a
una asamblea gozosa,
23 a la iglesia de los pri-
mogénitos inscritos en
el cielo. Se han acercado
a Dios, el juez de todos;
a los espíritus de los jus-
tos que han llegado a la
perfección; 24 a Jesús, el
mediador de un nuevo
pacto; y a la sangre rocia-
da, que habla con más
fuerza que la de Abel.
25 Tengan cuidado de
no rechazar al que habla,
pues, si no escaparon
aquellos que rechazaron
al que los amonestaba en
la tierra, mucho menos
escaparemos nosotros
si le volvemos la espalda
al que nos amonesta
desde el cielo. 26 En
aquella ocasión, su voz
conmovió la tierra, pero
ahora ha prometido:

RVR

y sacudiré no solamente
la tierra, sino también
el cielo.
27 Y esta frase: Aún una
vez, indica la remoción
de las cosas movibles,
como cosas hechas, para
que queden las incon-
movibles.
28 Así que, recibiendo
nosotros un reino in-
conmovible, tengamos
gratitud, y mediante
ella sirvamos a Dios
agradándole con temor
y reverencia;
29 porque nuestro
Dios es un fuego
consumidor.

Deberes cristianos

13 Permanezca el
amor fraternal.
2 No os olvidéis de la
hospitalidad, porque
por ella algunos, sin
saberlo, hospedaron
ángeles.
3 Acordaos de los presos,
como si estuvierais
presos juntamente con
ellos; y de los maltrata-
dos, como que también
vosotros mismos estáis
en el cuerpo.
4 Sea honroso en todos
el matrimonio, y el lecho
sin mancilla; pero a los
fornicarios y a los adúlte-
ros los juzgará Dios.
5 Sea vuestra manera
de vivir sin avaricia,
contentos con lo que
tenéis ahora; porque él
dijo: De ningún modo

ἅπαξ	ἐγὼ	σείσω	οὐ	μόνον	τὴν	γῆν	ἀλλὰ	καὶ	τὸν	οὐρανόν.
una vez más	yo	sacudiré	no	solo	la	tierra,	sino	también	el	cielo.
530	1473	4579	3756	3440	3588	1093	235	2532	3588	3772
B	*RP1NS*	*VFAI1S*	*CLK, TN, B*	*B, J*	*DASF*	*NASF*	*CLK, CLC*	*BE, TE*	*DASM*	*NASM*

27 τὸ	δὲ	Ἔτι	ἅπαξ	δηλοῖ	τῶν	σαλευομένων	μετάθεσιν
la (frase):$_2$	Y$_1$	"Aún	una vez más"	indica	de las cosas que$_2$	son sacudidas,$_3$	transformación$_1$
3588	1161	2089	530	1213	3588	4531	3331
DNSN	*CLN*	*B*	*B*	*VPAI3S*	*DGPN*	*VPPP-PGN*	*NASF*

ὡς	πεποιημένων,	ἵνα	μείνῃ	τὰ	μὴ	σαλευόμενα.*
como	cosas que han sido hechas,	para que	permaneciera(n)	las (cosas que)	no	son sacudidas
5613	4160	2443	3306	3588	3361	4531
P, CAM	*VRPP-PGN, VRPP-PGM*	*CAP*	*VAAS3S*	*DNPN*	*BN, TN*	*VPPP-PNN*

28 διὸ	βασιλείαν	ἀσάλευτον	παραλαμβάνοντες	ἔχωμεν	χάριν,
Por lo cual,	un reino$_2$	inconmovible,$_3$	recibiendo$_1$	tengamos	gratitud,
1352	932	761	3880	2192	5485
CLI	*NASF*	*JASF*	*VPAP-PNM*	*VPAS1P*	*NASF*

δι’	ἧς	λατρεύωμεν	εὐαρέστως	τῷ	θεῷ	μετὰ	εὐλαβείας	καὶ
por medio de	la cual	sirvamos	agradablemente	a --	Dios,	con	reverencia	y
1223	3739	3000	2102	3588	2316	3326	2124	2532
P	*RR-GSF*	*VPAS1P*	*B*	*DDSM*	*NDSM*	*P*	*NGSF*	*CLN*

δέους,	29 καὶ	γὰρ	ὁ	θεὸς	ἡμῶν	πῦρ	καταναλίσκον.
respeto,	también$_2$	porque$_1$	el	Dios	de nosotros	(es) fuego	que consume.
127	2532	1063	3588	2316	2257	4442	2654
NGSN	*BE, TE*	*CAZ*	*DNSM*	*NNSM*	*RP1GP*	*NNSN*	*VPAP-SNN*

13 Ἡ	φιλαδελφία	μενέτω.	2 τῆς	φιλοξενίας	μὴ	ἐπιλανθάνεσθε,
El	amor fraternal	permanezca.	de la$_3$	hospitalidad,$_4$	No$_1$	olvidéis$_2$
3588	5360	3306	3588	5381	3361	1950
DNSF	*NNSF*	*VPAM3S*	*DGSF*	*NGSF*	*BN, TN*	*VPUM2P*

διὰ	ταύτης	γὰρ	ἔλαθόν	τινες	ξενίσαντες	ἀγγέλους.
por medio de$_6$	esta$_7$	porque$_5$	sin advertirlo.$_{11}$	algunos$_8$	habiendo hospedado$_9$	ángeles,$_{10}$
1223	3778	1063	2990	5100	3579	32
P	*RD-GSF*	*CAZ*	*VAAI3P*	*RX-NPM*	*VAAP-PNM*	*NAPM*

3 μιμνῄσκεσθε	τῶν	δεσμίων	ὡς	συνδεδεμένοι,	τῶν	κακουχουμένων
Acordaos	de los	presos	como	coprisioneros,	de los que	son maltratados
3403	3588	1198	5613	4887	3588	2558
VPUM2P	*DGPM*	*NGPM*	*CAM*	*VRPP-PNM*	*DGPM*	*VPPP-PGM*

ὡς	καὶ	αὐτοὶ	ὄντες	ἐν	σώματι.	4 τίμιος	ὁ	γάμος
como	también	vosotros mismos,	estando	en	(el) cuerpo.	(sea) honroso$_3$	El$_1$	matrimonio$_2$
5613	2532	846	5607	1722	4983	5093	3588	1062
CAM	*BE, TE*	*RP3NPMP*	*VPAP-PNM*	*P*	*NDSN*	*JNSM*	*DNSM*	*NNSM*

ἐν	πᾶσιν	καὶ	ἡ	κοίτη	ἀμίαντος,	πόρνους	γὰρ
en	todos	y	el	lecho nupcial	sin mancha;	a la persona inmoral sexual$_5$	porque$_1$
1722	3956	2532	3588	2845	283	4205	1063
P	*JDPM, JDPN*	*CLN*	*DNSF*	*NNSF*	*JNSF*	*NAPM*	*CAZ*

καὶ	μοιχοὺς	κρινεῖ	ὁ	θεός.	5 ἀφιλάργυρος	ὁ	τρόπος·
y$_6$	a (los) adúlteros.$_7$	juzgará$_4$	--$_2$	Dios$_3$	(sea) sin amor al dinero,$_3$	La$_1$	conducta$_2$
2532	3432	2919	3588	2316	866	3588	5158
CLN	*NAPM*	*VFAI3S, VPAI3S*	*DNSM*	*NNSM*	*JNSM*	*DNSM*	*NNSM*

ἀρκούμενοι	τοῖς	παροῦσιν·*	αὐτὸς	γὰρ	εἴρηκεν·	Οὐ	μή*
estando satisfechos	con las cosas que	están presentes,	él	porque	ha dicho:	No,	no
714	3588	3918	846	1063	2046	3756	3361
VPPP-PNM	*DDPN*	*VPAP-PDN*	*RP3NSMP*	*CAZ*	*VRAI3S*	*BN, TN*	*BN, TN*

NVI

«Una vez más haré que
se estremezca no solo la
tierra, sino también el
cielo». 27 La frase «una
vez más» indica la trans-
formación de las cosas
movibles, es decir, las
creadas, para que perma-
nezca lo inconmovible.
28 Así que nosotros,
que estamos recibiendo
un reino inconmovible,
seamos agradecidos.
Inspirados por esta
gratitud, adoremos a
Dios como a él le agrada,
con temor reverente,
29 porque nuestro «Dios
es fuego consumidor».

Exhortaciones finales

13 Sigan amándo-
se unos a otros
fraternalmente. 2 No
se olviden de practicar
la hospitalidad, pues
gracias a ella algunos,
sin saberlo, hospedaron
ángeles. 3 Acuérdense
de los presos, como
si ustedes fueran sus
compañeros de cárcel, y
también de los que son
maltratados, como si
fueran ustedes mismos
los que sufren.
4 Tengan todos en
alta estima el matri-
monio y la fidelidad
conyugal, porque Dios
juzgará a los adúlteros y
a todos los que cometen
inmoralidades sexuales.
5 Manténganse libres
del amor al dinero, y
conténtense con lo que
tienen, porque Dios ha
dicho:

12:27* O sea *inconmovible.* **13:5*** O sea *con las cosas que tienen.* **13:5*1, *2** O sea *de ninguna manera.*

RVR

te desampararé, ni te
dejaré;
6 de manera que
podemos decir
confiadamente:
El Señor es mi ayuda-
dor; no temeré
Lo que me pueda
hacer el hombre.
7 Acordaos de vuestros
pastores, que os habla-
ron la palabra de Dios;
considerad cuál haya
sido el resultado de su
conducta, e imitad su fe.
8 Jesucristo es el mismo,
ayer, y hoy, y por los
siglos.
9 No os dejéis llevar
de doctrinas diversas
y extrañas; porque
buena cosa es afianzar
el corazón con la gracia,
no con viandas, que
nunca aprovecharon a
los que se han ocupado
de ellas.
10 Tenemos un altar, del
cual no tienen derecho
a comer los que sirven al
tabernáculo.
11 Porque los cuerpos de
aquellos animales cuya
sangre es introducida
en el santuario por el
sumo sacerdote como
ofrenda por el pecado,
son quemados fuera del
campamento.
12 Por lo cual también
Jesús, para santificar
al pueblo mediante su
propia sangre, padeció
fuera de la puerta.

σε	ἀνῶ	οὐδ’	οὐ	μή*2	σε	ἐγκαταλίπω·	6 ὥστε	θαρροῦντας
a ti,$_{2}$	dejaré$_{1}$	ni	no,	no	a ti;$_{2}$	desampararé$_{1}$	de modo que	seamos osados
4571	447	3761	3756	3361	4571	1459	5620	2292
RP2AS	*VAAS1S*	*TN, CLD*	*BN, TN*	*BN, TN*	*RP2AS*	*VAAS1S*	*CAR*	*VPAP-PAM*

ἡμᾶς	λέγειν·	Κύριος	ἐμοὶ	βοηθός,	οὐ	φοβηθήσομαι·	τί	ποιήσει
nosotros	a decir:	(El) Señor	a mí	(es) ayudador,	no	temeré;	¿qué$_{1}$	hará$_{3}$
2248	3004	2962	1698	998	3756	5399	5101	4160
RP1AP	*VPAN*	*NNSM*	*RP1DS*	*NNSM, JNSM*	*BN, TN*	*VFPI1S*	*RI-ASN*	*VFAI3S*

μοι	ἄνθρωπος;	7 Μνημονεύετε	τῶν	ἡγουμένων	ὑμῶν,	οἵτινες
a mí?$_{4}$	(el) ser humano$_{2}$	Acordaos	de los que	dirigen	a vosotros,	los cuales
3427	444	3421	3588	2233	5216	3748
RP1DS	*NNSM*	*VPAM2P*	*DGPM*	*VPUP-PGM*	*RP2GP*	*RR-NPM*

ἐλάλησαν	ὑμῖν	τὸν	λόγον	τοῦ	θεοῦ,	ὧν	ἀναθεωροῦντες
hablaron$_{1}$	a vosotros,$_{6}$	la$_{2}$	palabra$_{3}$	de --$_{4}$	Dios$_{5}$	de los que$_{12}$	considerando$_{7}$
2980	5213	3588	3056	3588	2316	3739	333
VAAI3P	*RP2DP*	*DASM*	*NASM*	*DGSM*	*NGSM*	*RR-GPM*	*VPAP-PNM*

τὴν	ἔκβασιν	τῆς	ἀναστροφῆς	μιμεῖσθε	τὴν	πίστιν.	8 Ἰησοῦς
el$_{8}$	resultado$_{9}$	del$_{10}$	comportamiento,$_{11}$	imitad	la	fe.	Jesús
3588	1545	3588	391	3401	3588	4102	2424
DASF	*NASF*	*DGSF*	*NGSF*	*VPUM2P*	*DASF*	*NASF*	*NNSM*

Χριστὸς	ἐχθὲς	καὶ	σήμερον	ὁ	αὐτός,	καὶ	εἰς	τοὺς	αἰῶνας.
Cristo (es)	ayer$_{3}$	y$_{4}$	hoy$_{5}$	el$_{1}$	mismo$_{2}$	y	por	las	edades
5547	5504	2532	4594	3588	846	2532	1519	3588	165
NNSM	*B*	*CLN*	*B*	*DNSM*	*RP3NSMP, JNSM*	*CLN*	*P*	*DAPM*	*NAPM*

9 διδαχαῖς	ποικίλαις	καὶ	ξέναις	μὴ	παραφέρεσθε·	καλὸν	γὰρ
por enseñanzas$_{3}$	diversas$_{4}$	y$_{5}$	extrañas;$_{6}$	No$_{1}$	os dejéis llevar$_{2}$	bueno (es)$_{8}$	porque$_{7}$
1322	4164	2532	3581	3361	3911	2570	1063
NDPF	*JDPF*	*CLN*	*JDPF*	*BN, TN*	*VPPM2P*	*JNSN*	*CLX*

χάριτι	βεβαιοῦσθαι	τὴν	καρδίαν,	οὐ	βρώμασιν,	ἐν	οἷς
con (la) gracia,$_{12}$	ser confirmado$_{11}$	el$_{9}$	corazón$_{10}$	no$_{13}$	con alimentos,$_{14}$	en$_{15}$	los que$_{16}$
5485	950	3588	2588	3756	1033	1722	3739
NDSF	*VPPN*	*DASF*	*NASF*	*BN, TN*	*NDPN*	*P*	*RR-DPN*

οὐκ	ὠφελήθησαν	οἱ	περιπατοῦντες.*	10 ἔχομεν	θυσιαστήριον	ἐξ
no$_{19}$	aprovecharon.$_{20}$	los que$_{17}$	andan (en ellos)$_{18}$	Tenemos	un altar	de
3756	5623	3588	4043	2192	2379	1537
BN, TN	*VAPI3P*	*DNPM*	*VPAP-PNM*	*VPAI1P*	*NASN*	*P*

οὗ	φαγεῖν	οὐκ	ἔχουσιν	ἐξουσίαν	οἱ	τῇ	σκηνῇ	λατρεύοντες.
el cual	a comer.$_{8}$	no$_{5}$	tienen$_{6}$	derecho$_{7}$	los que$_{1}$	en el$_{3}$	tabernáculo$_{4}$	sirven$_{2}$
3739	5315	3756	2192	1849	3588	3588	4633	3000
RR-GSN	*VAAN*	*BN, TN*	*VPAI3P*	*NASF*	*DNPM*	*DDSF*	*NDSF*	*VPAP-PNM*

11 ὧν	γὰρ	εἰσφέρεται	ζῴων	τὸ	αἷμα	περὶ	ἁμαρτίας	εἰς	τὰ
de los que$_{6}$	Porque$_{1}$	es introducida$_{11}$	animales$_{5}$	la$_{7}$	sangre$_{8}$	acerca de$_{9}$	(el) pecado$_{10}$	en$_{12}$	los$_{13}$
3739	1063	1533	2226	3588	129	4012	266	1519	3588
RR-GPN	*CLX*	*VPPI3S*	*NGPN*	*DNSN*	*NNSN*	*P*	*NGSF*	*P*	*DAPN*

ἅγια*	διὰ	τοῦ	ἀρχιερέως,	τούτων	τὰ	σώματα	κατακαίεται
santos,$_{14}$	por medio de$_{15}$	el$_{16}$	sumo sacerdote,$_{17}$	de estos$_{4}$	los$_{2}$	cuerpos$_{3}$	son quemados
39	1223	3588	749	5130	3588	4983	2618
JAPN	*P*	*DGSM*	*NGSM*	*RD-GPN*	*DNPN*	*NNPN*	*VPPI3S*

ἔξω	τῆς	παρεμβολῆς·	12 διὸ	καὶ	Ἰησοῦς,	ἵνα	ἁγιάσῃ	διὰ
fuera	del	campamento.	Por lo cual,	también	Jesús$_{1}$	para que$_{6}$	santificara$_{7}$	por medio de$_{10}$
1854	3588	3925	1352	2532	2424	2443	37	1223
P, B	*DGSF*	*NGSF*	*CLI*	*BE, TE*	*NNSM*	*CAP*	*VAAS3S*	*P*

τοῦ	ἰδίου	αἵματος	τὸν	λαόν,	ἔξω	τῆς	πύλης	ἔπαθεν.	13 τοίνυν
la$_{11}$	propia$_{12}$	sangre.$_{13}$	al$_{8}$	pueblo,$_{9}$	fuera$_{3}$	de la$_{4}$	puerta$_{5}$	padeció$_{2}$	Por consiguiente,
3588	2398	129	3588	2992	1854	3588	4439	3958	5106
DGSN	*JGSN, JGSM*	*NGSN*	*DASM*	*NASM*	*P, B*	*DGSF*	*NGSF*	*VAAI3S*	*CLI*

NVI

«Nunca te dejaré;
jamás te abandonaré».
6 Así que podemos decir
con toda confianza:
«El Señor es quien me
ayuda; no temeré.
¿Qué me puede
hacer un simple
mortal?»
7 Acuérdense de sus
dirigentes, que les co-
municaron la palabra de
Dios. Consideren cuál
fue el resultado de su
estilo de vida, e imiten
su fe. 8 Jesucristo es el
mismo ayer y hoy y por
los siglos.
9 No se dejen llevar
por ninguna clase de
enseñanzas extra-
ñas. Conviene que el
corazón sea fortalecido
por la gracia, y no por
alimentos rituales que
de nada aprovechan a
quienes los comen.
10 Nosotros tenemos
un altar del cual no
tienen derecho a comer
los que ofician en el
tabernáculo. 11 Porque
el sumo sacerdote
introduce la sangre
de los animales en el
Lugar Santísimo como
sacrificio por el pecado,
pero los cuerpos de esos
animales se queman
fuera del campamento.
12 Por eso también Jesús,
para santificar al pueblo
mediante su propia
sangre, sufrió fuera de
la puerta de la ciudad.

13:9* O sea *los observan.* **13:11*** O sea *el lugar santísimo.*

RVR

13 Salgamos, pues,
adonde él, fuera del
campamento, llevando
su vituperio;
14 porque no tene-
mos aquí una ciudad
permanente, sino que
buscamos la que está
por venir.
15 Así que, ofrezcamos
siempre a Dios, por me-
dio de él, sacrificio de
alabanza, es decir, fruto
de labios que confiesan
su nombre.
16 Y no os olvidéis de
hacer el bien y de la
ayuda mutua; porque
de tales sacrificios se
agrada Dios.
17 Obedeced a vuestros
pastores, y someteos a
ellos; porque ellos velan
por vuestras almas,
como quienes han de
dar cuenta; para que lo
hagan con alegría, y no
quejándose, porque esto
no os es provechoso.
18 Orad por nosotros;
pues confiamos en
que tenemos buena
conciencia, deseando
conducirnos bien en
todo.
19 Y os ruego con más
insistencia que lo hagáis
así, para que yo os sea
restituido más pronto.

Bendición y saludos finales

20 Y el Dios de paz que
resucitó de los muer-
tos a nuestro Señor
Jesucristo, el gran pastor
de las ovejas, en virtud

ἐξερχώμεθα πρὸς αὐτὸν ἔξω τῆς παρεμβολῆς, τὸν ὀνειδισμὸν αὐτοῦ
salgamos hacia él fuera del campamento, el$_2$ descrédito$_3$ de él;$_4$
1831 4314 846 1854 3588 3925 3588 3680 846
VPUS1P P RP3ASM P, B DGSF NGSF DASM NASM RP3GSM

φέροντες. 14 οὐ γὰρ ἔχομεν ὧδε μένουσαν πόλιν, ἀλλὰ τὴν
llevando$_1$ no$_3$ porque$_1$ tenemos$_4$ aquí$_2$ que permanece$_6$ una ciudad$_5$ sino$_7$ la que$_9$
5342 3756 1063 2192 5602 3306 4172 235 3588
VPAP-PNM CLK,TN,B CAZ VPAI1P BP VPAP-SAF NASF CLK, CLC DASF

μέλλουσαν ἐπιζητοῦμεν. 15 δι᾽ αὐτοῦ οὖν ἀναφέρωμεν
está a punto de venir.$_{10}$ buscamos$_8$ por medio de$_2$ él,$_3$ Así que,$_1$ ofrezcamos$_4$
3195 1934 1223 846 3767 399
VPAP-SAF VPAI1P P RP3GSM CLI VPAS1P

θυσίαν αἰνέσεως διὰ παντὸς* τῷ θεῷ, τοῦτ᾽ ἔστιν καρπὸν χειλέων
un sacrificio$_5$ de alabanza$_6$ por$_9$ todo;$_{10}$ a --$_7$ Dios$_8$ esto es, fruto de labios
2378 133 1223 3956 3588 2316 5124 2076 2590 5491
NASF NGSF P JGSM, JGSN DDSM NDSM RD-NSN VPAI3S NASM NGPN

ὁμολογούντων τῷ ὀνόματι αὐτοῦ. 16 τῆς δὲ εὐποιΐας καὶ κοινωνίας
que confiesan el nombre de él. del$_2$ y$_1$ hacer el bien y de(l) compartir
3670 3588 3686 846 3588 1161 2140 2532 2842
VPAP-PGM DDSN NDSN RP3GSM DGSF CLN NGSF CLN NGSF

μὴ ἐπιλανθάνεσθε, τοιαύταις γὰρ θυσίαις εὐαρεστεῖται ὁ θεός.
no olvidéis, de tal clase de$_5$ porque$_1$ sacrificios.$_6$ se agrada$_4$ --$_2$ Dios$_3$
3361 1950 5108 1063 2378 2100 3588 2316
BN, TN VPUM2P JDPF, RD-DPF CAZ NDPF VPPI3S DNSM NNSM

17 Πείθεσθε τοῖς ἡγουμένοις ὑμῶν καὶ ὑπείκετε, αὐτοὶ γὰρ
Obedeced a los que dirigen de vosotros, y reconozcan la autoridad, ellos$_2$ porque$_1$
3982 3588 2233 5216 2532 5226 846 1063
VPMM2P DDPM VPUP-PDM RP2GP CLN VPAM2P RP3NPMP CAZ

ἀγρυπνοῦσιν ὑπὲρ τῶν ψυχῶν ὑμῶν ὡς λόγον ἀποδώσοντες,*
velan en favor de las vidas de vosotros, como$_1$ cuenta,$_3$ entregarán$_2$
69 5228 3588 5590 5216 5613 3056 591
VPAI3P P DGPF NGPF RP2GP CAM NASM VFAP-PNM

ἵνα μετὰ χαρᾶς τοῦτο ποιῶσιν καὶ μὴ στενάζοντες, ἀλυσιτελὲς
para que$_4$ con$_7$ gozo,$_8$ esto$_6$ hagan$_5$ y no lamentándose; no es provechoso$_3$
2443 3326 5479 5124 4160 2532 3361 4727 255
CAP P NGSF RD-ASN VPAS3P CLN BN, TN VPAP-PNM JNSN

γὰρ ὑμῖν τοῦτο. 18 Προσεύχεσθε περὶ ἡμῶν, πειθόμεθα
porque$_1$ para vosotros.$_4$ esto$_2$ Orad por de nosotros, estamos convencidos$_2$
1063 5213 5124 4336 4012 2257 3982
CAZ RP2DP RD-NSN VPUM2P P RP1GP VPPI1P

γὰρ ὅτι καλὴν συνείδησιν ἔχομεν, ἐν πᾶσιν καλῶς θέλοντες
porque$_1$ que$_3$ buena$_5$ conciencia,$_6$ tenemos$_4$ en$_8$ todas las cosas$_9$ bien.$_{11}$ deseando$_7$
1063 3754 2570 4893 2192 1722 3956 2573 2309
CAZ CSC JASF NASF VPAI1P P JDPN B VPAP-PNM

ἀναστρέφεσθαι. 19 περισσοτέρως δὲ παρακαλῶ τοῦτο ποιῆσαι ἵνα
comportarse$_{10}$ mucho más$_2$ Y$_1$ ruego$_3$ esto,$_5$ hacer$_4$ para que
390 4056 1161 3870 5124 4160 2443
VPPN B CLN VPAI1S RD-ASN VAAN CAP

τάχιον ἀποκατασταθῶ ὑμῖν. 20 Ὁ δὲ θεὸς τῆς εἰρήνης, ὁ
pronto sea restituido a vosotros. el$_2$ Y$_1$ Dios de -- paz, el que$_1$
5032 600 5213 3588 1161 2316 3588 1515 3588
B, J VAPS1S, VAPS2S RP2DP DNSM CLT NNSM DGSF NGSF DNSM

ἀναγαγὼν ἐκ νεκρῶν τὸν ποιμένα τῶν προβάτων τὸν μέγαν ἐν
hizo subir$_2$ de$_3$ (los) muertos$_4$ --$_{11}$ pastor$_{12}$ de las$_{13}$ ovejas,$_{14}$ el$_9$ gran$_{10}$ por$_{15}$
321 1537 3498 3588 4166 3588 4263 3588 3173 1722
VAAP-SNM P JGPM DASM NASM DGPN NGPN DASM JASM P

NVI

13 Por lo tanto, salgamos
a su encuentro fuera del
campamento, llevando
la deshonra que él llevó,
14 pues aquí no tenemos
una ciudad permanente,
sino que buscamos la
ciudad venidera.
15 Así que ofrezcamos
continuamente a Dios,
por medio de Jesucristo,
un sacrificio de alaban-
za, es decir, el fruto de
los labios que confiesan
su nombre. 16 No se
olviden de hacer el bien
y de compartir con otros
lo que tienen, porque
esos son los sacrificios
que agradan a Dios.
17 Obedezcan a sus
dirigentes y sométanse
a ellos, pues cuidan de
ustedes como quienes
tienen que rendir cuen-
tas. Obedézcanlos a fin
de que ellos cumplan su
tarea con alegría y sin
quejarse, pues el que-
jarse no les trae ningún
provecho.
18 Oren por nosotros,
porque estamos seguros
de tener la conciencia
tranquila y queremos
portarnos honradamen-
te en todo. 19 Les ruego
encarecidamente que
oren para que cuanto
antes se me permita
estar de nuevo con
ustedes.
20 El Dios que da la
paz levantó de entre los
muertos al gran Pastor
de las ovejas, a nuestro
Señor Jesús, por la

13:15* O sea *siempre*.

13:17* O sea *como quienes han de rendir cuentas*.

RVR

de la sangre del pacto
eterno,
21 os haga aptos en toda
obra buena para que
hagáis su voluntad,
haciendo él en vosotros
lo que es agradable
delante de él por medio
de Jesucristo; al cual sea
la gloria por los siglos de
los siglos. Amén.
22 Os ruego, hermanos,
que soportéis estas
palabras de exhorta-
ción, pues os he escrito
brevemente.
23 Sabed que está en
libertad nuestro her-
mano Timoteo, con el
cual, si viene pronto, iré
a veros.
24 Saludad a todos vues-
tros pastores, y a todos
los santos. Los de Italia
os saludan.
25 La gracia sea con to-
dos vosotros. Amén.

αἵματι	διαθήκης	αἰωνίου,	τὸν	κύριον	ἡμῶν	Ἰησοῦν,	21 καταρτίσαι
(la) sangre$_{16}$	(del) pacto$_{17}$	eterno$_{18}$	el$_{6}$	Señor$_{7}$	de nosotros,$_{8}$	a Jesús$_{5}$	equipe
129	1242	166	3588	2962	2257	2424	2675
NDSN	*NGSF*	*JGSF*	*DASM*	*NASM*	*RP1GP*	*NASM*	*VAAO3S*

ὑμᾶς	ἐν	⸀παντὶ	ἀγαθῷ	εἰς	τὸ	ποιῆσαι	τὸ	θέλημα	αὐτοῦ,	ποιῶν
a vosotros	en	toda cosa	buena,	para	--	hacer	la	voluntad	de él,	haciendo
5209	1722	3956	18	1519	3588	4160	3588	2307	846	4160
RP2AP	*P*	*JDSN*	*JDSN*	*P*	*DASN*	*VAAN*	*DASN*	*NASN*	*RP3GSM*	*VPAP-SNM*

ἐν	⸀¹ἡμῖν	τὸ	εὐάρεστον	ἐνώπιον	αὐτοῦ	διὰ	Ἰησοῦ	Χριστοῦ,
en	nosotros	lo	agradable	delante de	él	por medio de	Jesús	Cristo,
1722	2254	3588	2101	1799	846	1223	2424	5547
P	*RP1DP*	*DASN*	*JASN*	*P, B*	*RP3GSM*	*P*	*NGSM*	*NGSM*

ᾧ	ἡ	δόξα	εἰς	τοὺς	αἰῶνας·	ἀμήν.	22 Παρακαλῶ	δὲ	ὑμᾶς,
a quien (sea)	la	gloria	por	los	siglos;	amén.	ruego$_{2}$	Y$_{1}$	a vosotros,
3739	3588	1391	1519	3588	165	281	3870	1161	5209
RR-DSM	*DNSF*	*NNSF*	*P*	*DAPM*	*NAPM*	*I, XF*	*VPAI1S*	*CLT*	*RP2AP*

ἀδελφοί,	ἀνέχεσθε	τοῦ	λόγου	τῆς	παρακλήσεως,	καὶ	γὰρ	διὰ
hermanos,	soportad	la	palabra	de la	exhortación,	también,$_{2}$	porque$_{1}$	por medio de
80	430	3588	3056	3588	3874	2532	1063	1223
NVPM	*VPUM2P*	*DGSM*	*NGSM*	*DGSF*	*NGSF*	*BE, TE*	*CAZ*	*P*

βραχέων*	ἐπέστειλα	ὑμῖν.	23 γινώσκετε	τὸν	ἀδελφὸν	ἡμῶν
poco	escribí	a vosotros.	Sabed$_{1}$	el$_{3}$	hermano$_{4}$	de nosotros$_{5}$
1024	1989	5213	1097	3588	80	2257
JGPM, JGPN	*VAAI1S*	*RP2DP*	*VPAI2P, VPAM2P*	*DASM*	*NASM*	*RP1GP*

Τιμόθεον	ἀπολελυμένον,	μεθ᾽	οὗ	ἐὰν	τάχιον	ἔρχηται	ὄψομαι
(que) Timoteo$_{2}$	ha sido liberado,	con	quien,	si	pronto,$_{2}$	viene$_{1}$	visitaré
5095	630	3326	3739	1437	5032	2064	3700
NASM	*VRPP-SAM*	*P*	*RR-GSM*	*CAC*	*B, J*	*VPUS3S*	*VFMI1S*

ὑμᾶς.	24 ἀσπάσασθε	πάντας	τοὺς	ἡγουμένους	ὑμῶν	καὶ	πάντας	τοὺς
a vosotros.	Saludad	a todos	los que	dirigen	de vosotros	y	a todos	los
5209	782	3956	3588	2233	5216	2532	3956	3588
RP2AP	*VAMM2P*	*JAPM*	*DAPM*	*VPUP-PAM*	*RP2GP*	*CLN*	*JAPM*	*DAPM*

ἁγίους.	ἀσπάζονται	ὑμᾶς	οἱ	ἀπὸ	τῆς	Ἰταλίας.	25 ἡ	χάρις	μετὰ
santos,	saludan$_{5}$	a vosotros.$_{6}$	los$_{1}$	de$_{2}$	--$_{3}$	Italia$_{4}$	La	gracia	(sea) con
40	782	5209	3588	575	3588	2482	3588	5485	3326
JAPM	*VPUI3P*	*RP2AP*	*DNPM*	*P*	*DGSF*	*NGSF*	*DNSF*	*NNSF*	*P*

πάντων	⸀ὑμῶν.
todos	vosotros.
3956	5216
JGPM	*RP2GP*

NVI

sangre del pacto eterno.
21 Que él los capacite en
todo lo bueno para ha-
cer su voluntad. Y que,
por medio de Jesucristo,
Dios cumpla en noso-
tros lo que le agrada. A él
sea la gloria por los siglos
de los siglos. Amén.

22 Hermanos, les rue-
go que reciban bien estas
palabras de exhortación,
ya que les he escrito
brevemente.
23 Quiero que sepan
que nuestro herma-
no Timoteo ha sido
puesto en libertad. Si
llega pronto, iré con él
a verlos.
24 Saluden a todos sus
dirigentes y a todos los
santos. Los de Italia les
mandan saludos.
25 Que la gracia sea
con todos ustedes.

13:21⸀ Manuscritos importantes tienen *obra.* **13:21⸀¹** Manuscritos importantes tienen *vosotros.* **13:22*** O sea *por medio de pocas palabras.* **13:25⸀** Manuscritos importantes tienen *Amén.*

Epístola de

SANTIAGO

ΙΑΚΩΒΟΥ

RVR

Saludo

1 Santiago, siervo de
Dios y del Señor
Jesucristo, a las doce
tribus que están en la
dispersión: Saludos.

La sabiduría de lo alto

2 Hermanos míos,
tened por sumo gozo
cuando os halléis en
diversas pruebas,
3 sabiendo que la
prueba de vuestra fe
produce paciencia.
4 Mas tenga la paciencia
su obra completa, para
que seáis perfectos y
cabales, sin que os falte
cosa alguna.
5 Y si alguno de
vosotros tiene falta de
sabiduría, que la pida a
Dios, el cual da a todos
abundantemente y sin
reproche, y le será dada.
6 Pero pida con fe,
no dudando nada;
porque el que duda es
semejante a la ola del
mar, que es arrastrada
por el viento y echada
de una parte a otra.
7 No piense, pues, ese
hombre, que recibirá
cosa alguna del Señor.
8 El hombre de doble
ánimo es inconstante
en todos sus caminos.

1 Ἰάκωβος	θεοῦ	καὶ	κυρίου	Ἰησοῦ	Χριστοῦ	δοῦλος	ταῖς	δώδεκα
Santiago,	de Dios$_2$	y$_3$	del Señor$_4$	Jesús$_5$	Cristo,	siervo$_1$	a las	doce
2385	2316	2532	2962	2424	5547	1401	3588	1427
NNSM	*NGSM*	*CLN*	*NGSM*	*NGSM*	*NGSM*	*NNSM*	*DDPF*	*XN, J*

φυλαῖς	ταῖς	ἐν	τῇ	διασπορᾷ	χαίρειν.
tribus	las	(que están) en	la	diáspora:	Saludos.
5443	3588	1722	3588	1290	5463
NDPF	*DDPF*	*P*	*DDSF*	*NDSF*	*VPAN*

2 Πᾶσαν	χαρὰν	ἡγήσασθε,	ἀδελφοί	μου,	ὅταν	πειρασμοῖς
Por todo$_3$	gozo,$_2$	Consideren,$_1$	hermanos	de mí,	cuando	en pruebas$_2$
3956	5479	2233	80	3450	3752	3986
JASF	*NASF*	*VAMM2P, VAMI2P*	*NVPM*	*RP1GS*	*CAT*	*NDPM*

περιπέσητε	ποικίλοις,	3 γινώσκοντες	ὅτι	τὸ	δοκίμιον	ὑμῶν	τῆς
caen$_1$	en diversas,$_3$	sabiendo	que	la	prueba	de vosotros$_3$	de la$_1$
4045	4164	1097	3754	3588	1383	5216	3588
VAAS2P	*JDPM*	*VPAP-PNM*	*CSC*	*DNSN*	*NNSN*	*RP2GP*	*DGSF*

πίστεως	κατεργάζεται	ὑπομονήν·	4 ἡ	δὲ	ὑπομονὴ	ἔργον	τέλειον
fe$_2$	produce	perseverancia.	la$_2$	Y$_1$	perseverancia	una obra$_2$	completa$_3$
4102	2716	5281	3588	1161	5281	2041	5046
NGSF	*VPUI3S*	*NASF*	*DNSF*	*CLN*	*NNSF*	*NASN*	*JASN*

ἐχέτω,	ἵνα	ἦτε	τέλειοι	καὶ	ὁλόκληροι,	ἐν	μηδενὶ	λειπόμενοι.
tenga,$_1$	para que	seáis	perfectos	e	íntegros	en$_2$	nada.$_3$	faltando$_1$
2192	2443	5600	5046	2532	3648	1722	3367	3007
VPAM3S	*CAP*	*VPAS2P*	*JNPM*	*CLN*	*JNPM*	*P*	*JDSN*	*VPPP-PNM*

5 Εἰ	δέ	τις	ὑμῶν	λείπεται	σοφίας,	αἰτείτω	παρὰ	τοῦ	διδόντος
si$_2$	Pero$_1$	alguien	de vosotros	falta	de sabiduría,	pida	a	el$_2$	que da$_3$
1487	1161	5100	5216	3007	4678	154	3844	3588	1325
CAC	*CLN*	*RX-NSM*	*RP2GP*	*VPPI3S*	*NGSF*	*VPAM3S*	*P*	*DGSM*	*VPAP-SGM*

θεοῦ	πᾶσιν	ἁπλῶς	καὶ	μὴ	ὀνειδίζοντος,	καὶ	δοθήσεται	αὐτῷ.
Dios$_1$	a todos	abundantemente	y	no	reprochando	y	será dado	a él.
2316	3956	574	2532	3361	3679	2532	1325	846
NGSM	*JDPM*	*B*	*CLN*	*BN, TN*	*VPAP-SGM*	*CLN*	*VFPI3S*	*RP3DSM*

6 αἰτείτω	δὲ	ἐν	πίστει,	μηδὲν	διακρινόμενος,	ὁ	γὰρ	διακρινόμενος
pida$_2$	Mas$_1$	con	fe,	sin	dudar;	el (que)$_2$	porque$_1$	duda
154	1161	1722	4102	3367	1252	3588	1063	1252
VPAM3S	*CLC*	*P*	*NDSF*	*JASN*	*VPMP-SNM*	*DNSM*	*CAZ*	*VPMP-SNM*

ἔοικεν	κλύδωνι	θαλάσσης	ἀνεμιζομένῳ	καὶ	ῥιπιζομένῳ.	7 μὴ	γὰρ
es como	ola	del mar,	que es llevada por el viento	y	sacudida de un lado a otro.	no$_2$	Porque$_1$
1503	2830	2281	416	2532	4494	3361	1063
VRAI3S	*NDSM*	*NGSF*	*VPPP-SDM*	*CLN*	*VPPP-SDM*	*BN, TN*	*CLI*

οἰέσθω	ὁ	ἄνθρωπος	ἐκεῖνος	ὅτι	λήμψεταί	τι	παρὰ	τοῦ	κυρίου
suponga	el	ser humano	aquel	que	recibirá	algo	de	el	Señor,
3633	3588	444	1565	3754	2983	5100	3844	3588	2962
VPUM3S	*DNSM*	*NNSM*	*RD-NSM*	*CSC*	*VFMI3S*	*RX-ASN*	*P*	*DGSM*	*NGSM*

8 ἀνὴρ	δίψυχος,	ἀκατάστατος	ἐν	πάσαις	ταῖς	ὁδοῖς	αὐτοῦ.
(siendo) hombre	indeciso	inestable	en	todos	los	caminos	de él.
435	1374	182	1722	3956	3588	3598	846
NNSM	*JNSM*	*JNSM*	*P*	*JDPF*	*DDPF*	*NDPF*	*RP3GSM*

NVI

1 Santiago, siervo de
Dios y del Señor
Jesucristo,

a las doce tribus que
se hallan dispersas por
el mundo:

Saludos.

Pruebas y tentaciones

2 Hermanos míos,
considérense muy
dichosos cuando
tengan que enfrentarse
con diversas pruebas,
3 pues ya saben que la
prueba de su fe pro-
duce constancia. 4 Y la
constancia debe llevar
a feliz término la obra,
para que sean perfectos
e íntegros, sin que les
falte nada. 5 Si a alguno
de ustedes le falta
sabiduría, pídasela a
Dios, y él se la dará,
pues Dios da a todos
generosamente sin
menospreciar a nadie.
6 Pero que pida con
fe, sin dudar, porque
quien duda es como las
olas del mar, agitadas
y llevadas de un lado
a otro por el viento.
7 Quien es así no piense
que va a recibir cosa
alguna del Señor; 8 es
indeciso e inconstante
en todo lo que hace.

RVR

9 El hermano que es
de humilde condi-
ción, gloríese en su
exaltación;
10 pero el que es rico, en
su humillación; porque
él pasará como la flor
de la hierba.
11 Porque cuando sale el
sol con calor abrasador,
la hierba se seca, su
flor se cae, y perece su
hermosa apariencia; así
también se marchitará
el rico en todas sus
empresas.

Pruebas y tentaciones

12 Dichoso el varón que
soporta la tentación;
porque cuando haya
resistido la prueba,
recibirá la corona de la
vida, que el Señor ha
prometido a los que le
aman.
13 Que nadie diga cuan-
do es tentado: Estoy
siendo tentado de parte
de Dios; porque Dios
no puede ser tentado
por el mal, ni él tienta
a nadie;
14 sino que cada uno
es tentado, cuando es
atraído y seducido por
su propia concupis-
cencia.
15 Entonces la concu-
piscencia, después que
ha concebido, da a luz
el pecado; y cuando el
pecado es consumado,
produce la muerte.
16 Amados hermanos
míos, no erréis.

9 Καυχάσθω	δὲ	ὁ	ἀδελφὸς	ὁ	ταπεινὸς	ἐν	τῷ	ὕψει
gloríese$_6$	Mas$_1$	el$_2$	hermano$_3$	--$_4$	humilde$_5$	en	la	altura
2744	1161	3588	80	3588	5011	1722	3588	5311
VPUM3S	*CLC*	*DNSM*	*NNSM*	*DNSM*	*JNSM*	*P*	*DDSN*	*NDSN*

αὐτοῦ,	10 ὁ	δὲ	πλούσιος	ἐν	τῇ	ταπεινώσει	αὐτοῦ,	ὅτι	ὡς	ἄνθος
de él,	el$_2$	y$_1$	rico	en	la	pequeñez	de él,	porque	como$_2$	flor$_3$
846	3588	1161	4145	1722	3588	5014	846	3754	5613	438
RP3GSM	*DNSM*	*CLC*	*JNSM*	*P*	*DDSF*	*NDSF*	*RP3GSM*	*CAZ*	*CAM*	*NNSN*

χόρτου	παρελεύσεται.	11 ἀνέτειλεν	γὰρ	ὁ	ἥλιος	σὺν	τῷ	καύσωνι
de hierba$_4$	pasará.$_1$	salió$_4$	Porque$_1$	el$_2$	sol$_3$	con	el	calor ardiente
5528	3928	393	1063	3588	2246	4862	3588	2742
NGSM	*VFMI3S*	*VAAI3S*	*CLX*	*DNSM*	*NNSM*	*P*	*DDSM*	*NDSM*

καὶ	ἐξήρανεν	τὸν	χόρτον,	καὶ	τὸ	ἄνθος	αὐτοῦ	ἐξέπεσεν	καὶ	ἡ
y	secó	la	hierba,	y	la	flor	de ella	cayó,	y	la
2532	3583	3588	5528	2532	3588	438	846	1601	2532	3588
CLN	*VAAI3S*	*DASM*	*NASM*	*CLN*	*DNSN*	*NNSN*	*RP3GSM*	*VAAI3S*	*CLN*	*DNSF*

εὐπρέπεια	τοῦ	προσώπου	αὐτοῦ	ἀπώλετο·	οὕτως	καὶ	ὁ
belleza	del	rostro	de ella	pereció;	así	también	el
2143	3588	4383	846	622	3779	2532	3588
NNSF	*DGSN*	*NGSN*	*RP3GSN, RP3GSM*	*VAMI3S*	*B*	*BE, TE*	*DNSM*

πλούσιος	ἐν	ταῖς	πορείαις	αὐτοῦ	μαρανθήσεται.
rico	en	los	negocios	de él	desvanece.
4145	1722	3588	4197	846	3133
JNSM	*P*	*DDPF*	*NDPF*	*RP3GSM*	*VFPI3S*

12 Μακάριος	ἀνὴρ	ὃς	ὑπομένει	πειρασμόν,	ὅτι	δόκιμος
Dichoso	hombre	quien	persevera	(en la) tentación,	porque	aprobado
3107	435	3739	5278	3986	3754	1384
JNSM	*NNSM*	*RR-NSM*	*VPAI3S*	*NASM*	*CAZ*	*JNSM*

γενόμενος	λήμψεται	τὸν	στέφανον	τῆς	ζωῆς,	ὃν	Γ ἐπηγγείλατο
llega a ser,	recibirá	la	corona	de la	vida,	la cual	prometió
1096	2983	3588	4735	3588	2222	3739	1861
VAMP-SNM	*VFMI3S*	*DASM*	*NASM*	*DGSF*	*NGSF*	*RR-ASM*	*VAMI3S*

τοῖς	ἀγαπῶσιν	αὐτόν.	13 μηδεὶς	πειραζόμενος	λεγέτω	ὅτι	Ἀπὸ	θεοῦ
a los (que)	aman	a él.	Nadie,	al ser tentado,	diga	que	de$_2$	Dios;$_3$
3588	25	846	3367	3985	3004	3754	575	2316
DDPM	*VPAP-PDM*	*RP3ASM*	*JNSM*	*VPPP-SNM*	*VPAM3S*	*CSC*	*P*	*NGSM*

πειράζομαι·	ὁ	γὰρ	θεὸς	ἀπείραστός	ἐστιν	κακῶν,	πειράζει	δὲ
es tentado:$_1$	--$_5$	porque$_4$	Dios$_6$	no puede ser tentado		del mal	tienta$_3$	y$_1$
3985	3588	1063	2316	551	2076	2556	3985	1161
VPPI1S	*DNSM*	*CAZ*	*NNSM*	*JNSM*	*VPAI3S*	*JGPN*	*VPAI3S*	*CLN*

αὐτὸς	οὐδένα.	14 ἕκαστος	δὲ	πειράζεται	ὑπὸ	τῆς	ἰδίας	ἐπιθυμίας
él$_2$	a nadie.	cada uno$_2$	Mas$_1$	es tentado$_3$	por$_7$	--$_8$	(sus) propios$_9$	deseos malos$_{10}$
846	3762	1538	1161	3985	5259	3588	2398	1939
RP3NSMP	*JASM*	*JNSM*	*CLC*	*VPPI3S*	*P*	*DGSF*	*JGSF*	*NGSF*

ἐξελκόμενος	καὶ	δελεαζόμενος·	15 εἶτα	ἡ	ἐπιθυμία	συλλαβοῦσα
siendo arrastrado$_4$	y$_5$	seducido$_6$	después	el	deseo malo,	habiendo concebido,
1828	2532	1185	1534	3588	1939	4815
VPPP-SNM	*CLN*	*VPPP-SNM*	*B*	*DNSF*	*NNSF*	*VAAP-SNF*

τίκτει	ἁμαρτίαν,	ἡ	δὲ	ἁμαρτία	ἀποτελεσθεῖσα	ἀποκύει	θάνατον.
engendra	pecado,	el$_2$	y$_1$	pecado,	habiendo consumado,	da a luz	muerte.
5088	266	3588	1161	266	658	616	2288
VPAI3S	*NASF*	*DNSF*	*CLN*	*NNSF*	*VAPP-SNF*	*VPAI3S*	*NASM*

16 μὴ	πλανᾶσθε,	ἀδελφοί	μου	ἀγαπητοί.
No	seáis engañados	hermanos	de mí$_2$	amados.$_1$
3361	4105	80	3450	27
BNTN	*VPPM2P*	*NVPM*	*RP1GS*	*JVPM*

NVI

9 El hermano de
condición humilde
debe sentirse orgulloso
de su alta dignidad, 10 y
el rico, de su humilde
condición. El rico
pasará como la flor del
campo. 11 El sol, cuan-
do sale, seca la planta
con su calor abrasador.
A esta se le cae la flor y
pierde su belleza. Así
se marchitará también
el rico en todas sus
empresas.
12 Dichoso el que
resiste la tentación
porque, al salir aproba-
do, recibirá la corona
de la vida que Dios ha
prometido a quienes
lo aman.
13 Que nadie, al ser
tentado, diga: «Es
Dios quien me tienta».
Porque Dios no puede
ser tentado por el mal,
ni tampoco tienta
él a nadie. 14 Todo lo
contrario, cada uno
es tentado cuando sus
propios malos deseos
lo arrastran y seducen.
15 Luego, cuando el
deseo ha concebido,
engendra el pecado; y
el pecado, una vez que
ha sido consumado, da
a luz la muerte.
16 Mis queridos her-
manos, no se engañen.

1:12Γ Manuscritos inferiores aumentaron *Señor* y otros aumentaron *Dios*.

RVR

17 Toda buena dádiva y
todo don perfecto vie-
ne de arriba; desciende
de parte del Padre de
las luces, en el cual no
hay fases ni períodos de
sombra.
18 Él, por designio de
su voluntad, nos hizo
nacer por la palabra de
la verdad, para que fué-
semos como primicias
de sus criaturas.

Hacedores de la Palabra

19 Por esto, mis amados
hermanos, todo hom-
bre sea pronto para oír;
tardo para hablar, tardo
para airarse;
20 porque la ira del
hombre no obra la
justicia de Dios.
21 Por lo cual, desechan-
do toda inmundicia y
abundancia de malicia,
recibid con manse-
dumbre la palabra
implantada, la cual
puede salvar vuestras
almas.
22 Pero sed hacedores
de la palabra, y no tan
solamente oidores, en-
gañándoos a vosotros
mismos.
23 Porque si alguno
es oidor de la palabra
pero no hacedor de
ella, éste es semejante al
hombre que considera
en un espejo su rostro
natural.
24 Porque él se conside-
ra a sí mismo, y se va, y

17 Πᾶσα	δόσις	ἀγαθὴ	καὶ	πᾶν	δώρημα	τέλειον	ἄνωθέν	ἐστιν,
Todo	don	bueno	y	todo	regalo	perfecto	de arriba,$_2$	es$_1$
3956	1394	18	2532	3956	1434	5046	509	2076
JNSF	*NNSF*	*JNSF*	*CLN*	*JNSN*	*NNSN*	*JNSN*	*J, BP*	*VPAI3S*

καταβαῖνον	ἀπὸ	τοῦ	πατρὸς	τῶν	φώτων,	παρ’	ᾧ	οὐκ	ἔνι
descendiendo	de	el	padre	de las	luces,	con	quien	no	hay
2597	575	3588	3962	3588	5457	3844	3739	3756	1762
VPAP-SNN	*P*	*DGSM*	*NGSM*	*DGPN*	*NGPN*	*P*	*RR-DSM*	*BN, TN*	*VPAI3S*

παραλλαγὴ	ἢ	τροπῆς	ἀποσκίασμα.	18 βουληθεὶς	ἀπεκύησεν	ἡμᾶς
variación	ni	de cambio.$_2$	sombra$_1$	Por su deseo,	hizo nacer	a nosotros
3883	2228	5157	644	1014	616	2248
NNSF	*CLD*	*NGSF*	*NNSN*	*VAPP-SNM*	*VAAI3S*	*RP1AP*

λόγῳ	ἀληθείας,	εἰς	τὸ	εἶναι	ἡμᾶς	ἀπαρχήν	τινα	τῶν
por (el) mensaje	de verdad,	para	--	ser	nosotros	una primicia	quien	--
3056	225	1519	3588	1511	2248	536	5100	3588
NDSM	*NGSF*	*P*	*DASN*	*VPAN*	*RP1AP*	*NASF*	*JASF, RX-ASF*	*DGPN*

αὐτοῦ	κτισμάτων.
de él	criaturas.
846	2938
RP3GSM	*NGPN*

⌈19 Ἴστε,	ἀδελφοί	μου	ἀγαπητοί.	ἔστω	δὲ	πᾶς	ἄνθρωπος	ταχὺς
Sabed (esto)	hermanos	de mí	amados.	sea$_4$	Mas$_1$	Todo$_2$	hombre$_3$	veloz
1492	80	3450	27	2077	1161	3956	444	5036
VRAM2P	*NVPM*	*RP1GS*	*JVPM*	*VPAM3S*	*CLN*	*JNSM*	*NNSM*	*JNSM*

εἰς	τὸ	ἀκοῦσαι,	βραδὺς	εἰς	τὸ	λαλῆσαι,	βραδὺς	εἰς	ὀργήν,	20 ὀργὴ
para	el	oír,	lento	para	el	hablar,	lento	para	ira;	ira$_2$
1519	3588	191	1021	1519	3588	2980	1021	1519	3709	3709
P	*DASN*	*VAAN*	*JNSM*	*P*	*DASN*	*VAAN*	*JNSM*	*P*	*NASF*	*NNSF*

γὰρ	ἀνδρὸς	δικαιοσύνην	θεοῦ	οὐκ	ἐργάζεται.	21 διὸ	ἀποθέμενοι
porque$_1$	de hombre$_3$	justicia$_6$	de Dios.$_7$	no$_4$	produce$_5$	Por lo cual,	desechando
1063	435	1343	2316	3756	2038	1352	659
CAZ	*NGSM*	*NASF*	*NGSM*	*BN, TN*	*VPUI3S*	*CLI*	*VAMP-PNM*

πᾶσαν	ῥυπαρίαν	καὶ	περισσείαν	κακίας	ἐν	πραΰτητι	δέξασθε	τὸν
toda	impureza	y	abundancia	de malicia,	en$_2$	humildad$_3$	recibid$_1$	la$_4$
3956	4507	2532	4050	2549	1722	4240	1209	3588
JASF	*NASF*	*CLN*	*NASF*	*NGSF*	*P*	*NDSF*	*VAMM2P*	*DASM*

ἔμφυτον	λόγον	τὸν	δυνάμενον	σῶσαι	τὰς	ψυχὰς	ὑμῶν.
establecida$_6$	palabra$_5$	la (que)	puede	salvar	las	vida	de vosotros.
1721	3056	3588	1410	4982	3588	5590	5216
JASM	*NASM*	*DASM*	*VPUP-SAM*	*VAAN*	*DAPF*	*NAPF*	*RP2GP*

22 Γίνεσθε	δὲ	ποιηταὶ	λόγου	καὶ	μὴ	ἀκροαταὶ	μόνον
llegad a ser$_2$	Y$_1$	hacedores	de (la) palabra	y	no	oidores	sólo
1096	1161	4163	3056	2532	3361	202	3440
VPUM2P	*CLC*	*NNPM*	*NGSM*	*CLN*	*BN, TN*	*NNPM*	*B, J*

παραλογιζόμενοι	ἑαυτούς.	23 ὅτι	εἴ	τις	ἀκροατὴς	λόγου	ἐστὶν
engañando	a sí mismos.	porque	si	alguien	oyente$_2$	de (la) palabra$_3$	es$_1$
3884	1438	3754	1487	5100	202	3056	2076
VPUP-PNM	*RF2APM*	*CLX*	*CAC*	*RX-NSM*	*NNSM*	*NGSM*	*VPAI3S*

καὶ	οὐ	ποιητής,	οὗτος	ἔοικεν	ἀνδρὶ	κατανοοῦντι	τὸ	πρόσωπον
y	no	hacedor,	este	es como	hombre	que observa	el	rostro
2532	3756	4163	3778	1503	435	2657	3588	4383
CLN	*BN, TN*	*NNSM*	*RD-NSM*	*VRAI3S*	*NDSM*	*VPAP-SDM*	*DASN*	*NASN*

τῆς	γενέσεως	αὐτοῦ	ἐν	ἐσόπτρῳ,	24 κατενόησεν	γὰρ	ἑαυτὸν
--$_2$	con el cual ha nacido$_3$	de él$_1$	en	(el) espejo;	consideró$_2$	porque$_1$	a sí mismo
3588	1078	846	1722	2072	2657	1063	1438
DGSF	*NGSF*	*RP3GSM*	*P*	*NDSN*	*VAAI3S*	*CLX*	*RF3ASM*

NVI

17 Toda buena dádiva
y todo don perfecto
descienden de lo alto,
donde está el Padre
que creó las lumbreras
celestes, y que no
cambia como los astros
ni se mueve como
las sombras. 18 Por su
propia voluntad nos
hizo nacer mediante la
palabra de verdad, para
que fuéramos como
los primeros y mejores
frutos de su creación.

Hay que poner en práctica la palabra

19 Mis queridos
hermanos, tengan
presente esto: Todos
deben estar listos para
escuchar, y ser lentos
para hablar y para
enojarse; 20 pues la ira
humana no produce
la vida justa que Dios
quiere. 21 Por esto,
despójense de toda
inmundicia y de la mal-
dad que tanto abunda,
para que puedan
recibir con humildad
la palabra sembrada en
ustedes, la cual tiene
poder para salvarles
la vida.
22 No se contenten
solo con escuchar
la palabra, pues así
se engañan ustedes
mismos. Llévenla a la
práctica. 23 El que es-
cucha la palabra, pero
no la pone en práctica
es como el que se mira
el rostro en un espejo
24 y, después de mirarse,

1:19⌈ Manuscritos inferiores tienen *Por esto.*

RVR

luego olvida cómo era.
[25]Mas el que mira
atentamente a la
ley perfecta, la de la
libertad, y persevera
en ella, no siendo
oidor olvidadizo, sino
hacedor de la obra, éste
será dichoso en lo que
hace.
[26]Si alguno se cree re-
ligioso entre vosotros,
y no refrena su lengua,
sino que engaña su
corazón, la religión del
tal es vana.
[27]La religión pura e
incontaminada delante
de nuestro Dios y
Padre es esta: Visitar
a los huérfanos y a las
viudas en sus tribula-
ciones, y guardarse sin
mancha del mundo.

El respeto debido a los pobres

2 Hermanos míos,
que vuestra fe
en nuestro glorioso
Señor Jesucristo sea sin
acepción de personas.
[2]Porque si en vuestra
congregación entra
un hombre con anillo
de oro y con ropa
espléndida, y también
entra un pobre con
vestido andrajoso,
[3]y prestáis especial
atención al que trae la
ropa espléndida y le
decís: Siéntate tú aquí
en buen lugar; y decís

καὶ ἀπελήλυθεν καὶ εὐθέως ἐπελάθετο ὁποῖος ἦν. 25 ὁ δὲ
y | se fue, | e | inmediatamente | se olvidó | (de) como | era. | el que$_2$ | Pero$_1$
2532 | 565 | 2532 | 2112 | 1950 | 3697 | 2258 | 3588 | 1161
CLN | VRAI3S | CLN | B | VAMI3S | JNSM, JNSN | VIAI3S | DNSM | CLC

παρακύψας εἰς νόμον τέλειον τὸν τῆς ἐλευθερίας καὶ παραμείνας,
se inclina a mirar | a | (la) ley | perfecta | la | de la | libertad | y | continúa
3879 | 1519 | 3551 | 5046 | 3588 | 3588 | 1657 | 2532 | 3887
VAAP-SNM | P | NASM | JASM | DASM | DGSF | NGSF | CLN | VAAP-SNM

οὐκ ἀκροατὴς ἐπιλησμονῆς γενόμενος ἀλλὰ ποιητὴς ἔργου,
no | oidor$_2$ | olvidadizo,$_3$ | llega a ser$_1$ | sino | hacedor | de (la) obra,
3756 | 202 | 1953 | 1096 | 235 | 4163 | 2041
CLK, TN, B | NNSM | NGSF | VAMP-SNM | CLK, CLC | NNSM | NGSN

οὗτος μακάριος ἐν τῇ ποιήσει αὐτοῦ ἔσται.
este | dichoso$_2$ | en$_3$ | la$_4$ | obra$_5$ | de él.$_6$ | será$_1$
3778 | 3107 | 1722 | 3588 | 4162 | 846 | 2071
RD-NSM | JNSM | P | DDSF | NDSF | RP3GSM | VFMI3S

26 Εἴ τις δοκεῖ θρησκὸς ⸀εἶναι μὴ χαλιναγωγῶν γλῶσσαν
Si | alguno | piensa | religioso,$_2$ | ser$_1$ | no | poniendo freno | (la) lengua
1487 | 5100 | 1380 | 2357 | 1511 | 3361 | 5468 | 1100
CAC | RX-NSM | VPAI3S | JNSM | VPAN | BN, TN | VPAP-SNM | NASF

αὐτοῦ ἀλλὰ ἀπατῶν καρδίαν αὐτοῦ τούτου μάταιος ἡ θρησκεία.
de él, | sino | engañando | corazón | de él, | de este$_3$ | vana$_4$ | la$_1$ | religión$_2$
846 | 235 | 538 | 2588 | 846 | 5127 | 3152 | 3588 | 2356
RP3GSM | CLC | VPAP-SNM | NASF | RP3GSM | RD-GSM | JNSF, JNSM | DNSF | NNSF

27 θρησκεία καθαρὰ καὶ ἀμίαντος παρὰ τῷ θεῷ καὶ πατρὶ αὕτη
Religión | pura | y | sin mancha | ante | el | Dios | y | Padre | (es) esta:$_2$
2356 | 2513 | 2532 | 283 | 3844 | 3588 | 2316 | 2532 | 3962 | 3778
NNSF | JNSF | CLN | JNSF | P | DDSM | NDSM | CLN | NDSM | RD-NSF

ἐστίν, ἐπισκέπτεσθαι ὀρφανοὺς καὶ χήρας ἐν τῇ θλίψει αὐτῶν,
es$_1$ | visitar | a huérfanos | y | viudas | en | la | tribulación | de ellos,
2076 | 1980 | 3737 | 2532 | 5503 | 1722 | 3588 | 2347 | 846
VPAI3S | VPUN | JAPM | CLN | NAPF, JAPF | P | DDSF | NDSF | RP3GPM

ἄσπιλον ἑαυτὸν τηρεῖν ἀπὸ τοῦ κόσμου.
sin mancha$_3$ | a sí mismo$_2$ | guardar$_1$ | de | el | mundo.
784 | 1438 | 5083 | 575 | 3588 | 2889
JASM | RF3ASM | VPAN | P | DGSM | NGSM

2 Ἀδελφοί μου, μὴ ἐν προσωπολημψίαις ἔχετε τὴν πίστιν
Hermanos | de mí | no$_1$ | en$_{11}$ | favoritismo,$_{12}$ | tengáis$_2$ | la$_3$ | fe$_4$
80 | 3450 | 3361 | 1722 | 4382 | 2192 | 3588 | 4102
NVPM | RP1GS | BN, TN | P | NDPF | VPAM2P | DASF | NASF

τοῦ κυρίου ἡμῶν Ἰησοῦ Χριστοῦ τῆς δόξης; 2 ἐὰν γὰρ εἰσέλθῃ
de el$_5$ | Señor$_6$ | de nosotros$_7$ | Jesús$_8$ | Cristo. | --$_9$ | glorioso$_{10}$ | si$_2$ | Porque$_1$ | entra
3588 | 2962 | 2257 | 2424 | 5547 | 3588 | 1391 | 1437 | 1063 | 1525
DGSM | NGSM | RP1GP | NGSM | NGSM | DGSF | NGSF | CAC | CLX | VAAS3S

εἰς συναγωγὴν ὑμῶν ἀνὴρ χρυσοδακτύλιος ἐν ἐσθῆτι λαμπρᾷ,
en | (la) sinagoga | de vosotros | un hombre | con un anillo de oro, | con | ropa | espléndida,
1519 | 4864 | 5216 | 435 | 5554 | 1722 | 2066 | 2986
P | NASF | RP2GP | NNSM | JNSM | P | NDSF | JDSF

εἰσέλθῃ δὲ καὶ πτωχὸς ἐν ῥυπαρᾷ ἐσθῆτι, 3 ἐπιβλέψητε δὲ ἐπὶ
entra$_2$ | y$_1$ | también | un pobre | con | sucia,$_2$ | ropa$_1$ | toman en cuenta$_2$ | y$_1$ | --
1525 | 1161 | 2532 | 4434 | 1722 | 4508 | 2066 | 1914 | 1161 | 1909
VAAS3S | CLN | BE, TE | JNSM | P | JDSF | NDSF | VAAS2P | CLN | P

τὸν φοροῦντα τὴν ἐσθῆτα τὴν λαμπρὰν καὶ εἴπητε· Σὺ κάθου
el que | lleva | la | ropa | -- | espléndida | y | dicen: | Tú | siéntate
3588 | 5409 | 3588 | 2066 | 3588 | 2986 | 2532 | 2036 | 4771 | 2521
DASM | VPAP-SAM | DASF | NASF | DASF | JASF | CLN | VAAS2P | RP2NS | VPUM2S

NVI

se va y se olvida en
seguida de cómo es.
[25]Pero quien se fija
atentamente en la ley
perfecta que da liber-
tad, y persevera en ella,
no olvidando lo que ha
oído, sino haciéndolo,
recibirá bendición al
practicarla.
[26]Si alguien se cree
religioso, pero no
le pone freno a su
lengua, se engaña a sí
mismo, y su religión
no sirve para nada.
[27]La religión pura y
sin mancha delante
de Dios nuestro Padre
es esta: atender a los
huérfanos y a las viu-
das en sus aflicciones,
y conservarse limpio
de la corrupción del
mundo.

Prohibición del favoritismo

2 Hermanos míos,
la fe que tienen en
nuestro glorioso Señor
Jesucristo no debe dar
lugar a favoritismos.
[2]Supongamos que
en el lugar donde
se reúnen entra un
hombre con anillo de
oro y ropa elegante,
y entra también un
pobre desharrapado.
[3]Si atienden bien al
que lleva ropa elegante
y le dicen: «Siéntese

1:26⸀ Manuscritos inferiores aumentaron *entre vosotros.*

RVR

al pobre: Estate tú allí
en pie, o siéntate aquí
bajo mi estrado;
4¿no hacéis distin-
ciones entre vosotros
mismos, y venís a
ser jueces con malos
pensamientos?
5Hermanos míos
amados, oíd: ¿No
ha elegido Dios a los
pobres de este mundo,
para que sean ricos en
fe y herederos del reino
que ha prometido a los
que le aman?
6Pero vosotros habéis
afrentado al pobre.
¿No os oprimen los
ricos, y no son ellos
mismos los que
os arrastran a los
tribunales?
7¿No blasfeman ellos
el buen nombre que
fue invocado sobre
vosotros?
8Si en verdad cumplís
la ley regia, conforme
a la Escritura: Amarás
a tu prójimo como a ti
mismo, bien hacéis;
9pero si hacéis acepción
de personas, cometéis
pecado, y quedáis
convictos por la ley
como transgresores.
10Porque cualquiera
que guarda toda la
ley, pero ofende en un
punto, se hace culpable
de todos.
11Porque el que dijo:

ὧδε	καλῶς,	καὶ	τῷ	πτωχῷ	εἴπητε·	Σὺ	στῆθι	ἢ	κάθου	ἐκεῖ
aquí,$_2$	bien$_1$	y	al	pobre	dicen:	Tú	ponte de pie	o	siéntate	allí
5602	2573	2532	3588	4434	2036	4771	2476	2228	2521	1563
B	*B*	*CLN*	*DDSM*	*JDSM*	*VAAS2P*	*RP2NS*	*VAAM2S*	*CLD*	*VPUM2S*	*BP*

ὑπὸ	τὸ	ὑποπόδιόν	μου,	4οὐ	διεκρίθητε	ἐν	ἑαυτοῖς	καὶ	ἐγένεσθε
bajo de	el	estrado	de mí,	¿no	hacéis discriminación	entre	sí mismos	y	llegan a ser
5259	3588	5286	3450	3756	1252	1722	1438	2532	1096
P	*DASN*	*NASN*	*RP1GS*	*TN*	*VAPI2P*	*P*	*RF2DPM*	*CLN*	*VAMI2P*

κριταὶ	διαλογισμῶν	πονηρῶν;	5ἀκούσατε,	ἀδελφοί	μου	ἀγαπητοί.
jueces	de pensamientos	malos?	Oíd	hermanos	de mí	amados
2923	1261	4190	191	80	3450	27
NNPM	*NGPM*	*JGPM*	*VAAM2P*	*NVPM*	*RP1GS*	*JVPM*

οὐχ	ὁ	θεὸς	ἐξελέξατο	τοὺς	πτωχοὺς	⸀τῷ	κόσμῳ⸁	πλουσίους
¿No	--$_2$	Dios$_3$	escogió$_1$	a los	pobres	según el	mundo	(para ser) ricos
3756	3588	2316	1586	3588	4434	3588	2889	4145
TN, TI	*DNSM*	*NNSM*	*VAMI3S*	*DAPM*	*JAPM*	*DDSM*	*NDSM*	*JAPM*

ἐν	πίστει	καὶ	κληρονόμους	τῆς	βασιλείας	ἧς	ἐπηγγείλατο	τοῖς
en	fe	y	herederos	del	reino	el que	prometió	a los que
1722	4102	2532	2818	3588	932	3739	1861	3588
P	*NDSF*	*CLN*	*NAPM*	*DGSF*	*NGSF*	*RR-GSF*	*VAMI3S*	*DDPM*

ἀγαπῶσιν	αὐτόν;	6ὑμεῖς	δὲ	ἠτιμάσατε	τὸν	πτωχόν.	οὐχ	οἱ
aman	a él?	vosotros$_2$	Pero$_1$	deshonráis	al	pobre.	¿No	los$_2$
25	846	5210	1161	818	3588	4434	3756	3588
VPAP-PDM	*RP3ASM*	*RP2NP*	*CLC*	*VAAI2P*	*DASM*	*JASM*	*TN, TI*	*DNPM*

πλούσιοι	καταδυναστεύουσιν	ὑμῶν,	καὶ	αὐτοὶ	ἕλκουσιν	ὑμᾶς	εἰς
ricos,$_3$	oprimen$_1$	a vosotros,$_4$	y	ellos	arrastran	a vosotros	a
4145	2616	5216	2532	846	1670	5209	1519
JNPM	*VPAI3P*	*RP2GP*	*CLN*	*RP3NPMP*	*VPAI3P*	*RP2AP*	*P*

κριτήρια	7οὐκ	αὐτοὶ	βλασφημοῦσιν	τὸ	καλὸν	ὄνομα	τὸ	ἐπικληθὲν
tribunales?	¿No	ellos$_2$	blasfeman$_1$	el	buen	nombre	el	invocado
2922	3756	846	987	3588	2570	3686	3588	1941
NAPN	*TN, TI*	*RP3NPMP*	*VPAI3P*	*DASN*	*JASN*	*NASN*	*DASN*	*VAPP-SAN*

ἐφ᾽	ὑμᾶς;
entre	vosotros?
1909	5209
P	*RP2AP*

8Εἰ	μέντοι	νόμον	τελεῖτε	βασιλικὸν	κατὰ	τὴν	γραφήν
si$_2$	Sin embargo$_1$	(la) ley	cumplís$_2$	regia$_1$	conforme a	a la	escritura:
1487	3305	3551	5055	937	2596	3588	1124
CAC	*CLC*	*NASM*	*VPAI2P*	*JASM*	*P*	*DASF*	*NASF*

Ἀγαπήσεις	τὸν	πλησίον	σου	ὡς	σεαυτόν,	καλῶς	ποιεῖτε·	9εἰ	δὲ
Ama	al	prójimo	de ti	como	a ti mismo,	bien	hacéis;	si$_2$	pero$_1$
25	3588	4139	4675	5613	4572	2573	4160	1487	1161
VFAI2S	*DASM*	*B*	*RP2GS*	*CAM*	*RF2ASM*	*B*	*VPAI2P*	*CAC*	*CLC*

προσωπολημπτεῖτε,	ἁμαρτίαν	ἐργάζεσθε,	ἐλεγχόμενοι	ὑπὸ	τοῦ	νόμου
mostráis favoritismo	pecado	obran	siendo reprendidos	por	la	ley
4380	266	2038	1651	5259	3588	3551
VPAI2P	*NASF*	*VPUI2P*	*VPPP-PNM*	*P*	*DGSM*	*NGSM*

ὡς	παραβάται.	10ὅστις	γὰρ	ὅλον	τὸν	νόμον	τηρήσῃ,	πταίσῃ
como	transgresores.	cualquiera (que)$_2$	Porque$_1$	toda$_4$	la$_5$	ley,$_6$	guardare$_3$	tropezare$_2$
5613	3848	3748	1063	3650	3588	3551	5083	4417
CAM	*NNPM*	*RR-NSM*	*CAZ*	*JASM*	*DASM*	*NASM*	*VAAS3S*	*VAAS3S*

δὲ	ἐν	ἑνί,	γέγονεν	πάντων	ἔνοχος.	11ὁ	γὰρ	εἰπών·	Μὴ
mas$_1$	en	una cosa,	ha llegado a ser	de todos$_2$	culpable$_1$	el$_2$	Porque$_1$	que dijo:	No
1161	1722	1520	1096	3956	1777	3588	1063	2036	3361
CLC	*P*	*JDSM*	*VRAI3S*	*JGPM*	*JNSM*	*DNSM*	*CLX*	*VAAP-SNM*	*BN, TN*

NVI

usted aquí, en este
lugar cómodo», pero
al pobre le dicen:
«Quédate ahí de pie»
o «Siéntate en el suelo,
a mis pies», 4¿acaso
no hacen discrimi-
nación entre ustedes,
juzgando con malas
intenciones?
5Escuchen, mis
queridos hermanos:
¿No ha escogido Dios
a los que son pobres
según el mundo para
que sean ricos en la fe
y hereden el reino que
prometió a quienes lo
aman? 6¡Pero ustedes
han menospreciado
al pobre! ¿No son
los ricos quienes los
explotan a ustedes y
los arrastran ante los
tribunales? 7¿No son
ellos los que blasfeman
el buen nombre de
aquel a quien ustedes
pertenecen?
8Hacen muy bien
si de veras cumplen
la ley suprema de la
Escritura: «Ama a
tu prójimo como a
ti mismo»; 9pero,
si muestran algún
favoritismo, pecan y
son culpables, pues
la misma ley los
acusa de ser transgre-
sores. 10Porque el que
cumple con toda la ley,
pero falla en un solo
punto ya es culpable de
haberla quebrantado
toda. 11Pues el que

2:5 ⸀⸁ Manuscritos inferiores tienen *del mundo.*

RVR

No cometerás adulte-
rio, también dijo: No
cometerás homicidio.
Ahora bien, si no
cometes adulterio, pero
cometes homicidio, ya
te has hecho transgre-
sor de la ley.
12Así hablad, y así
haced, como los que
habéis de ser juzgados
por la ley de la libertad.
13Porque el juicio será
sin misericordia para
aquel que no haga
misericordia; y la
misericordia triunfa
sobre el juicio.

La fe sin obras es muerta

14Hermanos míos, ¿de
qué sirve que alguien
diga que tiene fe, si no
tiene obras? ¿Acaso
podrá esa fe salvarle?
15Y si un hermano o
una hermana están
desnudos, y tienen
necesidad del sustento
diario,
16y alguno de vosotros
les dice: Id en paz, ca-
lentaos y saciaos, pero
no les dais las cosas que
son necesarias para el
cuerpo, ¿de qué sirve?
17Así también la fe,
si no tiene obras, está
muerta en sí misma.
18Pero alguno dirá: Tú
tienes fe, y yo tengo
obras. Muéstrame tu
fe sin tus obras, y yo te

μοιχεύσῃς	εἶπεν	καί·	Μὴ	φονεύσῃς·	εἰ	δὲ	οὐ	μοιχεύεις
cometas adulterio,	dijo	también:	No	asesines,	si$_2$	pero,$_1$	no	adulteras,
3431	3004	2532	3361	5407	1487	1161	3756	3431
VAAS2S	*VAAI3S*	*BE, TE*	*BN, TN*	*VAAS2S*	*CAC*	*CLN*	*CLK, TN, B*	*VPAI2S*

φονεύεις	δέ,	γέγονας	παραβάτης	νόμου.	12 οὕτως	λαλεῖτε	καὶ
asesinas,$_2$	pero$_1$	has llegado a ser	transgresor	de (la) ley.	Así	hablad	y
5407	1161	1096	3848	3551	3779	2980	2532
VPAI2S	*CLK, CLC*	*VRAI2S*	*NNSM*	*NGSM*	*B*	*VPAM2P*	*CLN*

οὕτως	ποιεῖτε	ὡς	διὰ	νόμου	ἐλευθερίας	μέλλοντες	κρίνεσθαι.	13 ἡ
así	haced	como	por medio de	de (la) ley	(de) libertad	yendo a	ser juzgado.	el$_2$
3779	4160	5613	1223	3551	1657	3195	2919	3588
B	*VPAM2P*	*CAM*	*P*	*NGSM*	*NGSF*	*VPAP-PNM*	*VPPN*	*DNSF*

γὰρ	κρίσις	ἀνέλεος	τῷ	μὴ	ποιήσαντι	ἔλεος·	κατακαυχᾶται
Porque$_1$	juicio	sin misericordia	al que	no	hace	misericordia;	triunfa sobre$_2$
1063	2920	448	3588	3361	4160	1656	2620
CAZ	*NNSF*	*JNSF*	*DDSM*	*BN, TN*	*VAAP-SDM*	*NASN*	*VPUI3S*

ἔλεος	κρίσεως.
misericordia$_1$	(el) juicio.
1656	2920
NNSN, NASN	*NGSF*

14 Τί	ὄφελος,	ἀδελφοί	μου,	ἐὰν	πίστιν	λέγῃ	τις	ἔχειν	ἔργα	δὲ
¿Cuál	provecho,	hermanos	de mí,	si	fe,$_4$	dice$_2$	alguien$_1$	tener$_3$	obras?$_8$	mas$_5$
5101	3786	80	3450	1437	4102	3004	5100	2192	2041	1161
RI-NSN	*NNSN*	*NVPM*	*RP1GS*	*CAC*	*NASF*	*VPAS3S*	*RX-NSM*	*VPAN*	*NAPN*	*CLC*

μὴ	ἔχῃ;	μὴ	δύναται	ἡ	πίστις	σῶσαι	αὐτόν;	15 ἐὰν	ἀδελφὸς	ἢ
no$_6$	tiene$_7$	¿Acaso	puede	la	fe	salvar	le?	Si	un hermano	o
3361	2192	3361	1410	3588	4102	4982	846	1437	80	2228
BN, TN	*VPAS3S*	*TN, TI*	*VPUI3S*	*DNSF*	*NNSF*	*VAAN*	*RP3ASM*	*CAC*	*NNSM*	*CLD*

ἀδελφὴ	γυμνοὶ	ὑπάρχωσιν	καὶ	λειπόμενοι	τῆς	ἐφημέρου	τροφῆς,
hermana	desnudos	están	y	está faltando	del	diario	sustento,
79	1131	5225	2532	3007	3588	2184	5160
NNSF	*JNPM*	*VPAS3P*	*CLN*	*VPPP-PNM*	*DGSF*	*JGSF*	*NGSF*

16 εἴπῃ	δέ	τις	αὐτοῖς	ἐξ	ὑμῶν·	Ὑπάγετε	ἐν	εἰρήνῃ,	θερμαίνεσθε
dijera$_2$	y$_1$	alguien$_3$	a ellos:$_6$	de$_4$	vosotros$_5$	Id	en	paz,	calentaos
2036	1161	5100	846	1537	5216	5217	1722	1515	2328
VAAS3S	*CLN*	*RX-NSM*	*RP3DPM*	*P*	*RP2GP*	*VPAM2P*	*P*	*NDSF*	*VPUM2P*

καὶ	χορτάζεσθε,	μὴ	δῶτε	δὲ	αὐτοῖς	τὰ	ἐπιτήδεια	τοῦ	σώματος,
y	saciaos,	no$_2$	dais$_3$	pero$_1$	a ellos	las cosas	necesarias	para el	cuerpo.
2532	5526	3361	1325	1161	846	3588	2006	3588	4983
CLN	*VPPM2P*	*BN, TN*	*VAAS2P*	*CLC*	*RP3DPM*	*DAPN*	*JAPN*	*DGSN*	*NGSN*

τί	ὄφελος;	17 οὕτως	καὶ	ἡ	πίστις,	ἐὰν	μὴ	ἔχῃ	ἔργα,	νεκρά
¿Cuál (es)	(el) provecho?	Así	también	la	fe,	si	no	tiene	obras,	muerta
5101	3786	3779	2532	3588	4102	1437	3361	2192	2041	3498
RI-NSN	*NNSN*	*B*	*BE, TE*	*DNSF*	*NNSF*	*CAC*	*BN, TN*	*VPAS3S*	*NAPN*	*JNSF*

ἐστιν	καθ'	ἑαυτήν.
está	en	sí misma.
2076	2596	1438
VPAI3S	*P*	*RF3ASF*

18 Ἀλλ'	ἐρεῖ	τις·	Σὺ	πίστιν	ἔχεις	κἀγὼ	ἔργα	ἔχω.	δεῖξόν	μοι
Pero	dirá$_2$	alguno:$_1$	Tú$_3$	fe$_5$	tienes$_4$	y yo$_6$	obra.$_8$	tengo$_7$	Muestra	a mí
235	2046	5100	4771	4102	2192	2504	2041	2192	1166	3427
CLC	*VFAI3S*	*RX-NSM*	*RP2NS*	*NASF*	*VPAI2S*	*RP1NS, CLN*	*NAPN*	*VPAI1S*	*VAAM2S*	*RP1DS*

τὴν	πίστιν	σου	χωρὶς	τῶν	ἔργων,	κἀγώ	σοι	δείξω	ἐκ
la	fe	de ti	sin	las	obras,	y yo	a ti$_2$	mostraré$_1$	desde$_3$
3588	4102	4675	5565	3588	2041	2504	4671	1166	1537
DASF	*NASF*	*RP2GS*	*P, B*	*DGPN*	*NGPN*	*RP1NS, CLN*	*RP2DS*	*VFAI1S*	*P*

NVI

dijo: «No cometas
adulterio», también
dijo: «No mates». Si
no cometes adulterio,
pero matas, ya has
violado la ley.
12Hablen y pórtense
como quienes han de
ser juzgados por la ley
que nos da libertad,
13porque habrá un
juicio sin compasión
para el que actúe
sin compasión. ¡La
compasión triunfa en
el juicio!

La fe y las obras

14Hermanos míos,
¿de qué le sirve a uno
alegar que tiene fe, si
no tiene obras? ¿Acaso
podrá salvarlo esa fe?
15Supongamos que
un hermano o una
hermana no tiene con
qué vestirse y carece
del alimento diario,
16y uno de ustedes le
dice: «Que le vaya
bien; abríguese y coma
hasta saciarse», pero
no le da lo necesario
para el cuerpo. ¿De
qué servirá eso? 17Así
también la fe por sí
sola, si no tiene obras,
está muerta.
18Sin embargo,
alguien dirá: «Tú
tienes fe, y yo tengo
obras».
Pues bien, muéstra-
me tu fe sin las obras, y

RVR

mostraré mi fe por mis
obras.
19 Tú crees que Dios
es uno; haces bien.
También los demonios
lo creen, y tiemblan.
20 ¿Mas quieres saber,
hombre vano, que la fe
sin obras es muerta?
21 ¿No fue justificado
por las obras Abraham
nuestro padre, cuando
ofreció a su hijo Isaac
sobre el altar?
22 Ya ves que la fe actuó
juntamente con sus
obras, y que la fe se
perfeccionó en virtud
de las obras.
23 Y se cumplió la
Escritura que dice:
Abraham creyó a Dios,
y le fue contado para
justicia, y fue llamado
amigo de Dios.
24 Veis, pues, que el
hombre es justificado
por las obras, y no
solamente por la fe.
25 Asimismo también
Rahab la ramera, ¿no
fue justificada por
obras, cuando recibió
a los mensajeros y los
envió por otro camino?
26 Porque así como el
cuerpo sin espíritu está
muerto, así también
la fe sin obras está
muerta.

των ἔργων μου τὴν πίστιν. 19 σὺ πιστεύεις ὅτι εἷς ἐστιν ὁ
las$_4$ obras$_5$ de mí,$_6$ la$_1$ fe$_2$ ¿Tú crees que uno?$_4$ es$_3$ --$_1$
3588 2041 3450 3588 4102 4771 4100 3754 1520 2076 3588
DGPN NGPN RP1GS DASF NASF RP2NS VPAI2S CSC JNSM VPAI3S DNSM

θεός; καλῶς ποιεῖς· καὶ τὰ δαιμόνια πιστεύουσιν καὶ φρίσσουσιν.
Dios$_2$ bien haces. También los demonios creen y tiemblan.
2316 2573 4160 2532 3588 1140 4100 2532 5425
NNSM B VPAI2S CLA, B DNPN NNPN VPAI3P CLN VPAI3P

20 θέλεις δὲ γνῶναι, ὦ ἄνθρωπε κενέ, ὅτι ἡ πίστις χωρὶς τῶν
quieres$_2$ ¿Pero$_1$ conocer, oh hombre vano, que la fe sin las
2309 1161 1097 5599 444 2756 3754 3588 4102 5565 3588
VPAI2S CLC VAAN I NVSM JVSM CSC DNSF NNSF P, B DGPN

ἔργων ⸀ἀργή ἐστιν; 21 Ἀβραὰμ ὁ πατὴρ ἡμῶν οὐκ ἐξ ἔργων
obras de ningún valor?$_2$ es$_1$ Abraham,$_5$ el$_6$ padre$_7$ de nosotros$_8$ ¿no$_1$ desde$_3$ obras,$_4$
2041 692 2076 11 3588 3962 2257 3756 1537 2041
NGPN JNSF VPAI3S NNSM, XP DNSM NNSM RP1GP TN, TI P NGPN

ἐδικαιώθη, ἀνενέγκας Ἰσαὰκ τὸν υἱὸν αὐτοῦ ἐπὶ τὸ θυσιαστήριον;
fue justificado$_2$ al ofrecer a Isaac, el hijo de él, sobre el altar?
1344 399 2464 3588 5207 846 1909 3588 2379
VAPI3S VAAP-SNM NASM, XP DASM NASM RP3GSM P DASN NASN

22 βλέπεις ὅτι ἡ πίστις συνήργει τοῖς ἔργοις αὐτοῦ καὶ ἐκ τῶν
ves que la fe cooperaba con las obras de él, y desde$_4$ las$_5$
991 3754 3588 4102 4903 3588 2041 846 2532 1537 3588
VPAI2S CSC DNSF NNSF VIAI3S DDPN NDPN RP3GSM CLN P DGPN

ἔργων ἡ πίστις ἐτελειώθη, 23 καὶ ἐπληρώθη ἡ γραφὴ ἡ
obras,$_6$ la$_1$ fe$_2$ fue perfeccionada$_3$ y fue cumplida$_3$ la$_1$ escritura$_2$ la que
2041 3588 4102 5048 2532 4137 3588 1124 3588
NGPN DNSF NNSF VAPI3S CLN VAPI3S DNSF NNSF DNSF

λέγουσα· Ἐπίστευσεν δὲ Ἀβραὰμ τῷ θεῷ, καὶ ἐλογίσθη αὐτῷ εἰς
dice: creyó$_3$ Y$_1$ Abraham$_2$ -- a Dios, y fue contado a él para
3004 4100 1161 11 3588 2316 2532 3049 846 1519
VPAP-SNF VAAI3S CLN NNSM, XP DDSM NDSM CLN VAPI3S RP3DSM P

δικαιοσύνην, καὶ φίλος θεοῦ ἐκλήθη. 24 ⸀ὁρᾶτε ὅτι ἐξ ἔργων
justicia, y amigo$_2$ de Dios,$_3$ fue llamado$_1$ Veis que desde las obras
1343 2532 5384 2316 2564 3708 3754 1537 2041
NASF CLN JNSM NGSM VAPI3S VPAI2P,VPAM2P CSC P NGPN

δικαιοῦται ἄνθρωπος καὶ οὐκ ἐκ πίστεως μόνον. 25 ὁμοίως δὲ
es justificado$_2$ (un) hombre$_1$ y no desde (la) fe solamente. igualmente$_2$ E$_1$
1344 444 2532 3756 1537 4102 3441, 3440 3668 1161
VPPI3S NNSM CLN BN, TN P NGSF B, J B CLN

καὶ Ῥαὰβ ἡ πόρνη οὐκ ἐξ ἔργων ἐδικαιώθη, ὑποδεξαμένη
también Rahab la prostituta, ¿no desde$_2$ (las) obras$_3$ fue justificada$_1$ al hospedar
2532 4460 3588 4204 3756 1537 2041 1344 5264
BE, TE NNSF, XP DNSF NNSF BN, TN P NGPN VAPI3S VAMP-SNF

τοὺς ἀγγέλους καὶ ἑτέρᾳ ὁδῷ ἐκβαλοῦσα; 26 ὥσπερ γὰρ τὸ σῶμα
a los mensajeros y por otro$_2$ camino?$_3$ habiendo enviado$_1$ así como$_2$ Porque$_1$ el cuerpo
3588 32 2532 2087 3598 1544 5618 1063 3588 4983
DAPM NAPM CLN JDSF NDSF VAAP-SNF CAM CAZ DNSN NNSN

χωρὶς πνεύματος νεκρόν ἐστιν, οὕτως καὶ ἡ πίστις χωρὶς ἔργων
sin (el) espíritu muerto,$_2$ está$_1$ así también la fe sin (las) obras
5565 4151 3498 2076 3779 2532 3588 4102 5565 2041
P, B NGSN JNSN VPAI3S B BE, TE DNSF NNSF P, B NGPN

νεκρά ἐστιν.
muerta está.
3498 2076
JNSF VPAI3S

NVI

yo te mostraré la fe por
mis obras. 19 ¿Tú crees
que hay un solo Dios?
¡Magnífico! También
los demonios lo creen,
y tiemblan.
20 ¡Qué tonto eres!
¿Quieres convencerte
de que la fe sin obras es
estéril? 21 ¿No fue de-
clarado justo nuestro
padre Abraham por
lo que hizo cuando
ofreció sobre el altar a
su hijo Isaac? 22 Ya lo
ves: Su fe y sus obras
actuaban conjunta-
mente, y su fe llegó a
la perfección por las
obras que hizo. 23 Así
se cumplió la Escritura
que dice: «Le creyó
Abraham a Dios, y esto
se le tomó en cuenta
como justicia», y fue
llamado amigo de
Dios. 24 Como pueden
ver, a una persona se
la declara justa por las
obras, y no solo por
la fe.
25 De igual manera,
¿no fue declarada justa
por las obras aun la
prostituta Rajab, cuan-
do hospedó a los espías
y les ayudó a huir por
otro camino? 26 Pues,
como el cuerpo sin el
espíritu está muerto,
así también la fe sin
obras está muerta.

2:20⸀ Manuscritos importantes dicen *muerta*. **2:24⸀** Manuscritos inferiores aumentaron *Ya*.

RVR

El poder de la lengua

3 Hermanos míos,
no os hagáis
maestros muchos de
vosotros, sabiendo que
recibiremos un juicio
más severo.
2 Porque todos ofende-
mos en muchas cosas.
Si alguno no ofende
en palabra, éste es
varón perfecto, capaz
también de refrenar
todo el cuerpo.
3 He aquí que ponemos
freno en la boca de los
caballos para que nos
obedezcan, y dirigimos
así todo su cuerpo.
4 Mirad también las
naves; aunque son tan
grandes, e impulsadas
por fuertes vientos, son
dirigidas con un timón
muy pequeño por
donde quiere el que las
gobierna.
5 Así también la lengua
es un miembro peque-
ño, pero se jacta de
grandes cosas. ¡Mirad
qué gran bosque se
incendia con un peque-
ño fuego!
6 Y la lengua es un
fuego, un mundo de
iniquidad. La lengua
está puesta entre nues-
tros miembros, y con-
tamina todo el cuerpo,
e inflama el curso de la
existencia, siendo ella
misma inflamada por el
infierno.
7 Porque toda natura-
leza de bestias, de aves,
de serpientes, y de seres
del mar, se doma y ha

3 Μὴ	πολλοὶ	διδάσκαλοι	γίνεσθε,	ἀδελφοί	μου,	εἰδότες	ὅτι	μεῖζον
No	muchos	maestros,$_2$	os hagáis$_1$	hermanos	de mí,	sabiendo	que	mayor$_2$
3361	4183	1320	1096	80	3450	1492	3754	3173
BN, TN	*JNPM*	*NNPM*	*VPUM2P*	*NVPM*	*RP1GS*	*VRAP-PNM*	*CSC*	*JASNC*

κρίμα	λημψόμεθα·	2 πολλὰ	γὰρ	πταίομεν	ἅπαντες.	εἴ	τις	ἐν
juicio.$_3$	recibiréis$_1$	en muchas (cosas)$_2$	Porque$_1$	fallamos.$_4$	todos$_3$	Si	alguien	en$_3$
2917	2983	4183	1063	4417	537	1487	5100	1722
NASN	*VFMI1P*	*JAPN*	*CLX*	*VPAI1P*	*JNPM*	*CAC*	*RX-NSM*	*P*

λόγῳ	οὐ	πταίει,	οὗτος	τέλειος	ἀνήρ,	δυνατὸς	χαλιναγωγῆσαι	καὶ
palabra,$_4$	no$_1$	falla$_2$	este (es)	perfecto	hombre,	capaz	de poner freno	también
3056	3756	4417	3778	5046	435	1415	5468	2532
NDSM	*BN, TN*	*VPAI3S*	*RD-NSM*	*JNSM*	*NNSM*	*JNSM*	*VAAN*	*BE, TE*

ὅλον	τὸ	σῶμα.	3 εἰ	δὲ	τῶν	ἵππων	τοὺς	χαλινοὺς	εἰς	τὰ	στόματα
a todo	el	cuerpo.	si$_2$	Y$_1$	de los$_9$	caballos$_{10}$	los$_4$	frenos$_5$	en$_6$	las$_7$	bocas$_8$
3650	3588	4983	1487	1161	3588	2462	3588	5469	1519	3588	4750
JASN	*DASN*	*NASN*	*CAC*	*CLN*	*DGPM*	*NGPM*	*DAPM*	*NAPM*	*P*	*DAPN*	*NAPN*

βάλλομεν	εἰς	τὸ	πείθεσθαι	αὐτοὺς	ἡμῖν,	καὶ	ὅλον	τὸ	σῶμα
ponemos$_3$	para$_{11}$	--$_{13}$	persuadir$_{14}$	a ellos,$_{15}$	nosotros$_{12}$	también$_{16}$	todo$_{18}$	el$_{19}$	cuerpo$_{20}$
906	1519	3588	3982	846	2254	2532	3650	3588	4983
VPAI1P	*P*	*DASN*	*VPPN*	*RP3APM*	*RP1DP*	*BE, TE*	*JASN*	*DASN*	*NASN*

αὐτῶν	μετάγομεν.	4 ἰδοὺ	καὶ	τὰ	πλοῖα,	τηλικαῦτα	ὄντα	καὶ	ὑπὸ
de ellos.$_{21}$	guiamos$_{17}$	Mirad	también	los	barcos,	tan grandes$_2$	siendo$_1$	e$_3$	por$_5$
846	3329	2400	2532	3588	4143	5082	5607	2532	5259
RP3GPM	*VPAI1P*	*I, VAAM2S*	*BE, TE*	*DNPN*	*NNPN*	*RD-NPN*	*VPAP-PNN*	*CLN*	*P*

ἀνέμων	σκληρῶν	ἐλαυνόμενα,	μετάγεται	ὑπὸ	ἐλαχίστου	πηδαλίου
vientos$_6$	fuertes$_7$	impulsados$_4$	son dirigidos	por	un muy pequeño	timón
417	4642	1643	3329	5259	1646	4079
NGPM	*JGPM*	*VPPP-PNN*	*VPPI3S*	*P*	*JGSN*	*NGSN*

ὅπου	ἡ	ὁρμὴ	τοῦ	εὐθύνοντος	βούλεται·	5 οὕτως	καὶ	ἡ	γλῶσσα
a donde	el	impulso	del	timonel	desea;	así	también	la	lengua
3699	3588	3730	3588	2116	1014	3779	2532	3588	1100
CAL	*DNSF*	*NNSF*	*DGSM*	*VPAP-SGM*	*VPUI3S*	*B*	*BE, TE*	*DNSF*	*NNSF*

μικρὸν	μέλος	ἐστὶν	καὶ	μεγάλα	αὐχεῖ·
pequeña$_2$	parte del cuerpo$_3$	es$_1$	y$_4$	de grandes cosas.$_6$	se jacta$_5$
3398	3196	2076	2532	3173	3166
JNSN	*NNSN*	*VPAI3S*	*CLN*	*JAPN*	*VPAI3S*

Ἰδοὺ	ἡλίκον	πῦρ	ἡλίκην	ὕλην	ἀνάπτει·	6 καὶ	ἡ	γλῶσσα
¡He aquí	cuán pequeño	fuego	cuán grande$_2$	bosque!$_3$	enciende$_1$	y	la	lengua (es)
2400	2245	4442	2245	5208	381	2532	3588	1100
I, VAAM2S	*JNSN*	*NNSN*	*JASF*	*NASF*	*VPAI3S*	*CLN*	*DNSF*	*NNSF*

πῦρ,	ὁ	κόσμος	τῆς	ἀδικίας	ἡ	γλῶσσα	καθίσταται	ἐν
fuego,	el	mundo	de la	injusticia,	la	lengua	está puesta	entre
4442	3588	2889	3588	93	3588	1100	2525	1722
NNSN	*DNSM*	*NNSM*	*DGSF*	*NGSF*	*DNSF*	*NNSF*	*VPPI3S*	*P*

τοῖς	μέλεσιν	ἡμῶν,	ἡ	σπιλοῦσα	ὅλον	τὸ	σῶμα	καὶ
los	miembros del cuerpo	de nosotros	la (cual)	contamina	todo	el	cuerpo	e
3588	3196	2257	3588	4695	3650	3588	4983	2532
DDPN	*NDPN*	*RP1GP*	*DNSF*	*VPAP-SNF*	*JASN*	*DASN*	*NASN*	*CLN*

φλογίζουσα	τὸν	τροχὸν	τῆς	γενέσεως	καὶ	φλογιζομένη	ὑπὸ	τῆς
inflama	el	curso	de la	nuestra existencia	y	es inflamada	por	el
5394	3588	5164	3588	1078	2532	5394	5259	3588
VPAP-SNF	*DASM*	*NASM*	*DGSF*	*NGSF*	*CLN*	*VPPP-SNF*	*P*	*DGSF*

γεέννης.	7 πᾶσα	γὰρ	φύσις	θηρίων	τε	καὶ	πετεινῶν	ἑρπετῶν
infierno.	toda$_2$	Porque$_1$	naturaleza	de bestias,	así como	también	de aves,	reptiles
1067	3956	1063	5449	2342	5037	2532	4071	2062
NGSF	*JNSF*	*CAZ*	*NNSF*	*NGPN*	*CLK*	*CLK, CLN*	*NGPN, JGPN*	*NGPN*

NVI

Hay que domar la lengua

3 Hermanos míos,
no pretendan
muchos de ustedes
ser maestros, pues,
como saben, seremos
juzgados con más
severidad. 2 Todos
fallamos mucho. Si
alguien nunca falla
en lo que dice, es una
persona perfecta, capaz
también de controlar
todo su cuerpo.
3 Cuando ponemos
freno en la boca de
los caballos para
que nos obedezcan,
podemos controlar
todo el animal.
4 Fíjense también en
los barcos. A pesar de
ser tan grandes y de ser
impulsados por fuertes
vientos, se gobiernan
por un pequeño timón
a voluntad del piloto.
5 Así también la lengua
es un miembro muy
pequeño del cuerpo,
pero hace alarde de
grandes hazañas.
¡Imagínense qué gran
bosque se incendia con
tan pequeña chispa!
6 También la lengua es
un fuego, un mundo
de maldad. Siendo uno
de nuestros órganos,
contamina todo el
cuerpo y, encendida
por el infierno, prende
a su vez fuego a todo el
curso de la vida.
7 El ser humano sabe
domar y, en efecto, ha
domado toda clase

RVR

sido domada por la
naturaleza humana;
8 pero ningún hombre
puede domar la lengua,
que es un mal que no
puede ser refrenado,
llena de veneno
mortífero.
9 Con ella bendecimos
a nuestro Señor y
Padre, y con ella malde-
cimos a los hombres,
que están hechos a
semejanza de Dios.
10 De una misma boca
proceden bendición y
maldición. Hermanos
míos, esto no debe
ser así.
11 ¿Acaso alguna fuente
echa por una misma
abertura agua dulce y
amarga?
12 Hermanos míos,
¿puede acaso la higuera
producir aceitunas, o la
vid higos? Así también
ninguna fuente puede
dar agua salada y dulce.

Dos clases de sabiduría

13 ¿Quién es sabio
y entendido entre
vosotros? Muestre
por la buena conducta
sus obras en sabia
mansedumbre.
14 Pero si tenéis celos
amargos y rivalidad en
vuestro corazón, no
os jactéis, ni mintáis
contra la verdad;
15 porque esta sabiduría

τε	καὶ	ἐναλίων	δαμάζεται	καὶ	δεδάμασται	τῇ	φύσει	τῇ
así como	también	de seres marinos	es domada	y	ha sido domada	por la	naturaleza	del
5037	2532	1724	1150	2532	1150	3588	5449	3588
CLK	*CLK, CLN*	*JGPN*	*VPPI3S*	*CLN*	*VRPI3S*	*DDSF*	*NDSF*	*DDSF*

ἀνθρωπίνῃ.	8 τὴν	δὲ	γλῶσσαν	οὐδεὶς	δαμάσαι	δύναται	ἀνθρώπων.
ser humano,	la$_2$	Mas$_1$	lengua	nadie	domar$_3$;	puede$_2$	de (los) hombres$_1$
442	3588	1161	1100	3762	1150	1410	444
JDSF	*DASF*	*CLC*	*NASF*	*JNSM*	*VAAN*	*VPUI3S*	*NGPM*

ἀκατάστατον	κακόν,	μεστὴ	ἰοῦ	θανατηφόρου.	9 ἐν	αὐτῇ
(un) agitado	mal,	lleno	de veneno	mortífero.	Con	ella
182	2556	3324	2447	2287	1722	846
JNSN	*JNSN*	*JNSF*	*NGSM*	*JGSM*	*P*	*RP3DSF*

εὐλογοῦμεν	τὸν	⌜κύριον	καὶ	πατέρα,	καὶ	ἐν	αὐτῇ	καταρώμεθα
bendecimos	al	Señor	y	Padre,	y	con	ella	maldecimos
2127	3588	2962	2532	3962	2532	1722	846	2672
VPAI1P	*DASM*	*NASM*	*CLN*	*NASM*	*CLN*	*P*	*RP3DSF*	*VPUI1P*

τοὺς	ἀνθρώπους	τοὺς	καθ’	ὁμοίωσιν	θεοῦ	γεγονότας.	10 ἐκ
a los	hombres	los (cuales)	conforme a$_2$	semejanza$_3$	de Dios,$_4$	han sido hechos$_1$	de
3588	444	3588	2596	3669	2316	1096	1537
DAPM	*NAPM*	*DAPM*	*P*	*NASF*	*NGSM*	*VRAP-PAM*	*P*

τοῦ	αὐτοῦ	στόματος	ἐξέρχεται	εὐλογία	καὶ	κατάρα.	οὐ	χρή,
la	misma	boca	sale	bendición	y	maldición.	No	debería
3588	846	4750	1831	2129	2532	2671	3756	5534
DGSN	*RP3GSNA, JGSN*	*NGSN*	*VPUI3S*	*NNSF*	*CLN*	*NNSF*	*BN, TN*	*VPAI3S*

ἀδελφοί	μου	ταῦτα,	οὕτως	γίνεσθαι.	11 μήτι	ἡ	πηγὴ	ἐκ	τῆς
hermanos	de mí,	estas cosas,$_3$	así$_2$	suceder$_1$	¿Acaso	la	fuente	por$_2$	la$_3$
80	3450	5023	3779	1096	3385	3588	4077	1537	3588
NVPM	*RP1GS*	*RD-NPN*	*B*	*VPUN*	*TI, TN*	*DNSF*	*NNSF*	*P*	*DGSF*

αὐτῆς	ὀπῆς	βρύει	τὸ	γλυκὺ	καὶ	τὸ	πικρόν;	12 μὴ	δύναται,
misma$_4$	abertura$_5$	derrama$_1$	lo	dulce	y	lo	amargo?	¿Acaso	puede,
846	3692	1032	3588	1099	2532	3588	4089	3361	1410
RP3GSFA, JGSF	*NGSF*	*VPAI3S*	*DASN*	*JASN*	*CLN*	*DASN*	*JASN*	*TN, TI*	*VPUI3S*

ἀδελφοί	μου,	συκῆ	ἐλαίας	ποιῆσαι	ἢ	ἄμπελος	σῦκα;	οὔτε
hermanos	de mí,	una higuera	olivos,$_2$	producir,$_1$	o	vid	higos?	Ni
80	3450	4808	1636	4160	2228	288	4810	3777
NVPM	*RP1GS*	*NNSF*	*NAPF*	*VAAN*	*CLD*	*NNSF*	*NAPN*	*TN, CLD*

ἁλυκὸν⌝	γλυκὺ	ποιῆσαι	ὕδωρ.
(fuente) salada	dulce.$_3$	hacer$_1$	agua.$_2$
252	1099	4160	5204
JNSN, JASN	*JASN*	*VAAN*	*NASN*

13 Τίς	σοφὸς	καὶ	ἐπιστήμων	ἐν	ὑμῖν;	δειξάτω	ἐκ	τῆς	καλῆς
¿Quién	(es) sabio	e	inteligente	entre	vosotros?	Muestre	desde	la	buena
5101	4680	2532	1990	1722	5213	1166	1537	3588	2570
RI-NSM	*JNSM*	*CLN*	*JNSM*	*P*	*RP2DP*	*VAAM3S*	*P*	*DGSF*	*JGSF*

ἀναστροφῆς	τὰ	ἔργα	αὐτοῦ	ἐν	πραΰτητι	σοφίας.	14 εἰ	δὲ	ζῆλον
conducta	las	obras	de él	en	humildad	de sabiduría.	si$_2$	Pero$_1$	celo$_4$
391	3588	2041	846	1722	4240	4678	1487	1161	2205
NGSF	*DAPN*	*NAPN*	*RP3GSM*	*P*	*NDSF*	*NGSF*	*CAC*	*CLC*	*NASM*

πικρὸν	ἔχετε	καὶ	ἐριθείαν	ἐν	τῇ	καρδίᾳ	ὑμῶν,	μὴ	κατακαυχᾶσθε
amargo$_5$	tenéis$_3$	y	rivalidad	en	el	corazón	de vosotros,	no	os enorgullecéis
4089	2192	2532	2052	1722	3588	2588	5216	3361	2620
JASM	*VPAI2P*	*CLN*	*NASF*	*P*	*DDSF*	*NDSF*	*RP2GP*	*BN, TN*	*VPUM2P*

καὶ	ψεύδεσθε	κατὰ	τῆς	ἀληθείας.	15 οὐκ	ἔστιν	αὕτη	ἡ	σοφία
y	mintáis	contra	la	verdad.	No	es	esta	la	sabiduría
2532	5574	2596	3588	225	3756	2076	3778	3588	4678
CLN	*VPMM2P*	*P*	*DGSF*	*NGSF*	*CLK, TN, B*	*VPAI3S*	*RD-NSF*	*DNSF*	*NNSF*

NVI

de fieras, de aves, de
reptiles y de bestias
marinas; 8 pero nadie
puede domar la lengua.
Es un mal irrefrenable,
lleno de veneno mortal.
9 Con la lengua
bendecimos a nuestro
Señor y Padre, y con
ella maldecimos a las
personas, creadas a
imagen de Dios. 10 De
una misma boca salen
bendición y maldición.
Hermanos míos,
esto no debe ser así.
11 ¿Puede acaso brotar
de una misma fuente
agua dulce y agua
salada? 12 Hermanos
míos, ¿acaso puede dar
aceitunas una higuera
o higos una vid? Pues
tampoco una fuente de
agua salada puede dar
agua dulce.

Dos clases de sabiduría

13 ¿Quién es sabio
y entendido entre
ustedes? Que lo de-
muestre con su buena
conducta, mediante
obras hechas con la
humildad que le da su
sabiduría. 14 Pero, si
ustedes tienen envidias
amargas y rivalidades
en el corazón, dejen de
presumir y de faltar a
la verdad. 15 Esa no es la
sabiduría que desciende

3:9⌜ Manuscritos inferiores tienen *Dios.*

RVR

no es la que desciende
de lo alto, sino terrenal,
natural, diabólica.
16Porque donde hay
celos y rivalidad, allí
hay perturbación y
toda obra perversa.
17Pero la sabiduría
que es de lo alto es
primeramente pura,
después pacífica, con-
descendiente, benigna,
llena de misericordia
y de buenos frutos,
sin incertidumbre ni
hipocresía.
18Y el fruto de justicia
se siembra en paz para
aquellos que hacen
la paz.

Contra las discordias

4 ¿De dónde vienen
las guerras y los
pleitos entre vosotros?
¿No es de vuestras
pasiones, las cuales
combaten en vuestros
miembros?
2Codiciáis, y no tenéis;
matáis y ardéis de envi-
dia, y no podéis alcanzar;
combatís y lucháis, pero
no tenéis lo que deseáis,
porque no pedís.
3Pedís, y no recibís,
porque pedís mal,
para gastar en vuestros
deleites.
4¡Oh almas adúlteras!
¿No sabéis que la
amistad del mundo
es enemistad contra
Dios? Cualquiera,
pues, que quiera ser
amigo del mundo, se
constituye enemigo
de Dios.

ἄνωθεν	κατερχομένη,	ἀλλὰ	ἐπίγειος,	ψυχική,	δαιμονιώδης·	16 ὅπου
de arriba.$_2$	que desciende$_1$	sino	terrenal	natural,	demoníaca.	donde$_2$
509	2718	235	1919	5591	1141	3699
BP	*VPUP-SNF*	*CLK, CLC*	*JNSF*	*JNSF*	*JNSF*	*CAL, B*

γὰρ	ζῆλος	καὶ	ἐριθεία,	ἐκεῖ	ἀκαταστασία	καὶ	πᾶν	φαῦλον
Porque$_1$	hay celos	y	rivalidad	allí (hay)	tumulto	y	toda	mala
1063	2205	2532	2052	1563	181	2532	3956	5337
CAZ	*NNSM*	*CLN*	*NNSF*	*BP*	*NNSF*	*CLN*	*JNSN*	*JNSN*

πρᾶγμα.	17 ἡ	δὲ	ἄνωθεν	σοφία	πρῶτον	μὲν	ἁγνή	ἐστιν,	ἔπειτα
práctica.	la$_2$	Mas$_1$	de arriba$_4$	sabiduría$_3$	primeramente$_5$	en verdad$_7$	pura,$_8$	es$_6$	después
4229	3588	1161	509	4678	4412	3303	53	2076	1899
NNSN	*DNSF*	*CLC*	*BP*	*NNSF*	*B, J*	*BK, TK*	*JNSF*	*VPAI3S*	*B*

εἰρηνική,	ἐπιεικής,	εὐπειθής,	μεστὴ	ἐλέους	καὶ	καρπῶν
libre de preocupación,	bondadosa,	razonable,	llena	de misericordia	y	de frutos
1516	1933	2138	3324	1656	2532	2590
JNSF	*JNSF*	*JNSF, JNSM*	*JNSF*	*NGSN*	*CLN*	*NGPM*

ἀγαθῶν,	ἀδιάκριτος,	ἀνυπόκριτος.	18 καρπὸς	δὲ	δικαιοσύνης	ἐν
buenos,	Imparcial	sincera.	(el) fruto$_2$	Y$_1$	de justicia$_3$	en$_5$
18	87	505	2590	1161	1343	1722
JGPM	*JNSF*	*JNSF*	*NNSM*	*CLK, CLN*	*NGSF*	*P*

εἰρήνη	σπείρεται	τοῖς	ποιοῦσιν	εἰρήνην.
paz$_6$	se siembra$_4$	a los (que)	hacen	(la) paz.
1515	4687	3588	4160	1515
NDSF	*VPPI3S*	*DDPM*	*VPAP-PDM*	*NASF*

4 Πόθεν	πόλεμοι	καὶ	πόθεν	μάχαι	ἐν	ὑμῖν;	οὐκ	ἐντεῦθεν,	ἐκ
¿De dónde	guerras	y	de dónde	luchas	entre	vosotros?	¿No	(son) de aquí,	de
4159	4171	2532	4159	3163	1722	5213	3756	1782	1537
BI	*NNPM*	*CLN*	*BI*	*NNPF*	*P*	*RP2DP*	*TN, TI*	*B*	*P*

τῶν	ἡδονῶν	ὑμῶν	τῶν	στρατευομένων	ἐν	τοῖς	μέλεσιν	ὑμῶν;
las	pasiones	de vosotros	las que	están batallando	en	los	miembros	de vosotros?
3588	2237	5216	3588	4754	1722	3588	3196	5216
DGPF	*NGPF*	*RP2GP*	*DGPF*	*VPMP-PGF*	*P*	*DDPN*	*NDPN*	*RP2GP*

2 ἐπιθυμεῖτε,	καὶ	οὐκ	ἔχετε·	φονεύετε	καὶ	ζηλοῦτε,	καὶ	οὐ	δύνασθε
Codiciáis	y	no	tenéis.	Matáis	y	codiciáis,	y	no	podéis
1937	2532	3756	2192	5407	2532	2206	2532	3756	1410
VPAI2P	*CLN*	*BN, TN*	*VPAI2P*	*VPAI2P*	*CLN*	*VPAI2P*	*CLN*	*BN, TN*	*VPUI2P*

ἐπιτυχεῖν·	μάχεσθε	καὶ	πολεμεῖτε.	οὐκ	ἔχετε	διὰ	τὸ	μὴ
conseguir;	lucháis	y	hacéis la guerra	No	tenéis	a causa de	--	no$_2$
2013	3164	2532	4170	3756	2192	1223	3588	3361
VAAN	*VPUI2P*	*CLN*	*VPAI2P*	*BN, TN*	*VPAI2P*	*P*	*DASN*	*BN, TN*

αἰτεῖσθαι	ὑμᾶς·	3 αἰτεῖτε	καὶ	οὐ	λαμβάνετε,	διότι	κακῶς	αἰτεῖσθε,
pedir;$_3$	vosotros$_1$	Pedís	y	no	recibís,	porque	mal,$_2$	pedís$_1$
154	5209	154	2532	3756	2983	1360	2560	154
VPMN	*RP2AP*	*VPAI2P*	*CLN*	*BN, TN*	*VPAI2P*	*CAZ*	*B*	*VPMI2P*

ἵνα	ἐν	ταῖς	ἡδοναῖς	ὑμῶν	δαπανήσητε.	4 μοιχαλίδες,	οὐκ	οἴδατε
para$_3$	en$_5$	las$_6$	pasiones$_7$	de vosotros.$_8$	gastar$_4$	Gente adúltera,	¿no	sabéis
2443	1722	3588	2237	5216	1159	3428	3756	1492
CAP	*P*	*DDPF*	*NDPF*	*RP2GP*	*VAAS2P*	*NVPF, JVPF*	*TN, TI*	*VRAI2P*

ὅτι	ἡ	φιλία	τοῦ	κόσμου	ἔχθρα	τοῦ	θεοῦ	ἐστιν;	ὃς	ἐὰν	οὖν
que	la	amistad	del	mundo	enemistad$_2$	de$_3$	Dios?$_4$	es$_1$	cualquiera$_2$	--	Pues$_1$
3754	3588	5373	3588	2889	2189	3588	2316	2076	3739	1437	3767
CSC	*DNSF*	*NNSF*	*DGSM*	*NGSM*	*NNSF*	*DGSM*	*NGSM*	*VPAI3S*	*RR-NSM*	*TC*	*CLI*

βουληθῇ	φίλος	εἶναι	τοῦ	κόσμου,	ἐχθρὸς	τοῦ	θεοῦ	καθίσταται.
que desea$_3$	amigo$_5$	ser$_4$	del	mundo	enemigo$_2$	--$_3$	de Dios$_4$	es nombrado.$_1$
1014	5384	1511	3588	2889	2190	3588	2316	2525
VAPS3S	*JNSM*	*VPAN*	*DGSM*	*NGSM*	*JNSM*	*DGSM*	*NGSM*	*VPPI3S*

NVI

del cielo, sino que es
terrenal, puramente
humana y diabólica.
16Porque donde hay
envidias y rivalidades,
también hay confusión
y toda clase de acciones
malvadas.
17En cambio, la sa-
biduría que desciende
del cielo es ante todo
pura, y además pacífica,
bondadosa, dócil, llena
de compasión y de bue-
nos frutos, imparcial
y sincera. 18En fin, el
fruto de la justicia se
siembra en paz para los
que hacen la paz.

Sométanse a Dios

4 ¿De dónde
surgen las
guerras y los conflictos
entre ustedes? ¿No es
precisamente de las
pasiones que luchan
dentro de ustedes
mismos? 2Desean
algo y no lo consiguen.
Matan y sienten
envidia, y no pueden
obtener lo que quieren.
Riñen y se hacen la
guerra. No tienen,
porque no piden. 3Y,
cuando piden, no
reciben porque piden
con malas intenciones,
para satisfacer sus
propias pasiones.
4¡Oh gente adúltera!
¿No saben que la
amistad con el mundo
es enemistad con Dios?
Si alguien quiere ser
amigo del mundo se
vuelve enemigo de Dios.

RVR

5 ¿O pensáis que la
Escritura dice en
vano: El Espíritu que
él ha hecho habitar en
nosotros nos anhela
celosamente?
6 Pero él da mayor
gracia. Por lo cual
dice: Dios resiste a los
soberbios, y da gracia a
los humildes.
7 Someteos, pues, a
Dios; resistid al diablo,
y huirá de vosotros.
8 Acercaos a Dios, y él
se acercará a vosotros.
Pecadores, limpiad
las manos; y vosotros
los de doble ánimo,
purificad vuestros
corazones.
9 Afligíos, y lamentad,
y llorad. Que vuestra
risa se convierta en
llanto, y vuestro gozo
en tristeza.
10 Humillaos delante
del Señor, y él os
exaltará.

Juzgando al hermano

11 Hermanos, no
habléis mal los unos de
los otros. El que habla
mal del hermano y juz-
ga a su hermano, habla
mal de la ley y juzga a la
ley; pero si tú juzgas a
la ley, no eres hacedor
de la ley, sino juez.
12 Uno solo es el dador
de la ley, el que puede
salvar y perder; pero
tú, ¿quién eres para que
juzgues al otro?

5 ἢ	δοκεῖτε	ὅτι	κενῶς	ἡ	γραφὴ	λέγει·	Πρὸς	φθόνον	ἐπιποθεῖ	τὸ
¿O	pensáis	que	en vano	la	escritura	dice:	con$_7$	celo$_8$	anhela?$_9$	El$_1$
2228	1380	3754	2761	3588	1124	3004	4314	5355	1971	3588
CLD	VPAI2P	CSC	B	DNSF	NNSF	VPAI3S	P	NASM	VPAI3S	DNSN

πνεῦμα	ὃ	κατῴκισεν	ἐν	ἡμῖν;	6 μείζονα	δὲ	δίδωσιν	χάριν·
Espíritu$_2$	que$_3$	hizo habitar$_4$	en$_5$	nosotros$_6$	mayor$_2$	mas$_1$	da$_4$	gracia;$_3$
4151	3739	2730	1722	2254	3173	1161	1325	5485
NNSN	RR-NSN	VAAI3S	P	RP1DP	JASFC	CLC	VPAI3S	NASF

διὸ	λέγει·	Ὁ	θεὸς	ὑπερηφάνοις	ἀντιτάσσεται	ταπεινοῖς	δὲ
por lo cual	dice:	--	Dios	a (los) orgullosos,$_2$	resiste$_1$	a (los) humildes.$_6$	mas$_3$
1352	3004	3588	2316	5244	498	5011	1161
CLI	VPAI3S	DNSM	NNSM	JDPM	VPMI3S	JDPM	CLC

δίδωσιν	χάριν.	7 ὑποτάγητε	οὖν	τῷ	θεῷ·	ἀντίστητε	δὲ	τῷ
da$_4$	gracia$_5$	someteos$_2$	Así que$_1$	--$_3$	a Dios,$_4$	resistid$_6$	mas$_5$	al
1325	5485	5293	3767	3588	2316	436	1161	3588
VPAI3S	NASF	VAPM2P	CLI	DDSM	NDSM	VAAM2P	CLC	DDSM

διαβόλῳ,	καὶ	φεύξεται	ἀφ᾽	ὑμῶν·	8 ἐγγίσατε	τῷ	θεῷ,	καὶ	ἐγγιεῖ
diablo,	y	huirá	de	vosotros;	acercaos	--	a Dios,	y	se acercará
1228	2532	5343	575	5216	1448	3588	2316	2532	1448
JDSM	CLN	VFMI3S	P	RP2GP	VAAM2P	DDSM	NDSM	CLN	VFAI3S

ὑμῖν.	καθαρίσατε	χεῖρας,	ἁμαρτωλοί,	καὶ	ἁγνίσατε	καρδίας,
a vosotros.	Limpiad	(las) manos,	pecadores,	y	purificad	(los) corazones,
5213	2511	5495	268	2532	48	2588
RP2DP	VAAM2P	NAPF	JVPM	CLN	VAAM2P	NAPF

δίψυχοι.	9 ταλαιπωρήσατε	καὶ	πενθήσατε	καὶ	κλαύσατε·
los de lealtad dividida.	Angustiaos	y	lamentad	y	llorad;
1374	5003	2532	3996	2532	2799
JVPM	VAAM2P	CLN	VAAM2P	CLN	VAAM2P

ὁ	γέλως	ὑμῶν	εἰς	πένθος	μετατραπήτω	καὶ	ἡ	χαρὰ	εἰς
la	risa	de vosotros	en$_2$	llanto$_3$	se cambie$_1$	y	el	gozo	en
3588	1071	5216	1519	3997	3344	2532	3588	5479	1519
DNSM	NNSM	RP2GP	P	NASN	VAPM3S	CLN	DNSF	NNSF	P

κατήφειαν.	10 ταπεινώθητε	ἐνώπιον	κυρίου,	καὶ	ὑψώσει	ὑμᾶς.
tristeza.	Humillaos	delante de	(el) Señor	y	exaltará	a vosotros.
2726	5013	1799	2962	2532	5312	5209
NASF	VAPM2P	P, B	NGSM	CLN	VFAI3S	RP2AP

11 Μὴ	καταλαλεῖτε	ἀλλήλων,	ἀδελφοί·	ὁ	καταλαλῶν	ἀδελφοῦ
No	habléis mal	unos de otros,	hermanos.	El (que)	habla mal	de (un) hermano
3361	2635	240	80	3588	2635	80
BN,TN	VPAM2P	RC-GPM	NVPM	DNSM	VPAP-SNM	NGSM

ἢ	κρίνων	τὸν	ἀδελφὸν	αὐτοῦ	καταλαλεῖ	νόμου	καὶ	κρίνει	νόμον·
o	juzga	al	hermano	de él	habla mal de	(la) ley	y	condena	(la) ley;
2228	2919	3588	80	846	2635	3551	2532	2919	3551
CLD	VPAP-SNM	DASM	NASM	RP3GSM	VPAI3S	NGSM	CLN	VPAI3S	NASM

εἰ	δὲ	νόμον	κρίνεις,	οὐκ	εἶ	ποιητὴς	νόμου	ἀλλὰ	κριτής.
si$_2$	pero$_1$	a (la) ley$_4$	juzgas$_3$	no	eres	hacedor	de (la) ley,	sino	juez.
1487	1161	3551	2919	3756	1488	4163	3551	235	2923
CAC	CLC	NASM	VPAI2S	CLK, TN, B	VPAI2S	NNSM	NGSM	CLK, CLC	NNSM

12 εἷς	ἐστιν	νομοθέτης	⸂καὶ	κριτής⸃,	ὁ	δυνάμενος	σῶσαι	καὶ
Uno	es	dador de la ley	y	juez,	el (que)	puede	salvar	y
1520	2076	3550	2532	2923	3588	1410	4982	2532
JNSM	VPAI3S	NNSM	CLN	NNSM	DNSM	VPUP-SNM	VAAN	CLN

ἀπολέσαι·	σὺ	δὲ	τίς	εἶ,	ὁ	κρίνων	τὸν	⸀πλησίον;
destruir;	tú$_2$	¿mas$_1$	quién	eres,	el (que)	juzga	al	prójimo?
622	4771	1161	5101	1488	3588	2919	3588	4139
VAAN	RP2NS	CLC	RI-NSM	VPAI2S	DNSM	VPAP-SNM	DASM	B

NVI

5 ¿O creen que la
Escritura dice en
vano que Dios ama
celosamente al espíritu
que hizo morar en
nosotros? 6 Pero él nos
da mayor ayuda con su
gracia. Por eso dice la
Escritura:

«Dios se opone a los
orgullosos,
pero da gracia a los
humildes».

7 Así que sométanse
a Dios. Resistan al
diablo, y él huirá de
ustedes. 8 Acérquense
a Dios, y él se acercará
a ustedes. ¡Pecadores,
límpiense las manos!
¡Ustedes los incons-
tantes, purifiquen su
corazón! 9 Reconozcan
sus miserias, lloren y
laméntense. Que su
risa se convierta en
llanto, y su alegría en
tristeza. 10 Humíllense
delante del Señor, y él
los exaltará.

11 Hermanos, no
hablen mal unos de
otros. Si alguien habla
mal de su hermano, o
lo juzga, habla mal de
la ley y la juzga. Y, si
juzgas la ley, ya no
eres cumplidor de la
ley, sino su juez. 12 No
hay más que un solo
legislador y juez, aquel
que puede salvar y
destruir. Tú, en cambio,
¿quién eres para juzgar
a tu prójimo?

4:12⸂⸃ Manuscritos inferiores suprimieron *y juez*. **4:12**⸀ Manuscritos inferiores tienen *otro*.

RVR

Incertidumbre de la vida

13¡Vamos ahora!,
los que decís: Hoy y
mañana iremos a tal
ciudad, y estaremos allá
un año, y traficaremos,
y ganaremos;
14cuando no sabéis lo
que será el mañana.
Porque ¿qué es vuestra
vida? Ciertamente es
un vapor que aparece
por un poco de tiempo,
y luego se desvanece.
15En lugar de lo cual
deberíais decir: Si el
Señor quiere, viviremos
y haremos esto o
aquello.
16Pero ahora os jactáis
en vuestras fanfarro-
nadas. Toda jactancia
semejante es mala;
17el pecado está, pues,
en aquel que sabe hacer
lo bueno y no lo hace.

Aviso a los ricos explotadores

5 ¡Vamos ahora,
ricos! Llorad y
aullad por las miserias
que están a punto de
sobreveniros.
2Vuestras riquezas se
han podrido, y vuestras
ropas están comidas de
polilla.
3Vuestro oro y plata se
han enmohecido; y su
moho testificará contra
vosotros, y devorará
vuestras carnes
como fuego. Habéis

13 Ἄγε	νῦν	οἱ	λέγοντες·	Σήμερον	⸀ἢ	αὔριον	πορευσόμεθα
¡Vamos	ahora!	Los que	están diciendo:	Hoy	o	mañana	iremos
71	3568	3588	3004	4594	2228	839	4198
VPAM2S	*B*	*DNPM*	*VPAP-PNM*	*B*	*CLD*	*B*	*VFMI1P*

εἰς	τήνδε	τὴν	πόλιν	καὶ	ποιήσομεν	ἐκεῖ	ἐνιαυτὸν	καὶ
a	tal	--	ciudad	y	estaremos	allí	un año	y
1519	3592	3588	4172	2532	4160	1563	1763	2532
P	*JASF, RD-ASF*	*DASF*	*NASF*	*CLN*	*VFAI1P*	*BP*	*NASM*	*CLN*

ἐμπορευσόμεθα	καὶ	κερδήσομεν·	14 οἵτινες	οὐκ	ἐπίστασθε	τὸ	τῆς
comerciaremos	y	haremos ganancia;	los que no	no	sabéis	lo	de la
1710	2532	2770	3748	3756	1987	3588	3588
VFMI1P	*CLN*	*VFAI1P*	*RR-NPM*	*BN, TN*	*VPUI2P*	*DASN*	*DGSF*

αὔριον	*ποία	ἡ	ζωὴ	ὑμῶν*[1]·	ἀτμὶς	γάρ	ἐστε	ἡ	πρὸς	ὀλίγον
mañana	cuál(es)	la	vida	de vosotros.	vapor$_2$	Porque$_1$	sois,	la (que)	por$_2$	un poco,$_3$
839	4169	3588	2222	5216	822	1063	2075	3588	4314	3641
B	*RI-NSF*	*DNSF*	*NNSF*	*RP2GP*	*NNSF*	*CLX*	*VPAI2P*	*DNSF*	*P*	*JASN*

φαινομένη,	ἔπειτα	καὶ	ἀφανιζομένη·	15 ἀντὶ	τοῦ	λέγειν	ὑμᾶς·
aparece$_1$	luego$_2$	y$_1$	desaparece.	En vez	--	decir	vosotros:
5316	1899	2532	853	473	3588	3004	5209
VPUP-SNF	*B*	*BE, TE*	*VPPP-SNF*	*P*	*DGSN, DGSM*	*VPAN*	*RP2AP*

Ἐὰν	ὁ	κύριος	θελήσῃ,	καὶ	ζήσομεν	καὶ	ποιήσομεν	τοῦτο
Si	el	Señor	quiere	--	viviremos	y	haremos	esto
1437	3588	2962	2309	2532	2198	2532	4160	5124
CAC	*DNSM*	*NNSM*	*VAAS3S*	*CLK*	*VFAI1P*	*CLK, CLN*	*VFAI1P*	*RD-ASN*

ἢ	ἐκεῖνο.	16 νῦν	δὲ	καυχᾶσθε	ἐν	ταῖς	ἀλαζονείαις	ὑμῶν·	πᾶσα
o	aquello.	ahora$_2$	Mas$_1$	os gloriáis	en	las	arrogancias	de vosotros;	todo
2228	1565	3568	1161	2744	1722	3588	212	5216	3956
CLD	*RD-ASN*	*B*	*CLC*	*VPUI2P*	*P*	*DDPF*	*NDPF*	*RP2GP*	*JNSF*

καύχησις	τοιαύτη	πονηρά	ἐστιν.	17 εἰδότι	οὖν	καλὸν	ποιεῖν	καὶ	μὴ
orgullo	tal	malo.$_2$	es$_1$	El que sabe,	pues,	el bien$_2$	hacer$_1$	y	no
2746	5108	4190	2076	1492	3767	2570	4160	2532	3361
NNSF	*RD-NSF*	*JNSF*	*VPAI3S*	*VRAP-SDM*	*CLI*	*JASM*	*VPAN*	*CLN*	*BN, TN*

ποιοῦντι,	ἁμαρτία	αὐτῷ	ἐστιν.
hace,	pecado	a él.$_2$	es$_1$
4160	266	846	2076
VPAP-SDM	*NNSF*	*RP3DSM*	*VPAI3S*

5 Ἄγε	νῦν	οἱ	πλούσιοι,	κλαύσατε	ὀλολύζοντες	ἐπὶ
¡Vamos	ahora	--	ricos!,	llorad	con gran voz	sobre
71	3568	3588	4145	2799	3649	1909
VPAM2S	*B*	*DVPM, DNPM*	*JVPM, JNPM*	*VAAM2P*	*VPAP-PNM*	*P*

ταῖς	ταλαιπωρίαις	ὑμῶν	ταῖς	ἐπερχομέναις.	2 ὁ	πλοῦτος
las	desgracias	de vosotros	las (que)	os vienen.	La	riqueza
3588	5004	5216	3588	1904	3588	4149
DDPF	*NDPF*	*RP2GP*	*DDPF*	*VPUP-PDF*	*DNSM*	*NNSM*

ὑμῶν	σέσηπεν,	καὶ	τὰ	ἱμάτια	ὑμῶν	σητόβρωτα	γέγονεν,	3 ὁ
de vosotros	se pudrió	y	las	ropas	de vosotros	apolilladas;$_2$	han llegado a ser$_1$	el
5216	4595	2532	3588	2440	5216	4598	1096	3588
RP2GP	*VRAI3S*	*CLN*	*DNPN*	*NNPN*	*RP2GP*	*JNPN*	*VRAI3S*	*DNSM*

χρυσὸς	ὑμῶν	καὶ	ὁ	ἄργυρος	κατίωται,	καὶ	ὁ	ἰὸς	αὐτῶν
oro	de vosotros	y	la	plata	se han oxidado,	y	la	herrumbre	de ellos
5557	5216	2532	3588	696	2728	2532	3588	2447	846
NNSM	*RP2GP*	*CLN*	*DNSM*	*NNSM*	*VRPI3S*	*CLN*	*DNSM*	*NNSM*	*RP3GPM*

εἰς	μαρτύριον	ὑμῖν	ἔσται	καὶ	φάγεται	τὰς	σάρκας	ὑμῶν·	ὡς
para$_2$	testimonio$_3$	a vosotros$_4$	será$_1$	y	comerá	las	carnes	de vosotros	como
1519	3142	5213	2071	2532	5315	3588	4561	5216	5613
P	*NASN*	*RP2DP*	*VFMI3S*	*CLN*	*VFMI3S*	*DAPF*	*NAPF*	*RP2GP*	*P, CAM*

NVI

Alarde sobre el mañana

13Ahora escuchen
esto, ustedes que dicen:
«Hoy o mañana
iremos a tal o cual
ciudad, pasaremos
allí un año, haremos
negocios y ganaremos
dinero». 14¡Y eso que
ni siquiera saben qué
sucederá mañana!
¿Qué es su vida?
Ustedes son como la
niebla, que aparece por
un momento y luego
se desvanece. 15Más
bien, debieran decir:
«Si el Señor quiere,
viviremos y haremos
esto o aquello». 16Pero
ahora se jactan en sus
fanfarronerías. Toda
esta jactancia es mala.
17Así que comete
pecado todo el que
sabe hacer el bien y no
lo hace.

Advertencia a los ricos opresores

5 Ahora escuchen,
ustedes los ricos:
¡lloren a gritos por las
calamidades que se les
vienen encima! 2Se
ha podrido su riqueza,
y sus ropas están
comidas por la polilla.
3Se han oxidado su oro
y su plata. Ese óxido
dará testimonio contra
ustedes y consumirá
como fuego sus cuer-
pos. Han amontonado

4:13⸀ Manuscritos inferiores tienen *y*. **4:14*** O sea: *qué pasará mañana.* **4:14***[1] O sea: *¿Qué es la vida de vosotros?*

RVR

acumulado tesoros en
los últimos días.
4 Mirad: el jornal de
los obreros que han
cosechado vuestras
tierras, el cual ha sido
retenido por vosotros,
está clamando, y
los clamores de los
que trabajaron en la
cosecha han entrado en
los oídos del Señor de
los ejércitos.
5 Habéis vivido en
deleites sobre la tierra,
y sido disolutos; habéis
engordado vuestros
corazones como en día
de matanza.
6 Habéis condenado y
dado muerte al justo, y
él no os hace resistencia.

Exhortación a la paciencia y oración

7 Por tanto, hermanos,
tened paciencia
hasta la venida del
Señor. Mirad cómo
el labrador espera el
precioso fruto de la
tierra, aguardándolo
con paciencia hasta
que reciba la lluvia
temprana y la tardía.
8 Tened también
vosotros paciencia, y
afianzad vuestros cora-
zones; porque la venida
del Señor está cerca.
9 Hermanos, no os
quejéis unos contra
otros, para que no seáis
juzgados; mirad: el juez
está ya a las puertas.
10 Hermanos míos, to-
mad como ejemplo de
aflicción y de paciencia

πῦρ ἐθησαυρίσατε ἐν ἐσχάταις ἡμέραις. 4 ἰδοὺ ὁ μισθὸς τῶν
fuego. | habéis acumulado tesoro.$_4$ | En$_1$ | (los) últimos$_2$ | días$_3$ | He aquí | el | salario | de los
4442 | 2343 | 1722 | 2078 | 2250 | 2400 | 3588 | 3408 | 3588
NNSN, NASN | VAAI2P | P | JDPF | NDPF | I, VAAM2S | DNSM | NNSM | DGPM

ἐργατῶν τῶν ἀμησάντων τὰς χώρας ὑμῶν ὁ ἀφυστερημένος
obreros, | de los | que cosecharon | los | campos | de ustedes, | el que | ha sido retenido
2040 | 3588 | 270 | 3588 | 5561 | 5216 | 3588 | 650
NGPM | DGPM | VAAP-PGM | DAPF | NAPF | RP2GP | DNSM | VRPP-SNM

ἀφ᾽ ὑμῶν κράζει, καὶ αἱ βοαὶ τῶν θερισάντων εἰς τὰ ὦτα
por | ustedes, | clama, | y | los | clamores | de los que | cosecharon | en$_2$ | los$_3$ | oídos$_4$
575 | 5216 | 2896 | 2532 | 3588 | 995 | 3588 | 2325 | 1519 | 3588 | 3775
P | RP2GP | VPAI3S | CLN | DNPF | NNPF | DGPM | VAAP-PGM | P | DAPN | NAPN

Κυρίου Σαβαὼθ εἰσεληλύθασιν· 5 ἐτρυφήσατε ἐπὶ τῆς γῆς καὶ
(del) Señor$_5$ | de los ejércitos.$_6$ | han entrado$_1$ | Vivisteis en deleites | en | la | tierra | y
2962 | 4519 | 1525 | 5171 | 1909 | 3588 | 1093 | 2532
NGSM | NGPM, XF | VRAI3P | VAAI2P | P | DGSF | NGSF | CLN

ἐσπαταλήσατε, ἐθρέψατε τὰς καρδίας ⸀ὑμῶν ἐν ἡμέρᾳ σφαγῆς.
os entregasteis a los placeres, | engordasteis | los | corazones | de vosotros | en | (el) día | de (la) matanza.
4684 | 5142 | 3588 | 2588 | 5216 | 1722 | 2250 | 4967
VAAI2P | VAAI2P | DAPF | NAPF | RP2GP | P | NDSF | NGSF

6 κατεδικάσατε, ἐφονεύσατε τὸν δίκαιον. οὐκ ἀντιτάσσεται ὑμῖν;
Condenasteis, | matasteis | al | justo; | (él) no | resiste | a vosotros.
2613 | 5407 | 3588 | 1342 | 3756 | 498 | 5213
VAAI2P | VAAI2P | DASM | JASM | BN, TN | VPMI3S | RP2DP

7 Μακροθυμήσατε οὖν, ἀδελφοί, ἕως τῆς παρουσίας τοῦ
tened paciencia,$_2$ | Entonces,$_1$ | hermanos, | hasta | la | venida | del
3114 | 3767 | 80 | 2193 | 3588 | 3952 | 3588
VAAM2P | CLI | NVPM | P, C | DGSF | NGSF | DGSM

κυρίου. ἰδοὺ ὁ γεωργὸς ἐκδέχεται τὸν τίμιον καρπὸν τῆς γῆς,
Señor. | He aquí | el | labrador | aguarda | el | precioso | fruto | de la | tierra,
2962 | 2400 | 3588 | 1092 | 1551 | 3588 | 5093 | 2590 | 3588 | 1093
NGSM | I, VAAM2S | DNSM | NNSM | VPUI3S | DASM | JASM | NASM | DGSF | NGSF

μακροθυμῶν ἐπ᾽ αὐτῷ ἕως λάβῃ πρόϊμον καὶ ὄψιμον.
teniendo paciencia | con | él | hasta | que reciba | (la) lluvia temprana | y | (la) lluvia tardía.
3114 | 1909 | 846 | 2193 | 2983 | 4406 | 2532 | 3797
VPAP-SNM | P | RP3DSM | CAT | VAAS3S | JASM | CLN | JASM

8 μακροθυμήσατε καὶ ὑμεῖς, στηρίξατε τὰς καρδίας ὑμῶν, ὅτι
sed pacientes,$_3$ | también$_2$ | Vosotros$_1$ | fortaleced | los | corazones | de vosotros, | porque
3114 | 2532 | 5210 | 4741 | 3588 | 2588 | 5216 | 3754
VAAM2P | BE, TE | RP2NP | VAAM2P | DAPF | NAPF | RP2GP | CAZ

ἡ παρουσία τοῦ κυρίου ἤγγικεν. 9 μὴ στενάζετε, ἀδελφοί, κατ᾽
la | venida | del | Señor | se ha acercado. | No | os quejéis | hermanos, | --
3588 | 3952 | 3588 | 2962 | 1448 | 3361 | 4727 | 80 | 2596
DNSF | NNSF | DGSM | NGSM | VRAI3S | BN, TN | VPAM2P | NVPM | P

ἀλλήλων, ἵνα μὴ κριθῆτε· ἰδοὺ ὁ κριτὴς πρὸ τῶν θυρῶν
unos a otros | para que | no | seáis juzgados; | he aquí | el | juez | a$_2$ | las$_3$ | puertas.$_4$
240 | 2443 | 3361 | 2919 | 2400 | 3588 | 2923 | 4253 | 3588 | 2374
RC-GPM | CAP | BN, TN | VAPS2P | I, VAAM2S | DNSM | NNSM | P | DGPF | NGPF

ἕστηκεν. 10 ὑπόδειγμα λάβετε, ἀδελφοί, τῆς κακοπαθίας καὶ τῆς
está$_1$ | por ejemplo$_2$ | Tomad$_1$ | hermanos | la | aflicción | y | la
2476 | 5262 | 2983 | 80 | 3588 | 2552 | 2532 | 3588
VRAI3S, VIAI3S | NASN | VAAM2P | NVPM | DGSF | NGSF | CLN | DGSF

μακροθυμίας τοὺς προφήτας, οἳ ἐλάλησαν ἐν τῷ ὀνόματι
paciencia | de los | profetas, | los cuales | hablaron | en | el | nombre
3115 | 3588 | 4396 | 3739 | 2980 | 1722 | 3588 | 3686
NGSF | DAPM | NAPM | RR-NPM | VAAI3P | P | DDSN | NDSN

NVI

riquezas, ¡y eso que
estamos en los últimos
tiempos! 4 Oigan
cómo clama contra
ustedes el salario no
pagado a los obreros
que les trabajaron sus
campos. El clamor de
esos trabajadores ha
llegado a oídos del
Señor Todopoderoso.
5 Ustedes han llevado
en este mundo una
vida de lujo y de
placer desenfrenado.
Lo que han hecho es
engordar para el día
de la matanza. 6 Han
condenado y matado
al justo sin que él les
ofreciera resistencia.

Paciencia en los sufrimientos

7 Por tanto, herma-
nos, tengan paciencia
hasta la venida del
Señor. Miren cómo
espera el agricultor
a que la tierra dé su
precioso fruto y con
qué paciencia aguarda
las temporadas de
lluvia. 8 Así también
ustedes, manténganse
firmes y aguarden con
paciencia la venida del
Señor, que ya se acerca.
9 No se quejen unos de
otros, hermanos, para
que no sean juzgados.
¡El juez ya está a la
puerta!
10 Hermanos, tomen
como ejemplo de sufri-
miento y de paciencia
a los profetas que
hablaron en el nombre

5:5⸀ Manuscritos inferiores tienen *de vosotros como.*

RVR

a los profetas que
hablaron en nombre
del Señor.
11 Ved cómo tenemos
por dichosos a los que
sufren. Habéis oído de
la paciencia de Job, y
habéis visto el fin del
Señor, que el Señor es
muy misericordioso y
compasivo.
12 Pero sobre todo,
hermanos míos, no
juréis, ni por el cielo,
ni por la tierra, ni con
ningún otro juramen-
to; sino que vuestro sí
sea sí, y vuestro no sea
no, para que no caigáis
bajo juicio.
13 ¿Está alguno
entre vosotros afligido?
Haga oración. ¿Está
alguno alegre? Cante
alabanzas.
14 ¿Está enfermo alguno
entre vosotros? Llame
a los ancianos de la
iglesia, y oren sobre él,
ungiéndole con aceite
en el nombre del Señor.
15 Y la oración de la fe
salvará al enfermo, y el
Señor lo levantará; y si
ha cometido pecados,
le serán perdonados.
16 Confesaos vuestras
faltas unos a otros, y
orad unos por otros,
para que seáis sanados.
La oración eficaz del
justo tiene mucha
fuerza.
17 Elías era hombre de

κυρίου.	11 ἰδοὺ	μακαρίζομεν	τοὺς	ὑπομείναντας·	τὴν	ὑπομονὴν
(del) Señor.	He aquí	bienaventurados	los que	han perseverado;	la$_{2}$	perseverancia$_{3}$
2962	2400	3106	3588	5278	3588	5281
NGSM	*I,VAAM2S*	*VPAI1P*	*DAPM*	*VAAP-PAM*	*DASF*	*NASF*

Ἰὼβ	ἠκούσατε,	καὶ	τὸ	τέλος	κυρίου	εἴδετε,	ὅτι	πολύσπλαγχνός
de Job,$_{4}$	oísteis$_{1}$	y$_{5}$	el$_{7}$	propósito$_{8}$	d(el) Señor,$_{9}$	visteis$_{6}$	porque$_{10}$	muy compasivo$_{14}$
2492	191	2532	3588	5056	2962	3708	3754	4184
NGSM, XP	*VAAI2P*	*CLN*	*DASN*	*NASN*	*NGSM*	*VAAI2P*	*CSC*	*JNSM*

ἐστιν	ὁ	κύριος	καὶ	οἰκτίρμων.
es$_{13}$	el$_{11}$	Señor$_{12}$	y$_{15}$	misericordioso.$_{16}$
2076	3588	2962	2532	3629
VPAI3S	*DNSM*	*NNSM*	*CLN*	*JNSM*

12 Πρὸ	πάντων	δέ,	ἀδελφοί	μου,	μὴ	ὀμνύετε,	μήτε	τὸν	οὐρανὸν
antes de$_{2}$	todo,$_{3}$	Y$_{1}$	hermanos	de mí,	no	juréis,	ni	(por) el	cielo
4253	3956	1161	80	3450	3361	3660	3383	3588	3772
P	*JGPN*	*CLC*	*NVPM*	*RP1GS*	*BN, TN*	*VPAM2P*	*CLK, TN*	*DASM*	*NASM*

μήτε	τὴν	γῆν	μήτε	ἄλλον	τινὰ	ὅρκον·	ἤτω	δὲ	ὑμῶν	τὸ	Ναὶ
ni	(por) la	tierra,	ni	otro$_{2}$	algún$_{1}$	juramento;$_{3}$	sea$_{5}$	pero$_{4}$	de vosotros,$_{8}$	el$_{6}$	sí,$_{7}$
3383	3588	1093	3383	243	5100	3727	2277	1161	5216	3588	3483
CLK, TN	*DASF*	*NASF*	*CLK, TN*	*JASM*	*RX-ASM*	*NASM*	*VPAM3S*	*CLC*	*RP2GP*	*DNSN*	*T*

ναὶ	καὶ	τὸ	Οὒ	οὔ,	ἵνα	μὴ	ὑπὸ	κρίσιν	πέσητε.
sí,	y	el	no,	no,	para	no	bajo$_{2}$	juicio.$_{3}$	caer$_{1}$
3483	2532	3588	3756	3756	2443	3361	5259	2920	4098
T	*CLN*	*DNSN*	*TN*	*TN*	*CAP*	*BN, TN*	*P*	*NASF*	*VAAS2P*

13 Κακοπαθεῖ	τις	ἐν	ὑμῖν;	προσευχέσθω·	εὐθυμεῖ	τις;
¿Sufre	alguien	de entre	vosotros?	Ore.	¿Está alegre	alguien?
2553	5100	1722	5213	4336	2114	5100
VPAI3S	*RX-NSM*	*P*	*RP2DP*	*VPUM3S*	*VPAI3S*	*RX-NSM*

ψαλλέτω.	14 ἀσθενεῖ	τις	ἐν	ὑμῖν;	προσκαλεσάσθω	τοὺς
Alabe.	¿Está enfermo	alguien	entre	vosotros?	Llame	a los
5567	770	5100	1722	5213	4341	3588
VPAM3S	*VPAI3S*	*RX-NSM*	*P*	*RP2DP*	*VAMM3S*	*DAPM*

πρεσβυτέρους	τῆς	ἐκκλησίας,	καὶ	προσευξάσθωσαν	ἐπ᾽	αὐτὸν
ancianos	de la	iglesia,	y	oren	por	él,
4245	3588	1577	2532	4336	1909	846
JAPM	*DGSF*	*NGSF*	*CLN*	*VAMM3P*	*P*	*RP3ASM*

ἀλείψαντες	αὐτὸν	ἐλαίῳ	ἐν	τῷ	ὀνόματι	τοῦ	κυρίου·	15 καὶ	ἡ
ungiéndole	a él	con aceite de oliva	en	el	nombre	del	Señor.	Y	la
218	846	1637	1722	3588	3686	3588	2962	2532	3588
VAAP-PNM	*RP3ASM*	*NDSN*	*P*	*DDSN*	*NDSN*	*DGSM*	*NGSM*	*CLN*	*DNSF*

εὐχὴ	τῆς	πίστεως	σώσει	τὸν	κάμνοντα,	καὶ	ἐγερεῖ	αὐτὸν	ὁ	κύριος·
oración	de la	fe	sanará	al	que está enfermo,	y	levantará$_{3}$	a él;$_{4}$	el$_{1}$	Señor$_{2}$
2171	3588	4102	4982	3588	2577	2532	1453	846	3588	2962
NNSF	*DGSF*	*NGSF*	*VFAI3S*	*DASM*	*VPAP-SAM*	*CLN*	*VFAI3S*	*RP3ASM*	*DNSM*	*NNSM*

κἂν	ἁμαρτίας	ᾖ	πεποιηκώς,	ἀφεθήσεται	αὐτῷ.	16 ἐξομολογεῖσθε
y si$_{5}$	pecados$_{8}$	hayan sido$_{6}$	hechos$_{7}$	será perdonado	él.	confesaos$_{2}$
2579	266	5600	4160	863	846	1843
CLN, CAC	*NAPF*	*VPAS3S*	*VRAP-SNM*	*VFPI3S*	*RP3DSM*	*VPMM2P*

οὖν	ἀλλήλοις	τὰς	ἁμαρτίας	καὶ	εὔχεσθε	ὑπὲρ	ἀλλήλων,	ὅπως
Así que$_{1}$	unos a otros	los	pecados,	y	orad	por	unos a otros,	para que
3767	240	3588	266	2532	2172	5228	240	3704
CLI	*RC-DPM*	*DAPF*	*NAPF*	*CLN*	*VPUM2P*	*P*	*RC-GPM*	*CAP*

ἰαθῆτε.	πολὺ	ἰσχύει	δέησις	δικαίου	ἐνεργουμένη.	17 Ἠλίας
seáis sanados.	mucha$_{4}$	fuerza tiene.$_{5}$	(La) oración$_{1}$	de (un) justo$_{2}$	hecha eficaz$_{3}$	Elías
2390	4183	2480	1162	1342	1754	2243
VAPS2P	*JASN*	*VPAI3S*	*NNSF*	*JGSM*	*VPMP-SNF*	*NNSM*

NVI

del Señor. 11 En verdad,
consideramos dichosos
a los que perseveraron.
Ustedes han oído ha-
blar de la perseverancia
de Job, y han visto lo
que al final le dio el
Señor. Es que el Señor
es muy compasivo y
misericordioso.
12 Sobre todo, her-
manos míos, no juren
ni por el cielo ni por la
tierra ni por ninguna
otra cosa. Que su «sí»
sea «sí», y su «no»,
«no», para que no
sean condenados.

La oración de fe

13 ¿Está afligido algu-
no entre ustedes? Que
ore. ¿Está alguno de
buen ánimo? Que can-
te alabanzas. 14 ¿Está
enfermo alguno de
ustedes? Haga llamar
a los ancianos de la
iglesia para que oren
por él y lo unjan con
aceite en el nombre del
Señor. 15 La oración de
fe sanará al enfermo y
el Señor lo levantará. Y,
si ha pecado, su pecado
se le perdonará. 16 Por
eso, confiésense unos
a otros sus pecados, y
oren unos por otros,
para que sean sanados.
La oración del justo es
poderosa y eficaz.
17 Elías era un

RVR

sentimientos semejan-
tes a los nuestros, y oró
fervientemente para
que no lloviese, y no
llovió sobre la tierra
durante tres años y seis
meses.
18 Y otra vez oró, y el
cielo dio lluvia, y la
tierra produjo su fruto.
19 Hermanos, si alguno
de entre vosotros se ha
extraviado de la verdad,
y alguien le hace volver,
20 sepa que el que haga
volver al pecador del
error de su camino,
salvará de muerte un
alma, y cubrirá una
multitud de pecados.

ἄνθρωπος	ἦν	ὁμοιοπαθὴς	ἡμῖν,	καὶ	προσευχῇ	προσηύξατο	τοῦ
un hombre$_2$	era$_1$	semejante	a nosotros,	y	con oración	oró	que
444	2258	3663	2254	2532	4335	4336	3588
NNSM	*VIAI3S*	*JNSM*	*RP1DP*	*CLN*	*NDSF*	*VAMI3S*	*DGSN, DGSM*

μὴ	βρέξαι,	καὶ	οὐκ	ἔβρεξεν	ἐπὶ	τῆς	γῆς	ἐνιαυτοὺς	τρεῖς	καὶ	μῆνας
no	lloviera,	y	no	llovió	sobre	la	tierra	años$_2$	tres$_1$	y$_3$	meses;$_5$
3361	1026	2532	3756	1026	1909	3588	1093	1763	5140	2532	3376
BN, TN	*VAAN*	*CLN*	*BN, TN*	*VAAI3S*	*P*	*DGSF*	*NGSF*	*NAPM*	*JAPM*	*CLN*	*NAPM*

ἕξ.	18 καὶ	πάλιν	προσηύξατο,	καὶ	ὁ	οὐρανὸς	ὑετὸν	ἔδωκεν	καὶ	ἡ
seis$_4$	y	de nuevo	oró,	y	el	cielo	lluvia$_2$	dio$_1$	y	la
1803	2532	3825	4336	2532	3588	3772	5205	1325	2532	3588
XN, J	*CLN*	*B*	*VAMI3S*	*CLN*	*DNSM*	*NNSM*	*NASM*	*VAAI3S*	*CLN*	*DNSF*

γῆ	ἐβλάστησεν	τὸν	καρπὸν	αὐτῆς.
tierra	produjo	el	fruto	de ella.
1093	985	3588	2590	846
NNSF	*VAAI3S*	*DASM*	*NASM*	*RP3GSF*

19 Ἀδελφοί	μου,	ἐάν	τις	ἐν	ὑμῖν	πλανηθῇ	ἀπὸ	τῆς	ἀληθείας
Hermanos	de mí	si	alguien	entre	vosotros	se extraviara	de	la	verdad
80	3450	1437	5100	1722	5213	4105	575	3588	225
NVPM	*RP1GS*	*CAC*	*RX-NSM*	*P*	*RP2DP*	*VAPS3S*	*P*	*DGSF*	*NGSF*

καὶ	ἐπιστρέψῃ	τις	αὐτόν,	20 ⌜γινωσκέτω	ὅτι	ὁ	ἐπιστρέψας
y	volviera,$_3$	alguien$_1$	a él$_2$	sepa	que	el que	vuelve
2532	1994	5100	846	1097	3754	3588	1994
CLN	*VAAS3S*	*RX-NSM*	*RP3ASM*	*VPAM3S*	*CSC*	*DNSM*	*VAAP-SNM*

ἁμαρτωλὸν	ἐκ	πλάνης	ὁδοῦ	αὐτοῦ	σώσει	ψυχὴν	αὐτοῦ	ἐκ
a un pecador	de$_2$	error$_3$	(del) camino$_1$	de él	salvará	(la) vida	de él	de
268	1537	4106	3598	846	4982	5590	846	1537
JASM	*P*	*NGSF*	*NGSF*	*RP3GSM*	*VFAI3S*	*NASF*	*RP3GSM*	*P*

θανάτου	καὶ	καλύψει	πλῆθος	ἁμαρτιῶν.
(la) muerte	y	cubrirá	multitud	de pecados.
2288	2532	2572	4128	266
NGSM	*CLN*	*VFAI3S*	*NASN*	*NGPF*

NVI

hombre con debilida-
des como las nuestras.
Con fervor oró que
no lloviera, y no llovió
sobre la tierra durante
tres años y medio.
18 Volvió a orar, y el
cielo dio su lluvia y
la tierra produjo sus
frutos.
19 Hermanos míos,
si alguno de ustedes se
extravía de la verdad, y
otro lo hace volver a
ella, 20 recuerden que
quien hace volver a un
pecador de su extravío
lo salvará de la muerte
y cubrirá muchísimos
pecados.

5:20⌜ Manuscritos importantes dicen *sabed*.

Primera Epístola de

PEDRO

ΠΕΤΡΟΥ Α

RVR

Saludo

1 Pedro, apóstol de
Jesucristo, a los que
viven como extranjeros,
esparcidos por el Ponto,
Galacia, Capadocia,
Asia y Bitinia,
2 elegidos según la pres-
ciencia de Dios Padre
en santificación del
Espíritu, para obedecer
y ser rociados con la
sangre de Jesucristo:
Gracia y paz os sean
multiplicadas.

La esperanza viva

3 Bendito sea el Dios y
Padre de nuestro Señor
Jesucristo, quien según
su gran misericordia,
nos hizo renacer para
una esperanza viva,
mediante la resurrec-
ción de Jesucristo de los
muertos,
4 para una herencia
incorruptible, inconta-
minada e inmarcesible,
reservada en los cielos
para vosotros,
5 que sois guardados
por el poder de Dios
mediante la fe, para
alcanzar la salvación
que está preparada para
ser revelada en el último
tiempo.
6 En lo cual vosotros os
alegráis, aunque ahora
por un poco de tiempo,

Texto interlineal

1

Πέτρος	ἀπόστολος	Ἰησοῦ	Χριστοῦ	ἐκλεκτοῖς	παρεπιδήμοις
Pedro,	apóstol	de Jesús	Cristo,	a (los) elegidos,	extranjeros
4074	652	2424	5547	1588	3927
NNSM	*NNSM*	*NGSM*	*NGSM*	*JDPM*	*JDPM*

διασπορᾶς	Πόντου,	Γαλατίας,	Καππαδοκίας,	Ἀσίας,	καὶ	Βιθυνίας,
de (la) dispersión	de Ponto,	Galacia	Capadocia	Asia	y	Bitinia,
1290	4195	1053	2587	773	2532	978
NGSF	*NGSM*	*NGSF*	*NGSF*	*NGSF*	*CLN*	*NGSF*

2 κατὰ	πρόγνωσιν	θεοῦ	πατρός,	ἐν	ἁγιασμῷ	πνεύματος,	εἰς
conforme a	(el) previo conocimiento	de Dios	(el) Padre,	en	santificación	de (l) Espíritu,	para
2596	4268	2316	3962	1722	38	4151	1519
P	*NASF*	*NGSM*	*NGSM*	*P*	*NDSM*	*NGSN*	*P*

ὑπακοὴν	καὶ	ῥαντισμὸν	αἵματος	Ἰησοῦ	Χριστοῦ·	χάρις	ὑμῖν	καὶ
obediencia	y	rociamiento	de (la) sangre	de Jesús	Cristo.	Gracia	a vosotros.$_4$	y$_1$
5218	2532	4473	129	2424	5547	5485	5213	2532
NASF	*CLN*	*NASM*	*NGSN*	*NGSM*	*NGSM*	*NNSF*	*RP2DP*	*CLN*

εἰρήνη	πληθυνθείη.
paz$_2$	sea multiplicada$_3$
1515	4129
NNSF	*VAPO3S*

3 Εὐλογητὸς	ὁ	θεὸς	καὶ	πατὴρ	τοῦ	κυρίου	ἡμῶν	Ἰησοῦ
Bendito (sea)	el	Dios	y	Padre	del	Señor	de nosotros,	Jesús
2128	3588	2316	2532	3962	3588	2962	2257	2424
JNSM	*DNSM*	*NNSM*	*CLN*	*NNSM*	*DGSM*	*NGSM*	*RP1GP*	*NGSM*

Χριστοῦ,	ὁ	κατὰ	τὸ	πολὺ	αὐτοῦ	ἔλεος	ἀναγεννήσας	ἡμᾶς
Cristo,	el (que)	conforme a	la	mucha	de él$_2$	misericordia$_1$	hizo renacer	a nosotros
5547	3588	2596	3588	4183	846	1656	313	2248
NGSM	*DNSM*	*P*	*DASN*	*JASN*	*RP3GSM*	*NASN*	*VAAP-SNM*	*RP1AP*

εἰς	ἐλπίδα	ζῶσαν	δι'	ἀναστάσεως	Ἰησοῦ	Χριστοῦ	ἐκ
para	esperanza	viviente	por medio de	(la) resurrección	de Jesús	Cristo	de
1519	1680	2198	1223	386	2424	5547	1537
P	*NASF*	*VPAP-SAF*	*P*	*NGSF*	*NGSM*	*NGSM*	*P*

νεκρῶν,	4 εἰς	κληρονομίαν	ἄφθαρτον	καὶ	ἀμίαντον	καὶ	ἀμάραντον,
(los) muertos,	para	(una) herencia	incorruptible	y	sin mancha	e	inmarcesible,
3498	1519	2817	862	2532	283	2532	263
JGPM	*P*	*NASF*	*JASF*	*CLN*	*JASF*	*CLN*	*JASF*

τετηρημένην	ἐν	οὐρανοῖς	εἰς	ὑμᾶς	5 τοὺς	ἐν	δυνάμει	θεοῦ
guardada	en	(los) cielos	para	vosotros,	los que	en$_2$	(el) poder$_3$	de Dios$_4$
5083	1722	3772	1519	5209	3588	1722	1411	2316
VRPP-SAF	*P*	*NDPM*	*P*	*RP2AP*	*DAPM*	*P*	*NDSF*	*NGSM*

φρουρουμένους	διὰ	πίστεως	εἰς	σωτηρίαν	ἑτοίμην	ἀποκαλυφθῆναι
están siendo guardados,	por medio de	fe	para	(la) salvación,	preparada	para ser revelada
5432	1223	4102	1519	4991	2092	601
VPPP-PAM	*P*	*NGSF*	*P*	*NASF*	*JASF*	*VAPN*

ἐν	καιρῷ	ἐσχάτῳ.	6 ἐν	ᾧ	ἀγαλλιᾶσθε,	ὀλίγον	ἄρτι	εἰ	δέον
en	tiempo.$_2$	(el) último$_1$	en	lo cual	os alegráis,	por un poco	ahora	si	es necesario,
1722	2540	2078	1722	3739	21	3641	737	1487	1163
P	*NDSM*	*JDSM*	*P*	*RR-DSM*	*VPUI2P*	*JASM*	*B*	*CAC*	*VPAP-SNN*

NVI

1 Pedro, apóstol de
Jesucristo,

a los elegidos,
ex-tranjeros dispersos
por el Ponto, Galacia,
Capadocia, Asia y Bitinia,
2 según la previsión de
Dios el Padre, mediante
la obra santificadora del
Espíritu, para obedecer
a Jesucristo y ser redimi-
dos por su sangre:

Que abunden en us-
tedes la gracia y la paz.

Alabanza a Dios por una esperanza viva

3 ¡Alabado sea Dios,
Padre de nuestro Señor
Jesucristo! Por su gran
misericordia, nos ha
hecho nacer de nuevo
mediante la resurrección
de Jesucristo, para que
tengamos una esperanza
viva 4 y recibamos una
herencia indestructible,
incontaminada e inmar-
chitable. Tal herencia
está reservada en el cielo
para ustedes, 5 a quienes
el poder de Dios protege
mediante la fe hasta
que llegue la salvación
que se ha de revelar en
los últimos tiempos.
6 Esto es para ustedes
motivo de gran alegría, a
pesar de que hasta ahora

RVR

si es necesario, seáis
afligidos en diversas ten-
taciones,
7 para que la prueba de
vuestra fe, mucho más
preciosa que el oro, el
cual perece, aunque
se prueba con fuego,
se halle que resulta en
alabanza, gloria y honra
en la revelación de
Jesucristo,
8 a quien amáis sin
haberle visto, en quien
creyendo, aunque ahora
no lo veáis, os alegráis
con gozo inefable y
glorioso;
9 obteniendo el objetivo
de vuestra fe, que es la
salvación de vuestras
almas.
10 Acerca de esta sal-
vación investigaron y
averiguaron diligente-
mente los profetas que
profetizaron acerca de
la gracia destinada a
vosotros,
11 escudriñando qué
persona y qué tiempo
indicaba el Espíritu de
Cristo que estaba en
ellos, el cual anunciaba
de antemano los sufri-
mientos de Cristo, y las
glorias que vendrían
tras ellos.
12 A los cuales fue reve-
lado que no adminis-
traban para sí mismos,
sino para nosotros,
las cosas que ahora
os fueron anunciadas
mediante los que os han
predicado el evangelio
por el Espíritu Santo
enviado del cielo; cosas

λυπηθέντες	ἐν	ποικίλοις	πειρασμοῖς,	7 ἵνα	τὸ	δοκίμιον	ὑμῶν
siendo afligidos	por	diversas	pruebas,	para que	la	prueba	de vosotros$_3$
3076	1722	4164	3986	2443	3588	1383	5216
VAPP-PNM	*P*	*JDPM*	*NDPM*	*CAP*	*DNSN*	*NNSN*	*RP2GP*

τῆς	πίστεως	πολυτιμότερον	χρυσίου	τοῦ	ἀπολλυμένου	διὰ
la$_1$	fe$_2$	más valiosa	(que) oro	el (que)	perece,	mediante$_3$
3588	4102	4186	5553	3588	622	1223
DGSF	*NGSF*	*JNSNC*	*NGSN*	*DGSN*	*VPMP-SGN*	*P*

πυρὸς	δὲ	δοκιμαζομένου	εὑρεθῇ	εἰς	ἔπαινον	καὶ	δόξαν	καὶ	τιμὴν
fuego,$_4$	mas$_1$	es probado$_2$	sea hallada	para	alabanza	y	gloria	y	honor
4442	1161	1381	2147	1519	1868	2532	1391	2532	5092
NGSN	*CLC*	*VPPP-SGN*	*VAPS3S*	*P*	*NASM*	*CLN*	*NASF*	*CLN*	*NASF*

ἐν	ἀποκαλύψει	Ἰησοῦ	Χριστοῦ.	8 ὃν	οὐκ	ἰδόντες	ἀγαπᾶτε,
en	(la) revelación	de Jesús	Cristo,	al que	no$_2$	habiendo visto,$_3$	amáis,$_1$
1722	602	2424	5547	3739	3756	3708	25
P	*NDSF*	*NGSM*	*NGSM*	*RR-ASM*	*BN, TN*	*VAAP-PNM*	*VPAI2P*

εἰς	ὃν	ἄρτι	μὴ	ὁρῶντες	πιστεύοντες	δὲ	ἀγαλλιᾶσθε	χαρᾷ
a	quien	ahora,$_3$	no$_1$	viendo$_2$	creyendo	pero$_1$	os alegráis	con gozo
1519	3739	737	3361	3708	4100	1161	21	5479
P	*RR-ASM*	*B*	*BN, TN*	*VPAP-PNM*	*VPAP-PNM*	*CLC*	*VPUI2P*	*NDSF*

ἀνεκλαλήτῳ	καὶ	δεδοξασμένῃ,	9 κομιζόμενοι	τὸ	τέλος	τῆς	πίστεως
inexpresable	y	glorificando,	obteniendo	el	propósito	de la	fe
412	2532	1392	2865	3588	5056	3588	4102
JDSF	*CLN*	*VRPP-SDF*	*VPMP-PNM*	*DASN*	*NASN*	*DGSF*	*NGSF*

ὑμῶν	σωτηρίαν	ψυχῶν*.
de vosotros,	(la) salvación	de (las) almas.
5216	4991	5590
RP2GP	*NASF*	*NGPF*

10 Περὶ	ἧς	σωτηρίας	ἐξεζήτησαν	καὶ	ἐξηραύνησαν	προφῆται
Acerca de	la cual	salvación	investigaron$_2$	e$_3$	indagaron,$_4$	(los) profetas$_1$
4012	3739	4991	1567	2532	1830	4396
P	*RR-GSF*	*NGSF*	*VAAI3P*	*CLN*	*VAAI3P*	*NNPM*

οἱ	περὶ	τῆς	εἰς	ὑμᾶς	χάριτος	προφητεύσαντες,	11 ἐραυνῶντες
los que$_5$	acerca de$_7$	la$_8$	para$_{10}$	vosotros,$_{11}$	gracia$_9$	profetizaron$_6$	averiguando
3588	4012	3588	1519	5209	5485	4395	2045
DNPM	*P*	*DGSF*	*P*	*RP2AP*	*NGSF*	*VAAP-PNM*	*VPAP-PNM*

εἰς	τίνα	ἢ	ποῖον	καιρὸν	ἐδήλου	τὸ	ἐν	αὐτοῖς	πνεῦμα	Χριστοῦ
hacia	qué	o	cuál	tiempo	indicaba	el	en$_3$	ellos$_4$	Espíritu$_1$	de Cristo$_2$
1519	5101	2228	4169	2540	1213	3588	1722	846	4151	5547
P	*RI-ASM*	*CLD*	*JASM, RI-ASM*	*NASM*	*VIAI3S*	*DNSN*	*P*	*RP3DPM*	*NNSN*	*NGSM*

προμαρτυρόμενον	τὰ	εἰς	Χριστὸν	παθήματα	καὶ	τὰς	μετὰ
dando testimonio de antemano	a los	de$_2$	Cristo$_3$	sufrimientos$_1$	y	las	después de$_3$
4303	3588	1519	5547	3804	2532	3588	3326
VPUP-SNN	*DAPN*	*P*	*NASM*	*NAPN*	*CLN*	*DAPF*	*P*

ταῦτα	δόξας·	12 οἷς	ἀπεκαλύφθη	ὅτι	οὐχ	ἑαυτοῖς	ὑμῖν
estas (cosas).$_2$	glorias$_1$	A los cuales	fue revelado	que	no	a sí mismos,	a vosotros$_2$
5023	1391	3739	601	3754	3756	1438	5213
RD-APN	*NAPF*	*RR-DPM*	*VAPI3S*	*CSC*	*CLK, TN, B*	*RF3DPM*	*RP2DP*

δὲ	διηκόνουν	αὐτά,	ἃ	νῦν	ἀνηγγέλη	ὑμῖν	διὰ	τῶν
sino$_1$	servían	--	que	ahora	fueron anunciadas	a vosotros	por medio de	los
1161	1247	846	3739	3568	312	5213	1223	3588
CLK, CLC	*VIAI3P*	*RP3APN*	*RR-NPN*	*B*	*VAPI3S*	*RP2DP*	*P*	*DGPM*

εὐαγγελισαμένων	⸀ὑμᾶς	πνεύματι	ἁγίῳ	ἀποσταλέντι	ἀπ᾽	οὐρανοῦ,
que anunciaron buenas noticias	a vosotros	por (el) Espíritu	Santo	enviado	de	(el) cielo,
2097	5209	4151	40	649	575	3772
VAMP-PGM	*RP2AP*	*NDSN*	*JDSN*	*VAPP-SDN*	*P*	*NGSM*

NVI

han tenido que sufrir
diversas pruebas por un
tiempo. 7 El oro, aunque
perecedero, se acrisola
al fuego. Así también la
fe de ustedes, que vale
mucho más que el oro,
al ser acrisolada por las
pruebas demostrará que
es digna de aprobación,
gloria y honor cuando
Jesucristo se revele.
8 Ustedes lo aman a
pesar de no haberlo
visto; y, aunque no lo
ven ahora, creen en él y
se alegran con un gozo
indescriptible y glorioso,
9 pues están obteniendo
la meta de su fe, que es su
salvación.
10 Los profetas, que
anunciaron la gracia
reservada para ustedes,
estudiaron cuidadosa-
mente esta salvación.
11 Querían descubrir a
qué tiempo y a cuáles
circunstancias se refería
el Espíritu de Cristo, que
estaba en ellos, cuando
testificó de antemano
acerca de los sufrimien-
tos de Cristo y de la glo-
ria que vendría después
de estos. 12 A ellos se les
reveló que no se estaban
sirviendo a sí mismos,
sino que les servían a
ustedes. Hablaban de las
cosas que ahora les han
anunciado los que les
predicaron el evangelio
por medio del Espíritu
Santo enviado del cielo.

1:9* O sea *de su vida*.

1:12ᵀ Manuscritos inferiores tienen *a nosotros*.

RVR

a las que anhelan mirar
los ángeles.

Llamamiento a una vida santa

13 Por lo cual, estad
preparados para la
acción, sed sobrios, y
esperad por completo
en la gracia que se os
traerá en la revelación
de Jesucristo.
14 Como hijos obedien-
tes, no os amoldéis a los
deseos que antes teníais
estando en vuestra
ignorancia;
15 sino que así como
aquel que os llamó es
santo, sed también
vosotros santos en toda
vuestra manera de vivir;
16 pues escrito está: Sed
santos, porque yo soy
santo.
17 Y si invocáis por
Padre a aquel que sin
acepción de personas
juzga según la obra de
cada uno, conducíos
en temor durante todo
el tiempo de vuestra
peregrinación;
18 sabiendo que fuisteis
rescatados de vuestra
vana manera de vivir, la
cual os fue transmitida
por vuestros padres, no
con cosas corruptibles,
como oro o plata,
19 sino con la sangre
preciosa de Cristo,
como de un cordero sin
mancha y sin contami-
nación,
20 ya provisto desde
antes de la fundación
del mundo, pero

εἰς	ἃ	ἐπιθυμοῦσιν	ἄγγελοι	παρακύψαι.
--	(cosas) que	desean$_2$	ángeles$_1$	investigar.
1519	3739	1937	32	3879
P	*RR-APN*	*VPAI3P*	*NNPM*	*VAAN*

13 Διὸ	ἀναζωσάμενοι	τὰς	ὀσφύας	τῆς	διανοίας	ὑμῶν*,	νήφοντες
Por lo cual,	después de ceñir	los	lomos	del	entendimiento	de vosotros,	siendo sobrios,
1352	328	3588	3751	3588	1271	5216	3525
CLI	*VAMP-PNM*	*DAPF*	*NAPF*	*DGSF*	*NGSF*	*RP2GP*	*VPAP-PNM*

τελείως,	ἐλπίσατε	ἐπὶ	τὴν	φερομένην	ὑμῖν	χάριν	ἐν	ἀποκαλύψει
completamente	esperad	en	la	dada$_2$	a vosotros$_3$	gracia$_1$	en	(la) revelación
5049	1679	1909	3588	5342	5213	5485	1722	602
B	*VAAM2P*	*P*	*DASF*	*VPPP-SAF*	*RP2DP*	*NASF*	*P*	*NDSF*

Ἰησοῦ	Χριστοῦ.	14 ὡς	τέκνα	ὑπακοῆς,	μὴ	συσχηματιζόμενοι	ταῖς
de Jesucristo.		Como	hijos	de obediencia,	no	viviendo según	los
2424	5547	5613	5043	5218	3361	4964	3588
NGSM	*NGSM*	*CAM*	*NNPN*	*NGSF*	*BN, TN*	*VPUP-PNM*	*DDPF*

πρότερον	ἐν	τῇ	ἀγνοίᾳ	ὑμῶν	ἐπιθυμίαις,	15 ἀλλὰ	κατὰ	τὸν
anteriores$_2$	en$_3$	la$_4$	ignorancia$_5$	de vosotros,$_6$	deseos malos$_1$	sino	conforme	al
4386	1722	3588	52	5216	1939	235	2596	3588
B, J	*P*	*DDSF*	*NDSF*	*RP2GP*	*NDPF*	*CLC*	*P*	*DASM*

καλέσαντα	ὑμᾶς	ἅγιον	καὶ	αὐτοὶ	ἅγιοι	ἐν	πάσῃ	ἀναστροφῇ
que llamó	a vosotros,	(es) santo,	también	vosotros mismos	santos$_2$	en$_3$	todo$_4$	comportamiento,$_5$
2564	5209	40	2532	846	40	1722	3956	391
VAAP-SAM	*RP2AP*	*JASM*	*BE, TE*	*RP3NPMP*	*JNPM*	*P*	*JDSF*	*NDSF*

γενήθητε,	16 διότι	γέγραπται	ὅτι	Ἅγιοι	ἔσεσθε,	ὅτι	ἐγὼ	ἅγιος.
sed$_1$	porque	está escrito:	--	Santos	seréis	porque	yo	(soy) santo.
1096	1360	1125	3754	40	2071	3754	1473	40
VAPM2P	*CAZ*	*VRPI3S*	*CSC*	*JNPM*	*VFMI2P*	*CAZ*	*RP1NS*	*JNSM*

17 Καὶ	εἰ	πατέρα	ἐπικαλεῖσθε	τὸν	ἀπροσωπολήμπτως	κρίνοντα
Y	si	(por) Padre$_2$	invocáis$_1$	al que$_4$	imparcialmente$_5$	juzga$_3$
2532	1487	3962	1941	3588	678	2919
CLN	*CAC*	*NASM*	*VPMI2P*	*DASM*	*B*	*VPAP-SAM*

κατὰ	τὸ	ἑκάστου	ἔργον,	ἐν	φόβῳ	τὸν	τῆς	παροικίας	ὑμῶν
conforme a	a la	de cada uno,$_2$	obra$_1$	con$_3$	temor$_4$	en el$_5$	de la$_7$	peregrinación$_8$	de vosotros.$_9$
2596	3588	1538	2041	1722	5401	3588	3588	3940	5216
P	*DASN*	*JGSM*	*NASN*	*P*	*NDSM*	*DASM*	*DGSF*	*NGSF*	*RP2GP*

χρόνον	ἀναστράφητε.	18 εἰδότες	ὅτι	οὐ	φθαρτοῖς,	ἀργυρίῳ
tiempo$_6$	conducíos$_1$	sabiendo	que	no$_1$	con cosas corruptibles,$_3$	plata$_4$
5550	390	1492	3754	3756	5349	694
NASM	*VAPM2P*	*VRAP-PNM*	*CSC*	*CLK, TN, B*	*JDPN*	*NDSN*

ἢ	χρυσίῳ,	ἐλυτρώθητε	ἐκ	τῆς	ματαίας	ὑμῶν	ἀναστροφῆς
u$_5$	oro,$_6$	fuisteis rescatados$_2$	de$_7$	el$_9$	vano$_{10}$	de vosotros$_{11}$	comportamiento$_8$
2228	5553	3084	1537	3588	3152	5216	391
CLD	*NDSN*	*VAPI2P*	*P*	*DGSF*	*JGSF*	*RP2GP*	*NGSF*

πατροπαραδότου,	19 ἀλλὰ	τιμίῳ	αἵματι	ὡς	ἀμνοῦ	ἀμώμου
transmitido por vuestros antepasados,	sino	preciosa$_2$	con sangre,$_1$	como	de cordero	sin defecto
3970	235	5093	129	5613	286	299
JGSF	*CLK,CLC*	*JDSN*	*NDSN*	*CAM, B*	*NGSM*	*JGSM*

καὶ	ἀσπίλου	Χριστοῦ,	20 προεγνωσμένου	μὲν	πρὸ	καταβολῆς
y	sin mancha,	Cristo,	habiendo conocido$_2$	ciertamente$_1$	antes de	(la) fundación
2532	784	5547	4267	3303	4253	2602
CLN	*JGSM*	*NGSM*	*VRPP-SGM*	*TK, C*	*P*	*NGSF*

NVI

Aun los mismos ángeles
anhelan contemplar esas
cosas.

Sean santos

13 Por eso, dispón-
ganse para actuar con
inteligencia; tengan do-
minio propio; pongan
su esperanza completa-
mente en la gracia que se
les dará cuando se revele
Jesucristo. 14 Como hijos
obedientes, no se amol-
den a los malos deseos
que tenían antes, cuan-
do vivían en la ignoran-
cia. 15 Más bien, sean
ustedes santos en todo
lo que hagan, como
también es santo quien
los llamó; 16 pues está
escrito: «Sean santos,
porque yo soy santo».
17 Ya que invocan como
Padre al que juzga con
imparcialidad las obras
de cada uno, vivan con
temor reverente mien-
tras sean peregrinos en
este mundo. 18 Como
bien saben, ustedes fue-
ron rescatados de la vida
absurda que heredaron
de sus antepasados.
El precio de su rescate
no se pagó con cosas
perecederas, como el
oro o la plata, 19 sino
con la preciosa sangre
de Cristo, como de un
cordero sin mancha y
sin defecto. 20 Cristo,
a quien Dios escogió
antes de la creación del

1:13* O sea *cuando estén preparadas vuestras mentes para actuar.*

RVR

manifestado al final de
los tiempos por amor de
vosotros,
21 que por medio de él
creéis en Dios, quien le
resucitó de los muertos
y le ha dado gloria, de
manera que vuestra fe y
esperanza sean en Dios.
22 Habiendo purificado
vuestras almas en la
obediencia a la verdad,
mediante el Espíritu,
para un amor fraternal
no fingido, amaos unos
a otros entrañablemen-
te, de corazón puro;
23 habiendo nacido de
nuevo, no de simiente
corruptible, sino de in-
corruptible, por medio
de la palabra de Dios
que vive y permanece
para siempre.
24 Porque:

Toda carne es como
hierba,
Y toda la gloria del
hombre como flor
de la hierba.
La hierba se seca, y la
flor se cae;
25 Mas la palabra del
Señor permanece
para siempre.

2 Y ésta es la palabra
que por el evangelio
os ha sido anunciada.
Desechando, pues, toda
malicia, todo engaño,
hipocresías, envidias, y
todas las detracciones,
2 desead, como niños
recién nacidos, la leche

κόσμου,	φανερωθέντος	δὲ	ἐπ’	ἐσχάτου	τῶν	χρόνων	δι’	ὑμᾶς
de (el) mundo,	manifestado$_2$	pero$_1$	en	último	de los	tiempos	a causa de	vosotros,
2889	5319	1161	1909	2078	3588	5550	1223	5209
NGSM	*VAPP-SGM*	*CLK, CLC*	*P*	*JGSM*	*DGPM*	*NGPM*	*P*	*RP2AP*

21 τοὺς	δι’	αὐτοῦ	πιστοὺς	εἰς	θεὸν	τὸν	ἐγείραντα	αὐτὸν	ἐκ
los (que)	por medio de	él	(son) creyentes	en	Dios	el (que)	levantó	a él	de
3588	1223	846	4103	1519	2316	3588	1453	846	1537
DAPM	*P*	*RP3GSM*	*JAPM*	*P*	*NASM*	*DASM*	*VAAP-SAM*	*RP3ASM*	*P*

νεκρῶν	καὶ	δόξαν	αὐτῷ	δόντα,	ὥστε	τὴν	πίστιν	ὑμῶν	καὶ
(los) muertos	y	gloria$_2$	a él$_3$	dio,$_1$	de modo que	la	fe	de vosotros$_3$	y$_1$
3498	2532	1391	846	1325	5620	3588	4102	5216	2532
JGPM	*CLN*	*NASF*	*RP3DSM*	*VAAP-SAM*	*CAR*	*DASF*	*NASF*	*RP2GP*	*CLN*

ἐλπίδα	εἶναι	εἰς	θεόν.
esperanza$_2$	sean	en	Dios.
1680	1511	1519	2316
NASF	*VPAN*	*P*	*NASM*

22 Τὰς	ψυχὰς*	ὑμῶν	ἡγνικότες	ἐν	τῇ	ὑπακοῇ	τῆς	⌜ἀληθείας
las$_2$	almas$_3$	de vosotros$_4$	Habiendo purificado$_1$	en	la	obediencia	de la	verdad
3588	5590	5216	48	1722	3588	5218	3588	225
DAPF	*NAPF*	*RP2GP*	*VRAP-PNM*	*P*	*DDSF*	*NDSF*	*DGSF*	*NGSF*

εἰς	φιλαδελφίαν	ἀνυπόκριτον	ἐκ	καρδίας	ἀλλήλους	ἀγαπήσατε
en	amor fraternal	sincero$_5$	de$_3$	corazón$_4$	unos con otros,$_6$	amaos$_1$
1519	5360	505	1537	2588	240	25
P	*NASF*	*JASF*	*P*	*NGSF*	*RC-APM*	*VAAM2P*

ἐκτενῶς,	23 ἀναγεγεννημένοι	οὐκ	ἐκ	σπορᾶς	φθαρτῆς	ἀλλὰ
fervientemente,$_2$	habiendo renacido	no	de	linaje	corruptible	sino
1619	313	3756	1537	4701	5349	235
B	*VRPP-PNM, VPPP-PNM*	*CLK, TN, B*	*P*	*NGSF*	*JGSF*	*CLK, CLC*

ἀφθάρτου,	διὰ	λόγου	ζῶντος	θεοῦ	καὶ	⌜μένοντος·	24 διότι
incorruptible,	por medio de	(la) palabra	viviente	de Dios	y	que permanece;	porque
862	1223	3056	2198	2316	2532	3306	1360
JGSF	*P*	*NGSM*	*VPAP-SGM*	*NGSM*	*CLN*	*VPAP-SGM*	*CAZ*

πᾶσα	σὰρξ	ὡς	χόρτος,	καὶ	πᾶσα	δόξα	αὐτῆς	ὡς	ἄνθος	χόρτου·
toda	carne	(es) como	hierba,	y	toda	gloria	de ella	como	flor	(de) hierba;
3956	4561	5613	5528	2532	3956	1391	846	5613	438	5528
JNSF	*NNSF*	*P, CAM*	*NNSM*	*CLN*	*JNSF*	*NNSF*	*RP3GSF*	*P, CAM*	*NNSN*	*NGSM*

ἐξηράνθη	ὁ	χόρτος,	καὶ	τὸ	ἄνθος	ἐξέπεσεν·	25 τὸ	δὲ	ῥῆμα	κυρίου
fue secada,$_3$	la$_2$	hierba$_1$	y	la	flor	cayó;	la$_2$	mas$_1$	palabra	del Señor
3583	3588	5528	2532	3588	438	1601	3588	1161	4487	2962
VAPI3S	*DNSM*	*NNSM*	*CLN*	*DNSN*	*NNSN*	*VAAI3S*	*DNSN*	*CLC*	*NNSN*	*NGSM*

μένει	εἰς	τὸν	αἰῶνα*.	τοῦτο	δέ	ἐστιν	τὸ	ῥῆμα	τὸ	εὐαγγελισθὲν
permanece	para	el	siglo	esta$_2$	Y$_1$	es	la	palabra		que fue anunciada
3306	1519	3588	165	5124	1161	2076	3588	4487	3588	2097
VPAI3S	*P*	*DASM*	*NASM*	*RD-NSN*	*CLN*	*VPAI3S*	*DNSN*	*NNSN*	*DNSN*	*VAPP-SNN*

εἰς	ὑμᾶς.
a	vosotros.
1519	5209
P	*RP2AP*

2 Ἀποθέμενοι	οὖν	πᾶσαν	κακίαν	καὶ	πάντα	δόλον	καὶ	ὑποκρίσεις
Desechando,	pues,	toda	malicia	y	todo	engaño	e	hipocresía
659	3767	3956	2549	2532	3956	1388	2532	5272
VAMP-PNM	*CLI*	*JASF*	*NASF*	*CLN*	*JASM*	*NASM*	*CLN*	*NAPF*

καὶ	φθόνους	καὶ	πάσας	καταλαλιάς,	2 ὡς	ἀρτιγέννητα	βρέφη
y	envidias	y	toda	detracción,	como	recién nacidos$_2$	niños pequeños$_1$
2532	5355	2532	3956	2636	5613	738	1025
CLN	*NAPM*	*CLN*	*JAPF*	*NAPF*	*CAM, B*	*JNPN*	*NNPN*

NVI

mundo, se ha manifes-
tado en estos últimos
tiempos en beneficio de
ustedes. 21 Por medio
de él ustedes creen en
Dios, que lo resucitó y
glorificó, de modo que
su fe y su esperanza están
puestas en Dios.
22 Ahora que se han
purificado obedeciendo
a la verdad y tienen un
amor sincero por sus
hermanos, ámense de
todo corazón los unos a
los otros. 23 Pues ustedes
han nacido de nuevo, no
de simiente perecedera,
sino de simiente impe-
recedera, mediante la
palabra de Dios que vive
y permanece. 24 Porque

«todo mortal es como
la hierba,
y toda su gloria como
la flor del campo;
la hierba se seca y la
flor se cae,
25 pero la palabra del
Señor permanece
para siempre».

Y esta es la palabra del
evangelio que se les ha
anunciado a ustedes.

2 Por lo tanto,
abandonando toda
maldad y todo engaño,
hipocresía, envidias y
toda calumnia, 2 deseen
con ansias la leche pura

1:22* O sea *la vida.* **1:22**⌜ Manuscritos inferiores aumentaron *mediante el Espíritu.* **1:23**⌜ Manuscritos inferiores aumentaron *para siempre.*
1:25* O sea *para siempre.*

RVR

espiritual no adulterada,
para que por ella crezcáis
para salvación,
3 si es que habéis gustado
la benignidad del Señor.

La piedra viva

4 Acercándoos a él,
piedra viva, desechada
ciertamente por los
hombres, mas ante Dios
escogida y preciosa,
5 vosotros también,
como piedras vivas, sed
edificados como casa
espiritual y sacerdocio
santo, para ofrecer
sacrificios espirituales
aceptables a Dios por
medio de Jesucristo.
6 Por lo cual también
está contenido en la
Escritura:

He aquí, pongo en
Sión la principal
piedra del ángulo,
escogida, preciosa;
Y el que crea en él, no
será avergonzado.

7 Para vosotros, pues, los
que creéis, es de gran
valor; pero para los que
no creen,

La piedra que los edifi
cadores desecharon,
Ha venido a ser la
cabeza del ángulo;

τὸ	λογικὸν	ἄδολον	γάλα	ἐπιποθήσατε,	ἵνα	ἐν	αὐτῷ	αὐξηθῆτε	⸂εἰς
la$_{4}$	espiritual$_{6}$	pura,$_{7}$	leche$_{5}$	anhelad$_{3}$	para que	por	ella	crezcáis	para
3588	3050	97	1051	1971	2443	1722	846	837	1519
DASN	*JASN*	*JASN*	*NASN*	*VAAM2P*	*CAP*	*P*	*RP3DSN*	*VAPS2P*	*P*

σωτηρίαν⸃,	3 εἰ	ἐγεύσασθε	ὅτι	χρηστὸς	ὁ	κύριος.
salvación,	si	probasteis	que	bueno.$_{3}$	el$_{1}$	Señor (es)$_{2}$
4991	1487	1089	3754	5543	3588	2962
NASF	*CAC*	*VAMI2P*	*CSC*	*JNSM*	*DNSM*	*NNSM*

4 Πρὸς	ὃν	προσερχόμενοι,	λίθον	ζῶντα,	ὑπὸ	ἀνθρώπων	μὲν
al$_{2}$	cual$_{3}$	Acercándose$_{1}$	piedra	viviente,	por$_{3}$	(los) seres humanos,$_{4}$	ciertamente,$_{2}$
4314	3739	4334	3037	2198	5259	444	3303
P	*RR-ASM*	*VPUP-PNM*	*NASM*	*VPAP-SAM*	*P*	*NGPM*	*TK, C*

ἀποδεδοκιμασμένον	παρὰ	δὲ	θεῷ	ἐκλεκτὸν	ἔντιμον	5 καὶ
habiendo sido rechazada$_{1}$	departe de$_{6}$	pero$_{5}$	Dios	elegida	preciosa,	también
593	3844	1161	2316	1588	1784	2532
VRPP-SAM	*P*	*CLK, CLC*	*NDSM*	*JASM*	*JASM*	*CLN, B*

αὐτοὶ	ὡς	λίθοι	ζῶντες	οἰκοδομεῖσθε	οἶκος	πνευματικὸς	εἰς
vosotros mismos	como	piedras	vivientes	sed edificados	como casa	espiritual	para
846	5613	3037	2198	3618	3624	4152	1519
RP3NPMP	*P, CAM*	*NNPM*	*VPAP-PNM*	*VPPI2P*	*NNSM*	*JNSM*	*P*

ἱεράτευμα	ἅγιον,	ἀνενέγκαι	πνευματικὰς	θυσίας	εὐπροσδέκτους
(un) sacerdocio	santo,	para ofrecer	espirituales,$_{2}$	sacrificios$_{1}$	aceptables
2406	40	399	4152	2378	2144
NASN	*JASN, JNSN*	*VAAN*	*JAPF*	*NAPF*	*JAPF*

θεῷ	διὰ	Ἰησοῦ	Χριστοῦ·	6 διότι	περιέχει	ἐν	γραφῇ·	Ἰδοὺ
a Dios	por medio de	Jesús	Cristo;	porque	se encuentra	en	(la) Escritura:	He aquí
2316	1223	2424	5547	1360	4023	1722	1124	2400
NDSM	*P*	*NGSM*	*NGSM*	*CAZ*	*VPAI3S*	*P*	*NDSF*	*I, VAAM2S*

τίθημι	ἐν	Σιὼν	λίθον	ἀκρογωνιαῖον	ἐκλεκτὸν	ἔντιμον,	καὶ
pongo	en	Sion	(una) piedra	angular	elegida,	preciosa,	y
5087	1722	4622	3037	204	1588	1784	2532
VPAI1S	*P*	*NDSF, XP*	*NASM*	*JASM*	*JASM*	*JASM*	*CLN*

ὁ	πιστεύων	ἐπ᾽	αὐτῷ	οὐ	μὴ	καταισχυνθῇ.	7 ὑμῖν
el que	cree	en	ella,	de ningún modo		será avergonzado.	(es)para vosotros$_{4}$
3588	4100	1909	846	3756	3361	2617	5213
DNSM	*VPAP-SNM*	*P*	*RP3DSM*	*BN, TN*	*BN, TN*	*VAPS3S*	*RP2DP*

οὖν	ἡ	τιμὴ	τοῖς	πιστεύουσιν·	ἀπιστοῦσιν	δὲ	λίθος	ὃν
Así que$_{1}$	--$_{2}$	honor$_{3}$	los que$_{5}$	creen$_{6}$	a los que no creen$_{8}$	pero$_{7}$	piedra	que
3767	3588	5092	3588	4100	569	1161	3037	3739
CLI	*DNSF*	*NNSF*	*DDPM*	*VPAP-PDM*	*VPAP-PDM*	*CLC*	*NNSM*	*RR-ASM*

ἀπεδοκίμασαν	οἱ	οἰκοδομοῦντες	οὗτος	ἐγενήθη	εἰς	κεφαλὴν
rechazaron,$_{3}$	los$_{1}$	edificadores,$_{2}$	esta	ha llegado a convertirse	en	(la) cabeza
593	3588	3618	3778	1096	1519	2776
VAAI3P	*DNPM*	*VPAP-PNM*	*RD-NSM*	*VAPI3S*	*P*	*NASF*

NVI

de la palabra, como
niños recién nacidos.
Así, por medio de ella,
crecerán en su salvación,
3 ahora que han probado
lo bueno que es el Señor.

La piedra viva y su pueblo escogido

4 Cristo es la piedra
viva, rechazada por los
seres humanos, pero
escogida y preciosa ante
Dios. Al acercarse a él,
5 también ustedes son
como piedras vivas,
con las cuales se está
edificando una casa
espiritual. De este modo
llegan a ser un sacerdo-
cio santo, para ofrecer
sacrificios espirituales
que Dios acepta por me-
dio de Jesucristo. 6 Así
dice la Escritura:

«Miren que pongo
en Sión
una piedra principal
escogida y preciosa,
y el que confíe en ella
no será jamás
defraudado».

7 Para ustedes los
creyentes, esta piedra es
preciosa; pero para los
incrédulos,

«la piedra que
desecharon los
constructores
ha llegado a ser la pie-
dra angular»,

2:2⸂⸃ Manuscritos inferiores suprimieron *para salvación.*

RVR

8 y: Piedra de tropiezo, y roca de escándalo, pues ellos tropiezan en la palabra, siendo desobedientes; a lo cual fueron también destinados.

El pueblo escogido

9 Mas vosotros sois linaje escogido, real sacerdocio, nación santa, pueblo adquirido para posesión de Dios, para que anunciéis las virtudes de aquel que os llamó de las tinieblas a su luz admirable;
10 los que en otro tiempo no erais pueblo, pero que ahora sois pueblo de Dios; que en otro tiempo no habíais alcanzado misericordia, pero ahora habéis alcanzado misericordia.

Conducta de los creyentes en el mundo

11 Amados, yo os ruego como a extranjeros y peregrinos, que os abstengáis de los deseos carnales que batallan contra el alma,
12 manteniendo buena vuestra manera de vivir entre los gentiles; para que en lo que os calumnian como a malhechores, glorifiquen a Dios en el día de la visitación, al observar vuestras buenas obras.
13 Por causa del Señor, someteos a toda institución humana, ya sea al rey, como a superior,
14 ya a los gobernadores,

γωνίας	8 καὶ	λίθος	προσκόμματος	καὶ	πέτρα	σκανδάλου·	οἳ
del ángulo	y	piedra	de tropiezo	y	roca	de escándalo;	los cuales
1137	2532	3037	4348	2532	4073	4625	3739
NGSF	*CLN*	*NNSM*	*NGSN*	*CLN*	*NNSF*	*NGSN*	*RR-NPM*

προσκόπτουσιν	τῷ	λόγῳ	ἀπειθοῦντες·	εἰς	ὃ	καὶ	ἐτέθησαν.
tropiezan	en la$_2$	palabra,$_3$	no creyendo$_1$	para	lo cual	también	fueron puestos;
4350	3588	3056	544	1519	3739	2532	5087
VPAI3P	*DDSM*	*NDSM*	*VPAP-PNM*	*P*	*RR-ASN*	*BE, TE*	*VAPI3P*

9 Ὑμεῖς	δὲ	γένος	ἐκλεκτόν,	βασίλειον	ἱεράτευμα,	ἔθνος	ἅγιον,	λαὸς
vosotros$_2$	Pero$_1$	sois linaje	escogido,	real,$_2$	sacerdocio$_1$	nación	santa,	pueblo
5210	1161	1085	1588	934	2406	1484	40	2992
RP2NP	*CLC*	*NNSN*	*JNSN*	*JNSN*	*NNSN*	*NNSN*	*JNSN*	*NNSM*

εἰς	περιποίησιν,	ὅπως	τὰς	ἀρετὰς	ἐξαγγείλητε	τοῦ	ἐκ	σκότους
para	posesión,	para	las$_2$	virtudes$_3$	proclamar$_1$	del que$_4$	de$_6$	oscuridad$_7$
1519	4047	3704	3588	703	1804	3588	1537	4655
P	*NASF*	*CAP*	*DAPF*	*NAPF*	*VAAS2P*	*DGSM*	*P*	*NGSN*

ὑμᾶς	καλέσαντος	εἰς	τὸ	θαυμαστὸν	αὐτοῦ	φῶς·	10 οἵ	ποτε
a vosotros$_8$	llamó$_5$	hacia	la	asombrosa	de él;$_2$	luz$_1$	los (que)	en otro tiempo
5209	2564	1519	3588	2298	846	5457	3588	4218
RP2AP	*VAAP-SGM*	*P*	*DASN*	*JASN*	*RP3GSM*	*NASN*	*RR-NPM*	*BX, TX*

οὐ	λαὸς	νῦν	δὲ	λαὸς	θεοῦ,	οἱ	οὐκ	ἠλεημένοι
no (erais)	pueblo,	ahora$_2$	pero$_1$	(sois) pueblo	de Dios,	los que	no	habíais recibido compasión
3756	2992	3568	1161	2992	2316	3588	3756	1653
CLK, TN, B	*NNSM*	*B*	*CLK, CLC*	*NNSM*	*NGSM*	*DNPM*	*CLK, TN, B*	*VRPP-PNM*

νῦν	δὲ	ἐλεηθέντες.	11 Ἀγαπητοί,	παρακαλῶ	ὡς	παροίκους
ahora$_2$	pero$_1$	habéis recibido compasión.	Amados,	ruego	como	peregrinos
3568	1161	1653	27	3870	5613	3941
B	*CLK, CLC*	*VAPP-PNM*	*JVPM*	*VPAI1S*	*P, CAM*	*JAPM*

καὶ	παρεπιδήμους	ἀπέχεσθαι	τῶν	σαρκικῶν	ἐπιθυμιῶν,	αἵτινες
y	extranjeros,	abstenerse	de los	carnales$_2$	deseos$_1$	los cuales
2532	3927	567	3588	4559	1939	3748
CLN	*JAPM*	*VPMN*	*DGPF*	*JGPF*	*NGPF*	*RR-NPF*

στρατεύονται	κατὰ	τῆς	ψυχῆς*·	12 τὴν	ἀναστροφὴν	ὑμῶν	ἐν	τοῖς
combaten	contra	el	alma;	--$_3$	comportamiento$_4$	de vosotros$_5$	entre$_6$	los$_7$
4754	2596	3588	5590	3588	391	5216	1722	3588
VPMI3P	*P*	*DGSF*	*NGSF*	*DASF*	*NASF*	*RP2GP*	*P*	*DDPN*

ἔθνεσιν	ἔχοντες	καλήν,	ἵνα,	ἐν	ᾧ	καταλαλοῦσιν	ὑμῶν	ὡς
gentiles$_8$	teniendo$_1$	bue$_2$	para que	en	lo que	hablen mal	de vosotros	como
1484	2192	2570	2443	1722	3739	2635	5216	5613
NDPN	*VPAP-PNM*	*JASF*	*CAP*	*P*	*RR-DSN*	*VPAI3P*	*RP2GP*	*CAM*

κακοποιῶν,	ἐκ	τῶν	καλῶν	ἔργων	ἐποπτεύοντες	δοξάσωσι	τὸν	θεὸν
malhechores,	de	las	buenas	obras	que ven,	glorifiquen	--	a Dios
2555	1537	3588	2570	2041	2029	1392	3588	2316
JGPM, NGPM	*P*	*DGPN*	*JGPN*	*NGPN*	*VPAP-PNM*	*VAAS3P*	*DASM*	*NASM*

ἐν	ἡμέρᾳ	ἐπισκοπῆς.
en	(el) día	de visitación.
1722	2250	1984
P	*NDSF*	*NGSF*

13 Ὑποτάγητε	πάσῃ	ἀνθρωπίνῃ	κτίσει	διὰ	τὸν	κύριον·	εἴτε
Someteos	a toda	humana$_2$	autoridad$_1$	a causa de	el	Señor;	sea
5293	3956	442	2937	1223	3588	2962	1535
VAPM2P	*JDSF*	*JDSF*	*NDSF*	*P*	*DASM*	*NASM*	*CLK, CAC*

βασιλεῖ	ὡς	ὑπερέχοντι,	14 εἴτε	ἡγεμόσιν	ὡς	δι'	αὐτοῦ
rey	como	superior,	sea	a gobernadores	como	por medio de$_2$	él$_3$
935	5613	5242	1535	2232	5613	1223	846
NDSM	*P, CAM*	*VPAP-SDM*	*CLK,CAC*	*NDPM*	*CAM*	*P*	*RP3GSM*

NVI

8 y también:

«una piedra de tropiezo
y una roca que hace
caer».

Tropiezan al desobedecer la palabra, para lo cual estaban destinados.
9 Pero ustedes son linaje escogido, real sacerdocio, nación santa, pueblo que pertenece a Dios, para que proclamen las obras maravillosas de aquel que los llamó de las tinieblas a su luz admirable.
10 Ustedes antes ni siquiera eran pueblo, pero ahora son pueblo de Dios; antes no habían recibido misericordia, pero ahora ya la han recibido.
11 Queridos hermanos, les ruego como a extranjeros y peregrinos en este mundo que se aparten de los deseos pecaminosos que combaten contra la vida.
12 Mantengan entre los incrédulos una conducta tan ejemplar que, aunque los acusen de hacer el mal, ellos observen las buenas obras de ustedes y glorifiquen a Dios en el día de la salvación.

Sumisión a los gobernantes y a los superiores

13 Sométanse por causa del Señor a toda autoridad humana, ya sea al rey como suprema autoridad,
14 o a los

2:11* O sea *contra la vida.*

RVR

como enviados por él
para castigo de los mal-
hechores y alabanza de
los que hacen el bien.
15 Porque esta es la
voluntad de Dios: que
haciendo el bien, hagáis
enmudecer la igno-
rancia de los hombres
insensatos;
16 como libres, pero no
como los que tienen la
libertad como pretexto
para encubrir la malicia,
sino como siervos de
Dios.
17 Honrad a todos.
Amad la fraternidad.
Temed a Dios. Honrad
al rey.
18 Criados, estad some-
tidos con todo respeto
a vuestros amos; no
solamente a los buenos
y afables, sino también a
los difíciles de soportar.
19 Porque esto merece
aprobación, si alguno a
causa de la conciencia
delante de Dios, soporta
molestias padeciendo
injustamente.
20 Pues ¿qué gloria es, si
pecando sois abofetea-
dos, y lo soportáis? Mas
si haciendo lo bueno
sufrís, y lo soportáis,
esto ciertamente es
aprobado delante de
Dios.
21 Pues para esto fuisteis
llamados; porque
también Cristo padeció
por vosotros, dejándoos
ejemplo, para que sigáis
sus pisadas;

πεμπομένοις	εἰς	ἐκδίκησιν	κακοποιῶν	ἔπαινον	δὲ	ἀγαθοποιῶν
enviados$_1$	para	castigo	de malhechores	para la alabanza$_2$	y$_1$	de los que hacen el bien;
3992	1519	1557	2555	1868	1161	17
VPPP-PDM	*P*	*NASF*	*JGPM, NGPM*	*NASM*	*CLC*	*JGPM, NGPM*

15 (ὅτι	οὕτως	ἐστὶν	τὸ	θέλημα	τοῦ	θεοῦ,	ἀγαθοποιοῦντας	φιμοῦν
porque	así	es	la	voluntad	--	(de) Dios,	que haciendo el bien	hagáis enmudecer
3754	3779	2076	3588	2307	3588	2316	15	5392
CAZ	*B*	*VPAI3S*	*DNSN*	*NNSN*	*DGSM*	*NGSM*	*VPAP-PAM*	*VPAN*

τὴν	τῶν	ἀφρόνων	ἀνθρώπων	ἀγνωσίαν)·	16 ὡς	ἐλεύθεροι,	καὶ
la	de los$_2$	necios;$_4$	hombres$_3$	falta de conocimiento$_1$	(sed) como	libres,	pero
3588	3588	878	444	56	5613	1658	2532
DASF	*DGPM*	*JGPM*	*NGPM*	*NASF*	*CAM*	*JNPM*	*CLN*

μὴ	ὡς	ἐπικάλυμμα	ἔχοντες	τῆς	κακίας	τὴν	ἐλευθερίαν,	ἀλλ'	ὡς
no	como	pretexto$_2$	teniendo$_1$	para la$_5$	maldad$_6$	la$_3$	libertad,$_4$	sino	como
3361	5613	1942	2192	3588	2549	3588	1657	235	5613
BN, TN	*CAM*	*NASN*	*VPAP-PNM*	*DGSF*	*NGSF*	*DASF*	*NASF*	*CLC*	*CAM*

θεοῦ	δοῦλοι.	17 πάντας	τιμήσατε,	τὴν	ἀδελφότητα	ἀγαπᾶτε,	τὸν
de Dios	siervos.	a todos$_2$	Honrad$_1$	a la$_4$	hermandad,$_5$	amad$_3$	--$_7$
2316	1401	3956	5091	3588	81	25	3588
NGSM	*NNPM*	*JAPM*	*VAAM2P*	*DASF*	*NASF*	*VPAM2P*	*DASM*

θεὸν	φοβεῖσθε,	τὸν	βασιλέα	τιμᾶτε.
a Dios,$_8$	temed$_6$	al$_{10}$	rey.$_{11}$	honrad$_9$
2316	5399	3588	935	5091
NASM	*VPUM2P*	*DASM*	*NASM*	*VPAM2P*

18 Οἱ	οἰκέται	ὑποτασσόμενοι	ἐν	παντὶ	φόβῳ	τοῖς
Los	sirvientes domésticos,	sometiéndoos	en	todo	temor	a los
3588	3610	5293	1722	3956	5401	3588
DVPM,DNPM	*NVPM, NNPM*	*VPPP-PNM*	*P*	*JDSM*	*NDSM*	*DDPM*

δεσπόταις,	οὐ	μόνον	τοῖς	ἀγαθοῖς	καὶ	ἐπιεικέσιν	ἀλλὰ	καὶ	τοῖς
amos,	no	solo	a los	buenos	y	amables,	sino	también	a los
1203	3756	3440	3588	18	2532	1933	235	2532	3588
NDPM	*CLK, TN, B*	*B, J*	*DDPM*	*JDPM*	*CLN*	*JDPM*	*CLK, CLC*	*BE, TE*	*DDPM*

σκολιοῖς.	19 τοῦτο	γὰρ	χάρις	εἰ	διὰ	συνείδησιν	θεοῦ	ὑποφέρει
malvados.	esto$_2$	Porque$_1$	gracia (da)	si	a causa de	conciencia	ante Dios	soporta$_2$
4646	5124	1063	5485	1487	1223	4893	2316	5297
JDPM	*RD-NSN*	*CAZ*	*NNSF*	*CAC*	*P*	*NASF*	*NGSM*	*VPAI3S*

τις	λύπας	πάσχων	ἀδίκως·	20 ποῖον	γὰρ	κλέος	εἰ	ἁμαρτάνοντες
alguien$_1$	aflicción	sufriendo	injustamente.	¿cuál$_2$	Porque$_1$	honor	si	pecando$_2$
5100	3077	3958	95	4169	1063	2811	1487	264
RX-NSM	*NAPF*	*VPAP-SNM*	*B*	*RI-NSN*	*CAZ*	*NNSN*	*CAC*	*VPAP-PNM*

καὶ	κολαφιζόμενοι	ὑπομενεῖτε;	ἀλλ'	εἰ	ἀγαθοποιοῦντες	καὶ
y$_3$	siendo abofeteados?$_4$	soportáis$_1$	Pero	si	haciendo bien	y
2532	2852	5278	235	1487	15	2532
CLN	*VPPP-PNM*	*VFAI2P*	*CLC*	*CAC*	*VPAP-PNM*	*CLN*

πάσχοντες	ὑπομενεῖτε,	τοῦτο	χάρις	παρὰ	θεῷ.	21 εἰς	τοῦτο
sufriendo	perseveráis,$_7$	esto (da)	gracia	de parte de	Dios.	para$_2$	esto$_3$
3958	5278	5124	5485	3844	2316	1519	5124
VPAP-PNM	*VFAI2P*	*RD-NSN*	*NNSF*	*P*	*NDSM*	*P*	*RD-ASN*

γὰρ	ἐκλήθητε,	ὅτι	καὶ	Χριστὸς	ἔπαθεν	ὑπὲρ	⸀ὑμῶν,	ὑμῖν
Porque$_1$	fuisteis llamados,	porque	también	Cristo	sufrió	por	vosotros	a vosotros$_2$
1063	2564	3754	2532	5547	3958	5228	5216	5213
CAZ	*VAPI2P*	*CAZ*	*BE, TE*	*NNSM*	*VAAI3S*	*P*	*RP2GP*	*RP2DP*

ὑπολιμπάνων	ὑπογραμμὸν	ἵνα	ἐπακολουθήσητε	τοῖς	ἴχνεσιν	αὐτοῦ·
dejando atrás$_1$	(un) ejemplo	para	seguir	en los	pasos	de él;
5277	5261	2443	1872	3588	2487	846
VPAP-SNM	*NASM*	*CAP*	*VAAS2P*	*DDPN*	*NDPN*	*RP3GSM*

NVI

gobernadores que él
envía para castigar a los
que hacen el mal y reco-
nocer a los que hacen el
bien. 15 Porque esta es la
voluntad de Dios: que,
practicando el bien, ha-
gan callar la ignorancia
de los insensatos. 16 Eso
es actuar como personas
libres que no se valen de
su libertad para disimu-
lar la maldad, sino que
viven como siervos de
Dios. 17 Den a todos el
debido respeto: amen a
los hermanos, teman a
Dios, respeten al rey.
18 Criados, sométan-
se con todo respeto a
sus amos, no solo a los
buenos y comprensivos,
sino también a los inso-
portables. 19 Porque es
digno de elogio que, por
sentido de responsabili-
dad delante de Dios, se
soporten las penali-
dades, aun sufriendo
injustamente. 20 Pero
¿cómo pueden ustedes
atribuirse mérito alguno
si soportan que los mal-
traten por hacer el mal?
En cambio, si sufren
por hacer el bien, eso
merece elogio delante de
Dios. 21 Para esto fueron
llamados, porque Cristo
sufrió por ustedes, dán-
doles ejemplo para que
sigan sus pasos.

2:21⸀ Manuscritos inferiores tienen *vosotros.*

RVR

^{22}el cual no hizo peca-
do, ni se halló ningún
engaño en su boca;
^{23}quien cuando le mal-
decían, no respondía
con maldición; cuando
padecía, no amenazaba,
sino que encomendaba
la causa al que juzga
justamente;
^{24}quien llevó él mismo
nuestros pecados en su
cuerpo sobre el madero,
para que nosotros,
muriendo a los pecados,
vivamos para la justicia;
y por cuya herida fuis-
teis sanados.
^{25}Porque erais como
ovejas descarriadas, pero
ahora os habéis vuelto
al Pastor y Guardián de
vuestras almas.

Deberes conyugales

3 Asimismo vosotras,
mujeres, estad
sometidas a vuestros
maridos; para que aun si
algunos desobedecen a
la palabra, sean ganados
sin palabra mediante la
conducta de sus esposas,
^{2}teniendo a la vista
vuestra conducta casta y
respetuosa.
^{3}Vuestro atavío no sea
el externo de peinados
ostentosos, de adornos
de oro o de vestidos
lujosos,
^{4}sino el ser interior
de la persona, en el

^{22}ὃς	ἁμαρτίαν	οὐκ	ἐποίησεν	οὐδὲ	εὑρέθη	δόλος	ἐν	τῷ	στόματι
El cual	pecado$_3$	no$_1$	hizo$_2$	ni	fue hallado	engaño	en	la	boca
3739	266	3756	4160	3761	2147	1388	1722	3588	4750
RR-NSM	NASF	BN, TN	VAAI3S	TN, CLD	VAPI3S	NNSM	P	DDSN	NDSN

αὐτοῦ·	^{23}ὃς	λοιδορούμενος	οὐκ	ἀντελοιδόρει,	πάσχων	οὐκ
(de) él;	el cual,	siendo insultado,	no	respondía con insultos;	sufriendo	no
846	3739	3058	3756	486	3958	3756
RP3GSM	RR-NSM	VPPP-SNM	BN, TN	VIAI3S	VPAP-SNM	CLK, TN, B

ἠπείλει,	παρεδίδου	δὲ	τῷ	κρίνοντι	δικαίως·	^{24}ὃς	τὰς	ἁμαρτίας
amenazaba,	(se) entregaba$_2$	sino$_1$	al	que juzga	justamente;	quien	los$_3$	pecados$_4$
546	3860	1161	3588	2919	1346	3739	3588	266
VIAI3S	VIAI3S	CLK, CLC	DDSM	VPAP-SDM	B	RR-NSM	DAPF	NAPF

ἡμῶν	αὐτὸς	ἀνήνεγκεν	ἐν	τῷ	σώματι	αὐτοῦ	ἐπὶ	τὸ	ξύλον,
de nosotros$_5$	él mismo$_1$	llevó$_2$	en	el	cuerpo	de él	sobre	el	madero,
2257	846	399	1722	3588	4983	846	1909	3588	3586
RP1GP	RP3NSMP	VAAI3S	P	DDSN	NDSN	RP3GSM	P	DASN	NASN

ἵνα	ταῖς	ἁμαρτίαις	ἀπογενόμενοι	τῇ	δικαιοσύνῃ	ζήσωμεν·	οὗ
para que	a los$_5$	pecados;$_6$	habiendo muerto$_4$	para la$_2$	justicia$_3$	vivamos$_1$	de cuya
2443	3588	266	581	3588	1343	2198	3739
CAP	DDPF	NDPF	VAMP-PNM	DDSF	NDSF	VAAS1P	RR-GSM

τῷ	μώλωπι	ἰάθητε.	^{25}ἦτε	γὰρ	ὡς	πρόβατα	⌜πλανώμενοι,
--	herida	fuisteis sanados.	estabais$_2$	porque$_1$	como$_4$	ovejas,$_5$	siendo engañados,$_3$
3588	3468	2390	2258	1063	5613	4263	4105
DDSM	NDSM	VAPI2P	VIAI2P	CAZ	P, CAM	NNPN	VPPP-PNM

ἀλλὰ	ἐπεστράφητε	νῦν	ἐπὶ	τὸν	ποιμένα	καὶ	ἐπίσκοπον	τῶν	ψυχῶν*
pero$_6$	habéis vuelto$_8$	ahora$_7$	a	el	pastor	y	guardián	--	de (las) almas
235	1994	3568	1909	3588	4166	2532	1985	3588	5590
CLC	VAPI2P	B	P	DASM	NASM	CLN	NASM	DGPF	NGPF

ὑμῶν.
de vosotros.
5216
RP2GP

3 Ὁμοίως	γυναῖκες	ὑποτασσόμεναι	τοῖς	ἰδίοις	ἀνδράσιν,	ἵνα
Igualmente,	esposas,	sometiéndoos	a los	propios	esposos,	para que
3668	1135	5293	3588	2398	435	2443
B	NVPF, NNPF	VPPP-PNF	DDPM	JDPM	NDPM	CAP

καὶ	εἴ	τινες	ἀπειθοῦσιν	τῷ	λόγῳ	διὰ	τῆς	τῶν	γυναικῶν
--	si	algunos	desobedecen	la	palabra,	por medio de	el	de las$_1$	esposas$_2$
2532	1487	5100	544	3588	3056	1223	3588	3588	1135
CLA, B	CAC	RX-NPM	VPAI3P	DDSM	NDSM	P	DGSF	DGPF	NGPF

ἀναστροφῆς	ἄνευ	λόγου	κερδηθήσονται	^{2}ἐποπτεύσαντες	τὴν
comportamiento$_3$	sin$_5$	(una) palabra,$_6$	sean ganados$_4$	observando	el$_3$
391	427	3056	2770	2029	3588
NGSF	P	NGSM	VFPI3P	VAAP-PNM	DASF

ἐν	φόβῳ	ἁγνὴν	ἀναστροφὴν	ὑμῶν.	^{3}ὧν	ἔστω	οὐχ	ὁ
en$_1$	temor$_2$	puro$_5$	comportamiento$_4$	de vosotras;	de las cuales$_1$	sea$_4$	no$_3$	el$_5$
1722	5401	53	391	5216	3739	2077	3756	3588
P	NDSM	JASF	NASF	RP2GP	RR-GPF	VPAM3S	CLK, TN, B	DNSM

ἔξωθεν	ἐμπλοκῆς	τριχῶν	καὶ	περιθέσεως	χρυσίων	ἢ	ἐνδύσεως
exterior,$_6$	de trenzado	de cabellos$_8$	y$_9$	ponerse en derredor$_{10}$	objetos de oro$_{11}$	o$_{12}$	de vestirse$_{13}$
1855	1708	2359	2532	4025	5553	2228	1745
B	NGSF	NGPF	CLN	NGSF	NGPN	CLD	NGSF

ἱματίων	κόσμος,	^{4}ἀλλ'	ὁ	κρυπτὸς	τῆς	καρδίας	ἄνθρωπος	ἐν
de ropas (lujosas),$_{14}$	(el) adorno$_2$	sino	el	secreto	del	corazón,	persona	con
2440	2889	235	3588	2927	3588	2588	444	1722
NGPN	NNSM	CLK, CLC	DNSM	JNSM	DGSF	NGSF	NNSM	P

NVI

^{22}«Él no cometió
ningún pecado,
ni hubo engaño en su
boca».

^{23}Cuando proferían
insultos contra él, no
replicaba con insultos;
cuando padecía, no
amenazaba, sino que se
entregaba a aquel que
juzga con justicia. ^{24}Él
mismo, en su cuerpo,
llevó al madero nuestros
pecados, para que mura-
mos al pecado y vivamos
para la justicia. Por sus
heridas ustedes han sido
sanados. ^{25}Antes eran
ustedes como ovejas
descarriadas, pero ahora
han vuelto al Pastor que
cuida de sus vidas.

Deberes conyugales

3 Así mismo, esposas,
sométanse a sus
esposos, de modo que,
si algunos de ellos no
creen en la palabra,
puedan ser ganados más
por el comportamiento
de ustedes que por sus
palabras, ^{2}al observar
su conducta íntegra
y respetuosa. ^{3}Que la
belleza de ustedes no sea
la externa, que consiste
en adornos tales como
peinados ostentosos,
joyas de oro y vestidos
lujosos. ^{4}Que su belleza
sea más bien la incorrup-
tible, la que procede de

2:25* O sea *la vida.*

RVR

incorruptible ornato
de un espíritu manso y
apacible, que es de gran
valor delante de Dios.
5 Porque así también
se ataviaban en otro
tiempo aquellas santas
mujeres que esperaban
en Dios, estando
sometidas a sus maridos;
6 como Sara obedecía a
Abraham, llamándole
señor; de la cual vosotras
habéis venido a ser
hijas, si hacéis el bien,
sin temer ninguna
amenaza.
7 Vosotros, maridos,
igualmente, convivid
con ellas con com-
prensión, tratando a
la mujer como a vaso
más frágil, y dándoles
honor también como a
coherederas de la gracia
de la vida, para que
vuestras oraciones no
sean estorbadas.

Una buena conciencia

8 En conclusión, sed to-
dos de un mismo sentir,
compasivos, amándoos
fraternalmente, miseri-
cordiosos, amigables;
9 no devolviendo mal
por mal, ni maldición
por maldición, sino por
el contrario, bendi-
ciendo, sabiendo que
fuisteis llamados con
el fin de que heredaseis
bendición.
10 Porque:

El que quiere amar
la vida

τῷ	ἀφθάρτῳ	τοῦ	πραέως	καὶ	ἡσυχίου	πνεύματος,	ὅ	ἐστιν
el	incorruptible (adorno)	del	gentil$_2$	y$_3$	apacible,$_4$	espíritu$_1$	lo que	es
3588	862	3588	4239	2532	2272	4151	3739	2076
DDSN	*JDSN*	*DGSN*	*JGSN*	*CLN*	*JGSN*	*NGSN*	*RR-NSN*	*VPAI3S*

ἐνώπιον	τοῦ	θεοῦ	πολυτελές.	5 οὕτως	γάρ	ποτε	καὶ	αἱ	ἅγιαι
delante de$_2$	--$_3$	Dios.$_4$	de gran valor$_1$	así$_2$	Porque$_1$	en otro tiempo	también	las	santas
1799	3588	2316	4185	3779	1063	4218	2532	3588	40
P, B	*DGSM*	*NGSM*	*JNSN*	*B*	*CAZ*	*BX, TX*	*BE, TE*	*DNPF*	*JNPF*

γυναῖκες	αἱ	ἐλπίζουσαι	εἰς	θεὸν	ἐκόσμουν	ἑαυτάς,	ὑποτασσόμεναι
mujeres	las (que)	esperan	en	Dios	se adornaban	a sí mismas,	sometiéndose
1135	3588	1679	1519	2316	2885	1438	5293
NNPF	*DNPF*	*VPAP-PNF*	*P*	*NASM*	*VIAI3P*	*RF3APF*	*VPPP-PNF*

τοῖς	ἰδίοις	ἀνδράσιν,	6 ὡς	Σάρρα	ὑπήκουσεν	τῷ	Ἀβραάμ,	κύριον
(a) los	propios	maridos,	como	Sara	obedeció	--	a Abraham	Señor;$_3$
3588	2398	435	5613	4564	5219	3588	11	2962
DDPM	*JDPM*	*NDPM*	*CAM*	*NNSF*	*VAAI3S*	*DDSM*	*NDSM, XP*	*NASM*

αὐτὸν	καλοῦσα·	ἧς	ἐγενήθητε	τέκνα	ἀγαθοποιοῦσαι	καὶ	μὴ
a él$_2$	llamando$_1$	de la cual$_4$	llegasteis a ser$_6$	hijas$_5$	haciendo el bien	y	no
846	2564	3739	1096	5043	15	2532	3361
RP3ASM	*VPAP-SNF*	*RR-GSF*	*VAPI2P*	*NNPN, NAPN*	*VPAP-PNF*	*CLN*	*BN, TN*

φοβούμεναι	μηδεμίαν	πτόησιν.
temiendo	ninguna	amenaza.
5399	3367	4423
VPUP-PNF	*JASF*	*NASF*

7 Οἱ	ἄνδρες	ὁμοίως	συνοικοῦντες	κατὰ	γνῶσιν*,	ὡς
--	Esposos,	igualmente,	conviviendo	conforme a	conocimiento	como$_3$
3588	435	3668	4924	2596	1108	5613
DVPM, DNPM	*NVPM, NNPM*	*B*	*VPAP-PNM*	*P*	*NASF*	*CAM*

ἀσθενεστέρῳ	σκεύει	τῷ	γυναικείῳ	ἀπονέμοντες	τιμήν,	ὡς	καὶ
más frágil$_5$	vaso$_4$	con el$_1$	sexo femenino$_2$	dándole	honor	como	también
772	4632	3588	1134	632	5092	5613	2532
JDSNC	*NDSN*	*DDSN*	*JDSN*	*VPAP-PNM*	*NASF*	*CAM*	*BE, TE*

συγκληρονόμοις	χάριτος	ζωῆς,	εἰς	τὸ	μὴ	ἐγκόπτεσθαι	τὰς
a coherederas	de (la) gracia;	de (la) vida,	para	--$_2$	no$_1$	impedir$_3$	las
4789	5485	2222	1519	3588	3361	1465	3588
JDPM	*NGSF*	*NGSF*	*P*	*DASN*	*BN, TN*	*VPPN*	*DAPF*

προσευχὰς	ὑμῶν.
oraciones	de vosotros.
4335	5216
NAPF	*RP2GP*

8 Τὸ	δὲ	τέλος	πάντες	ὁμόφρονες,	συμπαθεῖς,	φιλάδελφοι,
--$_2$	Y,$_1$	(en) fin,$_3$	todos (sed)	de un mismo sentir,	compasivos,	(con) amor fraternal,
3588	1161	5056	3956	3675	4835	5361
DASN, DNSN	*CLN*	*NASN, NNSN*	*JNPM*	*JNPM*	*JNPM*	*JNPM*

εὔσπλαγχνοι,	⸀ταπεινόφρονες,	9 μὴ	ἀποδιδόντες	κακὸν	ἀντὶ	κακοῦ
misericordiosos,	humildes,	no	devolviendo	mal	por	mal,
2155	5391	3361	591	2556	473	2556
JNPM	*JNPM*	*BN, TN*	*VPAP-PNM*	*JASN*	*P*	*JGSN*

ἢ	λοιδορίαν	ἀντὶ	λοιδορίας	τοὐναντίον	δὲ	⸀εὐλογοῦντες,	ὅτι	εἰς
o	maldición	por	maldición,	por el contrario,$_2$	mas$_1$	bendiciendo,	porque	para
2228	3059	473	3059	5121	1161	2127	3754	1519
CLD	*NASF*	*P*	*NGSF*	*B, DASN*	*CLC*	*VPAP-PNM*	*CAZ*	*P*

τοῦτο	ἐκλήθητε	ἵνα	εὐλογίαν	κληρονομήσητε.	10 ὁ	γὰρ	θέλων
esto	fuisteis llamados	para que	bendición.$_2$	heredaceis$_1$	el que$_2$	Porque$_1$	desea$_3$
5124	2564	2443	2129	2816	3588	1063	2309
RD-ASN	*VAPI2P*	*CAP*	*NASF*	*VAAS2P*	*DNSM*	*CAZ*	*VPAP-SNM*

NVI

lo íntimo del corazón y
consiste en un espíritu
suave y apacible. Esta sí
que tiene mucho valor
delante de Dios. 5 Así se
adornaban en tiempos
antiguos las santas mu-
jeres que esperaban en
Dios, cada una sumisa a
su esposo. 6 Tal es el caso
de Sara, que obedecía a
Abraham y lo llamaba su
señor. Ustedes son hijas
de ella si hacen el bien y
viven sin ningún temor.
7 De igual manera,
ustedes esposos, sean
comprensivos en su vida
conyugal, tratando cada
uno a su esposa con res-
peto, ya que como mujer
es más delicada, y ambos
son herederos del grato
don de la vida. Así nada
estorbará las oraciones
de ustedes.

Sufriendo por hacer el bien

8 En fin, vivan en
armonía los unos con los
otros; compartan penas
y alegrías, practiquen
el amor fraternal, sean
compasivos y humildes.
9 No devuelvan mal por
mal ni insulto por insul-
to; más bien, bendigan,
porque para esto fueron
llamados, para heredar
una bendición. 10 En
efecto,

«el que quiera amar
la vida

3:7* O sea *con comprensión.* 3:8⸀ Manuscritos inferiores tienen *amigables.* 3:9⸀ Manuscritos inferiores aumentaron *sabiendo.*

RVR

Y ver días buenos,
Refrene su lengua
del mal,
Y sus labios no hablen
engaño;
11 Apártese del mal, y
haga el bien;
Busque la paz, y
sígala.
12 Porque los ojos del
Señor están sobre los
justos,
Y sus oídos atentos a
sus oraciones;
Pero el rostro del
Señor está contra
aquellos que hacen
el mal.
13 ¿Y quién es el que os
podrá hacer daño, si
vosotros tenéis celo por
el bien?
14 Pero aun si padecéis
por causa de la justicia,
dichosos sois. Y no os
amedrentéis por temor
a ellos, ni os turbéis,
15 sino santificad a Dios
el Señor en vuestros
corazones, y estad
siempre preparados
para presentar defensa
con mansedumbre y
reverencia ante todo el
que os demande razón
de la esperanza que hay
en vosotros;
16 teniendo buena
conciencia, para que en
lo que murmuran de
vosotros como de mal-
hechores, sean avergon-
zados los que calumnian
vuestra buena conducta
en Cristo.
17 Porque mejor es que
padezcáis haciendo el
bien, si la voluntad de

ζωὴν	ἀγαπᾶν	καὶ	ἰδεῖν	ἡμέρας	ἀγαθὰς	παυσάτω	τὴν	γλῶσσαν	ἀπὸ
la vida$_5$	amar$_4$	y	ver	días	buenos,	refrene	la	lengua	de
2222	25	2532	1492	2250	18	3973	3588	1100	575
NASF	*VPAN*	*CLN*	*VAAN*	*NAPF*	*JAPF*	*VAAM3S*	*DASF*	*NASF*	*P*

κακοῦ	καὶ	χείλη	τοῦ	μὴ	λαλῆσαι	δόλον,	11 ἐκκλινάτω	⌜δὲ	ἀπὸ
mal	y	labios	(de)	no	hablar	engaño,	apártese$_2$	y$_1$	de(l)$_1$
2556	2532	5491	3588	3361	2980	1388	1578	1161	575
JGSN	*CLN*	*NAPN*	*DGSN, DGSM*	*BN, TN*	*VAAN*	*NASM*	*VAAM3S*	*CLN*	*P*

κακοῦ	καὶ	ποιησάτω	ἀγαθόν,	ζητησάτω	εἰρήνην	καὶ	διωξάτω	αὐτήν·
mal	y	haga	(el) bien,	busque	(la) paz	y	siga	a ella;
2556	2532	4160	18	2212	1515	2532	1377	846
JGSN	*CLN*	*VAAM3S*	*JASN*	*VAAM3S*	*NASF*	*CLN*	*VAAM3S*	*RP3ASF*

12 ὅτι	ὀφθαλμοὶ	κυρίου	ἐπὶ	δικαίους	καὶ	ὦτα	αὐτοῦ	εἰς
porque	(los) ojos	de(l) Señor	(están) sobre	(los) justos	y	(los) oídos	de él	en
3754	3788	2962	1909	1342	2532	3775	846	1519
CAZ	*NNPM*	*NGSM*	*P*	*JAPM*	*CLN*	*NNPN*	*RP3GSM*	*P*

δέησιν	αὐτῶν,	πρόσωπον	δὲ	κυρίου	ἐπὶ	ποιοῦντας	κακά.
(la) petición	de ellos,	(el) rostro$_2$	pero$_1$	de(l) Señor	contra	los que hacen	malas cosas.
1162	846	4383	1161	2962	1909	4160	2556
NASF	*RP3GPM*	*NNSN*	*CLC*	*NGSM*	*P*	*VPAP-PAM*	*JAPN*

13 Καὶ	τίς	ὁ	κακώσων	ὑμᾶς	ἐὰν	τοῦ	ἀγαθοῦ	ζηλωταὶ
¿Y	quién	--	hará daño	a vosotros	si	del$_3$	bien?$_4$	celosos$_2$
2532	5101	3588	2559	5209	1437	3588	18	2207
CLN	*RI-NSM*	*DNSM*	*VFAP-SNM*	*RP2AP*	*CAC*	*DGSN, DGSM*	*JGSN*	*NNPM*

γένησθε;	14 ἀλλ᾽	εἰ	καὶ	πάσχοιτε	διὰ	δικαιοσύνην,	μακάριοι.
lleguáis a ser$_1$	pero	si	incluso	sufrís	a causa de	(la) justicia,	(sois) dichosos.
1096	235	1487	2532	3958	1223	1343	3107
VAMS2P	*CLC*	*CAC*	*CLA, B*	*VPAO2P*	*P*	*NASF*	*JNPM*

τὸν	δὲ	φόβον	αὐτῶν	μὴ	φοβηθῆτε	μηδὲ	ταραχθῆτε,	15 κύριον
el$_4$	Pero$_1$	miedo$_5$	de ellos,$_6$	no$_2$	temáis$_3$	ni	(os) turbéis,	(el) Señor$_5$
3588	1161	5401	846	3361	5399	3366	5015	2962
DASM	*CLC*	*NASM*	*RP3GPM*	*BN, TN*	*VAPS2P, VAPM2P*	*TN, CLD*	*VAPS2P*	*NASM*

δὲ	τὸν	⌜Χριστὸν	ἁγιάσατε	ἐν	ταῖς	καρδίαις	ὑμῶν,	ἕτοιμοι	ἀεὶ
y$_1$	a$_3$	Cristo$_4$	santificad$_2$	en	los	corazones	de vosotros,	preparados	siempre
1161	3588	5547	37	1722	3588	2588	5216	2092	104
CLC	*DASM*	*NASM*	*VAAM2P*	*P*	*DDPF*	*NDPF*	*RP2GP*	*JNPM*	*B*

πρὸς	ἀπολογίαν	παντὶ	τῷ	αἰτοῦντι	ὑμᾶς	λόγον	περὶ	τῆς	ἐν
para	defensa	ante todo	el	que pide	a vosotros	razón	acerca de	la	en$_2$
4314	627	3956	3588	154	5209	3056	4012	3588	1722
P	*NASF*	*JDSM*	*DDSM*	*VPAP-SDM*	*RP2AP*	*NASM*	*P*	*DGSF*	*P*

ὑμῖν	ἐλπίδος,	16 ⌜ἀλλὰ	μετὰ	πραΰτητος	καὶ	φόβου,	συνείδησιν
vosotros,$_3$	esperanza$_1$	pero	con	humildad	y	temor,	conciencia,$_3$
5213	1680	235	3326	4240	2532	5401	4893
RP2DP	*NGSF*	*CLC*	*P*	*NGSF*	*CLN*	*NGSM*	*NASF*

ἔχοντες	ἀγαθήν,	ἵνα	ἐν	ᾧ	⌜¹καταλαλεῖσθε	καταισχυνθῶσιν
teniendo$_1$	buena$_2$	para que	en	lo que	sois denunciados	sean avergonzados$_4$
2192	18	2443	1722	3739	2635	2617
VPAP-PNM	*JASF*	*CAP*	*P*	*RR-DSN*	*VPPI2P*	*VAPS3P*

οἱ	ἐπηρεάζοντες	ὑμῶν	τὴν	ἀγαθὴν	ἐν	Χριστῷ	ἀναστροφήν.
los que	injurian$_2$	a vosotros$_3$	la$_5$	buena$_6$	en$_8$	Cristo.$_9$	conducta$_7$
3588	1908	5216	3588	18	1722	5547	391
DNPM	*VPAP-PNM*	*RP2GP*	*DASF*	*JASF*	*P*	*NDSM*	*NASF*

17 κρεῖττον	γὰρ	ἀγαθοποιοῦντας,	εἰ	θέλοι	τὸ	θέλημα	τοῦ
(es) mejor$_2$	Porque$_1$	haciendo el bien,$_4$	si$_5$	quiere$_{10}$	la$_6$	voluntad$_7$	de$_8$
2909	1063	15	1487	2309	3588	2307	3588
JNSN	*CAZ*	*VPAP-PAM*	*CAC*	*VPAO3S*	*DNSN*	*NNSN*	*DGSM*

NVI

y gozar de días felices,
que refrene su lengua
de hablar el mal
y sus labios de profe-
rir engaños;
11 que se aparte del mal
y haga el bien;
que busque la paz y
la siga.

12 Porque los ojos del
Señor están sobre
los justos,
y sus oídos, atentos a
sus oraciones;
pero el rostro del
Señor está contra
los que hacen el
mal».

13 Y a ustedes, ¿quién
les va a hacer daño si
se esfuerzan por hacer
el bien? 14 ¡Dichosos si
sufren por causa de la
justicia! «No teman lo
que ellos temen, ni se
dejen asustar». 15 Más
bien, honren en su
corazón a Cristo como
Señor. Estén siempre
preparados para respon-
der a todo el que les pida
razón de la esperanza
que hay en ustedes.
16 Pero háganlo con
gentileza y respeto, man-
teniendo la conciencia
limpia, para que los que
hablan mal de la buena
conducta de ustedes en
Cristo se avergüencen
de sus calumnias. 17 Si
es la voluntad de Dios,
es preferible sufrir por

3:11⌜ Manuscritos inferiores suprimieron *y*. **3:15**⌜ Manuscritos inferiores tienen *Dios*. **3:16**⌜ Manuscritos inferiores suprimieron *pero*.
3:16⌜¹ Manuscritos inferiores aumentaron *como de malhechores*.

RVR

Dios así lo quiere, que
haciendo el mal.
18 Porque también
Cristo padeció una sola
vez por los pecados, el
justo por los injustos,
para llevarnos a Dios,
siendo a la verdad
muerto en la carne, pero
vivificado en espíritu;
19 en el cual también fue
y predicó a los espíritus
encarcelados,
20 los que en otro
tiempo desobedecie-
ron, cuando una vez
esperaba la paciencia de
Dios en los días de Noé,
mientras se preparaba
el arca, en la cual pocas
personas, es decir, ocho,
fueron salvadas a través
del agua.
21 El bautismo que co-
rresponde a esto ahora
nos salva (no quitando
las inmundicias de
la carne, sino como
respuesta de una buena
conciencia hacia Dios)
por la resurrección de
Jesucristo,
22 quien habiendo
subido al cielo está a
la diestra de Dios; y
a él están sometidos
ángeles, autoridades y
potestades.

Vivir para Dios

4 Por tanto, puesto
que Cristo ha pade-
cido por nosotros en la
carne, vosotros también
armaos del mismo pen-
samiento; pues quien ha
padecido en la carne, ha
roto con el pecado,

θεοῦ,	πάσχειν	ἤ	κακοποιοῦντας.	18 ὅτι	καὶ	Χριστὸς	ἅπαξ	περὶ
Dios$_9$	sufrir$_3$	que	haciendo lo malo.	Porque	también	Cristo	una vez$_2$	por$_3$
2316	3958	2228	2554	3754	2532	5547	530	4012
NGSM	*VPAN*	*CAM*	*VPAP-PAM*	*CAZ*	*BE, TE*	*NNSM*	*B*	*P*

ἁμαρτιῶν	⌜ἔπαθεν,	δίκαιος	ὑπὲρ	ἀδίκων,	ἵνα	ὑμᾶς	προσαγάγῃ
pecados,$_4$	sufrió$_1$	(el) justo	por	(los) injustos,	para que	a vosotros$_2$	lleve$_1$
266	3958	1342	5228	94	2443	5209	4317
NGPF	*VAAI3S*	*JNSM*	*P*	*JGPM*	*CAP*	*RP2AP*	*VAAS3S*

τῷ	θεῷ,	θανατωθεὶς	μὲν	σαρκὶ	ζῳοποιηθεὶς	δὲ
--	a Dios,	habiendo sufrido	ciertamente	en (su) carne,	vivificado$_2$	pero$_1$
3588	2316	2289	3303	4561	2227	1161
DDSM	*NDSM*	*VAPP-SNM, VRPP-SNM*	*TK, C*	*NDSF*	*VAPP-SNM*	*CLK, CLC*

πνεύματι·	19 ἐν	ᾧ	καὶ	τοῖς	ἐν	φυλακῇ	πνεύμασιν	πορευθεὶς
en espíritu;	en	el cual	también	a los$_3$	en$_5$	prisión,$_6$	espíritus$_4$	yendo$_1$
4151	1722	3739	2532	3588	1722	5438	4151	4198
NDSN	*P*	*RR-DSN*	*BE, TE*	*DDPN*	*P*	*NDSF*	*NDPN*	*VAPP-SNM*

ἐκήρυξεν,	20 ἀπειθήσασίν	ποτε	ὅτε	ἀπεξεδέχετο	ἡ	τοῦ	θεοῦ
proclamó$_2$	a los que desobedecieron	en otro tiempo	cuando	esperaba$_5$	la$_1$	--$_3$	de Dios$_4$
2784	544	4218	3753	553	3588	3588	2316
VAAI3S	*VAAP-PDM*	*BX, TX*	*CAT, B*	*VIUI3S*	*DNSF*	*DGSM*	*NGSM*

μακροθυμία	ἐν	ἡμέραις	Νῶε	κατασκευαζομένης	κιβωτοῦ	εἰς
paciencia$_2$	en	(los) días	de Noé	cuando se preparaba	(el) arca,	en
3115	1722	2250	3575	2680	2787	1519
NNSF	*P*	*NDPF*	*NGSM, XP*	*VPPP-SGF*	*NGSF*	*P*

ἣν	ὀλίγοι,	τοῦτ᾽	ἔστιν	ὀκτὼ	ψυχαί,	διεσώθησαν	δι᾽	ὕδατος.
la cual	pocos,	esto	es	ocho	personas,	fueron salvadas	por medio de	agua.
3739	3641	5124	2076	3638	5590	1295	1223	5204
RR-ASF	*JNPM*	*RD-NSN*	*VPAI3S*	*XN, J*	*NNPF*	*VAPI3P*	*P*	*NGSN*

21 ὃ	καὶ	ὑμᾶς	ἀντίτυπον	νῦν	σῴζει	βάπτισμα,	οὐ	σαρκὸς
Lo que	también	a vosotros$_5$	representa$_1$	ahora$_3$	salva,$_4$	bautismo$_2$	no$_6$	de carne$_9$
3739	2532	5209	499	3568	4982	908	3756	4561
RR-NSN	*BE, TE*	*RP2AP*	*JNSN*	*B*	*VPAI3S*	*NNSN*	*CLK, TN, B*	*NGSF*

ἀπόθεσις	ῥύπου	ἀλλὰ	συνειδήσεως	ἀγαθῆς	ἐπερώτημα	εἰς	θεόν,
como quitando$_7$	suciedad$_8$	sino$_{10}$	conciencia$_{15}$	de buena$_{14}$	(una) promesa$_{11}$	a$_{12}$	Dios,$_{13}$
595	4509	235	4893	18	1906	1519	2316
NNSF	*NGSM*	*CLK, CLC*	*NGSF*	*JGSF*	*NNSN*	*P*	*NASM*

δι᾽	ἀναστάσεως	Ἰησοῦ	Χριστοῦ,	22 ὅς	ἐστιν	ἐν	δεξιᾷ	θεοῦ
por medio de	(la) resurrección	de Jesús	Cristo,	quien	está	a	(la) derecha	de Dios,
1223	386	2424	5547	3739	2076	1722	1188	2316
P	*NGSF*	*NGSM*	*NGSM*	*RR-NSM*	*VPAI3S*	*P*	*JDSF*	*NGSM*

πορευθεὶς	εἰς	οὐρανὸν	ὑποταγέντων	αὐτῷ	ἀγγέλων	καὶ	ἐξουσιῶν	καὶ
habiendo ido	a	(el) cielo,	estando sometidos	a él	ángeles	y	autoridades	y
4198	1519	3772	5293	846	32	2532	1849	2532
VAPP-SNM	*P*	*NASM*	*VAPP-PGM*	*RP3DSM*	*NGPM*	*CLN*	*NGPF*	*CLN*

δυνάμεων.
poderes.
1411
NGPF

4 Χριστοῦ	οὖν	⌜παθόντος	σαρκὶ	καὶ	ὑμεῖς	τὴν
Cristo$_2$	así que$_1$	habiendo sufrido$_3$	en (la) carne,$_4$	también$_5$	vosotros$_6$	con el$_8$
5547	3767	3958	4561	2532	5210	3588
NGSM	*CLI*	*VAAP-SGM*	*NDSF*	*BE, TE*	*RP2NP*	*DASF*

αὐτὴν	ἔννοιαν	ὁπλίσασθε,	ὅτι	ὁ	παθὼν	σαρκὶ	πέπαυται
mismo$_9$	pensar,$_{10}$	armaos$_7$	porque	el	que sufrió	en (la) carne,	ha roto
846	1771	3695	3754	3588	3958	4561	3973
RP3ASFA, JASF	*NASF*	*VAMM2P*	*CAZ*	*DNSM*	*VAAP-SNM*	*NDSF*	*VRPI3S*

NVI

hacer el bien que por
hacer el mal.
18 Porque Cristo
murió por los pecados
una vez por todas, el
justo por los injustos, a
fin de llevarlos a ustedes
a Dios. Él sufrió la
muerte en su cuerpo,
pero el Espíritu hizo que
volviera a la vida. 19 Por
medio del Espíritu fue
y predicó a los espíritus
encarcelados, 20 que en
los tiempos antiguos, en
los días de Noé, desobe-
decieron, cuando Dios
esperaba con paciencia
mientras se construía el
arca. En ella solo pocas
personas, ocho en total,
se salvaron mediante el
agua, 21 la cual simboliza
el bautismo que ahora
los salva también a
ustedes. El bautismo no
consiste en la limpieza
del cuerpo, sino en el
compromiso de tener
una buena conciencia
delante de Dios. Esta
salvación es posible
por la resurrección de
Jesucristo, 22 quien subió
al cielo y tomó su lugar
a la derecha de Dios, y a
quien están sometidos
los ángeles, las autorida-
des y los poderes.

Viviendo el ejemplo de Cristo

4 Por tanto, ya que
Cristo sufrió en el
cuerpo, asuman también
ustedes la misma actitud;
porque el que ha sufrido
en el cuerpo ha roto con

4:1⌜ Manuscritos inferiores aumentaron *por nosotros.*

RVR

2para no vivir el
tiempo que resta en la
carne, conforme a las
concupiscencias de los
hombres, sino conforme
a la voluntad de Dios.
3Basta ya el tiempo pasa-
do para haber hecho lo
que agrada a los gentiles,
habiendo andado en las-
civias, concupiscencias,
embriagueces, orgías,
excesos y abominables
idolatrías.
4En lo cual se extrañan
de que vosotros no
corráis con ellos hacia
el mismo desenfreno de
disolución, y os ultrajan;
5pero ellos darán cuenta
al que está preparado
para juzgar a vivos y
muertos.
6Porque con este fin fue
predicado el evangelio
aun a los que están
muertos, para que,
juzgados en carne según
los hombres, vivan en
espíritu según Dios.
7Mas el fin de todas
las cosas se acerca; sed,
pues, sensatos y man-
teneos sobrios para la
oración.
8Y, ante todo, tened
entre vosotros ferviente
amor; porque el amor
cubrirá multitud de
pecados.
9Hospedaos los unos a
los otros sin murmura-
ciones.
10Cada uno según el
don que ha recibido,

ἁμαρτίας,	2 εἰς	τὸ	μηκέτι	ἀνθρώπων	ἐπιθυμίαις	ἀλλὰ	θελήματι
(con el) pecado,	para$_2$	--	ya no$_7$	humanos$_8$	deseos malos$_9$	sino$_{10}$	en (la) voluntad$_{11}$
266	1519	3588	3371	444	1939	235	2307
NGSF	*P*	*DASN*	*BN*	*NGPM*	*NDPF*	*CLC*	*NDSN*

θεοῦ	τὸν	ἐπίλοιπον	ἐν	σαρκὶ	βιῶσαι	χρόνον.	3 ἀρκετὸς	γὰρ
de Dios.$_{12}$	el	restante$_3$	en$_5$	(la) carne$_6$	vivir$_1$	tiempo (que queda)$_4$	suficiente$_2$	porque$_1$
2316	3588	1954	1722	4561	980	5550	713	1063
NGSM	*DASM*	*JASM*	*P*	*NDSF*	*VAAN*	*NASM*	*JNSM*	*CAZ*

ὁ	παρεληλυθὼς	χρόνος	τὸ	βούλημα	τῶν	ἐθνῶν	κατειργάσθαι*,
el$_2$	pasado$_4$	tiempo$_3$	la$_7$	voluntad$_8$	de los$_9$	gentiles$_{10}$	obrar$_6$
3588	3928	5550	3588	1013	3588	1484	2716
DNSM	*VRAP-SNM*	*NNSM*	*DASN*	*NASN*	*DGPN*	*NGPN*	*VRUN*

πεπορευμένους	ἐν	ἀσελγείαις,	ἐπιθυμίαις,	οἰνοφλυγίαις,	κώμοις,
habiendo andado	en	libertinaje,	deseos malos,	embriagueces,	orgías,
4198	1722	766	1939	3632	2970
VRUP-PAM	*P*	*NDPF*	*NDPF*	*NDPF*	*NDPM*

πότοις,	καὶ	ἀθεμίτοις	εἰδωλολατρίαις.	4 ἐν	ᾧ	ξενίζονται	μὴ
excesos de bebida	e	repugnantes.$_2$	idolatrías$_1$	en	lo cual	se extrañan	no$_2$
4224	2532	111	1495	1722	3739	3579	3361
NDPM	*CLN*	*JDPF*	*NDPF*	*P*	*RR-DSN*	*VPPI3P*	*BN, TN*

συντρεχόντων	ὑμῶν	εἰς	τὴν	αὐτὴν	τῆς	ἀσωτίας	ἀνάχυσιν,
corráis con (ellos)$_3$	a vosotros$_1$	en	la	misma	de$_2$	desilusión$_3$	desenfreno$_1$
4936	5216	1519	3588	846	3588	810	401
VPAP-PGM	*RP2GP*	*P*	*DASF*	*RP3ASFA, JASF*	*DGSF*	*NGSF*	*NASF*

βλασφημοῦντες·	5 οἳ	ἀποδώσουσιν	λόγον	τῷ	ἑτοίμως
difamando;	los cuales	darán	cuenta	al que	preparado$_2$
987	3739	591	3056	3588	2093
VPAP-PNM	*RR-NPM*	*VFAI3P*	*NASM*	*DDSM*	*B*

ἔχοντι	κρῖναι	ζῶντας	καὶ	νεκρούς·	6 εἰς	τοῦτο	γὰρ	καὶ	νεκροῖς
teniendo	para juzgar	a los vivos	y	muertos.	para$_2$	esto$_3$	Porque$_1$	también$_4$	a muertos,$_6$
2192	2919	2198	2532	3498	1519	5124	1063	2532	3498
VPAP-SDM	*VAAN*	*VPAP-PAM*	*CLN*	*JAPM*	*P*	*RD-ASN*	*CLI*	*CLA, B*	*JDPM*

εὐηγγελίσθη	ἵνα	κριθῶσι	μὲν	κατὰ	ἀνθρώπους
fue anunciado el evangelio$_5$	para que$_7$	sean juzgados$_9$	ciertamente$_8$	conforme a	(los) seres humanos
2097	2443	2919	3303	2596	444
VAPI3S	*CAP*	*VAPS3P*	*TK, C*	*P*	*NAPM*

σαρκὶ	ζῶσι	δὲ	κατὰ	θεὸν	πνεύματι.
en (la) carne,	vivan$_2$	pero$_1$	conforme a	Dios	en espíritu.
4561	2198	1161	2596	2316	4151
NDSF	*VPAS3P*	*CLK, CLC*	*P*	*NASM*	*NDSN*

7 Πάντων	δὲ	τὸ	τέλος	ἤγγικεν.	σωφρονήσατε	οὖν	καὶ	νήψατε
de todo$_4$	Pero$_1$	el$_2$	fin$_3$	se ha acercado.	Sed sensatos,	pues,	y	sed sobrios
3956	1161	3588	5056	1448	4993	3767	2532	3525
JGPN	*CLT*	*DNSN*	*NNSN*	*VRAI3S*	*VAAM2P*	*CLI*	*CLN*	*VAAM2P*

εἰς	προσευχάς·	8 πρὸ	πάντων	τὴν	εἰς	ἑαυτοὺς	ἀγάπην	ἐκτενῆ
en	oraciones;	antes de	todo,	el$_2$	para$_5$	vosotros mismos$_6$	amor$_3$	continuamente$_4$
1519	4335	4253	3956	3588	1519	1438	26	1618
P	*NAPF*	*P*	*JGPM*	*DASF*	*P*	*RF2APM*	*NASF*	*JASF*

ἔχοντες,	ὅτι	ἀγάπη	καλύπτει	πλῆθος	ἁμαρτιῶν·	9 φιλόξενοι	εἰς
teniendo$_1$	porque	(el) amor	cubre	multitud	de pecados;	sed hospedadores	--
2192	3754	26	2572	4128	266	5382	1519
VPAP-PNM	*CAZ*	*NNSF*	*VPAI3S*	*NASM*	*NGPF*	*JNPM*	*P*

ἀλλήλους	ἄνευ	γογγυσμοῦ·	10 ἕκαστος	καθὼς	ἔλαβεν	χάρισμα,	εἰς
unos a otros	sin	queja;	cada uno$_2$	tal como$_1$	recibió$_3$	un don,$_4$	para$_7$
240	427	1112	1538	2531	2983	5486	1519
RC-APM	*P*	*NGSM*	*JNSM*	*CAM*	*VAAI3S*	*NASN*	*P*

NVI

el pecado, 2para vivir el
resto de su vida terrenal
no satisfaciendo sus
pasiones humanas, sino
cumpliendo la voluntad
de Dios. 3Pues ya basta
con el tiempo que han
desperdiciado haciendo
lo que agrada a los
incrédulos, entregados
al desenfreno, a las pa-
siones, a las borracheras,
a las orgías, a las pa-
rrandas y a las idolatrías
abominables. 4A ellos
les parece extraño que
ustedes ya no corran
con ellos en ese mismo
desbordamiento de
inmoralidad, y por eso
los insultan. 5Pero ellos
tendrán que rendirle
cuentas a aquel que está
preparado para juzgar a
los vivos y a los muertos.
6Por esto también se les
predicó el evangelio aun
a los muertos, para que,
a pesar de haber sido
juzgados según criterios
humanos en lo que
atañe al cuerpo, vivan
conforme a Dios en lo
que atañe al espíritu.
7Ya se acerca el fin
de todas las cosas. Así
que, para orar bien,
manténganse sobrios y
con la mente despejada.
8Sobre todo, ámense
los unos a los otros
profundamente, porque
el amor cubre multitud
de pecados. 9Practiquen
la hospitalidad entre
ustedes sin quejarse.
10Cada uno ponga al
servicio de los demás el

4:3* O sea *hacer lo que los gentiles desean hacer.*

RVR

minístrelo a los otros,
como buenos adminis-
tradores de la multifor-
me gracia de Dios.
11 Si alguno habla, que
hable como si fuesen
palabras de Dios; si
alguno ministra, que
lo haga en virtud de la
fuerza que Dios sumi-
nistra, para que en todo
sea Dios glorificado
mediante Jesucristo,
a quien pertenecen la
gloria y el dominio por
los siglos de los siglos.
Amén.

Padeciendo como cristianos

12 Amados, no os sor-
prendáis de la hoguera
que ha prendido en
medio de vosotros para
probaros, como si os
aconteciese alguna cosa
extraña,
13 sino gozaos por cuan-
to sois participantes de
los padecimientos de
Cristo, para que tam-
bién en la revelación de
su gloria os gocéis con
gran alegría.
14 Si sois vituperados
por el nombre de
Cristo, sois dichosos,
porque el Espíritu
de gloria y de Dios
reposa sobre vosotros.
Ciertamente, de parte
de ellos, él es blasfema-
do, pero en cuanto a
vosotros es glorificado.
15 Porque ninguno de
vosotros tenga que pa-
decer como homicida,
o ladrón, o malhechor,

ἑαυτοὺς	αὐτὸ	διακονοῦντες	ὡς	καλοὶ	οἰκονόμοι	ποικίλης	χάριτος
sí mismo.$_{8}$	este$_{5}$	administrando$_{6}$	como	buenos	administradores	de (la) multiforme	gracia
1438	846	1247	5613	2570	3623	4164	5485
RF3APM	*RP3ASN*	*VPAP-PNM*	*CAM*	*JNPM, JNPF*	*NNPM*	*JGSF*	*NGSF*

θεοῦ·	11 εἴ	τις	λαλεῖ,	ὡς	λόγια	θεοῦ·	εἴ	τις	διακονεῖ,	ὡς	ἐξ
de Dios.	si	alguno	habla,	como	oráculos	de Dios;	si	alguno	sirve,	como	por
2316	1487	5100	2980	5613	3051	2316	1487	5100	1247	5613	1537
NGSM	*CAC*	*RX-NSM*	*VPAI3S*	*CAM*	*NAPN*	*NGSM*	*CAC*	*RX-NSM*	*VPAI3S*	*CAM*	*P*

ἰσχύος	ἧς	χορηγεῖ	ὁ	θεός·	ἵνα	ἐν	πᾶσιν	δοξάζηται	ὁ	θεὸς
(la) fuerza	que	da;$_{3}$	--$_{1}$	Dios$_{2}$	para que$_{4}$	en$_{8}$	todo$_{9}$	sea glorificado$_{4}$	--$_{5}$	Dios$_{6}$
2479	3739	5524	3588	2316	2443	1722	3956	1392	3588	2316
NGSF	*RR-GSF*	*VPAI3S*	*DNSM*	*NNSM*	*CAP*	*P*	*JDPN*	*VPPS3S*	*DNSM*	*NNSM*

διὰ	Ἰησοῦ	Χριστοῦ,	ᾧ	ἐστιν	ἡ	δόξα	καὶ	τὸ	κράτος	εἰς
por medio de	Jesús	Cristo,	la que	es	la	gloria	y	el	poder	por
1223	2424	5547	3739	2076	3588	1391	2532	3588	2904	1519
P	*NGSM*	*NGSM*	*RR-DSM*	*VPAI3S*	*DNSF*	*NNSF*	*CLN*	*DNSN*	*NNSN*	*P*

τοὺς	αἰῶνας	τῶν	αἰώνων·	ἀμήν.
los	siglos	de los	siglos.	Amén.
3588	165	3588	165	281
DAPM	*NAPM*	*DGPM*	*NGPM*	*I, XF*

12 Ἀγαπητοί,	μὴ	ξενίζεσθε	τῇ	ἐν	ὑμῖν	πυρώσει	πρὸς
Amados,	no	os sorprendáis	la que$_{2}$	entre$_{4}$	vosotros$_{5}$	prueba dolorosa$_{1}$	para$_{6}$
27	3361	3579	3588	1722	5213	4451	4314
JVPM	*BN, TN*	*VPPM2P*	*DDSF*	*P*	*RP2DP*	*NDSF*	*P*

πειρασμὸν	ὑμῖν	γινομένῃ	ὡς	ξένου	ὑμῖν	συμβαίνοντος,
prueba$_{7}$	a vosotros,$_{8}$	está ocurriendo$_{3}$	como$_{9}$	(algo) extraño$_{11}$	a vosotros$_{12}$	sucediendo,$_{10}$
3986	5213	1096	5613	3581	5213	4819
NASM	*RP2DP*	*VPUP-SDF*	*CAM*	*JGSN*	*RP2DP*	*VPAP-SGN*

13 ἀλλὰ	καθὸ	κοινωνεῖτε	τοῖς	τοῦ	Χριστοῦ	παθήμασιν	χαίρετε,	ἵνα
sino$_{1}$	tal como$_{3}$	sois partícipes$_{4}$	en los$_{5}$	--$_{7}$	(de) Cristo,$_{8}$	sufrimientos$_{6}$	gozaos$_{2}$	para que
235	2526	2841	3588	3588	5547	3804	5463	2443
CLC	*CAM*	*VPAI2P*	*DDPN*	*DGSM*	*NGSM*	*NDPN*	*VPAM2P*	*CAP*

καὶ	ἐν	τῇ	ἀποκαλύψει	τῆς	δόξης	αὐτοῦ	χαρῆτε	ἀγαλλιώμενοι.
también	en	la	revelación	de la	gloria	de él	os gocéis	alegrándoos mucho.
2532	1722	3588	602	3588	1391	846	5463	21
BE, TE	*P*	*DDSF*	*NDSF*	*DGSF*	*NGSF*	*RP3GSM*	*VAPS2P*	*VPUP-PNM*

14 εἰ	ὀνειδίζεσθε	ἐν	ὀνόματι	Χριστοῦ,	μακάριοι,	ὅτι	τὸ	τῆς
si	sois insultados	por	(el) nombre	de Cristo,	bienaventurados,	porque	el	--$_{2}$
1487	3679	1722	3686	5547	3107	3754	3588	3588
CAC	*VPPI2P*	*P*	*NDSN*	*NGSM*	*JNPM*	*CAZ*	*DNSN*	*DGSF*

δόξης	καὶ	τὸ	τοῦ	θεοῦ	πνεῦμα	ἐφ᾽	ὑμᾶς	⸀ἀναπαύεται.	15 μὴ
de gloria$_{3}$	y$_{4}$	el$_{5}$	--$_{6}$	de Dios$_{7}$	Espíritu$_{1}$	sobre$_{8}$	vosotros.$_{9}$	reposa$_{7}$	no$_{2}$
1391	2532	3588	3588	2316	4151	1909	5209	373	3361
NGSF	*CLN*	*DNSN*	*DGSM*	*NGSM*	*NNSN*	*P*	*RP2AP*	*VPMI3S*	*BN,TN*

γάρ	τις	ὑμῶν	πασχέτω	ὡς	φονεὺς	ἢ	κλέπτης	ἢ	κακοποιὸς
Porque$_{1}$	alguno	de vosotros	sufra	como	homicida	o	ladrón	o	malhechor
1063	5100	5216	3958	5613	5406	2228	2812	2228	2555
CLX	*RX-NSM*	*RP2GP*	*VPAM3S*	*CAM, B*	*NNSM*	*CLD*	*NNSM*	*CLD*	*JNSM, NNSM*

NVI

don que haya recibido,
administrando fiel-
mente la gracia de Dios
en sus diversas formas.
11 El que habla, hágalo
como quien expresa
las palabras mismas de
Dios; el que presta algún
servicio, hágalo como
quien tiene el poder de
Dios. Así Dios será en
todo alabado por medio
de Jesucristo, a quien sea
la gloria y el poder por
los siglos de los siglos.
Amén.

Sufriendo por seguir a Cristo

12 Queridos herma-
nos, no se extrañen del
fuego de la prueba que
están soportando, como
si fuera algo insólito.
13 Al contrario, alégrense
de tener parte en los
sufrimientos de Cristo,
para que también sea
inmensa su alegría
cuando se revele la gloria
de Cristo. 14 Dichosos
ustedes si los insultan
por causa del nombre
de Cristo, porque el glo-
rioso Espíritu de Dios
reposa sobre ustedes.
15 Que ninguno tenga
que sufrir por asesino,
ladrón o delincuente, ni

4:14⸀ Manuscritos inferiores aumentaron *ciertamente de parte de ellos, él es blasfemado, pero por vosotros es glorificado.*

RVR

o por entremeterse en
lo ajeno;
16 pero si alguno padece
como cristiano, no se
avergüence, sino glorifi-
que a Dios por ello.
17 Porque es tiempo de
que el juicio comience
por la casa de Dios; y si
primero comienza por
nosotros, ¿cuál será el
fin de aquellos que des-
obedecen al evangelio
de Dios?
18 Y:
Si el justo con dificul-
tad se salva,
¿En dónde aparecerá el
impío y el pecador?
19 De modo que los
que padecen según la
voluntad de Dios, en-
comienden sus almas al
fiel Creador, haciendo
el bien.

Apacentad la grey de Dios

5 Ruego a los ancia-
nos que están entre
vosotros, yo anciano
también con ellos, y
testigo de los padeci-
mientos de Cristo, que
soy también participan-
te de la gloria que ha de
ser revelada:
2 Pastoread la grey de
Dios que está entre
vosotros, cuidando de
ella, no forzados, sino
voluntariamente; no
por ganancia desho-
nesta, sino con ánimo
pronto;
3 ni como teniendo
señorío sobre los que
están a vuestro cuidado,

ἢ ὡς ἀλλοτριεπίσκοπος· 16 εἰ δὲ ὡς Χριστιανός, μὴ
o como entrometido; si$_2$ pero$_1$ como cristiano, no
2228 5613 244 1487 1161 5613 5546 3361
CLD CAM, B NNSM CAC CLC CAM, B NNSM BN, TN

αἰσχυνέσθω, δοξαζέτω δὲ τὸν θεὸν ἐν τῷ ⸀ὀνόματι τούτῳ. 17 ὅτι
se avergüence, glorifique$_2$ sino$_1$ -- a Dios por el nombre.$_2$ este$_1$ Porque
153 1392 1161 3588 2316 1722 3588 3686 5129 3754
VPPM3S VPAM3S CLC DASM NASM P DDSN NDSN RD-DSN CAZ

ὁ καιρὸς τοῦ ἄρξασθαι τὸ κρίμα ἀπὸ τοῦ οἴκου τοῦ
el momento oportuno (para) comenzar el juicio de la casa --
3588 2540 3588 756 3588 2917 575 3588 3624 3588
DNSM NNSM DGSN, DGSM VAMN DASN NASN P DGSM NGSM DGSM

θεοῦ· εἰ δὲ πρῶτον ἀφ' ἡμῶν, τί τὸ τέλος τῶν ἀπειθούντων
de Dios; si$_2$ pero$_1$ primero de nosotros, ¿cuál (es)el fin de los que desobedecen
2316 1487 1161 4412 575 2257 5101 3588 5056 3588 544
NGSM CAC CLN B, J P RP1GP RI-NSN DNSN NNSN DGPM VPAP-PGM

τῷ τοῦ θεοῦ εὐαγγελίῳ; 18 καὶ εἰ ὁ δίκαιος μόλις
el$_1$ --$_3$ de Dios?$_4$ evangelio$_2$ y si el justo con dificultad$_2$
3588 3588 2316 2098 2532 1487 3588 1342 3433
DDSN DGSM NGSM NDSN CLN CAC DNSM JNSM B

σῴζεται, ὁ ἀσεβὴς καὶ ἁμαρτωλὸς ποῦ φανεῖται*; 19 ὥστε
se salva$_1$ el$_5$ impío$_6$ y$_7$ pecador?$_8$ ¿dónde$_3$ aparecerá$_4$ De modo que
4982 3588 765 2532 268 4226 5316 5620
VPPI3S DNSM JNSM CLN JNSM BI VFMI3S CLI

καὶ οἱ πάσχοντες κατὰ τὸ θέλημα τοῦ θεοῦ πιστῷ κτίστῃ
también los que sufren conforme a la voluntad -- de Dios, a (l) fiel$_5$ creador$_6$
2532 3588 3958 2596 3588 2307 3588 2316 4103 2939
BE, TE DNPM VPAP-PNM P DASN NASN DGSM NGSM JDSM NDSM

παρατιθέσθωσαν τὰς ψυχὰς αὐτῶν ἐν ἀγαθοποιΐᾳ.
entreguen$_1$ las$_2$ vidas$_3$ de ellos$_4$ con buenas obras.
3908 3588 5590 846 1722 16
VPMM3P, VPPM3P DAPF NAPF RP3GPM P NDSF

5 Πρεσβυτέρους οὖν ἐν ὑμῖν παρακαλῶ ὁ
a (los) ancianos$_{18}$ Así que$_1$ entre$_{19}$ vosotros$_{20}$ exhorto$_{17}$ el$_2$
4245 3767 1722 5213 3870 3588
JAPM CLI P RP2DP VPAI1S DNSM

συμπρεσβύτερος καὶ μάρτυς τῶν τοῦ Χριστοῦ παθημάτων, ὁ
también anciano$_3$ y$_4$ testigo$_5$ de los$_6$ --$_8$ de Cristo$_9$ sufrimientos$_7$ el$_{10}$
4850 2532 3144 3588 3588 5547 3804 3588
NNSM CLN NNSM DGPN DGSM NGSM NGPN DNSM

καὶ τῆς μελλούσης ἀποκαλύπτεσθαι δόξης κοινωνός, 2 ποιμάνατε
también$_{11}$ de la$_{13}$ venidera$_{15}$ a ser revelada$_{16}$ gloria$_{14}$ partícipe$_{12}$ pastoread
2532 3588 3195 601 1391 2844 4165
BE, TE DGSF VPAP-SGF VPPN NGSF NNSM VAAM2P

τὸ ἐν ὑμῖν ποίμνιον τοῦ θεοῦ, ἐπισκοποῦντες μὴ ἀναγκαστῶς
el entre$_4$ vosotros$_5$ rebaño$_1$ --$_2$ de Dios$_3$ vigilando no por obligación
3588 1722 5213 4168 3588 2316 1983 3361 317
DASN P RP2DP NASN DGSM NGSM VPAP-PNM BN, TN B

ἀλλὰ ἑκουσίως ⸂κατὰ θεόν⸃, μηδὲ αἰσχροκερδῶς ἀλλὰ προθύμως,
sino voluntariamente conforme a Dios, ni codiciosamente sino de buena gana,
235 1596 2596 2316 3366 147 235 4290
CLC B P NASM BN, TN B CLC B

3 μηδ' ὡς κατακυριεύοντες τῶν κλήρων* ἀλλὰ τύποι γινόμενοι
ni como dominando las responsabilidades, sino ejemplos$_2$ llegando a ser$_1$
3366 5613 2634 3588 2819 235 5179 1096
BN, TN CAM VPAP-PNM DGPM NGPM CLC NNPM VPUP-PNM

NVI

siquiera por entrometido.
16 Pero, si alguien sufre
por ser cristiano, que no
se avergüence, sino que
alabe a Dios por llevar
el nombre de Cristo.
17 Porque es tiempo de
que el juicio comience
por la familia de Dios;
y, si comienza por
nosotros, ¡cuál no será el
fin de los que se rebelan
contra el evangelio de
Dios!

18 «Si el justo a duras
penas se salva,
¿qué será del impío y
del pecador?»

19 Así pues, los que
sufren según la voluntad
de Dios, entréguense a
su fiel Creador y sigan
practicando el bien.

Exhortación a los ancianos y a los jóvenes

5 A los ancianos que
están entre ustedes,
yo, que soy anciano
como ellos, testigo de los
sufrimientos de Cristo
y partícipe con ellos de
la gloria que se ha de
revelar, les ruego esto:
2 cuiden como pastores
el rebaño de Dios que
está a su cargo, no por
obligación ni por am-
bición de dinero, sino
con afán de servir, como
Dios quiere. 3 No sean
tiranos con los que están
a su cuidado, sino sean

4:16⸀ Manuscritos inferiores tienen *por ello.* **4:18*** O sea *¿qué va a pasar con el impío y pecador?* **5:2**⸂⸃ Manuscritos inferiores suprimieron *conforme a Dios.* **5:3*** O sea *los que están bajo vuestra responsabilidad.*

RVR

sino siendo ejemplos de
la grey.
4 Y cuando aparezca el
Príncipe de los pastores,
recibiréis la corona inco-
rruptible de gloria.
5 Igualmente, los más jó-
venes, estad sujetos a los
más ancianos; y todos,
sumisos unos a otros,
revestíos de humildad;
porque:

Dios resiste a los
soberbios,
Y da gracia a los
humildes.

6 Humillaos, pues, bajo
la poderosa mano de
Dios, para que él os
exalte a su tiempo;
7 echando toda vuestra
ansiedad sobre él, por-
que él tiene cuidado de
vosotros.
8 Sed sobrios, y velad;
porque vuestro adver-
sario el diablo, como
león rugiente, anda
alrededor buscando a
quien devorar;
9 al cual resistid firmes
en la fe, sabiendo que
los mismos padecimien-
tos se van cumpliendo
en vuestros hermanos
en todo el mundo.
10 Mas el Dios de toda
gracia, que nos llamó
a su gloria eterna en
Jesucristo, después
que hayáis padecido
un poco de tiempo, él
mismo os perfeccione,
afiance, fortalezca y
establezca.
11 A él sea la gloria y el
dominio por los siglos
de los siglos. Amén.

τοῦ	ποιμνίου·	4 καὶ	φανερωθέντος	τοῦ	ἀρχιποίμενος	κομιεῖσθε
del	rebaño;	y	cuando aparezca	el	príncipe de los pastores	recibiréis
3588	4168	2532	5319	3588	750	2865
DGSN	*NGSN*	*CLN*	*VAPP-SGM*	*DGSM*	*NGSM*	*VFMI2P*

τὸν	ἀμαράντινον	τῆς	δόξης	στέφανον.	5 ὁμοίως,	νεώτεροι,
la	incorruptible$_2$	--$_3$	de gloria.$_4$	corona$_1$	Igualmente,	jóvenes,
3588	262	3588	1391	4735	3668	3501
DASM	*JASM*	*DGSF*	*NGSF*	*NASM*	*B*	*JVPMC, JNPMC*

ὑποτάγητε	πρεσβυτέροις.	πάντες	δὲ	⌜ἀλλήλοις	τὴν	ταπεινοφροσύνην
someteos	a (los) ancianos;	todos$_2$	y$_1$	unos a otros	--$_2$	con humildad,$_3$
5293	4245	3956	1161	240	3588	5012
VAPM2P	*JDPM*	*JNPM*	*CLN*	*RC-DPM*	*DASF*	*NASF*

ἐγκομβώσασθε,	ὅτι	Ὁ	θεὸς	ὑπερηφάνοις	ἀντιτάσσεται	ταπεινοῖς
vestíos$_1$	porque$_4$	--$_5$	Dios$_6$	a (los) arrogantes$_8$	resiste$_7$	a (los) humildes.$_{12}$
1463	3754	3588	2316	5244	498	5011
VAMM2P	*CAZ*	*DNSM*	*NNSM*	*JDPM*	*VPMI3S*	*JDPM*

δὲ	δίδωσιν	χάριν.	6 Ταπεινώθητε	οὖν	ὑπὸ	τὴν	κραταιὰν	χεῖρα	τοῦ
pero$_9$	da$_{10}$	gracia$_{11}$	Humillaos,	pues,	bajo	la	poderosa	mano	de
1161	1325	5485	5013	3767	5259	3588	2900	5495	3588
CLC	*VPAI3S*	*NASF*	*VAPM2P*	*CLI*	*P*	*DASF*	*JASF*	*NASF*	*DGSM*

θεοῦ,	ἵνα	ὑμᾶς	ὑψώσῃ	ἐν	καιρῷ,	7 πᾶσαν	τὴν	μέριμναν
Dios,	para que	a vosotros$_2$	exalte$_1$	en	(un) tiempo oportuno,	toda$_2$	la$_3$	ansiedad$_4$
2316	2443	5209	5312	1722	2540	3956	3588	3308
NGSM	*CAP*	*RP2AP*	*VAAS3S*	*P*	*NDSM*	*JASF*	*DASF*	*NASF*

ὑμῶν	ἐπιρίψαντες	ἐπ᾽	αὐτόν,	ὅτι	αὐτῷ	μέλει	περὶ	ὑμῶν.
de vosotros$_5$	echando$_1$	sobre	él	porque	a él	le preocupa	de	vosotros.
5216	1977	1909	846	3754	846	3199	4012	5216
RP2GP	*VAAP-PNM*	*P*	*RP3ASM*	*CAZ*	*RP3DSM*	*VPAI3S*	*P*	*RP2GP*

8 νήψατε,	γρηγορήσατε.	ὁ	ἀντίδικος	ὑμῶν	διάβολος	ὡς	λέων
Sed sobrios,	velad.	El	adversario	de vosotros,	(el) diablo,	como$_2$	león$_3$
3525	1127	3588	476	5216	1228	5613	3023
VAAM2P	*VAAM2P*	*DNSM*	*NNSM*	*RP2GP*	*JNSM*	*CAM*	*NNSM*

ὠρυόμενος	περιπατεῖ	ζητῶν	τινα	καταπιεῖν·	9 ᾧ	ἀντίστητε
que ruge$_4$	anda$_1$	buscando	alguno	para devorar;	al cual	resistid
5612	4043	2212	5101	2666	3739	436
VPUP-SNM	*VPAI3S*	*VPAP-SNM*	*RI-ASM*	*VAAN*	*RR-DSM*	*VAAM2P*

στερεοὶ	τῇ	πίστει,	εἰδότες	τὰ	αὐτὰ	τῶν	παθημάτων	τῇ
firmes	en la	fe,	sabiendo	(que) los	mismos	--	sufrimientos	la$_2$
4731	3588	4102	1492	3588	846	3588	3804	3588
JNPM, JNPF	*DDSF*	*NDSF*	*VRAP-PNM*	*DAPN, DNPN*	*RP3APN, JAPN*	*DGPN*	*NGPN*	*DDSF*

ἐν	τῷ	κόσμῳ	ὑμῶν	ἀδελφότητι	ἐπιτελεῖσθαι.	10 ὁ	δὲ	θεὸς
en$_4$	el$_5$	mundo.$_6$	de vosotros$_3$	hermandad$_3$	lleva acabo$_1$	el$_2$	Y$_1$	Dios
1722	3588	2889	5216	81	2005	3588	1161	2316
P	*DDSM*	*NDSM*	*RP2GP*	*NDSF*	*VPPN*	*DNSM*	*CLN*	*NNSM*

πάσης	χάριτος,	ὁ	καλέσας	ὑμᾶς	εἰς	τὴν	αἰώνιον	αὐτοῦ	δόξαν	ἐν
de toda	gracia,	el (que)	llamó	a vosotros	a	la	eterna	de él$_2$	gloria$_1$	en
3956	5485	3588	2564	5209	1519	3588	166	846	1391	1722
JGSF	*NGSF*	*DNSM*	*VAAP-SNM*	*RP2AP*	*P*	*DASF*	*JASF*	*RP3GSM*	*NASF*	*P*

⌜Χριστῷ,	ὀλίγον	παθόντας	αὐτὸς	καταρτίσει,	στηρίξει,	σθενώσει,
Cristo,	un poco,$_2$	sufriendo$_1$	él	completará	fortalecerá,	capacitará,
5547	3641	3958	846	2675	4741	4599
NDSM	*B, J*	*VAAP-PAM*	*RP3NSMP*	*VFAI3S*	*VFAI3S*	*VFAI3S*

θεμελιώσει.	11 αὐτῷ	τὸ	κράτος	εἰς	τοὺς	αἰῶνας	τῶν	αἰώνων·	ἀμήν.
cimentará.	A él (sea)	el	dominio	por	los	siglos	de los	siglos;	amén.
2311	846	3588	2904	1519	3588	165	3588	165	281
VFAI3S	*RP3DSM*	*DNSN*	*NNSN*	*P*	*DAPM*	*NAPM*	*DGPM*	*NGPM*	*I, XF*

NVI

ejemplos para el rebaño.
4 Así, cuando aparezca el
Pastor supremo, ustedes
recibirán la inmarcesible
corona de gloria.
5 Así mismo, jóvenes,
sométanse a los ancia-
nos. Revístanse todos
de humildad en su trato
mutuo, porque

«Dios se opone a los
orgullosos,
pero da gracia a los
humildes».

6 Humíllense, pues,
bajo la poderosa mano
de Dios, para que él
los exalte a su debido
tiempo. 7 Depositen en
él toda ansiedad, porque
él cuida de ustedes.
8 Practiquen el
dominio propio y
manténganse alerta. Su
enemigo el diablo ronda
como león rugiente,
buscando a quién
devorar. 9 Resístanlo,
manteniéndose firmes
en la fe, sabiendo que
sus hermanos en todo el
mundo están sopor-
tando la misma clase de
sufrimientos.
10 Y, después de que
ustedes hayan sufrido un
poco de tiempo, Dios
mismo, el Dios de toda
gracia que los llamó a su
gloria eterna en Cristo,
los restaurará y los hará
fuertes, firmes y estables.
11 A él sea el poder por
los siglos de los siglos.
Amén.

5:5⌜ Manuscritos inferiores tienen *someteos.* **5:10**⌜ Manuscritos importantes dicen *Cristo Jesús.*

RVR

Saludos finales

12 Por conducto de Silvano, a quien tengo por hermano fiel, os he escrito brevemente, exhortándoos, y testificando que ésta es la verdadera gracia de Dios, en la cual estáis.
13 La iglesia que está en Babilonia, elegida juntamente con vosotros, y Marcos mi hijo, os saludan.
14 Saludaos unos a otros con beso de amor. Paz a todos vosotros los que estáis en Jesucristo. Amén.

12 Διὰ	Σιλουανοῦ	ὑμῖν	τοῦ	πιστοῦ	ἀδελφοῦ,	ὡς	λογίζομαι,
Por medio de	Silvano	a vosotros$_{9}$	el$_{1}$	fiel$_{2}$	hermano,$_{3}$	como$_{4}$	(le) considero,$_{5}$
1223	4610	5213	3588	4103	80	5613	3049
P	*NGSM*	*RP2DP*	*DGSM*	*JGSM*	*NGSM*	*CAM*	*VPUI1S*

δι’	ὀλίγων	ἔγραψα,	παρακαλῶν	καὶ	ἐπιμαρτυρῶν	ταύτην
por medio de$_{7}$	pocas (palabras)$_{8}$	escribí$_{6}$	exhortando	y	atestiguando (que)	esta
1223	3641	1125	3870	2532	1957	3778
P	*JGPM, JGPN*	*VAAI1S*	*VPAP-SNM*	*CLN*	*VPAP-SNM*	*RD-ASF*

εἶναι	ἀληθῆ	χάριν	τοῦ	θεοῦ·	εἰς	ἣν	στῆτε.	13 ἀσπάζεται
es	verdadera$_{2}$	(la) gracia$_{1}$	--	de Dios,	en	la cual	estáis.	saluda$_{5}$
1511	227	5485	3588	2316	1519	3739	2476	782
VPAN	*JASF*	*NASF*	*DGSM*	*NGSM*	*P*	*RR-ASF*	*VAAM2P, VAAS2P*	*VPUI3S*

ὑμᾶς	ἡ	ἐν	Βαβυλῶνι	συνεκλεκτὴ	καὶ	Μᾶρκος	ὁ	υἱός	μου.
a vosotros,$_{6}$	La$_{1}$	en$_{3}$	Babilonia$_{4}$	coelegida$_{2}$	y	Marcos	el	hijo	de mí.
5209	3588	1722	897	4899	2532	3138	3588	5207	3450
RP2AP	*DNSF*	*P*	*NDSF*	*JNSF*	*CLN*	*NNSM*	*DNSM*	*NNSM*	*RP1GS*

14 ἀσπάσασθε	ἀλλήλους	ἐν	φιλήματι	ἀγάπης.	εἰρήνη	ὑμῖν	πᾶσιν
Saludad	unos a otros	con	beso	(de) amor.	Paz$_{1}$	vosotros$_{3}$	a todos$_{2}$
782	240	1722	5370	26	1515	5213	3956
VAMM2P	*RC-APM*	*P*	*NDSN*	*NGSF*	*NNSF*	*RP2DP*	*JDPM*

τοῖς	ἐν	⸀Χριστῷ.
los	(que están) en	Cristo.
3588	1722	5547
DDPM	*P*	*NDSM*

NVI

Saludos finales

12 Con la ayuda de Silvano, a quien considero un hermano fiel, les he escrito brevemente, para animarlos y confirmarles que esta es la verdadera gracia de Dios. Manténganse firmes en ella.

13 Saludos de parte de la comunidad que está en Babilonia, escogida como ustedes, y también de mi hijo Marcos.
14 Salúdense los unos a los otros con un beso de amor fraternal.

Paz a todos ustedes que están en Cristo.

5:14⸀ Manuscritos inferiores aumentaron *Amén.*

Segunda Epístola de

PEDRO

ΠΕΤΡΟΥ Β

RVR

Saludos

1 Simón Pedro,
siervo y apóstol
de Jesucristo, a los que
habéis alcanzado, por la
justicia de nuestro Dios
y Salvador Jesucristo,
una fe igualmente pre-
ciosa que la nuestra:
2 Gracia y paz os sean
multiplicadas, en el co-
nocimiento de Dios y de
nuestro Señor Jesús.

Partícipes de la naturaleza divina

3 Como todas las cosas
que pertenecen a la vida
y a la piedad nos han
sido dadas por su divino
poder, mediante el
conocimiento de aquel
que nos llamó por su
gloria y excelencia,
4 por medio de las cuales
nos ha dado preciosas y
grandísimas promesas,
para que por ellas llega-
seis a ser participantes
de la naturaleza divina,
habiendo huido de la
corrupción que hay en
el mundo a causa de la
concupiscencia;
5 vosotros también, po-
niendo toda diligencia
por esto mismo, añadid
a vuestra fe virtud; a la
virtud, conocimiento;
6 al conocimiento,

1 Συμεὼν	Πέτρος	δοῦλος	καὶ	ἀπόστολος	Ἰησοῦ	Χριστοῦ
Simón	Pedro,	siervo	y	apóstol	de Jesús	Cristo,
4826	4074	1401	2532	652	2424	5547
NNSM, XP	*NNSM*	*NNSM*	*CLN*	*NNSM*	*NGSM*	*NGSM*

τοῖς	ἰσότιμον	ἡμῖν	λαχοῦσιν	πίστιν	ἐν	δικαιοσύνῃ	τοῦ
a los que$_1$	igualmente valiosa$_4$	que la nuestra$_5$	habéis recibido$_2$	fe$_3$	por	(la) justicia	del
3588	2472	2254	2975	4102	1722	1343	3588
DDPM	*JASF*	*RP1DP*	*VAAP-PDM*	*NASF*	*P*	*NDSF*	*DGSM*

θεοῦ	ἡμῶν	καὶ	σωτῆρος	Ἰησοῦ	Χριστοῦ·	2 χάρις	ὑμῖν	καὶ	εἰρήνη
Dios	de nosotros	y	Salvador	Jesús	Cristo;	gracia$_1$	a vosotros$_5$	y$_2$	paz$_3$
2316	2257	2532	4990	2424	5547	5485	5213	2532	1515
NGSM	*RP1GP*	*CLN*	*NGSM*	*NGSM*	*NGSM*	*NNSF*	*RP2DP*	*CLN*	*NNSF*

πληθυνθείη	ἐν	ἐπιγνώσει	τοῦ	θεοῦ	καὶ	Ἰησοῦ	τοῦ	κυρίου	ἡμῶν.
sea multiplicada$_4$	en	(el) conocimiento pleno	--	de Dios	y	de Jesús	el	Señor	de nosotros.
4129	1722	1922	3588	2316	2532	2424	3588	2962	2257
VAPO3S	*P*	*NDSF*	*DGSM*	*NGSM*	*CLN*	*NGSM*	*DGSM*	*NGSM*	*RP1GP*

3 Ὡς	πάντα	ἡμῖν	τῆς	θείας	δυνάμεως	αὐτοῦ	τὰ	πρὸς
Como	todas las cosas	a nosotros$_2$	el$_3$	divino$_5$	poder$_4$	de él$_6$	las cosas$_7$	respecto a$_8$
5613	3956	2254	3588	2304	1411	846	3588	4314
CAM	*JAPN*	*RP1DP*	*DGSF*	*JGSF*	*NGSF*	*RP3GSM*	*DAPN*	*P*

ζωὴν	καὶ	εὐσέβειαν	δεδωρημένης	διὰ	τῆς	ἐπιγνώσεως	τοῦ
(la) vida$_9$	y$_{10}$	(la) santidad,$_{11}$	ha otorgado$_1$	por medio de	del	conocimiento pleno	del
2222	2532	2150	1433	1223	3588	1922	3588
NASF	*CLN*	*NASF*	*VRPP-SGF*	*P*	*DGSF*	*NGSF*	*DGSM*

καλέσαντος	ἡμᾶς	⸂ἰδίᾳ	δόξῃ	καὶ	ἀρετῇ⸃,	4 δι’	ὧν	τὰ
que llamó	a nosotros	por propia	gloria	y	virtud,	por medio de	las cuales	las
2564	2248	2398	1391	2532	703	1223	3739	3588
VAAP-SGM	*RP1AP*	*JDSF*	*NDSF*	*CLN*	*NDSF*	*P*	*RR-GPF*	*DNPN*

τίμια	καὶ	μέγιστα	ἡμῖν	ἐπαγγέλματα	δεδώρηται,	ἵνα	διὰ
preciosas	y	grandes	a nosotros$_3$	promesas$_1$	ha dado,$_2$	para que	por medio de
5093	2532	3173	2254	1862	1433	2443	1223
JNPN	*CLN*	*JNPNS*	*RP1DP*	*NNPN*	*VRPI3S*	*CAP*	*P*

τούτων	γένησθε	θείας	κοινωνοὶ	φύσεως,	ἀποφυγόντες	τῆς	ἐν	τῷ
estas	llegareis a ser	de (la) divina$_2$	participantes$_1$	naturaleza,	habiendo huido	de la	en$_2$	el$_3$
5130	1096	2304	2844	5449	668	3588	1722	3588
RD-GPN	*VAMS2P*	*JGSF*	*JNPM, NNPM*	*NGSF*	*VAAP-PNM*	*DGSF*	*P*	*DDSM*

κόσμῳ	ἐν	ἐπιθυμίᾳ	φθορᾶς.	5 καὶ	αὐτὸ	τοῦτο	δὲ	σπουδὴν
mundo$_4$	en$_5$	deseo.$_6$	corrupción$_1$	también$_2$	mismo,$_4$	por esto$_3$	Mas$_1$	diligencia$_7$
2889	1722	1939	5356	2532	846	5124	1161	4710
NDSM	*P*	*NDSF*	*NGSF*	*BE, TE*	*RP3ASN, JASN*	*RD-ASN*	*CLN*	*NASF*

πᾶσαν	παρεισενέγκαντες	ἐπιχορηγήσατε	ἐν	τῇ	πίστει	ὑμῶν
toda$_6$	poniendo,$_5$	añadid	en	la	fe	de vosotros
3956	3923	2023	1722	3588	4102	5216
JASF	*VAAP-PNM*	*VAAM2P*	*P*	*DDSF*	*NDSF*	*RP2GP*

τὴν	ἀρετήν,	ἐν	δὲ	τῇ	ἀρετῇ	τὴν	γνῶσιν,	6 ἐν	δὲ	τῇ	γνώσει
la	virtud,	en$_2$	y$_1$	la	virtud	el	conocimiento,	en$_2$	y$_1$	el	conocimiento
3588	703	1722	1161	3588	703	3588	1108	1722	1161	3588	1108
DASF	*NASF*	*P*	*CLN*	*DDSF*	*NDSF*	*DASF*	*NASF*	*P*	*CLN*	*DDSF*	*NDSF*

NVI

1 Simón Pedro,
siervo y apóstol de
Jesucristo,

a los que por la jus-
ticia de nuestro Dios y
Salvador Jesucristo han
recibido una fe tan pre-
ciosa como la nuestra.

2 Que abunden en us-
tedes la gracia y la paz por
medio del conocimiento
que tienen de Dios y de
Jesús nuestro Señor.

Firmeza en el llamamiento y en la elección

3 Su divino poder, al
darnos el conocimiento
de aquel que nos llamó
por su propia gloria y ex-
celencia, nos ha conce-
dido todas las cosas que
necesitamos para vivir
como Dios manda. 4 Así
Dios nos ha entregado
sus preciosas y magnífi-
cas promesas para que
ustedes, luego de escapar
de la corrupción que hay
en el mundo debido a
los malos deseos, lleguen
a tener parte en la natu-
raleza divina.
5 Precisamente por
eso, esfuércense por
añadir a su fe, virtud; a
su virtud, entendimien-
to; 6 al entendimiento,

1:3⸂⸃ Manuscritos importantes dicen *por medio de la gloria y virtud.*

RVR

dominio propio; al
dominio propio, pa-
ciencia; a la paciencia,
piedad;
7 a la piedad, afecto
fraternal; y al afecto
fraternal, amor.
8 Porque si estas cosas
están en vosotros, y
abundan, no os dejarán
estar ociosos ni sin
fruto en orden al co-
nocimiento de nuestro
Señor Jesucristo.
9 Pero el que carece de
estas cosas, tiene la vista
muy corta; es ciego,
habiendo olvidado
la purificación de sus
antiguos pecados.
10 Por lo cual, hermanos,
sed tanto más diligentes
en afianzar vuestro
llamamiento y vuestra
elección; porque
haciendo estas cosas, no
caeréis jamás.
11 Porque de esta mane-
ra os será otorgada am-
plia entrada en el reino
eterno de nuestro Señor
y Salvador Jesucristo.
12 Por esto, no descuida-
ré el recordaros siempre
estas cosas, aunque
las sepáis, y estéis
afianzados en la verdad
presente.
13 Pues tengo por justo,
en tanto que estoy en este
cuerpo, el estimularos

τὴν	ἐγκράτειαν,	ἐν	δὲ	τῇ	ἐγκρατείᾳ	τὴν	ὑπομονήν,	ἐν	δὲ	τῇ
el	dominio propio,	en$_2$	y$_1$	el	dominio propio	la	perseverancia,	en$_2$	y$_1$	la
3588	1466	1722	1161	3588	1466	3588	5281	1722	1161	3588
DASF	NASF	P	CLN	DDSF	NDSF	DASF	NASF	P	CLN	DDSF

ὑπομονῇ	τὴν	εὐσέβειαν,	7 ἐν	δὲ	τῇ	εὐσεβείᾳ	τὴν	φιλαδελφίαν,	ἐν
perseverancia	la	piedad,	a$_2$	y$_1$	la	piedad	el	amor fraternal,	a$_2$
5281	3588	2150	1722	1161	3588	2150	3588	5360	1722
NDSF	DASF	NASF	P	CLN	DDSF	NDSF	DASF	NASF	P

δὲ	τῇ	φιλαδελφίᾳ	τὴν	ἀγάπην·	8 ταῦτα	γὰρ	ὑμῖν	ὑπάρχοντα
y$_1$	el	amor fraternal	el	amor,	estas cosas$_2$	Porque$_1$	en vosotros,$_6$	estando$_3$
1161	3588	5360	3588	26	5023	1063	5213	5225
CLN	DDSF	NDSF	DASF	NASF	RD-NPN	CAZ	RP2DP	VPAP-PNN

καὶ	πλεονάζοντα	οὐκ	ἀργοὺς	οὐδὲ	ἀκάρπους	καθίστησιν	εἰς	τὴν
y$_4$	abundando$_5$	no$_7$	inútiles$_9$	ni$_{10}$	sin fruto$_{11}$	(os) constituye$_8$	en$_{12}$	el$_{13}$
2532	4121	3756	692	3761	175	2525	1519	3588
CLN	VPAP-PNN	BN, TN	JAPM	TN, CLD	JAPM	VPAI3S	P	DASF

τοῦ	κυρίου	ἡμῶν	Ἰησοῦ	Χριστοῦ	ἐπίγνωσιν·	9 ᾧ	γὰρ	μὴ
del$_{15}$	Señor$_{16}$	de nosotros$_{17}$	Jesús$_{18}$	Cristo,	conocimiento pleno$_{14}$	en quien$_2$	porque$_1$	no
3588	2962	2257	2424	5547	1922	3739	1063	3361
DGSM	NGSM	RP1GP	NGSM	NGSM	NASF	RR-DSM	CAZ	BN, TN

πάρεστιν	ταῦτα,	τυφλός	ἐστιν	μυωπάζων,	λήθην	λαβὼν
está presente	estas cosas,	ciego$_2$	es$_1$	corto de vista,	falta de memoria	habiendo tomando
3918	5023	5185	2076	3467	3024	2983
VPAI3S	RD-APN	JNSM	VPAI3S	VPAP-SNM	NASF	VAAP-SNM

τοῦ	καθαρισμοῦ*	τῶν	πάλαι	αὐτοῦ	ἁμαρτημάτων.	10 διὸ	μᾶλλον,
de la	purificación	de los	pasados$_2$	de él$_3$	pecados$_1$	Por lo cual,	más aún$_3$
3588	2512	3588	3819	846	265	1352	3123
DGSM	NGSM	DGPF	B	RP3GSM	NGPN	CLI	B

ἀδελφοί,	σπουδάσατε	βεβαίαν	ὑμῶν	τὴν	κλῆσιν	καὶ	ἐκλογὴν
hermanos,$_1$	sed diligentes$_2$	firmes$_9$	de vosotros$_8$	el$_4$	llamamiento$_5$	y$_6$	(la) elección$_7$
80	4704	949	5216	3588	2821	2532	1589
NVPM	VAAM2P	JASF	RP2GP	DASF	NASF	CLN	NASF

ποιεῖσθαι·	ταῦτα	γὰρ	ποιοῦντες	οὐ	μὴ	πταίσητέ	ποτε·
en hacer$_3$	esto$_{12}$	porque$_{10}$	haciendo$_{11}$	no	de ningún modo	caeréis	nunca.
4160	5023	1063	4160	3756	3361	4417	4218
VPMN	RD-APN	CAZ	VPAP-PNM	BN, TN	BN, TN	VAAS2P	BX, TX

11 οὕτως	γὰρ	πλουσίως	ἐπιχορηγηθήσεται	ὑμῖν	ἡ	εἴσοδος	εἰς	τὴν
así$_2$	Porque$_1$	ricamente$_6$	será concedida$_{15}$	a vosotros.$_{16}$	la$_3$	entrada$_4$	a$_5$	el$_6$
3779	1063	4146	2023	5213	3588	1529	1519	3588
B	CAZ	B	VFPI3S	RP2DP	DNSF	NNSF	P	DASF

αἰώνιον	βασιλείαν	τοῦ	κυρίου	ἡμῶν	καὶ	σωτῆρος	Ἰησοῦ	Χριστοῦ.
eterno$_8$	reino$_7$	del$_9$	Señor$_{10}$	de nosotros$_{11}$	y$_{12}$	Salvador$_{13}$	Jesús$_{14}$	Cristo.
166	932	3588	2962	2257	2532	4990	2424	5547
JASF	NASF	DGSM	NGSM	RP1GP	CLN	NGSM	NGSM	NGSM

12 Διὸ	[Γ]μελλήσω	ἀεὶ	ὑμᾶς	ὑπομιμνήσκειν	περὶ	τούτων,
Por lo cual	estaré listo	siempre	a vosotros$_2$	de recordar$_1$	acerca de	estas cosas,
1352	3195	104	5209	5279	4012	5130
CLI	VFAI1S	B	RP2AP	VPAN	P	RD-GPN

καίπερ	εἰδότας	καὶ	ἐστηριγμένους	ἐν	τῇ	παρούσῃ	ἀληθείᾳ.
aunque	sabéis	y	habéis sido fortalecidos	en	la	que está presente.$_2$	verdad$_1$
2539	1492	2532	4741	1722	3588	3918	225
CAN	VRAP-PAM	CLN	VRPP-PAM	P	DDSF	VPAP-SDF	NDSF

13 δίκαιον	δὲ	ἡγοῦμαι,	ἐφ᾽	ὅσον	εἰμὶ	ἐν	τούτῳ	τῷ	σκηνώματι*,
justo,$_3$	Y$_1$	considero$_2$	en	cuanto	estoy	en	este	--	tabernáculo,
1342	1161	2233	1909	3745	1510	1722	5129	3588	4638
JASN	CLN	VPUI1S	P	RK-ASM	VPAI1S	P	RD-DSN	DDSN	NDSN

NVI

dominio propio; al
dominio propio, cons-
tancia; a la constancia,
devoción a Dios; 7 a la
devoción a Dios, afecto
fraternal; y al afecto
fraternal, amor. 8 Porque
estas cualidades, si abun-
dan en ustedes, los harán
crecer en el conocimien-
to de nuestro Señor
Jesucristo, y evitarán que
sean inútiles e impro-
ductivos. 9 En cambio,
el que no las tiene es tan
corto de vista que ya ni
ve, y se olvida de que
ha sido limpiado de sus
antiguos pecados. 10 Por
lo tanto, hermanos,
esfuércense más todavía
por asegurarse del lla-
mado de Dios, que fue
quien los eligió. Si hacen
estas cosas, no caerán
jamás, 11 y se les abrirán
de par en par las puertas
del reino eterno de nues-
tro Señor y Salvador
Jesucristo.

La veracidad de la Escritura

12 Por eso siempre les
recordaré estas cosas,
por más que las sepan
y estén afianzados en la
verdad que ahora tienen.
13 Además, considero
que tengo la obligación
de refrescarles la memo-
ria mientras viva en esta

1:9* O sea *habiendo olvidado la purificación.* **1:12**[Γ] Manuscritos inferiores aumentaron *no.* **1:13*** O sea *el cuerpo.*

RVR

con este recuerdo;
14 sabiendo que en breve
debo abandonar el
cuerpo, como nuestro
Señor Jesucristo me ha
declarado.
15 También yo procu-
raré con diligencia que
después de mi partida
vosotros podáis en todo
momento tener memo-
ria de estas cosas.

Testigos de la gloria de Cristo

16 Porque no os hemos
dado a conocer el
poder y la venida de
nuestro Señor Jesucristo
siguiendo fábulas inge-
niosamente inventadas,
sino como habiendo
visto con nuestros pro-
pios ojos su majestad.
17 Pues cuando él recibió
de Dios Padre honor
y gloria, le fue enviada
desde la magnífica glo-
ria una voz que decía:
Éste es mi Hijo amado,
en el cual he puesto mi
complacencia.
18 Y nosotros oímos esta
voz enviada del cielo,
cuando estábamos con
él en el monte santo.
19 Y tenemos como más
segura la palabra pro-
fética, a la cual hacéis
bien en estar atentos

διεγείρειν	ὑμᾶς	ἐν	ὑπομνήσει,	14 εἰδὼς	ὅτι	ταχινή	ἐστιν	ἡ
estimular	a vosotros	con	un recordatorio,	sabiendo	que	inminente,$_{7}$	es$_{6}$	el$_{1}$
1326	5209	1722	5280	1492	3754	5031	2076	3588
VPAN	*RP2AP*	*P*	*NDSF*	*VRAP-SNM*	*CSC*	*JNSF*	*VPAI3S*	*DNSF*

ἀπόθεσις	τοῦ	σκηνώματός	μου,	καθὼς	καὶ	ὁ	κύριος	ἡμῶν
dejar$_{2}$	del$_{3}$	tabernáculo$_{4}$	de mí$_{5}$	como	también	el	Señor	de nosotros
595	3588	4638	3450	2531	2532	3588	2962	2257
NNSF	*DGSN*	*NGSN*	*RP1GS*	*CAM*	*BE, TE*	*DNSM*	*NNSM*	*RP1GP*

Ἰησοῦς	Χριστὸς	ἐδήλωσέν	μοι·	15 σπουδάσω	δὲ	καὶ	ἑκάστοτε
Jesús	Cristo	declaró	a mí;	haré todo lo posible$_{3}$	pero$_{1}$	también$_{2}$	siempre$_{6}$
2424	5547	1213	3427	4704	1161	2532	1539
NNSM	*NNSM*	*VAAI3S*	*RP1DS*	*VFAI1S*	*CLN*	*BE, TE*	*B*

ἔχειν	ὑμᾶς	μετὰ	τὴν	ἐμὴν	ἔξοδον	τὴν	τούτων	μνήμην
tengáis$_{5}$	(que) vosotros$_{4}$	después de$_{7}$	la$_{8}$	mía$_{10}$	muerte$_{9}$	la$_{12}$	de estas cosas.$_{14}$	memoria$_{13}$
2192	5209	3326	3588	1699	1841	3588	5130	3420
VPAN	*RP2AP*	*P*	*DASF*	*JASF, RS1ASF*	*NASF*	*DASF*	*RD-GPN*	*NASF*

ποιεῖσθαι*.
hacer$_{11}$
4160
VPMN

16 Οὐ	γὰρ	σεσοφισμένοις	μύθοις	ἐξακολουθήσαντες
no$_{2}$	Porque$_{1}$	artificiosas,$_{15}$	fábulas$_{14}$	habiendo seguido$_{13}$
3756	1063	4679	3454	1811
CLK,TN,B	*CLX*	*VRPP-PDM*	*NDPM*	*VAAP-PNM*

ἐγνωρίσαμεν	ὑμῖν	τὴν	τοῦ	κυρίου	ἡμῶν	Ἰησοῦ	Χριστοῦ
dimos a conocer$_{3}$	a vosotros$_{4}$	el$_{5}$	del$_{9}$	Señor$_{10}$	de nosotros$_{11}$	Jesús$_{12}$	Cristo
1107	5213	3588	3588	2962	2257	2424	5547
VAAI1P	*RP2DP*	*DASF*	*DGSM*	*NGSM*	*RP1GP*	*NGSM*	*NGSM*

δύναμιν	καὶ	παρουσίαν,	ἀλλ’	ἐπόπται	γενηθέντες	τῆς	ἐκείνου
poder$_{16}$	y$_{7}$	venida,$_{8}$	sino$_{16}$	testigos oculares$_{18}$	habiendo llegado a ser$_{17}$	de	aquella
1411	2532	3952	235	2030	1096	3588	1565
NASF	*CLN*	*NASF*	*CLK, CLC*	*NNPM*	*VAPP-PNM*	*DGSF*	*RD-GSM*

μεγαλειότητος.	17 λαβὼν	γὰρ	παρὰ	θεοῦ	πατρὸς	τιμὴν	καὶ
majestad.	habiendo recibido$_{2}$	Porque$_{1}$	de parte de$_{6}$	Dios$_{7}$	(el) Padre,$_{8}$	honor$_{3}$	y$_{4}$
3168	2983	1063	3844	2316	3962	5092	2532
NGSF	*VAAP-SNM*	*CAZ*	*P*	*NGSM*	*NGSM*	*NASF*	*CLN*

δόξαν	φωνῆς	ἐνεχθείσης	αὐτῷ	τοιᾶσδε	ὑπὸ	τῆς	μεγαλοπρεποῦς
gloria$_{5}$	una voz$_{9}$	fue llevada$_{11}$	a él$_{12}$	de esta clase$_{10}$	por	la	magnífica
1391	5456	5342	846	5107	5259	3588	3169
NASF	*NGSF*	*VAPP-SGF*	*RP3DSM*	*RD-GSF*	*P*	*DGSF*	*JGSF*

δόξης·	Ὁ	υἱός	μου	ὁ	ἀγαπητός	μου	οὗτός	ἐστιν,	εἰς	ὃν	ἐγὼ
gloria:	el$_{3}$	hijo$_{4}$	de mí$_{5}$	el$_{6}$	amado$_{7}$	de mí$_{8}$	Este$_{1}$	es$_{2}$	en	quien	yo
1391	3588	5207	3450	3588	27	3450	3778	2076	1519	3739	1473
NGSF	*DNSM*	*NNSM*	*RP1GS*	*DNSM*	*JNSM*	*RP1GS*	*RD-NSM*	*VPAI3S*	*P*	*RR-ASM*	*RP1NS*

εὐδόκησα—	18 καὶ	ταύτην	τὴν	φωνὴν	ἡμεῖς	ἠκούσαμεν	ἐξ	οὐρανοῦ
(me) complací,	y	esta$_{3}$	--$_{4}$	voz$_{5}$	nosotros$_{1}$	oímos$_{2}$	de$_{7}$	(el) cielo$_{8}$
2106	2532	3778	3588	5456	2249	191	1537	3772
VAAI1S	*CLN*	*RD-ASF*	*DASF*	*NASF*	*RP1NP*	*VAAI1P*	*P*	*NGSM*

ἐνεχθεῖσαν	σὺν	αὐτῷ	ὄντες	ἐν	τῷ	ἁγίῳ	ὄρει·	19 καὶ	ἔχομεν
traída$_{6}$	con$_{10}$	él$_{11}$	estando$_{9}$	en	el	santo	monte.	Y	tenemos
5342	4862	846	5607	1722	3588	40	3735	2532	2192
VAPP-SAF	*P*	*RP3DSM*	*VPAP-PNM*	*P*	*DDSN*	*JDSN*	*NDSN*	*CLN*	*VPAI1P*

βεβαιότερον	τὸν	προφητικὸν	λόγον,	ᾧ	καλῶς	ποιεῖτε	προσέχοντες
firme,$_{4}$	la$_{1}$	profética$_{3}$	palabra$_{2}$	a la cual	bien	hacéis	al estar atentos
949	3588	4397	3056	3739	2573	4160	4337
JASMC	*DASM*	*JASM*	*NASM*	*RR-DSM*	*B*	*VPAI2P*	*VPAP-PNM*

NVI

habitación pasajera que
es mi cuerpo; 14 porque
sé que dentro de poco
tendré que abandonarlo,
según me lo ha mani-
festado nuestro Señor
Jesucristo. 15 También
me esforzaré con empe-
ño para que aun después
de mi partida ustedes
puedan recordar estas
cosas en todo tiempo.
16 Cuando les dimos
a conocer la venida de
nuestro Señor Jesucristo
en todo su poder, no
estábamos siguien-
do sutiles cuentos
supersticiosos, sino
dando testimonio de
su grandeza, que vimos
con nuestros propios
ojos. 17 Él recibió honor
y gloria de parte de Dios
el Padre, cuando desde
la majestuosa gloria se
le dirigió aquella voz
que dijo: «Este es mi
Hijo amado; estoy muy
complacido con él».
18 Nosotros mismos
oímos esa voz que vino
del cielo cuando estába-
mos con él en el monte
santo. 19 Esto ha venido a
confirmarnos la palabra
de los profetas, a la cual
ustedes hacen bien en
prestar atención, como

1:15* O sea *traer estas cosas a la memoria.*

RVR

como a una lámpara que alumbra en un lugar oscuro, hasta que despunte el día y el lucero de la mañana alboree en vuestros corazones;
20 conociendo primero esto, que ninguna profecía de la Escritura procede de interpretación privada,
21 porque nunca la profecía fue traída por voluntad humana, sino que los santos hombres de Dios hablaron siendo inspirados por el Espíritu Santo.

Falsos profetas y falsos maestros

2 Pero hubo también falsos profetas entre el pueblo, como habrá entre vosotros falsos maestros, que introducirán encubiertamente herejías destructoras, y aun negarán al Dueño que los compró, atrayendo sobre sí mismos destrucción repentina.
2 Y muchos seguirán la lascivia de ellos, por causa de los cuales el camino de la verdad era blasfemado,
3 y en su avaricia harán mercadería de vosotros con palabras fingidas. El juicio pronunciado sobre ellos hace tiempo no se tarda, y su perdición no se duerme.
4 Porque si Dios no perdonó a los ángeles que pecaron, sino que

ὡς	λύχνῳ	φαίνοντι	ἐν	αὐχμηρῷ	τόπῳ,	ἕως	οὗ	ἡμέρα	διαυγάσῃ
como	a lámpara	brillando	en	(un) oscuro	lugar,	hasta	que	(el) día	amanezca
5613	3088	5316	1722	850	5117	2193	3739	2250	1306
CAM	*NDSM*	*VPAP-SDM*	*P*	*JDSM*	*NDSM*	*P, C*	*RR-GSM*	*NNSF*	*VAAS3S*

καὶ	φωσφόρος	ἀνατείλῃ	ἐν	ταῖς	καρδίαις	ὑμῶν·	20 τοῦτο	πρῶτον
y	(el) lucero de la mañana	se levante	en	los	corazones	de vosotros;	esto$_2$	primero,$_3$
2532	5459	393	1722	3588	2588	5216	5124	4412
CLN	*JNSM*	*VAAS3S*	*P*	*DDPF*	*NDPF*	*RP2GP*	*RD-ASN*	*B, J*

γινώσκοντες	ὅτι	πᾶσα	προφητεία	γραφῆς	ἰδίας	ἐπιλύσεως	οὐ
sabiendo$_1$	que	toda	profecía	de (la) Escritura	de propia$_3$	interpretación;$_4$	no$_1$
1097	3754	3956	4394	1124	2398	1955	3756
VPAP-PNM	*CSC*	*JNSF*	*NNSF*	*NGSF*	*JGSF*	*NGSF*	*BN, TN*

γίνεται,	21 οὐ	γὰρ	θελήματι	ἀνθρώπου	ἠνέχθη	προφητεία	ποτέ,
llega a ser$_2$	no$_3$	porque$_1$	por voluntad$_6$	humana,$_7$	fue traída$_4$	(la) profecía$_2$	jamás$_5$
1096	3756	1063	2307	444	5342	4394	4218
VPUI3S	*CLK, TN, B*	*CAZ*	*NDSN*	*NGSM*	*VAPI3S*	*NNSF*	*BX, TX*

ἀλλὰ	ὑπὸ	πνεύματος	ἁγίου	φερόμενοι	ἐλάλησαν	⌜ἀπὸ	θεοῦ	ἄνθρωποι.
sino$_8$	por$_{11}$	(el) Espíritu$_{12}$	Santo$_{13}$	llevados$_{10}$	hablaron$_{14}$	de$_{15}$	Dios.$_{16}$	seres humanos$_9$
235	5259	4151	40	5342	2980	575	2316	444
CLK, CLC	*P*	*NGSN*	*JGSN*	*VPPP-PNM*	*VAAI3P*	*P*	*NGSM*	*NNPM*

2 Ἐγένοντο	δὲ	καὶ	ψευδοπροφῆται	ἐν	τῷ	λαῷ,	ὡς	καὶ
llegaron a ser$_3$	Pero$_1$	también$_2$	falsos profetas	entre	el	pueblo,	como	también
1096	1161	2532	5578	1722	3588	2992	5613	2532
VAMI3P	*CLC, CLT*	*BE, TE*	*NNPM*	*P*	*DDSM*	*NDSM*	*CAM*	*BE, TE*

ἐν	ὑμῖν	ἔσονται	ψευδοδιδάσκαλοι,	οἵτινες	παρεισάξουσιν	αἱρέσεις
entre	vosotros	habrán	falsos maestros,	los cuales	introducirán	sectarismo
1722	5213	2071	5572	3748	3919	139
P	*RP2DP*	*VFMI3P*	*NNPM*	*RR-NPM*	*VFAI3P*	*NAPF*

ἀπωλείας*,	καὶ	τὸν	ἀγοράσαντα	αὐτοὺς	δεσπότην	ἀρνούμενοι,
de destrucción,	también	al$_2$	que compró$_4$	a ellos$_5$	soberano$_3$	negando$_1$
684	2532	3588	59	846	1203	720
NGSF	*CLA, B*	*DASM*	*VAAP-SAM*	*RP3APM*	*NASM*	*VPUP-PNM*

ἐπάγοντες	ἑαυτοῖς	ταχινὴν	ἀπώλειαν·	2 καὶ	πολλοὶ	ἐξακολουθήσουσιν
atrayendo$_6$	a sí mismos$_7$	repentina;$_9$	destrucción$_8$	y	muchos	seguirán
1863	1438	5031	684	2532	4183	1811
VPAP-PNM	*RF3DPM*	*JASF*	*NASF*	*CLN*	*JNPM*	*VFAI3P*

αὐτῶν	ταῖς	ἀσελγείαις,	δι’	οὓς	ἡ	ὁδὸς	τῆς	ἀληθείας
de ellos,$_3$	las$_1$	sensualidades$_2$	por causa de	quienes	el	camino	de la	verdad
846	3588	766	1223	3739	3588	3598	3588	225
RP3GPM	*DDPF*	*NDPF*	*P*	*RR-APM*	*DNSF*	*NNSF*	*DGSF*	*NGSF*

βλασφημηθήσεται·	3 καὶ	ἐν	πλεονεξίᾳ	πλαστοῖς	λόγοις	ὑμᾶς
será blasfemado;	y	en	avaricia	con falsas$_3$	palabras;$_4$	a vosotros$_2$
987	2532	1722	4124	4112	3056	5209
VFPI3S	*CLN*	*P*	*NDSF*	*JDPM*	*NDPM*	*RP2AP*

ἐμπορεύσονται·	οἷς	τὸ	κρίμα	ἔκπαλαι	οὐκ	ἀργεῖ,	καὶ	ἡ
harán mercancía$_1$	a las cuales	el	juicio	antiguo	no	está inactivo,	y	la
1710	3739	3588	2917	1597	3756	691	2532	3588
VFMI3P	*RR-DPM*	*DNSN*	*NNSN*	*B*	*BN, TN*	*VPAI3S*	*CLN*	*DNSF*

ἀπώλεια	αὐτῶν	οὐ	νυστάζει.
destrucción	de ellos	no	duerme.
684	846	3756	3573
NNSF	*RP3GPM*	*BN, TN*	*VPAI3S*

4 Εἰ	γὰρ	ὁ	θεὸς	ἀγγέλων	ἁμαρτησάντων	οὐκ	ἐφείσατο,
si$_2$	Porque$_1$	--$_3$	Dios$_4$	a ángeles$_7$	que pecaron$_8$	no$_5$	perdonó$_6$
1487	1063	3588	2316	32	264	3756	5339
CAC	*CAZ*	*DNSM*	*NNSM*	*NGPM*	*VAAP-PGM*	*CLK, TN, B*	*VAMI3S*

NVI

a una lámpara que brilla en un lugar oscuro, hasta que despunte el día y salga el lucero de la mañana en sus corazones.
20 Ante todo, tengan muy presente que ninguna profecía de la Escritura surge de la interpretación particular de nadie.
21 Porque la profecía no ha tenido su origen en la voluntad humana, sino que los profetas hablaron de parte de Dios, impulsados por el Espíritu Santo.

Los falsos maestros y su destrucción

2 En el pueblo judío hubo falsos profetas, y también entre ustedes habrá falsos maestros que encubiertamente introducirán herejías destructivas, al extremo de negar al mismo Señor que los rescató. Esto les traerá una pronta destrucción.
2 Muchos los seguirán en sus prácticas vergonzosas, y por causa de ellos se difamará el camino de la verdad.
3 Llevados por la avaricia, estos maestros los explotarán a ustedes con palabras engañosas. Desde hace mucho tiempo su condenación está preparada y su destrucción los acecha.
4 Dios no perdonó a los ángeles cuando pecaron, sino que los arrojó

1:21⌜ Manuscritos inferiores tienen *santos.* **2:1*** O sea *herejías destructivas.*

RVR

arrojándolos al infierno
los entregó a prisiones
de oscuridad, para ser
reservados hasta el
juicio;
5 y si no perdonó al
mundo antiguo, sino
que guardó a Noé, pre-
gonero de justicia, con
otras siete personas, tra-
yendo el diluvio sobre
un mundo de impíos;
6 y si condenó a la
destrucción a las ciu-
dades de Sodoma y de
Gomorra, reduciéndo-
las a ceniza y ponién-
dolas como ejemplo a
los que habían de vivir
impíamente,
7 y libró al justo Lot,
abrumado por la
conducta licenciosa de
aquellos libertinos
8 (porque este justo, que
residía entre ellos, afligía
cada día su alma justa,
viendo y oyendo los he-
chos inicuos de ellos),
9 sabe el Señor librar de
tentación a los piadosos,
y reservar a los injustos
bajo castigo para el día
del juicio;
10 y especialmente a
aquellos que, siguien-
do la carne, andan en
concupiscencia e in-
mundicia, y desprecian
el Señorío. Atrevidos y
contumaces, no temen
decir mal de las potesta-
des superiores,
11 mientras que los án-
geles, que son mayores
en fuerza y en poder, no

ἀλλὰ	σειραῖς	ζόφου	ταρταρώσας	παρέδωκεν	εἰς	κρίσιν
sino$_{9}$	con cadenas$_{11}$	de oscuridad$_{12}$	arrojando al Tártaro$_{10}$	entregó$_{13}$	para$_{15}$	juicio,$_{16}$
235	4577	2217	5020	3860	1519	2920
CLK, CLC	*NDPF*	*NGSM*	*VAAP-SNM*	*VAAI3S*	*P*	*NASF*

τηρουμένους,	5 καὶ	ἀρχαίου	κόσμου	οὐκ	ἐφείσατο,	ἀλλὰ
guardando$_{14}$	y	a (l) antiguo$_{3}$	mundo,$_{4}$	no$_{1}$	perdonó$_{2}$	pero$_{5}$
5083	2532	744	2889	3756	5339	235
VPPP-PAM	*CLN*	*JGSM*	*NGSM*	*CLK, TN, B*	*VAMI3S*	*CLK, CLC*

ὄγδοον*	Νῶε	δικαιοσύνης	κήρυκα	ἐφύλαξεν,	κατακλυσμὸν
a (l) octavo$_{7}$	Noé$_{8}$	de justicia$_{10}$	proclamador$_{9}$	guardó,$_{6}$	un diluvio$_{12}$
3590	3575	1343	2783	5442	2627
JASM	*NASM, XP*	*NGSF*	*NASM*	*VAAI3S*	*NASM*

κόσμῳ	ἀσεβῶν	ἐπάξας,	6 καὶ	πόλεις	Σοδόμων	καὶ	Γομόρρας
a (l) mundo$_{13}$	de impíos.$_{14}$	trayendo$_{11}$	y	(las) ciudades$_{2}$	(de) Sodoma$_{3}$	y$_{4}$	Gomorra$_{5}$
2889	765	1863	2532	4172	4670	2532	1116
NDSM	*JGPM*	*VAAP-SNM*	*CLN*	*NAPF, NNPF*	*NGPN*	*CLN*	*NGSF*

τεφρώσας	καταστροφῇ	κατέκρινεν,	ὑπόδειγμα	μελλόντων
reduciendo a cenizas$_{6}$	con destrucción$_{7}$	condenó,$_{1}$	por ejemplo$_{9}$	de los que llegan a venir$_{10}$
5077	2692	2632	5262	3195
VAAP-SNM	*NDSF*	*VAAI3S*	*NASN*	*VPAP-PGM*

ἀσεβέσιν	τεθεικώς,	7 καὶ	δίκαιον	Λὼτ	καταπονούμενον	ὑπὸ	τῆς
impíos,$_{11}$	habiendo puesto$_{8}$	y	(al) justo$_{2}$	Lot$_{3}$	atormentado$_{4}$	por$_{5}$	el$_{6}$
765	5087	2532	1342	3091	2669	5259	3588
JDPM	*VRAP-SNM*	*CLN*	*JASM, JNSN*	*NASM, XP*	*VPPP-SAM*	*P*	*DGSF*

τῶν	ἀθέσμων	ἐν	ἀσελγείᾳ	ἀναστροφῆς	ἐρρύσατο—	8 βλέμματι
de los$_{8}$	libertinos$_{9}$	en$_{10}$	sensualidad$_{11}$	comportamiento$_{7}$	rescató;$_{1}$	(al) ver$_{15}$
3588	113	1722	766	391	4506	990
DGPM	*JGPM*	*P*	*NDSF*	*NGSF*	*VAUI3S*	*NDSN*

γὰρ	καὶ	ἀκοῇ	ὁ	δίκαιος	ἐγκατοικῶν	ἐν	αὐτοῖς	ἡμέραν	ἐξ
porque$_{1}$	y$_{16}$	oír$_{17}$	el$_{2}$	justo$_{3}$	que vivía$_{4}$	entre$_{5}$	ellos$_{6}$	día$_{7}$	por$_{8}$
1063	2532	189	3588	1342	1460	1722	846	2250	1537
CAZ	*CLN*	*NDSF*	*DNSM*	*JNSM*	*VPAP-SNM*	*P*	*RP3DPM*	*NASF*	*P*

ἡμέρας	ψυχὴν	δικαίαν	ἀνόμοις	ἔργοις	ἐβασάνιζεν—	9 οἶδεν
días$_{9}$	(su) vida$_{11}$	justa$_{12}$	impías,$_{14}$	con obras$_{13}$	atormentaba$_{10}$	sabe$_{2}$
2250	5590	1342	459	2041	928	1492
NGSF	*NASF*	*JASF*	*JDPN*	*NDPN*	*VIAI3S*	*VRAI3S*

κύριος	εὐσεβεῖς	ἐκ	πειρασμοῦ	ῥύεσθαι,	ἀδίκους	δὲ	εἰς	ἡμέραν
(el) Señor$_{1}$	a (los) piadosos$_{4}$	de$_{5}$	tentación$_{6}$	rescatar$_{3}$	a (los) injustos$_{9}$	pero$_{7}$	para$_{11}$	(el) día$_{12}$
2962	2152	1537	3986	4506	94	1161	1519	2250
NNSM	*JAPM*	*P*	*NGSM*	*VPUN*	*JAPM*	*CLC*	*P*	*NASF*

κρίσεως	κολαζομένους	τηρεῖν,	10 μάλιστα	δὲ	τοὺς	ὀπίσω	σαρκὸς
de juicio,$_{13}$	mientras son castigados$_{10}$	guardar$_{8}$	especialmente$_{2}$	y$_{1}$	a los$_{3}$	detrás de$_{5}$	(la) carne$_{6}$
2920	2849	5083	3122	1161	3588	3694	4561
NGSF	*VPPP-PAM*	*VPAN*	*BS*	*CLN*	*DAPM*	*P, B*	*NGSF*

ἐν	ἐπιθυμίᾳ	μιασμοῦ	πορευομένους	καὶ	κυριότητος	καταφρονοῦντας.
en$_{7}$	deseo$_{8}$	corrupto$_{9}$	que marchan$_{4}$	y$_{10}$	(la) autoridad.$_{12}$	desprecian$_{11}$
1722	1939	3394	4198	2532	2963	2706
P	*NDSF*	*NGSM*	*VPUP-PAM*	*CLN*	*NGSF*	*VPAP-PAM*

Τολμηταί,	αὐθάδεις,	δόξας*	οὐ	τρέμουσιν,	βλασφημοῦντες,
Atrevidos$_{13}$	arrogantes,$_{14}$	a glorias,$_{18}$	no$_{15}$	temen$_{16}$	blasfemar$_{17}$
5113	829	1391	3756	5141	987
NNPM	*JNPM*	*NAPF*	*BN, TN*	*VPAI3P*	*VPAP-PNM*

11 ὅπου	ἄγγελοι	ἰσχύϊ	καὶ	δυνάμει	μείζονες	ὄντες	οὐ	φέρουσιν
mientras que	(los) ángeles,	en fuerza$_{3}$	y$_{4}$	poder,$_{5}$	mayores,$_{2}$	siendo$_{1}$	no	llevan
3699	32	2479	2532	1411	3173	5607	3756	5342
CAL	*NNPM*	*NDSF*	*CLN*	*NDSF*	*JNPMC*	*VPAP-PNM*	*BN, TN*	*VPAI3P*

NVI

al abismo, metiéndolos
en tenebrosas cavernas
y reservándolos para el
juicio. 5 Tampoco perdo-
nó al mundo antiguo
cuando mandó un
diluvio sobre los impíos,
aunque protegió a ocho
personas, incluyendo
a Noé, predicador de
la justicia. 6 Además,
condenó a las ciudades
de Sodoma y Gomorra,
y las redujo a cenizas,
poniéndolas como
escarmiento para los
impíos. 7 Por otra parte,
libró al justo Lot, que se
hallaba abrumado por
la vida desenfrenada de
esos perversos, 8 pues
este justo, que convivía
con ellos y amaba el
bien, día tras día sentía
que se le despedazaba
el alma por las obras
inicuas que veía y oía.
9 Todo esto demuestra
que el Señor sabe librar
de la prueba a los que
viven como Dios quiere,
y reservar a los impíos
para castigarlos en el día
del juicio. 10 Esto les es-
pera sobre todo a los que
siguen los corrompidos
deseos de la naturaleza
humana y desprecian la
autoridad del Señor.

¡Atrevidos y arrogan-
tes que son! No tienen
reparo en insultar a los
seres celestiales, 11 mien-
tras que los ángeles,
a pesar de superarlos
en fuerza y en poder,
no pronuncian contra

2:5* O sea *a siete otras personas.* **2:10*** O sea *potestades superiores.*

RVR

pronuncian juicio de
maldición contra ellas
delante del Señor.
12 Pero éstos, hablando
mal de cosas que no en-
tienden, como animales
irracionales, nacidos
para presa y destruc-
ción, perecerán en su
propia perdición,
13 recibiendo el galar-
dón de su injusticia, ya
que tienen por delicia el
gozar del placer efímero.
Éstos son inmundicias
y manchas, quienes aun
mientras comen con
vosotros, se recrean en
sus errores.
14 Tienen los ojos llenos
de adulterio, no se
sacian de pecar, seducen
a las almas inconstantes,
tienen el corazón habi-
tuado a la codicia, y son
hijos de maldición.
15 Han dejado el camino
recto, y se han extravia-
do siguiendo el camino
de Balaam hijo de Beor,
el cual amó el pago de la
iniquidad,
16 y fue reprendido por
su transgresión; pues
una muda bestia de
carga, hablando con voz
de hombre, refrenó la
locura del profeta.
17 Éstos son fuentes sin
agua, y brumas empu-
jadas por la tormenta;

κατ'	αὐτῶν	βλάσφημον	κρίσιν.	12 οὗτοι	δέ,	ὡς	ἄλογα	ζῷα
contra	ellos	blasfemo.$_{2}$	un juicio$_{1}$	estos,$_{2}$	Y$_{1}$	como$_{3}$	irracionales$_{5}$	animales$_{4}$
2596	846	989	2920	3778	1161	5613	249	2226
P	*RP3GPM*	*JASF*	*NASF*	*RD-NPM*	*CLC*	*CAM, B*	*JNPN*	*NNPN*

γεγεννημένα	φυσικὰ*	εἰς	ἅλωσιν	καὶ	φθοράν,	ἐν	οἷς	ἀγνοοῦσιν
habiendo nacido	naturales	para	caza	y	destrucción,	en$_{2}$	los cuales$_{3}$	desconocen$_{4}$
1080	5446	1519	259	2532	5356	1722	3739	50
VRPP-PNN	*JNPN*	*P*	*NASF*	*CLN*	*NASF*	*P*	*RR-DPN*	*VPAI3P*

βλασφημοῦντες,	ἐν	τῇ	φθορᾷ	αὐτῶν	καὶ	φθαρήσονται,
blasfeman$_{1}$	en$_{5}$	la	corrupción	de ellos	también	serán corrompidos.
987	1722	3588	5356	846	2532	5351
VPAP-PNM	*P*	*DDSF*	*NDSF*	*RP3GPM*	*BE, TE*	*VFPI3P, VFPI3S*

13 ἀδικούμενοι	μισθὸν	ἀδικίας·	ἡδονὴν	ἡγούμενοι	τὴν	ἐν	ἡμέρᾳ
recibiendo daño	por recompensa	de injusticia;	placer$_{2}$	considerando$_{1}$	el$_{2}$	en$_{4}$	día,$_{5}$
91	3408	93	2237	2233	3588	1722	2250
VPPP-PNM	*NASM*	*NGSF*	*NASF*	*VPUP-PNM*	*DASF*	*P*	*NDSF*

τρυφήν,	σπίλοι	καὶ	μῶμοι	ἐντρυφῶντες	ἐν	ταῖς	ἀπάταις
vivir en desenfreno$_{3}$	(hay) vergüenzas	y	manchas	al deleitarse	en	los	engaños
5172	4696	2532	3470	1792	1722	3588	539
NASF	*NNPM*	*CLN*	*NNPM*	*VPAP-PNM*	*P*	*DDPF*	*NDPF*

αὐτῶν	συνευωχούμενοι	ὑμῖν,	14 ὀφθαλμοὺς	ἔχοντες	μεστοὺς	μοιχαλίδος
de ellos	banqueteando con	vosotros,	(los) ojos$_{2}$	teniendo$_{1}$	llenos	de adulterio
846	4910	5213	3788	2192	3324	3428
RP3GPM	*VPUP-PNM*	*RP2DP*	*NAPM*	*VPAP-PNM*	*JAPM*	*NGSF, JGSF*

καὶ	ἀκαταπαύστους	ἁμαρτίας,	δελεάζοντες	ψυχὰς	ἀστηρίκτους,
y	no cesando	de pecado,	seduciendo	vidas	inestables,
2532	180	266	1185	5590	793
CLN	*JAPM*	*NGSF*	*VPAP-PNM*	*NAPF*	*JAPF*

καρδίαν	γεγυμνασμένην	πλεονεξίας	ἔχοντες,	κατάρας	τέκνα,
(el) corazón$_{2}$	ejercitado$_{3}$	(en) codicia,$_{4}$	teniendo$_{1}$	de maldición;$_{6}$	hijos$_{5}$
2588	1128	4124	2192	2671	5043
NASF	*VRPP-SAF*	*NGSF*	*VPAP-PNM*	*NGSF*	*NNPN*

15 καταλιπόντες	εὐθεῖαν	ὁδὸν	ἐπλανήθησαν,	ἐξακολουθήσαντες	τῇ
habiendo dejado	recto$_{2}$	(el) camino$_{1}$	se extraviaron,	siguiendo	el
2641	2117	3598	4105	1811	3588
VPAP-PNM	*JASF*	*NASF*	*VAPI3P*	*VAAP-PNM*	*DDSF*

ὁδῷ	τοῦ	Βαλαὰμ	τοῦ	Βοσὸρ	ὃς	μισθὸν	ἀδικίας	ἠγάπησεν
camino	--	de Balaam,	el (hijo) de	Beor,	quien	(el) salario$_{2}$	de (la) injusticia,$_{3}$	amó$_{1}$
3598	3588	903	3588	1007	3739	3408	93	25
NDSF	*DGSM*	*NGSM, XP*	*DGSM*	*NGSM, XP*	*RR-NSM*	*NASM*	*NGSF*	*VAAI3S*

16 ἔλεγξιν	δὲ	ἔσχεν	ἰδίας	παρανομίας·	ὑποζύγιον	ἄφωνον
reproche$_{3}$	y$_{1}$	tuvo$_{2}$	de (su) propio	delito;	(un) animal de carga	mudo
1649	1161	2192	2398	3892	5268	880
NASF	*CLC*	*VAAI3S*	*JGSF*	*NGSF*	*NNSN*	*JNSN*

ἐν	ἀνθρώπου	φωνῇ	φθεγξάμενον	ἐκώλυσεν	τὴν	τοῦ	προφήτου
con$_{2}$	de ser humano$_{4}$	voz$_{3}$	hablando$_{1}$	impidió$_{5}$	la$_{6}$	del$_{8}$	profeta.$_{9}$
1722	444	5456	5350	2967	3588	3588	4396
P	*NGSM*	*NDSF*	*VAUP-SNN*	*VAAI3S*	*DASF*	*DGSM*	*NGSM*

παραφρονίαν.
locura$_{7}$
3913
NASF

17 Οὗτοί	εἰσιν	πηγαὶ	ἄνυδροι	⸂καὶ	ὁμίχλαι⸃	ὑπὸ	λαίλαπος
Estos	son	fuentes	sin agua	y	neblinas	por$_{2}$	(la) tormenta,$_{3}$
3778	1526	4077	504	2532	3507	5259	2978
RD-NPM	*VPAI3P*	*NNPF*	*JNPF*	*CLN*	*NNPF*	*P*	*NGSF*

NVI

tales seres ninguna
acusación insultante en
la presencia del Señor.
12 Pero aquellos blas-
feman en asuntos que
no entienden. Como
animales irracionales, se
guían únicamente por el
instinto, pues nacieron
para ser atrapados y
degollados. Lo mismo
que esos animales,
perecerán también en su
corrupción 13 y recibirán
el justo pago por sus
injusticias. Su concepto
de placer es entregarse
a las pasiones desenfre-
nadas en pleno día. Son
manchas y suciedad, que
gozan de sus placeres
mientras los acompañan
a ustedes en sus comi-
das. 14 Tienen los ojos
llenos de adulterio y son
insaciables en el pecar;
seducen a las personas
inconstantes; son exper-
tos en la avaricia, ¡hijos
de maldición! 15 Han
abandonado el camino
recto, y se han extravia-
do para seguir la senda
de Balán, hijo de Bosor,
a quien le encantaba el
salario de la injusticia.
16 Pero fue reprendido
por su maldad: su burra
—una muda bestia de
carga— habló con voz
humana y refrenó la
locura del profeta.
17 Estos individuos
son fuentes sin agua,
niebla empujada por

2:12* O sea *como por instinto natural.* **2:17⸂⸃** Manuscritos inferiorestienen *y nubes.*

RVR

para los cuales la más
densa oscuridad está
reservada para siempre.
18 Pues pronunciando
palabras arrogantes y
vanas, seducen con con-
cupiscencias de la carne
y sensualidad a los que
acaban de escapar de los
que viven en error.
19 Les prometen liber-
tad, y son ellos mismos
esclavos de corrupción.
Porque el que es venci-
do por alguno, queda
hecho esclavo del que lo
venció.
20 Porque si, después
de haber escapado de
las contaminaciones
del mundo por el
conocimiento del Señor
y Salvador Jesucristo,
enredándose otra vez
en ellas son vencidos, su
postrer estado viene a
ser peor que el primero.
21 Porque mejor les
hubiera sido no haber
conocido el camino de
la justicia, que después
de haberlo conocido,
volverse atrás del santo
mandamiento que les
fue dado.
22 Les ha acontecido
lo de aquel proverbio
tan verdadero: El perro
vuelve a su vómito, y la
puerca lavada a revolcar-
se en el cieno.

ἐλαυνόμεναι,	οἷς	ὁ	ζόφος	τοῦ	[Γ]σκότους	τετήρηται.
empujadas$_{1}$	para los cuales	la	oscuridad	de la	tinieblas	ha sido reservada.
1643	3739	3588	2217	3588	4655	5083
VPPP-PNF	*RR-DPM*	*DNSM*	*NNSM*	*DGSN*	*NGSN*	*VRPI3S*

18 ὑπέρογκα	γὰρ	ματαιότητος	φθεγγόμενοι	δελεάζουσιν	ἐν
cosas arrogantes$_{3}$	Porque$_{1}$	de vanidad,$_{4}$	hablando$_{2}$	seducen	con
5246	1063	3153	5350	1185	1722
JAPN	*CAZ*	*NGSF*	*VPMP-PNM*	*VPAI3P*	*P*

ἐπιθυμίαις	σαρκὸς	ἀσελγείαις	τοὺς	ὀλίγως	ἀποφεύγοντας	τοὺς
deseos malos	de (la) carne	en sensualidades	a los que	apenas$_{2}$	escapan$_{1}$	de los que
1939	4561	766	3588	3641	668	3588
NDPF	*NGSF*	*NDPF*	*DAPM*	*B*	*VPAP-PAM*	*DAPM*

ἐν	πλάνῃ	ἀναστρεφομένους,	19 ἐλευθερίαν	αὐτοῖς	ἐπαγγελλόμενοι,
en	engaño,$_{2}$	viven$_{1}$	libertad$_{2}$	a ellos,$_{3}$	prometiendo$_{1}$
1722	4106	390	1657	846	1861
P	*NDSF*	*VPPP-PAM*	*NASF*	*RP3DPM*	*VPUP-PNM*

αὐτοὶ	δοῦλοι	ὑπάρχοντες	τῆς	φθορᾶς·	ᾧ	γάρ	τις
ellos mismos$_{4}$	esclavos$_{6}$	siendo$_{5}$	de la	corrupción	por lo que$_{2}$	porque$_{1}$	alguien
846	1401	5225	3588	5356	3739	1063	5100
RP3NPMP	*NNPM*	*VPAP-PNM*	*DGSF*	*NGSF*	*RR-DSN*	*CAZ*	*RX-NSM*

ἥττηται,	τούτῳ	καὶ	δεδούλωται.	20 εἰ	γὰρ	ἀποφυγόντες	τὰ
ha sido derrotado	para esto	también	ha sido esclavizado.	si$_{2}$	Porque$_{1}$	habiendo escapado	de las
2274	5129	2532	1402	1487	1063	668	3588
VRUI3S	*RD-DSN*	*C*	*VRPI3S*	*CAC*	*CLX*	*VAAP-PNM*	*DAPN*

μιάσματα	τοῦ	κόσμου	ἐν	ἐπιγνώσει	τοῦ	κυρίου	καὶ	σωτῆρος
contaminaciones	del	mundo	por	(el) conocimiento pleno	del	Señor	y	Salvador
3393	3588	2889	1722	1922	3588	2962	2532	4990
NAPN	*DGSM*	*NGSM*	*P*	*NDSF*	*DGSM*	*NGSM*	*CLN*	*NGSM*

Ἰησοῦ	Χριστοῦ	τούτοις	δὲ	πάλιν	ἐμπλακέντες	ἡττῶνται,
Jesús	Cristo,	por estas cosas$_{2}$	y$_{1}$	de nuevo$_{4}$	habiendo sido enredados$_{3}$	han sido vencidos,$_{5}$
2424	5547	5125	1161	3825	1707	2274
NGSM	*NGSM*	*RD-DPN*	*CLN*	*B*	*VAPP-PNM*	*VPUI3P*

γέγονεν	αὐτοῖς	τὰ	ἔσχατα	χείρονα	τῶν	πρώτων.	21 κρεῖττον
han llegado a ser	a ellos	las	últimas cosas	peores	de las	primeras.	mejor$_{2}$
1096	846	3588	2078	5501	3588	4413	2909
VRAI3S	*RP3DPM*	*DNPN*	*JNPN*	*JNPN*	*DGPN*	*JGPN*	*JNSN*

γὰρ	ἦν	αὐτοῖς	μὴ	ἐπεγνωκέναι	τὴν	ὁδὸν	τῆς	δικαιοσύνης	ἢ
Porque$_{1}$	era	para ellos	no	haber conocido	el	camino	de la	justicia,	que
1063	2258	846	3361	1921	3588	3598	3588	1343	2228
CAZ	*VIAI3S*	*RP3DPM*	*BN, TN*	*VRAN*	*DASF*	*NASF*	*DGSF*	*NGSF*	*CAM*

ἐπιγνοῦσιν	ὑποστρέψαι	ἐκ	τῆς	παραδοθείσης	αὐτοῖς	ἁγίας	ἐντολῆς·
tras conocer	volver	de	el que$_{3}$	ha sido entregado$_{4}$	a ellos.$_{5}$	santo$_{1}$	mandamiento$_{2}$
1921	5290	1537	3588	3860	846	40	1785
VAAP-PDM	*VAAN*	*P*	*DGSF*	*VAPP-SGF*	*RP3DPM*	*JGSF*	*NGSF*

22 συμβέβηκεν	αὐτοῖς	τὸ	τῆς	ἀληθοῦς	παροιμίας·	Κύων	ἐπιστρέψας
Ha sucedido	a ellos	lo	del	verdadero	proverbio:	(El) perro	vuelve
4819	846	3588	3588	227	3942	2965	1994
VRAI3S	*RP3DPM*	*DNSN*	*DGSF*	*JGSF*	*NGSF*	*NNSM*	*VAAP-SNM*

ἐπὶ	τὸ	ἴδιον	ἐξέραμα,	καί·	Ὗς	λουσαμένη	εἰς	κυλισμὸν
a	--	(su) propio	vómito,	y:	(La) puerca	lavada	a	revolcarse
1909	3588	2398	1829	2532	5300	3068	1519	2946
P	*DASN*	*JASN, JASM*	*NASN*	*CLN*	*NNSF*	*VAMP-SNF*	*P*	*NASM*

βορβόρου.
en (el) lodo.
1004
NGSM

NVI

la tormenta, para
quienes está reservada
la más densa oscuri-
dad. 18 Pronunciando
discursos arrogantes y
sin sentido, seducen con
los instintos naturales
desenfrenados a quienes
apenas comienzan a
apartarse de los que
viven en el error. 19 Les
prometen libertad,
cuando ellos mismos
son esclavos de la
corrupción, ya que cada
uno es esclavo de aquello
que lo ha dominado.
20 Si, habiendo escapado
de la contaminación del
mundo por haber co-
nocido a nuestro Señor
y Salvador Jesucristo,
vuelven a enredarse
en ella y son vencidos,
terminan en peores
condiciones que al prin-
cipio. 21 Más les hubiera
valido no conocer el
camino de la justicia que
abandonarlo después de
haber conocido el santo
mandamiento que se
les dio. 22 En su caso ha
sucedido lo que acerta-
damente afirman estos
proverbios: «El perro
vuelve a su vómito»,
y «la puerca lavada, a
revolcarse en el lodo».

2:17[Γ] Manuscritos inferiores aumentaron *para siempre.*

RVR

Promesa de la venida del Señor

3 Amados, ésta es ya
la segunda carta que
os escribo, y en ambas
despierto con admo-
nición vuestro sincero
discernimiento,
2 para que hagáis memo-
ria de las palabras que
antes han sido dichas
por los santos profetas,
y del mandamiento
del Señor y Salvador
declarado por vuestros
apóstoles;
3 sabiendo primero esto,
que en los últimos días
vendrán burladores sar-
cásticos, andando según
sus propias concupis-
cencias,
4 y diciendo: ¿Dónde
está la promesa de su
Venida? Porque desde
el día en que los padres
durmieron, todas las
cosas permanecen como
estaban desde el princi-
pio de la creación.
5 Éstos ignoran volun-
tariamente que desde
los tiempos antiguos
existían por la palabra
de Dios los cielos, y tam-
bién la tierra, surgida
del agua y asentada en
medio de las aguas,
6 por lo cual el mundo
de entonces pereció
anegado en agua;
7 pero los cielos y la tierra
actuales están reservados
por la misma palabra,
guardados para el fuego
en el día del juicio y de

3 Ταύτην ἤδη, ἀγαπητοί, δευτέραν ὑμῖν γράφω ἐπιστολήν,
esta (es)$_{2}$ ya$_{3}$ Amados,$_{1}$ (la) segunda$_{4}$ a vosotros,$_{7}$ (que) escribo$_{6}$ carta$_{5}$
3778 2235 27 1208 5213 1125 1992
RD-ASF B JVPM JASF RP2DP VPAI1S NASF

ἐν αἷς διεγείρω ὑμῶν ἐν ὑπομνήσει τὴν εἰλικρινῆ διάνοιαν,
en las que despierto de vosotros,$_{6}$ por$_{4}$ recuerdo$_{5}$ el$_{1}$ sincero$_{2}$ entendimiento$_{3}$
1722 3739 1326 5216 1722 5280 3588 1506 1271
P RR-DPF VPAI1S RP2GP P NDSF DASF JASF NASF

2 μνησθῆναι τῶν προειρημένων ῥημάτων ὑπὸ τῶν ἁγίων
para recordar las dichas antes$_{2}$ palabras$_{1}$ por los santos
3415 3588 4280 4487 5259 3588 40
VAPN DGPN, DGPM VRPP-PGN, VRPP-PGM NGPN P DGPM JGPM

προφητῶν καὶ τῆς τῶν ἀποστόλων ὑμῶν ἐντολῆς τοῦ
profetas y el (por) los$_{6}$ apóstoles$_{7}$ de vosotros,$_{8}$ mandamiento$_{1}$ del$_{2}$
4396 2532 3588 3588 652 5216 1785 3588
NGPM CLN DGSF DGPM NGPM RP2GP NGSF DGSM

κυρίου καὶ σωτῆρος, 3 τοῦτο πρῶτον γινώσκοντες ὅτι ἐλεύσονται
Señor$_{3}$ y$_{4}$ Salvador,$_{5}$ esto$_{2}$ primero,$_{3}$ sabiendo$_{1}$ que vendrán
2962 2532 4990 5124 4412 1097 3754 2064
NGSM CLN NGSM RD-ASN B, J VPAP-PNM CSC VFMI3P

ἐπ᾽ ἐσχάτων τῶν ἡμερῶν ⸂ἐν ἐμπαιγμονῇ⸃ ἐμπαῖκται κατὰ τὰς
en (los) últimos -- días con$_{2}$ burla$_{3}$ burladores$_{1}$ conforme a$_{5}$ los$_{6}$
1909 2078 3588 2250 1722 1701 1703 2596 3588
P JGPF DGPF NGPF P NDSF NNPM P DAPF

ἰδίας ἐπιθυμίας αὐτῶν πορευόμενοι 4 καὶ λέγοντες· Ποῦ ἐστιν
propios$_{7}$ deseos malos$_{8}$ de ellos$_{9}$ andando$_{4}$ y diciendo: ¿Dónde está
2398 1939 846 4198 2532 3004 4226 2076
JAPF NAPF RP3GPM VPUP-PNM CLN VPAP-PNM BI VPAI3S

ἡ ἐπαγγελία τῆς παρουσίας αὐτοῦ; ἀφ᾽ ἧς γὰρ οἱ πατέρες
la promesa de la venida de él? desde$_{2}$ que$_{3}$ Porque$_{1}$ los padres
3588 1860 3588 3952 846 575 3739 1063 3588 3962
DNSF NNSF DGSF NGSF RP3GSM P RR-GSF CAZ DNPM NNPM

ἐκοιμήθησαν, πάντα οὕτως διαμένει ἀπ᾽ ἀρχῆς κτίσεως. 5 λανθάνει
durmieron, todo así$_{2}$ permanece$_{1}$ desde (el) principio (de la) creación. está oculto$_{4}$
2837 3956 3779 1265 575 746 2937 2990
VAPI3P JNPN B VPAI3S P NGSF NGSF VPAI3S

γὰρ αὐτοὺς τοῦτο θέλοντας ὅτι οὐρανοὶ ἦσαν ἔκπαλαι καὶ γῆ
Porque$_{1}$ de ellos$_{5}$ esto$_{3}$ deseando$_{7}$ que (los) cielos existían de antiguo y (la) tierra
1063 846 5124 2309 3754 3772 2258 1597 2532 1093
CAZ RP3APM RD-NSN VPAP-PAM CSC NNPM VIAI3P B CLN NNSF

ἐξ ὕδατος καὶ δι᾽ ὕδατος συνεστῶσα τῷ τοῦ θεοῦ
de$_{2}$ agua$_{3}$ y$_{4}$ por medio de$_{5}$ agua$_{6}$ habiendo sido formado$_{1}$ por la$_{7}$ --$_{9}$ de Dios,$_{10}$
1537 5204 2532 1223 5204 4921 3588 3588 2316
P NGSN CLN P NGSN VRAP-SNF DDSM DGSM NGSM

λόγῳ, 6 δι᾽ ὧν ὁ τότε κόσμος ὕδατι κατακλυσθεὶς
palabra$_{8}$ por medio de las cuales el de entonces$_{2}$ mundo$_{1}$ por agua;$_{5}$ siendo inundado$_{4}$
3056 1223 3739 3588 5119 2889 5204 2626
NDSM P RR-GPN DNSM B NNSM NDSN VAPP-SNM

ἀπώλετο· 7 οἱ δὲ νῦν οὐρανοὶ καὶ ἡ γῆ τῷ αὐτῷ λόγῳ
pereció$_{3}$ los$_{2}$ y$_{1}$ de ahora$_{7}$ cielos$_{3}$ y$_{4}$ la$_{5}$ tierra$_{6}$ por la$_{9}$ misma$_{10}$ palabra$_{11}$
622 3588 1161 3568 3772 2532 3588 1093 3588 846 3056
VAMI3S DNPM CLC B NNPM CLN DNSF NNSF DDSM RP3DSMA, JDSM NDSM

τεθησαυρισμένοι εἰσὶν πυρὶ τηρούμενοι εἰς ἡμέραν κρίσεως καὶ
habiendo sido guardados$_{8}$ están$_{12}$ para (el) fuego$_{14}$ reservados$_{13}$ para$_{15}$ (el) día$_{16}$ de juicio$_{17}$ y$_{18}$
2343 1526 4442 5083 1519 2250 2920 2532
VRPP-PNM VPAI3P NDSN VPPP-PNM P NASF NGSF CLN

NVI

El día del Señor

3 Queridos herma-
nos, esta es ya la
segunda carta que les
escribo. En las dos he
procurado refrescarles
la memoria para que,
con una mente íntegra,
2 recuerden las palabras
que los santos profetas
pronunciaron en el pa-
sado, y el mandamiento
que dio nuestro Señor y
Salvador por medio de
los apóstoles.
3 Ante todo, deben
saber que en los últimos
días vendrá gente
burlona que, siguiendo
sus malos deseos, se
mofará: 4 «¿Qué hubo
de esa promesa de su
venida? Nuestros padres
murieron, y nada ha
cambiado desde el prin-
cipio de la creación».
5 Pero intencionalmen-
te olvidan que desde
tiempos antiguos, por la
palabra de Dios, existía
el cielo y también la
tierra, que surgió del
agua y mediante el
agua. 6 Por la palabra
y el agua, el mundo de
aquel entonces pereció
inundado. 7 Y ahora,
por esa misma palabra,
el cielo y la tierra están
guardados para el fuego,
reservados para el día del

3:3⸂⸃ Manuscritos inferiores suprimieron *con burla.*

RVR

la perdición de los hom-
bres impíos.
8 Mas, oh amados, no
ignoréis esto: que para
con el Señor un día es
como mil años, y mil
años como un día.
9 El Señor no retarda su
promesa, según algunos
la tienen por tardanza,
sino que es paciente
para con nosotros, no
queriendo que nadie
perezca, sino que todos
vengan al arrepenti-
miento.
10 Pero el día del Señor
vendrá como un ladrón
en la noche; en el cual
los cielos desaparecerán
con gran estruendo, y
los elementos ardiendo
serán deshechos, y la tie-
rra y las obras que en ella
hay serán quemadas.
11 Puesto que todas
estas cosas han de ser
deshechas, ¡qué clase de
personas debéis ser en
vuestra conducta santa
y en piedad,
12 aguardando y apresu-
rando la venida del día
de Dios, en el cual los
cielos, encendiéndose,
serán deshechos, y los
elementos, siendo que-
mados, se fundirán!
13 Pero esperamos,
según su promesa, cielos
nuevos y tierra nueva,

ἀπωλείας	τῶν	ἀσεβῶν	ἀνθρώπων.
perdición$_{14}$	de los$_{20}$	impíos.$_{22}$	seres humanos$_{21}$
684	3588	765	444
NGSF	*DGPM*	*JGPM*	*NGPM*

8 ⌜Ἓν	δὲ	τοῦτο	μὴ	λανθανέτω	ὑμᾶς,	ἀγαπητοί,	ὅτι	μία	ἡμέρα
una cosa$_{3}$	Mas$_{1}$	esta$_{2}$	no	se oculte	de vosotros,	amados,	que	un	día
1520	1161	5124	3361	2990	5209	27	3754	1520	2250
JNSN	*CLC*	*RD-NSN*	*BN, TN*	*VPAM3S*	*RP2AP*	*JVPM*	*CSC*	*JNSF*	*NNSF*

παρὰ	κυρίῳ	ὡς	χίλια	ἔτη	καὶ	χίλια	ἔτη	ὡς	ἡμέρα	μία.	9 οὐ
para	(el) Señor	(es) como	mil	años	y	mil	años	como	día.$_{2}$	un$_{1}$	no$_{2}$
3844	2962	5613	5507	2094	2532	5507	2094	5613	2250	1520	3756
P	*NDSM*	*P, CAM*	*JNPN*	*NNPN*	*CLN*	*JNPN*	*NNPN*	*P, CAM*	*NNSF*	*JNSF*	*CLK, TN, B*

βραδύνει	κύριος	τῆς	ἐπαγγελίας,	ὥς	τινες	βραδύτητα	ἡγοῦνται,
retarda$_{3}$	(El) Señor$_{1}$	la	promesa,	como	algunos	tardanza,$_{2}$	consideran$_{1}$
1019	2962	3588	1860	5613	5100	1022	2233
VPAI3S	*NNSM*	*DGSF*	*NGSF*	*B, C*	*RX-NPM*	*NASF*	*VPUI3P*

ἀλλὰ	μακροθυμεῖ	εἰς	⌜ὑμᾶς,	μὴ	βουλόμενός	τινας	ἀπολέσθαι
sino	es paciente	para	vosotros,	no	deseando (que)	algunos	perezcan,
235	3114	1519	5209	3361	1014	5100	622
CLK, CLC	*VPAI3S*	*P*	*RP2AP*	*BN, TN*	*VPUP-SNM*	*RX-APM*	*VAMN*

ἀλλὰ	πάντας	εἰς	μετάνοιαν	χωρῆσαι.	10 ἥξει	δὲ	ἡμέρα	κυρίου
sino	todos	para$_{2}$	arrepentimiento.$_{3}$	sean capaces$_{1}$	vendrá$_{4}$	Mas$_{1}$	(el) día$_{2}$	de (l) Señor$_{3}$
235	3956	1519	3341	5562	2240	1161	2250	2962
CLC	*JAPM*	*P*	*NASF*	*VAAN*	*VFAI3S*	*CLC*	*NNSF*	*NGSM*

ὡς	⌜κλέπτης,	ἐν	ᾗ	οἱ	οὐρανοὶ	ῥοιζηδὸν	παρελεύσονται,
como	ladrón,	en	el que	los	cielos	con un ruido estridente$_{2}$	desaparecerán,$_{1}$
5613	2812	1722	3588	3588	3772	4500	3928
P, CAM	*NNSM*	*P*	*RR-DSF*	*DNPM*	*NNPM*	*B*	*VFMI3P*

στοιχεῖα	δὲ	καυσούμενα	λυθήσεται,	καὶ	γῆ	καὶ	τὰ	ἐν	αὐτῇ
(los) elementos$_{4}$	y$_{3}$	encendidos,$_{6}$	serán disueltos$_{5}$	y$_{7}$	(la) tierra$_{8}$	y$_{4}$	las$_{10}$	en$_{13}$	ella.$_{14}$
4747	1161	2741	3089	2532	1093	2532	3588	1722	846
NNPN	*CLN*	*VPPP-PNN*	*VFPI3S*	*CLN*	*NNSF*	*CLN*	*DNPN*	*P*	*RP3DSF*

ἔργα	εὑρεθήσεται.
obras$_{11}$	serán descubiertas.$_{12}$
2041	2147
NNPN	*VFPI3S*

11 Τούτων	οὕτως	πάντων	λυομένων	ποταποὺς	δεῖ	ὑπάρχειν
estas cosas$_{2}$	así$_{4}$	Todas$_{1}$	siendo disueltas$_{3}$	¡qué tipo (de personas)	es necesario	ser
5130	3779	3956	3089	4217	1163	5225
RD-GPN	*B*	*JGPN*	*VPPP-PGN*	*JAPM, R--APM*	*VPAI3S*	*VPAN*

ὑμᾶς	ἐν	ἁγίαις	ἀναστροφαῖς	καὶ	εὐσεβείαις,	12 προσδοκῶντας	καὶ
vosotros	en	santo$_{2}$	comportamiento$_{1}$	y	piedad,	aguardando	y
5209	1722	40	391	2532	2150	4328	2532
RP2AP	*P*	*JDPF*	*NDPF*	*CLN*	*NDPF*	*VPAP-PAM*	*CLN*

σπεύδοντας	τὴν	παρουσίαν	τῆς	τοῦ	θεοῦ	ἡμέρας,	δι’	ἣν
apresurando	la	venida	del	--$_{2}$	de Dios,$_{3}$	día$_{1}$	por medio de	el cual
4692	3588	3952	3588	3588	2316	2250	1223	3739
VAP-PAM	*DASF*	*NASF*	*DGSF*	*DGSM*	*NGSM*	*NGSF*	*P*	*RR-ASF*

οὐρανοὶ	πυρούμενοι	λυθήσονται	καὶ	στοιχεῖα	καυσούμενα	τήκεται·
(los) cielos	encendidos	serán disueltos	y	(los) elementos	quemados	se derretirán!
3772	4448	3089	2532	4747	2741	5080
NNPM	*VPPP-PNM*	*VFPI3P*	*CLN*	*NNPN*	*VPPP-PNN*	*VPPI3S*

13 καινοὺς	δὲ	οὐρανοὺς	καὶ	γῆν	καινὴν	κατὰ	τὸ	ἐπάγγελμα	αὐτοῦ
nuevos$_{8}$	Pero$_{1}$	cielos$_{7}$	y$_{9}$	tierra$_{10}$	nueva,$_{11}$	conforme a$_{2}$	a la$_{3}$	promesa$_{4}$	de él$_{5}$
2537	1161	3772	2532	1093	2537	2596	3588	1862	846
JAPM	*CLC*	*NAPM*	*CLN*	*NASF*	*JASF*	*P*	*DASN*	*NASN*	*RP3GSM*

NVI

juicio y de la destrucción
de los impíos.
8 Pero no olviden,
queridos hermanos, que
para el Señor un día es
como mil años, y mil
años como un día. 9 El
Señor no tarda en cum-
plir su promesa, según
entienden algunos la tar-
danza. Más bien, él tiene
paciencia con ustedes,
porque no quiere que
nadie perezca, sino que
todos se arrepientan.
10 Pero el día del
Señor vendrá como un
ladrón. En aquel día los
cielos desaparecerán con
un estruendo espantoso,
los elementos serán
destruidos por el fuego,
y la tierra, con todo lo
que hay en ella, será
quemada.
11 Ya que todo será
destruido de esa manera,
¿no deberían vivir uste-
des como Dios manda,
siguiendo una conducta
intachable 12 y espe-
rando ansiosamente la
venida del día de Dios?
Ese día los cielos serán
destruidos por el fuego,
y los elementos se derre-
tirán con el calor de las
llamas. 13 Pero, según su
promesa, esperamos un
cielo nuevo y una tierra

3:9⌜ Manuscritos inferiores tienen *nosotros*. **3:10**⌜ Manuscritos inferiores aumentaron *en la noche*.

RVR

en los cuales habita la
justicia.
14 Por lo cual, oh ama-
dos, estando en espera
de estas cosas, procurad
con diligencia ser halla-
dos por él sin mancha e
irreprensibles, en paz.
15 Y considerad que
la longanimidad de
nuestro Señor es para
salvación; como tam-
bién nuestro amado
hermano Pablo, según
la sabiduría que le ha
sido dada, os ha escrito
16 asimismo en todas sus
epístolas, hablando en
ellas de estas cosas; entre
las cuales hay algunas
difíciles de entender,
las cuales los indoctos
e inconstantes tuercen,
como también las de-
más Escrituras, para su
propia perdición.
17 Así que vosotros, oh
amados, sabiéndolo de
antemano, guardaos, no
sea que arrastrados por
el error de los inicuos,
caigáis de vuestra
firmeza.
18 Antes bien, creced en
la gracia y el conoci-
miento de nuestro
Señor y Salvador
Jesucristo. ¡A él la gloria
ahora y hasta el día de la
eternidad! Amén.

προσδοκῶμεν,	ἐν	οἷς	δικαιοσύνη	κατοικεῖ.
esperamos$_{6}$	en$_{12}$	los cuales$_{13}$	justicia.$_{15}$	habita$_{14}$
4328	1722	3739	1343	2730
VPAI1P	*P*	*RR-DPM*	*NNSF*	*VPAI3S*

14 Διό,	ἀγαπητοί,	ταῦτα	προσδοκῶντες	σπουδάσατε	ἄσπιλοι
Por lo cual,	amados,	estas cosas$_{2}$	esperando$_{1}$	sed diligentes$_{3}$	sin mancha$_{7}$
1352	27	5023	4328	4704	784
CLI	*JVPM*	*RD-APN*	*VPAP-PNM*	*VAAM2P*	*JNPM*

καὶ	ἀμώμητοι	αὐτῷ	εὑρεθῆναι	ἐν	εἰρήνῃ,	15 καὶ	τὴν	τοῦ	κυρίου
e$_{8}$	irreprensibles$_{9}$	por él,$_{10}$	ser hallados$_{4}$	en$_{5}$	paz,$_{6}$	y	la$_{2}$	del$_{4}$	Señor$_{5}$
2532	298	846	2147	1722	1515	2532	3588	3588	2962
CLN	*JNPM*	*RP3DSM*	*VAPN*	*P*	*NDSF*	*CLN*	*DASF*	*DGSM*	*NGSM*

ἡμῶν	μακροθυμίαν	σωτηρίαν	ἡγεῖσθε,	καθὼς	καὶ	ὁ	ἀγαπητὸς
de nosotros$_{6}$	paciencia$_{3}$	como salvación,$_{7}$	considerad$_{1}$	como$_{8}$	también$_{9}$	el$_{10}$	amado$_{11}$
2257	3115	4991	2233	2531	2532	3588	27
RP1GP	*NASF*	*NASF*	*VPUM2P*	*CAM*	*BE, TE*	*DNSM*	*JNSM*

ἡμῶν	ἀδελφὸς	Παῦλος	κατὰ	τὴν	δοθεῖσαν	αὐτῷ	σοφίαν
de nosotros$_{12}$	hermano$_{13}$	Pablo$_{14}$	conforme a$_{17}$	la$_{18}$	que ha sido dada$_{20}$	a él,$_{21}$	sabiduría$_{19}$
2257	80	3972	2596	3588	1325	846	4678
RP1GP	*NNSM*	*NNSM*	*P*	*DASF*	*VAPP-SAF*	*RP3DSM*	*NASF*

ἔγραψεν	ὑμῖν,	16 ὡς	καὶ	ἐν	πάσαις	ταῖς	ἐπιστολαῖς	λαλῶν
escribió$_{15}$	a vosotros,$_{16}$	como	también	en	todas	las	epístolas,	está hablando
1125	5213	5613	2532	1722	3956	3588	1992	2980
VAAI3S	*RP2DP*	*CAM*	*BE, TE*	*P*	*JDPF*	*DDPF*	*NDPF*	*VPAP-SNM*

ἐν	αὐταῖς	περὶ	τούτων,	ἐν	αἷς	ἐστιν	δυσνόητά	τινα,
en	ellas	acerca de	estas (cosas),	en	las cuales	hay	difícil de entender,$_{2}$	ciertas cosas$_{1}$
1722	846	4012	5130	1722	3739	2076	1425	5100
P	*RP3DPF*	*P*	*RD-GPN*	*P*	*RR-DPF*	*VPAI3S*	*JNPN*	*RX-NPN*

ἃ	οἱ	ἀμαθεῖς	καὶ	ἀστήρικτοι	στρεβλοῦσιν	ὡς	καὶ	τὰς	λοιπὰς
las que	los	ignorantes	e	inestables	tuercen	como	también	las	demás
3739	3588	261	2532	793	4761	5613	2532	3588	3062
RR-APN	*DNPM*	*JNPM*	*CLN*	*JNPM*	*VPAI3P*	*CAM*	*BE, TE*	*DAPF*	*JAPF*

γραφὰς	πρὸς	τὴν	ἰδίαν	αὐτῶν	ἀπώλειαν.	17 ὑμεῖς	οὖν,	ἀγαπητοί,
Escrituras,	para	la	propia	de ellos.$_{2}$	destrucción$_{1}$	Vosotros,	pues,	amados,
1124	4314	3588	2398	846	684	5210	3767	27
NAPF	*P*	*DASF*	*JASF*	*RP3GPM*	*NASF*	*RP2NP*	*CLI*	*JVPM*

προγινώσκοντες	φυλάσσεσθε	ἵνα	μὴ	τῇ	τῶν	ἀθέσμων	πλάνῃ
conociendo de antemano	guardaos	para que	no	por el$_{6}$	de los$_{8}$	inicuos,$_{9}$	error$_{7}$
4267	5442	2443	3361	3588	3588	113	4106
VPAP-PNM	*VPMM2P*	*CAP*	*BN, TN*	*DDSF*	*DGPM*	*JGPM*	*NDSF*

συναπαχθέντες	ἐκπέσητε	τοῦ	ἰδίου	στηριγμοῦ,	18 αὐξάνετε	δὲ
siendo arrastrados$_{5}$	caigáis$_{1}$	--$_{2}$	(de vuestra) propia$_{3}$	firmeza,$_{4}$	creced$_{2}$	mas$_{1}$
4879	1601	3588	2398	4740	837	1161
VAPP-PNM	*VAAS2P*	*DGSM*	*JGSM*	*NGSM*	*VPAM2P*	*CLC*

ἐν	χάριτι	καὶ	γνώσει	τοῦ	κυρίου	ἡμῶν	καὶ	σωτῆρος	Ἰησοῦ
en	(la) gracia	y	(el) conocimiento	del	Señor	de nosotros	y	salvador	Jesús
1722	5485	2532	1108	3588	2962	2257	2532	4990	2424
P	*NDSF*	*CLN*	*NDSF*	*DGSM*	*NGSM*	*RP1GP*	*CLN*	*NGSM*	*NGSM*

Χριστοῦ.	αὐτῷ	ἡ	δόξα	καὶ	νῦν	καὶ	εἰς	ἡμέραν	αἰῶνος.
Cristo.	a él$_{3}$	La$_{1}$	gloria (sea)$_{2}$	tanto	ahora	y	hasta	(el) día	(de la) eternidad.
5547	846	3588	1391	2532	3568	2532	1519	2250	165
NGSM	*RP3DSM*	*DNSF*	*NNSF*	*CLK*	*B*	*CLK, CLN*	*P*	*NASF*	*NGSM*

⌜ἀμήν.
Amén.
281
I, XF

NVI

nueva, en los que habite
la justicia.
14 Por eso, queridos
hermanos, mientras
esperan estos aconte-
cimientos, esfuércense
para que Dios los
halle sin mancha y sin
defecto, y en paz con él.
15 Tengan presente que
la paciencia de nuestro
Señor significa salva-
ción, tal como les escri-
bió también nuestro
querido hermano Pablo,
con la sabiduría que
Dios le dio. 16 En todas
sus cartas se refiere a es-
tos mismos temas. Hay
en ellas algunos puntos
difíciles de entender, que
los ignorantes e incons-
tantes tergiversan, como
lo hacen también con las
demás Escrituras, para
su propia perdición.
17 Así que ustedes,
queridos hermanos,
puesto que ya saben
esto de antemano, man-
ténganse alerta, no sea
que, arrastrados por el
error de esos libertinos,
pierdan la estabilidad
y caigan. 18 Más bien,
crezcan en la gracia y
en el conocimiento
de nuestro Señor y
Salvador Jesucristo. ¡A él
sea la gloria ahora y para
siempre! Amén.

3:18⌜ Manuscritos importantes omiten *Amén*.

Primera Epístola de

JUAN

ΙΩΑΝΝΟΥ Α

RVR

La palabra de vida

1 Lo que era desde
el principio, lo que
hemos oído, lo que he-
mos visto con nuestros
ojos, lo que hemos con-
templado, y palparon
nuestras manos acerca
del Verbo de vida
2 (porque la vida fue
manifestada, y la hemos
visto, y testificamos, y
os anunciamos la vida
eterna, la cual estaba
con el Padre, y nos fue
manifestada);
3 lo que hemos visto y
oído, eso os anunciamos
también; para que tam-
bién vosotros tengáis co-
munión con nosotros;
y nuestra comunión
verdaderamente es con
el Padre, y con su Hijo
Jesucristo.
4 Os escribimos estas
cosas para que vuestro
gozo sea completo.

Dios es luz

5 Y este es el mensaje
que hemos oído de
él, y os anunciamos:
Dios es luz, y no hay

1 Ὃ	ἦν	ἀπ'	ἀρχῆς,	ὃ	ἀκηκόαμεν,	ὃ	ἑωράκαμεν
Lo que	era	desde	principio,	lo que	hemos oído,	lo que	hemos visto
3739	2258	575	746	3739	191	3739	3708
RR-ASN	*VIAI3S*	*P*	*NGSF*	*RR-ASN*	*VRAI1P*	*RR-ASN*	*VRAI1P*

τοῖς	ὀφθαλμοῖς	ἡμῶν,	ὃ	ἐθεασάμεθα	καὶ	αἱ	χεῖρες	ἡμῶν
con los	ojos	de nosotros,	lo que	contemplamos	y	las	manos	de nosotros
3588	3788	2257	3739	2300	2532	3588	5495	2257
DDPM	*NDPM*	*RP1GP*	*RR-ASN*	*VAMI1P*	*CLN*	*DNPF*	*NNPF*	*RP1GP*

ἐψηλάφησαν,	περὶ	τοῦ	λόγου	τῆς	ζωῆς—	2 καὶ	ἡ	ζωὴ
palparon,	acerca de	la	Palabra	de --	vida,	y	la	vida
5584	4012	3588	3056	3588	2222	2532	3588	2222
VAAI3P	*P*	*DGSM*	*NGSM*	*DGSF*	*NGSF*	*CLN*	*DNSF*	*NNSF*

ἐφανερώθη,	καὶ	ἑωράκαμεν	καὶ	μαρτυροῦμεν	καὶ	ἀπαγγέλλομεν
fue manifestada,	y	hemos visto	y	testificamos	y	anunciamos
5319	2532	3708	2532	3140	2532	518
VAPI3S	*CLN*	*VRAI1P*	*CLN*	*VPAI1P*	*CLN*	*VPAI1P*

ὑμῖν	τὴν	ζωὴν	τὴν	αἰώνιον	ἥτις	ἦν	πρὸς	τὸν	πατέρα	καὶ
a vosotros	la	vida	--	eterna,	la que	estaba	con	el	Padre	y
5213	3588	2222	3588	166	3748	2258	4314	3588	3962	2532
RP2DP	*DASF*	*NASF*	*DASF*	*JASF*	*RR-NSF*	*VIAI3S*	*P*	*DASM*	*NASM*	*CLN*

ἐφανερώθη	ἡμῖν—	3 ὃ	ἑωράκαμεν	καὶ	ἀκηκόαμεν	ἀπαγγέλλομεν
fue manifestada	a nosotros,	lo que	hemos visto	y	hemos oído,	anunciamos
5319	2254	3739	3708	2532	191	518
VAPI3S	*RP1DP*	*RR-ASN*	*VRAI1P*	*CLN*	*VRAI1P*	*VPAI1P*

καὶ	ὑμῖν,	ἵνα	καὶ	ὑμεῖς	κοινωνίαν	ἔχητε	μεθ'	ἡμῶν·	καὶ
también,$_{2}$	a vosotros$_{1}$	para que$_{3}$	también$_{5}$	vosotros$_{4}$	comunión$_{7}$	tengáis$_{6}$	con	nosotros.	Y
2532	5213	2443	2532	5210	2842	2192	3326	2257	2532
BE, TE	*RP2DP*	*CAP*	*BE, TE*	*RP2NP*	*NASF*	*VPAS2P*	*P*	*RP1GP*	*BE, TE*

ἡ	κοινωνία	δὲ	ἡ	ἡμετέρα	μετὰ	τοῦ	πατρὸς	καὶ	μετὰ	τοῦ	υἱοῦ
la$_{2}$	comunión$_{3}$	--$_{1}$	--	nuestra	(es) con	el	Padre	y	con	el	Hijo
3588	2842	1161	3588	2251	3326	3588	3962	2532	3326	3588	5207
DNSF	*NNSF*	*CLN*	*DNSF*	*RS1NSF, RS1NPF*	*P*	*DGSM*	*NGSM*	*CLN*	*P*	*DGSM*	*NGSM*

αὐτοῦ	Ἰησοῦ	Χριστοῦ·	4 καὶ	ταῦτα	γράφομεν	ἡμεῖς	ἵνα	ἡ	χαρὰ
de él	Jesucristo.		Y	estas (cosas)$_{3}$	escribimos$_{2}$	nosotros$_{1}$	para que	el	gozo
846	2424	5547	2532	5023	1125	2249	2443	3588	5479
RP3GSM	*NGSM*	*NGSM*	*CLN*	*RD-APN*	*VPAI1P*	*RP1NP*	*CAP*	*DNSF*	*NNSF*

ἡμῶν	ᾖ	πεπληρωμένη.
de nosotros	sea	completo.
2257	5600	4137
RP1GP	*VPAS3S*	*VRPP-SNF*

5 Καὶ	ἔστιν	αὕτη	ἡ	ἀγγελία	ἣν	ἀκηκόαμεν	ἀπ'	αὐτοῦ	καὶ
Y	es$_{2}$	este$_{1}$	el	mensaje	el que	hemos oído	de	él	y
2532	2076	3778	3588	31	3739	191	575	846	2532
CLN	*VPAI3S*	*RD-NSF*	*DNSF*	*NNSF*	*RR-ASF*	*VRAI1P*	*P*	*RP3GSM*	*CLN*

ἀναγγέλλομεν	ὑμῖν,	ὅτι	ὁ	θεὸς	φῶς	ἐστιν	καὶ	σκοτία	ἐν	αὐτῷ
anunciamos	a vosotros,	que	--	Dios$_{1}$	luz$_{3}$	es$_{2}$	y$_{4}$	oscuridad$_{8}$	en$_{9}$	él.$_{10}$
312	5213	3754	3588	2316	5457	2076	2532	4653	1722	846
VPAI1P	*RP2DP*	*CSC*	*DNSM*	*NNSM*	*NNSN*	*VPAI3S*	*CLN*	*NNSF*	*P*	*RP3DSM*

NVI

El Verbo de vida

1 Lo que ha sido
desde el principio,
lo que hemos oído, lo
que hemos visto con
nuestros propios ojos, lo
que hemos contempla-
do, lo que hemos tocado
con las manos, esto les
anunciamos respecto
al Verbo que es vida.
2 Esta vida se manifestó.
Nosotros la hemos visto
y damos testimonio de
ella, y les anunciamos
a ustedes la vida eterna
que estaba con el Padre y
que se nos ha manifes-
tado. 3 Les anunciamos
lo que hemos visto y
oído, para que también
ustedes tengan comu-
nión con nosotros. Y
nuestra comunión es
con el Padre y con su
Hijo Jesucristo. 4 Les
escribimos estas cosas
para que nuestra alegría
sea completa.

Caminemos en la luz

5 Este es el mensaje
que hemos oído de él
y que les anunciamos:
Dios es luz y en él no hay

RVR

ninguanas tinieblas en él.
6 Si decimos que tenemos comunión con él, y andamos en tinieblas, mentimos, y no practicamos la verdad;
7 pero si andamos en la luz, como él está en la luz, tenemos comunión unos con otros, y la sangre de Jesucristo su Hijo nos limpia de todo pecado.
8 Si decimos que no tenemos pecado, nos engañamos a nosotros mismos, y la verdad no está en nosotros.
9 Si confesamos nuestros pecados, él es fiel y justo para perdonarnos nuestros pecados, y limpiarnos de toda iniquidad.
10 Si decimos que no hemos pecado, le hacemos a él mentiroso, y su palabra no está en nosotros.

Cristo, nuestro abogado

2 Hijitos míos, os escribo estas cosas para que no pequéis; y si alguno peca, abogado tenemos para con el Padre, a Jesucristo el justo.
2 Y él es la propiciación por nuestros pecados; y no solamente por los nuestros, sino también

---

οὐκ ἔστιν οὐδεμία. 6 ἐὰν εἴπωμεν ὅτι κοινωνίαν ἔχομεν μετ' αὐτοῦ
no$_5$ es (hay)$_6$ ninguna$_7$ Si decimos que$_1$ comunión$_3$ tenemos$_2$ con él
3756 2076 3762 1437 2036 3754 2842 2192 3326 846
BN, TN VPAI3S JNSF CAC VAAS1P CSC NASF VPAI1P P RP3GSM

καὶ ἐν τῷ σκότει περιπατῶμεν, ψευδόμεθα καὶ οὐ ποιοῦμεν τὴν
y$_1$ en$_3$ la$_4$ oscuridad,$_5$ andamos$_2$ mentimos y no practicamos la
2532 1722 3588 4655 4043 5574 2532 3756 4160 3588
CLC P DDSN NDSN VPAS1P VPUI1P CLN BN, TN VPAI1P DASF

ἀλήθειαν· 7 ἐὰν δὲ ἐν τῷ φωτὶ περιπατῶμεν ὡς αὐτός ἐστιν ἐν
verdad; si$_2$ mas$_1$ en$_4$ la$_5$ luz$_6$ andamos$_3$ como él está en
225 1437 1161 1722 3588 5457 4043 5613 846 2076 1722
NASF CAC CLC P DDSN NDSN VPAS1P CAM RP3NSMP VPAI3S P

τῷ φωτί, κοινωνίαν ἔχομεν μετ' ἀλλήλων καὶ τὸ αἷμα ΓἸησοῦ τοῦ
la luz, comunión$_2$ tenemos$_1$ con unos a otros y la sangre de Jesús, el
3588 5457 2842 2192 3326 240 2532 3588 129 2424 3588
DDSN NDSN NASF VPAI1P P RC-GPM CLN DNSN NNSN NGSM DGSM

υἱοῦ αὐτοῦ καθαρίζει ἡμᾶς ἀπὸ πάσης ἁμαρτίας. 8 ἐὰν εἴπωμεν ὅτι
Hijo de él, limpia a nosotros de todo pecado. Si dijéramos que
5207 846 2511 2248 575 3956 266 1437 2036 3754
NGSM RP3GSM VPAI3S RP1AP P JGSF NGSF CAC VAAS1P CSC

ἁμαρτίαν οὐκ ἔχομεν, ἑαυτοὺς πλανῶμεν καὶ ἡ ἀλήθεια οὐκ
pecado,$_3$ no$_1$ tenemos$_2$ a nosotros mismos engañamos y la verdad no
266 3756 2192 1438 4105 2532 3588 225 3756
NASF BN, TN VPAI1P RF1APM VPAI1P CLN DNSF NNSF BN, TN

ἔστιν ἐν ἡμῖν. 9 ἐὰν ὁμολογῶμεν τὰς ἁμαρτίας ἡμῶν, πιστός ἐστιν
está en nosotros. Si confesamos los pecados de nosotros, fiel es
2076 1722 2254 1437 3670 3588 266 2257 4103 2076
VPAI3S P RP1DP CAC VPAS1P DAPF NAPF RP1GP JNSM VPAI3S

καὶ δίκαιος ἵνα ἀφῇ ἡμῖν τὰς ἁμαρτίας καὶ καθαρίσῃ ἡμᾶς
y justo, para que perdone a nosotros los pecados y limpiara a nosotros
2532 1342 2443 863 2254 3588 266 2532 2511 2248
CLN JNSM CAP, CAR VAAS3S RP1DP DAPF NAPF CLN VAAS3S RP1AP

ἀπὸ πάσης ἀδικίας. 10 ἐὰν εἴπωμεν ὅτι οὐχ ἡμαρτήκαμεν, ψεύστην
de toda maldad. Si dijéramos que no hemos pecado, mentiroso$_3$
575 3956 93 1437 2036 3754 3756 264 5583
P JGSF NGSF CAC VAAS1P CSC BN, TN VRAI1P NASM

ποιοῦμεν αὐτὸν καὶ ὁ λόγος αὐτοῦ οὐκ ἔστιν ἐν ἡμῖν.
hacemos$_1$ a él$_2$ y la palabra de él no está en nosotros.
4160 846 2532 3588 3056 846 3756 2076 1722 2254
VPAI1P RP3ASM CLN DNSM NNSM RP3GSM BN, TN VPAI3S P RP1DP

2 Τεκνία μου, ταῦτα γράφω ὑμῖν ἵνα μὴ ἁμάρτητε. καὶ
Hijitos de mí, estas cosas$_2$ escribo$_1$ a vosotros$_3$ para que no pequéis. Y
5040 3450 5023 1125 5213 2443 3361 264 2532
NVPN RP1GS RD-APN VPAI1S RP2DP CAP BN, TN VAAS2P CLC

ἐάν τις ἁμάρτῃ, παράκλητον ἔχομεν πρὸς τὸν πατέρα Ἰησοῦν
si alguien peca, un defensor$_2$ tenemos$_1$ en relación con el Padre, a Jesús
1437 5100 264 3875 2192 4314 3588 3962 2424
CAC RX-NSM VAAS3S NASM VPAI1P P DASM NASM NASM

Χριστὸν δίκαιον, 2 καὶ αὐτὸς ἱλασμός ἐστιν περὶ τῶν ἁμαρτιῶν
Cristo (el) justo; y$_1$ él$_2$ propiciación$_4$ es$_3$ acerca de los pecados
5547 1342 2532 846 2434 2076 4012 3588 266
NASM JASM CLN RP3NSMP NNSM VPAI3S P DGPF NGPF

ἡμῶν, οὐ περὶ τῶν ἡμετέρων δὲ μόνον ἀλλὰ καὶ περὶ
de nosotros, no$_2$ acerca de$_4$ los$_5$ nuestros,$_6$ mas$_1$ sólo$_3$ sino también acerca de (los)
2257 3756 4012 3588 2251 1161 3440 235 2532 4012
RP1GP CLK, TN, B P DGPF RS1GPF, JGPF CLN B, J CLK, CLC BE, TE P

NVI

ninguna oscuridad. 6 Si afirmamos que tenemos comunión con él, pero vivimos en la oscuridad, mentimos y no ponemos en práctica la verdad. 7 Pero, si vivimos en la luz, así como él está en la luz, tenemos comunión unos con otros, y la sangre de su Hijo Jesucristo nos limpia de todo pecado.
8 Si afirmamos que no tenemos pecado, nos engañamos a nosotros mismos y no tenemos la verdad. 9 Si confesamos nuestros pecados, Dios, que es fiel y justo, nos los perdonará y nos limpiará de toda maldad. 10 Si afirmamos que no hemos pecado, lo hacemos pasar por mentiroso y su palabra no habita en nosotros.
2 Mis queridos hijos, les escribo estas cosas para que no pequen. Pero, si alguno peca, tenemos ante el Padre a un intercesor, a Jesucristo, el Justo.
2 Él es el sacrificio por el perdón de nuestros pecados, y no solo por los nuestros, sino por

---

1:7Γ Manuscritos inferiores aumentaron *Cristo*.

RVR

por los de todo el
mundo.
3 Y en esto sabemos que
hemos llegado a cono-
cerle: si guardamos sus
mandamientos.
4 El que dice: Yo he
llegado a conocerle, y no
guarda sus mandamien-
tos, es un mentiroso, y la
verdad no está en él;
5 pero el que guarda su
palabra, en éste verdade-
ramente el amor de Dios
se ha perfeccionado;
en esto conocemos que
estamos en él.
6 El que dice que perma-
nece en él, debe andar
como él anduvo.

El nuevo mandamiento

7 Hermanos, no os
escribo un manda-
miento nuevo, sino el
mandamiento antiguo
que teníais desde el
principio; este manda-
miento antiguo es la
palabra que habéis oído
desde el principio.
8 Sin embargo, os escri-
bo un mandamiento
nuevo, que es verdadero
en él y en vosotros,
porque las tinieblas van
pasando, y la luz verda-
dera ya alumbra.
9 El que dice que está en
la luz, y aborrece a su
hermano, está todavía

ὅλου τοῦ κόσμου.
de todo el mundo.
3650 3588 2889
JGSM DGSM NGSM

3 Καὶ ἐν τούτῳ γινώσκομεν ὅτι ἐγνώκαμεν αὐτόν, ἐὰν τὰς
Y en esto conocemos que hemos conocido a él, si los$_2$
2532 1722 5129 1097 3754 1097 846 1437 3588
CLN P RD-DSN VPAI1P CSC VRAI1P RP3ASM CAC DAPF

ἐντολὰς αὐτοῦ τηρῶμεν. 4 ὁ λέγων ὅτι Ἔγνωκα αὐτὸν καὶ
mandamientos$_3$ de él.$_4$ guardamos$_1$ El que dice que: He conocido a él, y$_1$
1785 846 5083 3588 3004 3754 1097 846 2532
NAPF RP3GSM VPAS1P DNSM VPAP-SNM CSC VRAI1S RP3ASM CLC

τὰς ἐντολὰς αὐτοῦ μὴ τηρῶν ψεύστης ἐστίν, καὶ ἐν τούτῳ
los$_4$ mandamientos$_5$ de él,$_6$ no$_2$ está guardando$_3$ mentiroso,$_8$ es$_7$ y$_9$ en$_{14}$ este;$_{15}$
3588 1785 846 3361 5083 5583 2076 2532 1722 5129
DAPF NAPF RP3GSM BN, TN VPAP-SNM NNSM VPAI3S CLN P RD-DSM

ἡ ἀλήθεια οὐκ ἔστιν· 5 ὃς δ᾽ ἂν τηρῇ αὐτοῦ τὸν λόγον,
la$_{10}$ verdad$_{11}$ no$_{12}$ está$_{13}$ el que$_2$ mas$_1$ -- guarda$_3$ de él,$_6$ la$_4$ palabra$_5$
3588 225 3756 2076 3739 1161 302 5083 846 3588 3056
DNSF NNSF BN, TN VPAI3S RR-NSM CLC TC VPAS3S RP3GSM DASM NASM

ἀληθῶς ἐν τούτῳ ἡ ἀγάπη τοῦ θεοῦ τετελείωται. ἐν τούτῳ
verdaderamente$_7$ en$_{12}$ este$_{13}$ el$_8$ amor$_9$ de --$_{10}$ Dios$_{11}$ ha sido perfeccionado.$_{14}$ En esto
230 1722 5129 3588 26 3588 2316 5048 1722 5129
B P RD-DSM DNSF NNSF DGSM NGSM VRPI3S P RD-DSN

γινώσκομεν ὅτι ἐν αὐτῷ ἐσμεν· 6 ὁ λέγων ἐν αὐτῷ μένειν
conocemos que$_1$ en$_3$ él.$_4$ estamos$_2$ El que$_1$ dice$_2$ en$_4$ él,$_5$ permanecer$_3$
1097 3754 1722 846 2070 3588 3004 1722 846 3306
VPAI1P CSC P RP3DSM VPAI1P DNSM VPAP-SNM P RP3DSM VPAN

ὀφείλει καθὼς ἐκεῖνος περιεπάτησεν καὶ ⸀αὐτὸς περιπατεῖν.
debe$_6$ como$_{10}$ aquel$_{11}$ anduvo.$_{12}$ también$_7$ él$_8$ andar$_9$
3784 2531 1565 4043 2532 846 4043
VPAI3S CAM RD-NSM VAAI3S BE, TE RP3NSMP VPAN

7 ⸀Ἀγαπητοί, οὐκ ἐντολὴν καινὴν γράφω ὑμῖν, ἀλλ᾽
Amados,$_1$ no$_2$ un mandamiento$_5$ nuevo,$_6$ escribo$_3$ a vosotros$_4$ sino
27 3756 1785 2537 1125 5213 235
JVPM CLK, TN, B NASF JASF VPAI1S RP2DP CLK, CLC

ἐντολὴν παλαιὰν ἣν εἴχετε ἀπ᾽ ἀρχῆς· ἡ ἐντολὴ ἡ παλαιά
un mandamiento antiguo el que teníais desde (el) principio; el mandamiento -- antiguo
1785 3820 3739 2192 575 746 3588 1785 3588 3820
NASF JASF RR-ASF VIAI2P P NGSF DNSF NNSF DNSF JNSF

ἐστιν ὁ λόγος ὃν ⸀¹ἠκούσατε. 8 πάλιν ἐντολὴν καινὴν γράφω
es la palabra la que oísteis. De nuevo un mandamiento,$_4$ nuevo$_3$ escribo$_1$
2076 3588 3056 3739 191 3825 1785 2537 1125
VPAI3S DNSM NNSM RR-ASM VAAI2P B NASF JASF VPAI1S

ὑμῖν, ὅ ἐστιν ἀληθὲς ἐν αὐτῷ καὶ ἐν ὑμῖν, ὅτι ἡ σκοτία
a vosotros$_2$ el que es verdadero en él y en vosotros, porque la oscuridad
5213 3739 2076 227 1722 846 2532 1722 5213 3754 3588 4653
RP2DP RR-NSN VPAI3S JNSN, JASN P RP3DSM CLN P RP2DP CAZ DNSF NNSF

παράγεται καὶ τὸ φῶς τὸ ἀληθινὸν ἤδη φαίνει. 9 ὁ λέγων ἐν
pasa y la luz -- verdadera ya alumbra. El que$_1$ dice$_2$ en$_4$
3855 2532 3588 5457 3588 228 2235 5316 3588 3004 1722
VPPI3S, VPMI3S CLN DNSN NNSN DNSN JNSN B VPAI3S DNSM VPAP-SNM P

τῷ φωτὶ εἶναι καὶ τὸν ἀδελφὸν αὐτοῦ μισῶν ἐν τῇ σκοτίᾳ ἐστὶν
la$_5$ luz,$_6$ estar$_3$ y al hermano de él odia, en$_4$ la$_5$ oscuridad,$_6$ está$_3$
3588 5457 1511 2532 3588 80 846 3404 1722 3588 4653 2076
DDSN NDSN VPAN CLC DASM NASM RP3GSM VPAP-SNM P DDSF NDSF VPAI3S

NVI

los de todo el mundo.
3 ¿Cómo sabemos si
hemos llegado a conocer
a Dios? Si obedecemos
sus mandamientos. 4 El
que afirma: «Lo conoz-
co», pero no obedece
sus mandamientos, es
un mentiroso y no tiene
la verdad. 5 En cambio,
el amor de Dios se mani-
fiesta plenamente en la
vida del que obedece su
palabra. De este modo
sabemos que estamos
unidos a él: 6 el que
afirma que permanece
en él debe vivir como
él vivió.
7 Queridos hermanos,
lo que les escribo no
es un mandamiento
nuevo, sino uno antiguo
que han tenido desde
el principio. Este man-
damiento antiguo es el
mensaje que ya oyeron.
8 Por otra parte, lo que
les escribo es un man-
damiento nuevo, cuya
verdad se manifiesta tan-
to en la vida de Cristo
como en la de ustedes,
porque la oscuridad se
va desvaneciendo y ya
brilla la luz verdadera.
9 El que afirma que
está en la luz, pero odia
a su hermano, todavía

2:7⸀ Manuscritos inferiores tienen *Hermanos*. **2:7**⸀¹ Manuscritos inferiores aumentaron *desde el principio*.

RVR

en tinieblas.
10 El que ama a su
hermano, permanece
en la luz, y en él no hay
tropiezo.
11 Pero el que aborrece
a su hermano está en
tinieblas, y anda en
tinieblas, y no sabe
adónde va, porque las
tinieblas le han cegado
los ojos.
12 Os escribo a vosotros,
hijitos, porque vuestros
pecados os han sido
perdonados por causa
de su nombre.
13 Os escribo a vosotros,
padres, porque habéis
llegado a conocer al que
es desde el principio.
Os escribo a vosotros,
jóvenes, porque habéis
vencido al maligno.
Os escribo a vosotros,
hijitos, porque habéis
conocido al Padre.
14 Os he escrito a vo-
sotros, padres, porque
habéis conocido al que
es desde el principio. Os
he escrito a vosotros,
jóvenes, porque sois
fuertes, y la palabra de
Dios permanece en vo-
sotros, y habéis vencido
al maligno.
15 No améis al mundo,
ni las cosas que están
en el mundo. Si alguno
ama al mundo el amor
del Padre no está en el.

ἕως	ἄρτι.	10 ὁ	ἀγαπῶν	τὸν	ἀδελφὸν	αὐτοῦ	ἐν	τῷ	φωτὶ	μένει,
hasta$_1$	ahora$_2$	El que	ama	al	hermano	de él,	en$_2$	la$_3$	luz,$_4$	permanece$_1$
2193	737	3588	25	3588	80	846	1722	3588	5457	3306
P, C	*B*	*DNSM*	*VPAP-SNM*	*DASM*	*NASM*	*RP3GSM*	*P*	*DDSN*	*NDSN*	*VPAI3S*

καὶ	σκάνδαλον	ἐν	αὐτῷ	οὐκ	ἔστιν·	11 ὁ	δὲ	μισῶν	τὸν	ἀδελφὸν
y$_5$	tropiezo;$_{10}$	en$_6$	él$_7$	no$_8$	está (hay)$_9$	el que$_2$	mas$_1$	odia$_3$	al$_4$	hermano$_5$
2532	4625	1722	846	3756	2076	3588	1161	3404	3588	80
CLN	*NNSN*	*P*	*RP3DSM*	*BN, TN*	*VPAI3S*	*DNSM*	*CLC*	*VPAP-SNM*	*DASM*	*NASM*

αὐτοῦ	ἐν	τῇ	σκοτίᾳ	ἐστὶν	καὶ	ἐν	τῇ	σκοτίᾳ	περιπατεῖ,	καὶ	οὐκ
de él,$_6$	en$_8$	la$_9$	oscuridad$_{10}$	está$_7$	y$_{11}$	en$_{13}$	la$_{14}$	oscuridad$_{15}$	anda,$_{12}$	y	no
846	1722	3588	4653	2076	2532	1722	3588	4653	4043	2532	3756
RP3GSM	*P*	*DDSF*	*NDSF*	*VPAI3S*	*CLN*	*P*	*DDSF*	*NDSF*	*VPAI3S*	*CLN*	*BN, TN*

οἶδεν	ποῦ	ὑπάγει,	ὅτι	ἡ	σκοτία	ἐτύφλωσεν	τοὺς	ὀφθαλμοὺς	αὐτοῦ.
sabe	adónde	va,	porque	la	oscuridad	cegó	los	ojos	de él.
1492	4225	5217	3754	3588	4653	5186	3588	3788	846
VRAI3S	*B*	*VPAI3S*	*CAZ*	*DNSF*	*NNSF*	*VAAI3S*	*DAPM*	*NAPM*	*RP3GSM*

12 Γράφω	ὑμῖν,	τεκνία,	ὅτι	ἀφέωνται	ὑμῖν	αἱ	ἁμαρτίαι
Escribo	a vosotros,	hijitos,	porque$_1$	habéis sido perdonados$_4$	a vosotros$_5$	los$_2$	pecados$_3$
1125	5213	5040	3754	863	5213	3588	266
VPAI1S	*RP2DP*	*NVPN*	*CAZ*	*VRPI3P*	*RP2DP*	*DNPF*	*NNPF*

διὰ	τὸ	ὄνομα	αὐτοῦ·	13 γράφω	ὑμῖν,	πατέρες,	ὅτι	ἐγνώκατε
a causa de	el	nombre	de él.	Escribo	a vosotros,	padres,	porque	habéis conocido
1223	3588	3686	846	1125	5213	3962	3754	1097
P	*DASN*	*NASN*	*RP3GSM*	*VPAI1S*	*RP2DP*	*NVPM*	*CAZ*	*VRAI2P*

τὸν	ἀπ’	ἀρχῆς·	γράφω	ὑμῖν,	νεανίσκοι,	ὅτι	νενικήκατε	τὸν
al (que es)	desde	(el) principio.	Escribo	a vosotros,	jóvenes,	porque	habéis vencido	al
3588	575	746	1125	5213	3495	3754	3528	3588
DASM	*P*	*NGSF*	*VPAI1S*	*RP2DP*	*NVPM*	*CAZ*	*VRAI2P*	*DASM*

πονηρόν.	14 ἔγραψα	ὑμῖν,	παιδία,	ὅτι	ἐγνώκατε	τὸν	πατέρα·
maligno.	Escribí	a vosotros,	niñitos,	porque	habéis conocido	al	Padre.
4190	1125	5213	3813	3754	1097	3588	3962
JASM	*VAAI1S*	*RP2DP*	*NVPN*	*CAZ*	*VRAI2P*	*DASM*	*NASM*

ἔγραψα	ὑμῖν,	πατέρες,	ὅτι	ἐγνώκατε	τὸν	ἀπ’	ἀρχῆς·	ἔγραψα
Escribí	a vosotros,	padres,	porque	habéis conocido	al (que es)	desde	(el) principio.	Escribí
1125	5213	3962	3754	1097	3588	575	746	1125
VAAI1S	*RP2DP*	*NVPM*	*CAZ*	*VRAI2P*	*DASM*	*P*	*NGSF*	*VAAI1S*

ὑμῖν,	νεανίσκοι,	ὅτι	ἰσχυροί	ἐστε	καὶ	ὁ	λόγος	τοῦ	θεοῦ	ἐν
a vosotros,	jóvenes,	porque$_1$	fuertes,$_3$	sois$_2$	y	la	palabra	de --	Dios	en$_2$
5213	3495	3754	2478	2075	2532	3588	3056	3588	2316	1722
RP2DP	*NVPM*	*CAZ*	*JNPM*	*VPAI2P*	*CLN*	*DNSM*	*NNSM*	*DGSM*	*NGSM*	*P*

ὑμῖν	μένει	καὶ	νενικήκατε	τὸν	πονηρόν.
vosotros,$_3$	permanece$_1$	y	habéis vencido	al	maligno.
5213	3306	2532	3528	3588	4190
RP2DP	*VPAI3S*	*CLN*	*VRAI2P*	*DASM*	*JASM*

15 Μὴ	ἀγαπᾶτε	τὸν	κόσμον	μηδὲ	τὰ	ἐν	τῷ	κόσμῳ.	ἐάν	τις
No	améis	al	mundo	ni	las cosas	en	el	mundo.	Si	alguien
3361	25	3588	2889	3366	3588	1722	3588	2889	1437	5100
BN, TN	*VPAM2P*	*DASM*	*NASM*	*TN, CLD*	*DAPN*	*P*	*DDSM*	*NDSM*	*CAC*	*RX-NSM*

ἀγαπᾷ	τὸν	κόσμον,	οὐκ	ἔστιν	ἡ	ἀγάπη	τοῦ	πατρὸς	ἐν	αὐτῷ·
ama	al	mundo	no$_5$	está$_6$	el$_1$	amor$_2$	del$_3$	Padre$_4$	en$_7$	él;$_8$
25	3588	2889	3756	2076	3588	26	3588	3962	1722	846
VPAS3S	*DASM*	*NASM*	*BN, TN*	*VPAI3S*	*DNSF*	*NNSF*	*DGSM*	*NGSM*	*P*	*RP3DSM*

NVI

está en la oscuridad.
10 El
que ama a su hermano
permanece en la luz, y no
hay nada en su vida que
lo haga tropezar.
11 Pero
el que odia a su hermano
está en la oscuridad y
en ella vive, y no sabe a
dónde va porque la oscu-
ridad no lo deja ver.

12 Les escribo a ustedes,
queridos hijos,
porque sus pecados
han sido perdona-
dos por el nombre
de Cristo.
13 Les escribo a ustedes,
padres,
porque han conocido
al que es desde el
principio.
Les escribo a ustedes,
jóvenes,
porque han vencido al
maligno.
Les he escrito a uste-
des, queridos hijos,
porque han conocido
al Padre.
14 Les he escrito a uste-
des, padres,
porque han conocido
al que es desde el
principio.
Les he escrito a uste-
des, jóvenes,
porque son fuertes,
y la palabra de Dios
permanece en
ustedes,
y han vencido al
maligno.

No amemos al mundo

15 No amen al mundo
ni nada de lo que hay
en él. Si alguien ama al

RVR

[16] Porque todo lo que hay en el mundo, los deseos de la carne, la codicia de los ojos, y la soberbia de la vida, no proviene del Padre, sino del mundo.
[17] Y el mundo pasa, y sus deseos; pero el que hace la voluntad de Dios permanece para siempre.

Advertencia contra los anticristos

[18] Hijitos, ya es el último tiempo; y tal como oísteis que el anticristo viene, aun ahora han surgido muchos anticristos; por esto conocemos que es el último tiempo.
[19] Salieron de nosotros, pero no eran de nosotros; porque si hubiesen sido de nosotros, habrían permanecido con nosotros; pero salieron para que se manifestase que no todos son de nosotros.
[20] Mas vosotros tenéis unción del Santo, y sabéis todas las cosas.
[21] No os he escrito como si ignoraseis la verdad, sino porque la sabéis, y porque ninguna mentira procede de la verdad.
[22] ¿Quién es el mentiroso, sino el que niega que Jesús es el Cristo? Éste

16 ὅτι	πᾶν	τὸ	ἐν	τῷ	κόσμῳ,	ἡ	ἐπιθυμία	τῆς	σαρκὸς	καὶ	ἡ
porque	todo	lo (que hay)	en	el	mundo,	el	deseo	de la	carne	y	el
3754	3956	3588	1722	3588	2889	3588	1939	3588	4561	2532	3588
CAZ	*JNSN*	*DNSN*	*P*	*DDSM*	*NDSM*	*DNSF*	*NNSF*	*DGSF*	*NGSF*	*CLN*	*DNSF*

ἐπιθυμία	τῶν	ὀφθαλμῶν	καὶ	ἡ	ἀλαζονεία	τοῦ	βίου,	οὐκ	ἔστιν
deseo	de los	ojos	y	la	arrogancia	de la	vida,	no	es
1939	3588	3788	2532	3588	212	3588	979	3756	2076
NNSF	*DGPM*	*NGPM*	*CLN*	*DNSF*	*NNSF*	*DGSM*	*NGSM*	*CLK, TN, B*	*VPAI3S*

ἐκ	τοῦ	πατρός,	ἀλλὰ	ἐκ	τοῦ	κόσμου	ἐστίν.	17 καὶ	ὁ	κόσμος
de	el	Padre,	sino$_1$	de$_3$	el$_4$	mundo.$_5$	es$_2$	Y	el	mundo
1537	3588	3962	235	1537	3588	2889	2076	2532	3588	2889
P	*DGSM*	*NGSM*	*CLK, CLC*	*P*	*DGSM*	*NGSM*	*VPAI3S*	*CLN*	*DNSM*	*NNSM*

παράγεται	καὶ	ἡ	ἐπιθυμία	αὐτοῦ,	ὁ	δὲ	ποιῶν	τὸ	θέλημα	τοῦ
pasa	y	el	deseo	de él;	el que$_2$	mas$_1$	está haciendo$_3$	la	voluntad	de --
3855	2532	3588	1939	846	3588	1161	4160	3588	2307	3588
VPPI3S, VPMI3S	*CLN*	*DNSF*	*NNSF*	*RP3GSM*	*DNSM*	*CLC*	*VPAP-SNM*	*DASN*	*NASN*	*DGSM*

θεοῦ	μένει	εἰς	τὸν	αἰῶνα.
Dios	permanece	para	la	eternidad.
2316	3306	1519	3588	165
NGSM	*VPAI3S*	*P*	*DASM*	*NASM*

18 Παιδία,	ἐσχάτη	ὥρα	ἐστίν,	καὶ	καθὼς	ἠκούσατε	ὅτι	ἀντίχριστος
Niñitos,$_1$	(la) última$_3$	hora,$_4$	es$_2$	y	como	oísteis	que	un anticristo
3813	2078	5610	2076	2532	2531	191	3754	500
NVPN	*JNSF*	*NNSF*	*VPAI3S*	*CLN*	*CAM*	*VAAI2P*	*CSC*	*NNSM*

ἔρχεται,	καὶ	νῦν	ἀντίχριστοι	πολλοὶ	γεγόνασιν·	ὅθεν	γινώσκομεν
viene,	y	ahora	anticristos$_2$	muchos$_1$	han llegado a ser;$_3$	de donde$_4$	conocemos$_5$
2064	2532	3568	500	4183	1096	3606	1097
VPUI3S	*CLA, B*	*B*	*NNPM*	*JNPM*	*VRAI3P*	*CLI*	*VPAI1P*

ὅτι	ἐσχάτη	ὥρα	ἐστίν.	19 ἐξ	ἡμῶν	ἐξῆλθαν,	ἀλλ᾽	οὐκ	ἦσαν	ἐξ
que$_6$	(la) última$_8$	hora.$_9$	es$_7$	de$_2$	nosotros,$_3$	Salieron$_1$	pero	no	eran	de
3754	2078	5610	2076	1537	2257	1831	235	3756	2258	1537
CSC	*JNSF*	*NNSF*	*VPAI3S*	*P*	*RP1GP*	*VAAI3P*	*CLC*	*BN, TN*	*VIAI3P*	*P*

ἡμῶν·	εἰ	γὰρ	ἐξ	ἡμῶν	ἦσαν,	μεμενήκεισαν	ἂν	μεθ᾽	ἡμῶν·	ἀλλ᾽
nosotros;	si$_2$	porque$_1$	de	nosotros	eran (fueran),	hubieran permanecido	--	con	nosotros;	pero
2257	1487	1063	1537	2257	2258	3306	302	3326	2257	235
RP1GP	*CAC*	*CAZ*	*P*	*RP1GP*	*VIAI3P*	*VLAI3P*	*TC*	*P*	*RP1GP*	*CLC*

ἵνα	φανερωθῶσιν	ὅτι	οὐκ	εἰσὶν	πάντες	ἐξ	ἡμῶν.	20 καὶ	ὑμεῖς
para que	fuera manifestado	que	no$_1$	son$_3$	todos$_2$	de$_4$	nosotros.$_5$	Y$_1$	vosotros$_2$
2443	5319	3754	3756	1526	3956	1537	2257	2532	5210
CAP	*VAPS3P*	*CSC*	*BN, TN*	*VPAI3P*	*JNPM*	*P*	*RP1GP*	*CLC*	*RP2NP*

χρίσμα	ἔχετε	ἀπὸ	τοῦ	ἁγίου	καὶ	οἴδατε	⸀πάντες.	21 οὐκ	ἔγραψα
unción$_4$	tenéis$_3$	de parte	del	Santo,	y$_1$	sabéis.$_3$	todos$_2$	No	escribí
5545	2192	575	3588	40	2532	1492	3956	3756	1125
NASN	*VPAI2P*	*P*	*DGSM*	*JGSM*	*CLN*	*VRAI2P*	*JNPM*	*CLK,TN,B*	*VAAI1S*

ὑμῖν	ὅτι	οὐκ	οἴδατε	τὴν	ἀλήθειαν,	ἀλλ᾽	ὅτι	οἴδατε	αὐτήν,
a vosotros	porque	no$_3$	sabéis,$_4$	la$_1$	verdad$_2$	sino	porque	conocéis	a ella,
5213	3754	3756	1492	3588	225	235	3754	1492	846
RP2DP	*CAZ*	*BN, TN*	*VRAI2P*	*DASF*	*NASF*	*CLK, CLC*	*CAZ*	*VRAI2P*	*RP3ASF*

καὶ	ὅτι	πᾶν	ψεῦδος	ἐκ	τῆς	ἀληθείας	οὐκ	ἔστιν.	22 τίς	ἐστιν	ὁ
y	porque	todo$_1$	mentira$_2$	de$_5$	la$_6$	verdad.$_7$	no$_3$	es$_4$	¿Quién	es	el
2532	3754	3956	5579	1537	3588	225	3756	2076	5101	2076	3588
CLN	*CAZ*	*JNSN*	*NNSN*	*P*	*DGSF*	*NGSF*	*BN, TN*	*VPAI3S*	*RI-NSM*	*VPAI3S*	*DNSM*

ψεύστης	εἰ	μὴ	ὁ	ἀρνούμενος	ὅτι	Ἰησοῦς	οὐκ	ἔστιν	ὁ
mentiroso	si	no	el que	niega	que	Jesús	no	es	el
5583	1487	3361	3588	720	3754	2424	3756	2076	3588
NNSM	*CAC*	*BN, TN*	*DNSM*	*VPUP-SNM*	*CSC*	*NNSM*	*BN, TN*	*VPAI3S*	*DNSM*

NVI

mundo, no tiene el amor del Padre. [16] Porque nada de lo que hay en el mundo —los malos deseos del cuerpo, la codicia de los ojos y la arrogancia de la vida— proviene del Padre, sino del mundo. [17] El mundo se acaba con sus malos deseos, pero el que hace la voluntad de Dios permanece para siempre.

Cuidémonos de los anticristos

[18] Queridos hijos, esta es la hora final, y así como ustedes oyeron que el anticristo vendría, muchos son los anticristos que han surgido ya. Por eso nos damos cuenta de que esta es la hora final. [19] Aunque salieron de entre nosotros, en realidad no eran de los nuestros; si lo hubieran sido, se habrían quedado con nosotros. Su salida sirvió para comprobar que ninguno de ellos era de los nuestros.

[20] Todos ustedes, en cambio, han recibido unción del Santo, de manera que conocen la verdad. [21] No les escribo porque ignoren la verdad, sino porque la conocen y porque ninguna mentira procede de la verdad. [22] ¿Quién es el mentiroso sino el que niega que Jesús es el

2:20⸀ Manuscritos inferiores tienen *todas las cosas.*

RVR

es el anticristo, el que
niega al Padre y al Hijo.
23 Todo aquel que niega
al Hijo, tampoco tiene
al Padre. El que confiesa
al Hijo, tiene también
al Padre.
24 En cuanto a vosotros,
lo que habéis oído desde
el principio, permanez-
ca en vosotros. Si lo que
habéis oído desde el
principio permanece en
vosotros, también voso-
tros permaneceréis en el
Hijo y en el Padre.
25 Y esta es la promesa
que él nos hizo, la vida
eterna.
26 Os he escrito esto so-
bre los que os engañan.
27 Y en cuanto a voso-
tros, la unción que reci-
bisteis de él permanece
en vosotros, y no tenéis
necesidad de que nadie
os enseñe; sino que así
como la unción misma
os enseña todas las co-
sas, y es verdadera, y no
es mentira, así también,
según ella os ha enseña-
do, permaneced en él.
28 Y ahora, hijitos, per-
maneced en él, para que
cuando se manifieste,
tengamos confianza, y
en su venida no seamos
avergonzados de parte
de él.

χριστός;	οὗτός	ἐστιν	ὁ	ἀντίχριστος,	ὁ	ἀρνούμενος	τὸν	πατέρα
Cristo?	Este	es	el	anticristo,	el que	niega	al	Padre
5547	3778	2076	3588	500	3588	720	3588	3962
NNSM	*RD-NSM*	*VPAI3S*	*DNSM*	*NNSM*	*DNSM*	*VPUP-SNM*	*DASM*	*NASM*

καὶ	τὸν	υἱόν.	23 πᾶς	ὁ	ἀρνούμενος	τὸν	υἱὸν	οὐδὲ	τὸν	πατέρα
y	al	Hijo.	Todo	el que	niega	al	Hijo,	tampoco$_1$	al$_3$	Padre;$_4$
2532	3588	5207	3956	3588	720	3588	5207	3761	3588	3962
CLN	*DASM*	*NASM*	*JNSM*	*DNSM*	*VPUP-SNM*	*DASM*	*NASM*	*BN, TN*	*DASM*	*NASM*

ἔχει·	ὁ	ὁμολογῶν	τὸν	υἱὸν	καὶ	τὸν	πατέρα	ἔχει.	24 ὑμεῖς	ὃ
tiene$_2$	el que	confiesa	al	Hijo,	también$_1$	al$_3$	Padre.$_4$	tiene$_2$	Vosotros,	lo que
2192	3588	3670	3588	5207	2532	3588	3962	2192	5210	3739
VPAI3S	*DNSM*	*VPAP-SNM*	*DASM*	*NASM*	*BE, TE*	*DASM*	*NASM*	*VPAI3S*	*RP2NP*	*RR-ASN*

ἠκούσατε	ἀπ᾽	ἀρχῆς,	ἐν	ὑμῖν	μενέτω·	ἐὰν	ἐν	ὑμῖν	μείνῃ	ὃ
oísteis	desde	principio,	en	vosotros	permanezca.	Si	en	vosotros	permaneciera	lo que$_1$
191	575	746	1722	5213	3306	1437	1722	5213	3306	3739
VAAI2P	*P*	*NGSF*	*P*	*RP2DP*	*VPAM3S*	*CAC*	*P*	*RP2DP*	*VAAS3S*	*RR-ASN*

ἀπ᾽	ἀρχῆς	ἠκούσατε,	καὶ	ὑμεῖς	ἐν	τῷ	υἱῷ	καὶ	ἐν	τῷ	πατρὶ
desde$_3$	principio,$_4$	oísteis$_2$	también	vosotros	en	el	Hijo	y	en	el	Padre
575	746	191	2532	5210	1722	3588	5207	2532	1722	3588	3962
P	*NGSF*	*VAAI2P*	*BE, TE*	*RP2NP*	*P*	*DDSM*	*NDSM*	*CLN*	*P*	*DDSM*	*NDSM*

μενεῖτε.	25 καὶ	αὕτη	ἐστὶν	ἡ	ἐπαγγελία	ἣν	αὐτὸς	ἐπηγγείλατο
permaneceréis.	Y	esta	es	la	promesa	la que	él	prometió
3306	2532	3778	2076	3588	1860	3739	846	1861
VFAI2P	*CLN*	*RD-NSF*	*VPAI3S*	*DNSF*	*NNSF*	*RR-ASF*	*RP3NSMP*	*VAMI3S*

ἡμῖν,	τὴν	ζωὴν	τὴν	αἰώνιον.
a nosotros,	la	vida	--	eterna
2254	3588	2222	3588	166
RP1DP	*DASF*	*NASF*	*DASF*	*JASF*

26 Ταῦτα	ἔγραψα	ὑμῖν	περὶ	τῶν	πλανώντων	ὑμᾶς.	27 καὶ
estas cosas$_3$	Escribí$_1$	a vosotros$_2$	acerca de	los que	engañan	a vosotros.	Y
5023	1125	5213	4012	3588	4105	5209	2532
RD-APN	*VAAI1S*	*RP2DP*	*P*	*DGPM*	*VPAP-PGM*	*RP2AP*	*CLC*

ὑμεῖς	τὸ	χρῖσμα	ὃ	ἐλάβετε	ἀπ᾽	αὐτοῦ	μένει	ἐν	ὑμῖν,	καὶ	οὐ
vosotros,	la	unción,	la que	recibisteis	de	él,	permanece	en	vosotros,	y	no$_1$
5210	3588	5545	3739	2983	575	846	3306	1722	5213	2532	3756
RP2NP	*DNSN*	*NNSN*	*RR-ASN*	*VAAI2P*	*P*	*RP3GSM*	*VPAI3S*	*P*	*RP2DP*	*CLN*	*BN, TN*

χρείαν	ἔχετε	ἵνα	τις	διδάσκῃ	ὑμᾶς·	ἀλλ᾽	ὡς	τὸ	αὐτοῦ	χρῖσμα
necesidad$_3$	tenéis$_2$	que	alguien	enseñe	a vosotros;	pero	como	la$_1$	de él$_3$	unción$_2$
5532	2192	2443	5100	1321	5209	235	5613	3588	846	5545
NASF	*VPAI2P*	*CSC*	*RX-NSM*	*VPAS3S*	*RP2AP*	*CLC*	*CAM*	*DNSN*	*RP3GSM*	*NNSN*

διδάσκει	ὑμᾶς	περὶ	πάντων,	καὶ	ἀληθές	ἐστιν	καὶ	οὐκ	ἔστιν
enseña$_4$	a vosotros$_5$	acerca de	todas (cosas),	y$_1$	verdadera$_3$	es$_2$	y	no	es
1321	5209	4012	3956	2532	227	2076	2532	3756	2076
VPAI3S	*RP2AP*	*P*	*JGPN*	*CLN*	*JNSN*	*VPAI3S*	*CLN*	*BN, TN*	*VPAI3S*

ψεῦδος,	καὶ	καθὼς	ἐδίδαξεν	ὑμᾶς,	μένετε	ἐν	αὐτῷ.
mentira,	también	como$_4$	enseñó$_5$	a vosotros.$_6$	permaneced$_1$	en$_2$	él$_3$
5579	2532	2531	1321	5209	3306	1722	846
NNSN	*CLN*	*CAM*	*VAAI3S*	*RP2AP*	*VPAI2P, VPAM2P*	*P*	*RP3DSM*

28 Καὶ	νῦν,	τεκνία,	μένετε	ἐν	αὐτῷ,	ἵνα	⸀ἐὰν	φανερωθῇ	σχῶμεν
Y	ahora,	hijitos,	permaneced	en	él,	para que	si	es manifestado,	tengamos
2532	3568	5040	3306	1722	846	2443	1437	5319	2192
CLN	*B*	*NVPN*	*VPAM2P*	*P*	*RP3DSM*	*CAP*	*CAC*	*VAPS3S*	*VAAS1P*

παρρησίαν	καὶ	μὴ	αἰσχυνθῶμεν	ἀπ᾽	αὐτοῦ	ἐν	τῇ	παρουσίᾳ	αὐτοῦ.
confianza	y	no	seamos avergonzados	de	él	en	la	venida	de él.
3954	2532	3361	153	575	846	1722	3588	3952	846
NASF	*CLN*	*BN, TN*	*VAPS1P*	*P*	*RP3GSM*	*P*	*DDSF*	*NDSF*	*RP3GSM*

NVI

Cristo? Es el anticristo,
el que niega al Padre y
al Hijo. 23 Todo el que
niega al Hijo no tiene al
Padre; el que reconoce
al Hijo tiene también
al Padre.
24 Permanezca en
ustedes lo que han oído
desde el principio, y así
ustedes permanecerán
también en el Hijo y
en el Padre. 25 Esta es la
promesa que él nos dio:
la vida eterna.
26 Estas cosas les
escribo acerca de los que
procuran engañarlos.
27 En cuanto a ustedes,
la unción que de él re-
cibieron permanece en
ustedes, y no necesitan
que nadie les enseñe.
Esa unción es auténtica
—no es falsa— y les
enseña todas las cosas.
Permanezcan en él, tal y
como él les enseñó.

Permanezcamos en Dios

28 Y ahora, queridos
hijos, permanezcamos
en él para que, cuando
se manifieste, podamos
presentarnos ante él
confiadamente, seguros
de no ser avergonzados
en su venida.

2:28⸀ Manuscritos inferiores tienen *cuando*.

RVR

29 Si sabéis que él es jus-
to, reconoced también
que todo el que hace
justicia es nacido de él.

Hijos de Dios

3 Mirad qué amor
tan sublime nos ha
dado el Padre, para que
seamos llamados hijos
de Dios; por esto el
mundo no nos conoce,
porque no le conoció
a él.
2 Amados, ahora somos
hijos de Dios, y aún no
se ha manifestado lo
que hemos de ser; pero
sabemos que cuando él
se manifieste, seremos
semejantes a él, porque
le veremos tal como
él es.
3 Y todo aquel que tiene
esta esperanza puesta en
él, se purifica a sí mismo,
así como él es puro.
4 Todo aquel que co-
mete pecado, infringe
también la ley; pues el
pecado es infracción
de la ley.
5 Y sabéis que él se
manifestó para quitar
nuestros pecados, y no
hay pecado en él.
6 Todo aquel que perma-
nece en él, no continúa
pecando; todo aquel
que continúa pecando,
no le ha visto, ni le ha
conocido.
7 Hijitos, nadie os

---

29 ἐὰν εἰδῆτε ὅτι δίκαιός ἐστιν, γινώσκετε ὅτι πᾶς ὁ ποιῶν τὴν
Si sabéis que justo,$_2$ es$_1$ conocéis que todo el que dice la
1437 1492 3754 1342 2076 1097 3754 3956 3588 4160 3588
CAC VRAS2P CSC JNSM VPAI3S VPAI2P CSC JNSM DNSM VPAP-SNM DASF

δικαιοσύνην ἐξ αὐτοῦ γεγέννηται.
justicia, de$_2$ él.$_3$ ha nacido$_1$
1343 1537 846 1080
NASF P RP3GSM VRPI3S

3 Ἴδετε ποταπὴν ἀγάπην δέδωκεν ἡμῖν ὁ πατὴρ ἵνα
Mirad qué grande amor ha dado$_3$ a nosotros,$_4$ el$_1$ Padre$_2$ para que$_5$
1492 4217 26 1325 2254 3588 3962 2443
VAAM2P JASF NASF VRAI3S RP1DP DNSM NNSM CSC

τέκνα θεοῦ κληθῶμεν, ⸀καὶ ἐσμέν⸁. διὰ τοῦτο ὁ κόσμος οὐ
hijos$_7$ de Dios,$_8$ seamos llamados$_6$ y somos. Por esto el mundo no
5043 2316 2564 2532 2070 1223 5124 3588 2889 3756
NNPN, NAPN NGSM VAPS1P CLN VPAI1P P RD-ASN DNSM NNSM BN, TN

γινώσκει ἡμᾶς ὅτι οὐκ ἔγνω αὐτόν. 2 ἀγαπητοί, νῦν τέκνα
conoce a nosotros, porque no conoció a él. Amados, ahora$_1$ hijos$_3$
1097 2248 3754 3756 1097 846 27 3568 5043
VPAI3S RP1AP CAZ BN, TN VAAI3S RP3ASM JVPM B NNPN

θεοῦ ἐσμεν, καὶ οὔπω ἐφανερώθη τί ἐσόμεθα. οἴδαμεν ὅτι ἐὰν
de Dios,$_4$ somos$_2$ y$_5$ todavía no$_8$ fue manifestado.$_9$ qué$_6$ seremos$_7$ Sabemos que si
2316 2070 2532 3768 5319 5101 2071 1492 3754 1437
NGSM VPAI1P CLN BN VAPI3S RI-NSN VFMI1P VRAI1P CSC CAC

φανερωθῇ ὅμοιοι αὐτῷ ἐσόμεθα, ὅτι ὀψόμεθα αὐτὸν καθώς ἐστιν.
es manifestado, semejantes,$_3$ a él$_2$ seremos$_1$ porque veremos a él como es.
5319 3664 846 2071 3754 3700 846 2531 2076
VAPS3S JNPM RP3DSM VFMI1P CAZ VFMI1P RP3ASM CAM VPAI3S

3 καὶ πᾶς ὁ ἔχων τὴν ἐλπίδα ταύτην ἐπ᾽ αὐτῷ ἁγνίζει ἑαυτὸν
Y todo el que tiene --$_2$ esperanza$_3$ esta$_1$ sobre él, purifica,$_2$ a sí mismo$_1$
2532 3956 3588 2192 3588 1680 3778 1909 846 48 1438
CLN JNSM DNSM VPAP-SNM DASF NASF RD-ASF P RP3DSM VPAI3S RF3ASM

καθὼς ἐκεῖνος ἁγνός ἐστιν.
como aquel. puro$_2$ es$_1$
2531 1565 53 2076
CAM RD-NSM JNSM VPAI3S

4 Πᾶς ὁ ποιῶν τὴν ἁμαρτίαν καὶ τὴν ἀνομίαν ποιεῖ, καὶ
Todo el que practica el pecado, también la$_2$ injusticia,$_3$ practica$_1$ y
3956 3588 4160 3588 266 2532 3588 458 4160 2532
JNSM DNSM VPAP-SNM DASF NASF BE, TE DASF NASF VPAI3S CLN

ἡ ἁμαρτία ἐστὶν ἡ ἀνομία. 5 καὶ οἴδατε ὅτι ἐκεῖνος ἐφανερώθη
el pecado es la injusticia. Y sabéis que aquel fue manifestado
3588 266 2076 3588 458 2532 1492 3754 1565 5319
DNSF NNSF VPAI3S DNSF NNSF CLN VRAI2P CSC RD-NSM VAPI3S

ἵνα τὰς ⸀ἁμαρτίας ἄρῃ, καὶ ἁμαρτία ἐν αὐτῷ οὐκ ἔστιν. 6 πᾶς
para que los$_2$ pecados,$_3$ quitara$_1$ y$_4$ pecado$_5$ en$_8$ él.$_9$ no$_6$ es (hay)$_7$ Todo$_1$
2443 3588 266 142 2532 266 1722 846 3756 2076 3956
CAP DAPF NAPF VAAS3S CLN NNSF P RP3DSM BN, TN VPAI3S JNSM

ὁ ἐν αὐτῷ μένων οὐχ ἁμαρτάνει· πᾶς ὁ ἁμαρτάνων οὐχ
el que$_2$ en$_4$ él$_5$ permanece$_3$ no peca; todo el que peca no
3588 1722 846 3306 3756 264 3956 3588 264 3756
DNSM P RP3DSM VPAP-SNM BN, TN VPAI3S JNSM DNSM VPAP-SNM BN, TN

ἑώρακεν αὐτὸν οὐδὲ ἔγνωκεν αὐτόν. 7 τεκνία, μηδεὶς πλανάτω
ha visto a él ni siquiera ha conocido a él. Hijitos, nadie engañe
3708 846 3761 1097 846 5040 3367 4105
VRAI3S RP3ASM TN, CLD VRAI3S RP3ASM NVPN JNSM VPAM3S

NVI

29 Si reconocen que
Jesucristo es justo, re-
conozcan también que
todo el que practica la
justicia ha nacido de él.
3 ¡Fíjense qué gran
amor nos ha dado el
Padre, que se nos llame
hijos de Dios! ¡Y lo so-
mos! El mundo no nos
conoce, precisamente
porque no lo conoció a
él. 2 Queridos hermanos,
ahora somos hijos de
Dios, pero todavía no
se ha manifestado lo
que habremos de ser.
Sabemos, sin embargo,
que cuando Cristo ven-
ga seremos semejantes
a él, porque lo veremos
tal como él es. 3 Todo el
que tiene esta esperanza
en Cristo se purifica a
sí mismo, así como él
es puro.
4 Todo el que comete
pecado quebranta la ley;
de hecho, el pecado es
transgresión de la ley.
5 Pero ustedes saben que
Jesucristo se manifestó
para quitar nuestros
pecados. Y él no tiene
pecado. 6 Todo el que
permanece en él no
practica el pecado. Todo
el que practica el pecado
no lo ha visto ni lo ha
conocido.
7 Queridos hijos, que
nadie los engañe. El

3:1⸀⸁ Manuscritos inferiores suprimieron *y somos*. **3:5**⸀ Manuscritos inferiores aumentaron *de nosotros*.

RVR

engañe; el que practica
la justicia es justo, como
él es justo.
8 El que practica el peca-
do es del diablo; porque
el diablo peca desde el
principio. Para esto se
manifestó el Hijo de
Dios, para deshacer las
obras del diablo.
9 Todo aquel que es
nacido de Dios, no
practica el pecado,
porque la simiente de
Dios permanece en él; y
no puede pecar, porque
es nacido de Dios.
10 En esto se manifiestan
los hijos de Dios, y los
hijos del diablo: todo
aquel que no practica
justicia, no es de Dios, y
tampoco el que no ama
a su hermano.
11 Porque este es el
mensaje que habéis
oído desde el principio:
Que nos amemos unos
a otros.
12 No como Caín, que
era del maligno y mató a
su hermano. ¿Y por qué
causa le mató? Porque
sus obras eran malas, y
las de su hermano justas.
13 Hermanos míos, no
os extrañéis si el mundo
os aborrece.
14 Nosotros sabemos

ὑμᾶς· ὁ ποιῶν τὴν δικαιοσύνην δίκαιός ἐστιν, καθὼς ἐκεῖνος
a vosotros: El que practica la justicia, justo,$_2$ es$_1$ como$_3$ aquel$_4$
5209 3588 4160 3588 1343 1342 2076 2531 1565
RP2AP DNSM VPAP-SNM DASF NASF JNSM VPAI3S CAM RD-NSM

δίκαιός ἐστιν· 8 ὁ ποιῶν τὴν ἁμαρτίαν ἐκ τοῦ διαβόλου ἐστίν,
justo;$_6$ es$_5$ el que practica el pecado de$_2$ el$_3$ diablo,$_4$ es$_1$
1342 2076 3588 4160 3588 266 1537 3588 1228 2076
JNSM VPAI3S DNSM VPAP-SNM DASF NASF P DGSM JGSM VPAI3S

ὅτι ἀπ' ἀρχῆς ὁ διάβολος ἁμαρτάνει. εἰς τοῦτο ἐφανερώθη
porque desde$_4$ principio.$_5$ el$_1$ diablo$_2$ peca$_3$ para$_{11}$ esto:$_{12}$ fue manifestado$_{10}$
3754 575 746 3588 1228 264 1519 5124 5319
CAZ P NGSF DNSM JNSM VPAI3S P RD-ASN VAPI3S

ὁ υἱὸς τοῦ θεοῦ ἵνα λύσῃ τὰ ἔργα τοῦ διαβόλου. 9 πᾶς ὁ
El$_6$ Hijo$_7$ de --$_8$ Dios$_9$ que desate los obras del diablo. Todo el que ha nacido
3588 5207 3588 2316 2443 3089 3588 2041 3588 1228 3956 3588
DNSM NNSM DGSM NGSM CSC VAAS3S DAPN NAPN DGSM JGSM JNSM DNSM

γεγεννημένος ἐκ τοῦ θεοῦ ἁμαρτίαν οὐ ποιεῖ, ὅτι σπέρμα αὐτοῦ
de -- Dios pecado,$_3$ no$_1$ practica$_2$ porque simiente de él
1080 1537 3588 2316 266 3756 4160 3754 4690 846
VRPP-SNM P DGSM NGSM NASF BN, TN VPAI3S CAZ NNSN RP3GSM

ἐν αὐτῷ μένει, καὶ οὐ δύναται ἁμαρτάνειν, ὅτι ἐκ τοῦ θεοῦ
en$_2$ él,$_3$ permanece$_1$ y no puede pecar porque de$_2$ --$_3$ Dios.$_4$
1722 846 3306 2532 3756 1410 264 3754 1537 3588 2316
P RP3DSM VPAI3S CLN BN, TN VPUI3S VPAN CAZ P DGSM NGSM

γεγέννηται. 10 ἐν τούτῳ φανερά ἐστιν τὰ τέκνα τοῦ θεοῦ καὶ τὰ
ha nacido$_1$ En esto manifiestos:$_{11}$ es (son)$_{10}$ los$_1$ hijos$_2$ de --$_3$ Dios$_4$ y$_5$ los$_6$
1080 1722 5129 5318 2076 3588 5043 3588 2316 2532 3588
VRPI3S P RD-DSN JNPN VPAI3S DNPN NNPN DGSM NGSM CLN DNPN

τέκνα τοῦ διαβόλου· πᾶς ὁ μὴ ποιῶν δικαιοσύνην οὐκ ἔστιν
hijos$_7$ del$_8$ diablo$_9$ todo el que no practica justicia, no es
5043 3588 1228 3956 3588 3361 4160 1343 3756 2076
NNPN DGSM JGSM JNSM DNSM BN, TN VPAP-SNM NASF BN, TN VPAI3S

ἐκ τοῦ θεοῦ, καὶ ὁ μὴ ἀγαπῶν τὸν ἀδελφὸν αὐτοῦ.
de -- Dios; y el que no ama al hermano de él.
1537 3588 2316 2532 3588 3361 25 3588 80 846
P DGSM NGSM CLN DNSM BN, TN VPAP-SNM DASM NASM RP3GSM

11 Ὅτι αὕτη ἐστὶν ἡ ἀγγελία ἣν ἠκούσατε ἀπ' ἀρχῆς, ἵνα
Porque este es el mensaje el que oísteis desde (el) principio, que
3754 3778 2076 3588 31 3739 191 575 746 2443
CAZ RD-NSF VPAI3S DNSF NNSF RR-ASF VAAI2P P NGSF CSC

ἀγαπῶμεν ἀλλήλους· 12 οὐ καθὼς Κάϊν ἐκ τοῦ πονηροῦ ἦν καὶ
amemos unos a otros; no como Caín$_1$ de$_3$ el$_4$ maligno,$_5$ era$_2$ y
25 240 3756 2531 2535 1537 3588 4190 2258 2532
VPAS1P RC-APM BNTN CAM NNSM, XP P DGSM JGSM VIAI3S CLN

ἔσφαξεν τὸν ἀδελφὸν αὐτοῦ· καὶ χάριν τίνος ἔσφαξεν αὐτόν; ὅτι τὰ
asesinó al hermano de él; ¿y a causa de qué asesinó a él? Porque las$_1$
4969 3588 80 846 2532 5484 5101 4969 846 3754 3588
VAAI3S DASM NASM RP3GSM CLN P, B RI-GSN VAAI3S RP3ASM CAZ DNPN

ἔργα αὐτοῦ πονηρὰ ἦν, τὰ δὲ τοῦ ἀδελφοῦ αὐτοῦ δίκαια. 13 μὴ
obras$_2$ de él$_3$ malas,$_5$ era (eran)$_4$ las$_7$ mas$_6$ del$_8$ hermano$_9$ de él,$_{10}$ justas.$_{11}$ No
2041 846 4190 2258 3588 1161 3588 80 846 1342 3361
NNPN RP3GSM JNPN VIAI3S DNPN CLC DGSM NGSM RP3GSM JNPN BNTN

θαυμάζετε, ἀδελφοί, εἰ μισεῖ ὑμᾶς ὁ κόσμος. 14 ἡμεῖς οἴδαμεν
maravilléis, hermanos, si$_1$ odia$_4$ a vosotros.$_5$ el$_2$ mundo$_3$ Nosotros sabemos
2296 80 1487 3404 5209 3588 2889 2249 1492
VPAM2P NVPM CSC VPAI3S RP2AP DNSM NNSM RP1NP VRAI1P

NVI

que practica la justicia
es justo, así como él es
justo. 8 El que practica
el pecado es del diablo,
porque el diablo ha
estado pecando desde
el principio. El Hijo de
Dios fue enviado preci-
samente para destruir
las obras del diablo.
9 Ninguno que haya na-
cido de Dios practica el
pecado, porque la semi-
lla de Dios permanece
en él; no puede practicar
el pecado, porque ha
nacido de Dios. 10 Así
distinguimos entre los
hijos de Dios y los hijos
del diablo: el que no
practica la justicia no es
hijo de Dios; ni tampo-
co lo es el que no ama a
su hermano.

Amémonos los unos a los otros

11 Este es el mensaje
que han oído desde
el principio: que nos
amemos los unos a los
otros. 12 No seamos
como Caín que, por ser
del maligno, asesinó
a su hermano. ¿Y por
qué lo hizo? Porque sus
propias obras eran ma-
las, y las de su hermano
justas. 13 Hermanos, no
se extrañen si el mundo
los odia. 14 Nosotros
sabemos que hemos

RVR

que hemos pasado de la
muerte a la vida, en que
amamos a los hermanos.
El que no ama a su
hermano, permanece en
la muerte.
15 Todo aquel que abo-
rrece a su hermano es
homicida; y sabéis que
ningún homicida tiene
vida eterna permanente
en él.
16 En esto hemos
conocido el amor, en
que él puso su vida por
nosotros; también no-
sotros debemos poner
nuestras vidas por los
hermanos.
17 Pero el que tiene
bienes de este mundo y
ve a su hermano tener
necesidad, y cierra
contra él su corazón,
¿cómo mora el amor de
Dios en él?
18 Hijitos míos, no ame-
mos de palabra ni de
lengua, sino de hecho y
en verdad.
19 Y en esto conocemos
que somos de la verdad,
y aseguraremos nuestros
corazones delante de él;
20 pues si nuestro
corazón nos reprocha
algo, mayor que nuestro
corazón es Dios, y él

ὅτι	μεταβεβήκαμεν	ἐκ	τοῦ	θανάτου	εἰς	τὴν	ζωήν,	ὅτι	ἀγαπῶμεν
que	hemos pasado	de	la	muerte	a	la	vida,	porque	amamos
3754	3327	1537	3588	2288	1519	3588	2222	3754	25
CSC	*VRAI1P*	*P*	*DGSM*	*NGSM*	*P*	*DASF*	*NASF*	*CAZ*	*VPAI1P*

τοὺς	ἀδελφούς·	ὁ	μὴ	⌈ἀγαπῶν	μένει	ἐν	τῷ	θανάτῳ.	15 πᾶς
a los	hermanos;	el (que)	no	ama,	permanece	en	la	muerte.	Todo
3588	80	3588	3361	25	3306	1722	3588	2288	3956
DAPM	*NAPM*	*DNSM*	*BN, TN*	*VPAP-SNM*	*VPAI3S*	*P*	*DDSM*	*NDSM*	*JNSM*

ὁ	μισῶν	τὸν	ἀδελφὸν	αὐτοῦ	ἀνθρωποκτόνος	ἐστίν,	καὶ
el que odia		al	hermano	de él,	homicida,$_{2}$	es$_{1}$	y
3588	3404	3588	80	846	443	2076	2532
DNSM	*VPAP-SNM*	*DASM*	*NASM*	*RP3GSM*	*JNSM, NNSM*	*VPAI3S*	*CLN*

οἴδατε	ὅτι	πᾶς	ἀνθρωποκτόνος	οὐκ	ἔχει	ζωὴν	αἰώνιον	ἐν	αὐτῷ
sabéis	que	todo	homicida	no	tiene	vida	eterna	en$_{2}$	él.$_{3}$
1492	3754	3956	443	3756	2192	2222	166	1722	846
VRAI2P	*CSC*	*JNSM*	*JNSM, NNSM*	*BN, TN*	*VPAI3S*	*NASF*	*JASF*	*P*	*RP3DSM*

μένουσαν.	16 ἐν	τούτῳ	ἐγνώκαμεν	τὴν	ἀγάπην,	ὅτι	ἐκεῖνος	ὑπὲρ
permaneciendo$_{1}$	En	esto	hemos conocido	el	amor:	que	aquel$_{1}$	en favor de$_{6}$
3306	1722	5129	1097	3588	26	3754	1565	5228
VPAP-SAF	*P*	*RD-DSN*	*VRAI1P*	*DASF*	*NASF*	*CSC*	*RD-NSM*	*P*

ἡμῶν	τὴν	ψυχὴν	αὐτοῦ	ἔθηκεν·	καὶ	ἡμεῖς	ὀφείλομεν	ὑπὲρ	τῶν
nosotros,$_{7}$	la$_{3}$	vida$_{4}$	de él$_{5}$	puso$_{2}$	también$_{8}$	nosotros$_{9}$	debemos$_{10}$	en favor de$_{14}$	los$_{15}$
2257	3588	5590	846	5087	2532	2249	3784	5228	3588
RP1GP	*DASF*	*NASF*	*RP3GSM*	*VAAI3S*	*CLN*	*RP1NP*	*VPAI1P*	*P*	*DGPM*

ἀδελφῶν	τὰς	ψυχὰς	θεῖναι.	17 ὃς	δ'	ἂν	ἔχῃ	τὸν	βίον	τοῦ	κόσμου
hermanos.$_{16}$	las$_{12}$	vidas$_{13}$	poner$_{11}$	el que$_{2}$	Mas$_{1}$	--$_{3}$	tenga$_{4}$	la	vida	del	mundo
80	3588	5590	5087	3739	1161	302	2192	3588	979	3588	2889
NGPM	*DAPF*	*NAPF*	*VAAN*	*RR-NSM*	*CLC*	*TC*	*VPAS3S*	*DASM*	*NASM*	*DGSM*	*NGSM*

καὶ	θεωρῇ	τὸν	ἀδελφὸν	αὐτοῦ	χρείαν	ἔχοντα	καὶ	κλείσῃ	τὰ
y	observe	al	hermano	de él	necesidad,$_{2}$	teniendo$_{1}$	y	cierra	las
2532	2334	3588	80	846	5532	2192	2532	2808	3588
CLN	*VPAS3S*	*DASM*	*NASM*	*RP3GSM*	*NASF*	*VPAP-SAM*	*CLN*	*VAAS3S*	*DAPN*

σπλάγχνα	αὐτοῦ	ἀπ'	αὐτοῦ,	πῶς	ἡ	ἀγάπη	τοῦ	θεοῦ	μένει	ἐν
entrañas	de él	desde	él,	¿cómo	el	amor	de --	Dios	permanece	en
4698	846	575	846	4459	3588	26	3588	2316	3306	1722
NAPN	*RP3GSM*	*P*	*RP3GSM*	*BI*	*DNSF*	*NNSF*	*DGSM*	*NGSM*	*VPAI3S*	*P*

αὐτῷ;
él?
846
RP3DSM

18 Τεκνία,	μὴ	ἀγαπῶμεν	λόγῳ	μηδὲ	τῇ	γλώσσῃ	ἀλλὰ	ἐν
Hijitos,	no	amemos	con palabra	ni	con la	lengua,	sino	en
5040	3361	25	3056	3366	3588	1100	235	1722
NVPN	*BN, TN*	*VPAS1P*	*NDSM*	*TN, CLD*	*DDSF*	*NDSF*	*CLC*	*P*

ἔργῳ	καὶ	ἀληθείᾳ.	19 ἐν	τούτῳ	γνωσόμεθα	ὅτι	ἐκ	τῆς	ἀληθείας
obra	y	verdad.	En	esto	conoceremos	que$_{1}$	de$_{3}$	la$_{4}$	verdad$_{5}$
2041	2532	225	1722	5129	1097	3754	1537	3588	225
NDSN	*CLN*	*NDSF*	*P*	*RD-DSN*	*VFMI1P*	*CSC*	*P*	*DGSF*	*NGSF*

ἐσμέν,	καὶ	ἔμπροσθεν	αὐτοῦ	πείσομεν	τὴν	καρδίαν	ἡμῶν	20 ὅτι
somos,$_{2}$	y$_{6}$	delante$_{11}$	de él$_{12}$	persuadiremos$_{7}$	al$_{8}$	corazón$_{9}$	de nosotros$_{10}$	que$_{1}$
2070	2532	1715	846	3982	3588	2588	2257	3754
VPAI1P	*CLN*	*P*	*RP3GSM*	*VFAI1P*	*DASF*	*NASF*	*RP1GP*	*CAZ*

ἐὰν	καταγινώσκῃ	ἡμῶν	ἡ	καρδία,	ὅτι	μείζων	ἐστὶν	ὁ	θεὸς
si$_{2}$	condena,$_{6}$	de nosotros$_{5}$	el$_{3}$	corazón$_{4}$	porque$_{7}$	mayor$_{8}$	es$_{11}$	--$_{9}$	Dios$_{10}$
1437	2607	2257	3588	2588	3754	3187	2076	3588	2316
CAC	*VPAS3S*	*RP1GP*	*DNSF*	*NNSF*	*CAZ*	*JNSMC*	*VPAI3S*	*DNSM*	*NNSM*

NVI

pasado de la muerte a la
vida porque amamos a
nuestros hermanos. El
que no ama permanece
en la muerte.
15 Todo el
que odia a su hermano
es un asesino, y ustedes
saben que en ningún
asesino permanece la
vida eterna.
16 En esto conocemos
lo que es el amor: en que
Jesucristo entregó su
vida por nosotros. Así
también nosotros debe-
mos entregar la vida por
nuestros hermanos.
17 Si
alguien que posee bienes
materiales ve que su
hermano está pasando
necesidad, y no tiene
compasión de él, ¿cómo
se puede decir que el
amor de Dios habita en
él?
18 Queridos hijos, no
amemos de palabra ni de
labios para afuera, sino
con hechos y de verdad.
19 En esto sabremos
que somos de la verdad,
y nos sentiremos seguros
delante de él:
20 que
aunque nuestro corazón
nos condene, Dios es

3:14⌈ Manuscritos inferiores aumentaron *de nosotros.*

RVR

conoce todas las cosas.
21 Amados, si nues-
tro corazón no nos
reprocha algo, tenemos
confianza ante Dios;
22 y lo que le pidamos, lo
recibimos de él, porque
guardamos sus manda-
mientos, y hacemos las
cosas que son agrada-
bles delante de él.
23 Y este es su manda-
miento: Que creamos
en el nombre de su Hijo
Jesucristo, y nos ame-
mos unos a otros como
nos lo ha mandado.
24 Y el que guarda sus
mandamientos, perma-
nece en Dios, y Dios en
él. Y en esto conocemos
que él permanece en
nosotros, por el Espíritu
que nos ha dado.

El espíritu de la verdad y el espíritu del error

4 Amados, no creáis
a todo espíritu, sino
probad si los espíritus
proceden de Dios;
porque muchos falsos
profetas han salido al
mundo.
2 En esto conoced el
Espíritu de Dios: Todo
espíritu que confiesa que
Jesucristo ha venido en

τῆς	καρδίας	ἡμῶν	καὶ	γινώσκει	πάντα.	21 ἀγαπητοί,	ἐὰν
del (que el)	corazón	de nosotros,	y	conoce	todas (las cosas).	Amados,	si
3588	2588	2257	2532	1097	3956	27	1437
DGSF	*NGSF*	*RP1GP*	*CLN*	*VPAI3S*	*JAPN*	*JVPM*	*CAC*

ἡ	καρδία	μὴ	καταγινώσκῃ	ἡμῶν,	παρρησίαν	ἔχομεν	πρὸς
el$_1$	corazón$_2$	no$_4$	condena,$_5$	de nosotros$_3$	confianza	tenemos	en relación a
3588	2588	3361	2607	2257	3954	2192	4314
DNSF	*NNSF*	*BN, TN*	*VPAS3S*	*RP1GP*	*NASF*	*VPAI1P*	*P*

τὸν	θεόν,	22 καὶ	ὃ	ἐὰν	αἰτῶμεν	λαμβάνομεν	ἀπ’	αὐτοῦ,	ὅτι
--	Dios,	y	lo que	si	pidamos,	recibimos	de	él,	porque
3588	2316	2532	3739	1437	154	2983	575	846	3754
DASM	*NASM*	*CLN*	*RR-ASN*	*TC*	*VPAS1P*	*VPAI1P*	*P*	*RP3GSM*	*CAZ*

τὰς	ἐντολὰς	αὐτοῦ	τηροῦμεν	καὶ	τὰ	ἀρεστὰ	ἐνώπιον	αὐτοῦ
los$_2$	mandamientos$_3$	de él,$_4$	guardamos$_1$	y$_5$	las cosas$_7$	agradables$_8$	delante de$_9$	de él.$_{10}$
3588	1785	846	5083	2532	3588	701	1799	846
DAPF	*NAPF*	*RP3GSM*	*VPAI1P*	*CLN*	*DAPN*	*JAPN*	*P, B*	*RP3GSM*

ποιοῦμεν.	23 καὶ	αὕτη	ἐστὶν	ἡ	ἐντολὴ	αὐτοῦ,	ἵνα	πιστεύσωμεν
hacemos$_6$	Y	este	es	el	mandamiento	de él,	que	creamos
4160	2532	3778	2076	3588	1785	846	2443	4100
VPAI1P	*CLN*	*RD-NSF*	*VPAI3S*	*DNSF*	*NNSF*	*RP3GSM*	*CSC*	*VAAS1P*

τῷ	ὀνόματι	τοῦ	υἱοῦ	αὐτοῦ	Ἰησοῦ	Χριστοῦ	καὶ	ἀγαπῶμεν	ἀλλήλους,
al	nombre	del	Hijo	de él,	Jesús	Cristo,	y	amemos	unos a otros
3588	3686	3588	5207	846	2424	5547	2532	25	240
DDSN	*NDSN*	*DGSM*	*NGSM*	*RP3GSM*	*NGSM*	*NGSM*	*CLN*	*VPAS1P*	*RC-APM*

καθὼς	ἔδωκεν	ἐντολὴν	ἡμῖν.	24 καὶ	ὁ	τηρῶν	τὰς	ἐντολὰς
como	dio	(el) mandamiento	a nosotros.	Y	el que	guarda	los	mandamientos
2531	1325	1785	2254	2532	3588	5083	3588	1785
CAM	*VAAI3S*	*NASF*	*RP1DP*	*CLN*	*DNSM*	*VPAP-SNM*	*DAPF*	*NAPF*

αὐτοῦ	ἐν	αὐτῷ	μένει	καὶ	αὐτὸς	ἐν	αὐτῷ·	καὶ	ἐν	τούτῳ
de él,	en$_2$	él,$_3$	permanece$_1$	y	él	en	él;	y	en	esto
846	1722	846	3306	2532	846	1722	846	2532	1722	5129
RP3GSM	*P*	*RP3DSM*	*VPAI3S*	*CLN*	*RP3NSMP*	*P*	*RP3DSM*	*CLN*	*P*	*RD-DSN*

γινώσκομεν	ὅτι	μένει	ἐν	ἡμῖν,	ἐκ	τοῦ	πνεύματος	οὗ	ἡμῖν
conocemos	que	permanece	en	nosotros,	de	el	Espíritu	del que	a nosotros.$_2$
1097	3754	3306	1722	2254	1537	3588	4151	3739	2254
VPAI1P	*CSC*	*VPAI3S*	*P*	*RP1DP*	*P*	*DGSN*	*NGSN*	*RR-GSN*	*RP1DP*

ἔδωκεν.
dio$_1$
1325
VAAI3S

4 Ἀγαπητοί,	μὴ	παντὶ	πνεύματι	πιστεύετε,	ἀλλὰ	δοκιμάζετε
Amados,$_1$	no$_2$	a todo$_4$	espíritu,$_5$	creáis$_3$	sino	examinad
27	3361	3956	4151	4100	235	1381
JVPM	*BN, TN*	*JDSN*	*NDSN*	*VPAM2P*	*CLC*	*VPAM2P*

τὰ	πνεύματα	εἰ	ἐκ	τοῦ	θεοῦ	ἐστιν,	ὅτι	πολλοὶ	ψευδοπροφῆται
los	espíritus	si$_1$	de$_3$	--$_4$	Dios,$_5$	es (son)$_2$	porque	muchos	falsos profetas
3588	4151	1487	1537	3588	2316	2076	3754	4183	5578
DAPN	*NAPN*	*TI*	*P*	*DGSM*	*NGSM*	*VPAI3S*	*CAZ*	*JNPM*	*NNPM*

ἐξεληλύθασιν	εἰς	τὸν	κόσμον.	2 ἐν	τούτῳ	γινώσκετε	τὸ	πνεῦμα
han salido	hacia	el	mundo.	En	esto	conoced	el	Espíritu
1831	1519	3588	2889	1722	5129	1097	3588	4151
VRAI3P	*P*	*DASM*	*NASM*	*P*	*RD-DSN*	*VPAI2P, VPAM2P*	*DASN*	*NASN*

τοῦ	θεοῦ·	πᾶν	πνεῦμα	ὃ	ὁμολογεῖ	Ἰησοῦν	Χριστὸν	ἐν	σαρκὶ
de --	Dios:	Todo	espíritu	que	confiesa	a Jesús	Cristo	en$_2$	carne,$_3$
3588	2316	3956	4151	3739	3670	2424	5547	1722	4561
DGSM	*NGSM*	*JNSN*	*NNSN*	*RR-NSN*	*VPAI3S*	*NASM*	*NASM*	*P*	*NDSF*

NVI

más grande que nuestro
corazón y lo sabe todo.
21 Queridos hermanos,
si el corazón no nos
condena, tenemos con-
fianza delante de Dios,
22 y recibimos todo lo
que le pedimos porque
obedecemos sus man-
damientos y hacemos lo
que le agrada. 23 Y este es
su mandamiento: que
creamos en el nombre
de su Hijo Jesucristo,
y que nos amemos los
unos a los otros, pues así
lo ha dispuesto. 24 El que
obedece sus manda-
mientos permanece
en Dios, y Dios en él.
¿Cómo sabemos que él
permanece en nosotros?
Por el Espíritu que
nos dio.

Vivamos en el Espíritu

4 Queridos herma-
nos, no crean a
cualquiera que pretenda
estar inspirado por el
Espíritu, sino sométanlo
a prueba para ver si es de
Dios, porque han salido
por el mundo muchos
falsos profetas. 2 En esto
pueden discernir quién
tiene el Espíritu de
Dios: todo profeta que
reconoce que Jesucristo
ha venido en cuerpo

RVR

carne, procede de Dios;
3 y todo espíritu que no
confiesa que Jesucristo
ha venido en carne, no
procede de Dios; y éste
es el espíritu del anticris-
to, el cual habéis oído
que viene, y que ahora ya
está en el mundo.
4 Hijitos, vosotros
procedéis de Dios, y los
habéis vencido; porque
mayor es el que está en
vosotros, que el que está
en el mundo.
5 Ellos son del mundo;
por eso hablan como
del mundo, y el mundo
los oye.
6 Nosotros somos de
Dios; el que conoce a
Dios, nos oye; el que no
es de Dios, no nos oye.
En esto conocemos el
espíritu de la verdad y el
espíritu del error.

Dios es amor

7 Amados, amémonos
unos a otros; porque el
amor es de Dios, y todo
aquel que ama es nacido
de Dios y conoce a
Dios.
8 El que no ama no ha
conocido a Dios, por-
que Dios es amor.
9 En esto se mostró
el amor de Dios para
con nosotros, en que
Dios envió a su Hijo
unigénito al mundo,

ἐληλυθότα	ἐκ	τοῦ	θεοῦ	ἐστιν,	3 καὶ	πᾶν	πνεῦμα	ὃ	μὴ	ὁμολογεῖ
que ha venido$_1$	de$_5$	--$_6$	Dios,$_7$	es$_4$	y	todo	espíritu	que	no	confiesa
2064	1537	3588	2316	2076	2532	3956	4151	3739	3361	3670
VRAP-SAM	*P*	*DGSM*	*NGSM*	*VPAI3S*	*CLN*	*JNSN*	*NNSN*	*RR-NSN*	*BN, TN*	*VPAI3S*

τὸν	⌈Ἰησοῦν	ἐκ	τοῦ	θεοῦ	οὐκ	ἔστιν·	καὶ	τοῦτό	ἐστιν	τὸ	τοῦ
a --$_1$	Jesús,$_2$	de$_5$	--$_6$	Dios;$_7$	no$_3$	es$_4$	y	este	es	el	del
3588	2424	1537	3588	2316	3756	2076	2532	5124	2076	3588	3588
DASM	*NASM*	*P*	*DGSM*	*NGSM*	*BN, TN*	*VPAI3S*	*CLN*	*RD-NSN*	*VPAI3S*	*DNSN*	*DGSM*

ἀντιχρίστου,	ὃ	ἀκηκόατε	ὅτι	ἔρχεται,	καὶ	νῦν	ἐν	τῷ	κόσμῳ
anticristo,	el que	habéis oído	que	viene,	y	ahora	en	el	mundo
500	3739	191	3754	2064	2532	3568	1722	3588	2889
NGSM	*RR-ASN*	*VRAI2P*	*CSC*	*VPUI3S*	*CLN*	*B*	*P*	*DDSM*	*NDSM*

ἐστὶν	ἤδη.	4 ὑμεῖς	ἐκ	τοῦ	θεοῦ	ἐστε,	τεκνία,	καὶ	νενικήκατε	αὐτούς,
está.$_2$	ya$_1$	vosotros$_2$	de$_4$	--$_5$	Dios,$_6$	sois$_3$	Hijitos,$_1$	y	habéis vencido	a ellos,
2076	2235	5210	1537	3588	2316	2075	5040	2532	3528	846
VPAI3S	*B*	*RP2NP*	*P*	*DGSM*	*NGSM*	*VPAI2P*	*NVPN*	*CLN*	*VRAI2P*	*RP3APM*

ὅτι	μείζων	ἐστὶν	ὁ	ἐν	ὑμῖν	ἢ	ὁ	ἐν	τῷ	κόσμῳ.
porque	mayor	es	el (que)	(está) en	vosotros	que	el (que)	(está) en	el	mundo.
3754	3187	2076	3588	1722	5213	2228	3588	1722	3588	2889
CAZ	*JNSMC*	*VPAI3S*	*DNSM*	*P*	*RP2DP*	*P, CAM*	*DNSM*	*P*	*DDSM*	*NDSM*

5 αὐτοὶ	ἐκ	τοῦ	κόσμου	εἰσίν·	διὰ	τοῦτο	ἐκ	τοῦ	κόσμου	λαλοῦσιν
Ellos	de$_2$	el$_3$	mundo,$_4$	son$_1$	por	esto	de	el	mundo	hablan
846	1537	3588	2889	1526	1223	5124	1537	3588	2889	2980
RP3NPMP	*P*	*DGSM*	*NGSM*	*VPAI3P*	*P*	*RD-ASN*	*P*	*DGSM*	*NGSM*	*VPAI3P*

καὶ	ὁ	κόσμος	αὐτῶν	ἀκούει.	6 ἡμεῖς	ἐκ	τοῦ	θεοῦ	ἐσμεν·	ὁ
y	el$_1$	mundo$_2$	a ellos.$_4$	escucha$_3$	Nosotros	de$_2$	--$_3$	Dios;$_4$	somos$_1$	el que
2532	3588	2889	846	191	2249	1537	3588	2316	2070	3588
CLN	*DNSM*	*NNSM*	*RP3GPM*	*VPAI3S*	*RP1NP*	*P*	*DGSM*	*NGSM*	*VPAI1P*	*DNSM*

γινώσκων	τὸν	θεὸν	ἀκούει	ἡμῶν,	ὃς	οὐκ	ἔστιν	ἐκ	τοῦ	θεοῦ
conoce	a --	Dios,	escucha	a nosotros;	el que	no	es	de	--	Dios,
1097	3588	2316	191	2257	3739	3756	2076	1537	3588	2316
VPAP-SNM	*DASM*	*NASM*	*VPAI3S*	*RP1GP*	*RR-NSM*	*BN, TN*	*VPAI3S*	*P*	*DGSM*	*NGSM*

οὐκ	ἀκούει	ἡμῶν.	ἐκ	τούτου	γινώσκομεν	τὸ	πνεῦμα	τῆς	ἀληθείας
no	escucha	a nosotros.	De	esto	conocemos	al	espíritu	de la	verdad
3756	191	2257	1537	5127	1097	3588	4151	3588	225
BN, TN	*VPAI3S*	*RP1GP*	*P*	*RD-GSN*	*VPAI1P*	*DASN*	*NASN*	*DGSF*	*NGSF*

καὶ	τὸ	πνεῦμα	τῆς	πλάνης.	7 Ἀγαπητοί,	ἀγαπῶμεν	ἀλλήλους,	ὅτι
y	al	espíritu	del	error.	Amados,	amemos	unos a otros,	porque
2532	3588	4151	3588	4106	27	25	240	3754
CLN	*DASN*	*NASN*	*DGSF*	*NGSF*	*JVPM*	*VPAS1P*	*RC-APM*	*CAZ*

ἡ	ἀγάπη	ἐκ	τοῦ	θεοῦ	ἐστιν,	καὶ	πᾶς	ὁ	ἀγαπῶν	ἐκ	τοῦ	θεοῦ
el	amor	de$_2$	--$_3$	Dios,$_4$	es$_1$	y	todo	el que	ama,	de$_2$	--$_3$	Dios$_4$
3588	26	1537	3588	2316	2076	2532	3956	3588	25	1537	3588	2316
DNSF	*NNSF*	*P*	*DGSM*	*NGSM*	*VPAI3S*	*CLN*	*JNSM*	*DNSM*	*VPAP-SNM*	*P*	*DGSM*	*NGSM*

γεγέννηται	καὶ	γινώσκει	τὸν	θεόν.	8 ὁ	μὴ	ἀγαπῶν	οὐκ	ἔγνω	τὸν
ha nacido$_1$	y	conoce	a --	Dios.	El que	no	ama	no	conoció	a --
1080	2532	1097	3588	2316	3588	3361	25	3756	1097	3588
VRPI3S	*CLN*	*VPAI3S*	*DASM*	*NASM*	*DNSM*	*BN, TN*	*VPAP-SNM*	*BN, TN*	*VAAI3S*	*DASM*

θεόν,	ὅτι	ὁ	θεὸς	ἀγάπη	ἐστίν.	9 ἐν	τούτῳ	ἐφανερώθη	ἡ	ἀγάπη
Dios,	porque	--$_1$	Dios$_2$	amor.$_4$	es$_3$	En	esto	fue manifestado$_5$	el$_1$	amor$_2$
2316	3754	3588	2316	26	2076	1722	5129	5319	3588	26
NASM	*CAZ*	*DNSM*	*NNSM*	*NNSF*	*VPAI3S*	*P*	*RD-DSN*	*VAPI3S*	*DNSF*	*NNSF*

τοῦ	θεοῦ	ἐν	ἡμῖν,	ὅτι	τὸν	υἱὸν	αὐτοῦ	τὸν	μονογενῆ	ἀπέσταλκεν
de --$_3$	Dios$_4$	en$_6$	nosotros,$_7$	que$_8$	al$_{12}$	Hijo$_{13}$	de él$_{14}$	el$_{15}$	único$_{16}$	ha enviado$_{11}$
3588	2316	1722	2254	3754	3588	5207	846	3588	3439	649
DGSM	*NGSM*	*P*	*RP1DP*	*CSC*	*DASM*	*NASM*	*RP3GSM*	*DASM*	*JASM*	*VRAI3S*

NVI

humano es de Dios;
3 todo profeta que no
reconoce a Jesús no es de
Dios, sino del anticristo.
Ustedes han oído que
este viene; en efecto, ya
está en el mundo.
4 Ustedes, queridos
hijos, son de Dios y han
vencido a esos falsos
profetas, porque el que
está en ustedes es más
poderoso que el que
está en el mundo. 5 Ellos
son del mundo; por eso
hablan desde el punto
de vista del mundo, y
el mundo los escucha.
6 Nosotros somos de
Dios, y todo el que
conoce a Dios nos es-
cucha; pero el que no es
de Dios no nos escucha.
Así distinguimos entre
el Espíritu de la verdad y
el espíritu del engaño.

Permanezcamos en el amor

7 Queridos hermanos,
amémonos los unos a los
otros, porque el amor
viene de Dios, y todo el
que ama ha nacido de él
y lo conoce. 8 El que no
ama no conoce a Dios,
porque Dios es amor.
9 Así manifestó Dios su
amor entre nosotros:
en que envió a su Hijo
unigénito al mundo

4:3⌈ Manuscritos inferiores aumentaron *Cristo o Señor*; otros también aumentaron *ha venido en carne.*

RVR

para que vivamos por
medio de él.
10 En esto consiste el
amor: no en que noso-
tros hayamos amado a
Dios, sino en que él nos
amó a nosotros, y envió
a su Hijo como propi-
ciación por nuestros
pecados.
11 Amados, si Dios nos
ha amado así, también
nosotros debemos
amarnos unos a otros.
12 Nadie ha visto jamás
a Dios. Si nos amamos
unos a otros, Dios
permanece en nosotros,
y su amor se ha perfec-
cionado en nosotros.
13 En esto conocemos
que permanecemos en
él, y él en nosotros, en
que nos ha dado de su
Espíritu.
14 Y nosotros hemos
visto y testificamos que
el Padre ha enviado al
Hijo como Salvador del
mundo.
15 Todo aquel que con-
fiese que Jesús es el Hijo
de Dios, Dios perma-
nece en él, y él en Dios.
16 Y nosotros hemos co-
nocido y creído el amor
que Dios tiene para con

ὁ θεὸς εἰς τὸν κόσμον ἵνα ζήσωμεν δι' αὐτοῦ. 10 ἐν
--$_{9}$ Dios$_{10}$ hacia el mundo, para que vivamos por medio de de él. En
3588 2316 1519 3588 2889 2443 2198 1223 846 1722
DNSM NNSM P DASM NASM CAP VAAS1P P RP3GSM P

τούτῳ ἐστὶν ἡ ἀγάπη, οὐχ ὅτι ἡμεῖς ἠγαπήκαμεν τὸν θεόν,
esto es (consiste):$_{3}$ el$_{1}$ amor$_{2}$ no que nosotros hayamos amado a -- Dios,
5129 2076 3588 26 3756 3754 2249 25 3588 2316
RD-DSN VPAI3S DNSF NNSF CLK, TN, B CSC RP1NP VRAI1P DASM NASM

ἀλλ' ὅτι αὐτὸς ἠγάπησεν ἡμᾶς καὶ ἀπέστειλεν τὸν υἱὸν αὐτοῦ
sino que él amó a nosotros, y envió al Hijo de él
235 3754 846 25 2248 2532 649 3588 5207 846
CLK, CLC CSC RP3NSMP VAAI3S RP1AP CLN VAAI3S DASM NASM RP3GSM

ἱλασμὸν περὶ τῶν ἁμαρτιῶν ἡμῶν. 11 ἀγαπητοί, εἰ οὕτως
(como) propiciación acerca de los pecados de nosotros. Amados, si así$_{3}$
2434 4012 3588 266 2257 27 1487 3779
NASM P DGPF NGPF RP1GP JVPM CAC B

ὁ θεὸς ἠγάπησεν ἡμᾶς, καὶ ἡμεῖς ὀφείλομεν ἀλλήλους ἀγαπᾶν.
--$_{1}$ Dios$_{2}$ amó$_{4}$ a nosotros, también nosotros$_{1}$ debemos$_{2}$ unos a otros.$_{4}$ amar$_{3}$
3588 2316 25 2248 2532 2249 3784 240 25
DNSM NNSM VAAI3S RP1AP BE, TE RP1NP VPAI1P RC-APM VPAN

12 θεὸν οὐδεὶς πώποτε τεθέαται· ἐὰν ἀγαπῶμεν ἀλλήλους, ὁ θεὸς
a Dios;$_{4}$ Nadie$_{1}$ jamás$_{2}$ ha contemplado$_{3}$ si amamos unos a otros, -- Dios
2316 3762 4455 2300 1437 25 240 3588 2316
NASM JNSM B VRUI3S CAC VPAS1P RC-APM DNSM NNSM

ἐν ἡμῖν μένει καὶ ἡ ἀγάπη αὐτοῦ ἐν ἡμῖν τετελειωμένη
en$_{2}$ nosotros,$_{3}$ permanece$_{1}$ y el amor de él en$_{3}$ nosotros.$_{4}$ perfeccionado$_{2}$
1722 2254 3306 2532 3588 26 846 1722 2254 5048
P RP1DP VPAI3S CLN DNSF NNSF RP3GSM P RP1DP VRPP-SNF

ἐστιν.
está$_{1}$
2076
VPAI3S

13 Ἐν τούτῳ γινώσκομεν ὅτι ἐν αὐτῷ μένομεν καὶ αὐτὸς ἐν
En esto conocemos que en$_{2}$ él,$_{3}$ permanecemos$_{1}$ y él en
1722 5129 1097 3754 1722 846 3306 2532 846 1722
P RD-DSN VPAI1P CSC P RP3DSM VPAI1P CLN RP3NSMP P

ἡμῖν, ὅτι ἐκ τοῦ πνεύματος αὐτοῦ δέδωκεν ἡμῖν. 14 καὶ ἡμεῖς
nosotros, que$_{1}$ de$_{4}$ el$_{5}$ Espíritu$_{6}$ de él.$_{7}$ ha dado$_{2}$ a nosotros$_{3}$ Y nosotros
2254 3754 1537 3588 4151 846 1325 2254 2532 2249
RP1DP CAZ P DGSN NGSN RP3GSM VRAI3S RP1DP CLN RP1NP

τεθεάμεθα καὶ μαρτυροῦμεν ὅτι ὁ πατὴρ ἀπέσταλκεν τὸν υἱὸν
hemos observado y testificamos que el Padre ha enviado al Hijo
2300 2532 3140 3754 3588 3962 649 3588 5207
VRUI1P CLN VPAI1P CSC DNSM NNSM VRAI3S DASM NASM

σωτῆρα τοῦ κόσμου. 15 ὃς ἐὰν ὁμολογήσῃ ὅτι Ἰησοῦς ἐστιν ὁ
(como) Salvador del mundo. El que si confesara que Jesús es el
4990 3588 2889 3739 1437 3670 3754 2424 2076 3588
NASM DGSM NGSM RR-NSM TC VAAS3S CSC NNSM VPAI3S DNSM

υἱὸς τοῦ θεοῦ, ὁ θεὸς ἐν αὐτῷ μένει καὶ αὐτὸς ἐν τῷ θεῷ.
Hijo de -- Dios, --$_{1}$ Dios$_{2}$ en$_{4}$ él,$_{5}$ permanece$_{3}$ y él en -- Dios.
5207 3588 2316 3588 2316 1722 846 3306 2532 846 1722 3588 2316
NNSM DGSM NGSM DNSM NNSM P RP3DSM VPAI3S CLN RP3NSMP P DDSM NDSM

16 καὶ ἡμεῖς ἐγνώκαμεν καὶ πεπιστεύκαμεν τὴν ἀγάπην ἣν ἔχει
Y nosotros hemos conocido y hemos creído el amor el que$_{1}$ tiene$_{4}$
2532 2249 1097 2532 4100 3588 26 3739 2192
CLN RP1NP VRAI1P CLN VRAI1P DASF NASF RR-ASF VPAI3S

NVI

para que vivamos por
medio de él. 10 En esto
consiste el amor: no en
que nosotros hayamos
amado a Dios, sino
en que él nos amó y
envió a su Hijo para que
fuera ofrecido como
sacrificio por el perdón
de nuestros pecados.
11 Queridos hermanos,
ya que Dios nos ha ama-
do así, también nosotros
debemos amarnos los
unos a los otros. 12 Nadie
ha visto jamás a Dios,
pero, si nos amamos los
unos a los otros, Dios
permanece entre noso-
tros, y entre nosotros su
amor se ha manifestado
plenamente.
13 ¿Cómo sabemos
que permanecemos en
él, y que él permanece en
nosotros? Porque nos ha
dado de su Espíritu. 14 Y
nosotros hemos visto y
declaramos que el Padre
envió a su Hijo para ser
el Salvador del mundo.
15 Si alguien reconoce
que Jesús es el Hijo de
Dios, Dios permanece
en él, y él en Dios. 16 Y
nosotros hemos llegado
a saber y creer que Dios
nos ama.

RVR

nosotros. Dios es amor;
y el que permanece en
el amor, permanece en
Dios, y Dios en él.
17 En esto se ha perfec-
cionado el amor en no-
sotros, para que tenga-
mos confianza en el día
del juicio; pues como él
es, así somos nosotros
en este mundo.
18 En el amor no hay
temor, sino que el per-
fecto amor echa fuera el
temor; porque el temor
comporta castigo, y el
que teme, no ha sido
perfeccionado en el
amor.
19 Nosotros le amamos
a él, porque él nos amó
primero.
20 Si alguno dice: Yo
amo a Dios, y aborrece
a su hermano, es menti-
roso. Pues el que no ama
a su hermano a quien
ha visto, ¿cómo puede
amar a Dios a quien no
ha visto?
21 Y nosotros tenemos
este mandamiento de
parte de él: El que ama a
Dios, ame también a su
hermano.

ὁ	θεὸς	ἐν	ἡμῖν.
--$_2$	Dios$_3$	con$_5$	nosotros.$_6$
3588	2316	1722	2254
DNSM	*NNSM*	*P*	*RP1DP*

Ὁ	θεὸς	ἀγάπη	ἐστίν,	καὶ	ὁ	μένων	ἐν	τῇ	ἀγάπῃ
--$_7$	Dios$_8$	amor,$_{10}$	es$_9$	y	el que	permanece	en	el	amor,
3588	2316	26	2076	2532	3588	3306	1722	3588	26
DNSM	*NNSM*	*NNSF*	*VPAI3S*	*CLN*	*DNSM*	*VPAP-SNM*	*P*	*DDSF*	*NDSF*

ἐν	τῷ	θεῷ	μένει	καὶ	ὁ	θεὸς	ἐν	αὐτῷ	μένει.	17 ἐν	τούτῳ
en	--	Dios	permanece	y	--	Dios$_1$	en$_3$	él.$_4$	permanece$_2$	En	esto
1722	3588	2316	3306	2532	3588	2316	1722	846	3306	1722	5129
P	*DDSM*	*NDSM*	*VPAI3S*	*CLN*	*DNSM*	*NNSM*	*P*	*RP3DSM*	*VPAI3S*	*P*	*RD-DSN*

τετελείωται	ἡ	ἀγάπη	μεθ'	ἡμῶν,	ἵνα	παρρησίαν	ἔχωμεν	ἐν
ha sido perfeccionado,$_5$	el$_1$	amor$_2$	con$_3$	nosotros$_4$	para que	confianza$_2$	tengamos$_1$	en
5048	3588	26	3326	2257	2443	3954	2192	1722
VRPI3S	*DNSF*	*NNSF*	*P*	*RP1GP*	*CSC*	*NASF*	*VPAS1P*	*P*

τῇ	ἡμέρᾳ	τῆς	κρίσεως,	ὅτι	καθὼς	ἐκεῖνός	ἐστιν	καὶ	ἡμεῖς	ἐσμεν
el	día	del	juicio,	porque	como	aquel	es,	también	nosotros	somos
3588	2250	3588	2920	3754	2531	1565	2076	2532	2249	2070
DDSF	*NDSF*	*DGSF*	*NGSF*	*CAZ*	*CAM*	*RD-NSM*	*VPAI3S*	*BE, TE*	*RP1NP*	*VPAI1P*

ἐν	τῷ	κόσμῳ	τούτῳ.	18 φόβος	οὐκ	ἔστιν	ἐν	τῇ	ἀγάπῃ,	ἀλλ'
en	--$_2$	mundo.$_3$	este$_1$	miedo$_3$	No$_1$	es (hay)$_2$	en	el	amor,	pero
1722	3588	2889	5129	5401	3756	2076	1722	3588	26	235
P	*DDSM*	*NDSM*	*RD-DSM*	*NNSM*	*CLK, TN, B*	*VPAI3S*	*P*	*DDSF*	*NDSF*	*CLK, CLC*

ἡ	τελεία	ἀγάπη	ἔξω	βάλλει	τὸν	φόβον,	ὅτι	ὁ	φόβος	κόλασιν
el	perfecto	amor	afuera$_2$	echa$_1$	al	miedo,	porque	el$_1$	miedo$_2$	castigo,$_4$
3588	5046	26	1854	906	3588	5401	3754	3588	5401	2851
DNSF	*JNSF*	*NNSF*	*B*	*VPAI3S*	*DASM*	*NASM*	*CAZ*	*DNSM*	*NNSM*	*NASF*

ἔχει,	ὁ	δὲ	φοβούμενος	οὐ	τετελείωται	ἐν	τῇ	ἀγάπῃ.	19 ἡμεῖς
tiene$_3$	el que$_6$	mas$_5$	teme	no	ha sido perfeccionado	en	el	amor.	Nosotros
2192	3588	1161	5399	3756	5048	1722	3588	26	2249
VPAI3S	*DNSM*	*CLN*	*VPUP-SNM*	*BN, TN*	*VRPI3S*	*P*	*DDSF*	*NDSF*	*RP1NP*

⌜ἀγαπῶμεν,	ὅτι	αὐτὸς	πρῶτος	ἠγάπησεν	ἡμᾶς.	20 ἐάν	τις	εἴπῃ
amamos,	porque	él	primero$_2$	amó$_1$	a nosotros.$_3$	Si	alguien	dice
25	3754	846	4413	25	2248	1437	5100	2036
VPAI1P, VPAS1P	*CAZ*	*RP3NSMP*	*JNSM*	*VAAI3S*	*RP1AP*	*CAC*	*RX-NSM*	*VAAS3S*

ὅτι	Ἀγαπῶ	τὸν	θεόν,	καὶ	τὸν	ἀδελφὸν	αὐτοῦ	μισῇ,	ψεύστης	ἐστίν·
que:	Amo	a --	Dios,	y	al$_2$	hermano$_3$	de él,$_4$	odia$_1$	mentiroso,$_6$	es$_5$
3754	25	3588	2316	2532	3588	80	846	3404	5583	2076
CSC	*VPAI1S*	*DASM*	*NASM*	*CLN*	*DASM*	*NASM*	*RP3GSM*	*VPAS3S*	*NNSM*	*VPAI3S*

ὁ	γὰρ	μὴ	ἀγαπῶν	τὸν	ἀδελφὸν	αὐτοῦ	ὃν	ἑώρακεν,	τὸν	θεὸν
el que$_8$	porque$_7$	no$_9$	ama$_{10}$	al	hermano	de él,	a quien	ha visto,	a --	Dios,
3588	1063	3361	25	3588	80	846	3739	3708	3588	2316
DNSM	*CAZ*	*BN, TN*	*VPAP-SNM*	*DASM*	*NASM*	*RP3GSM*	*RR-ASM*	*VRAI3S*	*DASM*	*NASM*

ὃν	οὐχ	ἑώρακεν	οὐ	δύναται	ἀγαπᾶν.	21 καὶ	ταύτην	τὴν	ἐντολὴν
a quien	no	ha visto,	no	puede	amar.	Y$_1$	este$_3$	--$_4$	mandamiento$_5$
3739	3756	3708	3756	1410	25	2532	3778	3588	1785
RR-ASM	*BN, TN*	*VRAI3S*	*BN, TN*	*VPUI3S*	*VPAN*	*CLN*	*RD-ASF*	*DASF*	*NASF*

ἔχομεν	ἀπ'	αὐτοῦ,	ἵνα	ὁ	ἀγαπῶν	τὸν	θεὸν	ἀγαπᾷ	καὶ	τὸν
tenemos$_2$	de	él,	que	el que	ama	a --	Dios,	ame	también	al
2192	575	846	2443	3588	25	3588	2316	25	2532	3588
VPAI1P	*P*	*RP3GSM*	*CSC*	*DNSM*	*VPAP-SNM*	*DASM*	*NASM*	*VPAS3S*	*BE, TE*	*DASM*

ἀδελφὸν	αὐτοῦ.
hermano	de él.
80	846
NASM	*RP3GSM*

NVI

Dios es amor. El que
permanece en amor,
permanece en Dios, y
Dios en él. 17 Ese amor se
manifiesta plenamente
entre nosotros para
que en el día del juicio
comparezcamos con
toda confianza, porque
en este mundo hemos
vivido como vivió Jesús.
En el amor no hay te-
mor, 18 sino que el amor
perfecto echa fuera el
temor. El que teme espe-
ra el castigo, así que no
ha sido perfeccionado
en el amor.
19 Nosotros amamos
porque él nos amó pri-
mero. 20 Si alguien afir-
ma: «Yo amo a Dios»,
pero odia a su hermano,
es un mentiroso; pues
el que no ama a su her-
mano, a quien ha visto,
no puede amar a Dios,
a quien no ha visto. 21 Y
él nos ha dado este man-
damiento: el que ama a
Dios, ame también a su
hermano.

4:19⌜ Manuscritos inferiores aumentaron *a él* o *a Dios.*

RVR

La fe que vence al mundo

5 Todo aquel que
cree que Jesús es
el Cristo, es nacido de
Dios; y todo aquel que
ama al que engendró,
ama también al que ha
sido engendrado por él.
2 En esto conocemos que
amamos a los hijos de
Dios, cuando amamos
a Dios, y guardamos sus
mandamientos.
3 Pues éste es el amor de
Dios, que guardemos
sus mandamientos; y sus
mandamientos no son
gravosos.
4 Porque todo lo que es
nacido de Dios vence
al mundo; y ésta es la
victoria que ha vencido
al mundo, nuestra fe.
5 ¿Quién es el que vence
al mundo, sino el que
cree que Jesús es el Hijo
de Dios?

El testimonio del Espíritu

6 Éste es Jesucristo, que
vino mediante agua y
sangre; no mediante
agua solamente, sino
mediante agua y sangre.
Y el Espíritu es el que da
testimonio; porque el

5 Πᾶς ὁ πιστεύων ὅτι Ἰησοῦς ἐστιν ὁ χριστὸς ἐκ
Todo el que cree que Jesús es el Cristo, de$_2$
3956 3588 4100 3754 2424 2076 3588 5547 1537
JNSM DNSM VPAP-SNM CSC NNSM VPAI3S DNSM NNSM P

τοῦ θεοῦ γεγέννηται, καὶ πᾶς ὁ ἀγαπῶν τὸν γεννήσαντα
--$_3$ Dios,$_4$ ha nacido$_1$ y todo el que ama al que engendró,
3588 2316 1080 2532 3956 3588 25 3588 1080
DGSM NGSM VRPI3S CLN JNSM DNSM VPAP-SNM DASM VAAP-SAM

ἀγαπᾷ καὶ τὸν γεγεννημένον ἐξ αὐτοῦ. 2 ἐν τούτῳ
ama$_2$ también$_1$ al que ha sido engendrado de él. En esto
25 2532 3588 1080 1537 846 1722 5129
VPAI3S, VPAS3S BE, TE DASM VRPP-SAM P RP3GSM P RD-DSN

γινώσκομεν ὅτι ἀγαπῶμεν τὰ τέκνα τοῦ θεοῦ, ὅταν τὸν θεὸν
conocemos que amamos a los hijos de -- Dios, cuando$_1$ a --$_3$ Dios$_4$
1097 3754 25 3588 5043 3588 2316 3752 3588 2316
VPAI1P CSC VPAI1P DAPN NAPN DGSM NGSM CAT DASM NASM

ἀγαπῶμεν καὶ τὰς ἐντολὰς αὐτοῦ ποιῶμεν. 3 αὕτη γάρ ἐστιν ἡ
amamos$_2$ y$_5$ los$_7$ mandamientos$_8$ de él.$_9$ hacemos$_6$ este$_2$ Porque$_1$ es el
25 2532 3588 1785 846 4160 3778 1063 2076 3588
VPAS1P, VPAI1P CLN DAPF NAPF RP3GSM VPAS1P RD-NSF CAZ VPAI3S DNSF

ἀγάπη τοῦ θεοῦ ἵνα τὰς ἐντολὰς αὐτοῦ τηρῶμεν, καὶ αἱ ἐντολαὶ
amor de -- Dios, que$_1$ los$_3$ mandamientos$_4$ de él;$_5$ guardemos$_2$ y los mandamientos
26 3588 2316 2443 3588 1785 846 5083 2532 3588 1785
NNSF DGSM NGSM CSC DAPF NAPF RP3GSM VPAS1P CLN DNPF NNPF

αὐτοῦ βαρεῖαι οὐκ εἰσίν, 4 ὅτι πᾶν τὸ γεγεννημένον ἐκ τοῦ
de él gravosos,$_3$ no$_1$ son$_2$ porque todo el que ha nacido de --
846 926 3756 1526 3754 3956 3588 1080 1537 3588
RP3GSM JNPF BN, TN VPAI3P CAZ JNSN DNSN VRPP-SNN P DGSM

θεοῦ νικᾷ τὸν κόσμον. καὶ αὕτη ἐστὶν ἡ νίκη ἡ νικήσασα
Dios vence al mundo; y esta es la victoria la que venció
2316 3528 3588 2889 2532 3778 2076 3588 3529 3588 3528
NGSM VPAI3S DASM NASM CLN RD-NSF VPAI3S DNSF NNSF DNSF VAAP-SNF

τὸν κόσμον, ἡ πίστις ἡμῶν. 5 τίς δέ ἐστιν ὁ νικῶν τὸν
al mundo: la fe de nosotros. ¿quién$_2$ Mas,$_1$ es el que vence al
3588 2889 3588 4102 2257 5101 1161 2076 3588 3528 3588
DASM NASM DNSF NNSF RP1GP RI-NSM CLN VPAI3S DNSM VPAP-SNM DASM

κόσμον εἰ μὴ ὁ πιστεύων ὅτι Ἰησοῦς ἐστιν ὁ υἱὸς τοῦ
mundo si no el que cree que Jesús es el Hijo de --
2889 1487 3361 3588 4100 3754 2424 2076 3588 5207 3588
NASM CAC BN, TN DNSM VPAP-SNM CSC NNSM VPAI3S DNSM NNSM DGSM

θεοῦ;
Dios?
2316
NGSM

6 Οὗτός ἐστιν ὁ ἐλθὼν δι᾽ ὕδατος καὶ αἵματος, Ἰησοῦς
Este es el que vino por medio de agua y sangre, Jesús
3778 2076 3588 2064 1223 5204 2532 129 2424
RD-NSM VPAI3S DNSM VAAP-SNM P NGSN CLN NGSN NNSM

Χριστός· οὐκ ἐν τῷ ὕδατι μόνον ἀλλ᾽ ἐν τῷ ὕδατι καὶ ἐν
Cristo; no en el agua sólo, sino en el agua y en
5547 3756 1722 3588 5204 3440 235 1722 3588 5204 2532 1722
NNSM CLK, TN, B P DDSN NDSN B, J CLK, CLC P DDSN NDSN CLN P

τῷ αἵματι· καὶ τὸ πνεῦμά ἐστιν τὸ μαρτυροῦν, ὅτι τὸ
la sangre; y el Espíritu es el que testifica, porque el
3588 129 2532 3588 4151 2076 3588 3140 3754 3588
DDSN NDSN CLN DNSN NNSN VPAI3S DNSN VPAP-SNN CAZ DNSN

NVI

Vivamos en la fe

5 Todo el que cree que
Jesús es el Cristo ha
nacido de Dios, y todo
el que ama al padre ama
también a sus hijos. 2 Así,
cuando amamos a Dios
y cumplimos sus man-
damientos, sabemos que
amamos a los hijos de
Dios. 3 En esto consiste
el amor a Dios: en que
obedezcamos sus man-
damientos. Y estos no
son difíciles de cumplir,
4 porque todo el que ha
nacido de Dios vence al
mundo. Esta es la victo-
ria que vence al mundo:
nuestra fe. 5 ¿Quién es el
que vence al mundo sino
el que cree que Jesús es el
Hijo de Dios?
6 Este es el que vino
mediante agua y sangre,
Jesucristo; no solo
mediante agua, sino
mediante agua y sangre.
El Espíritu es quien
da testimonio de esto,
porque el Espíritu es la

RVR

Espíritu es la verdad.
7 Porque tres son los que
dan testimonio en el
cielo: el Padre, el Verbo
y el Espíritu Santo; y
estos tres son uno.
8 Y tres son los que dan
testimonio en la tierra:
el Espíritu, el agua y
la sangre; y estos tres
concuerdan.
9 Si recibimos el testi-
monio de los hombres,
mayor es el testimonio
de Dios; porque éste es
el testimonio de Dios,
que ha testificado acerca
de su Hijo.
10 El que cree en el
Hijo de Dios, tiene el
testimonio en sí mismo;
el que no cree a Dios,
le ha hecho mentiroso,
porque no ha creído
en el testimonio que
Dios ha dado acerca de
su Hijo.
11 Y este es el testimo-
nio: que Dios nos ha
dado vida eterna; y esta
vida está en su Hijo.
12 El que tiene al Hijo,
tiene la vida; el que no
tiene al Hijo de Dios no
tiene la vida.

El conocimiento de la vida eterna

13 Estas cosas os he escri-
to a vosotros que creéis
en el nombre del Hijo
de Dios, para que sepáis
que tenéis vida eterna, y
para que sigáis creyendo
en el nombre del Hijo
de Dios.

πνεῦμά	ἐστιν	ἡ	ἀλήθεια.	7 ὅτι	τρεῖς	εἰσιν	οἱ	μαρτυροῦντες,⌜
Espíritu	es	la	verdad.	Porque$_{1}$	tres:$_{4}$	son$_{3}$	los que$_{2}$	testifican
4151	2076	3588	225	3754	5140	1526	3588	3140
NNSN	*VPAI3S*	*DNSF*	*NNSF*	*CLX*	*JNPM*	*VPAI3P*	*DNPM*	*VPAP-PNM*

8 τὸ	πνεῦμα	καὶ	τὸ	ὕδωρ	καὶ	τὸ	αἷμα,	καὶ	οἱ	τρεῖς	εἰς	τὸ
El	Espíritu	y	el	agua	y	la	sangre,	y	los	tres	hacia	el
3588	4151	2532	3588	5204	2532	3588	129	2532	3588	5140	1519	3588
DNSN	*NNSN*	*CLN*	*DNSN*	*NNSN*	*CLN*	*DNSN*	*NNSN*	*CLN*	*DNPM*	*JNPM*	*P*	*DASN*

ἓν	εἰσιν*.	9 εἰ	τὴν	μαρτυρίαν	τῶν	ἀνθρώπων	λαμβάνομεν,	ἡ
uno	están.	Si$_{1}$	el$_{3}$	testimonio$_{4}$	de los$_{5}$	seres humanos,$_{6}$	recibimos$_{2}$	el
1520	1526	1487	3588	3141	3588	444	2983	3588
JASN	*VPAI3P*	*CAC*	*DASF*	*NASF*	*DGPM*	*NGPM*	*VPAI1P*	*DNSF*

μαρτυρία	τοῦ	θεοῦ	μείζων	ἐστίν,	ὅτι	αὕτη	ἐστὶν	ἡ	μαρτυρία	τοῦ
testimonio	de --	Dios	mayor,$_{2}$	es$_{1}$	porque	este	es	el	testimonio	de --
3141	3588	2316	3187	2076	3754	3778	2076	3588	3141	3588
NNSF	*DGSM*	*NGSM*	*JNSFC*	*VPAI3S*	*CAZ*	*RD-NSF*	*VPAI3S*	*DNSF*	*NNSF*	*DGSM*

θεοῦ	ὅτι	μεμαρτύρηκεν	περὶ	τοῦ	υἱοῦ	αὐτοῦ.	10 ὁ	πιστεύων
Dios,	porque	ha testificado	acerca de	del	Hijo	de él.	El que	cree
2316	3754	3140	4012	3588	5207	846	3588	4100
NGSM	*CSC*	*VRAI3S*	*P*	*DGSM*	*NGSM*	*RP3GSM*	*DNSM*	*VPAP-SNM*

εἰς	τὸν	υἱὸν	τοῦ	θεοῦ	ἔχει	τὴν	μαρτυρίαν	ἐν	αὐτῷ·	ὁ	μὴ
en	el	Hijo	de --	Dios,	tiene	el	testimonio	en	sí mismo.	El (que)	no
1519	3588	5207	3588	2316	2192	3588	3141	1722	1438	3588	3361
P	*DASM*	*NASM*	*DGSM*	*NGSM*	*VPAI3S*	*DASF*	*NASF*	*P*	*RF3DSM*	*DNSM*	*BN, TN*

πιστεύων	τῷ	θεῷ	ψεύστην	πεποίηκεν	αὐτόν,	ὅτι	οὐ	πεπίστευκεν
cree	en --	Dios,	mentiroso$_{2}$	ha hecho$_{1}$	a él,$_{3}$	porque	no	ha creído
4100	3588	2316	5583	4160	846	3754	3756	4100
VPAP-SNM	*DDSM*	*NDSM*	*NASM*	*VRAI3S*	*RP3ASM*	*CAZ*	*BN, TN*	*VRAI3S*

εἰς	τὴν	μαρτυρίαν	ἣν	μεμαρτύρηκεν	ὁ	θεὸς	περὶ	τοῦ	υἱοῦ
a	el	testimonio	el que	ha testificado$_{3}$	--$_{1}$	Dios$_{2}$	acerca de	del	Hijo
1519	3588	3141	3739	3140	3588	2316	4012	3588	5207
P	*DASF*	*NASF*	*RR-ASF*	*VRAI3S*	*DNSM*	*NNSM*	*P*	*DGSM*	*NGSM*

αὐτοῦ.	11 καὶ	αὕτη	ἐστὶν	ἡ	μαρτυρία,	ὅτι	ζωὴν	αἰώνιον	ἔδωκεν	ὁ
de él.	Y	este	es	el	testimonio:	que$_{1}$	vida$_{5}$	eterna$_{6}$	dio$_{4}$	--$_{2}$
846	2532	3778	2076	3588	3141	3754	2222	166	1325	3588
RP3GSM	*CLN*	*RD-NSF*	*VPAI3S*	*DNSF*	*NNSF*	*CSC*	*NASF*	*JASF*	*VAAI3S*	*DNSM*

θεὸς	ἡμῖν,	καὶ	αὕτη	ἡ	ζωὴ	ἐν	τῷ	υἱῷ	αὐτοῦ	ἐστιν.	12 ὁ
Dios$_{3}$	a nosotros,$_{7}$	y	esta	--	vida	en$_{2}$	el$_{3}$	Hijo$_{4}$	de él.$_{5}$	está$_{1}$	El que
2316	2254	2532	3778	3588	2222	1722	3588	5207	846	2076	3588
NNSM	*RP1DP*	*CLN*	*RD-NSF*	*DNSF*	*NNSF*	*P*	*DDSM*	*NDSM*	*RP3GSM*	*VPAI3S*	*DNSM*

ἔχων	τὸν	υἱὸν	ἔχει	τὴν	ζωήν·	ὁ	μὴ	ἔχων	τὸν	υἱὸν	τοῦ	θεοῦ
tiene	al	Hijo,	tiene	la	vida;	el (que)	no	tiene	al	Hijo	de --	Dios,
2192	3588	5207	2192	3588	2222	3588	3361	2192	3588	5207	3588	2316
VPAP-SNM	*DASM*	*NASM*	*VPAI3S*	*DASF*	*NASF*	*DNSM*	*BN, TN*	*VPAP-SNM*	*DASM*	*NASM*	*DGSM*	*NGSM*

τὴν	ζωὴν	οὐκ	ἔχει.
la$_{3}$	vida.$_{4}$	no$_{1}$	tiene$_{2}$
3588	2222	3756	2192
DASF	*NASF*	*BN, TN*	*VPAI3S*

13 Ταῦτα	ἔγραψα	⌜ὑμῖν	ἵνα	εἰδῆτε	ὅτι	ζωὴν	ἔχετε
Estas cosas	escribí	a vosotros,	para que$_{10}$	sepáis$_{11}$	que$_{12}$	vida$_{14}$	tenéis$_{13}$
5023	1125	5213	2443	1492	3754	2222	2192
RD-APN	*VAAI1S*	*RP2DP*	*CAP*	*VRAS2P*	*CSC*	*NASF*	*VPAI2P*

αἰώνιον,	⌜τοῖς	πιστεύουσιν⌝	εἰς	τὸ	ὄνομα	τοῦ	υἱοῦ	τοῦ	θεοῦ.
eterna.$_{15}$	a los que$_{1}$	creen$_{2}$	en$_{3}$	el$_{4}$	nombre$_{5}$	del$_{6}$	Hijo$_{7}$	de --$_{8}$	Dios$_{9}$,
166	3588	4100	1519	3588	3686	3588	5207	3588	2316
JASF	*DDPM*	*VPAP-PDM*	*P*	*DASN*	*NASN*	*DGSM*	*NGSM*	*DGSM*	*NGSM*

NVI

verdad. 7 Tres son los que
dan testimonio, 8 y los
tres están de acuerdo:
el Espíritu, el agua y la
sangre. 9 Aceptamos el
testimonio humano,
pero el testimonio de
Dios vale mucho más,
precisamente porque es
el testimonio de Dios,
que él ha dado acerca de
su Hijo. 10 El que cree en
el Hijo de Dios acepta
este testimonio. El que
no cree a Dios lo hace
pasar por mentiroso,
por no haber creído el
testimonio que Dios ha
dado acerca de su Hijo.
11 Y el testimonio es este:
que Dios nos ha dado
vida eterna, y esa vida
está en su Hijo. 12 El que
tiene al Hijo, tiene la
vida; el que no tiene al
Hijo de Dios, no tiene
la vida.

Observaciones finales

13 Les escribo estas
cosas a ustedes que creen
en el nombre del Hijo
de Dios, para que sepan
que tienen vida eterna.

5:7⌜ Manuscritos inferiores aumentaron *en el cielo: el Padre, la Palabra y el Espíritu Santo; y estos tres son uno 8 Y tres son los que dan testimonio en la tierra:* **5:8*** O sea *concuerdan en uno.* **5:13**⌜ Manuscritos inferiores aumentaron *de y para que crean en el nombre del Hijo de Dios.* **5:13**⌜⌝ Manuscritos inferiores tienen *también para que creáis.*

RVR

14 Y esta es la confianza
que tenemos ante él,
que si pedimos alguna
cosa conforme a su
voluntad, él nos oye.
15 Y si sabemos que él
nos oye en cualquier
cosa que pidamos,
sabemos que tenemos
las peticiones que le
hayamos hecho.
16 Si alguno ve a su her-
mano cometiendo un
pecado que no sea para
muerte, pedirá, y Dios
le dará vida; esto es para
los que cometen pecado
que no sea para muerte.
Hay pecado para muer-
te, por el cual yo no digo
que se pida.
17 Toda injusticia es pe-
cado, y hay pecado que
no es para muerte.
18 Sabemos que todo
aquel que ha nacido de
Dios, no continúa pe-
cando, sino que Aquel
que fue engendrado
por Dios le guarda, y el
maligno no le toca.
19 Sabemos que somos
de Dios, y el mundo
entero yace en poder del
maligno.
20 Pero sabemos que el
Hijo de Dios ha venido,
y nos ha dado entendi-
miento para conocer al
que es verdadero; y esta-
mos en el verdadero, en

14 καὶ	αὕτη	ἐστὶν	ἡ	παρρησία	ἣν	ἔχομεν	πρὸς	αὐτόν,	ὅτι	ἐάν
Y	esta	es	la	confianza	la que	tenemos	en relación a	a él,	que	si
2532	3778	2076	3588	3954	3739	2192	4314	846	3754	1437
CLN	RD-NSF	VPAI3S	DNSF	NNSF	RR-ASF	VPAI1P	P	RP3ASM	CSC	CAC

τι	αἰτώμεθα	κατὰ	τὸ	θέλημα	αὐτοῦ	ἀκούει	ἡμῶν.	15 καὶ	ἐὰν
algo$_2$	pedimos$_1$	conforme a	a la	voluntad	de él,	escucha	a nosotros.	Y	si
5100	154	2596	3588	2307	846	191	2257	2532	1437
RX-ASN	VPMS1P	P	DASN	NASN	RP3GSM	VPAI3S	RP1GP	CLN	CAC

οἴδαμεν	ὅτι	ἀκούει	ἡμῶν	ὃ	ἐὰν	αἰτώμεθα,	οἴδαμεν	ὅτι	ἔχομεν
sabemos	que	oye	a nosotros	lo que	si	pedimos,	sabemos	que	tenemos
1492	3754	191	2257	3739	1437	154	1492	3754	2192
VRAI1P	CSC	VPAI3S	RP1GP	RR-ASN	TC	VPMS1P	VRAI1P	CSC	VPAI1P

τὰ	αἰτήματα	ἃ	ᾐτήκαμεν	ἀπ᾽	αὐτοῦ.	16 ἐάν	τις	ἴδῃ	τὸν
las	peticiones	las que	hemos pedido	de	él.	Si	alguien	ve	al
3588	155	3739	154	575	846	1437	5100	1492	3588
DAPN	NAPN	RR-APN	VRAI1P	P	RP3GSM	CAC	RX-NSM	VAAS3S	DASM

ἀδελφὸν	αὐτοῦ	ἁμαρτάνοντα	ἁμαρτίαν	μὴ	πρὸς	θάνατον,	αἰτήσει,
hermano	de él	que está pecando,	pecado	no	para	muerte,	pedirá,
80	846	264	266	3361	4314	2288	154
NASM	RP3GSM	VPAP-SAM	NASF	BN, TN	P	NASM	VFAI3S

καὶ	δώσει	αὐτῷ	ζωήν,	τοῖς	ἁμαρτάνουσιν	μὴ	πρὸς	θάνατον.
y	dará	a él	vida,	a los que	pecan	no	para	muerte.
2532	1325	846	2222	3588	264	3361	4314	2288
CLN	VFAI3S	RP3DSM	NASF	DDPM	VPAP-PDM	BN, TN	P	NASM

ἔστιν	ἁμαρτία	πρὸς	θάνατον·	οὐ	περὶ	ἐκείνης	λέγω	ἵνα	ἐρωτήσῃ.
Es (Hay)	pecado	para	muerte;	no$_1$	acerca de$_3$	aquellos$_4$	digo$_2$	que$_5$	pide$_6$
2076	266	4314	2288	3756	4012	1565	3004	2443	2065
VPAI3S	NNSF	P	NASM	BN, TN	P	RD-GSF	VPAI1S	CSC	VAAS3S

17 πᾶσα	ἀδικία	ἁμαρτία	ἐστίν,	καὶ	ἔστιν	ἁμαρτία	οὐ	πρὸς	θάνατον.
Toda	injusticia	pecado,$_2$	es$_1$	y	es (hay)	pecado	no	para	muerte.
3956	93	266	2076	2532	2076	266	3756	4314	2288
JNSF	NNSF	NNSF	VPAI3S	CLC	VPAI3S	NNSF	BN, TN	P	NASM

18 Οἴδαμεν	ὅτι	πᾶς	ὁ	γεγεννημένος	ἐκ	τοῦ	θεοῦ	οὐχ
Sabemos	que	todo	el que	ha nacido	de	--	Dios	no
1492	3754	3956	3588	1080	1537	3588	2316	3756
VRAI1P	CSC	JNSM	DNSM	VRPP-SNM	P	DGSM	NGSM	CLK, TN, B

ἁμαρτάνει,	ἀλλ᾽	ὁ	γεννηθεὶς	ἐκ	τοῦ	θεοῦ	τηρεῖ	αὐτόν,
peca,	sino	el que	fue engendrado	de	--	Dios	guarda	a él,
264	235	3588	1080	1537	3588	2316	5083	846
VPAI3S	CLK, CLC	DNSM	VAPP-SNM	P	DGSM	NGSM	VPAI3S	RP3ASM

καὶ	ὁ	πονηρὸς	οὐχ	ἅπτεται	αὐτοῦ.	19 οἴδαμεν	ὅτι	ἐκ	τοῦ	θεοῦ
y	el	maligno	no	agarra	a él.	Sabemos	que	de	--	Dios
2532	3588	4190	3756	680	846	1492	3754	1537	3588	2316
CLN	DNSM	JNSM	BN, TN	VPMI3S	RP3GSM	VRAI1P	CSC	P	DGSM	NGSM

ἐσμεν,	καὶ	ὁ	κόσμος	ὅλος	ἐν	τῷ	πονηρῷ	κεῖται.	20 οἴδαμεν	δὲ
somos,	y	el	mundo	todo	en$_2$	el$_3$	maligno.$_4$	yace$_1$	sabemos$_2$	Mas$_1$
2070	2532	3588	2889	3650	1722	3588	4190	2749	1492	1161
VPAI1P	CLN	DNSM	NNSM	JNSM	P	DDSM	JDSM	VPUI3S	VRAI1P	CLN

ὅτι	ὁ	υἱὸς	τοῦ	θεοῦ	ἥκει,	καὶ	δέδωκεν	ἡμῖν	διάνοιαν	ἵνα
que	el	Hijo	de --	Dios	ha venido	y	ha dado$_1$	a nosotros$_3$	entendimiento$_2$	para que
3754	3588	5207	3588	2316	2240	2532	1325	2254	1271	2443
CSC	DNSM	NNSM	DGSM	NGSM	VPAI3S	CLN	VRAI3S	RP1DP	NASF	CAP

γινώσκωμεν	τὸν	ἀληθινόν·	καὶ	ἐσμὲν	ἐν	τῷ	ἀληθινῷ,	ἐν	τῷ
conozcamos	al	verdadero;	y	estamos	en	el	verdadero;	en	el
1097	3588	228	2532	2070	1722	3588	228	1722	3588
VPAS1P	DASM	JASM	CLN	VPAI1P	P	DDSM	JDSM	P	DDSM

NVI

14 Esta es la confianza
que tenemos al acer-
carnos a Dios: que, si
pedimos conforme a
su voluntad, él nos oye.
15 Y, si sabemos que
Dios oye todas nuestras
oraciones, podemos
estar seguros de que ya
tenemos lo que le hemos
pedido.
16 Si alguno ve a su
hermano cometer un
pecado que no lleva a la
muerte, ore por él y Dios
le dará vida. Me refiero a
quien comete un pecado
que no lleva a la muerte.
Hay un pecado que sí
lleva a la muerte, y en ese
caso no digo que se ore
por él. 17 Toda maldad es
pecado, pero hay pecado
que no lleva a la muerte.
18 Sabemos que el
que ha nacido de Dios
no está en pecado:
Jesucristo, que nació de
Dios, lo protege, y el ma-
ligno no llega a tocarlo.
19 Sabemos que somos
hijos de Dios, y que el
mundo entero está bajo
el control del maligno.
20 También sabemos
que el Hijo de Dios ha
venido y nos ha dado
entendimiento para que
conozcamos al Dios
verdadero. Y estamos
con el Verdadero, con su

RVR

su Hijo Jesucristo. Éste es el verdadero Dios, y la vida eterna.
21 Hijitos, guardaos de los ídolos. Amén.

υἱῷ	αὐτοῦ	Ἰησοῦ	Χριστῷ.	οὗτός	ἐστιν	ὁ	ἀληθινὸς	θεὸς	καὶ	ζωὴ
Hijo	de él,	Jesús	Cristo.	Este	es	el	verdadero	Dios	y	(la) vida
5207	846	2424	5547	3778	2076	3588	228	2316	2532	2222
NDSM	*RP3GSM*	*NDSM*	*NDSM*	*RD-NSM*	*VPAI3S*	*DNSM*	*JNSM*	*NNSM*	*CLN*	*NNSF*

αἰώνιος.
eterna.
166
JNSF

21 Τεκνία,	φυλάξατε	ἑαυτὰ	ἀπὸ	τῶν	⸀εἰδώλων.
Hijitos,	guardad	a vosotros mismos	de	los	ídolos.
5040	5442	1438	575	3588	1497
NVPN	*VAAM2P*	*RF2APN*	*P*	*DGPN*	*NGPN*

NVI

Hijo Jesucristo. Este es el Dios verdadero y la vida eterna.
21 Queridos hijos, apártense de los ídolos.

5:21⸀ Manuscritos inferiores aumentaron *Amén.*

Segunda Epístola de

JUAN

ΙΩΑΝΝΟΥ Β

RVR

Saludo

1 El anciano a la señora
elegida y a sus hijos, a
quienes yo amo en la
verdad; y no sólo yo,
sino también todos los
que han llegado a cono-
cer la verdad,
2 a causa de la verdad
que permanece en
nosotros, y estará para
siempre con nosotros:
3 Gracia, misericordia y
paz serán con vosotros
de parte de Dios Padre
y del Señor Jesucristo,
Hijo del Padre, en ver-
dad y en amor.

Andando en la verdad

4 Mucho me alegré al
encontrar a algunos de
tus hijos andando en
la verdad, conforme
al mandamiento que
recibimos del Padre.
5 Y ahora te ruego,
señora, no como
escribiéndote un nuevo
mandamiento, sino el
que hemos tenido desde
el principio, que nos
amemos unos a otros.
6 Y éste es el amor, que
andemos según sus
mandamientos. Éste
es el mandamiento, tal
como lo oísteis desde
el principio, para que
andéis en él.

1 Ὁ	πρεσβύτερος	ἐκλεκτῇ	κυρίᾳ	καὶ	τοῖς	τέκνοις	αὐτῆς,	οὓς
El	anciano	elegida$_2$	a (la) señora$_1$	y	a los	hijos	de ella,	a quienes
3588	4245	1588	2959	2532	3588	5043	846	3739
DNSM	*JNSM*	*JDSF*	*NDSF*	*CLN*	*DDPN*	*NDPN*	*RP3GSF*	*RR-APM*

ἐγὼ	ἀγαπῶ	ἐν	ἀληθείᾳ,	καὶ	οὐκ	ἐγὼ	μόνος	ἀλλὰ	καὶ	πάντες	οἱ
yo	amo	en	verdad,	y	no	yo	sólo,	sino	también	todos	los que
1473	25	1722	225	2532	3756	1473	3441	235	2532	3956	3588
RP1NS	*VPAI1S*	*P*	*NDSF*	*CLN*	*BN, TN*	*RP1NS*	*JNSM*	*CLC*	*BE, TE*	*JNPM*	*DNPM*

ἐγνωκότες	τὴν	ἀλήθειαν,	2 διὰ	τὴν	ἀλήθειαν	τὴν	μένουσαν	ἐν
han conocido	la	verdad,	a causa de	la	verdad	la que	permanece	en
1097	3588	225	1223	3588	225	3588	3306	1722
VRAP-PNM	*DASF*	*NASF*	*P*	*DASF*	*NASF*	*DASF*	*VPAP-SAF*	*P*

ἡμῖν,	καὶ	μεθ'	ἡμῶν	ἔσται	εἰς	τὸν	αἰῶνα·	3 ἔσται	μεθ'	ἡμῶν	χάρις
nosotros,	y$_1$	con$_3$	nosotros$_4$	estará$_2$	para	la	eternidad.	estará$_4$	con$_5$	nosotros$_6$	Gracia,$_1$
2254	2532	3326	2257	2071	1519	3588	165	2071	3326	2257	5485
RP1DP	*CLN*	*P*	*RP1GP*	*VFMI3S*	*P*	*DASM*	*NASM*	*VFMI3S*	*P*	*RP1GP*	*NNSF*

ἔλεος	εἰρήνη	παρὰ	θεοῦ	πατρός,	καὶ	⸀παρὰ	Ἰησοῦ	Χριστοῦ	τοῦ
misericordia,$_2$	paz$_3$	de parte de	Dios	Padre	y	de parte de	Jesús	Cristo	el
1656	1515	3844	2316	3962	2532	3844	2424	5547	3588
NNSN, NNSM	*NNSF*	*P*	*NGSM*	*NGSM*	*CLN*	*P*	*NGSM*	*NGSM*	*DGSM*

υἱοῦ	τοῦ	πατρός,	ἐν	ἀληθείᾳ	καὶ	ἀγάπῃ.
Hijo	del	Padre,	en	verdad	y	amor.
5207	3588	3962	1722	225	2532	26
NGSM	*DGSM*	*NGSM*	*P*	*NDSF*	*CLN*	*NDSF*

4 Ἐχάρην	λίαν	ὅτι	εὕρηκα	ἐκ	τῶν	τέκνων	σου	περιπατοῦντας
Me alegré	muchísimo	porque	he hallado	de entre	los	hijos	de ti	que están andando
5463	3029	3754	2147	1537	3588	5043	4675	4043
VAPI1S	*BE*	*CAZ*	*VRAI1S*	*P*	*DGPN*	*NGPN*	*RP2GS*	*VPAP-PAM*

ἐν	ἀληθείᾳ,	καθὼς	ἐντολὴν	ἐλάβομεν	παρὰ	τοῦ	πατρός.	5 καὶ
en	(la) verdad,	como	mandamiento$_2$	recibimos$_1$	de parte de	el	Padre.	Y
1722	225	2531	1785	2983	3844	3588	3962	2532
P	*NDSF*	*CAM*	*NASF*	*VAAI1P*	*P*	*DGSM*	*NGSM*	*CLN*

νῦν	ἐρωτῶ	σε,	κυρία,	οὐχ	ὡς	ἐντολὴν	καινὴν	γράφων	σοι
ahora	ruego	a ti,	señora,	no$_1$	como$_4$	un mandamiento$_5$	nuevo,$_6$	escribiendo$_2$	a ti$_3$
3568	2065	4571	2959	3756	5613	1785	2537	1125	4671
B	*VPAI1S*	*RP2AS*	*NVSF*	*BN, TN*	*CAM*	*NASF*	*JASF*	*VPAP-SNM*	*RP2DS*

ἀλλὰ	ἣν	εἴχομεν	ἀπ'	ἀρχῆς,	ἵνα	ἀγαπῶμεν	ἀλλήλους.	6 καὶ	αὕτη
sino	el que	teníamos	desde	principio,	que	amemos	unos a otros.	Y	este
235	3739	2192	575	746	2443	25	240	2532	3778
CLC	*RR-ASF*	*VIAI1P*	*P*	*NGSF*	*CSC*	*VPAS1P*	*RC-APM*	*CLN*	*RD-NSF*

ἐστὶν	ἡ	ἀγάπη,	ἵνα	περιπατῶμεν	κατὰ	τὰς	ἐντολὰς	αὐτοῦ·	αὕτη
es	el	amor,	que	andemos	conforme a	a los	mandamientos	de él,	este$_1$
2076	3588	26	2443	4043	2596	3588	1785	846	3778
VPAI3S	*DNSF*	*NNSF*	*CSE*	*VPAS1P*	*P*	*DAPF*	*NAPF*	*RP3GSM*	*RD-NSF*

ἡ	ἐντολή	ἐστιν,	καθὼς	ἠκούσατε	ἀπ'	ἀρχῆς,	ἵνα	ἐν	αὐτῇ
el$_3$	mandamiento,$_4$	es$_2$	como	oísteis	desde	(el) principio,	que	en	él
3588	1785	2076	2531	191	575	746	2443	1722	846
DNSF	*NNSF*	*VPAI3S*	*CAM*	*VAAI2P*	*P*	*NGSF*	*CSE*	*P*	*RP3DSF*

NVI

1 El anciano,

a la iglesia elegida y a
sus miembros, a quienes
amo en la verdad —y
no solo yo, sino todos
los que han conocido
la verdad—, 2 a causa de
esa verdad que perma-
nece en nosotros y que
estará con nosotros para
siempre:

3 La gracia, la miseri-
cordia y la paz de Dios el
Padre y de Jesucristo, el
Hijo del Padre, estarán
con nosotros en verdad
y en amor.

4 Me alegré muchí-
simo al encontrarme
con algunos de ustedes
que están practicando
la verdad, según el
mandamiento que nos
dio el Padre. 5 Y ahora,
hermanos, les ruego
que nos amemos los
unos a los otros. Y no es
que les esté escribien-
do un mandamiento
nuevo, sino el que
hemos tenido desde
el principio. 6 En esto
consiste el amor: en que
pongamos en práctica
sus mandamientos. Y
este es el mandamiento:
que vivan en este amor,
tal como ustedes lo

3⸀ Manuscritos inferiores aumentaron *Señor*.

RVR

7 Porque muchos engañadores han salido al mundo, que no confiesan que Jesucristo ha venido en carne. He aquí el engañador y el anticristo.
8 Mirad por vosotros mismos, para que no perdáis el fruto de vuestro trabajo, sino que recibáis plena recompensa.
9 Cualquiera que se aleja, y no persevera en la doctrina de Cristo, no tiene a Dios; el que persevera en la doctrina de Cristo, ése tiene tanto al Padre como al Hijo.
10 Si alguno viene a vosotros, y no trae esta doctrina, no lo recibáis en casa, ni le saludéis.
11 Porque el que le saluda, participa en sus malas obras.

Espero ir a vosotros

12 Tengo muchas cosas que escribiros, pero no he querido hacerlo por medio de papel y tinta, pues espero ir a vosotros y hablar cara a cara, para que nuestro gozo sea completo.
13 Los hijos de tu hermana, la elegida, te saludan. Amén.

περιπατῆτε.	7 ὅτι	πολλοὶ	πλάνοι	ἐξῆλθον	εἰς	τὸν	κόσμον,	οἱ
andéis.	Porque	muchos	engañadores	salieron	hacia	el	mundo,	los (que)
4043	3754	4183	4108	1831	1519	3588	2889	3588
VPAS2P	CAZ	JNPM	JNPM	VAAI3P	P	DASM	NASM	DNPM

μὴ	ὁμολογοῦντες	Ἰησοῦν	Χριστὸν	ἐρχόμενον	ἐν	σαρκί·	οὗτός	ἐστιν
no	confiesan	a Jesucristo		viniendo	en	(la) carne;	este	es
3361	3670	2424	5547	2064	1722	4561	3778	2076
BN, TN	VPAP-PNM	NASM	NASM	VPUP-SAM	P	NDSF	RD-NSM	VPAI3S

ὁ	πλάνος	καὶ	ὁ	ἀντίχριστος.	8 βλέπετε	ἑαυτούς,	ἵνα	μὴ
el	engañador	y	el	anticristo.	Mirad	por vosotros mismos,	para que	no
3588	4108	2532	3588	500	991	1438	2443	3361
DNSM	JNSM	CLN	DNSM	NNSM	VPAM2P	RF3APM	CAP	BN, TN

⸀ἀπολέσητε	ἃ	⸀1εἰργασάμεθα,	ἀλλὰ	μισθὸν	πλήρη	⸀2ἀπολάβητε.
perdáis	las cosas que	efectuamos,	sino	recompensa$_{2}$	plena.$_{3}$	recibáis$_{1}$
622	3739	2038	235	3408	4134	618
VAAS2P	RR-APN	VAMI1P	CLC	NASM	JASM	VAAS2P

9 πᾶς	ὁ	προάγων	καὶ	μὴ	μένων	ἐν	τῇ	διδαχῇ	τοῦ
Todo	el que	se sobrepasa	y	no	está permaneciendo	en	la	enseñanza	--
3956	3588	4254	2532	3361	3306	1722	3588	1322	3588
JNSM	DNSM	VPAP-SNM	CLN	BN, TN	VPAP-SNM	P	DDSF	NDSF	DGSM

Χριστοῦ	θεὸν	οὐκ	ἔχει·	ὁ	μένων	ἐν	τῇ	⸀διδαχῇ,	οὗτος	καὶ
Cristo,	a Dios;$_{3}$	no$_{1}$	tiene$_{2}$	el que	permanece	en	la	enseñanza,	este	también$_{1}$
5547	2316	3756	2192	3588	3306	1722	3588	1322	3778	2532
NGSM	NASM	BN, TN	VPAI3S	DNSM	VPAP-SNM	P	DDSF	NDSF	RD-NSM	CLK

τὸν	πατέρα	καὶ	τὸν	υἱὸν	ἔχει.	10 εἴ	τις	ἔρχεται	πρὸς	ὑμᾶς	καὶ
al$_{3}$	Padre$_{4}$	y$_{5}$	al$_{6}$	Hijo.$_{7}$	tiene$_{2}$	Si	alguien	viene	a	vosotros	y$_{1}$
3588	3962	2532	3588	5207	2192	1487	5100	2064	4314	5209	2532
DASM	NASM	CLK, CLN	DASM	NASM	VPAI3S	CAC	RX-NSM	VPUI3S	P	RP2AP	CLN

ταύτην	τὴν	διδαχὴν	οὐ	φέρει,	μὴ	λαμβάνετε	αὐτὸν	εἰς	οἰκίαν	καὶ
esta$_{4}$	la$_{5}$	enseñanza,$_{6}$	no$_{2}$	trae$_{3}$	no	recibáis	a él	en	casa,	y$_{1}$
3778	3588	1322	3756	5342	3361	2983	846	1519	3614	2532
RD-ASF	DASF	NASF	BN, TN	VPAI3S	BN, TN	VPAM2P	RP3ASM	P	NASF	CLN

χαίρειν	αὐτῷ	μὴ	λέγετε·	11 ὁ	λέγων	γὰρ	αὐτῷ	χαίρειν	κοινωνεῖ
saludo$_{4}$	a él;$_{5}$	no$_{2}$	digáis$_{3}$	el que$_{2}$	dice$_{3}$	porque$_{1}$	a él$_{4}$	saludo,	comparte$_{1}$
5463	846	3361	3004	3588	3004	1063	846	5463	2841
VPAN	RP3DSM	BN, TN	VPAM2P	DNSM	VPAP-SNM	CAZ	RP3DSM	VPAN	VPAI3S

τοῖς	ἔργοις	αὐτοῦ	τοῖς	πονηροῖς.
--$_{4}$	obras$_{5}$	de él.$_{6}$	las$_{2}$	malas$_{3}$
3588	2041	846	3588	4190
DDPN	NDPN	RP3GSM	DDPN	JDPN

12 Πολλὰ	ἔχων	ὑμῖν	γράφειν	οὐκ	ἐβουλήθην	διὰ
muchas cosas$_{2}$	Teniendo$_{1}$	a vosotros,$_{4}$	para escribir$_{3}$	no	deseo	por medio de
4183	2192	5213	1125	3756	1014	1223
JAPN	VPAP-SNM	RP2DP	VPAN	BN, TN	VAPI1S	P

χάρτου	καὶ	μέλανος,	ἀλλὰ	ἐλπίζω	γενέσθαι	πρὸς	ὑμᾶς	καὶ	στόμα
papiro	y	tinta,	sino	espero	llegar a estar	con	vosotros,	y	boca
5489	2532	3188	235	1679	1096	4314	5209	2532	4750
NGSM	CLN	JGSN	CLC	VPAI1S	VAMN	P	RP2AP	CLN	NASN

πρὸς	στόμα*	λαλῆσαι,	ἵνα	ἡ	χαρὰ	ὑμῶν	πεπληρωμένη	ᾖ.
a	boca	hablar,	para que	el	gozo	de vosotros	completo.$_{2}$	sea$_{1}$
4314	4750	2980	2443	3588	5479	5216	4137	5600
P	NASN	VAAN	CAP	DNSF	NNSF	RP2GP	VRPP-SNF	VPAS3S

13 Ἀσπάζεταί	σε	τὰ	τέκνα	τῆς	ἀδελφῆς	σου	τῆς	⸀ἐκλεκτῆς.
saluda$_{8}$	a ti.$_{9}$	Los$_{1}$	hijos$_{2}$	de la$_{3}$	hermana$_{4}$	de ti,$_{5}$	la$_{6}$	elegida,$_{7}$
782	4571	3588	5043	3588	79	4675	3588	1588
VPUI3S	RP2AS	DNPN	NNPN	DGSF	NGSF	RP2GS	DGSF	JGSF

NVI

han escuchado desde el principio.
7 Es que han salido por el mundo muchos engañadores que no reconocen que Jesucristo ha venido en cuerpo humano. El que así actúa es el engañador y el anticristo.
8 Cuídense de no echar a perder el fruto de nuestro trabajo; procuren más bien recibir la recompensa completa.
9 Todo el que se descarría y no permanece en la enseñanza de Cristo no tiene a Dios; el que permanece en la enseñanza sí tiene al Padre y al Hijo.
10 Si alguien los visita y no lleva esta enseñanza, no lo reciban en casa ni le den la bienvenida,
11 pues quien le da la bienvenida se hace cómplice de sus malas obras.
12 Aunque tengo muchas cosas que decirles, no he querido hacerlo por escrito, pues espero visitarlos y hablar personalmente con ustedes para que nuestra alegría sea completa.

13 Los miembros de la comunidad elegida, hermana tuya, les mandan saludos.

8⸀ Manuscritos inferiores tienen *perdamos*. 8⸀1 Manuscritos inferiores tienen *efectuáis*. 8⸀2 Manuscritos inferiores tienen *recibamos*. 9⸀ Manuscritos inferiores aumentaron *de Cristo*. 12* O sea *cara a cara* o *personalmente*. 13⸀ Manuscritos inferiores aumentaron *Amén*.

Tercera Epístola de

JUAN

ΙΩΑΝΝΟΥ Γ

RVR

Saludo

1 El anciano a Gayo, el
amado, a quien amo en
la verdad.
2 Amado, ruego en
oración que seas prospe-
rado en todas las cosas,
y que tengas salud, así
como prospera tu alma.
3 Pues me alegré muchí-
simo cuando vinieron
los hermanos y dieron
testimonio de tu ver-
dad, de cómo andas en
la verdad.
4 No tengo mayor gozo
que éste, el oír que
mis hijos andan en la
verdad.

Elogio de la hospitalidad de Cayo

5 Amado, fielmente
te conduces en lo que
haces por los hermanos,
y también por los que
son forasteros,
6 los cuales han dado
ante la iglesia testimo-
nio de tu amor; y harás
bien en ayudarles a
proseguir su viaje, como
es digno de su servicio
a Dios.
7 Porque ellos salieron
por amor del nombre
de Él, sin aceptar nada
de los gentiles.
8 Nosotros, pues,
debemos acoger a tales

1 Ὁ	πρεσβύτερος	Γαΐῳ	τῷ	ἀγαπητῷ,	ὃν	ἐγὼ	ἀγαπῶ	ἐν
El	anciano	a Gayo	el	amado,	a quien	yo	amo	en
3588	4245	1050	3588	27	3739	1473	25	1722
DNSM	*JNSM*	*NDSM*	*DDSM*	*JDSM*	*RR-ASM*	*RP1NS*	*VPAI1S*	*P*

ἀληθείᾳ.
(la) verdad.
225
NDSF

2 Ἀγαπητέ,	περὶ	πάντων	εὔχομαί	σε	εὐοδοῦσθαι	καὶ	ὑγιαίνειν,
Amado,	acerca de$_4$	todos cosas$_5$	deseo$_1$	para ti$_2$	ir bien$_3$	y	tener salud,
27	4012	3956	2172	4571	2137	2532	5198
JVSM	*P*	*JGPN*	*VPUI1S*	*RP2AS*	*VPPN*	*CLN*	*VPAN*

καθὼς	εὐοδοῦταί	σου	ἡ	ψυχή.	3 ἐχάρην	γὰρ	λίαν	ἐρχομένων
como	te vaya bien.$_4$	a ti$_3$	la$_1$	vida$_2$	me alegré$_2$	Porque$_1$	muchísimo$_3$	viniendo
2531	2137	4675	3588	5590	5463	1063	3029	2064
CAM	*VPPI3S*	*RP2GS*	*DNSF*	*NNSF*	*VAPI1S*	*CAZ*	*BE*	*VPUP-PGM*

ἀδελφῶν	καὶ	μαρτυρούντων	σου	τῇ	ἀληθείᾳ,	καθὼς	σὺ	ἐν
unos hermanos	y	dando testimonio	de ti	con la	verdad,	como	tú	en$_2$
80	2532	3140	4675	3588	225	2531	4771	1722
NGPM	*CLN*	*VPAP-PGM*	*RP2GS*	*DDSF*	*NDSF*	*CSC*	*RP2NS*	*P*

ἀληθείᾳ	περιπατεῖς.	4 μειζοτέραν	τούτων	οὐκ	ἔχω	χαράν,	ἵνα
(la) verdad.$_3$	andas$_1$	mayor$_3$	que estas cosas,$_5$	No$_1$	tengo$_2$	alegría$_4$	que
225	4043	3186	5130	3756	2192	5479	2443
NDSF	*VPAI2S*	*JASF*	*RD-GPM*	*BN, TN*	*VPAI1S*	*NASF*	*CSE*

ἀκούω	τὰ	ἐμὰ	τέκνα	ἐν	τῇ	ἀληθείᾳ	περιπατοῦντα.
oígo	las cosas	mis	hijos	en$_2$	la$_3$	verdad.$_4$	están andando$_1$
191	3588	1699	5043	1722	3588	225	4043
VPAS1S	*DAPN*	*JAPN, RS1APN*	*NAPN*	*P*	*DDSF*	*NDSF*	*VPAP-PAN, VPAP-SAM*

5 Ἀγαπητέ,	πιστὸν	ποιεῖς	ὃ	ἐὰν	ἐργάσῃ	εἰς	τοὺς	ἀδελφοὺς
Amado,	cosa fiel$_2$	haces$_1$	(en) lo que	si	realizas	para	los	hermanos
27	4103	4160	3739	1437	2038	1519	3588	80
JVSM	*JASN*	*VPAI2S*	*RR-ASN*	*TC*	*VAMS2S*	*P*	*DAPM*	*NAPM*

καὶ	τοῦτο	ξένους*,	6 οἳ	ἐμαρτύρησάν	σου	τῇ	ἀγάπῃ	ἐνώπιον
y	esto(s)	extranjeros,	quienes	dieron testimonio	de ti	por el	amor	delante de
2532	5124	3581	3739	3140	4675	3588	26	1799
CAN	*RD-NSN*	*JAPM*	*RR-NPM*	*VAAI3P*	*RP2GS*	*DDSF*	*NDSF*	*P, B*

ἐκκλησίας,	οὓς	καλῶς	ποιήσεις	προπέμψας*	ἀξίως	τοῦ
(la) iglesia,	a quienes	bien	harás	enviar por delante	como es digno	de --
1577	3739	2573	4160	4311	516	3588
NGSF	*RR-APM*	*B*	*VFAI2S*	*VAAP-SNM*	*B*	*DGSM*

θεοῦ·	7 ὑπὲρ	γὰρ	τοῦ	ὀνόματος	ἐξῆλθον	μηδὲν	λαμβάνοντες	ἀπὸ
Dios;	en favor de$_3$	porque$_1$	del$_4$	Nombre,$_5$	salieron$_2$	nada$_7$	recibiendo$_6$	de
2316	5228	1063	3588	3686	1831	3367	2983	575
NGSM	*P*	*CAZ*	*DGSN*	*NGSN*	*VAAI3P*	*JASN*	*VPAP-PNM*	*P*

τῶν	ἐθνικῶν.	8 ἡμεῖς	οὖν	ὀφείλομεν	ὑπολαμβάνειν	τοὺς
los	gentiles.	nosotros$_2$	Así que,$_1$	debemos	ayudar	a los
3588	1482	2249	3767	3784	5274	3588
DGPM, DGPN	*JGPM*	*RP1NP*	*CLI*	*VPAI1P*	*VPAN*	*DAPM*

NVI

1 El anciano,

al querido hermano
Gayo, a quien amo en la
verdad.

2 Querido hermano,
oro para que te vaya
bien en todos tus asun-
tos y goces de buena sa-
lud, así como prosperas
espiritualmente. 3 Me
alegré mucho cuando vi-
nieron unos hermanos
y dieron testimonio de
tu fidelidad, y de cómo
estás poniendo en prác-
tica la verdad. 4 Nada
me produce más alegría
que oír que mis hijos
practican la verdad.
5 Querido her-
mano, te comportas
fielmente en todo
lo que haces por los
hermanos, aunque no
los conozcas. 6 Delante
de la iglesia ellos han
dado testimonio de tu
amor. Harás bien en
ayudarlos a seguir su
viaje, como es digno de
Dios. 7 Ellos salieron por
causa del Nombre, sin
nunca recibir nada de
los paganos; 8 nosotros,
por lo tanto, debemos
brindarles hospitalidad,

5* O sea *esto, aun siendo extranjeros.* **6*** O sea *proveer lo necesario para un viaje.*

RVR

personas, para que coo-
peremos en la obra de la
verdad.

La oposición de Diótrefes

9 Yo he escrito a la
iglesia; pero Diótrefes,
al cual le gusta tener el
primer lugar entre ellos,
no nos recibe.
10 Por esta causa, si voy,
recordaré las obras que
hace tratando de deni-
grarnos con palabras
malignas; y no contento
con estas cosas, no sólo
no recibe él mismo a los
hermanos, sino que a los
que quieren recibirlos se
lo prohíbe, y los expulsa
de la iglesia.

Buen testimonio acerca de Demetrio

11 Amado, no imites lo
malo, sino lo bueno. El
que hace lo bueno es de
Dios; pero el que hace
lo malo, no ha visto a
Dios.
12 Todos dan testimonio
de Demetrio, y aun la
verdad misma; y tam-
bién nosotros damos
testimonio, y sabéis que
nuestro testimonio es
verdadero.

Saludos finales

13 Yo tenía muchas cosas
que escribirte, pero no
quiero escribírtelas con
tinta y pluma,
14 porque espero verte
en breve, y hablaremos

τοιούτους,	ἵνα	συνεργοὶ	γινώμεθα	τῇ	ἀληθείᾳ.
tales	para que$_1$	colaboradores$_3$	lleguemos a ser$_2$	en la	verdad.
5108	2443	4904	1096	3588	225
RD-APM	*CAP*	*JNPM*	*VPUS1P*	*DDSF*	*NDSF*

9 Ἔγραψά	τι	τῇ	ἐκκλησίᾳ·	ἀλλ᾽	ὁ	φιλοπρωτεύων	αὐτῶν
Escribí	algo	a la	iglesia,	pero	el que	desea ser el primero	de ellos,
1125	5100	3588	1577	235	3588	5383	846
VAAI1S	*RX-ASN*	*DDSF*	*NDSF*	*CLC*	*DNSM*	*VPAP-SNM*	*RP3GPM*

Διοτρέφης	οὐκ	ἐπιδέχεται	ἡμᾶς.	10 διὰ	τοῦτο,	ἐὰν	ἔλθω,	ὑπομνήσω
Diótrefes,	no	recibe	a nosotros.	Por	esto,	si	vengo	llamaré la atención
1361	3756	1926	2248	1223	5124	1437	2064	5279
NNSM	*BN, TN*	*VPUI3S*	*RP1AP*	*P*	*RD-NSN*	*CAC*	*VAAS1S*	*VFAI1S*

αὐτοῦ	τὰ	ἔργα	ἃ	ποιεῖ,	λόγοις	πονηροῖς	φλυαρῶν	ἡμᾶς,	καὶ
de él	las	obras	las que	hace,	con palabras$_2$	malas$_3$	denigrando$_1$	a nosotros,$_4$	y
846	3588	2041	3739	4160	3056	4190	5396	2248	2532
RP3GSM	*DAPN*	*NAPN*	*RR-APN*	*VPAI3S*	*NDPM*	*JDPM*	*VPAP-SNM*	*RP1AP*	*CLN*

μὴ	ἀρκούμενος	ἐπὶ	τούτοις	οὔτε	αὐτὸς	ἐπιδέχεται	τοὺς	ἀδελφοὺς
no	estando satisfecho	sobre	estas cosas,	ni	él	recibe	a los	hermanos
3361	714	1909	5125	3777	846	1926	3588	80
BN, TN	*VPPP-SNM*	*P*	*RD-DPM*	*TN, CLK*	*RP3NSMP*	*VPUI3S*	*DAPM*	*NAPM*

καὶ	τοὺς	βουλομένους	κωλύει	καὶ	ἐκ	τῆς	ἐκκλησίας
e$_1$	a los que$_3$	desean hacerlo,$_4$	impide$_2$	y$_5$	de$_7$	la$_8$	iglesia.$_9$
2532	3588	1014	2967	2532	1537	3588	1577
CLN, CLK	*DAPM*	*VPUP-PAM*	*VPAI3S*	*CLN*	*P*	*DGSF*	*NGSF*

ἐκβάλλει.
expulsa$_6$
1544
VPAI3S

11 Ἀγαπητέ,	μὴ	μιμοῦ	τὸ	κακὸν	ἀλλὰ	τὸ	ἀγαθόν.	ὁ
Amado,	no	imites	lo	malo,	sino	lo	bueno.	El que
27	3361	3401	3588	2556	235	3588	18	3588
JVSM	*BN, TN*	*VPUM2S*	*DASN*	*JASN*	*CLC*	*DASN*	*JASN*	*DNSM*

ἀγαθοποιῶν	ἐκ	τοῦ	θεοῦ	ἐστιν·	ὁ	κακοποιῶν	οὐχ	ἑώρακεν
hace el bien,	de$_2$	--$_3$	Dios;$_4$	es$_1$	el que	hace lo malo,	no	ha visto
15	1537	3588	2316	2076	3588	2554	3756	3708
VPAP-SNM	*P*	*DGSM*	*NGSM*	*VPAI3S*	*DNSM*	*VPAP-SNM*	*BN, TN*	*VRAI3S*

τὸν	θεόν.	12 Δημητρίῳ	μεμαρτύρηται	ὑπὸ	πάντων	καὶ	ὑπὸ	αὐτῆς	τῆς
a --	Dios.	para Demetrio$_2$	Ha sido dado testimonio$_1$	por	todos	y	por	la misma	--
3588	2316	1216	3140	5259	3956	2532	5259	846	3588
DASM	*NASM*	*NDSM*	*VRPI3S*	*P*	*JGPM*	*CLN*	*P*	*RP3GSF*	*DGSF*

ἀληθείας·	καὶ	ἡμεῖς	δὲ	μαρτυροῦμεν,	καὶ	⸀οἶδας	ὅτι	ἡ	μαρτυρία
verdad.	también$_2$	nosotros$_3$	Mas$_1$	testificamos,	y	sabes	que	el	testimonio
225	2532	2249	1161	3140	2532	1492	3754	3588	3141
NGSF	*BE, TE*	*RP1NP*	*CLN*	*VPAI1P*	*CLN*	*VRAI2S*	*CSC*	*DNSF*	*NNSF*

ἡμῶν	ἀληθής	ἐστιν.
de nosotros	verdadero.$_2$	es$_1$
2257	227	2076
RP1GP	*JNSF*	*VPAI3S*

13 Πολλὰ	εἶχον	γράψαι	σοι,	ἀλλ᾽	οὐ	θέλω	διὰ	μέλανος	καὶ
Muchas cosas	tenía	que escribir	a ti,	pero	no	quiero	por medio de$_3$	tinta$_4$	y$_5$
4183	2192	1125	4671	235	3756	2309	1223	3188	2532
JAPN	*VIAI1S*	*VAAN*	*RP2DS*	*CLC*	*BN, TN*	*VPAI1S*	*P*	*JGSN*	*CLN*

καλάμου	σοι	γράφειν·	14 ἐλπίζω	δὲ	εὐθέως	σε	ἰδεῖν,	καὶ	στόμα
pluma;$_6$	a ti$_2$	escribir$_1$	espero$_2$	mas$_1$	pronto$_3$	a ti,$_5$	ver$_4$	y$_6$	boca$_8$
2563	4671	1125	1679	1161	2112	4571	1492	2532	4750
NGSM	*RP2DS*	*VPAN*	*VPAI1S*	*CLC*	*B*	*RP2AS*	*VAAN*	*CLN*	*NASN*

NVI

y así colaborar con ellos
en la verdad.
9 Le escribí algunas
líneas a la iglesia, pero
Diótrefes, a quien le
encanta ser el primero
entre ellos, no nos
acepta. 10 Por eso, si voy,
no dejaré de reprocharle
su comportamiento, ya
que, con palabras ma-
lintencionadas, habla
contra nosotros solo por
hablar. Como si fuera
poco, ni siquiera recibe
a los hermanos, y a
quienes quieren hacerlo,
no los deja y los expulsa
de la iglesia.
11 Querido hermano,
no imites lo malo, sino
lo bueno. El que hace lo
bueno es de Dios; el que
hace lo malo no ha visto
a Dios. 12 En cuanto a
Demetrio, todos dan
buen testimonio de él,
incluso la verdad misma.
También nosotros lo
recomendamos, y bien
sabes que nuestro testi-
monio es verdadero.
13 Tengo muchas
cosas que decirte, pero
prefiero no hacerlo
por escrito; 14 espero
verte muy pronto, y
entonces hablaremos

12⸀ Manuscritos inferiores tienen *sabéis*.

RVR

cara a cara.
15 La paz sea contigo.
Los amigos te saludan.
Saluda tú a los amigos, a
cada uno en particular.

πρὸς	στόμα*	λαλήσομεν.
a$_{9}$	boca$_{10}$	hablaremos.$_{7}$
4314	4750	2980
P	*NASN*	*VFAI1P*

15 Εἰρήνη	σοι.	ἀσπάζονταί	σε	οἱ	φίλοι.	ἀσπάζου	τοὺς	φίλους
Paz	a ti.	saludan.$_{3}$	a ti;$_{4}$	Los$_{1}$	amigos$_{2}$	saluda	a los	amigos
1515	4671	782	4571	3588	5384	782	3588	5384
NNSF	*RP2DS*	*VPUI3P*	*RP2AS*	*DNPM*	*JNPM*	*VPUM2S*	*DAPM*	*JAPM*

κατ’	ὄνομα.
conforme a	nombre.
2596	3686
P	*NASN*

NVI

personalmente.

15 La paz sea contigo.
Tus amigos aquí te
mandan saludos. Saluda
a los amigos allá, a cada
uno en particular.

14* O sea *cara a cara* o *personalmente.*

Epístola de

JUDAS

ΙΟΥΔΑ

RVR

Saludo

[1] Judas, siervo de Jesucristo, y hermano de Jacobo, a los llamados, santificados en Dios Padre, y guardados para Jesucristo:

[2] Misericordia y paz y amor os sean multiplicados.

Falsas doctrinas y falsos maestros

[3] Amados, por la gran solicitud que tenía de escribiros acerca de nuestra común salvación, me he visto en la necesidad de escribiros, exhortándoos a que contendáis ardientemente por la fe que ha sido transmitida a los santos de una vez por todas.

[4] Porque se han introducido solapadamente algunos hombres, los que desde antes habían sido destinados para esta condenación, hombres impíos, que convierten en libertinaje la gracia de nuestro Dios, y niegan a Dios el único soberano, y a nuestro Señor Jesucristo.

[5] Mas quiero recordaros, ya que una vez lo habéis sabido, que el Señor, habiendo salvado

Texto griego interlineal

1 Ἰούδας	Ἰησοῦ	Χριστοῦ	δοῦλος,	ἀδελφὸς	δὲ	Ἰακώβου,	τοῖς	ἐν
Judas$_{1}$	de Jesús$_{3}$	Cristo,$_{4}$	siervo$_{2}$	hermano$_{6}$	también$_{5}$	de Jacob,$_{7}$	a los$_{8}$	en$_{11}$
2455	2424	5547	1401	80	1161	2385	3588	1722
NNSM	*NGSM*	*NGSM*	*NNSM*	*NNSM*	*CLN*	*NGSM*	*DDPM*	*P*

θεῷ	πατρὶ	⸀ἠγαπημένοις	καὶ	Ἰησοῦ	Χριστῷ	τετηρημένοις	κλητοῖς·
Dios$_{12}$	Padre$_{13}$	que han sido amados$_{10}$	y$_{14}$	por Jesús$_{16}$	Cristo.$_{17}$	guardados$_{15}$	llamados$_{9}$
2316	3962	25	2532	2424	5547	5083	2822
NDSM	*NDSM*	*VRPP-PDM*	*CLN*	*NDSM*	*NDSM*	*VRPP-PDM*	*JDPM*

2 ἔλεος	ὑμῖν	καὶ	εἰρήνη	καὶ	ἀγάπη	πληθυνθείη.
Misericordia$_{1}$	a vosotros.$_{7}$	y$_{2}$	paz$_{3}$	y$_{4}$	amor$_{5}$	sean multiplicados$_{6}$
1656	5213	2532	1515	2532	26	4129
NNSN, NNSM	*RP2DP*	*CLN*	*NNSF*	*CLN*	*NNSF*	*VAPO3S*

3 Ἀγαπητοί,	πᾶσαν	σπουδὴν	ποιούμενος	γράφειν	ὑμῖν	περὶ	τῆς
Amados,$_{1}$	toda$_{3}$	diligencia$_{4}$	haciendo$_{2}$	para escribir	a vosotros	acerca de$_{1}$	de la$_{2}$
27	3956	4710	4160	1125	5213	4012	3588
JVPM	*JASF*	*NASF*	*VPMP-SNM*	*VPAN*	*RP2DP*	*P*	*DGSF*

κοινῆς	ἡμῶν	σωτηρίας	ἀνάγκην	ἔσχον	γράψαι	ὑμῖν	παρακαλῶν
común$_{4}$	de nosotros.$_{5}$	salvación$_{3}$	necesidad$_{7}$	tuve$_{6}$	de escribir	a vosotros	exhortando
2839	2257	4991	318	2192	1125	5213	3870
JGSF	*RP1GP*	*NGSF*	*NASF*	*VAAI1S*	*VAAN*	*RP2DP*	*VPAP-SNM*

ἐπαγωνίζεσθαι	τῇ	ἅπαξ	παραδοθείσῃ	τοῖς	ἁγίοις	πίστει.
a luchar$_{1}$	por la$_{2}$	una vez por todas$_{5}$	fue entregada$_{4}$	a los$_{6}$	santos.$_{7}$	fe,$_{3}$
1864	3588	530	3860	3588	40	4102
VPUN	*DDSF*	*B*	*VAPP-SDF*	*DDPM*	*JDPM*	*NDSF*

4 παρεισέδυσαν	γάρ	τινες	ἄνθρωποι,	οἱ	πάλαι
se introdujeron solapadamente,$_{4}$	Porque$_{1}$	algunas$_{2}$	personas$_{3}$	los que$_{5}$	hace tiempo$_{7}$
3921	1063	5100	444	3588	3819
VAAI3P	*CAZ*	*JNPM, RX-NPM*	*NNPM*	*DNPM*	*B*

προγεγραμμένοι	εἰς	τοῦτο	τὸ	κρίμα,	ἀσεβεῖς,	τὴν	τοῦ	θεοῦ
han sido señalados de antemano$_{6}$	para	esta	--	condenación,	impíos	la$_{1}$	del$_{3}$	Dios$_{4}$
4270	1519	5124	3588	2917	765	3588	3588	2316
VRPP-PNM	*P*	*RD-ASN*	*DASN*	*NASN*	*JNPM*	*DASF*	*DGSM*	*NGSM*

ἡμῶν	χάριτα	μετατιθέντες	εἰς	ἀσέλγειαν	καὶ	τὸν	μόνον	⸀δεσπότην
de nosotros$_{5}$	gracia$_{2}$	están cambiando$_{6}$	a	libertinaje,	y$_{1}$	al$_{3}$	único$_{4}$	Dueño$_{5}$
2257	5485	3346	1519	766	2532	3588	3441	1203
RP1GP	*NASF*	*VPAP-PNM*	*P*	*NASF*	*CLN*	*DASM*	*J, B*	*NASM*

καὶ	κύριον	ἡμῶν	Ἰησοῦν	Χριστὸν	ἀρνούμενοι.
y$_{6}$	Señor$_{7}$	de nosotros,$_{8}$	Jesús$_{9}$	Cristo.$_{10}$	están negando$_{2}$
2532	2962	2257	2424	5547	720
CLN	*NASM*	*RP1GP*	*NASM*	*NASM*	*VPUP-PNM*

5 Ὑπομνῆσαι	δὲ	ὑμᾶς	βούλομαι,	εἰδότας	ὑμᾶς	ἅπαξ	πάντα,
hacer memoria$_{3}$	Mas$_{1}$	a vosotros,$_{4}$	quiero$_{2}$	sabiendo$_{5}$	vosotros$_{6}$	una vez$_{7}$	todas$_{8}$
5279	1161	5209	1014	1492	5209	530	3956
VAAN	*CLC, CLT*	*RP2AP*	*VPUI1S*	*VRAP-PAM*	*RP2AP*	*B*	*JAPN*

ὅτι	Ἰησοῦς	λαὸν	ἐκ	γῆς	Αἰγύπτου	σώσας	τὸ
que$_{9}$	Jesús$_{10}$	al pueblo,$_{15}$	de$_{12}$	(la) tierra$_{13}$	de Egipto,$_{14}$	habiendo salvado$_{11}$	la
3754	2424	2992	1537	1093	125	4982	3588
CSC	*NNSM*	*NASM*	*P*	*NGSF*	*NGSF*	*VAAP-SNM*	*DASN, DNSN*

NVI

[1] Judas, siervo de Jesucristo y hermano de Jacobo,

a los que son amados por Dios el Padre, guardados por Jesucristo y llamados a la salvación:

[2] Que reciban misericordia, paz y amor en abundancia.

Pecado y condenación de los impíos

[3] Queridos hermanos, he deseado intensamente escribirles acerca de la salvación que tenemos en común, y ahora siento la necesidad de hacerlo para rogarles que sigan luchando vigorosamente por la fe encomendada una vez por todas a los santos. [4] El problema es que se han infiltrado entre ustedes ciertos individuos que desde hace mucho tiempo han estado señalados para condenación. Son impíos que cambian en libertinaje la gracia de nuestro Dios y niegan a Jesucristo, nuestro único Soberano y Señor.

[5] Aunque ustedes ya saben muy bien todo esto, quiero recordarles

1⸀ Manuscritos inferiores tienen *que han sido santificados.* 4⸀ Manuscritos inferiores tienen *Dios.*

RVR

al pueblo sacándolo
de Egipto, después
destruyó a los que no
creyeron.
6 Y a los ángeles que no
guardaron su dignidad,
sino que abandonaron
su propia morada,
los ha guardado bajo
oscuridad, en prisiones
eternas, para el juicio del
gran día;
7 como Sodoma y
Gomorra y las ciudades
vecinas, las cuales de
la misma manera que
aquéllos, habiendo for-
nicado e ido en pos de
vicios contra naturaleza,
fueron puestas como
ejemplo, sufriendo el
castigo del fuego eterno.
8 No obstante, de la
misma manera también
estos soñadores manci-
llan la carne, rechazan la
autoridad y blasfeman
de las potestades supe-
riores.
9 Pero cuando el arcán-
gel Miguel contendía
con el diablo, dispu-
tando con él acerca del
cuerpo de Moisés, no se
atrevió a proferir juicio
de maldición contra él,
sino que dijo: El Señor
te reprenda.
10 Pero éstos blasfe-
man de cuantas cosas
no conocen; y en las
que, como animales
irracionales, conocen

δεύτερον	τοὺς	μὴ	πιστεύσαντας	ἀπώλεσεν,	6 ἀγγέλους	τε	τοὺς
segundo vez	a los que$_{2}$	no$_{3}$	creyeron.$_{4}$	destruyó$_{1}$	a ángeles$_{2}$	y$_{1}$	a los que
1208	3588	3361	4100	622	32	5037	3588
JASN, JNSN	*DAPM*	*BN, TN*	*VAAP-PAM*	*VAAI3S*	*NAPM*	*CLN*	*DAPM*

μὴ	τηρήσαντας	τὴν	ἑαυτῶν	ἀρχὴν	ἀλλὰ	ἀπολιπόντας	τὸ
no	guardaron	la$_{1}$	de ellos mismos,$_{3}$	preeminencia$_{2}$	sino$_{4}$	abandonando$_{5}$	la$_{6}$
3361	5083	3588	1438	746	235	620	3588
BN, TN	*VAAP-PAM*	*DASF*	*RF3GPM*	*NASF*	*CLC*	*VAAP-PAM*	*DASN*

ἴδιον	οἰκητήριον	εἰς	κρίσιν	μεγάλης	ἡμέρας	δεσμοῖς	ἀϊδίοις	ὑπὸ
propia$_{7}$	morada,$_{8}$	para$_{10}$	juicio$_{13}$	grande$_{12}$	(el) día de$_{11}$	en prisiones$_{14}$	eternas,$_{15}$	bajo$_{16}$
2398	3613	1519	2920	3173	2250	1199	126	5259
JASN	*NASN*	*P*	*NASF*	*JGSF*	*NGSF*	*NDPM*	*JDPM*	*P*

ζόφον	τετήρηκεν·	7 ὡς	Σόδομα	καὶ	Γόμορρα	καὶ	αἱ	περὶ
oscuridad,$_{17}$	ha guardado$_{9}$	como	Sodoma	y	Gomorra	y	las$_{1}$	de alrededor de$_{3}$
2217	5083	5613	4670	2532	1116	2532	3588	4012
NASM	*VRAI3S*	*CAM*	*NNPN*	*CLN*	*NNSF*	*CLN*	*DNPF*	*P*

αὐτὰς	πόλεις,	τὸν	ὅμοιον	τρόπον	τούτοις	ἐκπορνεύσασαι
ellas,$_{4}$	ciudades$_{2}$	a la$_{11}$	semejante$_{13}$	manera$_{12}$	a estos$_{14}$	habiéndose involucrado en inmoralidad sexual$_{5}$
846	4172	3588	3664	5158	5125	1608
RP3APF	*NNPF*	*DASM*	*JASM*	*NASM*	*RD-DPM*	*VAAP-PNF*

καὶ	ἀπελθοῦσαι	ὀπίσω	σαρκὸς	ἑτέρας*,	πρόκεινται	δεῖγμα	πυρὸς
y$_{6}$	habiendo ido$_{7}$	detrás de$_{8}$	carne$_{9}$	diferente$_{10}$	son propuestas$_{15}$	como ejemplo$_{16}$	de fuego$_{19}$
2532	565	3694	4561	2087	4295	1164	4442
CLN	*VAAP-PNF*	*P, B*	*NGSF*	*JGSF*	*VPUI3P*	*NASN*	*NGSN*

αἰωνίου	δίκην	ὑπέχουσαι.
eterno.$_{20}$	castigo$_{18}$	sufriendo$_{17}$
166	1349	5254
JGSN	*NASF*	*VPAP-PNF*

8 Ὁμοίως	μέντοι	καὶ	οὗτοι	ἐνυπνιαζόμενοι	σάρκα	μὲν
igualmente$_{2}$	Sin embargo,$_{1}$	también	estos	soñadores	(la) carne,$_{3}$	en verdad$_{1}$
3668	3305	2532	3778	1797	4561	3303
B	*CLC*	*BE, TE*	*RD-NPM*	*VPUP-PNM*	*NASF*	*TK, C*

μιαίνουσιν,	κυριότητα	δὲ	ἀθετοῦσιν,	δόξας*	δὲ
mancillan$_{2}$	autoridad,$_{6}$	mas$_{4}$	rechazan$_{5}$	a glorias.$_{9}$	mas$_{7}$
3392	2963	1161	114	1391	1161
VPAI3P	*NASF*	*CLK, CLN*	*VPAI3P*	*NAPF*	*CLK, CLN*

βλασφημοῦσιν.	9 ὁ	δὲ	Μιχαὴλ	ὁ	ἀρχάγγελος,	ὅτε	τῷ
blasfeman$_{8}$	--$_{4}$	Mas$_{1}$	Miguel$_{5}$	el$_{2}$	arcángel$_{3}$	cuando$_{6}$	con el$_{9}$
987	3588	1161	3413	3588	743	3753	3588
VPAI3P	*DNSM*	*CLC*	*NNSM, XP*	*DNSM*	*NNSM*	*CAT*	*DDSM*

διαβόλῳ	διακρινόμενος	διελέγετο	περὶ	τοῦ	Μωϋσέως	σώματος,
diablo$_{10}$	contendiendo$_{8}$	discutía$_{7}$	acerca de$_{11}$	de --$_{12}$	Moisés,$_{14}$	cuerpo$_{13}$
1228	1252	1256	4012	3588	3475	4983
JDSM	*VPMP-SNM*	*VIUI3S*	*P*	*DGSN, DGSM*	*NGSM*	*NGSN*

οὐκ	ἐτόλμησεν	κρίσιν	ἐπενεγκεῖν	βλασφημίας,	ἀλλὰ	εἶπεν·
no$_{15}$	se atrevió$_{16}$	juicio$_{18}$	a pronunciar$_{17}$	de maldición,$_{19}$	sino$_{20}$	dijo:$_{21}$
3756	5111	2920	2018	988	235	2036
CLK, TN, B	*VAAI3S*	*NASF*	*VAAN*	*NGSF*	*CLK, CLC*	*VAAI3S*

Ἐπιτιμήσαι	σοι	κύριος.	10 οὗτοι	δὲ	ὅσα	μὲν	οὐκ	οἴδασιν
reprenda$_{23}$	a ti.$_{24}$	(El) Señor$_{22}$	estos$_{2}$	Mas$_{1}$	cuantas cosas$_{4}$	en verdad$_{5}$	no$_{6}$	saben,$_{7}$
2008	4671	2962	3778	1161	3745	3303	3756	1492
VAAO3S	*RP2DS*	*NNSM*	*RD-NPM*	*CLC*	*RK-APN*	*TK, C*	*BN, TN*	*VRAI3P*

βλασφημοῦσιν,	ὅσα	δὲ	φυσικῶς	ὡς	τὰ	ἄλογα	ζῷα
blasfeman$_{3}$	cuantas cosas$_{10}$	mas$_{8}$	por instinto,$_{11}$	como$_{12}$	los$_{13}$	irracionales,$_{15}$	animales$_{14}$
987	3745	1161	5447	5613	3588	249	2226
VPAI3P	*RK-APN*	*CLK, CLC*	*B*	*CAM*	*DNPN*	*JNPN*	*NNPN*

NVI

que el Señor, después
de liberar de la tierra de
Egipto a su pueblo, des-
truyó a los que no creían.
6 Y a los ángeles que no
mantuvieron su posi-
ción de autoridad, sino
que abandonaron su
propia morada, los tiene
perpetuamente encarce-
lados en oscuridad para
el juicio del gran Día.
7 Así también Sodoma y
Gomorra y las ciudades
vecinas son puestas
como escarmiento, al
sufrir el castigo de
un fuego eterno, por
haber practicado, como
aquellos, inmoralidad
sexual y vicios contra la
naturaleza.
8 De la misma ma-
nera estos individuos,
llevados por sus delirios,
contaminan su cuerpo,
desprecian la autoridad
y maldicen a los seres
celestiales. 9 Ni siquiera
el arcángel Miguel,
cuando argumentaba
con el diablo dispután-
dole el cuerpo de Moisés,
se atrevió a pronunciar
contra él un juicio de
maldición, sino que
dijo: «¡Que el Señor te
reprenda!» 10 Estos, en
cambio, maldicen todo
lo que no entienden;
y, como animales
irracionales, lo que

7* O sea *actos diferentes al dictamen de Dios.* 8* O sea *potestades superiores.*

RVR

por instinto, en ésas se
corrompen.
11 ¡Ay de ellos!, porque
han seguido el camino
de Caín, y se lanzaron
por lucro al error de
Balaam, y perecieron en
la rebelión de Coré.
12 Éstos son manchas
en vuestros ágapes, que
comiendo impúdica-
mente con vosotros se
apacientan a sí mismos;
nubes sin agua, llevadas
de acá para allá por los
vientos; árboles otoña-
les, sin fruto, dos veces
muertos y desarrai-
gados;
13 fieras olas del mar, que
espuman sus propias
vergüenzas; estrellas
errantes, para las cuales
está reservada eterna-
mente la oscuridad de
las tinieblas.
14 De éstos también
profetizó Enoc, séptimo
desde Adán, diciendo:
He aquí, vino el Señor
con sus santas decenas
de millares,
15 para hacer juicio
contra todos, y dejar
convictos a todos los
impíos de todas sus
obras impías que han
hecho impíamente, y de
todas las cosas duras que
los pecadores impíos
hablaron contra él.
16 Éstos son murmura-
dores, querellosos, que
andan según sus propios

ἐπίστανται,	ἐν	τούτοις	φθείρονται.	11 οὐαὶ	αὐτοῖς,	ὅτι	τῇ	ὁδῷ	τοῦ
entienden$_9$	con	estas	se corrompen.	¡Ay de	ellos,	que$_1$	por el$_3$	camino$_4$	de --$_5$
1987	1722	5125	5351	3759	846	3754	3588	3598	3588
VPUI3P	*P*	*RD-DPN*	*VPPI3P*	*I, T*	*RP3DPM*	*CAZ*	*DDSF*	*NDSF*	*DGSM*

Κάϊν	ἐπορεύθησαν,	καὶ	τῇ	πλάνῃ	τοῦ	Βαλαὰμ	μισθοῦ	ἐξεχύθησαν,
Caín,$_6$	marcharon$_2$	y$_7$	por el$_9$	engaño$_{10}$	de --$_{11}$	Balaam,$_{12}$	lucro$_{13}$	se volcaron$_8$
2535	4198	2532	3588	4106	3588	903	3408	1632
NGSM, XP	*VAPI3P*	*CLN*	*DDSF*	*NDSF*	*DGSM*	*NGSM, XP*	*NGSM*	*VAPI3P*

καὶ	τῇ	ἀντιλογίᾳ	τοῦ	Κόρε	ἀπώλοντο.	12 οὗτοί	εἰσιν	οἱ	ἐν
y$_{14}$	por la$_{16}$	rebelión$_{17}$	de --$_{18}$	Coré.$_{19}$	perecieron$_{15}$	Estos$_1$	son$_2$	los que$_3$	en$_7$
2532	3588	485	3588	2879	622	3778	1526	3588	1722
CLN	*DDSF*	*NDSF*	*DGSM*	*NGSM, XP*	*VAMI3P*	*RD-NPM*	*VPAI3P*	*DNPM*	*P*

ταῖς	ἀγάπαις*	ὑμῶν	σπιλάδες	συνευωχούμενοι,	ἀφόβως	ἑαυτοὺς
los$_8$	ágapes$_9$	de vosotros,$_{10}$	manchas$_6$	banqueteando$_4$	sin respeto$_5$	a sí mismos,$_{12}$
3588	26	5216	4694	4910	870	1438
DDPF	*NDPF*	*RP2GP*	*NNPF*	*VPUP-PNM*	*B*	*RF3APM*

ποιμαίνοντες,	νεφέλαι	ἄνυδροι	ὑπὸ	ἀνέμων	παραφερόμεναι,	δένδρα
apacentando$_{11}$	nubes$_{13}$	sin agua,$_{14}$	por$_{16}$	vientos,$_{17}$	llevados de un lado a otro$_{15}$	árboles
4165	3507	504	5259	417	3911	1186
VPAP-PNM	*NNPF*	*JNPF*	*P*	*NGPM*	*VPPP-PNF*	*NNPN*

φθινοπωρινὰ	ἄκαρπα	δὶς	ἀποθανόντα	ἐκριζωθέντα,	13 κύματα	ἄγρια
otoñales	sin fruto,	dos veces	muertos,	desarraigados,	olas	violentas
5352	175	1364	599	1610	2949	66
JNPN	*JNPN*	*B*	*VAAP-PNN*	*VAPP-PNN*	*NNPN*	*JNPN*

θαλάσσης	ἐπαφρίζοντα	τὰς	ἑαυτῶν	αἰσχύνας,	ἀστέρες	πλανῆται
del mar	que hacen espuma	para las$_2$	de ellos mismos,$_3$	vergüenzas$_1$	estrellas	errantes,
2281	1890	3588	1438	152	792	4107
NGSF	*VPAP-PNN*	*DAPF*	*RF3GPN*	*NAPF*	*NNPM*	*JNPM, NNPM*

οἷς	ὁ	ζόφος	τοῦ	σκότους	εἰς	αἰῶνα	τετήρηται.
para las que	la$_2$	oscuridad$_3$	de la(s)$_4$	tinieblas$_5$	para$_6$	siempre.$_7$	ha sido reservada$_1$
3739	3588	2217	3588	4655	1519	165	5083
RR-DPM	*DNSM*	*NNSM*	*DGSN*	*NGSN*	*P*	*NASM*	*VRPI3S*

14 Προεφήτευσεν	δὲ	καὶ	τούτοις	ἕβδομος	ἀπὸ	Ἀδὰμ
profetizó$_8$	Mas$_1$	también$_2$	a estos$_3$	séptimo$_5$	desde$_6$	Adán,$_7$
4395	1161	2532	5125	1442	575	76
VAAI3S	*CLN*	*BE, TE*	*RD-DPM*	*JNSM*	*P*	*NGSM, XP*

Ἑνὼχ	λέγων·	Ἰδοὺ	ἦλθεν	κύριος	ἐν	ἁγίαις	μυριάσιν	αὐτοῦ,
Enoc,$_4$	diciendo:$_9$	¡He aquí$_{10}$	viene$_{12}$	(el) Señor$_{11}$	con$_{13}$	(de)santos$_{15}$	miríadas$_{14}$	de él,$_{16}$
1802	3004	2400	2064	2962	1722	40	3461	846
NNSM, XP	*VPAP-SNM*	*I, VAAM2S*	*VAAI3S*	*NNSM*	*P*	*JDPF*	*JDPF, JDPM*	*RP3GSM*

15 ποιῆσαι	κρίσιν	κατὰ	πάντων	καὶ	ἐλέγξαι	πάντας	τοὺς	ἀσεβεῖς
para hacer	juicio	contra	todos	y	para reprender	a todos	los	impíos
4160	2920	2596	3956	2532	1651	3956	3588	765
VAAN	*NASF*	*P*	*JGPM*	*CLN*	*VAAN*	*JAPM*	*DAPM*	*JNPM*

περὶ	πάντων	τῶν	ἔργων	ἀσεβείας	αὐτῶν	ὧν	ἠσέβησαν
acerca de	todas	las	obras	de impiedad	de ellos,	las que	actuaron impíamente
4012	3956	3588	2041	763	846	3739	764
P	*JGPN*	*DGPN*	*NGPN*	*NGSF*	*RP3GPM*	*RR-GPN*	*VAAI3P*

καὶ	περὶ	πάντων	τῶν	σκληρῶν	ὧν	ἐλάλησαν	κατ᾽	αὐτοῦ
y	acerca de	todas	las (cosas)	duras,	las que	hablaron	contra	él (los)
2532	4012	3956	3588	4642	3739	2980	2596	846
CLN	*P*	*JGPN*	*DGPN*	*JGPN*	*RR-GPN*	*VAAI3P*	*P*	*RP3GSM*

ἁμαρτωλοὶ	ἀσεβεῖς.	16 οὗτοί	εἰσιν	γογγυσταί,	μεμψίμοιροι,	κατὰ
pecadores	impíos.	Estos	son	murmuradores	quejumbrosos,	conforme a$_2$
268	765	3778	1526	1113	3202	2596
JNPM	*JNPM*	*RD-NPM*	*VPAI3P*	*NNPM*	*JNPM*	*P*

NVI

entienden por instinto
es precisamente lo que
los corrompe.
11 ¡Ay de los que
siguieron el camino de
Caín! Por ganar dinero
se entregaron al error de
Balám y perecieron en la
rebelión de Coré.
12 Estos individuos
son un peligro oculto:
sin ningún respeto
convierten en parrandas
las fiestas de amor
fraternal que ustedes
celebran. Buscan solo
su propio provecho.
Son nubes sin agua,
llevadas por el viento.
Son árboles que no dan
fruto cuando debieran
darlo; están doblemente
muertos, arrancados
de raíz. 13 Son violentas
olas del mar, que
arrojan la espuma de sus
actos vergonzosos. Son
estrellas fugaces, para
quienes está reservada
eternamente la más
densa oscuridad.
14 También Enoc, el
séptimo patriarca a par-
tir de Adán, profetizó
acerca de ellos: «Miren,
el Señor viene con
millares y millares de sus
ángeles 15 para someter
a juicio a todos y para
reprender a todos los
pecadores impíos por
todas las malas obras
que han cometido, y por
todas las injurias que
han proferido contra
él». 16 Estos individuos
son refunfuñadores
y criticones; se dejan

12* O sea *comidas fraternales.*

RVR

deseos, cuya boca habla cosas arrogantes, adulando a las personas para sacar provecho.

Amonestaciones a perseverar

[17] Pero vosotros, amados, tened memoria de las palabras que antes fueron dichas por los apóstoles de nuestro Señor Jesucristo;
[18] los cuales os decían: Al fin de los tiempos habrá burladores, que andarán según sus malvados deseos.
[19] Éstos son los que causan divisiones; los mundanos, que no tienen el Espíritu.
[20] Pero vosotros, amados, edificándoos sobre vuestra santísima fe, orando en el Espíritu Santo,
[21] conservaos en el amor de Dios, aguardando con anhelo la misericordia de nuestro Señor Jesucristo para vida eterna.
[22] A algunos que dudan, convencedlos.
[23] A otros salvadlos, arrebatándolos del fuego; y de otros tened misericordia con temor, aborreciendo aun la ropa contaminada por su carne.

τὰς	ἐπιθυμίας	αὐτῶν	πορευόμενοι,	καὶ	τὸ	στόμα	αὐτῶν	λαλεῖ
los$_3$	deseos malos$_4$	de ellos,$_5$	andando$_1$	y	la	boca	de ellos	habla
3588	1939	846	4198	2532	3588	4750	846	2980
DAPF	*NAPF*	*RP3GPM*	*VPUP-PNM*	*CLN*	*DNSN*	*NNSN*	*RP3GPM*	*VPAI3S*

ὑπέρογκα,	θαυμάζοντες	πρόσωπα	ὠφελείας	χάριν*.	[17] Ὑμεῖς	δέ,
cosas arrogantes,	maravillando$_1$	a personas$_2$	beneficio.$_4$	a causa de$_3$	vosotros,$_2$	Mas$_1$
5246	2296	4383	5622	5484	5210	1161
JAPN	*VPAP-PNM*	*NAPN*	*NGSF*	*P, B*	*RP2NP*	*CLC*

ἀγαπητοί,	μνήσθητε	τῶν	ῥημάτων	τῶν	προειρημένων	ὑπὸ	τῶν
amados,	recordad	de las	palabras	las que	han sido dichas antes	por	los
27	3415	3588	4487	3588	4280	5259	3588
JVPM	*VAPM2P*	*DGPN*	*NGPN*	*DGPN*	*VRPP-PGN*	*P*	*DGPM*

ἀποστόλων	τοῦ	κυρίου	ἡμῶν	Ἰησοῦ	Χριστοῦ·	[18] ὅτι	ἔλεγον	ὑμῖν·
apóstoles	del	Señor	de nosotros,	Jesús	Cristo,	que	decían	a vosotros:
652	3588	2962	2257	2424	5547	3754	3004	5213
NGPM	*DGSM*	*NGSM*	*RP1GP*	*NGSM*	*NGSM*	*CSC*	*VIAI3P*	*RP2DP*

Ἐπ’	ἐσχάτου	χρόνου	ἔσονται	ἐμπαῖκται	κατὰ	τὰς	ἑαυτῶν
En	final$_2$	(el) tiempo$_1$	serán (habrá)	burladores	conforme a$_2$	los$_3$	de ellos mismos.$_7$
1909	2078	5550	2071	1703	2596	3588	1438
P	*JGSM*	*NGSM*	*VFMI3P*	*NNPM*	*P*	*DAPF*	*RF3GPM*

ἐπιθυμίας	πορευόμενοι	τῶν	ἀσεβειῶν.	[19] οὗτοί	εἰσιν	οἱ
deseos malos$_4$	que andan$_1$	las$_5$	cosas impías$_6$	Estos	son	los que
1939	4198	3588	763	3778	1526	3588
NAPF	*VPUP-PNM*	*DGPF*	*NGPF*	*RD-NPM*	*VPAI3P*	*DNPM*

ἀποδιορίζοντες,	ψυχικοί*,	πνεῦμα	μὴ	ἔχοντες.	[20] ὑμεῖς	δέ,
causan divisiones,	naturales,	(el) Espíritu.$_3$	no$_1$	tienen$_2$	vosotros,$_2$	Y$_1$
592	5591	4151	3361	2192	5210	1161
VPAP-PNM	*JNPM*	*NASN*	*BN, TN*	*VPAP-PNM*	*RP2NP*	*CLC*

ἀγαπητοί,	ἐποικοδομοῦντες	ἑαυτοὺς	τῇ	ἁγιωτάτῃ	ὑμῶν
amados,	sobredificando	a vosotros mismos	en la	santísima	de vosotros,$_2$
27	2026	1438	3588	40	5216
JVPM	*VPAP-PNM*	*RF2APM*	*DDSF*	*JDSFS*	*RP2GP*

πίστει,	ἐν	πνεύματι	ἁγίῳ	προσευχόμενοι,	[21] ἑαυτοὺς	ἐν	ἀγάπῃ
fe$_1$	en$_4$	(el) Espíritu$_5$	Santo,$_6$	orando$_3$	a vosotros mismos$_2$	en$_3$	amor$_4$
4102	1722	4151	40	4336	1438	1722	26
NDSF	*P*	*NDSN*	*JDSN*	*VPUP-PNM*	*RF2APM*	*P*	*NDSF*

θεοῦ	τηρήσατε	προσδεχόμενοι	τὸ	ἔλεος	τοῦ	κυρίου	ἡμῶν
de Dios,$_5$	guardad$_1$	aguardando	la	misericordia	del	Señor	de nosotros,
2316	5083	4327	3588	1656	3588	2962	2257
NGSM	*VAAM2P*	*VPUP-PNM*	*DASN*	*NASN*	*DGSM*	*NGSM*	*RP1GP*

Ἰησοῦ	Χριστοῦ	εἰς	ζωὴν	αἰώνιον.	[22] καὶ	οὓς	μὲν	ἐλεᾶτε
Jesús	Cristo,	para	vida	eterna.	también$_2$	a los que$_3$	en verdad$_4$	Compadeced$_1$
2424	5547	1519	2222	166	2532	3739	3303	1653
NGSM	*NGSM*	*P*	*NASF*	*JASF*	*CLN*	*RR-APM*	*TK, C*	*VPAM2P*

διακρινομένους,	[23] οὓς	δὲ	σῴζετε	ἐκ	πυρὸς	ἁρπάζοντες,
están dudando;$_5$	a quienes$_3$	mas$_1$	salvad$_2$	de(l)$_5$	fuego,$_6$	arrebatando$_4$
1252	3739	1161	4982	1537	4442	726
VPMP-PAM	*RR-APM*	*CLK, CLC*	*VPAM2P*	*P*	*NGSN*	*VPAP-PNM*

οὓς	δὲ	ἐλεᾶτε	ἐν	φόβῳ,	μισοῦντες	καὶ	τὸν	ἀπὸ	τῆς
a quienes$_9$	mas$_7$	compadeced$_8$	con	temor,	aborreciendo$_1$	también$_2$	la$_3$	de$_6$	la$_7$
3739	1161	1653	1722	5401	3404	2532	3588	575	3588
RR-APM	*CLK, CLC*	*VPAM2P*	*P*	*NDSM*	*VPAP-PNM*	*CLA, B*	*DASM*	*P*	*DGSF*

σαρκὸς	ἐσπιλωμένον	χιτῶνα.
carne.$_8$	contaminada$_5$	túnica$_4$
4561	4695	5509
NGSF	*VRPP-SAM*	*NASM*

NVI

llevar por sus propias pasiones; hablan con arrogancia y adulan a los demás para sacar ventaja.

Exhortación a la perseverancia

[17] Ustedes, queridos hermanos, recuerden el mensaje anunciado anteriormente por los apóstoles de nuestro Señor Jesucristo. [18] Ellos les decían: «En los últimos tiempos habrá burladores que vivirán según sus propias pasiones impías». [19] Estos son los que causan divisiones y se dejan llevar por sus propios instintos, pues no tienen el Espíritu.

[20-21] Ustedes, en cambio, queridos hermanos, manténganse en el amor de Dios, edificándose sobre la base de su santísima fe y orando en el Espíritu Santo, mientras esperan que nuestro Señor Jesucristo, en su misericordia, les conceda vida eterna.

[22] Tengan compasión de los que dudan; [23] a otros, sálvenlos arrebatándolos del fuego. Compadézcanse de los demás, pero tengan cuidado; aborrezcan hasta la ropa que haya sido contaminada por su cuerpo.

16* O sea *adulando a las personas para sacar provecho.* **19*** O sea *se dejan llevar por sus propios instintos.*

RVR

Doxología

24 Y a aquel que es pode-
roso para guardaros sin
caída, y presentaros sin
mancha delante de su
gloria con gran alegría,
25 al único y sabio Dios,
nuestro Salvador, sea
gloria y majestad, domi-
nio y autoridad, ahora
y por todos los siglos.
Amén.

24 Τῷ	δὲ	δυναμένῳ	φυλάξαι	ὑμᾶς	ἀπταίστους	καὶ	στῆσαι
al₂	Mas₁	que puede	guardar	a vosotros	sin caída	y	presentar
3588	1161	1410	5442	5209	679	2532	2476
DDSM	*CLT*	*VPUP-SDM*	*VAAN*	*RP2AP*	*JAPM*	*CLN*	*VAAN*

κατενώπιον	τῆς	δόξης	αὐτοῦ	ἀμώμους	ἐν	ἀγαλλιάσει	25 ⸀μόνῳ	θεῷ
delante de	la	gloria	de él	sin mancha	con	gran gozo,	al único	Dios
2714	3588	1391	846	299	1722	20	3441	2316
P	*DGSF*	*NGSF*	*RP3GSM*	*JAPM*	*P*	*NDSF*	*JDSM*	*NDSM*

σωτῆρι	ἡμῶν	⸂διὰ	Ἰησοῦ	Χριστοῦ	τοῦ	κυρίου	ἡμῶν⸃	δόξα
Salvador	de nosotros	por medio de	Jesús	Cristo	el	Señor	de nosotros	(sea la) gloria,
4990	2257	1223	2424	5547	3588	2962	2257	1391
NDSM	*RP1GP*	*P*	*NGSM*	*NGSM*	*DGSM*	*NGSM*	*RP1GP*	*NNSF*

μεγαλωσύνη	κράτος	καὶ	ἐξουσία	⸂1 πρὸ	παντὸς	τοῦ	αἰῶνος 1⸃	καὶ	νῦν
majestad,	dominio	y	poder	antes de	de todo	el	siglo	y	ahora
3172	2904	2532	1849	4253	3956	3588	165	2532	3568
NNSF	*NNSN*	*CLN*	*NNSF*	*P*	*JGSM*	*DGSM*	*NGSM*	*CLN*	*B*

καὶ	εἰς	πάντας	τοὺς	αἰῶνας·	ἀμήν.
y	para	todos	los	siglos;	amén.
2532	1519	3956	3588	165	281
CLN	*P*	*JAPM*	*DAPM*	*NAPM*	*I, XF*

NVI

Doxología

24 ¡Al único Dios,
nuestro Salvador, que
puede guardarlos
para que no caigan, y
establecerlos sin tacha y
con gran alegría ante su
gloriosa presencia, 25 sea
la gloria, la majestad, el
dominio y la autoridad,
por medio de Jesucristo
nuestro Señor, antes de
todos los siglos, ahora y
para siempre! Amén.

25⸀ Manuscritos inferiores aumentaron *y sabio*. **25⸂⸃** Manuscritos inferiores suprimieron *por medio de Jesucristo nuestro Señor*. **25⸂1 1⸃** Manuscritos inferiores suprimieron *antes de todos los siglos*.

APOCALIPSIS de Juan

ΑΠΟΚΑΛΥΨΙΣ ΙΩΑΝΝΟΥ

RVR

Prólogo

1 Revelación de
Jesucristo, que Dios
le dio, para mostrar a
sus siervos las cosas que
deben suceder en segui-
da; y la dio a entender
enviándola por medio
de su ángel a su siervo
Juan,
2 que ha dado testimo-
nio de la palabra de
Dios, y del testimonio
de Jesucristo, y de todas
las cosas que vio.
3 Bienaventurado el que
lee, y los que oyen las
palabras de esta profecía,
y guardan las cosas
escritas en ella; porque el
tiempo está cerca.

Saludos a las siete iglesias

4 Juan, a las siete iglesias
que están en Asia:
Gracia y paz a vosotros,
del que es y que era y
que ha de venir, y de los
siete espíritus que están
delante de su trono;
5 y de Jesucristo el
testigo fiel, el primo-
génito de los muertos,
y el soberano de los
reyes de la tierra. Al
que nos amó, y nos

1

1 Ἀποκάλυψις	Ἰησοῦ	Χριστοῦ,	ἣν	ἔδωκεν	αὐτῷ	ὁ	θεὸς
Revelación	de Jesús	Cristo	la que	dio$_3$	a él,$_4$	--$_1$	Dios$_2$
602	2424	5547	3739	1325	846	3588	2316
NNSF	*NGSM*	*NGSM*	*RR-ASF*	*VAAI3S*	*RP3DSM*	*DNSM*	*NNSM*

δεῖξαι	τοῖς	δούλοις	αὐτοῦ,	ἃ	δεῖ	γενέσθαι	ἐν	τάχει,	καὶ
para mostrar	a los	siervos	de él	las cosas que	es necesario	suceder	en	breve,	y
1166	3588	1401	846	3739	1163	1096	1722	5034	2532
VAAN	*DDPM*	*NDPM*	*RP3GSM*	*RR-APN*	*VPAI3S*	*VAMN*	*P*	*NDSN*	*CLN*

ἐσήμανεν	ἀποστείλας	διὰ	τοῦ	ἀγγέλου	αὐτοῦ	τῷ	δούλῳ	αὐτοῦ
dio a entender	habiéndo(la) enviado	mediante	el	ángel	de él	al	siervo	de él,
4591	649	1223	3588	32	846	3588	1401	846
VAAI3S	*VAAP-SNM*	*P*	*DGSM*	*NGSM*	*RP3GSM*	*DDSM*	*NDSM*	*RP3GSM*

Ἰωάννῃ,	2 ὃς	ἐμαρτύρησεν	τὸν	λόγον	τοῦ	θεοῦ	καὶ	τὴν	μαρτυρίαν
Juan,	el cual	testificó	la	palabra	de --	Dios	y	el	testimonio
2491	3739	3140	3588	3056	3588	2316	2532	3588	3141
NDSM	*RR-NSM*	*VAAI3S*	*DASM*	*NASM*	*DGSM*	*NGSM*	*CLN*	*DASF*	*NASF*

Ἰησοῦ	Χριστοῦ,	ὅσα	εἶδεν.	3 μακάριος	ὁ	ἀναγινώσκων	καὶ
de Jesús	Cristo,	cuantas cosas	vio.	Bienaventurado	el que	lee	y
2424	5547	3745	1492	3107	3588	314	2532
NGSM	*NGSM*	*RK-APN*	*VAAI3S*	*JNSM*	*DNSM*	*VPAP-SNM*	*CLN*

οἱ	ἀκούοντες	τοὺς	λόγους	τῆς	προφητείας	καὶ	τηροῦντες	τὰ
los que	oyen	las	palabras	de la	profecía	y	guardan	las cosas
3588	191	3588	3056	3588	4394	2532	5083	3588
DNPM	*VPAP-PNM*	*DAPM*	*NAPM*	*DGSF*	*NGSF*	*CLN*	*VPAP-PNM*	*DAPN*

ἐν	αὐτῇ	γεγραμμένα,	ὁ	γὰρ	καιρὸς	ἐγγύς.	4 Ἰωάννης	ταῖς	ἑπτὰ
en$_2$	ella$_3$	han sido escritas;$_1$	el$_5$	porque$_4$	tiempo$_6$	(está) cerca.$_7$	Juan	a las	siete
1722	846	1125	3588	1063	2540	1451	2491	3588	2033
P	*RP3DSF*	*VRPP-PAN*	*DNSM*	*CAZ*	*NNSM*	*B*	*NNSM*	*DDPF*	*XN, J*

ἐκκλησίαις	ταῖς	ἐν	τῇ	Ἀσίᾳ·	χάρις	ὑμῖν	καὶ	εἰρήνη	ἀπὸ	ὁ
iglesias	las (que están)	en	--	Asia:	Gracia	a vosotros	y	paz	de	el que
1577	3588	1722	3588	773	5485	5213	2532	1515	575	3588
NDPF	*DDPF*	*P*	*DDSF*	*NDSF*	*NNSF*	*RP2DP*	*CLN*	*NNSF*	*P*	*DNSM*

ὢν	καὶ	ὁ	ἦν	καὶ	ὁ	ἐρχόμενος,	καὶ	ἀπὸ	τῶν	ἑπτὰ
es	y	el (que)	era	y	el que	viene,	y	de parte de	los	siete
5607	2532	3588	2258	2532	3588	2064	2532	575	3588	2033
VPAP-SNM	*CLN*	*DNSM*	*VIAI3S*	*CLN*	*DNSM*	*VPUP-SNM*	*CLN*	*P*	*DGPN*	*XN, J*

πνευμάτων	ἃ	ἐνώπιον	τοῦ	θρόνου	αὐτοῦ,	5 καὶ	ἀπὸ	Ἰησοῦ
espíritus	los que (están)	delante de	del	trono	de él,	y	de parte de	Jesús
4151	3739	1799	3588	2362	846	2532	575	2424
NGPN	*RR-NPN*	*P, B*	*DGSM*	*NGSM*	*RP3GSM*	*CLN*	*P*	*NGSM*

Χριστοῦ,	ὁ	μάρτυς	ὁ	πιστός,	ὁ	πρωτότοκος	τῶν	νεκρῶν
Cristo,	el	testigo	--	fiel,	el	primogénito	de los	muertos
5547	3588	3144	3588	4103	3588	4416	3588	3498
NGSM	*DNSM*	*NNSM*	*DNSM*	*JNSM*	*DNSM*	*JNSM*	*DGPM*	*JGPM*

καὶ	ὁ	ἄρχων	τῶν	βασιλέων	τῆς	γῆς.	Τῷ	ἀγαπῶντι	ἡμᾶς	καὶ
y	el	gobernante	de los	reyes	de la	tierra.	Al que	ama	a nosotros	y
2532	3588	758	3588	935	3588	1093	3588	25	2248	2532
CLN	*DNSM*	*NNSM*	*DGPM*	*NGPM*	*DGSF*	*NGSF*	*DDSM*	*VPAP-SDM*	*RP1AP*	*CLN*

NVI

Prólogo

1 Esta es la revelación
de Jesucristo, que
Dios le dio para mostrar
a sus siervos lo que sin
demora tiene que suce-
der. Jesucristo envió a su
ángel para dar a conocer
la revelación a su siervo
Juan,
2 quien por su
parte da fe de la verdad,
escribiendo todo lo que
vio, a saber, la palabra
de Dios y el testimonio
de Jesucristo.
3 Dichoso
el que lee y dichosos
los que escuchan las
palabras de este mensaje
profético y hacen caso de
lo que aquí está escrito,
porque el tiempo de su
cumplimiento está cerca.

Saludos y doxología

4 Yo, Juan, escribo a las
siete iglesias que están en
la provincia de Asia:

Gracia y paz a ustedes
de parte de aquel que
es y que era y que ha de
venir; y de parte de los
siete espíritus que están
delante de su trono;
5 y
de parte de Jesucristo, el
testigo fiel, el primogé-
nito de la resurrección,
el soberano de los reyes
de la tierra.

Al que nos ama

RVR

liberó de nuestros peca-
dos con su sangre,
6 e hizo de nosotros un
reino, sacerdotes para su
Dios y Padre; a él sea la
gloria y el dominio por
los siglos de los siglos.
Amén.
7 He aquí que viene
con las nubes, y todo
ojo le verá, y los que le
traspasaron; y todos los
linajes de la tierra harán
lamentación por él. Sí,
amén.
8 Yo soy el Alfa y la
Omega, principio y
fin, dice el Señor Dios,
el que es y que era y
que ha de venir, el
Todopoderoso.

Visión del Hijo del Hombre

9 Yo, Juan, vuestro
hermano, y copartícipe
vuestro en la tribula-
ción, en el reino y en la
paciencia de Jesucristo,
estaba en la isla llamada
Patmos, por causa de la
palabra de Dios y el tes-
timonio de Jesucristo.
10 Yo estuve en espíritu
en el día del Señor, y oí
detrás de mí una gran
voz como de trompeta,
11 que decía: Yo soy
el Alfa y la Omega, el
primero y el último.
Escribe en un libro

λύσαντι ἡμᾶς ἐκ τῶν ἁμαρτιῶν ἡμῶν ἐν τῷ αἵματι αὐτοῦ—
libertó a nosotros de los pecados de nosotros con la sangre de él,
3089 2248 1537 3588 266 2257 1722 3588 129 846
VAAP-SDM RP1AP P DGPF NGPF RP1GP P DDSN NDSN RP3GSM

6 καὶ ἐποίησεν ἡμᾶς βασιλείαν, ἱερεῖς τῷ θεῷ καὶ πατρὶ αὐτοῦ—
e hizo a nosotros un reino, sacerdotes para -- Dios y Padre de él;
2532 4160 2248 932 2409 3588 2316 2532 3962 846
CLN VAAI3S RP1AP NASF NAPM DDSM NDSM CLN NDSM RP3GSM

αὐτῷ ἡ δόξα καὶ τὸ κράτος εἰς τοὺς αἰῶνας τῶν αἰώνων· ἀμήν.
a él (sea) la gloria y el dominio para los siglos de los siglos; amén.
846 3588 1391 2532 3588 2904 1519 3588 165 3588 165 281
RP3DSM DNSF NNSF CLN DNSN NNSN P DAPM NAPM DGPM NGPM I, XF

7 Ἰδοὺ ἔρχεται μετὰ τῶν νεφελῶν, καὶ ὄψεται αὐτὸν πᾶς ὀφθαλμὸς
He aquí viene con las nubes, y$_1$ verá$_4$ a él$_5$ todo$_3$ ojo$_4$
2400 2064 3326 3588 3507 2532 3700 846 3956 3788
I, VAAM2S VPUI3S P DGPF NGPF CLN VFMI3S RP3ASM JNSM NNSM

καὶ οἵτινες αὐτὸν ἐξεκέντησαν, καὶ κόψονται ἐπ' αὐτὸν πᾶσαι αἱ
y$_6$ los que$_7$ a él,$_9$ traspasaron$_8$ y harán duelo por él todas$_3$ las$_1$
2532 3748 846 1574 2532 2875 1909 846 3956 3588
CLN RR-NPM RP3ASM VAAI3P CLN VFMI3P P RP3ASM JNPF DNPF

φυλαὶ τῆς γῆς. ναί, ἀμήν. 8 Ἐγώ εἰμι τὸ Ἄλφα καὶ τὸ Ὦ, λέγει
tribus$_2$ de la tierra. Sí, amén. Yo soy el Alfa y la Omega, dice,$_4$
5443 3588 1093 3483 281 1473 1510 3588 1 2532 3588 5598 3004
NNPF DGSF NGSF I, TE I, XF RP1NS VPAI1S DNSN NNSN, XL CLN DNSN NNSN, XL VPAI3S

κύριος, ὁ θεός, ὁ ὢν καὶ ὁ ἦν καὶ ὁ ἐρχόμενος, ὁ
(el) Señor$_1$ --$_2$ Dios$_3$ el que es y el (que) era y el que viene, el
2962 3588 2316 3588 5607 2532 3588 2258 2532 3588 2064 3588
NNSM DNSM NNSM DNSM VPAP-SNM CLN DNSM VIAI3S CLN DNSM VPUP-SNM DNSM

παντοκράτωρ. 9 Ἐγὼ Ἰωάννης, ὁ ἀδελφὸς ὑμῶν καὶ συγκοινωνὸς
Todopoderoso. Yo Juan, el hermano de vosotros y copartícipe
3841 1473 2491 3588 80 5216 2532 4791
NNSM RP1NS NNSM DNSM NNSM RP2GP CLN JNSM, NNSM

ἐν τῇ θλίψει καὶ βασιλείᾳ καὶ ὑπομονῇ ⌜ἐν Ἰησοῦ, ἐγενόμην
en la tribulación y en (el) reino y en (la) perseverancia en Jesús, llegué a estar
1722 3588 2347 2532 932 2532 5281 1722 2424 1096
P DDSF NDSF CLN NDSF CLN NDSF P NDSM VAMI1S

ἐν τῇ νήσῳ τῇ καλουμένῃ Πάτμῳ διὰ τὸν λόγον τοῦ θεοῦ
en la isla -- llamada Patmos, a causa de la palabra de -- Dios
1722 3588 3520 3588 2564 3963 1223 3588 3056 3588 2316
P DDSF NDSF DDSF VPPP-SDF NDSF P DASM NASM DGSM NGSM

καὶ τὴν μαρτυρίαν ⌜1 Ἰησοῦ. 10 ἐγενόμην ἐν πνεύματι ἐν τῇ
y el testimonio de Jesús. Llegué a estar en espíritu en el
2532 3588 3141 2424 1096 1722 4151 1722 3588
CLN DASF NASF NGSM VAMI1S P NDSN P DDSF

κυριακῇ ἡμέρᾳ, καὶ ἤκουσα ὀπίσω μου φωνὴν μεγάλην
que pertenece al Señor,$_2$ día$_1$ y oí detrás de mí voz grande
2960 2250 2532 191 3694 3450 5456 3173
JDSF NDSF CLN VAAI1S P, B RP1GS NASF JASF

ὡς σάλπιγγος 11 ⌜λεγούσης· Ὃ βλέπεις γράψον εἰς βιβλίον καὶ
como de trompeta, que dice: lo que$_9$ ves:$_{10}$ Escribe$_1$ en$_2$ un rollo$_3$ y$_4$
5613 4536 3004 3739 991 1125 1519 975 2532
P, CAM NGSF VPAP-SGF RR-ASN VPAI2S VAAM2S P NASN CLN

NVI

y que por su sangre
nos ha librado de nues-
tros pecados,
6 al que ha hecho de
nosotros un reino,
sacerdotes al servicio
de Dios su Padre,
¡a él sea la gloria y el
poder
por los siglos de los
siglos! Amén.

7 ¡Miren que viene en
las nubes!
Y todos lo verán con
sus propios ojos,
incluso quienes lo
traspasaron;
y por él harán
lamentación
todos los pueblos de la
tierra.
¡Así será! Amén.

8 «Yo soy el Alfa y la
Omega —dice el Señor
Dios—, el que es y que
era y que ha de venir, el
Todopoderoso».

Alguien semejante al Hijo del hombre

9 Yo, Juan, hermano
de ustedes y compañero
en el sufrimiento, en el
reino y en la perseve-
rancia que tenemos en
unión con Jesús, estaba
en la isla de Patmos por
causa de la palabra de
Dios y del testimonio
de Jesús. 10 En el día del
Señor vino sobre mí el
Espíritu, y oí detrás de
mí una voz fuerte, como
de trompeta, 11 que de-
cía: «Escribe en un libro
lo que veas y envíalo a

1:9⌜, 9⌜1 Manuscritos inferiores aumentaron *Cristo.* **1:11⌜** Manuscritos inferiores aumentaron *Yo soy el alfa y la omega, el primero y el último.*

RVR

lo que ves, y envíalo
a las siete iglesias que
están en Asia: a Éfeso,
Esmirna, Pérgamo,
Tiatira, Sardis, Filadelfia
y Laodicea.
12 Y me volví para ver
la voz que hablaba con-
migo; y al volverme, vi
siete candeleros de oro,
13 y en medio de los
siete candeleros, a uno
semejante al Hijo del
Hombre, vestido de una
ropa que llegaba hasta
los pies, y ceñido por
el pecho con un cinto
de oro.
14 Su cabeza y sus
cabellos eran blancos
como blanca lana, como
nieve; sus ojos como
llama de fuego;
15 y sus pies semejantes
al bronce bruñido,
refulgente como en un
horno; y su voz como
estruendo de muchas
aguas.
16 Tenía en su mano de-
recha siete estrellas; de
su boca salía una espada
aguda de dos filos; y su
rostro era como el sol
cuando brilla en todo su
esplendor.
17 Cuando le vi, caí
como muerto a sus pies.
Y puso su diestra sobre

πέμψον ταῖς ἑπτὰ ἐκκλησίαις, εἰς Ἔφεσον καὶ εἰς Σμύρναν καὶ εἰς
envía$_5$ a las$_6$ siete$_7$ iglesias:$_8$ a Éfeso y a Esmirna y a
3992 3588 2033 1577 1519 2181 2532 1519 4667 2532 1519
VAAM2S DDPF XN,J NDPF P NASF CLN P NASF CLN P

Πέργαμον καὶ εἰς Θυάτειρα καὶ εἰς Σάρδεις καὶ εἰς Φιλαδέλφειαν
Pérgamo y a Tiatira y a Sardis y a Filadelfia
4010 2532 1519 2363 2532 1519 4554 2532 1519 5359
NASF CLN P NAPN CLN P NAPF CLN P NASF

καὶ εἰς Λαοδίκειαν. 12 Καὶ ἐπέστρεψα βλέπειν τὴν φωνὴν ἥτις
y a Laodicea. Y me volví para ver la voz la que
2532 1519 2993 2532 1994 991 3588 5456 3748
CLN P NASF CLN VAAI1S VPAN DASF NASF RR-NSF

ἐλάλει μετ᾽ ἐμοῦ· καὶ ἐπιστρέψας εἶδον ἑπτὰ λυχνίας χρυσᾶς,
hablaba con mí; y cuando volví vi siete candelabros de oro,
2980 3326 1700 2532 1994 1492 2033 3087 5552
VIAI3S P RP1GS CLN VAAP-SNM VAAI1S XN,J NAPF JAPF

13 καὶ ἐν μέσῳ τῶν λυχνιῶν ὅμοιον υἱὸν ἀνθρώπου, ἐνδεδυμένον
y en medio de los candelabros semejante a un hijo de hombre, vestido
2532 1722 3319 3588 3087 3664 5207 444 1746
CLN P JDSN DGPF NGPF JASM NASM NGSM VRMP-SAM

ποδήρη καὶ περιεζωσμένον πρὸς τοῖς μαστοῖς ζώνην
un vestido que alcanza a los pies y ceñido junto a a los pechos un cinto
4158 2532 4024 4314 3588 3149 2223
JASM CLN VRMP-SAM, VRPP-SAM P DDPM NDPM NASF

χρυσᾶν. 14 ἡ δὲ κεφαλὴ αὐτοῦ καὶ αἱ τρίχες λευκαὶ ὡς ἔριον
de oro; la$_2$ y$_1$ cabeza de él y los cabellos (eran) blancos como lana
5552 3588 1161 2776 846 2532 3588 2359 3022 5613 2053
JASF DNSF CLN NNSF RP3GSM CLN DNPF NNPF JNPF CAM NNSN

λευκόν, ὡς χιών, καὶ οἱ ὀφθαλμοὶ αὐτοῦ ὡς φλὸξ πυρός, 15 καὶ οἱ
blanca, como nieve, y los ojos de él como llama de fuego, y los
3022 5613 5510 2532 3588 3788 846 5613 5395 4442 2532 3588
JNSN CAM NNSF CLN DNPM NNPM RP3GSM CAM NNSF NGSN CLN DNPM

πόδες αὐτοῦ ὅμοιοι χαλκολιβάνῳ, ὡς ἐν καμίνῳ πεπυρωμένης,
pies de él semejantes a bronce refinado como en (un) horno habiendo sido encendido,
4228 846 3664 5474 5613 1722 2575 4448
NNPM RP3GSM JNPM NDSN CAM P NDSF VRPP-SGF

καὶ ἡ φωνὴ αὐτοῦ ὡς φωνὴ ὑδάτων πολλῶν, 16 καὶ ἔχων ἐν
y la voz de él como voz$_1$ aguas,$_3$ de muchas$_2$ y teniendo en$_1$
2532 3588 5456 846 5613 5456 5204 4183 2532 2192 1722
CLN DNSF NNSF RP3GSM CAM NNSF NGPN JGPN CLN VPAP-SNM P

τῇ δεξιᾷ χειρὶ αὐτοῦ ἀστέρας ἑπτά, καὶ ἐκ τοῦ στόματος αὐτοῦ
la$_2$ derecha$_4$ mano$_3$ de él$_5$ estrellas,$_7$ siete$_6$ y de la boca de él
3588 1188 5495 846 792 2033 2532 1537 3588 4750 846
DDSF JDSF NDSF RP3GSM NAPM XN,J CLN P DGSN NGSN RP3GSM

ῥομφαία δίστομος ὀξεῖα ἐκπορευομένη, καὶ ἡ ὄψις αὐτοῦ ὡς ὁ
una espada$_1$ de doble filo$_3$ aguda$_2$ saliendo, y la apariencia de él como el
4501 1366 3691 1607 2532 3588 3799 846 5613 3588
NNSF JNSF, JNSM JNSF VPUP-SNF CLN DNSF NNSF RP3GSM CAM DNSM

ἥλιος φαίνει ἐν τῇ δυνάμει αὐτοῦ. 17 Καὶ ὅτε εἶδον αὐτόν, ἔπεσα
sol brilla en el poder de él. Y cuando vi a él, caí
2246 5316 1722 3588 1411 846 2532 3753 1492 846 4098
NNSM VPAI3S P DDSF NDSF RP3GSM CLN CAT VAAI1S RP3ASM VAAI1S

πρὸς τοὺς πόδας αὐτοῦ ὡς νεκρός· καὶ ἔθηκεν τὴν δεξιὰν αὐτοῦ ἐπ᾽
a los pies de él como muerto; y puso la derecha de él sobre
4314 3588 4228 846 5613 3498 2532 5087 3588 1188 846 1909
P DAPM NAPM RP3GSM P, CAM JNSM CLN VAAI3S DASF JASF RP3GSM P

NVI

las siete iglesias: a Éfeso,
a Esmirna, a Pérgamo,
a Tiatira, a Sardis, a
Filadelfia y a Laodicea».
12 Me volví para ver de
quién era la voz que me
hablaba y, al volverme, vi
siete candelabros de oro.
13 En medio de los can-
delabros estaba alguien
«semejante al Hijo del
hombre», vestido con
una túnica que le llegaba
hasta los pies y ceñido
con una banda de oro a
la altura del pecho. 14 Su
cabellera lucía como
la lana blanca, como la
nieve; y sus ojos resplan-
decían como llama de
fuego. 15 Sus pies pare-
cían bronce al rojo vivo
en un horno, y su voz era
tan fuerte como el es-
truendo de una catarata.
16 En su mano derecha
tenía siete estrellas, y de
su boca salía una aguda
espada de dos filos. Su
rostro era como el sol
cuando brilla en todo su
esplendor.
17 Al verlo, caí a sus
pies como muerto; pero
él, poniendo su mano
derecha sobre mí, me

RVR

mí, diciéndome: No
temas; yo soy el primero
y el último;
18 y el que vivo, y estuve
muerto; mas he aquí
que estoy vivo por los si-
glos de los siglos, amén.
Y tengo las llaves de la
muerte y del Hades.
19 Escribe las cosas que
has visto, y las que son,
y las que han de ser
después de éstas.
20 El misterio de las siete
estrellas que has visto en
mi diestra, y de los siete
candeleros de oro: las
siete estrellas son los án-
geles de las siete iglesias,
y los siete candeleros
que has visto son las
siete iglesias.

Mensajes a las siete iglesias: El mensaje a Éfeso

2 Escribe al ángel de
la iglesia en Éfeso:
El que tiene las siete
estrellas en su diestra, el
que anda en medio de
los siete candeleros de
oro, dice esto:
2 Yo sé tus obras, y tu
arduo trabajo y pacien-
cia; y que no puedes
soportar a los malos, y
has probado a los que se
dicen ser apóstoles, y no
lo son, y los has hallado
mentirosos;
3 y has sufrido, y has
tenido paciencia, y has

ἐμὲ	λέγων·	Μὴ	φοβοῦ·	ἐγώ	εἰμι	ὁ	πρῶτος	καὶ	ὁ	ἔσχατος,
mí,	diciendo:	No	temas;	yo	soy	el	primero	y	el	último
1691	3004	3361	5399	1473	1510	3588	4413	2532	3588	2078
RP1AS	*VPAP-SNM*	*BN, TN*	*VPUM2S*	*RP1NS*	*VPAI1S*	*DNSM*	*JNSM*	*CLN*	*DNSM*	*JNSM*

18 καὶ	ὁ	ζῶν—	καὶ	ἐγενόμην	νεκρὸς	καὶ	ἰδοὺ	ζῶν	εἰμι	εἰς
y	el que	vive,	y	llegué a estar	muerto	y	mira	viviendo$_{2}$	estoy$_{1}$	para
2532	3588	2198	2532	1096	3498	2532	2400	2198	1510	1519
CLN	*DNSM*	*VPAP-SNM*	*CLN*	*VAMI1S*	*JNSM*	*CLN*	*I, VAAM2S*	*VPAP-SNM*	*VPAI1S*	*P*

τοὺς	αἰῶνας	τῶν	⌜αἰώνων—	καὶ	ἔχω	τὰς	κλεῖς	τοῦ	θανάτου	καὶ
los	siglos	de los	siglos,	y	tengo	las	llaves	de la	muerte	y
3588	165	3588	165	2532	2192	3588	2807	3588	2288	2532
DAPM	*NAPM*	*DGPM*	*NGPM*	*CLN*	*VPAI1S*	*DAPF*	*NAPF*	*DGSM*	*NGSM*	*CLN*

τοῦ	ᾅδου.	19 γράψον	οὖν	ἃ	εἶδες	καὶ	ἃ	εἰσὶν	καὶ	ἃ
del	Hades.	escribe$_{2}$	Así que$_{1}$	las cosas que	viste	y	las que	son (hay)	y	las que
3588	86	1125	3767	3739	1492	2532	3739	1526	2532	3739
DGSM	*NGSM*	*VAAM2S*	*CLI*	*RR-APN*	*VAAI2S*	*CLN*	*RR-APN*	*VPAI3P*	*CLN*	*RR-APN*

μέλλει	γίνεσθαι	μετὰ	ταῦτα.	20 τὸ	μυστήριον	τῶν	ἑπτὰ	ἀστέρων
está a punto de	suceder	después de	estas cosas.	El	misterio	de las	siete	estrellas
3195	1096	3326	5023	3588	3466	3588	2033	792
VPAI3S	*VAMN*	*P*	*RD-APN*	*DNSN*	*NNSN*	*DGPM*	*XN, J*	*NGPM*

οὓς	εἶδες	ἐπὶ	τῆς	δεξιᾶς	μου,	καὶ	τὰς	ἑπτὰ	λυχνίας	τὰς	χρυσᾶς·	οἱ
las que	viste	en	la	derecha	de mí,	y	los	siete	candelabros	los	de oro:	Las$_{1}$
3739	1492	1909	3588	1188	3450	2532	3588	2033	3087	3588	5552	3588
RR-APM	*VAAI2S*	*P*	*DGSF*	*JGSF*	*RP1GS*	*CLN*	*DAPF*	*XN, J*	*NAPF*	*DAPF*	*JAPF*	*DNPM*

ἑπτὰ	ἀστέρες	ἄγγελοι	τῶν	ἑπτὰ	ἐκκλησιῶν	εἰσίν,	καὶ	αἱ	λυχνίαι	αἱ
siete$_{2}$	estrellas$_{3}$	ángeles$_{5}$	de las$_{6}$	siete$_{7}$	iglesias,$_{8}$	son$_{4}$	y$_{9}$	--$_{12}$	candelabros$_{13}$	los$_{10}$
2033	792	32	3588	2033	1577	1526	2532	3588	3087	3588
XN, J	*NNPM*	*NNPM*	*DGPF*	*XN, J*	*NGPF*	*VPAI3P*	*CLN*	*DNPF*	*NNPF*	*DNPF*

ἑπτὰ	ἑπτὰ	ἐκκλησίαι	εἰσίν.
siete$_{11}$	siete$_{15}$	iglesias.$_{16}$	son$_{14}$
2033	2033	1577	1526
XN, J	*XN, J*	*NNPF*	*VPAI3P*

2 Τῷ	ἀγγέλῳ	τῆς	ἐν	Ἐφέσῳ	ἐκκλησίας	γράψον·	Τάδε	λέγει
al$_{2}$	ángel$_{3}$	de la$_{4}$	en$_{6}$	Éfeso:$_{7}$	iglesia$_{5}$	Escribe$_{1}$	esto$_{27}$	dice:$_{26}$
3588	32	3588	1722	2181	1577	1125	3592	3004
DDSM	*NDSM*	*DGSF*	*P*	*NDSF*	*NGSF*	*VAAM2S*	*RD-APN*	*VPAI3S*

ὁ	κρατῶν	τοὺς	ἑπτὰ	ἀστέρας	ἐν	τῇ	δεξιᾷ	αὐτοῦ,	ὁ
El que$_{8}$	sujeta$_{9}$	las$_{10}$	siete$_{11}$	estrellas$_{12}$	en$_{13}$	la$_{14}$	derecha$_{15}$	de él,$_{16}$	el que$_{17}$
3588	2902	3588	2033	792	1722	3588	1188	846	3588
DNSM	*VPAP-SNM*	*DAPM*	*XN, J*	*NAPM*	*P*	*DDSF*	*JDSF*	*RP3GSM*	*DNSM*

περιπατῶν	ἐν	μέσῳ	τῶν	ἑπτὰ	λυχνιῶν	τῶν	χρυσῶν·	2 Οἶδα	τὰ
anda$_{18}$	en$_{19}$	medio$_{20}$	de los$_{21}$	siete$_{22}$	candelabros$_{23}$	de--$_{24}$	oro$_{25}$	Sé	las
4043	1722	3319	3588	2033	3087	3588	5552	1492	3588
VPAP-SNM	*P*	*JDSN*	*DGPF*	*XN, J*	*NGPF*	*DGPF*	*JGPF*	*VRAI1S*	*DAPN*

ἔργα	σου,	καὶ	τὸν	κόπον	καὶ	τὴν	ὑπομονήν	σου,	καὶ	ὅτι	οὐ	δύνῃ
obras	de ti	y	el	trabajo duro	y	la	perseverancia	de ti,	y	que	no	puedes
2041	4675	2532	3588	2873	2532	3588	5281	4675	2532	3754	3756	1410
NAPN	*RP2GS*	*CLN*	*DASM*	*NASM*	*CLN*	*DASF*	*NASF*	*RP2GS*	*CLN*	*CSC*	*BN, TN*	*VPUI2S*

βαστάσαι	κακούς,	καὶ	ἐπείρασας	τοὺς	λέγοντας	ἑαυτοὺς	ἀποστόλους,
soportar	a (los) malos,	y	probaste	a los	llamados$_{1}$	a sí mismos,$_{3}$	apóstoles$_{2}$
941	2556	2532	3985	3588	3004	1438	652
VAAN	*JAPM*	*CLN*	*VAAI2S*	*DAPM*	*VPAP-PAM*	*RF3APM*	*NAPM*

καὶ	οὐκ	εἰσίν,	καὶ	εὗρες	αὐτοὺς	ψευδεῖς·	3 καὶ	ὑπομονὴν	ἔχεις,	καὶ
y	no	son,	y	hallaste	a ellos	mentirosos;	y$_{1}$	perseverancia,$_{3}$	tienes$_{2}$	y
2532	3756	1526	2532	2147	846	5571	2532	5281	2192	2532
CLN	*BN, TN*	*VPAI3P*	*CLN*	*VAAI2S*	*RP3APM*	*JAPM*	*CLN*	*NASF*	*VPAI2S*	*CLN*

NVI

dijo: «No tengas mie-
do. Yo soy el Primero y el
Último, 18 y el que vive.
Estuve muerto, pero
ahora vivo por los siglos
de los siglos, y tengo las
llaves de la muerte y del
infierno.
19 »Escribe, pues,
lo que has visto, lo que
sucede ahora y lo que
sucederá después. 20 Esta
es la explicación del mis-
terio de las siete estrellas
que viste en mi mano
derecha, y de los siete
candelabros de oro: las
siete estrellas son los án-
geles de las siete iglesias,
y los siete candelabros
son las siete iglesias.

A la iglesia de Éfeso

2 »Escribe al ángel
de la iglesia de
Éfeso:

Esto dice el que
tiene las siete estrellas
en su mano derecha y
se pasea en medio de
los siete candelabros
de oro: 2 Conozco tus
obras, tu duro trabajo
y tu perseverancia. Sé
que no puedes sopor-
tar a los malvados, y
que has puesto a prue-
ba a los que dicen ser
apóstoles, pero no lo
son; y has descubierto
que son falsos. 3 Has
perseverado y sufrido

1:18⌜ Manuscritos inferiores aumentaron *amén*.

RVR

trabajado arduamente
por amor de mi nom-
bre, y no has desma-
yado.
4 Pero tengo contra
ti, que has dejado tu
primer amor.
5 Recuerda, por tanto,
de dónde has caído, y
arrepiéntete, y haz las
primeras obras; pues si
no, vengo en seguida a
ti, y quitaré tu candelero
de su lugar, si no te
arrepientes.
6 Pero tienes esto, que
aborreces las obras de
los nicolaítas, las cuales
yo también aborrezco.
7 El que tiene oído, oiga
lo que el Espíritu dice
a las iglesias. Al que
venza, le daré a comer
del árbol de la vida, el
cual está en medio del
paraíso de Dios.

El mensaje a Esmirna

8 Y escribe al ángel de la
iglesia en Esmirna: El
primero y el postrero,
el que estuvo muerto
y volvió a la vida, dice
esto:
9 Yo sé tus obras, y tu
tribulación, y tu pobre-
za (pero eres rico), y la
blasfemia de los que se
dicen ser judíos, y no lo
son, sino sinagoga de
Satanás.
10 No temas en nada lo
que vas a padecer. Mira,
el diablo va a echar a

ἐβάστασας	διὰ	τὸ	ὄνομά	μου,	καὶ	οὐ	κεκοπίακες.	4 ἀλλὰ	ἔχω
soportaste	a causa de	el	nombre	de mí,	y	no	te has fatigado.	Pero	tengo
941	1223	3588	3686	3450	2532	3756	2872	235	2192
VAAI2S	*P*	*DASN*	*NASN*	*RP1GS*	*CLN*	*BN, TN*	*VRAI2S, VRAP-PNM*	*CLC*	*VPAI1S*

κατὰ	σοῦ	ὅτι	τὴν	ἀγάπην	σου	τὴν	πρώτην	ἀφῆκες.	5 μνημόνευε	οὖν
contra	ti	que$_1$	el$_3$	amor$_4$	de ti,$_5$	el$_6$	primero.$_7$	has dejado$_2$	recuerda$_2$	Así que$_1$
2596	4675	3754	3588	26	4675	3588	4413	863	3421	3767
P	*RP2GS*	*CSC*	*DASF*	*NASF*	*RP2GS*	*DASF*	*JASF*	*VAAI2S*	*VPAM2S*	*CLI*

πόθεν	πέπτωκας,	καὶ	μετανόησον	καὶ	τὰ	πρῶτα	ἔργα	ποίησον·	εἰ
de dónde$_3$	has caído	y	arrepiéntete,	y$_1$	las$_3$	primeras$_4$	obras;$_5$	haz$_2$	si$_7$
4159	4098	2532	3340	2532	3588	4413	2041	4160	1487
BI	*VRAI2S*	*CLN*	*VAAM2S*	*CLN*	*DAPN*	*JAPN*	*NAPN*	*VAAM2S*	*CAC*

δὲ	μή,	ἔρχομαί	⸀σοι,	καὶ	κινήσω	τὴν	λυχνίαν	σου	ἐκ	τοῦ	τόπου
mas$_6$	no,$_8$	vengo	a ti	y	moveré	el	candelabro	de ti	de	el	lugar
1161	3361	2064	4671	2532	2795	3588	3087	4675	1537	3588	5117
CLC	*BN, TN*	*VPUI1S*	*RP2DS*	*CLN*	*VFAI1S*	*DASF*	*NASF*	*RP2GS*	*P*	*DGSM*	*NGSM*

αὐτῆς,	ἐὰν	μὴ	μετανοήσῃς.	6 ἀλλὰ	τοῦτο	ἔχεις	ὅτι	μισεῖς	τὰ	ἔργα
de él,	si	no	te arrepientes.	Pero$_1$	esto:$_3$	tienes$_2$	que	odias	las	obras
846	1437	3361	3340	235	5124	2192	3754	3404	3588	2041
RP3GSF	*CAC*	*BN, TN*	*VAAS2S*	*CLC*	*RD-ASN*	*VPAI2S*	*CSC*	*VPAI2S*	*DAPN*	*NAPN*

τῶν	Νικολαϊτῶν,	ἃ	κἀγὼ	μισῶ.	7 ὁ	ἔχων	οὖς	ἀκουσάτω
de los	nicolaítas,	las que	también yo	odio.	El que	tiene	oído,	oiga
3588	3531	3739	2504	3404	3588	2192	3775	191
DGPM	*NGPM*	*RR-APN*	*RP1NS, TE*	*VPAI1S*	*DNSM*	*VPAP-SNM*	*NASN*	*VAAM3S*

τί	τὸ	πνεῦμα	λέγει	ταῖς	ἐκκλησίαις.	τῷ	νικῶντι	δώσω	αὐτῷ
qué$_1$	el$_3$	Espíritu$_4$	dice$_2$	a las	iglesias.	al que$_3$	venza$_4$	Daré$_1$	a él$_2$
5101	3588	4151	3004	3588	1577	3588	3528	1325	846
RI-ASN	*DNSN*	*NNSN*	*VPAI3S*	*DDPF*	*NDPF*	*DDSM*	*VPAP-SDM*	*VFAI1S*	*RP3DSM*

φαγεῖν	ἐκ	τοῦ	ξύλου	τῆς	ζωῆς,	ὅ	ἐστιν	ἐν	τῷ	παραδείσῳ	τοῦ
para comer	de	el	árbol	de la	vida,	el que	está	en	el	paraíso	de --
5315	1537	3588	3586	3588	2222	3739	2076	1722	3588	3857	3588
VAAN	*P*	*DGSN*	*NGSN*	*DGSF*	*NGSF*	*RR-NSN*	*VPAI3S*	*P*	*DDSM*	*NDSM*	*DGSM*

θεοῦ.	8 Καὶ	τῷ	ἀγγέλῳ	τῆς	ἐν	Σμύρνῃ	ἐκκλησίας	γράψον·	Τάδε
Dios.	Y$_1$	al$_3$	ángel$_4$	de la$_5$	en$_7$	Esmirna:$_8$	iglesia$_6$	escribe$_2$	esto:$_{20}$
2316	2532	3588	32	3588	1722	4667	1577	1125	3592
NGSM	*CLN*	*DDSM*	*NDSM*	*DGSF*	*P*	*NDSF*	*NGSF*	*VAAM2S*	*RD-APN*

λέγει	ὁ	πρῶτος	καὶ	ὁ	ἔσχατος,	ὃς	ἐγένετο	νεκρὸς	καὶ	ἔζησεν·
dice$_{19}$	El$_9$	primero$_{10}$	y$_{11}$	el$_{12}$	último,$_{13}$	el que$_{14}$	llegó a estar$_{15}$	muerto$_{16}$	y$_{17}$	vivió$_{18}$
3004	3588	4413	2532	3588	2078	3739	1096	3498	2532	2198
VPAI3S	*DNSM*	*JNSM*	*CLN*	*DNSM*	*JNSM*	*RR-NSM*	*VAMI3S*	*JNSM*	*CLN*	*VAAI3S*

9 Οἶδά	⸀σου	τὴν	θλῖψιν	καὶ	τὴν	πτωχείαν,	ἀλλὰ	πλούσιος	εἶ,	καὶ
Sé	de ti	la	tribulación	y	la	pobreza,	pero$_1$	rico$_3$	eres$_2$	y
1492	4675	3588	2347	2532	3588	4432	235	4145	1488	2532
VRAI1S	*RP2GS*	*DASF*	*NASF*	*CLN*	*DASF*	*NASF*	*CLC*	*JNSM*	*VPAI2S*	*CLN*

τὴν	βλασφημίαν	ἐκ	τῶν	λεγόντων	Ἰουδαίους	εἶναι	ἑαυτούς,	καὶ
la	calumnia	de	los que$_1$	dicen$_2$	judíos,$_5$	ser$_4$	a sí mismos$_3$	y
3588	988	1537	3588	3004	2453	1511	1438	2532
DASF	*NASF*	*P*	*DGPM*	*VPAP-PGM*	*JAPM*	*VPAN*	*RF3APM*	*CLN*

οὐκ	εἰσίν,	ἀλλὰ	συναγωγὴ	τοῦ	Σατανᾶ.	10 μηδὲν	φοβοῦ	ἃ
no	son,	sino	sinagoga	de --	Satanás.	Nada	temas	las cosas que
3756	1526	235	4864	3588	4567	3367	5399	3739
BN, TN	*VPAI3P*	*CLC*	*NNSF*	*DGSM*	*NGSM*	*JASN*	*VPUM2S*	*RR-APN*

μέλλεις	πάσχειν.	ἰδοὺ	μέλλει	βάλλειν	ὁ	διάβολος	ἐξ
estás a punto de	padecer.	Mira,	está a punto de$_3$	echar$_4$	el$_1$	diablo$_2$	de
3195	3958	2400	3195	906	3588	1228	1537
VPAI2S	*VPAN*	*I, VAAM2S*	*VPAI3S*	*VPAN*	*DNSM*	*JNSM*	*P*

NVI

por mi nombre, sin
desanimarte.
4 Sin embargo,
tengo en tu contra
que has abando-
nado tu primer
amor. 5 ¡Recuerda
de dónde has caído!
Arrepiéntete y vuelve
a practicar las obras
que hacías al princi-
pio. Si no te arrepien-
tes, iré y quitaré de su
lugar tu candelabro.
6 Pero tienes a tu favor
que aborreces las prác-
ticas de los nicolaítas,
las cuales yo también
aborrezco.
7 El que tenga
oídos, que oiga lo que
el Espíritu dice a las
iglesias. Al que salga
vencedor le daré dere-
cho a comer del árbol
de la vida, que está en
el paraíso de Dios.

A la iglesia de Esmirna

8 »Escribe al ángel de
la iglesia de Esmirna:

Esto dice el
Primero y el Último,
el que murió y volvió
a vivir: 9 Conozco tus
sufrimientos y tu po-
breza. ¡Sin embargo,
eres rico! Sé cómo te
calumnian los que
dicen ser judíos, pero
que, en realidad, no
son más que una
sinagoga de Satanás.
10 No tengas miedo de
lo que estás por sufrir.
Te advierto que a

2:5⸀ Manuscritos inferiores aumentaron *pronto.* **2:9⸀** Manuscritos inferiores aumentaron *las obras de ti.* **2:10*** O sea *a algunos.*

RVR

algunos de vosotros en
la cárcel, para que seáis
probados, y tendréis
tribulación durante
diez días. Sé fiel hasta la
muerte, y yo te daré la
corona de la vida.
11 El que tiene oído, oiga
lo que el Espíritu dice a
las iglesias. El que venza,
no sufrirá ningún daño
por parte de la muerte
segunda.

El mensaje a Pérgamo

12 Y escribe al ángel de
la iglesia en Pérgamo:
El que tiene la espada
aguda de dos filos dice
esto:
13 Yo sé tus obras, y dón-
de habitas, donde está el
trono de Satanás; pero
retienes mi nombre, y
no has negado mi fe,
ni aun en los días en
que Antipas mi testigo
fiel fue muerto entre
vosotros, donde mora
Satanás.
14 Pero tengo unas
pocas cosas contra ti:
que tienes ahí a los que
retienen la doctrina de
Balaam, que enseñaba a
Balac a poner tropiezo
ante los hijos de Israel,
a comer de cosas sacri-
ficadas a los ídolos, y a
cometer fornicación.
15 Y asimismo tienes a

ὑμῶν	εἰς	φυλακὴν	ἵνα	πειρασθῆτε,	καὶ	ἕξετε	θλῖψιν	ἡμερῶν
de vosotros	a	cárcel	para que	seáis probados	y	tendréis	tribulación	días.$_2$
5216	1519	5438	2443	3985	2532	2192	2347	2250
RP2GP	P	NASF	CAP	VAPS2P	CLN	VFAI2P	NASF	NGPF

δέκα.	γίνου	πιστὸς	ἄχρι	θανάτου,	καὶ	δώσω	σοι	τὸν	στέφανον
de diez$_1$	Sigue siendo	fiel	hasta	muerte,	y	daré	a ti	la	corona
1176	1096	4103	891	2288	2532	1325	4671	3588	4735
XN, J	VPUM2S	JNSM	P	NGSM	CLN	VFAI1S	RP2DS	DASM	NASM

τῆς	ζωῆς.	11 ὁ	ἔχων	οὖς	ἀκουσάτω	τί	τὸ	πνεῦμα	λέγει	ταῖς
de la	vida.	El que	tiene	oído,	oiga	qué$_1$	el$_3$	Espíritu$_4$	dice$_2$	a las
3588	2222	3588	2192	3775	191	5101	3588	4151	3004	3588
DGSF	NGSF	DNSM	VPAP-SNM	NASN	VAAM3S	RI-ASN	DNSN	NNSN	VPAI3S	DDPF

ἐκκλησίαις.	ὁ	νικῶν	οὐ	μὴ*	ἀδικηθῇ	ἐκ	τοῦ	θανάτου
iglesias.	El que	venza,	no	no	sufrirá injusticia	de	la	muerte
1577	3588	3528	3756	3361	91	1537	3588	2288
NDPF	DNSM	VPAP-SNM	BN, TN	BN, TN	VAPS3S	P	DGSM	NGSM

τοῦ	δευτέρου.	12 Καὶ	τῷ	ἀγγέλῳ	τῆς	ἐν	Περγάμῳ	ἐκκλησίας
--	segunda.	Y$_1$	al$_3$	ángel$_4$	de la$_5$	en$_7$	Pérgamo:$_8$	iglesia$_6$
3588	1208	2532	3588	32	3588	1722	4010	1577
DGSM	JGSM	CLN	DDSM	NDSM	DGSF	P	NDSF	NGSF

γράψον·	Τάδε	λέγει	ὁ	ἔχων	τὴν	ῥομφαίαν	τὴν	δίστομον	τὴν
escribe$_2$	esto:$_{18}$	dice$_{17}$	El que tiene$_9$	$_{10}$	la$_{11}$	espada,$_{12}$	la$_{13}$	de doble filo$_{14}$	--$_{15}$
1125	3592	3004	3588	2192	3588	4501	3588	1366	3588
VAAM2S	RD-APN	VPAI3S	DNSM	VPAP-SNM	DASF	NASF	DASF	JASF	DASF

ὀξεῖαν·	13 [Γ]Οἶδα	ποῦ	κατοικεῖς,	ὅπου	ὁ	θρόνος	τοῦ	Σατανᾶ,
aguda$_{16}$	Sé	dónde	moras;	donde (está)	el	trono	de --	Satanás;
3691	1492	4226	2730	3699	3588	2362	3588	4567
JASF	VRAI1S	BP	VPAI2S	CAL, B	DNSM	NNSM	DGSM	NGSM

καὶ	κρατεῖς	τὸ	ὄνομά	μου,	καὶ	οὐκ	ἠρνήσω	τὴν	πίστιν	μου	καὶ
y	retienes	el	nombre	de mí,	y	no	negaste	la	fe	de mí	y
2532	2902	3588	3686	3450	2532	3756	720	3588	4102	3450	2532
CLN	VPAI2S	DASN	NASN	RP1GS	CLN	BN, TN	VAMI2S	DASF	NASF	RP1GS	CLA, B

ἐν	ταῖς	ἡμέραις	Ἀντιπᾶς,	ὁ	μάρτυς*	μου,	ὁ	πιστός	μου,	ὅς
en	los	días	de Antipas,	--	testigo	de mí,	el	fiel	de mí,	el que
1722	3588	2250	493	3588	3144	3450	3588	4103	3450	3739
P	DDPF	NDPF	NNSM	DNSM	NNSM	RP1GS	DNSM	JNSM	RP1GS	RR-NSM

ἀπεκτάνθη	παρ᾽	ὑμῖν,	ὅπου	ὁ	Σατανᾶς	κατοικεῖ.	14 ἀλλὰ	ἔχω	κατὰ
fue matado	entre	vosotros,	donde	--	Satanás	mora.	Pero	tengo	contra
615	3844	5213	3699	3588	4567	2730	235	2192	2596
VAPI3S	P	RP2DP	CAL, B	DNSM	NNSM	VPAI3S	CLC	VPAI1S	P

σοῦ	ὀλίγα,	ὅτι	ἔχεις	ἐκεῖ	κρατοῦντας	τὴν	διδαχὴν	Βαλαάμ,	ὅς
ti	unas pocas cosas,	que	tienes	allí	a los que retienen	la	enseñanza	de Balaam,	el que
4675	3641	3754	2192	1563	2902	3588	1322	903	3739
RP2GS	JAPN	CSC	VPAI2S	BP	VPAP-PAM	DASF	NASF	NGSM, XP	RR-NSM

ἐδίδασκεν	τῷ	Βαλὰκ	βαλεῖν	σκάνδαλον	ἐνώπιον	τῶν	υἱῶν	Ἰσραήλ,
enseñaba	a --	Balac	a poner	tropiezo	delante de	los	hijos de	Israel,
1321	3588	904	906	4625	1799	3588	5207	2474
VIAI3S	DDSM	NDSM, XP	VAAN	NASN	P, B	DGPM	NGPM	NGSM, XP

φαγεῖν	εἰδωλόθυτα	καὶ	πορνεῦσαι·	15 οὕτως	ἔχεις	καὶ	σὺ
a comer	sacrificios a los ídolos	y	cometer inmoralidad sexual.	Así$_1$	tienes$_4$	también$_2$	tú$_3$
5315	1494	2532	4203	3779	2192	2532	4771
VAAN	JAPN	CLN	VAAN	B	VPAI2S	BE, TE	RP2NS

NVI

algunos de ustedes el
diablo los meterá en
la cárcel para ponerlos
a prueba, y sufrirán
persecución durante
diez días. Sé fiel hasta
la muerte, y yo te daré
la corona de la vida.
11 El que tenga
oídos, que oiga lo que
el Espíritu dice a las
iglesias. El que salga
vencedor no sufrirá
daño alguno de la
segunda muerte.

A la iglesia de Pérgamo

12 »Escribe al ángel de
la iglesia de Pérgamo:

Esto dice el que
tiene la aguda espada
de dos filos: 13 Sé dón-
de vives: allí donde
Satanás tiene su trono.
Sin embargo, sigues
fiel a mi nombre. No
renegaste de tu fe en
mí, ni siquiera en los
días en que Antipas,
mi testigo fiel, sufrió la
muerte en esa ciudad
donde vive Satanás.
14 No obstante,
tengo unas cuantas
cosas en tu contra:
que toleras ahí a los
que se aferran a la
doctrina de Balám, el
que enseñó a Balac a
poner tropiezos a los
israelitas, incitándo-
los a comer alimentos
sacrificados a los
ídolos y a cometer in-
moralidades sexuales.
15 Toleras así mismo

2:11* O sea *de ninguna manera.* **2:13Γ** Manuscritos inferiores aumentaron *las obras de ti y.* **2:13*** O sea *mártir.*

RVR

los que retienen la doctrina de los nicolaítas, la que yo aborrezco.
16 Por tanto, arrepiéntete; pues si no, vengo a ti en seguida, y pelearé contra ellos con la espada de mi boca.
17 El que tiene oído, oiga lo que el Espíritu dice a las iglesias. Al que venza, le daré a comer del maná escondido, y le daré una piedrecita blanca, e inscrito en la piedrecita un nombre nuevo, el cual ninguno conoce sino el que lo recibe.

El mensaje a Tiatira

18 Y escribe al ángel de la iglesia en Tiatira: El Hijo de Dios, el que tiene los ojos como llama de fuego, y sus pies son semejantes al bronce bruñido, dice esto:
19 Yo sé tus obras, y tu amor, fe, servicio y paciencia, y que tus obras recientes son más numerosas que las primeras.
20 Pero tengo unas pocas cosas contra ti: que toleras que esa mujer Jezabel, que se dice profetisa, enseñe y seduzca a mis siervos a fornicar y

---

κρατοῦντας τὴν διδαχὴν Νικολαϊτῶν ὁμοίως. 16 μετανόησον οὖν·
a los que retienen$_6$ la$_7$ enseñanza$_8$ de los nicolaítas.$_9$ igualmente$_5$ arrepiéntete,$_2$ Así que$_1$
2902 3588 1322 3531 3668 3340 3767
VPAP-PAM DASF NASF NGPM B VAAM2S CLI

εἰ δὲ μή, ἔρχομαί σοι ταχύ, καὶ πολεμήσω μετ' αὐτῶν ἐν τῇ
si$_4$ y$_3$ no,$_5$ vengo a ti pronto y pelearé con ellos con la
1487 1161 3361 2064 4671 5035 2532 4170 3326 846 1722 3588
CAC CLC BN, TN VPUI1S RP2DS B, J CLN VFAI1S P RP3GPM P DDSF

ῥομφαίᾳ τοῦ στόματός μου. 17 ὁ ἔχων οὖς ἀκουσάτω τί τὸ
espada de la boca de mí. El que tiene oído, oiga qué el
4501 3588 4750 3450 3588 2192 3775 191 5101 3588
NDSF DGSN NGSN RP1GS DNSM VPAP-SNM NASN VAAM3S RI-ASN DNSN

πνεῦμα λέγει ταῖς ἐκκλησίαις. τῷ νικῶντι δώσω ⌜αὐτῷ τοῦ
Espíritu dice a las iglesias. Al que venza daré a él del
4151 3004 3588 1577 3588 3528 1325 846 3588
NNSN VPAI3S DDPF NDPF DDSM VPAP-SDM VFAI1S RP3DSM DGSN, DGSM

μάννα τοῦ κεκρυμμένου, καὶ δώσω αὐτῷ ψῆφον λευκήν,
maná el que ha sido escondido, y daré a él una piedrecita blanca,
3131 3588 2928 2532 1325 846 5586 3022
NGSN, XF DGSN, DGSM VRPP-SGN, VRPP-SGM CLN VFAI1S RP3DSM NASF JASF

καὶ ἐπὶ τὴν ψῆφον ὄνομα καινὸν γεγραμμένον ὃ οὐδεὶς οἶδεν
y sobre la piedrecita nombre,$_2$ un nuevo$_3$ escrito$_1$ el que nadie sabe
2532 1909 3588 5586 3686 2537 1125 3739 3762 1492
CLN P DASF NASF NASN, NNSN JASN, JNSN VRPP-SAN, VRPP-SNN RR-ASN JNSM VRAI3S

εἰ μὴ ὁ λαμβάνων. 18 Καὶ τῷ ἀγγέλῳ τῆς ἐν Θυατείροις
si no el que (lo) recibe. Y$_1$ al$_3$ ángel$_4$ de la$_5$ en$_7$ Tiatira:$_8$
1487 3361 3588 2983 2532 3588 32 3588 1722 2363
CAC BN, TN DNSM VPAP-SNM CLN DDSM NDSM DGSF P NDPN

ἐκκλησίας γράψον· Τάδε λέγει ὁ υἱὸς τοῦ θεοῦ, ὁ ἔχων τοὺς
iglesia$_6$ escribe$_2$ esto:$_{28}$ dice$_{27}$ El$_9$ Hijo$_{10}$ de --$_{11}$ Dios,$_{12}$ el que$_{13}$ tiene$_{14}$ los$_{15}$
1577 1125 3592 3004 3588 5207 3588 2316 3588 2192 3588
NGSF VAAM2S RD-APN VPAI3S DNSM NNSM DGSM NGSM DNSM VPAP-SNM DAPM

ὀφθαλμοὺς αὐτοῦ ὡς φλόγα πυρός, καὶ οἱ πόδες αὐτοῦ ὅμοιοι
ojos$_{16}$ de él$_{17}$ como$_{18}$ llama$_{19}$ de fuego,$_{20}$ y$_{21}$ los$_{22}$ pies$_{23}$ de él$_{24}$ semejantes a$_{25}$
3788 846 5613 5395 4442 2532 3588 4228 846 3664
NAPM RP3GSM P, CAM NASF, NNSF NGSN CLN DNPM NNPM RP3GSM JNPM

χαλκολιβάνῳ· 19 Οἶδά σου τὰ ἔργα, καὶ τὴν ἀγάπην καὶ τὴν πίστιν
bronce refinado.$_{26}$ Sé$_1$ de ti$_4$ las$_2$ obras$_3$ y el amor y la fe
5474 1492 4675 3588 2041 2532 3588 26 2532 3588 4102
NDSN VRAI1S RP2GS DAPN NAPN CLN DASF NASF CLN DASF NASF

καὶ τὴν διακονίαν καὶ τὴν ὑπομονήν σου, καὶ τὰ ἔργα σου τὰ
y el servicio y la perseverancia de ti, y las obras de ti las
2532 3588 1248 2532 3588 5281 4675 2532 3588 2041 4675 3588
CLN DASF NASF CLN DASF NASF RP2GS CLN DAPN NAPN RP2GS DAPN

ἔσχατα πλείονα τῶν πρώτων. 20 ἀλλὰ ἔχω κατὰ σοῦ ὅτι ἀφεῖς
últimas más numerosas que las primeras. Pero tengo contra ti que permites
2078 4119 3588 4413 235 2192 2596 4675 3754 863
JAPN JAPNC DGPN JGPN CLC VPAI1S P RP2GS CSC VPAI2S

τὴν γυναῖκα Ἰεζάβελ, ἡ λέγουσα ἑαυτὴν προφῆτιν, καὶ διδάσκει
a la mujer Jezabel, la que se llama a sí misma profetisa, y enseña
3588 1135 2403 3588 3004 1438 4398 2532 1321
DASF NASF NASF, XP DNSF VPAP-SNF RF3ASF NASF CLN VPAI3S

καὶ πλανᾷ τοὺς ἐμοὺς δούλους πορνεῦσαι καὶ φαγεῖν
y engaña a los$_1$ míos$_3$ siervos$_2$ a cometer inmoralidad sexual y comer
2532 4105 3588 1700 1401 4203 2532 2068
CLN VPAI3S DAPM JAPM, RS1APM NAPM VAAN CLN VAAN

NVI

a los que sostienen la doctrina de los nicolaítas. 16 Por lo tanto, ¡arrepiéntete! De otra manera, iré pronto a ti para pelear contra ellos con la espada que sale de mi boca.
17 El que tenga oídos, que oiga lo que el Espíritu dice a las iglesias. Al que salga vencedor le daré del maná escondido, y le daré también una piedrecita blanca en la que está escrito un nombre nuevo que solo conoce el que lo recibe.

A la iglesia de Tiatira

18 »Escribe al ángel de la iglesia de Tiatira:

Esto dice el Hijo de Dios, el que tiene ojos que resplandecen como llamas de fuego y pies que parecen bronce al rojo vivo:
19 Conozco tus obras, tu amor y tu fe, tu servicio y tu perseverancia, y sé que tus últimas obras son más abundantes que las primeras.
20 Sin embargo, tengo en tu contra que toleras a Jezabel, esa mujer que dice ser profetisa. Con su enseñanza engaña a mis siervos, pues los induce a cometer inmoralidades sexuales y a comer

---

2:17⌜ Manuscritos inferiores aumentaron *para comer*.

RVR

a comer cosas sacrifica-
das a los ídolos.
21 Y le di tiempo para
que se arrepintiese, pero
no quiere arrepentirse
de su fornicación.
22 He aquí, la arrojo
en cama, y en gran tri-
bulación a los que con
ella adulteran, si no se
arrepienten de las obras
de ella.
23 Y mataré con peste
a sus hijos, y todas las
iglesias sabrán que yo
soy el que escudriña la
conciencia y el corazón;
y os daré a cada uno
según vuestras obras.
24 Pero os digo a
vosotros y a los demás
que están en Tiatira,
a cuantos no tienen
esa doctrina, y no han
conocido las profundi-
dades de Satanás (como
ellos dicen): No os
impongo otra carga;
25 no obstante, lo que
tenéis, retenedlo hasta
que yo venga.
26 Y al que vence y al que
guarda mis obras hasta
el fin, le daré autoridad
sobre las naciones,
27 y las quebrantará con
vara de hierro, como
son desmenuzados los
vasos del alfarero, así
como yo también he
recibido autoridad de
manos de mi Padre;

εἰδωλόθυτα.	21 καὶ	ἔδωκα	αὐτῇ	χρόνον	ἵνα	μετανοήσῃ,	καὶ	οὐ
sacrificios a los ídolos;	y	di	a ella	tiempo	para	arrepentirse,	y	no
1494	2532	1325	846	5550	2443	3340	2532	3756
JAPN	*CLN*	*VAAI1S*	*RP3DSF*	*NASM*	*CSC*	*VAAS3S*	*CLC*	*BN, TN*

θέλει	μετανοῆσαι	ἐκ	τῆς	πορνείας	αὐτῆς.	22 ἰδοὺ	βάλλω	αὐτὴν
quiere	arrepentirse	de	la	inmoralidad sexual	de ella.	Mira,	arrojo	a ella
2309	3340	1537	3588	4202	846	2400	906	846
VPAI3S	*VAAN*	*P*	*DGSF*	*NGSF*	*RP3GSF*	*I,VAAM2S*	*VPAI1S*	*RP3ASF*

εἰς	κλίνην,	καὶ	τοὺς	μοιχεύοντας	μετ’	αὐτῆς	εἰς	θλῖψιν	μεγάλην,
en	cama,	y	a los que	cometen adulterio	con	ella	en	tribulación,$_{2}$	grande.$_{1}$
1519	2825	2532	3588	3431	3326	846	1519	2347	3173
P	*NASF*	*CLN*	*DAPM*	*VPAP-PAM*	*P*	*RP3GSF*	*P*	*NASF*	*JASF*

ἐὰν	μὴ	μετανοήσωσιν	ἐκ	τῶν	ἔργων	αὐτῆς·	23 καὶ	τὰ	τέκνα
si	no	se arrepientan	de	las	obras	de ella;	también	a los	hijos
1437	3361	3340	1537	3588	2041	846	2532	3588	5043
CAC	*BN, TN*	*VAAS3P*	*P*	*DGPN*	*NGPN*	*RP3GSF*	*CLN*	*DAPN*	*NAPN*

αὐτῆς	ἀποκτενῶ	ἐν	θανάτῳ.*	καὶ	γνώσονται	πᾶσαι	αἱ	ἐκκλησίαι
de ella	mataré	con	muerte;	y	conocerán$_{4}$	todas$_{1}$	las$_{2}$	iglesias$_{3}$
846	615	1722	2288	2532	1097	3956	3588	1577
RP3GSF	*VFAI1S*	*P*	*NDSM*	*CLN*	*VFMI3P*	*JNPF*	*DNPF*	*NNPF*

ὅτι	ἐγώ	εἰμι	ὁ	ἐραυνῶν	νεφροὺς	καὶ	καρδίας,*1	καὶ	δώσω	ὑμῖν
que	yo	soy	el que	escudriña	riñones	y	corazones,	y	daré	a vosotros
3754	1473	1510	3588	2045	3510	2532	2588	2532	1325	5213
CSC	*RP1NS*	*VPAI1S*	*DNSM*	*VPAP-SNM*	*NAPM*	*CLN*	*NAPF*	*CLN*	*VFAI1S*	*RP2DP*

ἑκάστῳ	κατὰ	τὰ	ἔργα	ὑμῶν.	24 ὑμῖν	δὲ	λέγω	τοῖς	λοιποῖς
para cada uno	conforme a	a las	obras	de vosotros.	a vosotros,$_{3}$	Mas$_{1}$	digo$_{2}$	a los	demás
1538	2596	3588	2041	5216	5213	1161	3004	3588	3062
JDSM	*P*	*DAPN*	*NAPN*	*RP2GP*	*RP2DP*	*CLC*	*VPAI1S*	*DDPM*	*JDPM*

τοῖς	ἐν	Θυατείροις,	ὅσοι	οὐκ	ἔχουσιν	τὴν	διδαχὴν	ταύτην,
a los (que están)	en	Tiatira,	cuantos	no	tienen$_{1}$	--$_{3}$	enseñanza,$_{4}$	esta$_{2}$
3588	1722	2363	3754	3756	2192	3588	1322	3778
DDPM	*P*	*NDPN*	*RK-NPM*	*BN, TN*	*VPAI3P*	*DASF*	*NASF*	*RD-ASF*

οἵτινες	οὐκ	ἔγνωσαν	τὰ	βαθέα	τοῦ	Σατανᾶ,	ὡς	λέγουσιν,	οὐ
los cuales	no	conocieron	las	profundidades	de --	Satanás,	como	dicen:	No
3748	3756	1097	3588	901	3588	4567	5613	3004	3756
RR-NPM	*BN, TN*	*VAAI3P*	*DAPN*	*JAPN*	*DGSM*	*NGSM*	*CAM*	*VPAI3P*	*BN, TN*

βάλλω	ἐφ’	ὑμᾶς	ἄλλο	βάρος·	25 πλὴν	ὃ	ἔχετε	κρατήσατε	ἄχρι
echo	sobre	vosotros	otra	carga;	no obstante,	lo que	tenéis	retened	hasta
906	1909	5209	243	922	4133	3739	2192	2902	891
VPAI1S	*P*	*RP2AP*	*JASN*	*NASN*	*CLC*	*RR-ASN*	*VPAI2P*	*VAAM2P*	*P*

οὗ	ἂν	ἥξω.	26 καὶ	ὁ	νικῶν	καὶ	ὁ	τηρῶν	ἄχρι	τέλους	τὰ
que	--	(yo) venga.	y	el que	venza	y	el que	guarde	hasta	fin	las
3739	302	2240	2532	3588	3528	2532	3588	5083	891	5056	3588
RR-GSN	*TC*	*VAAS1S*	*CLN*	*DNSM*	*VPAP-SNM*	*CLN*	*DNSM*	*VPAP-SNM*	*P*	*NGSN*	*DAPN*

ἔργα	μου,	δώσω	αὐτῷ	ἐξουσίαν	ἐπὶ	τῶν	ἐθνῶν,	27 καὶ	ποιμανεῖ	αὐτοὺς
obras	de mí,	daré	a él	autoridad	sobre	las	naciones,	y	pastoreará	a ellos
2041	3450	1325	846	1849	1909	3588	1484	2532	4165	846
NAPN	*RP1GS*	*VFAI1S*	*RP3DSM*	*NASF*	*P*	*DGPN*	*NGPN*	*CLN*	*VFAI3S*	*RP3APM*

ἐν	ῥάβδῳ	σιδηρᾷ	ὡς	τὰ	σκεύη	τὰ	κεραμικὰ	συντρίβεται,
con	vara	de hierro,	como$_{1}$	las$_{3}$	vasijas$_{4}$	--$_{5}$	hechas de barro,$_{6}$	quiebra$_{2}$
1722	4464	4603	5613	3588	4632	3588	2764	4937
P	*NDSF*	*JDSF*	*CAM*	*DNPN*	*NNPN*	*DNPN*	*JNPN*	*VPPI3S*

NVI

alimentos sacrificados
a los ídolos. 21 Le he
dado tiempo para que
se arrepienta de su
inmoralidad, pero no
quiere hacerlo. 22 Por
eso la voy a postrar
en un lecho de dolor,
y a los que cometen
adulterio con ella los
haré sufrir terrible-
mente, a menos que
se arrepientan de lo
que aprendieron de
ella. 23 A los hijos de
esa mujer los heriré
de muerte. Así sabrán
todas las iglesias que
yo soy el que escudri-
ña la mente y el cora-
zón; y a cada uno de
ustedes lo trataré de
acuerdo con sus obras.
24 Ahora, al resto de los
que están en Tiatira, es
decir, a ustedes que no
siguen esa enseñanza ni
han aprendido los mal
llamados "profundos
secretos de Satanás",
les digo que ya no les
impondré ninguna
otra carga. 25 Eso sí,
retengan con firmeza
lo que ya tienen, hasta
que yo venga.
26 Al que salga
vencedor y cumpla mi
voluntad hasta el fin, le
daré autoridad sobre
las naciones 27 —así
como yo la he recibido
de mi Padre— y

"él las gobernará con
puño de hierro;
las hará pedazos como
a vasijas de barro".

2:23* O sea *peste.* (?)

2:23*[1] O sea *que examina lo más profundo de todo ser.*

RVR

28 y le daré la estrella de la mañana.

29 El que tiene oído, oiga lo que el Espíritu dice a las iglesias.

El mensaje a Sardis

3 Escribe al ángel de la iglesia en Sardis: El que tiene los siete espíritus de Dios, y las siete estrellas, dice esto: Yo sé tus obras, que tienes nombre de que vives, y estás muerto.

2 Sé vigilante, y consolida lo que queda, lo que está a punto de morir; porque no he hallado tus obras perfectas delante de Dios.

3 Recuerda, pues, cómo has recibido y oíste; y sigue guardándolo, y arrepiéntete. Pues si no velas, vendré sobre ti como un ladrón, y no conoces de ningún modo a qué hora vendré sobre ti.

4 Pero tienes unas pocas personas en Sardis que no han manchado sus vestiduras; y andarán conmigo en vestiduras blancas, porque son dignas.

28 ὡς	κἀγὼ	εἴληφα	παρὰ	τοῦ	πατρός	μου,	καὶ	δώσω	αὐτῷ	τὸν
como	también yo	he recibido	de parte de	el	Padre	de mí,	y	daré	a él	la
5613	2504	2983	3844	3588	3962	3450	2532	1325	846	3588
CAM	*RP1NS, TE*	*VRAI1S*	*P*	*DGSM*	*NGSM*	*RP1GS*	*CLN*	*VFAI1S*	*RP3DSM*	*DASM*

ἀστέρα	τὸν	πρωϊνόν.	29 ὁ	ἔχων	οὖς	ἀκουσάτω	τί	τὸ	πνεῦμα
estrella	la	de la mañana.	El que	tiene	oído,	oiga	qué	el	Espíritu
792	3588	4407	3588	2192	3775	191	5101	3588	4151
NASM	*DASM*	*JASM*	*DNSM*	*VPAP-SNM*	*NASN*	*VAAM3S*	*RI-ASN*	*DNSN*	*NNSN*

λέγει	ταῖς	ἐκκλησίαις.
dice	a las	iglesias.
3004	3588	1577
VPAI3S	*DDPF*	*NDPF*

3 Καὶ	τῷ	ἀγγέλῳ	τῆς	ἐν	Σάρδεσιν	ἐκκλησίας	γράψον·	Τάδε
Y$_1$	al$_3$	ángel$_4$	de la$_5$	en$_7$	Sardis:$_8$	iglesia$_6$	escribe$_2$	esto:$_{21}$
2532	3588	32	3588	1722	4554	1577	1125	3592
CLN	*DDSM*	*NDSM*	*DGSF*	*P*	*NDPF*	*NGSF*	*VAAM2S*	*RD-APN*

λέγει	ὁ	ἔχων	τὰ	ἑπτὰ	πνεύματα	τοῦ	θεοῦ	καὶ	τοὺς	ἑπτὰ
dice$_{20}$	el que$_9$	tiene$_{10}$	los$_{11}$	siete$_{12}$	espíritus$_{13}$	de --$_{14}$	Dios$_{15}$	y$_{16}$	las$_{17}$	siete$_{18}$
3004	3588	2192	3588	2033	4151	3588	2316	2532	3588	2033
VPAI3S	*DNSM*	*VPAP-SNM*	*DAPN*	*XN, J*	*NAPN*	*DGSM*	*NGSM*	*CLN*	*DAPM*	*XN, J*

ἀστέρας·
estrellas$_{19}$
792
NAPM

Οἶδά	σου	τὰ	ἔργα,	ὅτι	ὄνομα	ἔχεις	ὅτι	ζῇς,	καὶ	νεκρὸς	εἶ.
Sé	de ti	las	obras,	que$_1$	nombre$_3$	tienes$_2$	que	vives	y	muerto.$_2$	estás$_1$
1492	4675	3588	2041	3754	3686	2192	3754	2198	2532	3498	1488
VRAI1S	*RP2GS*	*DAPN*	*NAPN*	*CSC*	*NASN*	*VPAI2S*	*CSC*	*VPAI2S*	*CLC*	*JNSM*	*VPAI2S*

2 γίνου	γρηγορῶν,	καὶ	στήρισον	τὰ	λοιπὰ	ἃ	ἔμελλον
Sigue siendo	vigilante	y	consolida	lo	restante	las que	estaban a punto de
1096	1127	2532	4741	3588	3062	3739	3195
VPUM2S	*VPAP-SNM*	*CLN*	*VAAM2S*	*DAPN*	*JAPN*	*RR-NPN*	*VIAI3P*

ἀποθανεῖν,	οὐ	γὰρ	εὕρηκά	σου	τὰ	ἔργα	πεπληρωμένα	ἐνώπιον
morir;	no$_2$	porque$_1$	he hallado	de ti	las	obras	completadas	delante de
599	3756	1063	2147	4675	3588	2041	4137	1799
VAAN	*BN, TN*	*CAZ*	*VRAI1S*	*RP2GS*	*DAPN*	*NAPN*	*VRPP-PAN*	*P, B*

τοῦ	θεοῦ	μου.	3 μνημόνευε	οὖν	πῶς	εἴληφας	καὶ	ἤκουσας	καὶ	τήρει,
--	Dios	de mí;	recuerda$_2$	así que$_1$	cómo	has recibido	y	oíste,	y	observa
3588	2316	3450	3421	3767	4459	2983	2532	191	2532	5083
DGSM	*NGSM*	*RP1GS*	*VPAM2S*	*CLI*	*B*	*VRAI2S*	*CLN*	*VAAI2S*	*CLN*	*VPAM2S*

καὶ	μετανόησον.	ἐὰν	οὖν	μὴ	γρηγορήσῃς,	⸀ἥξω	ὡς	κλέπτης,
y	arrepiéntete.	si$_2$	Así que,$_1$	no$_3$	velas,	vendré	como	ladrón,
2532	3340	1437	3767	3361	1127	2240	5613	2812
CLN	*VAAM2S*	*CAC*	*CLI*	*BN, TN*	*VAAS2S*	*VFAI1S*	*P, CAM*	*NNSM*

καὶ	οὐ	μὴ*	γνῷς	ποίαν	ὥραν	ἥξω	ἐπὶ	σέ.	4 ἀλλὰ	ἔχεις	ὀλίγα
y	no	no	conoces	a qué	hora	vendré	a	ti.	Pero	tienes	unos pocos
2532	3756	3361	1097	4169	5610	2240	1909	4571	235	2192	3641
CLN	*BN, TN*	*BN, TN*	*VAAS2S*	*JASF, RI-ASF*	*NASF*	*VFAI1S*	*P*	*RP2AS*	*CLC*	*VPAI2S*	*JAPN*

ὀνόματα	ἐν	Σάρδεσιν	ἃ	οὐκ	ἐμόλυναν	τὰ	ἱμάτια	αὐτῶν,
nombres	en	Sardis	los que	no	ensuciaron	las	ropas	de ellos,
3686	1722	4554	3739	3756	3435	3588	2440	846
NAPN	*P*	*NDPF*	*RR-NPN*	*BN, TN*	*VAAI3P*	*DAPN*	*NAPN*	*RP3GPM, RP3GPN*

καὶ	περιπατήσουσιν	μετ᾽	ἐμοῦ	ἐν	λευκοῖς,	ὅτι	ἄξιοί	εἰσιν.
y	andarán	con	mí	en	(vestiduras) blancas,	porque	dignos	son.
2532	4043	3326	1700	1722	3022	3754	514	1526
CLN	*VFAI3P*	*P*	*RP1GS*	*P*	*JDPN*	*CAZ*	*JNPM*	*VPAI3P*

NVI

28 También le daré la estrella de la mañana.

29 El que tenga oídos, que oiga lo que el Espíritu dice a las iglesias.

A la iglesia de Sardis

3 »Escribe al ángel de la iglesia de Sardis:

Esto dice el que
tiene los siete espíritus
de Dios y las siete
estrellas: Conozco
tus obras; tienes
fama de estar vivo,
pero en realidad estás
muerto. 2 ¡Despierta!
Reaviva lo que aún es
rescatable, pues no he
encontrado que tus
obras sean perfectas
delante de mi Dios.
3 Así que recuerda
lo que has recibido
y oído; obedécelo y
arrepiéntete. Si no te
mantienes despierto,
cuando menos lo
esperes caeré sobre ti
como un ladrón.
4 Sin embargo, tie-
nes en Sardis a unos
cuantos que no se han
manchado la ropa.
Ellos, por ser dignos,
andarán conmigo
vestidos de blanco.

3:3⸀ Manuscritos inferiores aumentaron *sobre ti.* 3:3* O sea *de ninguna manera.*

RVR

5 El que venza será vestido de vestiduras blancas; y no borraré su nombre del libro de la vida, y confesaré su nombre delante de mi Padre, y delante de sus ángeles.
6 El que tiene oído, oiga lo que el Espíritu dice a las iglesias.

El mensaje a Filadelfia

7 Escribe al ángel de la iglesia en Filadelfia: Esto dice el Santo, el Verdadero, el que tiene la llave de David, el que abre y ninguno cierra, y cierra y ninguno abre:
8 Yo sé tus obras; he aquí, he puesto delante de ti una puerta abierta, la cual nadie puede cerrar; porque aunque tienes poca fuerza, has guardado mi palabra, y no has negado mi nombre.
9 Mira, yo entrego de la sinagoga de Satanás a los que dicen que son judíos y no lo son, sino que mienten; he aquí, yo haré que vengan y se postren a tus pies, y

5 ὁ	νικῶν	οὕτως	περιβαλεῖται	ἐν	ἱματίοις	λευκοῖς,	καὶ	οὐ	μὴ*
El que	venza,	así	será cubierto	con	ropas	blancas,	y	no	no
3588	3528	3779	4016	1722	2440	3022	2532	3756	3361
DNSM	*VPAP-SNM*	*B*	*VFMI3S*	*P*	*NDPN*	*JDPN*	*CLN*	*BN, TN*	*BN, TN*

ἐξαλείψω	τὸ	ὄνομα	αὐτοῦ	ἐκ	τῆς	βίβλου	τῆς	ζωῆς,	καὶ	ὁμολογήσω
borraré	el	nombre	de él	de	el	libro	de la	vida,	y	confesaré
1813	3588	3686	846	1537	3588	976	3588	2222	2532	3670
VFAI1S	*DASN*	*NASN*	*RP3GSM*	*P*	*DGSF*	*NGSF*	*DGSF*	*NGSF*	*CLN*	*VFAI1S*

τὸ	ὄνομα	αὐτοῦ	ἐνώπιον	τοῦ	πατρός	μου	καὶ	ἐνώπιον	τῶν	ἀγγέλων
el	nombre	de él	delante de	el	Padre	de mí	y	delante de	los	ángeles
3588	3686	846	1799	3588	3962	3450	2532	1799	3588	32
DASN	*NASN*	*RP3GSM*	*P, B*	*DGSM*	*NGSM*	*RP1GS*	*CLN*	*P, B*	*DGPM*	*NGPM*

αὐτοῦ.	6 ὁ	ἔχων	οὖς	ἀκουσάτω	τί	τὸ	πνεῦμα	λέγει	ταῖς
de él.	El que	tiene	oído,	oiga	qué	el	Espíritu	dice	a las
846	3588	2192	3775	191	5101	3588	4151	3004	3588
RP3GSM	*DNSM*	*VPAP-SNM*	*NASN*	*VAAM3S*	*RI-ASN*	*DNSN*	*NNSN*	*VPAI3S*	*DDPF*

ἐκκλησίαις.
iglesias.
1577
NDPF

7 Καὶ	τῷ	ἀγγέλῳ	τῆς	ἐν	Φιλαδελφείᾳ	ἐκκλησίας	γράψον·	Τάδε
Y$_{1}$	al$_{3}$	ángel$_{4}$	de la$_{5}$	en$_{7}$	Filadelfia:$_{8}$	iglesia$_{6}$	escribe$_{2}$	esto:$_{21}$
2532	3588	32	3588	1722	5359	1577	1125	3592
CLN	*DDSM*	*NDSM*	*DGSF*	*P*	*NDSF*	*NGSF*	*VAAM2S*	*RD-APN*

λέγει	ὁ	ἅγιος,	ὁ	ἀληθινός,	ὁ	ἔχων	τὴν	κλεῖν	Δαυίδ,	ὁ
dice$_{20}$	el$_{1}$	Santo,$_{2}$	el$_{3}$	Verdadero,$_{4}$	el que$_{5}$	tiene$_{6}$	la$_{7}$	llave$_{8}$	de David,$_{9}$	el que$_{10}$
3004	3588	40	3588	228	3588	2192	3588	2807	1138	3588
VPAI3S	*DNSM*	*JNSM*	*DNSM*	*JNSM*	*DNSM*	*VPAP-SNM*	*DASF*	*NASF*	*NGSM, XP*	*DNSM*

ἀνοίγων	καὶ	οὐδεὶς	κλείσει,	καὶ	κλείων	καὶ	οὐδεὶς	ἀνοίγει·
abre$_{11}$	y$_{12}$	ninguno$_{13}$	cerrará,$_{14}$	y$_{15}$	cerrando$_{16}$	y$_{17}$	nadie$_{18}$	abre$_{19}$
455	2532	3762	2808	2532	2808	2532	3762	455
VPAP-SNM	*CLN*	*JNSM*	*VFAI3S*	*CLN*	*VPAP-SNM*	*CLN*	*JNSM*	*VPAI3S*

8 Οἶδά	σου	τὰ	ἔργα—	ἰδοὺ	δέδωκα	ἐνώπιόν	σου	θύραν
Sé	de ti	las	obras;	mira	he dado	delante de	ti	una puerta
1492	4675	3588	2041	2400	1325	1799	4675	2374
VRAI1S	*RP2GS*	*DAPN*	*NAPN*	*I, VAAM2S*	*VRAI1S*	*P, B*	*RP2GS*	*NASF*

ἠνεῳγμένην,	ἣν	οὐδεὶς	δύναται	κλεῖσαι	αὐτήν—	ὅτι	μικρὰν
que se ha abierto,	la que	ninguno	puede	cerrar	a ella,	porque$_{1}$	poco$_{3}$
455	3739	3762	1410	2808	846	3754	3398
VRPP-SAF	*RR-ASF*	*JNSM*	*VPUI3S*	*VAAN*	*RP3ASF*	*CAZ*	*JASF*

ἔχεις	δύναμιν,	καὶ	ἐτήρησάς	μου	τὸν	λόγον,	καὶ	οὐκ	ἠρνήσω	τὸ
tienes$_{2}$	poder,$_{4}$	y	guardaste	de mí	la	palabra	y	no	negaste	el
2192	1411	2532	5083	3450	3588	3056	2532	3756	720	3588
VPAI2S	*NASF*	*CLN*	*VAAI2S*	*RP1GS*	*DASM*	*NASM*	*CLN*	*BN, TN*	*VAMI2S*	*DASN*

ὄνομά	μου.	9 ἰδοὺ	διδῶ	ἐκ	τῆς	συναγωγῆς	τοῦ	Σατανᾶ,	τῶν
nombre	de mí.	Mira,	te daré	de	la	sinagoga	de --	Satanás,	de los que
3686	3450	2400	1325	1537	3588	4864	3588	4567	3588
NASN	*RP1GS*	*I, VAAM2S*	*VPAS1S*	*P*	*DGSF*	*NGSF*	*DGSM*	*NGSM*	*DGPM*

λεγόντων	ἑαυτοὺς	Ἰουδαίους	εἶναι,	καὶ	οὐκ	εἰσὶν	ἀλλὰ	ψεύδονται—
dicen	a sí mismos	judíos,$_{2}$	ser$_{1}$	y	no	son,	sino	mienten;
3004	1438	2453	1511	2532	3756	1526	235	5574
VPAP-PGM	*RF3APM*	*JAPM*	*VPAN*	*CLN*	*BN, TN*	*VPAI3P*	*CLC*	*VPUI3P*

ἰδοὺ	ποιήσω	αὐτοὺς	ἵνα	ἥξουσιν	καὶ	προσκυνήσουσιν	ἐνώπιον
mira,	haré	a ellos	que	vengan	y	se postrarán	delante de
2400	4160	846	2443	2240	2532	4352	1799
I, VAAM2S	*VFAI1S*	*RP3APM*	*CSC*	*VFAI3P*	*CLN*	*VFAI3P*	*P, B*

NVI

5 El que salga vencedor se vestirá de blanco. Jamás borraré su nombre del libro de la vida, sino que reconoceré su nombre delante de mi Padre y delante de sus ángeles. 6 El que tenga oídos, que oiga lo que el Espíritu dice a las iglesias.

A la iglesia de Filadelfia

7 »Escribe al ángel de la iglesia de Filadelfia:

Esto dice el Santo, el Verdadero, el que tiene la llave de David, el que abre y nadie puede cerrar, el que cierra y nadie puede abrir:
8 Conozco tus obras. Mira que delante de ti he dejado abierta una puerta que nadie puede cerrar. Ya sé que tus fuerzas son pocas, pero has obedecido mi palabra y no has renegado de mi nombre. 9 Voy a hacer que los de la sinagoga de Satanás, que dicen ser judíos, pero que en realidad mienten, vayan y se postren a

3:5* O sea *de ninguna manera.*

RVR

reconozcan que yo te he
amado.
10 Por cuanto has guar-
dado la palabra de mi
paciencia, yo también te
guardaré de la hora de
la prueba que está para
venir sobre el mundo
entero, para probar a
los que moran sobre la
tierra.
11 Mira que vengo en
seguida; retén lo que
tienes, para que ningu-
no tome tu corona.
12 Al que venza, yo lo
haré columna en el
santuario de mi Dios,
y nunca más saldrá de
allí; y escribiré sobre
él el nombre de mi
Dios, y el nombre de la
ciudad de mi Dios, la
nueva Jerusalén, la cual
desciende del cielo, de
mi Dios, y mi nombre
nuevo.
13 El que tiene oído, oiga
lo que el Espíritu dice a
las iglesias.

El mensaje a Laodicea

14 Y escribe al ángel de
la iglesia en Laodicea:
Esto dice el Amén, el
testigo fiel y verdadero,
el principio de la crea-
ción de Dios:
15 Yo sé tus obras, que
ni eres frío ni caliente.

τῶν ποδῶν σου, καὶ γνῶσιν ὅτι ἐγὼ ἠγάπησά σε. 10 ὅτι ἐτήρησας
de los pies de ti, y conozcan que yo amé a ti. Porque guardaste
3588 4228 4675 2532 1097 3754 1473 25 4571 3754 5083
DGPM NGPM RP2GS CLN VAAS3P CSC RP1NS VAAI1S RP2AS CAZ VAAI2S

τὸν λόγον τῆς ὑπομονῆς μου, κἀγώ σε τηρήσω ἐκ τῆς ὥρας τοῦ
la palabra de la perseverancia de mí, también yo a ti guardaré de la hora de la
3588 3056 3588 5281 3450 2504 4571 5083 1537 3588 5610 3588
DASM NASM DGSF NGSF RP1GS RP1NS, TE RP2AS VFAI1S P DGSF NGSF DGSM

πειρασμοῦ τῆς μελλούσης ἔρχεσθαι ἐπὶ τῆς οἰκουμένης ὅλης, πειράσαι
prueba, la que está a punto de venir sobre$_1$ la$_3$ tierra habitada,$_4$ toda$_2$ para probar
3986 3588 3195 2064 1909 3588 3625 3650 3985
NGSM DGSF VPAP-SGF VPUN P DGSF NGSF JGSF VAAN

τοὺς κατοικοῦντας ἐπὶ τῆς γῆς. 11 ἔρχομαι ταχύ· κράτει ὃ ἔχεις,
a los que moran sobre la tierra. Vengo pronto; retén lo que tienes,
3588 2730 1909 3588 1093 2064 5035 2902 3739 2192
DAPM VPAP-PAM P DGSF NGSF VPUI1S B, J VPAM2S RR-ASN VPAI2S

ἵνα μηδεὶς λάβῃ τὸν στέφανόν σου. 12 ὁ νικῶν ποιήσω αὐτὸν
para que nadie tome la corona de ti. El que venza, haré a él
2443 3367 2983 3588 4735 4675 3588 3528 4160 846
CAP JNSM VAAS3S DASM NASM RP2GS DNSM VPAP-SNM VFAI1S RP3ASM

στῦλον ἐν τῷ ναῷ τοῦ θεοῦ μου, καὶ ἔξω οὐ μὴ* ἐξέλθῃ ἔτι,
columna en el santuario del Dios de mí, y$_1$ fuera,$_6$ no$_3$ no$_4$ saldrá$_5$ ya$_2$
4769 1722 3588 3485 3588 2316 3450 2532 1854 3756 3361 1831 2089
NASM P DDSM NDSM DGSM NGSM RP1GS CLN B BN, TN BN, TN VAAS3S B

καὶ γράψω ἐπ' αὐτὸν τὸ ὄνομα τοῦ θεοῦ μου καὶ τὸ ὄνομα τῆς
y escribiré sobre él el nombre del Dios de mí, y el nombre de la
2532 1125 1909 846 3588 3686 3588 2316 3450 2532 3588 3686 3588
CLN VFAI1S P RP3ASM DASN NASN DGSM NGSM RP1GS CLN DASN NASN DGSF

πόλεως τοῦ θεοῦ μου, τῆς καινῆς Ἰερουσαλήμ, ἡ καταβαίνουσα
ciudad de -- Dios de mí, de la nueva Jerusalén, la que baja
4172 3588 2316 3450 3588 2537 2419 3588 2597
NGSF DGSM NGSM RP1GS DGSF JGSF NGSF, XP DNSF VPAP-SNF

ἐκ τοῦ οὐρανοῦ ἀπὸ τοῦ θεοῦ μου, καὶ τὸ ὄνομά μου τὸ καινόν.
de el cielo de el Dios de mí, y$_1$ --$_4$ nombre$_5$ de mí.$_6$ el$_2$ nuevo$_3$
1537 3588 3772 575 3588 2316 3450 2532 3588 3686 3450 3588 2537
P DGSM NGSM P DGSM NGSM RP1GS CLN DASN NASN RP1GS DASN JASN

13 ὁ ἔχων οὖς ἀκουσάτω τί τὸ πνεῦμα λέγει ταῖς ἐκκλησίαις.
El que tiene oído, oiga qué el Espíritu dice a las iglesias.
3588 2192 3775 191 5101 3588 4151 3004 3588 1577
DNSM VPAP-SNM NASN VAAM3S RI-ASN DNSN NNSN VPAI3S DDPF NDPF

14 Καὶ τῷ ἀγγέλῳ τῆς ἐν Λαοδικείᾳ ἐκκλησίας γράψον· Τάδε
Y$_1$ al$_3$ ángel$_4$ de la$_5$ en$_7$ Laodicea:$_8$ iglesia$_6$ escribe$_2$ esto:$_{24}$
2532 3588 32 3588 1722 2993 1577 1125 3592
CLN DDSM NDSM DGSF P NDSF NGSF VAAM2S RD-APN

λέγει ὁ Ἀμήν, ὁ μάρτυς ὁ πιστὸς καὶ ἀληθινός, ἡ ἀρχὴ
dice$_{23}$ el$_9$ Amén,$_{10}$ el$_{11}$ testigo$_{12}$ --$_{13}$ Fiel$_{14}$ y$_{15}$ Verdadero,$_{16}$ el$_{17}$ principio$_{18}$
3004 3588 281 3588 3144 3588 4103 2532 228 3588 746
VPAI3S DNSM XF, T DNSM NNSM DNSM JNSM CLN JNSM DNSF NNSF

τῆς κτίσεως τοῦ θεοῦ·
de la$_{19}$ creación$_{20}$ de --$_{21}$ Dios$_{22}$
3588 2937 3588 2316
DGSF NGSF DGSM NGSM

15 Οἶδά σου τὰ ἔργα, ὅτι οὔτε ψυχρὸς εἶ οὔτε ζεστός. ὄφελον
Sé de ti las obras, que ni frío$_2$ eres$_1$ ni caliente, ¡ojalá
1492 4675 3588 2041 3754 3777 5593 1488 3777 2200 3785
VRAI1S RP2GS DAPN NAPN CSC CLK, TN JNSM VPAI2S CLK, TN JNSM I, T

NVI

tus pies, y reconozcan
que yo te he amado.
10 Ya que has guarda-
do mi mandato de ser
constante, yo por mi
parte te guardaré de
la hora de tentación,
que vendrá sobre el
mundo entero para
poner a prueba a los
que viven en la tierra.
11 Vengo pronto.
Aférrate a lo que tie-
nes, para que nadie te
quite la corona. 12 Al
que salga vencedor
lo haré columna del
templo de mi Dios, y
ya no saldrá jamás de
allí. Sobre él grabaré el
nombre de mi Dios y
el nombre de la nueva
Jerusalén, ciudad de
mi Dios, la que baja
del cielo de parte de
mi Dios; y también
grabaré sobre él mi
nombre nuevo. 13 El
que tenga oídos, que
oiga lo que el Espíritu
dice a las iglesias.

A la iglesia de Laodicea

14 »Escribe al ángel de
la iglesia de Laodicea:

Esto dice el Amén,
el testigo fiel y veraz,
el soberano de la
creación de Dios:
15 Conozco tus obras;
sé que no eres ni frío
ni caliente. ¡Ojalá

3:12* O sea *de ninguna manera.*

RVR

¡Ojalá fueses frío o
caliente!
16 Así, por cuanto eres
tibio, y no frío ni calien-
te, voy a vomitarte de
mi boca.
17 Porque dices: Yo soy
rico, y me he enrique-
cido, y de ninguna cosa
tengo necesidad; y no
sabes que tú eres un des-
venturado, miserable,
pobre, ciego y desnudo.
18 Te aconsejo que de mí
compres oro refinado
por fuego, para que seas
rico, y vestiduras blan-
cas para que te cubras, y
no quede al descubier-
to la vergüenza de tu
desnudez; y unge tus
ojos con colirio, para
que veas.
19 Yo reprendo y corrijo
a todos los que amo;
sé, pues, celoso, y arre-
piéntete.
20 He aquí, yo estoy a
la puerta y llamo; si
alguno oye mi voz y
abre la puerta, entraré
a él, y cenaré con él, y él
conmigo.
21 Al que venza, le daré
que se siente conmigo
en mi trono, así como
yo he vencido, y me he
sentado con mi Padre
en su trono.

ψυχρὸς ἦς ἢ ζεστός. 16 οὕτως, ὅτι χλιαρὸς εἶ καὶ οὔτε
frío$_{2}$ eras (fueras)$_{1}$ o caliente! Así, porque tibio,$_{2}$ eres$_{1}$ y ni
5593 1510 2228 2200 3779 3754 5513 1488 2532 3777
JNSM VIAI2S CLD JNSM B CAZ JNSM VPAI2S CLN CLK

ζεστὸς οὔτε ψυχρός, μέλλω σε ἐμέσαι ἐκ τοῦ στόματός μου.
caliente ni frío, estoy a punto de a ti$_{2}$ vomitar$_{1}$ de la boca de mí.
2200 3777 5593 3195 4571 1692 1537 3588 4750 3450
JNSM CLK, TN JNSM VPAI1S RP2AS VAAN P DGSN NGSN RP1GS

17 ὅτι λέγεις ὅτι Πλούσιός εἰμι καὶ πεπλούτηκα καὶ οὐδὲν χρείαν
Porque dices que: rico$_{2}$ soy$_{1}$ y me he enriquecido, y nada$_{3}$ necesidad,$_{2}$
3754 3004 3754 4145 1510 2532 4147 2532 3762 5532
CAZ VPAI2S CSC JNSM VPAI1S CLN VRAI1S CLN JASN NASF

ἔχω, καὶ οὐκ οἶδας ὅτι σὺ εἶ ὁ ταλαίπωρος καὶ ἐλεεινὸς
tengo$_{1}$ y no sabes que tú eres el desdichado y miserable
2192 2532 3756 1492 3754 4771 1488 3588 5005 2532 1652
VPAI1S CLN BN, TN VRAI2S CSC RP2NS VPAI2S DNSM JNSM CLN JNSM

καὶ πτωχὸς καὶ τυφλὸς καὶ γυμνός, 18 συμβουλεύω σοι ἀγοράσαι
y pobre y ciego y desnudo, aconsejo a ti comprar
2532 4434 2532 5185 2532 1131 4823 4671 59
CLN JNSM CLN JNSM CLN JNSM VPAI1S RP2DS VAAN

παρ᾽ ἐμοῦ χρυσίον πεπυρωμένον ἐκ πυρὸς* ἵνα πλουτήσῃς, καὶ
de mí oro encendido de fuego para que seas rico, y
3844 1700 5553 4448 1537 4442 2443 4147 2532
P RP1GS NASN VRPP-SAN P NGSN CAP VAAS2S CLN

ἱμάτια λευκὰ ἵνα περιβάλῃ καὶ μὴ φανερωθῇ ἡ αἰσχύνη τῆς
ropas$_{3}$ blancas$_{4}$ para que$_{1}$ te pongas$_{2}$ y$_{5}$ no$_{11}$ sea manifestada,$_{12}$ la$_{6}$ vergüenza$_{7}$ de la$_{8}$
2440 3022 2443 4016 2532 3361 5319 3588 152 3588
NAPN JAPN CAP VAMS2S CLN BN, TN VAPS3S DNSF NNSF DGSF

γυμνότητός σου, καὶ κολλούριον ἐγχρῖσαι τοὺς ὀφθαλμούς σου ἵνα
desnudez$_{9}$ de ti$_{10}$ y$_{13}$ colirio$_{15}$ para ungir$_{14}$ los$_{16}$ ojos$_{17}$ de ti$_{18}$ para que
1132 4675 2532 2854 1472 3588 3788 4675 2443
NGSF RP2GS CLN NASN VAAN DAPM NAPM RP2GS CAP

βλέπῃς. 19 ἐγὼ ὅσους ἐὰν φιλῶ ἐλέγχω καὶ παιδεύω· ζήλευε οὖν καὶ
veas. Yo$_{1}$ a cuantos$_{5}$ si$_{6}$ amo,$_{7}$ reprendo$_{2}$ y$_{3}$ disciplino$_{4}$ pon esfuerzo$_{9}$ así que$_{8}$ y$_{10}$
991 1473 3745 1437 5368 1651 2532 3811 2206 3767 2532
VPAS2S RP1NS RK-APM TC VPAS1S VPAI1S CLN VPAI1S VPAM2S CLI CLN

μετανόησον. 20 ἰδοὺ ἕστηκα ἐπὶ τὴν θύραν καὶ κρούω· ἐάν τις
arrepiéntete.$_{11}$ Mira, he estado de pie en la puerta y llamo; si alguien
3340 2400 2476 1909 3588 2374 2532 2925 1437 5100
VAAM2S I,VAAM2S VRAI1S P DASF NASF CLN VPAI1S CAC RX-NSM

ἀκούσῃ τῆς φωνῆς μου καὶ ἀνοίξῃ τὴν θύραν, καὶ εἰσελεύσομαι
oye la voz de mí y abre la puerta, también entraré
191 3588 5456 3450 2532 455 3588 2374 2532 1525
VAAS3S DGSF NGSF RP1GS CLN VAAS3S DASF NASF BE, TE VFMI1S

πρὸς αὐτὸν καὶ δειπνήσω μετ᾽ αὐτοῦ καὶ αὐτὸς μετ᾽ ἐμοῦ. 21 ὁ
a él y cenaré con él y él con mí. El que
4314 846 2532 1172 3326 846 2532 846 3326 1700 3588
P RP3ASM CLN VFAI1S P RP3GSM CLN RP3NSMP P RP1GS DNSM

νικῶν δώσω αὐτῷ καθίσαι μετ᾽ ἐμοῦ ἐν τῷ θρόνῳ μου, ὡς κἀγὼ
venza, daré a él sentarse con mí en el trono de mí, como también yo
3528 1325 846 2523 3326 1700 1722 3588 2362 3450 5613 2504
VPAP-SNM VFAI1S RP3DSM VAAN P RP1GS P DDSM NDSM RP1GS CAM RP1NS, TE

ἐνίκησα καὶ ἐκάθισα μετὰ τοῦ πατρός μου ἐν τῷ θρόνῳ αὐτοῦ.
vencí y me senté con el Padre de mí en el trono de él.
3528 2532 2523 3326 3588 3962 3450 1722 3588 2362 846
VAAI1S CLN VAAI1S P DGSM NGSM RP1GS P DDSM NDSM RP3GSM

NVI

fueras lo uno o lo
otro! 16 Por tanto,
como no eres ni frío
ni caliente, sino tibio,
estoy por vomitarte
de mi boca. 17 Dices:
"Soy rico; me he enri-
quecido y no me hace
falta nada"; pero no
te das cuenta de cuán
infeliz y miserable,
pobre, ciego y desnu-
do eres tú. 18 Por eso
te aconsejo que de mí
compres oro refinado
por el fuego, para que
te hagas rico; ropas
blancas para que te
vistas y cubras tu
vergonzosa desnudez;
y colirio para que te lo
pongas en los ojos y
recobres la vista.
19 Yo reprendo y
disciplino a todos
los que amo. Por lo
tanto, sé fervoroso y
arrepiéntete. 20 Mira
que estoy a la puerta y
llamo. Si alguno oye
mi voz y abre la puer-
ta, entraré, y cenaré
con él, y él conmigo.
21 Al que salga
vencedor le daré el
derecho de sentarse
conmigo en mi trono,
como también yo
vencí y me senté
con mi Padre en
su trono.

3:18* O sea *refinado por fuego.*

RVR

22 El que tiene oído, oiga
lo que el Espíritu dice a
las iglesias.

El trono celestial

4 Después de esto vi
una puerta abierta
en el cielo; y la primera
voz que oí, como de
trompeta que hablaba
conmigo, decía: Sube
acá, y te mostraré las
cosas que deben suceder
después de éstas.
2 Y al instante estuve en
espíritu; y he aquí, un
trono estaba colocado
en el cielo, y uno sentado
en el trono.
3 Y el que estaba sentado
era semejante en aspecto
a piedra de jaspe y de
sardio; y había alrededor
del trono un arco iris,
semejante en aspecto a la
esmeralda.
4 Y alrededor del trono
había veinticuatro
tronos; y vi sentados en
los tronos a veinticuatro
ancianos, cubiertos
de ropas blancas y con
coronas de oro en sus
cabezas.
5 Y del trono salen
relámpagos y fragor de
truenos, y hay siete lám-
paras de fuego ardiendo
delante del trono, las
cuales son los siete espí-
ritus de Dios.
6 Y delante del trono

22 ὁ	ἔχων	οὖς	ἀκουσάτω	τί	τὸ	πνεῦμα	λέγει	ταῖς	ἐκκλησίαις.
El que	tiene	oído,	oiga	qué	el	Espíritu	dice	a las	iglesias.
3588	2192	3775	191	5101	3588	4151	3004	3588	1577
DNSM	VPAP-SNM	NASN	VAAM3S	RI-ASN	DNSN	NNSN	VPAI3S	DDPF	NDPF

4 Μετὰ	ταῦτα	εἶδον,	καὶ	ἰδοὺ	θύρα	ἠνεῳγμένη	ἐν	τῷ
Después de	estas cosas	vi,	y	he aquí	una puerta	que se había abierto	en	el
3326	5023	1492	2532	2400	2374	455	1722	3588
P	RD-APN	VAAI1S	CLN	I, VAAM2S	NNSF	VRPP-SNF	P	DDSM

οὐρανῷ,	καὶ	ἡ	φωνὴ	ἡ	πρώτη	ἣν	ἤκουσα	ὡς	σάλπιγγος
cielo,	y	--$_3$	voz$_4$	la$_1$	primera$_2$	la que	oí	como	trompeta
3772	2532	3588	5456	3588	4413	3739	191	5613	4536
NDSM	CLN	DNSF	NNSF	DNSF	JNSF	RR-ASF	VAAI1S	P, CAM	NGSF

λαλούσης	μετ’	ἐμοῦ,	λέγων·	Ἀνάβα	ὧδε,	καὶ	δείξω	σοι	ἃ
que habla	con	mí,	diciendo:	Sube	acá,	y	mostraré	a ti	las cosas que
2980	3326	1700	3004	305	5602	2532	1166	4671	3739
VPAP-SGF	P	RP1GS	VPAP-SNM	VAAM2S	BP	CLN	VFAI1S	RP2DS	RR-APN

δεῖ	γενέσθαι.	μετὰ	ταῦτα	2 εὐθέως	ἐγενόμην	ἐν	πνεύματι·
es (son) necesaria(s)	suceder	después de	estas.	En seguida	llegué a estar	en	espíritu;
1163	1096	3326	5023	2112	1096	1722	4151
VPAI3S	VAMN	P	RD-APN	B	VAMI1S	P	NDSN

καὶ	ἰδοὺ	θρόνος	ἔκειτο	ἐν	τῷ	οὐρανῷ,	καὶ	ἐπὶ	τὸν	θρόνον
y	he aquí	un trono	estaba puesto	en	el	cielo	y	sobre	el	trono
2532	2400	2362	2749	1722	3588	3772	2532	1909	3588	2362
CLN	I, VAAM2S	NNSM	VIUI3S	P	DDSM	NDSM	CLN	P	DASM	NASM

καθήμενος,	3 καὶ	ὁ	καθήμενος	ὅμοιος	ὁράσει	λίθῳ	ἰάσπιδι	καὶ
uno sentado,	y	el que	está sentado,	semejante a	en aspecto	a piedra	jaspe	y
2521	2532	3588	2521	3664	3706	3037	2393	2532
VPUP-SNM	CLN	DNSM	VPUP-SNM	JNSM	NDSF	NDSM	NDSF	CLN

σαρδίῳ,	καὶ	ἶρις	κυκλόθεν	τοῦ	θρόνου	ὅμοιος	ὁράσει	σμαραγδίνῳ.
sardio,	y	un arco iris	alrededor	del	trono,	semejante	en aspecto	a una esmeralda.
4556	2532	2463	2943	3588	2362	3664	3706	4664
NDSN	CLN	NNSF	P, B	DGSM	NGSM	JNSM	NDSF	JDSM

4 καὶ	κυκλόθεν	τοῦ	θρόνου	θρόνοι	εἴκοσι	τέσσαρες,	καὶ	ἐπὶ	τοὺς
Y	alrededor	del	trono,	tronos,$_3$	veinte$_1$	cuatro$_2$	y	sobre	los
2532	2943	3588	2362	2362	1501	5064	2532	1909	3588
CLN	P, B	DGSM	NGSM	NNPM	JAPM, JNPM	JNPM	CLN	P	DAPM

θρόνους	εἴκοσι	τέσσαρας	πρεσβυτέρους	καθημένους	περιβεβλημένους
tronos	veinte	cuatro	ancianos	sentados	cubiertos
2362	1501	5064	4245	2521	4016
NAPM	JAPM	JAPM	JAPM	VPUP-PAM	VRPP-PAM

ἐν	ἱματίοις	λευκοῖς,	καὶ	ἐπὶ	τὰς	κεφαλὰς	αὐτῶν	στεφάνους	χρυσοῦς.
con	ropas	blancas,	y	en	las	cabezas	de ellos	coronas	de oro,
1722	2440	3022	2532	1909	3588	2776	846	4735	5552
P	NDPN	JDPN	CLN	P	DAPF	NAPF	RP3GPM	NAPM	JAPM

5 καὶ	ἐκ	τοῦ	θρόνου	ἐκπορεύονται	ἀστραπαὶ	καὶ	φωναὶ	καὶ	βρονταί·
y	de	el	trono	salen	relámpagos	y	voces	y	truenos;
2532	1537	3588	2362	1607	796	2532	5456	2532	1027
CLN	P	DGSM	NGSM	VPUI3P	NNPF	CLN	NNPF	CLN	NNPF

καὶ	ἑπτὰ	λαμπάδες	πυρὸς	καιόμεναι	ἐνώπιον	τοῦ	θρόνου,	ἅ
y	siete	lámparas	de fuego	ardiendo	delante de	el	trono,	las que
2532	2033	2985	4442	2545	1799	3588	2362	3739
CLN	XN, J	NNPF	NGSN	VPPP-PNF	P, B	DGSM	NGSM	RR-NPN

εἰσιν	τὰ	ἑπτὰ	πνεύματα	τοῦ	θεοῦ,	6 καὶ	ἐνώπιον	τοῦ	θρόνου	ὡς
son	los	siete	espíritus	de --	Dios;	y	delante de	el	trono	como
1526	3588	2033	4151	3588	2316	2532	1799	3588	2362	5613
VPAI3P	DNPN	XN, J	NNPN	DGSM	NGSM	CLN	P, B	DGSM	NGSM	CAM, B

NVI

22 El que tenga oídos,
que oiga lo que el
Espíritu dice a las
iglesias».

El trono en el cielo

4 Después de esto
miré, y allí en el
cielo había una puerta
abierta. Y la voz que me
había hablado antes con
sonido como de trom-
peta me dijo: «Sube
acá: voy a mostrarte lo
que tiene que suceder
después de esto». 2 Al
instante vino sobre mí
el Espíritu y vi un trono
en el cielo, y a alguien
sentado en el trono. 3 El
que estaba sentado tenía
un aspecto semejante a
una piedra de jaspe y de
cornalina. Alrededor del
trono había un arco iris
que se asemejaba a una
esmeralda. 4 Rodeaban
al trono otros veinti-
cuatro tronos, en los
que estaban sentados
veinticuatro ancianos
vestidos de blanco y
con una corona de
oro en la cabeza. 5 Del
trono salían relámpagos,
estruendos y truenos.
Delante del trono
ardían siete antorchas de
fuego, que son los siete
espíritus de Dios, 6 y
había algo parecido a un

RVR

hay como un mar de vi-
drio semejante al cristal;
y en medio del trono,
y alrededor del trono,
cuatro seres vivientes lle-
nos de ojos por delante
y por detrás.
7 Y el primer ser viviente
es semejante a un león;
el segundo es semejante
a un becerro; el tercero
tiene el rostro como de
hombre; y el cuarto es
semejante a un águila
volando.
8 Y los cuatro seres vi-
vientes tenían cada uno
seis alas, y alrededor y
por dentro están llenos
de ojos; y no cesan día y
noche de decir: Santo,
santo, santo es el Señor
Dios Todopoderoso,
el que era, el que es, y el
que ha de venir.
9 Y cuando los seres vi-
vientes dan gloria y ho-
nor y acción de gracias
al que está sentado en
el trono, al que vive por
los siglos de los siglos,
10 los veinticuatro ancia-
nos se postran delante
del que está sentado en
el trono, y adoran al que
vive por los siglos de los

θάλασσα	ὑαλίνη	ὁμοία	κρυστάλλῳ.
mar	de vidrio	semejante a	cristal;
2281	5193	3664	2930
NNSF	*JNSF*	*JNSF*	*NDSM*

Καὶ	ἐν	μέσῳ	τοῦ	θρόνου	καὶ	κύκλῳ	τοῦ	θρόνου	τέσσαρα
y	en	medio	del	trono	y	alrededor	del	trono	cuatro
2532	1722	3319	3588	2362	2532	2945	3588	2362	5064
CLN	*P*	*JDSN*	*DGSM*	*NGSM*	*CLN*	*P, BP*	*DGSM*	*NGSM*	*JNPN*

ζῷα	γέμοντα	ὀφθαλμῶν	ἔμπροσθεν	καὶ	ὄπισθεν·	7 καὶ	τὸ
seres vivientes	que están llenos	de ojos	delante	y	detrás.	Y$_1$	--$_4$
2226	1073	3788	1715	2532	3693	2532	3588
NNPN	*VPAP-PNN*	*NGPM*	*B*	*CLN*	*B*	*CLN*	*DNSN*

ζῷον	τὸ	πρῶτον	ὅμοιον	λέοντι,	καὶ	τὸ	δεύτερον	ζῷον	ὅμοιον
ser viviente,$_5$	el$_2$	primer$_3$	semejante a	león,	y	el	segundo	ser viviente,	semejante a
2226	3588	4413	3664	3023	2532	3588	1208	2226	3664
NNSN	*DNSN*	*JNSN*	*JNSN*	*NDSM*	*CLN*	*DNSN*	*JNSN*	*NNSN*	*JNSN*

μόσχῳ,	καὶ	τὸ	τρίτον	ζῷον	ἔχων	τὸ	πρόσωπον	ὡς	ἀνθρώπου,
becerro,	y	el	tercer	ser viviente	teniendo	el	rostro	como	ser humano,
3448	2532	3588	5154	2226	2192	3588	4383	5613	444
NDSM	*CLN*	*DNSN*	*JNSN*	*NNSN*	*VPAP-SNM*	*DASN*	*NASN*	*P, CAM*	*NGSM*

καὶ	τὸ	τέταρτον	ζῷον	ὅμοιον	ἀετῷ	πετομένῳ.	8 καὶ	τὰ	τέσσαρα
y	el	cuarto	ser viviente	semejante a	una águila	volando.	Y	los	cuatro
2532	3588	5067	2226	3664	105	4072	2532	3588	5064
CLN	*DNSN*	*JNSN*	*NNSN*	*JNSN*	*NDSM*	*VPUP-SDM*	*CLN*	*DNPN*	*JNPN*

ζῷα,	ἓν	καθ᾽	ἓν	αὐτῶν	ἔχων	ἀνὰ	πτέρυγας	ἕξ,	κυκλόθεν
seres vivientes	uno	por	uno	de ellos	teniendo	cada una	alas,$_2$	seis$_1$	alrededor
2226	1520	2596	1520	846	2192	303	4420	1803	2943
NNPN	*JNSN*	*P*	*JASN*	*RP3GPN*	*VPAP-SNM*	*P, B*	*NAPF*	*XN, J*	*B*

καὶ	ἔσωθεν	γέμουσιν	ὀφθαλμῶν·	καὶ	ἀνάπαυσιν	οὐκ	ἔχουσιν
y	por dentro	(están) llenos	de ojos;	y	pausa$_3$	no$_1$	tienen$_2$
2532	2081	1073	3788	2532	372	3756	2192
CLN	*B*	*VPAI3P*	*NGPM*	*CLN*	*NASF*	*BN, TN*	*VPAI3P*

ἡμέρας	καὶ	νυκτὸς	λέγοντες·	Ἅγιος	ἅγιος	ἅγιος	κύριος,	ὁ	θεός,
día	y	noche	diciendo:	Santo,	santo,	santo	(es el) Señor	el	Dios
2250	2532	3571	3004	40	40	40	2962	3588	2316
NGSF	*CLN*	*NGSF*	*VPAP-PNM*	*JNSM*	*JNSM*	*JNSM*	*NNSM*	*DNSM*	*NNSM*

ὁ	παντοκράτωρ,	ὁ	ἦν	καὶ	ὁ	ὢν	καὶ	ὁ	ἐρχόμενος.
--	Todopoderoso,	el (que)	era	y	el que	es	y	el que	viene.
3588	3841	3588	2258	2532	3588	5607	2532	3588	2064
DNSM	*NNSM*	*DNSM*	*VIAI3S*	*CLN*	*DNSM*	*VPAP-SNM*	*CLN*	*DNSM*	*VPUP-SNM*

9 καὶ	ὅταν	δώσουσιν	τὰ	ζῷα	δόξαν	καὶ	τιμὴν	καὶ	εὐχαριστίαν
Y	cuando	darán$_3$	los$_1$	seres vivientes$_2$	gloria	y	honor	y	acción de gracias
2532	3752	1325	3588	2226	1391	2532	5092	2532	2169
CLN	*CAT*	*VFAI3P*	*DNPN*	*NNPN*	*NASF*	*CLN*	*NASF*	*CLN*	*NASF*

τῷ	καθημένῳ	ἐπὶ	τῷ	θρόνῳ,	τῷ	ζῶντι	εἰς	τοὺς	αἰῶνας	τῶν
al que	está sentado	sobre	el	trono,	el que	vive	para	los	siglos	de los
3588	2521	1909	3588	2362	3588	2198	1519	3588	165	3588
DDSM	*VPUP-SDM*	*P*	*DDSM*	*NDSM*	*DDSM*	*VPAP-SDM*	*P*	*DAPM*	*NAPM*	*DGPM*

αἰώνων,	10 πεσοῦνται	οἱ	εἴκοσι	τέσσαρες	πρεσβύτεροι	ἐνώπιον	τοῦ
siglos,	caerán$_5$	los	veinte	cuatro	ancianos$_4$	delante de	del que
165	4098	3588	1501	5064	4245	1799	3588
NGPM	*VFUI3P*	*DNPM*	*JNPM*	*JNPM*	*JNPM*	*P, B*	*DGSM*

καθημένου	ἐπὶ	τοῦ	θρόνου,	καὶ	προσκυνήσουσιν	τῷ	ζῶντι	εἰς	τοὺς
está sentado	sobre	el	trono,	y	adorarán	al que	vive	para	los
2521	1909	3588	2362	2532	4352	3588	2198	1519	3588
VPUP-SGM	*P*	*DGSM*	*NGSM*	*CLN*	*VFAI3P*	*DDSM*	*VPAP-SDM*	*P*	*DAPM*

NVI

mar de vidrio, como de
cristal transparente.
En el centro, alre-
dedor del trono, había
cuatro seres vivientes
cubiertos de ojos por
delante y por detrás.
7 El primero de los seres
vivientes era semejante
a un león; el segundo, a
un toro; el tercero tenía
rostro como de hombre;
el cuarto era semejante
a un águila en vuelo.
8 Cada uno de ellos tenía
seis alas y estaba cubier-
to de ojos, por encima
y por debajo de las alas.
Y día y noche repetían
sin cesar:

«Santo, santo, santo
es el Señor Dios
Todopoderoso,
el que era y que es y que
ha de venir».

9 Cada vez que estos
seres vivientes daban
gloria, honra y acción de
gracias al que estaba sen-
tado en el trono, al que
vive por los siglos de los
siglos, 10 los veinticuatro
ancianos se postraban
ante él y adoraban al
que vive por los siglos de

RVR

siglos, y echan sus coronas delante del trono,
diciendo:
11 Señor, eres digno
de recibir la gloria y el honor y el poder; porque tú creaste todas las cosas, y por tu voluntad existen y fueron creadas.

El libro y el Cordero

5 Y vi en la mano derecha del que estaba sentado en el trono un libro escrito por dentro y por fuera, sellado con siete sellos.
2 Y vi a un ángel fuerte que pregonaba a gran voz: ¿Quién es digno de abrir el libro y desatar sus sellos?
3 Y ninguno, ni en el cielo ni en la tierra ni debajo de la tierra, podía abrir el libro, ni mirarlo.
4 Y yo lloraba mucho, porque ninguno fue hallado digno de abrir el libro, ni de leerlo, ni de mirarlo.
5 Y uno de los ancianos me dijo: No llores más. He aquí que el León de la tribu de Judá, la raíz de David, ha vencido para abrir el libro y desatar sus siete sellos.

αἰῶνας	τῶν	αἰώνων,	καὶ	βαλοῦσιν	τοὺς	στεφάνους	αὐτῶν	ἐνώπιον
siglos	de los	siglos,	y	arrojarán	las	coronas	de ellos	delante de
165	3588	165	2532	906	3588	4735	846	1799
NAPM	*DGPM*	*NGPM*	*CLN*	*VFAI3P*	*DAPM*	*NAPM*	*RP3GPM*	*P, B*

τοῦ	θρόνου,	λέγοντες·	11 Ἄξιος	εἶ,	ὁ	κύριος	καὶ	ὁ	θεὸς	ἡμῶν,
el	trono,	diciendo:	Digno	eres,	el	Señor	y	--	Dios	de nosotros,
3588	2362	3004	514	1488	3588	2962	2532	3588	2316	2257
DGSM	*NGSM*	*VPAP-PNM*	*JNSM*	*VPAI2S*	*DNSM*	*NNSM*	*CLN*	*DNSM*	*NNSM*	*RP1GP*

λαβεῖν	τὴν	δόξαν	καὶ	τὴν	τιμὴν	καὶ	τὴν	δύναμιν,	ὅτι	σὺ	ἔκτισας
de recibir	la	gloria	y	el	honor	y	el	poder,	porque	tú	creaste
2983	3588	1391	2532	3588	5092	2532	3588	1411	3754	4771	2936
VAAN	*DASF*	*NASF*	*CLN*	*DASF*	*NASF*	*CLN*	*DASF*	*NASF*	*CAZ*	*RP2NS*	*VAAI2S*

τὰ	πάντα,	καὶ	διὰ	τὸ	θέλημά	σου	ἦσαν	καὶ	ἐκτίσθησαν.
--	todas las cosas,	y	por	la	voluntad	de ti	eran (existían)	y	fueron creadas.
3588	3956	2532	1223	3588	2307	4675	2258	2532	2936
DAPN	*JAPN*	*CLN*	*P*	*DASN*	*NASN*	*RP2GS*	*VIAI3P*	*CLN*	*VAPI3P*

5 Καὶ	εἶδον	ἐπὶ	τὴν	δεξιὰν	τοῦ	καθημένου	ἐπὶ	τοῦ	θρόνου
Y	vi	en	la	derecha	del que	estaba sentado	sobre	el	trono
2532	1492	1909	3588	1188	3588	2521	1909	3588	2362
CLN	*VAAI1S*	*P*	*DASF*	*JASF*	*DGSM*	*VPUP-SGM*	*P*	*DGSM*	*NGSM*

βιβλίον	γεγραμμένον	ἔσωθεν	καὶ	⸀ὄπισθεν,	κατεσφραγισμένον
rollo	que ha sido escrito	por dentro	y	por ambos lados,	que había sido sellado completamente
975	1125	2081	2532	3693	2696
NASN	*VRPP-SAN*	*B*	*CLN*	*B*	*VRPP-SAN*

σφραγῖσιν	ἑπτά.	2 καὶ	εἶδον	ἄγγελον	ἰσχυρὸν	κηρύσσοντα	ἐν	φωνῇ
sellos.$_2$	con siete$_1$	Y	vi	un ángel	fuerte	proclamando	con	voz
4973	2033	2532	1492	32	2478	2784	1722	5456
NDPF	*XN, J*	*CLN*	*VAAI1S*	*NASM*	*JASM*	*VPAP-SAM*	*P*	*NDSF*

μεγάλῃ·	Τίς	ἄξιος	ἀνοῖξαι	τὸ	βιβλίον	καὶ	λῦσαι	τὰς	σφραγῖδας
grande:	¿Quién	(es) digno	para abrir	el	rollo	y	desatar	los	sellos
3173	5101	514	455	3588	975	2532	3089	3588	4973
JDSF	*RI-NSM*	*JNSM*	*VAAN*	*DASN*	*NASN*	*CLN*	*VAAN*	*DAPF*	*NAPF*

αὐτοῦ;	3 καὶ	οὐδεὶς	ἐδύνατο	ἐν	τῷ	οὐρανῷ	οὐδὲ	ἐπὶ	τῆς	γῆς	οὐδὲ
de él?	Y$_1$	nadie$_2$	podía$_{14}$	en$_3$	el$_4$	cielo$_5$	ni$_6$	sobre$_7$	las$_8$	tierra$_9$	ni$_{10}$
846	2532	3762	1410	1722	3588	3772	3761	1909	3588	1093	3761
RP3GSN	*CLN*	*JNSM*	*VIUI3S*	*P*	*DDSM*	*NDSM*	*TN, CLD*	*P*	*DGSF*	*NGSF*	*TN, CLD*

ὑποκάτω	τῆς	γῆς	ἀνοῖξαι	τὸ	βιβλίον	οὔτε	βλέπειν	αὐτό.	4 καὶ	ἐγὼ
bajo$_{11}$	de la$_{12}$	tierra$_{13}$	abrir	el	rollo	ni	mirar	a él.	Y	yo
5270	3588	1093	455	3588	975	3777	991	846	2532	1473
P, B	*DGSF*	*NGSF*	*VAAN*	*DASN*	*NASN*	*TN, CLD*	*VPAN*	*RP3ASN*	*CLN*	*RP1NS*

ἔκλαιον	πολὺ	ὅτι	οὐδεὶς	ἄξιος	εὑρέθη	ἀνοῖξαι	τὸ	βιβλίον	οὔτε
lloraba	mucho,	porque	nadie	digno	fue hallado	para abrir	el	rollo	ni
2799	4183	3754	3762	514	2147	455	3588	975	3777
VIAI1S	*JASN*	*CAZ*	*JNSM*	*JNSM*	*VAPI3S*	*VAAN*	*DASN*	*NASN*	*TN, CLD*

βλέπειν	αὐτό·	5 καὶ	εἷς	ἐκ	τῶν	πρεσβυτέρων	λέγει	μοι·	Μὴ	κλαῖε·
mirar	a él.	Y	uno	de	los	ancianos	dice	a mí:	No	llores;
991	846	2532	1520	1537	3588	4245	3004	3427	3361	2799
VPAN	*RP3ASN*	*CLN*	*JNSM*	*P*	*DGPM*	*JGPM*	*VPAI3S*	*RP1DS*	*BN, TN*	*VPAM2S*

ἰδοὺ	ἐνίκησεν	ὁ	λέων	ὁ	ἐκ	τῆς	φυλῆς	Ἰούδα,	ἡ	ῥίζα	Δαυίδ,
mira,	venció$_{11}$	el$_1$	león$_2$	--$_3$	de$_4$	la$_5$	tribu$_6$	de Judá,$_7$	la$_8$	raíz$_9$	de David,$_{10}$
2400	3528	3588	3023	3588	1537	3588	5443	2448	3588	4491	1138
I, VAAM2S	*VAAI3S*	*DNSM*	*NNSM*	*DNSM*	*P*	*DGSF*	*NGSF*	*NGSM*	*DNSF*	*NNSF*	*NGSM, XP*

ἀνοῖξαι	τὸ	βιβλίον	καὶ	τὰς	ἑπτὰ	σφραγῖδας	αὐτοῦ.
para abrir$_{12}$	el	rollo	y	los	siete	sellos	de él.
455	3588	975	2532	3588	2033	4973	846
VAAN	*DASN*	*NASN*	*CLN*	*DAPF*	*XN, J*	*NAPF*	*RP3GSN*

NVI

los siglos. Y deponían sus coronas delante del trono exclamando:

11 «Digno eres, Señor
y Dios nuestro,
de recibir la gloria, la
honra y el poder,
porque tú creaste
todas las cosas;
por tu voluntad
existen
y fueron creadas».

El rollo escrito y el Cordero

5 En la mano derecha del que estaba sentado en el trono vi un rollo escrito por ambos lados y sellado con siete sellos.
2 También vi a un ángel poderoso que proclamaba a gran voz: «¿Quién es digno de romper los sellos y de abrir el rollo?»
3 Pero ni en el cielo ni en la tierra, ni debajo de la tierra, hubo nadie capaz de abrirlo ni de examinar su contenido.
4 Y lloraba yo mucho porque no se había encontrado a nadie que fuera digno de abrir el rollo ni de examinar su contenido.
5 Uno de los ancianos me dijo: «¡Deja de llorar, que ya el León de la tribu de Judá, la Raíz de David, ha vencido! Él sí puede abrir el rollo y sus siete sellos».

5:1⸀ Manuscritos inferiores tienen *por fuera*.

RVR

6 Y vi en medio del
trono y de los cuatro
seres vivientes, y en
medio de los ancianos,
un Cordero en pie,
como inmolado, que
tenía siete cuernos, y
siete ojos, los cuales son
los siete espíritus de
Dios enviados por toda
la tierra.
7 Y vino, y tomó el libro
de la mano derecha del
que estaba sentado en
el trono.
8 Y después que tomó
el libro, los cuatro
seres vivientes y los
veinticuatro ancianos
se postraron delante del
Cordero; teniendo cada
uno una cítara, y copas
de oro llenas de incien-
so, que son las oraciones
de los santos;
9 y cantaban un cántico
nuevo, diciendo: Digno
eres de tomar el libro
y de abrir sus sellos;
porque fuiste inmolado,
y con tu sangre nos
compraste para Dios,
de todo linaje, lengua,
pueblo y nación;
10 y nos hiciste para
nuestro Dios reyes y
sacerdotes, y reinaremos
sobre la tierra.
11 Y vi, y oí la voz de mu-
chos ángeles alrededor

6 Καὶ	εἶδον	ἐν	μέσῳ	τοῦ	θρόνου	καὶ	τῶν	τεσσάρων	ζῴων
Y	vi	en	medio	del	trono	y	de los	cuatro	seres vivientes
2532	1492	1722	3319	3588	2362	2532	3588	5064	2226
CLN	*VAAI1S*	*P*	*JDSN*	*DGSM*	*NGSM*	*CLN*	*DGPN*	*JGPN*	*NGPN*

καὶ	ἐν	μέσῳ	τῶν	πρεσβυτέρων	ἀρνίον	ἑστηκὸς	ὡς	ἐσφαγμένον,
y	en	medio	de los	ancianos	un Cordero	de pie	como	degollado,
2532	1722	3319	3588	4245	721	2476	5613	4969
CLN	*P*	*JDSN*	*DGPM*	*JGPM*	*NNSN*	*VRAP-SNN*	*CAM*	*VRPP-SNN*

ἔχων	κέρατα	ἑπτὰ	καὶ	ὀφθαλμοὺς	ἑπτά,	οἵ	εἰσιν	τὰ	ἑπτὰ
teniendo	cuernos$_2$	siete$_1$	y$_3$	ojos,$_5$	siete$_4$	los que	son	los	siete
2192	2768	2033	2532	3788	2033	3739	1526	3588	2033
VPAP-SNM	*NAPN*	*XN, J*	*CLN*	*NAPM*	*XN, J*	*RR-NPM*	*VPAI3P*	*DNPN*	*XN, J*

πνεύματα	τοῦ	θεοῦ,	ἀπεσταλμένοι	εἰς	πᾶσαν	τὴν	γῆν.	7 καὶ	ἦλθεν
espíritus	de --	Dios,	que han sido enviados	a	toda	la	tierra.	Y	vino
4151	3588	2316	649	1519	3956	3588	1093	2532	2064
NNPN	*DGSM*	*NGSM*	*VRPP-PNM*	*P*	*JASF*	*DASF*	*NASF*	*CLN*	*VAAI3S*

καὶ	εἴληφεν	ἐκ	τῆς	δεξιᾶς	τοῦ	καθημένου	ἐπὶ	τοῦ	θρόνου.	8 καὶ
y	ha tomado	de	la	derecha	del que	estaba sentado	sobre	el	trono.	Y
2532	2983	1537	3588	1188	3588	2521	1909	3588	2362	2532
CLN	*VRAI3S*	*P*	*DGSF*	*JGSF*	*DGSM*	*VPUP-SGM*	*P*	*DGSM*	*NGSM*	*CLN*

ὅτε	ἔλαβεν	τὸ	βιβλίον,	τὰ	τέσσαρα	ζῷα	καὶ	οἱ	εἴκοσι
cuando	tomó	el	rollo,	los	cuatro	seres vivientes	y	los	veinte
3753	2983	3588	975	3588	5064	2226	2532	3588	1501
CAT	*VAAI3S*	*DASN*	*NASN*	*DNPN*	*JNPN*	*NNPN*	*CLN*	*DNPM*	*JNPM*

τέσσαρες	πρεσβύτεροι	ἔπεσαν	ἐνώπιον	τοῦ	ἀρνίου,	ἔχοντες	ἕκαστος
cuatro	ancianos	cayeron	delante de	el	Cordero,	teniendo	cada uno
5064	4245	4098	1799	3588	721	2192	1538
JNPM	*JNPM*	*VAAI3P*	*P, B*	*DGSN*	*NGSN*	*VPAP-PNM*	*JNSM*

κιθάραν	καὶ	φιάλας	χρυσᾶς	γεμούσας	θυμιαμάτων,	αἵ	εἰσιν
una cítara	y	copas	de oro	que habían sido llenadas	de inciensos,	las que	son
2788	2532	5357	5552	1073	2368	3739	1526
NASF	*CLN*	*NAPF*	*JAPF*	*VPAP-PAF*	*NGPN*	*RR-NPF*	*VPAI3P*

αἱ	προσευχαὶ	τῶν	ἁγίων.	9 καὶ	ᾄδουσιν	ᾠδὴν	καινὴν	λέγοντες·
las	oraciones	de los	santos.	Y	cantan	una canción	nueva	diciendo:
3588	4335	3588	40	2532	103	5603	2537	3004
DNPF	*NNPF*	*DGPM*	*JGPM*	*CLN*	*VPAI3P*	*NASF*	*JASF*	*VPAP-PNM*

Ἄξιος	εἶ	λαβεῖν	τὸ	βιβλίον	καὶ	ἀνοῖξαι	τὰς	σφραγῖδας	αὐτοῦ,	ὅτι
Digno	eres	de tomar	el	rollo	y	abrir	los	sellos	de él,	porque
514	1488	2983	3588	975	2532	455	3588	4973	846	3754
JNSM	*VPAI2S*	*VAAN*	*DASN*	*NASN*	*CLN*	*VAAN*	*DAPF*	*NAPF*	*RP3GSN*	*CAZ*

ἐσφάγης	καὶ	ἠγόρασας	τῷ	⸀θεῷ	ἐν	τῷ	αἵματί	σου	ἐκ	πάσης
fuiste degollado	y	compraste	para --	Dios	con	la	sangre	de ti	de	toda
4969	2532	59	3588	2316	1722	3588	129	4675	1537	3956
VAPI2S	*CLN*	*VAAI2S*	*DDSM*	*NDSM*	*P*	*DDSN*	*NDSN*	*RP2GS*	*P*	*JGSF*

φυλῆς	καὶ	γλώσσης	καὶ	λαοῦ	καὶ	ἔθνους,	10 καὶ	ἐποίησας	αὐτοὺς	τῷ
tribu	y	lengua	y	pueblo	y	nación,	e	hiciste	a ellos	para --$_4$
5443	2532	1100	2532	2992	2532	1484	2532	4160	846	3588
NGSF	*CLN*	*NGSF*	*CLN*	*NGSM*	*CLN*	*NGSN*	*CLN*	*VAAI2S*	*RP3APM*	*DDSM*

θεῷ	ἡμῶν	⸀βασιλείαν	καὶ	ἱερεῖς,	καὶ	βασιλεύουσιν	ἐπὶ	τῆς	γῆς.
(el) Dios$_5$	de nosotros,$_6$	reino$_1$	y$_2$	sacerdotes$_3$	y	reinarán	sobre	la	tierra.
2316	2257	932	2532	2049	2532	936	1909	3588	1093
NDSM	*RP1GP*	*NASF*	*CLN*	*NAPM*	*CLN*	*VFAI3P*	*P*	*DGSF*	*NGSF*

11 Καὶ	εἶδον,	καὶ	ἤκουσα	φωνὴν	ἀγγέλων	πολλῶν	κύκλῳ	τοῦ
Y	vi,	y	oí	una voz	de ángeles$_2$	muchos$_1$	alrededor	del
2532	1492	2532	191	5456	32	4183	2945	3588
CLN	*VAAI1S*	*CLN*	*VAAI1S*	*NASF*	*NGPM*	*JGPM*	*P, BP*	*DGSM*

NVI

6 Entonces vi, en
medio de los cuatro seres
vivientes y del trono
y los ancianos, a un
Cordero que estaba de
pie y parecía haber sido
sacrificado. Tenía siete
cuernos y siete ojos, que
son los siete espíritus de
Dios enviados por toda
la tierra. 7 Se acercó y re-
cibió el rollo de la mano
derecha del que estaba
sentado en el trono.
8 Cuando lo tomó, los
cuatro seres vivientes y
los veinticuatro ancia-
nos se postraron delante
del Cordero. Cada uno
tenía un arpa y copas de
oro llenas de incienso,
que son las oraciones
del pueblo de Dios. 9 Y
entonaban este nuevo
cántico:

«Digno eres de recibir
el rollo escrito
y de romper sus sellos,
porque fuiste
sacrificado,
y con tu sangre com-
praste para Dios
gente de toda raza,
lengua, pueblo y
nación.
10 De ellos hiciste un
reino;
los hiciste sacerdotes al
servicio de nuestro
Dios,
y reinarán sobre la
tierra».

11 Luego miré, y oí la
voz de muchos ángeles
que estaban alrededor

5:9⸀ Manuscritos inferiores aumentaron *a nosotros.* **5:10**⸀ Manuscritos inferiores tienen *reyes.*

RVR

del trono, y de los seres
vivientes, y de los an-
cianos; y su número era
miríadas de miríadas, y
millares de millares,
12 que decían a gran
voz: El Cordero que ha
sido inmolado es digno
de tomar el poder, las
riquezas, la sabiduría,
la fortaleza, el honor, la
gloria y la alabanza.
13 Y a todo lo creado
que está en el cielo, y
sobre la tierra, y debajo
de la tierra, y en el mar,
y a todas las cosas que
hay en ellos, oí decir: Al
que está sentado en el
trono, y al Cordero, sea
la alabanza, el honor, la
gloria y el dominio, por
los siglos de los siglos.
14 Y los cuatro seres
vivientes decían: Amén;
y los veinticuatro ancia-
nos se postraron sobre
sus rostros y adoraron al
que vive por los siglos de
los siglos.

Los sellos

6 Y vi cuando el
Cordero abrió
uno de los sellos, y oí a
uno de los cuatro seres
vivientes decir como
con voz de trueno: Ven
y mira.
2 Y miré, y he aquí un

θρόνου καὶ τῶν ζῴων καὶ τῶν πρεσβυτέρων, καὶ ἦν ὁ
trono y de los seres vivientes y de los ancianos, y$_1$ era$_5$ el$_2$
2362 2532 3588 2226 2532 3588 4245 2532 2258 3588
NGSM CLN DGPN NGPN CLN DGPM JGPM CLN VIAI3S DNSM

ἀριθμὸς αὐτῶν μυριάδες μυριάδων καὶ χιλιάδες χιλιάδων, 12 λέγοντες
número$_3$ de ellos$_4$ miríadas$_6$ de miríadas$_7$ y$_8$ millar$_9$ de millares,$_{10}$ diciendo
706 846 3461 3461 2532 5505 5505 3004
NNSM RP3GPM JNPF, JNPM JGPF, JGPM CLN JNPF, NNPF JGPF, JNPF VPAP-PNM

φωνῇ μεγάλῃ· Ἄξιόν ἐστιν τὸ ἀρνίον τὸ ἐσφαγμένον λαβεῖν τὴν
con voz grande: Digno es el Cordero, el que ha sido degollado de recibir el
5456 3173 514 2076 3588 721 3588 4969 2983 3588
NDSF JDSF JNSN VPAI3S DNSN NNSN DNSN VRPP-SNN VAAN DASF

δύναμιν καὶ πλοῦτον καὶ σοφίαν καὶ ἰσχὺν καὶ τιμὴν καὶ δόξαν καὶ
poder y riqueza y sabiduría y fuerza y honor y gloria y
1411 2532 4149 2532 4678 2532 2479 2532 5092 2532 1391 2532
NASF CLN NASM CLN NASF CLN NASF CLN NASF CLN NASF CLN

εὐλογίαν. 13 καὶ πᾶν κτίσμα ὃ ἐν τῷ οὐρανῷ καὶ ἐπὶ τῆς γῆς
alabanza. Y$_1$ a toda$_3$ criatura$_4$ la que$_5$ en$_6$ el$_7$ cielo$_8$ y$_9$ sobre$_{10}$ la$_{11}$ tierra$_{12}$
2129 2532 3956 2938 3739 1722 3588 3772 2532 1909 3588 1093
NASF CLN JASN NASN RR-NSN P DDSM NDSM CLN P DGSF NGSF

καὶ ὑποκάτω τῆς γῆς καὶ ἐπὶ τῆς θαλάσσης, καὶ τὰ ἐν αὐτοῖς
y$_{13}$ bajo$_{14}$ de la$_{15}$ tierra$_{16}$ y$_{17}$ en$_{18}$ el$_{19}$ mar$_{20}$ y$_{21}$ las cosas$_{23}$ en$_{24}$ ellos$_{25}$
2532 5270 3588 1093 2532 1909 3588 2281 2532 3588 1722 846
CLN P, B DGSF NGSF CLN P DGSF NGSF CLN DAPN P RP3DPM

πάντα, ἤκουσα λέγοντας· Τῷ καθημένῳ ἐπὶ τῷ θρόνῳ καὶ
todas$_{22}$ oí$_2$ que dicen: Al que está sentado sobre el trono y
3956 191 3004 3588 2521 1909 3588 2362 2532
JAPN VAAI1S VPAP-PAM DDSM VPUP-SDM P DDSM, DDSN NDSM CLN

τῷ ἀρνίῳ ἡ εὐλογία καὶ ἡ τιμὴ καὶ ἡ δόξα καὶ τὸ κράτος εἰς
al Cordero la alabanza y la honra y la gloria y el dominio por
3588 721 3588 2129 2532 3588 5092 2532 3588 1391 2532 3588 2904 1519
DDSN NDSN DNSF NNSF CLN DNSF NNSF CLN DNSF NNSF CLN DNSN NNSN P

τοὺς αἰῶνας τῶν ⸀αἰώνων. 14 καὶ τὰ τέσσαρα ζῷα ἔλεγον· Ἀμήν.
los siglos de los siglos. Y los cuatro seres vivientes decían: Amén,
3588 165 3588 165 2532 3588 5064 2226 3004 281
DAPM NAPM DGPM NGPM CLN DNPN JNPN NNPN VIAI3P I, XF

καὶ οἱ πρεσβύτεροι ἔπεσαν καὶ προσεκύνησαν.
y los ancianos cayeron y adoraron.
2532 3588 4245 4098 2532 4352
CLN DNPM JNPM VAAI3P CLN VAAI3P

6 Καὶ εἶδον ὅτε ἤνοιξεν τὸ ἀρνίον μίαν ἐκ τῶν ἑπτὰ
Y vi cuando$_1$ abrió$_4$ el$_2$ Cordero$_3$ uno de los siete
2532 1492 3753 455 3588 721 1520 1537 3588 2033
CLN VAAI1S CAT VAAI3S DNSN NNSN JASF P DGPF XN, J

σφραγίδων, καὶ ἤκουσα ἑνὸς ἐκ τῶν τεσσάρων ζῴων λέγοντος
sellos, y oí a uno de los cuatro seres vivientes diciendo
4973 2532 191 1520 1537 3588 5064 2226 3004
NGPF CLN VAAI1S JGSN P DGPN JGPN NGPN VPAP-SGN

ὡς φωνῇ βροντῆς· Ἔρχου. 2 καὶ εἶδον, καὶ ἰδοὺ ἵππος
como con voz de trueno: Ven. Y vi, y he aquí un caballo
5613 5456 1027 2064 2532 3708 2532 2400 2462
P, CAM NNSF NGSF VPUM2S, VPUI2S CLN VAAI1S CLN I, VAAM2S NNSM

NVI

del trono, de los seres
vivientes y de los ancia-
nos. El número de ellos
era millares de millares
y millones de millones.
12 Cantaban con todas
sus fuerzas:

«¡Digno es el
Cordero, que ha
sido sacrificado,
de recibir el poder,
la riqueza y la
sabiduría,
la fortaleza y la honra,
la gloria y la
alabanza!»

13 Y oí a cuanta
criatura hay en el cielo,
y en la tierra, y debajo
de la tierra y en el mar, a
todos en la creación, que
cantaban:

«¡Al que está sentado
en el trono y al
Cordero,
sean la alabanza y la
honra, la gloria y el
poder,
por los siglos de los
siglos!»

14 Los cuatro seres
vivientes exclamaron:
«¡Amén!», y los
ancianos se postraron y
adoraron.

Los sellos

6 Vi cuando el
Cordero rompió
el primero de los siete
sellos, y oí a uno de los
cuatro seres vivientes,
que gritaba con voz de
trueno: «¡Ven!» 2 Miré,

5:13⸀ Manuscritos inferiores aumentaron *Amén.*

RVR

caballo blanco; y el que
lo montaba tenía un
arco; y le fue dada una
corona, y salió vencien-
do, y para vencer.
3 Cuando abrió el
segundo sello, oí al se-
gundo ser viviente, que
decía: Ven y mira.
4 Y salió otro caballo,
rojo; y al que lo monta-
ba se le concedió quitar
de la tierra la paz, y que
se matasen unos a otros;
y se le dio una gran
espada.
5 Y cuando abrió el
tercer sello, oí al tercer
ser viviente, que decía:
Ven y mira. Y miré, y he
aquí un caballo negro; y
el que lo montaba tenía
una balanza en la mano.
6 Y oí una voz de en
medio de los cuatro
seres vivientes, que de-
cía: Dos libras de trigo
por un denario, y seis
libras de cebada por un
denario; pero no dañes
el aceite ni el vino.
7 Y cuando abrió el
cuarto sello, oí la voz del

λευκός,	καὶ	ὁ	καθήμενος	ἐπ'	αὐτὸν	ἔχων	τόξον,	καὶ	ἐδόθη	αὐτῷ
blanco,	y	el que	está sentado	sobre	él	teniendo	un arco,	y	fue dada	a él
3022	2532	3588	2521	1909	846	2192	5115	2532	1325	846
JNSM	*CLN*	*DNSM*	*VPUP-SNM*	*P*	*RP3ASM*	*VPAP-SNM*	*NASN*	*CLN*	*VAPI3S*	*RP3DSM*

στέφανος,	καὶ	ἐξῆλθεν	νικῶν	καὶ	ἵνα	νικήσῃ.
una corona,	y	salió	venciendo	y	para	vencer.
4735	2532	1831	3528	2532	2443	3528
NNSM	*CLN*	*VAAI3S*	*VPAP-SNM*	*CLN*	*CAP*	*VAAS3S*

3 Καὶ	ὅτε	ἤνοιξεν	τὴν	σφραγῖδα	τὴν	δευτέραν,	ἤκουσα	τοῦ
Y	cuando	abrió	--$_3$	sello,$_4$	el$_1$	segundo$_2$	oí	al
2532	3753	455	3588	4973	3588	1208	191	3588
CLN	*CAT*	*VAAI3S*	*DASF*	*NASF*	*DASF*	*JASF*	*VAAI1S*	*DGSN*

δευτέρου	ζῴου	λέγοντος·	Ἔρχου.	4 καὶ	ἐξῆλθεν	ἄλλος	ἵππος
segundo	ser viviente	diciendo:	Ven.	Y	salió	otro	caballo
1208	2226	3004	2064	2532	1831	243	2462
JGSN	*NGSN*	*VPAP-SGN*	*VPUM2S, VPUI2S*	*CLN*	*VAAI3S*	*JNSM*	*NNSM*

πυρρός,	καὶ	τῷ	καθημένῳ	ἐπ'	αὐτὸν	ἐδόθη	αὐτῷ	λαβεῖν	τὴν
rojo,	y	al que	está sentado	sobre	él	fue dada	a él	tomar	la
4450	2532	3588	2521	1909	846	1325	846	2983	3588
JNSM	*CLN*	*DDSM*	*VPUP-SDM*	*P*	*RP3ASM*	*VAPI3S*	*RP3DSM*	*VAAN*	*DASF*

εἰρήνην	ἐκ	τῆς	γῆς	καὶ	ἵνα	ἀλλήλους	σφάξουσιν,	καὶ	ἐδόθη	αὐτῷ
paz	de	la	tierra	y	que	unos a otros	degollarán,	y	fue dado	a él
1515	1537	3588	1093	2532	2443	240	4969	2532	1325	846
NASF	*P*	*DGSF*	*NGSF*	*CLN*	*CSC*	*RC-APM*	*VFAI3P*	*CLN*	*VAPI3S*	*RP3DSM*

μάχαιρα	μεγάλη.
una espada	grande.
3162	3173
NNSF	*JNSF*

5 Καὶ	ὅτε	ἤνοιξε	τὴν	σφραγῖδα	τὴν	τρίτην,	ἤκουσα	τοῦ	τρίτου
Y	cuando	abrió	--$_3$	sello,$_4$	el$_1$	tercer$_2$	oí	del	tercer
2532	3753	455	3588	4973	3588	5154	191	3588	5154
CLN	*CAT*	*VAAI3S*	*DASF*	*NASF*	*DASF*	*JASF*	*VAAI1S*	*DGSN*	*JGSN*

ζῴου	λέγοντος·	Ἔρχου.	καὶ	εἶδον,	καὶ	ἰδοὺ	ἵππος	μέλας,
ser viviente	diciendo	Ven.	Y	vi,	y	he aquí	un caballo	negro
2226	3004	2064	2532	3708	2532	2400	2462	3189
NGSN	*VPAP-SGN*	*VPUM2S, VPUI2S*	*CLN*	*VAAI1S*	*CLN*	*I, VAAM2S*	*NNSM*	*JNSM*

καὶ	ὁ	καθήμενος	ἐπ'	αὐτὸν	ἔχων	ζυγὸν	ἐν	τῇ	χειρὶ	αὐτοῦ.
y	el que	está sentado	sobre	él	teniendo	una balanza	en	la	mano	de él.
2532	3588	2521	1909	846	2192	2218	1722	3588	5495	846
CLN	*DNSM*	*VPUP-SNM*	*P*	*RP3ASM*	*VPAP-SNM*	*NASM*	*P*	*DDSF*	*NDSF*	*RP3GSM*

6 καὶ	ἤκουσα	ὡς	φωνὴν	ἐν	μέσῳ	τῶν	τεσσάρων	ζῴων	λέγουσαν·
Y	oí	como	una voz	en	medio de	de los	cuatro	seres vivientes	diciendo:
2532	191	5613	5456	1722	3319	3588	5064	2226	3004
CLN	*VAAI1S*	*CAM*	*NASF*	*P*	*JDSN*	*DGPN*	*JGPN*	*NGPN*	*VPAP-SAF*

Χοῖνιξ	σίτου	δηναρίου,	καὶ	τρεῖς	χοίνικες	κριθῶν	δηναρίου·	καὶ
Una medida	de trigo	por un denario,	y	tres	medidas	de cebada	por un denario;	y
5518	4621	1220	2532	5140	5518	2915	1220	2532
NNSF, NNSM	*NGSM*	*NGSN*	*CLN*	*JNPF, JNPM*	*NNPF, NNPM*	*NGPF*	*NGSN*	*CLN*

τὸ	ἔλαιον	καὶ	τὸν	οἶνον	μὴ	ἀδικήσῃς.
al	aceite	y	al	vino	no	dañes.
3588	1637	2532	3588	3631	3361	91
DASN	*NASN*	*CLN*	*DASM*	*NASM*	*BN, TN*	*VAAS2S*

7 Καὶ	ὅτε	ἤνοιξεν	τὴν	σφραγῖδα	τὴν	τετάρτην,	ἤκουσα	φωνὴν	τοῦ
Y	cuando	abrió	--$_3$	sello,$_4$	el$_1$	cuarto$_2$	oí	una voz	del
2532	3753	455	3588	4973	3588	5067	191	5456	3588
CLN	*CAT*	*VAAI3S*	*DASF*	*NASF*	*DASF*	*JASF*	*VAAI1S*	*NASF*	*DGSN*

NVI

¡y apareció un caballo
blanco! El jinete llevaba
un arco; se le dio una
corona, y salió como
vencedor, para seguir
venciendo.
3 Cuando el Cordero
rompió el segundo
sello, oí al segundo ser
viviente, que gritaba:
«¡Ven!» 4 En eso salió
otro caballo, de color
rojo encendido. Al jine-
te se le entregó una gran
espada; se le permitió
quitar la paz de la tierra y
hacer que sus habitantes
se mataran unos a otros.
5 Cuando el Cordero
rompió el tercer sello,
oí al tercero de los seres
vivientes, que gritaba:
«¡Ven!» Miré, ¡y apare-
ció un caballo negro! El
jinete tenía una balanza
en la mano. 6 Y oí como
una voz en medio de los
cuatro seres vivientes,
que decía: «Un kilo
de trigo, o tres kilos de
cebada, por el salario de
un día; pero no afectes
el precio del aceite y del
vino».
7 Cuando el Cordero
rompió el cuarto sello,
oí la voz del cuarto ser

RVR

cuarto ser viviente, que
decía: Ven y mira.
[8]Miré, y he aquí un ca-
ballo verdoso pálido, y
el que lo montaba tenía
por nombre Muerte,
y el Hades le seguía;
y le fue dada potestad
sobre la cuarta parte de
la tierra, para matar con
espada, con hambre,
con pestilencia, y con
las fieras de la tierra.
[9]Y cuando abrió el
quinto sello, vi debajo
del altar las almas de
los que habían sido
muertos por causa de la
palabra de Dios y por el
testimonio que tenían.
[10]Y clamaban a gran
voz, diciendo: ¿Hasta
cuándo, Señor, santo y
verdadero, no juzgas y
vengas nuestra sangre
de manos de los que
moran en la tierra?
[11]Y se les dieron vesti-
duras blancas, y se les
dijo que descansasen
todavía un poco de
tiempo, hasta que se
completara el número
de sus consiervos y sus
hermanos, que también
iban a ser muertos
como ellos.

τετάρτου	ζῴου	λέγοντος·	[Γ]Ἔρχου.	[8]καὶ	εἶδον,	καὶ	ἰδοὺ	ἵππος
cuarto	ser viviente	diciendo:	Ven.	Y	vi,	y	he aquí	un caballo
5067	2226	3004	2064	2532	3708	2532	2400	2462
JGSN	*NGSN*	*VPAP-SGN*	*VPUM2S, VPUI2S*	*CLN*	*VAAI1S*	*CLN*	*I, VAAM2S*	*NNSM*

χλωρός,	καὶ	ὁ	καθήμενος	ἐπάνω	αὐτοῦ	ὄνομα	αὐτῷ	ὁ	Θάνατος,
verde claro,	y	el que	está sentado	encima de	él,	nombre	para él	la	muerte,
5515	2532	3588	2521	1883	846	3686	846	3588	2288
JNSM	*CLN*	*DNSM*	*VPUP-SNM*	*P, B*	*RP3GSM*	*NNSN*	*RP3DSM*	*DNSM*	*NNSM*

καὶ	ὁ	ᾅδης	ἠκολούθει	μετ᾽	αὐτοῦ,	καὶ	ἐδόθη	αὐτοῖς	ἐξουσία	ἐπὶ
y	el	Hades	seguía	con	él,	y$_{1}$	fue dada$_{3}$	a ellos$_{4}$	autoridad$_{2}$	sobre
2532	3588	86	190	3326	846	2532	1325	846	1849	1909
CLN	*DNSM*	*NNSM*	*VIAI3S*	*P*	*RP3GSM*	*CLN*	*VAPI3S*	*RP3DPM*	*NNSF*	*P*

τὸ	τέταρτον	τῆς	γῆς,	ἀποκτεῖναι	ἐν	ῥομφαίᾳ	καὶ	ἐν	λιμῷ	καὶ	ἐν
la	cuarta (parte)	de la	tierra,	para matar	con	espada	y	con	hambre	y	con
3588	5067	3588	1093	615	1722	4501	2532	1722	3042	2532	1722
DASN	*JASN*	*DGSF*	*NGSF*	*VAAN*	*P*	*NDSF*	*CLN*	*P*	*NDSM*	*CLN*	*P*

θανάτῳ	καὶ	ὑπὸ	τῶν	θηρίων	τῆς	γῆς.
muerte	y	por	las	fieras	de la	tierra.
2288	2532	5259	3588	2342	3588	1093
NDSM	*CLN*	*P*	*DGPN*	*NGPN*	*DGSF*	*NGSF*

[9]Καὶ	ὅτε	ἤνοιξεν	τὴν	πέμπτην	σφραγῖδα,	εἶδον	ὑποκάτω	τοῦ
Y	cuando	abrió	el	quinto	sello,	vi	bajo	el
2532	3753	455	3588	3991	4973	1492	5270	3588
CLN	*CAT*	*VAAI3S*	*DASF*	*JASF*	*NASF*	*VAAI1S*	*P, B*	*DGSN*

θυσιαστηρίου	τὰς	ψυχὰς	τῶν	ἐσφαγμένων	διὰ	τὸν	λόγον	τοῦ	θεοῦ
altar	las	vidas	de los	degollados	a causa de	la	palabra	de --	Dios
2379	3588	5590	3588	4969	1223	3588	3056	3588	2316
NGSN	*DAPF*	*NAPF*	*DGPM*	*VRPP-PGM*	*P*	*DASM*	*NASM*	*DGSM*	*NGSM*

καὶ	διὰ	τὴν	μαρτυρίαν	ἣν	εἶχον.	[10]καὶ	ἔκραξαν	φωνῇ	μεγάλῃ
y	a causa de	el	testimonio	el que	tenían.	Y	gritaban	con voz	grande
2532	1223	3588	3141	3739	2192	2532	2896	5456	3173
CLN	*P*	*DASF*	*NASF*	*RR-ASF*	*VIAI3P*	*CLN*	*VAAI3P*	*NDSF*	*JDSF*

λέγοντες·	Ἕως	πότε,	ὁ	δεσπότης	ὁ	ἅγιος	καὶ	ἀληθινός,	οὐ
diciendo:	¿Hasta	cuándo,	--	Soberano	--	Santo	y	Verdadero,	no
3004	2193	4219	3588	1203	3588	40	2532	228	3756
VPAP-PNM	*P, C*	*BI*	*DNSM*	*NNSM*	*DNSM*	*JNSM*	*CLN*	*JNSM*	*BN, TN*

κρίνεις	καὶ	ἐκδικεῖς	τὸ	αἷμα	ἡμῶν	ἐκ	τῶν	κατοικούντων	ἐπὶ	τῆς
juzgas	y	haces justicia	la	sangre	de nosotros,	de	los que	habitan	sobre	la
2919	2532	1556	3588	129	2257	1537	3588	2730	1909	3588
VPAI2S	*CLN*	*VPAI2S*	*DASN*	*NASN*	*RP1GP*	*P*	*DGPM*	*VPAP-PGM*	*P*	*DGSF*

γῆς;	[11]καὶ	ἐδόθη	αὐτοῖς	ἑκάστῳ	στολὴ	λευκή,	καὶ	ἐρρέθη	αὐτοῖς
tierra?	Y$_{1}$	fue dada$_{4}$	de ellos,$_{6}$	para cada uno$_{5}$	una túnica larga$_{2}$	blanca$_{3}$	y	fue dicho	a ellos
1093	2532	1325	846	1538	4749	3022	2532	4482	846
NGSF	*CLN*	*VAPI3S*	*RP3DPM*	*JDSM*	*NNSF*	*JNSF*	*CLN*	*VAPI3S*	*RP3DPM*

ἵνα	ἀναπαύσονται	ἔτι	χρόνον	μικρόν,	ἕως	πληρωθῶσιν	καὶ
que	descansarán	todavía	tiempo,$_{2}$	poco$_{1}$	hasta que$_{3}$	se completaran.$_{18}$	también$_{17}$
2443	373	2089	5550	3398	2193	4137	2532
CSC	*VFMI3P*	*B*	*NASM*	*JASM*	*CAT*	*VAPS3P*	*BE, TE*

οἱ	σύνδουλοι	αὐτῶν	καὶ	οἱ	ἀδελφοὶ	αὐτῶν	οἱ	μέλλοντες
los$_{4}$	consiervos$_{5}$	de ellos$_{6}$	y$_{7}$	los$_{8}$	hermanos$_{9}$	de ellos,$_{10}$	los que$_{11}$	están a punto de$_{12}$
3588	4889	846	2532	3588	80	846	3588	3195
DNPM	*NNPM*	*RP3GPM*	*CLN*	*DNPM*	*NNPM*	*RP3GPM*	*DNPM*	*VPAP-PNM*

ἀποκτέννεσθαι	ὡς	καὶ	αὐτοί.
ser matados$_{13}$	como$_{14}$	también$_{15}$	ellos.$_{16}$
615	5613	2532	846
VPPN	*CAM*	*BE, TE*	*RP3NPMP*

NVI

viviente, que gritaba:
«¡Ven!» [8]Miré, ¡y
apareció un caballo
amarillento! El jinete
se llamaba Muerte, y el
Infierno lo seguía de cer-
ca. Y se les otorgó poder
sobre la cuarta parte de
la tierra, para matar por
medio de la espada, el
hambre, las epidemias y
las fieras de la tierra.
[9]Cuando el Cordero
rompió el quinto sello,
vi debajo del altar las
almas de los que habían
sufrido el martirio por
causa de la palabra de
Dios y por mantenerse
fieles en su testimonio.
[10]Gritaban a gran
voz: «¿Hasta cuándo,
Soberano Señor, santo y
veraz, seguirás sin juzgar
a los habitantes de la tie-
rra y sin vengar nuestra
muerte?» [11]Entonces
cada uno de ellos recibió
ropas blancas, y se les
dijo que esperaran un
poco más, hasta que se
completara el número
de sus consiervos y her-
manos que iban a sufrir
el martirio como ellos.

6:7[Γ] Manuscritos inferiores aumentaron *y mira.*

RVR

12 Miré cuando abrió el
sexto sello, y se produjo
un gran terremoto; y el
sol se puso negro como
un saco hecho de crin,
y la luna se volvió toda
como sangre;
13 y las estrellas del cielo
cayeron sobre la tierra,
como la higuera deja
caer sus higos cuando es
sacudida por un fuerte
viento.
14 Y el cielo desapareció
como un pergamino
que se enrolla; y todo
monte y toda isla fueron
removidos de su lugar.
15 Y los reyes de la tierra,
los magnates, los ricos,
los tribunos, los podero-
sos, y todo siervo y todo
libre, se escondieron
en las cuevas y entre las
peñas de los montes;
16 y decían a los montes
y a las peñas: Caed
sobre nosotros, y escon-
dednos del rostro del
que está sentado sobre
el trono, y de la ira del
Cordero;
17 porque el gran día
de su ira ha llegado; ¿y
quién podrá sostenerse
en pie?

12 Καὶ εἶδον ὅτε ἤνοιξεν τὴν σφραγῖδα τὴν ἕκτην, καὶ σεισμὸς
Y vi cuando abrió --$_3$ sello,$_4$ el$_1$ sexto$_2$ y un terremoto
2532 1492 3753 455 3588 4973 3588 1623 2532 4578
CLN VAAI1S CAT VAAI3S DASF NASF DASF JASF CLN NNSM

μέγας ἐγένετο, καὶ ὁ ἥλιος ἐγένετο μέλας ὡς σάκκος τρίχινος,
grande sucedió, y el sol llegó a estar negro como un saco hecho de crin,
3173 1096 2532 3588 2246 1096 3189 5613 4526 5155
JNSM VAMI3S CLN DNSM NNSM VAMI3S JNSM P, CAM NNSM JNSM

καὶ ἡ σελήνη ὅλη ἐγένετο ὡς αἷμα, 13 καὶ οἱ ἀστέρες τοῦ
y$_1$ la$_3$ luna$_4$ toda$_2$ llegó a estar como sangre, y las estrellas del
2532 3588 4582 3650 1096 5613 129 2532 3588 792 3588
CLN DNSF NNSF JNSF VAMI3S P, CAM NNSN, NASN CLN DNPM NNPM DGSM

οὐρανοῦ ἔπεσαν εἰς τὴν γῆν, ὡς συκῆ βάλλει τοὺς ὀλύνθους
cielo cayeron hacia la tierra, como una higuera echa$_1$ los$_3$ higos sin madurar$_4$
3772 4098 1519 3588 1093 5613 4808 906 3588 3653
NGSM VAAI3P P DASF NASF CAM NNSF VPAI3S DAPM NAPM

αὐτῆς ὑπὸ ἀνέμου μεγάλου σειομένη, 14 καὶ ὁ οὐρανὸς
de ella$_2$ por$_6$ un viento$_7$ grande,$_8$ cuando es sacudida$_5$ y el cielo
846 5259 417 3173 4579 2532 3588 3772
RP3GSF P NGSM JGSM VPPP-SNF CLN DNSM NNSM

ἀπεχωρίσθη ὡς βιβλίον ἑλισσόμενον, καὶ πᾶν ὄρος καὶ νῆσος ἐκ
desapareció como un rollo que es enrollado, y todo monte e$_1$ isla$_2$ de$_4$
673 5613 975 1667 2532 3956 3735 2532 3520 1537
VAPI3S CAM NNSN, NASN VPPP-SNN, VPPP-SAN CLN JNSN NNSN CLN NNSF P

τῶν τόπων αὐτῶν ἐκινήθησαν. 15 καὶ οἱ βασιλεῖς τῆς γῆς καὶ οἱ
los$_5$ lugares$_6$ de ellos.$_7$ fueron movidos$_3$ Y los reyes de la tierra y los
3588 5117 846 2795 2532 3588 935 3588 1093 2532 3588
DGPM NGPM RP3GPN VAPI3P CLN DNPM NNPM DGSF NGSF CLN DNPM

μεγιστᾶνες καὶ οἱ χιλίαρχοι καὶ οἱ πλούσιοι καὶ οἱ ἰσχυροὶ
grandes y los jefes militares y los ricos y los poderosos
3175 2532 3588 5506 2532 3588 4145 2532 3588 2478
NNPM CLN DNPM NNPM CLN DNPM JNPM CLN DNPM JNPM

καὶ πᾶς δοῦλος καὶ ἐλεύθερος ἔκρυψαν ἑαυτοὺς εἰς τὰ σπήλαια
y todo esclavo y libre se escondieron a sí mismos en las cuevas
2532 3956 1401 2532 1658 2928 1438 1519 3588 4693
CLN JNSM NNSM CLN JNSM VAAI3P RF3APM P DAPN NAPN

καὶ εἰς τὰς πέτρας τῶν ὀρέων· 16 καὶ λέγουσιν τοῖς ὄρεσιν καὶ ταῖς
y en las piedras de los montes, y dicen a los montes y a las
2532 1519 3588 4073 3588 3735 2532 3004 3588 3735 2532 3588
CLN P DAPF NAPF DGPN NGPN CLN VPAI3P DDPN NDPN CLN DDPF

πέτραις· Πέσετε ἐφ᾽ ἡμᾶς καὶ κρύψατε ἡμᾶς ἀπὸ προσώπου τοῦ
piedras: Caed sobre nosotros y esconded a nosotros de rostro del que
4073 4098 1909 2248 2532 2928 2248 575 4383 3588
NDPF VAAM2P P RP1AP CLN VAAM2P RP1AP P NGSN DGSM

καθημένου ἐπὶ τοῦ θρόνου καὶ ἀπὸ τῆς ὀργῆς τοῦ ἀρνίου, 17 ὅτι
está sentado sobre el trono y de la ira del Cordero, porque$_1$
2521 1909 3588 2362 2532 575 3588 3709 3588 721 3754
VPUP-SGM P DGSM NGSM CLN P DGSF NGSF DGSN NGSN CAZ

ἦλθεν ἡ ἡμέρα ἡ μεγάλη τῆς ὀργῆς αὐτῶν, καὶ τίς δύναται
vino,$_9$ el$_2$ día$_3$ --$_4$ grande$_5$ de la$_6$ ira$_7$ de ellos$_8$ ¿y quién puede
2064 3588 2250 3588 3173 3588 3709 846 2532 5101 1410
VAAI3S DNSF NNSF DNSF JNSF DGSF NGSF RP3GPM CLN RI-NSM VPUI3S

σταθῆναι;
estar en pie?
2476
VAPN

NVI

12 Vi que el Cordero
rompió el sexto sello, y
se produjo un gran terre-
moto. El sol se oscureció
como si se hubiera vesti-
do de luto, la luna entera
se tornó roja como la
sangre, 13 y las estrellas
del firmamento cayeron
sobre la tierra, como
caen los higos verdes
de la higuera sacudida
por el vendaval. 14 El
firmamento desapareció
como cuando se enrolla
un pergamino, y todas
las montañas y las islas
fueron removidas de
su lugar.
15 Los reyes de la
tierra, los magnates, los
jefes militares, los ricos,
los poderosos, y todos
los demás, esclavos y
libres, se escondieron
en las cuevas y entre las
peñas de las monta-
ñas. 16 Todos gritaban
a las montañas y a las
peñas: «¡Caigan sobre
nosotros y escóndannos
de la mirada del que está
sentado en el trono y de
la ira del Cordero, 17 por-
que ha llegado el gran
día del castigo! ¿Quién
podrá mantenerse en
pie?»

RVR

Los 144.000 sellados

7 Después de esto
vi a cuatro ángeles
en pie sobre los cuatro
ángulos de la tierra,
que detenían los cuatro
vientos de la tierra, para
que no soplase viento
alguno sobre la tierra,
ni sobre el mar, ni sobre
ningún árbol.
2 Vi también a otro ángel
que subía de donde sale
el sol, y tenía el sello
del Dios vivo; y clamó
a gran voz a los cuatro
ángeles, a quienes se les
había concedido el hacer
daño a la tierra y al mar,
3 diciendo: No hagáis
daño a la tierra, ni al
mar, ni a los árboles, has-
ta que hayamos sellado
en sus frentes a los sier-
vos de nuestro Dios.
4 Y oí el número de los
sellados: ciento cuarenta
y cuatro mil sellados de
todas las tribus de los
hijos de Israel.
5 De la tribu de Judá,
doce mil sellados. De
la tribu de Rubén, doce
mil sellados. De la

7 Μετὰ	τοῦτο	εἶδον	τέσσαρας	ἀγγέλους	ἑστῶτας	ἐπὶ	τὰς
Después de	esto	vi	cuatro	ángeles	puestos en pie	sobre	los
3326	5124	3708	5064	32	2476	1909	3588
P	RD-ASN	VAAI1S	JAPM	NAPM	VRAP-PAM	P	DAPF

τέσσαρας	γωνίας	τῆς	γῆς,	κρατοῦντας	τοὺς	τέσσαρας	ἀνέμους	τῆς
cuatro	ángulos	de la	tierra,	reteniendo	los	cuatro	vientos	de la
5064	1137	3588	1093	2902	3588	5064	417	3588
JAPF	NAPF	DGSF	NGSF	VPAP-PAM	DAPM	JAPM	NAPM	DGSF

γῆς,	ἵνα	μὴ	πνέῃ	ἄνεμος	ἐπὶ	τῆς	γῆς	μήτε	ἐπὶ	τῆς	θαλάσσης
tierra,	para que	no	sople	viento	sobre	la	tierra	ni	sobre	el	mar
1093	2443	3361	4154	417	1909	3588	1093	3383	1909	3588	2281
NGSF	CAP	BN, TN	VPAS3S	NNSM	P	DGSF	NGSF	TN, CLD	P	DGSF	NGSF

μήτε	ἐπὶ	πᾶν	δένδρον.	2 καὶ	εἶδον	ἄλλον	ἄγγελον	ἀναβαίνοντα	ἀπὸ
ni	sobre	todo	árbol.	También	vi	a otro	ángel	subiendo	de
3383	1909	3956	1186	2532	1492	243	32	305	575
TN, CLD	P	JASN	NASN	CLN	VAAI1S	JASM	NASM	VPAP-SAM	P

ἀνατολῆς	ἡλίου,	ἔχοντα	σφραγῖδα	θεοῦ	ζῶντος,	καὶ	ἔκραξεν	φωνῇ
salida	del sol,	teniendo	un sello	de Dios	viviente,	y	clamó	con voz
395	2246	2192	4973	2316	2198	2532	2896	5456
NGSF	NGSM	VPAP-SAM	NASF	NGSM	VPAP-SGM	CLN	VAAI3S	NDSF

μεγάλῃ	τοῖς	τέσσαρσιν	ἀγγέλοις	οἷς	ἐδόθη	αὐτοῖς	ἀδικῆσαι	τὴν
grande	a los	cuatro	ángeles	a los que	fue dado	a ellos	hacer daño	la
3173	3588	5064	32	3739	1325	846	91	3588
JDSF	DDPM	JDPM	NDPM	RR-DPM	VAPI3S	RP3DPM	VAAN	DASF

γῆν	καὶ	τὴν	θάλασσαν,	3 λέγων·	Μὴ	ἀδικήσητε	τὴν	γῆν	μήτε	τὴν
tierra,	y	el	mar,	diciendo:	No	hagáis daño	a la	tierra	ni	al
1093	2532	3588	2281	3004	3361	91	3588	1093	3383	3588
NASF	CLN	DASF	NASF	VPAP-SNM	BN, TN	VAAS2P	DASF	NASF	TN, CLD	DASF

θάλασσαν	μήτε	τὰ	δένδρα,	ἄχρι	σφραγίσωμεν	τοὺς	δούλους	τοῦ
mar	ni	a los	árboles,	hasta que	sellemos	a los	siervos	de --
2281	3383	3588	1186	891	4972	3588	1401	3588
NASF	TN, CLD	DAPN	NAPN	P, C	VAAS1P	DAPM	NAPM	DGSM

θεοῦ	ἡμῶν	ἐπὶ	τῶν	μετώπων	αὐτῶν.
Dios	de nosotros	sobre	las	frentes	de ellos.
2316	2257	1909	3588	3359	846
NGSM	RP1GP	P	DGPN	NGPN	RP3GPM

4 Καὶ	ἤκουσα	τὸν	ἀριθμὸν	τῶν	ἐσφραγισμένων,	ἑκατὸν
Y	oí	el	número	de los que	fueron sellados,	ciento
2532	191	3588	706	3588	4972	1540
CLN	VAAI1S	DASM	NASM	DGPM	VRPP-PGM	XN, J

τεσσεράκοντα	τέσσαρες	χιλιάδες,	ἐσφραγισμένοι	ἐκ	πάσης	φυλῆς
cuarenta	cuatro	mil	sellados	de	toda	tribu
5062	5064	5505	4972	1537	3956	5443
XN, J	JNPF	JNPF, NNPF	VRPP-PNM	P	JGSF	NGSF

υἱῶν	Ἰσραήλ·
de los hijos de	Israel:
5207	2474
NGPM	NGSM, XP

5 ἐκ	φυλῆς	Ἰούδα	δώδεκα	χιλιάδες	ἐσφραγισμένοι,
De	(la) tribu	de Judá	doce	mil	sellados,
1537	5443	2448	1427	5505	4972
P	NGSF	NGSM	XN, J	JNPF, NNPF	VRPP-PNM

ἐκ	φυλῆς	Ῥουβὴν	δώδεκα	χιλιάδες,
de	(la) tribu	de Rubén	doce	mil,
1537	5443	4502	1427	5505
P	NGSF	NGSM, XP	XN, J	JNPF, NNPF

NVI

Los 144.000 sellados

7 Después de esto
vi a cuatro ángeles
en los cuatro ángulos
de la tierra. Estaban allí
de pie, deteniendo los
cuatro vientos para que
estos no se desataran
sobre la tierra, el mar y
los árboles. 2 Vi también
a otro ángel que venía
del oriente con el sello
del Dios vivo. Gritó con
voz potente a los cuatro
ángeles a quienes se les
había permitido hacer
daño a la tierra y al mar:
3 «¡No hagan daño ni
a la tierra, ni al mar ni
a los árboles, hasta que
hayamos puesto un sello
en la frente de los siervos
de nuestro Dios!» 4 Y
oí el número de los que
fueron sellados: ciento
cuarenta y cuatro mil de
todas las tribus de Israel.

5 De la tribu de Judá
fueron sellados
doce mil;
de la tribu de Rubén,
doce mil;

RVR

tribu de Gad, doce mil
sellados.
6 De la tribu de Aser,
doce mil sellados. De la
tribu de Neftalí, doce
mil sellados. De la tribu
de Manasés, doce mil
sellados.
7 De la tribu de Simeón,
doce mil sellados. De la
tribu de Leví, doce mil
sellados. De la tribu de
Isacar, doce mil sellados.
8 De la tribu de Zabulón,
doce mil sellados. De
la tribu de José, doce
mil sellados. De la tribu
de Benjamín, doce mil
sellados.

La multitud vestida de ropas blancas

9 Después de esto miré,
y vi una gran multitud,
la cual nadie podía con-
tar, de todas naciones,
tribus, pueblos y len-
guas, que estaban de pie
delante del trono y en la
presencia del Cordero,
cubiertos de ropas
blancas, y con palmas en
las manos;

ἐκ	φυλῆς	Γὰδ	δώδεκα	χιλιάδες,
de	(la) tribu	de Gad	doce	mil,
1537	5443	1045	1427	5505
P	*NGSF*	*NGSM, XP*	*XN, J*	*JNPF, NNPF*

6 ἐκ	φυλῆς	Ἀσὴρ	δώδεκα	χιλιάδες,
de	(la) tribu	de Aser	doce	mil,
1537	5443	768	1427	5505
P	*NGSF*	*NGSM, XP*	*XN, J*	*JNPF, NNPF*

ἐκ	φυλῆς	Νεφθαλὶμ	δώδεκα	χιλιάδες,
de	(la) tribu	de Neftalí	doce	mil,
1537	5443	3508	1427	5505
P	*NGSF*	*NGSM, XP*	*XN, J*	*JNPF, NNPF*

ἐκ	φυλῆς	Μανασσῆ	δώδεκα	χιλιάδες,
de	(la) tribu	de Manasés	doce	mil,
1537	5443	3128	1427	5505
P	*NGSF*	*NGSM*	*XN, J*	*JNPF, NNPF*

7 ἐκ	φυλῆς	Συμεὼν	δώδεκα	χιλιάδες,
de	(la) tribu	de Simeón	doce	mil,
1537	5443	4826	1427	5505
P	*NGSF*	*NGSM, XP*	*XN, J*	*JNPF, NNPF*

ἐκ	φυλῆς	Λευὶ	δώδεκα	χιλιάδες,
de	(la) tribu	de Leví	doce	mil,
1537	5443	3017	1427	5505
P	*NGSF*	*NGSM, XP*	*XN, J*	*JNPF, NNPF*

ἐκ	φυλῆς	Ἰσσαχὰρ	δώδεκα	χιλιάδες,
de	(la) tribu	de Isacar	doce	mil,
1537	5443	2466	1427	5505
P	*NGSF*	*NGSM, XP*	*XN, J*	*JNPF, NNPF*

8 ἐκ	φυλῆς	Ζαβουλὼν	δώδεκα	χιλιάδες,
de	(la) tribu	de Zabulón	doce	mil,
1537	5443	2194	1427	5505
P	*NGSF*	*NGSM, XP*	*XN, J*	*JNPF, NNPF*

ἐκ	φυλῆς	Ἰωσὴφ	δώδεκα	χιλιάδες,
de	(la) tribu	de José	doce	mil,
1537	5443	2501	1427	5505
P	*NGSF*	*NGSM, XP*	*XN, J*	*JNPF, NNPF*

ἐκ	φυλῆς	Βενιαμὶν	δώδεκα	χιλιάδες	ἐσφραγισμένοι.
de	(la) tribu	de Benjamín	doce	mil	sellados.
1537	5443	958	1427	5505	4972
P	*NGSF*	*NGSM, XP*	*XN, J*	*JNPF, NNPF*	*VRPP-PNM*

9 Μετὰ	ταῦτα	εἶδον,	καὶ	ἰδοὺ	ὄχλος	πολύς,	ὃν	ἀριθμῆσαι
Después de	estas cosas	vi,	y	he aquí	una multitud	grande,	la que$_1$	contar$_4$
3326	5023	1492	2532	2400	3793	4183	3739	705
P	*RD-APN*	*VAAI1S*	*CLN*	*I, VAAM2S*	*NNSM*	*JNSM*	*RR-ASM*	*VAAN*

αὐτὸν	οὐδεὶς	ἐδύνατο,	ἐκ	παντὸς	ἔθνους	καὶ	φυλῶν	καὶ	λαῶν	καὶ
a ella,$_5$	nadie$_2$	podía$_3$	de	toda	nación	y	tribus	y	pueblos	y
846	3762	1410	1537	3956	1484	2532	5443	2532	2992	2532
RP3ASM	*JNSM*	*VIUI3S*	*P*	*JGSN*	*NGSN*	*CLN*	*NGPF*	*CLN*	*NGPM*	*CLN*

γλωσσῶν,	ἑστῶτες	ἐνώπιον	τοῦ	θρόνου	καὶ	ἐνώπιον	τοῦ	ἀρνίου,
lenguas,	de pie	delante de	el	trono	y	delante de	el	Cordero.
1100	2476	1799	3588	2362	2532	1799	3588	721
NGPF	*VRAP-PNM*	*P, B*	*DGSM*	*NGSM*	*CLN*	*P, B*	*DGSN*	*NGSN*

περιβεβλημένους	στολὰς	λευκάς,	καὶ	φοίνικες	ἐν	ταῖς	χερσὶν
cubiertos	(con)túnicas largas	blancas,	y	palmeras	en	las	manos
4016	4749	3022	2532	5404	1722	3588	5495
VRPP-PAM	*NAPF*	*JAPF*	*CLN*	*NNPM*	*P*	*DDPF*	*NDPF*

NVI

de la tribu de Gad,
doce mil;
6 de la tribu de Aser,
doce mil;
de la tribu de Neftalí,
doce mil;
de la tribu de Manasés,
doce mil;
7 de la tribu de Simeón,
doce mil;
de la tribu de Leví,
doce mil;
de la tribu de Isacar,
doce mil;
8 de la tribu de
Zabulón, doce mil;
de la tribu de José,
doce mil;
de la tribu de
Benjamín, doce
mil.

La gran multitud con túnicas blancas

9 Después de esto
miré, y apareció una
multitud tomada de to-
das las naciones, tribus,
pueblos y lenguas; era
tan grande que nadie
podía contarla. Estaban
de pie delante del trono
y del Cordero, vestidos
de túnicas blancas y
con ramas de palma en

RVR

10 y clamaban a gran
voz, diciendo: La
salvación pertenece a
nuestro Dios que está
sentado en el trono, y al
Cordero.
11 Y todos los ángeles
estaban en pie alrededor
del trono, y de los ancia-
nos y de los cuatro seres
vivientes; y se postraron
sobre sus rostros delante
del trono, y adoraron
a Dios,
12 diciendo: Amén. La
bendición, la gloria,
la sabiduría, la acción
de gracias, el honor, el
poder y la fortaleza,
sean a nuestro Dios por
los siglos de los siglos.
Amén.
13 Entonces uno de los
ancianos tomó la pala-
bra, diciéndome: Estos
que están cubiertos de
ropas blancas, ¿quiénes
son, y de dónde han
venido?
14 Yo le dije: Señor, tú
lo sabes. Y él me dijo:
Éstos son los que han
venido procedentes de
la gran tribulación, y
han lavado sus ropas,
y las han emblanque-
cido en la sangre del
Cordero.
15 Por eso están delante
del trono de Dios, y le

αὐτῶν·	10 καὶ	κράζουσι	φωνῇ	μεγάλῃ	λέγοντες·	Ἡ	σωτηρία	τῷ	θεῷ
de ellos.	Y	gritan	con voz	grande	diciendo:	La	salvación	al	Dios
846	2532	2896	5456	3173	3004	3588	4991	3588	2316
RP3GPM	*CLN*	*VPAI3P*	*NDSF*	*JDSF*	*VPAP-PNM*	*DNSF*	*NNSF*	*DDSM*	*NDSM*

ἡμῶν	τῷ	καθημένῳ	ἐπὶ	τῷ	θρόνῳ	καὶ	τῷ	ἀρνίῳ.	11 καὶ	πάντες
de nosotros,	al que	está sentado	en	el	trono	y	al	Cordero.	Y	todos
2257	3588	2521	1909	3588	2362	2532	3588	721	2532	3956
RP1GP	*DDSM*	*VPUP-SDM*	*P*	*DDSM*	*NDSM*	*CLN*	*DDSN*	*NDSN*	*CLN*	*JNPM*

οἱ	ἄγγελοι	εἱστήκεισαν	κύκλῳ	τοῦ	θρόνου	καὶ	τῶν	πρεσβυτέρων
los	ángeles	habían estado de pie	alrededor	del	trono	y	los	ancianos
3588	32	2476	2945	3588	2362	2532	3588	4245
DNPM	*NNPM*	*VLAI3P*	*P, BP*	*DGSM*	*NGSM*	*CLN*	*DGPM*	*JGPM*

καὶ	τῶν	τεσσάρων	ζῴων,	καὶ	ἔπεσαν	ἐνώπιον	τοῦ	θρόνου	ἐπὶ
y	los	cuatro	seres vivientes,	también	cayeron	delante de	del	trono	sobre
2532	3588	5064	2226	2532	4098	1799	3588	2362	1909
CLN	*DGPN*	*JGPN*	*NGPN*	*CLN*	*VAAI3P*	*P, B*	*DGSM*	*NGSM*	*P*

τὰ	πρόσωπα	αὐτῶν	καὶ	προσεκύνησαν	τῷ	θεῷ,	12 λέγοντες·	Ἀμήν·
los	rostros	de ellos	y	adoraron	a --	Dios,	diciendo:	Amén,
3588	4383	846	2532	4352	3588	2316	3004	281
DAPN	*NAPN*	*RP3GPM*	*CLN*	*VAAI3P*	*DDSM*	*NDSM*	*VPAP-PNM*	*I, XF*

ἡ	εὐλογία	καὶ	ἡ	δόξα	καὶ	ἡ	σοφία	καὶ	ἡ	εὐχαριστία	καὶ	ἡ
la	alabanza	y	la	gloria	y	la	sabiduría	y	la	acción de gracias	y	la
3588	2129	2532	3588	1391	2532	3588	4678	2532	3588	2169	2532	3588
DNSF	*NNSF*	*CLN*	*DNSF*	*NNSF*	*CLN*	*DNSF*	*NNSF*	*CLN*	*DNSF*	*NNSF*	*CLN*	*DNSF*

τιμὴ	καὶ	ἡ	δύναμις	καὶ	ἡ	ἰσχὺς	τῷ	θεῷ	ἡμῶν	εἰς	τοὺς	αἰῶνας
honra	y	el	poder	y	la	fuerza,	a --	Dios	de nosotros	por	los	siglos
5092	2532	3588	1411	2532	3588	2479	3588	2316	2257	1519	3588	165
NNSF	*CLN*	*DNSF*	*NNSF*	*CLN*	*DNSF*	*NNSF*	*DDSM*	*NDSM*	*RP1GP*	*P*	*DAPM*	*NAPM*

τῶν	αἰώνων·	ἀμήν.
de los	siglos;	amén.
3588	165	281
DGPM	*NGPM*	*I, XF*

13 Καὶ	ἀπεκρίθη	εἷς	ἐκ	τῶν	πρεσβυτέρων	λέγων	μοι·	Οὗτοι
Y	respondió	uno	de	los	ancianos	diciendo	a mí:	Estos
2532	611	1520	1537	3588	4245	3004	3427	3778
CLN	*VAPI3S, VAMI3S*	*JNSM*	*P*	*DGPM*	*JGPM*	*VPAP-SNM*	*RP1DS*	*RD-NPM*

οἱ	περιβεβλημένοι	τὰς	στολὰς	τὰς	λευκὰς	τίνες	εἰσὶν	καὶ	πόθεν
los que	están cubiertos	las	túnicas largas	las	blancas,	¿quiénes	son	y	de dónde
3588	4016	3588	4749	3588	3022	5101	1526	2532	4159
DNPM	*VRPP-PNM*	*DAPF*	*NAPF*	*DAPF*	*JAPF*	*RI-NPM*	*VPAI3P*	*CLN*	*BI*

ἦλθον;	14 καὶ	εἴρηκα	αὐτῷ·	Κύριέ	μου,	σὺ	οἶδας.	καὶ	εἶπέν	μοι·
vienen?	y	he dicho	a él:	Señor,	de mí,	tú	sabes.	Y	dijo	a mí:
2064	2532	4483	846	2962	3450	4771	1492	2532	3004	3427
VAAI3P	*CLN*	*VRAI1S*	*RP3DSM*	*NVSM*	*RP1GS*	*RP2NS*	*VRAI2S*	*CLN*	*VAAI3S*	*RP1DS*

Οὗτοί	εἰσιν	οἱ	ἐρχόμενοι	ἐκ	τῆς	θλίψεως	τῆς	μεγάλης,	καὶ
Estos	son	los que	vienen	de	la	aflicción	la	grande	y
3778	1526	3588	2064	1537	3588	2347	3588	3173	2532
RD-NPM	*VPAI3P*	*DNPM*	*VPUP-PNM*	*P*	*DGSF*	*NGSF*	*DGSF*	*JGSF*	*CLN*

ἔπλυναν	τὰς	στολὰς	αὐτῶν	καὶ	ἐλεύκαναν	αὐτὰς	ἐν	τῷ	αἵματι
lavaron	las	túnicas largas	de ellos	y	blanquearon	a ellas	con	la	sangre
4150	3588	4749	846	2532	3021	846	1722	3588	129
VAAI3P	*DAPF*	*NAPF*	*RP3GPM*	*CLN*	*VAAI3P*	*RP3APF*	*P*	*DDSN*	*NDSN*

τοῦ	ἀρνίου.	15 διὰ	τοῦτό	εἰσιν	ἐνώπιον	τοῦ	θρόνου	τοῦ	θεοῦ,	καὶ
del	Cordero.	Por	esto	están	delante de	el	trono	de --	Dios,	y
3588	721	1223	5124	1526	1799	3588	2362	3588	2316	2532
DGSN	*NGSN*	*P*	*RD-ASN*	*VPAI3P*	*P, B*	*DGSM*	*NGSM*	*DGSM*	*NGSM*	*CLN*

NVI

la mano. 10 Gritaban a
gran voz:

«¡La salvación viene
de nuestro Dios,
que está sentado en el
trono,
y del Cordero!»

11 Todos los ángeles
estaban de pie alrededor
del trono, de los ancia-
nos y de los cuatro seres
vivientes. Se postraron
rostro en tierra delante
del trono, y adoraron a
Dios 12 diciendo:

«¡Amén!
La alabanza, la gloria,
la sabiduría, la acción
de gracias,
la honra, el poder y la
fortaleza
son de nuestro Dios
por los siglos de los
siglos.
¡Amén!»

13 Entonces uno de los
ancianos me preguntó:
—Esos que están
vestidos de blanco,
¿quiénes son, y de dónde
vienen?
14 —Eso usted lo sabe,
mi señor —respondí.
Él me dijo:

—Aquellos son los que
están saliendo de la
gran tribulación;
han lavado y blanquea-
do sus túnicas en la
sangre del Cordero.
15 Por eso están delante
del trono de Dios,
y día y noche le sirven

RVR

sirven día y noche en su santuario; y el que está sentado sobre el trono extenderá su tabernáculo sobre ellos.
16 Ya no tendrán hambre ni sed, y el sol no caerá más sobre ellos, ni ardor alguno;
17 porque el Cordero que está en medio del trono los pastoreará, y los guiará a fuentes de aguas de vida; y Dios enjugará toda lágrima de los ojos de ellos.

El séptimo sello

8 Cuando abrió el séptimo sello, se hizo silencio en el cielo como por media hora.
2 Y vi a los siete ángeles que estaban en pie ante Dios; y se les dieron siete trompetas.
3 Otro ángel vino entonces y se paró ante el altar, con un incensario de oro; y se le dio mucho incienso para añadirlo a las oraciones de todos los santos, sobre el altar de oro que estaba delante del trono.
4 Y de la mano del ángel subió a la presencia de Dios el humo del incienso con las oraciones de los santos.

λατρεύουσιν	αὐτῷ	ἡμέρας	καὶ	νυκτὸς	ἐν	τῷ	ναῷ	αὐτοῦ,	καὶ	ὁ
sirven	a él	de día	y	de noche	en	el	templo	de él,	y	el que
3000	846	2250	2532	3571	1722	3588	3485	846	2532	3588
VPAI3P	*RP3DSM*	*NGSF*	*CLN*	*NGSF*	*P*	*DDSM*	*NDSM*	*RP3GSM*	*CLN*	*DNSM*

καθήμενος	ἐπὶ	τοῦ	θρόνου	σκηνώσει	ἐπ’	αὐτούς.	16 οὐ	πεινάσουσιν
está sentado	en	el	trono	fijará tabernáculo	sobre	a ellos.	No	tendrán hambre
2521	1909	3588	2362	4637	1909	846	3756	3983
VPUP-SNM	*P*	*DGSM*	*NGSM*	*VFAI3S*	*P*	*RP3APM*	*BN,TN*	*VFAI3P*

ἔτι	οὐδὲ	διψήσουσιν	ἔτι,	οὐδὲ	μὴ	πέσῃ	ἐπ’	αὐτοὺς	ὁ	ἥλιος
ya	ni	tendrán sed	ya,	ni$_1$	no$_4$	caerá$_5$	sobre$_6$	ellos$_7$	el$_2$	sol$_3$
2089	3761	1372	2089	3761	3361	4098	1909	846	3588	2246
B	*TN, CLD*	*VFAI3P*	*B*	*TN, CLD*	*BN, TN*	*VAAS3S*	*P*	*RP3APM*	*DNSM*	*NNSM*

οὐδὲ	πᾶν	καῦμα,	17 ὅτι	τὸ	ἀρνίον	τὸ	ἀνὰ	μέσον	τοῦ	θρόνου
ni	todo	calor abrasador,	porque	el	Cordero	el$_2$	en$_1$	medio$_3$	del	trono
3761	3956	2738	3754	3588	721	3588	303	3319	3588	2362
TN, CLD	*JNSN*	*NNSN*	*CAZ*	*DNSN*	*NNSN*	*DNSN*	*P*	*JASN*	*DGSM*	*NGSM*

ποιμανεῖ	αὐτούς,	καὶ	ὁδηγήσει	αὐτοὺς	ἐπὶ	ζωῆς	πηγὰς	ὑδάτων·	καὶ
pastoreará	a ellos	y	guiará	a ellos	a$_1$	de vida;$_4$	fuentes$_2$	de aguas$_3$	y$_5$
4165	846	2532	3594	846	1909	2222	4077	5204	2532
VFAI3S	*RP3APM*	*CLN*	*VFAI3S*	*RP3APM*	*P*	*NGSF*	*NAPF*	*NGPN*	*CLN*

ἐξαλείψει	ὁ	θεὸς	πᾶν	δάκρυον	ἐκ	τῶν	ὀφθαλμῶν	αὐτῶν.
enjugará$_8$	--$_6$	Dios$_7$	toda	lágrima	de	los	ojos	de ellos.
1813	3588	2316	3956	1144	1537	3588	3788	846
VFAI3S	*DNSM*	*NNSM*	*JASN*	*NASN*	*P*	*DGPM*	*NGPM*	*RP3GPM*

8 Καὶ	ὅταν	ἤνοιξεν	τὴν	σφραγῖδα	τὴν	ἑβδόμην,	ἐγένετο	σιγὴ
Y	cuando	abrió	--$_3$	sello,$_4$	el$_1$	séptima$_2$	sucedió	silencio
2532	3752	455	3588	4973	3588	1442	1096	4602
CLN	*CAT*	*VAAI3S*	*DASF*	*NASF*	*DASF*	*JASF*	*VAMI3S*	*NNSF*

ἐν	τῷ	οὐρανῷ	ὡς	ἡμιώριον.	2 καὶ	εἶδον	τοὺς	ἑπτὰ	ἀγγέλους	οἳ
en	el	cielo	como	media hora.	Y	vi	a los	siete	ángeles	los que$_1$
1722	3588	3772	5613	2256	2532	1492	3588	2033	32	3739
P	*DDSM*	*NDSM*	*CAM, B*	*NASN*	*CLN*	*VAAI1S*	*DAPM*	*XN, J*	*NAPM*	*RR-NPM*

ἐνώπιον	τοῦ	θεοῦ	ἑστήκασιν,	καὶ	ἐδόθησαν	αὐτοῖς	ἑπτὰ	σάλπιγγες.
delante de$_3$	--$_4$	Dios,$_5$	han estado de pie$_2$	y$_6$	fueron dadas$_9$	a ellos.$_{10}$	siete$_7$	trompetas$_8$
1799	3588	2316	2476	2532	1325	846	2033	4536
P, B	*DGSM*	*NGSM*	*VRAI3P*	*CLN*	*VAPI3P*	*RP3DPM*	*XN, J*	*NNPF*

3 Καὶ	ἄλλος	ἄγγελος	ἦλθεν	καὶ	ἐστάθη	ἐπὶ	τοῦ	θυσιαστηρίου
Y	otro	ángel	vino	y	se paró	sobre	el	altar
2532	243	32	2064	2532	2476	1909	3588	2379
CLN	*JNSM*	*NNSM*	*VAAI3S*	*CLN*	*VAPI3S*	*P*	*DGSN*	*NGSN*

ἔχων	λιβανωτὸν	χρυσοῦν,	καὶ	ἐδόθη	αὐτῷ	θυμιάματα	πολλὰ	ἵνα
teniendo	un incensario	de oro,	y$_1$	fue dado$_4$	a él$_5$	inciensos$_3$	muchos$_2$	para
2192	3031	5552	2532	1325	846	2368	4183	2443
VPAP-SNM	*JASM, NASM*	*JASM*	*CLN*	*VAPI3S*	*RP3DSM*	*NNPN*	*JNPN*	*CAP*

δώσει	ταῖς	προσευχαῖς	τῶν	ἁγίων	πάντων	ἐπὶ	τὸ	θυσιαστήριον
ofrecer	con las	oraciones	de los$_1$	santos$_3$	todos$_2$	sobre	el	altar
1325	3588	4335	3588	40	3956	1909	3588	2379
VFAI3S	*DDPF*	*NDPF*	*DGPM*	*JGPM*	*JGPM*	*P*	*DASN*	*NASN*

τὸ	χρυσοῦν	τὸ	ἐνώπιον	τοῦ	θρόνου.	4 καὶ	ἀνέβη	ὁ	καπνὸς	τῶν
el	de oro	el	delante de	el	trono.	Y	subió$_5$	el$_1$	humo$_2$	de los$_3$
3588	5552	3588	1799	3588	2362	2532	305	3588	2586	3588
DASN	*JASN*	*DASN*	*P, B*	*DGSM*	*NGSM*	*CLN*	*VAAI3S*	*DNSM*	*NNSM*	*DGPN*

θυμιαμάτων	ταῖς	προσευχαῖς	τῶν	ἁγίων	ἐκ	χειρὸς	τοῦ	ἀγγέλου
inciensos$_4$	con las	oraciones	de los	santos	de	mano	del	ángel
2368	3588	4335	3588	40	1537	5495	3588	32
NGPN	*DDPF*	*NDPF*	*DGPM*	*JGPM*	*P*	*NGSF*	*DGSM*	*NGSM*

NVI

en su templo;
y el que está sentado en el trono
les dará refugio en su santuario.
16 Ya no sufrirán hambre ni sed.
No los abatirá el sol
ni ningún calor abrasador.
17 Porque el Cordero que está en el trono
los pastoreará
y los guiará a fuentes de agua viva;
y Dios les enjugará toda lágrima de sus ojos.

El séptimo sello y el incensario de oro

8 Cuando el Cordero rompió el séptimo sello, hubo silencio en el cielo como por media hora.
2 Y vi a los siete ángeles que están de pie delante de Dios, a los cuales se les dieron siete trompetas.
3 Se acercó otro ángel y se puso de pie frente al altar. Tenía un incensario de oro, y se le entregó mucho incienso para ofrecerlo, junto con las oraciones de todo el pueblo de Dios, sobre el altar de oro que está delante del trono.
4 Y, junto con esas oraciones, subió el humo del incienso desde la mano del ángel hasta

RVR

5 Y el ángel tomó el incensario, y lo llenó del fuego del altar, y lo arrojó a la tierra; y se produjeron truenos, y voces, y relámpagos, y terremotos.

Las trompetas

6 Y los siete ángeles que tenían las siete trompetas se dispusieron a tocarlas.
7 El primer ángel tocó la trompeta, y hubo granizo y fuego mezclados con sangre, que fueron lanzados sobre la tierra; y la tercera parte de los árboles se quemó, y se quemó toda la hierba verde.
8 El segundo ángel tocó la trompeta, y algo como una gran montaña ardiendo en llamas fue precipitado en el mar; y la tercera parte del mar se convirtió en sangre.
9 Y murió la tercera parte de los seres vivientes que estaban en el mar, y la tercera parte de las naves fue destruida.

ἐνώπιον	τοῦ	θεοῦ.	5 καὶ	εἴληφεν	ὁ	ἄγγελος	τὸν	λιβανωτόν,	καὶ
delante de	--	Dios.	Y	ha tomado$_3$	el$_1$	ángel$_2$	el	incensario,	y
1799	3588	2316	2532	2983	3588	32	3588	3031	2532
P, B	*DGSM*	*NGSM*	*CLN*	*VRAI3S*	*DNSM*	*NNSM*	*DASM*	*JASM, NASM*	*CLN*

ἐγέμισεν	αὐτὸν	ἐκ	τοῦ	πυρὸς	τοῦ	θυσιαστηρίου,	καὶ	ἔβαλεν	εἰς	τὴν
llenó	a él	de	el	fuego	del	altar	y	echó	hacia	la
1072	846	1537	3588	4442	3588	2379	2532	906	1519	3588
VAAI3S	*RP3ASM*	*P*	*DGSN*	*NGSN*	*DGSN*	*NGSN*	*CLN*	*VAAI3S*	*P*	*DASF*

γῆν·	καὶ	ἐγένοντο	βρονταὶ	καὶ	φωναὶ	καὶ	ἀστραπαὶ	καὶ	σεισμός.
tierra;	y	sucedieron	truenos	y	voces	y	relámpagos	y	un terremoto.
1093	2532	1096	1027	2532	5456	2532	796	2532	4578
NASF	*CLN*	*VAMI3P*	*NNPF*	*CLN*	*NNPF*	*CLN*	*NNPF*	*CLN*	*NNSM*

6 Καὶ	οἱ	ἑπτὰ	ἄγγελοι	οἱ	ἔχοντες	τὰς	ἑπτὰ	σάλπιγγας
Y	los	siete	ángeles,	los que	tienen	las	siete	trompetas
2532	3588	2033	32	3588	2192	3588	2033	4536
CLN	*DNPM*	*XN, J*	*NNPM*	*DNPM*	*VPAP-PNM*	*DAPF*	*XN, J*	*NAPF*

ἡτοίμασαν	αὑτοὺς	ἵνα	σαλπίσωσιν.
prepararon	a ellas	para que	tocaran las trompetas.
2090	846	2443	4537
VAAI3P	*RP3APM*	*CSC*	*VAAS3P*

7 Καὶ	ὁ	πρῶτος	ἐσάλπισεν·	καὶ	ἐγένετο	χάλαζα	καὶ	πῦρ
Y	el	primero	tocó la trompeta;	y	sucedió	una tormenta de granizo	y	fuego
2532	3588	4413	4537	2532	1096	5464	2532	4442
CLN	*DNSM*	*JNSM*	*VAAI3S*	*CLN*	*VAMI3S*	*NNSF*	*CLN*	*NNSN*

μεμιγμένα	ἐν	αἵματι,	καὶ	ἐβλήθη	εἰς	τὴν	γῆν·	καὶ	τὸ	τρίτον*	τῆς
mezclados	con	sangre	y	fue echado	hacia	la	tierra;	y	la	tercera	de la
3396	1722	129	2532	906	1519	3588	1093	2532	3588	5154	3588
VRPP-PNN	*P*	*NDSN*	*CLN*	*VAPI3S*	*P*	*DASF*	*NASF*	*CLN*	*DNSN*	*JNSN*	*DGSF*

γῆς	κατεκάη,	καὶ	τὸ	τρίτον*[1]	τῶν	δένδρων	κατεκάη,	καὶ	πᾶς	χόρτος
tierra	se quemó	y	la	tercera	de los	árboles	se quemó	y	toda	hierba
1093	2618	2532	3588	5154	3588	1186	2618	2532	3956	5528
NGSF	*VAPI3S*	*CLN*	*DNSN*	*JNSN*	*DGPN*	*NGPN*	*VAPI3S*	*CLN*	*JNSM*	*NNSM*

χλωρὸς	κατεκάη.
verde	se quemó.
5515	2618
JNSM	*VAPI3S*

8 Καὶ	ὁ	δεύτερος	ἄγγελος	ἐσάλπισεν·	καὶ	ὡς	ὄρος	μέγα	πυρὶ
Y	el	segundo	ángel	tocó la trompeta;	y	como	un monte	grande	en llamas
2532	3588	1208	32	4537	2532	5613	3735	3173	4442
CLN	*DNSM*	*JNSM*	*NNSM*	*VAAI3S*	*CLN*	*CAM*	*NNSN*	*JNSN*	*NDSN*

καιόμενον	ἐβλήθη	εἰς	τὴν	θάλασσαν·	καὶ	ἐγένετο*	τὸ	τρίτον*[1]
ardiendo	fue echado	hacia	el	mar;	y$_1$	llegó a ser$_6$	la$_2$	tercera$_3$
2545	906	1519	3588	2281	2532	1096	3588	5154
VPPP-SNN	*VAPI3S*	*P*	*DASF*	*NASF*	*CLN*	*VAMI3S*	*DNSN*	*JNSN*

τῆς	θαλάσσης	αἷμα,	9 καὶ	ἀπέθανε	τὸ	τρίτον*	τῶν	κτισμάτων	τῶν
del$_4$	mar$_5$	sangre,$_7$	y	murió	la	tercera	de las	criaturas	de los
3588	2281	129	2532	599	3588	5154	3588	2938	3588
DGSF	*NGSF*	*NNSN*	*CLN*	*VAAI3S*	*DNSN*	*JNSN*	*DGPN*	*NGPN*	*DGPN*

ἐν	τῇ	θαλάσσῃ,	τὰ	ἔχοντα	ψυχάς,	καὶ	τὸ	τρίτον*[1]	τῶν	πλοίων
en	el	mar	las que	tienen	vida,	y	la	tercera	de los	barcos
1722	3588	2281	3588	2192	5590	2532	3588	5154	3588	4143
P	*DDSF*	*NDSF*	*DNPN*	*VPAP-PNN*	*NAPF*	*CLN*	*DNSN*	*JNSN*	*DGPN*	*NGPN*

διεφθάρησαν.
fueron destruidos.
1311
VAPI3P

NVI

la presencia de Dios.
5 Luego el ángel tomó el incensario y lo llenó con brasas del altar, las cuales arrojó sobre la tierra; y se produjeron truenos, estruendos, relámpagos y un terremoto.

Las trompetas

6 Los siete ángeles que tenían las siete trompetas se dispusieron a tocarlas.
7 Tocó el primero su trompeta, y fueron arrojados sobre la tierra granizo y fuego mezclados con sangre. Y se quemó la tercera parte de la tierra, la tercera parte de los árboles y toda la hierba verde.
8 Tocó el segundo ángel su trompeta, y fue arrojado al mar algo que parecía una enorme montaña envuelta en llamas. La tercera parte del mar se convirtió en sangre,
9 y murió la tercera parte de las criaturas que viven en el mar; también fue destruida la tercera parte de los barcos.

8:7*,*[1], **8***,*[1], **9***,*[1] O sea *tercera parte.*

RVR

10 El tercer ángel tocó
la trompeta, y cayó del
cielo una gran estrella,
ardiendo como una
antorcha, y cayó sobre la
tercera parte de los ríos,
y sobre las fuentes de
las aguas.
11 Y el nombre de la
estrella es Ajenjo. Y
la tercera parte de las
aguas se convirtió en
ajenjo; y muchos hom-
bres murieron a causa
de esas aguas, porque se
hicieron amargas.
12 El cuarto ángel tocó la
trompeta, y fue herida
la tercera parte del sol,
y la tercera parte de la
luna, y la tercera parte
de las estrellas, para que
se oscureciese la tercera
parte de ellos, y el día no
resplandeciese en su ter-
cera parte, y asimismo
la noche.
13 Y miré, y oí a un ángel
volar por en medio del
cielo, diciendo a gran
voz: ¡Ay, ay, ay de los
que moran en la tierra,
a causa de los restantes
toques de trompeta que
están para tocar los tres
ángeles!

10 Καὶ	ὁ	τρίτος	ἄγγελος	ἐσάλπισεν·	καὶ	ἔπεσεν	ἐκ	τοῦ	οὐρανοῦ
Y	el	tercer	ángel	tocó la trompeta;	y	cayó	desde	el	cielo
2532	3588	5154	32	4537	2532	4098	1537	3588	3772
CLN	*DNSM*	*JNSM*	*NNSM*	*VAAI3S*	*CLN*	*VAAI3S*	*P*	*DGSM*	*NGSM*

ἀστὴρ	μέγας	καιόμενος	ὡς	λαμπάς,	καὶ	ἔπεσεν	ἐπὶ	τὸ	τρίτον*
una estrella	grande	ardiendo	como	antorcha,	y	cayó	sobre	la	tercera
792	3173	2545	5613	2985	2532	4098	1909	3588	5154
NNSM	*JNSM*	*VPPP-SNM*	*CAM*	*NNSF*	*CLN*	*VAAI3S*	*P*	*DASN*	*JASN*

τῶν	ποταμῶν	καὶ	ἐπὶ	τὰς	πηγὰς	τῶν	ὑδάτων.	11 καὶ	τὸ	ὄνομα	τοῦ
de los	ríos	y	sobre	las	fuentes	de las	aguas.	Y	el	nombre	de la
3588	4215	2532	1909	3588	4077	3588	5204	2532	3588	3686	3588
DGPM	*NGPM*	*CLN*	*P*	*DAPF*	*NAPF*	*DGPN*	*NGPN*	*CLN*	*DNSN*	*NNSN*	*DGSM*

ἀστέρος	λέγεται·	ὁ	Ἄψινθος.	καὶ	ἐγένετο	τὸ	τρίτον*	τῶν	ὑδάτων
estrella	dice	--	Ajenjo.	Y	llegó a ser	la	tercera	de las	aguas
792	3004	3588	894	2532	1096	3588	5154	3588	5204
NGSM	*VPPI3S*	*DNSM*	*NNSM, NNSF*	*CLN*	*VAMI3S*	*DNSN*	*JNSN*	*DGPN*	*NGPN*

εἰς	ἄψινθον,*1	καὶ	πολλοὶ	τῶν	ἀνθρώπων	ἀπέθανον	ἐκ	τῶν	ὑδάτων,
en	ajenjo,	y	muchos	de los	seres humanos	murieron	de (por)	las	aguas,
1519	894	2532	4183	3588	444	599	1537	3588	5204
P	*NASF*	*CLN*	*JNPM*	*DGPM*	*NGPM*	*VAAI3P*	*P*	*DGPN*	*NGPN*

ὅτι	ἐπικράνθησαν.
que	se hicieron amargas.
3754	4087
CAZ	*VAPI3P*

12 Καὶ	ὁ	τέταρτος	ἄγγελος	ἐσάλπισεν·	καὶ	ἐπλήγη	τὸ	τρίτον*
Y	el	cuarto	ángel	tocó la trompeta;	y	fue herido	la	tercera
2532	3588	5067	32	4537	2532	4141	3588	5154
CLN	*DNSM*	*JNSM*	*NNSM*	*VAAI3S*	*CLN*	*VAPI3S*	*DNSN*	*JNSN*

τοῦ	ἡλίου	καὶ	τὸ	τρίτον*1	τῆς	σελήνης	καὶ	τὸ	τρίτον*2	τῶν
del	sol	y	la	tercera	de la	luna	y	la	tercera	de las
3588	2246	2532	3588	5154	3588	4582	2532	3588	5154	3588
DGSM	*NGSM*	*CLN*	*DNSN*	*JNSN*	*DGSF*	*NGSF*	*CLN*	*DNSN*	*JNSN*	*DGPM*

ἀστέρων,	ἵνα	σκοτισθῇ	τὸ	τρίτον*3	αὐτῶν	καὶ	ἡ	ἡμέρα	μὴ
estrellas,	para que	fuera oscurecida	la	tercera	de ellos	y	el	día	no
792	2443	4654	3588	5154	846	2532	3588	2250	3361
NGPM	*CAR*	*VAPS3S*	*DNSN*	*JNSN*	*RP3GPM*	*CLN*	*DNSF*	*NNSF*	*BN, TN*

φάνῃ	τὸ	τρίτον*4	αὐτῆς,	καὶ	ἡ	νὺξ	ὁμοίως.
brillara	la	tercera	de él,	y	la	noche	igualmente.
5316	3588	5154	846	2532	3588	3571	3668
VAAS3S, VAPS3S	*DASN*	*JASN*	*RP3GSF*	*CLN*	*DNSF*	*NNSF*	*B*

13 Καὶ	εἶδον,	καὶ	ἤκουσα	ἑνὸς	ἀετοῦ	πετομένου	ἐν	μεσουρανήματι
Y	vi,	y	oí	a un	águila	volando	en	en medio del cielo,
2532	1492	2532	191	1520	105	4072	1722	3321
CLN	*VAAI1S*	*CLN*	*VAAI1S*	*JGSM*	*NGSM*	*VPUP-SGM*	*P*	*NDSN*

λέγοντος	φωνῇ	μεγάλῃ·	Οὐαὶ	οὐαὶ	οὐαὶ	τοὺς	κατοικοῦντας	ἐπὶ
diciendo	con voz	grande:	¡Ay,	¡ay,	ay	a los que	habitan	sobre
3004	5456	3173	3759	3759	3759	3588	2730	1909
VPAP-SGM	*NDSF*	*JDSF*	*I, T*	*I, T*	*I, T*	*DAPM*	*VPAP-PAM*	*P*

τῆς	γῆς	ἐκ	τῶν	λοιπῶν	φωνῶν	τῆς	σάλπιγγος	τῶν	τριῶν
la	tierra	por causa de	las	restantes	voces	de la	trompeta	de los	tres
3588	1093	1537	3588	3062	5456	3588	4536	3588	5140
DGSF	*NGSF*	*P*	*DGPF, DGPM*	*JGPF, JGPM*	*NGPF, NGPM*	*DGSF*	*NGSF*	*DGPM*	*JGPM*

ἀγγέλων	τῶν	μελλόντων	σαλπίζειν.
ángeles	los que	están a punto de	tocar la trompeta!
32	3588	3195	4537
NGPM	*DGPM*	*VPAP-PGM*	*VPAN*

NVI

10 Tocó el tercer
ángel su trompeta, y una
enorme estrella, que
ardía como una antor-
cha, cayó desde el cielo
sobre la tercera parte de
los ríos y sobre los ma-
nantiales. 11 La estrella
se llama Amargura. Y
la tercera parte de las
aguas se volvió amarga,
y por causa de esas aguas
murió mucha gente.
12 Tocó el cuarto
ángel su trompeta, y fue
asolada la tercera parte
del sol, de la luna y de las
estrellas, de modo que se
oscureció la tercera parte
de ellos. Así quedó sin
luz la tercera parte del
día y la tercera parte de
la noche.
13 Seguí observando,
y oí un águila que volaba
en medio del cielo y
gritaba fuertemente:
«¡Ay! ¡Ay! ¡Ay de los
habitantes de la tierra
cuando suenen las tres
trompetas que los últi-
mos tres ángeles están a
punto de tocar!»

8:10*, 11*, 12*, *1, *2, *3, *4 O sea *tercera parte.* **8:11*1** O sea *amargas.*

RVR

9 El quinto ángel
tocó la trompeta, y
vi una estrella que cayó
del cielo a la tierra; y se le
dio la llave del pozo del
abismo.
2 Y abrió el pozo del
abismo, y subió del pozo
una humareda como la
de un gran horno; y se
oscureció el sol y el aire
por el humo del pozo.
3 Y del humo salieron
langostas sobre la tierra;
y se les dio poder, como
tienen poder los escor-
piones de la tierra.
4 Y se les dijo que no
dañasen a la hierba de la
tierra, ni a ninguna cosa
verde, ni a ningún árbol,
sino solamente a los
hombres que no tienen
el sello de Dios en sus
frentes.
5 Y les fue concedido,
no que los matasen, sino
que los atormentasen
durante cinco meses; y
su tormento era como
tormento de escorpión
cuando hiere al hombre.
6 Y en aquellos días los
hombres buscarán la
muerte, y de ningún
modo la hallarán;
y ansiarán morir,

9

Καὶ	ὁ	πέμπτος	ἄγγελος	ἐσάλπισεν·	καὶ	εἶδον	ἀστέρα	ἐκ
Y	el	quinto	ángel	tocó la trompeta;	y	vi	una estrella	desde
2532	3588	3991	32	4537	2532	1492	792	1537
CLN	*DNSM*	*JNSM*	*NNSM*	*VAAI3S*	*CLN*	*VAAI1S*	*NASM*	*P*

τοῦ	οὐρανοῦ	πεπτωκότα	εἰς	τὴν	γῆν,	καὶ	ἐδόθη	αὐτῷ	ἡ	κλεὶς
el	cielo	que había caído	hacia	la	tierra,	y$_1$	fue dada$_8$	a ella.$_9$	la$_2$	llave$_3$
3588	3772	4098	1519	3588	1093	2532	1325	846	3588	2807
DGSM	*NGSM*	*VRAP-SAM*	*P*	*DASF*	*NASF*	*CLN*	*VAPI3S*	*RP3DSM*	*DNSF*	*NNSF*

τοῦ	φρέατος	τῆς	ἀβύσσου·	2 καὶ	ἤνοιξεν	τὸ	φρέαρ	τῆς	ἀβύσσου,	καὶ
del$_4$	pozo$_5$	del$_6$	abismo$_7$	Y	abrió	el	pozo	del	abismo;	y
3588	5421	3588	12	2532	455	3588	5421	3588	12	2532
DGSN	*NGSN*	*DGSF*	*NGSF*	*CLN*	*VAAI3S*	*DASN*	*NASN*	*DGSF*	*NGSF*	*CLN*

ἀνέβη	καπνὸς	ἐκ	τοῦ	φρέατος	ὡς	καπνὸς	καμίνου	μεγάλης,	καὶ
subió	humo	de	el	pozo	como	humo	de un horno	grande,	y$_1$
305	2586	1537	3588	5421	5613	2586	2575	3173	2532
VAAI3S	*NNSM*	*P*	*DGSN*	*NGSN*	*CAM*	*NNSM*	*NGSF*	*JGSF*	*CLN*

ἐσκοτώθη	ὁ	ἥλιος	καὶ	ὁ	ἀὴρ	ἐκ	τοῦ	καπνοῦ	τοῦ	φρέατος.
fue oscurecido$_4$	el$_2$	sol$_3$	y	el	aire	por causa de	el	humo	del	pozo.
4656	3588	2246	2532	3588	109	1537	3588	2586	3588	5421
VAPI3S	*DNSM*	*NNSM*	*CLN*	*DNSM*	*NNSM*	*P*	*DGSM*	*NGSM*	*DGSN*	*NGSN*

3 καὶ	ἐκ	τοῦ	καπνοῦ	ἐξῆλθον	ἀκρίδες	εἰς	τὴν	γῆν,	καὶ	ἐδόθη	αὐταῖς
Y$_1$	de$_4$	el$_5$	humo$_6$	salieron$_3$	langostas$_2$	hacia	la	tierra,	y$_1$	fue dada$_3$	ellas$_4$
2532	1537	3588	2586	1831	200	1519	3588	1093	2532	1325	846
CLN	*P*	*DGSM*	*NGSM*	*VAAI3P*	*NNPF*	*P*	*DASF*	*NASF*	*CLN*	*VAPI3S*	*RP3DPF*

ἐξουσία	ὡς	ἔχουσιν	ἐξουσίαν	οἱ	σκορπίοι	τῆς	γῆς.	4 καὶ	ἐρρέθη
poder$_2$	como$_5$	tienen$_{10}$	poder.$_{11}$	los$_6$	escorpiones$_7$	de la$_8$	tierra$_9$	Y	fue dicho
1849	5613	2192	1849	3588	4651	3588	1093	2532	4483
NNSF	*CAM*	*VPAI3P*	*NASF*	*DNPM*	*NNPM*	*DGSF*	*NGSF*	*CLN*	*VAPI3S*

αὐταῖς	ἵνα	μὴ	ἀδικήσουσιν	τὸν	χόρτον	τῆς	γῆς	οὐδὲ	πᾶν	χλωρὸν
a ellas	que	no	harán daño	a la	hierba	de la	tierra	ni	a toda	cosa verde
846	2443	3361	91	3588	5528	3588	1093	3761	3956	5515
RP3DPF	*CSC*	*BN, TN*	*VFAI3P*	*DASM*	*NASM*	*DGSF*	*NGSF*	*TN, CLD*	*JASN*	*JASN*

οὐδὲ	πᾶν	δένδρον,	εἰ	μὴ	τοὺς	ἀνθρώπους	οἵτινες	οὐκ	ἔχουσι
ni	a todo	árbol,	si	no	a los	seres humanos	los que	no	tienen
3761	3956	1186	1487	3361	3588	444	3748	3756	2192
TN, CLD	*JASN*	*NASN*	*CAC*	*BN, TN*	*DAPM*	*NAPM*	*RR-NPM*	*BN, TN*	*VPAI3P*

τὴν	σφραγῖδα	τοῦ	θεοῦ	ἐπὶ	τῶν	μετώπων.	5 καὶ	ἐδόθη	αὐτοῖς	ἵνα
el	sello	de --	Dios	sobre	las	frentes.	Y	fue dado	a ellas	que
3588	4973	3588	2316	1909	3588	3359	2532	1325	846	2443
DASF	*NASF*	*DGSM*	*NGSM*	*P*	*DGPN*	*NGPN*	*CLN*	*VAPI3S*	*RP3DPM*	*CSC*

μὴ	ἀποκτείνωσιν	αὐτούς,	ἀλλ'	ἵνα	βασανισθήσονται	μῆνας	πέντε·
no	mataran	a ellos,	sino	que	torturarán	meses;$_2$	cinco$_1$
3361	615	846	235	2443	928	3376	4002
BN, TN	*VPAS3P*	*RP3APM*	*CLC*	*CSC*	*VFPI3P*	*NAPM*	*XN, J*

καὶ	ὁ	βασανισμὸς	αὐτῶν	ὡς	βασανισμὸς	σκορπίου,	ὅταν	παίσῃ
y	el	tormento	de ellos	como	tormento	de escorpión	cuando	hiere
2532	3588	929	846	5613	929	4651	3752	3817
CLN	*DNSM*	*NNSM*	*RP3GPF*	*P, CAM*	*NNSM*	*NGSM*	*CAT*	*VAAS3S*

ἄνθρωπον.	6 καὶ	ἐν	ταῖς	ἡμέραις	ἐκείναις	ζητήσουσιν	οἱ	ἄνθρωποι
a un ser humano.	Y	en	los	días	aquellos	buscarán$_3$	los$_1$	seres humanos$_2$
444	2532	1722	3588	2250	1565	2212	3588	444
NASM	*CLN*	*P*	*DDPF*	*NDPF*	*RD-DPF*	*VFAI3P*	*DNPM*	*NNPM*

τὸν	θάνατον	καὶ	οὐ	μὴ*	εὑρήσουσιν	αὐτόν,	καὶ	ἐπιθυμήσουσιν
la$_4$	muerte$_5$	y	no	no	hallarán	a ella,	y	desearán
3588	2288	2532	3756	3361	2147	846	2532	1937
DASM	*NASM*	*CLN*	*BN, TN*	*BN, TN*	*VFAI3P*	*RP3ASM*	*CLN*	*VFAI3P*

NVI

9 Tocó el quinto
ángel su trompeta,
y vi que había caído
del cielo a la tierra una
estrella, a la cual se le
entregó la llave del pozo
del abismo. 2 Lo abrió,
y del pozo subió una
humareda, como la de
un horno gigantesco; y
la humareda oscureció
el sol y el aire. 3 De la
humareda descendie-
ron langostas sobre la
tierra, y se les dio poder
como el que tienen los
escorpiones de la tierra.
4 Se les ordenó que no
dañaran la hierba de la
tierra, ni ninguna planta
ni ningún árbol, sino
solo a las personas que
no llevaran en la frente
el sello de Dios. 5 No
se les dio permiso para
matarlas, sino solo para
torturarlas durante cin-
co meses. Su tormento
es como el producido
por la picadura de un
escorpión. 6 En aquellos
días la gente buscará
la muerte, pero no la
encontrará; desearán

9:6* O sea *de ninguna manera.*

RVR

pero la muerte huirá
de ellos.
7 El aspecto de las
langostas era semejante
a caballos preparados
para la guerra; en las
cabezas tenían como
coronas de oro; sus
caras eran como caras
humanas;
8 tenían cabello como
cabello de mujer; sus
dientes eran como de
leones;
9 tenían corazas como
corazas de hierro; el rui-
do de sus alas era como
el estruendo de muchos
carros de caballos co-
rriendo a la batalla;
10 tenían colas como de
escorpiones, y también
aguijones; y en sus colas
tenían poder para dañar
a los hombres durante
cinco meses.
11 Y tienen por rey sobre
ellos al ángel del abismo,
cuyo nombre en hebreo
es Abadón, y en griego,
Apolión.
12 El primer ay pasó; he
aquí, vienen aún dos
ayes después de esto.

ἀποθανεῖν	καὶ	φεύγει	ὁ	θάνατος	ἀπ'	αὐτῶν.
morir	y$_{1}$	huye$_{4}$	la$_{2}$	muerte$_{3}$	de	ellos.
599	2532	5343	3588	2288	575	846
VAAN	*CLC*	*VPAI3S*	*DNSM*	*NNSM*	*P*	*RP3GPM*

7 Καὶ	τὰ	ὁμοιώματα	τῶν	ἀκρίδων	ὅμοια	ἵπποις	ἡτοιμασμένοις
Y	las	semejanzas	de las	langostas	semejante a	caballos	que se han preparado
2532	3588	3667	3588	200	3664	2462	2090
CLN	*DNPN*	*NNPN*	*DGPF*	*NGPF*	*JNPN*	*NDPM*	*VRPP-PDM*

εἰς	πόλεμον,	καὶ	ἐπὶ	τὰς	κεφαλὰς	αὐτῶν	ὡς	στέφανοι	ὅμοιοι
para	(la) guerra,	y	sobre	las	cabezas	de ellas	como	coronas	semejantes a
1519	4171	2532	1909	3588	2776	846	5613	4735	3664
P	*NASM*	*CLN*	*P*	*DAPF*	*NAPF*	*RP3GPF*	*P, CAM*	*NNPM*	*JNPM*

χρυσῷ,	καὶ	τὰ	πρόσωπα	αὐτῶν	ὡς	πρόσωπα	ἀνθρώπων,	8 καὶ
oro,	y	los	rostros	de ellas	como	rostros	de seres humanos,	y
5557	2532	3588	4383	846	5613	4383	444	2532
NDSM	*CLN*	*DNPN*	*NNPN*	*RP3GPF*	*P, CAM*	*NNPN*	*NGPM*	*CLN*

εἶχον	τρίχας	ὡς	τρίχας	γυναικῶν,	καὶ	οἱ	ὀδόντες	αὐτῶν	ὡς
tenían	cabellos	como	cabellos	de mujeres,	y	los	dientes	de ellos	como$_{2}$
2192	2359	5613	2359	1135	2532	3588	3599	846	5613
VIAI3P	*NAPF*	*P, CAM*	*NAPF*	*NGPF*	*CLN*	*DNPM*	*NNPM*	*RP3GPF*	*P, CAM*

λεόντων	ἦσαν,	9 καὶ	εἶχον	θώρακας	ὡς	θώρακας	σιδηροῦς,	καὶ
de leones,$_{3}$	eran$_{1}$	y	tenían	corazas	como	corazas	hechas de hierro,	y
3023	2258	2532	2192	2382	5613	2382	4603	2532
NGPM	*VIAI3P*	*CLN*	*VIAI3P*	*NAPM*	*P, CAM*	*NAPM*	*JAPM*	*CLN*

ἡ	φωνὴ	τῶν	πτερύγων	αὐτῶν	ὡς	φωνὴ	ἁρμάτων	ἵππων	πολλῶν
el	ruido	de las	alas	de ellas	como	ruido	de carros$_{2}$	de caballos$_{3}$	muchos$_{1}$
3588	5456	3588	4420	846	5613	5456	716	2462	4183
DNSF	*NNSF*	*DGPF*	*NGPF*	*RP3GPF*	*P, CAM*	*NNSF*	*NGPN*	*NGPM*	*JGPM*

τρεχόντων	εἰς	πόλεμον·	10 καὶ	ἔχουσιν	οὐρὰς	ὁμοίας	σκορπίοις	καὶ
corriendo	hacia	(la) guerra.	Y	tienen	colas	semejantes a	escorpiones	y
5143	1519	4171	2532	2192	3769	3664	4651	2532
VPAP-PGM	*P*	*NASM*	*CLN*	*VPAI3P*	*NAPF*	*JAPF*	*NDPM*	*CLN*

κέντρα,	καὶ	ἐν	ταῖς	οὐραῖς	αὐτῶν	ἡ	ἐξουσία	αὐτῶν	ἀδικῆσαι
aguijones,	y	en	las	colas	de ellas	el	poder	de ellas	hacer daño
2759	2532	1722	3588	3769	846	3588	1849	846	91
NAPN	*CLN*	*P*	*DDPF*	*NDPF*	*RP3GPF*	*DNSF*	*NNSF*	*RP3GPF*	*VAAN*

τοὺς	ἀνθρώπους	μῆνας	πέντε.	11 ἔχουσιν	ἐπ'	αὐτῶν	βασιλέα	τὸν
a los	seres humanos	meses.$_{2}$	cinco$_{1}$	Tienen	sobre	ellas	un rey	el
3588	444	3376	4002	2192	1909	846	935	3588
DAPM	*NAPM*	*NAPM*	*XN, J*	*VPAI3P*	*P*	*RP3GPF*	*NASM*	*DASM*

ἄγγελον	τῆς	ἀβύσσου·	ὄνομα	αὐτῷ	Ἑβραϊστὶ	Ἀβαδδών,	καὶ	ἐν	τῇ
ángel	del	abismo,	(el) nombre	para él	en hebreo	Abadón,	y	en	--
32	3588	12	3686	846	1447	3	2532	1722	3588
NASM	*DGSF*	*NGSF*	*NNSN*	*RP3DSM*	*B*	*NNSM, XP*	*CLN*	*P*	*DDSF*

Ἑλληνικῇ	ὄνομα	ἔχει	Ἀπολλύων.
griego	(el) nombre$_{2}$	tiene$_{1}$	Apolión.
1673	3686	2192	623
JDSF	*NASN, NNSN*	*VPAI3S*	*NNSM*

12 Ἡ	οὐαὶ	ἡ	μία	ἀπῆλθεν·	ἰδοὺ	ἔρχεται	ἔτι	δύο	οὐαὶ
--$_{3}$	ay$_{4}$	El$_{1}$	primero$_{2}$	se fue,$_{5}$	he aquí$_{6}$	viene$_{9}$	todavía$_{10}$	dos$_{7}$	ay$_{8}$
3588	3759	3588	1520	565	2400	2064	2089	1417	3759
DNSF	*I, T*	*DNSF*	*JNSF*	*VAAI3S*	*I, VAAM2S*	*VPUI3S*	*B*	*XN, J*	*I, T*

μετὰ	ταῦτα.
después de	estas cosas.
3326	5023
P	*RD-APN*

NVI

morir, pero la muerte
huirá de ellos.
7 El aspecto de las
langostas era como de
caballos equipados para
la guerra. Llevaban en la
cabeza algo que parecía
una corona de oro, y su
cara se asemejaba a un
rostro humano. 8 Su crin
parecía cabello de mujer,
y sus dientes eran como
de león. 9 Llevaban
coraza como de hierro,
y el ruido de sus alas
se escuchaba como el
estruendo de carros de
muchos caballos que
se lanzan a la batalla.
10 Tenían cola y aguijón
como de escorpión; y en
la cola tenían poder para
torturar a la gente du-
rante cinco meses. 11 El
rey que los dirigía era el
ángel del abismo, que en
hebreo se llama Abadón
y en griego Apolión.
12 El primer ¡ay! ya
pasó, pero vienen toda-
vía otros dos.

RVR

13 El sexto ángel tocó la
trompeta, y oí una voz
que salía de los cuatro
cuernos del altar de
oro que está delante de
Dios,
14 diciendo al sexto
ángel que tenía la
trompeta: Suelta a los
cuatro ángeles que están
atados junto al gran río
Eufrates.
15 Y fueron soltados
los cuatro ángeles que
estaban preparados para
la hora, día, mes y año, a
fin de matar a la tercera
parte de los hombres.
16 Y el número de los
ejércitos de los jinetes
era de doscientos millo-
nes. Yo oí su número.
17 Así vi en la visión los
caballos y a sus jinetes,
los cuales tenían corazas
de color de fuego, de
jacinto y de azufre. Y las
cabezas de los caballos
eran como cabezas de
leones; y de sus bocas
salía fuego, humo y
azufre.
18 Por estas tres plagas
fue muerta la tercera
parte de los hombres;
por el fuego, el humo y

13 Καὶ	ὁ	ἕκτος	ἄγγελος	ἐσάλπισεν·	καὶ	ἤκουσα	φωνὴν	μίαν	ἐκ
Y	el	sexto	ángel	tocó la trompeta;	y	oí	voz$_2$	una$_1$	de
2532	3588	1623	32	4537	2532	191	5456	1520	1537
CLN	*DNSM*	*JNSM*	*NNSM*	*VAAI3S*	*CLN*	*VAAI1S*	*NASF*	*JASF*	*P*

┌τῶν	κεράτων	τοῦ	θυσιαστηρίου	τοῦ	χρυσοῦ	τοῦ	ἐνώπιον	τοῦ	θεοῦ,
los	cuernos	del	altar	de --	oro	--	delante de	--	Dios,
3588	2768	3588	2379	3588	5552	3588	1799	3588	2316
DGPN	*NGPN*	*DGSN*	*NGSN*	*DGSN*	*JGSN*	*DGSN*	*P, B*	*DGSM*	*NGSM*

14 λέγοντα	τῷ	ἕκτῳ	ἀγγέλῳ,	ὁ	ἔχων	τὴν	σάλπιγγα·	Λῦσον
diciendo	al	sexto	ángel,	el que	tiene	la	trompeta:	Desata
3004	3588	1623	32	3588	2192	3588	4536	3089
VPAP-SAM	*DDSM*	*JDSM*	*NDSM*	*DNSM*	*VPAP-SNM*	*DASF*	*NASF*	*VAAM2S*

τοὺς	τέσσαρας	ἀγγέλους	τοὺς	δεδεμένους	ἐπὶ	τῷ	ποταμῷ	τῷ
a los	cuatro	ángeles	los que	están atados	en	el	río	el
3588	5064	32	3588	1210	1909	3588	4215	3588
DAPM	*JAPM*	*NAPM*	*DAPM*	*VRPP-PAM*	*P*	*DDSM*	*NDSM*	*DDSM*

μεγάλῳ	Εὐφράτῃ.	15 καὶ	ἐλύθησαν	οἱ	τέσσαρες	ἄγγελοι	οἱ
grande	Éufrates.	Y$_1$	fueron desatados,$_{16}$	los$_2$	cuatro$_3$	ángeles$_4$	los que$_5$
3173	2166	2532	3089	3588	5064	32	3588
JDSM	*NDSM*	*CLN*	*VAPI3P*	*DNPM*	*JNPM*	*NNPM*	*DNPM*

ἡτοιμασμένοι	εἰς	τὴν	ὥραν	καὶ	ἡμέραν	καὶ	μῆνα	καὶ	ἐνιαυτόν,
había estado preparados$_6$	para$_7$	la$_8$	hora$_9$	y$_{10}$	día$_{11}$	y$_{12}$	mes$_{13}$	y$_{14}$	año$_{15}$
2090	1519	3588	5610	2532	2250	2532	3376	2532	1763
VRPP-PNM	*P*	*DASF*	*NASF*	*CLN*	*NASF*	*CLN*	*NASM*	*CLN*	*NASM*

ἵνα	ἀποκτείνωσιν	τὸ	τρίτον*	τῶν	ἀνθρώπων.	16 καὶ	ὁ	ἀριθμὸς
para que	mataran	la	tercera	de los	seres humanos.	Y	el	número
2443	615	3588	5154	3588	444	2532	3588	706
CAP	*VPAS3P*	*DASN*	*JASN*	*DGPM*	*NGPM*	*CLN*	*DNSM*	*NNSM*

τῶν	στρατευμάτων	τοῦ	ἱππικοῦ	δισμυριάδες	μυριάδων·	ἤκουσα
de los	ejércitos	de la	caballería	veinte miríadas	de miríadas;	oí
3588	4753	3588	2461	3461	3461	191
DGPN	*NGPN*	*DGSN, DGSM*	*JGSN*	*JNPF, NNPF*	*JGPF, JGPM*	*VAAI1S*

τὸν	ἀριθμὸν	αὐτῶν.	17 καὶ	οὕτως	εἶδον	τοὺς	ἵππους	ἐν	τῇ	ὁράσει
el	número	de ellos.	Y	así	vi	a los	caballos	en	la	visión
3588	706	846	2532	3779	1492	3588	2462	1722	3588	3706
DASM	*NASM*	*RP3GPN*	*CLN*	*B*	*VAAI1S*	*DAPM*	*NAPM*	*P*	*DDSF*	*NDSF*

καὶ	τοὺς	καθημένους	ἐπʼ	αὐτῶν,	ἔχοντας	θώρακας	πυρίνους	καὶ
y	a los que	están sentados	sobre	ellos,	teniendo	corazas	color de fuego	y
2532	3588	2521	1909	846	2192	2382	4447	2532
CLN	*DAPM*	*VPUP-PAM*	*P*	*RP3GPM*	*VPAP-PAM*	*NAPM*	*JAPM*	*CLN*

ὑακινθίνους	καὶ	θειώδεις·	καὶ	αἱ	κεφαλαὶ	τῶν	ἵππων	ὡς
color de jacinto	y	amarillo sulfuroso;	y	las	cabezas	de los	caballos	como
5191	2532	2306	2532	3588	2776	3588	2462	5613
JAPM	*CLN*	*JAPM*	*CLN*	*DNPF*	*NNPF*	*DGPM*	*NGPM*	*P, CAM*

κεφαλαὶ	λεόντων,	καὶ	ἐκ	τῶν	στομάτων	αὐτῶν	ἐκπορεύεται
cabezas	de leones,	y	de	las	bocas	de ellos	sale
2776	3023	2532	1537	3588	4750	846	1607
NNPF	*NGPM*	*CLN*	*P*	*DGPN*	*NGPN*	*RP3GPM*	*VPUI3S*

πῦρ	καὶ	καπνὸς	καὶ	θεῖον.	18 ἀπὸ	τῶν	τριῶν	πληγῶν	τούτων
fuego	y	humo	y	azufre.	(Por causa) de$_1$	--$_3$	tres$_4$	plagas,$_5$	estas$_2$
4442	2532	2586	2532	2303	575	3588	5140	4127	5130
NNSN	*CLN*	*NNSM*	*CLN*	*NNSN*	*P*	*DGPF*	*JGPF*	*NGPF*	*RD-GPF*

ἀπεκτάνθησαν	τὸ	τρίτον*	τῶν	ἀνθρώπων,	ἐκ	τοῦ	πυρὸς	καὶ	τοῦ
fueron matados$_5$	la	tercera	de los	seres humanos	de (por)	el	fuego	y	el
615	3588	5154	3588	444	1537	3588	4442	2532	3588
VAPI3P	*DNSN*	*JNSN*	*DGPM*	*NGPM*	*P*	*DGSN*	*NGSN*	*CLN*	*DGSM*

NVI

13 Tocó el sexto ángel
su trompeta, y oí una
voz que salía de entre
los cuernos del altar de
oro que está delante de
Dios. 14 A este ángel que
tenía la trompeta, la voz
le dijo: «Suelta a los
cuatro ángeles que están
atados a la orilla del gran
río Éufrates». 15 Así que
los cuatro ángeles que
habían sido preparados
precisamente para esa
hora, y ese día, mes y
año, quedaron sueltos
para matar a la tercera
parte de la humanidad.
16 Oí que el número de
las tropas de caballería
llegaba a doscientos
millones.
17 Así vi en la visión
a los caballos y a sus
jinetes: Tenían coraza
de color rojo encendido,
azul violeta y amarillo
como azufre. La cabeza
de los caballos era como
de león, y por la boca
echaban fuego, humo y
azufre. 18 La tercera parte
de la humanidad murió
a causa de las tres plagas
de fuego, humo y azufre

9:13┌ Manuscritos importantes tienen *cuatro.* **9:15*, 18*** O sea *tercera parte.*

RVR

el azufre que salían de
sus bocas.
19 Pues el poder de los
caballos está en su boca
y en sus colas; porque
sus colas son semejantes
a serpientes, pues tienen
cabezas, y con ellas
dañan.
20 Y los demás hombres
que no fueron muertos
con estas plagas, no
se arrepintieron de las
obras de sus manos,
para no adorar a los de-
monios, y a los ídolos de
oro, de plata, de bronce,
de piedra y de madera,
los cuales no pueden
ver, ni oír, ni andar;
21 y no se arrepintieron
de sus homicidios, ni de
sus hechicerías, ni de su
fornicación, ni de sus
hurtos.

El ángel con el librito

10 Vi descender
del cielo a otro
ángel fuerte, envuelto
en una nube, con el arco
iris sobre su cabeza; y su

καπνοῦ	καὶ	τοῦ	θείου	τοῦ	ἐκπορευομένου	ἐκ	τῶν	στομάτων	αὐτῶν.
humo	y	el	azufre	el que	sale	de	las	bocas	de ellos.
2586	2532	3588	2303	3588	1607	1537	3588	4750	846
NGSM	*CLN*	*DGSN*	*NGSN*	*DGSN*	*VPUP-SGN*	*P*	*DGPN*	*NGPN*	*RP3GPM*

19 ἡ	γὰρ	ἐξουσία	τῶν	ἵππων	ἐν	τῷ	στόματι	αὐτῶν	ἐστιν	καὶ	ἐν
el$_2$	Porque$_1$	poder$_3$	de los	caballos	en$_2$	la$_3$	boca$_4$	de ellos$_5$	está$_1$	y	en
3588	1063	1849	3588	2462	1722	3588	4750	846	2076	2532	1722
DNSF	*CLX*	*NNSF*	*DGPM*	*NGPM*	*P*	*DDSN*	*NDSN*	*RP3GPM*	*VPAI3S*	*CLN*	*P*

ταῖς	οὐραῖς	αὐτῶν·	αἱ	γὰρ	οὐραὶ	αὐτῶν	ὅμοιαι	ὄφεσιν,	ἔχουσαι
las	colas	de ellos;	las$_2$	porque$_1$	colas$_3$	de ellos	semejante	a serpientes,	que tienen
3588	3769	846	3588	1063	3769	846	3664	3789	2192
DDPF	*NDPF*	*RP3GPM*	*DNPF*	*CLX*	*NNPF*	*RP3GPM*	*JNPF*	*NDPM*	*VPAP-PNF*

κεφαλάς,	καὶ	ἐν	αὐταῖς	ἀδικοῦσιν.
cabezas,	y	con	ellas	hacen daño.
2776	2532	1722	846	91
NAPF	*CLN*	*P*	*RP3DPF*	*VPAI3P*

20 Καὶ	οἱ	λοιποὶ	τῶν	ἀνθρώπων,	οἳ	οὐκ	ἀπεκτάνθησαν	ἐν
Y	los	demás	de los	seres humanos,	los que	no	fueron matadas	con
2532	3588	3062	3588	444	3739	3756	615	1722
CLN	*DNPM*	*JNPM*	*DGPM*	*NGPM*	*RR-NPM*	*BN, TN*	*VAPI3P*	*P*

ταῖς	πληγαῖς	ταύταις,	οὐδὲ	μετενόησαν	ἐκ	τῶν	ἔργων	τῶν	χειρῶν
--$_2$	plagas,$_3$	estas$_1$	ni	se arrepintieron	de	las	obras	de las	manos
3588	4127	3778	3761	3340	1537	3588	2041	3588	5495
DDPF	*NDPF*	*RD-DPF*	*BN, C*	*VAAI3P*	*P*	*DGPN*	*NGPN*	*DGPF*	*NGPF*

αὐτῶν,	ἵνα	μὴ	προσκυνήσουσιν	τὰ	δαιμόνια	καὶ	τὰ	εἴδωλα	τὰ
de ellos,	que	no	adorarán	a los	demonios	y	a los	ídolos	los
846	2443	3361	4352	3588	1140	2532	3588	1497	3588
RP3GPM	*CSC*	*BN, TN*	*VFAI3P*	*DAPN*	*NAPN*	*CLN*	*DAPN*	*NAPN*	*DAPN*

χρυσᾶ	καὶ	τὰ	ἀργυρᾶ	καὶ	τὰ	χαλκᾶ	καὶ	τὰ	λίθινα	καὶ	τὰ	ξύλινα,
de oro	y	los	de plata	y	los	de bronce	y	los	de piedra	y	los	de madera,
5552	2532	3588	693	2532	3588	5470	2532	3588	3035	2532	3588	3585
JAPN	*CLN*	*DAPN*	*JAPN*	*CLN*	*DAPN*	*JAPN*	*CLN*	*DAPN*	*JAPN*	*CLN*	*DAPN*	*JAPN*

ἃ	οὔτε	βλέπειν	δύνανται	οὔτε	ἀκούειν	οὔτε	περιπατεῖν,
los que$_1$	ni$_2$	ver$_4$	pueden$_3$	ni	oír	ni	andar;
3739	3777	991	1410	3777	191	3777	4043
RR-NPN	*CLK, TN*	*VPAN*	*VPUI3P*	*CLK, CLD*	*VPAN*	*CLK, CLD*	*VPAN*

21 καὶ	οὐ	μετενόησαν	ἐκ	τῶν	φόνων	αὐτῶν	οὔτε	ἐκ	τῶν
y	no	se arrepintieron	de	los	homicidios	de ellos	ni	de	las
2532	3756	3340	1537	3588	5408	846	3777	1537	3588
CLN	*BN, TN*	*VAAI3P*	*P*	*DGPM*	*NGPM*	*RP3GPM*	*CLK, TN*	*P*	*DGPN, DGPF*

φαρμάκων	αὐτῶν	οὔτε	ἐκ	τῆς	πορνείας	αὐτῶν	οὔτε	ἐκ	τῶν
hechicerías	de ellos	ni	de	la	inmoralidad sexual	de ellos	ni	de	los
5331	846	3777	1537	3588	4202	846	3777	1537	3588
NGPN	*RP3GPM*	*CLK, CLD*	*P*	*DGSF*	*NGSF*	*RP3GPM*	*CLK, CLD*	*P*	*DGPN*

κλεμμάτων	αὐτῶν.
robos	de ellos.
2809	846
NGPN	*RP3GPM*

10 Καὶ	εἶδον	ἄλλον	ἄγγελον	ἰσχυρὸν	καταβαίνοντα	ἐκ
Y	vi	a otro	ángel	fuerte	que desciende	de
2532	1492	243	32	2478	2597	1537
CLN	*VAAI1S*	*JASM*	*NASM*	*JASM*	*VPAP-SAM*	*P*

τοῦ	οὐρανοῦ,	περιβεβλημένον	νεφέλην,	καὶ	ἡ	ἶρις	ἐπὶ	τὴν
el	cielo,	que estaba envuelto en	una nube,	y	el	arco iris	sobre	la
3588	3772	4016	3507	2532	3588	2463	1909	3588
DGSM	*NGSM*	*VRPP-SAM*	*NASF*	*CLN*	*DNSF*	*NNSF*	*P*	*DASF*

NVI

que salían de la boca de
los caballos. 19 Es que
el poder de los caballos
radicaba en su boca y en
su cola; pues sus colas,
semejantes a serpientes,
tenían cabezas con las
que hacían daño.
20 El resto de la
humanidad, los que no
murieron a causa de
estas plagas, tampoco
se arrepintieron de
sus malas acciones ni
dejaron de adorar a los
demonios y a los ídolos
de oro, plata, bronce,
piedra y madera, los cua-
les no pueden ver ni oír
ni caminar. 21 Tampoco
se arrepintieron de sus
asesinatos ni de sus artes
mágicas, inmoralidad
sexual y robos.

El ángel y el rollo pequeño

10 Después vi
a otro ángel
poderoso que bajaba
del cielo envuelto en
una nube. Un arco iris
rodeaba su cabeza;

RVR

rostro era como el sol, y
sus pies como columnas
de fuego.
2 Tenía en su mano un
librito abierto; y puso
su pie derecho sobre el
mar, y el izquierdo sobre
la tierra;
3 y gritó a gran voz,
como ruge un león; y
luego que gritó, los siete
truenos emitieron sus
voces.
4 Después que los siete
truenos emitieron sus
voces, yo iba a escribir; y
oí una voz del cielo que
decía: Sella las cosas que
los siete truenos han ha-
blado, y no las escribas.
5 Y el ángel que vi en pie
sobre el mar y sobre la
tierra, levantó su mano
al cielo,
6 y juró por el que vive
por los siglos de los si-
glos, quien creó el cielo y
las cosas que están en él,
y la tierra y las cosas que
están en ella, y el mar y
las cosas que están en
él, que ya no habrá más
tiempo,
7 sino que en los días
de la voz del séptimo
ángel, cuando él vaya a

κεφαλὴν	αὐτοῦ,	καὶ	τὸ	πρόσωπον	αὐτοῦ	ὡς	ὁ	ἥλιος,	καὶ	οἱ
cabeza	de él,	y	el	rostro	de él	como	el	sol,	y	los
2776	846	2532	3588	4383	846	5613	3588	2246	2532	3588
NASF	RP3GSM	CLN	DNSN	NNSN	RP3GSM	P, CAM	DNSM	NNSM	CLN	DNPM

πόδες	αὐτοῦ	ὡς	στῦλοι	πυρός,	2 καὶ	ἔχων	ἐν	τῇ	χειρὶ	αὐτοῦ
pies	de él	como	columnas	de fuego,	y	teniendo	en	la	mano	de él
4228	846	5613	4769	4442	2532	2192	1722	3588	5495	846
NNPM	RP3GSM	P, CAM	NNPM	NGSN	CLN	VPAP-SNM	P	DDSF	NDSF	RP3GSM

βιβλαρίδιον	ἠνεῳγμένον.	καὶ	ἔθηκεν	τὸν	πόδα	αὐτοῦ	τὸν	δεξιὸν	ἐπὶ
un rollo pequeño	que había sido abierto.	Y	puso	el	pie	de él	el	derecho	sobre
974	455	2532	5087	3588	4228	846	3588	1188	1909
NASN	VRPP-SAN	CLN	VAAI3S	DASM	NASM	RP3GSM	DASM	JASM	P

τῆς	θαλάσσης,	τὸν	δὲ	εὐώνυμον	ἐπὶ	τῆς	γῆς,	3 καὶ	ἔκραξεν	φωνῇ
el	mar,	el$_2$	y$_1$	izquierdo	sobre	la	tierra,	y	clamó	con voz
3588	2281	3588	1161	2176	1909	3588	1093	2532	2896	5456
DGSF	NGSF	DASM	CLC	JASM	P	DGSF	NGSF	CLN	VAAI3S	NDSF

μεγάλῃ	ὥσπερ	λέων	μυκᾶται.	καὶ	ὅτε	ἔκραξεν,	ἐλάλησαν	αἱ	ἑπτὰ
grande	tal como	un león	ruge.	Y	cuando	clamó,	hablaron$_4$	los$_1$	siete$_2$
3173	5618	3023	3455	2532	3753	2896	2980	3588	2033
JDSF	CAM	NNSM	VPUI3S	CLN	CAT	VAAI3S	VAAI3P	DNPF	XN, J

βρονταὶ	τὰς	ἑαυτῶν	φωνάς.	4 καὶ	ὅτε	ἐλάλησαν	αἱ	ἑπτὰ	βρονταί,
truenos$_3$	las$_5$	de ellos mismos$_7$	voces.$_6$	Y	cuando	hablaron	los	siete	truenos,
1027	3588	1438	5456	2532	3753	2980	3588	2033	1027
NNPF	DAPF	RF3GPF	NAPF	CLN	CAT	VAAI3P	DNPF	XN, J	NNPF

ἤμελλον	γράφειν·	καὶ	ἤκουσα	φωνὴν	ἐκ	τοῦ	οὐρανοῦ	λέγουσαν·
(yo) estaba a punto de	escribir;	y	oí	una voz	de	el	cielo	diciendo:
3195	1125	2532	191	5456	1537	3588	3772	3004
VIAI1S	VPAN	CLC	VAAI1S	NASF	P	DGSM	NGSM	VPAP-SAF

Σφράγισον	ἃ	ἐλάλησαν	αἱ	ἑπτὰ	βρονταί,	καὶ	μὴ	αὐτὰ
Sella	las cosas que	hablaron$_4$	los$_1$	siete$_2$	truenos$_3$	y	no	las
4972	3739	2980	3588	2033	1027	2532	3361	846
VAAM2S	RR-APN	VAAI3P	DNPF	XN, J	NNPF	CLN	BN, TN	RP3APN

γράψῃς.	5 καὶ	ὁ	ἄγγελος,	ὃν	εἶδον	ἑστῶτα	ἐπὶ	τῆς	θαλάσσης	καὶ
escribas.	Y	el	ángel,	el que	vi	de pie	sobre	el	mar	y
1125	2532	3588	32	3739	1492	2476	1909	3588	2281	2532
VAAS2S	CLN	DNSM	NNSM	RR-ASM	VAAI1S	VRAP-SAM	P	DGSF	NGSF	CLN

ἐπὶ	τῆς	γῆς,	ἦρεν	τὴν	χεῖρα	αὐτοῦ	τὴν	δεξιὰν	εἰς	τὸν	οὐρανόν,	6 καὶ
sobre	la	tierra,	alzó	la	mano	de él	la	derecha	hacia	el	cielo,	y
1909	3588	1093	142	3588	5495	846	3588	1188	1519	3588	3772	2532
P	DGSF	NGSF	VAAI3S	DASF	NASF	RP3GSM	DASF	JASF	P	DASM	NASM	CLN

ὤμοσεν	τῷ	ζῶντι	εἰς	τοὺς	αἰῶνας	τῶν	αἰώνων,	ὃς	ἔκτισεν
juró	por el que	vive	por	los	siglos	de los	siglos,	el que	creó
3660	3588	2198	1519	3588	165	3588	165	3739	2936
VAAI3S	DDSM	VPAP-SDM	P	DAPM	NAPM	DGPM	NGPM	RR-NSM	VAAI3S

τὸν	οὐρανὸν	καὶ	τὰ	ἐν	αὐτῷ	καὶ	τὴν	γῆν	καὶ	τὰ	ἐν	αὐτῇ	καὶ
el	cielo	y	las cosas	en	él,	y	la	tierra	y	las cosas	en	ella	y
3588	3772	2532	3588	1722	846	2532	3588	1093	2532	3588	1722	846	2532
DASM	NASM	CLN	DAPN	P	RP3DSM	CLN	DASF	NASF	CLN	DAPN	P	RP3DSF	CLN

τὴν	θάλασσαν	καὶ	τὰ	ἐν	αὐτῇ,	ὅτι	χρόνος	οὐκέτι	ἔσται·	7 ἀλλ’
el	mar	y	las cosas	en	él,	que	tiempo	ya no	habrá,	sino (que)
3588	2281	2532	3588	1722	846	3754	5550	3765	2071	235
DASF	NASF	CLN	DAPN	P	RP3DSF	CSC	NNSM	BN	VFMI3S	CLC

ἐν	ταῖς	ἡμέραις	τῆς	φωνῆς	τοῦ	ἑβδόμου	ἀγγέλου,	ὅταν	μέλλῃ
en	los	días	de la	voz	del	séptimo	ángel,	cuando	esté a punto de
1722	3588	2250	3588	5456	3588	1442	32	3752	3195
P	DDPF	NDPF	DGSF	NGSF	DGSM	JGSM	NGSM	CAT	VPAS3S

NVI

su rostro era como el sol,
y sus piernas parecían
columnas de fuego.
2 Llevaba en la mano un
pequeño rollo escrito
que estaba abierto. Puso
el pie derecho sobre
el mar y el izquierdo
sobre la tierra, 3 y dio
un grito tan fuerte que
parecía el rugido de
un león. Entonces los
siete truenos levanta-
ron también sus voces.
4 Una vez que hablaron
los siete truenos, estaba
yo por escribir, pero oí
una voz del cielo que
me decía: «Guarda en
secreto lo que han dicho
los siete truenos, y no lo
escribas».
5 El ángel que yo
había visto de pie sobre
el mar y sobre la tierra
levantó al cielo su mano
derecha 6 y juró por el
que vive por los siglos de
los siglos, el que creó el
cielo, la tierra, el mar y
todo lo que hay en ellos,
y dijo: «¡El tiempo ha
terminado! 7 En los días
en que hable el séptimo
ángel, cuando comience

RVR

tocar la trompeta, también el misterio de Dios
se habrá consumado,
como él lo anunció a sus
siervos los profetas.
8 La voz que oí del cielo
habló otra vez conmigo,
y dijo: Ve y toma el librito que está abierto en
la mano del ángel que
está en pie sobre el mar
y sobre la tierra.
9 Y me fui hacia el ángel,
diciéndole que me
diese el librito. Y él me
dijo: Toma, y cómetelo
entero; y te amargará el
vientre, pero en tu boca
será dulce como la miel.
10 Entonces tomé el
librito de la mano del
ángel, y me lo comí
entero; y en mi boca era
dulce como la miel, y
después que me lo comí,
se me amargó el vientre.
11 Y él me dijo: Debes
profetizar otra vez sobre
muchos pueblos, naciones, lenguas y reyes.

Los dos testigos

11 Entonces me fue dada una caña semejante a una vara de medir, y se me dijo: Levántate, y mide

σαλπίζειν, καὶ ἐτελέσθη τὸ μυστήριον τοῦ θεοῦ, ὡς εὐηγγέλισεν
tocar la trompeta, también fue cumplido el misterio de -- Dios, como anunció
4537 2532 5048 3588 3466 3588 2316 5613 2097
VPAN BE, TE VAPI3S DNSN NNSN DGSM NGSM CAM VAAI3S

τοὺς ἑαυτοῦ δούλους τοὺς προφήτας.
a los$_1$ de sí mismo$_3$ siervos$_2$ los profetas.
3588 1438 1401 3588 4396
DAPM RF3GSM NAPM DAPM NAPM

8 Καὶ ἡ φωνὴ ἣν ἤκουσα ἐκ τοῦ οὐρανοῦ, πάλιν λαλοῦσαν
Y la voz la que oí de el cielo, de nuevo hablando
2532 3588 5456 3739 191 1537 3588 3772 3825 2980
CLN DNSF NNSF RR-ASF VAAI1S P DGSM NGSM B VPAP-SAF

μετ᾽ ἐμοῦ καὶ λέγουσαν· Ὕπαγε λάβε τὸ βιβλίον τὸ ἠνεῳγμένον
conmigo y diciendo: Ve, toma el rollo el que ha sido abierto
3326 1700 2532 3004 5217 2983 3588 975 3588 455
P RP1GS CLN VPAP-SAF VPAM2S VAAM2S DASN NASN DASN VRPP-SAN

ἐν τῇ χειρὶ τοῦ ἀγγέλου τοῦ ἑστῶτος ἐπὶ τῆς θαλάσσης καὶ
en la mano del ángel el que está de pie sobre el mar y
1722 3588 5495 3588 32 3588 2476 1909 3588 2281 2532
P DDSF NDSF DGSM NGSM DGSM VRAP-SGM P DGSF NGSF CLN

ἐπὶ τῆς γῆς. 9 καὶ ἀπῆλθα πρὸς τὸν ἄγγελον λέγων αὐτῷ δοῦναί
sobre la tierra. Y fui hacia al ángel, diciendo a él dar
1909 3588 1093 2532 565 4314 3588 32 3004 846 1325
P DGSF NGSF CLN VAAI1S P DASM NASM VPAP-SNM RP3DSM VAAN

μοι τὸ βιβλαρίδιον. καὶ λέγει μοι· Λάβε καὶ κατάφαγε αὐτό, καὶ
a mí el rollo pequeño. Y dice a mí: Toma y devora a él, y$_1$
3427 3588 974 2532 3004 3427 2983 2532 2719 846 2532
RP1DS DASN NASN CLN VPAI3S RP1DS VAAM2S CLN VAAM2S RP3ASN CLN

πικρανεῖ σου τὴν κοιλίαν, ἀλλ᾽ ἐν τῷ στόματί σου ἔσται γλυκὺ ὡς
amargará$_2$ de ti,$_5$ el$_3$ vientre$_4$ pero en la boca de ti será dulce como
4087 4675 3588 2836 235 1722 3588 4750 4675 2071 1099 5613
VFAI3S RP2GS DASF NASF CLC P DDSN NDSN RP2GS VFMI3S JNSN CAM

μέλι. 10 καὶ ἔλαβον τὸ βιβλαρίδιον ἐκ τῆς χειρὸς τοῦ ἀγγέλου καὶ
miel. Y tomé el rollo pequeño. de la mano del ángel, y
3192 2532 2983 3588 974 1537 3588 5495 3588 32 2532
NNSN CLN VAAI1S DASN NASN P DGSF NGSF DGSM NGSM CLN

κατέφαγον αὐτό, καὶ ἦν ἐν τῷ στόματί μου ὡς μέλι γλυκύ· καὶ
devoré a él, y era en la boca de mí como miel dulce; y
2719 846 2532 2258 1722 3588 4750 3450 5613 3192 1099 2532
VAAI1S RP3ASN CLN VIAI3S P DDSN NDSN RP1GS P, CAM NNSN JNSN CLC

ὅτε ἔφαγον αὐτό, ἐπικράνθη ἡ κοιλία μου.
cuando comí a él, fue amargado.$_4$ el$_1$ vientre$_2$ de mí$_3$
3753 5315 846 4087 3588 2836 3450
CAT VAAI1S RP3ASN VAPI3S DNSF NNSF RP1GS

11 Καὶ λέγουσίν μοι· Δεῖ σε πάλιν προφητεῦσαι ἐπὶ λαοῖς
Y dicen a mí: Es necesario tú de nuevo$_2$ profetizar$_1$ sobre$_3$ pueblos$_5$
2532 3004 3427 1163 4571 3825 4395 1909 2992
CLN VPAI3P RP1DS VPAI3S RP2AS B VAAN P NDPM

καὶ ἔθνεσιν καὶ γλώσσαις καὶ βασιλεῦσιν πολλοῖς.
y$_6$ naciones$_7$ y$_8$ lenguas$_9$ y$_{10}$ reyes.$_{11}$ muchos$_4$
2532 1484 2532 1100 2532 935 4183
CLN NDPN CLN NDPF CLN NDPM JDPM

11 Καὶ ἐδόθη μοι κάλαμος ὅμοιος ῥάβδῳ, λέγων· Ἔγειρε
Y fue dada a mí una caña semejante a una vara diciendo: Levántate
2532 1325 3427 2563 3664 4464 3004 1453
CLN VAPI3S RP1DS NNSM JNSM NDSF VPAP-SNM VPAM2S

NVI

a tocar su trompeta, se
cumplirá el designio secreto de Dios, tal y como
lo anunció a sus siervos
los profetas».
8 La voz del cielo que
yo había escuchado se
dirigió a mí de nuevo:
«Acércate al ángel que
está de pie sobre el mar
y sobre la tierra, y toma
el rollo que tiene abierto
en la mano».
9 Me acerqué al
ángel y le pedí que me
diera el rollo. Él me dijo:
«Tómalo y cómetelo. Te
amargará las entrañas,
pero en la boca te sabrá
dulce como la miel».
10 Lo tomé de la mano
del ángel y me lo comí.
Me supo dulce como la
miel, pero al comérmelo
se me amargaron las
entrañas. 11 Entonces
se me ordenó: «Tienes
que volver a profetizar
acerca de muchos pueblos, naciones, lenguas
y reyes».

Los dos testigos

11 Se me dio una caña que servía para medir, y se me ordenó: «Levántate y

RVR

el santuario de Dios, y el altar, y a los que adoran en él.
2 Y el patio que está fuera del santuario déjalo aparte, y no lo midas, porque ha sido entregado a los gentiles; y ellos hollarán la ciudad santa durante cuarenta y dos meses.
3 Y concederé a mis dos testigos que profeticen por mil doscientos sesenta días, vestidos de cilicio.
4 Estos testigos son los dos olivos, y los dos candeleros que están en pie delante del Dios de la tierra.
5 Y si alguno quiere hacerles daño, sale fuego de la boca de ellos, y devora a sus enemigos; y si alguno quiere hacerles daño, debe morir él de la misma manera.
6 Éstos tienen la potestad de cerrar el cielo, a fin de que no llueva en los días de su profecía; y tienen potestad sobre las aguas para convertirlas en sangre, y para herir la tierra con toda clase de plagas, cuantas veces quieran.

καὶ	μέτρησον	τὸν	ναὸν	τοῦ	θεοῦ	καὶ	τὸ	θυσιαστήριον	καὶ	τοὺς
y	mide	el	templo	de--	Dios	y	el	altar	y	a los que
2532	3354	3588	3485	3588	2316	2532	3588	2379	2532	3588
CLN	*VAAM2S*	*DASM*	*NASM*	*DGSM*	*NGSM*	*CLN*	*DASN*	*NASN*	*CLN*	*DAPM*

προσκυνοῦντας	ἐν	αὐτῷ.	2 καὶ	τὴν	αὐλὴν	τὴν	ἔξωθεν	τοῦ	ναοῦ
adoran	en	él.	Y	el$_3$	patio$_4$	el$_5$	de afuera$_6$	del$_7$	templo$_8$
4352	1722	846	2532	3588	833	3588	1855	3588	3485
VPAP-PAM	*P*	*RP3DSM*	*CLC*	*DASF*	*NASF*	*DASF*	*B*	*DGSM*	*NGSM*

ἔκβαλε	ἔξωθεν,	καὶ	μὴ	αὐτὴν	μετρήσῃς,	ὅτι	ἐδόθη	τοῖς	ἔθνεσιν,
deja$_1$	fuera$_2$	y	no	lo	midas,	porque	fue dado	a los	gentiles,
1544	1855	2532	3361	846	3354	3754	1325	3588	1484
VAAM2S	*B*	*CLN*	*BN, TN*	*RP3ASF*	*VAAS2S*	*CAZ*	*VAPI3S*	*DDPN*	*NDPN*

καὶ	τὴν	πόλιν	τὴν	ἁγίαν	πατήσουσιν	μῆνας	τεσσεράκοντα	δύο.	3 καὶ
y	la$_2$	ciudad$_3$	la$_4$	santa$_5$	hollarán$_1$	meses.$_8$	cuarenta$_6$	dos$_7$	Y
2532	3588	4172	3588	40	3961	3376	5062	1417	2532
CLN	*DASF*	*NASF*	*DASF*	*JASF*	*VFAI3P*	*NAPM*	*XN, J*	*XN, J*	*CLN*

δώσω	τοῖς	δυσὶν	μάρτυσίν	μου,	καὶ	προφητεύσουσιν	ἡμέρας	χιλίας
daré	a los	dos	testigos	de mí,	y	profetizarán$_1$	días$_5$	mil$_2$
1325	3588	1417	3144	3450	2532	4395	2250	5507
VFAI1S	*DDPM*	*JDPM*	*NDPM*	*RP1GS*	*CLN*	*VFAI3P*	*NAPF*	*JAPF*

διακοσίας	ἑξήκοντα,	περιβεβλημένοι	σάκκους.
doscientos$_3$	sesenta$_4$	cubiertos de	cilicio.
1250	1835	4016	4526
JAPF	*XN, J*	*VRPP-PNM*	*NAPM*

4 Οὗτοί	εἰσιν	αἱ	δύο	ἐλαῖαι	καὶ	αἱ	δύο	λυχνίαι	αἱ	ἐνώπιον
Estos	son	los	dos	olivos	y	los	dos	candelabros	los que$_1$	delante de$_3$
3778	1526	3588	1417	1636	2532	3588	1417	3087	3588	1799
RD-NPM	*VPAI3P*	*DNPF*	*XN, J*	*NNPF*	*CLN*	*DNPF*	*XN, J*	*NNPF*	*DNPF*	*P, B*

τοῦ	κυρίου	τῆς	γῆς	ἑστῶτες.	5 καὶ	εἴ	τις	αὐτοὺς	θέλει	ἀδικῆσαι,
el$_4$	Señor$_5$	de la$_6$	tierra.$_7$	están de pie$_2$	Y	si	alguien$_1$	a ellos$_3$	quiere$_2$	hacer daño,$_4$
3588	2962	3588	1093	2476	2532	1487	5100	846	2309	91
DGSM	*NGSM*	*DGSF*	*NGSF*	*VRAP-PNM*	*CLN*	*CAC*	*RX-NSM*	*RP3APM*	*VPAI3S*	*VAAN*

πῦρ	ἐκπορεύεται	ἐκ	τοῦ	στόματος	αὐτῶν	καὶ	κατεσθίει	τοὺς	ἐχθροὺς
fuego	sale	de	la	boca	de ellos	y	devora	a los	enemigos
4442	1607	1537	3588	4750	846	2532	2719	3588	2190
NNSN	*VPUI3S*	*P*	*DGSN*	*NGSN*	*RP3GPM*	*CLN*	*VPAI3S*	*DAPM*	*JAPM*

αὐτῶν·	καὶ	εἴ	τις	θελήσῃ	αὐτοὺς	ἀδικῆσαι,	οὕτως	δεῖ
de ellos;	y	si	alguien	quiere	a ellos	hacer daño,	así$_1$	es necesario$_3$
846	2532	1487	5100	2309	846	91	3779	1163
RP3GPM	*CLN*	*CAC*	*RX-NSM*	*VAAS3S*	*RP3APM*	*VAAN*	*B*	*VPAI3S*

αὐτὸν	ἀποκτανθῆναι.	6 οὗτοι	ἔχουσιν	τὴν	ἐξουσίαν	κλεῖσαι	τὸν
él$_2$	ser matado.$_4$	Estos	tienen	la	autoridad	de cerrar	el
846	615	3778	2192	3588	1849	2808	3588
RP3ASM	*VAPN*	*RD-NPM*	*VPAI3P*	*DASF*	*NASF*	*VAAN*	*DASM*

οὐρανόν	ἵνα	μὴ	ὑετὸς	βρέχῃ	τὰς	ἡμέρας	τῆς	προφητείας	αὐτῶν,
cielo,	para que	no	lluvia	llueva	en los	días	de la	profecía	de ellos,
3772	2443	3361	5205	1026	3588	2250	3588	4394	846
NASM	*CAR*	*BN, TN*	*NNSM*	*VPAS3S*	*DAPF*	*NAPF*	*DGSF*	*NGSF*	*RP3GPM*

καὶ	ἐξουσίαν	ἔχουσιν	ἐπὶ	τῶν	ὑδάτων	στρέφειν	αὐτὰ	εἰς	αἷμα	καὶ
y$_1$	autoridad$_3$	tienen$_2$	sobre	las	aguas	de convertir	a ellas	en	sangre	y
2532	1849	2192	1909	3588	5204	4762	846	1519	129	2532
CLN	*NASF*	*VPAI3P*	*P*	*DGPN*	*NGPN*	*VPAN*	*RP3APN*	*P*	*NASN*	*CLN*

πατάξαι	τὴν	γῆν	ἐν	πάσῃ	πληγῇ	ὁσάκις	ἐὰν	θελήσωσιν.
herir	la	tierra	con	toda	plaga	cuantas veces	si	quisieran.
3960	3588	1093	1722	3956	4127	3740	1437	2309
VAAN	*DASF*	*NASF*	*P*	*JDSF*	*NDSF*	*B, C*	*TC*	*VAAS3P*

NVI

mide el templo de Dios y el altar, y calcula cuántos pueden adorar allí.
2 Pero no incluyas el atrio exterior del templo; no lo midas, porque ha sido entregado a las naciones paganas, las cuales pisotearán la ciudad santa durante cuarenta y dos
meses. 3 Por mi parte, yo encargaré a mis dos testigos que, vestidos de luto, profeticen durante mil doscientos sesenta
días». 4 Estos dos testigos son los dos olivos y los dos candelabros que permanecen delante del
Señor de la tierra. 5 Si alguien quiere hacerles daño, ellos lanzan fuego por la boca y consumen a sus enemigos. Así habrá de morir cualquiera que intente hacerles
daño. 6 Estos testigos tienen poder para cerrar el cielo a fin de que no llueva mientras estén profetizando; y tienen poder para convertir las aguas en sangre y para azotar la tierra, cuantas veces quieran, con toda clase de plagas.

RVR

7 Cuando hayan aca-
bado su testimonio, la
bestia que sube del abis-
mo hará guerra contra
ellos, y los vencerá y los
matará.
8 Y sus cadáveres
quedarán en la plaza
de la gran ciudad que
en sentido espiritual se
llama Sodoma y Egipto,
donde también nuestro
Señor fue crucificado.
9 Y gente de los pueblos,
tribus, lenguas y nacio-
nes verán sus cadáveres
durante tres días y
medio, y no permitirán
que sean puestos en los
sepulcros.
10 Y los moradores de la
tierra se regocijarán so-
bre ellos y se alegrarán, y
se enviarán regalos unos
a otros; porque estos
dos profetas atormenta-
ron a los moradores de
la tierra.
11 Y después de los tres
días y medio, entró en
ellos un espíritu de vida
enviado por Dios, y se
pusieron de pie, y cayó
gran temor sobre los
que los veían.
12 Y oyeron una gran

7 Καὶ	ὅταν	τελέσωσιν	τὴν	μαρτυρίαν	αὐτῶν,	τὸ	θηρίον	τὸ
Y	cuando	hayan acabado	el	testimonio	de ellos,	la	bestia	la que
2532	3752	5055	3588	3141	846	3588	2342	3588
CLN	*CAT*	*VAAS3P*	*DASF*	*NASF*	*RP3GPM*	*DNSN*	*NNSN*	*DNSN*

ἀναβαῖνον	ἐκ	τῆς	ἀβύσσου	ποιήσει	μετ᾽	αὐτῶν	πόλεμον	καὶ	νικήσει
sube	de	el	abismo	hará	con	ellos	guerra	y	vencerá
305	1537	3588	12	4160	3326	846	4171	2532	3528
VPAP-SNN	*P*	*DGSF*	*NGSF*	*VFAI3S*	*P*	*RP3GPM*	*NASM*	*CLN*	*VFAI3S*

αὐτοὺς	καὶ	ἀποκτενεῖ	αὐτούς.	8 καὶ	τὸ	πτῶμα	αὐτῶν	ἐπὶ
a ellos	y	matará	a ellos.	Y	el	cadáver	de ellos	(quedarán) sobre
846	2532	615	846	2532	3588	4430	846	1909
RP3APM	*CLN*	*VFAI3S*	*RP3APM*	*CLN*	*DNSN*	*NNSN*	*RP3GPM*	*P*

τῆς	πλατείας	τῆς	πόλεως	τῆς	μεγάλης,	ἥτις	καλεῖται	πνευματικῶς*
la	plaza	de la	ciudad	la	grande,	la que	se llama	espiritualmente
3588	4113	3588	4172	3588	3173	3748	2564	4153
DGSF	*NGSF, JGSF*	*DGSF*	*NGSF*	*DGSF*	*JGSF*	*RR-NSF*	*VPPI3S*	*B*

Σόδομα	καὶ	Αἴγυπτος,	ὅπου	καὶ	ὁ	κύριος	αὐτῶν	ἐσταυρώθη.
Sodoma	y	Egipto,	donde	también	el	Señor	de ellos	fue crucificado.
4670	2532	125	3699	2532	3588	2962	846	4717
NNPN	*CLN*	*NNSF*	*CAL, B*	*BE, TE*	*DNSM*	*NNSM*	*RP3GPM*	*VAPI3S*

9 καὶ	βλέπουσιν	ἐκ	τῶν	λαῶν	καὶ	φυλῶν	καὶ	γλωσσῶν	καὶ	ἐθνῶν
Y	ven	de	los	pueblos	y	tribus	y	lenguas	y	naciones
2532	991	1537	3588	2992	2532	5443	2532	1100	2532	1484
CLN	*VPAI3P*	*P*	*DGPM*	*NGPM*	*CLN*	*NGPF*	*CLN*	*NGPF*	*CLN*	*NGPN*

τὸ	πτῶμα	αὐτῶν	ἡμέρας	τρεῖς	καὶ	ἥμισυ,	καὶ	τὰ	πτώματα
el	cadáver	de ellos	días	tres	y	medio,	y$_1$	a los$_4$	cadáveres$_5$
3588	4430	846	2250	5140	2532	2255	2532	3588	4430
DASN	*NASN*	*RP3GPM*	*NAPF*	*JAPF*	*CLN*	*JASN*	*CLN*	*DAPN*	*NAPN*

αὐτῶν	οὐκ	ἀφίουσιν	τεθῆναι	εἰς	μνῆμα.	10 καὶ	οἱ	κατοικοῦντες
de ellos$_6$	no$_2$	permiten$_3$	poner	en	un sepulcro.	Y	los que	moran
846	3756	863	5087	1519	3418	2532	3588	2730
RP3GPM	*BN, TN*	*VPAI3P*	*VAPN*	*P*	*NASN*	*CLN*	*DNPM*	*VPAP-PNM*

ἐπὶ	τῆς	γῆς	χαίρουσιν	ἐπ᾽	αὐτοῖς	καὶ	εὐφραίνονται,	καὶ	δῶρα
sobre	la	tierra	se alegran	sobre	ellos	y	se regocijan,	y$_1$	regalos$_3$
1909	3588	1093	5463	1909	846	2532	2165	2532	1435
P	*DGSF*	*NGSF*	*VPAI3P*	*P*	*RP3DPM*	*CLN*	*VPPI3P*	*CLN*	*NAPN*

πέμψουσιν	ἀλλήλοις,	ὅτι	οὗτοι	οἱ	δύο	προφῆται	ἐβασάνισαν	τοὺς
enviarán$_2$	unos a otros,$_4$	porque	estos	los	dos	profetas	atormentaron	a los que
3992	240	3754	3778	3588	1417	4396	928	3588
VFAI3P	*RC-DPM*	*CAZ*	*RD-NPM*	*DNPM*	*XN, J*	*NNPM*	*VAAI3P*	*DAPM*

κατοικοῦντας	ἐπὶ	τῆς	γῆς.
moran	sobre	la	tierra.
2730	1909	3588	1093
VPAP-PAM	*P*	*DGSF*	*NGSF*

11 Καὶ	μετὰ	τὰς	τρεῖς	ἡμέρας	καὶ	ἥμισυ	πνεῦμα	ζωῆς	ἐκ	τοῦ	θεοῦ
Y	después de	los	tres	días	y	medio,	un espíritu	de vida	de	--	Dios
2532	3326	3588	5140	2250	2532	2255	4151	2222	1537	3588	2316
CLC	*P*	*DAPF*	*JAPF*	*NAPF*	*CLN*	*JASN*	*NNSN*	*NGSF*	*P*	*DGSM*	*NGSM*

εἰσῆλθεν	ἐν	αὐτοῖς,	καὶ	ἔστησαν	ἐπὶ	τοὺς	πόδας	αὐτῶν,	καὶ	φόβος
entró	en	ellos,	y	se pusieron de pie	sobre	los	pies	de ellos,	y	miedo
1525	1722	846	2532	2476	1909	3588	4228	846	2532	5401
VAAI3S	*P*	*RP3DPM*	*CLN*	*VAAI3P*	*P*	*DAPM*	*NAPM*	*RP3GPM*	*CLN*	*NNSM*

μέγας	ἐπέπεσεν	ἐπὶ	τοὺς	θεωροῦντας	αὐτούς·	12 καὶ	ἤκουσαν	φωνῆς
grande	cayó	sobre	los que	contemplan	a ellos.	Y	oyeron	una voz
3173	1968	1909	3588	2334	846	2532	191	5456
JNSM	*VAAI3S*	*P*	*DAPM*	*VPAP-PAM*	*RP3APM*	*CLN*	*VAAI3P*	*NGSF*

NVI

7 Ahora bien, cuando
hayan terminado de dar
su testimonio, la bestia
que sube del abismo
les hará la guerra, los
vencerá y los matará.
8 Sus cadáveres quedarán
tendidos en la plaza de
la gran ciudad, llamada
en sentido figurado
Sodoma y Egipto,
donde también fue
crucificado su Señor. 9 Y
gente de todo pueblo,
tribu, lengua y nación
contemplará sus cadáve-
res por tres días y medio,
y no permitirá que se
les dé sepultura. 10 Los
habitantes de la tierra se
alegrarán de su muerte y
harán fiesta e intercam-
biarán regalos, porque
estos dos profetas les
estaban haciendo la vida
imposible.
11 Pasados los tres
días y medio, entró
en ellos un aliento de
vida enviado por Dios,
y se pusieron de pie, y
quienes los observaban
quedaron sobrecogidos
de terror. 12 Entonces los
dos testigos oyeron una

11:8* O sea *figuradamente*.

RVR

voz del cielo, que les
decía: Subid acá. Y
subieron al cielo en una
nube; y sus enemigos los
vieron.
13 En aquella hora hubo
un gran terremoto, y la
décima parte de la ciu-
dad se derrumbó, y en
el terremoto murieron
siete mil personas; y los
demás se aterrorizaron,
y dieron gloria al Dios
del cielo.
14 El segundo ay pasó;
he aquí, el tercer ay
viene rápido.

La séptima trompeta

15 El séptimo ángel tocó
la trompeta, y sonaron
grandes voces en el
cielo, que decían: Los
reinos del mundo han
venido a ser de nuestro
Señor y de su Cristo; y
él reinará por los siglos
de los siglos.
16 Y los veinticuatro
ancianos que estaban
sentados delante de
Dios en sus tronos, se
postraron sobre sus

μεγάλης	ἐκ	τοῦ	οὐρανοῦ	λεγούσης	αὐτοῖς·	Ἀνάβατε	ὧδε,	καὶ
grande	de	el	cielo	que dice	a ellos:	Subid	acá;	y
3173	1537	3588	3772	3004	846	305	5602	2532
JGSF	*P*	*DGSM*	*NGSM*	*VPAP-SGF*	*RP3DPM*	*VAAM2P*	*BP*	*CLN*

ἀνέβησαν	εἰς	τὸν	οὐρανὸν	ἐν	τῇ	νεφέλῃ,	καὶ	ἐθεώρησαν	αὐτοὺς
subieron	a	el	cielo	en	la	nube,	y$_1$	observaron$_5$	a ellos.$_6$
305	1519	3588	3772	1722	3588	3507	2532	2334	846
VAAI3P	*P*	*DASM*	*NASM*	*P*	*DDSF*	*NDSF*	*CLN*	*VAAI3P*	*RP3APM*

οἱ	ἐχθροὶ	αὐτῶν.	13 καὶ	ἐν	ἐκείνῃ	τῇ	ὥρᾳ	ἐγένετο	σεισμὸς	μέγας,
los$_2$	enemigos$_3$	de ellos$_4$	Y	en	aquella	--	hora	sucedió	un terremoto	grande,
3588	2190	846	2532	1722	1565	3588	5610	1096	4578	3173
DNPM	*JNPM*	*RP3GPM*	*CLN*	*P*	*RD-DSF*	*DDSF*	*NDSF*	*VAMI3S*	*NNSM*	*JNSM*

καὶ	τὸ	δέκατον*	τῆς	πόλεως	ἔπεσεν,	καὶ	ἀπεκτάνθησαν	ἐν	τῷ
y	la	décima	de la	ciudad	cayó,	y	fueron matados	en	el
2532	3588	1182	3588	4172	4098	2532	615	1722	3588
CLN	*DNSN*	*JNSN*	*DGSF*	*NGSF*	*VAAI3S*	*CLN*	*VAPI3P*	*P*	*DDSM*

σεισμῷ	ὀνόματα	ἀνθρώπων	χιλιάδες	ἑπτά,*¹	καὶ	οἱ	λοιποὶ	ἔμφοβοι
terremoto	nombres$_3$	de seres humanos$_4$	mil,$_2$	siete$_1$	y	los	demás	aterrorizados$_2$
4578	3686	444	5505	2033	2532	3588	3062	1719
NDSM	*NNPN, NAPN*	*NGPM*	*JNPF, NNPF*	*XN, J*	*CLN*	*DNPM*	*JNPM*	*JNPM*

ἐγένοντο	καὶ	ἔδωκαν	δόξαν	τῷ	θεῷ	τοῦ	οὐρανοῦ.
quedaron$_1$	y	dieron	gloria	al	Dios	del	cielo.
1096	2532	1325	1391	3588	2316	3588	3772
VAMI3P	*CLN*	*VAAI3P*	*NASF*	*DDSM*	*NDSM*	*DGSM*	*NGSM*

14 Ἡ	οὐαὶ	ἡ	δευτέρα	ἀπῆλθεν·	ἰδοὺ	ἡ	οὐαὶ	ἡ	τρίτη
--$_3$	ay$_4$	El$_1$	segundo$_2$	pasó;	he aquí	el$_3$	ay$_4$	el$_1$	tercer$_2$
3588	3759	3588	1208	565	2400	3588	3759	3588	5154
DNSF	*I, T*	*DNSF*	*JNSF*	*VAAI3S*	*I, VAAM2S*	*DNSF*	*I, T*	*DNSF*	*JNSF*

ἔρχεται	ταχύ.
viene	pronto.
2064	5035
VPUI3S	*B, J*

15 Καὶ	ὁ	ἕβδομος	ἄγγελος	ἐσάλπισεν·	καὶ	ἐγένοντο	φωναὶ
Y	el	séptimo	ángel	tocó la trompeta;	y	sucedieron	voces
2532	3588	1442	32	4537	2532	1096	5456
CLN	*DNSM*	*JNSM*	*NNSM*	*VAAI3S*	*CLN*	*VAMI3P*	*NNPF*

μεγάλαι	ἐν	τῷ	οὐρανῷ	λέγοντες·	Ἐγένετο	ἡ	βασιλεία	τοῦ
grandes	en	el	cielo,	diciendo:	llegó a ser$_5$	El$_1$	reino$_2$	del$_3$
3173	1722	3588	3772	3004	1096	3588	932	3588
JNPF	*P*	*DDSM*	*NDSM*	*VPAP-PNM*	*VAMI3S*	*DNSF*	*NNSF*	*DGSM*

κόσμου	τοῦ	κυρίου	ἡμῶν	καὶ	τοῦ	χριστοῦ	αὐτοῦ,	καὶ	βασιλεύσει
mundo$_4$	del	Señor	de nosotros	y	del	Cristo	de él,	y	reinará
2889	3588	2962	2257	2532	3588	5547	846	2532	936
NGSM	*DGSM*	*NGSM*	*RP1GP*	*CLN*	*DGSM*	*NGSM*	*RP3GSM*	*CLN*	*VFAI3S*

εἰς	τοὺς	αἰῶνας	τῶν	αἰώνων.
para	los	siglos	de los	siglos.
1519	3588	165	3588	165
P	*DAPM*	*NAPM*	*DGPM*	*NGPM*

16 Καὶ	οἱ	εἴκοσι	τέσσαρες	πρεσβύτεροι	οἱ	ἐνώπιον	τοῦ	θεοῦ
Y	los	veinte	cuatro	ancianos,	los que	están delante	de--	Dios,
2532	3588	1501	5064	4245	3588	1799	3588	2316
CLN	*DNPM*	*JNPM*	*JNPM*	*JNPM*	*DNPM*	*P, B*	*DGSM*	*NGSM*

καθήμενοι	ἐπὶ	τοὺς	θρόνους	αὐτῶν	ἔπεσαν	ἐπὶ	τὰ	πρόσωπα
los que están sentados	en	los	tronos	de ellos,	cayeron	sobre	los	rostros
2521	1909	3588	2362	846	4098	1909	3588	4383
VPUP-PNM	*P*	*DAPM*	*NAPM*	*RP3GPM*	*VAAI3P*	*P*	*DAPN*	*NAPN*

NVI

potente voz del cielo que
les decía: «Suban acá».
Y subieron al cielo en
una nube, a la vista de
sus enemigos.
13 En ese mismo ins-
tante se produjo un vio-
lento terremoto y se de-
rrumbó la décima parte
de la ciudad. Perecieron
siete mil personas, pero
los sobrevivientes, llenos
de temor, dieron gloria
al Dios del cielo.
14 El segundo ¡ay! ya
pasó, pero se acerca el
tercero.

La séptima trompeta

15 Tocó el séptimo án-
gel su trompeta, y en el
cielo resonaron fuertes
voces que decían:

«El reino del mundo
ha pasado a ser de
nuestro Señor
y de su Cristo, y él rei-
nará por los siglos
de los siglos».

16 Los veinticuatro
ancianos que estaban
sentados en sus tronos
delante de Dios se
postraron rostro en

11:13* O sea *décima parte*. **11:13*¹** O sea *siete mil personas*.

RVR

rostros, y adoraron a
Dios,
17 diciendo: Te damos
gracias, Señor Dios
Todopoderoso, el que
eres y que eras y que has
de venir, porque has
tomado tu gran poder, y
has reinado.
18 Y se airaron las naciones, y tu ira ha venido,
y el tiempo de juzgar a
los muertos, y de dar el
galardón a tus siervos
los profetas, a los santos,
y a los que temen tu
nombre, a los pequeños
y a los grandes, y de destruir a los que destruyen
la tierra.
19 Y el santuario de Dios
fue abierto en el cielo,
y el arca de su pacto se
dejó ver en su santuario.
Y se produjeron relámpagos, voces, truenos,
terremotos y gran
granizo.

La mujer y el dragón

12 Y apareció en el
cielo una gran
señal: una mujer vestida
del sol, con la luna debajo de sus pies, y sobre

αὐτῶν	καὶ	προσεκύνησαν	τῷ	θεῷ,	17 λέγοντες·	Εὐχαριστοῦμέν	σοι,
de ellos	y	adoraron	a --	Dios,	diciendo:	Agradecemos	a ti,
846	2532	4352	3588	2316	3004	2168	4671
RP3GPM	*CLN*	*VAAI3P*	*DDSM*	*NDSM*	*VPAP-PNM*	*VPAI1P*	*RP2DS*

κύριε,	ὁ	θεός,	ὁ	παντοκράτωρ,	ὁ	ὢν	καὶ	ὁ	ἦν,	ὅτι
Señor	--	Dios	--	Todopoderoso,	el que	es	y	el (que)	era,	porque
2962	3588	2316	3588	3841	3588	5607	2532	3588	2258	3754
NVSM	*DNSM*	*NNSM*	*DNSM*	*NNSM*	*DNSM*	*VPAP-SNM*	*CLN*	*DNSM*	*VIAI3S*	*CAZ*

εἴληφας	τὴν	δύναμίν	σου	τὴν	μεγάλην	καὶ	ἐβασίλευσας.	18 καὶ	τὰ
has tomado	el	poder	de ti,$_{3}$	--$_{1}$	grande$_{2}$	y	has reinado;	y	las
2983	3588	1411	4675	3588	3173	2532	936	2532	3588
VRAI2S	*DASF*	*NASF*	*RP2GS*	*DASF*	*JASF*	*CLN*	*VAAI2S*	*CLN*	*DNPN*

ἔθνη	ὠργίσθησαν,	καὶ	ἦλθεν	ἡ	ὀργή	σου	καὶ	ὁ	καιρὸς	τῶν
naciones	se enojaron,	y$_{1}$	vino$_{5}$	la$_{2}$	ira$_{3}$	de ti$_{4}$	y	el	tiempo	los$_{2}$
1484	3710	2532	2064	3588	3709	4675	2532	3588	2540	3588
NNPN	*VAPI3P*	*CLN*	*VAAI3S*	*DNSF*	*NNSF*	*RP2GS*	*CLN*	*DNSM*	*NNSM*	*DGPM*

νεκρῶν	κριθῆναι	καὶ	δοῦναι	τὸν	μισθὸν	τοῖς	δούλοις	σου	τοῖς
muertos$_{3}$	de ser juzgados$_{1}$	y	dar	la	recompensa	a los	siervos	de ti,	a los
3498	2919	2532	1325	3588	3408	3588	1401	4675	3588
JGPM	*VAPN*	*CLN*	*VAAN*	*DASM*	*NASM*	*DDPM*	*NDPM*	*RP2GS*	*DDPM*

προφήταις	καὶ	τοῖς	ἁγίοις	καὶ	τοῖς	φοβουμένοις	τὸ	ὄνομά	σου,	τοὺς
profetas	y	a los	santos	y	a los que	temen	el	nombre	de ti,	a los
4396	2532	3588	40	2532	3588	5399	3588	3686	4675	3588
NDPM	*CLN*	*DDPM*	*JDPM*	*CLN*	*DDPM*	*VPUP-PDM*	*DASN*	*NASN*	*RP2GS*	*DAPM*

μικροὺς	καὶ	τοὺς	μεγάλους,	καὶ	διαφθεῖραι	τοὺς	διαφθείροντας	τὴν
pequeños	y	a los	grandes,	y	de destruir	a los que	destruyen	la
3398	2532	3588	3173	2532	1311	3588	1311	3588
JAPM	*CLN*	*DAPM*	*JAPM*	*CLN*	*VAAN*	*DAPM*	*VPAP-PAM*	*DASF*

γῆν.
tierra.
1093
NASF

19 Καὶ	ἠνοίγη	ὁ	ναὸς	τοῦ	θεοῦ	ὁ	ἐν	τῷ	οὐρανῷ,	καὶ
Y$_{1}$	fue abierto$_{10}$	el$_{2}$	santuario$_{3}$	de --$_{4}$	Dios,$_{5}$	el (que está)$_{6}$	en$_{7}$	el$_{8}$	cielo,$_{9}$	y$_{11}$
2532	455	3588	3485	3588	2316	3588	1722	3588	3772	2532
CLN	*VAPI3S*	*DNSM*	*NNSM*	*DGSM*	*NGSM*	*DNSM*	*P*	*DDSM*	*NDSM*	*CLN*

ὤφθη	ἡ	κιβωτὸς	τῆς	διαθήκης	αὐτοῦ	ἐν	τῷ	ναῷ	αὐτοῦ·	καὶ
fue vista$_{17}$	el$_{12}$	arca$_{13}$	del$_{14}$	pacto$_{15}$	de él$_{16}$	en	el	templo	de él,	y
3700	3588	2787	3588	1242	846	1722	3588	3485	846	2532
VAPI3S	*DNSF*	*NNSF*	*DGSF*	*NGSF*	*RP3GSM*	*P*	*DDSM*	*NDSM*	*RP3GSM*	*CLN*

ἐγένοντο	ἀστραπαὶ	καὶ	φωναὶ	καὶ	βρονταὶ	καὶ	σεισμὸς	καὶ	χάλαζα
sucedieron	relámpagos	y	voces	y	truenos	y	un terremoto	y	granizo
1096	796	2532	5456	2532	1027	2532	4578	2532	5464
VAMI3P	*NNPF*	*CLN*	*NNPF*	*CLN*	*NNPF*	*CLN*	*NNSM*	*CLN*	*NNSF*

μεγάλη.
grande.
3173
JNSF

12 Καὶ	σημεῖον	μέγα	ὤφθη	ἐν	τῷ	οὐρανῷ,	γυνὴ
Y	una señal	grande	fue vista	en	el	cielo:	una mujer
2532	4592	3173	3700	1722	3588	3772	1135
CLN	*NNSN*	*JNSN*	*VAPI3S*	*P*	*DDSM*	*NDSM*	*NNSF*

περιβεβλημένη	τὸν	ἥλιον,	καὶ	ἡ	σελήνη	ὑποκάτω	τῶν	ποδῶν
cubierta	del	sol,	y	la	luna	debajo de	los	pies
4016	3588	2246	2532	3588	4582	5270	3588	4228
VRPP-SNF	*DASM*	*NASM*	*CLN*	*DNSF*	*NNSF*	*P, B*	*DGPM*	*NGPM*

NVI

tierra y adoraron a Dios
17 diciendo:

«Señor, Dios
Todopoderoso,
que eres y que eras,
te damos gracias porque has asumido tu
gran poder
y has comenzado a
reinar.
18 Las naciones se han
enfurecido;
pero ha llegado tu
castigo,
el momento de juzgar
a los muertos,
y de recompensar a tus
siervos los profetas,
a tus santos y a los que
temen tu nombre,
sean grandes o
pequeños,
y de destruir a los
que destruyen la
tierra».

19 Entonces se abrió
en el cielo el templo de
Dios; allí se vio el arca
de su pacto, y hubo
relámpagos, estruendos,
truenos, un terremoto y
una fuerte granizada.

La mujer y el dragón

12 Apareció en
el cielo una
señal maravillosa: una
mujer revestida del
sol, con la luna debajo
de sus pies y con una

RVR

su cabeza una corona de doce estrellas.
2 Y estando encinta, grita con dolores de parto, en la angustia del alumbramiento.
3 También apareció otra señal en el cielo: he aquí un gran dragón rojo, con siete cabezas y diez cuernos; y en sus cabezas, siete diademas;
4 y su cola arrastró la tercera parte de las estrellas del cielo, y las arrojó sobre la tierra. Y el dragón se paró frente a la mujer que estaba para dar a luz, a fin de devorar a su hijo tan pronto como naciese.
5 Y ella dio a luz un hijo varón, que va a pastorear con vara de hierro a todas las naciones; y su hijo fue arrebatado hacia Dios y hacia su trono.
6 Y la mujer huyó al desierto, donde tiene un lugar preparado por Dios, para que allí la sustenten durante mil doscientos sesenta días.
7 Después hubo una gran batalla en el cielo: Miguel y sus

αὐτῆς,	καὶ	ἐπὶ	τῆς	κεφαλῆς	αὐτῆς	στέφανος	ἀστέρων	δώδεκα,	2 καὶ
de ella,	y$_1$	sobre$_5$	la$_6$	cabeza$_7$	de ella,$_8$	una corona$_2$	de estrellas$_4$	(de) doce$_3$	y
846	2532	1909	3588	2776	846	4735	792	1427	2532
RP3GSF	*CLN*	*P*	*DGSF*	*NGSF*	*RP3GSF*	*NNSM*	*NGPM*	*XN, J*	*CLN*

ἐν	γαστρὶ	ἔχουσα.*	καὶ	κράζει	ὠδίνουσα	καὶ	βασανιζομένη
en$_2$	(el) vientre,$_3$	teniendo$_1$	y	grita	teniendo dolores de parto	y	siendo atormentada
1722	1064	2192	2532	2896	5605	2532	928
P	*NDSF*	*VPAP-SNF*	*CLN*	*VPAI3S*	*VPAP-SNF*	*CLN*	*VPPP-SNF*

τεκεῖν.	3 καὶ	ὤφθη	ἄλλο	σημεῖον	ἐν	τῷ	οὐρανῷ,	καὶ	ἰδοὺ	δράκων
al dar a luz.	Y	fue vista	otra	señal	en	el	cielo:	y	he aquí	un dragón
5088	2532	3700	243	4592	1722	3588	3772	2532	2400	1404
VAAN	*CLN*	*VAPI3S*	*JNSN*	*NNSN*	*P*	*DDSM*	*NDSM*	*CLN*	*I, VAAM2S*	*NNSM*

μέγας	πυρρός,	ἔχων	κεφαλὰς	ἑπτὰ	καὶ	κέρατα	δέκα	καὶ	ἐπὶ	τὰς
grande	rojo,	teniendo	cabezas$_2$	siete$_1$	y$_3$	cuernos,$_5$	diez$_4$	y	sobre	las
3173	4450	2192	2776	2033	2532	2768	1176	2532	1909	3588
JNSM	*JNSM*	*VPAP-SNM*	*NAPF*	*XN, J*	*CLN*	*NAPN*	*XN, J*	*CLN*	*P*	*DAPF*

κεφαλὰς	αὐτοῦ	ἑπτὰ	διαδήματα,	4 καὶ	ἡ	οὐρὰ	αὐτοῦ	σύρει	τὸ
cabezas	de él	siete	diademas,	y	la	cola	de él	arrastra	la
2776	846	2033	1238	2532	3588	3769	846	4951	3588
NAPF	*RP3GSM*	*XN, J*	*NAPN*	*CLN*	*DNSF*	*NNSF*	*RP3GSM*	*VPAI3S*	*DASN*

τρίτον*	τῶν	ἀστέρων	τοῦ	οὐρανοῦ,	καὶ	ἔβαλεν	αὐτοὺς	εἰς	τὴν	γῆν.
tercera	de las	estrellas	del	cielo,	y	arrojó	a ellas	hacia	la	tierra.
5154	3588	792	3588	3772	2532	906	846	1519	3588	1093
JASN	*DGPM*	*NGPM*	*DGSM*	*NGSM*	*CLN*	*VAAI3S*	*RP3APM*	*P*	*DASF*	*NASF*

καὶ	ὁ	δράκων	ἕστηκεν	ἐνώπιον	τῆς	γυναικὸς	τῆς	μελλούσης
Y	el	dragón	está de pie	delante de	la	mujer	la que	está a punto
2532	3588	1404	2476	1799	3588	1135	3588	3195
CLN	*DNSM*	*NNSM*	*VRAI3S, VIAI3S*	*P, B*	*DGSF*	*NGSF*	*DGSF*	*VPAP-SGF*

τεκεῖν,	ἵνα	ὅταν	τέκῃ	τὸ	τέκνον	αὐτῆς	καταφάγῃ.	5 καὶ	ἔτεκεν
de dar a luz,	para que	cuando	dé a luz	al$_2$	hijo$_3$	de ella.$_4$	devore$_1$	Y	dio a luz
5088	2443	3752	5088	3588	5043	846	2719	2532	5088
VAAN	*CAP*	*CAT*	*VAAS3S*	*DASN*	*NASN*	*RP3GSF*	*VAAS3S*	*CLN*	*VAAI3S*

υἱόν,	ἄρσεν,	ὃς	μέλλει	ποιμαίνειν	πάντα	τὰ	ἔθνη	ἐν	ῥάβδῳ
un hijo	varón,	el que	está a punto de	pastorear	a todas	las	naciones	con	vara
5207	730	3739	3195	4165	3956	3588	1484	1722	4464
NASM	*NASN, JASN*	*RR-NSM*	*VPAI3S*	*VPAN*	*JAPN*	*DAPN*	*NAPN*	*P*	*NDSF*

σιδηρᾷ·	καὶ	ἡρπάσθη	τὸ	τέκνον	αὐτῆς	πρὸς	τὸν	θεὸν	καὶ	πρὸς
de hierro;	y$_1$	fue arrebatado$_5$	el$_2$	hijo$_3$	de ella$_4$	hacia	--	Dios	y	hacia
4603	2532	726	3588	5043	846	4314	3588	2316	2532	4314
JDSF	*CLN*	*VAPI3S*	*DNSN*	*NNSN*	*RP3GSF*	*P*	*DASM*	*NASM*	*CLN*	*P*

τὸν	θρόνον	αὐτοῦ.	6 καὶ	ἡ	γυνὴ	ἔφυγεν	εἰς	τὴν	ἔρημον,	ὅπου	ἔχει
el	trono	de él.	Y	la	mujer	huyó	hacia	el	desierto	donde	tiene
3588	2362	846	2532	3588	1135	5343	1519	3588	2048	3699	2192
DASM	*NASM*	*RP3GSM*	*CLN*	*DNSF*	*NNSF*	*VAAI3S*	*P*	*DASF*	*JASF*	*CAL, B*	*VPAI3S*

ἐκεῖ	τόπον	ἡτοιμασμένον	ἀπὸ	τοῦ	θεοῦ,	ἵνα	ἐκεῖ	τρέφωσιν	αὐτὴν
allí	un lugar	que ha sido preparado	por	--	Dios,	para que	allí	alimenten	a ella
1563	5117	2090	575	3588	2316	2443	1563	5142	846
BP	*NASM*	*VRPP-SAM*	*P*	*DGSM*	*NGSM*	*CAP*	*BP*	*VPAS3P*	*RP3ASF*

ἡμέρας	χιλίας	διακοσίας	ἑξήκοντα.
días.$_4$	mil$_1$	doscientos$_2$	sesenta$_3$
2250	5507	1250	1835
NAPF	*JAPF*	*JAPF*	*XN, J*

7 Καὶ	ἐγένετο	πόλεμος	ἐν	τῷ	οὐρανῷ,	ὁ	Μιχαὴλ	καὶ	οἱ
Y	sucedió	una guerra	en	el	cielo.	--	Miguel	y	los
2532	1096	4171	1722	3588	3772	3588	3413	2532	3588
CLN	*VAMI3S*	*NNSM*	*P*	*DDSM*	*NDSM*	*DNSM*	*NNSM, XP*	*CLN*	*DNPM*

NVI

corona de doce estrellas en la cabeza. 2 Estaba encinta y gritaba por los dolores y angustias del parto. 3 Y apareció en el cielo otra señal: un enorme dragón de color rojo encendido que tenía siete cabezas y diez cuernos, y una diadema en cada cabeza. 4 Con la cola arrastró la tercera parte de las estrellas del cielo y las arrojó sobre la tierra. Cuando la mujer estaba a punto de dar a luz, el dragón se plantó delante de ella para devorar a su hijo tan pronto como naciera.
5 Ella dio a luz un hijo varón que gobernará a todas las naciones con puño de hierro. Pero su hijo fue arrebatado y llevado hasta Dios, que está en su trono. 6 Y la mujer huyó al desierto, a un lugar que Dios le había preparado para que allí la sustentaran durante mil doscientos sesenta días.
7 Se desató entonces una guerra en el cielo: Miguel y sus

12:2* O sea *embarazada*. **12:4*** O sea *tercera parte*.

RVR

ángeles luchaban contra
el dragón; y luchaban el
dragón y sus ángeles;
8 pero no prevalecieron,
ni se halló ya lugar para
ellos en el cielo.
9 Y fue lanzado fuera
el gran dragón, la
serpiente antigua, que se
llama diablo y Satanás,
el cual engaña al mundo
entero; fue arrojado a la
tierra, y sus ángeles fue-
ron arrojados con él.
10 Y oí una gran voz
en el cielo, que decía:
Ahora ha venido la sal-
vación, el poder, y el rei-
no de nuestro Dios, y la
autoridad de su Cristo;
porque ha sido lanzado
fuera el acusador de
nuestros hermanos, el
que los acusaba delante
de nuestro Dios día y
noche.
11 Y ellos le han vencido
por medio de la sangre
del Cordero y de la
palabra del testimonio
de ellos, y menospre-
ciaron sus vidas hasta la
muerte.
12 Por lo cual, alegraos,
cielos, y los que moráis

ἄγγελοι αὐτοῦ τοῦ πολεμῆσαι μετὰ τοῦ δράκοντος. καὶ ὁ
ángeles de él (para) -- hacer la guerra con el dragón. Y el
32 846 3588 4170 3326 3588 1404 2532 3588
NNPM RP3GSM DGSN, DGSM VAAN P DGSM NGSM CLN DNSM

δράκων ἐπολέμησεν καὶ οἱ ἄγγελοι αὐτοῦ, 8 καὶ οὐκ ἴσχυσεν, οὐδὲ
dragón hizo la guerra y los ángeles de él, y no pudo, ni
1404 4170 2532 3588 32 846 2532 3756 2480 3761
NNSM VAAI3S CLN DNPM NNPM RP3GSM CLN BN, TN VAAI3S BN, TN

τόπος εὑρέθη αὐτῶν ἔτι ἐν τῷ οὐρανῷ. 9 καὶ ἐβλήθη ὁ δράκων
lugar$_2$ fue hallado$_1$ de ellos ya en el cielo. Y$_1$ fue echado,$_6$ el$_2$ dragón$_3$
5117 2147 846 2089 1722 3588 3772 2532 906 3588 1404
NNSM VAPI3S RP3GPM B P DDSM NDSM CLN VAPI3S DNSM NNSM

ὁ μέγας, ὁ ὄφις ὁ ἀρχαῖος, ὁ καλούμενος Διάβολος καὶ
--$_4$ grande$_5$ la serpiente -- antigua, El que es llamado Diablo y
3588 3173 3588 3789 3588 744 3588 2564 1228 2532
DNSM JNSM DNSM NNSM DNSM JNSM DNSM VPPP-SNM JNSM CLN

ὁ Σατανᾶς, ὁ πλανῶν τὴν οἰκουμένην ὅλην ἐβλήθη εἰς τὴν
-- Satanás, el que engaña a la tierra habitada entera, fue echado hacia la
3588 4567 3588 4105 3588 3625 3650 906 1519 3588
DNSM NNSM DNSM VPAP-SNM DASF NASF JASF VAPI3S P DASF

γῆν, καὶ οἱ ἄγγελοι αὐτοῦ μετ᾽ αὐτοῦ ἐβλήθησαν.
tierra, y los ángeles de él con$_2$ él.$_3$ fueron arrojados$_1$
1093 2532 3588 32 846 3326 846 906
NASF CLN DNPM NNPM RP3GSM P RP3GSM VAPI3P

10 Καὶ ἤκουσα φωνὴν μεγάλην ἐν τῷ οὐρανῷ λέγουσαν· Ἄρτι
Y oí una voz grande en el cielo diciendo: Ahora$_1$
2532 191 5456 3173 1722 3588 3772 3004 737
CLN VAAI1S NASF JASF P DDSM NDSM VPAP-SAF B

ἐγένετο ἡ σωτηρία καὶ ἡ δύναμις καὶ ἡ βασιλεία τοῦ θεοῦ
ha llegado a ser,$_{19}$ la$_2$ salvación$_3$ y$_4$ el$_5$ poder$_6$ y$_7$ el$_8$ reino$_9$ del$_{10}$ Dios$_{11}$
1096 3588 4991 2532 3588 1411 2532 3588 932 3588 2316
VAMI3S DNSF NNSF CLN DNSF NNSF CLN DNSF NNSF DGSM NGSM

ἡμῶν καὶ ἡ ἐξουσία τοῦ χριστοῦ αὐτοῦ, ὅτι ἐβλήθη ὁ
de nosotros$_{12}$ y$_{13}$ la$_{14}$ autoridad$_{15}$ del$_{16}$ Cristo$_{17}$ de él,$_{18}$ porque$_{20}$ fue echado.$_{36}$ --$_{21}$
2257 2532 3588 1849 3588 5547 846 3754 906 3588
RP1GP CLN DNSF NNSF DGSM NGSM RP3GSM CAZ VAPI3S DNSM

κατήγωρ τῶν ἀδελφῶν ἡμῶν, ὁ κατηγορῶν αὐτοὺς ἐνώπιον
acusador$_{22}$ de los$_{23}$ hermanos$_{24}$ de nosotros,$_{25}$ el que$_{26}$ acusa$_{27}$ a ellos$_{28}$ delante de$_{32}$
2725 3588 80 2257 3588 2723 846 1799
NNSM DGPM NGPM RP1GP DNSM VPAP-SNM RP3APM P, B

τοῦ θεοῦ ἡμῶν ἡμέρας καὶ νυκτός. 11 καὶ αὐτοὶ ἐνίκησαν αὐτὸν
del$_{33}$ Dios$_{34}$ de nosotros$_{35}$ de día$_{29}$ y$_{30}$ de noche$_{31}$ Y ellos vencieron a él
3588 2316 2257 2250 2532 3571 2532 846 3528 846
DGSM NGSM RP1GP NGSF CLN NGSF CLN RP3NPMP VAAI3P RP3ASM

διὰ τὸ αἷμα τοῦ ἀρνίου καὶ διὰ τὸν λόγον τῆς μαρτυρίας
a causa de la sangre del Cordero, y a causa de la palabra del testimonio
1223 3588 129 3588 721 2532 1223 3588 3056 3588 3141
P DASN NASN DGSN NGSN CLN P DASM NASM DGSF NGSF

αὐτῶν, καὶ οὐκ ἠγάπησαν τὴν ψυχὴν αὐτῶν ἄχρι θανάτου· 12 διὰ
de ellos, y no amaron la vida de ellos hasta muerte. Por
846 2532 3756 25 3588 5590 846 891 2288 1223
RP3GPM CLN BN, TN VAAI3P DASF NASF RP3GPM P NGSM P

τοῦτο εὐφραίνεσθε, οἱ οὐρανοὶ καὶ οἱ ἐν αὐτοῖς σκηνοῦντες.
esto, alegraos, los cielos y$_1$ los que$_2$ en$_4$ ellos$_5$ acampan;$_3$
5124 2165 3588 3772 2532 3588 1722 846 4637
RD-ASN VPPM2P DNPM NNPM CLN DNPM P RP3DPM VPAP-PNM

NVI

ángeles combatieron al
dragón; este y sus ánge-
les, a su vez, les hicieron
frente, 8 pero no pudie-
ron vencer, y ya no hubo
lugar para ellos en el
cielo. 9 Así fue expulsado
el gran dragón, aquella
serpiente antigua que se
llama Diablo y Satanás,
y que engaña al mundo
entero. Junto con sus
ángeles, fue arrojado a
la tierra.
10 Luego oí en el cielo
un gran clamor:

«Han llegado ya la sal-
vación y el poder y
el reino de nuestro
Dios;
ha llegado ya la autori-
dad de su Cristo.
Porque ha sido
expulsado
el acusador de nuestros
hermanos,
el que los acusaba día
y noche delante de
nuestro Dios.
11 Ellos lo han vencido
por medio de la sangre
del Cordero
y por el mensaje
del cual dieron
testimonio;
no valoraron tanto
su vida
como para evitar la
muerte.
12 Por eso, ¡alégrense,
cielos,
y ustedes que los
habitan!

RVR

en ellos. ¡Ay de los
moradores de la tierra
y del mar!, porque el
diablo ha descendido a
vosotros con gran furor,
sabiendo que tiene poco
tiempo.
13 Y cuando vio el
dragón que había sido
arrojado a la tierra,
persiguió a la mujer que
había dado a luz al hijo
varón.
14 Y se le dieron a la
mujer dos alas de la gran
águila, para que volase
de la presencia de la
serpiente al desierto, a
su lugar, donde es sus-
tentada por un tiempo,
y tiempos, y la mitad de
un tiempo.
15 Y la serpiente arrojó
de su boca, tras la mujer,
agua como un río, para
que fuese arrastrada por
el río.
16 Pero la tierra ayudó a
la mujer, pues la tierra
abrió su boca y tragó el
río que el dragón había
echado de su boca.
17 Entonces el dragón
se encolerizó contra la
mujer; y se fue a hacer
guerra contra el resto
de la descendencia de
ella, los que guardan los
mandamientos de Dios
y tienen el testimonio
de Jesucristo.

οὐαὶ	τὴν	γῆν	καὶ	τὴν	θάλασσαν,	ὅτι	κατέβη	ὁ	διάβολος	πρὸς
ay	la	tierra	y	el	mar,	porque$_1$	descendió$_4$	el$_2$	diablo$_3$	a
3759	3588	1093	2532	3588	2281	3754	2597	3588	1228	4314
I, T	*DASF*	*NASF*	*CLN*	*DASF*	*NASF*	*CAZ*	*VAAI3S*	*DNSM*	*JNSM*	*P*

ὑμᾶς,	ἔχων	θυμὸν	μέγαν,	εἰδὼς	ὅτι	ὀλίγον	καιρὸν	ἔχει.
vosotros	teniendo	un furor	grande,	sabiendo	que$_1$	poco$_3$	tiempo.$_4$	tiene$_2$
5209	2192	2372	3173	1492	3754	3641	2540	2192
RP2AP	*VPAP-SNM*	*NASM*	*JASM*	*VRAP-SNM*	*CSC*	*JASM*	*NASM*	*VPAI3S*

13 Καὶ	ὅτε	εἶδεν	ὁ	δράκων	ὅτι	ἐβλήθη	εἰς	τὴν	γῆν,	ἐδίωξεν	τὴν
Y$_1$	cuando$_2$	vio$_5$	el$_3$	dragón$_4$	que	fue echado	hacia	la	tierra,	persiguió	a la
2532	3753	1492	3588	1404	3754	906	1519	3588	1093	1377	3588
CLN	*CAT*	*VAAI3S*	*DNSM*	*NNSM*	*CSC*	*VAPI3S*	*P*	*DASF*	*NASF*	*VAAI3S*	*DASF*

γυναῖκα	ἥτις	ἔτεκεν	τὸν	ἄρσενα.	14 καὶ	ἐδόθησαν	τῇ	γυναικὶ	αἱ
mujer,	la que	dio a luz	al	varón.	Y$_1$	fueron dadas$_9$	a la$_{10}$	mujer$_{11}$	las$_2$
1135	3748	5088	3588	730	2532	1325	3588	1135	3588
NASF	*RR-NSF*	*VAAI3S*	*DASM*	*NASM, JASM*	*CLC*	*VAPI3P*	*DDSF*	*NDSF*	*DNPF*

δύο	πτέρυγες	τοῦ	ἀετοῦ	τοῦ	μεγάλου,	ἵνα	πέτηται	εἰς	τὴν	ἔρημον
dos$_3$	alas$_4$	del$_5$	águila$_6$	--$_7$	grande,$_8$	para que	volara	a	el	desierto
1417	4420	3588	105	3588	3173	2443	4072	1519	3588	2048
XN, J	*NNPF*	*DGSM*	*NGSM*	*DGSM*	*JGSM*	*CAP*	*VPUS3S*	*P*	*DASF*	*JASF*

εἰς	τὸν	τόπον	αὐτῆς,	ὅπου	τρέφεται	ἐκεῖ	καιρὸν	καὶ	καιροὺς	καὶ
a	el	lugar	de ella,	donde	es alimentada	allí	un tiempo	y	tiempos	y
1519	3588	5117	846	3699	5142	1563	2540	2532	2540	2532
P	*DASM*	*NASM*	*RP3GSF*	*CAL, B*	*VPPI3S*	*BP*	*NASM*	*CLN*	*NAPM*	*CLN*

ἥμισυ	καιροῦ	ἀπὸ*	προσώπου	τοῦ	ὄφεως.	15 καὶ	ἔβαλεν	ὁ	ὄφις
medio	tiempo	de	(la) presencia	de la	serpiente.	Y$_1$	arrojó$_4$	la$_2$	serpiente$_3$
2255	2540	575	4383	3588	3789	2532	906	3588	3789
JASN	*NGSM*	*P*	*NGSN*	*DGSM*	*NGSM*	*CLN*	*VAAI3S*	*DNSM*	*NNSM*

ἐκ	τοῦ	στόματος	αὐτοῦ	ὀπίσω	τῆς	γυναικὸς	ὕδωρ	ὡς	ποταμόν,
de	la	boca	de ella	detrás de	la	mujer	agua	como	un río,
1537	3588	4750	846	3694	3588	1135	5204	5613	4215
P	*DGSN*	*NGSN*	*RP3GSM*	*P, B*	*DGSF*	*NGSF*	*NASN*	*CAM*	*NASM*

ἵνα	αὐτὴν	ποταμοφόρητον	ποιήσῃ.	16 καὶ	ἐβοήθησεν	ἡ	γῆ
para que$_1$	a ella.$_4$	arrastrada por el río$_3$	fuera$_2$	Y$_1$	ayudó$_4$	la$_2$	tierra$_3$
2443	846	4216	4160	2532	997	3588	1093
CAP	*RP3ASF*	*JASF*	*VAAS3S*	*CLC*	*VAAI3S*	*DNSF*	*NNSF*

τῇ	γυναικί,	καὶ	ἤνοιξεν	ἡ	γῆ	τὸ	στόμα	αὐτῆς	καὶ	κατέπιεν
a la$_5$	mujer,$_6$	y$_7$	abrió$_{10}$	la$_8$	tierra$_9$	la$_{11}$	boca$_{12}$	de ella$_{13}$	y	tragó
3588	1135	2532	455	3588	1093	3588	4750	846	2532	2666
DDSF	*NDSF*	*CLN*	*VAAI3S*	*DNSF*	*NNSF*	*DASN*	*NASN*	*RP3GSF*	*CLN*	*VAAI3S*

τὸν	ποταμὸν	ὃν	ἔβαλεν	ὁ	δράκων	ἐκ	τοῦ	στόματος	αὐτοῦ·
el	río,	el que$_1$	arrojó$_4$	el$_2$	dragón$_3$	de	la	boca	de él.
3588	4215	3739	906	3588	1404	1537	3588	4750	846
DASM	*NASM*	*RR-ASM*	*VAAI3S*	*DNSM*	*NNSM*	*P*	*DGSN*	*NGSN*	*RP3GSM*

17 καὶ	ὠργίσθη	ὁ	δράκων	ἐπὶ	τῇ	γυναικί,	καὶ	ἀπῆλθεν	ποιῆσαι
Y	se enojó	el	dragón	con	la	mujer,	y	se fue	para hacer
2532	3710	3588	1404	1909	3588	1135	2532	565	4160
CLN	*VAPI3S*	*DNSM*	*NNSM*	*P*	*DDSF*	*NDSF*	*CLN*	*VAAI3S*	*VAAN*

πόλεμον	μετὰ	τῶν	λοιπῶν	τοῦ	σπέρματος	αὐτῆς,	τῶν	τηρούντων
guerra	con	los	restantes	de la	descendencia	de ella,	los que	guardan
4171	3326	3588	3062	3588	4690	846	3588	5083
NASM	*P*	*DGPM*	*JGPM, JGPN*	*DGSN*	*NGSN*	*RP3GSF*	*DGPM*	*VPAP-PGM*

τὰς	ἐντολὰς	τοῦ	θεοῦ	καὶ	ἐχόντων	τὴν	μαρτυρίαν	Ἰησοῦ·	18 καὶ
los	mandamientos	de--	Dios	y	que tienen	el	testimonio	de Jesús;	y
3588	1785	3588	2316	2532	2192	3588	3141	2424	2532
DAPF	*NAPF*	*DGSM*	*NGSM*	*CLN*	*VPAP-PGM*	*DASF*	*NASF*	*NGSM*	*CLN*

NVI

Pero ¡ay de la tierra y
del mar!
El diablo, lleno de fu-
ror, ha descendido
a ustedes,
porque sabe que
le queda poco
tiempo».

13 Cuando el dragón
se vio arrojado a la tierra,
persiguió a la mujer
que había dado a luz al
varón. 14 Pero a la mujer
se le dieron las dos alas
de la gran águila, para
que volara al desierto,
al lugar donde sería
sustentada durante un
tiempo y tiempos y me-
dio tiempo, lejos de la
vista de la serpiente. 15 La
serpiente, persiguiendo
a la mujer, arrojó por sus
fauces agua como un
río, para que la corriente
la arrastrara. 16 Pero la
tierra ayudó a la mujer:
abrió la boca y se tragó el
río que el dragón había
arrojado por sus fauces.
17 Entonces el dragón
se enfureció contra la
mujer, y se fue a hacer
guerra contra el resto
de sus descendientes,
los cuales obedecen los
mandamientos de Dios
y se mantienen fieles al
testimonio de Jesús.

12:14* O sea *separada de.*

RVR

Las dos bestias

13 Y se paró sobre
la arena del mar.
Y vi subir del mar una
bestia que tenía diez
cuernos y siete cabezas;
y en sus cuernos diez
diademas, y sobre sus
cabezas, un nombre
blasfemo.
2 Y la bestia que vi era se-
mejante a un leopardo,
y sus pies como de oso,
y su boca como boca de
león. Y el dragón le dio
su poder y su trono, y
gran autoridad.
3 Vi una de sus cabezas
como herida de muerte,
pero su herida mortal
fue sanada; y se maravi-
lló toda la tierra en pos
de la bestia,
4 y adoraron al dragón
que había dado autori-
dad a la bestia, y adora-
ron a la bestia, diciendo:
¿Quién como la bestia,
y quién puede luchar
contra ella?
5 Y se le dio una boca
que hablaba palabras
arrogantes y blasfemias;

ἐστάθη	ἐπὶ	τὴν	ἄμμον	τῆς	θαλάσσης.
se paró	sobre	la	arena	del	mar.
2476	1909	3588	285	3588	2281
VAPI3S	*P*	*DASF*	*NASF*	*DGSF*	*NGSF*

13 Καὶ	εἶδον	ἐκ	τῆς	θαλάσσης	θηρίον	ἀναβαῖνον,	ἔχον
Y	vi	de$_3$	el$_4$	mar$_5$	una bestia,$_6$	subiendo$_1$	teniendo
2532	3708	1537	3588	2281	2342	305	2192
CLN	*VAAI1S*	*P*	*DGSF*	*NGSF*	*NASN*	*VPAP-SAN*	*VPAP-SAN*

κέρατα	δέκα	καὶ	κεφαλὰς	ἑπτά,	καὶ	ἐπὶ	τῶν	κεράτων	αὐτοῦ	δέκα
cuernos$_2$	diez$_1$	y$_3$	cabezas,$_5$	siete$_4$	y	sobre	los	cuernos	de ella	diez
2768	1176	2532	2776	2033	2532	1909	3588	2768	846	1176
NAPN	*XN, J*	*CLN*	*NAPF*	*XN, J*	*CLN*	*P*	*DGPN*	*NGPN*	*RP3GSN*	*XN, J*

διαδήματα,	καὶ	ἐπὶ	τὰς	κεφαλὰς	αὐτοῦ	ὀνόματα	βλασφημίας.	2 καὶ
diademas,	y	sobre	las	cabezas	de ella	nombres	de blasfemia.	Y
1238	2532	1909	3588	2776	846	3686	988	2532
NAPN	*CLN*	*P*	*DAPF*	*NAPF*	*RP3GSN*	*NAPN*	*NGSF*	*CLN*

τὸ	θηρίον	ὃ	εἶδον	ἦν	ὅμοιον	παρδάλει,	καὶ	οἱ	πόδες	αὐτοῦ
la	bestia,	la que	vi,	era	semejante a	un leopardo,	y	los	pies	de ella
3588	2342	3739	1492	2258	3664	3917	2532	3588	4228	846
DNSN	*NNSN*	*RR-ASN*	*VAAI1S*	*VIAI3S*	*JNSN*	*NDSF*	*CLN*	*DNPM*	*NNPM*	*RP3GSN*

ὡς	ἄρκου,	καὶ	τὸ	στόμα	αὐτοῦ	ὡς	στόμα	λέοντος.	καὶ	ἔδωκεν
como	de oso,	y	la	boca	de ella	como	boca	de león,	y$_1$	dio$_4$
5613	715	2532	3588	4750	846	5613	4750	3023	2532	1325
P, CAM	*NGSF*	*CLN*	*DNSN*	*NNSN*	*RP3GSN*	*P, CAM*	*NNSN*	*NGSM*	*CLN*	*VAAI3S*

αὐτῷ	ὁ	δράκων	τὴν	δύναμιν	αὐτοῦ	καὶ	τὸν	θρόνον	αὐτοῦ	καὶ
a ella$_5$	el$_2$	dragón$_3$	el	poder	de él	y	el	trono	de él	y
846	3588	1404	3588	1411	846	2532	3588	2362	846	2532
RP3DSN	*DNSM*	*NNSM*	*DASF*	*NASF*	*RP3GSM*	*CLN*	*DASM*	*NASM*	*RP3GSM*	*CLN*

ἐξουσίαν	μεγάλην.	3 καὶ	μίαν	ἐκ	τῶν	κεφαλῶν	αὐτοῦ	ὡς	ἐσφαγμένην
autoridad	grande.	Y	una	de	las	cabezas	de ella	como	herida
1849	3173	2532	1520	1537	3588	2776	846	5613	4969
NASF	*JASF*	*CLN*	*JASF*	*P*	*DGPF*	*NGPF*	*RP3GSN*	*CAM*	*VRPP-SAF*

εἰς	θάνατον,	καὶ	ἡ	πληγὴ	τοῦ	θανάτου	αὐτοῦ	ἐθεραπεύθη.	καὶ
para	muerte,	y	la	herida	de--	muerte	de ella	fue sanada.	Y$_1$
1519	2288	2532	3588	4127	3588	2288	846	2323	2532
P	*NASM*	*CLC*	*DNSF*	*NNSF*	*DGSM*	*NGSM*	*RP3GSN*	*VAPI3S*	*CLN*

ἐθαυμάσθη	ὅλη	ἡ	γῆ	ὀπίσω	τοῦ	θηρίου,	4 καὶ	προσεκύνησαν
se admiró$_5$	toda$_2$	la$_3$	tierra$_4$	detrás	la	bestia,	y	adoraron
2296	3650	3588	1093	3694	3588	2342	2532	4352
VAPI3S	*JNSF*	*DNSF*	*NNSF*	*P, B*	*DGSN*	*NGSN*	*CLN*	*VAAI3P*

τῷ	δράκοντι	ὅτι	ἔδωκεν	τὴν	ἐξουσίαν	τῷ	θηρίῳ,	καὶ
al	dragón,	porque	dio	la	autoridad	a la	bestia,	y
3588	1404	3754	1325	3588	1849	3588	2342	2532
DDSM	*NDSM*	*CAZ*	*VAAI3S*	*DASF*	*NASF*	*DDSN, DDSM*	*NDSN*	*CLN*

προσεκύνησαν	τῷ	θηρίῳ	λέγοντες·	Τίς	ὅμοιος	τῷ	θηρίῳ,	καὶ	τίς
adoraron	a la	bestia	diciendo:	¿Quién	semejante a	la	bestia,	y	quién
4352	3588	2342	3004	5101	3664	3588	2342	2532	5101
VAAI3P	*DDSN*	*NDSN*	*VPAP-PNM*	*RI-NSM*	*JNSM*	*DDSN*	*NDSN*	*CLN*	*RI-NSM*

δύναται	πολεμῆσαι	μετ᾽	αὐτοῦ;
puede	luchar	con	ella?
1410	4170	3326	846
VPUI3S	*VAAN*	*P*	*RP3GSN*

5 Καὶ	ἐδόθη	αὐτῷ	στόμα	λαλοῦν	μεγάλα*	καὶ	βλασφημίας,	καὶ
Y$_1$	fue dada$_3$	a ella$_4$	una boca$_2$	que habla	cosas grandes	y	blasfemias,	y$_1$
2532	1325	846	4750	2980	3173	2532	988	2532
CLN	*VAPI3S*	*RP3DSN*	*NNSN*	*VPAP-SNN*	*JAPN*	*CLN*	*NAPF*	*CLN*

NVI

13 Y el dragón se
plantó a la orilla
del mar.

La bestia que surge del mar

Entonces vi que del
mar subía una bestia, la
cual tenía diez cuernos
y siete cabezas. En cada
cuerno tenía una diade-
ma, y en cada cabeza un
nombre blasfemo contra
Dios. 2 La bestia parecía
un leopardo, pero tenía
patas como de oso y
fauces como de león. El
dragón le confirió a la
bestia su poder, su trono
y gran autoridad. 3 Una
de las cabezas de la bestia
parecía haber sufrido
una herida mortal, pero
esa herida ya había
sido sanada. El mundo
entero, fascinado, iba
tras la bestia 4 y adoraba
al dragón porque había
dado su autoridad a
la bestia. También
adoraban a la bestia y
decían: «¿Quién como
la bestia? ¿Quién puede
combatirla?»
5 A la bestia se le
permitió hablar con
arrogancia y proferir
blasfemias contra

13:5* O sea *con arrogancia.*

RVR

y se le dio autoridad
para actuar durante
cuarenta y dos meses.
6 Y abrió su boca en
blasfemias contra Dios,
para blasfemar de su
nombre, de su taberná-
culo, y de los que moran
en el cielo.
7 Y se le permitió hacer
guerra contra los santos,
y vencerlos. También se
le dio autoridad sobre
toda tribu, pueblo,
lengua y nación.
8 Y la adorarán todos
los moradores de la
tierra cuyos nombres no
están escritos desde la
fundación del mundo
en el libro de la vida
del Cordero que fue
inmolado.
9 Si alguno tiene oído,
oiga.
10 Si alguno lleva en
cautividad, va en cauti-
vidad; si alguno mata a
espada, a espada debe
ser muerto. Aquí está la
paciencia y la fe de los
santos.
11 Después vi otra bestia
que subía de la tierra;
y tenía dos cuernos

ἐδόθη	αὐτῷ	ἐξουσία	ποιῆσαι	μῆνας	τεσσεράκοντα	δύο.	6 καὶ	ἤνοιξε
fue dada$_{7}$	a ella.$_{8}$	autoridad$_{2}$	para actuar$_{3}$	meses$_{6}$	cuarenta$_{4}$	dos$_{5}$	Y	abrió
1325	846	1849	4160	3376	5062	1417	2532	455
VAPI3S	*RP3DSN*	*NNSF*	*VAAN*	*NAPM*	*XN, J*	*XN, J*	*CLN*	*VAAI3S*

τὸ	στόμα	αὐτοῦ	εἰς	βλασφημίας	πρὸς	τὸν	θεόν,	βλασφημῆσαι
la	boca	de ella	en	blasfemias	para	--	Dios,	para blasfemar
3588	4750	846	1519	988	4314	3588	2316	987
DASN	*NASN*	*RP3GSN*	*P*	*NAPF*	*P*	*DASM*	*NASM*	*VAAN*

τὸ	ὄνομα	αὐτοῦ	καὶ	τὴν	σκηνὴν	αὐτοῦ,	τοὺς	ἐν	τῷ	οὐρανῷ
el	nombre	de él	y	el	tabernáculo	de él,	a los (que)$_{1}$	en$_{3}$	el$_{4}$	cielo.$_{5}$
3588	3686	846	2532	3588	4633	846	3588	1722	3588	3772
DASN	*NASN*	*RP3GSM*	*CLN*	*DASF*	*NASF*	*RP3GSM*	*DAPM*	*P*	*DDSM*	*NDSM*

σκηνοῦντας.	7 καὶ	ἐδόθη	αὐτῷ	ποιῆσαι	πόλεμον	μετὰ	τῶν	ἁγίων
acampan$_{2}$	Y	fue dado	a ella	hacer	guerra	con	los	santos
4637	2532	1325	846	4160	4171	3326	3588	40
VPAP-PAM	*CLN*	*VAPI3S*	*RP3DSN*	*VAAN*	*NASM*	*P*	*DGPM*	*JGPM*

καὶ	νικῆσαι	αὐτούς,	καὶ	ἐδόθη	αὐτῷ	ἐξουσία	ἐπὶ	πᾶσαν	φυλὴν	καὶ
y	vencer	a ellos,	y$_{1}$	fue dada$_{12}$	a ella.$_{13}$	autoridad$_{2}$	sobre$_{3}$	toda$_{4}$	tribu$_{5}$	y$_{6}$
2532	3528	846	2532	1325	846	1849	1909	3956	5443	2532
CLN	*VAAN*	*RP3APM*	*CLN*	*VAPI3S*	*RP3DSN*	*NNSF*	*P*	*JASF*	*NASF*	*CLN*

λαὸν	καὶ	γλῶσσαν	καὶ	ἔθνος.	8 καὶ	προσκυνήσουσιν	αὐτὸν	πάντες
pueblo$_{7}$	y$_{8}$	lengua$_{9}$	y$_{10}$	nación$_{11}$	Y$_{1}$	adorarán$_{26}$	a ella.$_{27}$	todos$_{2}$
2992	2532	1100	2532	1484	2532	4352	846	3956
NASM	*CLN*	*NASF*	*CLN*	*NASN*	*CLN*	*VFAI3P*	*RP3ASM*	*JNPM*

οἱ	κατοικοῦντες	ἐπὶ	τῆς	γῆς,	οὗ	οὐ	γέγραπται	τὸ	ὄνομα
los$_{3}$	moradores$_{4}$	sobre$_{5}$	la$_{6}$	tierra,$_{7}$	de quien$_{8}$	no$_{12}$	ha sido escrito$_{13}$	el$_{9}$	nombre$_{10}$
3588	2730	1909	3588	1093	3756	3756	1125	3588	3686
DNPM	*VAPP-PNM*	*P*	*DGSF*	*NGSF*	*RR-GSM*	*BN, TN*	*VRPI3S*	*DNSN*	*NNSN*

αὐτοῦ	ἐν	τῷ	βιβλίῳ*	τῆς	ζωῆς	τοῦ	ἀρνίου	τοῦ	ἐσφαγμένου	ἀπὸ
de él$_{11}$	en$_{14}$	el$_{15}$	rollo$_{16}$	de la$_{17}$	vida$_{18}$	del$_{19}$	Cordero$_{20}$	que$_{21}$	ha sido sacrificado,$_{22}$	desde$_{23}$
846	1722	3588	975	3588	2222	3588	721	3588	4969	575
RP3GSM	*P*	*DDSN*	*NDSN*	*DGSF*	*NGSF*	*DGSN*	*NGSN*	*DGSN*	*VRPP-SGN*	*P*

καταβολῆς	κόσμου.
fundación$_{24}$	de(l) mundo,$_{25}$
2602	2889
NGSF	*NGSM*

9 Εἴ	τις	ἔχει	οὖς	ἀκουσάτω.	10 εἴ	τις	εἰς	αἰχμαλωσίαν,	εἰς
Si	alguien	tiene	oído,	oiga.	Si	alguien	para	un cautiverio,	para
1487	5100	2192	3775	191	1487	5100	1519	161	1519
CAC	*RX-NSM*	*VPAI3S*	*NASN*	*VAAM3S*	*CAC*	*RX-NSM*	*P*	*NASF*	*P*

αἰχμαλωσίαν	ὑπάγει·*	εἴ	τις	ἐν	μαχαίρῃ	ἀποκτανθῆναι	αὐτὸν
un cautiverio	va,	si$_{1}$	alguien$_{2}$	con$_{4}$	espada$_{5}$	ser muerto,$_{3}$	él$_{6}$
161	5217	1487	5100	1722	3162	615	846
NASF	*VPAI3S*	*CAC*	*RX-NSM*	*P*	*NDSF*	*VAPN*	*RP3ASM*

ἐν	μαχαίρῃ	ἀποκτανθῆναι.*1	ὧδέ	ἐστιν	ἡ	ὑπομονὴ	καὶ	ἡ	πίστις
con$_{8}$	espada.$_{9}$	ser muerto.$_{7}$	Aquí	está	la	perseverancia	y	la	fe
1722	3162	615	5602	2076	3588	5281	2532	3588	4102
P	*NDSF*	*VAPN*	*B*	*VPAI3S*	*DNSF*	*NNSF*	*CLN*	*DNSF*	*NNSF*

τῶν	ἁγίων.
de los	santos.
3588	40
DGPM	*JGPM*

11 Καὶ	εἶδον	ἄλλο	θηρίον	ἀναβαῖνον	ἐκ	τῆς	γῆς,	καὶ	εἶχεν	κέρατα
Y	vi	otra	bestia	subiendo	de	la	tierra,	y	tenía	cuernos$_{2}$
2532	1492	243	2342	305	1537	3588	1093	2532	2192	2768
CLN	*VAAI1S*	*JASN*	*NASN*	*VPAP-SAN*	*P*	*DGSF*	*NGSF*	*CLN*	*VIAI3S*	*NAPN*

NVI

Dios, y se le confirió
autoridad para actuar
durante cuarenta y dos
meses. 6 Abrió la boca
para blasfemar contra
Dios, para maldecir su
nombre y su morada y a
los que viven en el cielo.
7 También se le permitió
hacer la guerra a los
santos y vencerlos, y se le
dio autoridad sobre toda
raza, pueblo, lengua
y nación. 8 A la bestia
la adorarán todos los
habitantes de la tierra,
aquellos cuyos nombres
no han sido escritos
en el libro de la vida, el
libro del Cordero que
fue sacrificado desde la
creación del mundo.
9 El que tenga oídos,
que oiga.

10 El que deba ser lleva-
do cautivo,
a la cautividad irá.
El que deba morir a
espada,
a filo de espada morirá.

¡En esto consisten la per-
severancia y la fidelidad
de los santos!

La bestia que sube de la tierra

11 Después vi que de
la tierra subía otra bestia.
Tenía dos cuernos como

13:8* O sea *libro.* **13:10*** O sea *Si alguien ha de ser llevado para un cautiverio, para un cautiverio irá.* **13:10*1** O sea *Si alguien ha de ser muerto a espada, a espada será matado.*

RVR

semejantes a los de un
cordero, pero hablaba
como un dragón.
12 Y ejerce toda la
autoridad de la primera
bestia en presencia de
ella, y hace que la tierra
y los moradores de ella
adoren a la primera bes-
tia, cuya herida mortal
fue sanada.
13 También hace
grandes señales, de tal
manera que aun hace
descender fuego del cie-
lo a la tierra en presencia
de los hombres.
14 Y engaña a los mora-
dores de la tierra a causa
de las señales que se le
ha permitido hacer en
presencia de la bestia,
diciendo a los mora-
dores de la tierra que
le hagan una imagen
a la bestia que tenía la
herida de espada, y ha
vuelto a vivir.
15 Y se le permitió
infundir aliento a la
imagen de la bestia,
para que la imagen de la
bestia pudiese incluso
hablar y hacer matar
a todo el que no la
adorase.
16 Y hace que a todos,
pequeños y grandes,
ricos y pobres, libres y
esclavos, se les ponga

δύο	ὅμοια	ἀρνίῳ,	καὶ	ἐλάλει	ὡς	δράκων.	12 καὶ	τὴν	ἐξουσίαν
dos$_1$	semejantes	a un cordero,	y	hablaba	como	dragón.	Y$_1$	la$_4$	autoridad$_5$
1417	3664	721	2532	2980	5613	1404	2532	3588	1849
XN, J	*JAPN*	*NDSN*	*CLN*	*VIAI3S*	*CAM*	*NNSM*	*CLN*	*DASF*	*NASF*

τοῦ	πρώτου	θηρίου	πᾶσαν	ποιεῖ	ἐνώπιον	αὐτοῦ.	καὶ	ποιεῖ	τὴν	γῆν
de la$_6$	primera$_7$	bestia$_8$	toda$_3$	ejerce$_2$	delante de	ella.	Y	hace	(que) la	tierra
3588	4413	2342	3956	4160	1799	846	2532	4160	3588	1093
DGSN	*JGSN*	*NGSN*	*JASF*	*VPAI3S*	*P, B*	*RP3GSN*	*CLN*	*VPAI3S*	*DASF*	*NASF*

καὶ	τοὺς	ἐν	αὐτῇ	κατοικοῦντας	ἵνα	προσκυνήσουσιν	τὸ	θηρίον
y	los que	en$_2$	ella$_3$	moran$_1$	que	adoren	a$_3$	bestia$_4$
2532	3588	1722	846	2730	2443	4352	3588	2342
CLN	*DAPM*	*P*	*RP3DSF*	*VPAP-PAM*	*CSC*	*VFAI3P*	*DASN*	*NASN*

τὸ	πρῶτον,	οὗ	ἐθεραπεύθη	ἡ	πληγὴ	τοῦ	θανάτου	αὐτοῦ.
a la$_1$	primera,$_2$	la que$_5$	fue sanada.$_{11}$	la$_6$	herida$_7$	de --$_8$	muerte$_9$	de ella$_{10}$
3588	4413	3739	2323	3588	4127	3588	2288	846
DASN	*JASN*	*RR-GSN*	*VAPI3S*	*DNSF*	*NNSF*	*DGSM*	*NGSM*	*RP3GSN*

13 καὶ	ποιεῖ	σημεῖα	μεγάλα,	ἵνα	καὶ	πῦρ	ποιῇ	ἐκ	τοῦ	οὐρανοῦ
Y	hace	señales	grandes,	para que	también	fuego$_3$	hiciera$_1$	de$_4$	el$_5$	cielo$_6$
2532	4160	4592	3173	2443	2532	4442	4160	1537	3588	3772
CLN	*VPAI3S*	*NAPN*	*JAPN*	*CAR*	*CLA, B*	*NASN*	*VPAS3S*	*P*	*DGSM*	*NGSM*

καταβαίνειν	εἰς	τὴν	γῆν	ἐνώπιον	τῶν	ἀνθρώπων.	14 καὶ	πλανᾷ	τοὺς
descender$_2$	hacia	la	tierra	delante de	los	seres humanos.	Y	engaña	a los que
2597	1519	3588	1093	1799	3588	444	2532	4105	3588
VPAN	*P*	*DASF*	*NASF*	*P, B*	*DGPM*	*NGPM*	*CLN*	*VPAI3S*	*DAPM*

κατοικοῦντας	ἐπὶ	τῆς	γῆς	διὰ	τὰ	σημεῖα	ἃ	ἐδόθη	αὐτῷ
habitan	sobre	la	tierra	por causa de	las	señales	las que	fue dada	a ella
2730	1909	3588	1093	1223	3588	4592	3739	1325	846
VPAP-PAM	*P*	*DGSF*	*NGSF*	*P*	*DAPN*	*NAPN*	*RR-NPN*	*VAPI3S*	*RP3DSN*

ποιῆσαι	ἐνώπιον	τοῦ	θηρίου,	λέγων	τοῖς	κατοικοῦσιν	ἐπὶ	τῆς	γῆς
hacer	delante de	la	bestia,	diciendo	a los que	moran	sobre	la	tierra
4160	1799	3588	2342	3004	3588	2730	1909	3588	1093
VAAN	*P, B*	*DGSN*	*NGSN*	*VPAP-SNM*	*DDPM*	*VPAP-PDM*	*P*	*DGSF*	*NGSF*

ποιῆσαι	εἰκόνα	τῷ	θηρίῳ,	ὃς	ἔχει	τὴν	πληγὴν	τῆς	μαχαίρης	καὶ
hacer	una imagen	a la	bestia,	la que	tiene	la	herida	de la	espada	y
4160	1500	3588	2342	3739	2192	3588	4127	3588	3162	2532
VAAN	*NASF*	*DDSN*	*NDSN*	*RR-NSM*	*VPAI3S*	*DASF*	*NASF*	*DGSF*	*NGSF*	*CLN*

ἔζησεν.	15 καὶ	ἐδόθη	αὐτῷ	δοῦναι	πνεῦμα	τῇ	εἰκόνι	τοῦ	θηρίου,
vivió.	Y	fue dado	a ella	dar	espíritu	a la	imagen	de la	bestia,
2198	2532	1325	846	1325	4151	3588	1500	3588	2342
VAAI3S	*CLN*	*VAPI3S*	*RP3DSN*	*VAAN*	*NASN, NNSN*	*DDSF*	*NDSF*	*DGSN*	*NGSN*

ἵνα	καὶ	λαλήσῃ	ἡ	εἰκὼν	τοῦ	θηρίου	καὶ	ποιήσῃ	ἵνα	ὅσοι
para que$_1$	también$_2$	hablara,$_7$	la$_3$	imagen$_4$	de la$_5$	bestia$_6$	e	hiciera	que	cuantos
2443	2532	2980	3588	1504	3588	2342	2532	4160	2443	3754
CAP	*CLK, B*	*VAAS3S*	*DNSF*	*NNSF*	*DGSN*	*NGSN*	*CLK, CLN*	*VAAS3S*	*CSC*	*RK-NPM*

ἐὰν	μὴ	προσκυνήσωσιν	τῇ	εἰκόνι	τοῦ	θηρίου	ἀποκτανθῶσιν.	16 καὶ
si	no	adoraran	a la	imagen	de la	bestia	fueran matados.	Y
1437	3361	4352	3588	1500	3588	2342	615	2532
TC	*BN, TN*	*VAAS3P*	*DDSF*	*NDSF*	*DGSN*	*NGSN*	*VAPS3P*	*CLN*

ποιεῖ	πάντας,	τοὺς	μικροὺς	καὶ	τοὺς	μεγάλους,	καὶ	τοὺς	πλουσίους
hace	a todos,	a los	pequeños	y	a los	grandes,	y	a los	ricos
4160	3956	3588	3398	2532	3588	3173	2532	3588	4145
VPAI3S	*JAPM*	*DAPM*	*JAPM*	*CLN*	*DAPM*	*JAPM*	*CLN*	*DAPM*	*JAPM*

καὶ	τοὺς	πτωχούς,	καὶ	τοὺς	ἐλευθέρους	καὶ	τοὺς	δούλους,	ἵνα	δῶσιν
y	a los	pobres,	y	a los	libres	y	a los	esclavos,	que	den
2532	3588	4434	2532	3588	1658	2532	3588	1401	2443	1325
CLN	*DAPM*	*JAPM*	*CLN*	*DAPM*	*JAPM*	*CLN*	*DAPM*	*NAPM*	*CSC*	*VAAS3P*

NVI

de cordero, pero hablaba
como dragón. 12 Ejercía
toda la autoridad de
la primera bestia en
presencia de ella, y
hacía que la tierra y sus
habitantes adoraran a
la primera bestia, cuya
herida mortal había
sido sanada. 13 También
hacía grandes señales
milagrosas, incluso la
de hacer caer fuego del
cielo a la tierra, a la vista
de todos. 14 Con estas se-
ñales que se le permitió
hacer en presencia de la
primera bestia, engañó
a los habitantes de la
tierra. Les ordenó que
hicieran una imagen en
honor de la bestia que,
después de ser herida a
espada, revivió. 15 Se le
permitió infundir vida a
la imagen de la primera
bestia, para que hablara
y mandara matar a
quienes no adoraran la
imagen. 16 Además logró
que a todos, grandes
y pequeños, ricos y
pobres, libres y esclavos,

RVR

una marca en la mano
derecha, o en la frente;
17 y que nadie pueda
comprar ni vender, sino
el que tenga la marca o
el nombre de la bestia,
o el número de su
nombre.
18 Aquí se requiere
sabiduría. El que tiene
entendimiento, calcule
el número de la bestia,
pues es número de
hombre. Y su número es
seiscientos sesenta y seis.

El cántico de los 144.000

14 Después miré,
y he aquí que el
Cordero estaba en pie
sobre el monte de Sión,
y con él ciento cuarenta
y cuatro mil, que tenían
el nombre de él y el de
su Padre escrito en la
frente.
2 Y oí una voz del cielo
como estruendo de
muchas aguas, y como
sonido de un gran
trueno; y la voz que oí
era como de arpistas que
tocaban sus arpas.
3 Y cantaban un cán-
tico nuevo delante del
trono, y delante de los
cuatro seres vivientes,
y de los ancianos; y

αὐτοῖς	χάραγμα	ἐπὶ	τῆς	χειρὸς	αὐτῶν	τῆς	δεξιᾶς	ἤ	ἐπὶ	τὸ
a ellos	una marca	sobre	la	mano	de ellos$_3$	--$_1$	derecha$_2$	o	sobre	la
846	5480	1909	3588	5495	846	3588	1188	2228	1909	3588
RP3DPM	*NASN*	*P*	*DGSF*	*NGSF*	*RP3GPM*	*DGSF*	*JGSF*	*CLD*	*P*	*DASN*

μέτωπον	αὐτῶν,	17 καὶ	ἵνα	μή	τις	δύνηται	ἀγοράσαι	ἤ	πωλῆσαι
frente	de ellos,	y	que	no	alguien	pueda	comprar	o	vender
3359	846	2532	2443	3361	5100	1410	59	2228	4453
NASN	*RP3GPM*	*CLN*	*CSC*	*BN, TN*	*RX-NSM*	*VPUS3S*	*VAAN*	*CLD*	*VAAN*

εἰ	μὴ	ὁ	ἔχων	τὸ	χάραγμα,	τὸ	ὄνομα	τοῦ	θηρίου	ἤ	τὸν
si	no	el que	tiene	la	marca,	el	nombre	de la	bestia	o	el
1487	3361	3588	2192	3588	5480	3588	3686	3588	2342	2228	3588
CAC	*BN, TN*	*DNSM*	*VPAP-SNM*	*DASN*	*NASN*	*DASN*	*NASN*	*DGSN*	*NGSN*	*CLD*	*DASM*

ἀριθμὸν	τοῦ	ὀνόματος	αὐτοῦ.	18 ὧδε	ἡ	σοφία	ἐστίν·	ὁ	ἔχων
número	del	nombre	de ella.	Aquí	la	sabiduría	está:	el que	tiene
706	3588	3686	846	5602	3588	4678	2076	3588	2192
NASM	*DGSN*	*NGSN*	*RP3GSN*	*B*	*DNSF*	*NNSF*	*VPAI3S*	*DNSM*	*VPAP-SNM*

νοῦν	ψηφισάτω	τὸν	ἀριθμὸν	τοῦ	θηρίου,	ἀριθμὸς	γὰρ	ἀνθρώπου
entendimiento	calcule	el	número	de la	bestia;	un número$_2$	porque$_1$	de ser humano.$_4$
3563	5585	3588	706	3588	2342	706	1063	444
NASM	*VAAM3S*	*DASM*	*NASM*	*DGSN*	*NGSN*	*NNSM*	*CAZ*	*NGSM*

ἐστίν·	καὶ	ὁ	ἀριθμὸς	αὐτοῦ	ἑξακόσιοι	ἑξήκοντα	ἕξ.
es$_3$	Y	el	número	de ella	seiscientos	sesenta	seis.
2076	2532	3588	706	846	1812	1835	1803
VPAI3S	*CLN*	*DNSM*	*NNSM*	*RP3GSN*	*JNPM*	*XN, J*	*XN, J*

14

Καὶ	εἶδον,	καὶ	ἰδοὺ	τὸ	ἀρνίον	ἑστὸς	ἐπὶ
Y	vi,	y	he aquí	el	Cordero	de pie	sobre
2532	1492	2532	2400	3588	721	2476	1909
CLN	*VAAI1S*	*CLN*	*I, VAAM2S*	*DNSN*	*NNSN*	*VRAP-SNN, VRAP-SAN*	*P*

τὸ	ὄρος	Σιών,	καὶ	μετ'	αὐτοῦ	ἑκατὸν	τεσσεράκοντα	τέσσαρες
el	monte	Sión,	y	con	él	ciento	cuarenta	cuatro
3588	3735	4622	2532	3326	846	1540	5062	5064
DASN	*NASN*	*NGSF, XP*	*CLN*	*P*	*RP3GSN*	*XN, J*	*XN, J*	*JNPF*

χιλιάδες	ἔχουσαι	τὸ	ὄνομα	αὐτοῦ	καὶ	τὸ	ὄνομα	τοῦ	πατρὸς	αὐτοῦ
mil	teniendo	el	nombre	de él	y	el	nombre	del	Padre	de él,
5505	2192	3588	3686	846	2532	3588	3686	3588	3962	846
JNPF, NNPF	*VPAP-PNF*	*DASN*	*NASN*	*RP3GSN*	*CLN*	*DASN*	*NASN*	*DGSM*	*NGSM*	*RP3GSM*

γεγραμμένον	ἐπὶ	τῶν	μετώπων	αὐτῶν.	2 καὶ	ἤκουσα	φωνὴν	ἐκ	τοῦ
que ha sido escrito	sobre	las	frentes	de ellos.	Y	oí	una voz	de	el
1125	1909	3588	3359	846	2532	191	5456	1537	3588
VRPP-SAN	*P*	*DGPN*	*NGPN*	*RP3GPM*	*CLN*	*VAAI1S*	*NASF*	*P*	*DGSM*

οὐρανοῦ	ὡς	φωνὴν	ὑδάτων	πολλῶν	καὶ	ὡς	φωνὴν	βροντῆς	μεγάλης,
cielo	como	voz	de aguas$_2$	muchas$_1$	y	como	voz	de trueno	grande,
3772	5613	5456	5204	4183	2532	5613	5456	1027	3173
NGSM	*CAM*	*NASF*	*NGPN*	*JGPN*	*CLN*	*CAM*	*NASF*	*NGSF*	*JGSF*

καὶ	ἡ	φωνὴ	ἣν	ἤκουσα	ὡς	κιθαρῳδῶν	κιθαριζόντων	ἐν	ταῖς
y	la	voz	la que	oí	como	de arpistas	que tocan el arpa	con	las
2532	3588	5456	3739	191	5613	2790	2789	1722	3588
CLN	*DNSF*	*NNSF*	*RR-ASF*	*VAAI1S*	*CAM, B*	*NGPM*	*VPAP-PGM*	*P*	*DDPF*

κιθάραις	αὐτῶν.	3 καὶ	ᾄδουσιν	ὡς	ᾠδὴν	καινὴν	ἐνώπιον	τοῦ
arpas	de ellos.	Y	cantan	como	una canción	nueva	delante de	el
2788	846	2532	103	5613	5603	2537	1799	3588
NDPF	*RP3GPM*	*CLN*	*VPAI3P*	*CAM, B*	*NASF*	*JASF*	*P, B*	*DGSM*

θρόνου	καὶ	ἐνώπιον	τῶν	τεσσάρων	ζῴων	καὶ	τῶν	πρεσβυτέρων·
trono	y	delante de	los	cuatro	seres vivientes	y	de los	ancianos;
2362	2532	1799	3588	5064	2226	2532	3588	4245
NGSM	*CLN*	*P, B*	*DGPN*	*JGPN*	*NGPN*	*CLN*	*DGPM*	*JGPM*

NVI

se les pusiera una marca
en la mano derecha o en
la frente, 17 de modo que
nadie pudiera comprar
ni vender, a menos que
llevara la marca, que es el
nombre de la bestia o el
número de ese nombre.
18 En esto consiste la
sabiduría: el que tenga
entendimiento, calcule
el número de la bestia,
pues es número de un
ser humano: seiscientos
sesenta y seis.

El Cordero y los 144.000

14 Luego miré,
y apareció el
Cordero. Estaba de pie
sobre el monte Sión,
en compañía de ciento
cuarenta y cuatro mil
personas que llevaban
escrito en la frente el
nombre del Cordero
y de su Padre. 2 Oí un
sonido que venía del
cielo, como el estruendo
de una catarata y el
retumbar de un gran
trueno. El sonido se
parecía al de músicos
que tañen sus arpas. 3 Y
cantaban un himno
nuevo delante del
trono y delante de los
cuatro seres vivientes y
de los ancianos. Nadie

RVR

nadie podía aprender
el cántico sino aquellos
ciento cuarenta y cuatro
mil que fueron resca-
tados de entre los de la
tierra.
4 Éstos son los que no se
contaminaron con mu-
jeres, pues son vírgenes.
Éstos son los que siguen
al Cordero por don-
dequiera que va. Éstos
fueron rescatados de
entre los hombres como
primicias para Dios y
para el Cordero;
5 y en sus bocas no fue
hallada mentira, pues
son sin mancha delante
del trono de Dios.

El mensaje de los tres ángeles

6 Vi volar por en medio
del cielo a otro ángel,
que tenía un evangelio
eterno para predicarlo
a los que habitan sobre
la tierra, a toda nación,
tribu, lengua y pueblo,
7 diciendo a gran voz:
Temed a Dios, y dadle
gloria, porque la hora
de su juicio ha llegado;
y adorad a aquel que
hizo el cielo y la tierra,
el mar y las fuentes de
las aguas.
8 Otro ángel le siguió,
diciendo: Ha caído,
ha caído Babilonia, la
gran ciudad, porque ha
hecho beber a todas las

καὶ	οὐδεὶς	ἐδύνατο	μαθεῖν	τὴν	ᾠδὴν	εἰ	μὴ	αἱ	ἑκατὸν
y	nadie	podía	aprender	la	canción	si	no	los	ciento
2532	3762	1410	3129	3588	5603	1487	3361	3588	1540
CLN	*JNSM*	*VIUI3S*	*VAAN*	*DASF*	*NASF*	*CAC*	*BN, TN*	*DNPF*	*XN, J*

τεσσεράκοντα	τέσσαρες	χιλιάδες,	οἱ	ἠγορασμένοι	ἀπὸ	τῆς	γῆς.
cuarenta	cuatro	mil,	los que	han sido comprados	de	la	tierra.
5062	5064	5505	3588	59	575	3588	1093
XN, J	*JNPF*	*JNPF, NNPF*	*DNPM*	*VRPP-PNM*	*P*	*DGSF*	*NGSF*

4 οὗτοί	εἰσιν	οἳ	μετὰ	γυναικῶν	οὐκ	ἐμολύνθησαν,	παρθένοι	γάρ
Estos	son	los que	con	mujeres	no	fueron contaminados;	vírgenes.$_3$	porque$_1$
3778	1526	3739	3326	1135	3756	3435	3933	1063
RD-NPM	*VPAI3P*	*RR-NPM*	*P*	*NGPF*	*BN, TN*	*VAPI3P*	*NNPM, NNPF*	*CAZ*

εἰσιν·	οὗτοι	οἱ	ἀκολουθοῦντες	τῷ	ἀρνίῳ	ὅπου	ἂν	ὑπάγῃ·	οὗτοι
son$_2$	Estos	los que	siguen	al	Cordero	donde	--	va.	Estos
1526	3778	3588	190	3588	721	3699	302	5217	3778
VPAI3P	*RD-NPM*	*DNPM*	*VPAP-PNM*	*DDSN*	*NDSN*	*CAL, B*	*TC*	*VPAS3S*	*RD-NPM*

ἠγοράσθησαν	ἀπὸ	τῶν	ἀνθρώπων	ἀπαρχὴ	τῷ	θεῷ	καὶ	τῷ	ἀρνίῳ,
fueron comprados	de	los	seres humanos,	primicias	para --	Dios	y	para el	Cordero,
59	575	3588	444	536	3588	2316	2532	3588	721
VAPI3P	*P*	*DGPM*	*NGPM*	*NNSF*	*DDSM*	*NDSM*	*CLN*	*DDSN*	*NDSN*

5 καὶ	ἐν	τῷ	στόματι	αὐτῶν	οὐχ	εὑρέθη	ψεῦδος·	ἄμωμοί	εἰσιν.
y	en	la	boca	de ellos	no	fue hallada	mentira;	sin mancha.$_2$	son$_1$
2532	1722	3588	4750	846	3756	2147	5579	299	1526
CLN	*P*	*DDSN*	*NDSN*	*RP3GPM*	*BN, TN*	*VAPI3S*	*NNSN*	*JNPM*	*VPAI3P*

6 Καὶ	εἶδον	ἄλλον	ἄγγελον	πετόμενον	ἐν	μεσουρανήματι,	ἔχοντα
Y	vi	otro	ángel	que vuela	en	medio del cielo,	teniendo
2532	1492	243	32	4072	1722	3321	2192
CLN	*VAAI1S*	*JASM*	*NASM*	*VPUP-SAM*	*P*	*NDSN*	*VPAP-SAM*

εὐαγγέλιον	αἰώνιον	εὐαγγελίσαι	ἐπὶ	τοὺς	καθημένους	ἐπὶ	τῆς	γῆς	καὶ
un evangelio	eterno	para anunciar	a	los que	están sentados	sobre	la	tierra	y
2098	166	2097	1909	3588	2521	1909	3588	1093	2532
NASN	*JASN*	*VAAN*	*P*	*DAPM*	*VPUP-PAM*	*P*	*DGSF*	*NGSF*	*CLN*

ἐπὶ	πᾶν	ἔθνος	καὶ	φυλὴν	καὶ	γλῶσσαν	καὶ	λαόν,	7 λέγων	ἐν	φωνῇ
sobre	toda	nación	y	tribu	y	lengua	y	pueblo,	diciendo	con	voz
1909	3956	1484	2532	5443	2532	1100	2532	2992	3004	1722	5456
P	*JASN*	*NASN*	*CLN*	*NASF*	*CLN*	*NASF*	*CLN*	*NASM*	*VPAP-SNM*	*P*	*NDSF*

μεγάλῃ·	Φοβήθητε	τὸν	θεὸν	καὶ	δότε	αὐτῷ	δόξαν,	ὅτι	ἦλθεν
grande:	Temed	a --	Dios	y	dad	a él	gloria,	porque$_1$	vino,$_7$
3173	5399	3588	2316	2532	1325	846	1391	3754	2064
JDSF	*VAPM2P*	*DASM*	*NASM*	*CLN*	*VAAM2P*	*RP3DSM, RP3DSN*	*NASF*	*CAZ*	*VAAI3S*

ἡ	ὥρα	τῆς	κρίσεως	αὐτοῦ,	καὶ	προσκυνήσατε	τῷ	ποιήσαντι	τὸν
la$_2$	hora$_3$	del$_4$	juicio$_5$	de él$_6$	y	adorad	al que	hizo	el
3588	5610	3588	2920	846	2532	4352	3588	4160	3588
DNSF	*NNSF*	*DGSF*	*NGSF*	*RP3GSM*	*CLN*	*VAAM2P*	*DDSM*	*VAAP-SDM*	*DASM*

οὐρανὸν	καὶ	τὴν	γῆν	καὶ	θάλασσαν	καὶ	πηγὰς	ὑδάτων.
cielo	y	la	tierra	y	mar	y	fuentes	de aguas.
3772	2532	3588	1093	2532	2281	2532	4077	5204
NASM	*CLN*	*DASF*	*NASF*	*CLN*	*NASF*	*CLN*	*NAPF*	*NGPN*

8 Καὶ	ἄλλος	δεύτερος	ἄγγελος	ἠκολούθησεν	λέγων·	Ἔπεσεν,
Y	otro	segundo	ángel	siguió	diciendo:	Cayó,
2532	243	1208	32	190	3004	4098
CLN	*JNSM*	*JNSM*	*NNSM*	*VAAI3S*	*VPAP-SNM*	*VAAI3S*

ἔπεσεν	Βαβυλὼν	ἡ	μεγάλη,	ἣ	ἐκ	τοῦ	οἴνου	τοῦ	θυμοῦ	τῆς
cayó	Babilonia	la	grande,	la que$_1$	de$_6$	el$_7$	vino$_8$	del$_9$	enojo$_{10}$	de la$_{11}$
4098	897	3588	3173	3588	1537	3588	3631	3588	2372	3588
VAAI3S	*NNSF*	*DNSF*	*JNSF*	*R--NSF, DNSF*	*P*	*DGSM*	*NGSM*	*DGSM*	*NGSM*	*DGSF*

NVI

podía aprender aquel
himno, aparte de los
ciento cuarenta y cuatro
mil que habían sido
rescatados de la tierra.
4 Estos se mantuvieron
puros, sin contaminar-
se con ritos sexuales.
Son los que siguen al
Cordero por donde-
quiera que va. Fueron
rescatados como los
primeros frutos de la
humanidad para Dios
y el Cordero.
5 No se
encontró mentira algu-
na en su boca, pues son
intachables.

Los tres ángeles

6 Luego vi a otro ángel
que volaba en medio
del cielo, y que llevaba
el evangelio eterno para
anunciarlo a los que
viven en la tierra, a toda
nación, raza, lengua y
pueblo.
7 Gritaba a gran
voz: «Teman a Dios y
denle gloria, porque ha
llegado la hora de su jui-
cio. Adoren al que hizo
el cielo, la tierra, el mar y
los manantiales».
8 Lo seguía un
segundo ángel que
gritaba: «¡Ya cayó! Ya
cayó la gran Babilonia,
la que hizo que todas

RVR

naciones del vino del
furor de su fornicación.
9 Y un tercer ángel los
siguió, diciendo a gran
voz: Si alguno adora a
la bestia y a su imagen,
y recibe la marca en su
frente o en su mano,
10 él también beberá del
vino del furor de Dios,
que ha sido vertido puro
en el cáliz de su ira; y
será atormentado con
fuego y azufre delante
de los santos ángeles
y en presencia del
Cordero;
11 y el humo de su
tormento sube por los
siglos de los siglos. Y no
tienen reposo de día ni
de noche los que adoran
a la bestia y a su imagen,
ni nadie que reciba la
marca de su nombre.
12 Aquí está la paciencia
de los santos, los que
guardan los manda-
mientos de Dios y la fe
de Jesús.
13 Oí una voz proce-
dente del cielo, que
me decía: Escribe:

πορνείας	αὐτῆς	πεπότικεν	πάντα	τὰ	ἔθνη.
inmoralidad sexual$_{12}$	de ella.$_{13}$	ha dado para beber$_{2}$	a todas$_{3}$	las$_{4}$	naciones$_{5}$
4202	846	4222	3956	3588	1484
NGSF	*RP3GSF*	*VRAI3S*	*JAPN*	*DAPN*	*NAPN*

9 Καὶ	ἄλλος	ἄγγελος	τρίτος	ἠκολούθησεν	αὐτοῖς	λέγων	ἐν	φωνῇ
Y	otro	ángel$_{2}$	tercer$_{1}$	siguió	a ellos	diciendo	con	voz
2532	243	32	5154	190	846	3004	1722	5456
CLN	*JNSM*	*NNSM*	*JNSM*	*VAAI3S*	*RP3DPM*	*VPAP-SNM*	*P*	*NDSF*

μεγάλῃ·	Εἴ	τις	προσκυνεῖ	τὸ	θηρίον	καὶ	τὴν	εἰκόνα	αὐτοῦ,
grande:	Si	alguien	adora	a la	bestia	y	a la	imagen	de ella,
3173	1487	5100	4352	3588	2342	2532	3588	1504	846
JDSF	*CAC*	*RX-NSM*	*VPAI3S*	*DASN*	*NASN*	*CLN*	*DASF*	*NASF*	*RP3GSN*

καὶ	λαμβάνει	χάραγμα	ἐπὶ	τοῦ	μετώπου	αὐτοῦ	ἢ	ἐπὶ	τὴν	χεῖρα
y	recibe	una marca	sobre	la	frente	de él	o	sobre	la	mano
2532	2983	5480	1909	3588	3359	846	2228	1909	3588	5495
CLN	*VPAI3S*	*NASN*	*P*	*DGSN*	*NGSN*	*RP3GSM*	*CLD*	*P*	*DASF*	*NASF*

αὐτοῦ,	10 καὶ	αὐτὸς	πίεται	ἐκ	τοῦ	οἴνου	τοῦ	θυμοῦ	τοῦ	θεοῦ
de él,	también	él	beberá	de	el	vino	del	enojo	de --	Dios
846	2532	846	4095	1537	3588	3631	3588	2372	3588	2316
RP3GSM	*BE, TE*	*RP3NSMP*	*VFMI3S*	*P*	*DGSM*	*NGSM*	*DGSM*	*NGSM*	*DGSM*	*NGSM*

τοῦ	κεκερασμένου	ἀκράτου	ἐν	τῷ	ποτηρίῳ	τῆς	ὀργῆς	αὐτοῦ,
el que	ha sido mezclado	puro	en	la	copa	de la	ira	de él,
3588	2767	194	1722	3588	4221	3588	3709	846
DGSM	*VRPP-SGM*	*JGSM*	*P*	*DDSN*	*NDSN*	*DGSF*	*NGSF*	*RP3GSM*

καὶ	βασανισθήσεται	ἐν	πυρὶ	καὶ	θείῳ	ἐνώπιον	ἀγγέλων	ἁγίων	καὶ
y	será atormentado	con	fuego	y	azufre	delante de	ángeles	santos	y
2532	928	1722	4442	2532	2303	1799	32	40	2532
CLN	*VFPI3S*	*P*	*NDSN*	*CLN*	*NDSN*	*P, B*	*NGPM*	*JGPM*	*CLN*

ἐνώπιον	τοῦ	ἀρνίου.	11 καὶ	ὁ	καπνὸς	τοῦ	βασανισμοῦ	αὐτῶν	εἰς
delante de	el	Cordero.	Y	el	humo	del	tormento	de ellos$_{1}$	por$_{3}$
1799	3588	721	2532	3588	2586	3588	929	846	1519
P, B	*DGSN*	*NGSN*	*CLN*	*DNSM*	*NNSM*	*DGSM*	*NGSM*	*RP3GPM*	*P*

αἰῶνας	αἰώνων	ἀναβαίνει,	καὶ	οὐκ	ἔχουσιν	ἀνάπαυσιν	ἡμέρας	καὶ
siglos$_{4}$	de siglos,$_{5}$	sube$_{2}$	y$_{6}$	no$_{15}$	tienen$_{16}$	descanso$_{17}$	de día$_{18}$	y$_{19}$
165	165	305	2532	3756	2192	372	2250	2532
NAPM	*NGPM*	*VPAI3S*	*CLN*	*BN, TN*	*VPAI3P*	*NASF*	*NGSF*	*CLN*

νυκτός,	οἱ	προσκυνοῦντες	τὸ	θηρίον	καὶ	τὴν	εἰκόνα	αὐτοῦ,	καὶ
de noche,$_{20}$	los que$_{7}$	adoran$_{8}$	a la$_{9}$	bestia$_{10}$	y$_{11}$	a la$_{12}$	imagen$_{13}$	de ella$_{14}$	y
3571	3588	4352	3588	2342	2532	3588	1504	846	2532
NGSF	*DNPM*	*VPAP-PNM*	*DASN*	*NASN*	*CLN*	*DASF*	*NASF*	*RP3GSN*	*CLN*

εἴ	τις	λαμβάνει	τὸ	χάραγμα	τοῦ	ὀνόματος	αὐτοῦ.
si	alguien	recibe	la	marca	del	nombre	de ella.
1487	5100	2983	3588	5480	3588	3686	846
CAC	*RX-NSM*	*VPAI3S*	*DASN*	*NASN*	*DGSN*	*NGSN*	*RP3GSN*

12 Ὧδε	ἡ	ὑπομονὴ	τῶν	ἁγίων	ἐστίν,	οἱ	τηροῦντες	τὰς
Aquí$_{1}$	la$_{3}$	perseverancia$_{4}$	de los$_{5}$	santos,$_{6}$	está$_{2}$	los que	guardan	los
5602	3588	5281	3588	40	2076	3588	5083	3588
B	*DNSF*	*NNSF*	*DGPM*	*JGPM*	*VPAI3S*	*DNPM*	*VPAP-PNM*	*DAPF*

ἐντολὰς	τοῦ	θεοῦ	καὶ	τὴν	πίστιν	Ἰησοῦ.
mandamientos	de --	Dios	y	la	fe	de Jesús.
1785	3588	2316	2532	3588	4102	2424
NAPF	*DGSM*	*NGSM*	*CLN*	*DASF*	*NASF*	*NGSM*

13 Καὶ	ἤκουσα	φωνῆς	ἐκ	τοῦ	οὐρανοῦ	λεγούσης·	Γράψον·
Y	oí	una voz	de	el	cielo	que dice:	Escribe:
2532	191	5456	1537	3588	3772	3004	1125
CLN	*VAAI1S*	*NGSF*	*P*	*DGSM*	*NGSM*	*VPAP-SGF*	*VAAM2S*

NVI

las naciones bebieran
el excitante vino de su
adulterio».
9 Los seguía un tercer
ángel que clamaba a
grandes voces: «Si
alguien adora a la bestia
y a su imagen, y se deja
poner en la frente o
en la mano la marca
de la bestia, 10 beberá
también el vino del
furor de Dios, que en
la copa de su ira está
puro, no diluido. Será
atormentado con fuego
y azufre, en presencia de
los santos ángeles y del
Cordero. 11 El humo de
ese tormento sube por
los siglos de los siglos.
No habrá descanso ni de
día ni de noche para el
que adore a la bestia y su
imagen, ni para quien se
deje poner la marca de
su nombre». 12 ¡En esto
consiste la perseverancia
de los santos, los cuales
obedecen los manda-
mientos de Dios y se
mantienen fieles a Jesús!
13 Entonces oí una
voz del cielo, que decía:
«Escribe: Dichosos los

RVR

Bienaventurados los
muertos que mueren en
el Señor de aquí en ade-
lante. Sí, dice el Espíritu,
mueren para descansar
de sus trabajos, porque
sus obras siguen con
ellos.

La siega de la tierra

14 Miré, y he aquí una
nube blanca; y sobre
la nube, uno sentado
semejante al Hijo del
Hombre, que tenía en
la cabeza una corona de
oro, y en la mano una
hoz afilada.
15 Y del santuario salió
otro ángel, clamando a
gran voz al que estaba
sentado sobre la nube:
Mete tu hoz, y siega;
porque la hora de segar
ha llegado, pues la mies
de la tierra está madura.
16 Y el que estaba senta-
do sobre la nube metió
su hoz en la tierra, y la
tierra fue segada.
17 Salió otro ángel del
santuario que está en el
cielo, teniendo también
una hoz afilada.
18 Y salió del altar
otro ángel, que tenía
potestad sobre el fuego,

Μακάριοι	οἱ	νεκροὶ	οἱ	ἐν	κυρίῳ	ἀποθνῄσκοντες	ἀπ’	ἄρτι.	ναί,
Bienaventurados	los	muertos	los (que)$_1$	en$_3$	Señor$_4$	están muriendo$_2$	desde	ahora.	Sí,
3107	3588	3498	3588	1722	2962	599	575	737	3483
JNPM	*DNPM*	*JNPM*	*DNPM*	*P*	*NDSM*	*VPAP-PNM*	*P*	*B*	*I, T*

λέγει	τὸ	πνεῦμα,	ἵνα	ἀναπαήσονται	ἐκ	τῶν	κόπων	αὐτῶν,	τὰ
dice	el	Espíritu,	para que	descansarán (descansen)	de	los	trabajos	de ellos;	las$_2$
3004	3588	4151	2443	373	1537	3588	2873	846	3588
VPAI3S	*DNSN*	*NNSN*	*CSC*	*VFPI3P*	*P*	*DGPM*	*NGPM*	*RP3GPM*	*DNPN*

γὰρ	ἔργα	αὐτῶν	ἀκολουθεῖ	μετ’	αὐτῶν.
porque$_1$	obras$_3$	de ellos	siguen	con	ellos.
1063	2041	846	190	3326	846
CAZ	*NNPN*	*RP3GPM*	*VPAI3S*	*P*	*RP3GPM*

14 Καὶ	εἶδον,	καὶ	ἰδοὺ	νεφέλη	λευκή,	καὶ	ἐπὶ	τὴν	νεφέλην
Y	vi,	y	he aquí	una nube	blanca,	y	sobre	la	nube
2532	1492	2532	2400	3507	3022	2532	1909	3588	3507
CLN	*VAAI1S*	*CLN*	*I, VAAM2S*	*NNSF*	*JNSF*	*CLN*	*P*	*DASF*	*NASF*

καθήμενον	ὅμοιον	υἱὸν	ἀνθρώπου,	ἔχων	ἐπὶ	τῆς	κεφαλῆς	αὐτοῦ
(uno) sentado	semejante a	hijo	de hombre	teniendo	sobre	la	cabeza	de él
2521	3664	5207	444	2192	1909	3588	2776	846
VPUP-SAM	*JASM*	*NASM*	*NGSM*	*VPAP-SNM*	*P*	*DGSF*	*NGSF*	*RP3GSM*

στέφανον	χρυσοῦν	καὶ	ἐν	τῇ	χειρὶ	αὐτοῦ	δρέπανον	ὀξύ.	15 καὶ
una corona	de oro	y	en	la	mano	de él	una hoz	afilada.	Y
4735	5552	2532	1722	3588	5495	846	1407	3691	2532
NASM	*JASM*	*CLN*	*P*	*DDSF*	*NDSF*	*RP3GSM*	*NASN*	*JASN*	*CLN*

ἄλλος	ἄγγελος	ἐξῆλθεν	ἐκ	τοῦ	ναοῦ	κράζων	ἐν	φωνῇ	μεγάλῃ	τῷ
otro	ángel	salió	de	el	templo,	clamando	con	voz	grande	al que
243	32	1831	1537	3588	3485	2896	1722	5456	3173	3588
JNSM	*NNSM*	*VAAI3S*	*P*	*DGSM*	*NGSM*	*VPAP-SNM*	*P*	*NDSF*	*JDSF*	*DDSM*

καθημένῳ	ἐπὶ	τῆς	νεφέλης·	Πέμψον	τὸ	δρέπανόν	σου	καὶ	θέρισον,
está sentado	sobre	la	nube:	Envía (mete)	la	hoz	de ti	y	cosecha,
2521	1909	3588	3507	3992	3588	1407	4675	2532	2325
VPUP-SDM	*P*	*DGSF*	*NGSF*	*VAAM2S*	*DASN*	*NASN*	*RP2GS*	*CLN*	*VAAM2S*

ὅτι	ἦλθεν	ἡ	ὥρα	θερίσαι,	ὅτι	ἐξηράνθη	ὁ	θερισμὸς	τῆς
porque	vino,$_4$	la$_1$	hora$_2$	para segar$_3$	porque$_5$	se secó (está madura).$_{10}$	la$_6$	cosecha$_7$	de la$_8$
3754	2064	3588	5610	2325	3754	3583	3588	2326	3588
CAZ	*VAAI3S*	*DNSF*	*NNSF*	*VAAN*	*CAZ*	*VAPI3S*	*DNSM*	*NNSM*	*DGSF*

γῆς.	16 καὶ	ἔβαλεν	ὁ	καθήμενος	ἐπὶ	τῆς	νεφέλης	τὸ	δρέπανον
tierra$_9$	Y$_1$	arrojó$_4$	el que$_2$	está sentado$_3$	sobre	la	nube	la	hoz
1093	2532	906	3588	2521	1909	3588	3507	3588	1407
NGSF	*CLN*	*VAAI3S*	*DNSM*	*VPUP-SNM*	*P*	*DGSF*	*NGSF*	*DASN*	*NASN*

αὐτοῦ	ἐπὶ	τὴν	γῆν,	καὶ	ἐθερίσθη	ἡ	γῆ.
de él	sobre	la	tierra,	y$_1$	fue cosechada.$_4$	la$_2$	tierra$_3$
846	1909	3588	1093	2532	2325	3588	1093
RP3GSM	*P*	*DASF*	*NASF*	*CLN*	*VAPI3S*	*DNSF*	*NNSF*

17 Καὶ	ἄλλος	ἄγγελος	ἐξῆλθεν	ἐκ	τοῦ	ναοῦ	τοῦ	ἐν	τῷ
Y	otro	ángel	salió	de	el	templo	el (que está)	en	el
2532	243	32	1831	1537	3588	3485	3588	1722	3588
CLN	*JNSM*	*NNSM*	*VAAI3S*	*P*	*DGSM*	*NGSM*	*DGSM*	*P*	*DDSM*

οὐρανῷ,	ἔχων	καὶ	αὐτὸς	δρέπανον	ὀξύ.	18 καὶ	ἄλλος	ἄγγελος
cielo,	teniendo	también	él	una hoz	afilada.	Y	otro	ángel
3772	2192	2532	846	1407	3691	2532	243	32
NDSM	*VPAP-SNM*	*BE, TE*	*RP3NSMP*	*NASN*	*JASN*	*CLN*	*JNSM*	*NNSM*

ἐκ	τοῦ	θυσιαστηρίου,	ὁ	ἔχων	ἐξουσίαν	ἐπὶ	τοῦ	πυρός,	καὶ
de	el	altar,	el que	tiene	autoridad	sobre	el	fuego,	y
1537	3588	2379	3588	2192	1849	1909	3588	4442	2532
P	*DGSN*	*NGSN*	*DNSM*	*VPAP-SNM*	*NASF*	*P*	*DGSN*	*NGSN*	*CLN*

NVI

que de ahora en adelante
mueren en el Señor».
«Sí —dice el
Espíritu—, ellos des-
cansarán de sus fatigosas
tareas, pues sus obras los
acompañan».

La cosecha de la tierra

14 Miré, y apareció
una nube blanca, sobre
la cual estaba sentado
alguien «semejante
al Hijo del hombre».
En la cabeza tenía una
corona de oro y, en la
mano, una hoz afilada.
15 Entonces salió del
templo otro ángel y
le gritó al que estaba
sentado en la nube:
«Mete la hoz y recoge la
cosecha; ya es tiempo de
segar, pues la cosecha de
la tierra está madura».
16 Así que el que estaba
sentado sobre la nube
pasó la hoz, y la tierra fue
segada.
17 Del templo que
está en el cielo salió otro
ángel, que también
llevaba una hoz afilada.
18 Del altar salió otro
ángel, que tenía auto-
ridad sobre el fuego, y

RVR

y llamó a gran voz al
que tenía la hoz afilada,
diciendo: Mete tu hoz
afilada, y vendimia los
racimos de la vid de la
tierra, porque sus uvas
están maduras.
19 Y el ángel arrojó su
hoz en la tierra, y vendi-
mió la viña de la tierra, y
echó las uvas en el gran
lagar del furor de Dios.
20 Y fue pisado el lagar
fuera de la ciudad, y
del lagar salió sangre
hasta los frenos de los
caballos, por una dis-
tancia de mil seiscientos
estadios.

Los siete ángeles con las siete últimas plagas

15 Vi en el cielo
otra señal,
grande y admirable:
siete ángeles que tenían
siete plagas, las últimas;
porque en ellas se consu-
maba el furor de Dios.
2 Vi también como un
mar de vidrio mezclado
con fuego; y a los que
habían alcanzado la
victoria sobre la bestia
y su imagen, y su marca
y el número de su
nombre, en pie sobre
el mar de vidrio,

ἐφώνησεν	φωνῇ	μεγάλῃ	τῷ	ἔχοντι	τὸ	δρέπανον	τὸ	ὀξὺ
llamó	con voz	grande	al que tiene		la	hoz	la	afilada
5455	5456	3173	3588	2192	3588	1407	3588	3691
VAAI3S	*NDSF*	*JDSF*	*DDSM*	*VPAP-SDM*	*DASN*	*NASN*	*DASN*	*JASN*

λέγων·	Πέμψον	σου	τὸ	δρέπανον	τὸ	ὀξὺ	καὶ	τρύγησον	τοὺς
diciendo:	Envía (Mete)$_{1}$	de ti,$_{4}$	la$_{2}$	hoz$_{3}$	la	afilada,	y	vendimia	los
3004	3992	4675	3588	1407	3588	3691	2532	5166	3588
VPAP-SNM	*VAAM2S*	*RP2GS*	*DASN*	*NASN*	*DASN*	*JASN*	*CLN*	*VAAM2S*	*DAPM*

βότρυας	τῆς	ἀμπέλου	τῆς	γῆς,	ὅτι	ἤκμασαν	αἱ	σταφυλαὶ	αὐτῆς.
racimos de uva	de la	vid	de la	tierra,	porque$_{1}$	maduraron.$_{5}$	los$_{2}$	racimos de uvas$_{3}$	de ella$_{4}$
1009	3588	288	3588	1093	3754	187	3588	4718	846
NAPM	*DGSF*	*NGSF*	*DGSF*	*NGSF*	*CAZ*	*VAAI3P*	*DNPF*	*NNPF*	*RP3GSF*

19 καὶ	ἔβαλεν	ὁ	ἄγγελος	τὸ	δρέπανον	αὐτοῦ	εἰς	τὴν	γῆν,	καὶ
Y$_{1}$	arrojó$_{4}$	el$_{2}$	ángel$_{3}$	la	hoz	de él	hacia	la	tierra,	y
2532	906	3588	32	3588	1407	846	1519	3588	1093	2532
CLN	*VAAI3S*	*DNSM*	*NNSM*	*DASN*	*NASN*	*RP3GSM*	*P*	*DASF*	*NASF*	*CLN*

ἐτρύγησεν	τὴν	ἄμπελον	τῆς	γῆς,	καὶ	ἔβαλεν	εἰς	τὴν	ληνὸν	τοῦ	θυμοῦ
vendimió	la	vid	de la	tierra	y	arrojó	hacia	el	lagar	del	enojo
5166	3588	288	3588	1093	2532	906	1519	3588	3025	3588	2372
VAAI3S	*DASF*	*NASF*	*DGSF*	*NGSF*	*CLN*	*VAAI3S*	*P*	*DASF*	*NASF*	*DGSM*	*NGSM*

τοῦ	θεοῦ	τὸν	μέγαν.	20 καὶ	ἐπατήθη	ἡ	ληνὸς	ἔξωθεν	τῆς	πόλεως,
de --	Dios	el	grande.	Y	fue pisado$_{3}$	el$_{1}$	lagar$_{2}$	fuera	de la	ciudad,
3588	2316	3588	3173	2532	3961	3588	3025	1855	3588	4172
DGSM	*NGSM*	*DASM*	*JASM*	*CLN*	*VAPI3S*	*DNSF*	*NNSF*	*P, B*	*DGSF*	*NGSF*

καὶ	ἐξῆλθεν	αἷμα	ἐκ	τῆς	ληνοῦ	ἄχρι	τῶν	χαλινῶν	τῶν	ἵππων	ἀπὸ
y	salió	sangre	de	el	lagar	hasta	los	frenos	de los	caballos,	desde$_{1}$
2532	1831	129	1537	3588	3025	891	3588	5469	3588	2462	575
CLN	*VAAI3S*	*NNSN*	*P*	*DGSF*	*NGSF*	*P*	*DGPM*	*NGPM*	*DGPM*	*NGPM*	*P*

σταδίων	χιλίων	ἑξακοσίων.
estadios.$_{4}$	mil$_{2}$	seiscientos$_{3}$
4712	5507	1812
NGPM, NGPN	*JGPM*	*JGPM*

15 Καὶ	εἶδον	ἄλλο	σημεῖον	ἐν	τῷ	οὐρανῷ	μέγα	καὶ	θαυμαστόν,
Y$_{1}$	vi$_{2}$	otra$_{3}$	señal$_{4}$	en$_{8}$	el$_{9}$	cielo,$_{10}$	grande$_{5}$	y$_{6}$	admirable$_{7}$
2532	1492	243	4592	1722	3588	3772	3173	2532	2298
CLN	*VAAI1S*	*JASN*	*NASN*	*P*	*DDSM*	*NDSM*	*JASN*	*CLN*	*JASN*

ἀγγέλους	ἑπτὰ	ἔχοντας	πληγὰς	ἑπτὰ	τὰς	ἐσχάτας,	ὅτι	ἐν	αὐταῖς
ángeles$_{12}$	a siete$_{11}$	teniendo$_{13}$	plagas,$_{17}$	siete$_{16}$	las$_{14}$	últimas$_{15}$	porque$_{18}$	en$_{26}$	ellas.$_{27}$
32	2033	2192	4127	2033	3588	2078	3754	1722	846
NAPM	*XN, J*	*VPAP-PAM*	*NAPF*	*XN, J*	*DAPF*	*JAPF*	*CAZ*	*P*	*RP3DPF*

ἐτελέσθη	ὁ	θυμὸς	τοῦ	θεοῦ.
fue cumplido$_{25}$	el$_{19}$	enojo$_{20}$	de --$_{21}$	Dios$_{24}$
5055	3588	2372	3588	2316
VAPI3S	*DNSM*	*NNSM*	*DGSM*	*NGSM*

2 Καὶ	εἶδον	ὡς	θάλασσαν	ὑαλίνην	μεμιγμένην	πυρί,	καὶ	τοὺς
Y	vi	como	un mar	de vidrio	que se ha mezclado	con fuego,	y	a los que
2532	1492	5613	2281	5193	3396	4442	2532	3588
CLN	*VAAI1S*	*CAM, B*	*NASF*	*JASF*	*VRPP-SAF*	*NDSN*	*CLN*	*DAPM*

νικῶντας	ἐκ	τοῦ	θηρίου	καὶ	ἐκ	τῆς	εἰκόνος	αὐτοῦ	καὶ	ἐκ	τοῦ
vencen	de (a)	la	bestia	y	de (a)	la	imagen	de ella	y	de (a)	el
3528	1537	3588	2342	2532	1537	3588	1504	846	2532	1537	3588
VPAP-PAM	*P*	*DGSN*	*NGSN*	*CLN*	*P*	*DGSF*	*NGSF*	*RP3GSN*	*CLN*	*P*	*DGSM, DGSN*

ἀριθμοῦ	τοῦ	ὀνόματος	αὐτοῦ	ἑστῶτας	ἐπὶ	τὴν	θάλασσαν	τὴν	ὑαλίνην,
número	del	nombre	de ella	puestos en pie	sobre	el	mar	el	de vidrio,
706	3588	3686	846	2476	1909	3588	2281	3588	5193
NGSM	*DGSN*	*NGSN*	*RP3GSN*	*VRAP-PAM*	*P*	*DASF*	*NASF*	*DASF*	*JASF*

NVI

le gritó al que llevaba la
hoz afilada: «Mete tu
hoz y corta los racimos
del viñedo de la tierra,
porque sus uvas ya están
maduras». 19 El ángel
pasó la hoz sobre la
tierra, recogió las uvas y
las echó en el gran lagar
de la ira de Dios. 20 Las
uvas fueron exprimidas
fuera de la ciudad, y del
lagar salió sangre, la cual
llegó hasta los frenos
de los caballos en una
extensión de trescientos
kilómetros.

Siete ángeles con siete plagas

15 Vi en el cielo
otra señal
grande y maravillosa:
siete ángeles con las
siete plagas, que son las
últimas, pues con ellas
se consumará la ira de
Dios. 2 Vi también un
mar como de vidrio
mezclado con fuego. De
pie, a la orilla del mar,
estaban los que habían
vencido a la bestia, a su
imagen y al número de
su nombre.

RVR

con arpas de Dios.
3 Y cantaban el cántico
de Moisés siervo de
Dios, y el cántico del
Cordero, diciendo:
Grandes y maravillosas
son tus obras, Señor
Dios Todopoderoso;
justos y verdaderos son
tus caminos, Rey de los
santos.
4 ¿Quién no te temerá,
oh Señor, y glorificará
tu nombre?, pues sólo
tú eres santo; por lo
cual todas las naciones
vendrán y te adorarán,
porque tus juicios se
han manifestado.
5 Después de estas
cosas miré, y he aquí
fue abierto en el cielo el
santuario del tabernácu-
lo del testimonio;
6 y del santuario salieron
los siete ángeles que
tenían las siete plagas,
vestidos de lino limpio y
resplandeciente, y ceñi-
dos alrededor del pecho
con ceñidores de oro.
7 Y uno de los cuatro
seres vivientes dio a los
siete ángeles siete copas
de oro, llenas del furor
de Dios, que vive por los
siglos de los siglos.
8 Y el santuario se llenó

ἔχοντας	κιθάρας	τοῦ	θεοῦ.	3 καὶ	ᾄδουσιν	τὴν	ᾠδὴν	Μωϋσέως	τοῦ
teniendo	arpas	de --	Dios.	Y	cantan	la	canción	de Moisés	el
2192	2788	3588	2316	2532	103	3588	5603	3475	3588
VPAP-PAM	*NAPF*	*DGSM*	*NGSM*	*CLN*	*VPAI3P*	*DASF*	*NASF*	*NGSM*	*DGSM*

δούλου	τοῦ	θεοῦ	καὶ	τὴν	ᾠδὴν	τοῦ	ἀρνίου	λέγοντες·	Μεγάλα	καὶ
siervo	de --	Dios	y	la	canción	del	Cordero,	diciendo:	Grandes	y
1401	3588	2316	2532	3588	5603	3588	721	3004	3173	2532
NGSM	*DGSM*	*NGSM*	*CLN*	*DASF*	*NASF*	*DGSN*	*NGSN*	*VPAP-PNM*	*JNPN*	*CLN*

θαυμαστὰ	τὰ	ἔργα	σου,	κύριε,	ὁ	θεός,	ὁ	παντοκράτωρ·	δίκαιαι
admirables	las	obras	de ti,	Señor	--	Dios	el	Todopoderoso;	justos
2298	3588	2041	4675	2962	3588	2316	3588	3841	1342
JNPN	*DNPN*	*NNPN*	*RP2GS*	*NVSM*	*DNSM*	*NNSM*	*DNSM*	*NNSM*	*JNPF*

καὶ	ἀληθιναὶ	αἱ	ὁδοί	σου,	ὁ	βασιλεὺς	τῶν	αἰώνων·	4 τίς
y	verdaderos	los	caminos	de ti,	el	Rey	de los	siglos;	¿quién
2532	228	3588	3598	4675	3588	935	3588	165	5101
CLN	*JNPF*	*DNPF*	*NNPF*	*RP2GS*	*DNSM*	*NNSM*	*DGPN*	*NGPM*	*RI-NSM*

οὐ	μὴ*	φοβηθῇ,	κύριε,	καὶ	δοξάσει	τὸ	ὄνομά	σου,	ὅτι	μόνος
no	no	temiera,	Señor,	y	glorificará	el	nombre	de ti?	Porque	sólo
3756	3361	5399	2962	2532	1392	3588	3686	4675	3754	3441
BN, TN	*BN, TN*	*VAPS3S*	*NVSM*	*CLN*	*VFAI3S*	*DASN*	*NASN*	*RP2GS*	*CAZ*	*JNSM*

ὅσιος;*1	ὅτι	πάντα	τὰ	ἔθνη	ἥξουσιν	καὶ	προσκυνήσουσιν	ἐνώπιόν
santo	porque	todas	las	naciones	vendrán	y	adorarán	delante de
3741	3754	3956	3588	1484	2240	2532	4352	1799
JNSM	*CAZ*	*JNPN*	*DNPN*	*NNPN*	*VFAI3P*	*CLN*	*VFAI3P*	*P, B*

σου,	ὅτι	τὰ	δικαιώματά	σου	ἐφανερώθησαν.
ti,	porque	los	actos justos	de ti	fueron manifestados.
4675	3754	3588	1345	4675	5319
RP2GS	*CAZ*	*DNPN*	*NNPN*	*RP2GS*	*VAPI3P*

5 Καὶ	μετὰ	ταῦτα	εἶδον,	καὶ	ἠνοίγη	ὁ	ναὸς	τῆς	σκηνῆς
Y	después de	estas cosas	vi,	y$_1$	fue abierto$_{11}$	el$_2$	santuario$_3$	del$_4$	tabernáculo$_5$
2532	3326	5023	1492	2532	455	3588	3485	3588	4633
CLN	*P*	*RD-APN*	*VAAI1S*	*CLN*	*VAPI3S*	*DNSM*	*NNSM*	*DGSF*	*NGSF*

τοῦ	μαρτυρίου	ἐν	τῷ	οὐρανῷ,	6 καὶ	ἐξῆλθον	οἱ	ἑπτὰ	ἄγγελοι
del$_6$	testimonio$_7$	en$_8$	el$_9$	cielo,$_{10}$	y$_1$	salieron$_{10}$	los$_2$	siete$_3$	ángeles,$_4$
3588	3142	1722	3588	3772	2532	1831	3588	2033	32
DGSN	*NGSN*	*P*	*DDSM*	*NDSM*	*CLN*	*VAAI3P*	*DNPM*	*XN, J*	*NNPM*

οἱ	ἔχοντες	τὰς	ἑπτὰ	πληγὰς	ἐκ	τοῦ	ναοῦ,	ἐνδεδυμένοι	λίνον
los que$_5$	tienen$_6$	las$_7$	siete$_8$	plagas,$_9$	de$_{11}$	el$_{12}$	santuario,$_{13}$	vestidos	de lino
3588	2192	3588	2033	4127	1537	3588	3485	1746	3043
DNPM	*VPAP-PNM*	*DAPF*	*XN, J*	*NAPF*	*P*	*DGSM*	*NGSM*	*VRMP-PNM*	*NASN*

καθαρὸν	λαμπρὸν	καὶ	περιεζωσμένοι	περὶ	τὰ	στήθη	ζώνας
limpio,	resplandeciente,	y	ceñidos	alrededor de	los	pechos	(con)cintos
2513	2986	2532	4024	4012	3588	4738	2223
JASN	*JASN*	*CLN*	*VRPP-PNM*	*P*	*DAPN*	*NAPN*	*NAPF*

χρυσᾶς.	7 καὶ	ἓν	ἐκ	τῶν	τεσσάρων	ζῴων	ἔδωκεν	τοῖς	ἑπτὰ
de oro.	Y	uno	de	los	cuatro	seres vivientes	dio	a los	siete
5552	2532	1520	1537	3588	5064	2226	1325	3588	2033
JAPF	*CLN*	*JNSN*	*P*	*DGPN*	*JGPN*	*NGPN*	*VAAI3S*	*DDPM*	*XN, J*

ἀγγέλοις	ἑπτὰ	φιάλας	χρυσᾶς	γεμούσας	τοῦ	θυμοῦ	τοῦ	θεοῦ
ángeles	siete	copas	de oro	que habían sido llenadas	del	enojo	de --	Dios,
32	2033	5357	5552	1073	3588	2372	3588	2316
NDPM	*XN, J*	*NAPF*	*JAPF*	*VPAP-PAF*	*DGSM*	*NGSM*	*DGSM*	*NGSM*

τοῦ	ζῶντος	εἰς	τοὺς	αἰῶνας	τῶν	αἰώνων.	8 καὶ	ἐγεμίσθη	ὁ	ναὸς
el que	vive	por	los	siglos	de los	siglos.	Y	fue llenado	el	santuario
3588	2198	1519	3588	165	3588	165	2532	1072	3588	3485
DGSM	*VPAP-SGM*	*P*	*DAPM*	*NAPM*	*DGPM*	*NGPM*	*CLN*	*VAPI3S*	*DNSM*	*NNSM*

NVI

Tenían las arpas que
Dios les había dado, 3 y
cantaban el himno de
Moisés, siervo de Dios, y
el himno del Cordero:

«Grandes y maravillo-
sas son tus obras,
Señor, Dios
Todopoderoso.
Justos y verdaderos son
tus caminos,
Rey de las naciones.
4 ¿Quién no te temerá,
oh Señor?
¿Quién no glorificará
tu nombre?
Solo tú eres santo.
Todas las naciones
vendrán
y te adorarán,
porque han salido a
la luz
las obras de tu
justicia».

5 Después de esto
miré, y en el cielo se
abrió el templo, el taber-
náculo del testimonio.
6 Del templo salieron
los siete ángeles que
llevaban las siete plagas.
Estaban vestidos de
lino limpio y resplan-
deciente, y ceñidos con
bandas de oro a la altura
del pecho. 7 Uno de los
cuatro seres vivientes
dio a cada uno de los
siete ángeles una copa
de oro llena del furor
de Dios, quien vive por
los siglos de los siglos.
8 El templo se llenó del

15:4* O sea *de ninguna manera.* **15:4*1** O sea *solo tú eres santo.*

RVR

de humo por la gloria
de Dios, y por su poder;
y nadie podía entrar
en el santuario hasta
que se consumaran las
siete plagas de los siete
ángeles.

Las siete copas de la ira de Dios

16 Oí una gran
voz que decía
desde el santuario a
los siete ángeles: Id y
derramad sobre la tierra
las siete copas del furor
de Dios.
2 Fue el primero, y
derramó su copa sobre
la tierra, y sobrevino
una úlcera maligna y
dolorosa a los hombres
que tenían la marca de
la bestia, y que adoraban
su imagen.
3 El segundo ángel de-
rramó su copa sobre el
mar, y éste se convirtió
en sangre como de
muerto; y murió todo
ser vivo que había en
el mar.
4 El tercer ángel
derramó su copa
sobre los ríos, y sobre

καπνοῦ	ἐκ	τῆς	δόξης	τοῦ	θεοῦ	καὶ	ἐκ	τῆς	δυνάμεως	αὐτοῦ,	καὶ
de humo	de	la	gloria	de --	Dios	y	de	el	poder	de él,	y
2586	1537	3588	1391	3588	2316	2532	1537	3588	1411	846	2532
NGSM	*P*	*DGSF*	*NGSF*	*DGSM*	*NGSM*	*CLN*	*P*	*DGSF*	*NGSF*	*RP3GSM*	*CLN*

οὐδεὶς	ἐδύνατο	εἰσελθεῖν	εἰς	τὸν	ναὸν	ἄχρι	τελεσθῶσιν	αἱ	ἑπτὰ
nadie	podía	entrar	hacia	el	santuario	hasta que$_{1}$	fueran consumadas.$_{8}$	las$_{2}$	siete$_{3}$
3762	1410	1525	1519	3588	3485	891	5055	3588	2033
JNSM	*VIUI3S*	*VAAN*	*P*	*DASM*	*NASM*	*P, C*	*VAPS3P*	*DNPF*	*XN, J*

πληγαὶ	τῶν	ἑπτὰ	ἀγγέλων.
plagas$_{4}$	de los$_{5}$	siete$_{6}$	ángeles$_{7}$
4127	3588	2033	32
NNPF	*DGPM*	*XN, J*	*NGPM*

16 Καὶ	ἤκουσα	μεγάλης	φωνῆς	ἐκ	τοῦ	ναοῦ	λεγούσης	τοῖς
Y	oí	una gran	voz	de	el	santuario,	que dice	a los
2532	191	3173	5456	1537	3588	3485	3004	3588
CLN	*VAAI1S*	*JGSF*	*NGSF*	*P*	*DGSM*	*NGSM*	*VPAP-SGF*	*DDPM*

ἑπτὰ	ἀγγέλοις·	Ὑπάγετε	καὶ	ἐκχέετε	τὰς	ἑπτὰ	φιάλας	τοῦ	θυμοῦ	τοῦ
siete	ángeles:	Id	y	derramad$_{1}$	las$_{5}$	siete$_{6}$	copas$_{7}$	del$_{8}$	enojo$_{9}$	de --$_{10}$
2033	32	5217	2532	1632	3588	2033	5357	3588	2372	3588
XN, J	*NDPM*	*VPAM2P*	*CLN*	*VPAM2P*	*DAPF*	*XN, J*	*NAPF*	*DGSM*	*NGSM*	*DGSM*

θεοῦ	εἰς	τὴν	γῆν.
Dios.$_{11}$	hacia$_{2}$	la$_{3}$	tierra$_{4}$
2316	1519	3588	1093
NGSM	*P*	*DASF*	*NASF*

2 Καὶ	ἀπῆλθεν	ὁ	πρῶτος	καὶ	ἐξέχεεν	τὴν	φιάλην	αὐτοῦ	εἰς	τὴν
Y$_{1}$	se fue,$_{4}$	el$_{2}$	primero$_{3}$	y	derramó	la	copa	de él	hacia	la
2532	565	3588	4413	2532	1632	3588	5357	846	1519	3588
CLN	*VAAI3S*	*DNSM*	*JNSM*	*CLN*	*VAAI3S*	*DASF*	*NASF*	*RP3GSM*	*P*	*DASF*

γῆν·	καὶ	ἐγένετο	ἕλκος	κακὸν	καὶ	πονηρὸν	ἐπὶ	τοὺς	ἀνθρώπους	τοὺς
tierra;	y	sucedió	una llaga	mala	y	maligna	sobre	los	seres humanos,	los que
1093	2532	1096	1668	2556	2532	4190	1909	3588	444	3588
NASF	*CLN*	*VAMI3S*	*NNSN*	*JNSN*	*CLN*	*JNSN*	*P*	*DAPM*	*NAPM*	*DAPM*

ἔχοντας	τὸ	χάραγμα	τοῦ	θηρίου	καὶ	τοὺς	προσκυνοῦντας	τῇ	εἰκόνι
tienen	la	marca	de la	bestia,	y	a los que	adoran	la	imagen
2192	3588	5480	3588	2342	2532	3588	4352	3588	1500
VPAP-PAM	*DASN*	*NASN*	*DGSN*	*NGSN*	*CLN*	*DAPM*	*VPAP-PAM*	*DDSF*	*NDSF*

αὐτοῦ.
de ella.
846
RP3GSN

3 Καὶ	ὁ	⸀δεύτερος	ἐξέχεεν	τὴν	φιάλην	αὐτοῦ	εἰς	τὴν	θάλασσαν·
Y	el	segundo	derramó	la	copa	de él	hacia	el	mar;
2532	3588	1208	1632	3588	5357	846	1519	3588	2281
CLN	*DNSM*	*JNSM*	*VAAI3S*	*DASF*	*NASF*	*RP3GSM*	*P*	*DASF*	*NASF*

καὶ	ἐγένετο	αἷμα	ὡς	νεκροῦ,	καὶ	πᾶσα	ψυχὴ	ζωῆς*	ἀπέθανεν
y	sucedió	sangre	como	de muerto,	y	toda	alma	de vida	murió.$_{5}$
2532	1096	129	5613	3498	2532	3956	5590	2222	599
CLN	*VAMI3S*	*NNSN*	*CAM, B*	*JGSM*	*CLN*	*JNSF*	*NNSF*	*NGSF*	*VAAI3S*

τὰ	ἐν	τῇ	θαλάσσῃ.
los (que están)$_{1}$	en$_{2}$	el$_{3}$	mar$_{4}$
3588	1722	3588	2281
DNPN	*P*	*DDSF*	*NDSF*

4 Καὶ	ὁ	τρίτος	ἐξέχεεν	τὴν	φιάλην	αὐτοῦ	εἰς	τοὺς	ποταμοὺς	καὶ
Y	el	tercero	derramó	la	copa	de él	hacia	los	ríos	y
2532	3588	5154	1632	3588	5357	846	1519	3588	4215	2532
CLN	*DNSM*	*JNSM*	*VAAI3S*	*DASF*	*NASF*	*RP3GSM*	*P*	*DAPM*	*NAPM*	*CLN*

NVI

humo que procedía
de la gloria y del poder
de Dios, y nadie podía
entrar allí hasta que se
terminaran las siete pla-
gas de los siete ángeles.

Las siete copas de la ira de Dios

16 Oí una voz que
desde el templo
decía a gritos a los siete
ángeles: «¡Vayan y de-
rramen sobre la tierra las
siete copas del furor de
Dios!»
2 El primer ángel fue
y derramó su copa sobre
la tierra, y a toda la gente
que tenía la marca de la
bestia y que adoraba su
imagen le salió una llaga
maligna y repugnante.
3 El segundo ángel
derramó su copa sobre el
mar, y el mar se convirtió
en sangre como de gente
masacrada, y murió
todo ser viviente que
había en el mar.
4 El tercer ángel
derramó su copa
sobre los ríos y los

16:3⸀ Manuscritos inferiores aumentaron *ángel.* **16:3*** O sea *todo ser vivo.*

RVR

las fuentes de las aguas,
y se convirtieron en
sangre.
5 Y oí al ángel de las
aguas, que decía: Justo
eres, oh Señor, el que
eres y que eras, el Santo,
porque has juzgado
estas cosas.
6 Por cuanto derrama-
ron la sangre de los
santos y de los profetas,
también tú les has
dado a beber sangre; lo
merecen.
7 También oí a otro,
que desde el altar decía:
Ciertamente, Señor
Dios Todopoderoso, tus
juicios son verdaderos
y justos.
8 El cuarto ángel
derramó su copa sobre
el sol, al cual fue dado
quemar a los hombres
con fuego.
9 Y los hombres se
quemaron con el gran
calor, y blasfemaron el
nombre de Dios, que
tiene potestad sobre
estas plagas, y no se
arrepintieron para darle
gloria.
10 El quinto ángel
derramó su copa sobre
el trono de la bestia; y
su reino se cubrió de
tinieblas, y se mordían
de dolor la lengua,
11 y blasfemaron
contra el Dios del

τὰς πηγὰς τῶν ὑδάτων· καὶ ἐγένετο αἷμα. 5 καὶ ἤκουσα τοῦ ἀγγέλου
las fuentes de las de aguas; y sucedió sangre. Y oí al ángel
3588 4077 3588 5204 2532 1096 129 2532 191 3588 32
DAPF NAPF DGPN NGPN CLN VAMI3S NNSN CLN VAAI1S DGSM NGSM

τῶν ὑδάτων λέγοντος· Δίκαιος εἶ, ὁ ὢν καὶ ὁ ἦν, ὁ
de las aguas diciendo: Justo eres, el que es y el (que) era, el
3588 5204 3004 1342 1488 3588 5607 2532 3588 2258 3588
DGPN NGPN VPAP-SGM JNSM VPAI2S DNSM VPAP-SNM CLN DNSM VIAI3S DNSM

ὅσιος, ὅτι ταῦτα ἔκρινας, 6 ὅτι αἷμα ἁγίων καὶ προφητῶν ἐξέχεαν,
santo, porque$_{1}$ estas cosas,$_{3}$ juzgaste$_{2}$ porque$_{1}$ sangre$_{3}$ de santos$_{4}$ y$_{5}$ de profetas,$_{6}$ derramaron$_{2}$
3741 3754 5023 2919 3754 129 40 2532 4396 1632
JNSM CAZ RD-APN VAAI2S CAZ NASN JGPM CLN NGPM VAAI3P

καὶ αἷμα αὐτοῖς δέδωκας πιεῖν· ἄξιοί εἰσιν. 7 καὶ ἤκουσα τοῦ
y$_{7}$ sangre$_{10}$ a ellos;$_{11}$ has dado$_{8}$ para beber;$_{9}$ merecedores.$_{13}$ son$_{12}$ Y oí del
2532 129 846 1325 4095 514 1526 2532 191 3588
CLN NASN RP3DPM VRAI2S VAAN JNPM VPAI3P CLN VAAI1S DGSN

θυσιαστηρίου λέγοντος· Ναί, κύριε, ὁ θεός, ὁ παντοκράτωρ,
altar diciendo: Sí, Señor, -- Dios -- Todopoderoso,
2379 3004 3483 2962 3588 2316 3588 3841
NGSN VPAP-SGN, VPAP-SGM I, T NVSM DNSM NNSM DNSM NNSM

ἀληθιναὶ καὶ δίκαιαι αἱ κρίσεις σου.
verdaderos y justos (son) los juicios de ti
228 2532 1342 3588 2920 4675
JNPF CLN JNPF DNPF NNPF RP2GS

8 Καὶ ὁ ⌜τέταρτος ἐξέχεεν τὴν φιάλην αὐτοῦ ἐπὶ τὸν
Y el cuarto derramó la copa de él sobre el
2532 3588 5067 1632 3588 5357 846 1909 3588
CLN DNSM JNSM VAAI3S DASF NASF RP3GSM P DASM

ἥλιον· καὶ ἐδόθη αὐτῷ καυματίσαι τοὺς ἀνθρώπους ἐν πυρί.
sol, y fue dado a él quemar a los seres humanos con fuego.
2246 2532 1325 846 2739 3588 444 1722 4442
NASM CLN VAPI3S RP3DSM VAAN DAPM NAPM P NDSN

9 καὶ ἐκαυματίσθησαν οἱ ἄνθρωποι καῦμα μέγα· καὶ
Y$_{1}$ fueron quemados$_{4}$ los$_{2}$ seres humanos$_{3}$ (con) calor abrasador grande, y
2532 2739 3588 444 2738 3173 2532
CLN VAPI3P DNPM NNPM NASN JASN CLN

ἐβλασφήμησαν τὸ ὄνομα τοῦ θεοῦ τοῦ ἔχοντος τὴν ἐξουσίαν ἐπὶ
blasfemaron el nombre de -- Dios, el que tiene la autoridad sobre
987 3588 3686 3588 2316 3588 2192 3588 1849 1909
VAAI3P DASN NASN DGSM NGSM DGSM VPAP-SGM DASF NASF P

τὰς πληγὰς ταύτας, καὶ οὐ μετενόησαν δοῦναι αὐτῷ δόξαν.
--$_{2}$ plagas,$_{3}$ estas$_{1}$ y no se arrepintieron para dar$_{1}$ a él,$_{3}$ gloria$_{2}$
3588 4127 3778 2532 3756 3340 1325 846 1391
DAPF NAPF RD-APF CLN BN, TN VAAI3P VAAN RP3DSM NASF

10 Καὶ ὁ πέμπτος ἐξέχεεν τὴν φιάλην αὐτοῦ ἐπὶ τὸν θρόνον τοῦ
Y el quinto derramó la copa de él sobre el trono de la
2532 3588 3991 1632 3588 5357 846 1909 3588 2362 3588
CLN DNSM JNSM VAAI3S DASF NASF RP3GSM P DASM NASM DGSN

θηρίου· καὶ ἐγένετο ἡ βασιλεία αὐτοῦ ἐσκοτωμένη, καὶ ἐμασῶντο
bestia; y$_{1}$ llegó a ser$_{5}$ el$_{2}$ reino$_{3}$ de él$_{4}$ oscurecido,$_{6}$ y se mordían
2342 2532 1096 3588 932 846 4656 2532 3145
NGSN CLN VAMI3S DNSF NNSF RP3GSN VRPP-SNF CLN VIUI3P

τὰς γλώσσας αὐτῶν ἐκ τοῦ πόνου, 11 καὶ ἐβλασφήμησαν τὸν θεὸν
las lenguas de ellos de (por) el dolor, y blasfemaron al Dios
3588 1100 846 1537 3588 4192 2532 987 3588 2316
DAPF NAPF RP3GPM P DGSM NGSM CLN VAAI3P DASM NASM

NVI

manantiales, y estos se
convirtieron en sangre.
5 Oí que el ángel de las
aguas decía:

«Justo eres tú, el
Santo,
que eres y que eras,
porque juzgas así:
6 ellos derramaron la
sangre de santos y
de profetas,
y tú les has dado a
beber sangre, como
se lo merecen».

7 Oí también que el altar
respondía:

«Así es, Señor, Dios
Todopoderoso,
verdaderos y justos son
tus juicios».

8 El cuarto ángel
derramó su copa sobre el
sol, al cual se le permitió
quemar con fuego a la
gente. 9 Todos sufrieron
terribles quemaduras,
pero ni así se arrepin-
tieron; en vez de darle
gloria a Dios, que tiene
poder sobre esas plagas,
maldijeron su nombre.
10 El quinto ángel
derramó su copa sobre
el trono de la bestia,
y el reino de la bestia
quedó sumido en la
oscuridad. La gente se
mordía la lengua de
dolor 11 y, por causa de
sus padecimientos y de

16:8⌜ Manuscritos inferiores aumentaron *ángel.*

RVR

cielo por sus dolores
y por sus úlceras, y no
se arrepintieron de sus
obras.
12 El sexto ángel de-
rramó su copa sobre
el gran río Eufrates; y
el agua de éste se secó,
para que fuese prepa-
rado el camino para los
reyes del oriente.
13 Y vi salir de la boca
del dragón, y de la boca
de la bestia, y de la boca
del falso profeta, tres
espíritus inmundos a
manera de ranas;
14 pues son espíritus
de demonios, que
hacen señales, y van a
los reyes de la tierra en
todo el mundo, para
reunirlos a la batalla de
aquel gran día del Dios
Todopoderoso.
15 He aquí, yo vengo
como ladrón. Dichoso
el que vela, y guarda
sus ropas, para que no
ande desnudo, y vean su
vergüenza.
16 Y los reunió en el
lugar que en hebreo se
llama Armagedón.

τοῦ	οὐρανοῦ	ἐκ	τῶν	πόνων	αὐτῶν	καὶ	ἐκ	τῶν	ἑλκῶν	αὐτῶν,
del	cielo	de (por)	los	dolores	de ellos	y	de (por)	las	llagas	de ellos,
3588	3772	1537	3588	4192	846	2532	1537	3588	1668	846
DGSM	*NGSM*	*P*	*DGPM*	*NGPM*	*RP3GPM*	*CLN*	*P*	*DGPN*	*NGPN*	*RP3GPM*

καὶ	οὐ	μετενόησαν	ἐκ	τῶν	ἔργων	αὐτῶν.
y	no	se arrepintieron	de (por)	las	obras	de ellos.
2532	3756	3340	1537	3588	2041	846
CLN	*BN, TN*	*VAAI3P*	*P*	*DGPN*	*NGPN*	*RP3GPM*

12 Καὶ	ὁ	ἕκτος	ἐξέχεεν	τὴν	φιάλην	αὐτοῦ	ἐπὶ	τὸν	ποταμὸν	τὸν
Y	el	sexto	derramó	la	copa	de él	sobre	el	río,	el
2532	3588	1623	1632	3588	5357	846	1909	3588	4215	3588
CLN	*DNSM*	*JNSM*	*VAAI3S*	*DASF*	*NASF*	*RP3GSM*	*P*	*DASM*	*NASM*	*DASM*

μέγαν	τὸν	Εὐφράτην·	καὶ	ἐξηράνθη	τὸ	ὕδωρ	αὐτοῦ,	ἵνα	ἑτοιμασθῇ
grande,	el	Éufrates;	y	fue secada	el	agua	de él,	para que	sea preparado
3173	3588	2166	2532	3583	3588	5204	846	2443	2090
JASM	*DASM*	*NASM*	*CLN*	*VAPI3S*	*DNSN*	*NNSN*	*RP3GSM*	*CAP*	*VAPS3S*

ἡ	ὁδὸς	τῶν	βασιλέων	τῶν	ἀπὸ	ἀνατολῆς	ἡλίου.	13 καὶ	εἶδον	ἐκ
el	camino	de los	reyes,	los	de (la)	salida	del sol.	Y	vi	de
3588	3598	3588	935	3588	575	395	2246	2532	1492	1537
DNSF	*NNSF*	*DGPM*	*NGPM*	*DGPM*	*P*	*NGSF*	*NGSM*	*CLN*	*VAAI1S*	*P*

τοῦ	στόματος	τοῦ	δράκοντος	καὶ	ἐκ	τοῦ	στόματος	τοῦ	θηρίου	καὶ
la	boca	del	dragón,	y	de	la	boca	de la	bestia,	y
3588	4750	3588	1404	2532	1537	3588	4750	3588	2342	2532
DGSN	*NGSN*	*DGSM*	*NGSM*	*CLN*	*P*	*DGSN*	*NGSN*	*DGSN*	*NGSN*	*CLN*

ἐκ	τοῦ	στόματος	τοῦ	ψευδοπροφήτου	πνεύματα	τρία	ἀκάθαρτα
de	la	boca	del	falso profeta	espíritus$_2$	tres$_1$	inmundos
1537	3588	4750	3588	5578	4151	5140	169
P	*DGSN*	*NGSN*	*DGSM*	*NGSM*	*NAPN*	*JAPN*	*JAPN*

ὡς	βάτραχοι·	14 εἰσὶν	γὰρ	πνεύματα	δαιμονίων	ποιοῦντα	σημεῖα,
como	ranas;	son$_2$	porque$_1$	espíritus	de demonios	que hacen	señales,
5613	944	1526	1063	4151	1140	4160	4592
P, CAM	*NNPM*	*VPAI3P*	*CLX*	*NNPN*	*NGPN*	*VPAP-PNN*	*NAPN*

ἃ	ἐκπορεύεται	ἐπὶ	τοὺς	βασιλεῖς	τῆς	οἰκουμένης	ὅλης,	συναγαγεῖν
las que	sale(n)	a	los	reyes	de la	tierra habitada,$_2$	toda$_1$	para reunir
3739	1607	1909	3588	935	3588	3625	3650	4863
RR-NPN	*VPUI3S*	*P*	*DAPM*	*NAPM*	*DGSF*	*NGSF*	*JGSF*	*VAAN*

αὐτοὺς	εἰς	τὸν	πόλεμον	τῆς	ἡμέρας	τῆς	μεγάλης	τοῦ	θεοῦ	τοῦ
a ellos	para	la	guerra	del	día	el	grande	de --	Dios,	el
846	1519	3588	4171	3588	2250	3588	3173	3588	2316	3588
RP3APM	*P*	*DASM*	*NASM*	*DGSF*	*NGSF*	*DGSF*	*JGSF*	*DGSM*	*NGSM*	*DGSM*

παντοκράτορος—	15 Ἰδοὺ	ἔρχομαι	ὡς	κλέπτης.	μακάριος	ὁ
Todopoderoso.	¡He aquí!	¡Vengo	como	un ladrón!	Bienaventurado	el que
3841	2400	2064	5613	2812	3107	3588
NGSM	*I, VAAM2S*	*VPUI1S*	*P, CAM*	*NNSM*	*JNSM*	*DNSM*

γρηγορῶν	καὶ	τηρῶν	τὰ	ἱμάτια	αὐτοῦ,	ἵνα	μὴ	γυμνὸς	περιπατῇ
está alerta	y	guarda	las	ropas	de él,	para que	no	desnudo$_2$	ande$_1$
1127	2532	5083	3588	2440	846	2443	3361	1131	4043
VPAP-SNM	*CLN*	*VPAP-SNM*	*DAPN*	*NAPN*	*RP3GSM*	*CAP*	*BN, TN*	*JNSM*	*VPAS3S*

καὶ	βλέπωσιν	τὴν	ἀσχημοσύνην	αὐτοῦ—	16 καὶ	συνήγαγεν	αὐτοὺς
y	vean	el	estado vergonzoso	de él.	Y	reunió	a ellos
2532	991	3588	808	846	2532	4863	846
CLN	*VPAS3P*	*DASF*	*NASF*	*RP3GSM*	*CLN*	*VAAI3S*	*RP3APM*

εἰς	τὸν	τόπον	τὸν	καλούμενον	Ἑβραϊστὶ	Ἁρμαγεδών.
en	el	lugar	el	llamado	en hebreo	Armagedón.
1519	3588	5117	3588	2564	1447	717
P	*DASM*	*NASM*	*DASM*	*VPPP-SAM*	*B*	*NASN, NNSN*

NVI

sus llagas, maldecían al
Dios del cielo, pero no
se arrepintieron de sus
malas obras.
12 El sexto ángel
derramó su copa sobre
el gran río Éufrates, y se
secaron sus aguas para
abrir paso a los reyes
del oriente. 13 Y vi salir
de la boca del dragón,
de la boca de la bestia
y de la boca del falso
profeta tres espíritus
malignos que parecían
ranas. 14 Son espíritus
de demonios que hacen
señales milagrosas y que
salen a reunir a los reyes
del mundo entero para
la batalla del gran día del
Dios Todopoderoso.
15 «¡Cuidado!
¡Vengo como un ladrón!
Dichoso el que se man-
tenga despierto, con su
ropa a la mano, no sea
que ande desnudo y
sufra vergüenza por su
desnudez».
16 Entonces los espí-
ritus de los demonios
reunieron a los reyes en
el lugar que en hebreo se
llama Armagedón.

RVR

[17] El séptimo ángel
derramó su copa por el
aire; y salió una gran voz
del santuario del cielo,
del trono, diciendo:
Hecho está.
[18] Entonces hubo relám-
pagos, fragor de truenos
y un gran temblor de
tierra, un terremoto
tan grande cual no lo
hubo jamás desde que
los hombres han estado
sobre la tierra.
[19] Y la gran ciudad fue
dividida en tres partes,
y las ciudades de las na-
ciones cayeron; y la gran
Babilonia fue recordada
delante de Dios, para
darle el cáliz del vino del
ardor de su ira.
[20] Y toda isla huyó, y
los montes no fueron
hallados.
[21] Y cayó del cielo sobre
los hombres un enorme
granizo como del peso
de un talento; y los
hombres blasfemaron
contra Dios por la plaga
del granizo; porque su
plaga fue sobremanera
grande.

Condenación de la gran ramera

17 Vino entonces
uno de los
siete ángeles que tenían
las siete copas, y habló
conmigo diciéndome:
Ven acá, y te mostraré

17 Καὶ	ὁ	ἕβδομος	ἐξέχεεν	τὴν	φιάλην	αὐτοῦ	ἐπὶ	τὸν	ἀέρα—
Y	el	séptimo	derramó	la	copa	de él	sobre	el	aire,
2532	3588	1442	1632	3588	5357	846	1909	3588	109
CLN	DNSM	JNSM	VAAI3S	DASF	NASF	RP3GSM	P	DASM	NASM

καὶ	ἐξῆλθεν	φωνὴ	μεγάλη	ἐκ	τοῦ	⸀ναοῦ	ἀπὸ	τοῦ	θρόνου	λέγουσα·
y	salió	una voz	grande	de	el	santuario,	desde	el	trono	diciendo:
2532	1831	5456	3173	1537	3588	3485	575	3588	2362	3004
CLN	VAAI3S	NNSF	JNSF	P	DGSM	NGSM	P	DGSM	NGSM	VPAP-SNF

Γέγονεν—	18 καὶ	ἐγένοντο	ἀστραπαὶ	καὶ	φωναὶ	καὶ	βρονταί,	καὶ
¡Ha sucedido!	Y	sucedieron	relámpagos	y	voces	y	truenos,	y
1096	2532	1096	796	2532	5456	2532	1027	2532
VRAI3S	CLN	VAMI3P	NNPF	CLN	NNPF	CLN	NNPF	CLN

σεισμὸς	ἐγένετο	μέγας,	οἷος	οὐκ	ἐγένετο	ἀφ᾽	οὗ	ἄνθρωποι
un terremoto$_{1}$	sucedió,$_{3}$	grande$_{2}$	como	no	sucedió	desde	que	seres humanos
4578	1096	3173	3634	3756	1096	575	3739	444
NNSM	VAMI3S	JNSM	RK-NSM	BN, TN	VAMI3S	P	RR-GSN	NNPM

ἐγένοντο	ἐπὶ	τῆς	γῆς	τηλικοῦτος	σεισμὸς	οὕτω	μέγας,	19 καὶ	ἐγένετο
llegaron a ser	sobre	la	tierra,	tan grande,$_{2}$	un terremoto$_{1}$	así	grande.	Y$_{1}$	sucedió$_{6}$
1069	1909	3588	1093	5082	4578	3779	3173	2532	1096
VAMI3P	P	DGSF	NGSF	JNSM, RD-NSM	NNSM	B	JNSM	CLN	VAMI3S

ἡ	πόλις	ἡ	μεγάλη	εἰς	τρία	μέρη,	καὶ	αἱ	πόλεις	τῶν	ἐθνῶν
la$_{2}$	ciudad$_{3}$	la$_{4}$	grande$_{5}$	en	tres	partes,	y	las	ciudades	de las	naciones
3588	4172	3588	3173	1519	5140	3313	2532	3588	4172	3588	1484
DNSF	NNSF	DNSF	JNSF	P	JAPN	NAPN	CLN	DNPF	NNPF	DGPN	NGPN

ἔπεσαν.	καὶ	Βαβυλὼν	ἡ	μεγάλη	ἐμνήσθη	ἐνώπιον	τοῦ	θεοῦ	δοῦναι
cayeron.	Y	Babilonia,	la	grande,	fue recordada	delante de	--	Dios	para dar
4098	2532	897	3588	3173	3415	1799	3588	2316	1325
VAAI3P	CLN	NNSF	DNSF	JNSF	VAPI3S	P, B	DGSM	NGSM	VAAN

αὐτῇ	τὸ	ποτήριον	τοῦ	οἴνου	τοῦ	θυμοῦ	τῆς	ὀργῆς	αὐτοῦ·	20 καὶ
a ella	la	copa	del	vino	del	enojo	de la	ira	de él.	Y
846	3588	4221	3588	3631	3588	2372	3588	3709	846	2532
RP3DSF	DASN	NASN	DGSM	NGSM	DGSM	NGSM	DGSF	NGSF	RP3GSM	CLN

πᾶσα	νῆσος	ἔφυγεν,	καὶ	ὄρη	οὐχ	εὑρέθησαν.	21 καὶ	χάλαζα	μεγάλη
toda	isla	huyó,	y	montes	no	fueron hallados.	Y	granizo	grande
3956	3520	5343	2532	3735	3756	2147	2532	5464	3173
JNSF	NNSF	VAAI3S	CLN	NNPN	BN, TN	VAPI3P	CLN	NNSF	JNSF

ὡς	ταλαντιαία	καταβαίνει	ἐκ	τοῦ	οὐρανοῦ	ἐπὶ	τοὺς	ἀνθρώπους·
como	un talento	baja	de	el	cielo	sobre	los	seres humanos;
5613	5006	2597	1537	3588	3772	1909	3588	444
CAM, B	JNSF	VPAI3S	P	DGSM	NGSM	P	DAPM	NAPM

καὶ	ἐβλασφήμησαν	οἱ	ἄνθρωποι	τὸν	θεὸν	ἐκ	τῆς	πληγῆς	τῆς
y	blasfemaron$_{3}$	los$_{1}$	seres humanos$_{2}$	a --	Dios	de (por)	la	plaga	del
2532	987	3588	444	3588	2316	1537	3588	4127	3588
CLN	VAAI3P	DNPM	NNPM	DASM	NASM	P	DGSF	NGSF	DGSF

χαλάζης,	ὅτι	μεγάλη	ἐστὶν	ἡ	πληγὴ	αὐτῆς	σφόδρα.
granizo,	porque	grande	es	la$_{2}$	plaga$_{3}$	de ella.$_{4}$	sobremanera$_{1}$
5464	3754	3173	2076	3588	4127	846	4970
NGSF	CAZ	JNSF	VPAI3S	DNSF	NNSF	RP3GSF	B

17 Καὶ	ἦλθεν	εἷς	ἐκ	τῶν	ἑπτὰ	ἀγγέλων	τῶν	ἐχόντων	τὰς	ἑπτὰ
Y	vino	uno	de	los	siete	ángeles,	los que	tienen	las	siete
2532	2064	1520	1537	3588	2033	32	3588	2192	3588	2033
CLN	VAAI3S	JNSM	P	DGPM	XN, J	NGPM	DGPM	VPAP-PGM	DAPF	XN, J

φιάλας,	καὶ	ἐλάλησεν	μετ᾽	ἐμοῦ	λέγων·	Δεῦρο,	δείξω	σοι	τὸ	κρίμα
copas,	y	habló	con	mí,	diciendo:	Ven,	mostraré	a ti	el	juicio
5357	2532	2980	3326	1700	3004	1204	1166	4671	3588	2917
NAPF	CLN	VAAI3S	P	RP1GS	VPAP-SNM	B	VFAI1S	RP2DS	DASN	NASN

NVI

[17] El séptimo ángel
derramó su copa en el
aire, y desde el trono
del templo salió un
vozarrón que decía:
«¡Se acabó!» [18] Y hubo
relámpagos, estruendos,
truenos y un violento
terremoto. Nunca,
desde que el género
humano existe en la
tierra, se había sentido
un terremoto tan grande
y violento. [19] La gran
ciudad se partió en tres,
y las ciudades de las
naciones se desploma-
ron. Dios se acordó de la
gran Babilonia y le dio
a beber de la copa llena
del vino del furor de
su castigo. [20] Entonces
huyeron todas las islas
y desaparecieron las
montañas. [21] Del cielo
cayeron sobre la gente
enormes granizos, de
casi cuarenta kilos cada
uno. Y maldecían a Dios
por esa terrible plaga.

La mujer montada en la bestia

17 Uno de los siete
ángeles que
tenían las siete copas
se me acercó y me dijo:
«Ven, y te mostraré el

16:17⸀ Manuscritos inferiores tienen *del cielo*.

RVR

la sentencia contra la
gran ramera, la que está
sentada sobre muchas
aguas;
2 con la cual han fornica-
do los reyes de la tierra,
y los moradores de la
tierra se han embria-
gado con el vino de su
fornicación.
3 Y me llevó en espíritu
al desierto; y vi a una
mujer sentada sobre una
bestia escarlata llena de
nombres de blasfemia,
que tenía siete cabezas y
diez cuernos.
4 Y la mujer estaba
cubierta de púrpura y
escarlata, y adornada de
oro, de piedras preciosas
y de perlas, y tenía en la
mano un cáliz de oro
lleno de abominaciones
y de la inmundicia de su
fornicación;
5 y sobre su frente un
nombre escrito, un
misterio: BABILONIA
LA GRANDE, LA
MADRE DE LAS
RAMERAS Y DE LAS
ABOMINACIONES
DE LA TIERRA.
6 Vi a la mujer ebria de la
sangre de los santos, y de
la sangre de los mártires
de Jesús; y cuando la vi,
quedé asombrado con
gran asombro.
7 Y el ángel me dijo:

τῆς πόρνης τῆς μεγάλης τῆς καθημένης ἐπὶ ὑδάτων πολλῶν, 2 μεθ’
de la prostituta, la grande, la que está sentada sobre aguas,$_2$ muchas$_1$ con
3588 4204 3588 3173 3588 2521 1909 5204 4183 3326
DGSF NGSF DGSF JGSF DGSF VPUP-SGF P NGPN JGPN P

ἧς ἐπόρνευσαν οἱ βασιλεῖς τῆς γῆς, καὶ ἐμεθύσθησαν
la que cometieron inmoralidad sexual$_5$ los$_1$ reyes$_2$ de la$_3$ tierra$_4$ y$_6$ se embriagaron$_{11}$
3739 4203 3588 935 3588 1093 2532 3184
RR-GSF VAAI3P DNPM NNPM DGSF NGSF CLN VAPI3P

οἱ κατοικοῦντες τὴν γῆν ἐκ τοῦ οἴνου τῆς πορνείας αὐτῆς.
los$_7$ moradores$_8$ de la$_9$ tierra$_{10}$ de el vino de la inmoralidad sexual de ella.
3588 2730 3588 1093 1537 3588 3631 3588 4202 846
DNPM VPAP-PNM DASF NASF P DGSM NGSM DGSF NGSF RP3GSF

3 καὶ ἀπήνεγκέν με εἰς ἔρημον ἐν πνεύματι. καὶ εἶδον γυναῖκα
Y llevó a mí a un desierto en espíritu, y vi una mujer
2532 667 3165 1519 2048 1722 4151 2532 1492 1135
CLN VAAI3S RP1AS P JASF,JASM P NDSN CLN VAAI1S NASF

καθημένην ἐπὶ θηρίον κόκκινον, γέμοντα ὀνόματα βλασφημίας,
sentada sobre una bestia escarlata, que está llena de nombres de blasfemia,
2521 1909 2342 2847 1073 3686 988
VPUP-SAF P NASN JASN VPAP-PAN NAPN NGSF

ἔχων κεφαλὰς ἑπτὰ καὶ κέρατα δέκα. 4 καὶ ἡ γυνὴ ἦν
que tiene cabezas$_2$ siete$_1$ y cuernos.$_2$ diez$_1$ Y la mujer estaba
2192 2776 2033 2532 2768 1176 2532 3588 1135 2258
VPAP-SNM NAPF XN,J CLN NAPN XN,J CLN DNSF NNSF VIAI3S

περιβεβλημένη πορφυροῦν καὶ κόκκινον, καὶ κεχρυσωμένη χρυσίῳ
cubierta de púrpura y escarlata, y dorada con oro
4016 4210 2532 2847 2532 5558 5553
VRPP-SNF JASN CLN JASN CLN VRPP-SNF NDSN

καὶ λίθῳ τιμίῳ καὶ μαργαρίταις, ἔχουσα ποτήριον χρυσοῦν ἐν τῇ
y piedra preciosa y perlas, teniendo una copa de oro en la
2532 3037 5093 2532 3135 2192 4221 5552 1722 3588
CLN NDSM JDSM CLN NDPM VPAP-SNF NASN JASN P DDSF

χειρὶ αὐτῆς γέμον βδελυγμάτων καὶ τὰ ἀκάθαρτα τῆς πορνείας
mano de ella, llena abominaciones y las inmundicias de la inmoralidad sexual
5495 846 1073 946 2532 3588 169 3588 4202
NDSF RP3GSF VPAP-SAN NGPN CLN DAPN JAPN DGSF NGSF

αὐτῆς, 5 καὶ ἐπὶ τὸ μέτωπον αὐτῆς ὄνομα γεγραμμένον, μυστήριον,
de ella, y sobre la frente de ella un nombre que ha sido escrito un misterio:
846 2532 1909 3588 3359 846 3686 1125 3466
RP3GSF CLN P DASN NASN RP3GSF NNSN VRPP-SNN NNSN

Βαβυλὼν ἡ μεγάλη, ἡ μήτηρ τῶν πορνῶν καὶ τῶν βδελυγμάτων
Babilonia la grande, la madre de las rameras y de las abominaciones
897 3588 3173 3588 3384 3588 4204 2532 3588 946
NNSF DNSF JNSF DNSF NNSF DGPF NGPF CLN DGPN NGPN

τῆς γῆς. 6 καὶ εἶδον τὴν γυναῖκα μεθύουσαν ἐκ τοῦ αἵματος τῶν
de la tierra. Y vi a la mujer ebria de la sangre de los
3588 1093 2532 1492 3588 1135 3184 1537 3588 129 3588
DGSF NGSF CLN VAAI1S DASF NASF VPAP-SAF P DGSN NGSN DGPM

ἁγίων καὶ ἐκ τοῦ αἵματος τῶν μαρτύρων Ἰησοῦ.
santos, y de la sangre de los testigos de Jesús.
40 2532 1537 3588 129 3588 3144 2424
JGPM CLN P DGSN NGSN DGPM NGPM NGSM

Καὶ ἐθαύμασα ἰδὼν αὐτὴν θαῦμα μέγα. 7 καὶ εἶπέν μοι
Y me admiré cuando vi$_3$ a ella.$_4$ (con) admiración$_1$ grande$_2$ Y$_1$ dijo$_4$ a mí:$_5$
2532 2296 1492 846 2295 3173 2532 2036 3427
CLN VAAI1S VAAP-SNM RP3ASF NASN JASN CLN VAAI3S RP1DS

NVI

castigo de la gran pros-
tituta que está sentada
sobre muchas aguas.
2 Con ella cometieron
adulterio los reyes de la
tierra, y los habitantes
de la tierra se embria-
garon con el vino de su
inmoralidad».
3 Luego el ángel me
llevó en el Espíritu a
un desierto. Allí vi a
una mujer montada en
una bestia escarlata. La
bestia estaba cubierta
de nombres blasfemos
contra Dios, y tenía siete
cabezas y diez cuernos.
4 La mujer estaba vestida
de púrpura y escarlata,
y adornada con oro,
piedras preciosas y
perlas. Tenía en la mano
una copa de oro llena
de abominaciones y de
la inmundicia de sus
adulterios. 5 En la frente
llevaba escrito un nom-
bre misterioso:

LA GRAN BABILONIA
MADRE DE LAS
PROSTITUTAS
Y DE LAS
ABOMINABLES
IDOLATRÍAS DE LA
TIERRA.

6 Vi que la mujer se había
emborrachado con la
sangre de los santos y de
los mártires de Jesús.
Al verla, quedé
sumamente asom-
brado. 7 Entonces
el ángel me dijo:

RVR

¿Por qué te asombraste?
Yo te diré el misterio de
la mujer, y de la bestia
que la lleva, la cual tiene
las siete cabezas y los
diez cuernos.
8 La bestia que has
visto, era, y no es; y está
para subir del abismo
e ir a perdición; y los
moradores de la tierra,
aquellos cuyos nombres
no están escritos desde
la fundación del mundo
en el libro de la vida, se
asombrarán viendo la
bestia que era y no es,
aunque es inminente su
presencia.
9 Aquí está la mente
que tiene sabiduría: Las
siete cabezas son siete
montes, sobre los cuales
se sienta la mujer,
10 y son siete reyes.
Cinco de ellos han caí-
do; uno es, y el otro aún
no ha venido; y cuando
venga, es necesario que
permanezca por un
poco de tiempo.
11 La bestia que era, y no
es, es también el octavo;
y es de entre los siete, y
va a la perdición.
12 Y los diez cuernos
que has visto, son diez

ὁ	ἄγγελος·	Διὰ	τί	ἐθαύμασας;	ἐγὼ	ἐρῶ	σοι	τὸ	μυστήριον
el$_{2}$	ángel$_{3}$	¿Por	qué	(te) admiras?	Yo	diré	a ti	el	misterio
3588	32	1223	5101	2296	1473	3004	4671	3588	3466
DNSM	*NNSM*	*P*	*RI-ASN*	*VAAI2S*	*RP1NS*	*VFAI1S*	*RP2DS*	*DASN*	*NASN*

τῆς	γυναικὸς	καὶ	τοῦ	θηρίου	τοῦ	βαστάζοντος	αὐτήν,	τοῦ	ἔχοντος
de la	mujer	y	de la	bestia	la que	lleva encima,	la	que	tiene
3588	1135	2532	3588	2342	3588	941	846	3588	2192
DGSF	*NGSF*	*CLN*	*DGSN*	*NGSN*	*DGSN*	*VPAP-SGN*	*RP3ASF*	*DGSN*	*VPAP-SGN*

τὰς	ἑπτὰ	κεφαλὰς	καὶ	τὰ	δέκα	κέρατα·	8 τὸ	θηρίον	ὃ	εἶδες	ἦν
las	siete	cabezas	y	los	diez	cuernos.	La	bestia,	la que	viste,	era
3588	2033	2776	2532	3588	1176	2768	3588	2342	3739	3708	2258
DAPF	*XN, J*	*NAPF*	*CLN*	*DAPN*	*XN, J*	*NAPN*	*DNSN*	*NNSN*	*RR-ASN*	*VAAI2S*	*VIAI3S*

καὶ	οὐκ	ἔστιν,	καὶ	μέλλει	ἀναβαίνειν	ἐκ	τῆς	ἀβύσσου,	καὶ	εἰς
y	no	es,	y	está a punto de	subir	de	el	abismo	y	a$_{2}$
2532	3756	2076	2532	3195	305	1537	3588	12	2532	1519
CLN	*BN, TN*	*VPAI3S*	*CLN*	*VPAI3S*	*VPAN*	*P*	*DGSF*	*NGSF*	*CLN*	*P*

ἀπώλειαν	ὑπάγει·	καὶ	θαυμασθήσονται	οἱ	κατοικοῦντες	ἐπὶ	τῆς
destrucción;$_{3}$	va$_{1}$	y$_{1}$	se admirarán$_{20}$	los que$_{2}$	habitan$_{3}$	sobre$_{4}$	la$_{5}$
684	5217	2532	2296	3588	2730	1909	3588
NASF	*VPAI3S*	*CLN*	*VFPI3P*	*DNPM*	*VPAP-PNM*	*P*	*DGSF*

γῆς,	ὧν	οὐ	γέγραπται	τὸ	ὄνομα	ἐπὶ	τὸ	βιβλίον	τῆς
tierra,$_{6}$	de los que$_{7}$	no$_{8}$	ha sido escrito$_{9}$	el$_{10}$	nombre$_{11}$	en$_{12}$	el$_{13}$	rollo$_{14}$	de la$_{15}$
1093	3739	3756	1125	3588	3686	1909	3588	975	3588
NGSF	*RR-GPM*	*BN, TN*	*VRPI3S*	*DNSN, DASN*	*NNSN*	*P*	*DASN, DNSN*	*NASN*	*DGSF*

ζωῆς	ἀπὸ	καταβολῆς	κόσμου,	βλεπόντων	τὸ	θηρίον	ὅτι	ἦν
vida$_{16}$	desde$_{17}$	(la) fundación$_{18}$	de(l) mundo$_{19}$	al ver	a la	bestia,	porque	era
2222	575	2602	2889	991	3588	2342	3754	2258
NGSF	*P*	*NGSF*	*NGSM*	*VPAP-PGM*	*DASN, DNSN*	*NASN, NNSN*	*CAZ*	*VIAI3S*

καὶ	οὐκ	ἔστιν	καὶ	πάρεσται.
y	no	es,	y	está presente.
2532	3756	2076	2532	3918
CLN	*BN, TN*	*VPAI3S*	*CLN*	*VFMI3S*

9 Ὧδε	ὁ	νοῦς	ὁ	ἔχων	σοφίαν.	αἱ	ἑπτὰ	κεφαλαὶ	ἑπτὰ	ὄρη
Aquí	la	mente	la que	tiene	sabiduría.	Las	siete	cabezas	siete$_{2}$	montes,$_{3}$
5602	3588	3563	3588	2192	4678	3588	2033	2776	2033	3735
B	*DNSM*	*NNSM*	*DNSM*	*VPAP-SNM*	*NASF*	*DNPF*	*XN, J*	*NNPF*	*XN, J*	*NNPN*

εἰσίν,	ὅπου	ἡ	γυνὴ	κάθηται	ἐπ᾿	αὐτῶν.	καὶ	βασιλεῖς	ἑπτά	εἰσιν·
son$_{1}$	donde	la	mujer	se sienta,	sobre	ellos,	y	reyes;$_{3}$	siete$_{2}$	son$_{1}$
1526	3699	3588	1135	2521	1909	846	2532	935	2033	1526
VPAI3P	*CAL, B*	*DNSF*	*NNSF*	*VPUI3S*	*P*	*RP3GPN*	*CLN*	*NNPM*	*XN, J*	*VPAI3P*

10 οἱ	πέντε	ἔπεσαν,	ὁ	εἷς	ἔστιν,	ὁ	ἄλλος	οὔπω	ἦλθεν,	καὶ	ὅταν
los	cinco	cayeron,	el	uno	es,	el	otro	todavía no	vino,	y	cuando
3588	4002	4098	3588	1520	2076	3588	243	3768	2064	2532	3752
DNPM	*XN, J*	*VAAI3P*	*DNSM*	*JNSM*	*VPAI3S*	*DNSM*	*JNSM*	*BN*	*VAAI3S*	*CLN*	*CAT*

ἔλθῃ	ὀλίγον	αὐτὸν	δεῖ	μεῖναι,	11 καὶ	τὸ	θηρίον	ὃ
venga	(por) poco (tiempo).$_{4}$	él$_{2}$	es necesario$_{1}$	permanecer$_{3}$	Y	la	bestia,	la que
2064	3641	846	1163	3306	2532	3588	2342	3739
VAAS3S	*JASN*	*RP3ASM*	*VPAI3S*	*VAAN*	*CLN*	*DNSN*	*NNSN*	*RR-NSN*

ἦν	καὶ	οὐκ	ἔστιν.	καὶ	αὐτὸς	ὄγδοός	ἐστιν	καὶ	ἐκ	τῶν	ἑπτά
era	y	no	es,	también$_{1}$	ella$_{2}$	octavo,$_{4}$	es$_{3}$	y$_{5}$	de$_{7}$	los$_{8}$	siete,$_{9}$
2258	2532	3756	2076	2532	846	3590	2076	2532	1537	3588	2033
VIAI3S	*CLN*	*BN, TN*	*VPAI3S*	*BE, TE*	*RP3NSMP*	*JNSM*	*VPAI3S*	*CLN*	*P*	*DGPM*	*XN, J*

ἐστιν,	καὶ	εἰς	ἀπώλειαν	ὑπάγει.	12 καὶ	τὰ	δέκα	κέρατα	ἃ	εἶδες
es$_{6}$	y$_{10}$	hacia$_{12}$	destrucción.$_{13}$	va$_{11}$	Y	los	diez	cuernos,	los que	viste,
2076	2532	1519	684	5217	2532	3588	1176	2768	3739	1492
VPAI3S	*CLN*	*P*	*NASF*	*VPAI3S*	*CLN*	*DNPN*	*XN, J*	*NNPN*	*RR-APN*	*VAAI2S*

NVI

«¿Por qué te asombras?
Yo te explicaré el miste-
rio de esa mujer y de la
bestia de siete cabezas y
diez cuernos en la que
va montada. 8 La bestia
que has visto es la que
antes era, pero ya no es, y
está a punto de subir del
abismo, pero va rumbo
a la destrucción. Los
habitantes de la tierra,
cuyos nombres, desde la
creación del mundo, no
han sido escritos en el
libro de la vida, se asom-
brarán al ver a la bestia,
porque antes era, pero
ya no es, y sin embargo
reaparecerá.
9 »¡En esto consisten
el entendimiento y la
sabiduría! Las siete
cabezas son siete colinas
sobre las que está senta-
da esa mujer. 10 También
son siete reyes: cinco
han caído, uno está
gobernando, el otro no
ha llegado todavía; pero,
cuando llegue, es preciso
que dure poco tiempo.
11 La bestia, que antes
era, pero ya no es, es el
octavo rey. Está incluido
entre los siete, y va rum-
bo a la destrucción.
12 »Los diez cuernos
que has visto son diez

RVR

reyes, que aún no han
recibido reino; pero
por una hora recibi-
rán autoridad como
reyes juntamente con
la bestia.
13 Éstos tienen un
mismo propósito, y
entregarán su poder y su
autoridad a la bestia.
14 Pelearán contra el
Cordero, y el Cordero
los vencerá, porque él es
Señor de señores y Rey
de reyes; y los que están
con él son llamados y
elegidos y fieles.
15 Me dijo también: Las
aguas que has visto don-
de la ramera se sienta,
son pueblos, muche-
dumbres, naciones y
lenguas.
16 Y los diez cuernos que
viste, y la bestia, éstos
aborrecerán a la ramera,
y la dejarán desolada y
desnuda; y comerán sus
carnes, y la quemarán
con fuego;
17 porque Dios ha
puesto en sus corazones
el ejecutar lo que él se
propuso: ponerse de
acuerdo, y dar su reino
a la bestia, hasta que se
cumplan las palabras
de Dios.
18 Y la mujer que has
visto es la gran ciudad

δέκα	βασιλεῖς	εἰσιν,	οἵτινες	βασιλείαν	οὔπω	ἔλαβον,	ἀλλὰ	ἐξουσίαν
diez$_2$	reyes,$_3$	son$_1$	los que$_4$	reino,$_7$	todavía no$_5$	recibieron$_6$	pero$_8$	autoridad$_{10}$
1176	935	1526	3748	932	3768	2983	235	1849
XN, J	*NNPM*	*VPAI3P*	*RR-NPM*	*NASF*	*BN*	*VAAI3P*	*CLC*	*NASF*

ὡς	βασιλεῖς	μίαν	ὥραν	λαμβάνουσιν	μετὰ	τοῦ	θηρίου.	13 οὗτοι	μίαν
como$_{11}$	reyes$_{12}$	por una$_{13}$	hora$_{14}$	reciben$_9$	con	la	bestia.	Estos$_1$	un$_3$
5613	935	1520	5610	2983	3326	3588	2342	3778	1520
P, CAM	*NNPM*	*JASF*	*NASF*	*VPAI3P*	*P*	*DGSN*	*NGSN*	*RD-NPM*	*JASF*

γνώμην	ἔχουσιν,	καὶ	τὴν	δύναμιν	καὶ	ἐξουσίαν	αὐτῶν	τῷ	θηρίῳ
propósito,$_4$	tienen$_2$	y$_5$	el$_7$	poder$_8$	y$_9$	autoridad$_{10}$	de ellos$_{11}$	a la$_{12}$	bestia$_{13}$.
1106	2192	2532	3588	1411	2532	1849	846	3588	2342
NASF	*VPAI3P*	*CLN*	*DASF*	*NASF*	*CLN*	*NASF*	*RP3GPM*	*DDSN*	*NDSN*

διδόασιν.	14 οὗτοι	μετὰ	τοῦ	ἀρνίου	πολεμήσουσιν,	καὶ	τὸ	ἀρνίον
dan$_6$	Estos$_1$	con$_3$	el$_4$	Cordero,$_5$	combatirán$_2$	y	el	Cordero
1325	3778	3326	3588	721	4170	2532	3588	721
VPAI3P	*RD-NPM*	*P*	*DGSN*	*NGSN*	*VFAI3P*	*CLN*	*DNSN*	*NNSN*

νικήσει	αὐτούς,	ὅτι	κύριος	κυρίων	ἐστὶν	καὶ	βασιλεὺς	βασιλέων,	καὶ
vencerá	a ellos,	porque$_1$	Señor$_3$	de señores,$_4$	es$_2$	y	Rey	de reyes,	y
3528	846	3754	2962	2962	2076	2532	935	935	2532
VFAI3S	*RP3APM*	*CAZ*	*NNSM*	*NGPM*	*VPAI3S*	*CLN*	*NNSM*	*NGPM*	*CLN*

οἱ	μετ᾽	αὐτοῦ	κλητοὶ	καὶ	ἐκλεκτοὶ	καὶ	πιστοί.
los que	con	él	(son) llamados	y	escogidos	y	fieles.
3588	3326	846	2822	2532	1588	2532	4103
DNPM	*P*	*RP3GSM*	*JNPM*	*CLN*	*JNPM*	*CLN*	*JNPM, JNPF*

15 Καὶ	λέγει	μοι·	Τὰ	ὕδατα	ἃ	εἶδες,	οὗ	ἡ	πόρνη	κάθηται,
Y	dice	a mí:	Las	aguas,	las que	viste,	donde	la	ramera	se sienta,
2532	3004	3427	3588	5204	3739	1492	3757	3588	4204	2521
CLN	*VPAI3S*	*RP1DS*	*DNPN*	*NNPN*	*RR-APN*	*VAAI2S*	*B*	*DNSF*	*NNSF*	*VPUI3S*

λαοὶ	καὶ	ὄχλοι	εἰσὶν	καὶ	ἔθνη	καὶ	γλῶσσαι.	16 καὶ	τὰ	δέκα
pueblos$_2$	y$_3$	multitudes$_4$	son$_1$	y	naciones	y	lenguas.	Y	los	diez
2992	2532	3793	1526	2532	1484	2532	1100	2532	3588	1176
NNPM	*CLN*	*NNPM*	*VPAI3P*	*CLN*	*NNPN*	*CLN*	*NNPF*	*CLN*	*DNPN*	*XN, J*

κέρατα	ἃ	εἶδες	καὶ	τὸ	θηρίον,	οὗτοι	μισήσουσι	τὴν	πόρνην,
cuernos,	los que	viste,	y	la	bestia,	estos	odiarán	a la	ramera,
2768	3739	1492	2532	3588	2342	3778	3404	3588	4204
NNPN	*RR-APN*	*VAAI2S*	*CLN*	*DNSN*	*NNSN*	*RD-NPM*	*VFAI3P*	*DASF*	*NASF*

καὶ	ἠρημωμένην	ποιήσουσιν	αὐτὴν	καὶ	γυμνήν,	καὶ	τὰς	σάρκας
y	desolada	harán	a ella	y	desnuda,	y$_1$	las$_3$	carnes$_4$
2532	2049	4160	846	2532	1131	2532	3588	4561
CLN	*VRPP-SAF*	*VFAI3P*	*RP3ASF*	*CLN*	*JASF*	*CLN*	*DAPF*	*NAPF*

αὐτῆς	φάγονται,	καὶ	αὐτὴν	κατακαύσουσιν	ἐν	πυρί·	17 ὁ	γὰρ
de ella$_5$	comerán,$_2$	y$_6$	a ella.$_{10}$	quemarán$_7$	con$_8$	fuego$_9$	--$_2$	Porque$_1$
846	5315	2532	846	2618	1722	4442	3588	1063
RP3GSF	*VFMI3P*	*CLN*	*RP3ASF*	*VFAI3P*	*P*	*NDSN*	*DNSM*	*CAZ*

θεὸς	ἔδωκεν	εἰς	τὰς	καρδίας	αὐτῶν	ποιῆσαι	τὴν	γνώμην	αὐτοῦ,	καὶ
Dios$_3$	dio	hacia	los	corazones	de ellos	hacer	el	propósito	de él,	y
2316	1325	1519	3588	2588	846	4160	3588	1106	846	2532
NNSM	*VAAI3S*	*P*	*DAPF*	*NAPF*	*RP3GPM*	*VAAN*	*DASF*	*NASF*	*RP3GSM*	*CLN*

ποιῆσαι	μίαν	γνώμην	καὶ	δοῦναι	τὴν	βασιλείαν	αὐτῶν	τῷ	θηρίῳ,
hacer	un	propósito,	y	dar	el	reino	de ellos	a la	bestia,
4160	1520	1106	2532	1325	3588	932	846	3588	2342
VAAN	*JASF*	*NASF*	*CLN*	*VAAN*	*DASF*	*NASF*	*RP3GPM*	*DDSN*	*NDSN*

ἄχρι	τελεσθήσονται	οἱ	λόγοι	τοῦ	θεοῦ.	18 καὶ	ἡ	γυνὴ	ἣν	εἶδες
hasta que$_1$	se cumplirán.$_6$	las$_2$	palabras$_3$	de --$_4$	Dios.$_5$	Y	la	mujer,	la que	viste,
891	5055	3588	3056	3588	2316	2532	3588	1135	3739	1492
P, C	*VFPI3P*	*DNPM*	*NNPM*	*DGSM*	*NGSM*	*CLN*	*DNSF*	*NNSF*	*RR-ASF*	*VAAI2S*

NVI

reyes que todavía no
han comenzado a reinar,
pero que por una hora
recibirán autoridad
como reyes, junto con
la bestia. 13 Estos tienen
un mismo propósito,
que es poner su poder y
autoridad a disposición
de la bestia. 14 Le harán
la guerra al Cordero,
pero el Cordero los ven-
cerá, porque es Señor de
señores y Rey de reyes, y
los que están con él son
sus llamados, sus escogi-
dos y sus fieles».
15 Además el ángel
me dijo: «Las aguas que
has visto, donde está
sentada la prostituta,
son pueblos, multitu-
des, naciones y lenguas.
16 Los diez cuernos y la
bestia que has visto le co-
brarán odio a la prosti-
tuta. Causarán su ruina
y la dejarán desnuda;
devorarán su cuerpo y
la destruirán con fuego,
17 porque Dios les ha
puesto en el corazón que
lleven a cabo su divino
propósito. Por eso, y de
común acuerdo, ellos
le entregarán a la bestia
el poder que tienen de
gobernar, hasta que se
cumplan las palabras de
Dios. 18 La mujer que
has visto es aquella gran

RVR

que reina sobre los reyes
de la tierra.

La caída de Babilonia

18 Después de
esto vi a otro
ángel descender del cielo
con gran potestad; y la
tierra fue alumbrada con
su resplandor.
2 Y clamó con voz po-
tente, diciendo: Cayó,
cayó la gran Babilonia,
y se ha hecho habita-
ción de demonios y
guarida de todo espíritu
inmundo, y albergue
de toda ave inmunda y
aborrecible.
3 Porque todas las
naciones han bebido del
vino del ardor de su for-
nicación; y los reyes de la
tierra han fornicado con
ella, y los mercaderes de
la tierra se han enrique-
cido de la potencia de
sus deleites.
4 Y oí otra voz del cielo,
que decía: Salid de ella,
pueblo mío, para que
no seáis partícipes de

ἔστιν	ἡ	πόλις	ἡ	μεγάλη	ἡ	ἔχουσα	βασιλείαν	ἐπὶ	τῶν	βασιλέων
es	la	ciudad,	la	grande,	la que	tiene	reinado	sobre	los	reyes
2076	3588	4172	3588	3173	3588	2192	932	1909	3588	935
VPAI3S	*DNSF*	*NNSF*	*DNSF*	*JNSF*	*DNSF*	*VPAP-SNF*	*NASF*	*P*	*DGPM*	*NGPM*

τῆς	γῆς.
de la	tierra.
3588	1093
DGSF	*NGSF*

18 Μετὰ	ταῦτα	εἶδον	ἄλλον	ἄγγελον	καταβαίνοντα	ἐκ	τοῦ
Después de	estas cosas	vi	otro	ángel	que desciende	de	el
3326	3778	3708	243	32	2597	1537	3588
P	*RD-APN*	*VAAI1S*	*JASM*	*NASM*	*VPAP-SAM*	*P*	*DGSM*

οὐρανοῦ,	ἔχοντα	ἐξουσίαν	μεγάλην,	καὶ	ἡ	γῆ	ἐφωτίσθη	ἐκ
cielo,	teniendo	autoridad	grande,	y	la	tierra	fue iluminada	por causa de
3772	2192	1849	3173	2532	3588	1093	5461	1537
NGSM	*VPAP-SAM*	*NASF*	*JASF*	*CLN*	*DNSF*	*NNSF*	*VAPI3S*	*P*

τῆς	δόξης	αὐτοῦ.	2 καὶ	ἔκραξεν	ἐν	ἰσχυρᾷ	φωνῇ	λέγων·	Ἔπεσεν,
de la	gloria	de él.	Y	clamó	con	fuerte,$_{2}$	voz$_{1}$	diciendo:	Cayó,
3588	1391	846	2532	2896	1722	2478	5456	3004	4098
DGSF	*NGSF*	*RP3GSM*	*CLN*	*VAAI3S*	*P*	*JDSF*	*NDSF*	*VPAP-SNM*	*VAAI3S*

ἔπεσεν	Βαβυλὼν	ἡ	μεγάλη,	καὶ	ἐγένετο	κατοικητήριον	δαιμονίων
cayó	Babilonia	la	grande,	y	llegó a ser	morada	de demonios
4098	897	3588	3173	2532	1096	2732	1140
VAAI3S	*NNSF*	*DNSF*	*JNSF*	*CLN*	*VAMI3S*	*NNSN*	*NGPN*

καὶ	φυλακὴ	παντὸς	πνεύματος	ἀκαθάρτου	καὶ	φυλακὴ	παντὸς	ὀρνέου
y	guarida	de todo	espíritu	inmundo	y	guarida	de toda	ave
2532	5438	3956	4151	169	2532	5438	3956	3732
CLN	*NNSF*	*JGSN*	*NGSN*	*JGSN*	*CLN*	*NNSF*	*JGSN*	*NGSN*

ἀκαθάρτου	⸀καὶ	φυλακὴ	παντὸς	θηρίου	ἀκαθάρτου⸁	καὶ	μεμισημένου,
inmunda	y	guarida	de toda	bestia	inmunda	y	aborrecible,
169	2532	5438	3956	2342	169	2532	3404
JGSN	*CLN*	*NNSF*	*JGSN*	*NGSN*	*JGSN*	*CLN*	*VRPP-SGN*

3 ὅτι	ἐκ	τοῦ	οἴνου	τοῦ	θυμοῦ	τῆς	πορνείας	αὐτῆς
porque	de	el	vino	del	enojo	de la	inmoralidad sexual	de ella
3754	1537	3588	3631	3588	2372	3588	4202	846
CAZ	*P*	*DGSM*	*NGSM*	*DGSM, DGSN*	*NGSM*	*DGSF*	*NGSF*	*RP3GSF*

⸂πέπτωκαν	πάντα	τὰ	ἔθνη,	καὶ	οἱ	βασιλεῖς	τῆς	γῆς	μετ᾽	αὐτῆς
han caído,$_{4}$	todas$_{1}$	las$_{2}$	naciones$_{3}$	y	los	reyes	de la	tierra	con	ella
4098	3956	3588	1484	2532	3588	935	3588	1093	3326	846
VRAI3P	*JNPN*	*DNPN*	*NNPN*	*CLN*	*DNPM*	*NNPM*	*DGSF*	*NGSF*	*P*	*RP3GSF*

ἐπόρνευσαν,	καὶ	οἱ	ἔμποροι	τῆς	γῆς	ἐκ	τῆς	δυνάμεως
cometieron inmoralidades sexuales,	y$_{1}$	los$_{2}$	mercaderes$_{3}$	de la$_{4}$	tierra$_{5}$	de$_{7}$	el$_{8}$	poder$_{9}$
4203	2532	3588	1713	3588	1093	1537	3588	1411
VAAI3P	*CLN*	*DNPM*	*NNPM*	*DGSF*	*NGSF*	*P*	*DGSF*	*NGSF*

τοῦ	στρήνους	αὐτῆς	ἐπλούτησαν.
del$_{10}$	lujo$_{11}$	de ella.$_{12}$	se enriquecieron$_{6}$
3588	4764	846	4147
DGSN	*NGSN*	*RP3GSF*	*VAAI3P*

4 Καὶ	ἤκουσα	ἄλλην	φωνὴν	ἐκ	τοῦ	οὐρανοῦ	λέγουσαν·	Ἐξέλθατε,
Y	oí	otra	voz	de	el	cielo,	diciendo:	Salid,
2532	191	243	5456	1537	3588	3772	3004	1831
CLN	*VAAI1S*	*JASF*	*NASF*	*P*	*DGSM*	*NGSM*	*VPAP-SAF*	*VAAM2P*

ὁ	λαός	μου,	ἐξ	αὐτῆς,	ἵνα	μὴ	συγκοινωνήσητε	ταῖς
el	pueblo	de mí,	de	ella,	para que	no	seáis cómplices	con los
3588	2992	3450	1537	846	2443	3361	4790	3588
DNSM	*NNSM*	*RP1GS*	*P*	*RP3GSF*	*CAP*	*BN, TN*	*VAAS2P*	*DDPF*

NVI

ciudad que tiene poder
de gobernar sobre los
reyes de la tierra».

La caída de Babilonia

18 Después de
esto vi a otro
ángel que bajaba del cie-
lo. Tenía mucho poder,
y la tierra se iluminó con
su resplandor. 2 Gritó a
gran voz:

«¡Ha caído! ¡Ha caído
la gran Babilonia!
Se ha convertido
en morada de
demonios
y en guarida de todo
espíritu maligno,
en nido de toda
ave impura y
detestable.
3 Porque todas las na-
ciones han bebido
el excitante vino de su
adulterio;
los reyes de la tierra co-
metieron adulterio
con ella,
y los comerciantes
de la tierra se
enriquecieron
a costa de lo que ella
despilfarraba en sus
lujos».

4 Luego oí otra voz del
cielo que decía:

«Salgan de ella, pue-
blo mío,
para que no sean
cómplices de sus

18:2⸀⸁ Manuscritos inferiores suprimieron *y guarida de toda bestia inmunda.* **18:3**⸂ Manuscritos superiores tienen *han bebido.*

RVR

sus pecados, ni recibáis
nada procedente de sus
plagas;
5 porque sus pecados
se han amontonado
hasta el cielo, y Dios
se ha acordado de sus
maldades.
6 Dadle a ella como ella
os ha dado, y pagadle
doble según sus obras;
en la copa en que ella
preparó bebida, prepa-
radle a ella el doble.
7 En proporción a lo que
ella se ha glorificado y ha
vivido en deleites, dadle
así también de tormento
y duelo; porque dice
en su corazón: Yo estoy
sentada como reina, y no
soy viuda, y nunca jamás
veré duelo;
8 por eso, en un solo
día vendrán sus plagas;
muerte, duelo y hambre,
y será quemada con
fuego; porque poderoso
es Dios el Señor, que la
ha sentenciado.
9 Y los reyes de la tierra
que han fornicado con
ella, y con ella han vivi-
do en deleites, llorarán
y harán lamentación
sobre ella, cuando vean
el humo de su incendio,
10 parándose lejos por el

ἁμαρτίαις	αὐτῆς,	καὶ	ἐκ	τῶν	πληγῶν	αὐτῆς	ἵνα	μὴ	λάβητε·
pecados	de ella,	también$_1$	de$_5$	las$_6$	plagas$_7$	de ella;$_8$	para que$_2$	no$_3$	recibáis$_4$
266	846	2532	1537	3588	4127	846	2443	3361	2983
NDPF	RP3GSF	CLN	P	DGPF	NGPF	RP3GSF	CAP	BN, TN	VAAS2P

5 ὅτι	ἐκολλήθησαν	αὐτῆς	αἱ	ἁμαρτίαι	ἄχρι	τοῦ	οὐρανοῦ,	καὶ
porque$_1$	han sido amontonados$_5$	de ella$_4$	los$_2$	pecados$_3$	hasta	el	cielo,	y$_1$
3754	2853	846	3588	266	891	3588	3772	2532
CAZ	VAPI3P	RP3GSF	DNPF	NNPF	P	DGSM	NGSM	CLN

ἐμνημόνευσεν	ὁ	θεὸς	τὰ	ἀδικήματα	αὐτῆς.	6 ἀπόδοτε	αὐτῇ
se acordó$_4$	--$_2$	Dios$_3$	los	delitos	de ella.	Pagad	a ella
3421	3588	2316	3588	92	846	591	846
VAAI3S	DNSM	NNSM	DAPN	NAPN	RP3GSF	VAAM2P	RP3DSF

ὡς	καὶ	αὐτὴ	ἀπέδωκεν,	καὶ	διπλώσατε	τὰ	διπλᾶ	κατὰ
como	también	ella	pagó	y	duplicad	las cosas	doble	conforme a
5613	2532	846	591	2532	1363	3588	1362	2596
CAM	BE, TE	RP3NSFP	VAAI3S	CLN	VAAM2P	DAPN	JAPN	P

τὰ	ἔργα	αὐτῆς·	ἐν	τῷ	ποτηρίῳ	ᾧ	ἐκέρασεν	κεράσατε	αὐτῇ
a las	obras	de ella;	en	la	copa	en que	mezcló,	mezclad$_1$	a ella.$_3$
3588	2041	846	1722	3588	4221	3739	2767	2767	846
DAPN	NAPN	RP3GSF	P	DDSN	NDSN	RR-DSN	VAAI3S	VAAM2P	RP3DSF

διπλοῦν·	7 ὅσα	ἐδόξασεν	αὐτὴν	καὶ	ἐστρηνίασεν,	τοσοῦτον	δότε
doble$_2$	Cuanto	glorificó	a sí misma	y	vivió lujosamente,	otro tanto$_2$	dad$_1$
1362	3745	1392	846	2532	4763	5118	1325
JASN	RK-APN	VAAI3S	RP3ASF	CLN	VAAI3S	JASM, RD-ASN	VAAM2P

αὐτῇ	βασανισμὸν	καὶ	πένθος.	ὅτι	ἐν	τῇ	καρδίᾳ	αὐτῆς	λέγει	ὅτι
a ella	tormento	y	dolor.	Porque	en	el	corazón	de ella	dice	que:
846	929	2532	3997	3754	1722	3588	2588	846	3004	3754
RP3DSF	NASM	CLN	NASN	CAZ	P	DDSF	NDSF	RP3GSF	VPAI3S	CSC

Κάθημαι	βασίλισσα,	καὶ	χήρα	οὐκ	εἰμί,	καὶ	πένθος	οὐ	μὴ*
Estoy sentada	(como) reina,	y	viuda	no	soy	y	dolor	no	no
2521	938	2532	5503	3756	1510	2532	3997	3756	3361
VPUI1S	NNSF	CLN	NNSF, JNSF	BN, TN	VPAI1S	CLN	NASN	BN, TN	BN, TN

ἴδω.	8 διὰ	τοῦτο	ἐν	μιᾷ	ἡμέρᾳ	ἥξουσιν	αἱ	πληγαὶ	αὐτῆς,	θάνατος
viera.	Por	esto	en	un	día	vendrán:$_4$	las$_1$	plagas$_2$	de ella$_3$	muerte
1492	1223	5124	1722	1520	2250	2240	3588	4127	846	2288
VAAS1S	P	RD-ASN	P	JDSF	NDSF	VFAI3P	DNPF	NNPF	RP3GSF	NNSM

καὶ	πένθος	καὶ	λιμός,	καὶ	ἐν	πυρὶ	κατακαυθήσεται·	ὅτι	ἰσχυρὸς
y	dolor	y	hambre,	y	en	fuego	será quemado;	porque	fuerte (es)
2532	3997	2532	3042	2532	1722	4442	2618	3754	2478
CLN	NNSN	CLN	NNSM	CLN	P	NDSN	VFPI3S	CAZ	JNSM

κύριος	ὁ	θεὸς	ὁ	κρίνας	αὐτήν.
(el) Señor,	--	Dios,	el que	juzga	a ella.
2962	3588	2316	3588	2919	846
NNSM	DNSM	NNSM	DNSM	VAAP-SNM	RP3ASF

9 Καὶ	κλαύσουσιν	καὶ	κόψονται	ἐπ’	αὐτὴν	οἱ	βασιλεῖς	τῆς
Y$_1$	llorarán$_6$	y$_7$	harán duelo$_8$	sobre$_9$	ella,$_{10}$	los$_2$	reyes$_3$	de la$_4$
2532	2799	2532	2875	1909	846	3588	935	3588
CLN	VFAI3P	CLN	VFMI3P	P	RP3ASF	DNPM	NNPM	DGSF

γῆς	οἱ	μετ’	αὐτῆς	πορνεύσαντες	καὶ	στρηνιάσαντες,
tierra$_5$	los que$_{11}$	con$_{13}$	ella$_{14}$	cometieron inmoralidades sexuales$_{12}$	y	vivieron lujosamente,
1093	3588	3326	846	4203	2532	4763
NGSF	DNPM	P	RP3GSF	VAAP-PNM	CLN	VAAP-PNM

ὅταν	βλέπωσιν	τὸν	καπνὸν	τῆς	πυρώσεως	αὐτῆς,	10 ἀπὸ	μακρόθεν
cuando	vean	el	humo	del	incendio	de ella,	desde	lejos
3752	991	3588	2586	3588	4451	846	575	3113
CAT	VPAS3P	DASM	NASM	DGSF	NGSF	RP3GSF	P	B

NVI

pecados,
ni los alcance ninguna
de sus plagas;
5 pues sus pecados se
han amontonado
hasta el cielo,
y de sus injusticias se ha
acordado Dios.
6 Páguenle con la mis-
ma moneda;
denle el doble de lo
que ha cometido,
y en la misma copa en
que ella preparó
bebida
mézclenle una doble
porción.
7 En la medida en que
ella se entregó a
la vanagloria y al
arrogante lujo
denle tormento y
aflicción;
porque en su corazón
se jacta:
“Estoy sentada como
reina;
no soy viuda ni sufriré
jamás”.
8 Por eso, en un solo día
le sobrevendrán sus
plagas:
pestilencia, aflicción y
hambre.
Será consumida por el
fuego,
porque poderoso es el
Señor Dios que la
juzga».

9 Cuando los reyes de
la tierra que cometie-
ron adulterio con ella
y compartieron su
lujo vean el humo del
fuego que la consume,
llorarán de dolor por
ella. 10 Aterrorizados al

18:7* O sea *de ninguna manera.*

RVR

temor de su tormen-
to, diciendo: ¡Ay, ay
de la gran ciudad de
Babilonia, la ciudad
fuerte; porque en una
hora vino tu juicio!
11 Y los mercaderes de
la tierra lloran y hacen
lamentación sobre ella,
porque ninguno com-
pra más sus mercancías;
12 cargamentos de oro,
de plata, de piedras
preciosas, de perlas, de
lino fino, de púrpura,
de seda, de escarlata, de
toda madera olorosa, de
todo objeto de marfil,
de todo objeto de made-
ra preciosa, de cobre, de
hierro y de mármol;
13 y canela, especias aro-
máticas, incienso, mirra,
olíbano, vino, aceite,
flor de harina, trigo,
bestias de carga, ovejas,
caballos, carros, escla-
vos, y vidas humanas.
14 Los frutos codiciados
por tu alma se apartaron
de ti, y todas las cosas
exquisitas y espléndidas
han desaparecido de ti,
y nunca más las hallarás.

ἑστηκότες	διὰ	τὸν	φόβον	τοῦ	βασανισμοῦ	αὐτῆς	λέγοντες·	Οὐαὶ
han estado de pie	a causa de	el	miedo	del	tormento	de ella,	diciendo:	¡Ay,
2476	1223	3588	5401	3588	929	846	3004	3759
VRAP-PNM	*P*	*DASM*	*NASM*	*DGSM*	*NGSM*	*RP3GSF*	*VPAP-PNM*	*I*

οὐαί,	ἡ	πόλις	ἡ	μεγάλη,	Βαβυλὼν	ἡ	πόλις
ay!	la	ciudad	--	grande,	Babilonia	la	ciudad
3759	3588	4172	3588	3173	897	3588	4172
I	*DVSF, DNSF*	*NVSF, NNSF*	*DVSF, DNSF*	*JVSF, JNSF*	*NVSF, NNSF*	*DVSF, DNSF*	*NVSF, NNSF*

ἡ	ἰσχυρά,	ὅτι	μιᾷ	ὥρᾳ	ἦλθεν	ἡ	κρίσις	σου.
--	fuerte,	porque	en una$_5$	hora.$_6$	vino$_4$	el$_1$	juicio$_2$	de ti,$_3$
3588	2478	3754	1520	5610	2064	3588	2920	4675
DVSF, DNSF	*JVSF, JNSF*	*CAZ*	*JDSF*	*NDSF*	*VAAI3S*	*DNSF*	*NNSF*	*RP2GS*

11 Καὶ	οἱ	ἔμποροι	τῆς	γῆς	κλαίουσιν	καὶ	πενθοῦσιν	ἐπ'	αὐτήν,
Y	los	mercaderes	de la	tierra	lloran	y	hacen duelo	por	ella,
2532	3588	1713	3588	1093	2799	2532	3996	1909	846
CLN	*DNPM*	*NNPM*	*DGSF*	*NGSF*	*VPAI3P*	*CLN*	*VPAI3P*	*P*	*RP3ASF*

ὅτι	τὸν	γόμον	αὐτῶν	οὐδεὶς	ἀγοράζει	οὐκέτι,	12 γόμον	χρυσοῦ
porque$_1$	el$_5$	cargamento$_6$	de ellos.$_7$	nadie$_4$	compra$_3$	ya no$_2$	cargamento	de oro
3754	3588	1117	846	3762	59	3765	1117	5557
CAZ	*DASM*	*NASM*	*RP3GPM*	*JNSM*	*VPAI3S*	*BN*	*NASM*	*NGSM*

καὶ	ἀργύρου	καὶ	λίθου	τιμίου	καὶ	μαργαριτῶν	καὶ	βυσσίνου	καὶ
y	de plata	y	piedra	preciosa	y	perlas	y	de lino fino	y
2532	696	2532	3037	5093	2532	3135	2532	1039	2532
CLN	*NGSM*	*CLN*	*NGSM*	*JGSM, JGSF*	*CLN*	*NGPM*	*CLN*	*JGSN*	*CLN*

πορφύρας	καὶ	σιρικοῦ	καὶ	κοκκίνου,	καὶ	πᾶν	ξύλον	θύϊνον	καὶ
de púrpura	y	de seda	y	de escarlata,	y	toda	madera	de cedro	y
4209	2532	4596	2532	2847	2532	3956	3586	2367	2532
NGSF	*CLN*	*JGSN*	*CLN*	*JGSN*	*CLN*	*JASN*	*NASN*	*JASN*	*CLN*

πᾶν	σκεῦος	ἐλεφάντινον	καὶ	πᾶν	σκεῦος	ἐκ	ξύλου	τιμιωτάτου	καὶ
todo	objeto	de marfil	y	todo	objeto	de	madera	valiosa	y
3956	4632	1661	2532	3956	4632	1537	3586	5093	2532
JASN	*NASN*	*JASN*	*CLN*	*JASN*	*NASN*	*P*	*NGSN*	*JGSNS*	*CLN*

χαλκοῦ	καὶ	σιδήρου	καὶ	μαρμάρου,	13 καὶ	κιννάμωμον	καὶ	ἄμωμον
de bronce	y	de hierro	y	de mármol,	y	canela	y	especia aromática,
5475	2532	4604	2532	3139	2532	2792	2532	299
NGSM	*CLN*	*NGSM*	*CLN*	*NGSM*	*CLN*	*NASN*	*CLN*	*NASN*

καὶ	θυμιάματα	καὶ	μύρον	καὶ	λίβανον	καὶ	οἶνον	καὶ	ἔλαιον	καὶ
e	inciensos	y	mirra	y	olíbano,	y	vino	y	aceite de oliva,	y
2532	2368	2532	3464	2532	3030	2532	3631	2532	1637	2532
CLN	*NAPN*	*CLN*	*NASN*	*CLN*	*NASM*	*CLN*	*NASM*	*CLN*	*NASN*	*CLN*

σεμίδαλιν	καὶ	σῖτον	καὶ	κτήνη	καὶ	πρόβατα,	καὶ	ἵππων	καὶ
flor de harina	y	trigo,	y	bestias de carga	y	ovejas,	y	de caballos	y
4585	2532	4621	2532	2934	2532	4263	2532	2462	2532
NASF	*CLN*	*NASM*	*CLN*	*NAPN*	*CLN*	*NAPN*	*CLN*	*NGPM*	*CLN*

ῥεδῶν	καὶ	σωμάτων,*	καὶ	ψυχὰς	ἀνθρώπων.	14 καὶ	ἡ	ὀπώρα	σου
de carros,	y	de cuerpos	y	vidas	de seres humanos.	Y	el	fruto	de ti
4480	2532	4983	2532	5590	444	2532	3588	3703	4675
NGPF	*CLN*	*NGPN*	*CLN*	*NAPF*	*NGPM*	*CLN*	*DNSF*	*NNSF*	*RP2GS*

τῆς	ἐπιθυμίας	τῆς	ψυχῆς	ἀπῆλθεν	ἀπὸ	σοῦ,	καὶ	πάντα	τὰ	λιπαρὰ
de la	codicia	de la	vida	se fue	de	ti,	y	todos	los	lujos
3588	1939	3588	5590	565	575	4675	2532	3956	3588	3045
DGSF	*NGSF*	*DGSF*	*NGSF*	*VAAI3S*	*P*	*RP2GS*	*CLN*	*JNPN*	*DNPN*	*JNPN*

καὶ	τὰ	λαμπρὰ	ἀπώλετο	ἀπὸ	σοῦ,	καὶ	οὐκέτι	οὐ	μὴ*	αὐτὰ
y	--	resplandecientes	se perdió	de	ti,	y$_1$	ya no$_4$	no$_2$	no$_3$	a ellos.$_6$
2532	3588	2986	622	575	4675	2532	3765	3756	3361	846
CLN	*DNPN*	*JNPN*	*VAMI3S*	*P*	*RP2GS*	*CLN*	*BN*	*BN, TN*	*BN, TN*	*RP3APN*

NVI

ver semejante castigo, se
mantendrán a distancia
y gritarán:

«¡Ay! ¡Ay de ti, la gran
ciudad,
Babilonia, ciudad
poderosa,
porque en una sola
hora ha llegado tu
juicio!»

11 Los comerciantes
de la tierra llorarán y
harán duelo por ella,
porque ya no habrá
quien les compre sus
mercaderías: 12 artículos
de oro, plata, piedras
preciosas y perlas; lino
fino, púrpura, telas de
seda y escarlata; toda cla-
se de maderas de cedro;
los más variados objetos,
hechos de marfil, de ma-
dera preciosa, de bronce,
de hierro y de mármol;
13 cargamentos de canela
y especias aromáticas; de
incienso, mirra y perfu-
mes; de vino y aceite; de
harina refinada y trigo;
de ganado vacuno y de
corderos; de caballos y
carruajes; y hasta de se-
res humanos, vendidos
como esclavos.
14 Y dirán: «Se ha
apartado de ti el fruto
que con toda el alma
codiciabas. Has perdido
todas tus cosas sun-
tuosas y espléndidas, y
nunca las recuperarás».

18:13* O sea *esclavos.*   **18:14*** O sea *de ninguna manera.*

RVR

15 Los mercaderes
de estas cosas, que se
han enriquecido a
costa de ella, se pararán
lejos por el temor de su
tormento, llorando y
lamentándose,
16 y diciendo: ¡Ay, ay de
la gran ciudad, que esta-
ba cubierta de lino fino,
de púrpura y de escarla-
ta, y estaba adornada de
oro, de piedras preciosas
y de perlas!
17 Porque en una hora
han sido consumidas
tantas riquezas. Y todo
piloto, y todos los
que viajan en naves, y
marineros, y todos los
que trabajan en el mar,
se pararon lejos;
18 y viendo el humo de
su incendio, gritaron,
diciendo: ¿Qué ciudad
era semejante a esta gran
ciudad?
19 Y echaron polvo
sobre sus cabezas, y gri-
taron, llorando y lamen-
tándose, diciendo: ¡Ay,
ay de la gran ciudad,
en la cual todos los que
tenían naves en el mar
se habían enriquecido
de sus riquezas; pues
en una hora ha sido
desolada!

εὑρήσουσιν.	15 οἱ	ἔμποροι	τούτων,	οἱ	πλουτήσαντες	ἀπ’	αὐτῆς,
hallarán$_5$	Los	mercaderes	de estas cosas,	los que	se enriquecieron	de	de ella,
2147	3588	1713	5130	3588	4147	575	846
VFAI3P	DNPM	NNPM	RD-GPN	DNPM	VAAP-PNM	P	RP3GSF

ἀπὸ	μακρόθεν	στήσονται	διὰ	τὸν	φόβον	τοῦ	βασανισμοῦ	αὐτῆς
desde$_2$	lejos$_3$	estarán de pie$_1$	a causa de$_7$	del$_8$	miedo$_9$	del$_{10}$	tormento$_{11}$	de ella,$_{12}$
575	3113	2476	1223	3588	5401	3588	929	846
P	B	VFMI3P	P	DASM	NASM	DGSM	NGSM	RP3GSF

κλαίοντες	καὶ	πενθοῦντες,	16 λέγοντες·	Οὐαὶ	οὐαί,	ἡ	πόλις
llorando$_4$	y$_5$	lamentándose$_6$	diciendo:	¡Ay,	ay	la	ciudad
2799	2532	3996	3004	3759	3759	3588	4172
VPAP-PNM	CLN	VPAP-PNM	VPAP-PNM	I	I	DVSF, DNSF	NVSF, NNSF

ἡ	μεγάλη,	ἡ	περιβεβλημένη	βύσσινον	καὶ	πορφυροῦν	καὶ
--	grande,	la que	se ha vestido	de lino fino	y	púrpura	y
3588	3173	3588	4016	1039	2532	4210	2532
DVSF, DNSF	JVSF, JNSF	DVSF, DNSF	VRPP-SVF, VRPP-SNF	JASN	CLN	JASN	CLN

κόκκινον	καὶ	κεχρυσωμένη	χρυσίῳ	καὶ	λίθῳ	τιμίῳ	καὶ	μαργαρίτῃ,
escarlata,	y	adornada	con oro	y	piedra	preciosa	y	perla,
2847	2532	5558	5553	2532	3037	5093	2532	3135
JASN	CLN	VRPP-SVF, VRPP-SNF	NDSN	CLN	NDSM	JDSM	CLN	NDSM

17 ὅτι	μιᾷ	ὥρᾳ	ἠρημώθη	ὁ	τοσοῦτος	πλοῦτος.
porque	en una	hora	fue desolada	--	tanta	riqueza!
3754	1520	5610	2049	3588	5118	4149
CAZ	JDSF	NDSF	VAPI3S	DNSM	JNSM, RD-NSM	NNSM

Καὶ	πᾶς	κυβερνήτης	καὶ	πᾶς	ὁ	ἐπὶ	τόπον	πλέων,	καὶ	ναῦται
Y	todo	capitán de un barco,	y	todo$_1$	el (que)$_2$	a$_4$	un lugar$_5$	navega$_3$	y	marineros,
2532	3956	2942	2532	3956	3588	1909	5117	4126	2532	3492
CLN	JNSM	NNSM	CLN	JNSM	DNSM	P	NASM	VPAP-SNM	CLN	NNPM

καὶ	ὅσοι	τὴν	θάλασσαν	ἐργάζονται,	ἀπὸ	μακρόθεν	ἔστησαν	18 καὶ
y	cuantos$_1$	en el$_3$	mar,$_4$	trabajan$_2$	desde$_6$	lejos.$_7$	se pusieron de pie$_5$	y
2532	3745	3588	2281	2038	575	3113	2476	2532
CLN	RK-NPM	DASF	NASF	VPUI3P	P	B	VAAI3P	CLN

ἔκραξαν	βλέποντες	τὸν	καπνὸν	τῆς	πυρώσεως	αὐτῆς	λέγοντες·	Τίς
gritaban	viendo	el	humo	del	incendio	de ella,	diciendo:	¿Qué
2896	991	3588	2586	3588	4451	846	3004	5101
VIAI3P	VPAP-PNM	DASM	NASM	DGSF	NGSF	RP3GSF	VPAP-PNM	RI-NSF

ὁμοία	τῇ	πόλει	τῇ	μεγάλῃ;	19 καὶ	ἔβαλον	χοῦν	ἐπὶ	τὰς	κεφαλὰς
semejante a	a la	ciudad	--	grande?	Y	echaron	polvo	sobre	las	cabezas
3664	3588	4172	3588	3173	2532	906	5522	1909	3588	2776
JNSF	DDSF	NDSF	DDSF	JDSF	CLN	VAAI3P	NASM	P	DAPF	NAPF

αὐτῶν	καὶ	ἔκραξαν	κλαίοντες	καὶ	πενθοῦντες	λέγοντες·	Οὐαὶ	οὐαί,
de ellos,	y	gritaban	llorando	y	lamentándose,	diciendo:	¡Ay!	¡Ay
846	2532	2896	2799	2532	3996	3004	3759	3759
RP3GPM	CLN	VIAI3P	VPAP-PNM	CLN	VPAP-PNM	VPAP-PNM	I	I

ἡ	πόλις	ἡ	μεγάλη,	ἐν	ᾗ	ἐπλούτησαν	πάντες	οἱ	ἔχοντες
la	ciudad	--	grande,	en$_1$	la que$_2$	se enriquecieron$_{11}$	todos$_3$	los que$_4$	tienen$_5$
3588	4172	3588	3173	1722	3739	4147	3956	3588	2192
DNSF	NNSF	DNSF	JNSF	P	RR-DSF	VAAI3P	JNPM	DNPM	VPAP-PNM

τὰ	πλοῖα	ἐν	τῇ	θαλάσσῃ	ἐκ	τῆς	τιμιότητος	αὐτῆς,	ὅτι	μιᾷ	ὥρᾳ
los$_6$	barcos$_7$	en$_8$	el$_9$	mar$_{10}$	de	la	riqueza	de ella,	porque	en una	hora
3588	4143	1722	3588	2281	1537	3588	5094	846	3754	1520	5610
DAPN	NAPN	P	DDSF	NDSF	P	DGSF	NGSF	RP3GSF	CAZ	JDSF	NDSF

ἠρημώθη.
fue desolada!
2049
VAPI3S

NVI

15 Los comerciantes
que vendían estas
mercaderías y se habían
enriquecido a costa de
ella se mantendrán a
distancia, aterroriza-
dos al ver semejante
castigo. Llorarán y harán
lamentación:

16 «¡Ay! ¡Ay de la gran
ciudad,
vestida de lino fino,
de púrpura y
escarlata,
y adornada con oro,
piedras preciosas
y perlas,
17 porque en una sola
hora ha quedado
destruida toda tu
riqueza!»

Todos los capitanes
de barco, los pasajeros,
los marineros y todos los
que viven del mar se de-
tendrán a lo lejos. 18 Al
ver el humo del fuego
que la consume, excla-
marán: «¿Hubo jamás
alguna ciudad como esta
gran ciudad?» 19 Harán
duelo, llorando y lamen-
tándose a gritos:

«¡Ay! ¡Ay de la gran
ciudad,
con cuya opulencia se
enriquecieron
todos los dueños de
flotas navieras!
¡En una sola hora ha
quedado destruida!

RVR

20 Alégrate sobre ella,
cielo, y vosotros, santos,
apóstoles y profetas;
porque Dios ha pro-
nunciado juicio a vues-
tro favor contra ella.
21 Y un ángel podero-
so tomó una piedra,
como una gran piedra
de molino, y la arrojó
al mar, diciendo: Con
el mismo ímpetu será
derribada Babilonia, la
gran ciudad, y nunca
más será hallada.
22 Y sonido de arpistas,
de músicos, de flautistas
y de trompeteros no se
oirá ya más en ti; y nin-
gún artífice de ningún
oficio se hallará más en
ti, ni ruido de molino se
oirá más en ti.
23 Luz de lámpara no
alumbrará más en ti,
y la voz del novio y de
la novia no se oirá ya
más en ti; porque tus

20 Εὐφραίνου	ἐπ’	αὐτῇ,	οὐρανέ,	καὶ	οἱ	ἅγιοι	καὶ	οἱ
Alégrate	sobre	ella,	cielo	y	los	santos	y	los
2165	1909	846	3772	2532	3588	40	2532	3588
VPPM2S	*P*	*RP3DSF*	*NVSM*	*CLN*	*DVPM, DNPM*	*JVPM, JNPM*	*CLN*	*DVPM, DNPM*

ἀπόστολοι	καὶ	οἱ	προφῆται,	ὅτι	ἔκρινεν	ὁ	θεὸς	τὸ	κρίμα
apóstoles	y	los	profetas,	porque$_1$	juzgó$_4$	--$_2$	Dios$_3$	el	juicio
652	2532	3588	4396	3754	2919	3588	2316	3588	2917
NVPM, NNPM	*CLN*	*DVPM, DNPM*	*NVPM, NNPM*	*CAZ*	*VAAI3S*	*DNSM*	*NNSM*	*DASN*	*NASN*

ὑμῶν	ἐξ	αὐτῆς.
de vosotros	de (contra)	ella.
5216	1537	846
RP2GP	*P*	*RP3GSF*

21 Καὶ	ἦρεν	εἷς	ἄγγελος	ἰσχυρὸς	λίθον	ὡς	μύλινον	μέγαν,
Y$_1$	levantó$_5$	un$_2$	ángel$_3$	fuerte$_4$	una piedra	como	(piedra) de molino	grande,
2532	142	1520	32	2478	3037	5613	3458	3173
CLN	*VAAI3S*	*JNSM*	*NNSM*	*JNSM*	*NASM*	*P, CAM*	*JASM*	*JASM*

καὶ	ἔβαλεν	εἰς	τὴν	θάλασσαν	λέγων·	Οὕτως	ὁρμήματι	βληθήσεται
y	(la) arrojó	hacia	el	mar,	diciendo:	Así$_1$	con ímpetu,$_7$	será echada$_6$
2532	906	1519	3588	2281	3004	3779	3731	906
CLN	*VAAI3S*	*P*	*DASF*	*NASF*	*VPAP-SNM*	*B*	*NDSN*	*VFPI3S*

Βαβυλὼν	ἡ	μεγάλη	πόλις,	καὶ	οὐ	μὴ*	εὑρεθῇ	ἔτι.	22 καὶ	φωνὴ
Babilonia$_2$	la$_3$	gran$_4$	ciudad$_5$	y$_8$	no$_{10}$	no$_{11}$	fuera hallada.$_{12}$	ya$_9$	Y	sonido
897	3588	3173	4172	2532	3756	3361	2147	2089	2532	5456
NNSF	*DNSF*	*JNSF*	*NNSF*	*CLN*	*BN, TN*	*BN, TN*	*VAPS3S*	*B*	*CLN*	*NNSF*

κιθαρῳδῶν	καὶ	μουσικῶν	καὶ	αὐλητῶν	καὶ	σαλπιστῶν	οὐ	μὴ*
de arpistas	y	de músicos	y	flautistas	y	de trompetistas	no$_2$	no$_3$
2790	2532	3451	2532	834	2532	4538	3756	3361
NGPM	*CLN*	*JGPM*	*CLN*	*NGPM*	*CLN*	*NGPM*	*BN, TN*	*BN, TN*

ἀκουσθῇ	ἐν	σοὶ	ἔτι,	καὶ	πᾶς	τεχνίτης	πάσης	τέχνης	οὐ	μὴ*1
fuera oído$_4$	en$_5$	ti,$_6$	ya$_1$	y	todo	artesano	de todo	oficio	no$_2$	no$_3$
191	1722	4671	2089	2532	3956	5079	3956	5078	3756	3361
VAPS3S	*P*	*RP2DS*	*B*	*CLN*	*JNSM*	*NNSM*	*JGSF*	*NGSF*	*BN, TN*	*BN, TN*

εὑρεθῇ	ἐν	σοὶ	ἔτι,	καὶ	φωνὴ	μύλου	οὐ	μὴ*2	ἀκουσθῇ	ἐν
fuera hallado$_4$	en$_5$	ti,$_6$	ya$_1$	y$_7$	sonido$_8$	de molino$_9$	no$_{11}$	no$_{12}$	fuera oído$_{13}$	en$_{14}$
2147	1722	4671	2089	2532	5456	3458	3756	3361	191	1722
VAPS3S	*P*	*RP2DS*	*B*	*CLN*	*NNSF*	*NGSM*	*BN, TN*	*BN, TN*	*VAPS3S*	*P*

σοὶ	ἔτι,	23 καὶ	φῶς	λύχνου	οὐ	μὴ*	φάνῃ	ἐν	σοὶ	ἔτι,	καὶ
ti,$_{15}$	ya$_{10}$	y	luz	de lámpara	no$_2$	no$_3$	brillara$_4$	en$_5$	ti,$_6$	ya$_1$	y$_7$
4671	2089	2532	5457	3088	3756	3361	5316	1722	4671	2089	2532
RP2DS	*B*	*CLN*	*NNSN*	*NGSM*	*BN, TN*	*BN, TN*	*VAAS3S, VAPS3S*	*P*	*RP2DS*	*B*	*CLN*

φωνὴ	νυμφίου	καὶ	νύμφης	οὐ	μὴ*1	ἀκουσθῇ	ἐν	σοὶ	ἔτι·	ὅτι	οἱ
voz$_8$	de novio$_9$	y$_{19}$	de novia$_{11}$	no$_{13}$	no$_{14}$	fuera oído$_{15}$	en$_{16}$	ti,$_{17}$	ya$_{12}$	porque	los
5456	3566	2532	3565	3756	3361	191	1722	4671	2089	3754	3588
NNSF	*NGSM*	*CLN*	*NGSF*	*BN, TN*	*BN, TN*	*VAPS3S*	*P*	*RP2DS*	*B*	*CAZ*	*DNPM*

NVI

20 ¡Alégrate, oh cielo,
por lo que le ha
sucedido!
¡Alégrense también us-
tedes, santos, após-
toles y profetas!,
porque Dios, al
juzgarla,
les ha hecho justicia a
ustedes».

21 Entonces un ángel
poderoso levantó una
piedra del tamaño de
una gran rueda de mo-
lino, y la arrojó al mar
diciendo:

«Así también tú,
Babilonia, gran
ciudad,
serás derribada con la
misma violencia,
y desaparecerás de la
faz de la tierra.
22 Jamás volverá a oírse
en ti
la música de los
cantantes
y de arpas, flautas y
trompetas.
Jamás volverá a hallar-
se en ti
ningún tipo de
artesano.
Jamás volverá a oírse
en ti
el ruido de la rueda de
molino.
23 Jamás volverá a
brillar en ti
la luz de ninguna
lámpara.
Jamás volverá a sentirse
en ti
el regocijo de las
nupcias.
Porque tus

18:21*, 22*, 22*1, 22*2, 23*, 23*1 O sea *de ninguna manera*.

RVR

mercaderes eran los
magnates de la tierra;
pues por tus hechicerías
fueron engañadas todas
las naciones.
24 Y en ella se halló la
sangre de los profetas y
de los santos, y de todos
los que han sido dego-
llados sobre la tierra.

Alabanzas en el cielo

19 Después de
esto oí como
una gran voz de una
gran multitud en el cie-
lo, que decía: ¡Aleluya!
La salvación, el honor, la
gloria y el poder son del
Señor Dios nuestro;
2 porque sus juicios son
verdaderos y justos; pues
ha juzgado a la gran
ramera que corrompía
a la tierra con su forni-
cación, y ha vengado la
sangre de sus siervos de
la mano de ella.
3 Y por segunda vez
continuaron diciendo:
¡Aleluya! Y el humo de
ella sube por los siglos de
los siglos.
4 Y los veinticuatro an-
cianos y los cuatro seres

ἔμποροί	σου	ἦσαν	οἱ	μεγιστᾶνες	τῆς	γῆς,	ὅτι	ἐν	τῇ	φαρμακείᾳ
mercaderes	de ti	eran	los	grandes	de la	tierra,	porque$_1$	en$_6$	la$_7$	hechicería$_8$
1713	4675	2258	3588	3175	3588	1093	3754	1722	3588	5331
NNPM	RP2GS	VIAI3P	DNPM	NNPM	DGSF	NGSF	CAZ	P	DDSF	NDSF

σου	ἐπλανήθησαν	πάντα	τὰ	ἔθνη,	24 καὶ	ἐν	αὐτῇ	αἷμα	προφητῶν
de ti,$_9$	fueron engañadas$_5$	todas$_2$	las$_3$	naciones$_4$	y$_1$	en$_{14}$	ella.$_{15}$	sangre$_2$	de profetas$_3$
4675	4105	3956	3588	1484	2532	1722	846	129	4396
RP2GS	VAPI3P	JNPN	DNPN	NNPN	CLN	P	RP3DSF	NNSN	NGPM

καὶ	ἁγίων	εὑρέθη	καὶ	πάντων	τῶν	ἐσφαγμένων	ἐπὶ	τῆς	γῆς.
y$_4$	de santos$_5$	fue hallada$_{13}$	y$_6$	de todos$_7$	los$_8$	que han sido degollados$_9$	sobre$_{10}$	la$_{11}$	tierra$_{12}$
2532	40	2147	2532	3956	3588	4969	1909	3588	1093
CLN	JGPM	VAPI3S	CLN	JGPM	DGPM	VRPP-PGM	P	DGSF	NGSF

19 Μετὰ	ταῦτα	ἤκουσα	ὡς	φωνὴν	μεγάλην	ὄχλου	πολλοῦ
Después de	estas cosas,	oí	como	una voz	grande	multitud$_2$	de mucha$_1$
3326	3778	191	5613	5456	3173	3793	4183
P	RD-APN	VAAI1S	CAM	NASF	JASF	NGSM	JGSM

ἐν	τῷ	οὐρανῷ	λεγόντων·	Ἀλληλουϊά·	ἡ	σωτηρία	καὶ	ἡ	δόξα
en	el	cielo,	diciendo:	¡Aleluya!	La	salvación	y	la	gloria
1722	3588	3772	3004	239	3588	4991	2532	3588	1391
P	DDSM	NDSM	VPAP-PGM	I, XF	DNSF	NNSF	CLN	DNSF	NNSF

καὶ	ἡ	δύναμις	τοῦ	θεοῦ	ἡμῶν,	2 ὅτι	ἀληθιναὶ	καὶ	δίκαιαι	αἱ
y	el	poder	del	Dios	de nosotros,	porque$_1$	(son) verdaderos$_5$	y$_6$	justos;$_7$	los$_2$
2532	3588	1411	3588	2316	2257	3754	228	2532	1342	3588
CLN	DNSF	NNSF	DGSM	NGSM	RP1GP	CAZ	JNPF	CLN	JNPF	DNPF

κρίσεις	αὐτοῦ·	ὅτι	ἔκρινεν	τὴν	πόρνην	τὴν	μεγάλην	ἥτις	ἔφθειρεν
juicios$_3$	de él$_4$	porque	juzgó	a la	ramera	--	grande,	la que	corrompía
2920	846	3754	2919	3588	4204	3588	3173	3748	5351
NNPF	RP3GSM	CAZ	VAAI3S	DASF	NASF	DASF	JASF	RR-NSF	VIAI3S

τὴν	γῆν	ἐν	τῇ	πορνείᾳ	αὐτῆς,	καὶ	ἐξεδίκησεν	τὸ	αἷμα	τῶν
la	tierra	con	la	inmoralidad sexual	de ella,	y	vindicó	la	sangre	de los
3588	1093	1722	3588	4202	846	2532	1556	3588	129	3588
DASF	NASF	P	DDSF	NDSF	RP3GSF	CLN	VAAI3S	DASN	NASN	DGPM

δούλων	αὐτοῦ	ἐκ	χειρὸς	αὐτῆς.	3 καὶ	δεύτερον	εἴρηκαν·	Ἀλληλουϊά·
siervos	de él	de	mano	de ella.	Y	por segunda vez	han dicho:	¡Aleluya!
1401	846	1537	5495	846	2532	1208	4483	239
NGPM	RP3GSM	P	NGSF	RP3GSF	CLN	B, J	VRAI3P	I, XF

καὶ	ὁ	καπνὸς	αὐτῆς	ἀναβαίνει	εἰς	τοὺς	αἰῶνας	τῶν	αἰώνων.	4 καὶ
Y	el	humo	de ella	sube	por	los	siglos	de los	siglos.	Y$_1$
2532	3588	2586	846	305	1519	3588	165	3588	165	2532
CLN	DNSM	NNSM	RP3GSF	VPAI3S	P	DAPM	NAPM	DGPM	NGPM	CLN

ἔπεσαν	οἱ	πρεσβύτεροι	οἱ	εἴκοσι	τέσσαρες	καὶ	τὰ	τέσσαρα
cayeron,$_{11}$	--$_5$	ancianos$_6$	--$_2$	veinte$_3$	cuatro$_4$	y$_7$	los$_8$	cuatro$_9$
4098	3588	4245	3588	1501	5064	2532	3588	5064
VAAI3P	DNPM	JNPM	DNPM	JNPM	JNPM	CLN	DNPN	JNPN

NVI

comerciantes
eran los magnates del
mundo,
porque con tus
hechicerías
engañaste a todas las
naciones,
24 porque en ti se halló
sangre de profetas y
de santos,
y de todos los que han
sido asesinados en
la tierra».

¡Aleluya!

19 Después de
esto oí en el
cielo un tremendo
bullicio, como el de una
inmensa multitud que
exclamaba:

«¡Aleluya!
La salvación, la gloria
y el poder son de
nuestro Dios,
2 pues sus juicios son
verdaderos y justos:
ha condenado a la
famosa prostituta
que con sus adulterios
corrompía la tierra;
ha vindicado la sangre
de los siervos de
Dios derramada
por ella».

3 Y volvieron a
exclamar:

«¡Aleluya!
El humo de ella sube
por los siglos de los
siglos».

4 Entonces los vein-
ticuatro ancianos y los
cuatro seres vivientes se

RVR

vivientes se postraron en
tierra y adoraron a Dios,
que estaba sentado en el
trono, y decían: ¡Amén!
¡Aleluya!
5 Y salió del trono una
voz que decía: Alabad
a nuestro Dios todos
sus siervos, y los que le
teméis, así pequeños
como grandes.
6 Y oí como la voz de una
gran multitud, como el
estruendo de muchas
aguas, y como el sonido
de fuertes truenos, que
decía: ¡Aleluya, porque
el Señor nuestro Dios
Todopoderoso ha esta-
blecido su reinado!

Las bodas del Cordero

7 Gocémonos y ale-
grémonos y démosle
gloria; porque han
llegado las bodas del
Cordero, y su esposa se
ha preparado.
8 Y a ella se le ha
concedido vestirse de
lino fino, limpio y res-
plandeciente; porque el
lino fino es las acciones
justas de los santos.
9 Y el ángel me dijo:
Escribe: Dichosos los

ζῷα,	καὶ	προσεκύνησαν	τῷ	θεῷ	τῷ	καθημένῳ	ἐπὶ	τῷ	θρόνῳ
seres vivientes$_{10}$	y	adoraron	a --	Dios,	al que	está sentado	en	el	trono,
2226	2532	4352	3588	2316	3588	2521	1909	3588	2362
NNPN	*CLN*	*VAAI3P*	*DDSM*	*NDSM*	*DDSM*	*VPUP-SDM*	*P*	*DDSM*	*NDSM*

λέγοντες·	Ἀμήν,	Ἀλληλουϊά.
diciendo:	¡Amén!	¡Aleluya!
3004	281	239
VPAP-PNM	*I, XF*	*XF, I*

5 Καὶ	φωνὴ	ἀπὸ	τοῦ	θρόνου	ἐξῆλθεν	λέγουσα·	Αἰνεῖτε	τῷ
Y	una voz	de$_2$	el$_3$	trono$_4$	salió,$_1$	diciendo:	¡Alabad	al
2532	5456	575	3588	2362	1831	3004	134	3588
CLN	*NNSF*	*P*	*DGSM*	*NGSM*	*VAAI3S*	*VPAP-SNF*	*VPAM2P*	*DDSM*

θεῷ	ἡμῶν,	πάντες	οἱ	δοῦλοι	αὐτοῦ,	καὶ	οἱ
Dios	de nosotros,	todos	los	siervos	de él,	y	los que
2316	2257	3956	3588	1401	846	2532	3588
NDSM	*RP1GP*	*JVPM, JNPM*	*DVPM, DNPM*	*NVPM, NNPM*	*RP3GSM*	*CLN*	*DVPM, DNPM*

φοβούμενοι	αὐτόν,	οἱ	μικροὶ	καὶ	οἱ	μεγάλοι.
teméis	a él,	los	pequeños	y	los	grandes!
5399	846	3588	3398	2532	3588	3173
VPUP-PVM, VPUP-PNM	*RP3ASM*	*DVPM, DNPM*	*JVPM, JNPM*	*CLN*	*DVPM, DNPM*	*JVPM, JNPM*

6 καὶ	ἤκουσα	ὡς	φωνὴν	ὄχλου	πολλοῦ	καὶ	ὡς	φωνὴν	ὑδάτων
Y	oí	como	una voz	multitud$_2$	de mucha$_1$	y	como	sonido	aguas$_2$
2532	191	5613	5456	3793	4183	2532	5613	5456	5204
CLN	*VAAI1S*	*P, CAM*	*NASF*	*NGSM*	*JGSM*	*CLN*	*P, CAM*	*NASF*	*NGPN*

πολλῶν	καὶ	ὡς	φωνὴν	βροντῶν	ἰσχυρῶν,	λεγόντων·	Ἀλληλουϊά,
muchas$_1$	y	como	sonido	de truenos	fuertes,	diciendo:	¡Aleluya!
4183	2532	5613	5456	1027	2478	3004	239
JGPN	*CLN*	*P, CAM*	*NASF*	*NGPF*	*JGPF*	*VPAP-PGM*	*XF, I*

ὅτι	ἐβασίλευσεν	κύριος,	ὁ	[Γ]θεός,	ὁ	παντοκράτωρ.	7 χαίρωμεν
Porque	reina	(el) Señor,	--	Dios	--	Todopoderoso.	Alegrémonos
3754	936	2962	3588	2316	3588	3841	5463
CAZ	*VAAI3S*	*NNSM*	*DNSM*	*NNSM*	*DNSM*	*NNSM*	*VPAS1P*

καὶ	ἀγαλλιῶμεν,	καὶ	δώσομεν	τὴν	δόξαν	αὐτῷ,	ὅτι	ἦλθεν	ὁ
y	regocijémonos,	y	demos	la	gloria	a él,	porque$_1$	vino$_6$	la$_2$
2532	21	2532	1325	3588	1391	846	3754	2064	3588
CLN	*VPAS1P*	*CLN*	*VAAS1P*	*DASF*	*NASF*	*RP3DSM*	*CAZ*	*VAAI3S*	*DNSM*

γάμος	τοῦ	ἀρνίου,	καὶ	ἡ	γυνὴ	αὐτοῦ	ἡτοίμασεν	ἑαυτήν,	8 καὶ
boda$_3$	del$_4$	Cordero,$_5$	y	la	mujer	de él	preparó	a sí misma,	y
1062	3588	721	2532	3588	1135	846	2090	1438	2532
NNSM	*DGSN*	*NGSN*	*CLN*	*DNSF*	*NNSF*	*RP3GSM, RP3GSN*	*VAAI3S*	*RF3ASF*	*CLN*

ἐδόθη	αὐτῇ	ἵνα	περιβάληται	βύσσινον	λαμπρὸν	καθαρόν,	τὸ	γὰρ
fue dado	a ella	que	se vistiera	de lino fino	resplandeciente,	puro;	el$_2$	porque$_1$
1325	846	2443	4016	1039	2986	2513	3588	1063
VAPI3S	*RP3DSF*	*CSC*	*VAMS3S*	*JASN*	*JASN*	*JASN*	*DNSN*	*CLX*

βύσσινον	τὰ	δικαιώματα	τῶν	ἁγίων	ἐστίν.
lino fino$_3$	los$_5$	actos justos$_6$	de los$_7$	santos.$_8$	es (son)$_4$
1039	3588	1345	3588	40	2076
JNSN	*DNPN*	*NNPN*	*DGPM*	*JGPM*	*VPAI3S*

9 Καὶ	λέγει	μοι·	Γράψον·	Μακάριοι	οἱ	εἰς	τὸ	δεῖπνον	τοῦ
Y	dice	a mí:	Escribe:	Bienaventurados$_1$	los que$_2$	a$_4$	la$_5$	cena$_6$	de la$_7$
2532	3004	3427	1125	3107	3588	1519	3588	1173	3588
CLN	*VPAI3S*	*RP1DS*	*VAAM2S*	*JNPM*	*DNPM*	*P*	*DASN*	*NASN*	*DGSM*

NVI

postraron y adoraron a
Dios, que estaba sentado
en el trono, y dijeron:

«¡Amén, Aleluya!»

5 Y del trono salió una
voz que decía:

«¡Alaben ustedes a
nuestro Dios,
todos sus siervos, gran-
des y pequeños,
que con reverente
temor le sirven!»

6 Después oí voces
como el rumor de una
inmensa multitud,
como el estruendo
de una catarata y
como el retumbar de
potentes truenos, que
exclamaban:

«¡Aleluya!
Ya ha comenzado a
reinar el Señor,
nuestro Dios
Todopoderoso.
7 ¡Alegrémonos y
regocijémonos
y démosle gloria!
Ya ha llegado el día
de las bodas del
Cordero.
Su novia se ha
preparado,
8 y se le ha concedido
vestirse
de lino fino, limpio y
resplandeciente».
(El lino fino representa
las acciones justas de los
santos).

9 El ángel me dijo:
«Escribe: "¡Dichosos

19:6[Γ] Manuscritos inferiores aumentaron *de nosotros.*

RVR

invitados a la cena de
las bodas del Cordero.
Y me dijo: Éstas son
palabras verdaderas de
Dios.
10 Yo me postré a sus
pies para adorarle. Y él
me dijo: Mira, no lo ha-
gas; soy consiervo tuyo,
y de tus hermanos que
poseen el testimonio
de Jesús. Adora a Dios;
porque el testimonio de
Jesús es el espíritu de la
profecía.

El jinete del caballo blanco

11 Entonces vi el cielo
abierto; y he aquí un
caballo blanco, y el que
lo montaba se llama Fiel
y Verdadero, el cual con
justicia juzga y pelea.
12 Sus ojos son como
llama de fuego, y sobre
su cabeza hay muchas
diademas; y tiene un
nombre escrito que
ninguno conoce sino él
mismo.
13 Está vestido de una
ropa teñida en sangre;
y su nombre es: EL
VERBO DE DIOS.
14 Y los ejércitos
celestiales, vestidos de
lino finísimo, blanco
y limpio, le seguían

γάμου	τοῦ	ἀρνίου	κεκλημένοι.	καὶ	λέγει	μοι·	Οὗτοι	οἱ	λόγοι
boda$_8$	del$_9$	Cordero$_{10}$	han sido invitados.$_3$	Y	dice	a mí:	Estas$_1$	--$_3$	palabras$_4$
1062	3588	721	2564	2532	3004	3427	3778	3588	3056
NGSM	DGSN	NGSN	VRPP-PNM	CLN	VPAI3S	RP1DS	RD-NPM	DNPM	NNPM

ἀληθινοὶ	τοῦ	θεοῦ	εἰσιν.	10 καὶ	ἔπεσα	ἔμπροσθεν	τῶν	ποδῶν	αὐτοῦ
verdaderas$_5$	de--$_6$	Dios.$_7$	son$_2$	Y	caí	delante de	los	pies	de él
228	3588	2316	1526	2532	4098	1715	3588	4228	846
JNPM	DGSM	NGSM	VPAI3P	CLN	VAAI1S	P, B	DGPM	NGPM	RP3GSM

προσκυνῆσαι	αὐτῷ.	καὶ	λέγει	μοι·	Ὅρα	μή·	σύνδουλός	σού	εἰμι
para adorar	a él.	Y	dice	a mí:	Mira,	no.	consiervo$_2$	de ti$_3$	Soy$_1$
4352	846	2532	3004	3427	3708	3361	4889	4675	1510
VAAN	RP3DSM	CLC	VPAI3S	RP1DS	VPAM2S	BN, TN	NNSM	RP2GS	VPAI1S

καὶ	τῶν	ἀδελφῶν	σου	τῶν	ἐχόντων	τὴν	μαρτυρίαν	Ἰησοῦ·	τῷ
y	de los	hermanos	de ti,	los que	tienen	el	testimonio	de Jesús;	a --$_2$
2532	3588	80	4675	3588	2192	3588	3141	2424	3588
CLN	DGPM	NGPM	RP2GS	DGPM	VPAP-PGM	DASF	NASF	NGSM	DDSM

θεῷ	προσκύνησον·	ἡ	γὰρ	μαρτυρία	Ἰησοῦ	ἐστιν	τὸ	πνεῦμα	τῆς
Dios;$_3$	adora$_1$	el$_5$	porque$_4$	testimonio$_6$	de Jesús	es	el	espíritu	de la
2316	4352	3588	1063	3141	2424	2076	3588	4151	3588
NDSM	VAAM2S	DNSF	CLX	NNSF	NGSM	VPAI3S	DNSN	NNSN	DGSF

προφητείας.
profecía.
4394
NGSF

11 Καὶ	εἶδον	τὸν	οὐρανὸν	ἠνεῳγμένον,	καὶ	ἰδοὺ	ἵππος	λευκός,
Y	vi	el	cielo	que había sido abierto,	y	he aquí	un caballo	blanco,
2532	1492	3588	3772	455	2532	2400	2462	3022
CLN	VAAI1S	DASM	NASM	VRPP-SAM	CLN	I, VAAM2S	NNSM	JNSM

καὶ	ὁ	καθήμενος	ἐπ'	αὐτὸν	πιστὸς	καλούμενος	καὶ	ἀληθινός,
y	el que	está sentado	en	él	Fiel$_2$	es llamado$_1$	y$_3$	Verdadero,$_4$
2532	3588	2521	1909	846	4103	2564	2532	228
CLN	DNSM	VPUP-SNM	P	RP3ASM	JNSM	VPPP-SNM	CLN	JNSM

καὶ	ἐν	δικαιοσύνῃ	κρίνει	καὶ	πολεμεῖ.	12 οἱ	δὲ	ὀφθαλμοὶ	αὐτοῦ
y	con	justicia	juzga	y	combate.	los$_2$	Y$_1$	ojos	de él
2532	1722	1343	2919	2532	4170	3588	1161	3788	846
CLN	P	NDSF	VPAI3S	CLN	VPAI3S	DNPM	CLN	NNPM	RP3GSM

φλὸξ	πυρός,	καὶ	ἐπὶ	τὴν	κεφαλὴν	αὐτοῦ	διαδήματα	πολλά,
(son como) llama	de fuego,	y	sobre	la	cabeza	de él	diademas,$_2$	muchas$_1$
5395	4442	2532	1909	3588	2776	846	1238	4183
NNSF	NGSN	CLN	P	DASF	NASF	RP3GSM	NNPN	JNPN

ἔχων	ὄνομα	γεγραμμένον	ὃ	οὐδεὶς	οἶδεν	εἰ	μὴ	αὐτός,	13 καὶ
teniendo	un nombre	que ha sido escrito	el que	nadie	sabe,	si	no	él,	y
2192	3686	1125	3739	3762	1492	1487	3361	846	2532
VPAP-SNM	NASN	VRPP-SAN	RR-ASN	JNSM	VRAI3S	CAC	BN, TN	RP3NSMP	CLN

περιβεβλημένος	ἱμάτιον	βεβαμμένον	αἵματι,	καὶ	κέκληται	τὸ
que ha sido cubierto	(con) ropa	que ha sido teñida	con sangre,	y$_1$	ha sido llamado:$_5$	el$_2$
4016	2440	911	129	2532	2564	3588
VRPP-SNM	NASN	VRPP-SAN	NDSN	CLN	VRPI3S	DNSN

ὄνομα	αὐτοῦ	ὁ	Λόγος	τοῦ	Θεοῦ.	14 καὶ	τὰ	στρατεύματα	τὰ
nombre$_3$	de él$_4$	la	Palabra	de --	Dios.	Y	los	ejércitos	los (que están)
3686	846	3588	3056	3588	2316	2532	3588	4753	3588
NNSN	RP3GSM	DNSM	NNSM	DGSM	NGSM	CLN	DNPN	NNPN	DNPN

ἐν	τῷ	οὐρανῷ	ἠκολούθει	αὐτῷ	ἐφ'	ἵπποις	λευκοῖς,	ἐνδεδυμένοι
en	el	cielo	seguía(n)$_5$	a él$_6$	sobre$_7$	caballos$_8$	blancos.$_9$	habiendo sido vestidos$_1$
1722	3588	3772	190	846	1909	2462	3022	1746
P	DDSM	NDSM	VIAI3S	RP3DSM	P	NDPM	JDPM	VRMP-PNM

NVI

los que han sido con-
vidados a la cena de las
bodas del Cordero!"»
Y añadió: «Estas son las
palabras verdaderas de
Dios».
10 Me postré a sus pies
para adorarlo. Pero él
me dijo: «¡No, cuida-
do! Soy un siervo como
tú y como tus hermanos
que se mantienen fieles
al testimonio de Jesús.
¡Adora solo a Dios! El
testimonio de Jesús es
el espíritu que inspira la
profecía».

El jinete del caballo blanco

11 Luego vi el cielo
abierto, y apareció
un caballo blanco. Su
jinete se llama Fiel y
Verdadero. Con justicia
dicta sentencia y hace la
guerra. 12 Sus ojos res-
plandecen como llamas
de fuego, y muchas dia-
demas ciñen su cabeza.
Lleva escrito un nombre
que nadie conoce sino
solo él. 13 Está vestido
de un manto teñido en
sangre, y su nombre es
«el Verbo de Dios».
14 Lo siguen los ejércitos
del cielo, montados
en caballos blancos
y vestidos de lino

RVR

en caballos blancos.
15 De su boca sale una espada aguda, para herir con ella a las naciones, y él las pastoreará con vara de hierro; y él pisa el lagar del vino del furor y de la ira del Dios Todopoderoso.
16 Y en su vestidura y en su muslo tiene escrito este nombre: REY DE REYES Y SEÑOR DE SEÑORES.
17 Y vi a un ángel que estaba de pie en el sol, y gritó a gran voz, diciendo a todas las aves que vuelan en medio del cielo: Venid, y congregaos para la gran cena de Dios,
18 para que comáis carnes de reyes y carnes de tribunos, y carnes de valientes, carnes de caballos y de sus jinetes, y carnes de todos, libres y esclavos, pequeños y grandes.
19 Y vi a la bestia, a los reyes de la tierra y a sus ejércitos, reunidos para guerrear contra el que montaba el caballo, y

βύσσινον	λευκὸν	καθαρόν.	15 καὶ	ἐκ	τοῦ	στόματος	αὐτοῦ	ἐκπορεύεται
de lino fino$_2$	blanco$_3$	puro,$_4$	Y	de	la	boca	de él	sale
1039	3022	2513	2532	1537	3588	4750	846	1607
JASN	*JASN*	*JASN*	*CLN*	*P*	*DGSN*	*NGSN*	*RP3GSM*	*VPUI3S*

ῥομφαία	ὀξεῖα,	ἵνα	ἐν	αὐτῇ	πατάξῃ	τὰ	ἔθνη,	καὶ	αὐτὸς	ποιμανεῖ
una espada	aguda	para$_1$	con$_5$	ella,$_6$	herir$_2$	a las$_3$	naciones$_4$	y	él	pastoreará
4501	3691	2443	1722	846	3960	3588	1484	2532	846	4165
NNSF	*JNSF*	*CAP*	*P*	*RP3DSF*	*VAAS3S*	*DAPN*	*NAPN*	*CLN*	*RP3NSMP*	*VFAI3S*

αὐτοὺς	ἐν	ῥάβδῳ	σιδηρᾷ·	καὶ	αὐτὸς	πατεῖ	τὴν	ληνὸν	τοῦ	οἴνου	τοῦ
a ellas	con	vara	de hierro;	y	él	pisa	el	lagar	del	vino	del
846	1722	4464	4603	2532	846	3961	3588	3025	3588	3631	3588
RP3APM	*P*	*NDSF*	*JDSF*	*CLN*	*RP3NSMP*	*VPAI3S*	*DASF*	*NASF*	*DGSM*	*NGSM*	*DGSM*

θυμοῦ	τῆς	ὀργῆς	τοῦ	θεοῦ	τοῦ	παντοκράτορος.	16 καὶ	ἔχει	ἐπὶ	τὸ
enojo	de la	ira	de --	Dios	--	Todopoderoso.	Y	tiene	sobre	el
2372	3588	3709	3588	2316	3588	3841	2532	2192	1909	3588
NGSM	*DGSF*	*NGSF*	*DGSM*	*NGSM*	*DGSM*	*NGSM*	*CLN*	*VPAI3S*	*P*	*DASN*

ἱμάτιον	καὶ	ἐπὶ	τὸν	μηρὸν	αὐτοῦ	ὄνομα	γεγραμμένον·	Βασιλεὺς
manto	Y	sobre	el	muslo	de él	un nombre	que ha sido escrito:	Rey
2440	2532	1909	3588	3382	846	3686	1125	935
NASN	*CLN*	*P*	*DASM*	*NASM*	*RP3GSM*	*NASN*	*VRPP-SAN*	*NNSM*

βασιλέων	καὶ	κύριος	κυρίων.
de reyes	y	Señor	de señores.
935	2532	2962	2962
NGPM	*CLN*	*NNSM*	*NGPM*

17 Καὶ	εἶδον	ἕνα	ἄγγελον	ἑστῶτα	ἐν	τῷ	ἡλίῳ,	καὶ	ἔκραξεν	φωνῇ
Y	vi	un	ángel	de pie	en	el	sol,	y	clamó	con voz
2532	1492	1520	32	2476	1722	3588	2246	2532	2896	5456
CLN	*VAAI1S*	*JASM*	*NASM*	*VRAP-SAM*	*P*	*DDSM*	*NDSM*	*CLN*	*VAAI3S*	*NDSF*

μεγάλῃ	λέγων	πᾶσι	τοῖς	ὀρνέοις	τοῖς	πετομένοις	ἐν	μεσουρανήματι·
grande	diciendo	a todas	las	aves,	las que	vuelan	en	medio del cielo:
3173	3004	3956	3588	3732	3588	4072	1722	3321
JDSF	*VPAP-SNM*	*JDPN*	*DDPN*	*NDPN*	*DDPN*	*VPUP-PDN*	*P*	*NDSN*

Δεῦτε	συνάχθητε	εἰς	τὸ	δεῖπνον	τὸ	μέγα	τοῦ	θεοῦ,	18 ἵνα	φάγητε
Venid,	congregaos	para	la	cena	--	grande	de --	Dios,	para que	comáis
1205	4863	1519	3588	1173	3588	3173	3588	2316	2443	5315
B	*VAPM2P*	*P*	*DASN*	*NASN*	*DASN*	*JASN*	*DGSM*	*NGSM*	*CAP*	*VAAS2P*

σάρκας	βασιλέων	καὶ	σάρκας	χιλιάρχων	καὶ	σάρκας	ἰσχυρῶν	καὶ
carnes	de reyes	y	carnes	de tribunos militares	y	carnes	de poderosos	y
4561	935	2532	4561	5506	2532	4561	2478	2532
NAPF	*NGPM*	*CLN*	*NAPF*	*NGPM*	*CLN*	*NAPF*	*JGPM*	*CLN*

σάρκας	ἵππων	καὶ	τῶν	καθημένων	ἐπ᾽	αὐτῶν,	καὶ	σάρκας	πάντων
carnes	de caballos	y	de los	sentados	sobre	ellos	y	carnes	de todos,
4561	2462	2532	3588	2521	1909	846	2532	4561	3956
NAPF	*NGPM*	*CLN*	*DGPM*	*VPUP-PGM*	*P*	*RP3GPM*	*CLN*	*NAPF*	*JGPM*

ἐλευθέρων	τε	καὶ	δούλων	καὶ	μικρῶν	καὶ	μεγάλων.	19 καὶ
libres$_2$	tanto$_1$	(como) también	esclavos,	y	pequeños	y	grandes.	Y
1658	5037	2532	1401	2532	3398	2532	3173	2532
JGPM	*CLK*	*CLK, CLN*	*NGPM*	*CLN*	*JGPM*	*CLN*	*JGPM*	*CLN*

εἶδον	τὸ	θηρίον	καὶ	τοὺς	βασιλεῖς	τῆς	γῆς	καὶ	τὰ	στρατεύματα
vi	a la	bestia	y	a los	reyes	de la	tierra	y	los	ejércitos
1492	3588	2342	2532	3588	935	3588	1093	2532	3588	4753
VAAI1S	*DASN*	*NASN*	*CLN*	*DAPM*	*NAPM*	*DGSF*	*NGSF*	*CLN*	*DAPN*	*NAPN*

αὐτῶν	συνηγμένα	ποιῆσαι	τὸν	πόλεμον	μετὰ	τοῦ	καθημένου	ἐπὶ
de ellos,	que se han reunido	para hacer	--	guerra	con	el que	está sentado	sobre
846	4863	4160	3588	4171	3326	3588	2521	1909
RP3GPM	*VRPP-PAN*	*VAAN*	*DASM*	*NASM*	*P*	*DGSM*	*VPUP-SGM*	*P*

NVI

fino, blanco y limpio.
15 De su boca sale una espada afilada, con la que herirá a las naciones. «Las gobernará con puño de hierro». Él mismo exprime uvas en el lagar del furor del castigo que viene de Dios Todopoderoso.
16 En su manto y sobre el muslo lleva escrito este nombre:

REY DE REYES Y
SEÑOR DE SEÑORES.

17 Vi a un ángel que, parado sobre el sol, gritaba a todas las aves que vuelan en medio del cielo: «Vengan, reúnanse para la gran cena de Dios,
18 para que coman carne de reyes, de jefes militares y de magnates; carne de caballos y de sus jinetes; carne de toda clase de gente, libres y esclavos, grandes y pequeños».
19 Entonces vi a la bestia y a los reyes de la tierra con sus ejércitos, reunidos para hacer guerra contra el jinete de aquel caballo y contra su

RVR

contra su ejército.
20 Y la bestia fue
apresada, y con ella el
falso profeta que había
hecho delante de ella
las señales con las cuales
había engañado a los
que recibieron la marca
de la bestia, y habían
adorado su imagen.
Estos dos fueron lanza-
dos vivos dentro de un
lago de fuego que arde
con azufre.
21 Y los demás fueron
muertos con la espada
que salía de la boca
del que montaba el
caballo, y todas las aves
se saciaron de las carnes
de ellos.

Los mil años

20 Vi a un ángel
que descendía
del cielo, teniendo la
llave del abismo, y una
gran cadena en la mano.
2 Y prendió al dragón, la
serpiente antigua, que es
el diablo y Satanás, y lo
ató por mil años;
3 y lo arrojó al abismo,
y lo encerró, y puso su
sello sobre él, para que
no engañase más a las
naciones, hasta que fue-
sen cumplidos los mil

τοῦ	ἵππου	καὶ	μετὰ	τοῦ	στρατεύματος	αὐτοῦ.	20 καὶ	ἐπιάσθη	τὸ
el	caballo	y	con	el	ejército	de él.	Y$_1$	fue apresada$_4$	la$_2$
3588	2462	2532	3326	3588	4753	846	2532	4084	3588
DGSM	*NGSM*	*CLN*	*P*	*DGSN*	*NGSN*	*RP3GSM*	*CLN*	*VAPI3S*	*DNSN*

θηρίον	καὶ	μετ’	αὐτοῦ	ὁ	ψευδοπροφήτης	ὁ	ποιήσας	τὰ	σημεῖα
bestia$_3$	y	con	ella	el	falso profeta,	el que	hizo	las	señales
2342	2532	3326	846	3588	5578	3588	4160	3588	4592
NNSN	*CLN*	*P*	*RP3GSN*	*DNSM*	*NNSM*	*DNSM*	*VAAP-SNM*	*DAPN*	*NAPN*

ἐνώπιον	αὐτοῦ,	ἐν	οἷς	ἐπλάνησεν	τοὺς	λαβόντας	τὸ	χάραγμα
delante de	ella,	con	los que	engañó,	a los que	recibieron	la	marca
1799	846	1722	3739	4105	3588	2983	3588	5480
P, B	*RP3GSN*	*P*	*RR-DPN*	*VAAI3S*	*DAPM*	*VAAP-PAM*	*DASN*	*NASN*

τοῦ	θηρίου	καὶ	τοὺς	προσκυνοῦντας	τῇ	εἰκόνι	αὐτοῦ·	ζῶντες
de la	bestia	y	a los que	adoran	la	imagen	de ella;	viviendo$_4$
3588	2342	2532	3588	4352	3588	1500	846	2198
DGSN	*NGSN*	*CLN*	*DAPM*	*VPAP-PAM*	*DDSF*	*NDSF*	*RP3GSN*	*VPAP-PNM*

ἐβλήθησαν	οἱ	δύο	εἰς	τὴν	λίμνην	τοῦ	πυρὸς	τῆς	καιομένης
fueron arrojados$_3$	los$_1$	dos$_2$	hacia	el	lago	de --	fuego	el que	arde
906	3588	1417	1519	3588	3041	3588	4442	3588	2545
VAPI3P	*DNPM*	*XN, J*	*P*	*DASF*	*NASF*	*DGSN*	*NGSN*	*DGSF*	*VPPP-SGF*

ἐν	θείῳ.	21 καὶ	οἱ	λοιποὶ	ἀπεκτάνθησαν	ἐν	τῇ	ῥομφαίᾳ	τοῦ
con	azufre.	Y	los	demás	fueron matados	con	la	espada,	del que
1722	2303	2532	3588	3062	615	1722	3588	4501	3588
P	*NDSN*	*CLN*	*DNPM*	*JNPM*	*VAPI3P*	*P*	*DDSF*	*NDSF*	*DGSM*

καθημένου	ἐπὶ	τοῦ	ἵππου	τῇ	ἐξελθούσῃ	ἐκ	τοῦ	στόματος	αὐτοῦ,
está sentado	sobre	el	caballo,	la que	sale	de	la	boca	de él,
2521	1909	3588	2462	3588	1831	1537	3588	4750	846
VPUP-SGM	*P*	*DGSM*	*NGSM*	*DDSF*	*VAAP-SDF*	*P*	*DGSN*	*NGSN*	*RP3GSM*

καὶ	πάντα	τὰ	ὄρνεα	ἐχορτάσθησαν	ἐκ	τῶν	σαρκῶν	αὐτῶν.
y	todas	las	aves	fueron saciadas	de	las	carnes	de ellos.
2532	3956	3588	3732	5526	1537	3588	4561	846
CLN	*JNPN*	*DNPN*	*NNPN*	*VAPI3P*	*P*	*DGPF*	*NGPF*	*RP3GPM*

20 Καὶ	εἶδον	ἄγγελον	καταβαίνοντα	ἐκ	τοῦ	οὐρανοῦ,	ἔχοντα
Y	vi	a un ángel	que desciende	de	el	cielo,	teniendo
2532	1492	32	2597	1537	3588	3772	2192
CLN	*VAAI1S*	*NASM*	*VPAP-SAM*	*P*	*DGSM*	*NGSM*	*VPAP-SAM*

τὴν	κλεῖν	τῆς	ἀβύσσου	καὶ	ἅλυσιν	μεγάλην	ἐπὶ	τὴν	χεῖρα	αὐτοῦ.
la	llave	del	abismo	y	una cadena	grande	en	la	mano	de él.
3588	2807	3588	12	2532	254	3173	1909	3588	5495	846
DASF	*NASF*	*DGSF*	*NGSF*	*CLN*	*NASF*	*JASF*	*P*	*DASF*	*NASF*	*RP3GSM*

2 καὶ	ἐκράτησεν	τὸν	δράκοντα,	ὁ	ὄφις	ὁ	ἀρχαῖος,	ὅς	ἐστιν
Y	sujetó	al	dragón,	la	serpiente	--	antigua,	el que	es
2532	2902	3588	1404	3588	3789	3588	744	3739	2076
CLN	*VAAI3S*	*DASM*	*NASM*	*DNSM*	*NNSM*	*DNSM*	*JNSM*	*RR-NSM*	*VPAI3S*

Διάβολος	καὶ	ὁ	Σατανᾶς,	καὶ	ἔδησεν	αὐτὸν	χίλια	ἔτη,	3 καὶ	ἔβαλεν
Diablo	y	--	Satanás,	y	ató	a él	mil	años,	y	arrojó
1228	2532	3588	4567	2532	1210	846	5507	2094	2532	906
JNSM	*CLN*	*DNSM*	*NNSM*	*CLN*	*VAAI3S*	*RP3ASM*	*JAPN*	*NAPN*	*CLN*	*VAAI3S*

αὐτὸν	εἰς	τὴν	ἄβυσσον,	καὶ	ἔκλεισεν	καὶ	ἐσφράγισεν	ἐπάνω	αὐτοῦ,
a él	hacia	el	abismo,	y	(lo) cerró	y	selló	sobre	él,
846	1519	3588	12	2532	2808	2532	4972	1883	846
RP3ASM	*P*	*DASF*	*NASF*	*CLN*	*VAAI3S*	*CLN*	*VAAI3S*	*P, B*	*RP3GSM*

ἵνα	μὴ	πλανήσῃ	ἔτι	τὰ	ἔθνη,	ἄχρι	τελεσθῇ	τὰ	χίλια
para que$_1$	no$_3$	engañara$_4$	ya$_2$	a las	naciones,	hasta que$_1$	se hayan cumplido;$_5$	los$_2$	mil$_3$
2443	3361	4105	2089	3588	1484	891	5055	3588	5507
CAP	*BN, TN*	*VAAS3S*	*B*	*DAPN*	*NAPN*	*P, C*	*VAPS3S*	*DNPN*	*JNPN*

NVI

ejército. 20 Pero la bestia
fue capturada junto con
el falso profeta. Este
es el que hacía señales
milagrosas en presencia
de ella, con las cuales en-
gañaba a los que habían
recibido la marca de la
bestia y adoraban su
imagen. Los dos fueron
arrojados vivos al lago
de fuego y azufre. 21 Los
demás fueron extermi-
nados por la espada que
salía de la boca del que
montaba a caballo, y
todas las aves se hartaron
de la carne de ellos.

Los mil años

20 Vi además a
un ángel que
bajaba del cielo con la
llave del abismo y una
gran cadena en la mano.
2 Sujetó al dragón,
a aquella serpiente
antigua que es el diablo
y Satanás, y lo encadenó
por mil años. 3 Lo arrojó
al abismo, lo encerró y
tapó la salida para que
no engañara más a las
naciones, hasta que
se cumplieran los mil

RVR

años; y después de esto
debe ser desatado por un
poco de tiempo.
4 Y vi tronos, y se
sentaron sobre ellos los
que recibieron facultad
de juzgar; y vi las almas
de los decapitados por
causa del testimonio de
Jesús y por la palabra de
Dios, y a los que no ha-
bían adorado a la bestia
ni a su imagen, y que no
habían recibido la mar-
ca en sus frentes ni en
sus manos; y volvieron
a la vida y reinaron con
Cristo mil años.
5 Pero los otros muertos
no volvieron a vivir
hasta que se cumplieron
los mil años. Ésta es la
primera resurrección.
6 Bienaventurado y
santo el que tiene parte
en la primera resurrec-
ción; la segunda muerte
no tiene potestad sobre
éstos, sino que serán
sacerdotes de Dios y de
Cristo, y reinarán con él
por mil años.
7 Y cuando los mil años
se cumplan, Satanás será
soltado de su prisión,
8 y saldrá a engañar a las
naciones que están en

ἔτη·	μετὰ	ταῦτα	δεῖ	λυθῆναι	αὐτὸν	μικρὸν	χρόνον.
años$_4$	después de	estas cosas,	es necesario	desatar	a él	(un) poco	tiempo.
2094	3326	5023	1163	3089	846	3398	5550
NNPN	*P*	*RD-APN*	*VPAI3S*	*VAPN*	*RP3ASM*	*JASM*	*NASM*

4 Καὶ	εἶδον	θρόνους,	καὶ	ἐκάθισαν	ἐπ’	αὐτούς,	καὶ	κρίμα	ἐδόθη
Y	vi	tronos,	y	se sentaron	sobre	ellos,	y	juicio	fue dado
2532	1492	2362	2532	2523	1909	846	2532	2917	1325
CLN	*VAAI1S*	*NAPM*	*CLN*	*VAAI3P*	*P*	*RP3APM*	*CLN*	*NNSN*	*VAPI3S*

αὐτοῖς,	καὶ	τὰς	ψυχὰς	τῶν	πεπελεκισμένων	διὰ	τὴν	μαρτυρίαν
a ellos,	y	las	vidas	de los que	habían sido degollados	a causa de	el	testimonio
846	2532	3588	5590	3588	3990	1223	3588	3141
RP3DPM	*CLN*	*DAPF*	*NAPF*	*DGPM*	*VRPP-PGM*	*P*	*DASF*	*NASF*

Ἰησοῦ	καὶ	διὰ	τὸν	λόγον	τοῦ	θεοῦ,	καὶ	οἵτινες	οὐ	προσεκύνησαν
de Jesús,	y	a causa de	la	palabra	de --	Dios,	y	los que	no	adoraron
2424	2532	1223	3588	3056	3588	2316	2532	3748	3756	4352
NGSM	*CLN*	*P*	*DASM*	*NASM*	*DGSM*	*NGSM*	*CLN*	*RR-NPM*	*BN, TN*	*VAAI3P*

τὸ	θηρίον	οὐδὲ	τὴν	εἰκόνα	αὐτοῦ	καὶ	οὐκ	ἔλαβον	τὸ	χάραγμα	ἐπὶ
a la	bestia	ni	a la	imagen	de ella,	y	no	recibieron	la	marca	sobre
3588	2342	3761	3588	1504	846	2532	3756	2983	3588	5480	1909
DASN	*NASN*	*TN, CLD*	*DASF*	*NASF*	*RP3GSN*	*CLN*	*BN, TN*	*VAAI3P*	*DASN*	*NASN*	*P*

τὸ	μέτωπον	καὶ	ἐπὶ	τὴν	χεῖρα	αὐτῶν·	καὶ	ἔζησαν	καὶ	ἐβασίλευσαν
la	frente	y	sobre	la	mano	de ellos;	y	vivieron	y	reinaron
3588	3359	2532	1909	3588	5495	846	2532	2198	2532	936
DASN	*NASN*	*CLN*	*P*	*DASF*	*NASF*	*RP3GPM*	*CLN*	*VAAI3P*	*CLN*	*VAAI3P*

μετὰ	τοῦ	χριστοῦ	χίλια	ἔτη.	5 οἱ	λοιποὶ	τῶν	νεκρῶν	οὐκ	ἔζησαν
con	--	Cristo	mil	años.	Los	demás	de los	muertos	no	vivieron
3326	3588	5547	5507	2094	3588	3062	3588	3498	3756	2198
P	*DGSM*	*NGSM*	*JAPN*	*NAPN*	*DNPM*	*JNPM*	*DGPM*	*JGPM*	*BN, TN*	*VAAI3P*

ἄχρι	τελεσθῇ	τὰ	χίλια	ἔτη.	αὕτη	ἡ	ἀνάστασις	ἡ	πρώτη.
hasta	se hayan completado	los	mil	años.	Esta (es)	la	resurrección	--	primera.
891	5055	3588	5507	2094	3778	3588	386	3588	4413
P, C	*VAPS3S*	*DNPN*	*JNPN*	*NNPN*	*RD-NSF*	*DNSF*	*NNSF*	*DNSF*	*JNSF*

6 μακάριος	καὶ	ἅγιος	ὁ	ἔχων	μέρος	ἐν	τῇ	ἀναστάσει	τῇ
Bienaventurado	y	santo	el que	tiene	parte	en	la	resurrección	--
3107	2532	40	3588	2192	3313	1722	3588	386	3588
JNSM	*CLN*	*JNSM*	*DNSM*	*VPAP-SNM*	*NASN*	*P*	*DDSF*	*NDSF*	*DDSF*

πρώτῃ·	ἐπὶ	τούτων	ὁ	δεύτερος	θάνατος	οὐκ	ἔχει	ἐξουσίαν,
primera;	sobre	estos	la	segunda	muerte	no	tiene	autoridad,
4413	1909	5130	3588	1208	2288	3756	2192	1849
JDSF	*P*	*RD-GPM*	*DNSM*	*JNSM*	*NNSM*	*CLK, TN, B*	*VPAI3S*	*NASF*

ἀλλ’	ἔσονται	ἱερεῖς	τοῦ	θεοῦ	καὶ	τοῦ	χριστοῦ,	καὶ	βασιλεύσουσιν
sino	serán	sacerdotes	de --	Dios	y	de --	Cristo,	y	reinarán
235	2071	2409	3588	2316	2532	3588	5547	2532	936
CLK, CLC	*VFMI3P*	*NNPM*	*DGSM*	*NGSM*	*CLN*	*DGSM*	*NGSM*	*CLN*	*VFAI3P*

μετ’	αὐτοῦ	χίλια	ἔτη.
con	él	mil	años.
3326	846	5507	2094
P	*RP3GSM*	*JAPN*	*NAPN*

7 Καὶ	ὅταν	τελεσθῇ	τὰ	χίλια	ἔτη,	λυθήσεται	ὁ	Σατανᾶς
Y	cuando	se hayan cumplido,$_4$	los$_1$	mil$_2$	años$_3$	será desatado$_7$	--$_5$	Satanás$_6$
2532	3752	5055	3588	5507	2094	3089	3588	4567
CLN	*CAT*	*VAPS3S*	*DNPN*	*JNPN*	*NNPN*	*VFPI3S*	*DNSM*	*NNSM*

ἐκ	τῆς	φυλακῆς	αὐτοῦ,	8 καὶ	ἐξελεύσεται	πλανῆσαι	τὰ	ἔθνη
de$_8$	la$_9$	cárcel$_{10}$	de él.$_{11}$	Y	saldrá	para engañar	a las	naciones
1537	3588	5438	846	2532	1831	4105	3588	1484
P	*DGSF*	*NGSF*	*RP3GSM*	*CLN*	*VFMI3S*	*VAAN*	*DAPN*	*NAPN*

NVI

años. Después habrá de
ser soltado por algún
tiempo.
4 Entonces vi tronos
donde se sentaron
los que recibieron
autoridad para juzgar.
Vi también las almas
de los que habían sido
decapitados por causa
del testimonio de Jesús
y por la palabra de Dios.
No habían adorado a la
bestia ni a su imagen, ni
se habían dejado poner
su marca en la frente ni
en la mano. Volvieron
a vivir y reinaron con
Cristo mil años. 5 Esta es
la primera resurrección;
los demás muertos no
volvieron a vivir hasta
que se cumplieron los
mil años. 6 Dichosos y
santos los que tienen
parte en la primera re-
surrección. La segunda
muerte no tiene poder
sobre ellos, sino que
serán sacerdotes de Dios
y de Cristo, y reinarán
con él mil años.

Juicio final de Satanás

7 Cuando se cumplan
los mil años, Satanás será
liberado de su prisión,
8 y saldrá para engañar
a las naciones que están

RVR

los cuatro extremos de la
tierra, a Gog y a Magog,
a fin de reunirlos para la
batalla; el número de los
cuales es como la arena
del mar.
9 Y subieron sobre la
anchura de la tierra,
y rodearon el campa-
mento de los santos y
la ciudad amada; y de
parte de Dios descendió
fuego del cielo, y los
consumió.
10 Y el diablo que los
engañaba fue lanzado al
lago de fuego y azufre,
donde estaban la bestia
y el falso profeta; y serán
atormentados día y
noche por los siglos de
los siglos.

El juicio ante el gran trono blanco

11 Y vi un gran trono
blanco y al que estaba
sentado en él, de delante
del cual huyeron la
tierra y el cielo, y no se
encontró ningún lugar
para ellos.
12 Y vi a los muertos,
grandes y pequeños,
de pie delante de Dios;
y los libros fueron
abiertos, y otro libro
fue abierto, el cual es el
libro de la vida; y fueron

τὰ	ἐν	ταῖς	τέσσαρσι	γωνίαις	τῆς	γῆς,	τὸν	Γὼγ	καὶ	Μαγώγ,
las (que están)	en	los	cuatro	ángulos	de la	tierra,	a --	Gog	y	a Magog,
3588	1722	3588	5064	1137	3588	1093	3588	1136	2532	3098
DAPN	*P*	*DDPF*	*JDPF*	*NDPF*	*DGSF*	*NGSF*	*DASM*	*NASM, XP*	*CLN*	*NASM, XP*

συναγαγεῖν	αὐτοὺς	εἰς	τὸν	πόλεμον,	ὧν	ὁ	ἀριθμὸς	αὐτῶν
para reunir	a ellos	para	la	guerra,	de las cuales	el	número	de ellos (es)
4863	846	1519	3588	4171	3739	3588	706	846
VAAN	*RP3APM*	*P*	*DASM*	*NASM*	*RR-GPM*	*DNSM*	*NNSM*	*RP3GPM*

ὡς	ἡ	ἄμμος	τῆς	θαλάσσης.	9 καὶ	ἀνέβησαν	ἐπὶ	τὸ	πλάτος	τῆς
como	la	arena	del	mar.	Y	subieron	sobre	la	anchura	de la
5613	3588	285	3588	2281	2532	305	1909	3588	4114	3588
P, CAM	*DNSF*	*NNSF*	*DGSF*	*NGSF*	*CLN*	*VAAI3P*	*P*	*DASN*	*NASN*	*DGSF*

γῆς,	καὶ	ἐκύκλευσαν	τὴν	παρεμβολὴν	τῶν	ἁγίων	καὶ	τὴν	πόλιν
tierra,	y	rodearon	el	campamento	de los	santos	y	la	ciudad
1093	2532	2944	3588	3925	3588	40	2532	3588	4172
NGSF	*CLN*	*VAAI3P*	*DASF*	*NASF*	*DGPM*	*JGPM*	*CLN*	*DASF*	*NASF*

τὴν	ἠγαπημένην.	καὶ	κατέβη	πῦρ	ἐκ	τοῦ	οὐρανοῦ	καὶ	κατέφαγεν
--	amada;	y	descendió	fuego	de	el	cielo	y	devoró
3588	25	2532	2597	4442	1537	3588	3772	2532	2719
DASF	*VRPP-SAF*	*CLN*	*VAAI3S*	*NNSN*	*P*	*DGSM*	*NGSM*	*CLN*	*VAAI3S*

αὐτούς·	10 καὶ	ὁ	διάβολος	ὁ	πλανῶν	αὐτοὺς	ἐβλήθη	εἰς
a ellos,	y	el	diablo,	el que	engaña	a ellos,	fue echado	hacia
846	2532	3588	1228	3588	4105	846	906	1519
RP3APM	*CLN*	*DNSM*	*JNSM*	*DNSM*	*VPAP-SNM*	*RP3APM*	*VAPI3S*	*P*

τὴν	λίμνην	τοῦ	πυρὸς	καὶ	θείου,	ὅπου	καὶ	τὸ	θηρίον	καὶ	ὁ
el	lago	de --	fuego	y	azufre,	donde	también	la	bestia	y	el
3588	3041	3588	4442	2532	2303	3699	2532	3588	2342	2532	3588
DASF	*NASF*	*DGSN*	*NGSN*	*CLN*	*NGSN*	*CAL, B*	*BE, TE*	*DNSN*	*NNSN*	*CLN*	*DNSM*

ψευδοπροφήτης,	καὶ	βασανισθήσονται	ἡμέρας	καὶ	νυκτὸς	εἰς	τοὺς
falso profeta (estaban),	y	serán atormentados	de día	y	de noche	por	los
5578	2532	928	2250	2532	3571	1519	3588
NNSM	*CLN*	*VFPI3P*	*NGSF*	*CLN*	*NGSF*	*P*	*DAPM*

αἰῶνας	τῶν	αἰώνων.
siglos	de los	siglos.
165	3588	165
NAPM	*DGPM*	*NGPM*

11 Καὶ	εἶδον	θρόνον	μέγαν	λευκὸν	καὶ	τὸν	καθήμενον	ἐπ’	αὐτοῦ,
Y	vi	un trono	grande	blanco	y	al que	está sentado	sobre	él,
2532	1492	2362	3173	3022	2532	3588	2521	1909	846
CLN	*VAAI1S*	*NASM*	*JASM*	*JASM*	*CLN*	*DASM*	*VPUP-SAM*	*P*	*RP3GSM*

οὗ	ἀπὸ	τοῦ	προσώπου	ἔφυγεν	ἡ	γῆ	καὶ	ὁ	οὐρανός,	καὶ
del cual	de	el	rostro	huyó,$_6$	la$_1$	tierra$_2$	y$_3$	el$_4$	cielo$_5$	y
3739	575	3588	4383	5343	3588	1093	2532	3588	3772	2532
RR-GSM	*P*	*DGSN*	*NGSN*	*VAAI3S*	*DNSF*	*NNSF*	*CLN*	*DNSM*	*NNSM*	*CLN*

τόπος	οὐχ	εὑρέθη	αὐτοῖς.	12 καὶ	εἶδον	τοὺς	νεκρούς,	τοὺς	μεγάλους
lugar	no	fue hallado	para ellos.	Y	vi	a los	muertos,	a los	grandes
5117	3756	2147	846	2532	1492	3588	3498	3588	3173
NNSM	*BN, TN*	*VAPI3S*	*RP3DPM*	*CLN*	*VAAI1S*	*DAPM*	*JAPM*	*DAPM*	*JAPM*

καὶ	τοὺς	μικρούς,	ἑστῶτας	ἐνώπιον	τοῦ	θρόνου,	καὶ	βιβλία
y	a los	pequeños,	puestos en pie	delante de	el	trono,	y	unos rollos
2532	3588	3398	2476	1799	3588	2362	2532	975
CLN	*DAPM*	*JAPM*	*VRAP-PAM*	*P, B*	*DGSM*	*NGSM*	*CLN*	*NNPN*

ἠνοίχθησαν·	καὶ	ἄλλο	βιβλίον	ἠνοίχθη,	ὅ	ἐστιν	τῆς	ζωῆς·	καὶ
fueron abiertos;	y	otro	rollo	fue abierto,	el que	es	de la	vida;	y$_1$
455	2532	243	975	455	3739	2076	3588	2222	2532
VAPI3P	*CLN*	*JNSN*	*NNSN*	*VAPI3S*	*RR-NSN*	*VPAI3S*	*DGSF*	*NGSF*	*CLN*

NVI

en los cuatro ángulos
de la tierra —a Gog y
a Magog—, a fin de
reunirlas para la batalla.
Su número será como
el de las arenas del mar.
9 Marcharán a lo largo y
a lo ancho de la tierra, y
rodearán el campamen-
to del pueblo de Dios, la
ciudad que él ama. Pero
caerá fuego del cielo y
los consumirá por com-
pleto. 10 El diablo, que
los había engañado, será
arrojado al lago de fuego
y azufre, donde también
habrán sido arrojados la
bestia y el falso profeta.
Allí serán atormentados
día y noche por los siglos
de los siglos.

Juicio de los muertos

11 Luego vi un gran
trono blanco y a alguien
que estaba sentado en él.
De su presencia huyeron
la tierra y el cielo, sin
dejar rastro alguno. 12 Vi
también a los muertos,
grandes y pequeños, de
pie delante del trono.
Se abrieron unos libros,
y luego otro, que es el
libro de la vida. Los

RVR

juzgados los muer-
tos por las cosas que
estaban escritas en los
libros, según sus obras.
13 Y el mar entregó los
muertos que había en él;
y la muerte y el Hades
entregaron los muertos
que había en ellos; y fue-
ron juzgados cada uno
según sus obras.
14 Y la muerte y el
Hades fueron lanzados
al lago de fuego. Ésta es
la muerte segunda.
15 Y el que no se halló
inscrito en el libro de la
vida fue lanzado al lago
de fuego.

Cielo nuevo y tierra nueva

21 Vi un cielo
nuevo y una
tierra nueva; porque el
primer cielo y la primera
tierra desaparecieron, y
el mar ya no existe más.
2 Y yo, Juan, vi la
santa ciudad, la nueva
Jerusalén, descender del
cielo, de junto a Dios,
dispuesta como una
novia ataviada para su
esposo.
3 Y oí una gran voz
procedente del cielo
que decía: He aquí el
tabernáculo de Dios con

ἐκρίθησαν οἱ νεκροὶ ἐκ τῶν γεγραμμένων ἐν τοῖς βιβλίοις
fueron juzgados$_4$ los$_2$ muertos$_3$ de (por) lo que había sido escrito en los rollos
2919 3588 3498 1537 3588 1125 1722 3588 975
VAPI3P DNPM JNPM P DGPN VRPP-PGN P DDPN NDPN

κατὰ τὰ ἔργα αὐτῶν. 13 καὶ ἔδωκεν ἡ θάλασσα τοὺς νεκροὺς
conforme a las obras de ellos. Y$_1$ dio$_4$ el$_2$ mar$_3$ a los muertos
2596 3588 2041 846 2532 1325 3588 2281 3588 3498
P DAPN NAPN RP3GPM CLN VAAI3S DNSF NNSF DAPM JAPM

τοὺς ἐν αὐτῇ, καὶ ὁ θάνατος καὶ ὁ ᾅδης ἔδωκαν τοὺς
a los (que están) en él, y la muerte y el Hades dieron a los
3588 1722 846 2532 3588 2288 2532 3588 86 1325 3588
DAPM P RP3DSF CLN DNSM NNSM CLN DNSM NNSM VAAI3P DAPM

νεκροὺς τοὺς ἐν αὐτοῖς, καὶ ἐκρίθησαν ἕκαστος κατὰ τὰ
muertos a los (que están) en ellos, y$_1$ fueron juzgados$_3$ cada uno$_2$ conforme a las
3498 3588 1722 846 2532 2919 1538 2596 3588
JAPM DAPM P RP3DPM CLN VAPI3P JNSM P DAPN

ἔργα αὐτῶν. 14 καὶ ὁ θάνατος καὶ ὁ ᾅδης ἐβλήθησαν εἰς τὴν
obras de ellos. Y la muerte y el Hades fueron arrojados hacia el
2041 846 2532 3588 2288 2532 3588 86 906 1519 3588
NAPN RP3GPM CLN DNSM NNSM CLN DNSM NNSM VAPI3P P DASF

λίμνην τοῦ πυρός. οὗτος ὁ θάνατος ὁ δεύτερός ἐστιν, ἡ
lago de -- fuego. Esta$_1$ la$_3$ muerte$_4$ --$_5$ segunda,$_6$ es$_2$ el
3041 3588 4442 3778 3588 2288 3588 1208 2076 3588
NASF DGSN NGSN RD-NSM DNSM NNSM DNSM JNSM VPAI3S DNSF

λίμνη τοῦ πυρός. 15 καὶ εἴ τις οὐχ εὑρέθη ἐν τῇ βίβλῳ τῆς
lago de -- fuego. Y si alguno no fue hallado en$_2$ el$_3$ rollo$_4$ de la$_5$
3041 3588 4442 2532 1487 5100 3756 2147 1722 3588 976 3588
NNSF DGSN NGSN CLN CAC RX-NSM BN, TN VAPI3S P DDSF NDSF DGSF

ζωῆς γεγραμμένος, ἐβλήθη εἰς τὴν λίμνην τοῦ πυρός.
vida$_6$ (que) ha sido escrito$_1$ fue echado hacia el lago de -- fuego.
2222 1125 906 1519 3588 3041 3588 4442
NGSF VRPP-SNM VAPI3S P DASF NASF DGSN NGSN

21 Καὶ εἶδον οὐρανὸν καινὸν καὶ γῆν καινήν· ὁ γὰρ
Y vi un cielo nuevo y una tierra nueva; el$_2$ porque$_1$
2532 1492 3772 2537 2532 1093 2537 3588 1063
CLN VAAI1S NASM JASM CLN NASF JASF DNSM CAZ

πρῶτος οὐρανὸς καὶ ἡ πρώτη γῆ ἀπῆλθαν, καὶ ἡ θάλασσα
primer cielo y la primera tierra pasaron, y$_1$ el$_2$ mar$_3$
4413 3772 2532 3588 4413 1093 565 2532 3588 2281
JNSM NNSM CLN DNSF JNSF NNSF VAAI3P CLN DNSF NNSF

οὐκ ἔστιν ἔτι. 2 καὶ τὴν πόλιν τὴν ἁγίαν Ἰερουσαλὴμ καινὴν εἶδον
no$_5$ es (existe).$_6$ ya$_4$ Y$_1$ la$_3$ ciudad$_4$ --$_5$ santa,$_6$ Jerusalén$_7$ nueva,$_8$ vi$_2$
3756 2076 2089 2532 3588 4172 3588 40 2419 2537 3708
BN, TN VPAI3S B CLN DASF NASF DASF JASF NASF, XP JASF VAAI1S

καταβαίνουσαν ἐκ τοῦ οὐρανοῦ ἀπὸ τοῦ θεοῦ, ἡτοιμασμένην ὡς
descendiendo de el cielo, desde -- Dios que ha sido preparada como
2597 1537 3588 3772 575 3588 2316 2090 5613
VPAP-SAF P DGSM NGSM P DGSM NGSM VRPP-SAF P, CAM

νύμφην κεκοσμημένην τῷ ἀνδρὶ αὐτῆς. 3 καὶ ἤκουσα φωνῆς μεγάλης
novia, que ha sido adornada para el esposo de ella. Y oí una voz grande
3565 2885 3588 435 846 2532 191 5456 3173
NASF VRPP-SAF DDSM NDSM RP3GSF CLN VAAI1S NGSF JGSF

ἐκ τοῦ ⌐θρόνου λεγούσης· Ἰδοὺ ἡ σκηνὴ τοῦ θεοῦ μετὰ
desde el trono, que dice: He aquí, el tabernáculo de -- Dios con
1537 3588 2362 3004 2400 3588 4633 3588 2316 3326
P DGSM NGSM VPAP-SGF I, VAAM2S DNSF NNSF DGSM NGSM P

NVI

muertos fueron juzga-
dos según lo que habían
hecho, conforme a lo
que estaba escrito en los
libros. 13 El mar devolvió
sus muertos; la muerte y
el infierno devolvieron
los suyos; y cada uno fue
juzgado según lo que ha-
bía hecho. 14 La muerte y
el infierno fueron arroja-
dos al lago de fuego. Este
lago de fuego es la muer-
te segunda. 15 Aquel
cuyo nombre no estaba
escrito en el libro de la
vida era arrojado al lago
de fuego.

La nueva Jerusalén

21 Después vi un
cielo nuevo y
una tierra nueva, porque
el primer cielo y la pri-
mera tierra habían deja-
do de existir, lo mismo
que el mar. 2 Vi además
la ciudad santa, la nueva
Jerusalén, que bajaba
del cielo, procedente de
Dios, preparada como
una novia hermosamen-
te vestida para su prome-
tido. 3 Oí una potente
voz que provenía del
trono y decía: «¡Aquí,
entre los seres humanos,
está la morada de Dios!

21:3⌐ Manuscritos inferiores tienen *cielo*.

RVR

los hombres, y él morará con ellos; y ellos serán su pueblo, y Dios mismo estará con ellos como su Dios.

4 Enjugará Dios toda lágrima de los ojos de ellos; y ya no habrá muerte, ni habrá más llanto, ni clamor, ni dolor; porque las primeras cosas pasaron.

5 Y el que estaba sentado en el trono dijo: He aquí, yo hago nuevas todas las cosas. Y me dijo: Escribe; porque estas palabras son fieles y verdaderas.

6 Y me dijo: Hecho está. Yo soy el Alfa y la Omega, el principio y el fin. Al que tenga sed, yo le daré gratuitamente de la fuente del agua de la vida.

7 El que venza heredará todas las cosas, y yo seré su Dios, y él será mi hijo.

8 Pero los cobardes e incrédulos, los abominables y homicidas, los fornicarios y hechiceros, los idólatras y todos los mentirosos tendrán su parte en el lago que arde con fuego y azufre, que

τῶν	ἀνθρώπων,	καὶ	σκηνώσει	μετ’	αὐτῶν,	καὶ	αὐτοὶ	⸀λαοὶ	αὐτοῦ
los	seres humanos,	y	fijará tabernáculo	con	ellos,	y$_1$	ellos$_2$	pueblos$_4$	de él,$_5$
3588	444	2532	4637	3326	846	2532	846	2992	846
DGPM	*NGPM*	*CLN*	*VFAI3S*	*P*	*RP3GPM*	*CLN*	*RP3NPM*	*NNPM*	*RP3GSM*

ἔσονται,	καὶ	αὐτὸς	ὁ	θεὸς	μετ’	αὐτῶν	ἔσται,	4καὶ	ἐξαλείψει	πᾶν
serán$_3$	y$_6$	él$_7$	--$_9$	Dios$_{10}$	con$_{11}$	ellos,$_{12}$	será$_8$	y	enjugará	toda
2071	2532	846	3588	2316	3326	846	2071	2532	1813	3956
VFMI3P	*CLN*	*RP3NSMP*	*DNSM*	*NNSM*	*P*	*RP3GPM*	*VFMI3S*	*CLN*	*VFAI3S*	*JASN*

δάκρυον	ἐκ	τῶν	ὀφθαλμῶν	αὐτῶν,	καὶ	ὁ	θάνατος	οὐκ	ἔσται	ἔτι·
lágrima	de	los	ojos	de ellos,	y	la	muerte	no$_2$	estará,$_3$	ya$_1$
1144	1537	3588	3788	846	2532	3588	2288	3756	2071	2089
NASN	*P*	*DGPM*	*NGPM*	*RP3GPM*	*CLN*	*DNSM*	*NNSM*	*BN, TN*	*VFMI3S*	*B*

οὔτε	πένθος	οὔτε	κραυγὴ	οὔτε	πόνος	οὐκ	ἔσται	ἔτι.	τὰ
ni	duelo,	ni	clamor	ni	dolor	no$_2$	estará (existirá);$_3$	ya$_1$	las
3777	3997	3777	2906	3777	4192	3756	2071	2089	3588
CLD, TN	*NNSN*	*CLD, TN*	*NNSF*	*CLD, TN*	*NNSM*	*BN, TN*	*VFMI3S*	*B*	*DNPN*

πρῶτα	ἀπῆλθαν.
primeras cosas	pasaron.
4413	565
JNPN	*VAAI3P*

5Καὶ	εἶπεν	ὁ	καθήμενος	ἐπὶ	τῷ	θρόνῳ·	Ἰδοὺ	καινὰ	ποιῶ
Y$_1$	dijo:$_7$	el que$_2$	está sentado$_3$	en$_4$	el$_5$	trono$_6$	He aquí,$_8$	nuevas$_{10}$	hago$_9$
2532	2036	3588	2521	1909	3588	2362	2400	2537	4160
CLN	*VAAI3S*	*DNSM*	*VPUP-SNM*	*P*	*DDSM*	*NDSM*	*I, VAAM2S*	*JAPN*	*VPAI1S*

πάντα.	καὶ	λέγει·	Γράψον,	ὅτι	οὗτοι	οἱ	λόγοι	πιστοὶ	καὶ
todas (las) cosas.$_{11}$	Y	dice:	Escribe,	porque	estas	--	palabras	fieles$_2$	y$_3$
3956	2532	3004	1125	3754	3778	3588	3056	4103	2532
JAPN	*CLN*	*VPAI3S*	*VAAM2S*	*CAZ*	*RD-NPM*	*DNPM*	*NNPM*	*JNPM, JNPF*	*CLN*

ἀληθινοί	εἰσιν.	6καὶ	εἶπέν	μοι·	Γέγοναν.	ἐγὼ	τὸ	Ἄλφα	καὶ	τὸ
verdaderas.$_4$	son$_1$	Y	dijo	a mí:	Han hecho,	yo (soy)	el	Alfa	y	la
228	1526	2532	2036	3427	1096	1473	3588	1	2532	3588
JNPM	*VPAI3P*	*CLN*	*VAAI3S*	*RP1DS*	*VRAI3P*	*RP1NS*	*DNSN*	*NNSN, XL*	*CLN*	*DNSN*

Ὦ,	ἡ	ἀρχὴ	καὶ	τὸ	τέλος.	ἐγὼ	τῷ	διψῶντι	δώσω	ἐκ	τῆς
Omega,	el	Principio	y	el	Fin.	Yo$_1$	al que$_{12}$	tiene sed.$_{13}$	daré$_2$	de$_4$	la$_5$
5598	3588	746	2532	3588	5056	1473	3588	1372	1325	1537	3588
NNSN, XL	*DNSF*	*NNSF*	*CLN*	*DNSN*	*NNSN*	*RP1NS*	*DDSM*	*VPAP-SDM*	*VFAI1S*	*P*	*DGSF*

πηγῆς	τοῦ	ὕδατος	τῆς	ζωῆς	δωρεάν.	7ὁ	νικῶν	κληρονομήσει
fuente$_6$	del$_7$	agua$_8$	de la$_9$	vida$_{10}$	gratuitamente$_3$	El que	vence	heredará
4077	3588	5204	3588	2222	1432	3588	3528	2816
NGSF	*DGSN*	*NGSN*	*DGSF*	*NGSF*	*B*	*DNSM*	*VPAP-SNM*	*VFAI3S*

ταῦτα,	καὶ	ἔσομαι	αὐτῷ	θεὸς	καὶ	αὐτὸς	ἔσται	μοι	υἱός.	8τοῖς	δὲ
estas cosas,	y$_1$	seré$_2$	para él,$_4$	Dios$_3$	y	él	será	para mí,$_2$	hijo$_1$	para los$_2$	Mas$_1$
3778	2532	2071	846	2316	2532	846	2071	3427	5207	3588	1161
RD-APN	*CLN*	*VFMI1S*	*RP3DSM*	*NNSM*	*CLN*	*RP3NSMP*	*VFMI3S*	*RP1DS*	*NNSM*	*DDPM*	*CLC*

δειλοῖς	καὶ	ἀπίστοις	καὶ	ἐβδελυγμένοις	καὶ	φονεῦσι	καὶ	πόρνοις
cobardes	e	incrédulos	y	abominables	y	homicidas	e	inmorales sexuales
1169	2532	571	2532	948	2532	5406	2532	4205
JDPM	*CLN*	*JDPM*	*CLN*	*VRPP-PDM*	*CLN*	*NDPM*	*CLN*	*NDPM*

καὶ	φαρμάκοις	καὶ	εἰδωλολάτραις	καὶ	πᾶσι	τοῖς	ψευδέσιν	τὸ	μέρος
y	hechiceros	e	idólatras,	también	a todos	los	mentirosos	la	parte
2532	5333	2532	1496	2532	3956	3588	5571	3588	3313
CLN	*NDPM*	*CLN*	*NDPM*	*CLN*	*JDPM*	*DDPM*	*JDPM*	*DNSN*	*NNSN*

αὐτῶν	ἐν	τῇ	λίμνῃ	τῇ	καιομένῃ	πυρὶ	καὶ	θείῳ,	ὅ	ἐστιν	ὁ
de ellos	en	el	lago,	el que	arde	con fuego	y	azufre,	lo que	es	la
846	1722	3588	3041	3588	2545	4442	2532	2303	3739	2076	3588
RP3GPM	*P*	*DDSF*	*NDSF*	*DDSF*	*VPPP-SDF*	*NDSN*	*CLN*	*NDSN*	*RR-NSN*	*VPAI3S*	*DNSM*

NVI

Él acampará en medio de ellos, y ellos serán su pueblo; Dios mismo estará con ellos y será su Dios. 4 Él les enjugará toda lágrima de los ojos. Ya no habrá muerte, ni llanto, ni lamento ni dolor, porque las primeras cosas han dejado de existir».

5 El que estaba sentado en el trono dijo: «¡Yo hago nuevas todas las cosas!» Y añadió: «Escribe, porque estas palabras son verdaderas y dignas de confianza».

6 También me dijo: «Ya todo está hecho. Yo soy el Alfa y la Omega, el Principio y el Fin. Al que tenga sed le daré a beber gratuitamente de la fuente del agua de la vida. 7 El que salga vencedor heredará todo esto, y yo seré su Dios y él será mi hijo. 8 Pero los cobardes, los incrédulos, los abominables, los asesinos, los que cometen inmoralidades sexuales, los que practican artes mágicas, los idólatras y todos los mentirosos recibirán como herencia el lago de fuego y azufre.

21:3⸀ Manuscritos inferiores tienen *pueblo.*

RVR

es la muerte segunda.

La nueva Jerusalén

9 Vino entonces a mí
uno de los siete ángeles
que tenían las siete co-
pas llenas de las últimas
siete plagas, y habló
conmigo, diciendo:
Ven acá; yo te mostraré
la novia, la esposa del
Cordero.
10 Y me llevó en espíritu
a un monte grande y
alto, y me mostró la
gran ciudad santa de
Jerusalén, que descendía
del cielo, de junto a
Dios,
11 teniendo la gloria de
Dios. Y su fulgor era
semejante al de una pie-
dra preciosísima, como
piedra de jaspe, diáfana
como el cristal.
12 Tenía un muro
grande y alto con doce
puertas; y en las puertas,
doce ángeles, y nombres
inscritos, que son los
de las doce tribus de los
hijos de Israel;
13 al oriente, tres
puertas; al norte, tres
puertas; al sur, tres
puertas; al occidente,
tres puertas.
14 Y el muro de la
ciudad tenía doce
fundamentos, y sobre

θάνατος	ὁ	δεύτερος.
muerte	--	segunda.
2288	3588	1208
NNSM	*DNSM*	*JNSM*

9 Καὶ	ἦλθεν	εἷς	ἐκ	τῶν	ἑπτὰ	ἀγγέλων	τῶν	ἐχόντων	τὰς	ἑπτὰ
Y$_{1}$	vino$_{19}$	uno$_{2}$	de$_{3}$	los$_{4}$	siete$_{5}$	ángeles,$_{6}$	los que$_{7}$	tienen$_{8}$	las$_{9}$	siete$_{10}$
2532	2064	1520	1537	3588	2033	32	3588	2192	3588	2033
CLN	*VAAI3S*	*JNSM*	*P*	*DGPM*	*XN, J*	*NGPM*	*DGPM*	*VPAP-PGM*	*DAPF*	*XN, J*

φιάλας,	τῶν	γεμόντων	τῶν	ἑπτὰ	πληγῶν	τῶν	ἐσχάτων,	καὶ
copas,$_{11}$	las que$_{12}$	están llenas$_{13}$	de las$_{14}$	siete$_{15}$	plagas$_{16}$	--$_{17}$	últimas,$_{18}$	y
5357	3588	1073	3588	2033	4127	3588	2078	2532
NAPF	*DGPF*	*VPAP-PGF*	*DGPF*	*XN, J*	*NGPF*	*DGPF*	*JGPF*	*CLN*

ἐλάλησεν	μετ'	ἐμοῦ	λέγων·	Δεῦρο,	δείξω	σοι	τὴν	νύμφην	τὴν
habló	conmigo		diciendo:	Ven,	mostraré	a ti	a la	novia,	la
2980	3326	1700	3004	1204	1166	4671	3588	3565	3588
VAAI3S	*P*	*RP1GS*	*VPAP-SNM*	*B*	*VFAI1S*	*RP2DS*	*DASF*	*NASF*	*DASF*

γυναῖκα	τοῦ	ἀρνίου.	10 καὶ	ἀπήνεγκέν	με	ἐν	πνεύματι	ἐπὶ	ὄρος
esposa	del	Cordero.	Y	llevó	a mí	en	espíritu	sobre	un monte
1135	3588	721	2532	667	3165	1722	4151	1909	3735
NASF	*DGSN*	*NGSN*	*CLN*	*VAAI3S*	*RP1AS*	*P*	*NDSN*	*P*	*NASN*

μέγα	καὶ	ὑψηλόν,	καὶ	ἔδειξέν	μοι	τὴν	Γπόλιν	τὴν	ἁγίαν	Ἰερουσαλὴμ
grande	y	alto,	y	mostró	a mí	la	ciudad	--	santa,	Jerusalén,
3173	2532	5308	2532	1166	3427	3588	4172	3588	40	2419
JASN	*CLN*	*JASN*	*CLN*	*VAAI3S*	*RP1DS*	*DASF*	*NASF*	*DASF*	*JASF*	*NASF, XP*

καταβαίνουσαν	ἐκ	τοῦ	οὐρανοῦ	ἀπὸ	τοῦ	θεοῦ,	11 ἔχουσαν	τὴν	δόξαν
descendiendo	de	el	cielo,	desde	--	Dios,	teniendo	la	gloria
2597	1537	3588	3772	575	3588	2316	2192	3588	1391
VPAP-SAF	*P*	*DGSM*	*NGSM*	*P*	*DGSM*	*NGSM*	*VPAP-SAF*	*DASF*	*NASF*

τοῦ	θεοῦ·	ὁ	φωστὴρ	αὐτῆς	ὅμοιος	λίθῳ	τιμιωτάτῳ,	ὡς	λίθῳ
de --	Dios;	el	resplandor	de ella	(es) semejante a	una piedra	preciosa,	como	piedra
3588	2316	3588	5458	846	3664	3037	5093	5613	3037
DGSM	*NGSM*	*DNSM*	*NNSM*	*RP3GSF*	*JNSM*	*NDSM*	*JDSMS*	*CAM*	*NDSM*

ἰάσπιδι	κρυσταλλίζοντι·	12 ἔχουσα	τεῖχος	μέγα	καὶ	ὑψηλόν,
de jaspe,	(siendo) transparente como el cristal;	que tiene	un muro	grande	y	alto,
2393	2929	2192	5038	3173	2532	5308
NDSF	*VPAP-SDM*	*VPAP-SNF*	*NASN*	*JASN*	*CLN*	*JASN*

ἔχουσα	πυλῶνας	δώδεκα,	καὶ	ἐπὶ	τοῖς	πυλῶσιν	ἀγγέλους	δώδεκα,	καὶ
que tiene	puertas$_{2}$	doce$_{1}$	y	sobre	las	puertas,	ángeles,$_{2}$	doce$_{1}$	y
2192	4440	1427	2532	1909	3588	4440	32	1427	2532
VPAP-SNF	*NAPM*	*XN, J*	*CLN*	*P*	*DDPM*	*NDPM*	*NAPM*	*XN, J*	*CLN*

ὀνόματα	ἐπιγεγραμμένα	ἅ	Γἐστιν	τῶν	δώδεκα	φυλῶν	υἱῶν
nombres	que habían sido inscritos,	los que	es (son)	de las	doce	tribus	de los hijos de
3686	1924	3739	2076	3588	1427	5443	5207
NAPN	*VRPP-PAN*	*RR-NPN*	*VPAI3S*	*DGPF*	*XN, J*	*NGPF*	*NGPM*

Ἰσραήλ·	13 ἀπὸ	ἀνατολῆς*	πυλῶνες	τρεῖς,	καὶ	ἀπὸ	βορρᾶ	πυλῶνες
Israel.	Desde	(la) salida,	puertas,$_{2}$	tres$_{1}$	y	desde	(el) norte,	puertas,$_{2}$
2474	575	395	4440	5140	2532	575	1005	4440
NGSM, XP	*P*	*NGSF*	*NNPM*	*JNPM*	*CLN*	*P*	*NGSM*	*NNPM*

τρεῖς,	καὶ	ἀπὸ	νότου	πυλῶνες	τρεῖς,	καὶ	ἀπὸ	δυσμῶν	πυλῶνες	τρεῖς·
tres$_{1}$	y	desde	(el) sur	puertas,$_{2}$	tres$_{1}$	y	desde	(el) occidente	puertas,$_{2}$	tres$_{1}$
5140	2532	575	3558	4440	5140	2532	575	1424	4440	5140
JNPM	*CLN*	*P*	*NGSM*	*NNPM*	*JNPM*	*CLN*	*P*	*NGPF*	*NNPM*	*JNPM*

14 καὶ	τὸ	τεῖχος	τῆς	πόλεως	ἔχων	θεμελίους	δώδεκα,	καὶ	ἐπ'	αὐτῶν
y	el	muro	de la	ciudad	teniendo	cimientos,$_{2}$	doce$_{1}$	y	sobre	ellos
2532	3588	5038	3588	4172	2192	2310	1427	2532	1909	846
CLN	*DNSN*	*NNSN*	*DGSF*	*NGSF*	*VPAP-SNM*	*NAPM*	*XN, J*	*CLN*	*P*	*RP3GPM*

NVI

Esta es la segunda
muerte».
9 Se acercó uno de
los siete ángeles que
tenían las siete copas
llenas con las últimas
siete plagas. Me habló
así: «Ven, que te voy a
presentar a la novia, la
esposa del Cordero».
10 Me llevó en el Espíritu
a una montaña grande y
elevada, y me mostró la
ciudad santa, Jerusalén,
que bajaba del cielo,
procedente de Dios.
11 Resplandecía con
la gloria de Dios, y su
brillo era como el de
una piedra preciosa,
semejante a una piedra
de jaspe transparente.
12 Tenía una muralla
grande y alta, y doce
puertas custodiadas
por doce ángeles, en las
que estaban escritos los
nombres de las doce
tribus de Israel. 13 Tres
puertas daban al este,
tres al norte, tres al sur
y tres al oeste. 14 La mu-
ralla de la ciudad tenía
doce cimientos, en los

21:10Γ Manuscritos inferiores aumentaron *la gran*. **21:12Γ** Manuscritos importantes tienen *los nombres*. **21:13*** O sea *el este*.

RVR

ellos los doce nombres
de los doce apóstoles del
Cordero.
15 El que hablaba
conmigo tenía una caña
de medir, de oro, para
medir la ciudad, sus
puertas y su muro.
16 La ciudad se halla
establecida en cuadro,
y su longitud es igual a
su anchura; y él midió
la ciudad con la caña,
doce mil estadios; la
longitud, la altura y
la anchura de ella son
iguales.
17 Y midió su muro,
ciento cuarenta y cuatro
codos, de medida de
hombre, la cual es de
ángel.
18 El material de su
muro era de jaspe;
pero la ciudad era de
oro puro, semejante al
cristal puro;
19 y los cimientos del
muro de la ciudad esta-
ban adornados con toda
clase de piedras precio-
sas. El primer cimiento
era jaspe; el segundo,
zafiro; el tercero, ágata;
el cuarto, esmeralda;
20 el quinto, sardónica;
el sexto, cornalina; el
séptimo, crisólito; el oc-
tavo, berilo; el noveno,

δώδεκα	ὀνόματα	τῶν	δώδεκα	ἀποστόλων	τοῦ	ἀρνίου.
doce	nombres	de los	doce	apóstoles	del	Cordero.
1427	3686	3588	1427	652	3588	721
XN,J	*NAPN*	*DGPM*	*XN,J*	*NGPM*	*DGSN*	*NGSN*

15 Καὶ	ὁ	λαλῶν	μετ'	ἐμοῦ	εἶχεν	μέτρον	κάλαμον	χρυσοῦν,
Y	el que	habla	con	mí	tenía	por medida,$_3$	una caña$_1$	de oro$_2$
2532	3588	2980	3326	1700	2192	3358	2563	5552
CLN	*DNSM*	*VPAP-SNM*	*P*	*RP1GS*	*VIAI3S*	*NASN*	*NASM*	*JASM*

ἵνα	μετρήσῃ	τὴν	πόλιν	καὶ	τοὺς	πυλῶνας	αὐτῆς	καὶ	τὸ	τεῖχος
para que	midiera	la	ciudad	y	las	puertas	de ella	y	el	muro
2443	3354	3588	4172	2532	3588	4440	846	2532	3588	5038
CAP	*VAAS3S*	*DASF*	*NASF*	*CLN*	*DAPM*	*NAPM*	*RP3GSF*	*CLN*	*DASN*	*NASN*

αὐτῆς.	16 καὶ	ἡ	πόλις	τετράγωνος	κεῖται,	καὶ	τὸ	μῆκος	αὐτῆς
de ella.	Y	la	ciudad	(como) un cuadrado,$_2$	se asienta$_1$	y	la	longitud	de ella
846	2532	3588	4172	5068	2749	2532	3588	3372	846
RP3GSF	*CLN*	*DNSF*	*NNSF*	*JNSF*	*VPUI3S*	*CLN*	*DNSN*	*NNSN*	*RP3GSF*

ὅσον	τὸ	πλάτος.	καὶ	ἐμέτρησεν	τὴν	πόλιν	τῷ	καλάμῳ	ἐπὶ
(es) tanto (como)	la	anchura.	Y	midió	la	ciudad	con la	caña,	en
3754	3588	4114	2532	3354	3588	4172	3588	2563	1909
RK-NSN	*DNSN*	*NNSN*	*CLN*	*VAAI3S*	*DASF*	*NASF*	*DDSM*	*NDSM*	*P*

σταδίους	δώδεκα	χιλιάδων·	τὸ	μῆκος	καὶ	τὸ	πλάτος	καὶ	τὸ
estadios;$_3$	doce$_1$	mil$_2$	la	longitud	y	la	anchura	y	la
4712	1427	5505	3588	3372	2532	3588	4114	2532	3588
NAPN	*XN,J*	*JGPF,JNPF*	*DNSN*	*NNSN*	*CLN*	*DNSN*	*NNSN*	*CLN*	*DNSN*

ὕψος	αὐτῆς	ἴσα	ἐστίν.	17 καὶ	ἐμέτρησεν	τὸ	τεῖχος	αὐτῆς	ἑκατὸν
altura	de ella	iguales.$_2$	es (son)$_1$	Y	midió	el	muro	de ella	ciento
5311	846	2470	2076	2532	3354	3588	5038	846	1540
NNSN	*RP3GSF*	*JNPN*	*VPAI3S*	*CLN*	*VAAI3S*	*DASN*	*NASN*	*RP3GSF*	*XN,J*

τεσσεράκοντα	τεσσάρων	πηχῶν,	μέτρον	ἀνθρώπου,	ὅ	ἐστιν
cuarenta	cuatro	codos,	medida	de ser humano,	la cual	es
5062	5064	4083	3358	444	3739	2076
XN,J	*JGPM*	*NGPM*	*NASN*	*NGSM*	*RR-NSN*	*VPAI3S*

ἀγγέλου.	18 καὶ	ἡ	ἐνδώμησις	τοῦ	τείχους	αὐτῆς	ἴασπις,	καὶ	ἡ
de ángel.	Y	el	material	del	muro	de ella	(era) jaspe	y	la
32	2532	3588	1739	3588	5038	846	2393	2532	3588
NGSM	*CLN*	*DNSF*	*NNSF*	*DGSN*	*NGSN*	*RP3GSF*	*NNSF*	*CLN*	*DNSF*

πόλις	χρυσίον	καθαρὸν	ὅμοιον	ὑάλῳ	καθαρῷ.	19 οἱ	θεμέλιοι
ciudad	(era) de oro	limpio,	semejante a	vidrio	limpio.	Los	cimientos
4172	5553	2513	3664	5194	2513	3588	2310
NNSF	*NNSN*	*JNSN*	*JNSN*	*NDSM*	*JDSM*	*DNPM*	*NNPM*

τοῦ	τείχους	τῆς	πόλεως	παντὶ	λίθῳ	τιμίῳ	κεκοσμημένοι·	ὁ
del	muro	de la	ciudad$_1$	con toda$_3$	piedra$_4$	preciosa;$_5$	habían sido adornadas$_2$	el
3588	5038	3588	4172	3956	3037	5093	2885	3588
DGSN	*NGSN*	*DGSF*	*NGSF*	*JDSM*	*NDSM*	*JDSM*	*VRPP-PNM*	*DNSM*

θεμέλιος	ὁ	πρῶτος	ἴασπις,	ὁ	δεύτερος	σάπφιρος,	ὁ	τρίτος
cimiento	--	primero	(era) jaspe,	el	segundo	zafiro,	el	tercero
2310	3588	4413	2393	3588	1208	4552	3588	5154
NNSM	*DNSM*	*JNSM*	*NNSF*	*DNSM*	*JNSM*	*NNSF*	*DNSM*	*JNSM*

χαλκηδών,	ὁ	τέταρτος	σμάραγδος,	20 ὁ	πέμπτος	σαρδόνυξ,
ágata,	el	cuarto	esmeralda;	el	quinto	ónice,
5472	3588	5067	4665	3588	3991	4557
NNSM	*DNSM*	*JNSM*	*NNSM*	*DNSM*	*JNSM*	*NNSM, NNSF*

ὁ	ἕκτος	σάρδιον,	ὁ	ἕβδομος	χρυσόλιθος,	ὁ	ὄγδοος	βήρυλλος,
el	sexto	cornalina,	el	séptimo	crisólito,	el	octavo	berilio,
3588	1623	4556	3588	1442	5555	3588	3590	969
DNSM	*JNSM*	*NNSN*	*DNSM*	*JNSM*	*NNSM*	*DNSM*	*JNSM*	*NNSM*

NVI

que estaban los nombres
de los doce apóstoles del
Cordero.
15 El ángel que habla-
ba conmigo llevaba una
caña de oro para medir
la ciudad, sus puertas y
su muralla. 16 La ciudad
era cuadrada; medía lo
mismo de largo que de
ancho. El ángel midió
la ciudad con la caña, y
tenía dos mil doscientos
kilómetros: su longitud,
su anchura y su altura
eran iguales. 17 Midió
también la muralla, y
tenía sesenta y cinco me-
tros, según las medidas
humanas que el ángel
empleaba. 18 La muralla
estaba hecha de jaspe,
y la ciudad era de oro
puro, semejante a cristal
pulido. 19 Los cimientos
de la muralla de la ciu-
dad estaban decorados
con toda clase de piedras
preciosas: el primero
con jaspe, el segundo
con zafiro, el tercero
con ágata, el cuarto con
esmeralda, 20 el quinto
con ónice, el sexto con
cornalina, el séptimo
con crisólito, el octavo
con berilo, el noveno

RVR

topacio; el décimo, cri-
sopraso; el undécimo,
jacinto; el duodécimo,
amatista.
21 Y las doce puertas
eran doce perlas; cada
una de las puertas era
una perla. Y la calle de
la ciudad era de oro
puro, como cristal
transparente.
22 Y no vi en ella san-
tuario; porque el Señor
Dios Todopoderoso es
el santuario de ella, y el
Cordero.
23 La ciudad no tiene
necesidad de sol ni de
luna que brillen en ella;
porque la gloria de Dios
la ilumina, y el Cordero
es su lumbrera.
24 Y las naciones que
hubieren sido salvas
andarán a la luz de ella;
y los reyes de la tierra
traerán su gloria y ho-
nor a ella.
25 Sus puertas nunca se-
rán cerradas de día, pues
allí no habrá noche.
26 Y llevarán la gloria y
el honor de las naciones
a ella.
27 No entrará en ella
ninguna cosa inmunda,

ὁ	ἔνατος	τοπάζιον,	ὁ	δέκατος	χρυσόπρασος,	ὁ	ἑνδέκατος
el	noveno	topacio,	el	décimo	crisopraso,	el	undécimo
3588	1766	5116	3588	1182	5556	3588	1734
DNSM	*JNSM*	*NNSN*	*DNSM*	*JNSM*	*NNSM*	*DNSM*	*JNSM*

ὑάκινθος,	ὁ	δωδέκατος	ἀμέθυστος.	21 καὶ	οἱ	δώδεκα	πυλῶνες
jacinto,	el	duodécimo	amatista.	Y	las	doce	puertas
5192	3588	1428	271	2532	3588	1427	4440
NNSM	*DNSM*	*JNSM*	*NNSF*	*CLN*	*DNPM*	*XN, J*	*NNPM*

δώδεκα	μαργαρῖται,	ἀνὰ	εἷς	ἕκαστος*	τῶν	πυλώνων	ἦν	ἐξ	ἑνὸς
(eran) doce	perlas;	cada	una	cada uno	de las	puertas	era	de	una
1427	3135	303	1520	1538	3588	4440	2258	1537	1520
XN, J	*NNPM*	*P, B*	*JNSM*	*JNSM*	*DGPM*	*NGPM*	*VIAI3S*	*P*	*JGSM*

μαργαρίτου.	καὶ	ἡ	πλατεῖα	τῆς	πόλεως	χρυσίον	καθαρὸν	ὡς
perla.	Y	la	plaza	de la	ciudad	(era) de oro	limpio	como
3135	2532	3588	4113	3588	4172	5553	2513	5613
NGSM	*CLN*	*DNSF*	*NNSF, JNSF*	*DGSF*	*NGSF*	*NNSN*	*JNSN*	*CAM, B*

ὕαλος	διαυγής.
vidrio	transparente.
5194	1307
NNSM	*JNSM*

22 Καὶ	ναὸν	οὐκ	εἶδον	ἐν	αὐτῇ,	ὁ	γὰρ	κύριος,	ὁ	θεός,
Y$_1$	un santuario$_4$	no$_2$	vi$_3$	en$_5$	ella,$_6$	el$_8$	porque$_7$	Señor$_9$	--	Dios
2532	3485	3756	1492	1722	846	3588	1063	2962	3588	2316
CLN	*NASM*	*BN, TN*	*VAAI1S*	*P*	*RP3DSF*	*DNSM*	*CAZ*	*NNSM*	*DNSM*	*NNSM*

ὁ	παντοκράτωρ,	ναὸς	αὐτῆς	ἐστιν,	καὶ	τὸ	ἀρνίον.	23 καὶ	ἡ
--	Todopoderoso,	santuario$_2$	de ella,$_3$	es$_1$	y	el	Cordero.	Y	la
3588	3841	3485	846	2076	2532	3588	721	2532	3588
DNSM	*NNSM*	*NNSM*	*RP3GSF*	*VPAI3S*	*CLN*	*DNSN*	*NNSN*	*CLN*	*DNSF*

πόλις	οὐ	χρείαν	ἔχει	τοῦ	ἡλίου	οὐδὲ	τῆς	σελήνης,	ἵνα	φαίνωσιν
ciudad	no	necesidad$_2$	tiene$_1$	del	sol,	ni	de la	luna,	para que	iluminen
4172	3756	5532	2192	3588	2246	3761	3588	4582	2443	5316
NNSF	*BN, TN*	*NASF*	*VPAI3S*	*DGSM*	*NGSM*	*TN, CLD*	*DGSF*	*NGSF*	*CSC*	*VPAS3P*

αὐτῇ,	ἡ	γὰρ	δόξα	τοῦ	θεοῦ	ἐφώτισεν	αὐτήν,	καὶ	ὁ	λύχνος
a ella;	la$_2$	porque$_1$	gloria$_3$	de --	Dios	iluminó	a ella,	y	la	lámpara
846	3588	1063	1391	3588	2316	5461	846	2532	3588	3088
RP3DSF	*DNSF*	*CAZ*	*NNSF*	*DGSM*	*NGSM*	*VAAI3S*	*RP3ASF*	*CLN*	*DNSM*	*NNSM*

αὐτῆς	τὸ	ἀρνίον.	24 καὶ	περιπατήσουσιν	τὰ	ἔθνη	διὰ	τοῦ
de ella (es)	el	Cordero.	Y	andarán	las	naciones	por medio de	la
846	3588	721	2532	4043	3588	1484	1223	3588
RP3GSF	*DNSN*	*NNSN*	*CLN*	*VFAI3P*	*DNPN*	*NNPN*	*P*	*DGSN, DGSM*

φωτὸς	αὐτῆς·	καὶ	οἱ	βασιλεῖς	τῆς	γῆς	φέρουσιν	⌜τὴν	δόξαν	αὐτῶν⌝
luz	de ella,	y	los	reyes	de la	tierra	traen	la	gloria	de ellos
5457	846	2532	3588	935	3588	1093	5342	3588	1391	846
NGSN	*RP3GSF*	*CLN*	*DNPM*	*NNPM*	*DGSF*	*NGSF*	*VPAI3P*	*DASF*	*NASF*	*RP3GPM*

εἰς	αὐτήν.	25 καὶ	οἱ	πυλῶνες	αὐτῆς	οὐ	μὴ*	κλεισθῶσιν	ἡμέρας,
hacia	ella.	Y	las	puertas	de ella	no	no	son cerradas	de día,
1519	846	2532	3588	4440	846	3756	3361	2808	2250
P	*RP3ASF*	*CLN*	*DNPM*	*NNPM*	*RP3GSF*	*BN, TN*	*BN, TN*	*VAPS3P*	*NGSF*

νὺξ	γὰρ	οὐκ	ἔσται	ἐκεῖ,	26 καὶ	οἴσουσιν	τὴν	δόξαν	καὶ	τὴν	τιμὴν
noche$_2$	porque$_1$	no	habrá	allí;	Y	llevarán	la	gloria	y	el	honor
3571	1063	3756	2071	1563	2532	5342	3588	1391	2532	3588	5092
NNSF	*CAZ*	*BN, TN*	*VFMI3S*	*BP*	*CLN*	*VFAI3P*	*DASF*	*NASF*	*CLN*	*DASF*	*NASF*

τῶν	ἐθνῶν	εἰς	αὐτήν.	27 καὶ	οὐ	μὴ*	εἰσέλθῃ	εἰς	αὐτὴν	πᾶν
de las	naciones	a	a ella.	Y$_1$	no$_9$	no$_{10}$	entrara (entrará)$_{11}$	en$_{12}$	ella,$_{13}$	toda cosa$_2$
3588	1484	1519	846	2532	3756	3361	1525	1519	846	3956
DGPN	*NGPN*	*P*	*RP3ASF*	*CLN*	*BN, TN*	*BN, TN*	*VAAS3S*	*P*	*RP3ASF*	*JNSN*

NVI

con topacio, el décimo
con crisoprasa, el
undécimo con jacinto y
el duodécimo con ama-
tista. 21 Las doce puertas
eran doce perlas, y cada
puerta estaba hecha de
una sola perla. La calle
principal de la ciudad
era de oro puro, como
cristal transparente.
22 No vi ningún
templo en la ciudad,
porque el Señor Dios
Todopoderoso y el
Cordero son su templo.
23 La ciudad no necesita
ni sol ni luna que la
alumbren, porque la glo-
ria de Dios la ilumina,
y el Cordero es su lum-
brera. 24 Las naciones
caminarán a la luz de la
ciudad, y los reyes de la
tierra le entregarán sus
espléndidas riquezas.
25 Sus puertas estarán
abiertas todo el día, pues
allí no habrá noche. 26 Y
llevarán a ella todas las
riquezas y el honor de
las naciones. 27 Nunca
entrará en ella nada

21:21* O sea *cada una.* **21:24⌜⌝** Manuscritos inferiores tienen *a él gloria y honor de las naciones.* **21:25*, 27*** O sea *de ninguna manera.*

RVR

o que hace abomina-
ción y mentira, sino
solamente los que están
inscritos en el libro de la
vida del Cordero.
22 Después me
mostró un
río limpio de agua de
vida, resplandeciente
como cristal, que salía
del trono de Dios y del
Cordero.
2 En medio de la calle
de la ciudad, y a uno y
otro lado del río, estaba
el árbol de la vida, que
produce doce frutos,
dando cada mes su fru-
to; y las hojas del árbol
eran para la sanidad de
las naciones.
3 Y no habrá más maldi-
ción; y el trono de Dios
y del Cordero estará
en ella, y sus siervos le
servirán,
4 y verán su rostro, y su
nombre estará en sus
frentes.
5 No habrá allí más
noche; y no tienen nece-
sidad de luz de lámpara,
ni de luz del sol, porque
el Señor Dios los ilumi-
nará; y reinarán por los
siglos de los siglos.

κοινὸν	καὶ	ποιῶν	βδέλυγμα	καὶ	ψεῦδος,	εἰ	μὴ	οἱ	γεγραμμένοι
inmunda$_{3}$	y$_{4}$	el que hace$_{5}$	abominación$_{6}$	y$_{7}$	mentira$_{8}$	si	no	los que	han sido escritos
2839	2532	4160	946	2532	5579	1487	3361	3588	1125
JNSN	*CLN*	*VPAP-SNM*	*NASN*	*CLN*	*NASN*	*CAC*	*BN, TN*	*DNPM*	*VRPP-PNM*

ἐν	τῷ	βιβλίῳ	τῆς	ζωῆς	τοῦ	ἀρνίου.
en	el	rollo	de la	vida	del	Cordero.
1722	3588	975	3588	2222	3588	721
P	*DDSN*	*NDSN*	*DGSF*	*NGSF*	*DGSN*	*NGSN*

22 Καὶ	ἔδειξέν	μοι	⸀ποταμὸν	ὕδατος	ζωῆς	λαμπρὸν	ὡς
Y	mostró	a mí	un río	de agua	de vida,	brillante	como
2532	1166	3427	4215	5204	2222	2986	5613
CLN	*VAAI3S*	*RP1DS*	*NASM*	*NGSN*	*NGSF*	*JASM*	*P, CAM*

κρύσταλλον,	ἐκπορευόμενον	ἐκ	τοῦ	θρόνου	τοῦ	θεοῦ	καὶ	τοῦ
cristal,	que sale	de	el	trono	de --	Dios	y	del
2930	1607	1537	3588	2362	3588	2316	2532	3588
NASM	*VPUP-SAM*	*P*	*DGSM*	*NGSM*	*DGSM*	*NGSM*	*CLN*	*DGSN*

ἀρνίου	2 ἐν	μέσῳ	τῆς	πλατείας	αὐτῆς·	καὶ	τοῦ	ποταμοῦ	ἐντεῦθεν	καὶ
Cordero.	En	medio	de la	plaza	de ella	y	del$_{4}$	río$_{5}$	de aquí$_{1}$	y$_{2}$
721	1722	3319	3588	4113	846	2532	3588	4215	1782	2532
NGSN	*P*	*JDSN*	*DGSF*	*NGSF, JGSF*	*RP3GSF*	*CLN*	*DGSM*	*NGSM*	*B*	*CLN*

ἐκεῖθεν*	ξύλον	ζωῆς	ποιοῦν	καρποὺς	δώδεκα,	κατὰ	μῆνα	ἕκαστον
de allí$_{3}$	un árbol	de vida	que hace (da)	frutos,$_{2}$	doce$_{1}$	cada	mes	cada uno$_{2}$
1564	3586	2222	4160	2590	1427	2596	3376	1538
B	*NNSN*	*NGSF*	*VPAP-SNN*	*NAPM*	*XN, J*	*P*	*NASM*	*JNSN*

ἀποδιδοῦν	τὸν	καρπὸν	αὐτοῦ,	καὶ	τὰ	φύλλα	τοῦ	ξύλου	εἰς
dando$_{1}$	el	fruto	de él,	y	las	hojas	del	árbol	para
591	3588	2590	846	2532	3588	5444	3588	3586	1519
VPAP-SNN, VPAP-SAN	*DASM*	*NASM*	*RP3GSN*	*CLN*	*DNPN*	*NNPN*	*DGSN*	*NGSN*	*P*

θεραπείαν	τῶν	ἐθνῶν.	3 καὶ	πᾶν	κατάθεμα	οὐκ	ἔσται	ἔτι.	καὶ	ὁ
sanidad	de las	naciones.	Y	toda	maldición	no	habrá	ya más.	Y	el
2322	3588	1484	2532	3956	2652	3756	2071	2089	2532	3588
NASF	*DGPN*	*NGPN*	*CLN*	*JNSN*	*NNSN*	*BN, TN*	*VFMI3S*	*B*	*CLN*	*DNSM*

θρόνος	τοῦ	θεοῦ	καὶ	τοῦ	ἀρνίου	ἐν	αὐτῇ	ἔσται,	καὶ	οἱ	δοῦλοι
trono	de --	Dios	y	del	Cordero	en$_{2}$	ella$_{3}$	estará,$_{1}$	y	los	siervos
2362	3588	2316	2532	3588	721	1722	846	2071	2532	3588	1401
NNSM	*DGSM*	*NGSM*	*CLN*	*DGSN*	*NGSN*	*P*	*RP3DSF*	*VFMI3S*	*CLN*	*DNPM*	*NNPM*

αὐτοῦ	λατρεύσουσιν	αὐτῷ,	4 καὶ	ὄψονται	τὸ	πρόσωπον	αὐτοῦ,	καὶ
de él	servirán	a él,	y	verán	el	rostro	de él,	y
846	3000	846	2532	3700	3588	4383	846	2532
RP3GSM	*VFAI3P*	*RP3DSM*	*CLN*	*VFMI3P*	*DASN*	*NASN*	*RP3GSM*	*CLN*

τὸ	ὄνομα	αὐτοῦ	ἐπὶ	τῶν	μετώπων	αὐτῶν.	5 καὶ	νὺξ	οὐκ	ἔσται
el	nombre	de él	(estará) sobre	las	frentes	de ellos.	Y$_{1}$	noche,$_{5}$	no$_{3}$	habrá$_{4}$
3588	3686	846	1909	3588	3359	846	2532	3571	3756	2071
DNSN	*NNSN*	*RP3GSM*	*P*	*DGPN*	*NGPN*	*RP3GPM*	*CLN*	*NNSF*	*BN, TN*	*VFMI3S*

ἔτι,	καὶ	οὐκ	ἔχουσιν	χρείαν	φωτὸς	λύχνου	καὶ	φῶς	ἡλίου,	ὅτι
ya$_{2}$	y	no	tienen	necesidad	de luz	de lámpara	y	luz	del sol,	porque
2089	2532	3756	2192	5532	5457	3088	2532	5457	2246	3754
B	*CLN*	*BN, TN*	*VPAI3P*	*NASF*	*NGSN*	*NGSM*	*CLN*	*NASN*	*NGSM*	*CAZ*

κύριος	ὁ	θεὸς	φωτίσει	ἐπ᾽	αὐτούς,	καὶ	βασιλεύσουσιν	εἰς	τοὺς
(el) Señor	--	Dios	iluminará	sobre	ellos	y	reinarán	por	los
2962	3588	2316	5461	1909	846	2532	936	1519	3588
NNSM	*DNSM*	*NNSM*	*VFAI3S*	*P*	*RP3APM*	*CLN*	*VFAI3P*	*P*	*DAPM*

αἰῶνας	τῶν	αἰώνων.
siglos	de los	siglos.
165	3588	165
NAPM	*DGPM*	*NGPM*

NVI

impuro, ni los idólatras
ni los farsantes, sino solo
aquellos que tienen su
nombre escrito en el
libro de la vida, el libro
del Cordero.

El río de vida

22 Luego el ángel
me mostró
un río de agua de vida,
claro como el cristal, que
salía del trono de Dios
y del Cordero, 2 y corría
por el centro de la calle
principal de la ciudad. A
cada lado del río estaba
el árbol de la vida, que
produce doce cosechas
al año, una por mes; y las
hojas del árbol son para
la salud de las naciones.
3 Ya no habrá maldición.
El trono de Dios y del
Cordero estará en la
ciudad. Sus siervos lo
adorarán; 4 lo verán
cara a cara, y llevarán
su nombre en la frente.
5 Ya no habrá noche; no
necesitarán luz de lám-
para ni de sol, porque
el Señor Dios los alum-
brará. Y reinarán por los
siglos de los siglos.

22:1⸀ Manuscritos inferiores aumentaron *limpio*. **22:2*** O sea *a uno y otro lado del río.*

RVR

La venida de Cristo está cerca

6 Y me dijo: Estas
palabras son fieles y ver-
daderas. Y el Señor, el
Dios de los espíritus de
los profetas, ha enviado
su ángel, para mostrar a
sus siervos las cosas que
deben suceder pronto.
7 ¡He aquí, vengo
pronto! Dichoso el que
guarda las palabras de la
profecía de este libro.
8 Yo, Juan, soy el que
oyó y vio estas cosas.
Y después que las oí y
las vi, me postré para
adorar ante los pies del
ángel que me mostraba
estas cosas.
9 Pero él me dijo: Mira,
no lo hagas; porque yo
soy consiervo tuyo, de
tus hermanos los profe-
tas, y de los que guardan
las palabras de este libro.
Adora a Dios.
10 Y me dijo: No selles
las palabras de la profe-
cía de este libro, porque
el tiempo está cerca.
11 El que es injusto, sea
injusto todavía; y el
que es inmundo, sea
inmundo todavía; y el

6 Καὶ	εἶπέν	μοι·	Οὗτοι	οἱ	λόγοι	πιστοὶ	καὶ	ἀληθινοί,	καὶ	ὁ
Y	dijo	a mí:	Estas (son)	las	palabras	fieles	y	verdaderas,	y	el
2532	3004	3427	3778	3588	3056	4103	2532	228	2532	3588
CLN	VAAI3S	RP1DS	RD-NPM	DNPM	NNPM	JNPM, JNPF	CLN	JNPM	CLN	DNSM

κύριος,	ὁ	θεὸς	τῶν	πνευμάτων	τῶν	προφητῶν,	ἀπέστειλεν	τὸν
Señor,	el	Dios	de los	espíritus	de los	profetas	envió	al
2962	3588	2316	3588	4151	3588	4396	649	3588
NNSM	DNSM	NNSM	DGPN	NGPN	DGPM	NGPM	VAAI3S	DASM

ἄγγελον	αὐτοῦ	δεῖξαι	τοῖς	δούλοις	αὐτοῦ	ἃ	δεῖ	γενέσθαι
ángel	de él	para mostrar	a los	siervos	de él	las cosas que	es necesario	suceder
32	846	1166	3588	1401	846	3739	1163	1096
NASM	RP3GSM	VAAN	DDPM	NDPM	RP3GSM	RR-NPN	VPAI3S	VAMN

ἐν	τάχει·	7 καὶ	ἰδοὺ	ἔρχομαι	ταχύ·	μακάριος	ὁ	τηρῶν	τοὺς
en	breve.	Y	he aquí	vengo	pronto.	Bienaventurado	el que	guarda	las
1722	5034	2532	2400	2064	5035	3107	3588	5083	3588
P	NDSN	CLN	I, VAAM2S	VPUI1S	B, J	JNSM	DNSM	VPAP-SNM	DAPM

λόγους	τῆς	προφητείας	τοῦ	βιβλίου	τούτου.
palabras	de la	profecía	de --	rollo.$_2$	este$_1$
3056	3588	4394	3588	975	5127
NAPM	DGSF	NGSF	DGSN	NGSN	RD-GSN

8 Κἀγὼ	Ἰωάννης	ὁ	ἀκούων	καὶ	βλέπων	ταῦτα.	καὶ	ὅτε
Y yo,	Juan,	(soy) el que	oye	y	el que ve	estas cosas.	Y	cuando
2504	2491	3588	191	2532	991	3778	2532	3753
RP1NS, CLN	NNSM	DNSM	VPAP-SNM	CLN	VPAP-SNM	RD-APN	CLN	CAT

ἤκουσα	καὶ	ἔβλεψα,	ἔπεσα	προσκυνῆσαι	ἔμπροσθεν	τῶν	ποδῶν
oí	y	vi	caí	para adorar	delante de	los	pies
191	2532	991	4098	4352	1715	3588	4228
VAAI1S	CLN	VAAI1S	VAAI1S	VAAN	P, B	DGPM	NGPM

τοῦ	ἀγγέλου	τοῦ	δεικνύοντός	μοι	ταῦτα.	9 καὶ	λέγει	μοι·	Ὅρα
del	ángel	el que	muestra	a mí	estas cosas.	Y	dice	a mí:	Mira,
3588	32	3588	1166	3427	5023	2532	3004	3427	3708
DGSM	NGSM	DGSM	VPAP-SGM	RP1DS	RD-APN	CLC	VPAI3S	RP1DS	VPAM2S

μή·	σύνδουλός	σού	εἰμι	καὶ	τῶν	ἀδελφῶν	σου	τῶν	προφητῶν
no.	un consiervo$_2$	de ti$_3$	Soy$_1$	y	de los	hermanos	de ti,	de los	de profetas
3361	4889	4675	1510	2532	3588	80	4675	3588	4396
BN, TN	NNSM	RP2GS	VPAI1S	CLN	DGPM	NGPM	RP2GS	DGPM	NGPM

καὶ	τῶν	τηρούντων	τοὺς	λόγους	τοῦ	βιβλίου	τούτου·	τῷ	θεῷ
y	de los que	guardan	las	palabras	del	rollo;$_2$	este$_1$	a --$_4$	Dios.$_5$
2532	3588	5083	3588	3056	3588	975	5127	3588	2316
CLN	DGPM	VPAP-PGM	DAPM	NAPM	DGSN	NGSN	RD-GSN	DDSM	NDSM

προσκύνησον.
adora$_3$
4352
VAAM2S

10 Καὶ	λέγει	μοι·	Μὴ	σφραγίσῃς	τοὺς	λόγους	τῆς	προφητείας
Y	dice	a mí:	No	selles	las	palabras	de la	profecía
2532	3004	3427	3361	4972	3588	3056	3588	4394
CLN	VPAI3S	RP1DS	BN, TN	VAAS2S	DAPM	NAPM	DGSF	NGSF

τοῦ	βιβλίου	τούτου,	ὁ	καιρὸς	γὰρ	ἐγγύς	ἐστιν.	11 ὁ
del	rollo;$_2$	este$_1$	el$_4$	tiempo$_5$	porque$_3$	cerca.$_7$	está$_6$	El que obra
3588	975	5127	3588	2540	1063	1451	2076	3588
DGSN	NGSN	RD-GSN	DNSM	NNSM	CAZ	B	VPAI3S	DNSM

ἀδικῶν	ἀδικησάτω	ἔτι,	καὶ	ὁ	ῥυπαρὸς	ῥυπαρευθήτω	ἔτι,	καὶ
injustamente,	obre injustamente	todavía,	y	el	inmundo	obre inmundamente	todavía,	y
91	91	2089	2532	3588	4508	4510	2089	2532
VPAP-SNM	VAAM3S	B	CLN	DNSM	JNSM	VAPM3S	B	CLN

NVI

6 El ángel me dijo:
«Estas palabras son
verdaderas y dignas de
confianza. El Señor, el
Dios que inspira a los
profetas, ha enviado a su
ángel para mostrar a sus
siervos lo que tiene que
suceder sin demora».

Cristo viene pronto

7 «¡Miren que vengo
pronto! Dichoso el que
cumple las palabras del
mensaje profético de
este libro».

8 Yo, Juan, soy el que
vio y oyó todas estas co-
sas. Y, cuando lo vi y oí,
me postré para adorar
al ángel que me había
estado mostrando todo
esto. 9 Pero él me dijo:
«¡No, cuidado! Soy un
siervo como tú, como
tus hermanos los profe-
tas y como todos los que
cumplen las palabras de
este libro. ¡Adora solo a
Dios!»
10 También me
dijo: «No guardes en
secreto las palabras del
mensaje profético de
este libro, porque el
tiempo de su cum-
plimiento está cerca.
11 Deja que el malo siga
haciendo el mal y que el
vil siga envileciéndose;

RVR

que es justo, practique la
justicia todavía; y el que
es santo, santifíquese
todavía.
12 Mira que yo vengo
pronto, y mi galardón
conmigo, para recom-
pensar a cada uno según
sea su obra.
13 Yo soy el Alfa y la
Omega, el principio
y el fin, el primero y el
último.
14 Bienaventurados los
que lavan sus ropas, para
poder tener acceso al
árbol de la vida y para
entrar por las puertas en
la ciudad.
15 ¡Fuera los perros, y los
hechiceros, los fornica-
rios, los homicidas, los
idólatras, y todo aquel
que ama y practica la
mentira!
16 Yo, Jesús, he enviado
mi ángel para daros tes-
timonio de estas cosas
en las iglesias. Yo soy la
raíz y el linaje de David,
la estrella resplandecien-
te de la mañana.
17 Y el Espíritu y la
Esposa dicen: Ven. Y
el que oye, diga: Ven.

ὁ	δίκαιος	δικαιοσύνην	ποιησάτω	ἔτι,	καὶ	ὁ	ἅγιος	ἁγιασθήτω
el	justo	justicia	haga	todavía,	y	el	santo	santifíquese
3588	1342	1343	4160	2089	2532	3588	40	37
DNSM	*JNSM*	*NASF*	*VAAM3S*	*B*	*CLN*	*DNSM*	*JNSM*	*VAPM3S*

ἔτι.
todavía.
2089
B

12 Ἰδοὺ	ἔρχομαι	ταχύ,	καὶ	ὁ	μισθός	μου	μετ᾽	ἐμοῦ,	ἀποδοῦναι
He aquí	vengo	pronto,	y	la	recompensa	de mí	(está)con	mí,	para recompensar
2400	2064	5035	2532	3588	3408	3450	3326	1700	591
I,VAAM2S	*VPUI1S*	*B,J*	*CLN*	*DNSM*	*NNSM*	*RP1GS*	*P*	*RP1GS*	*VAAN*

ἑκάστῳ	ὡς	τὸ	ἔργον	ἐστὶν	αὐτοῦ.	13 ἐγώ	τὸ	Ἄλφα	καὶ	τὸ
a cada uno	como	la	obra	es	de él.	Yo (soy)	el	Alfa	y	la
1538	5613	3588	2041	2076	846	1473	3588	1	2532	3588
JDSM	*CAM*	*DNSN*	*NNSN*	*VPAI3S*	*RP3GSM*	*RP1NS*	*DNSN*	*NNSN, XL*	*CLN*	*DNSN*

Ὦ,	ὁ	πρῶτος	καὶ	ὁ	ἔσχατος,	ἡ	ἀρχὴ	καὶ	τὸ	τέλος.
Omega,	el	Primero	y	el	Último,	el	Principio	y	el	Fin.
5598	3588	4413	2532	3588	2078	3588	746	2532	3588	5056
NNSN, XL	*DNSM*	*JNSM*	*CLN*	*DNSM*	*JNSM*	*DNSF*	*NNSF*	*CLN*	*DNSN*	*NNSN*

14 Μακάριοι	οἱ	πλύνοντες	τὰς	στολὰς	αὐτῶν,	ἵνα	ἔσται	ἡ
Bienaventurados	los que	lavan	las	ropas	de ellos,	para que	será$_3$	el$_1$
3107	3588	4150	3588	4749	846	2443	2071	3588
JNPM	*DNPM*	*VPAP-PNM*	*DAPF*	*NAPF*	*RP3GPM*	*CAP*	*VFMI3S*	*DNSF*

ἐξουσία	αὐτῶν	ἐπὶ	τὸ	ξύλον	τῆς	ζωῆς	καὶ	τοῖς	πυλῶσιν	εἰσέλθωσιν
derecho$_2$	de ellos$_4$	sobre	el	árbol	de la	vida	y$_1$	por las$_3$	puertas$_4$	entren$_2$
1849	846	1909	3588	3586	3588	2222	2532	3588	4440	1525
NNSF	*RP3GPM*	*P*	*DASN*	*NASN*	*DGSF*	*NGSF*	*CLN*	*DDPM*	*NDPM*	*VAAS3P*

εἰς	τὴν	πόλιν.	15 ἔξω	οἱ	κύνες	καὶ	οἱ	φάρμακοι	καὶ	οἱ
hacia	la	ciudad.	¡Fuera	los	perros	y	los	hechiceros	y	los
1519	3588	4172	1854	3588	2965	2532	3588	5333	2532	3588
P	*DASF*	*NASF*	*BP*	*DNPM*	*NNPM*	*CLN*	*DNPM*	*NNPM*	*CLN*	*DNPM*

πόρνοι	καὶ	οἱ	φονεῖς	καὶ	οἱ	εἰδωλολάτραι	καὶ	πᾶς	φιλῶν	καὶ
inmorales sexuales	y	los	homicidas	y	los	idólatras	y	todo	el que ama	y
4205	2532	3588	5406	2532	3588	1496	2532	3956	5368	2532
NNPM	*CLN*	*DNPM*	*NNPM*	*CLN*	*DNPM*	*NNPM*	*CLN*	*JNSM*	*VPAP-SNM*	*CLN*

ποιῶν	ψεῦδος.
hace (practica)	mentira!
4160	5579
VPAP-SNM	*NASN*

16 Ἐγὼ	Ἰησοῦς	ἔπεμψα	τὸν	ἄγγελόν	μου	μαρτυρῆσαι	ὑμῖν	ταῦτα
Yo,	Jesús,	envié	al	ángel	de mí	para testificar	a vosotros	estas cosas
1473	2424	3992	3588	32	3450	3140	5213	5023
RP1NS	*NNSM*	*VAAI1S*	*DASM*	*NASM*	*RP1GS*	*VAAN*	*RP2DP*	*RD-APN*

ἐπὶ	ταῖς	ἐκκλησίαις.	ἐγώ	εἰμι	ἡ	ῥίζα	καὶ	τὸ	γένος	Δαυίδ,	ὁ
en	las	iglesias.	Yo	soy	la	raíz	y	la	descendencia	de David,	la
1909	3588	1577	1473	1510	3588	4491	2532	3588	1085	1138	3588
P	*DDPF*	*NDPF*	*RP1NS*	*VPAI1S*	*DNSF*	*NNSF*	*CLN*	*DNSN*	*NNSN*	*NGSM, XP*	*DNSM*

ἀστὴρ	ὁ	λαμπρός,	ὁ	πρωϊνός.	17 καὶ	τὸ	πνεῦμα	καὶ	ἡ
estrella	--	resplandeciente (de)	la	mañana.	Y	el	Espíritu	y	la
792	3588	2986	3588	4407	2532	3588	4151	2532	3588
NNSM	*DNSM*	*JNSM*	*DNSM*	*JNSM, JNSF*	*CLN*	*DNSN*	*NNSN*	*CLN*	*DNSF*

νύμφη	λέγουσιν·	Ἔρχου·	καὶ	ὁ	ἀκούων	εἰπάτω·	Ἔρχου·
novia	dicen:	¡Ven!	Y	el que	oye	diga:	¡Ven!
3565	3004	2064	2532	3588	191	3004	2064
NNSF	*VPAI3P*	*VPUM2S, VPUI2S*	*CLN*	*DNSM*	*VPAP-SNM*	*VAAM3S*	*VPUM2S, VPUI2S*

NVI

deja que el justo siga
practicando la justicia
y que el santo siga
santificándose».

12 «¡Miren que vengo
pronto! Traigo conmigo
mi recompensa, y le
pagaré a cada uno según
lo que haya hecho. 13 Yo
soy el Alfa y la Omega, el
Primero y el Último, el
Principio y el Fin.
14 »Dichosos los que
lavan sus ropas para
tener derecho al árbol
de la vida y para poder
entrar por las puertas de
la ciudad. 15 Pero afuera
se quedarán los perros,
los que practican las
artes mágicas, los que
cometen inmoralidades
sexuales, los asesinos,
los idólatras y todos los
que aman y practican la
mentira.
16 »Yo, Jesús, he envia-
do a mi ángel para darles
a ustedes testimonio de
estas cosas que concier-
nen a las iglesias. Yo soy
la raíz y la descendencia
de David, la brillante
estrella de la mañana».

17 El Espíritu
y la novia dicen:
«¡Ven!»; y el que
escuche diga: «¡Ven!»

RVR

Y el que tiene sed,
venga; y el que quiera,
tome del agua de la vida
gratuitamente.
18 Yo testifico a todo
aquel que oye las
palabras de la profecía
de este libro: Si alguno
añade a estas cosas, Dios
traerá sobre él las plagas
que están escritas en
este libro.
19 Y si alguno quita de
las palabras del libro
de esta profecía, Dios
quitará su parte del
libro de la vida, y de la
santa ciudad y de las
cosas que están escritas
en este libro.
20 El que da testimonio
de estas cosas dice:
Ciertamente vengo en
breve. Amén; sí, ven,
Señor Jesús.
21 La gracia de nuestro
Señor Jesucristo sea con
todos vosotros. Amén.

καὶ	ὁ	διψῶν	ἐρχέσθω,	ὁ	θέλων	λαβέτω	ὕδωρ	ζωῆς	δωρεάν.
Y	el que	tiene sed,	venga;	el que	quiera,	tome	agua	de vida	gratuitamente.
2532	3588	1372	2064	3588	2309	2983	5204	2222	1432
CLN	*DNSM*	*VPAP-SNM*	*VPUM3S*	*DNSM*	*VPAP-SNM*	*VAAM3S*	*NASN*	*NGSF*	*B*

18 Μαρτυρῶ	ἐγὼ	παντὶ	τῷ	ἀκούοντι	τοὺς	λόγους	τῆς
testifico (advierto)$_2$	Yo$_1$	a todo	el que	oye	las	palabras	de la
3140	1473	3839	3588	191	3588	3056	3588
VPAI1S	*RP1NS*	*JDSM*	*DDSM*	*VPAP-SDM*	*DAPM*	*NAPM*	*DGSF*

προφητείας	τοῦ	βιβλίου	τούτου·	ἐάν	τις	ἐπιθῇ	ἐπ'	αὐτά,	ἐπιθήσει
profecía	del	rollo	este:	si	alguien	añade	a	ellas,	añadirá$_3$
4394	3588	975	5127	1437	5100	2007	1909	846	2007
NGSF	*DGSN*	*NGSN*	*RD-GSN*	*CAC*	*RX-NSM*	*VAAS3S*	*P*	*RP3APN*	*VFAI3S*

ὁ	θεὸς	ἐπ'	αὐτὸν	τὰς	πληγὰς	τὰς	γεγραμμένας	ἐν	τῷ	βιβλίῳ
--$_1$	Dios$_2$	a	él	las	plagas,	las que	han sido escritas	en	el	rollo;$_2$
3588	2316	1909	846	3588	4127	3588	1125	1722	3588	975
DNSM	*NNSM*	*P*	*RP3ASM*	*DAPF*	*NAPF*	*DAPF*	*VRPP-PAF*	*P*	*DDSN*	*NDSN*

τούτῳ·	19 καὶ	ἐάν	τις	ἀφέλῃ	ἀπὸ	τῶν	λόγων	τοῦ	βιβλίου	τῆς
este$_1$	y	si	alguien	quita	de	las	palabras	del	rollo	de la
5129	2532	1437	5100	851	575	3588	3056	3588	975	3588
RD-DSN	*CLN*	*CAC*	*RX-NSM*	*VAAS3S*	*P*	*DGPM*	*NGPM*	*DGSN*	*NGSN*	*DGSF*

προφητείας	ταύτης,	ἀφελεῖ	ὁ	θεὸς	τὸ	μέρος	αὐτοῦ	ἀπὸ	τοῦ	ξύλου
profecía,$_2$	esta$_1$	quitará$_5$	--$_3$	Dios$_4$	la	parte	de él	de	el	árbol
4394	3778	851	3588	2316	3588	3313	846	575	3588	3586
NGSF	*RD-GSF*	*VFAI3S*	*DNSM*	*NNSM*	*DASN*	*NASN*	*RP3GSM*	*P*	*DGSN*	*NGSN*

τῆς	ζωῆς	καὶ	ἐκ	τῆς	πόλεως	τῆς	ἁγίας,	τῶν	γεγραμμένων	ἐν	τῷ
de la	vida	y	de	la	ciudad	--	santa,	de las cosas	escritas	en	el
3588	2222	2532	1537	3588	4172	3588	40	3588	1125	1722	3588
DGSF	*NGSF*	*CLN*	*P*	*DGSF*	*NGSF*	*DGSF*	*JGSF*	*DGPN*	*VRPP-PGN*	*P*	*DDSN*

βιβλίῳ	τούτῳ.
rollo.$_2$	este$_1$
975	5129
NDSN	*RD-DSN*

20 Λέγει	ὁ	μαρτυρῶν	ταῦτα·	Ναί·	ἔρχομαι	ταχύ.	Ἀμήν·
dice:$_4$	El que$_1$	testifica$_2$	estas cosas$_3$	Sí,	vengo	pronto.	Amén;
3004	3588	3140	5023	3483	2064	5035	281
VPAI3S	*DNSM*	*VPAP-SNM*	*RD-APN*	*I, T*	*VPUI1S*	*B, J*	*I, XF*

[Γ]ἔρχου,	κύριε	Ἰησοῦ.
ven,	Señor	Jesús.
2064	2962	2424
VPUM2S, VPUI2S	*NVSM*	*NVSM*

21 Ἡ	χάρις	τοῦ	κυρίου	[Γ]Ἰησοῦ	μετὰ	[Γ1]πάντων.
La	gracia	del	Señor	Jesús (sea)	con	todos.
3588	5485	3588	2962	2424	3326	3956
DNSF	*NNSF*	*DGSM*	*NGSM*	*NGSM*	*P*	*JGPM*

NVI

El que tenga sed, venga;
y el que quiera, tome
gratuitamente del agua
de la vida.
18 A todo el que
escuche las palabras
del mensaje profético
de este libro le advierto
esto: Si alguno le añade
algo, Dios le añadirá a
él las plagas descritas en
este libro. 19 Y, si alguno
quita palabras de este
libro de profecía, Dios
le quitará su parte del
árbol de la vida y de la
ciudad santa, descritos
en este libro.
20 El que da testimo-
nio de estas cosas, dice:
«Sí, vengo pronto».
Amén. ¡Ven, Señor
Jesús!
21 Que la gracia del
Señor Jesús sea con
todos. Amén.

22:20[Γ] Manuscritos inferiores aumentaron *Sí.* **22:21[Γ]** Manuscritos importantes tienen *Cristo.* **22:21[Γ1]** Manuscritos importantes tienen *los santos*, otros *todos los santos. Amén*